Si-sa
Elite

ENGLISH–KOREAN DICTIONARY

엘리트 영한사전

[…에]كت하여, […에]대하여(with reference to) (of …). ¶ apropos of the affair 그 일에 관하여 / apropos of dogs 개를 말할 것 같으면 / apropos of nothing 난데없이, 불쑥. **3** 그런데, 그건 그렇고(by the way). ― *adj.* 시기 적절한(opportune); 적절한(pertinent). ¶ apropos remarks 적절한 말. 〔<F〕

a·prowl [əprául] *adj.* 《보통 서술적》은밀히 찾아 돌아다니는; 먹이에 몰래 접근하는; [도둑질하려고] 배회하는.

APS 《略》【우주공학】 auxiliary propulsion system(보조추진 시스템).

A.P.S. 《略》 Amateur Photographic Society(아마추어 사진 협회); American Peace Society (미국평화협회); American Philatelic Society(미국 우표 수집 협회); American Philosophical Society(미국 철학회); American Physical Society(미국 물리학회); American Protestant Society(미국 개신교 협회).

apse [æps] *n.* **1** 〖건축〗 앱시스〖교회당 동쪽 끝에 내민 반원형 또는 다각형의 부분〗. **2** 〖천문〗= apsis.

ap·si·dal [ǽpsidəl] *adj.* **1** 〖건축〗 앱시스(apse)의. **2** 〖천문〗 장축단(apsis)의.

ap·sis [ǽpsis] *n.* (*pl.* **-si·des** [-sidìːz / æpsáidìːz]) **1** 〖천문〗 장축단(長軸端)〖근일점(近日點) 또는 원일점(遠日點)〗. ¶ the higher *apsis* [별의] 원일점 / [달의] 원지점(遠地點), the lower *apsis* [별의] 근일점; [달의] 근지점. **2** 〖건축〗= apse.

‡**apt** [æpt] *adj.* **1** 적절한, 적당한(*for* …). ⇨ FIT 類語 ¶ an *apt* quotation 적절한 인용 // That man is *apt for* feats of strength. 그 사내는 힘쓰기에 적합하다. **2** 영리한(clever), 총기 있는; 이해가 빠른(quickwitted); 〔서술성법〕 재주 있는, 솜씨 있는(good)(*at*, *in*, *with* …). ¶ an *apt* pupil 공부 잘하는 학생 / a child *apt* to learn 이해가 빠른 어린이 // She is *apt* to(or *in*) English. 그녀는 영어를 잘한다. **3** 〘to- 부정사와 함께〙 …하는 경향이 있는(inclined), …하기 쉬운; 〘美〙…할 것 같은(likely to). ⇨ LIABLE 類語 ¶ We are *apt* to think so. 우리는 그렇게 생각하기 쉽다 / He is *apt* to catch cold. 그는 감기에 잘 걸린다 / Am I *apt* to find her in the park? 공원에 가면 그녀가 있을까요?

── **Usage** apt to 와 likely to ──〘英〙에서는 일반적·습관적으로 바람직하지 않은 일에는 apt to 를, 특정한 경우의 일에는 likely to 를 쓴다.〘美〙에서는 likely to 를 쓸 곳에 apt to 를 쓰는 일이 많다: Lovers' vows are *apt* to be broken. 애인끼리의 맹세는 깨어지기 쉽다 /〘美〙It is *apt* to rain. =〘英〙It is *likely* to rain. 비가 올 것 같다 /〘美〙I am *apt* to catch cold if I go out without my overcoat. 외투없이 외출하면 감기가 들 것 같다.

4 〖고어〗 기꺼이 하는(willing), 준비가 된(ready). ◇ áptitude *n.*

apt. (*pl.* **apts.**) 《略》 apartment.

APT 《略》 advanced *p*assenger *t*rain(초(超) 특급열차, 최고 시속 150마일); *a*utomatic *p*icture *t*ransmission(〔인공 위성의〕 자동 송화(送畫)); *a*utomatically *p*rogrammed *t*ools(앱트, 수치 제어 문제용의 컴퓨터 언어).

ap·ter·al [ǽptər(ə)l] *adj.* **1** 〖건축〗 측면 기둥이 없는. **2** 〖곤충〗 날개 없는(apterous).

ap·ter·ous [ǽptərəs] *adj.* **1** 〖곤충〗 무시(無翅)〖류〗의(wingless), **2** 날개 모양의 것이 없는.

ap·ter·yx [ǽptəriks] *n.* 키위(kiwi), 무익조(無翼鳥)〖뉴질랜드산(產)의 날개도 꽁지도 없는 새〗.

*****ap·ti·tude** [ǽptitjùːd / -tjùːd] *n.* 〖C〗〖U〗 **1** 경향(tendency); 습성. ¶ Oil has an *aptitude* to burn. 기름은 불타기 쉽다 // have an *aptitude* for vices 악에 물들이기 쉽다.

2 소질, 재능(talent)(*for* …). ⇨ ABILITY 類語 ¶ a man of extraordinary *aptitude* 소질이 비범한 사람 //

He acquired the skill with great *aptitude*. 그는 비범한 재능을 보이면서 그 기술을 익혔다 // He has a natural *aptitude* for organization. 그는 조직력에 타고난 재주가 있다 // He has no *aptitude* for the work. 그는 그 일에 적합하지 않다. **3** 적합, 적성(fitness). ¶ vocational *aptitude* 직업 적성 // the *aptitude* for the residence of a foreigner 외국인 거주의 적합성. ◇ apt *adj.*

áptitude tèst *n.* 적성 검사.

*****apt·ly** [ǽptli] *adv.* 적절히(suitably); 잘(well). ¶ It has been *aptly* said that …이라 말한 것은 적절하다.

apt·ness [ǽptnis] *n.* 〖U〗 적절함, 적합성(aptitude); 경향, 성향(tendency); 소질, 재능(talent). 〔연맥〕

APU 《略》 *A*sian *P*arliamentary *U*nion(아시아 의원).

APWA 《略》 *A*merican *P*ublic *W*orks *A*ssociation(미국 공공 사업 협회).

AQ 《略》【심리】 *a*chievement *q*uotient(학력 지수). *cf.* IQ

aq. 《略》 aqua.

AQL 《略》 *a*cceptable *q*uality *l*evel(〖경영〗 품질 합격 수준).

aq·ua [ǽkwə, +美 éik-] *n.* (*pl.* **aq·uae** or **aq·uas**) **1** 물(water); 〖약학〗 액체(liquid), 용액(solution). **2** 〖U〗 엷은 청록색, 물색. ── *adj.* 엷은 청록색의, 물색의. 〔<L water〕

áqua am·mó·ni·ae [-əmóuniìː] *n.* 〖U〗 암모니아수.

aq·ua·belle [ǽkwəbèl, +美 áːk-] *n.* 수영복 차림의 미녀.

aq·ua·cade [ǽkwəkèid, +美 áːk-] *n.* 수상쇼〖음악에 맞추어 수영 또는 다이빙〗.〔<AQUA + CAVAL CADE〕

aq·ua·cul·ture [ǽkwəkʌ̀ltʃər, +美 áːk-] *n.* 〖U〗 **1** = aquiculture. **2** 양어, 양식.

aq·ua·farm [ǽkwəfàːrm] *n.* 양어장, 양식장.

áqua fórtis *n.* 〖U〗〖화학〗 질산(nitric acid); 강수(强水)〖판화 부식용 질산〗. 〔<NL strong water〕

aq·ua·ki·net·ics [ǽkwəkinètiks, àːk-] *n.* *pl.* 〖단수 취급〗 부유(浮游) 훈련법〖유아·어린이를 일찍부터 풀에 넣어 물과 친숙하게 하는 일〗.

Aq·ua·lung [ǽkwəlʌ̀ŋ, +美 áːk-] *n.* 〖상표명〗 수중 호흡기 〖고압 공기통이 달린 잠수 용구〗. *cf.* scuba

aq·ua·ma·rine [ǽkwəməríːn, +美 áːk-] *n.* **1** 남옥(藍玉), 아콰마린 〖녹주석(beryl)의 일종〗. **2** 〖U〗 엷은 청록색, 남록색(greenish blue).

aq·ua·naut [ǽkwənɔ̀ːt] *n.* 해저 여행자(탐험가), 잠수 기술자.

aq·ua·nau·tics [ǽkwənɔ́ːtiks] *n.* 〖단수 취급〗〖스쿠버 다이빙에 의한〗해저(수중) 탐사.

aq·ua·plane [ǽkwəplèin, +美 áːk-] *n.* 아콰플레인〖질주하는 모터 보트가 끌어주는 수상 활주판〗.

── *vi.* (**-planed**, **-plan·ing**)〖수상 활주판을 타고〗 파도타기를 하다.

Áqua·pulse gùn [ǽkwəpʌ̀ls, +美 áːk-] *n.*〖해저 탐사용의〗 압축 공기총.

áqua pú·ra [-pjúː(ː)rə/-pjúərə] *n.* 〖U〗 증류수.

áqua ré·gi·a [-ríːdʒiə] *n.* 〖U〗〖화학〗 왕수〖진한 질산과 진한 염산의 혼합액; 금·백금을 용해시킨다〗.〔<NL royal water〕

aq·ua·relle [ǽkwərél, +美 áːk-] *n.* 〖C〗〖U〗 수채화(법),〖인쇄〗수채 판화.

aq·ua·rel·list [ǽkwərélist, +美 áːk-] *n.* 수채화가.

A·quar·i·an [əkwéːriən / əkwéəri-] *n.* 【점성】수병좌(水瓶座) 태생인 사람. ── *adj.* 수병좌의.

a·quar·ist [əkwéːrist / ǽkwər-] *n.* 수족관의 직원, 어류 사육가.

*****a·quar·i·um** [əkwéː(ː)riəm/-kwéər-] *n.* (*pl.* **~s**, **-i·a** [-iə]) **1** 양어조(槽); 수초분(水草盆), **2** 수족관. **3** 〔속어〕목사관.

A·quar·i·us [əkwéː(ː)riəs /-kwéər-] *n.* **1**〖천문〗수병좌(水瓶座) (the Water Bearer). **2**〖점성〗보병궁(寶瓶宮)〖황도(黃道)의 제11궁〗. ⇨ ZODIAC 그림.

aq·ua·space·man [ǽkwəspèismæn, +美 áːk-] *n.* 수

중 생활자, 수중 작업원.
aq·ua·tel [ǽkwətèl] n. 《英》[소형 선박용 도크에 정박해 있는] 해상(수상) 호텔선(船).
[<AQUA[TIC] + [HO]TEL)
a·quat·ic [əkwǽtik, +美 -kwát-, +英 -kwɔ́t-] adj. **1** 물의, 물속의, **2** 물속에 사는, 수상(水生)의, 수산의. ¶ an *aquatic* animal (plant) 수생 동물(식물) / *aquatic* products 수산물. **3** 수상(수중)에서 하는, ¶ *aquatic* sports 수상(수중)경기. — n. **1** 수생 동물, 수생 식물. **2** (~s) 수상(수중) 경기(aquatic sports).
aq·ua·tint [ǽkwətìnt, +美 á:k-] n. U C **1** 아콰틴트 [식각 요판(触刻凹版)의 일종]. **2** 아콰틴트 판화. — vt. …의 아콰틴트판을 만들다.
áqua ví·tae [-váiti:] n. U **1** 알코올(alcohol). **2** 독주[브랜디·위스키 따위]. [<L water of life)
aq·ue·duct [ǽkwidÀkt] n. **1** 물길, 수로(水路); 고가식(高架式) 수로(도량). **2** [해부] 도관(導管) (canal); 맥관.
a·que·ous [éikwiəs, ǽk-] adj. **1** 물의; 물 같은 (watery); 물을 함유한. ¶ an *aqueous* solution 수용액(水溶液) / an *aqueous* tint [그림] 수채(水彩), 물색. **2** [지질] [암석의] 수성(水成)의. ¶ *aqueous* rocks 수성암. 〔樣液〕
áqueous húmor n. U [해부] [눈알의] 수양액(水
aq·ui·cul·ture [ǽkwəkÀltʃər] n. U 수경법(水耕法) (hydroponics).
aq·ui·fer [ǽkwəfər] n. [지질] 대수층(帶水層) [지하수를 품은 다공질(多孔質)의 침투성 지층].
Aq·ui·la [ǽkwilə, əkwílə] n. [천문] 독수리자리(座) (the Eagle).
aq·ui·line [ǽkwilàin] adj. **1** 수리의; 독수리 같은. ¶ *aquiline* features 독수리 같은 얼굴. **2** [코가] 매부리 같은, 갈고리 모양으로 굽은(hooked). ¶ an *aquiline* nose 매부리코.
a·quiv·er [əkwívər] adj. 《보통 서술용법》[부들부들] 떨 때(*with*…). ¶ The bush was *aquiver* with insects. 덤불은 벌레들로 흔들리고 있었다.
a·quos·i·ty [əkwásiti / əkwɔ́s-] n. U 물기가 있음 [wateriness).
Ar (화학) argon 의 원자 기호.
AR (略) annual *r*eturn(연차 보고).
ar- pref. ad-의 변형이며 r 앞에 붙인다. 예: *ar*rear, *ar*rest. ⇨ AD-.
-ar[1] suf. of, pertaining to(…에 관한), having the nature of(…의 성질을 가진), like(…같은)를 뜻한다. 예: linear, regular, similar.
-ar[2] suf. pertaining to (…에 관계하는 [사람·것]), having the character of (…의 자격(성격)을 가진 [사람])의 뜻의 명사를 만든다. 예: vicar, scholar, collar.
-ar[3] suf. -er, -or 의 변형이며 agent(행위자)를 뜻하는 명사를 만든다. 예: beggar, liar. ⇨ -ER, -OR.
Ar. (略) Arabia, Arabian, Arabic; Aramaic.
a.r. (略) [보험] *a*ll *r*isks.
A/R (略) *a*ccount *r*eceivable.
A.R.A. (略) *A*ir *R*eserve *A*ssociation(공군 예비역 군인회); *A*merican *R*ailway *A*ssociation(미국 철도 협회); *A*ssociate of the *R*oyal *A*cademy([영국] 왕립 미술원 준회원).
‡**Ar·ab** [ǽrəb] n. **1** 아라비아 사람, 아랍 사람 [아라비아·근동·아프리카 북부에 사는 셈족의 한 파]. **2** 아라비아말(馬) (Arabian). **3** =street Arab. **4** (보통 a-) 《美속어》 난폭자. — adj. 아라비아(아랍)의; 아라비아 사람의 (Arabian, Arabic).
Arab. (略) Arabia, Arabian, Arabic.
ar·a·besque [ærəbésk] n. **1** 아라베스크, 아라비아풍 장식 무늬, 당초문(唐草紋)[꽃·가지잎·과실·화분·동물·인물 등을 세밀하게 좌우 대칭적으로 꾸민 아라비아 특유의 장식 디자인], **2** [발레] 아라베스크 [발레의 기본 자세의 하나; 한쪽 다리로 서서 한 팔을 앞으로, 다른 팔·다리를 뒤쪽으로 뻗는것]. *cf.* attitude

3 [음악] 아라베스크 [아라비아풍의 화려한 악곡, 특히 피아노곡]. — adj. 아라비아풍의, 아라비아풍 당초문의; 아라베스크의.
‡**A·ra·bi·a** [əréibiə/-bjə, -biə] n. 아라비아[서남 아시아의 세계 최대의 반도. 사우디아라비아·예멘 등의 회교국이 있다] (Arabian Peninsula).
◇ Arábian, Árabic *adj.*
‡**A·ra·bi·an** [əréibiən/-bjən, -biən] *adj.* 아라비아의, 아라비아 사람의. — n. **1** 아라비아 사람, 아라비아말(馬). **2** 아라비아마(馬).
Arábian bírd n. 불사조 (phoenix). [(Arab-
Arábian cámel n. 아라비아산(産) 단봉낙타(dromedary).
Arábian Níghts' Entertáinments n. The ~ 천일야화(千一夜話), 아라비안나이트[아라비아·인도·페르시아 등지에서 소재를 모은 10세기경의 동양의 전설집] (The Thousand and One Nights, The Arabian Nights).
*‡**Ar·a·bic** [ǽrəbik] *adj.* 아라비아의; 아라비아 사람(아랍어)의. — n. U 아라비아어(아랍어).
Arabic númerals (fígures) n. pl. 아라비아 숫자 [0, 1, 2, 3, 4, 5, 6, 7, 8, 9의 산용(算用) 숫자. 인도에서 비롯되어 아라비아인에 의하여 12세기 유럽 각국에 전파].
cf. Roman numerals
Ar·ab·ism [ǽrəbìz(ə)m] n. U C 아라비아 어풍, 아라비아어의 특징; 아라비아의[문화, 관습]연구(애호).
Ar·ab·ist [ǽrəbist] n. 아라비아(아랍) 어(문화, 문학) 전문가, 아라비아통.
ar·a·ble [ǽrəbl] *adj.* 경작할 수 있는, 경지의. ¶ *arable* land 경작지. — n. 경작지, 농경지.
Arab Léague n. (the ~) 아랍 연맹 [1945년 이집트·이라크·요르단·레바논·사우디아라비아·시리아·예멘 시리아에서 결성, 후에 리비아·모로코·수단·튀니지·쿠웨이트가 가맹].
Árab Repúblic of Égypt n. (the~) 이집트아랍공화국(약칭 이집트; 수도 Cairo).
Árab Repúblics n. pl. the Federation of ~ 아랍공화국연맹[이집트·시리아·리비아로 구성된 국가연방].
Ar·ab·sat [ǽrəbsæt] n. 아랍 위성 [아랍 22개국이 공동 소유하는 인공 위성].
Ar·a·by [ǽrəbi] n. 《詩》 아라비아(Arabia).
A·rach·ne [ərǽkni] n. [그리스 신화] 아라크네 [베짜기 시합에서 아테나(Athena)에게 져, 거미가 된 여자].
a·rach·nid [ərǽknid] n. 거미류의 동물 [거미·전갈 따위].
ar·ach·ni·tis [ærəknáitis] n. U [병리] 지망막염(蜘網膜炎).
a·rach·noid [ərǽknɔid] *adj.* **1** 거미집 모양의. **2** 거미류의. **3** [해부] 지망막(蜘網膜)의. **4** [식물] 거미줄 모양의. — n. **1** 거미류의 동물(arachnid). **2** [해부] 지망막, 거미줄막.
Ar·a·go·nese [ærəgəníːz] *adj.* 아라곤 [스페인 동북부의 지방, 옛 왕국]의; 아라곤인(어)의. — n. (pl. -nese) **1** 아라곤인. **2** U 아라곤어 [스페인어의 한 방언].
a·rak [ǽrək] n. =arrack.
Áral Séa [ǽr(ə)l-/á:r(ə)l-] n. (the ~) 아랄해(海) (Lake Aral) [러시아 서남부, 카스피해 동부의 대염호 (大鹽湖)]. [이 이름.
A·ram [éirəm, ǽ(ː)-/éəræm] n. 고대 시리아의 헤브라
Ar·a·mae·an [ærəmíːən], (**Ar·a·me·an**) *adj.* 아람의; 아람인(어)의. — n. **1** 아람인. **2** U 아람어.
Ar·a·ma·ic [ærəméiik] n. U 아람어[셈어족의 하나] (Aramaean). — *adj.* 아람의; 아람어의.
ARAMCO [ɑːrǽmkou] (略) the Arabian-American Oil Company (아람코, 아라비안·아메리칸 석유 회사).
Ar·a·ne·i·da [ærəníːidə] n. pl. 진정(眞正)거미류.
ar·a·ne·i·dan [ærəníːidən] *adj.* (종종 A-) 진정 거미류(Araneida)의. — n. 진정거미류의 동물.

(改訂版)

머 리 말

이「엘리트 영한사전」의 초판이 세상에 나온 것은 1987년이었습니다. 당시 우리나라는 88올림픽 개최를 1년 앞두고, 바야흐로 국제화·개방화의 물결에 휩쓸려서, 모두가 몸도 마음도 몹시 들떠있던 바로 그 무렵이었습니다.

「새술은 새부대에」라는 말과 같이, 시대가 바뀌면 언어도 바뀌는 것이므로, 영어사전도 새시대에 맞게 달라져야 함은 두말할 나위가 없습니다. 이제는「영어학」이라고 하는 고식적이고 현학적인 굴레에서 벗어나, 국제화 시대에 걸맞게 보다더 communication 을 중요시하는 실용성있는 사전이 되어야 한다는 것이 우리의 오랜 주장이었고, 또 그러한 방침하에 이 사전은 계획되고 편찬되었습니다.

과연 이「엘리트 영한사전」의 인기는 대단하였습니다. 특히, 수록 내용이 타사전에 비해 월등히 풍부하기도 하지만, 뜻풀이라든지 용례 등이 현대 감각에 맞고, 실용적이며, 바뀐 입시 출제 경향과도 부합된다는 것이 주로 학생층과 일반 회사원들의 평이었습니다.
벌써 초판이 나온지도 8년이 다 되었습니다만, 그 인기는 식을줄 모르고 이어져, 사실 우리로서는 다소 부담감마저 느껴온 것이 사실입니다.

이제, 그동안 이「엘리트 영한사전」을 꾸준히 애용해주신 분들의 기대에 보답하기 위해, 그간 더욱 축적된 우리의 사전 편찬의 knowhow 를 십분 발휘하여, 이 개정판을 세상에 내놓게 되었습니다. 개정된 주요한 사항은 대략 다음과 같습니다.

우선, 80년대에서 90년대에 이르는 격동기에 새로 생겨난 시사 신어를 모조리 섭렵, 정착되었다고 생각되는 것은 거의 망라하여 수록하였습니다. 다만, 사전의 품위를 떨어뜨리는, 일시적 유행어라든지 비어는 배제하였습니다.
다음으로는, 기존의 단어에 새로 생긴 어의(語義)도 샅샅이 조사하여 보완하였습니다. 특히 컴퓨터·정보 분야의 새어의는 최대한 수록토록 노력하였습니다.
그리고, 전면 재조판하는 계제에, 개정된 한글맞춤법도 완벽을 기하였습니다.
한가지 밝혀두고자 하는 일은, 발음 가운데 영미에서는 다 같이 용인되는 발음 (Received Pronunciation)으로 되어있지만, 우리나라 학생들이 저항감을 느끼는 일부 약모음은 보편성 측면에서 수정토록 하였습니다.
부록은, 요식적인 것을 버리고, 실제적이고 실용적인 아이템을 새로 개발하여 대폭 증보하였으므로 유용한 참고 자료가 되리라 확신합니다.

이와 같이, 이「엘리트 영한사전」은 신간 사전이라 해도 좋을만큼 상당부분이 개정되었습니다. 그러나 초판의 골격은 그대로 유지하였으므로 원전의 장점은 조금도 손상됨이 없이 더욱 빛을 발할 것입니다.
아무쪼록 이 개정판이 이용자 여러분의 영어력 향상에 크게 기여하여, 초판보다 훨씬 더 많은 사랑을 받게 되기를 기대합니다.

YBM 사전 편찬실

(初版)

머 리 말

YBM 시사영어사가 1987년 새해 아침을 기해서 새 영한 사전을 내놓게 되었습니다. 창사 이래 27년간 한국에서는 유일한 영어 전문 출판사로 커온 저희 시사영어사는 그 동안 한국 잡지 사상 최장수의 영어 월간 잡지「시사영어연구」와「영어세계」를 발행하는 한편, 각급 학교의 각종 영어 교재를 펴내 왔고, 카세트와 비디오의 첨단 시청각 교육 교재 개발에서도 선구자적 역할을 다해 왔습니다. 또한 저희는 영어 공부의 기본 도구인 영어 사전 편찬에도 온 정성을 기울여 10여 종에 이르는 New World 영한·한영 사전 시리즈도 발행하였으며, 그중에서도 창사 20주년 기념 사업으로 발행된「New World 한영 대사전」은 세계 도처의 대학 도서관은 물론 공산권 도서관에도 비치될만큼 세계적인 사전이 되었습니다.

말은 시대와 더불어 변하고 있습니다. 생활 양식의 변화와 과학 기술의 발달로 영어에도 새로운 낱말이 끊임없이 태어나고 있고, 기왕에 있던 낱말에 새뜻이 첨가되는 경우도 많습니다. 따라서 시대가 바뀌면 그 시대에 맞는 새 사전이 나와야 하는 것은 당연한 일이고, 저희가 새사전을 내놓는 가장 큰 이유도 여기에 있습니다.

우리는 이 새사전을 이름하여「엘리트 영한 사전」이라 했습니다. 영어를 더욱 정확히 공부하고 싶고, 영어를 더욱 폭넓게 익히고 싶고, 영어를 더욱 많이 활용하고 싶어하는 이 땅의 엘리트 영어 학도, 바꾸어 말하면 영어 우등생을 길러내는 길잡이 역할을 이 사전이 담당해 주기를 바라면서 붙인 이름입니다.

우리는 이 새사전이「엘리트」라는 그 이름에 걸맞게 영어를 공부하는 데 필요한 모든 정보를 요약·집대성하도록 노력했습니다. 따라서 종래의 콘사이스 판이 갖는 좁은 조판면을 벗어나 판형을 4·6판으로 키웠을 뿐만 아니라, 페이지도 중사전급의 국내 최대의 부피로 만들었습니다.

끝으로, 이 사전은 일본 최대의 출판사의 하나인 旺文社와 독점 판권 계약을 맺고 일본 학생들에게 가장 인기있는 동사 발행 Obunsha's Comprehensive English-Japanese Dictionary 를 기본으로하여 편찬했음을 밝히면서, 동사의 후의에 감사드립니다.

부디 이 사전이 이용자 여러분의 영어 공부에 명쾌한 해답을 주는 훌륭한 길 안내자가 될 수 있기를 빕니다.

YBM 시사영어사 대표이사 민 영 빈

이 사전의 특색

이제 영어는 학생만이 공부하는 교과목이 아닙니다. 우리나라가 해외로 약진하고 있고 선진국 대열로 진입하고 있는 요즈음, 영어에 관한 관심은 온 국민의 것이 되었습니다. 말하자면 국제화는 곧 영어화를 의미하게 되어, 교육받은 한국인은 누구나 영어와의 인연을 끊을 수가 없습니다.

그래서 이제 영어 사전은 학생만의 전유물이 아니라 한 가정내의 여러 사람이 두루 이용하는 도구가 되어야 하고, 그러자면 영어를 처음 배우는 중학생부터 고교생, 대학생, 그리고 사회에서 활동하는 가정의 연장자에 이르기까지 두루 편리하게 이용할 수 있는 사전이 되어야 합니다.

「엘리트 영한 사전」은 이렇게 그 독자 대상을 폭넓게 설정하였고, 이 target group 모두가 편리하게 이용할 수 있도록 중사전의 틀을 갖추었습니다. 그리고 내용면에서는 다음과 같은 특색을 살리도록 노력했습니다.

(1) 시대를 반영하는 신어를 대폭 수록 —— 70년대와 80년대는 물론 21세기를 바로 눈앞에 둔 90년대에 생긴 수많은 최신 신어와 과학 용어를 두루 수록하였고, 구어와 속어도 정착된 것은 거의 망라하여, 수록 어휘 수가 동형의 어느 사전보다도 풍부합니다.

(2) 기존 단어에 새뜻 대폭 추가 —— 시대의 변천에 따라 기존 어휘에 새뜻이 추가된 것이 많은데, 이 새어의(語義)를 빠짐없이 수록했습니다.

(3) 실용성 있는 풍부한 예문을 수록 —— 종래의 콘사이스형의 사전은 지면의 제약 때문에 예문을 많이 싣지 못하는 폐단이 있었습니다. 그러나 이 「엘리트 영한 사전」은 지면이 넉넉하였으므로 예문을 최대한 싣는 것을 기본 방침으로 삼았습니다.

(4) 중요 단어에는 3단계 별표 표시 —— 이 사전에서는 중요 단어를 3단계로 나누어 중학 정도, 고교 정도, 대학 정도를 아래와 같이 별표로 표시해서 학습 지표로 삼게 하였으며, 지면도 크게 할애하여 대항목으로 처리했습니다.

    (A) 중학 정도 — (※)표 —— 약 1,500 단어
    (B) 고교 정도 — (*)표 —— 약 4,500 단어
    (C) 대학 정도 — (*)표 —— 약 6,000 단어

(5) 중요 동사에는 문형을 표시 —— 중요한 동사에는 모두 용례와 함께 알기 쉽게 문형을 표시하여, 영작 등 학습자가 스스로의 표현을 하고자 할 때 용법을 그르치지 않도록 배려하였으며, 명사와 형용사 등의 연결 방식(collocation)도 일목요연하게 제시해 놓았습니다.

(6) 모든 명사에는 가산(可算), 불가산(不可算)을 명시 —— 모든 명사에는 그 뜻을 분명히 이해시키고, 나아가 관사나 복수형을 취할 수 있는지를

쉽게 파악할 수 있도록 countable noun(가산 명사)은 ⓒ로, uncountable noun(불가산 명사)은 ⓤ로 그 구별을 표시해 놓았습니다.
(7) **Usage, 주의, 용법, 참고 등의 별란을 설정** —— 이 사전에서는 학습상 특히 중요하다고 생각되는 말에는 Usage (어법) 란과 주의란을 두어, 우리 나라 사람들이 틀리기 쉬운 영어의 어법·문법 사항이나 영·미어의 용법 차이, 또는 구어와 문어 표현의 차이 및 배경 지식 등, 기초적인 것에서 어려운 사항까지 자세히 해설했습니다. 또 이 사전에서는 요소요소에 *표로 참고 사항을 설명한 대목도 많이 있습니다.
(8) **類語란을 두어 뜻이 비슷한 단어의 차이를 해설**——영어에는 역어만으로는 뜻의 미묘한 차이를 분간하기 어려운 유어가 많습니다. 이 난에서는 뜻이 비슷한 말들을 한데 모아, 용례를 곁들여서 그 단어들의 어감이나 용법상 주의할 점을 명확하게 해설했습니다. 또 상호 참조(⇨)의 배려도 잊지 않았습니다.
(9) **중요어에는 파생어·관련어를 부기** —— 중요한 단어에는 파생어나 관련어를 한데 묶어 표시함으로써 어휘력의 증대에 보탬이 되도록 했습니다.
(10) **흥미있고 유익한 어원** —— 어원적으로 흥미있는 단어, 어원을 외어두면 유익한 단어 등에는 어원을 이해하기 쉽게 표시해 놓았습니다.
(11) **영·미식 철자와 발음의 구별 명시** —— 표제어의 철자와 발음은 미식을 위주로 하였으되, 영식도 빠짐없이 병기하여 그 구별을 한눈에 알아 볼 수 있도록 해놓았습니다.
(12) **삽화에 의한 시각적 이해** —— 뜻풀이만으로는 이해하기 어려운 항목은 삽화를 곁들여서 확연히 이해할 수 있도록 해 놓았습니다.
(13) **실제적이고 실용적인 권말 부록** —— 요식적인 것을 버리고, 「세계 각국의 화폐 단위 및 환율표」, 「세계의 유명 상표명」, 「미국의 행정·입법·사법부 기구표」, 「영·미어의 차이점」 등 실제로 참고가 될만한 실용적인 아이템을 개발하여 다양하고 풍부하게 수록하였습니다.
(14) **컴퓨터 조판과 윤전 인쇄** —— 이 사전은 최신 컴퓨터로 조판했기 때문에 글자가 고루 선명하고, 양면 동시 인쇄 윤전기로 인쇄했기 때문에 앞뒷면 인쇄가 제대로 맞물렸으며, 윤전 인쇄를 지탱할 고급 용지를 사용했기 때문에 사전의 수명이 재래식의 것보다 월등히 오래갑니다.

일 러 두 기

〖1〗 표 제 어

수록어	1-1 이 사전에는 보통의 영어 외에 고유 명사, 접두·접미어, 연결어, 단축형, 약어, 연어(連語), 변화형 및 상용 외래어 등도 널리 표제어로 수록하였다.
활자체	1-2 일반적인 영어는 모두 고딕체의 입체 활자를 사용했으며, 아직 충분히 영어화되지 않은 외래어는 획이 굵은 이탤릭체(볼드 이탤릭체) 활자를 사용해서 구별하였다.

      school[1] [skuːl] *n.* ··· 일반적인 영어
      mo·dus [móudəs] *n.* ··· 외래어

배열	1-3 모든 표제어는 알파벳순(ABC 순)으로 배열하였다.
별표 표시	1-4 특히 중요한 표제어에는 3단계의 별표 표시를 하여 학습 목표에 도움이 되게 하였다.

      ‡ 가장 중요한 단어(중학 정도)
      ‡ 다음으로 중요한 단어(고교 정도)
      * 세 번째로 중요한 단어(대학 교양 정도)

어원이 다른 단어	1-5 철자는 같아도 어원상으로 다른 단어는 원칙적으로 별도 표제어로 내세웠으며, 그 표제어 오른쪽 어깨에 ¹,²의 기호를 붙여서 구별하였다.
분절(分節)	1-6 분절(syllabication)은 원칙적으로 음성학적 원리에 의거하였으며, 가운뎃점[·]으로 표시하였다. 두 가지 이상의 분절법이 있을 때에는 맨 처음에 든 발음에 준하였다.
변형 (variant)	1-7 동일한 단어지만 두 가지 이상의 철자법(variant)이 있을 때는, 이하의 원칙에 따라 표시하였다.

    a) 사용 빈도가 동등할 때는, 한쪽을 음절 단위에 의해 생략해서 병기하였다.
      won·der-strick·en [wʌ́ndərstrìk(ə)n]**, -struck**
      [-strʌ̀k] *adj.*
    이때 두 가지가 다 같은 발음일 때는 일괄해서 표시하였다.
      draft, draught [dræft / drɑːft] *n.*
    b) 사용 빈도가 낮은 것은 ( )속에 발음과 함께 표시하였다.
      dem·o·crat·ic [dèməkrǽtik]**, (dem·o·crat·i·cal** [-ik(ə)l]) *adj.*
    c) 미영(美英)에 따라 철자가 다를 때는, 미식 철자를 우선으로 내세우고, 다음에 《英》이라는 표시를 하고 영식 철자를 병기하였다. 그러나 필요할 때는 영식 철자도 별도 표제어로 내세웠다.
      la·bor, 《英》 -bour [léibər] *n.*
      la·bour [léibər] *n., v.* 《英》= labor.
    d) 특정한 품사·뜻풀이에 한해서 사용 빈도가 동등한 이철자(異綴字)가 있을 때는 품사 기호, 어의(語義) 번호 다음에 (=…)와 같이 표시하였다.
      eaves·drop […] *vi., vt.* ········· ━ *n.* (=**eaves·drip** […])

연어(連語)	1-8 두 단어 이상으로 나뉘어서 철자가 달라지는 단어(연어)도 표제어로 내세웠으나,

　　　　　a) 뜻이 같은 연어는 사용 빈도가 높은 것을 우선 내세우고, 나머지는 ( ) 속
　　　　　에 병기하였다.
　　　　　　　accòmmodátion bìll (dràft, nòte, pàper) *n.*
　　　　　b) 생략할 수 있는 부분은 [ ] 속에 표시하였다.
　　　　　　　Uníted Státes [of América] *n. pl.* (the ~)

　　　　　　　　　〖2〗 발　　　음　　　　　⇨ 發音解說(p.11)

발음 기호	2-1 발음은 최신 자료에 의해, 국제 음성 기호(International Phonetic Alphabet)로써 표제어 바로 다음의 [ ] 속에 표기하였다. ⇨ 發音記號表(앞면지)
악센트	2-2 악센트는 해당 모음의 바로 위에 표시하되, 제 1 악센트(primary accent)는 [́], 제 2 악센트(secondary accent)는 [̀]로 표시하였다.
생략	2-3 같은 단어에 두 가지 이상의 발음이 있을 때는 [,]로 병기하고, 공통 부분은 [-]으로 생략 표시하였다. 　**space·man** [spéismæn, -mən] *n.* 2-4 발음이 악센트의 위치만 다른 것은 다음과 같이 표시하였다. 　**mi·grate** [máigreit / -ˊ-] *vi.*
미음(美音)과　영음	2-5 미영(美英)에 따라서 발음이 달라질 때는, 미음을 우선 내세우고 / (사선) 다음에 영음을 표기히였디. 　**ab·do·men** [ǽbdəmən, æbdóu- / ǽbdəmèn, æbdóumen] *n.* 2-6 미영 공통음 외에 《美》나 《英》에서 다른 발음이 또 있을 때는 다음과 같이 표시했다. 　**mouthed** [mauðd, +美 mauθt] *adj.*
특수음	2-7 특수 용법의 발음은 다음과 같이 표시하였다. 　**south·east** [sàuθíːst, 항해 sauíːst] *n.*
품사·뜻풀이에 의한 차이	2-8 품사·뜻풀이에 따라서 발음이 달라질 때는 다음과 같이 표시하였다. 　**reb·el** [rébl → *v.*] *n.* 모반자(謀反者), …… ─ *vi.* [ribél] **1** 모반(반란)을 일으키다. 　**house·wife** *n.* **1** [háuswàif → 2] 주부……… **2** [hʌ́zif] 반짇고리. 2-9 생략할 수 있는 음은 ( ) 속에 표기하였다. 　**am·bi·tion** [æmbíʃ(ə)n] *n.* Ⓤ
강음과 약음	2-10 강음과 약음이 있는 것은 다음과 같이 표시하였다. 　**at** [강 æt, 약 ət] *prep.*
연어(連語)의 악센트	2-11 연어 표제어(⇨1-8)에 있어서는, 연어로서의 악센트를 표제어 위에 직접 악센트 기호를 붙여서 표시하였다. 　**sýstems enginèering** *n.* Ⓤ 시스템 공학. 단, 별도 표제어로 나와 있지 않은 단어가 들어 있을 때는 그 단어의 발음과 악센트를 그 자리에 표기하였다. 　**báck-sèat dríver** [bǽksìːt-] *n.* … ; 참견하기 좋아하는 사람.

　　　　　　　　　〖3〗 품사와 어형 변화

품사	3-1 품사명은 원칙적으로 발음 기호 다음에, 또는 ━ 바로 다음에 약기호(略記號)로 표시하였다. ⇒記號・略語表(뒷면지)
	3-2 문법상 특히 설명을 요하는 단어에는, 품사 표시 다음에 《정관사》《관계 대명사》《의문 부사》《서술 형용사》 등과 같이 표시해 놓았다.
	3-3 명사・동사・형용사・부사의 변화형 중 불규칙 변화를 하는 것, 변화형이 두 가지 이상 있는 것 등은 품사 표시 다음에 ( )속에 그것을 표시하였다.
변화형 표시	명사의 복수형은 (*pl.* ……)로 표시했으나, 동사는(과거형, 과거 분사형, 현재 분사형)의 순으로 표시했으며, 형용사・부사는 (비교급, 최상급)의 순으로 표시하였다.

child [tʃaild] *n.* (*pl.* chil・dren)

trav・el [trǽvl] *v.* (-eled, -el・ing; 《英》-elled, -el・ling)

far [faːr] *adv.* (far・ther, far・thest; fur・ther, fur・thest)

3-4 규칙 변화를 하는 것일지라도 특히 다음과 같은 변화형은 표시해 주기로 하였다.

a) 어미의 자음이 겹쳐지는 단어 : **stop** […] *v.* (stopped, stop・ping)

big […] *adj.* (big・ger, big・gest)

b) 어미의 -e 가 탈락되는 단어 : **a・buse** *vt.* […] (a・bused, a・bus・ing)

large […] *adj.* (larg・er, larg・est)

c) 어미의 -y 가 -i로 바뀌는 단어 : **cit・y** […] *n.* (*pl.* cit・ies)

bur・y […] *vt.* (bur・ied, bur・y・ing)

pret・ty […] *adj.* (-ti・er, -ti・est)

d) 어미의 -c 가 -ck 로 바뀌는 단어 : **pic・nic** […] *vi.* (-nicked, -nick・ing)

e) 어미가 -o, -f, -fe 로 끝나는 단어 : **po・ta・to** […] *n.* (*pl.* -toes)

f) 어미 이외의 것이 변화하는 단어 : **sis・ter-in-law** […] *n.* (*pl.* sis・ters-)

g) 발음상 주의를 요하는 단어 : **house** *n.* […] (*pl.* hous・es [háuziz])

cloth […] *n.* (*pl.* cloths [klɔθs, klɔːðz])

3-5 대명사에는 필요한 변화형을 밝혀 주었다.

I [ai] *pron.*《인칭 대명사, 1인칭・단수・주격》(*pl.* we; 소유격 my, 목적격 me, 소유 대명사 mine)

〖4〗 뜻풀이・어법

뜻풀이의 배열	4-1 뜻풀이(definition)의 배열은 원칙적으로 사용 빈도순으로 하였다.
뜻풀이의 분류	4-2 뜻이 여러 갈래일 때는, 한 품사내에서 **1,2,3**,…으로 분류하였다. **1,2,3**,… 을 다시 세분할 때는 **a),b),c)**,…를 써서 분류하였다. 또 필요에 따라서는 Ⅰ, Ⅱ, Ⅲ, …을 써서 크게 분류한 단어도 있다.

| 풀이의 병기 | 4-3 | 풀이를 병기할 때, 유사한 풀이는 [,]로 구분해서 나열하였으며, 좀 더 크게 구분할 때는 [;]로 구분하였다. |

| 특별한 용법 | 4-4 | 표제어의 특별한 용법은 ( ) 속에 다음과 같이 표시하였다. |

    (~s) (~es) (·ies), etc.   항상 복수형으로 쓴다.
    (the ~)   항상 정관사를 붙여서 쓴다.
    (a ~) (an ~)   항상 부정관사를 붙여서 쓴다.
    (B·), etc.   항상 대문자로 시작한다.

이밖에도 (the ~s), (the B-s) 등과 같은 복합형도 있다. 또, 「보통, 종종, 때로」 등과 같은 단서를 앞에 제시하였다.

| ⓒ 와 ⓤ | 4-5 | 명사의 가산(可算)(countable), 불가산(不可算)(uncountable)은 ⓒ ⓤ 기호로써 표시하였다. ⇨가산어(可算語)와 불가산어(不可算語)(p.15) |

    a) 원칙적으로 ⓤ 및 경우에 따라서 ⓤ로도 ⓒ로도 되는 것만을 표시하였다.
    b) 대부분의 어의(語義)가 ⓤ일 때는 첫머리에 ⓤ를 제시하여 대표하고, 그 다음에 개별적으로 ⓒ를 제시하였다.

| 언어 용법 | 4-6 | 표제어 또는 그 어의(語義)가 사용되는 지역·분야·시대 등이 한정되는 경우에는 《 》 속에 그것을 표시하였다. 그 표시는 약어일 때도 있다. ⇨記號·略語表(뒷면지) |

    ap·ple […] *n.* **1** 사과… **4** 《美속어》대도시 ; 지구(地球). **5** 《美구어》… 놈, 녀석.

또, 그밖의 간단한 문법적·어법적 지시도 《 》 속에 《단·복수 양용》《재귀용법》《보통 수동형으로》《서술용법》《한정용법》 등으로 표시하였다.

| 학술어와 전문어 | 4-7 | 학술어, 전문어는 〔 〕 속에 표시하였다. 그 표시는 약어일 때도 있다. ⇨記號·略語表(뒷면지) |

    fac·tor […] *n.* **1**… **2** 〔수학〕 인수, 인자(因子). …… **4** 〔생물〕 유전자, 유전 인자.

4-8 뜻풀이는 될 수 있는대로 보충 설명과 부연 설명을 첨가함으로써, 뜻을 명확하게 이해하는 데 도움이 되도록 하였다. 그러한 설명은 [ ] 속에 표기하였다.

    i·den·ti·fy […] *vt.* **1** [동일물·본인이라고] …을 인정하다, 확인하다 ……

    Di·an·a […] *n.* **1** 〔로마 신화〕 다이아나[달의 여신으로서 처녀성과 사냥의 수호신 ; 그리스 신화의 Artemis에 해당]. ……**3** 달.

| 타동사의 풀이 | 4-9 | 타동사의 풀이에는 「…을, …에, …에게, …에서」 등의 조사를 붙여서 목적어와의 관계를 명시하였다. 또, 특정한 목적어를 취하는 경우에는 그것을 〔 〕 속에 구체적으로 제시하였다. |

    lead¹ […] *vt.* **1** …을 이끌다, 인도하다, 안내하다, 데리고 가다(오다) …… **5** 〔길 따위가〕〔사람〕을 인도하다, 데리고 가다.

4-10 영어 동의어는 ( ) 속에 표기하였다.

| 반대어와 참조어 | 4-11 | 반대어는 *opp.*……, 참조어는 *cf.*……로 표시하였다. |

    as·cent […] *n.* ⓒⓤ **1** 올라가기, 상승. *opp.* descent
    com·par·a·tive […] *adj.* … **3** 비교급의. *cf.* positive, superlative

4-12 표제어와 밀접하게 결부되어 쓰이는 중요한 전치사·부사는 풀이를 한 다음에 ( ) 속에 그것을 표시하였다.

    con·sist […] *vi.* **1** [부분·요소로] 이루어져 있다 …… (*of* …)
    shut […] *vt.* **1** 〔창·문 따위〕를 닫다, 잠그다 ……(…*up*)

대체·생략	4-13 지면 절약을 위해서 어구 같은 것을 ( )나 [ ] 속에 넣어준 것이 많은데, 그 용법은 다음과 같다. a) ( ) 속의 어구는 바로 앞의 어구와 대체해 쓸 수 있음을 나타낸다. b) (or ……)은 바로 앞에 나오는 어구와 대체해도 뜻이 달라지지 않음을 나타낸다. c) [ ] 속의 어구는 생략할 수 있음을 나타낸다. 4-14 어법·유어(類語)·참고·주의 사항 등은 따로 난(欄)을 마련하여 자세히 설명하였다.
Usage 類語 주의 (* ……)	a) **Usage** 란에서는 그 단어의 어법·기능 등을 해설하였다. b) 類語 란에서는 그 단어와 동류(同類)의 단어들을 한데 모아서 비교 해설하였다. c) 주의 란에서는 그 단어에 관련된 참고 사항·주의 사항 등을 해설하였다. d) 위의 난에 해당하는 사항 중 비교적 간단한 내용의 것은 (* ……)와 같이 처리하여 풀이 내에서 적절히 해설해 놓았다.

〖5〗 용 례

용 례	5-1 용례는 품사별·어의(語義)별로 ¶ 표를 하여 풀이 다음에 열거했다. 5-2 이때 표제어 해당 부분이나 중요한 관련 어구는 이탤릭체를 써서 금방 눈에 들어오게 하였다. 또, 속담이나 성서, 문학 작품 등에서 인용한 것은 전체를 이탤릭체로 표기하였다. 　　**time** […] *n*. **1** Ⓤ [과거·현재·미래로 이어지는]때, 시간 ; 시일, 세월 …… ¶ *time* and space 시간과 공간 / *Time* creeps on. 시간은 모르는 사이에 지나간다 / *Time is money.* 《속담》 시간은 곧 돈이다 / *Time flies like an arrow.* 《속담》 시간은 화살같이 빨리 지나간다, 광음여전(光陰如箭) …… 5-3 용례가 두 개 이상 나열될 때는 일반적인 것은 / 로 구분하였으나, 동사형(型), 명사형, 형용사형 등에 관계되는 경우에는 그 형의 용례 앞뒤에 // 를 써서 구분하였다.

〖6〗 문 형

동사 문형	6-1 이 사전의 거의 모든 중요 동사에는 문형(Sentence Pattern)을 밝혀줌으로써 이용자로 하여금 영작과 문법 지식에 도움이 되게 배려하였다. ⇨문형 해설(p.18) 6-2 동사의 용례는 모두 문형에 따라서 분류하였는데, 문형이 다른 용례와 용례 사이는 // 로 구분하였다. 6-3 문형의 표시는 동사의 각 용례 앞에서 ( ) 속에 표기하였다. ⇨動詞文型表 (앞면지) 6-4 문형상 중요한 전치사, 부사, 접속사 등은 용례 중에서는 이탤릭체로 표기하였다.
명사형과	6-5 명사·형용사의 용례에 있어서도 동사의 문형에 준해서 용례의 분류를 하

| 형용사형 | 였으며, 밀접하게 결부되는 전치사·부사 등은 이탤릭체로 표기하였다. |

〖7〗 숙어·성구(成句)

| 활 자 체 | 7-1 숙어·성구는 모두 획이 굵은 이탤릭체(볼드 이탤릭체)로 각 품사의 풀이 맨 마지막에 일괄해서 표기하였다.
7-2 배열은 모두 단어 단위의 알파벳순으로 되어 있지만, 숙어·성구 첫머리의 관사(*a, an, the*)는 배열상 무시하였다.
7-3 숙어·성구는 그것을 찾는 데 가장 쉬운 단서가 될만한 단어, 즉 그 숙어·성구에서 가장 비중이 크다고 생각되는 단어의 표제어 내에 수록되어 있다. 이 판단은 이용자에 따라 견해가 다를 수 있으므로, 만약 한 표제어를 찾아봐서 그 숙어·성구가 나오지 않더라도 포기하지 말고, 그 숙어·성구 내에 들어 있는 또 다른 단어의 표제어를 찾아봐 주기 바란다.
7-4 숙어·성구의 어의(語義) 분류는 ①②③ ……으로 구분하였다. |
| 자동사·타
동사의 구별 | 7-5 동사구가 타동사적으로 쓰이는지 자동사적으로 쓰이는지 망설여질 염려가 있을 때에는 (*vt.*) 또는 (*vi.*) 기호를 부기하여 그 구분을 분명히 밝혀주었다. |

〖8〗 관련어·파생어

| 관련어·
파생어 | 8-1 중요어에는, 품사는 다를지라도, 그것과 관련해서 알아 두어야 할 단어를 ◇표 다음에 일괄해서 제시하였다. 이 단어들은 물론 이 사전에 표제어로 수록되어 있는 것들이다.
8-2 중요한 파생어는 표제어로 다루었으나, 그밖의 자명한 것은 기본이 되는 단어의 뜻풀이·용례 다음에 그 어형만을 고딕체로 표기해서 수록하였다. 이때 표제어와 공통되는 부분은 ~ 나 - 로 생략해서 표기하였다. |

〖9〗 어원·출전(出典)

| 어원·출전 | 9-1 어원(Etymology)은 표제어의 풀이 맨 마지막에 〔<……〕와 같은 형식으로 표시하였다. ⇨語源解說(p.22)
9-2 출전을 밝힐 때는, 각 뜻풀이, 용례 다음에 〔←마태 복음(Matt.)16 : 18…〕과 같이 표시하였다. |

발음 해설

이 사전의 발음 표기는, 우선 미음(美音)을 먼저 표시하고, 사선(/)으로 구분한 다음에 영음(英音)을 병기했다. 여기서 미음이란, 미국 본토 중서부(the Middle West)의 광대한 지역에서 사용되고 있는 음을 기초로 한 것으로서, 이른바「일반(표준) 미국어」(General American)라 불리는 것을 말한다. 또 영음이란, 영국 런던을 중심으로 한 영국 남부의 교양있는 사람들에 의해 사용되고, 영국 방송 협회(BBC)의 아나운서들의 발음에서도 들을 수 있는 것으로서, 일반에게 받아들여진 음, 즉「용인음(容認音)」(Received Pronunciation)이라 불리는 것을 말한다. 미음이나 영음(또는 우리말)도 이야기할 때의「양식(樣式)」(style), 즉 말씨에 따라서 발음도 달라지게 마련이지만, 이 사전의 표기는「천천히 말할 때의 구어체(口語體)」(slower colloquial style)에 기초를 두었다. 표기할 때 사용되는 기호로는 국제 음성 협회(International Phonetic Association)의 기호를 따랐다.

I. 모음(母音)과 자음(子音)

음성에는 유성음과 무성음이 있다. 목청을 떨어 울려서 내는 소리는「유성음」, 그렇지 아니한 소리는「무성음」이라 한다. 유성음 중 혀가 입안의 어느 곳에서고 마찰이나 폐쇄됨이 없이 발음되는 것을「모음」이라 하고, 그 밖의 유성음과 모든 무성음은「자음」이라 한다.

II. 모음(Vowels)

(1) 순모음(純母音) (Pure vowels)

순모음은 혀의 위치에 따라 다시 전(前)모음[iː, i, e, ɛː, ɛ, æ]과 후(後)모음 [ɑ, ɑː, ɔ, ɔː, o, oː, u, uː, ʌ], 중(中)모음[ə, əː, ər, əːr]으로 나뉜다. 장모음은 장음 부호 [ː]로써 표시되지만, 장음 부호가 붙은 모음은 일반적으로 그것이 붙어 있지 않은 모음(가령 [ɔː]와 [ɔ])과 다소 질이 다르다.

[iː] 우리말의「이」를 길게 끄는 소리에 가깝지만 혀를 보다 더 긴장시켜서 내는 소리이며, 위치도 좀 높다. 예 : bee[biː], eat[iːt]

[i] 우리말의「이」와는 좀 달리 혀가 중앙에 가까이 온다. 혀는 긴장시키지 않는다. 주의 behind [biháind], careless[kɛ́ərlis]와 같이 악센트가 없는 [i]는 [ə]에 가까우며 또, money[mʌ́ni], city[síti], study[stʌ́di]처럼 악센트 없는 [i]가 마지막에 오면 미음에서는 흔히 좁은 [iː]로 된다. 이와 달리, 영음에서는 종종 넓지 않은 [e]로 된다.

[e] 우리말의「에」에 가깝다. 예 : bed[bed], head[hed]

[æ] 우리말의「애」와 비슷하지만 그것보다 입술을 더 크게 벌린다. 예 : add[æd], sat[sæt], marry[mǽri], ask[æsk / ɑːsk] 주의 bad [bæd]의 [æ]는 bat[bæt]의 [æ]보다 길다.

[ɑː] 입을 크게 벌리고 입안 안쪽에서「아아」하고 길게 발음한다. 예 : father[fɑ́ːðər], calm [kɑːm]

[ɑ] 위의 [ɑː]의 짧은 음. 영음에서는 [ɔ]로 대응한다. 이때 [ɔ]는「오」보다 입안 안쪽을 넓히고 입술을 둥글고 크게 벌려서 발음하며 단순한 [ɔ]보다는 [ɑ]에 가깝다는 것에 주의. 예 : odd [ɑd / ɔd], doctor[dɑ́ktər / dɔ́ktə], college [kɑ́lidʒ / kɔ́lidʒ]

[ɔː] [ɔ]음 보다는 약간 혀를 올리고 입술도 좀 좁혀서 길게 발음한다. 예 : all [ɔːl], bought [bɔːt], saw [sɔː]

[u] 「우」에 가깝지만 좀더 입술을 좁게 오므리고 발음한다. 예 : book [buk], put [put]

[uː] 위의 [u]보다는 혀를 다소 긴장시키고 입안 안쪽으로부터 길게 발음한다. 예 : rude [ruːd], cool [kuːl], shoe [ʃuː]

[ə] 혀·입술을 자연 그대로의 상태로 두고 입을 조금 벌리면서 약하게「어」하고 발음한다. 예 : today[tədéi], about[əbáut], China [tʃáinə]

[ʌ] 「어」에 가까우나 그보다 좀더 긴장시키면서 내는 음. [ə]보다 혀의 위치를 다소 낮추어 발음한다. 예 : under[ʌ́ndər], cut[kʌt]

[ər] 미음에서 [ə]에 [r]음의 여운을 남기면서 발음하는 음. 따라서 [ə]보다는 혀가 긴장된다. 철자에 "r"이 있으며, 영음에서 [ə] 일 때, 미음에서는 이 음이 된다. [ɚ]의 기호로 표기하는 일도 있다. 예 : perhaps[pərhǽps], modern [mɑ́dərn/mɔ́dən]

[əːr] 미음에서 [əː]에 [r]음의 여운을 남기면서 길게 발음하는 음. [əː]보다 혀의 중앙을 좀 올리고 긴장시키면서 발음한다. 영음에서는 뒤에 모음이 이어지지 않는 한 [əː]로 된다. [əːr]를

[ə:]로 표기하기도 한다. 예: urge [ə:rdʒ], shirt [ʃə:rt], occur [əkə́:r], 단, hurry [hə́:ri/hʌ́ri]와 같이 되는 때도 있다. 또, colonel은 철자에 "r"이 없지만 미음에서는 [kə́:rn(ə)l]로 발음한다.

(2) **중모음**(重母音)(Diphthongs)
중모음은 편의상 하나 이상의 모음을 병기하여 표시하지만 실은 한 음절을 이루는 음으로, 처음 것은 똑똑히 발음되지만 다음 것은 다만 모음이 이동하는 방향을 가리킬 뿐 희미하게 발음된다. 예를 들면, ice[ais]의 [ai]는 우리말「아이(child)」처럼 두 음절이 아니고 [a]의 위치에서 [i]의 위치로 이동하는 모음을 말한다. 편의상「상향(上向) 중모음」과「중향(中向) 중모음」으로 분류한다.

1) 상향 중모음(주의를 요하는 것에 한한다)
[i], [u]로 향하는 중모음을 말한다.
[ou] 미음의 [o]는「오」에 가깝지만 영음의 제1 요소는 [ə]를 세게 발음한 것이 될 때가 많다. 또, 악센트가 없는 음절의 경우 빨리 말할 때는 [u]는 약해져서 [o](영음에서는 [ə])로만 그칠 때도 있다. 더욱 빨리 말할 때는 미음에서도 약한 [ə]로 된다. 예: oat[out], post[poust], though [ðou]; omit [o(u)mít], obey [o(u)béi]

[ɔi] 실용적으로는, 영음・미음이 모두 대체로 미음 [ɔ:]의 위치에서 [i] 방향으로 이동한다. 예: oyster[ɔ́istər], broil[brɔil], boy[bɔi]

[ai] 이 모음의 출발점이 되는 [a]는 혀의 위치가 낮고 [a:]보다는 앞쪽에서 난다. 우리말「아」에 가깝다. 예: five[faiv], sky[skai]

2) 중향 중모음
중음(中音) [ər](=[ɚ]) 《美》, [ə]《英》로 향하는 중모음을 말한다.
[iər] 미음에서는 [i]에서 [ər](=[ɚ])로, 영음에서는 [ə]로 향한다. 예: ear[iər], fierce [fiərs], spear[spiər] 주의 [iər] 다음에 모음이 올 때, 미음에서는 [ə]의 요소가 약해지거나 아예 없어지거나 한다. 이 사전의 미음 표기 [i(:)r-]는, [i] 또는 그것을 그대로 길게 끄는 음이라는 뜻이다. 예: era [í(:)rə / íərə], serious [sí(:)riəs / síəriəs], material [mətí(:)riəl / mətíəriəl]

[ɛər] 미음에서는 [ər](=[ɚ])로, 영음에서는 [ə]로 향한다. 예: air[ɛər], scarce[skɛərs], bear[bɛər] 주의 [ɛər] 다음에 모음이 올 때, 미음에서는 [ə]의 요소가 약해지거나 아예 없어지거나 한다. 이 사전의 미음 표기[ɛ(:)r-]는, 제1요소 [ɛ] 또는 그것을 그대로 길게 끄는 [ɛ:]라도 좋다는 뜻이다. 예: airy[ɛ́(:)ri / ɛ́əri], Mary[mɛ́(:)ri / mɛ́əri]

[a:r] 실제 미음에서는 [a:]에서 [ər](=[ɚ])로 향하는 중모음. 영음에서는 뒤에 모음이 이어질 때 이외는 [a:]. 예: arm[a:rm], farm [fa:rm], far [fa:r].

[ɔ:r] 미음에서는 [ɔ:]에서 [ər](=[ɚ])로, 영음에서는 흔히 순모음 [ɔ:]. 단, 이 [ɔ:]는 미음의 경우, 앞에 나온 순모음 [ɔ:]보다 다소 입을 덜 벌린다. 예: order [ɔ́:rdər], short [ʃɔ:rt], war [wɔ:r]

[o:r] 미음에서는 [ou]의 제1요소에서 [ər] (=[ɚ])로 향한다. 즉, [ɔ:]보다는 입을 덜 벌린다. 영음에서는 항상 [ɔ:]. 그러나, 미음에서도 항상 [ɔ:r]로 발음해도 무방하다. 예: oar [o:r 또는 ɔ:r/ɔ:], mourn[mo:rn 또는 mɔ:rn/mɔ:n], hoarse[ho:rs 또는 hɔ:rs/hɔ:s] (or [ɔ:r], morn [mɔ:rn], horse [hɔ:rs]—[o:r]의 발음은 없다) 주의 미음에서 -ory의 바로 앞에 악센트가 없을 때는 [-ó:ri] 또는 [-ò:ri]로 된다. 예: dormitory [dɔ́:rmitò:ri / -mitri], laboratory [lǽb(ə)-rətò:ri / ləbɔ́rət(ə)ɪi]

[uər] 미음에서는 [u]에서 [ər](=[ɚ])로, 영음에서는 [u]에서 [ə]로. 예: poor[puər], cure[kjuər] 주의 [uər]에 모음이 이어질 때, 미음에서는 [ə]의 요소가 약해지거나 아예 없어지거나 한다. 이때, [u(:)]는 [u]거나 그것을 그대로 길게 끈 것. 좁은 [u:]는 안 된다. 예: plural[plú(:)rəl / plúərəl], tourist[tú(:)rist / túərist], curable[kjú(:)rəbl / kjúərəbl]

3) 중모음+ər
[aiər], [auər] 처음의 요소는 강하게 발음되고, 나머지 두 요소(즉, [ər]를 1음으로 본다)는 약하게 된다. 예: fire[faiər], tire[taiər]; flour[flauər], hour[auər]

III. **자음**(Consonants)

(1) **파열음**(破裂音)(Plosives)
숨을 구강내에서 일시 폐쇄했다가 그것을 갑자기 터뜨리면서 내는 음.

[p]「ㅍ」의 무성 자음. 위 아랫 입술을 다물었다가 갑자기 열면서 낸다. 예: pen [pen], hope [houp]

[b]「ㅂ」의 유성 자음. 발음법은 [p]와 같다. 예: bed[bed], cab[kæb]

[t]「ㅌ」의 무성 자음. 혀끝을 윗잇몸에 대고 숨을 막았다가 갑자기 떼면서 내는 음. 예: tea [ti:], tent[tent] 주의 미음에서 악센트가 있는 모음과 악센트가 없는 모음 사이의 [t]는 혀끝이

잇몸에 닿는 시간이 짧고 닿는 정도도 약하다. 이 때문에 우리말의 초성(初聲)「ㄹ」처럼 발음된다. 예를 들면 pity가「피리」, better가「베러」, water가「워러」처럼 되는 경우다. 또, [t] 바로 앞에 [n]이 오면 이 영향으로 [t]가 거의 발음되지 않는다. 예를 들면 center가「세너」, twenty가「트웨니」처럼 되는 경우다.

[d] 「ㄷ」의 유성 자음. 발음법은 [t]와 같다. 예 : dad[dæd], good[gud]

[k] 「ㅋ」의 무성 자음. 후설면(後舌面)을 연구개(軟口蓋)에 대고 숨을 막았다가 갑자기 떼면서 내는 음. 예 : back[bæk], keep[ki:p]

[g] 「ㄱ」의 유성 자음. 발음법은 [k]와 같다. 예 : glad[glæd], big[big]

(2) 비음(鼻音) (Nasals)
구강을 막았다가 코로 내는 음.

[m] 「ㅁ」의 유성 자음. 위 아랫 입술을 다물었다가 코로 내는 음. 예 : mother[mʌ́ðər], game[geim]

[n] 「ㄴ」의 유성 자음. 혀끝을 윗잇몸에 댔다가 떼면서 코로 내는 음. 예 : nothing[nʌ́θiŋ], moon[mu:n]

[ŋ] 「응」의 종성(終聲). 후설면(後舌面)을 연구개(軟口蓋)에 대고 코로 내는 유성음. 예 : ink[iŋk], king[kiŋ]

(3) 설측음(舌側音) (Lateral)

[l] 혀끝을 잇몸에 대고 그 양쪽에서 내는 유성음. 이 [l]에는 leave[li:v], lake[leik]와 같이 모음 앞에 오는 clear "l"과, feel[fi:l], field[fi:ld]와 같이 자음 앞이나 어미에 오는 dark "l"의 구별이 있다. dark "l"은 후설면(後舌面)이 훨씬 올라가 연구개(軟口蓋)까지 가까이 간다. 즉, 후모음(後母音)에 가까워지는 것이다. 따라서 film[film], feel[fi:l], bulb[bʌlb] 등은「피움」,「피이우」,「버우브」처럼 들리는 일도 있다.

(4) 마찰음(摩擦音) (Fricatives)
구강내의 어떤 장소에서 좁혀진 통로부터 숨을 내보낼 때 생기는 마찰의 음.

[f] 윗니와 아랫 입술 사이에서 내는 마찰의 음. 무성음. 예 : fool[fu:l], photograph[fóutəgræ̀f/-grɑ̀:f]

[v] [f]음에 대한 유성음. 예 : voice[vɔis], leave[li:v]

[θ] 혀끝을 위의 앞니에 대고 내는 마찰의 음. 무성음. 예 : think[θiŋk], both[bouθ]

[ð] [θ]에 대한 유성음. 예 : this[ðis], bathe[beið]

[s] 「ㅅ」의 무성 자음. 혀끝과 윗잇몸 사이에서 내는 마찰의 음. 예 : see[si:], miss[mis]

[z] [s]에 대한 유성음. 예 : zoo[zu:], lose[lu:z]

[r] 혀끝을 윗니 안쪽에 가까이 하고 내는 가벼운 마찰의 음. 유성음. 예 : red[red], dry[drai] 주의 미음에서는 영음에 비해 마찰이 거의 없으며, [w]와 함께 반모음으로 분류된다. 따라서, stirrer는 영음에서는 [stə́:rə]로 소리나지만 미음에서는 [stə́:ɚ]처럼 소리난다. 이 사전에서는 [stə́:rər].

[ʃ] 혀의 앞면과 경구개(硬口蓋)의 앞부분 사이에서 내는 마찰의 음. 무성음. 예 : sheep[ʃi:p], bush[buʃ]

[ʒ] 위의 [ʃ]에 대한 유성음. 예 : usual[júːʒu(ə)l, -ʒ(ə)l], rouge[ru:ʒ]

[h] 「ㅎ」의 무성 자음. 숨이 목청을 마찰하여 내는 음. 예 : hot[hɑt/hɔt], home[houm]

(5) 파찰음(破擦音) (Affricates)
파열음이 곧 마찰음에 동반되는 음.

[tʃ] 마치「취」처럼 소리나는 무성 자음. 예 : chalk[tʃɔ:k], match[mætʃ]

[dʒ] [tʃ]에 대한 유성음. 예 : jet[dʒet], judge[dʒʌdʒ]

(6) 반모음(半母音) (Semivowels)
높은 모음에서 시작되어 곧 다른 모음으로 옮겨가는 단음절의 음.

[j] 「야」「여」「요」의 유성 자음으로서 긴장된 높은 [i]의 위치에서 다음 모음으로 향한다. 혀의 중앙부가 경구개(硬口蓋) 쪽으로 다소 올라가는 느낌이 있다. 예 : yet[jet], million[míljən]

[r] 미음이다. [ər]에서 시작되어 다음 모음으로 향하는 유성 이동음. (4) 마찰음 [r] 참조.

[w]「와」「워」「위」의 자음에 가까우나 보다 더 입술을 오므리고 발음하는 유성음. 예 : will[wil], work[wə:rk]

IV. 외국음과 특수음

[y] 입술을 동그랗게 [u]처럼 하고 [i]를 발음한다. 예 : *compte rendu*[-/F kɔ̃:t rɑ̃dy]

[ø] 프랑스어나 독일어에 나타나는 음. 입술을 동그랗게 하고 [e]를 발음한다. 예 : *jeu*[F ʒø]

[œ] 입술을 동그랗게 하고 [ɛ]를 발음한다. 예 : *siffleur*[F sifloe:r]

[ç] 「히」의 자음. 혀의 앞면과 경구개(硬口蓋) 사이에서 내는 무성 의찰음(擬擦音). 예 : *Reich*[-/G raiç]

[x] 후설면(後舌面)과 연구개(軟口蓋) 사이에서 내는 무성 마찰음. 스코틀랜드 방언·독일어에 흔하다. 예 : loch[lɑk, lax / lɔk, lɔx]《스코》

[ɲ] 「냐」의 자음에 가깝다. 경구개를 폐쇄하고 내

는 [n]의 유성 비음(鼻音). 예 : Bretagne[F
brətaɲ]
[m̥] [m]의 무성음. 예 : humph [hʌmf, m̥ m
m, m m̥ m → vi.]
[ɥ] 입술을 [w]처럼 오므리고 혀는 [i]의 위치에
서 발음. 예 : ennuyé [F ɑ̃nɥije]
[~] 프랑스어의 모음 위에 붙여 비음화를 나타
낸다.
예 : [ɑ̃, ɛ̃, ɔ̃]

V. 악센트(Accent)

악센트의 위치는 불규칙하므로 사전에 의존하는
수밖에 없으나 구태여 든다면 다음과 같다.
(1) 다음 어미가 붙는 낱말은 그 어미의 앞음절에
악센트가 붙는다.

-ctory fáctory, satisfáctory
-eous courágeous, hídeous, píteous
-ety anxíety, socíety, varíety
-ia Ásia, mánia
-ial esséntial, matérial
-ian Chrístian, histórian, musícian
-ic, -ical energétic, músical, pánic
  주의 aríthmetic, rhétoric
-ics éthics, mathemátics, phonétics
-ience, -iency cónscience, efficiency,
  expérience, obédience, pátience
-ient efficient, pátient, sufficient
-ify inténsify, persónify
-ion excúrsion, opínion, relígion
-ior inférior, sénior, supérior
-ious consciéntious, relígious, victórious
-ity abílity, ambigúity
-liar famíliar, pecúliar
-meter barómeter, diámeter
-sive expénsive, pássive
-sor, -tor áctor, proféssor
-uous conspícuous, volúptuous
(2) 다음 접두어·접미어는 그 자체에 악센트가 붙
는다.
any- ánybody, ányhow, ánywhere
-cur occúr, incúr
-duce redúce, subdúce
  주의 prodúce(v.), próduce(n.)
-eer caréer, pionéer
-ese Chinése, Japanése
-ette cigarétte, gazétte
every- éverybody, éverywhere
no- nóbody, nówhere
-oo, -oon bambóo, ballóon, kangaróo
-ose oppóse, suppóse
  주의 púrpose
-self, -selves mysélf, oursélves
some- sómewhat, sómething
(3) 중모음 음절에는 악센트가 붙는다.
área, éager, fúrniture, lóyal, pówder
(4) 다음 접두어·접미어는 그 자체에 악센트가 붙
지 않는다.
a- abéd
-able, -ible agréeable, sénsible
-age cóurage, márriage
-ant abúndant, mérchant
-ate clímate, décorate
be- becáuse, befóre
com-, con- combíne, commánd, conclúde
de- delíght, depénd
dis- disappéar, discóver
-dom fréedom, kíngdom
em-, en- emplóy, embárk, enjóy, entíre
-en gólden, kítchen
-er, -ar begínner, béggar
ex- excéed, extréme
for- forgét, forgíve
-ful béautiful, skíllful
-hood bóyhood, néighbo[u]rhood
im-, in- impréss, imménse, insíst, invíte
-ish, ism, -ist chíldish, héroism, píanist
-ly complétely, hárdly, lóvely
-ment góvernment, móvement
mis- misfórtune, misprínt, mistáke
-ness cárefulness, kíndness
-ship fríendship, spórtsmanship
trans- transláte, transmít
un- unléss, unháppy, unknówn
with- withstánd
-ward[s] fórward[s], wéstward[s]
(5) 다음 어미가 붙는 낱말은 그 어미의 앞 앞 음
절에 악센트가 붙는다.
자음+-an, -ate, -et, -on véteran, éstimate,
  álphabet, compárison
-cide mátricide
-cle árticle, míracle
-gram, -graph mílligram, télegraph
-my anátomy, ecónomy
-og, -ogue cátalog, díalogue
-phy, -gy geógraphy, énergy
-tude áttitude, látitude

가산어(可算語)와 불가산어(不可算語)

1. ⒞ ⒰가 지니는 뜻.

⒞——countable(가산어 : 셀 수 있는 명사)
⒰——uncountable(불가산어 : 셀 수 없는 명사)

이 사전에서는 가산 용법만 있는 명사에는 ⒞를 생략하고, 불가산 용법의 명사나 어의(語義)에 ⒰를 붙였다. 동일 단어에 ⒞, ⒰의 두 용법이 있는 것은 어의별로 ⒰만을 표시했다. 어의 구분의 일부분에 가산 용법이 포함될 때에는 ⒞표시를 해놓았다. 비슷한 어의로서 ⒞와 ⒰의 양용이 있을 때에는 ⒞⒰ 또는 ⒰⒞로 병기하였는데, 각기 앞에 나오는 기호쪽이 사용 빈도가 높다는 것을 나타낸다. 그러나, ⒰⒞로 표기되었더라도 ⒰와 ⒞가 같은 정도로 사용되는 경우도 있어서, 통계적으로 확인된 엄밀한 표시는 아니고 대충 그렇다는 것을 나타낼 뿐이다.

⒞, ⒰는 영작문을 할 때 도움이 될 뿐만 아니라, 명사의 어의 내용을 명확히 밝혀 주는 구실도 하고 있다. 이 표시에 의해서 역어(譯語)만으로는 알 수 없는, 단어의 질량적(質量的)인 어감을 파악할 수가 있을 것이다. 예를 들면, laugh ⒞와 laughter ⒰의 차이는 역어만으로는 충분히 나타내기가 어렵다. 또, pornography ⒰에 대해 pornograph 라는 가산 명사가 필요한 이유도 이해할 수 있게 된다.

⒞, ⒰의 표시는 사전에 따라 그 방침이 다소 다른 경우가 있다. 이 사전에서는 단수일 때는 a 또는 an 이 붙고, 복수일 때는 -s 가 붙는다는 형태상의 기준에 따라 ⒞, ⒰의 구별을 해놓았다.

　　a ~ / -s가 붙는 것 …… ⒞
　　a ~ / -s가 붙지 않는 것 …… ⒰

물론, ten sheep 와 같이 단·복수 동형인 때는 -s가 붙지 않아도 ⒞로 생각해야 한다(수사(數詞)가 붙는다는 것은 ⒞의 기준이 된다). 개중에는 a(an)이 붙어도 -s가 붙기 어려운 것(예를 들면 liking, modicum, calm, smattering)도 있다. 이러한 것에는 필요에 따라 (보통 a ~) 또는 (보통 단수로만 써서)와 같이 표시해 놓았다.

또, ⒞의 명사로서 -s가 붙는 형태로만 쓰이는 것(theatrical, tear 등)도 있다. 이러한 것에는 (~s) 또는 (보통 ~s) 등으로 표시했다.

한편, ⒰의 명사일지라도 knowledge 와 같이, 때로는 a 를 수반하는 것도 있다. 또, waters(바다·강·호수 따위의 많은 물, 바다, 수역, 광천수)는 대응하는 a water 의 어형이 없지만, 이렇게 ⒰의 명사가 특정한 어의에서는 -s를 수반하는 일도 있다. 이런 것들은 (a ~)나 (또는 a ~), (~s), (또는 ~s)라는 표시를 했다. 이 경우는 a(an)나 -s가 붙어도 ⒰로 간주할 수 있는 명사다. 요는, a(an)가 붙어도 대응하는 -s 형이 없는 것은 ⒰이며, -s가 붙어도 대응하는 a(an)가 붙는 어형이 없는 것도 ⒰인 것이다. 따라서 ⒰ (또는 a ~)나 ⒰ (또는 ~s)라는 표시는 모순되지는 않는다.

2. 연어(連語)와 숙어 중의 명사

⒞의 명사라도 관용적인 표현일 때는 관사가 붙지 않는 어형으로 사용되기 때문에, 얼핏 보아서는 ⒰ 같은 느낌을 준다. 이것은 가산 명사가 특정한 것을 가리키는 대신, 일반화된 추상적인 소재로서 불가산 명사에 가까운 성질을 띠게 된 것이라고 생각할 수 있다. 예를 들면, go to school / in port / by car 따위가 그런 것들이다. 단, 영·미에 따라서 차이가 생기는 경우도 있어서, go to university / in hospital이라는 영국 영어는 미국에서는 go to a (*or* the) university / in a (*or* the) hospital 과 같이 일반적인 ⒞의 어형이 된다. ⒞의 명사가 ⒰와 같은 어형을 취하는 경우는 이 밖에도 from... to...와 같은 어구나 나열해서 쓰는 경우, 주격 보어로 쓰이는 경우 등이 있는데, 이런 것들은 ⒰와는 별개의 것이며, 문법상의 현상으로서 설명되어야 한다. ⒰⒞의 표시는 이런 점에까지 관여할 수는 없다. 따라서, ⒞의 용례 속에 간혹 무관사 단수의 예가 들어 있다 할지라도 그것이 모순된다고는 말할 수 없는 것이다.

3. 절대적이 아닌 ⒞⒰

⒞, ⒰의 구별은 절대적인 것은 아니다. 이론적으로는 모든 명사가 ⒞, ⒰ 그 어느 쪽으로도 쓸 수 있는 가능성을 지니고 있다. 예를 들면, *Webster's Third New International Dictionary* 에는 furniture 나 butter 를 포함하는 대부분의 명사에 -s의 어형이 표시되어 있다. 학문적으로 엄밀한 의미에서는, 명사에 ⒞, ⒰의 표시를 하는 것은 불가능하다고 할 수 있지만, ⒞, ⒰가 경향을 나타내는 것이라고 생각할 때, 그 실용성은 인정해도 무방한 것이다. 명사의 수를 분간해서 쓰는

데 어려움을 느끼는 한국인에게 있어서는, ⓒ, Ⓤ의 표시가 매우 유익하다는 것은 의심할 여지가 없다.

이 사전의 ⓒ, Ⓤ는 일단 기준을 제시한 것이지만, 사용 빈도가 낮은 단어나 어의에 관해서는 정확한 판단을 내리기 어려운 경우도 적지 않았다. 이런 것들을 표시함에 있어서는, 용례도 그랬지만, 영어를 모국어로 하는 전문가의 의견을 참고하기는 했지만, 세부적으로는 앞으로도 연구와 조사를 거듭해서 보다 더 정확한 것으로 다듬어 나가고자 한다. 전체적으로 보아서, Ⓤ가 위주고 드물게 ⓒ가 있을 때는 실용성을 고려해서 Ⓤ표시만으로 간략하게 한 예도 더러 있다. 그렇게 하지 않으면 거의 모든 명사가 번거롭게 ⓤⓒ 표시를 다 해야 되기 때문에 영작문 등 실용상의 목적에 이용할 수 없게 되어버린다. 그러나, Ⓤ, ⓒ 별로 어의를 세밀하게 구분하기 어려운 경우나 Ⓤ, ⓒ의 각 사용 빈도가 높을 경우에는 ⓤⓒ 또는 ⓒⓤ와 같이 병기했다. 이 경우, ⓤⓒ는 Ⓤ가 많다는 것을 나타내며, ⓒⓤ는 ⓒ가 많다는 것을 나타내지만, 같은 정도로 사용되는 경우도 있으므로 엄밀하지는 않다는 것은 위에서 말한 바와 같다. 그리고, 역어가 같아도 Ⓤ는 「…하는 일」에 상당하고, ⓒ는 「…하는 행위」에 상당하는 경우도 있다. 이런 경우에는 사용 빈도와는 관계없이 ⓤⓒ로 표시해 놓았다.

4. ⓒ성(性)과 Ⓤ성

모든 명사는 ⓒ성과 Ⓤ성을 지니고 있어서, 그것이 크고 작음에 따라서 실제 용법이 정해지게 된다. Ⓤ는 뜻의 범위가 넓은 명사지만, 그것이 무엇인가에 의해서 제한되거나(예를 들면 형용 어구가 붙거나), 특정한 것을 가리킨다고 느껴질 때는 ⓒ성을 띠어서 a 나 -s 를 붙이는 일이 있다. 가령, equipment 나 fun 은 Ⓤ성이 강하지만, 때로는 앞의 것은 -s 를 수반하고 뒤의 것은 a 를 수반할 때가 있다. 반대로 pen 이나 street 는 ⓒ성이 강하지만, 때로는 Ⓤ적으로 쓰이는 일도 있다. 그 중간에는 여러 정도에 따라 Ⓤ성과 ⓒ성을 지닌 각종 명사가 존재하고 있다. 이 사전에서는 그것을 편의상 어의 구분과 역어에 따라서 ⓒ(원칙적으로 ⓒ성 시하지 않는다), Ⓤ, ⓒⓤ, ⓤⓒ 등으로 간략하게 표시해 놓은 것이다.

한 가지 덧붙일 것은, ⓒ, Ⓤ는 고정화되어 있는 것이 아니고, 시대에 따라, 거의 같은 어의일지라도 ⓒ, Ⓤ가 변화하는 예가 적지 않다. 최근의 예를 보면, television 은 Ⓤ지만, 점차 television set 를 가리키는 ⓒ의 용법이 생겨서, We have two televisions.라는 표현이 가능해졌다. 그러나, ⓒ의 용법은 아직은 위화감을 갖게 해서 그것을 인정하지 않는 사람도 있다. 마리화나(담배)를 가리키는 pot 를 보더라도 오늘날에는 Ⓤ로 써서 smoke *pot* 라고 표현하는 것이 보통이지만, 얼마전까지만 해도 smoke *a pot* 라고 사용했다. ⓒ, Ⓤ는 그 명사에 고유한 성질로서 정해져 있는 것이 아니고 관용적인 경향으로 나타나는 것이므로, 발음이나 어법 등과 같이 변화한다는 것을 알아야 한다.

5. 명사의 종류에 따라서

그러나, ⓒ, Ⓤ는 어의의 분할 방식과 크게 연관되어 있기 때문에, 동류의 것은 일정한 경향을 나타내는 것이 보통이다. 예를 들면, 동식물 이름은 ⓒ가 원칙이지만, 동물에서는 고기나 모피를 가리킬 때는 Ⓤ로 취급된다. 또, 사냥의 대상이 되는 물고기나 짐승은 집합적으로는 단·복수 동형으로 취급되는 경향이 있으나, 이것은 Ⓤ에 가까워지고 있다. 식물도 원칙적으로는 ⓒ지만, 그것에서 얻어지는 초근목피나 향료는 Ⓤ로 된다. 또, fern(양치)나 moss(이끼) 따위는 종종 개체를 문제삼지 않고 그 전체적인 범위로 보아서 Ⓤ로 취급한다. 보다 더 고등의 초본에 대해서도 종종 Ⓤ로서 무관사 단수가 쓰이는 일도 있으나, bacterium, germ, virus 와 같은 미생물에서는 개체로 보아서 오히려 ⓒ쪽이 일반적이다. 이 사전에서는 동식물은 Ⓤ의 용법이 현저한 것 이외는 ⓒ로 취급했다.

병명은 tonsillitis, influenza 와 같이 학술적인 것은 원칙적으로 Ⓤ지만, 통속적인 병명은 headache 나 cold 와 같이 ⓒ로도 되어, [the] flu 나 [the] measles 처럼 the 나 -s 가 붙는 특정형이 되는 것도 있다.

스포츠나 게임 이름은 Ⓤ가 보통이지만, marbles 와 같이 복수 형태의 Ⓤ도 많다. 울음 소리나 의성(擬聲)·의태어(擬態語)류는 ⓒ가 원칙이어서 이 사전에서는 ⓒ로 취급되어 있지만, noise 나 sound 가 ⓤⓒ 양용이 되는 것과 비슷해서 Ⓤ가 되는 일도 있다. 그리고, good-by 와 같은 인사말은 ⓒ지만, 종종 얼핏 보기에 Ⓤ처럼 쓰이기도 한다. 이것은 남을 부르는 말의 경우도 마찬가지여서, 무관사 단수형일지라도 Ⓤ와는 성질이 다르다.

색깔을 나타내는 명사는 원칙적으로는 Ⓤ지만, 종류나 변화를 나타내어 ⓒ로 되는 일도 보통이다. 예를 들면, *a moss green* 과 같이, 부정 관사를 수반하는 예도 적지 않다.

어형만으로도 ⓒ, Ⓤ를 대충 추정할 수 있는 경

우도 많다. 예를 들면, 동사에서 명사로 전환된 steal, buy 와 같은 단어는 ⓒ가 원칙이고, takeoff, walkaway 처럼「동사+부사」의 명사 전환형도 ⓒ가 원칙이다. 다만, takeoff, walkaway 와 같은 단어는 때때로 Ⓤ의 용법도 볼 수 있다. 이 사전에서는 현저하게 Ⓤ 용법이 있는 경우를 제외하고는 모두 ⓒ로 취급했다.

어미에 의해서 ⓒ, Ⓤ를 어느 정도 판단할 수 있는 것도 있다. 예를 들면, -wear, -ware 는 Ⓤ가 원칙이다. 또, -land, -dom 은 ⓒ, Ⓤ 양용의 가능성이 있고, -hood, -ship, -cy, -ance, -ence, -ency, -ic, -ness, -th 등은 Ⓤ가 보통이지만, 때로 ⓒ가 되는 일도 더러 있다. -ty 는 단어에 따라서 Ⓤ나 ⓒ로 된다. -age 도 의미 내용에 따라서 Ⓤ, ⓒ 양용이 있다. -tion, -ment, -ing, -ism 은 Ⓤ, ⓒ 양쪽으로 쓰이기 쉽다. -sis, -tomy 는 Ⓤ일 경우가 많으나, 때로는 ⓒ로도 된다. 이상으로 추상 명사는 거의 모두가 Ⓤⓒ 양성을 지닌다는 것을 나타내고 있다.

6. 특별한 ⓒ 와 Ⓤ

물질 명사 종류는 Ⓤ가 원칙이지만, two chalks, two cheeses, two hairs 와 같이 특정한 어형을 하고 있어서 쉽게 셀 수 있는 범위의 것은 ⓒ로도 된다.

양을 나타내는 Ⓤ의 명사가 a 나 -s 를 붙여서 ⓒ성을 띠는 일도 있다. 예를 들면, *jams* and *jellies* of Hawaiian *fruits* 가 그러한 예다. 그러나, butter 나 honey 는 이런 종류의 ⓒ로 되기 어렵다. coffees(여러 종류의 커피)와 구어의 two coffees (커피 두 잔)는 동일한 것이 아니고, 앞의 것은 특수한 ⓒ이고, 뒤의 것은 보통의 ⓒ로 생각할 수 있다. 또, vitamin, colloid, hormone 따위는 항상 종류를 염두에 두는 말이므로 ⓒ가 원칙이다. oxide, acid 따위의 ⓒ 취급도 마찬가지지만, 특정한 화합물에 쓰면 Ⓤ가 된다. 위에서 말한 종류를 나타내는 ⓒ의 대부분은 보통의 가산 명사인 ⓒ와는 달라서 준(準) ⓒ라고 생각할 수가 있다.

집합 명사에는 ⓒ로 취급되는 것이 많다. 예를 들면, crowd 나 family 는 단수일지라도 의미 내용이 복수라는 이유만으로 문법상의 용법은 ⓒ가 된다. 중다(衆多) 명사(복수성 집합 명사) cattle, police, people 과 같이 얼핏 보아 단수형일지라도 수사가 붙는 것은 일종의 복수형으로 간주되어 ⓒ에 준한다. 이에 반해 company(손님), life(생물) 등과 같이 수사가 붙지 않는 단수성 집합 명사는 Ⓤ이다.

항상 복수형인 clothes, trousers 따위도 일종의 Ⓤ로 생각되지만, 이 사전에서는 이것을 *pl.*로만 표시해 놓았다. 마지막으로, the 를 수반하는 명사는 ⓒ, Ⓤ의 문제가 생기지 않는데, 이것은 특정화 현상이 일어나기 때문이다. 이 사전에서는 이런 것을 (the ~)로 표시했다. ⓒ인 명사에 the 가 붙으면 a 나 -s를 붙일 수 없게 되어 사실상 Ⓤ에 가까와진다. 또, 고유 명사 종류는 보통 ⓒ, Ⓤ의 테두리 밖에 있지만, 유사물이나 종류를 가리키면 ⓒ로 될 수 있다.

문 형 해 설

이 사전에서는 29개의 동사형(Verb Pattern)을 설정했는데, 동사형 1(완전 자동사)과 동사형 9 (완전 타동사)의 두 가지형은 표시를 생략하였다. 따라서 이 사전에 실제로 사용된 동사형 기호는 27개다.

1. (~)

동사형 1은 동사형 2 및 동사형 6,7 이외의 완전 자동사를 나타낸다. 이 사전에서는 특히 필요성이 있는 경우를 제외하고는, 동사형 1은 표시하지 않았다. 따라서 자동사로서 특히 문형 표시가 없으면, 그것은 동사형 1에 속하는 동사라는 뜻이 된다. 〔예〕 Birds *fly*. / Day *dawns*. / He *died*. / The rain *lasted* all day.

2. (~ + 副)

이때의 副란, 일반적인 부사를 가리키는 것이 아니고, 동사와 밀접하게 결부되는 부사적 소사(小詞) (Adverbial Particle) 및 일정한 자동적·관용적으로 결부되어 사용되는 소수의 부사를 가리킨다. 부사적 소사란 in, out, on, off, down, up, about, across, around, along, over, through, by, past, under 등 전치사와 동형의 것 이외에 away, back, forth 등의 단어를 말한다. 〔예〕 He *came in*(*out*). / Prices are *going up*(*down*). / He *went back*(*away*). / I *came home*. / The book *fell off*. / His book is *selling well*.

3. (~ + 補)

이 형의 補는 주격 보어(Subjective Complement)를 나타내며, 사용되는 동사는 불완전 자동사다. 주격 보어에는 명사와 명사 상당 어구 및 형용사와 형용사 상당 어구가 온다. 이 형으로 쓰이는 주요한 동사는 다음과 같은 것들이 있다. be, look, seem, appear, feel, smell, sound, taste, become, get, grow, turn, come, go, fall, run, keep, remain. 〔예〕 This *is* my car. / She *looks* happy. / He *felt* hungry. / His dreams have *come* true. / He *remained* poor all his life.

4. (~ + to be 補) (~ + [to be] 補)

이 형은 자동사가 ① 반드시 to be를 수반하는 경우와 ② to be가 생략될 수 있는 것의 두 가지로 이루어진다. 형용사 afraid, asleep, awake 등의 서술 형용사일 때는 to be를 생략할 수 없으므로 ①의 형을 취한다. 이 형에 쓸 수 있는 주요한 동사로는 seem, appear, happen, chance, prove, turn out 등이 있다. 〔예〕 ① He *seems to be* asleep(awake). / I *happened*(*chanced*) *to be* out when she called. // ② He *seems* [*to be*] angry. / The street *appeared* [*to be*] deserted. / The report *proved* [*to be*] false.

5. (~ + *as* 補)

as 補란 as에 의해서 이끌리는 일종의 주격 보어를 가리킨다. as 다음에는 자격·지위·직능·역할 등을 나타내는 명사가 온다. 〔예〕 Mr. Brown *acted as* chairman. / He *died as* president. / She *served as* an assistant.

6. (~ + 前 + 名)

자동사가 그 다음에 전치사와 그 목적어인 명사 또는 명사 상당 어구를 수반할 때의 동사형이다. 前 + 名은 ① 장소를 나타내는 부사구인 때와, ② 자동사와 의미상 밀접하게 결부되어서 전체적으로 관용적인 구(句)를 형성하고, 동사에 따라서 사용되는 전치사가 일정한 것을 말한다. 후자의 경우, 자동사와 전치사의 결합이 거의 타동사에 가까운 것이 있다. 〔예〕 ① He *looked out of* the window. / Our school stands *on* a hill. // ② The house *belongs to* him. / Can I *count on* your help? / Please don't *wait for* me. / We *looked into* (=investigated) the matter.

7. (~ + 前 + 名 + *to* do)

이 형은 6의 (~ + 前 + 名)에 to 부정사가 수반된 것이다. 엄밀히 말하자면 6의 일종이라고도 볼 수 있지만, 이 사전에서는 학습자의 편의를 고려하여 독립된 동사형으로 다루었다. 「명사 + 부정사」 전체가 전치사의 목적어를 이루는 것이 많고, 명사는 부정사의 의미상의 주어를 이루고 있다. 〔예〕 I am *waiting for* him *to* arrive. / They have *arranged for* a taxi *to* meet you at the airport. / We are *counting on* you *to* help.

8. (~ + *done*)

이 형은 3의 (~ + 補)의 일종으로서, 보어 중에서 특히 과거 분사를 취하는 경우의 형을 제시한 것이다. "*done*"은 자동사의 주격 보어에 상당한다. 〔예〕 He *remained undisturbed*. / I wish the lid would *stay put*. / He *stood amazed*. / The knot *came untied*.

9. (~ + 目)

目은 목적어를 가리킨다. 이 동사형에서는 동사는 완전 타동사이며 목적어 이외의 다른 요소는 필요로 하지 않는다. 타동사가 목적어를 취한다는 것은 정의(定義)에 의해 자명하므로, 이 사전에서는 필요성이 있는 경우를 제외하고는 이 동사형의 표시는 생략하였다. 또 이 동사형 및 이하의 타동사가 들어 있는 동사형의 수동태에 관해서는, 이 사전에서는 능동태를 원칙적으로 내세웠고, 수동태는 그 운용형(運用形)으로 간주 모두 능동태로 표시해 놓았다. [예] I *like* sports. / He *painted* the picture. / He *sells* flowers. / Please *describe* what you saw. / This picture was *painted* in 1820.

10. (~+目+副)

이 형은 2 의 (~+副)에 대응하는 것으로서, 그 타동사형이라고도 할 수 있다. 부사는 동사와 밀접하게 결부되는 부사적 소사(小詞)가 위주지만, 그 이외에 타동사와 관용적으로 결부되어서 사용되는 약간의 부사도 포함된다. 목적어가 명사인 경우, 부사적 소사는 목적어에 선행해서 동사 바로 뒤에 오는 일이 있다. 또, 목적어가 긴 경우에도 부사적 소사는 동사의 바로 뒤에 오는 일이 많다. 목적어가 인칭 대명사인 경우에는 부사는 반드시 목적어의 뒤에 온다. [예] He *put* his coat *on*. / He *put* it *on*. / Don't *throw* the shoes *away*. / Don't *throw* them *away*. / *Carry* the baggage *upstairs*. / *Carry* it *upstairs*. // He *put on* his hat. / Don't *throw away* anything useful. / *Bring in* those chairs that are in the garden. / I *took* her *home*.

11. (~+-ing)

이 동사형의 -ing 는 ① 자동사 다음에 와서 일종의 보어 구실을 하는 현재 분사와, ② 타동사의 목적어인 동명사의 둘로 나뉜다. ①은 동사형 8 (~+done)과 같은 종류의 것으로서, 8 이 동사 다음에 오는 말이 과거 분사인 데 대해, 이 형에서는 그것이 현재 분사라는 점만이 다르다. 이 경우의 자동사는 반드시 불완전 자동사가 되는 것은 아니고, 다음에 이어지는 현재 분사는 「…하면서」 「…하여서」라는 뜻을 나타내어, 동사와 동시적인 동작을 나타내는 일도 있다. ②의 타동사 중에는 목적어로서 동명사 외에 to 부정사를 취하는 것도 있다(그 경우에는 동사형 12 로 된다). [예] ① He *stood listening* to the music. / I *sat watching* television. / He *came running* to meet us. // ② He's *stopped smoking*. / She *avoided meeting* him. / Boys *like playing* baseball. / We must *prevent* their *coming*.

12. (~+to do)

이 동사형에는, ① 동사가 자동사이고 to do 가 그 보어 또는 부사적 수식어를 이루는 것과, ② 동사가 타동사이고 to do 가 그 목적어를 이루는 것의 두 가지가 있다. ①의 to do 는 목적·결과 등의 이외에 갖가지 의미 관계를 나타낸다. [예] ① His ambition *is to* become a doctor. / We *are to* meet at the airport. / We *happened to* meet on the street. / We *stopped to* rest. // ② I *want to* see you. / I *forgot to* mail your letters. / I'd *like to* go to the movies.

13. (~+目+to do)

이 동사형은 목적어와 목적 보어로서 to 부정사를 취하는 형이다. 이 가운데 동사가 사고(思考)·판단 따위를 나타내고, 목적어와 to 부정사간에 의미상 주어와 술어의 관계에 있는 것은 to 부정사가 to be 로 되는 것이 많다. 이러한 것은 이 사전에서는 별개의 형으로 취급하였다(⇒동사형 16). [예] I *told* him *to* wait. / Please *allow* me *to* go home. / He doesn't *want* his son *to* become an artist. / We *expect* him *to* come to tea.

14. (~+目+補)

이 형의 동사는 주로 불완전 타동사이며, 목적 보어를 수반하는 것이다. 목적 보어는 명사 또는 명사 상당 어구 및 형용사 또는 형용사 상당 어구가 쓰이며, 동사가 나타내는 동작의 결과나 동시적 상태 따위를 나타낸다. [예] We *call* him Teddy. / They *elected* him president. / He *pushed* the door open. / He *made* her happy. / I *found* the chair quite comfortable.

15. (~+目+as 補)

이 형은 목적 보어가 as 에 이끌리는 경우의 문형이다. as 다음에는 명사 또는 명사 상당 어구 및 형용사 또는 형용사 상당 어구가 온다. The idea *strikes* me as silly. 는 외형적으로는 이 동사형에 속하는 것처럼 보이지만, as 이하는 목적 보어가 아니고, 주어에 대한 동격적 서술어를 이루는 특수한 예다. [예] We *regard* it *as* a waste of time. / They *elected* him *as* chairman. / Don't *treat* him *as* a child. / I will *describe* him *as* really clever.

16. (~+目+to be 補) (~+目+[to be])補

이 형은 부정사가 to be 인 점을 제외하면 동사형 13 과 같은 것이다. 이 형의 동사는 사고(思考)·판단 따위를 나타내며, 목적어와 to be 補와의 사이에는 의미상 주어와 술어의 관계가 성립된다. 동사에 따라서는 to be 를 생략할 수 있는 것이 있는데, 그런 것들은 (~+目+[to be])補로 표시된다. to be 를 생략한 경우에는 동사형 14 와 같은 것이 된다. 구어에서는 동사형 16 대신에 동사형 20 을 흔히 쓴다. [예] They *felt* the plan *to be* unwise. / He *declared* himself *to be* a member of the Communist Party. / We *know* him *to* have *been* a spy. // They *reported* him [*to be*] the best doctor in town. / We *think* him [*to be*] a good teacher.

17. (~+目+do)

do 는 원형 부정사를 나타낸다. 이 형에서 쓰이는 동사는 ① 지각 동사와 ② 사역 동사로 나뉘며, 원형 부정사는 이 동사들의 목적 보어에 해당한다. 동사형 17에 쓰이는 주요한 동사에는 ① see, hear, feel, watch, observe, notice, ② make, let, bid, have 등이 있다. 사역 동사적은 아니지만 미국에서는 help 를 이 동사형에 쓴다(영국에서는 동사형 13이 된다). 〔예〕 ① I *saw* him *cross* the street. / We *felt* the ground *shake*. / Did you *notice* anyone *leave* the building? // ② What *makes* you *think* so? / I'll *let* you *know* it. / He has his secretary *type* his letters.

18. (~+目+-ing)

이 형에 있어서의 -ing 는 현재 분사이며, 목적 보어로 사용되고 있다. 이 형에서 쓰이는 동사는 동사형 17 의 ①과 공통되는 것 이외에, smell, find, catch, keep, leave, have, set, start 등이 있다. 또, 이 형의 -ing 에는 동명사로서 목적격의 명사나 인칭 대명사 이외의 대명사를 의미상의 주어로 하는 용법도 포함된다. 여기에 쓰이는 주요한 동사로는 like, hate, mind, imagine, fancy, remember, understand 등이 있다. 〔예〕 I *saw* him *crossing* the street. / I *heard* her *playing* the piano. / I can *smell* something *burning*. / I can't *keep* him *waiting*. / I *caught* him *napping*. / This *set* me *thinking*. // I don't *understand* him *behaving* like that. / I *remember* my father *coming* home late.

19. (~+目+done)

done 은 과거 분사를 나타낸다. 이 형에서는 과거 분사는 목적 보어로 쓰이며, 일반적으로 목적어와의 사이에 수동의 관계가 성립된다. 이 형에 쓰이는 주요한 동사로는 feel, hear, see, find, like, make, want, wish, get, have 등이 있다. 〔예〕 I *heard* my name *called*. / He *made* himself *understood*. / I *want* this report *typed*. / He *got* his radio *fixed*. / She *had* her purse *stolen*.

20. (~+that 節) (~+[that] 節)

that 절은 접속사 that 에 이끌리는 명사절로서, 이 형의 문장으로는 ① 타동사의 목적어로 되어 있는 것, ② (~+前+名)의 형으로 쓰이는 자동사 중의 어떤 것이 전치사의 개입없이 직접 that 절을 수반하는 것, ③ it seems (*or* appears) that... 또는 it happened (*or* chanced) that... 등의 형식이 있다. 또 구어에서는 think, suppose, hope, wish, say 등 일상 흔히 쓰이는 동사 뒤에서는 that 가 생략되는 일이 많지만, 그것은 (~+[that] 節)로 표시되어 있다. 〔예〕 ① I *think* [*that*] he is an honest man. / He *wishes* he had studied harder. / I *suggested* that he buy a new car. / He *said* [*that*] he would send his son to college. // ② He *insisted* that he was innocent. (*cf.* He *insisted on* his innocence.) / She *complained* that it was too hot. (*cf.* She *complained of* the heat.) // ③ It *seems* that he is fond of sweets. / It *happened* that he was busy when I called.

21. (~+目+that 節)

이 동사형에는 ① 목적어가 간접 목적어이고 that 절이 직접 목적어에 상당하는 것, ② that 절이 동사형 28 (~+目+前+名)의 前+名에 상당하는 것의 두 가지가 포함된다. 이 형에 쓰이는 주요한 동사에는 ① show, teach, tell, promise, ② assure, convince, inform, remind, satisfy, warn 등이 있다. 〔예〕 ① Experience has *taught* me *that* honesty pays. / He *promised* me *that* he would be home for dinner. // ② They *warned* us *that* the roads were icy. (*cf.* They *warned* us *of* the icy roads.) / He *informed* us *that* he was willing to help. (*cf.* He *informed* us *of* his willingness to help.)

22. (~+wh. to do)

wh.는 주로 wh 로 시작되는 의문 대명사와 의문 부사(how 를 포함) 및 종속 접속사 whether 를 가리킨다. 단 동사형 22 에서는 why 는 쓰이지 않는다. 이 동사형에서는 *wh.*+*to do* 는 명사구를 이루며, 동사의 목적어로 쓰이고 있다. 〔예〕 We could not *decide what* to do. / I don't *know how* to play chess.

23. (~+目+wh. to do)

동사형 22 의 wh. to do 앞에 目이 온 형으로서, 주로 目은 간접 목적어에, wh. to do 는 직접 목적어에 상당한다. 이 동사형에 쓰이는 주요한 동사는 동사형 25 와 공통이며, 본래 동사형 28 (~+目+前+名)에서 쓰이는 동사도 여기에 포함되어, advise, ask, inform, show, tell 등이 있다. 〔예〕 *Ask* him *where* to put it. / I *showed* her *how* to do it. / Please *inform* me *where* to get them.

24. (~+wh. 節)

이 동사형에서는 wh.절은 타동사의 목적어에 상당하며, wh.-words 에는 동사형 22 에서 사용되는 단어 이외에, 의문 부사인 why 와 종속 접속사인 if(=whether)가 포함된다. 단, He meant *what he said.*와 같은 문장에서는 what 은 관계 대명사에 이끌리는 종절(從節)로서, 동사형 9 에 속한다. 〔예〕 He *asked why* I was late. / I *wonder whether* he will come. / Do you *know if* he is at home today?

25. (~+目+wh. 節)

동사형 **23**의 wh. to do 대신에 wh. -words 로 이끌리는 종절이 사용된 점을 제외하면 동사형 **23** 과 같다. 주로 目은 간접 목적어에, wh.절은 직접 목적어에 해당한다. 〔예〕 *Ask* him *where* she lives. / Can you *tell* me *how* high the mountain is? / Please *inform* me *whether* this train stops at Onyang.

26. (~+目+目)

맨 처음의 目은 간접 목적어, 두 번째의 目은 직접 목적어다. 간접 목적어는 주로 사람을 나타내며, 직접 목적어는 주로 물건을 나타낸다. 간접 목적어가 강조될 때, 또는 상당히 길 때는 문장의 균형상 직접 목적어가 선행하며, 간접 목적어는 to 또는 for 의 다음에 오는 동사형 **28** 이 된다. 수동태에서는 어느쪽의 목적어든지 주어가 될 수 있으나, 어느 한쪽만 허용되는 것도 있다. 〔예〕 I *gave* him a watch. / I don't *owe* him anything. // Will you *buy* me some stamps? / She *made* herself a new dress. / She *poured* me a cup of coffee.

27. (~+目+副+目)

맨 처음의 目은 간접 목적어, 다음의 目은 직접 목적어로 사용되고 있다. 이 동사형에서는 부사 또는 부사적 소사(小詞)는 동사와 의미상 밀접하게 관련되어서 두 개가 합쳐져서 관용적인 구를 이루며, 간접 목적어로서의 명사 또는 대명사는 그 사이에 놓여진다. 이때 직접 목적어의 위치는 항상 부사 다음이다. 직접 목적어의 위치를 앞으로 옮기면, (~+(直)目+副+前+名) 또는 (~+副+(直)目+前+名)의 형이 된다. (~+目+目+副) 또는 (~+副+目+目) 으로는 되지 않는다. 전치사를 사용하는 형에서는 동사에 따라서 to 또는 for 가 사용된다. 〔예〕 Please *bring* me *back* those books.(=Please *bring back* those books to me.) / They *gave* the people *back* their freedom. / He *made* me *up* a parcel of books.(=He *made up* a parcel of books for me.)

28. (~+目+前+名)

이 동사형에는, ① 前+名이 의미상 동사와 밀접하게 관련해서 관용적인 어군(語群)을 형성하고, 동사에 따라서 결부되는 전치사가 항상 일정한 것, ② 전치사는 주로 to 또는 for 에 한정되고, 名은 동사형 **26** (~+目+目)의 간접 목적어에 해당하는 것, ③ 前+名이 장소·방향·기간 등의 뜻을 나타내는 부사구인 것이 포함된다. ②에 쓰이는 동사는 동사형 **26** 과 같다. 전치사 for 를 취하는 주요한 동사는 buy, choose, get, save, make, grow, find, do, cook, leave, order, play, reach, prepare 등이 있다. 〔예〕 ① I *congratulated* him *on* his success. / I *explained* the problem *to* him. / He *reminds* me *of* his father. // ② He *sold* his old car *to* one of his friends. / She *made* coffee *for* all of us. // ③ Don't *stick* your head *out of* the car window. / He *took* his children *to* the park.

29. (~+前+名+that 節)

이 형에서는 that 절은 동사의 직접 목적어에, 前+名은 간접 목적어에 해당한다. 동사형 **21** 과 달라서 간접 목적어는 반드시 前+名으로 나타난다. 前+名은 동사의 바로 다음 that 절 앞에 오며, 전치사로는 to 가 쓰인다. 이 형에서 쓰이는 주요한 동사로는 admit, complain, confess, explain, remark, say, suggest 등이 있다. 또, 간접 화법의 전달 동사로는 *say to* a person *that*...보다는 *tell* a person *that*...쪽이 일반적이다. 〔예〕 He *explained to* us *that* he had been delayed by the weather. / He *suggested to* John and Mary *that* they go to Spain for their holidays.

어 원 해 설

　어원(etymology)이란, 말의 형태나 의미의 기원·유래를 말한다. 영어의 어원을 고찰한다는 것은, 언어의 학문상의 대상으로서 영어를 연구하는 데 필요할뿐 아니라, 문화사적인 면에서도 흥미를 느끼게 하는 것이다. 또, 형태나 의미상 유사한 동계(同系) 어원의 말을 한 군데에 잘 정리해 두면 단어를 능률적으로 외는 데도 도움이 되는 실리적인 측면도 있다. 이 사전에서는 이러한 관점에서 어원을 다루었다. 어원을 제시한 방법은 대략 다음과 같다.

(1) 어원적으로 흥미있는 말, 어원을 알아두면 도움이 되는 단어 등을 중심으로 해서 어원을 제시했다.

(2) 어떤 말의 기원·유래에 대해서 필요에 따라 간단한 학문적 해설을 함으로써 학술상의 요청에 부응하고, 어원이 같은 말들을 한군데에 정리해서 유추적(類推的)으로 암기하게 유도함으로써 단어력 증강에 도움이 되도록 하는 학습상의 효과에 주안점을 두었다.

(3) 어원은 표제어의 풀이 맨끝에 〔 〕로써 제시했다.
　예: **amen**......〔<Heb *āmēn* truly, certain-
(4) <표는, 그 왼쪽의 말이 오른쪽 말에서 유래되었음을, 또는 왼쪽에 있는 말의 기원·유래에 관한 설명임을 나타낸다.
　예: **hiya**......〔<How are you ?의 전화(轉
　　sabotage......〔<F *saboter* damage (*v.*) <*sabot* 나막신+-AGE: 옛날 프랑스의 노동자가 쟁의를 일으킬 때 sabot 로 기계 따위를 파괴한 데서: 동계어 *sabot*〕
　　whang......〔<의성어(擬聲語)〕
　　zipper......〔<상표명〕

(5) 어형 앞에 약어로 그 언어명을 나타냈다. L 로 되어 있으면 라틴어(Latin)에서 유래되었음을 나타낸다. 언어명의 약어는 약어표를 참조하라.
　예: **ad hoc**......〔<L to this〕
　　kolkhoz......〔<Russ KOL[LEKTIVNOE]+ KHOZ[YAĬSTVO]: collective farm〕

(6) 어원의 어형이 표제어와 동일하거나 또는 특별히 어형을 나타낼 필요가 없다고 생각되는 것은, 원칙적으로 언어명만 표시했다.
　예: **abbé**......〔<F〕

(7) 어형은 이탤릭체로 표기하고, 그 의미는 어형 바로 뒤에 명조체로 표기하는 것을 원칙으로 했다.
　예: **cafeteria**......〔<American Sp *cafeteria* coffee store〕

(8) 어형을 분석 설명할 수 있을 때에는, 분석한 구성 요소에 하이픈(-)을 붙이고 그것을 + 표로 연결했다. 구성 요소가 독립어일 경우에는 하이픈을 쓰지 않았다.
　예: **vexillology**......〔<VEXILL[UM]+-OLOGY〕
　　workfare......〔<WORK+[WEL]FARE〕

(9) 구성 요소가 이 사전의 표제어로 따로 나오는 것은 소형 대문자(SMALL CAPITAL)로 나타냈다. 단, 표제어로 따로 나오는 것일지라도 설명문 중에 나올 때에는 소형 대문자를 사용하지는 않았다.
　예: **hanky-panky**......〔<hokey-pokey 를 흉내낸 조어(造語)〕
　　howbeit......〔<HOW+BE+IT: however it may be〕

(10) 표제어와 같은 계통의 말 가운데 특히 기억해야 할 중요한 것이 있으면 동계어(同系語)라고 표시해서 열기하고, 동계에 해당하는 부분을 이탤릭체로 표시했다.
　예: **hushaby**......〔<HUSH+-a-(연결사)+ BYE<bye-bye: 동계어 lull*aby*〕
　　toilette......〔<F: 동계어 *toilet*〕

(11) 필요에 따라 간단한 문법적·언어학적 설명이나 문화사적 해설 등을 해놓았다.
　예: **a, an**......〔<OE *ān* one: 자음 앞에서 ān의 n이 탈락된 것〕
　　derrick......〔<17세기 초 London 의 사형 집행인 Derrick〕
　　hers......〔<his 를 본떠서 her 에 s 를 붙인 것〕

(12) 복합어(compound)는 그 구성 요소가 독립어로 되어 자명한 것은 굳이 밝히지 아니하였으며 생략한 부분이 있을 때에만 [ ]속에 표시하고 +표로 연결했다.
　예: **liger**......〔<LI[ON]+[TI]GER〕
　　pomato......〔<PO[TATO]+[TO]MATO〕
　　smog......〔<SM[OKE]+[F]OG〕

A

A, a [ei] *n.* (*pl.* **A's** *or* **As**; **a's** *or* **as**) **1** 영어 알파벳의 첫째 자. ¶ *A* for Alfred Alfred의 A [국제 전화 통화 용어]. **2** A(a)가 나타내는 소리. **3** 〖연속된 것 중의〗 첫번째 사람(물건). **4** 〖수학〗 제1의 기지수(량). **5** 〖논리〗 제1가정(假定)의 사람(사물). **6** A(a)자형 〖의 물건〗. ¶ an *A* tent A자형 천막.
do not know A from B A 자와 B 자도 구별 못하다, 낫 놓고 기역자도 모르다, 일자무식이다.
from A to Z 처음부터 끝까지, 완전히.
know(learn) the A to Z(of) …의 모든 것을 알다, …을 속속들이 알다. ⇨ Usage (2).
A [ei] *n.* **1** 〖美〗〖학업 성적에서〗 수, A. ¶ straight *A*'s 전과목 수. **2** 〖품질의〗 A급, 제1급. **3** A 사이즈 〖구두의 볼이나 브래지어의 컵 사이즈, B보다 작고, AA 보다크다〗. **4** 〖혈액형의〗 A. **5** 〖음악〗 가음, 가조(調).
‡**a** [강 ei, 약 ə], **an** [강 æn, 약 ən] *art.* 《부정관사》 * 자음으로 시작되는 단어 앞에서는 a, 모음으로 시작되는 단어 앞에서는 an 을 쓴다. ⇨ Usage (2).
1 하나의(one). ¶ in *a* word 한마디로 말하면 / in *a* day or two 하루 이틀 중에 / *a* pair of shoes 구두 한 켤레 / at *a* blow 일격에, 한방으로 / Not *a* [single] man was to be seen. 사람이라고는 그림자 하나 안보였다.
〖주의〗 * a, an과 one——(1) a, an 은 다같이 원래 one 이 약화된 형태인데, 「하나의」라는 뜻을 강조할 경우에는 one 을 쓴다: *one* hundred 1백; *a* hundred 백. (2) 금액을 나타낼 때에는 one 을 쓰는 것이 보통. It cost me *one* hundred won. 그것은 100원 먹혔다. (3) a 와 one 을 쓰는 데 따라 뜻이 달라지는 경우가 있다: as *a* man 일개 남자(인간)로서, as *one* man 일치협력하여 / *a* fine morning 어느 갠 날 아침; *one* fine morning=one morning 어느 날 아침 / at *a* time 한번(1회)에; at *one* time 한때는, 동시에.
2 〖수(數) 또는 사물을 강조하여〗 하나의. ¶ I said *a* [ei] dozen. 나는 1다스라고 말했던 거야 / Yes, I had *a* [ei] reply. 그래, 대답이라는 걸 듣기는 했다(* 바람직하지 못한 것임을 암시).
3 어떤, 한(a certain). ¶ Once there lived *a* king. 옛날에 한 임금이 살고 있었다 / You are right in *a* sense. 어떤 의미에서는 네가 옳다.
4 〖어떤 종류 전체를 대표하여〗모두, 어느 것이나(any, every). ¶ *A* dog is a faithful animal. 개는 충실한 동물이다.
〖주의〗² 총칭의 a, an——가산(可算) 명사의 총칭형으로서는 a dog, the dog, dogs의 세 가지가 있다. *a* dog 는 종족 가운데 하나를 대표로 꺼내어 「어떤 개나」라는 뜻으로, a 는 any 에 가깝다.
5 각(매)…, …마다, …당, …에 대하여(per, each) (* 원래는 전치사 on). ¶ Once *a* week 1주일에(매주) 한번 / ten cents *a* yard 1야드당 10센트 / *a* mile *a* minute 1분간에(매분) 1마일 / 5 dollars *a* month 한 달에(매월) 5달러.
6 동일한(the same). ¶ We are of *an* age. 우리는 동갑이다 / They are all of *a* size. 그것들은 모두 같은 크기다 / Birds of *a* feather flock together. 〖속담〗같은 깃털의 같은 새는 한데 모인다, 유유상종 / Two of *a* trade seldom agree. 〖속담〗 같은 장사끼리는 마음이 안 맞게 마련.
7 명실상부한, 진짜…, 영락없는. ¶ He is *a* fool. 그는 [진짜] 바보다 / He isn't at heart *a* rascal. 그는 본성은 악당이 아니다.
8 〖고유 명사에 붙여서〗 a) …과 같은 특질을 가진 사람, …과 같은 사람. ¶ *a* Hercules 헤라클레스와도 같은[괴력을 지닌] 사람 / *a* Nero 네로와도 같은 폭군. b) …이라는 이름의 사람, …집안의 사람. ¶ *a* Mr. Roberts 로버츠라는 사람 / *A* Mr. Smith wants to see you. 스미스씨라는 분이 뵙고 싶답니다 / He married *a* Kennedy. 그는 케네디가의 여자와 결혼했다(* 두 사람 이상인 경우에는 복수가 될 수 있다. 예: There are two Browns. 브라운이라는 분이 두 사람 있다). c) 〖작품·제품 등을 나타내어〗 …의 것(작품). ¶ *a* Ford 포드사의 차 / *a* Gogh 고흐의 그림 / *a* Rodin 로댕의 조각.
9 〖추상 명사·물질 명사에 붙여서〗a) 〖종류를 나타낸다〗 ¶ Iron is *a* metal. 철은 금속의 일종이다 / Kindness is *a* virtue. 친절은 하나의 미덕이다. b) 〖구체적인 예를 나타낸다〗 ¶ *a* bronze made in ancient times 고대에 만들어진 청동의 상(像) / *A* coffee, please. 커피 한 잔 주세요 / She is *a* beauty. 그녀는 미인이다. c) 〖He did her *a* small kindness. 그는 그녀에게 약간의 친절을 베풀었다.
10 〖서수(序數)에 붙여서〗 또 하나의, 다른. ¶ I visited him *a* second time. 나는 다시 한 번 그를 찾아갔다.
11 〖few, many, little 등에 붙여서〗 ¶ *a* few things 약간의 물건 / *a* great many stars 수많은 별들 / I know *a* little of everything. 나는 무엇이나 조금은 알고 있다.
—— Usage (1) a, an의 발음——부정관사를 따로 떼어 읽거나 특히 강조하여 발음할 경우에는 강한 발음 [ei, æn]을 쓰고, 그밖의 경우에는 약한 발음 [ə, ən]을 쓴다: "A" [ei] is *an* [ən] article.
(2) a 와 an 의 사용 구분 ——뒤에 오는 글자가 아니라 발음에 따른다: *a* university [juni-] / *an* hour [auəɾ] / *an* M.P. [émpíː]. * *an* hotel, *an* history 등과 같이 [h]로 시작되는 단어 앞에 an을 쓰는 것도 어법에 속한다.
(3) a, an 의 어순——부정관사는 보통 「형용사」「부사+형용사」 앞에 온다: *a* house 집 / *a* large house 커다란 집 / *a* very large house 매우 큰 집. 단, 다음 a), b), c) 에 열거한 말들은 부정관사 뒤에 온다.
a) 형용사 many, such, half, what: many *a* book 《문어》 많은 책 / such *a* pretty girl 매우 귀여운 소녀 / half *an* hour 반시간, 30분(* 특히 《美》에서는 *a* half hour, *a* half mile 이라고도 한다. 이 경우 half hour 등은 합성어에 가까우며, *a* half-hour 와 같이 하이픈을 쓰는 일도 많다) / What *a* fine view! 참 아름다운 경치로구나!
b) How, as+형용사「so, too+형용사」: How pretty *a* doll! 참 예쁜 인형이군! / He is as rich *a* man as you. 그는 너만큼 부자다 / I cannot finish it in so short *a* time. 그렇게 짧은 시간에는 끝낼 수가 없네(* a so great achievement 와 같은 어순도 있으나, 거드름피우는 표현이 된다) / It is too difficult *a* problem for me to solve. 그 문제는 너무 어려워서 나로서는 못 풀겠다.
c) Rather quite, rather: He is quite *a* gentleman. 그야말로 신사이다. ⇨ 7 / She is rather *a* proud woman. 그녀는 어느 편이나 하면 자존심이 강한 여자다. * I bought it at *a* quite reasonable price. / He

died after *a* rather short illness.와 같은 어순도 있다.
(4) a, an 의 생략 — 보통 때는 부정관사를 취하는 명사도 다음 a), b), c), d)의 경우에는 생략된다.
a) 보어로서 형용사적으로 쓰이는 경우: He is *merchant* through and through. 그는 철두철미한 장사꾼이다.
b) 보어로 되는 명사가 오직 한 사람만이 차지하게 마련인 「관직·지위·역할」 등을 나타내는 경우: act as *umpire* 심판 노릇을 하다 / He was elected *chairman*. 그는 의장으로 선출되었다.
c) man 이 「인간, 인류, 남성」을, woman 이 「여성」을 의미하는 경우: *Man* is mortal. 사람은 죽게 마련이다 / *Woman* is weaker than *man*. 여자는 남자보다 약하다.
d) 그밖의 몇몇 숙어에서: go to bed 잠자리에 들다 / from hand to mouth 그날그날 벌어먹고 사는.
[<OE *ān* one: 자음 앞에서 ān의 n 이 탈락된 것]
a [ə, æ] 《속어·방언》 **1** =have, has: I would *a* done it. (=I would *have* done it.) 나 같으면 그렇게 했을 것이다. **2** =of: kind*a* (=kind *of*) / sort*a* (=sort *of*).
@ [ét, ət] 《상업》 단가 …으로. 「용·영화」.
A 《略》 《군사》 attack plane (공격기); 《英》 adult (성인용 영화).
A, Å 《略》 《물리》 angstrom unit.
a-[1] *pref.* **1** 《고어·방언·속어》 동명사에 붙여서 in the act of…의 뜻을 나타낸다. 예: go *a-*fishing 낚시하러 가다 / The house is *a-*building (*a*building). 그집은 지금 건축중이다. * 하이픈을 붙이지 않고 한 단어로 표기하는 경우도 있다.
〖주의〗 현재의 표준어법에서는 go shopping 과 같이 *a-* 를 붙이지 않고 사용하며, -ing 형은 동명사가 아니라 현재 분사로 해석되고 있다. 또한 The house is *building* (=The house is being built). / They spent a month [in] *doing* the sights of Rome. 등에서 이 고투 용법의 흔적을 찾아볼 수 있다.
2 on, in, into, to, toward 등의 뜻. 명사에 붙어서 서술형용사나 부사를 만든다. 예: *a*bed (=in bed), *a*shore (=on or to the shore), *a*sleep (=in sleep).
a-[2] *pref.* off, of 의 뜻. 명사·형용사에 붙여서 형용사·부사를 만든다. 예: *a*fresh, *a*kin, *a*new.
a-[3] *pref.* up, out 의 뜻. 동사에 붙여서, 처음 또는 마지막 순간의 행위를 나타내며, 또 그 의미를 강조한다. 예: *a*rise, *a*wake.
a-[4] *pref.* not, without 의 뜻. 예: *a*chromatic, *a*moral, *a*sexual, *a*pathy.
a. ace; answer; acre[s]; active; adjective; alto; anno (L=in the year of); anonymous; ante (L=before); are[s] [면적 단위]; ampere; 《야구》 assist[s].
A. Absolute; Academy; America, American; angstrom unit; answer; April; Army; 《프랑스》 *avancer* (=be fast [시계가] 빠르다).
a·a [áː] *n.* 《U》 아아 용암[표면이 거친 흑요암질 용암].
AA 《略》 n. AA 사이즈[구두의 볼이나 브래지어 컵의 사이즈, A 보다 작다], 《俗》_____tion.
AA Afro-Asian; Asian-African; affirmative action.
A.A. Alcoholics Anonymous; American Airlines; antiaircraft; antiaircraft artillery; 《英》 Automobile Association (자동차 협회).
AAA 《略》《美》 Agricultural Adjustment Administration (농사 조정국); American Automobile Association (미국 자동차 협회).
A.A.A. 《略》 Amateur Athletic Association (아마추어 운동 경기 협회); Automobile Association of America (미국 자동차 협회).
AAAA 《略》 Amateur Athletic Association of America (미국 아마추어 운동 경기 협회).
A.A.A.L. 《略》 American Academy of Arts and Letters (미국 예술원).
A.A.A.S., AAAS 《略》 American Association for the Advancement of Science (미국 과학 진흥회).
A.A.C. 《略》 Amateur Athletic Club.
A.A.E. 《略》 American Association of Engineers (미국 엔지니어 협회).
A.A.E.E. 《略》 American Association of Electrical Engineers (미국 전기 기술자 협회).
A.A.F. 《略》《美》 Army Air Forces (육군 항공대); Auxiliary Air Forces (보조 공군).
A.A.G. 《略》 Assistant Adjutant General (《美》육군 군무국(軍務局) 차장; 《英》 군무와 과원).
AAM 《略》 air-to-air missile (공대공 미사일).
A & P 《略》 Great Atlantic and Pacific Tea Company (미국의 수퍼마켓 회사).
A. & R. 《略》 artists and repertory (출연자와 곡목).
A. & R. man n. 음반 제작시 연주가를 선정하고 곡목을 결정하는 사람.
A.A. of A. 《略》 Automobile Association of America.
AAP 《略》 Association of American Publishers(미국 출판 협회).
A.A.R. 《略》 《보험》 against all risks (전(全)위험 담보); Association of American Railroads (미국 철도 협회).
aard·vark [áːrdvɑːrk] *n.* 아드바크[남아프리카에 사는 개 미핥기의 일종, 흰개미를 잡아먹고 산다. 속칭 「땅돼지(earth pig)」].
aard·wolf [áːrdwùlf] *n.* (*pl.* **-wolves** [-wùlvz]) 아드울프[아프리카산(產), 하이에나 비슷한 포유 동물로, 곤충을 잡아먹고 산다. 속칭 「땅늑대(earth wolf)」].
[aardvark]
Aar·on [ɛ́(ː)rən, ǽr-/ɛ́ərən] *n.* 《성서》 아론 [모세의 형으로, 유대 최초의 제사장(祭司長). ⇨출애굽기(Ex.) 28; 40:13-16]. 「나물·범의귀류의 일종.
Aa·ron's-beard [ɛ́(ː)rənzbìərd/ɛ́ərənz-] *n.* 물레
Aaron's rod *n.* **1** 서양메역취류의 식물[긴 줄기에 꽃이 달린다. **2** 《성서》 아론의 지팡이[뱀이 막대기에 감겨 있는 모양의 지팡이. ←민수기(Num.) 17:8]. **3** 《건축》 나뭇가지에 뱀이 감겨 있는 모양의 장식.
A.A.S. 《略》 《라틴》 *Academiae Americanae Socius* (= Fellow of the American Academy) (미국 학사원 특별 회원); 《가톨릭》 *Acta Apostolicae Sedis* (=Acts of the Apostolic See) (사도좌(使徒座) 공보).
aas·vo·gel [áːsfòug(ə)l] *n.* [남아프리카산(產)] 콘도르의 일종.   「경기 연맹; 미국 체육 협회.
A.A.U. 《略》 Amateur Athletic Union (아마추어 운동
A.A.U.P., AAUP 《略》 American Association of University Presses; American Association of University Professors (미국 대학 교수 연맹).
AAW 《略》 anti-aircraft warfare(대공전).
AB 1 〖혈액의〗 AB 형. **2** 《略》 air base; airborne.
ab- *pref.* away from, off, apart 의 뜻 및 강조(*c,t 앞에서는 abs-로 되고, m,p,v 앞에서는 a-로 된다). 예: *ab*duct, *ab*jure, *ab*scond, *ab*stract; *a*vert.
ab., a.b. 《略》 about; 《야구》 [times] at bat (타수(打數), 타석).
A.B. 《略》《海事》 able-bodied seaman; 《라틴》 *Artium Baccalaureus* (=Bachelor of Arts) (문학사). ⇨ B.A.
a·ba, ab·ba [əbɑ́ː, ɑ́ːbɑ/ǽbə] *n.* **1** 《U》 아바[낙타나 염소 털로 짠 옷감]. **2** 아바[아랍 사람들이 입는 소매없는 헐거운 겉옷].
A.B.A., ABA 《略》 Amateur Boxing Association (아마추어 권투협회); American Banking Association (전미(全美) 은행 협회); American Booksellers Association(전미(全美) 서적상 협회): American Bar Association(미국 변호사 협회).
ABAA 《略》 Antiquarian Booksellers Association of

abaca / **abbreviate**

America(미국 고서적상 협회).

a·ba·ca [ɑ̀ːbəkɑ́ː, -bɑː-, ǽbəkə] n. ⓤ 마닐라삼.

a·back [əbǽk] adv. 1 〔항해〕 〔바람 방향이 갑자기 바뀌거나 하여〕돛의 정면으로 바람을 받아, 돛이 역풍을 받고, 역범(逆帆)으로. ¶ The ship was taken *aback*. 그 배는 역풍을 받고 있었다. 2《美서는 고어》거꾸로. *be taken aback* 〔사람이〕깜짝 놀라다, 허를 찔리다.

a·bac·te·ri·al [èibæktíːriəl / -tíər-] adj. 비(非)세균성의, 세균에 의해 일어나는 것이 아닌.

a·bac·u·lus [əbǽkjuləs] n. (pl. **-li** [-lài]) 〔건축〕 1 〔세모 또는 네모진〕끼움 조각. 2 모자이크의 타일.

***ab·a·cus** [ǽbəkəs] n. (pl. **-cus·es** or **-ci**) 1 주판[의 일종]. 2 〔건축〕 관판(冠板); 관석(冠石) 〔원(圓)기둥머리 위에 받치는 평판석〕.

A·bad·don [əbǽdən] n. 1 지옥; 나락(奈落). 2 바닥 없는 지옥의 마왕(Apollyon) 〔←요한 계시록(Rev.) 9:11〕.

a·baft [əbǽft / əbɑ́ːft] adv., prep. 〔항해〕 배의 후반부에(서), 고물쪽으로, 고물에; 〔…의〕뒤쪽으로(behind). ¶ *abaft* the beam 배의 바로 옆에서 뒤쪽으로 / a wind from *abaft* 뒤쪽에서 불어오는 바람, 순풍 / *abaft* the mast 돛대 뒤쪽에.

[abacus 2]

ab·a·li·en·ate [æbéiljənèit, -liən-] vt. (**-at·ed, -at·ing**) 〔법률〕〔명의·재산 따위를〕양도하다.

ab·a·lo·ne [ǽbəlóuni] n.《美》전복의 일종.

‡**a·ban·don**[1] [əbǽndən] vt. 1〔계획·목적 따위]를 단념하다, 포기하다, 버리다(give up). ¶ *abandon* one's plan 계획을 단념하다.

類語 **abandon** 필요상·책임상 또는 피로·혐오 등의 이유로 버리다: *abandon* a picnic plan because of foul weather 궂은 날씨 때문에 피크닉 계획을 단념하다. **desert** 의무·맹세를 어기고 버리다: *desert* one's family 가족을 저버리다. **forsake** 종종 자발적으로 버리는 것을 말하지만, 이 경우 버림을 당한 것과의 단절을 강조한다: *forsake* a bad habit 나쁜 습관을 버리다. **renounce** 자발적으로 버릴 것을 명백히 언명하는 뜻이 있다. 그들은 전쟁을 저버렸다. They have *renounced* war. **relinquish** 아쉬워하면서 버리다: *relinquish* all hope of success 성공의 희망을 모두 버리다.

2 〔사람 또는 물건]을 저버리다, 버리고 떠나다, 유기하다. ¶ *abandon* one's home 가정을 버리다 / *abandon* one's friend 친구를 버리다. 3 …을 넘겨주다, 맡기다(surrender); …을 [으로] 하는 대로 내맡기다, 위임하다(…*to, for*). ¶ (~+图+前+名) *abandon* one's country to the invaders 침입자들의 손에 나라를 내주다. 4 〔법률〕〔권리·재산 따위를〕포기하다, 위부(委付)하다. ***abandon* oneself *to*** …에 빠지다(탐닉하다). ¶ *abandon oneself to* pleasure 쾌락에 빠지다 / *abandon oneself to* despair 자포자기하다. ***Abandon ship !*** 퇴선하라! 〔긴급 피난 명령〕 ◊ **abándonment** n.

a·ban·don[2] [əbǽndən] n. ⓤ 방종, 자유분방. ¶ She danced *with abandon*. 그녀는 거리낌없이 춤을 추었다.

a·ban·doned [əbǽndənd] a. 1 버림받은, 유기된(forsaken). ¶ an *abandoned* baby 기아(棄兒). 2 자포자기의, 파렴치한(immoral, shameless); an *abandoned* villain (woman) 무뢰한(방탕한 여자). 3 거리낌없는, 자유분방한.

a·ban·don·ee [əbændəníː] n. 〔법률〕 피유기자(被遺棄者), 피위부자(被委付者)〔해난 구조 화물을 위부받은 보험업자〕.

a·ban·don·er [əbǽndənər] n. 〔법률〕 유기자, 위부자.

a·ban·don·ment [əbǽndənmənt] n. ⓤ 1 포기, 방기(放棄), 폐기. 2 자포자기. 3 거리낌없음, 유기, 위부.

à bas [ɑːbɑ́ː] 《프랑스》(=to the bottom) 넘어뜨려라, 타도하라(Down with …!).

a·base [əbéis] vt. (**a·based, a·bas·ing**) …의 지위(직분·평가 따위)를 떨어뜨리다, …을 낮추다, 비하(卑下)하다, 격하하다(humble, degrade). ¶ *abase* oneself 자신을 비하하다 / *abase* the proud 거만한 자의 콧대를 꺾다.

a·base·ment [əbéismənt] n. ⓤ 영락(零落); 굴욕; 비하.

a·bash [əbǽʃ] vt. 《주로 수동형으로》 …을 부끄럽게 하다, 수줍게(무안하게) 하다. ¶ She was *abashed* before him. 그녀는 그의 앞에서 수줍어했다. 2〔남〕을 어쩔줄 모르게 하다.

a·bash·ed·ly [əbǽʃidli] adv. 부끄러워서, 송구스러워하며.

a·bash·ment [əbǽʃmənt] n. ⓤ 부끄러움; 당혹.

a·ba·si·a [əbéiʒiə, -ziə / -zjə] n. 〔의학〕 〔근육 기능 결함에 의한〕 보행(步行) 불능증.

a·bask [əbǽsk/əbɑ́ːsk] adv. 햇볕을 쬐고, 따뜻한 햇살을 받고.

***a·bate** [əbéit] v. (**a·bat·ed, a·bat·ing**) vt. 1 〔수량]을 줄이다, 감하다(diminish); 〔값]을 내리다. ¶ *abate* part of a price 값을 얼마만큼 내리다. 2 〔세력·고통 따위]를 누그러뜨리다(mitigate), 약화시키다. ¶ *abate* the pain 고통을 완화하다. 3 〔법률〕〔불법 방해]를 제거하다, 무효로 하다; 〔세금 따위]를 감액하다. ── vi. 1 줄다, 감소하다; 〔폭풍·추위 따위가〕 누그러지다, 약해지다, 꺾이다. ¶ The pain *abates*. 아픈 것이 가라앉는다 / The noise *abates*. 소음이 덜해진다. 2〔법률〕무효가 되다, 소멸하다; 패소하다(fail). ◊ **abátement** n.

a·bate·ment [əbéitmənt] n. ⓤⓒ 1 감소, 감가(減價); 감소(감가) 행위. 2 삭제. 3〔법률〕배제; 〔소송의〕중단; 〔소송 원인·영장의〕실효. ¶ make an *abatement* of the price 값을 깎다. ¶ the plea in *abatement* 소송 각하의 항변.

a·bat·er [əbéitər] n. 경감자, 공제자. ⇒ **ABATOR**.

ab·a·tis, -at·tis [ǽbətis] n. (pl. **-tis** [-iːz] or **-tis·es** [-tisiːz]) 〔군사〕 녹채(鹿砦) 〔적의 침입을 막기 위해 나무를 사슴뿔 모양으로 뾰족뾰족하게 만들어 세운 장애물〕; 철조망.

a·ba·tor [əbéitər] n. 〔법률〕 소송 절차 따위의 배제자, 공제자; 〔정당한 상속인이 아닌〕유산 부법 점유자.

Á báttery 〔전기〕 A 전지〔진공관의 음극을 가열하기 위한 전지. 필라멘트 전지라고도 한다〕. *cf.* B battery

ab·at·toir [ǽbətwɑːr / ------] n. 공설 도살장(slaughterhouse). 〈F〉

ab·ax·i·al [æbǽksiəl] adj. 1 〔식물〕 축(軸) 밖의, 중축에서 멀어져하는. 2 〔동물〕 몸의 중축에서 떨어진.

abb [æb] n. ⓤ 1 피륙의 씨줄(woof). *cf.* warp 2 양털의 최하등품〔털실〕.

Ab·ba [ǽbə] n. 1 〔성서〕 하나님〔아버지〕〔기독교에서 기도할 때에 쓴 아람어. ←마가 복음(Mark) 14 : 36〕. 2 (때로 a-)《고어》사부(師父)〔교회에서 주교·수도원장 등을 지칭〕. 〔의 직〔관할구, 임기〕.

ab·ba·cy [ǽbəsi] n. ⓤⓒ (pl. **-cies**) 수도원장(abbot)

ab·ba·tial [əbéiʃ(ə)l] adj. 수도원장(abbot)의; 여자 수도원장(abbess)의; 수도원(abbey)의.

ab·bé [æbéi, +美 --́] n. (pl. **-bés**) 프랑스인 천주교 신부. 〈F〉

ab·bess [ǽbis, -bes] n. 여자 수도원장. *cf.* abbot

Abbe·vill·i·an [æb(i)víliən] adj. 〔考古〕 아베빌리안기(期)의 〔아베빌리안기는 구석기 시대의 전기에 속하는 한 시기이다. 〈이 시기의 석기가 출토된 프랑스 북부의 읍 Abbeville의 이름〕

‡**ab·bey** [ǽbi] n. 1 수도원; 수도원 공동체. 2《英》〔원래 수도원장이〕살았던 저택. 3 (the A-)《英》웨스트민스터 사원(Westminster Abbey).

***ab·bot** [ǽbət] n. 수도원장. *cf.* abbess ◊ **abbátial** adj.

ab·bot·ship [ǽbətʃìp] n. =abbacy.

abbr., abbrev. abbreviation.

‡**ab·bre·vi·ate** [əbríːvièit] vt. (**-at·ed, -at·ing**) 1 …을 생략하다, 단축하다, 간략하게 하다. ¶ *abbreviate* one's visit 방문을 단축하다 // (~+图+前+名) *abbreviate* "mile" *to* "mi." mile을 mi.로 줄여 쓰다. 2 〔수학〕…을 약분하다. ◊ **abbreviátion** n.

ab·bre·vi·a·tion [əbrìːviéiʃ(ə)n] n. 1 ⓤ 생략, 단축. 2 생략형, 약자, 약어 (for, of ...). ¶ N.Y. is the abbreviation for New York. N.Y.는 뉴욕의 약자다. 3 ⓤ 〔수학〕 약분. 4 〔음악〕 약부호, 약기호〔법〕. ◇ abbréviate v.

ab·bre·vi·a·tor [əbríːvièitər] n. 1 생략자(者). 2 〔가톨릭〕 교황청 관방(官房) 문서 속기관.

abc (略) 〔TV〕 automatic brightness control(자동 휘도(輝度) 조정).

***ABC** [éi bíː síː] n.(pl. ABC's or ABCs) 1 (보통 the ABC's) 〔총칭적〕 알파벳(alphabet). 2 초보, 기본. ¶ the ABC of philosophy 철학 입문 / an ABC book 입문서. 3 〔英〕 역 이름을 알파벳순으로 배열한 철도 여행 안내서; 항공 시각표.

as simple (easy) as ABC 아주 간단한(쉬운).

A.B.C., ABC 《略》〔영국의 Aerated Bread Company가 경영하는〕 연쇄 간이 식당(* ABC shop 이라고도 한다); American Bowling Congress (미국 볼링 협회); American Broadcasting Company (미국 방송 회사); Argentina, Brazil and Chile(* A.B.C. Nations, A.B.C. Powers 라고도 한다); atomic, biological (bacterial) and chemical(원자·생물(세균)·화학의); Audit Bureau of Circulations(〔신문·잡지〕 발행 부수 공사 기구); Australian Broadcasting Commission(오스트레일리아 방송 협회).

ABC análysis n. 〔경영〕 ABC 분석 〔최소의 노력으로 최대의 관리 효과를 올리기 위해 효과가 높은 부분을 중점적으로 분석하는 방법〕.

ABCC 《略》 Atomic Bomb Casualties Commission (원폭 상해(原爆傷害) 조사 위원회).

ABCS 《略》 automatic broadcast control system.

ABC wéapons n. 화생방 〔원자·생물·화학〕 병기. [<atomic, biological and chemical]

ABD 《略》 all but dissertation (필수 과목과 예비 시험을 마치고 논문만 남은 박사 과정의 학생).

abd. 《略》 abdicated.

ab·di·ca·ble [ǽbdikəbl] adj. 퇴위(사임)할 수 있는.

ab·di·cant [ǽbdikənt] adj. 왕위·권리·지위 등을 버리는, 포기하는(of...). — n. 퇴위(퇴관(退官))자; 포기자.

ab·di·cate [ǽbdikèit] v. (-cat·ed, -cat·ing) vi. 퇴위하다, 사임하다 〔구어〕 포기(사퇴)하다, 기권하다. 〔죽다〕. ¶ abdicate from the crown (or the throne) 왕위에서 물러나다, 퇴위하다. — vt. 〔지위 따위〕를 양도하다, 포기하다. ¶ the abdicated queen 〔자발적으로〕 퇴위한 여왕.

ab·di·ca·tion [æ̀bdikéiʃ(ə)n] n. ⓤ 퇴위, 사임; 포기.

ab·di·ca·tor [ǽbdikèitər] n. 퇴위자, 사임자; 기권자.

***ab·do·men** [ǽbdəmən, æbdóu- / ǽbdəmèn, æbdóumen] n. 〔해부·동물〕 1 복부(* belly 보다 점잖은 말이지만 별로 쓰이지 않는다. 의사들은 보통 [æbdúːmen]이라고 한다). → STOMACH (頭領) 2 〔포유류 이하의 척추 동물의〕 하복부; 〔절족 동물의〕 몸의 뒷부분. ◇ abdóminal adj.

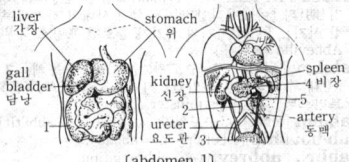

[abdomen 1]
1 greater omentum 대망막 2 vein 정맥 3 bladder 방광 4 pancreas 췌장 5 duodenum 십이지장

ab·dom·i·nal [æbdámin(ə)l/-dɔ́m-] adj. 〔해부〕 배의, 복부의. ¶ abdominal breathing 복식(腹式) 호흡 / abdominal fins 배지느러미 / abdominal muscles 복근(腹筋) / an abdominal operation 복부 절개 수술, 개복 수술 / the abdominal walls 복벽(腹壁). — n. 〔英구어〕 복부 질환자. ~ly[-nəli] adv. ◇ ábdomen n.

ab·dom·i·no·plas·ty [æbdɑ́minəplæ̀sti(ː)/-dɔ́m-] n. 복부 성형 수술 〔튀어나온 아랫배의 군살을 떼어내는 수술〕.

ab·dom·i·nous [æbdɑ́minəs/-dɔ́m-] adj. 배가 불뚝한, 배불뚝이의(potbellied, big-bellied).

ab·du·cent [æbd(j)úːs(ə)nt/-djúː-] adj. 〔생리〕 〔근육 등의〕 외전(外轉)(外旋)의. opp. adducent ¶ abducent muscles 외전근(筋) / abducent nerves 외전 신경.

ab·duct [æbdʌ́kt] vt. 1 …을 납치하다, 유괴하다(kidnap) (... from). 2 〔생리〕 〔몸·다리 따위〕를 외전(外轉)시키다, 외선(外旋)시키다. opp. adduct

ab·duc·tion [æbdʌ́kʃ(ə)n] n. ⓤ ⓒ 1 유괴; 〔투표·사람 등의〕 탈취. 2 〔해부〕 〔근육 따위의〕 외전 운동; 〔외과〕 상처의 외전, 견축(牽縮) 〔상처 가장자리가 오므라들면서 상처 구멍이 벌어지는 것〕. 3 〔논리〕 불명(不明) 추측식 〔소전제가 불명확한 삼단논법〕.

ab·duc·tor [æbdʌ́ktər] n. 1 유괴자. 2 〔생리〕 외전근(外轉筋) (abducent muscle). opp. adductor

Ab·dy [ǽbdi] n. 〔전자 공학〕 텔레비전 화면을 입체적으로 재현하는 방식의 하나. [<anaglyphic by delay]

a·beam [əbíːm] adv. 〔항해·항공〕 〔배나 항공기의〕 똑 바로 옆으로, 정우현(正舷舷) (정좌현)으로.

abeam of …의 정우현(정좌현)에, …의 바로 옆에, …과 나란히.

a·be·ce·dar·i·an [èibi(ː)sí(ː)dɛ́(ː)riən/-dɛ́ər-] n. 1 알파벳을 배우는 학생, 초학자, 초심자. — adj. 1 알파벳순의, ABC순의 2 초보의, 기본의(primary).

a·bed [əbéd] adv. 침대에, 잠자리에. ¶ be ill abed 병석에 누워 있다 / lie abed 침대에 눕다; 산욕(産褥)에 눕다.

A·bel [éib(ə)l] n. 〔성서〕 아벨[Adam and Eve의 둘째 아들로, 형 Cain에게 피살. ←창세기(Gen.) 4:2].

a·bele [əbíːl] n. 백양(白楊), 포플라(white poplar tree).

a·bel·mosk [éib(ə)lmàsk/-mɔ̀sk] n. 황촉규(黃蜀葵), 닥풀[북아프리카산].

ABEND [áːbend] n. 〔컴퓨터〕 태스크 이상 종료(異常終了) 〔컴퓨터가 프로그램이 잘못된 조건을 검출하여 태스크를 중도에서 종료하는 일〕. [<AB[NORMAL] + END[OF TASK]]

Ab·er·deen Ángus n. 애버딘 앵거스 〔스코틀랜드 원산의 검은 소〕. 식육용.

Ab·er·deen térrier n. 스코치(스코틀랜드) 테리어 (Scottish terrier).

ab·er·de·vine [æ̀bərdəváin] n. 〔새〕 〔유럽산의〕 검은 방울새.

Ab·er·do·ni·an [æ̀bərdóuniən, -njən] adj. 애버딘(Aberdeen) 〔스코틀랜드 동북부의〕 주의. — n. 애버딘 주민.

A·ber·glau·be [áːbərglàubə] n. 〔獨 일〕 (= misbelief) 미신 (superstition).

Ab·er·ne·thy [ǽbərni̇̀θi / æ̀bənéθi] n. (= Ábernethy bíscuit) 회향풀의 씨를 넣어서 구운 딱딱한 비스킷.

ab·er·rance [æbérəns], **-ran·cy** [-rənsi] n. ⓤ ⓒ 정도(正道)를 벗어남, 상궤일탈(常軌逸脫).

ab·er·rant [æbérənt] adj. 1 정도를 벗어난, 비정상적인. 2 〔같은 종족의 동식물에 비해 발육·위치 등이〕 변태적인, 이상한.

ab·er·ra·tion [æ̀bəréiʃ(ə)n] n. ⓤ ⓒ 1 상궤일탈(常軌逸脫), 이상. ¶ mental aberration 정신이상. 2 〔생물〕 〔발육·위치 등의〕 이상. 3 〔천문〕 광행차(光行差). 4 〔光學〕 수차(收差). ¶ chromatic aberration 색(色)수차.

a·bet [əbét] vt. (a·bet·ted, a·bet·ting) …을 부추기다,

a·bet·ment [əbétmənt] *n.* ⓤ 교사(敎唆), 선동.
꼬드기다, 선동하다, 교사하다. ¶ aid and abet ‥‥을 방조하다 /(~+⽬+前+名) *abet* a crime; *abet* a person *in* crime 범죄를 교사하다 / *abet* a servant *against* his master 하인을 부추겨서 주인을 배반하게 하다.
a·bet·ment [əbétmənt] *n.* ⓤ 교사(敎唆), 선동.
a·bet·tor, -ter [əbétər] *n.* 교사자, 선동자.
ab extra [ǽb ékstrə] 《라틴》(=from outside) 외부로부터. opp. *ab intra*
a·bey·ance [əbéiəns] *n.* ⓤ 1 중지[상태], 중절(中絶), 정지. ¶ in *abeyance* 중지(정지)하여 / fall into *abeyance* 중지되다, 정지되다 / The matter is in *abeyance*. 그 일은 중지 상태에 있다. 2 〔법률〕〔자유 보유지의〕 현소유자 부재; 〔재산의〕 귀속자 미정 상태.
a·bey·ant [əbéiənt] *adj.* 중지(정지)된.
ABF 《略》 *A*sia *B*oxing *F*ederation (아시아 복싱 연맹).
A.B.F.M. 《略》 *A*merican *B*oard of *F*oreign *M*issions(미국 해외 전도국(傳道局)).
*****ab·hor** [əbhɔ́ːr, +美 æb-] *vt.* (-horred, -hor·ring) ‥‥을 몹시 싫어하다, 혐오하다, 질색하다. ¶ *abhor* a snake 뱀을 질색하다.
ab·hor·rence [əbhɔ́(ː)rəns, -hάr-/-hɔ́r-] *n.* 1 ⓤ〔때로 an ~〕몹시 싫어함, 질색, 혐오〔of ‥‥〕. ⇨ AVERSION. ［類語］ ¶ have a great *abhorrence* of ‥‥을 몹시 싫어하다 / hold a person in *abhorrence* 남을 혐오하다. 2 ⓒ 질색인 것. ¶ an *abhorrence* to his feelings 그가 질색하는 것.
ab·hor·rent [əbhɔ́ːrənt, -hάr-/-hɔ́r-] *adj.* 1 몹시 싫은, 딱 질색인〔of ‥‥〕; 혐오감을 자아내는〔to ‥‥〕. ¶ *abhorrent* scenes 딱 질색인 장면 / I am *abhorrent* of it. = It is *abhorrent* to me. 나는 그것이 딱 질색이다. 2 상반(相反)하는, 어긋나는〔to, from ‥‥〕. ¶ It is *abhorrent* to nature. 그것은 자연에 어긋난다 / Such a bill is *abhorrent* from the spirit of the constitution. 그런 법안은 헌법 정신에 어긋난다. ~·ly *adv.*
ab·hor·rer [əbhɔ́ːrər, -hάr-/-hɔ́r-] *n.* 몹시 싫어하는 사람. 2 (the A-s) 〔英역사〕 국회 소집 반대파.
a·bid·ance [əbáidəns] *n.* ⓤ 1 머무름, 지속; 체재(滯在)〔in ‥‥〕. 2 준수(conformity)〔by ‥‥〕. ¶ *abidance* by rules 규칙의 준수.
‡a·bide [əbáid] *v.* (*a·bode* or *a·bid·ed, a·bid·ing*) *vi.* 1 머무르다(remain), 체류하다(dwell), 살다〔*in*, *at* ‥‥〕. ⇨ LIVE ［類語］ ¶ *Abide* with us. 우리와 함께 머무르도록 해요 /(~+前+名) *abide* in London 런던에 체재하다. 2 지속하다, 남다〔*in* ‥‥〕. ¶(~+前+名) *abide* in memory 기억에 남다.
— *vt.* 1 ‥‥을 기다리다(await). ¶ *abide* one's time 때를 기다리다. 2 ‥‥을 감수하다. ¶ *abide* one's doom 운명을 감수하다 / *abide* a punishment 벌을 달게 받다. 3 〔보통 부정문·의문문에서〕‥‥을 참다, 견디다 (endure). ¶ I can't *abide* that fellow. 그 녀석에 대해서는 참을 수가 없다. 4 ‥‥에 대항(저항)하다, 맞서다. ¶ *abide* the storm 폭풍우와 싸우다.
abide by 〔약속 따위〕를 지키다, 〔규칙 따위〕를 준수하다; ‥‥을 감수하다, ‥‥에 따르다. ¶ *abide by* one's word 자기가 한 말을 지키다 / *abide by* the decision 결정에 따르다 / *abide by* the event 사태의 추이에 따르다.
◇ *abóde n.*
a·bid·er [əbáidər] *n.* 준수자(遵守者).
a·bid·ing [əbáidiŋ] *adj.* 영속적인; 변함없는, 부동(不動)의(steadfast); 지조가 있는. ¶ an *abiding* faith 변함없는 신념. ~·ly *adv.*
Ab·i·djan [æbidʒάːn] *n.* 아비잔〔Côte d'Ivoire 의 수도〕.
A·bi·gail [ǽbigèil] *n.* 시녀(侍女)(lady's maid).〔<Beaumont 와 Fletcher 희곡의 합작인 *The Scornful Lady* 에 나오는 시녀의 이름〕
‡a·bil·i·ty [əbíliti] *n.* (*pl.* -*ties*) 1 ⓤ〔‥‥을 할 수 있는〕 능력, 역량, 수완, 자력(資力)〔*in, for* ‥‥〕. ¶ a man of

ability 수완가 // *ability in*(or *for*) one's work 일을 해내는 능력 / He has great *ability in* mathematics. 그는 수학에 대단한 재능이 있다 // the *ability* to do so 그렇게 할 수 있는 능력.
［類語］ *ability* 일을 훌륭히 해내는 「능력」의 뜻의 일반적인 말: his reading *ability* 그의 독서력. *capacity* 보통 특정한 일을 해내거나 수용할 수 있는 가능성. 사람 또는 물건에 대해서 쓰인다: a *capacity* for enduring adversity 역경을 견디어내는 능력. *competence* 어떤 상태·일 따위에 대해서 요구되는 조건을 만족시키는 능력: his *competence* as a driver 운전수로서의 그의 능력. *faculty* 어떤 목적을 위해 당연히 갖추고 있어야 할 능력: a *faculty* of making people laugh 사람을 웃기는 능력. *talent* 특정 분야에 있어서의 타고난 〔때로 후천적인〕 재능: a *talent* for singing 노래하는 재능. *gift* 타고난 특출한 재능: a *gift* of humor 유머의 재능. *genius* 〔특히 예술·학문에 있어서의〕 독창적이고 놀라운 타고난 재능: a *genius* in mathematics 수학의 천재. *aptitude* 특정의 일에 적합한 타고난 성질: an *aptitude* for learning a foreign language 외국어를 익히는 적성. 「재능.
2 (-ties) 재능(talents). ¶ manifold *abilities* 다방면의 *to the best of* one's *ability* 될 수 있는 한, 힘 자라는 데까지.
◇ *áble adj.*
-a·bil·i·ty, -i·bil·i·ty *suf.* -able, -ible로 끝나는 형용사를 명사로 만든다. 예: respect*ability*; risi*bility*; wash*ability*.
ab ini·ti·o [ǽb iníʃiòu] 《라틴》(=from the beginning) 처음부터. 「터, 안에서. opp. *ab extra*
ab in·tra [ǽb íntrə] 《라틴》(=from inside) 내부로부터
ab·i·o·chem·is·try [ǽbio(u) kémistri, èibai-] *n.* ⓤ 〔화학〕 무기 화학. cf. biochemistry
ab·i·o·gen·e·sis [ǽbio(u) dʒénisis, èibai-] *n.* ⓤ〔생물〕 자연 발생론〔무생 물질에서 생물이 발생했다고 하는 가설(假說)〕; 자연 발생. cf. biogenesis
ab·i·o·ge·net·ic [ǽbio(u) dʒinétik, èibai-] *adj.* 〔생물〕 자연 발생론의; 자연 발생의. **-i·cal·ly** [-ikəli] *adv.*
ab·i·og·e·nist [æbiάdʒinist, èibai-/-5-] *n.* 자연 발생론자.
a·bi·o·log·i·cal [èibaiəlάdʒik(ə)l/-l5dʒ-] *adj.* 비생물〔학〕적인, 생명이 없는.
a·bi·o·sis [æbióusis, èibai-] *n.* ⓤ 활력 결핍, 무기력 상태.
a·bi·ot·ic [èibaiάtik/-5t-] *adj.* = abiological.
ab·ir·ri·tant [æbírit(ə)nt] 〔의학〕 *n.* 진정제(soothing agent). — *adj.* 자극을 완화(제거)하는.
ab·ir·ri·tate [æbíriteit] *vt.* (-*tat·ed, -tat·ing*) 〔의학〕 ‥‥의 자극을 완화(제거)하다.
*****ab·ject** [ǽbdʒekt, +美 -∠] *adj.* 1 비열한, 야비한, 천한(despicable, contemptible). ⇨ MEAN ［類語］ ¶ an *abject* liar 비열한 거짓말쟁이 / an *abject* means 야비한 수단. 2 영락(零落)한, 비참한(miserable). ¶ *abject* poverty 극빈(極貧). 3 비굴한. — *n.* 〔고어〕〔성서〕 비천한 사람. ~·ly *adv.* ~·ness *n.* ◇ abjection *n.*
ab·jec·tion [æbdʒékʃ(ə)n] *n.* ⓤ 비열; 비굴; 비천.
ab·ju·ra·tion [æbdʒurèiʃ(ə)n/-dʒu(ə)r-] *n.* ⓒⓤ 포기; 철회; 국적〔이단〕 포기의 선서.
ab·jure [əbdʒúər, +美 æb-] *vt.* (-*jured, -jur·ing*) 1 〔맹세·신의·주장 따위〕을 공개적으로 버리다(철회하다). ¶ *abjure* religion 신앙을 공개적으로 버리다. 2 〔권리 따위〕을 포기하다(give up). 3 〔고국〕에서 영원히 떠날 것을 선서하다. ¶ *abjure* the realm 영원히 고국에서 떠날 것을 선서하다.
ab·jur·er [əbdʒú(ː)rər, æb-/-dʒú(ə)rə] *n.* 선서하고 〔주장·신앙 등을〕 버리는 사람; 〔국적〕 포기자.
abl. 《略》 ablative.
ab·lac·ta·tion [ǽblæktéiʃ(ə)n] *n.* ⓤ 이유(離乳).
ab·late [æbléit] *vt., vi.* (-*lat·ed, -lat·ing*) 〔융해 · 기화(氣化) · 부식 등에 의해〕 제거하다(되다), 용제(融除)하다; 삭마(削磨)하다.

ab·la·tion [æbléiʃ(ə)n] *n.* Ⓤ **1** 제거; 절개 수술, 절제[기관(器官)]이나 이상 발생물 따위를 떼어내는 일]. **2** [빙하·암석 따위의] 삭마(削磨). **3** [로켓 공학] 융제 (融除), 용발(溶發) [우주선이 대기권에 재돌입할 때 마찰열로 인하여 피복 물질 등이 용해·증발하는 현상].

ab·la·ti·val [æblətáiv(ə)l] *adj.* [문법] 탈격적(奪格的)인.

ab·la·tive [æblətiv] [문법] *adj.* 탈격(奪格)의. — *n.* **1** (the ~) 탈격(the ablative case) [라틴어 명사의 격 (格)의 하나. 원인·비교·수단·장소·시간 등을 표시. 영어의 from, out of, than, by, in, at 등으로 만드는 부사구에 해당]. **2** 탈격[형] 명사.

áblative ábsolùte *n.* [라틴문법] 독립 탈격, 독립 탈격 어구 [라틴어에서 의미상 주어(명사)와 술어(명사, 분사, 형용사)의 관계에 있는 두 요소가 탈격으로 나란히 놓여져서, 시간·원인·부대 상황을 나타내는 부사절 구실을 하는 어구. 예: *ceteris paribus* (=other things being equal)].

ab·la·tor [æbléitər] *n.* [로켓 공학] 융제(融除) 물질.

ab·laut [ǽːblaut, ǽb-/ǽb-] *n.* Ⓤ [문법] 모음 전환, 아블라우트(gradation, apophony) [*sing, sang, sung, song; sit, sat, seat* 등에서 볼 수 있는 것과 같은 어간 모음의 변화]. [<G]

a·blaze [əbléiz] *adv.* 타올라서(on fire). — *adj.* [서술 형용사] **1** 빛나서(gleaming). ¶ The high altar was all *ablaze* with light. 높은 제단은 불빛으로 휘황하게 빛나고 있었다. **2** 열광하여(excited). **3** 격노하여. ¶ He was *ablaze* with rage. 그는 열화같이 화를 냈다.

‡**a·ble** [éibl] *adj.* (**a·bler, a·blest;** 《*to do* 앞에서는》 **more ~, most ~**) **1** 재능이 있는, 유능한. ¶ an *able* man 수완가.

類語 able 뛰어난 (총명, 실용된) 능력을 지닌: an *able* statesman 유능한 정치가. **capable** 보통 정도로 일을 해낼 수 있는: a *capable* cook 솜씨있는 요리사. **competent** 어떤 상태·일 등에 대해서 요구되는 조건을 충족시킬 수 있는: a *competent* interpreter 유능한 통역.

2 재간있는, 훌륭한. ¶ an *able* speech 훌륭한 연설. **3** …을 할 수 있는. *opp.* unable ¶ He will be *able to* swim in a month. 그는 한 달이면 헤엄칠 수 있게 될 것이다.
— **Usage** be able to 와 can —— (1) can 에는 미래형이 없으므로 will(shall) be able to 를 쓴다. (2) 현재·과거에 대해서도 능력을 강조할 경우에는 be(was, were)able to 를 쓴다: He is *able to* live on a small income. 그는 적은 수입으로도 살아갈 수 있다. (3) 또 be able to 는 특정한 경우의 일에도 쓰이지만, can 은 일반적인 일에 쓰이는 경향이 있다. 특히 과거의 경우에 이 차이가 두드러진다: That night he was not *able to* come. 그날밤 그는 올 수가 없었다. *cf.* He *couldn't* sing at all. 그는 노래를 전혀 부를 수가 없었다. (4) could 는 가정법에도 쓰이는 일이 많으므로, 혼동의 염려가 있을 때에는 was(were)able to 를 쓴다.

4 …의 자격이 있는(competent, qualified); [법률] 법정 자격(능력)이 있는(legally qualified). ¶ He is *able to* operate the grinder. 그는 연마기를 다룰 수 있다. **5** 굳센, 강건한(sound, strong). *cf.* able-bodied
◇ *á*bility *n.*, enable *v.*, ábly *adv.*

-able, -ible *suf.* 동사나 명사 등에 붙어서 ability, liability, tendency, worthiness, likelihood 등의 뜻을 나타내는 형용사를 만듭니다. 예: obtain*able*; connect*ible*; sale*able*; love*able*; change*able*; peace*able*. * -ible 보다 -able 쪽이 생산적이며, 새로이 말을 만들 때는 -able 을 쓴다: get-at-*able* 도달할 수 있는.

a·ble-bod·ied [éiblbádid/-bɔ́d-] *adj.* **1** 신체강건한, 튼튼한; 체격상의 자격이 있는. **2** 숙련된, 일을 제대로 할 수 있는.

áble-bòdied séaman [海事] *n.* 숙련선원 [기술·체격상의 자격을 갖춘 선원으로, A, B 의 두 급으로 분류; 略 A.B.]. *cf.* ordinary seaman

Áble Dáy *n.* 《美》제1회 비키니섬 원폭 실험일 [1946 년 6월 30일] (A-day). * Able 은 신호수가 A 대신에 쓰는 말.

ab·le·gate [ǽbligeit] *n.* 교황 특사(特使).

a·bloom [əblúːm] *adv., adj.* (* 형용사로서는 서술용법) 꽃이 피어, 개화하여. ¶ The field was *abloom* with daisies. 들에는 데이지꽃이 만발해 있었다 / The primroses burst *abloom*. 앵초가 활짝 피였다.

ab·lu·ent [æblu(ː)ənt] *adj.* 씻어내는; 세척하는(cleansing). — *n.* 세척제(detergent).

a·blush [əblʌ́ʃ] *adv., adj.* (* 형용사로서는 서술용법) 얼굴이 붉어져서(blushing, reddened) (*with*...).

ab·lu·tion [æblúːʃ(ə)n, əb-/əb-] *n.* Ⓤ **1** (종종 ~s) [종교] 목욕. **2** (보통 ~s) (교회) 세정식(洗淨式) [특히 성찬식 전후의 손·몸·성기(聖器) 등을 씻는 의식]. **3** 세정식에 쓴 물.

ab·lu·tion·ar·y [æblúːʃ(ə)nèri, əb- / əblúːʃ(ə)n(ə)ri] *adj.* 세정[식]의.

a·bly [éibli] *adv.* 훌륭히, 교묘하게, 솜씨있게(capa-**ably** *suf.* -able 로 끝나는 형용사에서 like, in a manner 의 뜻의 부사를 만든다. 예: peace*ably*.

ABM 《略》*A*tomic *B*omb *M*ission (원자 폭탄 조사 위원회); *anti*ballistic *m*issile (탄도탄 요격 미사일).

ab·ne·gate [ǽbnigeit] *vt.* (**-gat·ed, -gat·ing**) …을 거부하다(refuse), 거절하다(reject); [쾌락 따위를] 끊다(deny oneself); [권리·주장 따위를] 버리다(renounce).

ab·ne·ga·tion [æbnigéiʃ(ə)n] *n.* Ⓤ 거절, 포기, 기권 (renunciation); 자제(自制) (self-denial), 극기(克己).

ab·ne·ga·tor [ǽbnigèitər] *n.* 거절자; 포기자.

‡**ab·nor·mal** [æbnɔ́ːrm(ə)l] *adj.* 이상한, 보통과 다른(unusual); 불규칙의(irregular), 이례적인(exceptional). ◇ IRREGULAR [類語] 변태의, 병적인. *opp.* normal ¶ *abnormal* condition 이상(비정상) 상태.
~·ly [-məli] *adv.* **~·ness** *n.*
◇ abnormálity, abnórmity *n.* [변태성; 이상한 것].

ab·nor·mal·ism [æbnɔ́ːrməliz(ə)m] *n.* Ⓤ 이상성.

ab·nor·mal·i·ty [æbnɔːrmǽliti] *n.* (*pl.* **-ties**) Ⓤ 이상, 변태; 이례; Ⓒ 이상한 물건(일), 불구(不具). ¶ He shows no *abnormality* in intelligence. 그는 지능적으로 전혀 이상한 데가 없다.

ab·nor·mi·ty [æbnɔ́ːrmiti] *n.* ⓊⒸ (*pl.* **-ties**) **1** 이상(abnormality). **2** 기형, 기형물; 불구(malformation). ◇ abnórmal *adj.*

‡**a·board** [əbɔ́ːrd/əbɔ́ːd] *adv.* **1** 배안에 (서), 배안으로, 배로(on board). *cf.* ashore ¶ go (or get) *aboard* 승선하다 / have something *aboard* [배가] 물건을 적재하고 있다. **2** 《美》기차(버스, 비행기)를 타고. ¶ be *aboard* (of) a ship (a train) 승선(승차)하에 있다. **3** 《야구》(속어) 출루하여 (on base). ¶ with two *aboard* 두 사람이 출루하여. [전원 승차(승선) 완료!]
All aboard! 승차(승선) 완료 해 주세요; 발차!, 발선! *fall aboard* [*of*] [다른 배·사람 등과] 부딪치다, 충돌하다. [이를] 항행하다.
keep... close (or *hard*) *aboard* …을 따라의 가까이 [옛날 해안에서].
lay another ship aboard 다른 배의 뱃전에 바싹 붙여 대다.
Welcome aboard! 저희 배 (열차) 를 타 주셔서 감사합니다 [선장·기장·차장이 승객(승차)에게 하는 환영 인사].
— *prep.* **1** 배안에, 배에 타고, 승선하여. ¶ aboard a ship 배에 타고 있다. ◇ *adv.* 2. **2** 《美》기차(비행기), 버스 따위)에, 차안에. ¶ get *aboard* a bus 버스를 타다. **3** [항해] [배 또는 는 해안]을 따라서. **4** 《야구》 (속어) 출루하여. ◇ board *n.*

‡**a·bode**¹ [əbóud] *n.* **1** 주소 (dwelling place); 거처 (dwelling). ¶ make (or take up) one's *abode* [*in* a town*] [시내에] 거주하다 / without any fixed *abode*; of no fixed *abode* 일정한 거처없이, 주소 부정으로. **2**

체재, 체류(stay). ¶ She believed the soul of her dead son had taken up its *abode* in the dog. 그녀는 죽은 아들의 영혼이 개에게 옮아 붙었다고 믿었다.
◇ abíde v.
a·bode² [əbóud] *vt.,vi.* abide의 과거·과거 분사.
ABO group [éibi:óu-] *n.* =ABO system.
a·boil [əbɔ́il] *adv., adj.* (※ 형용사로서는 서술용법) 끓어올라서, 비등하여(boiling); 화가 나서(angry).
*a·bol·ish** [əbáliʃ / əbɔ́l-] *vt.* (관례·제도·법 따위)를 폐지하다. *opp.* establish ◇ abolítion *n.*
a·bol·ish·a·ble [əbáliʃəbl / əbɔ́l-] *adj.* 폐지할 수 있는; 폐지해야 할.
a·bol·ish·er [əbáliʃər / əbɔ́l-] *n.* 폐지하는 사람, 파기하는 사람.
a·bol·ish·ment [əbáliʃmənt / əbɔ́l-] *n.* Ⓤ(관례·제도의) 폐지.
*ab·o·li·tion** [æ̀bəlíʃ(ə)n] *n.* Ⓤ 1 전폐(全廢)(annulment), 폐지, 폐기(abrogation). 2 《美》〔노예 제도의〕폐지. ◇ abólish v., abolítionary *adj.*
ab·o·li·tion·ar·y [æ̀bəlíʃ(ə)nèri / -nəri] *adj.* 폐지하는; 전폐(全廢)의. 《美》 노예 제도 폐지론의.
ab·o·li·tion·ism [æ̀bəlíʃ(ə)nìz(ə)m] *n.* 폐지론; **ab·o·li·tion·ist** [æ̀bəlíʃ(ə)nist] *n.* 〔나쁜 제도 따위의〕폐지론자; 《美》 노예 제도 폐지론자.
a·o·ma·sum [æ̀bəméisəm] *n.* (*pl.* **-sa** [-sə])〔동물〕 반추동물의 제4위(胃); 추위(皺胃).
A-bomb [éibàm/-bɔ̀m] *n.* 1 원자 폭탄(atomic bomb). 2《美俗語》고속으로 달릴 수 있도록 개조한 중고 자동차(hot rod). — *vt.* …을 원자 폭탄으로 공격하다.
*a·bom·i·na·ble** [əbámin(ə)l / əbɔ́m-] *adj.* 1 꺼림칙한(loathsome), 밉살맞은(hateful), ¶ *abominable* pestilence 지겨운 역병(疫病) / *abominable* cruelty 증오할만한 학대성. 2 지긋지긋한; 지독한. ¶ The road was *abominable*. 도로는 엉망이었다 / *abominable* taste 악취미. **~·ness** *n.* 〔설인(雪人) (yeti).
Abóminable Snówmàn *n.* 〔히말라야에 산다는〕
a·bom·i·na·bly [əbáminəbli / əbɔ́m-] *adv.* 지긋지긋하게, 밉살스럽게; 지독하게.
a·bom·i·nate [əbámənèit / əbɔ́m-] *vt.* (**-nat·ed,-nat·ing**) …을 증오하다, 혐오하다(abhor); …을 몹시 싫어하다.
*a·bom·i·na·tion** [əbàminéiʃ(ə)n / əbɔ̀m-] *n.* 1 증오, 혐오, 몹시 싫어함. ¶ hold snakes in *abomination* 뱀을 몹시 싫어하다. 2 혐오감을 주는 행위(일), 몹시 싫은 것. ¶ He committed an *abomination*. 그는 추악한 짓(추행)을 저질렀다.
the abomination of desolation 〔성서〕 성소를 훼파하는 미운 물건[←다니엘서(Dan.) 9:27].
◇ abóminate v. 〔하는 사람.
a·bom·i·na·tor [əbámənèitər / əbɔ́m-] *n.* 몹시 싫어
à bon mar·ché [F a bɔ̃ marʃe]《프랑스》(=at a good bargain) 싸게, 싸구려로.
a·boon [əbúːn] 《스코·방언어》 *prep., adv.* =above.
a·o·rig·i·nal [æ̀bərídʒən(ə)l] *adj.* 원시의, 원생(原生)의 (primitive); 원래의(original); [특히 민족·동식물이] 토착의(indigenous). — *n.* 《주로 英》=aborigine 1. **~·ly** *adv.*
a·o·rig·i·nal·i·ty [æ̀bərìdʒənǽliti] *n.* Ⓤ 원생(原生), 원생 상태; 토착, 원시성.
a·o·rig·i·ne [æ̀bərídʒəniː] *n.* 1 원주민, 토착민(aboriginal). *cf.* colonist 1 (**-nes** [-niːz]) 《美》[미국의 붉은 피부색의] 인디언. 3 (**-nes**) 지리적 분포상의 한 지역에 있어서의 토착 동물군(群).
ab o·rig·i·ne [æb o:rídʒəniː] 《라틴》(=from the beginning) 처음부터; 근원부터.
a·born·ing [əbɔ́ːrniŋ] *adv.* 막 태어날 때에, 당초에, 실현(달성) 직전에. ¶ A new atomic age is *aborning*. 새로운 원

자력 시대가 출현하려 하고 있다.
a·bort [əbɔ́ːrt] *vi.* 1 유산하다; 낙태하다 (miscarry). 2〔생물〕〔동식물·기관(器官) 따위가〕충분히 발육하지 않다; 퇴화·미발달 상태에 있다. 3〔로켓·미사일 발사 따위의 계획이〕실패하다, 중지되다. 4〔군대〕임무를 달성하지 못하다. — *vt.* 1〔태아〕를 유산하다. 2〔질병 따위〕를 미연에 방지하다. 3〔로켓·미사일의 발사〕를 중지하다. — *n.* 1 미사일(로켓)의 발사 중지. 2〔컴퓨터〕 프로그램 실행 도중의 중단.
a·bort·ed [əbɔ́ːrtid] *adj.* 1 유산한, 조산(早產)한(untimely born). 2〔생물〕 발육 부전(不全)의 (rudimentary); 온전치 못한, 미발달의 (underdeveloped).
a·bor·ti·cide [əbɔ́ːrtisàid] *n.* Ⓤ 자궁내 태아 사멸(死滅), 낙태 (feticide); Ⓒ 낙태약 (abortifacient).
a·bor·ti·fa·cient [əbɔ̀ːrtiféiʃ(ə)nt] *adj.* 유산시키는, 낙태용의. — *n.* 낙태약.
a·bor·tion [əbɔ́ːrʃ(ə)n] *n.* Ⓤ Ⓒ 낙태; 유산 (miscarriage); [1회의] 낙태 (유산). ¶ criminal *abortion* 낙태죄 / induced *abortion* 인공 유산 / cause *abortion* 인공 유산을 시키다 / have an *abortion* 낙태(유산)하다 / perform *abortion* on eugenic grounds 우생학상의 이유로 인공 유산을 하다. 2 유산아; 미숙아, 조산아. 3〔생물〕〔동식물·기관(器官) 따위의〕발육 부전, 발육 정지. 4〔계획 따위의〕실패 (failure), 실패작; 〈속어〉 온전치 못한 물건, 싸구려. 〔신 중절권 지지(옹호).
a·bor·tion·ism [əbɔ́ːrʃ(ə)nìz(ə)m] *n.* 〔임산부의〕임
a·bor·tion·ist [əbɔ́ːrʃ(ə)nist] *n.* 1 낙태 시술자, 특히 위법의 낙태 시술 의사. 2 임신 중절권 논자; 임신 중절권 지지자.
a·bor·tion-on-de·mand [əbɔ́ːrʃ(ə)nɔːndimǽnd / -máːnd] *n.* 〔임신부의〕무조건 임신 중절권[임신 기간중 언제라도 중절을 요구할 수 있는 권리].
a·bor·tive [əbɔ́ːrtiv] *adj.* 1〔생물〕발육 부전의. ¶ an *abortive* flower 열매를 맺지 않는 꽃. 2 실패한, 성공하지 못한 (unsuccessful). ¶ an *abortive* mission 성공하지 못한 사명 / prove *abortive* 실패로 끝나다. 3〔의학〕 낙태를 촉진하는; 병세를 막는. 4〔병리〕 부전성(不全性)의. **~·ly** *adv.* **~·ness** *n.*
ÁBÓ sýstem *n.* (the ~)〔사람의 피를 A, AB, B, O의 네 가지 형으로 구분하는 기본적인〕혈액 조직 ABO 4분류〔법〕.
a·bought [əbɔ́ːt] *v.*《고어》 aby, abye의 과거·과거
a·bou·li·a [əbúːliə] *n.* =abulia.
*a·bound** [əbáund] *vi.* 1 많이 있다 (be plentiful) (*in*...). ¶ (~+前+名) Fish *abound in* the ocean. 바다에는 물고기가 많이 있다. 2 …이 풍부하다 (be rich) (*in, with*...). ¶ (~+前+名) Our language *abounds in* honorific expressions. 우리말은 경어 표현이 풍부하다 / The country *abounds in* products. 그 나라는 산물이 풍부하다 / He *abounds in* courage. 그는 용기가 많다 / The village *abounds in* folklore. 그 마을은 민화가 수두룩하다 / The kitchen *abounds with* cockroaches. 그 부엌에는 바퀴벌레가 득실거린다.
── **Usage** abound in 과 abound with ── 구별없이 쓰이는 경우도 있으나, 특히 주어가 사람인 경우 in 은 주로 본질적인 성질이나 특성을, with 는 비본질적·우연적인 일에 쓰이는 경향이 있다.
◇ abúndance *n.*, abúndant *adj.*
a·bound·ing [əbáundiŋ] *adj.* 풍부한, 많은, 수두룩한 (abundant) (*with*...). **~·ly** *adv.*
‡**a·bout** [əbáut] *prep.* 1 …에 대하여, …에 관한 (concerning). ¶ a book *about* fishing 낚시에 관한 책 / talk *about* secrets 비밀에 관해 이야기하다 / *Much Ado About Nothing*. 헛소동[Shakespeare 의 희곡 이름] / What (*or* How) *about* the weather tomorrow? 내일 날씨는 어떨까요? / How (*how about*), WHAT (*what about*) / I have no doubt *about* his honesty. 나는 그의 성실성에 대해서는 조금도 의심치 않는다 / Something is

wrong *about* your way. 자네의 방식에는 뭔가 잘못된 데가 있어 / I know *about* him (it). 그 사람(그것)에 관한 일은 잘(자세히) 알고 있다(* 그 사람의 존재 또는 사전 따위를 그저 알고 있기만 할 경우에는 I know *of* him (it).으로 of를 쓰는 일이 많다. ⇒ KNOW) / It's unfortunate *about* your holiday. 《구어》 자네 휴가는 참 안됐네[쉬지도 못하게 되거나 해서].

2 …의 둘레에, …을 둘러싸(고) (all around). ¶ the hedge *about* the vineyard 포도밭 둘레의 산울타리 / people *about* us 우리 주위의 사람들 / They were standing *about* the table. 그들은 테이블 둘레에 서 있었다.

3 …의 근처에, …가까이에(somewhere near). ¶ *about* here 이 근처에 / The dog is *about* the barn. 개는 헛간 근처에 있다.

4 …의 신변에; 몸에 지니고(on). ¶ Take a purse *about* you. 지갑을 가지고 가거라 / I have no money *about* me. 가진 돈이 없습니다 / There is something queer *about* him. 그에게는 어딘지 괴상한 데가 있다.

— **Usage**¹ *about*와 in, with —— (1) There is something strange *about* him.은 옷차림이나 동작 등 외적·우연적인 일을, There is something strange in him.은 소질·성격 등 내면적·본질적인 일을 말할 때 쓴다. (2) 돈이나 지갑 따위 호주머니에 들어갈만한 작은 물품을 「지니고 있는」 경우에는 have something *about* (*with*, *on*) one 을, 우산 따위 큰 물건일 경우에는 have something *with* one 을 쓸 때가 많다.

5 …의 여기저기에, …의 이곳저곳에. ¶ walk *about* the street 거리를 이리저리 돌아다니다 / travel *about* the world 세계의 이곳저곳을 여행하다 / There are oases dotted *about* the desert. 사막에는 오아시스가 점점이 산재해 있다.

6 …쯤에; …경(near) (* 부사로 볼 수도 있음.) ⇒ *adv*. 1). ¶ *about* noon 정오경 / *about* this time 이맘때쯤 / [at] *about* ten o'clock 10시쯤에. ⇒ Usage² / He is *about* my age. 그는 내 나이 정도다.

— **Usage²** *at about*와 같이 전치사를 겹쳐 쓰는 것은 좋지 않다는 설도 있으나, 실제로는 종종 쓰이는 확립된 어법이다. 이맘때도 *for about* a week, *in about* a month, *by about* next Sunday 와 같은 표현이 있다.

7 …에 종사하여(engaged in). ¶ What is he *about*? 그는 무슨 일을 하고 있습니까? / He is *about* an important piece of work. 그는 중요한 일을 하고 있다 / Don't be long *about* it. 꾸물거리지 말아요; 빨랑빨랑 해요. ⇒ GO (go *about*), SET (set *about*).

be about to *do* 막 …하려고 하다(be going to, be on the point of). * *about* is 부사로 볼 수도 있다. 전치사라 한다면 부정사를 지배하는 유일한 것이다. ¶ He is *about* to leave Seoul. 그는 서울을 떠나려 하고 있다.

주의 be about to 와 be going to —— 둘 다 바로 눈앞에 닥친[현재·과거의] 예정을 나타내는 데 쓰이지만, be going to는 의지 미래 또는 확실한 미래를 나타내는 수가 있다: I *am going to* write a letter to him. / He's *going to* be a complete crock in six months. (반년 이내에 완전한 폐인이 된다). be about to 는 한층 더 절박한 미래(immediate future)를 나타낸다고 한다: They *are about* to leave here. 또 He *will be going to* buy a Rolls-Royce next. (그는 다음번에는 롤즈로이스를 사겠다는 거야) 등에서는 불만의 뜻을 함축한다.

— *adv.* **1** 대략, 약…(nearly); 《구어》 거의(almost). ⇒ *prep*. 6. ¶ *about* a mile 약 1마일 / It is *about* time to get up. 일어날 시간이다 / That's *about* it. 대충 그런 정도야 / I am *about* frozen. 얼어죽을 지경이다 / She was much *about* distracted. 그녀는 거의 정신착란 상태였다.

2 둘레에, 주위에(를) (around). ¶ look *about* 둘러보다.

3 여기저기에; 근처에(nearby). ¶ lie *about* 산재(散在)하다 / walk *about* 돌아다니다 / There was nobody *about*. 근처에는 아무도 없었다.

4 빙 돌아서(in circuit); 반대 방향으로; 멀리 돌아서, 우회하여(circuitously); ⇒ around / ¶ the wrong (*or* the other) way *about* 반대로, 거꾸로 / face *about* 뒤로 돌아서게(보게) 하다. ⇒ *About face* ! / put a ship *about* (항해) 배를 바람 불어오는 쪽으로 돌리다 / turn *about* 빙글 돌다, 「뒤로 돌아」를 하다. ⇒ *About turn* ! / go a long way *about* 멀리 돌아가다, 우회하다 / The lake is two miles *about*. 그 호수는 둘레가 2마일이다.

5 차례로, 번갈아(alternately). ¶ week *about* 일주일 교대로/take turns *about* 차례로 돌아가며 하다 / turn [and turn] *about* 교대로, 번갈아서.

6 움직여서, 활동하여(astir); [병이] 유행하여(prevailing); [소문 따위가] 퍼져서(afloat). ¶ get *about* 돌아다니다, 활동하다 / set *about* 는 …하기 시작하다 / be up (*or* out) and *about* [환자가] 일어나서 다니고(기동하고) 있다 / Typhoid fever is *about*. 장티푸스가 유행하고 있다.

about and about 《美》 어슷비슷하여, 오십보 백보.
About face ! 《美》 [군대] 뒤로 돌앗!
About turn ! 《英》 [군대] = About face!
bring about ⇒ BRING.
come about ⇒ COME.
send *a person* **to the right about** 남을 반대 방향으로 되돌려 보내다, 남을 되쫓아 버리다.

— *vt.* [항해] [돛배 따위를] 돌리다, 돛의 방향을 반대로 돌리다. ¶ *About ship*! 바람쪽으로 돌려 !

a·bout-face *n*. [əbáutféis →*vi*.] [위치·주의·태도 따위의] 180도 전환, 완전 급전환(전향). —— *vi*. [əbàutféis] (**-faced**, **-fac·ing**) 주의(태도)를 표변하다.

a·bout-ship [əbáutʃíp] *vi*. (항해) 배가 들어서 빈배편 뱃전에 바람을 받다(tack).

a·bout-town·er [əbáuttáunər] *n*. [나이트클럽, 극장 따위의] 자주 가는 사람.   [face.

a·bout-turn [*n*. əbáuttə́ːrn; *v*. -´´-] *n*., *vi*. = about-

a·bove [əbʌ́v] *prep*. (*opp*. below) **1** …의 위에(로), …보다 높이. ⇒ ON 에 類語 ¶ *above* the horizon 수평선(지평선) 위에 / *above* one's head 머리 위에 / keep one's head *above* water 머리를 물 위에 내어두고 있다; 빚지지 않고 살아가다 / The town is situated 1,500 meters *above* [the] sea level. 그 도시는 해발 1,500 미터의 곳에 자리잡고 있다.

2 …보다 상류에; …의 저편에(beyond); [연극] 무대 안쪽에. ¶ There is a waterfall *above* the bridge. 다리 상류 쪽에 폭포가 있다.

3 …보다 이전에, …으로 거슬러 올라가서. ¶ the period *above* the 15th century 15세기 이전의 시대.

4 …의 북쪽에(north of). ¶ *above* the equator 적도 이북에 / *above* the 38th parallel 38선 이북에.

5 …이상으로(more than, over); …보다 상위에; …보다 뛰어나서. ¶ a price 100 won 100원 이상의 가격 / a man *above* sixty 60세가 넘은 사람 / *above* the average 평균 이상 / He is *above* you in rank. 그는 당신의 상사다 / Health is *above* wealth. 건강은 재산보다 낫다.

6 …이 미치지 못하는(beyond); …을 초월하여(surpassing). ¶ *above* one's understanding 자기의 이해력이 미치지 못하는 / live *above* one's means 자기 분수에 넘치는 생활을 하다 / This book is *above* me. 이책은 나에게는 어렵다.

7 …하기에는 너무 훌륭한, 젠체하여 …하지 않는. ¶ He is *above* telling lies. 그는 거짓말을 할 사람이 아니다 / He is *above* asking questions. 그는 젠체하여 질문을 하지 않는다 / He is not *above* telling a lie, if it will serve his purpose. 만일 목적에 도움이 된다면, 그는 스스럼없이 거짓말을 한다.   [째로,

above all [*things*] 그중에서도, 무엇보다도 먼저, 첫

above and beyond ···에 더하여, 게다가.
above everything [*else*] 무엇보다도. ⇨ EVERYTHING.
above other things 특히. ⇨ THING.
above par ⇨ PAR.
be (*or* *get*) *above oneself* 자신의 분수를 모르다; 잘난 체하다, 으스대다; 거드럭거리다.
over and above =above and beyond.
— *adv.* **1** 위에(로), 위쪽에(으로); 머리 위에(overhead); 위층에(upstairs); 하늘 위에. * 명사를 한정하는 경우에는 보통 그 뒤에 온다. ⇨ *adj.* ¶ the room *above* 위층의 방 / God *above* 하늘에 계시는 하나님 / Heaven *above* 천국 / soar *above* 날아오르다. **2** 〔강의〕 상류에 (upstream); 〔연극〕무대 안쪽에. ¶ They rowed *above* as far as the falls. 그들은 폭포가 있는 데까지 노저어 올라갔다. **3** 〔책·페이지 따위의〕위쪽에, 상부에. ¶ as [is mentioned] *above* 위와(위에서 말한) 바와 같이 / See page 10 *above*. 10페이지의 위를 보라. **4** 웃자리에. ¶ a vacancy in the position *above* 상위의(上位職)의 공석. **5** ···이상(over). ¶ persons of twenty and *above* 20세 이상의 사람들.
— *adj.* 위에 말한, 상기(上記)한. ¶ The *above* explanations 위의 / the *above* examples 위에 든 예.
— *n.* ⓤ (보통 the~) 상기의 일, 이상. ¶ judging from (*or* by) the *above* 위에 말한(이상의) 사항으로 판단하여 / the *above* 위로부터, 하늘에서.

a·bove·av·er·age [əbʌ́vǽv(ə)ridʒ] *adj.* 평균 이상의, 비범한.

a·bove·board [əbʌ́vbɔ̀ːrd /-bɔ̀ːd] *adj., adv.* 공명정 직한(하게, 하여), 있는 그대로[의]. ¶ He is open and *aboveboard* with me. 그는 나에게 대해서는 공명 솔직하다 / His dealings are all *aboveboard*. 그의 거래는 전적으로 공명정대하다.

a·bove-cit·ed [əbʌ́vsáitid] *adj.* 위에 인용한.

a·bove-deck [əbʌ́vdèk] *adv.* 갑판 위에서; 공명정대하게, 있는 그대로.

a·bove·ground [əbʌ́vgràund] *adv., adj.* (* 형용사로는 서술용법) 땅위에(로, 의); 매장되지 않은; 생존하여.

a·bove-men·tioned [əbʌ́vménʃ(ə)nd] *adj.* 앞 서(위에서) 말한, 상기(上記)한.

a·bove·stairs [əbʌ́vstɛ́ərz] *adj., adv., n.* 〔英〕=upstairs.

a·bove-the-line [əbʌ́vðəláin] *n.* 〔경제〕회선상(經線上) 예산, 경상 계정 예산 〔영국의 예산 용어〕.

ab o·vo [æb óuvou] 《라틴》 (=from the egg) 처음부터(from the beginning).

abp., ABP. 〔略〕 archbishop.

abr. 〔略〕 abridge, abridged, abridgment.

ab·ra·ca·dab·ra [æ̀brəkədǽbrə] *n.* **1** 애브러커대브러 〔부적으로서, 글자를 삼각형으로 배열해 쓴 주문(呪文)〕. **2** 주문. **3** 헛소리(gibberish); 허튼 소리(nonsense).

a·bra·dant [əbréid(ə)nt] *adj.* 연마용의(研磨用)의.
— *n.* 연마제(劑)(abrasive).

a·brade [əbréid] *v.* (**-brad·ed, -brad·ing**) *vt.* 〔피부 따위를〕까다, 벗기다; ···을 닮게 하다. — *vi.* 닳다; 스쳐서 벗겨지다, 까지다.

a·brad·er [əbréidər] *n.* 연마기(研磨器).

A·bra·ham [éibrəhæ̀m, -həm, +英 ɑ́ː-] *n.* 〔성서〕아브라함〔이삭의 아버지로 히브리족의 시조〕. ←창세기 (Gen.) 12 ff.
Abraham's bosom 아브라함의 품안, 천국, 낙원 (paradise) [←누가 복음(Luke) 16 : 22]. ¶ in *Abraham's bosom* 아브라함의 품에 안겨, 천국에서; 행복하게.

A·bra·ham-man [éibrəhǽmmæ̀n] *n.* (*pl.* -**men** [-mèn, -mən]) 16-17세기경 미친 사람 행세를 하며 영국 국내를 방랑한 거지.
sham Abraham-man (*or* *Abram*) 병자인 체하다, 미친 체하다.

A·bram [éibrəm, +英 ɑ́ː-] *n.* 〔성서〕 =Abraham.

a·bran·chi·ate [əbrǽŋkiit, -èit / æbrǽŋ-] 〔동물〕 *adj.* 아가미가 없는, 무새류(無鰓類)의. — *n.* 무새류의 동물.

a·bra·sion [əbréiʒ(ə)n] *n.* **1** 마멸(磨滅)된 곳; 까진 상처, 찰과상. **2** ⓤ 〔기계 따위의〕 마멸, 마손. **3** ⓤ 〔바닷물에 의한〕 침식 작용.

a·bra·sive [əbréisiv, +美 -ziv] *n.* 연마재(研磨劑) 〔모래·금강사(金剛砂) 따위〕. — *adj.* 연마하는; 닳게 하는, 마멸시키는.

ab·re·act [æ̀briǽkt] *vt.* 〔정신 분석〕〔억압된 감정〕을 정화(淨化)하다, 소산(消散)시키다.

ab·re·ac·tion [æ̀briǽk(ʃ)ən] *n.* ⓤ 〔정신 분석〕 정화(淨化) 작용, 소산(消散) 반응〔억압된 정신적 긴장을 완화시키는 요법〕.

***a·breast** [əbrést] *adv.* **1** 나란히, 병행해서 (side by side). ¶ a line two *abreast* 2열 종대 / walk four *abreast* 네 사람이 나란히 걸어가다. **2** 뱃머리를 나란히 하여.
abreast of (*or* *with*) ···과 병행해서, ···에 뒤떨어지지 않도록. ¶ keep *abreast of* (*or* *with*) the times 시대에 뒤떨어지지 않도록 하다.
— *prep.* ···과 나란히(* abreast of 의 of 를 생략한 용법). ¶ *abreast* the times 시대에 뒤떨어지지 않고.

***a·bridge** [əbrídʒ] *vt.* (**a·bridged, a·bridg·ing**) **1** ···을 단축하다(shorten), 생략하다. ⇨ SHORTEN 類語 *opp.* lengthen ¶ *abridge* a long story 긴 이야기를 짧게 줄이다 // (~+目+前+名) The book is *abridged* from the original work. 이 책은 원본을 요약한 것이다. **2** ···을 축소하다 (lessen). *opp.* expand **3** 〔고어〕〔지금은 익살〕 ···에게서 빼앗다(deprive); 잘라내다(cut off) (...*of*). ¶ (~+目+前+名) *abridge* a person *of* his rights 남의 권리를 빼앗다.
◇ abrídgment *n.*

a·bridg·ment, a·bridge- [əbrídʒmənt] *n.* **1** ⓤ 단축, 생략, 요약. **2** 초록본(抄錄本), 초본. **3** ⓤ 〔권리 따위의〕 박탈.

a·broach [əbróutʃ] *adv., adj.* (* 형용사로는 서술용법) 〔술통 등의〕 마개를 따고, 널리 알려져, 공표되어.
set something abroach ① 〔술통 따위에〕 따르는 구멍을 뚫다. ② 〔새 학설 따위〕를 퍼뜨리다. ③ 〔감정 따위〕를 토로하다.

‡a·broad [əbrɔ́ːd] *adv.* **1** 외국에(으로), 해외에(로) (overseas); 《주로 美》 유럽에(으로). ¶ Korean students *abroad* 해외의 한국인 유학생 / a tour *abroad* 해외 여행 / travel *abroad* 외유하다 / go *abroad* 외국으로 가다.
2 널리(widely); 유포되어, 퍼져 서(about). ¶ be noised *abroad* 평판이 자자해지다 / spread *abroad* 널리 퍼지다 / There is a rumor *abroad* that ···이라는 소문이 퍼져 있다.
3 집밖에(으로) (out of doors); 외출하여(out). ¶ be *abroad* 외출중이다 / walk *abroad* 나돌아다니다.
4 틀려서(in error); 과녁을 빗나가서; 어찌할 바를 몰라서(puzzled); 혼란에 빠져(confused).
at home and abroad 국내에서나 외국에서나.
be all abroad ① 어찌할 바를 모르고 있다; 당황하고 있다. ② 〔짐작 따위가 아주〕 얼토당토 않다.
get abroad 소문 따위가 널리 알려지다; 외출하다.
set something abroad 〔소문〕을 퍼뜨리다.
— *n.* ⓤ〔전치사의 목적어로서〕외국, 바깥. ¶ letters from (for) *abroad* 외국에서 온(외국으로 갈) 편지.

ab·ro·gate [ǽbro(u)gèit] *vt.* (**-gat·ed, -gat·ing**) 〔법률·습관 따위〕를 폐기하다(abolish), 철폐하다 (repeal), 취소하다(cancel). ¶ *abrogate* a law 법을 폐지하다.

ab·ro·ga·tion [æ̀bro(u)géiʃ(ə)n] *n.* ⓤ 폐지, 폐기, 철폐.

ab·ro·ga·tive [ǽbro(u)gèitiv] *adj.* 폐지의, 폐기의.

ab·ro·ga·tor [ǽbro(u)gèitər] *n.* 폐지자, 철회자.

ABRS 〔略〕 *advanced ballistic re-entry system* (신형 탄도 재돌입 시스템).

ab·rupt [əbrʌ́pt] *adj.* **1** 갑작스러운, 돌연한, 뜻밖의. ⇨ SUDDEN 類語 ¶ an *abrupt* entrance 불시의 침입. **2** 〔문체 따위가〕 비약적인, 단절적인; 연결이 되지 않는; 〔말씨·태도가〕 무뚝뚝한. ¶ an *abrupt* literary style 퉁명스러운 문체. **3** 험준한, 가파른(steep). **4** 〔식물〕 싹둑 잘라낸 모양의, 절형(截形)의(truncate). **5** 〔지층 따위가〕 갑자기 노출된, 단열(斷裂)된. ~·**ness** *n*.
◇ abrúption *n*., abrúptly *adv*.
ab·rup·tion [əbrʌ́pʃ(ə)n] *n.* U 〔물체의 일부분의 급격한〕 분리, 분열; 《드물게》 단절, 정지.
*****ab·rupt·ly** [əbrʌ́ptli] *adv.* 갑자기, 불시에, 불쑥; 퉁명스럽게; 험하게. [*abscond*.
abs- *pref.* ab-의 변형으로 c, q, t 앞에 붙는다. 예:
abs. = absent; absolute, absolutely; abstract.
A.B.S. 《略》 alkyl benzene sulfonate 〔거의 모든 경성(硬性) 세제의 주성분〕; American Bible Society (미국 성서 협회); American Bureau of Shipping (미국 선급(船級) 협회).
ABS 《略》 anti-lock brake system (ABS 제동장치).
Ab·sa·lom [ǽbsələm] *n.* 〔성서〕 압살롬〔다윗의 셋째 아들로, 아버지를 거역하여 피살되었다. ←사무엘기 (하) (2 Sam.) 13-20〕.
ab·scess [ǽbses, -sis] *n.* 〔병리〕 농양(膿瘍), 종기.
ab·scessed [ǽbsest, -sist] *adj.* 종기(농양)가 생긴.
ab·scind [æbsínd] *vt.* …을 베어내다, 잘라내다, 떼어내다(cut off). 〔횡좌표(橫座標), *cf.* ordinate
ab·scis·sa [æbsísə] *n.* (*pl.* **-sas** 또는 **-sae** [-siː]) 〔수학〕
ab·scis·sion [æbsíʒ(ə)n, -sí-](ə)n] *n.* **1** 절제(切除); 갑작스러운 종결. **2** 〔식물〕 이층(離層)의 형성에 의한 잎·과실·꽃 따위의 분리, 이탈. ¶ an *abscission* layer 〔식물〕 이층. **3** 〔修辭〕 돈단법(頓斷法).
ab·scond [æbskánd / əbskɔ́nd] *vi.* 자취를 감추다, 〔돈을 빌빌을 피하여〕 도망하다, 실종하다(*from, with...*). ⇨ FLEE 類語 ¶ (~+*前*+图) *abscond from* a place 어떤 장소에서 도망하다 / *abscond with* public money 공금을 가지고 도주하다.
ab·scond·ence [æbskánd(ə)ns / əbskɔ́nd-] *n.* U 〔법인 동으로〕 도망, 도주, 실종, 잠적.   [종자.
ab·scond·er [æbskándər / əbskɔ́ndə] *n.* 도망자, 실
‡**ab·sence** [ǽbs(ə)ns] *n.* **1** U 부재, 출타; C 〔1회·1건의〕 결석, 결근, 불참; 부재 기간. *cf.* presence ¶ a long *absence* 장기 결석(결근, 부재) / a report of *absence* 결석(결근)계 / after 〔a〕 five years' *absence* 5년 만에 / report one's *absence* 결석(결근)계를 내다 / *Absence*! 《英》 결석입니다!〔점호 때의 대답〕// *absence from* school (office) 결석(결근), **2** U C 없음, 결여, 결핍. ⇨ LACK 類語 ¶ *absence of* order 무질서 / Most of the tragedies are caused by the *absence of* reason. 대개의 비극은 이성의 결여로 일어난다. **3** U 방심 (abstraction). ¶ *absence of* mind 방심, 망연 자실.
in a person's *absence* 남의 부재중에; 남이 없는 곳에서, 뒷면에서.
in the absence of …이 없을 때에; …이 없어서. ¶ *In the absence of* evidence the man was set free. 증거가 없어서 그 사람은 석방되었다.
◇ ábsent *adj., v.*
‡**ab·sent** *adj.* [ǽbs(ə)nt → *vt.*] **1** 부재의, 출타중인, 결석(결근)한, 불참한(*from...*). *opp.* present ¶ be *absent from* home 집에 없다 / be *absent from* school (office) 학교(회사)를 쉬다 // *Long absent, soon forgotten.* 《속담》 격조하면 잊게 마련, 거자일소(去者日疎)한 (=Out of sight, out of mind.). **2** 없는, 결여된(lacking). ¶ Snow is *absent* in some countries. 눈이 내리지 않는 나라도 있다. **3** 방심한, 멍한(absent-minded). ¶ an *absent* air 멍청히 있는 모습 / in an *absent* sort of way 멍하니, 우두커니, 넋없이.
absent without leave 《美》 ① 무단 결근의, 무단 결석의. ② 〔군대〕무단 외출의〔略 AWOL, awol〕.

— *vt.* [æbsént] 〔재귀용법〕 결석하다, 결근하다. ¶ He *absented* himself *from* class. 그는 수업에 결석했다. ◇ ábsence *n.*, ábsently *adv.*
ab·sen·tee [ǽbs(ə)ntíː] *n.* **1** 결석(결근)자, 불참자. ¶ an *absentee without leave* 무단 결석(결근)자, 무단 외출자. **2** 재외자(在外者); 〔법률〕 〔근무 장소·지위·의무 등에 대한〕 부재자; 부재 지주(* 《英》에서는 옛날에 부재중인 교구 목사(parson)를 지칭).
absentée bállot *n.* 부재자 투표 용지.
ab·sen·tee·ism [ǽbs(ə)ntíːiz(ə)m] *n.* U 부재 지주 제도; 장기 결석(결근); 계획적 결근〔동맹 파업 전술의 하나〕.
absentée lándlòrd *n.* 부재 지주.   [나〕.
absentée vóter *n.* = absent voter.
ab·sen·te re·o [æbsénti ríːou] 〔법률〕 피고 결석 때문에, 피고 결석인 경우에(in the absence of the defendant), 〔<L〕 〔멍청히〕 (inattentively).
ab·sent·ly [ǽbs(ə)ntli] *adv.* 넋을 잃고, 우두커니, 멍
‡**ab·sent-mind·ed** [ǽbs(ə)ntmáindid] *adj.* 멍하니 있는, 넋빠진, 방심한, 방심 상태의. ~·**ly** *adv.* ~·**ness** *n.*
ábsent vóter *n.* 부재 투표자.
ab·sinth, -sinthe [ǽbsinθ] *n.* **1** U 압생트〔쑥 등속의 식물로 맛을 들인 녹색의 독한 증류주〕. **2** 쑥속 (wormwood); 《美》 = sagebrush.
ab·sinth·ism [ǽbsinθìz(ə)m] *n.* U 압생트 중독.
ab·sit o·men [ǽbsit óumen] 〔라틴〕 (=may omen be wanting) 불길한 전조가 아니기를〔비아냥〕 (may it bear no ill omen); 부디 그런 일이 없기를; (never).
‡**ab·so·lute** [ǽbs(ə)lùːt] *adj.* **1** 절대의, 절대적인. *opp.* relative, comparative ¶ the *absolute* being 절대 실재, 신(God) / an *absolute* principle 절대 원리. **2** 완전 무결한 (perfect), 온전한 (entire). ⇨ UTTER 類語; 순수한(pure). ¶ an *absolute* fool 철저한 바보 / *absolute* ignorance 아주 모름, 완전한 무지. **3** 무제한의(unlimited), 무조건의(unconditional); 전제(專制)의(despotic). ¶ an *absolute* monarch (*or* ruler) 전제 군주. **4** 실재의(actual); 확실한(definite); 단호한(positive). ¶ an *absolute* proof (fact) 절대 확실한 증거(사실). **5** 〔문법〕 독립의, 유리(遊離)된. ¶ an *absolute* construction 독립 구문 / an *absolute* infinitive (participle) 독립 부정사(분사). **6** 〔물리〕 절대 온도의(⇨ ABSOLUTE TEMPERATURE); 〔교육〕 절대 평가의; 〔수학〕 절대치(値)의. **7** 〔항공〕 절대 고도의. ⇨ ABSOLUTE ALTITUDE. **8** 〔컴퓨터〕 기계어로 쓰여진.
— *n.* (the ~) 〔철학〕 절대; (the A-) 절대자, 신.
~·**ness** *n.* ◇ ábsolutely *adv.*
ábsolute áddress *n.* 〔컴퓨터〕 절대 번지〔계수형 계산기(digital computer)에서 정보가 저장되는 특정한 장소〕.
ábsolute addréssing *n.* 〔컴퓨터〕 절대 번지 지정.
ábsolute álcohòl *n.* U 무수(無水) 알코올, 순(純)알코올.
ábsolute áltitùde *n.* 〔항공〕 절대 고도〔해발 고도가 아닌, 지표면을 기준으로 한 기체(機體)의 고도〕.
ábsolute céiling *n.* 〔항공〕 절대 상승 한도〔비행기가 표준 조건 하에서 수평 비행을 계속할 수 있는 최대한의 해발 고도〕.
ábsolute deviátion *n.* 절대 편차(偏差) 〔사격에서, 목표의 중심 또는 조준점과 탄착점(彈着點)과의 직선거리〕.
ábsolute humídity *n.* U 절대 습도〔공기 1m³ 속의 수증기의 양을 그램수로 나타낸 것〕.
ábsolute instrúction *n.* 〔컴퓨터〕 절대 명령 〔absolute address를 지정하는 명령〕.
‡**ab·so·lute·ly** [ǽbs(ə)lùːtli, ˌ--ˈ--] *adv.* **1** 절대적으로, **2** 완전히, 전혀이(quite). ¶ It is *absolutely* necessary that you should come yourself. 당신이 몸소 오시는 것이 절대적으로 필요합니다. **3** 무제한으로,

(unlimitedly), 무조건으로(unconditionally); 전제(독재)적으로. ¶ promise *absolutely* 무조건으로 약속하다 / govern *absolutely* 독재 정치를 하다. **4** 《구어》《부정문에서》전혀. ¶ He has *absolutely* nothing now. 그는 지금 가진 것이라고는 전혀 없다. 《英숙어》에서는 때로 abso(-)bloody(-)lutely [æbsəblʌ́di lúːtli] 로 bloody 를 삽입하여 강조하기도 한다. 예: It's not *absobloodylutely* likely. 전혀 그런 기색조차 없다. **5** 《구어》《응답문에서》과연 그렇군요(quite so). **6** 〖문법〗독립적으로, 동떨어져. ¶ an adjective used *absolutely* 독립적으로 쓰인 형용사.

ábsolùte majórity *n.* 절대 다수〔투표 총수 또는 유권자 총수의 과반수〕.

ábsolùte mágnitùde *n.* 〖천문〗절대 등급.

ábsolùte mónarchy *n.* **1** 전제 군주국. **2** 전제군주 정체(政體). cf. limited monarchy

ábsolùte músic *n.* Ⓤ 〖음악〗절대 음악, 순(純)음악, 순수 기악곡. cf. program music

ábsolùte pítch *n.* 〖음악〗**1** 절대 음고(音高) 〔공기 중에서의 1초당 진동수에 따라 결정되는 음고〕. **2** 절대 음감〔음고를 정확하게 발성하거나, 귀로 들어서 분별하는 능력〕. 〔cf. (Kelvin scale).

ábsolùte scále *n.* (보통 the ~) 〖물리〗절대 온도 눈금 [K로 나타낸다. 0°K는 -273°C에 해당〕.

ábsolùte témperature *n.* (the ~) 〖물리〗절대 온도 [K로 나타낸다. 0°K는 -273°C에 해당〕.

ábsolùte térm *n.* 〖논리〗절대 명사(名辭); 〖수학〗〔정(整)〕함수의 절대항(項).

ábsolùte únit *n.* 절대 단위.

ábsolùte válue *n.* 〖수학〗절대치(値).

ábsolùte wéapon *n.* 절대 병기〔핵무기 따위 최대의 위력을 가진 병기〕.

ábsolùte zéro *n.* Ⓤ 〖물리〗절대 영도. cf. absolute temperature

***ab·so·lu·tion** [æ̀bsəlúː∫(ə)n] *n.* 〖Ⓒ Ⓤ〗 **1** 면책(免責); 방면(*of*, *from*...). **2** 〖교회〗사면; 〔사제가 그리스도와 교회를 대신하여 고해자(告解者)에게 행하는〕화해 선언〔의 의식〕. **3** 〖페어〗사도식(赦禱式) 〔현대의 고발식에 해당〕. ◇ absólve *v.*

ab·so·lut·ism [ǽbsəluːtìz(ə)m] *n.* Ⓤ **1** 전제주의, 독재주의. **2** 〖철학〗절대론. 〔절대론자.

ab·so·lut·ist [ǽbsəluːtist] *n.* **1** 전제(독재)주의자. **2**

***ab·solve** [æbzɑ́lv, əb-, -sɑ́lv / əbzɔ́lv] *vt.* (**-solved, -solv·ing**) **1** 〔책임·의무〕를 해제하다(relieve), ···을 용서하다(forgive), ···을 면제하다(acquit) (... *from*). ¶ (~+图+前+图) *absolve* a person *from* an obligation 남의 책임을 해제하다 / be *absolved from* one's promise 약속을 면제받다 / That *absolves* me *from* the contract. 그것으로 나는 계약의 책임에서 해제된다. **2** 〔책임·의무·죄 따위가 없었음〕을 선언한다. **3** 〖교회〗〔남〕에게 ···을 사면해 주다(..*of*). ¶ (~+图+前+图) *absolve* a person *of* his sin 남의 죄를 사면하다 / be *absolved of* one's sin 죄를 사면받다. ◇ absolútion *n.*

ab·so·nant [ǽbsənənt] *adj.* 조화되지 않는; 음조가 맞지 않는(discordant) (*from*, *to*...).

‡**ab·sorb** [æbzɔ́ːrb, -sɔ́ːrb, +美 æb-] *vt.* **1** ···을 병합하다, 병탄(倂呑)하다. ¶ The empire *absorbed* all the small states. 그 제국은 작은 나라들을 모두 합병하였다 // (~+图+前+图) A small firm was *absorbed in* a large one. 작은 회사가 큰 회사에 합병되었다.

2 〔주의·정력 따위〕를 빼앗다, 〔남〕을 몰두시키다. ¶ He is *absorbed* by the building of a shed. 그는 헛간 짓기에 몰두하고 있다 // (~+图+前+图) *absorb* oneself *in* a book 책에 몰두하다.

3 〔수분 따위〕를 빨아올리다(suck up); 〔열·빛·소리 따위〕를 빨아들이다, 흡수하다(take up). ¶ A sponge *absorbs* water. 해면은 물을 빨아들인다 / Charcoal *absorbs* gas. 숯은 가스를 흡수한다 / Light is *absorbed* by a black surface. 광선은 검은 표면에 흡수된다 / Water is *absorbed* into the soil. 물은 흙 속으로 흡수된다. ◇ absórption *n.*, absórptive *adj.*

ab·sorb·a·bil·i·ty [əbsɔ̀ːrbəbíliti] *n.* Ⓤ 흡수성.

ab·sorb·a·ble [əbsɔ́ːrbəbl, -zɔ́ːr-, +美 æb-] *adj.* 흡수되기 쉬운, 흡수되는.

ab·sorbed [æbsɔ́ːrbd, -zɔ́ːrbd, +美 æb-] *adj.* **1** 〔정신〕을 빼앗긴, 열중한, 몰두한(preoccupied, engrossed) (*in*...). ¶ with an *absorbed* attention 주의를 집중하여 // He is *absorbed in* study. 그는 연구에 열중하고 있다. **2** 흡수된(sucked up). **3** 병합된. ¶ an *absorbed* company 병합된 회사. ~**ly** *adv.*

absórbed dóse *n.* 〖물리〗흡수선(線)량〔방사선이 물질에 흡수된 양, 에너지 단위로 나타낸다〕.

ab·sor·be·fa·cient [əbsɔ̀ːrbiféi∫(ə)nt, -zɔ̀ːr-, +美 æb-] *adj.* 흡수성의. — *n.* 〖의학〗흡수제(劑).

ab·sorb·en·cy [əbsɔ́ːrbənsi, -zɔ́ːr-, +美 æb-] *n.* Ⓤ 흡수성.

ab·sorb·ent [əbsɔ́ːrbənt, -zɔ́ːr-, +美 æb-] *adj.* 흡수성의; 흡수 작용을 하는(absorbing). — *n.* 흡수성의 물질, 흡수제(劑).

absórbent cótton *n.* Ⓤ 탈지면.

absórbent páper *n.* 압지(押紙).

ab·sorb·er [əbsɔ́ːrbər, -zɔ́ːr-, +美 æb-] *n.* 흡수하는 것, 흡수 장치; 〔방사선·중성자〕흡수재(材).

ab·sorb·ing [əbsɔ́ːrbiŋ, -zɔ́ːr-, +美 æb-] *adj.* 열중케 하는; 흥미진진한. ¶ an *absorbing* pursuit 열중케 하는 일 / an *absorbing* book 흥미진진한 책. ~**ly** *adv.*

ab·sorp·tance [æbsɔ́ːrptəns, -zɔ́ːr-] *n.* 〖光學〗흡수비(율).

***ab·sorp·tion** [əbsɔ́ːrp∫(ə)n, -zɔ́ːr-, +美 æb-] *n.* Ⓤ **1** 병합, The *absorption* of a company *into* another 어떤 회사의 다른 회사에의 병합. **2** 〖생리〗흡수 작용. **3** 흡수. ¶ *absorption* of light (heat) 광선(열)의 흡수. **4** 전념, 몰두, 열중. ¶ *absorption in* one's work 일에의 몰두(열중). ◇ absórb *v.*

absórption bánd *n.* 〖물리〗흡수대(帶) 〔흡수 스펙트럼에 나타나는 띠 모양의 어두운 선〕.

absórption spéctrum *n.* 〖물리〗흡수 스펙트럼.

ab·sorp·tive [əbsɔ́ːrptiv, -zɔ́ːr-, +美 æb-] *adj.* 흡수하는, 흡수성의(이 있는). ~**ness** *n.* ◇ absórb *v.*

ab·sorp·tiv·i·ty [æ̀bsɔːrptíviti, -zɔ̀ːr-] *n.* Ⓤ흡수율(率).

ab·squat·u·late [æbskwɑ́t∫əlèit / -skwɔ́t∫ulèit] *vi.* (-**lat·ed, -lat·ing**) 《익살》도망하다, 종적을 감추다.

ABS résin [éibi:és-] *n.* 〖화학〗에이비에스 수지〔충격에 강하고 불투명〕. [< acrylonitrile-butadiene-styrene]

***ab·stain** [əbstéin, æb-] *vi.* **1** 〔특히 쾌락 따위〕를 삼가다, 끊다(refrain) (*from* ...). ¶ (~+前+图) *abstain from* drinking 금주하다 // *abstain from* food 단식하다. **2** 그만두다, 회피하다(*from* ...). ¶ (~+前+图) *abstain from* voting 투표를 기권하다. ◇ absténtion, ábstinence *n.*, ábstinent *adj.*

ab·stain·er [əbstéinər, æb-] *n.* 절제하는 사람, 금주가. ¶ an *abstainer from* wine 금주가 / a total *abstainer* 절대 금주주의자.

ab·ste·mi·ous [æbstíːmiəs, əb-, -mjəs] *adj.* **1** 〔음식〕에 대해 절제하는, 절도가 있는(temperate). **2** 검소한(moderate). ¶ an *abstemious* life 검소한 생활 / an *abstemious* diet 검소한 식사. ~**ly** *adv.* ~**ness** *n.*

ab·sten·tion [əbstén∫(ə)n, æb-] *n.* Ⓤ 절제, 자제; 〔권리 등의〕회피, 거부; 기권(*from* ...). ¶ *abstention from* wine 금주 / *abstention from* voting 투표 기권. 〔→ ABSTAIN〕

ab·sten·tious [əbstén∫əs, æb-] *adj.* 절제하는, 자제하는.

ab·sterge [æbstə́ːrdʒ, əb-] *vt.* (-**sterged, -sterg·ing**) ···을 닦아내다(wipe away), 세척하다(cleanse).

ab·ster·gent [æbstə́ːrdʒənt, əb-] *adj.* 깨끗이 씻어내는(cleansing); 세척성의(detergent). — *n.* 세척제(劑) 〔비누 따위〕.

ab·ster·sion [æbstə́ːr/(ə)n, əb-] *n.* ⓤ 세척, 세정(洗淨); 설사시키기 (cleansing). 〜는 (abstergent).

ab·ster·sive [æbstə́ːrsiv, əb-] *adj.* 세척하는; 설사시키

ab·sti·nence [ǽbstinəns] *n.* ⓤ **1** 절제, 삼가서 끊음, 금욕(*from* …). ¶ *abstinence from* smoking 금연. **2** 자제, 참음(temperance, moderation). **3** 〖종교〗[음식 따위를] 삼가는 일, 정진(精進); 〖가톨릭〗금육재 (禁肉齋), 소재 (小齋) (새·짐승의 고기를 먹지 않는 일). ¶ days of *abstinence* 소재일. *cf.* fast, fasting **4** 금주. **5** 〖경제〗제욕(制欲) [자본 축적을 위해 현금 사용을 절제하는 일].

ábstinence sýndrome *n.* 〖의학〗금단(禁斷) 증후 (현상).

ab·sti·nen·cy [ǽbstinənsi] *n.* ⓤ(美에서는 고어)〖음식의〗 절제, 금욕.

ab·sti·nent [ǽbstinənt] *adj.* [음식 따위를] 삼가서 끊은, 절제하는, 금욕적인. 〜**ly** *adv.*

‡**ab·stract** *adj.* [ǽbstrækt, -́ / -́ -́ //] *n., v.*] **1** 추상적인. *opp.* concrete ¶ an *abstract* idea 추상적인 관념 / 'Beauty' is an *abstract* word. 「미(美)」는 추상적인 말이다.
2 이론적인(theoretical) (*opp.* applied), 관념적인 (ideal), 공론적(空論的)인 (*opp.* practical). ¶ *abstract* mathematics 이론 수학 / *abstract* sciences 형이상학(순수 과학).
3 〖추상적이고 어려운, 난해한, 심오한(abstruse). ¶ *abstract* theories 심오한 이론 / *abstract* speculations 심오한 사색.
4 〖미술〗추상(파)의. *cf.* representational ¶ *abstract* art (paintings) 추상 예술(화).
5 멍하니 있는, 얼빠진, 방심한(absent-minded, abstracted). ¶ with an *abstract* air 멍한 태도로, 방심 상태로.
— *n.* [ǽbstrækt] **→ 2**] **1** (보통 the〜) 추상, 개괄(概括).
2 [ㅣ美 -́ㅣ] 추상물; 추상 관념(abstract idea), 추상 명사(名辭) (abstract term). *opp.* concrete
3 〖책·연설·서류의〗적요서(摘要書), 개요, 초록(抄錄), 발췌, 강령(summary, epitome). ¶ make an *abstract* of … 을 요약(발췌)하다 / The *abstract* of the statement is as follows. 성명서의 요점은 다음과 같다.
4 추상 명사(名詞). *opp.* concrete
주의 추상 명사의 suffix 중 -hood, -dom, -ness 등은 영어 본래의 것; -age, -ance, -tion, -sion, -ment, -al, -ty 등은 라틴어 또는 프랑스어계; -ism, -ic, -cs, -y, -asm 등은 그리스어계.
5 〖미술〗추상 예술 작품. [서, 권리서.

an abstract of title 〖법률〗부동산의〗양도 경과 설명 **in the abstract** 추상적으로, 관념적으로, 이론상. *opp.* in the concrete ¶ He is liable to consider a subject *in the abstract*. 그는 사물을 추상적으로 생각하는 경향이 있다.

— *vt.* [æbstrǽkt **→ 4**] **1** (성질 따위를) 실체(實體)에서 분리하여 생각하다, 추상하다.
2 …을 떼어내다, 분리하다(take away, remove). ¶ *abstract* a large proportion of profits 이익의 대부분을 떼어내다.
3 〖완곡적〗…을 절취하다, 훔치다(steal). ¶ (〜 + 目 + 前 + 名) *abstract* a purse *from* a person's pocket 남의 호주머니에서 지갑을 빼내다.
4 〖美-́ㅡ〗…을 발췌하다, 요약하다(summarize). ¶ *abstract* a book *into* a compendium 책을 발췌하다.
5 〖화학〗…을 추출(抽出)하다(extract). ¶ (〜 + 目 + 前 + 名) *abstract* spirit *from* a substance 어떤 물질에서 엑스를 추출하다.
6 〖주의·관심〗을 다른 데로 돌리다(divert). ¶ (〜 + 目 + 前 + 名) *abstract* one's attention *from* something 어떤 것에서 주의를 다른 데로 돌리다.

〜**ly** *adv.* 〜**ness** *n.* ◇ abstráction *n.*, abstráctive *adj.*

ab·stract·ed [æbstrǽktid] *adj.* **1** 몰두한, 멍하니 있는. ¶ an *abstracted* air 멍한 태도. **2** 추출(抽出)한, *opp.* concrete 〜**ly** *adv.* 〜**ness** *n.*

ab·stract·er [æbstrǽktər] *n.* 추출하는 사람 (물건).

Ábstract Expréssionism *n.* ⓤ〖美〗〖미술〗추상적 표현주의〖제2차 대전후의 미국 회화의 한 유파〗.

ab·strac·tion [æbstrǽkʃ(ə)n] *n.* ⓤ **1** 추상, 추상화 작용. **2** ⓒ 추상적 개념. **3** 〖화학〗추출, 추출 작용. **4** 〖완곡적〗절취, 훔치기(theft). **5** 방심, 몰두, 열중; 망연자실. ¶ an air of *abstraction* 몰두한(방심한) 모양. **6** 〖미술〗추상화; ⓒ 추상 미술 작품.
◇ ábstract *adj., n., v.*, abstráctive *adj.*

ab·strac·tion·ism [æbstrǽkʃ(ə)nìz(ə)m] *n.* ⓤ 〖미술〗추상주의.

ab·strac·tion·ist [æbstrǽkʃ(ə)nist] *n.* **1** 추상파의 사람. **2** 〖미술〗추상파 화가(조각가·시인); 추상주의자.

ab·strac·tion·mon·ger [æbstrǽkʃ(ə)nmʌ̀ŋɡər] *n.* 공상가, 열째로 사람.

ab·strac·tive [æbstrǽktiv] *adj.* **1** 추상적인. **2** 추출력(抽出力)이 있는; 발췌(抄錄)의. 〜**ly** *adv.*

ab·struse [æbstrúːs, əb-] *adj.* **1** 난해한; 〖전문적인 교리·학설 따위가〗심오한(profound); 비전(祕傳)의 (esoteric). ¶ an *abstruse* creed 심오한 교리. **2** 〖폐어〗숨겨진, 비밀의(hidden). 〜**ly** *adv.* 〜**ness** *n.*

‡**ab·surd** [əbsə́ːrd] *adj.* 불합리한, 모순된; 부조리한; 어리석은, 어처구니없는, 우스운(preposterous, ridiculous). ⇒ FOOLISH 類語 ¶ an *absurd* statement 모순된 진술 / highly *absurd* 지극히 불합리한 / Don't be *absurd*! 어리석은 짓(소리) 마라. 〜the 〜, the A-) 부조리. 〜**ly** *adv.* 〜**ness** *n.* ◇ absúrdity *n.*

ab·surd·ism [əbsə́ːrdìz(ə)m] *n.* ⓤ 부조리주의.

ab·surd·ist [əbsə́ːrdist] *n.* 부조리주의자(작가).
— *adj.* 부조리〖주의〗의.

ab·surd·i·ty [əbsə́ːrditi] *n.* **1** ⓤ 어리석음, 불합리, 부조리. **2** ⓒ 어리석은 짓(태도). ◇ absúrd *adj.*

Abt sýstem [ǽpt-, áːpt-] *n.* (the〜) 아프트식(式). ¶ an *Abt system* railway 아프트식 철도. *cf.* rack railway 〖＜창안자인 스위스의 철도 기사 Roman Abt의 이름〗. 〖합〗.

ABU (略) *Asian Broadcasters Union* (아시아 방송 연

Abu Dha·bi [áːbuːdáːbi] *n.* 아부다비〖아랍 에미레이트 연방 구성국의 하나; 그 수도〗.

a·bu·li·a [əbjúːliə, æbjuːlíə], (**aboulia**) *n.* ⓤ 〖심리〗무의지증(症), 의지 상실.

‡**a·bun·dance** [əbʌ́ndəns] *n.* ⓤ **1** (종종 an〜) 풍부, 다량, 윤택. ¶ an *abundance of* food(sunshine) 풍부한 식량(충분한 일광) / out of the *abundance of* the heart 마음에 가득한 것을 입으로 말함이니(←마태 복음 (Matt.) 12 : 34〗/ in *abundance* 풍부하게, 풍족하게 / rations in *abundance* 풍부한 배급 식량. **2** (종종 an〜) 넘칠만큼 많음. ¶ 〖an〗 *abundance of* good things 남아 돌아갈만큼 많은 좋은 물건들. **3** 유복, 부유(affluence, wealth). ¶ live in *abundance* 유복하게 살다.
◇ abúndant *adj.*, abóund *v.*

‡**a·bun·dant** [əbʌ́ndənt] *adj.* 풍부한, 많은, 수없이 많은, 윤택한(overflowing). ⇒ PLENTIFUL 類語 ¶ 수많이 많이 가진(가지고 있는), 부유한(rich) (*in* …). ¶ an *abundant* supply 윤택한 급여(지급) // a river *abundant in* trout 송어가 많은 강 / The country is *abundant in* natural resources. 그 나라는 천연 자원이 풍부하다.

〜**ly** *adv.* ◇ abóund *v.*, abúndance *n.*

ab ur·be con·di·ta [æb úːrb kʌ́nditə / -́bi kɔ́nditei] 〖라틴〗(＝ from the city built) 로마시의 건설〖기원전 753년〗이래 제 A.U.C. ¶ The year 360 *A.U.C.* 로마시 건설 이래 360년째.

a·bus·age [əbjúːsidʒ, -zidʒ] *n.* ⓤ 말의 오용(誤用).

‡**a·buse** *vt.* [əbjúːz **→ n.*] (*a·bused, a·bus·ing*) **1** 〖지위·권리·재능 따위를〗남용하다, 악용하다(misuse). ¶ *abuse* rights (authority) 권리(직권)를 남용하다.

abuser 35 **academy**

2 …을 학대(혹사)하다, 곤욕을 치르게 하다; [여자]를 욕보이다. ¶ *abuse* one's eyesight 눈을 혹사하다 / *abuse* oneself 자위(수음)하다.
3 …을 욕하다, …을 매도하다, 모욕하다, 비방하다 (revile, malign). ¶ *abuse* one's opponent 경쟁 상대를 욕하다.
4 [남의 신용·비밀 따위]를 배반하다(betray), 악용하다; [남의 호의·관용 따위]를 역이용하다.
5 [고어] …을 속이다(deceive); [남]을 오도하다.
주의 수동형으로는 오늘날에도 사용. 예: They came to see themselves *abused* in the expectations they had entertained. 그들은 그들이 품고 있던 기대가 배신당하였음을 알게 되었다.
— *n*. [əbjúːs] ⓤ (하나하나의 사례를 나타낼 때에는 ⓒ) **1** 남용, 악용, 오용(misuse). ¶ drug *abuse* 약물(마약) 남용 / the *abuse* of privileges 특권의 남용. **2** 욕설, 욕지거리, 모욕, 독설. **3** 학대, 혹사. ¶ child *abuse* 어린이 학대 / physical(sexual) *abuse* 육체적(성적) 학대. **4** 악폐, 폐해, 악습, 부패, 추행(offense). ¶ the *abuses* of government 정부의 부패 / *abuses* of the age 시대적 폐습/long existing *abuses* 누적된 폐습.
◇ abúsive *adj*., abúsage *n*.
a·bus·er [əbjúːzər] *n*. 남용자, 악용자, 오용자.
a·bu·sive [əbjúːsiv] *adj*. **1** 입버릇 사나운, 독설의. ¶ an *abusive* author 독설을 퍼붓는 저자 / an *abusive* satire 독설적 풍자. **2** 남용(악용)된; 학대받은; 부패한(corrupt). ¶ an *abusive* exercise of power 권력의 남용. ~·ly *adv*. ~·ness *n*. ◇ abúse *n*.
a·but [əbʌ́t] *v*. (~·ted, ~·ting) *vi*. **1** [토지 따위가] 접경하다 [be adjacent to] (on, upon, against…). ¶ His land *abuts* on the road. 그의 토지는 도로에 접해 있다. **2** [건물의 일부가] 접속하다 (touch) (on, upon, against…). **3** [다른 건물 따위에] 기대다(lean) (against…).
— *vt*. **1** [다른 나라·토지 따위]에 접경하다. ¶ The two gardens *abut* each other. 두 정원은 서로 접해 있다. **2** [건물의 일부 따위]에 접속하다(end at, touch).
3 [건재 따위]를 홍예받이로 버티다.
a·bu·ti·lon [əbjúːtilən / -lən] *n*. 어저귀[무궁화과(科) 어저귀속(屬)의 식물].
a·but·ment [əbʌ́tmənt] *n*. **1** [건축] 홍예받이, 교대(橋臺). ⇒ ARCH¹ 그림. **2** 돌출 부분의 접합점(junction). **3** [교량·의치(義齒)·충전물의] 받침.
a·but·tal [əbʌ́tl] *n*. (~s) 경계(boundaries); 인접.
a·but·ter [əbʌ́tər] *n*. 인접지의 지주.
a·buzz [əbʌ́z] *adj*. 《서술용법》 **1** 웅성대는, 떠들썩한(buzzing). **2** 활기찬.
a·by, a·bye [əbái] *v*. (a·bought) *vt*. 〖고어〗 …을 보상하다. — *vi*. 〖폐어〗 지속하다.
a·bysm [əbízəm] *n*. = abyss. 「[이] 깊은, ~·ly *adv*.
a·bys·mal [əbízm(ə)l] *adj*. **1** 심연(深淵)의. **2** 끝없는
*****a·byss** [əbís] *n*. ⓤⓒ 심연, 심원(深遠). ¶ the *abyss* of despair 절망의 구렁텅이 / the *abyss* of time 영원. **2** ⓤ 나락(奈落)의 밑바닥(chasm), 지옥(hell).
◇ abýsmal, abýssal *adj*.
a·bys·sal [əbísəl] *adj*. **1** = abysmal. **2** 심해의.
Ab·ys·sin·i·a [æbisíniə, -njə] *n*. 아비시니아[에티오피아(Ethiopia) 의 옛이름].
Ab·ys·sin·i·an [æbisíniən, -jən] *adj*. 아비시니아의.
— *n*. 아비시니아인; ⓤ 아비시니아어.
ac- *pref*. = ad- [c, q, qu일 때 쓴다]「…으로, 에」라는 뜻. 또는 단순한 강조. 예: *ac*cept, *ac*company, *ac*quire, *ac*quit.
-ac *suf*. **1** 「…성(性); …적(的)」의 뜻의 형용사를 만든다. 예: elegi*ac*, cardi*ac*. **2** 「…한 사람」이라는 뜻의 명사·형용사를 만든다.
주의 지금은 이 어미의 말은 주로 명사로 쓰이며, 형용사로는 -i*ac*al 형이 있다. 예: mani*ac*, mani*ac*al.
Ac [화학] actinium의 원자 기호.
Ac 《略》 acetate; acetyl.

AC 《略》 *a*daptive *c*ontrol (적응 제어 장치).
AC, A.C., ac, a-c, a.c. 《略》 〖전기〗 *a*lternating *c*urrent (교류). *cf*. DC; AC / DC
A/C, a/c 《略》 *a*ccount, *a*ccount *c*urrent.
a.c. 《略》 〖라틴〗 *a*nte *c*ibum (= before meals) ([처방전에서] 식전에 [食前] [복용]).
A.C. 《略》 〖라틴〗 *a*nte *C*hristum (= B.C.); Army Corps (군단); Air Corps (항공대); Alpine (Athletic) Club; Associate in Commerce; Atlantic Charter; 《英》 air craftsman.
ACA 《略》 《英》 *A*ssociate of the Institute of *C*hartered *A*ccountants (공인 회계사 협회); *A*merican *C*amping *A*ssociation; *A*merican *C*anoe *A*ssociation; *A*merican *C*asting *A*ssociation.
ACAB 《略》 《英》 *A*ll *C*oppers *A*re *B*astards(경찰관 놈들은 모두 호래 자식들이다; 불량배·폭주족 등이 흔히 팔에 문신으로 새겨넣는 문자).
a·ca·cia [əkéiʃə] *n*. **1** 아카시아[아카시아속(屬)의 관목]. **2** 《英》 아카시아나무(《美》 locust) (* 우리나라에서 말하는 아카시아란 이것). **3** 아라비아 고무.
acad. 《略》 academic, academy.
AC adaptor [éisíː-] *n*. 교류 전기를 직류 전기로 바꾸는 장치. (< *A*lternating *C*urrent adaptor)
ac·a·deme [ǽkədìːm, ˌ-ˈ-] *n*. **1** (A-) [고대 아테네의] 아카데미 학원(學園). **2** = academy. [jargon].
ac·a·de·mese [ækədímíːz] *n*. 학술 용어 (academic jargon).
ac·a·de·mi·a [ækədíːmiə] *n*. ⓤ 학계(學界).
*****ac·a·dem·ic** [ækədémik] *adj*. **1** 고등 교육의, 학원(學園)의, 학원(學院)의, 학교의, 대학의. ¶ an *academic* curriculum 대학의 과정(課程) / an *academic* aptitude test 진학 적성 검사.
2 학구적(官學的)인, 학구적인, 학자적적인 (scholarly); 공론(空論)의, 비(非)실제적인. ¶ an *academic* costume (or robe) 대학의 예복 / *academic* discussion 공론(空論) / *academic* research 학문 연구.
3 학사원(學士院)의, 예술원의, 학회의.
4 학식을 중시하는, 딱딱한(formal), 전통적인(conventional). ¶ *academic* poetry 전통적인 시.
5 《美》 인문 과학 [과정]의; 일반 교양의. ¶ an *academic* **6** (A-) 플라톤 학파의.   ⌊course 인문 과정.
— *n*. **1** 대학생, 대학 교수, 학사원 회원, 학회원. **3** (~s) 공론(空論), 탁상공론. **4** (A-) 플라톤 학파의 사람. **5** 학문의 사람.
ac·a·dem·i·cal [ækədémik(ə)l] *adj*. = academic.
— *n*. (~s) [대학의] 예복, 예모(禮帽). ¶ in full *academicals* 예복 예모로. ~·ly [-kəli] *adv*.
◇ acádemy *n*.
académic árt *n*. [전통에 얽매여 독창성이 결핍된] 아카데미 예술.
académic fréedom *n*. ⓤ 학문의 자유.
a·cad·e·mi·cian [əkædəmíʃ(ə)n, +美 æ̀kəd-] *n*. **1** 학사원 회원, 예술원 회원, 학회원. **2** (A-) 영국 왕립 미술원(Royal Academy)의 회원; 프랑스 학사원(French Academy)의 회원; 미국 예술원(American Academy of Arts and Letters)의 회원. **3** [예술에 있어서의] 전통주의자.
académic ínterests *n*. *pl*. 학교 경영 단체.
ac·a·dem·i·cism [ækədémisìz(ə)m], (**a·cad·e·mism** [əkǽdəmìz(ə)m]) *n*. ⓤ **1** 학사원(예술원)풍; [문에 등에 있어서의] 학구적 태도, 전통주의, 형식주의. **2** [철학] 플라톤학파의 철학.
académic yéar *n*. [대학 등의] 학년도(school year) [미국 9월에서 6월까지]; 과정(과정).
‡**a·cad·e·my** [əkǽdəmi] *n*. (*pl*. **-mies**) **1** [보통 국민 학교 이상의] 학원(學園)의 학원(學院)의; 《美》 [보통 사립의] 중고등학교. **2** [특별한 과목의 교육·훈련을 위한] 전문 학교. ¶ a military *academy* 육군 사관 학교; 《美》 군대식 훈련을 하는 high school 정도의 사립 학교 / an *academy* of music 음악 학교. **3** 학회, 학사원, 예

Academy award 36 **accentuate**

술 협회, 문예 협회. **4** (the A-) **a)** 아카데미 학원 [Plato 가 철학을 강의]; 플라톤 학파, 플라톤 철학. **b)** 프랑스 학사원(French Academy). **c)** 영국 왕립 미술원 (Royal Academy). ◇ académic, académical adj.
Acádemy awárd n. 《미》아카데미상, 영화 예술 과학상[Academy of Motion Picture Arts and Sciences 가 매년 수여]. cf. Oscar
acádemy bóard n. 그림 용지, 두꺼운 종이 캔버스.
A·ca·di·an [əkéidiən, -djən] adj. 아카디아[캐나다 동남부의 지방]의.
— n. 아카디아 지방 사람, 아카디아 사람.
-acal suf. ⇨-AC.
ac·a·leph [ǽkəlèf] n. 해파리(jellyfish).
a·can·thus [əkǽnθəs] n. (pl. **-thus·es**[-θəsiz] or **-thi**[-θai]) **1** 아칸서스[나도엉겅퀴류(類)의 풀]. **2** (건축) 아칸서스 잎장식[코린트식 원기둥 머리의 나뭇잎 장식]. ⇨ CAPITAL² 그림.
a cap·pel·la [à:kəpélə] **1** 반주 없이, 무반주로. **2** 교회 음악풍으로. [< It. according to chapel]
a ca·pric·cio [à:kəprí:tʃou] [이탈리아] 《음악》 아카프리치오로; 《템포·형식·발상을》 연주자 마음대로.
A·ca·púl·co góld [ækəpúlkou-] n. 아카풀코 골드 [멕시코산(産)의 튼튼하고 질좋은 대마(大麻)].
ac·a·rid [ǽkərid] n. 진드기(mite, tick).
a·car·pous [eikáːrpəs / æk-, ək-] adj. 《식물》 열매가 열리지 않는, 결실하지 않는.
ACAS Airborne Collision Avoidance System (항공기 충돌 방지 장치); 《英》 Advisory Conciliation and Arbitration Service(조언 화해 쟁내 기관).
a·cat·a·lec·tic [eikætəléktik / æk-, ək-] [운율] adj. 음절의 수와 각운(脚韻)이 완전한, 완전한(complete).
— n. 완전구(句), 완전 각운의 시문(詩文).
a·cat·a·lep·sy [eikǽtəlèpsi / æk-] n. 〔U〕 〔철학〕 불가지(不可知) 〔론〕.
a·cat·a·lep·tic [eikætəléptik / æk-] adj. 불가지 의, 불가지론적인.
ACC (略) area control center(항공로 관제 센터); Air Combat Command(전투 공군 부대); Administrative Committee on Coordination (유엔 행정 조정 위원회).
acc. (略) accept; accession; accompanied; account; accountant; accusative.
Ac·cad [ǽkæd, +美 áːkɑːd] n. = Akkad.
Ac·ca·di·an [əkéidiən, +美 əkáː-] n., adj. = Akkadian.
ac·cede [æksíːd, ək-] vi. (**-ced·ed, -ced·ing**) **1** 〔제안·요구 따위에〕 응하다, 동의하다 (⇨ AGREE [類語]); 승복하다, 따르다 (to ...). ¶ (~+前+名) accede to terms 조건에 따르다(복종하다) / accede to a proposal 제의에 응하다. **2** 〔직위 또는 관직에〕 취임하다, 즉위하다 (attain) (to...). ¶ (~+前+名) accede to the throne 즉위하다 / He acceded to the governorship. 그는 지사로 취임했다. **3** 〔국제법〕 〔조약 체결 등의 경우에〕 관계국으로서 가맹하다 (to ...). ¶ (~+前+名) accede to a convention 협정에 가맹하다. ◇ accéssion n.
accel. (略) accelerando.
ac·cel·er·an·do [ækséləráːndou / -ǽrən-] adv. 〔음악〕 점점 빠르게. — adj. 차츰 빨라지는.
ac·cel·er·ant [æksélərənt] n. (화학) 촉매, 촉진제.
*ac·cel·er·ate [æksélərèit, ək-] v. (-at·ed, -at·ing) vt. **1** …을 촉진하다, 빠르게 하다, 앞당기다. ¶ accelerate growth 성장을 촉진하다〔측정 재배 따위〕 / The scandal accelerated the fall of the Cabinet. 그 추문은 내각의 붕괴를 앞당겼다. **2** …의 속도를 늘리다, …을 가속하다. opp. decelerate ¶ accelerated velocity 가속도 / accelerate one's pace 보조를 빠르게 하다, 걸음을 재촉하다.

3 〔교육〕 〔학생〕을 단기 수료시키다, 속성 교육을 하다. — vi. **1** 속도가 늘다, 빨라지다. **2** 〔교육〕 특별 진급하다, 월반하다. ◇ acceleráction n., accélerative adj.
accélerated móving wálk n. 자동 변속 보도 [변속 장치를 갖춘 운반식 보도나 에스컬레이터].
*ac·cel·er·a·tion [æksèləréi(ə)n, ək-] n. 〔U〕 **1** 촉진, 가속; 〔가속적으로〕 진행시킴. **2** 〔물리〕 가속도. ¶ positive (negative) acceleration 정(正)(부)의 가속도 / uniform (variable) acceleration 등(等)(부등)가속도 / acceleration of gravity 중력 가속도 / acceleration of tides 조석(潮汐) 가속. **3** 〔교육〕 특별 진급, 월반. ◇ accélerate v., accélerative adj.
ac·cel·er·a·tor [æksélərèitər, ək-] n. **1** 가속하는(자), 가속물(기). **2** 〔자동차의〕 가속 장치, 액셀러레이터. ¶ an accelerator pedal 액셀러레이터 / step on the accelerator 액셀러레이터를 밟다. **3** 〔사진·화학〕 〔현상(現像)·화학 반응 따위의〕 촉진제; 〔고무·플라스틱 수지 경화(硬化)의〕 촉진제. **4** 〔해부〕 촉진 신경. **5** 가속도 측정기. **6** 〔물리〕 가속기〔하전 입자(荷電粒子)의 가속 장치〕.
ac·cel·er·om·e·ter [æksèlərámitər / -5m-] n. 〔항공기·유도탄〕 가속도계(計).
*ac·cent n. [ǽksent / -s(ə)nt // — v.] **1** 〔CU〕 악센트, 강세(强勢); 강음(揚音). ¶ the primary (or chief) accent 제 1 악센트 / the secondary accent 제 2 악센트 / a pitch (stress) accent 고저(高低) (강약) 악센트 / a falling (rising) accent 하강(상승) 악센트 / a sentence (word) accent 문장(단어) 악센트.
2 악센트 부호. * 그리스어·프랑스어에서는 acute accent 양음 악센트 부호(´), circumflex accent 곡절적 (曲折的) 악센트 부호[^, ˆ, ~], grave accent 억음(抑音) 악센트 부호[`]의 3종류를 쓴다. 그리고 발음부호에는 acute accent 이외의 것이 쓰이는데 이것이 일정하지는 않다. [기호,'].
3 〔詩〕 **a)** 음률(音律). **b)** 〔음을 나타내는〕 강세(양음). **4** 〔CU〕 〔독특한〕 발음 양식; 말씨, 사투리. ¶ a foreign accent 외국 말씨 / He spoke in his broad accent. 그는 시골 사투리 그대로 이야기했다 / He speaks English with a strong French accent. 그는 강한 프랑스어 어조로 영어를 말한다.
5 (~s) 〔개인의〕 화법, 어조, 말투. ¶ She told me her story in broken accents. 그녀는 더듬거리며 나에게 신상 이야기를 늘어놓았다.
6 (~s) 〔詩〕 말, 언어, 어구(words), 시구(verse). ¶ dying accents 임종의 말 / in tender accents 부드러운.
7 특징, 특색, 특유의 양식. [(순한) 말로.
8 〔U〕 《비유적》 강조.
9 〔음악〕 **a)** 강세〔부(部)〕. **b)** 강세 기호. **c)** 〔리듬의〕 박자.
10 〔수학〕 〔문자·숫자의 오른쪽 위에 붙이는〕 표점(標點), 대시, 프라임. **a)** 동량의 다른 변수(同量異價變數) 따위를 나타낸다. 예: y', y'', y''' 〔각각 y prime, y second, y third라 부른다〕. **b)** 단위를 나타낸다. 예: 5'3'' 5 피트 3 인치, 18'25'' 18 분 25 초.
— vt. [ǽksent, -´/ -´] **1** 〔모음·음절·단어 따위〕에 악센트(강세)를 붙여 발음하다. ¶ …에 악센트 부호를 붙이다. ¶ accent a word to indicate its pronunciation 발음을 명시하기 위해 악센트 부호를 붙이다. **3** …을 강조하다(emphasize); 두드러지게 하다. ◇ accéntual adj., accéntuate v.
áccent márk n. 악센트 부호. ◇ ACCENT n. 2.
ac·cen·tu·al [ækséntʃuəl / -tju-] adj. 악센트의, 리듬의(rhythmical). **2** 〔韻律〕 음절의 강약에 따른. cf. quantitative ¶ an accentual verse 음의 강약을 기초로 하는 시〔영시(英詩) 따위〕. ~·ly adv. 악센트 [으로].
ac·cen·tu·ate [ækséntʃuèit / -tju-] vt. (**-at·ed, -at·ing**) **1** …을 강조하다, 역설하다 (emphasize). **2** …에 악센트 부호를 붙이다, 악센트〔강세, 억양〕를 붙여 발음하다. **3** 〔색채·음성·화장 따위〕를 강하게〔두드러지게, 눈에 띄게〕 하다. ◇ accentuátion n.

ac·cen·tu·a·tion [æksèntʃuéiʃ(ə)n/-tju-] n. ⓤ 1 악센트 부호를 다는 법. 2 발음의 강약을 나타내는 방법. 3 강조.

‡**ac·cept** [æksépt, ək-] vt. 1 …을 받다, 받아들이다; [선물 따위]를 수납하다. *opp*. decline, reject ¶ *accept* a present with hearty thanks 충심으로 감사하며 선물을 받아들이다.
[類語] accept 동의하여 또는 호의를 가지고 「받아들이」다. receive 「환영하다」라는 뜻의 경우 이외는 수동적인 태도로 「[가져온 것을]받다」: I *received* but could not *accept* his invitation. 그의 초대는 받기 하였으나 응할 수가 없었다. take 주어진 것, 보내온 것을 「자기의 손 안에 넣다」: *take* a bribe 뇌물을 받다.
2 …에 응하다, …을 수락하다. ¶ *accept* a treaty 조약에 동의하다 / *accept* an apology 사과(謝過)를 받아들이다.
3 [직위 등]을 맡다. ¶ *accept* the position of treasurer 회계직(會計職)을 맡다.
4 [하는 수 없이] …에 적응시키다, …을 수용(受容)하다. ¶ *accept* the situation [하는 수 없이] 그 사태를 수용하다.
5 [사실・진실・답신・수정 따위]를 인정하다, 용인하다. ¶ *accept* the story at its face value 그 이야기를 액면 그대로 받아들이다 // (~+圄+as 圄) *accept* it as evidence 그것을 증거로 승인하다 / The book is to be *accepted* as a safe guide. 그 책은 신뢰할만한 안내서로 인정할 수 있다.
6 …을 해석하다, 이해하다(understand). ¶ He *accepted* these words as they were meant. 그는 이 말들을 뜻 그대로 해석했다.
7 …을 역겨들다(편들다).
8 [상업] [어음의 지불]을 인수하다. [정하다.
9 [위원・임원의] [직무 수행 따위]를 만족스러워하다, 인 — vi. [초대・선물・지위 따위]를 받아들이다. 수납하다. ¶ (~+圄+圄) The envoys *accepted* of the terms offered. 그 사절들은 제시된 조건을 받아들였다. * 종종 of를 수반하는데, (英)에서는 낡은 말투. 법률・상용문(商用文)에는 쓰지 않는다.
◇ acceptance, acceptation n.

ac·cept·a·bil·i·ty [ækséptəbíliti, ək-] n. ⓤ 수용성(受容性), 받아들일 수 있음; 만족.

‡**ac·cept·a·ble** [ækséptəbl, ək-] adj. 1 수락할 수 있는. 2 [받는 사람의] 마음에 드는, 만족스러운; [남에게] 기쁨을 주는, 좋은. ¶ This present will be *acceptable* to him. 이 선물은 그를 기쁘게 해줄 것이다.
~·ness n. ◇ acceptabílity n.

accéptable lóss n. (군사) 허용 손실[피해].
accéptable tést n. [제품의 품질・성능의] 합격 판정 시험.

ac·cept·a·bly [ækséptəbli, ək-] adv. [쾌히] 받아들일 수 있도록, 수락할 수 있도록; 만족스럽게.

*ac·cept·ance [ækséptə(ə)ns, ək-] n. ⓤ 1 [선물・제의・호의 따위의] 받아들임, 수용, 인수.
2 수락, 용인, 수입(受入), 채용. ¶ *acceptance* of a theory 이론의 채용 / The view has not received wide *acceptance*. 그 의견은 폭넓은 찬성을 얻지 못했다 / The theory has found general *acceptance*. 그 학설은 일반적으로 인정받고 있다 / My opinion gained general *acceptance*. 나의 의견은 일반적으로 받아들여졌다. [에.
3 역성, 편들기. ¶ *acceptance* of persons 편파적임, 편
4 [상업] a) [어음・수표 따위의] 인수. ¶ absolute (or clear) *acceptance* 단순 인수 / qualified *acceptance* 조건부 인수. b) 인수필 환어음. ¶ a trade *acceptance* 상업(인수) 어음.
◇ accépt v., accéptant adj.

accéptance hòuse n. (英) 어음 인수 은행.
ac·cept·ant [ækséptə(ə)nt, ək-] adj. 자진해서 받아들이는, 수용력이 있는.
ac·cep·ta·tion [æksèptéiʃ(ə)n] n. 1 보통의 뜻, 용

의. 2 [고어] = acceptance. ◇ accépt v.
ac·cept·ed [ækséptid, ək-] adj. 1 일반적으로 인정된 (받아들여지고 있는). ¶ an *accepted* theory 정설(定說). 2 [상업] 인수가 끝난 (* 이런 경우, 인수인은 서명 위에 Accepted라고 쓴다). ~·ly adv.

accépted páiring n. [경쟁사의 우수성을 인정하고 자사 상품이 더 우수함을 강조하는] 용인 광고.
ac·cept·er [ækséptər, ək-] n. 수락자, 인수자.
accépting hòuse n. (英) [경제] 인수 상사(引受商社) [환어음의 인수・보증을 주업무로 하는 특수 금융기관.
ac·cep·tor [ækséptər, ək-] n. 1 수락자; [상업] 어음 인수인. 2 (=**accéptor átom, accéptor impúrity**) [물리] 억셉터 [반도체 결정(結晶)중의 불순 원자. 이 원자는 전자(電子)를 잡고, 원자각(殼)에 구멍을 내어 그 결정의 전도율(電導率)을 바꾼다].

‡**ac·cess** [ǽkses] n. 1 ⓤ 접근, 가까이 다가가기 (approach); 면접, 출입(admittance) (*to* …). ¶ a means of *access* 접근 수단 // Allow a person *access to*… 남에게 …의 출입을 허용하다 / gain (or get, have) *access to* a person 아무의 면회를 허락받다 / He is difficult of *access*. 그는 가까이하기가 어렵다 / The book is easy of *access*. 그 책은 입수하기 쉽다 // University education is difficult of *access* to the poor. 가난한 사람들은 대학 교육을 받기가 힘들다 // It is within easy *access* of my house. 그곳은 우리 집에서 쉽게 갈 수 있는 곳에 있다.
2 ⓤ 접근하는 수단(방법) (*to* …). ¶ There must be *access to* the place. 그곳에 접근할 수단이 틀림없이 있을 것이다 / Today people everywhere have easy *access to* foreign countries. 오늘날에는 어떤 곳에 있는 사람이건 손쉽게 외국에 갈 수가 있다. [기.
3 ⓤ [신학] [예수 그리스도를 통하여] 신에게 접근하
4 (an ~) [병의] 발작(fit). ¶ an *access* of fever 발열(發熱). 「anger 분노의 폭발.
5 (an ~) [감정의] 격발(激發), 발작. ¶ an *access* of
6 (an ~) 증대(increase), 첨가(addition) (* 오늘날에는 accession을 쓰는 일도 있다). ¶ an *access* of territory 영토의 증대.
7 [컴퓨터] 컴퓨터 시스템에 대한 접근[정보를 입력하기].
— vt. 1 [컴퓨터] [정보]를 기억 장치에 입력하다.
2 …의 이용권을 얻다. 3 …에 접근하다, 도달하다.
◇ accéssible adj.

áccess árm n.[컴퓨터] 액세스 암[자기 디스크 기억장치의 한 부분으로서, 하나 위의 read/write head 를 붙이고 있어, 이것을 소정의 track 위로 이동시키는 것].

*ac·ces·sa·ry [ækséseri, ək-] n. (*pl*. -ries), adj. (주로 법률) = accessory.

áccess chárge n. 액세스 차지[장거리 전화 이용자가 시의 전화를 걸 때, 시내의 회선도 사용하게 되므로 장거리 전화 회사에 통화료를 지불함과 동시에 지방 전화 회사에도 지불하야 하는 접속료].
áccess contról n. [컴퓨터] 액세스 관리. [는 말.
áccess contróller n. (美) doorman을 점잖게 부르
ac·ces·si·bil·i·ty [æksèsəbíliti, ək-] n. ⓤ 접근할 수 있음, 출입할 수 있음; 접근; 근접; 입수하기 쉬움.

*ac·ces·si·ble [æksésəbl, ək-] adj. 1 [장소・사람 등이] 접근하기 쉬운, 출입할 수 있는, 면회하기 쉬운(*to* …). ¶ a cottage *accessible* by a footpath 오솔길을 통해서 갈 수 있는 오두막집 // He is not *accessible* to strangers. 그는 잘 모르는 사람은 좀처럼 만나지 않는다. 2 도달할 수 있는, 얻기 쉬운, 이를 수 있는(obtainable) (*to* …). ¶ *accessible* evidence 입수할 수 있는 증거 // It is not *accessible* to everybody. 그것은 아무에게나 손쉽게 얻어지는 것이 아니다. 3 동하기 쉬운, 의지가 약한(*to* …). ¶ He is *accessible* to bribery. 그는 매수되기 쉽다.
ac·ces·si·bly [æksésəbli, ək-] adv. 접근하기 쉽게, 얻기 쉽게.

accession — acclamation

ac·ces·sion [ækséʃ(ə)n] *n.* ⓤ **1** [이권·재산·관직·직권 따위의] 취득, 계승(*to* ...). ¶ the *accession* of the king to the throne 국왕의 즉위 / the *accession* of the Labor Party *to* the power 노동당의 정권 획득 / *accession to* an estate 재산 상속. **2** ⓤⓒ 추가, 증가, 첨가, 확장. ¶ the *accession* of territories (property) 영토(재산)의 증가. **3** 증가(취득)된 것, 수납 도서(*to* ...). ¶ a list of *accessions to* a college library 대학 도서관의 신착(반입) 도서 목록 / That is a great *accession* to our company. 그것은 우리 회사에는 큰 재산이다 [가]. **4** [법률] 첨부[자연 증가나 개량에 의한 부동산의 부]. **5** 승낙, 응낙, 동의(consent) (*to* ...). ¶ *accession* to a demand 요구에 대한 승낙. **6** [국제법] [조약·국제 회의·협약 등의] 가맹; 조인 (*to* ...). ¶ Korea's *accession* to the community of nations 한국의 국제 사회에의 가입. **7** [당파·단체 등에의] 가입; [종업원의] 고용(*to* ...). ¶ the *accession* of new men to a party 신인의 입당. **8** [어떤 상태에의] 도달, 접근.
— *vt.* 《美》[신착 도서]를 목록에 기입하다.
◇ accéde *v.*
accéssion bòok *n.* [도서관의] 도서 원부, 신착 [도서 목록.
accéssion nùmber *n.* [도서관 도서의] 수납 번호.
accéssions règister *n.* 《英》=accession book.
áccess mèthod *n.* [컴퓨터] 액세스법(방식) [주기억 장치와 입출력 장치간의 데이터 전송(傳送)을 취급하는 데이터 관리의 방법].
ac·ces·so·ri·al [æksəsɔ́ːriəl, -sɔ́ːr-] *adj.* 부대적(附帶的) (보조적)인.
ac·ces·so·ri·ly [æksésərili, ək-] *adv.* 부속적(부대적)으로, 보조적으로.
ac·ces·so·rize [æksésəràiz] *vt., vi.* ⋯에 액세서리를 (부속품을) 달다 (...*with*).
ac·ces·so·ry [æksésəri, ək-] *n.* (*pl.* -ries) **1** [본질적으로는 중요하지 않은] 부속물, 부대물(附帶物). ▶ ADDITION [類語]; (보통 -ries) 부속품, [여성 등의] 장신구, 액세서리; 부[분]품 [자동차의 히터·조명등·사이드 미러 따위], 딸린 물건 [지갑·양말·장갑 따위]; 경품(景品), [잡지 따위의] 부록. ¶ automobile (*or* motorcar) *accessories* 자동차 부속품 / first-aid *accessories* 구급 용구 / skiing *accessories* 스키 용구.
2 [법률] 종범(從犯), 방조자. *cf.* principal ¶ an *accessory before* (*after*) the fact 사전(사후) 종범 / an *accessory to* a crime 종범자 [범행 교사자로서 현장에 없는 자 및 범인을 방조하고 숨긴 자].
— *adj.* **1** 보조적인, 종속적인, 부대적인, 부(副)의. ¶ *accessory* sounds in music 음악의 부속음(반주음 부) / an *accessory* bud (*or* shoot) [식물] 부아(副芽). ¶ *accessory* fruits [식물] 위과(僞果). **2** [법률] 종범의. ¶ He was made *accessory* to the crime. 그는 종범으로 몰렸다. **3** [암석] 암석 중에 소량의 광물이 섞인. ◇ accessórial *adj.*, accéssorily *adv.*
accéssory nèrve *n.* [해부] 부신경.
áccess pèrmit *n.* [일반인 출입 금지 구역의] 출입허가증, 기밀 자료 열람 허가증.
áccess rìght *n.* [컴퓨터] 액세스권(權) [주기억이나 파일(file)에 액세스할 수 있는 권리].
áccess ròad *n.* [어떤 시설에의] 진입로.
áccess tìme *n.* ⓤ [컴퓨터] 액세스 타임, 호출 시간 [컴퓨터의 기억 장치에 데이터를 입력시키거나 판독하게 하기 위하여 필요한 시간].
ac·ci·dence [æksid(ə)ns] *n.* ⓤ **1** [문법] 어형론(語形論), 형태론(morphology). **2** [사물의] 초보, 기본 (rudiments).
‡**ac·ci·dent** [æksid(ə)nt] *n.* **1** 뜻밖의 사건, 우연, 우발적인 일(chance). ⇨ EVENT [類語] ¶ a mere *accident* 단순한 우발 사건 / Upon the whole, it was a lucky *accident*. 대체적으로 보아 그것은 운이 좋은 사건이었다 / I met him by a happy *accident*. 다행히 그를 만났다.
2 [불의의] 사고(casualty), 화(禍), 재난(mishap); 천재(天災). ¶ a traffic *accident* 교통 사고 / a shocking (*or* a terrible) *accident* 일대 참사 / provide against *accidents* 불의의 사태에 대비하다 / through an unavoidable *accident* 불가항력의 사고로 / *Accidents* will happen. [아무리 조심하도] 사고는 있게 마련 / His carelessness caused (*or* brought about) the *accident*. 그의 부주의로 그 사고가 일어났다 / He had a bad (*or* a severe) *accident*. 그는 심한 재난을 당했다.
3 [본질적이 아닌] 우연적 성질(사정, 사실).
4 부속물(accessory).
5 [지질] 지표(地表)의 고저·기복.
6 [철학] 우유성(偶有性).
by accident 우연히. *opp.* on purpose ¶ I was there *by accident*. 나는 우연히 그곳에 있었다. *cf.* n. 1.
◇ accidéntal *adj.*
‡**ac·ci·den·tal** [æksidéntl] *adj.* **1** 우연한, 우발적인, 뜻하지 않은. ¶ an *accidental* meeting (fire) 우연한 만남(실화) / *accidental* homicide 과실 치사.
[類語] **accidental** 뜻밖의 우연한. **casual** 무심한, 우연한: She gave me a *casual* glance. 그녀는 무심코 나에게 눈길을 던졌다. **incidental** 다른 일에 부수적으로 우연히 일어나는: an *incidental* gain 우연한(부수적인) 이득. *casual*과 *incidental*은 계획적으로 가장한 우연을 뜻하는 일도 있다. **fortuitous** 원인 불명을 강조: We cannot account for his *fortuitous* death. 그의 불의의 죽음의 원인을 우리로서는 설명할 길이 없다. **contingent** 예측하기 어려운 장래의 일에 쓴다: *Contingent* difficulties may arise. 예기치 않은 어려움도 일어날지 모른다.
2 우연적인, 비(非)본질적인(nonessential), 종속적인, 부수적인 (subsidiary, incidental). ¶ *accidental* benefits 부수적으로 얻어진 이익.
3 [음악] 임시음(音)의. ¶ an *accidental* notation 임시 [기호.
4 [철학] 우유적(偶有的)인.
— *n.* **1** 우유적 성질; 종속성이(부수적) 특성. **2** [음악] 임시음, 임시 기호. **-ness** *n.* ◇ áccident *n.*
àccidéntal cólors (《英》 **cólours**) *n. pl.* 우생색 (偶生色) [보색 잔상(補色殘像)에 의해서 생기는 색깔].
àccidéntal érror *n.* [수학] 우연 오차.
‡**ac·ci·den·tal·ly** [æksidéntəli] *adv.* **1** 우연히, 뜻하지 않게, **2** 부수적으로.
ac·ci·den·tal·ly-on-pur·pose [æksidéntəliənpə́ːrpəs] *adv.* 《속어》 우연을 가장하여 고의로.
ac·ci·dent·ed [æksidéntid] *adj.* [지질] 기복이 심한.
áccident insùrance *n.* ⓤ 상해 보험. [*opp.* even
accident-prone [æksid(ə)ntpròun] *adj.* 보통 사람보다 사고를 당하기 쉬운.
ac·ci·die [æksidi] *n.* =acedia.
ac·cip·i·ter [æksípitəːr] *n.* 매 [매속(屬)의 한 종류].
ac·cip·i·tral [æksípitrəl] *adj.* **1** 새 매속(屬)의. **2** 매 같은(hawklike); 맹금성(猛禽性)의.
ACCK 《略》 American Chamber of Commerce in Korea (주한 미국 상업 회의소).
‡**ac·claim** [əkléim] *vt.* **1** ⋯에게 갈채를 보내다, ⋯을 환호하며 맞이하다(applaud); 갈채하며 ⋯을 [⋯이라고] 인정하다 (선언하다). ¶ They *acclaimed* the hero of the sea. 그들은 바다의 영웅들을 환호하며 맞이했다 // (~+目+[as]圓) 團 They *acclaimed* him [*as*] president. 그들은 환호하며 그를 대통령으로 맞이했다. **2** ⋯을 큰 소리로 환호하다, 환호하다. ¶ He *acclaimed* his joy. 그는 소리치며 기뻐했다. — *vi.* 환호하다, 박수 갈채하다, 만세를 부르다. — *n.* ⓤ 환호, 갈채, 환성.
ac·cla·ma·tion [ækləméiʃ(ə)n] *n.* ⓤ **1** [환영·찬양 따위의] 환호, 대갈채. ¶ win the general *acclamation* 일반의 갈채를 받다. **2** (종종 ~s) 환호의 외침 소리.

¶ be received with *acclamation*[s] 환호(갈채)속에 영접되다. **3** [음성이나 박수에 의한] 발성(發聲) 투표 (oral vote). ¶ pass a bill by *acclamation* 발성 투표로 법안을 통과시키다 / He was elected by *acclamation*. 그는 박수로써 선출되었다.

ac·clam·a·to·ry [əklǽmətò:ri / -t(ə)ri] *adj.* 환호의, 갈채의; 만장 일치의.

ac·cli·mat·a·ble [əkláimətəbl] *adj.* 풍토에 길들일 [수 있는.

ac·cli·mate [əkláimit, 美 ǽklimèit] *vt., vi.* (**-mat·ed, -mat·ing**) 《美》새 풍토(환경)에 길들이다(길들다).

ac·cli·ma·tion [æ̀kliméi(ə)n] *n.* ⓤ《美》**1** 새 환경순응. **2** 〖생물〗풍토 순화(馴化).

ac·cli·ma·ti·za·tion [əklàimətizéi(ə)n / -tai-] *n.* 《英》 = acclimation.

ac·cli·ma·tize [əkláimətàiz] *vt., vi.* (**-tized, -tiz·ing**) 《英》= acclimate.   [의.

ac·cliv·i·tous [əklívitəs] *adj.* 오르막길의, 치받이

ac·cliv·i·ty [əklíviti] *n.* (*pl.* **-ties**) 오르막길, 치받이경사.   *opp.* declivity   [vous

ac·cli·vous [əkláivəs] *adj.* 오르막길의. *opp.* decli·

ac·co·lade [ǽko(u)lèid] *n.* **1** 〖중세의〗Knight의 작위 수여[식]. ¶ receive the *accolade* 나이트 작위를 받다. **2** 명예(honor); 표창(award). ¶ The awards are considered the finest *accolade* a scientist can win. 그상은 과학자가 받을 수 있는 가장 훌륭한 명예로 간주되고 있다. **3** 〖음악〗연결 괄호.

‡**ac·com·mo·date** [əkάmədèit / əkɔ́m-] *v.* (**-dat·ed, -dat·ing**) *vt.* **1** …에 친절히 하다, …을 돌보다 (oblige), 편의를 도모하다. ¶ *accommodate* a friend 친구를 도모하다.

2 [필요한 것을] …에 공급하다, 충당하다(provide, supply); [금전 따위를] [남]에게 변통해 주다, 융통해 주다(… *with*). ¶ (~+图+前+图) *accommodate* a friend *with* money 친구에게 돈을 융통해 주다.

3 [건물·탈것 따위가] …을 수용하다, …의 수용력이 있다; …을 숙박시키다, 유숙시키며 대접하다. ¶ The hotel can *accommodate* 500 guests. 그 호텔은 5백명의 손님을 받을 수 있다 // (~+图+前+图) *accommodate* a person *with* a night's lodging 남을 하룻밤 묵게 하다 (일박시키다).

4 [환경 따위에] …을 적응(순응)시키다, …에 조절하다(adjust) (… *to*). ⇒ ADAPT 類語 ¶ (~+图+前+图) *accommodate* one's statement *to* facts 진술을 사실과 맞추다 / *accommodate* oneself *to* new surroundings 새로운 환경에 순응하다 / The stomach can *accommodate* itself *to* coping with many different diets. 위는 상이한 많은 음식물에 잘 대처할 수 있도록 저절로 조절된다.

5 [분쟁 따위]를 조정하다, 화해시키다(reconcile). ¶ *accommodate* a quarrel (differences, a dispute) 싸움(분화, 논쟁)을 조정하다.

— *vi.* **1** 숙박 설비 등이 잘 되어 있다. **2** 적응하다, 조절하다. **3** 〖드물게〗조화되다(agree), 화해하다.

◇ accommodátion *n.*, accómmodative *adj.*

ac·com·mo·dat·ing [əkάmədèitiŋ / əkɔ́m-] *adj.* **1** 마음이 편한, 사랑성 있는; 남을 잘 돌보는, 친절한 (obliging), **2** 유순한(pliable), 상대하기(다루기) 쉬운; [나쁜 뜻으로] 융통성 있는. **~·ly** *adv.*

‡**ac·com·mo·da·tion** [əkὰmədéi(ə)n / əkɔ̀m-] *n.* **1** ⓤ 적응, 순응, 조화(adaptation, adjustment) (*to* …). ¶ the *accommodation* of one's way of living *to* one's new environment 생활 양식을 새로운 환경에 순응시키기.

2 화해, 타협, 조정. ¶ come to (or reach) an *accommodation* 타협이 이루어지다 / bring … to a friendly *accommodation* …을 원만하게 조정하다.

3 ⓤ 〔사회〕융화(應化) [개인이나 집단간의 상호 적합(適合)] 관계를 증진시키는 일. *cf.* assimilation

4 ⓤⓒ 편의(convenience). ¶ for one's *accommodation* 편의를 위해서 / as a matter of *accommodation* 편의상.

5 ⓤ (《美》에서는 종종 ~s) [기선·열차·항공기에서 승객을 위한] 좌석, 침대 따위의 설비; [식사가 딸린] 숙박(수용) 시설. ¶ engage sleeping *accommodation* 침대를 예약하다 / The hotel affords luxurious *accommodation*[s] *for* 500 guests. 그 호텔은 5백명의 손님을 받을 수 있는 호화로운 시설을 갖추고 있다.

6 〔상업〕 **a)** ⓤ 융통, 융자, 대출(loan). **b)** ⓤ 융통 어음.

7 ⓤ 〔안과〕조절[안구(眼球)의 망막 위에 결상(結像)시키는 기능]. ◇ accómmodate *v.*

accommodátion addréss *n.* 편의상의 주소 [남에게 자기의 주소를 알리고 싶지 않을 때 우편물 수취용으로 사용하는 주소].

accommodátion bíll (**dráft, nòte, pàper**) *n.* 〔상업〕 융통 어음.

accommodátion cóllar *n.* 《英속어》[체포 건수를 올리기 위해 벌이는] 경찰의 접수따기 체포 활동.

ac·com·mo·da·tion·ist [əkὰmədéi(ə)nist / əkɔ̀m-] *adj.* 《美》[특히 흑인이 백인 체제에 대해] 타협적인.

accommodátion ládder *n.* 뱃전에 올라가는 사다리, 뱃전 사다리.

accommodátion róad *n.* 특설 도로.

accommodátion tráin *n.* 《美》[역마다 정거하는] 보통 열차(local train).

accommodátion únit *n.* 《관청용어》주택, 주거(home).

ac·com·mo·da·tive [əkάmədèitiv / əkɔ́m-] *adj.* 적응성의, 순응하는 (adaptive), 조절적인. ◇ accómmodate *v.* [ladder]

ac·com·mo·da·tor [əkάmədèitər / əkɔ́m-] *n.* 적응자, 융통자, 조정자; 조정기; 《美》가정부.

*‡**ac·com·pa·ni·ment** [əkʌ́mp(ə)nimənt] *n.* **1** 딸린것, 부속물, 곁들인 것. ¶ an *accompaniment* for beer 맥주에 곁들인 안주. **2** 〔음악〕반주[부]. ¶ play an *accompaniment* to …의 반주를 하다.

ac·com·pa·nist [əkʌ́mp(ə)nist], (**ac·com·pa·ny·ist** [-nist]) *n.* 〔음악〕반주자.

‡**ac·com·pa·ny** [əkʌ́mp(ə)ni] *v.* (**-nied, -ny·ing**) *vt.* **1** …과 동반하다, …을 따라가다, …을 수행하다; …을 배웅하다; [행동]을 …과 함께 하다, …에 가담하다. ¶ Who is to *accompany* you? 누가 너와 동행하기로 되어있느냐? / He was *accompanied* by his brother. 그는 동생을 데리고 있었다. ⇒ Usage // (~+图+前+图) *accompany* a friend *on* a walk 친구와 함께 산책하다 / *accompany* a person *to* the station 남을 역까지 전송하다.

類語 **accompany** go with에 해당하며, 대등한 입장의 사람과 '함께 같이 하다', 또는 긴밀히 연상(聯想) 되는 것이 '병행하다': *accompany* a friend on a trip. **attend** 돌봐주기 위해서 옆에 붙어 있다: *attend* an old man on a walk 노인의 산책에 동행하다. **escort** 보호 또는[경의]를 표하여 호위하며 동행하다: *escort* a national guest to …까지 국빈을 호송하다.

2 …와 함께 있다, …을 수반하다, 더불다. ¶ an operation *accompanied* with some pain 통증을 수반하는 수술 / Thunder *accompanies* lightning. 천둥은 번개와 더불어 일어난다.

3 …에 보태다, 곁들이다, 덧붙이다(*with* …). ¶ (~+图+前+图) He *accompanied* his speech with gestures. 그는 몸짓을 써가며 연설했다 / He *accompanied* the word *with* a blow. 그는 그 말을 하기가 무섭게 일격을 가했다.

— **Usage** be accompanied *by* 는 사람·동물[기르는 개 따위]와 같은 동작의 주체(agent)에 관해서 쓰며, be accompanied *with* 는 부수적인 것에 관해서 쓴다: He was accompanied *by* his son (his dog). The storm was accompanied *with* thunder.

4 〖음악〗 …의 반주를 하다, 조창(助唱)하다(... *on*). ¶ (~+匣+勵+図) *accompany* a singer (the violin) *on* the piano 피아노로 가수(바이올린)의 반주를 하다.
— *vi.* 〖음악〗 반주하다.
◇ accómpanier, accómplice *n.*

ac·com·pa·ny·ing [əkʌ́mp(ə)niiŋ] *adj.* 수반하는, 동반한, 첨부한.

ac·com·plice [əkʌ́mplis / əkɔ́m-] *n.* 공범(연루)자. ¶ an *accomplice in* [a] crime 공범자 / an *accomplice of* robbery 강도의 공범자.

‡**ac·com·plish** [əkʌ́mpliʃ / əkɔ́m-] *vt.* **1** (일·계획 따위)를 다하다, 이룩하다, 성취하다, 실행하다(carry out), 완수하다(perform), 완결(종료)하다(finish). ⇨ DO 類語 ¶ *accomplish* one's purpose 목적을 달성하다 / *accomplish* a good work 훌륭한 일을 성취하다. **2** (보통 수동형)(남)에게 학문이나 기예를 가르치다. *cf.* accomplished 2 **3** (시간)이 경과하다; 만료되다(complete); (거리(距離))를 답파하다(traverse). ¶ The jetplane *accomplished* the distance in one hour. 제트기는 그 거리를 1시간에 날았다.
◇ accómplishment *n.*

ac·com·plish·a·ble [əkʌ́mpliʃəbl / əkɔ́m-] *adj.* 완성할 수 있는; 습득할 수 있는.

***ac·com·plished** [əkʌ́mpliʃt / əkɔ́m-] *adj.* **1** 완성(성취, 완료)한 (completed, effected), 기성의 ¶ an *accomplished* fact 기정 사실. **2** (어떤 기예에) 통달한, 뛰어난, 소양이 있는 (*in* ...). ¶ an *accomplished* scholar 뛰어난 학자 / He is *accomplished* in an art. 그는 한 가지 기예에 통달해 있다. **3** 교양이 있는, 재예(才藝)(학식)를 갖춘. ¶ a charming, *accomplished*, fine gentleman 매력적이고 교양이 있는 훌륭한 신사.

***ac·com·plish·ment** [əkʌ́mpliʃmənt / əkɔ́m-] *n.* **1** ⓤ 성취, 마무리, 완성, 실현, 수행(fulfillment). ¶ the *accomplishment* of one's desires 소망의 실현. **2** 성과, 업적(achievement). ¶ the *accomplishments* of scientists 과학자들의 연구의 성과. **3** (~s) 소양, 교양, 재예, 습득한 지식. ¶ the *accomplishments* of a diplomat 외교관으로서의 소양 / He is a man of *ac-complishments*. 그는 다재 다능한 사람이오. **4** (경멸적) 천박한 (얼치기) 학식, 미숙한 재예 (지식).

accómplishment quótient *n.* = achievement quotient.

‡**ac·cord** [əkɔ́ːrd] *vi.* 조화되다, 일치하다(agree) (*with* ...). ⇨ AGREE 類語 ¶ (~+匣+図) *accord with* requirements 요구에 부응하다 / *accord with* one's friends 친구와 화해하다 / *accord with* reason 도리에 맞다 / We *accorded* against the militarists. 우리들은 일치하여 군국주의에 반대했다 / It did not *accord with* what he had said a few days before. 그것은 그가 며칠 전에 말한 것과는 달랐다.
— *vt.* **1** …을 조화시키다, 일치시키다, 적합하게 하다(adapt). **2** …을 주다, 허용하다(grant), 수여하다(bestow), 용인하다(concede) (*to* ...). ¶ *accord* due praise 합당한 칭찬을 하다 // (~+匣+匣)(~+匣+勵+図) *accord* a literary luminary due honor = *accord* due honor to a literary luminary 문호(文豪)에게 당연한 명예를 수여하다.
3 (고어) …을 조정하다, 화해하다 (settle, reconcile).
— *n.* **1** ⓤ [의견·의사·주의 따위의] 일치, 합치 (agreement), 동의(consent). ¶ They were of one *accord* in their opinions. 그들은 의견이 모두 일치했었다. **2** [국제간의] 협정, 화해; [국제 문제의]해결. **3** ⓤⒸ 화음, 협화음(協和音).
in (*out of*) *accord with* …과 일치하여(되지 않아), 일치하여(하지 않아). ¶ What you are doing is not *in accord with* what you have said. 네가 하고 있는 짓은 네가 말하는 것과는 일치하지 않는다.
of one's *own accord* 자발적으로, 자진해서 (voluntarily); 저절로, 자연히. ¶ He did it *of his own accord*. 그는 그것을 자발적으로 했다 / The door opened *of its own accord*. 문은 저절로 열렸다.
with one accord 일치하여, 일제히.
◇ accórdant *adj.*, accórdance *n.*

***ac·cord·ance** [əkɔ́ːrd(ə)ns] *n.* ⓤ **1** 일치, 조화(agreement); 부합, 적합(conformity). **2** 수여(granting).
in accordance with …과 일치하여, …에 따라서. ¶ *in accordance with* customs 관습에 따라서 / be *in accordance with* reason 이치에 맞다.

ac·cord·ant [əkɔ́ːrd(ə)nt] *adj.* 일치한(agreeing), 합치한, 합치되어 있는(conformable) (*to, with* ...). ¶ *accordant* to logic (*with* truth) 논리(진실)에 합치한 / be *accordant to* the law 법에 맞다 / His remarks are *accordant with* his belief. 그의 말은 그의 신념과 합치한다. **~·ly** *adv.*

‡**ac·cord·ing** [əkɔ́ːrdiŋ] *adv.* …에 따라서(의해서). * 보통 다음 숙어로 쓰인다.

according as ... (* *as* 는 접속사. *according as* 로 하나의 접속사 구실을 하며, 뒤에 절을 동반한다) …에 따라서, …에 준하여, …(한) 만큼. ¶ We will pay you *according as* you work. 네가 일한 만큼 지불하겠다 (* *according as* 는 formal한 표현이며, 보통은 We will pay you *according to how* you work.와 같이 말한다).

according to (* *to* 는 전치사. *according to* 로 하나의 전치사 구실을 하며, 뒤에 명사[상당 어구], 대명사를 수반한다) ① …에 따라, …에 일치하여. ¶ *according to* his judgment (advice) 그의 판단(충고)에 따라. ② …에 준하여, …에 따라서, …에 의해서. ¶ *according to* their demands 그들의 요구에 따라 / *according to* circumstances 상황에 [여하에] 따라 / cut the coat *according to* the cloth 《비유적》 분수에 걸맞은 생활을 하다. ③ …에 따르면(의하면). ¶ *according to* him 그의 말에 따르면 / *according to* the papers 신문에 의하면.
— *adj.* (고어) 일치되는, 합치하는 (agreeing).

‡**ac·cord·ing·ly** [əkɔ́ːrdiŋli] *adv.* **1** 따라서, 그래서, 그러므로, 그런 까닭에. ⇨ THEREFORE 類語 ¶ I *accordingly* gave up my intention. 그래서 나는 나의 의도를 단념했다. **2** 그에 상응하게, [사정에 따라] 적당히. ¶ Will you arrange *accordingly*? 적절히 조치를 취해 주시겠습니까? 〖금.〗

‡**ac·cor·di·on** [əkɔ́ːrdiən / -djən] *n.* 아코디언, 손풍금. 〖연주자.〗

accórdion dóor *n.* 아코디언 도어, 신축 자재(伸縮自在)문.

ac·cor·di·on·ist [əkɔ́ːrdiənist / -djən-] *n.* 아코디언

accórdion pléats *n. pl.* 아코디언 플리츠[아코디언 주름상자의 주름처럼 된 여자용 스커트의 주름].

ac·cost [əkɔ́ːst / əkɔ́st] *vt.* **1** …에게 말을 걸다, 인사말을 건네다, 다가가서 말을 걸다. **2** (모르는 사람)에게 말을 붙이다, [매춘부가] [손님] 을 끌다 (solicit).

ac·couche·ment [əkúːʃmɑ̃ːnt, -mənt/F akuʃmɑ̃] *n.* 《프랑스》(=going to bed) 산욕(產褥) 기간; 출산, 분만(childbirth).

ac·cou·cheur [F akuʃœ́ːr] *n.* 《프랑스》(= obstetrician) 산부인과 의사.

ac·cou·cheuse [F akuʃǿːz] *n.* 《프랑스》(= midwife) 조산원, 산파.

‡**ac·count** [əkáunt] *n.* **1** [구두(口頭)·필장에 의한] 설명(서), 보고(서), 기사, 이야기. ⇨ STORY 類語 ¶ an *account* of one's trip 여행 이야기(설명) / news *accounts* 신문 기사 / give a short *account* of …을 간단히 설명(보고)하다.
2 ⓤ 이유(reason); 근거(basis). ¶ On this *account* I cannot join the excursion. 이 때문에 소풍에 참가할 수가 없습니다.
3 ⓤ 중요성(importance), 가치(value). ¶ a matter

of great *account* 매우 중요한 일.
4 ⓤ 고려. ¶ leave (put) something out of *account* 어떤 일을 고려에 넣지 않다(무시하다).
5 ⓤ 평가; 판단. ¶ It stands first in our *account*. 우리들의 평가로는 그것이 제일이다.
6 예금[액], 구좌; [상업상의] 거래 관계. ¶ My *account* is with the bank. 나의 예금[구좌]는 그 은행에 있다 // have an *account* with a bank 은행과 거래가 있다 / open (*or* start) an *account* at a bank 은행에 구좌를 개설하다; 은행과 거래를 트다.
7 [금전상의] 대차 계정, 계산, 셈, 계정; 계산서. ¶ money of *account* 계산(계정) 화폐(* guinea, mill 등 계산상으로 사용되는 추상적 화폐 단위) / a cash (a charge) *account* 현금(외상) 계정 / a current (*or* an open) *account* 당좌 계정 / make up *accounts* 계산을 하다, 결제하다 / keep *account* 기장(記帳)하다, 치부하다 / charge a sum to a person's *account* 어떤 금액을 남의 계정에 달다 / Short *accounts* make long friends. 《속담》셈이 빨라야 친구 사이가 오래 간다.
8 ⓤ 이윤(profit), 이익, 편의(advantage). ¶ for the *account* and risk of a person 남의 이해 문제를 걸고.
9 고객, 거래처(customer); [손님과의] 거래.
account of 《美구어》 = on account of.
at all accounts = on all accounts.   [3).
be much account 《구어》 대단한(중요한) 일이다(≈
bring (*or call*) *a person to account* 남의 책임을 묻다; 남을 꾸짖다, 남을 책망하다(*for...*).
by (*or from*) *all accounts* 모든 사람들의 이야기에 따르면, 누구에게(어디서) 들어도.
cast accounts 계산하다.   「다(조작하다).
cook (*or falsify, manipulate*) *accounts* 장부를 속이
find one's (*no*) *account in* ⋯은 득이 되다(득이 되지
for account of ⋯의 셈으로; ⋯을 위하여.   「않다).
for the account 《英》 선도(先渡)로.   「다.
give a bad (*or a poor*) *account of* 《속어》⋯을 헐뜯
give a good account of ① 《재귀용법》⋯을 훌륭히 해내다. ¶ *give a good account* of oneself 훌륭히 처신하다. ② [적·상대]를 이기다, [짐승]을 잡다. ¶ *give a good account* of one's opponents 상대(적수)를 이기다. ③《속어》⋯을 칭찬하다.
give an account of ⋯의 이야기를 하다, ⋯의 설명을 하다. ¶ *give a* brief *account of* one's experience 자기의 경험을 간단히 이야기하다.   「《美》죽다.
go to one's [*long*] *account*; *hand in one's account*[*s*]
hold ... in great (*little*) *account* ⋯을 매우 중히(가볍게) 여기다.   「다.
lay one's account with ⋯을 기대하다, ⋯을 의지하
make much (*little, no*) *account of* ⋯을 중시하다 (거의 중시하지 않다, 완전히 무시하다).
no account 《美수어》 ① 쓸모없는, 신뢰할 수 없는. ② 쓸모없는 사람, 무책임한 사람.
not ... on any account = on no account.
on account ① 계약금으로서, 내금(內金)조로. ¶ pay (receive) 200 dollars *on account* 계약금으로 2백달러를 지불하다(받다). ② 외상으로 (⇒7).
on a person's account 남을 위해서; 남의 계정(비용)으로.
on account of [어떤 이유] 때문에, ⋯까닭(탓)으로, ⋯으로. ¶ The game was put off *on account of* rainy weather. 그 경기는 우천으로 연기되었다. * 《美속어》에서는 접속사처럼 써서 뒤에 절(節)이 오는 일도 있다.
on all accounts; *on every account* 꼭, 어떤 점에 있어도; 여하튼.
on no account 결코 ⋯않다(⋯아니다).
on one's own account 자기 부담(비용)으로; 자기의 이익을 위해서. ¶ He started business *on his own account*. 그는 자기 돈으로 사업을 시작했다.
render an account of ① ⋯의 결산 보고(설명)를 하다. ② ⋯의 해명을 하다; ⋯의 답변을 하다.

square (*or settle*) *accounts with* ① ⋯과 셈을 청산하다, ⋯과 대차를 상쇄하다. ② ⋯에게 보복(앙갚음)을 하다; ⋯의 원한을 풀다.
take account of; *take ... into account* ⋯을 고려하다(consider), ⋯을 참작하다, ⋯을 계산에 넣다. ¶ *take no account of* ⋯을 무시하다, ⋯을 고려에 넣지 않다, ⋯을 계산에 넣지 않다.
turn ... to [*good*] *account* ⋯을 이용(활용)하다. ¶ He *turns* everything *to good account*. 그는 무엇이든 이용한다; 넘어져도 그냥 일어나지는 않는다.
── *vt*. **1** (보통 재귀용법 또는 수동형으로) ⋯을 […이라고] 생각하다(consider), 여기다(count), 간주하다 (regard). ¶ (~+图+[*to be*]图) They *accounted* themselves *giants* in that field. 그들은 그 분야에서는 스스로 거물이라고(위대하다고) 믿고 있었다 / He was *accounted* [*to be*] *guilty* of the crime. 그는 유죄로 간주되었다. **2** ⋯을 […으로] 돌리다, ⋯의 탓으로 하다 (assign, impute). ¶ (~+图+图+图) his bad temper *accounted* to his illness 병으로 본 그의 신경질.
── *vi*. **1** […의 이유를] 밝히다, 설명하다; […에 관해서] 해명하다, 보고하다(*for...*). ¶ (~+图+图) I will *account* for the incident. 내가 그 사건에 관해서 설명하겠다 / How do you *account* for your absence yesterday? 어제 결석을 무어라 변명할 셈인가? / An accountant has to *account for* a deficit. 경리 담당은 적자의 설명(보고)을 하지 않으면 안된다 / There is no *accounting* for tastes. 《속담》 사람의 취미는 백인 백색 (百人百色)이다.
2 원인이 되다(cause) (*for...*). ¶ (~+图+图) His carelessness *accounts for* his failure. 그의 실패는 부주의 때문이다.
3 책임이 있다(을 지다).
4 [사냥감을] 죽이다, 잡다, 포획하다(*for...*). ¶ (~+图+图) The dog *accounted for* all the rabbits. 그 개는 토끼란 토끼는 모조리 잡았다.   「다.
be much (*little*) *accounted of* 중히(가벼이) 여겨지
ac·count·a·bil·i·ty [əkàuntəbíliti] *n*. ⓤ 책임이 있음, 책무(responsibility).
*****ac·count·a·ble** [əkáuntəbl] *adj*. **1** 책임이 있는(answerable) (*to, for...*). ⇨ RESPONSIBLE 類語 ¶ I am not *accountable* for his failure. 그의 실패는 나에 탓이 아니다 / We are *accountable* to him *for* the loss. 그 손실에 관해서는 우리가 그에 대해서 책임을 져야 한다. **2** 변명할 수 있는, 설명할 수 있는, 그럴듯한(explicable) (*for...*). ¶ They had an *accountable* motive for their hasty conclusion. = They had a motive *accountable* for their hasty conclusion. 그들이 속단한 데는 그럴만한 동기가 있었다.
hold a person accountable for ⋯의 책임을 남에게 뒤집어씌우다, 책임이 남에게 있다고 하다.
-bly *adv*.   「직(職).
ac·count·an·cy [əkáuntənsi] *n*. ⓤ 회계술(術); 회계
*****ac·count·ant** [əkáuntənt] *n*. 회계사, 회계 담당; 계리사.   「과장, 경리 국장.
accountant géneral *n*. (*pl*. **accountants g-**) 회계
accóunt bóok *n*. 회계 장부.
accóunt cúrrent *n*. (*pl*. **accounts c-**) 교호(交互) 계산, 거래 계정(略 A/C, a/c]. 「(pay day).
accóunt dáy *n*. 결산일(settlement day), 지급일
accóunt exécutive *n*. [광고 대리점·서비스회사의] 섭외 부장, 국제 부장.
ac·count·ing [əkáuntiŋ] *n*. ⓤ 회계[학]; 경리, 계산.
accóunting compúter [**machíne**] *n*. [컴퓨터] 회계기, 계산기.
accóunt réndered [-réndərd] *n*. (*pl*. **accounts r-**) 제출 계정서, 대차 정산서; 지불 청구서.
accóunt rígging *n*. 분식(粉飾) 결산.
accóunt sáles *n*. *pl*. [위탁 판매의] 매출 계산[서]; 외상 판매.

accounts payable *n.* 지불 계정.
accounts receivable *n.* 수취 계정.
ac·cou·ter, 《英》 **-tre** [əkúːtər] *vt.* 《주로 수동형으로》…을 차려입다; [특별한 복장]을 착용하다 (attire); [특히] 군장 (軍裝)하다. ¶ be *accoutered in* a riding habit 승마복을 입고 있다.
ac·cou·ter·ments, 《英》 **-tre-** [əkúːtərmənts] *n. pl.* **1** [군복과 무기 이외의] 장비, 장구(裝具); 마구(馬具) (trappings). **2** 복장(dress).
Ac·cra [ǽkrə, ɑ́krɑː / ɑːkrɑ́ː] *n.* 아크라[가나(Ghana) 공화국의 수도].
ac·cred·it [əkrédit] *vt.* **1** …으로 돌리다, […을] …이라고 하다(attribute), …의 탓으로 하다(ascribe) (...*to*, *with*); …을 […이]라고 인정하다 (간주하다) (...*with*). ¶ (~+图+前+图) an invention *accredited to* him 그의 것이라고 하는 발명 / a charm *accredited with* magic powers 마력을 지니고 있다고 하는 부적 / He was *accredited with* these views. 그가 그 의견을 제시한 것으로 되어 있었다 / People *accredited* him *with* the authorship of the book. =People *accredited* the authorship of the book *to* him. =He was *accredited with* the authorship of the book. 그는 그 책의 저자로 되어 있었다.
2 [신임장을 주어] [대사·공사 등]을 파견하다 (...*at*, *to*). ¶ (~+图+前+图) *accredit* an envoy to a foreign country [신임장을 주어] 사절을 외국에 파견하다. **3** [정부·관청 등이] …을 인가하다. ¶ *accredit* a school (college) 학교(대학) [설립]을 인가하다. **4** [자격·신용 따위]를 승인하다, [합격]을 증명(인정) 하다. ⇒ APPROVE 類語 ¶ an *accrediting* system 자격인정 제도; [대학의] 단위 제도.
5 …을 믿다, 신용하다(believe).
ac·cred·it·ed [əkréditid] *adj.* **1** [사람·학교 등이] 인정을 받은, 공인된. ¶ an *accredited* school 공인된 학교. **2** [신앙 등이] 인정된, 정당한(orthodox).
accredited officer *n.* 《군사》 [군대에 배속된 외국인] 군사 고문.
ac·crete [əkríːt / æk-] *v.* (-**cret·ed**, -**cret·ing**) *vi.* 부착해서 자라다(grow together), 부착하다; 하나로 합하다(combine); 고착하다(adhere) (*to*...). — *vt.* …을 고착시키다, 부착 증대시키다, 을 보태다. — *adj.* **1** 부가 합일(合一)된. **2** [식물] 부착해서 자란(grown together).
ac·cre·tion [əkríːʃ(ə)n / æk-] *n.* U *1* [다른 것의 부착·첨가에 의한] 자연적 증식(증대), 증량(增量). **2** ⓒ 첨가(증가)물. **3** [법률] [충적(沖積) 따위, 자연의 작용에 의한 소유지의 증가] 자연 증가. **4** [의학] 이물(異物)의 침착(沈着), 첨가.
ac·cre·tive [əkríːtiv / æk-] *adj.* 증가하는, 첨가하는; 증가성의, 부착하는; 퇴적하는.
ac·cru·al [əkrúːəl] *n.* U **1** 자연 증식(증가). **2** 자연 증식(증가)물; 증가의 산물; 이자가 붙기; ⓒ 붙은 이자.
ac·crue [əkrúː] *vi.* (-**crued**, **cru·ing**) **1** [자연히] 증가하다(생기다); [이자 따위가] 붙다; 결과로서 생기다. ¶ facilities *accruing to* society *from* the use of television 텔레비전 사용으로 사회에 생기는 편의. **2** 〔법률〕 권리로서 생기다.
ac·crue·ment [əkrúːmənt] *n.* =accrual.
acct. (略) account; accountant.
ac·cul·tur·ate [əkʌ́ltʃəreit] *vt., vi.* (-**at·ed**, -**at·ing**) [이]〔異〕문화와의 접촉에 의해서] [문화]를 변용(變容)시키다; 문화가 변용되다.
ac·cul·tur·a·tion [əkʌ̀ltʃəréiʃ(ə)n] *n.* U (사회) [다른 사회의 문화와의 접촉·이입(移入)에 의한] 문화 변용. ¶ the *acculturation* of American culture 미국 문화의 변용.
ac·cum·bent [əkʌ́mbənt] *adj.* **1** 기댄(reclining); 비스듬히 기운. **2** [식물] 대위(對位)의, 측와(側位)의.

‡**ac·cu·mu·late** [əkjúːmjuleit] *v.* (-**lat·ed**, -**lat·ing**) *vt.* …을 퇴적하다, 쌓아 올리다(pile up), 모으다 (gather, collect); …을 축적하다(amass). ¶ *accumulate* wealth 부를 축적하다 / *accumulate* rare curios 진귀한 골동품을 수집하다 / *accumulate* debts 빚이 쌓이게 하다 / He *accumulated* a fortune as an exporter. 그는 수출업으로 한 밑천 잡았다. — *vi.* 쌓이다; [돈 위가] 축적되다, 모이다, 붇다; [굳은 살 따위가] 겹치다. ¶ His wealth was gradually *accumulating*. 그의 재산은 점점 불어나고 있었다 / Snow *accumulated* to a depth of two meters. 눈이 2미터 높이로 쌓였다.
◇ accumulátion *n.*, accúmulative *adj.*
‡**ac·cu·mu·la·tion** [əkjùːmjuléiʃ(ə)n] *n.* U **1** 퇴적; 누적; 집적(集積); 축적. **2** ⓒ 축적물; 축재(蓄財), **3** 저축; 적립금; 〔금리 따위의〕 이식; 증식. **4** 《英》 대학에서 높은 학위와 낮은 학위를 동시에 취득하기.
◇ accúmulate *v.*, accúmulative *adj.*
ac·cu·mu·la·tive [əkjúːmjuleitiv / -lətiv] *adj.* **1** 축적하는. **2** 축재주의의, 돈을 모으고자 하는. **3** [증거·판결 따위의] 누적적인(cumulative). ~·ly *adv.*
◇ accúmulate *v.*, accumulátion *n.*
ac·cu·mu·la·tor [əkjúːmjuleitər] *n.* **1** 축적자; 축재자; 부자. **2** 수동 계산기, 금전 등록기; [컴퓨터] 적산기(積算器) 〔연산 (演算) 데이터의 기억 장치〕. **3** 《英》 축전지, **4** 〔기계〕 〔열·수력의〕 축적 장치; 〔준설기(浚渫器) 의〕 완충기.

‡**ac·cu·ra·cy** [ǽkjurəsi] *n.* U 정확, 확실; 정밀도(精密度) (precision). ¶ He could not state the number with *accuracy*. 그는 그 수를 정확하게 말할 수가 없었다.
◇ áccurate *adj.*
‡**ac·cu·rate** [ǽkjurit] *adj.* 정확한, 틀림없는, 결점이 없는; 주의깊은, 용의 주도한. ⇒ CORRECT 類語 ¶ an *accurate* typist 오타 없는 타이피스트 / an *accurate* statement 정확한 진술 / perfectly (or absolutely, strictly) *accurate* 아주 정확하게 / to be *accurate* 정확히 말하자면. ~·ness *n.* áccuracy *n.*
‡**ac·cu·rate·ly** [ǽkjuritli] *adv.* 정확히, 틀림없이.
‡**ac·curs·ed** [əkɔ́ːrsid, +英 əkɔ́ːrst], **ac·curst** [əkɔ́ːrst] *adj.* **1** 저주받은; 몹시 싫은, 가증스러운 (detestable). ¶ an *accursed* deed 괘씸한 행위. **2** 〔구어〕 괘씸한, 지긋지긋한, 골치 아픈(troublesome). ~·ly *adv.* ~·ness *n.*
accus. (略) accusative. 〔할만한, 책망할만한.
ac·cus·a·ble [əkjúːzəbl] *adj.* **1** 고소해야 할. **2** 비난
ac·cu·sal [əkjúːz(ə)l] *n.* =accusation.
*‡**ac·cu·sa·tion** [ækjuzéi(ə)n] *n.* **1** Uⓒ 비난 (blame), 규탄(*against*...). **2** 죄, 죄과, 죄명. ¶ The *accusation* was robbery. 죄상[죄명]은 강도였다. **3** Uⓒ 고발, 고소.
[*be*] *under an accusation* 고발되어(있다), 비난받고 [있다] (*of*...). ¶ He was charged *under a* false *accusation*. 그는 고소를 당했으나 그것은 무고였다.
bring an accusation against …을 고발하다, 기소하다. ◇ accúse *v.*
ac·cu·sa·ti·val [əkjùːzətáiv(ə)l] *adj.* [문법] 직접 목적격의(對格의). ⇒ ACCUSATIVE
ac·cu·sa·tive [əkjúːzətiv] [문법] *adj.* **1** [영어의] 직접목적격의, [라틴 어에서] 대격의; *cf.* dative **2** [어외의] 목적격(대격)에 상당하는. ¶ *accusative* case 직접 목적격, 대격. — *n.* **1** (the ~) 직접 목적격, 대격. ¶ *accusative* adverbial 부사적 대격(목적격). **2** 목적격(대격) [상당]어. ~·ly *adv.*
ac·cu·sa·to·ri·al [əkjùːzətɔ́ːriəl / -tɔ́ː-] *adj.* 〔법률〕 고발인의, 고소인의; 비난자의.
ac·cu·sa·to·ry [əkjúːzətɔ̀ːri / -t(ə)ri] *adj.* 비난의; 비난조의; 힐문(詰問)조의; 〔법률〕 고발(고소)인의. ¶ look at a person with an *accusatory* expression 남을 비난하는 얼굴빛으로 보다.
‡**ac·cuse** [əkjúːz] *v.* (-**cused**, -**cus·ing**) *vt.* **1** …에게 죄

를 씌우다; …을 고발하다, 고소하다(*…of*). ⇨ CHARGE
類語 ¶ (~+圈+*as* 圈) *accuse* a person *as* a murderer 남을 살인죄로 고발하다 // (~+圈+*前*+图) *accuse* a person *of* theft (*or* stealing) 남을 절도죄로 고소하다 / be *accused of* theft 절도죄로 고소당하다. **2** …을 비난하다, 책망하다, 나무라다. ¶ *accuse* oneself 자신을 책망하다, 자책하다 // (~+圈+*前*+图) (~+圈+*that* 圈) They *accused* him *for* his selfishness. 그들은 그의 이기주의를 비난했다 / They *accused* the man *of* taking bribes. =They *accused* the man *that* he had taken bribes. 그들은 그가 수회(收賄)했다고 비난했다.
— *vi.* 비난하다.
◇ accusátion *n.*, accúsatory *adj.*

ac·cused [əkjúːzd] *adj.* **1** 죄에 몰린. ¶ an *accused* girl 죄에 몰린 소녀. **2** (the ~) 《명사적 용법》 피고인, 피의자. [비난자.
ac·cus·er [əkjúːzər] *n.* 고발자, 원고(原告), 고소인.
ac·cus·ing [əkjúːziŋ] *adj.* 비난하는 것 같은, 나무라는 듯한. ~**ly** *adv.*
‡**ac·cus·tom** [əkʌ́stəm] *vt.* …을 익숙하게 하다, 습관을 들이다(*…to*). ¶ (~+圈+*前*+图) *accustom* one's ears *to* the noises of city life 도시 생활의 소음에 귀를 길들이다 / She did not *accustom* herself *to* her surroundings. 그녀는 자신의 환경에 길들지 못했다.
‡**ac·cus·tomed** [əkʌ́stəmd] *adj.* **1** 길든, 익숙해진; 평소의, 늘 하는, 예(例)의(habitual, customary). ¶ in their *accustomed* manner 그들의 늘 하는 식으로 // I am *accustomed* to eating (*or* eat) this sort of food. 이런 종류의 음식을 먹는 데는 길들어 있습니다 / He grew (*or* became, got) *accustomed to* the noises. 우리들은 소음에 길들여졌다. **2** 버릇이 된, 습관이 된.
ACDA 《略》*Arms Control and Disarmament Agency* (미국 군비 관리 군축국(軍縮局)).
AC/DC, ac/dc 《略》 *alternating current/direct current* (교류·직류(의), 교직(交直) 양용(의); 《속어》 양성애의(兩性愛의) (bisexual).
*****ace** [eis] *n.* **1** 《주사위》 1의 눈; 《트럼프의》 1의 패. **2** 《정구·배구 따위의》 상대가 받을 수 없는 서브; 서브로 얻은 득점 (service ace). **3** 제1급의 숙련자, 노련가 (adept), 명인; 《야구》 주전 투수, 최우수 선수. ¶ an *ace* at dancing 댄스의 명인. **4** 《적기를 5대 이상 떨어뜨린》 우수한 조종사. ¶ an *ace* of *aces* 비행의 명인 중의 명인. **5** 《미속어》 1달러 지폐(ace note, one-dollar bill). **6** 《골프》 홀 인 원(hole in one); 그것으로 얻은 득점. **7** 《도박》 극소량; 미《소》분자. **8** 《구어》 《형용사적으로》 일류의, 최고의. *cf.* aces
an ace in the hole 《포커》 엎어놓은 에이스; 《美》 어려울 때 의지가 되는 것; 마지막 으뜸패, 비장의 술수.
an ace of spades 《美속어》 흑인.
have (or *keep*) *an ace up* one's *sleeve* 《美구어》 비책을 갖고 있다; 깜짝 놀라게 해줄 것을 갖다.
within an ace of 《略 하마터면》 …할 찰나에(close to). ¶ He came *within an ace of* death(being killed). 그는 자칫하면 죽을(살해당할) 뻔 하였다.
— *vt.* (**aced, ac·ing**) 《美구어》 **1** …을 완벽히하다. **2** 《학과·시험에서》 A를 받다. **3** 《남을》 앞지르다, 《남에게》 이기다(*out*). ¶ *ace out* one's competitors 경쟁 상대를 여지없이 무찌르다.
ACE 《略》 《英》 *Advisory Centre for Education* (교육 지도 센터).
-acea *suf. pl.* 《동물》 강(綱) (class) 및 목(目) (order)의 이름을 만드는 복수형 접미어. 예: Crustacea(갑각류).
-aceae *suf. pl.* 《식물》 과명(科名) (family)에 쓰이는 복수형 접미어. 예: Rosaceae(장미과).
a·ce·di·a [əsíːdiə] *n.* 무기력, 무감동; 나태, 게으름.
ace-high [éishái] *adj.* 《美구어》 **1** 인기가 대단한. **2** 뛰어난, 우수한(excellent). **3** 매우 건강한.

A·cel·da·ma [əséldəmə / əkél-] *n.* **1** 《성서》 아겔다마, 피밭 [예루살렘 부근의 지명. 유다 (Judas)가 그리스도를 배반하여 얻은 돈으로 산 땅. (Matt.) 27:8, 사도 행전(Acts) 1:19]. **2** 수라장; 유혈의 땅.
a·cel·lu·lar [èisèljulər] *adj.* 《생물》 비(非)세포의.
a·cen·tric [eiséntrik / æsén-] *adj.* 중심이 없는; 중심을 벗어난.
-aceous *suf.* 「…의, …과 같은, …의 성질을 지닌」의 뜻으로 -acea 또는 -aceae 로 끝나는 동·식물명의 형용사형을 만든다.
ac·er·ate [ǽsərèit, -rit / -rit] *adj.* =acerose.
a·cerb [əsə́ːrb] *adj.* **1** 《익지 않은 과일처럼》 시름한, 쓴(bitter), 떫은; 엄한(harsh).
ac·er·bate *vt.* [ǽsərbèit →*adj.*] (**-bat·ed, -bat·ing**) **1** …을 쓰게(떫게)하다. **2** …을 화나게 하다, 짜증나게 굴다(irritate). — *adj.* [əsə́ːrbit] 쓴, 시큰한, 떫게 한.
a·cer·bi·ty [əsə́ːrbiti] *n.* ⓤ **1** 《매우》 쓴맛, 신맛, 떫은맛. **2** 《기질·표정 따위의》 엄함, 가혹함, 신랄함.
ac·er·ose [ǽsərous] *adj.* 《식물》 《잎이》 바늘 모양의, 침상(針狀)의.
aces [éisiz] *adj.* 《속어》 일류의, 멋진.
a·ces·cent [əsés(ə)nt] *adj.* 시큼해지는, 미산성(微酸性)의; 약간 신 맛이 있는. ⇨ ACETO-.
ac·e·tab·u·lar [ǽsitǽbjulər] *adj.* 비구(髀臼)의; 흡반(吸盤)의.
ac·e·tab·u·lum [ǽsitǽbjuləm] *n.* (*pl.* **-la** [-lə]) 《해부》 비구(髀臼); 《동물》 흡반, 빨판(sucker).
ac·e·tal [ǽsətæl] *n.* ⓤ 《화학》 **1** 아세탈 알데히드 디에틸아세탈 (무색·휘발성의 액체, 최면제 또는 용제(溶劑)로 사용). **2** (~s) 아세탈 (알데히드 (aldehydes), 또는 케톤 (ketones) 과 알코올과의 화합물의 총칭).
ac·et·al·de·hyde [ǽsitǽldihàid] *n.* ⓤ 《화학》 아세트알데히드, 아세트산, 솔벤트, 고체 연료 등의 원료.
ac·et·an·i·lide [ǽsitǽn(i)làid, -lid] *n.* ⓤ 《약학》 아세트아닐리드 《진통·해열제》. [의.
ac·e·tar·i·ous [ǽsitɛ́(ː)riəs, -tέəri-] *adj.* 샐러드(용)
ac·e·tate [ǽsitèit / -tit] *n.* ⓤ ⓒ 《화학》 **1** 아세테이트 [초산염, 초산 에스터의 총칭]. **2** =acetate rayon.
ac·e·tat·ed [ǽsitèitid] *adj.* 초산으로 처리한, 초산이 함유된.
ácetàte ráyon *n.* ⓤ 초산 인조 견사(絹絲), 아세테이트.
a·ce·tic [əsíːtik, əsét-] *adj.* 초산의; 시큼한.
acétic ácid *n.* ⓤ 《화학》 초산.
acétic anhýdride *n.* ⓤ 《화학》 무수(無水) 초산.
a·cet·i·fi·ca·tion [əsètifikéi(ə)n] *n.* ⓤ 초산(醋化).
a·cet·i·fi·er [əsétifaiər] *n.* 초산기(醋化器), 초산 제조기.
a·cet·i·fy [əsétifài] *vt., vi.* (**-fied, -fy·ing**) 초산화하다; 초산처럼 만들다(되다), 시큼하게 하다(되다).
ac·e·tim·e·ter [ǽsitímitər] *n.* =acetometer.
aceto- 초산 또는 초산기(基)를 함유하는 것의 뜻의 연결형 (* 모음 앞에서는 acet- 을 쓴다). 예: *aceto*phenone (아세토페논). [비중계(比重計)].
ac·e·tom·e·ter [ǽsitάmitər / -tɔ́m-] *n.* ⓤ 《화학》 초산
ac·e·tone [ǽsitòun] *n.* ⓤ 《화학》 아세톤 《무색의 격한 가연성 액체, 용제·무연(無煙) 화약·니스 등에 사용》.
ac·e·tose [ǽsitòus] *adj.* =acetous.
ac·e·tous [ǽsitəs, +美 əsíː-] *adj.* **1** 초의, 초산을 함유하는, 신 (sour); 식초 같은 (vinegary).
ac·e·tyl [ǽsiːtil, əsétl] *n.* ⓤ 《화학》 아세틸 [초산기].
a·ce·tyl·cho·line [ǽsíːtilkóuliːn, əsétl-] *n.* 《약》 아세틸콜린 [알칼로이드의 한 가지].
a·cet·y·lene [əsétilìːn] *n.* ⓤ 《화학》 아세틸렌 [무색·가연성의 기체].

a·ce·tyl·sal·i·cýl·ic ácid [əsíːtlsæ̀lisíliːk- / æ̀sitil-] *n.* ⓤ 〔약〕 아세틸살리실산(酸) 〔아스피린 (aspirin)의 화학명〕. 〔일종의 서양 주사약놀이〕

ace·y-deuc·y [éisid(j)úːsi/-djúː-] *n.* (*pl.* **-deuc·ies**)

A.C.F. (略) Army Cadet Force.

A.C.G.B. (略) Arts Council of Great Britain(영국 학술 회의).

A·cha·ean [əkíː(ː)ən] *adj.* 1 아카이아(Achaea)〔고대 그리스 남부의 지방〕의; 아카이아인의. 2 그리스[인]의. — *n.* 1 아카이아인. 2 그리스인.

Achǽ·an Léague *n.* 〔역사〕 아카이아 동맹〔그리스 역사에 있어서의 아카이아와 딴 그리스 도시와의 연맹 (280-146 B.C.)〕.

A·cha·tes [əkéitiːz] *n.* 1 아카테스〔Virgil 작 *Æneid* 의 주인공 Æneas 의 친구〕. 2 우정이 두터운 친구.

‡**ache** [eik] *vi.* (**ached, ach·ing**) 1 아프다, 쑤시다(suffer). ⇨ PAIN 類語 ¶ I *ached* all over. 온 몸이 아팠다 / My heart *aches*. 마음이 아프다. 2 〔구어〕 …하고 싶어 못 견디다, …을 열망하다(long, yearn) (*for*...). ¶ (~ + *to* do) She *aches* to see you. 그녀는 너를 간절히 보고 싶어한다 // (~ +動+图) *ache for* a person 남을 사모하다. — *n.* ⓒ ⓤ 아픔, 쑤심(pain). ¶ an *ache* in a tooth 치통 / *aches* and pains 육체적인 아픔, 고통.

Ach·e·lo·us [æ̀kəlóuəs] *n.* 〔그리스 신화〕 아켈로우스〔강의 신. Deianira 를 차지하려고 Hercules 와 싸웠으나 패배〕.

a·chene [eikíːn / əkíːn] *n.* 〔식물〕 수과(瘦果)〔껍질은 얇고 혁질(革質)이며, 익어도 벌어지지 않는 열매. 민들레·미나리아재비의 열매 따위〕.

a·che·ni·al [eikíːniəl / ə-] *adj.* 〔식물〕 수과의.

A·chor·nar [éikərnɑːr] *n.* 〔천문〕 아케르나르성(星) 〔에리다누스좌(Eridanus)의 1등성〕.

Ach·er·on [ǽkərɑn / -rɔn] *n.* 1 〔그리스 신화〕 아케론〔저승(Hades)의 재앙의 강. 사공 Charon 이 죽은 사람의 영혼을 건네주었다〕. 2 저승, 황천, 명부.

A·cheu·li·an [əʃúːliən] *adj.* 〔구석기 시대의〕 아슐기(紀)의.

a·chiev·a·ble [ətʃíːvəbl] *adj.* 성취할 수 있는, 달성할 수 있는.

‡**a·chieve** [ətʃíːv] *v.* (**a·chieved, a·chiev·ing**) *vt.* 1 …을 이루다, 성취하다(accomplish). ⇨ DO 類語 ¶ *achieve* one's end 목적을 이루다 / All this cannot be *achieved* overnight. 이 모든 것을 하룻밤 사이에 성취할 수는 없다.
2 〔공적〕을 세우다, 수립하다(bring about);〔좋은 결과·명예 따위〕를 얻다, 획득하다(gain, obtain). ¶ *achieve* victory 승리를 얻다 / *achieve* success 성공을 거두다. — *vi.* 성공하다, 〔목적에〕 도달하다.
◇ achíevement *n.*

‡**a·chieve·ment** [ətʃíːvmənt] *n.* 1 업적, 공적, 위업. ¶ He reached a brilliant *achievement*. 그는 빛나는 공적을 세웠다. 2 ⓤ 달성, 성취. ¶ the *achievement* of one's object 목적의 달성. 3 ⓤ 학력. 4 〔문장〕 죽은 사람의 문표(紋標) (hatchment).

achíevement àge *n.* 〔심리〕 성취 연령, 성취 연령.

achíevement mótive *n.* 〔당면 과제·목표의〕 달성 동기, 성취 의욕.

achíevement quótient *n.* 〔심리〕 성적 지수〔교육 연령을 실제 연령으로 나눈 것에 100을 곱한 것; 略 AQ〕. *cf.* intelligence quotient

achíevement tèst *n.* 학력 고사(검사). *cf.* intelligence test

a·chi·la·ry [əkáilɑri, +美 ei-] *adj.* 〔식물〕 순판(脣瓣)

Ach·il·le·an [æ̀kilíːən] *adj.* 아킬레스(Achilles) 같은, 불사신의, 용맹무쌍한, 발이 빠른.

A·chil·les [əkíliːz] *n.* 〔그리스 신화〕 아킬레스〔Homer 작 *Iliad* 에 나오는 중심적 영웅. 트로이 전쟁 때 Paris 가 쏜 화살을 발꿈치에 맞고 죽었다〕.

Achílles(Achílles') héel *n.* 약점〔Achilles 는 발꿈치가 유일한 약점이어서, 거기에 화살을 맞고 죽었다〕.

Achílles(Achílles') téndon *n.* 〔해부〕 아킬레스건(腱).

ach·ing [éikiŋ] *adj.* 1 아픈, 쑤시는. 2 갈망하는. 3 성가신, 번잡스러운(vexatious). 〔흑 공포증.

ach·lu·o·pho·bi·a [æ̀kluəfóubiə] *n.* ⓤ 〔정신병〕 암

a·choo [ɑːtʃúː] *interj.* 엣취 (재채깃소리).

ach·ro·mat [ǽkroʊmæt] *n.* 무색 렌즈.

ach·ro·mat·ic [æ̀kroʊ(u)mǽtik] *adj.* 1 〔광학〕 무색의(colorless); 색깔을 흡수하는, 색수차(色收差)가 없는. ¶ an *achromatic* lens 무색 렌즈. 2 〔생물〕 비(非)염색성의. 3 〔음악〕 변조(變調)가 없는.
-i·cal·ly [-ikəli] *adv.*

ach·ro·ma·tic·i·ty [æ̀kroʊ(u)mətísiti] *n.* 〔광학〕 achromatism.

a·chro·ma·tin [əkróʊmətin, ei-] *n.* 〔생물〕 세포 핵질의 비염색질.

a·chro·ma·tism [əkróʊmətìz(ə)m] *n.* ⓤ 〔광학〕 무색성(無色性).

a·chro·ma·tize [eikróʊmətàiz/əkróʊ-] *vt.* (**-tized, -tiz·ing**) 1 …을 무색으로 하다, …의 색깔을 지우다. 2 …을 순색(消色)하다.

ach·ro·ma·top·sia [æ̀kroʊ(u)mətɑ́psiə / -tɔ́p-] *n.* 〔의학〕 전(全)색맹.

a·chro·mic [əkróʊ(u)mik] *adj.* 1 무색의. 2 〔적혈구·피부가〕 색소 결핍〔증〕의.

Ach·ro·my·cin [æ̀kroʊmáisin] *n.* 《상표명》 〔약〕 아크로마이신〔항생 물질 tetracycline〕.

ACI (略) *a*utomatic *c*ar *i*dentification(자동 차량 식별).

a·cic·u·la [əsíkjulə] *n.* (*pl.* **-lae** [-liː]) 바늘 모양의 부분〔돌기〕; 바늘, 가시(spine), 강모(剛毛) (bristle), 침상 결정(針狀結晶). 〔뾰족한,

a·cic·u·lar [əsíkjulər] *adj.* 바늘 모양의, 침 모양으로

a·cic·u·late [əsíkjulit, -lèit] *adj.* 1 바늘같은 것이 있는. 2 바늘에 긁힌 자국이 있는. 3 바늘처럼 뾰족한, 바늘 모양의 (acicular).

‡**ac·id** [ǽsid] *n.* 1 ⓤ 〔종류는 ⓒ〕 〔화학〕 산(酸). 2 신맛이 나는 것, 산성물. 3 ⓤ 《美속어》 LSD 〔환각제〕. ¶ an *acid* freak 환각제 상용자. — *adj.* 1 〔화학〕 산(酸)의, 산성의; *cf.* alkaline, basic ¶ an *acid* reaction 산성반응 / *acid* anhydride 무수산(無水酸) / *acid* dyes 산성 염료. 2 신, 신맛이 있는. ⇨ SOUR 類語 ¶ *acid* fruits 신맛나는 과일. 3 〔비유적〕 〔기질·생김새 따위가〕 폐까다로운; 통렬한, 신랄한. ¶ an *acid* joke about an opponent 상대방에 대한 신랄한 농담. 4 〔지질〕 규산(silica)을 다량으로 함유하는. ¶ 강요하다.
put the acid on a person 〔濠속어〕 〔빚 따위를〕 남에 — **·ly** *adv.* **·ness** *n.* ◇ acídify *v.*, acídity *n.*

ácid dròp *n.* 〔英〕 〔신맛이 있는〕 사탕, 드롭스〔美〕 sourball〕. 〔유휴 먼지 입자〕.

ácid dùst *n.* 산성(酸性) 먼지〔고농도의 산(酸)을 함

ac·id-fast [ǽsidfæ̀st/-fɑ̀ːst] *adj.* 〔염색한 후〕 산(酸)에 닿아도 색깔이 바래지 않는.

ácid fíxing bàth *n.* 〔사진〕 산성 정착욕(정착액).

ácid fòg *n.* 산성 안개 〔공장이나 자동차의 배기로 유한 수증기〕.

ac·id-head [ǽsidhèd] *n.* 《美속어》 LSD 상용자.

a·cid·ic [əsídik] *adj.* 1 〔지질〕 = acid 4. 2 산(酸)을 형성하는, 산성의.

a·cid·i·fi·a·ble [əsídifàiəbl, æ̀sid-] *adj.* 산성화(化)할 수 있는. 〔화.

a·cid·i·fi·ca·tion [əsìdifikéij(ə)n, æs-] *n.* ⓤ 산성

a·cid·i·fi·er [əsídifàiər, æs-] *n.* 산성화시키는 것.

a·cid·i·fy [əsídifài] *v.* (**-fied, -fy·ing**) *vt.* …을 시게 하다; …을 산성화(化)하다. — *vi.* 시어지다, 산성이 되다. 〔정량기〕.

ac·i·dim·e·ter [æ̀sidímitər] *n.* 〔화학〕 산정량기 (酸

a·cid·i·ty [əsíditi] *n.* ⓤ 1 산성; 산도(酸度). 2 신맛.

3 신랄한. **4** 〔병리〕 위산 과다.
acídless tríp n. 《美속어》 집단 감수성 훈련(sensitivity training). cf. acid trip
ácid míst n. 〔대기 오염에 의한〕 산성 안개.
a·cid·o·phil [æsídəfil] adj. 〔미생물이〕 호산성(好酸性)의. — n. 호산성 물질. 〔산균 우유.
àc·i·dóph·i·lus mílk [æsidáfiləs/-dɔ́f-] n. U 유
ac·i·do·sis [æsidóusis] n. U〔병리〕산성증(酸性症), 아시도시스. cf. alkalosis
ácid precipitátion n. 산성 강하물〔대기 오염으로 인한 산성비나 산성눈〕. 〔농도로 합유된 비〕.
ácid ráin n. 산성비〔대기 오염으로 황산·질산이 U
ácid róck n. 애시드 로크〔환각적인 경험을 연상시키는 음향과 가사의 rock'n'roll 음악〕.
ácid sóil n. 산성 토양.
ácid tést n. 엄격한 음미(吟味); 엄밀한 시험.
ácid tríp n. 《美속어》 LSD에 의한 환각 체험.
a·cid·u·late [əsídʒulèit/-dju-] vt. (-lat·ed, -lat·ing) **1** …에 신맛이 나게 하다. **2** …에게 까다롭게 굴다, 심하게 굴다, 쓰라리게 (가혹하게) 하다(embitter).
a·cid·u·lat·ed [əsídʒulèitid / -dju-] adj. **1** 신맛이 나게 한. **2** 〔기분 등이〕 언짢은, 까다로운.
a·cid·u·lent [əsídʒulənt / -dju-] adj. =acidulous.
a·cid·u·lous [əsídʒuləs /-sídju-] adj. **1** 시큼한, 신맛이 나는. **2** 통렬한, 신랄한(caustic).
ac·i·ni [æsinài] n. acinus의 복수형.
ac·i·nose [æsinòus] adj. =acinous
ac·i·nous [æsinəs] adj. **1** 〔식물〕 입상과(粒狀果) (소핵과)의. **2** 〔해부〕 포도상선(腺)의, 선포(腺胞)의, 〔폐의〕 세엽(細葉)의.
ac·i·nus [æsinəs] n. (pl. **-ni** [-nài]) **1** 〔식물〕 입상과, 소핵과[blackberry 따위]. **2** 〔해부〕 포도상선, 선포, 소포(小胞), 〔폐의〕 세엽.
-acious suf. -acity, -acy 로 끝나는 명사에서「…이 많은」「…의 경향이 있는」「…을 좋아하는」의 뜻의 형용사를 만듦. 예: aud*acious*. 〔*tute* of Secretaries.
A.C.I.S. (略) (英) Associate of the Chartered Insti-
-acity suf. -acious 로 끝나는 형용사에서 quality of, abounding in 의 뜻의 명사를 만듦. 예: pugn*acity*.
ACK (略) acknowledged character.
ack. (略) acknowledge; acknowledgment.
ack-ack [ǽkæ̀k] n. 《속어·군사》 **1** 대공(對空) 사격(포화). **2** 고사포. 〔<영국에서 A.A. (aircraft and attack) 대신으로 라디오 방송에 쓰이던 말〕
ack em·ma [ǽk émə] n. 《英속어》 오전(morning, a. m.). 〔<신호의 A.M.의 발음〕
ackgt. (略) acknowledgment.
‡**ac·knowl·edge** [əknálidʒ, æk-/-nɔ́l-] vt. (**-edged**, **-edg·ing**) **1** …을 인정하다, 승인하다; 자인하다(recognize), 자백하다(confess). ⇨ ADMIT 類語 ¶ *acknowledge* belief in God 신앙심이 있음을 인정하다 / *acknowledge* the truth of it 그것이 진실이라고 인정하다 / *acknowledge* a person's right to vote 남의 투표권을 인정하다 // (~+目)+as 補) *acknowledge* it as true 그것을 진실이라고 인정하다 // (~+目)+to be 補) *acknowledge* oneself to be wrong 자기의 잘못을 인정하다 // (~+that 節) He *acknowledged that* he was wrong. 그는 자기의 잘못을 인정했다 // (~+-ing) (~+目+done) He did not *acknowledge* having been defeated. =He did not *acknowledge* himself *defeated*. 그는 자기의 패배를 인정하지 않았다.
2 …에게 사의(경의, 찬양의 뜻)를 표하다. ¶ *acknowledge* a gift 선물에 사의를 표하다 / *acknowledge* a favor 호의를 표하다.
3 〔편지 따위의〕 수령(접수)을 전하다. ¶ *acknowledge* a letter 편지를 받았다고 전하다.
4 〔법률〕 〔정식으로 …〕을 승인하다, 인지하다. ¶ *acknowledge* a deed 증서를[틀림없다고] 인정하다.
◇ acknówledgment n.

ac·knowl·edged [əknálidʒd/-nɔ́l-] adj. 승인된, 일반에게 인정된.
acknówledged cháracter n. 〔컴퓨터〕 긍정 응답 문자〔어떤 국(局)에서 상대국으로 긍정 응답으로서 보내지는 전송(傳送) 제어 문자; 略 ACK〕.
‡**ac·knowl·edg·ment, -edge-** [əknálidʒmənt /-nɔ́l-] n. **1** U 승인, 시인; 자백, 자인. **2** U 감사, 사례, 인사; ⓒ 감사장, 답례〔품〕. ¶ make one's *acknowledgment* with thanks 감사의 뜻을 표하다 / This parcel is a slight *acknowledgment* of your kindness. 이 소포는 당신의 친절에 대한 조그마한 감사의 뜻으로 드리는 것입니다. **3** 접수(수령)의 통지(증명), 영수증. **4** U 〔법률〕 〔사생아의〕 인지(認知).   〔인사하여.
bow one's *acknowledgment of* …에 답하여 허리굽혀
in acknowledgment of …의 답례로, 감사의 뜻으로.
¶ *in acknowledgment of* your help 귀하의 원조에 감사하여.
ACL (略) allowable cabin load([여객기의] 객실 허용 적재량).   〔道) (magnetic equator).
a·clín·ic líne [eiklínik-, æ-/ə-] n. 자기 적도(磁氣赤
A.C.L.S. (略) American Council of Learned Societies (미국 전국 학회 평의회).
A.C.L.U. (略) American Civil Liberties Union (미국 자유 인권 협회).   〔한).
a·clut·ter [əklʌ́tər] adv., adj. 몹시 붐벼(붐비는), 온
ACM 〔군사〕 *a*nti-armor *c*luster *m*unitions (대(對) 장갑 클러스터 탄); (美) Association for Computing Machinery (컴퓨터 학회).
ac·me [ǽkmi] n. (보통 the~) **1** 정상; 절정. **2** 극도; 극치; 〔병 따위의〕 고비, 위기(crisis). ¶ the *acme* of happiness 행복의 절정.
ACMT (略) (美軍) *a*dvanced *c*ruise *m*issile *t*echnology (신형 순항 미사일 기술).
ac·ne [ǽkni] n. 〔병리〕 좌창(痤瘡); 여드름.
a·cock [əkák/əkɔ́k] adv., adj. (* 형용사로는 서술 용법) 모자테나 귀 따위를[위로 세워서] 비듬하게.
ac·o·lyte [ǽko(u)làìt] n. **1** 사미승(沙彌僧); 시승(侍僧); 반승(伴僧). **2** 〔가톨릭〕 〔선임식을 받은〕 교회 봉사자. **3** 조수(assistant); 종자(從者) (attendant).
ac·o·nite [ǽkənàit] n. **1** 〔식물〕 바꽃속(屬)의 다년초. **2** U 아코닛〔바꽃의 뿌리에서 추출한 진통제·강심제〕.
a·co·nit·ic [æ̀kənítik] adj. 바꽃 〔성질〕의.   〔제].
a·con·i·tine [əkánitìːn, -tin / əkɔ́n-] n. U 〔화학〕 아코니틴〔바꽃에서 채취한 유독성 물질; 강심제〕.
A-control [éikəntròul] n. U (美) 원자력 관리.
‡**a·corn** [éikɔːrn, +美 -kərn] n. 깍정이가 있는 열매, 갈도나무(毅斗果) 〔참나무·떡갈나무 따위의 oak 의 열매, 도토리·상수리 따위〕. ¶ a sweet *acorn* 모밀잣밤나무의 열매.   〔pule).
ácorn cùp n. 〔도토리의〕 깍정이, 각두 (殼斗) (cu-
ácorn shèll n. **1** 도토리의 깍정이. **2** 〔조개〕 따개비(barnacle)의 일종.   〔양의 진공관).
ácorn tùbe n. 〔전자공학〕 에이콘관(管) 〔도토리 모양의 초고주파 중폭용의 진공관〕.
a·cot·y·le·don [èikət(i)líːd(ə)n, æ̀kət-/ækɔ̀t-] n. 〔식물〕 무자엽(無子葉) 식물〔특히 조류·균류 등 종자 식물보다 하등〕.
a·cot·y·le·don·ous [èikət(i)líːd(ə)nəs, æ̀kət-/ækɔ̀t-] adj. 〔식물〕 자엽(子葉)이 없는.
a·cou·me·ter [əkúːmitər] n. 음파계(音波計), 청력(聽力) 측정기.
a·cous·tic [əkúːstik], **-ti·cal** [-tik(ə)l] adj. **1** 청각의, 보청(補聽)의. ¶ *acoustic* nerves 청(聽) 신경 / an *acoustic* instrument 청음기, 보청기. **2** 음향〔학〕의. ¶ an *acoustic* mine 음향 기뢰. **3** 전자적(電子的)으로 소리를 변화시키지 않은.
-ti·cal·ly [-tikəli] adv.
acóustic cóupler n. 〔컴퓨터〕 음향 커플러〔컴퓨터의 입력 보드에 전화기를 접속하기 위한 장치〕.
acóustic guitár n. 〔전기 기타가 아닌〕 보통 기타.
ac·ous·ti·cian [æ̀kuːstíʃ(ə)n] n. 청음(聽音)기사; 음

a·cous·ti·con [əkúːstikɑ̀n / -kɔ̀n] *n.* 보청기. [<상표명]
acoústic pérfume *n.* 소음으로부터 귀를 보호하기 위한 배경음(音).
acoústic phonétics *n. pl.* [단수 취급]음향음성학.
acoústic piáno *n.* [electronic keyboards 등이 있는] 재래식 음향 피아노.
a·cous·tics [əkúːstiks] *n. pl.* **1** [단수 취급] [물리] 음향학. **2** [복수 취급] [극장·강당 따위의] 음향 효과. ¶ The *acoustics* of this hall are admirable. 이 홀의 음향 효과는 훌륭하다.
acoústic stórage *n.* [컴퓨터] 음파 기억 장치.
acoústic torpédo *n.* 음향 어뢰. [to-electronics.
a·cous·to- 「음향」, 「음향」이라는 뜻의 연결형. 예: *acous-*
ACP (略) African, Caribbean, and Pacific Associables (아프리카, 카리브, 태평양 제국(諸國) 연합).
acpt. (略) [상업] acceptance.
‡**ac·quaint** [əkwéint] *vt.* **1** […에게] 알리다, 전하다(... *with*). ⇒ INFORM [類語] ¶ (~+目+前+名) *Acquaint* your friend *with* what you have done. 친구들에게 네가 한 일을 알려주어라(*이 뜻으로는 tell, inform 이 보통. 그리고 전치사는 with 가 올 때 쓰이는 일이 많이 있다 : I am *acquainted* of those facts. 그 사실은 전해 들었다) // (~+目+that 節) She *acquainted* me *that* she would visit New York next year. 그녀는 내년에 뉴욕을 방문하겠다고 나에게 알려왔다.
2 …을 숙지(熟知)시키다, 잘 알게 하다(... *with*). (~+目+前+名) *acquaint* him *with* our plan 그에게 우리의 계획을 알리다.
3 (재귀용법·수동형으로) …을 [남과] 아는 사이로 되게 하다. ¶ I am not personally *acquainted with* her. 나는 그녀와 개인적으로 면식이 없다.
◇ acquaíntance *n.*
‡**ac·quaint·ance** [əkwéint(ə)ns] *n.* **1** ⓤ (종종 an~) 면식[이 있음], 아는 사이; 교제, 교우 관계(*friendship 보다는 얕은 교제)(with ...). ¶ cultivate a person's *acquaintance* 남과 사귀려고 애쓰다 / have a wide [circle of] *acquaintance* 교제가 넓다 // make [the] *acquaintance* with a person; make a person's *acquaintance* 남과 사귀다 / gain *acquaintance* with a person 남을 알다 / have a slight (an intimate) *acquaintance* with a person 남을 조금(잘) 알고 있다 / pick *acquaintance* with a person 남과 우연히 알게 되다 / cut (or drop) one's *acquaintance* with a person 남과의 교제를 끊다.
2 ⓤ (종종 an~) 지식, [사물에] 밝음, 알고 있음 (*with, of* ...). ¶ have a slight (an intimate) *acquaintance* with music 음악을 통 모르다(잘 알고 있다) / have a profound *acquaintance* with one's business 자기의 일에 깊은 지식을 갖고 있다.
3 아는 사람, 친지(*friend 만큼 친밀하지는 않은 사람);《고어》《집합적》아는 사람들. ⇒ FRIEND [類語] ¶ a casual (a mere) *acquaintance* 우연히 (그저) 알게 된 사람 / a speaking *acquaintance* 이야기를 나눌 정도의 사이 / a large *acquaintance*; many *acquaintances* 많은 지기(知己).
have a nodding (or **bowing**) **acquaintance with** ① …과 만나면 인사나 나눌 정도의 사이다. ② …에 관해 약간의 지식이 있다.
◇ acquaínt *v.*
ac·quaint·ance·ship [əkwéint(ə)nʃìp] *n.* ⓤ 아는 사이, 면식, 친분 [관계]; 지식.
‡**ac·quaint·ed** [əkwéintid] *adj.* **1** …을 알고 있는, …과 아는 사이인 (*with* ...). ¶ He is widely *acquainted*. 그는 교제가 넓다. **2** …에 밝은, 정통한 (*with* ...). *be* (*get* or *become*) *acquainted with* ① …을 알고 있다 (알게 되다), 정통하다 (하게 되다). ¶ He *is well acquainted with* law. 그는 법률에 밝다. ② [남]과 아는 사이다 (알게 되다).

make (or **bring**) *a person* **acquainted with** ① 남에게 …을 알리다. ② 남에게 …을 소개하다.
ac·quest [əkwést, æk-] *n.* [법률] [상속에 의하지 않은] 취득 재산.
ac·qui·esce [æ̀kwiés] *vi.* (-**esced**, -**esc·ing**) 묵인하다, 묵종하다; [마지못해] 따르다 (*in* ...). ⇒ AGREE [類語] ¶ (~+前+名) *acquiesce in* a person's opinion 순순히 남의 의견을 받아들이다 (…에 동의하다).
ac·qui·es·cence [æ̀kwiésns] *n.* ⓤ **1** [소극적인] 승인, 묵인; 묵종; 면종(面從)(*in, to* ...). ¶ express a grim *acquiescence in* (or *to*) a person's demand 남의 요구에 대해 마지못해 동의함을 표하다. **2** [법률] 묵낙(默諾).
ac·qui·es·cent [æ̀kwiésnt] *adj.* 묵낙적인; 묵종적인, 순순히 따르는 (submissive). ⇒ OBEDIENT [類語]
~·ly *adv.* ◇ acquiésce *v.*, acquiéscence *n.*
‡**ac·quire** [əkwáiər] *vt.* (-**quired**, -**quir·ing**) **1** …을 손에 넣다, 얻다, 취득하다. ⇒ GET [類語] ¶ *acquire* property (a title) 재산 (자격)을 취득하다 / *acquire* land by purchases (transfer) 땅을 매입 (양도)받다. **2** …을 습득하다, 배우다; [평판 따위]를 얻다. ¶ *acquire* a language (an art of speech) 어학 (연설법)을 습득하다 / *acquire* a good reputation 호평을 받다, 명성을 얻다. **3** [전파·신호]를 포착하다.
◇ acquést, acquírement, acquisítion *n.*, acquísitive *adj.*
***ac·quired** [əkwáiərd] *adj.* [후천적으로] 얻은, 획득한; 습성적인. ¶ *acquired* immunity 후천적 면역성 / an *acquired* right 기득권.
acquíred cháracters *n. pl.* [유전] 획득 형질, 후천적 성질 [형질] (英) acquired characteristics).
acquíred táste *n.* [몇번 해본에] 몸에 벤 취미 (기호); [*require* met …으로] 밖이 박이게 된다.
***ac·quire·ment** [əkwáiərmənt] *n.* **1** ⓤ [지식·기능 등 무형의 것의] 취득, 습득, 입수. **2** (종종 ~s) 얻은 것, 습득한 것, 예능, 학식. ¶ a man of uncommon *acquirements* 드물게 보는 석학(碩學). ◇ acquíre *v.*
***ac·qui·si·tion** [æ̀kwizí(ə)n] *n.* **1** ⓤ 취득, 획득. ¶ *acquisition* of money (land) 금전 (토지)의 취득. **2** 취득 (획득)물; 횡재. ¶ a valued *acquisition* 귀중한 발굴물 / His recent invention is an *acquisition* to the country. 그의 최근의 발명은 국가에 대한 이익이다. **3** 취득 작품 [출판사가 출판 의사를 표명한 작품]. **4** 구입 도서. ◇ acquíre *v.*
acquisítion cóst básis *n.* [경제] 취득 원가주의 [회계 기말의 자산 가액을 취득 원가에 의거하여 평가하는 방식].
acquisítion líght *n.* [로켓공학] 포착등 [랑데부 비행 때 상대에게 자기의 위치를 알리기 위해 켜는 등].
ac·quis·i·tive [əkwízitiv] *adj.* [지식·부귀·세력 등을; (desirous); 욕심이 많은. ¶ an *acquisitive person* 욕심이 많은 사람; 향학심이 강한 사람 / an *acquisitive* instinct 취득 본능 // be *acquisitive of* money (honor) 돈 (명예)을 탐내다 / a man *acquisitive* to (or *for*) …을 얻고 싶어 하는 사람.
~·ly *adv.* ~·ness *n.* ◇ acquíre *v.*
***ac·quit** [əkwít] *vt.* (-**quit·ted**, -**quit·ting**) **1** …을 무죄로 하다; …을 사면하다, 석방하다 (... *of*). ¶ *acquit* a prisoner 죄인을 석방하다 // (~+目+前+名) He was *acquitted of* the charge. 그는 고소를 취하받았다.
2 [의무 따위로부터] …을 해제하다 (... *of*). ¶ (~+目+前+名) *acquit* a person *of* his duty 남의 의무를 해제하다 / He was *acquitted of* his responsibility. 그는 책임을 면제받았다.
3 《재귀용법》 행동하다, 처신하다; 다하다. ¶ *acquit oneself* bravely 용감하게 행동하다 / *acquit oneself* like a man 남자답게 행동하다.
4 [부채]를 지불하다, 갚다; [책임 따위]를 다하다, 이행하다. ¶ *acquit* a promise 약속을 이행하다 / *acquit* a

ac·quit·tal [əkwítl] *n.* ① [C] **1** [책임의] 이행, 수행; [부채의] 변제. **2** [법률] 무죄 방면, 석방; 면소.

ac·quit·tance [əkwít(ə)ns] *n.* ① [C] [부채의] 이행·채무 면위의] 해제; 면제. **2** [부채의] 변제. **3** 영수증 (receipt), 채무 소멸 증서.

‡**a·cre** [éikər] *n.* **1** 에이커[지적(地積)의 단위. 1 acre 는 4046.8 m²]. **2** (~s) 논밭, 전답; 토지. ¶ broad *acres* 광대한 토지. **3** (~s) [구어] 대량. ¶ *acres* of books 많은책. *God's acre* 묘지.

a·cre·age [éik(ə)ridʒ] *n.* 에이커수(數), 면적; 토지, 토지(地所). ¶ the *acreage* of a farm 농장의 면적 / the *acreage* under cultivation 경작 면적.

a·cred [éikərd] *adj.* **1** 토지의; 토지를 갖고 있는 (landed). **2** 《복합어를 만들어》…에이커의. ¶ a large-*acred* land 많은 에이커의 땅.

a·cre-foot [éikərfùt] *n.* 에이커풋[관개 용수량의 측정 단위. 43,560 입방 피트 또는 1,233.46입방 미터].

ac·rid [ǽkrid] *adj.* **1** [몹시] 매운; 쓴; 속 쏘는, 얼얼한. **2** 격렬한, 신랄한 (bitter). ¶ *acrid* remarks(temper) 신랄한 말(격한 성미). **~·ly** *adv.* **~·ness** *n.*

ac·ri·dine [ǽkridìːn, -din] *n.* [화학] 아크리딘[콜타르에서 채취, 염료·의약품의 합성에 사용]. ¶ *acridine* dyes 아크리딘 염료.

a·crid·i·ty [əkríditi] *n.* ① 씀, 매움; 신랄, 격렬.

Ac·ri·lan [ǽkrilæn] *n.* 《상표명》 아크릴란[아크릴계 (系) 섬유]. *cf.* acrylic fiber

ac·ri·mo·ni·ous [ækrəmóuniəs, -njəs] *adj.* 신랄한; 격렬한; 독기있는, 독살스러운(virulent). ¶ an *acrimonious* answer 신랄한 대꾸 / an *acrimonious* quarrel 격렬한 언쟁. **~·ly** *adv.* **~·ness** *n.*

ac·ri·mo·ny [ǽkrimòuni / -məni] *n.* ① [기질·언어·표정·태도 따위의] 신랄함, 독살스러움, 통렬함.

acro- extremity, height 의 뜻의 연결형(* 모음 앞에서는 acr- 을 쓴다). 예: *acrogen, acropolis.*

ac·ro·bat [ǽkrəbæt] *n.* **1** 곡예사; 줄타기 곡예사. **2** [정치적 의견·주의 등의] 표변자, 변절자.

ac·ro·bat·ic [ækrə(u)bǽtik] *adj.* 곡예사 같은; 줄타기의; 곡예의. ¶ an *acrobatic* feat (dance) 곡예(곡예 무용). **-i·cal·ly** [-ikəli] *adv.* [기]. **2** 곡예 비행(飛行).

ac·ro·bat·ics [ækrə(u)bǽtiks] *n. pl.* **1** 곡예, 재주넘기. **2** 곡예 비행.

ac·ro·ba·tism [ǽkrəbətìz(ə)m] *n.* = acrobatics 1.

ac·ro·gen [ǽkrədʒən] *n.* [식물] 정생(頂生) 식물[끝에서만 성장하는 식물], 양치류·이끼 따위].

ac·ro·gen·ic [ækrədʒénik] *adj.* = acrogenous.

a·crog·e·nous [əkrádʒinəs / əkrɔ́dʒ-] *adj.* 정생 식물의. ~·ly *adv.*

a·cro·le·in [əkróuliin] *n.* ① 아크롤레인[자극적인 냄새를 가진 무색의 액체, 최루 가스의 원료].

ac·ro·lith [ǽkrəliθ] *n.* [고대 그리스의] 몸통은 나무, 머리와 손발은 돌인 상(像).

ac·ro·me·gal·ic [ækrə(u)məgǽlik] *adj.* [머리·손발 등의] 선단 거대증(先端巨大症)의 (에 걸린). ━ *n.* [거대증] 선단 거대증 환자.

ac·ro·meg·a·ly [ækrəmégəli] *n.* ① [병리] 선단 거대증.

ac·ro·name [ǽkrənèim] *vt.* …을 두문자화(頭文字化) 하다. [< ACRO[NYM] + NAME]

a·cron·i·cal [əkrɑ́nik(ə)l / -krɔ́n-], **(a·cron·y·cal)** *adj.* 해질녘에 일어나는; 초저녁의[별의 출몰에 관해서 말하는]. *cf.* cosmical

ac·ro·nym [ǽkrənim] *n.* 두문자어(頭文字語) [머리 글자(initial letter)로 된 말. 예: WAC = *W*omen's *A*rmy *C*orps 여군 부대]. [< ACRO- + [HOMO]NYM]

a·cron·y·mize [əkrɑ́nimàiz / əkrɔ́n-] *vt.* **(-mized, -miz·ing)** …을 두문자어로 나타내다.

a·cron·y·mous [əkrɑ́niməs / əkrɔ́n-] *adj.* 두문자어 (머리글자로 된 말) 의.

ac·ro·pho·be [ǽkrəfòub] *n.* 고소 공포증이 있는 사람, 포증.

ac·ro·pho·bi·a [ækrəfóubiə] *n.* ① [정신병] 고소 공포증.

a·crop·o·lis [əkrɑ́pəlis / əkrɔ́p-] *n.* **1** [그리스 도시의] 성채(城砦). **2** (the A-) 아크로폴리스[아테네에 있으며, Parthenon 신전 기타의 유적으로 유명].

‡**a·cross** [əkrɔ́ːs / əkrɔ́s] *prep.* **1** [한쪽에서 다른 쪽으로] …을 가로질러, 횡단하여, 건너질러서. ¶ a bridge *across* a river 강을 건너질러서 놓은 다리 / a road *across* a railway 선로를 가로지르는 길/drive *across* the country 시골길을 드라이브하다, 전국을 드라이브하다 / swim *across* a river 강을 가로질러 헤엄치다.

2 …을 넘어서(건너서), …의 저편으로(에, 에서). ¶ be *across* a street 길 건너편에 있다/live *across* a lake 호수 건너편에 살고 있다/He called to me *across* the street. 그는 길 건너에서 나에게 소리쳤다.

3 …과 십자(十)로, 교차하게, 비스듬히, 접촉하도록. ¶ be *across* a horse's back 말등에 걸터 타고 있다/He threw the burden *across* his shoulders. 그는 어깨에 짐을 둘러메었다/A whirlwind blew *across* the sands. 일진의 회오리바람이 모래 사장을 빗겨서 휘몰아쳤다 / Three broken columns lay *across* his path. 부러진 둥근 기둥 세 개가 그의 앞길에 가로놓여 있었다.

━ *adv.* **1** …을 가로질러서, 건너서. ¶ come *across* 건너오다 / get *across* 건너다. **2** 교차하여, 열십자(十) 로(crosswise), 엇갈리게. ¶ with one's arms (legs) *across* 팔짱을 끼고, 책상다리를 하고) / with rifles *across* 소총을 엇갈리게 하여(교차하여). **3** 직경으로. ¶ What is the distance *across* of this river? 이 강의 폭은 얼마나 됩니까? / That is 3 miles *across*. 직경 3마일이다. [이].

across country 일직선으로, 도로 따위에 구애됨이 없이 건너오다 / get *across* 건너다.

across from 《구어》…의 바로 맞은편에. ¶ His house is just *across from* mine. 그의 집은 우리집 바로 맞은편에 있다.

be across to a *person* 남의 책임이다. ¶ It *is across to* you (= It is up to you). 그것은 너의 책임이다.

come across ⇒ COME.   *cut across* ⇒ CUT.
get across ⇒ GET.   *go across* ⇒ GO.
put across ⇒ PUT.

a·cross-the-board [əkrɔ́ːsðəbɔ̀ːrd / əkrɔ́sðəbɔ̀ːd] *adj.* **1** 전반적인(general). **2** [라디오·텔레비전의 프로가] 매주 5일간(월요일부터 금요일까지) 같은 시간대에 들어서는; 연속 프로의. **3** [경마] 같은 말에 1·2·3 등을 균등하게 거는; 몇 등을 해도 상관없이 돈을 건.

a·cross-the-ta·ble [-ðəséitəbl] *adj.* 직접적인, 얼굴을 맞대는. ¶ an *across-the-table* conference 직접 협의.

a·cros·tic [əkrɔ́ːstik, əkrás- / əkrɔ́s-] *n.* 이합체(離合體)의 시 [각 행의 첫글자만을 짜맞추면 하나의 말이 되는 희시(戲詩)의 일종]. ━ *adj.* **(a·cros·ti·cal** [-tik(ə)l]) 이합체시의. **-ti·cal·ly** [-tikəli] *adv.*

ac·ro·tism [ǽkrətìz(ə)m] *n.* ① [병리] 무맥증(無脈症), 약맥(弱脈); 정맥(停脈).

ACRS (略) *a*ccelerated *c*ost *r*ecovery *s*ystem (가속 상각 제도); 《미》 *A*dvisory *C*ommittee on *R*eactor *S*afeguards (원자로 안전 자문 위원회).

a·cryl·ic fi·ber [əkrílik-] *n.* ① 아크릴 섬유.

a·cryl·ic plás·tic *n.* 아크릴 합성 수지.

a·cryl·ic rés·in *n.* 아크릴 수지.

ac·ry·lo·ni·trile [ækrəlóunàitril, -triːl, -trail] *n.* ① [화학] 아크릴로니트릴[합성 고무·섬유의 원료].

A.C.S. (略) *A*merican *C*ancer *S*ociety (미국 암학회); *A*merican *C*hemical *S*ociety (미국 화학회); *a*utomatic *c*ontrol *s*ystem (자동 제어 장치).

A/cs (a/cs) pay. (略) *a*ccounts *pay*able (외상 매입금, 미불 계정).

A/cs (a/cs) rec. (略) *a*ccounts *rec*eivable (외상 매출금, 미수금 계정).

‡**act** [ækt] *n.* **1** 행실, 행위 (deed), 행동, 소행. ¶ a

brave *act* 용감한 행동 / a foolish *act* 어리석은 짓 / an *act* of aggression 침략 행위.
[類語] **act** 어떤 한 번의 행위: an *act* of kindness 친절한 행위. **action** 어떤 기간에 걸쳐서 여러 act 의 집합으로서의 행동: take [an] *action* against aggression 침략에 대항하여[어떤] 행동을 취하다. **deed** 특히 주목할 만한, 또는 특정한 성질의 act: a memorable (a sinful) *deed* 기억할 만한 (죄많은) 행위. **behavior** 어떤 특정한 경우의 남에 대한 행동: The widow's *behavior* at the funeral was admirable. 장례식 때의 그 미망인의 태도는 칭찬할 만하였다. **conduct** 도덕적으로 판단하였을 때의 어떤 사람의 action: a youth of good *conduct* 품행이 방정한 젊은이.
2 (the ~) 현행. ¶ be caught in the very *act* of stealing 절도 현행범으로(절도 현장에서) 붙잡히다.
3 법령, 조례. ⇨ LAW [類語]; 판결(judgment); 결의, 결의서; 재정(裁定) (award). ¶ an *act* of Parliament (《美》 Congress) 국회 제정법, 법률.
4 의사록, 「회의 따위의」 기록; 증서(deed). ¶ an *act* of sale 매매 기록, 매도 증서 [공증인(notary)이 증명한다].
5 [연극의] 막. ¶ *Act* III, Scene iii 제 3 막 제 3 장 / between the *acts* 막간에 / a play in 5 *acts* (=a five-*act* play) 5 막짜리 연극 / The curtain is rising on the third *act*. 제 3막이 시작되려 하고 있다.
6 《구어》 꾸밈, 시늉, 「연극」, 위장 행위. ¶ She isn't really weeping. That is all an *act*. 저 여자는 진짜로 울고 있는 게 아니야. 모두 연극이라구.
7 연예·텔레비전·라디오 등의 쇼 프로의 하나, 쇼 프로 일단(一團)의 단원. 「(thesis).
8 [영국의 대학, 특히 Cambridge 대학의] 학위 청구 논[문
9 [신학에서의] 행위; 그것을 나타내는 짤막한 기도 (short prayer).
***act and deed** 훗날의 증거물, 증서.
an Act (or *an act*) *of God* 천재(天災), 《법률》 불가항력의 [자연 현상이라고 간주할 만한] 사고.
an act of grace 《법률》 특사법, 사면령.
the Act of Settlement 《英》 왕위 계승법.
an act of war [선전 포고 없이 하는] 전쟁 행위, 불법, 침략 행위.
the Acts [*of the Apostles*] 《성서》 사도 행전 [신약 성서중의 하나]. * 문장 중에서는 단수 취급.
do the ...act 《美구어》 ...다운 (...의) 행동을 하다, ...답게 처신하다. 「다.
get into the act [이익을 얻으려고] 참가하다, 한몫끼[
put on an act 《구어》 [어떤 효과를 올리기 위해] 연극을 부리다, 시늉을 하다, 체하다.
— *vi.* **1** 하다, 행하다, 일하다, 실행하다(do, perform). ¶ *act* promptly 신속하게 행동하다 // (~+[前]+[名]) *act* against a person's advice 남의 충고에 역행하다 / *act* on a friend's advice 친구의 충고에 따라서 행동하다 / *act* from a sense of duty 의무감에서 행동하다.
2 [...처럼] 행동하다, ...체하다, 꾸미다(pretend). ¶ (~+[補]) *act* angry 화난 체하다 / *act* rich 부자처럼 행동하다 // (~+[前]+[名]) *act* like a madman 미치광이같이 행동하다.
3 집무하다(serve); 대리를 하다, 대행하다(substitute) (*for*...). ¶ (~+*as* [補]) *act* as chairman (consultant, interpreter) 의장 (고문, 통역) 노릇을 하다 (* act 다음의 명사가 사람에의 중점을 둘 때는 부정 관사를 붙이며, 역할에 중점을 둘 때는 붙이지 않는다: She acts as [a] hostess at the party.) // (~+[前]+[名]) I'll *act* for you while you are away. 안 계시는 동안에는 제가 대리를 맡아보지요.
4 듣다, 효력이 있다, 작용하다, 영향을 미치다(*on*, *upon*...). ¶ (~+[前]+[名]) This medicine *acts* well. 약이 잘 듣는다 // (~+[前]+[名]) This drug *acted* on his nerves. 이 약은 그의 신경과민증에 효력이 있었다.
5 [기계 따위가] 잘 작동되다, 움직이다; [계획 따위가] 잘 진행되다(succeed). ¶ The brake did not *act*. 브레이크가 잘 듣지 않았다.
6 배우 노릇을 하다, 무대에 서다. ¶ (~+[副]) *act* well 연기를 잘 하다 // (~+[前]+[名]) She will *act* on the stage. 그녀는 무대에 설 것이다.
7 [각본 따위가] 상연하기 알맞다, 무대에 오르다. ¶ (~+[副]) His plays do not *act* well. 그의 희곡은 상연에 적합하지 않다.
8 《美》 결정하다(decide), 판결을 내리다(*on* ...).
— *vt.* **1** [연극] 상연을 하다, [극중의 어떤 역]을 연기하다(perform), [어떤 인물]로 분장하다. ¶ *act* a play 연극을 상연하다 / *act* [the part of] Romeo 로미오 역을 하다.
2 ...시늉을 하다, ...인 체하다, ...을 흉내내다. ¶ *act* the fool (*or* giddy goat) 바보짓을 하다 / *act* the lord (the rogue) 거물 (악인) 인 체하다.
3 ...을 해내다, 다하다. ¶ *act* one's part well 자기의 본분을 잘 해내다.
act for oneself 자유 행동을 하다.
act on (or *upon*) ① ...에 작용하다. ⇨ vi. 4. ② ...에 따라서 행동하다 (《충고 등》에 따르다.
act out ① [이야기 따위]를 몸짓을 섞어가며 이야기하다, 실연(實演)하다; ...을 해내다. ② 《심리》 [무의식의 충동 따위]를 모르는 사이에 행동에 나타내다.
act up 《美구어》 ① 난잡하게 행동하다, 못된 짓을 하다(misbehave), 버릇없이 굴다. ② [기계 따위가] 난조를 보이다.
act up to [주의(主義)·지시 등]을 지키다, 실행하다. ¶ You had better *act up to* your doctor's instructions. 의사의 지시를 지키는 것이 좋다.
◇ **áction** n., **áctive** adj., **enáct** v.
ACT 《略》 American College Test; Australian Capital Territory. 「[가능].
act·a·bil·i·ty [æktəbíliti] n. ⓤ 상연할 수 있음; 실현
act·a·ble [æktəbl] *adj*. **1** 상연할 수 있는; 연극화(化) 할 수 있는. **2** 실행 (실현) 가능한.
Ac·tae·on [æktíːən] n. 《그리스 신화》 악타이온 [아르테미스 (Artemis) 가 목욕하는 모습을 보았기 때문에 사슴으로 변신당하여, 자기가 기르던 개에게 물려 죽었다는 사냥꾼].
áct cúrtain (**dróp**) n. 《연극》 막간막 [막간에 내려뜨리는 막].
actg. 《略》 acting (대리의).
ACTH, acth [éisíːtíːéitʃ; ækθ] n. ⓤ 《약》 악스, 부신 피질 자극 호르몬 [돼지 따위의 점액선(腺)에서 추출되는 호르몬; 류머티즘열(熱)·류머티즘 관절염에 특효]. [< adrenocorticotrophic hormone]
ac·tin [æktin] n. 《생화학》 악틴 [근육을 구성하며 그 수축에 영향을 주는 단백질의 일종].
‡**act·ing** [æktiŋ] *adj*. **1** 대리의, 대행의; 임시의; 사무취급의. ¶ an *acting* manager 지배인 대리. **2** 연출용의. ¶ an *acting* copy 상연 대본. **3** 가짜의 (sham). ¶ an *acting* battle 모의 전투. **4** 행동하고 있는, 활동하고 있는. ¶ an *acting* volcano 활화산. — n. ⓤ **1** 실연(實演), 연출 (연기), 몸짓, [배우의] 연기. ¶ good (bad) *acting* 훌륭한 (서투른) 연기 / *acting* on the stage 무대 위에서의 몸짓. **2** 연극, 꾸밈. 「(**as**) 말미잘.
ac·tin·i·a [æktíniə] n. (*pl*. **-tin·i·ae** [-tíniìː] or **-tin·i·as**)
ac·tin·i·an [æktíniən] *adj*. 말미잘의. 「의 (이 있는).
ac·tin·ic [æktínik] *adj*. 《화학선》의; 화학 작용의.
ác·ti·nide sèries [æktinàid-] n. (the ~) 《화학》 악티니드 계열 [원자 번호 89의 악티늄에서 103의 로렌슘까지의 방사성 원소의 총칭].
ac·tin·i·form [æktínifɔ̀ːrm] *adj*. 《동물》 방사형(放「射 모양의.
ac·tin·ism [æktiniz(ə)m] n. ⓤ **1** 화학 방사선 작용. **2** 화학 방사능.
ac·tin·i·um [æktíniəm] n. ⓤ 《화학》 악티늄 [방사성 원소의 하나; 원자 기호 Ac]. 「[사선 모양의.
ac·ti·noid [æktinɔ̀id] *adj*. [섬게·불가사리 따위가] 방

ac·tin·o·lite [æktínəlàit] *n.* ⓤ〖광물〗 각섬석(角閃石) (amphibole)의 일종[녹색의 결정체(집합체)].

ac·ti·nom·e·ter [æktinάmitər / -nɔ́m-] *n.* 화학 광량계(光量計) 〖광학학(光化學)〗 반응을 이용해서 자외선 따위의 강도를 재는 장치. 〖量〗 측정.

ac·ti·nom·e·try [æktinάmitri / -nɔ́m-] *n.* ⓤ 광량(光

ac·ti·no·my·ces [æktinoumáisi:z] *n.* (*pl.* **-ces**)〖세균〗방선균(放線菌).

ac·ti·no·my·cin [æktinoumáisin] *n.* ⓤ〖생화학〗악티노마이신[항생 물질의 하나]. 〖방사선 요법.

ac·ti·no·ther·a·py [æktino(u) θérəpi] *n.* 〖의학〗

ac·ti·no·u·ra·ni·um [æktino(u)juréinːəm] *n.* ⓤ〖화학〗악티노우라늄[우라늄 235 ; 기호 AcU].

ac·ti·no·zo·an [æktino(u)zóuən] *adj.* 〖동물〗 화형충류(花形蟲類)의. — *n.* 화형충류(actinozoa, anthozoan).

‡**ac·tion** [ǽkʃ(ə)n] *n.* **1** ⓤ 활동(activity), 움직임(movement), 실행(performance). ¶ a man of *action* 활동가 / *action* of the mind 마음의 움직임 / be in *action* 활동하고 있다/rouse a person to *action*〖격려해서〗남에게 행동(활동)을 일으키게 하다.
2 짓, 행위, 행동(deed). 〖~s〗 행실. ¶ a hasty *action* 성급한 짓 / require a careful *action* 조심스러운 행동을 요하다.
3〖군〗몸짓, 동작 ; 〖배우의〗연기. ¶ graceful (clumsy) *action* 우아한 (어색한) 거동 / *Action!*〖연극〗액션!, 연기 시작! / Her *action* is stiff. 그녀의 연기는 딱딱하다.
4 조치(steps), 방책, 수단(measure). ¶ an emergency(a prompt) *action* 응급(신속한) 조치.
5 ⓤ〖물리·화학〗작용(influence) ; 〖생리〗〖기관(官)·세포 따위의〗기능. ¶ chemical *action* 화학 작용 / involuntary *action* 불수의근(不隨意筋) 신축 작용 / *action* and reaction 작용과 반작용 / by (or under) the *action* of …의 작용으로 / *action* of a drug 약의 작용. 〖a scene 한 장면의 줄거리.
6〖이야기·연극 따위의〗줄거리(plot). ¶ the *action* of
7〖기계 따위의〗장치, 기구(機構), 움직임, 운전 ; 〖피아노·총 따위의〗기계 장치(mechanism).
8〖법률〗 소송(lawsuit) (*for, against* …). ¶ a civil (a penal *or* a criminal) *action* 민사(형사) 소송 // an *action* for divorce 이혼 소송 / bring (or raise, take) an *action against* a person 남을 상대로 소송을 제기하다.
9〖군〗교전, 전투(combat). ⇒ BATTLE〖類語〗¶ an *action* radius〖군〗행동 반경〖항공기가 귀환할 수 있는 활동의 범위〗/ break off an *action* 교전을 멈추다 / go into *action* 전투를 개시하다 / clear a ship (*or* decks) for *action*〖군함에서〗전투 준비를 하다.
10〖미술〗〖그림 따위의〗생동감, 표정, 자태. 〖관결.
11〖美〗〖행정상의〗결의(決議), 결정 ; 〖재판 따위의〗
12〖예식·행사에 참가하는〗행동, 동작.
13 ⓤ ⓒ〖美속어〗〖승부가 빠른〗내기, 도박 ; 〖금방 얻을 수 있는〗이익, 쉽게 번 돈.
14 (보통 the~)〖속어〗투기성을 띤 일 ; 재미있는 일 ; 활기, 극호. ¶ Where's the *action*? 뭐 재미있는 일 없나?
15〖스포츠〗시합. 〖나?
a piece of the action〖美속어〗할당, 분담.
action of the bowels 변통(便通).
bring (*come*) *into action* 활동시키다 (하다) ; 〖軍〗싸우게 (되다); 전투에 참가시키다 (하다). 〖운전시키다.
put …*in* (or *into*) *action* …을 실행에 옮기다 ;
put …*out of action*〖기계 따위〗를 돌아가지 않게 하다 ; 〖군함·비행기 따위〗를 상실케 하다.
see action〖군〗전투에 참가하다.
take action …에 대해 조치를 취하다, 행동에 옮기다 (*in*..., *on*...); …에 달려들다 (*on*...); …을 단속하다, …에 대항하다(*against*...).
where the action is〖美속어〗활동의 중심, 중요한 일.
◇ *act v.* 〖이 벌어지고 있는 장소.

ac·tion·a·ble [ǽkʃ(ə)nəbl] *adj.* 소송할 수 있는.

áction commíttee *n.*〖공산당의〗행동 위원회.

áction fílm〖영화〗행동 영화.

ac·tion·ist [ǽkʃənist] *n.* 행동파인 사람(정치가).

áction lével *n.*〖美〗〖식품의 수입에 관한 일 때에〗해 정부가 판매 금지 결정을 내릴 수 있는〗한계 수준.

áction páinting *n.* ⓤ ⓒ〖美〗〖미술〗행동 회화(繪畫), 액션 페인팅〖물감을 뿌리거나 하는 전위 회화〗.

áction rádius *n.*〖군〗〖전투〗행동 반경.

áction státion *n.*〖군〗전투 배치.

ac·ti·vate [ǽktivèit] *vt.* (**-vat·ed, -vat·ing**) **1** …을 활동적으로 하다, 활발하게 하다(make active). **2**〖물리〗…에 방사능을 부여하다 ; …을 방사성으로 하다.
3〖호기성(好氣性) 세균의 활동에 의해 정화하기 위해〗〖하수〗를 공기에 노출시키다. **4**〖화학〗…을 활성화하다, …의 반응을 쉽게 하다, (반응)을 촉진하다. ¶ *activate* carbon (molecules) 탄소(분자)의 작용을 활발하게 하다. **5**〖美〗〖육군〗(부대)를 편성하다 ; 전시 편제로 하다.

ac·ti·vat·ed [ǽktivèitid] *adj.* 활성의. ¶ *activated* carbon 활성탄(炭) / *activated* sludge 활성 슬러지, 하수 정화 진흙.

ac·ti·va·tion [æktivéiʃ(ə)n] *n.* ⓤ 활동화(化) ;〖물리〗활성화 ; 방사화(放射化) ; 촉진 ;〖美〗〖육군〗편성 ; 전시 편제. 〖석.

àctivátion análysis *n.*〖물리〗방사화(放射化) 분

ac·ti·va·tor [ǽktivèitər] *n.* **1** 활동적으로 하는 사람 (것). **2**〖화학·생화학〗활성제, 조촉매(助觸媒).

‡**ac·tive** [ǽktiv] *adj.* **1** 활동적인(acting), 활동(진행)중인(*opp.* inactive) ; 현역의 (*opp.* retired). ¶ an *active* volcano 활화산. *cf.* an extinct volcano, a dormant volcano / on the *active* list〖군〗현역의 ; 복무중인.
〖類語〗 **active** 게으름 피우지 않고 부지런히 활동하는 : an *active* person 활동가. **brisk** 동작이 민첩하고 기운찬 : a *brisk* walking pace 민첩한 보조(步調). **energetic** 집중적으로 정력(노력)을 기울이는 : an *energetic* teacher 정력적으로 가르치는 선생. **vigorous** 선천적으로 강건한, 강력하고 유효한 : a *vigorous* old man 원기 왕성한 노인. **strenuous** 열의가 있고 꾸준한 : make *strenuous* efforts to win a girl's heart 여자의 환심을 사려고 몹시 노력하다.
2 바쁜(busy), 가만히 있지 않는. ¶ an *active* life (occupation) 바쁜 생활(직업).
3〖행동·작용이〗민첩한, 민활한. ¶ an *active* brain (mind) 민활한 두뇌(정신).
4 〖상거래 따위가〗활기있는(lively), 활황의(brisk). *opp.* flat, dull ¶ an *active* market 활발한 시황(市況).
5 실제상의(practical), 실지의(actual) ; 유력한(influential), 효력있는 (effective). ¶ intellectual and *active* mental powers 지적(知的)이고 실제적인 정신력.
6 적극적인, 능동적인(opp. passive) ; 자발적인(spontaneous). ¶ an *active* reformer 적극적인 개혁가 / *active* trade 자주(自主) 무역 / take an *active* part in a matter 어떤 일에 적극적으로 참여하다.
7〖회계〗이익이 있는(profitable) ; 이자를 낳는. ¶ *active* capital 활동 자본〖실제로 이익을 올리고 있는 자본〗/ *active* stock 인기주(株).
8〖약〗빨리 듣는, 효력이 빠른, 속효(速效)의 ; 〖의학〗〖병 따위가〗진행성의. ¶ *active* remedies 속효성 치료법 / *active* tuberculosis 진행성 결핵.
9〖화학〗활성의 (*opp.* inactive) ;〖물리〗방사성의(radioactive). ¶ *active* nitrogen 활성 질소 / *active* deposit 방사성 침적물(沈積物). 〖동태.
10〖문법〗능동의. *opp.* passive ¶ the *active* voice 능
11〖로켓 공학〗능동적인, 신호를 송신할 수 있는.
— *n.* **1** 활동 분자. **2** (보통 the~)〖문법〗능동태 (the active voice).
~·ness *n.* **áct, áctivàte** *v.*, **actívity** *n.* 〖⇒ ACT〗

áctive áircraft n. 취역 중인 항공기.
áctive cápital n. 활동 자본
áctive communicátions sàtellite n. [송수신 기능을 갖춘] 능동형 통신 위성.
áctive dúty(sérvice) n. (군사)현역[근무]; 전시(전선) 근무.
***ac·tive·ly** [ǽktivli] adv. 활동적으로, 활발히.
áctive pártner n.[합명 회사의] 업무 담당 사원. cf. silent (or sleeping) partner
áctive prógram n. (컴퓨터) 활동 프로그램[load 되어 실행 가능한 상태에 있는 프로그램].
áctive resístance n. 적극적인 저항(방어).
áctive sátellite n. 능동 위성[적재한 무선기로 전자파 수신·증폭·재송신하는 통신 위성]. ¶의, 활동.
ac·tiv·ism [ǽktivìz(ə)m] n. Ⓤ 활동(행동, 실천)주의.
ac·tiv·ist [ǽktivist] n. 행동(실행, 실천)주의자; (공산권에서) 증산에 공헌한 행동적인 노동자; 활동가
‡**ac·tiv·i·ty** [æktívəti] n. (pl. **-ties**) Ⓤ **1** 활동(action), 동작, 움직임(motion). ¶ mental(intellectual) activity 정신(지적(知的)) 활동 / a sphere of activity 활동 범위 / be in activity 활동중이다. **2** (-ties) [여러 가지] 활약, 활동. ¶ social (diplomatic) activities 사회적 (외교) 활동. **3** 활발, 민활. ¶ with activity 민첩하게. **4** [상거래 따위의] 활기(liveliness), 활황(活況), 호경기. **5** (물리)방사능도(度), 활량(活量).
◇ **áctive** adj., **áctivize** v.
ac·tiv·ize [ǽktivàiz] vt. (**-ized**, **-iz·ing**) =activate.
ac·ton [ǽktən] n. 갑옷 속에 입는 훞옷.
‡**ac·tor** [ǽktər] n. **1** 남자 배우, 남우, 배우, 출연자. **2** 행위자(doer).
‡**ac·tress** [ǽktris] n. (actor의 여성형) 여자 배우, 여
‡**ac·tu·al** [ǽktʃuəl, +英 -tju-] adj. **1** 현실의, 실제의, 사실상의. ⇒ REAL(類語) ¶ an actual fact 사실. **2** 현행의(current), 현하의(present), 현존하는. ¶ actual stuff (상업) 현물 / the actual position 현재 위치.
~**ness** n. ◇ actuality n., áctually adv.
áctual capácity n. 실(實)능력, 실용량.
áctual gráce n. Ⓤ 조력(助力)의 성총(聖寵).
ac·tu·al·ist [ǽktʃuəlist, +英 -tjuəl-] n. 현실주의자.
ac·tu·a·li·té [F aktyalite] n.《프랑스》 **1** 화제의 대상, 시사성 관심사. **2** (~s) 시사(時事) 뉴스.
*‡**ac·tu·al·i·ty** [æ̀ktʃuǽliti, +英 -tju-] n. (pl. **-ties**) **1** Ⓤ 현존, 실재(實在) (reality), 현실(성). ¶ in actuality 실제로, 현실로. **2** (현존하는) 사실; (-ties) 현상(現狀), 실상, 실체. ¶ the actualities of life 인생의 실상.
◇ **áctual** adj.
ac·tu·al·i·za·tion [æ̀ktʃuəlizéiʃ(ə)n / -laiz-, -tju-]. n. Ⓤ 현실화(化), 실현.
ac·tu·al·ize [ǽktʃuəlàiz, +英 -tju-] (*英)에서는 **ac·tu·al·ise**로도 쓴다) vt. (**-ized**, **-iz·ing**) **1** (계획·구상)을 실현하다(realize). **2** …을 현실적(사실적(寫實的))으로 묘사하다.
‡**ac·tu·al·ly** [ǽktʃuəli, +英 -tju-]l-] adv. **1** 실제로, 현실로(really). **2** 현재, 목하. ¶ the party actually in power 현재의 여당. **3** (의외·의심·놀람을 나타내어) 정말로, 실로. ¶ He actually refused. 그는 정말로 거절했어.
áctual sín n. Ⓤ (신학) 자죄(自罪) [사람이 각자 실제로 저지른 죄]. cf. original sin
ac·tu·ar·i·al [æ̀ktʃuéə(:)riəl-tjuéər-, -tju-] adj. (보험) 보험 통계(기사)의.
ac·tu·ar·y [ǽktʃuèri / -tjuəri] n. (pl. **-ar·ies**) **1** (보험) 보험 통계 기사, 보험 계리사. **2** (관청) 서기 (clerk).
ac·tu·ate [ǽktʃuèit / -tju-] vt. (**-at·ed**, **-at·ing**) **1** (선동하여) (남)에게 …하게 하다 (incite) (to). ¶ be actuated to crime by revenge 복수심에 불타서 죄를 저지르다. **2** (기계 따위)를 움직이다, 발동시키다.
ac·tu·a·tion [æ̀ktʃuéiʃ(ə)n / -tju-]. n. Ⓤ 발동; 자극.

ac·tu·a·tor [ǽktʃuèitər / -tju-] n. 발동시키는 것(사람).
AcU (略) (화학) actinouranium.
a·cu·i·ty [əkjú(:)iti] n. Ⓤ 예리함(sharpness); (시상·통찰력 등의) 예민함, 날카로움(acuteness). ¶ acuity of vision 시력(관찰)의 날카로움. ◇ **acúte** adj.
a·cu·le·ate [əkjúːliit, -lièit] adj. **1** (형태가) 뾰족한, 날카로운. **2** (생물) 가시가 있는; 침이 있는(막시류(膜翅類) 따위). ¶ (시); (동물의) 침.
a·cu·le·us [əkjúːliəs] n. (pl. **-le·i** [-liài]) (식물의) 가
a·cu·men [əkjúːmən, ǽkju-/ -men-] n. Ⓤ 관찰력 (따위의) 날카로움, 총명함; 통찰력. ¶ business acumen 뛰어난 사업 재능 / critical acumen 날카로운 비평 안목.
a·cu·mi·nate adj. [əkjúːminit, -nèit → v.] (동·식물) 끝이 뾰족한, 선예형(先銳形)의. — vt. [əkjúːmineit] (**-nat·ed**, **-nat·ing**) …을 뾰족하게 하다, 날카롭게 하다.
a·cu·mi·na·tion [əkjùːminéiʃ(ə)n]. n. 뾰족한 끝(머리), 예봉.
a·cu·pres·sure [ǽkjuprèʃər] n. 지압[술].
a·cu·punc·tur·al [æ̀kjupʌ́n(k)tʃərəl] adj. 침(針)에 의한. ¶ acupunctural anesthesia 침 마취.
a·cu·punc·ture [(의학) n. [ǽkjupʌ́n(k)tʃər → v.] Ⓤ 침술, 침술 요법. — vt. [ǽkjupʌ́n(k)tʃər] (**-tured**, **-tur·ing**) …에 침을 놓다.
ácu·pùncture ànesthésia n. (의학) 침술 요법 술.
a·cu·punc·tur·ist [ǽkjupʌ́n(k)tʃərist] n. 침술사.
‡**a·cute** [əkjúːt] adj. **1** (생김새가) 날카로운, 끝이 뾰족한(pointed). opp. blunt ⇒ SHARP(類語) ¶ an acute leaf 끝이 뾰족한 잎.
2 (통증·감정 따위가) 심한, 격렬한. ¶ acute pain (sorrow) 격통(비통) / acute jealousy 심한 질투.
3 격심한, 대단한; 심각한. ¶ an acute shortage of houses 심각한 주택난 / The situation is acute. 사태가 위급하다. ¶ (급성) 폐렴.
4 (병 따위가) 급성의. opp. chronic ¶ acute pneumonia
5 (지능·지각 따위가) 날카로운(keen), 예민한, 예리한(penetrating). ¶ an acute observer 날카로운 관찰자 / an acute sense of smell 예리한 후각.
6 (비판 따위가) 매서운, 통렬한, 엄격한(severe).
7 (기하) 예각(銳角)의; 예각 삼각형의. opp. obtuse ¶ an acute angle 예각.
8 (음성) 양음(揚音) 악센트(부호)가 있는. cf. grave, circumflex ¶ an acute e 양음 악센트가 있는 e (=é).
— n. 양음 악센트 [´].
~**ly** adv. ~**ness** n. ◇ **acúity** n.
acúte áccent n. 양음 악센트 부호 [´].
a·cute-care [əkjúːtkɛ̀ər] adj. 단기 의료 목적의, 비만성(非慢性) 질환 치료용의.
ACV (略) actual cash value; air cushion vehicle (호버크라프트). cf. Hovercraft
A.C.W. (略) (英) aircraft [s] woman.
-acy suf. -acious로 끝나는 형용사, -ate로 끝나는 명사·형용사에서 quality, state, office 등을 의미하는 추상 명사를 만든다. 예: efficacy, fallacy, advocacy, accuracy, delicacy.
***ad**[1] [æd] n. (구어) 광고 [advertisement의 약어].
ad[2] [æd] n. (정구) 듀스(deuce) 후 최초의 득점 [advantage의 약어].
ad in 듀스 후의 서브하는 쪽(server)의 득점.
ad out 듀스 후의 리시브하는 쪽(receiver)의 득점.
ad- pref. toward의 뜻으로, 방향·경향·부가(附加)·증가·고착·완성·근사(近似)·개시, 또는 단순히 강조를 나타낸다. *c, f, g, n, p, q, r, s, t 앞에서 일반적으로 ad의 d가 동화되어서, 각기 ac-, af-, ag-, al-, an-, ap-, aq-, ar-, as-, at-로 되고, sc, sp, st의 앞에서는 약화되어 a-로 된다. 예: advert; accept; affect; approve; ascend.
-ad[1] suf. **1** 집합 수사(數詞)의 접미어. 예: monad

dyad, triad, chiliad, myriad. **2** derived from(…에 유래하는), related to(…에 관련된)의 뜻. 예: Olympiad. **3** 그리스 신화의 특유한 이름의 어미. 예: Dryad, Pleiad. **4** 일리아드(*Iliad*)의 이름을 따서 붙여진 문학적 제목의 어미. 예: Dunciad.

-ad² *suf.* =-ade.

ad. 〖略〗 adverb; advertisement.

a.d. 〖略〗 after date ([어음] 일부후(日附後)).

AD 〖略〗 art direction(광고 따위 여러 사람이 공동 작업을 할 때 전체적인 지휘를 하는 일); assistant director (조감독); 〖군사〗 active duty(현역 복무).

‡A.D. [éidíː, ǽno(u)dáminài, -níː, +英 -dɔ́minài] 〖略〗 〖라틴〗 anno Domini (=in the year of [our] Lord) 그리스도 기원(에). …년 (*cf.* B.C.). ¶ from 30 B.C. to A.D. 50 기원전 30년부터 기원 50년까지. * 〖美〗에서는 연 대 뒤에 붙여서, 50 A.D.와 같이 쓰는 일도 많다.

A-da [éidə] *n.* 〖컴퓨터〗 에이다(미)〖美〗 국방부가 개발 한 새로운 통일 컴퓨터 언어.

A.D.A., ADA 〖略〗 American Dental Association (미국 치과 의사회); Atomic Development Authority (원자력 응용 개발 기관); Americans for Democratic Action ([민주적 행동을 위한] 미국인 민주 행동 연맹); Americans with Disabilities Act(미국 장애자 차별 금지법).

ad·age [ǽdidʒ] *n.* 속담(proverb).

ad·a·gent [ǽdeidʒ(ə)nt] *n.* 〖美〗 광고 대행업자.

a·da·gio [ədáːdʒou, -dʒiòu / -dʒiòu] 〖음악〗 *adv.* 느리게, 천천히(slowly). —— *adj.* 느린, 완만한(slow).
—— *n.* (*pl.* -gios) 아다지오곡, 완서곡(緩徐曲)으로 느리게 추는 발레춤.

ad·a·lin, -line [ǽdəlin] *n.* 아달린〖수면·진정제〗.

***Ad·am**¹ [ǽdəm] *n.* 〖성서〗 아담〖Eden 동산에서 하나님이 처음으로 만든 남자, 아내 Eve 와 함께 인류의 시조로 불림〗. ←남자(Gen.) 2ː7ː5ː1-5〗.

as old as Adam 태고적부터, 매우 오래된.

do not know a person **from Adam** 〖구어〗 남을 전혀 모르다.

the old Adam 인간의 죄많은 천성, 성악(性惡), 원죄.

Adam² [ǽdəm] *n.* 아담 양식의. 〖<18세기의 영국의 형제 가구(家具) 설계자의 이름〗.

ad·a·mant [ǽdəmənt, -mæ̀nt] *n.* U **1** 〖고어〗 단단한 돌[아다만드나 자석으로도 불린다]. **2** 매우 단단한 물질. ¶ as hard as adamant 매우 견고한. —— *adj.* **1** 견고 무비(無比)의. **2** 의지가 굳센(unyielding) (*to*…). ¶ I was adamant to their prayers. 나는 그들의 청원에 끄떡도 하지 않았다. **3** 무정한.
~·ly *adv.* ◇ adamántine *adj.*

ad·a·man·tine [æ̀dəmǽntin, -tiːn, -tain / -tàin] *adj.* **1** 매우 단단한, 견고 무비의. **2** 〖의지 따위가〗 확고 부동한, 단호한(unyielding). ¶ adamantine courage 굽 센 용기. **3** 광택이 다이아몬드 같은. ◇ ádamant *n.*

Ad·am·ite [ǽdəmàit] *n.* **1** 아담의 후예; 인류, 인간. **2** 벌거숭이의 사람; 아담교도〖나체로 의식을 거행한 한 교파의 교도〗.

Ádam's ále(wíne) *n.* U 〖구어〗 물(water).

Ádam's ápple *n.* 후골(喉骨).

ad·ams·ite [ǽdəmzàit] *n.* U 〖화학·군사〗 아담사이트 〖황색의 재채기 독가스〗. 〖<발명자 R. Adams 의 이름〗.

Ádam's sín *n.* U 아담의 죄, 원죄(original sin).

‡a·dapt [ədǽpt] *vt.* **1** …을 환경·목적 따위에 〗 적응시키다, 적응시키다, 조화시키다(…*to*). ¶ (~+图+前+图) adapt oneself to a new environment 새로운 환경에 순응하다.

〖類語〗 **adapt** 적합하도록 모양이나 성질을 상당히 수정하다: *adapt* a story for children 이야기를 어린이용으로 고쳐 쓰다. **adjust** 슨 수정없이 기존의 상태에 될 수 있는 대로 적합시키다: *adjust* the brightness of the light to the eye 등불의 밝기를 눈에 맞게 조절하다. **accommodate** 표면적이고 일시적인 조화를 나타 낸다. 타협의 뜻이 있을 때 사용: *accommodate* oneself to the ways of the country people 시골 사람들의 풍습에 맞추다. **conform** 일정한 표준 따위에 맞추다: *conform* one's habits to another's 자기의 습관을 남의 습관에 맞추다.

2 …을 개작하다, 〖희곡·소설 따위를〗 각색하다, 번안하다(…*for, from*). ¶ (~+图+前+图) *adapt* something *for* a particular use 무엇을 특별한 용도에 맞추어서 바꾸다 / *adapt* a play *from* the American original 미국의 극본을 개작하다 / *adapt* a story *for* broadcasting 소설을 방송용으로 개작하다.
◇ adaptátion *n.*, adáptive *adj.*

a·dapt·a·bil·i·ty [ədæ̀ptəbíliti] *n.* U **1** 적합(적응) 성, 순응성; 융통성. **2** 개작(각색)할 수 있음.

a·dapt·a·ble [ədǽptəbl] *adj.* **1** 〖물건이〗 적응할 수 있는; 〖사람이 환경 따위에〗 쉽게 적응하는, 순응하는; 융통성 있는. **2** 개작(각색)할 수 있는. ~·ness *n.*

‡ad·ap·ta·tion [æ̀dəptéiʃ(ə)n / æp-, -əp-] *n.* U 〖환경·목적 등에의〗 적합, 적응, 순응, 응용(*to*…). **2** 적응시킨 것, 개작(물); 각색, 번안(*to, for, from*…). ¶ This is an *adaptation from* a Russian novel. 이것은 러시아 소설을 번안한 것이다. **3** U 〖생물〗 적응. **4** U 〖생리〗 순응. ◇ adápt *v.*

***a·dapt·ed** [ədǽptid] *adj.* 알맞은, 적합한; 개작된. ¶ books *adapted for* (*to*) Korean children 한국 어린이용으로 개작한 책 (*〖英〗*에서는 주로 *adapted for*, 〖美〗에서는 주로 *adapted to* 를 쓴다).

a·dapt·er [ədǽptər], (**adaptor**) *n.* **1** 개작자; 번안자; 각색자. **2** 〖전기·기계〗 어댑터, 가감 장치; 유도관

·a·dap·tion [ədǽpʃ(ə)n] *n.* =adaptation. 〖誘導器〗

a·dap·tive [ədǽptiv] *adj.* 적응성의 (있는); 순응적인. ¶ *adaptive* coloring of a chameleon 카멜레온의 적응 변색. ~·ly *adv.* ~·ness *n.* ◇ adápt *v.*

adáptive óptics *n.* 적응 제어 광학.

ad·ap·tom·e·ter [æ̀dəptámitər / -tɔ́m-] *n.* 〖안과〗 명암 순응(明暗順應) 측정기, 순응계(計). *cf.* dark adap-

a·dapt·or [ədǽptər] *n.* =adapter. 〖tation

ADAPTS [ǽdæpts] *n.* 어댑츠〖해양의 기름 유출사고시 사용하는 공중 투하식 기름 확산 방지·회수 설비〗.
(<*air deliverable antipollution transfer system*)

A-day [éidèi] *n.* =Able Day.

A.D.B. 〖略〗 Asian (African) Development Bank (아시아(아프리카) 개발 은행).

ADC (U) 〖美〗 Aid to Dependent Children.

A.D.C., ADC 〖略〗 〖美공군〗 Aerospace Defense Command; aide-de-camp(부관, …부(附) 무관, 막료); Air Defense Command(미국 방위 공군 총사령부); Amateur Dramatic Club(아마추어 연극 클럽).

ad captándum vulgus [ǽd kæptǽndəm vǽlgəs] 〖라틴〗 (=for catching the crowd) 인기를 끌기 위한(위하여); 선정적(煽情的)인.

Ádcock anténna [ǽdkɑk- / -kɔk-] *n.* 〖전자공학〗 애드록 안테나〖방향 탐지용 안테나〗.

ad-col·umn [ǽdkɑ̀ləm / -kɔ̀l-] *n.* 〖美〗 광고란.

A/D(A-D) Convérter *n.* 〖전자공학〗 에이디변환기 〖아날로그 신호를 이에 상당하는 디지털 표현으로 변환 하는 전기적 장치〗 (*cf.* D/A converter). 〖<*analog-to-digital coverter*〗

‡add [ǽd] *vt.* **1** …을 더하다, 보태다(…*to, in*), *opp.* subtract ¶ be *added in* the list 명부에 추가되다 / (~+图+前+图) *add* sugar to tea 홍차에 설탕을 타다 / *add* insult *to* injury 상처를 입힌 데다 모욕까지 주다 / *add* fuel *to* the flames(*or* fire) 불에 기름을 붓다, 더욱 기세를 부채질하다 / Two *added to* three makes five. 3+2=5.

2 〖둘 이상의 것을〗 합치다, 합계하다(sum up). ⇒ *add up*. ¶ *Add* A and B A 와 B 를 합치다.

3 …을 계산에 넣다, 포함하다, 포함시키다(include)

add.

(...*in*). ¶ Don't forget to *add* me *in*. 나를 계산에 넣는 것을 잊지 말게.
4 …을 덧붙여 말하다(쓰다), 부언(부기)하다. ¶ (~+*that* 節) He *added* [*that*] he would come again soon. 그는 곧 다시 오겠다고 말을 덧붙였다.
— *vi.* **1** 더하다, 늘다(increase) (*to*...). ¶ (~+前+名) *add to* the beauty of the scenery 그 풍경의 아름다움을 더하다. **2** 덧셈(가산)을 하다. ¶ learn how to *add* and subtract 더하기와 빼기를 배우다.
add togéther 합계하다.
add úp ① …을 합계하다. ¶ *add up* bills 요금을 합계하다. ② 계산이 맞다. ¶ This does not *add up* right. 이것은 계산이 잘 맞지 않는다. ③ 《구어》 말이 되다, 앞뒤가 맞다, 조리가 닿다. ¶ The story doesn't *add up*. 그 이야기는 앞뒤가 맞지 않는다.
add úp to 합계 …이 되다; 《美》 결국 …이 되다. ¶ What do your words *add up to* ? 하시는 말씀이 결과적으로 무슨 뜻인지요?
to add to …에 더하여 (* 독립용법이 많다). ¶ *To add to* rain, the wind rose. 비가 오는데다가 바람까지 불었다.
◇ addítion *n.*, ádditive *adj.* ⌈address.
add. 《略》 addenda; addendum; addition, additional;
add·a·ble [ǽdəbl], **-i·ble** [-ibl] *adj.* 더할 수 있는, 증가할 수 있는.
ad·dax [ǽdæks] *n.* (*pl.* **-dax·es** or **-dax**) 큰영양(羚羊)(북아프리카 또는 아라비아산(産)).
ádded líne *n.* 《음악》 덧줄(leger line).
ádded válue *n.* 《경제》 부가가치[value added 라고도 한다]. ⌈세.
ád·ded-vál·ue táx [ǽdidvǽljuː-] *n.* ⓊⒸ 부가 가치
ad·dend [ǽdend, ədénd] *n.* 《수학》 가수(加數). *cf.* augend
ad·den·dum [ədéndəm] *n.* (*pl.* **-da** [-də]) **1** 부가(물). **2** 부유(補遺), 부록(appendix), 증보.
ad·der[1] [ǽdər] *n.* **1** 살무사; 《성서》 살무사(viper) 《유럽에서는 일반적인 작은 독사》. **2** 살무사 비슷한 유독·무독의 뱀. ⌈(adding machine).
ad·der[2] [ǽdər] *n.* 계산하는 사람, 가산기(加算器)
ad·der's-tongue [ǽdərztʌŋ] *n.* **1** 나도고사리 삼 《양치류의 하나》. **2** 《美》 얼레지(dogtooth violet).
ad·fare [ǽdfɛər] *vi.* 《운임의》 정산을 하다, 부족분을 지불하다. — *n.* 운임 정산.
ad·di·ble [ǽdəbl] *adj.* = addable.
ad·dict *n.* [ǽdikt] v. 탐닉자(耽溺者), 《약 따위의》 상용자; 중독자. ¶ an opium (or a drug) *addict* 아편 중독자. — *vt.* [ədíkt] 《보통 수동형 또는 재귀 용법》 〈남을 …에〉 빠지게 하다(devote), 〈심신〉을 […에〉 내맡기다(...*to*) (* 보통 나쁜 의미로 쓴다). ¶ (~+前+名) *addict* oneself to gambling(pleasure) 노름에 빠지다(쾌락에 몰두하다) / He is *addicted* to painting (drink). 그는 그림에 몰두하고 있다(술에 빠져 있다).
ad·dic·tion [ədíkʃən] *n.* ① 탐닉(耽溺), 《약 따위의》 상용, 중독; 몰두, 전념(專念). ⌈성의.
ad·dic·tive [ədíktiv] *adj.* 《약 따위가》 중독성의, 습관
ádding machíne *n.* 가산기(加算器), 계산기.
Ad·dis Ab·a·ba [ǽdis ǽbəbə, -áːbə-] *n.* 아디스 아바바(에티오피아의 수도).
Ad·di·so·ni·an [ǽdisóuniən] *adj.* 애디슨의; 애디슨류(流)의(명료하고 세련된 문체에 대해서 말한다). 〔< 영국의 수필가 J. Addison(1672~1719)의 이름〕
Ád·di·son's disëase [ǽdisnz-] *n.* ⓊⒸ 《병리》 애디슨병, 부신피질 분비 부전증(副腎皮質分泌不全症). 〔< 발견자인 영국 의학자 T. Addison(1793~1860)의 이름〕
ad·dit·a·ment [ədítəmənt] *n.* 부가물, 첨가물.
‡**ad·di·tion** [ədíʃən] *n.* ① 부가, 첨가; 증가. ② Ⓒ 덧셈, 더하기, 가산법, 가법(加法). *opp.* subtraction 注意 '덧셈'의 읽는 법 ―― 3+4=7은 보통 Three and four makes seven. 으로 읽는다. 그리고, makes는

make 라 해도 되고, is, are, equals 라 해도 된다.
3 부가물, 첨가물, 보낸(덧붙인) 것(supplement). ¶ have another *addition* to one's family 어린애가 하나 더 생기다.
類語 **addition** 「부가물」이라 뜻의 일반적인 말. 어떠한 *addition*이든 상관없다: an *addition* to a building 증축 부분. **accessory** 보조적인 부가물: *accessories* to a wedding dress 웨딩 드레스의 액세서리. **adjunct** 보조적이며, 종종 주요물과는 별도의 것: a compact car as an *adjunct* to a Cadillac 캐딜락의 보조로서의 소형 자동차. **attachment** 기계 따위의 간단하게 붙였다 뗐다 할 수 있는 부속품: *attachments* to a vacuum cleaner 진공 청소기의 부속품.
4 《美》 증축부분; 늘린 토지.
5 《법률》 〔법률 문서의 인명에 붙여서 신분·직업을 나타내는〕 직함: John Brown, *Plaintiff* 나 Thomas Smith, *M.D.*의 Plaintiff 나 M.D. 따위.
6 Ⓤ 《화학》 부가, 첨가, 가성(加成). ¶ *In addition to* being a great statesman, Churchill was a great writer. 처칠은 위대한 정치가일 뿐만 아니라 위대한 문필가이기도 했다.
◇ add *v.*, addítional *adj.*
‡**ad·di·tion·al** [ədíʃən(ə)l] *adj.* 부가적인, 증가의; 특별 할증료. ¶ an *additional* tax 부가세 / an *additional* charge 할증료. ~**ly** [-nəli] *adv.* ~ *addition n.*
addítional táx *n.* 부가세.
ad·di·tive [ǽditiv] *adj.* 부가된, 부가적인, 부가성(性)의, 증가성의. **2** 《수학》 덧셈의. — *n.* 부가물, 첨가제(劑).
ad·dle [ǽdl] *v.* (**-dled, -dling**) *vt.* **1** 〈머리〉를 혼란시키다(confuse). ¶ (~+目+前+名) Don't *addle* your mind(or brain) with such a trifle. 그런 하찮은 일을 가지고 머리를 썩이지 마라. **2** …을 썩이다.
— *vi.* **1** 혼란해지다. **2** 썩다. ¶ Eggs are apt to *addle*. 계란은 썩기 쉽다. — *adj.* **1** 〈계란이〉 혼란한 (* 지금은 addled 쪽이 보통. addle 은 주로 복합어에 사용. 예: *addle*brained). **2** 썩은(rotten).
ad·dle-brained [ǽdlbrèind] *adj.* 머리가 혼란해진, 우둔한(stupid). ⌈해진.
ad·dled [ǽdld] *adj.* **1** 썩은(rotten). **2** 〈머리가〉 혼란
ad·dle-head·ed [ǽdlhèdid] *adj.* =addlebrained.
ad·dle-pat·ed [ǽdlpèitid] *adj.* 어리석은(foolish), 우둔한(stupid); 머리가 혼란해진(addlebrained).
add-on [ǽdàn /-ɔn] *adj.* 누계(할부) 방식의; 부속(부가)의. ¶ an *add-on* fare 부가 운임. — *n.* 추가액 (량, 항목); 《재생 장치·컴퓨터 따위의》 부가물.
‡**ad·dress** *n.* [ǽdres, əd-] **2,3,** *v.* **1** 《공식적인》 연설, 강연; 인사말, 식사(式辭). ⇒ SPEECH 類語 ¶ a congratulatory *address* 축사 / a funeral *address* 조사, 추도사 / an inaugural *address* 취임사, 취임 연설 / an *address* of (a closing) *address* 개회(폐회)사 / make an *address* of welcome 환영사 / deliver(or give, make) an *address* 일장 연설을 하다 // an *address* on current problems 시사 문제에 관한 연설.
2 〔+美 ǽdres〕 〔편지 따위의〕 주소, 겉봉(superscription). * 보통, 이름은 제외.
3 〔+美 ǽdres〕 주소, 번지; 〔통신의〕 수신인 주소. ¶ a permanent (a present) *address* 본적지(현주소) / of no *address* 주소 불명의 / an *address* book 주소록 / change one's *address* 이사하다.
4 Ⓤ 응대하는 품(태도). ¶ a man of awkward(good) *address* 응대 솜씨가 서투른(능숙한) 사람.
5 Ⓤ 숙련, 능숙함; 〔일을 처리하는〕 기교. ¶ handle a matter with *address* 일을 솜씨있게 처리하다.
6 〔보통 ~es〕 구애, 구혼(wooing). ¶ pay one's *addresses* to a lady 여인에게 수작을 걸다.
7 〔美정치〕 〔의회에서 정부에 제출되는 부적임 판사의〕 해임 권고(청구).

8 (the A-) 〖英政治〗 〖의회에서 국왕에 대한〗 칙어 봉답문 **9** ⓤ〖골프〗〖공을 치기 전의〗 자세. 〔勅語奉答文〕. **10** 〖컴퓨터〗 번지, 어드레스 〖기억 장치에 있는, 데이터가 적혀 있는 장소〗.
— *vt.* [ədrés] **1** …에게 연설(설교)하다; 〖적합 따위로〗〖남〗을 부르다, …에게 말을 걸다. ¶ I shall *address* the boys about it. 그 문제에 관해서 소년들에게 연설을 하겠다 // (~+圄+*as* 閘) *address* a person *as* 'General' 아무를 「장군」이라고 부르다.
2 …에 주소를 쓰다, 겉봉을 쓰다(*...to*). ¶ (~+圄+ 前+名) *address* a letter *to* a person 편지에 아무 앞으로 주소를 쓰다.
3 …을 신청하다; …을 청원하다, 건의하다(*...to*). ¶ (~+圄+前+名) *address* a protest *to* a person 〖사람〗 에게 항의를 제기하다 / *address* to a governor a plea for clemency 지사에게 관대한 처분을 탄원하다(※ 목적어가 뒤에 올 경우에).
4 〖여자〗에게 구애하다, 구혼하다. **5** 〖상업〗…을 위 **6** 〖골프〗〖공〗의 목표를 겨누다, 겨냥하다. ¶ 탁하다. **7** 〖법률〗〖법관 등〗을 해임 청구하다.
address oneself to ① …에게 말을 걸다. ¶ He *addressed* himself *to* the principal. 그는 교장에게 말을 걸었다. ② 〖일 따위〗에 착수하다. ¶ She *addressed* herself *to* the work in hand. 그녀는 하고있던 일에 착수했다.

ad·dress·a·ble [ədrésəbl] *adj.* 〖컴퓨터〗 어드레스할 수 있는, 번지에 의해서 지시할 수 있는.

address assignment *n.* 〖컴퓨터〗 어드레스 할당 〖수 따위를 기억하는 location(위치)에 address를 매겨서 이것을 식별할 수 있게 하는 것〗.

address constant *n.* 〖컴퓨터〗 어드레스 상수〖기억 장치의 address를 계산하는 데 사용되는 값 또는 값을 표현하는 식〗.

áddress corréction requésted *n.* 《美》주소 정 요청〖우편물에 기입하는 글〗.

áddress cóunter *n.* 〖컴퓨터〗 어드레스 카운터〖중앙 처리 장치(CPU)가 다음에 실행할 명령이 들어있는 번지를 나타내는 register〗. 〔er.

ad·dress·ee [ædresí:] *n.* 수신인, 수취인. *cf.* address
ad·dress·er [ədrésər] *n.* **1** 발신인. **2** 주소 인쇄기.

ad·dress·ing [ədrésiŋ, æd-] *n.* ⓤ **1** 〖통신〗 어드레싱〖국가 또는 단말기와의 통신에서 교신 상대방과 접속 또는 선택하는 일〗. **2** 〖컴퓨터〗 어드레스 지정〖명령이 참조하는 메모리나 입출력 기기의 address를 지정하는 일〗.

ad·dréss·ing machíne [ədrésiŋ-] *n.* 자동 주소 인쇄기. 〔표명〗 자동 주소 인쇄기.

Ad·dres·so·graph [ədrésə(u) grǽf / -grá:f] *n.* 《상 **ad·dres·sor** [ədrésər] *n.* = ADDRESSER.

áddress translátion *n.* 〖컴퓨터〗 어드레스 변환.

ad·duce [əd(j)ú:s / ədjú:s] *vt.* (-**duced**, **-duc·ing**) 〖논 거[論據]〗로서〗…을 인용하다; 〖증거·이유〗을 들다. ¶ *adduce* reasons 이유를 제시하다.

ad·du·cent [əd(j)ú:s(ə)nt/ədjú:-] *adj.* 〖생리〗 내전 (內轉)의. *opp.* abducent ¶ *adducent* muscles 내전근 〔筋〕.

ad·du·ci·ble [əd(j)ú:sibl / ədjú:s-], **ad·duce·a·ble** [əd(j)ú:siəbl / ədjú:s-] *adj.* 예증으로서 제시(인용)할 수 있는. 〔*opp.* abduct

ad·duct [ədʌ́kt] *vt.* 〖생리〗 …을 내전(內轉)시키다.

ad·duc·tion [ədʌ́k(ə)n] *n.* ⓤ **1** 〖생리〗 내전 〖작용〗, 내반(內反) 〖손발이나 눈알 등이 신체의 중심쪽으로 향하는 운동〗. *opp.* abduction **2** 〖논거[論據]〗등의 제시, 인증〖引證〗.

ad·duc·tive [ədʌ́ktiv] *adj.* 〖생리〗 내전(內轉)하는 (adducting), 내반의.

ad·duc·tor [ədʌ́ktər] *n.* 〖생리〗 내전근(筋). *opp.*

add-up [ǽdʌp] *n.* 《美구어》 요지, 요점(gist).

-ade *suf.* 명사 어미로 써서 다음과 같은 뜻을 나타낸다. **1** 동작, 과정. 예: escap*ade*, tir*ade*. **2** 〖행위〗의 결과, 산물. 예: lemon*ade*, orange*ade*, masquer*ade* (※ bal*lad*, sal*ad* 따위는 어미 "e"가 탈락된 것). **3** 행위를 하는 사람[들]. 예: crus*ade*, ambusc*ade*, cavalc*ade*.

a·demp·tion [ədém*p*(ə)n] *n.* ⓤ〖법률〗 유증(遺贈) 철회〖유언자가 사망하고 유산이 이미 없는 경우 따위〗.

ad·e·nec·to·my [ædinéktəmi] *n.* ⓤⓒ (*pl.* **-mies**) 〖외과〗 경부(頸部) 임파선 제거.

ad·e·nine [ǽdənì:n] *n.* ⓤ〖생화학〗 아데닌〖핵산의 일부를 구성하는 염기(鹽基)〗.

adeno- gland 라는 뜻의 연결형(※ 모음 앞에서는 aden-을 쓴다). 예: *adeno*virus.

ad·e·noid [ǽdi(n)ɔid] 〖병리〗 *n.* (보통 ~s)〖단수취급〗 아데노이드, 선양 증식(腺樣增殖) (adenoid vegetation) 〖어린이에 많은 상부 후두(喉頭) 임파 조직의 비대〗. — *adj.* (=**ad·e·noi·dal** [ædi(n)ɔ́idl]) 아데노이드(의) 있는, 임파선의, 선(腺) 모양의.

ad·e·noid·ec·to·my [ædinoidéktəmi] *n.* ⓤⓒ (*pl.* **-mies**) 〖외과〗 아데노이드 절제술(切除術), 선양 증식 전적출(全摘出).

ad·e·noid·i·tis [ædinɔidáitis] *n.* 〖의학〗 아데노이드, 후두(편도)염.

ad·e·no·ma [ædinóumə] *n.* (*pl.* **-mas** *or* **-ma·ta** [-mətə]) 〖병리〗 아데노마, 선종(腺腫).

ad·e·nose [ǽdinòus], **-nous** [-nəs] *adj.* **1** 선(腺)의, 선모양의. **2** 선이 있는.

a·den·o·sine di·phos·phate[ədénəsin difǽsfeit/ -f5s-] *n.* 〖생화학〗 아데노신 2인산(燐酸) 〖ATP에서 1개의 인산을 뺀 구조를 가진 물질; 略 ADP〗.

a·den·o·sine tri·phos·phate [ədénəsin traifǽsfeit/-f5s-] *n.* 〖생화학〗 아데노신 3인산 〖생체내에서 에너지를 얻고 그것을 이용하는 데 중요한 구실을 하는 물질; 略 ATP〗.

ad·e·no·vi·rus [ǽd(ə)nouvàirəs / -vàiərəs] *n.* 〖의학〗 아데노바이러스 〖사람의 목구멍에 기생하는 바이러스, 감기의 원인〗.

ad·ept *adj.* [ədépt / ǽdept, ədépt // — *n.*] 숙련된, 정통한(proficient) (*in, at...*). ⇒ SKILLFUL 頚齟 ¶ He is *adept* in flattery. 그는 아첨을 잘 한다 / He is *adept* at lying. 그는 거짓말의 명수다. — *n.* [ǽdept, ədépt] 숙련자, 명인(*in, at...*). ¶ He is an *adept* in chess. 그는 장기의 명인이다. **-ly** *adv.* **-ness** *n.*

ad·e·qua·cy [ǽdikwəsi] *n.* ⓤ **1** 충분함(sufficiency); 타당성, 적당함(suitability). ◇ **ádequate** *adj.*

‡**ad·e·quate** [ǽdikwit] *adj.* 충분한, 적당한, 적절한; 〖그럭저럭〗목적에 걸맞는; 〖법률〗 충분한 자격을 갖춘. ⇒ ENOUGH 頚齟 ¶ an *adequate* amount 적당한 분량 / *adequate* grounds 충분한 근거 / a salary *adequate* to support one's family 가족을 부양하기에 충분한 급료 / a remedy *adequate for* the disease 그 병의 특효약 / He is quite *adequate to* his task. 그는 그의 임무에 적임자다. **-ness** *n.* ◇ **ádequacy** *n.*

ad·e·quate·ly [ǽdikwitli] *adv.* 적당히, 충분히.

a·de·un·dem [gra·dum] [ædi(:)ʌ́ndem [gréidəm]] 《라틴》 (=to the same [grade]) 같은 정도로(의), 같은 정도의 등급으로(의).

à deux [ɑ:dś: / F œ] 《라틴》 (=for two) **1** 두 사람(으로), 2인용의(으로); 양자간의(에). ¶ They are dining *à deux*. 그들은 단 둘이서 식사하고 있다. **2** 친근히; 친하게.

ADF (略) *a*utomatic *d*irection *f*inder (자동 방향 탐지

ad fi·nem [ædfáinem] 《라틴》 (=to the end) 마지막 예[이르기까지].

ADH (略) *a*nti*d*iuretic *h*ormon (항이뇨(抗利尿) 호르

‡**ad·here** [ədhíər, æd-] *v.* (**-hered**, **-her·ing**) *vi.* **1** 들러붙다, 부착(밀착, 점착)하다(*to...*). ⇨ STICK 頚齟 ¶ (~+前+名) Wax *adhered to* the finger. 밀랍이 손가락에 묻었다. **2** 〖사람·의견·신조 등에〗집착(고집)하

adhere to a plan (a creed) 계획(교리)을 고수(신봉)하다. **3** [병리] 아물다, 유착(癒着)하다. —— *vt.* 고수 부착시키다(*to*). ◇ adhérence, adhésion *n.*, adhérent, adhésive *adj.*

ad·her·ence [ədhí(ː)rəns / -híər-] *n.* ⓤ **1** 집착, 고집, 고수; 충성, 충실 (fidelity) (*to*...). ¶ rigid *adherence* to rules 규칙의 엄수. **2** 점착; 밀착, 부착 (adhesion). 類語 **adherence**는 보통 비유적으로 써서 주의·사상 등에 집착한다는 뜻이고, **adhesion**은 주로 물리적으로 부착한다는 뜻이다.

*****ad·her·ent** [ədhí(ː)rənt / -híər-] *n.* [당파·주의 등의] 가맹자, 동아리, 당원; 귀의자(歸依者), 신봉자, 신자. ⇒ FOLLOWER 類語 ¶ gain (or win) *adherents* 동조자를 얻다 / *adherents* of Christianity 기독교 신자.
—— *adj.* **1** 점착(부착)성의. **2** 고집하는. **3** [식물] 착생(着生)하는(adnate). **4** [문법] 명사 앞에 의는.
~**ly** *adv.* ◇ adhére *v.*

ad·he·sion [ədhíːʒ(ə)n, əd-] *n.* ⓤ **1** 점착, 부착, 점착, 흡착(吸着). ⇒ ADHERENCE 類語 **2** 접착, 애착, 고수. **3** 동의, 찬동; 가맹, 가입 (*to*...). ¶ give (or send) one's *adhesion* to a treaty 조약에의 가입(동의)을 표명하다. **4** ⓤⓒ [물리] 부착(력); [병리] 유착(癒着); [식물] 착생(着生), 합착(合着).
◇ adhére *v.*, adhésive, adhérent *adj.*, adhérence *n.*

ad·he·sive [ədhíːsiv, æd-] *adj.* **1** 들러붙는, 부착력이 있는, 점착성의 (sticky); 끈적끈적한, 점질(粘質)의; 끈덕진. **2** 풀칠한. ¶ an *adhesive* envelope 풀칠이 되어 있는 봉투 / an *adhesive* tape 접착 테이프.
—— *n.* 점착성이 있는 물질, 반창고 (adhesive plaster), 접착제. ~**ly** *adv.* ~**ness** *n.*

ad·hib·it [ædhíbit / əd-] *vt.* **1** ... 을 넣다(들이다), 입장시키다. **2** ...을 쓰다(use), ...을 적용하다. **3** [고약 따위를] ...에 붙이다; [치료 따위를] 베풀다.

ad·hi·bi·tion [ædhibíʃ(ə)n] *n.* ⓤ 사용, 적용.

ad hoc [æd hák/-hɔ́k, əd-] *adv.* **1** [특수한 목적] 때문에(의), 특별히(한); [이 문제·일]에 관해서(관한). ¶ an *ad hoc* election 특별 선거 / An urgent conference was held *ad hoc*. 특별 이사회가 열렸다.
[<L to this]   [어] 임기응변의 정책(결정).

ad hoc·er·y (hoc·cer·y) [æd hákəri/-hɔ́k-] *n.* 〔속〕

ad·hoc·ra·cy [ædhákrəsi/-hɔ́k-] *n.* ⓤⓒ〔속〕 특별위원회적 기구(機構).

ad ho·mi·nem [æd hámənəm / -hɔ́mi-] *adj.* 〔라틴〕(=to the man) **1** [이성에 의하지 않고] 편견(감정)에 호소하는 (호소하여). **2** [이론보다는 논의의 상대를 향한] 인신 공격의 (으로서).

ADI (略)〔광고〕*area of dominant influence* ([특정 방송국이 커버하는] 시청 영역).

ad·i·a·bat·ic [ædiəbǽtik, +美 èidaiə-] *adj.* [물리] 단열적(斷熱的)인. ¶ *adiabatic* expansion (change) 단열 팽창 (변화).   [의 식물 (양치류).

ad·i·an·tum [ædiǽntəm] *n.* [식물] 공작고사리의 일종.

A·di·das [ədíːdəs, -dɑːs] *n.* (a-)〔상표명〕아디다스 〔독일의 아디다스사 제품인 스포츠 용품〕.
[<창설자 Adi Dassler (?-1979)]

*****a·dieu** [əd(j)úː / ədjúː / F adjø] *interj.* 안녕, 잘 계시오(있으오) (good-by, farewell). —— *n.* (pl. a-dieus or a-dieux [əd(j)úːz / ədjúːz]) 작별, 하직, 고별 (farewell).
bid *adieu* to ...에게 작별을 고하다.
make (or take) one's *adieus* 작별 인사를 하다.

ad inf. (略) *ad infinitum.*

ad in·fi·ni·tum [æd ìnfənáitəm] *adv.* 무한히, 무궁하게, 영구히. (<L to infinity)

ad in·ter·im [æd íntərim] *adv.* 그 동안, 잠시. —— *adj.* 그 동안의; 임시의; 일시적인 (temporary).
[<L for the time between]

ad·i·os [ædióus, ɑːdi-] *interj.* 안녕, 안녕히 가세요 (계세요) (good-by, farewell). [<Sp adios to God. cf. adieu]

ad·i·po·cere [ǽdipo(u)sìər / ⵊ⸺⸺] *n.* ⓤ 시체 지방(死體脂肪), 시랍(屍蠟) 〔축축한 땅 또는 물속에 매장된 동물의 시체에서 발생하는 밀랍 모양의 지방질〕.

ad·i·pose [ǽdipòus] *adj.* 지방질이 많은; 지방 [모양]의. —— *n.* [동물성] 지방. ~**ness** *n.*

ádipose fín *n.* [물고기의] 기름지느러미.

ad·i·pos·i·ty [ædipásiti / -pɔ́s-] *n.* ⓤ 지방증(脂肪症), 지방 과다.

ad·it [ædit] *n.* **1** 입구 (entrance), 통로. **2** [광산] 횡갱(橫坑) [배광(排鑛), 통풍]. **3** 근접 (access).

ad·i·to·ri·al [æditɔ́ːriəl] *n.* [상품 아닌 주장을 선전하는] 논설 광고. [<AD[VERTISEMENT]+[ED]ITORIAL]

ADIZ [éidiz] 《약》〔군사〕 *air defense identification zone* (방공 식별권(圈) 〔이 속에 소속 불명기가 들어오면 긴급 발진한다〕).

adj. (略) *adjacent; adjective; adjoining; adjourned; adjudged; adjunct; [은행] adjustment; adjutant.*

ad·ja·cen·cy [ədʒéis(ə)nsi] *n.* ⓤ **1** 근접, 인접 (proximity). **2** (보통 -cies) 근접(인접)물. **3** [라디오·TV] [어떤 프로의] 직전 (직후)의 프로.

*****ad·ja·cent** [ədʒéis(ə)nt] *adj.* 근접 (인접) 한, 가까운. ⇒ ADJOINING 類語 ¶ *adjacent* villages 인근 마을들 / *adjacent* angles 인접각(角) // a house *adjacent* to a church 교회 이웃에 있는 집. ~**ly** *adv.* ◇ adjácency *n.*

ad·ject [ədʒékt] *vt.* ...을 보태다, 덧붙이다.

ad·jec·ti·val [ædʒiktáiv(ə)l / ædʒek-, ədʒik-] *adj.* [문법] 형용사의, 형용사에 관한. ~**ly** [-vəli] *adv.*

‡**ad·jec·tive** [ǽdʒiktiv, +美 ǽdʒek-] *n.* [문법] 형용사.
注意 둘 이상의 형용사가 어순-명사와 보다 더 본질적인 관계에 있는 것일수록 명사 가까이에 온다. 구체적으로는 (관사·지시 형용사·소유 대명사)+[ ]+[대소]+[형상]+[연령, 신고(新古)]+[재질, 소속] 의 순이 되는 것이 보통: these two *big old wooden boxes* / those *tall young American ladies.*
—— *adj.* **1** [문법] 형용사의, 형용사적인. **2** 부속적인. **3** [법률] [소송 따위]의 절차상의. **4** [염색에서] 매염제 (媒染劑) 를 요하는. **5** 한정적인. ~**ly** *adv.*
◇ adjectíval *adj.*   [law

ádjective láw *n.* ⓤ [법률] 절차법. *cf.* substantial

‡**ad·join** [ədʒɔ́in] *vt.* ...을 결합하다; ...에 인접하다. ¶ Canada *adjoins* the United States. 캐나다는 미국에 인접해 있다. —— *vi.* 인접하다, 이웃하다. ¶ His land *adjoins* to the highway. 그의 토지는 간선 도로에 인접해 있다.

‡**ad·join·ing** [ədʒɔ́iniŋ] *adj.* 인접한, 접속하는.
類語 **adjoining** 어떤 것 또는 서로에 인접하는: two *adjoining* houses 두 채가 붙은 집. **adjacent** 접촉하지 않으며 사이에 같은 종류의 것이 없는: the main island and the *adjacent* islet 본도(本)와 근방의 작은 섬. **bordering** 공통의 경계선을 갖고 있는: the *bordering* countries of Europe 유럽의 국경을 접하는 나라들. **neighboring** 그냥 「서로 가까이 있는」의 뜻으로서, 같은 종류의 것이 사이에 있을 수도 있다: a *neighboring*, that is, the next but one, house 가까이의, 즉 한 집 걸러 있는 이웃집.

adjóining róom *n.* [호텔의] 서로 인접한 독립 객실.

‡**ad·journ** [ədʒɔ́ːrn] *vt.* **1** [회의 등]을 휴회(산회, 폐회)하다. ¶ *adjourn* the court 재판을 휴정하다. **2** ...을 연기하다, 미루다. ¶ The court *adjourned* consideration of the question. 법정은 사건의 심리를 연기했다 // (~+ ㉠ + 前 + ㉡) The hearing was *adjourned for* a week (*until* the following day). 심문은 1주일 (다음날까지) 연기되었다. —— *vi.* **1** 휴회(산회, 폐회)하다, 회의를 연기하다.《구어》일을 중단하다. ¶ *adjourn* without day 무기한 연기되다. **2** 〔구어〕자리를 옮기다 (*to*...). ¶ (~+ 前 + ㉡) Let's *adjourn to* the hall. 홀 쪽으로 자리를 옮기자. ◇ adjóurnment *n.*

ad·journ·ment [ədʒə́ːrnmənt] *n.* ⓤⓒ **1** 연기. **2** 휴회(기간).
adjt. 《略》adjutant.
ad·judge [ədʒʌ́dʒ] *vt.* (**-judged, -judg·ing**) **1** …을 […이라고] 결정하다, 재결(裁決)하다; …에게 […을] 선고하다(sentence). ¶ (~+图+[to be]囲) ~+that囲) The will was *adjudged* [to be] void (valid). 그 유언은 무효(유효)이라고 결정되었다 / She was *adjudged* insane. 그녀는 정신 이상이라는 선고를 받았다 // (~+图+to do) (~+图+前+名) The kidnapper was *adjudged* to die(to death). 그 유괴범은 사형선고를 받았다. **2** …을 판결하다, 재판하다. ¶ *adjudge* a case 사건을 판결하다. **3** [심사하여] (상품 따위)를 수여하다; …을 선정하다(…*to*). ¶ (~+图+前+名) The prize was *adjudged to* him. 상품(상금)은 그에게 수여되었다. **4** …을 […이라고] 생각하다, 여기다 (consider). ¶ (~+图+图) It was *adjudged* wise to take small risks. 너무 위험을 무릅쓰지 않는 것이 현명하다고 생각되었다.
ad·judg·ment, (英) **-judge-** [ədʒʌ́dʒmənt] *n.* 판결; 선고; 심판, 판정; [심사한 뒤의] 수상(授賞).
ad·ju·di·cate [ədʒúːdikèit] *v.* (**-cat·ed, -cat·ing**) *vt.* **1** [재판에서] …을 […이라고] 판결하다, 재결하다. **2** …에게 […이라고] 선고하다. ¶ (~+图+[to be]囲) The court *adjudicated* him [to be] guilty. 법원은 그를 유죄라고 선고했다. — *vi.* 재판하다(*upon*…). ¶ (~+前+名) He *adjudicated upon* the case of murder. 그는 그 살인 사건을 재판했다.
ad·ju·di·ca·tion [ədʒùːdikéiʃ(ə)n] *n.* ⓤⓒ **1** 판결을 내리기; 판결. **2** [파산 동의]선고를 함이.
ad·ju·di·ca·tive [ədʒúːdikèitiv] *adj.* 판결의.
ad·ju·di·ca·tor [ədʒúːdikèitər] *n.* 재판자, 심판관.
__ad·junct__ [ǽdʒʌŋkt] *n.* **1** 부가물, 부속물(*to*…). ⇨ ADDITION 類語 **2** 조수(assistant). **3** 〖문법〗 부가사(詞·辭) [다른 말에 부속되는 수식어(구)]. **4** ⓤ〖논리〗 부가물(屬性), 첨성(添性). — *adj.* 부속된, 보조적인(auxiliary). ~·ly *adv.*
◇ adjúnction *n.*, adjúnctive *adj.*
ad·junc·tion [ədʒʌ́ŋkʃ(ə)n] *n.* ⓤⓒ 부가; 부가물.
ad·junc·tive [ədʒʌ́ŋktiv] *adj.* 부속의, 부속적인. ~·ly *adv.* 〖조교수.
ádjunct proféssor *n.* 《美》 〖일부 대학에 있어서〗
ad·ju·ra·tion [ӕdʒuréiʃ(ə)n/-dʒuər-] *n.* ⓤⓒ **1** 선서(서약)시키기, 엄명. **3** 탄원, 간청.
ad·jur·a·to·ry [ədʒúːrətòːri/ədʒúərət(ə)ri] *adj.* 서원(誓願)의, 엄명의.
ad·jure [ədʒúər] *vt.* (**-jured, -jur·ing**) **1** 〖남에게 …할 것을〗 맹세(서약)시키다, …하도록 엄명하다(…*to do*). **2** 〖남에게〗 …해 달라고 간청(탄원)하다(…*to do*).
‡**ad·just** [ədʒʌ́st] *vt.* **1** …을 […에] 맞추다, 적응(적합)시키다, 부합시키다(…*to*). ⇨ ADAPT 類語 ¶ (~+图+ 前+名) *adjust* things *to* a standard 물건을 표준(에) 맞추다 / *adjust* oneself *to* one's circumstances 환경에 적응하다. **2** …을 정돈하다, 단정히 하다, 조절(조정)하다. ¶ *adjust* oneself 복장을 단정히 하다 / *adjust* an instrument 기구를 조정하다. **3** 〖분쟁·의견 차이 등〗을 조화시키다, 해결하다. **4** 〖보험〗〖지불 금액〗을 조정해서 정하다. **5** …을 체계화하다(systematize). **6** 〖군대〗 (총의 앙각(仰角)·편차)를 수정하다. — *vi.* 적응(순응)하다. ¶
ad·just·a·ble [ədʒʌ́stəbl] *adj.* 조정(조절)할 수 있는.
ad·just·er [ədʒʌ́stər], (**ad·just·or**) *n.* 조정자(기); 《美》 〖보험〗 사정인(사정인).
‡**ad·just·ment** [ədʒʌ́stmənt] *n.* ⓤⓒ 조정, 정비, 조절; 적응. **2** 〖사회〗 환경·자연에 대한 사람의 적응. **3** 〖보험〗 〖지불 금액의〗 정산; 정산서.
adjústment cénter *n.* 《美》 교정(矯正)센터 〖성질이 포학하거나 정신 이상의 수형자(受刑者)를 위한 독방〗.

ad·ju·tage, aj·u- [ǽdʒutidʒ] *n.* 〖분수 따위의〗 방수관(放水管). 〖官職〗.
ad·ju·tan·cy [ǽdʒut(ə)nsi] *n.* ⓤ 〖군대〗 부관의(副
ad·ju·tant [ǽdʒut(ə)nt] *n.* **1** 〖군대〗 부관. **2** 조수(assistant). **3** =adjutant bird.
ádjutant bírd(stórk) *n.* 〖동인도산(產)의〗 무수
ádjutant géneral *n.* (*pl.* adjutants g-) 고급 부관; (the A·G-) 《美軍》 군무국장(軍務局長).
ad·ju·vant [ǽdʒuvənt] *adj.* 보조하는. — *n.* **1** 보조자(물). **2** 〖의학〗 〖약제의 주성분의 효력을 돕는〗 보조약(劑).
ad·land [ǽdlænd] *n.* 광고 업계. 〖조세(劑).
ad·let [ǽdlit] *n.* 《美》 작은 광고.
ad lib [ӕd líb] 《美구어》 애드 리브, 즉흥적인 연(연기, 대사). **2** 즉흥적으로, 임의로, 마음대로. 〖<L ADLIB(ITUM) at pleasure〗
ad·lib [ǽdlíb] *vt., vi.* (**-libbed, -lib·bing**) 《구어》 〖노래·대사 등〗을 즉흥적으로 연주하다(노래하다, 연기하다, 말하다). — *adj.* 즉흥적인, 즉석의. — *adv.* = adlib.
ad lib. 《略》ad libitum.
ad lib·i·tum [ӕd líbitəm] *adv.* 임의로, 마음대로〖略 ad lib.〗. 〖<L at pleasure〗
ad lit·te·ram [ӕd lítərӕm]《라틴》(=to the letter) 문자 그대로, 정의(定義)대로, 엄밀히(exactly).
ad loc. 《略》《라틴》 *ad loc*um (=to (at) the place).
ADM 《略》 *a*ir-launched *d*ecoy *m*issile (공중 발사 유인 미사일); *a*tomic *d*emolition *m*unitions (폭파용 핵자재).
adm. 《略》administration; administrator; admission.
Adm. 《略》admiral; admiralty.
ad·man [ǽdmæn, +美 -mən] *n.* (*pl.* **-men** [-mèn, + 美 -mən])《美구어》광고업자, 광고 회사원 (advertising man).
ad·mass [ǽdmæs] 《주로 英》 *n.* ⓤⓒ 매스컴·광고에 좌우되기 쉬운 대중, 매스컴 사회. — *adj.* admass의.
ADMD 《略》 Association for Dignified Mental Death (존엄사(尊嚴死)의 권리를 위한 협회).
ad·meas·ure [ædméʒər] *vt.* (**-ured, -ur·ing**) …을 재서 할당하다, 배분하다.
ad·meas·ure·ment [ædméʒərmənt] *n.* ⓤⓒ **1** 계량; 측정. **2** 크기, 부피, 용적, 면적. **3** 할당.
Ad·me·tus [ædmíːtəs] *n.* 〖그리스 신화〗 아드메토스〖Thessaly 의 왕으로 the Argonauts 의 한 사람. Alcestis 의 남편〗. 〖의 단축형.
ad·min [ǽdmin] *n.* 《英구어》 정부. * administration
ad·mi·ni·cle [ədmínikl] *n.* ⓤ **1** 보조(물) (aid, auxiliary). **2** 〖법률〗 보강(보충) 증거.
ad·mi·nic·u·lar [ӕdmiːnikjulər] *adj.* 도움이 되는.
__ad·min·is·ter__ [ədmínistər] *vt.* **1** …을 관리하다, 통치하다. ⇨ GOVERN 類語 ¶ *administer* the affairs of state 나라일을 보다. **2** 〖법률·재판 따위〗를 시행(집행)하다(…*to*). ¶ (~+图+前+名) *administer* justice *to* a person 남을 재판하다. **3** 〖자선 따위〗를 베풀다, 〖道(道義)〗을 행하다. ¶ *administer* justice 정의를 행하다. **4** 〖수당 따위〗를 주다, 〖약〗을 복용시키다(…*to*). ¶ (~+图+前+名) *administer* medicine *to* a person 남에게 약을 투약하다. **5** 〖남에게〗 〖타격 따위〗를 가하다; 〖남에게〗 …을 부과하다, 지우다, 강요하다. ¶ (~+图+图) *administer* a person a punch on the jaw 남을 턱에 일격을 가하다 / (~+图+前+名) *administer* a severe blow *to* a person 남을 호되게 한 대 갈기다 / *administer* an oath *to* a person 남에게 맹세를 시키다. **7** 〖법률〗 〖유산〗을 관리하다, 처분하다. **8** 〖미사·성찬식 등〗을 집행하다.
— *vi.* **1** …에 기여하다, 공헌하다, 조력하다, 도움이 되다(*to*…). ¶ (~+前+名) *administer to* the comfort of the poor 가난한 사람들에게 위로를 보내다 / Health *administers to* peace of mind. 건강은 마음의

평화에 도움을 준다. **2** [유산을] 관리하다, 관재(管財)하다.
◇ administrátion *n.*, admínistrative *adj.*

ad·mín·is·tered príce [ədmínistərd-] *n.* 《경제》관리 가격 [독과점기업이 시장의 수급과 관계없이 언제나 일정한 이윤을 확보할 수 있도록 일방적으로 책정한 가격].
ad·min·is·tra·ble [ədmínistrəbl] *adj.* 관리할 수 있는. ¶ *administrable* property 관리 가능한 재산.
ad·min·is·trate [ədmínistrèit] *vt.* (**-trat·ed, -trat·ing**) 《美》 = administer.
‡**ad·min·is·tra·tion** [ədmìnistréi(ə)n] *n.* ⓤ **1** 관리, 지배; 경영(management). ¶ business *administration* 사업 경영.
2 행정, 통치, 시정(施政), 정치. ¶ civil (military, internal) *administration* 민정(군정, 내정) / powers of *administration* 통치력 / *administration* of justice 정의를 행하기 / give good *administration* 선정을 베풀다.
3 관(官), 위정자; 《美》〖행정관, 특히 대통령의〗 임기, 재임 기간.
4 ⓒ 행정 기관 [부(部)·처(處)·국(局) 등]; 행정부, 내각 (Ministry); (the A-) 《주로 美》 정부 《英》 the Government); 집행부. ¶ the Nixon (the new) *Administration* 닉슨 행정부(신정권) / the Agricultural Adjustment *Administration* 농사 조정국 《略 A.A.A.》.
5 《총칭적》 〖대학 등의〗 관리자측, 이사(진)회. **6** 〖법률〗 〖유산의〗 관리; 〖파산의〗 처분. ¶ a letter of *administration* 유산 관리장(狀). **7** 〖성찬식 등의〗 집행; 〖성사(聖事) 등을〗 주기. **8** 베풀기, 보살핌. **9** ⓤⓒ 치료, 투약, 조제(調劑) (dispensation).
◇ administer *v.*, administrative *adj.*

administrátion gúidance *n.* 행정 지도.
*****ad·min·is·tra·tive** [ədmínistrèitiv, -trə-/-trə-, -trei-] *adj.* **1** 관리상의, 경영상의. **2** 행정(통치, 시정)상의. ¶ *administrative* adjustment 행정 정리 / an *administrative* district 한 행정 구역. **~·ly** *adv.*
admínistrative láw *n.* 행정법.
ad·min·is·tra·tor [ədmínistrèitər] *n.* **1** 관리자, 통치자, 위정자, 경영자. **2** 〖법률〗법정(法定) 유산 관리인.
ad·min·is·tra·tor·ship [ədmínistrèitərʃip] *n.* ⓤ 관리자의 직위.
ad·min·is·tra·trix [ədmínistréitriks] *n.* (*pl.* **-tri·ces** [-trisì:z]) 〖법률〗 여(女)관리자.
*****ad·mi·ra·ble** [ǽdm(ə)rəbl] *adj.* **1** 칭찬할 만한, 감탄할 만한, 기특한. **2** 훌륭한, 뛰어난. ¶ *admirable* Crichton [kráitn] 결출한 사람 [James Crichton에 유래]. **~·ness** *n.* ◇ ádmirably *adv.*
ad·mi·ra·bly [ǽdm(ə)rəbli] *adv.* 훌륭하게, 기특하게.
*****ad·mi·ral** [ǽdm(ə)rəl] *n.* **1** 해군 대장, 해군 장관(將官), 제독. *cf.* general ¶ a Full *Admiral* 해군 대장 / a Vice *Admiral* 해군 중장 / a Rear *Admiral* 해군 소장 / the Lord High *Admiral* 《英역사》 합대 사령 장관(長官), 해군 대신 / a Fleet *Admiral* 해군 원수 《美》 an *Admiral* of the Fleet). **2** 《英》 어선(상선) 단장. **3** 〖페〗 기함(旗艦) (flagship), 네발나비과(科) 나비의 속칭. ¶ a red *admiral* 멋쟁이붉은 나비 / a white *admiral* 줄나비류의 나비. ◇ ádmiralty *n.*
ad·mi·ral·ship [ǽdm(ə)rəlʃip] *n.* ⓤ 해군 대장(장성)의 직위.
ad·mi·ral·ty [ǽdm(ə)rəlti] *n.* (*pl.* **-ties**) **1** ⓤ 해군 대장의 직위. **2** 〖집합적〗 신수군(海軍) (또는 그 소속물). **3** (the A-) 《英》 해군 본부, 영국 해군성(省) [의 건물]. ¶ the First Lord of the *Admiralty* 《英》 해군 장관(長官). **4** ⓤ 해사법(海事法) (maritime law); ⓒ 해사 재판소(the Court of Admiralty). **—** *adj.* 바다(해양)의. ¶ *admiralty* law 해양법.

ádmiralty pórt *n.* 《英해군》 해군 기지 사령부(port admiralty).
‡**ad·mi·ra·tion** [ǽdməréi(ə)n] *n.* ⓤ **1** 감탄, 칭찬, 찬양. ⇒ RESPECT 頻語 ¶ with *admiration* 감탄하여 / in (*or* with) *admiration* of ···을 찬찬(찬양)하여 / be lost in *admiration* of a pretty girl 예쁜 처녀의 모습에 넋을 잃다 / express one's *admiration* for ···을 칭찬하다 / I was struck with *admiration* for their courage. 나는 그들의 용기에 크게 감동하였다. **2** (the ~) 칭찬의 대상. ¶ She was the *admiration* of everyone. 그녀는 모든 사람의 칭찬의 대상이었다. **3** 《고어》 놀람 (wonder).
a note of admiration 감탄 부호 [!] (exclamation mark).
to admiration 훌륭히, 멋지게.
◇ admíre *v.*
‡**ad·mire** [ədmáiər] *v.* (**-mired, -mir·ing**) *vt.* **1** ···에 감탄하다, ···을 칭찬(찬양)하다, ···에 탄복하다, ···을 숭배하다. ¶ I am *admiring* your clever dog. 나는 너의 집 영리한 개에게 탄복하고 있는 중이다. **2** 《종종 비꼬아서》 ···에 놀라다, 감동하다. ¶ I *admire* your audacity. 자네의 대담성에 경탄하네. **3** 《구어》 〖비위를 맞추어〗 ···을 칭찬하다. ¶ *admire* a person's cat 남의 집 고양이를 칭찬하다. **4** 《美방언》 ···을 좋아한다, ···하고 싶어하다(like). ¶ (~+*to* do) She would *admire* to go there. 그녀는 그리로 가고 싶어할 것이다.
◇ admirátion *n.*
ad·mir·er [ədmáiərər / -máiərə] *n.* 찬미자, 찬양자, 숭배자; 《구어》 〖여성에의〗 구혼자.
*****ad·mir·ing** [ədmái(ə)riŋ / -máiər-] *adj.* 찬미(찬양)하는, 탄복하는, 감동하는. **~·ly** *adv.*
ad·mis·si·bil·i·ty [ədmìsəbíliti] *n.* ⓤ 허용[성], 용인(容認)(성).
ad·mis·si·ble [ədmísəbl] *adj.* **1** 〖생각·증언·기획 따위가〗 받아들일 수 있는, 허용할 수 있는. **2** 〖법률〗 〖증거가〗 허용(용인)할 만한. ¶ persons *admissible* in evidence 증인으로 입정시키도 좋은 사람들. **3** 〖지위 등에〗 취임할 권리가 있는. ¶ a man *admissible* to office 직무에 취임시키도 좋은 사람. **-bly** [-bli] *adv.*
‡**ad·mis·sion** [ədmí(ə)n] *n.* **1** ⓤ 들어가는 것을 허용하기, 입장(입회, 입학, 입국) [의 허가·권리] (*to, into*…). (※ 허가·권리를 나타낼 때에는 admittance 쪽이 보통). ⇒ ENTRANCE 頻語 ¶ an *admission* ticket 입장권 / an *admission* fee 입장료, 입회(입학)금 / grant a person *admission* 남에게 입장(입회)를 허가하다 / gain (*or* obtain) *admission* 입장(입회) 허가를 받다 // *admission to* a school 입 학 / *admission* of aliens *into* a country 외국인 입국 허가 / give (*or* grant) free *admission* to ···에 자유로 들어가게 하다 / *Admission* to the show is by ticket only. 연극은 표를 가진 사람만이 입장할 수 있습니다.
2 ⓤ 입장료, 입회료. ¶ charge *admission* 입장료를 받다 / *Admission* free. 입장 무료.
3 승인; 자인(自認), 고백(confession). ¶ a manly *admission* 남자다운 고백 / a reluctant *admission* 마지 못해 하는 승낙 / an *admission* of one's failure; an *admission that* one has failed 자기의 실패를 인정하기 / make [full] *admission* of one's guilt 자기의 죄상을 자백하다. ◇ admít *v.*, admíssive *adj.*

Admíssion Dày *n.* 《美》 〖주(州)의〗 합중국 편입 기념일 〖법정 휴일〗.
ad·mis·sive [ədmísiv] *adj.* 입장(입회) 허가의; 허용하는.
‡**ad·mit** [ədmít, +美 æd-] *v.* (**-mit·ted, -mit·ting**) *vt.* **1** ···을 들이다, 들어오게 하다, ···에 입장(입회, 입학)을 허가하다 / *admit* a person. 이 표로는 한 사람 들어갈 수 있다 // (~+图+图)+图 *admit* a student *to* college 학생에게 대학 입학을 허가하다 / *admit* fresh air *through* the window 창으로 신선한 공기를 넣다 / He *admitted* her *to* (*or into*) his confidence. 그는 그녀에게 비밀을 털어놓았다.
2 ···을 인정하다, 시인하다, 승인하다(acknowledge); ···을 허락하다(allow, permit). ¶ *admit* one's guilt 자기의 죄를 인정하다 / I *admit* no delay. 지체는 허락할

admittable

수 없다 // (~+目)+*to be* 補)(~+[*that*] 節) He *admits* the charge *to be* groundless. = He *admits that* the charge is groundless. 그는 그 고소는 사실 무근이라고 인정하고 있다 // (~+*ing*)(~+[*that*] 節) He *admits having* done it himself. = He *admits* [*that*] he did (or has done) it himself. 그는 자기가 그것을 했다고 자인하고 있다(* admit은 직접적인 목적어구로서, 명사·대명사 외에는 동명사나 *that* 절(節)을 취하지만 *to*-부정사는 취하지 않는다).

類語 **admit** 강제·설득당해서 마지못해 인정하다: *admit* one's mistake under pressure 압력에 의해 잘못을 인정하다. **acknowledge** [종종, 앞서 부정했던 것을] 마지못해 인정하다. admit 만큼 강제의 뜻이 강하지는 않다: *acknowledge* one's fault 자기의 잘못을 인정하다. **confess** 죄·약점·잘못 따위를 정식으로 고백하다. 후회하는 마음을 시사: *confess* a sin 죄을 고백하다. **own** 개인적으로 불리한 일을 털어놓다; acknowledge 만큼 격식차리지는 않는 말: She *owned* that she had a sweet tooth. 그녀는 단 것을 무척 좋아한다고 털어놓았다.

3 〔장소·건물 따위가〕〔사람을〕넣을 여지가 있다, 수용할 수 있다. ¶ The hall *admits* more than 2,000 persons. 그 홀은 2천 명 이상 수용할 수가 있다 / The lane does not *admit* two abreast. 그 오솔길은 두 사람이 나란히 걸어갈 수가 없다.

— *vi.* **1** 《사물 이름을 주어로 해서》 […의] 여지가 있다, […을] 허용하다(*of*...). ¶ (~+前+名) *admit of* discussion 토의의 여지가 있다 / This *admits of* no doubt. 이것은 의심할 여지가 없다.

2 [...에] (들어갈[접근할] 수단이 되다(*to*...). ¶ (~+前+名) This ticket *admits* to the hall. 이 표로 홀에 들어갈 수가 있다.

3 [5급게] [...을] 인정하다, 고백하다(*to*...).

— Usage 「사실을 인정하다」라는 뜻으로는 admit, admit to의 어느 쪽도 쓰이지만, 「잘못·죄를 인정하다」라는 뜻으로는 최근 admit to를 쓰게 되었다. 그러나 아직은 드물게 쓰이는 편이다. * confess에는 confess to도 있다.

[*while*] *admitting* [*that* ...] …이라고는 해도. *be admitted to the Imperial presence* 황제의 배알을 허용받다. ⇔ admíssion, admíttance n.

ad·mit·ta·ble [ədmítəbl] *adj.* [입장·입회·입국 등] 허가받을 자격이 있는; [사실로서] 인정되는(*to*...).

ad·mit·tance [ədmít(ə)ns] *n.* **1** 입장(입회, 입국) 허가(자격, 권리); 입장. ⇒ ENTRANCE 類語 ¶ No *admittance* [except on business]. 《게시》 입장 사절(무용사 출입 금지) // *admittance into* a church 교회 입회 허가(자격) / grant (refuse) a person *admittance to* 남에게 …에의 입장을 허가하다(거절하다). **2** [전기] 어드미턴스[전류를 전압으로 나눈 것, impedance의 역수(逆數), 기호 Y].

ad·mit·ted [ədmítid] *adj.* 인정된, 명백한; 스스로 인정하는. ¶ an *admitted* alcoholic 알코올 중독자라고 자인하는 사람.

ad·mit·ted·ly [ədmítidli] *adv.* 진실이라고 인정되어, 명백히; 자인한 바와 같이, 고백한 대로.

ad·mix [ædmíks, əd-] *vt., vi.* 혼합하다, 뒤섞다(mingle, mix) (...*with*). 〔C〕 혼합물, 뒤섞은 것.

ad·mix·ture [ædmíkstʃər / əd-] *n.* 〔U〕 혼합, 뒤섞음; **Adml.** 〔略〕 Admiral, Admiralty.

*ad·mon·ish** [ədmániʃ / -mɔ́n-] *vt.* **1** (남에게) 훈계하다, (남을) 타이르다; […을] 권고(충고)하다, 말하다 (advise). ¶ (~+目)(~+目+前+名)(~+目+*that* 節) I *admonished* him not *to* go there. = I *admonished* him *against* doing there. 나는 그에게 그곳에 가지 말라고 충고했다. **2** [어떤 일을] 남에게 주의시키다, 경고하다(warn), [잊고 있는 일을] 일깨워주다, 알리다 (remind, inform). ¶ (~+目+前+名) I *admonished* him *of* (or *about*) the danger. 나는 그에게 위험을 알렸다 / (~+目+*that* 節) I *admonished* him *that* it was dangerous. 그것은 위험하다고 그에게 주의시켰다.

⇔ admonítion n., admónitory adj.

ad·mon·ish·er [ədmániʃər / -mɔ́n-] *n.* 충고자, 설득자.

ad·mon·ish·ment [ədmániʃmənt / -mɔ́n-] *n.* 훈계, 충고.

ad·mo·ni·tion [ædmo(u)níʃ(ə)n] *n.* 〔U〕〔C〕 훈계, 권고, 충고, 간언(諫言) (counsel, advice).

⇔ admónish *v.*

ad·mon·i·tor [ədmánitər / -mɔ́n-] *n.* 설득자, 충고자.

ad·mon·i·to·ry [ədmánitɔ̀ri / -mɔ̀nit(ə)ri] *adj.* 훈계적인, 훈계조의(admonishing).

admor. 〔略〕 administrator.

ad·nate [ædneit] *adj.* 〔생물〕 착생(着生)하는.

ad nau·se·am [æd nɔ́ːʃiæm, -zi-, -si-/-si-] *adv.* 싫증이 날만큼, 구역질날만큼. 〔<L to seasickness〕

ad·nom·i·nal [ædnáminl / -nɔ́m-] *adj.* 〔문법〕 명사적 용법의; 형용사의.

ad·noun [ǽdnàun] *n.* 〔문법〕 [특히 명사적 용법의] 형용사[예: the *useful* (유용한 것), the *poor* (가난한 사람들) 따위].

*a·do** [ədúː] *n.* 〔U〕 법석, 소동(fuss); 수고, 노고, 곤란 (trouble, difficulty). ¶ with much *ado* 야단 법석을 떨며, 애써서 / without more *ado* 그 이상의 어려움은 없이, 그후로는 아무 말썽없이 / He won the race without *ado*. 그는 별 어려움없이 경주에서 이겼다 / He had much *ado to* keep out of debt. 그는 빚을 안지기 위해서 무척 애썼고 있다 / He had much *ado in* arranging it. 그것을 정리하는 데 야단법석을 떨었다.

dead for ado 죽어 버려라.

once for ado 딱 한 번만.

a·do·be [ədóubi, + 米 ədóub] *n.* 〔U〕 **1** 아도비 벽돌〔햇볕에 말려서 굳힌 벽돌〕. **2** 아도비 진흙(아도비 벽돌 제조용의 황색 점토). **3** 아도비 벽돌조(造)의 건물. **4** 진흙이 들어 있는 황토.

ad·o·les·cence [ædo(u)lésns] *n.* 〔U〕 **1** 청년기〔남자는 14-25세, 여자는 12-21세의 성장기〕. **2** 한창 나이, 청춘. 〔cence.

ad·o·les·cen·cy [ædo(u)lésnsi] *n.* 〔고어〕 = adoles-

ad·o·les·cent [ædo(u)lésnt] *adj.* 청년기의, 젊음이 넘치는 (youthful). — *n.* 청년, 젊은이.

adólescent crísis 청년기 위기〔청년기에는 정신분열 증상 등 여러 가지 정신 장애가 나타나기 쉬운 시기임을 가리키는 말〕.

A·don·ic [ədánik / -dɔ́n-] *adj.* **1** 〔韻律〕〔고전 시 (詩)에서〕 아도니스 시격(詩格)의 〔장장격(長長格)(spondee) (- -), 또는 장단격(trochee) (- -)을 수반하는 장단 단격(dactyl)(- - -)의 운율을 지닌 시행의〕. **2** 아도니스(Adonis)의. — *n.* 〔韻律〕 아도니스격의 시문 (句), 아도니스 시격.

A·do·nis [ədánis, ədóunis / ədóunis] *n.* **1** 〔그리스 신화〕 아도니스〔Aphrodite(Venus)의 사랑을 받았으나, 멧돼지의 엄니에 찔려 죽은 미소년〕. **2** 〔Adonis 같은〕 미소년. **3** 복수초속의 식물. 《英》 부전나비의 일종.

ad·o·nize [ədənàiz] 《* 《英》에서는 **ad·o·nise**로도 쓴다》 *vi., vt.* (*-nized, -niz·ing*) 〔재귀용법〕 모양내다, 부리다, 미남자인 체하다.

‡**a·dopt** [ədápt/ədɔ́pt] *vt.* **1** 〔이상·이론·방법·의견·정책 따위를〕 채용(채택)하다 (take up), 택하다 (choose); [외국어 따위를] 차용(借用)하다. ¶ *adopt* a name (an idea) 이름(아이디어)을 채용하다 / (~+目+前+名) *adopt* a word *from* German 독일어에서 온 단어를 차용하다.

2 (~을) 양자(양녀)로 삼다. ¶ a legally *adopted* daughter 법률상의 수속을 마친 양녀 / (~+目+*as* 補) *adopt* a child *as* one's heir 자기의 상속자로서 어린애를 양자로 삼다 // (~+目+前+名) *adopt* a person *into*

a family 남을 가족의 일원으로 삼다. ⇨ ADOPTIVE. **3** 〔의회 등에서〕〔의안 따위〕를 채택하다; 〔英〕〔정당이〕〔후보자〕를 선임하다. ¶ The meeting *adopted* the resolution. 모임은 그 결의를 채택했다.
◇ adóption *n*., adóptive *adj*.

a·dopt·a·bil·i·ty [ədὰptəbíliti/ədɔ̀pt-] *n*. ⓤ 채용(채택)의 가능성(가망). 〔수 있는.

a·dopt·a·ble [ədάptəbl/ədɔ́pt-] *adj*. 채용·채택할

a·dopt·ed [ədάptid/ədɔ́p-] *adj*. 양자가 된; 채택된. ¶ an *adopted* son(daughter) 양자(양녀) / my *adopted* country 내가 귀화한 나라 / *adopted* words 차용어, 외래어. ~·ly *adv*.

a·dopt·er [ədάptər/ədɔ́p-] *n*. 채용·선택자; 양부모.

***a·dop·tion** [ədάpʃ(ə)n/ədɔ́p-] *n*. **1** ⓤ 채용, 임용; 외국어의 차용; ⓒ 채용(채택)한 것; 〔외국어로부터의〕 차용어. **2** ⓤ 양자 결연(養子結緣); ⓒ 양자 결연의 사례. **3** ⓤ 〔의원 등의〕 후보자 지명.
◇ adópt *v*., adóptive *adj*.

a·dop·tive [ədάptiv/ədɔ́p-] *adj*. **1** 양자 결연(관계)의, 양자의. ¶ an *adoptive* father(son, daughter) 양부(양녀), 양자. 임용하기 쉬운. **2** 채용·차용의. ~·ly *adv*.

a·dor·a·bil·i·ty [ədɔ̀:rəbíliti/ədɔ̀:r-] *n*. ⓤ **1** 숭배(예배)할 만함. **2** 흠모할 가치가 있음, 사랑스러움.

a·dor·a·ble [ədɔ́:rəbl/ədɔ́:r-] *adj*. **1** 숭배(예배)할 만한, 경모할 만한 가치가 있는. **2** 귀여운, 사랑스러운. ~·ness *n*. -bly *adv*.

ad·o·ra·tion [æ̀dəréiʃ(ə)n/ædɔ:-, æ̀də-] *n*. ⓤ **1** 숭배, 예배, 경모. ⇨ RESPECT 類語. **2** 흠모, 동경.

‡**a·dore** [ədɔ́:r/ədɔ́:] *v*. (·dored, ·dor·ing) *vt*. **1** …을 숭배하다, 숭상하다. ¶ 〔구어〕를 무척 좋아하다, 열애하다. ¶ (~ + *-ing*) I *adore* swimming. 나는 수영을 매우 좋아한다. — *vi*. 예배하다(worship).
◇ adorátion *n*. 〔찬미자.

a·dor·er [ədɔ́:rər/ədɔ́:rə] *n*. 숭배자, 예배자; 예찬자,

a·dor·ing [ədɔ́:riŋ/ədɔ́:-] *adj*. 숭배의, 반들어 모실 만한; 홀딱 반한. ~·ly *adv*.

‡**a·dorn** [ədɔ́:rn] *vt*. **1** …을 꾸미다, 장식하다(~ *with*). ⇨ DECORATE 類語. ¶ (~ + 目 + 前 + 名) *adorn* oneself *with* jewels 보석으로 몸을 치장하다 / *adorn* a room *with* flowers 방을 꽃으로 장식하다. **2** …에 미관(광채)을 더하다. ⇨ adórnment *n*.

a·dorn·ment [ədɔ́:rnmənt] *n*. ⓤ **1** 꾸미기, 장식. **2** 장식품, 장식(裝飾)〔보석·의류 따위〕.

a·down [ədáun] *adv*., *prep*. 〔고어·詩〕=down.

ADP (略) adenosine *d*iphosphate (아데노신 2인산(燐酸)); *a*utomatic *d*ata *p*rocessing(자동 데이터 처리).

A.D.R. (略) *A*merican *D*epositary *R*eceipts(미국 예

ad·rate [ǽdrèit] *n*. (美)광고료. 〔탁 증권〕.

ad ref·er·en·dum [æd rèfəréndəm] (라틴) (=for further consideration) 좀더 고려해야 할, 잠정적인, 비준(인가)를 요하는. ¶ an *ad referendum* contract 가(假)계약서.

ad rem [æd rém] (라틴) (=to the matter) 적절히, 요령있게. ¶ reply *ad rem* 요령있게 대답하다.

ad·re·nal [ədríːn(ə)l, æd-] *adj*. 〔해부·동물〕 **1** 신장(腎臓) 부근(외부)의. ¶ *adrenal* cortex〔의학〕부신 피질. **2** 부신선(腺) 분비의. — *n*. 부신.

adrénal glánd *n*. 〔해부·동물〕부신(suprarenal gland).

a·dren·a·lin [ədrén(ə)lin, æd-] *n*. **1** ⓤ 〔생화학〕 아드레날린〔부신 수질(髓質) 호르몬〕. **2** (A-) 〔상표명〕 아드레날린제(劑)〔강심제·지혈제〕. *cf*. epinephrine

a·dren·a·line [ədrén(ə)lin, æd-, -lìːn] *n*. =adrenalin. 〔다, 자극하다.

a·dre·nal·ize [ədríːn(ə)làiz, -rén-] *vt*. …을 흥분시키

ad·re·no·cor·ti·co·troph·ic [ədrìːnouːkɔ̀:rtikoutráfik / -trɔ́f-] *adj*. 〔부신〕피질을 자극하는. *cf*. ACTH

A·dri·a·my·cin [èidriəmáisin] *n*. 〔약학〕〔상표명〕아드리아마이신〔암 치료 따위에 쓰이는 항생제〕.

A·dri·at·ic [èidriǽtik, æ̀d-] *adj*. 아드리아해(海)의, 아드리아해 연안 지방의. — *n*. (the ~) =the Adriatic Sea.

Adriátic Séa *n*. (the ~) 아드리아해〔이탈리아 반도와 유고슬라비아에 둘러싸인 바다〕.

a·drift [ədríft] *adv*., *adj*. (*★형용사로는 서술 용법*) **1** 〔배가〕표류해서, 매어 놓지 않고. ¶ cut (*or* set) a boat *adrift* 배를 물결치는 대로 표류시키다 / get (*or* come) *adrift* 표류되다. **2** 〔사람이〕정처없이, 마음 내키는(발길 닿는) 대로, 어찌할 바를 몰라서.
be all adrift 어찌할 바를 모르고 있다, 혼란에 빠지다; 표류하다. 〔다.
go adrift 〔배가〕표류하다; 〔사람이〕거리가 방황하
run adrift 표류하다, 떠돌다, 유랑하다. 〔다.
turn a person adrift 남을 노두에서 방황하게 하다, 내

a·droit [ədrɔ́it] *adj*. 〔솜씨가〕능숙한, 교묘한;〔머리가〕영리한, 재치있는 (clever). ⇨ SKILLFUL 類語 ¶ He is *adroit* in pleasing a person's humor. 그는 남의 기분을 잘 맞춘다. ~·ly *adv*. ~·ness *n*. 〔른.

a·dry [ədrái] *adv*., *adj*. 말라서, 마른; 목말라서, 목마

ADS (略) 〔군사〕 *A*ssured *D*estruction *S*trategy〔확증 파괴 전략〔적의 선제 공격을 받은 연후에도 적에게 치명적인 타격을 줄 핵전력을 보유하는 전략〕〕; *a*tmospheric *d*iving *s*uit (대기압(大氣壓) 잠수복). 〔회〕.

A.D.S. (略) *A*merican *D*ialect *S*ociety (미국 방언 학

ad·sci·ti·tious [æ̀dsitíʃəs] *adj*. 부수적인, 보충적인; 외래(外來)의.

ad·script [ǽdskript] *adj*. 후기(後記)의. *cf*. subscript, superscript

ADSL (略) 〔통신〕 *a*symmetric *d*igital *s*ubscriber *l*ine〔비대칭 디지털 가입자 회선〕.

ad·smith [ǽdsmìθ] *n*. (美)광고 문안가.

ad·sorb [ædsɔ́:rb] *vt*. 〔물리·화학〕〔목탄 따위가〕〔가스·액체 따위를〕흡수(흡착)하다. 〔착제.

ad·sorb·ent [ædsɔ́:rbənt] *adj*. 흡착성의. — *n*. 흡

ad·sorp·tion [ædsɔ́:rpʃ(ə)n] *n*. ⓤ 흡착〔작용〕. ¶ an *adsorption* compound 흡착 화합물.

ad·sorp·tive [ædsɔ́:rptiv] *adj*. 흡착력이 있는, 흡착할 수 있는, 흡착의(膜), 흡착체의, 흡착질(質).

***ad·sum** [ǽdsʌm] (라틴) (=I am present.) 예〔출석했습니다〕〔점호 때의 대답〕.

ad·u·late [ǽdʒulèit/ǽdju-] *vt*. (·lat·ed, ·lat·ing) …에게 알랑거리다, 아첨하다, 추종하다.

ad·u·la·tion [æ̀dʒuléiʃ(ə)n/æ̀dju-] *n*. ⓤⓒ 알랑거리기, 아양, 아첨, 아부. 추종. 〔추종자.

ad·u·la·tor [ǽdʒulèitər/ǽdju-] *n*. 아첨쟁이, 알랑쇠,

ad·u·la·to·ry [ǽdʒulətɔ̀:ri/ǽdjulətəri, -lə-] *adj*. 알랑거리는, 아첨하는, 아부의.

A·dul·lam·ite [ədʌ́ləmàit] *n*. 〔英역사〕어덜램 당원〔1866년 선거법 개정안에 반대해서 자유당을 탈당한 의원에 대한 속칭〕; 〔일반적으로〕탈당한 의원.

‡**a·dult** [ədʌ́lt, ǽdʌlt / ǽdʌlt, ədʌ́lt] *adj*. **1** 성장한, 성숙한; 어른(성인)이 된 (mature). **2** 성인의, 성인용의. ¶ an *adult* person 성인. **2** 성인의, 성인용의. ¶ an *adult* movie 성인용 영화. — *n*. **1** 어른, 성인 (grownup). *★* 관습법에서는 21세 이상. 민법상으로는 남자 14세, 여자 12세 이상. **2** 성체(成體)〔충분히 성장한 동식물〕. ~·ness *n*.

adult education *n*. ⓤ 성인 교육.

a·dul·ter·ant [ədʌ́ltərənt] *adj*. 섞음질의. — *n*. 섞음질한 것, 혼합물.

a·dul·ter·ate *vt*. [ədʌ́ltərèit → *adj*.] 〔저질품〕을 섞다, 〔섞음질해서〕…의 품질을 떨어뜨리다. ¶ *adulterate* wine *with* water 포도주에 물을 타다. — *adj*. [ədʌ́ltərit, -rèit] **1** 섞음질한, 품질이 나쁜. **2** 불륜의, 간통의 (adulterous). ¶ an *adulterate* woman 부정을 저지른 여자. ◇ adulterátion *n*.

a·dul·ter·a·tion [ədʌltəréiʃ(ə)n] *n.* ⓤ **1** 섞음질, 불량품(불순물) 혼합. **2** [섞음질에 의한] 품질의 조악화(粗惡化). **3** ⓒ 섞음질한 것, 불량품.
◇ adúlterate *v.*, *adj.*

a·dul·ter·a·tor [ədʌltəréitər] *n.* 불순물을 섞는 사람, 조악품 제조인.

a·dul·ter·er [ədʌltərər] *n.* 간통자, 간부(姦夫), 샛서방.

a·dul·ter·ess [ədʌlt(ə)ris] *n.* 간통한 여자, 간부(姦婦).

a·dul·ter·ine [ədʌltərin, -ràin] *adj.* **1** 불순한, 가짜의(spurious), 부정한. **2** 불의의 관계로 태어난, 간통의. ¶ an *adulterine* child 불의의 자식.

a·dul·ter·ous [ədʌltərəs] *adj.* **1** 간통의, 불의의, 밀통의(illicit). **2** 불량품의, 조악품의(spurious), 불순한; 부정한. ~·ly *adv.*

*__a·dul·ter·y__ [ədʌltəri] *n.* ⓤⓒ (*pl.* **-ter·ies**) 간통, 불의, 밀통. ¶ double *adultery* 중간통(重姦通) [기혼자끼리의 간통].

adúlt fántasy *n.* 성인용 동화(童話).

a·dult·hood [ədʌlthùd, ǽdʌlt-] *n.* ⓤ 성인임. 「다.

a·dul·ti·fy [ədʌltifài] *vt.* [어린이]를 어른스럽게 만들

a·dult-o·ri·ent·ed [ədʌltɔːriéntid / -ɔ(ː)ri-] *adj.* [팜음악이] 성인 취향의, 어른이 들어도 부담스럽지 않은.

ad·um·bral [ædʌmbrəl] *adj.* 그늘진, 그늘의(shady).

ad·um·brate [ædʌmbrèit, ǽdəm-/ǽdəm-] *vt.* (**-brat·ed**, **-brat·ing**) **1** 어렴풋이 …의 윤곽을 드러내다, …의 윤곽을 묘사하다. **2** …을 예시(豫示)하다, …의 징조를 보이다. **3** …의 일부를 그늘지게 하다.

ad·um·bra·tion [ædʌmbréiʃ(ə)n] *n.* ⓤⓒ **1** 어렴풋한 윤곽. **2** 예시, 징조. **3** 그늘지게 하기, 그늘.

ad·um·bra·tive [ædʌmbrətiv] *adj.* 대체적인 윤곽을 나타내는; 전조의, 예시적인.

a·du·rol [ǽdərɔ̀ːl, -ròul, -ràl] *n.* [사진] 아두롤 [사진 현상약]. 「우울한, 음침함의 (gloomy).

a·dust [ədʌst] *adj.* **1** [열 따위로] 탄, 햇볕에 탄. **2**

adv. (略) advance; advent; adverb, adverbial, adverbially; advertisement, advertising, advisory; advocate;

ad val. (略) *ad valorem*. ｢*ad valorem*.

ad va·lo·rem [æ̀d vəlɔ́ːrəm/-lɔ́ːrem] *adj.* 가격에 따른, 종가(從價)의 [略 adv., ad val.]. ¶ an *ad valorem* duty 종가세. [<L according to the worth]

‡**ad·vance** [ədvǽns/-vάːns] *v.* (**-vanced**, **-vanc·ing**) *vt.* **1** …을 앞으로 내밀다, 전진시키다, 나아가게 하다. ¶ He *advanced* his troops as far as the riverside. 그는 군대를 강가로 전진시켰다.

2 [의견 따위]를 제출하다; [새 학설 따위]를 주장하다. ¶ *advance* an opinion 의견을 진술하다 / *advance* a new theory 새 학설을 주장하다.

3 […을] 조장(촉진)하다, 추진시키다(further). ⇨ PROMOTE 類語 ¶ *advance* the cause of peace 평화를 촉진하다.

4 …을 승진시키다(promote). ¶ (~ + 目 + 前 + 名) He has been *advanced from* lieutenant *to* captain. 그는 중위에서 대위로 승진했다.

5 [시간]을 앞당기다. *opp.* postpone. ¶ *advance* the time of a party 파티의 시간을 앞당기다.

6 [값]을 올리다(raise). ¶ *advance* the price of milk by 10% 우유값을 10% 인상하다.

7 [돈]을 선불(가불)하다; [약간]을 치르다. ¶ *advanced* freight 선불 운임 / (~ + 目 + 前 + 名) *advance* money *to* a person 남에게 돈을 선불하다 / *advance* money *on* one's salary 봉급을 선불하다. ¶ (~ + 目 + 目) Can you *advance* me a few dollars till the payday? 월급날까지 2,3달러 가불해 주실 수 있을까요? ｢을 하다.

8 [美] [어떤 곳]에서 입후보자 유세의 사전 공작(준비)
— *vi.* **1** 나아가다, 전진하다; [시간이] 흐르다. ¶ as the night *advanced* 밤이 깊어감에 따라 // (~ + 前 + 名)

---

advance on (or *upon*, *against*) an enemy 적을 향해 진격하다 / *advance in* age (or years) 나이 먹다.

2 진보하다, 향상되다, 숙달되다(*in …*). ¶ (~ + 前 + 名) *advance in* knowledge 지식이 향상되다 / *advance in* one's studies 연구가 진전되다.

3 승진하다, 출세하다. ¶ (~ + 前 + 名) *advance to* colonel 대령으로 승진하다 / *advance in* office 승진하다 / *advance in* life 입신(출세)하다.

4 [값이] 오르다(rise in price).

5 [美] 입후보자 유세의 사전 공작(준비)을 하다.

6 [야구] 진루(進壘)하다.

7 [스포츠] [토너먼트 따위에서 탈락하지 않고] 올라가다, [다음 시합에] 진출하다(*into …*).

— *n.* **1** ⓤⓒ 전진, 진군; [시간의] 흐름. ¶ with the *advance* of the night 밤이 깊어감에 따라 // an *advance on* an enemy 적을 향한 전진.

2 진보, 발달, 향상(improvement); 승진, 출세(promotion)(*in …*). ⇨ PROGRESS 類語 ¶ make a great *advance* 장족의 발전을 하다 / an *advance in* health 건강의 증진 / an *advance in* office 승진.

3 [가격의] 인상, 등귀(*in …*). ¶ Prices are on the *advance*. 가격이 상승하고 있다 / an *advance in* the cost of living 생활비의 앙등.

4 선불, 선금, 입체금, 대출금(loan). ¶ make *advances* 돈을 입체하다 / an *advance on* wages 봉급의 가불.

5 (보통 ~s) [가까워지기 위한·화해를 위한] 접근; 말붙이기; 제언. ¶ make *advances to* a woman 여자에게 따리를 붙이다.

6 [美]입후보자 유세의 사전 공작(준비).

7 신문의 사전 기사, 예상 기사.

in advance ① 미리(before). ② 선금으로. ¶ I paid to him 1,000 dollars *in advance*. 그에게 선금으로 천 달러 지불했다.

in advance of …의 앞에, …에 앞서(ahead of).

— *adj.* **1** 선발(先發)의, 앞서 가는(going before). ¶ an *advance* party 선발대 / an *advance* base 전진 기지.

2 미리 하는, 앞서서 하는. ¶ *advance* payment 선불 / the *advance* sale of tickets 표의 예매 / an *advance* ticket 예매권 / *advance* sheets 견본쇄, 내용 견본.

◇ advancément *n.*

advánce ágent *n.* [美] [강연회나 연극 공연 등의] 사전 교섭인.

advánce cópy *n.* 신간 견본.

‡**ad·vanced** [ədvǽnst / -vάːnst] *adj.* **1** 앞쪽에 놓은, 전진한. **2** 발달한, 진보적인(unconventional); 고등의, 고급의. ¶ *advanced* ideas 진보적인 생각 / *advanced* studies 고도의 학문 / an *advanced* country 선진국. **3** [시간이] 지난, 늦은; [밤이]이슥한; 나이를 먹은. ¶ be well *advanced in* age (years) 나이를 꽤 먹었다 / The night was far *advanced* when he went to bed. 그가 잠자리에 들었을 때 밤은 아주 깊었다.

advánced crédit *n.* [美] [전입 학생이 전(前)대학에서 얻은] 기득 학점.

advánced degrée *n.* [교육] 상급 학위 [학사 학위보다 위의 학위로서, 석사·박사의 학위].

advánced stánding *n.* ⓤ 다른 대학에서 수학하고 소속 대학에서 승인된 학점(advanced credit).

advánce guárd *n.* **1** [군대] 전위. **2** [예술 따위의] 전위파(avant-garde).

advánce mán *n.* **1** = advance agent. **2** [美] 입후보자를 위한 사전 공작인.

*__ad·vance·ment__ [ədvǽnsmənt / -vάːns-] *n.* ⓤ **1** 전진, 진출. **2** 진보, 향상(progress); 증진, 촉진. ¶ *advancement in* knowledge 지식의 진보 / the *advancement* of learning 학문의 진보(장려). **3** 승진, 진급, 승격(promotion)(*in …*). ¶ *advancement to* captain 대위로의 승진 / *advancement in* life 입신 출세. **4** 선불, 입체, 가불[금].

advánce párty n. 선발대.
advánce póll n. (캐나다) 부재[자] 투표. [의.
ad·vanc·ing [ədvǽnsiŋ/-váːns-] adj. 전진하는; 발달
‡**ad·van·tage** [ədvǽntidʒ/-váːn-] n. (opp. disadvantage) **1** ⓤ 유리, 편의, 이익(in ...). ¶ the advantage of education 교육의 이점 // There is no advantage in doing so. 그렇게 해도 이로울 것이 없다.
2 이점(利點), 강점, 유리한 입장, 우월(superiority) (over, of ...). ¶ personal advantage 미모.
類語 advantage 경쟁·곤란의 극복 등에 있어서 사람을 유리한 입장에 놓는 것: the cultural advantages of a great city 대도시가 갖는 문화적 이점(利點). **benefit** 개인이나 사회의 행복을 증진시키거나 상태를 개선하는 것: do a public benefit 공익을 도모하다. **profit** 금전적·물질적 이득, 일반적으로 이로운 것: read a book with profit 책을 읽어 이익을 얻다. **vantage** 유리한 위치·입장: a vantage ground 지리(地利)
3 ⓤ (정구) 어드밴티지[듀스(deuce) 후의 1점의 득점].
gain (or **get, win**) **an advantage over** a person 남보다 우월한 입장을 차지하다, 남을 능가하다.
have the advantage of ① …보다 유리한 입장에서다, …의 이익이 있다. ¶ have the advantage of age 연령의 면에서 유리하다 / He has the advantage of his opponent. 그는 적(상대방)에 대해서 우위를 차지하고 있다. ② 상대방은 알고 있는데 이쪽은 상대방이 누구인지 모르다. ¶ You have the advantage of me. 누구시더라?
make one's advantage of …을 이용하다.
set ... off to advantage …을 돋보이게 하다.
take advantage of ① (사실·기회 따위를) 이용하다, (남의) 약점을 이용하다. ¶ take advantage of an opportunity 기회를 이용하다. ② (남)을 속이다, 기만하다.
take a person at advantage 남의 허를 쓰르다.
to advantage 유리하게, 돋보이게. ¶ appear to advantage 돋보이다 / sell to advantage 유리하게 팔다.
turn ... to (one's) **advantage** …을 이용하다.
with advantage 유리하게, 유효하게.
— vt. (-taged, -tag·ing) **1** …에게 이롭게 하다(benefit, profit). **2** …을 촉진(조장)하다(promote).
◇ advantágeous adj.
advántage gróund n. = vantage ground.
*ad·van·ta·geous [ædvəntéidʒəs] adj. 유리한(profitable); 안성맞춤의(favorable), 편리한; 이익이 있는, 유익한(useful) (to ...). ¶ It is advantageous to you. 그것은 네게 유리하다. ~**ly** adv. ~**ness** n.
◇ advántage n.   [流).
ad·vec·tion [ædvékʃən] n. (기상·물리) 이류(移
*ad·vent [ǽdvent/-vənt, -vent] n. **1** (the ~) (중요한 인물·사건 따위의) 출현, 도래(arrival); 등장. ¶ the advent of spring 봄의 도래 / the advent of man-made satellites 인공 위성의 출현. **2** (보통 the A-) 그리스도의 강탄(降誕) (Christ's birth)에 의한 도래(강림). **3** (A-) 강림절(크리스마스 4주 전의 일요일부터 시작됨). **4** (보통 A-) (최후의 심판일 (the Judgment Day)의) 그리스도의 재림. ⇨ SECOND ADVENT, SECOND COMING.
Ad·vent·ism [ǽdventìz(ə)m, +英 -vent-] n. 그리스도 재림설.
Ad·vent·ist [ǽdventìst, +英 -vent-] n. 그리스도의 재림이 가까워졌다고 믿고 있는 재림파의 한 사람, 재림론자.
ad·ven·ti·tious [ædvəntíʃəs/-ven-, -vən-] adj. **1** (본래의 것이 아닌) 외래의, 우연히 얻은; 우연의, 우발의 (casual). **2** (식물) (발생 장소 따위가) 부정(不定)의. ¶ an adventitious root (bud) 부정근(不定根) (부정아(芽)). **3** (의학) 우발의, 후천성의. ~**ly** adv.
ad·ven·tive [ædvéntiv] adj. **1** (동·식물) 토착의 것이 아닌, 외래종의. **2** (식물) = adventitious 2.

— n. 외래종 식물(동물).   [일).
Ádvent Súnday n. 강림절 주일(강림절 중의 음 4
‡**ad·ven·ture** [ədvéntʃər] n. **1** ⓤ 모험, 모험심. ¶ He is fond of adventure. 그는 모험가이다. **2** 이상한 사건(경험), 희한한 일; (종종 ~s) 모험담, 기담(奇譚). ¶ a strange adventure 기괴한 사건 / What an adventure ! 정말로 희한한 일이로군(멋진 경험이로다) / seek adventures 이상한 사건(경험)을 찾아나서다. **3** ⓤⓒ 투기(speculation).
— v. (-tured, -tur·ing) vt. **1** (목숨 따위를) 걸다, 위험에 드러내다(... on, upon). ¶ adventure oneself 위험을 무릅쓰다 // (~ + 目 + 전) adventure one's life on (or upon) an undertaking 사업에 목숨을 걸다. **2** …을 감행하다; 감히 말하다(* 이 뜻으로는 보통 venture를 쓴다. venture to do라고는 하나 adventure to do라고는 하지 않는다). ¶ adventure an opinion 감히 의견을 개진하다. — vi. **1** 위험을 무릅쓰다(into, in, upon ...). **2** 모험을 시도하다(on, upon ...).
◇ advénturous, advénturesome adj.
advénture pláyground n. (英) 어린이가 자발적으로 고안하게 사용할 수 있도록 건축 재료·목공 도구·그림감각 따위를 비치해 놓은 어린이 공원.
*ad·ven·tur·er [ədvéntʃərər] n. (여성형은 adventuress) **1** 모험가. **2** 투기꾼(speculator). **3** 사기꾼, 책사(策士), 모사꾼.
ad·ven·ture·some [ədvéntʃərsəm] adj. 모험적인, 대담한; 모험을 좋아하는(adventurous), 용감한.
ad·ven·tur·ess [ǽdvéntʃ(ə)ris] n. (adventurer의 여성형) 여성 모험가; 남성쩍은(파렴치한) 수단을 써서 지위·돈 따위를 좇는 여자.
ad·ven·tur·ism [ədvéntʃərìz(ə)m] n. ⓤ 모험주의.
*ad·ven·tur·ous [ədvéntʃ(ə)rəs] adj. **1** 모험을 좋아하는, 모험심이 많은; 저돌적인. ¶ an adventurous captain 모험을 좋아하는 선장. **2** 위험이 많은(risky), 용기가 필요한. ¶ an adventurous voyage 위험한 항해. ~**ly** adv. ~**ness** n. ◇ advénture n., v.
‡**ad·verb** [ǽdvəːrb] n. (문법) 부사.
주의 부사의 위치 ── (1) today, yesterday, this evening, last night 처럼 때를 나타내는 부사는 보통 문장이나 절 끝에, 강조할 경우에는 문장이나 절 앞에 온다: I saw him last night, but this morning I did not.
(2) always, sometimes, usually, seldom 과 같이 빈도를 나타내는 부사는 보통 문장내의 서술 동사가 본 동사이면 그 뒤에, 일반 동사이면 그 앞에 온다. 그리고 조동사를 수반하는 경우에는 조동사와 본동사 사이에 오는 것이 보통: He is always busy. / I seldom go to the movies. / I have often been there.
(3) certainly, probably, surely 처럼 말하는 사람의 기분을 나타내는 부사는 보통 always 등과 같은 위치에 오는 일이 많으나, 문장이나 절 앞에 오는 일도 있다. perhaps 는 문장 앞에 오는 일이 많다: Perhaps this is true.
(4) 동사의 양태나 장소를 나타내는 부사는 보통 동사 뒤에 온다: He walked slowly. / She still lives here.
* 동사가 목적어를 취할 경우, 보통은 목적어 뒤에 온다: He closed the door quietly. 목적어가 긴 경우에는 부사를 앞에 둔다: He quietly closed the door that led to his father's room.
(5) 부사 몇 개 겹치는 경우에는 「장소」「양태」「때」의 순서로 된다: He arrived here safely last night. / I met him at a party yesterday.
(6) 진행형·수동형·완료형처럼 동사가 조동사 + 본 동사로 이루어져 있는 경우, 부사는 조동사와 본동사 사이에 오는 것이 보통: He has faithfully followed my advice. / It is very well done. * 문장의 현실성을 강조할 경우에는 부사는 흔히 조동사 앞에 둔다: I never háve seen her before. 나는 그때까지 그녀를 한번도 만나본 일이 없었다.

(7) 조동사가 둘 이상 있을 경우에는 보통 첫 조동사의 바로 뒤에 온다: He should *never* have been left alone.
— *adj*. 부사의, 부사적인(adverbial). ¶ an *adverb* clause (phrase) 부사절(구). ◇ advérbial *adj*.

ad·ver·bi·al [ædvə́ːrbiəl, əd-] *adj*. 부사의, 부사형의. ¶ an *adverbial* clause (phrase) 부사절(구) / an *adverbial* equivalent 부사 상당 어구.
~·**ly** [-əli] *adv*. ◇ ádverb *n*. [어저(逐語的)으로.
ad ver·bum [æd və́ːrbəm] 《라틴》 (=to a word) 축

*ad·ver·sar·y [ǽdvərsèri/-s(ə)ri] *n*. (*pl*. -sar·ies) 1 적. ⇒ ENEMY 類語 2 적수, 적대자, 반대자(opponent). 3 (the A-) 악마(devil).

ádversary sýstem *n*. 《美》《법률》 대심(對審) 제도[원고측과 피고측을 대립시켜 주장하게 하는 재판 제도].

ad·ver·sa·tive [ædvə́ːrsətiv, əd-] *adj*. 반대의, 반의 (反意)의. ¶ an *adversative* adverb 반의(反意) 부사 [yet, nevertheless, nonetheless, still 따위] / an *adversative* conjunction 반의 접속사[but, while 따위].
— *n*. 반의어(反意語)[반의 부사, 반의 접속사 따위].
~·**ly** *adv*.

ad·verse [ædvə́ːrs, ɑ́-/-ˊ-] *adj*. 1 반대의, 역의, 적대적이(*to* ...). ¶ an *adverse* wind (current) 역풍(역류) / *adverse* comment 비난 / opinions *adverse* to segregation 인종 차별에 반대하는 의견. 2 불리한; 불운한, 불행한(unlucky) (*to* ...). ¶ *adverse* fate (circumstances) 불운(역경) / an *adverse* trade balance 수입 초과 // The decision was *adverse* to our interests. 그 결정은 우리에게 불리했다. 3 반대쪽의 (opposite). ¶ the *adverse* page 반대쪽 페이지. 4 《식물》 〔잎이〕 축(軸)에 면한. *opp*. averse
~·**ly** *adv*. ~·**ness** *n*. ◇ advérsity *n*.

advérse posséssion *n*. 《법률》 불법 점유.

*ad·ver·si·ty [ædvə́ːrsiti, əd-] *n*. (*pl*. -ties) 1 [U] 불운, 불행(misfortune); 역경, 불우. ⇒ HARDSHIP 類語 ¶ He showed unexpected courage in *adversity*. 그는 역경에 처해서 생각지 못한 용기를 보였다. 2 (종종 -ties) 불행한 사건; 재앙. ¶ prosperities and *adversities* of life 인생의 영고 성쇠. ◇ advérse *adj*.

ad·vert[1] [ædvə́ːrt, əd-] *vi*. 1 언급하다, 논급하다 (refer) (*to* ...). 2 주의를 돌리다(*to* ...). ¶ (~+图+젠) *advert to* a person's opinion 남의 의견에 주의를 돌리다. [ment].

ad·vert[2] [ǽdvəːrt] *n*. 《英구어》 광고 (advertisement).

ad·vert·ence [ædvə́ːrt(ə)ns, əd-] *n*. [U][C] 1 주의, 유의. 2 =advertency 1.

ad·vert·en·cy [ædvə́ːrt(ə)nsi, əd-] *n*. [U][C] (*pl*. -cies) 1 조심성 있음, 주의, 신중, 용의 주도. 2 =advertence 1.

ad·vert·ent [ædvə́ːrt(ə)nt, əd-] *adj*. 주의 깊은 (attentive), 조심성 있는, 신중한, 용의 주도한.

‡**ad·ver·tise**[ǽdvərtàiz], (**advertize**) *v*. (**-tised, -tis·ing**) *vt*. 1 ...을 광고하다, 공시하다; ...을 선전하다. ¶ *advertise* a house (a car) for sale 매가(매차) 광고를 내다 / *advertise* one's wares in a newspaper 상품을 신문에서 선전하다 // (~+图+as 보) *advertise* a child as lost 미아 광고를 내다 / *advertise* oneself as ...이라고 자기 선전을 하다. 2 《廣告》 ...에 통고하다, 통지하다.
— *vi*. 1 광고하다; 광고하여 구하다. ¶ (~+젠+图) *advertise for* a clerk (a job) 사무원 모집(구직) 광고를 내다. 2 자기 선전을 하다. ¶ He *advertises* so much. 그는 대대적으로 자기 선전을 하고 있다.
◇ advertisement *n*.

‡**ad·ver·tise·ment** [ædvərtáizmənt, ædvə́ːrtis-/ədvə́ːtis-] *n*. [U][C] 1 광고, 선전, 공고, 공시. ¶ personal *advertisement* 개인적인 선전, 자기 선전 / a full-page [newspaper] *advertisement* 〔신문의〕 전면 광고 / put (*or* insert) an *advertisement* in an influential newspaper 유력지에 광고를 내다 // an *advertisement for* a situation (*or* a job) 구직 광고. 2 《페어》 통지, 통고.

*ad·ver·tis·er [ǽdvərtàizər] *n*. 광고자, 광고주.

*ad·ver·tis·ing [ǽdvərtàiziŋ] *n*. [U] 1 광고[하기], 공고[하기]; 《집합적》 광고. ¶ extensive (successful) *advertising* 대대적(효과적)인 광고. 2 광고업.
— *adj*. 광고의. ¶ an *advertising* agent 광고 대행업.

ádvertising mán *n*. 광고업자(adman).

ádvertising média *n*. 광고 매체.

ad·ver·tize [ǽdvərtàiz] *v*. (**-tized, -tiz·ing**) = advertise.

ad·ver·tize·ment [ædvərtáizmənt, ædvə́ːrtiz-, -tis-/ədvə́ːtismənt, -tiz-] *n*. =advertisement.

ad·ver·to·ri·al [ædvərtɔ́ːriəl/-tɔ̃ː-] *n*. 기사 형식의 광고 〔기업의 업무 내용 따위를 일반인에게 알리기 위한 PR 기사〕. [< *adver*tisement + edi*torial*]

‡**ad·vice** [ədváis] *n*. 1 [U] 충고, 조언(counsel), 충언, 권고; 〔의사의〕 진찰; 〔변호사의〕감정(鑑定). ¶ written *advice* 권고서 / a piece (*or* a bit, a word) of *advice* 한마디 조언 / act against (at, on, by, under) a person's *advice* 남의 충고에 따르지 않다(따르다) / take (*or* follow) a person's *advice* 남의 충고를 받아들이다 / seek medical *advice* 의사의 진찰을 구하다 / ask some *advice* of a person 남의 조언을 구하다 / He gave up drinking on the *advice* of his doctor. 그는 의사의 충고로 술을 끊었다 / give (*or* offer) some *advice on* a matter ...에 관하여 어떤 의견을 말하다 / I must seek the legal *advice* in the matter of my father's will. 아버지의 유언과 관련해서 변호사의 의견을 들어야겠다.
類語 *advice* 실제적인 조언〔나쁜 일에 관한 경우도 있다〕: *advice* about where to spend the summer 피서지에 관한 조언. *counsel* 신중하게 고려한 끝에 하는 무게 있는 advice: *counsel* about one's course of life 인생의 진로에 관한 조언.
2 (보통 ~s) 보고, 보도, 정보. ¶ diplomatic *advices* 외교상의 보고 / receive *advices* from an investigation committee 조사 위원회로부터 보고를 받다.
3 (종종 ~s) 《상업》 통지, 통지서. ¶ an *advice* slip 통지 전표 / shipping *advices* 선적 통지.
◇ advíse *v*.

ad·vis·a·bil·i·ty [ədvàizəbíliti] *n*. [U] 권장할 만함, 권할만함; 〔계책의〕 옳고 그름.

*ad·vis·a·ble [ədváizəbl] *adj*. 1 권할 만한, 합당한 (proper), 바람직한(desirable); 현명한(wise). ¶ Do you think it *advisable* to go? 가는 것이 상책이라고 생각하는가? / It is *advisable* for you to see him. 당신이 그를 만나는 것이 좋겠소. 2 충고를 받아들이는.
-**bly** *adv*. ~·**ness** *n*.

‡**ad·vise** [ədváiz] *v*. (**-vised, -vis·ing**) *vt*. 1 ...에게 충고하다, 조언하다; ...에게 권하다(recommend). ¶ *advise* a change of air 전지(轉地)를 권하다 / He *advised* secrecy. 그는 비밀로 해 두는 것이 좋으리라고 말했다 // (~+图+*to do*) He *advised* me not to go there. 그는 내게 그곳에 가지 말라고 말했다 / I *advise* you to be cautious. 조심하도록 충고한다 // (~+图+*wh. to do*) He *advised* me *which* to buy. 그는 어느 것을 사면 좋을지 내게 충고해 주었다 / (~+图+*wh.* 節) He *advised* me *whether* I should choose the way. 그는 내가 그 길을 택할 것인가의 여부를 충고해 주었다 // (~+*-ing*) I *advised* his *starting* at once. 나는 그에게 곧 출발하라고 권했다 // (~+图+젠+图) *advise* a person *on* the choice of a career 직업의 선택에 관하여 남에게 조언하다 / *Advise us in* the matter of the investment of the funds. 기금의 투자 전에 관하여 우리에게 조언해 주기 바란다 / Her mother *advised* her *against* marrying in haste. 그녀의 어머니는 그녀에게 너무 서둘러 결혼하지 않도록 타일렀다. 2 《주로 상업》 ...에게 통지하다, 통고하다, 알리다(... *of*). ⇒ INFORM

advised 62 **aeolipile**

類語 ¶ (~+囲+前+名) advise a person of one's address 남에게 주소를 알리다 / We are advised of the despatch of the goods. 우리는 상품 발송의 통지를 받고 있다.
— vi. 1 상담하다(consult) (with...). ¶ (~+前+名) advise with one's teacher about (or on) …에 관하여 선생과 상담하다 / Advise with your pillow. 《속담》 하룻밤 곰곰이 생각해 보라. 2 충고하다. ¶ Do as your doctor advises. 의사의 충고대로 하라.
◇ **advíce** n., **advísory** adj.

ad·vised [ədváizd] adj. 1 (보통 복합어를 만들어) 심사숙고 끝에 하는(considered). ¶ well-advised 분별있는, 현명한 / ill-advised 분별이 없는, 서투른. **2** 정보를 얻은(informed). ¶ be kept thoroughly advised 충분한 정보를 가지고 있다. ~**ly** [-zidli] adv.

ad·vis·ee [ædvaizí:] n. 《교육》〔지도 교수에게〕 지도를 받고 있는 학생.

ad·vise·ment [ədváizmənt] n. ⓤ 심사 숙고; 상담(consultation). ¶ take something under advisement …을 심사숙고하다; …을 협의하다.

*ad·vis·er [ədváizər], (ad·vis·or) n. **1** 충고자, 조언자; 상담역, 고문. ¶ a legal adviser 법률 고문 / a political adviser 정치 고문. **2** 《교육》〔학생의 교과 선택의〕 상담역, 지도(지導) 교수.

ad·vi·so·ry [ədváizəri] adj. **1** 충고의, 조언의, 권고의. **2** 고문의, 자문의. ¶ an advisory council 이사회, 참사회 / in an advisory capacity 고문의 자격으로.
— n. **1** 〔상황의 진전을 알리기 위한〕 보고, 발표; [특히] 기상 통보. **2** 조언, 보고.

ad·vo·ca·cy [ǽdvəkəsi] n. ⓤ 변호, 옹호; 지지, 지원. ¶ advocacy advertising 주장(옹호) 광고.

*ad·vo·cate v. [ǽdvəkèit -,-] (-cat·ed, -cat·ing) vt. …을 변호하다, 지지하다. ⇨ SUPPORT 類語. 주장하다. ¶ advocate war (peace) 주전(평화)론을 제창하다 // (~+~ing) advocate abolishing class distinctions 계급 차별의 철폐를 부르짖다. — n. [ǽdvəkit, -kèit] **1** 옹호자, 지지자, 주창자(主唱者). ¶ a birth control advocate 산아 제한의 주창자 / an advocate of (or for) peace (disarmament) 평화(군축)론자. **2** 변호사. ¶ the Faculty of Advocates 《스코》 변호사회 / Lord Advocates 《스코》 검찰총장. ◇ **ádvocacy** n.

ad·vo·ca·tor [ǽdvəkèitər] n. 주창자, 창도자.
ad·vol [ædvàl / -ɔ̀l] n. 종가비. (< ad + volume)
ad·vow·son [ædváuz(ə)n/əd-] n. ⓤ 《英법률》 목사 추천권, 성직 추천권, 성직 수여권.
advt. 《略》 advertisement.
advtg. 《略》 advantage; advertising.   [자.
ad-writ·er [ǽdraitər] n. 《美속어》 광고 문안 작성
ad·y·na·mi·a [ædinéimiə, +美 èidai-] n. ⓤ 《병리》 무동력(증), 무력(증).
ad·y·nam·ic [ædinǽmik, èidai-/èidai-] adj. 《병리》 무동력의(증); 쇠약한, 허약한(weak).
ad·y·tum [ǽditəm] n. (pl. -ta [-tə]) **1** 〔고대 사원의〕 안쪽, 성소(聖所). **2** 밀실(密室), 사실(私室).
adz, adze [ædz] n. 까뀌, 자귀, 손도끼.
ae [ei] adj. 《스코》 = one.
Æ, æ [i:] **1** 라틴어에서 불 수 있는 이중자(二重字)로 오늘날에는 보통 e로 되어 있다. 영어에서는 Caesar, Æsop 따위의 고유 명사 이외에는 ae, e가 쓰는 수가 많다. **2** 고대 영어에서 [æ]음을 나타내는 합자(合字)로 ash라 한다. æ를 표기에 쓰는 일은 19세기 무렵부터 쇠퇴하고, æ는 ea, æ 따위, æ는 a(때로는 e)로 표시하게 되었다.
AE 《略》 account executive; automatic exposure con-

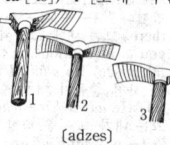
[adzes]
1 ship carpenter's adz
2 railroad adz
3 carpenter's adz

trol(자동 노출 조정).
A.E.A. 《略》 Actors' Equity Association (배우 노동 조합); Atomic Energy Authority (영국 원자력 공사); American Electronics Association(미국전자공학회); Adult Education Association(미국 성인 교육 협회).
A.E. and P. 《略》 Ambassador Extraordinary and Plenipotentiary (특명 전권 대사).   [위원회].
AEC 《略》 Atomic Energy Commission (미국 원자력
AECB 《略》〔美軍〕 arms export control board (무기 수출 관리국.
a·e·des [eií:di:z] n. (pl. **a·e·des**) 〔황열병을 매개하는〕
ae·dile [í:dail] n. 〔역사〕〔고대 로마 시대의〕 조영관(造營官)〔공공의 건물·도로·시장·경기 등을 관리〕.
Ae·ë·tes [i(:)í:ti(:)z] n. 〔그리스 신화〕 아이에테스〔콜키스(Colchis)의 국왕으로 Medea 의 아버지, 또 금양털 (Golden Fleece)의 관리인〕.
A.E.F. 《略》 American Expeditionary Forces ([제 1차 세계 대전의] 미국 해외 파견군).
Ae·ge·an [i(:)dʒí:ən] adj. 에게의 문명의; 에게해의.
— n. (the ~) =Aegean Sea.
Aegean Séa n. (the ~) 에게해, 다도해 (Archipelago)〔그리스·소아시아 사이 지중해의 일부〕.
ae·ger [í:dʒər] n. 《英대학》 〔학생의〕 질병 진단서.
Ae·ge·us [í:dʒiəs, -dʒ(j)u:s] n. 〔그리스 신화〕 아이기우스 〔아테네왕. 그 아들 Theseus 가 죽은 것으로 알고 투신 자살. Aegean Sea 는 그 이름을 따서 붙인 것이라 한다〕.
ae·gis [í:dʒis] n. **1** 〔그리스 신화〕 Zeus 신의 방패 〔후에 그의 딸 Athena 에 의해서 사용되었다〕. **2** (the ~) 보호, 비호(protection); 후원(sponsorship). ¶ under the aegis of …의 비호 하에, …을 방패삼아.
Ae·gis·thus [i(:)dʒísθəs] n. 〔그리스 신화〕 아이기스투스〔Agamemnon 의 사촌, Agamemnon 의 출정중 그의 아내 Clytemnestra를 유혹하여, 돌아온 Agamemnon 을 둘이서 살해했으나, 후에 Clytemnestra 의 아들 Orestes에게 살해되었다〕.
ae·gro·tat [i:gróutæt, ≠-≠] n. **1** 《英대학》 〔학생의 수험 불능을 증명하는〕 질병 진단서. **2** 〔필요 단위는 이수했으나 질병 때문에 최종 시험을 치를 수 없었던 학생에게 수여하는〕 무구분(無區分) 학위.
AEI 《略》 American Enterprise Institute(미국 산업 연구원).
AEIS 《略》 aeronautical en-route information service(항공로 정보 제공 업무).   [예: toxaemia.
-aemia blood 의 뜻의 연결형. *-emia 의 이형(異形).
Ae·ne·as [i(:)ní:əs] n. 〔그리스 신화〕 아이네이아스〔Anchises 와 Aphrodite (Venus) 사이에 태어난 Troy 의 용사. 로마는 그의 자손이 창건한 것이라 전한다〕. cf. Anchises
Ae·ne·id [i(:)ní:id] n. 아에네이드〔Virgil 작의 12권으로 된 라틴어의 서사시. 함락 후의 Troy 를 탈출한 Aeneas 의 모험을 주제로 하고 있다〕.
a·e·ne·ous, a·ë- [eií:niəs] adj. 청동 색의(bronze-colored) 〔특히 곤충에 쓰인다〕. ¶ an aeneous beetle 청동색 딱정벌레.
Ae·o·li·an[1] [i:óuliən, -ljən] adj. Aeolis의 (Aeolic).
— n. 아이올리스 사람〔그리스의 옛 전설이 전하는 그리스 민족의 하나. 소아시아의 아이올리스(Aeolis) 지방의 이름에서 땄다. 그리스 민족은 Dorian, Ionian, Aeolian 의 3부족으로 이루어진다〕.
Ae·o·li·an[2] [i:óuliən, -ljən] adj. **1** 아이올러스의. **2** (보통 a-) 바람의; 바람에 날린(wind-blown). **3** (a-) = Eolian **2**.   [두면 저절로 울리는 악기〕.
aeólian hárp(lýre) n. 에올리안 하프〔바람 머리에
Ae·ol·ic [i:álik/-ɔ́l-] n. ⓤ 아이올리스어〔그리스 방언의 하나. 고대 Aeolis, Thessaly 지방의 말〕. — adj. 아이올리스의; 아이올리스 사람의.
ae·o·li·pile, -pyle [í:əlipail/í:áli-/í:ɔ́li-] n. 〔기원전 2세기에 발명된 증기력에 의한〕 회전 장치.

Ae·o·lis [íːəlis] *n.* 아이올리스[소아시아 서북 해안에 있었던 고대 그리스의 식민지]. 「[성(異方性)의.
ae·o·lo·trop·ic [ìːələtrápik/-trɔ́p-] *adj.* [물리] 이방
ae·o·lot·ro·py [ìːəlátrəpi /-lɔ́t-] *n.* ⓤ [물리] 이방성. *opp.* isotropy 「[신].
Ae·o·lus [íːələs] *n.* 〔그리스 신화〕 아이올러스 [바람의
ae·on, e·on [íːən] *n.* 영겁, 무궁한 시간; 우주의 한 시대.
ae·o·ni·an [iːóuniən], (**e·o·ni·an**) *adj.* 영원의, 무궁한(eternal).
AEP (略) *Advanced Energy Projects* (첨단 에너지 프로젝트 [리스크가 많은 민간 주도의 에너지 연구 개발에 대한 미국 정부의 지원·육성 사업]).
aer- ⇨ AERO-.
AERA (略) automated enroute air traffic control (자동 항로 관제 시스템).
aer·ate [ɛ́(ː)reit, éi(i) ərèit / é(i) ərèit, ɛ́əreit] *vt.* (-at·ed, -at·ing) 1 …을 공기에 쐬다. 2 …을 공기나 가스로 포화시키다(처리하다), [특히] 탄산 가스로 포화시키다. ¶ *aerated* water 탄산수 / *aerated* bread [탄산으로 부풀린] 무효모(無酵母) 빵. 3 [생리] [매질(媒質)·조직 따위]를 공기에 쐬다 [예컨대 호흡에 의해서 혈액에 산소를 보급한다].
aer·a·tion [ɛ(ː)réiʃ(ə)n, èi(i)ər-/è(i)ər-, ɛ̀ər-] *n.* ⓤ 1 공기에 쐬기, 통기(通氣). 2 공기 또는 일산화 탄소(탄산 가스)를 액체 속에 넣기.
aer·a·tor [ɛ́(ː)reitər, éi(i)ərèi- /é(i)ər-] *n.* 1 통풍기(ventilator). 2 탄산 가스 포화기. 3 〔곰팡이나 벌레를 제거하기 위하여 곡물에 쐬는〕 훈증(燻蒸) 소독 장치.
aeri- aero-의 이형(異形) 〔라틴어계의 말에 붙는다〕. 예: *aeri*form.
†aer·i·al [ɛ́(ː)riəl/ɛ́ər-] *adj.* 1 공기의, 대기의; 공기중의. ¶ *aerial* currents 기류 / *aerial* telegraphy 무선 전신술.
2 공중에 사는; 〔생물〕 공중에서 성장하는, 기생(氣生)의. ¶ *aerial* creatures 공중의 생물 / an *aerial* plant 착생(着生) 식물.
3 공중의 높은; 높은; 공중의. ¶ an *aerial* spire 높이 치솟은 첨탑 / an *aerial* performance 공중 곡예 / an *aerial* cableway (or ropeway) 공중 케이블, 가공 삭도 / an *aerial* wire [무선] 안테나.
4 공기와 같은; 덧없는, 꿈 같은(visionary); 영묘한, 천상(天上)의. ¶ *aerial* beings 덧없는 것 / *aerial* fancies 꿈과 같은 공상 / *aerial* music 영묘한 음악.
5 항공[기]에 관한, 항공기에 의한(* 현재는 air를 쓰는 경우가 많다). ¶ *aerial* defense 방공 / *aerial* sickness 비행기 멀미 / an *aerial* photograph 항공 사진(aerophoto) / *aerial* survey 항공 측량 / *aerial* navigation 항공술 / an *aerial* beacon 항공 표지 / *aerial* reconnaissance 공중 정찰 / *aerial* inspection 공중 사찰.
— *n.* [무선] 안테나(aerial wire).
-ly *adv.* ⇨ aeriálity *n.*
áerial bōmb *n.* 투하 폭탄. 「[道].
áerial cábleway *n.* 공중 케이블, 가공 삭도(架空索
aer·i·al·ist [ɛ́(ː)riəlist/ɛ́ər-] *n.* 공중 그네타기, 공중곡예사.
aer·i·al·i·ty [ɛ̀(ː)riǽliti/ɛ̀ər-] *n.* ⓤ 공기와 같은 성질; 공허, 덧없음(unsubstantiality).
áerial ládder *n.* [소방용의] 고가(高架) 사다리.
áerial míne *n.* 1 공중 폭뢰. 2 파라슈트 폭탄(land mine).
áerial refúeling *n.* [항공] 공중 급유.
áerial róot *n.* [식물] 기근(氣根).
áerial torpédo *n.* 공중 어뢰.
áerial trámwày *n.* 공중 케이블, 로프웨이.
aer·ie, aer·y [ɛ́(ː)ri / ɛ́əri, íəri] *n.* (*pl.* **aer·ies**) 〔鳥類〕 1 〔독수리·매 따위의〕 맹금류의 둥지; [큰 조류의] 높은 곳에 있는 둥지. 2 [산 위 따위의] 높은 곳에 있는 집[성·성채 따위]. 3 [드물게] [높은 곳에 있는] 새끼; 맹금류의 새끼.

aer·i·fi·ca·tion [ɛ̀(ː)rifikéiʃ(ə)n/ɛ̀ər-] *n.* ⓤ 1 공기와의 혼합. 2 기화.
aer·i·form [ɛ́(ː)rifɔ̀ːrm / ɛ́ər-] *adj.* 1 기체의; 가스질의, 가스 모양의(gaseous). 2 빈, 공허한; 실체가 없는, 실질이 없는.
aer·i·fy [ɛ́(ː)rifài/ɛ́ər-] *vt.* (**-fied, -fy·ing**) 1 …을 공기와 혼합시키다; …을 공기에 쐬다(aerate). 2 …을 기화한다. 「의.
aer·o [ɛ́(ː)rou/ɛ́ər-] *adj.* 1 공기의. 2 항공술(학)
aero- air 의 뜻의 연결형(* 모음 앞에서는 aer-을 쓴다). 예: *aero*lite, *aero*dynamics, *aero*batics, *aer*ate.
aer·o·bal·lis·tics [ɛ̀(ː)roubəlístiks/ɛ̀ər-] *n. pl.* 《단수 취급》 항공 탄도학 [로켓·미사일 따위의 공중에서의 운동을 연구].
aer·o·bat·ic [ɛ̀(ː)ro(u)bǽtik/ɛ̀ər-] *adj.* 곡예 비행의, 고등 비행의. ¶ an *aerobatic* flight 곡예[고등] 비행.
aer·o·bat·ics [ɛ̀(ː)ro(u)bǽtiks/ɛ̀ər-] *n. pl.* 곡예 비행, 고등 비행. 2 《단수 취급》 곡예[고등] 비행술.
aer·obe [ɛ́(ː)roub/ɛ́ər-] *n.* 〔생물〕 호기성(好氣性) 생물 [공중의 산소를 필요로 하는 생물, 특히 박테리아]. *opp.* anaerobe 「[관측용·소형 로켓].
aer·o·bee [ɛ́(ː)rəbìː/ɛ́ər-] *n.* 에어로비 [미국의 고공
aer·o·bic [ɛ̀(ː)róubik/ɛ̀ər-] *adj.* 1 〔생물〕 조직 또는 유기물이 공기(산소)를 필요로 하는; 호기성의. ¶ *aerobic* bacteria 호기성 세균. 2 산소〔함유〕에 의한. ¶ *aerobic* respiration 산소 호흡. 3 에어로빅 건강법의; 신체의 산소 소비량을 증대하는. — *n.* (~s) 《단수 취급》 에어로빅스 [각종 운동을 통하여 신체의 산소 소비량을 증대시키고 순환·호흡 기능을 활성화시키는 건강법].
aer·o·bi·ol·o·gy [ɛ̀(ː)ro(u) baiɑ́lədʒi / ɛ̀əro(u) bai-ɔ́l-] *n.* ⓤ 공중 생물학.
aer·o·boat [ɛ́(ː)ro(u)bòut/ɛ́ər-] *n.* 비행정(艇), 수상 비행기(seaplane).
aer·o·cade [ɛ́(ː)ro(u)kèid/ɛ́ər-] *n.* 비행기 편대.
aer·o·cam·er·a [ɛ́(ː)ro(u)kæ̀m(ə)rə/ɛ́ər-] *n.* 비행기용 사진기, 항공 사진기.
aer·o·car [ɛ́(ː)ro(u)kɑ̀ːr / ɛ́ər-] *n.* = Hovercraft.
aer·o·craft [ɛ́(ː)rəkræ̀ft / ɛ́ərəkrɑ̀ːft] *n.* (*pl.* **-craft**) = aircraft. 「형 헬리콥터.
aer·o·cy·cle [ɛ́(ː)ro(u)sàikl / ɛ́ər-] *n.* 〔美육군〕 소
aer·o·do·net·ics [ɛ̀(ː)ro(u)dənétiks/ɛ̀ər-] *n. pl.* 《단수 취급》 [글라이더의] 활공 역학, 비행 안정 역학.
aer·o·drome [ɛ́(ː)rədròum/ɛ́ər-] *n.* 〔주로 英〕 = airdrome. 「공기 역학[상]의.
aer·o·dy·nam·ic [ɛ̀(ː)ro(u) dainǽmik / ɛ̀ər-] *adj.*
àerodynámic héating *n.* 〔로켓공학〕 공력가열(空力加熱) [로켓이 공기와의 마찰로 가열되는 현상].
aer·o·dy·nam·ics [ɛ̀(ː)ro(u)dainǽmiks / ɛ̀ər-] *n. pl.* 《단수 취급》 공기 역학; 항공 역학.
aer·o·dyne [ɛ́(ː)ro(u)dàin/ɛ́ər-] *n.* 중(重)항공기 [비행선·경기구 따위 이외의 항공기]. *cf.* aerostat
aer·o·em·bo·lism [ɛ̀(ː)ro(u)émbəlìz(ə)m/ɛ̀ər-]. ⓤ〔병리〕 공기 색전증(塞栓症) [고공 비행 따위에서의 기압의 저하에 의한 병적 증상]. *cf.* bends, caisson disease 「동기.
aer·o·en·gine [ɛ́(ː)ro(u)èndʒìn /ɛ́ər-] *n.* 항공 발
Aer·o·flot [ɛ́(ː)ro(u)flɑ̀t/ɛ́əro(u)flɔ̀t] *n.* 에어로플롯 〔구소련 국영 항공 회사〕.
aer·o·foil [ɛ́(ː)ro(u)fɔ̀il / ɛ́ər-] *n.* 《주로 英》 = airfoil.
aer·o·gen·er·a·tor [ɛ́(ː)ro(u)dʒènəreitər/ɛ́ər-] *n.* 풍력(風力) 발전기(wind turbine).
aer·o·gram [ɛ́(ː)rəgræ̀m/ɛ́ər-] *n.* 1 〔英〕 무선 전보(radiogram). 2 항공편. 3 항공 서한(air-mail letter).
aer·o·graph [ɛ́(ː)rəgræ̀f/ɛ́ərəgrɑ̀ːf] *n.* 〔기상〕 〔고층의 기온·기압·습도 따위의〕 자동 기록기, 에어로그래

프-. — *vi*. [그림을] 에어브러시로 그리다; 에어브러시로 디자인하다.   [고층 기상 관측병.
aer·og·ra·pher [ɛ(:)rágrəfər/εərɔ́grəfə] *n*. 《美軍》
aer·og·ra·phy [ɛ(:)rágrəfi/εərɔ́g-] *n*. 대기지(大氣誌) [에어로그래프(aerograph)의 기록을 자료로 하여 정
aer·o·gun [ɛ(:)rəgʌn/εər-] *n*. 고사포. [리한 것].
aer·o·hy·dro·plane [ɛ̀(:)ro(u)háidro(u)plèin / εər-] *n*. 수상 비행기.
aer·o·lite [ɛ́(:)rəlàit/εər-], (**aer·o·lith** [-liθ]) *n*. [석질(石質)의] 운석(隕石)(meteorite).   [학자.
aer·ol·o·gist [ɛ(:)rálədʒist / εərɔ́l-] *n*. [고층] 기상
aer·ol·o·gy [ɛ(:)rálədʒi / εərɔ́l-] *n*. **1** 고층 기상학. **2** 기상학(meteorology).
aer·o·map [ɛ́(:)rəmӕp / εər-] *n*. 비행 지도.
aer·o·ma·rine [ɛ̀(:)ro(u)mərí:n / εər-] *adj*. 해상 비행의.
aer·o·me·chan·ic [ɛ̀(:)ro(u)mikӕnik/εər-] *n*. 항공기 정비사. —— *adj*. 항공 역학의, 공기 역학의.
aer·o·me·chan·ics [ɛ̀(:)ro(u)mikӕniks/εər-] *n*. *pl*. 《단수 취급》 공기(기체) 역학, 항공 역학.
aer·o·med·i·cine [ɛ̀(:)rəméd(i)s(ə)n / εər-] *n*. Ü 항공 의학.
aer·o·me·te·or·o·graph [ɛ̀(:)ro(u)mí:tiərəgrӕf / εəro(u)mí:tiərəgrà:f] *n*. [기상] 항공 기상 기록기.
aer·om·e·ter [ɛ(:)rámitər / εərɔ́m-] *n*. 기량계(氣量計)『공기 또는 다른 가스체의 중량 또는 밀도를 측정하는 것』.   [氣學), 기학(氣學).
aer·om·e·try [ɛ(:)rámitri / εərɔ́m-] *n*. Ü 양기학(量
Aer·o·mo·bile [ɛ̀(:)ro(u)məbí:l / εər-] *n*. 공중 자동차[미국의 W. R. Bertelsen 이 발명한 환상 분사식 (annular jet) 자동차].
aer·o·mod·el·ler [ɛ̀(:)ro(u)mádlər / εərəmɔ́dlə] *n*. 모형 비행기(항공 모형) 제작자.
aer·o·mo·tor [ɛ̀(:)ro(u)móutər / εər-] *n*. 항공기용 발동기.
aeron. 《略》 aeronautics.   [[경]발동기.
aer·o·naut [ɛ́(:)rənɔ̀:t / εər-] *n*. **1** 경기구(輕氣球)류의 조종사. **2** 비행선 탑승자(객).
aer·o·naut·ic [ɛ̀(:)rənɔ́:tik/εər-], **-ti·cal** [-tik(ə)l] *adj*. 비행(술)의; 비행선 탑승자의.
aeronautical engineering *n*. 항공 공학.
aer·o·naut·ics [ɛ̀(:)rənɔ́:tiks/εər-] *n*. *pl*. 《단수 취급》 항공학, 비행술.
aer·o·neu·ro·sis [ɛ̀(:)ro(u)nju(:)róusis / εəro(u)nju(ə)-] *n*. Ü [정신병] 항공 신경증.   [기 물리학.
aer·on·o·my [ɛ(:)ránəmi / εərɔ́n-] *n*. Ü 초고층 대
ăer·o·o·tí·tis média [ɛ̀(:)ro(u)outáitis- / εər-] *n*. Ü [의학] 항공(기압)[성] 중이염.
aer·o·pause [ɛ́(:)rəpɔ̀:z / εər-] *n*. [항공] 대기 계면(界面)『지상 20-23km 사이의 대기층』.   [는 사람.
aer·o·phobe [ɛ́(:)rəfòub / εər-] *n*. 비행 공포증이 있
aer·o·pho·bi·a [ɛ̀(:)rəfóubiə / εər-] *n*. Ü [정신병] 공기증(恐氣症), 혐기증(嫌氣症); 비행(飛行) 공포증.
aer·o·pho·bic [ɛ̀(:)rəfóubik / εər-] *n*. =aerophobe.
aer·o·phone [ɛ́(:)rəfòun/εər-] *n*. 취주 악기.
aer·o·phore [ɛ́(:)rəfɔ̀:r] *n*. 통풍기, 환기기(器).
aer·o·pho·to [ɛ̀(:)ro(u)fóutou/εər-] *n*. (*pl*. **-tos**) 항공 사진, 공중 사진.
aer·o·pho·tog·ra·phy [ɛ̀(:)ro(u)fətágrəfi / εəro(u)fətɔ́g-] *n*. Ü 항공 사진술.
aer·o·phys·ics [ɛ̀(:)rəfíziks] *n*. *pl*. 《단수 취급》 공기 물리학(역학); 항공 물리학.
aer·o·phyte [ɛ́(:)rəfàit / εər-] *n*. 《식물》 착생(着生) 식물(epiphyte).
‡**aer·o·plane** [ɛ́(:)rəplèin/εər-] *n*. 《英》 = airplane.
aer·o·plank·ton [ɛ̀(:)ro(u)plӕŋktən / εər-] *n*. 《세균・화분(花粉) 따위》 공중 부유 미생물.
aer·o·pol·i·tics [ɛ̀(:)rəpálətiks/εərəpɔ́l-] *n*. *pl*. 《단수 취급》 항공 정책.
aer·o·pulse [ɛ́(:)rəpʌ̀ls/εər-] *n*. =pulsejet engine.

aer·o·quay [ɛ́(:)rəkì:] *n*. [비행장의] 위성 터미널.
AEROSAT 《略》 *aero*nautical *sat*ellite (항공 위성).
aer·o·scope [ɛ́(:)rəskòup/εər-] *n*. 대기 검사기.
aer·o·sol [ɛ́(:)ro(u)sɔ̀:l, -sàl / έəro(u)sɔ̀l] *n*. 《물리・화학》 에어로솔, 연무질(煙霧質).
áerosòl bómb *n*. 분무기(噴霧器), 스프레이.
aer·o·space [ɛ́(:)rəspèis/εər-] *n*. Ü 대기권과 대기권 밖; 항공권과 대기권 밖의; 항공권과 대기권 밖의; 항공 우주의.
áerospace engineéering *n*. 항공 우주 공학.
áerospace médicine *n*. 항공 [우주] 의학.
áerospace pláne *n*. 우주 비행 (비행체).
aer·o·sphere [ɛ́(:)rəsfìər / εər-] *n*. (the ~) 대기
aer·o·stat [ɛ́(:)rəstӕ̀t/εər-] *n*. 경항공기.   [권.
aer·o·stat·ic [ɛ̀(:)rəstӕtik / εər-], (**aer·o·stat·i·cal** [-ik(ə)l]) *adj*. **1** 기체 정역학(靜力學)의; 항공학(술)의. **2** 경항공기(aerostat)의.
aer·o·stat·ics [ɛ̀(:)rəstӕtiks/εər-] *n*. *pl*. 《단수 취급》 **1** 기체 정역학. **2** 《경항공기의》 항공술(학).
aer·o·sta·tion [ɛ̀(:)rəstéi(ə)n / εər-] *n*. Ü 경항공기 조종[법].
aer·o·ther·a·peu·tics [ɛ̀(:)ro(u)θèrəpjú:tiks / εər-] *n*. *pl*. 《단수 취급》 대기 요법.
aer·o·ther·a·py [ɛ̀(:)ro(u)θérəpi/εər-] *n*. =aerotherapeutics.
aer·o·ther·mo·dy·nam·ics [ɛ̀(:)ro(u)θə̀:rmo(u)dainӕmiks / εər-] *n*. *pl*. 《단수 취급》 공기 열역학.
aer·o·ti·tis [ɛ̀:rətáitis / εər-] *n*. [병리] 공기염(炎)[비행기내의 공기압의 변화에 의한 귀의 염증].
aer·o·train [ɛ́(:)rətrèin/εər-] *n*. 에어로트레인[프랑스의 공기 분사식 부상(浮上) 고속 열차].
aer·o·view [ɛ́(:)rəvjù:/εər-] *n*. 공중 부감도, [항공기의] 기상 전망(airview).   [과 같은.
ae·ru·gi·nous [irú:dʒinəs / iər-] *adj*. 녹청색의; 녹청
ae·ru·go [í(:)ru:gou/iə-] *n*. Ü 녹청(verdigris).
aer·y[1] [ɛ́(:)ri / é(i)əri] *adj*. **1** (詩) 대기(공기)와 같은(aerial); 공중의. **2** 영묘(靈妙)한(ethereal).
aer·y[2] [ɛ́(:)ri / εəri] *n*. (*pl*. **aer·ies**) = aerie.
Aes. 《略》 Aesop.
AESC, A.E.S.C. 《略》 *A*merican *E*ngineering *S*tandards *C*ommittee.
‡**Ae·sop** [í:səp, í:sɔp / í:sɔp] *n*. 이솝(620 ? -560 ? B.C. : 그리스의 우화 작가).
Ae·so·pi·an [i:sóupiən] *adj*. 이솝의, 이솝풍(류)의.
aesth. 《略》 aesthetics.
aes·thete [ésθi:t / í:s-, és-], (**esthete**) *n*. 심미가(審美家), 탐미파(耽美派)의 사람, 유미(唯美)주의자.
*‡**aes·thet·ic, es-** [esθétik / i:s-, es-], **-i·cal** [-ik(ə)l] *adj*. **1** 미의, 미감(美感)의; 미술의; 미학의; 심미적인. **2** 미를 사랑하는, 미감을 지닌, 심미안이 있는.
aes·thet·i·cal·ly, es- [esθétikəli/i:s-, es-] *adv*. 미학적으로, 심미적으로, 미학상, 미술적으로.
aes·the·ti·cian, es- [èsθətíʃ(ə)n / í:s-] *n*. 미학자.
aes·thet·i·cism [esθétisìz(ə)m/i:s-], (**estheticism**) *n*. **1** 심미주의, 유미주의, 탐미주의(耽美主義); 미적 취미. **2** 예술 지상주의.
aes·thet·ics [esθétiks/i:s-, es-], (**esthetics**) *n*. *pl*. 《단수 취급》 **1** [철학] 미학. **2** 심미감(심)의 연구.
aes·tho·phys·i·ol·o·gy [ì:sθoufìziálədʒi / í:sθoufìzíɔ́l-] *n*. (英) 감각 생리학(《美》 esthesio-physiology).
aes·ti·val, es- [éstiv(ə)l, estíváil/i:stái-] *adj*. 여름철의, 여름에 특유한.
aes·ti·vate, es- [éstivèit/í:s-] *vi*. (**-vat·ed, -vat·ing**) 여름을 보내다; 《동물》 하면(夏眠)하다. *cf*. hibernate
aes·ti·va·tion, es- [èstivéi(ə)n/i:s-] *n*. **1** 여름을 나기. **2** 《동물》 하면(*cf*. hibernation). **3** 《식물》 화아층(花芽層)[꽃눈의 배열 상태], 유염태(幼葉態), 화식
aet., aetat. 《略》 aetatis.   [(花式).
ae·ta·tis [i:téitis] *adj*. [나이가] …세인(aged, at the

age of) [略 aet., aetat.]. ¶ *aetatis* 15 15세의 / *anno* [ǽnou] *aetatis* suae[suːiː] 15 그가 15세 때에(in the 15th
ae·ther [íːθər] *n*. =ether.
ae·the·re·al, -ri·al [iθíːriəl/iθíər-] *adj*. =ethereal.
ae·ti·ol·o·gy [ìːtiáládʒi/-ɔ́l-] *n*. =etiology.
AEW 《略》《군사》 *a*irborne *e*arly *w*arning(공중 조기 경보[기]).
af- *pref*. ⇨ AD-.
AF 《略》 *a*ir *f*orce; Anglo-French; *a*utomatic *f*ocus control(자동 초점 조절).
Af. 《略》 *A*frica, *A*frican.
a.f. 《略》 *a*udio *f*requency.
A. F. 《略》 *a*ir *f*orce; Anglo-French; *a*udio *f*requency; *A*dmiral of the *F*leet 《英》(해 군 원 수); *A*llied *F*orces (연합군); *a*rmy *f*orm(군용 용지).
A.F.A. 《略》 *A*mateur *F*ootball *A*ssociation(아마추 어 축구 협회); 《美》 *A*ssociate in *F*ine *A*rts ([단기 대학 따위의] 미술학과 수료자).
A.F.A.M. 《略》 *A*ncient *F*ree and *A*ccepted *M*asons (초기의 프리메이슨. ⇨ FREEMASON).
AFAP 《略》《군사》 *a*rtillery-*f*ired *a*tomic *p*rojectiles (포발사의 핵병기).
***a·far** [əfɑ́ːr] *adv*.《보통 off 을 수반하여》아득히, 멀리. ¶ I saw a ship *afar* off. 아득히 먼 곳에 배가 한 척 보였다. 「에서 왔다.
 from afar 멀리서. ¶ He came *from afar*. 그는 먼 곳
AFB 《略》 *A*ir *F*orce *B*ase (공군 기지).
A.F.B. 《略》 *A*merican *F*ederation for the *B*lind (미국 맹인 연맹).
A.F.B.S. 《略》 *A*merican and *F*oreign *B*ible *S*ociety.
AFC 《略》《항공》 *a*utomatic *f*light control(자동 비행 제어); 〖무선〗 *a*utomatic *f*requency control (자동 주파수 조정).
A.F.C. 《略》 *A*ir *F*orce *C*ross (영국 공군 십자 훈장).
AFCS 《略》 *a*utomatic *f*light *c*ontrol *s*ystem (자동 비행 조정 장치). 「개발 은행.
Af DB 《略》 *Af*rican *D*evelopment *B*ank (아프리카
AFDC 《略》 *a*id to *f*amilies with *d*ependent *c*hildren (부양 아동 가족 부조[부모의 적절한 보호를 받지 못하는 아동을 위한 미국 정부의 생활 원조]).
a·feard [əfíərd] *adj*. 《고어·英·美방언》=afraid.
af·fa·bil·i·ty [æ̀fəbíliti] *n*. ⓤ 상냥함, 부드러움, 싹싹한 태도(affableness).
af·fa·ble [ǽfəbl] *adj*. **1** 사귀기 쉬운, 붙임성 있는; 싹싹한, 사근사근한(friendly). ⇨ AMIABLE 類語 **2** 《특히 손아랫 사람에게》 상냥한(polite). **3** 온화한(mild).
 ~**ness** *n*. **·bly** *adv*.
‡**af·fair** [əfɛ́ər] *n*. **1** 《공사의 구분 없이 처리해야 할》 일 (matter); 《논쟁이 되는》 사건, 문제; 《관계 있는》 일, 관심사. ¶ A love *affair*, an *affair* of love 정사, 연애 사건 / a serious *affair* 중대사 / a terrible *affair* 무서운 사건 / It is an *affair* of a few days. 2,3일이면 끝나는 일이다 / I found how *affairs* stood. 나는 사태가 어떤가를 알아냈다 / That is my [own] *affair*. 나[자신]의 문제다 / That is no *affair* of yours. 네가 상관할 일이 아니다.
2 (~s) 사무, 업무, 일 (business). ¶ family (*or* household) *affairs* 가사(家事) / public *affairs* 공무 / *affairs* entrusted 〔상업〕 위임 사항 / a talent for *affairs* 사무적 재능 / the *S*ecretary of *S*tate for *F*oreign *A*ffairs 《英》외무 대신 / a man of *affairs* 사무가, 실무가 / the state of *affairs* 사태, 형세 / a pretty state of *affairs* 매우 심각한 사태 / active in community *affairs* 사회 사업 활동을 하고 있는 / occupied with *affairs* 일 때문에 바쁜 / get one's *affairs* straight 만사[특히 재무]를 정리하다 / Mind (*or* Attend to) your own *affairs*. 네 일이나 걱정해라 / Put your *affairs* in order. 너의 일을 잘 정리해 놓아라.
3 〔구어〕 「막연한」 것, 일(thing, matter) (* 보통 부정 관사와 성질·종류 등을 나타내는 형용사 어구와 함께 쓰임

다). ¶ a social *affair* 파티, 모임 / Her dress was a wonderful *affair*. 그녀의 옷차림은 아주 멋졌다 / His house is a grand *affair*. 그의 집은 으리으리하다 / Our journey was a miserable *affair*. 우리의 여행은 비참한 것이었다 / His books are shapeless grey *affairs*. 그의 저서는 정리되지 않은 졸작들뿐이다.
4 《특히 불륜의》 연애 사건(love affair). ¶ have an *affair* with a person 남과 바람을 피우다 / keep one's *affair* secret 정사를 비밀에 붙이다.
5 《작은 전쟁, 전쟁의》 소전투(action). ¶ A lot of *affairs* were fought among the hills. 산 속에서 여러 번
an affair of honor 결투. 「작은 전투가 있었다.
as affairs stand 현상으로는.
on business affairs 볼일이 있어서, 상용으로(on business). 「다.
wind up one's **affairs** 가게를 닫다, 살림을 걷어치우
af·faire d'a·mour [F afɛːr damuːr](프랑스) (= affair of love) *n*. (*pl*. **af·faires d-**) 정사(情事).
af·faire de cœur [F afɛːr də kœr](프랑스) (= affair of heart) *n*. (*pl*. **af·faires d-**) 연애, 정사.
af·faire d'hon·neur [F afɛːr dɔnœr](프랑스) (=affair of honor) *n*. (*pl*. **af·faires d-**) 결투.
‡**af·fect¹** *vt*. [əfékt → *n*.] **1** …에 영향을 미치다; 《병 따위가》 …을 침범하다, 해치다, …에 해롭다. ¶ be *affected* by heat (cold) 더위(추위)로 몸을 해치다 / be *affected* with tuberculosis 결핵에 걸리다 / Cares *affect* the health. 걱정거리는 건강에 해롭다 / The rise in prices directly *affects* the living of people. 물가 앙등은 국민 생활에 바로 영향을 미친다.
類語 **affect** 나쁜 결과·변화를 직접적으로 일으키다: be *affected* by madness 미치다. **effect** 어떤 효과를 초래하다: This drug *effects* a sound sleep. 이 약은 깊이 잠들게 한다. **influence** 성격·행동 등에 변화를 일으키다; affect 쪽이 직접적 영향: be *influenced* by good examples 좋은 본보기에 감화되다.
2 …을 감동시키다, …에 감명을 주다(impress, move). ¶ be *affected* by (*or* with) joy (sorrow, compassion, awe) 기쁨(슬픔, 동정, 두려움)의 감정에 움직이다 / The performance *affected* me deeply. 이 연기는 내게 깊은 감명을 주었다 / We were much *affected* at the miserable sight. 우리는 그 비참한 광경을 보고 큰 충격을 받았다. 「(assign) (… to).
3 〔고어〕 《보통 수동태》 …을 담당하다, …에 돌리다 ― *n*. [ǽfekt] 〔심리〕 감정, 정서.
◇ **affé·ction** *n*., **affé·ctive** *adj*.
‡**af·fect²** [əfékt] *vt*. **1** …을 가장하다, 〔…인〕 체하다. ⇨ PRETEND 類語 ¶ *affect* ignorance (wonder) 모른(놀란) 체하다 / *affect* a philosopher 철학자연하다 // (~ + *to do*) *affect to* be faithful 충실을 가장하다 / He *affected* not to see me. 그는 나를 보고도 못 본 체했다.
2 …을 즐겨 쓰다(하다). ¶ *affect* a foreign style of dress 외국풍의 복장을 좋아하다. **3** 〔물건이 자연히〕 〔어떤 형태〕를 이루다, 경향이 있다. ¶ *affect* colloidal form 〔걸핏하면〕 콜로이드상(狀)이 되다. **4** 〔동식물이 즐겨〕 …에 살다, 나다. ¶ Moss *affects* northern slopes. 이끼는 북쪽 비탈에 난다. **5** 〔고어〕 …을 애호하다(love). ◇ **afféctation** *n*.
af·fec·ta·tion [æ̀fektéiʃ(ə)n] *n*. ⓒⓤ 〔…인〕 체하기, 가장; 뽐냄. ¶ an *affectation* of kindness 겉치레뿐인 친절 / without *affectation* 가식하지 않고, 숨김 없이.
af·fect·ed¹ [əféktid] *adj*. **1** 영향받은; 침범된. 〔병 따위에〕걸린; 〔더위〕를 먹은. ¶ an *affected* part 환부 / an *affected* district 이재 지역. **2** 감동한.
af·fect·ed² [əféktid] *adj*. **1** 《부사 well, ill 따위를 수반하여》 …의 감정(기분)을 가진. ¶ well(ill) *affected* to (*or* toward) …에 호의(악의)를 가진. **2** 뽐낸, 잘 난 체하는, 가식의. ¶ *affected* airs 아니꼬운 태도 / *affected* laughter 거짓 웃음 / an *affected* girl 젠체하는 소녀. ~**ly** *adv*. ~**ness** *n*.

af·fect·ing [əféktiŋ] *adj.* **1** 사람의 마음을 움직이는, 감동하는. ⇨ MOVING 類語 **2** 애처로운. **~·ly** *adv.*

af·fec·tion [əfékʃ(ə)n] *n.* **1** ⓤ (때로 an~) 애정, 정애(情愛); (종종 ~s) 애착, 애모의 정(*for, toward* ...). ⇨ LOVE 類語 ¶ the object of one's *affection* (or *affections*) 사랑하는 사람 / marry without (from) *affection* 애정이 없는(애정이 있는) 결혼을 하다 / win (or gain) a person's *affection* (or *affections*) 남의 사랑을 얻다, 남에게 사랑받다 // set one's *affection* (or *affections*) on (or *upon*) a person 남의 사랑을 얻으려 하다 / show *affection for* (or *toward*) a person 남에게 애정을 나타내다 / He has a deep *affection for* his parents. 그는 부모를 깊이 사랑한다.
2 ⓤ (때로 ~s) 감정, 기분, 정. ¶ over and above one's reason and *affections* 이성과 감정을 초월하여.
3 〔병리〕 질병, 질환. ¶ an *affection* of the heart (the lungs) 심장(폐)병 / a nervous *affection* 신경병.
4 ⓤⓒ 영향, 작용. ¶ reciprocal *affection* 상호 작용.
5 ⓤⓒ 〔물리〕의 일시적〕 상태; ⓒ 성질, 특성.
◇ afféct¹ *v.*, afféctionate, afféctional *adj.*

af·fec·tion·al [əfékʃ(ə)nəl] *adj.* 감정(상)의; 애정의.

‡**af·fec·tion·ate** [əfékʃ(ə)nit] *adj.* **1** 애정이 있는, 다정한, 자애로운. ¶ an *affectionate* embrace 따뜻한 포옹 / an *affectionate* mother 자모(慈母) / an *affectionate* letter 애정이 담긴 편지. **2** […에] 애정 넘치는(*to, toward* ...). ¶ Your *affectionate* brother. 사랑하는 형으로부터 〔편지의 끝맺음 말〕 // be *affectionate to* (or *toward*) a person 남에게 애정을 가지고 있다.
~·ness *n.* ◇ afféction *n.*, afféctionately *adv.*

‡**af·fec·tion·ate·ly** [əfékʃ(ə)nitli] *adv.* 애정이 넘치게, 다정하게. ¶ Yours *affectionately.* =*Affectionately* yours. 친애하는 ...으로부터 〔가족·친척·애인 사이에서 편지의 끝맺음 말〕.

af·fec·tive [əféktiv] *adj.* **1** 정적(情的)인, 감정적인, 정서적인(emotional). **2** 사람의 마음을 움직이는, 감동적인(affecting). **3** 〔심리〕 쾌·불쾌의 감정적인.

af·fen·pin·scher [ǽfənpinʃər] *n.* 아펜핀셔(긴 털의 독일산 애완견).

af·fer·ent [ǽfərənt] *adj.* 〔생리〕 〔신경이나 혈관 따위가〕 수입(輸入)의, 구심(心)의. opp. efferent ¶ *afferent* nerves 수감(受感)신경 / *afferent* veins 수입 혈관.

af·fet·tu·o·so [æfetʃuóusou, -fetjuóuzou] *adv., adj.* 〔음악〕 감정을 넣은(넣어서), 정취 가득한(히), 부드럽게. (< It)

af·fi·ance [əfáiəns] *n.* ⓤ **1** 계약; 〔특히〕 약혼(marriage contract). **2** 신탁(trust), 신뢰(confidence).
—— *vt.* (-anced, -an·cing) 〔보통 수동형 또는 재귀용법〕…을 약혼시키다(betroth). ¶ He is *affianced to* her. 그는 그녀와 약혼하다 / He has *affianced* himself *to* her. 그는 그녀와 약혼했다.

af·fi·anced [əfáiənst] *adj.* 약혼한(engaged), 약혼자의. ¶ one's *affianced* husband (wife) 장차 남편이 (아내가) 될 사람.

af·fi·ant [əfáiənt] *n.* 〔법률〕 선서 공술인(供述人).

af·fi·da·vit [æfidéivit] *n.* 〔법률〕 선서 공술서 (*cf.* deposition), 공술서. ¶ swear (or make, take) an *affidavit* 공술서에서 거짓이 없음을 선서하다 / take an *affidavit* 〔판사가〕 공술서를 받는다.

af·fil·i·ate [əfílièit ~ n.] (-at·ed, -at·ing) *vt.* **1** …을 합병하다(... *to, with*), ¶ *affiliate* smaller companies 작은 회사를 합병하다 / *affiliate* high schools to (or *with*) a university 고교를 대학에 부속시키다.
2 〔동료로서〕 …을 *with*...(美) ... *to*)로. ¶ *affiliate* a person *with* (or *to*) a society 남을 회원으로 가입시키다 / He is *affiliated with* good men. 그는 선량한 사람들과 교제하고 있다.
3 …을 가족의 일원으로 넣다, 양자를 삼다(adopt).
4 …의 근원을 […에] 돌리다; …을 […의] 창시로(창작으로) 삼다(... *upon, on, to*). ¶ *affiliate* the poem *to* the folklore 그 시의 근원을 민화에 돌리다 / They *affiliated* the famous picture *upon* Danwon. 사람들은 그 유명한 그림을 단원(檀園)의 작이라 했다.
5 〔법률〕 〔비적출자(非嫡出子)의〕 부친을 …으로 하다 (... *upon, on, to*). ¶ The mother *affiliated* her baby *upon* (or *to*) him. 그 어머니는 자기 어린애의 아버지가 그라고 말했다.
—— *vi.* 제휴하다, 협력하다; 《美》 교제하다(*with* ...).
—— *n.* [əflliit, +美 -èit] **1** 〔美〕 분회, 지사, 지부 (branch organization). **2** 가입자, 회원; 동료, 조합원 (associate); 보조자(auxiliary).

af·fil·i·at·ed [əfílièitid] *adj.* 가입(가맹)한, 관련이 있는, 지부의. ¶ an *affiliated* company 계열(자매) 회사 / *affiliated* societies 지부, 분회 / *affiliated* unions 가맹 조합.

af·fil·i·a·tion [əfìliéiʃ(ə)n] *n.* ⓤⓒ **1** 입회, 가입, 가맹. **2** 병합, 합동, 합병. **3** 양자로 삼기, 양자 결연, 입적(入籍) **4** 〔법률〕 〔비적출자의〕 아버지를 결정(인정)하기. **5** 근원의 귀속 결정(인정). **6** 제휴, 협력(친선) 관계.

af·fined [əfáind] *adj.* **1** 〔밀접한〕 관계를 맺은, 동맹한, 결합한. **2** 인척 관계가 된, 혈족의. **3** 속박된 (bound).

af·fin·i·tive [əfínitiv] *adj.* **1** 혈연의, 인척 관계의; 〔생물〕 유연적(類緣的)인, 유연성의. **2** 〔밀접한〕 관계가 있는.

***af·fin·i·ty** [əfíniti] *n.* (*pl.* -ties) **1** 취미, 기호. **2** ⓤ 〔양성의〕 친화성(親和性); ⓒ 마음이 끌리는 이성. **3** ⓤ ⓒ 친척 관계, 친족, 인척 관계, 근사점, 유연성(類緣性) (*with, between* ...). ¶ English has a close *affinity with* Latin. 영어는 라틴어와 밀접한 관계가 있다 / There is an *affinity between* the two languages. 그 두 언어 사이에는 유연 관계가 있다. **5** ⓤ (종종 an~) 〔생물〕 유연 (類緣), 〔화학〕 친화력(*for* ...). ¶ It has an *affinity for* water. 그것은 물과 친화력이 있다.
◇ afffnitive, affined *adj.*

affinity group *n.* 친화 집단(공통점을 가진 사람들로 조직된 단체·클럽·기구 따위).

‡**af·firm** [əfə́ːrm] *vt.* **1** …을 단언하다, 확언하다. ¶ *affirm* one's loyalty 충성을 맹세하다 (¶ (~+that 節)) He *affirmed* that the news was true. 그는 그 소식이 진실이라고 단언했다.
類語 **affirm** 증거·경험 따위에 입각하여 확신을 가지고 주장하다: *affirm* the necessity of disarmament 군축의 필요성을 주장하다. **assert** 증거는 없지만 개인적인 신념에 입각해서 주장하다: *assert* that war is inevitable 전쟁은 불가피하다고 주장하다. **declare** 공공연히 assert 하다: *declare* that a person is innocent 남을 무고하다고 선언하다. **protest** 의혹·반대에 직면하고 있을 때 확신하고 있는 것을 공공연히 affirm 하다 / *protest* that the police are mistaken 경찰의 잘못이라고 주장하다.
2 …을 확인하다(confirm), 승인하다(ratify). ¶ The appellate court *affirmed* the judgment of the lower court. 항소 법원은 하급 법원의 판결을 확인했다.
—— *vi.* **1** 확언하다. **2** 〔법률〕 증언하다.
◇ affirmátion *n.*, affírmative *adj.*, affírmatory *adj.*

af·firm·a·ble [əfə́ːrməbl] *adj.* 확언(단언)할 수 있는, 긍정할 수 있는, 확인할 수 있는.

af·firm·ance [əfə́ːrməns] *n.* ⓤ 확언, 긍정, 승인.

af·firm·ant [əfə́ːrmənt] *n.* 확언자; 증언자.

***af·fir·ma·tion** [æfərméiʃ(ə)n] *n.* ⓤⓒ **1** 확언, 단언; 확인(단언)된 것, 〔그〕주장. **2** 〔논리〕 긍정, 시인. **3** 〔법률〕 증언.

‡**af·fir·ma·tive** [əfə́ːrmətiv] *adj.* **1** 확언적인, 확정적인. **2** 긍정적인(asserting). ¶ an *affirmative* answer 긍정적 회답. **3** 확증적인(confirmative). **4** 〔논리〕 긍정적인. ¶ an *affirmative* proposition 긍정 명제.

affirmative action

n. (종종 the ~) **1** 긍정. ¶ Two negatives *make* an *affirmative*. 이중 부정은 긍정이 된다. **2** 긍정어, 긍정 어구["yes", "I do" 따위]. ¶ answer in the *affirmative* 긍정적, 동의하다, 찬성하다. **3** (the ~) 동의자측, 찬성자측. ¶ take *the affirmative* 찬성측에 서다. ~·**ly** *adv.* ◇ affírm *v.*, affirmátion *n.*, affírmatory *adj.*

affirmative áction *n.*《美》차별 시정 계획(조치) [흑인·소수 민족·여성의 고용·고등 교육 등을 적극적 으로 추진하는 계획].

affirmative séntence *n.* 〔문법〕 긍정문.

af·firm·a·to·ry [əfə́:rmətɔ̀:ri/-t(ə)ri] *adj.* 단정적인; 긍정의(affirmative).

af·firm·er [əfə́:rmər] *n.* 긍정자, 확언자; 증언자.

af·fix *vt.* [əfíks → *n.*] **1** …을 첨부하다, (우표 따위) 를 붙이다(... *to*). ¶ *affix* a stamp [*to* a letter] [편지 에] 우표를 붙이다. **2** [도장 따위]를 찍다(... *to*). ¶ *affix* a seal [*to* a paper] [서류에] 도장을 찍다 / *Affix* your signature *to* the contract. 이 계약서에 서명해 주십시 오 / His name is *affixed to* it. 거기에는 그의 서명이 다. **3** [죄 따위]를 뒤집어씌우다(... *to*). ── *n.* [ǽfiks] **1** 첨부물. **2** 〔문법〕 접사(接辭) [접두사, 삽 입사, 접미사].

af·fix·a·tion [ǽfikséi(ə)n] *n.* **1** =affixture. **2** Ⓤ 〔문법〕 접사 첨가 [어미 변화에 의한 단어 형성].

af·fix·ture [əfíkstʃər] *n.* **1** Ⓤ 첨부, 붙이기, 첨가 (attachment). **2** 첨부물, 붙인 것, 첨가물.

af·fla·tion [əfléi(ə)n] *n.* **1** [시인 등의] 불어넣기, 고취(鼓吹).

af·fla·tus [əfléitəs] *n.* **1** [시인 등의] 영감(inspiration). **2** 영오(靈悟), 영지(靈知).

‡**af·flict** [əflíkt] *vt.* 〔심신〕을 괴롭히다, 들볶다(distress). ⇒ TORMENT 類語 ¶ be *afflicted* with melancholy 우울증에 시달리다 / He was *afflicted* at his failure. 그는 자기가 실패한 것을 알고 가슴 아파했다 // (~+몀+줜) *afflict* oneself *with* illness 병으로 고생 하다. ◇ afflíction *n.*

*af·flic·tion [əflíkʃ(ə)n] *n.* Ⓤ Ⓒ **1** 고통, 고뇌(distress), 고난, 고생, 불행. **2** 고통의 원인, 재앙, 박해. ◇ afflíct *v.*, afflíctive *adj.*

af·flic·tive [əflíktiv] *adj.* 고뇌(고난)를 주는, 피로운; 곤란하게 하는(*to* ...). ~·**ly** *adv.*

af·flu·ence [ǽfluəns] *n.* Ⓤ **1** [물질적인] 풍요함, 풍 부(abundance); 부유, 유복(wealth). ¶ a man of *affluence* 부유한 사람 / live in great *affluence* 매우 부 유한 생활을 하다. **2** [사상·어휘 따위가] 풍부함(profusion). ¶ *affluence* of words 어휘의 풍부함. **3** 유입 (流入) (afflux). ¶ the *affluence* of newcomers 신인의 몰려듦. ◇ áffluent *adj.*, ǽfflux *n.*

af·flu·ent [ǽfluənt] *adj.* **1** 부유한, 유복한, 돈이 많 은. ⇒ RICH 類語 **2** 풍부한, 풍요한(abundant) (*in* ...). **3** 도도히 흐르는, [샘 따위가] 콸콸 솟아나는, 엄청난. ── *n.* 지류(支流)(tributary). ~·**ly** *adv.*

ǽffluent socíety *n.* (the ~) 풍요로운 사회 [미국 경제 학자 K. J. Galbraith 유의 말].

af·flu·en·za [ǽfluénzə] *n.* 부자병 [막대한 재산을 상 속 받은 여성의 병으로서, 무력감·권태감·자책감 등의 증상을 나타낸다]. [< AF[FLUENCE] + IN[FLUENZA]]

af·flux [ǽflʌks] *n.* **1** 유입, 쇄도. **2** 〔의학〕 충혈.

‡**af·ford** [əfɔ́:rd/əfɔ́:d] *vt.* **1** (종종 can, may, be able to 의 뒤에 오며 부정사를 수반하여) …을 할 수 있다, ⇒ CAN 類語 ¶ (~+to *do*) How can you *afford* to sell cheap? 어떻게 해서 그리도 싸게 팔 수 있느냐? / We can't *afford* to neglect such powerful social emotions. 우리는 그처럼 강력한 사회적 감정을 무시할 수가 없다 / He could not *afford* to go every night. 그는 매일 밤 갈 수가 없었다 / I cannot *afford* to buy a new car. 새 차 를 살 여유가 없다. **2** (종종 can, may 와 부정사를 수반하여) [경제적·시간적인] 여유가 있다. ¶ I cannot *afford* holidays. 쉴 날을 가질

(휴식을 취할) 여유가 없다 / I'm not rich enough to *afford* a car. 나는 자동차를 살만큼 부유하지 못하다 / I cannot *afford* the loss of a single day. 나는 단 하루도 헛되이 할 수가 없다 / We can ill(well) *afford* the time. 우리는 시간을 낼 수가 없다(있다). **3** …을 낳다, 산출하다(yield). ¶ The U.S.A. *affords* minerals of various kinds. 미국은 갖가지 광물을 산출 한다 / The garden *afforded* fresh vegetables for the family. 그 채소밭에서는 가정용의 싱싱한 야채를 가꿀 수 있었다. **4** …을 주다, 가져오다, 수여하다(give) (... *to*). ¶ His words *afford* no explanation. 그의 말로는 설명이 되지 않는다 / (~+몀+줜) (~+줜+몀) Reading *affords* me great pleasure. = Reading *affords* great pleasure *to* me. 독서는 나에게 큰 즐거움을 준다. **5** (자동사적으로) [부정사와 함께] ¶ No one can *afford* without it. 아무도 그것 없이 해나갈 수는 없다.

af·for·est [əfɔ́:rist, -fár- / əfɔ́r-, əf-] *vt.* …을 삼림으 로 만들다, …에 식림(植林)하다, 조림하다.

af·for·es·ta·tion [əfɔ̀:ristéi(ə)n, -fàr- / əfɔ̀r-, əf-] *n.* Ⓤ 조림, 식림.

af·fran·chise [əfrǽntʃaiz, + 英 ǽf-] *vt.* (-**chised**, -**chis·ing**) [노예 상태·의무 따위로부터] …을 해방하다, 자유롭게 하다.

af·fran·chise·ment [əfrǽntʃizmənt] *n.* Ⓤ 해방.

af·fray [əfréi] *n.* **1** 싸움, 소동, 말다툼. **2** 〔법률〕 [공공장소에서의] 다툼, 난투(亂鬪).

af·freight·ment [əfréitmənt] *n.* Ⓤ 〔선하(船荷) 운송 의〕 용선(傭船).

af·fri·cate [ǽfrikit, + 英 -kèit] *n.* 〔음성〕 파찰음(破擦 音). ★ [tʃ] [dʒ] 따위.

af·fric·a·tive [əfríkətiv, ǽfrikèi- / ǽfrikətiv, əf-] 〔음 성〕 *n.* = affricate. ── *adj.* 파찰음의.

af·fright [əfráit] 〔고어〕 *vt.* …을 놀래게 하다, 무서워 하게 하다(frighten). ¶ be *affrighted* at (or by) the sight 그 광경을 보고 깜짝 놀라다. ── *n.* 경악, 공 포(terror).

***af·front** [əfrʌ́nt] *vt.* **1** 〔공공연히〕…을 모욕하다, 창 피를 주다, …에게 무례한 짓을 하다. ⇒ INSULT 類語 ¶ His speech *affronted* me. 그는 연설에서 나를 모욕했다. **2** (ещ 등을) 無视하다; …의 면목을 실추케 하다. **3** (태연히) [죽음·위험 따위]에 맞서다, 직면하다, 맞이 하다. ¶ *affront* death 태연히 죽음을 맞이하다. ── *n.* 모욕, 치욕; [맞대놓고 하는] 무례한 언동(*to*, *upon* ...). ¶ suffer an *affront* 모욕을 당하다 / offer an *affront* *to*; put an *affront* *upon* …에게 무례한 짓을 하다. ◇ affróntive *adj.* 〔…을 하는 사람.

af·front·er [əfrʌ́ntər] *n.* 모욕하는 사람, 무례한 언동

af·fron·tive [əfrʌ́ntiv] *adj.* 〔고어〕 모욕적인.

afft. (略) affidavit.

af·fu·sion [əfjú:ʒ(ə)n] *n.* Ⓤ **1** 〔물 따위의〕 액체를 붓기, 관수(灌水). **2** 〔종교〕 주수(注水) 세례. **3** 〔의학〕 관주(灌注) 요법.

Afg., Afgh. (略) Afghanistan; afghani.

Af·ghan [ǽfgæn, -gən / ǽfgän] *n.* **1** 아프가니스탄 인. **2** Ⓤ 아프가니스탄어(語). **3** (a-) 털실로 짠 담요. **4** =Afghan hound. ── *adj.* 아프가니스탄의; 아프가 니스탄인(어)의.

Áfghan hóund *n.* 아프간 개 [사냥개의 일종].

af·gha·ni [æfgǽni, +美 -gá:ni] *n.* 아프가니 [아프가니 스탄의 화폐 단위].

Af·ghan·i·stan [æfgǽnistæ̀n, +英 -tən] *n.* 아프가니 스탄 [인도 서북쪽에 있는 공화국; 수도 Kabul].

Af·ghan·i·stan·ism [æfgǽnistənìz(ə)m] *n.* 〔신문 기자 등이〕 국내 문제를 소홀히 하고 먼 외국 문제에 몰 두하기.

a·fi·cio·na·do [əfìsiəná:dou] *n.* (*pl.* -**dos**) 열애자(熱 愛者)(ardent devotee). [< Sp]

a·field [əfí:ld] *adv.* **1** 멀리 떨어져서, 집에서 멀리 떨

AFIPS 68 **Aframerican**

어져서, 밖에. ¶ far *afield* 멀리 떨어져서. **2** 상궤를 벗어나서, ¶ go far *afield* 길을 잘못 들다. **3** [농부 등이 일하러] 밭에; [군대가] 싸움터에; [야구] 외야수로 서. **4** [사람의 경험이나 지식의] 영역을 넘어서, 문제 (전문 분야)를 떠나서; 근친의 범위를 벗어나서. ¶ a philosophy far *afield* of previous philosophical thoughts 그때까지의 철학적 사상으로부터 동떨어진 철학. **5** 길을 잃어(astray).

AFIPS (略) American Federation for Information Processing Society(미국 정보 처리 관계 학회 연합회).

a-fire [əfáiər] *adj.* (주로 서술용법) ＊ 한정적 용법의 경우는 명사 뒤. **1** 불이 되어, 불타서, ¶ set a thing *afire* 물건을 불태우다. **2** [감정이] 격하여; 흥기심에 불타서; [마음이] 완전히 흩어져서, ¶ with heart *afire* 마음이 불타올라 // be *afire about* …에 강한 흥미를 보이다.

AFKN (略) American Forces Korea Network (주한 미군 방송망). [동 총연맹).

A.F.L. (略) American Federation of Labor (미국 노

a-flame [əfléim] *adj.* (주로 서술용법) ＊ 한정적 용법의 경우는 명사 뒤. **1** 불타서, 불꽃이 되어. ¶ In a moment the tanker was all *aflame*. 그 유조선은 순식간에 불길에 휩싸였다. **2** 열중하여, [감정이] 뜨거워져서, ¶ She watched it with curiosity *aflame*. 그녀는 호기심에서 그것을 지켜보았다 // She was *aflame with* anger. 그녀는 분노에 불타 있었다.

af-la-tox-in [æflətάksən/-tɔ́ks-] *n.* Ⓤ 아플라톡신[곰팡이가 내는 독소로 발암성].

AFL-CIO (略) American Federation of Labor and Congress of Industrial Organizations (미국 노동 총연맹 산업별 회의) [1955년 AFL 과 CIO 가 합쳐져 결성].

＊**a-float** [əflóut] *adj.* (주로 서술용법) ＊ 한정적 용법의 경우는 명사 뒤. **1** [물 위·공중에] 떠서, 돈, 표류하여(한). ¶ set a ship *afloat* 배를 진수시키다 / The ship is *afloat*. 배가 떠 있다 / Her hair is *afloat* in the breeze. 그녀의 머리털이 산들바람에 나부끼고 있다. **2** 배 위에. ¶ cargoes *afloat* and ashore 해상의 짐과 양육한 짐. **3** 해상에서(에 있는). ¶ life *afloat* 해상 생활 / service *afloat* 해상 근무 / the largest aircraft carrier *afloat* 세계 최대의 항공 모함. **4** [배의 갑판·밭 따위가] 침수되어, 물에 잠겨(flooded), 물에 씻겨(awash). ¶ The main deck was *afloat*. 주갑판이 물에 뒤집어졌다. **5** 부동(浮動)하여, 불안정하게 움직여. ¶ Our affairs are all *afloat*. 우리의 일은 완전히 되어가는 대로 맡겨졌다. **6** [소문 따위가] 유포되어, 퍼져. ¶ A rumor is *afloat* about you. 네 소문이 자자하다. **7** [상업] [어음이] 유통되어; [채권이] 부동하여. **8** [경제적인] 곤경에서 떠올라(벗어나). ¶ The firm is again *afloat*. 그 회사는 다시 덕자를 모면했다.

keep afloat ① (*vt.*) …을 물위(공중)에 띄워 두다. ② (*vi.*) 빚을 지지 않고 있다.

set (or *get*) *afloat* ① …을 띄우다. ② [소문 따위]를 퍼뜨리다. ¶ They *set* a malicious rumor *afloat*. 그들은 악의에 찬 소문을 퍼뜨렸다.

── *adv.* [물 위·공중에] 떠서. ¶ *afloat* on a tide of happiness 행복의 물결을 타고. ◇ float *v.,n.*

a-flut-ter [əflʌ́tər] *adj.* (서술용법) [깃발·날개 따위가] 펄럭이어; 들떠서. ── *adv.* 펄럭이어; 어수선하게.

AFM (略) American Federation of Musicians (미국 음악가 연맹).

AFN (略) American Forces Network; Armed Forces Network. [하게.

à fond [F afɔ̃] *adv.* (프랑스) (=to the bottom) 철저

＊**a-foot** [əfút] *adv., adj.* (＊ 형용사로서는 주로 서술용법) ＊ 한정적 용법의 경우는 명사 뒤. **1** 도보로, ¶ go *afoot* 걸어가다. **2** 일어나, 움직여. ¶ be early *afoot* 일찍부터 일어나 있다. **3** 진행중이어(in progress), [일이] 생겨서. ¶ There is mischief *afoot*. 나쁜 일이 벌어지고 있다 / A design is *afoot*. 계획이 추진되고 있다.

get afoot 걸을 수 있게 되다; [병이] 쾌유되다.

set afoot [일]을 일으키다, [계획]을 세우다.

a-fore [əfɔ́ːr/əfɔ́ː] *adv., prep., conj.* (고어·방언) 이 전에(before).

afore- before 의 뜻의 연결형. 예: *afore*mentioned.

a-fore-men-tioned [əfɔ́ːrmènʃ(ə)nd/əfɔ́ː-] *adj.* 전술한, 전기한.

a-fore-said [əfɔ́ːrsèd/-fɔ́ː-] *adj.* 전술한.

a-fore-thought [əfɔ́ːrθɔ̀ːt/əfɔ́ː-] *adj.* 미리 생각된, 계획적인, ¶ a crime *aforethought* 계획적 범죄. ── *n.* Ⓤ Ⓒ 사전의 고려.

a-fore-time [əfɔ́ːrtàim/əfɔ́ː-] *adv.* 이전에, 미리, 전부터. ── *adj.* 이전의, 사전의.

a for·ti·o·ri [éifɔ̀ːrʃiɔ́ːrai, -ri:/-fɔ̀ːti-] *adv.* ⟪라틴⟫ (=for stronger reason) 더욱 강력한 이유로; 더더구나.

a-foul [əfául] *adv.* (＊ 형용사로서는 서술용법) 충돌하여, 뒤엉켜, 얽혀.

run (or *fall*) *afoul of* ① [사상·이해가] …과 충돌하다, 문제를 일으키다, [법률 따위]에 저촉되다. ② …과 뒤엉켜다, …에 휩쓸리다.

AFP (略) ⟪프랑스⟫ *Agence France-Presse* (프랑스 통신사); alphafetoprotein [병리] (알파 페토 단백[태아가 만드는 유일한 단백질]).

Afr- ⇨ AFRO-.

Afr. (略) Africa, African.

A.-Fr. (略) Anglo-French(영불의).

‡**a-fraid** [əfréid] *adj.* (서술 형용사) **1** 무서워하여, 두려워하여(frightened), ¶ She is much *afraid of* snakes. 그녀는 뱀을 아주 무서워한다.

⟦注意⟧ *afraid* 를 수식하는 부사는 much 이나, ⟪美구어⟫에서는 very 가 흔히 쓰인다.

2 걱정하여, 염려하여. ¶ He was *afraid of* his termagant wife. 그는 잔소리가 심한 아내를 두려워하고 있었다 / He is *afraid of* his own shadow. 그는 자기의 그림자를 무서워한다; 매우 겁이 많다 / I am *afraid of* dying. 나는 죽지나 않을까 걱정하고 있다 / You need not be *afraid of* being behind time. 늦지나 않을까 하고 걱정하지 않아도 된다 // The students are *afraid* to speak out boldly. 학생들은 두려워서 대담하게 의견을 내놓지 못하고 있다 // I am *afraid lest* I should miss the last train. 막차에 늦지 않을지 걱정이다 // I am *afraid* I shall fail again this year. 금년에도 또 실패하지 않을까 걱정이다 / I am *afraid* I should be fired. 해고될 것 같아 걱정이다.

── **Usage**¹ ── afraid + 절과 afraid + to- 부정사와 afraid + of + 동명사── He is afraid [that] he will die.는 「그는 죽지나 않을까 걱정하고 있다」는 뜻; He is afraid *to* die.는 「그는 죽음을 두려워하고 있다, 죽을 용기가 없다」라는 뜻; He is afraid of *dying*.은 상기한 뜻의 어느 것으로나 해석되나, afraid + 절의 뜻으로 쓰이는 경우가 많다.

3 유감스러우나 …인(sorry). ¶ I'm *afraid* it's going to rain. 비가 올 것 같다 (＊ 이 용법에서는 that 을 생략하는 것이 보통) / Is this your writing? ─ I am *afraid* it is. 이것은 네가 쓴 것인가? ─ 예 그런 것 같습니다만 / Will the patient get well soon? ─ I am *afraid* not. 저 환자는 곧 좋아질까요? ─ 좀 어렵지 않을까요.

── **Usage**² I hope and I am afraid ── 자기의 발언에 「…이라 생각한다」고 가볍게 첨가할 경우 바람직한 일에는 I hope 를, 바람직하지 않은 일에는 I am afraid 를 쓴다: *I hope* we shall be in time. 시간에 댈 수 있겠지 / We shall be late, *I'm afraid*. 우린 늦지 않을지 모르겠다 / Must I go now? ─ *I'm afraid* so. 지금 가야 할까? ─ 그래야 할 것 같군.

A-frame [éifrèim] *n.* **1** A 자 모양의 틀[무거운 것을 받치는 데 쓴다]. **2** A 형 프레임의 집. ── *adj.* A 자 모양의, A 형 틀 위에 지어진.

Af·ra·mer·i·can [æ̀frəmérikən] *adj., n.* = Afro-

af·reet, -rit [ǽfriːt] n. 〔아라비아 신화〕 악마, 귀신 〔demon〕.
ʾa·fresh [əfréʃ] adv. 새로이(anew), 새삼스럽게, 또다시(again). ¶ start *afresh* 다시 시작하다. ◇ fresh *adj.*
Af·ric [ǽfrik] *adj.* = African.
‡**Af·ri·ca** [ǽfrikə] n. 아프리카.
◇ African *adj.*, Africanize v.
‡**Af·ri·can** [ǽfrikən] *adj.* 1 아프리카의, 아프리카 [흑인]의. 2 흑인의; [교회 등의] 흑인에 의한. — n. 아프리카인, 아프리카 흑인. ◇ Africa n., Africanize v.
Af·ri·ca·na [ǽfrikάːnə, -kǽnə] n. pl. 아프리카에 관한 문헌.
African-American n. adj 《美》아프리카계 미국인(의), 흑인(의).
Af·ri·can·der, -kan- [ǽfrikǽndər] n. = Afrikander.
African dóminoes [-gólf] (dice), 크랩스(craps) [도박의 일종].
Af·ri·can·ist [ǽfrikənist] n. 아프리카 언어(문화) 연구가; 아프리카 민족 해방주의자.
Af·ri·can·ize [ǽfrikənàiz] vt. (-ized, -iz·ing) … 을 아프리카화하다, 백인을 아프리카인으로 바꾸다, 아프리카 흑인 체제로 만들다.
Af·ri·kaans [ǽfrikάːnz, -kάːns / -kάːns] n. ⓤ 아프리칸스〔17세기의 네덜란드어에서 전화(轉化)·발달한 남아프리카 지방의 통용어, 남아프리카 공화국의 공용어의 하나〕(Taal). * 어미의 -s는 English 등의 -ish에 상당한다.   〔태생의 백인.
Af·ri·ka·ner [ǽfrikάːnər, +美 -kǽn-] n. 남아프리카
Af·ri·ka·ner·dom [ǽfrikάːnərdəm] n. 〔남아프리카 태생의〕 백인 지배 사회.
Af·ro [ǽfrou] n. 아프로〔아프리카풍의 둥근 머리 모양〕. — adj. 아프로 머리의; 아프리카식의.
Afro- African의 뜻의 연결형 * 모음 앞에서는 Afr- 를 쓴다〕. 예: *Afro*-American, *Afro*-Asiatic.
Af·ro-A·mer·i·can [ǽfro(u)əmérikən] *adj.* 〔아프리카계〕 미국 흑인의. — n. 미국 흑인(Aframerican).
Af·ro-A·sian [ǽfro(u)éiʒ(ə)n, -ʃ(ə)n / -ʃ(ə)n] *adj.* 아시아·아프리카의. ¶ the *Afro-Asian* bloc 아시아·아프리카 블록.
Af·ro-A·si·at·ic [ǽfro(u)èiʒiǽtik, -ʃiǽt- / -ʃiǽt-] *adj.* 아시아·아프리카의. — n. ⓤ 아프리카·아시아 어족(Hamito-Semitic) 〔Semitic, Egyptian, Cushitic, Chad 의 여러 말을 포함하는 어족〕.
Af·ro·beat [ǽfro(u)bìːt] n. 〔음악〕 애프로비트〔아프리카 음악의 리듬을 따서 만든 음악〕.   〔찬.
Af·ro·ism [ǽfro(u)ìzəm] n. 아프리카 흑인 문화 예
Af·ro-Lat·in [ǽfro(u)lǽtin] *adj.* 아프리카와 라틴 아메리카의 음악을 혼합한.
Af·ro-rock [ǽfro(u)ràk / -rɔ̀k] n. 아프로로크〔전통적인 로크 스타일을 도입한 현대 아프리카 음악〕.
AFRTS (略) *A*rmed *F*orces *R*adio and *T*elevision *S*ervice (미군 라디오·텔레비전 서비스).
A.F.S. (略) 《英》 1 *A*uxiliary *F*ire *S*ervice (보조 소방대). 2 *A*merican *F*ield *S*ervice(아메리칸 필드 서비스〔국제 장학 재단; 미국 재단에 의한 고교생 유학 제도〕).
AFSATCOM (略) *A*ir *F*orce *S*atellite *Com*munications System(미공군 위성 통신 시스템).
AFSC (略) *A*merican *F*riends *S*ervice *C*ommittee (미국 프렌드파 봉사단).
aft [æft / ɑːft] 〔항해·항공〕 adv., adj. 선미에(쪽에), 〔항공기의〕 후미에(쪽으로). *opp.* fore
fore and aft ⇨ FORE.
AFT (略) *A*merican *F*ederation of *T*eachers (미국 교
aft. (略) afternoon.   〔원 연맹〕.
AFTA (略) *A*SEAN *F*ree *T*rade *A*rea(ASEAN 자유 무역 지역).
‡**af·ter** [ǽftər / άːf-] *prep.* 1 〔시간·장소·순서 따위가〕 …뒤에(서), …다음에, …후에. ¶ day *after* day 나날이, 매일 매일 / time *after* time 몇 차례고 / year *after*

year 해마다 (* 이들은 명사구로도 부사구로도 쓰인다) / the day *after* tomorrow 모레 / at ten *after*(《英》 past) eight 8시 10분에 / *after* dark 해가 진 뒤 / the greatest poet *after* Shakespeare 셰익스피어 이후의 최대의 시인 / ships sailing in a line *one after another* (⇨ ONE) 줄을 지어 항해하는 배들 / *one after the other* (⇨ ONE) 〔2개의 것이〕 차례로, 번갈아, 교대로 / He came to live here *after* his father's death. 그는 아버지의 사망 후 이곳으로 이사왔다 / *After* ten years' absence he returned home from France. 그는 10년 만에 프랑스에서 귀국했다 / *After* a while I got up and started along the bank. 잠시 후 나는 일어나서 강둑을 걸어 나갔다 / *After* you. 먼저 가십시오(하십시오) / *After a storm comes a calm.* 《속담》 비 온 뒤에 맑이 굳어진다 / *After us* (or *me*) *the deluge!* 《속담》 나중에야 어찌 되건 알 바 아니다.

— Usage¹ ⑴ after 와 since —— since 는 어떤 시점에서 현재(또는 과거의 어떤 시점)까지의 계속을 뜻하나, after 는 계속을 포함하지 않는다. 따라서 since 는 완료형과, after 는 단순형과 함께 쓰는 일이 많다: *Since* graduation I have heard nothing of him. *After* graduation I heard nothing of him.
⑵ after a week 와 in a week —— 현재를 기점으로 하여 「1주일 뒤에」의 경우에는 in a week 을 쓰고, 과거 또는 미래의 어떤 시점을 기점으로 할 경우에는 after a week 을 쓴다.
⑶ after 와 behind —— 「들어오거든(나가거든) 뒤에 문을 닫아라.」처럼 동작의 시간적 순서를 말할 경우에는 Shut the door *after* you. 처럼 after 를 쓰고, 「…의 뒤쪽의(에)라는 공간적 위치 관계를 말할 때는 behind 를 쓴다: She shut the door *behind* her.

2 …의 결과로서, …했으므로. ¶ *After* this I will break off with her. 이렇게 된 이상 나는 그녀와 절교할 작정이다 / *After* what has happened, I dare not see him again. 이렇게 되고 보니, 그를 두 번 다시 볼 면목이 없다 / You must be tired *after* that long walk. 넌 그렇게 먼 길을 걸었으니 틀림없이 지쳤겠군.

3 …일지라도, …에도 불구하고 (* 종종 all을 수반). ¶ *After* all my advice, he still went his own way. 내가 그렇게 충고했는데도, 그는 여전히 제멋대로 행동했다.

4 〔목표·목적〕 …을 찾아서, …을 추구하여. ¶ hunger *after* knowledge 지식에 굶주리다 / yearn *after* one's children 자기 아이를 사무치게 그리워하다 / Who's he *after*? 그는 누구를 찾고 있느냐? / What are you *after*? 너는 무엇을 추구하고 있느냐? / He is much sought *after* in literary circles. 그는 문단의 총아다.

— Usage² search, seek, long, yearn, be eager 따위의 동사나 형용사의 경우는 보통 for 가 쓰이며, after 를 쓰면 「구하다」의 뜻이 강해진다.

5 …의 뒤를 쫓아, …의 뒤에서. ¶ run *after* a person 남을 뒤쫓다 / Go *after* him at once and give him this book. 바로 뒤쫓아 가서 그에게 이 책을 건네 주어라 / I shouted *after* him. 그를 뒤에서 큰 소리로 불렀다.

6 …을 본떠서, …풍의, …류의; …에 연유하여, …에 따르게. ¶ paint *after* Matisse 마티스풍의 그림을 그리다 / live *after* the world 세속을 따라 살다 / He always acts *after* his kind (nature). 그는 언제나 독특한 방식으로 행동한다 / She is an actress *after* my own heart. 그녀는 내가 좋아하는 여배우이다 / She was named Mary *after* her aunt. 그녀는 백모의 이름을 따서 메리라 이름지어졌다.

7 …의 일을, …에 관하여. ¶ ask (or inquire) *after* a person 남의 안부(건강)를 묻다; 남을 문병하다.
— *adv.* 〔시간적으로〕 후에; 〔순서가〕 뒤에. ¶ five years *after* 5년 후에 / follow *after* 따라가다 / look before and *after* 앞뒤를 보다; 앞뒤를 생각하다 / They were happy ever *after*. 그들은 그후 내내 행복했다.
— *adj.* 1 〔시간적으로〕 뒤의. ¶ *after* ages 후세에 / In

after years he regretted the mistakes of his younger days. 만년이 되어 그는 젊은 시절의 잘못을 뉘우쳤다. **2** 〖항해〗 선미에 가까운, 선미쪽의. ¶ an *after* cabin 후부 선실 / an *after* mast (sail) 뒷돛대(돛).
— *conj.* —한 뒤에. ¶ Shortly *after* his rival had disappeared, he married her. 그는 라이벌이 사라진 뒤 이내 그녀와 결혼했다 / She went downtown two hours *after* school was over. 그녀는 방과 후 2시간이 지난 다음 번화가로 갔다 / I'll go *after* I finish (*or* have finished) my work. 일을 마친 뒤 가겠습니다.
after all 결국, 즉.
after all is said and done [이러쿵저러쿵해도] 결국, 역시.
on and after …이후. ¶ *on and after* June 16월 1일 이후.
— *n.* **1** 《美구어》 오후(afternoon); 미래, 그 후. **2** (~s) 《英구어》디저트(dessert). ¶ What's for *afters*? 디저트로는 무엇이 있습니까?

af·ter·ages [ǽftərèidʒiz / ɑ́ːf-] *n. pl.* 후세. (產).
af·ter·birth [ǽftərbə̀ːrθ / ɑ́ːf-] *n.* 〖의학〗 후산(後
af·ter·bod·y [ǽftərbɑ̀di / -bɔ̀di] *n.* (*pl.* **-bod·ies**) **1** 〖항해〗 선미, 고물. **2** 〖로켓 미사일의 nose cone 배후의〗 동체.
af·ter·brain [ǽftərbrèin / ɑ́ːf-] *n.* 〖해부〗 후뇌(後腦) (hindbrain).
af·ter·burn·er [ǽftərbə̀ːrnər / ɑ́ːf-] *n.* 〖항공〗 〖제트 엔진의〗 재연소 장치.
af·ter·burn·ing [ǽftərbə̀ːrniŋ / ɑ́ːf-] *n.* Ⓤ **1** 〖항공〗 〖제트 엔진의〗 재연소[법]. **2** 〖로켓 엔진의〗 잔류 연료의 불규칙 연소.
af·ter·care [ǽftərkɛ̀ər / ɑ́ːf-] *n.* Ⓤ 〖의학〗 병후의 조섭, 〖형기 종료후의〗 갱생 지도, 보도(輔導).
af·ter·clap [ǽftərklæ̀p / ɑ́ːf-] *n.* 〖결말난 사건 따위의〗 뜻하지 않은 여파, 뒤탈.
af·ter·cost [ǽftərkɔ̀ːst / ɑ́ːf-] *n.* 사후(事後) 비용.
af·ter·crop [ǽftərkrɑ̀p / ɑ́ːftəkrɔ̀p] *n.* 〖작물의〗 두 번째 수확, 그루갈이.
af·ter·damp [ǽftərdæ̀mp / ɑ́ːf-] *n.* Ⓤ 후(後)가스 〖갱 안에서 폭발 뒤에 남는 유독 가스〗.
af·ter·dark [ǽftərdɑ̀ːrk / ɑ́ːf-] *adj.* 해진 뒤의. ¶ an *after-dark* hangout 밤의 유흥가 / an *after-dark* spot 밤의 유흥장〖나이트 클럽 따위〗.
af·ter·days [ǽftərdèiz / ɑ́ːf-] *n. pl.* 후일; 후년.
af·ter·deck [ǽftərdèk / ɑ́ːf-] *n.* 〖항해〗 후갑판(後甲板).
af·ter·din·ner [ǽftərdínər / ɑ́ːf-] *adj.* 정찬(만찬) 뒤의, 식후의. ¶ an *after-dinner* speech 식후의 테이블 스피치 / an *after-dinner* cup (pipe) 식후의 커피(담배 한 대).
af·ter·ef·fect [ǽftərifèkt / ɑ́ːf-] *n.* **1** 여파. **2** 〖의학〗 〖약의〗 뒷작용, 부작용.
af·ter·glow [ǽftərglòu / ɑ́ːf-] *n.* **1** 저녁놀. **2** 〖물리〗 잔광(殘光). **3** 화려한 과거의 추억.
af·ter·grass [ǽftərgræ̀s / ɑ́ːftəgrɑ̀ːs] *n.* 〖목초를 베고 난 뒤에〗 다시 자라는 풀.
af·ter·growth [ǽftərgròuθ / ɑ́ːf-] *n.* 후아(後芽), 두 번째 나는 싹; 그루갈이(second crop).
af·ter·guard [ǽftərgɑ̀ːrd / ɑ́ːf-] *n.* 《항해 속어》 요트 소유자와 승객들; 후갑판원. (熱).
af·ter·heat [ǽftərhìːt / ɑ́ːf-] *n.* Ⓤ 〖핵물리〗 여열(餘
after-hours [ǽftəráuərz / ɑ́ːf-] *adj.* 폐점 후의, 영업 시간 외의; 근무 시간 후의. (像).
af·ter·im·age [ǽftərìmidʒ / ɑ́ːf-] *n.* 〖심리〗 잔상(殘
af·ter·life [ǽftərlàif / ɑ́ːf-] *n.* **1** 저승, 죽은 뒤의 생명(life after death). **2** 만년, 여생.
af·ter·light [ǽftərlàit / ɑ́ːf-] *n.* Ⓤ **1** 저녁놀, 잔광. **2** 뒤에 생각난기, *cf.* foresight
af·ter·mar·ket [ǽftərmɑ̀ːrkit / ɑ́ːf-] *n.* 《美》수리용품(부속품) 시장.
af·ter·math [ǽftərmæ̀θ / ɑ́ːf-, -mɑ̀ːθ] *n.* **1** 결과,

여파, 영향. ¶ the *aftermath* of a flood 홍수의 여파 / the *aftermath* of war 전쟁의 여파. 〖에 말한, 후술의〗 목초.
af·ter·men·tioned [ǽftərmènʃ(ə)nd / ɑ́ːf-] *adj.* 뒤
af·ter·most [ǽftərmòust / ɑ́ːf-, -məst] *adj.* **1** 〖항해〗 배의 맨 뒷부분의. **2** 최후의.
‡**af·ter·noon** *n.* [ǽftərnúːn, -́-́ / ɑ̀ːf-, -́-́ // -́-́] *adj.* ¶ **1** 오후. ¶ this (tomorrow, yesterday) *afternoon* 오늘(내일, 어제) 오후 / during the *afternoon* 오후〖동안〗에 / in the *afternoon* 오후에 / on Sunday *afternoon* 일요일 오후에 / on the *afternoon* of the 2nd 2일 오후에〖※특정일의 오후를 나타낼 때는 보통 on을 쓴다〗. **2** 뒷부분, 후기, ¶ one's pensioned *afternoon* 연금으로 생활하는 만년 / the *afternoon* of life 만년, 인생의 내리막길.
Good afternoon! ⇨ GOOD AFTERNOON.
— *adj.* [ǽftərnúː / ɑ́ːf-] 오후의. ¶ an *afternoon* program 오후의 프로그램.
àfternóon dréss *n.* 애프터눈 드레스. 〖간 [신문]〗.
àfter·nóon·er [ǽftərnúːnər, ɑːf-] *n.* 《美속어》석
àfternóon páper *n.* 석간〖정오 전부터 저녁 5시경 사이에 발행되는 신문〗. 〖람〗.
àfternóon('s) mán *n.* 점심 때부터 술을 마시는 사
af·ter·noons [ǽftərnúːnz, -́-́ / ɑ́ːf-, -́-́] *adv.* 오후에는 언제나(반드시). 〖오후의 모임〗.
àfternóon téa *n.* Ⓤ Ⓒ **1** 오후의 차. **2** 〖사교상의〗
af·ter·pain [ǽftərpèin / ɑ́ːf-] *n.* Ⓤ **1** 후통(後痛). **2** (~s) 산후 진통(陣痛), 훗배앓이.
af·ter·piece [ǽftərpìːs / ɑ́ːf-] *n.* 〖주된 극(劇)이 끝난 뒤에 공연되는〗 가벼운 촌극, 막간극.
af·ters [ǽftərz / ɑ́ːf-] *n. pl.* 《구어》 〖주요리에 이어서〗 곁들이는 요리, 후식. 〖서비스(servicing)〗.
áf·ter-sàle sèrvice [ǽftərsèil / ɑ́ːf-] Ⓤ 애프터
af·ter·shave [ǽftərʃèiv / ɑ́ːf-] *adj.* 면도후의.
n. 애프터세이브 로션(after-shave lotion).
af·ter·shock [ǽftərʃɑ̀k / ɑ́ːftəʃɔ̀k] *n.* **1** 여진(餘震). **2** 〖비유적〗 〖사건 따위의〗 후유증, 후에 생기는 충격 상태. ¶ the *aftershock* of his assassination 그의 암살 사건의 후유증.
af·ter·ski [ǽftərskìː / ɑ́ːf-] *adv., adj.* 스키를 탄 후의 〖에 적합한〗. *n.* 스키를 탄 후의 모임〖활동〗.
af·ter·taste [ǽftərtèist / ɑ́ːf-] *n.* Ⓤ Ⓒ **1** 뒷 맛. **2** 〖특히 불쾌한 경험을 한 뒤의〗 여운(餘韻).
af·ter·tax [ǽftərtæ̀ks / ɑ́ːf-] *adj.* 세금을 공제한, 순수입의. *cf.* before-tax
af·ter·thought [ǽftərθɔ̀ːt / ɑ́ːf-] *n.* **1** 뒤에 다시 하는 생각, 재고(再考). **2** 늦어서 때를 놓친〗 뒷궁리, 뒷생각. 〖차〗.
af·ter·time [ǽftərtàim / ɑ́ːf-] *n.* Ⓤ 금후, 장
af·ter·war [ǽftərwɔ̀ːr / ɑ́ːf-] *adj.* =postwar.
‡**af·ter·ward** [ǽftərwərd / ɑ́ːf-], (*특히英*) **-wards** [-wərdz] *adv.* 뒤에(later), 그 후, *cf.* beforehand ¶ They lived happily ever *afterward*. 그 후에는 내내 행복하게 살았습니다〖옛날 이야기를 끝맺는 말〗.
af·ter·wit [ǽftərwìt / ɑ́ːf-] *n.* Ⓤ Ⓒ 뒷궁리 (afterthought).
af·ter·word [ǽftərwɔ̀ːrd / ɑ́ːf-] *n.* 〖책·논문 따위의〗 후기(後記), 발문(跋文) (closing statement).
af·ter·world [ǽftərwə̀ːrld / ɑ́ːf-] *n.* 내세, 저승.
af·ter·years [ǽftərjìəz, -jìəz] *n. pl.* 후년〖특정한 사건의〗 후년(後年), 뒷날.
af·to [ɑ́ːftə] *n.* 《濠속어》 =afternoon.
AFTRA 《略》 American Federation of *T*elevision and *R*adio *A*rtists (미국 텔레비전·라디오 연예인 조합).
AFV 《略》 *a*rmored *f*ighting *v*ehicle (장갑 전투차).
ag- *pref.* ⇨ AD-.
Ag 〖화학〗 silver 의 원자 기호. [< argentum]
ag. 《略》 agriculture.

Ag. (略) August. 〔General.
A.G. (略) (美) Adjutant General (군무국장); Attorney
a·ga [áːɡə], **(agha)** n. 1 〔터키 등〕 회교국의 고관의 존칭. 2 고관대작; 장군.

‡**a·gain** [əɡén, +英 əɡéin] adv. 1 또, 다시 한번 (once more). ¶ try *again* 다시 한 번 해보다 / Once *again*, please. 한번 더 부탁합니다 / Come and see me *again* tomorrow evening. 내일 밤 다시 와다오 / Late *again* for school! 또 지각이군! / The woman was never seen *again*. 그녀의 모습은 두 번 다시 볼 수 없었다 / When shall I be seeing you *again*? 또 언제 만날 수 있을까?
2 그리고 또, 게다가(moreover). ¶ The recent loss, *again*, is a heavy blow to his undertaking. 게다가 또 최근의 손실도 그의 사업에는 큰 타격이다 / Then *again*, what on earth did he do? 그리고 또 그가 무슨 일을 저질렀단 말인가?
3 다시 그만큼, …배(倍). ⇨ *as* ... *again as*.
4 한편으로는, 다른 한편으로는. ¶ I might succeed and *again* I might not. 잘 될지도 모르지만 또 한편으로 잘못 될지도 모르겠다 / This is better, but *again* it takes more time. 이쪽이 좋기는 하지만 시간이 더 많이 걸린다.
5 제자리에, 원상태로. ¶ come back *again* 되돌아 다 / to and *again* 왔다갔다 / pay a person *again* 남에게 되돌려 주다 / He is himself *again*. 그는 그전의 자기로 되돌아왔다(그전처럼 좋아졌다).
6 대답하여, 응하여(back, in return); [소리가] 반향하여. ¶ I answered him *again*. 나는 그에게 말대꾸했다 / The blow made his ears ring *again*. 그의 귀는 얻어맞아 윙윙 울렸다 / The loaded table groaned *again*. [음식을] 잔뜩 차려놓아 상다리가 휠 정도였다.
again and again; over and over again; over and again; time and again 몇 번이고, 되풀이해서 (repeatedly). ¶ The children sang the song *over and over again*. 아이들은 그 노래를 몇 번이나 되풀이해서 불렀다.
as ... *again as* 2배(의 양·수·크기 따위). ¶ *as* much *again as* …의 2배의 양.
half as ... *again as* 1배 반(의 양·수·크기 따위). ¶ *half as* many *again as* …의 1배 반의 수 / He is *half as* old *again as* she is. 그의 나이는 그녀의 1배 반이다.
now and again; ever and again 이따금, 때때로.
once and again ① 재삼 재사. ② =*over again*.
over again 다시 한번, 거듭 한번. ¶ He then told the story *over again*. 그리고 그는 다시 한번 그 이야기를 되풀이했다 / He wrote the composition all *over again*. 그는 그 작문을 전부 고쳐 썼다.

‡**a·gainst** [əɡénst, +英 əɡéinst] *prep*. **1** …에 반대하여, 적대하여, 거역하여; 에 불리하여. *opp*. for ¶ *against* one's wish 다기 의사에 반하여 / hope *against* hope 헛된 희망을 걸다 / the war *against* Napoleon 대(對)나폴레옹 전쟁 / speak *against* a proposal 제안에 반대하는 연설을 하다 / Are you for or *against* the plan? 너는 그 계획에 찬성인가 반대인가? / The people rose *against* the government. 국민은 정부에 반항하여 봉기했다 / Everything was *against* her. 만사가 그녀에게 불리했다 / There's nothing *against* him. 그에게 불리한 점은 하나도 없다 / Fortune ran [up] *against* him. 그는 운이 나빴다.
2 …에 거슬러, 역행하여; …에 부딪쳐. ¶ *against* the current (the stream, the tide) 흐름(조류, 시류)에 역행하여 / *against* the wind 역풍을 무릅쓰고 / She struck (*or* hit) her head *against* the wall. 그녀는 벽에 머리를 부딪쳤다.
3 …을 마주보고. ⇨ *over against*.
4 …에 기대어, 밀어붙여. ¶ lean *against* the wall 벽에 기대다 / He stood with his back *against* the door. 그는 문에 기대어 서 있었다 / Rub your knife *against* this smooth rock. 이 매끄러운 돌에 칼을 갈아 보아라.
5 …을 고려하여, …에 대비하여. ¶ *against* the winter 겨울에 대비해서 / provide *against* a rainy day 역경에 대비하다 / Passengers are warned *against* pickpockets. 《게시문》 승객께서는 소매치기를 조심하십시오 / She always had a room kept ready *against* the arrival of unexpected visitors. 그녀는 불의의 손님에 대비해서 항상 방 하나를 준비해 두고 있었다.
— **Usage** against 와 for —— against 는 for 보다 더 나쁜 일 [뜻밖의 경우, 기근, 사고 따위]에 《대비하여》라는 뜻으로 쓰이는데, 그것도 약간 문장체적이다: make provision *against* a famine 기근에 대비하다 / save money *for* old age 노후에 대비해서 저금하다.
6 …을 배경으로 하여; …과 대조적으로. ¶ *against* the evening sky 석양을 배경으로 하여 / We could clearly see the lion *against* the dark hole of the cave. 우리는 동굴의 어두운 입구를 배경으로 하고 있는 사자의 모습을 분명하게 볼 수 있었다.
7 …에 비하여, 대비하여. ¶ 3 *against* 5 5 대 3 / be elected by a majority of 30 *against* 10 10 표 대 30 표로 는 큰 차로 당선되다.
8 …과 교환으로, …대신에. ¶ draw *against* merchandise shipped 발송한 상품의 대금으로서[어음을] 발행하다.
as against …에 대조하여, …에 대비하여. ¶ The rights of labor *as against* capital 자본가에 대항하는 노동자의 권리 / He has an income of £1,500 a year, *as against* the national average of £130. 그의 연수(年收)는 전국 평균의 130파운드에 대해서 1,500파운드나 된다.
over against ① …과 마주보고, …의 맞은 편에. ¶ There was a big cliff *over against* us, blocking our way. 큰 절벽이 우리의 앞길을 가로막고 솟아 있었다. ② …에 비하여, …과 대비하여.
—— *conj.* (고어) …까지는, …동안. ¶ Have it ready *against* I come. 돌아올 때까지 준비해 두어라.

a·gal·loch [əɡǽlək, +美 ǽɡəlòk] *n*. 침향(沈香), 가라(伽羅) 〔인도산의 향나무〕. 〔마 도마뱀.
a·ga·ma [ǽɡəmə] *n*. 〔인도·아프리카에서 나는〕 아가
Ag·a·mem·non [ǽɡəmémnɑn / -nɔn] *n*. 〔그리스 신화〕 아가멤논 〔미케네(Mycenae)의 왕, 트로이 전쟁의 그리스군 총사령관, 귀국후 아내의 배반으로 살해되었다〕.
a·gam·ic [əɡǽmik] *adj*. **1** 〔생물〕 무성(無性) 〔생식〕의 (asexual). **2** 〔식물〕 은화 (隱花) 〔식물〕의 (cryptogamic).
ag·a·mo·gen·e·sis [ǽɡəmou(ə)dʒénisis, +美 èiɡəmə-] *n*. 〔U〕 〔생물〕 무성 생식; 단위(單爲) 생식.
ag·a·mous [ǽɡəməs] *adj*. =agamic.
ag·a·my [ǽɡəmi] *n*. 〔U〕 **1** 〔어떤 집단에 있어서〕 결혼이 없음(인정되지 않음). **2** =agamogenesis.
A·ga·ña [ɑːɡɑ́ːnjə] *n*. Guam 섬의 수도.
ag·a·pan·thus [ǽɡəpǽnθəs] *n*. 자주군자란.
a·gape[1] [əɡéip, +美 əɡǽp] *adv., adj*. (* 형용사로서는 서술용법) 〔놀람·기대 따위로〕 입을 딱 벌리고, 아연 실색하여. ¶ I stand *agape* with surprise 놀라서 멍하니 서 있다.
a·ga·pe[2] [ɑːɡɑːpei / ǽɡəpi(ː)] *n*. (*pl*. **-pae** [-pai / -piː]) **1** 인간 상호간의 사랑. **2** 기독교적인 사랑. **3** 애찬 (愛餐) 〔기독교 공동체의 친목의 회식〕.
ag·a·pem·o·ne [ǽɡəpémənai / -piːm-, -pém-] *n*. (종종 A-) 사랑의 집〔19세기 중엽 영국 Spaxton 에 설립된 자유 연애주의자의 단체〕; 자유 연애장.
a·gar [ɑ́ːɡɑːr, ǽɡər / éiɡɑː, -ɡə] *n*. 〔U〕 **1** 한천, 우뭇가사리. **2** 〔생물〕 한천 배양기. 〔*n.* =agar 1.
a·gar-a·gar [ɑ́ːɡɑːrɑ́ːɡɑːr, ǽɡəˈrǽɡər / éiɡɑːréiɡɑː]:
ag·a·ric [ǽɡərik, əɡǽrik] *n., adj*. 〔식물〕 주름버섯〔속 (屬)의〕.
ag·ate [ǽɡit / -ɡət] *n*. 〔U〕 **1** 마노 (瑪瑙). **2** 〔마노 또는

agateware

유리제의] 구슬. 3 《美》〖인쇄〗 애깃[5.5포인트의 활자]
(《英》 ruby).　　　　　〖그릇. 2 마노 무늬의 도자기〗.
ag・ate・ware [ǽgitwɛ̀ər] n. ⓤ 1 에나멜 칠을 한 쇠
a・ga・ve [əɡéivi, əɡáː- / əɡéivi, ǽɡeiv] n. 용설란속(屬)
의 식물[노송나무, 메시코산(產)].
a・gaze [əɡéiz] adj. 《서술 형용사》 바라보고 있는, 넋을
잃고 바라보는.
AGB (略) Audits of Great Britain, Ltd. (영국 텔레
비전 방송망 시청률 조사 기관).　　　〖조정〗.
AGC 《통신》 Automatic Gain Control (자동 이득
‡**age** [eidʒ] n. 1 ⓤ 〖일반적으로〗 연령; ⓒ 〖구체적인〗
연령, 나이. ¶ the moon's age 월령(月齡) / the age of
the student (the tree) 그 학생(나무)의 나이 / people
of all ages and sexes 남녀 노소 / at age 10 10세로 / at
the age of ten 10세로, 10세 때에 / be of tender
(advanced) age 어린 나이(고령)이다 / live to a great
age 장수하다 / He looks old for his age. 그는 나이에
비해 늙어 보인다 / What's your age? 몇 살이지? (=
How old are you?) / She is ten years of age. 그녀는
10세이다 / I am the same age as you. 나는 너와 동갑
이다 / I have a daughter [of] your age. 내게는 너와
같은 딸이 있다 (* the same age, a person's age 의
경우, 전치사 of 는 흔히 생략되는 수가 있다) / She is
just my age. 그녀는 나와 동갑이다 / She does not look
her age. 그녀는 나이에 비해 젊어 보인다.
2 ⓤ 일생 (lifetime), 수명; 〖인생의〗 한 시기. ¶ the
age of man (the dog) 인 간(개)의 수명 / a man of
middle (old) age 중년층 사람(노인).
3 ⓤ 성년(full age) (* 관용법에서는 21세); 〖책임・자
격・능력을 얻는〗 나이. ¶ be (come) of [full] age 성년
이다(에 이르다) / over (under) age 성년을 지난(미성년
의) / be of an age to understand …을 이해할 수 있는
나이이다.
4 ⓤ 노년, 노령; 〖집합적〗 노인들(the old) (cf. youth).
¶ the wisdom of age 나이에 따른 지혜 / be infirm
with (or from) age 나이로 쇠약해져 있다 / revere age
노인을 존경하다.
5 세대 (generation); 시대 (period, epoch); (the ~) 현
대, 같은 시대. ⇨ PERIOD 類語. ¶ our age 현대 / an age
ago 한 시대 전 / the Elizabethan Age 엘리자베스 왕조
시대 (1558-1603) / the Dark (the Middle) Ages 암흑 시
대 (중세) / the Ice (the Stone, the Bronze, the Iron)
Age 빙하 (석기, 청동기, 철기) 시대 / the atomic age;
the age of atomic power 원 자력 시 대 / the age of
discontinuity 단절의 시대 / from age to age 대대로 / in
all ages 예나 지금이나, 어느 세상에서나 / through all
ages 고금을 통해서 / to all ages 어느 시대에나 / the
master of the age 현대의 거장 / The golden age was
never the present day. 《속담》 황금 시대가 현재였던 예
는 없다 (언제나 과거의 일) / Age before beauty.=
After you. 먼저 가십시오(하십시오). 《농담조》.
6 (구어) 오랜 동안, 오랜 세월, 장기. ¶ for an age;
for ages 오랫 동안 / That was ages ago. 그것은 오랜 옛
날 일이었다.
be (or **act**) **one's age** 나이에 어울리는 행동을 하다.
the age of consent 〖법률〗 승낙 연령 〖결혼 따위의 승
낙이 법적으로 유효하다는 나이〗.
the age of discretion 〖법률〗 분별 연령 〖형법상의 책
임을 가진 나이. 영국에서는 14세〗.
　　　— v. (**aged**, **ag・ing** or **age・ing**) vi. 나이를 먹다,
늙다(grow old). ¶ He is aging rapidly. 그는 자꾸만
늙어간다. **2** 〖물건이〗 낡다. **3** 익다, 숙성하다 (mature).
　　　— vt. **1** …에 나이를 먹게 하다, …을 늙게 하다
(make old). ¶ Poverty aged him. 가난이 그를 늙게 했
다. **2** …을 낡게 하다. **3** 〖술 따위를〗 숙성시키다. ¶
age wine 포도주를 숙성시키다. **4** 〖자석・축전기 따위
의〗 〖특성〗을 일정하게 하다.
　　　-age suf. 〖행위, 상태, 집합, 요금, 건물〗 따위의 뜻의

agent

명사를 만든다. 예: marriage, bondage, baggage, postage, orphanage.
áge bràcket n. 연령층, 연령 범위. ¶ persons in the
30-35 age bracket 30-35세의 연령층에 속하는 사람들.
‡**a・ged** [éidʒid ▷ 2,3] adj. **1** 〖한정용법〗 늙은, 나이든,
노령의. ⇨ OLD 類語; 낡은. cf. young ¶ an aged man
노인 / an aged pine 노송 / aged wrinkles 늙어서 생긴
주름살. **2** [eidʒd] 〖수사를 수반하여〗 …세의(로), ¶ a
man aged 40 [years] 40세의 사나이 (* a boy, aged
ten, was …「소년(10세)이 …」처럼 말할 경우, 신문 따
위에서는 a boy, 10, was … 와 같이 말하는 수가 많다) /
die aged 30 30세로 죽다. **3** [eidʒd] 〖술 따위가〗 숙성
(熟成)된. cf. young ¶ aged wine 잘 숙성된 포도주. **4** (the ~)
〖명사적 용법〗 노인들. **~・ness** n.
áge-gròup [éidʒɡrùːp], (**age-grade** [-ɡrèid]) n. 동
갑[동가] 그룹 [동성(同性)・동갑인 사람의 집단].
áge hàrdening n. 〖야금・화학〗 〖합금의〗 시효 경화
(時效硬化).
age・ing [éidʒiŋ] n. =aging.
age・ism [éidʒiz(ə)m], (**agism**) n. ⓤ 노인 차별, 연령
차별.
age・ist [éidʒist] adj. 노인을 차별하는, 연령 차별의.
age・less [éidʒlis] adj. 언제까지나 나이를 먹지 않는, 불
로의, 영원한. ¶ ageless spirit 늙음을 모르는 정신.
áge lìmit n. 정년 (停年), 정년 (定年). ¶ retire under
the age limit 정년 퇴직하다.
age・long [éidʒlɔ̀ːŋ / -lɔ̀ŋ] adj. 오래 계속되는, 영속하는.
¶ an agelong mansion 해묵은 저택.
age-mate [əɪdʒmèit] n. 동년배.
A・ge・na [ədʒíːnə] n. 《美》 어서나 〖우주 로켓의 일종〗.
a・gen・bite of in・wit [əɡénbàit əv ínwit] n. 《특
히 英》 양심의 가책. ¶ feel agenbite of inwit 양심의 가
책을 받다.
‡**a・gen・cy** [éidʒ(ə)nsi] n. (pl. **-cies**) **1** 대리 (대행)점.
¶ an advertising agency 광고 대리점 / a detective
agency 사립 탐정사 / a general agency 총대리점 / a
news agency 통신사 / a sole agency 총판점. **2** ⓤ 대리
[권], 중개, 매개, 주선. **3** ⓤ 힘, 발동력(force); 작용
(action); 〖철학〗 작인(作因). ¶ through (or by) the
agency of …의 중개 (작용)로. **3** ⓤ 힘, 발동력 (force); 작용
(action); 〖철학〗 작인 (作因). ¶ divine agency; the
agency of providence 신의 힘 / by natural agency 자연
의 힘으로. **4** 《美》 정부 기관, 청(廳), 국(局). ¶
Government agencies 여러 관청 / the Indian agency
《美》 인디언 보호국 / the Housing and Home Finance
Agency 〖미국의〗 주택 융자국.
ágency shòp n. 에이전시 숍 〖조합 미가입자도 조합
비를 납부하는 노동 조합 형태의 하나〗.
a・gen・da [ədʒéndə] n. pl. (sing. **-dum** [-dəm]) (* 오
늘날에는 보통 단수로 취급되며, 또 -das 의 형태를 취하
는 수도 있다) **1** 의제, 협의 사항. ¶ the agenda of
today's meeting 오늘 회의의 토의 사항(의제) / the first
item on the agenda 의제의 제 1 항. **2** 비망록, 예정표.
Agénda 21 n. 〖환경〗 의제 21 〖1992년 6월 Rio 에서 개
최된 세계 각국 정상 회담에서 채택한, 지구 환경 보전
을 위한 행동 지침〗. cf. UNCED
ag・ene [éidʒiːn] n. ⓤ 〖화학〗 삼염화질소(nitrogen trichloride) 〖밀가루를 표백하는 데 사용된다〗.
‡**a・gent** [éidʒ(ə)nt] n. **1** 대리인, 대리점; 중개인. ¶ a
commission agent 위탁 판매인, 도매상인 / a forwarding agent 운송 회사 / a general agent 총대리점 / a house
(a land) agent 가옥 (토지) 소개업자, 복덕방. cf.
realtor / an insurance agent 보험 대리업자 / a shipping agent 선박 수송업자. **2** 수사관, 요원; 공작원, 스
파이, 앞잡이. ¶ an FBI agent FBI 요원 / a secret
agent 스파이 / a party agent 당의 앞잡이. **3** 발동자
(發動者), 행위자, 행동자; 〖문법〗 동작주 (動作主), 능
동자. ¶ a moral agent 도덕적 행위자. **4** 작인 (作因), 동인; 힘
(force); 작용물, 약제. ¶ chemical agents 화공 약품 /
a cleaning agent 세제 / a natural agent 자연력 / Elec-

tricity is an important *agent* in the life of today. 전기는 현대 생활에서 중요한 힘을 가진 것이다. **5** 《美구어》외판원(traveling salesman). **6** 《英》 선거 사무장 (campaign manager). ◇ agéntial *adj*.

a·gen·tial [eidʒén|(ə)l] *adj*. **1** 행위자의, 대리인의. **2** [문법] 동작주를 나타내는[형의].

ágent nóun *n*. [문법] 작위자(作爲者) (동작자) 명사 [예: maker, writer, patron].

Ágent Órange *n*. 고엽제[미군이 베트남전에서 사용, 용기 색깔에서 유래].

a·gent pro·vo·ca·teur [aʒɑ̃prɔvɔkatœːr] *n*. (*pl.* **agents -teurs**)《프랑스》(=agent provoker)〔경찰의〕앞잡이, 밀정.

age-old [éidʒòuld] *adj*. **1** 예로부터의. ¶ an *age-old* custom 예로부터의 관습. **2** 매우 낡은.

ag·er·a·tum [ædʒəréitəm, ədʒérətəm] *n*. 괴향엉거시[이 종류의 다양한 국화과(科) 식물의 총칭].

age-spe·cif·ic [éidʒspisífik] *adj*. [기능, 효과 등] 특정 연령층에 한정된. ¶ an *age-specific* TV program 특정 연령층 대상의 텔레비전 프로.

AGF 〔略〕 *A*sian *G*ames *F*ederation (아시아 경기 연맹; OCA 의 전신). *cf*. OCA

ag·ger [ǽdʒər] *n*. 쌍고(雙潮) [일시적으로 작은 높이의 차를 동반하는 썰물 또는 밀물] (double tide).

ag·gie [ǽgi] *n*.《美구어》=agate 2.

Ag·gie [ǽgi] *n*.《美속어》**1** (보통 ~s) [체육팀 따위의] 농과 대학을 대표하는 단체. **2** 농과 대학 학생.
[<AG[RICULTURAL] +IE]

ag·gior·na·men·to [ɑːdʒɔːrnəméntou] *n*. (*pl.* **-tos** *or* **It -ti** [-tiː])《이탈리아》(=bringing up to date) 〔체제·교리 등의〕근대화.

ag·glom·er·ate *adj*. [əglɑ́mərit / əglɔ́m-] → *v*. 〕모인, 집괴의; [식물] [꽃이] 두상(頭狀)으로 달린.
— *n*. 집괴(集塊), 덩어리. — *v*. [əglɑ́məreit / əglɔ́m-] (**-at·ed, -at·ing**) *vt*. ⋯을 모으다, 덩어리로 만들다. — *vi*. 덩어리지다, 모이다.

ag·glom·er·a·tion [əglɑ̀məréiʃ(ə)n / -glɔ̀m-] *n*. U C [뭉쳐서 된] 덩어리, 집괴; 덩어리로 만들기[되기].

ag·glom·er·a·tive [əglɑ́məreitiv, -rə- / əglɔ́mərə-] *adj*. 집괴성(集塊性)의, 집적적(集積的)의.

ag·glu·ti·nant [əglúːtinənt] *adj*. 교착(膠着)하는(시키는), 접착(粘着)하는. — *n*. 접착(접합)제.

ag·glu·ti·nate *v*. [əglúːtinèit → *adj*.] (**-nat·ed, -nat·ing**) *vt*., *vi*. **1** 〔아교 따위로〕접착(접합)시키다 (하다); [상처가] 유착하다; [혈구·세균 따위가] 응집하다. **2** [문법] [단어·구문 따위] 교착어법(膠着語法)으로 구성하다.
— *adj*. [əglúːtinit] 접착한, 접합한; 응집성의.

ag·glu·ti·na·tion [əglùːtinéiʃ(ə)n] *n*. **1** 접착, 접합. **2** 〔상처의〕유착. **3** Ⓒ 응결(응집)체. **4** 〔약학·세균〕〔세균·적혈구 등의〕응집〔반응〕. **5** 〔언어〕 교착어법, Ⓒ 교착 어형. **6** 〔심리〕 투합(投合) 작용.

ag·glu·ti·na·tive [əglúːtinèitiv, -nə- / -nə-] *adj*. **1** 접착성의, 점착성의. **2** 〔언어〕교착성의, 교착어의. ¶ an *agglutinative* form 교착 어 형 / an *agglutinative* compound 교착 복합 / an *agglutinative* language 교착어 [한국어·일본어·터키어 따위].

ag·glu·ti·nin [əglúːtinin] *n*. [면역] 응집소(凝集素) [체내의 결균·적혈구 따위의 응집을 촉진시키는 항체의 있는 항원 (抗原)].

ag·glu·tin·o·gen [ǽglutínədʒən] *n*. [면역] 응집원.

ag·gran·dize [əgrǽndaiz, ǽgrəndàiz] (* 英에서는 **ag·gran·dise**로도 쓴다) *vt*. (**-dized, -diz·ing**) **1** 〔범위〕를 크게 하다, 확대하다(enlarge); 〔크기·강도 등〕을 증대하다(increase). **2** 〔권력·부·지위·중요도 등〕을 강화 확대하다. **3** ⋯을 과장하다(exaggerate).

ag·gran·dize·ment [əgrǽndizmənt] *n*. U 〔부·권력·지위·중요도 등의〕확대, 강화, 확장, 과장.

*****ag·gra·vate** [ǽgrəvèit] *vt*. (**-vat·ed, -vat·ing**) **1** 〔괴로움·부담 따위〕를 더욱 악화시키다, 〔부담·죄 따위〕를 한층 무겁게 하다. ¶ Grief *aggravated* her illness. 슬픔으로 그녀의 병이 악화되었다. **2** 《구어》 ⋯을 화나게 하다, 괴롭히다(annoy). ⇒ IRRITATE 頡語 ¶ feel (*or* be) *aggravated* 화가 치밀다 / She *aggravated* him by disclosing the secret. 그녀는 그 비밀을 폭로하여 그를 화나게 했다. ◇ aggravátion *n*.

ág·gra·vàt·ed assáult [ǽgrəvèitid-] *n*. [법률] 가중 폭행〔부녀자에 대한 폭행과 같이, 보통의 폭행보다 형이 가중된다.〕

ag·gra·vat·ing [ǽgrəvèitiŋ] *adj*. **1** 더욱 악화하는. **2** 《구어》화나는, 약오르는. ¶ *aggravating* remarks 약오르는 말. **~·ly** *adv*.

ag·gra·va·tion [æ̀grəvéiʃ(ə)n] *n*. U C **1** 더 한층의 악화(격화), 중대화, 가중, 더욱 악화시키는 것. **2** 《구어》화가 남, 화나게 하는 것(일).

ag·gra·va·tor [ǽgrəvèitər] *n*. **1** 더욱 악화시키는 것. **2** 《구어》화나게 하는 것(사람).

*****ag·gre·gate** *adj*. [ǽgrigit, -gèit → *v*.] **1** 집합한(collected, collective); 합계의(total). ¶ an *aggregate* flower (fruit) [식물] 집합화(과) (集合花(果)) / an *aggregate* rock 〔지질〕집괴암(岩) / an *aggregate* amount 총액 / *aggregate* tonnage 총톤수. **2** 〔동물〕군체(群體)의. — *n*. **1** 집합[체]; (보통 the~) 합계, 총액(total). **2** [지질] 집괴암. **3** 〔콘크리트용의〕쇄석(碎石).

in the aggregate 전체적으로, 대체로(on the whole); 합계해서.
— *v*. [ǽgrigèit] (**-gat·ed, -gat·ing**) *vt*. ⋯을 모으다.
— *vi*. **1** 모이다. **2** 합계 ⋯이 되다 (amount to). ¶ (~+圖) The money collected *aggregated* $1,000. 수금한 돈은 도합 1,000 달러가 되었다.
~·ly *adv*.

ag·gre·ga·tion [æ̀grigéiʃ(ə)n] *n*. U C **1** 집합체, 집성체(aggregate), 집단(group). **2** 집합, 집성, 종합.

ag·gre·ga·tive [ǽgrigèitiv, -tə·ry [-tɔ̀ːri/-t(ə)ri] *adj*. 집합적인, 집합성의; 전체의.

ag·gress [əgrés] *vi*. 먼저 손을 쓰다, 공격을 시작하다, 싸움을 걸다.

*****ag·gres·sion** [əgréʃ(ə)n] *n*. U C **1** 침략, 〔이유 없는〕 공격. ¶ a war of *aggression* 침략전쟁. **2** 침범, 침해, 잠식(encroachment). ¶ an *aggression* upon (*or* on) a person's rights 인권의 침해. **3** 적극성; 〔심리〕반항성.

*****ag·gres·sive** [əgrésiv] *adj*. **1** 침략적인, 공격적인(의) (offensive) (*opp*. defensive); 싸움을 좋아하는. ¶ an *aggressive* foreign policy against the country 그 나라에 대한 침략적인 외교 정책 / an *aggressive* person 특하면 싸움을 거는 사람. **2** 《美》정력적인(energetic), 의욕적인, 적극적인. **3** 용기를 걸다.
assume (*or* **take**) **the aggressive** 공세를 취하다; 싸움을 걸다. **~·ly** *adv*. **~·ness** *n*. ◇ aggréss *v*., aggréssion *n*.

ag·gres·sor [əgrésər] *n*. 침략자(invader), 공격자.

ag·grieve [əgríːv] *vt*. (**-grieved, -griev·ing**)《보통 수동형으로》⋯에게 고통을 주다, 괴롭히다 (afflict), 학대하다. ¶ be *aggrieved* by oppression 압박에 시달리다 / feel oneself *aggrieved* at (*or* by) ⋯에 불만을 품다 / He was (*or* felt) *aggrieved* at the insult from his friends. 그는 친구들의 모욕에 괴로워했다.

ag·grieved [əgríːvd] *adj*. **1** 괴로움을 받고 (있는), 학대받은, 시달리는(oppressed), 불만을 품은. **2** [법률] 권리를 침해 당한. **~·ly** *adv*.

ag·gro [ǽgrou] *n*. 《美속어》=aggressiveness, aggression.

a·gha [ɑ́ːgə] *n*. =aga.

a·ghast [əgǽst / əgɑ́ːst] *adj*. 《서술 형용사》깜짝 놀라서(frightened), 어이없어, 어안이 벙벙하여. ¶ stand *aghast* at ⋯에 아연실색하다.

ag·ile [ǽdʒəl / ǽdʒail] *adj*. **1** 민첩한, 경쾌한. **2** 생기가 도는(lively), 활기 찬(active). **3** 머리의 회전이

빠른, 기민한. ~**ly** adv.

a·gil·i·ty [ədʒíliti] n. ⓤ 민첩, 경쾌(nimbleness).

ag·in [əgín] prep. 《구어·방언》=against.

ag·ing [éidʒiŋ], **(ageing)** v. age 의 현재분사의 하나. — n. ⓤ 노화(老化), 숙성(熟成), 가령(加齡).

áging socíety n. 고령화 사회.

a·gin·ner [əgínər] n. 《속어》 변화(개혁) 반대자.

ag·i·o [ǽdʒiòu] n. (pl. **-os**) **1** 〔통화의〕 환전 수수료(premium). **2** 〔통화의〕 환차(換差), 〔외국환·어음 따위에 대한〕 할인[액]. **3** ⓤ 환전업(agiotage).

ag·i·o·tage [ǽdʒətidʒ, +美 ǽdʒiə-] n. ⓤ 환전업; 주식 매매, 주식 중매(stockjobbing).

ag·ism [éidʒiz(ə)m] n. =ageism.

‡**ag·i·tate** [ǽdʒitèit] v. (**-tat·ed, -tat·ing**) vt. **1** 〔심하게〕…을 흔들다, 뒤흔들다; …을 휘젓다. ¶ The wind *agitates* the sea. 바람으로 바다가 거칠어지고 있다. **2** 〔마음〕을 뒤흔들다, 동요하게 하다; …을 선동하다. ⇒ DISTURB 類語 ¶ *agitate* oneself 속을 태우다 / *agitate* one's mind 마음을 산란하게 하다 / The riot *agitated* the public. 그 폭동으로 인심이 동요했다 / He was *agitated* to a frenzy by the news. 그 소식을 듣고 그는 미칠 지경이 되었다. **3** 〔언론으로〕…에 세상의 이목을 집중시키다; …을 때들썩하게 논하다. ¶ *agitate* a social problem 사회 문제를 토론하다. **4** …을 곰곰 생각하다. **5** 《英구어·익살》〔벨 따위〕을 울리다. — vi. 떠들어대다, 여론을 환기시키다, 〔정치〕운동을 하다, 선동하다 (*for* …). ¶ (~+前+名) *agitate for* disarmament 군비 철폐 운동을 하다 / The papers *agitated for* better housing. 신문은 주택 사정 개선 운동을 전개했다.
be agitated over ① …에 흥분하다. ② …에 관하여 떠들다.
◇ agitátion n., ágitative adj.

ag·i·tat·ed [ǽdʒitèitid] adj. 휘저어 놓은(shaken); 흥분한(excited); 동요한. — ~**ly** adv.

‡**ag·i·ta·tion** [æ̀dʒitéiʃ(ə)n] n. ⓤ **1** 휘젓기, 휘저어 섞기, 교반(攪拌). **2** 〔인심의〕 동요, 교란, 격동, 흥분, 불안. ¶ with *agitation* 흥분하여 / She was in great *agitation*. 그녀는 심히 동요(흥분)하고 있었다.
類語 agitation 표정이나 동작에서 볼 수 있는 감정의 tremble with *agitation* 흥분하여 떨다. **disturbance** 불안 따위로 인한 속마음의 흐트러짐: Nobody noticed his mental *disturbance*. 아무도 그의 마음의 혼란을 알아차리지 못했다. **excitement** 유쾌·불쾌한 일로 감정이 격해진 상태: *excitement* over the news of victory (defeat) 승리(패배)의 소식으로 인한 흥분. **turmoil** 여러 가지 격정이 뒤엉켜 일관된 사고가 불능인 상태: His reasoning power was lost in a *turmoil*. 그의 추리력은 착란으로 상실되었다.
3 여론에 호소하기; ⓤⓒ 토론; 운동, 소동; 선동. ¶ a public *agitation* 소동 // *agitation for* (*against*) something 어떤 일에 대하여 찬성(반대)하는 운동.
◇ ágitate v., ágitative adj.

ag·i·ta·tive [ǽdʒitèitiv] adj. 선동적인.

a·gi·ta·to [æ̀dʒitá:tou] adj., adv. 《음악》 격한(하게), 급속한(하게).

***ag·i·ta·tor** [ǽdʒitèitər] n. **1** 선동자, 운동가, 유세자. **2** 교반기.

ag·it·prop [ǽdʒitpràp, -prɔ̀p / -prɔ̀p] n. (종종 A-) 선전 선동[공산주의의 선동적 선전 활동]; 선전 선동 기관, 선전 선동원. — adj. 선전과 선동에 도움이 되는.

AGL (略) above ground level (지상 고도).

A·gla·ia [əgléiə] n. 《그리스 신화》 아글라이아(미(美)의 3여신 (three Graces) 중 하나로 빛의 여신). cf. grace

a·glare [əgléər] adj., adv. 빛나는(서).

a·gleam [əglí:m] adj. 《서술 형용사》 반짝이는, 빛나는(gleaming). — adv. 빛나서, 반짝여서.

ag·let [ǽglit], **ai·glet** [éiglit] n. **1** 〔레이스나 끈 끝의〕 쇠붙이 장식(metal tag). **2** 〔16·17 세기경의〕 허리띠. **3** 〔군복의〕 장식술 술(aiguillette).

a·gley [əglí:, əglái] adv. 《주로 스코·北英》 비스듬히, 비뚤어져서(awry); 빗나가서, 틀려서(wrong).

a·glim·mer [əglímər] adj. 《서술 형용사》 반짝반짝 빛나는(glimmering). — adv. 반짝반짝 빛나서, 미광(微光)을 발하여.

a·glit·ter [əglítər] adj. 《서술 형용사》 반짝반짝 빛나는, 반짝이는(glittering). — adv. 반짝반짝 빛나서, 반짝여서.

a·glow [əglóu] adj., adv. (* 형용사로서는 서술용법) 붉게 빛나서, 벌겋게 달아서(glowing); 뜨거워져서, 흥분하여. ¶ be *aglow with* delight 기뻐서 상기되어 있다.

AGM (略) air-to-ground missile (공대지 미사일).

ag·nail [ǽgnèil] n. **1** 손거스러미(hangnail). **2** 표저(瘭疽) 〔손톱 밑의 부스럼〕(whitlow).

ag·nate [ǽgneit] n. **1** 남계친(男系親). **2** 아버지의 친척, 내척(內戚). — adj. **1** 남계(男系)의, 아버지쪽의(allied); 동족의(akin). **2** 〔쪽의.

ag·nat·ic [ægnǽtik] adj. 남계친(男系親)의, 〔쪽의.

ag·na·tion [ægnéiʃ(ə)n]. n. ⓤ 남계친, 아버지 쪽의 친족; 남계의 친척관계, 동족관계.

ag·no·men [ægnóumən / -men] n. (pl. **-nom·i·na** [-nɑ́mina / -nɔ́m-]) **1** 〔공적 따위를 나타내는 고대 로마인의〕 첨가명, 네째 이름〔예: Publius Cornelius Scipio Africanus의 Africanus〕. cf. cognomen, nomen, praenomen **2** 별명(nickname).

ag·nos·tic [ægnɑ́stik, -nɔ́s-] n. 불가지론자. cf. atheist — adj. 불가지론[자]의.

ag·nos·ti·cism [ægnɑ́stisìz(ə)m / -nɔ́s-] n. ⓤ 불가지론.

Ag·nus De·i [ǽgnus déi(i:) / ǽgnəs dí:ai] n. **1** 〔교회〕 하나님의 어린 양〔John the Baptist 가 그리스도에게 준 명칭〕, 하나님의 어린 양의 상〔그리스도의 상징〕. **2** 〔가톨릭〕 평화의 성가〔Agnus Dei 로 시작되는 미사곡〕, 그 음악. **3** 〔영국 국교회〕 〔성찬식에서 부르는〕 O Lamb of God 으로 시작되는 성가, 그 음악.

‡**a·go** [əgóu] adv. **1** 〔명사를 수반하여〕 〔지금으로부터〕 …전, …이전에 (in the past). ¶ ages *ago* 먼 옛날 / a fortnight *ago* 2주 일 전에 / a moment *ago* 방금 / a while *ago* 조금 전에 / some time *ago* 얼마 전에.
2 〔부사 어법에 수반하여〕 **1** 〔in past time〕. ¶ long *ago* 훨씬 이전에, 옛날 / not long *ago* 얼마 전에 / How long *ago* was it ? 그건 얼마전의 일인가 ? 〔다.
注意 ago 는 단독으로도 쓰이지 않고 1 또는 2 의 형태로 쓴다. 〕
類語 ago 항상 「현재로부터」…전(,), 동사의 과거형과 함께 쓰고, 완료형에는 쓰지 않는다. **before** 기준이 되는 과거 또는 미래의 「어느 때로부터」…전(,): My father *died* ten years *ago*, and my mother *had died* three months *before*. 아버지는 10년 전에 돌아가셨는데, 어머니는 그 3개월 전에 돌아가셨다.

a·gog [əgɑ́g / əgɔ́g] adj. 《서술 형용사》 야단 법석이 나서, 흥분하여, 열광하여(highly excited). ¶ The news set the town *agog*. 그 소식을 듣고 동네가 온통 때들썩해졌다 // They were all *agog to* hear (or *for*) the news. 그들은 그 보도를 듣고자 했다 / He is all *agog for* money. 그는 돈벌이에 정신이 없다.
— adv. 야단 법석이 나서(excitedly).

à go-go, a go-go [ə góugòu] adv., adj. 고고로 (의), 마음 내키는대로(의) (go-go).

-agogue, (-agog) leading, guiding〔인도하다〕의 뜻의 연결형. 예: demagogue, pedagogue.

a·go·ing [əgó(u)iŋ] adj. 움직이어, 진행하여.
set agoing 움직이다, 시작하다.

a·gon·ic [əgɑ́nik / əgɔ́n-] adj. 각(角)을 이루지 않는. cf. isogonic 〔線〕.

agónic líne n. 〔지자기(地磁氣)의〕 무편각선(無偏角線).

ag·o·nist [ǽgənist] n. 《생리》 길항근(拮抗筋).

ag·o·nis·tic [æ̀gənístik] adj. **1** 투쟁적인, 다투기 좋아하는(combative); 논쟁상의(polemic). **2** 효과를 노린, 과장된, 부자연스러운. **3** 〔고대 그리스의〕 현상 경기(懸賞競技)의.

ag·o·nize [ǽgənàiz] (*《英》에서는 **ag·o·nise** 로도 쓴다) v. (-nized, -niz·ing) vi. **1** 괴로워하다, 고통에 몸부림치다. **2** 필사적으로 노력하다, 고투하다. — vt. …을 몹시 괴롭히다, 고통에 몸부림치게하다(torture). ¶ *agonize* oneself 괴로워하다. ◇ ágony n.

ag·o·nized [ǽgənàizd] adj. 괴로와하고 있는, 고통스러운. ¶ an *agonized* look 고통스러운 표정. **-niz·ed·ly** [-nàizidli] adv. ¶ ~ **-ly** adv.

ag·o·niz·ing [ǽgənàiziŋ] adj. 고통스러운, 고통을 주는.

*ag·o·ny [ǽgəni] n. (pl. -nies) 1 ⓤ (때로 -nies) 몸부림, 고통, 고뇌(anguish). ⇨PAIN [類語] ¶ *agony* of mind 마음의 번민 / in *agony* 몹시 고통하여 / in *agonies* of pain 너무나도 아파서 몸부림치며. **2** (보통 수식어구를 수반하여) 죽음의 고통. ¶ the mortal *agony*; the *agony* of death 단말마의 고통. **3** 격정. [희비의] 극치. ¶ in an *agony* of joy 너무나도 기뻐서. **4** 사투, 고투(struggle). **5** (the A-) (신학) [겟세마네 동산에서의] 수난 전의 그리스도의 고통.
pile on (or *up*) *the agony* (구어) 괴로움을 과장하여 ~ 말하다. ◇ ágonize n.

ágony còlumn n. (구어) [신문의] 잡광고난(雜廣告欄) [심인(尋人)·분실물 따위].

ag·o·ra [ǽgərə] n. (pl. **-rae** [-rì:]) **1** [고대 그리스의] 시민 정치 집회. **2** [정치 집회가 열린] 집회장, 시장.

ag·o·ra·pho·bi·a [ægərəfóubiə] n. ⓤ (정신병) 광장 (공간) 공포증. cf. claustrophobia

a·gou·ti [əgú:ti], **(agouty)** n. (pl. **-tis** or **-ties**) 아구티 [중남미·서인도 제도산(産)의 쥐의 일종으로 사탕수수밭에 큰 피해를 준다].

a·gou·ty [əgú:ti] n. (pl. **-ties**) = agouti.

AGR (略) (英) *A*dvanced *G*as-cooled *R*eactor (개량 가스 냉각형 원자로).

agr. (略) agricultural, agriculture.

a·grafe, -graffe [əgrǽf] n. **1** 작은 꺾쇠(small cramp). **2** [의복의] 걸쇠(clasp). **3** [피아노 줄의] 진동 방지 장치.

Ag·ra·pha [ǽgrəfə] n. (단·복수 양용) 4대 복음서 속에 전승되지 않은 그리스도의 말.

a·graph·i·a [eigrǽfiə] n. ⓤ (병리) 실서증(失書症) [대뇌 장애로 글씨를 쓸 수 없게 되는 병].

a·grar·i·an [əgrɛ́(:)riən] adj. **1** 토지의, 토지(소유권, 분배)에 관한. ¶ *agrarian* laws [고대 로마의] 토지 분배법. **2** 농지의, 경작지의; 농업의 (agricultural). ¶ an *agrarian* outrage 농민 폭동 / *agrarian* reform 농지 개혁 / an *agrarian* experiment 농업 실험. **3** 야생의(wild). ¶ an *agrarian* plant 야생 식물.
— n. 토지 균등 분할(재분할)론자.

a·grar·i·an·ism [əgrɛ́(:)riənìz(ə)m/əgrɛ́ər-] n. ⓤ 토지 균등 분할론, 토지 재분할론; 토지 균등 분할(재분할)운동.

a·grav·ic [əgrǽvik, -美 eigrǽv-] adj. 무중력 지대(상)에 적응되[지]은.

‡a·gree [əgrí:] v. (**a·greed, a·gree·ing**) vi. **1** [부탁에] 동의하다, 응하다, 승낙하다, 찬성하다 (consent) (*to* …). *opp.* refuse, reject ¶ (~+前+名) I cannot *agree* to such a proposal (a plan). 나는 그런 제안(계획)에는 찬성할 수 없다 / The terms have been *agreed* to. 그 조건(조항)은 승낙을 얻었다 / I don't *agree* to (or with) your plan. 나는 네 계획에는 동의할 수가 없다 / (~+*to* do) I *agreed* to undertake the job. 나는 그 일을 맡기로 승낙했다.
[類語] **agree** 보통, 의견의 차이를 조정·설득 끝에 동의하다: He finally *agreed* to my opinion. 그는 마침내 내 의견에 찬성했다. **assent** 의견·제안에 동의하다; 적극적이 아닌: assent to a proposal 제안에 동의하다. **consent** 적극적으로 동의하여 제안 따위의 실현에 협력할 뜻이 있음을 나타내는 형식적으로 받다: consent to join a rescue party 구조대에 참가하기로 승낙하다. **accede** 양보하여 동의하다: accede to the terms

of surrender 항복 조건에 동의하다. **acquiesce** 반대 의사를 억제하고 말없이 동의하다: acquiesce in the majority opinion 다수의 의견에 말없이 동의하다. **subscribe** 진심으로 지지·찬성하다: subscribe to the prevention of public nuisances 공해 방지에 진심으로 찬성하다.

2 [남과] 의견이 일치하다, 동감이다(*with, among* …). *opp.* differ ¶ (~+前+名) They *agreed* among themselves. 그들은 이 의견이 일치했다 / I cannot *agree* with you *on* the matter. 그 건에 대하여, 나는 네게 동의할 수가 없다 / I *agree* with you in your opinion. 너의 의견에는 동감이다 // (~+*that* 節) I *agree* [with you] *that* he is untrustworthy. 그가 믿을 사람이 못된다는 점에서는 [너와] 의견을 같이한다.

3 의견이 일치되다, 합의를 보다(*on, upon* …). ¶ (~+前+名) They *agree* on (or *upon*) the terms. 그들은 그 조건에 대하여 합의를 보고 있다 // (~+*wh.* 節) We could not *agree* [as to] how the work should be done. 그 일을 어떻게 마칠 것인가에 대해서 우리의 의견은 일치되지 않았다.

4 [일·음식·기후 따위가] 성미에 맞다, 건강에 좋다; 일치하다(*with* …). ¶ (~+前+名) Milk does not *agree with* me. 우유는 내게 맞지 않는다 / The climate here does not *agree* with me. 이 고장의 기후는 내게 맞지 않는다.

5 사이가 좋다; 화합하다(*with* …). ¶ (~+前+名) I *agree with* him. 나는 그와는 의기가 투합한다 / The pupils do not *agree* with their teacher. 학생들은 선생과 사이가 좋지 않다 / They *agree* with each other. 그들은 사이가 좋다(=They agree together.).

6 합치되다, 부합하다(accord, coincide); 조화되다 (harmonize) (*with* …). ¶ (~+前+名) His statements do not *agree* with the facts. 그의 진술은 사실과 부합되지 않는다 / These two accounts do not *agree* with each other. 이들 두 설명은 서로 부합하지 않는다 // These two colors do not *agree*. 이 두 색은 조화되지 않는다.

7 [문법] [인칭·성·수·격 따위에서] 일치하다, 호응하다(*with* …). ¶ (~+前+名) The predicate verb must *agree* with its subject in person and number. 술어 동사는 인칭과 수에 있어서 주어와 일치해야 한다.

— **Usage** (1) 보통 with 는 사람에 대하여 쓰나, 사물에 대하여도 쓰는 수도 있다: He *agreed* with everything she said. 그는 그녀가 말하는 것이면 무엇이고 동의했다. cf. 1,2,4,5,6,7 (2) 동의·일치점을 나타내는 데는 on, upon 을 쓰며, 동의·일치시켜야 할 문제를 나타내는 데는 about 을 쓴다: *agree on* that point 그 점에서는 일치하다 / *agree about* the matter 그 건에 관하여 동의하다.

— vt. **1** (주로 英) [회계·신고 따위를] 승인하다. ¶ Those terms have been *agreed*. 그 조건은 승인되었다.
* 이런 수동형은 《英》에서는 흔히 쓰인다.

2 《수동형으로》 …을 동의(찬성)하게 하다. ¶ be *agreed* 의견이 일치되다 / We are *agreed*. 우리는 찬성이다. [매우 나쁘다, 앙숙이다.
agree like cats and dogs [개와 고양이처럼] 사이가
agree to differ (or *disagree*) 견해차는 어쩔 수 없는 일이라고 서로 담념하다.
◇ agréement n.

a·gree·a·ble [əgríːəbl / -gríə-] *adj.* **1** 기분좋은, 쾌적한, 느낌이 좋은, 마음에 드는(pleasing, pleasant) (*to* ...). ¶ an *agreeable* atmosphere 기분좋은 분위기 / an *agreeable* remark 듣기 좋은 말 // *agreeable* to the ear (taste) 듣기(먹기) 좋은 / make oneself *agreeable* to a person 남에게 상냥하게 대하다. **2** 《英에서는 구어》 기꺼이 응하는, 쾌락(快諾)하는 (willing) (*to* ...). ¶ I am quite *agreeable*. 나는 찬성이다 // He was *agreeable* to the plan. 그는 그 계획에 찬성이었다 // I am quite *agreeable* to comply with your request. 너의 부탁을 기꺼이 들어주겠다. **3** 적합한, 맞는(suitable) (*to* ...). ¶ The plan is *agreeable* to my wishes. 그 계획은 내가 바라던 그대로이다. *agreeable to* 《부사구를 이끌어》 …에 따라. ¶ *Agreeable to* our promise, I have sent you the warrant signed. 약속대로 당신에게 위임장을 보냈습니다.
— *n.* (보통 ~s) 마음에 든 사람(것). ~**ness** *n.*

a·gree·a·bil·i·ty [əgrìːəbíliti / əgrìə-] *n.* Ⓤ 기분좋음, 쾌적함, 마음에 듦.

a·gree·a·bly [əgríːəbli / -gríə-] *adv.* **1** 기분좋게, 쾌히, 유쾌하게(pleasantly). ¶ be *agreeably* surprised 놀랐지만 유쾌하다(예상외로 좋을 때 따위) / speak *agreeably* to a person 남에게 사근사근하게 말을 걸다. **2** …에 따라서, 응하여(*to* ...). ¶ *agreeably to* your request 귀하의 요청에 따라.

a·greed [əgríːd] *adj.* 일치한, 합의한; (모두) 동의한. ¶ an *agreed* rate 협정률 / meet at the *agreed* time 합의된 시간에 모이다 / *Agreed*! 좋아!

‡**a·gree·ment** [əgríːmənt] *n.* **1** 약속; 협정, 협약; 계약(contract). ¶ a labor *agreement* 근로 협약 / a truce (or an armistice) *agreement* 휴전 협정 / bring about an *agreement* 합의에 도달하다 / come to (or arrive at, reach) an *agreement* 협정이 성립되다, 합의에 도달하다 / enter into an *agreement* 계약을 맺다 / conclude (break) one's *agreement* 계약을 맺다 (파기하다) // make an *agreement with* a person 남과 협정하다. **2** Ⓤ Ⓒ 《의견·취미·감정 따위의》 일치, 화합, 협조. ¶ by mutual *agreement* 합의하에 // an *agreement* among the members 회원간의 의견의 일치 / an *agreement between* theory and experiment 이론과 실험과의 일치 / in *agreement with* …과 일치하여, …에 따라서 / We are in *agreement on* this point. 우리는 이 점에서 의견이 일치되고 있다. **3** Ⓤ《문법》[수·격·성·인칭의] 일치, 호응(concord). ◇ agrée *v.*

a·gré·ment [ɑ̀ːgreimɑ́ːŋ / əgréimɑːŋ) / F agremɑ̃]*n.* (*pl.* **-ments** [-má:ŋ / -maːŋ]) **1** 《음악》 장식음(ornament). **2** (~s) 쾌적한 환경. **3** 아그레망《대사·공사를 파견할 때 주재국에 동의를 구하는 일》.
[< F agreement]

a·gres·tic [əgréstik] *adj.* **1** 시골〔풍〕의(rural); 시골티 나는 (rustic). **2** 거친, 세련되지 못한(unpolished).

ag·ri·busi·ness [ǽgribíznəs] *n.* Ⓤ 농업 관련 산업.

agric., agr. 《略》 agricultural; agriculture; agriculturist.

ag·ri·chem·i·cal [ǽgrikémik(ə)l] *adj.* 농약의. — *n.* (*pl.*) 농약(agricultural chemicals).

‡**ag·ri·cul·tur·al** [ǽgrikʌ́lt(ə)rəl] *adj.* 농업의, 농사의, 농업적인; 농예의, 농학의. ¶ *agricultural* affairs 농사 / the *Agricultural* Age 농경 시대 / an *agricultural agent* 농사 지도원(고문) 《美》 county agent) / *agricultural* chemicals 농약 / *agricultural* chemistry 농예화학 / an *agricultural* college 농업 대학 / the *Agricultural* Cooperative Union 농업 협동 조합 / an *agricultural* experimental station 농업 시험장 / *agricultural* implements 농기구 / *agricultural* products 농산물 / an *agricultural* show 농산물 품평회.
~**ly** *adv.* ágriculture 식.

ag·ri·cul·tur·al·ist [ǽgrikʌ́lt(ə)rəlist], **-tur·ist** [-tʃərist] *n.* **1** 농업 경영자, 농업가(farmer). **2** 농자.

‡**ag·ri·cul·ture** [ǽgrikʌ̀ltʃər] *n.* Ⓤ 농업, 농사(husbandry), 농경(tillage); 농예, 농학. ¶ the Ministry of *Agriculture* 농무성. ◇ agricúltural *adj.*

ag·ri·ge·net·ics [ǽgridʒinétiks] *n.* 농업 유전학《유전공학의 한 분야로서 농산물의 품종 개량을 연구》.

ag·ri·mo·ny [ǽgrimòuni / -məni] *n.* (*pl.* **-nies**) 짚새나물〔식물명〕.

ag·ri·mo·tor [ǽgrimòutər] *n.* 농경용 트랙터.

ag·ri·ol·o·gy [ǽgriɑ́lədʒi / -ɔ́l-] *n.* Ⓤ 원시 종족의 비교 연구.

agro- field, soil 의 뜻의 연결형. 예: *agro*logy.

ag·ro·bi·ol·o·gy [ǽgro(u)baiɑ́lədʒi / -ɔ́l-] *n.* Ⓤ 농업 생물학. **-i·cal** [-ik(ə)l] *adj.*

a·gro·chem·i·cal [ǽgro(u) kémik(ə)l] *n.* (때로 ~s) **1** 농약. **2** 농작물에서 채취하는 화학 물질.
— *adj.* 농약의.

ag·ro·in·dus·tri·al [ǽgro(u) indʌ́striəl] *adj.* 농공업용의; 농업 관련 산업의.

a·grol·o·gy [əgrɑ́lədʒi / əgrɔ́l-] *n.* Ⓤ 응용 농학〔특히 농업 토양학〕.

ag·ro·nom·ic [ǽgrənɑ́mik / -nɔ́m-], **-i·cal** [-ik(ə)l] *adj.* 농경법의, 작물학의, 농업 경영의.

ag·ro·nom·ics [ǽgrənɑ́miks / -nɔ́m-] *n. pl.*《단수 취급》농경학.

a·gron·o·mist [əgrɑ́nəmist / -grɔ́n-] *n.* 농경가, 농학자.

a·gron·o·my [əgrɑ́nəmi / -rɔ́n-] *n.* Ⓤ **1** 농경법, 농업 경영. **2** 농학(agriculture).

ag·ro·pol·i·tics [ǽgro(u)pɑ́litiks / -pɔ́l-] *n.*《단수 취급》 농업 정책〔농산물, 특히 곡물의 유통과 같은 농업 관계 정책〕.

ag·ro·tech·nol·o·gy [ǽgro(u) teknɑ́lədʒi / -nɔ́l-] *n.* 〔혁신적인〕 농업 기술.

ag·ro·type [ǽgro(u)tàip] *n.* **1** 토양형〔型〕. **2** 〔농작물의〕 새배 품종.

a·ground [əgráund] *adv., adj.* (* 형용사로서는 서술용법) 얕은 갯바닥에; 얕은 갯바닥에 얹혀, 좌초하여 (stranded). ¶ run (or go, strike) *aground* 〔배가〕 얕은 갯바닥에 얹히다, 좌초하다.

AGS 《略》〔로켓공학〕 abort guidance system (보조 유도 시스템).

Agt., agt. 《略》 against; agent; agreement.

a·guar·di·en·te [ɑ̀ːgwɑːrdiénti, -tei] *n.*《스페인》(=burning water) 스페인산(產)의 질이 나쁜 브랜디; 〔통속적으로〕 화주(火酒).

a·gue [éigjuː] *n.* Ⓤ 〔병리〕 학질. **2** 오한.

a·gued [éigjuːd] *adj.* 학질에 걸린.

a·gu·ish [éigjuːiʃ] *adj.* **1** 학질의, 학질 같은; 학질에 걸리기 쉬운. **2** 〔열이 나서〕 한기가 드는.

‡**ah** [ɑː] *interj.* 아아〔고통·놀람·연민·불만·혐오·기쁨·슬픔 따위를 나타내는 소리〕. ¶ *Ah* me! 아아 〔비참하게다〕! / *Ah*, well,... — 는 별 수 없지.

Ah, a.h. 《略》 ampere-hour.

A.H. 《略》〔라틴〕 *annō Hejirae* [ǽnou hédʒiriː] (= in the year of the Hegira) (회교 기원 …[년]).

***a·ha** [ɑː(ː)hɑ́ː, əhɑ́ː] *interj.* 아하〔승리·경멸·비꼼·놀람·회열 따위를 나타내는 소리〕.

A·hab [éihæb] *n.* 〔성서〕 아합〔기원전 9세기경의 이스라엘 왕; 이세벨(Jezebel)의 남편. ← 열왕기(상) (1 Kings) 16-22〕.

ahá reáction *n.*〔심리〕 아하 반응〔창조·제작 따위에 창조적인 사색에 골몰해 있을 때 문득 머리에 떠오르는 생각(번득임)〕.

‡**a·head** [əhéd] *adv.* **1** 앞쪽에 (으로); 전도(前途)에(*of* ...). ¶ a wind *ahead* 맞바람 / right (or straight) *ahead* 바로 앞에, 똑바로 앞쪽에 / We saw a ship *ahead of* us. 우리는 앞쪽에 배를 보았다 / He walked *ahead of* me. 그는 나보다 앞서 걸었다 / Breakers *ahead*! 〔항해〕 전로에 흰 파도 있음〔암초 따위의 위험을 알리는 신호〕. **2** 앞으로(forward) (*of* ...). ¶ well *ahead of* plans 계획

보다 훨씬 빨리 / set a clock *ahead* 시계를 앞으로 돌리다. **3** 미리, 앞서서(in advance) (*of* ...). ¶ be *ahead of* the times 시대에 앞서다 / The steamer left *ahead of* time. 그 기선은 정각 전에 떠났다. **4** 《美》진보하여, 유리하여, 낫게; 출세하여. ¶ I was *ahead* $20. 20달러 따고 있었다 / He is *ahead of* his class in English. 그는 영어에서 자기반 누구보다도 앞서 있다.
get ahead [*in the world*] 출세하다, 성공하다.
get ahead of ···을 앞지르다; ···을 능가하다.
Go ahead! ① 《美》먼저 하십시오(《英》After you!). ② (말을 재촉하며) 그래서. ③ 《상대방을 재촉하여》 어서(*with* ...). ¶ *Go ahead* with the cake. 케이크를 드세요. ④ 《美》(전화) 말씀하세요. ⑤ 〖항해〗 전진(*opp.* Go astern*b.*); 자아 해라(가라).
a·hem [əhém, mṃm, hm] [(* [mṃm]은 입을 다문 채 기침을 하는 듯한 느낌으로 발음한다) *interj.* 에헴, 호음[남의 주의를 끌거나 의심을 나타내는 소리].
a·him·sa [əhímsɑː] *n.* ⓤ 〖힌두교〗 비폭력, 무살생.
a·hold [əhóuld] *n.* 〖美방언·구어〗 붙잡기(hold).
get ahold of ···을 잡다, ···과 연결을 짓다, ···을 입수하다.
a·horse [əhɔ́ːrs] *adj.* 〖서술형용사〗 기마의, 말에 탄.
—— *adv.* 말을 타고, 마상에서.
a·hoy [əhɔ́i] *interj.* 〖항해〗 이봐〖다른 배를 향해 고함치는 소리〗. ¶ Ship *ahoy!* 이봐, 그배!
Ah·ri·man [ɑ́ːrimən] *n.* 〖조로아스터교〗 아리만〖악마의 정(精)〗. *cf.* Ormazd
AH-64 *n.* 〖美육군〗 〖미육군의〗 전천후 공격형 헬리콥터〖아파치(Apache)라는 애칭으로 불리우며, 걸프전 때, 그 위력을 입증〗.
à huis clos [F a ui klo] 〖프랑스〗 (=with closed doors) **1** 문을 닫고, **2** 비밀로, 비밀 회의로.
a·hull [əhʌ́l] *adv.* 〖항해〗 〖폭풍우에 대비해서〗 돛을 내리고 키를 바람 불어오는 쪽으로 잡아.
A·hu·ra Maz·da [ɑ́ːhurə mǽzdə] *n.* 〖조로아스터교〗 =Ormazd.
a·i¹ [ɑ́ːiː] *n.* (*pl.* **a·is** [ɑ́ːiːz]) 〖중남미산(產)의〗 세발가락나무늘보(three-toed sloth). [소리].
ai² [ai] *interj.* 아아〖고통·슬픔·연민 따위를 나타내는
AI 《略》 *A*rtificial *I*ntelligence (인공 지능); *A*mnesty *I*nternational (국제 사면 위원회); *A*ir *I*ndia(인도항공). [축구 협회].
A.I.A. 《略》 *A*merican *I*nstitute of *A*rchitects (미국 건
AIAA 《略》 *A*merican *I*nstitute of *A*eronautics and *A*stronautics(미국 항공 우주 공학 협회).
ai·blins [éiblinz] *adv.* 《스코》 어쩌면, 아마(perhaps).
‡**aid** [eid] *vt.* **1** ···을 도와주다, 거들다, 원조하다(assist). ⇒ HELP 〖類語〗 ¶ *aid* war victims 전쟁 이재민을 원조하다 // (~+冏+*to* do) (~+冏+冂+名) She *aided* me to cook (or in cooking). 그녀는 내가 요리하는 것을 도와주었다(* She helped me [to] cook. 쪽이 보통) / We *aided* him in the enterprise. 우리는 그의 사업을 원조했다 / I *aided* him *with* advice. 나는 그에게 조언을 했다. **2** ···을 조성하다, 촉진하다(promote). ¶ *aid* recovery 회복을 촉진하다 // (~+冏+*to* do) *aid* a country to stand on its own feet 나라가 자립할 수 있도록 지원하다.
—— *vi.* 도움이 되다(assist).
aid and abet 〖법률〗 범행을 방조하다.
—— *n.* **1** Ⓤ 거들기, 조력, 원조, 구원. ¶ economic (foreign) *aid* 경제적 (외국)원조 / first *aid* 〖현장에서의〗 응급치료(처치) / medical *aid* 의사의 치료 / mutual *aid* 상호 부조 / without *aid* 도움없이 / by (or with) the *aid of* ···의 도움을 빌어 / call in a person's *aid* 남의 원조를 요청하다 / go (come) to a person's *aid* 남을 도와주러 가다(오다) / in *aid of* ···을 도움으로서, ···의 원조로서 / give (or lend, render) *aid* to ···을 돕다 / What's [all] this in *aid of*? 이것은 〖도대체〗 어떤 목적(무엇) 때문인가?, 이것은 도대체 무슨 뜻인가?

2 조력자, 원조자, 조수(helper, assistant); 보조물; 보조금. ¶ a hearing *aid* 보청기 / *aids* and appliances 보조 기구 / audio-visual *aids* 시청각 교재 / an *aid for* solving the problem 그 문제를 푸는 데 도움이 되는 것 / an *aid to* memory 기억을 돕는 것.
3 〖美軍〗 =aide-de-camp. [신하로부터 받았다].
4 〖英역사〗 헌금〖1066년 이후 17세기 중엽까지 국왕이
AID 《略》 *A*gency for *I*nternational *D*evelopment (미국 국제 개발국); *a*rtificial *i*nsemination by *d*onor (비배우자간 인공수정). *cf.* AIH
A·i·da [ɑːíːdə] *n.* 아이다〖베르디(Verdi)작의 오페라(1871); 그 오페라의 여주인공인 에티오피아의 왕녀〗.
AIDA [áidə] *n.* 〖경영·광고〗아이다〖*a*ttention(주목), *i*nterest(흥미), *d*esire(욕망), *a*ction(구매 활동)의 4단계를 거치는 소비자의 구매 심리 과정〗.
AIDCA [áidkə] *n.* 아이드카〖*a*ttention(주목), *i*nterest(흥미), *d*esire(욕망), *c*onviction(확신), *a*ction(구매 행동)의 5단계를 거치는 소비자의 구매 심리 과정〗.
aid-de-camp [éiddəkǽmp / -káːŋ] *n.* (*pl.* **aids-** [éidz-]) =aide-de-camp.
aide [eid] *n.* **1** 〖육해군의〗 부관, 참모(aide-de-camp). **2** 〖대사 등의〗 측근자, 보좌관. **3** 〖일반적으로〗 조수.
aide-de-camp [éiddəkǽmp / -káːŋ], (aide-de-camp) *n.* (*pl.* **aides-** [éidz-]) 〖육해군의〗 부관, 참모(왕족)에 딸린 무관; 참모. ¶ the *aide-de-camp* to His Majesty 시종(侍從) 무관. (<F assistant on the field)
aide-mé·moire [éidmeimwáːr / F ɛdmemwaːr] *n.* 〖프랑스〗 (=memory-helper) (*pl.* **aides-** [éidz-/Fɛd-]) 〖토의·협정·행동 따위의〗 각서, 비망록.
AIDMA [áidmə, éidmə] *n.* 〖경영〗아이드머〖소비자의 구매 심리를 *a*ttention(주목), *i*nterest(흥미), *d*esire(욕망), *m*enory(기억), *a*ction(행동)의 5단계로 나타낸 가설; 광고나 세일즈에서 판매 활동을 효과적으로 수행하기 위한 지침〗. *cf.* AIDA, AIDCA
aid-man [éidmæ̀n, -mən] *n.* (*pl.* **-men** [-mèn, -mən]) 〖야전 부대의〗 육군 위생병.
AIDS (略)〖의학〗 *a*cquired *i*mmune *d*eficiency *s*yndrome (후천성 면역 결핍증).
Aid Socíety *n.* 〖美〗 여성 자선 협회.
áid státion *n.* 〖군대〗 〖최전방 가까이의〗 응급 치료소, 구호소.
ai·glet [éiglit] *n.* =aglet.
ai·grette [éigret, -́-] *n.* **1** 백로의 깃털 장식; 〖모자·투구 따위의〗 깃털 장식. **2** 〖깃털 장식을 모방한 보석의〗 머리 장식. **3** 백로(egret).
ai·guille [eigwíːl, ́--] *n.* 〖산〗 침상 암교(針狀岩塊); 〖알프스 따위의〗 첨봉(尖峯).
ai·guil·lette [èigwilét] *n.* **1** 〖군복의 어깨에서 가슴으로 늘어뜨리는〗 장식끈. **2** 장식술(aglet).
AIH 《略》 *a*rtificial *i*nsemination by [aigrette 1] *h*usband (배우자간 인공 수정).
*****ail** [eil] *vt.* ···을 괴롭히다, 고민하게 하다, 번거롭게 하다(trouble). ¶ His drunkenness much *ails* his wife. 그의 술주정은 아내를 몹시 괴롭히고 있다 / What *ails* you? 왜 그러느냐?; 어디가 아프냐?
—— *vi.* 아픔을 느끼다; 〖가볍게〗 앓다, 기분이 좋지 않다(be unwell) (* 대개의 경우 be ailing 의 형태를 쓴다). ¶ My baby is *ailing*. 아기가 몸이 좋지 않다.
◇ áilment *n.*
ai·lan·thus [eilǽnθəs] *n.* 가죽나무〖중국 원산; 일명 하늘의 나무(tree of Heaven) 또는 신의 나무〗.
ai·ler·on [éilərɑ̀n / -rɔ̀n] *n.* **1** 〖항공〗 〖항공기의〗 보조익. **2** 〖교회의 회랑 따위의 구석의〗 벽. [있는].
ail·ing [éiliŋ] *adj.* 앓고 있는, 병든(sickly); 고민하고
*****ail·ment** [éilmənt] *n.* 〖주로 가벼운〗 병; 불쾌, 기분이 언짢음(indisposition). ⇒ ILLNESS 〖類語〗 ¶ a slight (or

[aigrette 1]

a minor) *ailment* 경증(輕症) / women's *ailments* 부인병.

‡**aim** [eim] *vt.* 1 (총 따위)를 겨누다, 겨누고 …을 던지다 (발사하다) (direct); (욕설·비꼼 등)을 퍼붓다(...at). ¶ (~+목+전+명) *aim* a gun at a target 총을 표적에 겨누다 / *aim* a stone at a person 남에게 돌을 던지다 / *aim* a satire at a person 남을 비꼬다/That remark was *aimed* at him. 그 말은 그를 겨냥한 것이었다.
— *vi.* 1 겨누다, […을] 노리다(at ...). ¶ (~+전+명) *aim* at a mark with a gun 총으로 표적을 겨누다. 2 뜻하다, 목표로 삼다, 지향하다(at). ¶ (~+전+명) *aim* high (low) 큰 뜻을 품다(뜻하는 바가 낮다) // (~+전+명) *aim* at gaining a prize 상을 타려고 노리다 / *aim* at success 성공을 목표로 삼다 / *aim* for London 런던으로 향하다 / *aim* for dictatorship 독재자의 자리를 얻으려고 노리다 / What do you *aim* at? 네가 의도하는 바가 무엇이냐? 3 (美·英 구어) …할 작정이다(intend), …하려고 노력하다. ¶ (~+to do) He *aims* to go tomorrow. 그는 내일 갈 작정이다.
— *n.* 1 Ｕ겨냥, 가늠, 조준. ¶ with unerring *aim* 겨냥이 빗나가지 않아 / within a cannon's *aim* 대포의 조준권 안에 / miss one's *aim* 겨냥이 빗나가다 / take [good] *aim* at …을[잘] 겨냥하다. 2 표적, 목표 (object); ＵＣ 뜻, 목적. ⇨ PURPOSE 類語 ¶ without *aim* 목적 없이, 무턱대고 / with the *aim* of …을 지향하여 / achieve(or fulfill, attain, accomplish) one's *aim* 목적을 달성하다. [(일).

AIM (略) *A*ir *I*nterceptor *M*issile (공대공 요격 미사
aim·er [éimər] *n.* 겨누는 사람(것), 조준기.
aim·ing [éimiŋ] *n., adj.* 겨냥[하는], 조준[의].
***aim·less** [éimlis] *adj.* 목적이 없는; 주견이 없는.
~*ly adv.* ~*ness n.*
ai·né [enéi/éinei] (* 여성형은 *aînée*) (프랑스) [=born before] *adj.* 형의(elder), 장남의(eldest). — *n.*
Ai·no [áinou] *n.* (*pl.* **-nos**) =Ainu. [형, 장남.
***ain't** [eint] (방언·구어) *am* not 의 축약형; (속어) are not, is not, have not, has not 의 축약형. 예: I'm going too, *ain't* I? * 의문문 Ain't I?(=Am I not ?, Amn't I?) 이외는 비속어법(卑俗語法)으로 간주.
Ai·nu [áinu] *n.* (*pl.* **-nus** or (집합적) **-nu**) 1 아이누인(人). 2 Ｕ 아이누어.
AIP (略) *A*merican *I*nstitute of *P*hysics(미국물리학회).

‡**air**[1] [ɛər] *n.* 1 Ｕ공기, 대기(atmosphere). ¶ fresh (foul) *air* 신선한(오염된) 공기 / breathe *air* 호흡하다.
2 (the ~) 공중, 공간(space overhead), 하늘(sky). ¶ birds of the *air* 하늘을 나는 새 / float in the *air* 공중에 뜨다 / fly in (or through) the *air* 하늘을 날다 / fly up (or rise) into the *air* 하늘로 날아오르다.
3 산들바람, 미풍(breeze). ¶ a slight (or a gentle) *air* 산들바람 / a vernal *air* 봄바람 / a warm *air* from the south 따뜻한 남풍.
4 널리 알려지기, 주지, 유포(publicity).
5 (보통 단수형으로) 외관(appearance), 모양, 풍채, 태도(bearing). ¶ with MANNER 類語 with a triumphant (a sad) *air* 득의양양하여(슬픈 표정으로) / assume an *air* of arrogance 거만한 태도를 취하다 / She has an *air* of gracefulness in her manners. 그녀의 태도에는 우아함이 보인다.
6 (~s) 점잔 빼는 태도. ¶ with empty *airs* 점잔을 빼며 / assume (or put on) *airs*; give oneself *airs* 점잔을 빼다.
7 (음악) 가곡, 곡조(tune); 선율, 멜로디(melody); (합창곡 따위의) 최고음부; 아리아. ¶ a national *air* 국가 / a sweet *air* 감미로운 곡 / hum an *air* 콧노래를 부르다 / sing an *air* 아리아를 부르다.
8 (the ~) (무선) 전파방송 (라디오, 텔레비전). ¶ go on(off) the *air* 방송을 시작하다(그치다) / put (or send) on the *air* 방송하다 / I heard it over the *air*. 방송에서 그것을 들었다.

airs and graces 얌전한 체하는 태도, 점잔을 뺌.
beat the air 헛수고하다.
build a castle in the air ⇨ CASTLE IN THE AIR.
by air ① 항공기로, 공로로(by airplane). ¶ travel *by air* 항공기로 여행하다. ② 무전으로.
[*a*] *change of air* 전지(요양). [일신하다.
clear the air 암운(暗雲)을 쓸어내다, 공기를 (기분을)
get the air (美속어) 해고당하다; (애인·친구 등으로
give air to (의견 등)을 공표하다. [부터) 버림받다.
give a person the air (속어) 남을 해고하다(fire); (애인·친구 등)을 버리다.
go up in the air ① (구어) 이성을 잃을 만큼 흥분하다. ② (美속어) (배우가) 연기할 기회를 놓치다, 대사를 잊다.
hit the air 방송하다.
hot air (속어) 거짓말; 허풍, 허황된 말(이야기).
in the air ① 소문 따위가 퍼져서. ¶ Wild rumors are *in the air*. 터무니없는 소문이 퍼져 있다. ② (종종 up 을 수반하여) (계획 따위가) 막연한, 미정 상태인 (undecided). ¶ The project is still [up] *in the air*. 그 계획은 아직 결정되지 않았다.
in the open air 집 밖에서, 야외에서.
into thin air 흔적도 없이. ¶ vanish *into thin air* 모습이 흔적도 없이 사라지다. [다.
live on air 공기를 먹고 있다; 아무 것도 먹지 않고 있
off the air 방송되지 않고, 방송이 중지되어.
on the air 방송중에. ¶ 현재 방송 수신중이다.
take air (일이) 알려지다, 널리 퍼지다. ② (美속어)
take the air ① 집 밖으로 나가다, (잠시) 산책하다. ② (항공기가) 이륙하다(take off), 비행을 개시하다. ③ (속어) 떠나다(go away), 도망가다.
take to the air 비행사가 되다.
walk (or *float, tread*) *on air* (구어) 기뻐 날뛰다, 득의 양양하다.
with an air 점잔 빼며; 자신 만만하게. [나르다.
— *vt.* 1 …을 바람에 쐬다, …에 바람을 통하다, …을 말리다. ¶ *air* oneself 바람을 쐬다, 산책하다 / *air* a room 방 안의 공기를 갈다 / *air* clothes 옷을 바람에 쐬어 말리다. 2 …을 발표하다; 떠벌리다; 자랑하다. ¶ *air* one's opinion 의견을 떠벌리다 / *air* a costly jewel 값진 보석을 자랑하다 / *air* one's troubles 걱정거리를 알리다 / *air* one's grievances 불만을 털어놓다. 3 (美 구어) …을 방송하다(broadcast). 4 (美속어) (여자)를 차버리다(jilt).
— *vi.* 1 건조되다, 마르다. 2 (美구어) 방송하다.
◇ *áiry adj.*

áir alért *n.* 1 (전투 명령이나 적기 내습에 대비한) 항공기의 경계, 경계 비행 배치의 신호. 2 경계 경보.
áir ámbulance *n.* 환자 수송기, 3급용 비행기.
air-a·tom·ic [ɛ́(:)rətámik / ɛ́ərətɔ́m-] *adj.* 공중 핵 공격에 기초한. ¶ *air-atomic* defense 공중 핵공격 방식의 방어.
áir attaché *n.* 대사(공사)관부 공군 무관.
áir attáck *n.* 공습. [치].
áir-bag [ɛ́ərbæ̀g] *n.* 에어백 [자동차 충돌시의 안전 장
áir báll *n.* (농구) 슛을 했지만 골과는 거리가 먼, 어 림없는 볼.
áir ballóon *n.* (장난감) 고무 풍선.
áir báse *n.* 공군 기지.
áir báth *n.* 1 공기욕(空氣浴). 2 (기계) 공기욕 [공기를 매체로 하는 가열 장치].
áir báttery *n.* (전기) 공기 전지.
áir béd *n.* 공기 침대.
áir béll *n.* (유리 제조시에 생기는) 기포.
áir bénds *n. pl.* (병리) =aeroembolism.
áir bládder *n.* (동식물의) 기포(氣胞), 기낭(氣囊) [물고기의] 부레(공기주).
áir blást *n.* 충풍(衝風)(충격풍), 인공 분사 기류.
áir blítz *n.* 전격 공습.
air-boat [ɛ́ərbòut] *n.* 1 수상 비행기(sea-plane). 2

초계 비행정(flying boat).
áir·bórne [ɛ́ərbɔ̀ːrn / -bɔ̀ːn] adj. 1 [군사] 공수의.
¶ *airborne* infantry 공수 보병부대. 2 [식물의 종자·박테리아 따위가] 공기로 운반되는, 풍매(風媒)의. 3 《서술용법》[비행기가] 공중에 떠서, 이륙하여.
áir-bóund [ɛ́ərbàund] adj. [쇠 파이프 따위에] 공기가 찬.
áir bráke n. 공기 제동기(장치), 에어 브레이크.
áir-bréathe [ɛ́ərbrìːð] vi. (-breathed, -breath·ing) [제트기 등이 연료 연소를 위해] 공기를 흡입하다.
áir-bréath·er [ɛ́ərbrìːðər] n. 1 〔美속어〕 제트기, 미사일. 2 육생(陸生) 동물.
áir bríck n. [통풍용] 유공(有孔) 벽돌, 속이 빈 벽
áir brídge n. 〔공수(空輸)에 의한 두 지점 사이의〕 공중 다리; [건물 사이의] 공중 연락로; [공중 터미널과 비행기를 잇는] 공중 통로.
áir·brúsh [ɛ́ərbrʌ̀ʃ] n. 에어 브러시[도장용(塗裝用)·사진 수정용]. ── vt. …을 에어 브러시로 처리하다.
áir·búrst [ɛ́ərbə̀ːrst] n. [폭탄 따위의] 공중 폭발.
áir·bús [ɛ́ərbʌ̀s] n. 에어 버스[중단거리용의 대형 여객기].
áir cáp n. [비행장의] 포터. cf. redcap [객기].
Áir Cánada n. 에어 캐나다[캐나다 국영 항공회사].
áir cárgo n. 항공 화물, 공수 화물.
áir cárrier n. 1 항공 회사. 2 항공기, 수송기.
áir cásing n. [기계] [열의 발산을 막기 위해 엔진 따위의 둘레를 덮는] 공기벽, 방열 포피, 공기 케이싱; [배의 굴뚝 둘레에 있는] 통풍구.
áir-cást [ɛ́ərkæ̀st / -kɑ̀ːst] vt., vi. 〔美〕방송하다.
── n. [현지] 방송. [몽상].
áir cástle n. 공중 누각(樓閣); 백일몽(daydream).
áir cávalry(cáv) n. 〔美軍〕 공정 기갑(지상)부대.
áir céll n. [해부·동·식물] 기포, 폐포(肺胞).
áir chámber n. [펌프·수압 장치의] 공기실; [생물] 기강(氣腔), [알의] 기실(氣室).
Áir Chíef Márshal n. 〔英〕 공군 대장.
áir cléaner n. 공기 청정기, 정화기.
áir cóach n. [낮은 요금의] 보통 여객기.
áir cóck n. [기계] 공기 콕.
†**áir commánd** n. 〔美〕 공군 사령부.
Áir Cómmodòre n. 〔英〕 공군 준장.
áir condénser n. 공기 냉각기, 공기 응축기.
áir-con·di·tion [ɛ́ərkəndìʃ(ə)n] vt. …에 공기 조절 장치(냉난방 장치)를 달다; [공기]의 온도·습도를 조절하다.
áir-con·di·tioned [ɛ́ərkəndìʃ(ə)nd] adj. 공기 조절 장치를 한; 냉방(난방) 장치를 한. [름] 쿨러.
áir condítioner n. 공기 조절 장치, 냉난방 장치.
*áir condítioning n. [U][C] 공기 조절; 냉방(난방) 장치[법].
áir contról n. [U] 제공(制空)[권]; 항공 관제. [원.
áir contrólman n. (pl. -men) 〔美해군〕 항공 관제
áir-cóol [ɛ́ərkùːl] vt. 1 〔기계〕 …을 공기 냉각하다. 2 …의 공기 조절을 하다(air-condition).
áir-cóoled [ɛ́ərkùːld] adj. 공기 냉각의, 공랭식의.
áir cóoler n. 공기 냉각기(공랭 장치).
áir cóoling n. [U][C] 공기 냉각[법].
áir córridor n. 〔공중 회랑[국제 협정에 의해 안전을 보장받은 항공로].
Áir Cóuncil n. 〔英〕 공군 최고 회의.
áir cóver n. 공중 엄호[대]. ¶ provide an *air cover* to a flank 측면을 공중 엄호하다.
*air·craft [ɛ́ərkræ̀ft / -krɑ̀ːft] n. (pl. -craft) 항공기 [비행기·기구·비행선 따위의 총칭].
áircraft cárrier n. 항공 모함.
áircraft obsérver n. 〔美공군〕 기상(機上) 감시병 [정찰과 화기 방사를 담당].
áir·crafts·man [ɛ́ərkræ̀ftsmən / -krɑ̀ːfts-], (air·craft·man [-kræ̀ft- / -krɑ̀ːft-]) n. (pl. -men [-mən])
〔英〕항공병.
áir·crafts·wom·an [ɛ́ərkræ̀ftswùmən / -krɑ̀ːfts-], (air·craft·wom·an [-kræ̀ft- / -krɑ̀ːft-]) n. (pl. **-wom·en** [-wìmən]) 〔英〕 여자 예비 항공병.
áircraft wíng n. 〔군사〕 항공군단[2개 이상의 비행 중대(squadron)또는 항공군(group)으로 구성된 공군 부대
áir·crèw [ɛ́ərkrùː] n. 항공기 승무원. [조직].
áir-créw·man [ɛ́ərkrùːmən] n. (pl. **-men** [-mən]) [장교·조종사 이외의] 항공기 승무원의 한 사람.
áir-cúre [ɛ́ərkjùər] vt. [담뱃잎·목재 따위]를 공기에 쐬다, 통기 처리(건조)하다.
áir cúrrent n. 기류. [절전 공기와 외기를 차단].
áir cúrtain n. 에어 커튼[공기의 벽으로 실내의 조
áir cúshion n. 1 공기 쿠션, 2 공기 방석(베개).
áir cúshion véhicle n. 호버크래프트(hovercraft).
áir defénse(〔英〕 defénce) n. [U] 방공. [craft).
Áir Dérby n. 비행 대회.
áir divísion n. 〔美공군〕 비행(항공) 사단.
áir dóor n. =air curtain.
áir dráin n. 통기관(通氣管) [거(渠)] [통풍·채광을 위해 지하실 둘레에 파놓는 공간].
áir-drome [ɛ́ərdròum] n. 〔주로 美〕 비행장(〔주로 英〕 aerodrome).
áir-drop [ɛ́ərdrɑ̀p / -drɔ̀p] vt. (-dropped, -dropping) [물자·병력 따위]를 낙하산으로 투하(보급)하다.
── n. 공중 투하(보급).
áir-drý [ɛ́ərdrài] vt. (-dried, -dry·ing) [공기를 쐬어]…을 말리다. ── adj. 완전히 건조된.
Aire·dale [ɛ́ərdèil] n. 1 에어데일종의 개[테리어종의 개]. 2 〔美속어〕 무뚝하고 버릇없는 젊은이.
áir éddy n. 기류의 소용돌이.
áir edítion n. 〔신문·잡지의〕 항공 속달판; 라디오 판(선내(船內)에서 무전 뉴스를 받아 발행하는).
áir éngine n. 압축 공기 엔진, 열기(熱氣) 엔진.
air·er [ɛ́ərər] n. 건조 장치; [빨래] 건조대.
áir escápe n. 배기(排氣) 장치.
áir expréss n. [U] 소하물 공수업; 공수 소하물.
áir·fàre [ɛ́ərfɛ̀ər] n. 항공 요금.
†**air·fíeld** [ɛ́ərfìːld] n. 비행장.
áir·fíght [ɛ́ərfàit] n. 공중전.
áir fléet n. [대규모의] 비행기 편대, [는] 기류.
áir·flòw [ɛ́ərflòu] n. 〔항공기·자동차 따위가 일으키
áir·fòil [ɛ́ərfɔ̀il] n. 〔주로 美〕〔항공〕 에어포일, 날개 〔주로 英〕 aerofoil.
áir-force [ɛ́ərfɔ́ːrs / -fɔ́ːs] adj. 공군의.
Áir Fórce n. 1 〔美〕 [미국] 공군[1947년 창설; 略 A.F.]. (a- f-) [일반적으로] 공군. cf. army, navy 2 〔英〕 영국 공군(Royal Air Force).
Áir Fórce Acádemy n. 〔美〕 공군 사관 학교.
Áir Fórce Óne n. 〔美〕 미국 대통령 전용기.
áir·frame [ɛ́ərfrèim] n. 〔항공기·로켓 따위의 엔진을 제외한] 기체. [항공 회사].
Áir Fránce [F ɛːr frɑ̃ːs] n. 에르 프랑스 〔프랑스
áir·freight [ɛ́ərfrèit] n. [U] 화물 공수업; 공수 화물. ── vt. …을 공수하다.
áir·fréight·er [ɛ́ərfrèitər] n. 화물 수송기.
áir gáp n. [전기] 공기 갭, 공극(空隙) [방전시 또는 자극(磁極)간의 간극].
áir gás n. 〔화학〕 공기 가스〔가솔린의 증발기(蒸發氣)와 공기와의 혼합 기체. 조명·열원용〕; 발생로 가 **áir gáuge** n. 기압계. 스(producer gas).
áir·glow [ɛ́ərglòu] n. 〔기상〕 야광(夜光).
áir·graph [ɛ́ərgræ̀f / -grɑ̀ːf] n. 〔英〕 [필름에 축사(縮寫)하여 보낸 뒤, 확대시켜서 배달되는] 항공 축사 우편 (〔美〕V-mail). ── vt. …을 항공 축사 우편으로 보내다.
áir gún n. 1 공기총. 2 에어 건〔압축 공기에 의한 페인트 따위의 도장 분무 장치].
áir hámmer n. 공기 해머.

air·head [ɛ́ərhèd] *n.* **1** 적전 낙하 교두보 [낙하산 부대가 확보한 적지]. **2** 전선 공군 기지. **3** 《美속어》 바보, 얼간이(fool).

áir hòist *n.* [압축 공기로 움직이는] 승강기.

áir hòle *n.* **1** 통풍구, 배기(급기)공, 바람구멍. **2** 《美》[얼어붙은 강·못 따위의] 얼지 않은 곳. **3** 《美》= air pocket.

áir·hop [ɛ́ərhàp / -hɔ̀p] *n.* 비행기로 이곳저곳을 여행하기. — *vi.* 비행기로 이곳저곳을 여행하다.

áir hòstess *n.* [여객기의] 스튜어디스(stewardess).

air·i·ly [ɛ́(:)rili / ɛ́ər-] *adv.* **1** 즐겁게, 명랑하게, 들떠서; 경쾌하게, 쾌활하게(jauntily). **2** 가볍게, 살며시 (lightly); 수월하게, 쑥. **3** 미묘하게(delicately).

Áir Índia *n.* 인도 항공[인도의 국영 항공 회사; 略 AI].

air·i·ness [ɛ́(:)rinis / ɛ́ər-] *n.* [U] **1** 공기의 유통이 잘 됨, 통풍이 잘 됨. **2** 명랑, 쾌활, 경쾌. **3** 미묘함.

air·ing [ɛ́(:)riŋ / ɛ́ər-] *n.* **1** 공기에 쐬기, 거풍. ¶ give clothes an *airing* 옷을 거풍하다. **2** 외출, 산책, 드라이브. ¶ take an *airing* 산책하다; 드라이브하다. **3** [의견 따위의] 공표. **4** 《美속어》[라디오·텔레비전의] 방송.

Give it an airing ! 《美속어》① 가져 가라. ② 입닥쳐!

áiring cùpboard *n.* 《英》세탁물을 말릴 수 있도록 온수 파이프 따위의 시설이 마련된 벽장.

áir injéction *n.* [U] [분사식의] 연료 보급.

áir jácket *n.* **1** [엔진 따위의] 방열 덮개, 공기 재킷. **2** 《英》구명대, 부낭(浮囊) (life belt).

áir jèep *n.* [민간용] 1인승 헬리콥터.

áir jèt *n.* [정기] 항공로, 공로(airway).

air·launch [ɛ́ərlɔ̀:ntʃ, +美 -là:ntʃ] *vt.* [로켓·미사일 따위를] 비행체에서 공중 발사하다.

air·less [ɛ́ərlis] *adj.* **1** 공기가 없는(lacking air). **2** 통풍이 좋지 않은; 숨막히는(stuffy). **3** 조용한, 고요한 (still).

áir lètter *n.* **1** 항공 우편. **2** 《美》항공 우편용 봉함 엽서, 항공 편지(aerogram).

air·lift [ɛ́ərlìft] *n.* 공수, 공중 보급; 공수 보급 물자. — *vt.* 공수하다.

air·like [ɛ́ərlàik] *adj.* 공기 같은.

air·line [ɛ́ərlàin] *adj.* 항공로의; 《주로 美》직행[로]의.

*****air·line** [ɛ́ərlàin] *n.* **1** 《항공》정기 항공로. **2** 항공기·공항 따위의 정기 항공 시설. **3** 《종종 ~s》《보통 단수 취급》정기 항공 회사. **4** 《주로 美》직행로(直行路), 일직선(beeline).

áirline còde *n.* 항공 회사 코드 [국제 항공 운송 협회가 제정한 2자로 된 약호; 대한 항공은 KE].

áirline hóstess(stéwardess) *n.* 《美》정기 항공 여객기의 스튜어디스.

*****air·lin·er** [ɛ́ərlàinər] *n.* 정기 여객기.

air·load [ɛ́ərlòud] *n.* 항공기의 총적재 중량 [승무원·연료를 포함].

áir lòck *n.* 기갑(氣閘) [케이슨 의 기밀 실(氣密室)]. ⇒ CAISSON 그림.

áir lòg *n.* **1** 비행 거리계. **2** [로켓 공학] 미사일의 항속 거리 제어 장치.

‡air·mail [ɛ́ərmèil] *n.* (=**áir màil**) [U] 항공 우편, 항공편; 항공 우편물《集》(air post). — *adj.* 항공편의. — *adv.* 항공편으로. — *vt.* …을 항공편으로 보내다.

*****air·man** [ɛ́ərmən, +英 -mæn] *n.* (*pl.* **-men** [-mən, + 英 -men]) **1** 비행사 (aviator). ¶ a civilian *airman* 민간 비행사. **2** 항공병, 항공 대원.

air·man·ship [ɛ́ərmənʃìp] *n.* [U] 비행사(가)임; 항공기술.

áir máp *n.* 항공 지도, 기상 지도.

air·mark [ɛ́ərmɑ̀:rk] *vt.* 《항공》…에 대공 표지를 붙이다.

Áir Márshal *n.* 《英》공군 중장.

áir máss *n.* [기상] 기단(氣團).

áir máttress *n.* 공기요[침대·구명대 따위로 사용한다].

áir mechánic *n.* 《英》항공 정비사 [공군 항공 기사의 경우 공군에서 최하위].

áir médal *n.* 《美》공군 수훈장 [1942년 제정].

áir míle *n.* 공로(空路) 마일 [약 1,853m].

air-mind·ed [ɛ́ərmàindid] *adj.* 항공에 흥미를 가진, 항공 문제에 관심이 있는(열심인). **~ness** *n.*

Áir Mínistry *n.* 《英》(the ~) 항공성.

áir míss *n.* 《英》[항공기의] 이상 접근 [니어미스(nearmiss)에 대한 공식 용어]. ¶ 相 상 부대의.

air·mo·bile [ɛ́ərmòub(i)l, -bi:l] *adj.* 《군사》공수 지상 부대의.

áir mónitor *n.* **1** [라디오·텔레비전의] 감시 장치(인). **2** [물리] 대기 오염 감시 장치.

áir mótor *n.* 압축 공기 발동기.

Áir Nátional Guárd *n.* 《美》주(州) 공군 [US Air Force의 예비군].

áir ófficer *n.* 해군 항공 참모; (A- O-) 《英》영국 공군 참모 [공군 준장 이상]. [氣計].

air·om·e·ter [ɛ(:)rɑ́mitər / ɛərɔ́m-] *n.* 양기계 (量

áir·park [ɛ́ərpɑ̀:rk] *n.* 작은 공항.

áir pàssage *n.* **1** 공기가 통하는 구멍, 통풍로. **2** 하늘의 여행 (travel by air). **3** 항공기편(이용).

áir patról *n.* 공중 정찰.

áir pìpe *n.* 통기관(通氣管), 에어 파이프.

áir píracy *n.* [U] 항공기의 공중 납치, 하이잭.

áir pìrate *n.* 공중 납치범, 하이잭 범인.

‡air·plane [ɛ́ərplèin] *n.* (=**áir pláne**) 비행기 《주로 英》 aeroplane). ¶ a fighting *airplane* 전투기 / by *airplane* 비행기로. — *vi.* 비행기로 가다.

áirplane cárrier *n.* 항공모함 (aircraft carrier).

áirplane clóth *n.* [U] [비행기의 날개에 쓰이던] 특수 면직물. **2** [샤쓰·파자마용의] 면직물.

áirplane spín *n.* [레슬링] 상대를 들어올려 휘두르다가 던지기. [관.

áir·plank [ɛ́ərplæŋk] *n.* [항공] [비행기 승강용] 탑

áir plánt *n.* [식물] 착생식물(着生植物) (epiphyte).

áir·play [ɛ́ərplèi] *n.* 레코드 음악의 라디오 방송.

áir pócket *n.* 에어 포켓 [비행기를 실속(失速)시켜 급강하하게 하는 기류 상태] (air hole).

áir políce *n.* 《집합적》《美》공군 헌병대 [略AP, A. P.].

áir pollútion *n.* [U] 대기 오염.

‡air·port [ɛ́ərpɔ̀:rt / -pɔ̀:t] *n.* 공항.

áirport còde *n.* [3자로 된] 공항명 코드 [서울은 SEL].

áir póst *n.* 《英》= air mail.

áir pówer *n.* [U] 공군력; 공군.

áir préssure *n.* [U] 기압(atmospheric pressure).

air·proof [ɛ́ərprù:f] *adj.* 공기가 통하지 않는, 내기성 (耐氣性)의. — *vt.* …을 내기성으로 하다.

áir propéller *n.* [항공기 따위의] 프로펠러; [선풍기 따위의] 회전 날개.

áir púmp *n.* **1** 배기(공기) 펌프. **2** (the A- P-) 《천문》펌프좌.

air-raid [ɛ́ərèid] *adj.* 공습의. ¶ an *air-raid* alarm 공습 경보 / an *air-raid* shelter 방공호.

áir ráider *n.* 공중 폭격 대원, 공습하는 항공기.

áir recéiver *n.* [기계] 기조(氣槽).

áir resístance *n.* 공기 저항. [문] 펌프라.

áir rífle *n.* 라이플식 공기총.

áir ríght *n.* [U] [법률] 공중권(空中權).

áir róute *n.* 항공로.

áir sác *n.* **1** 공기 주머니. **2** [조류(鳥類)의] 기낭 (氣囊); [곤충의] 기관낭(氣管囊).

áir sámpling *n.* 《美》공기 오염·방사능 낙진을 검사하기 위한 공기 견본 적출(抽出).

áir·scape [ɛ́ərskèip] *n.* [고공·고지 따위로부터 내려다본] 지상 풍경, 조감도.

áir scóop *n.* [항공] 공기 흡입구.

áir scóut *n.* 정찰기; 항공 정찰병.

air·screw [ɛ́ərskrù:] *n.* 《英》프로펠러 (airplane propeller).

áir-sèa [ɛ́ərsì:] *adj.* 해공(海空) [협동] 의. ¶ an *air*-

sea fare 해공 연대 운임 / an *air-sea* rescue 해공 구조 작업[대].
air sérvice n. ⓤ ⓒ **1** 항공 수송[편], 항공 업무. **2** 공군(air force); [육·해군의] 항공대. **3** 항공 근무.
air sháft n. 환기구, 통풍공(air well); [광산의] 통풍 수갱(ventilating shaft).
air·shed [ɛ́ərʃèd] n. **1** 한 지역의 대기, [지역별로 구획된] 대기 분수계(分水界). **2** 항공기 격납고.
‡**air·ship** [ɛ́ərʃip] n. **1** 비행선. ¶ an *airship* shed 비행선 격납고 / a nonrigid (or a flexible) *airship* 연식(軟式) 비행선 / a rigid *airship* 경식(硬式) 비행선.
air shówer n. [물리] 공기 샤워[다수의 우주선 입자가 한 덩어리가 되어 지표에 다다르는 현상].
air shúttle n. [구어] [두 도시간을 빈번히 왕복하며 예약 없이 탑승하는 통근용] 정기 항공편.
air·sick [ɛ́ərsìk] adj. 비행기 멀미를 앓는.
air·sick·ness [ɛ́ərsìknis] n. ⓤ 비행기 멀미.
air·slake [ɛ́ərslèik] vt. (**-slaked, -slak·ing**) [생석회]를 공기에 쐬어 풍화(風化)시키다.
air slèeve (sòck) n. =windsock.
air space n. **1** [실내의] 기적(氣積), 공적(空積). **2** 영공(領空). **3** 방송 채널.
air·speed [ɛ́ərspìːd] n. [공기에 대한 비행기의] 비행 속도, 대기(對氣) 속도. cf. ground speed
áirspeed índicator n. [항공] [비행기의] 대기 속도계.
áir spráy n. 분무액; 분무기.　　　　　［도계.
áir spríng n. [기계] 공기 스프링.
áir squádron n. 비행 중대, 항공대.
áir státion n. 항공기 발착장[격납고가 있는 곳].
áir stéwardess n. air hostess. (heliport).
áir stóp n. [항공기의] 기항지, [英] 헬리콥터 발착장
air·stream [ɛ́ərstrìːm] n. **1** [비행기·자동차 따위가 일으키는] 기류(airflow). **2** 기류; 바람, [특히] 고층기류 [고층부에서의 강풍].
áir stríke n. 공습(air raid).
air·strip [ɛ́ərstrìp] n. [항공] 임시 (가설) 활주로.
áir suppórt n. =air cover.
air-tax·i [ɛ́ərtæ̀ksi] n. 에어 택시[근거리용 소형 여객기].　──　vi. 근거리 비행을 하다.
air·tel [ɛ́ərtél] n. 공항 호텔.
áir términal n. 에어 터미널[항공기의 승객이 출입하는 건물]; [공항에서 떨어진 시내의] 탑승 안내 집합소.
áir thermómeter n. 공기 온도계.
air·threads [ɛ́ərθrèdz] n. pl. [공중에 부유하는] 가는 거미줄(gossamer).
air·tight [ɛ́ərtàit] adj. **1** [꽉 죄어서] 공기가 새지 않는, 기밀(氣密)한. cf. windtight ¶ *airtight* cloth 기밀성 천. **2** [美] 빈틈없는, 물샐 틈 없는, 완벽한.
áir tíme n. [라디오·TV] **1** 어떤 특정한 프로의 방송 시작 시간. **2** 방송 시간.
air-to-air [ɛ́ərtuéər] adj. **1** 공대공의, 비행기로부터 비행기를 공격하는. cf. air-to-surface ¶ an *air-to-air* missile 공대공 미사일[略 AAM]. **2** [비행 중인] 두 비행기 사이의. ¶ *air-to-air* refueling 연료 공중 보급.
air-to-ground [ɛ́ərtəɡràund] adj. =air-to-surface.
air-to-sur·face [ɛ́ərtəsə́ːrfis] adj. 공대지의, 비행기로부터 지상을 공격하는. cf. air-to-air ¶ an *air-to-surface* missile 공대지 미사일[略 ASM].
air-to-un·der·wa·ter [ɛ́ərtuʌ̀ndərwɔ́ːtər] adj. 공대 수중의, 공대 잠수함에 대한.
áir tráctor n. 농업용(농약 살포용) 항공기.
áir tráffic n. [항공] 항공 교통(수송) [량] [특정 지역 내에서 이착륙 [비행] 하는 항공기 대수].
áir tráin n. 공중 열차 [글라이더를 연결한 비행기] (sky train).
áir tránsport n. 공중 수송, 공수.
áir tráp n. 공기 트랩(밸브).
áir trável n. 항공 여행.

áir tráveler n. 항공 여행자.
áir túrbine n. 공기 터빈.
áir túrbulence n. 난기류(亂氣流). cf. CAT
áir umbrélla n. =air cover.
áir válve n. 공기 밸브.
Áir Více-Márshal n. [英] 공군 소장.
air-view [ɛ́ərvjùː] n. 공중도(空瞰圖); 항공 사진.
áir wár n. [항공기에 의한] 공중전.
áir wárden n. 공습 경비원.
air·wave [ɛ́ərwèiv] n. **1** [美] 특정한 라디오 주파수. **2** (〜s) 라디오·텔레비전 방송.
*****air·way** [ɛ́ərwèi] n. **1** [시설이 완비된] 항공로. **2** [광산의] 풍도(風道); 통풍로. **3** (the 〜s) 방송 (broadcasting). **4** [방송의] 채널. **5** (the 〜s) 항공 회사.
áirwày béacon n. 항공 표지등; 항공 등대.
áir wáybill n. 항공 화물 운송장(수령증), 항공 수송장.
áir wéll n. [빌딩의] 환기통.　　　　　　［송 증권.
air-wise [ɛ́ərwàiz] adj. 항공 지식이 있는. ── adv. 항공로에 따라, 항공의 견지에서.
air-wo·man [ɛ́ərwùmən] n. (pl. **-wom·en** [-wìmin]) 여류 비행사, 여성 항공원.　　　　　 [공적인).
air-wor·thi·ness [ɛ́ərwə̀ːrðinis] n. ⓤ 내공성(耐
air·wor·thy [ɛ́ərwə̀ːrði] adj. [항공] [안전한] 비행에 알맞은(견디는). cf. seaworthy
*****air·y** [ɛ́(:)ri/ɛ́əri] adj. (**air·i·er, air·i·est**) **1** 통풍이 잘 되는(breezy). ¶ an *airy* room 바람이 잘 통하는 방. **2** 공기의; 공기와 같은. **3** [발걸음이] 가벼운, 경쾌한, 쾌활한, 명랑한. ¶ an *airy* tread 경쾌한 발걸음. **4** 공허한; 허무한; 공상적인, 환상적인. ¶ an *airy* dream 공허한 꿈 / an *airy* promise 지킬 수 없는 약속. **5** 경박한(flippant); 으스대는(affected). **6** 높이 치솟은(lofty). **7** 공중의, 공중에서의, 공중의(aerial). ◇ air.
air·y-fair·y [ɛ́(:)rifɛ́(:)ri / ɛ́ərifɛ́əri] adj. [英구어] [요정같이] 날렵한, 가벼운, 변덕스러운; [경멸적] 실체가 없는, 공상적인.
AIS ⟪略⟫ Automatic *I*nterplanetary *S*tation ([구소련의] 자동 행성간 스테이션).
*****aisle** [ail] n. **1** [건축] **a**) [교회당의] 측면의 낭하, 측랑(側廊). **b**) [교회의] 회중석의 통로. **2** [극장·버스·열차 따위의] 좌석 사이의 통로.
in the aisles [청중이 좌석에서 굴러떨어질 만큼] 포복절도하여. ¶ lay (or knock) the audience *in the aisles* 청중을 크게 웃기다.
walk up the aisle 결혼하다.
aisled [aild] adj. 측랑(側廊)이 있는.
áisle séat n. 통로쪽 좌석. cf. window seat
áisle sítter n. (구어) 연극 평론가.
ait [eit] n. [英] [강·호수 안의] 작은 섬.
aitch [eitʃ] n. H(h)의 글자. ¶ drop *one's aitches* h를 빼고 발음하다.　　　　　　　　［가 붙은] 엉덩이살.
aitch·bone [éitʃbòun] n. **1** [소의] 엉덩이뼈. **2** [뼈
AIU ⟪略⟫ *A*merican *I*nternational *U*nderwriters (미국의 보험 회사).
a·jar¹ [ədʒɑ́ːr] adv., adj. (* 형용사로서는 서술 용법) [문·도어 따위가] 살짝 열려, 조금 열고(partly open). ¶ leave a door *ajar* 문을 조금 열린 채 두다.
a·jar² [ədʒɑ́ːr] adv., adj. (* 형용사로서는 서술 용법) 불화의 상태인(로), 조화되지 않은(않은) (out of harmony). ¶ He is *ajar with* others (the world). 그는 남(세상 사람들)과 잘 어울리지 않는다.
A·jax [éidʒæks] n. [그리스 신화] **1** 아이아스[Troy 전쟁의 영웅]. Achilles의 갑옷이 Odysseus 에게 주어진 것을 분하게 여겨 자살한다. **2** 아이아스[똑같이 Troy 전쟁의 영웅으로 발의 빠르기가 Achilles에 버금간다. * Ajax the Lesser, Locrian Ajax, Oilean Ajax 라고도 한다.
Ak, AK ⟪略⟫ Alaska.

a.k.a. (略) *also known as* (별칭은-). [럽].
A.K.C. (略) *American Kennel Club* (미국 애견가 클
a·ke·la [əkíːlə] *n.* [Cub Scouts 의] 대장. [<Kipling 작 *The Jungle Book* 의 늑대 대장 Akela 의 이름]
a·kim·bo [əkímbou] *adv., adj.* (* 형용사로서는 서술용법) 손을 허리에 대고 팔꿈치를 굽혀서. ¶ stand with arms *akimbo* 양손을 허리에 대고 팔꿈치를 굽히고 서다.
***a·kin** [əkín] *adj.* 《서술형용사》 1 혈족의, 동족의, 친척의(kin) (*to* ...). ¶ He is near *akin* to me. 그는 나의 근친이다. 2 동종의, 동속(屬)의, 유사한(resembling) (*to* ...). ¶ A buffalo is *akin* to an ox. 들소는 황소와 비슷하다 / Pity is *akin* to love. 《속담》 동정은 사랑에 가깝다 / Envy and jealousy are near *akin*. 질투와 선망은 가까운 감정이다.
Ak·kad [ǽkæd, +美 áːkɑːd], **(Accad)** *n.* 아카드 [Nimrod 의 왕국에 있던 4도시 중 하나. 북부 바빌로니아의 대부분을 차지하고 있었음이 고고학적으로 입증되었다].
Ak·ka·di·an [əkéidiən] *n.* Ⓤ 아카드어(語) [바빌로니아, 앗시리아 지방을 포함하는 동부 지방의 Semitic 어]; Ⓒ 아카드 부족, 아카드인]. — *adj.* (= **Ac·ca·di·an**) Akkad 의; Akkad 인(어)의.
Al 〖화학〗 aluminum 의 원자 기호.
AL, AL., A.L. (略) Anglo-Latin.
al- *pref.* ⇒ AD-.
-al[1] *suf.* 형용사 및 형용사로부터 파생된 명사에 붙어서 of, relating to, like, equal 의 뜻을 나타낸다 (* 특히 프랑스어에서 온 외래어에는 -ial 을 쓴다). 예: annu*al*, comic*al*, equ*al*, tropic*al*, fili*al*, imperi*al*.
-al[2] *suf.* 동사에 붙어서 그 동작을 나타내는 명사를 만든다. 예: arriv*al*, deni*al*, refus*al*, tri*al*.
-al[3] *suf.* 〖화학〗 aldehyde 기(基)를 함유함을 나타내는 화학 용어를 만든다. 예: chlor*al*, butan*al*.
a.l. (略) *autograph letter*.
A.L. (略) *American Legion; American League*.
a·la [éilə] *n.* (*pl.* **a·lae** [éilíː]) 1 날개(wing). 2 〖골격·조개·종자 따위의〗 날개꼴 부분, 날개부. 3 〖나비모양 화관(花冠)의〗 날개판(wing).
Ala. (略) Alabama.
à la, a la [áːlə, -lɑː/-lɑː] 1 …식의, …풍의. ¶ *à la* Schumann 슈만풍의. 2 〖요리〗 …을 곁들인. ¶ *à la* jardinière 갖가지 야채를 곁들인. [<F *à la mode* (= in the fashion)의 단축형]
ALA (略) *Alliance for Labor Action* (미국 노동 행동
ALA, A.L.A. (略) *American Library Association* (미국 도서관 협회); *Automobile Legal Association*.
***Al·a·bam·a** [ǽləbǽmə] *n.* 미국 남부의 주 〖주도 Montgomery; 略 Ala.〗. ◇ **Alabámian** *adj.*
Al·a·bam·i·an [ǽləbǽmiən], **(Al·a·bam·an** [ǽləbǽmən]) *adj.* Alabama 의. — *n.* Alabama 의 사람.
***al·a·bas·ter** [ǽləbæstər/-báːs-, -bæs-] *n.* Ⓤ 설화석고(雪花石膏). — *adj.* 1 설화 석고로 만든. 2 설화 석고 같은, 매끄럽고 하얀. [ter.
al·a·bas·trine [ǽləbǽstrin/-báːs-] *adj.* =alabas-
à la carte [àːləkáːrt/-lɑː-], **(a la carte)** 메뉴에 의해서, 좋아하는 요리를 골라서; 일품 요리의. *cf.* table d'hôte ¶ dinner *à la carte* 좋아하는 요리의 만찬. [<F according to (the card)]
a·lack [əlǽk] *interj.* 〖고어〗 (비애·유감·놀람을 나타내어) 아아, 슬프다.
a·lack·a·day [əlǽkədèi] *interj.* 〖고어〗 =alack.
a·lac·ri·tous [əlǽkritəs] *adj.* 민활한; 시원스러운.
a·lac·ri·ty [əlǽkriti] *n.* 민활; 활발(liveliness). ¶ show *alacrity* 민활하게 하다 / He responded with *alacrity* to our demand. 그는 우리의 요구에 선선히 응했다.
***A·lad·din** [əlǽdin, +美 -dn] *n.* 알라딘〖*The Arabian Nights* 에 나오는 청년의 이름. 마법의 램프와 반지를 얻

어 원하는 일을 이룰 수 있게 된다〗.
Aláddin's lámp *n.* 알라딘의 램프〖생각대로 소망을 이루어주는 것〗.
a·lae [éiliː] *n.* ala 의 복수형.
à la fran·çaise [àː lɑː frɑːnséiz] 《프랑스》(=in the French manner) 프랑스식의(으로).
à la king [àːləkíŋ/àːlɑː-] 버섯·풋고추·피망 따위를 넣어 스스로 조미한 (* 명사 뒤에 쓴다). ¶ chicken *à la king* 치킨 알라킹.   [불능증.
a·la·li·a [əléiliə, +美 ælí-] *n.* Ⓤ〖병리〗발어(發語)
al·a·me·da [ǽləméidə, -míːdə] *n.* 〖주로 美 서남부〗 포플라 따위의 가로수가 있는〖 산책길.   [무.
al·a·mo [ǽləmòu] *n.* (*pl.* -**mos**) 〖美서남부〗 포플라 나
Al·a·mo [ǽləmòu] *n.* (the ~) 미국 Texas 주 San Antonio 에 있던 프란시스코 수도회의 전도소〖후에 성채가 된다. 텍사스 독립 전쟁 때인 1836년, 이곳을 수비하던 미국인이 멕시코군과 싸워 전원 전사〗.
al·a·mode [ǽləmòud] *n.* Ⓤ〖스카프용의 광택이 있는〗 얇은 비단.
à la mode [ǽ lə mòud], **(a la mode)** 1 유행에 따라, 최신형으로; 유행의, 최신의. 2 〖요리〗 파이 따위에 아이스크림을 곁들인; 〖쇠고기〗 야채와 함께 라드로 볶은(삶은). [<F in the fashion]
à l'an·glaise [àːlɑːŋgléiz] 《프랑스》(=in the English style) 영국식으로(의).
à la page [àː lɑː páːʒ] *adj.* 《프랑스》 (=up-to-date) 최신의, 현대적인; 최신 유행의.
a·lar [éilər] *adj.* 1 날개의, 깃의(alary); 날개(깃) 모양의; 날개(깃)가 있는. 2 〖해부〗 겨드랑 밑의; 〖식물〗 엽액(葉腋)의 (axillary).
‡**a·larm** [əlɑ́ːrm] *n.* 1 Ⓤ 놀람, 경악. ¶ in *alarm* 놀라서 / without *alarm* 침착하게 / take [the] *alarm* at …에 깜짝 놀라다. 2 경보. ¶ a fire *alarm* 화재 경보 / a false *alarm* 허위 경보 / give the *alarm*; raise the *alarm* 경보를 올리다. 3 경보기, 경종; 경보(기상) 장치; 자명종(시계). ¶ sound an *alarm* 경보기(경종)을 올리다. 4 비상 소집. 5 〖펜싱〗 한발 앞으로 내딛는 도전.
alarms and excursions 〖익살〗 소란.
— *vt.* 1 …을 깜짝 놀라게 하다. ¶ be *alarmed* by an attack 공격에 놀라다 / Don't *alarm* yourself. = Don't be *alarmed*. 놀라지 마라 / The people were *alarmed* at the threat of war. 국민은 전쟁의 위협에 전전긍긍했다. 2 …에 경보하다, …에 위급을 알리다.
be alarmed for 〖안부 따위〗를 염려하다.
alárm bèll *n.* 경종, 경보 벨.
alárm càll *n.* 〖군대〗 비상 신호.
‡**alárm clòck** *n.* 자명종(시계).
alárm gùn *n.* 경포(驚砲).   [스러운.
*a·lárm·ing** [əlɑ́ːrmiŋ] *adj.* 놀랄 만한, 불온한; 걱정
a·larm·ing·ly [əlɑ́ːrmiŋli] *adv.* 놀랄 만큼; 매우.
a·larm·ism [əlɑ́ːrmiz(ə)m] *n.* Ⓤ Ⓒ 1 함부로 남 (세상)을 놀라게 하기. 2 기우, 부질없는 걱정.
a·larm·ist [əlɑ́ːrmist] *n.* 1 세상을 소란케 하는 사람, 요란케 하는 사람. 2 세상을 소란케 하는 기우가 심한 사람.
alárm pòst *n.* 〖군사〗 비상 소집(집합)지.
alárm sìgnal *n.* 경보, 비상 신호.
alárm sỳstem *n.* 비상 경보 장치.
alárm wòrd *n.* 암호말, 군호.   [alarm 3.
a·lar·um [əlɑ́ːrəm, -lǽ(:)r-; +英 -léər-] *n.* 〖英〗 =
alárum clòck *n.* 〖英〗 =alarm clock.
a·la·ry [éiləri, +美 ǽl-] *adj.* 날개(깃)의; 〖생물〗 날개
‡**a·las** [əlǽs, +美 -áːs] *interj.* 아아, 슬프다 ! 〖비애·한탄·연민·걱정·불안 따위의 소리〗.
Alas. (略) Alaska.
***A·las·ka** [əlǽskə] *n.* 북미 서북부에 있는 미국의 한 주 〖주도 Juneau. 1959년 미국의 49번째 주가 되었다; 略 Alas.〗.   [나무.
Aláska cédar *n.* 〖식물〗 〖북미산(産)〗 알래스카 삼
Aláska Híghwày *n.* (the ~) 알래스카 공로〖캐나

Alaskan 다의 British Columbia에서 알래스카의 Fairbanks에 이르는 군용 도로. 통칭 Alcan Highway].
A·las·kan [əlǽskən] *adj.* 알래스카의; 알래스카 사람의. — *n.* 알래스카 사람.
Aláska málamùte *n.* 알래스카의 썰매 끄는 개.
Aláska Ránge *n.* (the ~) 알래스카 산맥[Alaska 남부의 산맥. 최고봉은 Mt. McKinley].
Aláska [stándard] tìme *n.* (the ~) 알래스카 표준시[Hawaii [standard] time 과 같음. GMT 보다 열 시간 늦다].
A·las·tor [əlǽstər / -tɔː] *n.* 〖그리스 신화〗 알라스토르[복수의 신].
a·late [éileit], **a·lat·ed** [éileitid] *adj.* 날개(깃)가 있는(winged); 날개(깃) 모양의 것이 달린.
alb [ælb] *n.* (교회) 흰 삼베의 사제복, 알브[미사(mass)용 제복(祭服) 밑에 입는다].
Alb. (略) Albania, Albanian; Albany; Albert; Alberta.
al·ba [ǽlbə, ɑ́ːl- / ǽl-] *n.* 〖중세 프랑스의〗 프로방스(Provence)의 음유(吟遊)시정시인(troubadour)의 · 연가[애인과의 새벽 이별을 노래한 것이 대표적].
al·ba·core [ǽlbəkɔ̀ːr / -kɔ̀ː] *n.* (*pl.* **-cores** *or* **-core**) 다랑어류.
Al·ba·ni·a [ælbéiniə, -njə] *n.* 알바니아 [Balkan반도 서부의 공화국. 수도 Tirana]. [alb]
Al·ba·ni·an [ælbéiniən, -njən] *adj.* 알바니아의; 알바니아인(어)의. — *n.* 알바니아인; 〖U〗 알바니아어.
Al·ba·ny [ɔ́ːlbəni] *n.* 미국 New York주의 주도[略. Alb.].
al·ba·ta [ælbéitə] *n.* 〖U〗 양은(German silver).
al·ba·tross [ǽlbətrɔ̀ːs / -trɔ̀s] *n.* (*pl.* **-tross·es** [-trɔ̀ːsiz / -trɔ̀siz] *or* **-tross**) 〖새〗 신천옹.
al·be·do [ælbíːdou] *n.* 〖U〗〖C〗 **1** 〖천문〗 알베도〖달 · 행성이 반사하는 태양 광선의 비율〗. **2** 〖물리〗 알베도〖원자로내의 반사체에 의해 반사되는 중성자의 비율〗.
al·be·it [ɔːlbíːit] *conj.* ···이기는 하나, ···임에도 불구하고(although); 설사 ···이라도(even if).
al·bert [ǽlbərt] *n.* 앨버트형(型)의 시계줄[Prince Albert 가 애용했다] (albert chain).
Álbert Háll *n.* (the ~) 앨버트 기념관[London의 Kensington Gardens에 있으며 음악회 등에 사용].
al·bes·cent [ælbés(ə)nt] *adj.* **1** 희어지기 시작한. **2** 백색을 띤(whitish).
Al·bi·gen·ses [ǽlbidʒénsiːz, +英 -gén-] *n. pl.* 알비파 [12세기부터 13세기에 걸쳐 프랑스 남부의 Albi 지방에서 일어난 일종의 반로마 교회파의 교단].
al·bi·nism [ǽlbiniz(ə)m] *n.* 〖U〗 〖사람 · 동식물의〗 선천성 색소 결핍증, 백피증(白皮症). *opp.* melanism.
al·bi·no [ælbáinou / -bíː-] *n.* (*pl.* **-nos**) **1** 선천성 색소 결핍증(백피증)인 사람(식물). **2** 〖식물의〗 백변종(白變種). 〖증의;백변종의〗
al·bi·not·ic [ælbinɑ́tik / -nɔ́t-] *adj.* 선천성 색소 결핍증의.
Al·bi·on [ǽlbiən, -bjən] *n.* 〖詩〗 Great Britain 의 옛이름〖영국 남부 해안의 백악질(白堊質) 절벽에 연유한 White Land 의 뜻〗. *cf.* Caledonia
al·bite [ǽlbait] *n.* 〖U〗〖광물〗 소다 장석(長石).
ALBM (略) *a*ir-*l*aunched *b*allistic *m*issile (공중 발사식 탄도탄).
‡**al·bum** [ǽlbəm] *n.* **1** 앨범[사진첩 · 우표첩 · 신문 스크랩북 · 그림 엽서첩 따위]. ¶ *a photographic album* 사진첩 / *a stamp album* 우표첩. **2** 방명록, 〖방문 객〗 접수부. **3** 〖음반의〗 자켓; 〖음반 따위의〗 곡집(曲集), 전곡집.
al·bu·men [ælbjúːmin / ǽlbjumin, ælbjúː-] *n.* **1** 알의 흰자, 난백. **2** 〖동 · 식물〗 배유(胚乳) 〖생화학〗 = albumin.

al·bu·me·nize [ǽlbjúːmináiz] *vt.* (**-nized, -niz·ing**) ···을 단백질으로 처리하다, (인화지 따위에) 단백액을 바르다.
al·bu·min [ælbjúːmin / ǽlbjumin, ælbjúː-] *n.* 〖U〗 〖생화학〗 앨부민 [단백질의 일종].
al·bu·mi·noid [ælbjúːminɔ̀id] *n.* 〖생화학〗 경(硬)단백질, 골격 단백질 [keratin, gelatin 따위].
al·bu·mi·nose [ælbjúːminòus] *adj.* = albuminous.
al·bu·mi·nous [ælbjúːminəs] *adj.* **1** albumin 의; albumin을 함유하는. **2** 〖종자가〗 배유(胚乳)가 있는.
al·bu·mi·nu·ri·a [ælbjùːmin(j)ú(ː)riə / -njúə-] *n.* 〖U〗〖병리〗 단백뇨증.
al·bur·nous [ælbə́ːrnəs] *adj.* 백목질(白木質)의.
al·bur·num [ælbə́ːrnəm] *n.* 〖U〗 〖식물〗 백목질, 백변(白邊) 〖나무의 심재(心材)와 외피 사이의 연질부〗 (sapwood).
ALC (略) 〖공학〗 *a*utoclaved *l*ightweight *c*oncrete.
al·ca·hest [ǽlkəhèst] *n.* = alkahest.
Al·ca·ic [ælkéiik] *adj.* 〖그리스의 시인〗 알카이오스(Alcaeus [ælsíːəs])의; 〖韻律〗 알카이오스격(格)의. — *n.* (~s) 알카이오스격의 시절(詩節).
al·cai·de [ælkáidi, +美 ɑːl-], **(alcayde)** *n.* 〖스페인 · 포르투갈〗 **1** 요새 사령관. **2** 〖교도소의〗 간수(jailer); 교도소장(warden).
al·cal·de [ælkǽldi] *n.* 〖스페인 등의 재판관을 가진〗 시(읍)장.
Ál·can Híghway [ǽlkæn-] *n.* ⇒ ALASKA HIGHWAY.
ALCC (略) 〖군사〗 *a*irborne *l*aunch *c*ontrol *c*enter (기상 미사일 발사 센터).
Al·ces·tis [ælséstis] *n.* 〖그리스 신화〗 알케스티스[Thessaly왕 Admetus의 아내. 남편 대신에 죽었으나 후에 Hercules가 황천에서 되살려왔다].
al·chem·ic [ælkémik], **-i·cal** [-ik(ə)l] *adj.* 연금술의, 연단술의(煉丹術)의. **-i·cal·ly** [-ikəli] *adv.*
__al·che·mist__ [ǽlkimist] *n.* 연금술사, 연금술 학자.
al·che·mis·tic [ǽlkimístik], **(al·che·mis·ti·cal** [-ti·k(ə)l]) *adj.* 연금술적인; 연단술의. **-ti·cal·ly** [-tikəli] *adv.*
al·che·mize, -mise [ǽlkimàiz] *vt.* (**-mized, -miz·ing**) [연금술에 의해서] [금속 따위를] 변질시키다 (transmute).
__al·che·my__ [ǽlkimi] *n.* (*pl.* **-mies**) **1** 〖U〗연금술; 연단술(煉丹術) 〖옛날 중세시대에서 불로 장생약을 만들려던 비술(祕術)〗. **2** 〖일반적으로〗 물질을 변질시키는 마력, 비법. 〔<Arab〕
Al·che·rin·ga [ǽltʃərí̀ŋgə], **al·che·ra** [ǽltʃərə] *n.* 〖오스트레일리아 원주민의 신화에서〗 꿈의 시대(dreamtime), 녹복(至福)의 시대.
Al·ci·des [ælsáidiːz] *n.* 〖그리스 신화〗 = Hercules.
ALCM (略) *A*ir *L*aunched *C*ruise *M*issile (공중 발사 순항 미사일).
Alc·me·ne [ælkmíːni] *n.* 〖그리스 신화〗 알크메네 [Thebes의 왕 Amphitryon의 아내로 Hercules의 어머니].
‡**al·co·hol** [ǽlkəhɔ̀ːl, -hɑ̀l / -hɔ̀l] *n.* 〖U〗 **1** 알코올, 주정 (* ethyl alcohol, grain alcohol 따위라고도 한다). *cf.* methyl alcohol, wood alcohol, amyl alcohol **2** 주정 음료, 주류. ¶ be addicted to *alcohol* 술에 빠지다.
◇ **alcoholic** *adj.,* **alcoholize** *v.*
__al·co·hol·ic__ [ǽlkəhɔ́ːlik, -hɑ́l- / -hɔ́l-] *adj.* **1** 알코올성의. **2** 알코올이 든, 알코올의. ¶ *alcoholic* liquors 주정 음료. **3** 알코올 중독의; 알코올을 중독의. **4** 알코올 담근, 알코올에 저장한. — *n.* 〖병리〗 알코올 중독(환) 자. **2** 술고래. ◇ **álcohol** *n.* (俗), 알코올 함유량.
al·co·hol·ic·i·ty [ǽlkəhɑlísiti] *n.* 〖U〗 알코올도.
Alcohólics Anónymous *n.* (美) 알코올 중독 환자 갱생회[금주 단체]. 〔病理〕알코올 중독.
al·co·hol·ism [ǽlkəhɔ̀ːliz(ə)m, -hɑ̀l- / -hɔ̀l- aiz] *n.* 〖U〗 알코올 포화; 정류(精溜); 알코올화.

al·co·hol·ize [ǽlkəhɔːlàiz, -həl-/ -hɔl-] (*《英》에서는 **al·co·hol·ise** 로 쓴다) vt. (-ized, -iz·ing) **1** …을 알코올에 담그다(저장하다). **2** …을 알코올화(化)하다. **3** …을 알코올로 취하게 하다.

al·co·hol·om·e·ter [ǽlkəhɔːlámitər, -həl-/ -hɔlɔ́m-] n. 알코올분(分) 계량기, 알코올 비중계(計).

al·com·e·ter [ælkámitər/ -kɔ́-] n. =drunkometer.

al·co·pop [ǽlkoupɔ̀p/ -pɔ̀p] n. 알코올을 함유 음료.

Al·co·ran [ǽlko(u)ræn, -rɑːn/ -kɔ-] n. 《고어》= Koran.

al·cove [ǽlkouv] n. **1** [실내의 벽의 일부를 안으로 들어가게 한] 작은 방, 반침[침대나 책장 따위를 둔다]. **2** [담 또는 생울타리의] 들어간 부분. **3** [정원 따위의] 정자(summer-house).

[alcove 1]

ALCS 《略》 airborne launch control system(기상(機上) 미사일 발사 관제 시스템).

Al·cy·o·ne [ælsáiəniː] n. 《천문》 황소자리의 3등성[플레이아데스 성단(Pleiades) 중에서 가장 밝은 별].

Ald., Aldm. 《略》 alderman. [rus]1등석.

Al·deb·a·ran [ældébərən] n. 《천문》 황소자리(Tau-

al·de·hyde [ǽldihàid] n. 《화학》 알데히드.

al dente [ɑːl déntei] (이탈리아어) (=to the tooth) [요리가] 씹힐 만큼 단단한, 씹는 맛이 있는.

al·der [5ːldər] n. 오리나무; 오리나무속(屬)의 나무.

al·der·man [5ːldərmən] n. (pl. -men [-mən]) **1** 《미》시(市)의원. **2** 《영》시(시 참사회 회원, 시 보좌관. **3**《영사》수장(首長), 태공(太公); 군수, 주지사.

al·der·man·ic [ɔ̀ːldərmǽnik] adj. alderman의; alderman 다운; alderman에 어울리는.

al·der·man·ry [5ːldərmənri] n. (pl. -ries) alderman의 선거구; [U] alderman의 지위(직). [신분(직).

al·der·man·ship [5ːldərmənʃip] n. [U] alderman 의

Al·der·ney [5ːldərni] n. **1** 영불 해협에 있는 Channel Islands 중의 작은 섬. **2** [그 섬 원산의] 올더니종 젖소.

Al·dine [5ːldain, -diːn] adj. 알더스판(版)의 [Venice의 Aldus Manutius 집안이 1490~1597년에 인쇄 간행한 고전의 호화판]. ── n. 알더스판, 알더스판형의 책(도) 알더스형(型) 활자.

ale [eil] n. [U] 맥주의 일종[《미》에서는 일반 맥주보다 검은 띠를 띠고 알코올을 함유량이 많은 것. 《英》에서는 맥주 중 특히 색이 엷은 것]. cf. beer, porter ¶ small ale 순한 맥주. **2** 《英》[시골에서 에일을 마시며 즐기는] 축제. [계비].

A.L.E. 《略》 [보험] additional living expense(추가 생

a·le·a·to·ric [èiliətɔ́ːrik / -tɔ́rik] adj. **1** =aleatory. **2** 《음악》 우연성의, 무작위음(無作爲音)을 사용하는.

a·le·a·to·rism [éiliətɔːriz(ə)m] n. [U] 《음악》 [연주시의] 우연성; 불확정성에 많은 것을 위임하기.

a·le·a·to·ry [éiliətɔ̀ːri / -t(ə)ri] adj. **1** [법률] 〔계약 따위〕 우연에 의존, **2** 사행적(射倖的)인; 도박적인.

ale·bench [éilbèntʃ] n. 선술집의 긴 의자. [사람.

al·ec, -eck [ǽlik, ǽlek] n.《濠속어》바보, 어리석은

ale·con·ner [éilkɔ̀nər / -kɔ̀n-] n. 《영》 **1** 선술집의 두량(斗量) 검사관. **2** 《역사》 주류(酒類) 검사관.

a·lee [əlíː] adv. 《항해》 바람 부는 쪽에(으로). opp. aweather ¶ Helm alee ! 《구령》 키를 아래쪽으로!

a·left [əléft] adv. 왼쪽으로(to the left); 왼쪽에(on the left).

al·e·gar [ǽligər, éil-/ éil-] n. 《英구어》에일초(醋) (ale vinegar); 시큼한 맥주[에일주] (sour ale).

ale·house [éilhàus] n. (pl. -hous·es [-hàuziz]) 맥주집; 비어홀; 선술집(tavern). cf. Ale house, public house

a·lem·bic [əlémbik] n. **1** 〔옛날의〕 증류기, 정화기. **2** 《비유적》 순화하는 것. ¶ the alembic of a vivid imagination 발달한 상상의 정화력.

a·leph [áːlif, áːlef] n. 알레프 (א) [헤브라이어 알파벳의 첫째 자].

‡**a·lert** [ələ́ːrt] adj. **1** 방심하지 않는, 빈틈없는, 조심성 있는. → WATCHFUL 類語 ¶ an alert mind 조심성 있는 마음 // be alert to the changes of traffic signals 교통 신호의 변화에 주의하다. **2** 기민한, 민첩한, 날쌘(nimble). ¶ be alert in climbing precipices 기민하게 절벽을 오르다. ── n. **1** (보통 the ~) 경계, 조심(vigilance). ¶ keep a person on the alert 남을 방심하지 않게 하다(조심하게 하다). **2** 공습(경계) 경보; 경보 발령 기간(상태). ── vt. …에 경계 태세를 취하게 하다; …에 경보를 발하다. ~·ly adv. ~·ness n.

[alembic 1]
1 head 헤드
2 cucurbit 증류병
3 lamp 램프
4 receiver 증류수받이

-ales suf. 〔식물〕 order(목(目))를 나타내는 복수의 라틴어 어미(語尾).

a·lette [əlét] n. 《건축》 **1** 얼렛[아치문의 문설주의 일부로서, 벽기둥이나 받침기둥의 측면에 있는 홍예 받침대 꼴을 하고 있다]. **2** 〔입구의〕 곁기둥.

al·eu·rone [ǽljurðun / -ljúərən], n. [U] 《식물》 호분(糊粉). ¶ aleurone grains 호분립.

Al·eut [əlúːt, +美 ǽliùːt], (Aleutian) n. **1** 알류샨 열도의 토착민, 알류트인 사람. **2** 알류트어.

A·leu·tian [əlúːʃən / -ʃjən] adj. 알류샨 열도의.

── n. =Aleut 1.

Aléutian Íslands n. pl. (the ~) 알류샨 열도 [Alaska 반도에서 서쪽으로 뻗은 일련의 섬들].

A·lev·el [éilèv(ə)l] n., adj. (英》 상급[의]; 〔보통 학력 증서(G.C.E.)를 획득하려는 중등 학교 학생들에게 부과되는〕 최상급 시험[의].

a·le·vin [ǽlivin] n. 치어(稚魚); [특히 아직 난황낭(卵黃囊)을 가지고 있는] 연어 새끼.

ale·wife[1] [éilwàif] n. (pl. -wives [-wàivz]) 《美》《북미산(産)》청어의 일종 [북미 · 호수 · 강 등에서 잡히는].

ale·wife[2] [éilwàif] n. (pl. -wives [-wàivz]) 맥주집 (선술집)의 안주인.

Al·ex·an·dri·a [ǽligzǽndriə / -záːn-] n. 알렉산드리아[이집트 북부의 도시, 알렉산더 대왕이 창건].

Al·ex·an·dri·an [ǽligzǽndriən / -záːn-] adj. **1** 《이집트의》 알렉산드리아[시(市)]의. **2** 철학 · 문학 · 과학에서의 고대 알렉산드리아파의. **3** 알렉산더 대왕의. **4** 《韻律》 =Alexandrine 1.

Al·ex·an·drine [ǽligzǽndrin, -driːn/ -drain] n. 《韻律》 알렉산드로격(格)[의 시] [육각 단장격(六脚短長格)(역약격, 약강격)]. ── adj. **1** 《韻律》 알렉산드로격의. **2** 이집트의 알렉산드리아[시(市)]의.

al·ex·an·drite [ǽligzǽndrait / -záːn-] n. [U] 알렉산드라이트[금록석(金綠石)의 일종]. [失語症).

a·lex·i·a [əléksiə] n. [U] 〔정신병〕 독서 불능증, 실독증

a·lex·in [əléksin] n. [U] 〔면역〕 **1** 알렉신[혈청 중의 살균성 단백 물질]. **2** 〔혈액 · 림프 안의〕 보체(補體).

a·lex·i·phar·mic [əlèksifɑ́ːrmik] 〔의학〕 adj. 해독의 효과가 있는 (antidotal); [독물] 예방하는(prophylactic). ── n. 해독제; 예방약.

ALFA [ǽlfə] n. [통신에서] A자를 나타내는 말.

al·fal·fa [ǽlfǽlfə] n.《미》 자주개자리 (《英》 lucerne) [사료 · 목초로서 유용].

Al Fatah [ǽlfǽtɑ, -fɑ́ːtɑ] n. 알파타 [팔레스티나 해방기구(PLO)의 최대 게릴라 조직]. [end]. ‹It›

al fine [ǽl fí(ː)nei/ɑːl-] adv. 《음악》 끝까지(to the

al·fres·co [ǽlfréskou] adv. 야외에서, 옥외에서. ¶ dine alfresco 옥외에서 식사를 하다. ── adj. 야외(옥

외)의 (open-air). ¶ an *alfresco* café 야외 음식점. [<It. in the fresh]
alg. (略) algebra.
Alg. (略) Algeria, Algerian; Algiers.
al·ga [ǽlgə] n. (pl. **-gae** [-dʒiː]) **1** 말, 조(藻); (보통 -gae) 조류(藻類). **2** 바닷말, 해조(sea weed).
al·gal [ǽlgəl] adj. **1** 말(조류)의. **2** 해조(바닷말)의.
‡**al·ge·bra** [ǽldʒibrə] n. **1** U 대수학. **2** 대수학 서적; 대수학 논문. ◇ algebráic adj.
al·ge·bra·ic [æ̀ldʒibréiik], (**al·ge·bra·i·cal** [-ik(ə)l]) adj. 대수의, 대수학적인; 대수의.
-i·cal·ly [-ikəli] adv.
al·ge·bra·ist [ǽldʒibreìist, ⌐-⌐-] (*(英)에서는 æ̀ldʒibríist]로도 쓴다) n. 대수학자.
Al·ge·ri·a [ældʒí(ː)riə/-dʒíə-] n. 알제리[북아프리카 지중해 서단에 있는 공화국. 1962년 프랑스로부터 독립. 수도는 알제(Algiers)].
Al·ge·ri·an [ældʒí(ː)riən/-dʒíə-] adj. 알제리의.
n. 알제리인.
-algia pain 의 뜻의 연결형. 예: neur*algia*, nost*algia*.
al·gid [ǽldʒid] adj. 추운(cold), 으스스한; 으슬으슬한, 한기가 드는(chilly).
al·gid·i·ty [ældʒíditi] n. U 한기, 오한.
Al·giers [ældʒíərz] n. **1** 알제[알제리 북부의 항구·수도]. **2** 북아프리카의 Barbary States의 하나 [현재의 Algeria; 옛날에는 해적으로 유명].
al·gín·ic ácid [ældʒínik-] n. U (화학) 알긴산[바닷말에 포함된 고점도(高粘度)의 다당류(多糖類)].
al·goid [ǽlgoid] adj. 조류(藻類) 비슷한; 바닷말 모양
Al·gol [ǽlgal/-gɔl] n. 알골[페르세우스(Perseus) 성좌 중의 2등성; 식변광성(蝕變光星)으로서 유명].
ALGOL [ǽlgal, -gɔːl /-gɔl] n. 알골[컴퓨터 과학 기술 계산용의 프로그램 언어]. [<*algo*rithmic *l*anguage]
al·go·lag·ni·a [æ̀lgəlǽgniə] n. U 고통 음락증(淫樂症)[매저키즘과 새디즘].
al·gol·o·gist [ælgálədʒist /-gɔ́l-] n. 조류학자.
al·gol·o·gy [ælgálədʒi /-gɔ́l-] n. U 조류학. cf. alga
al·gom·e·ter [ælgámitər /-gɔ́m-] n. 통각계(痛覺計) [압력에 의한 아픔의 감도를 측정하는 기계].
Al·gon·ki·an [ælgɑ́ŋki(ə)n /-gɔ́ŋ-] adj. **1** (지질) 앨곤키안 시대의[선(先)캄브리아 시대(Precambrian era)의] (Proterozoic). n. (pl. **-ki·ans** or **-ki·an**) **1** 앨곤키안 시대. **2** =Algonquian.
Al·gon·qui·an [ælgɑ́ŋk(w)i(ə)n /-gɔ́ŋ-] n. (pl. **-qui·ans** or **-qui·an**) **1** U 앨곤킨 어족(語族) (아메리칸 인디언 최대의 어족). **2** 앨곤킨족(의 사람). adj. 앨곤킨 어족[의 사람]의.
Al·gon·quin, -kin [ælgɑ́ŋk(w)in /-gɔ́ŋ-] n. (pl. **-quins; -kins** or **-quin, -kin**) **1** 앨곤킨족의 사람[아메리칸 인디언의 한 종족]. **2** U 앨곤킨어. **3** = Algonquian. — adj. Algonquian의.
al·gor [ǽlgɔːr] n. (의학) 오한; 한랭.
al·go·rism [ǽlgərìz(ə)m] n. U **1** 아라비아 기수법(記數法) [1, 2...9, 0을 쓴다]; 아라비아 숫자 계산법. **2** 산술, 산수(arithmetic). **3** = algorithm. [략. *a cipher in algorism* 영; 유명 무실한(쓸모없는) 사
al·go·rithm [ǽlgərìð(ə)m] n. U (수학) 어떤 문제를 풀기 위한 특정의 연산 방식, 알고리즘.
al·gous [ǽlgəs] adj. 바닷말의, 바닷말이 무성한.
al·gra·phy [ǽlgrəfi] n. U (인쇄) 알루미늄판을 쓰는 평판 인쇄법.
al·gua·cil [æ̀lgwəsíː(ː)l], **-zil** [-zí(ː)l] n. (pl. **-cils** or **-ci·les** [-silíːz]; **-zils**) (스페인의) 치안 경찰관, 보안관.
al·gum [ǽlgəm, +美 5ːl-], (**almug**) n. 백단(白檀) [Lebanon 산에서 나는 나무. ←역대기(하) (2 Chron.) 2:8].
Al·ham·bra [ælhǽmbrə] n. (the ~) 알함브라 궁전 [스페인의 Granada에 있는, 무어인이 건립한 왕성. 14

세기에 완성].
Al·ham·bresque [æ̀lhæmbrésk] adj. (건축·장식 따위가) 알함브라(Alhambra) 양식의; 환상적 장식 양식의.
a·li·as [éiliəs/-æs, -əs] adv. 일명..., 별명으로는; 다른 때에는, 다른 곳(경우)에는. ¶ Harrison *alias* Johnson [본명은] 해리슨, 통칭 존슨. — n. 별명, 별칭; 가명, 변명(變名), 가짜 이름.
A·li Ba·ba [áːli bɑ́ːbɑː, ǽli bǽbə/ǽli bɑ́ːbə] n. 알리바바 [*The Arabian Nights* 중의 Ali Baba and the Forty Thieves 의 주인공].
‡**a·li·bi** [ǽləbài] n. (pl. **-bis** [-bàiz]) **1** (법률) 알리바이, 현장 부재 증명. ¶ **prove** (or **establish, set up**) an *alibi* 현장 부재를 입증하다, 알리바이를 제시하다. **2** (美口어) 변명, 구실, 핑계(excuse). — v. (**-bied, -bi·ing**) vi. (美口어) 변명하다, 핑계를 대다. — vt. (남)의 알리바이를 입증하다.
[<L *alibi* elsewhere]
al·i·ble [ǽlibl] adj. 자양(滋養)이 있는, 영양이 있는 (nutritive).
Álice blúe n. 엷은 회청색(pale grayish-blue).
Álice-in-Wón·der·land [ǽlisinwʌ́ndərlæ̀nd] adj. 공상적인, 가공의, 비현실적인, 꿈 같은. [<Lewis Carroll 작 *Alice's Adventures in Wonderland*]
al·i·cy·clic [æ̀lisáiklik, -sík-] adj. (화학) 지환식(脂環式)의, 지환 화합물의. ¶ *alicyclic* compounds 지환식 화합물.
al·i·dade [ǽlidèid], (**al·i·dad** [ǽlidæ̀d]) n. (측량) 앨리데이드[평판 측량에서 측선의 방향을 측정하는 기구].
‡**a·lien** [éiljən, -liən] n. **1** 외국인, 이방인; 거류 외국인. = FOREIGNER (類語) **2** 따돌림 받은 사람(from ...). **3** (지구인에 대하여) 우주인. — adj. **1** 외국의 아닌[외국(인)의(foreign). **2** 외국 친구(外國の)의; 외국인의; 외방국의 친구. **2** 지구 밖의, 우주의. ¶ *alien* microorganisms 지구 밖의 미생물. **3** 성질이 다른(different) (from ...); 서로 용납되지 않는, 반하는=(opposed) (to ...). ¶ a style *alien* from genuine English 진짜 영어와는 다른 문체 / an idea *alien* to our way of thought 우리의 사고 방식과 다른 생각 / Unkindness is quite *alien* to her nature. 불친절은 그녀의 성격에 전혀 어울리지 않는다.
— **Usage** *alien* from 과 *alien* to —— 단순히 상이·분리를 뜻할 경우에는 from 을, 혐오감을 포함할 경우에는 to 를 쓰는데, 차차 to 쪽이 우세한 추세에 있다: *alien from* expectation 기대에 어긋나서 / Hesitation is *alien to* my nature. 꾸물대는 것은 내 성미에 맞지 않는다.
— vt. (법률) (재산권)을 양도하다.
◇ álienate v., álienage n.
al·ien·a·bil·i·ty [èiljənəbíliti, èiliən-] n. U **1** (법률) 양도 가능. ¶ the *alienability* of land 토지 양도의 가능성. **2** 멀리할 수 있음.
al·ien·a·ble [éiljənəbl, éiliən-] adj. (법률) (소유권)을 양도할 수 있는. **2** 멀리할 수 있는.
Álien Ácts n. (美) **1** 외국인 조례. **2** (英) 외국인 단속 조례.
al·ien·age [éiljənidʒ, éiliən-] n. U **1** 외국 국적을 가짐, 거류 외국인임; 외국 국적인의 법적 지위(신분). **2** 양도됨.
al·ien·ate [éiljənèit, -liən-] vt. (**-at·ed, -at·ing**) **1** ...을 멀리하다, 소원(疎遠)하게 하다(estrange); ...을 소외하다. ¶ (~+图+前+图) *alienate* A *from* B A 와 B 사이를 이간하다 / She was *alienated from* her sister by her follies. 그녀는 어리석은 짓을 해서 언니와 사이가 나빠졌다(소원해졌다). **2** (법률) (명의·재산·권리 따위)을 양도하다. ¶ (~+图+前+图) *alienate* land to another 땅을 남에게 양도하다. **3** (감정 따위)를 다른 데로 돌리다(turn away) (...*from*).
al·ien·a·tion [èiljənéi(ə)n, -liən-] n. U **1** 소원하게

하기, 멀리 하기, 불화, 이간; 소외. **2** 〔법률〕〔소유권의〕 양도(conveyance). **3** 〔정신병〕 **a)** 정신 착란. **b)** 〔법정상의〕정신 이상, 발광.
al·ien·a·tor [éiljənèitər, -liən-] *n.* **1** 〔법률〕 양도인. **2** 소원하게 하는 사람.
al·ien·ee [èiljəníː, -liən-] *n.* 〔법률〕〔재산 따위의〕 양수인. *cf.* alienor
al·ien·ism [éiljənìz(ə)m, -liən-] *n.* ⓤ **1** =alienage. **2** 정신병 연구(치료).
al·ien·ist [éiljənist, -liən-] *n.* 〔법의학〕 (특히 법정에서 증언을 하는) 정신병 의사(의학자).
al·ien·or [éiljənər, -liàn-, èiliənɔ́ːr] (* 《美》에서는 **al·ien·er** 로도 쓴다) *n.* 〔법률〕 양도인. *cf.* alienee
al·i·form [ǽlifɔ̀ːrm, éil-] *adj.* 날개 모양의, 날개의, 날개가 있는(alar).
‡**a·light**[1] [əláit] *vi.* (**a·light·ed** or 《드물게·詩》 **a·lit** [əlít], **a·light·ing**) **1** 〔말에서〕내리다(dismount); 〔기차·전차·버스 따위에서〕내리다(get down) (*from* ...); 〔역·목적지 따위에서〕 내리다, 여행을 마치다(*at* ...). ¶ (~+前+阁) *alight from* a horse 말에서 내리다 / *alight at* one's stop 여느때와 같은 역에서 내리다. **2** 〔새 따위가〕내려 앉다; 〔항공기 따위가〕 착륙 (착수)하다(*on*, *upon* ...). ¶ (~+前+阁) A robin *alighted on* a branch. 개똥지빠귀가 나뭇가지에 앉았다. **3** 〔고어〕 〔...에〕우연히 마주치다, 〔...을〕우연히 발견하다(*on*, *upon* ...).
alight on one's *feet* 뛰어 내려서다; 부상을 면하다.
a·light[2] [əláit] *adj.* 《서술형용사》 불타서 (on fire); 점화하여, 〔...으로〕 빛나서(*with* ...). ¶ set a thing *alight* 물건을 태우다; 물건에 불을 붙이다 / The room was *alight* with lamps. 그 방은 램프불로 환했다. ― *adv.* 불타서; 빛나서.
a·lign [əláin], (**aline**) *vt.* **1** ...을 일렬로 하다, 일직선으로 세우다, 정렬시키다; 〔표적과〕〔총의 조준〕을 일직선상에 맞추다. ¶ *align* the sights of a gun 총의 조준을 일직선상에 맞추다. **2** ...에 같은 태도를 취하게 하다, ...을 〔...과〕 제휴하게 하다 (*with*). ¶ (~+圓+前+阁) *align* oneself *with* others 남과 동조하다 (공동 전선을 펴다). **3** 〔기계〕〔부품의〕중심을 맞추다.
― *vi.* **1** 일렬이 되다, 정렬하다. ¶ The troops *aligned*. 부대는 정렬했다. **2** 〔어떤 목적으로〕손을 잡다, 제휴하다, 약속하다.
a·lign·ment [əláinmənt], (**alinement**) *n.* **1** ⓤⒸ 일직선으로 하기, 정렬. **2** 열렬(線列), 일렬선, 정렬선. **3** ⓤⒸ 〔도로·철도의〕 노선(설정). **4** 〔철도·간선도로 따위의〕설계도. **5** 〔考古〕 선돌(menhir)의 병렬〔한 것〕. **6** ⓤⒸ 〔기계〕중심 맞추기〔부품의 중심점을 정확한 위치에 맞추기〕, 〔차바퀴의〕 얼라인먼트.
‡**a·like** [əláik] *adv.* 한결같이, 똑같이, 차별없이, 양쪽 모두(both). ¶ young and old *alike* 노소를 막론하고 (모두) / treat all customers *alike* 모든 손님을 차별없이 접대하다 / They walk *alike*. 그들은 걸음걸이가 똑같다.
alike A *and* B A도 B도.
go share and share alike 등분하다, 똑같이 나누다.
― *adj.* 《보통 서술형용》 (* [very] much *alike* 라고, very *alike* 라고는 하지 않는다) 서로 닮은, 엇비슷한. ¶ I think all politicians are *alike*. 나는 어떤 정치가나 엇비슷한 것으로 생각한다 / These twins are very much *alike*. 이 쌍둥이는 아주 꼭 닮았다 // They are all *alike* to me. 내가 보기에는 모두 똑 같다(그게 그거다).
al·i·ment [ǽlimənt → *v.*] *n.* ⓤⒸ **1** 영양물(nutriment), 음식(food). **2** 〔마음의〕양식; 필수품, 지지물(支持物), 부조. ¶ the *aliment* for the mind 마음의 양식. ― *vt.* [ǽlimènt] ...에 음식물(영양물)을 주다(feed), ...을 부양하다, 기르다, 떠받치다.
al·i·men·tal [ǽliméntl] *adj.* 영양물의, 음식의; 양식이 풍부한, 양식이 되는. ~**·ly** *adv.*
al·i·men·ta·ry [ǽliméntə(ə)ri] *adj.* **1** 음식물의, 영양의. ¶ the *alimentary* canal (or tract) 소화[기]관. **2** 양식의(의치)이 되는.
al·i·men·ta·tion [ǽliməntéiʃ(ə)n] *n.* ⓤ **1** 영양 섭취 (작용), 자양; 영양법. **2** 〔생활의〕의지, 부양.
al·i·men·ta·tive [ǽliméntətiv] *adj.* 영양(자양)이 있는, 영양의(nutritive).
al·i·men·to·ther·a·py [ǽlimèntou(u)θérəpi] *n.* ⓤ 식이요법, 영양요법.
al·i·mo·ny [ǽlimòuni / -mə-] *n.* (*pl.* **-nies**) **1** 〔법률〕 이혼 또는 별거 후에 남편이 아내에게 주어야 할(생활비, 부양금. **2** 〔일반적으로〕 생계비, 부양비.
álimony dròne *n.* 《美》《경멸적》 이혼 수당으로 살아가는 여성.
a·line [əláin] *vt.,vi.* (**a·lined**, **a·lin·ing**) =align.
A-line [éilàin] *n., adj.* 〔여성복에서 위가 좁고 아래가 넓은〕 A 라인〔의〕. ¶ an *A-line* skirt A 라인 스커트.
a·line·ment [əláinmənt] *n.* =alignment.
al·i·ped [ǽlipèd] 〔동물〕 *adj.* 〔박쥐처럼〕 익수(翼手)가 있는. ― *n.* 익수동물.
al·i·phat·ic [ǽlifǽtik] *adj.* 〔화학〕 지방족(脂肪族) 화합물의, 사슬모양 유기 화합물의; 지방의, 지방성〔질〕의 (fatty).
al·i·quant [ǽlikwənt] 〔수학〕 *adj.* 나누어 떨어지지 않는, 정제(整除)할 수 없는. ¶ 3 is an *aliquant* part of 10. 3은 10을 정제할 수 없는 수이다. ― *n.* 정제할 수 없는 수. *opp.* aliquot
al·i·quot [ǽlikwàt / -kwɔ̀t] 〔수학〕 *adj.* 나누어 떨어지는, 정제할 수 있는. ¶ 5 is an *aliquot* part of 15. 5는 15를 정제할 수 있는 수이다. ― *n.* 정제할 수 있는 수. *opp.* aliquant
a·lit [əlít] *v.* 《드물게·詩》 alight[1]의 과거·과거 분사.
Al·i·tal·ia [ǽlitáːliə] *n.* 알리탈리아 항공 〔이탈리아의 항공 회사〕.
‡**a·live** [əláiv] *adj.* 《주로 서술형용법의 경우는 명사 뒤》 **1** 살아 있는, 생존하고 있는 (living). ¶ No dead to be buried *alive* 생매장되다 / come back *alive* 생환하다 / catch an animal *alive* 동물을 산 채로 잡다.
2 〔강조용법〕 살아 있는, 이 세상에서의. ¶ any man *alive* 〔세상〕 사람은 누구나 / the happiest man *alive* 이 세상에서 가장 행복한 사람.
3 활동 상태의; 소멸하지 않는. ¶ keep a memory *alive* 잊지 않다 / keep a fire *alive* 불을 꺼지지 않게 하다.
4 생명에 가득 찬, 발랄한, 활기찬, 힘찬(lively). ¶ *alive* with excitement 흥분으로 들썩거리는.
5 느끼기 쉬운, 민감한(*to* ...). ¶ *alive* to pain 고통에 민감한 / be *alive* to one's interests 자기의 이익에는 빈틈이 없다.
6 군집하여, 붐벼, 법석대어(*with* ...). ¶ The lake is *alive* with boats. 그 호수는 보트로 법석대고 있다.
alive and kicking 《구어》 원기 왕성하여, 팔팔하여. ¶ She was *alive and kicking* yesterday. 그녀는 어제 기운이 팔팔했다.
all alive 《구어》 원기 왕성하여, 팔팔하여; 활기 차서. ¶ This town is *all alive*. 이 도시는 참으로 번화하다.
Heart (or *Man, Sakes*) *alive !* 《구어》 어렵쇼 !, 뭐라고 !
Look alive ! 《구어》 꾸물거리지 마 ! (Hurry up !).
sure as I am alive 반드시, 분명히.
a·liz·a·rin [əlízərin], (**a·liz·a·rine**) *n.* ⓤ 〔화학〕 알리자린 〔적황색 염료의 일종〕.

al·ka·hest [ǽlkəhèst], (**alcahest**) *n*. U〔연금술사가 추구하던〕만물 용해액(제). 〔(弱)알칼리성.
al·ka·les·cence [ӕlkəlés(ə)ns] *n*. U
al·ka·les·cent [ӕlkəlés(ə)nt] *adj*. 알칼리화하는; 약 알칼리성의.
*al·ka·li [ǽlkəlài] *n*. (*pl*. **-lis** *or* **-lies** [-làiz]) **1**〔화학〕**a**) 알칼리. **b**) 수산화칼슘 따위의 활발한 염기. **2**〔농업〕〔농작물에 유해한 토양 중의〕가용성 금속염; 가용성 염의 혼합물. **3**《美속어》커피; 싸구려 위스키. — *adj*.〔화학〕=alkaline. ¶ *alkali* metals 알칼리 금속. ◇ alkalify, alkalize *v*.
al·ka·li·fy [ӕlkǽlifài/⌐--⌐] *v*. (**-fied, -fy·ing**) *vt*. …을 알칼리화하다, 알칼리성으로 만들다(alkalize). — *vi*. 알칼리로(알칼리성이) 되다.
al·ka·lim·e·try [ӕlkəlímitri] *n*. U〔화학〕알칼리 적정(滴定); 알칼리 정량〔알칼리의 정량 분석〕.
al·ka·line [ǽlkəlàin, +美 -lin] *adj*. 알칼리의; 알칼리성의; 알칼리를 포함한. *cf*. acid, neutral ¶ *alkaline earth metals* 알칼리 토금속.
al·ka·lin·i·ty [ӕlkəlíniti] *n*. U 알칼리성(질).
al·ka·lize [ǽlkəlàiz] (*《英》에서는 **al·ka·lise**로도 쓴다*) *vt*. (**-lized, -liz·ing**) …을 알칼리화하다(alkalify).
al·ka·loid [ǽlkəlɔ̀id]〔화학·생화학·약학〕*n*. 알칼로이드, 식물 염기(植物鹽基). — *adj*. 알칼리 비슷한, 알칼리성의.
al·ka·loi·dal [ӕlkəlɔ́idl] *adj*. 알칼로이드[성]의.
al·ka·lo·sis [ӕlkəlóusis] *n*. U〔병리〕알칼로시스, 알칼리 혈증(血症)〔알칼리 과다; 알칼리 중독〕. *cf*. acidosis
ál·kane sèries [ǽlkein-] *n*.〔화학〕알칸 계열.
al·ka·net [ǽlkənèt] *n*. **1** 알카나〔유럽종 쪽차(科)의 식물〕. **2** U 알카나 염료〔알카나의 뿌리에서 채취〕.
Al·ko·ran [ӕlko(u)rǽn, -rɑ́ːn/-kɔ́rɑ̀ːn] *n*. = Koran.
al·ky [ǽlki]《美속어》*n*. **1** = alcohol. **2** = alcoholic. — *adj*. = alcoholic.
al·kyd [ǽlkid] *n*. (=**álkyd rèsin**) U C〔화학〕알키드수지.
al·kyl [ǽlkil] *n*.〔화학〕알킬〔지방족의 포화 탄화 수소기(基)〕. — *adj*. 알킬의, 알킬기를 함유하는.
al·kyl·a·tion [ӕlkiléiʃ(ə)n] *n*. U〔화학〕알킬화(化), 알킬 치환(置換)〔유기 화합물의 수소 원자를 알킬기(基)로 치환하기〕. (圖), 알킬기(基).
al·kyl gròup(ràdical) [ǽlkil-] *n*.〔화학〕알킬기(基).

‡**all** [ɔːl] *adj*. (*《정관사, 인칭 대명사의 소유격, 지시 형용사 따위와 함께 쓰일 경우에는 그에 앞선다*) **1**《단수 명사와 함께》전체의, 전부, …내내. ⇨ WHOLE 類語 ¶ *all* day [long] 온종일, 하룻동안 내내 / *all* Europe 전유럽〔의 사람〕/ *all* one's life 한 평생 / *all* [the] morning 오전 중 / *all* night [through] 밤새도록 / *all* the world 전세계〔의 사람〕/ *all* the year [round] 연중, 일년 내내 / *all* the time 늘곧 / Did you come *all* the way from Mokpo? 그 먼 길을 목포에서 왔느냐?

🚫️¹《美》에서는 all [the] day, all [the] night 이외의 경우에도 the 를 생략하는 수가 흔히 있다: They worked hard *all week*. 그들은 일주일 동안 내내 열심히 일했다.

2《the+복수 명사와 함께》〔어떤 집단 안에서〕전부의. ¶ *all* the books in the library 도서관의 전장서 / *all* the students of Oxford University 옥스퍼드 대학교의 전학생.

3《무관사의 복수 명사, 단수의 추상 명사·물질 명사 따위와 함께》모든, 일체의(every one of), ¶ in *all* directions 사방 팔방으로 / in *all* respects 모든점에서 / on *all* sides 사방에서 / *all* kinds (*or* sorts) of things 각양 각색의 것 / I will give you *all* the money I have. 내가 가지고 있는 돈을 몽땅 네게 주겠다 / *All* men are born equal. 인간은 모두 태어나면서부터 평등하다.

4 최대의, 할 수 있는 한의, 있는 대로의. ¶ with *all* one's heart 진심으로, 기꺼이 / with *all* one's might 온힘을 기울여 / with *all* speed 전속력으로.

5 …뿐, 오로지(only, alone); …가득히. ¶ The old man is *all* skin and bones. 그 노인은 가죽과 뼈뿐이다 / He is *all* kindness. 그는 정말 친절하다 / She is always *all* smiles. 그녀는 언제나 생글생글 웃고 있다 / He was *all* ears. 그는 열심히 귀를 기울이고 있었다 / *All* work and no play makes Jack a dull boy. 《속담》 공부할 때 공부하고 놀 때 놀아라. * 이 *all* 은 의미상 부사에 가깝다.

6《부정적인 어구와 함께》어떤, 아무런, 어떠한, 일체의(any, any whatever). ¶ beyond *all* doubt 털끝만큼의 의심도 없이, 분명히 / He denied *all* connection with the scandal. 그는 그 부정 사건과는 일체 관계가 없다고 말했다.

for (*or* **with**) **all** [**that**] …에도 불구하고, …이지만. ¶ *For all* his failures, he did not feel sorry at all. 여러번 실패했지만, 그는 조금도 섭섭하게 생각지 않았다 / *With all* his wealth, he is not happy. 그 많은 재산에도 불구하고, 그는 행복하지 않다.

of all 하필이면 (* 복수 명사를 수반하여 "수많은 …가운데"라는 뜻). ¶ The letter was received by, *of all* persons, Mr. Smith himself. 그 편지는 하필이면 스미스씨 자신의 손에 들어갔다.

— *pron*. **1** 전부, 전체, 총체.

a) 《복수 구문》 Are you *all* ready? 모두는 준비는 되었니 ? / *All* of them were killed. 그들은 모조리 살해되었다 / We *all* know now that the earth is round. 지구가 둥글다는 것은 이제 누구나 알고 있는 일이다 / Thus conscience does make cowards of us *all*. 이리하여 양심은 사람들을 모두 겁쟁이로 만들고 만다 [← Shakespeare작 *Hamlet* III, i, 83].

b) 《단수 구문》 ¶ I tried to learn *all* of it (*or* it *all*) by heart. 나는 그것을 모조리 암기하려고 했다 / *All* I can do is protect a client. 《구어》의뢰인을 보호하는 것이 내가 할 수 있는 일의 전부이다 (* 원형 부정사에 주의) / *All* I have to do now is to walk. 현재 내가 해야 할 일은 오로지 걷는 일뿐이다 / I betrayed them. That's *all* there is to it. 《美구어》내가 그들을 배신했다. 그저 그뿐이다.

📝️ 인칭 대명사와 all —「인칭 대명사+all(동격어구)」 또는 「all of+인칭 대명사」의 형태로 쓴다: all of us, we (us) all 이 경우 all us 처럼 표현하는 것은 고어적.

2《단수 구문》모든 것(일), 만사(everything). ¶ Is that *all*? 그뿐인가? / *All*'s well that ends well. 《속담》끝이 좋으면 모두 좋다 / *All* that glitters is not gold. 《속담》빛나는 것이라고 반드시 금은 아니다.

— **Usage**¹ 부분 부정과 전면 부정 — all 이 부정어 not 와 함께 쓰일 경우, 부분 부정이 되는 수가 많다: I *don't* know *all* of them. 그들을 모두 내가 알고 있는 것은 아니다 / *All* is *not* lost. =Not *all* is lost. 모두를 잃은 것은 아니다. 이것은 It is not true I know all of them (*or* all is lost).라는 뜻에서 생기는 것으로, 경우에 따라서는 결과적으로 전면 부정이 되는 수도 있다: *All* the riches in the world would *not* redeem the sin. 세계의 전재산으로써도 그 죄는 보상할 수 없을 것이다. 그래서 오해를 피하기 위해서 부분 부정에는 not all ..., not every ... 를, 전면 부정에는 none, nobody, nothing, not any 따위를 사용하는 것이 좋다.

3《복수 구문》모든 사람, 모든 것. ¶ *All* are agreed. 모두 찬성이다 / *All* are expensive. 모든것이 비싸다.

— **Usage²** 단수 취급과 복수 취급 — 대명사의 all 이 사람을 뜻할 경우에는 복수 취급, 물건을 뜻할 경우에는 단수 취급이 된다: *All* were silent in the room. 방 안에서는 모두들 말이 없었다 / *All* is silent in the room. 방 안에서는 소리 하나 나지 않는다. * 구어에

── *n.* ⓤ 1 일체의 소유물, 전재산. ¶ lose one's *all* 전재산을 잃다. 2 전체, 총체, 총계, 전액(totality, whole).
above all ⇒ ABOVE.
after all 결국, 즉.
all in all; all-in-all ① 전부, 무엇보다도 중요한 것, 가장 사랑하는 사람. ¶ Money is *all in all* to him. 그는 돈의 노예다. ② 고스란히, 완전히(wholly). ¶ Believe me *all in all*. 나를 전적으로 믿어라. ③ 대체로, 얼추. ¶ *All in all*, the plan is good, though it costs much. 그 계획은 돈이 들겠지만 대체로 좋다.
all of ① 《복수 명사를 수반하여》《주로 美》… 《중의》 전부. ¶ *all of* these books 이들 책의 전부. * 보통 all of these books 라고 한다. ② 《美구어》…만큼이나, 가득히(fully, quite). ¶ I have been waiting for you *all of* thirty minutes. 꼭 30분이나 기다렸다. ③ 《a+명사를 수반하여》 크게, 온전히. ¶ She was *all of* a flutter. 그녀는 크게 마음을 졸이고 있었다.
all one 같은 것, 아무래도 좋은 것. ¶ It is *all one* to me whether it is true or not. 그것이 사실이건 아니건 내게는 상관없는 일이다.
all this 이상은 모두.
all told 합계하여, 전부 합해서(in all).
all very well (or **fine**) 《구어》《불만스러운 기분》매우 좋은 일이긴 하나. ¶ *All very fine*, but I will stay here no longer. 매우 좋은 일이긴 하나 더 이상 이곳에 머물 수가 없다.
and all 《구어》그밖에 모두, 모조리. ¶ He jumped into the sea, clothes *and all*. 그는 옷을 입은 채 바다 속으로 뛰어 들었다.
and all that; and all the like …등, 그밖의 여러가지. ¶ He sells books, pencils *and all that*. 그는 책과 연필 그리고 그밖의 여러가지를 팔고 있다.
and all this 그리고 이것(그것)도 모두.
at all ① 《부정어를 수반하여》 전혀, 조금도: 《사례의 인사를 받았을 때》 필요, 천만에(You are welcome). ¶ I didn't go out *at all* yesterday. 어제는 전혀 외출하지 않았다 / Thank you very much.── Not *at all*. 대단히 감사합니다 ── 천만에. ② 《의문》조금이라도, 도대체. ¶ Do you know the way to the police station *at all*? 도대체 경찰서로 가는 길을 알기는 하느냐? ③ 《조건》적어도, 조금이나마. ¶ If you trust him *at all*, leave all to him. 일단 그를 믿거든, 모두 그에게 말겨 두어라 / I don't think she works much if *at all*. 설사 조금은 일한다 할지라도 그녀는 그렇게 많이 일하지는 않을 것으로 나는 생각한다.
in all 합계하여, 모두 합쳐(all told). ¶ The school has forty teachers *in all*. 그 학교에는 모두 40명의 선생이 있다.
once [**and**] **for all** ⇒ ONCE.
one and all; all and sundry 너나 할 것 없이 모두, 이것 저것 모두. ¶ She welcomed *all and sundry* guests warmly. 그녀는 너나 가리지 않고 모든 손님을 환영했다.
That's all. 그것으로 끝, 그뿐이다. ⇒ THAT.
when (or **after**) **all is said** [**and done**] 결국 (after all).

── *adv.* 1 전혀, 모조리, 전연, 완전히(entirely, wholly, quite, altogether); 《구어》몹시(extremely). ¶ *all* alone 오직 혼자서 / His efforts were *all* to no purpose. 그의 노력은 완전히 수포로 돌아갔다 / The picture ended *all* too soon. 그 영화는 너무 빨리 끝나 아쉬웠다 / The western front is *all* quiet. 서부 전선 이상 없다.
── **Usage**³ 부사인가, 동격어인가 ── He was *all* covered with mud. 에서는 all은 all(=wholly, entirely)이나, They were *all* covered with mud. 에서는 all은 부사로도 볼 수 있고 they 와 동격인 대명사(= all of them)로도 볼 수 있다.

2 양쪽 다, 각각(each, apiece). ¶ love *all* 《정구》0대 0, 쌍방 0점 / The score is thirty *all*. 득점은 쌍방 30점.
3 《고어》…에만, 모조리, 주로 (only, exclusively). ¶ He spends his income *all* on books. 그는 수입을 모조리 책 사는 데 써버린다.
4 《고어·詩》꼭, 바로(even, just). * 주로 강조어. ¶ *all* as the day began to break 바로 날이 샐 무렵.
all along ⇒ ALONG.
all along of ⇒ ALONG.
all at once ① 돌연, 갑자기(suddenly). ② 전부 한꺼번에. ¶ Don't eat the apples *all at once*. 그 사과를 한꺼번에 먹어치우지 마라.
all but 거의(almost, nearly). ¶ Her heart *all but* stopped at the news. 그 소식을 듣고 그녀의 심장은 거의 멎을 것만 같았다.
all in 《구어》지쳐서, 맥이 빠져서(tired out, exhausted); 모조리 써버려서, 소모되어.
all out ① 완전히, 모조리(completely). ② 《英구어》지쳐서, 기진 맥진하여(exhausted, all in). ③ 《英구어》잘못해서, 짐작이 어긋나서(in error). ④ 총력을 쏟아서, 전력을 다하여; 전속력으로. [[here] !).
All out! 여러분, 갈아타십시오! (《英》All change
all over ① 도처에, 전면에(everywhere), 온 몸에. ¶ He traveled *all over* Europe. 그는 유럽의 이곳 저곳을 두루 여행했다. ② 완전히 끝나서, 지나서(finished). ③ 《구어》전혀, 완전히(thoroughly). ¶ You are your father *all over*. 너는 아버지를 꼭 닮았다. ④ 《속어》흠뻑 반해서, 애지중지하여.
all right ① 훌륭히, 만족스럽게(satisfactorily). ¶ He is doing his job *all right*. 그는 훌륭히 일을 하고 있다. ② 분명히, 성확히, 틀림없이. ¶ She will come *all right*. 그녀는 반드시 올 것이다. ③ 《구어》좋아, 됐어; 《반어적으로》좋고 말고. ¶ I am ready. ── *All right*. Let's start. 준비가 다 됐나 ── 좋아, 출발하자 / *All right*! You shall repent this! 두고 봐라, 혼내줄 테다! ④ 무사히, 건강히. ¶ Your're going to be *all right*. 곧 좋아질 것이다. ⑤ 훌륭한, 만족스러운, 나무랄 데 없는(satisfactory). ¶ Everything is *all right*. 만사 나무랄 데가 없다. ⑥ 《사례의 말에 대해서》천만에, 괜찮아요. ¶ Thank you. ── That's *all right*. 감사합니다 ── 천만에.
All right already! 《美구어》됐어. 《짜증섞인 표현》
all round 빙글 한 바퀴; 골고루.
all the 《형용사·부사의 비교급과 함께 써서》할수록, 더욱이, 오히려. ¶ I like him *all the* better for his faults. 결점이 있어서 오히려 그를 좋아한다 / We ought to be *all the* more grateful to them. 우리는 더욱더 그들에 대해서 감사해야 한다.
all there ① 《구어》《보통 부정문으로》제 정신으로 (sane). ¶ He is not quite *all there*. 그는 제 정신이 아니다. ② 《구어》기민한, 빈틈 없는(quick-witted); 《일을》잘 알고 있는(well-informed).
all the same ① 똑같은, 아무래도 좋은. ¶ It's *all the same* to me whether he comes or not. 그가 오든 안오든 나로선 무관하다. ② 그래도, 여전히(yet, still). ¶ He is quick-tempered, but I like him *all the same*. 그는 성질이 급하지만 그래도 나는 그가 좋다.
all together ⇒ TOGETHER.
all too ⇒ TOO.
all up 《구어》《사업 따위가》엉망이 되어, 《남이》파산하여, 볼장 다보아(with …). ¶ It is *all up with* the undertaking (him). 그 사업은 엉망이 되고 말았다(그는 끝내 파산하고 말았다).

all- ⇒ ALLO-.
al·la bre·ve [ɑːlə bréivei] 《음악》2분의 2박자 [기호 ¢] (cut time). [《유일 최고의 신》
Al·lah [ǽlə, +앗 ɑ́ːlə, +앗 ǽlɑ̀ː] *n.* 《회교》알라신 (神)
all-A·mer·i·can [ɔ́ːləmérikən] *adj.* 1 《스포츠 선수가》전미 (全美) 선발의. 2 미국인만으로 된, 미국적 요

allantois / **allheal**

소만의; 전미 대표의. **3** 모범적인 미국인의. ── *n.* 전미 대표자(들).
al·lan·to·is [əlǽntouis] *n.* (발생·동물) 요막(尿膜).
al·lar·gan·do [àːlɑːrgáːndou] *adv., adj.* (음악) 차츰 느리게 [되는]. 〔< It〕
all-a·round [ɔ́ːləráund], **(all-round)** *adj.* **1** 다재다능한; 다방면의(versatile). **2** 무엇에나 쓸모가 있는, 전반에 걸친. ¶ an *all-around* tool 각가지로 쓸모있는 도구. **3** 전반에 걸친. **4** 포괄적인, 일체를 포함하는.
all-a·round·er [ɔ́ːləráundər] *n.* 다재다능한 사람, 만능 선수; 여러 분야에서 유능(유일)한 사람(것).
all-at-once-ness [ɔ́ːlətwʌ́nsnis] *n.* 많은 일이 한꺼번에 일어남.
*****al·lay** [əléi] *vt.* **1** (공포·의심·노여움 따위) 를 가라앉히다(calm, quiet). ¶ *allay* fears (a tumult) 공포를 (소동을) 가라앉히다. **2** ⋯을 완화하다, 경감하다. ¶ *allay* pain 고통을 가볍게 하다. 〔사이렌〕.
áll cléar *n.* (공습·위험 따위의) 경보 해제의 신호.
áll-cóurt gàme [ɔ́ːlkɔ̀ːrt-] *n.* (정구) 올코트 게임 (다양한 스트로크로 코트 전체를 이용하는 게임).
all-day [ɔ́ːldèi] *adj.* 하루 종일의, 아침부터 밤까지의.
al·le·ga·tion [æligéiʃ(ə)n, +英 èle-] *n.* ⓒⓤ **1** 확언 (affirmation), 주장(assertion). **2** (증거가 없는) 진술. **3** 변명, 해명.
‡**al·lege** [əlédʒ] *vt.* (**-leged**, **-leg·ing**) **1** ⋯을 단언하다(affirm); (증거 없이) ⋯을 주장하다, 우겨대다. ¶ *allege* a fact 사실을 주장하다 // (~+⽬+as 團) *allege* a matter *as* a fact 어떤 일을 사실이라고 주장하다. **2** (법정 등에서 선서하고) ⋯을 언명하다 (declare), 진술하다. **3** (변명으로서) ⋯을 내세우다, 말하다. ¶ *allege* illness 병 때문이라고 말하다. **4** (고어) ⋯을 인증(引證)하다. ◇ **allegation** *n.*
al·leged [əlédʒd] *adj.* **1** (함부로) 주장된; 단정된 (asserted). ¶ an *alleged* criminal 범인으로 간주된 사람, 용의자. **2** 의심스러운(doubtful); 가정의.
al·leg·ed·ly [əlédʒidli] *adv.* 주장하는 바에 따르면, 전하는 바에 의하면.
*****al·le·giance** [əlíːdʒ(ə)ns] *n.* ⓤ **1** (군주·국가에 대한) 충성, 충절, 충실. ⇒ LOYALTY 題語 **2** (일에 대한) 전력. ¶ in *allegiance* to science 과학에 전력하여. **3** (봉건 시대의) 신종(臣從)의 의무.
al·le·gor·i·cal [æligɔ́(ː)rik(ə)l, -gɑ́r-/-gɔ́r-, èle-], **(al·le·gor·ic** [-gɔ́(ː)rik, -gɑ́r-/-gɔ́r-] *adj.* 우의적(寓意的) 인, 풍유(諷喩)의, 비유적인. ¶ an *allegorical* poem 우의시. **-i·cal·ly** [-ikəli] *adv.*
◇ **allegory** *n.*, **allegorize** *v.*
al·le·go·rism [ǽligɔ̀(ː)riz(ə)m /-gər-] *n.* ⓤⓒ (성서의) 비유적 해석. ── ⓒ 우화, 우화 작가.
al·le·go·rist [ǽligɔ̀(ː)rist, -gər-/-gər-, èle-] *n.* 풍유가, 우화 작가.
al·le·go·ris·tic [æ̀ligərístik] *adj.* 비유적이며, 비유를 쓰는, 우화적인.
al·le·go·ri·za·tion [æ̀ligɔ̀(ː)rizéiʃ(ə)n /-gərai-] *n.* ⓤ 비유화, 우화화(寓話化).
al·le·go·rize [ǽligəràiz, +英 èle-] (*(英)에서는 al·le·go·rise* 로도 쓴다) *v.* (**-rized**, **-riz·ing**) *vt.* **1** ⋯을 풍유(諷喩)로 꾸미다, 우화식으로 말하다. **2** ⋯을 비유적 의미로 해석하다, 풍유로 풀이하다. ── *vi.* 풍유를 쓰다. ── ⓒ 풍유 작가.
al·le·go·riz·er [ǽligəràizər, +英 èle-] *n.* 풍유가.
al·le·go·ry [ǽligɔ̀ːri/-gəri, èle-] *n.* (*pl.* **-ries**) **1** 풍유, 비유, 우언(寓言). **2** 우화, 비유담. **3** 상징 (emblem).
al·le·gret·to [æligrétou] (음악) *adj.* 약간 빠른, 약간 경쾌한. ── *n.* (*pl.* **-tos**) 알레그레토[allegro 와 andante 의 중간. 약간 빠른 가락]; 알레그레토의 악장 (곡). 〔< It〕
al·le·gro [əlégrou, oléi-] (음악) *adj.* 빠른, 경쾌한. ── *n.* (*pl.* **-gros**) 알레그로[presto 와 allegretto 와의 중간의 빠른 가락]; 알레그로의 악곡(장). 〔< It〕

al·lele [əlíːl] *n.* (유전) 대립 형질(유전자, 인자).
al·le·lic [əlíːlik] *adj.* 대립 형질(유전자)의.
al·le·lo·morph [əlíːləmɔ̀ːrf, əlélə-] *n.* (발생) 대립 형질, 대립 유전자.
al·le·lu·ia, -iah [æ̀lilúːjə] *interj.* 할렐루야[신을 찬양하는 소리] (hallelujah). ── *n.* (교회) (복음 낭독 뒤에) 불리는 할렐루야 노래, 할렐루야 성가.
al·le·mande [ǽləmænd/æləmɑ̀ːnd] *n.* **1** 알망드 [17-18세기의 프랑스의 궁정 댄스]; 그 곡. **2** 4쌍 무도의 1 선회. **3** 독일의 포크 댄스의 일종.
all-em·brac·ing [ɔ́ːlimbréisiŋ] *adj.* 포괄적인.
al·ler·gen [ǽlərdʒèn] *n.* (면역) 알레르겐[알레르기를 일으키는 물질].
al·ler·gen·ic [æ̀lərdʒénik] *adj.* 알레르기를 일으키는.
al·ler·gic [əlɔ́ːrdʒik] *adj.* **1** 알레르기의; 알레르기 체질의. **2** (구어) 신경질적인, 아주 싫어하는. ¶ be *allergic to* card playing 카드놀이를 아주 싫어하다.
al·ler·gist [ǽlərdʒist] *n.* 알레르기 전문 의사.
*****al·ler·gy** [ǽlərdʒi] *n.* (*pl.* **-gies**) **1** 알레르기, 이상 민감증[특정한 물질·음식 따위에 대한 이상 반응]. *cf.* idiosyncrasy **2** (구어) 반감, 아주 싫어함(*to ⋯*). ¶ have an *allergy* to hard work 힘든 일을 아주 싫어하다. ◇ **allérgic** *adj.*
al·le·vi·ate [əlíːvièit] *vt.* (**-at·ed**, **-at·ing**) (심신의 고통을) 완화시키다, 경감하다, 부드럽게 하다. ¶ *alleviate* pain 고통을 완화시키다 / *alleviate* punishment 감형(減刑)하다.
al·le·vi·a·tion [əlìːviéiʃ(ə)n] *n.* ⓤ **1** (고통의) 경감, 완화. **2** 경감(완화) 시키는 것, 완화물.
al·le·vi·a·tive [əlíːvièitiv], **-to·ry** [-tɔ̀ːri/-t(ə)ri] *adj.* 경감하는, 완화적인, 위안이 되는.
al·le·vi·a·tor [əlíːvièitər] *n.* **1** 경감시키는 것, 완화시키는 것, 위로하는 것(사람) (reliever). **2** (도관(導管) 안의) 완충 장치.
all-ex·pense [ɔ́ːlikspéns] *adj.* (여행 따위) 전액이 포함된, 일체가 포함된.
*****al·ley**[1] [ǽli] *n.* **1** (美) 뒷골목. **2** (정원·공원 따위의) 오솔길, 소로(walk). **3** 골목길 [한길에서 뒤뜰·차고 등으로 통하는 집과 집 사이의 길]. **4** (볼링) a) (볼을 굴리는) 마루, 레인(lane). b) (보통 ~s) 볼링장. **5** 공놀이(bowls 나 skittles)를 하는 잔디밭(bowling green). **6** (정구) 앨리[복식 시합 때의 사이드라인과 단식 시합 때 사이드라인 사이의 부분].
[*right*] *up* (or *down*) *one's alley* 《속어》 [사람의] 능력·취미에 맞는, 장기인.
al·ley[2] [ǽli], **(ally)** *n.* (대리석의) 공깃돌.
álley càt *n.* **1** (美) 먹이를 찾아 골목길을 헤매는 도둑 고양이. **2** (美속어) 성적(性的)으로 무절제한 사람; 매춘부.
al·ley·way [ǽliwèi] *n.* **1** (美) 오솔길; (美) 골목길, 뒷골목 (alley, lane). **2** 좁은 통로.
all-fired [ɔ́ːlfàiərd] *adj.* (때로 최상급 **-fired·est**) 심한, 굉장한(tremendous). ¶ an *all-fired* noise 심한 소음. ── *adv.* (주로 美구어) 심히, 터무니없이 (extremely).
Áll Fóols' Dày *n.* = April Fools' Day.
áll fóurs *n. pl.* **1** (짐승의) 사지; (사람의) 사지. **2** (단수 취급) 카드 놀이의 일종 (high-low-jack, old sledge, pitch, seven-up).
on all fours ① (사람이) 네발로 기어서; (짐승이) 네 다리로. ¶ crawl *on all fours* 네발로 기다. ② 완전히 똑같아서, 한결같이, 딱 들어맞게(*with ⋯*). ¶ The decision I have quoted is *on all fours with* this case. 내가 인용한 결정은 이 경우에 딱 들어맞는다.
áll háil *interj.* (고어) 만세!, 와아!
All-hal·low·mas [ɔ̀ːlhǽloumæs] *n.* (고어) Allhallows 의 축제.
All·hal·lows [ɔ̀ːlhǽlouz] *n.* =All Saints' Day.
all·heal [ɔ́ːlhìːl] *n.* **1** 쥐오줌풀(valerian). **2** 꿀풀 (self-heal).

al·li·a·ceous [æ̀liéiʃəs] *adj.* 1 〖식물〗 파속(屬)의. 2 마늘(파) 냄새가 나는.

*al·li·ance [əláiəns] *n.* 1 ⓒⓤ 결연; 인척 관계. 2 ⓒ ⓤ 동맹, 연합의 체류. ¶ *an offensive and defensive alliance* 공수 동맹 / *a triple alliance* 삼국 동맹.
類語 **alliance** 모든 종류의 동맹 관계를 말한다: a military *alliance* 군사 동맹. **union** 참가국이 실질적으로 일체화되어 있는 긴밀하고도 영속적인 동맹 관계: the *Union* of Soviet Socialist Republics 소비에트 사회주의 공화국 연방. **league** 특정 목적을 위한 동맹 관계: a customs *league* 관세 동맹. **confederation** 어떤 종류의 통치 기능을 공동으로 시행하기 위한 영속적인 동맹 관계: the *confederation* of the southern states 남부 여러 주(州)의 동맹.
3 ⓒⓤ 협조, 협력. ¶ *an alliance* between church and state 종교계와 정부와의 협조(제휴).
4 동맹자, 제휴자; 동맹국, 연합국.
5 ⓤⓒ 유사(affinity), 공통.
in alliance with …과 연합(동맹)하여.
make (or *enter into*, *form*) *an alliance with* ① …과 동맹을 맺다. ② …과 결연하다.
◇ *ally* v.

al·li·cin [ǽlisin] *n.* 〖생화학〗 알리신〖마늘에서 얻어지는 무색 유상(油狀)의 강력한 항균성 물질〗.

‡**al·lied** [əláid, ǽlaid] *adj.* 1 동맹을 맺고 있는, 제휴하고 있는. ¶ *allied* nations 동맹국. 2 동류의, 유사한(related). ¶ *allied* species 동류, 동종. 3 (A-) 〖제1차·제2차대전시의〗 연합국(군)의.

*Al·lies [ǽlaiz, əláiz] *n.* 1 (the~) 〖제1차·제2차 대전시의〗 연합국(군). 2 NATO 의 가맹국.

al·li·ga·tion [æ̀ligéiʃ(ə)n] *n.* ⓤ 〖수학〗 혼합법.

*al·li·ga·tor [ǽligèitər] *n.* 1 미국산어〖미국 남동부와 중국 동부에 서식〗; 〖일반적〗 악어 가죽.
3 〖야금〗 용광로에서 나온 쇠를 적당한 형태로 만드는 장치. 4 〖기계〗 악어를 장치를 가진 기계. 5 〖美〗 수륙양용 전차. 6 〖재즈〗 스윙의 열광적인 팬.

álligātor péar *n.* 악리(鰐梨), 아보카도(avocado).

álligātor tórtoise(túrtle) *n.* 1 큰 자라의 일종 〖북미의 Mexico 만에 서식해 여러 주의 하천에서 산다〗. 2 = snapping turtle.

all-im·por·tant [ɔ́:limpɔ́:rt(ə)nt] *adj.* 매우 중요.

all-in [ɔ́:lín] *adj.* 1 〖英〗 모두를 포함한(inclusive). ¶ at the *all-in* rate 모든 경비를 포함한 가격으로. 2 〖레슬링〗 제한 없는, 프리 스타일의. 3 〖재즈〗 총출연의, 앙상블의.

all-in·clu·sive [ɔ́:linklú:siv] *adj.* 모두를 포함한, 포괄적인(comprehensive).

all-in-one [ɔ́:linwán] *n.* 올인원〖브래지어와 코르셋을 하나로 이은 여성용 속옷〗. ── *adj.* 전부가 하나로 된, 필요 부품을 한데 묶은.

al·lit·er·ate [əlítərèit] *v.* (-at·ed, -at·ing) *vi.* 1 두운 (頭韻)을 밟다. 2 두운을 쓰다. ── *vt.* …에 두운을 밟게 하다; …을 두운으로 쓰다.

al·lit·er·a·tion [əlìtəréiʃ(ə)n] *n.* ⓤⓒ 두운(법)〖시문의 일련의 몇 단어를 같은 또는 같은 자로 시작하는 일종의 압운법(押韻法). 예: busy as a bee / safe and sound〗.

al·lit·er·a·tive [əlítərèitiv, -rətiv] *adj.* 두운법의, 두운체의. ¶ *alliterative* verse 두운체의 시. ──*ly adv.*

al·li·um [ǽliəm] *n.* 파속(屬)의 식물〖부추·양파·마늘·파 등〗.

all-know·ing [ɔ́:lnóuiŋ] *adj.* 전지(全知)의, 〖따위〗.

all-mains [ɔ́:lméinz] *adj.* 〖英〗 모든 전압으로 사용할 수 있는.

all·ness [ɔ́:lnis] *n.* 전체성, 보편성, 완전, 완벽.

*all-night [ɔ́:lnàit] *adj.* 1 철야(밤샘)의(nightlong). ¶ an *all-night* conference 철야 회의. 2 철야 영업의.

allo- difference, other 라는 뜻의 연결형〖* 모음 앞에서는 all-을 쓴다〗. 예: *allo*trope, *all*onym. 〖수 있는.

al·lo·ca·ble [ǽlo(u)kəbl] *adj.* 할당 가능한, 배분할

al·lo·cate [ǽlo(u)kèit] *vt.* (-cat·ed, -cat·ing) 1 …을 할당하다, 배분하다(allot) (... to), ⇨ ASSIGN 類語 ¶ *allocate* funds *for* a new campaign 자금을 새로운 운동에 할당하다. 2 …을 배치하다, …의 위치를 정하다 (locate). ¶ *allocate* a role *to* each actor 배우에게 각각 배역하다. 〖(급)받는 사람.

al·lo·ca·tee [æ̀lo(u)keití:] *n.* 〖자재 따위를〗 배당(지배치; 배분액. 2 〖회계〗 배당제, 배분제.

al·lo·ca·tion [æ̀lo(u)kéiʃ(ə)n] *n.* ⓤ 1 할당, 배당;

al·lo·ca·tor [ǽlo(u)kèitər] *n.* 배분자, 배당자.

al·lo·cu·tion [æ̀lo(u)kjú:ʃ(ə)n] *n.* 1 연설, 강연. 2 〖추기경 회의·단체 알현 따위에서의〗 교황 담화.

al·lo·di·al [əlóudiəl / -djəl] *adj.* = alodial.

al·lo·di·um [əlóudiəm / -djəm] *n.* (*pl.* **-di·a** [-diə / -djə]) = alodium.

al·log·a·mous [əlǽgəməs / -lɔ́g-] *adj.* 타가(他家)〖타화〗 수분의; 타식(他植)의.

al·log·a·my [əlǽgəmi / -lɔ́g-] *n.* ⓤ 〖식물〗 1 타가(타화) 수정(수분) (cross polination). *opp.* autogamy 2 타식(他植) (crossing).

al·lo·ge·ne·ic [æ̀lədʒéneik, -nik] *adj.* 〖생물·의학〗 유전적으로 다른 동종간(同種間)의. 〖*alloge·neic* immunity 동종 면역.

al·lo·graft [ǽləgræft / -grà:ft] *n.* 〖의학〗 타가 이식; 동종 이식〖유전적으로 다른 동종 개체간의 피부·뼈 따위의 이식〗. ── *vt.* 〖유전적으로 다른 동종 개체간에서 피부·뼈 등을〗 이식하다(allotransplant).

al·lo·graph [ǽləgræf / -grà:f] *n.* 1 대필, 대리 서명. 2 자필(서명)이 아닌 문서. 3 〖언어〗 이자체(異字體), 이서체 (allograph).

al·lom·er·ism [əlɑ́mərìz(ə)m / -lɔ́m-] *n.* 〖화학〗 이질 동형(異質同形) 〖결정(結晶)의 형태는 그대로인 채 화학 구조만 변하는 일〗. 〖동형의.

al·lom·er·ous [əlɑ́mərəs / əlɔ́m-] *adj.* 〖화학〗 이질

al·lo·morph [ǽləmɔ̀:rf] *n.* 1 이형가상(異形假像) 〖화학 변화가 없는 가상〗. 2 〖언어〗 이형태(異形態) 〖구조 언어학의 용어〗. *cf.* morph

al·lo·mor·phic [æ̀ləmɔ́:rfik] *adj.* 1 이형가상의. 2 〖언어〗 이형태의.

al·lo·mor·phism [æ̀ləmɔ́:rfiz(ə)m] *n.* ⓤ 〖화학〗 동소(同素) 〖성〗, 동질이형(allotropy).

al·lo·nym [ǽlənìm] *n.* 1 〖작가의〗 펜 네임; 가명. 2 남의 이름으로 출판된 책. 〖家〗.

al·lo·path [ǽləpæ̀θ] *n.* 〖의학〗 역증 요법가〖逆症療法

al·lo·path·ic [æ̀ləpǽθik] *adj.* 〖의학〗 역증 요법의.

al·lop·a·thist [əlɑ́pəθist / -lɔ́p-] *n.* 〖의학〗 = allopath.

al·lop·a·thy [əlɑ́pəθi / -lɔ́p-] *n.* ⓤ 〖의학〗 역증 요법, 이증(異症) 요법. *cf.* homeopathy

al·lo·phane [ǽləfèin] *n.* ⓤ 알로판석(石) 〖청·녹·갈색 또는 백색. 동광상(銅鑛床)·갈철 광상 중에 섞인 알루미늄 규산염〗.

al·lo·phone [ǽləfòun] *n.* 〖언어〗 이음(異音) 〖구조 언어학의 용어. 같은 음소(音素)에 속하는 음〗.

al·lo·phyl·i·an [æ̀ləfíliən, -jən] *adj.* 〖고어〗 〖특히 유럽과 아시아의 언어에서〗 인도·유럽어 또는 셈어 이외의.

al·lo·plasm [ǽləplæ̀z(ə)m] *n.* ⓤ 〖생물〗 이형질(異形質) 〖편모(鞭毛) 따위처럼 특수한 작용을 하는 세포 내 용물〗.

all-or-none [ɔ́:lərnán] *adj.* 전부나 무(無)냐의. *all-or-none law* 실무율(悉無律).

all-or-noth·ing [ɔ́:lərnáθiŋ] *adj.* 전부나 무(無)냐의 (all-or-none); 전부가 아니면 용납지 않는; 흥하느냐 망하느냐의.

al·lo·saur [ǽləsɔ̀:r], **al·lo·sau·rus** [æ̀ləsɔ́:rəs] *n.* 알로사우루스〖육식 공룡〗.

‡**al·lot** [əlɑ́t / əlɔ́t] *vt.* (-lot·ted, -lot·ting) 1 …을 할당하다, 배당하다. ⇨ ASSIGN 類語 ¶ (~+目+前+名)

allotment 91 **all red**

allot shares *to* persons 주를 사람들에게 할당하다. **2** 〔어떤 목적에〕…을 쓰다, 충당하다 (appropriate). ¶ (~+目+前+名) *allot* money *for* investigation 조사에 비용을 충당하다. **3** …을 버리다, 분담시키다; 지정하다 (appoint). ¶ (~+目+前+名) Sixty years are *allotted to* man. 인생은 60년. — *vi.*《美구어》…을 할 작정이다, …을 목적으로 하다 (intend). ¶ (~+前+名) I *allot upon* going. 나는 갈 작정이다. ◇ allotment *n.*

al·lot·ment [əlɑ́tmənt / əlɔ́t-] *n.* **1** U 할당, 분배; C 배당, 몫 (share, portion). **2** U 운명. **3** U《美軍》급료의 공제분[보험료 따위]. **4**《英》경작 대여지 (貸與地), 시민 채원 (菜園).

al·lo·trans·plant [ǽlo(u)trænsplænt / -plɑ̀:nt] *n.*, *vt.*《생리·외과》타가 이식(他家移植) [하다]; 유전적으로 상이한 동종 개체간의 이식[을 하다].

al·lo·trope [ǽlətròup] *n.*《화학》동소체 (同素體). ¶ Diamond is an *allotrope* of carbon. 다이아몬드는 탄소의 동소체의 하나이다.

al·lo·trop·ic [ǽlo(u)trɑ́pik / -trɔ́p-], (**al·lo·trop·i·cal** [-ik(ə)l]) *adj.* 동소체의, 동질이체의.
-i·cal·ly [-ikəli] *adv.*

al·lot·ro·py [əlɑ́trəpi / əlɔ́t-], (**al·lot·ro·pism** [-pìz(ə)m]) *n.* U《화학》동소[성], 동질이체성.

al·lot·tee [əlɑ̀tí: / əlɔ̀-] *n.* 할당 받는 사람.

all-out [5:láut] *adj.*《美구어》**1** 총력을 기울인. ¶ an *all-out* effort 전력을 다한 노력. **2** 완전한, 철저한 (complete). ¶ an *all-out* victory 완전한 승리. **3**《美俗》최고의, 극상의.

all-out·er [5:láutər] *n.*《美구어》철저주의자, 극단론자.

áll-óut wár *n.* 총력전; 전면전.

all·ov·er [5:lóuvər / ɔ̀-] *adj.*《장식 무늬가》전면의. ¶ *allover* embroidery 전면 자수. — *n.* [5:lóuvər] U 전면에 무늬가 있는 천.

all-o·ver·ish [5:lóuvəriʃ] *adj.*《구어》〔어쩐지〕온몸이 불편한, 어쩐지 꺼림칙한.

al·low [əláu] *vt.* **1** …을 허락하다, 허가하다, …시키다, …하도록 내버려 두다 (permit, let). opp. forbid ¶ *allow* a free passage 자유 통행을 허락하다 / Smoking is not *allowed* in the car. =No smoking *allowed* in the car.《게시》차내 금연 ¶ (~+目+to do) *allow* a door *to* stand open 문이 열린 채 내버려 두다 / I will *allow* them *to* do as they like. 나는 그들이 멋대로 하도록 내버려 둘 작정이다.
類語 *allow* 반대하지 않고 멋대로 하게 내버려 두다; ¶ *allow* him to go home 그를 자유로이 귀가하게 하다. **permit** 허가의 뜻을 분명히 나타낸다: *permit* him to go home 그의 귀가를 허가하다. **let** 구어적인 말로서 permit 대신으로도 쓰이나 보통은 allow와 같은 뜻으로 쓴다: *let* him go home 그를 귀가하게 하다.
2 …을 인정하다 (admit, acknowledge). ¶ *allow* a claim 요구를 인정하다 // (~+目+to be 補)(~+that 節) I *allow* him *to be* a genius. =I *allow that* he is a genius. 과연 그는 천재다.
3 …을 주다, 지급하다, 할당하다 (give, grant). ¶ (~+目+目) How much money does your father *allow* you for books every month? 너의 아버지는 도서 구입비로 한 달에 얼마나 네게 주시느냐? / We *allow* our maid one day off a week. 우리 집에서는 가정부에게 1주일에 하루 쉬게 한다.
4 〔어떤 액수〕를 공제하다, 할인하다 (abate, deduct) (… for). ¶ (~+目+前+名) We *allow* five shillings *for* the tear. 흠이 있어 5실링 할인합니다.
5 …을 고려하다, 계산에 넣다; …의 여유를 감안하다 (… for). ¶ (~+目+前+名) *allow* one hour for lunch 점심 시간으로 1시간을 잡다 / *allow* two inches *for* shrinkage 2인치 줄어들 것으로 보다.
6 〔옛 방언〕…이라고 생각하다 (think); …할 작정이다. ¶ (~+that 節) I *allow that* it's quite right. 그것은 옳다고 생각하다 // (~+to do) I *allow* to go fishing tomorrow. 내일 낚시질하러 갈 작정이다.
7〔고어〕…을 시인하다, 승인하다 (approve).
allow oneself in …에 빠지다. ¶ He *allows* himself *in* drinking. 그는 술에 빠져 있다.
Allow me. 제가 해드리죠.〔남자가 여성에게 문을 열어주거나 담뱃불을 붙여 줄 때 쓰임〕.
allow me to do 〔실례지만〕…하고자 합니다. ¶ *Allow me* to introduce to you my friend Mr. Jackson. 친구인 잭슨씨를 소개하겠습니다.
allowing that … …이라 하더라도.
— *vi.* **1** 감안하다, 고려하다, 계산에 넣다; …의 여유를 잡아 두다, …으로 잡아 두다. ¶ (~+前+名) *allow for* a person's personal circumstances 개인적인 상황을 고려하다 / My mother makes dresses larger to *allow for* shrinking when they are washed. 어머니는 세탁 후 줄어들 것을 고려해서 옷을 넉넉하게 짓는다.
2 허용하다, 인정하다 (permit, admit); …의 여지가 있다. ¶ (~+前+名) *allow of* no doubt 의심할 여지가 없다 / His condition will not *allow of* working harder. 그의 건강 상태로는 이 이상 심한 공부는 무리일 것이다 / She *allows of* no flattery. 그녀에게 알랑거려 봤자 통하지 않는다.
3《방언》생각하다, 추측하다 (suppose), 고려하다. ◇ allowance *n.*

al·low·a·ble [əláuəbl] *adj.* 허락되는, 허용(용인)되는 (permissible); 합법적인, 정당한. **-bly** *adv.*

al·low·ance [əláuəns] *n.* **1** 〔일정한〕할당액(량). **2** 수당〔급〕, 지급금, 정액, …료. ¶《비식숙주비·여비·교통비 따위》, 용돈. ¶ a clothing *allowance* 피복비 / a lodging *allowance* 숙박비 / a monthly *allowance* 다달의 생활비 // a traveling *allowance* 여비 // an *allowance* for long service 연공 가봉.
3 (보통 ~s) 참작, 특별한 고려.
4 공제 (deduction); 할인 (discount). ¶ make an *allowance* of 10% 10% 할인하다. 〔구의 승인.
5 U 승인 (admission). ¶ the *allowance* of a claim
6 U 허용 (tolerance), 찬성 (sanction). 〔차《公差》
7 〔화폐의 중량이나 기계의 치수 등의〕허용 오차, 공차.
at no allowance 뜻대로, 아낌없이, 충분히.
make allowances for …을 참작하다, 관대히 보아주다; 마음에 잡아 두다. ¶ We must *make allowances for* his poverty. 우리는 그가 가난하다는 점을 고려해 주지 않으면 안된다.
— *vt.* (-**anced**, -**anc·ing**) …에게 〔음식·금전 따위의〕정량 (정량)을 주다, 제한하여 지급하다; …에게 수당을 지급하다. ◇ allow *v.*

al·lowed [əláud] *adj.*〔물리〕양자수(量子數)의 변화를 포함한.〔백퍼.
al·low·ed·ly [əláuidli] *adv.* 용인되어, 공공연히, 명

al·loy *n.* [ǽlɔi, əlɔ́i → 5, *vt.*] U C **1** 합금. **2** 〔합금에 쓰이는〕비(卑)금속. **3** 순도 (純度), 〔금은의〕품위 (standard, quality, fineness). **4**〔식용품 따위의〕혼합물 (admixture). **5** 〔특이한〕유해물; 찌꺼기. ¶ No happiness is without *alloy*. 참된 행복 같은 것은 없다 / *No joy without alloy.*〔속담〕순수한 기쁨이란 없다.
— *vt.* [əlɔ́i] **1** …의 합금을 만들다 (mix). **2**〔귀금속에〕비금속을 섞다. ¶ (~+目+前+名) *alloy* gold *with* silver 금에 은을 섞다. **3** 〔불순물을 섞어서〕…의 질을 떨어뜨리다 (debase). **4** 〔기쁨·쾌감 따위〕를 줄이다, 해치다 (impair).

allóyed júnction *n.* 〔반도체 접합의〕합금 접합. *cf.* diffused junction

álloy stéel *n.* 〔야금〕합금강, 특수강.

all-play-all [5:lpèi:5:l] *n. adj.*《英》리그전 방식〔의〕(《美》round robin).

all-pos·sessed [5:lpəzést] *adj.*《美구어》열중하고 있는, 귀신들린 듯한.

all-pow·er·ful [5:lpáuərfəl] *adj.* 전능의 (omnipotent).

all-pur·pose [5:lpə́:rpəs] *adj.* 만능의, 쓸모가 많은. ¶ an *all-purpose* car 만능차〔jeep와 같은 것〕, ¶ an

áll réd *adj.* (보통 A·R·)영국 영토만으로 지나는, ¶ an

All Red route 전영령 연락 항로. [<지도에서 영령은 붉게 칠해져 있었던 데서]
àll ríght *adj., adv.* ⇒ ALL(*adv.* 숙어)
àll ríghts resérved 저작권 소유를 표시하는 말.
all-round [ɔ́ːlráund] *adj.* =all-around.
all-round·er [ɔ́ːlráundər] *n.* (구어) 만능 선수, 만능.
All Sáints' Dáy *n.* 제성 첨례(諸聖瞻禮) [11월 1일. 모든 성인을 기념하는 날] (Allhallows).
all-seed [ɔ́ːlsìːd] *n.* 씨풀 [명아주·여뀌 따위 종자를 많이 맺는 식물].
all-see·ing [ɔ́ːlsíːiŋ] *adj.* 만물을 꿰뚫어 보는.
All Sóuls' Dáy *n.* 위령의 날, 추사 이망 첨례(追思已亡瞻禮) [11월 2일. 모든 죽은 이를 기념하는 날.]
all·spice [ɔ́ːlspàis] *n.* 1 올스파이스 나무(allspice tree) [열대 아메리카에서 난다]; 그 열매. 2 ⓤ 올스파이스 향미료(pimento).
all-star [ɔ́ːlstɑ̀ːr/-´-´] *adj.* (美) 스타 총출장의. ¶ an *all-star* team [프로 야구 따위의] 올스타 팀 / an *all-star* cast 스타 총출연 / an *all-star* team(game) [프로 야구 등의] 올스타 팀(전). — *n.* [스포츠] 올스타 팀의 한 사람.
all-tem·per·a·ture [ɔ́ːltèmpərətʃər] *adj.* [세제(洗劑) 따위가] 더운 물에나 찬 물에나 다 사용할 수 있는, 전(全) 온도용의.
áll-ter·ráin véhicle [ɔ́ːltərèin-] *n.* 전지형(全地形) 만능차[어떤 형태의 땅에서도 사용할 수 있도록 고안된 자동차로 약해서 가벼운 자동차; 略 ATV].
all-time [ɔ́ːltàim] *adj.* 1 전시간의, 전시간 근무의 (full-time). *opp.* part-time ¶ an *all-time* teacher 전임(全)교사. 2 전무 후무의, 공전의, 전대 미문의. ¶ an *all-time* high(low) 최고(저) 기록.
*al·lúde [əlúːd/əl(j)úːd] *vi.* (-lud·ed, -lud·ing) 1 언급하다, 논급하다(*to* ...). ¶ (~+前+名) *allude* to the problem 그 문제에 언급하다 / Whom were you *alluding* to just now? 너는 방금 누구의 일에 대해서 이야기 했지? 2 넌지시 비치다, 암시하다(*to* ...). ¶ (~+前+名) *allude* to one's poverty 자기의 빈곤을 넌지시 비치다.
[類語] *allude* 암시하듯 넌지시 언급하다. *refer* 분명히 직접 언급하다: He didn't *refer* to my conduct, but it was apparent that he was *alluding* to my habits. 그는 내 행위에 대해서 직접 말하지는 않았지만 은연 중에 나의 습관에 대해서 말하고 있는 것이 분명했다. *mention* 주의를 환기시키기 위하여 짧고 간단히 refer 하다: His kind act was *mentioned* in the principal's speech. 그의 친절한 행실이 교장 선생의 이야기 속에 나왔다.
◇ allúsion *n.,* allúsive *adj.*
àll úp wèight [비행 중인 항공기의] 총중량.
*al·lure [əlúər/əl(j)úə] *vt.* (-lured, -lur·ing) [그럴듯한 미끼로] ···을 꾀다, 꾀어내다; ···을 사주하다, 끌어 들이다(entice). ◇ TEMPT [類語] ¶ (~+目+*to* do) be *allured* to give up one's post 지위를 내던지도록 사주를 받다 // (~+目+前+名) *allure* a person into a party 남을 꼬드겨서 한패로 끌어 넣다 / *allure* a person *from* righteousness 남을 현혹시켜서 나쁜 짓을 하게 하다. — *n.* 매력, 유혹(fascination, charm).
◇ allúrement *n.*
al·lure·ment [əlúərmənt/əl(j)úə-] *n.* ⓤ 유혹, 매력(fascination, charm). 2 유혹물, 좋은 미끼.
al·lur·er [əlúːrər/əl(j)úə-] *n.* 유혹자(물), 미끼.
al·lur·ing [əlúəriŋ/əl(j)úə-] *adj.* 1 꾀어내는, 유인적인(tempting). 2 유혹적인, 황홀하게 하는(fascinating). **~·ly** *adv.*
*al·lu·sion [əlúːʒ(ə)n/əl(j)úː-] *n.* ⓤⓒ 1 암시, 빗대어 말하기 ¶ a personal *allusion* 개인에 대한 언급 / in *allusion* to 넌지시 ···을 가리켜 / make an *allusion* to ···에 관해 넌지시 말하다. 2 [修辭] 인유(引喩).
◇ allúde *v.*

al·lu·sive [əlúːsiv/əl(j)úː-] *adj.* 넌지시 말한, 암시적인(*to* ...); 넌지시 빗대어 말하는. **~·ly** *adv.* **~·ness** *n.*
◇ allúde *v.*
al·lu·vi·a [əlúːviə/-vjə] *n.* alluvium 의 복수형의 하나.
al·lu·vi·al [əlúːviəl/-vjəl] *adj.* 충적(沖積)의, 충적토(堆積砂土)의. *cf.* diluvial ¶ an *alluvial* cone (or fan) 선상지(扇狀地) / *alluvial* deposits 충적층 / the *alluvial* epoch 충적기 / *alluvial* gold 사금. — ⓤ 충적토(alluvial soil).
al·lu·vi·on [əlúːviən/-vjən] *n.* 1 충적지(沖積地), 충적토(층) (alluvium). 2 [법률] 해안·해안 등의 호류이나 파도의 작용에 의한 증지(增地), 신생지. 3 파도의 밀려옴 (overflow); 홍수(溢水) (of), 홍수(flood).
al·lu·vi·um [əlúːviəm/-vjəm] *n.* (*pl.* **-vi·ums** or **-vi·a**) 충적층(*cf.* diluvium), 충적토.
àll wáve recéiver *n.* 전파장(全波長) 수신기.
all-weath·er [ɔ́ːlwèðər] *adj.* 전천후의, 어떤 날씨에도 견디는. ¶ an *all-weather* fighter 전천후 전투기.
all-white [ɔ́ːl(h)wàit] *adj.* 백인만의, 백인 전용의. ¶ an *all-white* school 백인만 다니는 학교.
*al·ly¹ [əlái, ǽlai] *n.* → *v.* (**-lied, -ly·ing**) *vt.* 1 (보통 수동체로, 때로 재귀용법) ···을 동맹 [결연, 연합, 제휴] 시키다 (unite) (*to, with*). ¶ (~+目+前+名) She was *allied to* Mr. Smith two years ago. 그녀는 2년 전에 스미스씨와 결혼했다 / U.S.A. was once *allied with* U.S.S.R. 미국은 한때 소련과 동맹을 맺었다. 2 (보통 수동체로) ···을 결합시키다, 유족(類屬)시키다(associate) (*to*). ¶ (~+目+前+名) Coal is chemically *allied* to diamond. 석탄은 화학적으로 다이아몬드와 동류이다 / Cats are *allied* to leopards. 고양이는 표범과 같은 속(屬)이다.
— *vi.* 동맹(결연, 연합, 제휴)하다.
— *n.* [ǽlai, əlái] (*pl.* **-lies**) 1 동맹국, 연합국(confederate) (*cf.* allies); 동맹자, 맹우, 지원자(supporter), 재휴자(associate). 2 동류, 동종(同種)의 것.
◇ alliance *n.*
al·ly² [ǽli] *n.* (*pl.* **-lies**) = alley².
all-year [ɔ́ːljìər/-jə̀ː] *adj.* 1년 내내의, 연중[무휴]의.
al·lyl [ǽlil] *n.* [화학] ⓤⓒ 알릴[기(基)]. — *adj.* 알릴기를 함유하는.
állyl résin *n.* ⓤ [화학] 알릴 수지 [알코올에 카바이드를 작용시켜서 만드는 무색 액체].
alm [ɑːm] *n.* 자선품. *alms 에서 역성(逆成)된 말로서, 아직 정용법(正用法)으로 인정되지 않은 단수형. ⇒ ALMS. [부채(負債) 종합 관리].
ALM (略) (美) asset and *l*iability *m*anagement (자산
al·ma, -mah [ǽlmə] *n.* 이집트의 무희(舞姬) 가수.
Al·ma·gest [ǽlməʤèst] *n.* 1 알마게스트 [고대 알렉산드리아의 천문학자 Ptolemy 의 천문학서]. 2 (a-) 그 책과 비슷한 중세의 천문학 또는 연금술상의 저작.
al·ma ma·ter [ǽlmə máːtər, -méitər] *n.* (때로 A-M-) 모교, 출신교. [<L fostering mother 양모]
*al·ma·nac [ɔ́ːlmənæ̀k, 美 ǽl-], (**al·ma·nack**) *n.* 역(曆), 역서, 연감 [천체의 운행·연중 행사 따위의 수록이 있는 것]. ¶ a nautical *almanac* 항해력 / Whitaker's *Almanac* [영국의] 휘태커 연감.
Al·ma·nach de Go·tha [ɔ́ːlmənæ̀k də góuθə] *n.* 고타 연감[유럽의 왕족·귀족의 계보 등을 기재한 연감]; 《집합적》유럽의 왕족.
al·man·dine [ǽlməndin, -dàin] *n.* ⓤ 1 = almandite. 2 귀석류석(貴石榴石).
al·man·dite [ǽlməndàit] *n.* ⓤ 철반 석류석(鐵礬石榴石).
al·me, -meh [ǽlme] *n.* = alma.
al·might·i·ness [ɔ̀ːlmáitinis] *n.* ⓤ 전능.
‡**al·might·y** [ɔ̀ːlmáiti] *adj.* 1 절대적인 힘을 가진, 전능의 (omnipotent). ¶ *Almighty* God; God *Almighty* 전능의 신. 2 《美구어》 굉장한 (very great); 극단적인, 대단한 (extreme). ¶ an *almighty* mistake 말도 안되는

al·mirah [ælmáirə / -máiərə] *n.* (英·印도) 옷장 (wardrobe), 찬장 (cupboard).

*al·mond [ɑ́ːmənd, +美 죈(l)m-] *n.* **1** 편도(扁桃)나무 [서부 아시아 원산의 장미과(科)의 교목]; 그 열매의 핵(核)—은 아몬드 [식용]. **2** ⓤ 엷은 황갈색.

al·mond-eyed [ɑ́ːməndàid, +美 죈(l)m-] *adj.* 가느다란 편도 모양의 눈을 가진 (특히 몽고 인종에 대하여 말함).

álmond gréen *n.* ⓤ (때로 an ~) 엷은 황록색.

álmond óil *n.* ⓤ 아몬드유(油) [윤활유·약용용].

al·mon·er [ǽlmənər, ɑ́ː-] *n.* **1** (왕가·귀족·수도원 등의) 자선품 분배 관원. **2** (英)(병원의) 의료 사회 사업 담당자, 의료 케이스 워커.

al·mon·ry [ǽlmənri, ɑ́ː-] *n.* (*pl.* **-ries**) 자선품 분배소.

‡al·most [ɔ́ːlmoust, +美 -́] *adv.* 거의, 대부분(very nearly), 하마터면(all but). ¶ It's *almost* ten o'clock. 10시가 다 되었다 / He was *almost* frozen to death. 그는 하마터면 얼어죽을 뻔했다 / I find misprints on *almost* every page of the book. 나는 그 책의 거의 모든 페이지에 미스 프린트가 있는 것을 발견했다 / We are *almost* up. 우리는 가까스로 정상까지 왔다 / The air raid destroyed *almost* the whole city. 그 공습으로 전시가 대부분 파괴되었다.

almost never (or *no, nothing*) 《美》 거의 …없다. * 이 용법에서는 nearly로 바꾸어 쓸 수 없다.

— **Usage** (1) almost와 nearly — 거의 같은 뜻으로 쓰이는데, almost가 구어의 경우, 또 almost는 단순히 그 「거의 …에 가까운」이라는 사실을 나타낼 뿐이데 비해서, nearly는 거기에 어떤 감정적 요소가 덧붙여지는 경우가 많다. 위의 예 중 It's *almost* ten o'clock. 을 It's *nearly* ten o'clock.이라고 하면 「벌써 시간이 그렇게나 되었나」라든가 「꾸물거려서는 안되겠구나」 따위의 의미가 짙드는 경우가 많다. (2) almost와 수식 관계 — almost는 보통 형용사·동사·부사를 수식하는데, 문어(文語)에서는 드물게 「거의 …이라 할 만큼의, …이라 해도 좋을 만큼」의 뜻으로 명사 앞에 와서 명사를 수식한다: his *almost* indiscretion of manner 그의 거의 무분별하다고 할 만한 태도. * 현재는 보통 almost 대신 nearly를 쓴다. (3) almost와 부정어 — 《美》에서는 almost를 부정어와 함께 쓰지만, 《英》에서는 hardly (or scarcely) [any]를 쓴다: 《美》 I cannot do it. =《英》 I can *hardly* (or *scarcely*) do it. / 《美》 We had *almost no* rain last month. = 《英》 We had *hardly* (or *scarcely*) *any* rain last month.

*alms [ɑːmz] *n.* (단·복수 양용) (빈민 구제의) 자선품, 회사, 구호품, 의연금. ¶ ask for [an] *alms* 희사를 청하다 / live by *alms* 자선으로 살아가다 / give money in *alms* to the poor 빈민에게 자선금을 주다.

álms bóx *n.* 《英》 [교회벽 등에 걸어두는] 자선함.

alms·deed [ɑ́ːmzdìːd] *n.* (고어·英) 자선, 자선 행위.

alms·folk [ɑ́ːmzfòuk] *n. pl.* 구호금으로 생활하는 사람.

alms·giv·er [ɑ́ːmzgìvər] *n.* 회사하는 사람, 자선가.

alms·giv·ing [ɑ́ːmzgìviŋ] *n.* ⓤ 회사, 자선(행위).

alms·house [ɑ́ːmzhàus] *n.* (*pl.* **-hous·es** [-hàuziz]) 《美》 공립 구빈원(poorhouse) / 《英》 사립 구빈(양로)원.

alms·man [ɑ́ːmzmən] *n.* (*pl.* **-men** [-mən]) 구호를 받는 사람.

alms·wom·an [ɑ́ːmzwùmən] *n.* (*pl.* **-wom·en** [-wìmin]) 구호를 받는 여인.

al·mug [ǽlmʌg] *n.* = algum.

Al·ni·co [ǽlnikòu] *n.* (상표명) 알니코 [철·니켈·알루미늄·코발트의 합금; 영구 자석을 만드는 데 사용] [<AL[MINIUM]+NI[CKEL]+CO[BALT]]

ALOC (略) *Air Line of Communication* (항공 통상로, 정기 (부정기)) 민간 항공 노선).

a·lo·di·al, al·lo- [əlóudiəl, -djəl] *adj.* 완전 사유지의.

a·lo·di·um, al·lo- [əlóudiəm, -djəm] *n.* (*pl.* **-di·a** [-diə]) (봉건 시대의) 완전 사유지.

al·oe [ǽlou] *n.* (*pl.* **-oes**) **1** 알로에, 노회(蘆薈) [남아프리카 원산의 백합과(科) 식물; 약용·관상용]. **2** (종종 -oes) (단수 취급) (약) 노회즙 [일종의 하제(下劑)]. *cf.* aloin **3** 침향(沈香).

al·oes·wood [ǽlouzwùd] *n.* 향목(香木) [인도산(産)]; 침향(沈香)·가라(伽羅)의 원목) (agalloch).

*a·loft [əlɔ́ːft /əlɔ́ft] *adv.* **1** 위로 높이 (high up); 하늘 높이. **2** (배의) 돛대 위에, 활대 위에. **3** 《페어·속어》 천당에 (으로). ¶ go *aloft* 천당에 가다, 죽다.

a·lo·ha [əlóuə, ɑːlóuhɑː] *n.* ⓤ ⓒ 알로하 (=love) **1** 인사말 (greetings). **2** 사랑, 애정 (affection, love). —*interj.* 안녕 (good-bye); 어서 오십시오.

alóha shírt *n.* 알로하 셔츠.

Alóha Státe *n.* (the ~) 미국 하와이주의 별칭.

al·o·in [ǽlouin] *n.* (약) 알로인 [알로에 (aloe)의 잎의 즙을 졸인 쓴 맛의 결정체; 하제로 쓴다].

‡a·lone [əlóun] *adj.* 《서술형용사》 **1** (남으로부터) 떨어져서 (isolated); 혼자서, 단독으로. ¶ He was *alone*. 그는 외톨이였다 / You didn't leave him home *alone*, did you? 그를 혼자 집에 남겨두고 오지는 않았겠지? / We were *alone* in the library. 도서관에는 우리뿐이었다 / He is not *alone* in ignorance. 모르는 것은 그만이 아니다.

[類語] alone 단독이라는 객관적 사실을 나타내며, 반드시 외로움을 나타내지는 않는다: I like working *alone*. 나는 혼자서 일하기를 좋아한다. 다만 all alone은 보통 고독·외로움을 나타낸다: The old woman lives *all alone*. 그 노파는 혼자서 외로이 살아가고 있다. **lonely** alone과 같은 뜻을 지닐 때도 있으나 많은 경우 상대를 구하는 마음의 뜻을 포함: a *lonely* tree 그루 외로이 서 있는 나무 / feel very *lonely* 매우 쓸쓸하다. **lone**=lonely; 시적인 말. **lonesome** lonely보다 간절하며, 이별후의 비애를 나타낸다: be *lonesome* for mother 어머니가 그립다. **solitary** 동류로부터 떨어져 있거나 인기척이 없음을 나타낸다: a *solitary* house 외딴집.

2 《[대]명사 뒤에 두어》 오로지 …뿐(only). ¶ He *alone* can do that. 그것은 그만이 할 수 있다 / Material progress *alone* does not suffice. 물질적 진보만으로는 충분치 않다 / The two of them, *alone*, knew that. 그들 둘만이 그것을 알고 있었다 / Man shall not live by bread *alone*. 사람은 빵만으로는 살 수 없다 [←마태복음 (Matt.) 4:4].

3 필적할만한 것이 없는(unequaled); 유일한, 단독의(unique). ¶ He is *alone* among his friends in sincerity. 성실하는 점에서는 그의 친구 중에서 그와 견줄 만한 사람이 없다 / Samson stood *alone* in strength. 삼손은 힘이 천하 장사였다.

all alone 홀몸으로, 고독하여 (⇨[類語]); 혼자 힘으로, *leave* (or *let*) … *alone* [사람·물건을] 그대로 두어 두다, 내버려 두다, …에 간섭하지 않다. ¶ *Leave* me *alone* to do that. 내가 그걸 하는 것을 내버려 두어라 / Some people can never *leave* things *alone*. 그중에는 무슨 일에든 간섭하지 않고는 못배기는 사람도 있다.

let alone …은 말할 것도 없고, …은 물론이고. ¶ He hasn't enough money for food, *let alone* amusements. 오락비는 말할 것도 없고 식비도 충분치 않다 / He speaks French, *let alone* English. 영어는 물론이고 프랑스어도 할 수 있다.

let (or *leave*) *well* [*enough*] *alone* 현상태 그대로 두어 두다. ¶ Better *let well alone*. 《속담》 잠자는 애를 깨우지 마라 (간섭하지 않는 것이 좋다).

— *adv.* **1** 혼자서, 단독으로 (solitarily). ¶ I can't

do the work *alone*. 그 일은 나 혼자서는 할 수 없다 / Women couldn't travel *alone* in those days. 그 당시는 여자 혼자서 여행을 할 수가 없었다 / Why should we both eat *alone*? 왜 우리 둘만 식사를 해야 하지? **2** 단순히(simply), 오로지(solely), …뿐(only). ¶ His fame did not rest *alone* on popularity. 그의 명성은 단순히 인기에만 있은 것이 아니었다.
not alone ... but [also] ... [문어] …뿐만 아니라 …또 또한 (not only ... but [also] ...).

‡a·long [əlɔ́(ː)ŋ/əlɔ́ŋ] *prep.* **1** …을 따라서, …을 타고. ¶ walk *along* the river (the street) 강을(거리를) 따라 걷다 / all *along* the line 전선(全線)에 걸쳐 / Let's put the chairs *along* the wall. 의자를 벽에 기대서 늘어놓자. **2** …의 사이에(during), …의 도상에. ¶ Somewhere *along* the train ride, I picked up conversation with a salesman. 기차를 타고 가는 동안에 나는 어떤 외판원과 이야기를 나누었다. **3** …에 따라서(in accordance with). ¶ I'll have a fling *along* those lines. 이 선에서 일단 시험해 보자.
— *adv.* **1** 따라서, 줄곧(by ...). ¶ cars parked *along* by the fence 울타리를 따라 죽 주차하고 있는 자동차들 / Red villas are dotted *along* by the lake. 호반에 붉은색의 별장이 흩어져 있다.
2 앞쪽으로, 훨씬 앞으로(onward, forward), 계속. ¶ crawl *along* 기어 가다 / float *along* 떠내려 가다 / move *along* 움직여 가다 / Come *along*, I'll see you up to bed. 자 가자, 침대까지 데려다 줄테니 / They walked *along* arm in arm. 그들은 서로 팔짱을 끼고 걸어갔다.
3 〔美구어〕〔시간 적으로〕…에 가까이, 쯤, 대충 (somewhere) (about, toward ...); 〔일 · 시간 따위가〕 상당히 진전되어. ¶ *along* toward eleven o'clock 이제 곧 11시 / *along* about noon 정오경 / He is well *along* in years. 그는 상당한 나이를 먹었다 / The afternoon was well *along* when I awoke. 내가 눈을 떴을 때는 오후도 상당히 지났었다 / I heard his work was quite far *along*. 그의 일은 상당히 진척되었다는 말이었다.
4 […과] 함께, 다같이(together) (with ...); 〔주로 美〕 …을 데리고, 동반하여, 가지고. ¶ Come *along* with me. 〔나를〕 따라오너라 / I'll go *along* with you. 너와 함께 가겠다 / I sent the books *along* with other things by parcel post. 나는 소포 우편으로 다른 것과 함께 책을 보냈다 / Bring your suitcase *along*. 수트케이스를 가지고 오너라 / I take my camera *along* when I go hiking. 나는 하이킹을 갈 때는 사진기를 가지고 간다.
all along ① 줄곧, 처음부터. ¶ I was feeling guilty *all along*. 나는 줄곧 죄책감을 느끼고 있었다 / I knew *all along* that she would not come. 그녀가 오지 않으리라는 것을 처음부터 알고 있었다. ② 끝에서 끝까지. ¶ There are willows *all along* the riverside. 강변을 따라 버드나무가 심어져 있다.
[*all*] *along of* ① 〔방언〕〔전적으로〕… 때문에 (because of). ¶ I failed *along of* you. 너 때문에 나는 실패했다. ② 〔英속어〕 …과 함께 (with).
be along 〔美구어〕〔미래시제로 써서〕 당도하다, 오다 (come); 따라붙다. ¶ She'll *be along* in a few minutes. 그녀는 몇 분내에 당도할 것이다.
get along ① 살아가다, 살아가다 (fare) (on ...). ¶ How are you *getting along* these days? 요즘은 어떻게 지내고 계십니까? / Many people can *get along* on that salary. 그 봉급이면 살아갈 수 있는 사람이 많다. ② 사이좋게 지내다 (with ...). ¶ She can't *get along with* her father-in-law. 그녀는 시아버지와 사이가 좋지 않다. / 〔일이〕 되어가다, 진척되다 (with ...). ¶ How are you *getting along with* your studies? 공부는 잘 되어가니? / 나이를 먹다. ¶ He is *getting along* in years. 그는 나이를 먹어가고 있다. ⑤ 〔명령형으로〕 저(with ...); 어리석은 소리 마라, 그만둬! ¶ *Get along* [with you]! 빨리 꺼져!
go along ① 앞으로 나아가다, 앞서가다. ② 〔명령형으로〕

로〕 그만둬; 꺼져; 어리석은 소리 마라. 「변을 따라.
a·long·shore [əlɔ́(ː)ŋʃɔ́ːr/əlɔ́ŋʃɔ́ːr] *adv.* 기슭을 따라, 해
***a·long·side** [əlɔ́(ː)ŋsáid/əlɔ́ŋ-] *adv.* **1** 〔항해〕 옆으로 대어, 뱃전에. ¶ bring a boat *alongside* 배를 옆으로 대다 **2** 옆에 (beside), 나란히 (side by side) (of ...). ¶ *alongside* of a person 남과 나란히 있다. —— *prep.* …결에 (beside), 옆쪽에. ¶ *alongside* a pier 부두의 옆쪽으로.
a·loof [əlúːf] *adv.* 떨어져서 (apart), 멀어져서 (withdrawn) (from ...). ¶ stand (or hold, keep) *aloof* from …에서 떨어져 있다, …을 경원하다 / keep oneself *aloof* from a dispute 논쟁에 가담하지 않고 있다. —— *adj.* 서름서름한(reserved), 냉담한(unsympathetic), 무관심한 (disinterested). **~ly** *adv.* **~ness** *n.* 「병.
a·lo·pe·ci·a [æ̀ləpíːʃ(i)ə] *n.* ⓤ 〔병리〕 탈모증, 대머리
a·loud [əláud] *adv.* **1** 소리를 내어, 들릴 정도로 (audibly). *cf.* whisperingly ¶ speak *aloud* 들리도록 말하다 / think *aloud* 혼잣말을 하다. **2** 큰 소리로, 소리 높이 (loudly). ¶ cry *aloud* 크게 소리치다. **3** 〔구어〕 눈에 띌 만큼, 분명히(palpably). ¶ reek *aloud* 냄새가 코를 찌르다. 「갑판 밑에.
a·low [əlóu] *adv.* 〔항해〕〔배의〕 아래쪽에, 보다 밑에.
alow and aloft 〔항해〕 갑판 밑 사람이나 위 아 사람이나, 위에나 아래에, 위부터 아래까지, 살살이.
alp [ælp] *n.* **1** 〔험한〕 높은 산 (봉우리) (high mountain). *cf.* Alps **2** 알프스 산속의 목초지.
alps on alps 첩첩이 이어지는 준봉; 겹치는 난관.
◇ álpine *adj.* 「동당).
A.L.P., ALP 〔略〕 American Labor Party (미국 노
al·pac·a [ælpǽkə] *n.* **1** 알파카〔남미산(産)의 털이 긴 양〕. **2** ⓤ 알파카의 털; 알파카 직물.
al·pen·glow [ǽlpənglòu] *n.* 알펜글로〔일출 또는 일몰 전후에 고산의 정상에서 볼 수 있는 놀〕.
al·pen·horn [ǽlpənhɔ̀ːrn] *n.* 알펜호른〔알프스 산지의 목동 또는 등산가들이 쓰는 아주 긴 목제 또는 나무세〔樹皮製〕의 목관 악기〕.
al·pen·stock [ǽlpinstɑ̀k/-stɔ̀k] *n.* 〔끝에 쇠붙이를 끼운〕 등산용 지팡이.
al·pha [ǽlfə] *n.* **1** 알파〔그리스 알파벳의 첫째 자, A, α; 영어의 A, a 에 상당〕; α음. **2** 〔일반적으로 사물의〕 시작, 최초 (beginning). *cf.* omega **3** (A-) 〔천문〕 〔성좌 중의〕 주성, 알파별 〔αro로 나타낸다〕. **4** 〔화학〕 알파 치환기 (置換基) 〔유기 화합물의 치환기의 위치를 나타내는 기호〕. *cf.* beta
alpha and omega 처음과 끝, 시종; 전체 (the whole). ¶ I am *Alpha and Omega*. 나는 천지의 주인이로다 〔←요한 계시록 (Rev.) 1:8〕.
‡**al·pha·bet** [ǽlfəbèt/-bit, -bèt] *n.* **1** 알파벳, ABC; 자모, 문자. ¶ the Roman *alphabet* 로마자 / a phonetic *alphabet* 음표 문자. **2** (the ~) 초보, 입문. ¶ the *alphabet* of logic 논리학의 초보.
◇ alphabétic *adj.*, alphabetíze *v.*
‡**al·pha·bet·ic** [æ̀lfəbétik], **-i·cal** [-ik(ə)l] *adj.* **1** 알파벳 (ABC) 순의. ¶ in *alphabetical* order 알파벳 순으로(의). **2** 알파벳 (자모)의. **-i·cal·ly** [-ikəli] *adv.*
◇ álphabet *n.*
alphabétic códe *n.* 〔컴퓨터〕 영자 (英字) 부호 〔영문자를 짜맞추어서 데이터를 부호화한 것〕.
al·pha·bet·ize [ǽlfəbitàiz] (* 〔英〕에 서는 **al·pha·bet·ise** 로도 쓴다) *vt.* (*-ized*, *-iz·ing*) **1** …을 알파벳 순으로 하다. **2** …을 알파벳으로 나타내다.
álphabet sóup *n.* ⓤ **1** 알파벳 수프〔알파벳 모양의 건더기가 든 수프〕. **2** 〔기구 따위의〕 이름, 약칭. 예: CIA, FBI.
Álpha Cen·táu·ri [-sentɔ́ːrai] *n.* 〔천문〕 켄타우루스좌 (座)의 알파성 〔태양에서 가장 가까운 항성으로서, Rigil Kentaurus 라고도 한다〕. 「numeric.
al·pha·mer·ic [æ̀lfəmérik] *adj.* 〔컴퓨터〕 = alpha-
al·pha·nu·mer·ic [æ̀lfən(j)uːmérik/-njuː-] *adj.* 〔컴

alpha particle *n.* 〔물리〕 알파 입자(粒子). *cf.* beta particle.
alpha ray *n.* 〔물리〕 알파선. *cf.* beta ray
alpha rhythm *n.* 〔생리〕 〔뇌파의〕 알파 리듬. *cf.* brain wave
al·pha·scope [ǽlfəskòup] *n.* 알파스코프〔컴퓨터의 브라운관의 디스플레이(표시) 장치〕.
alpha test *n.* 〔심리〕 알파 테스트, A식 지능 검사〔제1차 세계 대전 때 미국 육군이 글을 아는 장병에게 실시한 일종의 지능 검사〕.
alpha wave *n.* 〔생리〕 〔뇌파의〕 알파파(波). *cf.* brain wave
Al·phe·us [ælfí(ː)əs] *n.* 〔그리스 신화〕 알페우스〔강의 신. 숲의 요정 Arethusa 를 사랑했으나 그녀가 그를 거절하고 샘이 되자 자기도 강으로 변하여 한 몸이 되었다〕.
alp·horn [ǽlphɔ̀ːrn] *n.* =alpenhorn.
***al·pine** [ǽlpain, -美 -pin] *adj.* **1** 높은 산의, 고산성 (高山性)의. ¶ an *alpine* belt 고산대(帶) / an *alpine* club 산악회 / *alpine* plants 고산 식물 / an *alpine* flora 고산 식물상(相). **2** (A-) 알프스 산맥의. **3** 〔종종 A-〕 〔스키〕 알펜의. ¶ *Alpine* events 알펜 종목〔활강·회전·대회전〕. — *n.* **1** 고산 식물. **2** 일종의 등산모. ◊ alp *n.* [dodendron).
Alpine rose *n.* 〔유럽·아시아산(産)의〕 만병초 (rho-
álpine skíing *n.* 알파인 스키〔유럽·알프스 지방의 산악 경기에서 발전한 스키 종목〕.
al·pin·ism [ǽlpinìzm] *n.* 〔종종 A-〕 스포츠로서의 고산 등산, 〔특히〕 알프스 등산.
al·pin·ist [ǽlpinist] *n.* 〔종종 A-〕 알프스 등산가; 등산가(mountain climber).
‡**Alps** [ælps] *n. pl.* (the~) **1** 알프스 산맥〔프랑스·스위스·이탈리아에서 오스트리아·유고슬라비아로 뻗은 산맥; 최고봉은 몽블랑(Mont Blanc)〕. *cf.* alp **2** 달 표면의 북부의 산맥.
‡**al·read·y** [ɔːlrédi] *adv.* 이미, 벌써; 이전에 (previously); 지금도(even now); 그렇게 빨리(so soon). ¶ I've *already* told you that three times. 그는 벌써 세 번이나 너에게 말했다 / The construction work is *already* completed. 건설 공사는 이미 끝났다 / When I arrived there, they had *already* left. 내가 그곳에 닿으니까 그들은 벌써 떠난 뒤였다 / I have been in Chejudo *already*. 제주도에는 벌써 갔다 왔다 / Let's begin at once; it's *already* late. 곧 시작하자, 지금도 늦었으니까 / Is it three o'clock *already*? 벌써 세 시냐? / Have you read the book through *already*? 벌써 책을 다 읽었니?
— **Usage** already 와 yet ——(1) already 는 보통 긍정문에 쓰고, yet 은 보통 의문문·부정문에 쓴다: Has he seen it *yet*? —— No, he hasn't seen it *yet*. (2) already 를 의문문에 쓰면 일이 빠른 데 대한 놀라움을 나타낸다: Have you seen it *already*? 벌써 그것을 봤다고요? (3) already 나 yet 는 흔히 완료시제·진행형, 또는 계속의 의미를 포함하는 단순 시제의 동사와 함께 쓰며 그밖의 단순 시제의 동사에는 쓰지 않는다. 따라서 I had *already* known it. 나 I *already* knew it. 는 무방하나 I *already* looked at it. 는 이상하다.
al·right [ɔːlráit] *adv.* =all right. * 흔히 쓰이기는 하나 표준 영어의 철자로는 아직 확립되어 있지 않다.
a.l.s. (略) autograph letter, signed (서명이 있는 자필 편지).
A.L.S. (略) Automatic-Landing System (자동 착륙장치).
Al·sa·tia [ælséi(ʃ)(i)ə] *n.* **1** 런던 중앙에 있었던 지구〔16·17세기의 범죄자·부채자 등의 도피 장소. 본래 Whitefriars 라고 했다〕. **2** (英) 도피 장소, 도피처(asylum). **3** 프랑스의 동북부 Alsace 의 구칭.
Al·sa·tian [ælséi(ʃ)(i)ən] *adj.* **1** 알사스(Alsace)〔프랑스 동북부 보쥬(Vosges)산맥과 라인(Rhine)강 사이에

있는 지방〕의; 알사스 사람의. **2** 알세이셔(Alsatia)의. — *n.* **1** 알사스 사람. **2** 알세이셔 주민. **3** 알사스 개〔독일종의 셰퍼드〕 (Alsatian wolfhound).
ál·sike [clóver] [ǽlsaik, -sik] *n.* 클로버의 일종〔유럽 원산으로 미국의 사료용으로 재배한다〕.
Al Si·rat [æl sirάːt] 〔회교〕 **1** 종교의 정도(正道). **2** 〔천국으로 가는 사람이 지나가야 할〕 면도날같이 날카로운 다리.
‡**al·so** [ɔ́ːlsou, +英 ɔ́l-] *adv.* 또, 또한(besides; too); 역시, 마찬가지로. ¶ I *also* noticed the red car. 나도 그 빨간 차를 보았다 / Candy is *also* sold there. 그곳에서는 캔디도 판다 / There are *also* other elective subjects. 다른 선택 과목도 있다 / She can *also* play the piano. 그녀 역시 피아노를 칠 수 있다 / I am mistaken and you *also*. 나도 틀렸지만 너도 틀렸다.
— **Usage**¹ also 와 too ——(1) also 는 다소 문어적, too 는 구어적. (2) also 는 흔히 일반 동사 앞에, be 따위 특별 동사의 경우는 그 뒤에, 또 「조동사+본동사」의 경우는 조동사 뒤에 두며, 간혹 문두에도 쓴다. 문미에서는 too 가 보통. also 를 문미에 두면 강조적 용법.

not only ... but [also] ... ⇨ NOT.
— *conj.* 〔구어〕 게다가 또, 그리고 ⋯도 〔또한〕. ¶ His speech was long, *also* tedious. 그의 이야기는 길었고 게다가 또 지루했다.
— **Usage**² 〔문어에서는 and, and also, but also, as well as 따위를 쓴다: Praise was given to me, *also* (or *and also*, *as well as*) to him. (2) 문두에 쓰는 경우는 and 를 쓰는 편이 낫다.
al·so·ran [ɔ́ːlsouræ̀n] *n.* **1** 〔경마〕 3등 내에 들지 못한 말; 〔스포츠〕 실격 선수. **2** 낙선 후보자. **3** 〔구어〕 경기의 패자; 범인(凡人). [자. *opp.* front-runner
al·so·run·ner [ɔ́ːlsourʌ̀nər] *n.* 지지율이 낮은 후보
alt [ælt] 〔음악〕 *adj.* 알토의, 중고음(中高音)의.
— *n.* ⓒ 중고음, 알토. [여.
in alt 중고음으로, 알토로. ②〔속어〕의기양양하
alt. (略) alternate; altitude; alto.
Al·ta·ic [æltéiik] *n.* ⓤ 알타이 어족; ⓒ 알타이어를 말하는 사람. — *adj.* **1** 알타이 어족〔사람〕의. **2** 알타이 산맥의.
Al·ta·ir [æltɑ́ːiər/-téə] *n.* 견우성〔독수리 좌(座) (Aquila)의 주성(主星)〕.
Al·ta·mi·ra [æltɑmíːrə] *n.* 알타미라〔스페인 북부 산탄데르(Santander) 부근의 동굴. 그 안에 있는 구석기시대의 채색한 동물 벽화로 유명〕.
‡**al·tar** [ɔ́ːltər] *n.* **1** 제단, 제대(祭臺). **2** 〔교회〕 성찬대(聖餐臺) (communion table). **3** 〔전선거(乾船渠)의〕 제단.

lead a woman to the altar 〔여자〕와 결혼하다.
áltar bòy *n.* 〔미사 동에서 사제를 돕는〕 복사(服事). *cf.*
áltar brèad *n.* ⓤ 성찬용 빵. [acolyte.
áltar clòth *n.* 〔미사 때〕 제단을 덮는 흰 보, 제단보.
al·tar·piece [ɔ́ːltərpìːs] *n.* 제단의 뒤쪽 또는 위쪽의 장식 부분〔조각·그림·칸막이 따위〕.
áltar ràil *n.* 제단 앞의 난간.
áltar stòne *n.* **1** 제단의 대석(臺石). **2** 〔가톨릭〕 〔본래 휴대 제단용〕 성석(聖石). [(儀).
alt·az·i·muth [æltǽzimə̀θ] *n.* 〔천문〕 경위의(經緯
‡**al·ter** [ɔ́ːltər] *vt.* **1** 〔크기·성질·형상 따위〕를 〔부분적으로〕 바꾸다, 고치다, 개조하다. ⇨ CHANGE 頻語 ¶ *alter* one's course 방침을 바꾸다 / That *alters* the case. 그것으로 이야기〔사태〕가 달라진다 / We can *alter* your trousers to fit you. 몸에 맞도록 바지를 고칠 수 있습니다 / (~+围+前+宮) *alter* a house *into* a store 집을 가게로 개조하다 / *alter* the course *to* the northerly direction 항로를 북쪽으로 바꾸다. **2** ⋯를 거세하다(castrate), ⋯의 난소를 제거하다(spay).
— *vi.* 변하다, 바뀌다(change); 〔사람이〕 쇠약해지다, 늙다. ¶ The highways of Seoul have *altered* a great

alterability

deal since then. 서울의 대로는 그 이후 크게 달라졌다 / His condition has *altered* for the better (the worse). 그의 건강 상태는 호전(악화)됐다.
◇ álterative *adj.*, álteration *n.*

al·ter·a·bil·i·ty [ɔ̀ːltərəbíləti] *n.* ⓤ 변경할(고칠)수 있음, 가변성(可變性). ―**bly** *adv.*

al·ter·a·ble [ɔ́ːlt(ə)rəbl] *adj.* 변경할 수 있는, 고칠 수 있는.

al·ter·ant [ɔ́ːltərənt] *adj.* 변화(변경)시키는, 변질성의. ― *n.* 변화를 일으키게 하는 것, 변경시키는 것; 변질제(變質劑), 변색제.

*****al·ter·a·tion** [ɔ̀ːltəréiʃ(ə)n] *n.* ⓒⓤ 변경, 개변, 개수, 개조, 개축, 수정(modification); [그 결과로서의] 변질, 변화(change). ¶ an *alteration* in one's plan 계획의 변경 / an *alteration* to a house 집의 개축 / effect (or make) *alterations* on ⋯을 고치다, 변경하다.
◇ álter *v.*, álterative *adj.*

al·ter·a·tive [ɔ́ːltəréitiv / -tərətiv] *adj.* **1** 바뀌는, 변화하는; 변질하는. **2** [의학] 점진적으로 체질을 바꾸어 건강하게 하는. ― *n.* [의학] 체질 개선약(요법).

al·ter·cate [ɔ́ːltərkèit, + 美 ǽl-] *vi.* (-**cat·ed**,-**cat·ing**) [심하게] 말다툼(언쟁)하다(*with* ⋯).

al·ter·ca·tion [ɔ̀ːltərkéiʃ(ə)n, + 美 ǽl-] *n.* ⓒⓤ 언쟁, 말다툼(quarrel), 격론. ¶ get into an *altercation* with a person *over* something 어떤 일로 남과 말다툼하다.

áltered chórd *n.* [음악] 변화 화현(和弦).

ál·ter égo [ɔ́ːltər- / ǽltə-] **1** 제 2의 나, 분신(分身) (second self). **2** 친구, 벗. [< *L alter* other, *ego* I]

al·ter·nant [ɔ́ːltərnənt / ɔːltɔ́ː-] *adj.* 번갈아 드는, 교호(交互)의.

*****al·ter·nate** *v.* [ɔ́ːltərnèit, + 美 ǽl-] ― *adj.*, *n.* [ɔ́ːltərnit / ɔːltə́ː-] *vi.* **1** 번갈아 일어나다, 교대하다; 서로 엇갈리다, 교차하다(*with*, *between* ⋯). ¶ Anger, shame and grief *alternated* in my breast. 노여움, 부끄러움과 슬픔이 내 가슴 속에서 엇갈렸다 // (~+圐+ 用) *alternate* with each other 서로 번갈다 / *alternatoo with* night. 낮괴 밤을 번갈아 오다 / He *alternated* between hope and despair. 그에게는 희망과 절망이 엇갈렸다. **2** [전기] 교류하다. ― *vt.* ⋯을 교대(번갈아) 하다; ⋯을 서로 엇갈리게 하다. ¶ (~+圐+用+ 用) *alternate* encouragement and caution=*alternate* encouragement *with* caution 격려했다가 주의했다가 하다 / *alternate* red and black lines; *alternate* red lines with black 빨강과 검정의 줄무늬로 하다. ― *adj.* [ɔ́ːltərnit/ɔːltɔ́ː-] **1** 번갈아 드는, 교호의, 교대의, 윤번의, 갈마드는. ¶ *alternate* joy and grief 엇갈리는 기쁨과 슬픔. **2** 서로의, 상호의(reciprocal). ¶ *alternate* acts of help 상호부조. **3** 하나 거른, 하나 건너의 (every other). ¶ each *alternate* day 하루 걸러, 격일로 / write in *alternate* lines 한 줄 건너가며 쓰다. **4** [식물] [잎이 축에 대하여] 호생(互生)한, *cf.* opposite. ¶ *alternate* leaves 호생엽(互生葉). **5** [회로 따위가] 우회(迂回)의.
― *n.* [ɔ́ːltərnit / ɔːltɔ́ː-] (美) 대리인(substitute); [연극] 대역(understudy).
◇ alternátion *n.*, álternative *adj.*

álternate áirport *n.* 대체(代替) 공항[착륙 예정 공항의 착륙이 불가능할 때 이용하는 공항].

álternate ángles *n. pl.* [기하] 착각(錯角).

al·ter·nate·ly [ɔ́ːltərnitli / ɔːltɔ́ː-] *adv.* **1** 번갈아, 교대로(by turns). **2** 하나 걸러서, 엇갈리어.

álternating cúrrent *n.* [전기] 교류[略 A.C., a.c.]. *cf.* direct current

al·ter·na·tion [ɔ̀ːltərnéiʃ(ə)n, + 美 ǽl-] *n.* ⓤⓒ 교호 (交互), 교대, 교체; 하나씩 거름; [수학] 착렬(錯列); [전기] 교번(交番).

alternátion of generátions *n.* ⓤ [생물] 세대교번.

‡al·ter·na·tive [ɔːltɔ́ːrnətiv, + 美 ǽl-] *adj.* **1** 양자택일의, 둘 중의 하나의. ¶ The *alternative* possibilities are surrender or fighting to the last. 선택할 수 있는

altitude

길은 항복이냐 끝까지 싸우느냐 둘 중의 하나이다. **2** 달리 취할, 대신의. ¶ There is no *alternative* course. 달리 취할 길은 없다. **3** 선택의. ¶ *alternative* conjunctions 선택 접속사[or 따위]. ― *n.* **1** 둘 [또는 셋 이상]중에서의 선택, 양자 택일. ⇨ CHOICE 類語 ¶ We have the *alternative* of going or staying. 가느냐 머무느냐 둘의 하나이다. **2** 선택할 수 있는 것 [또는 그 이상] [의 방법], 선택의 대상이 되는 둘 [또는 그 이상]. ¶ The only *alternatives* are delay or war. 남은 방법은 지연이나 전쟁뿐이다 / The *alternative* of surrender is death. 항복에 대신할 것은 죽음뿐이다 // This is an *alternative* to that. 그것이 아니면 이것뿐이다. **~·ly** *adv.* ◇ álternate *v.*, alternátion *n.*

altérnative defénse *n.* 대체 방위[신뢰에 의한 안전 보장으로, 핵무기 철폐가 목적].

altérnative énergy *n.* 대체에너지 [석유·석탄 따위의 화석연료나 핵분열 이외의 원천에서 얻어지는 에너지].

altérnative músic *n.* 전자 악기의 기계적인 음·음을 강조하여 구성하는 로크 음악의 총칭.

altérnative púnishment *n.* 대체 형벌[투옥이 아닌 다른 수단으로 주는 형벌].

altérnative schóol *n.* 대체 학교[종래의 초·중·고등 학교와 교과 과정이 전혀 다른 학교].

altérnative socíety *n.* 별(別) 사회, 신(新) 사회[현재 사회와는 다른 질서와 가치관을 가진 이질적인 사회].

altérnative technólogy *n.* 대체 기술[대체 에너지를 사용하기 위한 기술]. [발전기]

al·ter·na·tor [ɔ́ːltərnèitər, + 美 ǽl-] *n.* [전기] 교류

Al·thae·a [ælθíːə] *n.* [그리스 신화] 알타이아 [칼뤼돈 왕 오이네우스(Oeneus)의 아내로 멜레아그로스 (Maleager)의 어머니].

al·the·a [ælθíːə] *n.* 접기꽃속(屬)의 식물; 무궁화(rose of Sharon).

al·tho [ɔːlðóu] *conj.* =although.

alt·horn [ǽlthɔ̀ːrn] *n.* 알토 호른 [코넷계(系)의 취주악기] (alto horn). *cf.* saxhorn

‡al·though [ɔːlðóu], (**altho**) [ɔːlðóu] *conj.* 비록 ⋯일지라도, ⋯이기는 하나 (though). ¶ *Although* it was a warm day, he had his trench coat on. 따뜻한 날이었지만 그는 트렌치 코트를 입고 있었다 / He is wise *although* he is young. 그는 젊지만 현명하다 / *Although* poor, he is happy. 그는 비록 가난하지만 행복하다 / *Although* it may sound strange, yet it is quite true. 이상하게 들릴지 모르지만 그건 전적으로 사실이다.
― **Usage** although 와 though ― (1) 의미상으로는 though 와 같지만, although 쪽이 formal 하고 문어적. 또 although 는 주로 사실을 서술하는 데 쓰이지만, though 는 가정적인 일을 서술할 때도 많이 쓴다. (2) even though, as though 따위는 although 로 대신할 수 없다. 또 though 처럼 부사적으로 문미에 두는 일도 없다. (3) although 는 yet, none the less, still 따위와 함께 쓰이는 일도 있다.

alti- '높은(high)'의 뜻의 연결형. 예: *altitude*.

al·ti·graph [ǽltigræ̀f / -gràːf] *n.* 자동 고도 표시기.

al·tim·e·ter [æltímətər, ǽltimìːtər / ǽltimìːtə] *n.* 고도계. [[도] 측량[법].

al·tim·e·try [æltímitri] *n.* ⓤ [천문] 고각(高角).

al·tis·si·mo [æltísimou] *adj.* [음악] [음조가] 가장 높은 (very high).

‡al·ti·tude [ǽltit(j)uːd / -tjùːd] *n.* ⓤⓒ **1** [산·천체·비행기·삼각형 따위의] 높이, 고도; [해발] 표고(標高). ⇨ HEIGHT 類語 ¶ *altitude* figure 고도 지수 / an *altitude* flight 고도 비행 / an *altitude* record 고도 기록 / an *altitude* of ⋯의 고도로. **2** [천문] 고도, 고각. ¶ take the sun's *altitude* 태양의 높이를 재다. **3** [기하] [어떤 도형의] 높이. **4** (보통 ~s) 높은 곳, 고지(high place).

altitude sickness ... **amalgamate**

5 고위(高位) (high position).
grabbing for altitude ① 적기보다 높이 비행하려고. ② 《비유적》 차츰 흥분하여.
◇ altitúdinal *adj.*

áltitùde sǐckness *n.* ⓤ 고공병. [의; 표고의.
al·ti·tu·di·nal [ӕltit(j)úːd(i)n(ə)l] / -tjúː-] *adj.* 고도
al·to [ӕltou] *n.* (*pl.* **-tos**) 《음악》 **1** 알토[여성 최저음 (contralto) 및 남성 최고음(countertenor)]; ⇒ BASS¹. **2** 알토 가수. **3** 알토 음부. **4** 알토 악기[viola, althorn 따위]. — *adj.* 알토의. ¶ an *alto* solo 알토 독창. [＜It]   [clef).
álto clèf *n.* 《음악》 알토 음부 기호, 다음(音) 기호(C
al·to·cu·mu·lus [ӕltoukjúmjuləs] *n.* (*pl.* **-li** [-lài])
《기상》 고적운(高積雲).

‡**al·to·geth·er** [ɔ̀ːltəgéðər] *adv.* **1** 전혀, 아주, 완전히, 전적으로(wholly, entirely, completely, quite). ¶ His visits stopped *altogether*. 그는 딱 발을 끊었다 / The trip was *altogether* pleasant. 여행은 아주 즐거웠다 / He is not *altogether* a fool. 그는 전적으로 바보는 아니다. * 부분 부정. ⇒ NOT 5. **2** 모두, 통틀어(in all). ¶ *Altogether* there were fifteen books. 그 책은 모두 15권이었다. **3** 《문두에 써서》 전체적으로 보아, 대체로(on the whole). ¶ *Altogether*, you have all done well. 대체로 여러분은 모두 잘했다.
주의 altogether 는 「통틀어; 전체적으로 보아」 따위의 뜻이지만 all together 는 「집단으로, 다 같이, 모두 함께」의 뜻: They took lunch *all together*. 그들은 다 같이 점심을 먹었다.
taken altogether 전체적으로 보아, 대체로.
— *n.* ⓤ **1** 전체, 전체적 효과. **2** (the ~) 《구어》 알몸(nude), *in the altogether* 알몸으로, 벌거숭이로.
álto hórn *n.* =althorn.   [공》 고도계.
al·tom·e·ter [ӕltɑ́mitər / -tɔ́m-] *n.* 고도의(儀); 《항
al·to·re·lie·vo [ӕltourilíːvou; *It.* **-vos**) 고양각(高陽刻) (high relief). *cf.* bas-relief [＜It]
al·to·stra·tus [ӕltoustréitəs] *n.* (*pl.* **-ti** [-tai]) 《기상》 고층운.
al·tru·ism [ӕltruːz(ə)m] *n.* ⓤ 애타(愛他)주의, 이타심(利他心), 애타심. *opp.* egoism
al·tru·ist [ӕltruist] *n.* 애타주의자. *opp.* egoist
al·tru·is·tic [ӕltruístik] *adj.* 애타적인, 애타주의적인. *opp.* egoistic **-ti·cal·ly** [-tikəli] *adv.*
ALU 《略》《컴퓨터》 arithmetic and logic unit (산술·논리 연산 처리 장치).
al·u·la [ӕljulə] *n.* (*pl.* **-lae** [-liː]) 《동물》 《새의》 작은 날개; 《쌍시류(雙翅類)》 곤충의] 작은 날개.
al·um [ӕləm] *n.* ⓤ 《화학》 명반(明礬); 황산 알루미늄.
alum. (略) aluminum.
a·lu·mi·na [əlúːminə / əljúː-] *n.* ⓤ 《화학》 알루미나, 반토(礬土), 산화 알루미늄(aluminum oxide).
a·lu·mi·nate [əlúːmineit / -əljúː-] *n.* **1** 《화학》 알루민산염(酸鹽). ¶ *aluminate* of soda 알루민산 소다. **2** 《광물》 알루미나를 함유한 금속 산화물.
‡**al·u·min·i·um** [ӕljumíniəm / -njəm, -niəm] *n., adj.* 《주로 英》=aluminum.
a·lu·mi·nize [əlúːminàiz / əljúː-] * 《英》에서는 a·lu·mi·nise 로도 쓴다) *vt.* (**-nized, -niz·ing**) …을 알루미늄으로 처리하다.
a·lu·mi·nous [əlúːminəs / əljúː-] *adj.* 《화학》 명반(alum)의; 알루미늄(alumina)의.
‡**a·lu·mi·num** [əlúːminəm / əljúː-] *n.* ⓤ 《美》 《화학》 알루미늄[원자기호 Al]; 《英》 aluminium]. — *adj.* 알루미늄의. ◇ alúminize *v.*
alúminum óxide *n.* =alumina. *n.* ⓤ 여성형의.
a·lum·na [əlʌ́mnə] *n.* (*pl.* **-nae** [-niː]) 《美》 alumnus
a·lum·nus [əlʌ́mnəs] *n.* (*pl.* **-ni** [-nai]) (* 여성형은 alumna) 《美》 《특히 대학의》 [남자] 졸업생, 동창생, ¶ an *alumni* association 동창회 [남녀를 포함한 경우도 쓰

다] / an *alumni* bulletin 동창회 회보.   [리].
al·um·root [ӕləmrùːt] *n.* 범의귀속(屬)의 식물[의뿌
al·u·nite [ӕl(j)unàit] *n.* ⓤ 《화학》 명반석.
al·ve·o·lar [ӕlvíːələr / -víə-] *adj.* **1** 《동물·해부》 폐포(肺胞)의; 기포(氣胞)의; 치조(齒槽)의. **2** 《음성》 치경의(齒莖音)의. ¶ *alveolar* consonants 치경음[[t, d, s, n, l] 등]. — *n.* 《음성》 치경음(alveolar sound).
al·ve·o·late [ӕlvíːəlit, -əlèit / -víə-, -lèit] *adj.* 《해부·동물》 소와(小窩) (소포(小胞), 폐포(肺胞))가 있는; [벌집처럼] 깊은 구멍이 있는.
al·ve·o·lus [ӕlvíːələs / -víə-] *n.* (*pl.* **-li** [-lài]) 《해부·동물》 **1** 작은 구멍; 소와(小窩), 소포(小胞) [벌집의 구(cell) 따위]; 폐포(肺胞). **2** 치조(齒槽).
al·way [ɔ́ːlwei] *adv.* 《고어·詩》=always.
‡**al·ways** [ɔ́ːlwiz, -weiz, -wəz] *adv.* 늘, 언제나, 항상, 시종; 언제든지; 언제까지나(forever); 매번(every time). ¶ *almost* (*or* nearly) *always* 대개, 거의 언제나 / The sun *always* rises in the east. 해는 언제나 동쪽에서 뜬다 / Money does not *always* bring happiness. 돈이 반드시 행복을 가져오는 것은 아니다 / That is not *always* the case. 반드시 그런 것은 아니다 (* 부정어 + always 는 부분 부정 ⇒ NOT 5) / I have *always* been concerned about it. 나는 항상 그것이 걱정이었다 / I can *always* finsh school next year. 내년이면 언제라도 학교를 마칠 수 있다 (* can, could 와 함께 쓰여 마음만 먹으면 언제나(곧)의 뜻) / I *always* remember your kindness. 친절은 언제까지나 잊지 않겠습니다 / The two were *always* quarrelling. 두 사람은 [만나면] 항상 싸움만 했다 [종종 비난의 의미를 포함] (* 진행형과 함께 쓰여 빈번한 일을 나타내는 일이 있다) / She, poised as *always*, kept on receiving guests. 그녀는 늘 같은 태도로 손님을 계속 맞이했다.
— **Usage** 조동사와 be 동사 이외에는 대개 동사 앞에 둔다. 다만, 조동사, be 동사가 강조되는 경우는 그 앞에 둔다.
a·lys·sum [əlísəm / ӕlísəm] *n.* 알리섬[겨자과의 식물; 특히 향기가 강한 것을 sweet alyssum 이라 한다].
‡**am** [강 ӕm, 약 əm, m] *vi.* 《be 의 1인칭·단수·직설법·현재형》. ⇒ BE.
Am 《화학》 americium 의 원자 기호.
AM, A.M. 《略》 amplitude modulation.
Am. 《略》 America, American.
‡**a.m., A.M.** 《略》 《라틴》 *ante meridiem* (=before noon) (오전). *cf.* **p.m.** ¶ 9 a.m. 오전 9시 / Shall we meet Sunday *a.m.*? 《구어》 일요일 오전중에 만날까?
— **Usage** 표제나 표 따위 이외에서는 소문자가 일반적. * a.m.과 함께 in the morning 이나 o'clock 은 쓰지 않는 것이 보통.
A.M. (略) 《라틴》 *Artium Magister* (=Master of Arts) (문학 석사). * 지금은 M.A.라고 하는게 일반적.
A.M.A. 《略》 American Management Association (미국 경영자 협회); American Medical Association (미국 의사회).
am·a·da·vat [ӕmədəvӕt] *n.* =avadavat.
am·a·dou [ӕmədùː] *n.* ⓤ 말굽버섯과(科)의 버섯으로 만드는 해면(海綿)모양의 물질[부싯깃 또는 지혈용].
a·mah [άːmə, -mɑː +美 ӕmə] *n.* 《인도 등 동양 여러 나라의》 아기보는 여자(nurse), 유모(wet nurse), 하녀.
a·main [əméin] *adv.* 《고어·詩》 **1** 힘껏, 전 힘을 다하여. **2** 전속력으로, 쏜살같이. **3** 갑자기 (suddenly); 급히 (hastily). **4** 몹시, 매우, 대단히.   [직].
A·mal [əmάːl] *n.* 아말[레바논의 회교 시아파의 무장 조
a·mal·gam [əmӕlgəm] *n.* ⓤⓒ **1** 《화학》 아말감(과 다른 금속과의 합금). **2** 아말감광(鑛). **3** 혼합물; 합성물.
a·mal·gam·ate [əmӕlgəmèit] *v.* (**-at·ed, -at·ing**) *vt.* **1** 《회사·사업 따위를》 합동하다, 합병하다 (combine); 연합하다 (unite); [종족·사상 따위를] 혼합(융합) 시키

다(blend). ¶ *amalgamate* two companies 두 회사를 합병하다. **2** 〔야금〕 [금속]을 [수은과의] 합금으로 하다, …을 아말감으로 만들다. ¶ Lead easily *amalgamates* gold. 납은 금을 아말감으로 만들기 쉽다 // copper plates *amalgamated* with mercury 수은과의 합금으로 만든 동판. —— *vi.* **1** 결합하다, 연합하다, 합동하다. **2** 〔야금〕 아말감이 되다.

a·mal·gam·a·tion [əmǽlgəméiʃ(ə)n] *n.* ⓤ **1** 〔상업〕 [회사・사업의] 합동, 합병. **2** 〔야금〕 아말감 제련 [법] [수은을 넣어 아말감을 만들고 목적하는 금속을 채취하는 야금법]. **3** 〔인류〕 다른 인종과의 융합;《美》흑인과 백인의 혼혈.

a·mal·gam·a·tive [əmǽlgəmèitiv / -ətiv] *adj.* **1** 〔야금〕 아말감이 되기 쉬운. **2** 혼합되기 쉬운, 합동(융합)적인.

a·mal·gam·a·tor [əmǽlgəmèitər] *n.* 합병자, 연합자.

a·man·u·en·sis [əmæ̀njuénsis] *n.* (*pl.* **-ses** [-siːz]) 필기자, 필생, 서기.

am·a·ranth [ǽmərænθ] *n.* **1** 애머랜스 [영원히 시들지 않는다는 전설상의 꽃]. **2** 애머랜스 [비름속(屬)의 관상용 식물]. **3** ⓤ〔화학〕 애머랜스 염료[자주색 가루, azo 염료의 일종].

am·a·ran·thine [æ̀mərǽnθin, -θain / -θain] *adj.* 애머랜스의(같은). **2** 시들지 않는, 불멸의. **3** 자주색의.

am·a·ryl·lis [æ̀mərílis] *n.* **1** 아마릴리스 [백합 비슷한 꽃이 피는 수선과(科)의 관상용 식물] (belladonna lily). **2** 〔고전이나 전원시에 나오는〕 양치기 소녀, 시골 처녀.

a·mass [əmǽs] *vt.* **1** 〔재산〕을 모으다, 축적하다. ¶ *amass* a fortune 재산을 모으다. ¶ …을 모으다, 쌓다. —— *vi.* 모이다.

a·mass·er [əmǽsər] *n.* 축적자; 모으는 사람.

a·mass·ment [əmǽsmənt] *n.* 쌓는 축적, 축재; 쌓기.

‡**am·a·teur** [ǽmətʃùə(ː)r, -t(j)ùə̀r, -tə̀ːr, -təːr, -tjùər] *n.* **1** 아마추어, 비(非)전문가(*in* …). **2** 취미삼아 하는 사람, 풋내기, 반거들충이(dabbler) (*in* …). ¶ an *amateur* in astronomy 아마추어 천문학자. ¶ an *amateur* in gardening 아마추어 원예가 (= an amateur gardener). **3** 〔프로에 대하여〕 아마추어〔선수〕. *opp.* professional. **4** 애호자, 예찬자(admirer), 팬(fan). ¶ an *amateur* of a movie film 영화 애호가.
—— *adj.* 아마추어의, 비(非)전문가의. ¶ an *amateur* actor 아마추어 배우 / an *amateur* radio station 아마추어 무선〔방송〕국. ◇ amatéurish *adj.*

am·a·teur·ish [æ̀mətʃú(ː)riʃ, -t(j)ú(ː)r- -tə́ːr-, -tjùər-] *adj.* 아마추어 같은; 미숙한(unskillful); 조잡한, 풋내기의. ~**ly** *adv.* ~**ness** *n.*

am·a·teur·ism [ǽmətʃərìz(ə)m, -t(j)ù(ː)r- -tə̀ːr-, -tjùər-] *n.* ⓤ 아마추어 솜씨; 취미; 아마추어의 지위.

ámateur sàtellite *n.* 아마추어 무선 통신용 위성 [略 AMSAT].

am·a·tive [ǽmətiv] *adj.* 사랑에 잘 빠지는, 바람기 있는, 호색적인, 요염한(amorous). ~**ly** *adv.* ~**ness** *n.*

am·a·tol [ǽmətɑ̀l, -tòul / -tɔ̀l] *n.* ⓤ〔화학〕 아마톨 폭약〔질산 암모늄과 T.N.T.의 혼합물〕.

am·a·to·ri·al [æ̀mətɔ́ːriəl / -tɔ́r-] *adj.* = amatory.

am·a·to·ry [ǽmətɔ̀ːri / -təri] *adj.* 연애의, 호색적인, 색욕의. ¶ an *amatory* poem 사랑의 시 / an *amatory* look 추파.

am·au·ro·sis [æ̀mɔːróusis] *n.* ⓤ〔병리〕 흑내장(黑內障).

am·au·rot·ic [æ̀mɔːrɑ́tik / -rɔ́t-] *adj.* 〔병리〕 흑내장의.

‡**a·maze** [əméiz] *vt.* (**a·mazed**, **a·maz·ing**) 〔남〕을 놀라게 하다, 경악케 하다, 기가 막히게 하다. ⇒ SURPRISE 類語 * 「놀라다」의 뜻으로는 수동형을 쓴다. ¶ *amaze* a person *by* (*or* *with*) …으로 남을 놀라게 하다 / I was *amazed* at his courage. 그의 용기에 놀랐다.
—— *n.* 《고어》= amazement.

a·mazed [əméizd] *adj.* 깜짝 놀란, 경악한. **a·maz·ed·ly** [-zidli, +英 -zd-] *adv.* **a·maz·ed·ness** [zidnis] *n.*

‡**a·maze·ment** [əméizmənt] *n.* ⓤ **1** 놀람, 경악, 대경실색. ¶ *amazement* of people *at* …에 대한 사람들의 놀람 // ask in utter *amazement* 아주 놀라서 묻다 / stare with *amazement* 깜짝 놀라서 눈을 휘둥그렇게 뜨다(뜨고 보다) / It has excited my *amazement*. 그 일에 나는 깜짝 놀랐다. **2** 《폐어》 어리둥절함; 당황; 대경실색.

‡**a·maz·ing** [əméiziŋ] *adj.* 놀랄 만한, 놀라운, 경탄할 (wonderful). ~**ly** *adv.*

*****Am·a·zon***[1]** [ǽməzɑ̀n, -z(ə)n / -z(ə)n] *n.* **1** (the ~) 아마존강 [남미 안데스 산맥에서 발원하여 브라질을 거쳐 대서양에 흘러드는 큰 강]. **2** 〔중남미산(産)의〕 앵무새.

Am·a·zon[2] [ǽməzɑ̀n, -z(ə)n / -z(ə)n] *n.* **1** 〔그리스 신화〕 아마존 [흑해 부근에 살았다는 여인족의 전사(戰士)]. **2** 〔종종 a-〕 여장부, 여걸. **3** = Amazon ant.

Ámazon ànt *n.* 불개미의 일종 [다른 종류의 개미집에서 알을 훔쳐다가 키워서 노예로 삼는다].

Am·a·zo·ni·an [æ̀məzóuniən] *adj.* **1** 〔여자가 아마존처럼〕 용맹한, 전투적인; 남자 못지 않은. **2** 아마존강의.

Amb.《略》 ambassador 의.

am·ba·ges [æmbéidʒiːz, +英 ǽmbidʒiz] *n. pl.* (*sing.* **am·bage** [ǽmbidʒ]) 《고어》 꼬부랑길; 우회적인 방법 (말, 생각).

am·ba·gious [æmbéidʒəs] *adj.* 꼬불꼬불한; 멀리 도는; 우회적인 (circuitous).

‡**am·bas·sa·dor** [æmbǽsədər] *n.* **1** 대사. ¶ an *ambassador* extraordinary 특명 대사 / an *ambassador* extraordinary and plenipotentiary 특명 전권 대사 / a roving *ambassador* 순회 대사 / He arrived in Seoul as U.S. *Ambassador*. 그는 미국 대사로서 서울에 부임했다 // the Korean *Ambassador* to Great Britain 주영 한국대사 / the Korean *Ambassador* to the United Nations 주(駐)유엔 한국 대사 / the U.S. *Ambassador* at Seoul 주한 미국 대사 / be appointed *ambassador* to France 주불 대사로 임명되다. **2** 사절, 대표. ¶ an *ambassador* of peace 평화 사절. ◇ ambassádorial *adj.*

am·bas·sa·dor-at-large [æmbǽsədərətlɑ́ːrdʒ] *n.* (*pl.* **am·bas·sa·dors-**) 무임소 대사.

am·bas·sa·do·ri·al [æmbæ̀sədɔ́ːriəl / -dɔ́ː-] *adj.* 대사의; 사절 [대표]의.

am·bas·sa·dor·ship [æmbǽsədərʃìp] *n.* ⓤ 대사의 신분 (직위, 자격).

am·bas·sa·dress [æmbǽsədris] *n.* **1** 여대사, 여자 사절. **2** 대사 부인.

am·ber [ǽmbər] *n.* **1** 호박(琥珀). **2** ⓤ 호박색, 황갈색. —— *adj.* 호박의(으로 만든); 호박색의; 황갈색의.

am·ber·gris [ǽmbərgrì(ː)s] *n.* ⓤ 용연향(龍涎香) [향유 고래의 창자내에 생성되는 방향 물질].

am·ber·ite [ǽmbəràit] *n.* ⓤ 엠버라이트 [입상(粒狀) 무연 화약].

am·ber·oid [ǽmbərɔ̀id], (**ambroid**) *n.* 인조 호박.

ambi- *pref.* both, around, on both sides 의 뜻. 예: *ambi*dextrous.

am·bi·dex·ter [æ̀mbidékstər] *n.* 《고어》= ambidexterity.

am·bi·dex·ter·i·ty [æ̀mbidekstériti] *n.* **1** 양손잡이. **2** 〔비상한〕 솜씨. **3** 언행이 다름, 표리부동(duplicity).

am·bi·dex·trous [æ̀mbidékstrəs] *adj.* **1** 양손잡이의. **2** 아주 솜씨 있는. **3** 표리부동한, 간교한 (deceitful). ~**ly** *adv.* ~**ness** *n.*

am·bi·ence, -ance [ǽmbiəns] *n.* **1** 둘러싸고 있는 것, 환경. **2** 〔특히 장소의〕 분위기. ~ (rounding).

am·bi·ent [ǽmbiənt] *adj.* 온통 둘러싼, 포위한 (surrounding).

ámbient áir stàndard *n.* 대기 오염 허용 한도〔치〕.

ámbient mùsic *n.* 환경 음악 [간단한 멜로디와 비디오 아트를 짜맞춘 새로운 환경 음악].

*****am·bi·gu·i·ty** [æ̀mbigjúːiti] *n.* (*pl.* **-ties**) ⓤ **1** 〔의미

의] 모호함, 불명료. **2** 두 가지 뜻, 다의성(多義性). **3** ⓒ 모호한 말(표현), 애매한 어구.

*am·big·u·ous [æmbígjuəs] *adj.* **1** 두 가지 이상의 뜻이 있는, [의미가] 애매한(doubtful), 모호한(obscure). 類語 ambiguous 같은 어구를 여러 가지로도 해석할 수 있으므로 뜻이 모호함을 나타낸다: The phrase "English book" is *ambiguous.* "English book"이라는 말은 「영어책」「영국의 책」처럼 두 가지로 해석할 수 있으므로 모호하다. **equivocal** 고의로 여러 가지로 해석할 수 있는 모호함을 시사한다: give an *equivocal* answer in order to hide one's real intention 진의(眞意)를 숨기려고 모호하게 대답하다. **vague** 표현의 의미가 부정확 또는 막연하여 이해하기 힘든다: Think hard and avoid a *vague* expression. 잘 생각해서 모호한 표현은 피하여라. **obscure** 그 자체 또는 그것을 보는 사람의 이해가 없어서 진의가 숨겨진: rephrase an *obscure* expression 모호한 표현을 고쳐 말하다. **2** [언어] [음성을 듣고] 두 가지 이상의 표현으로 들리는(equivocal). **3** [사물의 행동이] 의심스러운, 알기 힘든. **4** 불명확한. ~·ly *adv.* ~·ness *n.*

am·bi·sex·trous [æmbiséкstrəs] *adj.* [구어] 남녀 구별이 잘 안 되는, [복장 따위가] 남녀 공용의; [파티가] 남녀 혼성의.

am·bi·syl·lab·ic [æmbisilǽbik] *adj.* [음성] 양(兩)음절에 걸치는, 2음절 공유(共有) 자음의. 예; any, penny 의 n 음, grappling 의 pl 자음군.

am·bit [æmbit] *n.* (종종 ~s) **1** 주위; 주변(circumference). **2** 경계, 한계(limits); 범위(boundary), 구역.

am·bi·ten·den·cy [æmbiténdənsi] *n.* [심리] [한 개인 안에서] 상반되는 경향의 공존.

‡**am·bi·tion** [æmbíʃ(ə)n] *n.* ⓤ **1** 대망, 큰뜻, 야심, 공명심, ⓒ **2** 야심의 목적. ¶ *ambition for distinction* 공명심. / His *ambition* is to be a critic. 그의 포부는 평론가가 되는 것이었다. // one's *ambition* to be a great musician 위대한 음악가가 되려는 포부 / It fired his *ambition* to write poetry. 그것이 시를 쓰겠다는 그의 야심에 불을 질렀다 / I'll have to tell you about my *ambitions* some day. 언제고 내 야심에 대해서 말해야겠지요.

類語 ambition 흔히 입신 출세와 같은 세속적 성공을 목표로 한 소망; 좋은 의미에나 나쁜 의미에나 다 쓴다: his *ambition* to become a national leader 국민의 지도자가 되려는 그의 큰뜻. **aspiration** 주로 위대한 것, 가치 있는 것에 대한 소망: her *aspiration* to master French 프랑스어를 완벽하게 하겠다는 그녀의 소망. **2** 패기, 박력, 정력(energy). **3** (美구어) 악의, 원한. — *vt.* ~을 바라다, 열망하다. ◇ **ambítious** *adj.*

‡**am·bi·tious** [æmbíʃəs] *adj.* **1** 대망을 품은, 야심(야망)을 가진, 공명심이 있는. ¶ *ambitious* politicians 야심에 찬 정치가. **2** 야심적인, 대규모의. ¶ *ambitious* goals of production 야심적인 생산 목표. **3** 열망(갈망)하는(eager). ¶ be *ambitious* for fame 명성을 갈망하고 있다 / He is *ambitious* to succeed(or *ambitious* of success). 그는 성공을 갈망하고 있다.
~·ly *adv.* ~·ness *n.* **ambítion** *n.*

am·biv·a·lence [æmbívələns / æmbivéi-, æmbivə-] *n.* ⓤ **1** 불안정, 유동(憂憧)이나 반반씩 있는 상태. **2** [심리] 반대 감정 양립, 이중 의식 [같은 대상에 대하여 두 가지 상반되는 감정을 동시에 갖는 심리 상태].

am·biv·a·lent [æmbívələnt / æmbivéi-, æmbivə-] *adj.* [심리] 반대 감정이 양립하는, 이중 의식의.
~·ly *adv.*

am·bi·ver·sion [æmbivə́rʒ(ə)n] *n.* ⓤ [심리] 내향성과 외향성의 중간형, 양향성(兩向性).

am·bi·vert [æmbivə̀ːrt] *n.* [심리] 내향성과 외향성의 중간형의 사람, 양향성의 사람.

am·ble [æmbl] *v.* (**-bled, -bling**) *vi.* **1** [말이] 측대보(側對步)로 걷다. **2** 천천히 걷다, 어슬렁어슬렁 걷다(along, about...). — *n.* 측대보[말이 같은 쪽의 두 발을 동시에 올려 걷는 걸음]. **2** 느린 걸음, 가벼운 걸음. [사람].

am·bler [æmblər] *n.* 측대보로 걷는 말; 천천히 걷는 사람.

am·bling [æmbliŋ] *adj.* 측대보의, 느린 걸음의.

am·bly·o·pi·a [æmblióupiə] *n.* ⓤ [안 과] 약시(弱視). [이 약한.

am·bly·op·ic [æmbliápik / -ɔ́p-] *adj.* 약시의, 시력

am·bo [æmbou] *n.* (pl. **-bos** [-bouz] *or* **-bo·nes** [-bouniːz]) [초기 기독교 교회에서 성서 따위를 읽기 위한] 독경대(讀經臺), 설교단.

am·broid [æmbroid] *n.* = amberoid.

am·bro·sia [æmbróuʒ(i)ə/-ʒjə] *n.* ⓤⓒ **1** [그리스·로마 신화] [불로 불사(不老不死)한다는] 신의 음식. *cf.* nectar **2** 시적 영감; 영적(靈的) 음악. **3** 맛있는 음식.

am·bro·sial [æmbróuʒ(i)əl/-ʒjəl], **-sian** [-ʒ(i)ən/-ʒjən] *adj.* **1** 아주 맛있는(delicious); 향기로운. **2** 거룩한, 성스러운(divine). ~·ly *adv.*

am·bro·type [æmbrətàip] *n.* ⓤ [사진] 유리판 사진.

am·bry [æmbri] *n.* (pl. **-bries**) **1** 벽장(closet). **2** 식료품실, 찬장; 식기실(pantry). **3** [교회당의] 성기실(聖器室) (armarium).

ambs·ace [éimzèis, ǽmz-], **(amesace)** *n.* **1** 따라지 땡[노름에서 2개의 주사위에 같은 1점이 나오기. 최악의 점수]. **2** 재수없음, 악운(bad luck). **3** 극소량; 보잘것없는 일.

am·bu·cop·ter [æmbjukáptər / -kɔ́p-] *n.* 구급용 헬리콥터. [< AMBU[LANCE] + [HELI]COPTER]

*am·bu·lance [æmbjuləns] *n.* **1** 구급차, 부상병 운반차(선, 기(機)). **2** [이동식] 야전 병원.
◇ **ámbulant** *adj.*, **ámbulate** *v.*

ámbulance chàser *n.* (美구어) 사고 피해자를 부추겨 소송을 일으키게 하여 돈벌이하는 변호사; [일반적으로] 변호사.

ámbulance còrps *n.* 야전 의무대.

ámbulance tràin *n.* 병원 열차.

am·bu·lant [æmbjulənt] *adj.* **1** 자주 이동하는(바뀌는) (shifting). **2** [의학] = ambulatory 3.

am·bu·late [æmbjulèit] *vi.* (**-lat·ed, -lat·ing**) 여기저기 돌아다니다; 자주 이동하다.

am·bu·la·tion [æmbjuléi(ə)n] *n.* ⓤ 돌아(걸어) 다님; 이동.

am·bu·la·to·ry [æmbjulətɔ̀ːri / -təri] *adj.* **1** 보행의. ¶ *ambulatory* animals 보행 동물. **2** 보행에 알맞은; 걸어(돌아)다니는. **3** [의학] 보행할 수 있는, 외래의(ambulant). ¶ an *ambulatory* patient 외래 환자. **4** [법률] [유언이] 취소(변경)할 수 있는. ¶ an *ambulatory* will 부정(不定) 유언. — *n.* (*pl.* **-ries**) [건축] **1** [교회·수도원 등의] 복도(cloister). **2** 옥내 유보장(遊步場).

am·bus·cade [æmbəskèid, ‐‐‐ / ‐‐‐] *n., v.* (**-cad·ed, -cad·ing**) (軍) = ambush.

am·bus·cad·er [æmbəskèidər, ‐‐‐‐ / ‐‐‐‐] *n.* (美) = ambusher.

*am·bush [æmbuʃ] *n.* ⓤ **1** 매복; 매복 기습. ¶ fall into *ambush* 복병을 만나다·lie(or hide) in *ambush* 매복하다. **2** 매복 장소. **3** 복병. ¶ lay (or make, construct) an *ambush* 복병을 두다, 매복시키다.
— *vt.* 1 ~을 매복하여 습격하다, ~을 매복 기습하다. ¶ *ambush* an enemy 적을 매복 기습하다. **2** (과거 분사로만 쓰이어) 복병을 매복시키다. ¶ We are *ambushed.* 우리는 복병에게 배치되어 있다. — *vi.* 매복하다.

am·bush·er [æmbuʃər] *n.* 매복하는 사람, 복병.

am·bush·ment [æmbuʃmənt] *n.* = ambush.

A.M.D.G., AMDG (略) (라틴) *ad majorem Dei gloriam* (=to the greater glory of God) (하나님의 보다 큰 영광을 위해).

a·me·ba [əmíːbə] *n.* (pl. **-bas** *or* **-bae** [-biː]) = amoeba.

âme dam·née [áːm dɑːnéi / F áːm dɑne] *n.* (프랑스) (=damned soul) (pl. **âmes dam·nées** [áːm dɑːnéiz / F ɑːm dane〕) 스스로 남의 앞잡이가 되는 사람, 앞잡이, 로봇.

a·meer [əmíər] *n.* =emir.

a·me·lio·ra·ble [əmíːljərəbl] *adj.* 개량(개선)할 수 있는.

a·me·lio·rate [əmíːljərèit] *v.* (**-rat·ed, -rat·ing**) *vt.* …을 개량(개선)하다. ⇨ IMPROVE 類語 — *vi.* 좋아지다. ¶ *ameliorate* in health 건강해지다.

a·me·lio·ra·tion [əmìːljəréi](ə)n] *n.* 1 Ⓤ 개량, 개선, 향상(improvement). ¶ social *amelioration* 사회 개량. 2 개량(개선)된 것.

a·me·lio·ra·tive [əmíːljərèitiv/-rətiv] *adj.* 개량의.

a·me·lio·ra·tor [əmíːljərèitər] *n.* 개량자, 개선자.

*****a·men** [éimén, ɑ́ː-/ ɑ́ː-, éi-] *interj.* 아멘, 그렇다(It is so.), 그렇게 되어 주소서(So be it !) 〔기독교도가 기도·신조 그밖의 의례적인 말 뒤에 하는 말]. — *adv.* 진실로, 거짓없이(truly). — *n.* 1 아멘하고 부르기. ¶ sing the *amen* 아멘을 부르다. 2 Ⓤ 동의, 찬동. ¶ say *amen* to …에 동의하다.
〔<Heb āmēn truly, certainly〕

a·me·na·bil·i·ty [əmìːnəbíliti] *n.* Ⓤ 1 유순, 순종, 복종. 2 복종의 의무.

a·me·na·ble [əmíːnəbl, +美 əména-] *adj.* 1 유순한, 다루기 쉬운; 기꺼이 따르는. ⇨ OBEDIENT 類語 ¶ an *amenable* servant 유순한 하인 / a person *amenable* to reason 이치에 따르는 사람. 2 지켜야 할; 법적 의무(책임)가 있는. 3 〔비난 따위를〕 받아들일, 면치 못할. ¶ *amenable* to criticism 비난을 면치 못할.

a·me·na·bly [əmíːnəbli, +美 əména-] *adv.* 유순하게, 다루기 쉽게. ¶ be *amenably* disposed 성미가 유순하다.

ámen córner *n.* 〔美〕1 교회의 설교단 옆자리〔답창(答唱)의 아멘을 부르는 신자들이 앉던 자리〕. 2 열성적인 신자가 모이는 자리.

*****a·mend** [əménd] *vt.* 1 …을 고치다, 변경(수정)하다, 바꾸어 말하다. ¶ an *amended* bill 수정안. 2 …을 개량하다, 개선하다(improve); 〔행실〕을 고치다. ¶ He has *amended* his ways recently. 그는 최근에 행실을 고쳤다. 3 〔잘못〕을 고치다, 정정하다(correct); …을 교정(矯正) 하다. — *vi.* 좋아지다, 고쳐지다; 개심하다; 행실을 고치다. ◇ améndatory *adj.,* améndment *n.*

a·mend·a·ble [əméndəbl] *adj.* 고칠 수 있는, 수정할 수 있는.

a·mend·a·to·ry [əméndətɔ̀ːri / -təri] *adj.* 개량(개정)에 도움이 되는; 개량의, 수정의.

a·mend·er [əméndər] *n.* 개정자, 수정자.

‡**a·mend·ment** [əméndmənt] *n.* 1 Ⓤ Ⓒ 변경, 개선, 교정(矯正), 개심. 2 〔법안·헌법 따위의〕 수정, 개정. 3 수정 조항. ¶ the Eighteenth *Amendment* [미국] 헌법 제18조 수정 조항 〔금주법〕.

*****a·mends** [əméndz] *n. pl.* 〔때로 단수 취급〕 1 벌충, 보상, 배상. 2 〔폐어〕 건강의 회복.
make amends for *something* …을 보상하다.
make amends to *a person* 남에게 보상하다.

*****a·men·i·ty** [əméniti, -míːn-] *n.* (*pl.* **-ties**) 1 (-ties) 예의, 공손함, 공손한 인사말(civilities). ¶ exchange *amenities* 공손한 인사말을 주고받다. 2 Ⓤ 〔장소·기후 따위의〕 기분 좋음, 쾌적(pleasantness); 〔태도·기질 따위의〕 기분 좋음, 상냥함. 3 (-ties) 생활을 즐겁게 해주는 여러 설비; 즐거움. ¶ the *amenities* of town life 도시 생활의 즐거움.

a·men·or·rhe·a [eimènərí·ə], (**a·men·or·rhoe·a**) *n.* Ⓤ 〔병리〕 무월경(無月經), 월경 폐지.

A·men-Ra [ɑ́ːmɑːnrɑ́ː] *n.* 〔이집트 신화〕 태양신. *cf.*

a mensa et thoro [ei ménsa et θóːrou/-θ/-rou], **-toro** [-tóurou] 〔법률〕〔부부가〕 별거하여. 〔<L〕

am·ent[1] [éimənt, éim-/ əmént] *n.* 〔식물〕 유제화서(葇荑花序)(catkin).

a·ment[2] [éimənt] *n.* 정신 박약아.

am·en·ta·ceous [æ̀mentéiʃəs] *adj.* 〔식물〕 1 유제화서

서의(같은), 유제화서로 된. 2 유제화서를 맺는.

a·men·tia [eimén(ʃi)ə / əmén-] *n.* Ⓤ 〔정신병〕 정신 박약.

Amer. 〔略〕 America, American.

A·mer·a·sian [ǽmərèiʒən / -réiʒən] *adj., n.* 미국인과 아시아인 혼혈의(혼혈아).

a·merce [əmə́ːrs] *vt.* (**a·merced, a·merc·ing**) 1 〔법원의 자유 재량으로〕 …에게 과료를 과하다, …을 벌금형에 처하다. ¶ *amerce* a person [in] the sum of £a month's …의 벌금을 과하다 / *amerce* a person *of* a month's salary 남에게 1개월분의 월급을 벌금으로 물게 하다. 2 …을 〔임의로〕 벌하다. 〔처벌해야 할.

a·merce·a·ble [əmə́ːrsəbl] *adj.* 벌금을 과할 수 있는,

a·merce·ment [əmə́ːrsmənt] *n.* 벌금〔액〕, Ⓤ 벌금형.

Am·er·Eng·lish [ǽməríŋɡliʃ] *n.* 〔英〕 미국 영어.

‡**A·mer·i·ca** [əmérikə] *n.* 1 아메리카 합중국, 미국 〔略 Am., Amer.〕(* 정식으로는 the United States of America 이지만 종종 the United States, the States 라고 부르며, the U.S.A., the USA, the U.S., the US 라고 줄인다. the States 는 흔히 미국인이 국외에서 쓰는 표현〕. ¶ the population of *America* 미국의 인구 / *America's* attitude toward the Soviet Union 소련에 대한 미국의 태도. 2 북아메리카, 북미(North America). 3 남아메리카, 남미(South America). 4 (the ~s) 남북 아메리카. ◇ Américan *adj.* 〔<아메리카 대륙의 최초의 탐험가라고 일컬어지는 이탈리아의 항해가 Amerigo Vespucci 의 라틴명 *Americus* Vespucius〕

‡**A·mer·i·can** [əmérikən] *adj.* 1 미국의; 미국인의. ¶ an *American* diplomat 미국 의 한 외교관 / the *American* Cancer Society 미국 암협회 / the *American* theater 미국 연극. 2 북(남)아메리카의, 아메리카〔대륙〕의. ¶ the *American* continents 남북 아메리카 대륙 / *American* Spanish 라틴 아메리카에서 쓰이는 스페인어. 3 아메리카 원주민의, 아메리카 인디언의.
— *n.* 1 미국인; 아메리카 대륙 주민, 북(남)미 원주민, 아메리카 인디언. ¶ an *American* 한 미국인 / three *Americans* 세 사람의 미국인 / the *Americans* 《총칭적으로》 미국인(the American people) / We are *American*[s]. 우리는 미국인이다. 2 Ⓤ 미국 영어, 미어(美語)(American English).
◇ América *n.,* Américanize *v.*

A·mer·i·ca·na [əmèrikéinə, -kénə, -káːnə / -káːnə] *n. pl.* 미국에 관한 문헌, 자료〔특히 역사·지리에 관한〕.

Américan áloe *n.* 용설란(century plant). 〔것〕.

Américan Béauty *n.* 미국산(産) 장미의 일종〔큰 진홍색 꽃이 핀다. District of Columbia를 상징하는 꽃〕.

Américan cárd *n.* 미국 카드, 미국을 내세우기〔팔기〕〔미국과의 관계 개선을 내세워 제3국과의 관계에서 유리한 입장을 차지하려는 정책〕.

Américan chéese *n.* Ⓤ 황색 또는 백색의 약간 신 맛이 나는 딱딱한 치즈, 체더 치즈(Cheddar cheese).

Américan Cívil Wár *n.* 〔美 역사〕 (the~) 남북 전쟁(1861-65).

Américan clóth (**léather**) *n.* Ⓤ 〔英〕 에나멜 칠한 질긴 유포(油布)(oilcloth) 〔의자 따위에 씌움〕.

Américan dréam *n.* 1 미국 건국의 이상〔민주주의와 물질적 번영을 외국에까지 파급시켜 나간다는 이상〕. 2 〔특히 성취의 기대에서 나타나는〕 미국적 생활 방식.

Américan éagle *n.* 흰머리독수리〔미국의 문장(紋章)〕.
〔British English〕

Américan Énglish *n.* Ⓤ 미국 영어, 미어. *cf.*

Américan Expréss (**Cárd**) *n.* 아메리칸 익스프레스〔카드〕〔신용 카드의 하나, AMEX 로 줄여 말하기도 한다〕.

Américan Federátion of Lábor *n.* 미국 노동 총연맹〔1886년 결성, 1955년 C.I.O.와 합병; 略 A.F.L.; A.F. of L.〕.

Américan fóotbàll *n*. ⓤ 미식 축구. *cf*. football
a·mer·i·ca·ni, -ka- [əmèrikáːni] *n*. ⓒ 아메리카니
천[표백하지 않은 일종의 면포. 전에는 미국에서 제조].
Américan Índian *n*. 아메리카 인디언, 아메리카
원주민, 북(남)미 토인(Red Indian). *cf*. Indian
Américan Ínstitute of Públic Opínion *n*.
미국 여론 조사소[1935년 Dr. George Gallup 이 창립.
Gallup poll 로 유명].
A·mer·i·can·ism [əmérikənìz(ə)m] *n*. 1 ⓤ 친미주
의; 미국을 좋아함. 2 ⓤⓒ 미국식; 미국인 기질, 미국
정신. 3 ⓒ 미국식 말투(어법); 미국 영어; 미국 사투
리.
A·mer·i·can·ist [əmérikənist] *n*. 1 북미・남미의 연
구학・인종학・고고학 연구가. 2 북미 토인의 언어・문
화의 연구자. 3 친미가, 친미주의자. 〔creeper〕
Américan ívy *n*. 아메리카 담쟁이덩굴 (Virginia
A·mer·i·can·i·za·tion [əmèrikənizéiʃ(ə)n/-kənai-]
n. ⓤ 미국화.
A·mer·i·can·ize [əmérikənàiz] (＊《英》에서는
Americanise 로도 쓴다) *v*. (-ized, -iz·ing) *vt*. …을 미
국화하다; 미국식으로 바꾸다. —— *vi*. 미국화되다; 미국
식이 되다. ◇ American *adj*.
Américan Léague *n*. (the ~) 아메리칸 리그[미
국 프로 야구 2 대 리그 중의 하나. 1900년 결성. 현재
14팀이 소속]. *cf*. National League
Américan léather *n*. 《英》= American cloth.
Américan Légion *n*. (the ~) 미국 재향 군인회.
Américan léopard *n*. 아메리카표범, 재규어(jaguar).
A·mer·i·can·ol·o·gist [əmèrikənálədʒist/-ɔ́l-] *n*.
미국 정책 연구가, 미국 정치통.
A·mer·i·can·ol·o·gy [əmèrikənálədʒi/-ɔ́l-] *n*. 미국
학, 미국 문제 연구.
Américan órgan *n*. 리드 오르간의 일종.
Américan plán *n*. (the ~) 아메리칸 플랜[호텔에
서 방값과 식사대를 합산 지불하는 방식]. *cf*. European
plan
Américan Revolútion *n*. (the ~)미국 독립 전쟁
(1775-83) (《美》the Revolutionary War, 《英》the
War of American Independence).
Américan Sélling Príce *n*. 《美》미국내 판매
가격 [수입품과 같은 종류의 국산품의 가격. 수입품과의
차액이 관세의 기준이 된다; 略 ASP].
Américan Stándards Associátion *n*. 미국
규격 협회 [略 ASA].
Américan Stándard Vérsion *n*. (the~) 미국
표준역 성서[略 ASV, A.S.V.].
América's Cúp *n*. 〔요트〕아메리카컵[1851년 창
América's Cúp [Ráce] *n*. (the~) 아메리카컵
쟁탈 요트 경주〔세계 최대의 요트 경기〕.
am·er·i·ci·um [æməríʃiəm] *n*. ⓤ 〔화학〕 아메리슘
〔인공 방사성 원소; 원자 기호 Am〕.
A·mer·i·ka [əmérikə] *n*. 파시스트적 미국, 인종 차별
사회로서의 미국.
Am·er·ind [ǽmərind] *n*. 아메리카 원주민[아메리카
인디언 및 에스키모인]. [<AMER[ICAN]+IND[IAN]]
Am·er·in·di·an [æ̀məríndiən] *adj*. 아메리카 원주민
의. —— *n*. =AMERIND. [<AMER[ICAN]+INDIAN]
A·mer·i·pass [əméripæ̀s/-pùːs] *n*. 《美》아메리패스
[미국과 캐나다의 그레이하운드 버스를 이용할 수 있는
패스].
ames·ace [éimzèis, ǽmz-] *n*. =ambsace.
Am·es·lan [ǽmislæ̀n] *n*. ⓤ 미국식 수화(手話).
[<*Am*erican *S*ign *Lan*guage]
am·e·thyst [ǽmiθist] *n*. ⓤ 1 〔광물〕 자석 영(紫石
英); 자수정(紫水晶)(oriental amethyst). 2 자줏빛.
—— *adj*. = amethystine.
am·e·thys·tine [æ̀miθístain, +美 -tin] *adj*. 〔광물〕
자석영[질]의; 자수정의.

am·e·tro·pi·a [æ̀mitróupiə] *n*. ⓤ 〔안과〕 부정시(不正
視) [난시・근시・원시 따위]. 〔시력.
am·e·trop·ic [æ̀mitrápik/-trɔ́p-] *adj*. 〔안과〕 부정
A·mex [ǽmèks] *n*. 미국 증권 거래소. [<*Am*erican
[Stock] *Ex*change]
AMEX (略) *Amercan Express*(신용 카드의 일종).
Am·har·ic [æmhǽrik] *n*. ⓤ 암하라(Amhara) 말[에
티오피아의 공용어]. —— *adj*. 암하라 말의.
a·mi [æmíː/*F* ami] *n*. (*pl. a·mis* [æmíː/*F* ami])
(여성형은 amie) 《프랑스》(=friend). 1 〔남자〕친구,
애인(lover). 2 〔美속어〕〔유럽에서〕미국 동포(시민).
a·mi·a·bil·i·ty [èimiəbíliti/-mjə-, -miə-] *n*. ⓤ 상냥
함, 온순, 친절, 사랑스러움.
*__a·mi·a·ble__ [éimiəbl/-mjə-, -miə-] *adj*. 1 상냥한
(agreeable), 붙임성 있는; 부드러운, 온화한.
〖類語〗amiable 남에게 호감을 사는, 사귀기 쉬운: an
amiable person (nature) 상냥한 사람(성질). **amicable** 대인 관계나 태도가 우호적인: an *amicable*
settlement of a dispute 우호적인 분쟁 해결. **affable**
[손윗사람 등이] 접근하기 쉬운, 말을 걸기 쉬운: an
affable gentleman 상냥한 태도의 신사. **genial** 마음씨
가 곱고 애교있는: a *genial* disposition 사귀기 쉬운
성질. **cordial** 마음이 따뜻하고 성의 있는(*cf*. hearty):
a *cordial* welcome 정성어린 환영. **good-natured** 남
의 호감도 사고 남을 좋아하는; [때로] 호인이라 할 만
큼 무른: a *good-natured* man 마음씨가 고운 사람.
2 친절한, 상냥한(kindly), 친한(friendly). ¶ an *amiable* mood 친절한 마음. 3 〔폐어〕 사랑할 만한(lovable), 사랑스러운(lovely). ¶ *amiable* weakness of
human nature 사랑할 만한 인간성의 약점.
~·ness *n*.
*__a·mi·a·bly__ [éimiəbli/-mjə-, -miə-] *adv*. 상냥하게, 애
교있게; 친절하게, 사랑스럽게, 귀엽게.
am·i·an·thus [æ̀miǽnθəs], **-tus** [-təs] *n*. ⓤ 〔광물〕
질이 좋은 석면. 〔(amine)의.
am·ic [ǽmik] *adj*. 〔화학〕 아미드 (amide)의; 아민
am·i·ca·bil·i·ty [æ̀mikəbíliti] *n*. ⓤ 친선, 우호.
*__am·i·ca·ble__ [ǽmikəbl] *adj*. 우호적인, 사이좋은
(friendly), 원만한; 평화적인(peaceable), 온화한.
⇒ AMIABLE 〖類語〗¶ *amicable* relations 우호 관계 / an
amicable settlement 원만한 해결.
am·i·ca·bly [ǽmikəbli] *adv*. 우호적으로, 사이좋게;
평화적으로, 원만하게. ¶ settle a matter *amicably* 일
을 원만하게 해결하다.
am·ice[1] [ǽmis] *n*. 〔교회〕개두포(蓋頭布) [미사 때 사
제(司祭)가 어깨에 걸치는 장방형의 흰 삼베. 옛날에는
머리에 썼다].
am·ice[2] [ǽmis] *n*. 옛날 수도사의 두건[끝이 앞쪽으로
길게 늘어진 두건]; 두건 달린 망토.
a·mi·cus cu·ri·ae [əmáikəs kjúː(:)riː, əmíːkəs
kjúː(:)riài/əmáikəs kjúəriː] *n*. (*pl. a·mi·ci c-* [-kai-])
〔법률〕 법정 조언자 [제3자로서 법정에서 조언・충고하는
소송 당사자가 아닌 사람] (friend of the court). [<L]
‡**a·mid** [əmíd], **a·midst** [əmídst] *prep*. 1 …의 한복
판에(…에), …에 둘러싸여. ⇨ AMONG 〖類語〗¶ *amid* tears
울면서 / *amid* the crowd 군중 한복판에 / He walked
along the slushy road *amid* the melting snow. 그는
눈이 녹고 있는 질퍽질퍽한 길을 걸었다. 2 …의 사이
에, …의 한창때에. ¶ *amid* (or *amidst*) cheers 박수
속에서.
—— **Usage** 둘 다 bookish 한 말이지만, 《美》에서는
amid 를, 《英》에서는 amidst 를 더 많이 쓴다.
A·mi·da [ɑ́ːmidə, áːmidɑ̀ː] *n*. 〔불교〕 아미타불.
am·ide [ǽmaid, +美 ǽmid] *n*. ⓤ 아미드.
am·i·dine [ǽmidìːn, -din] *n*. ⓤ 〔화학〕 아미딘.
am·i·dol [ǽmidòul/-dɔ̀ːl] *n*. ⓤ 〔화학〕 아미돌[사진
현상약].
a·mid·ships [əmídʃips], **(a·mid·ship** [-ʃip]**)** *adv*. 〔항해・
항공〕 1 〔배・비행기 등의〕 중앙부[부]에[서]; 배 중

‡a·midst [əmídst] *prep.* =amid.
a·mie [æmí:/F ami] *n.* 〔프랑스〕 (*pl.* a·mies [æmí:/F ami]) *ami* 의 여성형.
a·mi·go [əmí:gou, ɑ:mí:-] *n.* (*pl.* -gos [-gouz]) **1** 친구(friend). **2** 스페인어를 쓰는 친미 원주민. [<Sp]
a·mim·i·a [eimímiə] *n.* U 〔의학〕 뇌질환에 의한 무
amin- ➪ AMINO. [표정증.
a·mine [əmí:n, æmín/əmáin] *n.* 〔화학〕 아민.
a·mi·no [əmí:nou, +美 æmínou-] *adj.* 〔화학〕 아민의.
amino- 아미노기(基) (amino group)라는 뜻의 연결형(* 모음 앞에서는 보통 amin-을 쓴다). 예: *amino*benzene(아미노벤젠), *amin*ium(아미늄).
amíno ácid *n.* 〔화학〕 아미노산〔단백질의 기본 구성
a·mir [əmíər] *n.* =emir. [요소〕.
a·mir·ate [əmí(:)rit/əmírit] *n.* =emirate.
A·mish [ɑ́:miʃ, ǽmiʃ, éimiʃ] *n.* 〔집합적〕 Menno 파(派)의 한 분파[17세기 말 스위스의 종교 개혁가인 Jacob Ammann 이 창시. 보수적이고 엄격한 교리를 갖고 있다〕. — *adj.* 미국에 정착한 Menno 파의(에 관련된).
*a·miss [əmís] *adv.* 잘못하여, 틀리게(wrongly); 나쁜 때에, 부적당하게(improperly). ¶ Did he speak *amiss* ? 그가 잘못 말 했니 ? / He has done nothing *amiss*. 그는 하나도 잘못한 일이 없다.
   come amiss 달갑지 않게 되다, 언짢게 되다. ¶ Nothing *comes amiss* to me. 나에게는 무슨 일이 와도 좋다 / Nothing *comes amiss to a hungry man*.《속담》시장이 반찬(Hunger is the best sauce.).
   go amiss 〔일이〕잘못되다. ¶ All went *amiss*. 만사가 잘 안 됐다.
   take ... amiss 〔일〕을 나쁘게 받아들이다, 오해하다, 성내다. ¶ Don't *take* it *amiss* if I speak plainly to you. 솔직히 말씀드려도 나쁘게 생각지 마시오.
— *adj.* 《보통 서술용법》틀린, 잘못인(wrong), 잘못된(faulty); 제제가 나쁜, 부적당한(improper). ¶ He was *amiss* in leaving the job unfinished. 그가 일을 끝마치지 않은 것은 잘못이었다 / It would not be *amiss* to do so. 그렇게 하는 것도 나쁘지 않을 것이다 / There is something *amiss* in the account. 그 계산에는 어딘가 잘못이 있다.
A·mi·ta·bha [ɑmitɑ́:bə, əm-] *n.* 〔산스크리트〕 아미
a·mi·to·sis [æmitóusis, +美 éimai-] *n.* (*pl.* -ses [-si:z])〔생물〕 무사(無絲) 분열, 직접 분열〔세포의 핵분열의 일종〕. *opp.* mitosis
a·mi·ty [ǽmiti] *n.* U C (*pl.* -ties) 친선, 친교, 우호 관계; 협화(harmony). ¶ an international *amity* 국제 친선 / a treaty of peace and *amity* 평화 친선(우호) 조약 / He lived in *amity* with neighbors. 그는 이웃과 사이좋게 살았다.
A.M.M. 《略》anti-missile missile (미사일 요격용 미사일) [의 수도〕.
Am·man [ɑ́:mmɑ:n, æmmæn/əmɑ́:n] *n.* 암만〔요르단
am·me·ter [ǽmmì:tər/ǽmì:tə] *n.* 〔전기〕 전류계.
am·mo [ǽmou] *n.* 〔구어〕 탄약(ammunition).
am·mo·nal [ǽmənəl/-nəl] *n.* U 〔화학〕 암모날〔질산 암모니아, TNT, 알루미늄 분말을 섞은 고성능 폭약〕.
am·mo·nate [ǽmənèit] *n.* 〔화학〕 =ammoniate.
*am·mo·nia [əmóunjə, -niə] *n.* U 〔화학〕 **1** 암모니아〔자극적인 냄새가 나는 무색의 기체〕. **2** =ammonia water. ◇ ammóniacal *adj.*, ammóniate *n.*
am·mo·ni·ac [əmóuniæ̀k], am·mo·ni·a·cum [ǽmo(u)náiəkəm] *n.* U 암모니아 고무(gum ammoniac).
am·mo·ni·a·cal [æ̀mo(u)náiək(ə)l], am·mo·ni·ac [əmóuniæ̀k] *adj.* 〔화학〕 암모니아의; 암모니아성(상)의.
am·mo·ni·ate 〔화학〕 *vt.* [əmóunièit→n.] (-at·ed, -at·ing) ···을 암모니아로 처리하다; ···을 암모니아와 결합시키다. — *n.* [əmóuniit] 암모니아 화합물.
am·mo·ni·at·ed [əmóunièitid] *adj.* 〔화학〕 암모니아로 처리된; 암모니아와 화합한.
ammónia wàter (solùtion) *n.* U 〔화학〕 암모니아수.
am·mo·nite[1] [ǽmənàit] *n.* 〔고생물〕 암모나이트, 국석(菊石) 〔고생대에 중생대의 지층에서 발견되는 화석 조개〕.
am·mo·nite[2] [ǽmənàit] *n.* [동물의 노폐물에서 생산되는〕 암모니아 비료.
am·mo·ni·um [əmóuniəm] *n.* U 〔화학〕 암모늄〔원기〕. ◇ ámmono *adj.* [늄.
ammónium chlóride *n.* U 〔화학·약학〕염화 암모
ammónium hydróxide *n.* U 〔화학〕수산화 암모늄, 암모니아수.
ammónium nítrate *n.* 〔화학〕 질산 암모늄.
ammónium súlfate *n.* 〔화학〕 황산 암모늄.
am·mo·no [ǽmənòu] *adj.* 〔화학〕 **1** 암모니아의, 암모니아를 함유한. **2** 암모니아에서 유도된, 암모니아 유도체의.
*am·mu·ni·tion [æ̀mjuníʃ(ə)n] *n.* U **1** 탄약, 총탄〔폭탄류 및 부속품도 포함〕. **2** 무기, 병기. **3** 〔구어〕 공격 수단; 방위 수단. ¶ Argument is his *ammunition*. 변론이 그의 공격 수단이다. **4** 〔폐어〕 군수품, 군 보급품 (military supplies). [기억 상실.
am·ne·sia [æmní:ʒə/-zjə, -ziə] *n.* U 〔병리〕 전망증,
am·ne·sic [æmní:sik, -zik], (am·ne·si·ac [æmní:ziæ̀k /-zjæk]) *adj.* 전망증의(에 의한), 에 걸린).
am·nes·tic [æmnéstik] *adj.* =amnesic.
*am·nes·ty [ǽmnisti, +美 -nesti] *n.* (*pl.* -ties) **1** 〔법률〕 대사(大赦), 특사(general pardon). **2** grant an *amnesty* to political transgressors 정치범에게 내사를 베풀다. **3** 〔고어〕 〔죄의〕 간과; 처분 철회. — *vt.* (-tied, -ty·ing) …에게 대사를 베풀다, …을 사면하다 (pardon).
Ámnesty Internátional *n.* 국제 사면(赦免) 위원회〔사상·신조 등의 문제로 투옥된 사람들의 석방 운동을 위해 1961년 London에서 결성된 조직〕.
am·ni·o·cen·te·sis [æ̀mnio(u)sentí:sis] *n.* 〔의학〕양수(羊水)검사〔양수를 채취하여 태아의 성별이나 염색체의 이상을 조사하는 방법〕.
am·ni·og·ra·phy [æ̀mniάgrəfi/-ɔ́g-] *n.* (*pl.* -phies) 〔의학〕 양막 조영법(羊膜造影法) 〔자궁강·태반·태아의 윤곽을 검사〕.
am·ni·on [ǽmniən] *n.* (*pl.* -ni·ons or -ni·a [-niə]) 〔해부·동물〕 양막(羊膜), 모래집.
am·ni·os·cope [ǽmniəskòup] *n.* 〔의학〕양막(羊膜) 내시경, 양수경(羊水鏡) 〔양막내의 태아를 검사하는 기구〕.
am·ni·os·co·py [æ̀mniάskəpi/-ɔ́s-] *n.* (*pl.* -pies) 양막 내시경 검사〔법〕. [의(이 있는).
am·ni·ot·ic [æ̀mniάtik/-ɔ́t-] *adj.* 〔해부·동물〕 양막
amniótic flúid *n.* U 〔해부·동물〕 양수(羊水), 양막액.
amn't [ǽmnt, ɑ:nt, +美 ǽmt] 《방언》 am not 의 단축형. ⇨ AIN'T.
a·moe·ba [əmí:bə], (ameba) *n.* (*pl.* -bae [-bi:] *or* -bas) 〔동물〕 아메바〔단세포 원생 동물〕. [체의.
am·oe·be·an [æ̀mobí:ən/-ɔb-] *adj.* 〔韻律〕 문답체의, 대화
a·moe·bic [əmí:bik], (amebic) *adj.* **1** 아메바의, 아메바에 의한. **2** 〔병〕 아메바를 병원으로 하는, 아메바를 보유하는. [바 비슷한, 아메바 모양의.
a·moe·boid [əmí:bɔid], (ameboid) *adj.* 〔생물〕 아메
a·mok [əmʌ́k, əmɑ́k/əmɔ́k], a·muck [əmʌ́k] *n.* 〔말레이 사람의〕 살육(殺戮欲)을 수반한 심한 정신 착란. — *adv.* 미처 날뛰어.
run amok ① 〔죽일듯이〕 미쳐 날뛰다. ② 마구 날뛰다, 행패를 부리다.

‡**a·mong** [əmʌ́ŋ], **a·mongst** [əmʌ́ŋst] *prep.* **1** …의 사이에(서), …에 둘러싸여, …에 섞여. ¶ He hid himself *among* the bushes. 그는 덤불 속에 몸을 숨겼다 / He fell *among* the thieves. 그는 도둑의 수중에 빠졌다 / The vacationers cruised *among* the Bahama Islands. 휴가객들은 바하마 제도 사이를 요트로 순항했다.

類語 **among** 주로 셋 이상 사이에 쓰며, 복수형이나 집합명사를 목적어로 한다: a child *among* grown-ups 어른들 사이에 낀 한 아이. **between** 둘 사이에 쓰며 복수형 또는 and로 이어진 집합을 목적어로 한다; 다만 셋 이상일 때도 둘씩 나뉘어 각각 상호 관계를 나 타낼 때는 between을 쓴다: a child *between* its parents (*between* its father and mother) 양친(아버지와 어머니) 사이의 아이 / a treaty *between* the three countries (*between* Britain, France and Russia) 3 새 나라(영국·프랑스·러시아) 사이의 조약. **amid, amidst** 주로 이질적인 많은 것에 둘러싸인 상태를 나타내며 「…의 복판에」라는 뜻; 단수형을 목적어로 함이 많다: The assassin escaped *amid* the great confusion. 그 암살자는 큰 혼란 속에서 도망쳤다. *《美》에서는 among, amid 를 《英》에서는 **amongst, amidst** 를 흔히 쓴다.

2 …이 함께(모두), 협력하여. ¶ We had no more than five hundred won *among* us. 우리는 모두의 돈을 합쳐도 500원 밖에 없었 다 / They made a fortune *among* themselves. 그들은 그들끼리 협력하여 큰 재산을 마련했다.

3 …중에(서), …의 범위 안에(서). ¶ one *among* a thousand 천에 하나, 천명 중에 한 사람 / That is the best *among* the postwar novels. 그것은 전후 소설 중에서는 최고의 걸작이다 / Paris is *among* the largest cities in the world. 파리는 세계 최대의 도시 중의 하나이다 (Paris is one of the largest cities in the world.) / I number Mr. A *among* my friends. 나는 A 씨를 친구의 한사람으로 꼽고 있다 / Divide the money *among* the five of you. 그 돈을 너희들 다섯이 나누어 가져라.

4 …에 공통으로, …의 전체에 걸쳐. ¶ The game is popular *among* the youngsters. 그 게임은 소년들 사이에 인기가 있다 / He could discern a resemblance *among* the three sisters. 그는 그 세 자매 사이에 닮은 데가 있는 것을 알아볼 수 있었다.

among others (or *other things*) ① 유달리, 그 중에서도, 특히. ¶ He loved music *among others*. 그는 특히 음악을 좋아했다. ② 게다가 (또). ¶ *Among other things* he had a large estate in the country. 그런 것 말고도 또 그는 시골에 광대한 땅을 가지고 있었다.

among ourselves (or *themselves, yourselves*) ① 은밀히, 몰래. ② 우리(그들, 너희)끼리. ¶ They were arguing about the matter *among themselves*. 그들은 그 문제에 관하여 그들끼리 다투고 있었다.

among the missing 《美》 행방불명으로.

among the rest ① 그 가운데 끼어, 그 중에. ¶ Fifty have passed the preliminary examination, myself *among the rest*. 50명이 예비 시험에 합격했고, 나도 그 중의 하나였다. ② 그 중[에서도], 특히 (among others).

from among …의 가운데서. ¶ We must choose [*from*] *among* the candidates. 우리는 그 후보자 가운데서 골라야 한다.

a·mon·til·la·do [əmɑ̀ntiláːdou / əmɔ̀n-] *n.* Ⓤ 스페인 Montilla 산(產)의 셸러리주[담백한 포도주].

a·mor·al [eimɔ́ːrəl, æm-, əm-, -mɑ́r- / əmɔ́r-] *adj.* 도덕성이 없는, 도덕과 관계없는(nonmoral).

a·morce [əmɔ́ːrs] *n.* Ⓤ 《美》 특히 장난감 권총용 점화약, 기폭제; 도화선; [장난감 권총용의] 뇌관.

am·o·rist [ǽmərist] *n.* **1** 사랑에 빠진 사람; 호색적인 사람; 한량, 오입쟁이(gallant). **2** 연애 소설 작가.

am·o·rous [ǽmərəs] *adj.* **1** 사랑에 약한, 다정 다감한; 호색적인. ¶ *amorous* avowals 연정의 표시. **2** 사랑하고 있는, 반한 (in love) (*of* …). ¶ He is *amorous of* her. 그는 그녀에게 반해 있다. **3** 요염한, **4** 사랑의, 연애의. ¶ an *amorous* poem (song) 사랑의 시(노래). ~·**ly** *adv.* ~·**ness** *n.*

a·mor pa·tri·ae [éimɔː péitrièː] *n.* 《라틴》 (=love of country) 조국애; 애국심(patriotism).

a·mor·phism [əmɔ́ːrfiz(ə)m] *n.* Ⓤ **1** 무정형(無定形). **2** [화학] 비결정(非結晶).

a·mor·phous [əmɔ́ːrfəs] *adj.* **1** 무정형의, 일정한 모양이 없는(shapeless, formless). **2** 특정의 성질(형·구조)이 없는; 애매한(indeterminate), 조직이 없는 (unorganized). **3** [화학] 비결정질의(noncrystalline); [암석이] 벽개(劈開)하지 않은, 등질의. ~·**ly** *adv.* ~·**ness** *n.*

amórphous métal *n.* 비정질(非晶質) 상태의 금속 [테이프레코더의 자기(磁氣) 헤드, 디스크 메모리나 컴퓨터 메모리의 헤드 등에 이용된다].

a·mort [əmɔ́ːrt] *adj.* 《고어》 죽은 것 같은; 기운없는, 활기없는(lifeless, spiritless), 의기소침한(dejected).

am·or·ti·za·tion [ǽmərtizéiʃ(ə)n, əmɔ̀ːr-/əmɔ̀ː-] *n.* Ⓤ **1** [법률] [강제 (滅債)] 기금 (sinking fund)에 의한 부채의] 상환, 상각. **2** 상환금(액).

am·or·tize [ǽmərtàiz, əmɔ́ːrtaiz / əmɔ́ː-] (*《英》*에서는 **am·or·tise** 로도 쓴다) *vt.* (-**tized, -tiz·ing**) **1** [감채 기금으로] [부채 따위를] 상각(상환)하다. **2** 《古 英 법률》 [법인에게] …을 양도하다; [교회 따위에] …을 영구히 기부하다.

am·or·tize·ment [əmɔ́ːrtáizmənt, əmɔ́ːrtiz-/əmɔ̀ːtiz-] *n.* **1** = amortization. **2** [버팀목·기둥 따위의] 경사진 꼭대기. **3** 박공(膊栱) 지붕 끝의 장식.

A·mos [éiməs / -mɔs] *n.* [성서] 아모스[기원전 8세기의 히브리의 예언자; 아모스 서의 필자]. **2** 아모스[구약 성서 중의 한 책].

a·mo·ti·va·tion·al [èimoutivéiʃən(ə)l] *adj.* 동기가 없는(것) 특징인.

‡**a·mount** [əmáunt] *n.* **1** (the ~) 총액, 총계. ⇒ SUM 類語 ¶ the *amount* of money spent on one's clothes 옷에 들인 금액. **2** (the ~) 원리(元利) 합계. **3** 양수, 양(quantity). ¶ a fantastic *amount* of cost 엄청난 액수의 경비 / a large *amount* of money 거액의 돈 / pay generous *amounts* 많은 금액을 치르다. **4** (the ~) 요지(要旨), 취지. ¶ the *amount* of his speech 그의 연설의 요지. **5** Ⓤ [총체적인] 가치, 중요성. ¶ This report is of little *amount*. 이 보고서는 그다지 가치가 없다.

any amount of 많은, 무한한. ⇒ ANY.

in amount ① 양은; 총계로, 통틀어. ② 요는, 결국.

to the amount of 총계 …만큼, …까지, …에 달하는. ¶ an annual output *to the amount of* 5,000 tons 총계 5천 톤에 달하는 연간 생산고.

— *vi.* **1** [수·액수·양이] 총계 …에 달하다, …이 되다, 이르다(add up) (*to* …). ¶ (~+前+名) The annual net profit *amounts to* ten million dollars. 순익은 매년 천만 달러에 이른다 / The combined membership will *amount to* 15,000. 총 회원수는 1만 5천 명에 달할 것이다.

2 [의미·가치·효과 따위가] 결국 …이 되다, …과 같다(같이 되다) (be equal) (*to* …). ¶ (~+前+名) *amount to* nothing (very little) 전혀 (거의) 문제가 되지 않다 / It doesn't *amount to* much. 별것 아니다 / What it *amounts to* is this. 결국 그 결과는 이것이다 / Such penalties will *amount to* an illegal restriction on the right of an assembly. 그러한 벌칙은 결국 집회의 권리를 불법으로 제한하는게 될 것이다.

3 [발전·성장하고 있는 상태로] 되다(develop into, become) (*to* …).

a·mour [əmúər, æ-] *n.* **1** 정사(情事), 육체 관계

(love affair). ¶ have an *amour with* a person 아무와 정사를 갖다 / *be given up to amours* 정사에 빠지다. **2** ⓤ 간통, 불의(不義). ¶ take to *amour* 바람피우다.

a·mour-pro·pre [əmùərprɔ́ːpr / æmuəprɔ́pr] *n.* 《프랑스》 (=self-love) 자존심, 자부[심] (self-respect); 자만심 (self-esteem).

amp [æmp] *n.* **1** 〖전기〗 =ampere. **2** 〖구어〗 = amplifier. **3** 《美속어》 전자 기타 (amplified guitar).

AMP 〖略〗〖생화학〗 adenosine monophosphate (아데 노신 일인산 (一燐酸)).

amp. ampere, amperage, ampere.

AMPAS 〖略〗 Academy of Motion Picture Arts and Sciences (미국 영화 예술 과학 아카데미).

am·pe·lop·sis [æmpilápsis / -lɔ́p-] *n.* 담쟁이류(類)의 식물 [Virginia creeper 따위].

am·per·age [æmpí(ː)ridʒ, æmp(ə)r- / æmp(ə)r-] *n.* ⓤ 〖전기〗 암페어수.

***am·pere** [ǽmpiər, -́- / ǽmpɛə] *n.* 〖전기〗 암페어 [전 류의 실용 단위; 略 A, amp.]. [<프랑스의 물리 학자 A. M. Ampère 의 이름].

am·pere-hour [ǽmpiəráuər / -peər-] *n.* 〖전기〗 암 페어시(時) [1암페어의 전류가 1시간 흘렀을 때 통과하 는 전기의 양].

am·pere·me·ter [ǽmpiərmìːtər / -peə-] *n.* = am·pere·turn [ǽmpiərtə̀ːrn / -peə-] *n.* 〖전기〗 암페 어 횟수 [코일의 기자력(起磁力)을 나타내는 단위; 略 At].

am·per·sand [ǽmpərsænd] *n.* & (and)자의 명칭. [<alphabet 끝에 'and *per se* (L=by itself) and'로 서 &의 기호를 쓴 데서]

am·phet·a·mine [æmfétəmìːn] *n.* ⓤ 〖약〗 암페타민 [중추 신경을 자극하는 각성제].

amphi-, amph- *pref.* two, both, on both sides, on all sides, around about 의 뜻. 예: *amphi*bious, *amphi*theater.

am·phi·as·ter [ǽmfiæstər] *n.* 〖생물〗 양성체(兩星 體) [유사(有絲) 핵분열에서 비(非)염색질의 방추체(紡 錘體)가 별 (aster)처럼 보이는 상태]. [類].

Am·phib·i·a [æmfíbiə] *n. pl.* 〖동물〗 양서류 (兩棲

am·phib·i·an [æmfíbiən] *n.* **1** 양서 동물. **2** 수륙 양서 식물. **3** 수륙 양용 비행기 (장갑차). *cf.* amtrac **4** 이중 인격자. ─ *adj.* **1** 수륙 양서의, 양서 동물의; 양서 식물의. **2** 수륙 양용의 (amphibious).

am·phib·i·ol·o·gy [æmfibaiálədʒi / -ɔ́lə-] *n.* ⓤ 〖동 물〗 양서류학, 양서 동물론.

am·phib·i·ous [æmfíbiəs] *adj.* 〖동물〗 양서의; 수륙 양쪽에 속하는. **2** 수륙 양용의 (amphibian). ¶ an *am-phibious* plane (tank) 수륙 양용 비행기 (전차). **3** 〖군 대〗 수륙 양면 작전의, 육해공군 공동 작전의. **4** 이 중성의, 이중 인격의. *~ly adv.* [石].

am·phi·bole [ǽmfiboùl] *n.* ⓤ 〖광물〗 각섬석(角閃

am·phi·bol·ic [æmfibálik / -bɔ́lik] *adj.* 모호한 (equiv-ocal), 불확실한 (uncertain); 변화하는 (changing), 회의 한 (ambiguous).

am·phi·bol·o·gy [æmfibálədʒi / -bɔ́l-] *n.* ⓤⓒ (*pl.* -gies) 〖문법상〗 두 가지로 해석할 수 있는 문장의 뜻; 애 매한 어법〖의 문장·구〗.

am·phib·o·lous [æmfíbələs] *adj.* 〖논리〗 뜻이 두 가 지인, 뜻이 모호한. [ogy.

am·phi·bo·ly [æmfíbəli] *n.* (*pl.* -lies) = amphibol·

am·phi·brach [ǽmfibræk] *n.* 〖韻律〗 〖영시의〗 약강 약격(弱强弱格) (×ㄴ×); 〖고전시의〗 단장단격 (短長短 格) (ʊ—ʊ).

am·phi·car [ǽmfikɑ̀ːr] *n.* 수륙 양용 자동차.

am·phic·ty·on [æmfíktiən] *n.* 〖그리스 역사〗 인보 (隣保) 동맹회의 (amphictyony)의 대의원.

Am·phic·ty·on [æmfíktiən] *n.* 〖그리스 신화〗 암피크 튀온 [Deucalion 과 Pyrrha 의 아들].

am·phic·ty·o·ny [æmfíktiəni] *n.* (*pl.* -nies) 〖그리스 역사〗 인보 (隣保) 동맹 [고대 그리스에서 공통의 신(神) 전)을 중심으로 생활한 이웃 도시 국가의 동맹]; 〖일반 적으로〗 공통의 이익을 위해 결성된 근린 동맹.

am·phig·a·mous [æmfígəməs] *adj.* 〖식물〗 암수를 뚜렷이 구별할 수 없는.

am·phi·go·ry [ǽmfigɔ̀ːri / -gəri], (**am·phi·gou·ri** [-gùːri, -́-́-́ / -gùəri]) *n.* (*pl.* -ries) 〖고미가 있어 보이 나 실제는〗 무의미한 장문 (長文); 지리멸렬한 서술.

am·phi·mix·is [æmfimíksis] *n.* ⓤⓒ (*pl.* -mix·es [-míksìːz]) **1** 〖생물〗 양성 혼합 [수정 (受精)에 의한 암 수 유전질의 혼합]. **2** 〖발생〗 암피믹시스 [양성의 배우 자의 합체에 의한 보통의 유성(有性) 생식].

Am·phi·on [æmfáiən] *n.* 〖그리스 신화〗 암피온은 [Zeus 와 Antiope 사이의 아들로 Zethus 와는 쌍동이 형제. Niobe 의 남편으로 하프의 명수].

am·phi·ox·us [æmfiáksəs / -ɔ́ks-] *n.* (*pl.* -ox·i [-áksai / -ɔ́ksai] *or* -ox·us·es) 〖동물〗 활유어 (蛞螈魚) (lancelet).

am·phi·phil·ic [æmfifílik] *adj.* 〖물과 기름처럼〗 성 질이 반대이면서도 친화성을 나타내는.

am·phi·pod [ǽmfipàd / -pɔ̀d] *n.* 〖동물〗 양 갑각각류 (甲殼綱) 이 각류 (異脚類)의 동물 〖잎새우·바다벼룩 따위〗.

am·phi·ro·style [ǽmfiprəstàil, +美 ǽmfipróu-stail] *adj.* 〖건축〗 〖사원 등〗 양쪽에 기둥의 열 (列)이 있 는.

am·phis·bae·na [æmfisbíːnə] *n.* (*pl.* -nae [-niː] *or* -nas) **1** 〖열대 지방산 (產)의 지렁이는 도마뱀〗. **2** 〖그 리스·로마 신화〗 쌍두의 뱀 [몸의 앞뒤에 머리가 있는 독 사].

am·phi·sty·lar [æmfistáilər] *n.* 〖건축〗 양쪽에 열 주(圓柱)가 있는, 2주(柱) 〖식〗의.

am·phi·the·a·tre, 《英》 -tre [ǽmfiθì(ː)ətər/θì-ə-] *n.* **1** 〖고대 로마의〗 원형 경기장, 투기장 (鬪技場). *cf.* arena, stadium **2** 〖현대의〗 원형 경기〖장 (극장)〗; 경기장. **3** 〖병원·극장의 계단식 등의〗 원형 임상 (臨床) 강당; 계단 식 교실. **4** 〖극장의〗 반원형 계단식 좌석; 《英》 무대에서 제일 가까운 구획된 관람석; 지정석. **5** 원형 분지 (盆地).

am·phi·the·at·ric [æmfiθiǽtrik], **-ri·cal** [-ri-k(ə)l] *adj.* 원형 극장의.

Am·phi·tri·te [æmfitráiti / æmfitráiti] *n.* 〖그리스 신화〗 암피트리테 [Nereus 의 딸로 Poseidon 의 아내. 바 다의 여신].

Am·phit·ry·on [æmfítriən] *n.* **1** 〖그리스 신화〗 암 피트뤼온 [Alcmene 의 남편]. **2** 접대역, 주연자.

am·pho·ra [ǽmfərə] *n.* (*pl.* -rae [-riː] *or* -ras [-rəs]) 〖고대 그리스·로마의〗 양쪽에 손잡이가 달린 항 아리, [洞壼]의.

am·phor·ic [æmfɔ́ːrik / -fɔ́r-] *adj.* 〖의학〗 공동음 (空

am·pho·ter·ic [æmfətérik] *adj.* 〖화학〗 양성 (兩性)의 [산 및 염기 두 가지로서 작용한다].

am·pi·cil·lin [æmpəsílin] *n.* ⓤ 암피실린 [페니실린에 가까운 항생 물질].

‡am·ple [ǽmpl] *adj.* (**-pler**, **-plest**) **1** 큰, 넓은, 널찍 한; 장소가 여유있는 (spacious). ¶ a building *ample* in dimension 널찍한 건물. **2** 충분한, 남아도는; 넉넉한, 풍부한. *opp.* scanty, meager ⇒ PLENTIFUL 類語. ¶ *ample* supply 넉넉한 공급 / *ample* evidence 충분한 증 거. **3** …에 충분한; [남을 만큼] 충분히 되는 (*for*…). ¶ There is *ample* room *for* another car. 차 한 대 더 들어갈 공간은 충분히 있다 // Five is *ample* for the purpose 그 목적에 충분히 맞는 / Another three men will be *ample for* the work. 그 일에는 세 사람만 더 있으면 충분하다. *~ness n.,* **ámplify** *v.,* **ámply** *adv.*

am·plex·i·caul [æmpléksikɔ̀ːl] *adj.* 〖식물〗 〖잎자루 없는 잎이나 턱잎이〗 줄기를 감싸고 있는, 포경형 (抱莖 形)의. ¶ an *amplexicaul* leaf 포경엽 [붓꽃 따위의 잎] (clasping leaf).

am·pli·fi·ca·tion [æmplifikéi(ə)n] *n.* ⓤ **1** 확대, 확장. **2** 부연 (敷衍) 〖설명의〗 확충; ⓤ 부연 (확충)된

글(부분, 내용). **3** 〔전기〕 증폭.
am·pli·fi·er [ǽmplifàiər] n. **1** 확대(확장)하는 사람(것); 확대경. **2** 〔전기〕 증폭기; 확성기, 앰프.
am·pli·fy [ǽmplifài] v. (-fied, -fy·ing) vt. **1** …을 크게 하다, 확대하다(enlarge); 〔장소 따위를〕 넓히다, 확장하다(extend). **2** 〔서술·설명〕을 더 자세히 하다, 부연하다. ¶ (~+몸+쩐+名) amplify the meaning of a phrase by paraphrase 말을 바꾸어 어구의 뜻을 설명하다 / He amplified the matter by illustrations. 그는 예를 들어 그 일을 부연했다. **3** …을 과장하다 (exaggerate). **4** 〔전기〕 …을 증폭하다. — vi. 상세히 설명하다, 부연하다(expatiate, dilate) (on …). ¶ (~+쩐+名) He amplified on the accident. 그는 그 사고에 대하여 자세히 말했다.
◇ ámple adj., amplificátion n.
am·pli·tude [ǽmplit(j)ùːd / -tjùːd] n. **U** **1** 넓이(extent), 폭(breadth, width), 크기(largeness). **2** 풍부, 충분함(abundance), 넉넉함(copiousness). **3** 〔물리·전기〕 진폭. **4** 〔천문〕 〔동서 방향에서 어떤 천체가 몰하는 지점과의〕 각(角)거리.
ámplitùde mòdulátion n. **U** 〔전자 공학〕 진폭 변조; 진폭 변조법에 의한 방송〔체계〕, AM 방송〔略 AM〕. cf. frequency modulation
am·ply [ǽmpli] adv. **1** 풍부하게, 충분히, 넉넉히 (sufficiently). **2** 넓게, 널찍하게(widely, spaciously).
am·pul [ǽmpjuːl / -puːl], **(am·poule** [-pjuːl / -puːl], **am·pule** [-pjuːl]) n. 〔주사약 따위의〕 앰풀.
am·pul·la [æmpʌ́lə, -púlə / -púlə] n. (pl. **-pul·lae** [-liː]) **1** 〔해부〕 팽대부(膨大部), 〔특히 귀의〕 반관관(半規管), 〔난관(卵管)·유관(乳管)의〕 확대된 부분. **2** 〔교회〕 〔미사의〕 포도주와 물을 담는 그릇. **3** 〔고대 로마의〕 양쪽에 손잡이가 있는 단지 (amphora).
am·pul·la·ceous [æ̀mpəléiʃəs] adj. 병(단지) 모양의, 가운데가 볼록한.
am·pul·lar [æmpʌ́lər, -púl- / -púl-], **(am·pul·la·ry** [æ̀mpʌ́ləri, -púl-, æ̀mpəléri / æmpʌ́ləri]) adj. 단지〔모양〕의.
am·pu·tate [ǽmpjutèit] vt. (-tat·ed, -tat·ing) **1** 〔외과 수술에서〕 〔팔·다리 따위를〕 절단하다. **2** 〔필요 없는 것을〕 바싹 줄이다, 정리하다.
am·pu·ta·tion [æ̀mpjutéiʃ(ə)n] n. **U****C** 〔팔·다리 부위의〕 절단〔술〕; 바싹 줄이기, 정리.
am·pu·ta·tor [ǽmpjutèitər] n. 절단(수술)자.
am·pu·tee [æ̀mpjutíː] n. 〔팔·다리 등의〕 절단 수술을 받은 사람.
AM-RAAM [ǽmræ̀m] n. 〔군사〕 신형 중거리 공대공 미사일. 〔<advanced medium-range air-to-air missile〕
am·rit [ǽmrit], **-ri·ta** [əmríːtə] n. **U****C** 〔인도 신화〕 **1** 불로 불사의 〔不老不死의〕 음료, 감로(甘露). **2** 〔그것을 마시고 얻은〕 불로불사(immortality).
AMS [略] Agricultural Marketing Service (〔미국〕 농산물 시장 서비스 공사; American Meteorological Society(미국 기상학회).
AMSA [略] advanced manned strategic aircraft(차기 유인(有人) 전략 항공기).
AMSAM [略] anti-missile surface-to-air missiles (미사일 공격 지대공 미사일).
AMSAT [ǽmsæ̀t] [略] amateur satellite(아마 추어 무선 통신 위성).
Am·ster·dam [ǽmstərdæ̀m/-́-́-́] n. 암스테르담〔네덜란드 서부 Zuider Zee 운하에 면한 항구. 이 나라의 헌법상의 수도, 의사당 소재지〕. cf. The Hague
ÁM stéreo [éiém-] n. AM 스테레오〔증파 전파를 사용한 스테레오 방송〕.
amt. [略] amount.
am·trac [ǽmtræk] n. 〔제2차 대전 때 미군이 상륙 작전에 쓴〕 소형 수륙 양용 장갑차. cf. amphibian
Am·trak [ǽmtræk] n. 《美》 전국 철도 여객 공사 (National Railroad Passenger Corporation). 〔<AM[ERICAN] TRACK〕
am·u [ǽmjuː] n. 〔물리〕 원자 질량 단위. 〔<atomic mass unit〕
AMU [略] Asian Monetary Unit (아시아 통화 단위).
a·muck [əmʌ́k] n., adv. =amok.
am·u·let [ǽmjulit] n. 부적, 호신부(護身符).
A·mur [ɑːmúər] n. (the ~) 흑룡강, 아무르강〔소련 동남부와 중국 동북부의 경계를 흘러 Okhotsk해로 드는 강〕.
a·mus·a·ble [əmjúːzəbl] adj. 재미있는.
‡**a·muse** [əmjúːz] vt. (a·mused, a·mus·ing) **1** 〔남〕을 재미나게 하다, 즐겁게 하다; 〔남〕을 기쁘게 하다, 웃기다; 〔남〕을 위로하다; 〔남〕의 기분을 풀게 하다 (♡[類語]). *「즐기다」라는 뜻으로는 수동형을 쓴다. ¶ The joke didn't amuse us at all. 그 농담은 우리에게 조금도 우습지 않았다 // (~+몸+쩐+名) He amused the children with jokes (or by cracking jokes). 그는 농담으로 아이들을 재미나게 했다 / We were much (or very) amused at (or by, with) the idea. 우리는 그 착상이 아주 재미있다고 생각했다 / He always keeps the table amused by his jokes. 그는 항상 식탁에서 농담으로 사람들을 웃긴다 / The boy amused himself with toys (by spinning a top). 그 소년은 장난감을 가지고(팽이를 돌리며) 놀았다.
[類語] amuse 재미있는 일로 남을 유쾌하게 하다; 가볍게 심심풀이를 하다: amuse oneself by watching TV 텔레비전을 보며 즐기다. divert 쾌활·유쾌한 일로 심각한 생각에서 마음을 돌리게 하다: divert one's worried mother 근심에 잠긴 어머니 마음을 풀어주다. entertain 미리 준비를 하여 남을 즐겁게 해주다. * 다소 지적인 내용을 갖는 일도 있다: entertain a guest over a weekend 주말에 손님을 대접하다.
2 〔여가·시간〕을 즐겁게 지내게 하다.
3 〔고어〕 〔아첨 등으로〕 …을 기쁘게 하다.
You amuse me. 시시한 소리 마라; 웃기지 마라.
◇ amúsement n.
a·mused [əmjúːzd] adj. **1** 재미있어 하는, 즐기는. ¶ amused spectators 재미있어 하는 관객. **2** 재미있는 듯한, 즐거운[듯한]. ¶ an amused expression 즐거운 표정. **3** 흥이 난, 흥겨워하는.
a·mus·ed·ly [əmjúːzidli] adv. 재미있게, 즐겁게.
‡**a·muse·ment** [əmjúːzmənt] n. **1** **U** 즐거움, 우스움, 재미 (pastime). ¶ in amusement 재미있어 하며, 즐거워하며 / arouse (or excite) much amusement 크게 흥을 돋우다 / find much amusement in watching TV 텔레비전을 아주 재미있게 보다 / read comics for amusement 재미로(오락으로) 만화를 보다 / watch a TV program with amusement 재미있게 텔레비전 프로를 보다. **2** 오락, 놀이; 유흥; 여흥. ⇒ RECREATION
[類語] ¶ outdoor amusements 옥외 놀이 / amusements for highbrows 지식인을 위한 오락. ◇ amúse v.
amúsement arcàde n.《英》〔슬롯머신 따위가 있는〕 오락장.
amúsement pàrk n. 〔오락 시설·음식점 따위가 있는〕 유원지.
amúsement tàx n. **U****C** 유흥세.
‡**a·mus·ing** [əmjúːziŋ] adj. **1** 재미있는, 즐거운, 기분풀이가 되는. **2** 우스운, 신나는. ¶ His story was amusing to us. 그의 이야기는 재미있었다 / How amusing ! 참 재미있다!
[類語] amusing 웃음이 나올 만큼 재미있는. interesting 관심·흥미를 돋우는. * 웃음·유쾌함과는 관계없는 말: The topic may not be amusing but is certainly an interesting one. 그 화제는 재미있는 것은 아닐지라도 분명히 흥미있는 것이다. funny 익살스러운, 우스운: a funny gesture of a monkey 원숭이의 우스운 몸짓.
~·ly adv. ~·ness n.
a·mu·sive [əmjúːziv] adj. 《드물게》 재미나는, 기분이 되는; 우스운.
AMVETS [ǽmvèts] n. 〔제2차 대전, 한국 동란, 월남

amygdala

전 참전] 미국 재향 군인[회]. [<*American Veterans of World War* II, *Korea and Vietnam*]

a·myg·da·la [əmígdələ] *n.* (*pl.* **-lae** [-li:]) **1** 편도(扁桃) (almond). **2** [해부] 편도선(tonsil).

a·myg·da·lin [əmígdəlin] *n.* ⓤ [화학·약학] 아미그달린[살구 따위의 잎·씨에 함유된 배당체(配糖體)].

a·myg·da·line [əmígdəlin, +美 -làin] *adj.* **1** 편도의 (같은). **2** [해부] 편도선의.

a·myg·da·loid [əmígdəlɔ̀id] *n.* ⓤ [암석] 행인상(杏仁狀) 용암. ── *adj.* =amygdaloidal.

a·myg·da·loi·dal [əmígdəlɔ́idəl] *adj.* 행인상 용암의; 편도 모양의.

am·yl [ǽmil] *n.* [화학] 아밀[1가(價)의 알킬기(基)].

amyl- ⇨ AMYLO-.

am·y·la·ceous [æ̀miléiʃəs] *adj.* 전분질(성)의; 전분 모양의(starchy).

ámyl álcohol *n.* ⓤ [화학] 아밀알코올. *cf.* alcohol

am·yl·ase [ǽmilèis] *n.* ⓤⓒ [생화학] 아밀라제[전분당화 효소] (diastase).

amylo- amyl 및 amylum 의 뜻의 연결형(* 모음 앞에서는 amyl-을 쓴다). 예: *amyl*ase, *amylo*psin.

am·y·loid [ǽmilɔ̀id] *n.* ⓤ [화학] 아밀로이드류, 전분질.

am·y·lop·sin [æ̀milɔ́psin / -lɔ́p-] *n.* ⓤ [생화학] 아밀롭신[췌액(膵液) 속의 전분 당화 효소의 일종].

am·y·lose [ǽmilòus, -z] [생화학] 아밀로오스[전분의 성분인 다당류의 하나].

am·y·lum [ǽmiləm] *n.* ⓤ [화학] 전분(starch); [특히] 소맥 전분.

an¹ [강 æn, 약 ən, n] *art.* [부정관사]=a. * a와 같은 뜻이며 기본적으로는 모음으로 시작하는 말 앞에 쓰인다.

an² [강 æn, 약 ən, n] *conj* **1** [방언·구어] =and. **2** [고어·방언] =if.

AN [略] Antonov(구소련 항공기의 형명(型名). 안토노프 팀의 설계); *a*ir *n*atural(자연 공기 냉각).

A.N. [略] Anglo-*N*orman.

an-¹ *pref.* not, without, lacking 의 뜻(* 모음 앞에 쓰이며 자음 앞에서는 보통 a-를 쓴다). 예: *an*archy.

an-² ⇨ AD-.

an-³ ⇨ ANA-.

-an *suf.* **1** belonging or relating to 의 뜻, 일반적으로 장소·사람·계급·조직·교리 따위와 관계가 있음을 나타내며, 형용사·명사를 만든다. 예: Elizabeth*an*, republic*an*, Christi*an*, histori*an*, theologi*an*. **2** [동물] 종류를 나타낸다. 예: mammari*an*.

a·na [éinə, ɑ́:nə / ɑ́:nə] *n.* **1** [특정한 사람·일에 관한] 여러 가지 기록집, 일화집, 어록(語錄). **2** 일화.

ANA, A.N.A. [略] *A*merican *N*urses *A*ssociation (미국 간호 협회); *A*merican *N*ewspaper *A*ssociation (미국 신문 협회); *A*ustralian *N*ational *A*irways(호주 항공); *A*ll *N*ippon *A*irways (전(全)일본 항공); *A*thens *N*ews *A*gency([그리스의] 아테네 통신사).

ana- up, against 의 뜻의 연결형(* 모음 앞에서는 an-을 쓴다). 예: *ana*batic, *ana*erobe.

-ana *suf.* a collection of material on of 뜻의 명사를 만든다. 자료·문헌 따위를 수록한 책 이름에 쓰인다. 예: Americ*ana*, Shakespeari*ana*.

An·a·bap·tism [æ̀nəbǽptiz(ə)m] *n.* ⓤ **1** 재침례(再浸禮), 재세례[성인이 된 후 본인의 의사로 다시 받는 세례]. **2** 재침례교의 교리.

An·a·bap·tist [æ̀nəbǽptist] *n.* 재침례파[의 교도]. ── *adj.* 재침례파[교도]의(에 관한).

an·a·bas [ǽnəbæs] *n.* [아프리카·동남 아시아산(産)] 아나바스, 등목어(登木魚).

a·nab·a·sis [ənǽbəsis] *n.* ⓤⓒ (*pl.* **-ses** [-siː z]) **1** 내륙으로의 진군, 원정. **2** [병리] 병세 증진(악화). [<*X*enophon 작 *Anabasis*]

an·a·bat·ic [æ̀nəbǽtik] *adj.* [기상] [바람·기류가] 상승하는; 상승 기류에 의해 생기는. *opp.* katabatic

anaglyphic

an·a·bi·o·sis [æ̀nəbaióusis] *n.* ⓤ [가사(假死)에서의] 소생(reanimation); 의식 회복. [난.

an·a·bi·ot·ic [æ̀nəbaiɔ́tik / -ɔ́t-] *adj.* 소생의, 되살아

an·a·bol·ic [æ̀nəbɔ́lik / -bɔ́l-] *adj.* [생물·생리] 동화 작용의, 신진 대사의.

anabólic stéroid *n.* [약] 애너볼릭(단백 동화) 스테로이드[근육 증강제로 때로 역도 선수·육상 선수 등이 사용하고 있으나, 인체에 해로우므로 사용이 금지되어 있다. 통칭 muscle pill].

a·nab·o·lism [ənǽb(ə)lìz(ə)m] *n.* ⓤ [생물·생리] 동화 작용. *opp.* catabolism *cf.* metabolism

an·a·branch [ǽnəbræ̀ntʃ / -brɑ̀ːntʃ] *n.* [지리] [주류에서 갈렸다가 다시 주류에 합치거나 모래밭에서 소멸하는]지류.

an·a·can·thous [æ̀nəkǽnθəs] *adj.* [식물]가시가 없는, 가시 모양의 돌기가 없는.

an·a·chron·ic [æ̀nəkrɔ́nik / -krɔ́n-], **-i·cal** [-ik (ə)l] *adj.* =anachronistic.

a·nach·ro·nism [ənǽkrənìz(ə)m] *n.* ⓤⓒ **1** 시대 착오, 시대에 뒤떨어진 것. *an absurd anachronism* 엉뚱한 시대 착오. **2** 시대 착오의 것, 시대에 맞지 않는 것(사람). ¶ The automobile may become an *anachronism* in the future. 자동차는 앞으로 시대에 맞지 않게 될지도 모른다. **3** 연대(날짜)의 오기(誤記)(오인).

a·nach·ro·nis·tic [ənæ̀krənístik], **a·nach·ro·nis·ti·cal** [-tik(ə)l] *adj.* 시대에 맞지 않는, 시대 착오의; 연대가 틀린. **-ti·cal·ly** [-tikəli] *adv.*

a·nach·ro·nous [ənǽkrənəs] *adj.* =anachronistic.

an·a·clas·tic [æ̀nəklǽstik] *adj.* [光學]굴절[성]의.

an·a·co·lu·thon [æ̀nəkəlúːθɑn / -θɔn] *n.* ⓤⓒ (*pl.* **-tha** [-θə]) [修辭] 파격(破格) 구문[어낸 구조로 시작한 글이 다른 구조로 끝나는 것. 예: He who hath ears to hear, let him hear.]

an·a·con·da [æ̀nəkɑ́ndə / -kɔ́n-] *n.* **1** 아나콘다[보아 (boa) 속(屬)의 남미산(産) 구렁이]. **2** [일반적으로] [보아속(屬)의] 구렁이.

an·a·cous·tic [æ̀nəkúːstik] *adj.* 소리(음파)가 전파되지 않는, 무음의. ¶ ~zone 무음향대[고도 약 1600km 이상의 영역].

A·nac·re·on·tic [ənæ̀kriɔ́ntik / -ɔ́n-] *adj.* (때로 a-) **1** 아나크레온(Anacreon) [풍, 식]의. **2** 사랑과 술을 찬미한, 주연의, [술로]유쾌해진(convivial); 주색에 빠진, 색욕적인(amatory). ── *n.* (a-) 아나크레온풍의 시. [<사랑의 시와 주연의 노래로 유명한 고대 그리스 시인 Anacreon(570 ? -480 ? B.C.)의 이름]

an·a·cru·sis [æ̀nəkrúːsis] *n.* (*pl.* **-ses** [-siːz]) [韻律] 행수여음음(行首餘剩音) [양(揚)(강)음절로 시작되어야 할 시행의 첫머리에 붙인 파격적인 억(抑)(약)음절로서, 음음이 없으므로 한 음각(韻脚)으로는 치지 않는다].

an·a·dem [ǽnədèm] *n.* [문어] [머리에 다는] 꽃장식, 화관(garland, wreath).

a·nad·ro·mous [ənǽdrəməs] *adj.* [알을 낳기 위해] 강을 거슬러 올라가는, 소하성(溯河性)의. *opp.* catadromous

a·nae·mi·a [əníːmiə, -mjə] *n.* [병리] =anemia.

a·nae·mic [əníːmik] *adj.* [병리] =anemic.

an·aer·obe [ǽnəròub, ænéː(ː)roub / æné(i)roub] *n.* [생물학][嫌氣性] 생물[식물]. *opp.* aerobe

an·aer·o·bic [æ̀nəróubik, ænéː(ː)r- / æne(i)ər-] *adj.* **1** [생물] 혐기성 생물의; 공기(산소)가 없어도 자라는. **2** 산소 결핍의(에 의한).

an·aer·o·bi·um [æ̀nəróubiəm, ænéː(ː)r-/ æné(i)ər-] *n.* (*pl.* **-bi·a** [-biə]) [생물] =anaerobe.

an·aes·the·sia [æ̀nisθíːʒə / -ziə] *n.* [의학·병리] =anesthesia.

an·a·glyph [ǽnəglìf] *n.* **1** 얕은 부조(浮彫)를 한 장신구[카메오(cameo) 등]. **2** [두 색으로 인화한]입체사진.

an·a·glyph·ic [æ̀nəglífik] *adj.* 얕은 부조[장식]의.

an·a·go·ge, -gy [ǽnəgòudʒi / -gòdʒi] *n.* ⓤ [성서 따위의] 신비적(영적) 해석.

an·a·gog·ic [ænəgádʒik / -gɔ́dʒ-], **-i·cal** [-ik(ə)l] *adj.* **1** [성서 등을] 신비적(영적)으로 해석하는. **2** [심리] 「무의식적으로 하는」 이상(덕성(德性)) 추구의. **-i·cal·ly** [-ikəli] *adv.*

an·a·gram [ǽnəgræ̀m] *n.* **1** 철자 바꾸기[어구의 문자의 순서를 바꾸어 새 어구를 만들기. angelus를 Galenus로, time을 emit, mite로 하는 따위]. **2** 철자를 바꾸어 만든 말. **3** (~s) 《단수 취급》철자 바꾸기 놀이.

an·a·gram·mat·ic [ænəgrəmǽtik], **-i·cal** [-ik(ə)l] *adj.* 철자 바꾸기[놀이]의, 철자를 바꾼 어구의. **-i·cal·ly** [-ikəli] *adv.*

an·a·gram·ma·tism [æ̀nəgrǽmətìz(ə)m] *n.* ⓤ 철자 바꾸는 법. *cf.* anagram

an·a·gram·ma·tist [æ̀nəgrǽmətist] *n.* 철자 바꾸기를 고안하는 사람, 철자 바꾸기 놀이를 하는 사람. *cf.* anagram

an·a·gram·ma·tize [æ̀nəgrǽmətàiz] (《英》에서는 **an·a·gram·ma·tise** 로도 쓴다) *vt.* (-tized, -tiz·ing) [낱말]의 철자를 바꾸다. *cf.* anagram ¶ 'Time' is *ana-grammatized to* 'emit' or 'mite'. 'time'이라는 낱말은 'emit' 또는 'mite'라는 말로도 바꾸어 쓸 수 있다.

a·nal [éin(ə)l] *adj.* **1** 항문[부근]의. **2** [정신 분석] 항문 성격적인.

anal. 《略》 analogous, analogy; analysis.

an·a·lects [ǽnəlèkts], (**an·a·lec·ta** [æ̀nəlékta]) *n. pl.* 어록(語錄); 선집(選集). ¶ the *Analects* of Confucius 논어.

an·a·lep·tic [æ̀nəléptik] [의학] *adj.* **1** 체력 회복의, [병후에] 몸을 보하는; 강장성의. **2** [마취에서]각성시키는. — *n.* 강장제; 각성제 (analeptic remedy).

ánal fístula *n.* [의학] 치루(痔瘻).

an·al·ge·si·a [æ̀nəldʒí:ziə] *n.* ⓤ [의학] 통각(痛覺) 상실(증).

an·al·ge·sic [æ̀nəldʒí:zik / -dʒésik] [의학] *n.* 진통제. — *adj.* 통증이 없는, 아픔을 못 느끼는.

an·al·get·ic [æ̀nəldʒétik] *adj.* = analgesic.

a·na·lin·gus [ænəlíŋgəs] *n.* 항문을 입으로 자극하기, 항문 구음(口淫).

a·nal·ism [éin(ə)lìz(ə)m] *n.* 항문 성교.

an·a·log [ǽnəlɔ̀:g, -làg / -lɔ̀g] *n. cf.* = analogue.

ánalòg compúter *n.* 아날로그 계산기, 상사형(相似形)전자 계산기[수량을 물리적 양(길이·각도·전압 따위)으로 바꾸어 계산기]. *cf.* digital computer

ánalòg- [-to-] dígital convérter [ǽnəlɔ̀:g[tə]-dídʒitl-] *n.* [컴퓨터] 아날로그 디지털 변환기[아날로그 신호를 이에 상당하는 디지털 표현으로 변환하는 전기적인 장치].

an·a·log·i·cal [æ̀nəládʒik(ə)l / -lɔ́dʒ-], (**an·a·log·ic** [-ik]) *adj.* 유추(類推)의; 비슷한, 유사한.

an·a·log·i·cal·ly [æ̀nəládʒikəli / -lɔ́dʒ-] *adv.* 유추적으로. ¶ It was explained *analogically.* 그것은 유추적으로 설명되었다.

an·a·lo·gism [ənǽlədʒìz(ə)m] *n.* ⓤⓒ [유추에 의한] 추리.

a·nal·o·gist [ənǽlədʒist] *n.* 유추론자.

a·nal·o·gize [ənǽlədʒàiz] (《英》에서는 **a·nal·o·gise** 로도 쓴다) *v.* (-gized, -giz·ing) *vi.* **1** [추리·의론에서] 유추로 설명하다. **2** 유사하다 (*with* ...). ¶ A *analogizes with* B. A는 B와 유사하다. **3** …의 유사함을 보여주다(... *to*). ¶ *analogize* a girl *to* a boy 소녀와 소년의 유사함을 보여주다. — *vt.* 유추하다, 유추로서 보이다.

*a·nal·o·gous** [ənǽləgəs] *adj.* **1** 비슷한, 유사한, 닮은(*to* ...). ¶ *analogous to* one another 서로 비슷하다 / Pity is *analogous to* love. 연민은 사랑과 비슷하다. **2** [생물] 상사기관(相似器官)의. *cf.* analogue **3** ~**·ly** *adv.* ~**·ness** *n.* ◊ análogy, ánalogue *n.*, ánalogize *v.*

an·a·logue [ǽnəlɔ̀:g, -làg/-lɔ̀g] (《美》에서는 **an·a·log** 로도 쓴다) *n.* **1** 유사물, 비슷한 것. ¶ It is an excellent compilation, *to* which no *analogue* exists in Korea. 그것은 한국에서는 유례가 없는 우수한 편집물이다 / A jaguar is an *analogue of* a leopard. 재규어는 표범과 같은 종류다. **2** 상당하는 것, 해당물(counter-part). **3** [생물] 상사기관[기능은 비슷하나 동일 기관에서 진화되지 않은 기관. 예를 들면 새의 날개와 나비의 것 따위]. — *adj.* [전자 공학] 아날로그형(型)의 [데이터나 물리량을 연속적으로 변화하는 양(量)으로 나타내기]. *opp.* digital ¶ an *analog*[*ue*] computer 아날로그 계산기.

‡**a·nal·o·gy** [ənǽlədʒi] *n.* (*pl.* -gies) **1** ⓒⓤ 유사, 비슷함(similarity) (*between, to, with* ...). ⇨ LIKENESS [類語] ¶ the *analogy of* a family *to* (or *with*) a nation 가족과 국가의 유사성 / the *analogy between* the eye and the camera 눈과 카메라의 유사성 / by the *analogy with* ...과의 유사점에 의해 / have much (or a close) *analogy with* (or *to*) ...과 아주 흡사하다. **2** ⓤ [논리] 유추[법]; [철학] 존재의 유비(類比); [신학] 신앙의 유비; [수학] 유비, 등비(等比); [생물] 상사; [언어] 유추. ¶ false *analogy* 그릇된 유추 / forced *analogy* 견강 부회, 억지 유추 / by *analogy* 유추에 의하여 / on the *analogy of* ...의 유추에 의하여.
◊ análogous *adj.*, análogize *v.*

an·al·pha·bet·ic [æ̀nælfəbétik, -˒-˒-] *adj.* **1** 알파벳순이 아닌; 알파벳 문자가 아닌. **2** 배우지 못한, 문맹의, 무식한. — *n.* 문맹자, 무식꾼.

a·nal·y·sand [ənǽləsæ̀nd] *n.* 정신 분석을 받는 사람.

‡**an·a·lyse** [ǽnəlàiz] *v.* (-lysed, -lys·ing) 《英》 = analyze.

‡**a·nal·y·sis** [ənǽlisis] *n.* (*pl.* -ses [-sì:z]) **1** [내용·정세 따위의]분석, 자세한 검토. ¶ an *analysis* of the international political situation 국제 정치 정세의 분석. **2** [화학] 분석; 문석 결과, 분석표. ¶ qualitative (quantitative) *analysis* 정성(定性) (정량) 분석. **3** [수학] 해석, 해석학. ¶ vector *analysis* 벡터 해석. **4** [문법] 해부; 분석. ¶ the grammatical *analysis* of a sentence 문장의 문법적 해부. **5** 《美》 정신 분석.
in the last (or **final**) **analysis** 결국(은).
◊ ánalyze *v.*, analýtic *adj.*

*an·a·lyst** [ǽnəlist] *n.* **1** 분석자, 해석학자. **2** 정신분석가(psychoanalyst). **3** 경제(정치)분석자, 통계가.

an·a·lyt·ic [æ̀nəlítik], (**an·a·lyt·i·cal** [-ik(ə)l]) *adj.* **1** 분석의, 분해적인, 해부적인, 해석적인. *opp.* synthetic **2** [언어] 분석적인. **3** [논리]분석적인. **-i·cal·ly** [-ikəli] *adv.* ◊ ánalyze *v.*, análysis *n.*

ànalýtical chémistry *n.* ⓤ 분석 화학[화학 분석을 다루는 화학의 한 부문].

ànalýtic geómetry *n.* ⓤ [수학] 해석 기하학.

ànalýtic psychólogy *n.* ⓤ 분석 심리학.

an·a·lyt·ics [æ̀nəlítiks] *n. pl.* 《단수 취급》[수학] 해석; [논리] 분석론.

an·a·lyz·a·ble, 《英》 **-lys·a·ble** [ǽnəlàizəbl] *adj.* 분석(분해)할 수 있는.

‡**an·a·lyze,** 《英》 **-lyse** [ǽnəlàiz] *vt.* (-lyzed, -lyz·ing) 《英》-lysed, -lys·ing) **1** …을 분해하는, 《英》 -lysed, -lys·ing)을 분해하다. *opp.* synthesize ¶ *analyze* a poem 시를 분석하다 / You are such a great one for *analyzing* yourself. 자네는 자기 분석에 도 대단한 사람이야 // (~+囹+쮨+쫊) *analyze* something *into* its elements 어떤 것을 그 요소로 분해(분석)하다. **2** …을 검토하다. ¶ Let us *analyze* the cause of the victory. 승리의 원인을 분석해 보자. **3** [화학] …을 분석하다; [수학] …을 해석하다; [문법] …을 해부하다. ¶ She took the capsules and had them *analyzed.* 그녀는 그 캡슐을 가져가서 분석을 의뢰했다 // (~+囹+쮨+쫊) Water can be *analyzed into* oxygen and hydrogen. 물은 산소와 수소로 분해할 수 있다.

◇ análysis *n*., analýtic *adj*.
*an·a·lyz·er, (英) -lys·er [ǽnəlàizər] *n*. 분석(분해)하는 사람(것).
an·am·ne·sis [æ̀næmní:sis] *n*. (*pl*. **-ses** [-si:z]) **1** 추억, 회상(recollection); [플라톤 철학에서 이데아의] 상기(想起). **2** (종종 A-) [신학] [수난·부활·승천을 상기하는] 전례문(典禮文), 예배식문. **3** [환자의] 병력(病歷)(case history).
an·a·mor·pho·sis [æ̀nəmɔ́:rfəsis] *n*. ⓤⓒ (*pl*. **-ses** [-si:z]) **1** [광학] [어떤 각도에서 또는 특수 장치를 써서 비로소 정상적으로 보이는] 왜상(歪像). **2** [생물] [진화에 의한] 체형의 변화. **3** [동물] [절지 동물의] 신체 부분의 형성. *cf*. metamorphosis [apple.
an·a·nas [ǽnənəs / əná:nəs] *n*. 《드물게》= pine-
an·an·drous [ænǽndrəs, +美 ən-] *adj*. [식물] 수술이 없는.
An·a·ni·as [æ̀nənáiəs] *n*. **1** [성서] 아나니아 [신에게 거짓말을 했기 때문에 죽은 남자. ←사도행전(Acts) 5:1-6]. **2** [일반적으로] 거짓말쟁이(liar), 위선자.
an·a·pest, -paest [ǽnəpèst / -pí:st] *n*. [韻律] **1** [고전시의] 단단장격(短短長格) (∪∪-). **2** [영시의] 약약강격(××´).
an·a·pes·tic, -paes- [æ̀nəpéstik / -pí:st-] *adj*. [韻律] **1** [고전시의] 단단장격의. **2** [영시의] 약약강격의.
a·naph·o·ra [ənǽfərə] *n*. **1** [修辭] 첫머리 어구의 반복 [연속하여 문두에 같은 말을 반복하기. 예: *Where* is the wise? *Where* is the scribe? *Where* is the disputer of this world? 현인은 어디냐? 기록자는 어디냐? 이 세상의 논자는 어디에 있느냐?]. **2** [문법] 대용어 [명사의 반복을 피하기 위한 대명사 따위]. **3** (때로 A-) [신학] 미사 봉헌문, 성찬식문.
an·a·phor·ic [æ̀nəfɔ́:rik, -fár-/ -fɔ́r-] *adj*. [문법] [텍스트 중에] 앞에 나온 어구를 가리키는(에 관한) [예를 들면 Which book do you want? I want this *one*.의 *one*].
an·aph·ro·dis·i·ac [æ̀næfrədíziæ̀k] [의학] *adj*. 성욕을 억제시키는. — *n*. 성욕 억제약.
an·a·phy·lax·is [æ̀nəfilǽksis] *n*. [병리] 아나필락시 [혈청 주사를 맞은 뒤나 조개류를 먹은 뒤에 일어나는 이질·두드러기 따위의 과민증].
an·a·pla·sia [æ̀nəpléiʒə / -ʒiə] *n*. ⓤ [생물] 퇴화 [세포·조직이 미분화(未分化) 상태로 되돌아가기].
an·a·plas·tic [æ̀nəplǽstik] *adj*. [외과] 정형 외과술의, 피부 이식술의.
an·a·plas·ty [ǽnəplæ̀sti] *n*. ⓤ [외과] 정형 외과술.
an·arch [ǽna:rk] *n*. (고어·詩) = anarchist.
an·ar·chic [æná:rkik], **(an·ar·chi·cal** [-kik(ə)l]) *adj*. 무정부[상태]의, 무정부주의의. **2** 무정부주의의. **3** 법이 행해지지 않는, 무질서한(lawless). ¶ *anarchic* disorder of a country 국가의 무정부적인 혼란. **-chi·cal·ly** [-kikəli] *adv*.
an·ar·chism [ǽnərkìz(ə)m] *n*. ⓤ **1** 무정부주의, 아나키즘. **2** [폭력·테러 행위에 의한] 체제 타파를 위한 활동.
an·ar·chist [ǽnərkist] *n*. **1** 무정부주의자, 무정부당원. **2** 폭력 혁명가.
an·ar·chis·tic [æ̀nərkístik] *adj*. 무정부주의(자)의.
anarcho- 《주로 英》무정부주의(자)의 뜻의 연결형.
*an·ar·chy [ǽnərki] *n*. ⓤ **1** 무정부 상태, 무법 상태. **2** [정치적·사회적] 혼란(난맥) 상태, 무질서 상태. **3** 무정부론. **4** [일반적으로] 무질서, 혼란(confusion, disorder). ◇ anárchic *adj*.
an·ar·throus [æná:rθrəs] *adj*. **1** [동물] 관절이 없는, 무절지(無節肢)의. **2** [문법] [특히 그리스 문법의] 무관사의.
an·a·sar·ca [æ̀nəsá:rkə] *n*. ⓤ [병리] 전신 부종(浮腫).
an·a·stat·ic [æ̀nəstǽtik] *adj*. [인쇄] 철판(凸版)의. ¶ an *anastatic* process (*or* printing) 철판 인쇄.

an·as·tig·mat [ənǽstigmæ̀t, æ̀nəstígmæ̀t] *n*. [光學] 수차 보정(收差補正) 렌즈.
a·nas·to·mose [ənǽstəmòuz] *vt*., *vi*. (**-mosed, -mosing**) [생리·해부] [혈관 따위가] 접합하다.
a·nas·to·mo·sis [ənæ̀stəmóusis/æ̀nəstə-] *n*. (*pl*. **-ses** [-si:z]) **1** [해부] [혈관·신경 따위의] 접합. **2** [생물] 교차 연락. **3** [운하 따위의] 합류.
a·nas·tro·phe [ənǽstrəfi] *n*. ⓤⓒ [修辭] 어순 전도.
anat. (略) anatomical, anatomy. [도치법.
a·nath·e·ma [ənǽθimə] *n*. **1** [교회] [교회에서 이단자 등에게 내리는] 선고, 파문. **2** [일반적으로] 저주, 악담, 심한 매도. ¶ pronounce an *anathema* against a person 남을 공공연히 저주하다. **3** 저주받은 사람(것), 혐오받는 사람(것).
a·nath·e·ma·tize [ənǽθimətàiz] (※《英》에서는 **a·nath·e·ma·tise** 로도 쓴다) *v*. (**-tized, -tiz·ing**) *vt*. …을 저주하다, 파문하다; …을 혹평하다. — *vi*. 파문을 선고하다, 저주하다.
An·a·to·li·a [æ̀nətóuliə, -ljə] *n*. 아나톨리아[흑해·지중해 사이의 평원 지대. 옛날에는 소아시아(Asia Minor), 현재는 아시아터키(Turkey in Asia)를 지칭].
An·a·to·li·an [æ̀nətóuliən, -ljən] *adj*. 아나톨리아의; 아나톨리아 사람(말)의. — *n*. 아나톨리아 사람(말); ⓤ 아나톨리아 말.
an·a·tom·ic [æ̀nətámik, -tɔ́m-], **-i·cal** [-ik(ə)l] *adj*. 해부학상의, 해부의. **-i·cal·ly** [-ikəli] *adv*.
a·nat·o·mist [ənǽtəmist] *n*. 해부학자, 해부자.
a·nat·o·mize [ənǽtəmàiz] (※《英》에서는 **a·nat·o·mise** 로도 쓴다) *vt*. (**-mized, -miz·ing**) **1** [동·식물]을 해부하다, 해체하다(dissect). **2** …을 상세히 분석·검토하다.
‡a·nat·o·my [ənǽtəmi] *n*. (*pl*. **-mies**) **1** ⓤ 해부학, 해부술(術). ¶ comparative *anatomy* 비교 해부학 / general *anatomy* 일반 해부학 / human *anatomy* 인체 해부학 / practical *anatomy* 실지 해부학. **2** ⓤ 해부. **3** [동·식물의] 구조, 조직, 해부학적 구조(조직). **4** 해부체. **5** 해부학 논문. **6** 해골(skeleton); 미이라(mummy); (구어) 말라깽이. **7** (구어) 인체. **8** ⓤⓒ [일의] 해부적 검토, 상세한 조사(검토), 분석, 분해.
◇ anátomize *v*., anatómic *adj*.
ANC 《略》African National Congress(아프리카인 국민 회의[남아프리카 공화국의 정당]).
anc. 《略》ancient.
-ance *suf*. 「행동」「상태」「성질」을 나타내는 명사 어미. **a)** -ant 로 끝나는 형용사에서 -ant 대신에 쓰여 명사형을 만든다. 예: brilli*ance*, dist*ance*. **b)** 동사에 직접 붙여서 명사형을 만든다. 예: utter*ance*, assist*ance*, persever*ance*.
‡an·ces·tor [ǽnsestər / -sis-, -ses-] *n*. **1** 조상, 선조(forefather, progenitor). *opp*. descendant ¶ *ancestor* worship 조상 숭배 / He is sprung from noble *ancestors*. 그의 조상은 귀족이다(훌륭하다). **2** [생물] [생물의] 시조, 원형종(原型種). ¶ prehuman *ancestors* 인류 발생 이전의 원형종. **3** 원형, 전신(前身), 선구자. ¶ the direct *ancestor* of the college 그 대학의 전신. ¶ [법률] 존속(尊屬), 피상속인. ◇ ancéstral *adj*.
*an·ces·tral [ænséstr(ə)l] *adj*. 조상의, 조상 전래의. ¶ an *ancestral* home 조상 전래의 구가(舊家).
◇ áncestor, áncestry *n*.
an·ces·tress [ǽnsestris / -sis-, -ses-] *n*. ancestor 의 여성형.
*an·ces·try [ǽnsestri / -sis-, -ses-] *n*. ⓤ **1** [집합적] 조상, 선조 (ancestors). ¶ Hawaiians of Korean *ancestry* 한국계 하와이 사람. **2** 명문, 문벌, 가계. ¶ He is born of good *ancestry*. 그는 명문 출신이다. **3** [조상의] 계통, 족보. ¶ trace *ancestry* back to 족보를 …까지 더듬어 올라가다. **4** 발단, 기원.
An·chi·ses [æŋkáisi:z, æŋ-] *n*. [그리스 신화] 안키세스 [Troy 의 용사 Aeneas 의 아버지. 아들의 도움으로

전란의 Troy에서 이탈리아로 탈출]. *cf.* Aeneas
‡**an·chor** [ǽŋkər] *n.* **1**

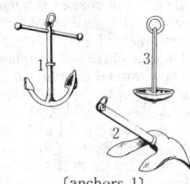

닻. ¶ a bower *anchor* 큰 닻, 이물 닻 / a kedge *anchor* 작은 닻 / a sea *anchor* 바다 닻. **2** 〔일반적으로〕 고정재(材) (도구, 장치), 추; 〔건축〕 고정용 쇠붙이. **3** 믿고 의지하는 것. **4** 〔릴레이 따위의〕 최종 주자 (anchor man); 〔줄다리기의〕 맨끝의 사람. **5** 〔英구어〕 주, 거처. **6** 〔美〕 앵커(맨), 뉴스 캐스터.
[anchors 1] 1 admiralty anchor 십자형 닻
2 Hall's anchor 호식 닻
3 mushroom anchor 버섯형 닻

at **anchor** 투묘 중인, 정박 중인. ¶ be (*or* lie, ride) *at anchor* 닻을 내리고 있다, 정박하고 있다.
cast (*or* **drop, let go**) **anchor** 닻을 내리다, 투묘하다.
come to [*an*] **anchor** 정박하다.
fish **anchor** 〔물 위에 나타난〕 닻을 수거하다.
weigh **anchor** 닻을 올리다, 출범하다; 〔일반적으로〕 가버리다, 떠나다(leave).
— *vt.* **1** 〔배〕를 닻으로 고정시키다, 닻을 내려 정박시키다. **2** …을 단단히 붙잡아 매다, 달다(… *to*). ¶ (~+图+前+图) *anchor* a button *to* a cloth 단추를 천에 단단히 달다. **3** 〔재귀용법〕 앉다, 쉬다, 머무르다. **4** [... 의] 앵커를 맡다, 앵커맨 노릇을 하다. ¶ *anchor* the nine o'clock news 9시 뉴스의 앵커를 맡다.
— *vi.* **1** 닻을 내리다, 정박하다 (하고 있다). ¶ (~+前+图) *anchor* along a pier 부두가에 정박하다 / *The ship anchored in the harbor* (*off the shore*). 배는 항구에(앞바다에) 닻을 내렸다〔정박했다〕. **2** 들러붙다, 붙어서 떨어지지 않다(*to* ...). ¶ (~+前+图) *The suckerfish anchored fast to the whale.* 그 빨판상어는 고래에 착 달라붙어 있었다. **3** 앉다, 쉬다, 머무르다.
anchor one's hope *in* (*or* on) …에 희망을 걸다.
anchorage[1] ~. [<Gk *bent hook*]
***an·chor·age**[1] [ǽŋkəridʒ] *n.* Ⓤ Ⓒ **1** 〔항해〕 투묘지, 정박지. **2** 정박료(세). **3** 투묘, 정박, 계류(繫留). **4** 〔배를 매어두는〕 계류장, 고정물(용구). **5** 희망으로 삼는 것, 의지거리, *the anchorage* of one's family 가족이 의지하는 것.
an·chor·age[2] [ǽŋkəridʒ] *n.* 은둔자의 거처, 은둔처.
ánchor bólt *n.* 〔건축〕 〔기계나 비계 따위를 토대에 고정시키는〕 기초(앵커) 볼트.
ánchor escápement *n.* 〔시계 톱니바퀴의〕 앵탈(防脫) 장치, 앙그루.
an·cho·ress [ǽŋkəris] *n.* anchorite의 여성형.
ánchor gróund *n.* 투묘지(投錨地). *cf.* anchorage[1]
ánchor hóld *n.* **1** 닻걸림〔닻이 걸리는 힘〕. **2** 견고, 안전
ánchor íce *n.* =ground ice. ~ (security).
an·cho·rite [ǽŋkəràit], (**an·cho·ret** [ǽŋkərit, -rèt]) (여성형은 anchoress) *n.* 은둔자, 은사(隱士), 도사(道士).
an·cho·rit·ic [ǽŋkərítik] *adj.* 은둔자의(같은), 은둔적인.
ánchor líght *n.* 〔항해〕 정박등.
ánchor mán *n.* **1** 〔스포츠〕 =anchor *n.* 4. **2** 〔집단 활동에서의〕 기둥(의지)이 되는 사람. **3** 〔방송〕 앵커맨 〔여러 곳에서 오는 실황 중계를 정리·종합하는 아나운서〕; 〔토론의〕 사회자.
an·chor·per·son [ǽŋkərpə̀:rsn] *n.* 〔다원 뉴스 프로의〕 총사회자〔anchor man 또는 anchor woman의 남녀 공통어〕.
ánchor táble *n.* 〔라디오·TV·방송〕 앵커맨의 테이블
ánchor wóman *n.* 〔美〕 여성 앵커.
an·cho·vy [ǽntʃouvi / -tʃəvi] *n.* (*pl.* **-vies** *or* **-vy**) 앤초비〔지중해산(産) 멸치류의 작은 물고기〕; Ⓤ 멸치젓.
ánchovy péar *n.* 앤초비배〔서인도 제도산의 망고 비슷한 과실〕; 앤초비배나무.
an·chy·lose [ǽŋkilòus, -lòuz] *v.* (**-losed, -los·ing**) = **an·chy·lo·sis** [æ̀ŋkilóusis / -kai-] *n.* =ankylosis.
an·cienne no·blesse [ɑ̀ːnsjen nouble's / ɑːn-] 〔프랑스〕 (=old nobility) 〔혁명전의〕 구 귀족 계급.
an·cien ré·gime [ɑːnsjǽn reiʒíːm] *n.* (*pl.* **an·ciens régimes** [ɑːnsjǽn reiʒíːm]) 〔프랑스〕 **1** 〔프랑스 혁명전의〕 구제도, 구체제, 구정체. **2** 시대에 뒤진 제도·풍습.
‡**an·cient**[1] [éinʃ(ə)nt] *adj.* **1** 태고의, 먼 옛날의. ¶ in *ancient* times 먼 옛날에. **2** 고대의; 〔특히〕서로마 제국 멸망(A.D. 476) 이전의. ¶ *ancient* civilization 고대 문명 / the *ancient* Romans 고대 로마인. **3** 고풍스러운, 구식의, 예스러운. ¶ a very *ancient* idea 아주 옛부터 있었던 생각 / *The turmoil was uprooting the ancient society.* 그 동란은 옛부터 내려오는 사회를 뿌리째 뽑아버리려 하고 있었다. **4** 늙은(aged), 오랜 세월을 거친. ¶ an *ancient* tree 고목 / *The Rime of the Ancient Mariner*「늙은 수부의 노래」 [S.T. Coleridge의 시]. **5** 〔고어〕 연공(年功)을 쌓은, 분별·경험이 많은. ¶ *You seem a sober, ancient gentleman by your habit.* 복장으로 보아 당신은 점잖고 원만한 신사 같습니다. **6** 구식의 (old-fashioned).
類語 ancient 〔modern의 반대어로〕 먼 옛날에 있었던, 태고때에 일어난: an *ancient* empire 고대 제국 / be proud of one's *ancient* ancestry 먼 옛부터의 가계를 자랑스럽게 여기다. **old** 〔new, young의 반대어로〕 오랫동안 존재해 온(사용되어 온): an *old* friend 옛 친구. **antiquated** 너무 오래되어 통용되지 않는: an *antiquated* law 케케묵은 법률. **antique** 오래되어 진귀하기 때문에 가치 있는: *antique* furniture 고풍의 가구. **old-fashioned** 너무 오래되어 못쓰는, 오래 됐지만 지금의 것보다 나은: an *old-fashioned* method of teaching 구식 교수법 / a respectable gentleman with *old-fashioned* manners 옛날의 예법을 갖춘 존경할 만한 신사.
— *n.* **1** 고대인; (the ~s) 고대 문명인(국민) 〔특히 고대 그리스·로마·헤브라이 사람〕. **2** 〔고대 그리스·로마의〕 고전 작가. **3** 노인.
~·**ness** *n.* ◊ ǻncientry *n.*
an·cient[2] [éinʃ(ə)nt] *n.* 〔고어〕 **1** 기수(旗手) (standard-bearer). **2** 깃발 (flag, ensign, standard).
áncient hístory *n.* Ⓤ **1** 고대사〔서로마 제국 멸망 (A.D. 476)까지〕. **2** 〔구어〕 누구나 아는 일, 케케묵은 이야기.
áncient líghts *n.* 〔법률〕 채광권(採光權) 〔20년 이상 채광을 방해받지 않은 창문은 'ancient'의 권리가 생기고 그 권리는 법률로 보호된다〕.
an·cient·ly [éinʃ(ə)ntli] *adv.* 옛날에는, 고대에는.
áncient máriner *n.* **1** 늙은 수부. **2** 〔英〕 〔항해〕 갈매기. [<S.T. Coleridge의 시 *The Ancient Mariner*]
Áncient of Dáys *n. pl.* 〔성서〕 옛적부터 항상 계신 이〔←다니엘서(Dan.) 7 : 9〕.
an·cient·ry [éinʃ(ə)ntri] *n.* Ⓤ **1** 〔고어〕 고대 양식, 고풍. **2** 〔폐어〕 구가(舊家). **3** 〔폐어〕 노인들. **4** 〔고어〕 고대.
an·cil·lar·y [ǽnsiləri / ænsíləri] *adj.* 보조적인, 부속적인, 부수적인(subordinate, supplementary) (*to* ...).
— *n.* (*pl.* **-lar·ies**) 〔英〕 조력자, 조수, 보조물, 부수물.
an·cip·i·tal [ænsípit(ə)l] *adj.* 〔동·식물〕 〔납작한 줄기 따위의〕 이능형(二稜形)의 (double-edged); 두 면이 있는. ¶ *ancipital* stems 이능형 줄기.
an·cle [ǽŋkl] *n.* =ankle.
an·con [ǽŋkɑn / -kɔn] *n.* (*pl.* **-cones** [æŋkóuniːz]) **1** 〔건축〕 첨차(櫼遮). **2** 〔해부〕 팔꿈치 (elbow).
an·co·ne·al [æŋkóuniəl] *adj.* **1** 〔건축〕 첨차의. **2** 〔해부〕 팔꿈치의.

an·cress [ǽŋkris] *n.* =anchoress.
anct. 《略》ancient.
-ancy *suf.* condition, quality의 뜻의 명사 어미. 예: buoy*ancy*.

†and *conj.* [강 ænd, 약 ənd, nd, ən, n →4, 9, 10 / → n.] (* 등위 접속사의 하나로 단어·구·절을 대응시키어 연결한다. &, ⁊라고도 쓴다) **1**《···과, ···이랑, ···에; 그리고, 그리고나서. ¶ I you *and* I 너와 나 / you, he, *and* I 너와 그와 나. ⇨ Usage¹ / between [the] finger *and* [the] thumb 엄지와 다른 손가락 사이에 / on the way to *and* from school 학교에 오고 가는 도중에 / Both mother *and* baby are doing well. 모자(母子)가 모두 잘 지내고 있다 / He declined the offer *and* so did I. 그는 제의를 거절했고 또 나도 거절했다 / He bowed *and* went away. 그는 절을 하고서 가버렸다 / He looked tired *and* ill. 그는 피곤하고 아파 보였다 / He agreed to the plan, *and* all the rest followed him. 그는 계획에 동의했다, 그러자 나머지 사람들도 모두 그를 따랐다 / *And* you believe his words? 그래 너는 그의 말을 믿느냐? / A sailor, *and* afraid of the weather! 뱃사람이 날씨를 걱정하다니!

── **Usage¹** 다른 인칭을 열거할 때는 2인칭·3인칭·1인칭의 순서가 원칙. 다만, I *and* you are to blame. (나와 네가 나쁘다)의 경우는 다르다. 또 셋 이상의 단어를 열거할 경우, 일괄적으로 말할 때는 A, B *and* C 처럼 마지막 둘 사이에 *and*를 쓰고 그 외에는, comma로 구분하는 것이 보통이지만 A *and* B *and* C로 쓰면 열거(추가 서술)의 뜻이 강해진다. 이 경우 A, *and* B, *and* C로 될 수도 있다.

2《문장을 이끌어》그래서, ···이므로. ¶ He began to speak, *and* all was still. 그가 말을 시작하자 모두 조용히 했다.

3《명령법 및 이와 비슷한 어구를 수반하여 결과를 나타낸다》만약 ···하면, 그러면. *cf.* or ¶ Get up a bit earlier, *and* you'll become healthy. 좀 더 일찍 일어나거라, 그러면 건강해질 것이다 (* If you get up a bit earlier, [then] you'll...로 바꾸어 말할 수 있다) / Only fifty feet more, *and* I would have been safe. 50피트만 더 있었더라면 나는 안전했을 것이다 / Give him an inch, *and* he'll take an ell. 《속담》봉당을 빌려주니 안 방까지 달란다.

4 [ən, n]《합체·부수·동일어(물)을 나타낸다》···이 딸린, ···과 하나가 된, ···이 섞인, ···에다가 또. ¶ bread *and* butter [brédnbʌ́tər] 버터 바른 빵 / brandy *and* water 물을 탄 브랜디 / whisky *and* soda 위스키 소다 / a cup *and* saucer 받침 접시가 딸린 잔 / a carriage *and* four 4두 마차 / a needle *and* thread 실을 꿴 바늘 / a watch *and* chain 사슬 달린 시계 / a white *and* black dog 흰색과 검정의 얼룩개 / man *and* wife 부부 / Write your answers with pen *and* ink. 답안은 펜으로 쓰시오 / He is an eminent philosopher *and* mathematician. 그는 저명한 철학자이자 또 수학자이다.

── **Usage²** (1) 동일어(물)을 가리키는 경우는 단수로서, 흔히 관사를 반복하지 않는다. 따라서 관사를 반복한 경우는 일반적으로 둘 [이상]을 나타내며 복수 취급. (2) 동일인인 경우 부정관사가 반복되는 일도 있다: He's a recluse, a celibate *and* a Christian. 그는 은둔자이고 독신주의자이며 또 기독교도다. (3)《美속어》식당에서는 ham *and* eggs 나 coffee *and* doughnuts 따위의 후반을 생략하여 ham *and* 나 coffee *and* 라고도 한다.

5《동일 (계통의) 어를 겹쳐서》**a**)《반복·연속·강조·다수 따위를 나타낸다》¶ again *and* again; time [*and* time] again 몇번이고, 재삼재사 / my one *and* only hope 나의 단 한 가지 희망 / one *and* the same person 동일 인물 / for ever *and* ever 영원히, 언제까지나 / thousands *and* thousands 몇 천이고, 수천의 / passion *and* love for flowers 꽃에 대한 정열적인 사랑 (* 이 경우 A *and* B는 단수 취급 ⇨9) / The plain stretches [for] miles *and* miles. 그 평원은 여러 마일이나 펼쳐져 있다 / I got soaked through *and* through. 나는 흠뻑 젖었다 / It's getting colder *and* colder (more *and* more bearable). 더욱더 추워지고(견딜 만하게 되고) 있다 / They laughed *and* laughed. 그들은 웃고 또 웃었다 / They walked on *and* on. 그들은 계속해서 자꾸 걸었다. **b**)《변화·차이를 나타낸다》¶ There are doctors *and* doctors. 의사도 여러 가지다 (There are all kinds of doctor[s], good and bad).

6《사물의 부연·부가적 설명·한정 따위를 나타낸다》게다가; 그리고 그것은···. ⇨ *and that.* ¶ He graduated from the university, *and* with honors, too. 그는 대학을 졸업했다, 게다가 우등으로 / They went away in despair, *and* no wonder. 그들은 절망을 하고 가버렸지만 그것도 당연한 일이다 / The firm is on the verge of bankruptcy, *and* no mistake (*or* error, fooling). 그 회사는 파산 일보 직전이다, 그건 틀림없다 / Anyway they are gone, *and* a good riddance. 여하튼 그들은 가버렸는데 잘 없어졌다.

7《본의 아닌 결과·사실에 대한 놀람·불만을 나타낸다》그런데도. ¶ They sailed for Chejudo from Inchon *and* landed on Mokpo. 그들은 인천에서 제주도를 향해 출범했는데도 상륙한 곳은 목포였다 / He works hard *and* is still poor. 그는 열심히 일을 하는데도 여전히 가난하다.

8《수의 접속을 나타낸다》더하여, 보태어 (plus, added to). ¶ five *and* twenty 25 (twenty-five) / three hundred *and* thirty-five 335 / six hundred *and* five 605 / two thousand three hundred *and* twenty-two 2,322 / nineteen hundred *and* sixty-nine 1,969 / 三 파운드 (1² / three thousand *and* two 3,002 →주의¹ (3) / five pounds ten shillings *and* eightpence, five pounds ten *and* eight 5 파운드 10 실링 8 펜스 / three shillings *and* six-pence; three *and* six 3 실링 6 펜스 / two *and* a quarter 2¹/₄ / one pound (mile) *and* a half; one *and* a half pounds (miles) 1¹/₂ 파운드 (마일) / five hours *and* twenty minutes 5시간 20분 / Seven *and* eight is (*or* are, makes, make) fifteen. 7+8=15.

주의¹ (1) 21 따위를 나타낼 경우 오늘날에는 twenty-one 으로 쓰는 것이 보통이지만 《英》에서는 20-50 대까지의 수(특히 나이·햇수)는 옛날에는 one[-]*and*[-]twenty 로 쓰는 일도 있었다. 현재 「2시 25분」을 It's *five and twenty* past two. 로 말하는 것이 그 잔재이다. (2) 백 단위 다음의 *and*는 《美》에서는 생략되는 일이 있다: 255 = two hundred [*and*] fifty-five. (3) 연도, 예를 들면 1987년은 nineteen eighty-seven 처럼 전후반을 나누어 읽고, *and*는 넣지 않는다. 전화 번호나 번지 따위는 그냥 하나씩 읽고 0은 [ou] 로 읽는다: 3031 = three 0[ou] three one. (3) 천 단위 다음에는 *and*를 넣지 않으며 백 단위[및 십 단위]가 없을 때는 *and* 를 넣는다. (4) 길이·무게·금액 따위의 단위가 바뀔 때는 *and* 를 생략하는 일이 많다.

9 [ən, n]《fine, good, nice, rare 따위의 형용사를 다른 형용사에 연결한다》* 앞에 오는 형용사는 뒤에 오는 형용사를 부사적으로 수식한다. ¶ fine *and* thin 아주 가는, 섬세한 / nice *and* warm 기분 좋게 따뜻한 (nicely warm) / It is good *and* cold (=very cold) outdoors. 밖은 무척 춥다 / I am rare *and* sleepy (=very sleepy). 나는 몹시 졸립다.

10 [ən, n]《come, go, run, send, try, write 따위의 동사를 다른 동사에 연결한다》*and* 다음에 오는 원형동사를 목적을 나타내는 to-부정사의 구실을 하게 한다. ¶ Come *and* see (=Come to see) me next Sunday. 다음 일요일에 놀러 오너라 / Go *and* buy some eggs. 가서 계란을 사 오너라 / Send *and* fetch the book. 책을 가지러 보내거라 / Try *and* shoot it. 그것을 쏘아 봐라 / Write *and* tell me about it. 편지로 그것을 알려주시오.

주의² 특히 come, go 의 경우는 *and* 도 to 도 없이 Come

see me...; Go fetch it. 의 형태가 되는 일도 있다.
11《문장 첫머리에 와서 문장을 유도하듯이》그리고, 또, 그리하여(also, then). * 성서 따위에서 흔히 볼수 있다. ¶ *And* God blessed Noah and his sons. 그리하여 하나님은 노아와 그의 아들들을 축복하셨다.
12《고어·문어》만약 …이라면(if), …이라 할지라도, 마치 …인 것처럼(as if). ¶ *and* you please 좋으시다면(if you please) / *And* you do it, it will cost you dear. 만약 그것을 한다면 넌 혼이 날 거다.
and all ⇨ ALL.
and all that (or **the like**) ⇨ ALL.
and all this ⇨ ALL.
and Co. [ən kóu]**; and Company** …회사, …상회
and how ⇨ HOW.   [〔略 & Co.〕.
and now 그런데, 그건 그렇고.
and so 그래서, 따라서, 그러므로.
and so forth (or **on**) …따위, …등등. * etc. 로도 쓴다. and etc. 는 잘못.
and [then] some 게다가 듬뿍.
and such …따위, …등등.
and that [ðæt] 게다가, 그것도; …따위. ⇨ THAT.
and then 그리고, 그래서.
and the rest (or **all the rest of it, other things**) 그밖에 …따위, …등등(and so forth, and what not).
and welcome ⇨ WELCOME.
and what not 그 밖에 여러가지, …따위(and so forth).
and yet 그런데도, 그래도, 그럼에도 불구하고(nevertheless). ¶ The story may sound strange, *and yet* it is true. 그 이야기는 이상하게 들릴지 모르지만 그래도 사실이다.
And you? 당신은 어때요? ¶ Are you enjoying yourself? — And you? 재미있니? — 넌 어때?
— *n.* [ænd] 가부 조건, 부가 조항. ¶ He accepted it, with no *and* about it. 아무런 부가 조건도 없이 그는 그것을 받아들였다. **2**《종종 ~s》 무가식 서술. ¶ I'm tired of reading the treatise with a lot of *ifs* and *ands*. 많은 가정과 부가적 설명이 있는 그 논문을 읽는 데 싫증이 났다. **3** and 라는 말.
AND [ænd] *n.*《컴퓨터》 논리적(積), 앤드〔두 개의 연결된 항목이 각각 참일 때만 둘 다 참인 논리 회로, 또는 논리 연산〕. ¶ *AND* element 논리적(積) 소자(素子).
and. *ad.* andante.
An·da·lu·sian [ændəlúːʒən, -ʃən/-zjən] *adj.* 안달루시아〔스페인 남부의 한 지방〕의. ¶ an *Andalusian* fowl 안달루시아 닭.
— *n.* 안달루시아 지방인.   〔柱石〕.
an·da·lu·site [ændəlúːsait] *n.*〔광물〕홍주석(紅
an·dan·te [ændǽnti, 美 ɑːndɑ́ːntei] 〔음악〕 *adj., adv.* 안단테의(로), 느린(느리게). — *n.* 안단테조(曲). [< It]
an·dan·ti·no [ændæntíːnou] 〔음악〕 *adj., adv.* 안단티노의(로)〔안단테보다 좀 빠른 속도〕. — *n.* (*pl.* **-nos**) 안단티노조(曲). [< It]
An·de·an [ǽndiːən, ændíːən] *adj.* 안데스 산맥(the Andes)의. — *n.* 안데스 산지인(山地人).
Ánderson shélter *n.*《英》〔아치형의〕이동식 간이 방공호.
An·des [ǽndiːz] *n. pl.* (the ~) 안데스 산맥〔남미 서부에 있는 산맥. 최고봉 Aconcagua 산〕.
Ándes Gróup *n.* 안데스 그룹〔남아메리카 태평양 연안 안데스 산맥 주변에 위치한 볼리비아·콜롬비아·에콰도르·페루·베네수엘라 5개국으로 구성된 경제 블럭〕.
and·es·ite [ǽndizait] *n.*〔암석〕안산암(安山岩)〔사장석(斜長石)과 유색 광물로 이루어진 화성암〕.
and·i·ron [ǽndàiərn] *n.*〔벽난로의〕 장작 받침쇠 (firedog).
and/or [ǽndɔ́ːr] 및〔또는〕["and"와 "or"의 두 가지를 접속사로 써서 양쪽 다 또는 어느 한쪽을 가리킨다. 주로 상업 용어·법률 용어로 쓴다]. ¶ history *and/or* science 역사 및〔또는〕과학.

An·dor·ra [ændɔ́ːrə, -dɑ́rə / -dɔ́rə] *n.* 안도라〔프랑스·스페인 국경의 피레네 산맥 가운데 있는 공화국, 또는 그 수도〕.
andr- ⇨ ANDRO-.
An·drew [ǽndruː] *n.*《성서》성 안드레〔그리스도의 12사도의 한 사람〕.
andro- man, male 의 뜻의 연결형(* 모음 앞에서는 andr- 을 씀). 예: *andro*phobia(남성 공포증), *andr*ic (남성의).
an·dro·cen·tric [ændrəséntrik] *adj.* 남성 중심의, 응성(雄性) 지배의.   〔심주의.
an·dro·cen·trism [ændrəséntriz(ə)m] *n.* 남성 중
An·dro·cles [ǽndrou)kliːz]**, -clus** [ǽndroukləs / ændrɔ́ː-] *n.*〔로마 전설〕안드로클레스〔옛날에 발바닥에 박힌 가시를 빼준 적이 있는 사자가 투기장에서 목숨을 살려주었다고 하는 로마 시대의 노예〕.
an·droe·ci·um [ændríːʃiəm] *n.* (*pl.* **-ci·a** [-ʃiə]) 〔식물〕〔집합적〕수술(stamens).   〔남성 호르몬.
an·dro·gen [ǽndrədʒ(ə)n] *n.* U〔생화학〕안드로겐
an·drog·en·ize [ændrɑ́dʒənàiz / -drɔ́dʒin-] *vt.* (**-ized, -iz·ing**)〔여성〕을 남성화시키다, 〔특히〕남성 호르몬을 주사해서 남성적 특징을 강화시키다.
an·dro·gyne [ǽndrədʒàin / -dʒin] *n.* **1** 남녀추니, 반음양(半陰陽)(hermaphrodite). **2**〔고어〕여성적인 남자.
an·drog·y·nous [ændrɑ́dʒinəs / -drɔ́dʒ-] *adj.* **1**〔식물〕한 송이(花序)에 암수 두 가지 꽃이 있는. **2** 자웅양성(雌雄兩性)의.
an·drog·y·ny [ændrɑ́dʒini / -drɔ́dʒ-] *n.* U **1** 남녀 양성을 구유함; 〔식물〕〔같은 화서에〕자웅 동주(同株). **2**《美》남녀 공용의 의상(스타일).
an·droid [ǽndroid] *n.* 앤드로이드, 인조 인간.
an·drol·o·gy [ændrɑ́lədʒi / -drɔ́l-] *n.* 남성 과학, 남성 병학. opp. gynecology
An·drom·a·che [ændrɑ́məki / -drɔ́m-] *n.*〔그리스 신화〕안드로마케〔Hector 의 아내〕.
An·drom·e·da [ændrɑ́midə / -drɔ́m-] *n.* **1**〔그리스 신화〕안드로메다〔에티오피아의 공주로서 Cepheus 와 Cassiopeia 와의 딸. 바다 괴물의 제물로 바쳐지지만 Perseus 가 구해내어 아내로 삼았다〕. **2**〔천문〕안드로메다자리.
an·dros·ter·one [ændrɑ́stəròun / -drɔ́s-] *n.* U〔생화학〕안드로스테론〔성 호르몬. 보통 남성의 오줌 속에서 발견된다〕.
-androus male 의 뜻의 연결형. 예: poly*androus*.
-ane *suf.* **1** 포화 탄화수소의 명사 접미사, 특히 메탄이나 파라핀계의 탄화수소명에 쓰인다. 예: dec*ane*, pent*ane*, prop*ane*. **2** -an 의 변형(* 단, 의미가 다른 경우가 종종 있다). 예: hum*ane*.
a·near [əníər] *adv., prep.*《詩》= near.
an·ec·dot·age [ǽnikdòutidʒ] *n.* U **1**〔집합적〕일화 (anecdotes). **2**《익살》추억담을 하고 싶어하는 노령. [< ANECDOT[E]+AGE]
an·ec·do·tal [ǽnikdòutəl, ÷-́-́- / ænekdóutəl] *adj.* 일화의, 일화가 많은, 일화거리가 되는.
†an·ec·dote [ǽnikdout] *n.* **1** 일화, 기담. ⇨ STORY 類語. **2** (*pl.* **-do·ta** [-ə] or **-dotes**) 숨은 사실, 비사(祕史). ◇ anecdótal, anecdótic *adj.*
an·ec·dot·ic [ænikdɑ́tik / ænekdɔ́t-]**, -i·cal** [-ikəl] *adj.* **1** 일화의, 일화가 많은(anecdotal). **2** 일화를 즐기는, 일화를 말하기 좋아하는.   〔람.
an·ec·do·tist [ǽnikdòutist] *n.* 일화들을 이야기하는 사
an·e·cho·ic [ǽnikóuik, 美 ǽne-] *adj.*〔녹음실·방송실 따위가〕반향이 없는.
a·nele [əníːl] *vt.* (**-neled, -nel·ing**)〔고어〕…에게〔임종때〕종부(終傅)를 주다.
a·ne·mi·a [əníːmiə, -mjə]**, (anaemia)** *n.* U〔병리〕**1** 빈혈〔증〕. **2**〔체력·기력의〕결핍.
a·ne·mic [əníːmik]**, (anaemic)** *adj.*〔병리〕**1** 빈혈

anemo- [중]의. **2** [체력·기력] 결핍의.
anemo- wind 의 뜻의 연결형. 예: *anemo*meter.
a·nem·o·graph [ənéməgræf / -grɑ̀:f] *n.* [기상] 자동 풍속(풍력) 기록계. [속계, 풍력계.
an·e·mom·e·ter [æ̀nimɑ́mitər / -mɔ́m-] *n.* [기상] 풍속(풍력)계의,
an·e·mo·met·ric [æ̀nimo(u)métrik], (**an·e·mo·met·ri·cal** [-rik(ə)l]) *adj.* [기상] 풍속(풍력)계의,
an·e·mom·e·try [æ̀nimɑ́mitri / -mɔ́m-] *n.* [U] [기상] 풍력(풍속) 측정; 풍력 측정법.
*****a·nem·o·ne** [ənéməni] *n.* **1** 아네모네[관상 식물].
2 말미잘(sea anemone).
an·e·moph·i·lous [æ̀nimɑ́filəs, -mɔ́f-] *adj.* [식물] 풍매(風媒)의. *cf.* entomophilous ¶ an *anemophilous* flower 풍매화. [신망], 풍향 측정기.
an·e·mo·scope [ənéməskòup] *n.* [기상] 풍신기(風
a·nent [ənént], (《英》 英 방언) **a·nenst** [ənénst] *prep.* **1** (고어·Sc) …에 대하여(about), …에 관하여 (concerning). **2** [英방언] …과 나란히, …곁의.
an·er·gy [ǽnərdʒi] *n.* [U] **1** [병리] 아네르기[알레르기와 상반되는 말]. **2** [면역] 면역성 결핍.
an·er·oid [ǽnərɔ̀id] *adj.* 아네로이드식의, 액체를 쓰지 않는. *n.* = aneroid barometer.
ánerȯid barȯ́meter *n.* 아네로이드 청우계(기압계).
an·es·the·sia [æ̀nisθíːʒə / -ziə], (**anaesthesia**) *n.* [U] **1** [의학] 마취법. **2** [병리] 무감각증.
an·es·the·si·ol·o·gist [æ̀nisθìːziɑ́lədʒist / -ɔ́l-] *n.* 마취 전문의(醫)]. [[의학] 마취학.
an·es·the·si·ol·o·gy [æ̀nisθìːziɑ́lədʒi / -ɔ́l-] *n.* [U]
an·es·thet·ic [æ̀nisθétik], (**anaesthetic**) *n.* 마취제.
— *adj.* 마취의, 마비시키는; 마비된, 감각을 잃은.
-**i·cal·ly** [-ikəli] *adv.*
an·es·the·tist [ənésθitist / ænĩːs-], (**anaesthetist**) *n.* 마취사; 마취 전문 의사.
a·nes·the·ti·za·tion [ənèsθitizéiʃ(ə)n / ænĩːsθətai-] *n.* (《美》에서는 드물게], (《英》에서는 보통 **anaesthetization** 이라 쓴다) [U] 마취시키기.
an·es·the·tize [ənésθitàiz / ænĩːs-] *vt.* (**-tized, -tiz·ing**) (《美》에서는 드물게], (《英》에서는 보통 **anaesthetize** 라 쓴다) …을 마취시키다.
an·eu·rysm [ǽnjurìz(ə)m], (**an·eu·rism**) *n.* [병리] 동맥류(血瘤).
*****a·new** [ənjú: / ənjú:] *adv.* 새로, 신규로(over again), 다시, 한번 더 (once more). ¶ edited *anew* 새로 편집된 / publish a book *anew* 책을 재판하다 / begin one's life *anew* 인생을 다시 한번 시작하다.
an·frac·tu·os·i·ty [æ̀nfræktʃuɑ́siti / -tʃuɔ́s-] *n.* [U][C] (*pl.* **-ties**) **1** [굴곡[상태]. **2** [굴곡이 많은] 도랑, 꼬부랑길. [은, 꾸불꾸불한.
an·frac·tu·ous [æ̀nfrǽktʃuəs / -tʃu-] *adj.* 굴곡이 많
ANG, A.N.G. (略) *American Newspaper Guild* (미국 신문 노동자 협회); 《美》 *Air National Guard* (주(州) 공군).
an·ga·ry [ǽŋgəri] *n.* [U] [국제법] 전시 수용권(收用權) [교전국이 군사적 필요성에서 중립국의 재산을 접수하여 수용할 수 있는 권리. 전후(戰後) 완전 배상의 의무가 있다].
‡**an·gel** [éindʒ(ə)l] *n.* **1** 천사, 신의 사자; 천사상[날개를 가진 백의의 인간의 모습으로 그려진다]. ¶ An evil *angel* 악마 / a fallen *angel* 타락한 천사 / a recording *angel* [사람의 선행과 악행을 적는] 기록 천사 / an *angel* of a child 천사 같은 아이. ⟶5 // *Fools rush in where angels fear to tread*. 《속담》 하룻강아지 범 무서운 줄 모른다 [← Alexander Pope 의 말]. **2** (~s) [신학] 신과 인간과의 사이에 개재하는 영적 존재.
[주의] 신의 영력(靈力)의 상징으로 생각되는 천사의 위계 (位階) — 위에서 seraphim (치(熾)천사), cherubim (지(智)천사), thrones(좌(座)천사), dominations (*or* dominions) (주(主)천사), virtues(역(力)천사), powers(능(能)천사), principalities (*or* princedoms)

(권(權)천사), archangels(대(大)천사), angels. ✽ virtues 와 principalities 는 바뀌는 경우도 있다.
3 사자(使者) (messenger). **4** [속어] 수호신 (guardian spirit). **5** [특히 여성·아이에 대하여] 천사 같은 사람. ¶ Be an *angel* and help me. 제발 나 좀 도와주시오. **6** 《美속어》 재정적 후원자, 패트런. **7** 영국의 옛 금화의 이름[6실링 8팬스에서 10실링까지 여러가지로 화폐의 가치가 달라졌다. 대천사 미가엘(이 용을 퇴치하는 그림이이다). **8** 《속어》 [레이더] 에인절[새 따위 이물(異物)이나 회로 불량으로 레이다 화면에 생기는 영상].
an *angel* of death 죽음의 사자.
angels' (or *angel*) *visits* 희귀한 일.
entertain an angel unawares 귀인인 줄도 모르고서 남을 대접하다.
— *vt.* 《美》 …을[재정적으로] 후원하다.
◇ **angélic** *adj.*
ángel [food] cȧ̀ke *n.* [U][C] 《美》 카스텔라의 일종.
ángel dùst *n.* 《美속어》 가루로 된 마약의 일종.
An·gel·e·no [æ̀ndʒəlíːnou] *n.* (*pl.* **-nos**) 《美》 [미국의] 로스앤젤레스 시민. — *adj.* 로스앤젤레스의.
an·gel·fish [éindʒ(ə)lfìʃ] *n.* (*pl.* **-fish** *or* **-fish·es**) **1** 에인절피시[관상용 열대어의 일종]. **2** 전자리상어 (angel shark).
*****an·gel·ic** [ændʒélik], -**i·cal** [-ik(ə)l] *adj.* **1** 천사의. **2** 천사 같은; 성스러운; 거룩한(saintly). ¶ an *angelic* smile 천사 같은 미소. **-i·cal·ly** [-ikəli] *adv.*
◇ **ángel** *n.*
an·gel·i·ca [ændʒélikə] *n.* **1** 안젤리카[멧두릅속(屬)의 식물] (archangel). **2** [U] 설탕에 절인 안젤리카 줄기. **3** (A-) 안젤리기[켈티포니아산 백포도주].
angélica trèe *n.* 《美》 =Hercules'-club.
An·ge·li·no [æ̀ndʒəlíːnou] *n.* 《美중어》 [미국의] 로스앤젤레스 시민.
an·gel·ol·a·try [èindʒəlɑ́lətri / -lɔ́l-] *n.* [U] 천사 숭배.
an·gel·ol·o·gy [èindʒəlɑ́lədʒi / -lɔ́l-] *n.* [U] 천사론 [학], 천사 신앙.
ángel shȧ̀rk *n.* 전자리상어 (angelfish).
An·ge·lus [ǽndʒiləs] *n.* [가톨릭] **1** 삼종 (三鐘) 기도 [예수의 수태고지를 기리는 기도]. **2** (=**Ángelus bèll**) 안젤루스의 종[삼종 기도의 시간을 알린다].
‡**an·ger** [ǽŋgər] *n.* [U] 노여움, 화, 성. ✽ 보통 일시적 감정을 나타낸다. ¶ in *anger* 화가 나서 / in a moment of *anger* 화가 난 김에 / in a fit of *anger* 발끈하여 / allay (*or* appease, calm) a person's *anger* 남의 노여움을 누그러뜨리다 / cause a person *anger*; provoke a person to *anger* 남을 화나게 하다 / incur the *anger* of …의 노여움을 사다 / be furious with *anger* 화가 나서 날뛰다.
[類語] **anger** 「노여움」의 뜻의 일반적인 말. **indignation** 부정 따위에 대한 깊고도 정당한 분노; 다소 격식 차린 말: *indignation* against moral corruption 도덕적 타락에 대한 분노. **rage** 강력한 anger. **fury** rage 보다 더 강하고 광기에 가까운 anger. **wrath** 격한 노여움과 함께 보복·처벌의 의사·소망을 내포: the *wrath* of God 신의 노여움.
— *vt.* …을 화(성)나게 하다. ¶ His remark *angered* her most. 그의 말이 그녀를 가장 화나게 했다 / She was *angered* at (*or* by) his remark. 그녀는 그의 말에 화가 났다. — *vi.* 화(성)나다.
◇ **ángry** *adj.*
An·ge·vin [ǽndʒivin], (**An·ge·vine** [ǽndʒivin, -vain]) *adj.* **1** 앙주(Anjou) [출신]의. **2** Anjou 왕가의. — *n.* **1** Anjou 의 주민. **2** Anjou 왕가의 일원.
an·gi·na [ændʒáinə] *n.* [U] [병리] **1** 안기나[인후·편도선의 염증 따위]. **2** =angina pectoris.
angína pȅc·to·ris [-péktəris] *n.* [병리] 협심증.

angio- vessel 또는 container의 뜻의 연결형. 예: *angio*logy, *angio*sperm.

an‧gi‧ol‧o‧gy [ændʒiɑ́lədʒi / -ɔ́l-] *n.* ⓊⒽ 맥관학(脈管學) [혈관·임파관을 다루는 해부학의 한 부문].

an‧gi‧o‧ma [ændʒióumə] *n.* (*pl.* **-mas** *or* **-ma‧ta** [-mətə]) 〔병리〕 혈관종(血管腫). 〔종의.

an‧gi‧om‧a‧tous [ændʒióumətəs] *adj.* 〔병리〕 혈관

an‧gi‧o‧sperm [ændʒiou spə̀ːrm] *n.* 피자(被子)식물. *cf.* gymnosperm 〔식물의.

an‧gi‧o‧sper‧mous [ændʒiou spə̀ːrməs] *adj.* 피자

Ang‧kor [æŋkɔːr / -kɔː] *n.* 앙코르 [고대 크메르 (Khmer) 문명의 유적 앙코르 와트(Angkor Wat)나 앙코르 톰(Angkor Thom) 따위가 있는 캄보디아 서북부

Angl. (略) Anglican. 〔의 고정적).

an‧gle[1] [ǽŋgl] *n.* **1** 각도, 각. ¶ **an acute** (an obtuse) *angle* 예각(둔각) / **an external** (*or* an exterior) *angle* 외각 / **an internal** (*or* an interior) *angle* 내각 / **a right** *angle* 직각 / **take the** *angle* 각도를 재다 / The two lines cross at right *angles.* 두 선은 직각으로 교차한다. **2** 모퉁이, [튀어나온] 귀퉁이 (corner). ¶ **the** *angles* **of a building** 건물의 모퉁이. **3** 〔사물을 보는〕 각도, 관점(standpoint), 견지(viewpoint), 견해, 입장. ⇨ SIDE 〔題語〕 ¶ **a new** *angle* **on a subject** 어떤 문제에 대한 새로운 견지 // **write an article from a specialist's** *angle* 전문가의 입장에서 기사를 쓰다 / **Let's look at the problem from all** *angles.* 모든 각도에서 그 문제를 살펴보자. **4** 〔사물의〕 양상, 국면, 상황(aspect, phase). ¶ **consider all the** *angles* **of a dispute** 분쟁의 모든 상황을 고려하라. **5** 〔美俗語〕 계획, 계략, 이기적인 동기; 이익, 이점.

at an angle to …에 대하여 비스듬히.

── *v.* (**-gled, -gling**) *vt.* **1** …을 어떤 각도로 움직이다(굽히다). **b** 비스듬히 돌리다, 기울이다. ¶ *angle* **a camera** 카메라의 앵글을 정하다. **2** 〔기사 따위를〕 특정한 관점에서 쓰다. ¶ (~+目+前+名) *angle* **an article toward lowbrows** 기사를 저속한 독자를 대상으로 쓰다. ── *vi.* 굽다, 구부러지며 나아가다. ¶ **The salmon** *angled* **upstream.** 연어는 상류를 향해 구비치며 나아갔 ◇ *ángular adj., ángulate adj., v.*

an‧gle[2] [ǽŋgl] *vi.* (**-gled, -gling**) 낚시질하다. ¶ (~+前+名) *angle* **for sweetfish with a fly** 제물낚시로 은어를 낚다. **2** 〔술책을 써서〕 얻으려고 하다, 추구하다. ¶ (~+前+名) *angle* **for praise** 칭찬을 받으려고 하다. ── *n.* 〔古이〕 낚시, 낚시 도구. *cf.* fishhook.

An‧gle [ǽŋgl] *n.* 〔英俊史〕 앵글 사람, 앵글족의 사람.

an‧gled [ǽŋgld] *adj.* 〔때로 복합어를 만들어〕 각도가 있는, 모난. ¶ **right**-*angled* 직각의 / **many**-*angled* 각이 많은.

An‧gle‧doz‧er [ǽŋgldòuzər] *n.* 〔商標名〕 앵글도저 〔삽날(배토판(排土板))(blade)을 한쪽으로 25° 쯤 경사지게 한 불도저].

ángled párking bày(**slòt**) *n.* 차를 비스듬히 세워 주차하도록 된 구역. 〔는 L자형 철〕.

ángle íron *n.* 앵글 철〔철재를 조립할 때 따위에 쓰

ángle of depréssion *n.* 〔물리〕 내려본 각, 부각(俯角).

ángle of elevátion *n.* 〔물리〕 올려본 각, 앙각(仰角)〔자동차를 L자형의 뒷머리가 비스듬히 주차하기].

ángle párking *n.* 〔美〕 앵글 주차.

*angler** [ǽŋglər] *n.* **1** 낚시꾼. **2** 아귀〔머리 위의 촉수로 작은 물고기를 꾀어 잡아먹는 물고기〕.

An‧gles [ǽŋglz] *n. pl.* (the ~) 앵글족〔5세기경 영국으로 이주하여 East Anglia, Mercia, Northumbria 3 왕국을 창시한 서 게르만족〕.

án‧gle‧site [ǽŋglsàit] *n.* Ⓤ 황산 연광(鉛鑛). 〔〈발견지 Anglesey 에서 유래〕.

ángle stèel *n.* 〔기계〕 산형강(山形鋼), L형강(鋼).

ángle vòlley *n.* 〔정구〕 앵글 발리〔높은 위치에서 각도지게 치는 발리〕. 〔렁이(earthworm).

an‧gle‧worm [ǽŋglwə̀ːrm] *n.* 〔낚시 미끼로 쓰는〕 지

An‧gli‧a [ǽŋgliə] *n.* England의 라틴명.

***An‧gli‧an** [ǽŋgliən] *adj.* 앵글족 (Angles) 의; East Anglia 의. ── *n.* **1** 앵글 사람. **2** Ⓤ 앵글 말〔Northumbria 및 Mercia 지방에서 쓰이던 옛 영어의 방언〕. *cf.* Angles

An‧glic [ǽŋglik] *n.* Ⓤ 앵글릭〔스웨덴의 언어학자 Zachrisson(1880-1937)이 국제 보조어로 제창한 개량 철자법에 의한 영어〕. ── *adj.* = Anglian.

An‧gli‧can [ǽŋglikən] *adj.* **1** 영국 국교(회)의, 성공회 (the Church of England) 의. **2** 성공회 계통의. **3** 〔주로 美〕 영국(계)의(English). ── *n.* **1** 영국 국교도, 〔특히〕 고(高)교회파의 신도 (High Churchman). **2** 영국 국교 지지자.

Ánglican Chúrch *n.* (the ~) 영국 국교회, 성공회 (the Church of England); 영국 국교회파의 여러 교회 (Anglican Communion)〔영국 국교회 외에 the Church of Ireland, the Episcopal Church of Scotland, the Church of Wales, the Protestant Episcopal Church in the U.S. 따위를 포함한다〕.

An‧gli‧can‧ism [ǽŋglikənìz(ə)m] *n.* Ⓤ **1** 영국 국교회 주의(교리); 영국 국교회의 제도. **2** 〔美〕 영국식 존중. 〔〔<L〕

An‧gli‧ce [ǽŋglisi] *adv.* 영어로〔는〕; 영국식으로는.

An‧gli‧cism [ǽŋglisìz(ə)m] *n.* ⓊⒸ **1** 다른 나라말에 도입된 영어식 표현, 〔美〕 영국 특유의 어법 (Briticism)〔elevator에 대한 lift 따위〕. **3** 영국식 (풍). **4** 영국식 편중.

An‧gli‧cist [ǽŋglisist] *n.* 영어(영문) 학자.

An‧gli‧cize [ǽŋglisàiz] (*〔英〕*에서는 **An‧gli‧cise** 로도 쓴다) *vt., vi.* (**-cized, -ciz‧ing**) 영어화시키다(하다), 영국식으로 되다.

An‧gli‧fy [ǽŋglifài] *vt.* (**-fied, -fy‧ing**) = Anglicize.

an‧gling [ǽŋgliŋ] *n.* Ⓤ 낚시질, 조어술(釣魚術).

An‧glist [ǽŋglist] *n.* 영국통, 영(문)학자. 〔학.

An‧glis‧tics [æŋglístiks] *n.* 《단수 취급》영어 영문

An‧glo [ǽŋglou] *n.* (*pl.* **-glos**)〔美南部〕 Spanish-American 이나 Mexican 과 구별하여〕 영국계 미국인.

Anglo- England, the English(영국인)의 뜻의 연결형.

An‧glo-Af‧ri‧can [ǽŋglou(u)ǽfrikən] *adj.* 영국계 아프리카인의. ── *n.* 영국계 아프리카인.

***An‧glo-A‧mer‧i‧can** [ǽŋglou(u)əmérikən] *adj.* **1** 영미〔간〕의, *Anglo-American Commerce* 영미 통상. **2** 영국계 미국인의. ── *n.* 영국계 미국인. *cf.* Latin-American

An‧glo-Cath‧o‧lic [ǽŋglou(u)kǽθəlik] *n.* **1** 영국 국교회 가톨릭교도(고교회파) 의 신도. **2** 영국 가톨릭 교회의 신도(Anglican Catholic). *cf.* Catholic, Roman Catholic ── *adj.* 영국 국교회 가톨릭(신도)의; 영국 가톨릭 교회(신도)의.

An‧glo-Ca‧thol‧i‧cism [ǽŋglou(u) kəθɑ́lisìz(ə)m / -θɔ́l-] *n.* Ⓤ 영국 국교회 가톨릭파의 교리(주의).

An‧glo-French [ǽŋglou(u) fréntʃ] *adj.* **1** 영불(英佛)〔간〕의. **2** 앵글로 프랑스어의. ── *n.* Ⓤ 앵글로 프랑스어〔노르만인의 영국 정복후 11-12세기에 영국에서 쓰이던 북부 프랑스어 방언〕(Anglo-Norman).

An‧glo-In‧di‧an [ǽŋglou(u)índiən] *adj.* **1** 영인(英印)〔간〕의. **2** 인도 영어의. ── *n.* **1** 영국·인도의 혼혈인, 인도 거주의 영국인. **2** 아시아·유럽의 혼혈인 (Eurasian). **3** Ⓤ 인도 영어.

An‧glo-I‧rish [ǽŋglou(u) áiriʃ / -ái(ə)riʃ] *adj.* 잉글랜드와 아일랜드〔간〕의.

An‧glo‧ma‧ni‧a [ǽŋglou(u) méiniə, -njə] *n.* Ⓤ〔외국인의〕 영국 숭배, 친영열(親英熱). 〔(심취)자.

An‧glo‧ma‧ni‧ac [ǽŋglou(u) méiniæ̀k] *n.* 영국 숭배

An‧glo‧ma‧ni‧a‧cal [ǽŋglou(u) mənáiək(ə)l] *adj.* 영국 심취(숭배)〔자〕의.

An‧glo-Nor‧man [ǽŋglou(u) nɔ́ːrmən] *adj.* **1** 〔노르만인이 영국을 지배했던〕 앵글로 노르만 시대(1066-1154)의. **2** 노르만계 영국인의. **3** 앵글로 노르만어의.

—— n. 1 노르만계 영국인, 그 자손. 2 ⓤ 앵글로 노르만어(Anglo-French).
An·glo·phile [ǽŋglo(u)fàil], (**An·glo·phil** [-fìl]) n. 친영파의 사람, 친영주의자.
An·glo·phil·i·a [ǽŋgləfíliə, -fíːljə/-ffljə] n. 영국 숭배(편애), 친영(親英).
An·glo·phil·i·ac [ǽŋgləfíliæk], **-phil·ic** [-fílik] adj. 영국 숭배의, 친영의. [사람.
An·glo·phobe [ǽŋglo(u)fòub] n. 영국을 싫어하는
An·glo·pho·bi·a [ǽŋglo(u)fóubiə, -bjə] n. ⓤ 극단적인 영국 혐오.
An·glo·phone [ǽŋglo(u)fòun] n. [영어 이외에 공용어가 있는 나라에서] 영어 사용자. [사용자의.
An·glo·phon·ic [ǽŋglo(u)fánik/-fɔ́n-] adj. 영어
‡**An·glo-Sax·on** [ǽŋglo(u)sǽks(ə)n] n. 1 ⓤ 국민; 영국계의 사람; [특히] 영국계 미국인. 2 노르만인의 영국 정복 이전의 영국인, 앵글로색슨인; (the ~s) 앵글로색슨 민족. 3 ⓤ 앵글로색슨어, 고영어(古英語) (Old English). 4 [현대] 영국인. 5 ⓤ 순수한(평이한) 영어. —— adj. 앵글로색슨인(족)의; 앵글로 색슨어(고영어)의.
An·glo-Sax·on·ism [ǽŋglo(u)sǽksənìz(ə)m] n. ⓒ 1 앵글로색슨(영국인) 기질. 2 앵글로색슨 어법(고영어의 특징).
An·go·la [æŋgóulə,+美 æn-] n. 앙골라[아프리카 서남부의 공화국; 1975년 포르투갈에서 독립. 수도 Luanda].
An·go·ra [æŋgɔ́ːrə, æn-] n. 1 = Angora cat. 2 = Angora goat. 3 = Angora rabbit. 4 ⓤ 앙고라토끼(염소)의 털; 그 털로 만든 털실(직물).
Angóra cát n. 앙고라고양이[터키의 옛 수도 Angora 원산의 털이 많은 고양이].
Angóra góat n. 앙고라염소[모헤어(mohair)라고 하는 명주실 같은 긴 털이 있는 터키의 옛수도 Angora 원산의 염소].
Angóra rábbit n. 앙고라토끼, [사의 염소.]
Angóra wóol n. = Angora 4.
àn·gos·tú·ra [bárk] [æ̀ŋgəstjúːrə] n. 앙고스투라 껍질[남미산(產) Galipea 과의 향기로운 나무껍질로서, 해열·강장제의 원료].
An·gries [ǽŋgriz] n. pl. (a-) (구어) [사회·전통·정치 상황에 항의하는] 성난 사람들. [<1950년대 영국의 Angry Young Men]
‡**an·gri·ly** [ǽŋgrili] adv. 성이 나서, 화를 내어, 화난 듯이. ◇ ángry adj., ánger n.
an·gri·ness [ǽŋgrinis] n. ⓤ 화, 성냄.
‡**an·gry** [ǽŋgri] adj. (-gri·er, -gri·est) 1 노한, 성난 (at, about, with ...). ▶ 보통 일시적인 노여움을 말한다. ¶ I feel angry 약오르다, 부아가 나다/They looked angry. 그들은 화난 얼굴을 하고 있었다//He is angry with me [for not writing to him often]. 그는 나에게 [편지를 자주 쓰지 않는다고] 화가 나있다(* 대신에 at 를 쓰기도 하지만 사람이 경우는 with 가 보통, 단 특히 감정을 강조할 때는 at 를 쓴다)/He got angry at her words. 그는 그녀의 말에 화를 냈다(* 사물·사전에는 at, about 가 보통)/You ought to be angry at being scorned. 멸시를 당했으니 넌 화를 내야 한다/What are you angry about? 너는 무엇에 화를 내고 있니?//She was angry to hear it. 그녀는 그것을 듣고 성냈다//He was angry that I hadn't written to him earlier. 내가 더 빨리 편지를 하지 않았다고 그는 화를 내고 있었다.
2 노한, 노여움에서 나온; 길길이 날뛰는, 노한 듯한. ¶ the angry sky 험악한 하늘/angry waves 노도/angry words 화가 난 말/come to angry words 말다툼이 되다/have angry words with a person 남과 말다툼하다/He heard the angry bang of the door. 그는 화가 나서 쾅하고 문을 닫는 소리를 들었다.
3 {의학} (상처 따위가) 염증을 일으킨.
—— n. (보통 -gries) [사회나 정치에 항의하는] 성난자.
◇ ánger n.,ángrily adv.

Ángry Yòung Mén n. pl. (때로 a- y- m-) 성난 젊은이들[1950년대 후반에 기존 사회에 반항하는 작품을 쓴 영국 작가들; John Osborne, John Wain 등].
angst [ɑːŋst] n. (pl. **ängste** [éŋstə]) 불안감. [<G]
áng·strom [ǽŋstrəm] n. (물리) 옹스트롬 [파장을 재는 단위. 1밀리미터의 1천만분의 1의 길이. 기호 Å, A]. [<스웨덴의 물리학자 A. J. Ångström (1814-74)의 이름]
an·guine [ǽŋgwin] adj. 뱀의, 뱀 같은.
***an·guish** [ǽŋgwiʃ] n. ⓤ (심신의) 고통; 고뇌, 비통. ⇒ PAIN 類語. ¶ the anguish of despair 절망의 괴로움/mental anguish 정신적 고통/She cried out in (or for) anguish at parting. 그녀는 이별의 쓰라림으로 울었다. —— vt. 고뇌하다. —— vi. (몸시) 괴로워하다.
an·guished [ǽŋgwiʃt] adj. 괴로와하는, 고민하는 (tormented); 비통한; 고통 때문에 일어나는.
***an·gu·lar** [ǽŋgjulər] adj. 1 모난, 모가 있는. opp. round 2 각으로 이루어진, 각을 이룬. 3 각의; 각도로 잰. ¶ the angular measure 각도/angular velocity 각속도. 4 [사람이] 뼈가 앙상한(bony), 말라빠진(gaunt). 5 [태도가] 어색한, 딱딱한(stiff), 경직된; [정신적으로] 완고한, 고집센(unbending). ¶ in an angular manner 굳어져서, 딱딱한 태도로.
~·ly adv. ◇ ángle, angulárity n.
an·gu·lar·i·ty [æ̀ŋgjulǽrəti] n. (pl. **-ties**) 1 ⓤ 남, 모짐; 각을 이룸; 각상(角狀). 2 (-ties) 모; 모퉁이; 각형. 3 ⓤ [태도가] 모가 남; 뼈만 앙상함; 완고.
ángular spéed (velócity) n. (물리) 각속도[단위 시간당의 방향의 변화량].
an·gu·late adj. [ǽŋgjulit, -lèit → v.] 모가 난. —— vt. [ǽŋgjulèit] ···을 모나게 하다.
(-lat·ed, -lat·ing) ···을 모나게 하다.
an·gu·la·tion [æ̀ŋgjuléiʃ(ə)n] n. ⓤ 1 모나게 함, 모남. 2 (2기) 앵글러이션[상체를 골짜기쪽으로 향하게 하고 그 쪽으로 몸을 굽힌 자세].
An·gus [ǽŋgəs] n. = Aberdeen Angus.
angusti- narrow 의 뜻의 연결형.
an·hy·dride [ænháidraid] n. [화학] 무수 화합물.
an·hy·drite [ænháidrait] n. ⓤ 경석고(硬石膏).
an·hy·drous [ænháidrəs] adj. [화학] 무수(無水)의, (특히) 결정수(結晶水)가 없는. ¶ anhydrous calcium sulfate 무수 석고.
an·i·con·ic [æ̀naikánik/-kɔ́n-] adj. 1 우상이 없는, 우상 반대의. 2 [우상 따위가] 실체를 보이지 않는, 상징적인, 암시적인.
ANICs (略) Asian newly industrialized countries ([한국·대만·홍콩·싱가포르 등] 아시아 중진국).
a·nigh [ənái] adv., prep. ···에 가깝게(near, nigh).
an·il [ǽn(i)l] n. 1 땀비싸리류(類) [서인도산(産), 양람(洋藍) (indigo)의 원료]. 2 ⓤ 양람; 남색.
an·ile [ǽnail, éin-] adj. 노파 같은, 노쇠한, 노망한. ¶ anile ideas 노망한 생각.
an·i·line [ǽnilin, -làin/-lìːn], (**an·i·lin** [-lin]) n. [화학] ⓤ 아닐린[벤젠(benzene)으로 만드는 물질. 염료·합성 수지의 원료]. —— adj. 아닐린의. ¶ aniline colors 아닐린 색소.
ániline dýe n. [화학] 아닐린 염료[주로 콜타르로 만들지만 처음에는 아닐린으로 만들었기 때문에 이렇게 부른다].
a·ni·lin·gus [èiniliŋgəs] n. ⓤ (성행위로) 항문을 입으로 자극하기. [<A[NUS]+[CUN]NILINGUS]
a·nil·i·ty [ənilti/ænil-, ənil-] n. 1 ⓤ 노망. 2 노망한 생각. [(life), [<L life]
an·i·ma [ǽnimə] n. ⓤⓒ 혼, 영혼, 정신(soul); 생명
an·i·mad·ver·sion [æ̀nimædvə́ːrʃ(ə)n/-ʒ(ə)n] n. ⓤ ⓒ 비평적인 한마디(remark); 비평, 비판; 혹평.
an·i·mad·vert [æ̀nimædvə́ːrt] vi. 비판하다, 혹평하다 (on, upon ...).
‡**an·i·mal** [ǽnim(ə)l] n. 1 동물[인간을 포함함]. opp. plant ¶ Man is a gregarious animal. 인간은 떼지어 사

는 동물이다. **2** [인간 이외의] 동물, 짐승; [물고기·새 따위와 구별하여] 포유 동물; 가축. ¶ cold-blooded (warm-blooded) *animals* 냉혈(온혈) 동물 / domestic (or domesticated) *animals* 가축 / pet *animals* 애완 동물 / wild *animals* 야수 / an *animal* of prey 맹수, 육식 동물. **3** (보통 the~) [사람의] 수성(獸性). ¶ The *animal* in him was aroused. 그의 짐승 같은 성질이 깨어났다. **4** 짐승 같은 사람;《속어》너무 적극적이어서 야비한 인간.

[類語] animal 「동물」이라는 뜻의 일반적인 말. 비유적으로는 정신면과 분리하여 육체적·동물적 특징을 지니며 나쁜 의미로만 쓰이지는 않는다: run like an *animal* 동물처럼 잽싸게 달리다. beast 네발 짐승; 비유적으로는 비열한 욕망·수성을 암시: eat like a *beast* 짐승처럼 게걸스럽게 먹다. brute 이성의 결여, 흉폭성을 암시한 말: that *brute* of a kidnaper. 저 짐승 같은 유괴범.

── *adj.* **1** 동물의, 동물성(질)의. ¶ *animal* fats 동물성 지방 / *animal* life 동물의 생태;《집합적》동물 (animals) / *animal* starch 글리코겐. **2** [정신적·지적에 대하여] 짐승 같은, 동물적인, 육욕적인. ¶ *animal* desires (*or* appetites, passion [s]) 수욕(獸慾) / *animal* needs 육체적 욕구.

ánimal bláck *n.* 애니멀 블랙[동물질을 탄화시켜서 만든 흑색 분말; 안료·탈색제].

ánimal chárcoal *n.* 수탄(獸炭)[동물질을 탄화시킨 것];《美》골탄(骨炭)(bone black).

ánimal cracker *n.*《美》동물 모양의 비스킷.

an·i·mal·cu·lar [ænəmǽlkjulər] *adj.* 미소(微小) 동물의, 극미(極微) 동물의.

an·i·mal·cule [ǽnəmælkjuːl] *n.* [육안으로 보이지 않을 만한] 미소(극미)한 동물.

an·i·mal·cu·lism [ænəmǽlkjulìz(ə)m] *n.* ⓤ 《병원》따위의》극미 동물설.

an·i·mal·cu·lum [ænəmǽlkjuləm] (*pl.* **-la** [-lə]) *n.* =animalcule.

ánimal húsbandry *n.* 축산(업); 축산학.

an·i·mal·ier [ænəməljər] *n.* 동물 화가(조각가) (animalist).

an·i·mal·ism [ǽnəm(ə)lìz(ə)m] *n.* ⓤ **1** 수성(獸性), 동물적 상태(행위). **2** 인간 동물설[인간에게 영성 (靈性)은 없다는 설].

an·i·mal·ist [ǽnəmlist] *n.* **1** 인간 동물설 신봉자. **2** 수욕(獸慾)주의자. **3** 동물 화가(조각가).

an·i·mal·is·tic [ænəməlístik] *adj.* **1** 수욕주의의. **2** 인간 동물설[신봉자] 적인.

an·i·mal·i·ty [ænəmǽliti] *n.* ⓤ **1** 동물의 생태(animal life). **2** [인간의] 동물성, 수성.

an·i·mal·i·za·tion [ænim(ə)lizéiʃ(ə)n / -m(ə)lai-] *n.* ⓤ 수성화.

an·i·mal·ize [ǽnəm(ə)làiz] (＊《英》에서는 animalise 로도 쓴다) *vt.* (**-ized, -iz·ing**) **1** …을 동물화하다, 짐승같이 만들다(brutalize); …의 수욕을 일으키게 하다 (sensualize). **2** …을 동물질로 바꾸다. **3** 《미술》…을 동물화하여 그리다.

ánimal kíngdom *n.* (the ~) 동물계. *cf.* mineral kingdom, vegetable kingdom [대 운동].

ánimal liberátion *n.* 동물 해방 운동[동물 학대 반-]

an·i·mal·ly [ǽnəməli] *adv.* 육체적으로(physically).

ánimal mágnetism *n.* ⓤ **1** 최면력(mesmerism). **2** 성적 매력.

ánimal párk *n.*《美》동물 공원, 자연 동물원.

ánimal ríghts *n.* 동물 보호; 동물권(權) [human rights(인권)처럼, 동물에도 주워져야 할 권리].

ánimal spírits *n. pl.* 혈기, 발랄한 원기, 활기.

***an·i·mate** *v.* [ǽnəmèit] — *adj.* [-mət] (**-mat·ed, -mat·ing**) *vt.* **1** …에게 생명을 주다, …를 살리다. ¶ The dust of the ground was *animated* by God. 하느님은 땅의 먼지에도 생명을 불어넣었다. **2** …을 기운 내게 하다; …을 북돋우다, 고무(격려)하다. ¶ *animate*

a person with fresh hope 남에게 새희망을 불어넣다 / His appearance *animated* the party. 그가 나타나서 파티는 활기를 띠었다 // (~+目+前+名) The success *animated* him *to* more efforts. 그 성공에 힘이 나서 그는 더욱더 노력했다. **3** …을 움직이다. ¶ be *animated* by the stream 물의 흐름으로 움직이다. **4** …을 동화 (動畫)《애니메이션》로 하다. — *adj.* [ǽnimit] **1** 생명이 있는, 살아 있는(alive, living), *opp.* inanimate, dead ¶ *animate* creatures 생명 있는 것 / the *animate* nature 생물(동물)계. **2** 활발한, 생기 있는, 기운찬 (lively). ◇ *animátion n.*

an·i·mat·ed [ǽnəmèitid] *adj.* **1** 활기에 찬, 활발한 (lively, vigorous). ⇒ GAY [類語] ¶ an *animated* discussion 활발한 토론. **2** 살아 있는 것 같은. ¶ an *animated* portrait 살아 있는 듯이 보이는 초상화.

~·ly *adv.*

ánimated cartóon *n.* 만화 영화.

ánimated fílm *n.* 동화(動畫).

an·i·mat·er [ǽnəmèitər] *n.* =animator. [는.

an·i·mat·ing [ǽnəmèitiŋ] *adj.* 생기를 주는; 고무하는.

***an·i·ma·tion** [ænəméiʃ(ə)n] *n.* ⓤ **1** 생기, 활기(life, spirit); 활발(liveliness). ¶ with *animation* 활기를 띠고. **2** 생기(활기) 띠게 하기; 고무. **3** 《영화》동화, 애니메이션; ⓤ 동화 제작. ◇ ánimate *v., adj.*

an·i·ma·tism [ǽnəmətìz(ə)m] *n.* ⓤ 애니머티즘[모든 자연물·자연 현상에는 생명과 의식이 있다고 하는 애니미즘 이전의 가장 원시적인 세계관]. *cf.* animism

a·ni·ma·to [àːniːmáːtou] *adj.* 《음악》기운찬, 활발한 (animated). [＜It]

an·i·mat·o·graph [ænəmǽtəgræf / -gràːf] *n.* [초기의] 영화 촬영기, 활동 사진 촬영기.

an·i·ma·tor [ǽnəmèitər] *n.* (animater) *n.* **1** 생기를 주는 사람(것); 활력소. **2** 만화 영화 제작자, 동화가(動畫家).

an·i·mé [ǽnəmèi, +美 ænímei] *n.* ⓤ《美》아니메 수지 (樹脂) [남미 열대 나무에서 채취한 니스·향료의 원료].

an·i·mism [ǽnəmìz(ə)m] *n.* ⓤ **1** 애니미즘[모든 자연계의 사물에 영혼이 깃들어 있다는 원시 세계관]. **2** 정령설(精靈說)[영혼을 생명의 기본으로 삼는 설].

an·i·mist [ǽnəmist] *n., adj.* 애니미즘론자[의]; 정령 숭배자[의]. [적인.

an·i·mis·tic [ænəmístik] *adj.* 애니미즘의; 정령 숭배

an·i·mos·i·ty [ænəmásiti / -mɔ́s-] *n.* ⓤⓒ (*pl.* **-ties**) 원한, 증오, 적의, 적개심(enmity) (*between, against, toward* …). ¶ *animosities* between classes 계급간의 적대심.

an·i·mus [ǽnəməs] *n.* ⓤ **1** 적의, 원한, 증오(enmity). ¶ feel (*or* have) *animus* against an opponent 경쟁 상대에 대하여 적대심을 품다. **2** 의도(intention), 목적(purpose).

an·i·on [ǽnaiən] *n.* [화학] 음이온. *cf.* cation

an·ise [ǽnis] *n.* **1** 아니스[지중해 연안에서 나는 식물]. **2** 아니스 열매(aniseed).

an·i·seed [ǽnisìːd] *n.* ⓤⓒ 아니스 열매[향신료 및 약용].

an·i·sette [ǽnəzèt, +美 -sét] *n.* ⓤ [아니스 열매를 향료로 한] 프랑스제 술, 감심제; 아니스 술.

aniso- unequal, uneven 등의 뜻의 연결형. *opp.* iso-

an·i·so·met·ric [ænàisəmétrik] *adj.* **1** 크기(용적, 각, 길이)가 같지 않은. **2** [결정체가] 비등축(非等軸)의.

An·ka·ra [ǽŋkərə, +美 áːŋ-] *n.* 앙카라 [터키 공화국의 수도].

an·ker [ǽŋkər] *n.* **1** 앵커[옛날 술을 재는 액량 단위. 약 30-40리터] (imperial gallons). **2** 《美》10갈론 [37.85리터]. **3** 1 앵커들이 통.

ankh [æŋk] *n.* 앵크 [이집트 미술에서 위쪽에 고리가 달린 T 자형 십자; 생식·장수의 상징], 생명의 상징. [＜Egypt] [ankh]

‡**an·kle** [ǽŋkl] *n.* 복사뼈; 발목. — *vi.* 《美속어》 [어슬렁어슬렁] 걷다.
an·kle·bone [ǽŋklbòun] *n.* 복사뼈, 거골(距骨).
ánkle bóots *n. pl.* 앵글 부츠[발목까지 오는 짧은 부츠].
an·kle-deep [ǽŋkldí:p] *adj.* 깊이가 발목까지 오는.
ánkle sóck *n.* (보통 ~s) 《英》[발목까지 오는 짧은 양말(anklet).
an·klet [ǽŋklit] *n.* **1** [발목까지 오는] 짧은 양말. **2** 발목 장식. **3** 발목께에 쇠붙이[가죽]이 달린 단화[여성·아동용].
an·ky·lose [ǽŋkilous/-lòuz], **(anchylose)** *v.* (**-losed, -los·ing**) *vt.* [치근(齒根) 따위가][그 주위의 뼈]를 빳빳하게 하다; (관절)을 강직(强直)시키다; [뼈와 뼈]를 교착시키다. — *vi.* [뼈·관절 따위가] 강직하다, [뼈와 뼈가] 교착하다.
an·ky·lo·sis [ǽŋkilóusis, +英 -kai-], **(anchylosis)** *n.* ① **1** [병리] 관절 강직. **2** [해부][관절부의 뼈와 뼈·치근과 주위의 뼈]부분의] 교착.
an·lace [ǽnlis] *n.* 끝이 뾰족한 중세의] 단검.
ann(略) annual; annuity; 《라틴》 *anni*(=years).
an·na [ǽnə] *n.* 아나 《파키스탄·인도의 옛 화폐 단위. 1 rupee 의 16분의 1》. **2** 1아나 화폐.
an·nal·ist [ǽnəlist] *n.* 연대기 편자; 연사가 ~의.
an·nal·is·tic [ænəlístik] *adj.* 연대기[편자]의, 연사가
‡**an·nals** [ǽnəlz] *n. pl.* **1** 연대기. **2** 연보(年譜), 연사(年史). **3** 《때로 단수 취급》[학회 등의]연보(年報), 정기 간행물.
An·nam [ənǽm/ænǽm, ♁—] , **(Anam)** *n.* 안남(인도지나 반도 동해안 지역; 현재 Vietnam 의 일부).
An·na·mese [ænəmí:z, +英 -mí:s] *adj.* 안남의; 안남 사람(말)의. — *n.* (*pl.* **-mese**) **1** 안남 사람. **2** ① 안남어.
An·na·mite [ǽnəmàit] *n.* =Annamese. 남말.
An·nap·o·lis [ənǽp(ə)lis] *n.* 미국 Maryland 주의 주도(U.S. Naval Academy(미국 해군 사관 학교)의 소재지).
An·na·pur·na [ǽnəpúərnə, -pɔ́:r-/-pə́:-] *n.* **1** 【힌두교】=Devi. **2** 안나푸르나[히말라야산맥 중의 네팔 북부에 있는 산; 높이 8,078m].
an·nates [ǽneits, ǽnits] *n. pl.* 《단·복수 양용》 【교회】 교황에 상납된 교구 또는 성직록(祿)의 첫해 수입 《영국에서는 1534년 이래 국왕에 상납. 현재는 Queen Anne's Bounty 에 납부된다》.
an·neal [əní:l] *vt.* **1** [유리·도자기·금속 따위]을 달구다. **2** ···을 단련하다(toughen); [마음(정신)]을 단련하다.
an·ne·lid [ǽn(ə)lid] *n.* 【동물】 *n.* 환형(環形) 동물[지렁이·거머리 따위]. — *adj.* 환형 동물의.
An·nel·i·da [ənélidə] *n. pl.* 【동물】 환형 동물류.
an·nel·i·dan [ənélidən] *adj.* =annelid.
*‡**an·nex** *vt.* [ənéks, +英 æn-/ → n.] **1** ···을 부가하다, 첨가하다(add, append) (... *to*). ¶ (~+图+圍+名) *annex* one's signature *to* a letter of recommendation 추천장에 서명을 첨가하다 / Some clauses were *annexed to* the will. 유언장에는 몇가지 단서가 붙어 있었다. **2** [영토·토지 따위]을 합병(병합)하다. ¶ The city *annexed* those villages. 그 도시는 그 마을들을 병합했다 // (~+图+圍+名) Madagascar was *annexed to* France in 1896. 마다가스카르는 1896년 프랑스에 합병되었다. **3** [속성·부수물·결과로서] ···을 부수시키다, 수반하게 하다(...*to*). ¶ (~+图+圍+名) privileges *annexed to* the stockholders 주주에게 부수되는 특전 / Unhappiness is not necessarily *annexed* to poverty. 가난에 반드시 불행이 따르는 것은 아니다. **4** ···을 얻다(get), 입수하다(obtain); ···을 훔치다(steal). — *n.* [ǽneks] (*《英》에서는 **an·nexe** 로도 쓴다》 **1** 부가물, 첨가물, 부속 문서; 부록, 보완물(*in, to* ...). **2** [건물의] 부속 가옥[중축물·별관·별채 등] (*to* ...).
◇ annexátion, annéxment *n.*
an·nex·a·ble [ənéksəbl] *adj.* **1** 덧붙일 수 있는; 부속시킬 수 있는. **2** 합병할 수 있는.
an·nex·a·tion [ænekséi(ə)n] *n.* **1** ① 부가; 【특히 영토의】 합병. **2** 합병물; 합병지; 부가물; 첨가물.
an·nex·ment [ənéksmənt] *n.* 《드물게》 **1** 합병물, 병치(地). **2** 부가물, 첨가물. = annex.
an·nex·ure [ənékʃər] *n.* 《주로 英》 **1** =annexation.
Ánnie Óak·ley [-óukli] *n.* 《美속어》 무료 입장권 (미국의 같은 이름의 여자 사수가 (1860-1926)가 쏜 구멍투성이의 작은 표적과 비슷한 데서).
an·ni·hi·la·ble [ənáiələbl] *adj.* 전멸(근절, 괴멸)시킬 수 있는; 몰살시킬 수 있는; 폐지할 수 있는.
*‡**an·ni·hi·late** [ənáiəlèit] *v.* (**-lat·ed, -lat·ing**) *vt.* **1** [철저하게] ···을 파괴하다, 괴멸시키다, ···을 전멸시키다, 몰살시키다. **2** 【법률 따위】를 폐지(취소)하다(annul). ¶ *annihilate* a law 법률을 폐지하다. **3** 《구어》 ···을 격파하다, 완전히 이기다. **4** 【물리】 ···을 대소멸(對消滅)시키다. — *vi.* 【물리】 대소멸하다.
◇ annihilátion *n.*
an·ni·hi·la·tion [ənàiəléi(ə)n] *n.* ① **1** 괴멸적 행위. **2** 전멸, 섬멸, 멸종. **3** 《종교》 허무로부터의 돌아감. 【주음에 있어서의] 적멸(寂滅). **4** 【물리】 대소멸(對消滅) 《소립자와 반(反)입자가 충돌하면 질량이 에너지가 되어 소멸함》.
an·ni·hi·la·tor [ənáiəlèitər] *n.* **1** 멸종자, 섬멸자. **2** [수학] 영화군(零化群).
an·ni mi·ra·bi·les [ǽnai mərǽbəlì:z] *n.* 《라틴》 *annus mirabilis* 의 복수형.
‡**an·ni·ver·sa·ry** [ænivə́:rs(ə)ri] *n.* (*pl.* **-ries**) **1** 해마다의 기념일. ¶ I celebrate the third centennial *anniversary* of ···의 300년 기념제를 축하하다 / keep (*or* observe, have) the one hundredth *anniversary* of his death 그의 백주기를 올리다. **2** 기념제. — *adj.* **1** 해마다의, 해마다 실시하는. **2** 기념일의, 기념제의. ¶ an *anniversary* gift 【생일 따위】 기념일 선물.
an·no Dom·i·ni [ǽno(u) dɑ́mənài, -nì: / -dɔ́mənài] 《때로 A·D·》 【그리스도】 기원, 서기(in the year of our Lord) [略 A.D.]. ◇ A.D. *cf.* B.C. 《<L》
an·no mun·di [ǽ:no(u) mə́ndi; ǽno(u) mǽndai] 《라틴》 세계의 하이, 세계 기원[후] (in the year of the world) 【略 a.m., A.M.》.
an·no·tate [ǽno(u)tèit] *v.* (**-tat·ed, -tat·ing**) *vt., vi.* 【···에】 주석을 달다, [···을] 주해하다. ¶ a book elaborately *annotated* 자세히 주석을 단 책.
an·no·tat·ed [ǽno(u)tèitid] *adj.* 주석을 단.
an·no·ta·tion [ǽno(u)téi(ə)n] *n.* ①© **1** 주 석(해)을 달기. **2** 주해, 주석.
an·no·ta·tor [ǽno(u)tèitər] *n.* 주석자, 주해자.
‡**an·nounce** [ənáuns] *vt.* (**-nounced, -nounc·ing**) **1** ···을 알리다, 발표(공표)하다(publish); ···을 고지(告知)하다, 공포하다(proclaim). ⇒ DECLARE 【語】 ¶ be formally (officially, informally) *announced* 정식(공식, 비공식)으로 발표되다 // (~+图+圍+名) She has *announced* her marriage *to* her friends. 그녀는 친구들에게 자기의 결혼을 발표했다 // (~+图+圍+名 / *that* 節) He *announced* my statement *to be* a lie. =He *announced that* my statement was a lie. 그는 내 진술을 거짓말이라고 말했다 // (~+图+*as* 補) He *announced* himself to me *as* my father. 그는 자기가 내 부친이라고 말했다.
2 [손님의 내방)을 알리다; [식사]을 알리다. ¶ *announce* guests 손님이 왔다고 알리다 / *announce* dinner 식사 준비가 되었다고 알리다.
3 [사물]의 징조가 되다, ···을 나타내다. ¶ An occasional shot *announced* the presence of the enemy. 이따금의 총성으로 적이 있음을 알았다 // (~+图+*to*

be 勵 Her dress *announces* her *to be* a nurse. 그녀의 복장으로 간호사임을 알 수 있다.
4 [라디오·텔레비전 따위에서] …을 방송하다.
── *vi.* **1** [라디오·텔레비전의] 아나운서 노릇을 하다 (*for*·*·*). ¶ (~＋*前*＋*名*) He *announces* for the private station. 그는 민간 방송국의 아나운서를 하고 있다. **2** 입후보를 표명하다 (*for*·*·*). ¶ (~＋*前*＋*名*) He *announces* for governor. 그는 지사로 입후보할 것을 표명하다.
◇ announcement *n.*

‡**an·nounce·ment** [ənáunsmənt] *n.* ⓒⓊ **1** 고지, 포고, 고시. **2** 발표, 공시, 공표, 공고, 피로(披露). ¶ make public *announcements* of …을 공표하다. **3** [텔레비전·라디오 따위의] 광고, 코머셜. **4** [카드놀이] 가진 패를 보이기.

‡**an·nounc·er** [ənáunsər] *n.* **1** 통보자, 고지자. **2** 아나운서.

‡**an·noy** [ənɔ́i] *vt.* **1** …을 짜증나게 하다, 귀찮게 굴다 (trouble, irritate), 난처하게 하다, 괴롭히다(worry).
⇨ BOTHER 類語 *「…에 성내다」「…이 언짢다」의 뜻으로는 수동형을 쓴다. ¶ That naughty boy *annoys* me. 저 장난꾸러기 때문에 골치가 아프다 / He *annoyed* me by asking too much. 그가 내게 너무 많은 것을 물어서 언짢았다 / He looked *annoyed*. 그는 귀찮은 듯했다 / My mother had an *annoyed* look. 어머니는 난처한 듯한 표정을 지었다 // He is not easily *annoyed* at trifles. 그는 사소한 일에는 쉽게 화내지 않는다 / I was much *annoyed with* him. 그에게는 정말 화가 났다. **2** 〖군사〗 〖적 등〗을 괴롭히다(molest), …에게 손해를 주다 (hurt).
── *n.* Ⓤ〖詩〗난처함(annoyance). ◇ annóyer *n.*

****an·noy·ance** [ənɔ́iəns] *n.* **1** 귀찮은〔성가신〕것 〔사람〕(nuisance). **2** Ⓤ 곤혹, 난처함, 골치아픔, 폐. ¶ [much] to one's *annoyance* [아주]귀찮게 하다 / put a person to great *annoyance* 남을 아주 난처하게 만들다 / give *annoyance* to a person 남에게 폐를 끼치다 / put on a person too much *annoyance* 남에게 너무 큰 괴로움을 주다. ◇ annóy *v.*

****an·noy·ing** [ənɔ́iiŋ] *adj.* 난처한, 귀찮은, 성가신, 골치아픈. ¶ his *annoying* habits 남을 귀찮게 하는 그의 버릇 / How *annoying*! 정말 귀찮군! ~**·ly** *adv.*

****an·nu·al** [ǽnju(ə)l] *adj.* **1** 1년의, 1년간의; 1년을 단위로 하는. ¶ *annual* expenditure (revenue) 세출 (세입) / an *annual* income 연수 (年收) / an *annual* salary (pension) 연봉 (연금) / an *annual* output 연산 (年産) / an *annual* rate 연 이율. **2** 해마다의, 예년의, 1년에 한 번의. ¶ an *annual* celebration 연례 기념제 / an *annual* general meeting 연차 총회 / an *annual* report 연보(年報). **3** 〖년〗걸리는, 1년 주기의. ¶ the *annual* course of the sun 태양의 1년간의 〖운행〗코스. **4** 〖식물〗1년생의. *cf.* biennial, perennial. ¶ an *annual* plant 1년생 초본. ── *n.* **1** 연보, 연감(yearbook). **2** 〖식물〗1년생 식물. *cf.* biennial, perennial **3** 〖종교〗주기(周忌); 〖교회〗기일(忌日).

****an·nu·al·ly** [ǽnjuəli] *adv.* 매년, 해마다, 1년 걸러서.

ánnual ríng *n.*〖동·식물〗나이테, 연륜.

an·nu·i·tant [ən(j)ú:itənt / ənjú(:)i-] *n.* 연금 수령인.

an·nu·it coep·tis [ǽnju:it séptis] 〖라틴〗신은 우리가 하는 일을 도와주신다 (＝He (God) has favored our undertakings). 〖미국 국새 (國璽) 뒷면에 새긴 글귀〗.

an·nu·i·ty [ən(j)ú:iti / ənjú(:)i-] *n.* (*pl.* **-ties**) **1** 연금, 연부금. ¶ an *annuity* bond 연금 증서 / a deferred *annuity* 거치 연금 / a life (a terminable, a perpetual) *annuity* 종신 〔기한부, 영구〕 연금 / *annuity* certain 〖보험〗 확정 연금. **2** 연금 수령권.

an·nul [ənʌ́l] *vt.* (**-nulled, -null·ing**) **1** …을 무효로 하다, 취소하다; 〖법령 따위〗를 폐지하다 (abolish). ¶ *annul* a contract 계약을 무효로 하다 / *annul* a ban 금지를 해제하다. **2** …을 소멸시키다, 제거하다 (obliterate).

an·nu·lar [ǽnjulər] *adj.* 고리의, 환상 (環狀)의.

the *annular* finger 약손가락 (ring finger) / an *annular* saw 둥근 톱. ~**·ly** *adv.* 「eclipse

ánnular eclípse *n.*〖천문〗금환식 (金環蝕). *cf.* total

an·nu·late [ǽnjulit, -lèit], **-lat·ed** [-lèitid] *adj.* 고리〖모양〗의, 환상의; 고리 무늬가 있는.

an·nu·la·tion [æ̀njuléiʃ(ə)n] *n.* **1** Ⓤ 고리 모양이 되기. **2** 고리 모양, 환상 (環狀); 환상부.

an·nu·let [ǽnjulit] *n.* **1** 작은 고리(ringlet). **2** 〖건축〗〖도리아식 건축의〗고리 모양의 두둑 무늬(fillet), 쇠시리(molding), 고리 모양 띠.

an·nu·li [ænjulái] *n.* annulus 의 복수형의 하나.

an·nul·ment [ənʌ́lmənt] *n.* Ⓤ **1** 무효화, 취소, 폐기; 제거. **2** 〖정신 분석〗〖불쾌한 관념 따위의〗소멸.

an·nu·lose [ǽnjulòus] *adj.* 고리 모양의, 고리가 있는, 환상부 (부, 마디)로 된(ringed). ¶ *annulose* animals 환형 동물.

an·nu·lus [ǽnjuləs] *n.* (*pl.* **-li** or **-lus·es**) **1** 고리 〖모양의 것〗 (ring). **2** 〖기하〗환형 (環形). 「에 대해.

an·num [ǽnəm] *n.*, Ⓤ 해, 연 (年). ¶ per *annum* 1년

an·nun·ci·ate [ənʌ́nsiéit] *vt.* (**-at·ed, -at·ing**) 알리다, 고지하다, 공포하다, 공표하다, 공고하다 (announce).

an·nun·ci·a·tion [ənʌ̀nsiéiʃ(ə)n, ＋美 -ʃi-] *n.* **1** 〖때로 the A-〗〖성서〗〖천사 Gabriel 이 성모 마리아에게 전한〗고지, 수태 고지〖누가복음 Luke 1:26-38〗. **2** 〖A-〗〖교회〗성수태 고지의 축제일〖3월 25일〗 (Lady Day). **3** ⓊⒸ 고지, 예고, 공포, 공고 (proclamation).

an·nun·ci·a·tor [ənʌ́nsièitər, -si-] *n.* **1** 통고자, 공표자, 포고인 (announcer). **2** 〖美〗〖호텔 따위의〗호출 표시기〖버저가 울리면 그 방의 번호가 나타나는 장치〗. **3** 어넌시에이터〖회선 또는 회로의 상태를 나타내는 가시〔가청〕 (가청) 경보 장치〗.

an·nus mi·ra·bi·lis [ǽnəs mərǽbəlis] *n.* (*pl.* **an·ni mi·ra·bi·les** [ǽnai mərǽbiliːz]) 〖라틴〗(＝year of wonders) 이상의 해, 다사다난했던 해〔특히 영국에서 London 대화재나 페스트의 대유행이 있었던 1666년을 가리킨다〕; (*A- M-*) 1666년의 사건을 읊은 Dryden 의 시.

ano- up, upper, upward 라는 뜻의 연결형. 예: ano-opsia (〖안과〗상사위(上斜位)).

ANOC (略) Association of National Olympic Committees (국가 올림픽 위원회 연합).

an·ode [ǽnoud] *n.*〖전기〗양극. *opp.* cathode

ánode ráys *n. pl.* 〖물리〗양극선.

an·od·ic [ænɑ́dik / -nɔ́d-] *adj.* 〖물리〗양극(anode)의. ¶ *anodic* oxidation 양극 산화(酸化).

an·o·dize [ǽno(u)dàiz] *vt.* (**-dized, -diz·ing**) 〖금속면〗을 양극 처리하다, …에 산화 피막이 생기게 하다.

an·o·dyne [ǽno(u)dàin] *n.* 진통제; 완화물. ¶ Time is an *anodyne* of grief. 때가 지나면 슬픔도 덜해진다.
── *adj.* 진통의; 기분 〔감정〕을 누그러뜨리는 (soothing); (idiocy).

a·noi·a [ənɔ́iə] *n.* (극도의) 정신 박약, (특히) 백치

****a·noint** [ənɔ́int] *vt.* **1** …에 기름을 바르다, 연고 또는 기름 모양의 것을 바르다, 액체를 바르다 (smear). ¶ (~＋*目*＋*前*＋*名*) *anoint* the burn *with* ointment 덴 데에 연고를 바르다. **2** 〖교회〗…에 성유 (聖油)를 뿌려 (발라) 정하게 하다, …을 성직 (聖職)으로 임명하다.
the Lord's Anointed 구세주 (the Anointed).
◇ annóintment *n.* 「는 사람.

a·noint·er [ənɔ́intər] *n.* 기름을 뿌려 (발라) 정하게 하

a·noint·ment [ənɔ́intmənt] *n.* Ⓤ **1** 기름을 바르기 (뿌리기). **2** 〖교회〗부유 성사 (塗油禮).

a·nom·a·lism [ənɑ́m(ə)lìz(ə)m / -nɔ́m-] *n.* 〖드물게〗 **1** Ⓤ 변칙(성), 이상 (성). **2** 변칙물, 이상물.

a·nom·a·lis·tic [ənɑ̀m(ə)lístik / -nɔ̀m-], (**-nom·a·lis·ti·cal** [-tik(ə)l]) *adj.* **1** 변칙적인, 비정상적인, 변태적인, 예외적인. **2** 〖천문〗근점 (近點)의, 근일점 (近日點)

의, 근지점의. ¶ an *anomalistic* month (year) 근점월(년).

anomalístic périod *n.* 〖우주 공학〗 근점 주기(周期)〖인공 위성이 근점을 통과한 다음 재차 근점을 통과하기까지의 시간〗.

a·nom·a·lous [ənáməlas / -nɔ́m-] *adj.* 변칙적인; 이례적인, 예외적인. ⇒ IRREGULAR 類語 ¶ an *anomalous* situation 변칙적인 사태. ~**ly** *adv.*

anómalous fīnite *n.* 〖문법〗 변칙 정동사(定動詞) 〖am, is, are, was, were, have, has, had, do, does, did, shall, should, will, would, can, could, may, might, must, ought, need, dare, used 의 24개〗.

anómalous vérb *n.* 〖문법〗 변칙 동사〖변칙 정동사의 기본이 되는 be, have, do, shall, will, can, may, must, ought, need, dare, used 의 12개〗.

anómalous wáter *n.* 〖U〗〖화학〗 중합수(重合水), 다수(多水) (polywater)〖(H₂O)ₙ의 분자식을 가진 점도(粘度) 높은 물〗.

a·nom·a·ly [ənáməli / -nɔ́m-] *n.* 〖UC〗(*pl.* **-lies**) 1 변칙, 이례, 이상, 예외. 2 변칙적인(예외적, 이례적인) 것(일). ¶ the *anomalies* of his family 그의 집안의 이상한 점. 3〖천문〗근점 거리〖근지점 또는 근일점에서의 각거리〗.〖語症〗.

a·no·mi·a [ənóumiə] *n.* 〖U〗〖의학〗건망성 실어증(失).

a·no·mie [ǽnəmì:] *n.* 〖UC〗〖사회〗사회 생활의 기반을 잃은 사람들에게 흔히 볼 수 있는〉사회적 규범·가치의 붕괴(결여), 사회적 무질서〖도덕 퇴폐〗.

a·non [ənán] *adv.*〖고어〗1 이윽고 얼마 안 가서, 곧 〖…인가 하고 생각하면〗 또 때로는, 이윽고 또, * sometimes, now 따위와 함께 쓰인다. ¶ Sometimes she eats too little; and *anon* too much. 그녀는 때로 너무 적게 먹지 않는가 하면 또 때로는 너무 많이 먹는다. 3 곧, 즉시, 당장〖at once〗.

ever and anon 때때로(now and then), 이따금.

anon.(略) anonymous.

an·o·nym [ǽnənìm, +英 ǽn-] *n.* 1 가명, 익명. 2 익명자, 익명 작가, 무명씨; 익명 출판물.

an·o·nym·i·ty [ænənímiti, +英 -nɔn-] *n.* 〖U〗익명, 무명, 작자(저자) 불명.

*a·non·y·mous [ənániməs / -nɔ́ni-] *adj.* 1 작 자(저자) 불명의. ¶ an *anonymous* novel 필자 불명의 소설. 2 익명의, 가명의. ¶ an *anonymous* writer 익명(가명)의 작자. 3 특성(개성)이 없는. ~**ly** *adv.* ~**ness** *n.*

a·noph·e·les [ənáfəlì:z / ənɔ́fi-] *n.* (*pl.* **-les**) 아노펠레스 모기〖말라리아를 매개하는〗.

a·o·pi·a [ænóupiə] *n.* 〖안과〗1〖안구의 구조상의 결함·결손에 의한〗무시(無視)〖증〗, 시각 결여. 2 상사시(上斜視).

a·no·rak [ǽnəræk, +美 ɑ́:no(u)rɑ̀:k] *n.* 아노락〖스키 탈 때 따위에 입는 두건 달린 방한용 재킷〗.〖< Eskimo〗

an·o·rec·tic [æ̀no(u)réktik] *adj.* 식욕이 없는, 식욕을 감퇴시키는. — *n.* 식욕 감퇴제.

an·o·rex·i·a [æ̀no(u)réksiə] *n.* 〖U〗식욕 부진, 식욕 감퇴.

an·or·gas·tic [æ̀nɔːrgǽstik] *adj.* 불감증의, 오르가슴에 달할 수 없는.

an·os·mi·a [ænázmiə, ænɔ́s- / ænɔ́s-] *n.* 〖U〗〖병리〗무(無)후각〖증〗, 후각 상실.

‡**an·oth·er** [ənʌ́ðər] *pron.* 1 또 하나(한 개의) (one more), 제2의. 2 ¶ for *another* ten years 또 10년간 / *another* day or two 하루 이틀 / Please give me *another* cup of tea. 차 한 잔 더 주세요 / I must work *another* hour. 1시간 더 일해야 한다 / *Another* mistake, and you will be fired. 한번 더 실수하면 해고야. 2 별개의, 다른 (different). ¶ *another* time 언젠가, 이다음에 / in *another* moment 순식간에 / *another* world 저승 / go *another* way 다른 길을 가다 / feel oneself *another* man 딴사람같은 느낌이 나다 / That's *another* story. 그것은〖지금 말하는 것은〗딴 얘기다 /

Come *another* day. 다른 날 다시 오십시오 / Try it in *another* way. 다른 방법으로 해보세요 / I found him quite *another* man. 그는 아주 딴 사람이 되어 있었다 / It is one thing to own a library, but〖it is〗 *another*〖thing〗to use it wisely. 장서가 있다는 것과 그것을 잘 이용한다는 것은 별개의 문제다 / One man's meat is *another* man's poison.《속담》어떤 사람에게는 약이 다른 사람에게는 독이 될 수도 있다.

another place 다른 곳, 딴 데;〖英〗타원(他院)〖상원에서는 하원을, 하원에서는 상원을 가리킨다〗.

before we speak another word 즉석에.

— *pron.* 1 또 한 사람(하나). ¶ There is *another* to come. 또 한 사람이 온다 / The boy ate two oranges and then asked for *another*. 그 소년은 귤을 두 개 먹고 나서 또 하나를 달라고 했다. 2 다른 것(사람) (a different one). ¶ This is one thing, but that is *another*. 이것과 저것과는 별개다. 3 같은 것, 그러한 것, ¶ He is a liar, and his wife is *another*. 부부가 다 똑같이 거짓말쟁이다.

one after another 차례차례, 잇따라. ⇒ ONE.

one another 서로. ⇒ ONE.

one behind another 세로로 줄지어(나란히).

〖*with*〗*one way and another* 이런 식 저런 식으로.

one way or another 어떻게든 해서.

such another 그러한 사람. ¶ You'll never see *such another*. 그러한 사람(것)을 또 보지는 못할걸.

taking (or *taken*) *one with another* 이것저것 생각해 보면; 대체로.

A.N. Óther [ənʌ́ðər] *n.* 선수 미정〖출전 선수의 명단 작성시 일부 선수가 결정되지 않았을 때 해당란에 기입〗.

an·ox·e·mi·a [æ̀nɑksí:miə / ænɔk-] *n.* 〖의 학〗〖고지대·고공 등에서의 혈액 속의〗산소 결핍〖증〗.

an·ox·i·a [ænɑ́ksiə / ænɔ́k-] *n.* 〖U〗〖이학〗산 소 결핍〖증〗; 무산소증.

ANPA, A.N.P.A. 《略》*A*merican *N*ewspaper *P*ublishers *A*ssociation (미국 신문업자 협회)〖1887년 창립〗.

anr, anr. (略) another.

ANS (略) 1 *A*sian *N*ews *S*ervice (아시아 통신사). 2〖美〗*A*rmy *N*ews *S*ervice (육군 보도부). 3 *A*merican *N*uclear *S*ociety (미국 핵학회).

ans. (略) answer, answered.

ANSA [ǽnsə] *n.* 이탈리아 국영 통신사.

〖< It *A*genzia *N*azionale *S*tampa *A*ssociate〗

án·sate cróss [ǽnseit-] *n.* =ankh.

An·schluss [ɑ́:nʃlus / ǽn- / G ɑ́nʃlus] *n.* 연합, 합병 (joining, union),〖특히 1938년에 독일에 의한〗오스트리아합병.〖<G〗

ANSCII (略)〖컴퓨터〗*A*merican *N*ational *S*tandard *C*ode for *I*nformation *I*nterchange(미국 국가 규격 협회 정보 교환을 위한 표준 부호; 원래는 ASCII).

an·ser·ine [ǽnsəràin, +美 -rin] *adj.* 1 거위의. 2 거위 같은; 얼빠진, 어리석은. — *n.* 〖U〗〖화학〗앤서린〖거위의 근육 속에 있는 물질, 수삼류와 바듐〗.

an·ser·ous [ǽnsərəs] *adj.* =anserine.

ANSI (略) *A*merican *N*ational *S*tandards *I*nstitute (미국 규격 협회).

ANSP (略) *A*gency for *N*ational *S*ecurity *P*lanning

‡**an·swer** [ǽnsər / ɑ́:n-] *n.* 1 답, 대답, 회답, 응답 (reply). ¶ write an *answer* 회답을 쓰다 / give (or make) an *answer* to a person 남에게 대답을 하다 // That is no *answer* to my question. 그것은 내 질문에 대한 답이 안된다. 2 해답. ¶ get (or find, work out) an *answer* to …에 해답을 내다. 3〖법률〗답변; 보복. *in answer to* …에 답하여, 응답하여. ¶ The doctor came soon *in answer to* my call. 불렀더니 의사가 곧 왔다.

— *vi.* 1 대답하다, 회답하다(*to* …). ¶ *answer* with a nod 끄덕이며 답하다 // (~+前+名) *answer* to a question (a person) 질문에(남에게) 대답하다(* 이 뜻

으로는 보통 answer a question(a person)을 사용. *cf. vt.* 1).
2 응하다, 응답하다. ¶ I knocked and knocked on (or at) the door, but nobody *answered*. 나는 계속 노크했지만 아무런 응답이 없었다.
3 소용이 되다, 맞다(serve)(for ...). ¶ (~+前+图) *answer* for the purpose 목적에 부합되다.
4 책임을 지다, [품질 따위를] 보증하다(for ...). ¶ We must *answer* for the consequences. 그 결과는 우리는 책임져야 한다 / I will *answer* for his honesty. 나는 그가 정직하다는 것을 보장합니다.
5 목적을 이루다, [시도 따위가] 성공하다, 효력이 있다. ¶ His method has not *answered*. 그의 방법은 성공하지 못했다.
6 일치(합치)하다(to ...). ¶ (~+前+图) His features *answer* to the description. 그의 모습은 용모파기와 일치한다.
— *vt.* **1** …에 답하다, 대답을 하다 (reply). ¶ *answer* a question (a letter) 질문에 대답하다(편지에 답장을 내다) / He *answered* it for her. 그녀 대신에 그가 그것에 대답했다 // (~+目+that 節) She *answered* that she would do anything to please her father. 아버지를 기쁘게 해드릴 수 있는 일이라면 무엇이든지 하겠다고 그녀는 대답했다 // (~+目+目) *Answer* me this question. 이 질문에 대답해 주세요 / He didn't *answer* me a word. = He didn't *answer* a word to me. 그는 내게 한마디도 대답하지 않았다.
類語 **answer**「대답하다」라는 뜻의 가장 일반적인 말; 질문·부름·호소 따위에 응하다. **reply** 상대방이 요구하는 점에 자세히 회답하는 것: He *answered* my letter, but didn't *reply* to my request. 그는 내 편지에 회답은 주었으나, 내 부탁에 대해서는 응답이 없었다. **respond** 희망·기대에 응하다; 기다렸다는 듯이 예기했던 대답을 하다: *respond* to a call for help 구조 요청에 바로 응하다. **rejoin** 비판·의문·반대 따위에 반론하다. **retort** 비난·비평 따위에 날카롭게 응수하다.
2 …에 응하다(respond). ¶ *answer* a call (or the phone) 전화를 받다 / *answer* the bell (or the door, the knock) 손님을 맞으러 나가다 / *answer* a summons 소환에 응하다.
3 [문제·수수께끼 따위]를 풀다(solve). ¶ *answer* a riddle (a problem) 수수께끼(문제)를 풀다.
4 [목적·희망·요구 따위]에 부응하다, 도움이 되다, 들어 맞다(serve); …에 합치하다(correspond to). ¶ *answer* a person's requirements 요구에 응하다 / *answer* the purpose 목적에 맞다 / *answer* a description 용모파기(容貌疤記)와 일치하다 / My prayer was *answered*. 나의 소원이 이루어졌다.
5 [책임]을 다하다(fulfill); [빚]을 갚다. ¶ *answer* a debt 빚을 갚다.
6 [비난·공격 따위]에 응수(대구)하다 (refute); …으로 보답하다(return). ¶ (~+目+前+图) *answer* good for evil 악을 선으로 갚다 / I *answered* his blow with mine. 나는 그의 주먹질에 주먹으로 갚아주었다.
answer back (구어) 말대꾸하다.
answer to the name of …이라고 부르는 말에 대답하다; …이라는 이름이다.
answer up 즉답하다; 분명히 대답하다.
answer up to …에 대답하다; 막힘없이 응답하다. ¶ She *answered up to* every question. 그녀는 질문마다 척척 대답했다.
*an·swer·a·ble [ǽns(ə)rəbl / ɑ́ːn-] *adj.* **1** 《서술 법》책임이 있는(responsible)(to, for ...). ● RESPONSIBLE 類語 ¶ a legislative body *answerable* to the people 국민에게 책임이 있는 입법부. **2** 대답(답변)할 수 있는. **3** (고어) 균형잡힌, 알맞은(to ...). ¶ Its breadth is *answerable* to its length. 그 폭은 길이와 균형이 잡혀 있다 / His fame is *answerable* to his suc-

cess. 그의 명성은 그 성공에 어울린다.
an·swer·back [ǽnsərbæk / ɑ́ːn-] *n.* 【컴퓨터】 응답[원격 제어 신호에 대한 단말기로부터의 응답 신호].
an·swer·er [ǽns(ə)rər / ɑ́ːn-] *n.* 대답(회답)자.
ánswering machíne *n.* [부재시의] 전화 자동 응답 장치. 【신호】
ánswering pénnant *n.* 《海事》 응답기 [만국 선박
ánswering sèrvice *n.* 《美》 부재시 전화 응답(응대) 대행업.
ánswer prìnt *n.* [사진] 초벌 프린트 [2회 이후 프린트의 마무리 점검용].
‡ant [ænt] *n.* **1** 개미. ¶ a red *ant* 불개미 / a white *ant* 흰개미. **2** 흰개미(termite). **3** (~s) 《美속어》 불안, 걱정, 노여움; 정욕.
have ants in one's pants 《美속어》 불안해서(화가 나서) 안절부절 못하다; 말하고(…하고) 싶어서 좀이 쑤시다; 정욕(情欲)을 느끼다.
an't [ænt, ɑːnt, eint / ɑːnt] (*cf.* ain't) **1** (구어) are not 의 단축형. **2** 《주로 英방언》 am not 의 단축형. **3** 《卑語·속어·방언》 is not, has not, have not 의 단축형.
ant- *pref.* ⇨ ANTI-.
-ant *suf.* **1** 「…성(性)의」「…을 하는」이라는 뜻의 형용사를 만든다. 예: ascend*ant*, pleas*ant*, radi*ant*. **2** 「…하는 사람, …하는 것」이라는 뜻의 명사를 만든다. 예: serv*ant*, assist*ant*.
ant. (略) antenna; anterior; antiquarian; antiquary; antonym. 【벽 끝의 기둥.
an·ta [ǽntə] *n.* (*pl.* **-tae** [-tiː]) [건축] 벽모서리 기둥.
ANTA (略) American National Theatre and Academy (미국 연극 아카데미).
ant·ac·id [æntǽsid / ◡◡◡, ◡◡◡] *adj.* 산을 중화하는, 제산성(制酸性)의. — *n.* 산 중화제, 제산제.
An·tae·us [æntíːəs, -téi-+英 -tíəs] *n.* 〖그리스 신화〗 안타이오스 [바다의 신 Poseidon 과 땅의 신 Gaea 사이에 태어난 거인. 땅에 발이 닿고 있는 한은 무적이었지만 Hercules 가 공중으로 들어올려 죽였다).
*an·tag·o·nism [æntǽgəniz(ə)m] *n.* ① 적대심, 적의 (hostility); 적대, 대립, 반대(to, against, between ...). ¶ *antagonism* against (or to) a plan 계획에 대한 반대 / *antagonism* between capital and labor 노사(勞使) 간의 반목. 【적대(반복)하게 되다.
come (*or be brought*) *into antagonism with* …와 *in antagonism to* …에 반대하여, 적대하여. ¶ The two nations are *in antagonism to* each other. 양국은 서로 적대하고 있다.
◇ antágonize *v.*
*an·tag·o·nist [æntǽgənist] *n.* **1** 적대자, 대항자, 대립자(opponent, adversary). ⇨ ENEMY 類語 **2** 〔생리〕 길항근(拮抗筋). ◇ antagonístic *adj.*
an·tag·o·nis·tic [æntægənístik], (**an·tag·o·nis·ti·cal** [-k(ə)l]) *adj.* **1** 적대하는(hostile), 대립하는, 반목하는 (opposing). ¶ Cats and dogs are *antagonistic*. 고양이와 개는 사이가 나쁘다. **2** 양립할 수 없는(incompatible). ¶ Monopoly and free trade are *antagonistic*. 독점과 자유 무역은 양립하지 못한다. **-ti·cal·ly** [-tikəli] *adv.*
an·tag·o·nize, -nise [æntǽgənàiz] *v.* (**-nized, -nizing**) *vt.* **1** …을 적으로 돌리다, …의 반감을 사다. ¶ His speech *antagonized* half the voters. 그의 연설은 유권자의 반을 적으로 돌렸다. **2** [남]에게 적대하다, 대립(대항)하다, 반대하다(oppose); 《美》 [사물]에 반대하다. ¶ *antagonize* a measure 시책에 반대하다. **3** …에 반대로 작용하다, …을 중화하다. — *vi.* (드물게) 반목(반대)하다.
ant·al·ka·li [æntǽlkəlài] *n.* (*pl.* **-lis** or **-lies**) 〔화학〕 알칼리 중화물(제).
ant·al·ka·line [æntǽlkəlàin, +英 -lin] 〔화학〕 알칼리 중화물(성)의. — *n.* 알칼리 중화제(물).
ant·aph·ro·di·si·ac [æntæfro(u)díziæk] 《英》 *adj.*

성욕을 억제하는. ― n. 제음제(制淫劑).
‡ant·arc·tic [æntá:rktik] (opp. arctic) adj. 남극의; 남극 지방의. ¶ an *antarctic* exploration (expedition) 남극 탐험 / *antarctic* explorers 남극 탐험대. (the A-) 남극(the South Pole); 남극권, 남극 지방.
Ant·arc·ti·ca [æntá:rktikə] n. 남극 대륙 (the Antarctic Continent) [남극 주변의 얼음으로 덮인 대륙]. 〔합가〕
Ant·arc·ti·can [æntá:rktikən] n. 남극 사람; 남극 탐
Antárctic Círcle n. (the ~) 남극권 한계선[남극에서 23°28′의 지점을 이은 남한대(South Frigid Zone)의 한계선]. cf. Arctic Circle ⇒ ZONE 그림.
Antárctic Cóntinent n. (the ~) =Antarctica.
Antárctic Ócean n. (the ~) 남극해. cf. Arctic Ocean
Antárctic Tréaty n. (the ~) 남극 조약[남위 60° 이남의 대륙과 바다에 대한 영토권을 주장하지 않는다는 것과 비군사화를 규정한 것, 1959년 체결].
Antárctic Zóne n. (the ~) 남극대[남극점과 남극권 사이의 지역]. cf. Arctic Zone
An·tar·es [æntɛ́(:)ri:z / -tɛ́ər-] n. 〖천문〗 안타레스 [전갈좌의 주성(主星). 적색의 1등성].
ánt bèar n. 1 〔중남미산(産)〕 큰개미핥기. cf. anteater 2 개미잡이(aardvark).
ant·bird [æntbə̀:rd] n. 개미 먹는 새.
ánt còw n. 진디(aphid).
an·te [ǽnti] n. 〔카드놀이〕 새로 패를 집기 전에 자기 패를 보고 거는 돈. 2 〔구어〕 분담〔출자〕금, 할당금; [미리 내는] 분담금. 3 《속어》 값, 가격. ― v. (-ted or -teed, -te·ing) vt. 1 〔카드놀이〕 (돈)을 걸다. 2 〔자기 몫〕을 내다 (... up). 《카드놀이》 돈을 걸다. 2 《구어》 치르다(up ...).
ante- before라는 뜻의 연결형. 예: antedate, antediluvian, anteroom, antecedent.
ant·eat·er [ǽnti:tər] n. 1 〔중남미산(産)〕 개미핥기. cf. ant bear 2 =aardvark.
an·te·bel·lum [æ̀ntibéləm] adj. 1 전전(戰前)의. 2 《美》 남북 전쟁 전의. [<L before the war]
an·te·bra·chi·al [æ̀ntibréikiəl] adj. 〔해부〕 전박(前膊)의.
an·te·cede [æ̀ntisí:d] vt. (-ced·ed, -ced·ing) [시간·차례 따위에서] ...에 선행하다, 앞서다.
an·te·ced·ence [æ̀ntisí:d(ə)ns] n. ⓤ 1 〖시간·차례 따위가〗 앞섬, 선행; 선재(先在) (precedence). 2 〖천문〗 (드물게) 〖행성의〗 역행.
an·te·ced·en·cy [æ̀ntisí:d(ə)nsi] n. ⓤ 〖시간·차례 따위가〗 앞섬, 선행; 선재(先在).
‡an·te·ced·ent [æ̀ntisí:d(ə)nt] adj. 1 앞서는, 선행하는(preceding); [...보다] 앞의(previous, prior) (to ...). ¶ an *antecedent* clause 선행절 / *antecedent* rights [법률] 선유권(先有權) / The event was *antecedent* to World War II. 그 사건은 2차 세계 대전 전의 일이었다. 2 〔논리〕 추정적인, 가정의(presumptive). ¶ *antecedent* possibility 추정적 가능성.
― n. 1 앞선 사건 (상황); 선행자; 전례. 2 (~s) 전력(前歷), 경력, 내력. ¶ a woman of doubtful *antecedents* 과거가 의심스러운 여자 / inquire into a person's *antecedents* 남의 전력을 조사하다. 3 (~s) 조상 (ancestors). 4 [문법] [관계사의] 선행사. 5 [논리] 전건(前件) [가언적(假言的) 명제의 조건을 나타내는 부분]. opp. consequent 6 〔수학〕 〔비례의〕 전항(前項), 전율(前率). ~·ly adv. ◇ antecédency n.
an·te·cham·ber [ǽntitʃèimbər] n. 〔큰 방으로 통하는〕 앞방, 대기실.
an·te·chap·el [æ̀ntitʃǽp(ə)l] n. 예배당의 앞방[대기실].
an·te·choir [ǽntikwàiər] n. ⓤ (교회의) 성가대석 (choir) 앞의 공간.
an·te·date [ǽntidèit, -`--] n. /-`--, -`--] vt. (-dat·ed, -dat·ing) 1 〔날짜가〕 ...보다 앞서다 [시간

적으로] ...에 앞서다(precede). 2 ...에 [실제보다] 앞선 날짜로 하다, 앞선 날짜로 하다, 3 [역사적 사건 따위]를 더 이전의 일이라고 추정하다. ¶ *antedate* a historical event 사실(史實)을 더 이전의 것으로 추정하다. 4 [앞선 날짜로] ...을 소급시키다. 5 《고어》 〔일〕을 앞당기다(accelerate). 6 ...을 예기하다, ...을 내다보다(anticipate).
― n. 〖美 ǽntidèit〗 〔실제보다 빠른〕 앞선 날짜. opp. postdate cf. predate
an·te·di·lu·vi·an [æ̀ntidilú:viən / -vjən] adj. 1 노아(Noah)의 홍수 이전의[←창세기(Gen.) 7 : 8]. 2 예스러운, 고풍의(antiquated); 태고의, 원시 시대의 (primitive). ¶ *antediluvian* ideas 구식 생각. ― n. 1 노아의 홍수 이전의 사람(생물). 2 늙어빠진 사람, 구식 노인, 시대에 뒤진 사람. 〔축〕 기와끝 장식.
an·te·fix [ǽntifìks] n. (pl. -fix·es, -fix·a [-fìksə]) 〔건축〕 기와끝 장식.
an·te·flex·ion [æ̀ntiflékʃ(ə)n] n. ⓤ 〔병리〕 〔특히 자궁의〕 전굴(前屈) 〔증〕. opp. retroflexion
ánt ègg n. 개미알〔사실은 번데기, 말려서 물고기·새 모이로 사용함〕.
an·te·lope [ǽnt(i)lòup] n. (pl. -lopes or -lope) 1 〔특히 아프리카·아시아산(産)의〕 영양(羚羊); 〔그〕 두질한 가죽. 2 《美》 =pronghorn. [postmeridian
an·te·me·rid·i·an [æ̀ntiməridiən] adj. 오전의. opp. ante me·rid·i·em [-məridiəm] adv. 오전[略 a. m., A.M.]. opp. post meridiem ⇒ A.M. ¶ at 6 *a.m.* 오전 6시에. [<L before noon]
an·te·mor·tem [æ̀ntimɔ́:rtəm] adj. 죽기 전의, 임종의. ¶ an *ante-mortem* confession 임종의 고백. [<L before death] 〔조〕이전의.
an·te·mun·dane [æ̀ntimʌ́ndein] adj. 세계 〔천지〕 창조 이전의.
an·te·na·tal [æ̀ntinéitl] adj. 탄생〔출생〕 전의(prenatal).
‡an·ten·na [ænténə] n. 1 (pl. -nas →?) 〔라디오·TV〕 안테나, 공중선(aerial). ¶ a cage (a frame) *antenna* 새장〔틀〕 모양의 안테나 / a sending (a receiving) *antenna* 송신 (수신) 안테나. 2 (pl. -nae [-ni:]) 〔동물〕 〔곤충 따위의〕 더듬이, 촉각; 〔특히 갑각류의〕 큰 촉각(2). 촉각 (cf. antennule).
anténna arràv n. 〔무선〕 안테나열(列). 지향성 안테나(beam antenna).
anténna círcuit n. 〔전자 공학〕 안테나 회로.
an·ten·nal [ǽnten(ə)l] adj. 〔동물〕 촉각의.
an·ten·na·ry [ǽntenəri] adj. 〔동물〕 촉각(모양)의; 촉각이 있는.
anténna shòp n. 안테나 숍[판매보다 상품·고객 지역의 정보 수집이 목적인 점포].
an·ten·nule [ænténju:l] n. 〔동물〕 작은(제1) 촉각[갑각류의 2쌍의 촉각 중 앞쪽의 작은 것]. cf. antenna
an·te·nup·tial [æ̀ntinʌ́pʃ(ə)l] adj. 결혼전의.
an·te·or·bi·tal [æ̀ntiɔ́:rbit(ə)l] adj. 〔해부〕 눈 앞에 있는.
an·te·pen·di·um [æ̀ntipéndiəm] n. (pl. -di·a [-diə]) 제단의 앞장식[드리운 막이나 벽에 붙인 널빤지].
an·te·pe·nult [æ̀ntipí:nʌlt, -pinʌ́lt / æ̀ntipinʌ́lt] n. 어미에서 세 번째 음절.
an·te·pe·nul·ti·mate [æ̀ntipinʌ́ltimit] adj. 1 어미에서 세 번째 음절의. 2 끝에서 세 번째의. ― n. 1 =antepenult. 2 끝에서 세 번째.
an·te·po·si·tion [æ̀ntipəzíʃ(ə)n] n. ⓤ 〖문법〗 보통 뒤에 놓는 단어를 앞에 놓는 일[예: fiddlers three:]. cf. postposition
an·te·post [æ̀ntipóust] adj. 경주자(마)의 번호가 게시되기 전에 돈을 거는 (prandial).
an·te·pran·di·al [æ̀ntiprǽndiəl] adj. 식사 전의
*an·te·ri·or [æntí(:)riər / -tíəriə] adj. (opp. posterior) 1 앞면의, 앞부분의, 앞쪽의. 2 〔때·차례 따위가〕 선행한(preceding), 보다 이전의 (earlier) (to ...). ¶ an *anterior* age 전시대 // ages *anterior* to the Flood 노

아의 홍수 이전의 시대. ~·ly *adv.*
◇ anterióri·ty *n.*
an·te·ri·or·i·ty [æntɪ(:)rióːriti, -áriti -/ -tɪərióːr-] *n.* ⓤ **1** 앞[쪽]에 있음, 앞 위치. **2** [시간·차례 등이]앞섬.
an·te·room [ǽntirù(:)m] *n.* **1** 곁방. **2** 대기실.
an·te·type [ǽntitàip] *n.* 원형(prototype).
ánt flỳ *n.* 날개 달린 개미.
anth- *pref.* ⇨ ANTI-.
ánt hèap *n.* 개밋둑, 개미탑(ant hill).
ant·he·li·on [ænthíːliən, ænθíːli-/ ænθíːli-] *n.* (*pl.* -li·a [-liə] *or* -li·ons) [천문]의일륜(擬日輪), 환일(幻日) [햇빛이 공중의 작은 얼음 결정(結晶)에 반사·굴절하여 생긴다].
an·thel·min·tic [ænθelmíntik] *adj.* 구충(驅蟲)의. — *n.* 구충제.
†an·them [ǽnθəm] *n.* **1** 축가(祝歌), 송가. ¶ *a national* anthem 국가. **2** 찬송가, 성가. **3** [선창자와 회중 사이의] 교창가(交唱歌).
an·ther [ǽnθər] *n.* 〔식물〕 꽃밥, 약(葯).
an·ther·al [ǽnθərəl] *adj.* 〔식물〕 꽃밥[약]의.
ánther cèll *n.* 〔식물〕 약포(葯胞), 꽃가루 주머니 (pollen sac).
ánther dùst *n.* ⓤ 〔식물〕 꽃가루, 화분(pollen).
an·ther·id·i·um [æ̀nθəri̇́diəm] *n.* (*pl.* -ther·id·i·a [-θəriːdiə]) 〔식물〕 [민꽃 식물의] 조정기(造精器).
an·the·sis [ænθíːsis] *n.* ⓤ 〔식물〕 개화, 개화기, [특히] 수술의 성숙.
ánt hìll *n.* [흙·나뭇잎 따위의] 두둑, [특히] 개밋둑.
an·tho- [꽃]이라는 뜻의 연결형. 예: *antho*taxy.
an·tho·log·i·cal [æ̀nθəlɑ́dʒik(ə)l / -lɔ́dʒ-] *adj.* 사화집(詞華集)의, 명시선집의.   〔집자.
an·thol·o·gist [ænθɑ́lədʒist / -θɔ́l-] *n.* 명시선집의 편자.
an·thol·o·gize, -gise [ænθɑ́lədʒàiz/-θɔ́l-] *v.* (-gized, -giz·ing; -gised, -gis·ing) *vi.* 명시선집을 편집하다. — *vt.* …을 명시선집에 수록하다.
*an·thol·o·gy [ænθɑ́lədʒi / -θɔ́l-] *n.* (*pl.* -gies) **1** 명시선집, 사화집(詞華集). **2** [한 작가의] 선집, 작품집.
an·tho·tax·y [ǽnθətæ̀ksi] *n.* 〔식물〕 꽃차례, 화서(花序) (inflorescence).
an·tho·zo·an [æ̀nθəzóuən] *n.* 〔동물〕 (*pl.* -zo·a [-zóuə]) 화충류(花蟲類) [산호·말미잘 따위]. — *adj.* 화충류의.
an·thra·cene [ǽnθrəsìːn] *n.* ⓤ 〔화학〕 안트라센[콜타르를 증류하여 얻는, 알리자린 염료의 중요한 원료].
an·thra·cite [ǽnθrəsàit] *n.* ⓤ 무연탄(hard coal).
◇ anthracític *adj.*
an·thra·cit·ic [æ̀nθrəsítik] *adj.* 무연탄의, 무연탄질의.
an·thra·cit·ous [ǽnθrəsàitəs] *adj.* 무연탄을 함유하는, 비탈처럼 같은.
an·thra·coid [ǽnθrəkɔ̀id] *adj.* **1** 탄저열(炭疽熱)과 같은, 비탈처럼(脾脫疽) 같은. **2** 숯 같은, 석탄 같은.
an·thrax [ǽnθræks] *n.* ⓤⓒ (*pl.* -thra·ces) (의학) **1** [가축·사람의] 탄저열, 비탈처럼. **2** 옹(癰).
anthrop. (略) anthropological, anthropology.
an·thro·par·e·a [æ̀nθrəpé(ː)riə /-péər-] *n.* 인간 거주지[특히 시가지를 가리킨다].
an·thro·pho·bi·a [æ̀nθrəfóubiə] *n.* 〔정신 의학〕 대인(對人) 공포증, 공인증(恐人症).
anthropo- man, human 의 뜻의 연결형. 예: *anthro*pology.
an·thro·po·cen·tric [æ̀nθrəpo(u)séntrik] *adj.* 인간 중심의.
an·thro·po·gen·e·sis [æ̀nθrəpo(u)dʒénisis] *n.* ⓤ 인류 발생론(anthropogeny). 〔thropogenesis.
an·thro·pog·e·ny [æ̀nθrəpɑ́dʒini / -pɔ́dʒ-] *n.* = an-
an·thro·po·ge·og·ra·phy [æ̀nθrəpo(u)dʒi(ː)ɑ́grəfi / -dʒiɔ́g-] *n.* 인문 지리학(human geography).
an·thro·pog·ra·phy [æ̀nθrəpɑ́grəfi / -pɔ́g-] *n.* ⓤ 인류지(誌).

an·thro·poid [ǽnθrəpɔ̀id] *adj.* 인류 비슷한. ¶ *an*thropoid *ape* 유인원. — *n.* 유인원.
an·thro·poi·dal [æ̀nθrəpɔ́id(ə)l] *adj.* 유인원의.
an·throp·o·lite [ænθrɑ́pəlàit/-θrɔ́p-], -o·lith [-liθ] *n.* ⓤ 인체 화석.
an·thro·po·log·i·cal [æ̀nθrəpələ́dʒik(ə)l / -lɔ́dʒ-], (an·thro·po·log·ic [-lɑ́dʒik / -lɔ́dʒ-]) *adj.* 인류학(상)의.
*an·thro·pol·o·gist [æ̀nθrəpɑ́lədʒist / -pɔ́l-] *n.* 인류학자.   〔학.
*an·thro·pol·o·gy [æ̀nθrəpɑ́lədʒi / -pɔ́l-] *n.* ⓤ 인류
an·thro·po·met·ric [æ̀nθrəpəmétrik], (an·thro·po·met·ri·cal [-rik(ə)l]) *adj.* 인체 측정[학]의.
an·thro·pom·e·try [æ̀nθrəpɑ́mitri / -pɔ́m-] *n.* ⓤ 인체 측정[학].
an·thro·po·mor·phic [æ̀nθrəpəmɔ́ːrfik], (an·thro·po·mor·phi·cal [-k(ə)l]) *adj.* 의인(擬人)법적인.
an·thro·po·mor·phise [æ̀nθrəpəmɔ́ːrfàiz] *v.* (-phised, -phis·ing) = anthropomorphize.
an·thro·po·mor·phism [æ̀nθrəpəmɔ́ːrfiz(ə)m] *n.* ⓤ [신·자연을 인간의 형태·속성을 가진 것으로 표현하는] 의인법(擬人法), 신인(神人) 동형법; 신물(神物) 동형법.   〔법론자.
an·thro·po·mor·phist [æ̀nθrəpəmɔ́ːrfist] *n.* 의인
an·thro·po·mor·phize, -phise [æ̀nθrəpəmɔ́ːrfàiz] *v.* (-phized, -phiz·ing; -phised, -phis·ing) *vt.* [신·신령 따위]를 의인화하다, [물건·생물 따위]를 의인화(인격화)하다. — *vi.* [신이나 자연이] 의인화(인격화)되다.
an·thro·po·mor·phous [æ̀nθrəpəmɔ́ːrfəs] *adj.* **1** 사람의 모습을 한. **2** 의인화된(anthropomorphic).
an·thro·poph·a·gi [æ̀nθrəpɑ́fədʒài / -pɔ́fədʒài] *n.* (*sing.* -a·gus [-əgəs]) 식인종(man-eaters, cannibals).
an·thro·poph·a·gous [æ̀nθrəpɑ́fəgəs / -pɔ́f-] *adj.* 사람 고기를 먹는, 식인의(man-eating).
an·thro·poph·a·gy [æ̀nθrəpɑ́fədʒi / -pɔ́f-] *n.* ⓤ 식인[의 풍습] (cannibalism).   〔해부[학].
an·thro·pot·o·my [æ̀nθrəpɑ́təmi / -pɔ́t-] *n.* ⓤ 인체
an·thro·po·zo·ol·o·gy [æ̀nθrəpəzouɑ́lədʒi / -ɔ́lə-] *n.* 인간 동물학[인간을 동물계의 일종으로 보고 연구하는 학문].
an·ti [ǽnti, +美 -tai] *n.* (*pl.* -tis) 〔구어〕 [어떤 행위·계획·당·정책 따위에] 반대하는 사람. — *prep.* …에 반대하여.
anti- *pref.* against, opposite of (to)의 뜻. 명사·형용사와 결합한다 (* 모음 앞에서는 ant-, h(기음(氣音))앞에서는 anth-로 되기도 한다. 또 i로 시작되는 말, 고유명사, 형용사에 붙는 경우는 하이픈을 쓴다. 예: *ant*arctic, *ant*helmintic, *anti*-imperialist, *anti*-British, *anti*-logical.
an·ti·a·bor·tion [æ̀ntiəbɔ́ːr(ʃ)ən, -tai-] *adj.* 인공[임신] 중절에 반대하는(을 달리하는), ¶ *a antiabortion movement* 임신 중절 반대 운동. 〔craft.
an·ti·air [ǽntiɛ̀ər, +美 -tai-] *adj.* 〔구어〕 = antiair-
an·ti·air·craft [æ̀ntiɛ́ərkræ̀ft, -tai- / -ɛ́əkràːft] *adj.* 방공[용]의, 대공의, 대(對) 항공기용의. ¶ *an antiaircraft artillery* 고사포대 / an *antiaircraft gun* 고사포.
antiáircraft báttery *n.* 〔군사〕 대공(전투) 부대.
antiáir wárfare *n.* 〔군사〕 대공 작전.
an·ti·al·ien [æ̀ntiéiljən, -liən] *adj.* 배타적인.
an·ti·al·ler·gic [æ̀ntiəlɔ́ːrdʒik, -tai-], (-gen·ic [-dʒénik]) *adj.* 〔의학〕 항(抗) 알레르기[성]의 〔물질〕.
an·ti-A·mer·i·can [æ̀ntiəmérikən, -tai-] *adj.* 반미의.
an·ti·art [ǽntiɑ̀ːrt, +美 -tai-] *n.* ⓤ 반(反)예술, 네오다다(neo-Dada). — *adj.* 반예술의.
an·ti·au·thor·i·tar·i·an [æ̀ntiɔ(ː)θɔ́ːrité(ː)riən, θɑ̀r- / -ɔ̀ːθɔ́ːrité(ː)r-] *adj.* 반(反)권위(독재)주의의.

an·ti·au·thor·i·tar·i·an·ism [æntiəθɔ́:ritɛ́(:)riənìz(ə)m, -θər- / -ɔ:θɔ́ritɛ́ər-] *n.* 반권위(독재)주의.

an·ti·bac·te·ri·al [æntibæktí(:)riəl, +美 -tai- / æntibæktíəriəl] *adj.* 항균성의(抗菌性)의.

àn·ti·bal·lís·tic míssile [æntibəlístik-] *n.* 탄도탄 요격 미사일[略 ABM].

an·ti·bi·o·sis [æntibaióusis, +美 -tai-] *n.* U (생물) 항생 작용.

an·ti·bi·ot·ic [æntibaiátik, -tai- / æntibaiɔ́t-] *n.* (생화학) 항생 물질. — *adj.* 항생 작용의(이 있는); 항생 물질의.

an·ti·black [æntiblǽk, -tai-] *adj.* 흑인에게 적대적인, 흑인 배척(혐오, 멸시)의.

an·ti·black·ism [æntiblǽkiz(ə)m, -tai-] *n.* 반흑인주의, 흑인 적대주의.

an·ti·bod·y [æntibádi / -bɔ̀di] *n.* (*pl.* **-bod·ies**) (생화) 항체[면역 혈청 속에 있으며, 항독·살균 작용을 한다]. *cf.* antigen

an·ti·bus·ing [æntibʌ́siŋ, -tai-] *n.* (흑·백인 공학을 촉진시키기 위한) 강제 버스 통학을 반대하는. ¶ *a antibusing* movement 강제 버스 통학 반대 운동.

an·tic [ǽntik] *n.* 1 (보통 ~s) 익살맞은 동작, 광대짓. ¶ play *antics* 익살부리다. 2 《고어》익살 광대극, 막간(幕間)의 익살. 3 《고어》어릿광대(clown). 4 기괴한 모습의 인간상(고딕 건축에 많다). — *adj.* (고어) 이상한, 별난, 기괴한; 익살맞은, 까불스. — *vi.* (**-ticked, -tick·ing**) 익살부리다, 까불다.   [性)의.

an·ti·can·cer [æntikǽnsər, -tai-] *adj.* 항암성(抗癌

an·ti·cat·a·lyst [æntikǽtəlist, +美 -tai-] *n.* (화학) 1 (抗)촉매[반응 속도를 늦추는 촉매] (negative catalyst). 2 촉매독[촉매 작용을 방해하는 물질] (catalytic poison).

an·ti·cath·ode [æntikǽθoud, +美 -tai-] *n.* (전자 공학) 대(對)음극[X 선관 따위의 양극. 전자가 이에 닿아 X선이 발함]. [가톨릭(주의)의.

an·ti·Cath·o·lic [æntikǽθ(ə)lik, -tai-] *adj.* 반(反)

an·ti·chlor [ǽntiklɔ̀:r / -klɔ̀-] *n.* (화학) 염소 제거제.

an·ti·choice [æntitʃɔ́is, -tai-] *adj.* 임신 중절 반대파의. — *adj.* 임신 중절 반대(파)의.

An·ti·christ [ǽntikràist] *n.* (신학) 1 (종종 the ~) 반(反)그리스도[그리스도의 강한 적수로서 말세에 출현한다고 하는 인물. ← 요한1서 (書) (1 John 2 : 18)]. 2 (때로 a-) 그리스도의 적, 그리스도[교] 반대자.

an·ti·chris·tian [æntikríst(ə)n, -tai- / æntikrístjən, -tʃ(ə)n-] *adj.* 그리스도의 적, 반기독교도의. — *n.* (폐어) 기독교 반대자, 반기독교도.

an·ti·chris·tian·ism [æntikríst(ə)nìz(ə)m, -tai-, æntikrístjənìz(ə)m, -tʃ(ə)n-] *n.* U 반기독교[주의], 기독교 반대.

an·tic·i·pant [æntísipənt] *adj.* 예기하는, 예상하는; 앞서는(*of*…). ¶ be *anticipant of* …을 내다보다. — *n.* = anticipator.

:an·tic·i·pate [æntísipèit] *vt.* (**-pat·ed, -pat·ing**) 1 …을 예기하다, 예상하다, 예견하다, 미리 알다; 기대하다; [흉사]를 지레 짐작하다, 걱정하다. ⇒ EXPECT 類語 ¶ *anticipate* a victory 승리를 예상(예기)하다 / *anticipate* trouble =*anticipate* that there will be trouble 골칫거리가 생길 것을 염려하다 / I *anticipate* happy holidays at the seaside this summer. 이번 여름에는 바닷가에서의 즐거운 휴가를 기대하고 있습니다. // (~ + -*ing*) He *anticipated getting* a letter from his uncle in England. 그는 〈영국에 있는 아저씨로부터의 편지를 고대하고 있었다. // (~ + *that* 節) I *anticipate that* she will come. 그녀가 오리라고 생각한다. // (~ + 目 + 前) We *anticipate* great pleasure *from* our visit to America. 우리는 미국 여행을 큰 즐거움으로 기대하고 있다.

2 미리 처리(조치)하다, 앞질러 논하다. ¶ *anticipate* a question 문제를 미리 논하다 / The maid *anticipates* her master's request. 그 하녀는 주인의 뜻을 미리 알고 일을 처리한다.

3 (상대방)을 앞지르다, …의 기선을 제(制)하다, (남)에게 선수치다. ¶ *anticipate* the enemy's strategy 적의 작전을 미리 알고 손을 쓰다 / The boxer *anticipated* his antagonist by a prompt action. 그 권투 선수는 재빠른 동작으로 상대방의 기선을 제하였다.

4 (월급·수입 따위)를 예기하고 미리 쓰다; (채무)를 예상하고 쓰다. ¶ *anticipate* one's salary 급료가 들어올 것을 예상하고 쓰다.

5 (일)을 앞당기다. ¶ *anticipate* a payment 지급을 앞당기다 / *anticipate* one's ruin 멸망을 재촉하다 / *anticipate* by half an hour the time of one's arrival 도착 시간을 30분 앞당기다.

◇ ánticipàtion *n.*, antícipant, antícipative, antícipatory *adj.*

:an·tic·i·pa·tion [æntìsipéi(ə)n, -----] *n.* U 1 예기, 예상, 기대, 예감, 예견; 예상(기대)되는 것. 2 기선을 제하기, 앞지르기, 선수를 쓰기, 예방; 수입을 내다 쓰기. 3 (법률) (신탁 자산의) 기한 전 양도(사용). 4 (음악) 선행음(先行音).

in (or **by**) **anticipation** 미리. ¶ Thanking you *in anticipation*. 《청탁 편지 따위의 맺음말로서》미리 감사 드립니다.

in anticipation of …을 예상하고, 내다보고.

◇ antícipàte *v.*, antícipative, antícipatory *adj.*

an·tic·i·pa·tive [æntísipèitiv] *adj.* 예기한, 앞을 내다본; 선수를 치는. **~·ly** *adv.* [람; 선수치는 사람.

an·tic·i·pa·tor [æntísipèitər] *n.* 예상(예기)하는 사

an·tic·i·pa·to·ry [æntísipətɔ̀:ri / -pèitəri, -pətəri] *adj.* 1 예측의, 예기하는, 예견한(anticipative). ¶ *anticipatory* importation 앞을 내다보는 수입. 2 (문법) 선행의. ¶ an *anticipatory* subject 선행 주어   **-ri·ly** *adv.*

an·ticked [ǽntikt] *v.* antic 의 과거·과거 분사.

an·tick·ing [ǽntikiŋ] *v.* antic 의 현재 분사.

an·ti·cler·i·cal [æntiklérikl, +美 -tai-] *adj.* (정치적 문제 따위에 대해) 교권의 개입을 반대하는, 반교권적인.

an·ti·cler·i·cal·ism [æntiklérikəlìz(ə)m] *n.* 반(反) 교권주의.

an·ti·cler·i·cal·ist [æntiklérikəlist] *n.* 반교권주의자.

an·ti·cli·mac·tic [æntiklaimǽktik] *adj.* 점강법(漸降法)의; 용두사미의.

an·ti·cli·max [æntikláimæks] *n.* (修辭) 1 U 점강법(漸降法) (차츰 약해지는 표현법). *opp.* climax 2 용두사미; 면목없는 결말; 명예의 실추.

an·ti·cli·nal [æntikláin(ə)l] *adj.* (지질) 배사(背斜) 의. *opp.* synclinal

an·ti·cline [ǽntiklàin / -ànti-] *n.* (지질) 배사 습곡(褶曲) (중축에서 양쪽으로 내려간 습곡). *opp.* syncline

an·ti·clock·wise [æntiklákwàiz, -tai- / æntiklɔ́k-] *adj., adv.* = counterclockwise.

an·ti·co·ag·u·lant [æntikouǽgjulənt, +美 -tai-] (의학) (특히 혈액의) 응고를 막는. — *n.* 응고를 막는 물질.

an·ti·Com·mu·nism [æntikámjunìz(ə)m / -kɔ́m-] *n.* U 반공주의.

an·ti·Com·mu·nist [æntikámjunist / -kɔ́m-] *adj.* 반(反) 공산주의의, 반공의.

an·ti·cor·ro·sive [æntikərɔ́usiv, +美 -tai-] *adj.* 부식을 방지하는, 녹슬지 않게 하는. — *n.* 방식제(防蝕劑), 방청제(防錆劑).

an·ti·crime [ǽntikràim] *adj.* 방범의.

an·ti·cul·ture [æntikʌ́ltər, +美 æntai-] *n.* 히피 따위의 [반(反)문화, 반체제 문화.

an·ti·cy·clone [æntisáikloun] *n.* (기상) (고기압에 의한) 이심(離心) 선풍, 역선풍; 고기압권.

an·ti·cy·clon·ic [æntisaiklánik, -tai- / æntisaiklɔ́n-]

an·ti·dem·o·crat·ic [æntidèm(ə)krǽtik, +美 -tai-] *adj.* 반민주주의의.
an·ti·diph·the·rit·ic [æntidifθərítik, +美 -tai-] (학) *adj.* 항(抗)디프테리아의. —— *n.* 항디프테리아 [주사]제.
an·ti·dis·crim·i·na·tion [æntidiskrìmənéiʃ(ə)n, -tai-] *adj.* 인종(종교) 차별에 반대하는.
an·ti·di·u·ret·ic [æntidàiju(:)rétik, -tai- / æntidài- juər-] *adj.* 항이뇨(抗利尿) [성]의. —— *n.* 항이뇨제.
an·ti·dot·al [ǽntidòutl] *adj.* **1** 해독제의, **2** 해독의 [효과가 있는].
***an·ti·dote** [ǽntidòut] *n.* **1** 해독제, 소독약. **2** 교정법(수단), 해독 제거물(*to, for, against* ...).
◇ **ántidotal** *adj.*
an·ti·drug [ǽntidrʌ̀g, -tai-] *adj.* 마약 방지의, 마약 사용에 반대하는.
an·ti·dump·ing [æntidʌ́mpiŋ, -tai-] *adj.* 덤핑[해외 투매] 방지의. —— *n.* 반덤핑제의.
an·ti-Es·tab·lish·ment [æntiistǽblɪʃmənt] *adj.* 반체제주의의.
an·ti-Es·tab·lish·men·tar·i·an [æntiistæ̀blɪʃmənté(:)riən / -tèər-] *n.* 반체제주의자.
an·ti·fe·brile [æntifí:bral, +美 -tai-, +英 -féb-] (학) *adj.* 해열 효과가 있는, 해열의(antipyretic). —— *n.* 해열제, —— *adj.* 주의 반대의.
An·ti·fed·er·al [æ̀ntifédər(ə)rəl, +美 -tai-] *adj.* 연방 [론] 반대의.
An·ti·fed·er·al·ism [æntifédərəlìz(ə)m, +美-tai- / -tèri-] *n.* [美역사] 연방주의 반대, 반연방주의.
An·ti·fed·er·al·ist [æntifédərəlist, +美 -tai-] *n.* **1** [美역사] 반연방 당원 및 그 지지자. **2** 연방주의 반대자.
an·ti·fe·male [æntifí:meil, +美-tai-] *adj.* 여성을 적대시하는.
an·ti·fer·til·i·ty [æntifə(:)rtíliti, -tai-] *adj.* 피임의. ¶ *antifertility agents* 피임약
an·ti·for·eign·ism [æntifɔ́:rinìz(ə)m, -tai-, -fár- / éntifɔ́r-] *n.* 배외(排外)사상. 「개념 미술의.
an·ti·form [æntifɔ́:rm, +美 -tai-] *adj.* 반(反)조형의.
an·ti·freeze [æntifrí:z] *n.* 부동액.
an·ti·fric·tion [æntifríkʃ(ə)n, +美 -tai-] *n.* 감마재(減摩材), 윤활제(lubricant). —— *adj.* 마찰을 줄이는.
an·ti·fun·gal [æntifʌ́ŋgəl, -tai-] *adj.* 항균(살균) [성]의.
an·ti-G [æntidʒí:, -tai-] *adj.* [우주복 따위가] 내중력(耐重力)의. [<antigravity]
an·ti·gas [æntigæs, -tai-] *adj.* 독가스 방지의.
an·ti·gen [æntidʒən] *n.* [생화학] 항원[생체 내에 들어가서 항체 형성을 촉진하는 독소·세균]. *cf.* antibody
An·tig·o·ne [æntígəni:] *n.* [그리스 신화] 안티고네[Oedipus가 생모인 줄 모르고 아내를 삼은 Jocasta 사이에 태어난 딸. 아저씨 Thebes의 왕 Creon의 금령을 어기고 오빠 Polynices의 장례를 치렀기 때문에 동굴에 갇혔다가 스스로 목매어 죽었다].
an·ti·gov·ern·ment [æntigʌ́vər(n)mənt, -v(ə)n-] *adj.* 반(反)정부의, 반정부 세력의.
an·ti·grav·i·ty [æntigrǽviti, +美 -tai-] *n.* U 반(反)중력. —— *adj.* 반중력의.
an·ti·grope·los [æ̀ntigrápiləs / æntigrɔ́piləuz] *n.* (*pl.* **-los**) 방수 각반(防水脚絆).
ànti-G sùit *n.* [항공] 내(耐)중력복[비행사가 중력 가속도의 영향에서 몸을 지키기 위해 입는 옷] (G suit).
an·ti·hel·i·cop·ter [æntihélikàptər, -tai- / -kɔ̀p-] *adj.* [군사] 대(對)헬리콥터용의. ¶ *antihelicopter weapon* 대헬리콥터용 무기.
an·ti·he·lix [æntihí:liks, +美 -tai-] *n.* (*pl.* **-hel·i·ces** [-hélisì:z] *or* **-he·lix·es** [-hí:liksiz]) [해부] 대이륜(對耳輪).
an·ti·he·ro [æntihì:rou / -híərou] *n.* (*pl.* **-roes**) 주인공답지 않은 주인공, 주인공다운 점이 없는 주인공; 반(反)영웅.
an·ti·hi·jack·ing [æntiháidʒækiŋ] *adj.* [항공기의] 공중 납치 방지의.
an·ti·his·ta·mine [æntihístəmì:n] *n.* UC [약] 항히스타민제[천식·두드러기 따위의 치료제].
an·ti·ic·er [æntiáisər] *n.* [항공] 결빙 방지 장치. *cf.* deicer
an·ti·im·pe·ri·al·ism [æntiimpí(:)riəlìz(ə)m, -tai- / æntiimpíəri-] *n.* U 반제국주의.
an·ti·im·pe·ri·al·ist [æntiimpí(:)riəlist, -tai- / æntiimpíəri-] *n.* 반제국주의자.
an·ti·knock [æntinák, -tai-, -nɔ́k / æntinɔ́k] *n.* 안티녹제(劑), 제폭제(制爆劑) [내연 기관 내의 이상 폭발을 억제하기 위해 연료에 첨가하는 물질]. —— *adj.* 제폭[제]의. 「지 못하는.
an·ti·lit·ter [æntilítər, +美 -tai-] *adj.* 쓰레기를 버리지
an·ti·log·a·rithm [æntilɔ́:gərìð(ə)m, -lág- / æntilɔ́gərìθ(ə)m, -ð(ə)m] *n.* [수학] 대수(對數)에 대한 진수(眞數).
an·ti·lo·gous [æntílagəs] *adj.* 앞뒤가 맞지 않는, 자기 모순의. 「전후 모순의.
an·til·o·gy [æntíləldʒi] *n.* UC (*pl.* **-gies**) 자가 당착.
an·ti·ma·cas·sar [æntiməkǽsər] *n.* [의자의 등·팔걸이 따위의] 커버, 덮개.
an·ti·ma·lar·i·al [æntimalé(:)riəl, -tai- / æntimalɛ́ər-] *adj.* 말라리아 예방의; 말라리아에 듣는. —— *n.* 말라리아 예방약.
an·ti·mask, -masque [æntimæsk / -mà:sk] *n.* [가면극의] 막간의 어릿광대 익살극. 「반(反)물질.
an·ti·mat·ter [æntimǽtər, -tai-] *n.* U [물리]
an·ti·mil·i·ta·rism [æntimílitəriz(ə)m] *n.* U 반(反)군국주의. 「자.
an·ti·mil·i·ta·rist [æntimílitərist] *n.* 반군국주의
an·ti·mis·sile [æntimísl, -tai- / æntimísail] *adj.* [군사] 미사일 방어용의. ¶ an *antimissile missile* 미사일 요격 미사일[略 AMM].
an·ti·mo·nar·chi·cal [æntimanɑ́:rkik(ə)l, -tai- / æntimon-] *adj.* 군주 정치 반대의.
an·ti·mo·nar·chist [æntimánərkist / æntimɔ́n-] *n.* 군주 정치 반대자.
an·ti·mo·ni·al [æntimóuniəl -njəl, -niəl] *adj.* [화학] = antimonic.
an·ti·mon·ic [æntimánik] *adj.* [화학] 안티몬의, 안티몬을 함유한, 안티몬질의.
an·ti·mo·nop·o·ly [æntimənápə(ə)li / -nɔ́p-] *adj.* 독점 반대(금지)의. ¶ *antimonopoly law* 독점금지법.
an·ti·mon·soon [æntimənsú:n / æntimɔn-] *n.* [기상] 반대 계절풍[monsoon과 역행하며, 그 상공에 있는 기류].
an·ti·mo·ny [æntimòuni / -məni] *n.* [화학] 안티몬, 안티모니[원자 기호 Sb]. 「억제.
an·ti·na·tal·ism [æ̀ntinéitəlìz(ə)m] *n.* U 인구(산아)
an·ti·na·tal·ist [æntinéitəlist] *n.* 인구 억제론자. —— *adj.* 인구 억제론의.
an·ti·na·tion·al [æntinǽʃ(ə)nəl] *adj.* 반국가적인, 국가주의 반대의. 「인의.
an·ti·Ne·gro [æntiní:grou, +美 -tai-] *adj.* 반(反)흑
an·ti·neu·ral·gic [æntin(j)u(:)rǽldʒik, -tai- / æntinjú(ə)r-] [의학] *adj.* 항(抗)신경통의, 신경통 치료(예방)의. —— *n.* 신경통 치료약.
an·ti·neu·tri·no [æntin(j)u:trí:nou, -tai- / -nju:-] *n., adj.* (*pl.* **-nos**) [물리] 반중성미자(反中性微子) [의]. 「반중성자.
an·ti·neu·tron [æntin(j)ú:trɑn, -tai- / -nju:-] *n.* [물리]
an·ti·noise [æntinɔ́iz, +美 -tai-] *adj.* 소음 방지의.
an·ti·no·mi·an [æntinóumiən] *n.* [기독교도는 복음서에 기록된 신의 도덕률에서 해방되어 있다고 주장하는 사람]. —— *adj.* 도덕률 초월론자의.
an·ti·no·mi·an·ism [æntinóumiənìz(ə)m] *n.* U 도덕률 초월론의. 「배반의.
an·ti·nom·ic [æntinámik / -nɔ́m-] *adj.* 모순된; 이율

an·tin·o·my [æntínəmi] *n.* ⓤⓒ 1 모순, 자가 당착. 2 〖철학〗이율 배반.

an·ti·nov·el [æntinàv(ə)l, -tai- / -nɔ̀v-] *n.* 앙티로망, 반소설〖전통적 수법에서 벗어난 소설〗.

an·ti·nu·clear [æ̀ntin(j)ú:kliər / -njú:-] *adj.* 핵 에너지 반대의. —— *n.* 핵 에너지 반대론자.

an·ti·nu·cle·on [æ̀ntin(j)ú:kliən / -njú:-] *n.* 〖물리〗반핵자(反核子)〖반양성자(antiproton)와 반중성자(antineutron)가 있다〗.

an·ti·on·co·gene [æ̀ntiáŋkədʒì:n / -ɔ́ŋ-] *n.* 〖의학〗암 억제 유전자.

an·ti·ox·i·dant [æ̀ntiáksidənt, -tai- / æ̀ntiɔ́ks-] *n.* 〖화학〗1 산화 방지제. 2 〖고무·휘발유·비누 따위의〗노화(산화) 방지제.

an·ti·par·ti·cle [ǽntipɑ̀:rtikl, +美 -tai-] *n.* 〖물리〗반입자(反粒子)〖반양자·반중성자 따위〗.

an·ti·par·ty [æ̀ntipɑ́:rti] *adj.* 당 정책(지도부)에 반대하는. ¶ *antiparty* activities 반당(反黨) 활동.

an·ti·pas·to [æ̀ntipǽstou / -pɑ́:s-] *n.* (*pl.* **-tos** or **-ti** [-ti:]) 〖이탈리아식의〗전채(前菜), 오르도브르(hors d'oeuvres).

an·ti·pa·thet·ic [æ̀ntipəθétik], (**an·ti·pa·thet·i·cal** [-k(ə)l]) *adj.* 〖본래〗싫어하는, 성미에 맞지 않는; 혐오감을 품고 있는(*to* ...). **-i·cal·ly** [-ikəli] *adv.*

an·ti·path·ic [æ̀ntipǽθik] *adj.* 서로 용납하지 않는, 2 〖의학〗반대 징후를 나타내는.

an·tip·a·thy [æntípəθi] *n.* ⓤⓒ (*pl.* **-thies**) 1 천성적으로 싫어함, 성미에 맞지 않음, 혐오감(repugnance) (*to* ...). *opp.* **sympathy** ⇒ AVERSION 類語 ¶ I have an *antipathy* to snakes 뱀을 아주 싫어하다 / take an *antipathy* to (or *toward, against*) ⋯을 싫어하다, 혐오하다. ¶〖뿌리 깊은〗반감. ¶ Oil and water have an *antipathy*. 기름과 물은 상극이다. 3 본능적으로 싫은 것, 질색인 것(일). ¶ Toads are his *antipathy*. 그는 두꺼비가 질색이다.

an·ti·per·son·nel [æ̀ntipə̀:rsənél, +美 -tai-] *adj.* 〖군사〗〖무기가〗대인(對人)의. ¶ *antipersonnel* bombs 대인 폭탄.

an·ti·phlo·gis·tic [æ̀ntifloudʒístik, +美 -tai-] 〖의학〗*adj.* 염증을 억제하는. —— *n.* 소염제.

An·ti·phlo·gis·tine [æ̀ntifloudʒístin] *n.* 〖상표명〗소염고(消炎膏).

an·ti·phon [ǽntifən, -fɔn / -fɔn, -fən] *n.* 1 〖두 패가 번갈아 부르는〗응답 합창(시). 2 〖교회〗a) 교송(交誦)〖성가〗. b) 〖예배 전후에 부르는〗송가.

an·tiph·o·nal [æntífən(ə)l] *adj.* 응답 송가의; 교송의; 응답식의(responsive). ¶ 응답 합창 시가집(antiphonary). **~·ly** [-nəli] *adv.*

an·tiph·o·nar·y [æntífənèri / -nəri] *n.* (*pl.* **-nar·ies**) 응답 합창 시가집; 교송 성가집.

an·tiph·o·ny [æntífəni] *n.* (*pl.* **-nies**) 1 〖교회〗〖두 패로 나뉘어 합창〗합창곡의 교송. 2 교송 성가, 성가(antiphon). 3 〖음악에 맞추는〗선창구(句), 교창.

an·tiph·ra·sis [æntífrəsis] *n.* ⓤⓒ (*pl.* **-ses** [-sì:z]) 〖수사〗어의역용(語義逆用)〖어구를 반대의 뜻으로 쓰기〗.

an·ti·play [æ̀ntiplèi, +美 -tai-] *n.* 〖연극〗반(反) 희극〖전통적 연출법에 반항하여, 넌센스적인 언어를 사용하는 반(反) 희곡〗.

an·tip·o·dal [æntípədl] *adj.* 〖지리〗대척지(對蹠地)의. *cf.* antipodes 1 2 정반대의(*to* ...). ¶ *antipodal* characters 정반대의 성질.

an·ti·pode [ǽntipòud] *n.* 정반대의 것.

an·tip·o·de·an [æntípədí(:)ən] *adj.* 1 대척지의; 대척지 주민의. 2 (때로 A-) 〖英〗호주〖사람〗의. —— *n.* 대척지 주민, 2 (때로 A-) 〖英〗호주 사람.

an·tip·o·des [æntípədì:z] *n. pl.* 1 〖지구상의〗 대척지(對蹠地)〖어떤 지점에서 보아 지구의 정반대에 해당 되는 지점〗. ¶ Australia is at the *antipodes* of England. 호주는 영국의 대척지에 해당한다. 2 〖英〗호주와 뉴질랜드. 3 대척지의 주민. (*to* ...).

an·ti·pole [ǽntipòul] *n.* 1 반대의 극. 2 정반대(*of*, ...).

an·ti·po·li·tics [æ̀ntipɑ́litiks, -tai- / æ̀ntipɔ́l-] *n. pl.* 〖단수 취급〗반(反)정치. ¶ 공해 방지의.

an·ti·pol·lu·tion [æ̀ntipəlú:ʃ(ə)n] *adj.* 공해 반대의.

an·ti·pope [ǽntipòup] *n.* 〖정당하게 선출된 교황에 대하여〗대립 교황.

an·ti·pov·er·ty [æ̀ntipávərti, -tai- / -pɔ́v-] *n.* ⓤ, *adj.* 빈곤 추방(의).

an·ti·pros·ti·tu·tion [æ̀ntipràstit(j)ú:ʃ(ə)n, -tai- / -prɔ̀stitjú:-] *adj.* 매춘 금지의.

an·ti·pro·ton [æ̀ntipróutən, -tai- / æ̀ntipróutɔn] *n.* 〖물리〗반양자(反陽子)〖양자와 같은 질량으로서 음전기를 가진 소립자〗.

an·ti·py·ret·ic [æ̀ntipairétik, +美 -tai-] 〖의학〗*adj.* 해열의, 열을 내리는. —— *n.* 해열제.

an·ti·py·rine [æ̀ntipáirin, -rin / -páiər-] *n.*, ⓤ 〖약〗안티피린〖진정제·해열제·류머티즘약·진통제〗.

antiq. 〖略〗antiquity. ¶ ⋯따위에 사용함.

an·ti·quar·i·an [æ̀ntikwέ(:)riən / -kwέər-] *adj.* 고물 연구의, 골동품 취미의, 골동품을 좋아하는. —— *n.* 고물 연구(수집)가, 골동품 애호가.

an·ti·quar·i·an·ism [æ̀ntikwέ(:)riənìz(ə)m / -kwέər-] *n.* ⓤ 골동품 취미, 고물 수집벽(癖).

an·ti·quar·y [ǽntikwèri / -kwəri] *n.* (*pl.* **-quar·ies**) 1 고고학자; 고물 연구가; 고물·골동품 수집가. 2 골동품 상인.

an·ti·quate [ǽntikwèit] *vt.* (**-quat·ed, -quat·ing**) 1 〖새로운 것이〗〖종래의 것을〗 헐게(낡게) 하다, 시대에 뒤지게 하다. 2 ⋯을 옛것처럼 보이게 하다.

an·ti·quat·ed [ǽntikwèitid] *adj.* 1 낡은, 구식의 (obsolete, obsolescent); 〖남아서〗못 쓰게 된, 시대에 뒤진, ⇒ ANCIENT 類語 2 오래된, 노령의(aged).

*****an·tique** [æntí:k] *adj.* 1 옛날의, 예전의, 2 옛시대의. ¶ *antique* furniture 옛날 가구. 3 케케묵은, 시대에 뒤진, 고풍스러운(old-fashioned). ⇒ ANCIENT 類語 4 오래된, 노령의(aged). 5 고대의. —— *n.* 1 고물, 고미술품, 골동품. ¶ fake (or imitation) *antiques* 가짜(모조) 골동품. 2 (the ~) 〖특히 그리스·로마의〗고대 미술 양식. 3 ⓤ 〖인쇄〗앤티크체〖굵은 활자체〗. —— *vt.* (**-tiqued, -tiqu·ing**) ⋯을 옛것처럼 보이게 하다. 낡아 보이게 하다. **~·ly** *adv.* **~·ness** *n.*

◇ **ántique** *v.*, antíquity *n.*

*****an·tiq·ui·ty** [æntíkwiti] *n.* (*pl.* **-ties**) 1 ⓤ 낡음, 고색. ¶ an object of *antiquity* 고물 / a family of great *antiquity* 아주 오래된 집안. 2 ⓤ 먼 옛날, 태고, 고대. ¶ unknown *antiquity* 아득히 먼 옛날 / from immemorial *antiquity* 태고적부터 / in remote *antiquity* 먼 옛날에 / in classical *antiquity* 〖그리스·로마의〗고대에 있어서. 3 〖집합적〗고대인. 4 (보통 -ties) 고물, 고기(古器); 고대의 풍습(관습). ¶ *antiquities* from China 중국에서 온 골동품 / forge *antiquities* 골동품을 모조하다. ◇ antíque *adj.*

an·ti·rab·ic [æ̀ntiréibik / -rǽb-] *adj.* 광견병에 효력이 있는, 광견병을 예방(치료)하는. ¶ 〖예방(치료)의〗.

an·ti·ra·chit·ic [æ̀ntirəkítik, +美 -tai-] *adj.* 구루병 예방(치료)의.

an·ti·rac·ism [æ̀ntiréisiz(ə)m, +美 -tai-] *n.* 〖인종 별 반대, 인종 차별 사회학론〗. ¶ 〖의〗.

an·ti·ri·ot [æ̀ntiráiət, +美 -tai-] *adj.* 폭동 진압(방지)의.

an·ti·ro·man [F ɑ̃tirɔmɑ̃] *n.* 〖프랑스〗= antinovel.

an·tir·rhi·num [æ̀ntiráinəm] *n.* 금어초속(屬)의 초본.

an·ti·rust [æ̀ntirʌ́st, +美 -tai-] *adj.* 녹슬지 않게 하는, 녹을 방지하는(rustproof). —— *n.* 방청(防錆)제.

an·ti·sab·ba·tar·i·an [æ̀ntisæ̀bətέ(:)riən, -tai- / æ̀ntisæ̀bətέər-] *n.*, *adj.* 안식일 엄수 반대의〖사람〗의.

An·ti·sa·loon League of America [æ̀ntisəlú:n-, +美 -tai- / æ̀nti-] *n.* 주류 판매 반대 동맹〖주류의 제조·

an·ti-sat·el·lite [æntisǽt(ə)làit, +美 -tai-] *adj.* 〖군사〗 위성을 공격하는. — *n.* 군사 위성, 공격 위성. 판매에 반대하여 1893년에 Ohio 주(州)에서 발족].

ánti-sátellite wéapon *n.* 위성 공격 병기.

an·ti·sci·ence [æntisáiəns, +美 -tai-] *adj.* 인간성을 무시한 과학에 반대하는. — *n.* ⓤ 반과학[주의].

an·ti·scor·bu·tic [æntiskɔːrbjúːtik, +美 -tai-] 〖의학〗 *adj.* 괴혈병에 듣는. — *n.* 괴혈병 치료제.

an·ti·scrip·tur·al [æntiskríptʃ(ə)r(ə)l, +美 -tai-] *adj.* 성서의 교리에 반대되는.

an·ti-Sem·ite [æntisémait, +美 -síːm-, -tai-] *n.* 반유대주의자, 유대인 배척자.

an·ti-Sem·it·ic [æntisimítik, +美 -tai-] *adj.* 반유대주의의, 유대인 배척의, 유대인 혐오의.

an·ti-Sem·i·tism [æntisémitìz(ə)m, +美 -tai-] *n.* ⓤ 반유대주의, 유대인 배척론(운동).

an·ti·sep·sis [æntisépsis] *n.* ⓤ 방부(防腐) 〖법〗, 소독 〖법〗.

an·ti·sep·tic [æntiséptik] *adj.* 방부성의. — *n.* 방부제.

an·ti·sep·ti·cal·ly [æntiséptikəli] *adv.* 방부제로.

an·ti·sep·ti·cize [æntiséptisàiz] *vt.* (*-cized*, *-ciz·ing*) …을 방부제로 처리하다.

an·ti·se·rum [æntisíː(ː)rəm / -síərəm] *n.* ⓤⓒ (*pl.* *-rums* or *-se·ra* [-síːrə]) 항혈청[항체를 함유한 혈청].

an·ti·sex·ist [æntiséksist, -tai- / ænti-] *adj.* 남녀 차별에 반대하는.

an·ti·sex·u·al [æntisékʃuəl, -tai- / æntiséksjuəl], **-sex** [-séks] *adj.* 성활동이나 성의 표현에 반대하는.

an·ti·skid [æntiskíd, -tai- / ænti-] *adj.* 미끄럼막이의.

an·ti·sky·jack·ing [æntiskáidʒækiŋ, -tai-] *adj.* 비행기 납치 방지의.

an·ti·slav·er·y [æntisléivəri, +美 -tai-] *n.* ⓤ 노예제도 반대. *adj.* 노예제도 반대의, 노예 해방의.

an·ti·smog [æntismǽg, -tai- / æntismɔ́g] *adj.* 스모그 방지의.

an·ti·smok·ing [æntismóukiŋ, -tai-] *adj.* 흡연을 억지(抑止)하는, 흡연에 반대하는.

an·ti·so·cial [æntisóuʃ(ə)l, +美 -tai-] *adj.* 1 비사교적인, 사교를 싫어하는, 사람을 싫어하는. 2 반사회적인, 사회 질서를 어지럽히는.

an·ti·so·lar [æntisóulər, -tai-] *adj.* 〖천구(天球)에서〗 태양의 바로 맞은편에 있는.

an·ti·spas·mod·ic [æntispæzmádik, -tai- / æntispæzmɔ́d-] *adj.* 경련을 멈추는. — *n.* 진경제(鎭痙劑).

an·ti·stat·ic [æntistǽtik, -tai-] *adj.* 1 〖전기〗 공전(空電) 방지의. 2 정전기를 방지하는. — *n.* 정전기 방지제.

an·tis·tro·phe [æntístrəfi] *n.* 1 〖고대 그리스 연극의〗 역무(逆舞) 〖그 합창〗〖합창대가 무대 왼쪽에서 오른쪽으로 되돌아가는 동작 및 그때에 부르는 합창곡의 일부〗. *cf.* strophe 2 〖韻律〗〖대조적으로 구성된 시의 제2연, 대조 시절(詩節)〗; 〖음악〗 대조 악절. 3 〖修辭〗 도치 반복[어구의 순서를 뒤바꾸어 되풀이하는 부분. e.g.: the home of joy and the joy of home]; 역용(逆用) 논법〖상대방 주장을 상대에게 불리한 증언으로 역용하기〗.

an·ti·stroph·ic [æntistráfik / -strɔ́f-] *adj.* 1 역무의. 2 역용적인.

an·ti·sub·ma·rine [æntisʌbmərìːn, +美 -tai-] *adj.* 〖군사〗 대(對)잠수함의.

antisúbmarine rócket *n.* 〖군사〗 대(對)잠수함 로켓[略 ASROC].

an·ti·sub·ver·sive [æntisʌbvə́ːrsiv, -tai- / ænti-] *adj.* 파괴 활동 방지의.

an·ti·tank [æntitǽŋk, -tai-, -- / æntitǽŋk, --] *adj.* 〖군사〗 대전차의. ¶ an *antitank* gun 대전차포.

an·ti·tech·nol·o·gy [æntitekná1ədʒi, -tai- / -nɔ́l-] *n.* 반(反)과학 기술〖인류에게 피해를 주는 과학 기술의 연구나 발전에 반대하는 일〗.

an·ti·ter·ror·ist [æntitérərist, +美 -tai-] *adj.* 테러에 대항하는, 대(對) 테러리스트[용]의.

an·ti·theft [æntiθéft] *adj.* 도난 방지의. ¶ an *anti-theft* lock 도난 방지용 자물쇠. 〖 ist

an·ti·the·ist [æntiθíːist] *n.* 반(反)유신론자. *cf.* atheist

an·tith·e·sis [æntíθisis] *n.* ⓤⓒ (*pl.* *-ses* [-síːz]) 1 대조, 대립(opposition, contrast) (*between* …), ¶ the *antithesis* of prose and verse 운문과 산문의 대조. 2 정반대(*of*, *to* …). 3 〖修辭〗 대조법〖뜻이 상반되는 어구를 대조시키는 일. e.g: Give me liberty, or give me death.〗; 대구(對句)〖위의 예와 같은 대비된 구절의 제2구〗.

an·ti·thet·ic [æntiθétik], **-i·cal** [-ik(ə)l] *adj.* 1 대조적인; 정반대의. 2 대조법의, 대구의. **-i·cal·ly** [-ikəli] *adv.*

an·ti·tox·ic [æntitáksik / -tɔ́ks-] *adj.* 〖의학〗 항독소의; 항독성의. 〖면역소.

an·ti·tox·in [æntitáksin / -tɔ́ksin] *n.* 〖의학〗 항독소. 2

an·ti·trade [æntitréid / --] *n.* (~s) 반대 무역풍, 역항풍(逆恒風). — *adj.* 반대 무역풍의, 역항풍의.

an·ti·Trin·i·tar·i·an [æntitrínitéɪ(ː)riən, -tai- / æntitrinitɛ́ər-] *adj.* 삼위일체론 반대의. — *n.* 삼위 일체론 반대자.

an·ti-Trin·i·tar·i·an·ism [æntitrínité(ː)riən-ìz(ə)m, -tai- / æntitrinitɛ́ər-] *n.* ⓤ 삼위일체론 반대주의.

an·ti·trust [æntitrʌ́st, +美 -tai-] *adj.* 트러스트(기업합동) 반대의, 독점 금지의. ¶ an *antitrust* law 독점 금지법.

an·ti·tus·sive [æntitʌ́siv, -tai-] *adj.* 〖약학〗 기침을 억제(완화)하는. — *n.* 진해제, 기침약.

an·ti·type [ǽntitàip] *n.* 1 〖성서〗 대형(對型)〖구약 성서에 나오는 사건으로서 그 형(型)이 이미 예시된 신약 시대의 사건〗. 2 〖모형에 대한〗 원형.

an·ti·typ·i·cal [æntitípik(ə)l], **-ic** [-ik] *adj.* 대형의. **-i·cal·ly** [-ikəli] *adv.*

an·ti·un·ion [æntijúːnjən, +美 -tai-] *adj.* 《美》 노동조합 반대의. 〖(反) 우주.

an·ti·u·ni·verse [æntijùːnivə́ːrs, +美 -tai-] *n.* 반

an·ti·u·to·pi·a [æntijuːtóupiə, +美 -tai-] *n.* 〖상상에 의한〗 반(反)이상향, 결함 사회(dystopia).

an·ti·ven·in [æntivénin, +美 -tai-], (**an·ti·ve·nene** [-vənìːn, -vénin]) *n.* 1 항사독소(抗蛇毒素) 〖뱀을 독을 동물 체내에 되풀이 주사하여 얻는 것〗. 2 항사독소가 있는 〗 혈청.

an·ti·ver·si·ty [æntivə́ːr(i)ti] *n.* 《속어》 반(反) 대학. 〖학.

an·ti·vice [æntiváis] *adj.* 매춘 반대의.

an·ti·vi·ral [æntiváirəl, -tai- / æntiváiərəl] *adj.* 항바이러스성의.

ántiviral ágents *n.* 항바이러스 제(劑) 〖바이러스 감염으로 인한 질병 치료약〗.

an·ti·vi·ta·min [æntiváitəmin, -vìtə-] *n.* 항비타민〖물〗, 비타민 파괴물.

an·ti·viv·i·sec·tion·ist [æntivìvəsékʃ(ə)nist, +美 -tai-] *n.* 생체 해부 반대론자.

an·ti·war [æntiwɔ́ːr, +美 -tai-] *adj.* 전쟁 반대의, 반전의. ¶ an *antiwar* pact 부전(不戰) 조약.

an·ti·weap·on [æntiwépən, +美 -tai-] *adj.* 무기 휴대를 금하는. 〖인의.

an·ti·white [ænti(h)wáit, -tai- / æntiwáit] *adj.* 백색

an·ti·world [æntiwə́ːrld, +美 -tai-] *n.* (종종 ~s) 〖물리〗 반세계〖반물질(antimatter)로 이루어진다〗.

ant·ler [æntlər] *n.* 〖사슴 따위의〗 가지진 뿔.

ant·lered [æntlərd] *adj.* 1 가지진 뿔이 있는. 2 가지진 뿔로 장식한.

ant·li·on [æntlàiən] *n.* 명주잠자리, 〖그 유충인〗 개미귀신.

an·to·no·ma·sia [æntəno(u)méiʒə / -ziə] *n.* ⓤⓒ 〖修辭〗 환칭(換稱) **a)** 고유 명사를 써서 같은 뜻의 사람을 지칭하는 일. 예: a Solomon 현명한 지배자. **b)**

호·직함 따위를 써서 특정인을 지칭하기. 예: his lordship 각하].

‡**an·to·nym** [ǽntənim] *n.* 반의어. *opp.* synonym

an·tre [ǽntər] *n.* (주로 詩) 동굴(cave).

an·trum [ǽntrəm] *n.* (*pl.* **-tra** [-trə]) 〖해부〗 뼈의 공동(空洞), 골육의 강(腔).

ants·y [ǽntsi] *adj.* (**ants·i·er, ants·i·est**) 《美속어》 불안한, 조심하는; 안절부절 못하는.

ANTU, antu [ǽntu:] *n.* 〖상표명〗 안투[회색의 쥐약]. [< alpha-*n*aphthylthiourea)

A·nu·bis [ən(j)úːbis / ənjúː-] *n.* [이집트 신화] 아누비스[자칼(jackal)의 머리를 가진 죽음의 수호신. 그리스 사람에는 Hermes 와 동일시].

A number 1 (주로 námbər wán) = A 1.

an·u·ra [ən(j)ú(/)rə / ənjúərə] *n. pl.* 〖동물〗 무미목(無尾目).

an·u·ran [ən(j)ú(/)rən / ənjúə-] 〖동물〗 *adj.* 무미목(anura)의. — *n.* 무미목에 속하는 양서류[개구리 따위].

an·u·rous [ən(j)ú(/)rəs / ənjúə-] *adj.* 〖동물〗 꼬리 없는, 무미목류(類)의.

[Anubis]

a·nus [éinəs] *n.* 〖해부〗 항문. ⇨ ALIMENTARY CANAL 그림.

****an·vil** [ǽnvil] *n.* **1** 모루; 두들기는 대. **2** 〖해부〗 침골(砧骨)(incus) (중이(中耳)의 3개의 작은 뼈의 하나).

[ǽnvil]

on (or *upon*) *the anvil* 검토중, 준비중. ¶ *We had another method on*(or *upon*) *the anvil.* 우리는 다른 방법을 검토중이었다.

‡**anx·i·e·ty** [æŋ(g)záiəti] *n.* (*pl.* **-ties**) **1** 〖U〗 걱정, 근심, 불안, 염려(*about, for ...*); 〖C〗 걱정거리. ⇨ CARE 類語 ¶ with *anxiety* 걱정하여 / be in great *anxiety* 몹시 근심하고 있다 / cause (or give) a person much *anxiety* 남에게 몹시 걱정시키다 / I am all *anxiety*. 나는 몹시 걱정하고 있다(=I am very anxious.) / That's an unnecessary *anxiety*. 그런 걱정은 안해도 된다 / *anxiety about* the future 미래에 대한 불안 / *anxiety for* a person's safety 남의 안전에 대한 걱정 / feel no *anxiety about* ... 에 대하여는 조금도 걱정하지 않다 / He is afflicted with *anxiety on* his family troubles. 그는 가정의 말썽거리로 걱정을 하고 있다.
2 〖U〗 갈망, 열망(strong desire) (*for ...*). ¶ My chief *anxiety* is to have my son pass the examination. 아들을 시험에 합격시키는 것이 나의 염원이다 // I went there in my *anxiety* to meet her. 나는 그녀를 만나고 싶은 나머지 그곳에 갔다 // I cannot but praise his *anxiety for* knowledge. 그의 지식욕에는 탄복하지 않을 수 없다. ◇ ánxious *adj.*

‡**anx·ious** [ǽŋ(k)ʃəs] *adj.* **1** (주로 서술용법) 여, 근심(염려)하여(*about, at, for ...*); (한정용법) 걱정스러운, 염려가 되는. ¶ an *anxious* person 걱정이 많은 사람 / *anxious* looks 걱정스러운 얼굴 / *anxious* feelings 불안한 생각 / *anxious* cares 걱정거리 // As he is weak, he is always *anxious about* his health. 그는 몸이 약해서 항상 건강을 염려하고 있다 // We were *anxious for* his safety. 우리는 그가 안전한지 염려했다 / He is *anxious at* her delay. 그는 그녀가 늦어서 걱정하고 있다. **1** 하고 싶어하여, 갈망(열망)하여 (*for ...*). ⇨ EAGER 類語 ¶ Parents are *anxious for* the welfare of their children. 부모란 자식의 행복을 열망한다 // I am *anxious to* know the result of the test. 나는 시험 결과를 알고 싶다 // He was *anxious that* you should be happy.= He was *anxious for* you to be happy. 그는 당신이 행복하기를 바라고 있었다. **~ness** *n.* ◇ anxíety *n.*

****anx·ious·ly** [ǽŋ(k)ʃəsli] *adv.* **1** 걱정하여, 염려스럽게. **2** 갈망하여.

ánxious séat(**bénch**) *n.* **1** 《美》《드물게》 참회자석[부흥회 따위에서 특히 신앙이 두터워지기를 바라는 사람이 앉는다]. **2** 고민(걱정)하고 있는 상태. ¶ be on *the anxious seat* 걱정하고 있다.

‡**an·y** [éni; 《때로》약 əni] *adj.* **1** (의문문·조건절에서) 어떤, 무슨, 얼마든, 누구든. ¶ Was there *any* student in the room? 그 방에는 누구든 학생이 있었습니까? / Have you *any* questions? 질문 있습니까? / Do you have *any* money with you? 돈 좀 갖고 있습니까? ⇨ SOME 類語 (1) If *any* person calls in my absence, tell him [that] I am out shopping. 내가 없을때 누구든 찾아오면 장보러 나갔다고 말해 주세요.

— **Usage**[1] (1) *any*+단수와 *any*+복수 — *any*+가산명사 단수형에서는 「하나(한 사람)이라도」와 *any* 의 뜻이 강하고, *any*+가산 명사 복수형에서는 *any* 는 약하며, 뒤의 명사에 뜻의 중점이 있다: Do you have *any book* on the subject? / Do you have *any books* on the subject? (2) *any* 와 some 에 대해서는 some 의 類語을 참조.

2 (부정문에서) 조금도, 아무도, 아무것도. ¶ I haven't *any* brother. 내게는 형제가 하나도 없다 / Both brothers lived many years without *any* problems of *any* kind. 형제는 둘 다 아무 문제도 없이 많은 세월을 살았다.

— **Usage**[2] not any 와 no — (1) 목적어를 부정할 경우에 no 를 쓰는 것은 문어적, not any 는 구어적: I have *no* money with me. / I *don't* have *any* money with me. 단, no 를 흔히 쓰는 경우도 있다: I have *no* idea. 모르겠다. (2) 주어를 부정할 경우는 *Not any* man came. 이나 *Any* man did *not* come.으로 하지 않고, *No* man came. 으로 하는 것이 관용적. 단, no 를 강조하여 *Not a* man came. 이라고도 한다.

3 (긍정문에서) 무엇이든지, 누구든지, 어떤...이라도, 어느 것이나, 얼마든지. ¶ at *any* cost (or price) 어떤 희생을 치르더라도, 기어코 / at *any* rate 어쨌든 / You may come *any* day. 언제든지 오십시오 / You can take *any* book[s] you like. 원하는 어느 책이든 갖고 가시오 / He will return home *any* minute now. 그는 지금이라도 곧 귀가할 것이다 / Don't make a noise when you take soup or *any* other liquid food. 수프나 다른 국물같은 음식을 먹을 때는 소리를 내지 마라 / She is more charming than *any other* girl at the party. 그녀는 파티에서 다른 어떤 소녀보다도 매력적이다(*** 비교급+than any other 는 최상급의 뜻을 나타내므로, 예문 = She is the most charming of the girls at the party. 라고 바꾸어 말할 수 있다).

any amount (or **number**) **of** *** amount 는 양을 나타내고 단수 취급, number 는 수를 나타내고 복수취급. ① 얼마든지, 한없이. ¶ I have *any amount of* sugar (*any number of* pencils). 설탕(연필)은 얼마든지 있습니다. ② 《英구어》 많은, 많이 (much, many). ¶ He drinks *any amount of* wine. 그는 술을 많이 마신다.

any and every 무엇이고.

any old ⇨ OLD.

any one ① [éniwʌ́n] 어느 것이든 하나[의], 누구든 한 사람[의]. ¶ Choose *any one* book you like. 어느 것이든 좋아하는 책을 한 권 고르시오. ② [éniwʌ̀n] 누구든(anyone). ⇨ ANYONE.

in any case ⇨ CASE.

— *pron.* *** 의미·용법은 형용사와 같으며 단·복수의 두가지 뜻으로 쓰이지만,「사람」의 뜻으로는 대개 복수취급. **1** (any 다음에 이미 나온 명사가 생략되거나 any 의 구문에서) **a)** (의문문·조건절에서) 무언가, 얼마인가, 누구든. ¶ Is there *any* more of this coffee? 이 커피 좀 더 있습니까? / Do you want *any* of these flowers? 이 꽃 중에서 어느 것을 원하십니까? / If *any*

of you don't mind, please shut the windows. 괜찮다면 창문을 닫아주기 바랍니다.
b) 《부정문에서》 조금도, 아무도, 아무것도. ¶ I don't want any [of these books]. [이 책중에서] 어느 것도 원치 않습니다.
c) 《긍정문에서》 무엇이든지, 누구든, 어느 것이든, 얼마든지. ¶ You may have any of these flowers in the garden. 정원에 있는 꽃은 어느 것이든 드리겠습니다 / Which tie do you want? —— Any of them will do. 어느 넥타이를 원하세요? —— 어느 것이든 괜찮소 / His novels have as good a chance of surviving as any that have been written in the last hundred years. 그의 소설은 지난 백 년간에 쓰인 어떤 소설 못지 않게 살아남을 가망이 있다.
2 《앞뒤의 명사와 관계없이》 아무에게도, 아무도. ¶ The secret is unknown to any. 그 비밀은 아무에게도 알려져 있지 않다 / He completed the work of compilation better than any before him. 그는 어느 전임자보다도 그 편집 업무를 훌륭히 완성시켰다.
if any ⇒ IF.
—— adv. 1 《형용사·부사의 비교급 및 특정의 형용사·부사의 원형 앞에 놓여 정도를 나타낸다》 a) 《의문문·조건절에서》 얼마간, 조금은, 조금이라도. ¶ Do you feel any better today? 오늘은 기분이 좀 나아졌습니까? / If we proceed any farther, we shall meet with difficulties. 조금이라도 더 나아가면 어려움에 부딪칠 것이다.
b) 《부정문에서》 조금도. ¶ I cannot bear the noise any longer. 더 이상은 소음을 참을 수 없다 / She isn't in high school any more. 그녀는 이제 고등학교에 있지 않다 / He was very ill last year, but he is not any the worse for it now. 그는 작년에 몹시 앓았지만 지금은 그 때문에 조금이라도 건강이 악화되어 있지는 않다 (※ any the+비교급의 형태로 부정·의문·조건문에 쓰며, 「조금이라도(그만큼 더)…」의 뜻을 나타낸다) / It isn't any too big for you. 네게는 조금도 지나치게 크지는 않다 / My plan is not any different from yours. 내 계획은 네 것과 조금도 다르지 않다 / This isn't any good. 이것은 조금도 쓸모없다.
2 《단독으로 써서》《美》 조금은, 조금이라도. ¶ Did you hurt yourself any? 다치지는 않았어요? / Did you sleep any last night? —— No, I didn't any. 간밤에는 좀 잤습니까? —— 조금도 자지 못했소. / The patient has not improved any. 환자는 조금도 나아지지 않았다.
any more ⇒ MORE.
not … any more than ⇒ MORE.

an·y·bod·y [énibàdi, -bÀdi / -bòdi, -bədi] pron. 1 《의문문·조건절에서》 누군가. ¶ Is anybody out in the garden? 누가 정원에 나와 있습니까? / Does anybody else want to go with me? 그 밖에 누군가 나와 같이 가기를 원합니까? / If anybody calls on me while I am out, tell him (or them) I shall be back by three in the afternoon. 외출중에 누가 찾아오면 오후 3시까지 돌아온다고 말해주시오. ⇒ Usage (2)
2 《부정문에서》 아무도. ¶ I haven't seen anybody in the room. 그 방에서는 아무도 보지 못했습니다 / Don't say anything to anybody about the affair. 그 일에 대해서는 아무한테도 아무 말 하지 마십시오.
3 《긍정문에서》 누구든지. ¶ Anybody can tell you. 누구든지 말해 줄 수 있다.
—— Usage (1) 부정 대명사로서는 오늘날에는 한 단어로 쓰이며, any body로 두 단어로 쓰면 「어떤 물체(육체)」의 뜻. (2) anybody 는 성·수의 구별이 없으므로 대명사로 받는 경우, 문맥에 따라 단수(he, his, him)·복수(they, their, them)의 어느 것이나 쓰인다. (3) anybody 는 anyone 보다는 구어적.
—— n. (*pl.* **-bod·ies**) 1 중요한 사람, 상당한 사람, 높은 사람. *cf.* nobody ¶ Work harder, or you will never be *anybody*. 더 열심히 공부하지 않으면 이렇다 할

인물이 되지 못한다. 2 《복수형으로》 이름없는 사람들, 변변치 못한 사람. *cf.* somebody ¶ The guests are a few *anybodies* except a man who is somebody. 손님들은 한 사람의 명사를 빼면 보잘것없는 사람 몇이 있을 뿐이다.

‡**an·y·how** [énihàu] adv. 1 어떻게든지, 무슨 수를 쓰더라도, 꼭(anyway). ¶ The gate was shut, so we could not get into the premises *anyhow*. 대문이 잠겨 있어서 아무리 해도 구내에 들어갈 수 없었다 / Must I do so *anyhow*? 꼭 그렇게 해야 합니까?
2 어차피, 어쨌든, 여하튼. ¶ It may rain, but *anyhow* I am going out. 비가 올지 모르지만 아무튼 외출하겠다 / You will be late *anyhow*. 어차피 늦을 거요.
3 되는 대로, 아무렇게나(carelessly). ¶ He never did his work *anyhow*. 그는 일을 아무렇게나 한 적은 결코 없었다.
all anyhow 아무렇게나, 되는 대로. ¶ It's no use doing your work *all anyhow* like that. 일을 그렇게 아무렇게나 해서는 못쓴다.

an·y·more [énimɔ́ːr / -mɔ́ː] adv. 《美》《부정문에서》 요즘은, 최근에(recently). ¶ I will not drink *anymore*. 요즘은 술을 안 마신다 / He rarely comes here *anymore*. 그는 요즘은 여기 오는 일이 드물다.

‡**an·y·one** [éniwÀn, -wən] pron. 1 《의문문·조건절에서》 누군가. ¶ Does anyone feel sick? 누군가 몸이 불편합니까? / If *anyone* calls on me, tell him I am out for a walk. 누가 찾아오면 산책 나갔다고 말해 주시오. 2 《부정문에서》 아무도. ¶ I don't think *anyone* could understand the meaning. 아무도 그 뜻을 이해하지 못했다고 생각한다. 3 《긍정문에서》 누구든지, 어떤 사람이라도. ¶ *Anyone* could solve the problem. 그 문제는 누구든지 풀 수 있다.
—— Usage anyone과 any one ——(1) ányone 내지 ány one 은 사람에 대해서 쓰는 부정 대명사로, 보통 한 단어로 쓰는데, 개별성을 강조하는 뒤 두 단어로 쓴다. (2) ány óne 의 one 은 수사(數詞)로서, 주로 물건에 대해 쓴다: *ány óne* of these books.

an·y·place [éniplèis] adv. 《美구어》=anywhere.

‡**an·y·thing** [éniθìŋ] pron. 1 《의문문·조건절에서》 무엇인가. ¶ Is there *anything* you'd like to talk about? 무엇이 이야기하고 싶은 일이 있습니까? / If *anything* happens, I'll come back at once. 만약 무슨 일이 일어나면 곧 돌아오겠다. 2 《부정문에서》 아무것도. ¶ We can't think of *anything* better. 우리는 이 이상 더 좋은 일은 생각할 수 없다 / He did not have *anything* with him. 그는 아무것도 가진 게 없었다. 3 《긍정문에서》 무엇이든지. ¶ *Anything* is better than nothing. 무엇이든지 있는 편이 없는 편보다 낫다 / I would do *anything* in the world to show my gratitude. 고마움을 나타내기 위해서는 무슨 일이든지 하겠습니다 / *Anything* will do. 무엇이든지 괜찮다.
anything but ① …이외는 무엇이든지. ¶ I would give you *anything but* life. 제발 목숨만 살려 주십시오. ② 결코 …은 아니다, 조금이만 할 뿐 …은 아니다. ¶ He is *anything but* a liar. 그는 결코 거짓말쟁이는 아니다 / She is *anything but* bright. 그녀는 결코 머리가 좋지 않다.
anything like 《부정문에서》 ① 조금이라도 …비슷한 것, …같은 것. ¶ I don't like *anything like* hard work. 조금이라도 힘드는 일은 싫다. ② 도무지, 결코. ¶ His speech was not *anything like* well delivered. 그의 연설은 도무지 잘 되었다고는 할 수 없었다.
anything of ① 《의문문·조건절에서》 다소라도, 조금은. ¶ Is he *anything of* a scholar? 그는 조금은 학자다운 데가 있습니까? / If he is *anything of* a businessman, he will not start such an unprofitable work. 적어도 그가 사업가라면 그렇게 이익이 없는 사업에 손을 대지 않을 것이다. ② 《부정문에서》 조금도. ¶ I haven't seen *anything of* Mr. Kim lately. 요즘

김씨하고는 조금도 못 만난다.
[*as*] ... *as anything* [무엇에도 못지 않을 만큼] 몹시. ¶ She is *as* noble *as anything*. 그녀는 정말 고상하다.
for anything 《부정문에서》 무엇을 준데도, 무슨 일이 있어도, 도저히. ¶ I wouldn't sell that land *for anything*. 무슨 일이 있어도 그 땅은 팔지 않겠다.
for anything I care ⇨ CARE.
for anything I know 잘은 모르지만, 아뭏든. ¶ He may be in Paris now *for anything I know*. 어쨌든 그는 지금 파리에 있을 것이다.
if anything 어느 편이나 하면(rather). ⇨ IF.
like anything ⇨ LIKE.
── *adv.* 얼마간, 다소라도, 적어도. ¶ if he is *anything* young 그가 다소라도 젊다면 / Is it *anything* like mine? 그것은 내 것과 조금은 비슷합니까?
an·y·thing·ar·i·an [ènìθiŋgέ(:)riən/-έər-] *n.* 일정한 신조(신앙, 신념)가 없는 사람.
an·y·time [énitàim] *adv.* 언제든지(whenever); 언제나(always). ¶ Please call on me *anytime*. 언제든지 방문해 주십시오.
‡**an·y·way** [éniwèi] *adv.* =anyhow.
an·y·ways [éniwèiz] *adv.* 《방언·고어》 =anyhow.
an·y·where [éni(h)wɛ̀ər] *adv.* 1 《의문문·조건절·부정문에서》 어디엔가, 어디고; 아무데도. ¶ do not go *anywhere* 아무데도 가지 않다 / Are you going *anywhere* during the vacation? 휴가중에 어디 가시나요? / I could not find a vase of that kind *anywhere* in the store. 그 가게 어디에도 그런 꽃병은 없었다.
2 《긍정문에서》 어디든지. ¶ In the afternoon, you may go *anywhere* you like. 오후에는 원하는 어디든지 가도 좋다.
3 《구어》 《수량 따위의 변동 범위를 나타내어》 대략 …에서 …까지, 대략 …만큼. ¶ Please wait here *anywhere* from ten to fifteen minutes. 여기서 한 10분이나 15분 기다려 주세요.
get anywhere 《주로 부정문에서》① 무엇인가 성과를 거두다, 잘 되다. ¶ You'll never *get anywhere* arguing that way! 그런 식으로 말해봤자 아무 성과(결과)도 얻지 못한다! ② …에게 어떤 성과를 얻게 하다. ¶ That will not *get us anywhere*. 그런 것으로는 우리는 아무 성과도 얻지 못한다.
an·y·wise [éniwàiz] *adv.* 어떻게 해서든, 어쨌든, 결코.
An·zac [ǽnzæk] *n.* 1 《제1차 세계 대전 때의》 호주 및 뉴질랜드 연합 군단의 병사. 2 호주 또는 뉴질랜드 출신의 군인. [<*A*ustralian and *N*ew *Z*ealand *A*rmy *C*orps]
ANZUS [ǽnzəs] 《略》 앤저스[호주·뉴질랜드 및 미국의 태평양 공동 방위체]. [<*A*ustralia, *N*ew *Z*ealand and the *U.S.*]
a/o 《略》 account of (…계정).
A.O.B., a.o.b. 《略》 any other business(다른 일(직업)).
A.O.C. 《略》 *A*rmy *O*rdnance *C*orps (육군 군수부); *A*ssociation of *O*lympic *C*ommittees (각국 올림픽 위원회 협회).
A.O.F. 《略》 《英》 *A*ncient *O*rder of *F*oresters (자선 공제 조합).
A-OK, A-O·kay [èiouként] *adj.* 《美구어》 완전한, 더할 나위 없는.
A.O.L. 《略》 absent over leave(휴가 결근).
A 1, A one [éiwʌ́n], **(A-1, A-one)** *adj.* 1 《배가》 제1급의, 2 (=A *n*umber 1) 《구어》 제1급의, 일류의 (first-class, excellent). ¶ *A* [*No.*] *1* tea 최고급의 차 / an *A 1* musician 일류 음악가 / *A 1* paper 일류 어음. [<영국 로이드 선급 협회의 선박 등록부 Lloyd's Register에 의한 선박의 등급]
A·o·ni·a [eióuniə, -njə] *n.* 이오니아[그리스 중동부의 보이오티아(Boeotia)의 한 지방. Muses가 있었다는 Helicon 산이 있다].

A·o·ni·an [eióuniən, -njən] *adj.* 1 Aonia 지방의. 2 뮤즈의 9여신 (Muses)의; 시적인.
AOR 《略》 *a*dult-*o*riented *r*ock (성인용 로크 음악).
a·o·rist [éiərist/ɛ́ər-, éi(ə)r-] *n.* 《그리스 문법》 부정과거 [영어의 과거에 해당]. ── *adj.* 부정 과거의(에 있어서의).
a·o·ris·tic [èiərístik/ɛ̀ər-, èi(ə)r-] *adj.* 1 《그리스 문법》 부정 과거의. 2 부정의, 불확정의.
a·or·ta [eió:rtə] *n.* (*pl.* -**tas** *or* -**tae** [-ti:]) 《해부》 대동맥. ◇ HEART 그림.
a·or·tic [eió:rtik], **a·or·tal** [eió:rtəl] *adj.* 대동맥의.
a·ou·dad [á:udæd, áu-] *n.* 〔북아프리카산(産)〕 야생양.
à ou·trance [F a utráːs] 《프랑스》 (=to the limit) 극도로; 죽을 때까지.
AP, A.P. 《略》 *A*ssociated *P*ress; *a*ir *p*olice.
ap-¹ *ad*-의 변형으로서 모음 또는 p 앞에 쓴다. ⇨ AD-.
ap-² *apo*-의 변형으로서 모음 또는 h 앞에 쓴다. ⇨ APO-.
Ap. 《略》 *A*postle; *A*pothecaries'; *A*pril.
A.P.A. 《略》 *A*merican *P*harmaceutical *A*ssociation (미국 약학 협회); *A*merican *P*hilological *A*ssociation (미국 언어 학회); *A*merican *P*ress *A*ssociation (미국 신문인 협회); *A*mateur *P*hotographic *A*ssociation (아마추어 사진 협회); *A*rmy *P*rocurement *A*gency (미국 육군 조달 본부); *A*merican *P*rotective *A*ssociation (미국 보호 협회[1899-1911년까지 있었던 반가톨릭 정치단체]); *A*merican *P*sychiatric *A*ssociation (미국 정신의학회); *A*merican *P*sychological *A*ssociation (미국 심리학회).
*****a·pace** [əpéis] *adv.* 빨리, 속히(quickly, swiftly). ¶ It rains *apace*. 빗발이 세어지다 / *Ill news runs apace*. 《속담》 나쁜 소문은 빨리 퍼진다. ◇ pace *n.*
a·pache [əpɑ́ːʃ, əpǽʃ] *n.* 《파리의》 악당, 깡패.
A·pach·e [əpǽtʃi] *n.* (*pl.* **A·pach·es** *or* **A·pach·e**) 1 아파치족[미국 서남부의 아메리카 인디언의 한 종족]. 2 ⓤ 아파치 말[아사파스칸어에 속한다].
apache dance *n.* 아파치 댄스〔원래 파리의 술집에서 유행한 격렬한 춤〕. *cf.* apache
APACL 《略》 *A*sian *P*eople's *A*nti-*C*ommunist *L*eague(아시아 반공 연맹).
ap·a·nage [ǽpənidʒ] *n.* =appanage.
a·part [əpáːrt] *adv.* 1 따로따로, 뿔뿔이(asunder). ¶ come *apart* 뿔뿔이 흩어지다. 2 떨어져, 따로 되어 (separately) (*from…*). ¶ Two towers were set up 2 miles *apart*. 두 탑은 2마일 떨어져서 건립되었다 / live *apart from* one's wife 아내와 별거하다 / The house stood *apart from* the others. 그 집은 다른 집들과 떨어져 있었다. 3 구별하여, 별도로 하여, 그것으로는 (independently) (*from…*). ¶ consider a question *apart from* others 어떤 문제를 다른 문제와 떼어서 생각하다 / *Apart from* its scenic beauty, Mt. Sorak has an attraction in its hot springs. 아름다운 경치는 제쳐놓고라도 설악산은 온천이 있다는 데 매력이 있다 (*《英》에서는 apart from을, 《美》에서는 이 밖에도 aside from 도 사용).
fall apart (사물이) 흐트러지다; 심리적으로 느슨하다; (일이) 실패로 끝나다; (부부가) 헤어지다.
joking apart; apart from joking 농담은 그만두고, *know* (or *tell*) *things apart* …을 구별(분간)하다. ¶ Few can *tell* them *apart*. 그들을 구별할 수 있는 사람은 거의 없다. 「매어두다, 떼어두다.
set (or *put*) *a thing apart for* …을 위하여 따로 」
take a thing apart ⇨ TAKE.
a·part·heid [əpáːrt(h)èit, -(h)àit/əpá:theit, -hèit] *n.* ⓤ 1 민족 격리 정책; 〔특히 남아공화국의 흑인 또는 기타 유색인에 대한〕 인종 차별 정책. 2 격리, 예외.
a·part·ho·tel [əpà:rtho(u)tél] *n.* 《英》 임대 아파트식 호텔〔보통 가구가 딸려 있으며, 제3자에게 빌려줄 수도 있다〕.
‡**a·part·ment** [əpá:rtmənt] *n.* 1 《美》 〔공동주택 내

의] 한 가족용의 거처, 아파트(set of rooms, 《英》flat). ¶ a four-room *apartment* 방 4개의 아파트 / *Apartments* for Rent 《광고문》 아파트 세놓음. **2** (~s) 《英》(특히 단기간 머무는 가구 딸린) 셋방. ¶ *Apartments* to Let 《광고문》 셋방 있음. **3** 방. **4** = apartment house.

apártment búilding *n.* 《美》= apartment house.

apártment cómplex *n.* 〖공공 시설을 갖춘〗 종합 아파트, 아파트 단지.

apártment hotèl *n.* 《美》아파트식 호텔[호텔에서로 식사나 가사(家事) 서비스 따위도 제공되고 자취도 가능한 장기 체재자용 호텔].

apártment hòuse *n.* 《美》공동 주택, 아파트.

ap·a·thet·ic [æpəθétik], **-i·cal** [-ik(ə)l] *adj.* **1** 무감동한(unmoved), 감정이 없는. **2** 냉담한, 무관심한 (indifferent). **-i·cal·ly** [-ikəli] *adv.*

ap·a·thy [ǽpəθi] *n.* ⓤⓒ (*pl.* **-thies**) **1** 무감동, 무감정. **2** 냉담, 무관심(indifference). ¶ political *apathy* 정치적 무관심 / have an *apathy* to ···에 냉담하다.

ap·a·tite [ǽpətait] *n.* Ⓤ 인회석(燐灰石).

APB 《略》*a*ll *p*oints *b*ulletin (전국 지명 수배).

APC 《略》*a*spirin, *p*henacetin, and *c*affeine (아스피린 · 페나세틴 · 카페인의 혼합 제제; 진통 해열약).

apc 《略》[TV] *a*utomatic *p*hase *c*ontrol (자동 위상 (位相) 조정).

AP-DJ 《略》*A*ssociated *P*ress *D*ow *J*ones. (AP 다우 존스 통신사〖미국의 경제 뉴스 통신사〗).

*ape [eip] *n.* **1** 꼬리없는 원숭이; 〔일반적으로〕 원숭이 (monkey). **2** 유인원(anthropoid ape). **3** 흉내쟁이 (imitator). **4** 《美속어》 흑인, 부랑자, 고릴라 같은 사람.

go ape 《美속어》 미치다; 열광하다(*over*…).

play the ape 서투르게 흉내를 내다; 바보 같은 짓을 하다.

— *vt.* (**aped**, **ap·ing**) ···을 흉내내다. ⇨ IMITATE 類語

ape it 흉내를 내다.

a·peak [əpíːk] *adv.* 〖항해〗 수직으로〖세우고〗. ¶ oars *apeak* 노를 세워서 / An anchor is *apeak* when the cable is drawn. 닻줄을 당기면 닻이 수직된다.

APEC 《略》*A*sia-*P*acific *E*conomic *C*ooperation [Minister Conference] (아시아 태평양 경제 협력〖협의체(각료 회의)〗).

A.P.E.C. 《略》《캐나다》*A*tlantic *P*rovinces *E*conomic *C*ouncil (대서양 제주(諸州) 경제 평의회).

ápe hàngers *n. pl.* 《美속어》 (오토바이나 자전거의) 위로 휜 핸들.

ape-man [éipmæn] *n.* (*pl.* **-men** [-mèn]) 원인(猿人).

apep·sia, -sy [əpépʃiə], [-si] *n.* Ⓤ 소화 불량.

a·per·çu [æpərs(j)úː/F æpɛrsy] *n.* 《프랑스》(= perceived) **1** 홀긋 보기(a quick look), 일별 (glimpse). **2** 직감적 통찰력(insight). **3** 줄거리, 개요, 대요(outline, summary).

a·pe·ri·ent [əpí(:)riənt/əpíəri-] 〖의학〗 *adj.* 변이 통하게 하는. — *n.* 하제(下劑), 완하제, 변통에 좋은 음식.

a·pé·ri·tif [ɑːpèritíːf, əpèr-/əpèritíːf] *n.* (*pl.* **-tifs** [-tíːfs]) 〖식욕을 돋구기 위해 마시는〗반주. 〔<F〕

a·per·i·tive [əpéritiv] *adj.* **1** = aperient. **2** 식욕을 돋구는. — *n.* **1** = aperient. **2** = apéritif.

ap·er·ture [ǽpərtʃùər, -tʃər/ǽpətʃə, -tjùə] *n.* **1** 구멍 (hole), 깨진 금(slit), 틈, 간극(gap); 통기 구멍. ¶ an *aperture* for admitting light 채광 구멍. **2** 〖光學〗 렌즈 · 구면경(球面鏡)의] 구경(口徑).

áperture priórity AE 〖사진〗 조리개 우선 AE [조리개를 어떤 수치에 맞추어 놓으면 카메라가 여기에 맞는 셔터 스피드를 계산하여 세트하는 자동노출 촬영]. 〔<AE=*a*utomatic *e*xposure〕

ap·er·y [éipəri] *n.* (*pl.* **-er·ies**) **1** ⓤⓒ〖남의〗흉내. **2** ⓤ 잔꾀, 잔재주. **3** 원숭이집.

a·pet·al·ous [eipétələs/ə-] *adj.* 꽃잎이 없는, 무판(無瓣)의.

a·pex [éipeks] *n.* (*pl.* **a·pex·es** or **a·pi·ces** [ǽpəsìːz/éi-]) **1** 〖물건의〗정점, 꼭대기. ¶ the *apex* of a triangle 삼각형의 정점. **2** 최고조, 극점(climax, acme). **3** 〖천문〗 향점(向點). ¶ the solar *apex* 태양향점.

A·PEX, A·pex [éipeks] *n.* 《항공》(어느 에이펙스[수 주일에 걸친 장기 외국 여행)이 사전에 항공권을 예약 구입하면 할인해 주는 제도]. 〔<*A*dvance *P*urchase *Ex*cursion〕

aph. 《略》aphetic.

a·phaer·e·sis [əférəsis/æfíər-] *n.* = apheresis 〖症〗.

a·pha·sia [əféiʒə/-ʒiə, -ʃiə] *n.* Ⓤ〖병리〗실어증(失語症).

a·pha·si·ac [əféiziæk], **-sic** [-zik] 〖병리〗실어증에 걸린, 실어증의. — *n.* 실어증 환자.

a·phe·li·a [æfí:liə] *n.* aphelion의 복수형.

a·phe·li·on [æfí:liən] *n.* (*pl.* **-lia**) 원일점(遠日點) 〖행성 · 혜성 · 인공 위성 등이 태양에서 가장 멀어지는 점〗. *opp.* perihelion 〔배일(背日)성의.

a·phe·li·o·tro·pic [əfì:liətrɑ́pik/-trɔ́p-] *adj.* 〖식물〗

a·phe·li·ot·ro·pism [æfì:liɑ́trəpìzm/-ɔ́t-] *n.* Ⓤ 〖식물〗 배일성(背日性), 배향성. *opp.* heliotropism

a·pher·e·sis [əférisis/æfíər-], (**aphaeresis**) *n.* Ⓤ〖음성〗어두음 소실〖語頭音消失〗〖예: esquire → squire, abide → bide, racoon → coon 따위〗. *cf.* syncope, apocope

aph·e·ret·ic [æfərétik] *adj.* 어두음 소실의.

aph·e·sis [ǽfisis] *n.* Ⓤ〖음성〗어두 모음 소실〖apheresis 의 일종. 언어사(史)의 용어. 예: adown → down, against → gainst, especial → special〗.

a·phet·ic [əfétik] *adj.* 어두모[자]음 소실의.

aph·i·cide [ǽfisàid] *n.* 〖진디의〗살충제.

a·phid [éifid, +美 ǽf-] *n.* 진디(plant louse). 〔aphid.

a·phis [éifis, +美 ǽf-] *n.* (*pl.* **aph·i·des** [-dìːz]) =

a·pho·ni·a [eifóuniə] *n.* Ⓤ〖병리〗실성증(失聲症), 무성증〖발성 기관의 상해(傷害)로 인한 발성 불능〗.

a·phon·ic [eifɑ́nik/æfɔ́n-] *adj.* 〖음성〗**1** 무음의 (without sound). **2** 무성의(voiceless). **3** 〖병리〗실성(무성)증의. — *n.* 〖병리〗실성(무성)증 환자.

aph·o·ny [ǽfəni] *n.* 〖병리〗 = aphonia.

aph·o·rism [ǽfərìz(ə)m] *n.* 금언, 격언, 잠언(箴言), 경구. 〔가.

aph·o·rist [ǽfərist] *n.* 금언(격언, 경구)가

aph·o·ris·tic [æ̀fərístik], (**aph·o·ris·ti·cal** [-k(ə)l]) *adj.* **1** 격언(금언, 경구)이 많은. **2** 즐겨 금언(경구)을 쓰는. **-ti·cal·ly** [-tikəli] *adv.*

aph·o·rize [ǽfəràiz] (*《英》에서는 **aph·o·rise** 로도 쓴다) *vi.* (**-rized**, **-riz·ing**) 경구를 사용하다; 격언조로 말하다.

a·pho·tic [eifóutik] *adj.* 빛이 없는; 〖바다의〗무광층 (無光層)의; 빛 없이 생장하는. 〔성욕.

aph·ro·di·sia [æ̀frədíʒiə, -zìə / -ʒiə] *n.* 〖특히 격렬한〗

aph·ro·dis·i·ac [æ̀frou(u)díziæ̀k] *n.* 최음제, 미약(媚藥). — *adj.* 성욕을 일으키는, 최음의.

Aph·ro·di·te [æ̀frədáiti] *n.* 〖그리스 신화〗아프로디테〖사랑과 미의 여신. 로마 신화의 Venus에 해당〗.

aph·tha [ǽfθə] *n.* (*pl.* **-thae** [-θiː]) **1** 〖병리〗아구창 (鵝口瘡) (thrush). **2** (-thae) 〖이 병으로 입속에 생기는〗흰 반점.

a·phyl·lous [eiffləs / ə-] *adj.* 〖식물〗잎이 없는, 무엽성(無葉性)의.

API, A.P.I. 《略》《프랑스》 *A*ssociation *P*honétique *I*nternationale (국제 음성학 협회); *A*merican *P*etroleum *I*nstitute (미국 석유 협회). *cf.* IPA, I.P.A.

a·pi·an [éipiən] *adj.* 꿀벌(bee)의.

a·pi·ar·i·an [èipié(:)riən / éipi-/éəri-] *adj.* 꿀벌의; 양봉의, 꿀벌 사육(법)의.

a·pi·a·rist [éipiərist] *n.* 양봉가, 꿀벌 사육가.

a·pi·ar·y [éipièri / éipiəri] *n.* (*pl.* **-ar·ies**) 양봉장, 꿀벌

ap·i·cal [épik(ə)l, éi-] adj. **1** 정점(꼭대기)의 (에서의, 을 이루는). **2** 〔음성〕 혀끝의, 혀끝을 쓰는. — n. [t, d 따위의] 설첨음(舌尖音).

ap·i·ces [épisìːz, éip-/éip-] n. apex 의 복수형의 하나.

a·pic·u·late [əpíkjulit, +美 -lèit] adj. 〔식물〕 〔잎이〕 짧고 갑자기 뾰족해진.

a·pi·cul·tur·al [èipikʌ́ltʃ(ə)rəl/ápi-] adj. 양봉의.

a·pi·cul·ture [éipikʌ̀ltʃər] n. ⓤ 양봉, 꿀벌사육[법].

a·pi·cul·tur·ist [èipikʌ́ltʃ(ə)rist/ápi-] n. 양봉가.

***a·piece** [əpíːs] adv. 하나씩, 따로따로, 한 사람마다, 각각, 각자. ¶ The boys received a dollar *apiece* for the work. 소년들은 그 일에 대해서 각각 1 달러씩 받았다. ◇ piece n.

ap·ish [éipiʃ] adj. **1** 원숭이 같은, 원숭이 비슷한. **2** 비굴하게 모방하는, 흉내내는. **3** 어리석은(silly). ~·ly adv. ~·ness n. 〔형 프로그램 언어〕

APL 〔略〕 〔컴퓨터〕 *A Programming Language* 회화

ap·la·nat [ǽplənæt] n. 〔光學〕 무수차(無收差) 렌즈.

ap·la·nat·ic [æplənǽtik] adj. 〔光學〕 무수차의. ¶ an *aplanatic* telescope 무수차 망원경.

a·plen·ty [əplénti] 〔원래 美〕 adv. 풍부하게, 많이(in plenty). * 때로 a-plenty 라고도 쓴다. — adj. 〔서술 형용사〕 풍부한. ¶ money *aplenty* for all our needs 우리가 필요로 하는 것은 다 대충 만한 많은 돈.

ap·lite [ǽplait] n. ⓤ 반(半)화강암〔흰 세립상(細粒狀)의 화성암〕.

a·plomb [əplám, əplɔ́ːm/əplɔ́m] n. ⓤ **1** 태연자약, 침착, 평정. ¶ with *aplomb* 침착하게, 차분히. **2** 연직 (鉛直), 평형. ¶ lose one's *aplomb* 몸의 평형을 잃다. 〔<F *aplomb* perpendicular position〕

APN 〔略〕 〔러시아〕 *Agentstvo Pechati Novosti* 〔구소련의〕 노보스티 통신사. ✝ *Agentstvo*=agency, *Pechati*=press, *Novosti*=news.

ap·ne·a, ap·noe·a [æpníːə, +美 ˈ---] n. 〔병리〕 무호흡, 질식.

apo. 〔略〕 apogee.

apo- pref. from, away, off 의 뜻(* 모음 앞에서는 ap-으로 되고, 기음 [h] 앞에서는 aph-로 된다〕. 예: *apogamy*, *apograph*.

APO, A.P.O. 〔略〕 *Army Post Office* 〔美〕 육군 우체국〕; *Asian Productivity Organization* 〔아시아 생산성 기구〕.

ap·o·ap·sis [æ̀pou(ə)ǽpsis] n. (pl. -**ses** [-ǽpsìːz]) 궤도 최원점(最遠點) 〔위성이 회전하는 천체에서 가장 멀어진 점〕.

Apoc. 〔略〕 Apocalypse; Apocrypha.

A·poc·a·lypse [əpákəlìps/əpɔ́k-] n. **1** (the A-) 〔성서〕 요한 계시록. **2** 계시, 묵시. **3** 인간 세계를 초월하는 파괴적 또는 이해력이 필요한 사건.

a·poc·a·lyp·tic [əpàkəlíptik / əpɔ̀k-], **-ti·cal** [-tik(ə)l] adj. 천계(天啓)의, 묵시록의. **2** 계시록의. **-ti·cal·ly** [-tikəli] adv.

a·poc·a·lyp·ti·cist [əpàkəlíptisist] n. 멸망이 가까이 다가 왔다고 경고 또는 예언하는 사람.

ap·o·car·pous [æ̀pəkáːrpəs] adj. 〔식물〕 심피가 분리한, 이생의.

ap·o·chro·mat [ǽpəkrou(ə)mæ̀t] n. 〔光學〕 아포크로맷〔색수차(色收差)·구면수차를 보정(補正)한 고급 색(消色) 렌즈〕.

ap·o·chro·mat·ic [æ̀pəkrou(ə)mǽtik] adj. 〔光學〕 아포크로맷의, 고도 소색의.

a·poc·o·pate [əpákəpèit / əpɔ́k-] vt. (-**pat·ed, -pat·ing**) 〔단어〕를 어미음 소실로 간단하게 하다; 〔어미음〕을 없애다.

a·poc·o·pa·tion [əpàkəpéiʃ(ə)n/əpɔ̀k-] n. ⓤ 어미음 소실의 단축.

a·poc·o·pe [əpákəpi/əpɔ́k-] n. ⓤ© 〔음성〕 어미음 소실 〔예: mine → my; name [naːmə] (ME) → name [neim] (Mod. E)〕. cf. apheresis, syncope.

A·poc·ry·pha [əpákrifə/əpɔ́k-] n. pl. 〔단수 취급〕 **1** 〔성서와 같은 시대의 신앙에 관한 문서로서, 정전(正典)으로 인정받지 못한〕 외전(外典), 경외서(經外書). **2** 〔프로테스탄트〕 〔그리스어역 구약 성서 Septuagint 및 라틴어역 구약성서의 부록으로 되어 있지만〕 구약성서로서 인정받지 못하는 15편. **3** (a-) 〔일반적으로〕 작자가 미심스러운 저작(작품) 또는 의심스러운 문서.

a·poc·ry·phal [əpákrif(ə)l/əpɔ́k-] adj. **1** 〔저작·작품 등의〕 작자나 전거가 의심스러운; 〔일반적으로〕 가짜의, **2** 〔신학〕 **a)** (A-) 외전의, 경외서(Apocrypha)의. **b)** 위작(偽作)의.

ap·od [ǽpad/-ɔd] n. 〔동물〕 **1** 발없는 동물〔뱀 따위〕. **2** 배지느러미가 없는 물고기. **3** 판다발이 없는 해삼. — adj. =apodal.

ap·o·dal [ǽpədl] adj. 〔동물〕 **1** 발 없는, 무족의. **2** 〔어류〕 배지느러미가 없는.

ap·o·dic·tic [æ̀pou(ə)díktik], (**ap·o·deic·tic**) adj. **1** 〔논증적으로〕 의심할 여지 없는, 명백한. **2** 〔논리〕 판단·증명 따위가 필연적인.

a·pod·o·sis [əpádəsis/əpɔ́d-] n. (pl. -**ses** [-sìːz]) 〔문법〕 조건문의 귀결절, 결구(結句) 〔예: If I had been in your place, I *would not have done so*. 의 이탤릭체의 절〕. cf. protasis.

ap·o·gam·ic [æ̀pəgǽmik], **a·pog·a·mous** [əpágəməs /əpɔ́g-] adj. 〔식물〕 무배생식(無配生殖)의.

a·pog·a·my [əpǽ··gəmi/əpɔ́g-] n. ⓤ 무배생식.

ap·o·ge·an [æ̀p·o(u)dʒíːən] adj. **1** 〔천문〕 원지점의, 최고〔지〕점의; 최원격 지점의; 정점의, 극점의.

〔apogee 1〕

ap·o·gee [ǽpədʒìː] n. **1** 〔천문〕 원지점(遠地點) 〔달·인공위성 따위가 궤도상에서 지구와 가장 멀어지는 점〕. opp. perigee **2** 최고 (the highest point), 최원격〔지〕점; 극점, 정점(climax).

ápogee kíck n. 〔우주 공학〕 애퍼지 킥〔타원 궤도의 원지점(遠地點)에서 로켓을 분사하여 더욱 큰 에너지의 궤도에 위성을 올려놓는 일〕.

ap·o·graph [ǽpəgræ̀f/-grɑ̀ːf] n. 사본, 등본(transcript). 〔락주의의〕 방종한.

ap·o·laus·tic [æ̀pəlɔ́ːstik] adj. 탐미적인〔耽美的인〕, 쾌

a·po·lit·i·cal [èipəlítik(ə)l] adj. **1** 정치에 무관심한. **2** 정치적으로 중요하지 않은. ~·ly [-kəli] adv.

‡A·pol·lo [əpálou/əpɔ́l-] n. (pl. -**los**) **1** 〔그리스·로마 신화〕 아폴로, 아폴론 〔태양·남자의 미·의학·음악·시·웅변(託宣)·젊음·남성미 따위를 주관하는 신〕. **2** 미모의 청년, 미남 청년. **3** 미국의 아폴로 계획용 우주선. **4** = Apollo Project.

Ap·ol·lo·ni·an [æ̀pəlóuniən] adj. **1** 아폴로신의, 아폴로 숭배의. **2** (a~) 온화한, 조용한; 조화있는, 균형이 잡힌; 이성적인, 냉정한; 고전미를 갖춘. **3** 규율바르고 보수적인. cf. Dionysian

〔Apollo 1〕

Apóllo Pròject n. 아폴로 계획〔미국의 유인(有人) 달 탐험 계획(1966-72)〕.

A·pol·ly·on [əpáljən/əpɔ́l-] n. 〔성 서〕 악 마(Satan); 무저갱의 사자〔← 요한 계시록(Rev.) 9:11〕.

***ap·o·lo·get·ic** [əpàləʤétik/əpɔ̀l-] adj. **1** 사과의, 사죄의. ¶ an *apologetic* speech 사과의 말. **2** 변명의, 해명의. — n. 〔정식의〕 변명, 변호.

ap·o·lo·get·i·cal [əpàləʤétik(ə)l / əpɔ̀l-] adj. 〔구어〕 =apologetic. ~·ly [-li] adv.

ap·o·lo·get·ics [əpàləʤétiks/əpɔ̀l-] n. pl. 〔단수 취

apologia 131 **app.**

급)《신학》변증론, 호교론(護敎論) [기독교를 변호하는 이론].

ap·o·lo·gi·a [æ̀pəlóudʒiə] n. **1** [정당한 일을 주장하는] 변명. **2** ⓤ 변호론; 변명론.

a·pol·o·gist [əpɑ́lədʒist/əpɔ́l-] n. **1** 변 명 자. **2**《신학》[기독교의] 변증자(辨證者), 호교론자(護敎論者).

‡**a·pol·o·gize** [əpɑ́lədʒàiz/əpɔ́l-] (*《英》에서는 **a·pol·o·gise**로도 쓴다) vi. **(-gized, -giz·ing) 1** 사과하다, 사죄하다, 변명하다. ¶ If I have offended you, I *apologize*. 기분이 상했다면 사과하겠다 // (~+前+圖) *apologize* for oneself 변명을 하다 / I must *apologize* to you *for* not writing for such a long time. 이토록 오랫동안 격조한 것을 사과해야 하겠습니다. **2** 〔구두·문서로써〕 변호하다, 변명하다(defend). ◇ apólogy n.

ap·o·logue [ǽpəlɔ̀:g, -lɑ̀g/-lɔ̀g] n. **1** 교훈담, 교훈적 우화. **2** 우화.

‡**a·pol·o·gy** [əpɑ́lədʒi/əpɔ́l-] n. (pl. **-gies**) **1** 사과, 사죄(for ...). ¶ a letter of *apology*; a written *apology* 사과장 / with *apologies* for coming late 우석 지각을 사과하고 / I cannot accept your *apology*. 네 사과는 받아들일 수 없다 / I owe you an *apology*. 당신에게 사과할 일이 있습니다. [석(결근)의 변명. **2** 변명(excuse) (for ...). ¶ an *apology* for absence 결 **3** 명색뿐이 것, 임시변통(makeshift) (for ...).
in apology for …을 사과하여.
make (or *offer*) *an* (or *one's*) *apology for* …에 대하여 사과하다. ◇ apologize v., apologetic adj.

ap·o·lune [ǽpo(u)lùːn] n. 원월점(遠月點) [달을 선회하는 우주선 따위가 달에서 가장 멀어지는 점]. opp. perilune

ap·o·mix·is [æ̀pəmíksis] n. ⓤⓒ (pl. **-mix·es** [-míksìːz]) 〔발생〕 아포믹시스, 배우자(配偶子) 결합에 의하지 않는 생식.

ap·o·phthegm [ǽpo(u)θèm] n. =apothegm.

a·poph·y·sis [əpɑ́fəsis/əpɔ́f-] n. (pl. **-ses** [-sìːz])〔해부·식물〕혹(outgrowth), 돌기, 융기(process), 결절(結節).

ap·o·plec·tic [æ̀po(u)pléktik], **(ap·o·plec·ti·cal** [-tik(ə)l]) adj. **1** 졸중(卒中)의, **2** 졸중에 걸리기 쉬운. ― n. 졸중 환자, 졸중성의 사람.
-ti·cal·ly [-tikəli] adv.

ap·o·plex·y [ǽpəplèksi] n. ⓤ〔병리〕**1** 졸중. ¶ a stroke of *apoplexy* 졸중. **2** 일혈(溢血), 출혈(hemorrhage). ¶ cerebral *apoplexy* 뇌일혈 / heat *apoplexy* 열사병.

a·port [əpɔ́ːrt/əpɔ́ːt] adv. 〔항해〕 좌현(左舷)에. opp. astarboard ¶ Hard *aport*! 최대 좌현으로!

ap·o·si·o·pe·sis [æ̀po(u)sàio(u)píːsis] n. (pl. **-ses** [-sìːz])〔수사〕돈절법(頓絶法) 〔놀라서 또는 기뻐서 중도에 갑자기 말을 그치기, 예: Well, I never [heard anything like that]! 허어, 놀랐는걸!].

a·pos·ta·sy [əpɑ́stəsi/əpɔ́s-] n. ⓤⓒ (pl. **-sies** [-siz]) 배교(背敎); 배신, 변절; 탈당.

a·pos·tate [əpɑ́steit, -tit/əpɔ́stit, -eit] n. 배교자, 배신자, 변절자, 탈당자. ― adj. 배교적인, 배신적인, 변절적인, 〔당 따위에 대하여〕 반당적인.

ap·o·stat·ic [æ̀po(u)stǽtik], **-i·cal** [-ik(ə)l] adj. =apostate.

a·pos·ta·tise [əpɑ́stətàiz/əpɔ́s-] vi. **(-tised, -tis·ing)** (주로 英) =apostatize.

a·pos·ta·tize [əpɑ́stətàiz/əpɔ́s-] (*《英》에서는 **a·pos·ta·tise**로도 쓴다) vi. **(-tized, -tiz·ing)** 신앙을 버리다, 변절하다, 탈당하다 (from ...).

a pos·te·ri·o·ri [éi pɑstì(ː)rióːrai/-pɔstèriɔ́ːri-] adj., adv. (opp. a priori) **1** 결과에서 원인으로 거슬러 올라가는(from effect to cause), 귀납적인(으로). **2** 후천적인(으로). 〔注〕주해.

a·pos·til, -tille [əpɑ́stil/əpɔ́s-] n. 주(注), 방주(傍

*a·pos·tle [əpɑ́sl/əpɔ́sl] n. **1** (A-) 사도〔그리스도의

12제자의 한 사람〕. ¶ the *Apostles* 그리스도의 12사도. **2** 〔어떤 지방에서의〕 최초의 기독교 선교자, **3** 〔그리스 정교〕 예수의 70명 제자 중의 한 사람. **4** 〔모르몬교〕 12명의 총무 위원의 한 사람. **5** 〔주의·정책 등의〕 주창자, 선구자, 개척자. ◇ apostólic adj.

Apóstles' Créed n. (the ~) 사도 신경 〔그리스도의 사도들의 말이라고 하는 신조. "I believe in God the Father Almighty." 〔전능하신 하나님 아버지를 내가 믿사오며〕라는 말로 시작〕.

a·pos·tle·ship [əpɑ́sl∫ip/əpɔ́s-] n. ⓤ **1** 〔기독교의〕 사도의 신분(직분). **2** 선구자(주창자)의 직분.

a·pos·to·late [əpɑ́stəlit, -lèit/əpɔ́s-] n. ⓤ **1** 사도의 직(임무). **2**〔로마교〕〔가톨릭〕로마 교황의 직(직).

ap·os·tol·ic [æ̀pəstɑ́lik/-tɔ́l-], **(ap·os·tol·i·cal** [-ik(ə)l]) adj. **1** 사도의, 〔특히〕 12사도의, 사도다운. **2** 사도에서 전해진, 사도 상의. **3** 로마 교황의(papal). **-i·cal·ly** [-ikəli] adv.

apóstolic délegate n. 〔가톨릭〕 교황청과 외교 관계가 없는 나라의 교회에 보내는 〔교황 전권(全權)〕 사절.

Apóstolic Fáthers n. pl. **1** 사도 교부 〔12사도의 직속 제자였던 교부들〕. **2** 그 저술이라고 하는 2세기경의 책.

Apóstolic Sée n. **1** 로마의 가톨릭 교회. **2** 사도 교회 〔Jerusalem, Antioch, Rome 등 사도들이 세운 교회〕. **3** 성좌(聖座), 교황좌. **4** 교황청, 성청.

‡**a·pos·tro·phe** [əpɑ́strəfi/əpɔ́s-] n. **1** 어포스트로피〔'〕; 소유격 부호; 생략 부호; 복수 부호.
〔주의〕 apostrophe의 주요 용법 ― (1) 명사의 소유격을 만든다: a man's destiny 사람의 운명 / today's paper 오늘의 신문 / a boy's (boys') play 어린이 장난. (2) 어중(語中)의 문자 생략을 나타낸다: don't=do not / I've=I have / we'd=we had, we should *or* we would / it's=it is, it has / o'er=over. (3) 숫자·문자·약자·단어의 복수형을 만든다: two 6's 두 개의 6 / three e's 세 개의 e / the last two the's 마지막 두 개의 the / the 1970's 1970년대. * 최근에는 three es [iz], the 1970s 처럼 어포스트로피를 붙이지 않는 경우도 많다.
2 ⓤ〔수사〕돈호법(頓呼法)〔시·문장·연설의 도중에 감정이 고조되어, 보통의 어세에서 급변하여 다른 사람·사물을 부르는 방법〕. ◇ apostróphic adj., apóstrophize v.

ap·os·troph·ic [æ̀pəstráfik/-trɔ́f-] adj. **1** 어포스트로피의. **2** 돈호법적인.

a·pos·tro·phize [əpɑ́strəfàiz / əpɔ́s-] v. **(-phized, -phiz·ing)** vt. **1** …에 어포스트로피를 붙이다〔붙여서 생략하다〕. **2** 〔수사〕 〔연설 따위〕를 돈호법으로 말하다(address by apostrophe). ― vi. 돈호법을 쓰다.

apóthecaries' méasure n. 약제용 액량법〔액체 약제의 조제에 쓰이는 계량법〕.

apóthecaries' wéight [əpɑ́θikèriz-/əpɔ́θəkəriz-] n. 〔약제용 형량법(衡量法)〕〔약제의 조제·처방에 사용하는 것〕. 〔(고어)〕 약제사, 약국.

a·poth·e·car·y [əpɑ́θikèri/əpɔ́θikəri] n. (pl. **-ries**)

ap·o·thegm, ap·o·phthegm [ǽpo(u)θèm] n. 경구, 격언(aphorism), 잠언(箴言).

ap·o·theg·mat·ic [æ̀po(u)θegmǽtik], **-i·cal** [-ik(ə)l] adj. **(apophthegmatic, -ical)** 경구의, 금언의.

ap·o·them [ǽpoθèm] n.〔기하〕변심(邊心) 거리〔정다각형의 중심에서 변까지의 수선(垂線) 거리〕.

a·poth·e·o·sis [əpɑ̀θióusis/əpɔ̀θ-] n. ⓤⓒ (pl. **-ses** [-sìːz]) **1** 신으로 모시기, 신격화 (deification). **2** 영광을 찬송, 찬양(glorification). **3** 이상, 이상적인 것(사람).

a·poth·e·o·size [əpɑ́θiəsàiz/əpɔ́θ-] vt. **(-sized, -siz·ing)** …을 신으로 모시다, 신격화하다; 신성시하다 (deify); …을 찬미하다. 〔있는〕.

ap·o·tro·pa·ic [æ̀pətrəpéiik] adj. 악마를 쫓는〔힘이

app. 《略》 apparent; appendix; applied; appointed;

apprentice; approved; approximate.
APPA(略) African Petroleum Producers' Association (아프리카 산유국 연합; 1987년 발족).
Ap·pa·la·chi·an [æpəléitʃiən, -látʃ(i)ən/-léitʃiən] adj. 애팔래치아 산맥의. **2** [지질] 펜실베이니아기와 이첩계(二疊系) 시대에 일어난 조산(造山) 작용의. ── *n.* (the ~s) =Appalachian Mountains.
Áppalláchian Móuntains *n. pl.* (the ~) 애팔래치아 산맥[북미 동부 해안을 따라 캐나다 Quebec 주에서 미국 Alabama 주 북부로 이어진 산맥. 최고봉 Mt. Mitchell].
*ap·pall [əpɔ́:l], (appal) *vt.* [사람]을 소름끼치게 하다, 실색케하다, 섬뜩하게 하다(dismay). ¶ I was *appalled* at that sight. 그 광경을 보고 소름이 끼쳤다.
*ap·pall·ing [əpɔ́:liŋ] adj. 소름끼치는, 무서운(horrible). ¶ an *appalling* accident 무시무시한 사고. ~**ly** *adv.*
ap·pa·nage [ǽpənidʒ], (apanage) *n.* [역사] **1** [국왕의 자녀 이외의 왕자들에게 주는] 영지, 봉토(封土). **2** [신분·지위에 따르는] 소유물, 부수입. **3** [사람의] 본성, 특성, 속성, 부수물. ¶ Admiration is a natural *appanage* of beauty. 아름다움에는 자연히 찬탄이 따른다.
ap·pa·ratch·ik [æpərǽtʃik] *n.*(*pl.* -**tchiks** or -**tchiki**[-tʃiki]) [공산국가의] 관료, 기관원; [정치조직의] 스파이. [<*Russ*]
*ap·pa·ra·tus [ǽpərǽtəs, -réit-/ǽpəréi-] *n.*(*pl.* -**tus** *or* -**tus·es**) **1** [특수한 용도에 쓰는 한 벌의] 기계, 기구, 장치. ¶ a chemical *apparatus* 화학 기계 / an electric *apparatus* 전기 장치 / a heating *apparatus* 난방 장치 / a radio receiving *apparatus* 라디오 수신기 / a wireless *apparatus* 무전기. **2** [생리] [어떤 기능을 가진 한 계통의] 기관(器官). **3** [정치 따위의] 기구, 조직, 반(班). ¶ espionage *apparatus* 첩보 기관. **4** *─ apparatus criticus*.
apparátus crít·i·cus [-krítikəs] *n.* [라틴] 본문 비평의 자료[문헌 연구에 필요한 자료. 이문(異文), 주석 따위].
*ap·par·el [əpǽr(ə)l] *n.* ⓤ **1** 옷, 의복(raiment). **2** 옷차림, 의상, 장식. ¶ in decent *apparel* 점잖은 옷차림으로. **3** [항해] 장구(裝具)(艤具) [돛·돛대·닻 따위]. **4** [교회] 제복(祭服)의 자수. ── *vt.* (-**eled, -el·ing;** [英] -**elled, -el·ling**) **1** ···을 단장하다, 치장하다, [남]에게 옷을 입히다(dress). ¶ trees *appareled* with flowers 꽃이 화사한 나무들. **2** [고어] 의장(艤裝)하다.
*ap·par·ent [əpǽr(ə)nt, əpɛ́ər-/əpǽr-, əpɛ́ər-] adj. **1** 눈에 보이는(visible); 분명한, 명백한, 뚜렷한(*to...*). ⇒ CLEAR 類語 ¶ an *apparent* fact 명백한 사실 // It is *apparent* to everybody. 그것은 누구에게나 뻔하다 / It is *apparent* to the naked eye. 그것은 육안으로 보인다. **2** 외관상의, 겉으로의, 겉보기의(seeming). ¶ *apparent* prosperity 외관상의 호경기 / an *apparent* reason 표면상의 이유 / The difficulty is more *apparent* than real. 정말 어려운 것이 아니라 어렵게 보일 뿐이다. **3** [법률] 명백한; 남에게 빼앗기지 않는 상속권을 가진. ¶ an heir *apparent* 법정 추정(法定推定) 상속인.
◇ *apparel v.*, *appéarance n.*
appárent horízon *n.* (the~) [천문] 시(視) 지평선(visible horizon).
‡**ap·par·ent·ly** [əpǽrəntli, əpɛ́(:)r-/əpǽr-, əpɛ́ər-] *adv.* **1** 분명히, 명백히. **2** 외관상으로는, 겉보기는.
*ap·pa·ri·tion [ǽpərɪ́ʃ(ə)n] *n.* **1** 환영, 헛깨비, 유령(specter, phantom). **2** 갑자기 나타나는 것, 출현물. **3** ⓤ [갑작스런] 출현. **4** ⓤ [천문] [별, 특히 혜성 따위의 주기적인] 출현. ◇ *appéar v.*
ap·pa·ri·tion·al [ǽpərɪ́ʃ(ə)nl] *adj.* 환영 같은.
ap·par·i·tor [əpǽrətər/-tɔ:, -tə] *n.* [고대로마 법관의] 속관(屬官), 하급관리; [중세의] 집행리(執行吏), 소환자.

ap·pas·sio·na·to [əpà:sʲəná:tou, əpæ̀sjə-] *adv. adj.* [음악] 열정적으로(의). [<It.]
‡**ap·peal** [əpí:l] *n.* **1** 간청, 애원(entreaty)(*for...*). ¶ an *appeal* for mercy to a person 남에게 자비를 청하기. **2** [여론·무력 따위에] 호소하기(*to...*). ¶ an *appeal* to force 폭력에 호소하기. **3** ⓤ [사람의 마음을 움직이는] 힘, 매력. ¶ sex *appeal*. **4** ⓤⓒ [법률] 항소, 상고. ¶ a court of *appeal* 항소 법원 // He lodged (*or* entered) an *appeal* against the decision. 그는 판결에 대해서 항소했다.
make an appeal for ···을 호소하다.
make an appeal to ···에 호소하다; ···을 매료하다.
── *vi.* **1** 간청하다, 애원하다. ¶ (~+前+名) They *appealed to* him in vain *for* help. 그들은 그의 도움을 호소했으나 소용이 없었다 / I *appeal to* your better judgment. 당신의 판단을 구하고자 합니다.
類語 *appeal* 정의·정당한 이유 따위에 입각하여 도움·지지를 열심히 청하다: *appeal* for contributions to the community chest 공동 기금으로의 기부를 호소하다. *petition* 정당한 권리에 입각하여 통상 문서로써 청원하다: *petition* for another school in the neighborhood 근처에 학교를 하나 더 지어달라고 청원하다. *plead* 법정에서 진술하다; 일반적으로 변명 따위를 하여 열심히 탄원하다: *plead* for leniency 관대한 처분을 탄원하다. *supplicate* 윗사람·권력층 인사에 무릎을 꿇듯이 애원하다.
2 [여론·무력 따위에] 호소하다(*to...*). ¶ (~+前+名) *appeal to* arms (force) 무력(폭력)에 호소하다 / *appeal to* the public 여론에 호소하다.
3 [마음에] 와닿다, 매력이 있다, 마음에 들다(*to...*). ¶ (~+前+名) Blue and red *appeal to* me. 나는 파랑과 빨강을 좋아한다.
4 [법률] 항소하다, 상고하다(*to, against...*). ¶ (~+前+名) *appeal to* the Supreme Court 대법원에 상고하다 / *appeal against* a decision 판결에 불복하여 항소하다. ── *vt.* [美] ···을 항소하다, 상고하다.
appeal to the country ⇒ COUNTRY.
ap·peal·a·ble [əpí:ləbl] *adj.* 항소(상고)할 수 있는; 호소할 수 있는.
ap·peal·er [əpí:lər] *n.* 간청자; 고소인, 고발자.
ap·peal·ing [əpí:liŋ] *adj.* [태도·어조 따위가 사람을] 끄는(attractive), 애원하는 듯한. ~**ly** *adv.*
appéal pláy *n.* [야구] 어필 플레이[주자가 베이스를 밟지 않고 주루(走壘)했을 때, 수비측이 볼로 베이스에 터치한 후 심판에게 아웃을 주장하는 일].
‡**ap·pear** [əpíər] *vi.* **1** 나타나다, 출현하다; [사람이] 사회에 나오다; [신문에] 나다; 발행되다. *opp.* disappear ¶ (~+前+名) *appear on* the horizon 지평선상에 나타나다 / *appear before* the audience 연단에 서다 / *appear before* the public 사회에 나오다 / *appear in* society 사교계에 나오다 / *appear in* print 책으로 나오다 / The details of the scandal *appeared in* yesterday's papers. 그 추문의 자세한 내용은 어제 신문에 났다.
2 [법정 등에] 출두하다, [모임 등에] 나타나다; 등장하다. ¶ (~+as 類) *appear as* Hamlet 햄릿 역으로 등장하다 // (~+前+名) *appear before* the judge 재판을 받다 / *appear in* court 출정(出廷)하다.
3 ···인 듯하다, ···처럼 보이다, 생각되다. ⇒ SEEM 類語 ¶ (~+[to be] 補)(~+that 節) He *appears* [to be] honest. It *appears* that he is honest. 그는 정직한 것 같다 / The orange *appears* rotten inside. 그 귤은 속이 썩은 것 같다 / Strange as it may *appear*, it is true for all that. 이상한 것 같지만 그러나 사실이다 // There *appears* to have been some misunderstanding between them. 그들 사이에 어떤 오해가 있었던 것 같다.
4 분명히 ···이다(be obvious). ¶ for reasons that do

not *appear* 분명치 않은 이유로 // (~+*that* 節) It *appeared* to me *that* he was telling a lie. 그가 분명히 거 짓말을 하고 있다고 생각했다.
◇ appéarance, apparítion *n.*, appárent *adj.*

‡**ap·pear·ance** [əpíərəns] *n.* ⒸⓊ **1** 출현; 출두; 출연, 등장; 출판, 발간. ¶ the *appearance* of her first book 그녀의 처녀작의 발간 / his first *appearance on the stage* 그의 첫 무대.
2 외관, 외견, 모양(look); 겉보기(show); 풍채, 풍모; 체면. ¶ an outward *appearance* 외관 / one's personal *appearance* 풍채 / a good (a bad) *appearance* 좋은(나쁜) 겉모양 / put on the *appearance* of …인 체하다 / The streets have a clean *appearance*. 거리가 깨끗해 보인다 / There is no *appearance* of the weather clearing. 날씨가 갤 것 같지는 않다 / He avoided the *appearance* of coveting an honor. 그는 마치 명예 따위는 탐내지 않는 체했다.

[類語] **appearance** 단지 사람이나 물건의 「외관」이라는 뜻으로는 look와 같은 뜻; 흔히 실질과 다른 거짓「겉보기」를 암시: judge a person by his *appearances* 남을 외관으로 판단하다. **look** 색·모양·표정 따위 누구나 볼 수 있는 구체적인 외관을 가리킨다; 종종 복수형: marry a girl for her *looks* 여자의 용모에 반하여 결혼하다. **aspect** 사람이나 사물의 특징적 외관: the *aspect* of the savage 야만인의 사나운 얼굴. **semblance** 외관상 받는 인상 [허위는 암시하지 않는다]: The place gradually took on the *semblance* of a village. 그곳은 차츰 마을다운 모습을 갖추었다. **guise** 속임수로 가장한 외관: under the *guise* of kindness 친절을 가장하여.

3 (~s) 상황, 형세(circumstances). ¶ unfavorable *appearances* 불리한 형세 / *Appearances* are in our favor (against us). 형세는 우리에게 유리(불리)하다. **4** ⓒ 현상(phenomenon); 환영, 허깨비, 유령(apparition). ¶ natural *appearances* 자연 현상.

at first appearance 언뜻 보기에는.
for appearance' sake; for the sake of appearance 체면상.
in appearance 보기에는.
keep up (or **save**) **appearances** 체면을 유지하다, 체면치레를 하다.
make a good (**an ill**) **appearance** 보기에 좋다(나쁘다). ¶ He made his *appearance* as a musician. 그는 음악가로서 세상에 나타났다 / The journal *makes its appearance* once every two months. 이 잡지는 두 달에 한 번씩 나온다.
put in an appearance [모임 따위에] 잠깐 얼굴을 내 밀다.
to all appearance[s] 어느모로 보나, 언뜻 보기에는.
◇ appéar *v.*, appárent *adj.*

ap·péar·ance mòney *n.* [이름있는 육상 선수가 경기에 출장할 때] 얼굴값으로 주는 사례금(출장료).

ap·pear·ing [əpíəriŋ] *adj.* 《美》《종종 복합어를 만들어》 …인 듯한(looking). ¶ a youthful-*appearing* man 젊어 보이는 사람.

ap·peas·a·ble [əpíːzəbl] *adj.* 달랠 수 있는, 진정시킬 〔주일〕는.

*ap·pease** [əpíːz] *vt.* (-peased, -peas·ing) **1** 〔남〕을 달래다, 〔슬픔 따위〕를 가라앉히다, 〔분쟁 따위〕를 진정시키다. ¶ Nothing could console and *appease* her. 아무것도 그녀를 위로하고 달랠 수는 없었다 // (~+目+ 前+名) *appease* a person by kindness (*with* a present) 친절로(선물로) 남을 달래다. **2** 〔욕망 따위〕를 만족시키다(satisfy), 〔사람의 hunger (appetite, curiosity)〕를 채우다. ¶ 〔지조를 꺾고〕 …에 양보하다.

ap·pease·ment [əpíːzmənt] *n.* Ⓤ 진정, 완화, 위무 (慰撫); 유화(宥和) 〔정책〕. 「가라앉히는 사람.

*ap·peas·er** [əpíːzər] *n.* 달래는 사람, 〔분쟁 따위〕의

ap·pel [əpél] *n.* 〔펜싱〕 아펠. **1** 공격의 의사 표시로 발을 꽝 구르는 일. **2** 상대방 검(saber)의 중간쪽 부분을 세게 후리는 일.

ap·pel·lant [əpélənt] *n.* **1** 고소인, 간청자, 청원자. **2** 〔법률〕 항소인, 상고인. — *adj.* =appellate.

ap·pel·late [əpélət] *adj.* 〔법률〕 상고(항소)의, 상소를 처리하는, 항소 수리의.

appéllate còurt *n.* 상고(항소)법원.

ap·pel·la·tion [æpəléiʃ(ə)n] *n.* **1** 명칭(name), 호칭(title). **2** Ⓤ (고어) 명명(命名), 이름짓기.

ap·pel·la·tive [əpélətiv] *adj.* **1** 〔문법〕 고유 명사에 대해〕 보통명사(common noun). **2** 명칭(designation), 통칭, 별명〔예: *Odd* John의 *Odd* 따위〕. — *adj.* **1** 〔문법〕 총칭의(common). **2** 지명(指名)의, ...이라 칭하는, 묘사적인, 서술적인(descriptive). ~**ly** *adv.*

ap·pel·lee [æpəlíː] *n.* 〔법률〕 피상고인, 피항소인.

ap·pel·lor [əpélər] *n.* 《英》〔법률〕 상고(항소)인.

ap·pend [əpénd] *vt.* **1** …을 덧붙이다, …을 부가(추가)하다. ¶ *append* one's signature 서명하다 / I *append* Mr. A's letter herewith. 여기에 A 씨의 편지를 첨부합니다 // (~+目+前+名) *append* M.D. *to* one's name 이름에 의학 박사의 칭호를 붙이다 / *append* notes *to* a book 책에 주를 달다. **2** …을 붙이다(attach); … 을 걸다(hang on).

ap·pend·age [əpéndidʒ] *n.* **1** 부속물, 첨가물, 추가물. ¶ an *appendage* of an integral part 본체(本體) 일부의 부속물 / an *appendage* to a book 책의 부록. **2** 종속(추종)자. **3** 〔생물〕 부속 기관〔손발 따위〕. **4** 〔식물〕 부속부.

ap·pend·ant [əpéndənt], (**ap·pend·ent** [-ənt]) *adj.* **1** 부속된, 부수(附隨)의(hanging to), 첨가(첨부)한, 추가한(annexed, attached) (*to* …). ¶ *appendant* to something 어떤 것에 부수된. **2** 〔결과 또는 부수물로서〕 따르는, 수반하는(*to* …). ¶ the salary *appendant to* a position 어떤 지위에 부수하는 수입. **3** 〔법률〕 상속 부동산에 부속되는 〔부동산을 상속하면 반드시 그것이 부수하는〕. — *n.* **1** 부가(부속)된 사람, 부속물. **2** 〔법률〕 〔상속 부동산 따위에〕 부속되는 권리.

ap·pen·dec·to·my [æpəndéktəmi] *n.* (*pl.* **-mies** [-miz]) 〔외과〕 충수(蟲垂) 절제〔술〕. 「하나.

ap·pen·di·ces [əpéndisìːz] *n.* appendix의 복수형의

ap·pen·di·ci·tis [əpèndisáitis] *n.* Ⓤ〔병리〕 충수염.

‡**ap·pen·dix** [əpéndiks] *n.* (*pl.* **-dix·es** or **-di·ces** [-disìːz]) **1** 부가물, 추가물; 부록, 증보(增補). ¶ add an *appendix* to a book 책에 부록을 달다. **2** 〔해부〕 돌기(突起), 충양(蟲樣) 돌기. **3** 〔항공〕 〔기구(氣球)의〕 가스 조절용 부대.

[類語] **appendix** 그것이 없더라도 그런대로 내용이 완전한 것에, 편의를 위해 덧붙이는 것: The dictionary contains as an *appendix* a full guide to English grammar. 그 사전에는 부록으로서 영문법의 자세한 길잡이가 포함되어 있다. **supplement** 보통 나중에 최신 정보 따위를 보완하여 내용을 완전하게 하는 것: a yearly *supplement* to the encyclopedia 백과 사전의 연간(年刊) 증보.

◇ appénd *v.*, appéndant *adj.*, *n.*, appéndage *n.*

ap·per·ceive [æpə(ː)rsíːv] *vt.* (**-ceived, -ceiv·ing**) 〔심리〕 통각(知覺)하다. **2** 〔…〕 지각(知覺)하다. **2** 〔…〕 어떤 개념을 새 개념에 동화시켜서〕 …을 이해하다, 통각(統覺)하다; 유화(類化)하다.

ap·per·cep·tion [æpə(ː)rsépʃ(ə)n] *n.* Ⓤ〔심리〕 통각(統覺)하다.

ap·per·cep·tive [æpə(ː)rséptiv] *adj.* 〔심리〕 지각의, 통각의, 유화의.

ap·per·tain [æpərtéin] *vi.* 〔일부·일원(一員)·소유·속성으로〕 …에 속하다(belong); 관계되다(relate) (*to* …). ¶ The authorities confiscated his house and everything *appertaining* to it. 당국은 그의 가옥 및 그것에 부속되는 모든 것을 몰수했다.

ap·pe·tence [ǽpitəns] *n.* ⓊⒸ **1** 〔강한 자연적〕 욕

구, 강한 욕망(intense desire) (of, for, after ...); 기호, 욕심(appetite). 2 본능(자연)적 성향. 3 〖물리·화학〗 친화력(affinity) (for ...).

ap·pe·ten·cy [ǽpit(ə)nsi] n. (pl. **-cies**[-siz]) = appetence.

ap·pe·tent [ǽpit(ə)nt] adj. 강한 욕구를 가진, 열망하는, 동경하는(after, of...); 의욕의, 욕망의.

‡**ap·pe·tite** [ǽpitàit] n. ⓒⓊ 1 식욕, 시장기. ¶ with a good appetite 맛있게 / feel an appetite 시장기를 느끼다 / give a person an appetite 남의 식욕을 돋구다 / have a good (a poor) appetite 식욕이 왕성하다(없다) / provoke (or work up) an appetite 식욕이 나게 하다 / A good appetite is a good sauce. 《속담》시장이 반찬. 2 욕망, 욕구(desire); 기호(inclination) (for ...). ¶ sexual(carnal) appetite 성욕 / an appetite for reading 독서욕. ◇ áppetitive adj.

ap·pe·ti·tive [ǽpətàitiv, əpéti-] adj. 1 식욕의, 식욕이 있는, 식욕을 증진시키는. 2 욕심적인.

ap·pe·tiz·er [ǽpitàizər] n. 식욕을 돋구는 것[술·전채(hors d'oeuvre)따위]. ¶ Exercise is a good appetizer. 운동은 식욕을 돋구어 준다.

ap·pe·tiz·ing [ǽpitàiziŋ] adj. 식욕을 돋구는, 맛있어 보이는. **~·ly** adv.

‡**ap·plaud** [əplɔ́ːd] vi. 박수갈채하다, 성원하다; 칭찬하다. — vt. 1 …에게 박수갈채하다, 성원하다 (cheer). ¶ We applauded the actor. 우리는 그 배우에게 박수갈채를 보냈다. 2 〔남〕을 칭찬하다, 찬양하다 (praise). ¶ 〔~+목+图〕 We applauded him for his honesty.(=We applauded his honesty.) 우리는 그가 정직하다고 칭찬했다.

applaud ... to the echo ⇨ ECHO.
◇ appláuse n., appláusive adj.

‡**ap·plause** [əplɔ́ːz] n. Ⓤ 박수갈채, 성원; 칭찬, 찬양. ¶ a burst of applause 갑자기 터진 갈채 / ensure (or win) the applause of the world 전(全) 세계의 칭찬을 받다. ◇ appláud v., appláusive adj.

ap·plau·sive [əplɔ́ːsiv] adj. 박수갈채의, 칭찬의. **~·ly** adv.

‡**ap·ple** [ǽpl] n. 1 사과, 사과나무. 2 사과 같은 과실. 3 《구어》야구공; 《불업》실패한 투구. 4 《미속어》대도시; 지구(地球). 5 《미구어》 (트롱 형용사와 함께 써서) 놈, 녀석(guy). ¶ a wise apple 건방진 녀석.

the apple of discord ① 〔그리스 신화〕 불화의 사과 [Troy 전쟁의 원인이 된 황금 사과]. ② 불화의 씨.

the apple of Sodom; Dead Sea apple 소돔의 사과 〔겉보기는 아름다우나 한 번 만지기만 하면 재가 된다고 한다〕; 유명 무실; 실망의 원인(근원).

the apple of a person's eye ① 눈동자(pupil). ② 아주 소중하는 것, 애지중지하는 것.

ápple áphid n. 사과나무에 꾀는 진디.

ápple brándy n. Ⓤ 사과 브랜디〔사과사이더(cider)를 증류한 것〕(applejack). 〔(jam).

ápple bútter n. Ⓤ 《향료가 든 달콤한》 사과 잼

ap·ple·cart [ǽplkɑ̀ːrt] n. 1 〔사과장수의〕 손수레. 2 〔속어〕 몸. 〔다.

upset the (or a person's) applecart 계획을 망쳐 놓

ápple chéese n. Ⓤ 사과 치즈〔사과를 짠 찌꺼기를 눌러 굳힌 것〕.

ápple dúmpling n. 사과가 든 찐 만두.

ápple gréen n. Ⓤ (때로 an ~) 산뜻한 황록색, 신

ap·ple·jack [ǽpldʒæk] n. Ⓤ《미》= apple brandy.

ápple knócker n. 《미속어》 사과(과일) 따는 노동자; 시골뜨기.

ápple of díscord n. 1 (the ~) 〔그리스 신화〕 불화의 여신 Eris가 던진 황금 사과〔Paris가 Aphrodite에게 준 것이 트로이 전쟁으로 이어지는 일련의 사건을 일으킴〕.

ápple píe n. Ⓤⓒ 사과 파이.

ap·ple·pie [ǽplpai] adj. 순미국적인, 전통적인 미국적 특성·가치를 지닌. 〔< apple pie 가 전형적인 미국 음식이라고 생각된 데서〕

ápple-píe béd [ǽplpài-] n. 장난으로 발을 충분히 뻗지 못하도록 시트를 접어 놓은 잠자리.

ápple-píe órder n. Ⓤ《구어》정연한 상태, 바른 순서, 정돈(neat arrangement); 양호한 상태; 논리적 조직 (logical organization). ¶ Her desk is always in apple-pie order. 그녀의 책상은 항상 말끔히 정돈되어 있다.

ap·ple·pol·ish [ǽplpàliʃ/-pɔ̀l-] vi. 《구어》〔남의〕 비위를 맞추다. 〔꾼.

ap·ple·pol·ish·er [ǽplpàliʃər/-pɔ̀l-] n. 《구어》 아첨

ápple pómace n. Ⓤ 〔짜고 난〕 사과 찌꺼기.

ap·ple·sauce [ǽplsɔ̀ːs] n. Ⓤ 1 애플소스〔사과를 호물호물 고아서 단맛을 들인 것〕. 2《미속어》허튼 소리 (nonsense); 아첨, 입에 발린 소리(flattery). ¶ Applesauce! 시시한 소리!

Áp·ple·ton láyer [ǽplt(ə)n-] n. 애플톤 층(層) 〔지구 고층권 중의 헤비사이드 층(Heaviside layer)을 넘어선 전리층(ionosphere)의 상층부. 전파 반사에 중요함. 〔< 영국의 과학자 Sir E. V. Appleton(1892-1965)이름〕

ápple trée n. 사과나무.

ap·ple·wife [ǽplwàif] n. (pl. **-wives** [-wàivz]) 〔매점 등에서〕사과 파는 여자.

***ap·pli·ance** [əpláiəns] n. 1 기계(器械), 기구, 용구. ⇨ IMPLEMENT 類語; 장치, 설비(apparatus). ¶ delicate appliances of science 과학용 정밀 기계류 / household appliances 가정용 기구〔주로 전기 기구류〕 / The hotel is fitted up with modern appliances. 그 호텔의 설비는 현대적이다. 2 Ⓤⓒ 응용, 적용(application). ¶ appliance of chemistry to agriculture 농업에 있어서의 화학의 응용. ◇ applý v.

ap·pli·ca·bil·i·ty [ǽplikəbíliti] n. Ⓤ 응용 가능성, 적용성, 적당, 적절(pertinence).

ap·pli·ca·ble [ǽplikəbl, əplíkə-] adj. 응용(적용)할 수 있는, 적절(적당)한, 적합한(fit, suitable), 해당되는 (relevant). ¶ This regulation is not applicable to this case. 이 규정은 이 경우에는 적용되지 않는다. **~·ness** n. **-bly** adv.

***ap·pli·cant** [ǽplikənt] n. 신청자, 희망자, 지원자, 응모자(candidate) (for ...). ¶ an applicant for a position 구직자 / screen applicants for admission 입학 지원자를 심사하다. ◇ applý v.

‡**ap·pli·ca·tion** [ǽplikéiʃ(ə)n] n. 1 Ⓤⓒ〔원리·공식 따위의〕적용, 응용(for, to ...). ¶ the application of a theory 이론의 응용 / the application of common sense to a problem 어떤 문제에 대한 상식의 적용 / This method has no application to the case. 이 방법은 그 경우에는 적용되지 않는다.

2 ⓒⓊ 신청(to ...); 지원, 출원(for ...); ⓒ 원서, 신청서. ¶ an application form (or blank) 신청 용지 / a written application 원서 / fill in (or out) an application 원서에 기입하다 / send in one's application 원서를 제출하다 // an application for admission to a school 입학 지원.

3 Ⓤ 〔약의〕 바름, 붙임, 도포(塗布) ; Ⓤ 외용약. ¶ for external (internal) application 외용(내복용)의 / the application of a salve to a wound 상처에 고약을 바르기.

4 Ⓤ 전렴, 근면(diligence) (to ...). ⇨ EFFORT 類語. ¶ a man of close application 부지런한 사람 / application to one's studies 연구에의 전렴 / show little application to one's work 일에 노력하지 않다.

make an application for …을 신청하다, …을 출원하다.
on application 신청하는 대로(to ...).
◇ ápplicative, ápplicatory adj., applý v.

application páckage n. 〔컴퓨터〕 애플리케이션 패키지〔어떤 데이터 처리를 하기 위해 필요한 프로그램을 공통으로 사용할 수 있도록 한데 작성해 놓은 것〕.

application prógram n. 〔컴퓨터〕 응용 프로그램, 적용(適用) 프로그램.

applications sátellite n. 실용 위성.

ap·pli·ca·tion·ware [ǽplikéiʃ(ə)nwɛ̀ər] n. 〔컴

ap·pli·ca·tive [ǽplikèitiv] *adj.* 응용적인, 실용적인 (practical), 실지 응용의.

ap·pli·ca·tor [ǽplikèitər] *n.* 약 바르는 기구, 면봉 (綿棒).

ap·pli·ca·to·ry [ǽplikətɔ̀ːri / -təri] *adj.* 적용(응용)할 수 있는, 실용적인(practical).

*ap·plied [əpláid] *adj.* 1 [과학이 실제로] 적용된, 응용의. ¶ *applied* psychology 응용 심리학. 2 실제 현상에서 파생된(에 포함된), 이론적인, pure ¶ *applied* science 응용 과학. 3 실용적 기능을 가진 기술의(에 관한). ¶ *applied* tactics 응용 전술.

applied genétics *n.* [유전] 응용 유전학[생산·품질·개량·의료 등에 유전학을 응용하기].

applied músic *n.* [음악] [이론을 배제한] 실용 음악 [과목, 일명 실습].

ap·pli·er [əpláiər] *n.* apply 하는 사람(것).

ap·pli·qué [ӕplikéi/ӕplíːkei] *adj.* 1 [장식용으로] 꿰매붙인, 아플리케의. 2 [다른 재료에] 응용한, [의복에] 꿰매붙인, [장식품에] 끼워박아 넣은. — *n.* ⓤⓒ 1 꿰매붙이는 장식, 아플리케[헝겊 따위를 무늬가 되게 잘라 딴 천에 꿰매붙인 것]. 2 상감(象嵌) 세공[조각물을 어떤 모양으로 잘라, 장식품에 박아넣은 것]. — *vt.* (**-quéd, -quê·ing**) ...을 박아넣다, ...에 아플리케를 하다. [< F *appliquer* put on 의 과거 분사형]

‡ap·ply [əplái] *v.* (**-plied, -ply·ing**) *vt.* 1 [규칙·이론 따위]을 적용하다, [원리 따위]을 응용하다. ¶ (~+图+전+图) *apply* a rule *to* a case 규칙을 어떤 경우에 적용하다 / *apply* a theory *to* a case 이론을 어떤 경우에 응용하다.

2 [물건]을 대다; [열]을 가하다; [성냥]을 켜다; [약 따위]를 바르다, 붙이다. ¶ (~+图+전+图) *apply* a match *to* powder 화약에 성냥불을 붙이다 / *apply* varnish *to* a board 판자에 니스를 칠하다 / *apply* a plaster *to* a wound 상처에 고약을 붙이다.

3 [어떤 목적에] ...을 충당하다, ...을 쓰다(appropriate). ¶ *apply* force 폭력을 쓰다 // (~+图+전+图) *apply* a word *to* an idea different from its ordinary sense 어떤 단어를 보통의 뜻과 다른 의미로 쓰다.

4 [주의력·마음·정력 따위]을 쏟다, 기울이다, [몸]을 맡기다(... *to*).

— *vi.* 1 적용되다, 적합하다, 해당하다(*in, to* ...). ¶ (~+전+图) It *applies* in this case. 그것은 이 경우에 해당된다 / The book does not *apply to* children. 이 책은 어린이용이 아니다. 2 지원하다, 출원하다, 신청하다(*for* ...); 의뢰하다, 조회하다(*to* ...). ¶ (~+전+图) *apply for* a job (*or* a post) 구직하다 / For particulars, *apply to* the office. 자세한 것은 사무실에 문의하시오. *apply* oneself (*or* one's *mind*) *to* (*or* **to** doing) ...에 전념하다. ¶ She *applied* herself to the study of English. 그녀는 영어 공부에 전념했다.

◇ applicátion, appliance, applicant *n.*, applicable *adj.*

ap·pog·gia·tu·ra [əpàdʒətúəːra/əpɔ̀dʒətúərə] *n.* [음악] 전타음(前打音), 의음(倚音) [장식음(grace note)의 일종].

‡ap·point [əpɔ́int] *vt.* 1 ...을 임명(지명)하다. ¶ *appoint* a new secretary 새 비서관을 임명하다 // (~+图+[*as*] 图) (~+图+[*to be*] 图) He was *appointed* [*as* (*or* *to be*)] one of the committee. 그는 위원의 한 사람으로 임명되었다 / They *appointed* Nelson admiral. 넬슨을 해군 제독에 임명했다 // (~+图+전+图) They *appointed* him *to* a high office. 그를 고관에 임명했다 // (~+图+*to do*) He *appointed* me *to do* the duty. 그는 그 임무를 다하도록 나에게 명하였다. 2 [날짜·시간·장소 따위]을 정하다(fix), 약속하다. ¶ (~+图+전+图) He *appointed* the place for the meeting. 그는 회합 장소를 지정했다 // (~+图+*as* 图) April 5 was *appointed as* the day for the meeting. 회합의 날짜는 4월 5일로 정해졌다. 3 《고어》 [하늘의 권위가] ...을 명하다 (decree), 정하다. ¶ laws *appointed* by God 신이 정한 법 // (~+*that* 图) God *appoints that* this shall be done. 신은 이 일을 행하도록 명하신다. 4 [법률] [재산]의 귀속을 결정하다.

◇ appóintive *adj.*, appóintment *n.*

*ap·point·ed [əpɔ́intid] *adj.* 1 정해진, 약속된, 지정된. ¶ one's *appointed* task 정해진 자기 일 / He appeared at the *appointed* time. 그는 약속 시간에 나타났다. 2 설비(시설)가 ...한. ¶ a well-*appointed* (a poorly *appointed*) library 설비가 좋은(설비가 나쁜) 도서관.

ap·point·ee [əpɔ̀intíː, æpɔin-] *n.* 1 임명된 사람, 피임명자, 지정(지명)된 사람. 2 [재산 상속 따위의] 피지정인, 수익자(beneficiary). *cf.* appointer

ap·point·er [əpɔ́intər] *n.* 임명자. *cf.* appointee

ap·poin·tive [əpɔ́intiv] *adj.* 임명의, 임명에 의한. *opp.* elective ¶ an *appointive* office 임명직 / *appointive* power 임명권.

‡ap·point·ment [əpɔ́intmənt] *n.* 1 ⓒⓤ 임명, 임용; 선정, 지정. ¶ accept (decline) an *appointment* 임명을 수락(사양)하다. 2 관직, 지위. ¶ get (*or* receive) an *appointment* 임명되다. 공직에 취임하다 / He has (*or* holds) an *appointment* in the Foreign Office. 그는 외무부에 근무하고 있다. 3 [회합 따위의] 약속 (engagement); [병원·미장원 따위의] 예약. ¶ make (*or* fix) an *appointment with* ...과 만날 약속을 하다 / keep (break) one's *appointment with* ...과의 약속을 지키다(어기다). 4 (보통 ~s) 설비, [군인·말 따위의] 장비(equipment).

by appointment 약속(약정)에 따라.

take up an appointment 취임하다.

◇ appóint *v.*

ap·poin·tor [əpɔ́intər] *n.* 1 임명자. 2 [법률] 지정인[재산의 소유·상속을 지정할 권한을 가진 사람].

ap·port [əpɔ́ːrt/əpɔ́ːt] *n.* [심령] 환자(幻姿) [영매(靈媒)를 통하여 나타나는 심령 현상].

ap·por·tion [əpɔ́ːrʃ(ə)n/əpɔ́ː-] *vt.* ...을 할당하다, 배분하다. ⇒ ASSIGN 類語 ¶ (~+图+전+图) *apportion* something *between* (*or* *among*) persons 어떤 것을 남에게 배분하다 (* 둘인 경우는 between, 셋 이상에는 among 을 쓴다) / *apportion* a fair amount *to* each 각자에게 상당한 액수를 분배하다 / *apportion* one's time *to* several jobs 여러 가지 일에 시간을 할당하다.

ap·por·tion·ment [əpɔ́ːrʃ(ə)nmənt/əpɔ́ː-] *n.* ⓤⓒ 1 배분, 분배, 할당. 2 《美》[인구 분포도를 기초로 하는] 하원 의원수의 할당.

ap·pose [æpóuz] *vt.* (**-posed, -pos·ing**) 1 [어떤 것을] 다른 것 가까이 또는 반대편에 놓다. 2 [두 개]를 나란히 놓다, 병치(並置)하다.

ap·po·site [ǽpo(u)zit] *adj.* 적합한(suitable), 딱 맞는(well-adapted), 적절한(pertinent) (*to* ...). ¶ This answer is *apposite* to the question. 이 답은 그 질문에 딱 들어맞는다. — **ly** *adv.* — **ness** *n.*

‡ap·po·si·tion [ǽpo(u)zíʃ(ə)n] *n.* ⓤ 1 나란히 놓기, 병렬, 병치(並置). 2 [문법] 동격["Alfred, King of England"와 "Alfred"와 "King of England" 처럼 설명·보완하는 관계]. ¶ a noun in *apposition* 동격 명사.

in apposition to ...과 동격으로.

◇ ápposite, appositional *adj.*, appósitive *n., adj.*

ap·po·si·tion·al [ǽpo(u)zíʃən(ə)l] *adj.* 병렬의, 병치의; [문법] 동격의. — **ly** [-nəli] *adv.*

ap·pos·i·tive [əpázitiv/əpɔ́z-] [문법] *n.* 동격어[구]. — *adj.* 동격의. — **ly** *adv.*

ap·prais·a·ble [əpréizəbl] *adj.* 평가할 수 있는, 값을 매길 수 있는, 사정(査定) 가능한.

ap·prais·al [əpréiz(ə)l], (**appraisement**) *n.* ⓤⓒ 1 [재산 등의] 평가, 감정, 값을 매기기(valuation). 2 [하나의] 견적(estimate), 사정(평가) (액) (assessment).

3 감정.

ap·praise [əpréiz] vt. (-praised, -prais·ing) 1 〔품질·크기·무게 따위〕를 평가하다, …의 값을 매기다. ⇒ ESTIMATE 類語 ¶ appraise a person's ability 남의 능력을 평가하다. 2 〔재산 따위〕를 평가하다, 사정하다 (...at, for). ¶ I had an expert appraise the house beforehand. 미리 전문가에게 그 집을 평가하게 하였다 // (~+图+前+图) appraise property (land) at fifty thousand dollars 재산(토지)을 5만 달러로 사정하다 / appraise property for taxation 과세하기 위해 재산을 감정하다. 3 〔미적(美的) 가치 따위〕를 감정하다. ◇ appráisal

ap·praise·ment [əpréizmənt] n. =appraisal.

ap·prais·er [əpréizər] n. 평가(사정)인; 《美》 〔세관의〕 감정관.

***ap·pre·cia·ble** [əpríːʃ(i)əbl] adj. 인지(감지)할 수 있는 (있을 만큼의), 평가할 수 있는; 다소의, 약간의, 상당한(considerable). ¶ an appreciable difference 상당한 차이. ◇ appréciate v.

ap·pre·ci·a·bly [əpríːʃ(i)əbli] adv. 인지(감지)할 수 있을 만큼; 다소, 약간은; 두드러지게.

‡**ap·pre·ci·ate** [əpríːʃièit] v. (-at·ed, -at·ing) vt. 1 〔사물〕을 바르게 판단(평가)하다, 〔사람·물건〕의 진가를 알다(estimate justly). ¶ appreciate something highly 어떤 것을 높이 평가하다. 2 〔미묘한 차이〕를 식별(구별)하다; 〔뜻 따위〕를 이해하다, 감지하다. ⇒ UNDERSTAND 類語 ¶ appreciate shades of meaning 뜻의 미묘한 차이를 구별하다 / appreciate a person's distress 남의 고민을 이해하다. 3 〔예술 작품 등〕을 감상하다, 〔음식 따위〕를 맛있게 먹다(enjoy). ¶ appreciate good food 음식을 맛있게 먹다 / You can't appreciate English poetry without a complete mastery of the English language. 영어를 충분히 이해 못하면 영시를 감상할 수가 없다. 4 …을 고맙게 생각하다, …을 감사하다. ¶ I deeply appreciate your kindness. 네 친절을 깊이 감사하다. 5 …의 가격(시세)을 올리다(raise in value). opp. depreciate ¶ New buildings appreciate the value of land. 새 건물이 토지의 가격을 올린다. — vi. 가격이 등귀하다, 시세가 오르다(increase in value). opp. depreciate ¶ The land has constantly been appreciating. 땅값이 꾸준히 상승되어 왔다. ◇ appreciátion n., appréciable, appréciative adj.

‡**ap·pre·ci·a·tion** [əpriːʃiéiʃ(ə)n] n. ⓤ 1 바르게 평가하기, 진가를 알기, 올바른 인식, 이해. ¶ deepen one's appreciation of Korean culture 한국 문화에 대한 이해를 깊게 하다. 2 식별, 감지, 인지. 3 감상〔력〕, 음미. ¶ appreciation of literature 문학 감상. 4 감사(gratitude). ¶ a letter of appreciation 감사장 / I wish to express my deep appreciation for your kindness. 당신의 친절에 대해서 깊은 사의를 표하고자 합니다. 5 〔값의〕 등귀. opp. depreciation 6 〔상황·인물 등에 대한〕 평가.

in appreciation of …을 충분히 알고; …을 칭찬하여; …을 감사하여.

◇ appréciate v., appréciative adj.

***ap·pre·ci·a·tive** [əpríːʃ(j)ətiv, -ʃièi-/-ʃjə-, -ʃièi-] adj. 1 감식력이 있는, 눈이 높은; 감지하는, 진가를 아는(of ...). ¶ appreciative critics 눈이 높은 비평가들 / ¶ He was appreciative of the imminent danger. 그는 급박한 위험을 알아차렸다. 2 감상하는. ¶ in an appreciative attitude 감상하는 태도로. 3 감사의. ¶ appreciative words 감사의 말 / We are truly appreciative of his efforts. 우리는 그의 노력에 진심으로 감사하고 있다. ~·ly adv. ~·ness n.

◇ appréciate v., appreciátion n.

ap·pre·ci·a·tor [əpríːʃièitər] n. 1 진가를 아는 사람, 평가자, 감식자, 판별자; 감상자. 2 감사의 뜻을 표하는 사람. [ciative.

ap·pre·ci·a·to·ry [əpríːʃiətɔ̀ːri/-təri] adj. =appre-

***ap·pre·hend** [æprihénd] vt. 1 을 붙잡다, 체포하다(arrest). ¶ apprehend a thief 도둑을 체포하다. 2 〔뜻〕을 이해하다(understand); 깨닫다, 감지하다(perceive). ⇒ UNDERSTAND 類語 ¶ readily apprehend the meaning of … 의 뜻을 쉽게 이해하다 / It was apprehended at a glance by all. 그것은 누구나 한눈으로 알 수 있었다. 3 …을 염려하다, 걱정하다, 두려워하다(fear). ¶ We apprehend no violence. 우리는 폭력을 염려하지 않는다 // (~+that 節) I apprehend that he should fail in the degree examination. 그녀가 학위 시험에 떨어지지 않을까 염려된다 / It is apprehended that the bridge will be washed away in the flood. 홍수로 다리가 떠내려 갈 우려가 있다.

◇ apprehénsion n., apprehénsive adj.

ap·pre·hen·si·bil·i·ty [æ̀prihènsibíliti] n. ⓤ 이해할 수 있음, 이해 가능.

ap·pre·hen·si·ble [æ̀prihénsəbl] adj. 이해할 수 있는, 납득이 가는. -bly adv.

***ap·pre·hen·sion** [æ̀prihénʃ(ə)n] n. ⓤ 1 이해 (understanding), 이해력. ¶ a man of feeble apprehension 이해를 잘 못하는 사람 / beyond all apprehension 도무지 이해할 수 없는 / be above one's apprehension 이해할 수 없다, 전혀 알 수 없다 / be dull (quick) of apprehension 이해력이 둔하다(빠르다). 2 〔종종 ~s〕〔장래에 대한〕 불안, 걱정, 염려, 우려, 두려움(dread, fear). ¶ under no apprehension〔s〕 아무 불안 없이 / under the apprehension that (or lest) …이 아닐까 염려하여, 두려워하여(for fear that) // entertain(or have) some apprehensions of (or for) …을 염려하다 / have no apprehension of …을 전혀 걱정하지 않다. 3 의견, 견해(opinion, view). ¶ according to their apprehension 그들이 보는 바로는. 4 체포, 포박(arrest). ¶ the apprehension of a felon 중죄인의 체포.

◇ apprehénd v., apprehénsive adj.

***ap·pre·hen·sive** [æ̀prihénsiv] adj. 1 이해가 빠른, 이해력이 날카로운; 명석한(intelligent). ¶ an apprehensive mind 이해가 빠른 사람. 2 지각의, 감지하는, 알아채는(perceptive) (of ...). ¶ apprehensive faculties 지각 능력 // He was apprehensive of a danger coming along unknown to others. 남이 모르게 위험이 다가오고 있는 것을 그는 알았다. 3 불안한, 염려하는, 우려하는(of, for, about ...). ¶ a timid and apprehensive nature 소심하고 걱정많은 성미〔의 사람〕/ We are apprehensive for (or of) her safety. 그녀의 안전이 염려된다 // We are apprehensive that his son may fail in the examination. 그의 아들이 시험에 떨어지지 않을까 하고 염려하다 / I am apprehensive about the result of the examination. 나는 시험 결과가 걱정이다. ~·ly adv. ~·ness n.

◇ apprehénd v., apprehénsion n.

***ap·pren·tice** [əpréntis] n. 1 도제(徒弟), 계시(to ...) (cf. journeyman); 견습〔생〕, 수습생. ¶ an apprentices' school 도제 학교 / an apprentice of a carpenter 목수의 제자 / go apprentice 도제(제자)가 되다 // bind a person apprentice to 〜을 …의 도제로 보내다. 2 초보자 (learner); 풋내기, 초심자(novice). 3 〔경력이〕 1년 미만의 미숙한 기수(騎手). — vt. (-ticed, -tic·ing) 〔남〕을 도제로 보내다, 견습생으로 보내다(... to). ¶ (~+图+前+图) They decided to apprentice their son to a printer. 그들은 아들을 인쇄공의 도제로 보내기로 했다.

ap·pren·tice·ship [əpréntiʃip] n. ⓤ 도제〔의 신분〕; 도제살이; 〔도제살이의〕 기간; 도제 제도.

ap·prise [əpráiz], (apprize) vt. (-prised, -pris·ing) …에게 알리다, 통지하다(inform) (... of). ¶ He was apprised of the danger of the adventure by his friend.

그는 친구로부터 그 모험이 위험하다는 것을 들어서 알고 있다.

ap·prize[1] [əpráiz] vt. (**-prized, -priz·ing**) = apprise.

ap·prize[2] [əpráiz], (**ap·prise**) vt. (**-prized, priz·ing**) 《고어》…을 평가하다, 감정하다(appraise).

ap·pro [ǽprou] n. 《英》《상업》= approbation; approval.

on appro [실물을 보고] 마음에 들면 산다는 조건으로, 점검하고 나서《on approbation; on approval》.

‡**ap·proach** [əpróutʃ] vt. **1** [물건·장소 따위에] 다가가다, 접근하다. ¶ approach a city (the moon) 도시(달)에 접근하다.
2 [성질·시간·상태 따위가] …에 가까워지다, 가깝다, 비슷해지다. ¶ approach completion 완성에 가까와지다 / approach manhood 어른이 되어가다.
3 [교섭할 목적으로] [남]에게 다가가다; [남]에게 말을 걸다, [남]과 교섭하다; …에게 떠리 붙이다; [여자]에게 수작을 걸다(... on). ¶ He approached the official with bribes. 그는 뇌물을 갖고 관리에게 아첨했다 // (~ + 目 + 前 + 名) approach a person on a matter 어떤 일로 남과 교섭하다 / They approached the manager for the money. 그들은 돈 문제로 매니저에게 교섭했다.
4 [드물게]…을 […에] 접근시키다(... to).
5 [문제 따위]를 다루다; [일]에 착수하다; …을 연구하다. — vi. **1** [사람·사물·때 등이] 다가오다, 접근하다. ¶ A storm was approaching. 폭풍이 다가오고 있었다 / The time approached. 시간이 다가왔다. **2** [성질·금액 따위가] 거의 같다, 비슷하다(approximate) (to ...). ¶ (~ + 前 + 名) It approaches to excellence. 그것은 수작(秀作)에 가깝다.
— n. **1** [사람·사물·때 등의] 접근, 다가옴; [사람·사물·때 등으로의] 접근(to ...). ¶ the approach of night 밤이 다가옴 / be easy (difficult) of approach 가까이하기 쉽다(어렵다); 가기 쉽다(어렵다) // approach to the moon 달로의 접근.
2 [성질·정도 따위의] 근사, 비슷함(approximation) (to ...). ¶ a fair approach to accuracy 거의 정확하기 / an approach to a murmur 불평 비슷한 것.
3 접근하는 길, 통로, 입구; […에] 가까운 곳(to ...). ¶ the approach to the cave 그 동굴로 가는 길 / the approach to a bridge 다리 입구.
4 [학문 연구의] 길잡이, [접섭의] 신청, [서]; 개론; [문제의] 취급[법], 연구법(to ...). ¶ an excellent approach to Korean literature 훌륭한 한국 문학 입문서.
5 (~ 들) 따리붙이기; [접섭의] 신청, 교섭하려는 시도; [여자에게] 수작을 걸기, 친근거림(to ...). ¶ make approaches to …에게 환심사려고 하다; …에게 떠리 붙이다.
6 (~ 들) [골프] 접근 작전, [테니스] 어프로치, 수작을 걸다.
7 [골프] 어프로치 [공을 홀에 접근시키기].
8 [볼링] 어프로치 [투구 때의 스텝; 투구의 조주로(助走路)].
9 [항공기의 비행장으로의] 진입, 착륙 진입.

ap·proach·a·bil·i·ty [əpròutʃəbíliti] n. □ 접근하기 쉬움, 가까이하기 쉬움; 사귀기 쉬움.

ap·proach·a·ble [əpróutʃəbl] adj. 접근할 수 있는, 가까이하기 쉬운(accessible); [남이] 사귀기 쉬운.
~**ness** n.

appróach chéck list n. [항공] [계기 착륙시에 기장(機長)과 부조종사가 확인하는] 진입(進入) 점검 항목 리스트.

appróach líght n. [항공] [공항 활주로의] 진입등 [야간 착륙 유도용].

appróach nòise n. [항공] [착륙] 진입 소음.

appróach ròad n. [고속 도로 따위로 통하는] 진입로.

ap·pro·bate [ǽprou)bèit] vt. (**-bat·ed, -bat·ing**) …을 인가하다, 승인하다, 인정하다, …에 찬성하다.

*ap·pro·ba·tion [ǽpro(u)béiʃ(ə)n] n. □ **1** 【찬동의 뜻을 담은】 허가(sanction), 인정, 승인(approval), 찬성(assent). ¶ meet with a person's approbation [제안

따위가] 남의 승인을 받다. **2** 추천.
on approbation [상업] [실물을 보고] 마음에 들면 산다는 조건으로, 점검하고 나서 (*《英》에서는 on appro로 생략. ⇨ APPRO).
◇ ápprobate v., ápprobative, ápprobatory adj.

ap·pro·ba·tive [ǽpro(u)bèitiv] adj. 승인하는, 인가의, 찬성의.

ap·pro·ba·to·ry [əpróubətɔ̀ːri, ǽprəbə- / əpróubətəri] adj. 승인(인가, 찬성)의(approbative); 추천의 (commendatory).

ap·pro·pri·a·ble [əpróupriəbl] adj. 충당 (유용(流用))할 수 있는; 전용(사용(私用))할 수 있는.

‡**ap·pro·pri·ate** vt. [əpróuprièit → adj.] (**-at·ed, -at·ing**) **1** [공공물 따위]를 전유(專有)하다, 사물화(私物化)하다, 제것으로 만들다; …을 도용하다(steal). ¶ Let no one appropriate a common benefit. 아무도 공공의 이익을 독점해서는 안 된다 / Don't appropriate others' ideas. 남의 아이디어를 도용하지 마라 // (~ + 目 + 前 + 名) appropriate public money for one's own use 공금을 횡령하다 / appropriate something to oneself 어떤 것을 사물화하다.
2 [특정한 목적에] …을 충당 (유용)하다(devote). ¶ (~ + 目 + 前 + 名) appropriate the money to payment 그 돈을 지불에 충당하다 / He appropriated all his money for the enterprise. 그는 자기 돈을 몽땅 사업에 지출했다.
3 [의회가] …의 지출을 승인하다, [정부가] [어떤 금액]을 예산에 계상하다(... for). ¶ (~ + 目 + 前 + 名) The legislature appropriated the funds for the construction of the university library. 의회는 대학 도서관 건립을 위한 자금의 지출을 승인했다.
— adj. [əpróupriit] **1** 적당한(proper), 타당한(suitable). ⇨ FIT 類語 ¶ an appropriate example 적절한 예 // music appropriate to the occasion 그 경우에 어울리는 음 / woolen garments appropriate for winter wear 동복으로 알맞은 모직 옷. **2** 특유의, 고유의 (peculiar). ¶ Each played his appropriate part. 각자는 자기 고유의 역할을 다했다.
~**ly** [-priːtli] adv. ~**ness** [-priitnis] n.
◇ appropriátion n., appropriative adj.

*ap·pro·pri·a·tion [əpròupriéiʃ(ə)n] n. **1** □ 사물화, 전유(專有); 도용. **2** □ⓒ 충당, 유용. **3** 충당물, […에] 지출, 경비(for ...). ¶ make an appropriation of $1,000,000 for …을 위해 백만 달러를 지출하다. **4** [의회가 승인한] 특별 지출금. ¶ an appropriation bill [의회에 제출하는] 세출 예산안 / the [Senate] Appropriations Committee《美》[상원] 세출 위원회. **5** 《英법률》교회록(籙).

ap·pro·pri·a·tive [əpróupriːətiv / -priːət-] adj. 전유하는, 독점의; 충당하는, 유용의;《美》정부 지출의.

ap·pro·pri·a·tor [əpróuprièitər] n. **1** 전유자; 사용자(私用者), 도용자, 횡령자; 충당자. **2** 《英법률》교회록의 설정을 받은 수도원(종교 법인). cf. impropriator

ap·prov·a·ble [əprúːvəbl] adj. 승인(인정, 찬성)할 수 있는.

‡**ap·prov·al** [əprúːv(ə)l] n. □ **1** 승인, 시인(approbation), 찬성(consent), 협찬. ¶ **with your kind** approval 귀하의 찬성을 얻어 / meet with a person's approval 남의 승인을 얻다 / The project received (or had) universal (or general) approval. 그 계획은 널리 찬동을 얻었다 / We expressed our hearty approval for the plan. 우리는 그 계획에 충심으로부터의 찬의를 표했다. **2** 인가(sanction), 인정. ¶ conditional approval 조건부 인가 / with the approval of the committee 위원회의 인가를 얻어.
on approval《상업》[실물을 보고] 마음에 들면 산다는 조건으로, 점검하고 나서 (*《英》에서는 on appro로 생략. ⇨ APPRO). ¶ send goods on approval 점검 매매의 약속으로 물건을 보내다.
◇ appróve v.

‡**ap·prove** [əprúːv] v. (**-proved, -prov·ing**) vt. **1** …을 승인하다, …에 찬성하다. ¶ I *approve* your plan. 당신의 계획에 찬성합니다. **2** 〔의회 등이 정식으로〕 …을 인가하다, 허가하다. ¶ The urgent motion was unanimously *approved*. 긴급 동의는 만장일치로 가결되었다.

類語 **approve** 호의적인 의견을 가지다, 또는 말하면, 특히 존경·찬탄의 뜻을 암시: *approve* a person's conduct 남의 행위를 인정하다. **endorse** approve에 적극적 지지·응원의 뜻을 내포: *endorse* a new model of car 신형차를 지지하다. **sanction** 권한을 가진 사람이 정식으로 approve하다: a meeting *sanctioned* by the authorities 당국이 인가한 회합. **certify, accredit** 둘 다 기준에 합치하기 때문에 정식으로 approve하다의 뜻이지만, 어느쪽을 쓰느냐는 관용에 의한다: a *certified* teacher 자격증을 가진 교사 / an *accredited* school 공인된 학교. **ratify** 대리·대표가 체결한 것을 정식으로 approve하다: *ratify* a treaty 조약을 비준하다.

3 …을 […이라고] 보여주다(demonstrate), 증명하다(prove);《재귀용법》 …의 가치 있음(능률을 보이다(... to). ¶ The result *approved* his righteousness. 결과는 그가 옳다는 것을 입증했다 // (~+目+補) He has *approved* himself worthy of confidence. 그는 신뢰할 만한 사람임을 입증했다 // (~+目+前+名) *approve* oneself to God 신에게 받아들여질 가치가 있음을 보이다 / The idea *approved* itself to me. 그 착상이 훌륭하다는 것을 나는 알았다.

— vi. 승인하다, 찬성하다(of ...). ¶ (~+前+名) Her parents did not *approve* of her marriage. 부모는 그녀의 결혼을 찬성하지 않았다 / I can hardly *approve* of it. 나는 그것에 찬성할 수 없다.

◇ appróval n. 「넌 선도 학교.

ap·próved schóol [əprúːvd-] n.《英》비행(非行) 소

ap·prov·er [əprúːvər] n. **1** 승인자, 찬성자, **2** 〔고 英 법률〕 공범자 고발인 〔자기의 죄를 자백하고 공범자를 고발하는 사람〕.

ap·prov·ing [əprúːviŋ] adj. 찬성의, 만족의. ¶ an *approving* vote 찬성 투표. **~·ly** adv.

approx. (略) approximate, approximately.

*ap·prox·i·mate [əpráksimèit / -rɔ́ks- → adj.] v. (**-mat·ed, -mat·ing**) vi. 〔위치·성질·수량 따위가〕 […에〕 가까와지다, 접근하다(approach), 가깝다(to ...). ¶ (~+目+前+名) His account *approximated* to the truth. 그의 이야기는 진실에 가까왔다. — vt. **1** 〔수량 따위가〕 …에 가까와지다, 가깝다; …와 비슷하다. ¶ *approximate* a solution 해결에 가까와지다 / The number *approximates* three thousand. 그 수는 3천에 가깝다 / The gas *approximates* air. 그 가스는 공기와 비슷하다. **2** …을 […에] 가깝게 하다(... to). ¶ *approximate* two surfaces 두면을 가깝게 하다 // (~+目+前+名) *approximate* something *to* perfection 어떤 것을 완벽에 가깝게 하다. **3** …을 […이라고] 어림잡다(estimate) (... *at*).

— adj. [əpráksimit / -rɔ́ks-] 거의 정확한, 비슷한, 대략의, 대체적인; 개산의. ¶ an *approximate* estimate 개산(概算) / *approximate* value 개산 가격;〔수학〕 근사치 / This is an *approximate* account of the affair. 이것이 그 사건의 개요입니다.

◇ approximation n., approximative adj.

ap·prox·i·mate·ly [əpráksimitli / -rɔ́ks-] adv. 대체로, 거의(very nearly), 대략, 개산적으로.

*ap·prox·i·ma·tion [əpràksiméiʃ(ə)n / -rɔ̀ks-] n. **1** Ⓤ Ⓒ 〔공간·위치·정도·관계 따위의〕 접근, 근사(closeness); 비슷한(유사한) 것(to ...). ¶ a mere *approximation* 단지 비슷하기만 한 것 / *approximation* of an ape to man 원숭이의 사람과의 유사 / *approximation* to perfection 완벽으로의 접근 / an *approximation* to the truth 진상에 가까운 것. 〔법〕. **2** 개산(액);〔수학·물리〕 근사치, 근사법 〔근사값 발견

ap·prox·i·ma·tive [əpráksimèitiv / -rɔ̀ksimə-] adj. 대략(개산)의, 어림잡은(approximate). **~·ly** adv.

ap·pui [æpwíː, ə-] n. Ⓤ 〔군사〕 지원, 지지 지지(support), a point of *appui* 〔군사〕 지지점, 거점(point d'appui). (<F)

ap·pulse [əpʌ́ls] n. Ⓤ Ⓒ **1** 〔천문〕〔두 천체의〕 근접(approach), 회합(conjunction). **2** 〔파도·배 따위의〕 충돌; 한 점으로 향하는 운동.

ap·pur·te·nance [əpə́ːrt(i)nəns] n. **1** 부속물 수물(adjunct). **2** 〔법률〕 종물(從物) 〔어떤 물건에 부속되는 법률상의 권리〕. **3** (~s) 기계(器械)(instruments), 장치(apparatus).

ap·pur·te·nant [əpə́ːrt(i)nənt] adj. 부속의, 종속된(belonging) (to ...). — n. 부속물, 부속품(appurtenance).

Apr. (略) April.

aprax·ia [əpræksiə, ei-] n. 〔의학〕 행동 불능증, 운동 신경 장애.

a·près-ski [ɑ̀ːpreiskíː] adj. 스키를 하고 나서의.

*ap·ri·cot [éiprikàt, ǽp-/éiprikɔ̀t] n. **1** 살구; 살구나무. **2** Ⓤ 살구빛(yellowish pink).

*A·pril [éiprəl] n. 4月〔略 Ap., Apr.〕.

April fóol n. 4월〔만우절〕의 바보〔April (*or* All) Fools' Day 만우절의 장난에 넘어가는 사람〕.

April Fóols' Dáy n. 만우절(All Fools' Day) 〔4월 1일, 장난이나 농담으로 남을 속이는 풍습이 있다〕.

April wéather n. 비가 오다 개다 하는 변덕스러운 날씨; 울었다 웃었다 하기.

a pri·o·ri [ɑ̀ː-priː(ː)ri, -ái-ː / -ːːri-ːː] adj., adv. (opp. a poste-riori) **1** 〔논리〕 원인에서 결과로(의), 연역적인(으로)(deductive[ly]);〔철학〕 선험적(先驗的)인(으로). ¶ an *a priori* fact 선험적 사실 / reason *a priori* 연역적으로 추리하다. **2** 선천적인(으로), 추측적인(으로)(presumptive[ly]). 〔<L from what is before 앞에 있는 것에서〕

a·pri·o·rism [ɑ̀ː-priː(ː)ːrìz(ə)m / -ːːri-ːː] n. Ⓤ 〔논리〕 연역적(演繹的) 추론, 연역법;〔철학〕 선험론(先驗論).

a·pri·or·i·ty [ɑ̀ː-priː(ː)ɔ́riti / -ːɔ́r-ːː] n. Ⓤ 〔논리〕 연역;〔철학〕 선험성.

*a·pron [éiprə(ə)n, +美 -pərn] n. **1** 앞치마, 에이프런. **2** 〔모양·용도로 보아〕 앞치마 모양의 것;〔무개(無蓋) 마차 따위의〕 무릎 덮개. **3** 〔영국 국교회〕 무릎 덮개 천〔bishop, dean 등이 사용〕. **4** 〔연극〕 앞무대(apron stage). **5** 〔항공〕 〔비행장 격납고 앞의〕 포장된 광장, 에이프런〔여객의 승강, 화물의 적재, 또는 비행기를 세워두기 위한 구역〕. **6** 〔토목〕 호안(護岸) 〔수해 방지를 위해 해안·제방 따위를 보호〕, 호상(護床) 〔댐 밑에 장비된다〕. **7** 〔건축〕 〔건물의〕 비흘림(apron piece); 징두리널. **8** 〔기계〕 에이프런 〔선반(旋盤)에 드리운 부분〕. **9** 〔하역용〕 잔교(棧橋). **10** 〔美속어〕 술집의 바텐더. **11** 〔골프〕 에이프런 〔그린 경계의 잘 다듬어진 코스〕.
— vt. …에 에이프런을 두르다. ¶ be *aproned* 에이프런을 두르고 있다.

a·proned [éiprənd, +美 -pərnd] adj. 에이프런(앞치마)을 두른.

a·pron·ful [éiprənfùl, +美 -pərn-] n. 에이프런(앞치마) 가득한 양). ¶ an *apronful* of apples 에이프런에 가득한 사과.

ápron píece n. 〔건축〕 비흘림(apron) 〔바깥 판자벽의 밑부분에서 빗물이 안으로 스며들지 않게 댄 판자〕.

ápron stáge n. 〔연극〕 **1** 앞무대〔막 앞으로 나온 부분〕. **2** 〔엘리자베스조(朝) 시대의 관람석으로 돌출하여 막 없는 무대 〔세 방향에서 볼 수 있다〕.

ápron strìng n. 에이프런(앞치마) 끈.
be tied to one's mother's (wife's) apron strings 어머니(아내)에게 쥐어 살다.

ap·ro·pos [æ̀prəpóu / ⌐ː⌐ː, ⌐ː⌐] adv. **1** 때마침, 시기 적절하여(opportunely); 적절히(to the purpose). ¶ You speak quite *apropos*. 아주 지당한 말씀입니다. **2**

A·rap·a·ho [ərǽpəhòu] *n.* (*pl.* **-ho** *or* **-hos**) **1** 아라파호족[미국 Colorado 평야 지대에 살던 아메리카 인디언의 일족]. **2** ⓤ 아라파호어(語).

Ar·a·rat [ǽrəræt] *n.* Mount ~ **1** 아라랏산(山) [터키 동부, 이란과 소련의 국경 부근에 있는 화산]. **2** 아라랏산[노아의 방주가 닿은 곳이라고 전해진다. ←창세기] (Gen.) 8:4].

ar·au·car·i·a [ӕ̀rɔːkɛ́(ː)riə/-kɛ́ər-] *n.* 남양 삼목(杉木) [오스트레일리아 및 태평양 제도·남미의 일부 지역에 분포하는 침엽수로 열매는 식용].

ar·ba·lest [ɑ́ːrbəlist], (**ar·ba·list**) *n.* [중세기의] 강력한 활, 대궁(大弓).

ar·ba·lest·er [ɑ́ːrbəlistər] *n.* 대궁의 사수(射手).

ar·bi·ter [ɑ́ːrbitər] *n.* **1** 중재인, 조정자(arbitrator). **2** 재결자, 재단자(裁斷者). ¶ the *arbiter* of our fate 신(神), 하느님.

ar·bi·ter e·le·gan·ti·ae [ɑ́ːrbitər èləgǽnʃiìː], **-a·rum** [-ɛ́(ː)rəm / -ɛ́ər-] *n.* 〔라 틴〕(=arbiter of refinement) 우아함·기호 문제의 판정자.

ar·bi·tra·ble [ɑ́ːrbitrəbl] *adj.* 중재 (조정)할 수 있는, 중재에 붙여야 할.

ar·bi·trage [ɑ́ːrbitridʒ] *n.* ⓤ **1** 〔상업〕 [차액을 취득하는] 중개 매매; 재정(裁定) 거래. **2** [ɑ́ːrbitridʒ] 〔고어〕 중재(arbitration).

ar·bi·tral [ɑ́ːrbitrəl] *adj.* 중재 의, 조정 의. ¶ an *arbitral* tribunal 중재 재판소.

ar·bit·ra·ment [ɑːrbítrəmənt] *n.* ⓤⓒ **1** 중재, 조정 (arbitration). **2** 재결, 재결; 심판. **3** 재결권(權).

*****ar·bi·trar·y** [ɑ́ːrbitrèri / -trəri] *adj.* **1** 변덕스러운, 제멋대로인(capricious). ¶ an *arbitrary* interpretation 제멋대로인 해석. **2** 전제적인, 독단적인, 횡포한 (despotic, tyrannical). ¶ an *arbitrary* government 전제 정치. **3** 임의의, 자유 재량의(discretionary); 〔수학〕 임의의, 부정(不定)의(uncertain).
—*n.* (*pl.* **-trar·ies**) (복수형으로) 〔英〕〔인쇄〕 특수 활자[예: ȃ, ǫ̃]. **-trar·i·ly** *adv.* **-trar·i·ness** *n.*
◇ arbitrárity *n.*

árbitrary séquence compúter *n.* 〔컴퓨터〕 임의의 순서 계산기, 실행 순서 지정 컴퓨터.

ar·bi·trate [ɑ́ːrbitrèit] *v.* (**-trat·ed, -trat·ing**) *vt.* **1** …중재자로서 …을 재정하다, 재결하다(determine), 중재(조정) 하다. ¶ *arbitrate* a dispute regarding wages 임금에 관한 분쟁을 조정하다. **2** 〔분쟁〕을 중재(조정)에 부치다. —*vi.* **1** 중재(조정) 하다(*between, in ...*). ¶ *arbitrate between* two persons 양자 간에 중재를 서다 / *arbitrate in* a dispute 분쟁을 조정하다. **2** 분쟁을 중재(조정)에 회부하다.

ar·bi·tra·tion [ɑ̀ːrbitréiʃ(ə)n] *n.* ⓤⓒ **1** 중재, 조정; 중재 재판. ¶ a court of *arbitration* 중재 재판소 / *arbitration* of exchange 환(換)재정 / refer (or submit) ... to *arbitration* …을 중재에 부치다. **2** 〔국제법〕 국제 재판.

ar·bi·tra·tor [ɑ́ːrbitrèitər] *n.* 중재인, 조정자.

ar·bi·tress [ɑ́ːrbitris] *n.* 여자 중재인(조정자).

*****ar·bor**[1], 〔英〕 **-bour** [ɑ́ːrbər] *n.* **1** 〔나뭇가지·덩굴 따위를 얽어서 그늘지게 한〕 정자, 나무그늘 휴게소 (bower). **2** 〔폐어〕 잔디밭, 정원, 과수원(orchard).

ar·bor[2] [ɑ́ːrbər] *n.* 〔기계〕 아버, 축, 굴대(shaft, axis). *cf.* mandrel **2** 〔鑄造〕 주형(鑄型)의 보강부(補强部).

ar·bor[3] [ɑ́ːrbər] *n.* 〔라.bo:〕 *n.* (*pl.* **ar·bo·res** [ɑ́ːrbəriːz]) 〔식물〕 수목(樹木) (tree).

ar·bo·ra·ceous [ɑ̀ːrbəréiʃəs] *adj.* **1** 나무(수목) 같은, 나무 모양의(arboreal). **2** 나무가 울창한 (wooded).

Árbor Day *n.* 식목일[4월 하순부터 5월 상순에 걸쳐서 미국 각 주에서 주에서 정함].

ar·bo·re·al [ɑːrbɔ́ːriəl / -bóː-] *adj.* **1** 나무의, 수목의; 나무(수목) 같은. **2** 나무 위에서 사는; 〔동물〕 나무 위(사이)에서 살기에 알맞은. ~·**ly** *adv.*

ar·bored, 〔英〕 **-boured** [ɑ́ːrbərd] *adj.* **1** 정자가 있는. **2** 〔수레에〕 수목이 있는.

ar·bo·re·ous [ɑːrbɔ́ːriəs / -bóː-] *adj.* **1** 수목이 많은(wooded). **2** 나무 위(사이)에서 사는(arboreal). **3** 나무(수목) 같은(treelike).

ar·bo·res·cence [ɑ̀ːrbərésns] *n.* ⓤ 수목질(樹木質); 나무(수목) 형상, 결정(結晶) 따위의 나뭇가지 형상.

ar·bo·res·cent [ɑ̀ːrbərésnt] *adj.* [성장·외관 따위가] 나무(수목) 형상의, 나뭇가지 모양의.

ar·bo·re·tum [ɑ̀ːrbərítəm] *n.* (*pl.* **-tums** *or* **-ta** [-tə]) 식물원, 수목원(園).

ar·bor·i·cul·tur·al [ɑ̀ːrbərikʌ́ltʃ(ə)rəl] *adj.* 수목 재배상의, 육수(育樹)의.

ar·bor·i·cul·ture [ɑ́ːrbərikʌ̀ltʃər] *n.* ⓤ 수목 재배[법], 육수[법]. ~**·ist** *n.* 배 연구가, 육수 전문가.

ar·bor·i·cul·tur·ist [ɑ̀ːrbərikʌ́ltʃ(ə)rist] *n.* 수목 재배가, 육수 전문가.

ar·bor·i·form [ɑ́ːrbərifɔ̀ːrm] *adj.* 나무(수목) 모양의, 나뭇가지 모양의.

ar·bor·i·za·tion [ɑ̀ːrbərizéiʃ(ə)n / ɑ̀ːbərai-] *n.* ⓤ 〔광물의 결정(結晶)·화석 따위에 나타나는〕 나뭇가지 모양.

ar·bor·ous [ɑ́ːrbərəs] *adj.* 수목의, ⓛ수목, 수림의.

árbor ví·tae [-váitiː] *n.* 〔해부〕 소뇌활수(小腦活樹).

ar·bor·vi·tae [ɑ̀ːrbərváitiː] *n.* **1** 지빵나무[편백과의 상록수, 미국 동부 및 동아시아산(産)]. **2** =arbor vitae. [<NL tree of life]

*****ar·bour** [ɑ́ːrbər] *n.*〔英〕=arbor[1].

ar·bo·vi·rus [ɑ̀ːrbou váirəs/-váiərəs] *n.* 절지 동물 매개 바이러스[뇌염 따위를 일으킨다].

ar·bu·tus [ɑːrbjúːtəs] *n.* (*pl.* **-tus·es**) **1** 철쭉과(科)의 상록 관목[남유럽산(産)으로 빨간 열매를 맺는다]. **2** 북미산(産) 월귤나무류(類)의 일종[향기가 있는 흰색 또는 핑크색의 꽃이 피는 덩굴 식물. 그 꽃은 미국 Massachusetts 주의 주화(州花)].

‡**arc** [ɑːrk] *n.* **1** 〔기하〕 호(弧), 원호(圓弧) ⇒ CIRCLE 그림. **2** 〔전기〕 전호(電弧), 아크. **3** 〔천문〕 호. **4** 〔일반적으로〕 호형(弧形)[물], 궁형(弓形). —*vi.* (**arced** *or* **arcked, arc·ing** *or* **arck·ing**) 〔전기〕 호광(弧光)을 내다, 전호를 형성하다. 〔자사〕.

ARC, A.R.C. 〔略〕 American Red Cross (미국 적십자사).

*****ar·cade**[ɑːrkéid] *n.* **1** 〔건축〕 **a)** 아케이드, 홍예랑(虹霓廊) 〔줄지어 늘어선 기둥위에 건너지른 아치 모양 건조물의 줄〕, 아치 기둥의 열(列). **b)** 홍예 모양의 천정이 있는 회랑(回廊). **2** 〔보통 양쪽에 가게가 있는〕 유개(有蓋)도로, 아케이드; 지붕 있는 상가(商街). —*vt.* (**-cad·ed, -cad·ing**) …에 아케이드를 시설하다; 아치를 지붕이 있는 회랑(도로)으로 만들다.

ar·cad·ed [ɑːrkéidid] *adj.* 아케이드의, 홍예랑이 있는. ¶ an *arcaded* alley 아케이드 있는, 상점가.

[arcade 1]

arcáde gáme *n.* 아케이드 게임[게임 센터 등에서 하는 고속·고해상(高解像) 화면의 video game 및 pinball, rifle shooting 등의 게임].

Ar·ca·di·a [ɑːrkéidiə/-djə, -diə] *n.* **1** 아르카디아[고대 그리스 남부의 산간 지방. 목가적인 분위기와 순박한 이상향으로서 유명]. **2** 도원경, 무릉 도원.

Ar·ca·di·an [ɑːrkéidiən/-djən, -diən] *adj.* **1** 아르카디아의. **2** 목가적인, 전원풍의(pastoral); 소박한, 순박한. —*n.* 아르카디아 사람; 전원 취미를 가진 사람.

Ar·ca·dy [ɑ́ːrkədi] *n.* 〔문어〕 = Arcadia.

ar·cane [ɑːrkéin] *adj.* 비밀의.

ar·ca·num [ɑːrkéinəm] *n.* (*pl.* **-na** [-nə]) **1** (종종 복수형으로) 비밀(secret), 불가사의(mystery). **2** [연금사가 발견하려고 애쓴 자연의 비법, 비전(祕傳)에 비

약(祕藥), 영약(靈藥), 불로약(elixir, panacea).

árc fùrnace n. 아크로(爐) [전호(電弧)의 열을 이용한 전기로].

‡**arch**¹ [á:rt∫] n. 1 〔건축〕〔돌 또는 벽돌로 만든〕아치, 홍예. 2 a masonary (a metallic) arch 석조 (철조) 아치. 2 아치로(路) (archway); arch. 1 a memorial (a triumphal) arch 기념(개선)문. 3 아치 모양[의 물건], 활모양의 물건. ¶ the arch of an eyebrow 활모양의 눈썹 / the arch of heavens 창궁(蒼穹), 창공. — vt. 1 …에 아치를 놓다(걸치다). ¶ The rainbow arches the sky. 무지개는 하늘에 활모양의 다리를 놓는다. 2 …을 활모양으로 구부리다, 궁형(弓形)으로 만들다(curve). ¶ A horse arches its neck, and a cat its back. 말은 목을, 고양이는 등을 활모양으로 구부린다. — vi. 아치(활) 모양으로 되다.

arch² [á:rt∫] adj. 1 중요한, 주요한(chief). ¶ an arch criminal 주범. 2 간교한, 교활한(cunning, sly); 장난기 있는, 짓궂은, 장난꾸러기의, 시시덕거리는. ¶ an arch smile 간사한 미소, 장난기 어린 웃음. — n. (페어) 장(長), 우두머리(chief).

arch-, archi- chief 의 뜻의 연결형. 예: archbishop, archimandrite. 〔resiarch.

-arch ruler, leader 의 뜻의 연결형. 예: monarch, hierarch.

arch. (略) archaic, archaism; archery; archipelago; architect, architectural, architecture.

Arch. (略) archbishop.

Ar·chae·an [a:rkí(:)ən] adj., n. = Archean.

ar·chae·bac·te·ri·a [à:rkiəlbæktíəriə / -tíər-] n. (생물) 원시 세균, 고(古)세균〔천핵(原核) 생물도 아니고 진핵(眞核) 생물도 아닌 제3의 미생물〕.

archaeo-, archeo-, archi- antiquity, ancient, primitive 의 뜻의 연결형. 예: archaeopteryx, Archeozoic, archiplasm.

archaeol. (略) archaeological, archaeology.

ar·chae·o·lith·ic, -che- [à:rkiəlíθik] adj. (인류) 구석기 시대의. opp. neolithic

ar·chae·o·log·i·cal [à:rkiəládʒik(ə)l / -lɔ́dʒ-], (**ar·chae·o·log·ic**) adj. 고고학적인, 고고학상의. **-i·cal·ly** [-ikəli] adv.

ar·chae·ol·o·gist, -che- [à:rkiáələdʒist / -51-] n. 고고학자(antiquary).

*****ar·chae·ol·o·gy, -che-** [à:rkiáələdʒi / -51-] n. (U) 1 고고학.2 (드물게) 고대 사; 고대 연구. ◇ ar·chae·o·lóg·i·cal adj.

ar·chae·op·ter·yx [à:rkiáptəriks / -5p-] n. 시조새.

Ar·chae·o·zo·ic [à:rkiəzó(u)ik] adj. n. = Archeozoic.

*****ar·cha·ic** [a:rkéiik] adj. 1 고대의(ancient); 고풍의(antiquated); (the ~) 〔명사적 용법〕고대, 고대형(型), 고대의 물건. 2 옛 말투의, 고문체의. ¶ an archaic word 고어. 3 (A-) 고대 그리스풍의〔기원전 7-5 세기경을 가리킴〕. cf. classical, Hellenic **-i·cal·ly** [-ikəli] adv.

ar·cha·ism [á:rkìiz(ə)m, -kei-/-kei-] n. (U)(C) 1 고문체, 고어, 옛 말투. 2 〔문학 따위의〕의고주의(擬古主義), 3 고대성(性), 고풍.

ar·cha·ist [á:rkiist, -kei-/-kei-] n. 1 의고주의의 자, 고어 사용자. 2 고물 연구가(antiquary).

ar·cha·is·tic [à:rkíistik, -kei-/-kei-] adj. 고풍의, 고체의; 의고적(擬古的)인.

ar·cha·ize [á:rkiàiz, -kei-] v. (-ized, -iz·ing) vt. …을 고풍으로 하다, 옛 말투로 표현하다. vi. 고문체를 쓰다; 고풍을 모방하다.

arch·an·gel [á:rkèindʒ(ə)l, ˌ˗ˊ˗] n. 1 대천사(大天使)(chief angel)〔천사의 위계(位階)의 하나〕. → ANGEL(주의) 2 안젤리카(angelica). 〔<ARCH+ANGEL〕

arch·an·gel·ic [à:rkændʒélik], **-i·cal** [-ik(ə)l] adj. 대천사의, 천사장(長)의. ⇒ ARCHANGEL 1.

*****arch·bish·op** [á:rtʃbíʃəp] n. 〔영국 국교회·그리스 정교회〕대주교, 〔가톨릭의〕대주교, 〔영국 국교회의〕대감독, 〔불교의〕대승정(大僧正).

arch·bish·op·ric [à:rtʃbíʃəprik] n. (U)(C) archbishop 의 직(교구, 관할권).

archd. (略) archdeacon; archduke.

arch·dea·con [á:rtʃdí:k(ə)n] n. 1 〔영국 교회의〕부감독; (고어) 〔가톨릭의〕부주교〔bishop으로부터 위임 받은 성직〕. 2 〔가톨릭〕cathedral 의 평의회 회원에게 수여되는 칭호.

arch·dea·con·ry [à:rtʃdí:k(ə)nri] n. (U)(C) (pl. -ries) archdeacon 의 직(관구, 주거, 집무 장소).

arch·dea·con·ship [à:rtʃdí:k(ə)nʃìp] n. (U) archdeacon 의 직(archdeaconry). 〔관구

arch·di·o·cese [à:rtʃdáiəsis/-sis] n. archbishop 의

arch·du·cal [à:rtʃd(j)ú:k(ə)l/-djú:-] adj. 대공(大公)(archduke)의; 대공령(領) (archduchy)의.

arch·duch·ess [à:rtʃdʌ́tʃis] n. 1 대공비(妃). 2 오스트리아의 왕녀(공주).

arch·duch·y [á:rtʃdʌ́tʃi] n. (pl. -duch·ies) 대공국, 대공령〔archduke 또는 archduchess의 영토〕.

arch·duke [à:rtʃd(j)ú:k/-djú:k] n. 대공〔오스트리아의 예전 황실의 황자(皇子)의 칭호〕. 〔archduchy.

arch·duke·dom [à:rtʃd(j)ú:kdəm/-djú:k-] n. = Ar·che·an, -chae- [a:rkí(:)ən] 〔지질〕adj. 시생대(始生代)의, 태고대(太古代)의. — n. 태고대, 시생대〔가장 오랜 지질 계통〕.

arched [á:rtʃt] adj. 1 아치가 설친. 2 아치형의, 터널 모양의. ¶ an arched bridge 홍예교, 아치교.

ar·che·go·ni·um [à:rkigóuniəm] n. (pl. -ni·a [-niə]) (식물) 〔양치·선태류의〕장란기(藏卵器).

arch·en·e·my [à:rtʃénimi] n. (pl. -mies [-miz]) 1 최대의 적, 대적(大敵). 2 사탄(Satan), 마왕, 악마 (the Devil).

archeo- ⇒ ARCHAEO-.

ar·che·o·log·i·cal [à:rkiəlɔ́dʒik(ə)l]/-lɔ́dʒ-], (**ar·che·o·log·ic**) adj. 고고학의, 고고학상의.

ar·che·ol·o·gy [à:rkiáələdʒi/-51-] n. = archaeology.

Ar·che·o·zo·ic [à:rkiəzó(u)ik], (**Ar·chae·o·zo·ic**) adj. n. 시생대의, 시생대 (태고대) 동물(계).

*****arch·er** [á:rtʃər] n. 1 (활쏘는) 사수, 궁수(bowman). 2 (A-) 〔천문·점성〕사수좌, 궁수좌; 인마궁(人馬宮) (Sagittarius). 3 사수어(射水魚) (archerfish).

arch·er·ess [á:rtʃəris] n. (* archer 의 여성형) 여류 궁술가.

arch·er·fish [á:rtʃəfìʃ] n. (pl. -fish or -fish·es [-fíiz]) 사수어(射水魚) 〔자바·인도 등지에서 나며, 물을 내뿜어 곤충을 떨어뜨려서 잡아먹는다〕.

*****arch·er·y** [á:rtʃəri] n. (U) 1 활쏘기, 궁도, 궁술. 2 〔집합적〕사수대(射手隊) (archers). 3 〔활·화살의〕군장(軍裝).

ar·che·typ·al [á:rkitàip(ə)l] adj. 원형(原型)의. **-ly** [-pəli] adv.

ar·che·type [á:rkitàip] n. 1 〔종교〕원형(原型). cf. prototype; 모범, 본. 2 〔심리〕고태형(古態型) 〔민족이 선조로부터 물려받아서 계속 지니고 있는 무의식 심리의 형(型)〕.

arch·fiend [à:rtʃfí:nd] n. 1 대(大)악마(chief fiend).2 (the ~) 마왕(Satan).

archi-¹ ⇒ ARCH-.

archi-² ⇒ ARCHAEO-.

Ar·chi·bald [á:rtʃibɔ̀:ld, -b(ə)ld] n. 《英 속어》(종종 a-) 고사포(antiaircraft gun).

ar·chi·carp [á:rkikà:rp] n. 〔식물〕낭자균류(囊子

菌類)의 자성(雌性) 기관. [deacon의]
ar·chi·di·ac·o·nal [à:rkidaiǽkən(ə)l] *adj*. archdeacon 의.
ar·chi·di·ac·o·nate [à:rkidaiǽkənit] *n*. ⓤⒸ archdeacon 의 직(관구).
Ar·chie [á:rtʃi] *n*. 《英속어》《종종 a-》 고사포(Archibald).
Archie Bún·ker [-báŋkər] *n*.《美·캐나다》아치 벙커[사회에 대해 편협하고 독선적인 반응을 보이는 노동자의 전형적 인물이다. [<TV의 코메디 프로에 나오는 인물 이름에서]
Archie Bun·ker·ism [-báŋkərìz(ə)m] *n*.《美》아치 벙커와 같은 인물들이 쓰는 어리석고 교양없는 말씨.
ar·chi·e·pis·co·pa·cy [à:rkiipískəpəsi, +英 à:tʃi-] *n*. ⓤⒸ archbishop 의 교구제(敎區制); archbishop 의 직(임기).
ar·chi·e·pis·co·pal [à:rkiipískəp(ə)l, +英 à:tʃi-] *adj*. archbishop 의; archbishopric 의.
ar·chi·e·pis·co·pate [à:rkiipískəpit, -pèit, +英 à:tʃi-] *n*. ⓤⒸ archbishop 의 직(임기); archbishop 의 교구제.
ar·chil [á:rtʃil, á:rkil], (orchil) *n*. **1** 리트머스 이끼. **2** ⓤ[이끼에서 채취하는 파랑·빨강·보라색의] 리트머스 염료.
ar·chi·mage [á:rkimèidʒ] *n*. 대(大)마술사.
ar·chi·man·drite [à:rkimǽndrait] *n*. 《그리스 정교》 **1** 수도원장. *cf*. abbot **2** 〔여러 수도원을 관리하는〕 상급 수도원장. **3** 뛰어난 성직자에게 주는 칭호.
Ar·chi·me·de·an [à:rkimí:diən, -midí(:)ən] *adj*. 아르키메데스의. ¶ the *Archimedean* principle 아르키메데스의 원리. 〔그리스의 수학자이며, 물리학자인 Archimedes(287 ? -212 B.C.)의 이름에서]
Archimédean(Archimédes') scréw *n*. 아르키메데스식 나선 양수기.
Árchimédes' príncíple *n*. 〔물리〕 아르키메데스의 원리(Archimedean principle) [액체 속에 잠긴 물체는 그 물체가 밀어낸 액체의 무게만큼의 부력(浮力)을 받는다.]
ar·chine [α:rʃí:n] *n*. 아르신(arshin) 〔러시아의 길이의 단위. 1아르신은 28인치, 약 71cm).
arch·ing [á:rtʃiŋ] *n*. **1** ⓤ 활모양으로 하기. **2** 활모양〔의 부분〕, 궁형〔부〕; 궁륭(穹隆)의 구조.
ar·chi·pe·lag·ic [à:rkipiléd-ʒik] *adj*. 군도(群島)의.
ar·chi·pel·a·go [à:rkipéləgòu] *n*. (*pl*. **-gos** or **-goes**〔-gouz〕) **1** 군도. **2** 군도가 있는 해역; (the A-) 에게해(海) (the Aegean Sea).
ar·chi·plasm [á:rkiplǽz(ə)m] *n*. ⓤ **1** 《미분화(未分化)의》 원형질(protoplasm). **2** = archoplasm.
architt.《略》architecture.
‡**ar·chi·tect** [á:rkitèkt] *n*. **1** 건축가, 건축 기사, 설계사 ¶ a naval (or marine) *architect* 조선(造船) 기사. **2** 계획자(deviser), 설계자, 제작자(maker). ¶ the *architect* of one's own fortunes 자기의 운명을 개척하는 사람 / the [Great] *Architect* of the Universe] 조물주(the Creator), 신(God). — *vt*. …을 건축하다, 설계하다(plan); 조직하다(organize).
◇ árchitecture *n*.
ar·chi·tec·ton·ic [à:rkitektánik/-tɔ̀n-] *adj*. **1** 건축상의, **2** 조직적인, 구조상의, ¶ *architectonic* beauty 구성미(美). **3** 〔철학〕지식 체계〔론〕상의.
 -i·cal·ly [-ikəli] *adv*.
ar·chi·tec·ton·ics [à:rkitektániks/-tɔ̀n-] *n*. *pl*.《단수 취급》**1** 건축학. **2** 〔철학〕 지식 체계〔론〕.
*‡**ar·chi·tec·tur·al** [à:rkitéktʃ(ə)rəl, +英 -tʃur(ə)l] *adj*. 건축상의. **-ly** [-rəli] *adv*.
architéctural bárrier *n*.〔건축〕신체 장애자가 이용하기 불편한〔건축상의 장애물.
‡**ar·chi·tec·ture** [á:rkitèktʃər] *n*. **1** ⓤ 건축술, 건축학. ¶ civil *architecture* 보통 건축〔군사적인 것에 대해서 주택·공공 건축 등〕 / marine *architecture* 조선(造

(학) / military *architecture*〔군사〕축성법(築城法). **2** ⓤⒸ 건축 양식. ¶ Greek *architecture* 그리스의 건축 양식. **3** ⓤ 구조, 구성(construction). ¶ the *architecture* of a drama 연극의 구성. **4** 건축물, 건조물, ⓤ《집합적》건조물.
◇ architéctural, architectónic *adj*., árchitect *n*.
ar·chi·trave [á:rkitrèiv] *n*. 〔건축〕**1** 평방(平枋) 〔고대 건축의 entablature 의 맨 밑부분〕. **2** 〔문·창 따위의 둘레의〕 장식틀.
ar·chi·val [à:rkáiv(ə)l] *adj*. **1** 문서의, 공문서의, 귀중한 기록의. **2** 문서〔기록〕 보관소의.
ar·chive [á:rkaiv] *n*. (보통 ~s) **1** 공적(公的)인 기록, 공문서. **2** 공적 기록(사료(史料))의 보관소.
 — *vt*. 〔file 따위를〕 archives 에 보관(수용)하다.
ar·chi·vist [á:rkivist] *n*. 기록(공문서) 보관자, 기록 문서계(係).
ar·chi·volt [á:rkivòult] *n*. 〔건축〕장식 홍예 창도리, 장식 창도리〔아치의 바깥쪽을 따라서 댄 장식용 틀〕.
arch·ly [á:rtʃli] *adv*. **1** 아치 모양으로. **2** 짓궂게, 장난 심하게; 교활하게(slyly)《난이 심함》.
arch·ness [á:rtʃnis] *n*.ⓤ **1** 아치 모양. **2** 짓궂음, 장난 심함.
ar·chon [á:rkan/-kɔn, -kən] *n*. **1** 〔고대 아테네(Athens)의〕 집정관〕. **2** 〔일반적으로〕 지배자 (ruler).
ar·chon·ship [á:rkanʃip/-kən-, -kɔn-] *n*. ⓤ 아르콘(집정관)의 직(신분).
ar·cho·plasm [á:rkəplǽz(ə)m] *n*. ⓤ 《세포》 성상질(星狀質)〔세포 분열 때 중심체를 둘러싸고 있는 원형질〕.
arch·priest [á:rtʃprí:st] *n*. **1** 주목사(主牧師). **2**〔가톨릭〕〔영국에서 이전의〕수석 사제, 주교(主教) 대리.
arch·ri·val [á:rtʃráiv(ə)l] *n*. 최대의 라이벌. 〔리〕.
archt.《略》architect.
arch·trai·tor [á:rtʃtréitər] *n*. 대(大) 반역자.
arch·way [á:rtʃwèi] *n*. 〔건축〕 **1** 아치 길〔아치 밑의 입구 또는 통로〕. **2** 통로 위의 아치.
arch·wise [á:rtʃwàiz] *adv*. 아치형으로, 활 모양으로.
-archy *suf*. rule, government 라는 뜻의 명사를 만든다. monarchy, heptarchy.
ar·ci·form [á:rsifɔ̀:rm] *adj*. 아치형의, 활 모양의.
árc-jèt éngine [á:rkdʒèt-] *n*.《우주》아크젯 엔진〔연료 가스를 전기 아크로 가열하는 로켓 엔진〕.
árc lámp *n*. 아크등(燈).
árc líght *n*. **1** =arc lamp. **2** 아크등의 불빛.
A.R.C.M.《略》Associate of the Royal College of Music. 〔Organists.
A.R.C.O.《略》Associate of the Royal College of
arc·o·graph [á:rkəgræf/-grà:f] *n*. 〔기하〕 원호(圓弧)자〔원호를 그리는 자〕(cyclograph).
ar·col·o·gy [à:rkálədʒi/-kɔ́l-] *n*. (*pl*. **-gies**) 완전 환경 계획 도시. 〔<AR[CHITECTURE] + [E]COLOGY]
A.R.C.S.《略》Associate of the Royal College of Science(영국 과학 협회 준(準)회원); Associate of the Royal College of Surgeons(영국 외과 의사 협회 준회원).
‡**arc·tic** [á:rktik → *n*. 2] *adj*. **1** 《종종 A-》북극의, 북극권(지방)의. *opp*. antarctic ¶ an *arctic* expedition 북극 탐험 / the *Arctic* Pole 북극. **2** 북극 지방에서 쓰는〔쓰이는〕. **3** 극한(極寒)의(frigid). **4** 〔바람 따위가〕북극(극지)에서 불어오는. **5** 〔분위기·태도 따위가〕쌀쌀한, 냉담한. **6**〔천문〕《드물게》북극성(North Star) 아래의, 곰자리 아래의.
 — *n*. **1** (the A-) 북극〔권〕. **2** 〔+美 á:r(k)tik〕(~s)《美》〔안감을 대고 고무창으로 된〕 방한 방수화.
 -i·cal·ly [-ikəli] *adv*.
Árctic Círcle *n*. (the ~) 북극권. ⇒ ZONE 그림.
Árctic fóx *n*. 〔동물〕북극여우, 흰 여우(white fóx).
Árctic Ócean *n*. (the ~) 북극해, 북빙양. *cf*. Antarctic Ocean

Árctic Zòne *n.* (the ~) 북극대(帶) [북극권과 북극 사이의 구역]. *cf.* Antarctic Zone

Arc·tu·rus [ɑːrkt(j)ú(ː)rəs / -tjúər-] *n.* [천문] 아르크투루스, 대각성(大角星) [목동좌(Boötes)의 일등성].

ar·cu·ate [ɑ́ːrkjuit, -éit] *adj.* 활 모양의, 활 모양으로 굽은. **~·ly** *adv.*

ar·cu·at·ed [ɑ́ːrkjuèitid] *adj.* =arcuate.

árc wèlding *n.* ⓤ 아크 용접.

ARD (略) *a*cute *r*espiratory *d*isease (급성 호흡기 질환).

-ard, -art *suf.* one who does something too much (매우 …하는 사람, …에 빠진 사람이라는 뜻의 명사를 만든다 (* 대개는 비난·경멸의 느낌을 내포, 원래는 강조의 뜻). 예: cow*ard*, drunk*ard*; bragg*art*.

ARDC (略) (美) *A*ir *R*esearch and *D*evelopment *C*ommand (미국 항공 기술 본부).

Ar·den [ɑ́ːrdn] *n.* **the Forest of** ~ 아든의 숲 [영국 중동부의 삼림 지대. Shakespeare 작 *As You Like It* 의 무대].

ar·den·cy [ɑ́ːrd(ə)nsi] *n.* ⓤ 열심, 열성 (ardor).

***ar·dent** [ɑ́ːrd(ə)nt] *adj.* **1** 열렬한, 열심인, 정열적인 (passionate). ⇨ EAGER 類語 ¶ *ardent* passion 열정 / an *ardent* patriot (supporter) 애국자 (지지자). **2** 심한, 격렬한 (fierce). ¶ an *ardent* protest 강경한 항의. **3** 불타는 (듯한), 불 같은 (fiery). ¶ *ardent* eyes 이글거리는 눈. **~·ness** *n.*

***ar·dent·ly** [ɑ́ːrd(ə)ntli] *adv.* 열렬히, 열심히; 불같이.

árdent spírits *n. pl.* 독한 술 [위스키 (whisky), 브랜디 (brandy), 진 (gin) 등의 증류주].

ARDG (略) (美) *A*rmy *R*esearch and *D*evelopment *G*roup [Far East] (미육군 극동 연구 개발부).

***ar·dor, (英) -dour** [ɑ́ːrdər] *n.* ⓤ 열심, 정열, 열성 (*for*…); 열기. ¶ with *ardor* 열심히, 열성으로 / damp one's *ardor* 열의를 꺾다 // *ardor* for study 연구에 대한 정열.

***ar·du·ous** [ɑ́ːrdʒuəs/-dju-] *adj.* **1** 힘든, 곤란한 (difficult). ¶ an *arduous* enterprise 어려운 사업. **2** 정력적인 (energetic), 불요불굴의, 끈기있는 (strenuous). ¶ make an *arduous* effort 불굴의 노력을 기울이다. **3** (산길 따위가) 오르기 힘든, 험준한 (steep). **4** 참기 어려운, 혹한 (severe). ¶ an *arduous* winter 엄동.
~·ly *adv.* **~·ness** *n.*

‡**are**[1] (강 ɑːr, 약 ər) *vi.* 제 2 인칭 단수 (복수) 와 1 인칭, 3 인칭 복수의 be 의 직설법 현재형 (* I am 의 의문 부정형으로서 am I not? 보다 Aren't I? 가 있다. 단, (美) 에서는 Am I not? 로 하는 일이 많다): *Aren't* I right? 제가 옳습니까?/ I am right, *aren't* I? 내 말이 맞지? * we're [wi(ː)ər/wiə], you're [juər/jɔːr/juə, jər], they're [ðeiər, ðɛər]. ⇨ BE ¶ *Are* you there? 여보세요 [전화에서 쓰는 말] / I don't know where we *are*. 여기가 어딘지 모르겠다 / They *are* here. 그들은 (여기) 에 있다. [m².]

are[2] [ɛər, ɑːr/ɛ́ː] *n.* [미터법] 아르 [면적의 단위; 100

‡**ar·e·a** [ɛ́(ː)riə/ɛ́ər-] *n.* (*pl.* **-eas** [-iəz] *or* (종종 (生物)) **ar·e·ae** [-riː]) **1** 지상의 한 구역, 지역, = DISTRICT 類語 ¶ the desert *area* of the U.S. 미국의 사막 지역.
2 범위, 구역, 영역 (range, scope), 분야. ¶ an effective *area* 유효 범위/ the whole *area* of science 과학의 모든 영역 / the *area* of thought 사고 (思考) 의 영역. **3** ⓤⓒ 면적, 공간. ¶ 乳. **4** [건물에 둘러싸여] 빈 터 (open space), 안마당. **5** 부지, 토지 면적; 평수, 건평. **6** (주로 英) 지하실이나 지하 출입구에 통행을 위해 낮게 파 내려간 빈터 (areaway). ¶ an *area* gate 지하실 통용문. [area 6]

7 [해부·생리] [특수한 기능을 갖춘] 뇌피질부 (腦皮質部). ◇ *á*real *adj.*

área bèll *n.* (英) 지하[실] 출입문의 벨.

área bòmbing *n.* ⓤ [군사·항공] 지역 폭격 [특정한 군사·공업 시설이 아니라, 도시 등의 전지역을 무차별 폭격하는 일]. *cf.* pattern bombing

área còde *n.* [전화] 시외 국번 (局番) [미국·캐나다에서는 3자리 숫자].

área dèfense *n.* (군사) 지역 방위, 광역 방위.

ar·e·al [ɛ́(ː)riəl/ɛ́ər-] *adj.* 지역의. ¶ *areal* linguistics 지역 언어학.

área navigàtion *n.* [항공] 에어리어 내비게이션 [컴퓨터와 특별한 디스플레이 장치를 짜맞춘 기상 (機上) 탐재용의 새로운 항법 (航法) 장치; *abbr*. RNav.].

área rùg *n.* [특정 부분에 까는] 작은 융단.

área stèps *n. pl.* (英) 지하 [실] 출입문 계단.

área stùdy *n.* ⓤⓒ 지역 연구 [특정 지역의 언어·문화 등의 종합 연구].

ar·e·a·way [ɛ́(ː)riəwèi/ɛ́ər-] *n.* = area 5. (美) 복도, 통로 (passageway); [건물과 건물 사이의] 통로.

ar·e·ca [ǽrikə, ərí-] *n.* **1** 빈랑 (檳榔) 나무. *cf.* betel palm **2** (= **áreca nùt**) 빈랑나무의 열매.

***a·re·na** [ərí:nə] *n.* **1** 투기장 (鬪技場) [고대 로마의 원형 경기장 (amphitheater) 중앙에 모래를 깔아서 만들었다]. **2** [일반적으로] 시합장, [a boxing *arena* 권투 경기장. **3** 활동 장소, [투쟁·경쟁 따위의] 무대, 세계. ¶ the literary *arena* 문단 / enter the political *arena* 정계에 들어가다.

ar·e·na·ceous [ærinéiʃəs] *adj.* 모래 같은 (sandlike), 사질 (砂質) 의; [식물이] 모래 (땅) 에서 자라는.

arèna thèater *n.* (美) 원형 극장 [무대 (stage) 가 그 앞에 있고, 그 둘레에 관람석이 있는 것].

ar·e·nose [ǽrinòus] *adj.* 모래의, 모래 같은 (sandy); 모래투성이의, 모래 (자갈) 섞인 (gritty).

‡**aren't** [ɑːrnt] are not 의 단축형. * 주로 (英口語) 에서는 am not 의 단축형으로도 쓰이는 일도 있다. ⇨ ARE[1].

ar·e·og·ra·phy [ɛ̀əriágrəfi/-5g-] *n.* ⓤ 화성지 (火星誌) 화성 표면의 지형 화차.

a·re·o·la [ərí:ələ/ærío(u)lə, ər-] *n.* (*pl.* **-lae** [-liː] *or* **-las** [-ləz]) **1** [해부] 유두륜 (乳頭輪), [피진 (皮疹) 의] 홍훈 (紅暈). **2** [생물] [결체 조직 사이의] 극히 작은 틈, 그물눈이 듬 [엽맥 (葉脈) 따위의 사이].

a·re·o·lar [ərí:ələr/ærío(u)-, ər-] *adj.* **1** 그물눈 모양의, 극히 작은 틈의. **2** [해부] 유두륜의.

a·re·o·late [ərí:əlit, -lèit/ærío(u)-, ər-] *adj.* = areolar.

a·re·o·la·tion [ɛ̀(ː)riəléi(ə)n, æ̀riə- / æ̀rio(u)-] *n.* ⓤⓒ [생물] 결체 조직, [결체 조직 사이의] 작은 틈새기 형성. [(hydrometer).]

ar·e·om·e·ter [ɛ̀əriámitər / -5m-] *n.* 액체 비중 계

Ar·e·o·pag·ite [ɛ̀əriápədʒàit, -gàit/-5pə-] *n.* [그리스 역사] 아레오파고스 (Areopagus) 의 재판관.

Ar·e·op·a·gus [ɛ̀əriápəgəs/-5p-] *n.* **1** 아레오파고스 [그리스의 아테네 (Athens) 에 있는 언덕], **2** [그리스 역사] 아레오파고스 재판소 [고대 아테네의 최고 법정].

Ar·es [ɛ́(ː)riːz/ɛ́ər-] *n.* [그리스 신화] 아레스신 (神) [로마 신화의 Mars 에 해당하는 그리스의 군신 (軍神)].

a·rête [əréit/ær-, ər-] *n.* [지리] 산능선의, [특히] 날카로운 바위 산등선이, 분수령. [<F sharp ridge]

ar·e·thu·sa [ærəθú:zə/-θjú:-] *n.* **1** [북미 산 (產) 의] 쉽싸리속 (屬) 의 식물. **2** (A-) [그리스 신화] 숲의 요정 (妖精) (nymph) [여신 Artemis 의 도움으로 샘으로 변신하여 강의 신 Alpheus 로부터 도망쳤다].

arf [ɑːrf] *interj.* 멍!, 으르릉 [개 짖는 소리].

AR 15 [ríːfle] (略) 자동 소총. * AR 15 소총 [구경 0.223 인치의 가스 작동 반자동 소총].
[<제작자 Armalite]

arg. (略) argentum, argent.

Arg. (略) Argentina; Argyle.
ar·gal [ɑ́ːrgəl] *n.* =argol.
ar·ga·la [ɑ́ːrgələ] *n.* 무수리 [인도산(産)의 큰 황새].
ar·ga·li [ɑ́ːrgəli] *n.* (*pl.* **-li**) [중앙 아시아·시베리아 산(産)의 크고 굽은 뿔을 가진] 야생양(羊).
Ar·gand bùrner [ɑ́ːrgænd-, +美 æɡǽnd-] *n.* 아르강식 석유(가스) 버너. [〈스위스 과학자 Aimé Argand (1750–1803)〉] [된 석유 램프].
Árgand làmp *n.* 아르강등(燈) [심지가 원통형으로
ar·gent [ɑ́ːrdʒ(ə)nt] *n.* ⓤ(고어·詩) 1 은(silver); 은 백색(silver white). 2 은 비슷한 것, 3 (紋章) 방패의 흰 바탕. — *adj.* 은의(같은); [무늬기] 은빛색의.
ar·gen·tal [ɑːrdʒéntl] *adj.* 은의(같은), 은을 함유한.
ar·gen·tan [ɑ́ːrdʒəntæn] *n.* 아르젠 탄(洋은·동·아연의 합금).
ar·gen·te·ous [ɑːrdʒéntiəs], **-tate** [-tèit] *adj.* 은의 (silvery). [은을 함유한, 은의.
ar·gen·tic [ɑːrdʒéntik] *adj.* (화학) [보통 2가(價)의]
ar·gen·tif·er·ous [ɑ̀ːrdʒəntífərəs, +英 -dʒen-] *adj.* 은이 나는, 은을 함유하는(silver-bearing).
***Ar·gen·ti·na** [ɑ̀ːrdʒ(ə)ntíːnə/*Sp* ɑ̀rhentíːna] *n.* 아르헨티나[남미 남부의 공화국; 정식 명칭 the Argentine Republic, 수도 Buenos Aires].
◇ **Argentine, Argentínean** *adj.*
ar·gen·tine [ɑ́ːrdʒəntìn, -tàin/-tàin] *adj.* 은의, 은 같은. — *n.* ⓤ 1 어린밤(魚鱗箔)(물고기의 비늘에서 채취한 은빛 재료로서 인조 진주 제조용). 2 은색금속(imitation silver). 3 ⓒ 연어(Salmon)과(科)의 은빛 작은 물고기. 4 (광물) 은빛 방해석(銀白方解石). 5 ⓒ 뱀딸기[류(類)] (silver-weed).
***Ar·gen·tine** [ɑ́ːrdʒəntìn, -tàin/-tàin, -tìːn] *n.* 1 (the ~) =Argentina. 2 아르헨티나[공화국] 사람.
— *adj.* 아르헨티나의, =Argentína *n.*
Ar·gen·tin·e·an [ɑ̀ːrdʒ(ə)ntíniən] *n., adj.* =Argentine.
ar·gen·tite [ɑ́ːrdʒəntàit] *n.* (광물) 휘은광(輝銀鑛) (Ag₂S).
ar·gen·tous [ɑːrdʒéntəs] *adj.* (화학) 제1은(銀) (AgCl) 의; 1가(價)의 은을 함유한.
ar·gen·tum [ɑːrdʒéntəm] *n.* ⓤ(화학) 은(silver).
ar·ghan [ɑ́ːrgən] *n.* 1 ⓤ 브라질산(産)의 식물 섬유. 2 (중앙 아메리카산(産)) 야생 파인애플(pita).
Ar·gie [ɑ́ːrdʒi] *n.* 아르헨티나 사람(Argentine).
ar·gil [ɑ́ːrdʒil] *n.* ⓤ 점토(粘土), [특히 흰] 도토(陶土).
ar·gil·la·ceous [ɑ̀ːrdʒiléiʃəs] *adj.* 1 도토질(陶土質)의, 도토 모양의, 점토질의(clayey). 2 다량의 도토 (점토)를 함유한. [(stone)].
ar·gil·lite [ɑ́ːrdʒilàit] *n.* ⓤ 점토암(粘土岩) (clay
ar·gi·nase [ɑ́ːrdʒənèis] *n.* ⓤ (생화학) 아르기나제[아르기닌을 요소(尿素)로 분해하는 효소].
ar·gi·nine [ɑ́ːrdʒənìːn, -nàin] *n.* ⓤ (생화학) 아르기닌[아미노산의 일종].
Ar·give [ɑ́ːrdʒaiv, -gaiv/-gaiv] *adj.* 아르고스(Argos) 의; 그리스의(Greek). — *n.* 아르고스 사람; 그리스 사람.
ar·gle-bar·gle [ɑ́ːrgəlbɑ̀ːrg(ə)l] (스코) *n.* 논쟁, 토론. — *vi.* (-bar·gled, -bar·gling) 토론하다, 논쟁하다(argue).
Ar·go [ɑ́ːrgou] *n.* 1 (천문) 아르고좌(座) [남쪽 하늘에 있는 성좌]. 2 (그리스 신화) 아르고선(船) [용사 이아손(Jason)이 황금의 양털을 찾아 타고 간 배]. cf. Argonaut
ar·gol¹, -gal [ɑ́ːrgəl/-gɔl] *n.* ⓤⓒ 주석(酒石).
ar·gol² [ɑ́ːrgəl/-gɔl] *n.* (몽고) 아르골[소·양 등의 가죽의 똥을 말린 것; 연료로 사용].
ar·gon [ɑ́ːrgɑn/-gɔn, -gən] *n.* ⓤ (화학) 아르곤[공기 속에 있는 무색·무취의 기체 원소; 원자 기호 Ar].
Ar·go·naut [ɑ́ːrgənɔ̀ːt] *n.* 1 (그리스 신화) 아르고선 (Argo)을 타고 이아손(Jason)을 따라 황금의 양털

(Golden Fleece)을 찾아 콜키스(Colchis) 나라로 건너간 용사들. *cf.* Argo 2 1848–49 년에 황금열에 들떠서 California 로 이주한 사람. *cf.* forty-niner 3 (때로 a-) 모험자(adventurer). 4 (a-) =paper nautilus.
Ar·go·nau·tic [ɑ̀ːrgənɔ́ːtik] *adj.* 아르고선(Argo)의
ar·go·sy [ɑ́ːrgəsi] *n.* (*pl.* **-sies** [-siz]) 1 [특히 이탈리아의] 대형 상선(大商船), 상선대(隊). 2 (詩) 배; 모험. [일행의.
ar·got [ɑ́ːrgou, +美 -gət] *n.* ⓤ [도둑들의] 암호말, 변말, 은어, 곁말(jargon).
ar·gu·a·ble [ɑ́ːrgjuəbl] *adj.* 논의(논증)할 수 있는, 논의의 여지가 있는(disputable).
‡**ar·gue** [ɑ́ːrgjuː] *v.* (**-gued, -gu·ing**) *vi.* 논하다, 논의하다, 논쟁하다(dispute) (*about, on, upon* ...). ¶ *argue* along lines 일정한 줄거리를 따라 논하다 / They would *argue* all night long if they could. 그들은 밤을 새우서라도 논쟁할 것이다 / That is *arguing* in a circle. 그것은 순환 논법이다, 그래서는 토론이 공전된다 // (~+前+名) *argue* with his father *about* (*or on*) the matter. 그는 아버지와 그 일에 관해서 토론했다 / He *argued for* the programs of the party. 그는 그 당의 정강(政綱)에 찬성 의견을 말했다 / She *argued against* the proposition. 그는 그 제안에 반대론을 폈다.
— *vt.* 1 ···을 논하다, 토론하다(discuss, debate). ¶ It is no use *arguing* the question further. 그 문제를 더 이상 논의해 보았자 소용이 없다.
2 [이론적으로 ···이다]라고 주장하다(maintain). ¶ (~+*that* 節) Columbus *argued that* he could reach India by going west. 콜럼버스는 서쪽으로 항해하면 인도에 도달할 수 있다고 주장했다 / He is always *arguing that* honesty is not the best policy. 그는 정직은 최선책이 아니라고 늘 말한다.
3 ···을 설득하다, 설복시키다, 설득하여 ···시키다(그만두게 하다) (... *into, out of*). ¶ (~+目+前+名) You can't *argue* me *into* believing what you say. 네가 아무리 말해봤자 나에게 네 말을 믿도록 할 수는 없어 / I *argued* him *out of* smoking. 나는 그를 설득시켜서 담배를 끊게 했다.
4 ···을 논증하다, 증명하다(prove), ···임을 나타내다 (indicate). ¶ His manners *argue* good upbringing. 그의 행동은 그가 교양이 있음을 나타낸다 // (~+目)+[*to be*] 節) (~+*that* 節) (~+目+前+名) That very act *argues* him [*to be*] a rogue. 바로 그 행동으로 그가 악인임을 알 수 있다.
argue a dog's tail off (英구어) 시끄럽게 논쟁하다.
argue away (or *off*) ① 논의하여 ···을 일소하다. ¶ I managed to *argue away* (or *off*) his distrust. 나는 입에 침이 마르도록 설명하여 겨우 그의 의심을 풀 수가 있었다. ② ···을 얼버무리다, 둘러대다. ¶ He is good at *arguing away* (or *off*) delicate points. 그는 어려운 문제를 발라 맞추기를 잘 한다.
argue down ···을 설복시키다.
argue the leg off an iron pot (구어) 지나치게 논쟁하기를 좋아하다.
argue a person round 남을 설득하다.
◇ **árgument** *n.*, **árgufy** *v.*
ar·gu·er [ɑ́ːrgjuər] *n.* 논쟁자, 논박자, 논증자.
ar·gu·fy [ɑ́ːrgjufài] *v.* (-**fied, -fy·ing**) *vt.* (구어·방언) ···을 집요하게 논쟁하다(따지다). — *vi.* 집요하게 논쟁하다(wrangle).
‡**ar·gu·ment** [ɑ́ːrgjumənt] *n.* 1 ⓤⓒ 논(論), 입론(立論) (argumentation); 토론, 논쟁, 논의(debate). ¶ start (or put forward) an *argument* 논쟁을 시작하다 // *an argument against* (for) the matter 그 일에 대한 반대 (찬성)론 / *an argument for* and *against* the use of tobacco 흡연 가부의 토론 / get (or fall) into an *argument* with a person *over* the matter 그 일에 관해서 남과 토론을 시작하다 / They wasted no time in *argument about* which to buy. 그들은 어느 것을 살 것인가

를 토론하는 데 시간을 허비하지는 않았다. [類語] **argument** 사리를 밝히고, 증거를 들어서 주장을 폄으로써 상대방을 납득시키려고 하는 일: an *argument* for disarmament 군축 찬성의 논의. **discussion** 어떤 문제를 화제로 삼아서 여러 가지 견해를 끄집어 내는 일; 언쟁과는 관계가 없다: a *discussion* about the weather 날씨에 관한 이야기. **debate** 공적인 문제에 관한 집회에서의 discussion: heated *debates* in the National Assembly 국회에서의 열띤 토론. **controversy** 어떤 문제에 관해서 의견을 크게 달리하는 많은 사람들이 몇 개의 파로 갈려서 논문·연설 따위의 형식으로 행하는 장기간의 논쟁: the *controversy* on the origin of the moon 달의 기원에 관한 논쟁. **dispute** 싸움 일보 직전의 격렬한 말다툼: a *dispute* over the right-of-way on a narrow road 좁은 노상에서 서로 선행권(先行權)을 주장하는 언쟁.

2 ⓒ (보통 the ~) 논거, 이유(reasoning); Ⓤ 논법; (논리)[삼단 논법의] 소(小)전제(minor premise). ¶ a line of *argument* 논법 / a principle of *argument* 논거. **3** Ⓤ 논증. **4** 개요(summary), 요지, [이야기·각본의] 줄거리(plot). **5** [수학] 독립 변수. **6** [폐어] 증거 (evidence). ◇ arguméntal, arguméntative *adj.*, argumentátion *n.*

ar·gu·men·tal [àːrɡjuméntl] *adj.* 논의상의, 논쟁상의.

ar·gu·men·ta·tion [àːrɡjumentéi(ʃə)n] *n.* Ⓤⓒ **1** 추론, 논구(論究). **2** 논쟁, 논의, 논박. **3** 입론, 논증. **4** 전제(premises)와 결론(conclusion).

ar·gu·men·ta·tive [àːrɡjuméntətiv] *adj.* **1** [사람이] 토론하기를 좋아하는, 따지기를 좋아하는. **2** 논의의, 논쟁적인. **3** [법률] [소송 사실에 관해] 결론적인. **~·ly** *adv.* **~·ness** *n.*

ar·gu·men·tum ad hom·i·nem [àːrɡjuméntəm æd hɑ́minèm / -hɔ́m-] 《라틴》 **1** (=an argument to the man) [철학] 대인(對人) 논증 [상대의 감정·성격·지위·처지 따위에 호소하는 논증; 모든 사람에게 통용되지는 않다는 데 그 사람에게는 설득력이 있는 논증; 상대방의 말을 논거로 이용하는 토론].

Ar·gus [ɑ́ːrɡəs] *n.* **1** [그리스 신화] 아르고스[백 개의 눈이 달린 거인. 죽은 뒤에 그 눈은 공작의 꽁지깃에 옮겨졌다고 한다]. **2** (a) 조심성이 많은 사람, 빈틈없는 파수꾼. **3** (a-) (=**árgus phéasant**) 청란(靑鸞) [꽁지깃에 눈알 모양의 무늬가 있는 꿩과(科)의 새].

Ár·gus-èyed [ɑ́ːrɡəsàid] *adj.* 눈이 날카로운(keen-eyed), 빈틈없는, 조심성이 많은(vigilant).

ar·gute [ɑːrɡjúːt] *adj.* **1** [드물게] 날카로운, 날카로운 소리의. **2** 예민한(keen), 빈틈이 없는(shrewd).

ar·gy-bar·gy [ɑ́ːrɡibɑ́ː/rɡi] *n.* 《英구어》 객담; 말다툼. — *vi.* 객담을 늘어놓다; [아옹다옹] 말다툼하다.

Ar·gyle [ɑːrɡail/-ˊ-], (**Ar·gyll**) *n.* (때로 a-) 마름모꼴무늬[양말·스웨터 따위에 여러 색깔로 짜넣은 무늬]. — *adj.* 마름모꼴의 무늬가 있는.

argyr- ⇨ ARGYRO-.

ar·gyr·i·a [ɑːrdʒírɪə] *n.* [U] [의학] 은피증(銀皮症), 은중독(銀中毒).

argyro- silver 의 뜻의 연결형(* 모음 앞에서는 argyr-). 예: *argyr*ia.

ar·gy·rol [ɑ́ːrdʒirɔːl/-rɔl] *n.* [약] **1** Ⓤ 아르지롤 [은과 단백(蛋白)의 혼합물; 국소 방부제]. **2** (A-) 아르지롤의 상표명.

a·ri·a [ɑ́ːriə, +美 έ(ː)r-] *n.* [음악] **1** 선율, 가락(air, melody). **2** 영창(詠唱), 아리아[가극·오라토리오 중의 반주가 따르는 서정적인 독창 가곡]. [< It]

-aria *suf.* [생물] 속(屬)(genus)·군(群)(group)을 나타내며, 명사를 만든다. 예: can*eria*, fil*aria*.

Ar·i·ad·ne [æ̀riǽdni] *n.* [그리스 신화] 아리아드네 [크레타섬(Crete)의 왕 Minos 와 왕비 Pasiphaë 사이에 태어난 딸. Theseus 에게 실을 주어 미로에서 탈출시켰다].

Ar·i·an[1] [έ(ː)riən/έər-] *adj.* 아리우스[파]의, 아리우스 학설의. — *n.* 아리우스파의 사람. ⇨ ARIUS.

Ar·i·an[2] [έ(ː)riən/έər-] *adj., n.* =ARYAN.

-arian *suf.* 연구·학설·[사회적] 신념·연령 따위를 나타내며, 형용사·명사를 만든다. 예: antiqu*arian*, octogen*arian*.

Ar·i·an·ism [έ(ː)riənìz(ə)m/έər-] *n.* [신학] 아리우스 학설 [그리스도의 신성(神性)을 부정하였다].

ar·id [ǽrid] *adj.* **1** 마른; 습기가 없는. ⇨ DRY [類語]. **2** 불모(不毛)의, 메마른(barren). **3** 무미건조한, 보잘것 없는, 빈약한. **~·ly** *adv.* **~·ness** *n.*

a·rid·i·ty [əríditi/ær-, æ-] *n.* Ⓤ **1** 건조; 불모; 무미건조.

ar·i·el [έ(ː)riəl/έər-] *n.* (= **áriel gazélle**) 아라비아산(産)의 영양(羚羊). *cf.* gazelle

Ar·i·el [έ(ː)riəl/έər-] *n.* **1** 에이리얼 [Shakespeare 작 *The Tempest* 에 나오는 공기의 요정]. **2** [천문] 천왕성의 제1 위성.

Ar·ies [έ(ː)riːz, -riːz/έəriːz] *n.* **1** [천문] 목양좌(牧羊座). **2** [점성] 백양궁(白羊宮)[황도(黃道) 12궁의 제1궁]. ⇨ ZODIAC 그림.

ar·i·et·ta [æ̀riétə] *n.* (*pl.* **-et·tas** or **-et·te** [-étə]) [음악] 아리에타, 소영창(小詠唱) (short aria). *cf.* aria [< It]

***a·right** [əráit] *adv.* 올바르게, 틀림없이, 정확하게 (rightly). ¶ if I remember *aright* 내 기억에 틀림없다면.

ar·il [ǽril] *n.* [식물] 가종피(假種皮).

ar·il·late [ǽrilèit, -lit] *adj.* [식물] 가종피가 있는.

a·ri·o·so [ɑ̀ːrióusou, æ̀r-/-zou] *adj., adv.* [음악] 아리아풍의(으로), 영서조(詠敍調)의(로). — *n.* (*pl.* **-sos**) [음악] 영서창(唱). [< It]

-arious *suf.* having to do with, connected with (…과 관계가 있는)라는 뜻의 형용사를 만든다. 예: greg*arious.*

***a·rise** [əráiz] *vi.* (**a·rose** [əróuz], **a·ris·en** [ərízn], **a·ris·ing**) **1** 발생하다(originate); 나타나다(appear); 일어나다(rise up). ¶ A dreadful storm *arose*. 무서운 폭풍이 일어났다. **2** 결과로써 생기다, 기인하다(result) (*from* ...). ¶ (~+쥅+쥅) Accidents *arise from* carelessness. 사고는 부주의에서 일어난다 / The facts *arising out of* the case proved his guilt. 그 일로 기인한 사실에 의해서 그에게 죄가 있음이 밝혀졌다. **3** [자리에서, 또는 앉거나 누운 상태에서] 몸을 일으키다, 일어나다(*from* ...), [잠에서] 깨어나다, 뜨다. **4** [詩] 부활하다, 소생하다. **5** 반란(모반)을 일으키다(*against* ...). **6** [고어] [소리 따위가] 들려오다.

***a·ris·en** [ərízn] *v.* arise 의 과거 분사.

Arist. (略) Aristotle.

a·ris·ta [ərístə] *n.* (*pl.* **-tae** [-tiː]) **1** [식물] [벼·보리 따위의] 까끄라기(awn), 강모(剛毛). **2** [곤충] [쌍시류(雙翅類)의] 단자(端刺), 가시 모양의 돌기.

Ar·is·tae·us [æ̀ristíːəs] *n.* [그리스 신화] 아리스타이오스 [포도·올리브의 수호신, 양봉(養蜂)의 신. 아폴로(Apollo)와 키레네(Cyrene) 사이에 태어난 아들].

a·ris·tate [ərísteit] *adj.* **1** 까끄라기 (arista)가 있는. **2** [곤충] 단자(端刺) (가시모양의 돌기)가 있는.

aristo- best, superior 라는 뜻의 연결형. 예: *aristo*cratic.

***a·ris·toc·ra·cy** [æ̀ristɑ́krəsi/-tɔ́k-] *n.* (*pl.* **-cies**) **1** Ⓤ [집합적] 귀족; 귀족 사회. **2** Ⓤ 귀족 정치, 귀족 정체(政體); Ⓒ 귀족 정치 국가. **3** 귀족으로 구성된 정부 수뇌부. **4** Ⓤ 최고의 시민에 의한 정치. **5** 상류 계급, 특권 계급, 일류급 인사들. **6** Ⓤ 귀족 기질, 거드름 피움, 으스댐. ◇ aristocrat *n.*, aristocrátic *adj.*

***a·ris·to·crat** [ərístəkræ̀t, ǽris-/ǽris-, ərís-] *n.* **1** 귀족, 귀족 계급의 사람(nobleman); 상류 (특권) 계급의 사람. **2** 귀족적인 사람, 고귀한 사람. ¶ a born *aristocrat* 고귀한 집안의 태생. **3** 귀족 정치주의자.
◇ aristócracy *n.*, aristocrátic *adj.*

***a·ris·to·crat·ic** [ərìstəkrǽtik, æ̀ris-/ǽris-], (**a·ris·to·crat·i·cal** [-k(ə)l]) *adj.* **1** 귀족의, 귀족적인, 귀족풍

의; 귀족패의; 당당한(grand); [사회적으로] 배타적인.
2 상류(특권) 계급[부의]의. **3** 귀족 정치[주의]의.
-i·cal·ly [-ikəli] *adv.* ◇ aristócracy, arístocrat *n.*

ar·is·toc·ra·tism [ǽrəstɑ́krətìz(ə)m/-tɔ́k-] *n.* ⓤ 귀족[정치]주의. **2** 귀족 기질, 귀족적 행동.

A·ris·to·phan·ic [ærìsto(u)fǽnik] *adj.* 아리스토파네스풍의[비유·유머가 풍부한]. [<그리스 시인·희극 작가인 Aristophanes(448?-380? B.C.)의 이름]

Ar·is·to·te·li·an [ærìsto(u)tí:liən, -ljən/-tɔt-] *adj.* 아리스토텔레스(Aristotle)[학파]의. ── *n.* **1** 아리스토텔레스학파의 사람. **2** 아리스토텔레스식으로] 과학적·연역적으로 사물을 고찰하는 사람. [<그리스의 철학자 Aristotle(384-322 B.C.)의 이름]

Ar·is·to·te·li·an·ism [ærìsto(u)tí:liənìz(ə)m/-tɔt-] *n.* ⓤ 아리스토텔레스(Aristotle)[파]의 철학.

a·ris·to·type [ərístətàip] *n.* ⓤⓒ [사진] **1** 아리스토 인화법, **2** 아리스토텔레스 인화법에 의한 인화.

arith. (略) arithmetic; arithmetical.

‡a·rith·me·tic [ərìθmətìk → *adj.*] *n.* ① **1** 산수, 산술, 계산[법], 셈. ¶ commercial *arithmetic* 상업 산술 / decimal *arithmetic* 십진법 / literal *arithmetic* 대수 / mental *arithmetic* 암산 / political *arithmetic* 통계학. **2** (=hígher (or theorétical) arìthmétic) 수학 이론, 산술학. **3** ⓒ 산술책. ── *adj.* [ǽriθmètik] (= **arithmetical**) 산수의, 산술(계산)상의.

ar·ith·met·i·cal [ǽriθmétik(ə)l] *adj.* =arithmetic. **~ly** [-kəli] *adv.*

a·rith·me·ti·cian [ərìθmətíʃ(ə)n, ǽriθ-] *n.* 산수에 능한 사람, 계산을 잘하는 사람, 산술가.

ar·ith·met·ic mean [ǽriθmétikəl] (수학) [산] 산술 평균, 상가(相加) 평균, 등차 중항(等差中項).

àrithmétic (àrithmétical) progréssion *n.* (수학) 등차 수열(數列).

àrithmétic (àrithmétical) séries *n. pl.* (수학)

arithmétic únit *n.* [컴퓨터] 산술 연산기(機), 산술 연산 장치 ⇒ Au.

ar·ith·mom·e·ter [ǽriθmɑ́mitər/-mɔ́m-] *n.* [구형 의] 계산기, 가산기.

-arium *suf.* thing or place belonging to or connected with 라는 뜻의 명사를 만든다. 예: aqua*rium*, planet*arium*.

Ariz. (略) Arizona. [都] Phoenix; 略 Ariz.].

***A·ri·zo·na** [ǽrizóunə] *n.* 미국 서남부의 주[주도(州)

A·ri·zo·nan [ǽrizóunən], (**A·ri·zo·ni·an** [ɑ́:rizóuniən]) *n.* Arizona 주의 사람. ── *adj.* Arizona 주의; Arizona 주 사람의.

***ark** [ɑ:rk] *n.* **1** (때로 A-) [성서] 노아의 방주[대홍수 때 Noah가 자기 가족과 지상의 모든 동물 한 쌍씩을 태우고 떠난 배. ←창세기(Gen.) 6-9] (Noah's Ark). **2** [성서] 계약의 궤[십계명을 새긴 두 개의 석판을 넣어둔 신성한 나무 상자. ←민수기(Num.) 10:35] (Ark of the Covenant). **3** 피난처(refuge). **4** [고어] 궤, 상자. **5** [美] [하천용의] 평저선(平底船) (flatboat); 대형 농작물 운반차.

touch (or *lay hands on*) *the ark* 신성한 것을 모독하다.

Ark. (略) Arkansas.

Ar·kan·san [ɑ:rkǽnzən], (**Ar·kan·si·an** [ɑ:rkǽnziən]) *n.* Arkansas 주의 사람. ── *adj.* Arkansas 주의; Arkansas 주 사람의.

***Ar·kan·sas** [ɑ́:rkənsɔ̀:] *n.* 미국 중남부의 주[주도(州都) Little Rock; 略 Ark.]. [사람[별명]

Ar·kan·saw·yer [ɑ́:rkənsɔ̀:jər] *n.* Arkansas 주의

Ar·kie [ɑ́:rki] *n.* (美구어) Arkansas 출신의 이동 농업 노동자. [(money).

arles [ɑ:rlz] *n. pl.* (스코·北英) 착수금 (earnest

Ar·ling·ton [ɑ́:rliŋtən] *n.* 미국 Virginia 주 동북부의 군(郡) [국립 공동 묘지 (Arlington National Cemetery), 무명 용사 묘(Tomb of the Unknown Soldiers)가 있다].

Árlington Nátional Cémetery *n.* 알링턴 국립 공동 묘지.

‡arm¹ [ɑ:rm] *n.* **1** 팔[특히 hand 를 포함하지 않으며, 어깨에서 손목까지의 부분]; [포유 동물의]앞발. ¶ one's right *arm* 오른팔; (비유적)심복, 가장 믿는 부하 / one's better *arm* 오른팔, 잘 쓰는 쪽의 팔 / a baby in *arms* 젖먹이, 아직 걷지 못하는 유아.

2 팔 모양의 부분, 팔처럼 생긴 것[가로대·까치발·[돛의]활죽 따위]; [의자 따위의] 팔걸이(armrest); (옷의) 소매(sleeve); [나무의] 큰 가지(branch); 분류(分流), 지류(an *arm* of a river). ¶ an *arm* of the sea 작은 만(灣), 후미, 하구(河口).

3 ⓤ 힘(power), 권력(authority). ¶ the secular *arm* [교권(敎權)에 대한 재판소의] 속권(俗權) / the [long] *arm* of the law 법률의 힘 / *arm* of flesh 인력(人力).

arm in arm 서로 팔짱을 끼고; 제휴하여(*with*...).

as long as one's arm 매우 오랫동안. ¶ I waited for him *as long as my arm*. 나는 매우 오랫동안 그를 기다렸다.

at arm's length ⇒ LENGTH.

give (or *offer*) *one's arm* 팔을 [끼도록] 내밀다, 팔에 기대게 하다(*to*...).

give one's right arm 큰 희생을 치르다.

have a long arm [세력 따위가] 광범위하게 미치다.

in each other's arms 서로 껴안고.

long in the arm (英속어) 손버릇이 나쁜, 도벽이 있는.

make a long arm (英) [물건을 잡으려고] 팔을 쭉 뻗다, 노력하다.

on (or *upon*) *a person's arm* 남의 팔에 기대어, 남의 팔을 잡고.

put the arm on ① ···에게 돈을 조르다, 꾸다. ② [잡으려고] ···을 우격다짐으로 누르다.

take the (or *a person's*) *arm* ① 내민 팔을 붙잡다. ② 팔을 끼다.

under one's arm 겨드랑이에, 겨드랑이에 끼고.

with folded arms; *with one's arms folded* 팔짱을 끼고; (비유적) 수수방관하고. ¶ He looked on *with his arms folded*. 그는 팔짱끼고 보고만 있었다. [에.

within arm (or *arm's*) *reach* 손이 미치는 (닿는) 곳

with open arms 두 팔을 벌리고; 충심으로[환영하여], ◇ **ármful** *n.*

‡arm² [ɑ:rm] *n.* **1** (보통 ~s) 병기, 무기(weapon). ¶ side *arms* 총검 / small *arms* 소총, 권총 / in *arms* 무장하고.

類語 **arms** 전쟁용 무기류. **weapon** 전쟁용 무기뿐만 아니라, 공격·방어에 쓸 수 있는 도구는 모두 포함: He used a golf club as his *weapon*. 그는 골프채를 무기로 사용하였다.

2 [보병·기병·포병·공병·항공병 등의] 병종(兵種), 병과(兵科), the infantry (cavalry) *arm* 보병(기병)과. **3** (드물게 ~s) [단수 취급] 특수한 무기, 무력. **4** (~s) 무력, 군사, 병역(military service). ¶ *arms* control 군비 제한 / *arms* reduction 군비 축소 / an *arms* race 군비 [확장] 경쟁 / choose *arms* as one's profession 직업 군인의 길을 택하다. **5** 교전, 전쟁(warfare), 싸움. **6** (~s) [방패·기 따위의] 문장(紋章).

bear arms 무장하다, 병역에 복무하다; 문장을 달다.

bred to arms 군인의 교육을 받고.

call to arms 군대를 동원하다.

carry arms 무기를 잡다, 병역에 복무하다.

change arms 총을 바꿔 메다.

fly to arms 허둥지둥(다급하게) 무기를 잡다.

give up one's arms 항복하고 무기를 내주다.

lay down [*one's*] *arms* 무기를 버리다, 적대 행동을 그만두다; 항복하다.

lie upon (or *on*) *one's arms* 무장한 채로 자다.

men at arms 전사(戰士), 병사.

passage at arms 싸움, 논전.

Present arms ! 받들어 총!

rise in arms 무기를 들고 일어서다, 군사를 일으키다.

take [*up*] *arms* 무기를 들다, 무장하다; 전단(戰端)을

열다, 군사를 일으키다.
To arms! 전투 준비!
throw down one's **arms** 무기를 버리다; 항복하다.
turn one's **arms against** …을 공격하다.
under arms 무기를 들고, 무장하고.
up in arms 군사를 일으켜, 반기(反旗)를 나부끼며; 분개(분기)하여. …를 잡다.
— *vi.* 전쟁 상태에 들어가다, 전쟁 준비를 하다.
— *vt.* 1 …에게 무장시키다, …을 장갑(裝甲)하다. ¶ *armed* at all points; *armed* to the teeth 완전무장하고 // (~+图+前+图) *arm* a person with a weapon 남을 무장시키다 / a burglar *armed* with a weapon 흉기를 든 강도, 무장 강도. 2 [호신용 무기 따위]를 몸에 지니다. 3 [특별한 목적·용도 따위]에 대비하다; …을 갖추다(furnish). ¶ (~+图+前+图) people *armed* with patience 참을성이 강한 사람 / *arm* a person with full powers 남에게 전권을 맡기다. 4 [필요한 때에 끊어지게] (퓨즈)를 활성화(活性化)하다.
arm against …에 대한 방위(예방)책을 강구하다.
ARM (略) anti-radiation missile(대(對)전자파 미사일).
*__Ar·ma·da__ [ɑːrmɑ́ːdə, +美 -méi-] *n.* 1 (=the Spánish (*or* Invíncible) Armáda) 스페인 무적 함대 [1588년 영국 토벌을 기도하였으나 실패]. 2 (a-) 함대. 3 (a-) 군용 비행대. [<Sp]
ar·ma·dil·lo [ɑ̀ːrmədílou] *n.* (*pl.* **-los**) 아르마딜로 [미국 남부에서 남미에 걸쳐 서식].
Ar·ma·ged·don [ɑ̀ːrməɡéd(ə)n] *n.* 1 (성서) 아마겟돈[세계의 종말에 선과 악이 싸우는 대(大)결전장. →요한 계시록 (Rev.) 16 : 16]. 2 [최후의] 대결전.
*__ar·ma·ment__ [ɑ́ːrməmənt] *n.* 1 병기, 병기 [특히 전투기·전함의 장비]; 전함·전함의 장비]. ¶ an auxiliary *armament* 보조포(補助砲) / a heavy *armament* 거포(巨砲) / a main (secondary) *armament* 주포(主砲) (부포). 2 (英) (특히) 해군력. 3 (보통 ~s) [한 나라의] 군비, 무장. ¶ expansion (limitation, reduction) of *armaments* 군비 확장 (제한, 축소) / put aside *armaments* 군비를 철폐하다.
◇ arm² *v.*
ar·ma·men·tar·i·um [ɑ̀ːrməmentɛ́(ː)riəm / -tɛ́ər-] *n.* (*pl.* **-ia** [-iə] ~**s**) [특정 목적, 특히 의료에 이용되는] 기구·장치·재료·지식·정보·기술 등의] 모든 설비(장비); 의료 시설.
ar·mar·i·um [ɑːrmɛ́(ː)riəm / -méər-] *n.* (*pl.* **-i·a** [-iə] *or* -**i·ums**) (교회의 식전(式典) 용품·성기(聖器) 등을 넣어두는) 반침, 벽장(ambry).
ar·ma·ture [ɑ́ːrmətʃər, -tʃuər / -tjuə, -tʃuə] *n.* 1 갑옷, 장갑(裝甲) (armor), (곤충의 集具) (arms). 2 (생물) 방호 기관 (껍질·가시·이빨 따위). 3 (전기) a) 전기자(電機子); 발전자, 전동자, 접극자(接極子). b) [계전기(繼電器)·버저 따위의] 진동자. 4 (조각) [조소(彫塑)할 때의] 임시 틀. 5 [건축] 보강재(材) 철근 따위).
arm·band [ɑ́ːrmbænd] *n.* 완장, 상장(喪章) (brassard).
‡**arm-chair** [ɑ́ːrmtʃɛ̀ər/-´-] *n.* 팔걸이 의자, 안락 의자. — *adj.* 탁상공론의. ¶ an *armchair* strategist 실전 경험이 없는 전술가.
armchair shopping *n.* [상점에 가는 대신] 카탈로그를 보고 전화·우편 따위로 물건을 구입하기.
arme blanche [ɑ́ːrm blɑ́ːnʃ] *n.* (*pl.* **armes blanches**) (프랑스) (=white weapon) 1 백병전에 쓰이는 무기(기병창(槍) 따위) (white arm). 2 기병 (cavalry).
armed [ɑːrmd] *adj.* 1 무장한, 무력(무기)을 배경으로 한. ¶ *armed* neutrality 무장 중립 / *armed* peace 무장에 의한 평화 / the *armed* police 무장 경관 / an *armed* robber 무장 강도 / an *armed* ship 무장선. 2 불강한; (동물이 갑각(甲殼)·가시·엄니 따위의) 호신 기관을 가진. ¶ *armed* eyes (안경 따위로) 시력을 가진 눈 / *armed* glass 철망을 넣은 유리. 3 [폭탄·미사일 따위가] 신관(信管)을 장전한. 4 [특별한 목적에 대비해서 도구 따위를] 준비한. ¶ schoolboys *armed* with pencils and notebooks 연필과 노트를 준비한 학생. 5 (종종 복합어를 만들어) 팔이 …한. ¶ bare-*armed* 팔을 드러낸.
ármed fórces *n. pl.* [한나라·연합국의] 군대 (armed services). [군사 위원회.
Ármed Sérvices Commíttee *n.* [미국의회]
Ar·me·ni·a [ɑːrmíːniə, -njə] *n.* 1 아르메니아[서아시아의 고대 국가]. 2 아르메니아[Caucasia 남부의 구 소련방내의 공화국. 정식 명칭 Armenian Republic; 수도 Erivan].
Ar·me·ni·an [ɑːrmíːniən, -njən] *adj.* 아르메니아의; 아르메니아 사람(말)의. — *n.* 아르메니아 사람; ① 아르메니아말.
ar·met [ɑ́ːrmet] *n.* 철모의 일종 [갑옷의 일부로, 머리를 모두 가리고 얼굴 부분은 움직이게 되어 있다].
arm·ful [ɑ́ːrmfùl] *n.* 한 아름; 다량(a large quantity). ¶ an *armful* of apples 한 아름의(많은) 사과.
arm·hole [ɑ́ːrmhòul] *n.* (옷의) 진동.
ar·mi·ger [ɑ́ːrmidʒər] *n.* 1 대향사(大鄕士) [기사 (knight)에 다음 가는 지위, 문장(紋章)을 달 자격이 있다]. 2 기사의 종자(從者); 갑옷을 들고 다니는 사람.
ar·mig·er·ous [ɑːrmídʒərəs] *adj.* 문장을 달 자격이 있는. [리 모양의; 고리(꾸짖)로 된.
ar·mil·lar·y [ɑ́ːrmilèri, ɑːrmíləri / ɑːmíləri] *adj.* 팔
ármillary sphére *n.* [천문] 혼천의(渾天儀) [고대 천문의 일종].
arm·ing [ɑ́ːrmiŋ] *n.* ① 1 [해사] [해저의 모래·진흙 등을 부착시키기 위해 측연(測鉛)의 하단 구멍에 채운) 수지(獸脂). 2 무장, 무구(武具). 3 [자석의) 접극자(接極子). 4 (폐어) 문장(紋章).
Ar·min·i·an [ɑːrmíniən] *adj.* 아르미니우스(Arminius) (파)의. — *n.* 아르미니우스파의 신자. [<Calvin의 예정설을 부정한 네덜란드의 신교 신학자인 Jacobus Arminius(1560-1609)의 이름]
Ar·min·i·an·ism [ɑːrmíniənìz(ə)m] *n.* ① [신학] 아르미니우스파 교리[의 신봉].
ar·mip·o·tent [ɑːrmípət(ə)nt] *adj.* (드물게) 전쟁에 강한, 무력에 뛰어난 (potent in arms).
*__ar·mi·stice__ [ɑ́ːrmistis] *n.* 휴전, 정전(truce); 휴전 조약. ¶ a separate *armistice* 단독 강화 / An *armistice* was declared. 휴전이 포고되었다.
Ármistice Dáy *n.* 제1차 세계 대전 휴전 기념일 [11월 11일; 현재 (美)에서는 Veterans Day, (英)에서는 Remembrance Day 라고 한다].
arm·less[1] [ɑ́ːrmlis] *adj.* 1 팔이 없는. 2 팔걸이가 없는. [지 않은.
arm·less[2] [ɑ́ːrmlis] *adj.* 무방비의, 무기를 가지고 있
arm·let [ɑ́ːrmlit] *n.* 1 (주로 英) 팔찌, 완장; 완장. 2 작은 만(灣), 후미, [하천의] 지류, 분류(分流).
arm·load [ɑ́ːrmlòud] *n.* (양) 팔에 안을 수 있는 분량, 한 아름의 분량. [기.
arm·lock [ɑ́ːrmlàk / -lɔ̀k] *n.* (레슬링) 암록, 팔조르
ar·moire [ɑːrmwɑ́ːr] *n.* 대형 옷장, [붙박이로 설치하지 않은] 찬장.
‡**ar·mor**, (英) -**mour** [ɑ́ːrmər] *n.* ① 1 갑옷과 투구, 갑주(甲冑). ¶ to be clad in *armor* 갑옷을 입고 있다, 무장하고 있다. 2 [군함·전차·비행기 따위의] 장갑(裝甲)판, 강철판. 3 [동·식물의] 방호 기관 [물고기의 비늘 따위] (armament); [전보식의] 방호 (보호)하는 것, 잠수복. 4 기갑 부대. 5 [전선(電線)의] 피복 (被覆).
— *vt.* …에게 갑옷을 입히다, …을 장갑하다.
ar·mor·bear·er, (英) -**mour-** [ɑ́ːrmərbɛ̀(ː)ərər / -bɛ̀ər-] *n.* 기사의 종자, 갑옷을 들고 다니는 사람 (armiger).
ar·mor-clad, (英) -**mour-** [ɑ́ːrmərklæ̀d] *adj.* 갑옷을 입은; 장갑한. ¶ an *armor-clad* ship 장갑함.
ar·mored, (英) -**moured** [ɑ́ːrmərd] *adj.* 1 갑옷

ármored cáble n. 〔전기〕 피복 전선. [장갑차.
ármored cár n. 〔군용·현금수송용〕 장갑차; 〔철도용〕
ármored fórces n. pl. 기갑 부대〔전차·보병·포병대 기타 지원 부대로 편성된 부대〕.
ar·mor·er, 《英》**ar·mour·er** [ɑ́ːrmərər] n. 1 갑옷 제작자, 갑옷 수리사, 2 병기 제작자. 3 〔군대〕〔소화기(小火器)·기관총·자전거 따위를 정비·관리하는〕 병기계(兵器係).
ar·mo·ri·al [ɑːrmɔ́ːriəl / -mɔ́r-] adj. 문장(紋章)의, 문장을 단. ━ n. 문장집(集) 〔도감〕.
armórial béarings n. pl. 〔단·복수 양용〕 문장.
ar·mor·ing, 《英》**-mour-** [ɑ́ːrməriŋ] n. ⓊⒸ 무장; 〔전기〕 피복(被覆), 〔위의〕 장갑판(板).
ármor pláte (pláting) n. 〔철판·전차·항공기 따위의〕
ar·mor·plat·ed, 《英》**-mour-** [ɑ́ːrmərplèitid] adj. 장갑판을 씌운.
***ar·mor·y**, 《英》**-mour-** [ɑ́ːrməri] n. (pl. **-mor·ies**) 1 병기고. 2 《美軍》 〔군사 교련 시설이 있는〕 주군(州軍) 부대 본부, 2 기병 공장, 조병창. 3 《古語》〔총칭적〕 무기, 병기류. 5 〔古語〕 문장(紋章). 6 Ⓤ 문장 화법(화술); 문장학(heraldry).
:ar·mour [ɑ́ːrmər] n., vt. 《英》=armor.
ármoured tróops n. pl. 《英》=armored forces.
arm·pit [─pit] n. 〔해부〕 겨드랑이 밑(axilla).
arm·rest [ɑ́ːrmrèst] n. 〔의자·소파 따위의〕 팔걸이.
arms [ɑːrmz] n. pl. ⇨ ARM².
árms ràce n. 군비 확장 경쟁. 〔압박〕하는.
arm·twist·ing [ɑ́ːrmtwìstiŋ] n. Ⓤ, adj. 강압〔적〕이는.
árm wréstling n. 팔씨름(Indian wrestling).
:ar·my [ɑ́ːrmi] n. (pl. **-mies**) 1 (the ~) 육군 (cf. navy, air force); 〔한 나라의〕군(軍), 〔the 8th Army 제 8 군 / a regular (an irregular) army 정규〔부정규〕 군 / a standing army 상비군, 정규군 / enter (or join, go into) the army 육군에 입대하다 / leave the army 제대하다, 퇴역하다 / serve in the army 병역에 복무하다 / raise an army 군사를 일으키다, 모병하다.
〔주의〕 army의 단위 — army 2개 군단(corps) 이상으로 편성, **corps** 2개 사단(divisions) 이상으로 편성, **division** 3-4개 여단(brigades)으로 편성, **brigade** 2개 연대(regiments) 이상으로 편성, **regiment** 2개 대대(battalions) 이상으로 편성, **battalion** 2개 중대(companies) 이상으로 편성, **company** 2개 소대(platoons) 이상으로 편성, **platoon** 2개 분대(《美》반(半)소대) 이상으로 편성, **section** 2개 반(班)(《美》분대)(squads)으로 편성, **squad** 보통 사병 10명과 하사(corporal) 또는 중사(sergeant) 1명으로 편성.
2 군대, 군세. ¶ army life 군대 생활. 3 단체, …군(軍). ¶ the Salvation Army 구세군 / the Blue Ribbon Army 《英》 푸른 리본단(團) 〔금주(禁酒) 단체의 이름〕. 4 다수, 무리, 떼(host), 대군(大群). ¶ an army of locusts 메뚜기의 대군.
ármy áct n. (the ~) 《英軍》 육군 형법.
Ármy and Návy Stòres n. pl. 《英》 육·해군 구매 조합 매점.
ármy ánt n. 군대 개미〔아메리카 열대 지방의 찌르는 개미; 큰 무리를 지어 이동하며, 절족(節足) 동물을 잡아 먹는다〕. ⇨ DRIVER ANT.
ármy bróker (contráctor) n. 육군 조달(군납)업자.
ármy córps n. 군단. [ter 라고도 한다.
ármy líst n. 《英》 육군 현역 장교 명부. ¶ army regis-
ármy lóok n. 군대식 복장.
ármy régister n. =army list. [대.
Ármy Sérvice Córps n. 《英》 육군 병참(수송) 부

ármy sùrgeon n. 군의(軍醫).
ar·my·worm [ɑ́ːrmiwə̀ːrm] n. 거염벌레 〔밤나방의 유충, 풀·곡물을 해친다〕.
ar·ni·ca [ɑ́ːrnikə] n. 1 아르니카〔유럽산(産) 국화과(科)의 식물〕. 2 Ⓤ 아르니카 정기(丁幾) 〔염좌(捻挫)·좌상(挫傷)의 외용약으로 사용〕.
a·roint [ərɔ́int] vi. 〔古語〕《명령형으로 써서》 물러가라, 가라(begone, avaunt). * 언제나 thee를 수반. ¶ Aroint thee ! 가거라 !
a·ro·ma [ərɔ́umə] n. ⓊⒸ 1 방향, 향기, 향내. ⇨ SMELL 類語. ¶ the sweet aroma of flowers 꽃의 향기로운 냄새. 2 〔포도주·알콜 음료 따위의〕 방향(bouquet). 3 〔예술품이 지니는〕 기품, 특유한 정취, 풍격, 묘미. ¶ the delicate aroma of poetry 시의 기품.
arōma dísc n. 향기를 풍기는 음반(레코드).
ar·o·mat·ic [ærō(u)mǽtik] adj. 1 향기〔방향〕가 있는, 향기로운. 2 〔化學〕 방향속(屬) 화합물의, 방향성의. ━ n. 방향 식물, 방향제(劑), 방향성의 물건, 향료(spices). **-i·cal·ly** [-ikəli] adv.
ar·o·mat·i·cal [ærō(u)mǽtik(ə)l] adj. 〔古語〕 =aromatic.
aromátic vínegar n. Ⓤ 향초(香醋) 〔장뇌(樟腦) 따위를 녹여서 만든 초, 각성제로 사용〕.
a·ro·ma·tize [ərɔ́umətàiz] (* 《英》에서는 a·ro·ma·tise 로도 쓴다) vt. (-tized, -tiz·ing) …을 방향성으로 하다, …에 향기(방향)를 첨가하다.
:a·rose [ərɔ́uz] v. arise 의 과거형.
:a·round [əráund] (* adv., prep. 원래 《美》에서는 around, 《英》에서는 round를 즐겨 쓴다. ⇨ ROUND)
━ adv. 1 주위에, 빙 둘러싸고, 사방에. ¶ A dense fog lay around. 짙은 안개가 자욱이 끼어 있었다.
2 여기저기에, 곳곳에, 도처에. ¶ fool around 빈둥빈둥 지내다 / hang around 부근을 배회하다 / travel around 만유(漫遊)하다.
3 《美口語》 어딘가 그 근처에서, 부근에서. ¶ I'll wait around for you. 나는 여기서 기다리겠다.
4 《주로 美》 돌아서, 빙 돌아서. ¶ run around 뛰어 돌아다니다 / send a hat around 〔돈을 거두기 위해서〕 모자를 돌리다 / turn around 〔빙그르르〕 뒤돌아 서다 (다).
5 의식을 되찾아. [도.
all around 부근 일대에; 완전히; 누구에게든지, 누구든
be around 《美》① 〔잠자리에서〕 일어나다; 찾아오다. ② 부근에 있다, 체재하고 있다. ③ 활동하고 있다.
be around and about 《美》 …에 전력하다. ¶ She has been around and about books all her life. 그녀는 평생을 책에만 전념해 왔다.
have been around 《美口語》 경험이 많다; 사람〔세상 물정〕을 잘 알고 있다.
listen around 돌아다니며 여론(평판)을 듣다.
━ prep. 1 …의 둘레에, …의 주위에(about), …의 주위를 둘러싸고(encircling). ¶ sit around a table 테이블을 둘러싸고 앉다 / She admired the scenery around her. 그녀는 주위의 경치에 감탄하였다.
2 …을 여기저기, …을 이곳저곳. ¶ roam around the country 전국을 돌아다니다.
3 어딘가 …의 근처에서, …근방에서. ¶ play around one's house 집 근처에서 놀다 / I hardly expected to see you around here. 설마 이런 곳에서 뵙게 되리라고는 생각도 못했습니다.
4 《美口語》 대략…, 거의(about, approximately). ¶ around a million dollars 약 백만 달러 / around nine o'clock 9 시쯤(에).
5 …의 가장자리에, …의 바깥쪽에.
6 …을 돌아서.
around the corner ⇨ CORNER.
get around 〔사실 따위〕를 회피하다. ⇨ GET.
a·round-the-clock [əráundðəklɑ̀k/-klɔ̀k] adj. 〔24 시간〕 휴식없이 계속하는(round-the-clock).

around-the-world [əraundðəwəːrld] *adj.* 세계 일주의.

a·rous·al [əráuz(ə)l] *n.* ⓤⓒ 각성, 환기(喚起), 격려.

‡**a·rouse** [əráuz] *v.* (**a·roused, a·rous·ing**) *vt.* 1 …을 깨우다, …을 깨우다. ¶ (~+몜/+몜+쩬) arouse a person *from* sleep 남을 깨우다. 2 …을 환기시키다; [감정 따위]를 자극하다; [사람·정신 따위]를 분기시키다. ¶ *arouse* anger 화 나게 하다 / Her suffering *aroused* our pity. 그녀의 수난은 우리의 동정심을 불러일으켰다 // (~+몜+쩬+몜) *arouse* a person *to* action 남을 활동케 하다 / *arouse* a person *to* activity 남을 분기시키다. — *vi.* 각성하다, 일어나다. ◇ **rouse** *v.*

a·rous·er [əráuzər] *n.* 격려자, 도발자, 자극을 주는 것[사람].

a·row [əróu] *adv.* 일렬로, 줄지어서.

ARP, A.R.P. (略)(英) Air Raid Precautions (공습 경방단(警防團)).

ARPANET [áːrpənèt] *n.* (통신·컴퓨터) 아르파넷 (미국 국방부가 개발한 컴퓨터 네트워크; 미국 본토를 중심으로 일부는 해외에까지 확장). [< Advanced Research Project Agency Network].

ar·peg·gio [αːrpédʒiou, -美 -dʒou] *n.* (*pl.* **-gi·os**) (음악) 아르페지오 [하프·피아노 등에서 화음을 연속적으로 빨리 연주하는 일]; 그 화음, 분산 화음. (bus).

ar·que·bus [áːrkwibəs] *n.* 화승총(火繩銃) (harquebus).

ar·que·bus·ier [ὰːrkwibəsíər] *n.* 화승총으로 무장한 병사(harquebusier). [rive(r)].

arr. (略) arrange[d]; arrangement; arrival; ar-

ar·rack [ǽrək] *n.* 아락주(酒) [동인도 제도·중동 지방에서 야자즙·당밀 따위로 만드는 증류주].

ARRADCOM (略)(군사) *A*rmament *R*esearch and *D*evelopment *Com*mand [미육군 무기 연구 개발 사령부].

ar·rah [ǽrə] *interj.* 어머!, 어!, 어렵쇼! [놀람 따위 격한 감정을 나타내는 소리].

ar·raign [əréin] *vt.* 1 (법률)(법정으로) …을 소환하여 심문하다. 2 …을 고발하다, 미련하다, 을 책망하다, 비난하다(accuse, charge). ¶ (~+몜+쩬+몜) *arraign* a person *of* (or *for*) theft 절도죄로 남을 고소하다. — *n.* 1 심문. 2 고소, 공소; 비난, 규탄 (arraignment).

ar·raign·ment [əréinmənt] *n.* ⓤⓒ 1 (법률)(법정에의) 소환, 심문. 2 고소, 고발; 비난, 규탄 (accusation).

‡**ar·range** [əréindʒ] *vt.* 1 …을 가지런히 하다, 정돈(정리)하다; …을 배열하다, 정렬시키다. ¶ *arrange* books on a bookshelf 책을 책꽂이에 정리하다 / be good at *arranging* flowers 꽃꽂이를 잘 하다 / Do you *arrange* your hair every morning? 당신은 매일 아침 머리를 손질합니까? 2 (분쟁)을 수습하다, 조정하다, 매듭짓다(settle, adjust); [어떤 일]을 처리하다, 조처하다(dispose). ¶ *arrange* differences (*or* disputes) 분쟁을 조정하다 / Everything is *arranged* satisfactorily. 만사가 잘 처리되어 있다. 3 …(미리) …을 계획하다, 준비하다, 마련하다, …의 채비를 갖추다(prepare, plan); …을 매듭짓다, 정하다 (decide). ¶ as *arranged* previously 예정대로 / *arrange* oneself 준비하다 / *arrange* the details of a talk *arrange* a marriage 혼담을 성립시키다 / It is *arranged* that … …할 계획(예정)으로 되어 있다 / (~+몜+쩬+몜) The next meeting has been *arranged* for Monday evening. 다음 모임은 월요일 저녁으로 정해졌다. 4 (음악) …을 편곡하다. ¶ (~+몜+쩬+몜) This piece for the violin is also *arranged* *for* the piano. 이 바이올린 곡은 피아노곡으로도 편곡된 것이다. 5 …을 개작하다, 각색하다(adapt). ¶ (~+몜+쩬+몜) *arrange* a novel *for* the stage 소설을 무대용으로 각색하다.

— *vi.* 1 결말짓다, 협정하다. ¶ (~+쩬+몜) *arrange with* one's creditors *for* (or *about*) a matter …에 관해서 채권자와 타협을 하다(prepare, provide). 3 계획을 짜다, 마련하다, 정하다, 손을 쓰다(manage). ¶ (~+쩬+몜) *arrange for* a hike 하이킹 계획을 짜다 / I will *arrange for* a car to meet you at the airport. 공항으로 마중 나가도록 차를 마련해 놓겠습니다 / (~+*to do*) They *arranged* to start early in the morning. 그들은 아침 일찍이 출발하기로 결정했다.

◇ **arrángement** *n.*

‡**ar·range·ment** [əréindʒmənt] *n.* 1 ⓤⓒ 정돈, 정리. 2 ⓤⓒ 배열, 배치, 정렬; (수학) 순열(順列) (permutation). ¶ an *arrangement* plan 배치도. 3 ⓤ 배열하는 방법, 장식법, 꾸미기; ⓒ 장치, 설비. ¶ flower *arrangement* 꽃꽂이. 4 ⓒⓤ 결말, 낙착, 타협, 협정, 타결. ¶ conditional *arrangements* 조건부 협정 / by *arrangement* 타협하여, 협정하여 / according to *arrangement* 타협한 대로 / come to an *arrangement* 협정이 성립되다 / arrive at an amicable *arrangement* 원만히 타협이 이루어지다, 온건한 타협을 보다 / …을 make an *arrangement of* …의 결말을 짓다; …을 결정하다 / make *arrangements with* a person *for* a matter 남과 …에 관해 의논하다. 5 (보통 ~s) 수배, 예정, 채비, 준비. ¶ an *arrangement* committee 준비 위원회 // Please make *arrangements for* the furniture to be delivered right away. 그 가구가 곧 배달하도록 수배해 주세요. 6 ⓒⓤ 짜맞춤, 결합, 배합(combination). ¶ upset *arrangements* 앞뒤 순서가 뒤틀리게 하다. 7 ⓒ (음악) ⓤ 편곡; ⓒ 편곡된 곡.

◇ **arránge** *v.*

ar·rant [ǽrənt] *adj.* (나쁜 뜻으로) 순전한, 완전한, 터무니없는; 악명 높은. ¶ an *arrant* fool (lie) 순전한 바보(새빨간 거짓말).

ar·ras[1] [ǽrəs] *n.* (*pl.* **ar·ras**) 1 ⓤ 아라스 천(색실로 무늬를 짜넣은 천의 일종; 색실로 무늬를 짜넣는 법 (tapestry weave). 2 (아라스 천의) 벽걸이, 휫대부, 커튼; (방의) 막, 커튼.

ar·ras[2] [áːrɑːs] *n. pl.* (보통 단수 취급) (법률)(결혼 할 때) 남편이 아내에게 주는 증여(贈與).

*****ar·ray** [əréi] *vt.* 1 (군대 따위)를 정렬시키다, …의 대오를 정돈하다. 2 …을 성장(盛裝)시키다, 곱게 차려입히다. ¶ (~+몜+쩬+몜) *array* oneself (*or* be *arrayed*) *in* all one's finery 한껏 차려 입다 // Even Solomon in all his glory was not *arrayed* like one of these *flowers*. 솔로몬의 모든 영광으로도 입은 것이 꽃 하나만 같지 못하였느니라 [← 마태 복음 (Matt.) 6 : 29]. 3 (법률)(배심원)을 열석(列席)시키다, 소집하다.

array oneself (*or* **be arrayed**) **against** …에 반대하다.

— *n.* ⓤ 1 (군대의) 배진(配陣), 진열, 대열, 대형(隊形), 대오. ¶ in battle (*or* martial) *array* 전투 대형을 이루고. 2 (an ~ of)(당당한) 진용(陣容); (대규모의) 나열. ¶ a gallant *array* of nobles and cavaliers 기라성 같이 늘어선 귀족과 기사들 / a whole *array* of proofs 있는 한의 모든 증거. 3 (진열창 안 따위의) 진열, 전람. 4 정리, 정돈(arrangement); (일정한 법칙에 의한) 배열; ⓒ 배열된 것, 구색을 갖춘것, 세트. ¶ set in *array* 배열하다. 5 옷, 의상, 치장(attire, dress). ¶ in full *array* 한껏 차려입고 / in holiday *array* 나들이옷을 입고. 6 (법률) 배심원의 소집; ⓒ (소집된) 배심원 전원. ◇ **arráyal** *n.*

ar·ray·al [əréiəl] *n.* 1 배열, 정렬, 죽 늘어서기; 소집(muster); 열거; 성장(盛裝), 치장. 2 정렬(배열) 것.

arráy élement *n.* (컴퓨터) 배열 요소.

arráy prócessor *n.* (컴퓨터) 어레이 프로세서 [작은 컴퓨터를 여러대 규칙적으로 배열·접속하여 복잡한 과학 기술 계산을 고속 처리하는 전용(專用) 프로세서).

ar·rear [əríər] *n.* **1** (보통 ~s) [의무·약속 따위의] 지연, 지체, 늦음(with ...). ¶ *in arrear*[*s*] 늦어서, 지체되어 // fall into *arrears with* …이 지체되다, 늦어지다 / He is *in arrears with* his payment. 그는 지불이 밀려 있다. **2** (종종 ~s) 미불금, 연체금, 부채(debt). **3** 《고어》 꽁무니, 후미(後尾) (rear).

in arrear of …보다 늦어서 (behind).

ar·rear·age [ərí(:)ridʒ/ərír-] *n.* ⓤⓒ **1** 연체, 밀림, 지체. **2** (종종 ~s) 연체금, 미불금(arrears), 부채(debt). **3** ⓒ《고어》예비금, 비축(reserve).

ar·rect [ərékt] *adj.* **1** 《고어·詩》[귀를] 기울이고 있는(alert). **2** [귀를 쫑긋] 세운(erect, upright). ¶ *a dog with ears arrect* 귀를 쫑긋 세운 개.

‡**ar·rest** [ərést] *vt.* **1** [법령으로] [남]을 붙잡다, 체포하다(seize), 구속하다, 포박하다, 검거하다. ¶ (~+圄/+前+图) *arrest* a person *for* murder 남을 살인 혐의로 체포하다.

2 [남]을 잡다, 붙잡다; [선박 따위]를 억류하다.

3 [주의 따위]를 끌다. ¶ A beautiful bird *arrested* my eyes (*or* attention). 예쁜 새 한 마리가 나의 눈길을 끌었다.

4 …을 만류하다, 저지하다, 막다. ⇒ STOP 類語 ¶ *arrest* the current of a river 강의 흐름을 막다. The new drug could *arrest* tuberculosis. 그 신약은 결핵의 진행을 막을 수가 있었다.

— *n.* ⓒⓤ **1** [법령에 의한] 구인, 구류, 검거, 검속, 체포; [스코 법률] 압류, 압수. ¶ *be under* [*an*] *arrest* 구류중이다 / *make the arrest of* …을 체포하다 / *place* (*or* put) *a person under arrest* 남을 체포하다. **2** 붙잡음, 포박. **3** 정지, 저지, 억지. **4** ⓒ [기계] 정지 장치. ◇ arréstive *adj.*

ar·rest·ed [əréstid] *adj.* 체포된; [활동·성장이] 저지된, 억지된. ¶ *arrested* cancer 성장이 억지된 암.

ar·rest·ee [əréstí:] *n.* 피 (被)체포자.

ar·rest·er, -res·tor [əréstər] *n.* **1** 체포자; [스코 법률] 압류 채권자. **2** [전기] =lightning arrester. **3** =spark arrester. **4** 그을음 제거기.

arréster hóok *n.* 속도 제어용 후크[항공 모함의 갑판에 붙어 있는 것으로, 항공기의 착함 때 속도를 감속시키는 구실을 한다].

ar·rest·ing [əréstiŋ] *adj.* 주의(이목)를 끄는, 눈에 띄는; 흥미있는 (interesting). ¶ *an arresting* book 흥미있는 책. **'-·ly** *adv.*

ar·res·tive [əréstiv] *adj.* **1** 저지(제지)하는. **2** 주의(이목)를 끌기 쉬운.

ar·rest·ment [əréstmənt] *n.* ⓤⓒ [드물게] 체포, 검거, 억지. **2** [스코 법률] 압류, 차압. **3** [법률] 법원의 명령, 시달. 〔＜F〕

ar·rêt [æréi] *n.* 《영사》[법원 등의] 명령, 시달. 〔＜F〕

ar·rhyth·mi·a [əríθmiə, əríθ-] *n.* ⓤ [병리] 부정맥(不整脈).

ar·ride [əráid] *vt.* (-ríd·ed, -ríd·ing) 《고어》…을 기쁘게 해주다, 만족시키다 (please, gratify).

ar·riè·re-ban [ǽriərbæn, ǽrìər-] *n.* **1** 〔프랑스왕의〕 신하 소집령. **2** 〔집합적〕 프랑스왕 휘하의 소집군(軍), 소집 신하. **3** 귀족. **4** 〔프랑스왕의〕 제2차 소집군〔대〕. 〔＜F〕

ar·rière-pen·sée [ǽriɛ̀(:)rpɑ̃ːnséi/-ɛəp-/F arjɛrpɑ̃se] *n.* (*pl.* **-pen·sées** [-pɑ̃ːnséiz/F -pɑ̃se])《프랑스》(=behind-thought) 속셈, 저의(hidden motive).

ar·ris [ǽris] *n.* 〔건축〕 〔특히 도리아(Doric)식 건축의 원기둥 표면의〕 홈과 홈 사이의 모서리.

árris gùtter *n.* 〔V자형의〕 홈통, 삼각 홈통.

ar·ris·ways [ǽriswèiz], (**ar·ris·wise** [-wàiz]) *adv.* 비스듬히.

‡**ar·ri·val** [əráiv(ə)l] *n.* ⓤⓒ **1** 도착, 등장, 입항, 입성, 출현. ¶ *belated arrival* 연착 / *safe arrival* 안착 / *the arrivals* and departures of trains 기차의 발착 / *on arrival* 도착하는 대로, 도착 후 / *cash on arrival* 〔상업〕 착불(着拂). **2** ⓤ 도달, 달성, 귀착. ¶ *arrival at* a conclusion 결론에의 도달. **3** 도착자, 도착품; 착하(着荷). ¶ *a new arrival* 새로 온 사람, 신착품(新着品). **4** 《구어》 신생아. **5** 〔형용사적 용법〕도착의; 도착자(품)의. ¶ *an arrival* station 도착역, 종점 / *an arrival* list 도착자 명부. ◇ arrive *v.*

‡**ar·rive** [əráiv] *v.* (-rived, -riv·ing) *vi.* **1** 닿다, 도착하다, 당도하다(*at, in* ...). opp. depart ¶ He *arrived* after dark. 그는 어두워진 뒤에 도착했다. ¶ (~+前+图) *arrive at* Pusan 부산에 도착하다 / *arrive in* (or *at*) Seoul 서울에 도착하다 / *arrive in* the country 시골에 도착하다 / *arrive on* the scene (or the spot) 현장에 나타나다 / *arrive from* a trip 여행에서 돌아오다 / The steamer *arrived in* harbor. 그 기선은 항구에 도착했다.

— **Usage** *arrive at* 와 *arrive in* —— 지점에 도착하는 경우에는 *at*, 구역에 도착하는 경우에는 *in* 을 쓴다. 이 사용상의 구별은 느낌에 따라 좌우되어, hotel, building 따위에는 보통 *at*를, country [Korea, England 등]에는 보통 *in*을 쓰지만, 도시 등에는 느낌에 따라서 *at* 도 *in* 도 쓰인다. 다만 the city of London 과 같은 경우에는 *in*을 쓴다. 또한 도착점을 의미할 뿐만 아니라 체재의 관념이 내포되는 경우에는 *in*이 쓰인다.

2 〔어느 연령·시기·결론·확신 따위에〕 달하다, 도달하다(*at* ...). ¶ (~+前+图) *arrive at* man's estate 남자가 성년에 달하다 / *arrive at* a good idea 좋은 생각이 떠오르다. **3** 〔때가〕오다 (come); 《고어》〔사건이〕 일어나다(occur) (*to* ...). ¶ The time has *arrived*. 시기가 왔다. **4** 《구어》성공하다. ¶ *an* artist who has *arrived* 성공한 미술가. **5** 《폐어》해안에 도착하다, 입항하다.

— *vt.* 《폐어》…에 닿다, 도착하다 (reach).

◇ arrival *n.*

ar·ri·ve·der·ci [ɑ̀ːriːvedéə(:)rtʃiː] *interj.* 《이탈리아》 (=till we meet again) 안녕히, 또 뵙겠습니다. *cf.* au revoir, auf Wiedersehen

ar·ri·visme [ærìːví:z(ə)m] *n.* ⓤ 출세주의. 〔＜F〕

ar·ri·viste [ærìːvíːst] *n.* 수단 방법을 가리지 않고 성공한 사람, 출세주의자, 벼락출세자; 벼락부자 (parvenu). 〔＜F〕

*ar·ro·gance** [ǽrəgəns] *n.* ⓤ 거만, 오만, 건방짐(haughtiness). ¶ *arrogance* of the rich toward the poor 빈자(貧者)에 대한 부자의 오만 / the *arrogance* of power 권력의 도도함. ◇ árrogant *adj.*

ar·ro·gan·cy [-si] *n.* =arrogance.

*ar·ro·gant** [ǽrəgənt] *adj.* 건방진, 거만한, 교만한, 오만한, 젠 체하는 (haughty). ⇒ PROUD 類語 ¶ *arrogant* claims 오만불손한 요구. **-·ly** *adv.*

◇ árrogance, árrogancy *n.*

ar·ro·gate [ǽro(u)gèit] *vt.* (-gat·ed, -gat·ing) **1** 〔타인의 권리를〕 침해하다, 횡령하다; 〔칭호 따위〕를 부당하게 사용하다(assume). ¶ *arrogate* a person's rights 남의 권리를 침해하다 // (~+图/+前+图) *arrogate* power *to* (or *for*) oneself 권력을 사사로이 남용하다. **2** 〔부당하게〕〔언행·과실 등〕을 남의 탓으로 돌리다, 남에게 뒤집어 씌우다(귀속시키다) (*to* ...).

ar·ro·ga·tion [ærə(u)géiʃ(ə)n] *n.* ⓤⓒ 참칭(僭稱), 사칭, 횡령, 월권〔행위〕, 횡포. ¶ It would be an *arrogation* on his part to claim that …을 요구(주장)하는 것은 그로서는 월권 행위가 될 것이다.

ar·ron·disse·ment [ərɔ́ndismənt/ærɔ̀ːndísmɑ̃ː] *n.* **1** 프랑스의 군(郡) 〔다시 소군 (canton) 으로 나뉜다〕. **2** 파리 등 프랑스 대도시의 구(區). 〔＜F〕

‡**ar·row** [ǽrou] *n.* **1** 화살. ¶ *the bow and arrow* 활과 화살 / slip an *arrow* 화살을 쏘다 / shoot an *arrow at* …을 겨누어 화살을 쏘다 / Time flies like an *arrow*. 《속담》세월은 화살처럼 빨리 지나간다, 광음여전(光陰如箭). **2** broad *arrow* 《영》 영국 관유물(官有物)에 찍는 굵은 화살촉 모양의 도장. **3** (A-) 〔천문〕화살좌(座) (Sagitta). ◇ árrowy *adj.*

ar·row·head [ǽrouhèd] *n.* **1** 화살촉;《英》화살촉 모양의 도장. **2** 쇠귀나물속(屬)의 수초.

ar·row·head·ed [ǽrouhèdid] *adj.* 화살촉이 붙은, 화살촉 모양의. ¶ *arrow-headed* characters 설형(楔形)

árrow kèy *n.* 〔컴퓨터〕 화살표(→, ←) 키, ㄴ문자.

ar·row·root [ǽrourù(:)t/-rù:t] *n.* **1** [아메리카 열대산(産)] 칡의 일종; [U] [그 뿌리에서 채취하는] 칡가루, 갈분(葛粉), 전분. **2** [U] [다른 초본에서 채취되는 같은 종류의] 전분, 갈분.

ar·row·wood [ǽrouwùd] *n.* 가막살나무속(屬)의 나무[단단하고 줄기가 곧은 관목. 원래 화살대를 만드는 데 사용].

ar·row·y [ǽroui] *adj.* **1** [모양·빠르기·기능 등이] 화살 같은; 빠른(swift), 꿰뚫는 듯한(piercing). **2** 화살의. ◇ árrow *n.*

ar·roy·o [əróiou] *n.* (*pl.* -os) **1** 〔주로 미국 서남부의〕계곡, 협곡(gully) 〔많은 비가 온 직후가 아니고서는 물이 마르는 것이 보통〕. **2** 개울, 시내(stream).

ars [α:*r*z] *n.* [라틴] (=art) 예술, 학예.

ARS, A.R.S.(略) 〔컴퓨터〕 Advanced Record System(기록 통신 시스템); audio response system(음성 응답 시스템);《美》 Agricultural Research Service([미국 농무부의] 농업 연구국); American Rocket Society(미국 로켓 학회).

arse [α:*r*s] *n.* 〈속어〉 엉덩이, 둔부(buttocks, rump). *arse over tit*《英속어》 곤두박이로.

ar·se·nal [ά:*r*sin(ə)l/-sinl] *n.* **1** 무기고, 군수 창고, [무기의 제조·수리·보관을 하는] 병기창. ¶ a naval *arsenal* 해군 공창(工廠). **2** 군수품의 비축(수집); [일반적으로] 비축, 축적.

ar·se·nate [ά:*r*sə(i)nèit, -nit/-nit] *n.* 〔화학〕 비산염(砒)

ar·se·nic *n.* [ά:*r*s(ə)nik/ά:snik — *adj.*] [U] 〔화학〕 비소[비금속 원소의 하나. 원자 기호 As] — *adj.* [α:*r*sénik] 비소의, 비소를 함유하는; ¶ *arsenic* acid 비산(砒酸) / *arsenic* hydride 수소화 비소 / *arsenic* oxide 산화 비소.

ar·sen·i·cal [α:*r*sénik(ə)l] *adj.* 비소의, 비소를 함유하는(arsenic). — *n.* (~s) 비소제[살충제].

ar·se·ni·ous [α:*r*sí:niəs], **(arsenous)** *adj.* 삼가(三價)의 비소(砒素)를 함유하는, 아비(亞砒)의. ¶ *arsenious* acid 아비산(酸).

ar·se·nite [ά:*r*sinàit] *n.* 〔화학〕 아비산염(鹽).

ar·se·no·py·rite [ά:*r*sino(u)páirait/-páiə-] *n.* 황석(黃砒) [닭벼슬 모양의 아비산 원광].

ar·se·nous [ά:*r*sinəs] *adj.* 〔화학〕 =arsenious.

ars grá·ti·a ár·tis [ά:*r*z gréiʃiə ά:*r*tis] [라틴] (=art for art's sake) 예술을 위한 예술[영화 제작상주의].

ar·sis [ά:*r*sis] *n.* (*pl.* -ses [-si:z]) **1** 〔韻律〕 [장단율(長短律) 시의] 운각(韻脚)의 약음부(弱音部), 약음절(節); [강약률 시의] 강음부, 강음부. **2**〔음〕상박(上拍)(upbeat), 약음 악센트. *cf.* thesis, ictus

A.R.S.L.(略) Associate of the Royal Society of Literature.

ars lón·ga, ví·ta bré·vis [ά:*r*z lɔ́ŋgə váitə brí:vis/-lɔ́ŋgə-] [라틴] (=art [is] long, life [is] short) 예술은 길고 인생은 짧다[Hippocrates가 처음으로 사용한 말].

ar·son [ά:*r*sn] *n.* 〔법률〕 방화(放火) 〔罪〕.

ar·son·ist [ά:*r*snist] *n.* 방화범.

ars·phen·a·mine [α:*r*sfénəmì:n, -min] [U]〈약학〉아르스페나민(옛 의학에서는 매독 치료약); 상품명 Salvarsan].

ars poé·ti·ca [α:*r*z pouétikə] [라틴]《美》 시 작법(作詩法), 작시술.

ARSR(略) air route surveillance radar(항공로 감시 레이더).

ar·sy-var·sy [ά:*r*sivά:*r*si], **-ver-** [-vɔ́:*r*-] 〈속어〉 *adj.* 앞뒤가 뒤바뀐; 완전히 거꾸로 된. — *adv.* 거꾸로, 뒤죽박죽으로.

‡**art**[1] [α:*r*t] *n.* **1** [U|C] 예술; 미술. ¶ an *art* critic 미술 평론가 / an *art* director 〔영화〕 미술 감독 / an *art* exhibition 미술 전람회 / fine *arts* 미술[회화·조각·건축 따위] / industrial *arts* 공예 미술 / primitive *art* 원시 예술 / an *art* school 미술 학교 / the *art* for *art* school 유미파(唯美派), 탐미파(眈美派) / a work of *art* 예술품, 미술품 / *art* for *art's* sake 예술을 위한 예술 [예술지상주의].

2 기술, 기교, 재주, 기예(技藝)(skill), 방법. ¶ the black *art* 마술 / a dead *art* [과거의] 낡은 방법 / the healing *art* 의술(醫術) / household (or domestic) *arts* [요리·재봉 따위의] 가사(家事) / the *art* of navigation 항해술 / mechanical (or useful) *arts* 수예, 수공예 / He knows the *art* of making money. 그는 돈 버는 요령을 알고 있다.

3 (보통 ~s) **a)** 기초 과목, [대학의] 교과(敎科), 교양 과목(liberal arts) (*중세에서는 trivium(문법·논리학·수사학)과 quadrivium(산수·기하·천문학·음악)을 가리킨다). ¶ the Faculty of *Arts* [대학의] 교양학부 / Bachelor of *Arts* 학사 / Master of *Arts* 석사. **b)** 〈단수 취급〉 인문 과학(humanities).

4 [U] [천연·자연(nature)에 대한] 인공, 기교(human skill). ¶ the beauties of nature and *art* 천연과 인공의 미(美).

5 [U] 꾸밈, 계획적인 행위, 작위(作爲). ¶ a smile without *art* 자연스러운(꾸밈이 없는) 웃음.

6 [U] (종종 ~s) 책모(策謀), 책략, 술책, 간계(artifice, artful device, trick). ¶ use *art* 술책을 부리다.

7 [C] 〔신문·잡지의〕 삽화(illustration).

8 [U] 숙련, 뛰어난 기능(skilled workmanship).

9 [U] 〔고어〕 학문, 학예(learning, science).

art and part 〔스코〕 ① 〔법률〕 공범, 종범(從犯). ② 관여, 관계. ¶ be (or have) *art and part* in a plot 음모에 관여된 관계가 있다.

arts and crafts 공예 미술.

by art 인위적으로; 술책으로; 숙련(熟練)으로.

— *adj.* [통속적이 아닌] 예술적인; [예술적 효과를 노린] 장식적인(decorative). ¶ an *art* song 예술적인 가곡 / *art* china [예술적인 멋이 있는] 미술 도자기.

◇ ártful, artístic *adj.*

art[2] [α:*r*t] *vi.* 〔고어·詩〕 be의 제 2 인칭·단수·직설법·현재형. ¶ Thou *art* ... (=You are...).

-art *suf.* -ard의 변형. 대단히 ...하는 것」의 뜻의 명사를 만든다. 예: bragg*art*.

art.(略) article, articles; artificial; artist; artillery.

ARTC(略) air route traffic control (항공로 교통 관제).

art de·co [ά:*r* deikóu] *n.* [때로 A-D-] [U] 아르 데코 [1910-20년대의 장식적인 디자인인데 1960년대에 부활]. [<F]

ar·te·fact [ά:*r*tifækt] *n.* =artifact.

ar·tel [α:*r*tél] *n.* [소련의] 노동자(농민) 협동 조합.

Ar·te·mis [ά:*r*timis] *n.* [그리스 신화] 아르테미스 [사냥의 여신으로서 Apollo의 누이 동생, 로마 신화의 Diana에 해당].

ar·te·mis·i·a [ὰ:*r*timíziə] *n.* 쑥 속(屬)의 식물.

ar·te·ri·al [α:*r*tí(:)riəl/-tíəri-] *adj.* **1** 〔생리〕 동맥의. **2** [해부] 동맥의, 동맥 모양의. *cf.* venous / *arterial* blood 동맥혈. **3** 맥로(脈路) 모양의, 맥로계(系)의. ¶ *arterial* drainage 맥로별 배수(排水); an *arterial* road 간선 도로. **~·ly** *adv.*

ar·te·ri·al·i·za·tion [α:*r*tì(:)riəlizéiʃ(ə)n/-tìəriəlai-] *n.* [U] 동맥혈화(化).

ar·te·ri·al·ize [α:*r*tí(:)riəlàiz/-tíəri-] *vt.* (-ized, -iz·ing) (*英*에서는 **ar·te·ri·al·ise**로도 쓴다) 〔생리〕

arterio- artery의 뜻의 연결형. 예: *arterio*sclerosis.
ar·te·ri·og·ra·phy [ɑːrtì(ː)riɑ́ɡrəfi/-tìəriɔ́ɡ-] n. ⓤ [의학] [X선을 이용한] 동맥 촬영[술].
ar·te·ri·ole [ɑːrtí(ː)rioul/-tíər-] n. [해부] 소(小) 동맥(small artery).
ar·te·ri·o·scle·ro·sis [ɑːrtì(ː)riouskliróusis/-tìəri-òuskli(ə)-] n. ⓤ [병리] 동맥 경화(증).
ar·te·ri·ot·o·my [ɑːrtì(ː)riɑ́təmi/-tìərɔ́t-] n. (pl. **-mies**) [외과] 동맥 절개[술], 동맥 해부.
ar·te·ri·tis [ɑ̀ːrtiráitis] n. ⓤ [병리] 동맥염(炎).
***ar·ter·y** [ɑ́ːrtəri] n. (pl. **-ter·ies**) 1 [해부] 동맥. cf. vein ⇨ ABDOMEN 그림. ¶ the main *artery* 대동맥 / the brachial *artery* 상박(上膊) 동맥. 2 [교통·운수 따위의] 간선(幹線).
ar·te·sian [ɑːrtíːʒən/-ziən] adj. 아르트와(Artois)식 우물의, [지하 물줄기까지] 깊이 파들어간 우물의.
artésian wéll n. 아르트와식 우물, 깊이 파들어간 우물[지하 물줄기의 수압에 의해 물이 지상으로 뿜어나 오는 우물]. [<고대 프랑스의 지명. 아르트와(Artois)식]
árt fìlm n. 예술 영화.
árt fòrm n. [전통적인] 예술 형식(sonnet·교향곡·문장·회화·조각 따위].
***art·ful** [ɑ́ːrtfəl] adj. 1 교활한(crafty); 교묘한(cunning); 손재주를 부린, 기교를 부리는(tricky). ¶ an *artful* fellow 교활한 놈. 2 솜씨 좋은(ingenious). 3 기교가 풍부한(); 숙련된. 4 [드물게] 인위적인. **~ly** [-fəli] adv. **~ness** n.
árt gàllery n. 미술관, 화랑.
árt hòuse n. =art theater.
arthr- ⇨ ARTHRO-.
ar·thral·gia [ɑːrθrǽldʒ(i)ə] n. ⓤ [병리] 관절통.
ar·thral·gic [ɑːrθrǽldʒik] adj. [병리] 관절통의.
ar·thrit·ic [ɑːrθrítik] adj. [병리] 관절염의. — n. 관절염 환자.
ar·thri·tis [ɑːrθráitis] n. ⓤ [병리] 관절염.
arthro- joint의 뜻의 연결형(* 모음 앞에서는 arthr-를 쓴다). 예: *arthro*pathy. [<腹節筋].
ar·thro·gas·tra [ɑ̀ːrθrəɡǽstrə] n. pl. [동물] 복절류
ar·throp·a·thy [ɑːrθrɑ́pəθi/-θrɔ́p-] n. ⓤ [병리] 관절병.
ar·thro·pod [ɑ́ːrθrəpɑ̀d/-pɔ̀d] n. [동물] 절족(節足) 동물. — adj. 절족 동물의.
Ar·throp·o·da [ɑːrθrɑ́pədə/-θrɔ́p-] n. pl. [동물] 절족 동물문(門). [<관절].
ar·thro·sis [ɑːrθróusis] n. (pl. **-ses** [-siːz]) [해부] 관절.
Ar·thros·tra·ca [ɑːrθrɑ́strəkə/-θrɔ́s-] n. pl. [동물] 절갑류(節甲類) [갑각류 가운데서 부등각류(不等脚類), 등각류(等脚類), 단각류(端脚類)].
Ar·thur [ɑ́ːrθər] n. 고대 영국의 전설상의 왕[원탁의 기사(the Knights of the Round Table)의 지도자].
Ar·thu·ri·an [ɑːrθ(j)ú(ː)riən/-θjúər-] adj. 아서왕의(에 관한).
ar·tic [ɑ́ːrtik] n. [영구어] =articulated lorry.
ar·ti·choke [ɑ́ːrtitʃòuk] n. 1 양엉겅퀴, 아티초크; 그 화탁(花托) [식용]. 2 뚱딴지, 돼지감자(Jerusalem artichoke).
‡**ar·ti·cle** [ɑ́ːrtikl] n. 1 [신문·잡지 따위의] 특정기사, 논설, 논문(essay). ¶ an editorial *article* (美) [신문의] 사설(editorial) / a leading *article* 《英》사설 (leader) / contribute an *article* to a journal 잡지에 기고하다 / head an *article* with the words … 기사에 …이 라는 제목을 달다.
2 [같은 품종 가운데의] 한 품목, 한 개(item). ¶ an *article* of food (clothing) 식료(의료)품 일품(一品).
3 물품, 물건(thing, commodity). ¶ *articles* for Christmas presents 크리스마스 선물용품 / domestic *articles* 가정용품 / missing *articles* 분실물.
4 [법령·조약·조례·계약 따위의] 조항, 개조(箇條), 항목(item). ¶ *articles* of war 군율(軍律) / *articles* of faith 신조 / *articles* of agreement 계약 조항 / *articles* of association [회사의] 정관 / Chapter I, *Article* I of the Constitution 헌법 제 1 장 제 1 조 [略 Ch. I, Art. I] / *article* by *article* 축조적(逐條的)으로.
5 (~s) 계약. ¶ *articles* of apprentice (apprenticeship) 도제(徒弟) 계약 / be under *articles* to … 밑에서 도제살이를 하고 있다 / He has served his *articles*. 그는 도제 기간을 다 마쳤다.
6 [문법] 관사. ¶ the definite *article* 정관사 / the indefinite *article* 부정 관사.
in the article of …의 항목에 있어서; …에 관하여.
in the article of death [고어] 죽음의 순간에.
the Articles of Confederation [美역사] 연방 헌법 [1781년 북부 13주가 제정하고, 1789년에 현행 헌법으로 개정].
— v. (**-cled, -cling**) vt. 1 …을 조목별로 쓰다, …을 열거하다. ¶ *article* a person's offenses 죄상을 열거하다. 2 [죄상을 열거하여] …을 고발하다(accuse) (… *against*). 3 [계약 조건을 정하여] …을 도제로 삼다. ¶ (~ +圉+圂+圀) *article* a boy to a mason 소년을 석공의 도제로 보내다 / be *articled* to …의 도제가 되다.
— vi. [죄상을 열거하여] 고발하다(*against* …).
ar·ti·cled [ɑ́ːrtikld] adj. 연한 계약의; 법률 사무원의. ¶ an *articled* apprentice 연한 계약 도제.
Ártictics of Wár n. (the ~) [美軍] 육·해군 조례(條例).
ar·tic·u·lar [ɑːrtíkjulər] adj. 관절의, 관절에 있는.
***ar·tic·u·late** [ɑːrtíkjulit] a → v. adj. 1 명료한, 분명한(clear, distinct). 2 발음이 똑똑한, 음절이 명료한. 3 [분명히] 말할 수 있는, 발언할 수 있는. 4 [사상 따위가] 명료한, 분명히 표현된, 이로 정연(理路整然)한. 5 [동물] 관절이 있는, 관절로 이어진.
— v. [ɑːrtíkjuléit] (**-lat·ed, -lat·ing**) vt. 1 …을 명료하게(똑똑히) 발음하다. 2 [음성] 음을 조음(調音)하다. 3 [사상 등을] 명확히(조리있게) 표명하다. 4 …을 관절로 접합하다(있다). — vi. 1 [음절 또는 한 마디 한 마디] 똑똑히 발음하다. ¶ *articulate* distinctly 한 음절 한 음절 똑똑히 발음하다. 2 [음성] 말소리를 명료하게 발음하다. 3 관절을 이루다.
— n. 1 유절절(有關節) 무척추 동물 [지렁이·거미 따위 환형(環形) 동물]. 2 완족류(腕足類) 중 유관 절류(有關節類)의 동물[파리조개 따위].
~ly adv. **~ness** n. ◇ articulátion n.
artículated bús n. [2대를 연결한] 연결 버스.
artículated lórry n. 《英》트레일러식 트럭.
artículated véhicle n. 연결식(견인식) 차량.
ar·tic·u·la·tion [ɑːrtìkjuléi(ə)n] n. 1 ⓤ 명료한 발음(distinct utterance). 2 ⓒ a) 유절음(有節音). b) 조음(調音) [음성을 내기 위해 발성 기관이 행하는 운동]. c) 어음(語音) (speech sound) [특히] 자음(consonant). 3 접합(joint); [해부] 관절. 4 [식물] 절(節), 마디(node). ◇ artículate v.
ar·tic·u·la·tor [ɑːrtíkjuléitər] n. 1 [음성] 똑똑히 발음하는 사람. 2 [음성] 조음 기관(調音器官) [혀·입술·성대 따위]. 3 [치과] 틀니의 본을 뜨는 장치.
ar·tic·u·la·to·ry [ɑːrtíkjulətɔ̀ːri/-t(ə)ri] adj. 1 유성음의; 발음이 명료한. 2 관절의. 3 조음(調音)의. **-to·ri·ly** adv.
ar·ti·fact, ar·te- [ɑ́ːrtifækt] n. 1 [간단히] 인공물 (人工物), 가공품(artificial product). 2 [생물] 약품 따위의 자극에 의해 조직 속에서 생기는 물질.
ar·ti·fice [ɑ́ːrtifis] n. ⓤ 1 교묘한 계책, 책략, 술책. ¶ by *artifice* 책략을 써서. 2 《고어》교묘한 고안 [연구].
ar·tif·i·cer [ɑːrtífisər] n. 1 명공(名工), 명장(名匠) (skillful worker). 2 고안자, 발명가. ¶ the *artificer* of the universe; the Great *Artificer* 조물주, 신. 3 [군대] 기술병.

‡**ar·ti·fi·cial** [à:rtifíʃ(ə)l] *adj.* **1** 인공적인, 인조의; 모조의. *opp.* natural ¶ *artificial* flowers 조화(造花) / an *artificial* foot (*or* leg) 의족 / *artificial* leather 인조 피혁 / an *artificial* tooth(eye) 의치(의안). *opp.* natural ¶ *artificial* law [자연법에 대한] 제정 법. **3** 가짜의(fictitious), 거짓의. ¶ *artificial* tears 거짓 눈물. **4** 부자연스러운, 젠 체하는(affected). ¶ an *artificial* smile 억지 웃음. — *n.* 인공물; (~s) 인조 비료. ~**·ly** [-ʃəli] *adv.* ~**·ness** *n.*
◇ ártifice, artificiálity; ártificialize *v.*
àrtificial blóod *n.* 인공 혈액[혈액으로 대용하는 화학적 혼합물].
àrtificial fárming *n.* 인공 농업[무기질로서 직접 고기·우유·빵 따위를 만들어내는 일].
àrtificial géne *n.* [생리] 인공 유전자[유기화학적 수법을 사용해 인위적으로 합성한 화학 합성 유전자].
àrtificial horízon *n.* 수평기(水平器), [항공] 인공 수평의(儀).
àrtificial inseminátion *n.* [U] [생물] 인공 수정.
àrtificial intélligence *n.* 인공 지능[인간의 지능과 같은 기능을 하는 컴퓨터의 능력].
ar·ti·fi·cal·i·ty [à:rtifíʃiǽliti] *n.* (*pl.* -ties) **1** [U] 인공(人工), 인위(人爲); 모의(模擬); 기교, 일부러 꾸밈, 부자연함. **2** 인조품, 인공물.
ar·ti·fi·cial·ize [à:rtifíʃəlàiz] *vt.* (-ized, -iz·ing) 인위적으로 …을 하다, 인공적으로 …을 하다.
àrtificial lánguage *n.* **1** [컴퓨터] 인공 언어 [프로그램 언어인 FORTRAN, COBOL 따위]; 컴퓨터 언어 (computer language), 기계어(machine language). **2** [특히 Esperanto 같은] 만든 말; 만든 국제어. **3** 암호(code).
àrtificial pérson *n.* [법률] 법인.
àrtificial ráin *n.* 인공 강우(降雨).
àrtificial respirátion *n.* [U] 인공 호흡.
àrtificial sátellìte *n.* 인공 위성. [selection
àrtificial seléction *n.* [U] 인위 도태. *cf.* natural
àrtificial síght *n.* 인공 시력[맹인의 뇌의 지각 부위(皮質)에 전기적 자극을 보낸다].
àrtificial skín *n.* [의학] 인공 피부.
àrtificial túrf *n.* [야구] 인공 잔디.
àrtificial vísion *n.* [전자공학] 인공 시각(視覺) [차(次)세대 로봇의 눈이 될 광(光) 전자 공학 시스템].
àrtificial vóice technólogy *n.* [컴퓨터] 음성 합성 기술 [사람의 말을 컴퓨터로 인공적으로 합성해 만들어내기].
ar·til·ler·ist [a:rtílərist] *n.* 포수(砲手), 포병; 포술가(砲術家).
*ar·til·ler·y [a:rtíləri] *n.* [U] **1** [집합적] 포, 대포. ¶ heavy *artillery* 중포(重砲). **2** 포병, 포병대. ¶ *artillery* fighting 포병전 / the Royal *Artillery* 영국 포병대. **3** 포술(砲術). [=artillerist.
ar·til·ler·y·man [a:rtíləriman] *n.* (*pl.* -men [-mən])
art·i·ly [á:rtili] *adv.* 예술가인 체하면서.
art·i·ness [á:rtinis] *n.* [U] 미술가인 체함.
Ar·ti·o·dac·tyl [à:rtio(u)dǽktil] *n.* 우제류(偶蹄類) [소·양·염소·돼지 따위]. — *adj.* 우제류의.
ar·ti·san [á:rtizn, à:tízæn, ニーニ] *n.* (*artizan*) **1** 공예가, 미술 공예가. **2** [폐어] 미술가(artist).
‡**art·ist** [á:rtist] *n.* **1** 미술가 [특히 화가·조각가]. **2** 무대예인, 예능인[배우·가수 등]: 록(로큰롤) 음악[연주]가. **3** 예술가. **4** 책략가(trickster). **5** [폐어] = artisan. ◇ artístic *adj.*, ártistry *n.*
ar·tiste [a:rtí:st] *n.* 무대인, 예능인 [특히 배우·가수·무용가 등]. [<F]
‡**ar·tis·tic** [a:rtístik], (**ar·tis·ti·cal** [-k(ə)l]) *adj.* **1** 예술(미술)적인, 우아한, 운치 있는. ¶ *artistic* effects (beauty) 예술적 효과 (아름다움). **2** 예술(예술가)의, 미술가(예술가)의. **-ti·cal·ly** [-tikəli] *adv.*
◇ art¹, ártist *n.*
art·ist·ry [á:rtistri] *n.* [U] 예술적 수완(재능, 효과); 예도(藝道); 예술(미술) 연구(artistic pursuit).

art·less [á:rtlis] *adj.* **1** 속임수가 없는, 기교가 없는, 솔직한, 순진한. ¶ an *artless* mind 꾸밈없는 마음 / Small children ask many *artless* questions. 어린이들은 여러 가지 순진한 질문을 한다. **2** 자연스러운(natural); 단순한, 소박한(simple). ¶ *artless* beauty (eloquence) 꾸밈이 없는 아름다움(웅변). **3** 비예술적인; 졸렬한(clumsy), 서투른. ~**·ly** *adv.* ~**·ness** *n.*
art·mo·bile [á:rtmoubì:l] *n.* ((美)) 순회 미술관, 이동 [대되는 개념].
árt músic *n.* [U] 예술 음악 [민속 음악·유행 음악에 대한].
Art Nou·veau [á:r nu:vóu] *n.* ((때로 a- n-)) [미술] 아르 누보 [19세기말부터 20세기초에 걸쳐 프랑스·벨기에를 중심으로 일어난 미술 공예 양식]. [<F]
ar·to·type [á:rtətàip] *n.* [U][C] [인쇄] 아토타이프 [젤라틴 사진판의 일종], 콜로타이프(collotype).
árt pàper *n.* [U] [인쇄] 아트지(紙) [광택이 있는 가공지].
árt róck *n.* 아트 록 [전통적 (클래식) 음악의 수법을 도입한 록 음악].
ARTS (略) *a*utomated *r*adar *t*erminal *s*ystem (터미널 레이더 정보 처리 시스템).
art·sa·ker [á:rtsèikər] *n.* 예술 지상 주의(art for art)의 비평가.
árt sílk *n.* 인견(人絹), 레이온.
art·sy·craft·sy [á:rtsikrǽftsi / -krá:ft-] *adj.* = arty-crafty.
árt théater *n.* 예술적인 외국 영화·실험 영화 전문 상영관(art house).
árt thérapy *n.* [U] 예술 요법(療法) [춤이나 음악을 통한 정신 질환 등의 치료].
art·work [á:rtwò:rk] *n.* **1** [인쇄] 삽화, 도판, 대지(臺紙). **2** 공예(예술)품[의 제작], [회화·조각 따위의] 예술적 제작 활동.
art·y [á:rti] *adj.* (**art·i·er**, **art·i·est**) ((구어)) 예술가인 체하는; 미술품 흉내를 낸, 지나치게 꾸민.
◇ ártily *adv.*, ártiness *n.*
art·y·craft·y [á:rtikrǽfti / -krá:fti] *adj.* [가구 따위가] 예술적이기는 하나 실용성이 없는.
ARU (略) [컴퓨터] *a*udio *r*esponse *u*nit (음성 응답 장치). [류].
ar·um [έ(:)rəm / έər-] *n.* 아룸속(屬)의 식물 [천남성
árum líly *n.* [식물] 화란투토란(calla lily).
a·run·di·na·ceous [əràndinéiʃəs] *adj.* [식물] 갈대의, 갈대 같은.
a·rus·pex [ərǽspeks] *n.* (*pl.* -pi·ces [-písì:z]) [고대 로마의] 점쟁이 중 (haruspex) [제물로 바친 짐승의 창자를 보고 점을 친 점쟁이].
A.R.[S.]V. (略) *A*merican *R*evised [*S*tandard] *V*ersion [of the Bible]. * NT는 1946년, OT는 1952년, Apoc. 는 1957년에 출판.
ar·vo [á:rvou] *n.* ((濠속어)) = afternoon.
A.R.W.C. (略) ((英)) *A*ssociate of the *R*oyal Society of Painters in *W*ater *C*olors (왕립 수채화회 준회원).
-ary *suf.* **1** pertaining to, connected with(…에 관한)의 뜻. 주로 명사 또는 다른 라틴어의 어간에 붙어서 형용사를 만든다. 예: clement*ary*, honor*ary*, volunt*ary*. **2** a person or thing connected with or engaged in 의 뜻. 라틴어 등의 명사 또는 형용사의 어간에 붙어서 명사를 만든다. 예: diction*ary*, gran*ary*, api*ary*.
Ar·y·an [έ(:)riən / έər-], (**Arian**) *n.* **1** [인류] 아리안인 [인도유럽(Indo-European) 어족에 속하는 사람]; [U] 아리아어(語), 인도유럽어, 특히 그 가운데의 이란어. **2** [나치스의 교리에서] 인도유럽인종, 비(非)유대계 백인. *cf.* Semite — *adj.* 아리아인(족)의; 아리아어의; 비유대인의.
‡**as¹** [강 ǽz, 약 əz] (* 보통은 약형 [əz]를 쓴다) *adv.* **1** ((*as…as*의 형으로)) 같은 정도로, …만큼, …처럼. ¶ *as* black *as* coal [숯처럼] 새까만 / *as* busy *as* a bee

[벌처럼] 분주한 / as happy as happy can be 더 할 나위 없이 행복한 / as proud as a peacock [공작처럼] 뽐내는 (* 위의 예와 같이 종종 두운(頭韻)을 밟거나 비슷한 음을 끌어대어 재담을 만들거나 하는 데 쓰이기도 한다) / as soon as possible 되도록 빨리 / He is as tall as me (or I [am]). 그는 키가 나만큼 크다 / I love you as much as he (=as he loves you). 그가 너를 사랑하는 만큼 나도 너를 사랑한다 (cf. I love you as much as him (=... as I love him). * 이 예와 같이, 혼동의 염려가 없을 경우, 주격에는 목적격을 사용하는 것이 보통) / He is as strong as [he is] wise. 그는 현명하기도 하고 강하기도 하다 / He works as hard [as anybody]. 그는 누구 못지 않게 열심히 공부한다 / I want two times as many again. 나는 그 두 배를 원한다. * 이 경우에는 as 이하가 생략되었다.

[주의] (1) as 가 앞의 as는 지시 부사, 뒤의 as는 접속사(관계 부사라고 할 수도 있다). (2) as ... as 의 부정형은 not so ... as 가 원칙이지만, 구어에서는 보통 not as ... as 를 쓴다. 특히 단축형 -n't 의 뒤에서는 as 를 쓰는 것이 보통: John doesn't work as hard as George. 존은 조지만큼 공부를 열심히 하지 않는다. * 다음과 같은 용법에는 as를 쓴다: I am not as [æz] old as he, I am much older. 나는 그와 동년배가 아니라 훨씬 더 나이가 많다.

2 (앞에 말한 것과 비교해서) 같은 수량만큼. ¶ She bought ten apples and as many oranges. 그녀는 사과 열개, 그리고 같은 수효의 귤을 샀다.

— *conj.* **1** 《정도·비교》 …과 같이, …과 마찬가지로, …만큼, …처럼. ¶ She was as beautiful as Cleopatra [was]. 그녀는 클레오파트라만큼 아름다웠다 / I am not so strong as you [are]. 나는 너만큼 세지 못하다 / He is not so much a genius as a hard worker. 그는 천재라기보다는 오히려 근면가다.

2 《양태·방법》 …과 같이, …처럼, …대로. ¶ He did it as he had been told. 그는 그것을 하라는 대로 했다. / Do in Rome as the Romans do. 《속담》 그 고장에서는 그 고장의 풍습을 따르라, 입향순속(入鄕循俗) / Do as you would be done by. 《속담》 남에게 대접을 받고자 하는 대로 너희도 남을 대접하라 / As you make your bed, so you must lie on it. 《속담》 자업자득, 자승자박 / As you sow, so you reap. 《속담》 뿌린 씨는 스스로 거두어야 한다, 인과 응보.

3 《비례》 …에 따라서, …할수록. ¶ As she grew older, she became more beautiful. 그녀는 커감에 따라 점점 더 예뻐졌다 / As we go up the mountain, we feel colder. 산 위로 올라갈수록 더 추워진다.

4 《때》 …할 때에, 《한창》 …하고 있을 때, …하면서, …하자마자(when, while). ¶ She sang as she washed. 그녀는 빨래를 하면서 노래를 불렀다 / As the master came into the room, they stopped talking. 선생님이 교실에 들어오자 그들은 이야기를 그쳤다 / Just as he was speaking, there was a loud explosion. 그가 한창 이야기를 하고 있었을 때, 대폭발이 있었다.

5 《이유》 …이므로(하므로), …이니까(하니까). BECAUSE [類語] ¶ As it was cold in the morning, I nearly caught cold. 아침에는 추워서 감기에 걸릴 뻔했다.

6 《양보》 …이기는 하지만, …이라고는 하나. ¶ Poor as he was, he had won the general respect of the neighborhood. 그는 가난하기는 했지만 이웃 사람들의 존경을 받았다 / Woman as I am, I shall be of help in time of need. 제가 여자이기는 하지만 때에 따라서는 도움이 될 것입니다. ⇨[주의] (1) / Much as she wanted to show her sympathy, Lucy did not know what to say. 루시는 동정을 표하려고 했지만 뭐라고 말해야 좋을지 몰랐다.

[주의] (1) 이 구문에서는 문장 첫머리의 명사에 관사가 불지 않는다. (2) poor as he is 는 as poor as he is 의 as가 poor를 강조하기 위해 없어진 것이지만, poor as he is 라는 옛 어형이 미국에서는 여전히 같은 의미로 쓰이고 있다. 또 다음 예에서 보는 것처럼 he is poor 의 뜻으로도 쓰인다: Poor as he is, he works overtime in the factory every day. 그는 가난하므로, 날마다 공장에서 잔업을 하고 있다.

7 《한정》 …하는 한, …의 범위내에서는, …으로는, …에 의하면. ¶ There was, as I remember, no one present here at that time. 내 기억으로는, 그때 여기에는 아무도 없었다 / She's pretty good as secretaries go. 그녀는 비서로서는 매우 훌륭하다.

8 《상태》 …한 대로, 그대로. ¶ Leave the matter as it is (or stands). 그 문제는 그대로 내버려 두어라 / He wanted to believe that everything was exactly as it had been before. 그는 모든 것이 옛날 그대로라고 믿고 싶었다 / Take things as they are. 현실을 있는 그대로 받아들여라 / All our plans may fail as it is. 이런 상태로는 모든 우리 계획이 실패할지도 모른다.

9 《속어》 《that 대신 명사절을 이끌어》 …이라는 것. ¶ I don't think as I can. 내가 할 수 있다고는 생각지 않는다 / I'm sorry as I can't help you. 도와드릴 수 없어서 미안합니다.

— *pron.* 《관계 대명사》 **1** 《such, the same, as 따위를 선행사로 써서》 …과 같은, …만큼의, …과 마찬가지의. ¶ as much money as you have 네가 가지고 있는 돈 전부 / such books as they read 그들이 읽는 그러한 책들 / Take from the basket such as you need. 필요한 것을 바구니에서 꺼내시오 / This is the same fountain pen as I lost yesterday. 이것은 내가 어제 잃어버린 것과 같은 만년필이다 (cf. This is the same fountain pen that I lost yesterday. 이것이 어제 잃어버린 바로 그 만년필이다. * 이 구별은 극히 일반적인 것이며, the same ... as 도 종종 동일물을 나타내는 데 쓰인다).

2 《문장 전체를 선행사로 해서》 …이라는 사실, 그것은 …이지만. ¶ He was from Pusan, as I knew from his accent. 그는 부산 사람이었는데, 그것은 그의 말씨로 알았다 / He was late for school, as is often the case. 여느 때와 마찬가지로, 그는 학교에 지각했다.

3 《속어》 《that, who, which 대신으로》 ¶ They've got a friend as will help 'em. 그들을 도와줄만한 친구가 생겼다.

— *prep.* **1** …으로(서), …으로서는. ¶ He is well-known as a poet (a journalist). 그는 시인(저널리스트)으로 유명합니다 / She is working as a typist in the office. 그녀는 그 회사에서 타이피스트로 일하고 있다. * 이 구문에서는 as 다음에 오는 명사가 관직·지위·신분·역할 따위를 나타낼 때에는 관사를 붙이지 않는다.

2 가령(예를 들면) …과 같은(for example). ¶ Some trees, as cherries and paulownias, grow quickly. 어떤 나무들, 예를 들면 벚나무나 오동나무 따위는, 성장이 빠르다.

3 《특정한 동사 뒤에 써서》 …이라고, …으로. ¶ I consider his words as a great insult. 그의 말은 나에게 커다란 모욕이라고 생각한다 / I look upon him as my senior. 나는 그를 나의 선배로 생각하고 있다 / He treats me as a child. 그는 나를 어린애로 취급하고 있다.

as against …에 비해. ⇨ AGAINST.

as ... as any 누구에게도 무엇에도 못지않게. ¶ He is as bright as any in his class. 그는 학급의 누구에게도 못지않게 머리가 좋다.

as ... as ever ① 더 할 나위없이 (* as ... as [any that] ever 의 변형으로, 뒤에 동사의 과거형이 온다). ¶ He is as great a scientist as ever lived. 그는 더할 나위 없이 위대한 과학자다. ② 변함없이, 여전히 (as before) (* 이 경우에는 문장 끝에 오는 때가 많다). ¶ He is [as] poor as ever. 그는 여전히 가난하다.

as ... as possible; as ... as one can 될 수 있는 대로, 되도록. ⇨ POSSIBLE. ¶ Please ship the goods as soon as possible (or as you can). 가급적 빨리 화물을 실어 [주시오.

as before 전과 같이, 전처럼.

as between the two 둘(양자)중 어느 쪽인가 하면 (* as for 의 변형). ¶ *As between the two*, I prefer an apple to a pear. 어느 쪽인가 하면, 배보다 사과가 좋다.
as far as ⇨ FAR.　***as follows*** ⇨ FOLLOW. ⎣다.
as for …에 관해서는(concerning), …은 어떤가 하면. ¶ *As for* me, I am against the plan. 다른 사람들이야 어떻든, 나는 그 계획에 반대다 / *As for* that man, I never hope to see him again. 다른 사람이라면 몰라도 저 작자와는 두번 다시 만나고 싶지 않다.
── **Usage** ¹ as for 와 as to ── (1) 문장 첫머리에서는 as for 도 as to 도 거의 구별없이 쓰이지만, as for 이 약간 뜻이 강하고, 때로는 무관심이나 경멸의 뜻을 내포하는 일도 있다. (2) 문장 중의 특정한 어구에 관계되는 경우에는 as to 만을 쓴다.
as from 〔법률·계약 따위〕 …[날짜]로부터(on and after). ¶ The contract starts *as from* January 1st. 계약은 1월 1일부터 발효한다.
as good as ⇨ GOOD.
as how 〔방언〕 …이라는 것을(that).　***as if*** ⇨ IF.
as is 《미구어》 [파손된 것 따위에 관해서] 그대로 (without any changes). ¶ The damaged motor was sold *as is*. 파손된 모터는 그대로 팔렸다.
as I see it 내가 보기에는, 내 생각으로는(in my opinion).
as we speak 바로 지금(just now; at this moment).
as it is (or ***was***) 〔보통 문장 첫머리에〕 그러나 실은, 실제로는(* 가정에 대응해서 실상을 말할 경우다). ¶ If I were not ill, I would attend the meeting. *As it is*, I stay at home. 병에 걸리지 않았다면 그 모임에 나갔겠는데, 실상은 병에 걸려서 집에 있다. ⎣로.
as it was 그때의 사정으로는, 사실은 그렇지 않았으므
as it were 말하자면, 마치. ¶ He is, *as it were*, a grown-up baby. 그는 말하자면 다 큰 애기다.
── **Usage** (1) as if, as though 따위보다도 극단적인, 또는 기발한 비유에 쓰고, 보통 문장 가운데나 끝에와서 코머로 구분되는 일이 많다. (2) as it were 와 so to speak 와는 거의 구별없이 쓰이지만, 전자는 객관적 판단에 중점을 두고, 후자는 주관적 판단에 중점을 두어 전자보다 강한 표현이 된다.
as long as ⇨ LONG.　***as many as*** ⇨ MANY.
as much as ⇨ MUCH.　***as much as*** ⇨ MUCH.
as good as to say ⇨ SAY.
as of 〔미〕 …현재로(의). ¶ *as of* January 1st, 1975 1975년 1월 1일 현재로.
as of old 옛적부터의.
as often as not ⇨ OFTEN.
as regards (or ***respects***)　⇨ REGARD; RESPECT.
as …, so ⇨ SO.
as soon as ⇨ SOON.　***as such*** ⇨ SUCH.
as the case may be ⇨ CASE.
as they say 〔항간에서 말하는〕 이른바, 소위.
as things are (or ***go***) 지금 형편으로는, 현 상태로는.
as though ⇨ THOUGH.
as to …에 관해서는(concerning). ⇨ *as for*, Usage¹. ¶ I am not sure *as to* when he is coming here. 그가 언제 여기에 오는지는 확실치 않다.
as usual ⇨ USUAL.　***as well*** ⇨ WELL.
as well as ⇨ WELL.
as who should say ⇨ SAY.　***as yet*** ⇨ YET.
as you please (or ***wish***) 좋을 대로, 원하는 대로.
As you were! 〔군대〕 바로!〔구령〕.
so far as ⇨ FAR.
as² [æs] n. (pl. **as·ses** [ǽsiz]) **1** 아스 동전〔고대 로마의 청동화(靑銅貨)〕. **2** 아스〔로마의 중량 단위. 327 그램〕.
As 〔화학〕 arsenic 의 원자 기호.
as- ⇨ AD-.
AS, A.S. (略) antisubmarine.
AS., A. -S., A.S. (略) Anglo-Saxon.
a.s. (略) 〔상업〕 at sight.
A.S. (略) Associate in Science; Anglo-Saxon.

A.S., A/S (略) 〔상업〕 account sales(매상계산서).
ASA (略) Acoustical Society of America; American Standards Association (미국 규격 협회; 현재는 USASI); American Statistical Association(미국 통계협회).
A.S.A.A. (略) Associate of the Society of Accountants and Auditors.
ASA / BS (略) 〔사진〕 American Standards Association / British Standard.
as·a·fet·i·da, -foet- [æ̀səfétidə] n. Ⓤ〔화학〕 아위수지(樹脂)〔진경제(鎭經劑)로 사용〕.
ASALM (略) advanced strategic air-launched missile(신형 전략 공중 발사 미사일).
ASAP (略) *as soon as possible* (지급(至急)). * 회답을 요하는 편지 따위의 겉봉에 쓰는 글.
ASAT [éisæt] n. 〔군사〕 대(對)위성 미사일 병기. [< *An*it-*Sat*ellite interceptor) 「(不燃性)의.
as·bes·tine [æsbéstin, æz-] adj. 석면(질)의; 불연성
as·bes·tos [æzbéstəs, æs- / æzbéstɔs, æs-], (**as·bes·tus** [-təs]) n. Ⓤ **1** 〔광물〕 석면, 아스베스토. **2** 석면포(布). **3** 〔연극〕 방화(防火) 커튼, (沈着하다).
as·bes·to·sis [æ̀sbestóusis] n. 〔병리〕 석면 침착증
ASBM (略) air-to-surface ballistic missile.
ASC (略) advice of schedule change ([예약객에 대한] 정기편의 시간 변동 통지).
A.S.C. (略) American Society of Cinematographers.
ASCAP [ǽskæp] (略) American Society of Composers, Authors and Publishers (미국 작곡가·작사가 협회).
as·ca·ri·a·sis [æ̀skəráiəsis] n. 〔병리〕 회충증(症).
as·ca·rid [ǽskərid] n. 〔동물〕 회충.
as·cend [əsénd] (* go up, rise, climb 에 대한 문어) (opp. *descend*) vi. **1** 오르다, 올라가다, 상승하다. (~+ 副+前+名) The balloon *ascended* high up in the sky. 기구는 하늘 높이 올라갔다. **2** 〔길이〕 오르막이 된다. ¶ (~+前) The path *ascends* here. 길은 여기서 오르막이 된다. **3** 승진하다, 승격하다. **4** 〔값이〕 오르다. **5** 거슬러 올라가다. ¶ (~+前+名) *ascend* against a stream 개울을 거슬러 올라가다 / *ascend* to the 18th century 18세기로 거슬러 올라가다. **6** 〔음악〕 음이 높아지다.
── vt. **1** …을(에) 오르다, …에 올라가다. ⇨ CLIMB 類語. ¶ *ascend* a hill 언덕에 오르다 / *ascend* the stairs 충계를 오르다. **2** …의 지위에 오르다. ¶ *ascend* the throne 왕위에 오르다.
◇ascendánt adj., ascénsion, ascént n. ⎣cendancy.
as·cend·ance [əséndəns], (**as·cend·ence**) n. = as-
as·cend·an·cy, -en·cy [əséndənsi] n. Ⓤ 권세, 우세; 지배(domination). ¶ attain its highest *ascendancy* 전성기에 이르다 / have an *ascendancy* over …보다 우세하다(우위를 차지하다); …을 제압하다.
as·cend·ant [əséndənt], (**as·cend·ent**) n. Ⓤ **1** 우위, 우세, 우월(superiority). **2** 조상(ancestor). opp. *descendant* **3** 〔점성〕 a) 〔동출점〕〔탄생시의 동쪽 수평선상의 황도대(黃道帶) 또는 12궁(宮)의 위치〕. b) 〔성위(星位)로 점친〕 운세(horoscope). ⎣고 있는.
in the ascendant 오르고 있는, 지배력을 가지
the lord of the ascendant 〔점성〕 수좌성(首座星); 우월한 지위에 있는 사람.
── adj. **1** 오르는, 상승하는, 올라가는. opp. *descendant* **2** 우월한(superior), 권세있는(predominant). **3** 〔식물〕 잎이나 줄기 따위가 위로 된.
as·cend·er [əséndər] n. **1** 올라가는 사람(것). **2** 〔인쇄〕 〔알파벳 활자에서〕 X 보다 위로 나온 부분; [b, d, f, h 따위] 그 부분이 있는 글자. = ascender
as·cend·ing [əséndiŋ] adj. (opp. *descending*) **1** 올라가는, 위로 향하는. **2** 〔식물〕 비스듬히 위쪽으로 향하는.
as·cen·sion [əsénʃ(ə)n] n. **1** Ⓤ 상승(ascent); 승진; 즉위, 등극(登極). ¶ *ascension to* the throne 즉위 /

ascension to glory 영예의 획득. **2** (종종 the A-) 그리스도의 승천. **3** (A-) =Ascension Day. 「(領)의 섬.
As·cen·sion [əsénʃ(ə)n] *n.* 남대서양에 있는 영국령
as·cen·sion·al [əsénʃən(ə)l] *adj.* 상승세의, 상승하는.
Ascénsion Dày *n.* 그리스도(예수) 승천일(Holy Thursday) 〔부활절 후 40일째의 목요일〕.
As·cen·sion·tide [əsénʃ(ə)ntàid] *n.* Ascension Day 로부터 Whitsunday (성령 강림제)까지의 9일간 또는 6일간.
as·cen·sive [əsénsiv] *adj.* 상승하는, 진행하는; [문법] 강조의(intensive).
‡**as·cent** [əsént] *n.* ⓒⓊ **1** 올라 가기, 상승. *opp.* descent ¶ the *ascent* of a balloon 기구의 상승. **2** 승진, 진보, 향상(advancement). ¶ the *ascent* toward civilization 문명 개화 / the *ascent* to governorship 지사(知事)에의 승진. **3** 오르기, 등반(登攀). ¶ make an *ascent* of Mt. Sorak 설악산에 오르다. **4** 오르막 [길], 언덕받이, 치받이. ¶ a steep *ascent* 가파른 비탈길. **5** 거슬러 올라가기. ¶ an *ascent* to antiquity 고고학 연구. **6** (도로·철도의) 구배(勾配), 물매.
◇ ascénd *v.*
*****as·cer·tain** [æ̀sərtéin] *vt.* **1** 〔실험·음미·검사 따위에서〕…을 확인하다, 규명하다, 확정하다(determine). ¶ I want to *ascertain* your wishes. 너의 희망을 확실히 알고 싶다 // (~ + *that* 節) He *ascertained that* she was among them. 그는 그녀가 그들 가운데 있다는 것을 확인했다. **2** (고어) …을 확실히 하다, …을 명백히 하다, …을 명확하게 하다. 「는.
as·cer·tain·a·ble [æ̀sərtéinəbl] *adj.* 확인할 수 있는
as·cer·tain·ment [æ̀sərtéinmənt] *n.* Ⓤ 확인, 탐지.
as·ce·sis [əsíːsis, æs-, -sɔs / -sis, ses [-ses [-siːz]] Ⓤ 자기 단련(self-discipline), 극기, 금욕; ⓒⓊ 고행.
as·cet·ic [əsétik] *n.* **1** 수행자(修行者), 고행자, 행자(行者). **2** 금욕주의자. **3** 〔고대 기독교의〕수도사; 은자(隱者) (hermit). — *adj.* **1** 수행(수덕)의, 고행의, 금욕주의의. **2** 엄하게 절제하는; 종교적 고행(지나치게)의 고행의. ~·**ly** [-kəli] *adv.*
as·cet·i·cal [əsétik(ə)l] *adj.* 금욕적인, 금욕주의의.
ascétical theólogy *n.* 〔가톨릭〕수덕 신학〔덕·신성과 그것들의 성취를 다루는 신학의 한 분야〕.
as·cet·i·cism [əsétisìz(ə)m] *n.* Ⓤ **1** 수행, 수덕(修德); 고행; 금욕 생활; 금욕주의. **2** 엄한 자기 단련(수행).
as·ci [æsai] *n.* ascus의 복수형. 「(양).
as·cid·i·an [əsídiən] 〔동물〕 *n.* 피낭류(被囊類), 우렁쉥이속(屬) (sea squirt). — *adj.* 피낭류의(에 속하는), 우렁쉥이속(屬)의.
as·cid·i·um [əsídiəm] *n.* (pl. -**i·a** [-iə]) 〔식물〕꿀풀 따위의) 병 모양의 기관, 낭상(囊狀) 기관.
ASCII (略) [컴퓨터] American Standard Code for Information Interchange (정보 교환용 미국 표준 코드); 지금은 ANSCII).
as·ci·tes [əsáitiːz] *n.* Ⓤ〔병리〕복수(腹水) 〔복강 내에 병적으로 고이는 액체〕.
As·cle·pi·us [æsklíːpiəs] *n.* 〔그리스 신화〕 아스클레피오스〔의학의 신, Apollo의 아들, 로마 신화의 Aesculapius에 해당〕. 「(순항) 미사일).
ASCM (略) *anti-ship cruise missile* (대함(對艦) 크루
as·co·carp [ǽskəkɑ̀ːrp] *n.* 〔식물〕자낭과(子囊果).
ASCOM (略) *Army Service Command* (육군 기지 사령부).
as·co·my·cete [æ̀skəmaisíːt] *n.* 〔식물〕자낭균류(子囊菌類) 〔효모균·푸른곰팡이 따위〕.
a·scór·bic ácid [əskɔ́ːrbik-] *n.* 〔생화학〕 아스코르빈산(酸) 〔비타민 C〕. 「(子囊胞子).
as·co·spore [ǽskəspɔ̀ːr / -spɔ̀ː-] *n.* 〔식물〕자낭 포자
as·cot [ǽskət] *n.* 폭넓은 넥타이, 애스컷 타이.
As·cot [ǽskət] *n.* 애스컷 경마〔영국 Berkshire의 Ascot Heath 마을에서 매년 6월 상순에 개최된다〕.

a·scrib·a·ble [əskráibəbl] *adj.* …에 기인하는, 귀착되는, …에 돌릴 수 있는(*to* …). ¶ His failure is *ascribable to* his idleness. 그가 실패한 것은 태만에 기인한다.
*****as·cribe** [əskráib] *vt.* (-**cribed, -crib·ing**) **1** 〔원인·기원〕을 …에 돌리다(attribute), 〔결과 따위〕를 …의 탓으로 하이(impute)(*to* …). ⇒ ATTRIBUTE 類語〕(~ + 囲 + 图) He *ascribes* his success *to* good luck. 그는 자기의 성공을 행운 덕으로 돌리고 있다 / That poem is *ascribed to* Stevenson. 그 시는 스티븐슨이 작이라 일컬어지고 있다. **2** 〔성질·특징〕을 …에 속하는 것으로 생각하다(돌리다) (*to* …).
◇ ascríption *n.*
as·crip·tion [əskríp∫(ə)n] *n.* **1** Ⓤ 귀착시키기, 귀속시키기(*to* …). **2** 〔목사가 설교 끝에 맺는〕하나님의 찬사.
as·cus [ǽskəs] *n.* (*pl.* asci) 〔식물〕 자낭(子囊).
ASDE (略) *airport surface detecting equipment* (공항 탐지 장치).
as·dic [ǽzdik] *n.* 《英》잠수함 탐지기. 〔< *A*nti-*S*ubmarine *D*etection *I*nvestigation *C*ommittee (연합국 대(對)잠수함 무기 위원회)〕
-ase *suf.* 〔화학〕enzyme(효소)의 뜻의 명사를 만든다. 예: amyl*ase*, case*ase*, lact*ase*, pect*ase*.
ASE (略) 〔항공〕 *automatic stabilization equipment* (비행기의 흔들림을 억제하는) 자동 안정 장치).
ASEAN (略) *Association of Southeast Asian Nations* (동남 아시아 국가 연합).
a·sea·son·al [eisíːz(ə)nl] *adj.* 계절에 관계없는, 계절을 선택할 필요가 없는.
a·seis·mat·ic [èisaizmǽtik / èisaiz-] *adj.* 내진(耐震)[성]의; 지진의 충격을 완화하는.
a·sep·sis [əsépsis, ei-, æ-] *n.* Ⓤ **1** 무균〔상태〕. **2** 〔의학〕무균법〔무균 기구에 의한 조치·수술 따위〕.
a·sep·tic [əséptik, ei-, æ-] *adj.* 무균의, 방부성의; 무균법의. ¶ *aseptic* operation 무균 수술 // *aseptic* packaging 무균 포장.
a·sex·u·al [eisékʃuəl / æsèksju-, ei-] *adj.* 〔생물〕무성(無性)의, 성별이 없는, 생식 기관이 없는, 생식 작용에 의하지 않는. ¶ an *asexual* bud 무성아(無性芽) / an *asexual* generation 무성 세대 / *asexual* reproduction 무성 생식. ~·**ly** [-əli] *adv.*
a·sex·u·al·i·ty [eisèkʃuǽliti / æsèksju-, ei-] *n.* 〔생물〕무성(無性).
As·gard [ǽsgɑːrd, +美 áːs-] *n.* 〔북유럽 신화〕 아스가르드, 신들의 세계〔주신(主神) 오딘(Odin)을 비롯한 신의 가족들이 살고 있다는 하늘의 궁전〕.
asgd. (略) assigned.
‡**ash**[1] [æʃ] *n.* Ⓤ **1** (보통 ~**es**) 재. ¶ *ash*[*es*] from coal 석탄재 / straw *ashes* 짚재 / This coal leaves little *ash*. 이 석탄은 재가 거의 남지 않는다. **2** (속어) 〔화학〕재, 회분, 소다 회(soda ash), 탄산 소다(나트륨) (sodium carbonate). **3** 〔지질〕화산재. **4** 실버 그레이, 회색. **5** (~**es**) 장백. **6** (~**es**) 흔적, 형적, 흔적. **7** (~**es**) 〔시체가 탄 뒤에 남는〕재, 유골; 유해(mortal remains). ¶ Under this tomb rest his *ashes*. 이 묘석 밑에는 그의 넋이 잠들어 있다. **8** (~**es**) 유감, 후회의 빛. ¶ put *ashes* on one's head 유감(후회)의 뜻을 나타내다. **9** (the ~**es**) 영국 대 오스트레일리아의 크리켓 시합의 승리. ¶ win(lose) the *ashes* [영국측에서 말해서] 크리켓 시합에 이기다(지다) / bring back (*or* bring home, recover) the *ashes* [영국측에서 말해서] 크리켓 시합에서 이기다.
ashes to ashes, dust to dust 재는 재로, 먼지는 먼지로(돌아가다)〔영국의 장례식에서 사용되는 말〕.
be burnt (*or* **reduced**) **to ashes** 타서 재로 되다, (집 따위가) 회진으로 돌아가다. 「다.
lay ... in ashes …을 태워 재로 만들다, …을 불사르
turn to dust and ashes 〔희망 따위가〕사라지다, 무

ash² [æʃ] n. 서양물푸레나무[목과서(科)의 교목]; ⓤ 그 재목[야구 배트 용재 등으로 쓰인다].

ash³ [æʃ] n. æ의 문자[명칭].

‡a·shamed [əʃéimd] adj. 《서술 형용사》 **1** 부끄러워하고, 수치스러워하여(*of, for* ...). ¶ I am (*or* feel) *ashamed* of my folly. 내 어리석은 짓을 부끄러워하고 있다 // He looked quite *ashamed* of his improper conduct. 그는 자기의 그릇된 행위를 부끄러워하고 있는 듯했다. ¶ I am *ashamed* of (*or* for) having treated her so. 그녀에 대해 내가 그런 짓을 한 것을 부끄럽게 생각한다 // I am *ashamed* that I should have been involved in the case. 그 사건에 말려든 것이 부끄럽다.

類語 *ashamed* 자기 또는 자기와의 관계자의 잘못을 남 앞에 부끄러워하다. **mortified** 자존심을 크게 손상 당해 굴욕을 느끼는; 잘못을 인정하는 뜻은 포함하지 않는다: He was not *ashamed* of himself but *mortified* by public ridicule. 그는 스스로 부끄러워할 점은 없었지만, 뭇사람의 조소에 굴욕을 느꼈다. **chagrined** 부끄러움·분함·애태움을 수반하는 후회어린 기분.

2 부끄러워서 …하고 싶지 않은(*unwilling*). ¶ I am *ashamed* to see you. 부끄러워서 널 만나고 싶지 않다.

a·sham·ed·ly [-midli / -m(i)dli] *adv.*

ash-bin [ǽʃbìn] *n.* 《英》 = ashcan.

ash blónd *n.* 흰빛에 가까운 금발[의 사람].

ash-cake [ʃkèik] *n.* 《美》 [뜨거운 재 속에서 구운 옥수수의] 잿불 구이 케이크.

ash-can [ʃkæ̀n] *n.* 《美》 **1** [금속제의] 재받이 통; 쓰레기통. **2** 《구어》 수중 폭뢰(爆雷) (depth charge). **3** 〖영화〗 1,000와트의 아크 등(燈).

ásh cárt *n.* 쓰레기차(석탄재) 운반차.

ásh color (《英》 **cólour**) *n.* = ash gray.

ash·en¹ [ǽʃ(ə)n] *adj.* **1** 회색의, **2** 재를 성분으로 한.

ash·en² [ǽʃ(ə)n] *adj.* 서양물푸레나무[제]의.

ash·er·y [ǽʃəri] *n.* (*pl.* **-er·ies**) **1** 잿터. **2** 칼륨 제조소 [공장].

ásh fúrnace *n.* 유리 제조용 가마.

ásh gráy (《英》 **gréy**) *n.* ⓤ (때로 an~) 회색, 청회색.

a·shiv·er [əʃívər] *adj.* 몸서리치는, 떨고 있는. ∟색.

Ash·ke·naz·im [ʃkənáːzim] *n. pl.* (*sing.* **-naz·i** [-náːzi]) 독일·폴란드 지방에 사는 유대인. *cf.* Sephardim

ásh kéy *n.* 〖식물〗 서양물푸레나무의 시과(翅果).

ash·lar [ǽʃlər], (**ásh·ler**) *n.* ⓤⓒ **1** [4각으로 잘라낸 건축·포장용] 다듬은(손질) 돌; 〖집합적〗 다듬은(손질) 석재. **2** 손질된 쌓음(석공).

ash·lar·ing [ǽʃləriŋ] *n.* ⓤ **1** 〖석공〗 손질 돌쌓음, 손질 돌 작업; 〖집합적〗 다듬은(손질) 돌. **2** 더그매의 칸막이 기둥.

ash·man [ǽʃmæ̀n] *n.* (*pl.* **-men** [-mèn]) 《美》 쓰레기꾼.

‡a·shore [əʃɔ́ːr / əʃɔ́ː] *adv.* 물가에(로); 뭍에(으로), *cf.* aboard ¶ life *ashore*[선원의] 육상 생활 / service *ashore* 육상 근무 / be driven *ashore* 상륙하고 있다 / swim *ashore* 헤엄쳐 해변에 닿다 / take *ashore* …을 양륙하다 / run *ashore* 좌초하다 / be driven (*or* washed) *ashore* 물가에 밀려 올라오다 / The ship got (*or* went) *ashore* on a rock. 배가 암초에 걸렸다.

ash-pale [ǽʃpèil] *adj.* 회백색의, 창백한.

ash-pan [ǽʃpæ̀n] *n.* [난로의] 재받이.

ash-pit [ǽʃpìt] *n.* [난로의] 재 빠지는 구멍.

ash·ram [ǽʃrəm] *n.* **1** [힌두교의] 은둔자의 암자. **2** [히피의] 마을.

Ash·to·reth [ǽʃtəreθ] *n.* 아슈토레스[고대 셈인의 풍작과 생식의 여신]. *cf.* Astarte

ash-tray [ǽʃtrèi] *n.* 재떨이.

A·shur [áːʃuər] *n.* = Assur.

Ásh Wédnesday (聖灰日) [사순절(Lent)의 첫날에 신자의 머리에 재를 뿌리는 가톨릭의 관습].

ash·y [ǽʃi] *adj.* (**ash·i·er, ash·i·est**) **1** 회색의; 창백한 (pale). **2** 재의, 재 같은. **3** 재투성이의, 재를 뿌린. ◇ ash *n.*

ASI (略) 〖항공〗 *a*irspeed *i*ndicator(대기(對氣) 속도 지시기).

‡A·sia [éiʒə, -ʃə / -ʃə] *n.* 아시아(대륙). ◇ Asian, Asiatic

A·si·ad [éiʒiæd / éiʃi-] *n.* 아시아 경기 대회(Asian Games) [아시아의 IOC 가맹국이 올림픽의 중간의 해에 개최한다].

A·sia-dol·lar [éiʒədálər, éiʃə- / -dɔ́l-] *n.* 아시아 달러[아시아의 은행에 예치된 비거주자의 미국 달러].

Ásia Mínor *n.* 소아시아[아시아 서부의 흑해와 지중해 사이에 낀 지역, 터키의 대부분을 포함]. *cf.* Anatolia

‡A·sian [éiʒ(ə)n / -ʃ(ə)n] *adj.* 아시아의, 아시아식의, 아시아적인; 아시아인의. ¶ the Afro-*Asian* group 아시아 아프리카 그룹. ── *n.* 아시아인. ※ Asian, Asiatic은 형용사·명사의 뜻이 모두 같지만, Asiatic에는 흔히 경멸적인 뉘앙스가 따른다. ◇ Ásia, Ásianness *n.*

A·sian-Af·ri·can [éiʒ(ə) næfrikən / -ʃ(ə)n-] *n., adj.* 아시아 아프리카(의).

A·sian-A·mer·i·can [éiʒ(ə)nəmérikən / -ʃ(ə)n-] *n., adj.* 《美》 아시아계 미국인[의].

Ásian flú *n.* ⓤ (보통 the~) 〖병리〗 아시아 독감[1957년 싱가포르에서 발견된 인플루엔자 A 형의 변종].

Ásian Gámes *n.* 아시아 경기 대회.

A·si·an·ic [èiʒiǽnik / -ʃi-] *adj.* 비(非) 인도 유럽 어족[의].

A·si·an·i·za·tion [èiʒ(ə)nizéiʃ(ə)n / èiʃ(ə)naiz-] *n.* ⓤ 아시아화, 아시아인에게 맡기기.

Ásia-Pacífic *n.* 아시아 태평양[의].

‡A·si·at·ic [èiʒiǽtik / -ʃi-] *adj.* 아시아의, 아시아인의; 아시아적인. ¶ *Asiatic* cholera 아시아 콜레라, 진성 콜레라. ── *n.* 아시아인. ⇒ ASIAN. ◇ Ásia *n.*

ASIC (略) *A*pplication *S*pecific *IC* (integrated circuit) (특정 용도 주문 집적 회로).

‡a·side [əsáid] *adv.* **1** 곁(으로), 옆쪽에(으로), 떨어져서. ¶ **stand** (*or* **step**) *aside* 비켜 서다, 길을 비키다 / move a table *aside* 테이블을 한쪽에 치우다. **2** [의도·목적·문제·태우에서] 떠나서, 벗어나; 《美》 (도외시하여, 버려두고. ¶ turn *aside* [이야기의 원줄기에서] 빗나가다 / be *aside* from the subject (*or* the question) 문제밖이다 / Put your care *aside*. 걱정일랑 말게. **3** [뒷일을 위해] 간직해두어, 챙겨두어(in reserve). ¶ put some money *aside* 얼마간의 돈을 챙겨두다. ¶ [상대부터] 떨어져, 은밀히, 옆을 보고. ¶ speak *aside* 옆을 보고 말하다; 방백(傍白)을 하다 / take (*or* draw) a person *aside* 은밀한 이야기를 위해] 남을 한쪽 옆으로 데리고 가다. **5** 차치하고, ¶ jokes *aside* 농담은 그만두고.

aside from 《美》 ① …은 별도로 하고 (apart from). ¶ *Aside from* his thoughtlessness, he has been out of luck. 무분별은 별도로 하고, 그는 운이 나빴다. ② (주어) …을 제하고 [는] (except for). ¶ The Department of State is without information *aside from* press dispatches. 국무부는 신문의 지급신 이외의 정보를 갖고 있지 않다. ③ …이외에, …에 덧붙여 (besides). ¶ *Aside from* being a great statesman, he was an affectionate father at home. 그는 위대한 정치가였을 뿐만 아니라 가정에서는 자애로운 아버지였다.

aside of ① …의 옆에, 곁에서는 …의 가까이에 (by the side of). ② …과 견주어 보면, 비교해 보면. ¶ He is a giant *aside of* me. 나와 비교해보면 그는 거인이다.

── *n.* 〖연극〗 방백[상대방에게 들리지 않게 말하는 독 ∟백].

as·i·nine [ǽsinàin] *adj.* **1** 나귀의, 나귀 같은, **2** 우둔한 (stupid), 완고한, 고집스러운 (obstinate). ◇ ass *n.*

as·i·nin·i·ty [æ̀siníniti] *n.* ⓤⓒ 우둔, 옹고집.

ASIS (略) *A*merican *S*ociety for *I*nformation *S*cience (미국 정보 과학 협회).

-asis [증상·특질]의 뜻의 연결형 (* 병명을 나타낸

ask

†**ask** [æsk / ɑːsk] *vt.* **1** …을 (…에게) 묻다, 물어보다, 질문하다(inquire). ¶ *ask* the way(the time, the price, a person's name) 길(시간·값·이름)을 묻다 / Do you have any questions to *ask*? 질문이 있느냐? // (~ +图+图) (~ +图+前+名) I *asked* him the reason. 나는 그에게 이유를 물었다. 나는 그에게 까닭을 물었다 // (~ +图+前+名) Many people *asked* me *about* the accident. 많은 사람이 그 사고에 관하여 나에게 물어왔다 // (~ +图+前+名+*wh*. to do) I *asked* him *how* to open the box. 그에게 상자 여는 법을 물었다 // (~ +图+*wh*. 節) He *asked* me *if* (or *whether*) I was ready. 그는 나에게 준비가 되었는지 어떤지를 물었다.
類語 ask 단순히 「질문하다」라는 뜻; 가장 일반적인 말. inquire 특정한 일에 대해서 구체적으로 묻다; ask 보다 형식적인 말: *inquire* the distance to the next town 이웃 도시까지의 거리를 묻다. query 명확한 정보를 요구하거나, 의심을 풀기 위해 묻다: *query* the truth of the statement 그 성명의 진실성을 묻다. question 차례차례 질문하여 조사하다: *question* a suspect 용의자를 심문하다. interrogate question 보다 공식적인, 또는 조직적인 질문을 하다: *interrogate* a witness 증인을 심문하다.

2 …을 (…에게) 부탁하다, 청하다, 요구하다, 조르다, 간청하다(request, solicit). ⇒ BEG **類語** ¶ *ask* a person's advice (pardon) 남의 의견(허가)을 묻다 // *ask* a person *out* to tea 남에게 차를 대접하려고 불러내다 / Shall I *ask* him *in*? 그를 들어오시게 할까요 / Please *ask* him *in*. 그에게 와주도록 부탁해 주게 // (~+图+图) (~+图+前+名) I *ask* you a favor. = I *ask* a favor *of* you. 한 가지 부탁할 일이 있습니다 // The boy *asked* his mother *for* a shilling. 그 소년은 어머니로부터 1실링만 달라고 했다 / He never *asked* me *for* anything. = He never *asked* anything *from* me. 그는 내가 아무것도 주겠다는 게 없다 // (~+图+*to* do) He *asked* her *to* marry him. 그는 그녀에게 결혼을 신청했다 // (~+*to* do) I must *ask* *to* be excused. 용서를 빌어야겠다 // (~+*that* 節) He *asked* that he might be allowed to go home. 그는 집으로 돌아가게 해달라고 부탁했다.

3 [사물이] …을 요하다, 필요로 하다(require, call for). ¶ The present job *asks* great haste. 이 일은 화급을 요하는 일이다 / The study of science *asks* accurate observation. 과학의 연구에는 정밀한 관찰이 필요하다.
4 …을 보상으로서 요구하다, 대가로서 청구하다, 요구하다(demand, expect). ¶ an *asked* price; a price *asked*; an *asking* price 부르는 값. *cf.* a bid price. (~+图+前+名) They *asked* me 30,000 won *for* this watch. 그들은 이 시계에 대하여 3만원을 청구했다 / How much do you *ask* *for* this book? 이 책값은 얼마입니까?

5 …을 부르다, 초청하다, 초대하다(invite). ¶ (~+图+前+名) *ask* a person *to* an entertainment 남을 연회에 초대하다 / He *asked* a number of distinguished persons *to* the garden party. 그는 많은 명사를 가든 파티에 초청했다.

6 (고어) [결혼 예고]를 공포하다, [남]의 결혼 예고를 공포하다.
— *vi.* **1** 질문하다, 묻다(inquire). ¶ (~+前+名) *ask about* a person's whereabouts 남의 거처를 묻다.
2 구하다, 청하다. ¶ 부탁하다(beg, request). ¶ *Ask*, and it shall be given [to] you. 구하라, 그러면 너희에게 주실 것이다[← 마태 복음(Matt.) 7 : 7, 누가 복음(Luke) 11 : 9].
ask after [남의 안부 따위]를 묻다; …을 문안하다. ¶ *ask after* a person (or a person's health) 남의 안부를 묻다.
ask for ① …을 달라고 부탁(청)하다. ¶ *ask for* alms 적선을 청하다 / *ask for* a lady's hand 청혼하다. ② …에 면회를 청하다. ¶ I *asked for* his manager. 나는 그의 매니저를 만나고 싶다고 말했다. ③ (구어) [고생·재난 따위]를 자초하다. ¶ If you go out without a coat in this weather, you're *asking for* a cold. 이런 날씨에 코트 없이 나간다는 것은 일부러 감기를 자초하는 거나 같다.
ask for it (구어) 자업자득이다. 재난을 자초하다.
ask out 퇴임을 청하다. 자발적으로 사퇴하다.
ask up to 값을 …까지 부르다. ¶ I can *ask up to* six dollars for this. 이 값을 6달러까지는 부를 수 있다[그 이상은 무리다].

a·skance [əskǽns] *adv.* **1** 의심하여, 미심쩍은 눈으로(with suspicion). ¶ look upon it *askance* 그것을 의심스러운 눈으로 보다. **2** 곁눈으로, 비스듬히(sideways). ¶ He looked *askance* at me. 그는 내게 힐끗 곁눈질했다.

a·skant [əskǽnt] *adv.* = askance.

as-ka·ri [ǽskəri, əskɑ́ːri / æskɑ́ːri] *n.* (*pl.* -ris or -ri) (東아프리카) [유럽 제국의 식민지 정부를 위해 일하는] 현지인 군인(경관).

ask·er [ǽskər / ɑ́ːskə] *n.* **1** 묻는 사람, 물어보는 사람, 질문자. **2** 청하는 사람, 동냥(기부)을 청하는 사람, 거지(beggar).

a·skew [əskjúː] *adv.* **1** 비스듬히, 뒤틀려, 굽어서. ¶ hang a picture *askew* 그림을 비스듬히 걸다. **2** 업신여겨, 경멸하여. ¶ look *askew at* …을 경멸적으로 보다. — *adj.* 《서술 형용사》 비스듬한, 기운, 일그러진 (oblique).

ask·ing [ǽskiŋ / ɑ́ːskiŋ] *n.* (U) 청하기, 청구.
for the asking 청구만 하면, 무료로. ¶ You may have it *for the asking*. 청구만 하면 얻을 수 있다.

ásking príce *n.* (구어) 부르는 값, 제시 가격.

ASL (略) American Sign Language(미식 수화(手話)[법]).

a·slant [əslǽnt / əslɑ́ːnt] *adv.* 경사하여, 기울어져(at aslant), 비스듬히 (obliquely). ¶ The moon shone *aslant* on her face. 달빛이 그녀의 얼굴을 비스듬히 비추고 있었다. — *adj.* 《서술 형용사》 기운, 비스듬한 (oblique). — *prep.* …을 비스듬히 가로 질러, …과 엇갈리게.

a·sleep [əslíːp] *adv.* **1** 잠들어, 잠에 젖어. ¶ awake or *asleep* 자나 깨나 / fall *asleep* 잠들다. **2** 정지하여, 잠잠해져. **3** 영면하여. — *adj.* 《서술 형용사》 **1** 잠든 (sleeping). *opp.* awake **2** [활동을] 멈추고 있는, 잠잠해진 (inactive). ¶ The sail is *asleep*. [항해] 돛이 바람을 가득히 안고 있다[펄럭거리지 않는다] / A top is *asleep*. 팽이가 잔다 [잘 돌아가서 그 자리에 서있는 것처럼 보인다]. **3** [손·발 따위가] 저려서(numb). **4** 영면하여, 죽어(dead).
do while asleep (英속어) 손쉽게(수월하게) 하다.

A.S.L.I.B., As·lib [ǽzlib] *n.* (略) (英) 전문 도서관 정보 협회. (< Association of Special Libraries and Information Bureau)

a·slope [əslóup] *adv.* 비스듬히, 기울어, 빗면을 이루어. — *adj.* 《서술 형용사》 경사진, 기운. [(일).

ASM (略) air-to-surface missile(공대지 (空對地) 미사

as-main·tained [əzmeintéind] *adj.* (美) 표준 도량형 단위에 따르는.

ASME (略) American Society of Mechanical Engineers (미국 기계 학회).

ASMS (略) Advanced Strategic Missile System(신형 전략 미사일 시스템).

A.S.N.E. (略) American Society of Newspaper Editors(미국 신문 편집인 협회).

a·so·cial [eisóu(ʃ)əl / æsóu-] *adj.* **1** 사교를 싫어하는, 비사교적인. **2** (구어) 남의 일에 구애받지 않는, 이기적인(selfish).

asp[1] [æsp] *n.* **1** 이집트 코브라; [일반적으로] 작은 독사. **2** 유럽산(産) 살무사. **3** [考古] 사형장(蛇形章) [(uraeus).

asp[2] [æsp] *n., adj.* = aspen.

ASP (略) American Selling Price(미국내 판매가격

[제도]); Anglo-Saxon Protestant (앵글로색슨계 신교도. cf. WASP).

ASPAC [ǽspæk] (略) *A*sian and *P*acific Council(아시아 태평양 각료 이사회). 「aspartic acid.

as·par·ag·ic ácid [æspərǽdʒik-] n. 〖생화학〗

as·par·a·gine [əspǽrədʒìːn, -dʒin] n. ⓤ〖생화학〗아스파라긴[식물에 많은 아미노산의 일종].

*__as·par·a·gus__ [əspǽrəgəs] n. ⓤ 아스파라거스[백합과의 다년생 풀. 어린 싹은 식용].

as·par·tame [ǽspɚ̀rteim] n. 애스파테임[설탕의 약 200배의 단맛이 나는 인공 감미료].

as·pár·tic ácid [əspɑ́ːrtik-] n. ⓤ〖생화학〗아스파라긴산(酸) [아미노산의 일종].

A.S.P.C.A. (略) *A*merican *S*ociety for the *P*revention of *C*ruelty to *A*nimals(미국 동물 학대 방지회).

‡**as·pect** [ǽspekt] n. **1** 외관, 외견; 모양, 광경(look). ⇨ APPEARANCE [類語] ¶ the physical *aspect* of a region 지세(地勢).
2 형세, 상황, 국면(phase); [마음에 비치는]모습, 상(相). ¶ the *aspect* of affairs 시국, 시황.
3 [문제의]견지, 견해, 해석. ⇨ SIDE [類語] ¶ both *aspects* of a question 문제의 양면 / from every *aspect* 모든 견지에서.
4 ⓒ 얼굴 생김새, 표정, 용모, 풍모. ¶ a stern *aspect* 엄한 얼굴 생김새 / a man of mild and gentle *aspect* 온화한 풍모의 남자.
5 [집 따위의]향, 경치. ¶ This house has an eastern *aspect*. 이 집은 동향이다. / This town has a good *aspect* toward the hill. 이 도시는 산을 향한 경치가 좋다.
6 [특정 방향으로 면한] 면, 측.
7 ⓤ〖문법〗[동사의]상(相) 「치].
8 [점성] 시좌(視座) [사람의 운명을 정하는 별의 위

áspect rátio n. **1** 〖항공〗[날개의] 종횡비(縱橫比). **2** 〖TV〗[화상(畫像)의] 종횡비(縱橫比)[보통 4 : 3].

as·pec·tu·al [æspéktʃu(ə)l / -tju-] adj.〖문법〗상(相)의, 상을 형성하는.

as·pen [ǽspən] n. 아스펜, 사시나무[포플러속(屬)의 식물]. —— adj. **1** 아스펜의; 사시나무 같은. ¶ tremble like an *aspen* leaf 사시나무 잎처럼 떨다. **2** [사시나무잎처럼] 산들바람에도 흔들리는, 떠는. ¶ with *aspen* fear 공포에 질려서.

as·per·ate [ǽspərèit] vt. [표면이] 거칠게, 꺼칠하게 하다.

as·perge [əspə́ːrdʒ, æs-] vt. (**-perged**, **-perg·ing**) …에 성수(聖水)를 뿌리다.

As·per·ges [əspə́ːrdʒiːz, æs-] n.〖가톨릭〗**1** 성수 살포식[주일의 미사에 앞서 제단·사제·신도에게 성수를 뿌리는 의식]. **2** [성수 살포식에서 부르는] 교창가 (交唱歌).

as·per·gil·lum [ǽspərdʒíləm] n. (pl. **-gil·la** [-dʒílə] or **-gil·lums**)〖가톨릭〗 성수 살포 용구.

as·per·i·ty [æspérəti] n. ⓤⓒ (pl. **-ties**) **1** [천성·기질의] 거칢, 가혹, 무뚝뚝함(harshness). ¶ with *asperity* 무뚝뚝하게, 퉁명스럽게. **2** [처지 따위의] 어려움, 고난(hardship), 곤란(difficulty); [기후의] 매서움 (severity). ¶ the *asperities* of winter 겨울[날씨]의 매서움 / the pleasures and *asperities* of life 인생의 고락.
3 [표면의] 거칢, 울퉁불퉁함(roughness); [소리·음성의] 귀에 거슬림; 꺼칠꺼칠한 것, 귀에 거슬리는 소리.

a·sper·mous [eispə́ːrməs] adj.〖식물〗 씨 없는 (seedless).〖의학〗정액이 없는.

as·perse [əspə́ːrs] vt. (**-persed**, **-pers·ing**) **1** …에게 악담(아유, 욕설)을 퍼붓다; …의 인격(명예, 명성)을 손상시키는 말을 퍼붓다, …을 중상하다, 비방(비난)하다, 나무라다. **2** …에 [성수 따위를] 뿌리다, 끼얹다, 쏟다;〖가톨릭〗[성수 등]…에 뿌리다(... with). ¶ *asperse* a person *with* water 남에게 물을 끼얹다 / *asperse* a fish *with* salt 생선에 소금을 뿌리다.

as·per·sion [əspə́ːr(ə)n, -ʃ(ə)n] n. ⓤⓒ **1** 중상, 비방, 비난. ¶ invidious *aspersions* 악감정을 품게 하는 비방 / cast *aspersions* on a person's character 남의 인격을 손상시키는 말을 하다, **2** [물 따위를 뿌리기; 〖가톨릭〗성수 살포. ¶ baptize by *aspersion* 성수를 뿌려서 세례하다. **3**〖고어〗샤워, 살수(撒水) (shower).

as·per·so·ri·um [æ̀spəɚsɔ́ːriəm, -sɔ́:-] n. (pl. **-ri·a** [-riə] or **-ri·ums**)〖가톨릭〗 성수기.

*__as·phalt__ [ǽsfɔːlt, -fælt / -fælt] n. ⓤ **1** 아스팔트. ¶ an *asphalt* pavement 아스팔트 포장 도로. **2** 아스팔트 포장재[아스팔트·자갈·모래 따위의 혼합물].
—— vt. …을 아스팔트로 덮다(포장하다).

ásphalt clóud n. (군사) 아스팔트 구름[적 미사일의 내열(耐熱) 차폐물을 파괴하기 위해 요격 미사일이 적의 미사일 항적에다 분사하는 아스팔트 입자군]. 「[질].

as·phal·tic [æsfɔ́ːltik / -fǽl-] adj. 아스팔트[상](狀)

ásphalt júngle n. 〖美구어〗대도시 빈민가, 우범지대.

as·phal·tum [æsfɔ́ːltəm / -fǽl-] n. = asphalt.

a·spher·ics [eisfériks] n. pl. (복수 취급) [특히 텔레비전이나 카메라에 사용되는] 비구면(非球面) 렌즈.

as·pho·del [ǽsfədèl] n. **1** 〖식물〗무릇난속(屬)의 하나. **2** 수선(daffodil) 류. 〖詩〗시들지 않는 꽃.

as·phyx·i·a [æsfíksiə] n. ⓤ〖병리〗질식, 가사(假死), 기절.

as·phyx·i·al [æsfíksiəl] adj. 질식의, 가사의, 기절 「의.

as·phyx·i·ant [æsfíksiənt] adj. 질식시키는. —— n. 질식시키는 것(상태), 질식제(窒息劑).

as·phyx·i·ate [æsfíksièit] v. (**-at·ed**, **-at·ing**) vt. …을 질식시키다, 가사 상태로 하다. ¶ *asphyxiating* gas 질식 가스. —— vi. [남이] 가사(가사) 상태가 되다.

as·phyx·i·a·tion [æsfìksiéiʃ(ə)n] n. ⓤ **1** 질식, 가사, 기절. 〖가톨릭〗질식(가사) 시키기.

as·phyx·i·a·tor [æsfíksièitər] n. **1** 질식(가사)시키는 것; 동물 질식 시험 장치. **2** [탄산 가스 응용의] 소화기(消火器).

as·phyx·y [æsfíksi] n. = asphyxia.

as·pic[1] [ǽspik] n. 〖요리〗[고기] 젤리[수육이나 물고기를 젤리로 굳힌 것. 요리에 곁들임]. ¶ tomato *aspic*(tomato aspic) 젤리.

as·pic[2] [ǽspik] n. 〖고어〗= asp[1].

as·pic[3] [ǽspik] n. 스파이크 라벤더[방향성 기름이 나는 식물. 관상용].

as·pi·dis·tra [æ̀spədístrə] n. 엽란[백합과(科)의 상록 다년생 식물. 관상용].

as·pi·rant [əspáiərənt, ǽspir- / əspáiər-] n. 〖승진·명에·지위의〗열망자; 지원자(for, after, to ...). ¶ a literary *aspirant* 문학 지망자 / an *aspirant* for (or after, to) literary reputation 문학적 명성을 바라는 사람.
—— adj. 희망을 품은.

as·pi·rate vt. [ǽspərèit → n., adj.] (**-rat·ed**, **-rat·ing**) **1** 〖음성〗 [말·음절]을 대기음(帶氣音)(기식음, h음)을 추가하여 발음하다. ¶ *aspirate* a consonant 자음 다음에 대기음을 발음하다[예컨대 put을 [phut]처럼 파열음 [p]뒤에 h음을 곁들여 발음한다]. **2** 〖의학〗[가스·따위]를 빨아내다, 빨아들이다. —— n. [ǽsp(ə)rit] 〖음성〗대기음, 기(氣)식음, h음. ¶ He is rather shaky in his *aspirates*. 그는 기식음의 발음이 부정확하다. —— adj. [ǽsp(ə)rit] 대기음의, 기식음의, h 음의(aspirated).

‡**as·pi·ra·tion** [æ̀spəréi(ə)n] n. **1** ⓤⓒ 열망, 갈망, 대망, 포부, 향상심(after, for, toward ...). ⇨ AMBITION
[類語] ¶ I have an *aspiration* after (or for) fame (honor). 나는 명성(명예)을 열망하다. // He has *aspirations* to be a doctor. 그에게는 의사가 되고자 하는 염원이 있다. **2** 동경의 대상. **3** ⓤ〖음성〗대기음(기식음)의 발음; 대기음, 기식음(氣息音). **4** ⓤ〖의학〗흡입(吸引); 호흡. ◇ *aspire*, *aspirate* v., *aspiratory* adj.

as·pi·ra·tor [ǽspərèitər] n. **1** [가스·액체 따위의] 흡입기. **2** [озоне 펌프][화학 실험 따위에서 불완전 진공을 만들기 위한 기계]. **3** 〖의학〗[몸 안의 가스·액체 따위의] 흡인기; [고름의] 흡출기. 「흡의, 흡인의.

as·pi·ra·to·ry [əspáirətɔ̀ːri / əspáiərət(ə)ri] adj. 호

‡**as·pire** [əspáiər] *vi.* (**-pired, -pir·ing**) **1** 열망하다, 대망을 품다(*after, to* ...). ¶ (~+젠+명) *aspire after* (or *to*) *fame* 명성을 열망하다 / *aspire to* literary success 문학상의 성공을 열망하다 // (~+*to* do) *aspire to* attain to power 권력을 얻고자 열망하다 / He *aspired to* be a doctor. 그에게는 의사가 되고자 하는 염원이 있었다. **2** [고어·詩] 높이 오르다, 높이 솟다. ¶ a tower *aspiring* heavenward 우뚝 솟아 있는 탑.
◇ aspirátion *n*.

as·pir·er [əspáirər / -páiərə] *n.* 열망자(aspirant).

***as·pi·rin** [ǽsp(ə)rin] *n.* ⓊⒸ (*pl.* **-rins** or 《집합적》 **-rin**) 〖약〗 아스피린 〖해열 진통제〗. [＜독일 Bayer 회사의 상표명]

as·pir·ing [əspáiriŋ / -páiər-] *adj.* **1** 향상심에 불타는; 포부(야심)를 가진. **2** 상승하는(rising), 높이 솟은.
⇒ AMBITIOUS 類語   [〖미국 품질 관리 협회〗.

ASQC 〖略〗 American Society for Quality Control

a·squint [əskwínt] *adv., adj.* (＊형용사로서는 서술용법) 사팔눈으로, 곁눈의(으로), 비스듬히(한).

ASR *airport surveillance radar* (공항 감시 레이다).

AS·RAAM [ǽzræm] *n.* 〖군사〗 신형 단거리 공대공(空對空) 미사일. [＜*A*dvanced *S*hort-*R*ange *A*ir-to-*A*ir *M*issile]

AS·ROC [ǽsràk / -rɔ̀k] *n.* 〖군사〗 아스록〖대(對)잠수함 로켓〗. [＜*anti-submarine rocket*]

ass¹ [ǽs → 2] *n.* **1** 〖동〗 나귀(donkey). **2** [＋英 ɑːs] 바보(fool); 고집쟁이. ¶ play the *ass* 바보짓을 하다 / What an *ass* ! 바보 같으니 ! / You silly *ass* ! 에끼 이 바보야!
an ass in a lion's skin 사자의 탈을 쓴 나귀, 호랑이의 위엄을 빈 여우.
make an ass of a person 남을 바보 취급하다.
make an ass of oneself 바보짓을 하다, 웃음거리가 되다.
◇ ásinine *adj.*

ass² [ǽs] *n.* 〖卑語〗 **1** 궁둥이, 엉덩이(arse). **2** 항문. **3** 여자 성기(piece of ass); 〖성교 대상으로서의〗여자.
ass backwards 《美속어》 거꾸로, 뒤죽박죽으로.
break one's ass 《美속어》 필사적으로 버티다.
kiss a person's ass 《美속어》 남에게 굽실굽실하다.
on one's ass 《美속어》 엉덩방아를 찧어, 아주 난처하여.
pain in the ass 《美속어》 신경질, 부아; 신경질나게 하는 것.
save one's ass 《美속어》 몸을 지키다.   └는 것.

ass. 《略》 *assistant; association; assorted.*

as·sa·fet·i·da, -foet- [æ̀səfétidə] *n.* = asafetida.

as·sa·gai [ǽsəgài] *n., v.* = assegai.

as·sai¹ [əsá:i] *adv.* 〖음악〗 아주, 매우(very). ¶ *allegro assai* 매우 빠르게. 〔＜It〕

as·sai² [əsái] *n.* **1** 아사이야자나무 〖브라질 종려의 일종, 음료를 채취할 수 있는 자주색 열매가 열린다〗. **2** Ⓤ 아사이야자나무의 음료.

***as·sail** [əséil] *vt.* **1** …을 습격하다, 공격하다, 엄습하다; 〖의론 따위에서〗 〖남〗을 마구 공격하다, 비난하다. ⇒ ATTACK 類語 ¶ *assail* a castle 성을 공격하다 / The ship was *assailed* by a storm. 그 배는 폭풍을 만났다 / He was *assailed* by doubts. 그는 의심에 사로잡혔다 / (~+목+젠+명) He *assailed* me *with* questions. 그는 나에게 질문 공세를 폈다. **2** 〖일·난국〗에 결연히 맞서다. ¶ *assail* a task (a difficulty) 과업에 결연히 부딪치다(곤란에 맞서다).
◇ assáult *n., v.,* assáilant *n., adj.*

as·sail·a·ble [əséiləbl] *adj.* 공격할 수 있는.

***as·sail·ant** [əséilənt] *n.* 공격자, 가해자. ── *adj.* 공격하는, 습격의(attacking). ⇒ assáil *v.*

as·sart [əsɑ́ːrt / æs-] *n.* 개간지; 개간, 덤불땅의 개척. ── *vt.* …을 개간하다, 〖덤불땅〗을 개척하다, 길을 내다.

***as·sas·sin** [əsǽsin] *n.* **1** 암살자, 자객(assassinator). **2** (A-) 〖1090-1272년에 십자군 용사의 암살을 위해 페르시아에서 활약한〗 교회도의 일파.
◇ assássinate *v.*

as·sas·si·nate [əsǽsinèit] *vt.* (**-nat·ed, -nat·ing**) **1** …을 암살하다(murder). ⇒ KILL 類語 **2** 〖비열한 수단으로〗 〖명예 따위〗를 손상시키다. ¶ *assassinate* a person's character 남의 명예를 훼손하다.

***as·sas·si·na·tion** [əsæ̀sinéiʃ(ə)n] *n.* ⓊⒸ 암살.
◇ assássinate *v.*

as·sas·si·na·tor [əsǽsinèitər] *n.* 암살자, 자객.

assássin bùg *n.* 〖곤충〗 침노린재과(科)의 흡혈충.

‡**as·sault** [əsɔ́ːlt] *n.* ⒸⓊ **1** 맹공, 강습(强襲)(*on, upon* ...). **2** 〖군사〗 돌격. **3** 〖법률〗 폭행(*on, upon*...). ¶ *assault* and battery 〖법률〗 폭행 구타 / make an *assault on* (or *upon*) …에게 폭행을 가하다. **4** 〖완곡적〗 강간(rape).
by assault 강습하여. ¶ take a town *by assault* 강습하여 도시를 공략하다.
── *vt.* …을 공격(습격)하다(⇒ ATTACK 類語); …에게 폭행을 가하다.

as·sault·a·ble [əsɔ́ːltəbl] *adj.* 공격할 수 있는.

assáult bòat *n.* 〖군사〗 적전 상륙용 주정(舟艇).

as·sault·er [əsɔ́ːltər] *n.* 공격자; 폭행자.

as·say [əséi, ǽsei / əséi, æ-] *vt.* **1** 〖(금)〗 〖금속의 함유량을 조사하기 위하여〗 〖광석〗을 분석 시험하다, 시금(試金)하다; 〖약학〗 〖약품〗을 분석하다. **2** …을 시도하다(attempt); …을 시험하다(test). ¶ *assay* one's ability 자기의 능력을 시험하다. **3** …을 평가하다(evaluate). ── *vi.* 《美》 〖광석의 분석 결과〗 금속을 함유하다. ¶ (~+젠) This ore *assays high* in gold. 이 광석은 금의 함유도가 높다. ── *n.* **1** 〖광석의〗 분석 시험, 시금(試金); 분석물; 분석표. ¶ an *assay balance* 시금 천칭(天秤). **2** 〖고어〗 시험, 시도(attempt). ¶ do one's *assay* 。 해보다.

as·say·a·ble [əséiəbl, ǽsei-] *adj.* 시금(분석)할 수 있는.   └대.

assáy bàlance *n.* 시금 천칭(試金天秤).

assáy bàr *n.* 〖정부에서 견본으로 만든〗 순금(은)막

as·say·er [əséiər] *n.* 분석하는 사람, 시금자.

as·say·ing [əséiiŋ] *n.* Ⓤ 〖화학〗 시금법, 분석 시험.

assáy màster *n.* 분석 시험관.

assáy tòn *n.* 〖채광〗 분석톤〖광석을 분석하는 데 사용되는 단위, 29,166g〗.

as·se·gai [ǽsigài], **-sa-** [ǽsə-] *n.* 〖아프리카 원주민의〗 가느다란 투창. ── *vt.* …을 창으로 찌르다.

***as·sem·blage** [əsémblidʒ] *n.* **1** 회중(會衆), 집단. **2** 집합, 집회(assembly). ¶ a brilliant *assemblage* 명사들의 모임. **3** 〖기계 등의 부품의〗 조립. **4** 〖음악〗 회음(回音)(turn). **5** 〖美〗 아상블라지〖폐품의 단편을 그러모아 만든 예술품 그 작품〗. ◇ assémble *v.*

‡**as·sem·ble** [əsémbl] *v.* (**-bled, -bling**) *vt.* **1** …을 모으다, 집합시키다. **2** …을 소집하다. ⇒ GATHER 類語 ¶ *assemble* a crew 승무원을 집합시키다 / Crowds of people *assembled* themselves in the park. 군중이 공원에 모였다. **2** 〖기계 따위〗를 조립하다. ⇒ MAKE 類語 ¶ *assemble* a radio set (a watch) 라디오(시계)를 조립하다. **3** 〖컴퓨터〗 〖기호 언어로 된 프로그램〗을 기계어로 된 프로그램으로 번역하다. *cf.* compile ── *vi.* 모이다, 집합하다. ◇ assémblage, assémbly *n.*

as·sem·bled [əsémbld] *adj.* **1** 모인, 결집된. **2** 합성 보석의.

as·sem·bler [əsémblər] *n.* **1** 조립공. **2** 〖컴퓨터〗 어셈블러〖기호 언어로 된 프로그램을 기계어로 된 프로그램으로 변환시키기 위한 프로그램〗. *cf.* compiler

assémbler lánguage *n.* 〖컴퓨터〗 ＝assembly language.

‡**as·sem·bly** [əsémbli] *n.* (*pl.* **-blies**) **1** 모임, 집합, 〖특히 토의를 위한〗 집회, 회합 (⇒MEETING 類語); 〖교

회) 전례(典體), 예배 집회의 회중; 회의. ¶ the prefectural *assembly* 현(縣)의회 / the city (*or* the municipal) *assembly* 시회 / an illegal *assembly* 불법 집회. **2** (the A-) 입법 의회; [미국 주의회의] 하원. ¶ the General *Assembly* 유엔 주의회 / the Legislative *Assembly* [영국 식민지 의회의] 하원 / the National *Assembly* [프랑스 역사] 국민 의회. **3** [군대] 집합 신호, 집합 나팔. **4** Ⓤ [기계의] 조립; Ⓒ 조립 부품. **5** [컴퓨터] 어셈블리[어셈블러에 의한 기호 언어로 된 프로그램을 기계어로 된 프로그램으로 바꾸기].
◇ assémble *v*.
assémbly háll *n*. **1** 집회장, 회의장; 회관. **2** [대형 기계・항공기 따위의] 조립 공장.
assémbly lánguage *n*. [컴퓨터] 프로그램 언어의 일종으로서 기계어에 가장 가까운 기호 언어.
assémbly líne *n*. 일관 작업열.
as·sem·bly·man [əsémblimən] *n*. (*pl*. **-men** [-mən]) 《美》 [주의회] 하원의원.
assémbly plánt *n*. 조립 공장, 일관 작업 공장.
assémbly róom *n*. **1** 집회장, 회의실. **2** 조립 공장.
assémbly shóp *n*. [기계 따위의] 조립 공장.
as·sem·bly·wom·an [əsémbliwùmən] *n*. (*pl*. **-wom·en** [-wimin]) 여성 의원; (A-) [미국 일부 주(州)의] 여성 하원의원.
*****as·sent** [əsént] *vi*. 동의하다, 찬동하다, 찬성하다 (*to* ...). ⇨ AGREE 類語 ¶ (~ +前 +名) They formally *assented to* the statement. 그들은 정식으로 그 성명에 찬동했다 / I *assent to* his opinion. 나는 그의 의견에 같다. ── *n*. Ⓤ 동의, 찬성, 찬동(*to* ...). ¶ the Imperial (*or* the Royal) *assent* 윤허(允許), 칙재(勅裁), 비준 / by common *assent* 모두 일치하여, 전원 이의없이 / with one *assent* 만장일치로, 이의없이 / nod one's *assent*; give a nod of *assent* 머리를 끄덕이며 동의를 표시하다 / give one's *assent to* ...에 동의하다. ◇ as·sen·tá·tion *n*., as·sén·tient *adj*.

as·sen·ta·tion [æ̀sentéiʃ(ə)n] *n*. Ⓤ 영합, 부화 뇌동.
as·sen·ti·ent [əsénʃənt, +英 -ʃiənt] *adj*. 동의의, 찬성의. ── *n*. 동의자, 찬성자.
as·sen·tor [əséntər] *n*. **1** 찬성자, 승인자. **2** 《英》 [국회 의원 후보자 지명 투표에 있어서 8명의] 찬성 투표자 중의 하나.
‡**as·sert** [əsə́ːrt] *vt*. **1** ...을 단언하다, 주장하다, 우기다. ⇨ AFFIRM 類語 ¶ He *asserted* his innocence. 그는 자기의 결백을 강력히 주장했다 / (~ +前 +*to* be 補) (~ +*that* 節) He *asserts* his statement *to* be true. = He *asserts that* his statement is true. 그는 자기의 진술이 진실이라고 주장하고 있다. **2** [권리 따위]를 주장하다; ...을 옹호하다(defend). ¶ *assert* one's rights (claims, liberties) 권리(요구・자유)를 주장하다. **3** [재귀용법] 자기를 주장하다, 주체넘게 나서다. ¶ Justice will *assert* itself. 정의는 저절로 밝혀진다.
◇ as·sér·tion *n*., as·sér·tive *adj*.
as·sert·er, -sér·tor [əsə́ːrtər] *n*. 주장자, 단언자.
*****as·ser·tion** [əsə́ːrʃ(ə)n] *n*. Ⓒ Ⓤ 주장, 언명, 단언; 독단. ¶ make an *assertion* 주장하다 / That's a mere *assertion*. 그것은 독단에 지나지 않는다.
◇ assért *v*., assértive *adj*.
as·ser·tive [əsə́ːrtiv] *adj*. **1** 단정적인, 단언적인. **2** 완강히 주장하는, 독단적인. **~·ly** *adv*. **~·ness** *n*.
as·sér·tive·ness tráining [əsə́ːrtivnis-] *n*. [심리] 자기 주장 훈련 [소극적인 사람에게 자신감을 불어넣는 행동 요법의 하나].
as·ses [ǽsiz] *n*. **ass**의 복수형.
as·sess [əsés] *vt*. **1** [과세를 위해] [재산・수입 따위]를 평가하다(estimate) ; [손해・세금・벌금 따위]를 사정하다. ¶ (~ +前 +名) *assess* a house at 5,000,000 won 집을 5백만 원으로 평가하다. **2** [세금・회비 따위]를 부과하다, 할당하다(impose). ¶ (~ +前 +名) *assess* 10,000 won *on* land 땅에 만 원을 과세하다 / *assess* a tax (a fine) *on* (*or upon*) a person 남에게 세금 (벌금)을 부과하다 / *assess* a person *at* (*or in*) 50,000 won 남에게 5만원을 과세하다. [가할 수 있는.
as·sess·a·ble [əsésəbl] *adj*. **1** 과세할 수 있는. **2** 평
*****as·sess·ment** [əsésmənt] *n*. Ⓤ **1** 과세, [벌금의] 부과; [재산・수입의] 사정(查定), 평가. ¶ a standard of *assessment* 과세 표준 / the *assessment* of damages by a typhoon 태풍에 의한 피해의 사정. **2** Ⓒ 과세액, [벌금의] 부과액; [재산・수입・손해 따위의] 사정액. **3** [상업] 불입금 지정.
asséssment insúrance *n*. Ⓤ 《美》 부과식 보험.
as·ses·sor [əsésər] *n*. **1** [세액의] 사정자; 재산 평가인; 《英》 [보험] 손해 사정인. **2** 재판소 보좌인[전문적인 사항에 관하여 재판관을 보좌하는 사람]. **3** 〈고어〉 참여자, 상담역.
*****as·set** [ǽset] *n*. **1** 유용한 것(자질), 가치있는 것, 이점. **2** 재산의 하나. **3** (~s) **a**) [법률] [회사 따위의] 자산, 재산. ¶ *assets* and liabilities 자산과 부채. **b**) [회계] [회사의] 자산 목록. **c**) [법률] [부채 상각・유증・(遺贈)에 충당해야 할] 유산, 재산. ⇨ POSSESSION 類語
4 보물.
ásset strípping *n*. 《英》 [경영] 회사 자산 수탈[경영 부진 기업을 매수, 훗날 그 자산을 매각하여 이익을 꾀하는 일].
as·sev·er·ate [əsévərèit] *vt*. (**-at·ed, -at·ing**) ...을 증언(서언)하다(aver); ...을 단언(확언)하다.
as·sev·er·a·tion [əsèvəréiʃ(ə)n] *n*. Ⓤ Ⓒ 증언, 서언, 단언.
as·sib·i·late [əsíbilèit] *vt*. (**-lat·ed, -lat·ing**) [음성] ...을 찰음화(擦音化)하다[[sj], [tj], [zj], [dj]를 [ʃ], [tʃ], [ʒ], [dʒ]라고 발음한다].
as·sib·i·la·tion [əsìbiléi(ə)n] *n*. Ⓤ Ⓒ [음성] 찰음화.
as·si·du·i·ty [æ̀sidj(ú)ː(i)ti / -dj(úː)-] *n*. Ⓤ (*-ties*) **1** Ⓤ 근면, 부지런함(industry, diligence). **2** (-ties) 헌신적인 마음씀, 배려.
as·sid·u·ous [əsídʒuəs / -dju-] *adj*. **1** 근면한, 지칠 줄 모르는. ¶ be *assiduous* in reading 독서에 전력하다. **2** 마지런한(attentive), 헌신적인(devoted).
~·ly *adv*. **~·ness** *n*.
as·si·fy [ǽsifài] *vt*. 업신여기다, 우롱하다.
‡**as·sign** [əsáin] *vt*. **1** ...을 할당하다, 배당하다(... *to*). ¶ (~ +前 +名) *assign* work *to* each man 각자에게 작업을 할당하다 // (~ +目 +目) He *assigned* us the best room of the hotel. 그는 우리에게 제 일 좋은 방을 배정해 주었다.
類語 *assign* [보통 권위로써] 일정한 할당을 하다: *assign* a page to each student 학생 각자에게 1페이지씩 할당하다. **allot** 할당 방식에 *assign* 만큼 계획적이 아니다: *allot* an hour for a lunch break 점심시간으로 1시간을 할당하다. **allocate** 보통 어떤 금액 따위를 특정한 사람・목적을 위해 충당하다: *allocate* a certain sum for one's children's school expenses 일정한 금액을 자녀 교육비로 충당하다. **apportion** 균등 또는 비례에 의해 할당하다: *apportion* the number of teams to be sent by each district 각 지구의 파견 팀 수를 할당하다.
2 [사람]을 선임하다, 임명하다 (appoint). ¶ (~ +目 +前 +名) *assign* a person *for* a guard 남을 경비원(보초)으로 선임하다 // (~ +目 +*to* do) He *assigned* me *to* watch the house. 그는 나에게 그 집을 감시하도록 명령했다.
3 [날짜・시간]을 지정하다 (appoint). [한계]를 정하다. ¶ (~ +目 +前 +名) *assign* a day *for* a festival 축제일을 지정하다 / *assign* a limit *to* something 어떤 것에 한계를 정하다.
4 [동기・이유 따위]를 ...탓으로 돌리다 (ascribe, attribute)(... *to, for*). ¶ (~ +目 +前 +名) *assign* one's absence *to* one's ill health 결석 사유를 건강이 나쁜 것으로 돌리다.

5 〔법률〕〔재산〕을 위탁(양도)하다(transfer) (...to).
— vi. 〔법률〕재산을 위탁(양도)하다. — n. (보통 ~s) 〔법률〕양수인, 수탁자(assignee).
◇ assignátion, assígnment n.

as·sign·a·ble [əsáinəbl] adj. **1** 할당(지정·지시)할 수 있는. **2** 돌릴 수 있는(to...). **3** 〔법률〕양도(위탁)할 수 있는.

as·sig·na·tion [æsignéi∫(ə)n] n. ⓤ ⓒ **1** 회견의 약속; 남녀 밀회의 약속. **2** 할당; 지정 (appointment); 임명(designation). **3** 〔법률〕〔재산·권리 따위의〕양도 (assignment).

as·sign·ee [əsainí:, æsinί: / əsainí:, -sain-] n. 〔법률〕〔권리·재산 따위의〕양수인, 수탁자, 수탁자. opp. assignor

as·sign·er [əsáinər] n. 할당인; 임명자; 지정자.

*__as·sign·ment__ [əsáinmənt] n. ⓤ ⓒ **1** 〔일·임무 따위의〕할당; 할당된 일(임무), 숙제, 연구 과제. **2** 지시, 지정. **3** 〔법률〕〔권리·재산 따위의〕양도, 인도; 〔채권자를 위한〕재산의 위탁〔증서〕. **4** 〔이유·동기 따위를〕들어 보이기, 귀인(歸因).

as·sign·or [əsáinər] n. 〔법률〕〔재산·권리 따위의〕양도인, 수탁자. opp. assignee

as·sim·i·la·bil·i·ty [əsìmiləbíliti] n. ⓤ 동화할 수 있는 성질, 동화성, 융합성.

as·sim·i·la·ble [əsíməlábl] adj. 동화(융합)할 수 있는.

*__as·sim·i·late__ [əsíməlèit] v. (-lat·ed, -lat·ing) vt. **1** …을 동화하다, 같게 하다; …을 일치시키다(...to, with). ¶ assimilate all things 모든 것을 똑같게 하다 // (~ + 目 + 前 + 名) He tried to assimilate his way of life to that of the surrounding people. 그는 자기의 생활 방식을 주변 사람들과 맞추려고 애썼다.
2 〔생리〕…을 동화하다; 〔음식 따위를〕소화하다 (digest), 흡수하다(absorb). ¶ assimilate food 음식을 소화 흡수하다
3 …을 이해하여 자기 것으로 하다; 〔언어·민족 등을〕동화하다 / assimilate the Western civilization 서양 문화를 흡수하다.
4 …에 비유하다, 비기다(... to, with). ¶ (~ + 目 + 前 + 名) assimilate a camel to a ship 낙타를 배에 비유하다.
5 〔습성〕을 동화하다. opp. dissimilate
— vi. 동화하다, 같아지다, 융합하다 (to, with ...); 소 화되다. ¶ The food will assimilate soon. 그 음식은 곧 소화될 것이다 / (~ + 前 + 名) one nation assimilating to (or with) another 다른 국민과 동화하는 국민.
◇ assimilátion n., assímilative, assímilatory adj.

*__as·sim·i·la·tion__ [əsìməléi∫(ə)n] n. ⓤ ⓒ **1** 동화; 동화 상태. **2** 〔생리〕〔음식의 체내에의〕흡수, 소화. **3** 〔식물〕동화 작용. **4** 〔사회〕〔음성〕동화. opp. dissimilation

as·sim·i·la·tion·ism [əsiməléi∫ənìzm] n. 〔인종·문화가 다른 소수 집단을 흡수하기 위한〕동화 정책.

as·sim·i·la·tive [əsíməlèitiv / -lətiv, -lèi-] adj. 동화 (性)의, 동화력이 있는; 동화 작용의.

as·sim·i·la·tor [əsíməlèitər] n. 동화자(물).

as·sim·i·la·to·ry [əsíməlàtɔ:ri / -t(ə)ri] adj. = assimilative.

‡**as·sist** [əsíst] vt. **1** …을 돕다, 거들다; 〔사업 따위〕를 원조하다 (aid, support), …을 조장하다 (promote, further). ⇨ HELP〔類語〕 ¶ assist a person materially (financially) 남에게 물질적으로(재정적으로) 원조를 하다 // (~ + 目 + 前 + 名) assist a person in an enterprise 남의 사업을 돕다 / assist a person in doing his work 남이 일하는 것을 돕다 / assist a lady from a car 숙녀에게 손을 내밀어 자동차에서 내리게 하다 / assist a person with parcels 남의 소포 일을 돕다 // (~ + 目 + to do) He assisted me to tide over the financial difficulties. 그는 내가 재정상의 위기를 벗어나도록 도와 주었다. **2** …의 조수 노릇을 하다.
— vi. **1** 돕다, 조력하다. ¶ (~ + 前 + 名) assist in

effecting a peaceful settlement of a conflict 분쟁의 평화적인 해결에 조력하다. **2** 참석하다(at ...); 참가하다 (in ...). ¶ (~ + 前 + 名) assist at a ceremony (an entertainment) 식(연회)에 출석하다 / assist in a campaign 운동에 참가하다.
— n. **1** 조력, 원조(aid). ¶ a financial assist 재정적인 원조. **2** 〔야구〕보살〔타자·주자를 아웃시키는 송구〕. **3** 〔축구·아이스하키〕 득점의 보조 플레이, 어시스트〔슛하기에 좋은 공을 자기편 선수에게 패스하여 득점케 하는 플레이〕.
◇ assístance n., assístant n., adj.

‡**as·sist·ance** [əsíst(ə)ns] n. **1** ⓤ 조력, 원조, 보조, 지원(help, aid, support). ¶ be of assistance to a person 남에게 도움이 되다 / come (go) to the assistance of …의 원조를 위해 오다(가다) / give (or render) assistance to …을 돕다. **2** 《드물게》〔집합적〕참석자.
◇ assíst v.

‡**as·sist·ant** [əsíst(ə)nt] n. **1** 조수, 보조자; 점원. ¶ serve as assistant [to] [...의] 조수 노릇을 하다. **2** 보조 수단. — adj. **1** 원조하는, 조력하는(assisting), 도움이 되는(helpful). **2** 보조의, …보. ¶ an assistant clerk 서기보/an assistant manager 부지배인.
◇ assístance n., assíst v.

assístant proféssor n. 조교수.

assístant sécretary n. 《미》〔연방 정부의〕차관보.

as·sist·er [əsístər] n. 원조자.

as·sis·tive [əsístiv] adj. 돕는, 도움이 되는(helpful).

as·sis·tor [əsístər] n. 〔법률〕방조자.

as·size [əsáiz] n. 〔영국사〕〔입법·행정 기관의〕회의(會議), 개정(開廷) 기간. **2** 〔영국사〕법령, 조례. **3** (~s) 〔영국의〕순회 재판, 그 개정기(지). **4** 재판, 심판(judgment). ¶ the great (or the last) assize〔세계 종말의〕대심판. **5** 〔영국사〕〔빵·맥주의〕법정 가격; 〔시장 판매품의〕통제 가격. ¶ …하는 사람. cf. ass²

ass-kis·ser [æskìsər] n. 《미속어》아첨꾼, 알랑알랑

áss lìcker n. 《미속어》= ass-kisser

assn., Assn. (略) association.

assoc. (略) associate, associated, association.

as·so·ci·a·bil·i·ty [əsòu∫(i)əbíliti] n. ⓤ 연상되기 쉬운 성질, 연상할 수 있음.

as·so·ci·a·ble [əsòu∫(i)əbl] adj. 연상할 수 있는, 결부시켜 생각할 수 있는.

‡**as·so·ci·ate** v. [əsóu∫ièit → n., adj.] (-at·ed, -at·ing) vt. **1** …을 연상하다, 관련지어 생각하다. ¶ (~ + 目 + 前 + 名) We associate the name of Kant with philosophy. 우리는 칸트라면 철학을 연상한다 / His very name is associated with horror. 그의 이름을 듣기만 해도 몸이 오싹해진다. **2** …을 동료로 참가시키다, 연합(합동)시키다(join, unite). ¶ (~ + 目 + 前 + 名) We associated him with us in the attempt. 우리는 그 계획에 그를 참가시켰다 / He associated with him his son in law practice. 그는 아들과 공동으로 변호사 개업을 하고 있다 / He is associated in various companies. 그는 여러 회사에 관계하고 있다. **3** …을 결합시키다, 관련시키다(...with).
— vi. 교제하다; 합동하다, 제휴하다(combine). ⇨ JOIN〔類語〕 ¶ (~ + 前 + 名) I don't care to associate with them. 그 사람들과 교제하고 싶지 않다.

associate oneself with …에 찬성하다, …을 지지하다.

— n. [əsóu∫iit, -èit] **1** 한패, 친구(companion); 조합원, 제휴자(partner); 동료(colleague). ⇨ FRIEND〔類語〕 **2** 준회원, 준교우. ¶ an associate of the Royal Academy 왕립 미술원의 준회원. **3** 연상되는 것; 〔심리〕연상 관념, 연합 심상(心象); 수반물. **4** 준국가(準國家).

— adj. [əsóu∫iit, -èit] **1** 한패, 친구. **2** 연합한, 제휴한(associated). **2** 준…. ¶ an associate editor 《미》부(副)주필 / an associate judge 배석 판사. **3** 연상되는.
◇ associátion n., assóciative adj.

assóciated gás n. 부수(附隨) 가스〔원유 위에 있는

As·sóciated Préss *n.* (the~) [미국의] 연합 통신사 [略 AP, A.P.]. *cf.* UPI [수의 중간].

associate professor *n.* 《美》 부교수 [정교수와 조교

‡as·so·ci·a·tion [əsòusiéiʃ(ə)n, -ʃi-] *n.* 1 협회, 조합, 회(會), 공동 단체. ¶ a Parent-Teacher *Association* 사친회, PTA. 2 ⓤ 연합, 합동, 제휴; 짜맞추기; [화학] 회합[동일 물질 중의 분자의 상호 결합]. 3 ⓤ 교제 (companionship). ¶ She has no *association* with foreigners. 그녀는 외국인과의 교제가 없다. 4 ⓤⓒ 연상, 관련. ¶ the *association* of ideas [철학·심리] 관념 연합 / The word has unpleasant *associations*. 그 말에는 불쾌한 연상이 있다. 5 =association football.
in association with …과 공동으로; …에 관련하여.
◇ **associate** *v.*, **associative** *adj.*

as·so·ci·a·tion·al [əsòusiéiʃn(ə)l] *adj.* 연상의; 협회

assòciátion còpy(bòok) *n.* [명가(名家)의] 연고가 있는 책, 수택본(手澤本) [되풀이 읽어 손때가 묻은 책]. [cer]

assòciátion fóotball *n.* ⓤ 《英》 축구, 사커(soc-

as·so·ci·a·tion·ism [əsòusiéiʃ(ə)nìz(ə)m, -ʃi-] *n.* ⓤ [철학] 관념 연합설, 연상 심리학 [심리학적 설명의 원리를 관념 연합에 두는 설]. [관념 연합론자.

as·so·ci·a·tion·ist [əsòusiéiʃ(ə)nist, -ʃi-] *n.* [철학]

as·so·ci·a·tive [əsóuʃièitiv / -ʃiə-, -ʃièi-] *adj.* 1 연합의, 연상의에 의한. 2 연합(결합)하기 쉬운. 3 [수학·논리] 결합의. **~·ly** *adv.* **~·ness** *n.*

assóciative mémory *n.* [컴퓨터] 연상 메모리, 연상 기억 장치.

as·so·ci·a·tor [əsóuʃièitər] *n.* 동료, 조합원, 회원.

as·soil [əsɔ́il] *vt.* 《고어》 1 …을 면하다; …을 석방하다(acquit). 2 …을 보상하다.

as·so·nance [ǽsənənt] *n.* ⓤⓒ 1 음의 유사, 유사음. 2 [韻律] 모음 압운(押韻) [악센트가 있는 같은 모음만이 운을 밟기. 예: baby—lady, penitent—reticent]. *cf.* consonance 3 부분적 일치(부합); 유사성.

as·so·nant [ǽsənənt] *adj.* [韻律] 모음만의 동운율(同韻律)의, 모음 압운의, 유사음의.

as·sort [əsɔ́ːrt] *vt.* 1 …을 유별하다, 분류하다(classify). 2 《주로 수동으로》 [각종 물품]의 구색을 갖추다. 3 《고어》 …을 같은 종류의 것끼리 모으다, 동류로 간주하다(group) (... *with*). — *vi.* 1 어울리다, 조화되다(*with* ...). ¶ (~+目+前+名) It well (ill) *assorts with* my character. 내 성격과 어울린다(어울리지 않는다).
2 교제하다(associate). ◇ **assórtment** *n.*

*as·sort·ed [əsɔ́ːrtid] *adj.* 1 여러 가지를 한데 모은, 구색을 갖춘; 잡다한. ⇨ MISCELLANEOUS [類語] 2 조화된, 어울리는, 걸맞는.

*as·sort·ment [əsɔ́ːrtmənt] *n.* 1 ⓤ 유별, 분류 (classification). 2 [요리 따위의] 여러 가지를 갖춘 것(한데 모은 것).

ASSR, A.S.S.R. (略) Autonomous Soviet Socialist Republic(소비에트 사회주의 자치 공화국).

asst., Asst. 《略》 assistant.

as·suage [əswéidʒ] *vt.* (**-suaged, -suag·ing**) 1 [고통·노여움·불안 따위]를 완화하다, 경감하다(ease); [식욕·욕망 따위]를 만족시키다, 채우다(satisfy). ¶ *assuage* wrath *with* gentle words 부드러운 말로 노여움을 달래다. 2 [남]을 달래다(appease).

as·suage·ment [əswéidʒmənt] *n.* ⓤ 완화, 경감, 진정; ⓒ 완화물.

as·sua·sive [əswéisiv] *adj.* 누그러뜨리는(soothing), 달래는, 위로하는. [할 수 있는. **-bly** *adv.*

as·sum·a·ble [əsúːməbl / əs(j)úːm-] *adj.* 추측(가정)

‡as·sume [əsúːm / əs(j)úːm] *vt.* (**-sumed, -sum·ing**) *vt.* 1 …이라 가정하다, 간주하다(suppose); …을 추측하다, 당연한 일로 생각하다. ⇨ PRESUME [類語] ¶ (~+目+*to be* 原) Let's *assume* what he says *to be* true. 그가 하는 말을 진실이라고 가정하자 / (~+*that* 節) He

assumed that the express would be on time. 그는 급행 열차가 제시간에 도착하리라고 생각했다.
2 [책임 따위]를 떠맡다(undertake). ¶ *assume* the chair 의장에 취임하다 / *assume* the office of …의 직책을 맡다 / *assume* full responsibility for …의 전책임을 지다.
3 …을 지니다, 취하다; [양상·성질]을 띠다. ¶ *assume* a new aspect 면목을 일신하다 / *assume* a haughty attitude 거만한 태도를 취하다.
4 [태도 따위]를 가장하다, …의 체하다, 시늉을 하다. ⇨ PRETEND [類語] ¶ *assume* ignorance 모르는 척하다 // (~+*to* do) *assume to* be deaf 귀가 들리지 않는 체하다.
5 [권력 따위]를 전횡하다, 횡령하다(usurp). ¶ *assume* a person's name(voice) 남의 이름을 들먹이다(목소리를 흉내내다).
— *vi.* 거만한 태도를 취하다, 주제넘게 굴다.
assuming that …이라 가정하여, …이라 하면.
◇ **assúmption** *n.*, **assúmptive** *adj.*

*as·sumed [əsúːmd / əs(j)úːmd] *adj.* 1 허위의, 가장한(pretended). ¶ an *assumed* name 가명 / an *assumed* voice 꾸민 목소리 / *assumed* ignorance 시치미 떼기. 2 가정한, 가(假)…. ¶ an *assumed* settling day [상업] 가(假)결산일. 3 횡령된(usurped).
-sum·ed·ly [-súːmidli / -s(j)úːm-] *adv.*

as·sum·ing [əsúːmiŋ / əs(j)úːm-] *adj.* 주제넘은, 전방진, 거만한(arrogant, presuming).

as·sump·sit [əsʌ́m(p)sit] *n.* [법률] 1 계약 이행 청구 소송, 2 [불이행의 경우] 기소 가능의 계약(계약).

*as·sump·tion [əsʌ́mpʃ(ə)n] *n.* ⓤⓒ 1 가정, 억설. ¶ a mere *assumption* 단순한 억설. 2 인수하기, 떠맡기, 수임(受任). 3 [태도 따위를] 가장하기, …해하기. ¶ with an *assumption* of nonchalance 무관심한 체하며, 시치미를 뚝 떼고. 4 외람됨, 주제넘음 (arrogance); 횡령. 5 (the A-) [가톨릭] 성모 마리아의 몽소승천(蒙召昇天) [의 축제일] [8월 15일].
on the assumption that ... …이라는 가정하에.
◇ **assúme** *v.*, **assúmptive** *adj.*

as·sump·tive [əsʌ́m(p)tiv] *adj.* 1 겉꾸민. 2 가정의, 추측의. 3 주제넘은, 거만한. **-ly** *adv.* 「조의.

As·sur [ǽsər] *n.* 앗수르신 [앗시리아 신화의 천지 창조

‡as·sur·ance [əʃú(ː)rəns / əʃúər-] *n.* 1 보증, 보장 (guarantee); 언질, 증거(proof). ¶ give a person an *assurance that* … 남에게 …이라는 보증을 하다.
2 ⓤ 확신(certainty, conviction). ¶ with *assurance* 확신을 가지고 / have full *assurance of (that)* …에 관하여 (…이라는 것을) 완전히 확신하고 있다.
3 ⓤ 자신(self-confidence). ⇨ CONFIDENCE [類語] ¶ an easy *assurance* of manner 자신만만한 여유있는 태도.
* 수식어가 있을 때, 흔히 부정 관사가 붙는다.
4 ⓤ 철면피, 몰염치, 뻔뻔스러움(impudence). ¶ an air of *assurance* 뻔뻔스러운 태도 // He had the *assurance to* pretend to be innocent. 뻔뻔스럽게도 그는 무고함을 가장했다. 「는 보통 insurance.
5 ⓤ《英》 [생명] 보험. *《英》에서는 생명 보험 이외의 *make assurance doubly* (or *double*) *sure* [실수가 없도록] 재차 다짐하다.
◇ **assúre** *v.*

‡as·sure [əʃúər] *vt.* (**-sured, -sur·ing**) 1 …에게 보증 (보장)하다, 책임지다; …에게 확신시키다; [확신시켜] 안심시키다. ¶ (~+目+前+名) (~+目+*that* 節) I *assure* you *of* his innocence. =I *assure* you *that* he is innocent. 나는 그의 결백을 보증한다 / We *assured* him *of* his safety. =We *assured* him *that* he would be safe. 우리는 그의 일신의 안전을 보장했다 / I am *assured of* his faithfulness. =I am *assured that* he is faithful. 그가 성실하다는 것을 나는 확신한다 / I *assure* you *that* all will go well. 만사가 잘 되어갈 것이 틀림없음을 / feel (or rest) *assured of* (or *that*) …에 안심하다.

2 …을 확실하게 하다, 확보하다(ensure). ¶ His diligence will *assure* the position. 그는 근면 노력으로 그 지위를 확보할 것이다 / I think his new habits of life will *assure* his happiness in the future. 그가 새로운 생활 습관에 의해 장차 행복해질 것이 틀림없다고 생각한다.
3 (英)〔생명〕에 보험을 걸다. ¶ have one's life *assured* 생명 보험에 들다 / *assure* oneself against …에 보험을 걸다.
assure oneself of (or that …) …을 확인하다. ¶ I want to *assure* myself *that* by so doing I shall not be doing wrong to anyone. 그렇게 하더라도 아무에게도 피해를 입히지 않는다는 것을 확인하고 싶다.
I [*can*] *assure you*. 틀림없다, 장담하다, 틀림없이. ¶ He will come, *I assure you*. 그는 틀림없이 올 것이다.
◇ assúrance *n*.

***as·sured** [əʃúərd] *adj*. **1** 보증된; 틀림없는, 확실한 (certain). ¶ an *assured* position 보장받은 지위. **2** 자신에 찬(confident). ¶ an *assured* manner 자신만만한 태도. **3** 뻔뻔스러운. **4** 보험에 든(insured). ¶ the *assured* 피보험자. **-sur·ed·ness** [əʃú(:)ridnis / əʃúər-] *n*.

***as·sur·ed·ly** [əʃú:ridli / əʃúər-] *adv*. **1** 틀림없이, 확실히. **2** 자신을 갖고, 침착하게, 대담하게, 뻔뻔스럽게.

as·sur·er, -or [əʃú(:)rər / əʃúərə] *n*. 보증자, (英) 보험업자.

as·sur·gent [əsə́:rdʒ(ə)nt] *adj*. **1** 〔식물〕 〔나뭇잎 따위가〕 비스듬히 위로 뻗는. **2** 향상적인, 상승적인 (ascending, rising).

as·sur·ing [əʃú(ː)riŋ / əʃúər-] *adj*. 보증하는, 보장(장담)하는, 신념을 주는; 확신적인. ¶ one's *assuring* look 자신있는 얼굴. **~ly** *adv*.

assy. (略) assembly.

Assyr. (略) Assyrian.

As·syr·i·a [əsíriə] *n*. 앗시리아〔서남 아시아의 고대 제국. 수도 Nineveh〕.

As·syr·i·an [əsíriən] *adj*. 앗시리아의; 앗시리아인(어)의. — *n*. 앗시리아인; 앗시리아어.

As·syr·i·ol·o·gist [əsìriáləʤist / -sì-] *n*. 앗시리아 학자(연구가).

As·syr·i·ol·o·gy [əsìriáləʤi / -sì-] *n*. ⓤ 앗시리아학 (연구) 〔앗시리아의 언어·역사·풍속·유물 등의 연구〕.

AST, A.S.T. (略) *A*tlantic *S*tandard *T*ime. 〔구〕.

ASTA (略) *A*merican *S*ociety of *T*ravel *A*gents (미국 여행업자 협회).

a·sta·ble [eisléibl] *adj*. 불안정한, 〔전자 공학〕〔진공관·트랜지스터 따위〕 비안정(非安定)의.

a·star·board [əstá:rbərd, +美 -bò:rd / -bɔ̀:d] *adv*. 〔항해〕 우현으로. *opp*. aport ¶ Hard *astarboard*! 최대 우현으로.

As·tar·te [æstá:rti] *n*. 아스타르테〔페니키아인이 숭배한 풍요와 생식의 여신. 헤브라이인의 Ashtoreth, 바빌로니아인과 앗시리아인의 Ishtar와 동일한 신. 그리스·로마인은 달의 여신으로 숭배했다〕.

a·stat·ic [eistǽtik / æs-] *adj*. 불안정한(unstable). **2** 〔물리〕 무정위(無定位)의. ¶ an *astatic* galvanometer 무정위 전류계 / an *astatic* governor 무정위 조속기 (調速器) / an *astatic* needle 무정위 침 (針).

a·stat·i·cism [eistǽtisìz(ə)m / æs-] *n*. ⓤ 불안정, 〔물리〕 무정위.

as·ta·tine [ǽstətìːn, -tin] *n*. ⓤ 〔화학〕 아스타틴〔방사성 원소의 하나; 원자 기호 At〕.

as·ter [ǽstər] *n*. **1** 애스터, 탱알속(屬)의 식물〔해국·탱알·쑥부쟁이 따위〕. **2** 〔생물〕 〔세포의〕 성상체(星狀體).

aster- ⇨ ASTRO-.

-aster *suf*. 〔담기는 했으나 진짜가 아닌〕 「가짜」라는 뜻을 나타냄. 예: poet*aster*, philosoph*aster*.

-aster² (주로 생물) star 의 뜻의 연결형. ⇨ ASTRO-.

as·ter·isk [ǽst(ə)rìsk] *n*. **1** 별표[*]. **2** 별표 모양의 것. — *vt*. …에 별표를 하다.

as·ter·ism [ǽstərìz(ə)m] *n*. **1** 〔드물게〕〔천문〕성군 (星群); 성좌(constellation). **2** 〔結晶〕 성상(星狀) 광채〔광물의 작은 조각을 비쳐볼 때에 나타나는 별 모양의 광채〕. **3** 세 별표〔∴ 또는 ∵〕. * 특별히 주의를 끌기 위하여, 또는 절 앞에 찍는다.

a·stern [əstə́:rn] *adv*. 〔항해〕고물에(로); 〔항공〕 항공기의 뒤쪽 〔부분〕으로(backward). ¶ a ship next *astern* 후속선 / *astern* of 〔항해〕 …보다 후방에(서) / back *astern* 〔항해〕〔배를〕 후진시키다, 역진시키다 / drop (or fall) *astern* 다른 배에 추월당하다 / Go *astern*! 후진! (*opp*. Go ahead!).

astero- star 의 뜻의 연결형(* 모음 앞에서는 aster-를 쓴다). 예: aster*isk*, aster*oid*.

as·ter·oid [ǽstərɔ̀id] *n*. **1** 〔천문〕 불가사리(starfish). **2** 〔천문〕 대개는 화성과 목성과의 궤도 사이에 있는 소행성(小行星). — *adj*. 별 모양의(starlike).

as·ter·oi·dal [æ̀stərɔ́idl] *adj*. 〔동물〕 불가사리의 〔류〕의; 〔천문〕 소행성 〔모양〕의. — **쇠약, 허약.**

as·the·ni·a [æsθíːniə, æsθináiə] *n*. ⓤ 〔병리〕 무력증, 쇠약.

as·then·ic [æsθénik] *adj*. 무력증의, 쇠약(허약)의.

as·the·no·pi·a [æ̀sθənóupiə ‐ ‐ pjə] *n*. 〔안과〕 안정피로.

as·then·o·sphere [æsθénəsfìər] *n*. (the ~) 〔지질〕 지표에 가까운 취약권.

asth·ma [ǽzmə / ǽs-] *n*. ⓤ 천식. 〔<Gk breath〕

asth·mat·ic [æzmǽtik / æs-], **(asth·mat·i·cal** [-ik(ə)l]) *adj*. 천식을 앓고 있는; 천식〔성〕의. — *n*. 천식 환자. 〔도주.

As·ti [áːsti] *n*. 〔이탈리아 북부 Piedmont산(産)〕 백포

a·stig·mat·ic [æ̀stigmǽtik], **(a·stig·mat·i·cal** [-ik(ə)l]) *adj*. 〔의학〕 난시〔안〕의; 난시용의. **-i·cal·ly** [-ikəli] *adv*.

a·stig·ma·tism [əstígmətìz(ə)m] *n*. ⓤ **1** 〔의학〕 난시. **2** 〔光學〕 〔렌즈의〕 비점수차(非點收差).

a·stir [əstə́:r] *adv*., *adj*. (* 형용사로서는 서술용법) **1** 떠들썩하여; 움직여, 활동하여. ¶ The whole village was *astir* with the festival. 온 마을이 축제로 떠들썩했다. **2** 일어나서, 자리에서 나와서. ¶ be early *astir* 일찍 일어나다.

A.S.T.M., ASTM. (略) *A*merican *S*ociety for *T*esting and *M*aterials (미국 재료시험 협회).

as·told·to [æ̀ztóuldtə] *adj*. 담화에 의거해서 전문적인 저작자가 쓴.

as·ton·ied [əstánid / -tɔ́n-] *adj*. (古語) 어리둥절한, 어안이 벙벙한, 당황 어리둥절한(bewildered).

‡**as·ton·ish** [əstániʃ / -tɔ́n-] *vt*. …을 놀라게 하다, 깜짝 놀래다, 경악케 하다. ⇨ SURPRISE 類語 * 「놀라다」의 뜻으로는 수동태를 쓴다. ¶ The magnificent building of the cathedral *astonishes* sightseers. 그 대성당의 장엄한 건물은 관광객〔의 눈〕을 경탄케 한다 / Why, you *astonish* me! 아! 놀랐는데! / I was *astonished* at the results of the election. 나는 그 선거 결과에 크게 놀랐다 / I am greatly *astonished* to hear that he is dying. 나는 그 사람이 죽어가고 있다는 말을 듣고 크게 놀랐다 / The spectators were all *astonished* by his stunt. 관객들은 그 묘기에 모두 깜짝 놀랐다 / I am *astonished* [that] there hasn't been a major scandal. 지금까지 큰 스캔들이 없었다니 정말 놀랐다.

*‡**as·ton·ish·ing** [əstániʃiŋ / -tɔ́n-] *adj*. 놀라게 하는, 깜짝 놀라는, 눈부신(amazing). ¶ It was *astonishing* to everyone. 누구나 그 일에 놀랐다. **~ly** *adv*.

‡**as·ton·ish·ment** [əstániʃmənt / -tɔ́n-] *n*. **1** 경악, 놀람(amazement). ¶ in *astonishment* 놀라서 / to one's *astonishment* 놀랍게도 / *Astonishment* deprived me of my power of speech. 놀라서 말도 하지 못했다. **2** 놀라운 일(것). ¶ His silence was my *astonishment*. 그의 침묵은 나를 크게 놀라게 했다.

as・tound [əstáund] vt. 《보통 수동형으로》 …을 깜짝 놀라게 하다, …의 간담을 서늘하게 하다. ⇨ SURPRISE 類語 ¶ I was *astounded* at the sight. 나는 그 광경에 혼이 다 빠졌다. ── *adj.* [고어] 깜짝 놀란.

as・tound・ing [əstáundiŋ] *adj.* 간담이 서늘한, 놀라운. **~ly** *adv.*

ASTP (略) Army Specialized Training Program.

astr- ⇨ ASTRO-.

astr. 《略》 astronomer, astronomical, astronomy.

as・tra・chan [ǽstrəkən / ǽstrəkǽn] *n.* **1** =astrakhan. **2** (A-) 아스트라칸 사과[신맛이 강하며, 노랑이나 붉은색을 띠고 있다].

a・strad・dle [əstrǽdl] *adv., adj.* (* 형용사로서는 서술용법) 걸터앉아[있는] (astride). ¶ sit *astraddle* [of] a horse 말에 걸터앉다.

As・trae・a [æstríːə] *n.* [그리스 신화] 아스트라에아 [Zeus 와 Themis 와의 딸로서 정의의 여신].

as・tra・gal [ǽstrəg(ə)l] *n.* **1** [건축] 구슬선[원(圓)기둥의 둘레를 테 모양으로 둘러싼 좁다랗게 돋아난 부분]; 마구선[장문 가장자리 따위에 붙이다]. **2** 포구(砲口)의 볼록한 테.

a・strag・a・lus [əstrǽgələs] *n.* (*pl.* **-li** [-lài]) **1** [동물] 거골(距骨), 복사뼈(anklebone, talus). **2** (A-) 자운영속(屬).

as・tra・khan [ǽstrəkən / ǽstrəkǽn], (**astrachan**) *n.* ⓤ **1** 아스트라칸[러시아의 Astrakhan 지방산 어린양의 곱슬곱슬한 털의 모피]. **2** 아스트라칸 직물[아스트라칸 비슷한 곱슬곱슬한 털이 있는 직물].

as・tral [ǽstrəl] *adj.* **1** 별의; 별로 이루어진. **2** (생체) 탱알속(aster)의(같은). **3** 별 모양의; 방사상의.

ástral bódy *n.* **1** 정령(精靈), 영체(靈體)[사람의 몸으로서 자유로이 출입할 수 있고, 그 사람의 죽은 뒤에도 살아남는다고 한다]. **2** (천문) 별(star), 행성(planet).

ástral hátch *n.* =astrodome.

ástral lámp *n.* 무영등(無影燈) [탁상에 그늘이 지지 않게 만들어진 램프].

ástral spírit *n.* [별 세계에 산다고 생각된] 별의 영(靈).

***a・stray** [əstréi] *adv., adj.* (* 드물게) **1** …을 길을 잃고(잃은); 못된 길에 빠져(빠진); 발을 잘못 디뎌 (straying). ¶ go *astray* 길을 잃다, 타락하다 / lead a person *astray* 남을 길을 잃게 하다, 타락하게 하다. [<A-¹+STRAY]

as・trict [əstríkt] *vt.* 《드물게》 **1** …을 단단히 묶다; …을 가두어 넣다(confine); …을 제한하다(restrict). **2** [도덕적・법률적으로] …을 속박하다.

as・tric・tion [əstríkʃ(ə)n] *n.* ⓤ ⓒ **1** 제한, 속박. **2** [페어] [의학] 수렴(收斂)[작용].

as・tric・tive [əstríktiv] *adj.* **1** [의학] 수렴(收斂) 작용이 있는, 수렴성의. ── *n.* 수렴제(劑).

a・stride [əstráid] *prep.* …에 걸터앉아, …의 양쪽에, …을 가로질러. ¶ sit *astride* a horse 말에 올라 타다. ── *adv., adj.* (* 형용사로서는 서술용법) 걸터앉아서 (astraddle). ¶ ride a horse *astride*; get *astride* of a horse 말에 걸터앉다.

as・tringe [əstríndʒ] *vt.* (**-tringed, -tring・ing**) …을 수축시키다(compress), 수렴시키다, 단단히 죄다; …을 속박하다.

as・trin・gen・cy [əstríndʒ(ə)nsi] *n.* ⓤ [의학] 수렴성, 엄한.

as・trin・gent [əstríndʒ(ə)nt] *adj.* **1** [의학] 수렴(긴축)시키는 (contracting), 수렴성의(contractive). **2** 엄한, 격심한(severe). ¶ A much-needed *astringent* criticism 신랄하면서도 매우 유익한 비판. **3** [맛이] 떫은. ── *n.* 수렴제; 아스트린젠트[수렴성이 있는 화장수]. **~ly** *adv.*

as・tri・on・ics [æ̀striániks / -ɔ́n-] *n. pl.* 《단수 취급》 [로켓 공학] [우주 항공의] 응용 전자 공학.

as・tro [ǽstrou] *n.* 《속어》 =astronaut.

astro- star, heavenly body, space, space travel 의 뜻의 연결형(* 모음 앞에서는 aster-, astr-를 쓴다). 예: *astro*logy, *astro*naut, *astro*physics, *astr*al.

as・tro・bal・lis・tics [ǽstro(u)bəlístiks] *n.* 《우주 공학》 우주 탄도학(彈道學).

as・tro・bi・ol・o・gy [ǽstro(u)baiálədʒi / -ɔ́l-] *n.* ⓤ [exobiology.

as・tro・bleme [ǽstro(u)blìːm] *n.* 운석흔(隕石痕) [큰 운석의 낙하로 인해서 지표에 움푹 팬 자리].

as・tro・bot・a・ny [ǽstro(u)bátəni / -bɔ́t-] *n.* 우주 식물학.

as・tro・chem・is・try [ǽstro(u) kémistri] *n.* 우주 화학.

as・tro・dome [ǽstrədòum] *n.* 〔항공〕 아스트로돔, 천측창(天測窓); (A-) 아스트로돔[투명한 둥근 지붕을 가진 경기장]. [취급] 천체 역학.

as・tro・dy・nam・ics [ǽstrədainǽmiks] *n. pl.* 《단수

as・tro・gate [ǽstrəgèit] *v.* (**-gat・ed, -gat・ing**) *vi.* 우주 여행을 하다. ── *vt.* [로켓・우주선 따위]를 항행시키다. [행).

as・tro・ga・tion [ǽstrəgéiʃ(ə)n] *n.* ⓤ 우주 여행(항

as・tro・ga・tor [ǽstrəgèitər] *n.* 우주 여행(항행)자.

as・tro・ge・ol・o・gy [ǽstrədʒi:álədʒi / -dʒiɔ́lə-] *n.* ⓤ 천체 지질학. [法圖).

as・tro・graph [ǽstrəgrǽf / -grɑ̀ːf] *n.* 천체 항법도(航

astrol. 《略》 astrologer, astrological, astrology.

as・tro・labe [ǽstrəlèib] *n.* 아스트롤라베[고대의 천문학 또는 항해상의 천체 관측을 위한 기계].

as・trol・o・ger [əstrálədʒər / -trɔ́l-] *n.* 점성가, 점성술사.

as・tro・log・i・cal [ǽstrəládʒik(ə)l / -lɔ́dʒ-], (**as・tro・log・ic** [-ik]) *adj.* 점성술(학)의. **-i・cal・ly** [-ikəli] *adv.*

***as・trol・o・gy** [əstrálədʒi / -trɔ́l-] *n.* ⓤ **1** 점성학, 점성술. **2** (페어) 천문학(astronomy).

as・tro・me・te・or・ol・o・gy [ǽstro(u) mìːtiərálədʒi / -rɔ́l-] *n.* ⓤ 천체 기상학. [度] 측정기.

as・trom・e・ter [æstrámitər / -rɔ́mi-] *n.* 천체 광도(光

as・trom・e・try [æstrámitri, əs- / -trɔ́m-] *n.* ⓤ 위치(位置) 천문학, 천체 측정학[천체의 위치・운동・거리를 측정한다].

astron. 《略》 astronomer, astronomical, astronomy.

***as・tro・naut** [ǽstrənɔ̀ːt] *n.* 우주 비행사.

as・tro・nau・tess [ǽstrənɔ:tís] *n.* 여성 우주 비행사 (woman astronaut).

as・tro・nau・ti・cal [ǽstrənɔ́ːtik(ə)l], **-nau・tic** [-nɔ́ːtik] *adj.* 우주 비행의, 우주 비행사의.

as・tro・nau・tics [ǽstrənɔ́ːtiks] *n. pl.* 《단수 취급》 우주 항행학, 우주 비행법.

as・tro・nau・trix [ǽstro(u) nɔ́ːtriks] *n.* (*pl.* **-trixes, -trices**) 여류 우주 비행사, 여류 우주 비행 연구가.

as・tro・nav・i・ga・tion [ǽstro(u) nævigéiʃ(ə)n] *n.* 천측 항법(天測航法) (celestial navigation).

as・tro・nett [ǽstrənét] *n.* =astronautrix.

‡**as・tron・o・mer** [əstránəmər / -trɔ́n-] *n.* 천문 학자. ¶ the *Astronomer* Royal 영국 그리니지(Greenwich) 천문 대장.

***as・tro・nom・i・cal** [ǽstrənámik(ə)l / -nɔ́m-], **-nom・ic** [-námik / -nɔ́m-] *adj.* **1** 천문학[상, 용]의. ¶ *astronomical* instruments 천문학용 기계 / an *astronomical* clock 천문용 시계 / *astronomical* observations 천체 관측 / an *astronomical* chronology 천문 연표(年表) / an *astronomical* observatory 천문대 / *astronomical* spectroscopy 천문 분광술 / an *astronomical* telescope 천체 망원경 / the *astronomical* time (day) 천문시(일). **2** [수・거리・양 따위가] 거대(방대)한, 천문학적인. ¶ *astronomical* figures (distance) 천문학적 수자(엄청난 거리). **-i・cal・ly** [-ikəli] *adv.*
◇ astrónomy *n.*

astronómical sátellite *n.* 천문 관측 위성.

astronómical únit *n.* 천문 단위[태양과 지구와의 거리를 기준으로 하여, 태양계 안의 거리를 나타내는 데 쓰이는 단위; 略 AU].

astronómical yéar *n.* 천문년[지구가 태양 둘레를

as·tron·o·my [əstránəmi / -trɔ́n-] *n.* Ⓤ 천문학. ¶ gravitational *astronomy* 천체 역학 / nautical *astronomy* 항해 천문학(천문 항법).
◇ astronómic, astronómical *adj.*

as·tro·pho·to·graph [ǽstro(u)fóutəgræf / -grɑ̀ːf] *n.* 천체 사진.

as·tro·pho·to·graph·ic [ǽstro(u)fòutəgrǽfik / -grɑ̀ːf-] *adj.* 천체 사진[술]의.

as·tro·pho·tog·ra·phy [ǽstro(u)fo(u)tágrəfi / -tɔ́g-] *n.* Ⓤ 천체 사진술.

as·tro·pho·tom·e·ter [ǽstro(u)fo(u)támitər / -tɔ́m-] *n.* 천체 광도계(光度計)(측정기).

as·tro·phys·i·cal [ǽstro(u)fízik(ə)l] *adj.* 천체 물리학의, 「학자.

as·tro·phys·i·cist [ǽstro(u)fízisist] *n.* 천체 물리

as·tro·phys·ics [ǽstro(u)fíziks] *n. pl.* (단수 취급) 천체 물리학.

as·tro·space [ǽstrəspèis] *n.* Ⓤ 우주 공간.

as·tro·sphere [ǽstrəsfìər] *n.* 〖생물〗〖세포의〗중심구(球);〖중심체를 제외한〗성상체(星狀體).

As·tro-Turf [ǽstrətəːrf] *n.* 〖상표명〗인공 잔디.

a·strut [əstrʌ́t] *adj.* 의기양양한.

as·tute [əst(j)uːt / -tjúːt] *adj.* 통찰력이 날카로운; 기민한, 빈틈없는 (shrewd); 교활한. **~·ly** *adv.* **~·ness** *n.*

a·sty·lar [eistáilər / æ-] *adj.* 〖건축〗무주식(無柱式)의.

A-sub [éisʌ̀b] *n.* (구어) 원자력 잠수함. [＜A[TOMIC] SUB[MARINE]]

A·sun·ción [ɑːsuːnsjɔ́ːn, -θjɔ́ːn / əsùnsióun] *n.* 아순시온(파라과이의 수도).

*a·sun·der [əsʌ́ndər] *adv., adj.* (* 형용사로서는 서술 용법) **1** 낱낱으로(산산이) 흩어져(진), 동강동강(갈라진). ¶ come (fall) *asunder* 낱낱으로 흩어지다(무너지다) / break *asunder* 을 산산이 부수다, 동강내다, 두쪽을 내다 / cut *asunder* …을 잘라내다 / tear *asunder* …을 갈기갈기 찢다. **2** 따로따로[의], 떨어져, 떨어진. ¶ be driven *asunder* 쫓겨서 뿔뿔이 흩어지다 / put *asunder* …을 갈라놓다 / Their opinions differ as wide *asunder* as the poles. 그들의 의견은 남북 양극만큼이나 갈리다. ◇ sínder *v.*

ASUW (略) *a*nti-*s*urface ship *w*arefare (대수상함(對 水上艦) 전투).

A.S.V. (略) *A*merican *S*tandard *V*ersion [of the Bible] (미국 개정판 성서). *cf.* A.R.V. 「전].

ASW (略) *a*nti-*s*ubmarine *w*arfare (대(對)잠수함 작

As·wan [ɑːswɑ́ːn, æswǽn], (**As·suan, As·souan**) *n.* **1** 아스완[이집트 동남부 Nile 강변의 도시]. **2** Nile 강을 가로지른 아스완댐.

a·swarm [əswɔ́ːrm] *adv., adj.* (* 형용사로서는 서술용법) 떼지어, 북적대어.

*a·sy·lum [əsáiləm] *n.* **1** (맹인·정신병자·고아·노인 등의) 보호소, 수용소, 양호 시설. ¶ an *asylum* for the aged 양로원 / a lunatic (or an insane) *asylum* 정신 병원 / an orphan (or a foundling) *asylum* 고아원, 육아원. **2** 은신처, 도피처(옛날 죄인·채무자 등을 위하여 설치된 것으로서, 대개는 성당). **3** [국제법] [정치범에게 제공되는] 일시적 피난처[주로 외국 대사관]. **4** [일반적으로] 안전한 은신처, 피난처, 도피처. **5** 망명, 망명, 보호. ¶ seek political *asylum* 정치적 망명을 요청하다 / give *asylum* 피난처를 제공하다.

a·sym·met·ric [èisimétrik, æ-], **-ri·cal** [-rik(ə)l] *adj.* 불균형의, 부조화의, 비대칭적인, 비상칭(非相稱)적인. *opp.* symmetric **-ri·cal·ly** [-rikəli] *adv.*

a·sym·me·try [eisímitri, æ-] *n.* Ⓤ 불균형, 부조화, 비대칭(非相稱). *opp.* symmetry

a·symp·to·mat·ic [èisìm(p)təmǽtik] *adj.* 병의 아무런 징후도 보이지 않는. 「線].

as·ymp·tote [ǽsim(p)tòut] *n.* 〖수학〗점근선(漸近

as·ymp·tot·ic [ǽsim(p)tátik / -tɔ́t-], (**as·ymp·tot·i·cal** [-ik(ə)l]) *adj.* 〖수학〗점근선의, 점근의 (적인).

a·syn·chro·nism [eisíŋkrəniz(ə)m / æ-] *n.* Ⓤ 동시성이 없음, 비동시성. *opp.* synchronism

a·syn·chro·nous [eisíŋkrənəs / æ-] *adj.* **1** 때가 맞지 않는; 비동시의. *opp.* synchronous **2** 〖전기〗비동기(非同期)의. ¶ an *asynchronous* generator (motor) 비동기 발전기(전동기).

as·yn·det·ic [æs(i)ndétik, èisin- / æsin-] *adj.* 〖修辭〗접속사 생략의(적인).

a·syn·de·ton [əsíndìtɑn, -tən / æsíndìtən] *n.* Ⓤ 〖修辭〗접속사 생략[예: I came, I saw, I conquered. 왔도다, 보았도다, 이겼도다].

a·syn·tac·tic [èisintǽktik / èisin-] *adj.* 〖문법〗문법적이 아닌; 통어법(統語法)에 따르지 않는.

‡**at** [강 æt, 약 ət] *prep.* **1** 《지점·위치·도착점》…에 (서), [한 곳]에서, ¶ *at* a point 한 점에 / *at* one's uncle's 숙부집에(서) / *at* sea 해상에, 항해중에 / *at* the center(the corner) 중심에(모퉁이에서) / *at* the foot of the mountain 그 산기슭에 / *at* the bottom of the sea 해저에서 / put up *at* an inn 여관에 투숙하다 / stand *at* the door 문간에 서다 / touch *at* a port 기항(寄港)하다 / He was educated *at* the college. 그는 그 대학에서 교육을 받았다.

—— **Usage**[1] **at, in**——(1) **at** 는 지점에, **in** 은 구역에 관하여 쓰인다: *at* the top of the mountain / *in* Korea. (2) 마을, 도시 따위는 지점이라 지점으로도 또 지역으로도 생각할수 있다: We arrived *at*(or *in*) Chicago. (3) 다만 작은 장소라도 「안에」라는 느낌이 포함될 경우에는 in 을 쓴다: He is *at* home now. / He is *in* the house.

2 《거리》[떨어진] 곳에(서). ¶ *at* hand 바로 가까이에 / *at* arm's length 손이 닿는 곳에 / *at* a distance of two miles 2마일 떨어진 곳에 / *at* regular intervals 일정한 간격으로.

3 《출입 지점》…[한 곳]에서. ¶ enter *at* the front door 현관에서 들어가다 / drink *at* the river 강에서 물을 마시다.

4 《출석·소재》…에[있어, 나가서]. ¶ not *at* home 부재중 / *at* the market 장보는 중[에] / *at* the theater 연극 관람중 / *at* a funeral 장례중.

5 《시·시각》…에, …에서. ¶ *at* seven o'clock 7시에 / *at* sunrise 일출시에 / *at* noon 정오에 / *at* night (midnight) 밤(한밤중)에 / *at* present 지금[은] / *at* parting 헤어질 때에 / *at* this moment 바로 지금, 이 순간에 / *at* the end of the month 월말에,

—— **Usage**[2] **at, in, on**——(1) **at** 는 지점에, **on** 은 기간에, **on** 은 정해진 날 (day) 또는 경우 (occasion) 에 관하여 쓴다: *at* five o'clock / *on* Sunday / *in* August. (2) 「오전·오후」에 관하여는 관용적으로 in 을 쓰는데, 특정한 날의 오전·오후에는 on 을 쓴다: *in* the morning(afternoon, evening) / *on* the morning (afternoon, evening) of August 15 / *on* that (the following) morning.

6 《연령》…(때)에, …[살]에. ¶ *at* the age of ten 10살 때에 / *at* twenty-five 25살에.

7 《비율·정도》…으로. ¶ *at* the rate of …의 비율로 / *at* that rate 그 비율로[는] / *at* full speed 전속력으로 / *at* 50 miles an hour 시속 50마일 로 / run *at* top of speed 전속력으로 달리다 / sell tomatoes *at* sixpence a pound 토마토를 1파운드에 6펜스로 팔다.

8 《방향·목표》…을 향하여, …쪽에, …을 겨누고, ¶ fire *at* a man 사람을 저격하다 / throw a stone *at* a dog 개한테 돌을 던지다 / gaze (glance, wink) *at* a man 사람을 찬찬히 바라보다(흘끗 보다, 눈짓 하다) / look *at* the moon 달을 보 다 / laugh *at* a person's fancy 남의 공상을 비웃다 / mock *at* a person's fears 남의 두려움을 비웃다 / jeer *at* a person 남을 놀려대다 / bark *at* a man [개가] 사람에게 짖어대다 / murmur *at* a person's proceeding 남의 처사에 대해서 뒤에서 불평을 하다 / rush *at* an enemy 적을 향해서 돌진하다 / fly (or jump) *at* a man [개 따위가] 사람에게 덤벼들다 / hint *at* one's resignation 사임을 비추다 / I could guess *at* his meaning. 그의 말뜻을 짐작할 수 있었다 / snap *at* a chance 기회를 포착하다 / get *at* the exact meaning 정확한 뜻을 파악하다 / catch *at* a straw 지푸라기를 잡다.

9 《종사》…에 종사하여, …중. ¶ *at* breakfast 아침 식사중 / *at* church 예배중 / *at* table 식사중 / be (or lie, ride) *at* anchor 정박중 / be *at* play 놀고 있다 / play *at* policemen and robbers 도둑놀이를 하다 / be *at* rest 휴식중.

10 《행위·상태의 대상·범위》…에 있어서, …의 점에서. ¶ be good *at* mathematics 수학을 잘하다 / be quick (slow) *at* calculation 계산이 빠르다(느리다) / be good *at* English 영어를 잘하다 / Tom shines *at* baseball, but he is no good *at* tennis. 톰은 야구는 아주 잘하나 테니스는 잘하지 못한다 / We won *at* football last year. 작년에 우리는 축구에서 이겼다.

11 《행위·상태의 장(場)》…에 〔있어서〕. ¶ be sick *at* heart 번민하다.

12 《상태》…〔의 상태〕로. ¶ *at* ease (or rest) 안심하여 / *at* liberty 자유로 / *at* a person's disposal 뜻대로 / *at* random 마구잡이로, 되는대로 / *at* will 뜻대로 / *at* a loss 난처하여 / *at* a pinch 곤경에 몰려 / *at* a standstill 딱 멈추어서, 교착 상태에 빠져서 / *at* an end 끝나서 / *at* war 교전중(에) / *at* peace 평화로이 / *at* odds 불화하여 / *at* daggers drawn 심한 적의를 품고 / *at* its (or one's) best 전성기에 / be *at* one's wits' end 어찌할 바를 모르고 있다 / *at* fault 당황하여 / stand *at* attention 차렷 자세로 서다.

13 《횟수》 ¶ *at* times 때때로, 이따금 / one thing *at* a time 한번에 한 가지 / *at* a blow 일격에 / *at* a glance 한눈에.

14 《특정한 점·단계》…에서, …에 있어서. ¶ begin *at* page 10 10페이지에서 시작하다 / Water freezes *at* a temperature of 0°C. 물은 0°C에서 언다.

15 《원인·이유》…에 의해서, …을 보고(듣고). ¶ *at* a person's insistence 남의 권고로 / *at* a person's instigation 남의 교사(教唆)에 의해서 / be angry *at* a person's words 남의 말에 화를 내다 / be delighted *at* the result 그 결과를 기뻐하다 / be surprised *at* the sight 그 광경을 보고 놀라다 / tremble *at* the thought of …한 생각에 몸이 오싹해지다 / stop *at* nothing 무슨 일에도 기가 꺾이지 않다 / I was surprised *at* his coming. 그가 와 있는 데는 놀랐다.

16 《조건·대상(代價)》…으로, …을 가지고, …으로서. ¶ *at* one's risk(peril) 책임을 지고(목숨을 걸고) / *at* the cost of one's own life 자기 자신의 목숨을 희생해서 / *at* the expense of one's family 가족을 희생해서 / *at* the price of liberty 자유를 희생해서 / *at* a good price 좋은 값으로 / *at* a great cost 큰 돈을 들여서.

at all ⇒ ALL.   *at* best ⇒ BEST.
at first ⇒ FIRST.
at it [일 따위에] 힘을 쏟아; [싸움에] 열중하여. ¶ The boys are *at* it again! They're always fighting. 또 시작이로군. 저 아이들은 늘 싸우구먼.
at last ⇒ LAST.   *at* least ⇒ LEAST.
at most ⇒ MOST.   *at* once ⇒ ONCE.
at one ⇒ ONE.   *at* that ⇒ THAT.
at [the] worst ⇒ WORST.
be *at* …에 종사하다; …을 노리다. ⇒9. ¶ What are you *at* now? 너는 지금 무엇을 하고 있느냐?
where it's *at* 《美俗어》 가장 중요한 것.

At〔화학〕astatine의 원자 기호.

AT, A.T.《略》antitank; *A*chievement *T*est 〔미국의〕 대학 입학 학력 고사〕; *A*ir *T*ransportation; *A*laska *T*ime. 〔(*A*tlantic) *T*ime.〕

at- ⇒ AD-.

at.《略》atmosphere; atomic; attorney.

at·a·brine [ǽtəbrin, -bri:n] n. **1** ⓤ 〔약〕 아타브린〔말라리아의 치료약〕. **2** (A-)《상표명》 아타브린.

At·a·lan·ta [ætəlǽntə] n. 〔그리스 신화〕 아탈란타〔발이 빠른 여자 사냥꾼〕.

at·a·rac·tic [ætərǽktik] n., adj. = ataraxic.

At·a·rax [ǽtəræks] n. 〔약·상표명〕 정신 안정제.

at·a·rax·ic [ætərǽksik] n. 정신 안정제. — adj. 정신 안정제의.

at·a·rax·y [ǽtəræksi], (at·a·rax·i·a [ætərǽksiə]) n. ⓤ 냉정(冷靜), 평정, 무감동.

at·a·vism [ǽtəvìz(ə)m] n. ⓤⓒ **1** 〔생물〕 격세유전(隔世遺傳) 〔몇 대를 거른 조상의 형질의 재현〕. **2** [이전의 양식으로] 되돌아감.

at·a·vist [ǽtəvist] n. 격세유전을 나타내는 개체.

at·a·vis·tic [ætəvístik] adj. 격세유전의. **-ti·cal·ly** [-tikəli] adv.

a·tax·i·a [ətǽksiə], (a·tax·y [ətǽksi]) n. ⓤ 〔병리〕 〔특히 사지(四肢)의〕 기능 장애, 운동 실조〔증〕 (loco-motor ataxia).

a·tax·ic [ətǽksik] adj. 운동 실조〔증〕의.

ATB《略》 〔군사〕 *A*dvanced *T*echnology *B*omber〔선진 기술 폭격기; 미공군이 B-1B의 후속 기종으로서 개발중인 신형 전략 폭격기〕. 〔기〕; 타수〔선수〕.

at bat [æt bǽt] n. (pl. **at bats**) 〔야구〕 타석〔에 서

ATC《略》 *A*ir *T*raffic *C*ontrol 〔항공 교통 관제〕; *A*ir *T*raining *C*orps; *A*ir *T*ransport *C*ommand 〔항공 수송 사령부〕; *a*utomatic *t*rain *c*ontrol 〔자동 열차 제어〕; automatic tool changer 〔자동 공구 교환 장치〕.

ATCC《略》 *a*ir *t*raffic *c*ontrol *c*enter 〔항공 관제 센터〕. 〔술 개발〕.

ATD 《略》 *a*dvanced *t*echnology *d*evelopment 〔선진 기

‡ate [eit / et, eit] v. eat의 과거형.

A·te [éiti: / á:ti, éiti] n. 〔그리스 신화〕 아테〔사람에게 죄를 저지르게 하여 천벌을 내리는 무모함과 나쁜 일의 신, 후에 복수의 여신〕.

ATE 《略》 〔공학〕 *a*utomatic *t*est *e*quipment 〔자동 시험 장치〕.

-ate¹ suf. **1** -ed의 과거 분사 형용사의 뜻에 해당하는 형용사를 만든다. 예: accumul*ate*, separ*ate*. **2** 동사의 접미어. 예: actu*ate*, agit*ate*. **3** having의 뜻의 형용사를 만든다. 예: fortun*ate*, delic*ate*.

-ate² suf. 「어떤 직무」 또는 「임무·신분·지위·직능을 가진 사람, 관리」 등을 나타내는 명사를 만든다. 예: consul*ate*, episcop*ate*, magistr*ate*, sen*ate*, advoc*ate*, candid*ate*, cur*ate*, prel*ate*.

-ate³ suf. 〔화학〕 「…산염(酸鹽)」이라는 뜻의 명사를 만든다. 예: acet*ate*, sulf*ate*.

at·e·brin [ǽtəbrin, -bri:n] n. 〔약〕 = atabrine.

at·e·lier [ǽt(ə)ljèi / -lièi] n. 〔예술가의〕 작업장, 화실; 아틀리에.

a tempo [ɑ: témpou] 〔음악〕 본래의 속도로, 본래의 속도로 되돌아가서. 〔<It〕

a·tem·po·ral [eitémp(ə)rəl] adj. 시간에 관계없는; 무한한, 영원한.

A-test [éitèst] n. 원폭 실험. 〔기〕.

ATF 《略》 *A*dvanced *T*actical *F*ighter 〔신형 전술 전투

ATGM 《略》 〔군사〕 *a*nti-*t*ank *g*uided *m*issile 〔대(對) 전차 유도 미사일〕.

ath·a·na·sia [æθənéiʒiə / -ʃ(i)ə], (**athanasy**) n. ⓤ 불사(deathlessness); 불멸 (immortality).

Ath·a·na·sian [æθənéiʒən / -ʃ(i)ən] adj. 아타나시우스(Athanasius)의; 아타나시우스를 따르는. — n. 아타나시우스의 신봉자.

Athanásian Créed n. 아타나시우스 신조(信條) (=《라틴》 *Quicumque*)〔필자 미상. 원래 Athanasius가

저술한 것으로 알려져 있다].
Ath·a·na·si·us [æθənéiʃəs] *n.* Saint ~ 성 아타나시우스(295?-373) [동방 교회 교부. 알렉산드리아의 대주교. Arianism 교리의 반대자].
a·than·a·sy [əθǽnəsi] *n.* =athanasia.
A·thar·va-Ve·da [ətáːrvəvéidə, -víːdə] *n.* 〔힌두교〕 아타르바베다[바라문 교의 성전(聖典)의 하나]. ⇨ VEDA.
*a·the·ism** [éiθiìz(ə)m] *n.* ⓤ 1 무신론. *opp.* theism 2 신의 존재의 부정. ◇ athéistic *adj.*
*a·the·ist** [éiθiist] *n.* 무신론자, *cf.* agnostic, antitheist
a·the·is·tic [èiθiístik], (**a·the·is·ti·cal** [-tik(ə)l]) *adj.* 무신론[자]의, 무신론[자]의 특유의. ¶ an *atheistic* doctrine 무신론설. **-ti·cal·ly** [-tikəli] *adv.*
ath·el·ing [ǽθəliŋ, +美 ǽð-] *n.* 〔英역사〕 왕족[인 사람], 왕자.
A·the·na [əθíːnə], (**A·the·ne** [-ni]) *n.* 〔그리스 신화〕 아테나[지혜·예술·기술·학문·전술 등의 여신. 로마 신화의 Minerva에 해당].
ath·e·nae·um, -ne·um [æ̀θiníː(ː)əm] *n.* 1 학술 진흥회, 문예 협회. 2 도서실(library). 3 (A-) 아테네 신전[로마 황제 Hadrian이 아테네에 세운 것으로 시인·학자의 집회 장소로 되어 있었다].
*A·the·ni·an** [əθíːniən, -njən] *adj.* 아테네(Athens)의, 아테네 사람의. — *n.* 아테네 사람.
*Ath·ens** [ǽθinz] *n.* 아테네[그리스(Greece)의 수도].
a·ther·man·cy [əθə́ːrmənsi] *n.* ⓤ 〔물리〕 불투열성(不透熱性).
a·ther·mic [æθə́ːrmik] *adj.* 열이 없는(heatless).
ath·er·o·gen·ic [æ̀θəro(u)dʒénik] *adj.* 〔의학〕 동맥 경화를 일으키는.
ath·er·o·scle·ro·sis [æ̀θəro(u)skləróusis] *n.* ⓤ 〔병리〕 동맥 경화증.
a·thirst [əθə́ːrst] *adj.* 《서술 형용사》 1 열망하여, 갈망하고[있는] (eager) (for...). ¶ She is *athirst* for your letter. 그녀는 네 편지를 애타게 기다리고 있다. 2 목말라[하는] (thirsty).
*ath·lete** [ǽθliːt] *n.* 1 경기자, 운동가; 강건한 사람. 2 〔英〕 〔트랙과 필드 경기의〕 육상 경기자. ◇ athlétic *adj.*
áthlete fùnd *n.* 경기자 기금[육상 선수가 번 상금·출연료 등을 일단 기금에 넣게 하고, 은퇴후에 지급하는 제도].
áthlete's fòot *n.* ⓤ 〔병리〕 〔발의〕 무좀.
áthlete's héart *n.* 〔병리〕 〔계속적인 혹사로 인한〕 스포츠 심장[비대].
‡**ath·let·ic** [æθlétik] *adj.* 1 강건한, 기력 왕성한. 2 운동가의, 운동가다운. 3 운동 경기의. ¶ an *athletic* meet[ing] 경기 대회, 운동회 / *athletic* sports 경기. **-i·cal·ly** [-ikəli] *adv.* ◇ athlete, athlétics *n.*
ath·let·i·cism [æθlétisìz(ə)m] *n.* ⓤ 운동주의, 운동열.
*ath·let·ics** [æθlétiks] *n. pl.* 1 《보통 복수 취급》 〔일반적으로〕 운동 경기; 《英》 육상 경기[트랙과 필드 경기]를 가리킨다. 2 《보통 단수 취급》 운동 경기 연습; 운동 경기법; 체육. ◇ athlétic *adj.*
ath·o·dyd [ǽθədid] *n.* 〔항공〕 도관(導管) 제트(ramjet).
at-home [əthóum], (**at hóme**) *n.* 가정 초청회[주인측에서 미리 날짜와 시간(보통 오후)을 정해서 초청하는 것, 손님은 그 시간 안에 임의로 모여 환담을 나누도록 되는 것]. ¶ an *at-home* day 면회일.
a·thwart [əθwɔ́ːrt] *adv.* 1 좌우로, 옆으로; 비스듬히. 2 뒤틀려, 고집스럽게, 잘못 되어. ¶ Everything goes *athwart*. 만사가 거꾸로 되어 간다. — *prep.* 1 ⋯의 옆에, ⋯을 가로질러 (across). 2 ⋯에 반대하여, 거슬러(against). ¶ go *athwart* one's purpose 뜻대로 되지 않다. ◇ thwart *v., adj.* [로질러.
a·thwart·ships [əθwɔ́ːrtʃips] *adv.* 〔항해〕 선체를 가

-atic *suf.* 그리스어·라틴어 어원의 명사에서 「⋯의」「⋯의 종류의」「⋯의 성질을 지닌」이라는 뜻의 형용사를 만든다. 예: grammatic, lunatic, lymphatic.
a·tilt [ətílt] *adv., adj.* (* 형용사로 쓰일 때는 서술용법) 1 기울어, 기울인(tilted). 2 〔마상(馬上)〕 창을 꼬나잡고. ¶ ride (or run) *atilt* at (or against) ⋯에게 창을 꼬나잡고 덤벼들다.
a·tin·gle [ətíŋgl] *adj.* 《서술형용사》 1 쑤시는, 얼얼한, 따끔따끔 아픈(tingling). 2 흥분한(excited).
-ation *suf.* -ate, -ize 따위로 끝나는 동사에서 「동작」「상태」「동작의 상태」「결과로 생긴 사물」의 뜻의 명사를 만든다. 예: civilization, decoration, elation, separation, starvation.
a·tip·toe [ətíptòu] *adj., adv.* 1 《보통 서술적》 발끝으로 (걷는). 2 고대하여. ¶ I'm waiting *atiptoe* for test results. 시험 결과 발표를 고대하고 있다. 3 발 소리를 죽이고, 몰래, 살금살금.
ATIS 《略》 〔항공〕 *a*utomatic *t*erminal *i*nformation *s*ervice(비행장 정보 방송 업무).   [achoo.
a·ti·shoo [ətʃúː, ətíʃuː] *interj., n. (pl. -oos)* 〔구어〕 =
-ative *suf.* -ate 따위로 끝나는 동사에서 「경향」「성질」「기능」「관계」의 뜻의 형용사를 만든다. 예: decorative, demonstrative, talkative.
At·kins [ǽtkinz] *n.* =Tommy Atkins.
Atl. 《略》 Atlantic.   [선 회사).
A.T.L. 《略》 *A*tlantic *T*ransport *L*ine(대서양 운수 기
At·lan·ta [ətlǽntə, æt-] *n.* 미국 Georgia 주의 주도.
At·lan·te·an [æ̀tlæntíːən, ǽdj.] 1 거인 아틀라스 (Atlas)의, [Atlas와 같은] 굉장한 힘을 지닌. 2 〔전설의 이상국〕 아틀란티스(Atlantis) 섬의.
at·lan·tes [ətlǽntiːz, æt-] *n.* atlas 6의 복수형.
‡**At·lan·tic** [ətlǽntik] *adj.* 1 대서양[상]의. ¶ the *Atlantic* Ocean 대서양 / the *Atlantic* islands 대서양 제도(諸島). 2 〔미국의〕 대서양 연안의. ¶ the *Atlantic* states [미국의] 동부의 여러 주(州). 3 〔아프리카 서북부의〕 아틀라스 산맥 (the Atlas Mountains)의. 4 아틀라스(Atlas)의. — *n.* (the ~) 대서양. ¶ the North (the South) *Atlantic* 북[남]대서양.
At·lan·ti·ca [ətlǽntikə] *n.* 대서양 세계[서부 유럽과 남북 아메리카].
Atlántic Chárter *n.* (the ~) 대서양 헌장[1941년 8월 14일 Roosevelt와 Churchill이 대서양에서 만나 2차 대전 및 전후 세계의 지도 원칙을 발표한 공동 선언].
At·lan·ti·cism [ətlǽntisìz(ə)m] *n.* ⓤ 대서양주의[서유럽과 북아메리카의 협조].
At·lan·ti·cist [ətlǽntisist] *adj., n.* 대서양주의의[사람], 대서양 조약을 지시하는[시람].
‡**Atlántic Ócean** *n.* (the ~) 대서양[the North Atlantic과 the South Atlantic으로 형성].
Atlántic stándard tìme *n.* ⓤ 대서양 표준 시간.
At·lan·tis [ətlǽntis] *n.* 아틀란티스 섬[Plato가 주창한 대서양상(上)의 이상향. 지브롤터 서쪽에 있었으나 끝내는 바다속으로 침몰했다고 한다].
At·lan·to·vi·sion [ətlǽntouvíʒ(ə)n] *n.* 대서양 텔레비전 방송망.
*at·las** [ǽtləs] *n. (pl. -las·es →6)* 1 지도[地圖]첩. ¶ an *atlas* of the world 세계 지도책 / a linguistic *atlas* 언어 (방언) 지도. 2 도해서, 그림책. 3 〔해부〕 환추관(環椎關)[머리를 받치는 제 1 경추골(頸椎骨)]. 4 (A-) 〔그리스 신화〕 아틀라스[하늘을 양 어깨에 떠받친 거신으로 반신족의 Titans의 신인(神人)]. 5 (A-) 무거운 짐을 지는 사람; 대들보(mainstay). 6 (*pl.* atlantes) 〔건축〕 남상주(男像柱)(telamon). 7 (A-) 미국의 우주개발 로켓. 8 (A-) 달 표면 북부의 분화구. [Atlas 4]
ATM 《略》 〔군사〕 *a*nti-*t*ank *m*ine(대(對)전차 지뢰);

anti-*t*ank *m*issile (대전차 미사일); [금융] *a*utomated *t*eller *m*achine (자동 현금 인출기(예금기)).
atm. 《略》 atmosphere[s], atmospheric.
at·man [ɑ́ːtmən] *n.* [힌두교] **1** 숨, 호흡(breath). **2** 생명의 본원. **3** 개인의 영혼, 자아(自我). **4** (A-) 우주아(宇宙我), 대아(大我)(World Soul). [發學.
at·mol·o·gy [ætmɑ́lədʒi / -mɔ́l-] *n.* [물리] 증발학(蒸
at·mom·e·ter [ætmɑ́mitər / -mɔ́m-] *n.* 증발계(蒸發計).
‡**at·mos·phere** [ǽtməsfiər] *n.* **1** (the ~) [지구를 둘러싸고 있는] 대기, 공기.
2 [특정한 장소의]공기(air). ¶ a damp *atmosphere* 습한 공기 / a dust-laden *atmosphere* of a room 먼지가 가득 찬 방 안의 공기.
3 [천문] [천체를 둘러싼] 가스체(體), 대기.
4 기압, 대기의 압력.
5 분위기; 환경. ¶ a homely *atmosphere* 가정적인 분위기 / an *atmosphere* of freedom 자유[로운] 분위기 / create an *atmosphere* of cheerfulness 명랑한 분위기를 자아내다.
6 [예술 작품이 풍기는] 분위기, 주조(主調); 톤. ¶ a novel with a sorrowful *atmosphere* 슬픈 분위기의 소설 / the somber *atmosphere* of *The Scarlet Letter*「주홍 글씨」의 음침한 분위기.
7 [장소 따위의] 정서(情緒), 맛.
◇ atmospheric *adj.*
*‡**at·mos·pher·ic** [ætməsférik], (**at·mos·pher·i·cal** [-ik(ə)l]) *adj.* **1** 대기의, 대기속의, 공기의. ¶ *atmospheric* discharge (electricity) 공중 방전(전기). **2** 공기(대기)의 작용에 의한. **3** 대기 같은, 흐릿한, 몽롱한 (hazy). **4** 분위기의, 분위기를 자아내는.
-i·cal·ly [-ikəli] *adv.*
àtmosphéric bráking *n.* [우주공학] 대기 제동 [우주선이 연착륙에 앞서 대기의 저항을 이용해 감속하는 일].
àtmosphéric distúrbance *n.* Ⓤ [무선] [공전(空電)에 의한] 공중 장해. ⇨ ATMOSPHERICS.
àtmosphéric préssure *n.* Ⓤ 기압. ¶ high(low) *atmospheric pressure* 고(저)기압.
at·mos·pher·ics [ætməsfériks] *n. pl.* [무선] **1** 공전(空電) [수신기에 소음을 일으키는 대기 속의 방전(放電)]. **2** 공중 장해. **3** [상대방의 신뢰를 얻기 위한] 우호적 분위기.
at. no. 《略》 *a*tomic *n*umber. [무소].
A.T.O. 《略》 *A*ir *T*ransportation *O*ffice(항공 수송 사
at·oll [ǽtɔːl, ətǽl, ǽtoul / ǽtɔl, ətɔ́l] *n.* 환초(環礁), 환상(環狀) 산호초.
‡**at·om** [ǽtəm] *n.* **1** [물리·화학] 원자. ¶ chemical *atoms* 원자 / physical *atoms* 분자. **2** 극히 작은 것; 극소 부분; 미소량(微少量). ¶ smash (or break, blow) a thing to *atoms* …을 산산이 부수다(가루로 만들다) / There is not an *atom* of falsity in his story. 그의 이야기에는 티끌만큼의 거짓도 없다.
◇ atómic *adj.*, átomize *v.*
at·om·ar·i·um [ætəmέ(ː)riəm / -έər-] *n.* 전시용 소형 원자로; 원자(원자력) 전시관.
at·om-bomb [ǽtəmbɑ́m / -bɔ́m] *vt., vi.* […을] 원자 폭탄으로 공격하다.
átom (atómic) bómb *n.* 원자 폭탄(A-bomb).
‡**a·tom·ic** [ətɑ́mik / -tɔ́m-], (**a·tom·i·cal** [-ik(ə)l]) *adj.* **1** 원자의, 원자력의. **2** 원자(력)의, 원자 폭탄의. ¶ an *atomic* carrier 원자력 항공 모함 / an *atomic* explosion 핵폭발. **3** 아주 작은, 극미 (極微)한, 미세한(minute). **-i·cal·ly** [-ikəli] *adv.*
atómic áge *n.* 원자력 시대. [제.
atómic clóck *n.* [원자의 고유 진동을 응용한] 원자 시
atómic clóud *n.* 원자 폭탄에 의한 원자운(雲), 버섯 구름.
atómic cócktail *n.* 《俗》 [암치료용]방사성 내복약.

atómic disìntegrátion *n.* Ⓤ [물리] 원자 붕괴.
atómic énergy *n.* Ⓤ [핵분열에 의한]원자력, 원자 에너지(nuclear energy). [력 공사(公社).
Atómic Énergy Authòrity *n.* (the~) 《英》원자
Atómic Énergy Commìssion *n.* (the~)《美》원자력 위원회 [국가적인 원자력 관리를 위해 1946년에 조직된 5인의 민간인으로 구성된 위원회].
atómic fúrnace *n.* 원자로(reactor).
atómic [pówer] génerátion *n.* Ⓤ 원자력 발전.
at·o·mic·i·ty [ætəmísiti] *n.* Ⓤ [화학] **1** [가스 분자 중의] 원자수(數). **2** 원자가(價) (valence).
atómic máss *n.* [화학] 원자 질량. [.amu.
atómic máss ùnit *n.* [물리] 원자 질량 단위[略
atómic númber *n.* 원자 번호[略 at. no.]. [칭].
atómic píle *n.* [물리] 원자로[nuclear reactor의 구
atómic pówer *n.* Ⓤ 원자력. [는.
a·tom·ic-proof [ətɑ́mikprúːf / -tɔ́m-] *adj.* 원폭을 막
a·tom·ics [ətɑ́miks / -tɔ́m-] *n. pl.* 《단수 취급》 《구어》 원자학 [원자력 따위를 다루는 물리학의 한 분야].
atómic shíp *n.* 원자력선(船).
atómic strúcture *n.* [물리] 원자 구조.
atómic súbmaríne *n.* 원자력 잠수함.
atómic théory *n.* **1** [물리·화학] 원자론. **2** [철학] =atomism 2. [원자 시간.
atómic tíme *n.* [원자시계(atomic clock)에 의한
atómic válence *n.* [물리] 원자가(價).
atómic vólume *n.* [화학] 원자 체적[略 at. vol.].
atómic wárfàre *n.* Ⓤ 원자력[력]병기에 의한 전쟁, 원자력 전쟁, 원폭전, 핵전쟁.
atómic wárhead *n.* 핵탄두.
atómic wéapon *n.* 원자력 병기.
atómic wéight *n.* [화학] 원자량[略 at. wt.].
at·om·ism [ǽtəmìz(ə)m] *n.* Ⓤ **1** [물리] 원자설. **2** [철학] 원자론[모든 물질은 그 이상 분할될 수 없는 요소인 아톰으로 이루어진다는 설] (atomic theory).
at·om·ist [ǽtəmist] *n.* 원자 물리학자; 원자론자.
at·om·is·tic [ætəmístik], (**at·om·is·ti·cal** [-tik(ə)l]) *adj.* 원자론의. **2** 독립된[개체로 이루어진].
-ti·cal·ly [-tikəli] *adv.*
at·om·is·tics [ætəmístiks] *n. pl.* 《단수 취급》 원자 학 [특히 원자력의 개발·이용을 다룬다]. *cf.* atomics
at·om·ize [ǽtəmàiz] (* 《英》에서는 **atomise** 로도 쓴다) *vt.* (-**ized**, -**iz·ing**) **1** …을 원자로 만들다, 원자화하다. **2** …을 미립자로 만들다, [액체]를 내뿜다, 분무(噴霧)하다. **3** …을 원폭으로 파괴하다.
at·om·iz·er [ǽtəmàizər] *n.* [약제·향수의] 분무기.
at·oms-for-peace [ǽtəmzfərpíːs] *adj.* 원자력 평화 이용의. ¶ an *atoms-for-peace* conference 원자력 평화 이용 회의. [(accelerator).
átom smásher *n.* [물리] 원자핵 파괴 장치; 가속기
at·o·my[1] [ǽtəmi] *n.* (*pl.* **-mies**) 《고어》 **1** 원자, 미립자(atom). **2** 난쟁이, 왜인(pygmy).
at·o·my[2] [ǽtəmi] *n.* (*pl.* **-mies**) 〔폐어〕 **1** 해골(skeleton); [해골과 같이] 말라깽이, 피골이 상접한 사람.
a·ton·a·ble [ətóunəbl] *adj.* 갚을 수 있는, 보상할 수 있는.
a·ton·al [eitóunl / æ-] *adj.* [음악] 무조(無調)의.
~ly [-nəli] *adv.*
a·ton·al·ism [eitóunlìz(ə)m / æ-] *n.* Ⓤ [음악] 작곡상의] 무조(無調)주의, 무조 형식 사용.
a·to·nal·i·ty [èitounǽləti / æto(u)-] *n.* ⓊⒸ [음악] 무조(無調) [성]; 무조주의, 무조 형식.
*‡**a·tone** [ətóun] *v.* (**a·toned**, **a·ton·ing**) *vi.* [죄 따위를] 보상하다, 갚다, 속죄하다(for…). ¶ *atone* for a crime 죄값을 하다, 속죄하다. ─ *vt.* **1** [죄]를 갚다, 보상하다. **2** 《고어》 …을 화해시키다. ◇ atónement *n.*
*‡**a·tone·ment** [ətóunmənt] *n.* **1** Ⓤ 보상, 갚음, 배상 (for…). ¶ in *atonement* for …의 변상으로 / make

atonement for …을 갚다. **2** (the A-) 〔신학〕 속죄〔그리스도가 십자가에 못박혀 인간을 대신하여 속죄한 일〕.

a·ton·ic [eitánik / ətɔ́n-, ə-] *adj.* **1** 〔음성〕 **a)** 강세가 없는(unaccented). **b)** 〔폐어〕 무성(無聲)의(voiceless). **2** 〔병리〕 긴장력이 없는, 이완된, 이완중의. — *n.* 〔문법〕 강세가 없는 단어(음절, 음).

at·o·ny [ǽtəni] *n.* U **1** 〔병리〕〔특히 위장 따위의 수축성 기관의〕 무(無) 긴장〔증〕, 이완〔증〕, 아토니. **2** 〔음성〕 무강세(無强勢).

a·top [ətáp / ətɔ́p] *adv., prep.* […의] 꼭대기에(*of* …). ¶ *atop* [*of*] a tree 나무 꼭대기에(* *of* 는 생략하는 것은 주로 미국용법) / a tall building with a cupola *atop* 꼭대기에 둥근 지붕이 있는 높은 건물.

-ator *suf.* -ate 따위로 끝나는 동사에서 person 의 뜻의 명사를 만든다. 예: arbitr*ator*, or*ator*.

-atory *suf.* **1** -ate 따위로 끝나는 동사에 붙어 of or pertaining to, of the nature of 의 뜻의 형용사를 만든다. 예: concili*atory*. **2** -ate 따위로 끝나는 동사에서 place 의 뜻의 명사를 만든다. 예: or*atory*.

ATP (略) adenosine *tri*phosphate(아데노신 3인산(燐酸)); The Association of Tennis Professionals(세계 남자 프로 정구 선수 협회).

at·ra·bil·iar [ǽtrəbíljər] *adj.* =atrabilious.

at·ra·bil·ious [ǽtrəbíljəs] *adj.* 우울한, 침울한, 우울증의(melancholy); 뚱한, 성마른(splenetic).

a·trem·ble [ətrémbl] *adv., adj.* 〔* 형용사로서는 서술법〕 덜덜 떠는, 겁에 질린.

A·tre·us [éitriəs, -triːs / -tr(i)uːs] *n.* 〔그리스 신화〕 아트레우스〔Agamemnon, Menelaus 의 아버지. 그와 그 가족의 비행은 많은 그리스극의 소재가 되고 있다〕.

a·tri·o·ven·tric·u·lar [èitrio(u)ventríkjulər] *adj.* 〔해부〕 심방·심실의, 방실계(房室系)의.

a·trip [ətríp] *adj.* 〔서술형용사〕〔항해〕 **1** 〔닻이〕막 들어올려진〔항해의 준비가 된〕. **2** 돛이 방금 올려진, 돛을 언제라도 펼 수 있게 된. **3** 〔돛의 가로대가〕 언제라도 내려뜨려지게 되어 있는.

a·tri·um [éitriəm / áː-, éi-] *n.* (*pl.* **-tri·a** [-triə]) **1** 〔건축〕 **a)** 〔고대 로마 건축의〕 중앙 홀〔폴에 빗물을 받을 수 있도록 한가운데는 노천식〕 (main room). **b)** 〔교회의 정면의 기둥으로 둘러싸인〕 안마당. **2** 〔해부〕 심방(心房); 〔귀의〕 고실(鼓室). **3** 〔동물〕 활유어(蛞蝓魚) 따위의〕 아가미에서 물을 받는 강(腔).

-atrix *suf.* -ator 의 여성형. 예. avi*atrix*.

*****a·tro·cious** [ətróuʃəs] *adj.* **1** 극악한, 흉악한, 잔학한. ¶ an *atrocious* criminal 흉악 범인. **2** 〔구어〕 지독한(awful). ¶ *atrocious* manners 심한 무례.
~·ly *adv.* ~·ness *n.* ◇ atrócity *n.* [< L cruel]

*****a·troc·i·ty** [ətrásiti / -trɔ́s-] *n.* (*pl.* **-ties**) **1** U 극악, 흉악, 잔학, 홍포성(atrociousness). **2** 악행, 잔학 행위 (atrocious deed). ¶ commit a horrible *atrocity* 끔찍한 짓을 하다 / practice *atrocities* on …에게 폭행을 가하다. **3** 〔속어〕 영락장이의 일, 큰 실수.
◇ atrócious *adj.*

a·tro·phi·a [ətróufiə] *n.* U 〔병리〕 위축증(atrophy).

a·troph·ic [ətráfik / -trɔ́f-] *adj.* 위축성의; 위축증의.

at·ro·phy [ǽtrəfi] *n.* U **1** 〔병리〕〔영양 부족 따위에 의한〕 위축증, 소모증. **2** 〔기능의〕 퇴화, 쇠퇴; 〔도덕적〕 따위의〕 쇠퇴, 타락. — *v.* **(-phied, -phy·ing)** *vt.* …을 위축시키다, 쇠퇴시키다. — *vi.* 위축하다, 쇠퇴하다.

at·ro·pine [ǽtrəpìːn, -pin] *n.* U 〔약학〕 아트로핀〔가지과(科)의 식물에서 채취한 알칼로이드; 동공 확대의 작용이 있다〕. [독].

at·ro·pism [ǽtrəpìz(ə)m] *n.* U 〔병리〕 아트로핀 중독.

At·ro·pos [ǽtrəpəs, -pàs] *n.* 〔그리스 신화〕 아트로포스〔운명의 세 여신(Fates) 중의 하나; 생명의 실을 끊는 것이 그 역할〕.

ATS (略) 〔컴퓨터〕 Administrative Terminal System (사무 관리용 단말 기기 시스템); automatic train stop(열차자동 정지 장치); (英) Auxiliary Territorial Service (여자 국방군).

A.T.S. (略) **1** American Temperance Society (미국 금주 협회); American Tract Society; American Transport Service; application technological satellite(응용 기술 위성); Army Transport Service(육군 수송부). **2** (英) =ATS.

ATT, AT&T (略) American Telephone and Telegraph Company (미국 전신 전화 회사).

att. (略) attached; attention; attorney.

at·ta·boy [ǽtəbɔ̀i] *interj.* 〔美구어〕 옳지!, 잘한다!〔격려, 칭찬 등의 외침〕. [<That's the boy!에서]

‡at·tach [ətǽtʃ] *vt.* **1** …을 붙이다, 첨부하다, 달라붙게 하다(…*to, on*). *opp.* detach ¶ (~+图+前+名) *attach* a label *to* a parcel 소포에 꼬리표를 붙이다 / *attach* a price tag *on* each article 각 상품에 정가표를 붙이다.
2 〔종종 재귀용법〕 〔단체 등에〕 …을 소속시키다, 참여시키다(…*to*). ¶ (~+图+前+名) He *attached* himself *to* the Socialist Party. 그는 사회당에 입당했다.
3 〔군사〕 〔일시적으로〕 …을 배속시키다, 소속시키다(…*to*). ¶ (~+图+前+名) *attach* an officer *to* a regiment 장교를 연대에 배속시키다 / He was *attached to* the 1st regiment as a civilian. 그는 군속으로서 제1연대에 배속되었다.
4 …을 […에] 돌리다, …의 특성으로 생각하다, 〔중요성 따위를〕 …에 두다(…*to*). ¶ (~+图+前+名) The press *attaches* no small importance *to* the present state of the country. 언론은 국가의 현 상태에 대해 지대한 관심을 보이고 있다.
5 …을 첨가하다, 덧붙이다, 〔도장 따위를〕 누르다(…*to*). ¶ (~+图+前+名) A curse is *attached to* this sword. 이 칼에는 저주가 붙어있다 / The signers *attached* their names *to* the petition. 그들은 청원서에 서명했다.
6 〔보통 수동형으로〕 〔남〕을 애정으로 결합시키다, …에게 애정을 느끼게 하다, …을 좋아하게 하다(…*to*). ¶ (~+图+前+名) He is deeply *attached to* his parents. 그는 부모를 깊이 사랑하고 있다.
7 〔법률〕 〔남〕을 체포하다(arrest); 〔재산〕을 차압하다(seize). ¶ Part of his salary was *attached* by the shopkeepers for his debts. 그는 빚 때문에 봉급의 일부를 가게 주인에게 차압당했다.
— *vi.* 부착하다; 속하다, 귀속하다(*to*…). ¶ (~+前+名) No blame *attaches* to me in the affair. 그 일로는 내가 비난받을 이유가 없다.
◇ attáchment *n.*

at·tach·a·ble [ətǽtʃəbl] *adj.* **1** 붙일 수 있는. **2** 체포할 수 있는; 차압할 수 있는.

at·ta·ché [ǽtəʃéi / ətǽʃei] *n.* 〔대사·공사의〕 수행원; 대사(공사)관원, 외교관 시보(試補). ¶ a commercial *attaché* 외국 주재 상무관 / a military (a naval) *attaché* 대사(공사)관부 육군(해군) 무관. [<F]

attaché case [ətǽʃei kèis] *n.* 〔작은〕서류 가방.

at·tached [ətǽtʃt] *adj.* **1** 결부되어 있는, 붙어있는, 부속의. **2** 애착을 갖고 있는.

*****at·tach·ment** [ətǽtʃmənt] *n.* U **1** 붙이기, 부착. **2** 〔때로 an〕 애정, 애착; 집착(*to, for*…). ⇨ LOVE〔類語〕 ¶ an *attachment to* a friend 우정 / form an *attachment for* a woman 여자를 사랑하게 되다. **3** C 연결 (부착) 장치. **4** C 부속물 〔품〕. ⇨ ADDITION〔類語〕¶ the *attachment* to a threshing machine 탈곡기의 부속품. **5** 〔법률〕 체포; 차압.

‡at·tack [ətǽk] *vt.* **1** …을 공격하다, 습격하다. ¶ *attack* an enemy 적을 공격하다 / My cousin was *attacked* by a thief. 사촌이 도적의 습격을 받았다 / He was *attacked* with a stick. 그는 막대기로 공격받았다.
〔類語〕*attack* 「공격하다」는 일반적인 말. 명성·저작 따위에 대한 공격에도 쓴다: *attack* an enemy at dawn 새벽에 적을 공격하다. **assail** 거듭 타격을 가하

면서 공격하다: *assail* an enemy train by dive bombing 급강하 폭격으로 적의 열차를 공격하다. **assault** 직접 상대의 몸에 폭력을 가하다: *assault* a person in the dark 어둠 속에서 남을 덮치다.
2 [필설로]…을 공격하다, 비난하다. ¶ *attack* a person in a speech 연설에서 남을 공격하다.
3 (일 따위)에 힘차게 달려들다, 착수하다. ¶ *attack* one's study 공부를 시작하다.
4 [병이] [사람]을 엄습하다; [비바람이] [물건]을 침해하다. ¶ He was *attacked* by (*or* with) dysentery (malaria). 그는 이질(말라리아)에 걸렸다.
— *vi.* 공격하다, 공격을 개시하다.
— *n.* **1** 공격, 습격; 비난(*on, against*...). ¶ The dog made (*or* delivered) a violent *attack* on (*or against*) the man. 개가 맹렬하게 그 사람에게 덤벼들었다. **2** [군대의] 공격 작전. ¶ a general *attack* 총공격 / a night *attack* 야습. **3** [병의] 발병, 발작. ¶ an *attack* of fever 발열 / He had an *attack* of influenza. 그는 감기에 걸렸다. **4** [일·시합 따위의] 개시, 착수; [기악·성악의] 발성, 발성법.

attáck dòg *n.* 《美》 [경찰·군대 등의] 전투견.
at·tack·man [ətǽkmən] *n.* 《스포츠》 공격 위치에 배치된 선수.
at·ta·gal [ǽtəgæl], **-girl** [-gə̀ːrl] *interj.* =attaboy.
‡**at·tain** [ətéin] *vt.* **1** [부단한 노력으로] [목적·희망 따위]를 달성하다, 이루다(achieve). ¶ *attain* one's aims (*or* ends, objects) 목적을 이루다 / *attain* one's long-cherished hope 숙원을 풀다 / *attain* proficiency in English 영어에 숙달하다. **2** [고령·목적 장소 따위]에 이르다, 도달하다. ¶ *attain* an old age 노령이 되다 / *attain* the summit of a mountain 산정에 이르다 / ~~The heroic boy attained the opposite shore by swimming across the rapids.~~ 용감한 소년이 급류를 헤엄쳐 건너 대안(對岸)에 이르렀다. — *vi.* [노력 또는 자연의 경과로] 이르다, 도달하다(*to*...). ¶ (~+前+名) *attain to* man's estate 성년이 되다 / *attain to* perfection 완벽의 경지에 이르다 / *attain to* a position of great influence 유력한 지위를 얻다 / *attain to* power (glory) 권력(영광)을 얻다.
◇ **attáinment** *n.*

at·tain·a·bil·i·ty [ətèinəbíliti] *n.* ⓤ 달성 (획득, 도) [달]의 가능성.
*****at·tain·a·ble** [ətéinəbl] *adj.* 달성할 수 있는; 획득할 수 있는, 도달할 수 있는. **~·ness** *n.*
at·tain·der [ətéindər] *n.* **1** [법률] 사권 박탈(私權剝奪) [반역죄 따위의 중죄 범인이 사형 또는 추방의 판결을 받은 결과로서 생기는 공민으로서의 권리 상실]. **2** 불명예(dishonor).
*****at·tain·ment** [ətéinmənt] *n.* **1** ⓤ 달성, 도달. **2** 성취한 것; (때로 ~s) 학식, 조예. ¶ a man of varied *attainments* 다재다능한 사람 / He is a man of literary *attainments*. 그는 문학에 조예가 깊다.
at·taint [ətéint] *vt.* **1** [법률] …의 사권을 박탈하다. **2** [명예 따위]를 더럽히다, …에 오명을 씌우다 (disgrace). — *n.* [법률] 사권 박탈(attainder)을 당한 자. **2** ⓤ 불명예, 오욕.
at·tar [ǽtər] *n.* ⓤ [꽃에서 채취한] 향수, 향유; [특히] 장미 향수.
at·tem·per [ətémpər] *vt.* 《고어》 **1** [이물을 혼합하여]…을 묽게 하다, 알맞게 하다. ¶ *attemper* whisky with water 위스키에 물을 타다. **2** [감정]을 누그러뜨리다, 달래다. **3** …의 온도를 조절하다. **4** …을 조절하다, …에 적합하게 하다 (adapt) (...*to*).
‡**at·tempt** [ətém(p)t] *vt.* **1** …을 시도(기도)하다, 꾀하다, 기획하다 (* 실패할 수도 있는 경우에 쓰인다).
⇨ TRY 類語 ¶ *attempt* a difficult task 어려운 일을 꾀하다 / *attempt* too much 분수도 생각하지 않고 하다 [지나치게 욕심을 내다] // (~+to do) *attempt to* solve a problem 문제를 풀려고 시도하다 / He *attempted to* swim across. 그는 헤엄쳐 건너 가려고 했다 / (~+-ing) He *attempted* climbing an unconquered peak. 그는 아직 정복되지 않은 봉우리를 오르려고 시도했다.
2 …을 습격하다, 탈취하려고 하다(attack); [생명]을 노리다. ¶ *attempt* a fort 요새를 탈취하려고 하다 / *attempt* one's own life 자살을 꾀하다 / *attempt* a person's life 남의 생명을 노리다, 남을 죽이려 하다.
3 《고어》…을 부추기다, 유혹하다.
— *n.* **1** 시도; 기도; 노력. ¶ a silly *attempt* 어리석은 시도 / fail in an *attempt* 기도가 좌절되다 / We had to abandon the *attempt* as hopeless. 그 기획은 가망이 없다고 포기할 수 밖에 없었다 / make an *attempt at* suicide 자살을 꾀하다 / His productions elude all *attempts to* imitate. 그의 작품은 타의 추종을 불허한다 / He made an *attempt to* save the drowning child. 그는 물에 빠진 아이를 구하려고 했다 / He made no *attempt to* carry it into practice. 그는 그것을 실천하려고 하지 않았다.
2 공격, 습격. ¶ an *attempt on* a fortress 요새 공격 / make an *attempt on* a person's life 남의 생명을 앗으려 하다.
3 [법률] 미수(未遂). ¶ a suicidal *attempt* 자살 미수 // an *attempt at* murder 살인 미수 / an *attempt to* commit a crime 미수 행위.

at·tempt·a·ble [ətém(p)təbl] *adj.* 기도(시도)할 수 있는.
at·tempt·ed [ətém(p)tid] *adj.* 시도한, 미수의. ¶ *attempted* suicide 자살 미수.
at·tempt·er [ətém(p)tər] *n.* 시도하는 사람; 공격자.
‡**at·tend** [əténd] *vt.* **1** …에 출석하다, 참석하다, 참여하다; [학교 등]에 다니다. ¶ *attend* a ceremony (a funeral) 식(장례)에 참석하다 / *attend* one's office 출근하다 / *attend* school 학교에 다니다 (* school에 관사가 없음에 주의) / *attend* church regularly 빠지지 않고 교회에 나가다 (* attend의 직후에 부사가 오면 자동사가 되어 at를 취한다: *attend* regularly *at* church) / The meeting was poorly (well) *attended*. 그 모임에는 참석자가 적었다 (많았다).
2 [결과로서] …에 수반하다, 따르다. ¶ Great success *attended* the attempt. 그 기획은 대성공이었다 / Misery and ruin *attend* vice. 악에는 비참과 파멸이 따른다 / The work was *attended* with much difficulty. 그 일에는 많은 어려움이 따랐다 / (*수동형으로 쓰여*) / The plan was *attended* by a great success. 그 계획은 대성공을 거두었다.
3 …의 곁에서 시중들다, …에 수행하다. ⇨ ACCOMPANY 類語 ¶ I will *attend* you to the place. 그곳까지 같이 가겠습니다 / The king was *attended* by many nobles. 왕에게는 많은 귀족들이 뒤따랐다.
4 [병자 등]을 돌보다, 간호하다, 진료하다. ¶ Which doctor is *attending* you? 어느 의사가 당신을 진료하고 있습니까?
5 …에 유의하다, 주의하다, …에 마음을 쓰다. ¶ I will *attend* your request. 부탁한 일을 잊지 않고 있겠습니다.
— *vi.* **1** 출석하다, 참석하다, 임석하다; 다니다(*at*...). ¶ (~+前+名) *attend at* a ceremony 식에 참석하다 (* attend a ceremony 보다 격식을 차린 말) / He *attended at* college for eight years. 그는 8년간이나 대학에 다녔다.
2 유의하다, 주의하다(*to*...). ¶ (~+前+名) All things are *attended to*. 모든 일에 다 주의가 기울어졌다 / You are not *attending to* my words. 너는 내 말을 건성으로 듣고 있다 / I will *attend to* your business. 당신의 일에 신경을 쓰겠습니다, 당신 일을 잘 보도록 힘쓰겠습니다 / Will you *attend to* the matter? 그 일이 잘되도록 부탁드립니다 / Are you being *attended to*? [상점 따위에서] 손님 주문을 저희가 받았습니까?
3 종사하다, [일에] 힘쓰다(*to*...). ¶ (~+前+名) *attend to* one's business (lesson) 일(학업)에 힘쓰다.

attendance 173 **Attic**

4 돌보다, 간호하다 (*on, upon, to*...). ¶ (~+勁+名) The nurses *attended on* the sick day and night. 간호사들은 밤낮으로 환자를 간호했다. **5** [결과로서] 따르다, 수반하다(*on, upon*...). ¶ (~+勁+名) Success *attends on* hard work. 근면에는 성공이 따른다. **6** 시중들다, 모시다(*on, upon*...). ¶ (~+勁+名) He had the honor of *attending on* the prince. 그는 영광스럽게도 그 왕자를 모셨다. (*tive adj.*)
◇ atténdance, atténtion *n.*, atténdant *adj., n.*, attén-

‡**at·tend·ance** [ətɛ́ndəns] *n.* Ⓤ **1** 출석, 참석(*at*...); Ⓒ《집합적》출석자, 청중, 관중(*at*...). ¶ an *attendance book* 출근부 / school *attendance* 취학 / attract a large *attendance* 많은 청중을 끌다 / He was suspended from *attendance at* school. 그는 정학 처분을 받았다 / Mr. A was also *in attendance at* the conference. A 씨도 회의에 참석하고 있었다 / There was a good *attendance* at the concert. 음악회는 청중이 꽤 많았다. **2** 봉사, 서비스[료]. ¶ *attendance* included 서비스료 포함 / die without medical *attendance* 치료도 받지 못하고 죽다 / That shop is reputed for its good *attendance on* customers. 저 가게는 서비스가 좋기로 이름이 나있다. **3** 시종; 간호; 가까이 모심, 근시(近侍)(*on*...). ¶ the lady *in attendance* 시녀 / in *attendance on* a person 남의 시중을 들고 있는 / ladies *in attendance on* the king 왕에게 시종드는 여관(女官)들, 상궁 / Please have two nurses *in attendance* to look after the man. 두 사람의 간호사가 저 분을 시중들게 하여 주십시오.
dance attendance on (or *upon*) *a person* 남의 비위를 맞추다, 알랑거리다.
◇ atténd *v.*, atténdant *adj.*

atténdance área *n.*《美》[공립 학교의] 학구.
atténdance bòok *n.* 출근부, [-는] 훈육계.
atténdance òfficer *n.* [무단 결석 학생을] 선도하는.
atténdance téacher *n.*《美》태만학생 지도 교사.
atténdance ùnit *n.* 통학구.

‡**at·tend·ant** [ətɛ́ndənt] *adj.* **1** 시중드는, 따라다니는 (*on, upon*...). ¶ an *attendant* nurse 수행 간호사 // the noble ladies *attendant* on(or *upon*) the queen 여왕에게 시중드는 귀부인들. **2** 수반하는, 부수적인, 따르는 (*on, upon*...). ¶ *attendant* circumstances 부대 상황 // the sacrifice *attendant* on (or *upon*) war 전쟁에 따르는 희생 / Miseries are *attendant on* divorce. 이혼에는 불행이 따른다. **3** 참석하는, 임석한. ¶ *attendant* hearers 그 자리에 참석한 청중. ── *n.* **1** 시중드는 사람; 종자(從者), 수행원; 돌보는 사람, 간호인. **2**《주로 英》점원, 안내인. **3** 출석자, 임석자. ¶ *attendants* at a ceremony 식의 참석자 // regular *attendants* 단골, 늘 오는 사람.
◇ atténd *v.*, atténdance *n.*

at·tend·ee [ətɛndíː] *n.* 출석자.
at·tend·er [ətɛ́ndər] *n.* 감시인, 간호인; 출석자.
at·tend·ing [ətɛ́ndiŋ] *adj.* [의사가 특정환자를] 주치(主治)하는; 대학 부속 병원의 의사인.

‡**at·ten·tion** [ətɛ́nʃ(ə)n] *n.* **1** Ⓤ 주의, 유의, 주의력. ¶ arrest (or draw) *attention* 주의를 끌다 / receive little scientific *attention* 과학자들의 주의를 끌지 못하다 / call away a person's *attention* 남의 주의를 딴데로 돌리다 / listen with *attention* 주의하여 듣다 / distract public *attention* from … 사람들의 주의를 딴데로 돌리다 / *Attention,* please ! 귀를 기울여 주십시오, 안내 말씀 드리겠습니다 / The question has lately attracted considerable *attention.* 이 문제는 최근 많은 주목을 받고 있다 // by careful *attention* to …에 세심한 주의를 기울여 / add special *attention* to …에 특히 주의하다 / call a person's *attention* (or the *attention* of a person) *to* …에 남의 주의를 환기하다 / fix one's *attention to* …에 주의하다 / devote one's *attention to* …에 열중하다 / concentrate (*or* focus) one's *attention on* (or *upon*) …에 주의를 집중하다 / Don't pay *attention to* what he says. 그가 하는 말에 신경쓰지 마라 / He was all *attention to* the lecture, trying not to miss a word. 그는 한마디도 놓치지 않으려고 강의를 경청했다. **2** Ⓤ 돌봄, 시중; 배려, 고려. ¶ The matter needs prompt and thorough *attention.* 그 일은 신속하고도 철저하게 고려해 볼 필요가 있다 / The injured received (*or* were given) immediate *attention.* 다친 사람들은 신속한 조치를 받았다 / Your application (request) will have every (*or* the best) *attention.* 귀하가 신청(부탁)하신 일은 최대로 배려하겠습니다. **3** Ⓤ 친절, 정중, 예의, 경의. ¶ pay courteous *attention* to a guest 손님을 정중하게 대하다. **4** (~s) 정중한 행위; 은근, 친절; 애정. ¶ officious *attentions* 공연한 참견 / She welcomed his *attentions.* 그녀는 그의 사랑을 받아들였다 / A pretty girl receives more *attentions* than a plain girl. 예쁜 여자는 못생긴 여자보다 더 친절한 대접을 받는다. **5** Ⓤ《군대》차려(의 자세). ¶ come to (stand at) *attention* 부동 자세를 취하다 / *Attention* [ətɛnʃǽn] ! 차려! **6** [컴퓨터] 어텐션[오퍼레이터가 컴퓨터에 대해서 일시 중단(inturruption) 지령을 내리는 일].
◇ atténd *v.*, atténtive *adj.*

at·ten·tion-get·ting [ətɛ́nʃ(ə)ŋgètiŋ] *adj.* 주의(주목)를 끄는. ¶ an *attention-getting* behavior 남의 눈길을 끄는 행동. (집중 범위)
atténtion spàn *n.* [심리] 주의(注意) 지속 시간; 주의 ‡**at·ten·tive** [ətɛ́ntiv] *adj.* **1** 주의깊은, 조심성 있는 (*to*...). ¶ He was *attentive* to what his teacher said. 그는 선생님의 말씀을 주의깊게 들었다. **2** 정중한, 친절한(polite) (*to*...). ¶ THOUGHTFUL 類語 ¶ He is very *attentive* to ladies. 그는 숙녀에게 아주 친절하다.
~·ly *adv.* ~·ness *n.* ◇ atténtion *n.*, atténd *v.*

at·ten·u·ant [ətɛ́njuənt] *adj.* [약학] [용]을, 희박하게 하는. *n.* [혈액을 묽게 하는] 희석제.
at·ten·u·ate *v.* [ətɛ́njuèit → *adj.*] (-at·ed, -at·ing) *vt.* **1** …을 가늘게 하다, 작게 하다, 묽게 하다. **2** [힘·효력·가치 따위]를 줄이다; …을 희박하게 하다, 희석하다. ── *vi.* 가늘어지다, 묽어지다, 약화되다. ── *adj.* [ətɛ́njuit, -èit] **1** 가늘어진, 묽어진. **2** [식물] 점점 가는.

at·ten·u·a·tion [ətɛnjuéiʃ(ə)n] *n.* Ⓤ **1** 희박화, 희석; 회석(度) **2** 쇠약, 야윔(emaciation). **3** [물리] [전류·전압 따위의] 감쇠(減衰), 감소, 저하.
at·ten·u·a·tor [ətɛ́njuèitər] *n.* [전기] 감쇠기.

*****at·test** [ətɛ́st] *vt.* **1** …을 입증하다, 증명하다; …을 증언 하다. ¶ His ability was *attested* by his rapid promotion. 그의 재능은 그의 빠른 승진으로 증명되었다. **2** …의 증거가 되다; …의 진실성을 나타내다. ¶ The child's good health *attests* his mother's care. 그 아이가 건강한 것은 어머니가 잘 돌봐준 증거이다. ── *vi.* **1** 증언 하다(*to*...). ¶ (~+勁+名) He *attested to* the genuineness of the signature. 그는 서명이 진짜라고 증언했다. **2** [사물이] 증명이 되다(*to*...). ¶ (~+勁+名) This *attests to* his honesty. 이 일로 그가 정직하다는 것을 알 수 있다. ◇ attestátion *n.*

at·test·ant [ətɛ́stənt] *n.* =attester.
at·tes·ta·tion [ætɛstéiʃ(ə)n] *n.* Ⓤ Ⓒ **1** 증명, 공증, 입증. **2** 언명, 증언; 증거(evidence), 증명서; 선서.
at·test·er, -or [ətɛ́stər] *n.* 증인.

Att. Gen. (略) *att*orney *gen*eral.
‡**at·tic** [ǽtik] *n.* **1** 다락방(garret). **2** 고미다락방.
At·tic [ǽtik] *adj.* **1** 아티카(Attica)의, 아테네(Athens)의. **2** (종종 a-) 고전적인, 우아한, 세련된 (refined). ── *n.* **1** 아티카 사람, 아테네 사람. **2** Ⓤ 아티카 방언[기원전 4,5세기경 아테네 사람들이 사용하던 표준 그리스 말].

At·ti·ca [ǽtikə] n. 아티카 [그리스 동남부, 고대 그리스의 한 지방. 옛날의 Athens 주변].

Áttic fáith n. ⓤ 굳은 신의(信義).

At·ti·cism, at- [ǽtisìz(ə)m] n. ⓤ **1** [고전 그리스 문학의 표준어로서의] 아티카 어법. **2** 친(親) 아테네 [인] 주의. **3** [아티카어에만] 전아(典雅)한 말씨; 간결하고 우아한 표현.

At·ti·cize, at- [ǽtisàiz] (* 《英》에서는 **At·ti·cise, at·ti·cise** 로도 쓴다) v. (-cized, -ciz·ing) vi. **1** 아티카식으로 되다. **2** 친 아테네파가 되다. — vt. …을 아테네식으로 하다.

Áttic órder n. 〔건축〕 [네모진 기둥을 쓰는] 아티카식.

Áttic sált(wít) n. ⓤ 우아한 아테네식 재치, 점잖은 익살.

‡at·tire [ətáiər] vt. (-tired, -tir·ing) 《보통 수동형이나 재귀용법》 …에 입히다, …을 치장하게 하다, 성장(盛裝)시키다(…in). ¶ neatly attired 단정한 복장으로 // (~+目+前+图) be attired in green 초록빛 옷으로 성장하고 있다 / She is attired in white. 그녀는 흰 옷을 입고 있다 / She attired herself in Korean dress. 그녀는 한복을 입고 있었다 // (~+目+as 图) She was attired as a man. 그녀는 남장을 하고 있었다. — n. ⓤ **1** 복장, 차림새; 〔특히〕 성장. ¶ wear female attire 여장(女裝) 하다 / in holiday attire 외출복을 입고. **2** 〔紋章〕 사슴뿔. 〔(dress)〕

at·tire·ment [ətáiərmənt] n. ⓤ 〔폐어〕 의복, 복장.

‡at·ti·tude [ǽtitjù:d / -tjú:d] n. **1** 태도; 마음가짐. ⇨ MANNER ¶ a weak attitude 약한 태도, 저자세 / a cool, impartial, and open-minded attitude 냉정하고 공평하고 툭 터놓은 태도 / a sceptical attitude toward life 회의적인 인생관 / He assumed a hostile attitude to his father. 그는 아버지에게 반항적인 태도를 취했다. **2** 자세, 몸가짐. ¶ They stood in a pugilistic attitude, face to face. 그들은 권투하는 자세로서 맞섰다. **3** 〔항공〕 비행 자세. ¶ an attitude of flight 비행 자세. **4** 〔무용〕 에티튜드 〔한 발을 뒤쪽으로 올리고, 상체를 꼿꼿이 세운 채 다른 한쪽 발끝으로 서는 자세〕. cf. arabesque **strike an attitude** 젠체하다, 허세를 부리다.

áttitude contròl n. 〔로켓공학〕 자세 제어.

áttitude stùdy n. 태도 동향 조사 〔시장 조사에서 특정 상품 또는 단체에 대한 일반의 반응 조사〕.

at·ti·tu·di·nar·i·an [ǽtitjù:d(i)nέ(:)riən / -tjù:dinέər-] n. 점잔 빼는 사람, 젠체하는 사람.

at·ti·tu·di·nize [ǽtitjù:d(i)nàiz / -tjú:-] (* 《英》에서는 **at·ti·tu·di·nise** 로도 쓴다) vi. (-nized, -niz·ing) 젠체하다, 점잔 빼다.

attn. 《略》 attention.

atto- 「1,000의 6제곱분의 1」의 뜻의 연결형〔기호 a〕. 예: attofarad.

at·torn [ətə́:rn] 〔법률〕 vi. 〔땅을 빌린 사람이〕 새 지주를 승인하다, 토지의〔소유권의〕 양도를 승인하다; 〔백성이〕 새 영주에게 충성을 맹세하다. — vt. …을 양도하다, 옮기다(transfer).

at·torn·ment [ətə́:rnmənt] n. ⓤ 〔땅을 빌린 사람의 의한〕 새 지주의 승인; 토지 양도 승인.

*at·tor·ney [ətə́:rni] n. 〔법률〕 **1** 대리인 (* attorney-in-fact 라고도 한다). **2** =attorney-at-law.
by attorney 〔위임장에 의한〕 대리인으로.
a letter (or **a warrant**) **of attorney** 위임장. 〔장.
power of attorney 〔위임장에 의한〕 대리권, 《美》 위임

at·tor·ney-at-law [ətə́:rniət1ɔ́:] n. (pl. **at·tor·neys-**) 〔법률〕 **1** 《美》 변호사. **2** 《英》 사무 변호사. * 《英》 에서는 현재는 solicitor 라 한다.

attórney géneral n. (pl. **attorneys g-** or **a- generals**) 《美》 법무 장관; 《英》 [나라 또는 주의] 법무 장관 [略 A.G., Atty. Gen., Att. Gen.].

at·tor·ney-in-fact [ətə́:rniinfǽkt] n. (pl. **at·tor·neys-**) 〔법률〕 〔위임장에 의한〕 대리인.

at·tor·ney·ship [ətə́:rniʃip] n. ⓤ 변호사〔대리인의〕 직(직무); 대리권.

‡at·tract [ətrǽkt] vt. **1** 〔물리적으로〕 …을 끌다, 끌어당기다. opp. **repel** ¶ A magnet attracts iron. 자석은 철을 끌어당긴다. **2** 〔주의·흥미 따위〕를 끌다, 유인하다; 〔남〕을 매혹(매료)하다. ¶ attract a person's attention (or notice) 남의 주의를 끌다 / Insects are attracted to flowers. 곤충은 꽃에 끌린다 / She was really attracted by her charm. 그는 그녀에게 완전히 매혹되었다.

〔類語〕 **attract** 사람의 마음속에 강력한 참미·사랑·관심을 불러일으키다: be attracted to a girl 여성에게 마음이 끌리다. **charm** 마법에 걸듯이 끌어당기다. **fascinate** 〔마법으로〕 저항할 수 없도록 끌어당기다. **enchant** 〔마법으로〕 즐겁게 하거나 넋을 잃게 하다. **captivate** 일시적으로 가볍게 끌어당기다.

◇ attráction n., attráctive adj. 〔는.

at·tract·a·ble [ətrǽktəbl] adj. 끌리는, 끌어당겨지

at·tract·ant [ətrǽktənt] n. 유인 물질; 끌어당기는 것.

‡at·trac·tion [ətrǽkʃ(ə)n] n. **1** 끎, 당김, 끌어당기는 힘, 유인, 흡인〔력〕; 〔물리〕 인력. ¶ magnetic attraction 자력 / chemical attraction 친화력 / the attraction of gravity 중력 / attraction between two objects 두 물체간의 인력 / The magnet has attraction for iron. 자석은 철을 끌어당긴다.
2 〔사람의 마음을 끌어당기는 힘, 매력; ⓒ 매력이 있는 것. ¶ scenic attraction 경치의 아름다움 / the attraction of a metropolis 수도의 매력 / She possesses personal attraction. 그녀는 미인이다.
3 인기물, 인기의 초점. ¶ What are the principal attractions of the circus? 그 서커스에서 가장 볼 만한 것은 무엇인가?
4 〔문법〕 견인〔문 중의 말이 가까이 있는 말에 영향을 받아 수·격·인칭 등이 변화하는 일〕.
◇ attráct v., attráctive adj.

‡at·trac·tive [ətrǽktiv] adj. **1** 사람을 끌어당기는, 매력있는(charming), 매혹적인; 사람을 즐겁게 하는. ¶ an attractive girl 매력적인 소녀 / an attractive price 솔깃하게 싼 값 / look attractive 아름다워 보이다. **2** 인력이 있는. ¶ attractive power 인력. ~**·ly** adv. ~**·ness** n.
◇ attráct v., attráction n.

attráctive-týpe máglev n. 〔철도〕 흡인식 자기 부상(吸引式磁氣浮上)(magnetic levitation).

attráctive núisance n. 〔법률〕 유인성(誘因性) 불법 방해물 〔울타리 없는 수영장 등 어린이의 흥미를 돋우면서 위험한 것〕. 〔것; 매력적인 사람.

at·trac·tor [ətrǽktər], **(at·tract·er)** n. 끌어당기는

attrib. 《略》 attribute, attributive, attributively.

at·trib·ut·a·ble [ətríbjutəbl] adj. 〔원인 따위〕 돌릴 수 있는, 〔…의〕 탓인, 기인하는(to…). ¶ Some diseases are attributable to lack of cleanliness. 병에는 불결이 원인이 되는 것도 있다.

‡at·trib·ute [ətríbju:t → n.] vt. **1** 〔원인으로서〕 …에 돌리다, …의 탓으로 하다; …의 덕분으로 돌리다(…to). ¶ (~+目+前+图) He attributed his success to hard work (good luck). 그는 자기가 성공한 것을 노력(행운)의 덕분이라고 생각했다.

〔類語〕 **attribute** 보통 좋은 일에 어떤 덕택이라고 고마와 하는 기분이 담겨 있으며, ascribe 와 같이 쓰이기도 한다: attribute one's health to moderate exercise 자신의 건강을 적당한 운동 때문이라고 생각하다. **ascribe** 좋은 일에나 나쁜 일에 다같이 쓴다. 감정적 색채가 없는 말: ascribe one's success (failure) to good luck (bad luck) 성공을 행운〔실패를 불운〕 탓으로 돌리다. **impute** 나쁜 일을 어떤 탓으로 생각하여 비난하다: impute one's delay to the heavy snow 늦은 것을 폭설의 탓으로 돌리다.

2 〔성질 따위〕가 있다고 생각하다(…to). ¶ (~+目+前+图) attribute evil motives to a person 남에게 악의

attribution 가 있다고 생각하다 / We *attribute* prudence *to* Tom. 톰에게는 분별이 있다고 생각된다. **3** 〖작품 따위〗를 …의 작품으로 간주하다(...*to*). ¶ (〜+圓+[前]+圖) The work is traditionally *attributed to* Shakespeare. 그것은 옛부터 셰익스피어의 작품으로 여겨지고 있다.
— *n.* [ǽtribjùːt] **1** 속성, 특질. ¶ Mercy is an *attribute* of God. 자비는 신의 속성이다. ¶ Kindness is an *attribute* of a gentleman. 친절은 신사의 특성이다. **2** 〖문법〗 한정사[the white house of the white 처럼 명사를 수식하는 형용사 따위]. **3** 〖관직·자격을 나타내는〗부속물, 표상. ¶ Lightning bolts were regarded as the *attribute* of Zeus. 번개는 제우스의 상징으로 생각되었다. **4** 〖논리〗 속성. ◇ attribution *n.*, attríbutive *adj.*
at·tri·bu·tion [ӕtribjúːʃ(ə)n] *n.* **1** U 돌리기, 귀속. **2** 귀속되는 것, 속성. **3** 권능, 직권(*to*...).
at·trib·u·tive [ətríbjutiv] *adj.* **1** 속성을 나타내는. **2** 〖문법〗 한정적인, 직접 수식하는. *opp.* predicative ¶ an *attributive* adjective 한정 형용사(귀속) 형용사[a *black* cat 의 *black* 처럼 명사를 직접 수식하는 형용사]. — *n.* 한정 형용사(구, 절). 〜·ly *adv.*
at·trit [ətrít, æ-] *vt.* 〖美軍〗 〖적〗을 반복 공격으로 소모시키다.
at·trite [ətráit] *adj.* 닳아버린, 마멸된. — *vt.* (-**trit·ed**, -**trit·ing**) …을 마모(마멸)시키다. 〜·ness *n.*
at·tri·tion [ətríʃ(ə)n] *n.* U **1** 마찰(friction). **2** 마멸, 마손, 손모(損耗). ¶ a war of *attrition* 지구전, 소모전. **3** 〖신학〗 불완전한 참회(뉘우침). *cf.* contrition **4** 〖인원의〗 자연 감소.
at·tune [ət(j)úːn] *vt.* (-**tuned**, -**tun·ing**) **1** 〖목소리·가락〗을 …에 맞추다, 〖악기〗를 조율하다, 조절하다(...*to*). ¶ *attune* one's voice (a violin) *to* a piano 목소리(바이올린)를 피아노에 맞추다. **2** …을 조화시키다(...*to*).
at·tune·ment [ət(j)úːnmənt / ətjúːn-] *n.* U 조절, 조화.
atty. (略) attorney. 〖율.
Atty. Gen. (略) *A*ttorney *G*eneral. 〖차〗.
ATV (略) *a*ll-*t*errain *v*ehicle〔전지형(全地形) 만능
ATV, A.T.V. (略) 〖英〗 *A*ssociated *T*ele*v*ision.
at. vol. (略) *a*tomic *v*olume. 〖하는.
a·twit·ter [ətwítər] *adj.* 흥분된(excited), 두근두근
A₂ [èitúː] *n.* 인플루엔자 A형 바이러스]. [Asian flu
at. wt. (略) *a*tomic *w*eight. 〖를 일으킨다.
a·typ·i·cal [eitípik(ə)l] *adj.* 정형(定型)에 맞지 않는 (not typical), 불규칙한, 이상한. 〜·ly *adv.*
au [ou] 〖프랑스〗 (=to the, at the, with the) …에, …까지, …에 있는.
Au 〖화학〗 gold 의 원자 기호. 〔L *aurum*〕
AU (略) *a*stronomical *u*nit.
A.U., a.u., Au. (略) *a*ngstrom *u*nit.
au·bade [oubάːd, +美-bǽd] *n.* 〖음악〗 새벽의 노래, 아침의 노래(morning serenade). *cf.* serenade, nocturne 〔<F〕
au·berge [oubɛ́ərʒ / F obɛrʒ] *n.* (*pl.* **-berges**[-bɛ́ərʒiz / F -berʒ]) 〖프랑스〗 (=inn) 여인숙, 여관; 술집(tavern).
au·ber·gine [óubərʒìːn, -bɛər-, òubərʒíːn] *n.* **1** 가지〖의 열매〗. **2** 가지색, 거무스름한 자줏빛(blackish purple). 〔<F〕
au·bri·e·ti·a [oːbríːʃ(i)ə, -ʃjə] *n.* 십자화과 식물의 일종[지중해 연안의 나아, 꽃은 자주색].
***au·burn** [ɔ́ːbərn] *n.* U 적갈색(reddish brown), 황갈색(golden brown), 다갈색. — *adj.* 적갈색의, 황갈색의, 다갈색의. ¶ *auburn* hair 황갈색 머리.
A.U.C. (略) 〔라틴〕 *ab urbe condita* (=from the founding of the city 〔of Rome〕); *anno urbis conditae* (=in the year from the founding of the city 〔of Rome〕) 로마 기원(紀元)〔로마 건설의 해(753? B.C.)로부터 기산〕.

au con·traire [ou kɔːntréɑr / -kən-] 〖프랑스〗 (= on the contrary) **1** 이에 반하여, 그렇기는커녕. **2** 반대쪽에(on the opposite side).
au cou·rant [ou kuːrάːŋ] 〖프랑스〗 (=in the current) 현대적인; 최신의(up-to-date).
***auc·tion** [ɔ́ːk(ə)n] *n.* U **1** 경매, 공매. ¶ an *auction* store 〖美〗〖일용품 따위의〗 경매점 / public *auction* 공매 / Dutch *auction* 역(逆)경매〔값을 차차 내려부르는 경매법〕 / a sale at (*or* 〖英〗 by) *auction* 경매 / put a thing up at (*or* 〖英〗 by) *auction* 어떤 물건을 경매에 붙이다 / sell a thing at (*or* 〖英〗 by) *auction* 어떤 물건을 경매하다. **2** 〖카드놀이〗 =auction bridge. — *vt.* 경매하다(...*off*). ¶ His collection was *auctioned off.* 그의 수집품은 경매되었다.
áuction brídge *n.* U〖카드놀이〗옥션 브리지〔네 사람이 두 패로 나누어 하는 브리지놀이의 일종〕.
auc·tion·eer [ɔ̀ːkʃəníər] *n.* 경매인. — *vt.* …을 경매하다(auction).
áuction resérve *n.* 〖英〗 〖경제〗 최저 경매 가격.
auc·to·ri·al [ɔːktɔ́ːriəl / -tɔ́ːr-] *adj.* 작가의, 저자의.
aud. (略) audit; auditor.
au·da·cious [ɔːdéiʃəs] *adj.* **1** 대담한(bold), 겁이 없는. ¶ an *audacious* attempt(soldier) 대담한 시도(병사). **2** 도덕·습관을 무시한; 거만한, 염치없는, 뻔뻔스러운(impudent). ¶ an *audacious* robbery 뻔뻔스러운 강도짓. 〜·ly *adv.* 〜·ness *n.*
***au·dac·i·ty** [ɔːdǽsiti] *n.,* (*pl.* **-ties**) **1** U 대담〖성〗, 담대함(boldness); 무모함. **2** U 뻔뻔스러움(impudence). ¶ He had the *audacity* to ask me such a question. 그는 뻔뻔스럽게도 나에게 그런 질문을 했다. **3** (보통 -ties) 대담한 행위, 뻔뻔스러운 언동.
◇ audácious *adj.*
au·di·bil·i·ty [ɔ̀ːdibíliti] *n.* U 들을 수 있음, 가청성(可聽性); 청도(聽度).
***au·di·ble** [ɔ́ːdəbl] *adj.* 들리는, 들을 수 있는. ¶ *audible* limit 가청 한계.
au·di·bly [ɔ́ːdəbli] *adv.* 들을 수 있게, 들릴만큼.
***au·di·ence** [ɔ́ːdiəns / -djəns, -diəns] *n.* **1** 〖집합적〗 **a)** 청중; 관중, 관객. ¶ a large (a small) *audience* 많은〖적은〗청중 / an *audience* at a movie (a theater) 영화관(극장)의 관객. **b)** 책·신문의 독자, 〖라디오·텔레비전의〗청취자, 시청자. ¶ The book will find a large and appreciative *audience.* 그 책은 많은 독자들에게 애독될 것이다.
2 지지자, 공명하는 사람.
3 〖의견·호소 따위의〗청취 기회, 〖이야기 따위의〗듣게 될 기회. ¶ The committee will give you an *audience* to hear your plan. 위원회는 너의 계획을 청문할 기회를 줄 것이다.
4 〖군주 등에 대한〗알현(謁見), 공식 회견. ¶ a farewell *audience* 고별의 알현 / grant an *audience* to a person 남에게 알현을 허락하다 / seek an *audience* with a person 남에게 회견을 청하다 / have *audience* of (*or* with) a person 남과 회견하다 / He was received in *audience* by the Emperor. 그는 황제 알현을 허락받았다.
5 U 듣기, 청취; 경청, 청문. 〖상에서.
in general (or *open*) *audience* 공공연하게, 공개석상에서
in the audience of a person; *in a person's audience* 남이 듣고 있는 데서.
◇ áudient *adj.*
áudience chámber(róom) *n.* 알현실.
áudience pícture *n.* 〖텔레비전·라디오의〗 시청률.
áudience ráting *n.* 〖텔레비전·라디오의〗 시청률.
au·di·ent [ɔ́ːdiənt / -djənt, -diənt] *adj.* 듣는, 청취의, 경청하는(hearing, listening). ¶ *audient* souls 경청하는 사람들.
au·dile [ɔ́ːdil, -dail] *n.* 〖심리〗 청각형의 사람〖청각상(像)이 특히 선명한 사람〗. *cf.* motile, visualizer

au·di·o [ɔ́:diòu] *adj.* 1 〔전자 공학〕 가청(可聽) 주파의, 저주파의. ¶ an *audio* amplifier 저주파 증폭기. 2 〔TV〕 음성의. — *n.* (*pl.* -di·os) 〔TV〕 〔음의〕수신(송신), 재생(再生), 수신(재신) 회로; 음성 부문. *cf.* video

audio- hearing, sound 라는 뜻의 연결형. 예: *audio*meter.

au·di·o·an·i·ma·tron·ics [ɔ̀:dio(u)ænimətrǽniks/-trɔ́n-] *n. pl.* 《단수 취급》오디오애니머트로닉스[컴퓨터 시스템을 이용하여 인형의 목소리나 동작을 제어하는 애니메이션 제작 기술]. 〔<AUDIO+ANIMA[TED]+[ELEC]TRONICS〕

áudio cassétte *n.* 음성 녹음 카세트 테이프.

au·di·o·don·tics [ɔ̀:dio(u)dάntiks/-dɔ́n-] *n.* 〔의학〕 청치(聽齒) 과학〔청각과 치아의 관계를 연구하는 분야〕.

áudio fréquency *n.* 〔물리·전자 공학〕 가청 주파, 저주파〔1초간 15-20,000 사이클의 주파수; 略 a.f., a-f〕. 「聽力圖」

au·di·o·gram [ɔ́:dio(u)græ̀m] *n.* 오디오그램, 청력도

au·di·o·lin·gual [ɔ̀:dio(u)líŋgwəl] *adj.* 〔언어 학습에서〕 귀와 입을 쓰는, 청각과 구두어 의.

au·di·ol·o·gy [ɔ̀:diálədʒi/-ɔ́l-] *n.* 청각학.

au·di·om·e·ter [ɔ̀:diámitər/-5m-] *n.* 〔의학〕 청력계 (聽力計). 「측정.

au·di·om·e·try [ɔ̀:diámitri/-5m-] *n.* 〔U〕청력 청력

au·di·on [ɔ́:diən, +美-ὰn] *n.* 《상표명》 3극 진공관.

au·di·o·phile [ɔ́:dio(u)fàil] *n.* 하이파이 애호가.

áudio pollútion *n.* 소음 공해.

áudio respónse sỳstem *n.* 음성 응답 시스템〔음성 명령으로 기계를 작동시키거나 자동 응답케하는 시스템; 略 ARS〕.

áudio respónse ùnit *n.* 《美》음성 응답 장치〔略 ARU〕.

au·di·o·spec·tro·graph [ɔ̀:dio(u)spéktro(u)græ̀f/-grὰ:f] *n.* 〔소리를 분석·기록하는〕분음(分音) 기록 장치.

au·di·o·tape [ɔ́:dio(u)tèip] *n.* 녹음 테이프.

áudio teleconference *n.* 음성 회의〔음성 회선(回線)에 의한 통신 회의〕. 「어가면서 타자하는 사람.

au·di·o·typ·ist [ɔ́:dio(u)tàipist] *n.* 녹음한 것을 들

au·di·o·vis·u·al [ɔ̀:dio(u)víʒuəl/-víʒjuəl, -ʒuəl] *adj.* 시청각의. — *n.* (~s)=audio-visual aids.

áudio-vísual áids *n. pl.* 시청각 교육 기구〔영화·사진·텔레비전 따위〕.

áudio-vísual éducation *n.* 〔U〕시청각 교육〔영화·사진·텔레비전 따위에 의한 교육〕.

au·di·phone [ɔ́:difòun] *n.* 〔의학〕 청력 증강기〔增强器〕, 보청기〔윗니에 붙여 소리의 진동을 청신경에 전달하는 기구〕.

au·dit [ɔ́:dit] *n.* 1 〔U〕〔C〕 감사; 회계 감사. ¶ a commissioner of *audit* 회계 감사관. 2 결산서, 회계보고서. — *vt.* …을 감사하다, 〔회계 장부 따위를〕감사하다. 2 《美》〔수업·강의 따위에〕 청강생으로 출석하다. — *vi.* 회계[부의] 검사〔감사〕를 하다.

áudit Ále *n.* 〔U〕《英大학》 독한 맥주.

au·dit·ing [ɔ́:ditiŋ] *n.* 〔U〕 1 회계 감사. ¶ *auditing* through the computer 컴퓨터 처리 과정 감사법〔input 에서 output 까지의 처리 반응을 점검하는 감사〕. 2 《美》감상.

au·di·tion [ɔ:díʃ(ə)n] *n.* 1 〔U〕듣기 (hearing), 청각, 청력. 2 〔음악가·배우 등의 연기·성량에 대한〕시청 (試聽) 심사, 오디션. ¶ give an *audition* to …에 대하여 청취 테스트를 하다. — *vt.* …을 오디션하다. — *vi.* 오디션을 받다.

au·di·tive [ɔ́:ditiv] *adj.* 청각의, 귀의(auditory).

au·di·tor [ɔ́:ditər] *n.* 1 청취자, 방청인(hearer, listener). 2 회계 감사관, 감사. 3 《美》청강생.
◇ auditórial *adj.*

au·di·to·ri·al [ɔ̀:ditɔ́:riəl/-tɔ́:r-] *adj.* 1 청취자의. 2 회계 감사관의.

‡**au·di·to·ri·um** [ɔ̀:ditɔ́:riəm/-tɔ́:ri-] *n.* (*pl.* -ri·ums *or* -ri·a [-riə]) 1 〔교회·극장·학교 등의〕청중석, 관람석, 방청석. 2 《美》공회당, 강당, 대강의실《英》assembly hall).

au·di·tor·ship [ɔ́:ditərʃip] *n.* 〔U〕감사[관]의 직.

au·di·to·ry [ɔ́:ditɔ̀:ri/-t(ə)ri] *adj.* 〔해부·생리〕청각의, 청각 기관의, 귀의. ¶ an *auditory* canal 이도(耳道)/ an *auditory* organ 청각 기관 / an *auditory* nerve 청각 신경. — *n.* (*pl.* -ries) 〔고어〕 1 청중(audience). 2 〔교회의〕청중석. -ri·ly *adv.*

áuditory phopnétics *n.* 청각 음성학.

áuditory túbe *n.* 〔해부〕 이관(耳管), 유스타키오관(Eustachian tube).

au·di·tress [ɔ́:ditris] *n.* auditor의 여성형.

áudit tráil *n.* 〔컴퓨터〕감사 증적(證跡)〔데이터 처리 시스템의 각 단계를 원(原)기록에서 출력까지, 또는 거꾸로 거슬러 추적하는 기록(수단)〕.

Au·du·bon Socíety [ɔ́:dəbὰn-/-bɔ̀n-] *n* 오듀본협회〔미국에 있는 들새·야생 동물 보호회〕.

au fait [ou féi] 《프랑스》 (=to the fact) 숙련하여, 정통하여 (versed). ¶ be *au fait* of (*or* in) …에 정통하다/ put a person *au fait* of …을 남에게 가르치다.

Auf·klä·rung [áufklὲ(:)ruŋ/-klὲə-] *n.* 《독일》 1 = enlightenment) 1 계몽, 계발(啓發). 2〔역사〕〔특히 18세기 유럽의〕계몽 사상(the Enlightenment).

au fond [o:fɔ́:ŋ] 《프랑스》 (=at bottom) 근본적으로, 본질적으로; 철저하게; 실제는(in reality).

auf Wie·der·seh·en [auf ví:dərzèiən] 《독일》 (=until we meet again) 안녕!, 또 만나세!
cf. arrivederci, *au revoir*

aug. (略) augmentative, augmented.

*Aug. (略) August.

Au·ge·an [ɔ:dʒí(:)ən] *adj.* 1 〔그리스 신화의〕 아우게이어스(Augeas)왕의. 2 〔Augeas 왕의 외양간처럼〕불결하기 짝이 없는.

Augéan stábles *n.* (the ~) 1 〔그리스 신화〕 아우게이아스왕의 외양간〔엘리스(Elis)의 왕 Augeas 는 3천 마리의 소를 치면서 그 외양간을 30년 동안 한번도 청소하지 않았다〕. 2 〔비유적〕부패, 타락. ¶ cleanse (*or* clear) the Augean stables 악폐를 일소하다. 대청소하다. 「가산량. *cf.* addend

au·gend [ɔ́:dʒend] *n.* 〔수학〕 피가산수(被加算數), 피

au·ger [ɔ́:ɡər] *n.* 〔목공이 쓰는 큰〕나사 송곳 (gimlet 보다 큰 것).

áuger shèll *n.* 죽순조개.

aught[1] [ɔ:t], (**ought**) *n.* 〔U〕《고어》어떤 것(일); 무언가, 무엇이 나(anything). ¶ Has he done *aught* to help you? 그는 뭔가 너를 돕는 일을 했느냐?
for aught I care 아무래도 괜찮다. ¶ You may go *for aught I care*. 네가 어디로 가든 내가 알 바 아니다.
for aught I know 내가 아는 한, 아마.
if aught there be 설혹 있다손 치더라도.
— *adv.* 《고어》조금이라도, 도저히(at all), 어쨌든(in any way).

aught[2] [ɔ:t] *n.* 《美》영(零), 무(無) (zero, nothing).

au·gite [ɔ́:dʒait] *n.* 〔U〕 휘석(輝石).

*aug·ment [ɔ:ɡmént→] *vt.* …을 크게 하다, 증가시키다. ⇒INCREASE 〔類語〕 ¶ *augment* one's in come 수입을 늘리다. 2 〔음악〕…을 증음(增音)하다, 증음정(增音程)으로 하다. 3 〔음악〕…을 증음(增音)하다, 증음정(增音程)으로 하다. — *vi.* 커지다, 늘다, 증대하다. ¶ Vicious crimes *augment* in an alarming way. 악질 범죄가 놀랄만큼 증가한다. — *n.* [ɔ́:ɡmənt/-mənt] 〔문법〕접두 모음자〔그리스어·산스크리트 어에서 동사가 과거일 때의 〔語頭에 덧붙는 장음의 모음자〕.
◇ augmentátion *n.*, augméntative *adj.*, *n.*

aug·men·ta·tion [ɔ̀:ɡməntéiʃ(ə)n] *n.* 〔U〕 1 증대, 증가. 2 증가물. 3 〔C〕증가량. 4 〔음악〕주제(主題) 확대〔원 주제의 음부의 길이를 늘여서 반복하기〕. *opp.* diminution

aug·men·ta·tive [ɔːgméntətiv] adj. 1 증가적인, 부가적인, 첨가의. 2 《문법》 확대적인(말뜻을 세게 하거나 확장하는). — n. 《문법》 확대사(擴大辭) [balloon = large ball]의 -oon 등]. opp. diminutive

aug·ment·ed [ɔːgméntid] adj. 증가된; 《음악》 증음된 [완전 음정 또는 장음정(長音程)에 반음을 부가하는]. ¶ augmented fifth 증5도(增五度) / an augmented interval 증음도.

aug·men·ter, -or [ɔːgméntər] n. 1 증대시키는 사람(것). 2 《항공·우주》 추진 증강 장치[제트 엔진이나 로켓 엔진의 추진력을 증대시키기 위한 보조 장치]. 3 생력(省力) 로봇[어려운 일·위험한 일을 대신하는 로봇].

au grand sé·rieux [F o grɑ̃ serjø] 《프랑스》(= in all seriousness) 아주 진지하게 (quite seriously). ¶ take it au grand sérieux 매우 진지하게 받아들이다.

au gra·tin [ou grɑ́ːtn, -grǽtn / -grǽtæŋ, -tæn] 《프랑스》(= with the scraping) 그라탱 요리의.

au·gur [5ːgər] n. 1 《역사》 복점관(卜占官) [고대 로마에서 새의 거동·짐승의 창자 따위로 길흉을 판단한 승관(僧官)]. 2 [일반적으로] 점쟁이(fortuneteller); 예언자(prophet). — vt. 1 …을 점치다, 예언하다. ¶ He augured my failure. 그는 나의 실패를 예언했다. 2 …의 전조(前兆)를 나타내다, …을 미리 나타내다. ¶ This news augurs war in the near future. 이 보도는 가까운 장래에 전쟁이 일어날 것을 예고하고 있다. — vi. 전조가 되다. ¶ The incident augured well(or ill) for your future. 그 일은 너의 장래에 대한 좋은(나쁜) 전조였다.

au·gu·ral [5ːgjur(ə)l] adj. 1 복점관의; 점의. 2

au·gu·ry [5ːgjuri] n. (pl. -ries) 1 ⓤ 복점(卜占), 점, 길흉 판단(divination). 2 점치는 의식(儀式). 3 전조, 조짐(omen). ¶ an augury of good 길조.

*au·gust [ɔːgʌ́st] adj. 1 당당한, 위엄있는(majestic). ¶ an august spectacle 장관(壯觀). 2 존경할 만한 (venerable). ¶ your august father 춘부장(椿府丈). ~·ly adv. ~·ness n.

‡**Au·gust** [5ːgəst] n. 8월 [略 Aug.]. 〔<로마의 초대 황제 Augustus의 이름〕

Au·gus·ta [ɔːgʌ́stə] n. 미국 Maine주의 주도(州都).

Au·gus·tan [ɔːgʌ́st(ə)n] adj. 1 《로마 황제》 아우구스투스(Augustus)의, [라틴 문학 전성기였던] Augustus 황제 시대의. 2 《한 나라의》 문예 전성기의; [영문학에 있어서 18세기의] Anne 여왕 시대의.

Augústan Áge n. (the ~) 1 아우구스투스(Augustus) 황제 시대 [라틴 문학의 전성기, 27 B.C.-A.D. 14]. 2 《한 나라의》 문예 전성기 [영문학에서는 Anne 여왕 시대인 18세기 전반, 프랑스 문학에서는 루이 (Louis) 14세의 치세를 말한다].

Augústan Conféssion n. (the ~) 아우크스부르크 신조(信條) [1530년 루터(Luther)와 멜란히톤 (Melanchthon)이 공동으로 기초하여, Augsburg의 의회에 제출한 신교의 신조; Augsburg Confession이라고도 한다].

Au·gus·tin·i·an [5ːgəstíniən] adj. [고대 기독교의 전도자이며 신학자인] 성 아우구스티누스(St. Augustine) (354-430)의. — n. 1 《가톨릭》 아우구스티누스회[탁발] 수도사. 2 성 아우구스티누스 교리 신봉자.

au jus [ou (d)ʒúːs] adj. 《고기 요리에서》 고깃국물을 친. 〔< F with the juice〕

auk [ɔːk] n. 바다오리과(科)의 새 [북해에 사는 짧은 날개와 물갈퀴를 가진 잠수성의 새].

auk·let [5ːklit] n. 바다오리새끼.

au lait [ou léi] adj. 우유를 탄. ¶ café au lait 우유를 탄 커피. 〔< F with milk〕

au·lar·i·an [ɔːlɛ́(ː)riən / -lɛ́ər-] n. [Cambridge, Oxford 대학에서 college의 조직을 갖지 않은 소규모의 학료(學寮)의 학생[의]. * collegian과 대조로 쓴다.

auld [ɔːld] adj. 《스코》 = old.

auld lang syne [5ːld læŋ záin / -sáin] n. ⓤ 1 즐거웠던 옛날, 지금은 그리운 그 옛날. 2 에부터의 오랜 우정. 3 (A· L· S·) 스코틀랜드의 시인 Robert Burns의 시제목. 〔< Scot old long since〕

Áulic Cóuncil n. 신성 로마 제국 추밀원(樞密院) [황제가 직접 재판하는 최고 법정].

AUM (略) 《군사》 air-to-underwater missile(공대수중(空對水中) 미사일).

au na·tu·rel [ou nætjurél] 《프랑스》 (= in the natural state) 1 자연 그대로의; 벌거숭이의. 2 [본래의 맛을 살려서] 간단히 요리한(cooked plainly); 요리하지 않은, 날것 그대로의(uncooked).

‡**aunt** [ænt / ɑːnt] n. 1 아주머니 [백모, 숙모, 고모, 이모]. 2 (주로 英) 아줌마 [연상의 부인에 대한 애칭].

aunt·ie, aunt·y [ǽnti / ɑ́ːnti] n. (pl. aunt·ies) = aunt의 애칭. 2 《속어》 미사일 요격용 미사일.

Áunt Sálly n. 《주로 英》 1 ⓤ 유희의 일종[축제일에 중년 여인의 목상(木像)의 입에 파이프를 물리고 나무 조각 따위를 던져 떨어뜨리는 놀이]; ⓒ 그 상(像). 2 《구어》 공격의 대상.

Áunt Tóm n. 《미속어》(경멸적) 1 백인에게 비굴한 흑인 여성. 2 여성 해방 운동에 반대하는 여자.

au pair [òu péər] adj. 《英》 [숙식을 거저 제공받는 조건으로 가사를 돕는 따위의] 교환 조건의(에 의한). — n. = au pair girl. (< F)

àu páir gírl n. 오페어걸 [숙식을 거저 제공받는 조건으로 가사를 돕는 외국 여자; 그 나라 말을 배우는 것을 목적으로 한다].

au pied de la let·tre [F o pje d la lɛtr] 《프랑스》 (= close to the letter) 문자 그대로의(literally).

au·ra [5ːrə] n. (pl. -ras → 3) 1 [물체에서 발산되는 보이지 않는] 기(氣), 은은한 기운(냄새). ¶ the aura of flowers 꽃의 은은한 향기. 2 [사람이나 물건을 둘러싸고 있는] 분위기, 기분(atmosphere). ¶ an aura of holiness 성스러운 영기(靈氣) / an aura of culture 문화의 향기. 3 (pl. -rae [-riː]) 《병리》 [히스테리 따위의] 전조(前兆), 전구 증상(前驅症狀). 4 《전기》 첨단 방전(尖端放電)에 의한 기류, 전기풍(電氣風).

au·ral[1] [5ːr(ə)l] adj. 발산하는, 영기의.

au·ral[2] [5ːr(ə)l] adj. 귀의, 청각의. ¶ an aural surgeon 이과의(耳科醫). ~·ly [-rəli] adv.

áur·al-ó·ral appróach [5ːr(ə)lɔ́ːr(ə)l-] n. 청각·구두 외국어 교수법.

au·ra·mine [5ːrəmìːn, -min], (**au·ra·min**) n. ⓤ 《화학》 오러민 [황색 염료의 일종].

au·rar [áurɑːr] n. cyrir의 복수형.

au·re·ate [5ːriul, -èit] adj. 1 금빛의(golden). 2 번쩍이는, 찬연한(brilliant, splendid)

au·re·ole [5ːrioul], **au·re·o·la** [5ːríːələ / -ríələ] n. 1 [성상(聖像)의] 후광(後光), 배광(背光). cf. nimbus, vesica piscis 2 광륜(光輪), 광배(光背); [해·달의] 무리(halo). 3 《천문》 코로나, 광관(光冠), 광환(光環).

Au·re·o·my·cin [5ːriou(u)máisin] n. 《상표명》 오레오마이신 (chlortetracycline) [항생 물질의 일종].

au re·voir [òu rəvwɑ́ːr] 《프랑스》 (= to the seeing again) 안녕, 다시 뵐 때까지 (until we meet again). cf. arrivederci, auf Wiedersehen

au·ric [5ːrik] adj. 1 《화학》 제2금의. ¶ auric acid 금산(金酸), 수산화제2금 / auric salt 제2금염. 2 금, 금을 함유한.

au·ri·cle [5ːrikl] n. 1 《해부》 a) 외이(外耳), 귓바퀴(pinna). b) [심장의] 심이(心耳). 2 《동·식물》 귀 모양의 부분.

au·ri·cled [5ːrikld] adj. 귀가 있는; 귀 모양의 부분이 있는,

au·ric·u·la [ɔːríkjulə] n. (pl. -lae [-liː] or -las) 앵초(櫻草) [알프스에서 나는 고산 식물. 노란 꽃이 피며 일사귀의 모양이 귀와 흡사하다].

au·ric·u·lar [ɔːríkjulər] *adj.* **1** 귀의, 청각의. **2** 귀 엣말의; 비밀 [이야기]의. ¶ an *auricular* confession 은밀한 고백. [신부에게 하는] 비밀 고해(告解). **3** 귀로 들은, 들어서 아는. **4** 귀 모양의(auricule). **5** 【해부】심이(心耳)의. **6** 【동물】【새의】이우(耳羽)의.
— *n.* (보통 ~s) 【동물】이우 (새의 귀를 덮는 깃털). **~ly** *adv.*

au·ric·u·late [ɔːríkjulit, -lèit] *adj.* **1** 귀[모양]의 부분이 있는. **2** 귀 모양의. **~ly** *adv.*

au·rif·er·ous [ɔːrífərəs] *adj.* 금이 나는, 금을 함유한.

au·ri·form [ɔ́ːrifɔ̀ːrm] *adj.* 귀 모양의(ear-shaped).

au·ri·fy [ɔ́ːrifài] *vt.* (-fied, -fy·ing) **1** 금빛으로 하다 (물들이다). **2** 금으로 바꾸다.

Au·ri·ga [ɔːráigə] *n.* 《천문》마부좌(馬夫座) [주성(主星)은 1등성의 Capella].

Au·rig·na·cian [ɔ̀ːriɡ(ə)néiʃ(ə)n] *adj.* [피레네 산맥에 있는 Aurignac 동굴의 유적으로 대표되는] 오리냐크 문화기의, 구석기 시대의.

au·ri·scope [ɔ́ːriskòup] *n.* 〖의학〗검이경(檢耳鏡). 『(otoscope).

au·rist [ɔ́ːrist] *n.* 이과의(耳科醫) (otologist).

au·rochs [ɔ́ːraks / -rɔks] *n.* (*pl.* **-rochs**) **1** 오록스 [유럽산(産)의 들소. 지금은 멸종]. **2** 유럽 들소 (European bison).

au·ro·ra [ərɔ́ːrə, ɔːr-/ ɔːrɔ́ː-] *n.* (*pl.* **-ras** → 3, 4) **1** (A-) 《로마 신화》 오로라 (새벽의 여신. 그리스 신화의 Eos에 해당하는 여신). ¶ *Aurora's* tears 아침 이슬. **2** 〖사물의〗처음, 발단, 초기. **3** (*pl.* **+-rae** [-riː]) 새벽, 여명, 서광(曙光) (dawn). **4** (*pl.* **+-rae** [-riː]) 오로라, 극광(極光).
◇ auróral *adj.* (<L *aurōra* [goddess of dawn]

auróra aus·trá·lis [-ɔːstréilis] *n.* 〖기상〗남극광.

auróra bo·re·ál·is [-bɔ̀ːriǽlis /-éilis] *n.* 〖기상〗북극광.

au·ro·ral [ɔːrɔ́ːrəl / -rɔ́ː-] *adj.* **1** 서광의, 새벽의, 새벽과 같은; 장미빛의. **2** 극광의, 오로라의.

au·ro·re·an [ɔːrɔ́ːriən / -rɔ́ː-] *adj.* 《문학》 =auroral.

au·rous [ɔ́ːrəs] *adj.* **1** 〖화학〗제1금의, 제1금을 함유한. ¶ *aurous* chloride 염화(鹽化) 제1금 / *aurous* oxide 산화 제1금. **2** 금의, 금을 함유한.

au·rum [ɔ́ːrəm] *n.* ⓤ 〖화학〗금(gold) [원자 기호 Au].

áurum po·táb·i·le [-pətǽbili; -tǽb-] *n.* ⓤ 음용금(飮用金) 〖중세의 강장제·강심제로 쓰였다〗.

AUS (略) Army of the United States(미국 육군).

Aus. (略) Austria, Austrian.

Ausch·witz [áuʃvits] *n.* 아우슈비츠〖폴란드 서남부의 도시. 제2차 세계 대전 때의 나치스의 수용소가 있으며, 유대인·폴란드인의 대량 학살이 행해졌다〗.

aus·cul·tate [ɔ́ːsk(ə)ltèit] *vt., vi.* (-tat·ed, -tat·ing) 〖의학〗청진(聽診)하다 (stethoscope).

aus·cul·ta·tion [ɔ̀ːsk(ə)ltéiʃ(ə)n] *n.* ⓤ **1** 〖의학〗청진[법]. **2** 듣기, 청문(聽聞) (listening).

aus·cul·ta·tor [ɔ́ːsk(ə)ltèitər] *n.* 〖의학〗**1** 청진하는 사람, 청진자. **2** 청진기. 『의.

aus·cul·ta·to·ry [ɔːskʌ́ltətɔ̀ːri /-t(ə)ri] *adj.* 〖의학〗청진

Aus·gleich [G áusɡlaiç] *n.* (*pl.* *-gleich·e* [-ɡlaiçə]) 〖독일〗(=adjustment) **1** 협약, 협정. **2** [1867의] 오스트리아·헝가리 양국간의 체결한 협약.

aus·pi·cate [ɔ́ːspikèit] *v.* (-cat·ed, -cat·ing) *vt.* (드물게) 『점내고 개시하다(inaugurate). — *vi.* (폐어) 점치다(augur).

aus·pice [ɔ́ːspis] *n.* **1** (보통 ~s) 보호, 찬조, 후원 (patronage). ¶ The meeting was held under the *auspices* of the local newspaper. 모임은 지방 신문의 후원 아래(주최로) 열렸다. **2** 〖종종 ~s〗길조; 전조 (omen). **3** ⓤ 점(占) (divination), 예언 (prophecy). [새를 보고 치는] 새 점(占). ◇ auspícious *adj.*

aus·pi·cious [ɔːspíʃəs] *adj.* **1** 길조의, 전조가 좋은,

상서로운. **2** 행운의, 순조로운, 잘 되어가는(prosperous). **~ly** *adv.* **~ness** *n.*

Aus·sie [ɔ́ːsi / ɔ́(ː)zi] *n.* 《속어》오스트레일리아(Australia); 오스트레일리아 사람(Australian).

Aust. 《略》Austria, Austrian; Austria-Hungary.

Aus·ter [ɔ́ːstər] *n.* 《詩》 [의인화(擬人化)한] 남풍 (south wind).

aus·tere [ɔːstíər / ɔ(ː)s-] *adj.* **1** [태도·용모가] 엄한, 엄숙한, 위엄있는 (stern). ⇒ SEVERE 類語 ¶ an *austere* man 위엄있는 사람. **2** 〖정신적으로〗엄격한; 금욕적인. ¶ *austere* Puritans 금욕적인 청교도. **3** 장중한 (grave), 진지한 (serious), 침착한 (sober). **4** 아주 간소한, 꾸밈없는. ¶ an *austere* style 간결한 문체. **5** 맛이 나쁜 (harsh); 신 (sour), 떫은. **~ly** *adv.* **~ness** *n.*
◇ austérity *n.*

aus·ter·i·ty [ɔːstériti / ɔ(ː)s-] *n.* (*pl.* **-ties**) **1** ⓤ 엄 엄격 (sternness); 내핍, 긴축; 검소, 간소. ¶ the life of *austerity* 내핍 생활 / the *austerity* policy 내핍 정책〖제2차 대전 후 영국에서의 국민 생활의 긴축 정책〗. **2** (보통 -ties) 금욕 (내핍) 생활, 고행(苦行).

Aus·tin [ɔ́ːstin / ɔ́(ː)s-] *n.* **1** 미국 Texas주의 주도(州都). **2** 영국제 소형 자동차의 이름.

Austin fríar *n.* 아우구스티누스 수도회의 탁발 수도[사 (Augustinian hermit).

austr- ⇒ AUSTRO-.

aus·tral [ɔ́ːstrəl] *adj.* **1** 남쪽의, 남방의 (southern). **2** (A-) 오스트레일리아의(Australian). — *n.* (*pl.* **-es**) 아스트랄〖아르헨티나의 신 (新) 통화 단위〗.

Austral. (略) Australasia; Australia.

Aus·tral·a·sia [ɔ̀ːstrəléiʒə / -ʃ(j)ə, ʒ̀ə-] *n.* 오스트랄라시아〖오스트레일리아·뉴질랜드 및 그 부근의 여러 섬의 총칭〗.

Aus·tral·a·sian [ɔ̀ːstrəléiʒən / -ʃ(j)ən, ʒ̀ə-] *adj.* 오스트랄라시아의.

‡**Aus·tral·ia** [ɔːstréiljə / ɔ(ː)s-] *n.* **1** 오스트레일리아 대륙, 호주. **2 the Commonwealth of ~** 오스트레일리아 연방〖영국 연방내의 자치국; 오스트레일리아 대륙과 Tasmania 및 부근의 여러 섬을 포함한다. 수도 Canberra〗. ◇ Austrálian *adj.*

Austrália ántigen *n.* 〖의학〗오스트레일리아 항원 (抗原)〖혈청 간염 환자의 피속에서 볼 수 있다〗.

Austrália Dáy *n.* 오스트레일리아 건국 기념일〖1월 26일〗지나 첫 월요일〗.

‡**Aus·tral·ian** [ɔːstréiljən / ɔ(ː)s-] *adj.* 오스트레일리아(호주)의. — *n.* 오스트레일리아 사람; ⓤ 오스트레일리아(토착)어. ◇ Austrália *n.*

Aus·tral·i·a·na [ɔ̀ːstréilià̀nə, -éinə, -éinə / ɔ(ː)s-] *n. pl.* **1** 오스트레일리아에 관한 문헌, 자료〖특히 역사·지리에 관한 것〗. **2** 《단수 취급》 오스트레일리아지 (誌).

Austrálian bállot *n.* 오스트레일리아식 투표제〖모든 입후보자의 이름이 인쇄된 투표 용지에 표를 찍어 투표하는 방식〗.

Austrálian béar *n.* 〖동물〗=koala.

Aus·tral·ian·ism [ɔːstréiljənìz(ə)m / ɔ(ː)s-] *n.* ⓤ ⓒ 오스트레일리아인의 기질; 오스트레일리아인 영어.

Aus·tra·lo·pith·e·cus [ɔ̀ːstrèilo(u)pίθəkəs, -pɔθ-kəs/ɔ(ː)s-] *n.* 〖인류〗오스트랄로피테쿠스속(屬)의 원(猿人).

Aus·tra·sia [ɔːstréiʒə, -ʃə / ɔ(ː)s-] *n.* 오스트라시아〖옛날의 프랑크 왕국의 한 지방. 현재의 프랑스 동북부·독일·벨기에를 포함하는 Rhine 강 양안의 지역, 수도 Metz〗.

‡**Aus·tri·a** [ɔ́ːstriə / ɔ́(ː)s-] *n.* 오스트리아〖유럽 중부의 공화국. 수도 비인 (Vienna)〗. ◇ Áustrian *adj.*

Aus·tri·a-Hun·ga·ry [ɔ̀ːstriəhʌ́ŋɡəri / ɔ́(ː)s-] *n.* 오스트리아·헝가리〖1867-1918년에 현재의 오스트리아·헝가리 등이 형성하던 중부 유럽의 연합 왕국〗.

‡**Aus·tri·an** [ɔ́ːstriən / ɔ́(ː)s-] *adj.* 오스트리아의; 오스트리아인의. — *n.* 오스트리아인. ◇ Áustria *n.*

austro- (보통 A-) south, southern 의 뜻의 연결형(* 모음 앞에서는 austr-를 쓴다). 예: Austronesia.

Aus·tro- Austria, Austrian 의 뜻의 연결형. 예: Austro-Hungarian(오스트리아 헝가리의).

Aus·tro·ne·sia [ɔ̀:stro(u)níːʒə/ʃ(ː)s-] n. 오스트로네시아(중남부 제도의 총칭).

Aus·tro·ne·sian [ɔ̀:stro(u)níːʒən/ʃ(ː)s-] adj. 오스트로네시아의; 오스트로네시아 어족(語族)의. —— n. U 오스트로네시아어족[인도네시아어·폴리네시아어파·멜라네시아어파로 구성된다. 말레이폴리네시아어족(Malayo-Polynesian)이라고도 한다].

aut- ⇨ AUTO-.

au·ta·coid [ɔ́:təkɔ̀id] n. 〖생리〗 호르몬(hormone).

au·tarch [ɔ́:tɑːrk] n. 독재자, 전제 군주(autocrat).

au·tar·chic [ɔːtɑ́ːrkik], **-chi·cal** [-kik(ə)l] adj. 1 절대 주권의, 독재의. 2 =autarkic.

au·tar·chy [ɔ́:tɑːrki] n. (pl. **-chies**) 1 U 절대주권, 독재 정치, 전제 정치. 2 독재 국가. 3 =autarky.

au·tar·kic [ɔːtɑ́ːrkik], **-ki·cal** [-kik(ə)l] adj. 〖경제〗 자급 자족의, 경제 자립 정책의.

au·tar·ky [ɔ́:tɑːrki] n. U C (pl. **-kies**) 〖경제〗 자급 자족, 〖국가의〗 경제 자립 정책.

aut·e·col·o·gy [ɔ̀:təkɑ́lədʒi/-kɔ́l-] n. U 개체(個體) 생태학[종(種) 또는 개체와 그 환경과의 관계를 연구한다]. cf. synecology 〖감독, 영화 작가.

au·teur [outɛ́ːr] n. 〖프랑스〗(=author) 개성파 영화

áuteur théory n. 〖영화〗 개성파주의, 감독 중심주의.

auth. (略) authentic; author; authorized.

***au·then·tic** [ɔːθéntik] adj. 1 믿을 만한, 확실한(reliable, trustworthy); 근거 가 있는. ¶ an authentic report (story) 믿을 만한 보고(이야기). ¶ an authentic signature 본인의 서명; 친필(眞筆). 3 〖법률〗 인증(認證)된, 정식 절차를 밟은. ¶ an authentic deed 인증된 문서. 4 〖음악〗 정격(正格)의. ◇ authénticate v., authenticátion, authentícity n.

au·then·ti·cal [ɔːθéntik(ə)l] adj. 《고어》 =authentic.

au·then·ti·cate [ɔːθéntikèit] vt. (**-cat·ed, -cat·ing**) 1 …의 확증을 세우다; …을 인증하다. 2 〖그림·서적따위의〗 진짜임을 증명하다.

au·then·ti·ca·tion [ɔːθèntikéiʃ(ə)n] n. U 확증, 증명; 인증.

au·then·ti·ca·tor [ɔːθéntikèitər] n. 확증자, 증명자.

au·then·tic·i·ty [ɔ̀:θentísiti] n. U 신빙성, 확실성(reliability); 진실성, 진정성(眞正性); 출처가 분명함.

‡au·thor [ɔ́:θər] n. 1 저자, 저술가, 작가(writer). ¶ an anonymous author 무명(익명) 작가 / contemporary authors 현대(동시대)의 작가 / a rising author 신진 작가 / an anthology author 명시선(名詩選) (명문선·명가선) 편집자 / the author of many famous poems 유명한 시를 많이 쓴 작가.
2 〖어떤 저자의〗 작품, 저서. ¶ a phrase in an author 어느 작가의 작품 속의 한 구절.
3 창시자(originator); 창조자(creator). ¶ the author of all beings (or nature, the universe) 만물(자연, 우주)의 창조주, 조물주, 신 / the author of evil 악마, 마왕.
4 장본인. ¶ the author of mischief 장난의 장본인.
—— vt. 《英고어·美구어》 …을 저작하다, 쓰다; …을 창작하다. **áuthórial** adj.

au·thor·ess [ɔ́:θəris] n. (때로 경멸적) 여류 작가, 규수 작가 (* author의 여성형이나, 그러나 보통은 여성도 author 라고 한다).

au·tho·ri·al [ɔːθɔ́ːriəl/-ɔ́ːr-] adj. 저자의, 작자의.

au·thor·i·tar·i·an [əθɔ̀:ríːtɛ́(ː)riən, -θɑ̀ːr-/ɔ̀ːθɔ̀ːritɛ̀ər-] adj. 권위주의의; 독재주의의. —— n. 권위주의자, 독재주의자.

au·thor·i·tar·i·an·ism [əθɔ̀:ríːtɛ(ː)riənìzm, -θɑ̀ːr-/ɔ̀ːθɔ̀ːritɛ̀ər-] n. U 권위주의; 독재주의.

***au·thor·i·ta·tive** [əθɔ́ːritèitiv, -θɑ́ːr-/ɔː(ː)θɔ́ːritɛ̀itiv] adj. 1 권위있는, 믿을만한. ¶ an authoritative opinion (report, account) 권위있는 의견(보도, 설명). 2 당국의, 관헌의. ¶ the authoritative sources 관변 소식통. 3 위압적인, 명령적인, 고압적인(dictatorial). ¶ an authoritative manner 위압적인 태도. ~ly adv. ~ness n. ◇ authórity n.

‡au·thor·i·ty [əθɔ́ːriti, əθɑ́ːr-/ɔː(ː)θɔ́ːr-] n. (pl. **-ties**)
1 U 권위, 권력, 위신(over, with…). ¶ parental authority 친권(親權) / under the authority of a king 왕의 권력하에 / a historian of no (great) authority 권위가 없는 (매우 권위 있는) 역사가 / with authority 권위있게, 엄연히 // be in (exercise) authority over people 사람들을 지배 권위가 있다(권력을 휘두르다) / I have no authority over (or with) my own daughter. 나는 내 딸에게조차 권위가 없다.
2 U 권능, 권한, 직권. ¶ by virtue of one's authority 직권(권능)으로 // I have no authority to settle the problem. 나에게는 그 문제를 해결할 권한이 없다.
3 U 허가, 인가(justification). ¶ He received authority to do that. 그는 그것을 할 허가를 얻었다.
4 권력자; 《종종 -ties》 당국, 관헌. ¶ those in authority 당국자들 / the authorities concerned; the proper authorities 관계 당국, 당해 관청 / the civil (the municipal, the school) authorities 행정(시, 학교) 당국.
5 C U 〖권위 있는〗 전거, 근거, 출전(出典) (on, for…). ¶ on the authority of a newspaper 신문을 근거로 하여 / I have got it on (or from) good authority. 확실한 소식통(전거)에서 그것을 입수했다 // I have good authority for my statement. 내 진술에는 확실한 근거가 있다 / A good dictionary is a great authority on the meanings of words. 좋은 사전은 말뜻의 훌륭한 전거이다.
6 대가, 권위자 (expert) (on…). ¶ an authority on archaeology 고고학의 대가.
7 권위서, 전적(典籍) (on…). ¶ The book is a reliable authority on the constitution. 그 책은 헌법에 관한 신뢰할 수 있는 권위서이다.
8 〖선례가 되는〗 판례, 재정(裁定) (ruling).
by the authority of …의 권위로; …의 허가를 받고. **on one's own authority** 1 독단으로, 자기 마음대로. ¶ I have done it on my own authority. 내 독단으로 그것을 했다. 2 자청. ¶ He is a great scholar on his own authority. 그는 자칭 대(大)학자이다.
◇ authoritárian, authóritative adj., áuthorize v.

au·thor·i·za·tion [ɔ̀:θəraizéiʃ(ə)n / -θ(ə)rai-, -θ(ə)ri-] n. U C 1 권한 부여, 수권(授權), 위임. 2 허가, 공인(sanction).

***au·thor·ize** [ɔ́:θəràiz] (* 《英》에서는 **authorise** 로도 쓴다) vt. (**-ized, -iz·ing**) 1 …에 권한(권능)을 주다, 위임하다. ¶ (~+目+to do) The Minister authorized him to do it. 장관은 그에게 그것을 할 권한을 주었다.
2 …을 인가하다, 허가하다. ¶ Congress authorized the spending of money for rearmament. 의회는 재군비를 위한 지출을 승인했다. 3 …을 정당하다고 하다(justify). ¶ It is authorized by usage. 그것은 관례로 인정되어 있다. ◇ authórity, authorizátion n.

au·thor·ized [ɔ́:θəràizd] adj. 1 권한을 부여받은, 권위 있는(authoritative). ¶ an authorized agent 지정 대리인. 2 공인된, 허가를 받은. ¶ an authorized translation 원저자의 허가를 얻은 번역.

áuthorized cápital n. 《美》〖경제〗 수권(授權) 자본[회사가 발행하는 주식의 총수 또는 그 총액].

Áuthorized Vérsion n. (the ~) 흠정역(欽定譯) 성서[1611년 영국왕 James 1세의 명령으로 발행된 영역성서. King James Version이라고도 한다; 略 A.V. 또는 K.J.V.].

author-pub·lish·er [ɔ́:θərpʌ́blɪʃər] n. 〖출판〗 자

저(自著) 발행인[자기의 저서를 자비로 출판하는 사람].
áuthor's ágent(**represéntative**) n. =literary agent.
áuthor's alterátions n. pl. 【출판】 저자 수정[조판 후의 저자 자신에 의한 내용 수정; 略 AA].
áuthor's edítion n. 자비 출판 〔본〕.
au·thor·ship [ɔ́ːθərʃip] n. ⓤ **1** 저술업; 저작자임, 저술; 원작자. **2** 〔사건 따위의〕 근원, 출처. ¶ the *authorship* of a crime 죄의 근원.
au·tism [ɔ́ːtizm] n. ⓤ【심리】 자폐성(自閉性), 내폐성(內閉性) 〔환상·백일몽 따위를 일으키기 쉬운 정신상태〕.
‡**au·to** [ɔ́ːtou] n. (pl. **-tos**) 자동차(automobile).
auto. 《略》 automatic; automobile; automotive.
auto- self, same 의 뜻의 연결형(* 모음 앞에서는 aut-를 쓴다). 예: *auto*biography, *auto*graph, *aut*arky, *aut*ecology. 〔동 분석〕.
au·to·an·a·lyz·er [ɔ̀ːto(u)ǽnəlàizər] n. 〔화학〕.
au·to·an·swer [ɔ̀ːto(u)ǽnsər] n.【통신】 자동 응답 〔오퍼레이터 없이 자동적으로 응답 신호를 보내는 기능〕.
au·to·an·ti·bod·y [ɔ̀ːto(u)ǽntibɑ̀di(ː) / -bɔ̀d-] n. 〔의학〕 자가 항체(自家抗體).
au·to·bahn [áuto(u)bɑ̀ːn / ɔ́ːto(u)-] n. (pl. **-bahns** or **-bahnen** [-bɑ̀ːnən]) 아우토반(superhighway) 〔독일의 고속 도로〕. 〔<G〕
au·to·bi·cy·cle [ɔ̀ːto(u)báisikl] n. 오토바이.
au·to·bi·og·ra·pher [ɔ̀ːto(u)baiɑ́grəfər / -ɔ́g-] n. 자서전 작가.
au·to·bi·o·graph·ic [ɔ̀ːto(u)bàio(u)grǽfik], **-i·cal** [-ik(ə)l] adj. 자서전〔체〕의. **-i·cal·ly** [-ikəli] adv.
*‡**au·to·bi·og·ra·phy** [ɔ̀ːto(u)baiɑ́grəfi / -ɔ́g-] n. (pl. **-phies**) 자서전. ¶ the *Autobiography* by Benjamin Franklin 벤저민 프랭클린의 자서전.
au·to·boat [ɔ́ːto(u)bòut] n. =motorboat.
au·to·bus [ɔ́ːto(u)bʌ̀s] n. (pl. **-bus·es** or **-bus·ses**) 버스(bus, omnibus).
au·to·cade [ɔ́ːto(u)kèid] n. 자동차 행렬(motorcade).
Auto Call n.〔상품명〕자동 호출기.   〔장.
au·to·camp [ɔ́ːto(u)kæ̀mp] n. 자동차 여행자용 캠프
au·to·car [ɔ́ːto(u)kɑ̀ːr] n. 자동차(motorcar, automobile). * 현재는 보통 auto 또는 car가 쓰인다.
au·to·ca·tal·y·sis [ɔ̀ːto(u)kətǽlisis] n. (pl. **-ses** [-síːz]) 〔화학·생화학〕 자촉(自觸)반응, 자가 촉매 작용.
au·to·ca·thar·sis [ɔ̀ːto(u)kəθɑ́ːrsis] n. ⓤ【심리학】 자기 정화〔법〕〔자기의 경험을 쓰므로써 마음의 불안을 고친다〕.
au·to·ceph·a·lous [ɔ̀ːto(u)séfələs] adj.【종교】 자주 독립된 교단으로서의; 〔교회 등의〕 자주 독립의, 자치의.
au·to·chang·er [ɔ́ːto(u)tʃèindʒər] n. 오토체인저〔자동식 음반 교환기〕.   〔컬러용 건판(乾板)〕.
au·to·chrome [ɔ́ːto(u)kròum] n. 〔사진〕 오토크롬
au·toch·thon [ɔːtɑ́kθ(ə)n / -tɔ́k-] n. (pl. **-thons** or **-tho·nes** [-θəniːz]) **1** 원주민, 토인(aborigines). **2**〔생태〕 토생(土生) 〔토지 원산〕의 동식물. **3**〔지질〕〔한 지역의〕 본래의 지질 구조.   ¶ tochthonous.
au·toch·thon·ic [ɔ̀ːtɑkθɑ́nik / -tɔkθɔ́n-] adj. =au-
au·toch·tho·nism [ɔːtɑ́kθ(ə)nizəm / -tɔ́kθ(ə)n-] n. ⓤ 토생, 토착, 토지 원산의.
au·toch·tho·nous [ɔːtɑ́kθənəs / -tɔ́k-], (**autochthonic**) adj. **1** 원주민의. **2** 토생의, 토착의 산의(aboriginal, indigenous). ¶ *autochthonous* flora 토생 식물〔군(群)〕의. **3**〔병리〕〔병 따위의〕 발생 부위〔지역〕의. **4**〔심리〕 자발적〔독자〕 관념의. **5**〔지질〕〔어느 지역〕 독특한 구조의. **~·ly** adv.
au·toch·tho·ny [ɔːtɑ́kθəni / -tɔ́k-] n. 토착(土着)〔원산지.   〔자동차 자살.
au·to·cide [ɔ́ːto(u)sàid] n. 충돌 따위의 방법에 의한
au·to·clave [ɔ́ːto(u)klèiv] n. 오토클레이브〔실험용·의료(멸균)용·요리용의 압력 솥〕. ── vt. (**-claved**,

-clav·ing) …을 압력 솥에 넣다; …을 압열(壓熱) 멸균하다.   〔low-level language.
au·to·code [ɔ́ːto(u)kòud] n. 〔컴퓨터〕 기본 언어. *cf.*
áuto cóurt n. 모텔(motel).
***au·toc·ra·cy** [ɔːtɑ́krəsi / -tɔ́k-] n. (pl. **-cies**) **1** ⓤ 전제, 독재〔정치〕; 독재권. **2** 독재 정부, 독재국(사회). ◇ áutocrat n., autocrátic adj.
***au·to·crat** [ɔ́ːto(u)krǽt] n. **1** 전제 군주; 독재자. **2** 제멋대로 하는 사람, 독선가. ◇ autócracy n., autocrátic adj.
au·to·crat·ic [ɔ̀ːto(u)krǽtik], (**au·to·crat·i·cal**[-k(ə)l]) adj. 전제의, 독재의; 전제 군주의(와 같은), 독재적인. **-i·cal·ly** [-ikəli] adv.
au·to·cross [ɔ́ːto(u)krɔ̀ːs / -krɑ̀s] n. 《英》 단교(斷郊) 자동차 경주. 〔<AUTO[MOBILE]+CROSS[-COUNTRY]〕
au·to·cue [ɔ́ːto(u)kjùː] n.《英》 텔레프롬프터(TelePrompTer).
au·to·cy·cle [ɔ́ːto(u)sàikl] n.《英고어》 오토바이.
au·to·da·fé [ɔ̀ːto(u)dəféi / ɔ̀ːto(u)dɑː-] n. (pl. **au·tos-**) 스페인 종교 재판소의 판결 선고; 그 처형〔특히 화형〕. 〔<Port〕   〔학자.
au·to·di·dact [ɔ́ːto(u)dáidækt / -di-] n. 독학자, 독
AUTODIN [ɔ́ːto(u)dìn] n.〔통신〕 자동 디지털 통신망. 〔<*auto*matic *di*gital *n*etwork〕
au·to·drome [ɔ́ːto(u)dròum] n. 자동차 경주장.
au·to·dyne [ɔ́ːtədàin] n.【전자 공학】 오토다인〔무선 전신의 수신 방식의 일종〕.
***au·to·e·rot·ic** [ɔ̀ːto(u)irɑ́tik / -rɔ́t-] adj. 【정신 분석】 자기 색정(色情)〔발정〕적인.
au·to·er·o·tism [ɔ̀ːtou érɑtìz(ə)m], (**au·to·e·rot·i·cism** [-érəsìzəm]) n.ⓤ【정신 분석】 자가 색정(色情), 자기 발정(發情).
au·tog·a·mous [ɔːtɑ́gəməs / -tɔ́g-] adj.【식물】 자가 수정(自家受精)의, 자화 수분(自花受粉)의.
au·tog·a·my [ɔːtɑ́gəmi / -tɔ́g-] n. ⓤ【식물】 자가 수정, 자화 수분(self-fertilization). opp. allogamy
au·to·gen·e·sis [ɔ̀ːto(u)dʒénisis] n. ⓤ【생물】 자연 발생〔설〕, 우발론(偶發論) (abiogenesis).
au·to·ge·net·ic [ɔ̀ːto(u)dʒinétik] adj. **1**【생물】 자생(自生)의, 자기 발생적인. **2**【생물】 자연(우연) 발생설의.
au·tog·e·nous [ɔːtɑ́dʒinəs / -tɔ́dʒ-], (**au·to·gen·ic** [ɔ̀ːto(u)dʒénik]) adj. **1**【생물】 자생의, 자기 발생의. **2** *autogenous* vaccine 자생(자가) 왁친. **3**【생리】체내 발생물의.
au·tog·e·ny [ɔːtɑ́dʒini] n. =autogenesis.
au·to·ges·tion [ɔ̀ːto(u)dʒést](ə)n] n. 자주 관리〔공장·농장 등에서 노동자 자신에 의한 자주적인 관리·운영〕
au·to·gi·ro [ɔ̀ːto(u)dʒáirou / -dʒáiər-], (**autogyro**) n. (pl. **-ros**) 오토자이로〔프로펠러가 돌기 시작하면 동체의 수직축에 달린 수평익(水平翼)이 회전하여 부력(浮力)을 얻는 비행기의 일종〕.
au·to·graft [ɔ́ːto(u)grǽft / -grɑ̀ːft] n.【외과】 자가 이식편(片).
***au·to·graph** [ɔ́ːtəgrǽf / -grɑ̀ːf] n. ⓤⓒ **1** 자필, 서명, 자서〔自署〕. **2** 자필, 친필. **3** 작가 자필의 원고. **4**〔잡지 서화의〕 원지 석판 인쇄. ── adj. **1** 자필의, 친필의. ¶ an *autograph* letter 자필의 편지. **2** 자서가 있는, 서명을 모은. ¶ an *autograph* album 서명첩(帖). ── vt. **1** 자필로 쓰다, 자서하다. ¶ *autograph* a book 책에 서명하다. **2** …을 원지 석판으로 복제(복사)하다.
au·to·graph·ic [ɔ̀ːto(u)grǽfik], (**au·to·graph·i·cal** [-ik(ə)l]) adj. 자필의, 자서의. **-i·cal·ly** [-ikəli] adv.
au·tog·ra·phy [ɔːtɑ́grəfi / -tɔ́g-] n. ⓤ (pl. **-phies**) **1** 자필, 친필; 필적. **2** 원지 석판 인쇄(술).
au·to·gra·vure [ɔ̀ːto(u)grəvjùər, +美 -grei-] n. 사진판 조각법.   〔=autogiro.
au·to·gy·ro [ɔ̀ːto(u)dʒáirou / -dʒáiər-] n. (pl. **-ros**)
au·to·hyp·no·sis [ɔ̀ːto(u)hipnóusis] n. ⓤ 자기 최

면, 자기 최면 상태. 「최면의.
au·to·hyp·not·ic [ɔ̀:to(u)hipnάtik / -nɔ́t-] *adj.* 자기
au·to·im·mune [ɔ̀:to(u)imjúːn] *adj.* 자기 면역의.
au·to·im·mu·ni·ty [ɔ̀:to(u)imjúːniti] *n.* 자기 면역.
au·to·in·fec·tion [ɔ̀:to(u)infékʃ(ə)n] *n.* Ⓤ《병리》 자기 감염, 자가 전염.
au·to·in·oc·u·la·tion [ɔ̀:to(u)inàkjuléiʃ(ə)n / -inɔ̀k-] *n.* Ⓤ 자기 접종.
au·to·in·tox·i·ca·tion [ɔ̀:to(u)intàksikéiʃ(ə)n / -tɔ̀k-] *n.* Ⓤ《병리》 자가 중독.
au·to·ist [ɔ́:touist] *n.* 자동차 운전자.
au·to·ki·ne·sis [ɔ̀:to(u)kiníːsis / -kai-] *n.* 《생리》 자동 운동, 자발 행동.
au·to·ki·net·ic [ɔ̀:to(u)kinétik / -kai-] *adj.* 《생리》 자동 운동의, 자발 행동의.
au·to·land [ɔ́:to(u)læ̀nd] *n.* 《항공》 계기(計器) 착륙.
[< AUTO[MATIC] + LAND[ING]]
au·to·ly·sin [ɔ̀:to(u)láisin, +美 ɔ:táli-] *n.* ⓊⒸ《생화학》 자기 분해제, 자가 용해소(素).
au·tol·y·sis [ɔ:tάlisis / -tɔ́l-] *n.* Ⓤ《생화학》 자기 분해, 자기 소화(self-digestion).
au·to·lyze [ɔ́:toulàiz] *vt., vi.* 《생화학》 자기 분해(소화) 시키다(하다). 「(회사).
au·to·mak·er [ɔ́:to(u)mèikər] *n.* 자동차 제조업자
au·to·man [ɔ́:to(u)mæ̀n] *n.* 1 《물질 기구의》 자동 인형. 2 〖인간적인 동작을 하는〗 자동 기계. 3 = automaker. 「〖自慰〗.
au·to·ma·nip·u·la·tion [ɔ̀:təmənìpjuléiʃən] *n.* 자위
au·to·mat [ɔ́:təmæ̀t] *n.* 자동 판매식 식당; 자동 판매기.
au·tom·a·ta [ɔ:tάmətə / -tɔ́m-] *n.* automaton의 복수형의 하나.
au·to·mate [ɔ́:təmèit] *v.* (**-mat·ed, -mat·ing**) *vi.* 자동 장치를 갖추다. — *vt.* …을 자동화하다, 오토메이션화하다.
áutomated óffice *n.* 자동화된 사무실[略 AO].
áutomated téller *n.* = automatic teller.
áutomated tícket *n.* 〖컴퓨터〗 자동 발행 항공권 〖예약 장치와 연동(連動)되어 자동적으로 인자(印字)・발행된다〗.
‡**au·to·mat·ic** [ɔ̀:təmǽtik], (**au·to·mat·i·cal** [-ik(ə)l]) *adj.* 1 자동식의, 자동적인. ¶ *an automatic* pump 자동 펌프 / *an automatic* door 자동문. 2 《생리》〖근육 따위가〗 반사적으로 움직이는, 무의식적으로 움직이는. 3 = 무의식적으로 행하는, 기계적인.
◇ **autómatism** *n.,* **autómatize** *v.*
*au·to·mat·i·cal·ly [ɔ̀:təmǽtikəli] *adv.* 1 자동〖식, 적〗으로. 2 반사적으로, 무의식적으로, 기계적으로.
automátic contrόller *n.* 〖기계〗 자동 제어 장치 〖略 ADP〗.
automátic dáta prόcessing *n.* Ⓤ 자동 정보 처리〖略 ADP〗.
automátic diréction fínder *n.* 〖특히 항공기의〗 자동 방위 측정기〖略 ADF〗.
automátic drίve *n.* = automatic transmission.
automátic flίght contrόl sýstem *n.* 〖항공〗 자동 항공 제어 시스템.
automátic interplánetàry státion *n.* 자동 행성간 정거장〖우주 로켓에 대한 소련의 호칭〗.
au·to·mat·i·ci·ty [ɔ̀:təmətίsiti, +美 ɔ:tάmə-] *n.* Ⓤ 자동적임, 자동성.
automátic óperation *n.* Ⓤ 자동 조작.
automátic pίlot *n.* 〖항공〗 자동 조종 장치.
automátic pίstol (rίfle) *n.* 자동 권총(소총).
automátic téller *n.* 〖금융〗 현금 자동 인출기〖예금기〗〖略 AT〗, 「의 자동 변속 장치.
automátic transmίssion(drίve) *n.* Ⓤ 자동차
‡**au·to·ma·tion** [ɔ̀:təméiʃ(ə)n] *n.* Ⓤ 오토메이션, 자동 조작〖기계가 인간의 두뇌 대신에, 자동적으로 판단・조절하여 생산을 하거나, 일을 처리하는 일〗.

[< AUTOM[ATIC] + [OPER]ATION]
au·tom·a·tism [ɔ:tάmətìz(ə)m / -tɔ́m-] *n.* Ⓤ 1 자동〖작용〗, 자동 운동, 무의식 운동. 2 〖생리〗 자동성〖근육의 반사 운동, 심장의 고동 따위〗. 3 〖심리〗 자동 현상, 무의식 행동.
au·tom·a·ti·za·tion [ɔ:tὰmətìzéiʃ(ə)n / -tɔ̀məti-] *n.* Ⓤ 자동화(化); 기계적으로 행하기.
au·tom·a·tize [ɔ:tάmətàiz / -tɔ́m-] *vt.* …을 자동화하다; …을 기계적으로 행하다. 「기록 장치.
au·tom·a·to·graph [ɔ:təmǽtəgræ̀f / -grὰ:f] *n.* 자동
au·tom·a·ton [ɔ:tάmətàn / -tɔ́mət-ən] *n.* (*pl.* **-tons** or **-ta**) 1 자동 인형, 로봇; 자동 장치, 자동 기계, 오토메이턴; 자동력이 있는 것. 2 순전히 기계적으로 행동하는 사람.
au·tom·a·tous [ɔ:tάmətəs/-tɔ́m-] *adj.* = automatic.
au·tome [ɔ́:toum] *n.* 《美》 이동 주택.
[< AUTO[MOBILE] + [HO]ME]
au·tom·e·ter [ɔ:tάmitər / -tɔ́m-] *n.* 자동차 속도계.
‡**au·to·mo·bile** [ɔ̀:təmoubíːl, -ˇˇˇˇ-, ˇˇˇˇˇ] *n.* 《美》 자동차〖특히 승용차〗《英》 motorcar〖〗. — *adj.* = automotive. — *vi.* 〖드물게〗 자동차를 타다〖로 가다〗.
au·to·mo·bil·ism [ɔ̀:təmo(u)bíːliz(ə)m, +美 -móubilìz(ə)m] *n.* Ⓤ 자동차 사용; 자동차 운전〖술〗.
au·to·mo·bil·ist [ɔ̀:təmo(u)bíːlist, -móubil-] *n.* 자동차 운전수, 자동차 소유자〖상용자〗.
au·to·mo·tive [ɔ̀:təmóutiv] *adj.* 1 자동차 설계〖운전, 제조, 판매〗의. 2 자동의, 자동 추진의.
au·to·net·ics [ɔ̀:to(u)nétiks, -tə-] *n.* 《단수 취급》 〖전자 공학〗 자동 제어론.
au·to·nom·ic [ɔ̀:tənάmik / -nɔ́m-] *adj.* 1 자치(自治)의, 자치적인(autonomous). 2 〖신경이〗 자율적인. 3 〖식물〗〖실물체의〗 내인(內因)에 의해서 일어나는, 자발적인. **-i·cal·ly** [-ikəli] *adv.*
àutonómic nérvous sýstem *n.* 자율 신경계(系) 〖의지의 영향을 받지 않고 작용하는 독립된 신경〗.
au·ton·o·mist [ɔ:tάnəmist / -tɔ́n-] *n.* 자치주의자.
au·ton·o·mous [ɔ:tάnəməs / -tɔ́n-] *adj.* 1 〖정치〗 a) 자치(自治)의, 자치적인, 자치권이 있는(self-governing). ¶ an *autonomous* people 자주 국민. b) 자치체(體)의. 2 〖생리〗 자율적인, 자율성의. 3 〖식물〗 자발적인.
autónomous róbot *n.* 자율 로봇〖인간의 판단이나 인식의 독립성을 가진 로봇트〗.
*au·ton·o·my [ɔ:tάnəmi / -tɔ́n-] *n.* (*pl.* **-mies**) Ⓤ 1 자율〖성〗, 자주〖성〗. 2 〖정치〗 자치, 자치권; Ⓒ 자치체. 3 〖생리〗 자율성. 4 〖식물〗 자발성.
au·to·nym [ɔ́:tənim] *n.* 1 본명, 실명. *cf.* pseudonym 2 본명으로 저술한 작품.
au·to·phone [ɔ́:to(u)fòun] *n.* 자동 전화.
au·to·pi·lot [ɔ́:to(u)pàilət] *n.* = automatic pilot.
au·to·pis·ta [àutoupíːstɑː] *n.* 스페인의 고속 도로.
au·to·plas·ty [ɔ́:to(u)plæ̀sti] *n.* Ⓤ〖외과〗 자기 형성술, 자가 이식〖자기 피부의 이식에 의한 수술〗.
au·to·po·lo [ɔ́:to(u)pòulou] *n.* 〖자동차를 타고 하는〗 polo 의 일종.
au·top·sist [ɔ́:tɔpsist, -təp- / -təp-, -tɔp-] *n.* 검시관.
au·top·sy [ɔ́:tɔpsi, -təp- / -təp-, -tɔp-] *n.* (*pl.* **-sies**) 1 검시(檢屍), 부검, 시체 해부〖사인의 규명을 위한 〗. 2 실지 검증, 현장 검증, 검시(檢屍). 「검증의.
au·top·tic [ɔ:tάptik / -tɔ́p-] *adj.* 검시(檢屍)의; 현장
au·to·ra·di·o·graph [ɔ̀:to(u)réidiəgræ̀f] *n.* 방사선 사진(radioautograph).
au·to·route [ɔ́:to(u)rùːt] *n.* 프랑스의 고속 도로.
au·tos·da·fé [ɔ́:to(u)zdɑːféi / ɔ́:to(u)zdɑː-] *n.* auto-da-fé 의 복수형.
au·to·sled [ɔ́:to(u)slèd] *n.* 자동 썰매.
au·to·some [ɔ́:təsòum] *n.* 〖유전〗 상(常)염색체〖성(性)염색체 이외의 염색체〗.
au·to·sta·bil·i·ty [ɔ̀:to(u)stəbίliti] *n.* Ⓤ〖기계〗 자

au·to·stra·da [ɔ:to(u)strá:də] n. (pl. -de [-dei]) 아우토스트라다[이탈리아의 고속 도로]. [<It]
au·to·sug·ges·tion [ɔ:to(u)səɡdʒésti(ə)n / -sədʒés-] n. ⓤ 〔심리〕 자기 암시, 자기 감응.
au·to·taxi [ɔ̀:to(u)tǽksi] n. 《英》 무인 택시.
au·to·tel·ic [ɔ̀:tətélik] adj. 〔철학〕 자기 목적적인, 그 자체가 목적이 되는. 〔~관 (drive-in theater).
áuto théater n. 《美》 자동차를 탄 채 보는 야외 영화
au·to·tim·er [ɔ̀:to(u)tàimər] n. 〔전자 렌지 따위의〕 자동 점화 장치.
au·tot·o·my [ɔ:tátəmi / -tɔ́t-] n. ⓤ 〔동물〕 자기 절단〔적으로부터 몸을 피하기 위해서 자기 몸의 일부를 잘라 버리는 일〕.
au·to·tox·e·mi·a, -ae- [ɔ̀:to(u)taksí:miə / -tɔ̀k-] n. 〔병리〕 = autointoxication.   〔독의.
au·to·tox·ic [ɔ̀:tətáksik / -tɔ̀ks-] adj. 〔병리〕 자가 중
au·to·tox·in [ɔ̀:tətáksin / -tɔ̀ks-] n. 〔병리〕 자가 독소〔몸 안에서 만들어지는 독소〕. 체내에 축적되면 자가 중독(autointoxication)을 일으킨다.
au·to·tox·is [ɔ̀:tətáksis / -tɔ̀ks-] n. ⓤ 〔병리〕 자가 중독〔증〕 (autointoxication).
au·to·train [ɔ̀:to(u)trèin] n. 《美》 승객과 자동차를 일정 구간 동시에 수송하는 기관.
au·to·trans·for·mer [ɔ̀:to(u)trænsfɔ́:rmər / -trɑ́:ns-] n. 〔전기〕 단권(單卷) 변압기, 오토트랜스.
au·to·tron·ic [ɔ̀:to(u)tránik / -trɔ́n-] adj. 〔엘리베이터가〕 자동 전자 장치의.   〔물.
au·to·troph [ɔ́:tətrɑ̀f / -trɔ̀f] n. 〔생물〕 자가 영양 생
au·to·troph·ic [ɔ̀:tətráfik / -trɔ́f-] adj. 〔생물〕 자가 〔자기·자급〕 영양의. ¶ an *autotrophic* plant 자급 영양 식물.   〔motor lorry〕.
au·to·truck [ɔ́:to(u)trʌ̀k] n. 《美》 화물 자동차(《英》
au·to·type [ɔ́:to(u)tàip] n. **1** 복사, 모사(模寫) (facsimile). **2** 〔사진·인쇄〕 오토타이프, 단색(單色) 사진판〔술〕.
au·to·ty·pog·ra·phy [ɔ̀:to(u)taipágrəfi / -pɔ́ɡ-] n. ⓤ 〔사진·인쇄〕 오토타이프술(術), 단색 사진판술.
au·to·wind·er [ɔ́:to(u)wàindər] n. 〔카메라 따위의〕 필름 자동 감기 장치.   〔동노.
au·to·work·er [ɔ́:to(u)wə̀:rkər] n. 자동차 제조 노
au·tox·i·da·tion [ɔ̀:tàksidéi(ə)n / -tɔ̀ks-] n. ⓤ 〔화학〕 화합물이 공기에 노출됨으로써 일어나는 자연(자동) 산화(酸化).
‡**au·tumn** [ɔ́:təm] n. ⓤ ⓒ **1** 가을, 가을철, 추계(* 《英》에서는 8, 9, 10월, 《美》에서는 9, 10, 11월. 《美》에서는 격식차린 말 또는 시어(詩語)로서만 쓰이며, 보통은 fall을 씀); 〔형용사적 용법〕 가을의. ¶ AUTUMNAL. ¶ *autumn* flowers 가을 꽃 / *autumn* days 가을날들. **2** 〔일반적〕 전성기를 지나 쇠퇴해 가는 시기, 초로(初老期), 조락기(凋落期). ¶ the *autumn* of life 인생의 가을, 초로, 만년. **3** 가을 수확, 추수 (harvest of autumn). ◇ autúmnal adj.
*au·tum·nal [ɔ:tʌ́mn(ə)l] adj. **1** 가을의, 가을에 어울리는, 가을에 피는(* 시어(詩語)로서 비유적인 경우에 사용). ¶ *autumnal* leaves (tints) 단풍(秋色). **2** 한창때(한고비)를 지난, 중년을 넘긴, 초로(初老)의. ◇ áutumn n.
autúmnal équinòx n. (the ~) 추분, 추분점(autumnal point). *cf.* vernal equinox
au·tun·ite [ɔ́:t(ə)nàit] n. 인회 (燐灰) 우란광〔원산지인 프랑스 동부의 도시 Autun에 연유〕.
aux., auxil. (略) auxiliary.   〔장 측정기.
au·xa·nom·e·ter [ɔ̀:ksənámitər / -nɔ́m-] n. 식물 성
‡**aux·il·ia·ry** [ɔ:ɡzíljəri] adj. **1** 돕는, 원조하는, 보조의. ¶ *auxiliary* coins 보조 화폐 / *auxiliary* troops (or forces) 〔외국의 힘에 의한〕 구원 부대, 원군. **2** 부차적인, 부가적인. ¶ *auxiliary* notes 〔음악〕 보조음, 부차

음. ── n. (pl. -ries) **1** 원조자(물), 보조자(물); 보조 단체. **2** 〔문법〕 조동사. **3** (-ries) 〔교전국의 군대를 돕는〕 외인 부대. **4** 〔군사〕 특무함, 보조함(정) 〔수송선·보급선·기뢰 부설선과 같이 직접 전투를 목적으로 하지 않는 것〕. **5** 〔엔진이 달린〕 범선.
auxíliary góods n. pl. = producer goods.
auxíliary lánguage n. 〔국제적〕 보조언어〔에스페란토어 따위〕.
auxíliary stórage n. 〔컴퓨터〕 보조 기억 장치.
auxíliary vérb n. 〔문법〕 조동사.
aux·in [ɔ́:ksin] n. ⓤ ⓒ 〔식물·화학〕 옥신, 식물 성장 물질〔식물의 성장을 촉진·조정하는 호르몬 및 합성 화
av. (略) avenue; average; avoirdupois.   〔학 약품〕.
A/V, a.v. [略] ad valorem (가격에 따라서).
A.V. (略) Artillery Volunteers; Authorized Version [of the Bible].
a-v, A-V, AV, A.V. (略) audio-visual.
av·a·da·vat [ǽvədəvæ̀t], (**amadavat**) n. 〔동남 아시아산(産)의〕 방울새 비슷한 작은 새〔애완용으로 새장에 기르기도 한다〕.
‡**a·vail** [əvéil] vi. 쓸모 있다, 소용되다; 가치가 있다, 이(利)가 있다. ¶ Such arguments will not *avail*. 이런 논쟁은 무익하다 // (~ +圓) This medicine *avails* little against pain. 이 약은 통증에 거의 효력이 없다 // (~ +圓+劇) No advice *avails* with him. 그에게는 충고를 해도 소용이 없다 / Thought will not *avail* without action. 행동이 따르지 않으면 사색은 무익하다. ── vt. …에 도움이 되다, …에 효력이 있다, …을 이롭게 하다 (profit). ¶ (~ +圓+劇) Courage will *avail* you little in such a case. 이런 경우에는 너의 용기도 별로 도움이 안 될 걸.
avail oneself of …을 이용하다(make use of), …을 틈타다. ¶ I *availed* myself of a holiday to visit Seoul. 휴일을 이용하여 서울에 갔다 / I will *avail* myself of your kind invitation and come. 초대해 주신 후의에 감사하여 기꺼이 참석하겠습니다.
── n. ⓤ 효용, 효능, 보람(advantage, use, benefit). * 주로 부정문·의문문에 사용. ¶ be of little (no) *avail* 거의(전혀) 쓸모가 없다.
to no avail; without avail 보람없이, 헛되이.
◇ avàilable adj.
a·vail·a·bil·i·ty [əvèiləbíliti] n. (pl. -ties) ⓤ **1** 유용성, 적용성, 유효성, 효력. **2** 《美》 〔후보자의〕 당선 가망성. **3** (-ties) 도움이 되는 사람, 이용할 수 있는 것.
a·vail·a·ble [əvéiləbl] adj. **1** 쓸모 있는, 유효한, 이용〔사용, 채용〕할 수 있는 (for…); 입수할 수 있는. ¶ *available* energy 유효한 에너지 / *available* assets 자유 자금 / have no *available* funds 수중에 자금이 없다 / try all *available* means 온갖 수단을 다 써보다 / It is no *available* for our purpose. 우리들의 목적에는 쓸모가 없다. **2** 효력이 있는, 통용하는. ¶ a ticket *available* for a week 1주간 유효한 차표 / a ticket *available* on day of issue only 발행 당일만(限) 유효의 차표. **3** 〔고어〕 이익이 있는(profitable), 유리한(advantageous). **4** 《美》 〔후보자가〕 유망한, 당선 가망이 있는. ¶ an *available* candidate 유력한 후보자.
~·ness n. **·bly** adv.
◇ avàilabílity n.
*av·a·lanche [ǽvəlæ̀nʧ / -lɑ̀:nʃ] n. **1** 〔눈·토사·암석 따위의〕 사태. **2** 〔사태처럼〕 갑자기 쏟아져 내리는 것, 〔우편물·질문·불평 따위의〕 쇄도. ¶ an *avalanche* of misfortunes 밀어 닥치는 재난 / an *avalanche* of questions 빗발 같은 질문. ── vi. (**-lanched, -lanch·ing**) 쏟아져 떨어지다, 쇄도하다, 밀어닥치…하다.
ávalànche blàst n. 〔알프스 따위의〕 눈사태.
a·vale·ment [əvǽlmənt] n. 〔프랑스〕 (= a lowering) 〔스키〕 아바르망〔활강·회전에서 허리를 낮추고 속도를 올리는 방법〕.
a·vant-cou·ri·er [F avãkurje] n. 〔프랑스〕 (=

avant-garde 183 **aversion therapy**

before courier) **1** 선구자. **2** (~s) [군대·스포츠 따위에서] 전위(advance guard).
a·vant-garde [ɑːvɑːn(t)gɑ́rd / F avɑ̃gard] *n.* (the ~) [예술의] 전위, 아방가르드, 전위 예술가들. —*adj.* 아방가르드의, 전위적인. ¶ *avant-garde* artists 전위 화가들 / *avant-garde* pictures 전위 회화. (<F advance guard) 〔의.
a·vant-gard·ism [ɑːvɑːn(t)gɑ́rdiz(ə)m] *n.* 전위주의.
avant-guerre [F avɑ̃gɛːr] *n.* 《프랑스》(=before war) 전전(戰前), 아방게르[제1, 2차 대전의 전전판].
a·va·rice [ǽvəris] *n.* U 탐욕, 허욕(虛慾).
◇ avaricious *adj.*
av·a·ri·cious [ævəríʃəs] *adj.* 욕심 많은, 탐욕스러운. ¶ He is *avaricious* of power. 그는 권력에 굶주려 있다. ~**·ly** *adv.* ~**·ness** *n.* ◇ avarice *n.*
a·vast [əvǽst / əvɑ́ːst] *interj.* 【항해】중지!, 서라!(Stop!), 그만!(Cease!).
av·a·tar [ǽvətɑ̀ːr / ﹣﹣﹣] *n.* UC **1** 〔인도 신화〕신이 화신(化身)하여 이 세상에 내려오는 일; 권화(權化), 화신. **2** 구현, 구체화.
a·vaunt [əvɔ́ːnt, +美 əvɑ́ːnt] *interj.* 《고어》물러가!, 꺼져!, 나가!(Away!, Go!).
A.V.C. (略) American Veterans' Committee(미국 재향 군인회), Army Veterinary Corps(육군 수의단(獸醫團)); automatic volume control(자동 음량 조절).
avdp. (略) avoirdupois.
a·ve [éivi, áːvei / áːvi] *interj.* **1** 어서 오십시오(Hail! Welcome!); 만세!. **2** 안녕히 가십시오(계십시오) (Farewell!). —*n.* **1** 어서 오십시오(안녕히 가십시오)라는 말, 환영(작별)의 인사. **2** (A-) = Ave Maria 1, 2.
Ave., ave. (略) avenue. ¶ Ave Maria 1, 2.
Ave bell *n.* 삼종(三鐘) 기도 시각을 알리는 종(Angelus bell).
A·ve Ma·ri·a [áːvei mərí:ə, áːvi- / áːvi mərí(ː)ə] *n.* **1** 아베 마리아[성모 마리아에게 바치는 기도의 말] (Hail Maria, Ave Mary). **2** 삼종(三鐘) 기도의 시각. **3** 아베마리아의 기도(노래). **4** 〔기도의 횟수를 세는〕 염주알, 로자리오.
a·venge [əvéndʒ] *vt.* (**a·venged, a·veng·ing**) **1** …의 복수를 하다, 원수를 갚다, …의 보복을 하다(*on*). ¶ (~+图+前+图) *avenge* an insult on one's honor 노여 당한 보복을 하다 / I will *avenge* my father's death *on* them. 나는 그들에게 아버지를 죽인 원수를 갚겠다. **2** (재귀용법 또는 수동형으로) …에 복수하다(*on*). ¶ (~+图+前+图) *avenge* oneself *on* (or *upon*) a person 남에게 복수하다 / I will be *avenged on* you sooner or later. 조만간에 원수를 갚아 주겠다. ＊이 표현으로는 보통 revenge 를 쓴다.
類語 **avenge** 정의를 위하여 당연한 보복을 하다: God will *avenge* such an act. 신은 그와 같은 행위에 복수를 할 것이다. **revenge** 증오 따위의 개인적 동기로 복수하다: He wished to *revenge* himself on the policeman who had arrested him. 그는 자기를 체포한 경찰관에게 복수하기를 원했다.
◇ vengeance *n.*, vengeful *adj.*
a·veng·er [əvéndʒər] *n.* 복수하는 사람. ¶ the *avenger* of blood 복수권을 가진 피해자의 최근친자.
av·ens [ǽvinz] *n.* 장미과(科) 뱀무속(屬)의 식물.
av·en·tail [ǽvəntèil] *n.* 투구의 드립[투구의 뒤쪽·좌우에 늘어뜨려 목덜미를 덮는 것].
a·ven·tu·rine [əvéntʃurin / ﹣tjuː-], (**a·ven·tu·rin**) U **1** 금빛 구리가루가 섞인 갈색 장식 유리. **2** 사금석 (砂金石).
av·e·nue [ǽvinjuː / -njuː] *n.* **1** 통로[기념비나 저택 등으로 통하며 보통 양쪽에 가로수가 있다]. **2** 가로수길. **3** 《美》대로, 한길 (＊ New York 에서는 동서로 뻗은 길을 street 라고 하는 데 대하여 남북으로 난 대로를 말한다). ¶ the Fifth *Avenue* of New York 뉴욕 5번가. **4** 〔어떤 장소로 가는〕길(*to...*). ¶ the *avenue* to China 중국으로 가는 길. **5** 《비유적》도달(접근) 수단(*to...*). ¶ an *avenue* of escape from reality 현실 도피의 수단 // an *avenue* to success 성공에 이르는 길.
a·ver [əvə́ːr] *vt.* (**a·verred, a·ver·ring**) **1** 〔진실임〕을 확언하다, 단언하다; 《법》주장하다. **2** 〔법률〕…을 언명하다, 증언하다. ¶ (~+*that* 節) She *averred* that he had done it. 그녀는 그가 그것을 했다고 증언했다.
av·er·age [ǽv(ə)ridʒ] *n.* CU **1** 평균; 보통; 표준. ¶ arithmetical *average* 산술 평균 / take (*or* strike) an *average* 평균을 잡다, 평균하다 / His intelligence is far above (below) the *average*. 그의 지능은 보통보다 훨씬 뛰어나다(떨어진다) / The crops are quite up to the *average*. 수확은 평년작은 충분히 된다. **2** 〔수로 인쇄료·에선료(曳船料) 따위의〕소(小)비용; 〔해상법〕해손 (海損) 〔해난에 의하여 선박 또는 뱃짐에 생긴 손해·비용〕. ¶ general (particular) *average* 공동(단독) 해손.
on an (*or* **the**) **average** 평균하여, 대개.
—*adj.* **1** 평균의, 평균한. ¶ the *average* span of human life 평균 수명 / *average* monthly rainfall 1개월 평균 강수량 / *average* value 〔수학〕평균치. **2** 보통의, 평범한(usual, ordinary). ¶ an *average* man 보통 사람, 범인.
—*v.* (**-aged, -ag·ing**) *vt.* **1** …의 평균치를 구하다, …을 평균하다. **2** 평균 …에 달하다, 평균 …이 되다. ¶ The expenses *average* 500 dollars a week. 경비는 1주 평균 500 달러이다. **3** 평균 …을 하다. ¶ He *averages* forty hours' work a week. 그는 1주에 평균 40시간 일한다. **4** …을 비례 배분하다, 균분하다. ¶ We *averaged* our gains according to what each had put in. 우리들은 투자한 금액에 따라서 수익을 분배했다.
—*vi.* 《美》평균에 달하다, 보통 수준에 되다.
average down (up) 〔증권 따위를 매매하여〕 평균치를 내리다(올리다).
average out ① 〔증권 따위에서 손해를 보지 않도록〕매매해 버리고 손을 떼다. ② 결국 평균치(가)가 된다.
áverage devìátion *n.* =mean deviation. 〔산인.
av·er·ag·er [ǽv(ə)ridʒər] *n.* 〔상업〕해손(海損) 청
áverage yèar *n.* 평년.
a·ver·ment [əvə́ːrmənt] *n.* UC **1** 단언, 확언, 언명. **2** 〔법률〕사실의 진술(주장).
A·ver·nus [əvə́ːrnəs] *n.* **1** 아베르누스호(湖) 〔이탈리아의 나폴리(Naples) 근처에 있는 화구호(火口湖). 그 증기 때문에 호수 위를 나는 새가 죽었다고 하며, 예전에는 이것이 지옥의 입구라고 전해져 왔다〕. **2** 《로마 신화》지옥(Hades, hell).
a·verse [əvə́ːrs] *adj.* 〔서술 형용사〕 **1** 싫어하는, 꺼리는(disinclined), 마음 내키지 않는(unwilling); 반대하는(opposed)(*to...*). ⇨ RELUCTANT 類語 ¶ be *averse to* (*or* from) flattery 아첨을 싫어하다 / be *averse to* going 가기를 싫어하다. **2** 〔식물〕〔잎이〕 줄기의 반대쪽을 향한. *opp.* adverse
~**·ly** *adv.* ~**·ness** *n.*
a·ver·sion [əvə́ːrʒ(ə)n, -ʃ(ə)n / -ʃ(ə)n] *n.* **1** U 〔종종 an~〕싫음, 혐오, 반감(*to...*). ¶ I have an *aversion* to falsehood in any form. 어떤 거짓말이든 거짓말은 질색이다. **2** 싫은 사람(것).
類語 **aversion** 불쾌한 것을 피하는 기분: have an *aversion* to anything that creeps 기어다니는 것은 다 싫다. **antipathy** 불쾌한 것에 대한 적의를 암시: He has an *antipathy* for anything that creeps and throw stones at it. 그는 기어다니는 것은 다 싫어해서 돌을 집어던진다. **disgust** 감각적으로 메스꺼운 듯한 혐오: I felt *disgust* at the smell of the fish. 생선 냄새가 몹시 싫었다. **loathing** 증오(hatred)와 disgust 가 섞인 기분. **repugnance** 자기 생각·기호에 맞지 않는 것에 대한 반발. **abhorrence** 강한 repugnance.
one's pet (*or* **chief**) **aversion** 아주 싫은 것.
aversion therapy *n.* 혐기(嫌忌)요법〔해로운 자극을 주어 어떤 버릇이나 반사회적 행동을 그만하게 하는

a·vert [əvə́ːrt] *vt.* **1** …을 돌리다, 비키다(turn away) (*..from*). ¶ (~ +图+前+图) She *averted* her eyes *from* his stare. 그녀는 그의 응시에서 눈을 돌렸다. **2** …을 피하다, 막다. ¶ He *averted* the accident only because of his quick reflexes. 그는 빠른 조건 반사 덕택에 사고를 피했다.

a·vert·a·ble [əvə́ːrtəbl] *adj.* =avertible.

a·vert·i·ble [əvə́ːrtəbl] *adj.* 피할 수 있는, 막을 수 있는.

Aves [éiviːz] *n. pl.* (척추 동물문(門)의) 조류(鳥類).

A·ves·ta [əvéstə] *n.* 조로아스터교(Zoroastrianism)의 성전. 「된 군대.

AVF (略) *All-Volunteer Force* (지원병만으로 편성

av·gas [ǽvgæs] *n.* 항공기용 가솔린.
[＜AV[IATION]+GAS[OLINE]]

avi- bird의 뜻의 연결형. 예: aviculture.

a·vi·an [éiviən] *adj.* 새의, 조류의. 「家」

a·vi·a·rist [éiviərist, -viərist/-vjə-] *n.* 애조가(愛鳥

a·vi·ar·y [éiviəri/-vjəri] *n.* (*pl.* -**ar·ies**) 큰 새장, 새집, 사조원(飼鳥園).

a·vi·ate [éivièit] *vi.* (-**at·ed, -at·ing**) 비행하다.

*a·vi·a·tion** [èiviéiʃ(ə)n, æv-] *n.* U **1** 비행(술), 항공(술). ¶ civil *aviation* 민간 항공/ an *aviation* corps 항공대/ an *aviation* ground 비행장. **2** 군용기(military aircraft). **3** 항공기의 기종(형, 생산). ¶ the *aviation* of the future 미래의 항공기. ◇ áviate *v.*

aviátion cadét *n.* (美공군) 사관(간부) 후보생.

aviátion bádge *n.* (美) 공군 기장(記章) (wings).

aviátion médicine *n.* U 항공 의학.

aviátion spírit *n.* (英) (고(高) 옥탄가(價)의) 항공기용 연료.

*a·vi·a·tor** [éivièitər, ǽv-] *n.* 비행가, 항공사. ¶ a *civilian* (*or* a *private*) *aviator* 민간 비행가.

áviator's éar *n.* (의학) 항공 중이염.

a·vi·a·trix [èiviéitriks], (**a·vi·a·tress** [éiviètris]) *n.* (*pl.* -**trix·es** [-triksiz] *or* -**tri·ces** [-trisiːz]) 여류 비행가.

a·vi·cul·ture [éivikʌltʃər] *n.* U 조류 사육. 「사.

av·id [ǽvid] *adj.* 탐욕 많은, 열망하는(greedy)(*for..*). ¶ be *avid for* food 먹을 것을 탐하다/ be *avid for* money 돈을 몹시 탐내다. **2** 열심인, 열광적인 (enthusiastic, ardent). ¶ an *avid* movie-goer 열렬한 영화팬. ~**·ly** *adv.*

a·vid·i·ty [əvídəti] *n.* U 열심(eagerness), 탐욕. ⇒ GREED [類語] ¶ eat with *avidity* 게걸스럽게 먹다/ have a strong *avidity for* a thing 어떤 것을 몹시 탐내다.

a·vi·ette [èiviét] *n.* (사람의 힘으로 조종하는) 아주 더식 소형 비행기. 「조류상(相).

a·vi·fau·na [èivifɔ́ːnə] *n.* 한 지방의 조류(鳥類); 지방

a·vi·ga·tion [ævigéiʃ(ə)n] *n.* U 항공; 항공술.
[＜AV[IATION]+[NAVI]GATION]

A·vi·gnon [əvínjɑn, əvíːnjɔːŋ] *n.* 아비뇽(프랑스 동남부 Rhone 강변의 도시. 1309-77년 사이의 로마 교황의 거주지가 되었다).

a·vion [F avjɔ̃] *n.* (*pl.* **avions** [F avjɔ̃]) (프랑스) (=airplane) 비행기. ¶ par *avion* 항공편으로(by airmail). 「전자 공학.

a·vi·on·ics [èiviɑ́niks /-5n-] *n. pl.* (단수 취급) 항공

a·vir·u·lent [eivír(j)ulənt/ævír-] *adj.* 약독성(弱毒性)의, [더운 기운·오랜 세월 때문에] 독이 빠진, 무독성의.

a·vi·so [əváizou] *n.* (*pl.* -**sos**) **1** 급송 공문서, 통보 (dispatch). **2** 통보정(艇).

a·vi·ta·mi·no·sis [èivàitəmínóusis, èivitǽmin-/æ-] *n.* U(병리) 비타민 결핍증. 「시스템).

AVM (略) *automatic vehicle monitoring* (자동 배차

A.V.M. (略) (英) *Air Vice-Marshal*.

av·o·ca·do [ǽvəkɑ́ːdou, ɑ̀ːvə-] *n.* (*pl.* -**dos**) 아보카도, 악어(鰐梨) [열대성 과일. 식용]; 아보카도 나무.

av·o·ca·tion [ǽvo(u)kéiʃ(ə)n] *n.* **1** 부업, 내직(內職), 취미삼아 하는 일(hobby). **2** 직업, 본업. * 현재는 보통 vocation을 쓴다. **3** (고어) 심심풀이, 소일거리(diversion).

a·vo·ca·to·ry [əvɑ́kətɔ̀ːri / əvɔ́kət(ə)ri] *adj.* 소환하는, 「a vocatory letter 소환장.

av·o·cet [ǽvo(u)sèt] *n.* 뒷부리장다리물떼새.

‡**a·void** [əvɔ́id] *vt.* **1** …을 피하다, 비키다, 회피하다, 경원하다. ⇨ ESCAPE [類語] ¶ *avoid* bad (*or* evil) company 나쁜 친구와의 교제를 피하다 // (~ +*ing*) I could not *avoid* saying so. 그렇게 말하지 않을 수가 없었다. **2** (법률) …을 무효로 하다, 취소하다(annul). **3** (폐어) …을 비우다(empty); …을 쫓아내다(expel). ◇ avóidance *n.*

*a·void·a·ble** [əvɔ́idəbl] *adj.* **1** 피할 수 있는. **2** (법률) 무효로 할 수 있는. -**bly** *adv.*

*a·void·ance** [əvɔ́idəns] *n.* U **1** 회피, 기피. **2** (법률) 취소, 무효의 주장.

avoir. (略) *avoirdupois.*

av·oir·du·pois [ǽvərdəpɔ́iz] *n.* U **1** =avoirdupois weight. **2** (美구어) 무게, 체중. ¶ a woman of much *avoirdupois* 뚱뚱한 여자.

àvoirdupóis wéight *n.* U 상형(常衡) (보석·귀금속·약품 이외에 쓰는 중량 단위. 16 ounces =1 pound).

A·von [ǽv(ə)n, éiv(ə)n] *n.* (the ~) 에이번강[잉글랜드 중부의 강. Shakespeare의 출생지 Stratford는 그 근처에 있어서 Stratford-on-Avon이라 하며, 또 Shakespeare는 Sweet Swan of Avon(에이번강의 백조)이라고 불린다]. [＜Celt. river]

a·vo·set [ǽvo(u)sèt] *n.* =avocet.

a·vouch [əváutʃ] *vt.* **1** …을 공공연히 주장하다, 공언하다(assert). **2** …을 보증하다(guarantee). **3** …을 승인하다(admit). — *vi.* (고어) 보증하다(*for..*). ¶ (~ + 前+图) I can *avouch for* the quality. 품질은 보증합니다.

a·vouch·ment [əváutʃmənt] *n.* UC 단언, 주장.

a·vow [əváu] *vt.* **1** …을 공언하다, 언명하다. ¶ He *avows* himself [to be] an upholder of the party. 그는 그 당의 지지자라고 공언한다. **2** …을 (솔직히) 인정하다, 승인하다(confess). ¶ *avow* a crime 죄를 고백하다/ *avow* one's sinfulness 죄가 많음을 인정하다.

a·vow·al [əváuəl] *n.* UC 공언, 명언; 승인; 고백.

a·vow·ant [əváuənt] *n.* 승인자, 승낙자.

a·vowed [əváud] *adj.* 스스로 인정된(admitted), 공언한(declared), 공공연한(open). ¶ an *avowed* enemy 공공연한 적/ her *avowed* lover 그녀의 공공연한 애인.

a·vow·ed·ly [əváuidli] *adv.* 공공연히, 명백히.

AVR (略) *automatic voltage regulator*(자동 전압 조정장치); *automatic volume recognition*(자동 볼륨 인식 기능).

a·vul·sion [əvʌ́lʃ(ə)n] *n.* U **1** 잡아찢기. **2** (법률) (토지의) 자연 분리[수로의 자연 변화나 홍수로 인하여 어떤 사람의 토지의 일부가 다른 사람의 소유지에 덧붙는 일]. **3** C 찢겨진 것; (법률) 자연 분리.

a·vun·cu·lar [əvʌ́ŋkjulər] *adj.* 아저씨(uncle)의, 아저씨 같은.

AVVI (略) (우주공학) *altitude vertical velocity indicator*(우주 왕복선의) 고도·연직(鉛直) 속도계).

aw [ɔː] *interj.* 에이! [항의·혐오감 등을 나타낸다]; 제발! (호소·탄원의 표현)] ¶ No! — Aw, come on, please! 싫어! — 제발, 부탁해!

a.w. (略) *actual weight*(실량(實量)); *all water*(만수); *atomic weapon*; *atomic weight*.

AWA (略) *American Wrestling Association* (미국 레슬링 협회).

AWACS [éiwæks] *n.* (군사) 공중 조기 경계 관제 시스템. (＜*Airborne Warning and Control System*)

‡**a·wait** [əwéit] vt. **1** [사람이] …을 기다리다, 대기하다(wait for); …을 고대하다, 기대하다, 기다리다(expect). (* wait보다 다소 문어적). ¶ the long *awaited* summer vacation 기다리고 기다리던 여름 방학 / I have *awaited* your arrival(reply) for a week. 너의 도착(답장)을 1주일 동안 기다렸다. **2** [사물 따위가] [사람]을 기다리고 있다, …에 준비되어 있다. ¶ A warm welcome *awaits* you. 따뜻한 환영이 준비되어 있음니다 / Death *awaits* us all. 죽음이 우리 모두를 기다린다, 생자필멸. **3** 《폐어》 …을 숨어 기다리다. — vi. 《기대하면서》 기다리다, 대망하다(wait).

‡**a·wake** [əwéik] v. (**a·woke** or **a·waked, a·wak·ing**) vt. **1** …을 잠에서 깨우다, 일으키다. ¶ (~+目+前+名) A shrill cry *awoke* me *from* (or *out of*) my sleep. 날카로운 외침 소리에 나는 잠이 깼다. **2** [죄·무지 따위로부터] …을 깨우치다, …을 자각시키다, 깨닫게 하다. ¶ (~+目+前+名) *awake* people *from* ignorance 사람들을 계몽하다 / Her death *awoke* him to a sense of sin. 그녀가 죽음으로써 비로소 그는 자기 죄를 깨달았다. **3** …을 [무기력 따위에서] 분기시키다(stir up). **4** [기억·감정 등]을 환기하다(call forth). ¶ *awake* old memories 옛 기억을 생각나게 하다.
— vi. **1** 잠을 깨다, 눈뜨다, 일어나다(wake up). ¶ I *awoke* with a start. 깜짝 놀라 눈을 떴다 // (~+前+名) *awake from* (or *out of*) sleep 잠에서 깨다 // (~+to do) He *awoke to* find himself famous. 그는 깨어나 보니까 유명해져 있었다. **2** 알아차리다, 깨닫다, 눈뜨다. ¶ (~+前+名) *awake to* a danger 위험을 깨닫다 / *awake from* a delusion (an illusion) 망상(환상)에서 깨어나다 / *awake to* the realities of life. 그는 인생의 현실에 눈을 떴다 / I have recently *awoke to* the value of moderate exercise. 적당한 운동의 가치를 최근에 깨달았다.
— adj. 《서술 형용사》 **1** 자지 않는, 잠이 깬(waking). opp. asleep ¶ be wide *awake* 완전히 깨어 있다 / lie *awake* 깬 채 누워 있다 / keep a person *awake* 남을 재우지 않다 / Fears kept me wide *awake* all night. 무서워서 밤새 한잠도 자지 못했다. **2** 빈틈이 없는, 주의 깊은(vigilant, alert). ¶ He is always wide *awake*. 그는 항상 빈틈이 없다.

‡**a·wak·en** [əwéik(ə)n] vt. **1** …을 잠에서 깨우다, 일으키다. ¶ (~+目+前+名) be *awakened from* sleep 잠에서 깨다. **2** …에 자각시키다, 깨닫게 하다, …에 눈뜨게 하다, 깨닫게 하다. ¶ (~+目+前+名) It has *awakened* him *to* a sense of his position. 그것이 그에게 자기 지위의 중요성을 깨닫게 했다. — vi. **1** 잠에서 깨다, 일어나다. **2** 알아차리다, 깨닫다, 눈뜨다.

a·wak·en·ing [əwéik(ə)niŋ] adj. 잠에서 깨우는; 깨닫게 하는, 각성하는. — n. ⓤⓒ 눈뜸, 각성. ¶ They had a vague *awakening to* his intention. 그들은 희미하게나마 그의 의도를 알게 되었다.

‡**a·ward** [əwɔ́ːrd] vt. **1** [심사·고려를 하고] …에게 [상벌·장학금 따위]를 주다, 수여하다(adjudge, grant). ¶ (~+目+目) (~+目+前+名) *award* a person a prize; *award* a prize to a person 남에게 상을 주다 / He *was awarded* a gold medal for his excellent performance. 그는 묘기로 금메달을 받았다. **2** [중재 재판 따위에서] …을 재정(裁定)하다, …에게 《裁定》하다 [사정하여] …을 주다. ¶ The court *awarded* damages of 50,000 won. 법정은 5만 원의 손해 배상액을 재정했다.
— n. ⓤ 상, 상품, 상여 (prize). ⇔ REWARD
類語 **2** 〔중재 재판 따위의〕 심판, 판정, 재정. **3** 판정서; 〔손해 배상 따위의〕 재정액.

a·ward·ee [əwɔ̀ːrdíː, -ːíː] n. 수상자.

awárd wàge n. 《濠》 법정 최저 임금.

‡**a·ware** [əwɛ́ər] adj. 《서술 형용사》 알아차린, 감지한 (conscious) 아는, 알고 있는 (informed, knowing) (*of*…). ¶ He became *aware* of my intention. 그는 내 의도를 눈치챘다 / He was never fully *aware* of the extent of his failures. 그는 자신의 실패가 어느 정도인지 충분히 알고 있지 못했다 / I was well *aware that* it was dangerous. 그것이 위험하다는 것은 잘 알고 있었다.
類語 **aware** 관찰·감각에 의하여 또는 배워서 알고 있는 (깨닫고 있는): be *aware* of one's feverishness 자신이 열이 있다는 것을 깨닫고 있다. **conscious** 사실·상태에 의식적으로 관심을 집중하고 있는: be *conscious* of one's heartbeat 자신의 심장이 뛰는 것을 알고 있다.
◇ *awáreness* n.

◇**a·ware·ness** [əwɛ́ərnis] n. ⓤ 《때로 an~》 **1** 알고 있음, 깨닫고 있음, 자각, 인식. **2** 《심리》 의식성.

a·wash [əwɔ́ʃ, əwɑ́ʃ / əwɔ́ʃ] adv., adj. (* 형용사로서는 서술용법) **1** 〔항해〕 〔바위·침몰선 따위가〕 수면과 같은 높이의. **2** 물에 덮여 있는. **3** 파도에 씻기는. **4** 《물건이》 넘치는(*in*...). **5** 화한.

‡**a·way** [əwéi] adv. **1** 저리로, 저쪽으로, 저편으로(off). ¶ go *away* 가버리다 / throw *away* 던져 버리다, 버리다 / clear *away* rubbish 쓰레기를 치우다 / Drive him *away*! 그를 쫓아 버려라 / He ran *away* with my money. 그는 내 돈을 가지고 가버렸다 / Immediately he was *away*. 그는 곧 떠났다 / *Away*! = Get *away*! = Go *away*! 저리 가!, 꺼져!, 가거라!
2 떨어져, 저쪽에, 떠나서 (apart). ¶ far *away* 저멀리 / six miles *away* 6마일 떨어져서 / stay (or keep) *away* from …에 가까이하지 않다, …에서 떨어져 있다 / be *away* at the front 전선에 나가 있다 / He is *away* in the country. 그는 시골에 가 있다.
3 부재중, 결석하여 (absent). ¶ He is *away* from home (school). 그는 집에 없다 (학교를 쉬고 있다) / They are *away* for the summer. 그들은 피서를 가고 있다.
4 옆으로 (aside). ¶ turn *away* 열을 향하다, 외면하다 / Don't look (or turn your eyes) *away*! 곁눈질 마라!
5 차츰 소멸하여, 없어지어. ¶ die *away* 사라져 가다, [차츰] 조용해지다 / fade *away* 사라지다 / waste *away* 낭비하다; 몹시 여위다 / wear *away* 마멸시키다; 지나가다 / wash *away* 씻어내리다 / idle *away* one's time 빈둥빈둥 시간을 보내다.
6 끊임없이, 꾸준히, 연이어(continuously, repeatedly). ¶ work *away* 부지런히 일하다 / He kept on hammering *away*. 그는 몇 번씩이고 되풀이했다.
7 곧, 당장, 즉시. ¶ right (or straight) *away* 곧 / Fire *away*! 시작하라! ; 계속 쏘라! ; 《군대》 사격 개시!
8 《미구어》 저 멀리, 훨씬(far) (* above, ahead, back, behind, below, down, off, out, over, up 따위 시간·공간을 의미하는 부사·전치사, 또는 비유적 의미의 다른 부사·전치사를 강조한다. 종종 'way, way of. 생략). ¶ *away* back 훨씬 후방의; 훨씬 이전의, 벌써 / far and *away* 저멀리, 훨씬, 뛰어나게, 단연.
9 a) 〔야구〕 아웃이 되어. ¶ There are two *aways*. 두 명 아웃이다. b) 〔골프〕 공이 홀에서 가장 먼 곳에 있어 제일 먼저 플레이하는. c) 〔스포츠〕 〔홈그라운드가 아닌〕 원정의. ¶ *away* games (or matches) 원정 시합.
10 《美 속어》 투숙(구금)되어.
away with 《명령형으로》 …을 쫓아버려, 치워버려. ¶ *Away with* him! 그를 쫓아버려 / *Away with* it! 그것을 치워라!; 그만둬라!
cannot away with 〔고어〕 …을 참지 못하다. ¶ I cannot *away with* it. 그것은 참을 수 없다.
do (or *make*) *away with* ⇒ DO, MAKE.
explain away ⇒ EXPLAIN.
fall away from 《美》 ⇒ FALL.
from away 《美》 멀리에서.
get away with ⇒ GET.
out and away ⇒ OUT.
put away ⇒ PUT.
Where away? 어느 방향이냐? (In what direction?)

‡**awe** [ɔː] n. ① [숭고・장엄・강대한 것 앞에서 느끼는] 두려움, 경외(敬畏). ¶ a feeling of awe 두려워하는 마음 / with awe 위엄에 눌리어 / be (or stand) in awe of …을 두려워하다 / be struck with awe 위엄에 눌리다 / hold (or keep) a person in awe 남을 늘 두려워하게 하다 / inspire a person with awe 남을 늘 두려워하게 하다. **2** 〖고어〗 위력, 위풍. **3** 〖폐어〗 공포(fear, dread). — v. (**awed, aw·ing**) vt. **1** …을 두려워하게 하다, …에게 경외하게 하다. **2** …을 위압(압도)하다. ¶ (＋ ＋ 目＋前＋名) He awed the boy into obedience (doing it). 소년을 위압하여 복종시켰다(그것을 시켰다). ◇ áwful, áwesome adj.

A-wéap·on [éiwèp(ə)n] n. 원자 무기 (atomic weapon).

a·wea·ry [əwí(ː)ri / -wíə-] adj. 〖詩〗〖서술 형용사〗＝weary.

a·weath·er [əwéðər] adv., adj. 〖항해〗 바람 불어오는 쪽으로. opp. alee

a·weigh [əwéi] adj. 〖서술 형용사〗〖항해〗 닻을 감아올리고〖닻이 해저에서 떨어지는 순간을 말한다〗.

awe-in·spir·ing [ɔ́ːinspàiəriŋ / -spàiər-] adj. 두려움을 일으키게 하는, 장엄한.

awe·less, aw- [ɔ́ːlis] adj. **1** 두려워하지 않는; 두려움을 모르는(fearless). **2** 두려울 것 없는, 대담한 것이 못 되는.

awe·some [ɔ́ːsəm] adj. **1** 두려움(경외심)을 일으키게 하는, 황송스러운. **2** 무시무시한, 무서운.
~·ly adv. ~·ness n.

awe-strick·en [ɔ́ːstrìk(ə)n] adj. ＝awe-struck.

awe-struck [ɔ́ːstrʌk] adj. 위엄에 눌린, 두려워진.

‡**aw·ful** [ɔ́ːfəl →adj. 2] adj. **1** 무서운(dreadful). **2** 〖구어〗 지독한, 심한(ugly), 아주 싫은. ¶ an awful error 심한 잘못. **3** 공손한, 경건한(reverential). 장엄한. ¶ the awful majesty of alpine peaks 높은 산봉우리의 장엄한 숭고성. — adv. 〖구어〗 몹시, 대단히 (very, extremely). ◇ awe n.

‡**aw·ful·ly** adv. **1** [ɔ́ːfli →2, 3] 몹시, 대단히 (very, extremely). ¶ I am awfully sorry for you. 정말 미안합니다. **2** [ɔ́ːfli] 무섭게, 끔찍하게, 몹시. **3** [ɔ́ːfəli] 〖고어〗 엄숙하게, 공손하게.

aw·ful·ness n. Ⓤ **1** [ɔ́ːfəlnis→2] 두려움, 장엄. **2** [ɔ́ːfnis] 심함, 끔찍스러움.

a·wheel [ə(h)wíːl] adv., adj. 자전거를 타고.

*****a·while** [ə(h)wáil] adv. 잠깐(for a while). ¶ Stay awhile. 잠깐 계시오. ◇ while conj.

a·whirl [ə(h)wə́ːrl] adv. (보통 서술적으로) 빙글빙글 (빨리) 도는.

‡**awk·ward** [ɔ́ːkwərd] adj. (~·er, ~·est) **1** 서투른, 솜씨없는(clumsy). ¶ an awkward workman 솜씨가 서툰 직공 / an awkward excuse 서투른 변명.
2 보기 흉한, 꼴사나운(ungraceful). ¶ He is awkward in his gestures. 그는 몸짓이 어색하다.
3 다루기 불편한, 불편한(unhandy). ¶ awkward instruments 불편한 기구 / an awkward handle to hold 쥐기 힘든 손잡이.
4 주의를 요하는, 조심해야 하는, 위태위태한(requiring caution). ¶ This is an awkward corner to turn. 이건 함부로 다룰 일이 아니다(쉽게 극복할 수 없는 난국이다).
5 〖사람이〗 다루기 힘드는, 만만치 않은. ¶ He's an awkward customer. 그는 다루기 힘든 놈이다, 만만치 않은 녀석이다.
6 난처한, 성가신, 귀찮은; 거북한, 쑥스러운, 멋적은. ¶ an awkward situation 난처한 처지 / an awkward predicament 곤경, 궁지 / feel awkward 난처해하다.
7 〖폐어〗 고집센, 심술궂은(perverse). ~·ness n.

áwkward áge n. (the ~) 다루기 힘든 나이, 사춘기. 〔어색하게.

*****áwk·ward·ly** [ɔ́ːkwərdli] adv. 서투르게, 꼴사납게,

áwkward squád n. 신병반(新兵班).

awl [ɔːl] n. 〖가죽・나무 따위에 작은 구멍을 뚫는〗 송곳.

AWL (略) absent with leave(휴가로 결근한). cf. AWOL

aw·less [ɔ́ːlis] adj. ＝aweless.

AWLS (略) 〖항공〗 all weather landing system(전천후 착륙 장치).

awn [ɔːn] n. **1** 〖식물〗 [보리 따위의] 까끄라기 (beard). **2** 까끄라기 비슷한 강모(剛毛).

awned [ɔːnd] adj. 까끄라기가 있는.

*****awn·ing** [ɔ́ːniŋ] n. **1** [창 따위의] 차일, 차양; 막사 덮개; [갑판 위의] 천막. **2** 차폐물(shelter).

áwning déck n. 〖항해〗 덮개가 있는 갑판.

*****a·woke** [əwóuk] v. awake의 과거・과거 분사의 하나.

AWOL, a·wol [éiwɔl / -wɔl] n. 무단 결근자, 무단 외출자. — adj. 무단 결근 (외출)의. [<absent without leave]

a·wry [ərái] adv. **1** 구부러져, 비틀어져(askew). ¶ glance (or look) awry 결눈질로 보다 / think awry 삐딱하게 생각하다. **2** [사람의 행동이나 사물이] 잘못되어, 신통치 않게(amiss, wrong). ¶ Our plans went awry. 계획은 실패했다. — adj. 〖서술 형용사로〗 구부러진, 비뚤어진. ¶ be awry from …에 어긋나다 / The picture is all awry. 그림은 완전히 비틀어져 있다 / Her hat was blown awry by the wind. 바람에 불려서 그녀의 모자가 비뚤어졌다.

‡**ax¹, axe¹** [æks] n. (pl. **axes**) **1** 도끼, 피켈 (ice ax). **2** (the ~) 〖구어〗 면직, 해고; [비용의]대(大) 삭감, 퇴학; [애인 등에 의한] 퇴짜. ¶ get the ax 해고당하다; 퇴학당하다; [애인 등에게]채다, 딱지 맞다. **3** 〖속어〗 [재즈용의] 악기.

hang up one's ax 쓸데없는 계획을 중지하다.

have an ax to grind 딴 속셈이 있다. cf. ax-grinder

put the ax in the helve 어려운 문제를 해결하다.

— vt. (**axed, ax·ing**) **1** [도끼로] …을 자르다, 세공 (細工)하다. **2** [인원・비용 따위를] 삭감하다.

ax², **axe²** [æks] v. 〖속어〗 ＝ask.

ax. (略) axiom; axis.

áxe·man [ǽksmən] n. (pl. **-men** [-mən]) ＝axman.

a·xen·ic [eizénik, -zíːn- / æzíːn-] adj. 〖생물〗 이종(異種) 생물을 섞을 수 없는, 〖동물이〗 무균(無菌)의(sterile).

ax·es¹ [ǽksiz] n. ax, axe의 복수형.

ax·es² [ǽksiːz] n. axis의 복수형.

ax-grind·er, axe- [ǽksgràindər] n. 음모가.

ax·i·al [ǽksiəl] adj. 축(軸)의, 축 모양의; 축의. ¶ axial symmetry 〖수학〗 축대칭(軸對稱).

áxial flów n. 〖제트 엔진의〗 축류(軸流).

ax·i·al·ly [ǽksiəli] adv. 축의 방향으로.

ax·il [ǽksil] n. 〖식물〗 엽액(葉腋).

ax·ile [ǽksil / -sail] adj. **1** 축의 축 위의, 축에 있는. **2** 〖식물〗 축축(葉軸)의.

ax·il·la [æksílə] n. (pl. **-lae** [-liː]) **1** 〖해부〗 겨드랑이(armpit). **2** 〖鳥類〗 [새의] 겨드랑이[해당 부분]. **3** 〖식물〗 엽액(axil).

ax·il·lar·y [ǽksəlèri / -ləri] adj. **1** 겨드랑이의. **2** 〖식물〗 엽액의, 액생(腋生)의. — n. (pl. **-lar·ies**) 〖鳥類〗 겨드랑이 날개.

ax·in·ite [ǽksinàit] n. Ⓤ 부석(斧石)(axstone).

ax·i·ol·o·gy [æksióləʤi / -síl-] n. Ⓤ 〖철학〗 가치 철학, 가치론.

ax·i·om [ǽksiəm] n. **1** 자명한 이치, 공인된 도리; 격언. **2** 원칙, 원리. **3** 〖논리・수학〗 공리(公理).

ax·i·o·mat·ic [æksiou(ə)mǽtik], (**ax·i·o·mat·i·cal** [-ik(ə)l]) adj. **1** 자명한(self-evident). **2** 격언적인 (aphoristic). **-i·cal·ly** [-ikəli] adv.

*****ax·is** [ǽksis] n. (pl. **axes**) **1** 굴대, 축. ¶ the major (minor) axis (타원의) 장(단)축. **2** 〖해부〗 제2 경추(頸椎). **3** 〖식물〗 축. **4** [해석 기하] 좌표축. **5** 〖항공〗 (비행 자세를 정하는) 종(선회, 축)축선. **6** 〖국

가간의] 추축(樞軸); (the A-) 추축국[제 2 차 대전 때의 독일·일본·이탈리아].
*ax·le [ǽksl] n. 1 【기계】 굴대, 차축. 2 차축 (axletree)의 축단(軸端).
áxle bòx n. [차의] 축함(軸函).
ax·le·tree [ǽkslrtriː] n. [마차의] 차축.
ax·man [ǽksmən] n. (pl. -men [-mən]) 도끼를 쓰는 사람, 나무꾼.
Ax·min·ster [ǽksminstər] n. (= Áxminster cárpet) 액스민스터 융단. 〔<잉글랜드 서남부의 도시 Axminster에서〕
ax·o·lotl [ǽksəlɑ̀tl /-lɔ̀tl] n. 아홀로틀[멕시코산(產) 도롱뇽의 유생(幼生)으로 식용]. 〔(軸索)
ax·on [ǽksɑn /-sɔn], (ax·one [-soun]) n. 【해부】 축삭
ax·stone, axe·stone [ǽksstòun] n. 옥(玉)의 일종 (jade).
ay¹ [ei] adv. = aye².
ay² [ei] interj. 《방언》 아!, 아아!, 오 (Ah! Oh!) 〔슬픔·놀람을 나타낸다〕.
ay³ [ai] adv., n. = aye¹.
a·yah [ɑ́ːjə / áie] n. [인도에서 서양인이 쓰는 원주민의] 하녀(maid), 유모(nurse).
a·ya·tol·lah, -tul- [ɑ̀iətóulə, -tɑ́ː-, -tʌ́l-, -tɔlɑ́ː /-tɔ́lə] n. 【회교】 (= sign of God) 시아파의 고위 성직자에 대한 존칭.
‡aye¹ [ai], (ay³) adv. 그렇다, 찬성; 네(yes). ¶ Aye, aye, sir! 예(알았습니다) [해군·공군 병사의 상관에 대한 대답]. ━ n. 찬성[투표]; 찬성자, 찬성 투표자 [영국 의회에서 쓰이며, 미국 의회의 yea에 해당한다]. ¶ take the ayes and noes on … 에 대하여 찬부를 묻다. The ayes have it. 찬성자 다수[의안의 성립을 선포하는 말].
aye² [ei], (ay¹) adv. 《詩·방언》 언제나, 영원히(ever, always). ¶ for aye 영원히.
aye-aye¹ [áiài] n. 아이아이, 다람쥐원숭이[마다가스카르섬의 나무 위에 사는 야행성 원숭이].
aye-aye² [áiài] adv. 《英》 그렇지, 그렇고말고.
AYH 《略》 American Youth Hostels.
Ayr·shire [ɛ́ərʃər, -ʃər] n. 에어셔종(種)의 젖소[에어서 원산으로 갈색과 흰색 얼룩이 있는 튼튼한 젖소]. 〔<스코틀랜드 서남부의 주 이름〕
Az 《略》 Arizona.
az. 《略》 azimuth; azure.
A-Z [éizíː / éizèd] adj. 포괄적인, ━ n. 총람; ABC순 사전(지도책). 〔<from A to Z〕
a·zal·ea [əzéiljə, -liə] n. 진달래. 〔도의 종.
a·zan [ɑːzɑ́ːn] n. [회교국 사원에서 1일 5회 올리는] 기

Az·er·bai·jan [ɑ̀ːzərbaidʒɑ́ːn, æ̀zərbaidʒǽn] n. 아제르바이잔[카스피해에 면한 구소련방 공화국; 1991년 독립; 1993년 CIS 가입; 수도 Baku. 정식 명칭 Azerbaijan Republic].
A·zil·ian [əzíːljən] adj. 아질 문화[기]의. 〔<이 문화 유적이 발견된 프랑스의 도시 Mas d'Azil의 이름〕
az·i·muth [ǽziməθ] n. 〖천문·항해〗 방위각; 방위.
az·i·muth·al [æ̀zimʌ́θəl] adj. 방위각의. ~·ly adv.
ázimuth círcle n. 방위권(方位圈).
ázimuth còmpass n. 방위 나침의.
az·o [ǽzou] adj. 【화학】 【화합물이】 질소를 함유하는, 아조의.
azo- 【화학】 질소(nitrogen)의 뜻의 연결형.
az·o·ben·zene [æ̀zoubénziːn, ‑‑‑‑] n. Ⓤ 【화학】 아조벤젠[등적색(橙赤色)의 결정체].
ázo dỳe n. 【화학】 아조 염료. 〔대의.
a·zo·ic [əzóuik, +美 ei-] adj. 《페어》 〖지질〗 무생물 시
áz·on bòmb [ǽzən-/ǽzɔn-] n. 아존 폭탄[무선 및 특수 미익(尾翼) 장치로 낙하 방향을 유도하는 폭탄].
a·zon·ic [eizɑ́nik / əzɔ́n-] adj. 한 지역에 한정되지 않는, 비국지적인.
az·ote [ǽzout, əzóut] n. Ⓤ 〖고어〗 질소(nitrogen).
a·zot·ic [əzɑ́tik / əzɔ́t-] adj. 질소의; 질소를 함유하는 (nitric).
az·o·tize [ǽzətàiz] (* 《英》에서는 az·o·tise로도 쓴다) vt. (-tized, -tiz·ing) …을 질소와 화합시키다.
A·zov [ɑ́ːzɑf / ɑ́ːzɔv] n. the Sea of ~ 아조프해[케르치(Kerch) 해협에 의하여 흑해로 연결된다].
Az·ra·el [ǽzriəl / -rei(i)əl] n. 《유대교·회교》 [죽을 때 육체에서 영혼을 분리시키는] 죽음의 천사.
Az·tec [ǽztek] n. 1 아즈텍 사람[스페인의 침략 당시 멕시코 중부의 주(主) 세력이었던 종족의 사람]. 2 Ⓤ 아즈텍 말.
Az·tec·an [ǽztekən] adj. 아즈텍 사람(말)의.
*az·ure [ǽʒər, éi-] adj. 1 하늘색의, 푸른 하늘 같은 (sky-blue). ¶ azure eyes 푸른 눈. 2 〖紋章〗 감색(紺色)의, 청색의. ━ n. Ⓤ 1 (the ~) 푸른 하늘, 창공. 2 하늘색. 3 〖紋章〗 감색, 청색.
ázure stòne n. 유리, 청금석(青金石).
az·ur·ite [ǽʒuràit] n. Ⓤ 1 남동광(藍銅鑛). 2 아주라이트[남동광을 갈아서 만든 준(準)보석].
az·y·gous [ǽzigəs] adj. 〖동·식물〗 [기관(器官) 등이] 쌍을 이루지 않는, 단일(單一)의(single),
az·yme [ǽzaim], (az·ym [ǽzim]) n. Ⓤ 무교병(無酵餅) [누룩을 넣지 않고 만든 빵. 유대교도가 유월절(Passover)에 먹는다].

B

B, b [biː] *n.* (*pl.* **B's** *or* **Bs; b's** *or* **bs**) **1** 영어 알파벳의 둘째 자. ¶ *B* for Benjamin Benjamin 의 B[국제 전화 통화 용어]. **2** B(b)가 나타내는 소리. **3** [연속된 것 중의] 두 번째 사람(물건). **4** (수학) 제2의 기지수(량). **5** B(b)자 형[의 물건]. **6** [중세 로마 숫자의] 300. **7** 《속어·익살》 빈대 (bug).
b flat 《속어》 빈대.
B and B letter 《영구어》 [최근에 받은] 음식 대접에 대한 답례장(bread and butter letter).
B and S 《영구어》 브랜디소다 [소다수를 탄 브랜디] (brandy and soda).
do not know B from a battledore (or *a bull's foot*) 낫 놓고 기역자도 모르다, 일자무식이다.
B [biː] *n.* **1** 《美》 [학업 성적적의] B, 우 [A다음]. **2** [품질의] B급, B클라스. **3** B사이즈 [구두의 볼이나 브래지어의 컵 사이즈. C 보다 작고 A 보다 크다]. **4** [혈액의] B 형. **5** (음악) 「나」음, 「나」조(調). ¶ *B* flat (sharp) 내림(올림) 「나」(음) / in *B* major (minor) 「나」장조 (단조)로. **B** (화학) boron의 원자 기호. [도].
B (略) 《서양장기》 bishop; black [연필 등의 흑색 농도].
b. 《略》 《야구》 base, baseman; (음악) bass, basso; bay; blend of, blended; book; born; breadth; brother; brotherhood.
B. 《略》 (의학) Bacillus; (음악) bass, basso; bay; Bible; boliviano; book; born; breadth; British; Brother.
B- 《略》 (군사) bomber 《美》 폭격기. ⌐erhood.
Ba (화학) barium의 원자 기호.
BA 《略》 *British Airways* (영국 항공); *Bank of America*.
B.A. 《略》 *Bachelor of Arts* (문학사); *British Academy*; *British America*.
baa [bæ, baː / baː] *vi.* (**baaed, baa·ing**) 〔양 따위가〕 매애하고 울다 (bleat); 양 같은 목소리로 말하다. ─ *n.* 〔양의〕 매애 하는 울음 소리.
B.A.A. 《略》 *British Airports Authority*; *British Astronomical Association*; *Bachelor of Applied Arts*.
B.A.A.E 《略》 *Bachelor of Aeronautical and Astronautical Engineering* (항공 우주 항행 공학사).
Ba·al [béi(ə)l] *n.* (*pl.* **-al·im** [-(ə)lim]) **1** 바알신(神) [고대 셈족의 신, 자연의 생산력을 상징]; 태양신. **2** (때로 b-) 〔일반적으로〕 사신(邪神) (false god). **3** 우상 (idol).
baa-lamb [báːlæm] *n.* 《英 어린이말》 매애 매애 [sheep, lamb을 이른다]. (<의성어〈擬聲語〉)
Ba·al·ism [béi(ə)liz(ə)m] *n.* ⓤ **1** 바알신 숭배. **2** 사신(邪神) 신앙; 우상 숭배 (idolatry).
Ba·al·ist [béi(ə)list] *n.* **1** 바알신 숭배자. **2** 사신 숭배(신앙)자; 우상 숭배자.
baas [baːs] *n.* 《南아프리카》 주인 (master, boss); 나리 [백인의 주인에 대한 호칭].
baas·skap [báːskàːp] *n.* ⓤ 《南아프리카》 백인의 유색 인종 지배, 백인 우월주의.
Baath [baːθ] *n.* = Baath Party.
Báath·ist [báːθist] *n.* 바스당원. [정당].
Báath Párty [báːθ-] *n.* 바스당(黨) [아랍의 민족주의 정당].
ba·ba [báːbə] *n.* 럼주, 버찌술 따위를 넣어 만든 건포도 과자. [스카르섬산(産)].
ba·ba·coo·te [bæbəkúːti] *n.* 바바쿠트원숭이 [마다가스카르산].
bab·bitt [bǽbit] *n.* ⓤ 《야구》 **1** = Babbitt metal. **2** [배빗 합금의] 베어링, 라이닝. ─ *vt.* [배빗 합금으로] …에 안을 대다(붙이다);…에 배빗 합금을 붙이다. ─ *adj.* 배빗 합금 [제]의.
Bab·bitt [bǽbit] *n.* (종종 b-) 《美》 속물, 취미가 저속한 사람; 스스로 중산층인 체하는 저속한 실업가. *cf.* Babbittry (<Sinclair Lewis 작의 소설 *Babbitt*의 주인공 이름)
Bábbitt métal *n.* ⓤ 〔야금〕 배빗 합금 [주석, 안티몬 구리를 함유하는 합금. 마찰 금속으로서 베어링 등에 쓰인다].
Bab·bitt·ry, -bit- [bǽbitri] *n.* (종종 b-) ⓤⓒ 《美》 저속한 실업가 기질. *cf.* Babbitt
*****bab·ble** [bǽbl] *v.* (**-bled, -bling**) *vi.* **1** 〔어린애 등이〕 서투른 말로 지껄이다 (prattle). **2** 재잘거리다 (chatter). **3** 〔시냇물이〕 졸졸 소리내다 (murmur). ─ *vt.* …을 재잘재잘 지껄이다; [비밀 따위를] 지껄이다, 입밖에 내다, 누설하다 (…*out*). ¶ *babble out* a secret 비밀을 누설하다 / *babble out* nonsense 허튼소리를 지껄이다. **3** 〔전화의〕 혼선[음]. **4** 졸졸 흐르는 소리, 물살소리.
◇ **bábblement** *n.*
bab·ble·ment [bǽblmənt] *n.* ⓤ 재잘거림, 옹알거림; [종잡을 수 없이 지껄여대는] 수다. 재잘재잘 지껄이는 소리, 졸졸 흐르는 소리.
bab·bler [bǽblər] *n.* **1** 수다쟁이; 옹알거리는 어린애. **2** 높은 소리로 지저귀는 작은 새 [지빠귀 따위]. **3** 《英속어》 요리사, 쿡 (cook).
bab·bling [bǽbliŋ] *adj.* **1** 재잘거리는. **2** 졸졸 흐르는. ¶ a *babbling* stream 졸졸 흐르는 시냇물. ─ *n.* ⓤⓒ **1** 〔실없는〕 수다; 〔어린애의〕 재잘거림, 옹알거림. **2** 졸졸 흐르는 소리.
Báb·cock tést [bǽbkak- /-kɔk-] *n.* 배브록 측정법 [우유나 유제품의 버터성 지방의 함유량을 측정. 미국의 화학자 Stephen Moulton Babcock (1843-1931)이 발명].
ːbabe [beib] *n.* **1** 갓난아기 (infant), 젖먹이 (baby). **2** 순진한 철부지. **3** 《美속어》 계집아이(girl) [특히 성적 매력이 있는 여성]. **4** 《英속어》 하원의 초선 의원.
a babe in the wood [*s*] 〔악은 행동이 필요한 경우에〕 세상 물정 모르는 순진한 사람.
babes and sucklings 어린 아기와 젖먹이들; 풋내기, 철부지들 [←마태 복음 (Matt.) 21:16].
Ba·bel [béib(ə)l, 美 bǽb(ə)l] *n.* **1** 〔성서〕 바벨, 바빌론 (Babylon) [바빌로니아의 옛 도움]; 바벨의 탑 (the Tower of Babel) [옛날 Babylon 에서 하늘까지 닿을 만한 탑을 세우려 하였으나 신의 노여움을 사, 언어의 혼란이 생겨서 실패. ←창세기(Gen.)11 : 4-9]. **2** (보통 b-) 여러 사람이 웅성웅성 떠드는 소리, 언어의 혼란; 떠들썩한 장소(광경). ¶ a *babel of* talk 웅성웅성 떠드는 말소리. **3** (b-) 매우 높은 건물, 마천루. **4** 공상적인 계획.
Bábe Rúth léague *n.* 〔야구〕 13-15세 청소년 대상의 스폰서가 붙는 리그.
ba·bies'-breath, bá·by's- [béibizbrèθ] *n.* **1** 대나물(류). **2** 무스카리 [유럽산 관상용 구근 식물].
bab·i·ru·sa, -rous·sa, -rus·sa [bæbirúːsə] *n.* 바비루사 [동인도 원산, 멧돼지과(科)의 동물].

[babirusa]

ba·boo [bá:bu:] *n*. (*pl*. -**boos**) =babu.
*****ba·boon** [bæbú:n/bə-] *n*. **1** 비비(拂拂) [아프리카, 남아시아 및 아라비아산]. **2** 《英속어》비비 같은 놈, 난폭한 사람. ◇ babóonish *adj*.
ba·boon·er·y [bæbú:nəri/bə-] *n*. ⓤⓒ 비비 같은 행동.
ba·boon·ish [bæbú:niʃ/bə-] *adj*. 비비 같은, 비비 같은 용모(성질, 행위)의.
ba·bouche [bəbú:ʃ, +美 bɑ:-] *n*. [터키 등에서 쓰는 동양식의] 덧신, 슬리퍼.
ba·bu [bá:bu:], (**baboo**) *n*. **1** Mr., Sir, Esq.에 해당하는 인도인의 존칭. **2** 인도 신사(Hindu gentleman). **3** 영어를 쓸줄 아는 인도인서기. **4** 《경멸적》영국물이 든 인도인.
ba·bul, -bool [bəbú:l] *n*. **1** 바불나무 [인도·아라비아산(産)의 고무나무]. **2** ⓤ 고무나무의 수지(꼬투리, 나무껍질).
ba·bush·ka [bəbú:ʃkə] *n*. **1** 바부시카[여인들이 머리에 쓰는 삼각형의 스카프]. **2** 할머니, 조모.
‡**ba·by** [béibi] *n*. (*pl*. -**bies**) **1** 갓난아기, 유아, 젖먹이, 아기. ¶ hold a *baby* in one's arms 아기를 안다/ make a *baby* of a person 아기 취급하다.
2 《가족·집단 등의》최연소자, 막내. ¶ He was the *baby* of the family. 그는 집안의 막내였다.
3 《행위 따위가》아기같은 사람. ¶ He is quite a *baby*. 그는 순전히 어린애다.
4 작은 것(동물, 식물 등), 꼬마. [heart].
5 《속어》《예쁜》젊은 여자, 계집애(girl); 연인(sweet-
6 《美속어》멋진 너석(것); 자랑거리. ¶ The plan was the mayor's *baby*. 그 계획은 시장의 자랑거리였다.
give *a person* **the baby to hold; hand over the baby to** *a person* 남에게 책임을 떠맡기다. [다.
hold (or **carry**) **the baby** 《구어》성가신 일을 떠맡다
like a baby's bottom ① 《구어》[면도 자국 따위가] 반들반들한. ② 《속어》표정이 없는.
pass the baby 《구어》돌려가며 남에게 떠넘겨서 책임을 모면하다.
smell of the baby 어린애티가 나다. [을 모면하다.
throw out the baby with the bath water 《구어》중요한 것을 허섭스레기와 함께 버리다.
— *adj*. **1** 어린 아기의; 어린; 유아용의. ¶ a *baby* boy(girl) 사내(여자) 아기 / a *baby* brother 막내 갓난 애인 사내 동생 / a *baby* elephant 아기코끼리 / *baby* goods 유아용품. **2** 애티가 있는, 아기 같은(childish). ¶ a *baby* face 앳된 얼굴, 동안 / 《구어》작은, 소형의, 소액의. ¶ a *baby* car 소형 자동차 / a *baby* bottle 작은 병; 젖병/a *baby* bond 소액 공채(公債). [「애 취급하다.
— *vt*. (-**bied, -by·ing**)《남》을 응석받이, 귀여워하다; ◇ bábyish *adj*.
báby àct *n*. 미성년자의 행위; [미성년 등의 이유에 의한] 면책 법규; 유치한 짓.
play the baby act 유치한 짓을 하다.
plead the baby act《美》미성년임을 구실로 책임을 모면하려고 하다.
ba·by·bat·ter·ing [béibibætəriŋ] *n*. 유아 학대[부모가 유아에게 신체적인 학대를 가하는 일]. [자회사.
Báby Bèll *n*. 《美》AT & T(미국 전화 전신 회사)의
báby blúe *n*. 밝고 부드러운 느낌의 푸른색.
báby bòom *n*. 베이비 붐[출생률의 급상승].
báby bóomer *n*. 출생률 급상승기에 태어난 사람[미국의 경우 1946~1965년 사이 출생자].
Báby Bòom Gèneration *n*.《美》베이비 붐 세대 [1946~1965년 사이 출생자].
báby bùst *n*.《美》출생률 급감. ~**baby buster**.
báby bùster *n*.《美》출생률 급감기에 태어난 사람 [1966년 이후 출생자].
báby càrriage (bùggy) *n*.《美》유모차《英》perambulator》.
báby fàce *n*. 동안(童顏)[인 사람].
báby fàrm *n*.《경멸적》[유료] 탁아소, 보육원.
báby fàrmer *n*. 탁아소 경영자, 보육원 원장, 보모.

báby fàrming *n*. ⓤ 탁아소 경영.
báby fòod *n*. 유아식.
báby grànd (piano) *n*. 소형 그랜드 피아노.
ba·by·hood [béibihùd] *n*. ⓤ 유아기, 아기일 적; 나이 어림(infancy); 《집합적》유아, 아기(babies).
ba·by·ish [béibiiʃ] *adj*. 갓난아기(유아) 같은; 아이들 같은, 유치한(infantile, childish). ~**ly** *adv*. ~**ness** *n*.
báby kìsser *n*.《美구어》선거 운동중인 정치가, 공직 희망자.
Bab·y·lon [bǽbilən] *n*. **1** 바빌론[고대 Babylonia 및 그후의 Chaldean 제국의 수도]. **2** [Babylon처럼] 부유·화사하고 온갖 악덕이 횡행하는 대도시.
Bab·y·lo·ni·a [bæ̀bilóuniə / -njə] *n*. 바빌로니아[서남아시아의 Euphrates 강 하류에서 번성했던 고대 제국. 전성기는 2800~1750 B.C.로 Babylon].
Bab·y·lo·ni·an [bæ̀bilóuniən / -njən] *adj*. **1** 바빌론의, 바빌로니아의. **2** 《호화롭고》 죄많은, 사악한. — *n*. **1** 바빌로니아 사람. **2** ⓤ 바빌로니아어[특히 아카드어족의 셈어].
Bab·y·lon·ish [bæ̀bilɑ́niʃ / -lɔ́n-] *adj*. =Babylonian.
ba·by's-breath [béibizbreθ] *n*. =babies'-breath.
ba·by-sit [béibisìt] *vi*. (-**sat, -sit·ting**) [부모의 외출중에] 아이를 보아주다. ¶ I asked her to *baby-sit* while I was away. 내가 외출하는 동안 그녀에게 아기를 봐달라고 부탁했다.
‡**ba·by-sit·ter** [béibisìtər] *n*. 애 봐주는 사람[보통 저녁이나 밤에 부모의 외출중 아이를 돌보기 위해 고용되는 사람]. **2** 《美속어》《항공 모함 호위용》구축함.
báby snàtcher *n*.《구어》유아 유괴범. **2** 《英속어》상당히 연하인 사람과 결혼하는 사람. [명.
Báby Stàte *n*. (the~) 미국 Arizona주(州)의 별
báby tàlk *n*. ⓤ [애기와 이야기할 때] 애기처럼 말하기; [허가 잘 돌지 않는] 애기말.
báby tòoth *n*. (*pl*. **báby tèeth**) = milk tooth.
BAC (略) *blood alcohol concentration*(혈중 알코올 농도); *British Aircraft Corporation*.
bac·ca·lau·re·ate [bæ̀kəlɔ́:riit] *n*. **1** 학사 학위(= bachelor's degree); **2** =baccalaureate sermon.
bàccalaúreate sérmon *n*. [대학의] 졸업 예배식; 《美》졸업생에 대한 고별 설교.
bac·ca·rat [bǽkərɑ̀:, ⌐-⌐], (**bac·ca·ra**) *n*. ⓤ 일종의 카드놀이[도박[한 사람이 물주를 서고 두 사람 이상이 돈을 거는]].
bac·cate [bǽkeit] *adj*. 《식물》 **1** 장과(漿果) 모양의, 딸기·포도처럼》 과즙이 많은(berrylike). **2** 장과를 맺는, 장과가 생긴.
Bac·chae [bǽki:] *n. pl*. 《로마 신화》 **1** 주신(酒神) 바커스 시녀들. **2** 바커스를 섬기는 여사제(女司祭)들. **3** 바커스 축제(Bacchanalia)에 참가하는 여인들.
bac·cha·nal [bǽkən(ə)l, -næ̀l, +美 bæ̀kənǽl] *n*. **1** 주신(酒神) 바커스의 신도. **2** 술마시고 떠드는 사람 (reveller), 주정꾼. **3** 법대에는 술잔치, 진탕 마시기(orgy). **4** (~s) 바커스 축제(Bacchanalia).
— *adj*. **1** 주신 바커스의; 주신 축제의. **2** 술마시고 떠들어대는.
Bac·cha·na·li·a [bæ̀kənéiljə, -liə] *n*. (*pl*. ~ or -**li·as**) **1** 《때로 복수 취급》 바커스 축제 [주신(酒神) 바커스를 위한 로마의 축제], 주신제. *cf*. Dionysia **2** (b-) 복사판 연회, 대주연 (大酒宴).
bac·cha·na·li·an [bæ̀kənéiljən, -liən] *adj*. **1** 바커스 축제의. **2** 술마시고 떠들어대는. — *n*. **1** 바커스의 신도. **2** 주당, 술마시고 떠드는 사람, 주정꾼.
bac·chant [bǽkənt] *n*. (*pl*. -**chants** *or* -**chan·tes** [bəkǽnti:z]) **1** 주신 바커스의 사제(司祭) (무녀). **2** 술마시고 떠드는 사람, 주정꾼. — *adj*. **1** 바커스 숭배의. **2** 술주정뱅이의.
bac·chan·te [bəkǽnti, bəkǽnt] *n*. **1** 바커스신의 여사제(女司祭)(무녀(巫女)) (maenad). **2** 여자 술꾼(주정뱅이).

bac·chan·tic [bəkǽntik] *adj.* =bacchant.
Bac·chic [bǽkik] *adj.* **1** 바커스신의; 바커스 축제의. **2** (b-) 술마시고 흥청대는; 술취한(drunken).
Bac·chus [bǽkəs] *n.* [로마 신화] 주신(酒神) 바커스. ¶ **a son of** *Bacchus* 대주가, 술고래[그리스 신화의 Dionysus 에 해당].
bac·cif·er·ous [bæksífərəs] *adj.* [식물] 장과(漿果)를 맺는, 장과가 열리는. *cf.* floriferous
bac·ci·form [bǽksifɔ̀ːrm] *adj.* [식물] 장과 모양의(berry-shaped).
bac·cy [bǽki] *n.* ⓤ (종류를 나타낼 때는 ⓒ) (*pl.* **-cies**) 《속어》 담배.
bach [bætʃ] *vi.* 《보통 it 와 함께》 [남자가] 독신 생활을 하다. — *n.* 《속어》 독신 남자(bachelor).
‡**bach·e·lor** [bǽtʃ(ə)lər] *n.* **1** 미혼(독신) 남자. *cf.* spinster ¶ **a** *bachelor's* **baby** 사생아. **2** 학사(學士). *cf.* master ¶ **a** *Bachelor* **of Arts** 문학사[略 B.A., A.B.] / **a** *Bachelor* **of Science** 이학사[略 B.S., B.Sc., S.B., Sc.B.] / **a** *Bachelor* **of Medicine** 의학사[略 B.M.]. **3** =bachelor-at-arms. **4** [교미기에 상대가 없는] 젊은 물개의 수컷.
bach·e·lor-at-arms [bǽtʃ(ə)lərətɑ̀ːrmz] *n.* (*pl.* **bachelors-**) [딴 기사(騎士)의 휘하에 드는] 젊은 기사.
bach·e·lor·dom [bǽtʃ(ə)lərdəm] *n.* ⓤ [남자의] 독신(홀아비) 기질, 독신자 기질; 《집합적》 독신자들.
bach·e·lor·ette [bæ̀tʃ(ə)lərét] *n.* =bachelor girl.
báchelor gírl *n.* 《구어》 [직업이 있는] 젊은 독신 여성.
bach·e·lor·hood [bǽtʃ(ə)lərhùd] *n.* ⓤ [남자의] 독신[생활], 독신 시절. *cf.* spinsterhood
bach·e·lor·ism [bǽtʃ(ə)lərìz(ə)m] *n.* ⓤ 독신[의 신분](bachelorhood); [남자의] 독신주의, 독신자 기질.
báchelor mòther *n.* 미혼모(未婚母); 혼자 힘으로 아이를 키우는 어머니.
bach·e·lor's-but·ton [bǽtʃ(ə)lərzbʌ̀tn] *n.* **1** [꽃이 단추 모양을 한] 팔랑개비국화(cornflower)류. **2** 《英구어》 실로 꿰맬 필요가 없는 단추.
bach·e·lor·ship [bǽtʃ(ə)lərʃìp] *n.* ⓤ **1** [남자의] 독신[생활]. **2** 학사의 자격(신분).
ba·cil·lar·y [bǽsìləri / bəsílləri], **ba·cil·lar** [-lər] *adj.* **1** 바실루스[모양]의; 작은 막대 모양의(rodshaped). **2** 《세균》 바실루스[의 특성을 지닌], 세균[성]의.
ba·cil·li [bəsílai] *n.* bacillus 의 복수형.
ba·cil·li·form [bəsíləfɔ̀ːrm] *adj.* 작은 막대 모양의, 간상(桿狀)의.
*****ba·cil·lus** [bəsíləs] *n.* (*pl.* **-cil·li**) **1** 바실루스, 간상균(桿菌). **2** 《일반적으로》 간상 세균. **3** 《구어》 세균(bacterium). ◇ **bácillary** *adj.*
‡**back**[1] [bæk] *n.* **1** 등; 등뼈(backbone). *opp.* fore ¶ **break** one's *back* 남의 등을 톡톡 두드리다 / **pat a person on the** *back* 남의 등을 톡톡 두드리다 / **sit on a horse's** *back* 말 등에 올라타다 / **have no clothes on one's** *back* 옷을 입지 않고 있다, 입을 옷이 아무 것도 없다. **2** 뒤[쪽], 안쪽; 후면(*opp.* front); [무대의] 배경; [마음]속(bottom); 《英》 (the B-s) 케임브리지 대학 Cam 강변의] 뒤뜰. ¶ **the** *back* **of the head** 후두부 / **the** *back* **of the mouth(throat)** 입(목)의 안쪽 / **the** *back* **of an envelope** 봉투의 뒷면 / **the** *back* **of the hand** 손등 / **the** *back* **of a house** 집의 뒷쪽 / **the** *back* **of a house** 집의 뒷쪽. **3** 뒷면; 《책 따위의》 등; 《배의》 용골(龍骨); 《의자의》 등받이; 《칼의》 등; 《산의》 등성이. ¶ **the** *back* **of a knife** 칼의 등. **4** 짐을 지는 힘; [일반적] 역량. ¶ **have a strong** *back* 짐을 지는 힘이 세다. **5** 《축구·하키 등의》 후위, 백. *cf.* forward
at the back of; at one's *back* …의 뒤를 [쫓아서,

…의 배후에(*opp.* in front of), …의 그늘에(behind), …을 후원하여. ¶ **at the back of** one's **mind** 마음속에, 내심으로 몰래.
back and belly ① 등과 배;《부사적》앞뒤로; 완전히. ② 의식(衣食).
back and edge 완전히(entirely).
back to back 등을 맞대고(*with*…); 잇따라, 계속하여.
one's **back to the wall** 벽에 등을 대고,《비유적》쫓기어, 막다른 골목에 몰려. ¶ **have** (*or* **stand**) **with** one's **back to the wall** 벽에 등을 대다; 막다른 골목에 있다.
be flat (*or* **thrown**) **on** one's **back** [레슬링에서 진다는 뜻에서] 완전히 패배하다.
behind a person's back 남이 없을 때, 몰래, 비밀히(in secret) (*opp.* to a person's face). ¶ **He spoke ill of me** *behind my back*. 그는 뒤에서 내 흉을 보았다.
break a person's back 남에게 과중한 부담을 지우다; 남을 파멸(실패)하게 하다, 파산시키다.
break one's **back** 열심히 노력하다.
break the back of ① [일의] 가장 어려운 부분을 해치우다. ¶ **We shall** *break the back of* **the work by tonight**. 오늘 밤까지는 그 일의 고비를 넘길 것이다. ② [토론 따위에서 상대의 주장의] 근거를 논파하다. ③ …을 죽이다. ㆍ (*on*…).
get [**a bit of**] one's **own back** 《구어》 원한을 풀다.
get off a person's back 《보통 명령형으로》 남을 괴롭히는 (못살게 구는) 일을 그만두다, 남의 허물 찾기를 그만두다.
get the back of …의 등 뒤로 돌다.
give (*or* **make**) **a person a back** [말타기 놀이에서] 남의 말이 되다; 남에게 등을 빌려주다, 남의 발판이 되어주다.
give the back to a person; give a person the back 남에게 등을 돌리다, 남을 저버리다, 배반하다.
have a person at one's **back** 남을 후원자로서(배후에) 두고 있다. ¶ **He had the people** *at his back*. 그의 배후에는 대중의 지지가 있었다.
in back of 《美구어》…의 뒤에[서] (behind). * in front of 를 본딴 **in back of** 는 비속어(卑俗語)로 간주되었으나 현재는 정통적 어법이 되었다.
in the back of one's **mind** 마음속 깊이, 마음 한 구석에. ¶ **The stranger's name hovered** *in the back of my mind*. 그 낯선 사람의 이름이 내 마음 한 구석에 남아 있었다.
on one's **back** ① 발딱 드러누워. ¶ **fall** *on* one's *back* 뒤로 자빠지다 / **lie** (*or* **be**) *on* one's *back* 발딱 드러누워 있다; 앓아 누워 있다 / **swim** *on* one's *back* 배영(背泳)하다. ② 《구어》 속수 무책으로, 궁지에 빠져. ③ 쇠약하고.
on a person's back ① 남에게 업혀서. ② 잔소리를 하는, 야단치는, 꾸중하는. ¶ **She's always** *on his back* **if he comes home late**. 그녀는 그가 늦게 돌아오면 늘 잔소리를 한다.   ㆍ더하여.
on (*or* **upon**) **the back of** …의 뒤에, 뒤에 이어서; …에
put back into …에 힘쓰다, 노력하다. ¶ **We shall have to** *put our backs into* **it if we are to get the work done in time**. 기한 내에 그 일을 마치기 위해서는 열심히 일해야만 할 것이다.
put (*or* **get, set**) **a person's back up** [고양이가 화나면 등을 구부리는 데서] 남을 화나게 하다. ¶ **Her tactless manner tends to** *put people's backs up*. 그녀의 융통성 없는 태도는 곧잘 사람들을 화나게 한다.
see the back of …을 쫓아버리다; …을 벗어나다.
show the back to …에게 등을 보이다; …에게서 도망치다.
to the back 골수까지, 뼛속까지.   ㆍ다.
turn one's **back to** 남에게 등을 돌리다.
turn the (*or* one's) **back on** (*or* **upon**) ① …을 저버리다, 무시하다. ② …으로부터 도망치다.
when one's **back is turned** …이 보고 있지 않을 때

back

— **vt. 1** 지지하다, 후원하다. ⇒ SUPPORT 類語 ¶ *back* a plan 안을 지지하다 // (~+目+副) They *backed* him *up* financially. 그들은 그를 경제적으로 도왔다. ⇒ *back up*. **2** …을 후퇴시키다, 후진시키다(...*up*). ⇒ *back up*. ¶ *back* a car [*up*] 차를 후진시키다 // (~ +目+前+名) *back up* one's car *into* the garage 차를 후진시켜 차고에 넣다. **3** [경마에서] …에 걸다. ¶ *back* a race horse 경주마에 걸다 / *back* a winner 이긴 말에 걸다. **4** …의 등에 타다. ¶ *back* a horse 말에 올라 타다. **5** (책 따위)에 등을 붙이다; [그림 따위]에 등받침을 대다. ¶ *back* a book 책에 등을 붙이다. **6** (경치 따위)의 배경을 이루다; …의 반주를 하다. ¶ a beach *backed* by hills 뒤에 산이 있는 해변 / a singer *backed* by piano 피아노 반주로 노래하는 가수. **7** …의 뒤(뒷면)에 쓰다; …에 이서(裏書)하다 (endorse). ¶ *back* a bill (a check) 어음(수표)에 이서하다. **8** (美口) …을 등에 걸머지고 나르다. — **vi. 1** 후퇴하다, 뒤로 물러서다(move backward). ¶ The horse *backed*. 말이 뒤로 물러섰다 / (~+前+名) The car *backed into* the garage. 자동차는 후진하여 차고로 들어갔다. **2** (바람이) 왼쪽으로 방향을 바꾸다. *opp*. veer **3** (美) 등이 맞닿다.

back and fill ① (항해) [좁은 수로에서 역풍 속을] 돛을 조정하면서 조류를 따라 나아가다. ② (美口) (생각·주장 따위가) 항상 바뀌다, 동요하다. ¶ He *backed and filled* and finally came to no decision at all. 그는 생각이 늘 바뀌다가 결국에는 아무런 결정도 내리지 못했다.

back away from …에서 서서히 손을 떼다, …에서 떨어지다.

back down ① (사다리에서) 내려오다(*from*...). ② (구어) (토론·주장 따위를) 포기하다, …에서 후퇴하다 (사업 따위에서) 손을 떼다(*from*...); (약속 따위) 어기다(*on*...). ¶ …침을 변경하다.

back oars ① 거꾸로 젓다. ② 방향을 거꾸로 하다, 방

back off ① =back down. ② (보통 명령형으로) 괴롭히는 (들볶는) 것을 그만두다. ③ 천천히 자세히 설명하다.

back on to (美) …와 등을 맞대고 있다, …에 인접하다.

back out (구어) 퇴각하다, (약속을) 파기하다, 벗어나다, (사업 따위에서) 손을 떼다(*of*...). ¶ He *backed out of* his promise at the last moment 그는 마지막 순간에 약속을 어겼다.

Back pedal ! (英口) 침착해라 !; 정신차려라 !

back the wrong horse ⇒ HORSE.

back up ① (구어) (자동차를) 후진시키다. ② …을 지원하다, 후원하다(support), (어음 따위를) 이서하다; (야구) 뒷받침하다, 백업하다. ¶ I shan't get the job without someone to *back* me *up*. 누군가 뒤를 안 봐주면 나는 그 일자리를 얻지 못할 것이다. ③ (교통을) 정체시키다, 막히게 하다. ④ (*vi*.) 후퇴하다, (자동차가) 후진하다; (둑으로 막은 물이) 역류(逆流)하다, 넘치다. ⑤ 천천히 자세히 설명하다.

back water ① 배를 후진시키다. ② 물러서다, 후퇴하다. ③ (美口) 손을 떼다, 앞서 한 말을 취소하다.

— *adj*. **1** 뒤의, 배후의, 후방의 (opp. front); 안쪽의. ¶ a *back* bench (회의실 따위의) 뒷좌석 / a *back* door 뒷문 / a *back* entrance 뒷문 (cf. rear) / a *back* garden 뒤뜰 / a *back* room 안방 / a *back* street 뒷거리 / *back* teeth 어금니.

類語 *back* 주요·중요 부분(의 정면)에 대하여 배후의, 보다 뒤, 보다 후의 뒤뜰: a *back* yard 뒤뜰 / a *back* alley 뒷골목. *hind* 같은 종류의 것이 둘 이상일 때 위치가 뒤쪽의: a *hind* leg 뒷다리. *rear* 주로 건조물·탈 것에 관계되는 말: a *rear*-view mirror 백미러 / the *back* wall of a room 방의 뒷벽. *posterior* hind 와 같은 뜻의 전문 용어이고 특히 뒷자리일 경우의: the *posterior* part of a skull 두개(頭蓋)의 후부.

2 먼(remote), 외진, 미개의. ¶ a *back* country 외진 시골, 벽지 / a *back* road (한길에서 갈라진) 시골 길 / a *back* settlement 변두리; 변경의 식민지 / a *back* slum 빈민가. **3** 옛날의, 기왕의, 달이 지난. ¶ *back* files (묶은 잡지·신문 따위의) 철 / a *back* number 묵은 호. **4** 체납된, 미지불의(overdue). ¶ a *back* pay (or salary) 체불 봉급 / a *back* rent 밀린 집세 / be *back* in one's rent 집세가 밀려 있다. **5** 뒷걸음의, 거꾸로의. ¶ *back* action 반동 / a *back* current (or flow) 역류(逆流). **6** (음성) 후설(後舌)의. cf. central ¶ *back* vowels 후설 모음 [u, o, a 따위] / *back* consonants 후설 자음 [k, g, ŋ 따위].

— *adv*. **1** 뒤로(에), 후방으로(에), 안으로(에). ¶ look *back* 뒤돌아 보다; 회상하다 / sit *back* in one's chair 의자에 깊숙이 파묻혀 앉다 / step *back* 뒤로 물러서다 / *back* from …에서 물러서서. **2** 거슬러 올라, 옛날에(ago); 전에. ¶ *back* in 1760 1760년으로 거슬러 올라가 / far *back* in history 먼 옛날에 / as far *back* as the fifth century 5세기의 옛날로 (거슬러 올라가). **3** (제자리에) 돌아와서, 되돌아가서(와서); …되돌려. ¶ come (or be) *back* [to] 「으로」 돌아가다 / get *back* [from] …에서 돌아오다 / answer *back* 말대꾸하다 / call *back* 다시 부르다; 나중에 다시 한번 전화하다 / pay *back* the money 돈을 되돌려 주다 / send *back* 되돌려 보내다. **4** 간직하여, 숨겨, 유보하여. ¶ hold *back* the truth 사실을 숨겨 두다.

back and forth (or **forward**) 앞뒤로, 오락가락하며, 여기저기(to and fro).

back of ① (美) …의 뒤에(behind). ¶ There is a hill *back of* the town. 그 읍의 뒤편에 언덕이 있다. ② …을 후원하여.

get back ⇒ GET.
go back ⇒ GO.
go back of ⇒ GO.
go back on ⇒ GO.
hold back ⇒ HOLD.
keep back ⇒ KEEP.
pay a person **back** [*in his own coin*] ⇒ PAY.
stand back from ⇒ STAND.
take back ⇒ TAKE.
talk back ⇒ TALK.
there (**to**...) **and back** 그 곳(…)까지의 왕복. ¶ a fare *to* Pusan *and back* 부산까지의 왕복 운임.

back[2] [bæk] *n*. (양조(釀造)·염색용의) 큰 통(tub).
back-ache [bǽkèik] *n*. U C 등의 통증.
back-al·ley [bǽkǽli] *adj*. 명랑하지 못한, 더러운.
báck ánswer *n*. 말대꾸. ¶ give a *back* answer 말대꾸하다.
back-band [bǽkbæ̀nd] *n*. **1** 등때(말 안장과 수레의 끝채를 연결하는 마구). **2** (건축) (문·창 따위 둘레의) 쇠시리(장식).
back-beat [bǽkbì:t] *n*. (음악) 로크의 비트.
báck bénch *n*. (英) (하원의) 뒤쪽 좌석 [back-bencher 가 앉는다]. cf. front bench
back-bench·er [bǽkbéntʃər, -ː-] *n*. (英) (하원의) 뒷 좌석에 앉는 의원, 평(平)의원. cf. frontbencher
back-bite [bǽkbàit] *v*. (-bit, -bit·ten) (구어) -bit, -bit·ing) *vt*. …의 험담을 하다. — *vi*. (자리에 없는 사람의) 험담을 하다, 흉을 보다.
back-bit·er [bǽkbàitər] *n*. 험담하는 사람.
back-bit·ing [bǽkbàitiŋ] *n*. U 험담(하기).
back-blocks [bǽkblɑks / -blɔ̀ks] *n. pl*. (濠) (특히 강이나 해안에서 멀리 떨어진) 벽지, 미개의 오지 (outback).

back·board [bǽkbò:rd / -bɔ̀:d] *n.* **1** 〔짐수레의〕 뒤판, 등판. **2** 〔의학〕 척추 교정판(矯正板). **3** 〔농구〕 백보드. — *vt.* 〔의학〕 …에 〔척추〕 교정판을 대다.

‡**back·bone** [bǽkbòun] *n.* **1** 〔해부〕 등뼈, 척추(spine). **2** 〔외관·위치·기능이〕 등뼈와 비슷한 것; 산수령; 〔책의〕 등. **3** 중추(中樞). ¶ the *backbone* of a country 한 국가의 중추(지주). **4** ⓤ 기골; 굳기; 힘(정신)력. ¶ He has no *backbone*. 그는 의지력이 없다.
to the backbone 철저하게, 완전히 (thoroughly).
¶ a Londoner *to the backbone* 철저한 런던 토박이 / be progressive *to the backbone* 뼛속까지 진보적이다.

back·boned [bǽkbòund] *adj.* 등뼈가 있는; 기골이 있는.

back·break·ing, back-break·ing [bǽkbrèikiŋ] *adj.* 〔체력을〕 소모시키는, 매우 힘이 드는.

báck búrner *n.* 레인지 안쪽의 버너[오래 끓일 요리 따위를 만들 때 사용]. ¶ on the *back burner* 뒷전으로 돌려놓고 (미루어서).

back-burn·er [bǽkbə̀:rnər] *adj.* 2차적인, 그리 중요하지 않은.

báck bústing [-bʌ̀stiŋ] *adj.* =backbreaking.

back·cast [bǽkkæ̀st / -kɑ̀:st] *vt.* (-cast, -cast·ing) 〔과거의 사건을〕 〔연구 자료 등에 의해〕 재구성하다, 기술하다. — *vi.* 〔과거의 사실·사건을〕 묘사하다. — *n.* 뒤로 던지는 동작.

báck chánnel *n.* 〔외교〕 비밀(비공식적) 루트.

back-chat, (英) **back-chat** [bǽktʃæ̀t] *n.* **1** 〔구어〕 〔희극 배우 등의〕 문답식 입씨름; 기지에 찬 즉흥적인 응답(repartee); 말다툼; 말대꾸(back talk).

back-cloth [bǽkklɔ̀:θ, -klɑ̀θ / -klɔ̀(:)θ] *n.* (*pl.* -cloths [-ðz, -θs]) 〔연극〕 (주로 英) =backdrop.

back-coun·try [bǽkkʌ̀ntri] *n.* ⓤⓒ 〔美〕 〔중앙에서〕 멀리 떨어진〕 시골, 오지, 변경.

back-court [bǽkkɔ̀:rt / -kɔ̀:t] *n.* **1** 〔테니스의〕 백코트〔서비스 한계선의 후방 코트〕. **2** 〔농구의〕 백코트〔자기 진영〕.

back-cross [bǽkkrɔ̀s] 〔발생〕 *vt.* 〔잡종 제1 대를〕 그 어미(아비)와 교배시키다. — *n.* 그와 같은 교잡(交雜).

back·date [bǽkdèit] *vt.* (-dat·ed, -dat·ing) **1** 〔문서·사건 따위를〕 실제보다 이전의 날짜로 하다. **2** …을〔실제 날짜보다〕 소급해서 적용하다. ¶ *backdate* the salary increase to May 임금 인상을 5월로 소급하다.

báck dóor *n.* 뒷문, 음모, 부정 수단.

back-door [bǽkdɔ̀:r/-dɔ́:] *adj.* **1** 뒷문의. **2** 비밀의, 은밀한; 불법(不-)의

back-down [bǽkdàun] *n.* **1** 퇴각(retreat); 항복(surrender). **2** 손을 떼기(withdrawal), 단념.

back-drop [bǽkdrɑ̀p/-drɔ̀p] *n.* **1** 〔연극〕 (美) 〔무대 정면의〕 배경막 (英) backcloth]. **2** 〔일반적으로〕 배경.

backed [bækt] *adj.* 《주로 복합어를 만들어》 **1** 등받이 를 댄. ¶ a high-*backed* chair 등받이가 높은 의자. **2** 안감을 댄, 안감이 있는.

báck énd *n.* **1** 후부 (rear end). **2** 〔英구어〕 만추, 늦가을. **3** 〔원자력〕 종말 처리〔다 사용하고 난 핵연료에서 재사용 가능한 우라늄·플루토늄을 분리하기 위한 재처리 과정〕.

back·er [bǽkər] *n.* **1** 후원자, 원조자. **2** 〔내기에서〕 돈을 거는 사람. **3** 받치는 물건; 〔타자기의〕 대지 (臺紙).

back·fall [bǽkfɔ̀:l] *n.* **1** 뒤로 넘어지는 것; 전도(顚倒). **2** 〔레슬링〕 백 폴〔상대방을 넘어뜨려 매트에 등이 닿게 하기〕.

back·field [bǽkfì:ld] *n.* **1** 〔미식축구〕 《복수 취급》 후위〔quarterback, halfback, fullback〕. **2** 후위〔수비〕 진.

back·fire [bǽkfàiər/-fáiə] *vi.* (-fired, -fir·ing) **1** 〔내연 기관 안에서〕 역화(逆火)를 일으키다. **2** 〔산불 따위 때〕 맞불을 놓다. **3** 예상에 어긋난 결과를 초래하다. ¶ His plot *backfired*. 그의 음모는 예상과는 반대의 결

과로 끝났다. — *n.* **1** 역화〔내연 기관 안의 부정 폭발〕. **2** 〔화기·총기의〕 역발(逆發). **3** 맞불.

Báckfire [bɔ́mbər] *n.* 〔구소련의〕 장거리 초음속 폭격기〔공중 급유를 받아 미본토까지 공격할 수 있다〕.

back-flip [bǽkflɪ̀p] *n.* 공중 제비, 공중 회전.

báck formátion, back-for·ma·tion [bækfɔ̀:rmèi(ə)n] *n.* ⓤ 〔언어〕 역성(逆成); ⓒ 역성어 〔어떤 단어를 파생어로 잘못 생각하고 거꾸로 그 단어에서 다른 단어를 만드는 일, 또는 그렇게 만든 단어; typewriter 에서 type-write, editor 에서 edit 따위〕.

back·gam·mon [bǽkgæ̀mən, ⸺ ⸺ / ⸺ ⸺, ⸺ ⸺] *n.* ⓤ 서양 주사위. ¶ a *backgammon* board 서양 주사위판.
— *vt.* backgammon 에서 〔상대방을〕 이기다 〔특히 3대 0으로〕.

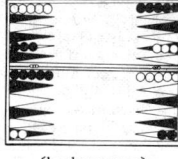
(backgammon)

‡**back·ground** [bǽkgràund] *n.* **1** 〔풍경·그림·무대의〕 배경, 원경. *cf.* foreground ¶ the *background* of a picture 그림의 배경 / The mountain forms the beautiful *background* of the scene. 산이 그 풍경의 아름다운 배경이 되어 있다.
2 남의 눈에 띄지 않는 곳, 이면. ¶ keep [oneself] (or remain, stay) in the *background* 뒤에 숨어 있다, 표면에 나서지 않다, 흑막으로 있다 / drop in the *background* 잊어버리게 되어지다.
3 〔직물 따위의〕 바탕. ¶ a dress with red spots on a white *background* 흰바탕에 붉은점이 있는 드레스.
4 〔사건 발생의〕 배경, 원인; 이면의 사정. ¶ the historical *background* of a war 전쟁의 역사적 배경.
5 예비지식, 기초 지식, 이면 정신.
6 〔사람의〕 소양, 경력, 학력. ¶ a man with a high cultural *background* 교양이 풍부한 사람.
7 =background music.
— *vt.* **1** …의 배경을 이루다. **2** 〔비공식 기자 회견에서〕 …의 배경을 설명하다.

báckground cóunt *n.* 가이거(Geiger) 계수관에 기록되는 방사선의 자연 계수.

back·ground·er [bǽkgràundər] *n.* 〔美〕 정부측의 배경 설명 비공식 기자 회견; 배경 채널 기사.

báckground músic *n.* ⓤ 〔라디오·텔레비전·영화·연극 등의〕 배경 음악, 음악 효과(background).

báckground projéction *n.* ⓤⓒ 영화 영상〔텔레비전·영화 등을 촬영할 때 배경을 투명 스크린에 준비한 필름으로 미리 영사하는 일〕 (back projection).

back·hand [bǽkhæ̀nd] *n.* **1** 〔정구 따위의〕 역타(逆打); 백핸드. *cf.* forehand **2** ⓤ 왼쪽으로 기울어진 서체(書體). — *adj.* =backhanded. — *adv.* 백핸드로, 역타로. — *vt.* 〔美〕 …을 손등으로 치다. **2** 〔정구 공 따위를〕 백핸드로 치다. **3** 〔야구 따위에서〕 〔공〕을 백핸드로 잡다.

back·hand·ed [bǽkhæ̀ndid] *adj.* **1** 손등으로 친; 역타의. **2** 왼쪽으로 기울은. ¶ *backhanded* writing 왼쪽으로 기운 서체(書體). **3** 〔뜻이〕 애매(모호)한, 우회적인, 간접의; 빈정대는. ¶ a *backhanded* compliment 빈정대는 투의 칭찬 / a *backhanded* warning 간접적인 경고. **4** 〔눈속임하여〕 거꾸로 비틀어진, 외로 꼰.
~·ly *adv.* ~·ness *n.*

back·hand·er [bǽkhæ̀ndər] *n.* **1** 손등으로 치기. **2** 역타(逆打). **3** 매섭게 되받아 잡기. **4** 비난; 반격. **5** 〔술병을 왼쪽으로 돌릴 때 오른쪽의 사람에 따르는〕 덤으로 부어주는 술 한 잔. **6** 〔英〕 은밀히 주는 돈.

back·haul [bǽkhɔ̀:l] *vt., vi.* 〔美〕 — *n.* 귀로; 귀로 화물.

back·house [bǽkhàus] *n.* (*pl.* -hous·es [-hàuziz]) **1** 〔주요 건물의〕 뒤쪽에 있는 부속 건물; 〔원채의 뒤쪽

에 있는] 딴(별)채. **2** 바깥 변소(privy).

back·ing [bǽkiŋ] *n*. ⓤⓒ **1** 도움, 지지, 후원(support, aid). **2** (집합적) 후원자(supporters). **3** 받치는 것, (책 따위의) 등 붙이기, 뒤대기, 속(안)감. **4** 역행, 후퇴. **5** (무대 뒤 를 안 보이게 하기 위한) 막, 칸막이. **6** (독창·독주의) 반주. 〔장치.
bácking stòrage(**stòre**) *n*. (컴퓨터) 보조 기억
báck íssue *n*. (잡지 따위의) 과월호(back number).
báck júdge *n*. (미식축구) back field 지역을 맡은 심판.

báck·lands [bǽklæn(d)z] *n. pl.* 내륙 지방; 시골; (스코) 빈민가의 셋집.
báck·lash [bǽklæʃ] *n*. **1** (기계) (기계·톱니바퀴의 풀린 부분·마모된 곳 따위의) 역회전; 배격(背隔). **2** 낚싯줄의 엉클어짐, 엉클어진 낚싯줄. **3** 반동, 반발, 반격. — *vi*. 반발을 일으키다. 〔(받이)이 없는.
báck·less [bǽklis] *adj.* (의복이) 등이 없는, 등 부분(등
báck·light·ing [bǽklàitiŋ] *n*. ⓤ (사진·텔레비전의) 배후 조명(뒤쪽 또는 옆에서의 조명).
báck·lin·ing [bǽklàiniŋ] *n*. ⓤⓒ (보강의) 안감, 안, (건축) 뒤에 붙인 널빤지.
báck·list [bǽklist] *n*. 기간서(旣刊書) 목록.
báck·log [bǽklɔ̀:g, -làg / -lɔ̀g] *n*. (美) **1** 불이 오래 가도록 난로 길숙이 넣어두는 큰 통나무. **2** 미처리, 예비, 잔무(殘務); 주문 잔고, 체화(滯貨), 예비 저장. — *vt*. (**-logged**, **-log·ging**) …을 (예비로) 남겨 놓다.
báck mátter *n*. (인쇄) (책의 본문 뒤의) 부속 [index, appendix 따위] (*) end matter라고도 한다). *cf*. front matter
báck·most [bǽkmòust] *adj.* 가장 뒤쪽의, 맨 뒤의.
báck níne *n*. (골프) 백나인(18홀코스의 후반 9홀).
báck númber *n*. **1** (잡지 따위의) 묵은 호, 백 넘버(out-of-date issue). **2** (구어) 시대에 뒤진 사람, 낡은 방법). 〔(이월(移越) 주문.
báck órder *n*. (재고가 없고) 미남으로 되어 있는 주문;
báck·out [bǽkàut] *n*. (美구어) 철회, 탈퇴.
báck·pack [bǽkpæ̀k] *n*. 우주 비행사가 등에 지는 상
báck·pack·ing [bǽkpæ̀kiŋ] *n*. 등짐을 지고 가는 도보 여행(흔히 산으로 간다).
báck páge *n*. 뒤 페이지(펼친 책·신문의 앞에서 계속되는 페이지). *cf*. front page
báck·page [bǽkpéidʒ] *adj.* (*cf*. front-page) **1** 뒤 페이지의. **2** (뉴스 등의) 보도 가치가 적은.
báck párlor ((英) **párlour**) *n*. 뒷방; 안쪽에 있는 사실(私室).
báck páy *n*. (美) 체불 임금, (임금 인상에 의한) 소급분 급여.
back·ped·al [bǽkpèdl] *vi*. (**-aled**, **-al·ing**; (英) **-alled**, **-al·ling**) **1** (속도를 늦추기 위하여) 자전거의 페달을 거꾸로 밟다. **2** (美) (의견 따위를) (후퇴)하다. **3** (美) (권투) 급히 뒤로 물러서다.
báck·piece [bǽkpìːs] *n*. (갑옷의) 등판.
báck·plate [bǽkplèit] *n*. **1** (건축) (구재(構材)의) 뒤 판(板). **2** = backpiece.
báck·pro·ject [bǽkprədʒèkt] *vt*. …을 배경 영사(映寫)하다. — *n*. 배경 영사.
báck projéction *n*. ⓤⓒ 배경 영사(background projection).
báck·rest [bǽkrèst] *n*. 등을 받쳐 주는 것(의자 따위).
báck róad *n*. (美) (포장이 안 된) 시골 길.
báck róom *n*. 안쪽방; (정당 따위의) 비밀 회합 장소; 비밀 연구소.
báck·ròom bóy [bǽkrù(ː)mbòi] *n*. (英구어) (군사 목적을 위한) 비밀 공작대원, 비밀 연구 종사자.
báck rów *n*. (럭비) 제3열에서 스크럼을 짜는 2-3명.
báck·scat·ter [bǽkskæ̀tər] *n*. ⓤ (물리) (방사선 따위의) 후면 굴절(확산). — *vt*. (방사선)을 후방 (교란)시키다. 〔scatter.
báck·scat·ter·ing [bǽkskæ̀təriŋ] *n*. (물리) = back-

báck scrátcher *n*. **1** 등긁이(등 긁는 도구). **2** (구어) 아첨꾼, 아부하는 사람. 〔없는 지위.
báck séat *n*. **1** 뒷좌석, 말석. **2** (구어) 중요하지 *take a back seat* 낮은 자리(지위)에 앉다; […에게) 양보하다, 보다 뒷전에 앉다. ¶ He *takes a back seat* to his younger brother. 그는 동생보다 뒷전에 나와 있다.
báck-sèat dríver [bǽksìːt-] *n*. (보통 경멸적) (자동차에서) 이래라 저래라 운전 지시를 하는 승객; 참견하기 좋아하는 사람.
báck·set [bǽksèt] *n*. **1** 좌절; 후퇴(setback), 역행 (reverse). **2** 소용돌이(eddy), 역류. 〔sheesh.
báck·sheesh, -shish [bǽkʃìːʃ] *n., vt., vi.* = bak-
báck·side [bǽksàid] *n*. **1** 후부(back part); 배면(背面); 뒤쪽, 이면. **2** 둔부(臀部), 엉덩이(rump).
báck·sight [bǽksàit] *n*. **1** (총의) 가늠자 (후시(後視)). **2** (측량) (고저(高低) 측량에서 기계 자체의 높이를 산정하기 위하여) 수준 측간(水準測桿)을 읽기. **3** (총의) 가늠자. 〔늘 따위).
báck sláng *n*. ⓤ 거꾸로 읽는 은어(man은 nam으로
báck·slap [bǽkslæ̀p] *vt., n*. (美구어) 등을 툭 치다 (침) (친밀·칭찬의 표시).
báck·slap·per [bǽkslæ̀pər] *n*. (美구어) (친근·진심을 나타내어) 등을 툭 치는 사람, 매우 상냥한 사람.
báck·slap·ping [bǽkslæ̀piŋ] *n*. (美구어) (친근감·진심을 나타내어) 등을 툭 치기.
báck·slide [bǽkslàid / -∠] *vi*. (**-slid, -slid** [-slíd] *or* **-slid·den** [-slídn / -∠∠], **-slid·ing**) 다시 나쁜 길로 빠지다, (신앙에서) 타락하다; 뒷걸음질치다. — *n*. 퇴보, 타락.
báck·slid·er [bǽkslàidər / -∠∠-] *n*. 배교자(背敎者), 타락자.
báck·space [bǽkspèis] *vi*. (**-spaced, -spac·ing**) (타자기에서) 한 글자만큼 역행시키다. — *n*. 역행 키.
báck·spin [bǽkspìn] *n*. 백 스핀(정구 따위에서 공의 역회전).
báck·stage [bǽkstéidʒ] *adv*. **1** 막후에서; 무대 뒤에서. **2** 무대 뒤로, 무대 안쪽으로(upstage). — *adj*. **1** 무대 뒤의(에 있는), 무대 뒤에서 일어난, 막후에서의. **2** 비밀의. ¶ a *backstage* love affair 은밀한 정사.
báck stáirs *n. pl.* **1** 뒷 층계. **2** 음도; 비밀 수단.
báck·stairs [bǽkstɛ̀ərz], (**báck·stair** [-stɛ̀ər]) *adj.* 간접적인(indirect); 비밀의, 떳떳치 못한(underhand); 부정한(devious).
báck·stay [bǽkstèi] *n*. **1** (기계) (기계 장치의) (등)을 받치는 것. **2** (항해) 돛대 받침줄. **3** (건축) 버팀, 보강재.
báck·stitch [bǽkstìtʃ] *n*. 박음질, 박음질 바늘. — *vt., vi*. 박음질하다; …을 박음질 바늘로 꿰매다.
báck·stop [bǽkstɔ̀p / -stɔ̀p] *n*. **1** (야구에서는 포수의 등뒤, 정구에서는 base line 뒤쪽의 공을 막는) 그물. **2** (구어) (야구) 포수(catcher). **3** (구어) 안전 장치 (safeguard); 보강재(보조용) 재목. — *v*. (**-stopped, -stop·ping**) *vi*. 포수 노릇하다. — *vt*. (남을 위해 진력하다; …을 지지하다(support), 감싸다.
báck stréet *n*. 뒷골목, 뒷거리. *cf*. side street
báck·stretch [bǽkstrètʃ] *n*. 백 스트레치(경마·육상 경기 따위에서 결승점이 있는 트랙의 반대편 직선 주로). *cf*. homestretch
báck·stroke [bǽkstròuk] *n*. **1** 손등으로 치기, (정구 등의) 역타(逆打). **2** 되치기, 반타. **3** (수영) 배영(背泳)(의 한 스트로크). — *vi*. (**-stroked, -strok·ing**) (수영) 배영으로 헤엄치다.
báck·swept [bǽkswèpt] *adj.* 뒤로 경사진.
báck·swing [bǽkswìŋ] *n*. (스포츠) 백스윙.
báck·sword [bǽksɔ̀ːrd / -sɔ̀ːd] *n*. **1** 한쪽에만 날이 있는 검; 날이 넓적한 검(broadsword). **2** (펜싱 연습용) 목검(singlestick). **3** = backswordman.

back·sword·man [bǽksɔːrdmən / -sɔ́ːd-] *n.* (*pl.* **-men** [-mən]) 목검을 쓰는 사람. [은 말대꾸.
báck tálk *n.* ⓤ 건방진(실례가 되는) 대답, 주제넘
báck-talk [bǽktɔ̀ːk] *vi.* 말대꾸하다(answer back).
báck tèst *n.* (경영) 백 테스트 [상품가격을 인상 후, 일부를 인상 전 가격으로 팔아서 가격 인상의 영향을 가늠해 보는 일].
back-to-back [bǽktəbæ̀k] *adj.*《미국어》등을 맞댄. — *n.* (~s)《영국어》등을 맞댄 연립 주택.
back·track [bǽktræ̀k] *vi.*《미》**1**〔같은 길로〕돌아오다; 퇴각하다(retreat). **2** 손을 떼다, 발을 빼다. **3** 철회(취소)하다. ¶ *backtrack* on a claim 요구를 철회하다.
back·up [bǽkʌ̀p] *n.* **1** 지지자, 지지물, 후원자. **2** 범람, 〔차량의〕정체, 밀림; 퇴적(堆積). **3** 〔비상시의〕대안, 대책, 예비, **4** 〔볼링〕백업〔오른쪽으로 휘돌 때 오른쪽으로 빗나가는 공〕. [백 라이트.
báck-ùp líghts [bǽkʌ̀p-] *n. pl.* 〔자동차의〕후진등,
báck vówel *n.* 〔음성〕후설〔後舌〕모음.
back·ward [bǽkwərd] *adv.* (=**backwards**) **1** 뒤쪽에(으로), 뒤를 향해. *opp.* forward ¶ lean *backward* 뒤로 기대다 / walk *backward* 뒷걸음질 치다 / look *backward* 되돌아보다. **2** 거꾸로, 역행하여; 퇴보(악화)하여. ¶ flow *backward* 역류하다 / go *backward* 되돌아가다; 퇴보하다 / read (spell) *backward* 거꾸로 읽다(쓰다). **3** 〔이전으로〕거슬러 올라가서(back). ¶ five years *backward* 5년 전에이/look *backward* to one's youth 청년 시절을 회고하다.
***backward*[s] *and forward*[s]** ① 앞뒤로, 이리저리 (to and fro). ②《구어》전적으로, 전혀.
***bend over backward*[s]** ⇨ BEND. [하다.
***know something backward*[s]**《영》…을 완전히 이해
***ring the bells backward*[s]** 〔화재 따위를 알리기 위하여〕좋은 자음으로 울리다; 경보하다.
— *adj.* (*opp.* forward) **1** 뒤쪽〔으로〕의, 뒤를 향한, 되돌아가는(returning); 거꾸로의. ¶ a *backward* movement 역행 / a *backward* blessing 저주 / a *backward* course 역 코스 / a *backward* journey 귀향길.
2 뒤진(late), 진보가 느린(slow). ¶ a *backward* student 진보가 느린 학생 // The child is *backward* in mathematics. 그 아이는 수학이 뒤져 있다.
3 싫어하는 (reluctant); 망설이는(hesitating), 내성적인, 수줍어하는, 부끄러워하는(bashful, shy). ¶ a *backward* girl 내성적인 소녀 // be *backward* in duty 의무를 게을리 하다 / He is *backward* in asserting himself. 그는 자기를 내세우기를 좋아하지 않는다 // The girl was too *backward* to speak. 그 소녀는 너무 수줍어서 말을 하지 못했다.
4 계절(시기)이 늦은. ¶ a *backward* spring 늦게 온 봄.
~·ly *adv.* **~·ness** *n.*
back·ward·a·tion [bæ̀kwərdéiʃən] *n.* ⓤ 〔상업〕〔영국 증권 거래소에서 매매 주식의 수도(受渡) 연기〔금〕, 인도 유예 일변(日邊), 〔파는 측이 지불하는〕역 일변(逆日邊). *cf.* contango
back·ward-look·ing [bǽkwərdlùkiŋ] *adj.* 회고적인, 회상하는 / 퇴영적인(退嬰的)인.
‡**back·wards** [bǽkwərdz] *adv.* =backward.
back·wash [bǽkwɔ̀ʃ, -wɑ̀ʃ / -wɔ̀ʃ] *n.* **1** 〔항해〕〔배의 외륜·추진기〕노 따위로 생기는 역류(逆流), **2** 〔해안의〕 부딪쳤다가 밀려나는 물결. **3** 〔사건 따위의〕 여파, 영향. ¶ the *backwash* of war (depression) 전쟁(불경기)의 여파. — *vt.* …에 영향을 끼치다.
back·wa·ter [bǽkwɔ̀ːtər, -wɑ̀t-/-wɔ̀t-] *n.* **1** ⓤ 〔홍수·댐 따위의〕역류(逆流). **2** 〔강의〕 괸 물.
3 진보(발전)가 없는 곳; 정체(停滯); 침체〔된 곳〕; 지적 (知的)인 침체. ¶ the cultural *backwater* 문화적 정체 / live in a *backwater* 타른 세계와는 교섭이 없는〔뒤떨어진〕곳에 살다. **4** =backwash 1. — *adj.* 정체된; 역류의.

back·wind [bǽkwìnd] *n.* 〔항해〕역풍. — *vt.* **1** 〔돛의 효율을 줄이기 위해 앞 돛 둥을 조작하여〕 〔다른 돛에〕 역풍을 보내다, 〔그런 식으로〕 〔돛〕을 펴다. **2** 〔요트 경주 따위에서〕 〔다른 요트〕 보다 위쪽에 나서서 바람을 가로막다.
back·wood [bǽkwùd / ⌒⌒] *adj.* =backwoods.
back·woods [bǽkwùdz / ⌒⌒] *n. pl.*《미》〔종종 단수 취급〕**1** 〔도시에서 떨어진 미개척 상태의〕삼림 지대; 오지 (backcountry). — *adj.* (=**backwood**) **1** 미개〔척〕지의. **2** 소박한, 단순한(unsophisticated); 투박한, 세련되지 못한(uncouth).
back·woods·man [bǽkwúdzmən/⌒⌒-] *n.* (*pl.* **-men** [-mən]) **1** 미개〔척〕지의 주민, 변경의 개척자, **2**《미》투박한 사람; 시골뜨기. **3**《영》의회에 좀처럼 오지 않는 상원 의원.
back·yard [bǽkjɑ́ːrd] *n.*《미》**1** 뒤뜰, 뒷마당. *cf.* front yard **2** 자주 가는 장소.
‡**ba·con** [béik(ə)n] *n.* ⓤ **1** 베이컨〔소금에 절여 훈제하나, 훈제(燻製)한 돼지의 등이나 허구리 고기〕. ¶ *bacon* and eggs 베이컨 에그(얇게 썬 베이컨에다 반숙한 계란을 얹은 요리). **2**《미속어》이익, 이윤.
bring home the bacon 〔구어〕① 성공하다, 할 일을 다하다. ② 생활비를 벌다.
save one's bacon 〔구어〕〔생명·명성 등〕 가장 중요한 것을 구하다, 긴요한 것을 지키다; 위험한 고비를 넘기다.
Ba·co·ni·an [beikóuniən / -njən] *adj.* **1** Francis Bacon〔에 관한〕; Bacon 학설의〔에 관한〕; Bacon 학파의. **2** Baconian theory의. — *n.* **1** Bacon 철학 (경험설)의 신봉자, Bacon의 학도. **2** Baconian theory의 지지자.
[<영국의 수필가·철학자·정치가 Francis Bacon (1561-1626)의 이름]
Ba·có·nian méthod *n.* 〔논리〕〔베이컨이 주창한〕귀납법.
Ba·có·nian théo·ry *n.* 베이컨설〔說〕 [Shakespeare 의 극은 실은 Francis Bacon 의 작품이라는 학설〕.
ba·co·ny [béik(ə)ni] *adj.* 뚱뚱하게 살찐; 지방질의. ¶ *bacony* liver 비대성 간장 경화(肥大性 肝臟硬化).
bact. (略) bacteriology.
bac·te·re·mi·a [bæ̀ktəríːmiə] *n.* ⓤ 〔병리〕 균혈증 (菌血症)〔혈액 중에 세균이 존재하는 상태〕.
bacteri-, bacterio- bacteria, bacterial 의 뜻의 연결형. *ex.: bacteri*cide, *bacteri*ology, *bacterio*scopy.
‡**bac·te·ri·a** [bæktí(ː)riə / -tíər-] *n. pl.* (*sing.* **-ri·um**) 박테리아, 세균; 세균류. ¶ harmless *bacteria* 무해 박테리아 / pathogenic *bacteria* 병원균〔病原菌〕/ virulent *bacteria* 유독 박테리아. ◇ **bactérial**, bácterize *v.*
bac·te·ri·al [bæktí(ː)riəl / -tíər-] *adj.* 박테리아〔세균〕의, 세균에 의한. ¶ *bacterial* virus 세균성 바이러스.
bac·te·ri·cid·al [bæktì(ː)risáidl / -tìər-] *adj.* 살균의, 살균제의. [이는 것; 살균제.
bac·te·ri·cide [bæktí(ː)risàid / -tíər-] *n.* 세균을 죽
bac·ter·id [bǽktərid] *n.* 〔병리〕 세균성 피진〔피부〕〔세균 감염으로 생기는 피부의 발진(發疹). 예를 들면 독진(毒疹) 따위〕.
bac·te·rin [bǽktərin] *n.* ⓤ 〔의학〕 박테린, 세균 백신 (bacterial vaccine) 〔박테리아를 이용하여 만든 면역액〕.
bacterio- ⇨ BACTERI-. [teroid.
bac·te·ri·oid [bæktí(ː)riɔ̀id / -tíər-] *n., adj.* = bac-
bac·te·ri·o·log·ic [bæktì(ː)riəlɑ́dʒik / -tìəriɔ́lɔdʒ-], **-i·cal** [-ik(ə)l] *adj.* 세균학상의, 세균학적인.
bacteriológical wárfare *n.* 세균전 (biological warfare).
bac·te·ri·ol·o·gist [bæktì(ː)riɑ́lədʒist / -tìəriɔ́l-] *n.* 세균학자. [세균학.
bac·te·ri·ol·o·gy [bæktì(ː)riɑ́lədʒi / -tìəriɔ́l-] *n.* ⓤ

bac·te·ri·ol·y·sis [bæktī(ː)riálisis / -tīəriɔ́l-] *n.* ⓤ 용균(溶菌) [일반적으로 특이 항체(抗體)에 의하여 생물체 내외에서 세균을 파괴하는 현상].

bac·te·ri·o·lyt·ic [bæktī(ː)riəlítik / -tīər-] *adj.* 용균성(溶菌性)의.

bac·te·ri·o·phage [bæktī(ː)riəfèidʒ / -tīər-] *n.* 세균괴원(壞原), 살균 바이러스 [세균에 기생하는 병원체의 일종].

bac·te·ri·os·co·py [bæktī(ː)riáskəpi/bæktīəriɔ́s-] *n.* ⓤ 세균 현미경학, 세균 검경법(檢鏡法) [세균의 현미경학적 연구·검사].

bac·te·ri·o·sta·sis [bæktī(ː)riousté isis / -tīər-] *n.* ⓤ [의학] 세균 발육 저지 [여러가지 염료를 작용시켜서 세균의 발육을 저지].

bac·te·ri·o·stat [bæktī(ː) rioustǽt / -tīəri-] *n.* 〔세 균〕세균 발육 저지제(劑).

*****bac·te·ri·um** [bæktī(ː)riəm / -tīər-] *n.* (*pl.* **-ri·a**) 〔세균〕bacteria 의 단수형.   〔작용시키기.

bac·ter·i·za·tion [bæktərizéiʃən/-rai-] *n.* …에 세균을

bac·ter·ize [bǽktəràiz] *vt.* (**-ized**, **-iz·ing**) …에 세균을 작용시키다.

bac·ter·oid [bǽktərɔ̀id] *n.* 〔세균〕박테로이드, 변형균(變形菌) 〔구조적으로 변화한 균〕; 가(假)세균〔콩과(科) 식물의 근류(根瘤) 속의 박테리아의 일종〕.
— *adj.* (=**bacterioid**, **bac·te·roi·dal** [bæktərɔ́idl]) 세균 모양의, 세균상의.

Bác·tri·an cámel [bǽktriən-] *n.* 박트리아 낙타, 쌍봉(雙峰) 낙타 [혹이 두 개 있는 낙타]. *cf.* dromedary

bac·ty [bǽkti] *n.* ⓤ 〈속어〉세균학.   〔〔형(형刑)〕의.

bac·u·line [bǽkjulin, -làin / -kjulàin] *adj.* 체벌의, 태

***bad**[bæd →14] *adj.* (**worse**, **worst**) (*opp.* good) **1** [일반적으로] 나쁜, [도덕적으로] 나쁜, 불량한, 품행이 나쁜, 부정의, 사악한(wicked, evil); 해악이 있는; 절대 ~)《명사적 용법》악인(opp. the good). ¶ *bad* weather 악천후 / *bad* conduct 나쁜 행실, 못된 짓 / a *bad* girl 불량 소녀 / *bad* manners 버릇 없음 / act in *bad* faith 불성실 (부정한) 짓을 하다 // It is very *bad* of you to tell a lie. 네가 거짓말을 하다니 정말로 좋지 못하군.

〔類語〕**bad** 「나쁜」이라는 뜻의 가장 일반적인 말: a *bad* boy 나쁜 아이 / *bad* habits 나쁜 버릇. **evil** bad 보다 뜻이 강하고「도덕에 어긋나는」: an *evil* deed 사악한 행위. **ill** evil 보다 뜻이 약하고, 주로 관용 표현에 많이 쓰임: *ill*-bred 버릇없이 자란. **wicked** 의식적으로 도덕에 어긋나는 일을 하려고 하는: a *wicked* scheme 악한 계획, 흉계.

2 조악(粗惡)한, 불충분한, 부적당한(inadequate). ¶ a *bad* coin 악화(惡貨), 위조 화폐 / a *bad* light 불충분한 빛(조명) / *bad* food 영양가가 적은 조식(粗食).
3 틀린(incorrect, faulty); [법률상으로] 무효인, 부당한. ¶ a *bad* check 부도 수표 / a *bad* shot 빗나간 짐작, 어긋난 예상 / a *bad* grammar 틀린 어법 / a *bad* claim 부당한 요구.
4 해로운(injurious). ¶ *bad* air [건강에] 나쁜 공기 // Smoking is *bad* for the health. 흡연은 건강에 해롭다.
5 병에 걸린(ill); 몸이 편치 않은(sick); 몸이 아픈. ¶ a *bad* leg 아픈 다리 / be *bad* 병에 걸려 있다 / be taken *bad* 병에 걸리다 / Do you feel *bad*? 몸이 불편하십니까? // He is *bad* with a cold. 그는 감기에 걸려 있다.
6 유감스러운, 후회하는(sorry). ¶ feel *bad* for one's mistakes 자신의 잘못을 후회하다 / I feel *bad* about the error. 나는 그 잘못을 후회하고 있다.
7 불운한, 불행한(unfortunate); 형편이 나쁜. ¶ *bad* news 나쁜 소식 / come at a *bad* time 형편이 나쁜 때에 오다 / have *bad* luck 불운을 만나다, 운이 나쁘다 / have a *bad* time [of it] 혼이 나다 (우리 속에는 특별한 일이 없다) // Things are *bad* with me. 만사가 잘 안 된다.   〔기분이 나쁘다.
8 기분이 좋지 않은. ¶ be in a *bad* temper 불쾌하다,

9 [맛·냄새 따위가] 불쾌한, 싫은(disagreeable). ¶ a *bad* smell (taste) 고약한 냄새 (맛).
10 서투른(poor). ¶ *bad* fun 서투른 농담 / a *bad* rider 서투른 기수 // She is *bad* at handwriting. 그녀는 글씨가 서투르다.
11 심한, 지독한, 중한(severe). ¶ a *bad* cold 악성 감기 / a *bad* storm 심한 폭풍[우] / Is the pain of your stomach very *bad*? 위통이 아주 심합니까?
12 썩은, 상한, 못쓰게 된(rotten, decayed). ¶ a *bad* tooth 충치 / *bad* fish 상한 생선 / go *bad* [음식 따위가] 상하다, 쉬다 / The eggs were *bad* and smelt horrible. 달걀이 썩어서 고약한 냄새가 났다.
13 〔美구어〕적의를 품은, 위험한.
14 [bæːd] 〔美속어〕근사한, 멋진.   〔비에 있다.
be in a *bad* way 병이 무겁다; [재정 따위가] 어려운 고
be too *bad* 유감이다, 〔be unfortunate〕. ¶ *That's too bad.* 그것 참 안됐군.
get into *bad* ways 미치다.
not *bad*; not so (or **too**) ***bad*; not half *bad*** 《구어》그다지 나쁘지 않은, 괜찮은. ¶ This is *not a bad* idea. 이것은 괜찮은 생각이다 / She is *not a bad* actress. 그녀는 꽤 괜찮은 배우다.
— *n.* ⓤ 나쁜 것; 나쁜 상태; 불운(ill fortune). ¶ take the good with the *bad* 좋고 나쁜 일을 다 겪다.
be (or **get**) **in *bad*** 〔美구어〕① 미움을 받고 있다, 눈 밖에 나 있다(be in disfavor) (*over*, *with*…). ¶ He is in *bad* with his master. 그는 주인의 미움을 받고 있다. ② 곤경에 처해 있다.
go from *bad* to worse 더욱 더 나빠지다.   〔되다.
go to the *bad* [정신적·육체적으로] 타락하다, 못쓰게
to the *bad* 빚을 지고. *cf.* to the good ¶ We are ten thousand won *to the bad.* 우리는 1만원의 빚이 있다.
— *adv.* (**worse**, **worst**) 〔美구어〕=badly.
◇ **bádness** *n.*, **bádly** *adv.*

bad² [bæd] *v.* 〈고어〉bid 의 과거형의 하나.

bád áctor *n.* 〔美구어〕**1** 심술궂은 망나니, 몹쓸 놈. **2** 사나운 짐승. **3** 상습범.

bád ápple *n.* 〈속어〉=bad egg.

bád bárgain *n.* 〔英속어〕쓸모없는 남자(병사).

bád blóod *n.* ⓤ [서로 품는] 증오(hatred); [장기간의] 반목, 불화, 적의, 나쁜 감정(ill feeling); 혐오(dislike). ¶ make (or breed, stir up) *bad blood* between the sisters 자매 사이에 불화를 일으키다.

bád chéck *n.* 부도 수표.   〔해고장.

bád cónduct díscharge *n.* 〔군대〕불명예 제대;

bád débt *n.* 〔상업〕대손(貸損) [금], 회수가망이 없는 대부금; 부실(불량) 대출. *cf.* good debt.

bad·die, -dy [bǽdi] *n.* (*pl.* **-dies**) **1** 〔구어〕[소설이나 영화의] 악역, 악인; 악동, 불량배. **2** 〔美속어〕범죄자; 방랑자.   〔못한, 열등의(inferior).

bad·dish [bǽdiʃ] *adj.* 좀 나쁜(rather bad), 별로 좋지

‡**bade** [bæd, +보통 beid] *v.* bid 의 과거형의 하나.

bád égg *n.* 〈속어〉악인, 불량배, 신용못할 사람, 쓸모 없는 사람. *cf.* good [ners).

bád fórm *n.* ⓤ 〔英속어〕예절없음, 무례 (bad man-

‡**badge** [bædʒ] *n.* **1** [어떤 단체·계급 따위에 소속됨을 표시하는] 기장(記章), 휘장, 휘장, 훈장; a *badge* of rank 〔군인의〕계급장 / wear (or bear) a *badge* 기장을 달다. **2** [일반적으로] 표; 상징 (symbol); 식별 표지 (sign).
— *vt.* (**badged**, **badg·ing**) …에 표를 달다, 기장·견장 따위를 달다.

BADGE [bædʒ] 〔略〕Base Air Defense Ground Environment 〔기지 방공 무인 경계 조직〕.

*****badg·er¹** [bǽdʒər] *n.* (*pl.* **-ers** *or* **-er**) **1** 오소리. **2** ⓤ 오소리 모피. **3** 오소리 털로 만든 화필(파리솔). **4** (濠) **a)** 유대(有袋) 동물 (wombat). **b)** 쥐처럼 생긴 유대 동물의 일종(bandicoot). — *vt.* 을 괴롭히다; …을 못살게 굴다, 집적대다. ¶ Stop *badgering* her. 그녀를 못살게 굴지 말아라 // (**~**+ 〔목〕+

badg·er² [bǽdʒər] n.《英방언》(특히 식료품의) 행상
bádger báiting(dráwing) n. ⓤ 오소리를 통에 넣고 개를 부추겨서 놀리는 옛날의 장난.
bádger gàme n. ⓊⓀ《美》여인폐(女人陛) 〖공범인 여자가 다른 남자와 함께 있는 것을 적발하고 금품을 갈취하는 행위〗.
Badger State n. (the ~) 미국 Wisconsin주의 속칭.
bád hát n.《英속어》품행이 나쁜 남자, 불량배.
bad·i·nage [bǽd(i)náːʒ, bǽd(i)nidʒ / bǽdinɑ̀ːʒ, -ㅡㅡㄹ] n. ⓤ 가벼운 희롱, 야유. — vt. (-naged, -nag·ing) 〖농담으로〗(남)을 놀리다, 희롱하여 …시키다(chaff).
bad·lands [bǽdlæ̀ndz] n. pl.《美》1 황무지, 불모지 〖부드러운 암석층이 침식되어 기형을 이루고 있는 불모지대〗. 2 암흑가.
Bád Lánds n.《美》미국 South Dakota 주 서남부 또는 Nebraska 주 서북부의 불모 지대.
bad lánguage n. ⓤ 욕설, 독설.
bád lót n.《속어》품행이 나쁜 남자, 불량배. cf. 〖egg
‡**bad·ly** [bǽdli] adv. (**worse, worst**) 1 나쁘게(wrongly), 서투르게(poorly) (opp. well); 부정하게(wickedly). 〗 badly dressed 형편없는 옷을 입고 / He speaks German badly. 그는 독일어가 서투르다. 2 지독히, 몹시(very much, greatly). * want, need 와 함께 많이 쓰인다. 〗 be badly wounded(or injured) 중상을 입다, 몹시 다치다 / I badly need your help. 네 도움이 꼭 필요하다 / She wants to see you badly. 그녀는 너를 몹시 만나고 싶어한다 / We need money badly. 우리는 꼭 돈이 필요하다 / They are badly in want of food. 그들은 먹을 것이 없어서 곤란하다.
be badly (or **poorly**) **off** 주머니 사정이 좋지 않다, 비참하게 살고 있다. opp. be well off 〗 My family has been badly off since my father was killed in an accident. 우리 가정은 아버지가 사고로 돌아가신 이후 생활이 궁색해졌다.
be badly off for …이 없어서 곤란하다. 〗 He is badly off for friends. 그는 친구가 없어서 곤란하다.
feel badly (* badly 가 서술 형용사로 쓰인 예) ① 불쾌하게 생각하다; 기분이 나쁘다. 〗 I feel badly. 기분이 나쁘다; 싫다고 (미안하게) 생각하다. ② 딱하게 여기다, 유감스럽게 여기다. 〗 I feel badly about her leaving so soon. 그녀가 그렇게 빨리 떠나다니 유감스럽다.
bad·man [bǽdmæ̀n] n. (pl. -men [-mèn])《美》〖서부개척 시대의〗악당. 〖벌법꾼.
bád márk sỳstem n. 〖스포츠〗〖감점제가 아닌〗
bád·min·ton [bǽdmintən] n. ⓤ 1 배드민턴〖racket 을 써서 shuttlecock 을 치고받는 스포츠〗. 2《英》소다 수로 만든 청량 음료.
bád móuth n.《美》험담, 헐뜯기, 중상.
bad-mouth [bǽdmáuθ, -máuð] vt.《美속어》…의 욕을 하다, …을 헐뜯다.
bad·ness [bǽdnis] n. ⓤ 나쁜 상태, 불량, 부정.
bád néws n. pl. 흉보; 골칫거리, 청구서.
bád páper n.《속어》위조지폐; 부도수표, 부도어음.
bád prèss n. 신문지상의 혹평.
bad-tem·pered [bǽdtémpərd] adj. 심술궂은; 기분이 상한, 불쾌한(cross), 성미가 까다로운.
bád tíme n. 곤경, 어려운 고비. 〖한 경험.
bád tríp n.《美속어》환각제에 의한 과취(過醉); 불쾌
B.A.E.E.《略》Bachelor of Arts in Elementary Education (초등 교육학사).
baff [bæf]〖골프〗vi. 공을 쳐올리기 위하여 골프채로 지면을 쳐올리다. — n. 그와 같은 타구(打球). cf. baffy
báff·ing spòon [bǽfiŋ-] n. =baffy.
*****baf·fle** [bǽfl] v. (**-fled, -fling**) vt. 1〖계획·노력 따위〗를 좌절시키다, 실패로 끝나게 하다. 〗 baffle the enemy 적의 의도를 꺾다 / baffle description 묘사하기 어렵다,

형언할 수 없다 / baffle a person's design 남의 계획을 좌절시키다 〖(~+옥+囹+욈)〗 I was completely baffled in my search for the paper. 서류를 찾아 보았지만 완전히 실패로 끝났다 / This baffled him out of his design. 이것으로 그의 책략은 틀어졌다. 2〖남〗을 당혹시키다, 당황케 하다(puzzle). 〗 The question baffled me completely. 그 질문에는 손 들었다. 3〖방지판(baffleplate)으로〗…을 차단하다. cf. baffleplate — vi.〖강풍을 안은 배 따위가〗헛되이 애쓰다, 발버둥치다. 〗 (~+옥+囹) The ship was seen baffling with a gale from the NW. 그 배는 강한 서북풍으로 시달림을 받고 있었다. — n. 1 좌절; 당황(perplexity). 2 방해(물). 3〖물줄기·기류·음향 따위의〗차단〖방지〗장치. 4 배플〖화성기 케이스의 저음용 차단벽〗.
baf·fle-board [bǽflbɔ̀ːrd/-bɔ̀ːd] n.〖통신〗〖수화기의〗차단판.
baf·fle·ment [bǽflmənt] n. ⓤ 좌절시키기; 실패, 좌절; 방해; 당황.
baf·fle·plate [bǽflplèit] n.〖물줄기·기류·음향 따위의〗방지 장치.
baf·fler [bǽflər] n. 1 좌절시키는 것; 난처하게 하는 것, 곤혹스럽게 하는 것. 2 = baffle 3.
báffle wàll n. 방음벽.
baf·fling [bǽfliŋ] adj. 1 좌절시키는; 당황하게 하는. 2〖사람이〗걷잡을 수 없는, 불가해한(inscrutable). 3 방해가 되는, 저해하는.
báffling wínd n. (보통 ~s)〖항해〗변덕스럽게 불어서 직진을 방해하는 바람.
baff·y [bǽfi] n. (pl. **baff·ies**)〖골프〗공을 높이 쳐올리기 위한 목재의 짧은 골프채, 우드 4번. cf. baff
‡**bag¹** [bæg] n. 1〖가죽·천·종이로 만든〗자루, 봉지. 〗 a paper bag 종이 봉지 / a rice bag 쌀 자루 / put cookies into a bag 쿠키를 봉지에 넣다.

[類語] bag 가장 일반적으로 널리 쓰이는 말. sack 허름한 재료로 조잡하게 만든 길쭉한 자루: a sack of potatoes 감자 한 자루. pouch 흔히 허리에 차고 다니면서 호주머니 대신 쓰는 작은 자루나 가방; 특히 끈이나 지퍼로 여닫게 된 것: a tobacco pouch 담배 쌈지.
2 가방, 손가방(suitcase), 핸드백(handbag); 여행 가방(traveling bag); 지갑(purse); 사냥감 자루(gamebag); 우편낭(낭)(mailbag). 〗 two bags of flour 밀가루 두 자루. 4〖사냥〗〖집합적으로, 또는 a 를 붙여〗〖한 사람이 하루 또는 한번의 사냥에서 잡은〗사냥감(의 양). 〗 make a big bag 많은 짐승을 잡다 / bring home a good (a bad) bag 많은(얼마 안되는) 짐승을 잡아 돌아오다. 5 자루 모양의 것;〖동물 따위의〗낭(囊); 위, 밥통;〖암소의〗젖통(udder). 〗 the honey bag of a bee 꿀벌의 꿀 주머니. 6 자루처럼 늘어진 부분; 눈 밑의 늘어진 살. 〗 bags at the knees of trousers 바지의 늘어진 무릎. 7《美》〖야구〗베이스(base) (* 본루만을 home plate 라고 한다). 8《美구어》재즈의 일종. 9〖구어〗헐거운 양복(드레스). (~s)《英속어》바지(trousers). 〗 a pair of bags 바지 한 벌. 10 (~s)〖구어〗다량, 다수(plenty, much). 〗 We've bags of time. 우리는 시간이 많다 / There's bags of room. 충분한 공간(여유)이 있다. 11〖속어〗추녀; 늙은 여자; 매춘부. 〗 a disagreeable old bag 마음에 안 드는 노파. 12〖구어〗한 떼의 사람들, 한 무더기의 물건. 13《美속어》아주 좋아하는 것, 취미, 전문. 〗 This is my bag. 이것은 내가 아주 좋아하는 것이다. 14《美속어》사태, 문제. 15《美속어》빵의 봉지의 마약.
bag and baggage〖구어〗① 가재 도구 (소지품) 일체. ②〖부사적으로〗소지품(가재 도구)을 모두 정리하여; 아주 깨끗이; 몽땅, 완전히(completely). 〗 He was turned out of the hotel, bag and baggage. 그는 소지품을 모두 들고 호텔에서 쫓겨났다.
a bag of bones〖뼈와 가죽만 남은〗말라빠진 사람(동물).
a bag of wind〖구어〗허풍선이; 뚱뚱보.

bear the bag 재정권을 쥐다, 돈을 뜻대로 쓸 수 있다.
empty the bag 자루를 비우다; 화제가 떨어지다.
get the bag 해고되다, 미국말 먹다.
give *a person **the bag*** 남을 해고하다, 목을 자르다.
give (or ***leave***) *a person **the bag to hold*** [어려울 때] 남을 저버리다.
hold the bag 《美구어》 ① [비난·책임 따위를] 혼자 덮어쓰다. ② 빈털터리가 되다.
in the bag ① 《구어》 [성공·당선 따위가] 확실하여. ¶ I have (or get) it *in the bag* 그것을 확보하고 있다 / Our victory was already *in the bag*. 우리의 승리는 이미 확실하였다. ② 《속어》 포로가 되어.
in the bottom of the bag 최후의 수단으로.
let the cat out of the bag ⇨ CAT.
the (***whole***) ***bag of tricks*** 온갖 수단(방법), 이것 저것 죄다. ¶ She tried *the whole bag of tricks.* 그녀는 온갖 수단을 다 써보았다.
— *v.* (**bagged, bag·ging**) *vt.* **1** …을 부풀리다. ¶ The air at once *bagged* the parachute. 공기가 금방 낙하산을 부풀게 했다. **2** …을 자루에 넣다. ¶ The sugar was *bagged* and shipped. 설탕은 자루에 넣어서 적지되었다. **3** [사냥감을] 잡다(catch), 죽이다(kill); 《美》…을 체포하다 ¶ *bag* a bear 곰을 잡다. **4** 《속어》 …을 손에 넣다, 슬쩍 갖다;《英속어》…을 훔치다 (steal). ¶ I have *bagged* some of his cigarettes. 그의 담배를 슬쩍했다. **5** 《英속어》 [적기]를 격추하다.
— *vi.* **1** 부풀다(swell). ¶ The wind blew so hard that the entire side of the tent *bagged* outward. 바람이 하도 세차게 불어서 텐트 둘레가 온통 부풀어 올랐다. **2** [빈 자루처럼] 늘어지다, 처지다(hang loosely). ¶ Her dress *bagged* shapelessly. 그녀의 옷이 볼품 사납게 축 늘어져 있었다. **3** 헐렁헐렁 늘어지다. ¶ His trousers *bagged* at the knees. 그의 바지는 무릎이 늘어져 있다. **4** 항로에서 벗어나다.

bag school 《美속어》 수업을 빼먹다.
I bag!; Bags I!; Bags! 《英학생 속어》[제일 먼저 권리가 있다고 주장하여] 내가 제일 먼저다! ¶ *Bags,* I first drink. 내가 맨 먼저 마시겠다.

bag² [bæg] *vt.* (**bagged, bag·ging**) 《英》 [곡물·풀 따위]을 낫으로 베다. ¶ a *bagging* hook 풀 베는 낫.
B. Ag. (略) Bachelor of *Agriculture* (농학사).
ba·gasse [bəgǽs] *n.* U 사탕수수의 짜고 남은 찌꺼기[로찌꺼기]. **2** 종려나무의 섬유로 만든 종이.
bag·a·telle [bægətél] *n.* **1** 하찮은 것; 사소한 일(trifle). **2** [F] 바가텔 놀이[일종의 당구]. **3** 피아노 소품.
Bag·dad [bǽgdæd / -´-] *n.* = Baghdad.
ba·gel [béig(ə)l] *n.* 도넛형의 딱딱한 롤 빵.
bág fóx *n.* 자루여우[자루에 넣고 와서 사냥터에서 풀어 놓아 개에게 쫓게 한다].
bag·ful [bǽgfùl] *n.* 자루로 하나 가득[의 양]; 다량.
***bag·gage** [bǽgidʒ] *n.* U **1** 《美》[트렁크·소형 여행 가방 따위] 수화물 《英》 luggage. ¶ a piece of *baggage* 수화물 한 개 / check one's *baggage* through to …까지 수화물을 목표로 받고 부치다. **2** 군용 고리짝, 군용 수화물. **3** ⓒ 《경멸적》[못생긴] 노파; 《구어》 말괄량이; 《美속어》 [항공 고어짜기, 아내.
bággage cár *n.* 《美》 [철도의] 수화물차《英》luggage van.
bággage chéck *n.* 《美》 수화물 물표.
bággage cláim *n.* [항공] 《공항의》 수화물 찾는 곳.
bag·gage·man [bǽgidʒmæ̀n, -mən] *n.* (*pl.* **-men** [-mèn, -mən]) 《美》 수화물 담당.
bag·gage-mas·ter [bǽgidʒmæ̀stər / -mà:s-] *n.* 《美》 [역·버스 회사·부두] 수화물 담당 책임자.
bággage óffice *n.* 《美》 수화물 취급소.
bággage ráck *n.* 《美》 [열차의] 수화물 선반.
bággage róom *n.* 《美》 수화물의 일시 보관소 (cloakroom).
bag·gage-smash·er [bǽgidʒsmæ̀ʃər] *n.* 《美속어》 [정거장의] 수화물 운반인[난폭하게 다루는 데서].

bággage tág *n.* 《美》 수화물의 짐표.
bag·ger [bǽgər] *n.* **1** 《야구 속어》 …루타(壘打); …루수. ¶ three-*bagger* 3루타. **2** 자루에 채워넣는 기계.
bag·gi·ly [bǽgili] *adv.* 헐렁헐렁하게, 축 늘어지게.
bag·gi·ness [bǽginis] *n.* U 불룩불룩〔헐렁헐렁〕함; 부피가 큼.
bag·ging [bǽgiŋ] *n.* U **1** [대마·황마 따위로 짠] 자루 [감. **2** 자루에 넣기.
bag·gy [bǽgi] *adj.* (**-gi·er, -gi·est**) 자루 모양의 (baglike), [자루처럼] 부픈; 축 늘어진, 헐렁한. ¶ *baggy* trousers (skin) 헐렁한 바지(늘어진 피부).
Bagh·dad [bǽgdæd / -´-, -´-], (**Bag·dad**) *n.* 바그다드[이라크 (Iraq)의 수도].
bág jób *n.* 스파이 활동, 비합법적인 정보 수집 활동.
bág lády *n.* [소지품을 가방에 넣고 다니는] 떠돌이 여성.
bag·man [bǽgmən] *n.* (*pl.* **-men** [-mən]) **1** 《英》[자루에 견본을 넣고 다니는] 세일즈맨, 행상인, 도붓장수. **2** 《美속어》 뇌물을 건네주거나 뒷값을 받는 사람. **3** 《濠》 방랑자(tramp).
bagn·io [bænjou, bɑ́:n- / bɑ́:n-] *n.* (*pl.* **-ios**) **1** 《고어》 [이탈리아·터키의] 목욕탕. **2** 매음굴, 창가(brothel). **3** 《동양의》 노예 감옥.
***bag·pipe** [bǽgpàip] *n.* (종종 ~**s**) 풍적(風笛), 백파이프[가죽 공기 주머니가 있는 스코틀랜드의 취주 악기].
bag·pip·er [bǽgpàipər] *n.* 풍적 연주자.
B. Agr. (略) Bachelor of *Agriculture* (농학사).
bag-sleeve [bǽgslì:v] *n.* [14-15세기에 유행한] 손목에서 잡아맨 넓은 소매.
ba·guette [bægét / bə-], (**ba·guet**) *n.* **1** 장방형으로 깎은 작은 보석; [보석을] 장방형으로 깎기. **2** [건축] 작고 볼록한 반원형 쇠시리, 구슬선. **3** 바게트 빵[막대기 모양의 프랑스 빵].

[bagpipe] 도판

Ba·gui·o [bǽgiòu] *n.* 바기오[필리핀의 루손섬에 있는 도시, 해발 1,500m로 여름철에는 이 섬의 수도].
bag·wig [bǽgwìg] *n.* 주머니 가발[18세기에 영국에서 유행한 뒷머리를 씨는 명주 주머니로 된 것].
bag·wom·an [bǽgwùmən] *n.* (*pl.* **-wom·en** [-wìmin]) bagman의 여성형.
bag·worm [bǽgwə̀rm] *n.* 《美》 도롱이벌레 (basketworm).
bah [bɑ:, +美 bæ:] *interj.* 홍! [경멸·혐오감 따위를 나타내는 소리].
ba·ha·dur [bəhɑ́:duər, -hɑ́:- / bəhɑ́:də̀r] *n.* (종종 B-) 각하, 대인[인도에서 유럽인 고관에게 쓰는 존칭].
Ba·ha·i [bəhɑ́:i, -hɑ́i] *n.* (*pl.* ~**s** [-z]) **1** 바하이교(敎) [1863년 페르시아의 Husayn Ali(Bahau'llah)가 전 인류의 화합을 제창하여 세운 교파]. **2** 바하이 교도. — *adj.* 바하이교[도]의.
Ba·ha·ism [bəhɑ́:iz(ə)m] *n.* 바하이즘[1863년 페르시아의 Mirza Husayn Ali가 창시한 회교 시아파계의 종교, 전 종교 진리의 통일과 세계 인류의 통합을 강조. Babism의 일파].
Ba·ha·mas [bəhɑ́:məz, +美 -héi-] *n. pl.* (the ~) 바하마[미국 플로리다 반도 동남방의 제도·독립국].
Ba·há·sa Indonésia [bəhɑ́:sə-] *n.* 바하사 인도네시아[인도네시아의 공용어].
Bah·rain, -rein [bɑ:réin] *n.* 바레인[페르시아만 안에 있는 군도로 1971년에 독립한 나라].
baht [bɑ:t] *n.* (*pl.* **bahts** *or* **baht**) 바트[타이랜드의 통화 단위 및 지폐].
bai·gnoire [beinwɑ́r / béinwɑ̀:] *n.* [극장의 1층석 전면에 있는] 특별 관람석. [＜F bath]
Bai·kal [baikɑ́:l] *n.* **Lake ~** 바이칼호[시베리아 남부의 세계에서 가장 깊은 호수].
***bail¹** [beil] *n.* **1** U 보석금. ¶ give (or offer) *bail* 보석금을 내다. **2** 보석 보증(인). **3** ⓒU 보석받는 사람(신분, 권리). **4** U 보석. ¶ accept (or allow,

take) *bail* 보석을 허가하다 / refuse *bail* 보석을 허가하지 않다 / admit a person to *bail* 남에게 보석을 허가하다. **5** 보석을 승인하는 법정.
forfeit one's bail 보석을 취소당하다, 보석금을 물수당하다.
give leg bail (구어·익살) 탈주하다, 도주하다.
go (or *stand*) *bail for* ① …의 보석을 서다. ¶ The president *went bail for* a student arrested on the street. 학장은 거리에서 체포된 학생의 보석 보증인이 되었다. ② …을 확실하다고 보증하다.
jump (or *skip*) *one's bail* 보석중에 행방을 감추다.
on bail 보석금을 내고. ¶ He was allowed out *on bail*. 그는 보석금을 내고 출감을 허가받았다 // The prisoner was liberated *on bail* to the amount of 10,000 dollars. 그 죄수는 1만 달러의 보석금을 내고 석방되었다.
save one's bail [줄두하여] 보석금의 몰수를 모면하다.
surrender to one's bail 보석금을 소환받아 출두하다. — *vt.* **1** …에 보석을 받게 하다, 보석을 허가하다 (…*out*). ¶ (~+囝+⽥) He offered to bail his son *out*. 그는 아들을 보석시키겠다고 신청했다. **2** [소유권을 바꾸지 않고 보관·임대 따위를 위해] [상품]을 위탁(공탁)하다.

bail² [beil] *n.* **1** [주전자·통 따위의] 손잡이. **2** [4륜마차의 포장 따위의] 활모양의 상대(지주). **3** [타자기 따위의] 종이를 누르는 막대. **4** (濠) [우유를 짤 때] 소머리를 누르는 틀. — *vt.* **1** [주전자 따위에] 손잡이를 달다. **2** (濠) **a**) [소의 머리]를 틀로 누르다(…*up*). **b**) [산척 따위가 가는 길을 수색하기 위하여] [남]에게 손을 들게 하다(…*up*). — *vi.* (濠) [산척 따위가 만나] 손을 들다.

bail³ [beil] *vt.* **1** [배 안에서] [물]을 퍼내다. ¶ (~+囝+⽥+⾡) *bail* water *out of* a boat 보트에서 괸 물을 퍼내다. **2** [배]의 괸 물을 퍼내다(…*out*). ¶ (~+囝+⽥) *bail* water *out*; *bail out* a boat 배의 괸 물을 퍼내다. — *vi.* [배에서] 괸 물을 퍼내다.
bail out ① [보트의] 괸 물을 퍼내다. → *vt.* **2**. ② (구어) [비행기에서] 낙하산으로 탈출하다. ③ [금융] 긴급 구제 금융을 해주다. ⇒ *bail¹*. ④ (속어) …에서 손을 단념하다, 저버리다. — *n.* [뱃 바닥의] 괸 물을 퍼내는 그릇(bailer).

bail⁴ [beil] *n.* **1** (크리켓) 삼주문(三柱門) 위에 가로지르는 나무. **2** (주로 英) [마구간의] 칸막이 가로장. **3** (~s) (페어) 성의 외벽, 성의 바깥뜰, 성벽.
bail·a·ble [béiləbəl] *adj.* [법률] **1** 보석을 내고 석방될 수 있는. **2** 보석이 가능한. ¶ a *bailable* offense 보석을 허가할 수 있는 죄, 경범죄.
báil bònd *n.* 보석 보증서.
bail·ee [beilí:] *n.* [법률] 수치인(受置人) [동산의 임치 (任置) (bailment)를 받은 자]. *cf.* bailor
bail·er¹ [béilər] *n.* (크리켓) 삼주문(三柱門)의 가로장(bail)에 맞는 공.
bail·er² [béilər] *n.* [배 밑바닥의] 괸 물을 퍼내는 기구.
bail·er³ [béilər] *n.* =bailor. 〔사람〕.
bai·ley [béili] *n.* (*pl.* **-leys**) **1** 성의 외벽, 성곽. **2** 성의 바깥 뜰, 성벽. ¶ the Old *Bailey* 런던 중앙 형사 재판소(London Central Criminal Court).
Báiley brídge *n.* 베일리식 조립교(영국의 기사 Sir Donald Bailey (1901-85)가 고안한 간편한 다리).
bail·ie [béili] *n.* (스코) **1** 시 참사회원(alderman).
bail·iff [béilif] *n.* **1** (행정관 (sheriff) 밑에서 영장의 송달·차압·강제 집행·법정 질서 유지 따위의 사법적 사무를 맡아보는) 집달관. **2** (英) [지정된 구역의 행정을 맡아보는] 관리, 대관(代官). **3** (특히 英) [지주 등의] 토지 관리인, 마름.
bail·i·wick [béiliwìk] *n.* **1** 집행관(집달관)의 관할구. **2** (미에서는 익살) [지식·일 등의] 범위, 영역.
bail·ment [béilmənt] *n.* Ⓤ (법률) **1** 보석, 석방. **2** 기탁(특정한 목적을 위해 기탁자가 수치인(受置人)에게 행

하는 동산의 인도).
bail·or [béilər] *n.* [법률] 기탁자. *cf.* bailee ⇔BAILMENT **2**.
bail·out [béilàut] *n.* 낙하산 탈출; 긴급 구조; [금융] 긴급 구제 금융.
bails·man [béilzmən] *n.* (*pl.* **-men** [-mən]) (법률) 보석 보증인(bail, surety).
Bái·ly's béads [béiliz-] *n. pl.* [천문] 베일리의 염주(개기(皆旣)·금환(金環) 일식 때 달 주위에 보이는 주 모양의 광점(光點)). [< Francis Baily (1774-1844) 영국의 천문 학자]
bairn [bɛərn] *n.* (스코·北英) 어린이 (child); 아들 (son), [ᆸ] (daughter).

‡**bait** [beit] *n.* **1** [낚시 바늘·덫 따위에 다는] 먹이, 미끼, 모이; [살충용] 독이 든 먹이. ¶ a live *bait* 산 미끼 / a natural *bait* 천연 미끼 / put a *bait* 미끼를 달다 / take a *bait* 미끼를 먹다. **2** ⓒ 좋은 미끼, 유혹물, 유정. ¶ fish with artificial flies as *bait* 인공 파리낚시로 낚다/deceive a person with *bait* 좋은 미끼로 사람을 속이다. **3** [미국어] [여행 도중의] 휴식. **4** ⓒⓊ (英속어) 먹을 것. — *vt.* **1** [낚시 바늘 (덫)에] 미끼를 달다; …을 미끼로 낚다. **2** …을 좋은 미끼로 꾀다, …에 미끼를 놓다. **3** [오락으로] [짐승]에게 개를 부추겨서 괴롭히다. **4** [장난 삼아] [남]을 놀리지 않다 굴다, 집적이다, 조롱하다. **5** [고어] [여행 도중의] [말]에게 먹이를 주다, 물을 먹이다. — *vi.* [고어] **1** [여행중에 식사·휴식을 위하여] 머물다, 휴식을 취하다. ¶ *bait at* a small village 작은 마을에서 걸음을 멈추다. **2** [동물이] 먹이를 먹다.
bait the hook 좋은 미끼로 사람을 유혹하다.

bait-and-switch [béitənswítʃ] *adj.* 미끼 상술(商術)의 [싸구려를 광고로 내세워 비싼 물건을 사게 하는].
baize [beiz] *n.* **1** Ⓤ 베이즈 [당구대 따위에 쓰는 녹색의 모직 천]. **2** 베이즈를 깐 당구대. — *vt.* (**baized, báiz·ing**) …에 베이즈를 깔다.

‡**bake** [beik] *v.* (**baked, bák·ing**) *vt.* **1** [빵 따위]를 굽다. ⇨ BURN 類題 ¶ *bake* bread (cake, apples) in an oven (케이크, 사과)를 오븐에 굽다. **2** [도기]를 굽다. ¶ *bake* bricks 벽돌을 굽다. **3** [햇볕이] …을 태우다, [과일]을 익히다. ¶ The ground was *baked* by the sun. 햇볕으로 땅이 타서 굳어졌다. — *vi.* **1** [빵 따위가] 구워지다; [도자기 따위가] 구워지다. ¶ The potatoes are *baking* in the oven. 감자가 오븐 속에서 구워지고 있다. **2** [빵 따위]를 굽다. ¶ My mother often *bakes*. 어머니는 자주 빵을 굽는다. **3** [피부]를 태우다. ¶ They are *baking* in the sun. 그들은 햇볕에 피부를 태우고 있다.
— *n.* **1** [빵 따위]를 굽기. ¶ a slow *bake* at a moderate temperature 적당한 열로 천천히 굽기. **2** [美] [딱딱한] 비스킷, 크래커(cracker). **3** [美] 굽는 음식을 주로 하는 식사(요리); 구운 대합을 주로 하는 파티. **4** [빵·도자기 따위의] 구워낸 제품; 구워낸 양(量). ¶ The bakery turns out a huge daily *bake* of bread. 그 제빵소에서는 매일 많은 빵을 구워낸다.
◇ **bákery** *n.*

báked Aláska [béikt-] *n.* 베이크트 알래스카[스펀지케이크에 아이스크림을 얹고 머랭게를 발라 구운 디저트].
báked béans *n. pl.* 젖은 콩과 베이컨 등을 구운 요리.
bake·house [béikhàus] *n.* (*pl.* **-hous·es** [-hàuziz]) 빵 굽는 집; 제빵소, 빵집[실].
Ba·ke·lite [béikəlàit, +美·klàit] *n.* (상표명) 베이크라이트 [절연체나 갖가지 플라스틱 제품 따위에 쓰는 합성 수지]. [< 발명자인 미국 화학자 L. H. Baekeland (1863-1944)]

‡**bak·er** [béikər] *n.* **1** 빵 제조인; 빵 제조 판매인; 제과 점. **2** *bakery* 작은 휴대용 화덕. **3** [예전에 통신에 서 사용된] baker 의 'B'.
Pull devil, pull baker ! ⇔ DEVIL.

bak·er-kneed [béikərníːd], **-leg·ged** [-légid] *adj.* 무릎이 안쪽으로 굽은, 앙가발이의.

báker's dózen [-] *n.* 13(개), 빵집의 한 다스[근량이 모자란다고 처벌받을까 봐 덤으로 1개 더 준 습관에서].

*bak·er·y [béikəri] *n.* (*pl.* **-er·ies**) **1** 빵집(baker's shop); 빵·과자류 판매점. **2** 빵 제조소.

bake-shop [béikʃàp/-ʃɔ̀p] *n.* =bakery 1.

*bak·ing [béikiŋ] *n.* **1** 빵 굽기. **2** 한 번 구워내는 분량, 한 가마의 분량(batch). ― *adj.* **1** 빵 굽는 데쓰는. **2** (속어) 쩌는 듯이 더운, 타는 듯한(scorching). ¶ the *baking* sands of the desert 사막의 타는 듯이 뜨거운 모래. ― *adv.* (속어) 쩌는 듯이. ¶ be *baking* hot 쩌는 듯이 덥다.

báking pòwder *n.* [U] 베이킹 파우더[밀가루반죽을 부풀게 하는 가루. 이스트의 대용품].

báking sòda *n.* =sodium bicarbonate.

ba·kla·va [bɑ̀ːkləvɑ̀ː—] *n.* 꿀과 호도·밤 따위로 속을 채운 파이 비슷한 과자. [계(系) 백인(의).

bak·ra [bǽkrə] *n., adj.* 카리브해 연안에서 특히] 영국

bak·sheesh [bǽkʃiːʃ—], (**bak·shish**) [인도·터키 등지 n.* [U] 사례금, 행하, 팁(tip). ― *vt.* ···에게 팁을 주다. ― *vi.* 팁을 주다(*to*...).

Ba·ku [bɑːkúː] *n.* 바쿠[Azerbaijan 공화국의 수도·항구 도시].

BAL (略) (생리) *blood alcohol level* (혈중 알코올 농

bal. (略) balance, balancing.

Ba·laam [béiləm·-læm] *n.* **1** 발람[히브리의 예언자. 메소포타미아의 점술사. 보수에 눈이 어두워 이스라엘을 저주해 달라는 요구에 응했기 때문에 신의 노여움을 샀다. 신은 발람이 타고 있던 노새로 가는 길을 막고 후에 이스라엘인에 의해 복수됐을 때 함께 살해되었다. ←민수기(Num.) 22-23, 31:8]. **2** (b-) (속어) [신문·잡지 따위의] 여백 채우는 일단 기사 (filler).

Bal·a·kla·va, -cla- [bæ̀ləklɑ́ːvə] *n.* **1** 발라 클라바[크림 반도 남단의 흑해 연안에 있는 러시아의 어촌; 크림 전쟁의 옛 싸움터]. **2** (보통 b-) [英] 귀까지 덮는 따뜻한 털모자.

bal·a·lai·ka [bæ̀ləláikə] *n.* 발랄라이카[기타와 비슷한 러시아의 삼각형 현악기]. [<Russ]

‡**bal·ance** [bǽləns] *n.* **1** 저울, 천칭(天秤). ¶ a spring *balance* 용수철 저울 / weigh... in a *balance* ···을 저울에 달다.

2 [U] [저울처럼] 재정(裁定)할 수 있는 힘; 결정권. ¶ hold the *balance* 결정권을 쥐다.

3 [U] 조화, 평형, 균형; 균형을 잡기, 균분(均分). ¶ the *balance* of power 〈국가간의〉 세력 균형 / The *balance* of advantage lies with us. 승리는 우리의 것이다. / The victory depended long in doubtful *balance*. 승패는 오랫동안 어느 쪽으로도 판가름 나지 않았다. / The cargo must be carefully stowed, or the ship will be out of *balance*. 화물을 주의해서 싣지 않으면 배가 균형을 잃는다.

4 [U] [마음의] 평형, 침착; [행동·판단 따위의] 침착. ¶ lose (recover) one's mental *balance* 마음의 평형을 잃다(되찾다) / keep (*or* preserve) one's *balance* 몸의 균형을 유지하다 / lose one's *balance* 균형을 잃고 넘어지다; 당황하다.

5 [U] [도안·의장(意匠) 따위의] 조화(균형)가 잡

6 추, 분동(分銅) (counterpoise). [혀 있음.

7 [U] [무게·가치·액수·중요성 따위의] 평가, 견적 (estimate), 비교.

8 (the ~) [美] 나머지, 잔여분. ⇒ REMAINDER [類語]

9 [U] (경제·상업·회계) 대차(貸借)평균, 대차 (計定); 수지(경리)하기. 1 국제간(간)의 수지, 차액 잔고; 부족액. ¶ closing *balance* 마감 잔고 / opening *balance* 개시 잔고 / *balance* carried (*or* forward) 이월 잔액 /

balance at a bank 은행 예금 잔고 / *balance* in hand 현재 잔고 / *balance* of [international] payments 국제 수지(계정) / *balance* of clearing 거래 쌍방이 계정을 청산한 후의 잔고 / *balance* of exchange 환(換) 잔고 / *balance* of trade 무역 수지 / *balance* of capital account [국제간의] 자본 계정 수지 / favorable (unfavorable) *balance* of trade 수출(수입) 초과, 국제 수지 흑자(적자) / *balance* due from ···에서 들어올 금액 / *balance* due to ···에게 갈 금액 / ascertain exact *balance* 차감잔액을 정확히 확인하다 / carry forward a *balance* of about $3,000 약 3천달러를 이월하다.

10 [U] [댄스·제조 따위에서] 균형이 잡힌 동작, 평형

11 [시계의] 평형바퀴(balance wheel) [운동.

12 (the B-) [천문·점성] 천칭좌(天秤座) (Libra).

cast the *balance* 형세를 일변시키다.

in the *balance* 이도 저도 아닌; 불안한 상태로, 위기에 처하여. ¶ The man's life hangs *in the balance*. 그의 목숨은 어찌될지 모른다.

keep *balances* with (or at) ···와 거래하다. ¶ He kept *balances* with the bank. 그는 그 은행과 거래하고 있었다.

on [the] ***balance*** 모든 것을 고려하여 보면, 어느 모로 보나, 결국은. ¶ *On* [*the*] *balance*, we are $80 richer. 결국은 80달러를 벌었다.

strike a *balance* 대차(수지) 계산을 하다, 청산하다, 저울에 달다. ¶ *Striking a balance*, I should be happier with Mother than Father. 생각해 보면 아버지와 함께 사는 것보다는 어머니와 사는 편이 더 행복할 것이다.

throw a person off his *balance* 남을 균형을 잃게 하다; 남을 당황하게 하다. ¶ In trying to avoid a dog, the cyclist was *thrown off his balance*. 자전거에 탄 그 사람은 개를 피하려다가 균형을 잃었다.

― *v.* (**-anced, -anc·ing**) *vt.* **1** ···을 저울에 달다. **2** ···을 비교하다, 저울에 달아보다(compare), 비교 평가하다(estimate). ¶ *balance* probabilities 여러 가능성을 고려하다 // (~+目+前+名) *balance* one thing *with* (or *by, against*) another 어떤 것을 다른 것과 비교해보다. **3** ···의 평형〔균형〕을 잡다; ···의 균형을 유지하다, ···을 균형시키다(poise). ¶ *balance* oneself 몸의 균형을 잡다 // (~+目+前+名) *balance* a pail *on* one's head [물 따위가 쏟아지지 않도록] 통을 머리에 이다. **4** ···을 같게 하다, 비례시키다. **5** [회계] **a**) ···의 대차를 대조하다. ¶ *balance* one's accounts 부채 정리를 결산한다, 대차를 셈하다. **b**) ···을 청산하다 [대변·차변이 서로 맞도록 필요한 사항을 기입하다]. **c**) [지불해야 할 것을 지불하다] ···을 청산하다, ···의 수지를 계산하다. ¶ *balance* the books 장부를 결산(마감)하다. **6** [댄스 따위에서] ···을 리듬에 맞추어 움직이다. ¶ *balance* one's partner 상대방을 줄이끌다 / *balance* a pole [곡예사가] 막대를 세우다 / *balance* a ball 공 위에서 균형을 잡다.

― *vi.* **1** [무게·액수·가치 따위가] 맞다, 균형이 잡히다, 평균하다. ¶ ···과 같다(*with*...). ¶ The account doesn't *balance*. 계산이 맞지 않는다. **2** [회계] 장부를 결산[정리]하다. **3** 주저하다, 주저하여 있다(*with, in,...*) (~+前+名) *balance in* one's choice 선택을 망설이다. **4** [댄스에서] 서로 앞뒤로 움직이다.

bal·ance·a·ble [bǽlənsəbl] *adj.* **1** 달 수 있는, 비교할 수 있는. **2** 균형 잡을 수 있는, 평균할 수 있는.

bálance bèam *n.* [체조용] 평균대.

bal·anced [bǽlənst] *adj.* 균형이 잡힌, 평균의.

bálanced díet (rátion) *n.* 균형식[영양의 균형이 맞은 식사].

bálance dúe *n.* 미불액, [지불해야 할] 부족액.

bal·anc·er [bǽlənsər] *n.* **1** 균형을 잡는 사람(물건); 평형기 (平衡器); 곡예사(acrobat); 평형곤(平衡棍) [모기·파리 따위의 뒷날개가 곤봉 모양으로 변화한 것으로 날 때 균형을 유지함] (halter). **2** 다는 사람. **3**

청산인. **4** 비교하는 사람. 　　［산서, 결산 공고.
bálance shèet *n*.〔상업〕**1** 대차 대조표. **2** 손익 계
bálance wèight *n*. 평형추, 분동.　　　　［*n*. 11.
bálance whèel *n*.〔시계의〕평형 바퀴. ⇨ BALANCE
bal·as [bǽləs] *n*.〔U〕〖광물〗홍옥(紅玉), 발라스 루비
(balas ruby).
bal·a·ta [bǽlətə] *n*. **1**〔U〕발라타 고무[bully tree에서
채취한 수액이 응고하면 전선 절연(電線絶緣)용. 골
프 공 제조용]. **2**〖식물〗=bully tree.
Bal·bo·a [bælbóuə] *n*. **1** 파나마 운하의 태평양쪽 종
점에 있는 항구. **2** (b-) 파나마 공화국의 통화 단위[은
화].
bal·brig·gan [bælbrígən] *n*.〔U〕발브리간 메리야스
[면 메리야스의 일종. 특히 양말·내의용].
bal·co·nied [bǽlkənid] *adj*. 발코니가 있는.
‡**bal·co·ny** [bǽlkəni] *n*.
(*pl*. **-nies**) **1** 발코니, 노대
(露臺). **2**〔극장 2층의 앞으
로 나온〕특별석.
‡**bald** [bɔ:ld] *adj*. **1** 머리털
(수목, 잎 따위)이 없는; 대
머리의, 벗어진 / a *bald* head 대
머리 / a *bald* mountain 벌거
숭이산 / as *bald* as a coot
(or a billiard ball, an egg)
반들반들하게 벗어진 / get
bald 대머리가 되다. **2**〔문

[balcony 1]

장 등이〕단조로운, 꾸밈없는(plain), 적나라한(bare).
¶ a *bald* prose style 꾸밈없는 산문체. **3** 노골적인, 숨
김없는 (open, undisguised). ¶ a *bald* statement 숨김
없는 진술 / The talk was a *bald* lie. 그 이야기는 새
빨간 거짓말이었다. **4**〔동물〕머리에 흰 반점이 있는,
머리가 흰. **～·ly** *adv*. **～·ness** *n*.
bal·da·chin, -da·quin [bǽldəkin, bɔ:l-/bɔ:l-] *n*.
1〖건축〗천개(天蓋)〔제단이나 무덤 위에 금속·목재·
돌 따위로 만든 덮개〕(canopy). **2**〔종교적 행렬에서 들
고 다니는〕천개, 보개(寶蓋). **3**〔U〕〔주로 의식용의〕비
단.
báld cóot *n*. **1**〘英〙〘유럽산(產)〙큰물닭. **2** 대머
리(baldhead).　　　　　　　　　　　　　　　　　〔圖章).
báld éagle *n*. 흰머리수리〔북미산(產). 미국의 국장
bal·der·dash [bɔ́:ldərdæ̀ʃ] *n*.〔U〕종작없는 소리, 헛소
리 (nonsense).
bald-faced [bɔ́:ldfèist] *adj*. **1** 얼굴에 흰 반점이 있
는. **2** 빤한 (barefaced), 뻔뻔스러운 (brazen). ¶ a *bald
faced* lie 빤한 거짓말.
bald·head [bɔ́:ldhèd] *n*. **1** 대머리[의 상태 또는 사
람]. **2** 흰머리 비둘기.
bald·head·ed [bɔ́:ldhèdid] *adj*. **1** 대머리의; 불모의.
2〔말〕스쿠너 범선에 중간 돛(topsail)이 없는.
— *adv*. 무턱대고(headlong); 맹렬히. ¶ go *bald-
headed* into (or at, for) 〘구어〙위험을 돌보지 않고 곧
장 …에 뛰어들다, …으로 적극적으로 달려들다. 　　　〔다.
snatch (or *jerk*) *baldheaded* 〘美구어〙거칠게 다루
bald·ing [bɔ́:ldiŋ] *adj*. 〔사람의 머리가〕벗겨지기 시작
bald·ish [bɔ́:ldiʃ] *adj*. 약간 대머리의.　　　　　〔하는.
bald·pate [bɔ́:ldpèit] *n*. **1** 대머리의 사람 (bald-
head). **2**〘미국산(產)〙홀쭉부리오리의 일종 (widgeon).
bal·dric [bɔ́:ldrik] *n*. 식대(飾帶)〔어깨로부터 비스듬
히 허리에 걸쳐 칼·나팔 따위를 찬다〕.
*bale¹ [beil] *n*. **1**〔수송·보관을 위하여 꾸린〕고리, 꾸
러미, 짐짝, 곤포(梱包). ¶ a *bale* of cotton 솜 한 곤
포. **2**〔한 곤포의〕양(量)〔a *bale* of cotton 은 미국에
서 약 500파운드〕. **3**〔~s〕화물 (goods).
— *vt*. (**baled, bal·ing**) …을 곤포로 포장하다, 꾸리
bale² [beil] *n*.〔U〕〘古어〙**1** 재앙(evil), 해악(harm),
불행 (misfortune), **2** 슬픔(grief, sorrow), 비참(mis-
bale³ [beil] *v*. (**baled, bal·ing**) = bail³.　　〔ery).
bale out 비행기에서 낙하산으로 내리다.

ba·leen [bəlí:n] *n*. 고래 수염 (whalebone).
bale·fire [béilfàiər] *n*. **1**〔들판에 피운〕큰 모닥불,
화톳불(bonfire), **2** 봉화(beacon), 신호용 모닥불.
bale·ful [béilfəl] *adj*. **1** 악의가 있는 (malicious), 사
악한; 해로운. **2**〘古어〙불쌍한 (wretched); 비참한
(miserable). **～·ly** [-fəli] *adv*. **～·ness** *n*.
Ba·li [bá:li] *n*. 발리섬〔인도네시아 공화국의 작은섬〕.
Ba·li·nese [bà:liní:z] *adj*. 발리섬(주민)의; 발리 말
의. — *n*. (*pl*. **-nese**) **1** 발리섬 주민. **2**〔U〕발리 말.
*****balk, baulk** [bɔ:k] *n*. **1** 장해, 방해(물); 장애(물)
(*to*...). ¶ a *balk* to one's plans 계획의 방해. **2**〔패
어〕과실, 실책 (failure). **3** 갈지 않고 남겨둔 밭이랑. **4**
〔건축〕들보, 각재(角材). **5**〔야구〕보크〔투수의 반칙
동작〕. **6**〔당구〕보크〔당구대의 쿠션과 보크 라인 사이
의 구획〕. **7** 어망(魚網)의 끄는 줄. — *vt*. (알길)
에 장애물을 놓다; …을 방해하다 (hinder), 실패시키다.
¶ (~+圄+劑+匐) *balk* a person of his hopes 남에
게 희망을 잃게 하다. **2**〔기회 따위〕를 놓치다, 잃다.
¶ *balk* an opportunity 기회를 놓치다. — *vi*. **1**〔장
애물을 만나〕멈추다, 절벽매다, 주저하다(*at*...). ¶
(~+劑+匐) He *balked in* his speech. 그는 연설 도중에
말이 막혔다 / They *balked* at payment of indemnity.
그들은 배상금을 지불할 단계가 되자 망설였다. **2**〘말
따위가〙갑자기 멈추어 안 가려고 용쓰다. **3**〔야구〕보
크하다. ◇ **bálk·y** *adj*.
*****Bal·kan** [bɔ́:lkən] *adj*. 발칸 반도(산맥)의; 발칸 반도
제국(사람)의. — *n*. (the ~s) 발칸 제국(諸國) (the
Balkan States).
Bal·kan·ize [bɔ́:lkənàiz] (* 〘英〙에서는 **Bal·kan·ise**
로도 쓴다) *vt*. (**-ized, -iz·ing**) …을〔서로 적대하는〕소
국으로 분열시키다, 분열시켜 서로 다투게 하다.
Bálkan Península *n*. (the ~)발칸 반도〔유럽 동
남부의 반도. 다뉴브강 남쪽에 위치하고, 아드리아 해·
이오니아 해·에게해·흑해로 둘러싸여 있다〕.
Bálkan Státes *n*. *pl*.(the~)발칸 제국[발칸 반도에
위치한 나라들].
balk·line [bɔ́:klàin] *n*. **1**〔스포츠〕〔육상경기의〕보
크라인(starting line). **2**〔당구〕보크라인〔쿠션에 평행
으로 그은 네 줄의 선〕.
balk·y [bɔ́:ki] *adj*. (**balk·i·er, balk·i·est**) 〘美〙〔말 따
위가〕갑자기 멈추어 움직이지 않으려 하는. ¶ a *balky*
horse 다루기 어려운 말. **balk·i·ly** *adv*. **balk·i·ness** *n*.
‡**ball¹** [bɔ:l] *n*. **1** 공, 구체; 공 모양의 것. ¶ a *ball* of
2〔여러 구기(球技)용 의〕공, 볼.　　　　 └*snow* 눈뭉치.
3〔U〕구기; 〘특히〙야구(baseball).
4〔야구〕투구, 구; 〔타자에게 좋지 않은 볼. *cf*. strike
¶ a fast *ball* 속구 / a foul *ball* 파울 볼 / a low (a high)
ball 낮은(높은) 투구 / a batted *ball* 타구.
5〔크리켓〕투구. ¶ no *ball* 규칙 위반의 투구.
6〔군사〕탄환, 포탄. ¶ *ball* firing 실탄 사격 / a
cannon *ball* 대포알.
7〔인체의〕공 모양의 것; (~s)〘卑語〙고환 (睾丸)
(testes). ¶ the *ball* of the eye 안구 / the *ball* of the
thumb (the foot) 엄지손(발)가락의 밑 매듭에 있는 공
8〔천문〕천체; 〘특히〙지구.　　　　　　　　 └근 부분.
9 고기·과자 따위의 덩어리, 알.
10 (~s) 〘英속어〙시시한 말.
ball and chain; chain and ball 〘美〙사슬에 쇠뭉치
가 달린 족쇄; 〘美속어〙아내.
The ball is with you. 네 차례다.
carry the ball 〘美구어〙책임을 지다.
catch (or *take*) *the ball before the bound* ① 공
이 바운드하기 전에 잡다. ② 선수를 쓰다, 기선(機先)
을 제하(制下)하다. 　　　　　　　　　　　　〔있다, 유능하다.
have something (or *a lot*) *on the ball* 〘속어〙재능이
have the ball at one's *feet*(or *before one*) 성공할
실마리가 보이다, 성공할 능력(기회)이 있다. ¶
Having the ball at his feet, Jack will become famous.
잭은 재능이 있으므로 꼭 유명해질 것이다.

ball 201 **balloon**

hit the ball 《美속어》 수월하게(척척) 진행하다. ¶ You've sure got to *hit the ball*. 틀림없이 일이 척척 잘 진행됐다.
keep the ball rolling; keep up the ball 이야기를 잘 이끌어 나가다; 중도에 흥이 식지 않도록 하다.
keep one's eye on the ball 《美속어》경계하다, 발밑을 주시하다.
make a ball of 《英속어》…을 망치다.
on the ball 《美속어》 빈틈없이; 기민하게.
play ball ① 게임을 시작하다. ② 행동을 개시하다. ③ 《美》함께 일하다, 협력하다(cooperate)(*with*...).
start(or *get, set*) *the ball rolling* 일을 잘 시작하다, (이야기를) 꺼내다.
take up the ball 〔남의 말 따위를〕받아 잇다; 화제를 이어가다.
That's the way the ball bounce.=That's the life., That's the way it goes. 세상사란 다 그런 것이다.
— *vt.* 1 …을 둥글게 하다. 2 …을 감아서 둥글게 하다. — *vi.* 1 〔구름 따위가 모여〕 덩어리가 되다, 뭉치다. 2 《美속어》성교(性交)하다.
ball the jack 《속어》① 급히 가다(하다). ② 한 가지 일에 모든 것을 걸다.
ball up 《속어》혼란시키다(하다). ¶ He got *balled up* when questions were asked. 그는 여러 가지 질문을 받자 갈팡질팡하였다.
‡**ball²** [bɔːl] *n.* 1 무도회. ¶ a fancy(a masked) *ball* 가장(가면) 무도회 / give a *ball* 무도회를 열다 / lead a *ball* 무도의 선도가 되다. 2 《美속어》즐거운 한 때. ¶ *have a ball* 크게 즐기다.
open the ball ① 무도회에서 맨 먼저 추다. ② 〔토론 따위에서〕 먼저 입을 열다, 먼저 공세로 나오다. ¶ The presiding judge *opened the ball* by asking the witness to give his evidence. 재판장은 우선 증인에게 증언을 요청함으로써 재판을 시작했다.
— *vi.* 《美속어》즐겁게 하다, 떠들며 놀다.
***bal·lad** [bǽləd] *n.* 민요, 속요(俗謠), 발라드〔전승되어 불리는 소박한 서정적 전설・설화〕.
bal·lade [bəlɑ́ːd, +美 bəl-] *n.* 1 발라드〔보통 동일한 각운(脚韻) 구성의 3개 연(聯)(stanzas)으로 이루어지고, 한 결구(結句)(envoy)가 뒤따르는 프랑스 시형; 각 절(節)과 envoy 는 모두 똑같은 후렴으로 끝난다〕. 2 〔음악〕 발라드, 서사시.
bal·lad·eer [bæ̀lədíər] *n.* 발라드 가수, 민요 가수.
bállad méter 《英》 **métre** *n.* 〔韻律〕 발라드조(調)〔보통 약강(iambic) 4음각(tetrameter)과 3음각(trimeter)의 교호 압운(交互押韻)으로 된 4행이 한 stanza 를 이룬다〕.
bal·lad·mon·ger [bǽlədmʌ̀ŋgər, +美 -mɑ̀ŋ-] *n.* 1 발라드를 읽으며 파는 사람; 민요 작가. 2 엉터리 시인.
bal·lad·ry [bǽlədri] *n.* 〔U〕〔집합적〕 민요 시(ballad poetry).
báll-and-sóck·et jòint [bɔ́ːlənsɑ́kit-/-sɔ́k-] *n.* 1 〔기계〕 공 모양의 조인트. 2 〔해부〕 구와(球窩) (구상(球狀)) 관절.
(ball-and-socket joint 1)
***bal·last** [bǽləst] *n.* 〔U〕 1 〔항해〕 밸러스트, 바닥짐〔화물이 적을 때 배를 안정시키기 위하여 선저에 싣는 자갈・모래 따위〕. 2 〔경기구 따위의 부력(浮力) 조절용〕 모래 주머니. 3 〔철도・도로에 까는〕 자갈. 4 〔정신적・도덕적・정치적으로〕 안정을 주는 것, 안정. ¶ mental *ballast* 마음의 안정〔을 주는 것〕 / lack *ballast* 마음이 안정되어 있지 못하다.
in ballast 바닥짐 싣고, 빈 배로. ¶ The ship arrived in harbor *in ballast*. 배는 짐을 싣지 않고 입항했다.
— *vt.* 1 〔배〕에 바닥짐을 싣다; 〔기구〕에 모래 주머니를 싣다. ¶ *ballast* a ship 배에 바닥짐을 싣다. 2 〔철도・도로〕에 자갈을 깔다. 3 〔정신 따위〕를 안정시키다, …을 단단히 받치다.

bal·last·ing [bǽləstiŋ] *n.* 〔U〕〔집합적〕 바닥짐 재료; 자갈.
báll béaring *n.* 〔기계〕 1 볼베어링. 2 볼베어링용 쇠구슬.
ball-bear·ing [bɔ́ːlbɛ́(ː)riŋ/-bɛ́ər] *adj.* 볼베어링이〔이 있는〕.
báll bòy *n.* 〔정구・야구에서〕 공 줍는 소년〔여성은 볼밑 줍는 ball girl〕.
báll cártridge *n.* 실탄. *cf.* blank cartridge
báll-club [bɔ́ːlklʌ̀b/-] *n.* 1 〔야구・축구・농구 따위의〕 구기팀. 2 그 팀 관계자. 3 야구팀 후원 단체.
báll còck *n.* 부구(浮球)마개〔물통의 자동 급수 조절전(栓)〕.
báll contròl *n.* 〔축구・농구〕 1 공을 자기편에 두려는 작전. 2 드리블 등의 공 다루기 능력.
bal·le·ri·na [bæ̀lərínə] *n.* (*pl.* **-nas** or **-ne** [-ne]) 발레리나〔주연을 하는 여자 무용수〕, 〔일반적으로〕 무용수. 〔<It〕
***bal·let** [bǽlei, -li, +美 bælí] *n.* 1 〔U〕 발레, 무용극. 2 발레단. 3 발레 음악.
bal·let·ic [bælétik] *adj.* 발레의, 발레와 같은.
bal·le·to·man [bǽlitomèin / bǽlito(u)-] *n.* 열렬한 발레 팬, 발레광인 사람.
bal·le·to·ma·ni·a [bæ̀lətəméiniə] *n.* 〔U〕 발레광(열).
bállet slípper(**shòe**) *n.* 1 발레화. 2 발레화 비슷한 여성 구두.
báll-flow·er [bɔ́ːlflàuər] *n.* 〔건축〕 꽃송이 장식〔둥근 꽃의 증을 상의는 제 4의 고딕 건축의 장식〕.
báll gàme *n.* 1 구기(球技) 〔특히 야구나 소프트볼〕. 2 《美속어》활동; 사태, 정세; 싸움, 경쟁. ¶ the whole *ball game* 중요한 것, 관심사.
báll gìrl *n.* 〔야구〕 볼 걸, 공 줍는 소녀. *cf.* ball boy.
Bal·liol [béiljəl, -liəl] *n.* 베일리얼 학료(學寮) 〔옥스퍼드 대학의 college 의 하나〕.

bal·lis·ta [bəlístə] *n.* (*pl.* **-tae** [-tiː]) 석궁(石弓), 노포(弩砲) 〔돌 따위를 발사하는 고대 무기〕.
bal·lis·tic [bəlístik, +美 bæl-] *adj.* 탄도(彈道)의; 탄도학의.
(ballista)
bal·lis·ti·cian [bæ̀ləstíʃ(ə)n] *n.* 1 탄도학자. 2 범죄에서 화기 사용 여부를 조사하는 경찰관.
ballístic míssile *n.* 탄도탄. *cf.* I.C.B.M., I.R.B.M.
bal·lis·tics [bəlístiks, +美 bæl-] *n.* 〔보통 단수 취급〕 탄도학. ¶ *interior ballistics* 포내(砲內) 탄도학 / *exterior ballistics* 포외(砲外) 탄도학.
bal·lis·to·car·di·o·gram [bəlístо(u)kɑ́ːrdiо(u)græ̀m] *n.* 〔의학〕 심전도(心電圖).
bal·lis·to·car·di·o·graph [bəlísto(u)kɑ́ːrdiо(u)græ̀f/-grɑ̀ːf] *n.* 〔의학〕 심전계(心電計) 〔심장의 박동력을 기록한다〕.
bal·locks [bɔ́ləks/bɔ́l-] *n. pl.* 《卑語》 고환, 불알 (testes).
bal·lon d'es·sai [F balɔ̃ː desɛ] *n.*《프랑스》 (= *trial balloon*) 1 시험 기구. 2 〔여론을 시험하기 위한〕 탐색.
bal·lo·net [bǽlənèt/-néi] *n.* 보조 기낭(氣囊) 〔기구・비행선 안의 작은 구획, 부력 조절용〕.
‡**bal·loon** [bəlúːn] *n.* 1 경기구, 기구, 풍선. ¶ a *captive balloon* 계류(繫留) 기구 / a *dirigible balloon* 비행선 / an *observation balloon* 관측용 기구 / ride in a *balloon* 기구를 타다. 2 〔장난감〕 풍선. 3 〔화학〕 둥근 바닥 프라스코. 4 〔그림〕 〔기둥이나 탑 위에 붙은〕 큰 둥근 장식. 5 말밭〔만화 따위에서 사람의 말을 적어 넣는 풍선꼴 윤곽〕.
the balloon goes up 《구어》 큰 소동이 벌어지다, 일이 커지다. ¶ *The balloon will go up* when the manager gets to know that. 매니저가 그것을 알게 되면 큰일이다.

like a lead balloon 전혀 효과가 없이. — vi. **1** 기구를 타다, 기구로 상승하다. **2** 〖풍선처럼〗부풀다; 급속히 늘다. **3** 《속어》대사를 잊다. — vt. **1** …에 공기를 가득 채우다, 부풀리다(inflate). ¶ He *ballooned* his cheeks in imitation of a fat woman. 그는 뚱뚱한 여자를 흉내내며 볼을 부풀렸다. **2** 〖값〗을 올리다.

ballóon astrónomy n. 기구 천문학[망원경을 장치한 기구를 띄워서 천체의 관측 데이터를 수집하는 방법].

ballóon barráge n. 《군사》기구 조색(阻塞)〖적의 공습을 막기 위해 전지의 상공에 둘러진 기구의 열(列)〗.

bal·loon-fish [bəlúːnfìʃ] n. (pl. **-fish** or **-fish·es**) 복어(globefish, puffer).

bal·loon-flow·er [bəlúːnflàuər] n. 도라지, 길경.

bal·loon·ing [bəlúːniŋ] n. ⓤ **1** 기구 타기 경기; 기구 조정(술). **2** 〖의학〗치료를 위한 체강(體腔) 의 풍선 확대. **3** 〖항공〗〖비행기 착륙시의〗기체의 부상(浮上).

bal·loon·ist [bəlúːnist] n. 기구를 타는 사람.

ballóon púmping n. 〖의학〗풍선 펌프법〖인공 심폐(心肺)과 대동맥 사이에 풍선을 삽입하여 혈행(血行)상태를 개선하는 치료법〗.

ballóon sátellite n. 《美》기구 위성.

ballóon sléeves n. pl. 불룩한 옷소매.

ballóon tíre n. 〖자동차용의〗벌룬 타이어, 저압(低壓) 타이어.

ballóon víne n. 〖식물〗풍선 덩굴〖열대 아메리카 원산〗.

*bal·lot [bǽlət] n. **1** 기표 용지; 〖전에 사용되었던〗투표용 작은 공. **2** 투표 총수. ¶ There was a large *ballot*. 많은 투표가 있었다. **3** ⓤ 비밀(무기명) 투표; 〖일반적으로〗투표; 제비뽑기. ¶ open *ballot* 기명 투표 / by postal *ballot* 우편 투표로 / by secret single *ballot* 단기(單記) 무기명 투표로 / cast a *ballot* (or *ballots*) 투표하다 / take a *ballot* 투표를 하다. **4** ⓤ 투표권. **5** 입후보자 명단. — vi. **1** 〖비밀〗투표하다((~에 前+명)) *ballot for* (*against*) a candidate 후보자에게 투지(반대)하다. **2** 제비를 뽑다, 제비를 뽑아 정하다(for…). ¶ (~+前+명) *ballot for* places 장소를 제비를 뽑아 정하다. — vt. …에 투표하다; …을 투표로 정하다, …을 추첨하다.

bal·lot·age [bǽlətidʒ, 美 -tɑ̀ːʒ] n. 결선 투표.

bállot bóx n. 투표함.

bal·lot·ing [bǽləting] n. 투표, 추첨.

bállot páper n. 투표 용지.

bal·lot-rig·ging [bǽlətrìgiŋ] adj. 〖선거에서〗개표(計票)을 조작하는, 표를 뒷공작하는.

bal·lotte·ment [bəlátmənt / -lɔ́t-] n. 〖의학〗〖태아 촉진(觸診)때 등의〗임신 압진법.

báll párk n. **1** 《美》야구장, 구장. **2** 어림잡은(대체적인) 범위.

báll-pèen hámmer [bɔ́ːlpìːn-] n. 끝이 둥근 망치.

báll pén n. = ball-point pen.

ball·play·er [bɔ́ːlplèiər] n. **1** 야구 선수. **2** 〖일반적으로〗공기(球技)를 하는 사람.

ball-point [bɔ́ːlpɔ̀int] n. = ball-point pen.

báll-pòint pén n. 볼펜.

ball-proof [bɔ́ːlprùːf] adj. 방탄(防彈)의. ¶ a *ball-proof* jacket (vest) 방탄 자켓 (조끼).

ball-room [bɔ́ːlrù(ː)m] n. 무도실(장), 댄스장.

bállroom dáncing n. ⓤ 사교 댄스.

ball·sy [bɔ́ːlzi] adj. (**-si·er, -si·est**) 대담하고, 위세좋은; 의욕적인, 정력이 왕성한.

báll túrret n. 〖공군〗〖전투기 따위의〗선회 포탑(砲塔).

ball-up [bɔ́ːlʌ̀p], (**balls-up** [bɔ́ːlz-]) n. 《속어》혼란. [당황.

bal·lute [bəlúːt] n. 밸루트〖로켓이나 기타 물체의 낙하 속도를 조절하는데 쓰이는 기구형(氣球形) 낙하산〗.

[＜BALL[OON]＋[PARACH]UTE]

báll válve n. 〖기계〗구형(球形) 밸브, 볼 밸브〖공의 이동에 의한 조절용 밸브〗.

bal·ly [bǽli] adj. 《英속어》(＊ *bloody* 의 완곡한 표현으로, 강조적으로 사용한다) adj. 패씸한, 지독한(confounded). ¶ Whose *bally* fault is that? 도대체 그것은 누구의 잘못인가? — adv. 꿩장히. ¶ I am too *bally* tired. 정말 지쳐버렸다. [지옥(hell).

bal·ly·hack [bǽlihæk] n. ⓤ 《美속어》파멸(ruin).

bal·ly·hoo [bǽlihùː → v.] ⓤ《美》**1** 엉터리 선전(광고). **2** 소동, 소란(clamor). ¶ a *ballyhoo* artist 자기 선전가. — vt., vi. [bǽlihùː, ﹣—́﹣] 과장(엉터리)의 선전을 하다. [bullyrag.

bal·ly·rag [bǽlirǣg] v. (**-ragged, -rag·ging**) =

*balm [bɑːm] n. **1** ⓤ 방향성(芳香性) 기름, 향유; 방향성의 바르는 약(고약). **2** 향유을 생성하는 식물; 〖특히〗서양 박하. **3** ⓤ 향기, 향기(fragrance). **4** 위안을 주는 것; 진통제. ◇ **bálmy** adj., **embálm** v.

bal·ma·caan [bælməkɑ́ːn] n. 발마칸〖울이 굵은 모직 천으로 만든, 라글란 소매에 옷자락이 넓고 짧은 망토〗.

bálm crícket n. 매미(cicada).

balm·i·ly [bɑ́ːmili] adv. 향기롭게; 상쾌하게.

balm·i·ness [bɑ́ːminis] n. ⓤ 그윽한 향기가 풍김, 향기로움.

Bal·mor·al [bælmɔ́ːrəl, -mɑ́r-/-mɔ́r-] n. **1** 줄무늬가 있는 나사천으로 만든 페티코트. **2** (b-) 일종의 편상화(編上靴). **3** 〖스코틀랜드의〗 꼭대기가 평평한 생없는 모자. [스코틀랜드의 Dee 강변에 있음].

Balmóral Cástle n. 영국 왕실의 이궁(離宮)〖스코

*balm·y [bɑ́ːmi] adj. (**balm·i·er, balm·i·est**) **1** 상쾌한, 온화한(gentle), 마음을 가라앉히는 (soothing). ¶ It was a *balmy* spring day. 아주 화창한 봄날이었다. **2** 방향이 있는, 향기로운(fragrant). **3** 향유을 생성하는. **4** 《속어》지혜가 모자라는, 저능한(silly). ◇ **balm** n.

bal·ne·al [bǽlniəl] adj. 목욕탕의, 목욕의; 탕치(湯治)의.

bal·ne·ol·o·gy [bæ̀lniɑ́lədʒi / -ɔ́l-] n. 〖의학〗광천학(鑛泉學).

bal·ne·o·ther·a·py [bæ̀lniouθérəpi] n. ⓤ 〖의학〗광천 요법, 온천 요법.

ba·lo·ney [bəlóuni] n. **1** ⓤ 《美속어》무의미, 잠꼬대 같은 소리, 헛된 말. **2** 《美속어》= bologna sausage.

B.A.L.P.A. (略) British Air/line Pilot's Association (영국 항공 조종사 협회). BALPA[bǽlpə]로도 쓴다.

bal·sa [bɔ́ːlsə, 美 bɑ́ːl-] n. **1** 발사〖열대 아메리카산(產)의 관목. 매우 가볍고 단단하여 뗏목·구명용구·모형 항공기 따위에 쓰인다〗. **2** 발사 재목으로 만든 뗏목〖일반적으로〗뗏목.

bal·sam [bɔ́ːlsəm] n. **1** ⓤ 발삼 수지〖방향성, 약용·향료·공업용〗. **2** ⓤ 향유(香油). **3** 발삼나무〖방향성 수지를 생성하는 각종 나무〗. **4** 봉선화류. **5** 위안물, 진통제.

bálsam fír n. 발삼전나무〖북미산(產) 전나무로, 그 수지에서 향결제 (Canada balsam)가 만들어진다〗.

bal·sam·ic [bɔːlsǽmik, bæl-] adj. 발삼성의; 방향성의, 진통성의 (soothing).

bal·sam·if·er·ous [bɔ̀ːlsəmífərəs, bæ̀l-] adj. 발삼을 생성하는, 향유을 생성하는.

bal·sam·ine [bɔ́ːlsəmin], **-i·na** [-inə] n. 봉선화 (garden balsam).

bálsam péar n. 여주, 고과(苦瓜).

bálsam póplar n. 포플라〖북미산(產)으로 하트형의 넓은 잎이 나며, 녹속로 식수된다〗.

Balt. (略) Baltic.

*Bal·tic [bɔ́ːltik] adj. **1** 발트해의, 발트해 부근의. **2** 발트해연안 여러 나라[말]의. **3** ⓤ 발트어〖인도유럽 어족에 속하며, 고대 프러시아어, 리투아니아어, 렛트어를 포함한다〗.

Báltic Séa n. (the~) 발트해.

Báltic Státes n. pl. (the ~) 발트 제국〖1917년의 러시아 혁명 결과 러시아 제국에서 분리 독립한 Estonia, Latvia, Lithuania 와 때로는 Finland 를 포함한 여러 나라〗.

Bal·ti·more [bɔ́ːltimɔ̀ːr / -mɔ̀ː] n. 미국 Maryland 주 북부의 Chesapeake Bay 입구에 있는 항구.

Báltimòre chóp n. 《야구 속어》 일종의 불규칙 바운드로 마지막 바운드가 높게 튀는 내야 안타 타구. [<Baltimore 시의 구장에서 빈발했던 데서]

Báltimòre óriòle n. 미국꾀꼬리[수컷은 검정과 오렌지색이어서 Lord Baltimore 가(家)의 고용인의 제복과 빛깔이 비슷한 데서 이렇게 불렀다].

bal·us·ter [bǽləstər] n. 〔건축〕 1 난간 기둥[난간을 이지하는 작은 기둥]. 2 (~s) 난간 (banister).

bal·us·trade [bǽləstrèid/ ⟶ ⟶] n. 〔건축〕 [baluster 가 있는] 난간.

bal·us·trad·ed [bǽləstrèidid/ ⟶ ⟶] adj. 난간이 있는.

bam[1] [bæm] vt. (**bammed, bam·ming**) 《속어》 (남)을 골탕먹이다(fool), (남)을 속이다, 속여먹다(hoax). — n. ⓤ 〔고어〕 남을 속여먹기.

bam[2] [bæm] n. 쿵 하는[둔한] 소리. — vi. (**bammed, bam·ming**) 쿵 하는[둔한]소리를 내다.

Ba·ma·ko [bάːməkòu] n. 바마코[아프리카의 말리 (Mali) 공화국 수도].

bam·bi·no [bæmbíːnou] n. (pl. **-nos** or **It -ni**[-niː]) 1 갓난아기, 젖먹이. 2 아기 그리스도의 상. [<It]

‡**bam·boo** [bæmbúː] n. ⓤ ⓒ (pl. **-boos**) 1 대나무. ¶ sacred bamboo 남천축(南天竹). 2 〔건축·가구 따위의〕 죽재(竹材). ¶ bamboo work 죽세공.

bámboo cúrtain n. 죽의 장막[중공과 다른 나라를 격리하는 정치·군사·사상적 장벽. 철의 장막 (iron curtain)을 본떠서 만든 말].

bámboo shóot n. 죽순.

bámboo wàre n. ⓤ 1 (~s) 세세공. 2 〔대나무를 본뜬〕 18세기 영국의 Wedgwood 도자기.

bam·boo·zle [bæmbúːzl] v. (**-zled, -zling**) 《구어》 vt. 1 (남)을 속이다, 덫씌우다(deceive). ¶ (~+圄+前+图) bamboozle a person out of something 남을 속여 물건을 빼앗다 / He bamboozled her into selling the lot. 그는 그녀를 속여 그 대지를 팔게 했다. 2 〔남을 애먹이다, 어리둥절케 하다 (perplex). — vi. 속이다.

bam·boo·zle·ment [bæmbúːzlmənt] n. ⓤ 속이기.

*****ban**[1] [bæn] n. 1 금지(령), 금제(禁制). ¶ a gold ban 금 수출 금지 / Drinking is under the ban in some states of America. 미국에서는 주(州)에 따라 음주가 금지되고 있는 곳이 있다 // a ban against (or on) exportation 수출 금지령 / put the ban on ⋯을 금지하다 / The government lifted the ban on the export of copper. 정부는 구리의 수출 금지를 해제했다. 2 〔여론의〕 반대, 비난. ¶ You will be put (or placed) under the ban of public opinion. 너는 여론의 비난을 받게 될 것이다. 3 〔종교〕 파문(破門). — vt. (**banned, ban·ning**) 1 ⋯을 금지하다, FORBID 類語. ¶ The school authorities banned the meeting. 학교 당국은 그 집회를 금지시켰다 / (~+图+前+图) ban a person from driving a car 남에게 자동차 운전을 금지시키다. 2 〔고어〕 ⋯을 파문하다. 3 〔고어〕 ⋯을 저주하다(curse).

ban[2] [bæn] n. 1 공시, 포고(public proclamation). 2 (~s) 〔교회〕 결혼 예고. cf. banns 3 〔봉건 시대의〕 가신에의 소집령; 소집된 가신단 (家臣團).

ban[3] [baːn] n. (pl. **ba·ni** [báːni]) 바니[루마니아의 화폐단위; 100분의 1 leu].

ba·nal [bənǽl, béin(ə)l / bənάːl, bǽn(ə)l] adj. 진부한, 흔해 빠진(hackneyed, trite), 시시한(trivial).
bá·nal·ly [bənǽli / bǽn(ə)li] adv. 진부하게.

ba·nal·i·ty [bənǽləti, bei-, bæ-] n. 진부, 평범; 진부한 문구.

‡**ba·nan·a** [bənǽnə/-nάː] n. 바나나 나무. 2 바나나[의 열매]. 3 《미속어》 백인에게 찰싹 달라붙어 있는. **go bananas** 《미속어》 머리가 돌다. ⎡는 황색이.

banána bèlt n. 《캐나다 구어》 〔특히 캐나다의〕 온난지방.

banána òil n. ⓤ 1 〔화학〕 바나나 오일 [초산 아밀. 달콤한 냄새가 나는 무색 투명한 에스테르로서 용제(溶劑) 및 인공 과즙으로 쓰인다]. 2 《미속어》 아첨; 쓸데없는 이야기(foolish talk). ¶ Banana oil! 어이없군(Nonsense!). 〔출구어라는 데서 붙여진 이름〕.

banána repúblic n. 중미의 작은 공화국 [바나나 수출국].

banána sèat n. 〔자전거의〕 바나나 모양의 안장.

Bán·bùr·y càke (**bǘn**) [bǽnbèri-/-bəri-] n. ⓤ ⓒ 밴버리 명산의 과자 [건포도, 설탕으로 절인 과일 껍질 따위가 들어 있는 작은 계란형 과자].

Bánbury tárt n. 밴버리파이 [건포도 따위를 넣고 레몬의 풍미를 곁들인 파이].

banc [bæŋk] n. 판사석. ⎡[bench].
in banc 〔대심원의〕 재판관 전원이 출석하여 (on the

‡**band**[1] [bænd] n. 1 일단, 떼, 대(隊); 〔동물·가축의〕 무리. ¶ a band of thieves 도적떼. 2 음악대, 악단, 취주악단; 〔댄스 홀의〕 관현악단, 밴드. ¶ a military (a naval) band 육(해)군 군악대 / a brass band 취주 악대 / a street band 가두 음악대 / hire a band 악대를 고용하다. **beat the band** ⟶ BEAT.
the Band of Hope 《영》 연소자 금주 동맹.
the band plays 《구어》 큰 소동이 벌어지다. ¶ Then the band played. 그런 뒤 큰 소동이 벌어졌다.
to beat the band 《미구어》 힘차게, 왕성하게; 충분히. ⎡에는.
when the band begins to play 사태가 중대해질 때
— vt. 〔나라·무리·사람(들)〕 ⋯을 단결시키다, 단결시키다 / (~+图) banded workers 단결한 근로자들 / (~+图+副) They are banded together closely. 그들은 굳게 단결하고 있다 // (~+图+前+图) They banded themselves into the association. 그들은 단결하여 그 협회를 만들었다. — vi. 단결하다; 동맹하다(together…). ¶ (~+图+副) band together against a common enemy 공동의 적에 대항하여 단결하다. 〔F bande〕

‡**band**[2] [bænd] n. 1 〔쇠·고무 따위의〕 테, 띠, 쇠테; 〔기계의〕 피대(皮帶), 벨트; 〔제본의〕 철하는 실. ¶ a band of iron 〔문 따위의〕 쇠테. 2 밴드, 〔띠 모양의〕 끈, 띠, 벨트. ¶ a hat band 모자의 띠. 3 〔빛깔이 다른〕 줄무늬. 4 〔건축〕 띠 장식; 줄무늬. 5 (~s) 대학 교수의 예복, 변호사나 목사 등의 옷의 가슴에 드리우는 흰 천. 6 〔라디오〕 주파수대(周波數帶); 〔음반의〕 홈; 〔컴퓨터〕 자기(磁氣) 드럼의 채널. 7 〔치과〕 〔치열 교정용의〕 금속반 밴드. — vt. ⋯에 밴드를 매다, 테를 매다; 줄무늬를 넣다; 〔문 따위로〕 ⋯을 매다.

band[3] [bænd] n. (보통 ~s) 〔고어〕 속박하는 것; 책임, 기반(羈絆), 굴레; 수갑, 족쇄. ¶ the bands of matrimony; the nuptial bands 결혼의 굴레.

band[4] [bænd] n. 《미속어》 여자 [흑인이 주로 사용].
‡**band·age** [bǽndidʒ] n. 1 붕대, 안대; 눈가리개 천. ¶ a suspensory bandage 목에 거는 붕대 / apply (or wear) a bandage 붕대를 감다 / He has a bandage over his eye. 그는 안대를 하고 있다. 2 쇠띠, 쇠테. — vt. (**-aged, -ag·ing**) ⋯에 붕대를 감다. ¶ bandage a sprained ankle 삔 발목에 붕대를 감다 // (~+图+前+图) His head was bandaged with a linen cloth. 그의 머리는 린네르로 붕대를 감았다.

Band-Aid [bǽndèid] n. 1 〔상표명〕 밴드에이드[반창고의 하나]. 2 (b-a-) 응급책, 임시적 해결. — adj. 임시 변통의, 당장의.

Bánd-Áid sùrgery n. 〔의학〕 밴드에이드 수술 [레이저 광선을 이용해 상처 부위를 작게 하는 수술].

ban·dan·na [bændǽnə], (**ban·dan·a**) n. 1 붉은색 또는 푸른색에 희고 누런 무늬가 있는 염색한] 큰 손수건. 2 〔일반적으로〕 큰 손수건; 〔목·머리용의〕 스카프.

ban·dar [bʌ́ndər] n. 리서스 원숭이(rhesus).

[<Hind]
b. & b., B. & B. 《略》《英》 bed and breakfast(조반이 낀 1박[요금]); brandy and benedictine; bread and butter.

band·box [bǽn(d)bàks / -bɔ̀ks] n. [모자·칼라 따위를 넣는] 판지 상자, 얇은 널상자.
 look as if one had just come out of a bandbox 옷차림이 아주 단정하다, 멋지게 차려입다.

ban·deau [bændóu, =-/ =-/ =-] n. (*pl.* **-deaux** [-dóuz, =douz]) **1** 밴도우[여성의 머리에 두르는 가느다란 천]; [머리털을 묶는] 좁은 리본. **2** [폭이 좁은] 브래지어.

band·ed [bǽndid] adj. 〖건축〗〖기둥 따위에〗 띠 모양의 장식이 있는.

ban·de·ril·la [bændərí:ə, -rí:ljə] n. [투우] 〖소의 목·어깨를 찌르는 데 쓰는 장식이 달린〗 창(槍). (<Sp)

ban·de·rol, -de·role [bændəròul], **-drol** [-dròul] n. **1** 〖돛대나 창 끝에 다는〗 작은 기(旗), 기드림(streamer); [보통 문자를 써넣은] 리본처럼 가늘고 긴 기(旗). **2** 〖건축〗 르네상스식 건축의 길게 써서 끼우는 명(銘)을 써넣은 리본. **3** 조기(弔旗); 묘기(墓旗).

bandh [ba:nd] n. [인도의] 전면적인 항의 스트라이크(general strike).

ban·di·coot [bǽndikù:t] n. **1** [실론 및 인도 동부산(產)의] 큰 쥐의 일종. **2** 〖오스트레일리아산(產)의〗 주머니쥐 같은 작은 동물[긴 발톱을 가지고 있다].

ban·dit [bǽndit] n. (*pl.* **-dits** or **-dit·ti** [bǽndíti]) **1** [특히 지중해 산악 지대의] 산적(brigand), 강도, 노상 강도(highwayman). ¶ *mounted bandits* 마적. **2** 악한, 깡패.

ban·dit·ry [bǽnditri] n. (U) **1** 강도[산적] 행위. **2** 〖집합적〗 도적떼, 산적떼(banditti).

band·mas·ter [bǽn(d)mæ̀stər / -mà:s-] n. 밴드 마스터, 악단의 지휘자, 악장(conductor).

band·moll [bǽndmɔ̀l / -mɔ̀l] n. 《미속어》 로크 밴드(가수) 주위에 모여드는 젊은 여자.   [탐정견.

ban·dog [bǽndɔ̀:g / -dɔ̀g] n. [사슬로 매어 놓은] 맹견,

ban·do·leer, -lier [bændə(u)líər] n. [어깨에 걸치는] 탄약대(彈藥帶), 멜빵.   [일종].

ban·do·line [bǽndəlì:n] n. (U) 밴돌린[머릿 기름의

ban·do·ni·on, -ne·on [bændóuniən] n. 반도네온[라틴 음악용의 소형 아코디언(concertina). 19세기 독일 음악가인 H. Band가 고안].

bánd-páss fìlter [bǽn(d)pæ̀s- / -pɑ̀:-] n. 〖전기〗 대역 여파기(帶域濾波器) [일정 범위의 주파수의 전류만을 통과시키는 장치].

bánd ràzor n. 카트리지식 안전 면도기.

B and S [bí:-ən(d)-és] n. 《구어》 소다수를 탄 브랜디. [<Brandy and Soda]

bánd sàw n. [기계] 띠톱.   [악당, 야외 음악당.

bánd shèll n. [조가비 모양의 반향 장치가 있는] 야

bands·man [bǽn(d)zmən] n. (*pl.* **-men** [-mən]) 밴드맨, 악대의 한 사람, 악사.

band·stand [bǽn(d)stæ̀nd] n. [보통 지붕이 있는] 야외 음악당; [나이트 클럽 따위의] 연주대.

Ban·dung, -doeng [bɑ́:ndu(:)ŋ] n. 반둥 [자바 섬 서부의 인도네시아 공화국의 한 도시].

band·wag·on [bǽndwæ̀gən] n. 《미》 [퍼레이드 선두의] 악대차.
 climb (or *get, hop, jump, leap*) *on* (or *aboard*) *the bandwagon* 《미국어》 [정치 운동·선거 따위에서] 우세한 편에 붙다; 시류를 타다; 편승하다.

bánd whèel n. [기계] **1** [피대로 움직이는 피대바퀴(belt pulley). **2** 띠톱(band saw)을 돌리는 바퀴.

ban·dy [bǽndi] vt. (**-died, -dy·ing**) **1** [공 따위를] 치고받다, 서로 치다, 서로 되던지다(…*with*). **2** [구타·말 따위를] 주고받다(exchange)(…*with*). ¶ (~+圓+前+名) *bandy* compliments *with* a person 남과 인사를 주고받다 / The barristers *bandied* words *with* the judge. 변호사들은 재판관과 언쟁했다 / A crowd of students *bandied* blows *with* a band of policemen. 일단(一團)의 학생들이 경찰대와 서로 치고 받고 하였다. **3** [소문 따위를] 퍼뜨리다(...*about*). ¶ (~+圓+圓) *bandy* a rumor *about* 헛소문을 퍼뜨리다 / have one's name *bandied about* [나쁜 뜻으로] 이름이 들먹여지다, 소문 거리가 되다.
 ─ adj. [다리가] 바깥쪽으로 굽은.
 ─ n. (*pl.* **-dies**) (U) 옛날의 테니스 경기법. **2** (U) 〖주로 英〗 하키의 일종; 그 타구봉.

ban·dy-ball [bǽndibɔ̀:l] n. [옛날의] 하키; 하키공.

ban·dy-leg·ged [bǽndilèg(i)d / -lèɡd] adj. 다리가 바깥쪽으로 굽은(bow-legged).

bane [bein] n. **1** (U) 독, 맹독(* 지금은 종종 복합어로 쓰인다. ⇒ POISON 類語) (C) rats*bane* 쥐약. **2** 해악(害惡) 파멸의 근원. ¶ Drink has been the *bane* of his life. 술이 그가 파멸한 원인이 되었다. **3** 죽음(death).

bane·ber·ry [béinbèri, -b(ə)ri] n. (*pl.* **-ries**) 미나리아재비 [노루삼속의 식물]; 그 장과(漿果) [유독].

bane·ful [béinfəl] adj. 해로운(harmful), 해독을 끼치는(poisonous). ¶ *baneful* herbs 독초 / *baneful* influence 악영향. ~**ly** adv. ~**ness** n.

*****bang** [bæŋ] v. **1** …을 찰싹 때리다, 세게 치다[부딪다]; …을 쾅 하고 닫다, 거칠게 다루다. ¶ *bang* a door 문을 쾅 닫다 / *bang* a drum 북을 둥 치다 // (~+图+前) Don't *bang* the musical instrument about. 악기를 거칠게 다루지 마라 // (~+图+前+名) He *banged* his fist *on* the table in anger. 그는 화가 나서 주먹으로 책상을 내리쳤다 / I *banged* myself *against* the door in my hurry. 나는 너무 서둘다가 문에 쾅 부딪혔다. **2** …을 쳐서 소리내다(...*out*); …을 쾅 쏘다(...*off*). ¶ (~+图+圓) *bang out* a tune 쿵작쿵작 연주하다 / The clock *banged out* nine. 시계가 9시를 쳤다 / He *banged off* a gun *at* the lion. 그는 사자를 겨냥하고 총을 탕 쏘았다. **3** 《속어》 …을 머리 속에 주입하다(...*into*). ¶ (~+图+前+名) The teacher *banged* the formula *into* his pupils' heads. 선생은 학생들의 머리 속에 그 공식을 주입시켰다. **4** 《속어》 을 능가하다, …에 이기다(surpass). **5** 《美속어》 〖여성〗과 성교하다. **6** 《미속어》…에 마약을 쓰다.
 ─ vi. **1** 쾅 하고 닫다; 쿵쿵 소리내다(*about*...); 쾅 하는 소리가 나다; 탕탕 발포하다 (*away*). ¶ The door was *banged*. 대포 소리가 쾅 하고 울렸다 / A door was *banging* somewhere, and I could not sleep all night. 어디서 문이 쾅쾅 부딪치는 소리가 나서 발새도록 잠을 이룰 수가 없었다. **2** 쿵 하고 부딪치다(*against*...). ¶ (~+前+名) A handcart *banged against* the wall. 손수레가 쿵 하고 벽에 부딪혔다.
 bang away ① 열심히 하다. ② 집요하게 공격하다. ¶ The hunters *banged away* at the lion. 사냥꾼들은 사자를 향해 총을 탕탕 쏘아댔다.
 bang the bush 《미국어》 모든 것을 능가하다.
 bang the market 〖증권〗 주를 팔아서 주가(株價)를 떨어뜨리다.   [다.
 bang up ① …에게 큰 손해를 입히다. ② …에 부딪히차
 ─ n. **1** [대포 따위의] 꽝, 발포, 발포 [하는 소리]. ¶ the *bang* of a gun 대포의 꽝 하는 소리 / He fell on to the floor with a great *bang*. 그는 굉장한 소리를 내며 마루에 넘어졌다. **2** [큰 소리가 나는] 강타, 타격. ¶ She fell down and got a nasty *bang* on the head. 그녀는 넘어지며 머리를 되게 부딪쳤다. **3** 《구어》 성급한(갑작스러운) 동작. ¶ He started off with(*or* in) a *bang*. 그는 급히 출발했다. **4** 정력(energy), 원기. **5** 《美속어》 스릴, 자극, 흥분. **6** 《미속어》 성공.
 ─ adv. **1** 쾅 [하고], 탁 [하고], 똬당 [하고]. ¶ go *bang* 쾅 하다, 쾅 하고 소리나다 / 똬당 하고 닫히다 / *Bang!* Went the gun. 꽝 하고 대포가 발사되었다. **2** 갑자기, 돌연; 완전히, 바로, 꼭. ¶ fall *bang* in the middle 한가운데에 떨어지다 / *bang* on the head 머리의

bang² [bæŋ] *n.* (종종 ~s) 가지런히 잘라 내린 앞머리.
— *vt.* **1** [앞머리]를 가지런히 잘라 내려뜨리다. ¶ wear one's hair *banged* 단발머리를 하고 있다. **2** (개·말 따위의 꼬리)를 바싹 자르다.

bang³ [bæŋ] *n.* =bhang.

bán·ga·lore torpédo [bǽŋgəlɔ:r-/-lɔ́:-] *n.* 폭약통[쇠파이프]에 화약을 쟁인 것. 철조망·지뢰 따위를 폭파하는 데 사용].

bang·er [bǽŋər] *n.* (英속어) **1** 소리를 요란하게 내는 고물 자동차. **2** 소시지.

Bang·kok [bǽŋkɑk, -´/bæŋkɔ́k, -´] *n.* **1** 방콕[태국(Thailand)의 수도·주요 항구]. **2** (b-) Ⓤ 방콕태국(産) 짚의 일종; Ⓒ [그것으로 만든] 밀짚 모자.

Ban·gla·desh, Bangla Desh [bǽŋglədéʃ] *n.* 방글라데시 인민 공화국[1971년 파키스탄으로부터 분리·독립; 수도 Dacca].

ban·gle [bǽŋgl] *n.* **1** 팔찌(ring, bracelet), 고리 장식. **2** 발목의 고리 장식(anklet).

bang-on [bǽŋɑn/-ɔn] *adj.* (英속어) 딱 들어맞는.

Báng's diséase *n.* Ⓤ (병리) 방서병[소의 전염병의 하나. 사람에게도 침범되어 이따금 유산의 원인이 된다. <발견자인 덴마크의 수의사 B.L.F. Bang(1848-1932)의 이름].

báng táil *n.* 꼬리가 짧은 야생마; (美속어) 경주마.

bang-up [bǽŋʌp] *adj.* (美속어) 극상의, 최고급의.

báng zòne *n.* (항공) 초음속 비행기의 충격음 피해지역.

ban·ian [bǽnjən] *n.* =banyan.

‡**ban·ish** [bǽniʃ] *vt.* **1** ⋯을 추방하다, 유형(流刑)에 처하다. ¶ The king *banished* his own son. 왕은 자기 자식을 추방했다 // (~+몸+前) *banish* a person *from* (or *out of*) the country 남을 국외로 추방하다 / He was *banished* to the island. 그는 그 섬으로 유배되었다.
[類語] *banish* 자국민 또는 외국인을 국외로 추방하다: *banish* the former king 전(前)국왕을 국외로 추방하다. *exile* 태어난 나라에서 추방하다, 돌아가지 못하게 하다, 자기 뜻으로 돌아가지 않다: an *exiled* king 추방된(망명한) 국왕 / *exile* oneself in protest against dictatorship 독재 정치에 항의하여 망명하다. *deport* 바람직하지 않은 외국인을 본국으로 송환하다: *deport* a stowaway 밀항자를 본국으로 송환한다.
2 [일반적으로] ⋯을 쫓아내다(dismiss); [걱정 따위를] 몰아내다(remove, put away)(...*from*). ¶ *banish* sorrow 슬픔을 씻어내다 // (~+몸+前+名) *banish* something *from* one's memory 어떤 일을 머리에서 쓸어내다.
◇ bánishment *n.*

ban·ish·er [bǽniʃər] *n.* 쫓아내는 사람.

ban·ish·ment [bǽniʃmənt] *n.* Ⓤ Ⓒ 추방, 구축; 유형.

ban·is·ter [bǽnistər] *n.*, (**bannister**) *n.* **1** 난간 동자(baluster). **2** (때로 ~s) [계단의] 난간(balustrade).

ban·jo [bǽndʒou] *n.* (*pl.* -**jos** *or* -**joes**) 밴조.

ban·jo·ist [bǽndʒouist] *n.* 밴조 연주자.

Ban·jul [bá:ndʒu:l, bændʒú:l] *n.* 반줄 [Gambia의 수도; 구칭 Bathurst].

‡**bank¹** [bæŋk] *n.* **1** (~s) 둑, 제방. ¶ walk along the *bank* 둑을 따라 걷다. **2** [하천·호수의] 기슭; (~s) 강의 한쪽 둑. ⇨ SHORE [類語] ¶ the right (left) *bank* [강의 하류를 향해서] 우(좌)안 / the *banks* of the Thames 템즈강의 강둑.
3 [둑 비슷한] 퇴적(堆積); [구름의] 봉우리. ¶ a *bank* of clouds 구름의 봉우리, 층운(層雲) / a big *bank* of snow 산처럼 쌓인 눈더미.
4 사면, 경사, 비탈(slope).
5 모래톱, 여울(shoal, shallow); 뱅크, 퇴(堆)[해저의

작은 융기]. ¶ a sand *bank* 모래톱 / the cold *banks* off Norway 노르웨이 앞바다의 차가운 퇴.
6 (광산) 갱구; 광상(鑛床)의 표면. ¶ from *bank* to *bank* [광부가] 갱 안에 들어갔다가 나올 때까지[갱 안에서 일하는 시간].
7 (항공) [항공기 선회시의] 경사, 뱅크. ¶ right(left) *bank* 우(좌)경사 / the angle of *bank* 뱅크각.
8 (당구대의) 쿠션, 고무테.
— *vt.* **1** ⋯에 둑(제방)을 쌓다, ⋯을 둑(제방)으로 에워 싸다(embank) (... *up*). ¶ (~+몸+圖) *bank up* a house 집을 둑으로 둘러싸다 / *bank up* a stream [둑을 쌓아] 물의 흐름을 막다.
2 ⋯을 쌓아올리다(heap, pile) (... *up*). ¶ (~+몸+圖) *bank* the snow *up* 을 쌓아올리다.
3 (오래 유지하기 위하여) [불]에 재를 덮다(... *up*). ¶ (~+몸+圖) *bank up* a fire 불을 화로 재로 덮다.
4 [항공] [선회시] [기체]를 좌우로 기울이다, 뱅크시키다; [커브에서] [도로·철도 따위]를 경사지게 하다.
5 [당구] [공]을 쿠션에 맞히다.
— *vi.* **1** [눈·구름 따위가] 겹겹이 쌓이다, 층을 이루다(*up*...). ¶ (~+圖) The snow *banked up.* 눈이 쌓였다.
2 [항공] [비행기가] 기울어진 채 비행하다, 뱅크하다; [커브에서 자동차·열차가] 비스듬히 달리다.
◇ embánk *v.*

‡**bank²** [bæŋk] *n.* **1** 은행. ¶ a credit *bank* 대부은행 / a savings *bank* 저축은행 / a hypothec *bank* 저당은행 / a *bank* of deposit (issue) 예금(지폐 발행) 은행 / make a loan at a *bank* 은행에서 돈을 빌다 / have money in a *bank* 은행에 돈을 두고 있다.
2 (the B-) 잉글랜드 은행(the Bank of England).
3 [도박의] 판돈, 물주 앞에 있는 돈; 물주(banker). ¶ break the *bank* [도박에서] 물주의 돈을 쓸다, 판돈을 쓸다.
4 저장소. ¶ a blood (an eye) *bank* 혈액(안구) 은행.
5 저금통, *cf.* piggy bank
go to the bank (英속어) 직업 소개소에 가다.
— *vi.* **1** 은행과 거래하다(*with* ...). ¶ (~+前+名) Whom (*or* Who) do you *bank with*? 너는 어느 은행과 거래하고 있느냐? **2** 은행을 경영하다. **3** [도박의] 물주가 되다.
— *vt.* **1** ⋯을 은행에 예금하다. ¶ She *banks* a half of her salary every month. 그녀는 매달 봉급의 절반을 은행에 예금한다. **2** ⋯을 돈으로 바꾸다.
bank on (*or* upon) (口語) ⋯을 의지하다, 기대를 걸다(rely on); ⋯을 확신하다. ¶ I'll help you if I can, but don't *bank on* it. 가능하면 돕겠지만 너무 기대는 하지 마라.

bank³ [bæŋk] *n.* **1** [물건의] 열, 줄. **2** [피아노·오르간·타자기 따위의] 한 줄. **3** [고대 갤리선의] 노를 젓는 사람의 자리; 노젓이, 노의 열. **4** 작업대. **5** [신문의] 부제목. — *vt.* ⋯을 늘어놓다, 배열하다.

bank·a·ble [bǽŋkəbl] *adj.* (대부 따위) 은행에서 받을 수 있는, 할인받을 수 있는. ¶ *bankable* securities 은행에서 받을 수 있는 담보.

bánk accéptance *n.* 은행 인수 어음.

bánk account (*英*)에서는 **bánking account**로도 쓴다) *n.* **1** 은행 계정. **2** 당좌 예금.

bánk bàlance *n.* 은행 [예금] 잔고.

bánk bíll *n.* 은행 어음; (美) 은행권, 지폐[*bank note*].

bank·book [bǽŋkbùk] *n.* 은행 통장.

bánk càrd *n.* 은행 신용 카드.

bánk chèck *n.* 은행 수표.

bánk cléaring *n.* 어음 교환.

bánk clérk *n.* (英) 은행 출납계(teller 2).

bánk crédit *n.* 은행 신용[장], 보증 대부.

bánk díscount *n.* 은행 할인.

bánk dráft *n.* 은행 환어음[略 B/D].

‡**bank·er¹** [bǽŋkər] *n.* **1** 은행가, 은행업자. ¶ the

Banker's Association 은행가 협회 / Let me be your *banker*. 돈을 융통해 드리겠습니다. **2**〔도박의〕물주. **3** ⓤ〔카드놀이〕 은행〔딴 사람이 놀이의 물주와 일종〕.

bank·er² [bǽŋkər] *n.* **1** [Newfoundland 근해의] 대구잡이 어선(어부). **2**《英학어》제방 인부. **3**《英》〔사냥〕둑을 뛰어넘을 수 있는 사냥말. **4**《濠》수면이 둑과 같은 정도의 강.

bank·er³ [bǽŋkər] *n.* 〔석공·벽돌공·조각가 등의〕세공대(細工臺), 작업대.

bánker's bíll *n.* 은행 환어음.
bánkers' hóurs *n.* 짧은 노동(근무) 시간.
bánk exáminer *n.* 은행 감독관.
bánk físh *n.*《美》대구(cod) [Newfoundland 근해의 여름에서 잡힌다].
bánk guarantée *n.* 은행[지불] 보증.
*****bánk hóliday** *n.* **1**〔일요일 이외의〕은행 법정 휴일(legal holiday). **2**《英》일반 공휴일[England 에서는 일요일 이외의 연 6회의 휴일; Good Friday, Easter Monday, Whitmonday, first Monday in August, Christmas Day, Boxing Day].
*****bank·ing**¹ [bǽŋkiŋ] *n.* ⓤ 은행업. ¶ [a] *banking* capital 은행 영업 자금 / *banking* facilities 금융 기관 / a *banking* house 〔개인 또는 조합 경영의〕 은행 영업소.
bank·ing² [bǽŋkiŋ] *n.* ⓤⓒ **1** 축제(築堤), 둑 쌓기. **2**〔항공〕〔선회시의〕횡경사(橫傾斜). **3**〔특히 Newfoundland 의〕근해 어업.
bánking accóunt *n.*《英》 bank account.
bánk líne *n.*〔금융〕은행 여신(與信) 한도액[고객에게 제공하는 융자나 할인 한도액].
bánk lóan *n.* 은행 융자[금].
bánk mánager *n.* 은행의 지점장.
bánk níght *n.*《美구어》복권을 주는 영화의 밤[관객에게 추첨으로 상금이 주어지는 행사].
*****bánk nóte** *n.*《美》은행 어음, 은행권(bank bill);《英》은행 지폐.
bánk páper *n.* ⓤ 은행 어음; 은행 지폐.
bánk ráte *n.* 할인율; 은행 일변(日邊);《英》중앙 은행 할인율, 공정 이자율.
bánk resérve *n.* 은행 지불 준비금.
bank·roll [bǽŋkròul] *n.*《美》재화의 저축, 자금 [원]. — *vt.* 에 자금 지원을 하다.
*****bank·rupt** [bǽŋkrʌpt, -rəpt] *n.* **1**〔법률〕파산 선고를 받은 사람, 파산자. **2**〔일반적으로〕지불 불능자. **3**〔어떤 것이〕 결핍된 사람, 결여자, 파탄자. ¶ a moral *bankrupt* 도덕적 파탄자. — *adj.* **1** 파산한; 지불 불능의. ¶ His father went *bankrupt* at last. 그의 아버지는 파산하고 말았다. **2** 파탄한, 〔…이〕 모자라는(lacking) (*in*, *of*...). ¶ be morally *bankrupt* 도덕적으로 파탄하다 / The newspapers accused the Government of being *bankrupt in*(or *of*) policy. 신문은 정부의 무위 무책을 비난했다. — *vt.* …을 파산시키다(make bankrupt). ◇ **bánkruptcy** *n.*
*****bank·rupt·cy** [bǽŋkrʌp(t)si, -rəp(t)-] *n.* ⓤⓒ (*pl.* -cies) **1** 파산[상태], 도산. ¶ involuntary *bankruptcy* 강제 파산 / a petition in *bankruptcy* 파산 신청 / go into *bankruptcy* 파산하다. **2** 파탄; 〔명성 따위의〕 실추. ◇ **bánkrupt** *n.*, *adj.*, *v.* [(產)의 관목].
bank·si·a [bǽŋksiə] *n.* 뱅크시아〔오스트레일리아산 .
bánksia róse *n.* 뱅크시아 장미.
Bánk·side [bǽŋksàid] *n.* (the ~) 영국 London 의 템즈강 남안의 한 지구〔예전의 연극가로, Shakespeare 의 Globe Theatre 등이 있던 곳〕.
banks·man [bǽŋksmən] *n.* (*pl.* -**men** [-mən]) 〔탄광 의〕갱부(坑夫).
*****ban·ner** [bǽnər] *n.* **1**〔국가·군대·단체 등의〕기(旗)(flag). ¶ a national *banner* 국기 / a party *banner* 당기 / a school *banner* 교기 / the Star-Spangled *Banner* [미국의] 성조기. **2**〔군주·기사 등의〕 기치. ¶ a forest of *banners* 깃발의 숲. **3** [표어 따위를 적은] 기; [주의·주장의] 깃발, 표지(symbol). ¶ the *banner* of revolt 반기 / carry the *banner* 선두에 서다 / unfurl one's *banner* 자기의 주의를 표명하다 / join (or follow) the *banner* of the leader 그 지도자의 깃발 아래 모이다 / fight under the *banner* of freedom 자유의 깃발 아래 싸우다. **4**〔紋章〕문장이 든 사각의 기. **5**〔신문〕제1면 톱 전단의 큰 표제(banner head). **6**〔식물〕기판(旗瓣)(standard). — *vt.* **1** …에 기를 갖추다. **2**〔신문〕…을 톱 전단의 큰 표제로 싣다, 대대적으로 보도하다(bannerline). — *adj.* **1** 특히 뛰어난(outstanding); 제1위의, 일류의(leading, foremost). ¶ a *banner* student 우등생 / a *banner* year for rice 쌀 대풍의 해 / a *banner* year of one's life 생애 최고의 해. **2**〔신문〕톱 전단의.
bánner béarer *n.* 기수(旗手); [어떤 주의의] 주창자.
ban·nered [bǽnərd] *adj.* 기를 갖춘, 기를 전.
ban·ner·et¹ [bǽnərit] *n.* **1**〔역사〕 배너렛 기사〔휘하에 부하를 거느리고 출진할 수 있는 기사〕. **2** ⓤ 배너렛 작위(knight bannered) [knight bachelor 의 위, baron 의 아래].
ban·ner·et² [bǽnərit], (**ban·ner·ette**) *n.* 작은 기.
bánner héad(**héadline**) *n.* = banner *n.* 5.
ban·ner·line [bǽnərlàin] *n.* = banner *n.* 5. — *vt.* banner *n.* 5.
ban·ner·ol [bǽnəròul] *n.* = banderol.
bánner scréen *n.*〔벽난로 앞에 매다는〕방화용 가리개.
ban·nis·ter [bǽnistər] *n.* = banister.
ban·nock [bǽnək] *n.*〔요리〕배넉[보리 따위의 가루를 반죽하여 철판 위에서 굽는 스코틀랜드·잉글랜드의 과자빵].
banns [bænz] *n. pl.*〔교회〕결혼 예고[교구 교회에서 식을 올리기 전에 연속 3회 일요일에 행하여지는 것으로, 그 결혼에 이의가 있는지의 여부를 묻는다]. *cf.* ban² ¶ ask (or call, publish, put up) the *banns* 교회에서 결혼을 예고하다 / forbid the *banns* 결혼에 예고된 결혼에 이의를 제기하다 / have one's *banns* called 교회에서 결혼의 예고를 받다.
‡**ban·quet** [bǽŋkwit] *n.* 연회; [정식의] 향연, 축연. ⇒ FEAST 類語 ¶ a farewell *banquet* 송별회 / give (or hold) a *banquet* 연회를 베풀다 / speak at a *banquet* 연회 석상에서 연설하다. — *vt.* [남]을 대접하다. — *vi.* 진수 성찬을 대접받다.
ban·quet·er [bǽŋkwitər] *n.* 잔치 손님.
bánquet lámp *n.* [키가 큰] 연회용 석유 램프.
bánquet prodúce *n.* 뱅큇 프로듀스[호텔 등에서 열리는 연회에 호스티스를 알선하는 인력 공급업의 일종].
bánquet róom *n.* 〔식당·호텔 따위의〕 연회장.
ban·quette [bæŋkét] *n.* **1**〔군사〕〔흉벽(parapet) 안의〕 사격용 발판. ⇒ BASTION 그림. **2**〔합승 마차의〕 지붕 위의 걸상. **3**《美남부》〔차도보다 높은〕 보도(sidewalk). **4**〔벽에 만들어 붙인〕 긴 의자.
bans [bænz] *n. pl.* = banns.
ban·shee [bǽnʃiː / - -], (**ban·shie**) *n.* 여자 요정〔아일랜드와 스코틀랜드에서 무서운 울음소리로 집안 사람의 죽음을 예고한다는〕.
bánshee wáil *n.*《英속어》공습 경보. [diet
bant [bænt] *vi.*《英》bantingism으로 살을 빼다. *cf.*
ban·tam [bǽntəm] *n.* **1** 〔종종 B-〕 밴텀닭. **2** 싸움을 좋아하는 작은 남자. **3** =bantamweight. **4**《美》지프. — *adj.* **1** 조그마한(tiny). **2** 앙칼진, 건방진(saucy).
ban·tam·weight [bǽntəmwèit] *n.*〔복싱·레슬링 따위의〕밴텀급 선수.
ban·ter [bǽntər] *n.* ⓤ〔악의없는〕희롱, 놀림(good-humored raillery). — *vt.* [남]을 희롱하다, 놀리다(chaff); 《美남·중부》…에 도전하다. ¶ *banter* the ladies 여자를 놀리다. — *vi.* 농담을 하다.
ban·ter·er [bǽntərər] *n.* 희롱하는(놀리는) 사람.

ban·ter·ing·ly [bǽntəriŋli] *adv.* 희롱조로, 놀리며.
ban-the-bomb [bǽnðəbɑ̀m / -bɔ̀m] *adj.* 핵무장 폐지를 주장하는.
ban·ting [bǽntiŋ] *n.* (종종 B-) (英) =bantingism.
ban·ting² [bǽntiŋ] *n.* (*pl.* **-tings** *or* **-ting**) [동남 아시아·말레이 제도산(産)의] 들소.
ban·ting·ism [bǽntiŋìz(ə)m] *n.* (종종 B-) Ⓤ(英) 밴팅식 비만증 치료법 [지방을 줄인 식사를 하는 당분의 식이 요법]. [<이 요법의 고안자인 영국의 가구상 William Banting (1797-1878)의 이름].
bant·ling [bǽntliŋ] *n.* 《경멸적》 어린애, 애송이, 꼬마.
Ban·tu [bǽntúː] *n.* (*pl.* **-tus** *or* 《집합적》 **-tu**) **1** 반투족(族) 《중앙 및 남아프리카에 사는 니그로의 한 종족》; 반투족 사람. **2** Ⓤ 반투어(語) [아프리카 적도 이남의 동일 계통 원주민의 언어]. ― *adj.* 반투족의; 반투어의.

ban·yan, -ian [bǽnjən] *n.* **1** (=bania, baniya) [인도인이 입는] 헐거운 샤쓰, 웃옷, 가운. **2** (=bania, baniya) 인도의 상인, 중매상 《육식을 금하고 있는 특정 계급의 caste》. **3** (=**bányan trèe**) 반얀나무, 뱅골보리수 《뽕나무과(科)의 상록 교목으로 가지줄기에서 많은 기근(氣根)이 나고, 때로는 한 그루가 상당히 큰 면적으로 퍼진 다》.

[banyan 3)

ba·o·bab [béi(ou)bæ̀b, +美 báː-] *n.* 바오밥나무 《아프리카산(産)의 거목으로, 한 줄기에 박이병이 비슷한 과실 (monkey bread)을 맺는다》.

BAOR (略) 《군사》 *British Army of the Rhine* (영국 육군 라인군단).
bap [bæp] *n.* 《스코》 작은 롤빵.

[baobab]

bap. (略) baptized.
Bap., Bapt. (略) Baptist.
*****bap·tism** [bǽptiz(ə)m] *n.* **1** ⓊⒸ《성서·교회》 《기독교의》 세례, 침례 (immersion); 명명(식). ¶ clinic (*or* clinical) *baptism* 병상 세례 / accept (*or* receive) Christian *baptism* 기독교의 세례를 받다 / administer *baptism* to …에 세례를 베풀다 / *baptism* of desire 소망의 세례 / *baptism* of blood 피의 세례, 순교(martyrdom) / *baptism* of fire 포화의 세례, 첫출전. **2** [교회의 종이나 배의] 명명식, 명명 행사.
◇ báptismal *adj.*, baptíze *v.*
bap·tis·mal [bæptízm(ə)l] *adj.* 세례의, 침례의. ¶ a *baptismal* ceremony 세례식 / a *baptismal* font 세례반(洗禮盤). **~·ly** [-məli] *adv.*
baptísmal nàme *n.* 세례명(Christian name).
*****Bap·tist** [bǽptist] *n.* **1** 침례 교도, 침례파의 사람. **2** (b-) 침례를 행하는 사람, 세례 시행자. **3** (the ~) 《성서》 [그리스도에게 세례를 베푼] 세례 요한(St. John the Baptist). ¶ *Baptist* Day 세례자 성요한의 축일 [6월 24일]. ― *adj.* =baptistic. ◇ baptístic *adj.*
bap·tis·ter·y [bǽptist(ə)ri], **-try** [-tri] *n.* (*pl.* **-ter·ies; -tries**) **1** 세례당(洗禮堂). **2** [침례 교회의] 세례 (침례) 반 및 물품.
bap·tis·tic [bæptístik], (**bap·tis·ti·cal** [-tik(ə)l]) *adj.* 세례의; 세례 교회의.
*****bap·tize** [bǽptáiz, +美 ́-] ((英)에서는 **baptise** 로도 쓴다) *v.* (**-tized, -tiz·ing**) *vt.* **1** [남]에게 세례 (침례)를 베풀다. ¶ (~+囹+前+囹) She was *baptized into* the church. 그녀는 세례를 받고 교인이 되었다. **2** [정신적으로]…을 정화하다(cleanse). **3** [남]에게 …이라 명명하다(christen). ¶ (~+囹+補) She was *baptized* Mary. 그녀는 메어리라 이름지어졌다. ― *vi.* 세례를 베풀다. ◇ báptism *n.*, baptísmal *adj.*

‡**bar¹** [bɑːr] *n.* **1** [문 단속용의] 빗장, 가로장; [창문 따위의] 살, 틀(sash). ¶ the *bar* of a door 문의 빗장.
2 쇠지렛대(crowbar).
3 [나무·금속 따위의] 막대, 막대 모양의 것 [과자 따위]; 봉상 지금(棒狀地金), 동봉(연봉) / a *bar* of gold(silver) 금(은)의 / a *bar* of chocolate 초코바 / parallel *bars* [체조용] 평행봉.
4 선, 줄, 줄무늬, 띠(stripe, band). ¶ a *bar* of light 한 줄기의 빛.
5 [하구·항구의] 모래톱(sandbar).
6 [도로의] 차단기; 장애, 방해물, 장벽(*to*...). ¶ a *bar to* success (happiness) 성공(행복)의 장애물.
[類語] **bar** 출입을 방해하는 장애물로, 구조가 간단한 것. **barrier** 진행을 방해하거나 공격을 막는 장애물로, 구조가 복잡한 것. **barricade** 시가전 따위에서 노상에 쌓은 장애물. ⇨ OBSTACLE.
7 《음악》 소절(measure); 세로줄 [소절을 나누는 선]. ¶ a single (a double) *bar* 홑(겹)세로줄 / She played a few *bars.* 그녀는 몇 소절을 연주했다.
8 [술 따위의] 판매대, 카운터(counter); [카운터가 있는] 식당, 술집. ¶ a snack *bar* 스낵바 / a milk *bar* 밀크 바.
9 (the ~, the B-) 변호사업, 《집합적》 변호사단, 법조계. ¶ be at the *Bar* 법정 변호사가 되다 / give up the *bar* 변호사업을 폐업하다 / retire from the *bar* 변호사를 그만두다 / practice at the *bar* 변호사로서 일하다 / read (*or* study) for the *bar* 변호사 공부를 하다 / He went from the *bar* to the bench. 그는 변호사에서 판사가 되었다.
10 [법정의] 칸막이; 피고석; 법정(court); 재판. ¶ a prisoner at the *bar* 형사 피고인 / be tried at (the) *bar* 재판을 받다 / the *bar* of conscience 양심의 재재 / the *bar* of public opinion 여론의 심판, 대중의 의견.
11 《紋章》 방패에 있는 두 가닥의 가로선.
12 《물리》 바《압력의 단위》.
13 《英속어》 빵 한 조각.
14 《英속어》 변명, 지어낸 말.
be admitted to the bar =《英》 **be called to the bar** 변호사 자격을 얻다.
be called within the bar 《英》 칙선(勅選) 변호사 (King's Counsel)가 되다.
behind bolt and bar 엄중히 구금되어.
behind [the] bars 투옥되어, 옥중에(서).
cross the bar 죽다(die), 황천길을 가다.
go to the bar 변호사가 되다.
in bar of [법률]…을 방지(금지)하기 위하여.
let down the bars 장애물을 제거하다.
a trial at [the] bar 판사 전원이 참석하는 심리(審 ― *vt.* (**barred, bar·ring**) **1** …에 빗장을 지르다, …을 닫다; …을 가두다. ¶ *bar* a door 문단속을 하다 / *bar* a gate 문에 빗장을 걸다 // (~+囹+前+囹) *bar* a prisoner in his cell 죄수를 독방에 가두다.
2 [길]을 막다(block); …을 방해하다, 방지하다 (prevent); …을 금지하다(prohibit). ¶ The way is *barred*. 길이 막혀 있다. // (~+囹+前+囹) *bar* a person *from* action 남의 행동을 금지하다 / They were strictly *barred against* exterior intercourse. 그들은 외부와의 접촉이 엄금되었다. // (~+*ing*) She *bars* smoking in the bedroom. 《구어》 그녀는 침실에서의 흡연을 용납하지 않는다.
3 …을 제외하다(exclude) (... *from*). ¶ (~+囹+前+囹) He was *barred from* membership of the society. 그는 그 협회로의 회원에서 제외되었다.
4 …에 줄무늬(선, 띠)를 넣다(stripe) (... *with*). ¶ (~+囹+前+囹) The sky was *barred with* black clouds. 하늘에는 먹구름이 흐르고 있었다.
― *prep.* …을 제외하고(except). ¶ *bar* none 예외 없이.
bar² [bɑːr] *n.* 《美》 모기장(mosquito net).

BAR 《略》*B*rowning *a*utomatic *r*ifle(브라우닝식 자동 소총).

bar. 《略》*b*arometer; *b*arrel; *b*arrister.

B. Ar. 《略》*B*achelor of *Ar*chitecture(건축학사).

Bar·ab·bas [bərǽbəs] *n.* 《성서》 바라바[그리스도 대신 석방된 도둑. ←마가 복음(Mark)15 : 6-11].

bar-and-grill [bá:rəngríl] *n.* 《美》 술도 파는 식당, 식당 겸용 바.

barb¹ [ba:rb] *n.* **1** [화살촉·낚시·가시철사의] 미늘, 구거(鉤距); 갈고리, 가시. **2** 노골적인 발언, 남카로운 비판. **3** 〖동·식물〗 수염 모양의 것(부분); 〖물고기의〗 촉수, 수염. **4** 〖새〗 깃가지. **5** 집비둘기의 일종. **6** 잉어과(科)의 물고기[관상용으로 널리 길러진다]. **7** 도 (보통 ~s) 〖소·말의〗 혀 밑의 작은 돌기. **8** 〖목·가슴에 두르는〗 린네르 가리개. **9** 〖여성의〗 끈으로 된 옷깃 장식. — *vt.* …에 미늘(갈고리, 가시)를 달다. ¶ *barb* a hook 바늘에 미늘을 달다.

barb² [ba:rb] *n.* 바바리말(馬) 〖아프리카 북부 Barbary 원산〗.

Bar·ba·dos [bɑːrbéidouz] *n.* 바베이도즈〖서인도 제도, 카리브해 동쪽의 섬으로, 영연방내의 독립국; 수도 Bridgetown〗.

*****bar·bar·i·an** [ba:rbɛ́(:)riən / -bέər-] *n.* **1** 야만인, 미개인. **2** 교양없는 사람, 속물. **3** 외국인. **4** 〖역사〗 〖그리스·로마인이 본〗 이민족; 〖기독교도가 본〗 이교도; 〖르네상스기의 이탈리아에서〗 이탈리아 태생이 아닌 사람. — *adj.* **1** 미개의, 야만의(rude); 야만인의. [람].
〖類語〗 *barbarian* 단순히 「미개인」의 뜻을 나타내는 말: a *barbarian* tribe 미개 부족. *barbaric* 「천박하고 거칠」을 나타내는 말: *barbaric* taste 천박한 취미 / *barbaric* splendor 거친 웅장함. *barbarous* 「비인간적인 잔인성」을 뜻하는 말: a *barbarous* method of execution 야만적인 처형법. *savage* *barbarous*보다 더한 미개·원시의 상태를 가리키며, *barbarous*와 같은 뜻으로 쓰이는 수도 있다.
2 교양없는(uncultured). **3** 외국의(foreign, alien).
◇ *barbáric*, *bárbarous adj.*, *barbárity n.*

bar·bar·ic [bɑːrbǽrik] *adj.* **1** 미개의, 야만적인 (barbarian). ¶ *barbaric* invaders 야만적인 침입자. **2** 야만인 같은. ¶ a *barbaric* captain 야만인의 추장. **3** 야한(showy), 속되게 화려한. **4** 저속한, 야비한. ⇒ BARBARIAN 〖類語〗 **-i·cal·ly** [-ikəli] *adv.*

*****bar·ba·rism** [bɑ́ːrbərìz(ə)m] *n.* **1** ⓤ 야만, 미개 〖상태〗; 무식(ignorance). ¶ I visited the village where people were living in *barbarism*. 주민이 미개 상태로 살고 있는 마을을 방문했다. **2** ⓤⓒ 잔학〖한 행위〗, 야만적인 행동(outrage). **3** ⓤ 〖언어·문장의〗 조잡함, 난잡함; 〖언어상의〗 비순정(非純正) 용법.

bar·bar·i·ty [bɑːrbǽriti] *n.* ⓤⓒ (*pl.* **-ties**) **1** 잔학 (cruelty). **2** 만행, 잔학함(비인간적인) 행위. **3** 〖문체·취미 따위의〗 난잡, 야비, 생경(生硬).

bar·ba·ri·za·tion [bɑ̀ːrbərizéiʃ(ə)n / -rai-] *n.* ⓤ **1** 야만화. **2** 〖문체 등의〗 불순화, 파격(anacoluthon).

bar·ba·rize [bɑ́ːrbərɑ̀iz] (*《英》에서는* **barbarise** 로도 쓴다) *v.* (**-rized, -riz·ing**) *vt.* **1** …을 야만화하다. **2** 〖언어·표현〗을 거칠게 하다. — *vi.* **1** 야만스러워지다. **2** 거친 말(표현)을 쓰다.

*****bar·ba·rous** [bɑ́ːrb(ə)rəs] *adj.* **1** 야만적인(savage), 미개한, 야만인의. ¶ *barbarous* people 야만인. **2** ⇒ BARBARIAN 〖類語〗 ¶ *barbarous* behavior 난폭한 행동 / *barbarous* customs 야만적인 풍습. **3** 시끄러운(noisy), 귀에 거슬리는(harsh-sounding). ¶ wild and *barbarous* music 광적으로 시끄러운 음악. **4** 〖언어가〗 불순〖생경〗한; 파격적인, 〖고대 그리스·로마에서 보아〗 외국의(foreign). — **-ly** *adv.* **-ness** *n.*
◇ *barbárian n.*, *adj.*, *bárbarism*, *barbárity n.*, *barbáric adj.*, *bárbarize v.*

Bar·ba·ry [bɑ́ːrbəri] *n.* 이집트 서부에서 대서양 연안에 이르는 구(舊) Barbary States를 포함하는 아프리카 북부 지역의 옛이름.

Bárbary ápe *n.* 바바리원숭이〖북아프리카와 지브롤터 지방에 사는 꼬리 없는 원숭이〗.

Bárbary Státes *n. pl.* (the ~) 바바리 제국〖예 Morocco, Algiers, Tunis, Tripoli 등으로 이루어진 여러 회교 국가〗.

bar·bate [bɑ́ːrbeit] *adj.* 〖동·식물〗 수염이 있는 (bearded); 수염 모양의 술이 있는(달린).

*****bar·be·cue** [bɑ́ːrbikjù:] *n.* **1** 〖통째로〗 야외 대연회〖돼지의 통뚜이 따위가 나오는 야외 파티〗. **2** 바비큐〖소·돼지·양·물고기 따위의 통구이〗. **3** 〖통째〗 바비큐용의 고기〖등〗. **4** 바비큐를 내는 요리점. **5** 《英》 커피콩의 건조대. — *vt.* (**-cued, -cu·ing**) **1** …을 통째로 굽다; …을 불에 직접 굽다. **2** 〖짐승 고기·물고기〗를 약간 쌉쌀하게 조리하다.

bárbecùe manèuver *n.* 〖우주〗 〖우주선의〗 선체 회전 운동〖태양열과 냉기를 우주선이 골고루 받도록 고안; barbecuing 이라고도 한다〗.

bárbecùe móde *n.* 〖우주〗 바베큐 모드〖과열을 막기 위해 우주선의 선체가 기축(機軸)을 중심으로 회전하는 일〗.

bárbecùe róll *n.* 〖우주〗 바베큐 비행〖우주선을 회전시켜 과열을 방지〗.

bárbecùe sàuce *n.* ⓤ 바베큐소스〖식초와 조미료로 만든 자극적인 소스〗.

barbed [bɑːrbd] *adj.* 턱이 있는, 미늘(갈고리)이 있는.

bárbed wíre *n.* ⓤⓒ 가시철사. ¶ *barbed wire entanglements* 〖가시〗 철조망. **2** 돌림어귀.

bar·bel [bɑ́ːrb(ə)l] *n.* **1** 〖물고기 입가의〗 촉수(觸 **2** 잉어과의 식용 민물고기.

bar·bell [bɑ́ːrbèl] *n.* 역기, 바벨〖긴 철봉의 양끝에 쇠원반을 붙인 것. 역도(weight lifting) 등에 쓰인다〗.

bar·bel·late [bɑ́ːrb(ə)lèit, +美 bɑːrbélit] *adj.* 〖동·식물〗 짧은 강모(剛毛)가 있는(를 가진).

‡**bar·ber** [bɑ́ːrbər] *n.* 이발사, 이용사〖《英》에서는 흔히 hairdresser라 한다〗. ¶ at a *barber's* (*《英》 shop) 이발소에서 / a *barber's* block 가발 대.
〖主意〗 옛날에는 외과의사·치과의사를 겸했다. 이발소 간판으로 적색과 백색의 얼룩 무늬를 칠한 기둥(barber pole)이 쓰이는 것은, 수술 후 손님의 팔에 감은 피묻은 붕대를 상징한다.
— *vt., vi.* 〖…의〗 이발(면도)을 하다.

bar·ber (**bárber's**) **póle** *n.* 이발소의 간판 기둥〖적색과 백색의 얼룩 무늬를 칠한 기둥〗. ⇒ BARBER *n.*

bar·ber·ry [bɑ́ːrbèri / -bəri], (**berberry, ber·bery**) *n.* (*pl.* **-ries**) 매발톱나무속(屬)의 관목; 그 열매〖붉고 타원형이며 신맛이 난다〗.

bar·ber·shop [bɑ́ːrbərʃɑ̀p / -ʃɔ̀p] *n.* 《美》 이발소 《《英》 barber's shop》. — *adj.* 남성(男聲) 합창이 잘 맞는. ¶ a *barbershop* quartet 남성 4부 합창.

bárber's ítch *n.* ⓤ 〖병리〗 모창(毛瘡) 〖이발사가 옮거나 면도 독으로 생기는 피부병〗.

bar·ber·sur·geon [bɑ́ːrbərsə́ːrdʒ(ə)n] *n.* **1** 이발 외과의〖외과의사를 겸하고 있던 옛날의 이발사〗. **2** 돌팔이 의사.

bar·bet [bɑ́ːrbit] *n.* 바벳, 오색조(五色鳥) 〖부리의 뿌리 부분에 강모가 있는 열대산의 아름다운 작은 새〗.

bar·bette [bɑːrbét] *n.* **1** [보루 안의] 포좌(砲座). **2** 〖해군〗 〖군함의〗 포탑.

bar·bi·can [bɑ́ːrbikən] *n.* 〖성 따위의〗 망루; 누문(樓門).

Bár·bie Dóll [bɑ́ːrbi-] *n.* **1** 〖상표명〗 바비 인형〖금발에 푸른눈의 플라스틱 인형〗. **2** 《美속어》 전형적으로 미국인. 〖특히〗 WASP²; 〖개성이 없는〗 평범한 사람.

bar·bi·tal [bɑ́ːrbitɔ̀ːl, -tèl, -tl / -təl] *n.* ⓤ 〖약〗 바르비탈 〖디에틸바르비투르산(酸)의 약품명; 일종의 최면제〗.

bar·bi·tone [bɑ́ːrbitòun] *n.* 《英》 = *barbital*.

bar·bi·tu·rate [bɑːrbítʃùrèit, -rit, bɑ̀ːrbit(j)úə-]

bar·bi·tu·ric [bàːrbit(j)ú(ː)rik / -tjúər-] *adj.* 〔화학〕바르비투르산의.

bàrbitúric ácid *n.* Ⓤ 바르비투르산[이것에서 몇 종의 진정·최면제가 만들어진다].

Bár·bi·zon Schóol [báːrbizàn- / -zɔ̀n-] *n.* 바르비종파(派) [19세기 중엽의 프랑스 풍경화가의 한 파; T. Rousseau, Daubigny, Millet, Corot 등으로, 주로 파리 근교의 Barbizon 마을에서 작품 활동을 했다].

bar·bo·la [baːrbóulə] *n.* = barbola work.

barbóla wòrk *n.* Ⓤ 따붙이 그림 세공.

bar-B-Q [báːrbikjùː] *n.* barbecue의 상업용 변형 철자.

bar·bule [báːrbjuːl] *n.* **1** 작은 미늘(가시랭이) (little barb). **2** 〔새의〕 작은 깃가지.

barb·wire [báːrbwáiər] *n.* = barbed wire.

bár càr *n.* 음료를 제공하는 철도의 특등 객차.

bar·ca·role, -rolle [báːrkəròul] *n.* **1** 〔베니스의〕 곤돌라의 뱃노래. **2** 〔일반적으로〕 뱃노래풍의 곡.

Bar·ce·lo·na [bàːrsilóunə] *n.* 바르셀로나 〔스페인 동북부의 지중해에 면한 항구 도시; 1992년도 올림픽 개최지〕.

B. Arch. (略) = B. Ar.

bár còde *n.* 〔컴퓨터〕 바 코드 [상품의 식별을 위한 컴퓨터 판독용의 부호화된 라벨; 굵고 가는 여러개의 막대 선으로 표시].

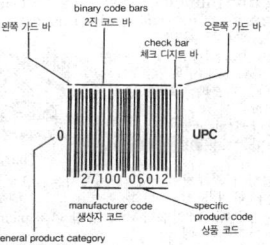

[bar code]

*bard¹ [baːrd] *n.* **1** 〔고대 켈트족(族)의〕 음유 시인 [하프를 타면서 민족의 역사 등을 읊었다]. **2** 〔일반적으로〕 시인, 〔특히〕 서정시의 작자. ¶ a patriotic *bard* 애국 시인.

the Bard of Avon 에이번의 시인 [영국의 Stratford-on-Avon에서 태어난 Shakespeare를 말한다].

bard², barde [baːrd] *n.* (보통 ~s) **1** 말의 갑옷 〔군마의 가슴과 옆구리에 걸치는 것〕. **2** 〔요리〕 불고기를 싸는 베이컨의 얇은 조각 〔타는 것을 방지한다〕. ― *vt.* ~에 말갑옷을 입히다, …을 말갑옷으로 장식하다.

bard·ic [báːrdik] *adj.* 음유 시인의. ¶ *bardic* poetry 음창시(吟唱詩).

bard·ol·a·try [baːrdɔ́lətri / baːrdɔ́l-] *n.* Ⓤ Shakespeare(the Bard of Avon) 숭배.

Bar·do·li·no [bàːrd(ə)líːnou] *n.* Ⓤ 바르돌리노주(酒) 〔도수가 낮은 이탈리아의 Garda 산(産) 붉은포도주〕.

‡bare¹ [bɛər] *adj.* (**bár·er, bár·est**) **1** 벌거벗은, 나체의(naked, nude), 알몸의. ¶ *bare* feet 맨발 / a *bare* floor 깔개가 깔려 있지 않은 맨마닥 / a *bare* sword 칼집에서 뺀 칼 / The hillside was *bare*. 그 언덕의 중턱에는 나무가 없었다 / in one's *bare* skin 벌거벗고 / He fought with *bare* hands. 그는 맨손으로 싸웠다 / pick a bone *bare* 뼈에 붙은 고기를 발라내다.

類語 *bare* 특히 의복을 「벗은, 입지 않으려고 하는」일: a *bare* head 모자를 쓰지 않은 머리. *naked* 「보호, 장식으로서의 의복」을 몸에 걸치지 않은 일: a *naked* beggar 벌거벗은 거지. *nude* 일반적으로 「의복을 몸에 걸치지 않고 있는」이라는 뜻의 말: a *nude* statue 나상(裸像).

2 가구(장식)가 없는, 빈; […이] 없는(empty, scantily furnished)(*of*…). ¶ a *bare* wall 장식이 없는 벽 / a *bare* cupboard 빈 찬장 / a room *bare* of furniture 가구 없는 방 / be *bare* of credit (cash) 신용(현금)이 없다.

3 노골적인, 있는 그대로의, 꾸밈없는. ¶ *bare* accounts (facts) 있는 그대로의 설명(사실) / a *bare* dislike 노골적인 혐오.

4 〔의류 따위가〕 닳아빠진, 낡은(threadbare).

5 가까스로의, 빠듯한, 다만 …뿐인; 극소량의(slightest). ⇨ MERE 類語. ¶ a *bare* hint 약간의 힌트 / a *bare* majority 빠듯한 과반수 / a *bare* possibility 극히 미한 가능성 / the *bare* necessities of life 겨우 목숨을 이어갈 만한 필수품 / the *bare* dinner of potatoes 감자만의 저녁식사 / at the *bare* mention of …이라는 말만 해도 / at the *bare* thought of …이라고 생각만 해도 / believe a person on his *bare* word 말만으로 남을 신용하다 / He escaped with *bare* life. 그는 가까스로 목숨을 건져 도망쳤다.

lay bare …을 폭로하다, 털어놓다. ¶ *lay bare* one's mind 의중을 털어놓다.

under bare poles ⇨ POLE.

― *vt.* (**bared, bar·ing**) **1** …을 벌거벗기다, 노출하다(uncover), 드러내다 (lay bare). ¶ *bare* one's head 모자를 벗다 // (~+目+前+名) *bare* a person of his clothing 남의 옷을 벗겨 벌거숭이를 만들다 / He *bared* his back to the sun. 그는 햇볕에 등을 드러냈다 / The storm *bared* the tree *of* its fruit. 폭풍우로 나무 열매가 모조리 떨어졌다.

2 …을 폭로하다, 털어놓다(reveal). ¶ *bare* a secret 비밀을 폭로하다 / *bare* one's heart 의중을 털어놓다.

◇ **bárely** *adv.,* **báreness** *n.*

bare² [bɛər] *v.* 〔고어〕 bear의 과거형.

bare·back¹ [bɛ́ərbæ̀k], **-backed** [-bæ̀kt] *adj.* 안장 없는(unsaddled). ¶ *bareback* riding 말에 안장 없이 타기. ― *adv.* 안장 없이. ¶ ride *bareback* 말에 안장 없이 타다.

bare·back² [bɛ́ərbæ̀k] *adj.* 〔복식〕 〔특히 여자옷이〕 등이 많이 노출된. ¶ a *bareback* dress 등이 파인 드레스.

bare·boat [bɛ́ərbòut] *adj.* 나용선(裸傭船)의. ¶ a *bareboat* charter 나용선 〔승무원 없이 배만 빌리는 일〕.

báre bónes *n. pl.* 〔사건 따위의〕 진상, 요점, 개요. ¶ The evening paper reported the *bare bones* of the case. 석간 신문은 그 사건의 개요를 보도했다.

bare-bones [bɛ́ərbóunz] *n.* 말라깽이 사람, 말라깽이. ― *adj.* 지독히 여윈, 뼈뼈 마른(skinny); 《비유적》 〔서비스 따위가〕 전혀 없는, 셀프 서비스인. ¶ *bare-bones* service 〔호텔 등의〕셀프 서비스.

bare·faced [bɛ́ərfèist] *adj.* **1** 맨얼굴의, 얼굴을 드러낸; 수염이 없는(beardless). **2** 공공연한, 노골적인(boldly open). **3** 파렴치한, 철면피의, 뻔뻔스러운(shameless, impudent). ¶ a *barefaced* lie 뻔뻔스러운 거짓말 / *barefaced* impudence 후안 무치, 철면피.

~·ly [-sidli, -stli] *adv.* **~·ness** *n.*

bare-fist·ed [bɛ́ərfístid] *adj.* 맨 주먹의, 글로브도 없이(bareknuckle); 《비유적》 성급한, 무모한.

*bare·foot [bɛ́ərfùt] *adj.* 〔말이〕 편자가 없는(unshod). ¶ be (go, walk) *barefoot* 맨발이다(로 가다, 로 걷다). **2** 〔기둥 따위〕 장부로 잇지 않은. ― *adv.* 맨발로.

bárefoot dóctor *n.* 〔농촌 등지에서 비교적 간단한 의료 활동을 하는〕 의료 보조원.

*bare·foot·ed [bɛ́ərfùtid] *adj.* 맨발의.

ba·rege [bərέʒ] *n.* Ⓤ 바레지직(織) 〔명주실·무명실 따위로 짠 얇은 직물로, 베일이나 옷에 쓰인다〕.

bare·hand·ed [bɛ́ərhǽndid] *adj.* **1** 맨손의, 무기를 갖지않은, **2** 손을 길이 없는(without means). — *adv.* **1** 맨손으로, **2** 무위로, 손쓸 길 없이.
bare·head [bɛ́ərhèd] *adj., adv.* =bareheaded.
bare·head·ed [bɛ́ərhédid, ˌ-ˈ-] *adj.* 민머리의, 모자를 쓰지 않은. — *adv.* 민머리로, 모자를 쓰지 않고 ¶ stand *bareheaded* 모자를 쓰지 않고 서 있다. ~·ness *n.*
báre infínitive *n.* [문법] [to 없는] 원형 부사어.
bare-knuck·le [bɛ́ərnʌ̀kl], **-knuck·led** [-nʌ̀kld] *adj.* **1** [복싱에서] 글러브를 끼지 않은, **2** 거칠없는.
bare-leg·ged [bɛ́ərlèg(i)d / -lég̀d] *adj.* 다리(종아리)를 드러낸; 맨발의. — *adv.* 다리를 드러내고.
:bare·ly [bɛ́ərli] *adv.* **1** 겨우, 간신히, 가까스로. ⇨ HARDLY [類語] ¶ She is *barely* fifteen. 그녀는 겨우 15살이다 / We had *barely* enough time to catch the train. 우리는 가까스로 그 기차를 탈 수 있었다. **2** 겨우 …없는 (hardly). ¶ The question was *barely* intelligible. 그 문제는 거의 이해할 수 없었다. **3** 드러내놓고(openly), 적나라하게, 있는 그대로, **4** 알몸으로, 벌거벗고 (nakedly). ¶ The room was *barely* furnished. 그 방에는 장식물이라곤 거의 없었다. **5** [고어] 오로지, 다만(merely, just).
bare·ness [bɛ́ərnis] *n.* [U] 나체, 노출; 숨김 없음; [방바위] 무장식, 무비.
Bár·ents Séa [bǽrənts-] *n.* (the ~) 바렌츠해(북극해(the Arctic Ocean)의 일부).
bare·sark [bɛ́ərsɑ̀ːrk] *n.* [북유럽 전설] =berserker. — *adv.* 갑옷 없이, 비무장으로 (without armor).
barf [bɑːrf] *vi.* 《미속어》 토하다, 게우다.
bárf bàg *n.* 승객들의 멀미에 대비해 비행기 좌석마다 비치한 작은 봉지.
bar·fly [bɑ́ːrflài] *n.* (pl. **-flies**) 《미속어》 술집의 단골 손님; 술집에 죽치고 있는 알코올 중독자.
:bar·gain [bɑ́ːrgin] *n.* **1** 매매 계약, 거래; 계약(compact), 협정(agreement). ¶ make a *bargain* with a person 남과 거래하다, 계약하다 / That's a *bargain*. 그것으로 결정되었다 / A *bargain*'s a *bargain*. 약속은 약속, 일단 약속한 것은 지키지 않으면 안 된다. **2** [유리하게] 산 물건; 의외로 싸게 산 물건, 특가품. ¶ a bad (a losing) *bargain* 비싸게(손해 본) 산 물건 / a good (a great) *bargain* 싸게(유리하게) 산 물건 / a chance *bargain* 방물품 / a dead *bargain* 굉장히 싸게 산 물건 / buy (hunt for) a *bargain* 싼 물건을 사다(찾아다니다) / pick up a *bargain* 싼 물건을 찾아내다 / sell (buy) at a *bargain* 싸게 팔다(사다). **3** 《형용사적 용법》 턱없이 싼, 의외로 싼. ¶ a *bargain* counter 특가품 매장(賣場) / a *bargain* hunter 싼 물건을 찾아 다니는 사람 / a *bargain* day 염가 판매일 / a *bargain* sale 염가 판매.
beat a bargain 값을 깎다.
drive a bargain 《애써》 계약을 진행시키다, 흥정을 붙이다.
drive a hard bargain 값을 되게 깎다.
in (or *into*) *the bargain* 게다가, 그 위에(moreover). ¶ I have a headache, and a cough *into the bargain*. 머리가 아픈데다가 기침까지 난다.
make the best of a bad bargain 역경을 이겨내다.
no bargain 《미속어》 결혼 적령기에 있으면서도 도무지 매력이 없는 사람.
strike (or *close, conclude, settle*) *a bargain with a person* 남과 매매 계약을 하다, 흥정을 맺다.
throw into the bargain 덤으로 보태다.
— *vi.* **1** 매매 계약을 하다 ¶ (~ + 前+名) We *bargained* with him *for* the use of the property. 우리는 그와 그 땅 사용에 관한 계약을 맺었다. **2** 매매 조건을 논의하다, 흥정하다, 값을 깎다.
— *vt.* **1** …이라는 조건을 붙이다, …을 하도록 교섭하다. ¶ (~ + that 節) He *bargained that* he should not pay for the car till the next month. 그는 자동차 대금을 다음달까지 지불하지 않아도 되도록 교섭했다. **2** …을 바꾸다. ¶ (~ + 前+名) He *bargained* his watch *for* a meal. 그는 밥값으로 시계를 내놓았다. **3** …을 보증하다. ¶ (~ + that 節) I *bargain that* he will be there on time. 그가 틀림없이 제 시간에 그곳에 올 것임을 보증한다.
bargain away …을 헐값으로 팔다.
bargain for 《보통 부정문으로》 …을 기대하다 (expect), 믿다. ¶ That's more than I *bargained for*. 그것은 생각조차 못해 본 일이다 / I didn't *bargain for* that. 그것은 뜻밖의 일이었다.
bargain on …을 기대하다, …에 의지하다. ¶ I can't *bargain on* what you'll do. 네가 무슨 짓을 할지 믿을 수가 없다.
bárgain básement *n.* 《백화점의》 지하층 특매장.
bar·gain-base·ment [bɑ́ːrginbèismənt] *adj.* 몹시 싼, [품질이] 떨어지는. ¶ at *bargain-basement* rates 각별히 싼 값으로.
bárgain cóunter *n.* =bargain basement; 《비유적》 《물품 또는 의견의》 자유 교환 장소 《람》.
bar·gain·ee [bɑ̀ːrginíː] *n.* 매수인(買受人), 산(살) 사람.
bar·gain·er [bɑ́ːrginər] *n.* = bargainor.
bárgain húnter *n.* 싸구려(특매품)만 찾아다니는 사람.
bár·gain·ing chíp [bɑ́ːrginiŋ-] *n.* 협상 (거래) 에서의 유리한 카드.
bárgaining posítion *n.* [토론 따위의] 사태, 형세.
bárgain móney *n.* 계약금, 보증금(earnest).
bar·gain·or [bɑ́ːrginər, bɑ̀ːrginɔ́ːr] *n.* 매도인(賣渡人), 판(팔) 사람.
:barge [bɑːrdʒ] *n.* **1** [운하·하천 따위에서 사용하는 바닥이 평평한] 거룻배, 화물 운반선 (lighter). **2** 유람선(pleasure boat), [장식용의] 지붕 있는 배(houseboat). [barge 1] **3** [입항시 의례적인 방문에 사용하는] 함재정(艦載艇); 《해군》《함대 사령관의》 전용 보트. **4** 《뉴잉글랜드》 2인승 4륜차, 유람 마차(picnic wagon). **5** 《속어》 낡은 배.
— *v.* (**barged, bárg·ing**) *vt.* …을 짐배《거룻배, 화물 운반선》로 나르다. — *vi.* **1** 〔거룻배가 짐을 싣고〕 둔중하게 움직이다; 느릿느릿 움직이다. ¶ A fat man was *barging* along the street. 한 뚱뚱한 사나이가 거리를 느릿느릿 걷고 있었다.
2 《구어》 난폭하게 밀고 들어가다, 갑자기 뛰어들다 (intrude); 주제넘게 참견하다(*in, into*…). ¶ (~ + 前+名) He *barged into* our conversation. 그는 우리 이야기에 악착같이 끼어들었다. / (~ + 副) A bat *barged about* for about twenty minutes. 박쥐가 약 20분 동안 겁없이 날아다녔다.
3 《구어》 충돌하다(collide), 부딪치다(*into, against*…).
barge into (or *against*) 《구어》 ① [난폭하게] …과 부딪치다. ② 《비유적》 …과 마주치다(come across).
barge one's way 억지로 나아가다(*through*…). ¶ A tall man *barged* his *way through* the crowd. 키 큰 사나이가 군중을 밀어내며 걸어갔다. 「박공널」
barge·board [bɑ́ːrdʒbɔ̀ːrd / -bɔ̀ːd] *n.* 〔건축〕
bárge cóuple *n.* 〔건축〕 합각머리서까래 [보강하기 위하여 장부촉으로 2개를 이은 것]. 「분.
bárge cóurse *n.* 〔건축〕 합각벽에서 돌출한 처마 부
bar·gee [bɑːrdʒíː] *n.* 《주로 英》 =bargeman.
barge·man [bɑ́ːrdʒmən] *n.* (pl. **-men** [-mən]) 《주로 美》 거룻배(barge)의 사공(인부).
bárge pòle *n.* 거룻배의 삿대.
would not touch a person with a barge pole 《英구어》 남을 경멸하여, 남을 거들떠보지도 않다.
bar·ghest [bɑ́ːrgest], (**bar·guest**) *n.* 요귀(妖鬼) 〔개의 모습으로 나타나 흉사를 예고한다고 한다〕.

bár gráph n. 막대 그래프.
bar·hop [báːrhɑ̀p / -hɔ̀p] vi. (**-hopped, hop·ping**) 《美》여러 술집을 돌아다니며 술을 마시다.
bar·i·at·ri·cian [bæ̀riətríʃ(ə)n] n. 비만 치료 전문가, 비만 학자.
bar·i·at·rics [bæ̀riǽtriks] n. pl. 《단수 취급》체중 조절 의학[비만 방지의 의학].
bar·ic[1] [bǽrik] adj. 【화학】 바륨의; 바륨성의, 바륨을 함유한. 「중량의.
bar·ic[2] [bǽrik] adj. 기압의, 기압계의(barometric);
ba·ril·la [bəríljə] n. 〔U〕 1 수송나물. 2 소다회[비누·유리 제조에 쓰임].
bár íron n. 철봉, 철근.
barit. (略) 〔음악〕 baritone. 「石〕.
bar·ite [bɛ́(ː)rait / bǽər-] n. 〔U〕《광물》중정석《重晶
bar·i·tone [bǽritòun] 〔음악〕 n. 1 〔U〕〔C〕 남성(男聲) 중음, 바리톤《tenor와 bass의 중간음》. 2 바리톤 가수. 3 바리톤《관악기의 하나》. — adj. 바리톤의, 남성 중음의. 「〔원소의 하나〕; 원자 기호 Ba〕.
bar·i·um [bɛ́(ː)riəm / bǽər-] n. 〔U〕【화학】 바륨《금속
bárium méal n. 바륨 용액. 「bák.
bárium súlfate n. 〔U〕【화학】 황산 바륨.
‡**bark**[1] [baːrk] n. 1 개 짖는 소리, 〔동물, 때로는 사람의〕 날카롭게 외치는 소리. ¶ the *bark* of a coxswain《경주용 보트에서》 키잡이의 날카로운 구령 소리 / His *bark* is worse than his bite. 그는 말은 거칠지만 본심은 그 정도로 나쁘지 않다. 3 《구어》 기침, 헛기침(cough). 4 총성, 포성.
— vi. 1 《개 따위가》 짖다(*at*...). ⇒ HOWL 〔類語〕. 《~ +〔前〕+〔名〕》 A dog *barked* at the beggar. 개가 거지를 보고 짖어댔다 / *Barking* dogs seldom bite.《속담》 잘 짖는 개는 좀처럼 물지 않는다.
2 짖는 것 같은 소리를 내다; 〔대포·권총이〕 쾅 하고 울리다. ¶ The gun *barked*. 대포가 쾅 하고 울렸다.
3 날카로운 소리로 외치다, 소리치다(snap)(*at*...). ¶ He *barked* at his assistant. 그는 조수에게 고함 질렀다.
4 《구어》《英》 은행강도 따위의 입구에서》 큰 소리로 손님을
5 《美구어》《헛》 기침을 하다(cough). 「끌다.
— vt. 고래고래 소리치다, 고함치다. ¶《~ +〔目〕+〔前〕+〔名〕》 He *barked* orders into the telephone for food. 그는 전화에 대고 소리를 지르며 음식을 주문했다. 《~ +〔目〕+〔副〕》 He *barked out* his orders. 그는 고함을 질러 주문했다.
bark at (or *against*) *the moon* 공연한 소동을 벌이
bark up the wrong tree《美》잘못 짚다; 엉뚱한 사람을 비난하다.

*****bark**[2] [baːrk] n. 〔U〕 1 〔식물〕 나무 껍질, 수피 ⇒ SKIN〔類語〕. 2 《고어》 기나피《幾那皮》 (cinchona bark). 2 《製皮》 탠가죽(tanbark). 3 《속어》 피부 가죽(skin).
with the bark on《美속어》〔말 따위〕 꾸밈없이; 거칠게 따위의.
— vt. 1 〔나무〕의 껍질을 벗기다. 2 ...을 수피로 덮다, 나무 껍질로 싸다. 3 〔삶은 즙으로 수피 따위〕를 무두질하다 (tan). 4 《속어》 ...의 피부를 까다. ¶ *bark one's elbows* 팔꿈치를 까다.
◊ **bárky** adj.

bark[3], **barque** [baːrk] n. 1 〔항해〕 바크선《2개의 앞돛대에 가로돛을, 뒷돛대에 세로돛을 장치한 범선》; 소형 범선. 2 《詩》 〔흔히〕 배(boat), 범선 (sailing vessel).
bárk bèetle n. 《美》 나무좀 《나무에 해를 준다》.
bar·keep·er [báːrkìːpər], **-keep** [-kìːp] n. 술집 주인. cf. barman 2 술집의 판매원, 바텐더(bartender).
bark·en·tine, bark·an- [báːrkəntìːn] n. 〔항해〕 바컨틴형 세대박이 범선《앞돛대에는 가로돛을, 주돛대와 뒷돛대에는 세로돛을 다는 범선》.
bark·er[1] [báːrkər] n. 1 짖는 동물; 고함치는 사람. 2 《주로 美구어》 〔극장·홍행장 등에서〕 큰소리로 손님을 끄는 사람. 3 《英속어》 권총, 대포.

bark·er[2] [báːrkər] n. 나무껍질을 벗기는 사람; 박피기
bark·er·y [báːrkəri] n. =tanyard. 「(剝皮器).
bárk·ing íron [báːrkiŋ-] n. 나무껍질을 벗기는 데 사용하는 끌모양의 도구.
Bar·kis [báːrkis] n. Charles Dickens의 소설 *David Copperfield*의 주인공 David의 유모 Clara Peggotty에게 구혼하는 마차집 주인의 이름.
Barkis is willing (or *willin'*). 결혼을 원하고 있다 〔Barkis가 David을 시켜서 Peggotty에게 한 구혼의 말에서〕; ...할 의사가 있다.
bárk trèe n. 기나수《幾那樹》 (cinchona).
bark·y [báːrki] adj. (**bark·i·er, bark·i·est**) 수피로 된, 수피를 포함한; 수피로 덮은; 수피를 닮은.
‡**bar·ley** [báːrli] n. 〔U〕 보리.
bar·ley·break [báːrlibrèik], (**bar·ley-brake**) n. 〔U〕 술래잡기의 일종.
bar·ley·corn [báːrlikɔ̀ːrn] n. 1 보리알. 2 옛날 척도의 단위〔1/3 인치, 약 보리 한 알의 길이〕.
bárley mèal n. 〔U〕 보릿가루.
bárley sùgar n. 〔U〕 보리엿〔일종의 사탕과자〕.
bárley wàter n. 〔U〕 〔환자용의〕 보리 미음, 보리죽.
bárley wìne n. 〔U〕 《英》 알코올 농도가 높은 맥주.
bar·low [báːrlou] n. 《美》 외날의 큰 나이프. 「모.
barm [baːrm] n. 〔U〕 〔맥아의 발효증에 생기는〕 거품, 효
bár mágnet n. 막대 자석(磁石).
bar·maid [báːrmèid] n. 《주로 英》 바의 여급, 술집 여자
bar·man [báːrmən] n. (*pl.* **-men** [-mən]) 《英》 술집 주인(주)(barkeeper), 바덴더(bartender).
Bar·me·cid·al [bàːrmisáid(ə)l] adj. 겉치레뿐인, 실망시키는.
Bar·me·cide [báːrmisàid] n. 1 바르메시드 〔*The Arabian Nights*에 나오는 Baghdad의 페르시아 귀족. 거지를 불러서 빈 접시에 먹으라고 한다〕. 2 남을 걸치레로만 대접하는 사람, 은혜를 베푸는 체하며 속이는 사람. — adj. 겉치레뿐인, 실망시키는, 실체가 없는 (unreal).
bar mitz·vah [baːr mítsvə] n. 《종종 B-M-》 〔유대교〕 13세 남자의 성인식; 성인식을 받은 소년(bar mitzvah boy). cf. *bath mitzvah*
〔<Heb =Son of Commandment〕
barm·y [báːrmi] adj. (**barm·i·er, barm·i·est**) 1 효모의, 발효하고 있는, 거품이 인. 2 《英속어》 어리석은(balmy). ¶ be *barmy on the crumpet* 머리가 돌다(가 상해지다) / go *barmy* 미치다.
‡**barn** [baːrn] n. 1 헛간, 곡식 창고, 광; 《美》 가축의 우리; 《美》 〔전차 따위의〕 차고. cf. *carbarn* 2 텅 빈 건물; 《美》 *a great barn of a hotel* 텅 빈 큰 호텔. 3 〔원자물리〕 반《충돌 과정의 단면적의 단위 10^{-24} cm²》. — vt. 〔건초 따위〕를 헛간에 저장하다.
between you and I and the barn《美속어》 네게만 하는 이야기인데, 비밀 이야기인데.
Were you born in a barn? 정리 좀 해라〔문을 안 닫거나 방을 어질러 놓은 사람을 책망하는 말〕.
Bar·na·bas [báːrnəbəs] n. 《성서》 바나바《Paul의 동료인 사도》 (to St. Joseph의 별칭).
Bár·na·by Dáy(**bríght**) [báːrnəbi-] n. 성(聖) 바나바 축일《6월 11일. 음력으로는 1년 중 낮이 가장 긴 날》.
bar·na·cle[1] [báːrnəkl] n. 1 만각류《蔓脚類》의 동물 〔굴·조개삿갓 따위〕. 2 〔지위 따위에〕 매달리는 사람 (것). 3 (=**bárnacle gòose**) 검은기러기.
bar·na·cle[2] [báːrnəkl] n. 1 《~s》 코집게《편자를 박을 때 따위에 말이 날뛰는 것을 막기 위한 기구》. 2 《~s》《英방언》 안경. 「《과격하.
bárn·burn·er [báːrnbə̀ːrnər] n. 《물불을 안 가리는》
bárn dànce n. 《美》 농가의 헛간에서 열리는 댄스 파티; 〔폴카 비슷한〕 시골춤, 그 곡.
barn·door [báːrndɔ̀ːr / -dɔ̀ː-] n. 1 헛간의 큰 문. 2 〔사진〕 〔광원(光源)〕에 붙이는 평평한〕 차광판.
〔*as*〕 *big as a barndoor* 〔표적 따위가〕 매우 큰.

barn-door fowl   212   **barrage**

cannot hit a barndoor 사격 솜씨가 서투른.
chalk on a barndoor 《美》대충 계산하다, 개산(概算)
bárn-dòor fówl *n.* = barnyard fowl. 하다.
bar·ney [báːrni] *n.* (*pl.* **~s** [-z]) 1 《英속어》난폭한 군중의 폭동. 2 《구어》실책, 실수. 3 《속어》협잡, 사기. 4 《광산》소형 기관차.
bárn ówl *n.* 올빼미의 일종.
barn·storm [báːrnstɔ̀ːrm] *vi.* 《주로 美구어》1 지방 유세를 하다; 시골을 돌며 연설하다. 2 〖연극〗〖극장이 없는 시골 도시에서〗 흥행하다; 지방 순회 공연을 하다. 3 《시골 도시에서》 곡예(유람) 비행을 하다.
barn·storm·er [báːrnstɔ̀ːrmər] *n.* 1 지방 유세자. 2 지방 순회 배우, 순회 흥행사. 〖통 종류〗.
bárn swállow *n.* 〖헛간 따위에 둥지를 짓는 보
ˈbarn·yard [báːrnjὰːrd] *n.* 헛간 앞마당, 뒷들(farmyard). —*adj.* [barnyard와 같이] 더럽힌, 천박한, 저속한. ¶ *barnyard* humor 저속한 유머.
bárnyàrd fówl *n.* 닭.
baro- weight, pressure 라는 뜻의 연결형. 예: *barogram*, *barometer*.
ba·ro·co·co [bəròukəkóu] *adj.* 〖미술〗 바로크와 로코코 양식이 뒤섞인; 더할 수 없이 공들인 (장식적인). 〖< F BARO[QUE] + [RO]COCO〗
bar·o·gram [bǽro(u)græ̀m] *n.* 〖기상〗 기압 기록.
bar·o·graph [bǽro(u)græ̀f / -gràːf] *n.* 〖기상〗 기압기록계, 청우계, 고도 기록계.
ba·rol·o·gy [bəráːlədʒi / -rɔ́l-] *n.* 〖U〗중량학, 중력학.
ːba·rom·e·ter [bəráːmitər / -rɔ́m-] *n.* 1 기압계, 청우계. ¶ The *barometer* points to rain. 청우계가 비를 가리키고 있다. 2 표준, 지표, 척도, 바로미터. ¶ Fluctuations in stock market is the *barometer* of business. 주식 시세의 변동은 경기의 바로미터이다 / The education of a country is the *barometer* of culture. 교육은 그 나라 문화의 척도이다.
◇ barométric *adj.*
bar·o·met·ric [bæ̀ro(u)métrik], (**bar·o·met·ri·cal**
[-trik(ə)l]) *adj.* 기압계(청우계)의; 기압상의.
-ri·cal·ly [-rikəli] *adv.*
bàrométric deprèssion *n.* 〖기상〗 저기압 (cyclone).
bàrométric préssure 《 *n.* =atmospheric pressure.
ba·rom·e·try [bəráːmitri / -rɔ́m-] *n.* 〖U〗 기압 측정법.
ˈbar·on [bǽrən] *n.* 1 남작 (男爵).
〖주의〗 영국 귀족의 계급— ( )안은 부인: Duke 공작 (Duchess), Marquis 후작(侯爵) (Marchioness), Earl 백작(Countess), Viscount 자작(子爵) (Viscountess), Baron 남작(Baroness). * Earl 은 대륙의 Count 에 해당하고, Viscount 는 Earl 의 장자에의 존칭으로도 쓰인다. 귀족에게는 칭호 이외에 Lord 를 붙이는 수가 있는데, 특히 Baron 은 외국 남작에게 쓰고, 영국 남작에는 Lord 를 쓴다. 공식 석상에는 「…각하(부인)」에 해당하는 Your (His, Her) Lordship (Ladyship), 또 부를 때에는 my lord [miləd; mailəd]: 변호사는 miləd] 를 쓴다.
2 《英》《왕으로부터 직접 영지를 받은》 봉신(封臣), 귀족; 귀족원 의원. 3 《고어》《법률》 남편(husband). 4 《美》실업가, 『 ··· 王 』. ¶ an oil *baron* 대석유업자, 석유왕 / a steel *baron* 강철왕. 5 〖양·소 따위의〗 등쪽에 붙어 있는 양쪽 허리살.
bar·on·age [bǽrənidʒ] *n.* 1 〖U〗(집합적) 남작들, 남작 계급. 2 〖U〗 남작의 지위(신분). 3 남작 명감.
bar·on·ess [bǽrənis] *n.* 1 남작 부인. 2 여자 남작 (* *baron* 의 여성형. 그 자신의 사람은 Lady... 라 부르며, 외국 것은 Baroness... 라 부른다). BARON.
bar·on·et [bǽrənət, -nèt] *n.* 준(准) 남작(男爵).
〖주의〗 영국 세습 작위의 하나로 〖baron 의 아래로, knight 의 위〗지만 귀족은 아니다. 호칭의 놓는 Christian name 앞에 Sir 를 붙인다. 쓸 때는 knight 와 구별하여 맨 끝에 Bart. 또는 Baronet 을 붙인다. 예: *Sir John Smith, Bart*. 그 부인은 정식으로는 Dame Mary Smith 라 쓰고, Lady Smith 라 부른다.
bar·on·et·age [bǽrənitidʒ, -nèt-] *n.* 1 《the ~》《집합적》준남작(准男爵)들; 준남작 계급. 2 〖U〗〖C〗준남작의 지위(신분). 3 준남작 명감.
bar·on·et·cy [bǽrənitsi, -nèt-] *n.* 〖C〗〖U〗 (*pl.* **-cies**) 남작(男爵)에 준하는 지위(권한).
ba·rong [bɑːrɔ́ːŋ, -rɑ́ŋ / -rɔ́ŋ] *n.* 필리핀의 Moro 족이 쓰는 폭이 넓은 칼.
ba·ro·ni·al [bəróuniəl, -njəl] *adj.* 1 남작의, 남작령의. 2 남작에 어울리는, 귀족다운; 당당한. ¶ a *baronial* mansion 호화로운 저택.
bar·o·ny [bǽrəni] *n.* (*pl.* **-nies**) 1 〖U〗〖C〗 남작의 지위(신분). 2 남작령(男爵領). 3 《아일》 군(郡) [county 밑의 구획으로 영국의 hundred 에 상당함]; 《스코》대장원 (大莊園).

ˈba·roque [bəróuk /-rɔ́k, -róuk] *n.* 1 《the ~》 《종종 B-》바로크 양식〖17세기에서 18세기에 걸쳐 유럽에서 유행했던 복잡하고 화려한 예술 양식〗; 바로크 시대. 2 바로크 양식(시대)의 따위. 음악에서는 바하 작곡의 작품, 건축물에서는 베르사이유 궁전이 대표적임. 3 〖악세공〗 지나치게 장식된, 괴기(怪奇) 취미. 5 〖C〗 변형한 진주(眞珠). —*adj.* 1 《때로 B-》 바로크 양식의; 바로크 음악의. 2 괴상한, 기이한(grotesque); 악취미의, 〖문체 등이〗 지나치게 장식된. 3 〖진주가〗 변형한. 〖(風)〗

[baroque 2]

ba·roque·rie [bəróukri /-rɔ́k-, -róuk-] *n.* 바로크풍 양식.
bar·o·re·cep·tor [bǽrəriːsèptər], **bar·o·cep·tor** [bǽrəsèptər] *n.* 〖생리〗 압각(壓覺) 기관(혈관벽 따위에 있어 압력 변화를 느끼는 신경 세포).
ba·ro·scope [bǽrəskòup] *n.* 기압계.
ba·rouche [bərúːʃ, bær-] *n.* 바루슈〖4륜의 큰 포장마차〗.
bár párlour 《英》*parlour*) *n.* 《美》여관의 손님을 위한 대화 장소.
bár pìn *n.* 가늘고 긴 장식용 핀〖브로치의 일종〗.
bar·quen·tine, -quan- [báːrkəntìːn] *n.* =barkentine.
ˈbar·rack[1] [bǽrək] *n.* (보통 ~s) 〖단·복수 양용〗 1 병사(兵舍), 병영. ¶ break *barracks* 탈영하다. 2 《많은 사람을 수용하기 위한》 크고 엉성한 집, 바라크〖식 건물〗. —*vt., vi.* … 을 병영(바라크)에 수용하다, 병영 (바라크) 생활을 [시켜] 시키다.
bar·rack[2] [bǽrək] *vi., vt.* (濠·英) 〖스포츠 경기에서 관중이 선수나 팀을〗 큰 소리로 야유하다.
barrack for …에게 큰 소리로 갈채를 보내다, …을 열 광적으로 지지(응원)하다.
bárracks bàg *n.* 〖병사의 군장품이나 소지품을 넣어 잠낭〗.
bar·ra·coon [bæ̀rəkúːn] *n.* 〖옛날에〗 죄수 수용소.
bar·ra·cu·da [bæ̀rəkúːdə] *n.* (*pl.* -**da**, -**das**) 꼬치고기〖열대·아열대의 바다에서 나는 체장 30cm 정도의 식용어. 몸이 가늘고 길며, 머리는 길고 크며, 입이 크다〗.
bar·rage [bəráː(d)ʒ -bæráːʒ //→3] *n.* 1 〖군대〗 탄막, 탄막 사격〖일정한 위치에 대하여 막을 치듯 포화를 집중하기〗, 일제 포화로 옴쭉달싹 못하게 하기. ¶ an anti-air craft *barrage* 대공 사격 / a creeping *barrage* 유도탄막. 2 〖말 따위의〗 압도적인 양. ¶ He was quite puzzled by a *barrage* of questions. 그는 질문 공세를 받고 정말 어쩌할 바를 몰랐다. 3 [bǽridʒ] 〖토목〗 〖특히 나일강의〗 댐공사, 축제(築堤) 공사. 4 〖야구〗 연속 안타(安打). —*vt.*

barrage balloon *n.* [저공 비행을 하는 적기를 막기 위하여 철사나 철망을 연결한] 저색 기구(阻塞氣球).

barrage fire *n.* 〖군사〗 탄막(彈幕)사격 〖짧은 시간의 집중사〗.

bar·ran·ca [bərǽŋkə] *n.* (*pl.* -cas) 협곡.

bar·ra·tor [bǽrətər] *n.* 〖법률〗 **1** 부정(不正) 선장 (선원), **2** 교사범, 소송 교사자. **3** 성직 매매자; 수뢰(收賂) 판사. (~·ly *adv.*)

bar·ra·trous [bǽrətrəs] *adj.* 〖법률〗 교사의, 부정의.

bar·ra·try [bǽrətri] *n.* 〖U〗〖C〗 (*pl.* -tries) 〖법률〗 **1** [선주 또는 하주에 대한] 선장(선원)의 부정 행위. **2** 교사죄; 소송 교사죄. **3** 성직 매매(simony); 판사 수뢰죄.

barred [ba:rd] *adj.* **1** 빗장을 지른, 가로장이 있는; 장벽이 있는, 가둔. ¶ *a barred* gate 빗장이 질린 문 / *a barred* window 가로장을 박은 창문. **2** 줄무늬가 있는(striped), 이랑진(streaked). ¶ *a barred* shirt 줄무늬 사쓰. **3** 〖鳥類〗 〖깃털에〗 선명한 빛깔의 가로무늬가 있는.

‡**bar·rel** [bǽrəl] *n.* **1** [가운데가 불룩한] 통; 〖일반적으로〗 그릇. **2** 한 통의 양 〖=〗 31,5 gallons, 석유는 42 gallons, 야채·과실의 건량(乾量) 105 quarts에 상당〗. **3** 원통형의 것 〖기계〗 〖피스톤을 내장한〗 원통, 〖만년필·연필 따위의〗 몸통 부분, 〖항해〗 닻을 감아 올리는 장치(capstan)의 동부, 〖시계의〗 용수철 상자, 총신〖OF MACHINE GUN 그림〗, 〖마소의〗 몸통, 〖鳥類〗 날개의 깃대(quill). **4** 〖美구어〗 다량(lot). ¶ They had *a barrel* of fun. 그들은 크나큰 즐거움을 맛보았다 / He made *barrels* of money. 그는 돈 을 벌었다. **5** 〖美속어〗〖선거의〗 운동자금. **6** 〖英속어〗 올챙이배의 사나이. **have** *a* **person over** *a* **barrel** 〖속어〗 남을 궁지에 몰아 넣다; 남을 좌지우지하다.
— *v.* (-reled, -rel·ing/〖英〗 -relled, -rel·ling) *vt.* …을 통에 넣다. — *vi.* 〖속어〗 고속으로 달리다. ¶ (~ + 副 + 名) The dump truck *barreled* down (or along) the highway. 덤프 트럭이 고속도로를 질주해 갔다.

bárrel bùlk *n.* 5입방 피트의 용적〖1/₈톤〗.

bárrel (**bárrel-back** [bǽr(ə)lbæ̀k-]) **cháir** *n.* 〖美〗 〖가구〗 통 모양의 안락 의자.

bar·rel-chest·ed [bǽr(ə)ltʃèstid] *adj.* 가슴이 두툼한.

bárrel dráin *n.* 원통형 수채.

-bar·reled, 〖英〗 **-relled** [허리둘레가 …한]의 뜻의 연결형. ¶ well-*barreled* horse 〖허리둘레가 큰 말〗.

bar·rel·head [bǽr(ə)lhèd] *n.* 통의 뚜껑(바닥).

bar·rel·house [bǽr(ə)lhàus] *n.* (*pl.* -hous·es [-hàuziz]) 〖美구어〗 **1** 20세기 초엽에 New Orleans에 있었고, 재즈의 발상지가 된 싸구려 술집; 〖그 술집에서 시작된〗 초기의 재즈, 뉴올리언즈 재즈.

bárrel órgan *n.* [거리의 악사가 쓰는] 손잡이를 돌려서 울리는 휴대용 오르간(hand organ).

bárrel róll *n.* 〖항공〗 [비행기의] 배럴 횡전(橫轉).

bárrel váult *n.* 〖건축〗 반원통형 천장, 길게 자른 통 모양의 둥근 천장.

‡**bar·ren** [bǽrən] *adj.* **1** 아이를 낳지 못하는, 불임의 (sterile). **2** 〖초목이〗 열매를 맺지 못하는(unfruitful). ¶ *barren* flowers 수술(자방)이 없는 꽃 / *barren* land 불모지. **3** 재미가 없는, 무기력한 (dull); 〖사상·내용 등이〗 빈약한(meager), 무익한 (unprofitable), 효과가 없는. ¶ *a barren* effort 무익한 노력. **4** …이 없는 (lacking) (*of*…). ¶ be *barren of* charm 매력이 없다. — *n.* (보통 ~s) 불모지, 척박한 땅, 황무지.
~·ly *adv.* ~·ness *n.*

Bárren Gróunds (**Lánds**) *n. pl.* 캐나다 북부의 인구가 희박한 불모지〖특히 허드슨만의 서쪽지역〗.

bar·ren·wort [bǽrənwə̀:rt] *n.* 〖식물〗 삼지구엽초, (三枝九葉草).

bar·ret [bǽrit] *n.* 〖중세의 병사 등이 썼던〗 베레모 비슷한 편평모(扁平帽).

bar·rette [bərét] *n.* 〖여자의 뒷머리용〗 막대 모양의 머리 핀.

bar·ret·ter [bǽrətər] *n.* 〖전자 공학〗 베레터〖고주파 전류 검파기의 일종〗.

bar·ri·a·da [bà:rriɑ́:ða:] *n.* 도시내의 한 지역, 〖특히 지방 출신자가 거주하는〗 빈민가, 〔<Sp〕

*‡**bar·ri·cade** [bǽrəkèid, ˗ˈ˗] *n.* 〖U〗〖C〗 **1** 바리케이드, 방벽, 장벽〖방어를 위해 갑자기 노상 따위에 구축하는 장애물〗. ⇒ BAR¹ 類語 **2** 장애물 (barrier, obstruction). ⇒ 類語 (비유적) …의 벽. ¶ guarded by legal *barricades* 법률의 벽에 보호되어. — *vt.* (-cad·ed, -cad·ing) …에 바리케이드를 쌓다, …을 바리케이드로 둘러싸다, 〔길 따위를〕 방책으로 가로막다. ¶ (~ + 目 + 前 + 名) The radicals *barricaded* the road *with* desks and chairs. 과격파는 책상과 의자로 도로에 바리케이드를 쳤다.

bar·ri·ca·do [bæ̀rikéidou] *n.* (*pl.* -does *or* -dos), *v.* = barricade.

‡**bar·ri·er** [bǽriər] *n.* **1** 책책, 방벽, 장애물; 관문; 〖비유적〗 〖진보 따위를〗 저해하는 것, 장애, 장벽. ⇒ BAR¹ 類語 *a barrier between* races 민족간의 장벽 / *a barrier to* progress 진보에 대한 장애 / the *barrier of* language; the language *barrier* 언어라는 장애 / build (*or* set up) *a barrier* 방벽을 쌓다 / demolish *barriers* 장애물을 처부수다. **2** 〖자연에 의한〗 경계 [선], 방벽. ¶ *a* mountain *barrier* 산악에 의한 방벽. **3** 〖지질〗 남극 대륙의 내륙 빙하. **4** (~s) 〖경기장의〗 울타리. **5** 〖경마의〗 스타트라인에 두는〗 게이트. **6** = barrier beach.
put *a* **barrier between** …의 사이를 이간시키다.
— *vt.* …을 방책으로 둘러싸다 (…*off*, *in*).

bárrier béach *n.* 연안사주(沿岸砂洲) 〖해안선을 따라 하구·만구에 생기는 모래톱〗.

bárrier créam *n.* 〖U〗 피부 영양 크림의 일종.

bárrier réef *n.* 〖海洋〗 보초(堡礁) 〖해안선에 거의 평행으로 발달한 산호초〗.

bar·ring [bá:riŋ] *prep.* …을 제외하고는, …이외는 (excepting, except for). ¶ Nobody else, *barring* him, knew the truth. 그를 제외하고는 아무도 그 진실을 몰랐다 / *Barring* strong head wind, the plane will arrive on schedule. 강한 맞바람만 아니라면 비행기는 정각에 도착할 것이다. — *adv.* 〖英속어〗 분명히, 틀림없이.

bar·ring-out [bá:riŋàut] *n.* (*pl.* **bar·rings-out**) 배척 행위〖학생들이 교실·학교문을 닫아 걸고 선생을 배척하기〗.

bar·ri·o [bǽriòu] *n.* (*pl.* -ri·os) 〖美〗 〖특히 미국 서남부 도시의〗 스페인어권 지역, 〔<Sp〕

bar·ris·ter [bǽristər] *n.* 〖법률〗 **1** 〖英〗 법정 변호사 (＊ barrister-at-law의 약칭). **2** 〖美구어〗 〖일반적으로〗 법률가, 변호사. ⇒ LAWYER 類語 ─ 곳, 바.

bar·room [bá:rù(:)m] *n.* 〖美〗〖호텔 따위의〗 술파는 곳.

bar·row¹ [bǽrou] *n.* **1** 〖들것 모양의〗 상자형 운반기 (handbarrow). **2** = wheelbarrow. **3** 〖英〗〖노상 행상인 등이 쓰는〗 두바퀴 손수레(pushcart).

bar·row² [bǽrou] *n.* **1** 분묘, 총(塚) 〖특히 영국 원시인의〗 고분(tumulus). **2** (주로 英) 〖옛〗 언덕 (hill). ¶ 언덕처럼 지명으로 많이 쓰인다. 예: Cadon *Barrow*.

bar·row³ [bǽrou] *n.* 거세한 수퇘지.

Bar·row [bǽrou] *n.* **1** Point ~ 알래스카 최북단. **2** 〖월면(月面)의〗 북극 부근의 직경 45마일 정도의 원형지.

bar·row-boy [bǽroubɔ̀i] *n.* 〖英〗 노상에서 소리치며 팔고 다니는 행상인(costermonger).

bar·row·ful [bǽrouful] *n.* 손수레 1대분[의 하물].

bár sínister *n.* = bend sinister.

bar·stool [bá:rstù:l] *n.* 바 의자〖바에 있는 발받이가 높은 의자〗.

BART (略) *Bay Area Rapid Transit* (San Francisco

Bart. (略) baronet.
bar·tend [bɑːrténd] vi. 《미구어》 바텐더 일을 하다.
bar·tend·er [bɑ́ːrtèndər] n. 《주로 美》 바텐더 《(英) barman)》
***barter** [bɑ́ːrtər] vi. 물물 교환을 하다, 교역하다 (with...). ¶ We *bartered with* the islanders. 우리는 그 섬의 주민들과 물물 교환을 했다. —— vt. **1** ...을 교환 하다(exchange), 교역하다(trade) (...for). ¶ (〜+图 +前+图) *barter* furs *for* powder 모피를 화약과 교환하 다. **2** ...을 손쉽게 팔아넘기다; [이익에 눈이 멀어 명 예·지위 따위]를 팔아넘겼다. ¶ (〜+图+副) He *bartered away* his position (freedom). 욕심에 눈이 멀 어 그는 지위(자유)를 팔아넘겼다. —— n. **1** ◯ 교 환, 교역, ¶ exchange and *barter* 물물 교환 / *barter* system [물물] 교환 무역제 / carry on *barter* 교역을 하 다 / [receive] in *barter with* ...과 교환으로 [받다]. **2** 교역품.
bar·ter·er [bɑ́ːrtərər] n. 물물 교환자.
bárter tráde n. 《경제》 물물 교환 무역.
Bár·tho·lin's glánds [bɑ́ːrθəlinz, bɑːrtóu-] n. pl. 바르톨린선(腺) 《여성 성기의 질전정(膣前庭)에 있는 선 으로 점액을 분비한다. [<덴마크의 해부학자 Caspar Bartholin(1653-1738)의 이름]
Bar·thol·o·mew [bɑːrθɑ́ləmjuː/ -θɔ́l-] n. [성서] 성바돌로매 《12사도 중의 한 사람. ← 마가 복음(Mark) 3:18].
the Massacre of St. Bartholomew 성바돌로매 축제 일의 대학살《1572년 8월 24일 파리의 구교도가 신교도 약 2천 명을 학살함》.
bar·ti·zan [bɑ́ːrtizən / bɑ̀ː-tizǽn] n. [건축] [성벽이나 탑의] 돌출한 망루(望樓).
Bart·lett [bɑ́ːrtlit] n. (= **Bárt lett péar**) 《원예》 바틀렛 《서양 배의 일종》.
bar·ton [bɑ́ːrtn] n. 《英방언》 농가의 마당 (farm yard).
Bart's [bɑːrts] n. 영국 London의 St. Bartholomew's Hospital의 단축어.
bary- heavy 의 뜻의 연결형. 예: *bary*center, *bary*ta.
bar·y·cen·ter, 《英》 -tre [bǽrisèntər] n. 중심(重心).
bar·y·on [bǽriɑ̀n/-ɔ̀n] n. [물리] 바리온, 중입 자(重粒子) 《소립자의 일종》.
bar·y·sphere [bǽrisfìər] n. =centrosphere 2.
ba·ry·ta [bəráitə] n. ◯ 《화학》 **1** 산화 바륨, 중토 (重土) 바리타, 바리아타(barium oxide). **2** 수산화 바륨 (barium hydroxide).
barýta páper n. ◯ [사진] 바라이타지(紙) 《황산 바 륨(barium sulfate)을 먹인 인화지의 원지 (原紙)].
ba·ry·te [bǽráit], **-tes** [-tiːz] n. 《광물》 =barite.
ba·ryt·ic [bərítik] adj. 《화학》 **1** 산화 바륨[질]의. **2** 수산화 바륨[질]의.
bar·y·tone[1] [bǽritòun] n., adj. [음악] =baritone.
bar·y·tone[2] [bǽritòun] adj., n. 《고대 그리스 문법》 맨 끝 음절에 액센트 부호를 생략한 [말].
bar·y·tron [bǽritrɑ̀n] n. [물리] 중간자(中間子) (meson, mesotron).
bas·al [béis(ə)l] adj. **1** 기저(基底)의, 기부의, 토대 를 이루고 있는. ¶ the *basal* parts of a house 집의 토 대를 이루고 있는 부분. **2** 근본의, 기초의(basic), 기 본적인 (fundamental). ¶ a *basal* condition 근본 조건 / *basal* culture 기초적인 교양. **3** [생리] 기초 운동으로의 필요한]. ¶ *basal* metabolism 기초 대사(代謝) [음식을 먹지 않고 완전한 안정 상태에 있는 동물에 필요한 에너 지]. ◇ basa**l**[1] n.
ba·salt [bəsɔ́ːlt, bǽsɔːlt] n. ◯ **1** 현무암. **2** (= **básalt wàre**) [Josiah Wedgwood 가 창안한] 흑색 자기

(磁器).
ba·sal·tic [bəsɔ́ːltik] adj. 현무암[질]의, 현무암을 함 유한.
ba·sal·ti·form [bəsɔ́ːltifɔ̀ːrm] adj. 현무암 모양의, [육각형] 기둥 모양의.
bas·an, baz- [bǽz(ə)n] n. 《英》 [낙엽송·떡갈나무 껍질로 무두질한] 양피(羊皮).
bas·a·nite [bǽsənàit, bǽz-] n. ◯ [암석] 《주로 사장 석(斜長石)·감람석·휘석(輝石)으로 된》 현무암.
bas bleu [bɑ́ː blɔ́ː] n. 《pl. **b- bleus** [-blɔ́ːz]》 《프랑 스》 (=blue-stocking) 여류 문학자, 여류학자.
B.A.Sc. (略) *B*achelor of *A*gricultural *Sc*ience (농학 학사); *B*achelor of *A*pplied *Sc*ience (응용 과학 학사).
bas·cule [bǽskjuːl] n. 《英》 [토목] 도개(跳開). ¶ a *bascule bridge* 도개교.
‡**base**[1] [beis] n. 《pl. **bas·es**》 **1** 토대, 기부(基部), 기 초, 기반.
[類] **base** 구체적인 물체·구조물의 바닥(기반): the *base* of a triangle 3각형의 밑변. **basis** 추상적인 것의 기초: the *basis* of friendship 우정의 기초. **foundation** 단단하고 안정된 기초; 구체적인 것과 추상적인 것의 양쪽에 쓰이는 말: the *foundation* of a tower (a report) 탑의 토대(보도 기사의 근거). **groundwork** foundation 과 같으나 흔히 추상적인 것을 가리킨다.
2 [이론·조직·제도 등의] 근거, 기초(basis). ¶ the *base* of administrative readjustment 행정 재정리의 근 거.
3 [건축] **a**) 주춧[돌]. **b**) [비(碑) 따위의] 대좌(臺座). ¶ the *base* of a statue 상(像)의 대좌. **c**) [건조물의] 기초, 기부.
4 [복합물 속의] 주(主)요소. ¶ a drink with a rum *base* 럼주를 베이스로 한 음료.
5 《동·식물》 기관(器官) 부착부.
6 [행동의] 출발점; [계산·계정의] 기산점.
7 [야구] [1, 2, 3]루; 베이스. cf. home plate ¶ first *base* 1루 / on *base* 출루하여 / have one's *base* on balls 사구(四球)로 1루에 나가다.
8 [경기의] 출발점.
9 [식 따위의] 골, 문.
10 [군사] 근거지; [작전·보급을 위한] 기지. ¶ an air *base* 공군 기지 / a *base* of operation 작전 기지.
11 [수학] 밑면; 밑변; 기선(基線) / [로그의] 밑.
12 [측량] 기선.
13 [화학] 염기; 양성자(proton)를 받아들이는 분자.
14 [언어] 어기, 어근(root, stem); [변형문법의] 기저부.
15 [紋章] 방패꼴 문장의 아랫부분. ¶ in *base* 방패꼴 문장의 아랫 부분에.
16 [그림·염색] 전색제(展色劑) (vehicle).
17 [페인트·화장 따위의] 밑칠, 초벌칠(basecoat).
at the base of ① ...의 기슭에. ② ...의 근거가 되어. ¶ Misunderstanding is *at the base of* most discords. 대부분의 불화의 원인은 오해에 있다.
change one's base 《미속어》 도망치다.
get to first base ⇨ FIRST BASE.
off base ① [야구] 베이스를 떠나서. ② 《미구어》 크게 잘못하여.
on base [야구] 출루하여.
—— adj. 기본의, 기초의; 기지의; [야구] 누의. ¶ a *base* camp 기지 캠프 / *base* pay(or wage) 기본급 / a *base* umpire 누심.
—— vt. (**based, bas·ing**) n. **1** ...의 기초를 쌓다, **2** [경 험·사실 따위의] ...의 근거로 하다, [...에]...의 논거를 두다 (...*on, upon*). ¶ (〜+图+前+图) I *based* my hopes *upon* his reports. 그의 보고가 내 희망의 근거였 다 / This is *based on* the same principle. 이것은 같은 원리에 입각한 것이다. **3** [...을 기초로 그 위에]...을 세우다, 놓다(...*at, on*). —— vi. **1** [...에] 입각하다(*on, upon*...). **2** 기지를 두다 (*on, upon*...). ◇ básal, básic adj.

‡**base**[2] [beis] *adj.* (**bas·er, bas·est**) **1** 천한, 비열한, 천박한, 마음이 천한, 이기적인, 비겁한. ⇨ MEAN **2** 저급인, 저열한. **3** 〔금속 따위가〕 가치없는, 열위(劣位)의. **4** 품질을 떨어뜨린(debased), 가짜의(counterfeit), **5** *base* coin 악화(惡貨), 위조 화폐. **5** 사생의, 사생아의(illegitimate). **6** 〔古英 법률〕 농노 보유의. ¶ *base* estate 농노 보유지〔과역(課役)으로서 농노가 경작하는〕(opp. of bass). **8** 〔언어〕 불순한, 속된. ¶ *base* English 묘하게 변질된 영어 〔속어 따위〕. ~**·ly** *adv.* ~**·ness** *n.*

báse áddress *n.* 〔컴퓨터〕 기준 어드레스〔프로그램 실행시 어드레스 계산의 기준으로 쓰이는 어드레스〕.

báse ángle *n.* **1** 〔기하〕 밑각. **2** 〔군사〕 〔사격의〕 규준각(規準角).

‡**base·ball** [béisbɔ̀:l] *n.* **1** ⓤ 야구. ¶ the *baseball* columns 〔신문의〕 야구 기사란 / a *baseball* equipment 야구용 도구 / play *baseball* 야구를 하다. **2** 야구공.

Báseball Ánnie *n.* 〔야구〕 야구 선수의 열렬한 여성팬. 〔경기자〕

base·ball·er [béisbɔ̀:lər], **-ist** [-ist] *n.* 〔美〕 야구선수.

base·ball·ism [béisbɔ̀:lìz(ə)m] *n.* 〔美〕 야구 용어.

base·board [béisbɔ̀:rd/-bɔ̀:d] *n.* **1** 〔실내의 벽 하부의〕 굽도리널(mopboard, skirt). **2** 기저가 되어 있는 판자, 밑판자.

base-born [béisbɔ́:rn/] *adj.* **1** 태생이 미천한. **2** 사생의(illegitimate). **3** 상스러운(mean).

base-bred [béisbréd] *adj.* 천하게 자란, 막돼먹은.

base-burn·er [béisbə̀:rnər] *n.* 〔美〕 자급식(自給式) 난로〔석탄이 타들어감에 따라 새 석탄이 상부에서 보급된다〕, 칠, 초벌칠.

base-coat [béiskòut] *n.* 〔페인트·벽·화장 따위의〕 밑칠.

báse cóurse *n.* 〔건축〕 〔돌·벽돌 따위의〕 기초 쌓기.

base-court [béiskɔ̀:rt/-kɔ̀:t] *n.* **1** 〔성·대저택 따위의〕 바깥 마당. **2** 〔농가의〕 뒷마당. **3** 〔英〕 하급 재판소.

-based 「…에 보급·작전 기지를 가진」, 「…에 근거를 둔」의 뜻의 연결형. 예 : cruiser-*based*, Seoul-*based*.

Bás·e·dow's dis·éase [bɑ́:zədòuz-] *n.* 〔병리〕 바제도병(exophthalmic goiter) 〔갑상선 비대에 의한 분비물 과잉과 중독증; 안구 돌출을 수반〕.

báse exchánge *n.* 〔美공군〕 공군 기지의 물품 판매소, 기지내 매점〔略 BX〕.

báse hít *n.* 〔야구〕 안타, 히트.

báse hóspital *n.* **1** 〔濠〕 시골의 넓은 지역을 관장하는〕 병원 기지. **2** 〔군대〕 후방의 기지 병원.

base·less [béislis] *adj.* 기초가 없는, 근거 없는; 사실 무근의, 까닭없는. ¶ *baseless* fears 쓸데없는 걱정, 기우. 〔面〕.

báse lével *n.* 〔물리·지질〕 〔침식의〕 기저면(基底面).

báse líne *n.* **1** 〔야구〕 베이스 라인〔베이스 사이의 선〕. **2** 〔정구〕 베이스 라인 〔코트의 양끝을 나타낸선〕. **3** 〔측량〕 〔삼각 측량의〕 기선. **4** 〔미술〕 원근선, 투시선. **5** 〔전기〕 진공관의 전면에 생기는 세로(가로)선.

báse lóad *n.* **1** 〔전력 수요에서〕 최저 소요 전력량. **2** 〔英〕 〔물자·설비 따위의〕 최소 한도의 소요량.

base·ly [béisli] *adv.* 천하게, 비열하게; 서슬(庶出)로서. 〔수(擘手)〕

base·man [béismən] *n.* (*pl.* **-men** [-mən]) 〔야구〕 누수(擘手).

‡**base·ment** [béismənt] *n.* **1** 지하층, 지하실. **2** 〔건조물의〕 최하부, 기저부. **3** 〔원주·아치 따위의〕 기초부.

básement párking área *n.* 지하 주차장.

báse métal *n.* **1** 비금속(卑金屬). *cf.* noble metal, precious metal **2** 합금의 주금속. **3** 〔도금〕 모재(母材).

base-mind·ed [béismáindid] *adj.* 마음이 천한, 비열한.

base·ness [béisnis] *n.* ⓤ 천함; 비열; 조잡; 서슬(庶出).

ba·sen·ji [bəsénd3i:] *n.* (*pl.* **-jis**) 아프리카 원산의 작은 개〔짖지 못하는 개로 최근 미국에 도입〕.

báse númber *n.* 〔수학〕 기수(基數)(radix).

báse on bálls *n.* (*pl.* **bases on balls**) 〔야구〕 포볼로 얻은 타자의 베이스 출루 권리〔略 B.B.〕. ⇨ BASE

báse páy *n.* 기본급(basic wage). 〔L 7.〕

báse périod *n.* 〔가격·세금·소득의 기준이 되는〕 기준 기간.

base-plate [béispleit] *n.* **1** 〔기계의〕 밑판, 기초판(bedplate). **2** 〔치과〕 a) 의치의 틀을 만드는 플라스틱. b) 의치의 턱에 해당하는 부분. **3** 〔도금의〕 바탕판, 바탕금속.

báse príce *n.* 기준 단가(單價). 〔당 금속류〕

báse ráte *n.* 기준 요율(料率) / 〔임금 조정의〕 기준 급여율; 〔은행 대출·예금의〕 기준 이자율.

báse rúnner *n.* 〔야구〕 주자, 러너.

báse rúnning *n.* ⓤ 주루(법).

ba·ses[1] [béisi:z] *n.* basis의 복수형.

bas·es[2] [béisiz] *n.* base[1]의 복수형.

bas·es-load·ed [béisizlòudid] *adj.* 〔야구〕 만루의. ¶ a *bases-loaded* home run 만루 홈런.

báse [rádio] státion *n.* 〔통신〕 기지국〔이동 통신에서, 이동국과 전화 교환국(중앙 제어국)을 중개하는 고정 중계국〕.

báse stéaling *n.* ⓤ〔야구〕 도루(盜壘).

bash [bæʃ] *vt.* **1** 〔구어〕 …을 세게 때리다, 때려 부수다. ¶ *bash* a person on the head 남의 머리를 세게 때리다. **2** 혹독하게 비난〔비판〕하다. — *vi.* **1** 충돌하다, 부딪치다. **2** 〔英속어〕 매춘을 하다. — *n.* **1** 〔구어〕 강타. **2** 〔속어〕 매우 즐거운 파티. **3** 〔英·캐나다 속어〕 시도.

be on the bash 〔英속어〕 매춘을 하다.

have a bash [*at*] 〔속어〕 〔…을〕 시도하다(attempt).

ba·shaw [bəʃɔ́:] *n.* **1** =pasha. **2** 〔구어〕 거물, 높은 양반, 거만한 사람.

***bash·ful** [bǽʃfəl] *adj.* **1** 부끄러워하는, 수줍어하는, 암띤, 숫기없는. ⇨ SHY **2** 부끄럼을 타는, 멋적어하는. ~**·ly** [-fəli] *adv.* ~**·ness** *n.*

bash·i·ba·zouk [bæ̀ʃibəzú:k] *n.* 19세기 터키의 기마용병대〔약탈과 잔인행위로 유명〕. 〔< Turk〕

bash·ing [bǽʃiŋ] *n.* ⓤⓒ 치기, 때리기, 강타; 혹평, 비난.

basi- base, lower part; chemical base(염기)라는 뜻의 결합사. 예: basilar, basification.

‡**ba·sic** [béisik] *adj.* **1** 기초의, 기초적인; 기초가 되는, 근본적인(fundamental). ¶ *basic* factors 기초적 요소 / a *basic* argument 논거 / a *basic* salary 기본급 / *basic* principles(reasons) 근본 원리(사유) / the *basic* vocabulary 기본 어휘. **2** 〔화〕 염기를 함유한, 염기성(이 보통 염기성과 알칼리성이라는 말은 구별없이 사용된다). ¶ *basic* groups 염기성류 / *basic* nitrogen (salt) 염기성 질소(염) / *basic* slag 염기성 슬래그, 인산 석회(燐酸石灰). **3** 〔금속〕 염기성 제강법(製鋼法)에 관한, 염기성 제강 과정에서 만들어진. ¶ *basic* process 염기성 제강법 / *basic* steel 염기성강(鋼). **4** 〔지질〕 염기성의, 기성(基性)의〔암석이 비교적 규산 함유량이 적은〕. *cf.* acid ¶ *basic* rocks 염기성암. **5** 〔군사〕 기초의. ¶ *basic* training 기초 훈련. — *n.* (보통 ~s) 기본, 기초, 원리(fundamentals). ¶ the *basics* of sewing 재봉의 기본 / get(go) back to the *basics* 본업(원점)으로 돌아가다. **2** (the ~s) 생필품, 기본 식품. **3** 〔군사〕 기초 훈련; 〔美軍〕 기초 훈련을 받은 병사(항공병).

◇ **Basic, basic** *n.* basically *adv.*

BASIC, Basic [béisik] *n.* ⓤ 베이식〔영어를 사용한 컴퓨터 용어〕. 〔< *B*eginners *A*ll-purpose *S*ymbolic *I*nstruction *C*ode〕

***ba·si·cal·ly** [béisikəli] *adv.* 기초적으로, 근본적으로.

básic cróp (commódity) *n.* 기본 작물(농작물).

Básic Énglish *n.* ⓤ 베이식 잉글리시, 기초 영어〔1930년에 심리학자 C.K. Ogden이 국제 보조어로서 주창한 것. 동사 come, get, do, have 따위 18개의 "operator"와 at, on, up 따위의 전치사 24개와의 조합으

bá·sic índustry *n.* 기간 산업.
básic instrúction sét *n.* [컴퓨터] 기본 명령 세트.
ba·sic·i·ty [bəsísiti] *n.* ⓤ [화학] 1 염기성 2 염기도.
básic óperating wéight *n.* [항공] 기본 운용 중량[항공기의 최대 이륙 총중량에서 승무원·승객·연료·식료품 등의 유료하중(payload)을 뺀 중량].
básic science *n.* 기초 과학.
básic sýmbol *n.* [컴퓨터] 기본 기호[하나의 프로그램 언어에 허용되는 문자의 집합].
básic tráining *n.* [美軍式] [신병의] 기초(초보) 훈련.
básic wáge *n.* [경제] 기본급(base pay); 생활 임금.
ba·si·fi·ca·tion [bèisifikéi{(ə)n] *n.* ⓤ [화학] 염기화.
ba·si·fy [béisifài] *vt.* [화학] …을 염기화하다. [화].
bas·il¹ [bǽz(i)l] *n.* 나륵풀[박하 비슷한 차조기과(科)의 일년초; 열대에 널리 분포하며 향미료·허열제 따위로 쓰인다].
bas·il² [bǽz(i)l] *n.* [무두질한] 양가죽. *cf.* roan
bas·i·lar [bǽsilər] *adj.* 1 [특히 두개골의] 기부(基部)의, 기부에 있는, 기저부의 (에 있는). 2 기본의, 근본의(basal).
bas·i·lar·y [bǽsilèri / -ləri] *adj.* =basilar.
bas·i·lect [bǽzəlèkt, béizə-] *n.* 비어(卑語).
[< BASI- + [DIA]LECT]
ba·sil·ic [bəsílik] *(bas·il·i·cal [-k(ə)l]) adj.* 1 왕의, 왕자(王者)의, 왕자다운(royal). 2 바실리카[풍]의(basilican).
ba·sil·i·ca [bəsílikə / -zíl-] *n.* 1 [고대 로마의] 바실리카 공회당[집회·재판 따위에 사용된 장방형의 큰 건물]. 2 바실리카풍의 교회당[중앙의 nave]보다 후진(後陣) (apse) 쪽이 높게 되어 있다]. 3 로마의 주요 7성당 또는 동등한 권력을 가진 대성당(* 특히 Roman Catholic 교회에서는 성당의 자격도 나타낸다). ¶ This church was raised to the rank of *basilica*. 이 성당은 바실리카급(級)으로 승격되었다.
ba·sil·i·con [bəzílikən, -síl-] *n.* [송진으로 만든] 연고(軟膏).
bas·i·lisk [bǽsilìsk, bǽz-/ bǽz-(i)l-] *n.* 1 바실리스크[그 입김을 쐬거나 눈길에 닿으면 사람이 즉사했다고 하는 전설상의 도마뱀 비슷한 괴물]. 2 바실리스크도마뱀 [볏을 지느러미를 가진 열대 아메리카산(産) 이구아나과(科)의 도마뱀. 뒷다리로 물 위를 달리는 것으로 유명].
Ba·sil·i·us [bəsílíəs, -zíl-] *n.* = Basil 2.
‡ba·sin [béisn] *n.* 1 대야, 물대접(bowl), 세면기. 2 [대야 모양의] 그릇; 저울 접시. 3 대야 가득 든 양(*of …*). ¶ a *basin* of water 한 대야 가득한 물. 4 작은 연못, 물웅덩이(pond). ¶ a collecting *basin* 저수지 / a *basin* for irrigation 관개 용수지(用水池). 5 계선지(繫船池) [배를 매어 두는 곳]; 정박기(碇泊期)[입구에 수문이 있으며, 간만(干滿)에 관계없이 일정한 수위가 유지되어 있는 계선지]. ¶ a tidal *basin* 개선기(開船渠) [수문으로 조고(潮高) 조절이 가능] / a yacht *basin* 요트 정박지. 6 [지질] 빈층(盤層). 7 [지리] a) 분지, 대야 모양의 오목한 땅; 해분(海盆)[심해의 분지]. b) [강의] 유역. ¶ a river *basin* 유역. 8 [사과·배 따위의] 과실 밑부분의 오목한 곳.
bas·i·net [bǽsinit, -nèt] *n.* 14세기에 사용되었던 가벼운 쇠투구.

ba·sin·ful [béisnful] *n.* 대야 가득(한 양).
‡ba·sis [béisis] *n.* (*pl.* **ba·ses** [-siːz]) 1 기초, 기부, 토대. ⇨ BASE 類語 2 원리, 기본, 논거. ¶ on a *basis* of …을 기초로 하여 / on an equal *basis* 대등하여 / do a business on a cash *basis* 현금주의로 장사를 하다. 3 주성분. 4 [군사] 근거지. ◇ **básic** *adj.*
básis póint *n.* [금융] [공정 이율을 나타낼 때의] 100 분의 1퍼센트, 모(毛).
***bask** [bæsk / bɑːsk] *vi.* 1 [햇볕·불 따위를] 쬐다, [더운 물에] 목욕하다, 알맞게 몸을 녹이다(*in …*). ¶ (~ +[前]+[名]) *bask in* the sun 햇볕을 쬐다. 2 [행복한 처지에] 있다(*in …*). ¶ (~ +[前]+[名]) He *basked* in royal favor. 그는 왕의 총애를 받고 있었다. ── *vt.* (폐어)(재귀용법) [열 따위에] [자기 자신]을 드러내다, 쬐다.
‡bas·ket [bǽskit / báːs-] *n.* 1 [잔 나뭇가지·골풀·대나무·비닐 따위로 만들어진] 바구니, 광주리, 바스켓. ¶ a shopping *basket* 장바구니. 2 한 바구니(광주리)(의 양)(basketful). ¶ a *basket* of apples 한 바구니의 사과. 3 바구니 모양의 것, [경기구(輕氣球)의] 조롱(吊籠). 4 [농구] a) [공을 던져 넣는] 골의 그물. b) 득점.
be left in the basket 남겨지다; 팔고 남다.
the pick of the basket 정선품(精選品).
‡bas·ket·ball [bǽskitbɔːl / báːs-] *n.* ⓤ 바스켓볼, 농구. 2 농구공.
básket cárriage *n.* 차체를 버들가지로 엮은 마차.
básket cáse *n.* (속어) 사지가 절단된 환자.
básket cháir *n.* 버들가지로 엮은 팔걸이 의자.
básket cláuse *n.* 바스켓 조항[계약·협정·성명 등의 포괄적 조항].
***bas·ket·ful** [bǽskitful / báːs-] *n.* 1 한 바구니(광주리) 가득(한 양)(*of …*). ¶ a *basketful* of apples 한 바구니의 사과. 2 상당한 양(*of …*). ¶ a *basketful* of surprise 상당한 놀람.
básket hílt *n.* [도검(刀劍)의] 바구니 모양의 날밑.
básket lúnch(dínner) *n.* (美) 소풍용 도시락.
básket méeting *n.* (美) 바스켓 모임[바스켓에 저녁밥을 넣어가지고 모이는 종교상의 소박한 모임].
básket ósier *n.* 고리버들[바구니 세공에 쓰는 버드나무과(科)의 식물].
bas·ket·ry [bǽskitri / báːs-] *n.* ⓤ 1 (집합적) 바구니(baskets); 바구니 세공(basketwork). 2 바구니 세공업.
básket stítch *n.* [편물의] 바구니 뜨기, 그물.
básket wéave *n.* 바구니 무늬로 짜기.
bas·ket·work [bǽskitwəːrk / báːs-] *n.* ⓤ 바구니 세공.
básking shárk *n.* 돌묵상어[자주 수면 위로 올라와 일광욕을 한다].
bas mitz·vah [báːs mítsvə] *n.* (종종 B- M-) =bath mitzvah.
bas·net [bǽsnit, -nèt] *n.* =basinet.
ba·son [béisn] *n.* (고어) =basin.
ba·so·phil [béisoufil], **-phile** [-fàil, -fil] *n.* (해부) 호염기성(好鹽基性) 백혈구 [생물] 호염기성 세포[조직, 미생물 따위].
Basque [bæsk] *n.* 1 바스크인(人) [스페인의 서부 피레네(Pyrenees) 산맥 지방에 고대 로마 시대 이전부터 살고 있는 종족]. 2 ⓤ 바스크어(語). 3 (b-) 허리 밑까지 나려오는 여성용의 짧은 스커트[옛날에는 남자용]. ── *adj.* 바스크인의, 바스크어의.
Bas·ra [bɑ́srə / bǽz-] *n.* 이라크(Iraq) 동남부, 페르시아만에 있는 항구 진원도시에서는 Bassorah 로 알려져 있으며, 걸프전 때 유명해졌다].
bas-re·lief [bɑ̀ːrilíːf, bæ̀s-/ bæ̀sriliːf, bɑ́ːs-] *n.* ⓤⓒ 얕은 부조(陽刻). *cf.* alto-relievo
***bass¹** [beis] [음악] *adj.* 1 [최]저음의. ¶ a *bass* part 저음부. 2 [최]저음부의. ── *n.* 1 ⓒ 베이스(bass part). 2 베이스, 저음의 소리, 남성(男聲) 최저음(bass voice); 저음 가수(bass singer); 저음 악기(bass instrument) [contrabass, bass tuba 따위]. * 낮

은 순으로 bass, tenor, alto (contralto), treble (soprano)이 된다.

bass² [bæs] *n.* (*pl.* **bass** or **bass·es**) **1** 〖북미산(產)〗 바늘 모양의 지느러미를 가진 각종 바스 물고기〖농어류〗. **2** 〖유럽산(產)〗 농어(perch).

bass³ [bæs] *n.* **1** 참피나무(basswood), 보리수(linden), 〖U〗 그 재목. **2** 〖〖식물〗 인피(靭皮) (bast), 인피 섬유(bast fiber) 〖일반적으로 식물체의 줄기 주변부분에서 채취된 섬유를 가리킨다〗; 〖특히〗 종려 껍질. **3** (~es) 〖바구니·가마니 따위〗 인피 섬유 제품.

báss broóm [bæs-] *n.* 종려 껍질로 만든 비.
báss cléf [béis-] *n.* 〖음악〗 저음부 기호(F clef).
báss drúm [béis-] *n.* 〖음악〗 큰북, 베이스 드럼.
bas·set¹ [bǽsit] *n.* 바셋견(犬) 〖프랑스 원산의 몸통이 길고 다리가 짧으며 귀가 긴 사냥개〗. * basset hound 라고도 한다.
bas·set² [bǽsit] *n.* 〖지질·광산〗 〖광맥·지층 따위의〗 노두(露頭) (outcrop). — *vi.* 〖광맥·지층 따위가〗 노출하다.
bas·set³ [bǽsit] *n.* 파로(faro) 비슷한 18세기의 카드놀이.
básset hórn *n.* 〖음악〗 바셋호른〖알토음을 내는 클라리넷. 18세기 후반에서 19세기 전반까지 사용되었다〗.
báss guitár [béis-] *n.* 전자 베이스 기타.
báss hórn [béis-] *n.* 〖음악〗 = tuba.
-does) [bǽsi] *n.* basso의 복수형의 하나.
bas·si·net [bæ̀sinét, +美 ⊂-⊃] *n.* **1** 〖소아용의〗 뚜껑이 달린 요람. **2** 덮개가 있는 유모차.
[bassinet 1]

bass·ist [béisist] *n.* **1** 저음 악기〖특히 콘트라베이스의〗 연주자, 저음 악기, **2** = basso.
bas·so [bǽsou] *n.* (*pl.* **-sos** (이탈리아) **-si**) 〖음악〗 **1** 저음(베이스)의 가수(bass singer). **2** 〖합창·오페라의〗 저음부.
bas·soon [bəsúːn, bæs-/bəs-, bæz-] *n.* 〖음악〗 바순 〖오보에(oboe)를 닮은 저음의 목관 악기〗〖자(奏者)〗.
bas·soon·ist [bəsúːnist, bæs-/bəs-, bæz-] *n.* 바순 주자(奏者).
básso profún·do [-prouf ʌ́ndou] *n.* (*pl.* **bas·si pro·fun·di** [bǽsi proufǽndi]) 〖음악〗 최저음; 최저음부의 가수. 〖<It〗 [bas-relief.
bas·so-re·lie·vo [bǽsourilíːvou] *n.* (*pl.* **-vos**) =
báss víol [béis-] *n.* 〖음악〗 **1** =viola da gamba. **2** = double bass.
bass·wood [bǽswùd] *n.* 〖U〗 참피나무(American linden); 참피나무 재목.
bast [bæst] *n.* 〖U〗 〖식물〗 **1** 인피(靭皮) 〖부, 사관부(篩管部) (phloem). **2** (=**bást fíber**) 인피 섬유〖식물체의 줄기 주변부에서 채취되는 섬유. 식물체의 종류에 따라 바구니·가마니·깔개 등의 재료가 된다〗.

*****bas·tard** [bǽstərd, +英 báːs-] *n.* **1** 사생아, 서자(illegitimate child). **2** 변칙적인 것, 모조품, 조악품; 잡종(hybrid). **3** 〖美俗〗 놈, 녀석(fellow); 기피당하는 사람. ¶ How can you *bastard* get? 너는 어디까지 비열해질 거니? / He's a real *bastard*. 저놈은 정말 막된 놈이다. **4** 〖중세의〗 바스타드포(砲) (bastard culverin).
— *adj.* **1** 사생의, 서출의. **2** 가짜의, 불순의, 허위의(false). ¶ a *bastard* moralist 위선자 / a *bastard* Byzantine architecture 유사 비잔틴 건물. **3** 〖모양·크기가〗 보통이 아닌, 이상한 모양의. **4** 유사한, 의사(擬似)의. ¶ a *bastard* pearl 모조 진주. **5** 〖인쇄〗 〖활자〗 고르지 않은. — *ly adv.* 〖bástardize *v.*
bas·tard·i·za·tion [bæ̀stərdizéi∫(ə)n / -daiz-, bàːs-] *n.* 〖U〗 **1** 사생아(서자)라는 인정. **2** 타락; 조악화(粗惡化).
bas·tard·ize [bǽstərdàiz, +英 báːs-] (*美*에서는 **bas·tard·ise** 로도 쓴다) *v.* (**-ized**, **-iz·ing**) *vt.* **1**

를 서자로 인정하다. **2** …을 타락시키다; …의 품질을 떨어뜨리다(debase). *vi.* 타락하다; 품질이 떨어지다.
bástard wíng *n.* 〖새의〗 작은 날개(alula, winglet).
bas·tar·dy [bǽstərdi, +英 báːs-] *n.* 〖U〗 **1** 사생아임, 서출(庶出)(illegitimacy). **2** 사생아를 낳음.
baste¹ [beist] *vt.* (**bast·ed, bast·ing**) …을 가봉(假縫)하다, 시치다.
baste² [beist] *vt.* (**bast·ed, bast·ing**) 〖요리할 때〗 〖고기 따위〗에 버터를 바르다, 양념즙을 바르다.
baste³ [beist] *vt.* (**bast·ed, bast·ing**) **1** 〖몽둥이로〗 …을 치다, 두드리다, 때리다. **2** …을 매도하다, 욕하다, 야단치다.
bást fíber (《英》 **fíbre**) *n.* 〖식물〗 =bast 2.
bas·tille, -tile [bæstíːl / *F* bastij] *n.* **1** (the B-) 바스티유 감옥〖파리의 성채(城砦). 주로 정치범을 수용하는 감옥으로 사용되었는데, 1789년 7월 14일 프랑스 혁명 때 파괴되었다〗. **2** 〖특히 비인도적인〗 감옥, 교도소 (prison, jail) **3** 성곽(城郭). — *vt.* …을 투옥하다, 감금하다(imprison).
Bastílle Dáy *n.* 프랑스 혁명 기념일〖7월 14일 바스티유 감옥의 파괴를 기념하는 프랑스의 축제일. 「파리제(祭)」라고도 한다〗.
bas·ti·nade [bæ̀stinéid, -náː-] *n.*, *v.* (**-nad·ed, -nad·ing**) =bastinado.
bas·ti·na·do [bæ̀stinéidou, -náː-], **-nade** *n.* (*pl.* **-does**) **1** (the ~) 매질, 몽둥이 따위로 때리기. **2** (the ~) 곤장질, 장형(杖刑) 〖발바닥·엉덩이를 때리는 동양의 형벌〗. **3** 회초리, 곤장. — *vt.* …을 몽둥이로 치다, 매질하다; …을 곤장으로 치다〖장형에 처하다〗.
bast·ing [béistiŋ] *n.* **1** 〖U〗 가봉, 시침질. **2** (~s) 가봉의 솔기, 시침; 가봉용 실, 시침실.
bas·tion [bǽst∫(ə)n, -ti∂n / -ti∂n] *n.* **1** 〖築城〗 능보(稜堡) 〖요새의 5각형을 이루는 돌출부〗. **2** 요새.
bas·tioned [bǽst(ə)nd, -ti∂nd / -ti∂nd] *adj.* 능보를 설치한.

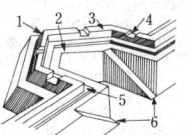
[bastion 1]

¹bat¹ [bæt] *n.* **1** 〖스포츠〗 **a**) 〖야구·크리켓의〗 배트, 타봉 (打棒). **b**) 1 salient angle 凸각 2 rampart 〖탁구·정구 따위의〗라켓. 성벽 3 parapet 흉벽 4 embrasure **c**) 〖경마 기수가 사용하는 총안 5 banquette 사격용 발판 는〗 채찍. **2** 〖C|U〗 〖스포 6 ramp 경사로 츠〗 배트로 치기, 타격; 타순. ¶ at *bat* 〖야구〗 타석(打席)에 서서 / the side at *bat* 공격측 / two hits in three at *bats* 3타수 2안타 / carry [out] one's *bat* 〖크리켓〗 회말까지 아웃되지 않고 남다 / step to the *bat* 〖야구〗 타석에(들어)서다. **3** (英) 〖크리켓의〗 타수(打手). ¶ a good *bat* 능숙한 타수. **4** 곤봉. **5** (俗) 〖구어〗 〖곤봉 따위로 가하는〗 강타, 일격(blow, hit). **6** 벽돌 조각; 〖진흙 따위의〗 덩어리; 〖석공〗 비슷하게 조갠 벽돌. ¶ a *bat* of clay 진흙 덩어리. **7** (英) 〖U〗 〖방에 넣는 반 솜, 반 솜(batt). **8** 〖C U〗 〖英구어〗 속력, 빠르기. ¶ go full *bat* 전속력으로 가다 / go off at a rare *bat* 줄행랑치다, 줄행랑을 놓다. **9** 〖美俗〗 진탕 마시고 떠들기, 북새판(spree).
cross bats (俗) 시합하다〖야구·크리켓 따위〗.
go to bat for 〖美구어〗 변호하다(defend), 지지하다.
hot from (or *off*) *the bat* 〖美구어〗 지체없이, 자진해서.
off one's own bat 자기 자신의 타구로; 자기 힘으로, 혼자 힘으로 (by oneself).   〖하지 않고.
〖*right] off the bat* 〖美구어〗즉시 (immediately); 주저
— *v.* (**bat·ted, bat·ting**) *vt.* **1** 〖스포츠〗 배트로 (으로) 치다. **2** 〖야구〗의 타율을 기록하다. ¶ He *batted* .315 this season. 그의 이번 시즌의 타율은 3할 1푼

5리었다. — *vi.* **1** 〔스포츠〕〔배트로〕공을 치다; 타자가 되다. **2** 〔속어〕돌진하다(rush).
bat around 〔속어〕① …을 어슬렁어슬렁 돌아다니다. ② 〔계획, 구상 등〕을 이리저리 생각하다; 논하다.
bat a runner home 처서 주자를 생환(生還)시키다.
bat back and forth 숙고하다.
bat in 〔야구〕…의 타점을 올리다. ¶ *bat in* two runs 2타점을 올리다.
bat out ① 〔야구〕삼진하다. ② 〔속어〕…을 황급히 만들다, 양산(量產)하다.

‡**bat**² [bæt] *n.* **1** 박쥐. **2** 〔속어〕매춘부; 매력없는 여자.
blind as a bat 〔박쥐처럼〕눈이 보이지 않는, 앞 못보는; 앞일을 내다볼 줄 모르는.
have bats in the (or *one's*) **belfry** ⇒ BELFRY.

bat³ [bæt] *vt.* (**bat·ted, bat·ting**) 〔구어〕① 눈을 깜박거리다(wink). ¶ *bat* one's eyes 눈을 깜박이다.
do not bat an eye (or **an eyelid**) 〔구어〕눈 하나 깜박이지 않다, 끔쩍도 않다.

bat⁴ [bæt] *n.* ⓤ **1** 〔英·인도〕인도 구어·속어. **2** 《英속어》외국어의 구어·속어.

bat. 《略》battalion; battery.

Ba·taan [bətǽn, -táːn] *n.* 바탄 반도〔필리핀 루손(Luzon) 도(島) 서부의 반도. 제 2 차 세계 대전의 격전지(1942)〕.

Ba·ta·vi·a [bətéiviə, -vjə] *n.* 바타비아〔자카르타(Djakarta)의 구칭〕.

Ba·ta·vi·an [bətéiviən, -vjən] *adj.* **1** 바타비아의; 바타비아 사람의. **2** 네덜란드의; 네덜란드 사람의 (Dutch). — *n.* **1** 바타비아 사람. **2** 네덜란드 사람 (Dutchman).

bát bòy *n.* 《美》〔특히 야구 시합중〕bat 따위의 비품을 돌보는 소년.

batch [bætʃ] *n.* **1** 〔사람·물건의〕한 떼(무더기), 일단(一圈), 일군(一群), 〔편지·책 따위의〕한 묶음(뭉치) (*of*…). ¶ a *batch* of books (letters) 한 뭉음의 책(편지). **2** a *batch* of students (prisoners) 일단의 학생(죄수). **2** 1회분〔의 원료〕, 한 작업에 필요한 재료; 〔빵·도자기 따위의〕한 번 굽는 분량, 한 가마분(量). ¶ a *batch* of bread 한 가마분의 빵. **3** 〔컴퓨터〕배치〔동일 프로그램으로 일괄 처리되는 작업 단위〕.

batch processing *n.* ⓤ〔컴퓨터〕〔데이터의〕일괄 처리, 배치 처리.

batch·y [bætʃi] *adj.* (**batch·i·er, batch·i·est**) 《속어》머리가 돈, 정신이 이상한(crazy).

bate¹ [beit] *v.* (**bat·ed, bat·ing**) *vt.* **1** 〔숨을〕죽이다, 억제하다, 참다 (restrain), **2** …을 감하다 〔줄이다〕 (diminish), 약하게 하다, 누그리다(mitigate). ¶ *bate* one's curiosity 호기심을 식히다 / *bate* one's demands 요구를 줄이다. — *vi.* 약해지다, 누그러지다, 줄다. ¶ The wind is *bating*. 바람이 약해지고 있다. ¶
with bated breath 숨을 죽이고, 마른 침을 삼키고. ¶ The boys listened *with bated breath* to their teacher's story. 그 소년들은 선생님의 이야기를 숨을 죽이고 듣고 있었다.

bate² [beit] *vt.* (**bat·ed, bat·ing**) 〔매가 성나서 〔무서워서〕〕〔날개〕를 푸드덕거리다. — *n.* 매가 몹시 성나서; 분노, 성, 화.

bate³ [beit] 〔製革〕 *vt., vi.* (**bat·ed, bat·ing**) 〔모피 따위를〕탈회액(脫灰液)에 담가 부드럽게 하다.
— *n.* 탈회액〔털을 뽑기 위해 석회에 담갔던 모피에서 석회를 걸러낸 알칼리성 액체〕.

bát èar *n.* 박쥐의 귀처럼 크고 곧추 선〔개의〕귀.

ba·teau [bætóu] *n.* (*pl.* -**teaux** [-tóuz]) 〔항해〕 〔캐나다·북미 동지의 벌목 인부 등이 사용하는〕양끝이 뾰족하고 밑이 판판한 작은 배, 강배. **2** 〔주교(舟橋)의〕부선(浮船) (pontoon).

bateau bridge *n.* 주교, 배다리 (pontoon bridge).

bat·fish [bætfiʃ] *n.* (*pl.* -**fish** or -**fish·es**) **1** 박쥐고기 속(屬)의 일종〔몸이 납작한 바닷물고기〕. **2** 캘리포니아

매가오리.

bat·fowl [bætfaul] *vi.* 〔밤중에 등지를 습격하여〕조명 (照明)으로 눈이 부시게 해서 새를 잡다.

‡**bath** [bæθ / baːθ] *n.* (*pl.* **baths** [bæðz / baːðz]) **1** 목욕, 목간, 미역, 멱을 께얹기; 일광욕. ¶ a cold (a hot) *bath* 냉수(온수)욕 / an air *bath* 공기욕 / a douche *bath* 관수욕(灌水浴) / a medicated *bath* 약물 목욕 / a mud *bath* 흙탕 목욕 / a sand *bath* 모래 찜질 / a sea (-water) *bath* 해수욕 / a shower *bath* 샤워 / a sitz (or a hip) *bath* 좌욕(坐浴) / a solid *bath* 고체욕〔모래 찜질·흙탕 목욕 따위〕/ a steam (or a vapor) *bath* 증기욕 / a succession *bath* 냉온(冷溫)교대 목욕 / a sun *bath* 일광욕 / a Turkish *bath* 터키식 목욕, 한증 / take (or have) a *bath* 목욕하다 / give a person a *bath* 남을 목욕시키다.

2 ⓤ 〔목욕용〕물, 탕.
3 욕조, 목간통 (bathtub).
4 욕실, 욕장, 목욕탕 (bathroom); 욕실이 있는 건물; 〔공동〕목욕탕 (bathhouse). ¶ an open-air *bath* 야외 목욕탕, 노천탕 / a public *bath* 공중 목욕탕.
5 〔종종 ~s〕〔고대 로마의〕대욕장(大浴場).
6 〔英〕탕치장 (湯治場), 온천 (spa).
7 ⓤ 용액; ⓒ 액체 그릇, 전해조(電解槽). 〔치·복백 젖음.
8 〔모래·물·기름 따위의〕매개물에 의한 가열〔냉자〕장
9 흠뻑 젖음. ¶ be in a *bath* of sweat 땀에 흠뻑 젖다, 땀투성이가 되다.
a bath of blood 대학살 (carnage).
— *vt.* 《英》〔갓난아기·병자 등〕을 목욕시키다. ¶ *bath* a baby 아기를 목욕시키다. — *vi.* 《英》목욕하다 (take a bath). ◆ bathe *v.*

Bath [bæθ / baːθ] *n.* 영국의 바스 훈위(勳位) 〔목욕한 후 수여하던 관습에 유래. 다음 3계급이 있다. Knight Grand Cross of the *Bath* 〔略 G.C.B.〕, Knight Commander of the *Bath* 〔略 K.C.B.〕, Companion of the *Bath* 〔略 C.B.〕〕. ＊정식으로는 the Order of the *Bath*.

Báth brìck *n.* 바스 숫돌〔규토(硅土)를 장방형으로 굳힌 것으로, 금속을 닦는 데 씀〕.

Báth bùn *n.* 과일과 향료를 넣은 단 빵.

Báth (báth) chàir *n.* 〔영국의 온천지 Bath 에서 사용하기 시작한〕포장이 있고 바퀴 달린 환자용 의자.

‡**bathe** [beið] *v.* (**bathed, bath·ing**) *vt.* **1** …을 목욕시키다, 목간통에 넣다. ¶ (~+囯+前+몜) *bathe* oneself *in* water 목욕하다, 물로 몸을 씻다.
2 〔얼굴·발·상처 따위〕를 잠그다(immerse); …을 적시다(wet); 〔파도·흐르는 물 따위가〕〔기슭〕을 씻다 (wash). ¶ *bathe* the shore 〔파도가〕기슭을 씻다 ¶ (~+囯+前+몜) *bathe* one's feet *in* water 발을 물에 담그다 / *bathe* one's hands *in* blood 손이 피투성이가 되다 ¶ be *bathed in* tears 눈물에 젖다.
3 〔천·스폰지 따위로〕〔환부 따위〕를 씻다, 적시다 (moisten). ¶ (~+囯+前+몜) *bathe* the eyes *with* warm water 따뜻한 물로 눈을 씻다.
4 〔빛·열 따위가〕…을 덮다(cover), 둘러싸다 (surround). ¶ (~+囯+前+몜) The valley was *bathed in* sunlight. 골짜기는 햇빛을 흠뻑 받고 있었다.
— *vi.* **1** 목욕하다, 목간하다 (take a bath); 일광욕을 하다. ¶ (~+前+몜) They *bathed in* the fresh sunbeam. 그들은 아침 햇살을 온몸에 받고 있었다. **2** 〔즐기려고〕수영하다. **3** 덮이다, 둘러싸이다.
— *n.* 〔英〕 수영, 해수욕. **1** 《英》(or have) a *bathe* in the sea 해수욕하다 / go for a *bathe* 《英》수영하러 가다. ¶ 탕치, 탕치객 (湯治客).

bath·er [béiðər] *n.* **1** 《英》수영자. **2** 목욕하는 사람.

ba·thet·ic [bəθétik] *adj.* **1** bathos 식의. **2** 진부한.

bath·house [bæθhàus / baːθ-] *n.* (*pl.* **-hous·es** [-hàuziz]) **1** 목욕탕, 욕장. **2** 〔해수욕장 따위〕탈의실이 있는 건물, 탈의소.

Bath·i·nette [bæθinét / baːθi-] *n.* 《상표명》접어서

휴대할 수 있는 유아용의 작은 욕조[보통 고무를 입힌 천으로 만든 것].
‡**bath·ing** [béiðiŋ] *n*. ⓤ 목욕, 목간; 수영. ¶ go *bathing* 목욕하러 가다, 수영하러 가다 / *Bathing* is quite safe here. 여기서는 수영하기에 매우 안전한 곳이다.
báthing bèach *n*. 해수욕장.
báthing bèauty *n*. [미인 대회 등에 나가는] 수영복 차림의 미인.
báthing càp *n*. 수영모.
báthing còstume *n*. 《영》= bathing suit.
báthing dráwers *n*. *pl*. 《영》수영 팬츠.
báthing drèss *n*. 《주로 英》= bathing suit.
bath·ing-ma·chine [béiðiŋməʃìːn] *n*. 〔옛날에 사용하던〕해수욕자의 옷 갈아입는 차[물가 또는 바닷물에 끌고 가서 그 속에서 옷을 갈아입는다].
báthing plàce *n*. 해수욕장; 수영장.
báthing sùit *n*. 〔특히 부인용의〕수영복 (swim suit).
báthing trùnks *n*. *pl*. [남자용] 수영복.
báth màt *n*. 욕실용 발닦개.
bath mitz·vah [bɑːs mítsvə] *n*. 〔종종 B- M-〕 《유대교》책임과 의무를 부과하는 12-13세에 달한 여자의 성인식. ← BAR MITZVAH.
batho- depth의 뜻의 연결형. 예: batholith, bathom-
bath·o·lite [bǽθəlàit / bǽθ-] *n*. = batholith.
bath·o·lith [bǽθəliθ] *n*. 〔지질〕저반(底盤)〔불규칙하게 형성된 큰 화성암 덩어리〕.
bath·o·lith·ic [bæθəlíθik], **-lit·ic** [-lítik] *adj*. 저반의, 저반에 관한.
ba·thom·e·ter [bəθɔ́mitər / -θɔ́m-] *n*. 〔항해〕측심기(測深器).
bát hòrse [bǽθɔːrs] *n*. 복마(卜馬), 짐말〔전쟁 때 주로 장교용 짐짝을 운반하는 말〕.
ba·thos [béiθɑs / -θɔs] *n*. ⓤ 〔修辭〕점강법(漸降法)〔점차 고조된 숭고·장엄한 어조에서 평범·진부한 것으로 급전락하는 표현법〕(anticlimax). 2 〔문제 따위가〕평범·진부한 일, 용두사미 (triteness). 3 〔거짓〕감상(感傷).
bath·robe [bǽθròub / bɑ́ːθ-] *n*. 〔목욕 전후에 입는〕욕의(浴衣), 바스로브; 화장복 (dressing gown).
‡**bath·room** [bǽθrù(ː)m / bɑ́ːθ-] *n*. 1 욕실, 목간통, 목욕탕. 2 〔완곡적〕변소 (toilet).
báth sálts *n*. *pl*. 목욕용 방향제(芳香劑)〔목욕물을 부드럽게 하거나 향기롭게 하기 위하여 사용하는 약품〕.
Bath·she·ba [bæθʃíːbə / bǽθʃibə] *n*. 〔성서〕밧세바〔우리아(Uriah)의 아내, 후에 다윗(David)의 아내가 되어 솔로몬(Solomon)을 낳다. ←사무엘기(하) (2 Sam.)〕
báth spònge *n*. 목욕용 스폰지(해면). [11, 12].
Báth stòne *n*. ⓤ 석회석〔건축 재료, 영국 Bath 산〕.
báth tòwel *n*. 목욕 수건, 목욕후 몸의 물기를 훔치는 큰 타월.
bath·tub [bǽθtʌ̀b / bɑ́ːθ-] *n*. 욕조, 목욕통.
báthtub gín *n*. 〔특히 1920년부터 1933년까지의 금주법 시행중에〕집에서 몰래 만든 합성 진.
Bath·urst [bǽθərst] *n*. 바서스트〔서(西) 아프리카 잠비아(Gambia) 수도; 항구〕.
bath·wa·ter [bǽθwɔ̀ːtər] *n*. ⓤ 욕조의 더운 물. ¶ throw away the baby with the *bathwater* 중요한 것을 필요없는 것과 함께 버리다.
bathy- depth 의 뜻의 연결형 (batho-). 예: bathymeter, bathysphere.
ba·thym·e·ter [bæθímitər] *n*. = bathometer.
ba·thym·e·try [bæθímitri] *n*. ⓤ 수심 측량(술); 수심 측정의 자료.
bath·y·scaph, -scaphe [bǽθiskæ̀f, -skèif] *n*. 바시스카프〔스위스의 물리학자 Auguste Piccard (1884-1962)가 1948년에 완성한 심해(深海) 생물 조사용 잠수정〕.
bath·y·sphere [bǽθisfìər] *n*. 구형 잠수기(球形潛水器)〔심해 생물 조사용〕.
ba·tik [bətíːk, bǽtik / bǽtik-] *n*. ⓤ 납결(臘纈) 염색〔무늬에 밀랍을 바르고 염색하여 그 부분만 염색이 안되게 하는 염색법〕. 2 남결 염색을 한 천; 자바 사라사.
bat·ing [béitiŋ] *prep*. 〔古어〕…을 제외하고, …외에 (except).
ba·tiste [bətíːst] *n*. ⓤ 바티스트 천, 얇은 고급 삼베〔명〕. 〔고안자 Baptiste 의 이름〕
bat·man [bǽtmən] *n*. (*pl*. **-men** [-mən]) 《英》육군 장교의 당번병.
Bat·man [bǽtmən] *n*. 배트맨〔망토를 입고 하늘을 날아다니는 만화의 초인(超人)〕.
bát mòney *n*. 《英》〔장교의〕 전지(戰地) 수당.
*****ba·ton** [bətɑ́n, bæ- / bǽtɔn] *n*. 1 〔관직·권능을 상징하는〕지팡이, 막대기; 관장(官杖). 2 〔순경의〕경찰봉 (truncheon). 3 〔음악〕지휘봉. ¶ wield a good *baton* 훌륭하게 지휘하다. 4 〔릴레이 경주용〕바통. 5 〔紋章〕바톤 무늬〔서자로 문장에 비스듬히 그린 선〕. ¶ a *baton* sinister 서자의 표시. 6 바톤총(銃) (baton gun)에 사용하는 고무 탄알 (baton round).
ba·ton-charge [bǽt(ə)ntʃɑ̀ːrdʒ] *vt*. 경찰봉으로 공격하다.
batón gùn *n*. 바톤총〔독도 진압용 고무 탄알 총〕.
Bat·on Rouge [bǽt(ə)n rùːʒ] *n*. 미국 Louisiana 주의 주도(州都) 〔Mississippi 강가에 자리잡은 항구〕.
bátón twírler *n*. 지휘봉을 흔들어 지휘하는 사람〔* 여자는 drum majorette 라고 한다〕.
bat-pay [bǽtpèi] *n*. 《英軍》= bat money.
ba·tra·chi·an [bətréikiən / -kjən, -kiən] *adj*. 〔꼬리없는〕양서류(兩棲類)의, 개구리류의. ── *n*. 양서류, 개구리류.
bats [bæts] *adj*. 《속어》정신 이상의 (insane), 미친 (crazy). ¶ The girl's gone *bats*. 저 아가씨 실성했어.
*****bats·man** [bǽtsmən] *n*. (*pl*. **-men** [-mən]) 1 〔야구·크리켓 따위의〕타자(打者) (batter). 2 베트 신호수〔항공 모함의 갑판에서 두 개의 막대기로 신호하며 귀환(歸艦) 비행기를 유도한다〕.
batt [bæt] *n*. ⓤ 솜 따위에 넣는〕탄 솜, 안 솜 (bat).
batt. (略) battalion; battery.
bat·ta [bǽtə] *n*. 《인도》1 주재(駐在) 또는 여행을 위한 특별 수당. 2 〔인도 주둔 영국군의〕 특별 수당.
*****bat·tal·i·on** [bətǽljən] *n*. 1 〔군대〕대대〔2개의 중대로 구성〕. ⇒ ARMY. 2 〔전투 대형을 갖춘〕대대, 병력. 3 〔종종 ~s〕많은 사람들 (large number). ¶ *battalions* of laborers 많은 수의 노동자.
bat·teau [bætóu] *n*. (*pl*. **-teaux** [-tóuz]) = bateau.
bat·tel [bǽtl] 《英》 *n*. (~s) 〔Oxford 대학의〕기숙사 매점의 계산서; 기숙사비. ── *vi*. (**-teled, -tel·ing**) 〔Oxford 대학의〕기숙사 매점을 이용하다.
batte·ment [bǽtmənt] *n*. (*pl*. **-ments** [-mənts]) 〔발레〕 바트망〔한쪽 다리를 위·아래로 들어올리는 동작〕.
bat·ten [bǽtn] *vi*. 1 〔먹고〕뚱뚱해지다, 살쪄지다 (grow fat). 2 게걸스럽게 먹다 (feed gluttonously) (*on*, *upon*…). ¶ (~+*前*+*名*) Numberless crows *battened* on the carcass. 수많은 까마귀들이 시체를 마구 뜯어먹었다. 3 〔남의 돈으로〕호사스럽게 살다. ── *vt*. 〔사육해서〕…을 살찌게 하다, 비육(肥育)하다 (fatten) …에게 무절제하게 많이 먹이다.
bat·ten[2] [bǽtn] *n*. ⓤ 1 〔건축〕〔마루에 까는〕마루청, 오리목, 〔문 따위의〕살. ¶ a *batten* door 오리목을 댄 문. 2 〔항해〕활대; 〔방수문 따위에 대는〕누름대. ── *vt*. 1 …에 오리목(살)을 대다; …에 마루청을 깔다. 2 〔항해〕 〔해치 등〕에 누름대를 박다. ¶ *batten down* hatches 〔폭풍우가 치거나 할 때〕해치에 누름대를 대고 밀폐하다.
bat·ten[3] [bǽtn] *n*. 베틀의 바디.
‡**bat·ter**[1] [bǽtər] *vt*. 1 …을 연달아 치다, 난타하다; …을 강타하다 (beat hard). ¶ (~+*目*+*前*+*名*) *batter* a person *about* the head 남의 머리를 마구 때리다. 2 …을 때려 부수다, 두들겨 망가뜨리다;《비유적》〔사람·이론 따위〕를 혹평하다. ¶ (~+*目*+*副*) He *battered* the

door *down.* 그는 문을 때려 부수었다. **3** [모자 따위]를 찌부러뜨리다, 찌그러뜨리다. ¶ a *battered* hat 찌그러진 모자. **4** [환자]를 닳아 못쓰게 하다, 마멸시키다. **5** …을 포격하다(bombard). ¶ (~+圖+圃) They *battered down* the castle with cannon. 그들은 대포로 그 성을 포격했다. — *vi.* 난타하다, 연달아 두들기다. ¶ (~+圃+图) *batter* at the door 문을 마구 두드리다. — *n.* [인쇄] ⓤ 활자의 마손; 활자의 흠; ⓒ 마손된 활자.

‡**bat·ter**² [bǽtər] *n.* [야구·크리켓 따위의] 타자, 배터 (batsman). ¶ a good *batter* 잘 치는 타자.
Batter up! 경기 시작!

bat·ter³ [bǽtər] *n.* ⓤ [밀가루·우유·물·달걀 따위를 섞은] 반죽[요리의 재료].

bat·ter⁴ [bǽtər] *n.* [건축] *vi.* [벽 등의 상부가] 뒤쪽으로 경사지다. — *n.* [탑 따위의 상부의] 수직 기울기, 경사도.

bát·tered chíld (báby) sýndrome [bǽtərd-] *n.* [부모에 의한] 유아 학대 상해.

bát·ter·ing rám [bǽtəriŋ-] *n.* 파성퇴(破城槌)[옛날에 성벽을 부수는 데 쓴 것].

bát·ter·ing tráin [bǽt(ə)riŋ-] *n.* 공성 포열(攻城砲列)

*‡**bat·ter·y** [bǽtəri] *n.* (*pl.* **-ter·ies**) **1** [전기] 전지, 배터리[원래는 2개 이상의 cell을 하나의 단위로 한다]. ⇨ CELL. ¶ a storage (a dry) *battery* 축(건)전지. **2** 한 벌의 기구(장치). ¶ a *battery* of boilers 보일러 한 벌. **3** 일련(한 벌)의 것(set, series). ¶ a *battery* of candles 한 벌의 양초 / a *battery* comments 일련의 주석(註釋). **4** 《英》 짓지어 있는 닭장[계란 부화장]. **5** [군사] 포대 (砲臺); [합동 작전용]화포; 포병 진지; 포병중대; [군함의] 포열(砲列). ¶ a cross *battery* 십자 사격 포대 / a floating *battery* 부유 포대 / mount a *battery* 포대를 장비하다. **6** [심리] [지능·적성·개성 따위의] 종합 테스트. **7** (~) 배터리[투수와 포수]. **8** [법률] 구타. * assault and battery [폭행 구타]로 쓴다.
change one's *battery* 공격 방향을 바꾸다, 방법을 바꾸다.
in battery 발포 준비하여.
turn a person's *battery against* 상대방의 말꼬리를 잡아 역습하다.

Bat·ter·y [bǽtəri] *n.* (the ~) New York시 Manhattan 남단에 있는 공원. * Battery Park 라고도 한다. 원래 포대였다.

ba·tik [bətíːk] *n.* =batik.

*‡**bat·ting** [bǽtiŋ] *n.* ⓤ **1** [야구·크리켓 따위의] 타격, 타구. ¶ *batting* average 타율; [구어] 성공률 / a *batting* cage 배팅 케이지[이동식 백넷] / a *batting* eye 선구안(選球眼) / a *batting* order 타순. **2** [이부자리 따위에 넣는] 속옷.

‡**bat·tle**¹ [bǽtl] *n.* **1** ⓒⓤ [일반적으로] 싸움, 전쟁; [육·해·공군의] 교전, 전투 (fighting); 참전. ¶ a close *battle* 접전 / a decisive *battle* 결전 / a general's *battle* 전략전 / a naval *battle* 해전 / a sham *battle* 모의전 / the field of *battle* 전쟁터, 전장 / accept *battle* 응전하다 / do (*or* join) *battle* 싸우다, 응전하다 (with…) / fight a losing *battle* 전투에서 지다 / fight one's country's *battle* 나라를 위해 싸우다 / give (*or* offer) *battle to* …에 도전하다 / take *battle* 싸우다 / engage in *battle* 싸우게 되다, 교전하다 / fall in *battle* 전사하다 / be killed in *battle* 전사하다.
[類語] battle 대규모의 군대가 특정한 장소에서 장기간 연속해서 하는 전투: the *Battle* of the Coral Sea 산호해 해전. war 전쟁 전체를 나타내는 것으로, 흔히 몇 개의 battle 이 포함된다: the Russo-Japanese *War* 노일 전쟁. fight 개인간의 힘으로 하는 싸움. battle 이나 combat 과 같은 뜻으로도 쓰이는 일도 있다. combat 무장을 하고 하는 fight: *combat* training 전투 훈련. action 격렬한 공방전을 강조하는 말: be killed in *action* 전사하다. engagement 규모의 크고 작음을 막론하고 군대가 서로 만나서 교전하기: a minor *engagement* between scouts 정찰병끼리의 사소한 교전.

2 [비유적] 투쟁, 싸움(struggle); 경쟁(contest). ¶ a *battle against* poverty (illness) 빈곤(질병)에 대한 투쟁 / a *battle for* existence 생존 경쟁 / the *battle of* life 인생의 싸움.
3 승리(victory); 성공(success). ¶ gain (*or* have) a (*or* the) *battle* 승리를 얻다 / give (*or* lose) a (*or* the) *battle* 싸움에 지다 / The *battle* is to the strong. 싸움은 강한 자가 이긴다.
be half the battle [싸우지 않고도] 반쯤 이기다. ¶ Youth is *half the battle.* 젊음은 그것만으로도 이미 반은 승리하고 있다.
fight one's *battles over again* 옛 무용담을 되풀이 하다.
a trial by battle ⇨ TRIAL.
— *v.* (**-tled, -tling**) *vi.* **1** 전투에 참가하다, 싸우다 (fight). ¶ (~+圃+图) *battle with* a powerful enemy 강적과 싸우다. **2** 투쟁하다, 고투하다(struggle, strive). ¶ (~+圃+图) *battle for* freedom 자유를 위해 싸우다 / *battle with* (*or against*) misfortune 불행과 싸우다. — *vt.* …과 싸우다.

bat·tle² [bǽtl] *vt.* (**-tled, -tling**) 《고어》 [건물 따위]를 흉벽(胸壁)으로 강화하다.

Bát·tle Áct [bǽtl-] *n.* 《美》 배틀법[L.C. Battle 이 제안. 1952년에 발표한 법률로 대(對)소련권 전략 물자 금수 정책의 하나].

báttle arráy *n.* ⓤ [군사] 전투 대형(戰鬪隊形), 진용.

bat·tle-ax, -axe [bǽtlæks] *n.* **1** 중세의 무기, 전투용 큰 도끼. **2** 《미속어》 잔소리가 심한 여자[특히 아내] (* 보통 old 와 함께 쓴다). ¶ She is a real old *battle-ax*. 저 여자는 정말 잔소리가 심하다.

báttle crúiser *n.* 순양 전함.

báttle crý *n.* **1** 함성. **2** [대회·선거전 따위의] 슬로건(slogan), 표어(catchword).

bat·tled [bǽtld] *adj.* [紋章] [성이] 총안(銃眼)이 있는 흉벽(胸壁)처럼 들쭉날쭉한 (embattled).

bat·tle·dore [bǽtldɔːr/-dɔ̀ː] *n.* **1** 배틀도어의 채. **2** ⓤ 배틀도어[배드민턴의 전신] (battledore and shuttlecock). ¶ play *battledore* [*and shuttlecock*] 배틀도어를 하다. **3** 빨랫 방망이. — *vt., vi.* (**-dored, -dor·ing**) 서로 던지다.

báttle dréss *n.* 전투복.

báttle fatígue *n.* ⓤ [정신병리] 전투 신경 쇠약[전쟁에서 사병들이 걸리는 일종의 신경 쇠약증].

*‡**bat·tle·field** [bǽtlfìːld] *n.* **1** 전쟁터, 전장(戰場). **2** [비유적] 투쟁 (싸움)의 장(場). ¶ the *battlefield* of life 인생이라는 싸움터.

báttle formátion *n.* 전투 대형.

bat·tle·front [bǽtlfrʌ̀nt] *n.* 일선, 전선, 전쟁터.

bat·tle·ground [bǽtlgràund] *n.* =battlefield.

báttle jácket *n.* 《美》 전투복의 상의.

báttle líne *n.* 전선(戰線).

bat·tle·ment [bǽtlmənt] *n.* (종~s) [건축] 총안(銃眼)이 있는 흉벽(胸壁); [탑 위의] 톱니형 벽.

bat·tle·ment·ed [bǽtlmèntid] *adj.* 총안이 있는 흉벽을 갖춘, 꼭대기에 톱니꼴 벽이 있는.

báttle píece *n.* 전쟁을 다룬(그린) 작품[시·음악·그림 등].

bat·tle·plane [bǽtlplèin] *n.* 《폐어》 전투기(warplane). [battlement]

bat·tle-réad·y [bǽtlrèdi] *adj.* 전투 준비하는.

báttle róyal *n.* (*pl.* **battles r-** or **b- royals**) **1** [한꺼번에 여러 사람이 싸워서] 이긴 자만 남는 경기; 일대 난투. **2** 대논쟁, 격론.

bat·tle-scarred [bǽtlskɑ̀ːrd] *adj.* **1** 전쟁의 상처가 남은; 전재(戰災)를 당한. ¶ *battle-scarred* cities 전재를 당한 도시들. **2** 오래 써서 흠집이 있는. ¶ a *battle-scarred* desk 오래되어 흠집이 있는 책상.

bat·tle·ship [bǽtlʃìp] *n.* 전함. *cf.* warship
báttleship bùcket *n.* 물 푸는 기구.
báttle stár *n.* 〖美軍〗[종군을 기념하는] 종군 청동성 기장; 종군 은성 기장[청동성 기장 5개가 이에 상당한다].
báttle státion *n.* (군사) 전투를 위해 군대가 배치되는 장소(위치), 전투 부서.
báttle wàgon *n.*《美속어》전함(battleship).
bat·tle-wor·thy [bǽtlwə̀ːrði] *adj.* 전투용으로 적합한. ¶ *battle-worthy* tanks 전투에 적합한 탱크.
bat·tue [bætúː, -tjúː] *n.*《주로 英》1 〔사냥〕몰이; 몰이사냥(꾼). **2** 〔무방비·무저항의 군중을〕 살육하기, 대량 학살.
bat·ty [bǽti] *adj.* (**-ti·er, -ti·est**)《속어》머리가 돈, 미친(crazy); 어리석은(silly).
bau·ble [bɔ́ːbl] *n.* **1** 겉만 번지르르한 싸구려 물건(gewgaw); 시시한 것(trifle); 작은 장식물, 노리개, 장난감(toy). **2** 〔중세의〕 어릿광대의 지팡이.
Bau·cis [bɔ́ːsis] *n.* 〔그리스 신화〕 바우키스〔남편 Philemon 과 함께 Zeus와 Hermes를 극진히 대접한 가난한 농부의 아내〕. [1초에 1 bit].
baud [bɔːd] *n.* 〔컴퓨터〕 보드〔데이터 처리 속도의 단위;
bau·de·chin [bɔ́ːdikin] *n.* =baldachin.
báud ràte *n.* 〔컴퓨터〕 보드 속도〔비트 / 초의 단위를 사용하는 데이터 전송 속도〕.
Bau·haus [báuhàus] *n.* 바우하우스〔예술·과학·공예학의 모든 수법을 채택하여 능률적인 실험적 건축양식을 창조하고자 Walter Gropius(1883-1969)가 1919년에 바이마르(Weimar)에 창설한 건축 학교; 1933년 나치스의 압박으로 폐교〕.
baulk [bɔːk] *n., v.* =balk. 〔탄압으로 폐쇄〕.
Bau·mé [boumé] *adj.* 보메의〔밀도 측정용 보메 비중계(Baumé scale) 또는 그 눈금(Baumé degree)을 나타냄다; 略 Be, Bé〕.
baux·ite [bɔ́ːksait, +美 bóuzait], *n.* U 〔광물〕 보크사이트, 철반토(鐵礬土)〔알루미늄의 원광〕.
Ba·var·i·a [bəvέə(ː)riə / -vέər-] *n.* 바이에른, 바이에른〔독일의 한 주. 전에는 왕국. 주도 Munich〕.
Ba·var·i·an [bəvέə(ː)riən / -vέər-] *adj.* 바바리아의; 바바리아 사람의. — *n.* **1** 바바리아 사람(주민). **2** Ⓤ 바바리아 방언〔Bavaria, Austria 지방의 고지 독일어〕.
bav·in [bǽvin] *n.*《英》삭정이(잡목)의 다발.
baw·bee [bɔːbíː, ⊆-] *n.* **1**《스코》반 페니(halfpenny). **2**《구어》하찮은 것, (trifle). **3** 돈, 사례.
baw·cock [bɔ́ːkɑk, -kɔ̀k] *n.* 〔고어〕 좋은 녀석, 멋있 놈
bawd [bɔːd] *n.* **1** 창녀집의 안주인, **2** 매춘부(prostitute). **3** 음란 패설.
baw·dry [bɔ́ːdri] *n.* Ⓤ Ⓒ (*pl.* **-dries**) 외설; 음란 패설; 매춘.
bawd·y [bɔ́ːdi] *adj.* (**bawd·i·er, bawd·i·est**) 음란한, 음탕한(obscene). ¶ a *bawdy* story 외설 이야기. — Ⓤ Ⓒ (*pl.* **-ies**) 음담 패설, 음탕한 말.
báwd·y·house [-hàus] *n. pl.* **-hous·es** [-hàuziz] 매음굴, 창녀집(brothel).
*bawl [bɔːl] *vt.* **1** …을 큰소리로 말하다, 크게 외치다(proclaim). ¶ He *bawled* the news. 그는 그 소식을 큰소리로 알렸다. **2** 〔행상인이〕 …을 소리치며 팔다. ¶ The peddler *bawled* his wares in the street. 행상인이 거리에서 물건을 소리치면서 팔고 있었다. **3** 《美구어》…을 야단치다, 호되게 꾸짖다(scold, reprimand) (…*out*). ¶ — +圖+图 She *bawled* him *out* for his mistake. 그녀는 그가 잘못을 저질렀다고 야단쳤다. — *vi.* 소리치다(bellow, yell), 〔덮어놓고 소리치르다(*out*…). ¶ You needn't *bawl*; I can hear you quite well. 그렇게 소리칠 필요 없네, 잘 들리니까 // (~+圃) "Go away!" *bawled* out Mr. Brown. 「나가라!」하고 브라운씨는 큰소리로 욕였다. ¶ — +圃+图 *bawl at* a person 아무에게 고함치다 / He *bawled* for help. 그는 아무도 도움을 청했다.
bawl and squall 고래고래 소리지르다.

— *n.* 큰소리, 외침 소리, 고함 소리(outcry).
bawl·er [bɔ́ːlər] *n.* 소리치는 사람, 고함지르는 사람.
baw·tie [bɔ́ːti] *n.*《스코》개, 〔특히〕 큰 개.
‡bay[1] [bei] *n.* **1** 〔바다·호수의〕 만, 내포. * gulf보다 작고 cove 보다 크다. ¶ Hudson *Bay* 허드슨만 / the *Bay* of Biscay 비스케 만. **2** 산으로 삼면이 둘러싸인 땅. **3** 〔美〕 삼림으로 둘러싸인 초원. ◇ **embáy** *v.*
bay[2] [bei] *n.* **1** 〔건축〕 건물 또는 벽의 기둥과 기둥 사이; 교각(橋脚) 사이. **2** 밖으로 내민 창, 퇴창 (bay window). **3** 〔항공〕 〔비행기의〕 격실(隔室). ¶ a bomb *bay* 폭탄 적재실 / an engine *bay* 엔진 격납실. **4** 〔헛간의〕 건초 두는 곳. **5** 〔항해〕 〔배의〕 중창(中艙)의 앞부분. ¶ a sick *bay* 병실로 쓰는 갑판의 일부. **6**《英》〔역의〕 측선(側線) 발착 플랫폼.
*bay[3] [bei] *n.* Ⓤ **1** 〔사냥개가 짐승을 쫓아갈 때 내는 것 같은〕 낮고 긴 으르렁거리는 소리, 짖는 소리. ¶ the far-off *bay* of wolves 멀리서 들려 오는 늑대의 울음 소리. **2** 〔사냥개에게 몰린 상태, 궁지, 막다른 골목; 몰려 덤벼드는 자세. ¶ The stag at *bay* is a dangerous foe. 《속담》 궁지에 몰린 쥐가 고양이를 문다. **3** 〔추적자가〕 진퇴양난의 상태.

bring (or *drive*) *to bay* …을 몰아넣다.
hold (or *have*) *at bay* …을 몰아넣고 놓치지 않다.
keep at bay …을 가까이 못 오게 하다, 억지하다. ¶ *keep* the enemy (infections) *at bay* 적〔전염병〕을 저지하다.
stand (or *be*) *at bay* 막다른 골목에 몰려 있다, 궁지에 빠져 있다.
turn (or *come*) *to bay* 〔짐승이〕 궁지에 몰려 격렬하게 대들다.

— *vi.* 〔사냥개 따위가〕 길고 낮은 소리로 짖다. ¶ (~+圃+图) Dogs sometimes *bay at* the moon. 개는 때때로 달을 보고 짖는다.
— *vt.* **1** 짖으며 둘러싸다. **2** …을 으르렁 소리로 알리다. **3** …을 몰아넣다(bring to bay).
bay the moon 무익한 일을 꾀하다 [← Shakespeare 작 *Julius Caesar* 4 : 2].
bay[4] [bei] *n.* **1** 월계수 (= ~ *trée*), 〔植〕 로렐 (sweet bay). **2** = bayberry 3. **3**《美》목련과(科)에 속하는 나무〔태 산목류〕. **4** 월계관, 계관. **5** (~s) 명성, 명망(fame).
bay[5] [bei] *n.* **1** Ⓤ 적갈색(赤褐色), 밤색. **2** 구렁말. — *adj.* 〔말 따위가〕 밤색의, 적갈색의. ¶ a *bay* horse 구렁말.
ba·ya·dere [bɑ̀ːjədíər / bèijədéə] *n.* **1** 〔색체가 선명한〕 가로줄무늬의 직물. **2** 〔주로 英〕 〔힌두교의 무용수〕〔특히 남부의 절에 소속된 사람〕.
Bay·ard[1] [béiərd] *n.* **1** 〔중세 기사 이야기에 나오는〕 마력을 지닌 말. **2**《익살》 일반적인〕 말(馬). **3** (b-)〔고어〕 구렁말.
Ba·yard[2] [béiərd / béiɑːd] *n.* 〔중세 기사의 귀감이라 불린 프랑스의 영웅 Seigneur de Bayard (1473~1524) 같은〕 영웅적인 신사.
bay·ber·ry [béibèri, -bəri / -bəri] *n.* (*pl.* **-ries**) **1** 월계수의 열매. **2** 소귀나무속(屬)의 관목; 그 열매. **3** 〔서인도 제도산(産)의〕 베이베리나무〔그 잎에서 bay oil을 채취〕.
báy láurel *n.* =bay tree.
báy léaf *n.* 월계수 잎〔말려서 수프·소스 등의 향료로 쓴다〕.
báy líne *n.* 〔철도의〕 측선(側線).
báy óil *n.* Ⓤ 베이베리나무(bayberry)의 잎에서 채취하는 노란 휘발성 기름〔bay rum의 원료〕.
*bay·o·net [béiənit] *n.* **1** 총검. ¶ a *bayonet* charge 총검 돌격 / *bayonet* drill (or fencing) 총검술. **2** (the ~s) 무력. ¶ govern by the *bayonet* 무력으로 지배하다. **3** (~s) 보병. ¶ 1,500 *bayonets* 보병 1,500명의 병력.
at the point of the bayonet 총검을 들이대고, 무력으로.

— *vt.* (**-net·ed** or **-net·ted, -net·ing** or **-net·ting**) **1** …을 총검으로 찌르다, …에 총검을 들이대다. **2** …을 무력으로 강요하다(…*into*).

bay·ou [báiu:] n. 《美남부》[늪처럼 된] 호수의 출구, 강어귀, 후미.

báy rúm n. ⓤ 베이럼[베이베리나무(bayberry)를]

báy sált n. ⓤ 천일염[바닷물의 자연 증발로 결정하여 생기는 소금].

báy séal n. 모조 바다 표범 가죽 [토끼·사향쥐 따위의]

Báy Státe n. (the ~) 미국 Massachusetts주의 별칭.

báy trèe n. 월계수.

báy wíndow n. **1** 퇴창, 밖으로 내민 창. cf. bow window **2** 《구어》 장구통배(paunch).

bay·wreath [béiri:θ] n. 월계관.

***ba·zaar** [bəzɑ́:r], **(ba·zar)** n. **1** 〔특히 중동의〕 시장; 잡화 시장. **2** 〔백화점 따위의〕 특매장. ¶ a Christmas *bazaar* 크리스마스용품 특매장. **3** 바자〔자선을 목적으로, 또는 단체의 기금을 얻기 위해 개최함〕. ¶ a charity *bazaar* 자선 바자 / a school *bazaar* 학교의 바자.

ba·zoo [bəzú:] n. 《pl. **-zoos** [-zúz]》《美속어》 **1** 입, 코. **2** 허풍; 야유. 〔차 로켓포.

ba·zoo·ka [bəzúːkə] n. 〔군사〕 바주카포〔휴대용 대전

BB [bíːbíː] n. **1** 0.18인치의 (약 5mm) 〔총탄의 표준 치수〕. **2** 직경 0.175인치의 공기총 (BB Gun) 탄환.

B.B. 《略》 bail bond; Blue Book; Bureau of the Budget (예산국); 〔야구〕 base on balls (사구 출루(四球出壘)); bed and breakfast; B'nai B'rith.

B.B.A. 《略》 Bachelor of Business Administration.

Ḃ báttery n. 〔전자 공학〕 B전지〔진공관에 양극 전압을 가하는 전지〕. 〔협회〕.

BBB 《略》 Better Business Bureau(상사(商事) 개선

B.B.C. 《略》 British Broadcasting Corporation(영국 방송 협회).

BB gún n. BB총[0.18인치 탄환용의 공기총].

bbl. 《略》 《pl. **bbls.**》 barrel.

B-bop [bíːbàp/-bɔ̀p] n. 《美속어》=bebop.

BBS 《略》 bulletin board system (전자 게시판 시스템 [컴퓨터를 이용한 메시지 교환 시스템의 일종]).

BBT 《略》 basal body temperature(기초 체온법; 배란기를 알수 있어 피임에 이용).

bc, bcc 《略》 blind [carbon] copy《[편지의 사본으로] 수신인에게 알리지 않고 제3자에게 송달되는 것》.

B/C 《略》 bills for collection(추심 어음).

‡**B.C.** 《略》 Bachelor of Chemistry; Bachelor of Commerce; bass clarinet; battery commander; before Christ(기원전); 〔주의〕; birth control; British Columbia; Boat Club.

〔주의〕 연호의 경우는 숫자 뒤에 두는 것이 보통이나, 앞에 두는 일도 있다. 예: 55 B.C., B.C. 55. cf. A.D.

BCD 《略》 binary coded decimal(2진화 10진법); 〔美軍〕 bad conduct discharge(불명예 제대).

Ḃ céll n. 항체를 생성하는 임파 세포의 일종. 〔<B〔ONE-MARROW-DERIVED〕CELL〕

BĊG vaccìne n. ⓤ ⓒ 〔면역〕 BCG 왁친〔결핵 예방용〕. 〔<bacillus Calmette-Guérin vaccine; 프랑스의 세균학자 Calmette와 Guérin의 이름〕

B.C.L. 《略》 Bachelor of Civil Law.

B. Com. 《略》 Bachelor of Commerce(무역 학사).

BCR 《略》 bioclean room(무균실).

BCS 《略》 〔컴퓨터〕 business communication system (상업용 통신 시스템).

B.C.S. 《略》 Bachelor of Chemical Science.

bd. 《略》 《pl. **bds.**》 board; bond; bound; bundle.

B/D 《略》 bank draft; bills discounted; 〔회계〕 brought down (이월).

B.D. 《略》 Bachelor of Divinity; bills discounted.

bdel·li·um [déliəm, -ljəm] n. **1** ⓤ 브델륨〔감람과의 식물에서 채취하는 방향성 고무 수지〕. **2** ⓤ 브델륨을 채취할 수 있는 식물. **3** 〔성서〕 베델리엄〔창세기(Gen.) 2 : 12와 민수기(Num.) 11 : 7에서 말하는 물질로, 진주를 가리킨다고 한다〕.

bd. ft. 《略》 board foot; board feet.

bdg. 《略》 binding(제본).

bdl. 《略》 《pl. **bdls.**》 bundle.

B.D.R. 《略》 《英》 Bearer Form Depository Receipt

bdrm. 《略》 bedroom. 〔무기명 예탁 증권〕.

B.D.S. 《略》 Bachelor of Dental Surgery; 〔군 내 bomb disposal squad(폭발물 처리반).

‡**be** 〔강 biː, 약 bi〕 (1) 직설법·현재 《단수》 〔Ⅰ〕 **am**, 〔you〕 **are**, 《고어》 〔thou〕 **art**, 〔he, she, it, etc.〕 **is**, 《복수》 **are**. (2) 직설법·과거 《단수》 〔Ⅰ; he, she, it, etc.〕 **was**, 〔you〕 **were**, 《고어》 〔thou〕 **wast** or **wert**, 《복수》 **were**. (3) 가정법·현재 **be**. (4) 가정법·과거 **were**, 《고어》 〔thou〕 **wert**. (5) 명령형 **be**. (6) 과거 분사 **been** [biːn, bin]. (7) 부정사 [to] **be**. (8) 현재 분사 **being**. ＊축약형은 다음과 같다. **'m** [m] (=am. 예: I'm), **'re** [ər] (=are. 예: they're), **'s** [z, s] (=is. 예: he's [hi(ː)z] =he is / that's [ðæts] =that is, 《고어》 thou'rt [ðáuərt] =thou art. (부정·축약형) **isn't** [íznt] =is not, **aren't** [ɑ́ːrnt] =are not, 《구어》 **ain't** [éint] =am (are, is) not; **wasn't** =was not, **weren't** =were not.
— vi. **1** (보어와 함께) …이다, …이 되다. ¶ (~+보) Iron is hard. 쇠는 단단하다 / He is a clever workman. 그는 솜씨 좋은 직공이다 / He will be a great writer. 그는 위대한 작가가 될 것이다 / I had been a salesman until then. 나는 그때까지 외판원이었다 / It is me. 나요 // (~+부) School is over. 학교는 파했다, 수업이 끝났다 / He is out. 그는 외출중이다 / (~+-ing) Seeing is believing. 《속담》 보는 것이 믿는 일이다, 백문이 불여일견 / (~+to do) To hear is to obey. 듣는 것은 바로 따르는 일이다 / (~+부+名) The book is on the table. 그 책은 책상 위에 있다 // (~+that) The truth was that I didn't know. 사실은 나는 몰랐었어 / (~+wh. 節) She is not what she used to be. 그녀는 예전의 그녀가 아니다.

2 존재하다(exist), 있다. **a)** 《독립적으로 쓰며, 주로 강세형》 ¶ God is. 신은 존재한다 / Whatever is, is right. 존재하는 것이면 무엇이나 옳다 / Tyrants have been and are. 폭군은 여태까지 있어 왔고 또 지금도 있다 / Can such things be? 그런 것(일)이 있을 수 있을까? / To be or not to be, that is the question. 사느냐 죽느냐 그것이 문제로다 / It is not as it was. 전과 같지 않다 / Leave it as it is. 그대로 두어라. **b)** 《부사적 수식어를 수반하는 경우로, 현재 약설형》 ¶ (~+부+名) Where's Rome?–It's in Italy. 로마는 어디 있지요? –이탈리아입니다 / I must be [at] home by six. 6시까지는 집에 돌아가야 하네 / I was at the party. 나는 그 파티에 참석해 있었다 / Over the hill was his house. 언덕 너머에 그의 집이 있었다 / Were you at the concert last night? 어젯밤 음악회에 갔었니? / Have you ever been in London? 런던에 있은(간) 적이 있니? / He had never been to school. 그는 학교에 다닌 적이 없었다 / I've just been to the station. 방금 역에 갔다왔다(＊ 동작의 방향을 나타내는 부사나 전치사구를 수반하는 경우에는 전체적으로 운동의 뜻이 된다) / He is in good health. 그는 건강하다 / Among the dead was her husband. 죽은 사람 가운데는 그녀의 남편도 있었다. ＊마지막 두 예문과 같은 경우는 3 의 예로도 해석된다 // (~+부) The dog was away (or off). 개는 달아났다. **c)** 《there is (are)…》. ¶ Is there any water? –No, there isn't any. 물 있니? –아니, 조금도 없어 / What else was there? 그밖에 무엇이 있었니? / There are other things to be considered. 그밖에도 고려해야 할 일이 있다.

〔주의〕[1] There の 구문 — (1) 원칙적으로 동사는 다음에 계속되는 주어와 수에 있어서 일치하지만, 구어에서는 there is가 복수 주어에 쓰이는 일도 있다: There's some things I can't resist.내가 저항하지 못하는 것도 있다 / There's you. 네가 있다. (2) there is (are)…의 there는 주어처럼 취급된다: Is there any good news? 무슨 좋은 소식이 있니?/ Let there be light. 빛이 있으라 «창세기»(Gen.)1:3/ I don't want there to be any danger. 위험이 있어서는 안되겠다/ There will be trouble, *won't there*? 문제거리가 있지요?/ (3) there is(are)… 의 경우의 there is [ðə]처럼 약세형. ⇒ THERE. (4) here, where에 대해서도 똑같은 구문이 있다: Here's a book. 여기에 책이 있다/ Where's your book? 네 책은 어디 있지?

as it were ⇒ AS.

3 행해지다, 일어나다(happen, occur). ¶ The concert *was* last night. 어젯밤에 음악회가 있었다/ Where (When) will the conference *be*? 회의는 어디서(언제) 열립니까? * there is (are)… 는 이 뜻으로도 쓰이다: *There will be* a conference tonight. 오늘밤에 회의가 열릴 것이다.

as it was ⇒ AS.
had it not been for (=if it had not been for) ⇒ IF.
have been [*and gone*] *and done* [*it*] «구어» 해버렸다 [니 정말 야단났군].
have been there «속어» ① [남자에 대해서] 경험이 있다, 그 분야에 능통하다. ② [여자에 대해서] 남자를 알고 있다.
were it not for (=if it were not for) ⇒ IF.

—— *auxil. v.* **1** «진행형» (be+현재 분사) **a)** «일시적인 계속·반복·상태를 나타낸다»…하고 있다, …하는 중이다. ¶ She *is* writing a letter. 그녀는 편지를 쓰고 있다/ Someone *is* knocking at the door. 누군가가 문을 두드리고 있다/ I *have been* learning English these five years. 나는 지난 5년 동안 영어를 배우고 있다/ *Are* you feeling better this morning? 오늘 아침에는 기분이 좀 좋습니까?/ He *is* always complaining. 그는 노상 불평만 늘어놓고 있다(* always, ever 를 수반하며, 감정적인 표현이 되기도 한다: You're always finding fault with me. 너는 노상 내 트집만 잡는구나). **b)** «동작의 시작을 나타낸다»…하려 하고 있다. ¶ The flowers *are* opening. 꽃이 피려 하고 있다/ He *is* dying of hunger. 그는 굶주려서 죽어 가고 있다. **c)** «예정·가까운 미래» ¶ *Are* you staying here? 너는 이곳에 머무를 작정인가?/ He *is* sailing for Bombay shortly. 그는 일간에 배를 타고 봄베이로 떠날 예정이다/ I *am* going [to go] to London. 나는 런던으로 가려 한다. **d)** «[현시점에서의] 행위를 명시한다» ¶ He will *be* coming. 그는 온다니까/ Women will *be* talking. 여자란 말이 하고 싶은 법이다/ I must *be* going now. 이제 가봐야겠습니다.

«주의»[2] 일반적으로 진행형은 유의적(有意的)인 동작·행위를 나타내는 동사에 사용되고, 상태를 나타내는 동사(exist, have, be 따위)나 자동적인 동작을 나타내는 동사(see, hear 따위)에는 진행형을 사용하지 않는다. 그러나 이러한 동사도 유의적인 행위를 나타낼 때는 진행형이 된다: He *is* having(=enjoying) a good time. 그는 즐겁게 지내고 있다/ He *is being* a good boy. 그 녀석은 지금 얌전하게 있다.

2 «수동형» (be+타동사의 과거 분사) …되다, …되어 있다. ¶ Foreign names *are* easily forgotten. 외국어 이름은 잘 잊혀 진다/ The door will *be* opened at noon. 문은 정오에 열린다/ He *was* killed in the war. 그는 전사했다/ The doctor *was* known to everybody. 그 의사는 누구에게나 알려져 있었다/ The work has just *been* done. 일은 방금 끝났다/ The letter *is* written in English. 편지는 영어로 씌어 있다/ The leaves *were* colored red. 나뭇잎은 붉게 물들어 있었다.

«주의»[3] (1) 수동형의 조동사로서의 be 는 동작(…되다)·상태(…되어 있다)의 양쪽을 나타내지만, 동작을 명시할 때는 become, get, grow 따위가, 상태를 명시할 때는 lie, remain 따위가 대신 쓰는 일도 있다: She *became* (or *got*) engaged. 그녀는 약혼했다/ She *remained* dissatisfied. 그녀는 여전히 불만이었다. (2) 타동사라고 해서 모두 수동형이 가능한 것은 아니다. 예를 들면 cost, weigh, resemble, have(가지고 있다) 따위는 수동형으로 될 수 없다. (3) «진행형의 수동» The bridge *is being* built. 다리는 건설중에 있다. (4) 동사의 의미에 따라서는 완료·결과를 나타내는 경우도 있다: The matter *is* settled. 문제는 해결되었다/ the seed that *is* sown 뿌려진 씨/ I *am* surprised. 깜짝 놀랐어.

3 «완료» (be+자동사의 과거 분사) [come, go, fall 등]. 그 시대는 지났다/ Be gone! 꺼져버려!/ The leaves *are* fallen. 나뭇잎은 떨어져버렸다/ The sun *is* set. 해는 졌다/ He *is* come. 그는 와 있다.

«주의»[4] 완료를 나타낼 때 예전에는 be+p.p.가 현재는 대개 have+p.p.의 형태를 취한다. be+p.p.가 완료에 가까운 뜻인 경우(be come, be gone)는 have 의 경우보다 결과의 상태를 강조하는 표현으로서 구별된다: He *is* gone. 그는 가버리고 없다. *cf.* He *has* gone. 그는 떠났다/ It *is become* a power of yesterday. 그것은 과거의 힘이 되고 말았다.

4 (be+to- 부정사) **a)** «예정·운명» …하기로 되어 있다. ¶ We *are*(*were*) to meet there at 7. 우리는 거기서 7시에 만나기로 되어 있다(있었다)/ What *is* to become of her? 그녀는 어찌 될 것인가(될 운명일까)?/ He *was* never to return home. 그는 두번 다시 집에 돌아오지 않았다(돌아오지 못하게 되어 있었다)/ The worst is still to come. 최악의 사태는 이제부터이다(아직 오지 않았다). **b)** «의무» …해야 한다. ¶ Rules *are* to be observed. 규칙은 지켜야 한다/ You *are* to be punctual. 시간을 엄수해야 하네. **c)** «가능» «수동형의 부정사를 수반하여» …할 수 있다. ¶ Not a soul *was* to be seen. 사람의 그림자도 보이지 않았다. **d)** «were to» «조건절에 쓰이며, 불확실한 미래의 일에 대한 가정을 나타낸다» ¶ If I *were to* travel abroad, I would go by ship. 만약에 해외 여행을 한다면 나는 배로 갈 것이다. * was to를 쓰면 **4** a),b),c)의 뜻을 풍긴다: If he *was to* do that… 그가 그것을 하기로 돼 있었다면….

be- *pref.* 옛날에 become, besiege, bedaub, befriend 따위의 동사를 만들기 위해 사용되었던 영어 본래의 접두 Be [화학] beryllium 의 원자 기호. [사.

b.e., B/E «略» bill of exchange(환어음).

B.E. «略» Bachelor of Education; Bachelor of Engineering; Bank of England; bill of exchange; Board of Education.

B.E.A. «略» British Epilepsy Association; British European Airways.

‡beach [biːtʃ] *n.* **1** 해변, 바닷가, 물가(strand); [모래·자갈로 덮인] 강가, 호숫가. ⇒ SHORE [類語] **2** ⓤ «집합적» «해변의» 모래, 자갈. **3** «해변을 따라 뻗은 지역».
on the beach «속어» ① [선원 등이] 실직하여(out of work); 곤궁하여. ② [해군 군인이] 육상 근무를 하게 되어.
—— *vt.* «항해» (배)를 해변으로 끌어올리다. —— *vi.* «항해» «배가» 해변에 올려지다. ◇ béachy *adj.*

béach báll *n.* 비치볼 (바닷가·풀장 같은 데서 가지고 노는 가볍고 큰 공).

béach búggy *n.* =dune buggy.

béach búnny *n.* «美속어» 비치버니 (해변에서 서핑하는 남자와 어울리는 비키니 수영복 차림의 여자).

beach-comb-er [bíːtʃkòumər] *n.* **1** «바닷가·부두 따위에 밀려온 것을 주워서 생활하는» 부랑자; «특히 남태평양의 여러 섬에 사는» 떠돌이 백인, 부두 건달; 깡패. **2** 먼 바다에서 몰려오는, 큰 파도.

béach fléa *n.* 해변톡톡이.

béach gówn *n.* 비치가운 «해수욕장에서 입는 가운».

béach-head [bíːtʃhèd] *n.* **1** «군사» 해안 교두보 «적지의 해변에 설치한 공격 거점», 상륙 거점. **2** 발판 (foothold).

beach-ie [bíːtʃi] *n.* «졸구어» **1** 해변 낚시꾼. **2** 해변의 젊은 부랑자, 해변 깡패.

Beach-la-Mar [bíːtʃləmáːr] *n.* ⓤ 서남 태평양 지역

beach·mas·ter [biːtʃmæstər / -mɑːs-] *n.* 군대나 무리에서 사용되는 사투리가 섞인 영어[Neo-Melanesian 의 구칭].

beach·scape [biːtʃskéip] *n.* 해안 풍경.

beach umbrélla *n.* 《美》 비치파라솔 [해변이나 잔디밭에서 햇빛을 가리기 위해 사용되는 큰 양산].

béach vólleyball *n.* 비치 발리볼 [모래사장에서 하는 2인조 배구].

béach wágon *n.* 《美》 station wagon 의 구칭.

beach·wear [biːtʃwɛ̀ər] *n.* [U] 비치웨어, 해변복.

beach·y [biːtʃi] *adj.* (beach·i·er, beach·i·est) 《고어》 모래 사장이 있는, 모래와 자갈이 많은.

*bea·con [biːk(ə)n] *n.* **1** 화톳불; 횃불, 봉화(signal fire). **2** [안표가 되는] 탑, 언덕, **3** 등대(lighthouse); 수로(항공·교통) 표지, 부표(浮標) (signal buoy). ¶ a radio *beacon* 무선 표지. **4** 경고, 지침. **5** 지도. ¶ His conduct was a good *beacon* to young people. 그의 행위는 젊은이들에 대한 좋은 경고였다. **5** 《英》 ~산(山). — *vt.* **1** [화톳불·횃불 따위로] …을 밝게 하다. **2** [봉화·표지 따위로] [사람이나 배를] 인도하다, [사람이나배에] 경고하다. **3** …에 표지 따위를 설치하다. — *vi.* [표지처럼] 빛나다, 표지가 되다.

béacon fíre (líght) *n.* 신호불, 봉화.

*bead [biːd] *n.* **1** 구슬, 염주알, 유리알; 비즈. **2** (~s) 묵주, 로자리오(rosary), 염주. ¶ count (or say, tell) one's *beads* 묵주를 세며 기도하다. **3** [작은] 구체(球體), 원기둥체; [이슬·땀 따위의] 방울. ¶ *beads* of sweat 땀방울. **4** 기포(氣泡); [맥주 따위의] 거품. **5** [총의] 가늠쇠. ¶ draw (or get) a *bead* on …을 겨냥하다. **6** [건축] 구슬선, 쇠시리. **7** [화학] 용구(溶球); 비드. — *vt.* **1** …을 구슬로 장식하다; …을 염주처럼 잇다. **2** [건축] …에 구슬선을 만들다. — *vi.* 구슬처럼 되다; 방울지다; 거품이 일다. ◇ **béady** *adj.*

bead·ed [biːdid] *adj.* **1** 구슬로 장식한, 구슬을 단. ¶ a *beaded* handbag 구슬 핸드백. **2** 구슬 (기포) 이 된; 구슬 같은. **3** *beaded* bubbles 방울져 이는 거품.

bead·house [biːdhàus], **bede·house** [biːd-] *n.* 구빈원(救貧院); 양육원; 양로원[수용된 사람은 창설자를 위해 축복의 기도를 올려야 했다].

bead·ing [biːdiŋ] *n.* [U] **1** 구슬 세공(장식); 레이스 모양의 장식; 내비치는 장식. **2** [건축] 구슬선; 《총칭적》 구슬선 장식.

bea·dle [biːdl] *n.* 《英》 **1** 대학 속관(屬官) [대학의 행사의 선두에서 총장의 권표(權標) (mace)를 받드는 사람]. **2** 교구의 하급 직원[교회의 잡무를 수행].

bea·dle·dom [biːdldəm] *n.* [U] 하급 관리 근성.

béad·ròll [biːdròul] *n.* **1** 《고어》 《가톨릭》 사망자 명단. **2** 명단(list); 목록(catalogue).

beads·man [biːdzmən], **bedes·man, bede·man** [biːd-] *n.* (pl. -men [-mən]) **1** [돈을 받고 남을 위해] 기도하는 사람. **2** 양육(양로)원에 들어 있는 사람.

beads·wom·an [biːdzwùmən] *n.* (pl. -wom·en [-wìmin]) beadsman 의 여성형.

bead·work [biːdwə̀ːrk] *n.* [U] **1** 구슬 세공(장식). **2** [건축] 구슬선[장식] (beading).

bead·y [biːdi] *adj.* (bead·i·er, bead·i·est) **1** 구슬 같은 눈의, 작고 둥글며 반짝거리는. ¶ *beady* eyes [관심·욕망 따위로] 반짝이는 눈. **2** 구슬로 장식된 (구슬선이 있는. **3** [맥주 따위가] 거품이 일고 있는. ¶ *beady* liquor 거품이 일고 있는 술.

bea·gle [biːgl] *n.* 비글 개 [토끼 사냥 따위에 쓰이는 다리가 짧고 귀가 늘어진 작은 사냥개].

bea·gling [biːgliŋ] *n.* [U] 《주로 英》 비글 개를 사용하는 토끼 사냥.

‡beak¹ [biːk] *n.* **1** (새의) 부리, ⇒ BILL², COCK 그림. **2** 부리 모양의 것, [코끼리·맥 따위의] 코; 《속어》 [사람의] 코; [주전자의] 주둥이. **3** [항해] 뱃머리, 충각(衝角) [예전에 적선에 충돌 파괴하기 위해 뱃머리에 부착한 금속 돌기(突起)]. ◇ **béaky** *adj.*

beak² [biːk] *n.* 《英속어》 **1** 치안 판사(magistrate), 재판관(judge). **2** 교장(headmaster), 선생(schoolmaster).

beaked [biːkt] *adj.* 부리가 있는; 부리 모양의, 돌출한.

beak·er [biːkər] *n.* **1** [굽 달린 아가리가 넓은] 큰 잔; 그 속의 것. ¶ I drink this *beaker* to your health. 자네의 건강을 위해서 건배. **2** [화학 실험용] 비커. ◇ RETORT 그림.

beak·y [biːki] *adj.* (beak·i·er, beak·i·est) 부리 모양의.

be-all and end-all [biːɔ̀ːləndéndɔ̀ːl] *n.* (the ~) 가장 중요한 부분(것).

‡beam [biːm] *n.* **1** 용도에 따라 각재(角材) 모양으로 가공된 긴 금속재, 석재, 목재; 들보 재목. **2** [건축] [구조물의] 들보, 도리; [항해] [갑판을 버티는] 들보, 빔; [배의] 최대폭. **3** [기계] [피스톤의 운동을 크랭크축에 전달하는] 레버, [직기(織機)의] 도투마리; 두루마리; 쟁깃술; 닻채. **4** 저울대; 저울(balance). **5** [사슴뿔의 줄기]. **6** 가장 넓은 부분; 《속어》 허리폭. **7** [한 가닥의] 광선, 광속(光束). ⇒ LIGHT 類語; [전자공학] [전자총에서 발사되는 것 같은] 가늘게 수렴된 전자의 흐름. ¶ a *beam* from a lamp 전등의 광선. **8** 《비유적》 희미한 빛(gleam), 번득임, 넌지시 비침 (suggestion). ¶ a *beam* of hope 한 가닥의 희망. **9** 《비유적》 [표정의] 밝음(radiance); 환한 표정, 미소 (smile). ¶ the *beam* of youth 청춘의 빛남(밝음). **10** 마이크·확성기의 소리가 가장 잘 들리는 각도; 가장 유효한 가청 범위. **11** [무선·항공] 유도 전파; 빔, 방향 지시 전파. ¶ fly (or ride) the *beam* 방향 지시 전파에 따라 비행하다.

kick (or strike) the béam ① [저울의 한쪽이 너무 가벼워서] 저울대가 튀어오르다. ② 《비유적》 훨씬 가볍다; 지고 있다, 가치가 아주 적다.

off the béam ① [무선·항공] [비행기가] 방향 지시 전파가 지시하는 방향에서 벗어나 있다. ② 《속어》 잘못된 (wrong), 어림이 빗나간; 실수를 저질러서.

on the béam ① [무선·항공] [비행기가] 방향 지시 전파의 지시대로. ② [배의] 용골과 직각으로. ③ 《속어》 정확하게(just right), 올바른(correct); 목표를 놓치지 않고, 궤도에 올라.

on the (or one's) béam's énds ⇒ BEAM-ENDS.

the béam in óne's ówn éye 자기 눈 속의 들보, 자기는 깨닫지 못하는 자기 자신의 큰 결점 [←마태 복음 (Matt.) 7 : 3-5].

— *vt.* **1** [빛]을 발하다(emit);…을 비추다(illumine). **2** [무선] [특정한 대상을 향해서] [신호 따위]를 보내다, 방송하다, …을 무선 빔으로 유도하다. ¶ (~+閶+前+名) a program *beamed* to women 여성 대상의 방송 프로 / *beam* programs *at* Korea 대한(對韓) 방송을 하다. — *vi.* **1** 빛을 발하다, 빛나다, 번쩍이다. ⇒ SHINE 類語 ¶ The sun *beamed* brightly. 태양이 빛나고 있었다. **2** 기쁨으로 빛나다, 환하게 미소 짓다. ¶ (~+前+名) He *beamed with* joy. 그의 얼굴은 기쁨으로 빛났다.

béam upon (or on) …에 미소를 보내다, …을 보고 방긋 웃다. ◇ **béamish, béamy** *adj.*

BEAM [biːm] *n.* 빔 [뇌파의 파형(波型)을 실제 뇌의 활동성을 나타내는 컬러 도식으로 바꾸는 장치]. [< *b*rain *e*lectrical *a*ctivity *m*apping]

béam anténna *n.* [무선] 지향성(指向性) 안테나, 빔 안테나.

béam-càst [biːmkæ̀st / -kɑ̀ːst] *vt.* (-cast) …을 지향 무선 전송하다.

béam cómpass *n.* 《제도》 빔콤파스 [큰 원호를 그릴 때 씀].

beamed [biːmd] *adj.* 들보가 있는; 빛나는, [라디오] 방송되는(된).

beam-ends [biːmèndz / - -] *n. pl.* [항해] [배의] 들보 끝.

on her béam-ends [항해] [들보가 수직이 되도록] 옆으로 기울어져, 거의 전복하려 하여.

on one's (or the) béam-ends 《구어》 위험에 빠져; 어

beam hole *n.* [원자로의] 빔 구멍[원자로나 가속기로부터 방사선을 도출하는 구멍].

beam·ing [bíːmiŋ] *adj.* 밝게 빛나는(radiant), 밝은, 환한(bright); 명랑한(cheerful). **~·ly** *adv.*

beam·ish [bíːmiʃ] *adj.* (종종 경멸적) 밝은(bright); 쾌활한(cheerful); 낙천적인(optimistic).

beam·less [bíːmlis] *adj.* 1 들보가 없는. 2 빛이 없는, 빛을 발하지 않는.

beam-pów·er tùbe [bíːmpàuər-] *n.* [무선] 빔 출력관(出力管).

beam rìder *n.* 전자 유도 미사일.

beam séa *n.* 옆쪽으로 부딪치는 횡파.

beam sỳstem *n.* [통신] 빔식(式)[일정한 방향으로 강한 전파를 방사하는 안테나 방식].

beam wéapon *n.* [군대] 광선 무기[고에너지의 입자선·레이저 광선 등을 발사하는 파괴 무기의 총칭].

beam·width [bíːmwidθ] *n.* [통신] 빔폭(幅)[무선 전파나 레이저 전파가 날아가는 각도].

beam wìnd *n.* [항해] 옆바람.

beam·y [bíːmi] *adj.* (**beam·i·er, beam·i·est**) 1 빛을 내는, 빛나는. 2 배의 폭이 넓은. 3 [동물] 뿔이 있는.

‡**bean** [biːn] *n.* 1 잠두(broad bean), 콩; 콩이 열리는 식물. ¶ snap *beans* 깍지가 연한 콩 / French (*or* kidney) *beans* 강낭콩. 2 콩 비슷한 열매, 그 나무. ¶ Egyptian *beans* 연실, 연밥 / coffee *beans* 커피콩. 3 《美구어》(~s) 소량. ¶ I do not know *beans* about ... 에 대해서는 조금도 모른다 / I do not care *beans* 조금도 개의치 않는다 / I haven't heard *beans* about the matter lately. 그 건에 대해서는 최근에 들은 바 없다. 4 《美속어》 머리(head). 5 《속어》 동전(coin), [소버린·기니·달러 따위의] 금화; 얼마 안 되는 돈. * 현재는 다음과 같은 표현에만 쓰인다. ¶ I haven't a *bean*. 나는 무일푼이다. 6 《美속어》 달러(dollar); 《석은, 잘못된. *full of beans* (속어) 1 원기 왕성하여. 2 《美》 어리석은. *get beans* (속어) 야단맞다; 혼나다. ―― 때리다. *give a person beans* (속어) 남을 호되게 꾸짖다; 남을 때리다. *a hill of beans* 《원래 美》 그다지 가치가 없는 것. *know beans* 《美구어》 지혜가 있다, 무엇이든 알고 있다 (《support》 ...*up*). *know how many beans make five* 빈틈없다, 영리하다. *old bean* 《英》 여보게[친한 사이에 부르는 말]. *spill the beans* [무심코] 비밀을 누설하다.

―― *vt.* (속어) [머리]를 때리다, 치다; [야구에서 투수가] (타자)의 머리에 공을 맞히다.

bean·bag [bíːnbæg] *n.* 헝겊 주머니에 콩을 넣은 공[아기] 격냥하고 던질 공].

béan bàll *n.* [야구] (속어) 빈볼[타자의 머리[가까이]를 겨냥하고 던진 공].

béan càke *n.* ⓤ 콩깻묵, 대두박[가축의 사료나 비료로 쓰임].

béan còunter *n.* 《美》 통계 전문가; 경리 사원, 숫자[머리]만 따지는 사람, **bean-counting** *adj.*

béan cùrd(chèese) *n.* ⓤ 두부.

bean·er·y [bíːnəri] *n.* (*pl.* **-er·ies**) 《美구어》 싸구려 식당.

bean·feast [bíːnfìːst] *n.* 《英》 (주로 옛날에) [1년에 한 번 고용주가 고용인에게 베푸는] 턱, 연회; 푸짐한 잔치.

bean-fed [bíːnfèd] *a.* 《구어》 원기 왕성한.

bea·nie [bíːni] *n.* 《어린이나 대학 신입생이 쓰는》 둥글고 작은 테 없는 모자.

bean·o¹ [bíːnou] *n.* (*pl.* **-os**) 《英》 bingo. 2 《속어》 [feast.

bean·o² [bíːnou] *n.* (*pl.* **-os**) 《주로 英속어》 =bean.

béan pòd *n.* 콩 껍질.

béan·pole [bíːnpòul] *n.* 1 콩의 버팀대. 2 《구어》 호리호리한 사람.

béan sprùut(shòot) *n. pl.* 콩나물.

bean·stalk [bíːnstɔ̀ːk] *n.* 콩의 줄기.

bean·town·er [bíːntàunər] *n.* 보스턴 시민, 보스턴 사람. <Bean Town이라는 콩요리가 유명한 데서 유래한 Boston의 속칭>

béan trèe *n.* 1 [꽃개오동·구주콩나무처럼] 깍지 속에 열매를 맺는 나무. 2 노란들[유럽 콩나무의 교

목으로, 등나무꽃 같은 노란 꽃이 핀다].

bean·y [bíːni] *adj.* (**bean·i·er, bean·i·est**) 원기 왕성한 (vigorous).

‡**bear¹** [bɛər] *v.* (**bore** *or* (고어) **bare, borne** →1, **bear·ing**) *vt.* 1 ...을 낳다(give birth to). * 이 뜻의 과거 분사는, have 뒤에 오는 경우, 또는 수동형에서 by를 수반할 때는 borne, 그 이외는 born. 《) be *born* again 다시 태어나다 / be *born* rich (clever) 부자로(영리하게) 태어나다 / He was *born* in Paris. 그는 파리에서 났다 / He was *borne* by an English woman. 그는 영국인 어머니에게서 태어났다 // (~+ ⓞ+ⓞ) She has *borne* him five children. 그녀는 그와 의 사이에 5명의 아이를 두었다.

2 [꽃·열매]를 맺다, 산출하다(produce, yield). ¶ fruit-*bearing* trees 열매를 맺는 나무 / The tree *bears* red flowers. 그 나무에는 빨간 꽃이 핀다 / The bonds *bear* 5% interest. 그 채권에는 5퍼센트의 이자가 붙는다 / His efforts at last *bore* fruit. 그의 노력이 마침내 열매를 맺었다.

3 [무게]를 지탱하다, ...을 이고(얹고) 있다, 받치고 있다(support) (...*up*). ¶ pillars that *bear* a ceiling 천장을 받치고 있는 기둥 // (~+ⓞ+ⓐⓓ) The board is too thin to *bear* [*up*] the weight. 그 판자는 너무 얇아서 무게를 지탱하지 못한다.

4 [고통 따위]를 견디다, ...을 참다(tolerate), 견디어 내다(put up with; endure). ¶ *bear* hardship 고생을 견디다 / grin and *bear* it [고통·창피 따위를] 웃으며 참다 / I cannot *bear* him (the sight of him). 나는 그가 질색이다 (보기도 싫다) / I cannot *bear* any more pain. 고통은 이제 더 못 참겠다 // (~+*to do*) I cannot *bear* to see the miserable people. 비참한 사람들을 차마 볼 수가 없다 // (~+ⓞ+*to do*) She cannot *bear* me to be away. 그녀는 내가 없어지면 견디어 내지 못한다.

[類語] *bear* 「견디다」라는 뜻의 가장 일반적인 말: *bear* a burden (a misfortune) 무거운 짐(불행)을 견디다. **stand** *bear*의 구어적인 말; 끔떡도 않는 완강한 의지를 강조한다: *stand* a heavy loss 막대한 손실에도 끄떡 않고 견디다. **endure** 장기간에 걸친 고통·고난에 견디는 인내력과 끈기를 강조한다: *endure* one misery after another 계속되는 불행을 견디다.

5 ...을 당하다, 받다(undergo), 경험하다(experience). ¶ *bear* a blame (punishment) 비난(벌)을 받다 / *bear* the brunt of criticism 비판의 정면으로 맞서다.

6 ...을 떠맡다, 지다, 부담하다. ¶ *bear* responsibility 책임을 지다 / *bear* the expenses 비용을 부담하다 / *bear* a part in ...에 참가하다, 협력하다.

7 [시험·검사 따위]에 견디다; ...이 가능하다(be capable of), ...에 적합하다(be fit for). ¶ *bear* close examination 엄밀한 검사에 견디다 / The accident *bears* two explanations. 그 사건은 두 가지로 설명할 수 있다 // (~+*ing*) This cloth does not *bear* washing. 이 천은 빨래를 못한다 / It doesn't *bear* thinking about. 그런 것은 생각조차 할 수 없다.

8 ...을 나르다(carry), 데려가다, 이끌다. * 이 뜻으로는 carry를 흔히 쓴다. ⇒ CARRY [類語] ¶ goods *borne* in ships 배로 수송되는 화물 / *bear* gifts 선물을 들고 가다 / (~+ⓞ+ⓐⓓ+ⓞ) A voice was *borne* upon the wind. 목소리가 바람을 타고 들려왔다 / He was *borne* to prison. 그는 교도소에 수감되었다 // (~+ⓞ+ⓐⓓ) an old song that *bears* us back to the days of childhood 어린 시절을 생각나게 하는 옛날 노래 / The torrent *bears* along silt and gravel. 격류는 진흙과 자갈을 운반한다.

9 ...을 전파하다, 퍼뜨리다(spread). ¶ *bear* news 뉴스를 전파하다.

10 ...을 밀다(push); ...을 내리누르다(press); ...을 몰다(drive); ...을 강제로 ...시키다(force). ¶ (~+ⓞ+ⓐⓓ) The demonstrators were *borne* back by the police. 데모대는 경찰에 의해 되밀렸다.

11 ...을 제시하다, 제공하다(give, afford). ¶ *bear*

testimony (or witness) to a person's innocence 아무죄라는 증거를 제시하다, 무죄를 입증하다 / bear a hand 도움을 주다.

12 [이름·칭호·관계·특징·성질 따위]를 가지다, 지니다(have); …을 보여주다(show). ¶ bear no relation to …과 관계가 없다 / bear meaning (significance) 의미(의의)를 갖다 / bear a striking resemblance to …과 놀랄 만큼 비슷하다 / He bears the title of Colonel. 그는 대령의 직함을 가지고 있다 / He bears a reputation for learning. 그에게는 박식하다는 평이 나 있다.

13 …을 몸에 지니고 있다; 띠고 있다. ¶ bear arms [against] […에 대하여] 무장을 하다 / a letter bearing a wrong address 주소가 잘못된 편지 / the latest goods bearing a high price 값이 비싼 최신 상품 / His hands bear the marks (or traces) of toils. 그의 손에는 고생한 흔적이 새겨져 있다.

14 [감정 따위]를 품다(cherish), 마음에 품다. ¶ (~+目+目) I bear you no grudge. 네게는 아무런 유감이 없다 // (~+目+前+名) He bore contempt for bureaucrats. 그는 관료를 경멸하였다 / bear a person's advice in mind 남의 충고를 마음속에 새기다 / You must bear in mind that he has had no previous experience in teaching. 그에게는 전에 남을 가르쳐 본 경험이 없다는 것에 유념해야 한다.

15 [권력 따위]를 쥐다, 행사하다(exercise). ¶ The king bears the rule in the land. 왕이 나라를 다스리고 있다.

16 《재귀용법》 처신하다, 행동하다 (behave, conduct), [어떤 자세]를 취하다. ¶ bear oneself erectly 자세를 바르게 지니다 / bear oneself bravely in battle 전투에서 용감하게 행동하다.

— vi. **1** 지탱하다, 버티다; 참다, 견디다(be patient) (with ...). ¶ I wonder if the ice would bear. 얼음이 깨지지 않을까 걱정이다 / (~+前+名) Bear with his manners for a while longer. 그의 태도를 당분간 참고 견디어 보아라.

2 누르다, 밀다(press), 기대다(on, upon, against, down...). ¶ (~+前+名) the wall bearing on the floor 마루를 무겁게 내리누르고 있는 벽 / The famine bore heavily on the villagers. 기근이 마을 사람들에게 시시각각 다가왔다.

3 영향을 미치다, 관계하다(on, upon...). ¶ Winter bears hard on the aged. 노인은 겨울 나기가 힘들다 / The fact does not bear on the matter in hand. 그 사실은 당면 문제와 관계가 없다.

4 향하다, 나아가다. ¶ (~+前+名) The road bears to the south. 길은 남쪽으로 나 있다 // (~+前) The stream bears north for several miles. 강물은 몇 마일에 걸쳐 북쪽으로 뻗어 있다 / When you come to the city hall, bear left. 시청에 당도하시거든 왼쪽으로 가시오.

5 위치하다(be situated). ¶ (~+前) The land bears due north of the ship. 육지는 배의 정북(正北)에 위치하고 있다.

6 낳다, 열매를 맺다(be fruitful). ¶ The tree bears well. 이 나무에는 열매가 잘 열린다.

be born of …에서 태어나다. ¶ He was born of a well-to-do family. 그는 유복한 가정에서 태어났다 / It was born of Edison's brain in 1877. 그것은 1877년에 에디슨이 발명했다.

be born to (or **into**) …의 상태로 태어나다; …의 가정에 태어나다. ¶ be born to sorrows (wealth) 불운하게(부자로) 태어나다 / be born into high society 상류층 가정에 태어나다.

be borne in upon a person 확신하다. ¶ It was gradually borne in upon me that... 나는 …임을 차차 확신하기에 이르렀다.

bear away ① …을 운반해 가다; [이겨서] [상 따위]를 차지해 가다. ¶ They bore away the body. 그들은 시체를 들고 가버렸다. ② 진로를 바꾸어 [바람 불어가는 쪽으로] 항진하다. [(fall back, retreat).
bear back ①…을 되밀다(push back), ②물러나다
bear down ① [전투·토론 따위에] [상대방]을 패배시키다, 압도하다 (force down). ¶ His zeal bore down all opposition. 그의 열의는 모든 반대를 물리쳤다. ② 한층 더 노력하다. ③ 〖항해�〗[배 따위가] 바람 불어오는 쪽에서 …으로 다가가다.

bear down on (or **upon**) ① …에 압박을 가하다, taxes that bear down on the poor 가난한 사람들에게 짐이 되는 세금. ② …을 강조하다. ③ …에 급히 다가가다, 성큼성큼 다가가다. ④ 〖항해�〗=bear down ③.

bear in hand ① 제어하다. ② 주장하다, 고발하다. ¶ We bear in hand that she is guilty. 우리는 그녀가 유죄임을 주장한다. ③ 약속하다.

bear in with [배가] …의 방향으로 향하고 있다(가고 있다).

bear off ① …을 운반해 가다; [상]을 획득하다. ② …을 밀리다. ③ 〖항해〗[육지나 다른 배로부터] 멀어지다.

bear on (or **upon**) ① …에 내리누르다, 압박하다. ⇨ vi. 2. ② …에 영향을 미치다, 관계가 있다. ⇨ vi. 3.

bear out …을 증명하다, 입증하다. ¶ Your statement bears out what the police told me. 그 경찰이 들은 일이 당신의 진술에 의하여 더욱 확실해진다 / History will bear his prediction out. 역사가 그의 예언을 입증할 것이다.

bear up ① …을 지지하다(support). ② 기운을 잃지 않다, 훌륭하게 견디다 (against, under ...). ¶ bear up against (or under) misfortunes 불행에 꺾이지 않다. ③ 〖항해〗 바람 불어가는 쪽으로 진로를 잡다.

bear up to (or **for**) …으로 기울다, [특히 배가 진로를 바꾸어] …으로 항진하다.

bring... to bear on (or **upon**)... [포화·압력 따위]를 …에 집중하다, 향하게 하다. ¶ He brought his influence to bear upon us. 그는 우리에게 영향력을 가해 왔다.

‡**bear²** [bɛər] n. (pl. **bears** or **bear**) **1** 곰(* 새끼곰은 cub, whelp 따위라고 한다). ¶ a brown bear 불곰 / a polar bear 흰곰, 북극곰. **2** 거친(난폭한) 사람(rude person); 퉁명스러운 사람(surly person). **3** 〖구어〗특정한 사물에 비상한 능력(열의, 관심)을 가진 사람. ¶ a bear for work 일밖에 모르는 사람. **4** 〖증권〗매방(賣方) [시세가 내려갈 것으로 예상하고 파는 사람], 약세측. cf. bull¹ 5 (the B-) 〖천문〗웅좌(熊座) ¶ the Great Bear 대웅좌(Ursa Major) / the Little Bear 소웅좌(Ursa Minor). **6** (the B-) 러시아(Russia)의 별칭.

be a bear for punishment 난폭한 취급이나 어려움에 잘 견디다; 어려움에 굴하지 않고 굳은 결의를 보이다.
be on the other bear 매방에 서다.
[**as**] **cross as a bear** 몹시 심기가 나쁜. [다.
skin the bear at once 《美구어》단적으로 요점을 말하
— adj. 〖증권〗하락세인; 약세인. cf. bull¹
¶ a bear market 하락세인 시세(시황).
— vt. 〖증권〗…을 팔아서 시세를 내리게 하다.
◇ béarish a.

bear·a·ble [bɛ́(:)rəbl / bɛ́ər-] adj. 견딜 수 있는, 참을 수 있는, 견딜만한(tolerable, endurable).
-bly adv. **~ness** n.

bear·bait·ing [bɛ́ərbèitiŋ] n. ⓤ 곰 놀리기 [매어놓은 곰을 개를 부추겨 물게 하는 잔인한 오락으로, 예전에 영국에서 유행했음].

bear·ber·ry [bɛ́ərbèri, -bəri / -b(ə)ri] n. (pl. **-ries**) **1** 월귤나무 [빨간 장과가 여는 상록 관목으로, 잎은 강장·수렴제]. **2** 서양호랑이가시나무. **3** 넌출월귤.

bear·cat [bɛ́ərkæ̀t] n. **1** 팬더(panda). **2** 사향고양이의 일종(binturong). **3** 《美구어》힘이 세고 용맹한 사람.

beard [biərd] *n.* **1** 턱수염, 수염. * 종종 mustache를 포함한다. *cf.* mustache, whiskers ¶ a dense (a full, a sparse) *beard* 짙은(덥수룩한, 듬성듬성한) 수염 / have (*or* wear) a *beard* 수염을 기르고 있다 / grow(*or* raise) a *beard* 수염을 기르다. **2** (동물)[염소의] 턱수염, (새의 부리 기부의) 수염 같은 깃털, (굴 따위의) 아가미, **3** (식물) [보리 따위의] 까끄라기. **4** (화살·낚싯바늘·뜨개바늘 따위의) 미늘(barb, hook). **5** (인쇄) 빗면(활자의 자면과 어깨로 이어지는 부분)(neck). **6** 《美속어》수염을 기른 사람(히피나 지식인 등).
in spite of one's *beard* 자기의 의사에 반하여.
laugh in one's *beard* [남을 멸시하여] 소리없이 비웃다.
speak in one's *beard* 입속에서 중얼거리다.
take a person by the beard 남을 대담하게 공격하다 [←사무엘기(상) (1 Sam.) 17 : 34-35].
to a person's beard 남의 면전에서, 남을 맞대놓고, 공공연하게. — *vt.* **1** …의 수염을 잡다(뽑다, 잡아당기다). **2** …에 대담하게 맞서다. ¶ *beard* a lion in his den 강적에 용감히 맞서다. **3** (화살·낚싯바늘 따위에) 미늘을 달다.
beard·ed [biərdid] *adj.* 수염이 있는, 수염을 기른; 까끄라기가 있는; (화살·낚싯바늘 따위에) 미늘이 있는.
beard·ie [biərdi] *n.* 《구어》수염을 기른 사람, 털보, 수염쟁이 아저씨.
beard·less [biərdlis] *adj.* **1** 수염이 없는; 까끄라기가 없는. **2** 젊은(youthful), 풋내기의(callow).
***bear·er** [bɛ(:)rər/bɛ́ərə] *n.* **1** 나르는 사람(것), 운반인, 짐꾼; 상여군, 상여의 수행인(pallbearer). **2** 심부름꾼, 보이 (인도); [어음·수표·편지 따위의] 지참인; ¶ a bill payable to the *bearer* 지참인 지급 어음 / Pay to the *bearer.* 지참인 지급 / Let me have an answer by the *bearer.* 심부름꾼 편에 답장을 보내주십시오. **3** 열매맺는 (꽃피는) 식물. **4** 관직 (지위)이 있는 사람, 재직자.
béarer bònd *n.* (증권) 무기명 채권.
béarer cómpany *n.* (군사) 위생병 부대, 들것 부대.
béar gàrden *n.* **1** 곰 사육장(곰을 사육하여 bear-baiting을 구경시킨 곳). **2** 떠들썩한 장소, 혼잡한 곳. ¶ make a *bear garden* of a school 학교를 난장판으로 만들다.
béar gràss *n.* (식물) (미국산의) 잎이 풀같이 가늘고 흰 꽃이 피는 백합과의 식물(실유카 따위). (그.
béar hùg *n.* **1** 억세게 껴안기. **2** (레슬링) 베어 허
***bear·ing** [bɛ(:)riŋ / bɛ́əriŋ] *n.* **1** U 태도, 거동, 몸가짐. ⇒ MANNER 類語 ¶ a military (*or* a soldierly) *bearing* 군인다운 태도 / a man of dignified *bearing* 몸가짐이 위엄있는 사람.
2 U 출산 (능력)(birth), 결실 (능력)(yielding); 생산 (결실)기; U C 수확(crop). ¶ a tree in full *bearing* 열매가 주렁주렁 열린 나무 / a woman past *bearing* 아이 낳을 시기가 지난 여성 / two *bearings* in a year 연 2회의 수확.
3 U 참음, 인내(endurance). ¶ His rudeness is beyond (*or* past) all *bearing.* 그의 무례함에는 도저히 참을 수가 없다.
4 U C 관계(relation), 관련(reference) (*on, upon*...); 의미(meaning), 취지(purport). ¶ consider a matter in all its *bearings* 어떤 것을 가지고 모든 점에서 검토하다 / They all failed to notice the *bearing* of his remark. 그의 말의 참뜻을 알아챈 사람은 아무도 없었다 // have no (some) *bearing* on …에 관계가 없(약간 있다) / What is the *bearing* of your remark *on* the subject ? 네 말은 이 문제와 어떤 관계가 있니?
5 (건축) 받침, 지주; 걸침 깊이, 경간 (지름).
6 (기계) 베어링. ¶ a ball *bearing* 볼 베어링.
7 (보통 ~s) 방향(direction), 방위; ¶ magnetic (true) *bearings* 자침 (磁針) (진정) 방위 / lose (take) one's *bearings* 방향을 잃다 (정하다) / Having no compass, he got his *bearings* from the sun. 그는 나침반이 없었으므로 태양을 보고 방향을 정했다.

8 [방패에 그려진] 문장 (紋章) (charge).
bring a person to his bearings 남에게 분수를 알게 하다, 반성하게 하다. ¶ I must *bring* him *to his bearings.* 자만한 그를 반성하도록 해야겠다.
béaring rèin *n.* =checkrein.
bear·ish [bɛ(:)riʃ / bɛ́ər-] *adj.* **1** 곰 같은; 태도가 거친, 버릇없는(rude), 무뚝뚝한(surly), 건장한(burly). **2** (증권) 하락세의, 약세의. *opp.* bullish ~ness *n.*
béar lèader *n.* [지난날 부자·귀족 청년의 여행에 수행하는] 가정 교사.
bé·ar·naise [sauce] [bɛərnéiz-] *n.* U 베어네이즈 (소스) [백포도주·샬로트·타라곤 따위로 향미를 낸 네덜란드 소스]. 《<F》
béar's-breech [bɛ́ərzbri:tʃ] *n.* (식물) 아칸서스(acanthus).
béar·skin [bɛ́ərskìn] *n.* **1** 곰의 털가죽. **2** (특히 영국 근위병이 쓰는) 높은 검은 털가죽 모자. **3** U (외투용의) 거친 모직물.
Béar Státe *n.* (the ~) 미국 Arkansas주의 속칭.
‡beast [bi:st] *n.* **1** (인간 이외의) 동물, 짐승, (특히) 네발짐승; 가축; U (집합적) [인간에 대하여] 짐승, (brute). ⇒ ANIMAL 類語 ¶ a *beast* of burden 운반·노역에 사용하는 동물 (소·말 따위) / *beasts* and birds 금수 (禽獸) / a *beast* of prey 육식동물, 맹수 / a *beast* royal 짐승의 왕 (사자) / *beasts* of the chase (법률로 승인된) 사냥감 짐승, 엽수 (獵獸) / man and *beast* 인축 (人畜) / a wild *beast* 야수, 맹수.
2 (the ~) 동물성, 수성 (獸性). ¶ exalt the man and depress the *beast* in us 우리의 인간성을 고양하고 수성을 억제하다. 「짐승 같은 놈아!
3 짐승 같은 인간, 인비인 (人非人). ¶ You *beast*! 이
4 몹시 싫은 것 (일). ¶ I had a *beast* of time. 정말 혼났다 / It was a *beast* of a day, cold and rainy. 춥고 비가 오는 아주 지독한 날이었다.
5 (the ~) 짐승 [예수의 적] (Antichrist) [←요한 계시록 (Rev.) 13 : 18]. 「을 하다.
make a beast of oneself 야수성을 발휘하다, 못된 짓
◇ **béastly** *adj., adv.*
béast fáble *n.* 동물 우화 (寓話).
beast·li·ness [bí:stlinis] *n.* U **1** (아)수성 (bestiality); 무식 (unintelligence); 야만, 난폭 (rudeness); 불결, 더러움 (filthiness); 외설 (obscenity). ¶ a story full of *beastliness* 추잡한 소설. **2** 몹시 싫은 것, 역겨운 것.
***beast·ly** [bí:stli] *adj.* (**-li·er, -li·est**) **1** 짐승의 (같은) (bestial); 잔인한 (brutal), 야만적인 (savage); 비천한 (coarse), 야비한 (vile); ¶ *beastly* pleasures 야수적 쾌락 / satisfy one's *beastly* appetite 수욕을 만족시키다. **2** 《구어》싫은, 불쾌한 (disagreeable, disgusting), 지독한 (bad). ¶ a *beastly* headache 지독한 두통 / feel *beastly* 기분이 언짢다 / What a *beastly* weather! 정말 고약한 날씨군! — *adv.* 《英구어》대단히 (very), 심하게 (exceedingly); 고약하게 (unpleasantly). ¶ be (get) *beastly* drunk 곤드레만드레 취해 있다 (취하다) / *beastly* tired. 몹시 지쳤다. ◇ **beast, beastliness** *n.*
‡beat [bi:t] *v.* (**beat, beat·en** *or* **beat, beat·ing**) *vt.*
1 …을 연달아 치다, 두드리다, 두들기다; …을 매질하다 (whip); …을 타작하다 (thresh). ¶ The child was *beaten* for mischief. 그 아이는 장난을 쳐서 매를 맞았다 // (~ + 目 + 前 + 名) *beat* a person *on* the head 남의 머리를 때리다 / *beat* the dust *out of* the carpet (= *beat* the carpet) 양탄자를 두드려서 먼지를 털다.
類語 *beat* "치다"를 나타내는 가장 일반적인 말. **strike, hit** 무엇을 해서 세게 한 대 치다: *hit* a ball 공을 치다. **pound** 주먹 (같은 것)으로 계속해서 치다: *pound* the table 책상을 쾅쾅 두드리다. **thrash** 종종 도구를 써서 계속해서 치다 [때로 벌이나 기타, 치는 쪽의 권위를 암시한다]: *thrash* a lion for punishment 벌로써 사자를 때리다. **knock** 주먹이나 단단한 것으로 주의를 끌기 위해 두드려 소리를 내다; 날카롭고 세게

치다: knock a person on the head 남의 머리를 때리다. punch 주먹[같은 것]으로 재빨리 hit 하다; punch a person on the chin 남의 턱에 한대 먹이다. slap 손바닥[같은 것]으로 찰싹 때리다. box 손바닥으로 따귀를 때리다.

2 …에 세게 부딪치다; …을 때리다. ¶ the rain *beating* the window 창문을 때리는 비 / (~+图+前+名) *beat* one's head *against* the wall 벽에 머리를 부딪치다.

3 [새가] [날개를] 퍼드덕거리다(flap), (공중에서) 날개치다(flutter). ¶ The bird *beat* its wings. 새가 날개를 쳤다 / The trapped bird was *beating* the air with its injured wings. 덫에 걸린 새는 상처 입은 날개를 퍼드덕거리고 있었다.

4 [북으로] …을 신호하다, …의 신호를 울리다(sound). ¶ *beat* a retreat(a charge) 북으로 후퇴(돌격) 신호를 울리다.

5 [달걀·크림 따위를] 휘젓다, 교반(攪拌)하다, 거품 나게 하다(whip) (…up). ¶ *beat* drugs 약을 뒤섞다 / (~+图+前) *beat* [*up*] three eggs 달걀 세 개를 휘젓다 // (~+图+前+名) *beat* flour and eggs *to* a paste 밀가루와 달걀을 섞어서 반죽을 만들다.

6 …을 때려부수다(break); …을 두드려 늘이다, 두드려 만들다(forge); …을 두드려 어떤 상태로 만들다. ¶ (~+图+前+名) *beat* rocks *to pieces* 바위를 쳐서 조각조각을 내다 / *beat* gold *into* a leaf 금을 두드려 늘려서 나뭇잎을 만들다 / *beat* iron *into* thin plates 쇠를 두드려 얇은 판을 만들다 / *beat* a snake *to death* 뱀을 때려 죽이다 // (~+图+補) *beat* a person black and white 남을 때려서 멍투성이로 만들다 / *beat* gold flat 금을 두드려 납작하게 펴다 // (~+图+前+名) *beat out* gold 금을 두드려 늘이다.

7 [길을] 밟아 다지다(tread); [진로를] 개척하다. ¶ *beat* a path 길을 밟아서 내다; 진로를 개척하다 // (~+图+前+名) *beat* one's way *through* a crowd 군중 속을 뚫고 나아가다. [손으로 박자를 맞추다.

8 [음악] [박자를] 맞추다. ¶ *beat* time with the hands

9 …을 때려박다; (심리적으로) …을 주입시키다, 단단히 가르치다. ¶ (~+图+前+名) *beat* a stake *into* the ground 말뚝을 땅에 때려박다 / *beat* a fact *into* a person's head 어떤 사실을 남의 머리속에 주입시키다.

10 [사냥] [짐승을 찾아] [숲속 따위를] 헤매다; …을 쫓아다니다. ¶ The men *beat* the wood in search of the lost child. 사람들은 길잃은 아이를 찾아서 숲속을 헤매고 다니다 / (~+图+to do) He *beat* the town *to* raise money. 그는 돈을 마련하려고 온 동네를 쏘다녔다.

11 …을 패배시키다, 무찌르다; …을 능가하다. ⇒ DEFEAT [類語] ¶ Our team *beat* theirs by a huge score. 우리 팀은 엄청난 점수차로 그들 팀을 패배시켰다 / Nothing can *beat* yachting as a sport. 스포츠라면 요트 타기가 제일이다 // (~+图+前+名) You can't *beat* me *at* tennis. 정구에서 너는 나를 당할 수 없다.

12 …을 질리게 하다, 손들게 하다, 어리둥절하게 하다(baffle, perplex). ¶ This *beats* me. 이것에는 손들었다 / It *beats* me how he did it. 그가 어떻게 그것을 해냈는지 알다가도 모르겠다.

13 (美俗) …을 속이다, 사취하다(cheat, defraud). ¶ (~+图+前+名) He *beat* the child *out of* a dollar. 그는 아이를 속여서 1달러를 빼앗았다.

14 …보다 앞서 하다, …을 앞지르다. ¶ (~+图+前+名) He *beat* his brother home *from* school. 그는 형보다 먼저 학교에서 돌아왔다 / Another man *beat* me *to* the seat. 다른 사람이 나보다 먼저 그 자리를 차지해 버렸다.

15 (美俗) (죄 등을) 면하다(escape); 공짜로 …을 타다(…에 입장하다). ¶ *beat* one's way 무임승차하다; 부정으로 입장하다.

— *vi.* **1** 계속해서 치다, 두드리다, 강타하다(*at*...). ¶ *beat at* (or *on*) the door 문을 두드리다
2 [심장·맥 따위가] 뛰다, 고동치다. ⇒ PULSATE [類語]

¶ My heart *beat* fast (or high) with joy. 기쁨으로 가슴이 벅차게 두근거렸다.

3 [비·태양·바람 따위가] 거세게 내리치다(비치다, 몰아치다); 거세게 부딪치다(dash) (*against, on* ...). ¶ (~+前+名) rain *beating on* the roof 지붕을 세게 내리치는 비 / Waves *beat into* a cave. 파도가 동굴에 거세게 부딪친다.

4 [북 따위가] 둥둥 울리다, 울려퍼지다(resound); [시계가] 째깍거리다(tick). ¶ The drums were *beating* loudly. 북소리가 크게 울리고 있었다 / (~+前) Chimes *beat out* merrily. 차임이 맑은 소리로 울리기 시작했다.

5 (구어) 이기다(win). ¶ Which team will *beat*? 어느 팀이 이길까?

6 [무선] 울림 소리를 내다. ⇒ *n.* 6. [팀이 이길까?

7 [달걀 따위가] 섞이다, 교반되다. ¶ (~+副) The yolks and whites *beat* well. 노른자위와 흰자위가 잘 섞였다.

8 [새가] 날개치다(flap).

9 [항해] 갈지자로 나아가다 [바람이나 조류에 거슬러서 배가 지그재그로 나아가다]. ¶ (~+前+名) The ship *beat against* the wind (*along the coast*). 바람을 거슬러(해안을 따라서) 배는 갈지자로 나아갔다.

10 [사냥감을 찾아서 숲속이나 덤불 속을] 뒤지다.

beat about (*vi.*) ① [사냥감을 찾아서] 샅샅이 뒤지다 (... *for*). ② [항해] 갈지자로 나아가다.
beat about (or *around*) *the bush* ⇒ BUSH.
beat a retreat ⇒ RETREAT.
beat away ① …을 털어버리다. ② …을 계속 치다. ③ …을 파내다. [광산 따위를] 파다.
beat back …을 격퇴하다(repel, repulse). ¶ The flames *beat back* the firemen. 불길로 인해 소방수들은 후퇴했다.
beat one's brains [*out*] ⇒ BRAIN.
beat down ① (*vi.*) [태양 따위가] 내리쬐다(*on, upon* ...). ¶ The sun was *beating down* on our head. 태양이 머리위에서 내리쬐고 있었다. ⇒ *vi.* 3. ② …을 쳐서 무너뜨리다. ¶ *beat down* a wall 벽을 쳐서 무너뜨리다 / …을 때려 눕히다, 타도하다; (제도·학설 따위)를 뒤엎다. ¶ The rebellion was *beaten down*. 폭동은 진압되었다. ④ (구어) …의 값을 깎다. ¶ *beat down* the price to ten dollars 10달러로 깎다.
beat a person [*all*] *hollow*; ***beat*** a person [*all*] *to sticks*** 남을 완전히 패배시키다, 남보다 훨씬 뛰어나다. ¶ We thought him a great poet, but she *beats* him *hollow*. 그를 위대한 시인이라고 생각했으나 그녀가 훨씬 위대하다.
beat in ① …을 때려박다(knock in), (비유적) …을 가르치다, 주입식으로 가르치다. ⇒ *vt.* 9. ② …에 밀어넣다(drive in). ③ …을 때려부수다(break in). ¶ *beat* the door *in* 문을 두드려 열다.
beat it (*vi.*) (구어) 급히 떠나다(hurry away); 황급히 도망치다(run away). ¶ *beat it* home 서둘러 집으로 돌아오다 / *Beat it*! 나가라! / The thief *beat it* when the police came. 도둑은 경찰이 오자 황급히 도망쳤다.
Beats me (美구어) 전혀 모르겠어.
beat off …을 쫓아버리다, 격퇴하다(repulse). ¶ They could not *beat* the hooligans *off*. 그들은 깡패를 쫓아 버릴 수가 없었다.
beat a person *out of* a thing ① …에서 남을 몰아내다. ② 남을 때려서 …을 단념하게 하다. ¶ Nothing can *beat* the idea *out of* his head. 무슨 말을 해도 그는 그 생각을 버리려고 하지 않는다.
beat out …을 두드려 만들다, (금속을) 두드려 펴다; [길을] 밟아 다지다. ¶ *beat out* gold into gold leaf 금을 두드려 펴서 금박을 만들다 / *beat out* a way through the snow 눈을 밟아 다져서 길을 내다. ⇒ *vt.* 6, 7. ② (속어) …을 패배시키다(defeat); …을 능가하다. ③ …을 지치게 하다, 기진맥진케 하다(exhaust). ¶ I was *beaten out* by the entrance examination. 입학 시험 때문에 완전히 지쳤다. ④ (곡을) 연주하다(play). ⑤ (야구) [1루로 뛰어들어] (땅볼을) 히트로 만들다.
beat over the old ground ⇒ GROUND.

beat the air ⇨ AIR.
beat the band (or ***hell, the devil***) ① 《속어》 뛰어나다, 올름하다. ¶ *That beats the band.* 정말 대단하군. ② 《미속어》 열심히; 맹렬히.
beat the bounds 《英》 ⇨ BOUND³.
beat one's breast ⇨ BREAST.
beat the clock 마감(제한) 시간 안에 해치우다.
beat the drum ⇨ DRUM.
beat the Dutch ⇨ DUTCH.
beat the hell (or ***devil***) ***out of*** 《미속어》 …을 때려누이다, …보다 훨씬 위이다.
beat the rap ⇨ RAP.
beat *a person's* ***time; beat the time of*** *a person* ⇨ TIME.
beat *a person* ***to the draw*** (or ***the punch***) ⇨ DRAW, PUNCH.
beat up ① …을 갑자기 덮치다(attack suddenly), 깜짝 놀라게 하다 (alarm). ¶ *The news beat us all up.* 갑작스러운 소식에 우리는 깜짝 놀랐다. ② 《북을》 모으다. ③ 《속어》 …을 호되게 치다, 때리다 (thrash). ④ 《달걀 따위를》 휘저어 섞다. ― *vt.* 5. ⑤ 《항해》 갈지자로 나아가다.
beat up and down 이리저리 뛰어다니다. ¶ *We beat up and down on the playground.* 우리는 운동장을 뛰어 다녔다.
beat up the quarters ⇨ QUARTER.
beat one's way ⇨ WAY.

― *n.* **1** [연타할 때의] 한번 치기, 구타 (stroke, blow). **2** [북·파도·시계 등의] 치는 소리; [심장의] 고동 (throb, pulsation). **3** 노상 다니는 길; [순경·경비원 등의] 순찰 구역 (regular round); 담당 구역. ¶ *The policeman is on his beat.* 경관은 담당 구역을 순찰중이다. **4** 《음악》 소절, 박자, 지휘통의 상하 흔들기; [연극] 사 **5** 《詩》 시각(詩脚)에서의 강세[부], ···이, 호흡. **6** 《무선》 올림, 비트[두 파동의 상호 간섭에 의해서 진폭이 주기적으로 변하는 현상이나 맥동파가 생기는 현상]. **7** 《미》 [신문에서] 특종 기사(의 보도) (scoop); 담당 기사의 출처. ¶ *The newspapers paid well for 'beats'.* 신문사는 특종 기사에 많은 돈을 지불했다. **8** [Mississippi주 미국의 어떤 주에서] 군 (county) 의 한 구분. **9** 《미구어》 남보다 뛰어난 사람(것). **10** 《미속어》 부랑자, 떠돌이 (loafer); 밥벌레 (sponge); 계산을 지불하지 않는 사람 (dead beat). **11** 《미속어》 비트족 (beatnik) [기성 사회에 반항하는 세대], 비트족적인 문학자. *cf.* beat generation **12** 《항해》 갈지자로 나아가기. ⇨ *vi.* 9.
in (***out of***) ***beat*** [음악] 박자가 규칙[불규칙]으로 되어, […한 구분.
in (***off, out of***) ***one's beat*** 전문인 (전문이) 아닌(한).
on (***off***) [***the***] ***beat*** [리듬 따위의] 박자가 맞는 (맞지 않는).

― *adj.* 《구어》 **1** 《서술용법》 지쳐빠진 (tired out). ¶ *dead beat* 녹초가 되어. **2** 《서술용법》 불시에 당하여, 놀라 (surprised). **3** 비트족의. ¶ *Allen Ginsberg is a beat poet.* 앨런 긴즈버그는 비트족 시인이다.

be·a·ta [biéɪtə, biː-] *n.* (*pl.* ***-tae*** [-íː]) 《가톨릭》 복녀 (福女) [교황으로부터 복자의 (the blessed) 로 시복되어 특별한 종교적 명예가 주어진 여성].

beat·dom [bíːtdəm] *n.* 《미속어》 비트족의 사회.

‡***beat·en*** [bíːtn] *v.* beat의 과거 분사.
― *adj.* **1** 두들겨서 늘인 (hammered). ¶ *beaten gold* (*silver*) 금박 (은박) / *beaten-out* metal 금속 박판. **2** 밟아 다져진, 상도 (常道) 의, 잘 알고 있는 (familiar). **3** 패배한. **4** 지쳐버린, 녹초가 된. **5** 세게 휘저은, 거품 을 낸 (whipped up). ¶ *beaten* cream 거품을 낸 크림.
the beaten track (or ***path***) 밟아 다져진 길; 보통의 방법. ¶ *off the beaten track* (or *path*) 상도를 벗어난; 별난, 독특한/ *follow the beaten track* 상도를 따르다.

beat·er [bíːtər] *n.* **1** 치는 (두드리는) 사람; [사냥에서] 몰이꾼. **2** 두드리는 도구 [절굿공이·망치 따위], 교반기 (攪拌機); [제지] 타혜기 (打解機), 비터.

béat generàtion *n.* (the ~) 비트족 [세대] [특히 1950년대의 미국에서 현대의 물질 문명을 비판하고, 전통적인 행동이나 복장을 배격하여 보헤미안적인 생활의 자유를 표방한 젊은이의 총칭].

béat gròup *n.* [비트 음악을 연주하는] 비트 그룹.

be·a·tif·ic [bìːətífik] *adj.* **1** 지복 (至福) (행복) 을 가져오는; 행복하게 하는. **2** 축복받은; 행복에 넘친 (blissful). ¶ a *beatific* smile 행복에 넘친 미소.
-i·cal·ly [-ikəli] *adv.*

be·at·i·fi·ca·tion [biːæ̀tifikéi(ə)n] *n.* ⓤ ⓒ **1** 행복하게 하기, 행복을 베풀기. **2** 축복받기, 행복해지기. **3** 《가톨릭》 시복 (諡福) [식].

beatífic vísion *n.* 《신학》 지복 직관 [천사 및 천상의 여러 성도가 하나님의 모습을 접하는 일].

be·at·i·fy [biːǽtifài] *vt.* (**-fied, -fy·ing**) **1** …에게 지복을 베풀다, 축복하다. **2** 《가톨릭》 [죽은 사람]을 복자 (the blessed) 로 시복하다.

*****beat·ing** [bíːtiŋ] *n.* ⓤ **1** 연달아 치기, 두드리기; ⓒ 채찍질; [우유·달걀·밀가루 따위의] 교반. ¶ *He gave the boy a good beating.* 그는 그 아이를 호되게 때려 주었다. **2** ⓒ 타격, 타도. ¶ *give one's opponent a thorough beating* 상대방에게 완패를 안겨주다. **3** [심장의] 고동 (pulsation). **4** [파도가 해안을] 밀려치기. **5** 날개치기 (flapping). **6** 《항해》 [바람·조류를 거슬러 배가] 갈지자로 나아가기.

beat·ism [bíːtiz(ə)m] *n.* ⓤ 비트주의. *cf.* beat generation

be·at·i·tude [biːǽtit(j)ùːd /-tjùːd] *n.* **1** 다시 없는 행복, 지복. ⇨ HAPPINESS 類語 **2** (~s) 여덟 가지 행복 [산상 수훈 (the Sermon on the Mount) 에서 예수가 설교했음. ←마태 복음 (Matt.) 5 : 3-11]. **3** 《동방교회》 대주교의 칭호.

Bea·tle·ma·ni·a [bìːtlméiniə, -njə] *n.* ⓤ 비틀즈에 열광하기, 비틀즈 열기; 비틀즈 광 (狂).

Bea·tles [bíːtlz] *n. pl.* (the ~) 비틀즈 [영국의 4인조 록 그룹; 현재는 해산].

beat·nik [bíːtnik] *n.* 《구어》 비트족의 사람 (beat). *cf.* beat generation

beat·out [bíːtàut] *n.* 《야구》 내야 안타. ⇨ BEAT OUT ⑤

Be·a·trice [bíːətris /bíət-] *n.* 베아트리체 [단테의 *Vita Nuova* (신생) 와 *Divina Commedia* (신곡) 속에서 이상화되고 상징화된 여성].

beat-up [bíːtʌ́p] *adj.* 《구어》 써서 낡은. ¶ a *beat-up* suit 오래 입어 낡은 옷.

be·a·tus [beiɑ́ːtəs] *n.* (*pl.* **-ti** [-ti]) 《가톨릭》 복자 (福者) [교황으로부터 시복되어 특별한 종교적 명예가 주어진 남성].

beau [bou] *n.* (*pl.* ***beaus*** or ***beaux***) **1** 애인, 연인 (sweetheart). **2** [여성의] 호위자 (escort). **3** 멋쟁이 사내, 한량 (dandy). ― *vt.* [사교적인 모임을 위해] [여성]을 호위하다. ― *adj.* 아름다운, 멋진, 친절한. [<F]

Béau Brúmmell [-brʌ́m(ə)l] *n.* 멋쟁이, 맵시꾼 [19C 초 유명한 영국 멋쟁이의 이름].

Béau·fort scále [bóufərt-] *n.* 보퍼트 풍력(風力) 계급 [영국의 제독 Sir Francis Beaufort (1774-1857) 가 고안한 풍력 계급으로, 고요 = 0에서 태풍 = 12까지 13등급으로 분류].

Béau fort Séa *n.* (the ~) 보퍼트해 [Alaska의 동북쪽에 해당하는 북극양의 일부].

beau geste [bóu ʒést] *n.* (*pl.* ***beaux gestes*** [bóuz ʒést]) 《프랑스》 (=fine gesture) 갸륵한 행동; [표면만] 착한 (친절한) 행위, 아량; [그 자리에서만의] 환심을 사는 언행.

beau idéal *n.* **1** (*pl.* **beaus ideal** or **beaux ideal**) 이상미 (理想美), 미의 극치 (ideal beauty). **2** (*pl.* **beau ideals**) 완전 무결 (이상) 의 전형 (perfect type).

beau monde [bóumɑ́nd /-mɔ́nd] *n.* 사교계, 상류 사회. [<F beautiful world]

Beaune [boun] *n.* 《Burgundy산》 적포도주의 일종. [표.

beaut [bjuːt] *n.* 《미속어》 미인, 아름다운 것. * 종종 비꼬아서 사용된다.

beau·te·ous [bjúːtiəs] *adj.* 《주로 문어》 아름다운 (beautiful). ~**ly** *adv.* ~**ness** *n.*
beau·ti·cian [bjuːtíʃ(ə)n] *n.* 미용사.
beau·ti·fi·ca·tion [bjùːtifikéi(ʃ)(ə)n] *n.* ① 미화; 장식 (embellishment). ② [특히] 화장품.
beau·ti·fi·er [bjúːtifàiər] *n.* 아름답게하는 사람(것).
‡**beau·ti·ful** [bjúːtifəl] *adj.* **1** 아름다운, 고운. ¶ a *beautiful* woman (landscape) 아름다운 여자(경치). **2** 〖보통 감각적으로〗 기분 좋은, 쾌적한(pleasant), 정신적인 기쁨을 가져주는(delightful), 훌륭한, 멋진, 찬양할 만한, 우러러볼 만한(admirable). ¶ a *beautiful* voice 아름다운 목소리 / *beautiful* weather 기막히게 좋은 날씨 / *beautiful* patience 우러러볼 만한 참을성 / *beautiful* wine 최고급의 포도주. **3** 《속어》 멋진, 날씬한.
〖類語〗 **beautiful** 아름다운 · 형태 따위가 완벽에 가깝고, 감각적 · 정신적으로 큰 기쁨을 주는; 일반적으로 남자에 대해서는 쓰지 않는다. **lovely** 사랑하지 않고는 배길 수 없을 정도의 아름다움이며, 강한 감각적 기쁨을 주는. **handsome** 외관이 당당하고 균형이 잡힌. **pretty** 조심스러우나 매력적이고 귀여운, 사랑스러운; 비교적 작은 것에 대하여 쓴다. **fair** 순결하고 신선한 아름다움을 강조하는 말. **comely** 용모가 폐 반듯하고 인상이 좋은; 문어로 쓰는 말. **good-looking** 단순히 「용모가 아름다운」; handsome, pretty 와 같은 뜻으로 쓰이기도 한다.
— *n.* (보통 the~) **1** 〖U〗 미(美); 미의 극치. **2** 〖집합적〗 아름다운 것(사람). ~**ness** *n.*
◇ **beautiful** *v.*, **beauty** *n.*
béautiful létters *n.* 〖보통 단수 취급〗 순문학 (belles-lettres).
‡**beau·ti·ful·ly** [bjúːtifəli] *adv.* **1** 아름답게. **2** 기분 좋게, 쾌적하게. **3** 훌륭하게.
béautiful péople *n. pl.* 《구어》 **1** 국제 사교계 인사들, 부호들. **2** 제트족[제트기로 여행하는 부류들]. **3** 현대 감각이 풍부한 사람들[略 BP].
‡**beau·ti·fy** [bjúːtifài] *v.* (**-fied, -fy·ing**) *vt.* …을 아름답게 하다, 미화하다; …을 장식하다(adorn). ¶ Flowers *beautify* a garden. 꽃은 정원을 아름답게 한다.
— *vi.* 아름다워지다.
◇ **beautiful** *adj.*, **beauty**, **beautification** *n.*
beau·til·i·ty [bjuːtíliti] *n.* 아름다움과 실용성을 고루 갖추기, 실용미(實用美), 기능미(機能美). [< BEAU[TY] + [U]TILITY]
beau·ty [bjúːti] *n.* (*pl.* **-ties**) **1** 〖U〗 〖감각적 · 지적 · 도덕적으로〗 아름다움, 미; 미모(good looks); 아름다운 경치, 미관. **2** 〖물리적〗 (*physical*) *beauty* 자연(육체)미 / the *beauty* of a mother's love 모성애의 아름다움 / The place is famed for its scenic *beauty.* 그곳은 아름다운 경치로 유명하다 / *Beauty* is but (or only) *skin-deep.* 《속담》 미모는 거죽 한꺼풀; 사람은 외모만 보고는 알 수 없다.
2 미인, 미녀. ※ 종종 비꼬아서 쓰인다. ¶ the reigning *beauty* 당대의 최고 미인 / fashionable *beauties* of the screen 영화계에서 소문난 미녀들.
3 아름다운 것; 〖동류 중에서〗 아주 뛰어난 것. ¶ The new building is a *beauty.* 그 새 건물은[다른 건물에 비해서] 두드러지게 아름답다.
4 (the ~) 〖집합적〗 미인(미녀)들. ¶ all the *beauty* of the town 도시의 모든 미인들.
5 (the ~) 장점, 묘미, 매력. ¶ That's the *beauty* of it. 그것이 좋은 점이야 / The *beauty* of the game lies in its liveliness. 그 경기의 매력은 그 활발함에 있다.
6 《반어적》 형편없는 것, 지독한 것. ¶ This mistake is a *beauty.* 이 실수는 너무하다.
— *adj.* 《속어》 최고의, 최상의(best, nicest). ¶ the *beauty* part 최고의 부분.
◇ **béautiful, béauteous** *adj.*; **béautify** *v.*
béauty árt *n.* 미용술.
béauty cóntest *n.* **1** 미인 선발 대회. **2** 미국 대통령의 예비 선거로서 구속력을 갖지 않는 인기 선거.

béauty dóctor *n.* 미용사.
béauty párlor(sálon, shóp) *n.* 《미》 미장원.
béauty quéen *n.* 미인 선발 대회의 여왕.
beau·ty-shopped [bjúːtiʃɑpt / -ʃɔpt] *adj.* 《미》 미장원에서 이쁘게 된.
béauty shót *n.* 〖광고〗 클로즈업[광고 상품의 매력을 강조하는 세트에 조명을 비추어 접사(接寫) 한다].
béauty sléep *n.* 《구어》 자정 이전의 수면[가장 잘 수 있고, 건강과 아름다움을 더해 준다고 한다]. ¶ I've got to go home and get my *beauty sleep.* 가서 눈 좀 붙여야겠어[모임 따위에서 나올 때].
béauty spécialist *n.* =beauty doctor.
béauty spót *n.* **1** [멋으로 붙이는] 검은 점, 애교점 (patch). **2** 검은 사마귀점(mole). **3** 명승지, 절경.
béauty tréatment *n.* 미용법; 미용술.
beaux [bouz] *n.* beau 의 복수형의 하나.
beaux-arts [bòuzɑ́ːr] *n. pl.* 미술(fine arts).
beaux-es·prits [bóuzesprí-] *n.* 《프랑스》 bel-esprit 의 복수형. [복수형]
beaux gestes [bóuz ʒést] *n.* 《프랑스》 beau geste 의 복수.
beaux yeux [F bozjǿ] *n. pl.* 《프랑스》 아름다운 눈; 미모; 특별한 호의. [< F beautiful eyes]
bea·ver[1] [bíːvər] *n.* (*pl.* **-vers** *or* **-ver**) 비버, 해리(海狸) 〖강에서 떼지어 사는 설치목 동물; 진흙이나 나뭇가지로 댐을 만들고 그 속에서 산다. 모피는 질이 좋다〗. ¶ work like a *beaver* 부지런히 일하다. **2** 〖U〗 비버의 모피. **3** 비버 모자; 실크 햇[원래 비버의 모피로 만들었다]. **4** 〖U〗 〖직물〗 일종의 두꺼운 모직물. **5** 《미구어》 일하는 사람(hard worker), 부지런한 사람. **6** 《구어》 턱수염을 기른 사람. **7** (B-) 미국 Oregon 주 주민의 별칭. — *vi.* 《英구어》 부지런히 일하다.
bea·ver[2] [bíːvər] *n.* 〖투구의〗 턱 가리개.
Bea·ver·board [bíːvərbɔ̀ːrd / -bɔ̀ːd] *n.* 〖상표명〗 비버 보드〖건축용. 특히 천장 · 칸막이 따위에 사용되는 판지 모양의 가볍고 단단한 목섬유질 박판〗.
Béaver Státe *n.* (the~) 미국 Oregon 주의 속칭.
bea·ver·teen [bìːvərtíːn] *n.* 〖U〗 비버의 모피 비슷한 면 빌로드.
B.E.B. 《略》 *B*ritish *E*ducation *B*roadcast.
be·bop [bíːbɑp / -bɔp] *n.* 〖음악〗 비밥 〖즉흥 연주를 특색으로 하는 재즈 연주의 한 형태〗.
be·bop·per [bíːbɑpər / -bɔpə] *n.* 비밥 연주자(가수).
be·bug·ging [bəbʌ́giŋ] *n.* 〖컴퓨터〗 비버깅〖프로그래머가 얼마나 디버깅(debugging)할 수 있는지를 측정하기 위해 프로그램에 일부러 잘못된 것을 삽입하기〗. *cf.* debugging
be·call [bikɔ́ːl] *vt.* 《英고어 · 卑語》 …을 부르다, 불러내다; …을 비난하다, …을 고소하다.
be·calm [bikɑ́ːm] *vt.* **1** 〖바람이〗 자서〖배〗를 세우다. ∗보통 과거 분사로 쓴다. ¶ The ship lay *becalmed.* 배는 바람이 자서 멈추어 있었다. **2** 〖사람을〗 가라앉히다(calm). ¶ *becalm* an agitated mind 흥분한 마음을 가라앉히다.
be·came [bikéim] *v.* become 의 과거형.
be·cause [bikɔ́ːz, -kʌ́z, -kəz / -kɔ́z, -kəz] *conj.* **1** 〖종속절을 이끌어〗 …이라는 이유 (원인)로, …이므로, …때문에(since); 왜냐하면 …이니까. ¶ The game was called off *because* it rained. 비가 왔기 때문에 경기는 중지되었다 / He went into trade, not *because* he liked it, but *because* he had no other recourse. 그는 좋아서가 아니라 달리 방도가 없었기 때문에 장사를 시작했다 / It's dark *because* the sun has set. 해가 졌으니까 어둡다 / It's *because* he helped you that I'm prepared to help him. 내가 그를 도와주는 것은 그가 너를 도와주었기 때문이다 / I didn't call *because* I didn't want to see her. 그녀를 만나기 싫었기 때문에 방문하지 않았다.
〖類語〗 **because** 직접적인 원인 · 이유를 즉석에서 밝히는 데 사용하며, 주절 뒤에 오는 일이 많다: I go to school

because I want to learn. 나는 배우고 싶기 때문에 학교에 다닌다. since *because* 만큼 원인·이유를 강조하지는 않는다; 주절 앞이나 뒤에도 올 수 있다. as since 보다 원인·이유의 뜻이 약하다; 주절 뒤에 오는 일은 좀처럼 없다: Since (or As) I want to learn, I go to school. 배우고 싶어서 학교에 다닌다. *for* 이미 말한 바에 대하여 이유·설명 따위를 나중에 생각난 듯이 첨가한다: I go to school, *for* I want to learn. 나는 학교에 다닌다, 배우고 싶어. ⇨ FOR (Usage).

주의 주절 내의 부정어는, 주절의 진술을 부정하는 경우 (…이므로 …하지 않다)와, 주절의 내용과 because 이하의 이유를 밀접하게 관련시키는 일을 부정하는 경우 (…이기에 …이라는 것은 아니다)가 있다: He didn't do it, *because* it was difficult. 그것이 어렵기 때문에 하지 않았다. *cf.* He didn't do it *because* it was difficult. 그것이 어려워서 하지 않은 것은 아니다.
2《문중의 주어·보어가 되는 명사절을 이끌어》…이라는 것(that). ¶ The reason why I learn English is *because* it is useful. 내가 영어를 공부하는 이유는 그것이 유용하기 때문이다.
all the more because …이니까 더욱더(오히려). ¶ I love her *all the more because* she has faults. 결점이 있기에 오히려 그녀를 좋아한다.
none the less because …에도 불구하고 역시. ¶ She respected him *none the less because* he was uneducated. 그는 교육받지 못했지만 그래도 그녀는 그를 존경했다.
— *adv.*《because of 의 형태로》…때문에, …탓으로 (by reason of). ¶ *Because of* her age, she could not walk so fast. 그녀는 노령 탓으로 그렇게 빨리 걸을 수가 없었다.

bec·ca·fi·co [bèkəfí:kou] *n.* (*pl.* **-cos** or **-coes**) 꾀꼬리의 일종(garden warbler) [이탈리아에서 식용하는 새].
bé·cha·mel [béiʃəmèl, ⁓-⁓/béiʃə-] *n.* ⓤ 베샤멜 소스 [진한 화이트 소스].
be-chance [bitʃǽns/-tʃɑ́:ns] *v.* (**-chanced, -chancing**) *vi.*《고어》《우연히》일어나다, 생기다(happen). 닥치다(befall). — *vt.*《고어》에게 일어나다, 닥치다. 〔앗다.
be-charm [bitʃɑ́:rm] *vt.* …을 매혹하다; …의 넋을 옴
bêche-de-mer [bèʃ(i)dəmɛ́ər] *n.* **1** (*pl.* **bêches-de-mer** or **bêche-de-mer**) 해삼(trepang). **2** Neo-Melanesian 의 구칭.《F》
Bech·u·a·na·land [bètʃu·ɑ́:nəlænd, +美 bèkju:-] *n.* 베추아날랜드〔남아프리카 보츠와나(Botswana) 공화국의 구칭〕.
beck[1] [bek] *n.* **1** [신호로서의] 고갯짓(nod); 손짓; [명령의] 신호. **2** (주로 스코)〔인사로서의〕절.
be at a person's beck [*and call*] 남을 마음대로 부리다.
have a person at one's beck 남을 마음대로 부리다. ¶ The manager had the men *at his beck*. 지배인은 부하를 마음대로 부려먹었다.
— *vt., vi.*《고어》=BECKON. 〔울.
beck[2] [bek] *n.*《주로 영방언》시내(brook), 계곡의 개
beck·et [békit] *n.*《항해》밧줄·노·원재(圓材) 따위를 연결하는 〔다림줄, 밧줄의 고리.
*****beck·on** [bék(ə)n] *vt.* **1**〔손짓·고갯짓·몸짓으로〕…에게 신호하다, 지시하다. ¶(⁓+图+*to*图) He *beckoned* me *to* come nearer. 그는 내게 가까이 오라고 손짓했다 // (⁓+图+圖) He *beckoned* us *in*. 그는 우리를 불러들였다. **2** …을 유인하다, 꾀다; 끌어 추기다(entice). — *vi.* 부르다, 신호하다. ¶(⁓+鬼+图) I ran to the side and *beckoned to* John. 나는 옆쪽으로 달려가서 존에게 신호를 보냈다. — *n.* [손짓·고갯짓·몸짓으로 하는] 신호.
be-cloud [bikláud] *vt.* **1** …을 흐리게 하다. **2** …을 모호하게 하다(obscure). 〔의미 따위를〕혼란시키다. ¶

becloud an argument 토론을 혼란에 빠뜨리다.
BECO [békou] *n.*《우주공학》발사용 로켓 엔진의 연소 차단.〔<*b*ooster *e*ngine *c*ut *o*ff〕
‡be·come [bikʌ́m] *v.* (**be-came, be-come, be-com-ing**) *vi.* **1** …이 되다(come, grow to be). ¶(⁓+矝) He has *become* a merchant. 그는 장사꾼이 되었다(※ 미래의 일에는 보통 be 를 쓴다: He will *be* a merchant.) / He *became* wiser as he grew older. 그는 나이들수록 더 현명해졌다 / He *became* tired. 그는 피로해졌다 / How did you *become* acquainted with him? 그와는 어떻게 알게 되었습니까? **2** 오다, 생기다. — *vt.* …에 어울리다(suit); …에 알맞다, 적합하다(be suitable for). ¶ Does this coat *become* me? 이 코트 내게 어울리니? / She kept silence, as *became* a young lady. 그녀는 젊은 숙녀답게 침묵을 지키고 있었다 / It would ill *become* you to do such a thing. 그런 일을 한다면 너답지 않을 거야.
become of《보통 what 과 함께》어떻게 되다(happen to); 어디에 있다. ¶ What will *become of* us if a war breaks out? 전쟁이 나면 우리는 어떻게 될 것인가? / What has *become of* that book? 그 책은 어떻게 되었지(어디로 꺼졌지)?
*****be·com·ing** [bikʌ́miŋ] *adj.* 잘 어울리는; 알맞은, 적합한(suitable, proper) (in, to…). ¶ Complaining is not *becoming* in a man. 불평을 늘어놓는 것은 남자답지 않다. — *n.* ⓤ **1** 변화 과정. **2**〔철학〕생성, 발달(변화) 과정. ~·**ly** *adv.* ~·**ness** *n.*
Béc·que·rel ràys [békrəl-/bekrél-] *n. pl.* 베크렐선 [α, β, γ 의 세 방사선; 프랑스의 물리학자 A.H. Becquerel 이 발견(1896)].
‡bed [bed] *n.* **1** 침대; 잠자리 [침구를 포함]; 침소(寢所); [말·소의] 잠자리 짚, 깃(litter). ¶ a feather *bed* 깃털 이불 / a flock *bed* 털부스러기를 넣은 침대 이불 / a *bed* of sickness 병상 / be ill in *bed* 앓아 누워 있다 / sit up in *bed* 침대에서 일어나 앉다 / get out of *bed* 잠자리에서 나오다, 일어나다 (get up) / jump out of *bed* 벌떡 일어나다 / make a *bed* for a horse 말에 짚을 깔아 주다 / share a *bed* 잠자리를 같이 하다 / She is too fond of her *bed*. 그녀는 노상 잠만 자려고 한다(게으름쟁이다) / I want a room with a double *bed*. [호텔 따위에서] 더블 베드가 있는 방을 주십시오 / *As you make your bed, so you must lie on it.*《속담》자업자득.
2 ⓒⓤ 잠자리에 들기, 취침; 숙박, 하룻밤의 숙소 (lodging). ¶ I drink whisky before *bed*. 나는 잠자리에 들기 전에 위스키를 마신다 / He offered me a *bed*. 그는 내게 자고 가라고 말했다.
3 ⓒⓤ 부부의 잠자리, 부부 관계 (marital relationship); 《구어》성관계. ¶ John is the only son of her second *bed*. 존은 그녀의 두번째 결혼에서 태어난 외아들이다 / They are in *bed*. 그들은 성관계를 맺고 있다.
4 휴식처(resting place).
5 화단(flower bed); 묘상(苗床); 화단(묘상)의 화초.
6 하상(河床), 강바닥(river bed), 물밑; [굴 따위의] 양식장.
7 토대, 대(臺); 포상(砲床). ¶ The machine rests on a *bed* of concrete. 기계는 콘크리트 토대 위에 설치되어 있다. 〔coal *bed*; a *bed* of coal 탄층.
8〔지질〕층, 지층(stratum), 암상, 광상(鑛床). ¶ a
9 도상(道床), 〔그 위에 포장하는〕노반(road bed).
10〔벽돌·지붕널·슬레이트·타일 따위의〕밑면; 평평한 밑면(닿는 면).
11〔인쇄〕반대(盤臺); 〔조선〕조선대.
12〔동물〕손톱(발톱) 뿌리의 살.
13 무덤(grave). ¶ one's lowly (or narrow) *bed*《문어》분묘, 무덤 / a *bed* of honor 명예로운 전사자의 무덤.
14〔스포츠〕〔트램폴린의〕매트 부분; 〔볼링의〕레인 바닥.
be brought to bed [*of a child*] 아이를 분만하다, 해산 하다. ¶ My wife *was brought to bed of* a girl

be confined to one's bed =keep one's bed.
bed and board ① 숙박과 식사. ② 침식을 함께 하기, 동거, 부부 관계; 가정. ¶ We had to separate from *bed and board* for the war. 전쟁 때문에 우리 부부는 별거해야만 했다.
a bed of downs(or *flowers, roses*) 깃털(꽃, 장미) 침대; 안락한 신분(생활). ¶ Life is no *bed of roses*. 인생은 편안한 것이 아니다.
a bed of dust 무덤.
a bed of thorns 바늘 방석, 괴로운 처지, 고통스러운 입장.
die in one's bed [사고사 따위가 아니고] 제명에 죽기; 병상에서 죽다.
get out of bed on the wrong side; get up on the wrong side of the bed 꿈자리가 나쁘다, 아침부터 기분이 나쁘다. * 과거형 또는 must have got ... 의 형태로 쓰는 것이 보통이다. ¶ He must have *got out of bed on the wrong side* this morning. 그는 오늘 아침 기분이 언짢은가 보다.
go to bed ① 자다, 취침하다. ②《英속어》《명령형으로》입닥쳐, 시끄러워.   [다.
go to bed in one's boots《속어》 곤드레만드레 취하
keep one's bed 몸져 누워 있다.
leave one's bed 병상을 거두다, 완쾌하다.
lie in (or *on*) *the bed one has made*《속담》자기가 한 일의 보답을 받다, 자업 자득이다.
make a (or *the*) *bed* 잠자리를 펴다, 침대의 준비를 하다. * 우리말의 잠자리를 「펴다」「걷다」는 prepare, fold up이 적절.   [를 준비하다.
make up a bed 새 잠자리를 마련하다, 임시로 잠자리
put...to bed ① …을 재우다. ②〔印刷〕판을 짜다.
take to [*a*] *bed* 해산 자리에 눕다(be brought to bed).
take to one's bed 침대에 눕다; 앓아 눕다.
— *v.* (**bed·ded, bed·ding**) *vt.* **1** …에게 침대를 제공하다, 잠자리를 마련하다. **2** …을 재우다(put to bed). **3** [말·소 따위]에 짚을 깔아 주다, …에게 잠자리를 만들어 주다(...*down*). ¶ (~ + 自) He *bedded down* his horse with straw. 그는 말에 짚을 깔아주었다. **4** …을 묘상에 심다, 화단에 심다; …을 밭에 심다(...*out*). **5** …을 판자하여 놓다, 층층으로 쌓아올리다, 설치하다. ¶ (~ + 目 + 前 + 名) *bed* bricks in mortar 벽돌을 회반죽을 써서 쌓아올리다, **6** …을 묻다, 끼워 넣다(embed). ¶ (~ + 目 + 前 + 名) A bullet is *bedded* in the flesh. 탄환이 살 속에 박혀 있다. **7** …과 성교하다.
— *vi.* **1** 잠자리에 들다, 자다(go to bed) (*down*...). ¶ (~ + 前 + 名) be accustomed to *bed* early 일찍 자기에 길들어 있다. **2** 앉다, [...위에] 얹히다(*on*...). **3** [지질] ◇ abed *adv.*, embed *v*.   [지층을 형성하다.
B. Ed.(略) Bachelor of *Ed*ucation.
be·dab·ble [bidǽbl] *vt.* (**-bled, -bling**) [물 따위]를 튀기다(splash), [튀겨서] …을 더럽히다(stain). ¶ a dress *bedabbled with* blood 피로 얼룩진 옷.
bed-and-break·fast [bédənbrékfəst] *n.* 숙박 및 아침 식사[아침 식사를 제공하는 숙박;略 b. and b., b & b.]
be·daub [bidɔ́ːb] *vt.* **1** …에 온통 칠하다, …을 더럽히다(...with). **2** …을 야하게 꾸미다(盛飾).
be·daze [bidéiz] *vt.* (**-dazed, -daz·ing**) …의 눈을 어리게 하다(daze); …을 멍하게 하다, 어리둥절하게 하다(bewilder).
be·daz·zle [bidǽzl] *vt.* (**-zled, -zling**) …을 현혹시키다, …의 눈을 흐리다.
bed bóard *n.* 매트리스와 스프링 사이에 까는 딱딱한 판.   [고 얇은 판.
bed·bug [bédbʌ̀g] *n.* 빈대.
bed·cham·ber [bédtʃèimbər] *n.* 《古》 침실(bedroom). ¶ the Groom (Lady) of the *Bedchamber* 〔영국 왕실의〕 침실 담당 시종[시녀].
béd chèck *n.* 《美軍》〔막사 따위에서 밤에 부재자를

조사하기 위한〕취침 점호.
bed·clothes [bédklòu(ð)z / -klòuðz] *n. pl.* 침구, 이부자리 〔요(매트리스)는 제외〕(bedding).   [(spread).
bed·cov·er [bédkʌ̀vər] *n.* 침대 커버, 침대 보 (bed·
béd cùrtain *n.* 침대 둘레에 드리운 커튼.
bed·da·ble [bédəbl] *adj.* **1** 침대로 되는(되기에 알맞은); 성적 매력이 있는. **2**《속어》[남자와] 헤프게 자는〔여자〕.
bed·der [bédər] *n.* 화단용 화초.   [는〔여자〕.
bed·ding [bédiŋ] *n.* Ⓤ **1** 침구류(bedclothes). **2** [마소 따위 가축의] 잠자리 짚, 깃. **3** 〔건축〕 토대, 기초 (foundation). **4** 〔지질〕 성층(stratification); 광층(鑛層).
bed·dy-bye [bédibài] *n.* 《어린이말》 침대, 취침 시간; 자장자장(sleep). ¶ Come, *beddy-bye*! 아가, 자장자장 해야지!
be·deck [bidék] *vt.* …을 꾸미다, 장식하다(adorn), 〔야하게〕 치장하다. ¶ She *bedecked* her daughter *with* silk and jewels. 그녀는 비단과 보석으로 딸을 치장시켰다.
bed·e·guar [bédigɑ̀ːr] *n.* 〔혹벌(gall wasp) 따위의 장미의 충영〕(蟲癭).
be·del, -dell [bíːdl, bədél] *n.* 《古》 =beadle.
bede·man [bíːdmən], **bedes-** [bíːdz-] *n.* (*pl.* **-men** [-mən]) =beadsman.
be·dev·il [bidévl] *vt.* (**-iled, -il·ing**;《英》**-illed, -il·ling**) **1** …을 괴롭히다. **2** …에게 악마가 들린 것같이 하다 (bewitch). **3** [마음 따위]를 혼란시키다, 엉망으로 만들다(confound). **4** 방해하다(hamper), 곤란하게 하다.
be·dev·il·ment [bidévlmənt] *n.* Ⓤ **1** 악마에게 홀리기, 고민, 고통. **2** 혼란, 착란.
be·dew [bid(j)úː / -djúː] *vt.* …을 이슬에 적시다; [눈물·땀 따위]로 …을 적시다. ¶ Tears *bedewed* her cheeks. 눈물로 볼을 적셨다.
bed·fast [bédfæst / -fɑ̀ːst] *adj.* [병·노령 따위로] 자리 보전한(bedridden).
bed·fel·low [bédfèlou] *n.* 잠자리를 함께 하는 사람 (bedmate). **2** [친밀한] 동료, 패거리. ¶ an awkward *bedfellow* 사귀기 거북한 사람 / a strange *bedfellow* 속 마음을 알 수 없는 사람.
Béd·ford córd [bédfərd-] *n.* 나사(면) 코르덴〔복지, 조끼, 승마복 따위에 쓰인다〕.
Béd·ford·shire [bédfərdʃìər, -ʃər] *n.* **1** (= **Bedford**) 영국 중부의 주〔농기구·레이스의 생산지; 주도 Bedford〕. **2** (b-) 《英》《익살》 침대(bed). ¶ go to *bedfordshire* 자다.
bed·gown [bédgàun] *n.* =nightgown.
be·dight [bidáit] *vt.* (**-dight, -dight·ed, -dight·ing**) 《古》 …을 꾸미다, 장식하다(array). * 보통 과거 분사로 쓴다.
be·dim [bidím] *vt.* (**-dimmed, -dim·ming**) [눈·마음 따위]를 흐리게 하다(make dim); …을 멍하게 하다. ¶ eyes *bedimmed* with tears 눈물로 흐려진 눈.
bed-in [bédìn] *n.* 드러누운 채 하는 항의(파업).
be·di·zen [bidáizn, +美 -dízn] *vt.* …을 장식하다, 야하게 치장하다 (...*with*). ¶ She was *bedizened* with jewels. 그녀는 보석으로 치장하고 있었다.
be·di·zen·ment [bidáiznmənt, +美 -dízn-] *n.* 치장, 성장(盛裝).
béd jàcket *n.* 베드 자켓〔여성이 nightgown 위에 입는 짧고 헐렁한 자켓〕.   [용].
bed·key [bédkìː] *n.* 침대용 스패너〔침대틀의 나사 조절
bed·lam [bédləm] *n.* **1** 대소동, 혼란; 미친 짓; 시끄러운 장소. ¶ It is a terrible *bedlam*. 정말 굉장한 소동이군. **2** 《古》 정신 병원(madhouse); (B-) 영국 London 에 있는 St. Mary of Bethlehem 정신 병원의 속칭.
— *adj.* 미친(mad, lunatic), 미친 것 같은, 시끄러운.
bed·lam·ite [bédləmàit] *n.* 정신병자, 미치광이 (lunatic).
béd línen *n.* Ⓤ 시트와 베갯잇.
Bed·ling·ton [bédliŋtən] *n.* =Bedlington terrier.

Bédlington térrier n. 베들링턴테리어[영국산 (產)의 털이 얽센 테리어개].

Béd·loe's Ísland [bédlouz-] n. 미국 뉴욕만 북부에 있는 작은 섬의 구칭[자유의 여신상(the Statue of Liberty)이 있는 곳. 1956년 Liberty Island로 개명].

bed·mak·er [bédmèikər] n. **1** 《英》 [Oxford, Cambridge 대학의] 침실 담당원; 침실 담당원의 고용인. **2** 침대 제조인.

bed·mak·ing [bédmèikiŋ] n. 침대 정돈, 잠자리 준비 하기. [편.

bed·mate [bédmèit] n. **1** =bedfellow. **2** 아내 또는

Bed·ou·in [béduin], (**Beduin**) n. (pl. **-ins** or **-in**) **1** 베두인 사람[사막 지방에서 유목 생활을 하는 Arab인]. **2** 방랑자(wanderer), 유목민(nomad). —— adj. **1** 베 두인 사람의. **2** 유목민의.

bed·pan [bédpæ̀n] n. **1** [환자용] 변기. **2** 난상(煖床)

béd píece n. =bedplate. [器], 탕파.

bed·plate [bédplèit] n. 바닥널, 대판(臺板)[기계의 가벼운 부품을 받치는 판자·대·틀].

bed·post [bédpòust] n. **1** 침대 기둥 [네 귀퉁이의 기둥]. **2** (~s) 《속어》 [볼링] 7·10번 핀이 남는 스플릿.

between you and me and the bedpost ⇒ BETWEEN.

bed·quilt [bédkwìlt] n. [침대용] 누비 이불.

be·drab·ble [bidrǽbl] vt. (**-bled, -bling**) …을 비(진흙)로 더럽히다.

be·drag·gle [bidrǽgl] vt. (**-gled, -gling**) …을 흠뻑 젖게 하다; …을 진흙투성이로 하다; [옷 따위]를 질질 끌어 더럽히다.

be·drag·gled [bidrǽgld] adj. 오수(汚水)로 더러워진. She looked bedraggled. 그녀는 더러운 모습을 하고 있었다.

bed·rail [bédrèil] n. 침대의 옆널.

be·drench [bidréntʃ] vt. …을 흠뻑 젖게 하다.

béd rést n. [치료 결학 환자 등이] 침대에서의 쉬기.

bed·rid·den [bédrìdn], **-rid** [-rìd] adj. **1** 누워만 있는. ¶ a bedridden invalid 자리 보전한 병자. **2** 지쳐 빠진(worn-out), 노후한.

bed·rock [bédrák, ☞ -rɔ́k] n. 回C **1** [지질] 기반암[최하층의 바위]. **2** 최하정(minimum). **3** 근저; 튼튼한 기초(foundation). **4** 기본 원리, 기본적 사실.

get (or **come**) **down to bedrock** ① 진상을 규명하다. ② 《美속어》 밑바닥에 이르다, 무일푼이 되다.

—— adj. 근저의; 최저의; 튼튼한. ¶ the bedrock price 최저가(價). [돌 만 침구].

bed·roll [bédròul] n. [캠핑 따위에 휴대하기 위해서]

bed·room [bédrù(:)m/ -rùm] n. **1** 침실. **2** [2개의 침대와 세면 설비가 있는] 열차의 침대실. cf. compartment, roomette **3** 교외 주택지(bedroom suburb). —— adj. **1** 성관계를 다룬, 성적인(sexy). **2** 통근자가 사는. [tory suburb].

bédròom súburb n. 《美》교외 주택지(《英》dormi-

Beds [bedz] 《略》Bedfordshire.

béd shéet n. 이불잇, 베드 시트.

bed·side [bédsàid] n. (the ~, one's ~) **1** 침대 곁. **2** [특히 환자의] 머리맡. ¶ be (or sit) at (or by) a person's bedside. 남의 머리맡에서 시중들다. —— adj. **1** 간호하고 있는, 시중드는. ¶ have a good bedside manner [의사가] 환자를 다룰 줄 알다. **2** 침대 곁(머리맡) [용]의. ¶ a bedside table 침대 곁(머리맡)의 탁자.

bed·sit [bédsìt] vi. 《英구어》 bed-sitter 에 살다.

—— n. 《英구어》 =bed-sitter.

bed·sit·ter [bédsìtər] n. 《英구어》 =bed-sitting room.

béd·sít·ting ròom [bédsítiŋ-] n. 《英》 침실·거실 겸용의 방 하나뿐인 아파트. [기 양말.

bed·sock [bédsàk / -sɔ̀k] n. [보온을 위해] 침대에서 신

bed·sore [bédsɔ̀:r / -sɔ́:] n. 《환자의》 욕창(褥瘡).

bed·space [bédspèis] n. [호텔·병원·기숙사 등의] 침대 수.

bed·spread [bédsprèd] n. [사용하지 않을 때 씌워 두

bed·spring [bédspriŋ] n. 침대의 스프링.

bed·stead [bédstèd] n. 침대의 뼈대. ¶ put up a bed-stead 침대를 조립하다.

bed·straw [bédstrɔ̀:] n. 回 **1** 침대에 넣는 짚. **2** 갈퀴덩굴속(屬)의 초본의 속칭, [특히] 솔나물 [예전에 그 줄기를 침대 속에 넣었던].

bed·tick [bédtìk] n. 요겉데기[그 속에 솜·깃털 따위를 넣어서 mattress를 만든다].

*bed·time [bédtàim] n. 回 잠잘 시간, 취침 시각. ¶ It's past bedtime. 잠잘 시간이 지났다.

bed·ward [bédwərd], **-wards** [-wərdz] adv. **1** 침대 쪽으로, **2** 취침 시각이 가까와져(toward bedtime).

bed-wet·ting [bédwètiŋ] n. 回 자다가 [이불에] 오줌 싸기(enuresis).

‡**bee** [bi:] n. **1** [일반적으로] 벌; [특히] 꿀벌(honeybee); (비유적) 부지런한 일꾼. ¶ a queen (a working) bee 여왕(일)벌 / swarm like bees 우글우글 모이다 / work like a bee 부지런히 일하다. **2** 《주로美》[공동 작업·경기·놀이 등을 위한] 이웃끼리의 모임. ¶ a husking bee 옥수수껍질 벗기기 모임 / a spelling bee 철자 경기회. **3** 《英》 시인(poet).

[as] busy as a bee 몹시 바쁘다.

have a bee in one's **bonnet** (or **head**) ① 머리가 좀 이상해져 있다. ② [머리가 이상해질 정도로] 어떤 생각에 골몰해 있다. [고 하다.

put the bee on 《구어》 …에게서 돈(기부금)을 얻으려

Beeb [bi:b] n. 《구어》 영국 방송 협회(BBC).

bée bèetle n. [꿀벌집에 꾀는 작은 딱정벌레] 《유럽산》 (產). [칭].

bée bìrd n. 벌잡이새[북미산(產) kingbird 등의 속

bee·bread [bí:brèd] n. 回 꿀벌의 식량[꽃가루와 꿀로 만든 것으로, 꿀벌이 유충에게 준다].

*beech [bi:tʃ] n. **1** 너도밤나무; ② 그 재목(beech wood).
◇ béechen adj.

beech·en [bí:tʃ(ə)n] adj. 너도밤나무의, 너도밤나무 재목으로 만든.

béech mást n. 너도밤나무의 열매[특히 땅에 떨어진]

beech·nut [bí:tʃnʌ̀t] n. 너도밤나무의 열매 [삼각형의 작은 열매로 식용이 된다].

bée cúlture n. 양봉(養蜂).

bee-eat·er [bí:ì:tər] n. 벌잡이새 (bee bird).

‡**beef** [bi:f] n. (pl. **2** 에서는 **beeves** [bi:vz], **5** 에서는 **beefs**) **1** 回 쇠 고기, 식육. cf. veal ¶ corned beef 콘비프 / horse beef 말고기 (horseflesh), 2 (pl. **beeves**) 식용수, 육수 (* cow, bull, ox, steer 를 불문한다). **3** beeves of good quality 양질의 식용수. **4** 回(구어) 근육(brawn); 근력, 완력(muscular strength); 체력; 힘 (strength). **5** beef and muscle 완력, 근력 / He's got plenty of beef. 그는 근육이 발달한 남자이다. **4** 回《구어》 체중(weight); [사람의] 살. ¶ take on beef 체중이 늘어 찌다. **5** 《美속어》 불평, 불만(complaint); 말다툼, 싸움(quarrel). ¶ a beef session 불만 토로 집회.

beef to the heels 몹시 살이 쪄서.

—— vt. 《美》 **1** …을 도살하다. **2** [소]를 살지우다.

—— vi. 《美속어》 불평하다(complain), 투덜대다(grumble) (about…); 항의하다, 실수하다.

beef up 《구어》 …을 강화(보강)하다. ¶ beef up an air force 공군을 강화하다.

◇ béefy adj.

beef·a·lo [bí:fəlòu] n. (pl. **-loes** or **-los**) 《美》 들소와

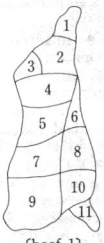

[beef 1]

1, 11 shank 정강이살 2 round 사태
3 rump 럼프, 엉덩이살 4 sirloin 허리고기 5 strip loin 등심 6 flank 옆구리살 7 rib 갈비살
8 plate 앞갈비살 9 chuck 목살
10 brisket 가슴고기

beefburger

식용우의 교배로 생긴 육우(肉牛)의 한 품종. [<BEEF+[BUFF]ALO] [은 햄버거].
beef·burg·er [bíːfbə̀ːrgər] n. 비프 버거 [쇠고기를 넣
beef·cake [bíːfkèik] n. ⓤ《美속어》[남성의] 육체미 사진. cf. cheesecake [cf. dairy cattle
béef cáttle n. 《집합적》《복수 취급》식용소, 육우.
beef·eat·er [bíːfìːtər] n. 1 《영국 왕의》호위병(Yeoman of the Guard); 런던 탑(Tower of London)의 수위. 2《美속어》영국인(Englishman). 3 쇠고기를 먹는 사람. 4 영양이 좋은 사람, 비만한 사람(well-fed person).
béef éxtract n. ⓤ 쇠고기 엑스.
‡**béef·steak** [bíːfstèik/--́] n. ⓤⓒ 1 두껍게 썬 쇠고기 것. 2 [그것을 구운] 비프스테이크.
béef téa n. ⓤ 비프 티[쇠고기를 고아서 만든 환자용 영양 음료]. [리설은.
beef·wit·ted [bíːfwìtid] adj. 머리가 나쁜, 우둔한, 어
beef·wood [bíːfwùd] n. ⓤ 《오스트레일리아산(産)의》 목마황속(屬)의 나무; 그 나무의 붉으스름한 단단한 재목《가구용》.
beef·y [bíːfi] adj. (**beef·i·er, beef·i·est**) 1 소(쇠고기) 같은. 2 살집이 좋은(fleshy), 뚱뚱한(obese); 육우 우람한(brawny). 3 둔중한(stolid); 무거운(heavy).
bée gúm n. 《美 서·남부》1 고무나무[속에 빈 곳에 꿀벌이 집을 짓는다]. 2 벌집 (beehive).
bee·hive [bíːhàiv] n. 1 꿀벌의 집, 꿀벌의 벌통. 2 사람이 붐비는 장소. 3 벌통 모양의 것 [머리 모양 따위]. — a. (pl. **-hous·es** [-hàuziz]) 양봉장 (apiary).
bee·keep·er [bíːkìːpər] n. 양봉가(apiarist).
bee·keep·ing [bíːkìːpiŋ] n. ⓤ 양봉(apiculture).
bee·line [bíːlàin] n. [집으로 돌아오는 꿀벌의 진로 같은], 최단 거리(코스). ¶ in a *beeline* 일직선으로, 곧장 (cf. in a crow line) // **take** (or **make, strike**) **a beeline for** …에 일직선으로 나아가다, 직행하다.
Be·el·ze·bub [biːélzibʌ̀b] n. 1 [성서] 《악령의 우두머리》 바알세불, 마왕(Satan) [←마태 복음(Matt.) 12 : 24]. 2 《일반적으로》 악마(devil). 3 [Milton 작 「실낙원」(*Paradise Lost*) 안에서 Satan 다음가는] 타락천사.
bée mártin n. 《美방언》 타이란새 [벌을 잡아먹는다] (kingbird). [(keeper).
bee·mas·ter [bíːmæ̀stər / -mὰːs-] n. 양봉가 (bee-
been [bin, 약 bən / biːn, 약 bin] vi. be 의 과거 분사. ¶ have, has, had, having 의 뒤에 쓰여 완료형을, to have, has, had, having 과 been + pp. 의 형태로 완료형의 수동형 따위를 만든다. 1 《have (has, had) ~의 완료형》 a) 《완료》[이미] 왔다, …에 갔다가 방금 돌아왔다. ¶ He *has* already *been* here. 그는 벌써 여기에 와 있다 / I *have been to* a bookstore to buy an English-Korean dictionary. 영한 사전을 사러 책방에 갔다가 방금 돌아왔다. b) 《경험》 지금까지 …에 있은 [간, 온] 적이 있다. ¶ Tom *has been in* (or *to*) Chejudo. 톰은 제주도에 간 적이 있다. ＊ Tom *has gone to* Chejudo. 는「톰은 제주도로 가버렸다」이지만, 《美》에서는 「간 적이 있다」의 뜻이 될 때도 있다. c) 《계속》 지금까지 (그때까지) 줄곧 …이다(이었다). ¶ They *have been at* their uncle's all day long. 그들은 온종일 삼촌집에 가 있었다 / I *had been* a salesman until then. 나는 그때까지 외판원으로서 일하고 있었다.

2 《having ~ 으로》 a) 《분사구문》 ¶ *Having been* a sailor myself, I know well how merciless the sea can be sometimes. 나 자신도 선원으로 그 일한 적이 있기 때문에 바다가 때로는 얼마나 무자비해지는지 나는 잘 알고 있다. b) 《동명사》 ¶ He regrets *having been* idle in his youth. 그는 젊었을 때 나태했던 일을 후회하고 있다.

3 《완료형의 수동형》 ¶ The work has (had) just *been* done. 일은 막 끝났다(끝났었다).

beep [biːp] n. 1 [자동차·잠수함 따위의] 삐 하는 경적. 2 삐 하는 발신음(신호음); [美에서] 통화 중인 사람에게 대화가 녹음되고 있음을 알리는 신호음. — vi. 삐 하는 경적(발신음, 신호음)을 발하다. — vt. [삐 하는 경적을 울려] …을 알리다. ¶ *beep out* a warning 경적을 울려 주의를 주다.
beep·er [bíːpər] n. 1 [전화에서 통화 중인 사람을 알리는] 신호 발신기. 2 《속어》 원격 조작(remote control)으로 무인 비행기를 조종하는 사람; 《구어》 그 장치.
béeper bóx n. 휴대용 무선 호출 장치[긴급 호출이 있을 때마다 '삐삐'하고 소리를 낸다].
‡**beer** [biər] n. 1 ⓤ 맥주[《英》에서는 ale, porter, stout 따위의 총칭, 《美》에서는 일반적으로 이들보다 빛깔이 엷고 알코올분이 적은 것을 말한다. cf. ale, lager, porter, stout ¶ *beer on draught*; draught *beer* 통맥주 / black *beer* 흑맥주 / bock (or buck, double) *beer* 독한 맥주 / Munich *beer* [독일의] 뮌헨 맥주 / small *beer* [김 빠진 맥주처럼] 시시한 것. 2 ⓤ [이스트·당밀·설탕·식물 뿌리 따위로 만드는] 알코올분이 적은 음료. ¶ ginger *beer* 진저 비어 / root *beer* 루트 비어. 3 한 잔의 맥주(a glass of beer). ¶ order a *beer* 맥주를 한 잔 주문하다. *all beer and skittles* ⇒ SKITTLE. *be in beer* 맥주에 취해 있다. *think* [*no*] *small beer of* …을 경시하다 (하지 않다). ¶ He *thinks no small beer of* himself. 그는 자만심이 상당히 강하다. ▷ béery adj.
béer búst n. 《美속어》 맥주 파티.
béer éngine n. 《英》 = BEER PUMP.
béer gárden n. 비어 가든 [옥외에서 맥주·청량음료· 간단한 식사 따위를 파는 가게].
béer hàll n. 맥주홀.
beer·house [bíərhàus] n. (pl. **-hous·es** [-hàuziz]) 《英》 맥주집 [맥주만 팔게 되어 있는 가게]. cf. alehouse, public house
béer móney n. 《英》 [고용인에게 주는] 술값; [남편이 아내 몰래 가진] 비상금, 잡비 [맥주값 따위].
beer·pull [bíərpùl] n. 맥주 펌프(beer pump)의 손잡이; 맥주 펌프.
béer púmp n. 맥주 펌프 [술집의 지하실에 있는 통에서 맥주를 빨아올리는 장치].
Beer·she·ba [bìərʃíːbə, ˌ- -́-] n. 브엘세바 [이스라엘의 도시, 구약 시대의 팔레스티나 (Palestine) 남단 [이 음으로, *from Dan to Beersheba* 로서 팔레스티나 전체를 가리키는 표현으로 썼다. ←창세기(Gen.) 21 : 31, 사기기(Judg.) 20 : 1].
beer·up [bíərʌ̀p] n. 《濠속어》 주연(酒宴). — vt. 《속어》 맥주를 마셔대다.
beer·y [bí(:)ri / bíəri] adj. (**beer·i·er, beer·i·est**) 1 맥주의(같은), 맥주질(質)의. 2 맥주에 취한; 맥주 냄새가 나는. ¶ a *beery* breath 맥주 냄새가 나는 숨. **-i·ness** n.
bée's knées n. pl. 《속어》 뛰어나게 좋은 것 (사람), 제격인 것; 《비어》 비즈 니즈 [레몬 주스와 진에 벌꿀로 단맛을 낸 카테일]. ¶ He thinks he is the *bee's knees*. 그는 자기를 뛰어나게 좋은 사람이라고 생각하고 있다.
beest·ings [bíːstiŋz] n. pl. 《단수 취급》《포유 동물, 특히 소의》 초유(初乳) (colostrum).
bees·wax [bíːzwæ̀ks] n. ⓤ 밀랍 [꿀벌은 이것을 사용해 집을 짓는다]. — vt. …을 밀랍으로 닦다; …에 밀랍을 바르다.
bees·wing [bíːzwìŋ] n. [오래된 포도주 따위의 표면에 생기는] 꿀벌의 날개 모양의 더껑이.
＊**beet** [biːt] n. 1 비트, 사탕무. ¶ the red *beet* 홍당무 [빨간 *beet*] (샐러드용) / the sugar *beet* 사탕무 / the white *beet* 흰 비트, 사탕무 [흰 뿌리에서 설탕을 채취한다]. 2 《美》《샐러드용》 비트의 뿌리(《英》 *beet root*). 3 《샐러드용》 비트의 잎.

‡**bee·tle**¹ [bíːtl] *n.* 풍뎅이, 딱정벌레 [초시류의 곤충]; [일반적으로] 딱정벌레 비슷한 곤충 [바퀴벌레 따위]. ¶ a black *beetle* 바퀴벌레(cockroach).
[*as*] *blind as a beetle* 《비유적》 어리석은, 머리가 모자라는.
— *vi.* (-**tled, -tling**) 《英》 [딱정벌레처럼] 급히 가다 (hurry), 서둘러 달리다(scurry) (*off, along*...).
bee·tle² [bíːtl] *n.* **1** 큰 망치, 나무메, 절굿공이. **2** 다듬잇방망이; [감자 따위를] 것이기는 막자.
between the beetle and the block 궁지에 빠져서.
— *vt.* (-**tled, -tling**) …을 큰 망치·절굿공이로 치다; 〔천〕을 다듬이질하다.
bee·tle³ [bíːtl] *adj.* 돌출한(projecting), 툭 튀어나온(overhanging). ¶ *beetle* brows 튀어나온 눈썹, 더부룩한 눈썹. — *vi.* (-**tled, -tling**) 〔벼랑 따위가〕 돌출하다, 튀어나오다(project, overhang).
bee·tle-brain [bíːtlbrèin] *n.* =beetlehead.
bee·tle-browed [bíːtlbràud] *adj.* **1** 눈썹이 툭 튀어나온, 눈썹이 짙은. **2** 얼굴을 찡그린, 시무룩한(sullen).
bee·tle-crush·er [bíːtlkrλ̀ʃər] *n.* 《속어》 큰 발; 무기
bee·tle·head [bíːtlhèd] *n.* 바보, 얼간이, 멍청이.
bee·tle·head·ed [bíːtlhèdid] *adj.* 어리석은, 우둔한, 얼빠진(stupid).
bee·tling [bíːtliŋ] *adj.* 톡(불쑥)나온〔벼랑·눈썹 따위〕(overhanging). — *n.* 큰 망치로 치기.
beet·rad·ish [bíːtrædiʃ] *n.* =red beet.
béet róot *n.* 《英》 〔샐러드용〕 비트의 뿌리. ⇨ BEET 2.
béet súgar [U] 사탕무로 만든 설탕, 첨채당(甜菜糖). *cf.* cane sugar, sugar beet 〔유출.
bée wòlf *n.* 꿀벌의 집에 꾀는 딱정벌레(bee beetle)의
beez·er [bíːzər] *n.* 《英속어》 코; 녀석, 사람.
bef. 《略》 before. 〔외 파견군〕.
B.E.F. 《略》 British *E*xpeditionary *F*orce[s] 《영국 해
*be·fall [bifɔ́ːl] *v.* (-**fell, -fall·en, -fall·ing**) *vi.* **1** 〔사람에게〕 일어나다, 생기다, 닥치다(happen, occur) (*to*...); 〔공교롭게도〕 …하게 되다. ¶ (~+*前*+*名*) A misfortune *befell to* his sister. 재난이 그의 여동생에게 닥쳤다 // It so *befell* that he could not go with them. 그는 그들과 함께 갈 수 없었다. **2** 〔고어〕 〔…에〕 속하다(belong), 〔…의〕 소유물이 되다(*to*...).
— *vt.* 〔사람〕에게 일어나다, 미치다, 닥치다(happen to). ¶ Be careful that no harm may *befall* you. 해를 입지 않도록 조심해라.
be·fit [bifít] *vt.* (-**fit·ted, -fit·ting**) …에 적합하다 (suit), …에 어울리다, 알맞다(become). ¶ His language didn't *befit* the occasion. 그의 말은 그 경우에 어울리지 않았다 // It does not *befit* him to do such a reckless thing. 이런 무모한 짓을 하다니 그이답지 않다.
◇ **fit** *adj*.
be·fit·ting [bifítiŋ] *adj.* 적합한(suitable), 알맞은, 어울리는(becoming), 걸맞은(proper) (*to*...). ¶ a *befitting* manner 어울리는 태도 // the elegance *befitting* to a princess 왕녀에 어울리는 우아함. ~**ly** *adv*.
be·fog [bifɔ́g, -fɑ́ːg / -fɔ́g] *vt.* (-**fogged, -fog·ging**) **1** …을 안개로 덮다(가리다); …을 흐리게 하다(becloud). **2** 〔남〕을 현혹시키다, 헷갈리게 하다(confuse, bewilder), 어리둥절케 하다. **3** 〔설명 따위〕를 모호하게 하다, 알 수 없게 하다(obscure).
be·fool [bifúːl] *vt.* **1** 〔남〕을 놀리다, 우롱하다(fool); 〔남〕을 속이다(dupe, deceive). **2** 〔녀석〕 〔남〕을 바보 취급하다, 바보로 만들다.
‡*be·fore [bifɔ́ːr / -fɔ́ː] *adv.* **1** 〔장소·위치〕 앞에(으로), 앞쪽에(으로)(ahead), 앞면에(in front). *opp.* behind ¶ look *before* and behind 앞뒤를 보다 / He went on *before* to see if the road was safe. 그는 길이 안전한지 어떤지를 보려고 앞으로 갔다.
2 〔때〕 이전에, 전에(previously), 이미 (already); 지금까지(until now); 그때까지(until then). *opp.* after, behind ¶ three weeks *before* 〔그〕 3주일 전에 / the night *before* 그 전날 밤 / long *before* 오랜 옛날에 / He had known it *before*. 그는 이미 그것을 알고 있었다 / It never happened *before*. 그것은 지금까지 전례가 전혀 없는 일이다 / I had met her two years *before*. 나는 〔그〕 2년 전에 그녀를 만난 일이 있었다(* *before* 는 과거·현재 완료·과거 완료의 동사와 함께 쓰인다. 이에 대하여 ago 는 과거 시제의 동사와 함께 쓴다. ⇨ AGO 類語).
3 〔정해진 시각보다〕 일찍, 전에(earlier, sooner). ¶ Come at three o'clock, not *before*. 3시에 오너라, 그 전에 오면 안 돼.
— *prep.* **1** 〔위치〕 **a**) …의 앞에(in front of); …의 면전에. *opp.* behind ¶ *before* the house 그 집 앞에 / *before* a stranger 낯선 이의 면전에서 / He delivered a speech *before* the audience. 그는 청중 앞에서 연설을 했다 / *Pride goes before a fall.* 《속담》 교만한 자는 오래 가지 못한다. **b**) …의 앞날에(in the future of). ¶ The young man had the whole world *before* him. 그 젊은 이에게는 양양한 앞날이 있었다.
2 《운동》 …의 앞장을 서서(ahead of), …의 앞쪽에. *opp.* behind ¶ Walk *before* me. 내 앞을 걸어가라.
3 〔때〕 **a**) …보다 전에(먼저) (previous), …보다 일찍 (earlier than). *opp.* after ¶ *before* dark 해가 저물기 전에 / He came *before* five o'clock. 그는 5시 전에 왔다 / I saw her 〔the〕 day *before* yesterday. 그녀를 그저께 만났다(* 《美어》에서는 the 를 빼는 일이 있다) / He cleaned his shoes *before* going out. 그는 외출 전에 구두를 닦았다. **b**) 《美》 〔…〕 전 (to). ¶ It's ten minutes *before* nine. 9시 10분 전이다.
4 〔순서·계급·선택〕 …에 앞서서, 우선하여(in preference to); …보다 우수하여(superior to); …보다는 차라리(rather than). ¶ The boy is *before* others in class. 그 소년은 반에서 수석이다 / A captain comes *before* a lieutenant. 대위는 중위보다〔계급이〕 위이다 / He puts wealth *before* fame. 그는 명성보다 부를 존중한다 / I will die *before* betraying my country. 조국을 배반하느니 차라리 죽는 편이 낫다.
5 …의 사법(재판)권하에〔서〕, 〔심리를 받기 위해〕 …앞에(in the presence of). ¶ appear *before* the judge (the court) 재판관 앞에(법정에) 출두하다 / The matter was laid *before* the committee. 그 문제는 위원회에 상정되었다 / The case went *before* the court. 그 사건은 재판에 회부되었다.
6 …의 기세에 압도되어, …에 쫓겨서, 때문에(in consequence of). ¶ a ship *before* the wind 순풍을 받고 나아가는 배 / The trees bent *before* the storm. 그 나무는 폭풍으로 해서 휘었다.
7 《美》 …을 〔차감〕 계산에 넣지 않고, …을 포함하여(including). ¶ my yearly income *before* taxes 나의 세금을 포함한 연수(年收) (* 「세금 공제 실수입」은 net income *after* taxes 라고 한다).
before all (or *everything* [*else*]) 우선 첫째로, 무엇보다도 먼저. ¶ study *before all* 우선 첫째로 공부하
before Christ ⇨ CHRIST. 〔니다.
before long 오래지(머지) 않아, 얼마 후, 이윽고. ⇨ LONG.
before now 지금까지.
carry all before one ⇨ CARRY.
— *conj.* **1** …하기에 앞서서, 〔아직〕 …하기 전에. ¶ *Before* she goes I would like to talk to her. 그녀가 가기 전에 이야기하고 싶다 / My grandfather died *before* I was born. 할아버지는 내가 태어나기 전에 돌아가셨다 / It will be long *before* he notices it. 그가 그것을 알아채려면 시간이 걸릴 것이다 / When shall we meet again? It may be long *before* we meet again. 일간에 다시 만날 수 있겠지요 / I hadn't waited long *before* she came. 그다지 기다리지 않아 그녀는 왔다 / *Look before you leap.* 《속담》 뛰기 전에 보라; 실행하기 전에 잘 살펴라.
— **Usage**¹ [not...] before 와 till — till 은 「…까지」로

계속의 뜻을 나타내고, before 는 「…보다 전에」의 뜻이지만 「…하기 전에」(로 부정의 뜻이 강하다. 부정문에서 사용되는 경우는 주로 till 이것 그의 구별이 없다: We must wait *till* he comes. *cf.* It must be done *before* he comes. 그가 오기 전에… / We shall not start *before* (or *till*) father comes home.
— **Usage²** before(*conj.*)와 시제 — before 에 이끌리는 절에서는, (1) 미래의 일은 현재형으로 나타낸다: It must be done *before* it *rains*. (2) 미래 완료 대신에 현재 완료형을 쓴다: I cannot leave here *before* I *have finished* the work. (3) 과거의 일에 대해서는, before 로 동작의 전후 관계가 명시되어 있어 굳이 동사의 시제를 구별하지 않아도 된다: The train *left before* I *got* to the station. ＊ The train *had left*…로 해도 된다.
2 …하기보다는 차라리(rather than). ¶ I would die *before* I submit. 항복하느니 차라리 죽는 편이 낫다.
before one *can* say knife ⇨ KNIFE.
◇ befórehand *adv.*, *adj.*

‡**be‧fore‧hand** [bifɔ́ːrhæ̀nd / -fɔ́ː-] *adv.*, *adj.* (＊형용사로서는 서술용법) (*opp.* behindhand *cf.* afterward)
1 미리, 사전에, 전부터(in anticipation). ¶ You had better make arrangements *beforehand*. 미리 준비해 두는 것이 좋다. **2** [그때부터] 이전에[는] (previously). ¶ The mayor arrived at the meeting place *beforehand*. 시장은 약속 시간보다 일찍 집회장에 도착했다. **3** 너무 이른(too early), 속단의. ¶ You are rather *beforehand* in your suspicions. 의심하기에는 아직 이르다.
be **beforehand with** ① …에 미리 대비하다. ② …의 기선을 제압하다, 앞지르다(anticipate). ¶ He *was beforehand with* his enemy. 그는 적의 기선을 제압했다.
◇ befóre *adv.*, *prep.*, *conj.*

be‧fore‧men‧tioned [bifɔ́ːrmèn ʃ(ə)nd / bifɔ́ː-] *adj.* 앞서 말한, 앞서 지적한. *cf.* aftertax
be‧fore‧tax [bifɔ́ːrtæ̀ks / -fɔ́ː-] *adj.* 세금을 포함한.
be‧fore‧time [bifɔ́ːrtàim / -fɔ́ː-] *adv.* 《고어》 이전에는, 옛날에 (formerly).
be‧foul [bifául] *vt.* **1** …을 더럽히다(make foul). **2** …을 중상하다(slander), 헐뜯다(calumniate); [이름 따위]를 욕보이게 하다(disgrace).
be‧friend [bifrénd] *vt.* …과 친구가 되다; [친구로서] …을 돕다, 돌보다. ◇ friend *n*.
be‧fud‧dle [bifʌ́dl] *vt.* (-dled, -dling) **1** [술로] …의 정신을 혼미하게 하다, …을 만취시키다. **2** [토론 등에서] …을 혼란에 빠뜨리다, 곤혹케 하다, 헷갈리게 하다.
be‧furred [bifɔ́ːrd] *adj.* 모피 장식을 한.

‡**beg** [beg] *v.* (**begged, beg·ging**) *vt.* **1** [옷가지·음식·돈 따위]를 빌다, 구걸하다; [남]에게 빌다, 동냥하다. ¶ *beg* one's life 목숨을 빌다 / The poor woman *begged* her bread from door to door. 그 가난한 여자는 음식을 구걸하며 집집마다 돌아다녔다 / (～+图+前+图) *beg* money *of* charitable people=*beg* charitable people *for* money 자선가에게 돈을 구걸하다.
2 [허가·은혜 따위]를 바라다, 부탁하다, 간청하다 (entreat, beseech). ＊ 종종 형식적인 또는 정중한 표현에 쓰인다. ¶ I *beg* your pardon. 〈상승조로〉한번 더 말씀해 주십시오; 〈하강조로〉죄송합니다, 실례합니다 / (～+图+前+图) I *beg* a favor *of* you. 부탁이 있습니다 / (～+图+*to* do) I *begged* him to have a favor to *beg of* you. 가 된다 / (～+图+*to* do) She *begged* us not *to* punish him. 그녀는 우리에게 그를 처벌하지 말아 주기를 간청했다 / ¶ I *begged* my mother *to go* shopping with me. 함께 쇼핑을 가자고 어머니께 부탁했다 / May I *beg* you *to do* it? 그것을 해주시지 않겠습니까? / (～ + *to* do) I *beg to* inform you that…. 《商用文》…을 알려드립니다 / I *beg to* differ from you. 죄송하지만 찬성할 수가 없습니다 / (～+*that* 節) I *beg that* you will tell the truth. 제발 사실을 말씀해 주십시오 / She *begged that* she might not be disturbed. 그녀는 방해하지 말아 달라고 부탁했다.
— *vi.* **1** […의] 적선을 빌다, 구걸하다, 동냥하다, 걸식하다(*for*…). ¶ *beg* from door to door 문전 걸식하며 다니다 / (～+前+图) *beg for* food (money, shelter, help, mercy) 음식(돈·잠자리·도움·자비)을 빌다. **2** [남에게] 청하다, 부탁하다, 간청하다(*of*…). ¶ (～+前+图) I *beg of* you not to say it again. 제발 두번 다시 그 일을 말하지 마십시오. **3** [개가] 앞발을 들고 조르다. ¶ *Beg*! [개에게] 앞발 들엇.
[類語] **beg** 열심히 부탁하다. **ask** 승낙할 것이라는 기대를 암시: *ask* a person a favor 남에게 부탁하다. **request** 공손하게 격식차려 ask 하다: *request* a person's presence at one's daughter's wedding. 딸의 결혼식에 참석을 요청하다. **solicit** 형식적·의례적인 말. **entreat** 자신을 낮추고 부탁하다. **implore** 절박한 마음으로 열심히 부탁하다. **beseech** =implore; 부탁을 들어줄어 어떨지 하는 걱정을 암시. **importune** 귀찮을 정도로 끈질기게 부탁하다.
beg **leave to** *do* ⇨ LEAVE.
beg **off** (*vt.*) …의 면제를 부탁하다. ¶ *beg* a person *off from* a duty 남의 의무를 면제해 달라고 부탁하다. ② (*vi.*) [의무·약속 따위를] 핑계를 대고 거절하다. ¶ I promised at first to go on a picnic with him, but I *begged off* at the last minute. 나는 처음에 그와 피크닉을 가기로 약속했으나, 마지막 순간에 변명하여 거절했다.
beg **the question** (or **point**) ① 문제점을 증명하지 않고 진실로 가정하고 이론을 펴나가다. ②《원래 誤用》논점을 [교묘히] 회피하다. ¶ Do you know why he is *begging the question*? 그가 왜 논점을 회피하고 있는 지 알고 계시오?
go **begging** ① 구걸하며 다니다. ② 살 사람이 없다. ③ [직·지위에] 앉을 사람이 없다.
◇ béggar *n*.

be‧gad [bigǽd] *interj.* 어머나, 이런, 아차, 천만에, 제기랄(by God). *cf.* Gad
be‧gan [bigǽn] *v.* begin 의 과거형.
＊**be‧get** [bigét] *vt.* (**be·got** or 《고어》**be·gat** [bigǽt], **be·got·ten** or **be·got, be·get·ting**) **1** [아버지가] [자식]을 보다(procreate, generate). ＊어머니에 대해서는 bear 를 쓴다. ¶ He *begot* two sons and three daughters. 그는 두 아들과 세 딸을 두었다 / *Abraham begat Issac*. 아브라함이 이삭을 낳았다《←마태 복음 (Matt.) 1: 2]. **2** …을 낳다(produce); [결과로서] …을 생기게 하다, 초래하다 (cause). ¶ Hate *begets* hate. 증오는 증오를 낳는다 / War *begets* misery and ruin. 전쟁은 불행과 황폐를 초래한다 / Fear is often *begotten* of guilt. 공포는 종종 죄를 범한데서 생긴다. ◇ béggar *n*. 〔아버지.〕
be‧get‧ter [bigétər] *n.* 자식을 낳는(보는) 사람; [특히]
‡**beg‧gar** [bégər] *n.* **1** 거지, 걸인; [남을 위한] 기부자. ¶ *a good beggar* 구걸을 잘하는 사람 / *Beggars must not be choosers*. 《속담》동냥아치가 가려서는 안 된다; 빌어먹는 놈이 좋은 놈 마다랴.
2 빈곤자, 극빈자, 빈털터리 (penniless person).
3 악한(rogue), 깡패, 《주로 英·익살》 녀석(fellow), 사람(person); [애칭 little ～] 아이, 꼬마, 젊은이 (young-ster). ¶ a good-hearted *beggar* 마음씨 고운 녀석 / a nice little *beggar* [어린이·동물 따위] 귀여운 녀석 / *Poor beggar*! She is dead. 불쌍도 해라, 그녀는 죽었어!
die **a beggar** 길거리에서 객사하다.
— *vt.* **1** […을] 가난하게 만들다(impoverish). ¶ *beggar* oneself by speculation 투기로 빈털터리가 되다 / Your reckless spending will *beggar* your father. 너의 분별없는 낭비로 해서 네 아버지는 가난뱅이가 되고 말 것이다. **2** …을 빈약하게 하다, 무력하게 하다, 빛이 없게 하다. ¶ The beauty of the scenery *beggars* description. 그 광경의 아름다움은 필설로 다할 수 없다.
I'll be beggared if… 《속어》만약 …이라면 나는 거지

가 되어도 좋다; 결코 …하지 않는다. *cf.* I'll be hanged if... ¶ *I'll be beggared if* he tells a lie. 그는 절대로 거짓말을 하지 않는다.
◇ beg *v.*, **béggarly** *adj.*

beg·gar·dom [bégərdəm] *n.* ⓤ **1** 《집합적》 거지 [패거리]. **2** 거지 사회, 거지 생활(beggary).

beg·gar·li·ness [bégərlinis] *n.* ⓤ **1** 거지 같음; 극빈. **2** 빈약, 비열.

beg·gar·ly [bégərli] *adj.* **1** 거지 같은; 극빈한(very poor). **2** 근소한. ¶ a few *beggarly* pounds 불과 2, 3 파운드. **3** 《사상 따위가》 빈약한(poor); [인품 따위가] 천한(mean). ¶ He has a *beggarly* amount of learning. 그는 학식이 빈약하다.

beg·gar-my-neigh·bor, 《英》 **-bour** [bégərmainéibər / -mi-] *n.* ⓤ 《카드놀이》 상대방의 카드를 전부 딸 때까지 계속하는 둘이서 하는 놀이. — *adj.* 《비유적》 독선 무역적인, 자국 중심의. ¶ *beggar-my-neighbor* policy 이웃 궁핍화 정책; 보호 무역주의.

beg·gar's-lice [bégərzlàis], **beg·gar-lice** [bégər-] *n. pl.* **1** 닿으면 사람 옷에 달라붙는 열매. **2** 《단·복수 양용》 위와 같은 열매가 열리는 식물 [도깨비 바늘·쇠무릎지기 (등) 따위].

beg·gar's-tick [bégərztìk], **beg·gar-tick** [bégər-] *n.* (*pl.* **-ticks**) **1** (~s) 《단·복수 양용》 도깨비 바늘류(類)의 식물. **2** 그 열매 [가시가 있어 옷에 달라붙는다].

beg·gar·y [bégəri] *n.* ⓤⓒ (*pl.* **-gar·ies**) **1** 거지의 신세 (처지); 극빈(penury). ¶ be reduced to *beggary* 몹시 가난해지다. **2** 《집합적》 거지. **3** 거지 생활, 거지 사회(beggardom).

‡**be·gin** [bigín] *v.* (**be·gan, be·gun, be·gin·ning**) *vi.* **1** 시작되다; 시작하다, 착수하다(start) (*at, by, on, with* ...). *cf.* end ¶ *begin* again [처음부터] 다시 시작하다 / The club *began* two years ago. 그 클럽은 2년 전에 설립되었다 / (~+*前*+*图*) *begin at* the wrong end 시작부터 잘못되다 / School *begins* at eight thirty. 학교는 8시 반에 시작된다 / Today we *begin* at page 25, line 10. 오늘은 25페이지의 10행부터 시작한다 / I *began* by reading the preface. 나는 서문을 읽는 일부터 시작했다. *cf.* end by / They *began* on (or *upon*) it. 그들은 그것을 하기 시작했다 / Which shall I *begin with?* 어느 것부터 시작할까? / The word *begins with* a vowel. 그 단어는 모음으로 시작된다.

— **Usage**》 *begin* at, on, in, from, by —(1) 시간의 시점을 나타내는 경우의 전치사 at(시점), on(특정한 날), in(월, 연 등)의 사용법. ⇨ AT. (2) 「…에서 [쯤에 …까지]」로 계속을 뜻하는 경우는 from을 쓴다: I began to smoke *from* the age of twenty-one. (3) 「…부터」하기 시작하다, 착수하다; …부터 시작되다」로 동작의 출발점을 at으로 나타낸다: *begin at* the beginning [도중에서가 아니고 처음부터 하다 / Charity begins *at* home. (4) [「무엇보다」우선 첫째로 …부터」로 출발점을 강조하는 *with*: The ocean began *with* the little drops of water. (5) 「…함으로써 시작하다」 로 시작의 수단을 나타내는 데는 *by*: He began *by* telling the story of his own life.

2 일어나다, 나타나다(arise); 생기다(originate). ¶ When did life on the earth *begin?* 지구상의 생물은 언제 발생했는가?
— *vt.* **1** …을 시작하다, …에 착수하다, …하기 시작하다(start, set about). *cf.* end, finish ¶ We *began* the attack at dawn. 우리는 새벽에 공격을 시작했다 / *Well begun* is half done. 《속담》 시작이 반 // (~+*to* do) It *began* to snow. 눈이 오기 시작했다 / I *begin* (or *am beginning*) to understand. 차차 이해가 간다 // (~+*ing*) When did you *begin learning* French? 프랑스어는 언제 배우기 시작했는가?

— **Usage**》 *begin to* do와 *begin doing* — (1) *begin* 뒤에 to-부정사가 오는 일이 많다. (2) 그러나

이 *-ing* (동명사)를 수반하는 경우는 「심사숙고 후에 [즉시] …하기 시작하다」의 뜻이 된다. 그 동작은 구체적·현실적이며, 지금도 실행 중임을 느끼게 한다. In those days he *began studying* law. 한편, *begin*+to-부정사는 「저절로 (무의지적으로) …하기에 이르다」의 경우에 쓰며, 경향성, 방향성·미래성을 나타낸다. 「…하기 시작하다」의 동작의 출발점에 중점이 있다. 따라서, 예를 들면 I *began* to feel hungry의 to feel을 feeling 으로 할수는 없다. ＊ *begin* 외에 continue, start, cease 처럼 시작·계속·종결을 뜻하는 동사는 *begin*과 같은 용법으로도 사용된다.

類語 *begin* 「시작하다」라는 뜻의 가장 일반적인 말: It *began* to rain. 비가 오기 시작했다. **start** *begin*과 같은 뜻으로 쓰는 일도 많지만, 정지 상태에서 새로 시작하는 것을 강조하는 말: It *started* to rain again [at last]. 비가 다시 [마침내] 오기 시작했다. **commence** 격식 차리는 말; 재판·종교·의식 등 복잡한 일을 시작하다: *commence* a mass 미사를 시작하다. **initiate** 새로운 분야에서 첫발을 내딛다; 결과에는 언급하지 않는 말: *initiate* a mini-skirt 미니스커트를 시작하다. **inaugurate** 의식(儀式)과 함께 시작하다: *inaugurate* a new highway 새 고속 도로의 개통식을 거행하다.

2 …을 일으키다, 창설하다, 개설하다(found). ¶ *begin* a dynasty 왕조를 세우다.

3 《美口》 《부정어와 함께》 조금도 (전혀) …할 것 같지 않다, …에서는 어림도 없다. ¶ (~+*to* do) This hat doesn't *begin to* fit you. 이 모자는 네게 전혀 어울리지 않아 / She doesn't *begin to* make cake like her mother. 케이크 만드는 데에는 그녀는 어머니를 따라갈 수가 없다.

begin the world 《독립구》 ⇨ WORLD.
to begin with 《독립구》 우선(first); 첫째로, 무엇보다도 먼저(in the first place). ¶ We had soup *to begin with*, followed by roast beef. 우리는 우선 수프를 먹고, 뒤이어 불고기를 먹었다 / He is very rich, *to begin with*. 첫째로 그는 굉장한 부자다.
beginning *n.*

‡**be·gin·ner** [bigínər] *n.* **1** 초보자, 초심자(novice). ¶ a book for *beginners* 입문서 / a *beginner's* luck 초심자의 행운 [낚시·내기 따위에서 초심자에게 따르는 행운이다] / a *beginner* in German 독일어의 초보자. **2** 개시자, 창시자, 창설자(founder), 원조(元祖) (originator) (*of...*).

‡**be·gin·ning** [bigíniŋ] *n.* **1** 시초, 최초, 시작(start) (*cf.* end); 발단, 기원. ⇨ ORIGIN 類語 ¶ the *beginning* of an affair 사건의 발단 / the *beginning* of the Christian Era 서기의 시작 / at (or in) the *beginning* of the year 연초에 / since the *beginning* of the world 천지 개벽 이래 / make a good *beginning* for …을 향하여 좋은 출발을 하다 / This industry had its *beginning* in the discovery of coal. 이 산업은 석탄의 발견에서 비롯되었다 / *A good beginning makes a good ending.* 《속담》 시작이 좋으면 끝도 좋다 / *Everything has a beginning.* 《속담》 만사에는 시작이 있다.
2 최초의 부분, 첫머리(first part). ¶ in the *beginning* of the first chapter 제1장의 첫머리에.
3 (보통 ~s) 초창기, 초기, 어렸을 때. ¶ the *beginnings* of science 과학의 초창기.
at the [**very**] **beginning** 우선 처음에.
the beginning of the end 최후 (파멸)를 예시하는 최초의 징조.
from beginning to end 처음부터 끝까지, 시종일관 [하여].
from the beginning 처음부터.
in the beginning 우선 처음에, 처음에는. *cf.* in the end ¶ *In the beginning* God created the heaven and the earth. 태초에 하나님이 하늘과 땅을 창조하시다[← 창세기(Gen.) 1:1].

be·gird [bigə́ːrd] *vt.* (**-girt** [-gə́ːrt] *or* **-gird·ed, -girt, -gird·ing**) **1** …에 띠를 두르다(gird about). **2** …을 둘러싸다, 에워싸다(encircle) (＊ 보통 begirt with 의

be·gohm [bigóum] *n.* 〔전기〕 10억 옴 [저항의 단위].

be·gone [bigɔ́ːn, -gán / -gɔ́n] *vi.* 《보통 명령형·부정사 따위로》 떠나다 (go away, get out, be gone). ¶ *Begone!* 가버려라!, 꺼져! / Tell him to *begone* immediately. 곧 떠나라고 그에게 말해라 / He was ordered to *begone*. 그는 떠나라는 명령을 받았다.

be·gon·ia [bigóunjə, -niə] *n.* 베고니아 [추해당속(屬)의 식물].

***be·got** [bigát / -gɔ́t] *v.* beget 의 과거·과거 분사.

***be·got·ten** [bigátn / -gɔ́tn] *v.* beget 의 과거 분사.

be·grime [bigráim] *vt.* (-grimed, -grim·ing) [때·검댕·먼지 따위로] …을 더럽히다 (make grimy). ¶ a *begrimed* street 지저분한 거리 / His hands are *begrimed* with dust. 그의 손은 먼지로 더러워져 있다.

be·grudge [bigrʌ́dʒ] *vt.* (-grudged, -grudg·ing) * grudge 의 강조형. **1** …을 시기하다, 시샘하다 (envy). ¶ *begrudge* another's fortune 남의 운수를 시기하다 / (~+图+图) *begrudge* a person his good fortune 남의 행운을 시기하다. **2** [남]에게 [물건]을 주기 싫어하다, …을 아까와하다; [허락]을 꺼리다. ¶ He did not *begrudge* his money for buying books. 그는 책을 사는 데 돈을 아끼지 않았다 // (~+图+图) She is so stingy that she *begrudges* her dog a bone. 그녀는 기르는 개에게 뼈를 주는 것조차 아까와할 정도로 노랑이다 // (~+*ing*) We don't *begrudge* your going to Italy. 우리는 이탈리아행에 반대하지는 않는다 // (~+*to* do) They *begrudged* to help me. 그들은 나를 도와주는 것을 싫어했다.

be·grudg·ing·ly [bigrʌ́dʒiŋli] *adv.* 마지못해, 싫어하면서도 (reluctantly).

***be·guile** [bigáil] *vt.* (-guiled, -guil·ing) **1** …을 헷갈리게 하다 (mislead), 현혹시키다 (delude); …을 속이다 (cheat); [남]을 속여서 …하게 하다 (…*into*). ¶ *beguile* a person by flattery 감언이설로 남을 속이다 / (~+图+图+图) He *beguiled* them *into* accepting it. 그는 그들을 속여 그것을 받게 했다. **2** [남]에게서 사취하다 (…*of, out of*). ¶ (~+图+图+图) *beguile* a person *of* his property 남의 재산을 사취하다 / *beguile* a person *out of* his money 남의 돈을 사취하다. **3** [어린 아이 등]을 기쁘게 하다, 위로하다 (amuse, charm); [무료함]을 달래다, [시간]을 즐겁게 보내다 (…*with*). ¶ (~+图+图+图) She *beguiled* her child *with* tales. 그녀는 이야기를 해주어 아이를 즐겁게 했다 / They *beguiled* their long journey *with* talk. 그들은 이야기로 긴 여행의 고달픔을 달랬다.

be·guile·ment [bigáilmənt] *n.* **1** 속이기, 기만 (deception), **2** 심심풀이, 파적.

be·guil·er [bigáilər] *n.* 속이는 사람 (deceiver); [무료함 따위]을 달래는 것 (사람), 심심풀이를 달래는 것.

be·guil·ing [bigáiliŋ] *adj.* 속이는; 심심풀이의, 무료함을 달래는.

be·guine [bigíːn, bei-] *n.* (the ~) **1** 비긴 [서인도 제도 Martinique 섬 원주민의 볼레로조(調)의 춤]. **2** 비긴조의 현대 사교 댄스; 그 춤곡.

Beg·uine [bégiːn, beigíːn] *n.* 〔가톨릭〕 베긴회 수녀 [12세기에 벨기에의 Liège 에서 창설된 수도회의 한 사람. 사유 재산을 보유하면서 수도 생활을 한다]. [부인].

be·gum [bíːgəm / béi-] *n.* [인도에서] 회교도의 공주 (귀부인).

be·gun [bigʌ́n] *v.* begin 의 과거 분사.

‡**be·half** [biháef / -háːf] *n.* 〔U〕 원조, 편들기 (support, side), 이익 (interest, benefit) * 주로 다음 句에 쓴다.

in behalf of a person; *in* a person's *behalf* ① 남을 위하여. ¶ He is speaking *in behalf of you* (or *in your behalf*). 그는 당신을 위해 말하고 있는 겁니다. ② 《드물게》 남을 대신하여.

in this (*that*) *behalf* 《고어》 이것 (그것)에 대하여, 이 (그) 일에 관하여. ¶ I should have asked for your advice *in this behalf*. 이것에 대해서 당신의 조언을 구했어야 했다.

on behalf of a person; *on* a person's *behalf* ① 남을 대신해서, 남을 대표해서 (in the name of). ¶ I will speak to your father *on behalf of you* (or *on your behalf*). 내가 네 대신 아버님에게 말해 드리지. ② 남을 위해서. ¶ Thank you very much for all the trouble you have taken *on behalf of me* (or *on my behalf*). 저를 위해 여러 가지로 애써 주셔서 정말 고맙습니다.

── **Usage** *in behalf of* 와 *on behalf of* ── 본래 *in behalf of* 는 「…의 이익, 옹호를 위하여」, *on behalf of* 는 「…의 (공식) 대리인으로서」의 뜻이 있으나 종종 혼동되며, 특히 *on behalf of* 가 *in behalf of* 의 뜻으로 쓰이는 일이 많아졌다.

‡**be·have** [bihéiv] *v.* (-haved, -hav·ing) *vi.* **1** 행동하다, 처신하다. ¶ (~+副) *behave* well (badly) 얌전히 (버릇없이) 굴다 / teach the children how to *behave* 아이들에게 버릇을 가르치다 / How should you *behave* in such a case? 그럴 때 당신은 어떻게 하겠습니까? / She *behaved* arrogantly to (or toward) his teacher. 그는 선생님에 대해서 건방지게 굴었다. **2** [아이가] 얌전히 굴다. ¶ The little ones didn't *behave*. 아이들은 버릇이 없었다. **3** [기계 따위가] 움직이다, 가동하다 (work); [약·물질 따위가] 작용하다, 반응을 보이다. ¶ (~+副+副) The matter *behaved* in a strange way when heated. 그 물질은 가열되었을 때 이상한 반응을 보였다 // (~+副) The airplane *behaved* well. 비행기의 상태는 좋았다 / The car won't *behave*. 차가 말을 듣지 않는다.

── *vt.* 《재귀용법》 행동하다; 얌전히 굴다. ¶ He *behaved* himself like a child. 그는 어린애 같은 행동을 했다 / *Behave* yourself. 얌전히 굴어라 [아이에게 하는 말]. ◇ **behávior** *n.*

be·haved [bihéivd] *v.* behave 의 과거 분사. * 종종 복합어를 만든다; ill-*behaved*, well-*behaved*.

‡**be·hav·ior**, (英) **-iour** [bihéivjər] *n.* 〔U〕 **1** 행동, 행위, 처신. ⇒ACT 類語 ¶ barbaric (heroic) *behavior* 야만적인 (용감한) 행동. **2** 행실, 품행; 버릇, 예절 (manners); 태도 (deportment). ¶ His sullen *behavior* showed that he was angry. 그의 시무룩한 태도는 화가 났음을 나타내고 있었다. **3** [심리] [연구 대상으로서의] 행동. **4** [기타 이외의 것의] 반응 (reaction), 움직임, 동작. ¶ the *behavior* of rubber under stress 압력하의 고무의 반응. **5** [기계 따위의] 운동, 작용, 운전 [상태]. ¶ the *behavior* of magnetic needles 자침의 운동.

during good behavior 얌전하게 처신하는 한은. ¶ You can stay here *during good behavior*. 얌전하게 처신하는 한 너는 여기에 있을 수 있다.

on one's good (or *best*) *behavior* 근신중인; [행실 감시 중에] 얌전하게. ¶ put a person on his *good behavior* 남에게 근신을 명하다 / The newcomer is on his *good behavior*. 저 신참자는 얌전히 굴고 있다 / Tell the children to be on their *best behavior*. 아이들에게 얌전히 굴라고 말하시오.

◇ **beháve** *v.*, **behávioral** *adj.*

be·hav·ior·al, (英) **-iour-** [bihéivjərəl] *adj.* 행동 (생태)의, 행동 (생태)에 관한.

behávioral science *n.* 〔U〕〔C〕 행동 과학.

be·hav·ior·ism, (英) **-iour-** [bihéivjəriz(ə)m] *n.* 〔U〕〔심리〕 행동주의 [미국의 심리학자 John B. Watson 이 제창한 학설; 의식 내용을 무시하고 행동을 순 (純)객관시한다].

be·hav·ior·ist, (英) **-iour-** [bihéivjərist] *n.* 행동주의 심리학자. ∥ **be·hav·ior·is·tic**, (英) **-iour-** [bihèivjərístik] 행동주의적인.

behávior páttern *n.* 〔사회〕 행동 양식 [주어진 상황 하에서 개인·집단이 보이는 습관적·반복적인 행동 형태].

behávior thèrapy *n.* 〔정신 의학〕행동 요법〔훈련에 의해 행동 양식을 바로잡아 주는 심리요법〕.

be·hav·iour [bihéivjər] *n.* 《英》=behavior.

Béhçet's sỳndrome (disèase) [béitʃets-] *n.* U 〔병리〕베쳇병〔눈·입의 점막이나 음부에 병변을 일으킨다〕.

be·head [bihéd] *vt.* 〔남〕의 목을 자르다; 〔남〕을 참수형에 처하다(decapitate). ¶ He was *beheaded* for treason. 그는 반역죄로 참수당했다.

‡**be·held** [bihéld] *v.* behold의 과거·과거 분사.

be·he·moth [bihíːməθ, bíːəmoːθ / bihíːmoθ] *n.* **1** 〔성서〕 거수(巨獸) 〔하마를 지칭한다고 한다. ←유기(Job) 40 : 15-24〕. **2** 《美구어》 거인, 거대한 동물; 거대한 것; 〔기계 따위〕 거대한 것.

be·hest [bihést] *n.* 명령, 훈령(order, command) (*《英》에서는 주로 《詩》에서 쓰인다); 강요.

‡**be·hind** [biháind, bə-] *prep.* **1**《장소》…의 뒤에, …의 그늘에, …의 배후에(*opp.* before). ⇨ AFTER Usage¹ (3). ¶ *behind* the house 집 뒤에 / The child hid *behind* the door. 그 아이는 문 뒤에 숨었다.

—— **Usage** behind와 at the back of —— 공간(장소)에 관해서, at the back of는 순전히 「…의 「바로」뒤에」의 뜻으로, behind는 「…의 뒤에 〔숨어서〕」의 뜻으로 쓴다. 또《美구어》에서는 이들 대신에, 간단히 back of를 흔히 쓴다: a mile *back of* the front lines 일선에서 1마일 후방.

2 …에 이어서. ¶ A crowd of small boys marched *behind* the band. 한 무리의 소년들이 악대 뒤를 따라 행진했다.

3 〔죽거나 떠나거나 하여〕 …의 뒤에 남기고(*보통 leave, stay 따위와 함께 쓴다). ¶ He left a large family *behind* him. 그는 많은 가족을 뒤에 남기고 갔다(죽었다) / He stayed *behind* me 〔for〕 a few days. 그는 내가 떠난 후에도 며칠 더 묵었다.

4 《시간》《정시 따위보다》 늦어서(after, later than). ¶ *behind* the times 시대(유행)에 뒤져서 / The bus arrived ten minutes *behind* time. 버스는 정시보다 10분 늦게 도착했다 / He came an hour *behind* me. 그는 나보다 1시간 늦게 왔다(* behind는 after에 비해서 느 무라는 뜻을 내포한다).

5 〔진보 따위가〕 …보다 뒤진, …보다 못하여(inferior to). ¶ I am *behind* him in rank. 나는 그보다 지위가 아래다 / He is *behind* others in English. 그의 영어는 남들보다 못하다.

6 …의 저쪽에(beyond). ¶ A beautiful valley lies *behind* the hill. 언덕 너머에 아름다운 계곡이 있다.

7 …을 지원하여, 지지하여 (in support of, promoting); 통제 (운전)하여 (in control of). ¶ The man *behind* the wheel 차의 운전자 / A powerful politician is *behind* the plan. 어떤 유력한 정치가가 이 계획을 뒤에서 밀어주고 있다.

8 …으로(에) 숨겨져(감추어져) (hidden, concealed by). ¶ She is *behind* the movement. 그 운동의 배후에는 그녀가 있다 / There is something *behind* this. 이것에는 뭔지 까닭이 있다.

9 …의 과거에(in the past for). ¶ My youth is *behind* me. 내 청춘은 지나갔다.

behind a person's *back* ⇨ BACK.

behind it 《美속어》 ① 관계가 있어; 열중하여. ¶ He was really *behind it*. 그는 정말로 열중해 있었다. ② 알아채고, 이해하고.

behind 〔*the*〕 *bars* ⇨ BAR.

behind the scenes ⇨ SCENE.

go behind something ⇨ GO.

put something *behind* one 어떤 일을 고려하지 않다, 생각하지 않다. ¶ He tried to *put* the plan *behind* him. 그는 그 계획에 대해서는 생각하지 않으려고 했다.

—— *adv.* **1** 뒤에, 배후에. *opp.* before. ¶ follow *behind* 뒤를 따르다 / look *behind* 뒤돌아보다, 회고하다 /《명사를 직접 한정하여》the man *behind* 뒤따르는 사람.

2 뒤에(로), 후방에(으로) (* 보통 leave, remain 따위와 함께 쓴다). ¶ leave a person *behind* 〔자기가 먼저 떠나〕 남을 뒤에 남기다 / stay (*or* remain) *behind* 〔남이 떠난〕 뒤에 남다 / She left her books *behind*. 그녀는 책을 둔 채 잊고 왔다.

3 〔지불이〕 밀려서, 미납하여(in arrears, behindhand). ¶ He is *behind* in the rent this month. 그는 이달치 집세를 아직 내지 않고 있다.

4 〔시계 따위가〕 늦어서(slow). ¶ My watch was more than ten minutes *behind*. 내 시계는 10분 이상이나 늦었었다.

5 〔시간·일·진보 따위가〕 뒤져서(late); 못하여(inferior to). ¶ If Winter comes, can Spring be far *behind*? 겨울이 오면 봄 또한 멀지 않으리 〔← Shelley〕 / He is *behind* in (*or* with) his work. 그는 일이 뒤져 있다.

6 《전치사 from의 목적어로서》 …의 뒤로부터. ¶ from *behind* the trees 나무 뒤로부터.

7 지나가(gone by). ¶ My troubles lie *behind*. 내 걱정은 이제 지나갔다. 〔일이 아직 더 있다.

8 숨겨져(hidden). ¶ There is more *behind*. 숨겨진

9 보존(저장)되어(in reserve) (*《美》에서는 고어 또는 드문 용법이다).

—— *n.* **1** 〔웃도리 따위의〕 등. **2** 《구어》 궁둥이 (buttocks).

◇ **behíndhand** *adv., adj.*

be·hind·hand [biháindhænd, bə-] *adv., adj.* (* 형용사로서는 서술용법) (*opp.* beforehand) **1** 〔남에게〕 늦어서, 뒤져서(late). 〔남에게〕 뒤져, 못하여 〔진보·발달이〕 늦은(backward); 〔사물에〕 뒤져서 (slow) (*in, with...*). ¶ He was *behindhand* with his work. 그는 일이 늦어져 있었다. **3** 〔지불 따위가〕 밀려서(in arrears) (*with...*); 빚을 져서(in debt); 구속을 받 (*in...*). ¶ be *behindhand* with the rent 집세가 밀려 있다 / be *behindhand in* one's circumstances 살림 형편이 쪼들리다.

be·hind-the-scenes [biháindðəsíːnz, bə-] *adj.* 무대 뒤의, 비밀의; 비밀리에 행하여지는.

‡**be·hold** [bihóuld] *vt.* (*-held, -hold·ing*) **1** …을 보다 (see). ⇨ LOOK 類語 **2** 〔고어〕 …을 주시하다, 지켜보다. —— *interj.* 보라〔주의를 촉구하는 말〕. ¶ Lo and *behold*! 〔익살〕 보시라!, 이게 어찌된 영문인가!

be·hold·en [bihóuld(ə)n] *adj.* 《서술 형용사》은혜를 입어, 신세를 져 (obliged), 〔도덕적·법적인〕구속을 받아 (* obliged보다 딱딱한 말). ¶ I am much *beholden* to you *for* your help. 도와주셔서 정말 고맙게 생각합니다. 〔looker〕.

be·hold·er [bihóuldər] *n.* 보는 사람, 구경꾼 (on-

be·hoof [bihúːf] *n.* (*pl.* **-hooves** [-húːvz]) * 다음 숙어로만 쓴다.

for (or *in, on, to*) *a person's behoof; for* (or *in, on, to*) 〔*the*〕 *behoof of a person* 남을 위해서, 남의 이익이 되도록. ¶ The father toiled *for* his children's *behoof*. 아버지는 아이들을 위해서 고생하며 일했다.

be·hoove [bihúːv], **-hove** [-hóuv] *v.* (*-hooved, -hooving*), *-hoved, -hov·ing*) *vt.* 〔보통 It를 주어로 하여〕 **1** 〔사람〕에게 있어 …하는 것은 당연한 일(의무)이다. ¶ It *behooves* you to work as hard as you can. 너는 할 수 있는 대까지 열심히 일할 의무가 있다.

2 〔사람〕에게 있어 …할 값어치가 있다, 이익이 있다. ¶ It would *behoove* us to examine this matter. 이 문제를 조사해 보면 얻는 바가 있을 것이다 // It *behooves that* I be silent. 나는 잠자코 있는 편이 좋을 것 같다.

3 〔드물게〕 …에 어울리다, 알맞다(be proper for).

—— *vi.* 〔고어〕 필요하다, 적절하다, 당연하다. ¶ It *behooves* to execute the plan swiftly. 그 안을 신속히 실행할 필요가 있다.

beige [beiʒ] *n.* U **1** 양모의 바탕색, 담갈색, 회갈색, 베이지(색). **2** 〔염색이나 표백을 하지 않은〕 양모 그대

로의 모직물.
Bei·jing [bèidʒíŋ] *n.* 베이징(北京)[중국의 수도].
Bei·jing·er [bèidʒíŋər] *n.* 베이징 사람[시민]. 「이」.
be-in [bíːìn] *n.* 《美속어》히피족의 모임 / 별 뜻없이 모
‡be·ing [bíːiŋ] *vi.* be의 현재 분사·동명사. ⇨ BE.
— *n.* 1 [U] [유형·무형의] 존재, 실재(existence).
opp. nonexistence ¶ *being* in itself 존재 그 자체 /
being and becoming 〖철학〗존재와 생성.
2 [U] 생존; 생명(life); 인생, 일생(lifetime). ¶ the
aim of our *being* 우리 인생의 목적.
3 실체(substance), 본성(nature), 본질. ¶ such a
being as to arouse fear 공포심을 야기시킬 것 같은 성
질의 것.
4 살아 있는 것; 사람; 것. ¶ human *beings* 인류(* 한
사람은 a human being) / inferior *beings* 열등[동] 물 /
inanimate *beings* 무생물 / The artist, after all, is a
solitary *being*. 예술가는 결국 고독한 인간(생물)이다.
5 (B-) 신(God). ¶ the Supreme *Being* 신.
bring (or *call*) *something* **into being**; *give being to*
something [어떤 것]을 낳다, 출현시키다.
come into being 태어나다. ¶ Nobody knows when
this world *came into being*. 이 세계가 언제 출현했는
지는 아무도 모른다.
in being [가공적인 것, 계획 중인 것이 아니라] 존재
하는(existing), 현존하는(alive) (*명사 뒤에 온다).
¶ a record not *in being* 이제는 존재하지 않는 기록.
— *adj.* [현재] 존재하고 있는, 가까운 장래의. *특
히 다음 숙어로 쓴다.
for the time being 당분간은, 지금으로서는, 우선은.
¶ Let the matter rest *for the time being*. 당분간은 이
문제는 보류해 두자.
— *conj.* 《고어·방언》…이므로(since, because).
Bei·rut [beirúːt, ⸺] *n.* 베이루트 [Lebanon 공화국의
수도·항구].   「jesus.
be·jab·bers [bidʒǽbərz] *interj., n.* 《美속어》＝be-
be·jeaned [bidʒíːnd] *adj.* 청바지를 입은.
be·je·sus [bidʒíːzəs] *interj., n.* 《美속어》＝hell[놀람
의 表시나 강조에], [⸺by Jesus]
be·jew·el [bidʒúːəl / -dʒúː(ə)l] *vt.* (-**eled**, -**el·ing**;
《英》-**elled**, **-el·ling**) …을 보석 따위로 장식하다, …에
보석을 박다. ¶ The sky was *bejeweled* with stars. 하
늘에는 보석처럼 별이 총총했다.
bel¹ [bel] *n.* 〖물리〗벨[전압·전력이나 음의 세기의 단
위, 십진대수로는 데시벨이 쓰인다]. ⇨ DECIBEL.
[＜전화 발명자의 이름 A.G.Bell]   「사악].
bel² [bel], (**dael**) *n.* 〖인도산(産)〗벨나무[열매는 성
Bel [beil, bel] 고대 바빌로니아의 신 및 앗시리아인의
대지의 신(神) 벨.
be·la·bor, 《英》-**bour** [biléibər] *vt.* 1 〖주로 英〗…
을 세게 치다, 때리다(beat vigorously), 매도하다.
¶ The man *belabored* his poor donkey. 그 사내는 불쌍한 나귀를 강
타했다. 2 …을 [집요하게] 공격하다, 매도하다.
Bel·a·rus [bjùjèlərǽs] *n.* 벨라루시[옛 소련방 공화국
이었던 Byelorussia(백러시아); 1991년 독립, CIS 에 가
맹. 정식 명칭 Republic of Belarus; 수도 Minsk].
be·lat·ed [biléitid] *adj.* 늦어진(delayed); 뒤늦은(too
late); 시대에 뒤진(out of date). ¶ The *belated* letter
arrived at last. 늦어졌던 편지가 마침내 도착했다 / His
policies are now quite *belated*. 그의 정책은 이제 완전
히 뒤져 있다. ~·**ly** *adv.* ~·**ness** *n.*
Be·lau [bəláu] *n.* 벨라우 [옛 이름 Palau; 서태평양의 섬
나라로 미국의 신탁 통치령에서 1994년 독립].
be·laud [bilɔ́ːd] *vt.* 몹시 칭찬하다, 추켜세우다.
be·lay [biléi] *vt.* 1 〖항해〗[밧줄걸이 따위에] 〖밧줄〗
을 감아 매다. 2 〖등산〗**a)** [등산자]를 자일로 고정시
키다. **b)** 안정되고 있는 자일을 단단히 잡아매다. 3
〖주로 명령형〗…을 그만두다(stop). ¶ *Belay* there!
《구어》이제 그만!; 됐다!(Enough!).
— *vi.* 밧줄(자일)을 안정되게 하다. — *n.* 〖등산〗자일

의 확보; 자일을 안정시키는 곳 [돌출한 바위, 바위에 박
은 하켄 따위].
be·láy·ing pìn *n.* 〖항해〗밧
줄걸이[밧줄 끝을 S(8)자형으
로 감아서 고정시키는 나무 또
는 금속 막대].

bel can·to [bèl káːntou]
[伊] [부드럽고 아름다운 목소리로
서정적으로 노래하는 창법].

[belaying pins]
[＜It]

*****belch** [beltʃ] *vi.* 1 트림을 하다(eruct). 2 〖화산·샘
총 따위가 불길이나 뜨거운 물을〗내뿜다. The
volcano *belched* with a roar. 화산은 굉음을 내며 분화
했다. 3 《美속어》[욕 따위]를 내뱉다. 4 〖단속적으
로〗내뿜다, 뿜어나오다 (issue spasmodically). 5 《美
속어》불평을 하다(complain). — *vt.* 1 〖트림 따위〗
를 하다. 2 〖연기 따위〗를 내뿜다(send out, eject). ¶
The volcano *belched* [*out* (or *forth*)] fire and smoke.
그 화산은 불길과 연기를 내뿜었다. — *n.* 1 트림
(eructation). 2 〖불길·연기·가스·뜨거운 물 따위
의〗분출. 〖화산 따위의〗폭발. 3 《美속어》불평
(complaint).
belch·er¹ [béltʃər] *n.* 트림하는 사람.
Bel·cher² [béltʃər] *n.* 청색과 백색으로 얼룩지게 물들
인 목도리. [＜영국의 권투 선수의 이름 James Belcher
(1781-1811)]
bel·dam, -dame [béldəm] *n.* 1 〖보기 흉한〗노파
(hag). 2 〖폐어〗조모, 할머니(grandmother).
be·lea·guer [biːlíːɡər] *vt.* 1 …을 포위하다(besiege).
¶ *beleaguer* a town 도시를 포위하다. 2 …을 둘러싸
다(surround); …에 붙어다니다(beset); [붙어다녀]
를 괴롭히다. ¶ He was *beleaguered* with annoyance.
그는 귀찮은 일에 시달리고 있었다. 「(besieger).
be·lea·guer·er [biːlíːɡərər] *n.* 포위자, 포위 공격자
bel·em·nite [béləmnàit] *n.* 〖고생물〗시석(矢石), 벨
렘나이트[중고대의 오징어 비슷한 동물의 화석].
bel-es·prit [bèlesprí] *n.* (*pl.* **beaux-esprits**) [프랑
스]《＝fine spirit》재사(才士).   「수도·항구].
Bel·fast [bélfæst, ⸺ / bélfɑːst, ⸺] *n.* 북아일랜드의
bel·fried [bélfrid] *adj.* 〖종루(鐘樓) (종탑)이 있는.
bel·fry [bélfri] *n.* (*pl.* **-fries**) 1 종루, 종탑(bell
tower) (*cf.* campanile); 종각, [배의] 종 매다는 곳. 2
《속어》머리(head); 마음(mind).
have (or *be with*) *bats in* one's (or *the*) *belfry*
《속어》머리가 좀 이상하다, 괴짜다, 괴퍅스럽다.
Belg. (略) Belgian, Belgium, Belgic.
bel·ga [bélɡə] *n.* 벨가 [1926년에 설정된 벨기에의 외국
환용 동전화. 제 2차 세계 대전 후 폐지].
*****Bel·gian** [béldʒ(ə)n, ＋美 -dʒin] *n.* 벨기에인.
— *adj.* 벨기에의; 벨기에인의. ◇ Bélgium *n.*
Belgian hare *n.* 적갈색의 집토끼의 일종.
Bel·gic [béldʒik] *adj.* 1 Gaul 북부에 살았던〗고대 벨
기에족(Belgae)의. 2 벨기에의; 벨기에인(Belgian)의.
Bel·gium [béldʒ(i)əm] *n.* 벨기에 〖유럽 서부의 입헌 군주
국; 수도 Brussels〗. ◇ Bélgian, Bélgic *adj.*
Bel·grade [belɡréid, ＋美 ⸺] *n.* 베오그라드 [유고슬라
비아(Yugoslavia)의 수도, 이 나라 동부, 다뉴브강가
에 있다].
Bel·gra·vi·a [belɡréiviə, -vjə] *n.* 1 London 의 West
End 에 있으며 Hyde Park 에 인접하는 상류 계급이 사
는 주택 지구. 2 《英》신흥 상류(중류) 계급.
Bel·gra·vi·an [belɡréiviən, -vjən] *adj. n.* 《英》 1 Bel-
gravia 의, Belgravia 풍의. 2 귀족풍의(aristocratic);
상류 사회의(fashionable).
Be·li·al [bíːliəl, -ljəl] *n.* 1 〖성서〗벨리알; 악령, 악마;
사탄(the Devil). ¶ a man of *Belial* 타락자[←사무엘기
(상) (1 Sam.) 1 : 16, 2 : 12, 고린도후서 (2 Cor.) 6 :
15]. 2 벨리알[Milton 작 〖실낙원〗(*Paradise Lost*)에

be·lie [biláɪ] *vt.* (**-lied, -ly·ing**) **1** …을 잘못 전하다 (misrepresent); …의 거짓임을 드러내다; …과 상반되다 (contradict). ¶ The reporter *belied* the facts. 신문 기자는 사실을 잘못 보도했다 / Her smile *belied* her true feelings. 그녀는 미소로 자기의 본심을 숨겼다 / The evidence *belied* what he said. 그 증거로 그의 말이 거짓임이 드러났다. **2** [약속·기대 따위]를 어기다; …에 어긋나다(disappoint). ¶ The result has *belied* our expectations. 결과는 우리의 기대에 어긋났다. **3** …을 중상하다(slander). ◇ lie¹ *n., v.*

:be·lief [bilíːf] *n.* **1** ⓤ 믿음, 신념, 의견(opinion), 확신(conviction). ¶ a person light of *belief* 쉽사리 믿는 사람 / My *belief* is that … 내 생각에는 …[이]다 (= I believe that…) // I let him into the secret in the full *belief* that he was on our side. 나는 그가 우리 편인 줄 알고 비밀을 털어놓았다.

[類語] **belief** 어떤 일의 「진실(존재, 가치)을 믿음」의 뜻, 가장 일반적인 말: have no *belief* in fortune-telling 점을 믿지 않다. **faith** 사람·사물·종교 따위에 대한 이성에 입각한 완전한 신뢰: have *faith* in democracy 민주주의를 신봉하다. **trust** 직관적·절대적으로 믿기, 신용(신뢰)하기: a child's *trust* in its mother 어머니에 대한 자식의 신뢰. **confidence** 경험·증거보다 감각적인 근거에서 믿기: I admitted him into my *confidence*. 나는 그를 신뢰하는 친구로 여겼다. **conviction** 어떤 일이 옳다고 생각하는 확고한 신념. *cf.* convince: Don't do that unless with a full *conviction* that it is right. 그것이 옳다는 충분한 확신이 서지 않으면 하지 마라.

2 ⓤ 신용, 신뢰(confidence, trust, faith) (*in*…). ¶ I have no great *belief* in doctors. 나는 의사를 그다지 신용하지 않는다 / I won his *belief* in my honesty. 나에게 내가 정직하다는 것을 믿게 할 수 있었다. **3** ⓤⓒ [종교적인] 신앙, 신앙심(faith). ¶ the Christian *belief* 그리스도교의 신앙, 교리 // *belief* in God 하나님[의 존재]를 믿기. [Creed]. **4** 신조 (creed); (the B-) 사도신경 (the Apostles' Creed). *beyond belief* 믿을 수 없는, 터무니없는, 놀랍만한. ¶ A trip to the moon was *beyond belief* at that time. 그 당시는 달 여행 같은 것은 생각지도 못할 일이었다. *past all belief* 도무지 믿어지지 않는. *to the best of one's belief* …이 믿는 바로는, 여하튼 …로서는 …이라고 생각한다. ¶ To the best of my *belief* there is nothing wrong in his action. 내가 믿는 바로는 그의 행위에 잘못이 없다.

◇ be**lieve** *v.*

be·liev·a·ble [bilíːvəbl] *adj.* 믿을(신뢰할) 수 있는.

:be·lieve [bilíːv] *v.* (**-lieved, -liev·ing**) *vi.* **1** [남을] 신용(신뢰, 신임)하다; […의] 존재·가치를 믿다, […을] 좋다고 생각하다(*in*…). ¶ Seeing is *believing*. 《속담》백문이 불여일견 // (~+前+图) *believe* in God 신을 믿다; 신의 존재를 인정하다 / We *believe* in him. 우리는 그의 인격(역량)을 믿는다 / I do not *believe* in ghosts. 나는 유령의 존재를 믿지 않는다 / I *believe* in this method of teaching. 이 교수법은 좋다고 생각한다. **2** 생각하다(think). ¶ How can you *believe* so badly of them? 너는 어째서 그들을 그렇게 나쁘다고 생각하니? ── *vt.* **1** [학설 따위]를 신용하다, [남의 말]를 믿다 (trust). ¶ I *believe* you (or what you say). 네 말을 믿는다 *(or* 옳다고) / *Believe* me. 《구어》정말이야 // (~+that 图) Columbus *believed* that the earth is round. 콜럼버스는 지구가 둥글다고 믿었다. **2** …이라고 생각하다(suppose, think). ¶ (~+that 图) (~+图+[to be] 图) I *believed* [that] he was honest. 나는 그를 정직한 사람이라고 생각했다 / He is *believed* to be honest. 그는 정직한 사람이라고 생각되고 있다 / Do you *believe* it will snow tomorrow? 내일 눈이 오리라고 생각하니? // He has, I *believe*, three daughters. 내가 알기로는 그에겐 딸이 셋 있다 (* 삽입적으로 가볍게 쓰인다. *cf.* I *believe* that he has three daughters.) / I *believe* so. = So I *believe*. [앞의 말을 긍정하여] 그렇다고 생각한다 / I *believe* not. [앞의 말을 부정하여] 그렇지 않다고 생각한다(그렇게는 생각지 않는다). * that 절이 생략되고, so, not 이 절 상당어로 쓰이는 일이 있다.

── *Usage* believe 와 believe in── believe 는 「[남이 말한 일; A가 B임]을 믿다」의 뜻, believe in 은 「…을 믿다(신앙)하다」,「…의 존재를 믿다」,「…이 좋다고 믿다」의 뜻으로 쓰인다: I *believe* some of his stories. / I *believe in* keeping early hours. 아침 일찍 일어나는 것은 좋은 일이라고 생각한다.

believe it or not 《구어》믿거나 말거나, 거짓말이라고 생각하겠지만 (* 상대방이 놀랄만한 이야기를 꺼낼 때 쓴다). ¶ *Believe it or not*, that is a fact. 믿거나 말거나 그것은 사실이다. *Believe you me!* 《구어》정말이야, 내 말 믿어. *make believe* ⇨ MAKE.

◇ belief *n.*

***be·liev·er** [bilíːvər] *n.* 믿는 사람; 신자, 신앙을 가진 사람, (특히) 기독교 신자, 교인. ¶ a *believer* in Christianity (Buddhism) 기독교[불교]도. [있는. **be·liev·ing** [bilíːviŋ] *adj.* 믿는, 확신하는; 신앙심이 **be·liev·ing·ly** [bilíːviŋli] *adv.* 신뢰하여; 신앙을 가지고; 확신하여.

be·like [biláɪk] *adv.* 《고어》아마, 필시(probably).

Be·li·sha béacon [bilíːʃə-] *n.* 벨리샤 교통 표지 [위에 노란 신호가 달린 푯말로, 보행자의 횡단 장소를 나타낸다. [<영국의 운수 장관의 이름 Leslie Hore-Belisha (1893-1957)〕

be·lit·tle [bilítl] *vt.* (**-tled, -tling**) **1** …을 작게 하다; 축소하다(minimize); …을 작아 보이게 하다. **2** …의 가치를 낮추다; …을 헐뜯다(depreciate), 경시하다. ¶ Jealous people *belittled* the explorer's great discoveries. 시기심에 눈이 먼 사람들은 그 탐험자의 위대한 발견을 헐뜯었다.

Be·lize [belíːz] *n.* 벨리세 〔중앙 아메리카 유카탄 반도 동남의 카리브해에 면한 나라; 1981년 영국으로부터 독립 (구칭 British Honduras); 수도 Belmopan].

:bell¹ [bel] *n.* **1** 종, 벨, 방울; 종(방울) 소리. ¶ an electric *bell* 전령(電鈴) / the passing *bell* [사람의] 죽음(임종)을 알리는 종 / a peal (a chime) of *bells* [교회의] 한 벌의 종 소리 / answer the *bell* 손님을 맞으러 나가다 / We stood up at the *bell*. 우리는 종소리를 듣고 일어섰다 / There's the *bell* 초인종이 울린다 (손님이 온 것이다). **2** 종 모양의 것, [관악기·파이프·연관(鉛管) 따위의] 벌어진 입; 화관(花冠); 해파리의 갓. **3** (~s) 나팔 바지; 판탈롱. **4** [항해] (~s) 시종(時鐘) 〔4시간의 당직 시간을 알리는 것으로, 30분마다 1타씩을 더해서 8타종에 이른다〕. [는다].

[as] clear as a bell 맑은[소리 외에 물·술 따위에] *[as] sound as a bell* 매우 건강(건전)한(하여). *bear (or carry away) the bell* 선두에 서다; 지도자가 되다〔양떼의 선두에 선 양은 방울을 달고 있는 데서〕; *lose the bell* 패배하다. [리(상)을 얻다. *ring a bell* 《구어》공감을 불러일으키다; 생각나게 (연상케) 하다. ¶ His name *rings a bell* in my mind. 그의 이름을 들으니 생각나는 것이 있다. *ring (or hit) the bell* 잘 되다, 성공하다, 히트하다(*with…*). ¶ This book *rings the bell with* young people. 이 책은 젊은 층의 호평을 받고 있다. *saved by the bell* ① [권투 선수가] 공이 울려서 케이오를 면한. ② [사람이] 다른 일 덕택에 걱정(곤란)에서 벗어난. *with bells on* ① 《미구어》《보통 미래형을 쓴다》기꺼이; 열심히, 씩씩하게, 차려입고. ¶ I'll be a member *with bells on*. 기꺼이 회원이 되겠습니다. ② 《美속어》 [비난·비평에 덧붙여] 참으로(definitely). ¶ He's a

jughead *with bells on.* 그놈은 정말 얼간이다.
— *vt.* **1** [종처럼] ...을 부룰쩨 하다, 벌어디게 하다. **2** ...에 벨(방울)을 달다. — *vi.* 종 모양으로 벌어지다.
bell the cát 고양이 목에 방울을 달다. [남을 위해서] 위험한 일을 떠맡다, 난국에 처하다[←이솝 이야기].
bell[2] [bel] *n.* [교미기의] 수사슴의 울음 소리. — *vi., vt.* (교미기의 수사슴처럼) 울다.
bel·la·don·na [bèlədάnə / -dɔ́nə] *n.* **1** 벨라도나[가지과의 유독 식물](*deadly nightshade*). **2** 〖약〗벨라도나 제제(製劑). **3** = belladonna lily.
bèlladónna líly *n.* 벨라도나 백합[아마릴리스의 별명].
Bel·la·trix [bélətriks] *n.* 〖천문〗벨라트릭스[오리온좌(座)의 감마성(星)].
béll-bird [bélbə̀ːrd] *n.* 방울새[울음 소리가 종소리 비슷한 남미산(産) 새의 총칭].
béll-bot·tom [bélbὰtəm / -bɔ̀t-], **(-bot·tomed** [-təmd]) *adj.* [바지 가랑이가] 넓은, 나팔 바지의.
béll-bot·toms [bélbὰtəmz / -bɔ̀t-] *n. pl.* 가랑이가 넓은 바지, 나팔 바지, 판탈롱.
béll·boy [bélbɔ̀i] *n.* 〖美〗[호텔・클럽의] 보이, 급사.
béll brónze *n.* = bell metal.
béll búoy *n.* 〖항해〗타종 부표[암초 따위의 소재를 알리기 위한].
béll bútton *n.* **1** [벨을 울리는] 누름단추(push button). **2** [양복 따위에 쓰는] 벨 모양의 단추.
béll cáptain *n.* [호텔의] 보이장, 급사장.
***belle** [bel] *n.* 미인(beautiful woman); [파티・무도회 따위에서] 최고의 미인. ¶ the belle of the ball 무도회의 여왕. 〔F〕
bèlle époque (bel eipóːk] *n.* 〖프랑스〗(= beautiful epoch) (종종 B- E-) 벨 에포크[아름다운 시대; 1880-1905을 가리킴].
bèlle láide [bel léid] *n. (pl. bèlles láides* [bel léid]) 〖프랑스〗못생겼지만 매력있는 여자.
Bel·ler·o·phon [bəlérəf(ə)n, +美 -fὰn] *n.* 〖그리스 신화〗벨레로폰[천마 Pegasus 를 타고 괴물 Chimera 를 퇴치한 Corinth 의 영웅].
belles-let·tres [bèllétrə / béllétr, -tə / F bɛllɛtr] *n. pl.* (보통 단수 취급) 순문학. 〔< F beautiful letters, fine literature〕
bel·let·rist [belétrist], **(belle-let·trist)** *n.* 순문학자, 순문학 연구가.
bel·le·tris·tic [bèlletrístik] *adj.* 순문학적인.
béll-flow·er [bélflὰuər] *n.* 종 모양의 꽃이 피는 식물[초롱꽃속(屬), 풍경초속(屬) 따위].
béll fóunder *n.* 종 주조사, 종 제조업자(鐘匠).
béll fóunding *n.* 〖U〗종(鐘) 주조[술].
béll fóundry *n.* 종 주조소(공장).
béll gláss *n.* = bell jar.
béll hànger *n.* 종을 매다는 사람, 조종사(釣鐘師).
béll héather *n.* [유럽산(産)]에리카속(屬) 식물[꽃은 모두 종 모양이며 자줏빛].
béll·hop [bélhὰp / -hɔ̀p] *n.* 〖美俗語〗= bellboy.
bel·li·cose [bélikòus] *adj.* 호전적인(warlike); 투쟁(싸움)을 좋아하는. **-ly** *adv.* **-ness** *n.*
bel·li·cos·i·ty [bèlikάsiti / -kɔ́s-] *n.* 〖U〗호전적임, 전투적 기질, 호전성, 싸움을 좋아함.
bel·lied [bélid] *adj.* **1** 〖복합어를 만들어〗배가 ...한. ¶ empty-bellied children 배고픈 아이들. **2** 배가 불룩한, 살찐, 비대한(corpulent). ¶ a woman bellied like a hog 돼지처럼 살찐 여자.
bel·lig·er·ence [bilídʒərəns] *n.* 〖U〗**1** 호전성, 전쟁을 좋아함(warlike nature); **2** 교전, 전쟁 행위, 전쟁(warfare).
bel·lig·er·en·cy [bilídʒərənsi] *n.* 〖U〗**1** 교전 상태; 교전국민. **2** = belligerence 1.
***bel·lig·er·ent** [bilídʒərənt] *adj.* **1** 호전적인(warlike), 싸움을 좋아하는(quarrelsome), 용감한. ¶ a belligerent tone 도전적인 말투. **2** 교전 중인; 싸우고 있는. ¶ belligerent powers 교전국. **3** 전쟁에 관한; 교전국민의.
— *n.* 교전국, 교전국민; 상대자, 적.
~ly *adv.* ◇ belligerence, belligerency *n.*
béll jár *n.* 종 모양의 유리 그릇[장식품 따위의 덮개나 화학 실험 때 가스 용기 따위로 쓰인다. *cf.* cloche
béll láp *n.* [경륜・트랙 경기에서] 마지막 한 바퀴. [선두 주자에게 종을 울려 알려준 데서]
béll·like [béllàik] *adj.* 종 모양의.
béll·man [bélmən] *n. (pl. -men* [-mən]) **1** [옛날 고을의]알리며 다니는 관원(town crier), 알리며 다니는 사람; 야경꾼(night watchman). **2** [교회의]종치는 사람. **3** = bellboy.
béll métal *n.* 〖U〗종청동[구리와 주석의 합금].
béll-mouthed [bélmὰuðd, +美 -mὰuθt] *adj.* 나팔 모양의 입이 있는, 아가리가 나팔 모양의.
Bel·lo·na [bəlóunə] *n.* 〖로마 신화〗벨로나[전쟁의 여신, Mars 의 누이 또는 아내]. **2** 키가 큰 미녀.
***bel·low** [bélou] *vi.* **1** [소 따위가]큰 소리로 울다, 울부짖다. **2** [사람이]노효하다, 큰 소리를 내다. ⇒ CRY 〖類語〗 ¶ (~+前+名) He bellowed at his servant. 그는 하인에게 고함을 질렀다. **3** [대포・천둥 따위가]울리다, [바람이] 윙윙거리다. — *vt.* ...을 고함쳐 말하다, 고함치다. ¶ (~+目+副) bellow out (or forth) blasphemies (a song) 큰 소리로 욕을 퍼부어대다(고함치듯 노래를 부르다) / The director bellowed his orders over the loudspeaker. 지휘자는 확성기를 통해서 고함지르듯이 명령을 내렸다. — *n.* [특히 황소의]울부짖는 소리, 고함소리; [대포・천둥 따위의] 울리는 소리.
bel·low·er [bélouər] *n.* 고함지르는 (큰소리로 떠드는) 사람.
***bel·lows** [bélouz, +美 -əz] *n. pl.* (단・복수 양용) **1** ¶ the bellows [대장장이 등이 쓰는] 풀무[양손으로 쓰는 것을 a pair of bellows 라 하나, 양손으로 쓰는 bellows 로 쓰는 일은 드물다]. **2** 풀무 모양의 것; [발로 밟는 오르간・아코디언 따위의] 송풍기. **3** [사진기의]주름상자. **4** 폐(lungs). ¶ have bellows to mend [원래는 말이]헐떡거리다.
béll pépper *n.* = sweet pepper.
béll·pull [bélpùl] *n.* 종(초인종)의 당김줄.
béll púsh *n.* [벨을 울리는]누름단추.
béll ríng·er *n.* **1** 〖교회 등의〗종치는 사람. **2** 종치는 장치. **3** 〖美俗〗방문 외판원. **4** 생각나게 하는 것.
béll ríng·ing *n.* 〖U〗종 치는 법, 타종법; 종악기 연주법. ¶ [그램]주변장치.
bélls and whístles *n.* 〖美〗〖컴퓨터〗편리한 부가 프로
béll-shaped [bélʃèipt] *adj.* 종(벨) 모양의.
béll tént *n.* 종 모양(원추형) 천막.
béll tówer *n.* 종루, 종탑(belfry). *cf.* campanile
béll túrret *n.* 종루・종탑(bell tower)이 없는 작은 교회 모양을 매다는 작은 탑.
béll·weth·er [bélwèðər] *n.* **1** 방울을 단 양[방울을 달고 양떼를 인도하는 숫양]. **2** 선도자, 지도자(leader).
béllwether industry *n.* 경기 주도형(景氣主導型)
béll·wort [bélwə̀ːrt] *n.* **1** 초롱꽃. **2** 〖美〗백합과(科)의 식물[종 모양의 노란 꽃이 핀다].
***bel·ly** [béli] *n. (pl. -lies)* **1** 배, 복부(abdomen); [배・물고기 따위의] 아래쪽 ⇒ STOMACH〖類語〗 ¶ a pot belly 올챙이 배 / lie on one's belly 엎드리다. *《英》*에서는 사람에 대해서 말할 때는 stomach을 대용하는 수가 많다. **2** 위(stomach). ¶ an empty belly 공복. **3** (the ~) 식욕(appetite); 대식(gluttony). ¶ The best way to their honest hearts was through the belly. 그들의 진심을 알아내는 가장 좋은 방법은 식욕을 이용하는 것이었다 / The belly has no ears. 《속담》배가 고프면 말이 귀에 들어오지 않는다; 의식이 족해야 예절을

안다.
4 [물건의] 불룩한 부분[바이올린·병·통의 몸통 부분 따위]; [물건의] 내부(inside); [바람을 안은 돛의] 불룩한 부분. ¶ the *belly* of a ship 선복 / the *belly* of a flask 플라스크의 배 / the *belly* of a sail 바람을 안은 돛의 불룩한 부분.
5 자궁(womb).   [한 부분.
have fire in one's **belly** 영감(천재)을 가지고 있다.
make a god of one's **belly** 식욕(대식)을 으뜸으로 삼다, 먹보다.
── v. (**-lied, -ly·ing**) vi. 부풀다, 불룩해지다(swell out). ¶ The sail *bellied* [*out*] in the wind. 돛이 바람을 안고 불룩해졌다. ── vt. …을 불룩하게 하다. ¶ The wind *bellied* [*out*] the sails. 바람은 돛을 불룩하게 했다.

bel·ly·ache [bélièik] n. ⓤⓒ (구어) 복통(colic).
── vi. (**-ached, -ach·ing**) 《속어》 불평을 늘어놓다 (complain). ¶ She *bellyaches* about small matters. 그녀는 사소한 일에도 불평만 늘어놓는다.

bel·ly·band [bélibæ̀nd] n. [말의] 복대(腹帶) (girth).
⇨ HARNESS 그림.   [지.
bélly bóard n. 엎드려 타는, 소형 파도 타기 널빤
bel·ly·bound [bélibàund] adj. 변비인(constipated).
bélly bútton, bel·ly·but·ton [bélibʌ̀tn] n. 《미구어》 배꼽(navel).   [체의 아래바다 여자 춤].
bélly dánce n. 배꼽춤[배와 허리를 꿈틀거리는 반나
bel·ly·flop [bélifláp / -flɔ̀p] n., vi. (**-flopped, -flop·ping**) 《구어》 **1** 배치기 다이빙[을 하다]. **2** [썰매 따위로] 엎드린 자세로 활강하기(하다); 동체 착륙[하다].
bel·ly·ful [béliful] n. **1** 배에 가득[한 양], 만복(of…).
2 (속어) 풍족함, 충분함 (enough). ¶ a *bellyful* of advice 충분한 충고.
bel·ly·god [béligàd / -gɔ̀d] n. (고어) 대식가.
bélly gún n. 《미속어》 권총.
bel·ly·hold [bélihòuld] n. 비행기 객실 밑의 화물칸.
bel·ly·land [bélilæ̀nd] vi. (비행기가) 동체 착륙하다 (crashland). ── vt. (비행기)를 동체 착륙시키다.
bélly lánding n. ⓤⓒ 동체 착륙.
bélly láugh 《미속어》 **1** 홍소(哄笑) (hearty laugh). **2** [남을] 웃기는 것, 웃음 거리; [연극의 대사 따위에서] 홍소 거리.
bel·ly·pinched [bélipìntʃt] adj. 굶주린, 공복의.
bélly róll n. [중배가 부른] 땅 다지는 롤러; [경기] 높이뛰기에서 배를 아래쪽으로 하고 가로대를 뛰어넘는 법.
bel·ly-up [béliʌ̀p] adj 《미속어》 죽은, 도산(倒産)한; [자동차가] ¶ go *belly-up* 죽다, 도산하다.
bélly wórship n. 대식(大食) (gluttony).

‡**be·long** [bilɔ́:ŋ / -lɔ́ŋ] vi. **1** [일원으로서 …에] 소속하다; [소유물로], [어떤 종류의 것의], […의] 소유물이다, […에] 부속하다(to…). ¶ (~+前+名) He *belongs* to the Foreign Office. 그는 외무부 직원이다 / She *belongs* to this school. 그녀는 이 학교 학생이다(교직원이다) / That camera *belongs* to me. 그 카메라는 내 것이다 / The button *belongs* to my coat. 그 단추는 내 웃에 떨어진 것이다 / Gray hairs *belong* to old age. 백발은 노년에 나게 마련이다.
2 [어떤 위치·상태 따위에] 알맞다, 있어야 하다 (in, on…); [있어야 할 장소에] 있다; […의] 거주인이다. ¶ (~+前+名) She *belongs in* a hospital. 그녀는 입원해야 한다 / You are feverish. You *belong in* bed. 당신은 열이 있다. 자리에 눕는 게 좋겠다 / His ability *belongs in* business. 그의 재능은 사업이 되기에 알맞다 / The dictionary *belongs on* this shelf. 그 사전을 두는 자리는 이 선반이다 / He *belongs* to (or 《미구어》 *in*) my block. 그는 나와 같은 동네에 살고 있다 // (~+前) Doesn't she *belong here*? 여기 살고 계신이니? / She doesn't *belong here*. 이곳은 그녀가 올 곳이 못된다/Replace the box *where* it *belongs*. 상자를 제자리에 다시 갖다놓아

라.
3 [자격·권한·의무 따위로 …에] 속하다; [에게] 적합하다, 알맞다(*to…*). ¶ (~+前+名) It does not *belong to* a child to criticize his parents. 자식이 부모를 비난하는 것은 옳지 않다 / It doesn't *belong to* me to express an opinion about the matter. 그 문제에 대해서 의견을 말할 자격이 내게는 없다.
4 [분류상 …에]속하다; […과] 같은 계열이다(*in, to…*).
¶ (~+前+名) It *belongs in* the same category as A. 그것은 A와 같은 부류에 속한다 / Do tigers and cats *belong to* the same family? 호랑이와 고양이는 같은 과(科)의 동물입니까? / Does this *belong under* this head? 이것은 이 항목에 속하는가?
5 […에] 관계되다, 있다, […과] 조화되어 있다(*with…*).
¶ (~+前+名) Poetry *belongs with* music. 시는 음악과 관련이 있다 / Cheese *belongs with* salad. 치즈는 샐러드와 어울린다. ¶ 는 남들과 잘 어울리지 않는다.
6 (구어) 사교성이 있다. ¶ She doesn't *belong*. 그녀는
[<ME *belongen*<*longen*]
*‡**be·long·ing** [bilɔ́:ŋiŋ / -lɔ́ŋ-] n. **1** 소속물, 부속물.
2 (보통 ~s) 소유물, 재산, 동산; 소지품. ⇨ POSSESSION
類語 ¶ Have you got all your *belongings*? 소지품은 다 가지고 계십니까? **3** (~s) 가족(family), 친척 (relations).

Be·lo·rus·sia [b(j)èlourʌ́ʃə] n. =Belarus.

be·love [bilʌ́v] vt. (**-loved** [bilʌ́vd]) 《수동형으로》…을 사랑하다(love) (…*of, by*). ¶ Jane was *beloved* of (or by) Bill. 제인은 빌의 사랑을 받았다.

‡**be·lov·ed** [bilʌ́vid, -lʌ́vd] adj. **1** 사랑스러운, 귀여운, 가장 사랑하는(dear). ¶ one's *beloved* son 사랑하는 아들. **2** 소중한, 애용하는. ¶ He lost his *beloved* pipe. 그는 애용하던 파이프를 잃어버렸다.
── n. (보통 one's ~) 가장 사랑하는 사람(darling). ¶ My *beloved*. 여보, 당신[애인·남편·아내 등을 부를 때 쓰는 말].

‡**be·low** [bilóu] adv. (opp. above; cf. under) **1** 아래에(로), (beneath); 아래층에(downstairs). ⇨ UNDER
類語 ¶ look *below* 아래를 보다 / the room *below* 아래층의 방 / The eraser fell on the floor *below*. 지우개가 아래의 마루에 떨어졌다.
2 (종종 **here** ~로서) 지상에 (on earth). ¶ our fate here *below* 이곳 지상에서의 우리의 운명.
3 하계에, 지옥에 (in hell). ¶ the place *below* 지옥.
4 하류에 (downstream). ¶ the bridge *below* 하류에 있는 다리.
5 하위에, 하급에. ¶ the court *below* 하급 법원.
6 [페이지의] 아래 부분에, (책의) 아래 글에. ¶ See *below*. 하기(下記) 참조 / The hint is given *below*. 힌트는 아래에 있다.
7 영하 (below zero).   [의 주의].
***Below there** ! 이바 밑에 있는 사람[물건을 떨어뜨릴 때
down below 아래쪽에; 지옥에; 무덤 속에; 해저에.
from below 아래(밑)에서.
go below 《항해》 [갑판에서] 아래쪽 선실로 내려가다; [당직을 마치고] 선실로 내려가다. opp. **go on deck** ¶ When the sea became rough, all the passengers *went below*. 파도가 심해지자 승객들은 모두 선실로 내려갔다.
── prep. **1** …보다 아래에(under). ¶ far *below* one's eyes 멀리 눈 아래에 / fifty feet *below* [the] sea level 수심 50피트의 / The sun has sunk *below* the horizon. 해가 지평(수평)선 밑으로 졌다 / Shall I write my name above or *below* the line? 이름을 선 위에서 쓸까요, 아래에서 쓸까요? / The hut is *below* the top of the mountain. 오두막집은 산꼭대기보다 낮은 곳에 있다 / The children crept *below* the wire and got into the field. 아이들은 철사줄 밑으로 기어서 경기장 안으로 들어갔다.
2 …보다 아래쪽에; …보다 하류에; …못 미쳐. ¶ a

little *below* the bridge 다리보다 조금 하류에 / He lives a little *below* us. 그는 우리보다 조금 아래쪽에 살고 있다 / The bus stopped a few yards *below* the post office. 버스는 우체국보다 2,3야드 못 미쳐서 정거했다. **3** [가치·수량·지위 따위가] …이하의, …보다 못한. ¶ a man *below* forty 40세 이하의 남자 / The rainfall was considerably *below* the average. 강우량이 평년보다 상당히 밑돌았다 / The thermometer stands at 25° *below* zero. 온도계는 영하 25도를 가리키고 있다 / She is next *below* me in the class. 그녀는 학급 석차에서 내 바로 다음이다 / It was sold *below* cost. 그것은 원가 이하에 팔렸다.
4 …할 가치 없는(unworthy of) (※ 이 뜻으로는 보통 beneath가 쓰인다). ¶ The job is *below* his dignity. 그 일은 그의 위엄을 손상시킨다.
below one's breath ⇨ BREATH.
below ground ⇨ GROUND.
below par ⇨ PAR.
below the mark ⇨ MARK.
be·low·stairs [bilóustéərz] *adv.*, *adj.* [upstairs에 대해] 아래층에(의).
Bel·sen [bélz(ə)n] *n.* 벨젠[나치스의 강제 수용소가 있던 서독 동북부의 한 지방. 정식명 Bergen-Belsen].
Bel·shaz·zar [belʃǽzər] *n.* 벨사자르[고대 바빌로니아(Babylonia)의 마지막 왕. ←다니엘서(Dan.) 5].
‡**belt** [belt] *n.* **1** 벨트, 밴드, 허리띠, 혁대; 《英》백장 또는 나이트의 예대(禮帶). ¶ a sword *belt* 검대 / a championship *belt* [권투] 챔피언 벨트 / loosen one's *belt* 허리띠를 늦추다. **2** 띠 모양의 것; [기계] 벨트, 피대; [천문] [토성·목성의] 구름 모양의 띠; [군대] [자동 소총 따위] 탄띠. ¶ a driving *belt* 구동 벨트 / an endless *belt* 환상(環狀) 벨트. **3** [군사] [군함의 흘수 선에 두른] 장갑판, 장갑대; [건축] 돌[벽돌]로 쌓은 벽면의 횡선. **4** [지형·식물·산물(產物) 따위의 특징지어진] 지대. ⇨ DISTRICT 類語 ¶ a forest *belt* 삼림 지대 / an oil *belt* 석유 산출 지대 / a cotton *belt* 산면 지대 / the cotton *belt* 《美》면화 산출 지대 / a green *belt* 녹지대. **5** [도시의] 환상선. **6** [어느 지역의]주변 지대(영역). ¶ a marine *belt* 영해, 3해리 수로 (strait). ¶ Great and Little *Belts* 대소 양수로 [Kattegat 해협에서 the Baltic Sea로 들어가는 덴마크 영내의 수로]. **8** 《속어》 강한 일격, 강타, 펀치 (punch); 《美속어》 독한 술[한 잔]; 《美속어》 마리화나. *give a person the belt* 《英속어》 남을 물리치다.
hit (or *strike*) *below the belt* 반칙 행위를 하다, 비 겁한 짓을 하다[권투에서 허리 아래를 치는 것은 반칙 인 데서]. ¶ a criticism that *hits below the belt* 비 열한 비판.
hold the belt for [권투] …의 선수권을 보유하다.
tighten (or *pull in*) *one's belt* 허리띠를 졸라매다, 어려움을 참고 견디다; 내핍 생활을 하다, 긴축하다.
under one's belt 《구어》 ① 뱃속에 넣고, 먹고, 마시 고. ¶ with a good meal *under one's belt* 많이 먹고, 많이 먹으면. ② 소지하여. ③ 이미 경험하여.
— *vt.* **1** …에 띠를 감다, 벨트를 두르다, 예대를 두 르다; [검 따위를] 혁대로 매달다. ¶ (~+匣+副) The knight *belted* his sword *on*. 기사가 허리에 칼을 차고 있었다. **2** …을 둘러싸다(surround). ¶ a garden *belted* with trees 나무로 둘러싸인 정원. **3** …에 띠 모양의 줄을 치다. **4** [혁대로] …을 후려치다(strap); 《속어》 …을 때리다, 치다(punch). ¶ The guard *belted* the prisoner. 간수는 죄수를 매질했다. **5** 《속어》 …을 힘차 게(큰 소리로) 노래하다(...out). ¶ (~+匣+副) *belt* [*out*] a song 큰 소리로 노래부르다. **6** 《美속어》 《술 따위》를 단숨에 마시다.
belt the grape 《美속어》 술을 진탕 마시다.
Belt up ! 《英속어》 조용히 해!
belt and braces *n.* 벨트와 멜빵; 2중의 안전책. ¶ wear a *belt and braces* 주의하고 또 주의하다.

Bel·tane [béltein] *n.* 벨테인 축제[옛날 Scotland와 Ireland에서 켈트인이 May Day에 화톳불을 피우고 춤 추며 놀았던 축제].
belt convéyor *n.* 벨트 콘베이어.
belt·ed [béltid] *adj.* **1** 벨트를 단; 혁대로 매단. **2** 예대(禮帶)를 두른[백작·기사 등]. **3** [군함 따위가]장 갑대를 두른. ¶ a *belted* cruiser 장갑 순양함. **4** 넓은 (줄무늬)가 있는.
bélt·ed-bías tíre [béltidbàiəs-] *n.* 바이어스 타이어[코드·금속 벨트로 보강한 타이어].
bélt híghwày *n.* 《美》[도시 주변의] 순환 도로.
belt·ing [béltiŋ] *n.* **1** 《U》《집합적》 허리띠, 혁대류. **2** 《U》 허리띠감, 허리띠 재료. **3** 《U》《기계 따위의》 벨트 장치. **4** 《속어》[혁대로]후려치기, 매짐. **5** 《美속어》 러시아워. [※ 그 일부도 말한다.
bélt líne *n.* [도시 주변의 전차·버스 따위의] 순환선.
belt·line [béltlàin] *n.* 허리둘레(waistline).
belt-out [béltàut] *n.* [권투] 녹아웃.
bélt sáw *n.* 띠톱(band saw). [책].
bélt tíghtening *n.* 《U》 내핍[생활], 절약, 긴축[정
bélt·wày [béltwèi] *n.* (the ~) [도시 주변의] 환상(環 狀) 도로[배로]; [철도·버스 따위의] 환상선(=belt highway);《美》(the B-) 벨트웨이, 워싱턴, 중앙[Washington D.C.권을 둘러싼 환상도로에서].
inside the Beltway 워싱턴(중앙)에서, 워싱턴의 엘리트 층 사이에서.
be·lu·ga [bəlúːɡə/ be-], (**belouga**) *n.* **1** 흰돌고래 (white whale) [북극 바다 또는 그곳으로 흘러드는 강어귀에 서식]. **2** 큰철갑상어[흑해(the Black Sea)나 카스피해 (the Caspian Sea) 따위에 서식; 알로 캐비어 (caviar) 를 만든다].
bel·ve·dere [bélvidìər] *n.* **1** 전망대, 망루. **2** 정 원 따위의 높은 곳·지붕에 만든 전망대식 정자(summerhouse). **3** (B-) [로마 시내에 있는 바티칸 시국(市國) (Vatican)의] 벨데데레 미술관. [<It
be·ly·ing [biláiiŋ] *v.* belie의 현재 분사.
B. E. M. (略) *British Empire Medal* [1941년 제정]; *Bachelor of Engineering of Mines*; *Bug-Eyed Monster* (벵[レ]구가에 나오는 눈딱부리 우주인).
be·ma [bíːmə] *n.* (*pl.* **-ma·ta** [-mətə] or **-mas**) **1** [그리스 교회][회당내의] 내진(內陣) (chancel, sanctuary); 설교단. **2** [고대 그리스의] 연단(platform).
be·maul [bimɔ́ːl] *vt.* …을 세게 치다, 혼내주다.
Bem·berg [bémbəːrɡ] *n.* 《상품명》 벰베르크[바탕이 쪼글쪼글한 인조견].
be·mean [bimíːn] *vt.* …을 천하게 하다, 저하시키다 (lower), 《재귀용법》 [남]의 인격·품위 따위를 떨어뜨리다 (debase). [(받은).
be·med·aled, (英) **-alled** [bimédld] *adj.* 훈장을 단
be·mire [bimáiər] *vt.* (**-mired, -mir·ing**) **1** …을 흙 탕으로 더럽히다, 흙투성이로 만들다. **2** …을 흙탕속에 파묻다. ¶ be *bemired* in a ditch 도랑에 빠지다.
be·moan [bimóun] *vt.* **1** …을 슬퍼하다, 비탄에 잠기다, 애도하다(bewail, lament). ¶ He *bemoaned* his sister's death. 그는 누이동생의 죽음을 슬퍼했다. **2** …에 동정하다, …을 불쌍히 여기다. — *vi.* 슬퍼하다, 비탄하다(mourn).
be·mock [bimák /-mɔ́k] *vt.* …을 비웃다, 조롱하다 (mock); …을 앞보고 속이다.
be·muse [bimjúːz] *vt.* (**-mused, -mus·ing**) **1** …을 명하게 하다(confuse); …의 머리를 멍하게 만들다(stupefy). **2** 《보통 수동형으로》 …의 마음을 빼앗다.
be·mused [bimjúːzd] *adj.* **1** 곤혹한, 멍한, 넋이 나 간. **2** 마음을 빼앗긴. [-mjúːzidli] *adv.*
ben¹ [ben] 《스코》 *n.* [시골집의]안방, 거실. *cf.* but² ¶ a but-and-*ben* 문간방과 안방, 집 전체. — *adv.*, *prep.* [집의] 내부에 [으로].
ben² [ben] 《스코·아일》 산봉우리, 산꼭대기 (mountain peak). ※ 주로 *Ben* Nevis처럼 산의 이름과

ben³ [ben] n. 〖식물〗 〖아라비아·인도산〗 고추냉이; 또, 그 열매.

Ben·a·dryl [bénədril] n. 〖상표명〗〖약〗 베나드릴〖두드러기 따위 알레르기 질환 치료용 합성약〗.

‡**bench** [bentʃ] n. **1** 벤치, 긴 의자; 〖노젓는 사람이 앉는〗 보트의 좌판(thwart). ¶ a park *bench* 공원의 벤치. **2** (the ~) 판사석; 법정; 〖집합적〗 재판관, 판사 일동. ¶ the full *bench* 열석한 판사 전원 / *bench* and bar 재판관과 변호사. 〖집합적〗 〖의석에 앉는〗주교. ¶ the front *benches* 〖英〗〖하원에서〗맨 앞줄의 자리, 정당 간부석 / the back *benches* 일반 의원석 / the ministerial *benches* 정부 여당 의원석 / the Opposition *benches* 야당 의원석 / the *bench* of bishops; the episcopal *bench* 〖英〗〖상원의〗 주교석. **4** 〖스포츠〗〖야구 따위의〗벤치, 선수석. ¶ a players' *bench* 선수석 / a *bench* polisher 후보선수. **5** 〖직공의〗 작업대(workbench). **6** 〖품평회의 개를 세워놓는〗 진열대; 〖품평회〗(dog show). **7** 〖지리〗 단구(段丘)(terrace).

be (or **sit**) **on the bench** ① 재판관석에 앉아 있다; 심리 중이다. ② 〖스포츠〗 후보 선수로서 벤치에서 대기하다.⑧ 판사에 임명되다.

be raised (or **elevated**) **to the bench** 재판관(英) 주교 ——. *vt.* **1** 에 벤치를 갖추다. **2** 〖개〗를 품평회(bench show)에 내놓다. **3** 〖사람〗을 어떤 지위에 앉히다, 〖판사 따위에〗 임명하다. ¶ He was *benched* in the district court. 그는 지방 법원 판사에 임명되었다. **4** 〖스포츠〗〖선수〗를 벤치에 앉혀 놓다, 경기에서 벤치로 물러나게 하다.

bench dòg n. 〖품평회에〗 출품된 개.
bench·er [béntʃər] n. **1** 〖英〗 법학원(Inn of Court)의 간부. **2** 보트의 노젓는 사람, 벤치에 앉은 사람. **3** 〖英〗 술집의 단골.
bénch hòle n. 변소.
bénch jòckey n. 〖美속어〗 벤치에서 상대팀을 야유하는 선수.
bénch màrk n. **1** 〖측량〗 수준점〖일정한 지점으로부터 정확한 높이의 표준이 되는 표지〗. **2** 〖판단의 새로운〗 기준, 척도. **3** 표준 가격. **4** 〖컴퓨터〗 벤치마크〖컴퓨터 성능의 비교·평가에 쓰이는 표준 문제〗.
bench·mark·ing [béntʃmɑːrkiŋ] n. 벤치마킹〖우량기업의 장점을 도입해 기준으로 삼는 경영 전략〗.
bénch prèss n. 〖역도〗 벤치에 누워 역기(barbell) 들기.
bénch scìentist n. 연구 과학자, 연구원.
bénch sèat n. 벤치 시트〖벤치식의 자동차 뒷좌석〗.
bénch shòw n. 개 품평회(dog show).
bench-warm·er [béntʃwɔːrmər] n. 〖스포츠〗 벤치에서 대기하고 있는 후보 선수. *cf.* bench n. 4
bénch wárrant n. 〖법률〗 법정 구속 영장.

‡**bend** (bend) v. (**bent** or 〖고어〗 **bend·ed, bend·ing**) vt. **1** ...을 구부리다(curve); 〖활 등〗을 당기다. ¶ *bend* a stick 막대기를 구부리다 / *bend* a bow 활을 당기다 / *bend* one's brows 눈살을 찌푸리다 / *bend* the head 머리를 숙이다 / *bend* the face 얼굴을 숙이다, 아래를 보다 / *bend* one's knees 무릎을 꿇다, 굴복하다 (~ + 目+前+名) *bend* a wire *up*(*down, back*) 철사를 위로(아래로, 뒤로)구부리다 // (~+目+前+名) *bend* a piece of wire *into* a ring 철사를 구부려 고리를 만들다.
2 〖의지 따위〗을 굴복시키다, 〖남〗을 굴복시키다; 〖규칙 따위〗를 편리한 대로 해석하다. ¶ *bend* one's will 의지를 굽히다 // (~+目+前+名) *bend* a person *to* one's will 남을 자기 뜻에 복종시키다.
3 〖눈·보행·마음 따위〗를 〖새로운 방향으로〗돌리다, 향하게 하다, 기울이다, 쏟다. ¶ (~+目+前+名) We *bent* our steps *to* (or *toward*) the inn. 우리는 여관으로 발길을 돌렸다 / Every eye was *bent on* him. 모든 시선이 그에게 쏠렸다. ⇨ BENT¹/He *bent* his mind *to* (or *on*) his study. 그는 면학에 몰두했다.
4 〖항해〗〖밧줄·돛 따위〗를 동여매다(...*to*). ¶ (~+目+前+名) *bend* the sail *to* a yard 돛을 활대에 동여매다.

— vi. **1** 구부러지다, 휘다. ¶ The tree *bent* easily. 그 나무는 쉽게 구부러졌다.
2 몸을 구부리다(bow)(*down*...). ¶ (~+副) *Bend down*, I'll jump over you. 몸을 구부려라, 뛰어 넘을 테니 // (~+目+前+名) He *bent to* his daughter to listen to her. 그는 딸아이의 말을 듣기 위해 허리를 구부렸다 / Mother cried, *bending over* her baby. 어머니는 아기한테 엎드려 울었다.
3 굴복하다(submit)(*before, to*...). ¶ (~+前+名) *bend to* fate 운명에 굴복하다, 운명을 따르다.
4 〖...쪽으로〗향하다(*to*...). ¶ (~+前+名) The road *bends to* the left. 길은 왼쪽으로 꺾어진다.
5 마음(정력 따위)을 쏟다, 경주하다(*to*...). ¶ (~+前+名) We *bent to* our work. 우리는 일에 열중(주력)했다.

be caught bending 〖구어〗 허를 찔리다, 불시에 당하다.
bend (or **lean**) **over backward**[**s**] ① 비상한 노력을 하다, 진지하게 대들다. ¶ She *bent over backward* to make sure that he was always pleased. 그녀는 그가 언제나 만족할 수 있도록 최대의 노력했다. ② 〖지나쳤던 짓을 고치기 위해〗 전과 반대의 태도를 취하다.
bend the knee[**s**] ⇒ KNEE.
bend the neck ⇒ NECK.
better bend than break 부러지기보다는 휘는 것이 낫다, 지는 것이 이기는 것이다.

— n. **1** 굽기, 굴곡; 〖길의〗모퉁이. ¶ a sharp *bend* in the road 도로의 급커브 / The river takes an abrupt *bend to* the west. 강은 서쪽으로 급커브를 이루며 흐르고 있다. **2** 몸을 숙이기, 인사. ¶ greet with a *bend* of the head 고개를 숙여 인사. **3** 〖마음의〗동향. **4** 〖항해〗 밧줄 매기, 결삭법, 〖밧줄의〗매듭. **5** 〖紋章〗 평행 사선. **6** (the ~s) 〖구어〗 a) =caisson disease. b) =aeroembolism.
above one's *bend* 〖美〗 …의 힘에 겨운. ¶ The task is *above* my *bend*. 이 일은 내 힘에 겹다.
go on the bend 〖속어〗 어슬렁어슬렁 돌아다니다.
on a (or **the**) **bend** 〖英구어〗 술 마시고 떠들고.
round the bend 〖英속어〗 미친〖것 같은〗 (insane, crazy). ¶ That would send me *round the bend*. 그 일로 미칠 지경이다.

◇ *bent*¹ *adj., n.*
bend·a·ble [béndəbl] *adj.* 구부릴 수 있는.
bend·ed [béndid] v. *bend*의 과거·과거 분사.
— *adj.* *현재는 다음 숙어로만 쓴다.* 〖위〗 *on* (one's) *bended knees* 무릎을 꿇고〖애원할 때 따위〗 / *with bended bow* 활을 바싹 당겨서.
bend·er [béndər] n. **1** 구부리는 사람, 구부리는 것〖기구〗. **2** 〖美구어〗 주흥, 술 마시고 떠들기. ¶ go [out] *on* a *bender* 술 마시고 떠들다. **3** 〖속어〗〖야구〗 커브(curve). **4** 〖英속어〗 6펜스 은화.
bénd sínister n. 〖紋章〗 좌경선(左傾線)〖방패의 우상부에서 좌하부로 그은 띠 모양의 줄, 서출의 표시〗.
bene- well의 뜻의 연결형. 예: benediction.
‡**be·neath** [biníːθ, 〖美〗 -níːð] *adv.* **1** 밑에, 아래쪽에(below), 바로 밑에, *opp.* above ¶ 〖bend sinister〗 the valley 〖lying〗 *beneath* 아래쪽 골짜기 / the sky above and the earth *beneath* 위에 있는 하늘과 밑에 있는 땅 / I heard someone cry *beneath*. 아래쪽에서 누군가가 소리치는 것을 들었다. **2** 지하에(underground).

— *prep.* **1** 밑에. ⇨ UNDER 〖類語〗 ¶ *beneath* my head 〖자고 있는〗 내 머리 밑에 / He wore the same roof 한 지붕 밑에서 / He wore a thick shirt *beneath* his coat. 그는 웃옷 밑에 두꺼운 셔츠를 입었다 / There was a flower border *beneath* the wall. 벽 밑쪽에 화단이 있었다.

2 〖지배·압박 따위〗의 밑에. ¶ Many people fall

Benedicite

beneath the assaults of the power. 권력에 굴복하는 사람이 많다 / He staggered *beneath* the blow. 그는 일격을 맞고 비틀거렸다.
3 [신분·지위 따위가] 보다 낮은(below). ¶ A bureau is *beneath* an agency. 국(局)은 청(廳)의 아래 기관이다 / I am far *beneath* him in fame (intelligence). 나는 명성(이해력)에 있어 그보다 훨씬 못하다.
── **Usage** 1, 2, 3의 뜻으로는 under, below 를 쓰는 것이 보통이다.
4 …의 가치가 없는, …에 미치지 못하는; …에 어울리지 않는. ¶ *beneath* contempt 경멸할 가치도 없는 / His picture is *beneath* criticism. 그의 그림은 비평할 가치도 없다 / It is *beneath* your dignity to do such a thing. 그런 것은 너의 위신 문제이다. 「whisper」.
beneath one's breath 목소리를 낮추어 (죽이고) (in a whisper).
Ben·e·dic·i·te [bènədísiti / -dáis-] *n.* **1** [교회] 만물의 찬송 [라틴어의 Benedicite, omnia opera Domini. (= O all ye works of the Lord)로 시작되는 구약의 노래. → 다니엘서(Dan.) 3 : 56-88]; 그 곡. **2** (b-) 축복의 기도, 식사 전의 찬송 기도. ── *interj.* 그대에게 행운이 있으라! (Bless you!).
Ben·e·dick [bénidik] *n.* **1** Shakespeare 작의 희극 *Much Ado About Nothing* 에 나오는 인물명 [독신주의자였으나 친구들의 책략으로 남자를 싫어하는 Beatrice 와 마침내 결혼하게 된다]. **2** (b-) =benedict.
ben·e·dict [bénidikt] *n.* **1** [특히 오랜 동안 독신으로 지낸] 신혼 남자. **2** 기혼 남자.
Ben·e·dic·tine [bènədíktin, -tain →2] *n.* **1** [가톨릭] 베네딕토회의 수도자. **2** [-ti:n] (보통 b-) ⓤ 프랑스의 리큐르술[원래 베네딕토회에서 만든 데서].
── *adj.* 성베네딕토의, 베네딕토회의.
[<베네딕토회의 창시자인> 이탈리아의 수도사 Saint Benedict (480 ? ~543 ?)의 이름]
ben·e·dic·tion [bènədíkʃ(ə)n] *n.* [교회] **1** ⓤ 축복; [식사 전의] 찬송 기도, [예배 마지막에 목사가 하는] 기도. **2** 축별식 [예배당·종·제복 등을 정식으로 봉납하기 위한 의식]. **3** (보통 B-) [가톨릭] 성체 찬미식. **4** 신의 은총.
ben·e·dic·tion·al [bènədíkʃ(ə)n(ə)l] *adj.* 축복의, 찬
ben·e·dic·to·ry [bènədíktəri] *adj.* 축복의, 찬송의, 축도(祝禱)의; 축별식의; 성체 찬미식의.
Ben·e·dic·tus [bènədíktəs] *n.* [교회] **1** 라틴어의 *Benedictus qui venit in nomine Domini* (=Blessed is He that cometh in the name of the Lord)로 시작되는 감사 성가의 후반 [← 마태 복음(Matt.) 21 : 9]. **2** 사가랴의 노래 [← 누가 복음(Luke) 1 : 67-80].
ben·e·fac·tion [bènifækʃ(ə)n] *n.* ⓤ|ⓒ 선행, 자선, 회사. **2** 베푸는 물건.
*****ben·e·fac·tor** [bénifæktər, ⸺⸺] *n.* **1** 은혜를 베푸는 사람, 은인, [양육원·학교 등의] 후원자(patron). **2** 재산 기증자.
ben·e·fac·tress [bénifæktris] *n.* benefactor 의 여성
be·nef·ic [bənífik] *adj.* 선행을 행하는(beneficient).
ben·e·fice [bénifis] *n.* **1** 성직록(祿), 교회의 수입. **2** 녹이 따르는 성직. ── *vt.* (-ficed, -fic·ing) …에게 성직록을 주다.
*****be·nef·i·cence** [bənífis(ə)ns] *n.* **1** ⓤ 선행, 자선. **2** 은혜, 자선품 (benefaction). ◇ beneficent *adj.*
*****be·nef·i·cent** [bənífis(ə)nt] *adj.* 선행(자선)을 행하는, 인정많은, 친절한. *opp.* maleficent ¶ He is *beneficent* to the poor. 그는 가난한 사람들에게 자애롭다.
~·ly *adv.* ◇ beneficence *n.*
*****ben·e·fi·cial** [bènəfíʃ(ə)l] *adj.* **1** 유익한, 유리한, 유용한(to…). ¶ *beneficial* insects 익충 // It is *beneficial* to the health to get up early. 아침 일찍 일어나는 것은 건강에 좋다. ¶ *beneficial* [법률] 이익을 누릴 수 있는; [신탁 재산 따위의] 수익(收益)을 받을 수 있는, 수익(受益)의. ¶ a *beneficial* owner 수익권 소유자. **~·ly** *adv.*
ben·e·fi·ci·ar·y [bènifíʃièri / -ʃ(i)əri-] *n.* (*pl.* -ar·ies)

Bengal light

1 이익(은혜)을 받는 사람. **2** [법률] [특히 신탁] 수익자, 연금 등의 수령인. **3** [교회] 성직록 수령자.
‡**ben·e·fit** [bénifit] *n.* **1** ⓤ (*from…*); 편의, 이로움; [상업] 이득 (profit). ⇒ ADVANTAGE類語 ¶ We derived great *benefit* from the business. 우리는 그 장사에서 큰 이익 을 보았 다 / He received no *benefit* from the medicine (her advice). 그에게는 그 약(그녀의 충고)이 아무런 효험(쓸모)도 없었다 / He came here for his friend's *benefit*. 그는 친구를 위해서 여기에 왔다 / It would be to his *benefit* to do so. 그렇게 하는 것이 그에게 이로울 것이다. **2** ⓤ|ⓒ 은혜, 은고(favor); 특전; 특권. ¶ by the *benefit* of …덕택에/proceed without the *benefit* of artillery 엄호사격 없이 진격하다 / Progress of science doesn't always confer a *benefit* on (or upon) us. 과학의 발달이 반드시 우리에게 은혜를 베푼다고는 할 수 없다. **3** 자선 흥행 [바자 따위]; 기부 흥행. ¶ a *benefit* concert 자선 음악회. **4** [보험 회사·공제회·사회 보장 제도 따위의] 보조금, 급부 [금].
be of benefit [*to…*] […에게] 도움이 되다, 유익하다. ¶ This book *was* of much *benefit to* me. 이 책은 내게 매우 유익했다.
for the benefit of ① …을 위해서. ② [반어] …을 혼내주기 위해; …에 대한 벌로서.
give (or *allow*) *a person the benefit of the doubt* 남의 의심스러운 점을 선의로 해석하다.
have no end of a benefit [반어] 혼나다.
── *vt.* …에 도움이 되다, 이롭다. ¶ The new library will *benefit* all the people. 새 도서관은 모든 사람에게 도움을 줄 것이다. ── *vi.* 이익을 보다 (*by, from…*); 덕보다. ¶ (~+廁+名) *benefit by* the medicine 약에서 효험을 보다 / *benefit from* the new method 그 새로운 방법으로 이익을 보다 / He has *benefited by* the labors of others. 그는 다른 사람들의 노력의 덕을 보았다 / You will *benefit from* these books. 당신은 이들 책에서 이익을 얻을 것이다. ◇ benefícial *adj.*
bén·e·fít·er [bénifitər] *n.* 이익을 얻는 사람, 수익자.
bénefit of clérgy *n.* ⓤ [특히 결혼 따위의] 교회의 승인. ¶ without *benefit of clergy* 교회의 정식 승인 없이. **2** [고어] 성직의 특전 [법정 대신 교회 안에서 재판을 받는 특전].
bénefit of the dóubt [법] 증거 불충분으로 무죄로 추정하는 것.
bénefit socìety (associàtion, (英) **clùb)** *n.* 공제 조합, 공제회.
Ben·e·lux [bénəlʌks] *n.* 베네룩스 [1948년에 발족된 벨기에·네덜란드·룩셈부르크 3국의 관세 동맹; 그 3국의 총칭. < BE[LGIUM] + NE[THERLANDS] + LUX[EMBURG]]
*****be·nev·o·lence** [bənévələns] *n.* **1** ⓤ 자비심, 선의 (good will). *opp.* malevolence **2** 선행, 자선. **3** [英역사] 덕세(德稅) [영국왕이 현금을 빙자하여 강제 징수한 조세]. ◇ benévolent *adj.*
*****be·nev·o·lent** [bənévələnt] *adj.* **1** 자애로운 (charitable), 인정 많은, 호의적인. *opp.* malevolent ¶ a gift from some *benevolent* person 어떤 자애로운 분이 보내온 선물. **2** [이익보다]자선이 목적인, 자선적인. ¶ a *benevolent* institution 자선 단체. **~·ly** *adv.*
◇ benévolence *n.*
Beng. (略) Bengal, Bengali.
B. Eng. (略) *Bachelor of Engineering.*
*****Ben·gal** [beŋgɔ́ːl, ben-] *n.* **1** 벵골 [예 영국령 (領) 인도 동부 지역의 이름; 현재의 방글라데시랑과 인도의 이 걸쳐 있다]. **2** ⓤ [직물] 벵골면, 벵골견.
Ben·ga·lese [bèŋgəlíːz, bèn-] *n.* (*pl.* -lese) 벵골 사람. ── *adj.* 벵골 사람의.
Ben·ga·li [beŋgɔ́ːli, ben-], **(Bengalee)** *n.* (*pl.* -li or -lis) 벵골 사람; ⓤ 벵골 말. ── *adj.* 벵골의, 벵골 사람(말)의.
ben·ga·line [béŋgəliːn, ⸺⸺] *n.* ⓤ 벵갈린 [모필린 비슷한]
Béngal líght (fíre) *n.* 벵골 불꽃 [선명한 연속성의

Bén·gal mónkey n. 리서스원숭이[종종 의학실험에 쓰이는 꼬리가 긴 작은 원숭이](rhesus monkey).

Béngal tíger n. 인도 남부에 서식하는 털이 짧은 호랑이.

be·night·ed [bináitid] adj. **1** 갈길이 저문, 날이 저문. ¶ a benighted traveler 갈길이 저문 나그네. **2** 무식한, 몽매한, 미개의. ¶ a benighted country 미개국.

be·nign [bináin] adj. **1** 상냥한, 친절한(kind); 자애로운. ¶ a benign smile 상냥한 미소/benign Heaven 자비로운 하나님/benign neglect 은근한 무시; 설부러 손대기보다 불간섭을 택하기. **2** 〔기후·풍토가〕양호한, 온화한(mild). **3** 자애로운, 길조의, 'She was born under a benign planet. 그녀는 좋은 운수를 타고 태어났다. **4** 〔병리〕양성의. opp. malignant ¶ a benign tumor 양성 종양. ~·ly adv.

be·nig·nan·cy [binígnənsi] n. Ⓤ **1** 자애로움, 인자함. **2** 〔기후 따위의〕온화. **3** 〔병리〕양성. opp. malignancy

be·nig·nant [binígnənt] adj. **1** 〔특히 아랫사람에게〕친절한(kind), 다정한(gentle); 자애로운, 인자한. **2** 온화한, 온난한(mild). **3** 〔병리〕양성의(benign). ~·ly adv.

be·nig·ni·ty [binígniti] n. (pl. **-ties**) Ⓤ **1** 친절, 다정함(kindness), 자비로움. **2** 〔기후 따위의〕온화, 온난. **3** Ⓒ〔고어〕선행(good deed), 친절한 행위.

Be·nin [benín] n. 베닌[아프리카의 공화국. 1975년 다호메이를 개칭].

ben·i·son [bénizn, -sn] n. 〔고어〕축복(blessing), 감사 기도, 축도 (benediction).

Ben·ja·min [béndʒ(ə)min] n. Ⓤ 안식향 (安息香)

Ben·ja·min [béndʒəmin] n. **1** 〔성서〕베냐민[야곱 (Jacob)의 막내 아들]. **2** 베냐민족 [Benjamin을 조상으로 하는 이스라엘 12지족(支族)의 하나]. **3** 막내 아들, 귀동이.

Benjamin's mess (or **portion**) 큰 몫[←창세기(Gen.) 43: 34].

ben·ne [béni] n. 참깨(sesame) [씨는 식용 또는 기름 짜는데 씀].

ben·net [bénit] n. **1** 아메리카산(産) 뱀무(avens). **2** 유럽산(産) 뱀무(herb bennet). **3** 〔英〕개밀(couch grass).

Ben·ning·ton [bénintən] n. Ⓤ 베닝턴[미국 Vermont 주 서남부의 도시]에서 나오는[특히 갈색·얼룩의 유약을 바른] 도기(Bennington ware (pottery)).

ben·ny [béni] n. (pl. **-nies**) **1** 〔美속어〕=Benzedrine. **2** 〔美속어〕중산 모자. **3** 〔속어〕남자 외투 (overcoat).

*****bent¹** [bent] v. bend 의 과거·과거 분사.
—adj. **1** 구부러진, 만곡한(curved, crooked). ¶ a bent automobile fender 만곡한 자동차의 펜더 / a bent bow 당긴 활 / a bent stick 구부러진 막대기 / an old man bent double with old age 늙어서 허리가 몹시 구부러진 노인. **2** 열중하 있는; 힘을 쏟고 있는; 결심하고 있는(resolved, determined) (on, upon...). ¶ a boy bent on mischief 장난에 열중하 있는 소년 / a housewife bent on washing 빨래를 열심히 하고 있는 주부 / a country bent on world domination 세계 지배를 목적으로 삼고 있는 나라 / He is bent on mastering mathematics this summer. 그는 올 여름에 수학을 마스터하기로 작정하고 있다. **3** 〔英속어〕부정직한(crooked). ⊳
—n. **1** 굽음(tendency), 성미, 기호(taste). ⇨ INCLINATION 類語 ¶ a literary bent 문학적 경향/let everyone follow his bent 각자 성미대로 하게 하다 / Painting is out of my bent. 그림에 나 성미에 맞지 않는다(잘 못한다) // He has a strong (a natural) bent for painting (study). 그는 그림 (공부)을 매우(원래) 좋아한다. **2** 견디는 힘. ¶ He studied according to his bent. 그는 힘껏 공부했다. **3** 〔건축〕가주 (脚柱), 교각 (trestle). **4** 〔고어〕만곡, 굴곡; 만곡부.

bent² [bent] n. Ⓤ Ⓒ **1** =bent grass. **2** bent grass 의 줄기. **3** 〔英〕황야, 초원(moor).

bént éight n. 〔美속어〕8기통; 8기통 승용차.

bént gráss n. Ⓤ Ⓒ 겨이삭·흰겨이삭·참억새 따위의 벼과(科) 잡초.

Ben·tham·ism [bénθəmìz(ə)m, -təm-] n. Jeremy Bentham (1748-1832) 〔영국의 철학자·경제학자〕이 창안한 공리주의.

Ben·tham·ite [bénθəmàit, -təm-] n. 벤담설 신봉자, 〔벤담류〕공리주의자.

ben·thic [bénθik], **ben·thon·ic** [benθánik/-θ ́5n-] adj. 〔생물〕 물밑에 사는.

ben·thos [bénθɑs /-θɔs] n. 〔생물〕[물밑에 사는] 저생 (底生) 생물. 「(球)

ben·tho·scope [bénθəskòup] n. 심해 관측용 강철구

ben·ton·ite [bént(ə)nàit] n. 〔광물〕벤토석[화산재가 풍화하여 생긴 점토의 일종].

ben tro·va·to [bèn trouváːtou] adj. 《이탈리아》(= well conceived) 교묘한, 그럴듯한(ingenious).

bent·wood [béntwùd] n. Ⓤ 굽은 나무. —— adj. 굽은 나무로 만든. ¶ a bentwood chair 굽은 나무로 만든 의자.

be·numb [bin ́ʌm] vt. **1** 〔추위 따위가〕…을 무감각하게 하다, 굽게 하다. ¶ My fingers are benumbed by (or with) cold. 추위로서 손가락이 굽는다. **2** 〔마음 따위〕를 마비시키다, 얼빠지게 하다. ¶ be benumbed with terror 공포에 질리다.

Benz [bents] n. 벤츠[독일인 기술자 Karl Benz (1844-1929)가 창설한 회사에서 만든 자동차 이름].

benz- ⇨ BENZO-.

Ben·ze·drine [bénzidrìːn] n. 《상표명》〔약〕벤제드린 〔각성제〕. ⇨ AMPHETAMINE.

ben·zene [bénziːn, -́-] n. Ⓤ 〔화학〕벤젠[주로 콜타르를 분류(分溜) 해서 얻는 무색의 휘발성 액체. 별칭 benzol〕. 〔핵〕, 벤즈환(環)

bénzene ríng (**núcleus**) n. 〔화학〕벤젠환(環)

ben·zine [bénziːn, -́-], (**ben·zin**) [bén·zin] n. Ⓤ 벤진〔석유를 분류해서 얻는 무색 휘발유. 얼룩 빼는 데 사용〕.

benzo- benzene, benzoic acid 의 뜻의 연결형 (* 모음 앞에서는 benz-를 쓴다). 예: benzophenone, benzyl.

ben·zo·ate [bénzouèit, -it] n. 〔화학〕안식향산염 (安息香酸鹽).

ben·zo·ic [benzóuik] adj. 안식향성의.

benzóic ácid n. 〔화학·병리〕 안식향산[방향족의 무색 결정상의 산(結晶酸). 약제·아닐린 염료 제조·식품 방부제용].

ben·zo·in¹ [bénzouin, +美 -́-́-] n. Ⓤ 안식향, 벤조인 수지〔남양 제도에서 자라는 때죽나무과(科)의 식물에서 채취하는 방향성 수지〕. 〔무색의 결정〕.

ben·zo·in² [bénzouin, +美 -́-́-] n. 〔화학〕벤조인

ben·zol [bénzoul, -zɔl /-zɔl] n. Ⓤ **1** 〔화학〕=benzene. **2** 벤졸[공업용 조제(粗製) 벤젠].

ben·zo·line [bénzo(u)liːn] n. =benzine.

ben·zo·py·rene [bènzoupái(ə)rìːn] n. 벤조피렌[콜타르에 함유된 발암 물질].

benz·py·rene [bènzpái(ə)riːn] n. =benzopyrene.

ben·zyl [bénzil, +美 -zi:l] n. Ⓤ 〔화학〕벤질.

Be·o·wulf [béiəwùlf] n. 베오울프[8세기 초기에 쓰인 고대 영어의 서사시, 또 그 주인공인 영웅의 이름].

be·paint [bipéint] vt. …에 도료를 칠하다, 색칠하다.

be·plas·ter [bipl ́æstər /·plɑ́ːs-] vt. …에 회반죽을 바르다.

be·pow·der [bipáudər] vt. …에 가루를 뿌리다, 분을 더덕더덕 바르다. 「구 칭찬하다.

be·praise [bipréiz] vt. (**-praised, -prais·ing**) …을 극

***be·queath** [bikwíːð, -kwíːθ] vt. **1** 〔법률〕〔동산〕을 유언으로 양도하다, 유증하다(...to) (* 부동산을 유증할 때는 devise 를 쓰는데, 예전에는 bequeath 도 썼다). ¶ (~ +目 +前+名)(~ +目 +目) She bequeathed no small

be·queath·al [bikwíːðəl], -kwíːθ-] *n.* =bequest.

be·queath·ment [bikwíːðmənt, -kwíːθ-] *n.* =bequest.

be·quest [bikwést] *n.* 1 ⓤ 〔법률〕 〔유언에 의한 동산의〕 유증. 2 유산(legacy).

be·rate [biréit] *vt.* (-rat·ed, -rat·ing) 《美》…을 호되게 꾸짖다(scold), 욕을 퍼붓다. ⇒ REPROACH 類語 ¶ She berated her husband in public. 그녀는 사람들 앞에서 남편을 야단쳤다.

Ber·ber [báːrbər] *n.* 1 베르베르 사람[북아프리카의 Barbary 지방, Sahara 지방에 사는 종족]. 2 ⓤ 베르베르말. — *adj* 베르베르 사람의; 베르베르 말의.

ber·ber·ry, -be·ry [báːrbəri /-bəri] *n.* =barberry.

ber·ceuse [bɛərsə́ːz / F bɛrsǿːz] *n.* (*pl.* -ceuses [-sə́ːz/ F -sǿːz]) 〔음악〕 자장가.

bere [biər] *n.* 《英》보리의 일종.

***be·reave** [biríːv] *vt.* (-reaved *or* -reft, -reav·ing) 1 (※ 과거 분사는 보통 bereft) 〔생명·희망 등〕을 빼앗다, 잃게 하다(deprive) 《…of》. ¶ be utterly bereft 어찌할 바를 모르고 있다 // (~+图+젠+名) She was bereft of hearing. 그녀는 청력을 잃었다 / His death bereaved her of all her hope. 그의 죽음은 그녀에게서 모든 희망을 앗아가 버렸다. 2 (※ 과거 분사는 보통 bereaved) 〔죽음으로〕 〔근친·형제〕를 앗아가다 《…of》. ¶ (~+图+젠+名) The war bereaved him of all his sons. 그는 그 전쟁에서 아들들을 죄다 잃었다 / She was bereaved of her parents by a traffic accident. 그녀는 교통 사고로 부모를 잃었다. 3 〔폐어〕 …을 강탈하다.

be·reave·ment [biríːvmənt] *n.* ⓤⓒ 〔육친이〕 먼저 세상을 떠남, 사별.

***be·reft** [biréft] *v.* bereave 의 과거·과거 분사의 하나.

be·ret [bəréi / bérei] *n.* 베레모.

berg [bəːrg] *n.* 빙산(iceberg 를 생략하여 생긴 말).

ber·ga·mot [báːrgəmɑ̀t /-mɔ̀t] *n.* 1 베르가못〔남유럽산(産) 시트론속(屬)의 나무, 그 열매의 껍질을 짜서 향유를 얻는다〕(bergamot orange). 2 ⓤ 베르가못 유(bergamot oil). 3 박하속(屬)의 식물(bergamot mint). 4 배(pear)의 일종.

berg·schrund [bɛ́rkʃrùnt] *n.* 베르크슈룬트, 빙하의 갈라진 틈(crevasse). 〔<G〕

Berg·so·ni·an [bəːrgsóuniən, bɛ́ərg-] *adj.* 베르그송류의, 베르그송 철학의. — *n.* 베르그송 철학 신봉자. 〔<프랑스의 철학자인 H. Bergson(1859-1941) 의 이름〕

Berg·son·ism [báːrgsənìz(ə)m, bɛ́ərg-] *n.* 베르그송 철학〔창조적 진화설〕.

berg·y [báːrgi] *adj.* 빙산이 많은.

be·rhyme, -rime [biráim] *vt.* (-rhymed, -rhyming; -rimed, -rim·ing) …을 시로 찬양하다.

be·rib·boned [biríbənd] *adj.* 리본으로 장식한.

ber·i·ber·i [béribèri] *n.* ⓤ 〔병리〕 각기(脚氣). 〔<Singhalese *beri* weakness〕

Bér·ing Séa [bí(ː)riŋ, be(ː)r-/ bɛ́r-, bíər-, bɛ́ər-] *n.* (the ~) 베링해〔Aleutian 열도의 북쪽, Alaska 와 Siberia 사이에 있는 바다〕. 〔발견자인 덴마크의 항해가 Vitus Bering(1680-1741)의 이름〕

Bér·ing tíme *n.* 베링 표준시〔알래스카 서단부와 알류산 열도에서 쓰이는 표준시; 그리니치 표준시보다 11시간의 차가 있고 한국 시간보다 20시간 늦다〕.

berk [bəːrk] *n.* 《英속어》 얼간이, 싫은 녀석.

Berke·le·ian [bəːrklí(ː)ən /-bɑːklí(ː)ən] *adj.* 〔철학〕 버클리의, 버클리 철학의. — *n.* 버클리 철학론자. 〔<아일랜드의 주교·철학자인 George Berkeley(1685?-1753)의 이름〕

ber·ke·li·um [báːrkliəm] *n.* ⓤ 〔화학〕 버클륨〔방사성 금속 원소; 원자 기호 Bk〕.

Berk·shire [báːrkʃ(i)ər / báːk-] *n.* 1 영국 남부의 주, 주도는 Reading [rédiŋ]. 2 Berkshire 원산의 검은 돼지〔발·머리·꼬리 부분에 흰 반점이 있는 것이 특색〕.

ber·lin [bəːrlín], (ber·line) *n.* 1 베를린형 마차〔2승 대형 4륜 마차〕. 2 〔폐어〕〔운전석 뒤가 유리로 칸막이되어 있는〕 쿠페형의 리무진차.

‡**Ber·lin** [bəːrlín] *n.* 베를린〔독일의 대도시. 수도. 통일전에는 시가지가 동·서독으로 양분되었었다〕.

Berlín bláck *n.* ⓤ 철에니스〔난로 따위에 칠하는 내열성의 검은 에나멜〕.

Ber·lin·er [bəːrlínər] *n.* 베를린 시민.   [실.

Berlín wóol *n.* ⓤ 〔최상급의 자수·편물용〕 가는털

berm, berme [bəːrm] *n.* 1 〔築城〕 해자(垓字)에 면한 성벽의 사면(斜面)에 만든 (斜傾). 2 〔토목〕 성벽과 해자 사이의 좁은 수평로. 3 《美》 도로·제방의 가장자리 부분(shoulder).

Ber·mu·da [bə(ː)rmjúːdə] *n.* 1 버뮤다 제도〔북대서양 서부, 미국 North Carolina 주 동쪽에 있는 영령(英領) 제도로, 휴양지로 유명. 수도 Hamilton〕. 2 《속어》 =Bermuda shorts. 3 《속어》 =Bermuda onion.

Bermúda gráss *n.* 〔식물〕 버뮤다 그라스〔잔디밭·목초용의 풀〕.

Bermúda líly *n.* 나팔나리의 일종〔부활절에 장식용으로 쓰는 데서 Easter (Madonna) lily 라고도 한다〕.

Bermúda ónion *n.* 양파의 일종〔크고 편평하며 냄새는 그리 독하지 않다〕.

Bermúda shórts *n. pl.* 버뮤다 쇼츠〔반바지〕.

Bermúda Tríangle *n.* (the ~) 버뮤다 삼각 해역〔버뮤다·플로리다·푸에르토리코를 잇는 삼각형의 해역; 해난·항공 사고가 많아 마(魔)의 삼각 해역이라고 한다〕.

Bern, Berne [bəːrn / G bérn] *n.* 베른〔스위스의 수도〕.

Ber·nard·ine [báːrnəːrdì(ː)n] *adj.* 1 시토회(Cistercian)의 수도사 St. Bernard of Clairvaux (1091-1153)의. 2 시토 수도회의. — *n.* 시토회 수도사.

Berne [bəːrn] *n.* =Bern.

Ber·nese [bəːrníːz, -níːs] *adj.* 베른의; 베른 사람의. — *n.* (*pl.* -nese) 베른 사람.

ber·ried [bérid] *adj.* 1 액과(液果)가 열리는. 2 액과 모양의. 3 〔새우 따위가〕 알을 가진. ¶ a berried lobster 알을 가진 새우.

‡**ber·ry** [béri] *n.* (*pl.* -ries) 1 딸기류의 과실〔gooseberry, strawberry 따위〕. 2 〔식물〕 액과(液果) 〔과육이 연하고 수분이 많은 껍질이 있는 과실의 총칭. 포도·토마토·배·밀 따위〕. 3 말린 씨〔밀·커피콩 따위〕. 4 〔새우·게 따위의〕 알.

get the berry 《美속어》 야유당하다.

— *vi.* (-ried, -ry·ing) 1 〔나무가〕 액과가 열리다. 2 액과를 따다. ¶ go berrying 딸기 따러 가다.

ber·sa·glie·re [bɛ̀rsəljɛ́(ː)ri / bɛ̀rsɑː liɛ́əri(ː)] *n.* (*pl.* -glie·ri [-jé(ː)ri- / -iɛ́əri]) 〔이탈리아〕 저격병〔狙擊兵〕.

ber·serk [bəː(ː)səːrk, -zəːrk / ⎯⎯] *adj.* 광포한, 미친 듯이 날뛰는. ¶ go berserk 미쳐 날뛰다 / He went berserk with a knife. 그는 칼을 들고 날뛰었다. — *n.* =berserker.

ber·serk·er [bə(ː)səːrkər, +美 -zəːrkər] *n.* 〔북유럽 전설〕 1 광포한 전사〔고대 노르웨이의 전사. 용맹하고 광포하여 분전하는 것으로 구전되고 있다〕. 2 광포한 사람.

***berth** [bəːrθ] *n.* 1 a) 숙소(lodging), b) 〔배〕 기차의〕 침대. 〔항해〕 〔고급 선원의〕 선실. ¶ a berth list 선실 할당 / reserve a steamer berth 배의 침대를 예약하다. 2 〔美〕 정박소, 정박 위치. ¶ a berth at a quay 부두의 정박소 / take up a berth 〔배가〕 정박 위치에 들다. 3 〔항해〕 정박(조선(操船)) 거리(간격) 〔안전을 위해 다른 배 또는 육지와의 사이에 유지하는 간격〕. 4 《주

英》 직업(job), 지위(position). ¶ a good *berth* 좋은 지위 / leave one's *berth* 사직하다 / be out of a *berth* 실직하다.
give a wide berth to a person; *give a person a wide berth*; *keep a wide berth of* a person 남을 피하다, 경원하다. ¶ You had better *give a wide berth to* such a man. 그런 남자는 경원하는 것이 좋다.
on the berth 〖항해〗 정박 중인(에). ¶ a ship *on the berth* 정박중인 배.
— *vt.* 1 〖배〗를 정박시키다. ¶ *berth* a ship at a wharf 부두에 배를 정박시키다. 2 〖남〗에게 침대를 마련해 주다. 3 〖남〗에게 일자리를 주다. — *vi.* 정박하다.

ber·tha [bə́ːrθə] *n.* 여성복의 장식 옷깃 [레이스 따위로 만들어 양어깨를 덮는 넓은 것].

berth·age [bə́ːrθidʒ] *n.*⒰⒞ 1 정박지(소) (anchorage). 2 정박세(toll for anchoring).

Ber·til·lon sýstem [bə́ːrt(i)lɑ̀n- / -lən-/ F bɛrtijɔ̃-] *n.* 베르티용식 인체 측정법[키·신체적 특징·피부색·지문 따위에 의한 범죄자 식별법].
[〈프랑스의 인류학자 Alphonse Bertillon(1853-1914)의 이름]

ber·yl [bérəl] *n.*⒰ 1 〖광물〗 녹주석 [emerald, aquamarine 따위는 beryl의 변종]. 2 연한 청색.

ber·yl·ine [bérəlin, -àin] *adj.* 녹주석의; 연한 청색의.

be·ryl·li·um [birílıəm / be-] *n.*⒰〖화학〗베릴륨 (glucinium) [금속 원소의 하나; 원소 기호 Be].

be·screen [biskríːn] *vt.* …을 덮어 가리다(conceal).

*besee·ch** [biːtʃ] *vt.* (**-sought** or **-seech·ed, -seech·ing**) 1 …에게 간청(탄원)하다(entreat), 갈망하다(…*for*). ► BEG 類語 ¶ (〜+匣+前+匣) The girl *besought* the gentleman *for* mercy. 소녀는 신사에게 자비를 베풀어 달라고 애원했다. / (〜+匣+*to do*) I *beseech* you *to* forgive him. 제발 부탁입니다. 그를 용서해 주십시오 / (〜+匣+*that* 節) She *besought* the King *that* the captive's life might be saved. 그녀는 왕에게 포로의 목숨을 살려 달라고 탄원했다. 2 …을 청하다, 바라다(solicit). ¶ Tell me, I *beseech* you, what has become of him. 그가 어떻게 되었는지 제발 말좀 해주시오. 〔바라는 사람.

be·seech·er [biːtʃər] *n.* 탄원자, 간청자; 청하는

be·seech·ing [biːtʃiŋ] *adj.* 간청하는, 탄원하는 듯한. **~·ly** *adv.* **~·ness** *n.*

be·seem [biːsíːm] *vt., vi.* 1 〖드물게〗어울리다. — 답다(befit). ¶ It ill (well) *beseems* you to do such a thing. 그런 일을 하는 것은 자네답지 않다 (자네답다). 2 알맞다. **~·ly** *adv.*

be·seem·ing [biːsíːmiŋ] *adj.* 어울리는(suitable), 알

*be·set** [bisét] *vt.* (**-set, -set·ting**) 1 …을 에워싸다, 포위하다(surround); …을 습격하다(assail). ¶ the forest that *besets* the village 그 마을을 둘러싸고 있는 숲 / The expedition party was *beset* by savages. 탐험대는 야만인에게 습격(포위) 당했다. 2 〖곤란·유혹 따위가〗…에 따라다니다, …을 괴롭히다(harass)(…*with*). ¶ (〜+匣+前+匣) The task was *beset with* (or by) difficulties. 그 일에는 여러 가지 어려움이 따랐다 / They are *beset with* doubts and fears. 의혹과 공포가 그들을 따라다니고 있다 / His tale is *beset with* contradictions. 그의 이야기는 모순투성이다. 3 …을 장식하다 (ornament), 박아넣다(stud)(…*with*). ¶ (〜+匣+前+匣) Her necklace was *beset with* gems. 그녀의 목걸이에는 보석이 박혀 있었다. 〔운 죄악, 약점.

be·set·ment [bisétmənt] *n.*⒰ 1 포위. 2 빠지기 쉬

be·set·ting [bisétiŋ] *adj.* 늘 따라 다니는, 빠지기 쉬운. ¶ Laziness is a loafer's *besetting* sin. 나태는 부랑자에게 따라 다니기 마련인 죄악이다.

be·shrew [biʃrúː] *vt.* 〖고어〗…을 저주하다(curse), 매도하다(* 지금은 가벼운 저주의 말로만 쓰인다). ¶ *Beshrew* me! 제기랄! / *Beshrew* him (it)! 빌어먹을

놈(것)!

*be·side** [bisáid] *prep.* 1 …옆에, …가까이에. ¶ Her house is *beside* the river. 그녀의 집은 강가에 있다. 2 …에 비해서(compared with). ¶ She seems dull *beside* her sister. 그녀는 동생에 비하면 머리가 둔해 보인다. 3 …에서 떨어져(apart from). ¶ *beside* the mark 겨냥이 빗나가, 짐작이 틀려 / *beside* the question 문제가 이 뜻으로는 지금은 besides 가 보통). 4 …에 더하여, 게다가(in addition to) (*

beside oneself 〖격정·흥분으로〗이성을 잃고, 어찌할 바를 모르고. ¶ He was *beside* himself with fear. 그는 공포심에 이성을 잃고 있었다 / I feel *besides* oneself for joy 기뻐 어쩔 줄 모르다.
— *adv.* 1 옆에. 2 〖드물게〗더하여, 게다가.
◇ side *n.*

*be·sides** [bisáidz] *adv.* 1 또, 더우기; 게다가, 더하여. ¶ She is clever and pretty *besides*. 그녀는 영리하고 게다가 예쁘기까지 하다. 2 그밖에, 따로(otherwise, else). ¶ He knows French, but very little *besides*. 그는 프랑스어는 알지만 그밖에는 거의 아는 것이 없다.
類語 *besides* 앞 문장에 가볍게 추가하거나 또는 뜻을 강조하는 문장을 이끈다: She is a nice girl; *besides*, she is pretty. 그녀는 착한 여자다, 게다가 예쁘기도 하다. *moreover* besides 보다 강조하이며 보통 앞 문장보다 중요한 추가문을 이끈다: She is pretty; *moreover*, she has good brains. 그녀는 예쁘다, 뿐만 아니라 머리도 좋다. *furthermore* 주로 위의 말들이 이미 사용된 다음의 추가문을 이끈다: She is pretty; *moreover*, she has good brains; *furthermore*, she is rich. 그녀는 예쁘고 머리가 좋은데, 게다가 부자이기까지 하다.

— *prep.* 1 …외에, …에 더하여(in addition to). ¶ There were three more people *besides* me. 나 말고도 세 사람이 더 있었다 / *Besides* being a clergyman, he was a famous musician. 그는 성직자이면서 유명한 음악가이기도 했다. 2 〖보통 부정 또는 의문문에서〗…을 제외하고(except). ¶ I had nothing *besides* that. 나는 그것 외에는 아무것도 가지고 있지 않았다.

*be·siege** [bisíːdʒ] *vt.* (**-sieged, -sieg·ing**) 1 〖군대가〗…을 포위 공격하다(lay siege to). ¶ the *besieged* 농성군. cf. besiegers / For years, the Greeks *besieged* the city of Troy. 그리스군은 수년간 트로이시를 포위 공격했다. 2 〖군중이〗…으로 밀어닥치다, 쇄도하다, …을 둘러싸다. ¶ Thousands of people *besieged* the three famous astronauts. 수천 명의 인파가 그 유명한 세 우주 비행사들을 에워쌌다 / I was *besieged* by the visitors. 나는 수많은 방문객에 시달림을 받았다. 3 〖요구·문제 따위로〗…을 공격하다, 괴롭히다; …에게 강요하다(…*with*). ¶ (〜+匣+前+匣) *besiege* a person *with* requests 여러가지 부탁으로 남을 괴롭히다 / The actress was *besieged with* inquiries. 그 여배우는 질문 공세를 당했다.

be·siege·ment [bisíːdʒmənt] *n.*⒰ 포위, 포위 공격.

be·sieg·er [bisíːdʒər] *n.* 1 포위자, 공성병 (攻城兵). 2 (〜s) 포위군, 공성군.

be·slav·er [bislǽvər] *vt.* 1 …을 침투성이로 만들다.

be·slob·ber [bislɑ́bər / -slɔ́b-] *vt.* 1 …을 침투성이로 만들다. 2 …에게 무턱대고 키스하다. 3 …에게 침이 마르도록 아첨하다.

be·smear [bismíər] *vt.* 1 〖기름·풀 따위를〗…을 더덕더덕 바르다 (smear over)(…*with*). ¶ The boy *besmeared* the wall *with* white paint. 소년은 벽에다 흰 페인트를 더덕더덕 칠했다. 2 〖명성 따위〗를 더럽히다, 손상시키다.

be·smirch [bismə́ːrtʃ] *vt.* 1 …을 더럽히다, 때묻히다(soil). 2 …을 변색시키다(discolor). 3 〖인격·명예 따위〗를 더럽히다, …에 먹칠하다.

be·som [bíːz(ə)m] *n.* 1 잔 가지로 만든 비, 마당비. 2 금작화. 3 〖속속어〗굴러먹은 여자(jade). — *vt.*

be·sot [bisát / -sɔ́t] *vt.* (-sot·ted, -sot·ting) **1** …을 술취하게 하다. **2** [지적·도덕적으로] …을 멍청하게 만들다, 열중하게 하다, 실없게 만들다.

be·sot·ted [bisátid / -sɔ́t-] *adj.* 술취한; 정신이 없는; 멍한. a *besotted* drunkard 정신없이 취한 사람.

‡**be·sought** [bisɔ́ːt] *v.* beseech 의 과거·과거 분사.

be·spake [bispéik] *v.* [고어] bespeak 의 과거형.

be·span·gle [bispǽŋɡl] *vt.* (-gled, -gling) …에 반짝거리는 것을 흩뿌리다, 온통 박아 넣다(...with). ¶ The sky was *bespangled* with stars. 하늘에는 온통 별들이 반짝이고 있었다.

be·spat·ter [bispǽtər] *vt.* **1** [침을 튀겨] …을 더럽히다; [흙탕물 따위를] …에 튀기다(...with). **2** …을 상하다(slander); [욕·비난 따위를] …에게 퍼붓다.

be·speak [bispíːk] *vt.* (-spoke *or* [고어] -spake, -spoken *or* -spoke, -speak·ing) **1** …을 미리 부탁하다. ¶ *bespeak* a calm hearing 조용히 들어달라고 미리 부탁하다. **2** [英] …을 예약하다(reserve), 주문하다(order); …을 준비하다. ¶ *bespeak* a seat in a theater 극장 좌석을 예약하다 / *bespeak* tickets for an opera 오페라의 입장권을 예약하다 / Every seat is already *bespoken*. 좌석은 모두 예약이 되었습니다. **3** …을 나타내다(show, indicate, suggest); …의 증거가 되다. ¶ His acts *bespoke* a kindly heart. 그의 행위로 그가 친절한 마음씨를 가진 사람임을 알 수 있었다. **4** [詩·고어] …에게 말을 걸다(address).

be·speck·le [bispékl] *vt.* (-speck·led, -speck·ling) …에 반점을 찍다.

be·spec·ta·cled [bispéktəkld] *adj.* 안경을 낀.

be·spoke [bispóuk] *v.* bespeak 의 과거·과거 분사의 하나. — *adj.* [英] (1) 주문한(custom-made). ¶ *bespoke* boots (suit) 맞춘 구두(양복) / a *bespoke* tailor 맞춤 양복 재단사. **2** 약혼한(engaged); 약혼한.

be·spo·ken [bispóuk(ə)n] *v.* bespeak 의 과거 분사의 하나.

be·spot [bispát / -spɔ́t] *vt.* (-spot·ted, -spot·ting) …에 반점을 찍다, 오점을 남기다.

be·spread [bispréd] *vt.* (-spread, -spread·ing) …을 뒤덮다, 씌우다(...with).

be·sprent [bisprént] *adj.* [고어] 흩뿌려진, 살포된.

be·sprin·kle [bispríŋkl] *vt.* (-kled, -kling) …에 을 뿌리다, 살포하다(...with). ¶ The flowers were *besprinkled* with morning dew. 꽃에는 아침 이슬이 내려 앉아 있었다.

Bés·se·mer convérter [bésimər-] *n.* 베세머 전로 (轉爐) [Bessemer 가 1855년 발명한 제철 제강용의 큰 노]. [<영국의 기사(技師)·발명가인 S.H. Bessemer(1813-98) 에서]

Béssemer prócess *n.* [야금] 베세머 제강법.

Béssemer stéel *n.* U 베세머 강철.

‡**best** [best] *adj.* (good 의 최상급) (*opp.* worst) **1** 가장 좋은, 최상의, 최고급의 (* 서술용법의 경우에는 the 가 생략되는 수가 있다. ⇒ *n.* 1). ¶ the *best* judgment 선견의 판단 / one's *best* days 사람의 전성기 / the *best* seller 가장 잘 팔리는 책, 베스트셀러 / one's *best* girl [구어] 연인, 그녀 / one's *best* fellow [美구어] 애인, 그 이 / He is [the] *best* of all. 그가 누구보다도 좋다 / I feel *best* in the morning. 나는 아침에 기분이 가장 좋다. **2** 가장 알맞은 (most suitable), 가장 유리한 (most advantageous), 가장 바람직한 (most desirable), 가장 친절한. ¶ the *best* person for the post 그 부서에 최적임인 사람 / the *best* job for you 당신에게 가장 좋은 일 / I think it *best* to do the work now. 그 일을 지금 하는 것이 좋다고 생각한다 / Love is *best*. 사랑은 지상(至上)이다 / Which of your sisters is *best* to you? 당신의 누이 중에서 누가 당신에게 제일 잘 해주는가? **3** 최대의 (largest); 대부분 (most). ¶ They spent the *best* part of their holidays at the seashore. 그들은 휴가의 대부분을 바닷가에서 보냈다 / It took the *best* part of my leisure hours to make this model. 이 모형을 만드는 데 여가의 대부분을 소비했다. [짓말쟁이]. **4** [구어] [가장] 심한. ¶ the *best* liar 터무니없는 거 *put one's best leg* (or *foot*) *foremost* ⇒ LEG.

— *adv.* (well 의 최상급) (*opp.* worst) **1** 가장 잘, 가장 훌륭하게 (most excellently); 가장 어울리게 (most suitably). ¶ She sings *best*. 노래는 그녀가 제일 잘한다 / He plays tennis *best* in the class. 학급에서 그가 테니스를 가장 잘 친다 / He appears *best* as Hamlet. 그는 햄릿이 가장 적역이다 / She loves traveling *best* of all. 그녀는 무엇보다도 여행을 좋아한다 / He works *best* who is best trained. 《속담》 훈련을 가장 잘 받은 사람이 가장 훌륭하게 일한다.

2 최고도로, 가장, 제일 (most). ¶ I like the book *best*. 나는 이 책이 제일 좋다 / They were *best* able to fight. 그들은 전투 능력이 가장 뛰어났다.

3 [구어] 몹시, 가장 심하게. ¶ the *best*-hated man 가장 미움받는 남자.

as best [*as*] *one can* (or *may*) 힘껏, 할 수 있는 한. ¶ They worked *as best they could*. 그들은 힘껏 일했다.

had best do …하는 것이 가장 좋다, …해야 한다. *cf.* had better ¶ You *had best* consent. 승낙하는 것이 제일 좋다 / We *had best* get home in a hurry. 우리는 서둘러 집에 돌아가야 한다.

— *n.* U (보통 the ~, one's ~) **1** 가장 좋은 것, 최상의 것. ¶ the second (or the next) *best* 차선(次善) / the *best* of it [거기서] 가장 좋은(재미나는) 것 / Bad is the *best*. 변변찮다, 시원찮다 / The *best* is cheapest. 《속담》 가장 싼 것이 제일 좋은 것이다 [싼 것이 비지떡이 라의 반대].

2 가장 좋은 상태, [꽃따위의] 만개기, 한창, 최상의 성과. ¶ in the *best* of health 최상의 건강(상태)에 / She looks her *best* today. 오늘 그녀는 제일 좋아보인다.

3 (보통 복수 취급) 일류의 사람들. ¶ He is one of the *best* in his trade. 동업자 중에서도 그는 일류이다.

4 최선, 전력. ¶ do (or try) one's *best* 최선을 다하다.

5 나들이옷, 가장 좋은 옷. ¶ She was wearing her *best*. = She was in her Sunday *best*. 그녀는 나들이옷으로 차려입고 있었다.

6 [편지 등에서] 호의 (wishes, regards). ¶ Please give my *best* to your mother. 어머님께 안부 전해 주십시오 / All the *best* to him. 그에게 안부 전해 주십시오.

[*all*] *for the best* 제일 좋다고 생각하고, 가장 결과가 되도록. ¶ I did it *for the best*. 잘되라고(결과가 좋으라고)한 일이다 / *All for the best*. 모든 것이 하늘의 뜻이다, 하늘은 무심치 않겠지[불행을 당하고 체념할 때 하는 말].

at [*the*] *best* 잘 해야, 기껏해야, 고작(after all). ¶ He is a fool *at best*. 그는 아무리 잘 보아야 바보다 / He is a second-rate writer *at best*. 그는 고작 이류 작가다.

at one's best 가장 좋은 상태에. ¶ The cherry blossoms are *at* their *best* now. 벚꽃은 지금이 한창이다 / The actor was *at* his *best* in that play. 그 배우는 그 연극에서 최고의 연기를 보여 주었다 / He was *at* his *best* this morning. 그는 오늘 아침에 상태가 아주 좋았다.

at the best of times 가장 좋은 때(상황, 상태)에. ¶ Her health is never very good, *at the best of times*. 그녀는 건강이 가장 좋을 때에도 별로 신통치가 않다.

the best of [英] …의 대부분.

do one's level best 최선을 다하다.

get (or *have*) *the best of* ① …을 이기다, …을 능가하다. ¶ He *got the best of* his enemy. 그는 적에게 이겼다. ② …에게 선수치다, 속이다.

get (or *have*) *the best of it* [토론·승부 따위에서]

이기다. ¶ He *got the best of it* in the argument. 그는 토론에서 이겼다.
give a person (a thing) best 《英》 남에게 굴복하다, 두손 들다; 무엇을 단념하다. ¶ Are you going to give me *best*? 항복하겠니?/ Well, I *give* it *best*. 좋아, 단념하겠다.
give one's best 최선을 다하다.
make the best of …을 최대한 이용하다, 가능한 한 이익을 도모하다(* 불리한 조건하에 있으면서 가장 유효하게 이용하다). ¶ *make the best of* the situation 상황(처지)를 최대한 이용하다 / *make the best of* a bad bargain(*or* business, job) 불리한 상황에서 최대의 이익을 도모하다.
make the best of both worlds ⇨ WORLD.
make the best of it 〔역경에서도〕 그것을 유리하게 이용하다.
make the best of one's way ⇨ WAY.
to the best of …하는 한, 가능한 한. ¶ I'll try *to the best of* my ability. 힘 자라는 대로 해보겠다 / He declared that, *to the best of* his knowledge, it was genuine. 그는 자기가 알고 있는 한 그것은 진짜라고 말했다.
with the best [of them] 누구 못지않게. ¶ He could do it *with the best*. 그는 누구 못지않게 그것을 해낼 수 있었다.
— *vt.* **1** …에 이기다, …을 패배시키다(beat, defeat). **2** 〔남〕에게 수선수치다(outdo).
bést and bríghtest *n.* (the ~)《집합적》 엘리트 계층, 정예, 빼어난 사람들.
bést-báll fóursome [béstbɔ́:l-] *n.*《골프》 네 사람이 두 사람씩 조를 짜서 많은 점수를 낸 조의 득점으로 하는 방식. [의 최고점과 겨루는 시합.]
bést-báll mátch *n.*《골프》 한 사람이 두 사람 이상
bést bét *n.* 가장 안전하고 확실한 방책(수단). ¶ If you want to pass the examination, your *best bet* is to study. 시험에 합격하고 싶으면 가장 확실한 방법은 공부하는 것이다.
best-buy [béstbài] *adj.* 물건을 싸게 잘 사는. ¶ We can suggest some *best-buy* gifts. 싸고도 좋은 선물 몇 가지를 알려 드리죠.
be·stead [bistéd] *vt.* (-stead·ed, -stead·ed *or* -stead, -stead·ing) …을 도와주다, 원조하다(help), 소용되게 하다, …에 소용되다. — *adj.* 〔고어〕 〔어떤 처지에〕 놓인, 상태에 있는. ¶ be hard (*or* ill) *bestead* 어려운 상황에 처해 있다.
best-ef·forts [béstéfərts] *adj.*〔증권〕 부분 인수하는 〔팔다 남은 증권은 반품한다〕.
bes·tial [béstʃəl · -tjəl] *adj.* 짐승의; 무지한, 천한; 짐승 같은, 수욕적(獸慾的)인. — *n.*《스코》 가축, 소 (cattle). — **·ly** *adv.*
bes·ti·al·i·ty [bèstʃiǽliti, bèsti- / -ti-] *n.* ⓤ 수성(獸性); 짐승 같은 짓; 수욕(獸慾).
bes·tial·ize [béstʃəlàiz / -tjəl-] (*《英》*에서는 **bes·tial·ise**로도 쓴다) *vt.* (-ized, -iz·ing) …을 짐승처럼 되게 하다(brutalize).
bes·ti·ar·y [béstièri · -tiəri] *n.* (pl. **-ar·ies**) 〔중세에 애독되던〕 동물 우화집〔기원 4세기에 Alexandria에 있던 그리스인이 지은 것이라 한다〕.
be·stir [bistə́:r] *vt.* (-stirred, -stir·ring) 《주로 재귀용법》 …을 분발시키다(stir up). ¶ *bestir* oneself 분발하다. [(man).]
bést mán *n.* 〔결혼식에서의〕 신랑 들러리(brides-
be best man 신랑 들러리 노릇을 하다.
‡**be·stow** [bistóu] *vt.* …을 주다, 증여하다(give), 수여하다(confer) (…*on, upon*). ⇨ GIVE 類語 ¶ (~+몜+명) *bestow* a gift *on* (*or upon*) a person 남에게 선물을 주다 / I sincerely thank you for the favors you have *bestowed* on me. 베풀어 주신 호의에 대해 진심으로 감사드립니다. **2** …을 이용하다(apply), 쓰다, 사용하다(use). **3** 〔고어〕 …을 두다(put), 간수하다 (place, store), 맡겨 두다(deposit). **4** 〔고어〕 …을 숙박

시키다(lodge). **5**《폐어》〔말〕을 시집보내다.
be·stow·al [bistóuəl] *n.* ⓤⓒ 증여, 수여, 처리, 저장; 증여물, 선물. [자.]
be·stow·er [bistóuər] *n.* 주는(수여하는) 사람, 증여
be·stow·ment [bistóumənt] *n.* =bestowal. [stride.]
be·strad·dle [bistrǽdl] *vt.* (-dled, -dling) =be-
be·strew [bistrú:] *vt.* (-strewed, -strewed *or* -strewn [-strú:n], -strew·ing) 〔표면에〕 살포하다, …을 흩뿌리다, …을 뒤덮다. 온통 쌓이다. ¶ (~+몜+명) The people *bestrewed* the path *with* flowers. 〔남을 환영하기 위해〕 사람들은 길에 온통 꽃을 뿌렸다 / The earth is *bestrewn with* fallen leaves. 땅에는 낙엽이 흩어져 쌓여 있다.
be·stride [bistráid] *vt.* (-strode [-stróud] *or* -strid [-stríd], -strid·den [-strídn] *or* -strid, -strid·ing) 〔말·울타리 따위〕에 걸터앉다, 걸터 타다; …을 건너뛰다. ¶ *bestride* a chair (a horse) 의자(말)에 걸터앉다 / *bestride* a ditch 도랑을 건너뛰다. **2** 〔무지개·다리 따위가〕 …에 걸쳐지다.
bést séller *n.* **1** 베스트 셀러 〔일정 기간내의 매상고를 올린 출판물·음반 따위〕. **2** 베스트 셀러 작가.
best·sell·er·dom [béstsélərdəm] *n.* ⓤ 《총칭적》 베스트셀러임; 베스트 셀러 〔작가〕임.
best-sell·ing [béstsélin] *adj.* 베스트 셀러의. ¶ a *best-selling* novel 베스트 셀러 소설.
be·stud [bistʌ́d] *vt.* (-stud·ded, -stud·ding) …에 온통 장식을 박다; …을 산재(散在)시키다. ¶ a bay *bestudded with* yachts 요트들이 산재해 있는 만.
‡**bet** [bet] *v.* (**bet** *or* **bet·ted**, **bet·ting**) (* 과거·과거분사로서 돈을 걸 때, betted는 일반적인 진술에 많이 쓰인다) **1** 〔돈〕을 걸다; …에 걸다(stake, wager) (…*on, upon*). ¶ (~+몜+명) He *bet* two pounds *on* the horse. 그는 그 말에 2파운드 걸었다. **2** 틀림없이 …이다.
— *vi.* 내기를 하다(wager). ¶ I never *bet*. 나는 내기는 하지 않는다 // (~+몜+명) I'll *bet against* your losing. 자네는 절대로 지지 않는다. 내기해도 좋다 / He *bet on* a favorite. 그는 인기있는 말에 돈을 걸었다 // (~+몜+명) I offered to *bet with* him *that* she would succeed. 그녀는 틀림없이 성공할 것이니 내기를 하자고 나는 그에게 제안했다.
bet a nickel (*or one's boots, one's life, one's neck*) 《美口》 …을 확신하다. ¶ I *bet a nickel* he will pass the examination. 그는 틀림없이 시험에 합격한다.
bet one's bottom dollar ⇨ DOLLAR. [나.]
I bet 〔구어〕 …이라고 생각하다. ¶ *I bet* they've missed the bus again. 그들은 또 버스를 놓쳤을 거야.
I bet you [*a dollar*] 〔美구어〕 틀림없이 …이다. ¶ *I bet you* [*a dollar*] he has forgotten. 그는 틀림없이 잊어버렸을 것이다. 「어떻게 돌아갑니까?」
What's the betting? 《구어》 어떻게 될 것 같습니까?,
You bet! 〔구어〕 틀림없이 그럴 거야! (You may be
You bet? 〔구어〕 정말이야? (Are you sure?) [sure.)
— *n.* 내기, 도박(stake, wager), 건 돈(물건). ¶ an even *bet* 확률이 반반인 내기 / accept a *bet* 내기 제의에 응하다 / call off a *bet* 내기를 취소하다 / win (lose) a *bet* 내기에서 이기다(지다) / Let's have a *bet*. 내기하자 / I'll lay you a *bet*. 내기하자.
make a bet 내기하다. ¶ I *made a bet* of 10,000 won with him on the election. 선거 결과를 놓고 그와 1만원의 내기를 했다 / He *made a bet* that Red Sox would win. 레드 삭스가 틀림없이 이긴다고 그는 장담했다.
BET 〔略〕 *B*lack *E*ntertainment *T*elevision (미국 흑인 대상의 텔레비전이).
bet. 〔略〕 between.
be·ta [béitə / bí:-] *n.* **1** 그리스어 알파벳의 둘째 자 (B, β). *cf.* alphabet **2** ⓑ 음. **3**《천문》 베타식 〔같은 별자리 중에서 둘째로 밝은 별〕. **4**《화학》 베타 〔화합물의 치환기의 하나〕. **5** 제 2위〔의 것〕. ¶ *beta plus* 이류보다

조금 위. *cf.* alpha

Be·ta-cloth [béitəklɔ̀:θ/bíːtə-] *n.* 《상표명》 베타클로스〔커튼·양탄자·우주복·방화복(防火服) 등에 쓰이는 유리 섬유 직물〕.

béta decày *n.* 〖물리〗 〖원자핵의〗 베타 붕괴.

béta emìtter *n.* 〖물리〗 베타 방사체(放射體).

Béta fìber *n.* 《상표명》 베타 파이버〔절연체 등으로 쓰이는 유리 섬유〕.

be·take [bitéik] *vt.* (**-took**, **-tak·en** [-téik(ə)n], **-tak·ing**) 《재귀용법》 **1** 〖고어〗 …을 가게 하다(…*to*). ¶ She betook herself *to* the market. 그녀는 시장에 갔다. **2** 〖고어〗 …에 호소하다, 의지하다(*...to*). ¶ He betook himself *to* his friend for aid. 그는 친구를 찾아가서 도움을 청했다.

betake oneself *to* **flight** (or *one's* **heels**, *one's* **legs**) 쏜살같이 도망치다, 줄행랑치다.

béta pàrticle *n.* 〖물리〗 베타 입자〔원자핵이 붕괴·분열할 때 복사하는 고속도의 전자〕. *cf.* alpha particle

béta rày *n.* 〖물리〗 베타선〔베타 입자 (beta particle)로 된 방사선〕. *cf.* alpha ray

béta rhýthm (**wàve**) *n.* 〖생리〗 베타 리듬, 베타파〔매초 10이상의 뇌파의 맥동〕. *cf.* alpha rhythm

be·a·tron [béitətràn/bíːtətrɔn] *n.* 〖물리〗 베타트론〔전자 유도(電磁誘導)에 의한 전자의 가속기〕.

bet·cha [bétʃə] 《발음 철자》 =Bet you.

be·tel [bíːtl] *n.* 구장(蒟醬) 〔+英 bePél〕 베벨〔에루살렘까까운 요르단의 마을. ←창세기 (Gen.) 28:19〕. [물].

Be·tel·geuse [bíːtldʒùːz / bíːtldʒɜːz] *n.* 〖천문〗 베텔주스〔오리온좌 중의 크고 빨간 1등성〕.

bétel nùt *n.* 빈랑나무 열매〔동인도 제도 주민들은 이를 구장(betel)잎에 싸서 씹는 습관이 있다〕(areca nut).

bétel pàlm *n.* 빈랑나무〔열대 아시아 원산의 아름다운 야자과(科)의 교목〕. *cf.* areca

bête noire [béit nwáːr] *n.* (*pl.* **bêtes noires** [béit nwáːr]) 《프랑스》 [=black beast] 아주 싫은 〔무서운〕 것(사람), 몸서리 나는 것.

beth·el [béθ(ə)l] *n.* **1** 성지, 성소(聖所) 〔←창세기 (Gen.) 28:19〕. **2** 〔배 안 또는 해안의〕 선원 예배당. **3** 〖英〗 비(非) 국교도의 예배당(집회소).

Beth·el [béθ(ə)l / -el, bə beθél] 베델〔에루살렘에 가까운 요르단의 마을. ←창세기(Gen.) 28:19〕.

Be·thes·da [bəθézdə / be-] *n.* 베데스다〔병을 고치는 효능이 있다고 하는 에루살렘의 못. ←요한 복음 (John) 5:2-4〕.

*be·think [biθíŋk] *vt.* (**-thought** [-θɔ́ːt], **-think·ing**) **1** 《재귀용법》 〔남〕에게 숙고하게 하다, 생각나게 하다, 생각이 미치게 하다(*...of*). ¶ (~+圄+쩸+名) I bethought myself *of* a promise. 나는 약속이 있다는 생각이 났다 // (~+圄+*wh.* 節) (~+圄+*that* 節) I bethought myself *how* foolish I had been. = I bethought myself *that* I had been foolish. 나는 내가 얼마나 어리석었던가에 생각이 미쳤다. **2** …하려고 결심하다 (determine). ¶ (~+*to do*) He bethought *to* regain it. 그는 그것을 되찾겠다고 결심했다. ─ *vi.* 〖고어〗 두루 생각하다, 심사숙고하다.

Beth·le·hem [béθliəm, -lihèm / -hèm] *n.* 베들레헴〔팔레스티나 중부의 도시. 그리스도와 다윗의 탄생지〕.

be·thought [biθɔ́ːt] *v.* bethink의 과거·과거 분사.

be·tide [bitáid] *vt., vi.* (**-tid·ed**, **-tid·ing**) 일어나다, 〔…에게〕 생기다, 덮치다(befall). ¶ whatever betides 무슨 일이 일어나더라도 / Woe betide you! 벼락이나 맞아라 !, 화가 있을지어다.

be·times [bitáimz] *adv.* **1** 늦기 전에, 일찍; 때마침. ¶ come back betimes 늦기 전에 돌아오다 / rise betimes in the morning 아침 일찍 일어나다. **2** 〖고어〗 곧, 얼마 안 있어.

bê·tise [beitíːz] *n.* **1** 〖U〗 우둔, 무지. **2** 어리석은 말 (짓). 〔<F〕

be·to·ken [bitóuk(ə)n] *vt.* **1** …을 나타내다. ¶ His smile betokens his satisfaction. 그의 미소는 그가 만족하고 있음을 나타내고 있다. **2** …의 전조이다, …을 예시하다. ¶ Those dark clouds betoken a storm. 저 먹구름은 폭풍우의 전조이다.

bé·ton [beitɔ́ːn] *n.* 〖U〗 《페어》 콘크리트. 〔<F〕

bet·o·ny [bétəni] *n.* (*pl.* **-nies**) 과향초석잠〔꿀풀과의 다년초. 예전에는 의약·염료로 사용했다〕.

be·took [bitúk] *v.* betake의 과거.

‡be·tray [bitréi] *vt.* **1** 〔자기 편 사람〕을 배반하다, 적에게 팔아넘기다. ¶ Judas betrayed his Master, Christ. 유다는 스승 그리스도를 적에게 팔아넘겼다 // (~+圄+쩸+名) betray one's country *to* the enemy 자기 나라를 적에게 팔아넘기다. **2** 〔신뢰·기대〕를 저버리다; …을 실망시키다(disappoint). ¶ betray a trust 신뢰를 저버리다 / My strength betrayed me. 나는 생각했던 만큼은 힘이 없었다 / She betrayed her promise. 그녀는 약속을 어겼다. **3** 〔남〕을 속이다(deceive), 〔여자〕를 속이다, 유혹하다, 버리다. ¶ (~+圄+쩸+名) She was betrayed *into* folly. 속아서 어리석은 짓을 했다. **4** 〔비밀 따위〕를 누설하다, 폭로하다. ⇨ REVEAL 類語 ¶ (~+圄+쩸+名) betray a secret *to* a person 남에게 비밀을 누설하다. **5** …을 무심코 드러내다, 폭로하다; …을 나타내다. ¶ a temple which betrays great antiquity 태고적을 말해 주는 사원(寺院) / betray one's character by the manner 태도로 인품을 드러내다 / Anger has made him betray himself. 그는 화가 나자 본성을 드러냈다. ◇ betráyal *n.*

be·tray·al [bitréiəl] *n.* 〖U〗 배신〖행위〕, 폭로, 내통, 밀고.

be·tray·er [bitréiər] *n.* 배신자, 매국노, 밀고자.

*be·troth [bitrɔ́ːθ, -tróuð / -tróuð] *vt.* …을 약혼시키다 (affiance) (*...to*). ¶ They were betrothed. 그들은 약혼했다 / (~+圄+쩸+名) betroth oneself *to* a woman 어떤 여성과 약혼하다 / Jane was betrothed *to* Paul. 제인은 폴과 약혼했다 / He betrothed his daughter *to* a rich man. 그는 딸을 부자에게 시집보내기로 약속했다.

be·troth·al [bitrɔ́ːθ(ə)l, -tróuð- / -tróuð-] *n.* ⓒ〖U〗 약혼(engagement).

be·trothed [bitrɔ́ːθt, -tróuðd / -tróuðd] *n.* (*one's* ~) 약혼자. * 남녀 어느 쪽에나 쓴다.

‡bet·ter[1] [bétər] *adj.* (opp. **worse**) **1** (good의 비교급) […보다] 좋은, 우수한, 더 나은. ¶ a better position 보다 높은 지위 / better bread 보다 질이 좋은 빵 / better than nothing 없는 것보다 나은 / The beggar has seen better days. 저 거지는 한때 잘 산 적도 있었다 / It is better to go. 가는 편이 좋다 / That would be better. 그것이 더 좋겠다 / The sooner, the better. 빠르면 빠를수록 좋다 / So much the better! 더욱 더 좋다 / Better early than late. 《속담》 쇠뿔도 단김에 빼랬다, 좋은 일은 서둘러 해라 / Better late (once) than never. 《속담》 늦더라도 (한번이라도) 안하는 것보다 낫다 / Better luck next time. 다음번에는 좀더 나은 운수가 돌아오겠지 / Better the last smile than the first laughter. 《속담》 최초의 큰 웃음보다 최후의 미소가 더 낫다.

2 〔막연히〕 보다 나은, 우수한. ¶ one's better self 양심, 분별 / one's better feelings 고상한 감정 / the better land 저 세상, 저승.

3 (good의 비교급) 보다 큰(larger); 보다 많은; 더 이상의(more). ¶ a better understanding 보다 충분한 이해 / the better part of a lifetime 생애의 대부분 / It was better than fifty years ago. 그것은 50년도 더 되는 옛날 일이다.

4 (well의 비교급) 병이 나아가는, 기분이 좋은, 보다 건강한(healthier). ¶ feel (or be) better 기분이 나아지다 / He is getting better. 그는 병이 나아가고 있다.

be better than *one's* **word** 약속한 이상의 일을 하다.

little better than …이나 다름없는. ¶ My house is little better than a hut. 우리 집은 오두막이나 다름없다.

no better than …이나 다름 없는; …에 지나지 않는. ¶ They were *no better than* beasts. 그들은 짐승이나 다름없었다.

no better than *one should be* [특히 여자가]행실이 수상쩍은. ¶ She is *no better than* she *should be*. 그녀는 행실이 좋지 않다(난잡하다).

not better than …보다 못할 것도 없는, …보다 나쁜, …보다 못한 (* not better than 은 반대의 부정을 써서 보다 강한 긍정을 나타내는 곡언법(曲言法)이다). ¶ He is *not better than* a beast. 그는 짐승만도 못하다.

— *adv.* (well 의 비교급) (*opp.* worse) **1** 더 잘(좋게), 도리어, 오히려. ¶ She behaves *better* than before. 그녀는 전보다 더 태도가 좋아졌다 / *Better* do it yourself. 차라리 너 자신이 해라 / *Better leave it unsaid.* (속담) 말하지 않는 것이 차라리 낫다. **2** 더 많이(more), 이상, 남짓. ¶ forty feet and *better*; *better* than forty feet 40피트 남짓, 40여 피트. ***all the better*** 오히려, 더욱더. ¶ I like him *all the better* for his faults(*or* because he has faults). 그가 결점이 있기 때문에 오히려 더 좋다. * all 은 비교급을 강조하는 부사, the 도「그만큼으로 정도를 나타내는 지시 부사, for 는 이유를 나타내는 전치사. ***be the better for*** ① …때문에(…으로) 오히려 이익을 보다. ② …때문에(…에게) 오히려 좋다. ¶ Well, if so, it *is the better for* him. 그렇다면 그에게는 더욱 더 좋다. ***better off*** 보다 나은 상태에, 보다 잘 살아. ¶ She is much *better off* than before. 그녀는 그전보다 훨씬 더 잘 살고 있다. ***go a person one better*** 남보다 한걸음 앞서다, 한수 위다. ***had better do*** …하는 편이 낫다; …해야 한다[가벼운 명령]. ¶ You *had better* come (not come). 너는 오는(안오는) 편이 좋다 / You *had better* not have done so. 그렇게 하지 않았더라면 좋았다 / Had I *better* go? 나는 가는 것이 좋을까요? / I *had better* go and so had you. 나는 가는 것이 좋은데 너도 그렇다.
— *Usage* (1) had better 의 부정형은 had better not. (2) had better 와 같은 뜻으로 would better 가 쓰이는 수도 있으나 옳은 용법이 아니라고 한다. 단, 구어에서는 had나 would 가 다 'd로 단축되기 때문에 구별하기 어려울 뿐더러 아예 없어져서 better만 남는 수도 있다: You'd better come. / You *better* come.
know better 받아들이지 않는다, 인정하지 않는다. ¶「할만큼」 어리석지 않다. ¶ I *know better.* 그만한 것은 나도 알고 있다, 곧이들을만큼 어리석지는 않다 / You should *know better* at your age. 너이 나이값을 하라. ***know better than to do*** …할만큼 어리석지 않다. ¶ I *know better than to* do such a thing. 그런 짓을 할 바보는 아니다.
so much the better 그만큼 더 좋은(편리한). ¶ *So much the better* if you pay in advance. 선금으로 주시면 더 좋습니다.
think better of ① …을 고쳐 생각하다, 생각을 바꾸어 그만두다. ¶ He was tempted to retort, but *thought better of* it. 그는 반발하고 싶은 마음이 났으나 다시 생각해서 그만두었다. ② 〔남〕을 다시 보다. ¶ I *think better of* her for her present behavior. 이번 태도를 보고 그녀를 다시 보게 되었다.

— *vt.* (*opp.* worsen) **1** …을 더 좋게 하다, 개량하다, 개선하다. ⇨ IMPROVE 〖類語〗 ¶ We can *better* that work by being more careful. 좀더 주의깊게 하면 그 일을 더 훌륭하게 할 수 있다. **2** …보다 우수하다, 능가하다. ¶ *better* oneself 출세(발전)하다. — *vi.* 더 좋아지다, 발전(진보)하다.

— *n.* **1** 더 나은 것. ¶ a change for the *better* 개선; [병의]호전 / the *better* of the two 둘 중에서 더 나은 것 / There is no *better*. 이보다 더 좋은 것은 없다. **2** (~s) [지체·수완·건강 따위가]보다 뛰어난 사람, 손윗 사람. **1** give place (way) to one's *betters* 손윗 사람에게 장소(길)를 양보하다.
for better or [*for*] ***worse*** 좋건 나쁘건, 어떻게 되든지 [결혼식의 서서문 for better, for worse 의 오용].
get (*or gain*) ***the better of*** …보다 우수하다; …에게 이기다. ¶ Curiosity *got the better of* him. 그는 호기심에 지고 말았다.
◇ **bétterment** *n.*

bet·ter² [bétər] *n.* = bettor.

Bétter Búsiness Búreau *n.* 《美·캐나다》상업 개선 협회 [1912년 설립. 부정 광고의 배제·소비자의 불평 처리 따위를 하는 상업 도덕의 유지와 개선을 지향한 실업가·생산자의 자주 결성의 민간 단체; 略 BBB].

Bétter Góvernment Association *n.* 《美》정부 개혁 협회 [지방 자치 단체나 연방 정부의 예산 낭비, 부정 행위 등의 실태를 조사·추궁하는 민간 단체; 略 BGA]. 〖게〗남편(husband).

bétter hálf *n.* 《속어·익살》**1** 아내(wife). **2** 《드물 게》

bet·ter·ment [bétərmənt] *n.* Ⓤ Ⓒ **1** 개량, 개선 (improvement); 진보, 향상. **2**〖법률〗개선, 개량[혼히 행해지는 정도 이상으로 부동산권(estate)을 개량하여 가치를 증가시키는 일]; [그 결과로 생기는] 부동산의 가격 앙등.

bet·ter·most [bétərmòust] *adj.* (방언) 최상(최대) 의, 가장 우수한.

bet·ting [bétiŋ] *n.* Ⓤ 내기, 도박; 내기에 건 돈. ¶ a *betting* man 노름꾼, 도박사.

bet·tor, bet·ter [bétər] *n.* 돈을 거는 사람, 내기를 하는 사람.

‡**be·tween** [bitwíːn, +英 bə-] *prep.* **1** [장소·위치][2개의 것, 두 점]의 사이의(에, 에서, 를). ¶ I sat *between* him and her. 나는 그와 그녀 사이에 앉았다 / The Mediterranean Sea is *between* Europe and Africa. 지중해는 유럽과 아프리카 사이에 있다.
2 《시간·기간》…사이의(에). ¶ *between* 1970 and 1980 1970년부터 1980년 사이에 (* between 1970-1980 은 하이픈이 to에 해당하므로 잘못) / the time *between* ten and twelve 10시와 12시 사이의 시간 / the two days *between* Sunday and Wednesday 일요일과 수요일 사이의 이틀 [월요일과 화요일].
3 《정도·성질》…의 중간의(에, 에서), 이도 저도 아닌. ¶ shades *between* pink and red 핑크와 빨강의 중간색 / something *between* snow and rain 눈도 비도 아닌 어중간한 것 / He is *between* 30 and 40 years old. 그의 나이는 30과 40 사이다.
4 《결합》…의 사이를 잇는(connecting). ¶ a link *between* parts 몇 개의 부분을 잇는 고리 / a passageway *between* two rooms 두 방을 잇는 통로 / the air service *between* Kimpo and New York 김포-뉴욕간 항공편.
5 《분리·차별·선택》…의 사이에서의(의, 에). ¶ inequality *between* the rich and the poor 빈부간의 불평 등 / the choice *between* the two 양자간의 선택.
6 《관계》…의 사이의(에, 에서), …에 관한(involving, concerning). ¶ a war *between* nations 국가간의 전 쟁 / the marriage *between* Mr. A and Miss B A 씨와 B 양의 결혼.
7 《공유·분배·협력》…의 사이에(에서, 를). ¶ The brothers own the land *between* them. 형제끼리 그 땅을 소유하고 있다 / The prize was divided *between* the team. 팀의 전원에게 상품이 분배되었다 / There is a great similarity *between* all her children. 그녀의 아이들은 모두 많이 닮았다.
8 《원인》…이기도 하고 …이기도 하여. ¶ *Between* astonishment and delight, she could not speak even a word. 놀랍기도 하고 기쁘기도 하여 그녀는 한 마디도 말을 할 수가 없었다.
— *Usage* 보통 둘 사이에 쓰이지만, 셋 이상에 쓰이는 각 개인(물건)을 2조씩 개별적으로 생각하여 그들 사이의 상호 관계를 나타낸다. ⇨ AMONG 〖類語〗

between ourselves; between you and me; between you and me and the post (or ***the lamppost, the***

gatepost) 우리끼리의 얘기인데, 비밀이지만. * 문법적으로는 잘못이라고 하지만, between you and I 가 흔히 쓰인다.
between the cup and the lip 다 되어가던 판에.
between the devil and the deep [blue] sea 진퇴양난에 빠져.
between two fires ⇨ FIRE.
between whiles ⇨ WHILE.
between wind and water [배의] 흘수선에; [일반적으로] 급소에, 약점에(흘수선이 파도에 부딪쳐서 손상되기 쉬운 데서 나온 말).
read between the lines 숨은 뜻을 알아채다.
— *adv.* 사이에; 중간에(으로). ¶ the two houses with a parking place *between* 사이에 주차장이 있는 두 집 / Then, he rushed *between*. 그리고는 그는 사이로 뛰어들었다.
[few and] far between 아주 드물게.
from between 사이로부터.
in between 사이에, 중간에. ¶ *In between* was a pond. 사이에 연못이 있었다.

betwéen décks *n. pl.* (단수 취급) 중갑판[상갑판과 하갑판 사이]. — *adv.* 갑판과 갑판 사이에.
be-tween-maid [bitwíːnmèid, +英 bə-] *n.* 《英口》요리사를 겸한 가정부(tweeny) [이 나올 철].
betwéen séason *n.* 단경기(端境期), 보릿고개, 햇것
be-tween-times [bitwíːntàimz, +英 bə-] *adv.* 짬짬이, 사이사이에, 이따금.
be-tween-whiles [bitwíːn(h)wàilz, +英 bə-] *adv.* = betweentimes.
*[bitwíkst, +英 bə-] *prep., adv.* (고어) = between.
betwixt and between 이도 저도 아니게, 중간에서, 미결정으로.

Beu-lah [bjúːlə] *n.* 1 뿔라[이스라엘과 예루살렘의 우의적(寓意的) 명칭. 행복의 땅. =이사야서(書) (Isa. 62:4]. 2 휴식의 땅(Land of Beulah) [생에의 끝. Bunyan 작 「천로역정」(*Pilgrim's Progress*)]. 3 《英》 비국교도에 에배당(집회소).

BeV [bev], (**Bev, bev**) *n.* [물리] 10억 전자 볼트. (<*billion* electron *v*olt)

Bev-a-tron [bévətràn / -trɔ̀n] *n.* [물리] 베바트론[양성자 가속 장치(proton synchrotron)의 별칭. 특히 캘리포니아 대학에 있는 것을 가리킨다].

bev-el [bév(ə)l] *n.* 1 사각(斜角), 경사, 사선, 사면, 2 (=**bével squáre**) 각도자[2개의 자를 한 끝에서 고정시켜 개폐할 수 있게 한 것]. — *vt., vi.* (-**eled, -eling; 《英》 -elled, -elling**) 비스듬히 자르다, 비스듬히 하다(되다).
— *adj.* 경사진.

[bevel 2]

bével gèar *n.* [기계] 베벨 기어.
bével jòint *n.* [건축] 빗이음 [두 재목을 비스듬히 잘라서 이어 맞추기]; 빗이음한 것.
bével protráctor *n.* 회전 부척(副尺)이 달린 각도기. [bevel gear]
bével squáre *n.* 각도 측정기.

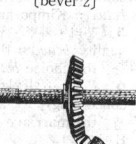

*[bév(ə)ridʒ] *n.* 음료, 마실 것. ¶ alcoholic *beverages* 주류 / Milk, tea, coffee, beer, and wine are *beverages*. 우유·차·커피·맥주·포도주는 모두 음료이다.

Bév-er-idge plàn [bévəridʒ-] *n.* 영국의 경제학자·법학자 Sir William Henry Beveridge(1879-1963)가 1941년에 제창한 광범위한 사회 보장 제도의 원안.

Bév-er-ly Hílls [bévərli-] *n.* 베벌리 힐즈[Los Angeles 의 Hollywood 에 인접한 도시; 영화 배우 등의 고급 주택이 많다].

bev-y [bévi] *n.* (*pl.* **bev-ies**) 1 [특히 종달새·메추라기 따위의] 작은 새의 떼. ¶ a *bevy* of quails (larks) 한 떼의 메추라기(종달새). 2 [소녀·부인의] 작은 무리. ¶ a *bevy* of beauties 한 떼의 미인들.

*[biwéil] *vt.* …을 몹시 슬퍼하다. ¶ *bewail* the loss of a child 자식의 죽음을 슬퍼하다 / She is *bewailing* her hard luck. 그녀는 자신의 불행을 슬퍼하고 있다. — *vi.* 슬퍼하다, 비탄에 잠기다(*for, about*...).

be-ware [biwέər] *vi., vt.* (보통 명령법·부정사로서, 또는 조동사 뒤에서 쓰일 뿐이며, 어형 변화를 하지 않는다.) …을 경계하다(be cautious), 주의하다(be careful), […하지 않도록] 정신을 차리다(*of*...) (* 현재는 명령법·부정사로서, 또는 조동사 뒤에서 쓰일 뿐이며, 어형 변화를 하지 않는다.) ¶ (~+*wh.* 節) *Beware* what you say. 말은 조심해라 // (~+前+名) *Beware of* pickpockets! 소매치기 조심! / Tell the children to *beware of* the hole. 아이들에게 그 구멍을 조심하라고 일러라 // (~+*that* 節) *Beware that* you do not make him angry. 그를 화나게 하지 않도록 주의해라 / *Beware lest* you should fail. =*Beware that* you do not fail. 실패하지 않도록 정신을 차려라 / You must *beware* how you start in business. 사업을 어떻게 시작할 것인지 신중을 기해야 한다.

be-wigged [biwíɡd] *adj.* 가발을 쓴.

*[biwíldər] *vt.* …을 어쩔 바를 모르게 하다, 갈피를 못잡게 하다, 당황하게 하다, 깜짝 놀라게 하다. ⇒ EMBARRASS[類語]. ¶ The sight *bewildered* me. 나는 그것을 보고 당황했다 / The little girl was *bewildered* by the crowds in the city. 소녀는 도시의 군중 속에서 어쩔 바를 몰랐다.

*[biwíldəriŋli] *adv.* 어쩔 바를 모르게, 당황하여; 갈피를 못잡게, 깜짝 놀랄 만큼.

be-wil-der-ment [biwíldərmənt] *n.* ⓤⒸ 당황, 난처; 놀람. ¶ in huge *bewilderment* 몹시 당황하여.

*[biwítʃ] *vt.* 1 …에 마법을 걸다. 2 …을 매혹하다, …의 넋을 빼앗다, 황홀하게 하다. ¶ She has quite *bewitched* him. 그는 그녀에게 완전히 넋을 잃었다. ◇ **witch, bewitchery, bewitchment** *n*.

be-witch-er [biwítʃər] *n.* 1 마법사, 마술사. 2 굉장한 미인.
be-witch-er-y [biwítʃəri] *n.* ⓤⒸ 마법의 힘; 매혹; 주문을 외어 꼼짝 못하게 하기.
be-witch-ing [biwítʃiŋ] *adj.* 사람을 매혹하는, 넋을 잃게 하는(enchanting). ~·ly *adv.* ~·ness *n.*
be-witch-ment [biwítʃmənt] *n.* ⓤⒸ 1 매력(charm); 매혹(fascination). 2 주문(呪文).
be-wray [biréi] *vt.* (고어) 1 …을 나타내다. 2 (비밀 따위)를 무심코 누설하다; [진상]을 폭로하다 (betray).

bey [bei] *n.* 1 (터키의) 도지사, 장관. 2 (옛 터키·이집트의) 고관·귀족의 경칭 (* 이름 뒤에 붙였다). 3 옛 튀니지의 군주의 칭호.

bey-lic, -lik [béilik] *n.* 장관(bey)의 관구(관직).

*[bi(j)ánd/-(j)ɔ́nd] *prep.* 1 [장소] …의 저쪽에(으로, 에서), …너머에. ¶ *beyond* the horizon 지평선 너머에 / *beyond* seas 해외에, 국외에 / three miles *beyond* the river 강에서 3마일 저쪽에 / two doors *beyond* my house 우리 집에서 두 집 지나서 / Don't go *beyond* the river. 강 너머로는 가지 마라 / My house is *beyond* the hill. 우리집은 언덕 너머에 있다.

2 [시간] …보다 늦게, …을 지나서(later than). ¶ sit up *beyond* the usual hour 여느 때보다 늦게까지 자지 않고 있다 / We stayed *beyond* the time limit. 우리는 제한 시간 이상으로 머물렀다.

3 [이해·범위·한계] …을 넘어서, …에 벅찬. ¶ *beyond* belief (comparison, comprehension, control, description, doubt, dispute, expectation, question) 믿어지지 않는(비교가 되지 않는, 이해하기 어려운, 힘에 겨운, 필설로 다할 수 없는, 의심할 나위 없는, 이론의 여지가 없는, 예상외인, 말할 나위도 없는) / *beyond* measure 대단히 / *beyond* one's depth 키가 닿지 않는; 이해하기 어려운 / *beyond* one's power (*or* strength) 힘에 부치는, 힘이 미치지 않는 / *beyond* one's reach 손

beyond right

이 닿지 않는, 힘에 겨운 / *beyond* price 값을 매길 수 없는 (없을만큼 귀중한) / go (*or* be carried) *beyond* [all] bounds 도를 지나치다, 한도를 넘다 / The dying man was *beyond* help. 죽어 가는 남자를 살릴 방도는 없었다 / This is *beyond* me. 이건 나로서는 알 수 없다 (할 수 없다).
4 …보다 더 나은, …을 능가하는, 뛰어난. ¶ a skill *beyond* Raphael's 라파엘 이상 가는 솜씨 / go *beyond* the rest 다른 사람보다 앞서다 / Korean toys are *beyond* these ones. 한국의 장난감은 이들보다 낫다.
5 …[보다] 이상으로(more than). ¶ He lives *beyond* his income. 그는 수입 이상의 생활을 하고 있다 / They worked *beyond* their regular duties. 그들은 정해진 의무 이상으로 일했다.
6 《주로 부정문·의문문에서》…외에는. ¶ I will pay nothing *beyond* the list price. 정가 이외에는 더 지불하지 않겠죠 / I know nothing *beyond* what I told you. 네게 말한 것 외에는 아무것도 모른다.
***beyond* oneself** 정신 없이; 도를 지나쳐서.
***beyond* all [things]** 우선 첫째로, 무엇보다도 먼저.
***beyond* the mark** 지나치게.
It's [gone] *beyond* a joke. 《구어》 이건 농담이 아냐, 정말이야.
— *adv.* **1** [더] 저쪽에, 더 먼 곳에, 저 멀리에. ¶ the life *beyond* 저 세상, 저승 / My friend lives in that house, but I live *beyond*. 내 친구는 저 집에 살고 있지만 나는 더 저쪽에 산다. **2** …외에. ¶ I heard about it, but nothing *beyond*. 그 말은 들었지만 그밖에는 듣지 못했다. **3** 보다 늦게.
— *n.* (the [great] ~)저쪽, 저쪽에 있는 것; 저 세상, 저승, 내세. ¶ the back of *beyond* 《英구어》 먼곳, 변방.

beyónd ríght *n.* 이원권(以遠權) [민간 항공 협정을 맺은 상대국내의 도시에서 다시 더 멀리 제3국으로 운항하는 권리].

Bey·routh [béiruːt, -ˊ/-ˊ] *n.* =Beirut.

be·zant [béz(ə)nt, +美 bizǽnt], (**besant**) *n.* **1** 베잔트금화[비잔틴 제국의 화폐. 중세의 유럽에서 널리 유통됐다]. **2** 《건축·문장》 열원(列圓) 장식[한 줄로 늘어놓은 원반 모양의 장식].

bez·el [bézl] *n.* **1** (끝·정 따위의) 날의 사면(斜面) [보석 위의] 사면, **2** (반지의 보석·시계의 유리 따위를 끼우는) 홈.

be·zique [bizíːk] *n.* ⓤ 《카드놀이》 베지크[64장의 패로 한다].

be·zoar [bíːzɔːr/-zɔː] *n.* **1** 위석(胃石), 우황(牛黃) [주로 반추 동물의 위나 장에 생기는 결석. 옛날에는 해독작용이 있다고 생각했다]. **2** 《폐어》 해독제.

B/F 《略》 《簿記》 *b*rought *f*orward(앞 페이지로부터의).
b. f. 《略》 《인쇄》 *b*old*f*ace(이탤체).
B.F.A. 《略》 *B*achelor of *F*ine *A*rts(미술 학사).
B.F.B.S. 《略》 *B*ritish and *F*oreign *B*ible *S*ociety.
BFO 《略》 *b*eat *f*requency *o*scillator(비트 주파수 발진기).
B.F.O. 《略》 *B*ritish *F*oreign *O*ffice(영국 외무성).
BFP 《略》 *b*iological *f*alse *p*ositive(생물학적 위양성(僞陽性)).
BFT 《略》 *b*io*f*eedback *t*raining(바이오피드백 훈련).
bg. 《略》 *b*ag.
B.G. 《略》 *B*rigadier *G*eneral.
BGA 《略》 *B*etter *G*overnment *A*ssociation(미국 정부 개혁 협회).
B-girl [bíːgəːrl] *n.* 바(술집)의 여급. [<B[AR]+GIRL]
B.H. 《略》 *b*ill of *h*ealth.
B'ham 《略》 *B*irmingham.
bhang [bæŋ], (**bang**) *n.* ⓤ **1** 인도 대마(Indian hemp). **2** (인도 대마의 잎이나 잔 가지로 만드는) 마취제.
B.H.C. 《略》 《化學》 *b*enzene *h*exa*c*hloride(살충제).
bhd. 《略》 *b*ulk*h*ead.

bhp 《略》 *b*rake *h*orse*p*ower.
Bhu·tan [buːtɑ́ːn] *n.* 부탄[히말라야 산맥에 있는 왕국. 인도의 지배하에 있다. 수도 Thimbu].
bi [bai] *adj.* 《속어》 양성애(兩性愛)의(bisexual).
— *n.* 양성애의 사람.
Bi 《化學》 *b*ismuth 의 원자 기호.
bi-¹ *pref.* (＊ 모음 앞에서는 bin-, c 또는 s 앞에서는 bis-를 쓰기도 한다) **1** having two 의 뜻. 예: *bi*cycle, *bi*polar. **2** double 의 뜻. 예: *bi*convex, *bi*gamy. **3** two times, twice 의 뜻. 예: *bi*annual, *bi*daily (＊ 이 뜻으로는 4가 혼동하기 쉬우므로 semi-, half-를 대신 쓰는 일이 많다. 예: *semi*monthly, *half*yearly). **4** coming or occurring every two 의 뜻. 예: *bi*annual, *bi*weekly. **5** 〔해부〕 twice, doubly, in pairs 의 뜻. 예: *bi*furcate, *bi*pinnate. **6** 〔化學〕 formed with twice as much (중…, 복…, 의 뜻. 예: *bi*sulfate, *bi*carbonate.
bi-² ⇒ BIO-.
B. I. 《略》 *B*ritish *I*ndia; *B*urmuda *I*slands.
BIAC 《略》 *B*usiness and *I*ndustry *A*dvisory *C*ommittee (경제 산업 자문 위원회).
Bi·a·fra [biɑ́ːfrə] *n.* 비아프라[아프리카 서해안 중부의 나이지리아 동부의 지방명; 비참한 내전의 땅이었고, 1967년부터 70년까지 비아프라 공화국으로서 일시 독립].
bi·a·ly [biɑ́ːli] *n.* (*pl.* **-ly** *or* **-lys**) 비알리빵[한가운데를 오목하게 누른 납작한 조반용 롤빵; 다진 양파가 얹혀 있다].
bi·an·gu·lar [baiǽŋgjulər] *adj.* 모서리가 둘이, 2각의. [-nial ~**ly** *adv.*
bi·an·nu·al [baiǽnjuəl] *adj.* 한 해 두 번의. *cf.* biennial. ~**ly** *adv.*
bi·as [báiəs] *n.* **1** 〔피륙의 결에 대한〕 사선(斜線), 바이어스. ¶ cut cloth on the *bias* 천을 비스듬히 자르다. **2** 〔마음의〕 경향(tendency), 성향, 선입관(*to, toward*…); 편견(*against*…), 편애(*for*…). ¶ a personal *bias* 개인적 편견 / an anti-American *bias* 반미 사상 / a *bias* in favor of that country 그 나라에 대한 역성 / He is free from any *bias*. 그에게는 아무런 편견도 없다 // a *bias to* (*or* *toward*) a thing 어떤 일에 대한 편견. 題圓 **bias** 좋은 뜻으로나 나쁜 뜻으로도 쓰인다: a *bias* in favor of (against) a person 남을 좋아하는(싫어하는) 마음. **prejudice** 나쁜 뜻으로 쓰인다: racial *prejudice* 인종적 편견.
3 〔볼링〕 〔공의 한 쪽에 붙인〕 무게; 〔그 무게에 의한 공의〕 사행(斜行). **4** 〔전자 공학〕 바이어스, 편의(偏倚).
— *adj.* 〔피륙의 결에 대하여〕 비스듬히 자른, 비스듬히 접은, 바이어스의. ¶ a *bias* band 바이어스 테이프.
— *adv.* 비스듬히, 경사하여(obliquely, slantingly).
— *vt.* (**bi·ased, bi·as·ing; bi·assed, bi·as·sing**) …에게 편견을 갖게 하다 (prejudice); 〔의견·판단〕을 한쪽으로 기울게 하다. ¶ The judgment is often *biased* by interest. 판단은 종종 이해 관계에 좌우된다.
bí·as-bèlt·ed tíre [báiəsbèltid-] *n.* =belted-bias tire.
bi·ased, -assed [báiəst] *adj.* 한쪽으로 기운, 편견을 가진, 편파적인. ¶ a *biased* view 편견 // be *biased against* …에 대하여 편견을 갖고 있다.
bí·as-plỳ tíre [báiəsplài-] *n.* 코드 타이어[타이어의 겹치면 중심선에 비스듬히 섬유층을 넣어 강화한 타이어].
bías tìre *n.* =bias-ply tire.
bi·ath·lete [baiǽθliːt] *n.* 바이애슬론 선수.
bi·ath·lon [baiǽθlən] *n.* ⓤ 바이애슬론[스키와 사격의 2종 경기].
bi·ax·i·al [baiǽksiəl] *adj.* **1** 두 개의 축이 있는. **2** 〔결정(結晶)이〕 2축성(二軸性)의, 두 개의 광축(光軸)이 있는. ¶ *biaxial* crystals 2축성 결정, 쌍광축체(雙光軸體). ~**ly** *adv.*
bib [bib] *n.* 《고어》 **1** 〔젖먹이의〕 턱받이. **2** 〔앞치마의〕 가슴받이. **3** 《펜싱》 목 방호구.

[*one's*] **best bib and tucker** 나들이옷.
— *v.* (**bib·bed, bib·bing**) *vt.* …을 [홀짝홀짝] 마시다 (sip), — *vi.* [홀짝홀짝] 마시다.

Bib. 《略》 Bible, Biblical.

bi·ba·sic [baibéisik] *adj.* 《화학》 2염기(鹽基)〔성〕의 (dibasic).

bib·ber [bíbər] *n.* (보통 복합어를 만들어) 상습적인 술꾼, 술고래(tippler). ¶ a wine*bibber* 술고래.

bib·bing [bíbiŋ] *n.* ⓤ 음주, 술버릇.

bib·cock [bíbkàk / -kɔ̀k] *n.* 구멍이 밑으로 향한 수도꼭지.

bi·be·lot [bíblou / bíːb-] *n.* (-*lots* [-louz]) 〔장식용의 작은〕 골동품, 진품(珍品). 〈F〉

bi·bi·va·lent [bàibaivéilənt, baibívə-] *adj.* 《화학》 쌍 2가(價)의.

Bibl., bibl. 《略》 biblical; bibliographical.

‡**Bi·ble** [báibl] *n.* **1** (the ~) 성경, 성서〔구약(the Old Testament)과 신약(the New Testament)으로 이루어져 있다〕; 유대교의 성전(聖典) 〔구약〕. **2** (종종 b-) 〔기독교 이외의 종교의〕 성전. **3** (b-) 권위있는 서적. ◇ **Bíblical** *adj.*

Bíble Bèlt *n.* 성서 지대〔미국 남·중부의 정통파 기독교 신앙이 두터운 지대〕.

Bíble Chrístians *n.* 미국 서남부의 신교도 일파.

Bíble clàss *n.* 성경 연구회.

Bíble clèrk *n.* [Oxford 대학에서] 예배당에서 성경·기도문을 낭송하는 장학생.

Bíble òath *n.* 〔성경에 손을 얹고 하는〕 엄숙한 맹세. **on** *one's* **Bible oath** 성경에 맹세하고, ¶ I say, on my *Bible* oath, that he was here yesterday. 그가 어제 여기에 있었다는 걸 성경에 맹세코 말씀드립니다.

Bíble pàper *n.* ⓤ 성경·사전 등에 사용되는 얇고 질긴 종이, 인디언지(紙) (India paper).

Bi·ble-pòund·ing [báiblpàundiŋ] *adj.* 《속어》= Bible-punching.

Bíble pùncher *n.* 《구어》〔열렬한〕복음 전도자, 따따한 성서 신봉자.

Bí·ble-pùnch·ing [báiblpÀntʃiŋ] *adj.* 《속어》복음을 설교해 대는, 전도의 열을 올리는.

Bíble rèader *n.* 《英》성경 낭독자〔급료를 받고 집집마다 돌아다닌다〕.

Bíble Socíety *n.* (the ~) 성서 협회〔성경의 출판과 보급에 힘쓴다〕.

Bi·ble-thum·ping [báiblθÀmpiŋ] *adj.* 《속어》= Bible-punching.

Bib·li·cal, bib- [bíblik(ə)l] *adj.* 성경〔의 가르침〕의, 성경에 있는, 성경에 관한. ¶ a *biblical* quotation 성경의 인용. ~**·ly** [-kəli] *adv.*

Bíb·li·cism [bíblisìz(ə)m] *n.* ⓤ 성서〔엄수〕주의.

Bíb·li·cist [bíblisist] *n.* **1** 성경〔엄수〕주의자. **2** 성경 연구가, 성서학자.

biblio- **1** book 의 뜻의 연결형. 예: *biblio*phile, *biblio*graphy. **2** Bible 의 뜻의 연결형. 예: *biblio*latry, *biblio*mancy.

bib·li·o·film [bíblio(u)fìlm] *n.* 도서 복사용 마이크로 필름〔문헌 따위의 복사·보존용으로 사용된다〕.

bibliog. 《略》 bibliographer; bibliography.

bib·li·og·ra·pher [bìbliágrəfər / -ɔ́grəfə] *n.* 서적 해제가(解題家), 서지(書誌)학자.

bib·li·o·graph·ic [bìbliəgrǽfik], (**bib·li·o·graph·i·cal** [-ik(ə)l]) *adj.* 서적 해제의, 저서〔문헌〕목록의; 서지학의. **-i·cal·ly** [-kəli] *adv.*

bib·li·og·ra·phy [bìbliágrəfi / -ɔ́grə-] *n.* (*pl.* **-phies**) **1** ⓤ 서지학〔서적의 연대·저자·판·분류·역사 따위를 논함〕. **2** 저서 목록, 문헌 목록, 참고 도서 일람표, 서적 해제.

bib·li·ol·a·ter [bìbliálətər / -ɔ́lə-] *n.* 서적 숭배자; 성경 숭배자.

bib·li·ol·a·trous [bìbliálətrəs / -ɔ́l-] *adj.* 서적 숭배의; 성경 숭배의.

bib·li·ol·a·try [bìbliálətri / -ɔ́l-] *n.* ⓤ 서적 숭배; 성경 숭배, 성경 광신.

bib·li·ol·o·gy [bìbliálədʒi / -ɔ́l-] *n.* ⓤⓒ (*pl.* **-gies**) 서지학, 서적학, 서적 해제; 성서학.

bib·li·o·man·cy [bíblio(u)mænsi] *n.* ⓤ 성경점(占) 〔성경을 펴서 눈에 띈 어구로 미래·길흉을 점친다〕.

bib·li·o·ma·ni·a [bìblio(u)méiniə, -njə] *n.* ⓤ 서적 수집광, 장서벽(藏書癖); 희귀본 수집벽.

bib·li·o·ma·ni·ac [bìblio(u)méiniæk] *n.* (= **bib·li·o·ma·ni·a·cal** [-mənáiək(ə)l]) 서적 수집광의, 장서 벽의. — *n.* 서적 수집가, 희귀본 애장가.

bib·li·o·phile [bíbliəfàil] *n.* 애서가, 서적 애호〔수집〕가, 희귀본 수집가, 장서가.

bib·li·oph·i·lism [bìbliáfil(ə)m / -ɔ́f-] *n.* ⓤ 서적 애호, 장서 취미.

bib·li·oph·i·list [bìbliáfilist / -ɔ́f-] *n.* = bibliophile.

bib·li·oph·i·lis·tic [bìbliàfilístik / -ɔ̀f-] *adj.* 애서 호가의, 애서가의.

bib·li·o·phobe [bíbliəfòub] *n.* 책을 싫어하는 사람.

bib·li·o·pho·bi·a [bìbliəfóubiə] *n.* 책을 싫어함.

bib·li·o·pole [bíbliə(u)pòul] *n.* 서적〔판매〕상, 〔특히〕희귀본〔고서〕상.

bib·li·op·o·ly [bìbliápəli / -ɔ́p-] *n.* ⓤ희귀본〔고서〕상.

bib·li·o·the·ca [bìblio(u)θíːkə] *n.* 장서, 서재; 〔서점의〕서적 카탈로그.

bib·li·o·ther·a·py [bìblio(u)θérəpi] *n.* ⓤ 〔신경증에 대한〕 독서 요법.

Bíb·list [bíblist, báib-] *n.* **1** 성경 신봉자〔성경을 신앙의 유일한 기준으로 삼는 사람〕. **2** = Biblicist 2.

bib·u·lous [bíbjuləs] *adj.* **1** 술을 좋아하는, 술에 빠진. **2** 물을 흡수하는, 흡수성의(spongy). **~·ly** *adv.*

bi·cam·er·al [baikǽm(ə)rəl] *adj.* 〔정치〕〔입법 기관이〕 상하 양원의〔제〕인, 2원제의. *cf.* unicameral

bi·cam·er·al·ism [baikǽm(ə)rəliz(ə)m] *n.* ⓤⓒ 〔정치〕 양원제, 2원제.

bi·cam·er·al·ist [baikǽm(ə)rəlist] *n.* 〔정치〕양원제 주의자.

bi·carb [báikɑːrb] *n.* ⓤ 중탄산 소다, 중조(重曹) (bicarbonate of soda).

bi·car·bo·nate [baikɑ́ːrbənit, -nèit] *n.* 〔화학〕 **1** 중탄산염. **2** ⓤ 중조. ¶ *bicarbonate* of soda 중탄산 소다, 중조.

bice [bais] *n.* ⓤ **1** 〔탄산 구리 같은〕 청색(blue), 녹색(green). **2** 《美》그림 물감.

bi·cen·te·nar·y [baisént(ə)nèri / bàisentíːnəri] *adj.*, *n.* (*pl.* **-nar·ies**) 《주로 英》= bicentennial.

bi·cen·ten·ni·al [bàisenténiəl, -njəl] *adj.* 200년〔계속〕의; 200년째〔마다〕의; 200년 기념제의. — *n.* 200년 기념제.

bi·ceph·a·lous [baiséfələs] *adj.* 〔동·식물〕쌍두의.

bi·ceps [báiseps] *n.* (*pl.* **-ceps·es** [-sepsiz] or **-ceps**) **1** 〔해부〕 두갈래근(二頭筋). **2** ⓤ 근골이 튼튼함.

bi·chlo·ride [baiklɔ́ːraid / -klɔ́r-] *n.* 〔화학〕 **1** 2염화물. **2** ⓤ 염화 제 2 수은, 승홍(昇汞) (mercuric chloride).

bichlóride of mércury *n.* =bichloride 2.

bi·chro·mate [baikróumeit, -mit / báikroumit, -meit] *n.* ⓤ **1** 중크롬산염(dichromate). **2** ⓤ 중크롬산 칼륨(potassium dichromate).

bi·cip·i·tal [baisípit(ə)l] *adj.* **1** 쌍두의. **2** 〔해부〕 이두근의.

bick·er [bíkər] *vi.* 〔~하고〕, 논쟁하다(wrangle), 말다툼하다(quarrel). ¶ They are always *bickering* and biting. 그들은 노상 으르렁대고 있다. **2** 〔시냇물 따위가〕빨리〔졸졸〕흐르다(babble), 〔비가〕후두두 내리다(patter). **3** 〔빛·불꽃 따위가〕어른거리다(flicker), 반짝이다(glitter). — *n.* 언쟁, 논쟁; 졸졸 소리; 후두두 내리는 빗소리.

bick·er·er [bíkərər] *n.* 언쟁〔논쟁〕하는, 말다툼하는 사람.

bick·er·ing [bíkəriŋ] *n.* 언쟁, 논쟁, 말다툼.

bi·col·or, 《英》 **-our** [báikÀlər] *adj.* 두 빛깔의. ¶ a *bicolor* flower 두 빛깔의 꽃.

bi·col·ored, 《英》 **-oured** [báikÀlərd] *adj.* =bi-

bícolor lòok n. 〖服飾〗 바이컬러 룩[대담한 2색 배합(적색과 흑색, 백색과 흑색 등)의 옷차림].
bi·con·cave [baikánkeiv / -kɔ́n-] adj. 〖렌즈 따위가〗 양면이 오목한. cf. biconvex ¶ a *biconcave* lens 양면 오목 렌즈.
bi·con·vex [baikánveks / -kɔ́n-] adj. 〖렌즈 따위가〗 양면이 볼록한. cf. biconcave ¶ a *biconvex* lens 양면 볼록 렌즈.
bi·corn [báikɔːrn] adj. 〖동·식물〗 1 2개의 뿔[모양의 부분]이 있는. 2 초승달 모양의.
bi·cor·po·ral [baikɔ́ːrp(ə)rəl] adj. 쌍체(雙體)의, 두 몸을 가진. [poral.
bi·cor·po·re·al [bàikɔːrpɔ́ːriəl / -pɔ́-] adj. =bicor-
bi·cron [báikrɑn, bík- / -krɔn] n. 〖물리〗 비크론[1미터의 10억분의 1]. cf. micron
bi·cul·tur·al [baikʌ́lt͡ʃ(ə)rəl] adj. 두 문화[병용-]의.
bi·cus·pid [baikʌ́spid] adj. 〖이가〗 두 첨두(尖頭)가 있는. — n. 이두치(二頭齒), 작은 어금니 (premolar). ⇨ DENTITION 그림. [(mitral valve).
bicúspid válve n. 〖해부〗〖심장의〗 이첨판(二尖瓣).
bi·cy·cle [báisikl] n. 자전거. cf. bike ¶ a duplex *bicycle* 2인승 자전거 / a racing *bicycle* 경주용 자전거 / go by *bicycle* 자전거로 가다 / ride a *bicycle* 자전거를 타다. — vi. (**-cled, -cling**) 자전거를 타다 (cycle).
bícycle clìp n. 〖英〗〖자전거를 탈 때〗 바지자락을 고정시키는 클립.
bi·cy·cler [báisikələr] n. =bicyclist.
bi·cy·clic [baisáiklik, -sík-], (**bi·cy·cli·cal** [-k(ə)l]) adj. 1 두 고리를 가진[로 이루어진]. 2 〖식물〗 이륜 생체(二輪生體)의.
bi·cy·clist [báisiklist] n. 자전거를 타는 사람(cyclist). ¶ a professional *bicyclist* 직업적인 자전거 선수, 사이클 선수 / He is a good *bicyclist*. 그는 자전거를 잘 탄다.
‡**bid** [bid] v. (**bade** or **bad** ⊳ vt. 3, 4, vi. 2, **bid·den** or **bid** ⊳ vt. 3, 4, vi. 2, **bid·ding**) vt. 1 …에게 명령하다, 이르다. ⇨ ORDER 類語 〖(~+目+do)〗 I *bade* him go. 그에게 가라고 일렀다 / Do as you are *bidden* (or *bid*). 명령대로 하시오. ※ 수동형에서는 to 부정사를 쓴다. 예: I was *bidden* to go.
2 〖인사·기도 따위를〗 말하다, 고하다, 드리다. 〖(~+目+目)〗 *bid* a person good-bye 남에게 작별 인사를 말하다 // 〖(~+目+前+名)〗 *bid* farewell (welcome) [to a person] 〖남에게〗 작별을 고하다(환영의 말을 하다).
3 (p., pp. **bid**) 〖상업〗〖경매 따위에서〗 1 값을 부르다 (propose as a price), …을 경매하다; 〖청부 등의〗 조건을 제시하다, 입찰하다. ¶ 〖(~+目+前+名)〗 He *bid* fifty dollars *for* the table. 그는 그 책상에 50달러를 불렀다.
4 (p., pp. **bid**) 〖카드놀이〗〖잡은 패를〗 선언하다. ¶ *bid* one spade 원 스페이드를 선언하다. [〖손님〗.
5 …을 초대하다(invite). ¶ a *bidden* guest 초대받은 — vi. 1 명령하다. 2 (p., pp. **bid**) 값을 매기다(부르다), 〖청부 따위의〗 입찰을 하다(*against*, *for*, *on* …). ¶ 〖(~+前+名)〗 I offered eighty dollars but someone *bid against* me. 나는 80달러를 불렀는데 더 높은 값을 부른 사람이 있었다 / Several companies will *bid* (for or on) the construction of the vessel. 그 선박 건조의 입찰에 몇개 회사가 응찰할 것이다.
bid defiance to ⇨ DEFIANCE.
bid fair to *do* …할 가망이 있다. ¶ Our plan *bids fair to* succeed. 우리의 계획은 성공할 가망이 있다.
bid in 〖경매에서 소유자가〗 스스로 낙찰시키다.
bid off 〖경매에서〗 낙찰시키다, 처분하다.
bid up 〖경매에서〗 값을 올리다.
— n. 1 입찰, 부른 값. ¶ My *bid* is five dollars. 내가 부른 값은 5달러이다 / *Bids* were invited for the new equipment. 새 설비에 대한 입찰이 있었다 / call for *bids* of …의 입찰을 하다. 2 〖목적 달성의〗 시도(attempt), 운동(campaign), 노력 (*for* …). ¶ a *bid* for election 선거 운동 / the U.S. *bid for* peace 평화에 대한 미국의 노력. 3 〖법률〗 경매 가격 신고. 4 〖구어〗 초대(invitation), 권유. ¶ a *bid* to join a club 클럽에 가입하라는 권유. 5 〖카드놀이〗〖잡을 패·끗수의〗 신청; 신청하는 차례; 신청한 끗수.
make a bid for ① …에 입찰하다, 값을 부르다. ② 〖인기 따위를〗 얻으려고 하다. ¶ He *made a bid for* our sympathy. 그는 우리의 동정을 사려고 했다.
b.i.d. (略)〖라틴〗 *bis in die* (하루 2번).
B.I.D. (略) *Bachelor of Industrial Design* (산업 디자인 학사).
bid·da·ble [bídəbl] adj. 1 순종하는, 온순한 (obedient). 2 〖카드놀이〗 끗수가 높은. ¶ a *biddable* hand [at bridge] 〖브리지에서〗 끗수가 높은 패.
*bid·den** [bídn] v. bid 의 과거 분사의 하나.
bid·der [bídər] n. 1 입찰자, 경매자. ¶ a *bidder for* a contract 청부일의 입찰자. 2 명령자. 3 초대자.
*bid·ding** [bídiŋ] n. 〖U〗〖C〗 1 명령, 분부 (command, order). ¶ at a person's *bidding* 남의 명령에 따라 / do a person's *bidding* 남이 시키는 대로 하다. 2 초대 (invitation). 3 입찰, 부른 값.
bídding pràyer n. 설교 전의 기도; 〖16세기 중엽까지 영국 국교회에서 행한〗 대속(代贖)의 기도.
bid·dy¹ [bídi] n. (pl. **-dies**) 하찮은 일로 소란을 부리는 여자(특히 노파).
bid·dy² [bídi] n. (pl. **-dies**) 병아리(chicken); 닭(fowl).
*bide** [baid] v. (**bid·ed** or **bode** [boud], **bid·ed** or 〖고어〗 **bid, bid·ing**) vt. 1 …을 기다리다, 〖때〗를 기다리다. 2 〖고어〗 …에 견디다, …을 참다(bear). 3 〖폐어〗 …과 마주치다(encounter). — vi. 〖고어〗 살다, 묵다, 기다리다, 머무르다.
bide one's time 기회(때)를 기다리다.
bi·den·tate [baidénteit] adj. 〖생물〗 이(치아)가 2개의, 2개의 이 모양의 것이 있는.
bi·det [bidéi / bíːdei] n. 1 비데〖여성의 국부 세척기〗. 2 작은 말.
bi·di·a·lec·tal [baidàiəlékt(ə)l] adj., n. 두 방언으로 쓰는[쓰인].
bi·don·ville [bìːdɔːnvíːl] n. 〖프랑스·아프리카 북부 등지의 변두리에 있는〗 싸구려 주택 지대. 〖<F〗
bíd príce n. 1 입찰 가격. 2 〖증권〗 살〖사려〗 사람이 부르는 값, 매수 호가.
bíd rìgging n. 담합 입찰.
B.I.E. (略) *Bachelor of Industrial Engineering*.
Bie·der·mei·er [bíːdərmàiər] adj. 1 비더마이어 양식의〖19세기 중엽에 유행한 간소하고 실용적인 가구의 양식〗. 2 인습적인, 판에 박힌, 범속(凡俗)한.
bi·en·na·le [biennáːlei] n. 비엔날레〖짝수 해의 5-10월 로마에서 열리는 현대 회화·조각의 전람회〗, 격년 행사. 〖<It. biennial〗
bi·en·ni·al [baiéniəl] adj. 1 2년마다의, 2년에 한 번의. cf. biannual ¶ a *biennial* election 2년마다 있는 선거. 2 2년 동안 계속되는; 〖식물〗 2년생의. cf. annual, perennial — n. 1 2년에 한 번 있는 일(행사). 2 〖식물〗 2년생 식물 (biennial plant). cf. annual, perennial ~·ly [-əli] adv.
bi·en·ni·um [baiéniəm] n. (pl. **-en·ni·a** [-énɪə]) 2년 동안. [환영(welcome).
bien·ve·nue [F bjɛ̃vny] n. 〖프랑스〗 (=well come)
bier [biər] n. 1 관대(棺臺)〖시체나 관을 얹어 묘지로 운반하는 대〗. 2 〖고어〗 무덤 (grave).
bier·kel·ler [bíərkelər] n. 독일풍으로 꾸민 맥주집.
biest·ings [bíːstiŋz] n. pl. 〖단수 취급〗 =beestings.
bi·fa·cial [baiféi(ə)l] adj. 1 두 면이 있는. 2 〖비슷한〗 양면의 있는. 3 〖식물〗〖나뭇잎 따위가 서로 다른〗 두 면을 가지는.
bi·far·i·ous [baifé(ː)riəs / -féər-] adj. 1 2중의, 두 줄의. 2 〖식물〗 2종렬(縱列)을 이룬. ~·ly adv.
biff [bif] n. 〖속어〗 일격, 타격, 찰싹 때리기(blow, punch). ¶ give a person a good *biff* on the nose 남의

콧등에 한 대 먹이다. — *vt.* …을 때리다, 갈기다.
bíff óff 《속어》 떠나다.
bif·fin [bífin] *n.* [영국산(産)의] 검붉은 요리용 사과.
bi·fid [báifid] *adj.* 두 갈래진; [식물] 둘로 갈라진.
bi·flex [báifleks] *adj.* 두 번으로 구부러진.
bi·flo·rate [baifló:reit] *adj.* 꽃이 둘인.
bi·fo·cal [baifóuk(ə)l] *adj.* 초점이 둘 있는; [안경의 렌즈 따위가] 초점이 둘 있는. — *n.* 1 (~s) 원시·근시 겸용 안경. 2 두 초점이 있는 렌즈.
bi·fold [báifòuld] *adj.* 이중의(double), 두 배의(two-fold); 두 가지 모양의.
bi·fo·li·ate [baifóuliit, -èit] *adj.* [식물] 잎이 둘인, 쌍엽의.
bi·forked [báifɔ:rkt] *adj.* = bifurcate.
bi·form [báifɔ:rm] *adj.* [반인반마(半人半馬)의 켄타우로스나 인어처럼] 두 개의 몸이 있는, 두 형태를 가진.
Bif·rost [bí:frost / -rɔst] *n.* [북유럽 신화] 하늘과 땅 사이에 걸리는 신들의 무지개 다리.
bi·fur·cate *v.* [báifə(:)rkèit, +英 baifə:rkéit →*adj.*] *vi.* (**-cat·ed, -cat·ing**) 두 갈래로 나뉘다; 두 가지를 내다. — *vt.* …을 두 갈래로 나누다. — *adj.* [+美 -kit] 두 갈래로 나뉜. **~·ly** [báifə:rkéitli, -kit-] *adv.*
bi·fur·cat·ed [báifə:rkèitid, +英 baifə:rkéitid] *adj.* = bifurcate. [岐]. 2 분기점; 가지(branch).
bi·fur·ca·tion [bàifə(:)rkéiʃ(ə)n] *n.* 1 [U] 분기(分

‡**big** [big] *adj.* (**big·ger, big·gest**) 1 [크기·수량·규모 따위가] 큰(large) (*opp.* little, small); 성장한. ¶ a *big* box 큰 상자 / a *big* fleet 대함대 / a *big* pay 《美》많은 봉급 / a *big* voice 큰 목소리.
[類語] **big**「큰」이라는 뜻의 가장 넓고 구어적인 말; 특히 체적·대량 대신에 쓰이나, 구어에서는 종종 large, great 대신에 쓰이기도 한다. **large** 주로 치수·범위·수량 따위의 크기에 쓰인다. **great** [감탄·놀람을 자아낼 만한] 크기·위대함의 정도를 나타낸다.
2 관대한, 너그러운(generous). ¶ I have a *big* heart 마음이 너그럽다 / a *big* person 관대한 인물.
3 중요한(important), 위대한(great), 훌륭한, 유명한 (prominent); 두드러진, 현저한(outstanding). ¶ a *big* shot (*or* gun) 《美俗》거물, 중요 인물, 저명 인사 / a *big* event 중대 사건 / a *big* man 거물 / a *big* moment of one's life 생애의 중대한 시기 / a *big* liar 지독한 거짓말쟁이 / This is a *big* piece of news. 이것은 중대한 뉴스이다.
4 거만한, 오만한(haughty, pompous), 자랑이 심한 (boastful). ¶ a *big* talker 허풍선이 / *big* words 호언 장담.
5 임신한(pregnant); 가득 찬, 넘칠 듯한(filled (with...)). ¶ His eyes were *big* with tears. 그의 눈에는 눈물이 가득했다 / Her heart is *big* with joy. 그녀의 마음에는 기쁨이 가득했다 / She was *big* with child. 그녀는 임신중이었다 / The year was *big* with events. 그 해는 다사다난했다.
6 《美俗》관대한, 열광적인, 몹시 좋아하는(on...).
get (*or* **grow**) ***too** big for one's boots* (or *breeches, pants*) 제분수를 모르다, 되지 못하게 잘난 체하다.
— *adv.* 1 《구어》자랑하여, 크게. ¶ He talks *big*. 그는 허풍을 떨고 있다. 2 다양으로, 많이. ¶ eat *big* 많이 먹다. 3 성공하여, 잘 되어. 4 《방언》매우, 대단히(very). ¶ *big* rich 아주 부자인. **-ly** *adv.* **~·ness** *n.*
big·a·mist [bígəmist] *n.* 중혼자(重婚者).
big·a·mous [bígəməs] *adj.* 1 중혼의, 동시에 두 명의 아내 또는 남편을 가진; 중혼죄의. 2 중혼 생활의.
big·a·my [bígəmi] *n.* (*pl.* **-mies**) [법률] 중혼 (죄). [배우자 있는 자가 추가 혼인하는 일. 또는 그 죄].
Bíg Ápple *n.* (the~) 《美俗》 1 뉴욕시의 애칭; (때로 b- a-) 대도시; [도시의] 중심가, 환락가. 2 (b- a-) 가장 중요한 부분, 초점, 최대 관심사. 3 (b- a-) 1930년대에 유행한 템포가 빠른 춤.

big·a·roon [bìgərú:n] *n.* = bigarreau.
big·ar·reau [bígərou] *n.* 비가로(커다란 하트형 버찌. 그 살은 단단하고 맛이 있다), 그 나무.
Bíg Báng *n.* (종종 B- B-) 대폭발[설] [100-150억 년 전에 우주가 생겼을 때 있었다고 한다].
Bíg Béat *n.* (the~) 록 음악.
Bíg Bén *n.* 빅 벤[영국 런던의 국회 의사당 시계탑의 큰 시계의 종].
Bíg Bértha *n.* 《구어》[제1차 세계 대전 때 사용된] 독일군의 대형 장거리포, 《찰 위성의 총칭》.
Bíg Bírd *n.* 《군사》빅 버드 [미국이 사용하는 광역 정찰 위성의 총칭].
Bíg Blúe 《美》 IBM.
Bíg Bóard *n.* 1 [미국의] 뉴욕 증권 거래소에 상장된 주식 시세표. 2 뉴욕 증권 거래소.
bíg bóy *n.* 《구어》 1 [실업계의] 거물. 2 대기업. 3 [햄버거 따위의] 큰 것, 대형.
bíg bróther *n.* 1 형. 2 (때로 B- B-) [고아·불량 소년 등을 선도하는] 형 같은 사람. *cf.* big sister 3 (보통 B- B-) 독재 국가의 독재자.
bíg búg *n.* 《속어》실력자, 거물(bigwig).
bíg búsiness *n.* ⓤ ⓒ 1 《종종 나쁜 뜻으로》대기업, 큰 실업계.
Bíg C *n.* (the~) 《구어》 1 [완곡한 표현] 암 (cancer). 2 (또는 big C) 코카인(cocaine).
bíg chéese *n.* (the~) 최중요[유력] 인물, 우두머리; 열빠진 사나이.
bíg chíef (dáddy) *n.* 《美俗》= bigwig.
bíg déal *n.* 《美俗》 1 대단한 물건(사람, 일), 큰 일 [반어적으로 쓰인다]. ¶ make a *big deal* out of… …으로 대소동을 벌이다 / What's the *big deal*? 뭔 소동이냐? / It's no *big deal*. 별일 아니야. 2 《종종 무관사》《야유·조소를 나타내어 감탄사적으로》 허, 저런, 정말로, 별꼴이야!
Bíg Dípper *n.* 1 (the~) [천문] 북두칠성 *cf.* Dipper 2 (b- d-) 《英구어》 롤러 코스터 (roller coaster).
bi·gem·i·nal [baidʒéminl] *adj.* [해부·의학] 쌍생 (雙生)의, 이란성(二卵性)의; 쌍의; 2 연맥(連脈)의, 부맥(副脈)의; 끝부분의.
bíg énd *n.* [기계] 빅 엔드 [피스톤 막대의 크랭크쪽
Bíg Fíve *n.* (the~) 1 [제1차 세계 대전 후의 평화 회의에서의] 미국·영국·프랑스·이탈리아·일본의 5대국. 2 [제2차 세계 대전 후의] 미국·영국·소련·프랑스·중국의 5대국.
big·foot [bígfùt] *n.* (때로 B-) 미국과 캐나다의 태평양 연안 가까운 산중에 출몰한다는 원인(猿人)의 별명(Sasquatch). [<날사자(子)의 대사].
Bíg Fóur *n.* (보통 the~) 《英》[Barclays, Midland, National Westminster, Lloyds 의] 4대 은행.
bigg [big] *n.* 《스코·北英》 보리의 일종.
bíg gáme *n.* ⓤ 1 큰 시합. 2 [사냥이나 낚시질에 서 잡은] 큰 짐승(물고기). 3 《구어》큰 목적.
big·gie [bígi], (**big·gy**) *n.* 《구어》 거물(bigwig), 큰 사람(것). 《한, 잘난 체하는.
big·gish [bígiʃ] *adj.* 1 좀 큰, 큰 편인. 2 중요한 듯
bíg gún *n.* 《속어》 거물, 명사.
big·head [bíghèd] *n.* ⓤ ⓒ 1 [병리] 두부 팽창증[양의 머리에 심한 염증을 일으키는 병]. 2 《구어》 과장; 자부심, 자만심. 3 《美속》 숙취(hangover). 4 ⓒ 《美속》 자만심이 강한 사람.
big·head·ed [bíghèdid] *adj.* 1 [병리] 두부 팽창증에 걸린. 2 《구어》 자만심이 강한(conceited), 자기 본위의
big·heart·ed [bíghá:rtid] *adj.* 관대한, 통이 큰, 너그러운(generous), 친절한(kind).
big·horn [bíghɔ̀:rn] *n.* (*pl.* **-horns** *or* **-horn**) 로키 양[미국의 로키 산맥에 사는 야생의 양].
bíg hóuse *n.* 1 [마을 제일 가는] 큰 저택. 2 (보통 the~) 《美속》 교도소, 소년원.

bight [bait] *n.* **1** 〔양쪽 끝에 대하여〕 밧줄의 중간 부분. **2** 밧줄의 고리 같은 부분. **3** 해안(강)의 만곡부. **4** 만, 후미(bay). ¶ the *Bight* of Benin 베넹만. ***in the bight*** 위험에 직면하여(in danger); 곤궁하여, 곤경에 빠져(in difficulties).

Bíg Lóok *n.* 넓고 헐렁한 여성복 패션(스타일).

big·ly [bígli] *adv.* 잘난 체하여, 거만하여.

Big Mac [bígmæk] *n.* **1** 미국 맥도날드사의 애칭. **2** 미국 시(市) 재정 원조 공사의 통칭. **3** 〔군사〕 미 최대의 록히드 C5A 수송기.

big·mouth [bígmàuθ] *n.* **1** (*pl.* **-mouths** [-màuðz]) 《속어》 수다쟁이. **2** (*pl.* **-mouths** *or* **-mouth**) 〔특히〕 아가리가 큰 물고기.

big·mouthed [bígmàuθt] *adj.* **1** 목소리가 큰. **2** 입이 큰.

bíg náme *n.* 유명인, 명사.

big-name *adj.* 유명한(famous), 일류의, 인기있는(popular).

bíg nòise *n.* 《美속어》 **1** 중대한 성명(행위). **2** 유력자.

big·no·ni·a [bignóunia] *n.* 능소화과(科)의 덩굴 식물 [미국산(産). 대개는 열대산(産) 식물이며, 나팔 모양의 아름다운 꽃이 피고, 관상용으로 널리 재배된다].

Bíg Óil *n.* 〔미국의〕 거대 석유 업체(계).

big·ot [bígət] *n.* 〔특별한 교리·의견·관례 등을〕 고집스레 믿고 있는 사람; 광신자, 완고한 사람; 편협한 사람.

big·ot·ed [bígətid] *adj.* 고집하는, 완고한, 편협된. ¶ He is *bigoted* to (or in) his opinion. 그는 자기의 의견을 고집하여 굽히지 않는다. **~·ly** *adv.* 〔혐, 옹졸, 광신〕

big·ot·ry [bígətri] *n.* ⓤⒸ (*pl.* **-ries**) 고집 불통, 편협.

bíg pót *n.* 《속어》 거물, 중요 인물(bigwig).

bíg ríg *n.* 트레일러를 두 대 연결한 트럭(double trailer truck).

Bíg Scíence *n.* 거대 과학〔대규모의 과학 연구〕.

bíg shòt *n.* 《속어》 중요 인물, 거물(bigwig).

bíg síster *n.* **1** 누이. **2** (때로 B- S-) 〔고아·불량 소녀 등을 선도하는〕 누이 같은 연장자. *cf.* big brother

Bíg Smóke *n.* 《美속어》 **1** 피츠버그(Pittsburg) (b- s-) 도시. **2** (the ~) 《英속어》 런던.

bíg stíck *n.* 〔정치적·군사적인〕 압력, 압박; 힘의 과시, 위압. ¶ carry a *big stick* 압력을 가하다.

bíg tálk *n.* ⓤ《속어》 **1** 제자랑, 허풍. **2** 거드름 피우는 연설.

Bíg Thrée *n.* **1** (보통 the ~) 3대국〔미국·러시아·중국(때에 영국까지)〕. *cf.* Big Five **2** 《美》 3대 자동차 회사〔GM, Ford, Chrysler〕.

big-tick·et [bígtíkit] *adj.* 비싼 가격표가 붙은.

bíg tíme *n.* **1** 《속어》 매우 즐거운 시간(very enjoyable time). ¶ have a *big time* 즐겁게 지내다. **2** 《속어》 최고 수준(top level). **3** 〔vaudeville 의〕 대규모 흥행. 〔inent〕

big-time [bígtàim] *adj.* 《美속어》 일류의, 뛰어난(prom-

big-tim·er [bígtàimər] *n.* 《美속어》 **1** 일류 배우. **2** 일류의 명사, 제1인자.

bíg tóe *n.* 엄지 발가락. *cf.* great toe

bíg tóp *n.* 〔서커스의〕 큰 천막; 서커스(circus).

bíg trée *n.* 세쿼이어〔California 에서 자라는 소나무과(科)의 교목〕.

bíg whéel *n.* **1** 《美속어》 = bigwig. **2** 〔관람용〕 대회전(Ferris wheel).

big·wig [bígwìg] *n.* 《구어》 중요 인물, 거물, 높은 양반. 〔일어나는.〕

bi·hour·ly [baiáuərli] *adj.* 2 시간마다의, 2시간마다

bi·jou [bíːʒuː] *n.* (*pl.* **~s, ~x** [-ʒuːz]) **1** 보석(jewel). **2** 훌륭한 장식물. [<F jewel]

bi·jou·te·rie [biːʒúːtəri] *n.* ⓤ 보석류(jewelry).

bi·ju·gate [báidʒugèit], (**bi·ju·gous** [-gəs]) *adj.* 〔식물〕 〔잎이〕 두 쌍 있는.

bike [baik] 《구어》 *n.* **1** = bicycle. **2** = motorcycle. — *vi.* (**biked, bík·ing**) 자전거를 타다. 〔cyclist.〕

bik·er [báikər] *n.* 《美》 **1** = bicyclist. **2** = motor-

bike·way [báikwèi] *n.* 《美》 자전거 전용 도로, 사이클링 코스.

bik·ie [báiki] *n.* 《濠속어》 오토바이 폭주족(暴走族)의 사람. * bicycle 의 단축형.

bi·ki·ni [bikíːni] *n.* 비키니〔여성용의 수영복〕(bikini suit); *cf.* monokini

Bi·ki·ni [bikíːni] *n.* 비키니 환초(環礁)〔북태평양 Marshall 제도에 있는, 1946년 원폭 실험 장소〕.

Bikíni Státe *n.* 《美속어》 Florida 주의 속칭.

bi·la·bi·al [bailéibiəl / -bjəl] 〔음성〕 *adj.* 두 입술로 발음하는. ¶ [p], [b], [m] 따위).

bi·la·bi·ate [bailéibièit, -biit] 〔식물〕 〔화관 따위가〕 양순형(兩脣形)의. ¶ a *bilabiate* corolla (calyx) 양순형 꽃(꽃받침).

bi·lat·er·al [bailǽt(ə)rəl] *adj.* **1** 〔동·식물〕 〔좌우〕 양쪽의. **2** 양쪽에 영향을 미치는, 상호간의. **3** 〔축의〕 반대쪽에 있는, 양쪽(양면)이 있는; 대칭적인, 좌우가 균형이 잡힌(symmetrical). **4** 〔법률〕 쌍무(雙務)의, 당사자 쌍방에의 의무가 되는. ¶ a *bilateral* contract (agreement) 쌍무 계약(협정). **~·ly** *adv.*

bi·lat·er·al·ism [bailǽt(ə)rəlìz(ə)m] *n.* 〔생물〕 좌우 상칭; 〔법률〕 쌍무 계약제(주의).

bil·ber·ry [bílbèri, -bəri / -b(ə)ri] *n.* (*pl.* **-ries**) 월귤 나무속(屬)의 관목〔월귤나무·팽나무 등〕; 그 열매.

bil·bo¹ [bílbou] *n.* (*pl.* **~es**) 〔보통 ~es〕 철제 족쇄〔옛날 배 안에서의 죄수를 구속하는 데 썼다〕. 〔검.〕

bil·bo² [bílbou] *n.* (*pl.* **~es**) 《고어》 검(sword), 빌보

Bil·dungs·ro·man [bíldungsrɔ̀ːman] *n.* 《독일》 교양소설〔주인공의 인간 형성 과정을 다루는 소설〕.

bile [bail] *n.* ⓤ **1** 담즙. **2** 기분이 언짢음(peevishness), 화, 분노(anger); 불통. ¶ stir (*or* rouse) a person's *bile* 《구어》 남을 화나게 하다, 남의 비위를 거스르다.

bile·stone [báilstòun] *n.* ⓤⒸ 담석(gallstone).

bi·lev·el [bailév(ə)l] *adj.* 두개의 평면을 가진. — *n.* 2층 구조의 건물(차량).

bilge [bildʒ] *n.* **1** 〔항해〕 배밑의 굽은 부분; 〔바다의 중으로 된 선체의〕 창저(艙底). **2** ⓤ 〔항해〕 배밑의 오수(bilge water). **3** ⓤ 《속어》 실없는 이야기(생각). **4** 〔통 따위의〕 볼록한 중배(belly). — *v.* (**bilged, bílg·ing**) *vi.* **1** 〔항해〕 배밑에 구멍이 나다(물이 새다). **2** 〔흰 페인트가〕 누렇게 변색하다. **3** 볼록해지다, 돌출하다(bulge). — *vt.* 〔항해〕 〔배밑〕에 구멍을 내다.

bílge pùmp *n.* 배 밑의 오수(汚水)를 퍼내는 펌프.

bílge wàter *n.* ⓤ **1** 〔항해〕 배밑에 괴는 오수, 감수(淦水), 빌지. **2** 《속어》 실없는 이야기.

bilg·y [bíldʒi] *adj.* (**bilg·i·er, bilg·i·est**) 〔항해〕 배 밑 오수 냄새가 나는.

bil·har·zi·a [bilháːrziə] *n.* **1** 주혈 흡충(住血吸蟲). **2** 〔병리〕 주혈 흡충병. 〔흡충병.〕

bil·har·zi·a·sis [bìlhɑːrzáiəsis] *n.* ⓤ〔병리〕 주혈

bil·i·ar·y [bíliəri / -ljəri, -liəri] *adj.* 〔생리〕 담즙의; 담즙이 통하는, 수담(輸膽)의. ¶ a *biliary* duct 〔수〕 담관. **2** 《고어》 = bilious.

bíliary cálculus *n.* 〔의학〕 담석(gallstone).

bi·lin·e·ar [bailíniər] *adj.* 〔수학〕 쌍일차(雙一次) 〔방정식〕의; 두 줄의 선의.

*****bi·lin·gual** [bailíŋgwəl] *adj.* **1** 2 개 국어를 말하는, 2개 국어의. ¶ *bilingual* education 2개 국어의 교육. **2** 2개 국어로 쓰여진. ¶ a *bilingual* dictionary 2개 국어로 쓰여진 사전, 대역(對譯) 사전. — *n.* 2개 국어를 하는 사람(bilinguist). **~·ly** *adv.*

bi·lin·gual·ism [bailíŋgwəlìz(ə)m] *n.* ⓤ **1** 〔습관적인〕 2개 국어 사용. **2** 2개 국어를 말하는 능력. 〔람.〕

bi·lin·guist [bailíŋgwist] *n.* 2개 국어를 할 수 있는 사

bil·ious [bíljəs] *adj.* **1** 〔생리·병리〕 담즙의; 담즙을 너무 많이 분비하는. **2** 〔병리〕 담즙(간장) 이상으로 생기는. **3** 화를 잘 내는, 성미가 급한(peevish) 성미가 까다로운, 기분이 언짢은. **4** 서투른, 못쓰는. **~·ly** *adv.* **~·ness** *n.*

bi·lit·er·al [bailít(ə)r(ə)l] *adj.* **1** 두 자의, 두 자를 쓰는. **2** 〔셈어의 어근이〕 두 개의 자음으로 이루어지는. *cf.* triliteral

-bility *suf.* -ble, -ible, -uble로 끝나는 형용사에서 명사를 만든다. 예: capa*bility*, no*bility*, visi*bility*, sol-u*bility*.

bilk [bilk] *vt.* **1** 〔빚·계산〕을 떼어먹다, …을 지불하지 않고 도망치다. **2** …을 속여 빼앗다(defraud); …을 속이다, 사기치다(cheat). **3** 〔기대 따위〕를 망쳐놓다(frustrate). **4** …을 벗어나다, 교묘하게 회피하다(elude). — *n.* 떼어먹기, 사기〔꾼〕, 협잡〔꾼〕.

‡**bill**¹ [bil] *n.* **1** 청구서, 계산서. ¶ a doctor['s] *bill* 치료비 / a *bill* for new clothes 새 옷값의 대금(청구서) / Could I have the *bill*? 계산서를 주십시오.
2 〔상업〕 환어음, 약속 어음, 증권, 증서. ¶ *bill* account 어음 계정 / a *bill* advice 어음 만기 통지서 / a *bill* brokerage 어음 중개인 수수료 / a *bill* discounted 할인 어음 / a *bill* payable(receivable) 지불(수취) 어음 / a security *bill* 증권 담보 환어음 / a *bill* for acceptance 인수 어음 / a *bill* for term 정기불 어음 / a *bill* of adventure 적송품(積送品) 위험 증서 / a *bill* of credit 지불 증권; 신용장(letter of credit) / a *bill* of date 확정 일부 어음; 장기 어음 / a *bill* of debt 약속 어음; 채무 증서, / a *bill* of dishonor; dishonored *bill* 부도 수표 / a *bill* of exchange 환어음〔略 B/E〕/ a *bill* of lading 선하 증권; 《美》화물 교환권; 적하증〔略 B/L〕/ a *bill* of parcels 소하물 매도증; 화물 증권; 매도품 목록 / a *bill* of sight 〔英〕〔세무〕 일시 양륙(수입) 신고서 / a *bill* of sufferance〔세무〕연해선(沿海船) 출세증 / a *bill* payable to bearer 지참인불 어음 / a foreign *bill* [of exchange] 외국 환어음 / a set of *bills* 세트 어음 / accept a *bill* 어음〔의 지불〕을 인수하다 / back a *bill* 어음에 배서하다 / clear a *bill* 어음을 교환(청산)하다 / dishonor a *bill* 어음의 지불을 거부하다 / draw a *bill* on a person 남에게 어음을 발행하다 / renew a *bill* 어음을 개서하다 / take up (or honor) a *bill* 어음을[인수하여] 지불하다.
3 《美》지폐(《英》note); 《美속어》 100달러. ¶ a one-dollar *bill* 1달러 지폐.
4 광고, 포스터, 삐라(poster, placard). ¶ paste [up] a *bill* 삐라를 붙이다 / Post (or Stick) no *bills*. 《게시문》 벽보 금지.
5 의안, 법〔률〕 안. ¶ a *bill* of attainder 사권(私權) 박탈법 / adopt (amend, burke) a *bill* 의안을 채택하다 (수정하다, 묵살하다) / draw up a *bill* 의안을 기초하다 / introduce (or present) a *bill* 법안을 제출하다 / rush a *bill* 의안을 급히 통과시키다.
6 〔법률〕소장(訴狀), 기소장, 조서. ¶ a *bill* of divorce 이혼 신청서 / a *bill* of exception 항의 취지서 / a *bill* of indictment 기소장 안(案) / find a true *bill* [against a person] 〔남에 대한〕 기소장을 수리하다 / ignore a *bill* 소장을 각하하다.
7 〔연극 등의〕 프로그램. ¶ a concert *bill* 음악회 프로그램 / a good *bill* at a theater 연극의 좋은 프로그램.
8 명세서. ¶ a *bill* of expenditures 비용 명세서 / a *bill* of fare 식단표(menu) / a *bill* of costs 소송 비용 명세서.
a bill of health 〔승선자의〕 건강 증명서〔略 BH〕. ¶ a clean *bill* [*of health*] 건강 증명서 / a foul *bill* [*of health*] 이환(罹患) 증명서.
the bill of rights ① 국민의 기본적 인권의 선언. ② 《英》(the B- of R-) 권리 선언〔영국 국민의 권리와 자유를 선언한 것. 1689년 명예 혁명 직후에 공포되었다〕(the Declaration of Rights). 《美》(the B- of R-) 권리 장전(章典). 〔수정법(Amendments) 1-10조의 기본적 인권 선언〕.
fill the bill 《구어》 목적(요구)에 맞다, 필요한 표준에 달하다, 《英》 대표적 존재이다, 인기를 독차지하다.
foot the bill 《구어》 지불하다, 비용을 전액 부담하다.

sell a person a bill of goods 《美속어》 남을 불리하게 만들다; 남을 속여넘기다, 속이다.
— *vt.* **1** …을 계산서에 기입하다. **2** …을 일람표로 만들다; …의 목록을 만들다. ¶ *Bill* goods 상품을 목록에 적다 / *bill* passengers 승객 명부를 만들다. **3** …에게 계산서를 보내다. **4** …을 삐라(포스터 따위)로 광고하다; …에 삐라를 붙이다. ¶ A new actor was *billed* to appear as Hamlet. 신인 배우가 햄릿역으로 나온다고 광고에 나와 있었다. **5** …을 프로그램에 넣다.

‡**bill**² [bil] *n.* **1** 〔비둘기 따위의〕부리. * 독수리·매 따위 맹금의 구부러진 부리는 보통 beak 라고 한다. **2** 〔지리〕 좁은〔갑〕(岬), 곶(* 지명으로도 쓰인다). ¶ Portland *Bill* 포틀랜드곶. **3** 부리 모양의 것.
— *vi.* 〔한 쌍의 비둘기처럼〕부리를 맞대다; 애정을 나타내다, 애무하다.
bill and coo 〔연인들이〕서로 애정을 나타내다, 애무하며 사랑을 속삭이다.

bill³ [bil] *n.* **1** 〔등에 가시 모양의 돌기가 있는 중세의〕 창의 일종. **2** 〔전지용의〕 낫의 일종. **3** 〔항해〕 닻의 끝.

bil·la·bong [bíləbɑ̀ŋ / -bɔ̀ŋ] *n.* 《濠》**1** 〔강의〕 분류 (分流). **2** 〔홍수가 뺀 다음에 생기는〕 웅덩이.

bill·board [bílbɔ̀ːrd / -bɔ̀ːd] *n.* **1** 《美》게시판, 광고판(bulletin board). **2** 〔라디오·TV〕 〔방송 전후에 하는〕 프로그램의 배역(스폰서) 소개.

bíll bòok *n.* 어음 기입 장부; 《美》=billfold.

bill-brok·er [bílbròukər] *n.* 어음 중매인(仲買人), 증권 중매업자.

bíll colléctor *n.* 〔외상〕 수금원.

bíll discóunter *n.* 〔환〕 어음 할인 업자.

billed [bild] *adj.* 〔보통 복합어를 만들어〕 〔…한〕 부리가 있는. ¶ a thick-*billed* bird 부리가 두툼한 새.

bil·let¹ [bílit] *n.* **1** 〔군대〕 〔병영·야영지 이외의 군인의〕 숙사, 숙사; 〔민가에 대한〕 숙사 제공 명령. ¶ *Every bullet has its billet.* 《속담》 총알에도 숙소가 할당되어 있다; 총알에 맞고 안 맞는 것은 팔자소관. **2** 일〔자리〕, 직업(job, appointment). ¶ a good *billet* 보수가 좋은 일자리. **3** 〔폐어〕 짧은 글(편지) (note). — *vt.* 〔군대〕 〔*billet* 를 주어〕 〔병사〕 에게 숙사를 할당하다, 숙소를 지정하다; 숙박시키다(…*on, in*). ¶ (~ + 目 + 前 + 名) *billet* the soldiers *on* the village 그 마을을 군인의 숙소로 지정하다.

bil·let² [bílit] *n.* **1** 장작, 굵은 나무 토막. **2** 〔마구(馬具)의〕잡아매는 가죽끈. **2** 빌레트, 강편(鋼片). **3** 〔버클을 다는〕 가죽 끈; 〔버클의〕 가죽 끈의 구멍.

bil·let-doux [bílidúː, -li- / -lei-] *n.* (*pl.* **bil·lets-doux** [-dúːz]) 연애 편지(love letter). 〔<F〕

bill·fold [bílfòuld] *n.* 《美》 〔접는〕 가죽 지갑 (wallet).

bill·head [bílhèd] *n.* **1** 청구(계산)서 위에 인쇄된 포명·주소 따위; 〔이것을 인쇄한〕 청구서 용지, 청구서. **2** 명세서 용지.

bill·hook [bílhùk] *n.* =bill³ 2.

bil·liard [bíljərd] *adj.* 당구의, 당구에 사용되는.
— *n.* 《美구어》=carom.

bil·liard·ist [bíljərdist] *n.* 당구치는 사람, 〔특히〕 직업적인 당구가.

bílliard màrker *n.* 당구의 점수 계산원.

bílliard ròom *n.* 당구장(실).

*bil·liards [bíljərdz] *n. pl.* 《단수 취급》 당구. ¶ play [at] *billiards* 당구를 치다 / have a game at *billiards* 당구를 한 게임 치다.

bílliard tàble *n.* 당구대.

bil·li·ken [bílikin] *n.* (때로 B-) 빌리켄〔행운의 신의 우상〕.

bill·ing [bílíŋ] *n.* ⓤⓒ **1** 포스터·삐라 따위에 실린 출연자 순위. ¶ A star gets top *billing*. 어떤 스타는 이름이 광고 삐라의 맨 위에 나온다. **2** 〔포스터·삐라 따위에 의한〕 광고. **3** 계산서 작성〔발송〕. 〔산기〕

bílling machìne *n.* 〔청구서 따위의〕 자동 경리 계

bil·lings·gate [bíliŋzgèit / -git] *n.* **1** (B-) 영국 런던의 어시장. **2** Ⓤ 상스러운(천한) 말[Billingsgate 어시장에서 들을 수 있는 상소리].

***bil·lion** [bíljən] *n.*, *pl.* **-lions** *or* 《수사 뒤에서는》**-lion**) **1**《美》10억(thousand millions). **2**《英·독일·프랑스》1조(a million millions). **3** 막대함.
— *adj.* 10억의; 1조의.

bil·lion·aire[bìljənɛ́ər] *n.* 억만 장자. *cf.* millionaire
bil·lionth [bíljənθ] *adj.* **1** 10억(1조) 번째의. **2** 10억(1조)분의 1의. ⇨ BILLION.
bíll of attáinder *n.* [역사] 사권(私權) 박탈법[특히 반역자에 대해 보통 재판을 거치지 않고 사권 박탈을 하는 지난날의 법].
bíll of láding *n.* (상업) 선하 증권(船荷證券)《略 BL, B/L, b.l, b/l》. [B/S].
bíll of sále *n.* 매도(賣渡)증서《略 b.s., B.S., b/s》.
bíll of wórk *n.* 《우주 과학》작업 프로그램[비행체 정비 검검에 필요한 작업 스케줄].
bil·lon [bílən] *n.* 《화폐용의》금 또는 은이(소량) 들어간 합금; 그 화폐.

***bil·low** [bílou] *n.* **1** 큰 파도, 놀(⇨ WAVE 類語); (the ~) 《詩》바다. **2** 《불·연기·구름 따위》파도치는(소용돌이치는)것. ¶ *billows* of smoke 소용돌이치는 연기.
— *vi.* **1** 놀처럼 파도치다, 소용돌이치다, 밀려 오다(surge). **2** 불룩해지다, 부풀어오르다(swell out). ¶ a flag *billowing* in the breeze 미풍에 펄럭이는 깃발.
— *vt.* 놀을 부풀게 하다, 파도치게 하다.
◇ **bíllowy** *adj.*

bil·low·y [bílo(u)i] *adj.* (**-low·i·er, -low·i·est**) 큰 결의, 큰 파도처럼 밀려오는; 노도와도 같은, 소용돌이 치는.
bill·post·er [bílpòustər] *n.* **1** 삐라 붙이는 사람. **2** 삐라, 포스터.
bill·stick·er [bílstìkər] *n.* =billposter 1.
bil·ly [bíli] *n.* (*pl.* **-lies**) **1** 《美》 경찰봉(billy club). **2** 《무기로 쓰는》 무거운 나무 막대기(cudgel), 곤봉. **3** 《스코 방언》 동료(comrade). **4** 《濠》 야영 따위에서 쓰는 양철 주전자.
bíl·ly-boy [bílibɔ̀i] *n.* 《英》 《강·연안용의》바닥이 평평한 짐배, 거룻배(barge).
bíl·ly-can [bílikæ̀n] *n.* 《濠·英》야영용 주전자.
bil·ly·cock [bílikɑ̀k / -kɔ̀k], **bíllycòck hàt**) *n.*《주로 英》**1** 중절 모자. **2** 중산모(derby hat).
bílly gòat *n.* 수염소. *cf.* nanny goat
bil·ly·ho [bíliho̯u], **bíl·ly-o** [-o̯u] *n.* ∗ 다음 숙어로만 쓰인.
like billy-ho《英속어》맹렬히. ¶ fight *like billy-ho* 맹렬히 싸우다 / It was raining *like billy-ho.* 비가 억수로 쏟아지고 있었다.
bi·lo·bate [bailóubeit] *adj.* (잎이) 둘로 쪼개진, 이열(二裂)의. ¶ a *bilobate* leaf 이열엽.
bil·tong [bíltɔ̀ŋ, -tɑ̀ŋ / -tɔ̀ŋ] *n.* 육포[남아프리카에서 소나 사슴의 고기를 잘게 썰어 말린 것].
B.I.M. 《略》*B*ritish *I*nstitute of *M*anagement (영국 경영 연구소).
bi·man·u·al [baimǽnjuəl] *adj.* 두 손을 쓰는.
bim·bo [bímbou] *n.* (*pl.* **-bos** *or* **-boes**) **1** 《속어》소문이 나쁜 사내(놈). **2** 품행이 좋지 않은 여자.
bi·mes·ter [baiméstər] *n.* 2개월간.
bi·mes·tri·al [baiméstriəl] *adj.* **1** 2개월마다의, 격월의(bimonthly). **2** 2개월간 계속되는.
bi·met·al [baimétl] *adj.* =bimetallic. — *n.* 바이메탈.
bi·me·tal·lic [bàimətǽlik] *adj.* **1** 두 금속의, 두 금속으로 이루어진. **2** 복본위제(複本位制)의, (금은) 양화(兩貨) 본위의.
bi·met·al·lism [baimétəlìz(ə)m] *n.* (*cf.* monometallism) Ⓤ **1** (금은) 양화 본위제, 복본위제. **2** 복본위제주의.

bi·met·al·list [baimétəlist] *n.* 복본위주의자.
bi·month·ly [baimʌ́nθli / bái-] *adj.* **1** 2개월마다의, 격월의. **2** (드물게) 한 달에 두 번의, 반마다의(semimonthly). — *n.* (*pl.* **-lies**) 격월 발행(간행)물. — *adv.* **1** 2개월마다, 격월로. **2** (드물게) 한 달에 두 번, 반달마다.
bi·mo·tored [baimóutərd] *adj.* [비행기가] 쌍발 의.
***bin** [bin] *n.* **1** 〔곡식·석탄 따위를 넣는〕상자(box), 저장 상자(소). **2** 《英》〔홉(hop)을 따서 넣는〕즈크 부대. **3** 《속어》작은 독. **4** 《속어》비리 주머니, **5** 《속어》정신 병원. — *vt.* (**binned, bin·ning**) …을 상자에 넣다, 저장소에 넣다.
bin- ⇨ BI-.
bi·nal [báin(ə)l] *adj.* **1** 두 배의, 이중의(double, twofold). **2** 〔음성〕〔음절에〕두 개의 고음부가 있는.
bi·na·ry [báinəri] *adj.* **1** 둘의, 둘로 이루어지는. ¶ *binary* measure 〔음악〕 2박자. **2** 〔화학〕 이원(二元) 의. ¶ the *binary* theory 이원설. **3** 〔수학〕 이진〔법〕의. ¶ the *binary* scale 이진법. — *n.* (*pl.* **-ries**) **1** 이연체(二連體), 이원체, 쌍체. **2** 〔천문〕=binary star.
bínary chóp *n.*〔컴퓨터〕이분할법(二分割法), 2분법.
bínary códe *n.*〔컴퓨터〕2진 코드(부호).
bí·na·ry-còd·ed dècimal [báinərikóudid-]〔컴퓨터〕이진화 십진수(二進化 十進數)《略 BCD》.
bínary dígit *n.*〔컴퓨터〕디지털 계산기의 정보량을 표시하는 기본 단위.
bínary nérve gàs *n.*〔군사〕2종 혼합형 신경 가스 (binary weapon).
bínary stár *n.*〔천문〕쌍성(雙星), 연성(連星).
bínary sỳstem *n.* **1**〔천문〕연성계(連星系). **2**〔물리·화학〕이성 문제(二成分系), 이원계(二元系). **3** 2진법.
bínary wéapon *n.*〔군사〕=binary nerve gas.
bi·nate [báineit]〔식물〕〔잎이〕쌍생의. ¶ a *binate* leaf 쌍엽.
bin·au·ral [bainɔ́ːr(ə)l, bin-] *adj.* **1** 두 귀〔용〕의, 두 귀로의. *cf.* monaural ¶ a *binaural* stethoscope 양이(兩耳) 청진기. **2** 귀가 둘 있는. **3** 입체 음향의.

‡**bind** [baind] *v.* (**bound, bind·ing**) *vt.* **1** …을 묶다, 동이다(tie). *opp.* free, loosen ¶ He was *bound* hand and foot. 그는 손발을 묶였다 // (~+图+前+图) *bind* a package *with* a ribbon 꾸러미를 리본으로 묶다 // (~+图+前+图) *bind* a person's legs *together* 남의 두 다리를 묶다.
2 …을 싸다, 감다, 〔한 다발로〕묶다, 〔한 권으로〕매다; …에 붕대를 감다. ¶ (~+图+前) *bind up* a wound 상처에 붕대를 감다 // (~+图+前+图) *bind* a bandage *about* the head 머리에 붕대를 감다 / *bind* [*up*] one's hair in a handkerchief 머리를 손수건으로 매다.
3 …을 잡아매다(fasten), 붙들어 매다, 결박하다(…*to, on*). ¶ (~+图+前+图) *bind* a person *to* a pillar 남을 기둥에 붙들어 매다.
4 …을 굳히다. ¶ (~+图+前+图) *bind* gravel *by* cement 자갈을 시멘트로 굳히다.
5 〔특별한 상태 따위〕를 유지하다(hold). ¶ (~+图+前+图) *bind* a person *to* secrecy 남에게 비밀을 지키기하다.
6 〔남〕에게 의무를 지우다; …을 속박하다, …을 얽매다, ¶ be *bound* by affection 애정에 얽매이다 / *bind* a person [*over*] to pay his tax 남에게 납세 의무를 지우다 / We are *bound* to obey the laws. 우리는 법률을 지킬 의무가 있다 / I was *bound* to answer him. 나는 그에게 대답할 의무가 있었다 // (~+图+前+图) be *bound in* gratitude 감사하는 마음에 사로잡혀 있다 / *bind* oneself in marriage 결혼 약속하다.
7〔동맹·계약〕을 맺다.
8 〔남〕을 도제(徒弟)살이로 내보내다, 도제로 보내다(…*out*). ¶ (~+图+前+图) He *bound* his son *to* a

binder

blacksmith. 그는 아들을 대장간에 도제로 보냈다.
9 〖병기〗〖약·음식〗 …에게 변비를 일으키다.
10 〖책〗을 매다, 장정하다, 제본하다. ¶ (~+圄+前+圀) *bind* a book in leather (morocco) 책을 가죽(모로코 가죽)으로 장정하다 / *bind* three books *into* one volume 세 권의 책을 하나로 합본하다.
11 〖장식·보호 따위를 위하여〗…의 가장자리를 대다, …에 가두리를 대다. ¶ *bind* the edge of cloth 천의 가장자리를 감치다//(~+圄+前+圀) *bind* a skirt *with* leather 치마 가장자리에 가죽을 대다.
12 〖얼음·눈 따위가〗…을 덮다, 가두다. ¶ Ice has *bound* the pond. 연못은 얼음으로 덮였다.
13 〖옷이〗 …에게 꼭 끼다.
— *vi.* **1** 굳어지다. **2** 〖옷 따위가〗 꼭 끼다. **3** 묶다, 매다(tie up). **4** 의무를 지우다, 속박하다.
be bound up in ① …에 열중하고 있다. ¶ His heart is *bound up* in her. 그는 그녀에게 반해 있다. ② = *be bound up with*. 〖계가 있다,
be bound up with …과 밀접한 관계가 있다, 이해관계가 있다.
bind oneself *to* do …하기로 맹세하다. ¶ I *bound* myself to appear before a law court. 나는 법정에출두하기로 맹세했다. 〖하다.
I dare (or *will*) *be bound* 보증하다, 장담하다, 단언—— *n.* **1** 묶는 것, 곤, 실, 줄. **2** 〖음악〗 결합선, 연결선(tie, slur). **3** 〖탄층(炭層) 사이의〗 경화 점토(硬化粘土). **4** 〖英口語〗 지겨운 일.
in a bind 〖속어〗곤경에 처하여.

*`bind·er` [báindər] *n.* **1** 묶는(잡아매는) 사람. **2** 봉하는 데 쓰는 따지, 띠처럼 두르는 표지. **3** 〖제본〗제책인(製册人), 제본사(bookbinder). **4** 〖농업〗 곡식단 묶는 기계, 바인더. **5** 〖보험·법률〗 가계약, 구두 약속. **6** 〖화학〗 접합제, 고착제. **7** 〖석공〗 이음돌; 〖목공〗 접합재(材), 작은 들보. 〖기다리다.
have a binder 〖속어〗 택시 운전사가 손님을 오래

`bind·er twine` 〖보릿 따위 묶는 긴, 끈매끈.

*`bind·er·y` [báindəri] *n.* (*pl.* -er·ies) 제책소 (제본소).

`bind-in card` [báindin-] *n.* 잡지에 끼워서 철한 카드 (엽서) [주로 정기 구독 신청서 따위가 인쇄되어 있다].

*`bind·ing` [báindiŋ] *n.* ⓤ〖C〗 **1** 묶기, 잡아매기, 속박. **2** 묶는(다발짓는) 것, 띠, 새끼줄; 붕대. **3** 표지, 제본, 장정. **4** 천의 가장자리 따위의 휘감는 재료. **5** 〖스키〗 발가락을 스키에 고정시키는 가죽끈(결림쇠).
—— *adj.* **1** 구속력이 있는, 의무적인, 강제적인(obligatory). ¶ the *binding* force of laws 법의 구속력. **2** 묶는, 다발로 묶는; 접합(결합)하는. **3** 〖속어〗 변비를 일으키는. ~*ly adv.* ~*ness n.*

`bínding énergy` *n.* ⓤ 〖물리〗 결합 에너지.
`bínding scrèw` *n.* 고정용 나사못.

*`bin·dle` [bíndl] *n.* 〖속어〗 〖부랑자들의〗 침낭.

*`bind·weed` [báindwì:d] *n.* 덩굴 식물; 메꽃속〖屬〗.

*`bine` [bain] *n.* **1** 〖hop·인동 따위의〗 덩굴. **2** = bindweed. **3** = woodbine 1.

`Bi·nét-Si·mon scàle (tèst)` [binéisáimən-] *n.* 〖심리〗 비네시몽식 지능 검사 〖법〗 〖연령별로 단계가 다른 문제를 내어 지능 연령을 측정한다〗.

`binge` [bindʒ] *n.* 〖구어〗 떠들썩한 술잔치(spree).
`bínge-pùrge sỳndrome` [bíndʒpə̀:rdʒ-] *n.* (the ~) 식욕 이상 항진증, 대식증(bulimia).

*`bin·gle¹` [bíŋgl] *n.* 〖야구 속어〗 안타, 단타(base hit).
*`bin·gle²` [bíŋgl] *n., vt.* (bob *w* shingle 중간인) 치켜 깎은 단발[로 하다].

*`bin·go` [bíŋgou] *n.* ⓤ **1** (때로 B-) 빙고〖lotto의 일종, 숫자를 적은 카드를 써서 하는 복권식 놀이〗. **2** 〖속어〗
Bingo! 〖속어〗 맞았다, 이젠 다! 〖브랜디.

`bíngo càrd` *n.* = reader's service card.

*`bin·na·cle` [bínəkl] *n.* 〖항해〗 나침의함(羅針儀函) 〖나침의와 그것을 비추는 램프로 된 상자〗.

*`bin·o·cle` [bínəkl / -ɔkl] *n.* = binocular.

*`bin·ocs` [bináks / -nɔks] *n. pl.* 〖구어〗 = binoculars.

biodata

*`bin·oc·u·lar` [bənákjulər, bai- / -nɔ́k-] *adj.* 두 눈〖용〗의. ¶ a *binocular* telescope 쌍안경. — *n.* (보통 ~s) 두 눈으로 보는 기계〖쌍안경·쌍안 현미경·오페라글라스 따위〗. -*ly adv.*

*`bi·no·mi·al` [bainóumiəl] *n.* **1** 〖수학〗 이항식(二項式). **2** 〖동·식물〗 이명(二名) 〖속(屬)·종(種)〗을 별도로 나타내는 명칭. 예: Felis leo(lion)〗. — *adj.* **1** 〖수학〗 이항[식]의. ¶ a *binomial* expression (equation) 이항식(방정식) / a *binomial* theorem 이항 정리. **2** 〖동·식물〗 이명[식]의. 〖=binomial 2.

*`bi·nom·i·nal` [bainάmin(ə)l / -nɔ́m-] *adj.* 〖동·식물〗

*`bint` [bint] *n.* 〖濠·英속어〗 소녀, 여성, 부인.

*`bi·nu·cle·ar` [bain(j)úːkliər] *adj.* = binucleate.

*`bi·nu·cle·ate` [bain(j)úːkliit / -njuː-] *adj.* 〖세포가〗 핵이 둘 있는, 두핵의.

bio- life, living things의 뜻의 연결형(* 모음 앞에서는 bi-를 쓴다). 예: biology, biopsy.

*`bio` [báiou] *n.* 〖구어〗 **1** = biography. **2** = biographical.

*`bi·o·ac·tiv·i·ty` [bàiou(u)æktívəti] *n.* 약품〖살충제 등〗의 생물체에 대한 영향〖작용〗.

*`bi·o·as·say` [bàiou(u)əséi] *n.* 생물학적 정량(定量).

*`bi·o·as·tro·nau·tics` [bàiou(u)æstrənɔ́ːtiks] *n. pl.* 〖단수 취급〗 우주 생리학.

*`bi·o·a·vail·a·bil·i·ty` [bàiouəvèiləbíləti] *n.* 〖생화학〗 〖음식물·약물의〗 생물학적 이용도.

*`bi·o·be·hav·ior·al` [bàioubihéivjərəl] *adj.* 생물 행동적인.
`bíobehávioral scíence` *n.* 생물 행동 과학.

*`bi·o·blast` [báiou(u)blæst / -blʌ̀st] *n.* 〖생물〗 부정형 원형질의 작은 집합.

*`bi·o·ce·nol·o·gy` [bàiou(u)sinάlədʒi / -nɔ́l-] *n.* ⓤ 생물 군집학(群集學).

`bi·o·ce·no·sis, -coe-`, [bàiou(u)sinóusis], -ce·nose [-sí:nous] *n.* (*pl.* -no·ses [-nóusi:z]) 〖생물〗 생물 군집.

*`bi·o·ce·ram·ic` [bàiousəræmik] *n.* 생체용 세라믹.

`bi·o·chem·ic` [bàiou(u)kémik (ə)l], -chem·ic [-kémik] *adj.* 생화학의(적인). *-i·cal·ly* [-ikəli] *adv.*

`biochémical óxygen demánd` *n.* 〖환경〗 생화학적 산소 요구량(biological oxygen demand)〖略 BOD〗.

*`bi·o·chem·ist` [bàiou(u) kémist] *n.* 생화학자.

*`bi·o·chem·is·try` [bàiou(u) kémistri] *n.* ⓤ 생화학.

*`bi·o·chip` [bàiou(u) tʃíp] *n.* **1** 바이오칩〖생물 이용물의 실리콘 집적 회로 소자(素子)〗. **2** 생물 화학 소자〖종래의 반도체 소자에 대신하는 생물 화학 컴퓨터 칩〗.

*`bi·o·cid·al` [bàiəsáidl] *adj.* 생명을 위협하는, 유해〖유독〗한. 〖피.

*`bi·o·cide` [báiəsàid] *n.* **1** 생물독(毒). **2** 생명의 파

*`bi·o·clean` [bàiou(u) klíːn] *adj.* 유해 〖미〗생물을 함유하지 않는, 무균〖상태〗의. ¶ a *bioclean* room 무균실.

*`bi·o·cli·mat·ic` [bàiouklaimætik] *adj.* 생물 기후학적인.

*`bi·o·cli·ma·tol·o·gy` [bàiou(u) klàimətάlədʒi / -tɔ́l-] *n.* ⓤ 생물 기후학.

*`bi·o·com·pu·ter` [báiou(u) kəmpjúːtər] *n.* 〖전자 공학〗 생물〖바이오〗 컴퓨터〖인간의 뇌·신경에 가까운 성능의 분자 전자 장치를 이용한 컴퓨터〗. 〖trol.

*`bi·o·con·trol` [bàioukəntróul] *n.* = biological control.

*`bi·o·con·ver·sion` [bàiou(u) kənvə́ːrʒən] *n.* 〖생물〗 생물을 이용한 폐기물 따위의 생물〖학적〗 변화.

*`bi·o·crat` [báiou(u) kræt] *n.* 생물 과학 옹호론자〖학자, 기술자〗. 〖과학 연구의.

*`bi·o·crit·i·cal` [bàioukrítikəl] *adj.* 〖작가 등의〗 생활

*`bi·o·cy·ber·net·ics` [bàiousàibərnétiks] *n. pl.* 〖단수 취급〗 바이오사이버네틱스〖생물의 정보 전달이나 제어를 수학적으로 이해하려는 학문 분야〗.
-ic adj. *-neti·cian* [-nətíʃən], *-néti·cist n.*

*`bi·o·cy·cle` [bàiousáikl] *n.* 〖생태〗 생물 사이클.

*`bi·o·da·ta` [báioudèitə] *n.* 〖美〗 경력〖이력〗〖서〗.

bi·o·de·grad·a·ble [bàio(u)digréidəbl] *adj.* 미생물로 분해할 수 있는.

bi·o·di·ver·si·ty [báio(u)divə́:rsiti / -dai-] *n.* 생물학적 다양성, 종(種)의 다양성. ¶ *Biodiversity* Treaty 생물 다양성 보존 조약[1992년 조인된 생물종 보본 조약].

bi·o·dy·nam·ics [bàio(u)dainǽmiks] *n. pl.* 《단수 취급》 생활 기능학, 생체 역학. ◇ **biodynamic** *adj.*

bi·o·e·col·o·gy [bàio(u)ikáládʒi / -kɔ́l-] *n.* ⓤ 생물 생태학. **-ec·o·log·ic, -ec·o·log·i·cal** *adj.*

bi·o·e·lec·tric [bàiouilēktrik], **-tri·cal** [-ik(ə)l] *adj.* 생체(생물) 전기의.

bi·o·e·lec·tro·mag·net·ics [bàio(u)ilèktro(u)-mægnétiks] *n.* 생체 전자기학(電磁氣學).

bi·o·en·er·get·ics [bàio(u)enərdʒétiks] *n.* 《단수 취급》 1 《의학》 생체 에너지 요법. 2 생물 에너지학(론).

bi·o·en·er·gy [bàiouénərdʒi] *n.* 《*biofuel*에서 얻는》 생물 에너지(연료).

bi·o·en·gi·neer·ing [bàio(u)èndʒiní(:)riŋ / -níəriŋ] *n.* ⓤ 생의학(생체) 공학(*biomedical* engineering).

bi·o·en·vi·ron·men·tal [bàiouinvàirənméntl] *adj.* 《생태》 생물 환경의(에 관한).

bi·o·eth·ics [bàio(u)éθiks] *n. pl.* 《단수 취급》 생명 윤리학.

bi·o·feed·back [bàio(u)fí:dbæk] *n.* 《의학》 생체 자기 《자己》 제어(생체 계측 정보에 의한 몸의 상태 제어법),

bi·o·flick [báio(u)flìk] *n.* [TV·영화의] 전기물.[인.

bi·o·friend·ly [bàiəfréndli] *adj.* 생물(환경) 친화적.

bi·o·fu·el [bàio(u)gréf / -grɑ̀:f] *vt.* …의 전기(傳記)를 쓰다. 석탄·석유 등》.

biog. 《略》 biographer; biographical; biography.

bi·o·gas [báio(u)gæs] *n.* 생물 가스.

bi·o·gen·e·sis [bàio(u)dʒénisis], **bi·og·e·ny** [baiádʒini / -ɔ́dʒ-] *n.* 《생태》 1 생물 발생설《생물은 생물에서만 나온다는 설》. *cf.* abiogenesis 2 생물 발생.

bi·o·ge·net·ic [bàio(u)dʒinétik], **bi·o·ge·net·i·cal** [-k(ə)l] *adj.* 생물 발생의; 생물 발생상의.

bi·o·ge·o·ce·no·sis [bàio(u)dʒì:ousinóusis] *n. (pl. -no·ses* [-si:z]*)* 《생태》 생태계.[물 지리학.

bi·o·ge·og·ra·phy [bàio(u)dʒi:ágrəfi / -ɔ́g-] *n.* ⓤ 생**bi·o·graph** [báio(u)græf / -grɑ̀:f] *vt.* …의 전기(傳記)를 쓰다. ── *n.* (B-) 《상표명》 바이오그래프〔초기의 영화 촬영·영사기〕.

bi·og·ra·phee [baiàgrəfí: / -ɔ̀g-] *n.* 전기의 주인공.

*bi·og·ra·pher** [baiágrəfər / -ɔ́g-] *n.* 전기 작가.

*bi·o·graph·ic** [bàio(u)grǽfik], **-i·cal** [-ik(ə)l] *adj.* 전기의, 전기체의. ¶ a *biographical* dictionary 인명 사전. **-i·cal·ly** [-ikəli] *adv.*

‡**bi·og·ra·phy** [baiágrəfi / -ɔ́g-] *n.* (*pl. -phies*) 1 전기, 일대기. 2 ⓤ《집합적》 전기류집, 전기 문학. ◇ biográphic, biográphical *adj.*, bíograph *v.*

bi·o·haz·ard [bàio(u)hǽzərd] *n.* 《생태》 생물 재해〔병원체나 그것에 감염된 동물의 연구가 인간 및 생태계에 주는 위험〕.

bi·o·in·stru·men·ta·tion [bàio(u)ìnstrəmentéiʃ(ə)n] *n.* 생물 측정기〔우주 비행사 등의 생리에 관한 데이터를 지구에 전달하여 주는 기기〕; 그 개발과 사용.

biol. 《略》 biological; biologist; biology.

bi·o·log·ic [bàiəládʒik / -lɔ́dʒ-], **-i·cal** [-ik(ə)l] *adj.* 1 생물학상의, 생물학적인. 2 응용 생물학의. ── *n.* 《약학》 생물학적 약제〔혈청·백신 따위〕. **-i·cal·ly** [-ikəli] *adv.* ◇ biólogy *n.*

biológical chíld *n.* 〔양자에 대해〕 친자, 실자(實子).

biológical clóck *n.* 생물(체내) 시계〔생물체 안에 존재하는 것으로 추정되는 시간 측정 기구〕.

biológical contról *n.* 생물적 방제(防除)〔천적을 이용하여 해충을 퇴치하는 따위〕.

biológical convérsion *n.* 《생태》 생물학적 변환.

biológical enginéering *n.* =bioengineering

biológical hálf-life *n.* 생물학적 반감기(半減期).

biológical magnificátion *n.* 생물(학적) 농축.

biológical móther *n.* 생모(生母), 실모(實母).

biológical oceanógraphy *n.* 해양 생물학.

biológical óxygen demánd *n.* 《환경》 생물학적 산소 요구량〔略 BOD〕.

biológical párent *n.* (one's ─) 생(친)부모.

biológical próduct *n.* 생물학 상품; 《약학》 생물학적 약제(제제).

biológical shíeld *n.* 《물리》 생물학적 차폐(遮蔽).

biológical válue *n.* 생물가(價).

biológical wárfare *n.* 세균(생물)전(戰).

*bi·ol·o·gist** [baiálədʒist / -ɔ́l-] *n.* 생물학자.

‡**bi·ol·o·gy** [baiálədʒi / -ɔ́l-] *n.* ⓤ 1 생물학. 2 생태학. 3 생물사(biological history). 4 〔어떤 지역의〕 생물〔전체〕. 5 생태. ◇ biológic, biológical *adj.*

bi·o·lu·mi·nes·cence [bàio(u)lù:mənésns] *n.* ⓤ 생물 발광(發光).

bi·ol·y·sis [baiáləsis / -ɔ́l-] *n.* ⓤ 《생물체의》 미생물에 의한 분해.

bi·o·mass [báiəmæs] *n.* ⓤ 《생태》 생물량(자원)〔어떤 지역내에 현존하는 생물의 총량〕.

bíomàss fúel *n.* 바이오매스 연료〔메탄·수소의 합성 연료〕.

bi·ome [báioum] *n.* 《생태》 생물군계(biotic formation).

bi·o·me·chan·ics [bàio(u)mikǽniks] *n. pl.* 《단·복수 양용》 생체 역학.

bi·o·med·i·cal [bàio(u)médik(ə)l] *adj.* 생물 의학의.

bi·o·médical enginéering *n.* 생의학 공학.

bi·o·med·i·cine [bàio(u)méd(i)s(i)n] *n.* ⓤ 생물 의학〔생물 화학적 기능의 관계를 다루는 임상 의학〕.

bi·o·me·te·or·ol·o·gy [bàio(u)mì:tiərálədʒi / -rɔ́l-] *n.* 생물 기상학.

bi·o·met·ric [bàio(u)métrik], **(bi·o·met·ri·cal** [-k(ə)l])*adj.* 《생물》 생물 측정(학)의; 수명 측정(법)의. **-ri·cal·ly** [-rikəli] *adv.*

bi·o·met·rics [bàio(u)métriks] *n. pl.* 《단수 취급》 《생물》 생물 측정학.

bi·om·e·try [baiámitri / -ɔ́m-] *n.* ⓤ 1 〔인간의〕 수명 측정법. 2 =biometrics.

bi·o·mol·e·cule [bàio(u)máliəkjù:l / -ɔ́l-] *n.* 유생(有生) 분자〔바이러스처럼 생명이 있는 분자〕.

bi·on·ic [baiánik / -ɔ́n-] *adj.* 《생체(생물) 공학적인; 〔과학 소설에서〕 신체 기능을 기계적으로 강화한; 초인적인 힘을 가진, 정력 절륜의;《구어》 수준을 넘는, 우수한.

bi·on·i·cist [baiánisist / -ɔ́n-] *n.* 생체 공학 전문가.

bi·on·ics [baiániks / -ɔ́n-] *n. pl.* 《단수 취급》 바이오닉스, 생체 공학.〔(급) 생태학(ecology).

bi·o·nom·ics [bàio(u)námiks / -nɔ́m-] *n.* 《단수 취급》

bi·on·o·my [baiánəmi / -ɔ́n-] *n.* ⓤ 1 생리학(physiology). 2 생물학(bionomics, ecology).

bi·o·or·gan·ic [bàio(u)ɔ:rgǽnik] *adj.* 생물 유기 화학의.

bi·o·phys·ics [bàio(u)fíziks] *n. pl.* 《단수 취급》 생물 물리학.

bi·o·pic [báioupìk] *n.* 《구어》 =bioflick.

bi·o·pi·ra·cy [bàioupáiərəsi] *n.* 생물 자원 수탈.

bi·o·plasm [báio(u)plæ̀z(ə)m] *n.* ⓤ 《생물》 원생질, 원형질(protoplasm).〔세포.

bi·o·plast [báio(u)plæ̀st] *n.* 《생물》 원생체, 원생질 소

bi·o·pol·y·mer [bàio(u)páliə̀mər / -pɔ́l-] *n.* 《생물》 생물 고분자 물질〔단백질, 핵산 따위〕.

bi·o·proc·ess [bàiouprá:ses / -próu-] *n.* 《생물》 〔유전 공학 제품 따위의〕 응용 생물학적 제법.

bi·op·sy [báiəpsi / -ɔp-] *n.* (*pl. -sies*) 《의학》 생체 조직 절편(切片) 검사(법), 생검(生檢).

bi·o·ra·tion·al [bàio(u)rǽʃ(ə)nəl] *n.* 《종종 ~s》 〔약학〕 생물학적 합리(合理) 살충제〔식물 자체에는 해가 없는 살충제〕. ── *adj.* 생물학적으로 합리성이 있는.

bi·o·re·ac·tor [bàio(u)riǽktər] *n.* 《생화학》 생물 반응기〔생물체의 기능을 이용한 물질 변환 측정 장치〕.

bi·o·re·gion [bàiourí:dʒən] n. 〖생태〗 생태적 지역.
bi·o·rhythm [báio(u)ríð(ə)m] n. 바이오리듬〖생체가 가지는 주기성〗.
BIOS [báiɑs, -ɔs] n. 〖컴퓨터〗 기본 입출력 시스템. (<Basic Input / Output System)
bi·o·safe·ty [bàiouséifti] n. 생물학적 안전성.
bi·o·sat·el·lite [bàio(u)sǽtəlàit] n. 생물 위성〖동·식물을 태워 발사하는 위성; 略 BIOS〗.
bi·o·sci·ence [báio(u)sàiəns] n. Ⓤ 생물 과학; 우주 생물학.
bi·o·scope [báiəskòup] n. 〖초기(1900년경)의〗 영사기.
bi·os·co·py [baiɑ́skəpi / -ɔ́s-] n. (pl. **-pies**) 〖의학〗 생사(生死) 반응 검사.
bi·o·sen·sor [báio(u)sènsər, -⁀sɔ:r] n. 바이오센서, 생체 감응 장치.
bi·o·shield [báio(u)ʃi:ld] n. 〖우주선의〗 생물체 차폐장치.
-biosis way of life 의 뜻의 명사를 만드는 연결형. -biotic 예: sym*biosis*, necro*biosis*.
bi·o·so·nar [báio(u)sóunɑ:r] n. 바이오소나 〖동물에 있는 일종의 음파 탐지 장치〗.
bi·o·sphere [báiəsfìər] n. (the ~) 생활권, 생물권.
bi·o·sta·tics [bàio(u)stǽtiks] n. pl. 〖단수 취급〗 생물 정역학(靜力學). cf. biodynamics
bi·o·sta·tis·tics [bàio(u)stətístiks] n. pl. 〖단수 취급〗 생물 통계학.
bi·o·syn·the·sis [bàio(u)sínθisis] n. 〖생화학〗 〖생합성(生合成)〗.
bi·o·syn·thet·ic [bàio(u)sinθétik] adj. 생합성의.
bi·o·ta [baióutə] n. 〖생태〗 생물〖종류상〗(相).
bi·o·tech [báio(u)tèk] n. =biotechnology.
bi·o·tech·nol·o·gy [bàio(u)teknɑ́lədʒi / -nɔ́l-] n. 생물 공학; 인체 공학.
bi·o·te·lem·e·try [bàio(u)təlémitri] n. Ⓤ 〖우주〗 신체 기능 원격 측정법.
bi·o·ter·ror·ism [bàio(u)térərìzm] n. 생화학적 테러 행위. 〖생물학적 요법.
bi·o·ther·a·py [bàio(u)θérəpi] n. 〖의학〗 생물 요법.
bi·ot·ic [baiɑ́tik / -ɔ́t-], (**bi·ot·i·cal** [-ik(ə)l]) adj. 생명의, 생물의. ¶ *biotic* potential 번식 능력, 생활 능력.
-biotic relating to life, having a specified way of life 의 뜻의 형용사(때로는 명사)를 만드는 연결형. cf. -biosis 예: anti*biotic*.
biótic clímax n. 〖생태〗 생물적 극상(極相).
biótic formátion n. 〖생태〗 생물 군계(群系).
bi·o·tin [báiətin] n. Ⓤ 〖생화학〗 비오틴〖비타민 B 복합체의 일종인 결정산(結晶酸)〗; 비타민 H 와 동일물〗.
bi·o·tite [báiətàit] n. Ⓤ 〖광물〗 흑운모. 〖프.
bi·o·tope [báiətòup] n. 〖생물〗 소생활권, 바이오토프
bi·o·tox·in [bàio(u)tɑ́ksin / -tɔ́k-] n. 생물 독소.
bi·o·trans·for·ma·tion [bàio(u)trænsfərméiʃən] n. 〖생리〗 생체내 변화.
bi·o·tron [báiətrɑ̀n / -trɔ̀n] n. 바이오트론〖환경 조건을 조작하여 그 속에서 생물 연구를 하는 설비〗.
bi·o·type [báiətàip] n. 〖생물〗 생물형(生物型) 〖동일 한 유전자형을 가진 개체군; 그 유전자형〗.
bi·o·vu·lar [baióuvjulər] adj. 이란성(二卵性)의, 이란성 쌍생아의, 이란성 쌍둥이 특유의. cf. monovular
bi·o·war·fare [bàio(u)wɔ́:rfɛər] n. 〖군사〗 생물 전쟁, 세균전.
bi·o·weap·on [bàio(u)wépən] n. 생물〖세균〗 무기.
bi·pack [báipæk] n. 〖사진〗 이중 천연색 필름.
bi·pa·ren·tal [bàipərént(ə)l] adj. 양친의(에 관한, 에게서 얻은).
bip·a·rous [bípərəs] adj. **1** 〖동물〗 한 번에 새끼를 두 마리 낳는. **2** 〖식물〗 〖가지 또는 축이〗 두 개 나는, 〖가지〗 있는.
bi·par·ti·san [baipɑ́:rtiz(ə)n / báipɑ̀:rtizæn], (**bi·par·ti·zan**) 양당(파)의, 두 당파의 의원으로 구성되는, 두 당파를 대표하는; 〖2대 정당의〗 초당파적인. ¶ a *bipartisan* foreign policy 초당파적 외교 정책.

bi·par·tite [baipɑ́:rtait] adj. **1** 둘로 나누어진; 두 부분으로 이루어진. **2** 〖법률〗 2통으로 작성되는. ¶ a *bipartite* contract 2통 작성의〖정·부(正·副) 두 통의〗 계약서. **3** 양자 공유의. **4** 〖식물〗 둘로 갈라진, 이심렬 (二深裂)의. ¶ a *bipartite* leaf 이심렬엽. ~**·ly** adv.
bi·par·ti·tion [bàipɑ:rtíʃ(ə)n] n. Ⓤ **1** 이분(二分); 두 구분. **2** 〖법률〗 2통 작성. **3** 양자 공유. **4** 〖식물〗 이심렬.
bi·par·ty [báipɑ̀:rti] adj. 두 당의(으로 구성되는), 양당의.
bi·ped [báiped] n. 두 발 짐승. ― adj. 두 발의.
bi·pe·dal [báipèdl, ⁀bípi-] adj. =biped. 〖는.
bi·pet·al·ous [baipétələs] adj. 〖식물〗 꽃잎이 둘 있
bi·phen·yl [baifén(ə)l] n. 〖화학〗 비페닐〖2개의 페닐기(基)로 된 무색의 결정 화합물〗. cf. PCB
bi·pin·nate [baipínneit] adj. 〖식물〗 〖양치류의 잎처럼〗 이회 우상(二回羽狀)의, 재우상렬(再羽狀裂)의
bi·plane [báiplèin] n. 복엽 비행기. 〖ion.
B.I.P.O. (略) *B*ritish *I*nstitute of *P*ublic *O*pin-
bi·pod [báipɑd / -pɔd] n. 〖자동 소총 따위를 얹는〗 양각대(兩脚臺).
bi·po·lar [baipóulər] adj. **1** 두 극(極)이 있는, 이극식(二極式)의. ¶ a *bipolar* dynamo 이극 발전기. **2** 〖남북〗 양극의, 양극에 있는. **3** 〖의견·성질〗 정반대인, 양극성의. 〖극성.
bi·po·lar·i·ty [bàipoulǽriti] n. Ⓤ 양극성이 있음, 이
bi·po·lar·i·za·tion [baipòulərizéiʃ(ə)n / -rai-] n. 〖동서 진영의〗 양극화.
bip·py [bípi] n. 〖속어〗 신체의 일부, 〖특히〗 엉덩이, 궁둥이.
bi·pro·pel·lant [bàiprəpélənt] n. 〖항공〗 〖로켓·미사일의〗 2원(二元) 추진제(劑).
bi·quad·rat·ic [bàikwɑdrǽtic / -kwɔd-] 〖수학〗 adj. 4차의. ― n. 4차 방정식, 4차식.
bi·ra·cial [bàiréiʃ(ə)l] adj. 두 인종의〖특히 백인과 흑인〗.
***birch** [bə:rtʃ] n. **1** 자작나무. ¶ a white *birch* 흰자작나무. **2** 자작나무 채찍, 회초리(birch rod). ― vt. …을 자작나무 가지로 때리다, 자작나무 채찍으로 벌하다. ◇ bírchen adj.
birch·en [bə́:rtʃ(ə)n] adj. **1** 자작나무의. **2** 자작나무로 만든. ¶ *birchen* furniture 자작나무 가구.
Birch·er [bə́:rtʃər], (**Birch·ite** [bə́:rtʃait]) n. 버치주의자〖미국의 극우 단체 John Birch Society 의 일원〗.
Birch·ism [bə́:rtʃiz(ə)m] n. Ⓤ 버치주의〖미국의 극우주의〗.
‡**bird** [bə:rd] n. **1** 새. ¶ a flying *bird* 나는 새 / a flock of *birds* 새 떼 / a cage *bird* 사육조 / let a *bird* fly away; set a *bird* free 새를 놓아주다 / *Every bird likes its own nest best.* 〖속담〗 어느 새나 자기 둥지를 가장 좋아한다; 내 집보다 좋은 곳은 없다 / *Fine feathers make fine birds.* 〖속담〗 깃털이 아름다우면 새도 아름답다. **2** 〖사냥〗 엽조(獵鳥) (game bird). 〖답다; 옷이 날개.
3 〖트랩 사격의 표적으로 쓰는〗 점토제 원반(clay pigeon).
4 〖속어〗 사람, 녀석 (fellow, guy). ¶ a jail *bird* 죄수 / an old *bird* 노련한 사람; 조심성이 많은 사람; 늙은이 / a night *bird* 밤에 발생하는 사람, 밤에 나타나는 사람, 밤의 행상인 / a queer *bird* 이상한 녀석 / *The bird is (or has) flown.* 〖죄수 따위는〗 녀석은 도망쳤다.
5 〖속어〗 비행기(airplane).
6 〖속어〗 소녀, 여자; 〖영속어〗 매력적인 소녀; 정부; 매춘부. ¶ a bonny *bird* 예쁜 아가씨.
7 〖배드민턴의〗 셔틀콕(shuttlecock).
8 〖美속어〗 로켓; 인공 위성.
9 〖속어〗 남을 야유할 때의 소리〖입술을 부는 소리〗.
be for the birds 서푼의 값어치도 없다. 〖② 양심.
the bird in one's bosom ① 마음속의 비밀, 속마음.
a bird in [the] hand 수중의 새, 확실한 것(것).
¶ *A bird in the hand is worth two in the bush.* 〖속담〗 손에 든 새 한 마리가 숲속의 두 마리보다 낫다; 남의 돈 천냥이 내 돈 한 푼만 못하다.

the bird of freedom 자유의 새[미국의 문장(紋章)인 흰머리수리] (American eagle).
a bird of ill omen 불길한 말만 하는 사람; 재수 없는 사람.
the bird of Jove 주피터의 새, 독수리(eagle).
the bird of Juno 주노의 새, 공작(peacock).
the bird of Minerva 미네르바의 새, 올빼미(owl).
a bird of one's ***own brain*** 자기 자신의 착상.
a bird of paradise 극락조[New Guinea 산(產)].
a bird of passage 철새; 방랑자.
the bird of peace 평화의 새, 비둘기.
a bird of prey [매, 독수리 같은] 맹금. [eagle).
the bird of Washington 흰 머리 수리 (American
the bird of wonder 불사조 (phoenix); 봉황새.
the birds and the bees 《구어》 성교육에서 가르치는 성지식[새와 꿀벌을 예로 든다].
birds of a feather 같은 무리; 동호인들. ¶ *Birds of a feather flock together*.《속담》같은 깃털의 새는 한 데 모인다, 유유상종.
an early bird 아침에 일찍 일어나는 사람. ¶ *An early bird catches the worm*.《속담》새도 일찍 일어나는 놈이 벌레를 잡는다.
eat like a bird 소식(小食)하다.
for the birds 《속어》 시시한, 우스꽝스러운 (ridiculous). ¶ *That story is for the birds*. 그 이야기는 우스꽝스럽다.
get the bird 《속어》 ① 야유를 당하다. ② 해고되다.
give a person ***the bird*** 《속어》 ① 남을 야유하다, 놀리다, 조롱하다(scoff). ② 남을 해고하다; 거절하다.
hear a bird 은밀한 보고를 듣다, 몰래 듣다.
in bird 《영속어》 투옥되어, 감옥에서.
kill two birds with one stone 일석이조를 얻다, 일거양득.
a little bird 《구어》[이름을 말할 수 없는]어떤 사람. ¶ *A little bird told me*. 어떤 사람한테서 들었다.
sing (***work***) ***like a bird*** 새처럼 명랑하게 노래하다 (힘차게 일하다).
— *vi*. **1** 새를 잡다(쏘다). **2** 들새의 생태를 관찰하다. ◊ **bírdy** *adj*.

bird·band·ing [bə́ːrdbæ̀ndiŋ] *n*. Ⓤ 조류의 이동을 조사하기 위해 다리에 밴드(고리)를 끼워 놓으아다.

bird·bath [bə́ːrdbæ̀θ / -bɑ̀ːθ] *n*. (*pl*. **-baths** [-bæ̀ðz / -bɑ̀ːðz])《새가 목욕하도록 정원에 설치하는》 대야 모양의 장식물.

bird·brain [bə́ːrdbrèin] *n*. 《미속어》 바보, 멍청이.

bird·brained [bə́ːrdbrèind] *adj*. 《미속어》 어리석은.

bird·cage [bə́ːrdkèidʒ] *n*. **1** 새장. **2** 《미속어》 감방, 작은 방.

bírd càll *n*. **1** 새소리, 새의 지저귐. **2** 새소리 흉내. **3** 새를 부르는 피리.

bírd càtcher *n*. 새 잡는 사람, 새덫.

bírd dòg *n*. **1** 새 사냥개(gun dog). **2** 《구어》 탤런트 등을 찾아내는 스카웃 요원.

bird-dog [bə́ːrddɔ̀ːg / -dɑ̀g] *vt*. (**-dogged, -dog·ging**) 《미속어》…을 열심히 찾다; [남의 여자]를 가로채다.

bird·er [bə́ːrdər] *n*. **1** 조류 사육가; 조류 관찰자. **2** 새 잡는 사람. [빠른.

bird-eyed [bə́ːrdàid] *adj*. 날카로운 눈을 가진, 눈치

bird-fan·ci·er [bə́ːrdfæ̀nsiər] *n*. 새장수; 애조가.

bird-foot [bə́ːrdfùt] *n*. (*pl*. **-foots**) = bird's-foot.

bird·house [bə́ːrdhàus] *n*. **-hous·es** [-hàuziz])
1 《종종 집처럼 만든》 새집. **2** 《전시용의》 새장.

***bird·ie** [bə́ːrdi] *n*. **1** 《어린이말》 새 (bird); 작은 새, 새(새)끼 (small bird). ¶ *Watch the birdie*. 새를 봐요[카메라 쪽을 보라고 할 때 흔히 쓰는 말]. **2** 《골프》 버디 [기준보다 1타 적은 홀 인]. **3** 《구어》 배드민턴의 셔틀콕 (shuttlecock).

bird·ing [bə́ːrdiŋ] *n*. 새 사냥.

bird·like [bə́ːrdlàik] *adj*. 《경쾌한 동작이나 연약한 구조가》 작은 새 같은, 새 모양을 하는.

bird·lime [bə́ːrdlàim] *n*. Ⓤ [새 잡는] 끈끈이. — *vt*. (**-limed, -lim·ing**) …을 끈끈이로 잡다; …에 끈끈이를 바르다.

bird·man [bə́ːrdmæ̀n, -mən] *n*. (*pl*. **-men** [-mèn, -mən]) **1** 새를 기르는 사람. **2** 새 잡는 사람(fowler). **3** 조류 학자, 조류 연구가(ornithologist). **4** 《구어》 비행가 (aviator).

bird·seed [bə́ːrdsìːd] *n*. Ⓤ Ⓒ 새모이.

bird's-eye [bə́ːrdzài] *adj*. **1** 위에서 내려다 본, 조감적(鳥瞰的)인. ¶ *a bird's-eye photograph taken from an airplane* 비행기에서 찍은 조감 사진. **2** 개괄적인 (superficial). ¶ *a bird's-eye survey of American history* 미국사 개관. **3** 새눈 무늬의 있는. ¶ *a bird's-eye muffler* 새눈 무늬의 머플러. — *n*. **1** 선명한 빛깔의 작고 둥근 꽃이 피는 식물[특히 설녈초·개불알꽃 따위]. **2** 새눈 무늬; 새눈 무늬가 있는 식물[수선·기저 귀여운의 무명 또는 린네르]. **3** 살담배.

bírd's-èye víew *n*. **1** 조감도, 전경. ¶ *a bird's-eye view of the city* 그 시의 조감도. **2** 개관, 대요. ¶ *a bird's-eye view of world history* 세계사의 개관.

bird's-foot [bə́ːrdzfùt] *n*. (*pl*. **-foots**) **1** 새의 발을 발톱 비슷한 잎·꽃·꼬투리 따위가 있는 식물[특히 콩속(屬)의 식물]. **2** 바다숙[극피 동물로 심해저에서 서식하는].

bírd shòt *n*. 새 사냥용의 산탄.

bírd's nèst *n*. **1** 새의 둥지. **2** [요리용] 제비집, 연와(燕窩). **3** 새둥지 비슷한 식물, [특히] 야생 당근 (wild carrot). **4** 《속어》 얽힌 낚싯줄(backlash).

bírd strìke *n*. 《항공기와》 새떼와의 충돌.

bírd wàtcher *n*. **1** 조류 관찰자(birder). **2** 《미속어》 로켓(위성) 관측자.

bírd wàtching *n*. Ⓤ **1** 들새의 생태 관찰. **2** 로켓 [인공위성, 우주선] 관찰, 그 발사를 구경하기. **3** 《속어》 여자 모습을 바라보며 즐기기.

bird·wom·an [bə́ːrdwùmən] *n*. (*pl*. **-wom·en** [-wìmin]) 《구어》 여류 비행가(aviatrix).

bird·y [bə́ːrdi] *adj*. (종종 **bird·i·er, bird·i·est**) **1** 새 비슷한, 새 같은. **2** 새가 많은. ¶ *a birdy quarter* 새가 많은 지역. **3** [사냥개가] 새를 잘 찾아내는.

birdy·back, birdie- [bə́ːrdibæ̀k] *n*. 화물을 만재한 트럭이나 트레일러의 비행수송.

bi·reme [báiriːm] *n*. 양현에 노가 상하 두 줄로 있는 고대의 갤리 (galley) 선(船).

bi·ret·ta [birétə], (**birretta**) *n*. 〖가톨릭〗성직자용 비례타 모자[계급에 따라 빛깔이 다르다].

birl [bəːrl] *vt*. 〖물에 떠 있는 통나무를〗 발로 밟아 회전시키다. **2** 《영》 통나무를 빙글빙글 돌리다. — *vi*. **1** 통나무를 빙글빙글 돌리다. **2** 《영》 빨리 움직이다(돌다). **3** 《구어》 돈을 마음대로 쓰다; 도박을 하다.
— *n*. 《영구어》 시도; 도박(gamble).

birl·ing [bə́ːrliŋ] *n*. Ⓤ 〖물에서의〗 통나무 굴리기 경쟁[벌목 인부들이 한다].

[biretta]

Bi·ro [báirou] *n*. 《영》 《상표명》 볼펜의 일종.

birr [bəːr] *n*. 《주로 스코》 **1** 힘, 기세; [특히] 풍력, 공격의 기세, 강타, 공격. **2** 윙하는 회전음.
— *vi*. 윙하는 소리를 내다(내며 움직이다).

‡**birth** [bəːrθ] *n*. **1** Ⓤ Ⓒ 출생, 탄생; 출산, 분만. ¶ *a difficult birth* 난산 / *a premature* (*or an untimely*) *birth* 조산 / *the date of one's birth* 생년월일 /*the birth of a child* 아이의 탄생 / *a child sickly from birth* 태어날 때부터 허약한 아이 / *from birth to death* 태어나서 죽을 때까지, 평생 / *have two at a birth* 쌍둥이를 낳다.
2 Ⓤ 태생; 가계, 계통, 혈통(lineage), 가문, 집안. ¶ *children of illegitimate birth* 사생아 / *a naturalized*

U.S. citizen of Grecian *birth* 그리스계의 미국 귀화인 / He is [a man] of noble *birth*. 그는 명문 태생이다 / *Birth is much, but breeding is more.* 《속담》가문보다 교육이 중요하다.
3 ⓤ 좋은 집안, 명문. ¶ a man of *birth* and breeding 가문도 좋고 교육도 받은 남자 / *A woman of no birth may marry into the purple.* 《속담》여자는 이름없는 집안에 태어나도 명문에 출가할 수 있다.
4 ⓤ 발생, 창립, 기원(origin). ¶ the *birth* of a nation 국가의 탄생.
5 〖고어〗출생물; 생긴 것, 태어난 것, 자식; 〖동물의〗새끼. ¶ *pure births* of the brain 순수한 지성의 산물 / *Poets are far rarer births than kings.* 시인은 왕보다도 진기한 산물이다.
by birth 태어나면서; 태생은. ¶ He is a musician *by birth*. 그는 타고난 음악가이다 / She is an American *by birth*. 그녀는 태생이 미국인이다.
give birth to ① …을 낳다(bear). ¶ She *gave birth to* a boy. 그녀는 사내아이를 낳았다. ② …의 원인이 되다. ¶ Those circumstances *gave birth to* a rebellion. 이러한 사정이 원인이 되어 폭동이 일어났다.
in birth 태생은, 태어났을 때는.
◇ bear v., born adj.
bírth canàl n. 산도(産道).
bírth certíficate n. 출생 증명서.
bírth contròl n. ⓤ 산아 제한.
birth-date [bə́ːrθdèit] n. 생년월일.
‡**birth·day** [bə́ːrθdèi] n. **1** 생일, 탄생일. ¶ a *birthday* present 생일 선물 / a *birthday* cake 생일 케이크 / celebrate one's *birthday* 생일을 축하하다. **2** 〖사물의〗 기원, 시초(origin); 창립〖기념〗일. ¶ The United States celebrates her *birthday* on July 4. 미국은 7월 4일에 건국을 축하한다.
bírthdày hónors n. pl. 〖英〗영국 왕(여왕)의 공식 탄생일에 거행되는 작위·훈장 수여.
bírthdày sùit n. **1** 〖구어〗맨살, 알몸. * 보통 다음 숙어로 쓴다. **2** 〖英〗국왕 탄생일에 입는 예복.
in one's birthday suit 알몸으로 (in the altogether). ¶ The little boy was swimming *in his birthday suit*. 그 소년은 발가벗고 헤엄치고 있었다.
bírth defèct n. 〖의학〗선천적 결함〖언청이 따위〗.
birth-mark [bə́ːrθmàːrk] n. 〖태어날 때부터 있는〗모반(母斑) (nevus).
birth-night [bə́ːrθnàit] n. 탄생한 밤, 생일밤; 〖전에 개최되던 왕족의〗 탄생 축하회.
bírth pìll n. 경구 피임약(birth-control pill).
***birth-place** [bə́ːrθplèis] n. 출생지, 고향; 발상지, 출생지.
bírth ràte n. 출산율.
birth-right [bə́ːrθràit] n. ⓤⓒ 생득권(특권); 장자 상속권. ¶ Liberty is the *birthright* of every citizen. 자유는 시민 누구나가 태어나면서부터 가지는 권리이다.
sell one's birthright for a mess of pottage 팥죽 한 그릇에 장자의 권리를 팔다〖일시적인 이익을 얻기 위해 영구적인 이익을 팔다〗. 《창세기 (Gen.) 25: 29-34》.
birth-stone [bə́ːrθstòun] n. 탄생석〖태어난 달을 상징하는 보석〗.
bis [bis] adv. **1** 두 번, 2 회(twice). **2** 〖음악〗반복하여, 다시 한번(again) 〖악보상의 지시〗. **3** 〖감탄사적으로〗앙코르, 재창〖프랑스 등지에서 청중이 찬성의 뜻을 나타낼 때 쓰는 말; 프랑스에서는 이런 뜻으로 encore 를 쓰지 않는다〗. 〖<L〗
BIS, B.I.S. Bank for International Settlements(국제 결제 은행); British Information Service (영국 정보부).
bis- = bi- *특히 c 또는 s 앞에 쓰인다. 예: bissextile.
bis. bissextile.
BISAM 〖略〗〖컴퓨터〗 *b*asic *i*ndexed *s*equential *a*ccess *m*ethod(기본 색인 순차 액세스 방식).

‡**bis·cuit** [bískit] n. ⓒ **1** 〖美〗 소형 식빵. **2** 〖英〗건빵, 비스킷(〖美〗cracker). ¶ a ship's *biscuit* 〖항해용의〗건빵. **3** ⓤ 비스킷색, 담갈색. **4** =biscuit ware. **5** 〖英속어〗짚을 넣은 요, 매트레스. —— adj. 비스킷색의. 〖(bisque)〗
bíscuit wàre n. ⓤ유약을 바르지 않고 구운 도자기.
bise [biːz] n. 〖동남 프랑스·스위스 및 그 근접 지방에서 부는〗차고 건조한 북풍 또는 동북풍.
bi·sect [baisékt] vt. **1** …을 둘로 가르다, 양분하다, 양단하다(cut in two). **2** 〖기하〗…을 이등분하다. —— vi. 〖길 따위가〗 갈리다, 분기하다(fork). ¶ This road *bisects* at the post office. 이 길은 우체국에서 갈라진다.
bi·sec·tion [baisékʃ(ə)n] n. **1** ⓤ 양분, 이등분. **2** 이등분된 부분.
bi·sec·tion·al [baisékʃən(ə)l] adj. 이등분된.
~·ly [-nəli] adv.
bi·sec·tor [baiséktər] n. 〖기하〗이등분선.
bi·sex·u·al [baisékʃu(ə)l / -sju-] adj. 〖생물〗 **1** 양성(兩性)의; 암수 양성을 갖춘, 자웅 동체(雌雄同體)의 (hermaphroditic). ¶ a *bisexual* flower 양성화; 자웅 양전화(兩全花). **2** 〖정신 병리〗남녀 어느쪽에도 성적 반응을 보이는, 양성애의. —— n. **1** 〖생물〗남녀의 생식기를 모두 가진 사람, 남녀추니. **2** 〖정신 병리〗양성애자. ~·ly adv.
bish [biʃ] n. 《英속어》잘못, 틀림, 실수(mistake). ¶ make a *bish* 실수를 저지르다.
‡**bish·op** [bíʃəp] n. **1** 〖영국 국교회〗주교〖관할 교구(diocese)를 관장하는 최고직의 성직자〗;〖가톨릭〗주교; 〖그리스 정교〗주교;〖프로테스탄트〗감독;〖불교〗승정(僧正) (chief priest); 〖속어〗종군 목사(신부). **2** 정신적 감독자. **3** 〖서양장기〗비숍〖대각선 방향으로 가는 말〗. **4** ⓤ〖포도주에 레몬 또는 오렌지, 향료, 설탕을 탄 따뜻한 음료〗. —— vt. (-oped, -op·ing) 〖남〗을 bishop 으로 임명하다. 〖구〗
bish·op·ric [bíʃəprik] n. bishop 의 직 (지위, 관구).
Bíshop's ríng n. 〖천문〗비숍 고리〖화산의 폭발·원자 폭탄 실험 따위에 의해 생긴 공중의 미세한 먼지로 태양 주위에 나타나는 암적색 고리〗. 〖<최초의 설명자인 미국의 선교사 S.E. Bishop 의 이름〗
bisk [bisk] n. =bisque¹.
Bis·marck [bízmɑːrk] n. 미국 North Dakota 주의 주도.
bis·mil·lah [bismíləː] interj. 〖아라비아〗(=in the name of Allah) 알라(Allah)신의 이름으로〖회교도의 맹세말〗.
bis·muth [bízməθ] n. ⓤ 〖화학〗비스무트, 창연(蒼鉛) 〖붉은빛의 금속 원소로 약용·안료용; 원자 기호 Bi〗.
bi·son [báisn, +美 -zn] n. (pl. ~, -**son**) **1** 아메리카들소(buffalo). **2** 유럽들소(aurochs).
bisque¹ [bisk], (**bisk**) n. ⓤ **1** 비스크〖조개류·닭고기·야채 따위로 만드는 진한 수프〗. **2** 견과(堅果) (nut) 가루가 든 아이스크림.
bisque² [bisk] n. 〖스포츠〗비스크〖테니스·골프 따위에서 약한 경기자에게 주는 1점 또는 1스트로크〗.
bisque³ [bisk] n. ⓤ **1** 〖인형 따위의〗 유약을 바르지 않은 질그릇(biscuit ware). **2** 분홍빛이 도는 황갈색 (pinkish-tan), 살구색.
bis·sex·tile [baiséksl, bi- / -tail] adj. 윤년(閏年) (윤일)의, 윤일이 든. ¶ a *bissextile* day (year) 윤일(년) / February is the *bissextile* month this year. 금년 2월은 윤달이다. —— n. 윤년(leap year).
bi·sta·ble [baistéibl] adj. 쌍안정(雙安定)의〖접멸(點滅)처럼 스위치에 의해서 두 가지 상태가 되는 장치나 회로에 관해서 말한다〗. 〖의.
bi·state [báistèit] adj. 〖美〗두 주(州)의, 두 주 사이
bi·stát·ic rádar [baistǽtik-] n. 〖통신〗 바이스태틱 레이다〖송·수신기의 위치가 다른 우주 과학용 레이다〗.
bis·ter, -tre [bístər] n. ⓤ 비스터〖나무의 검댕에

bistort

서 추출되는 갈색 그림 물감). **2** 비스토색, 암갈색 (darkbrown color).
bis·tort [bístɔːrt] *n.* 〔식물〕 범꼬리〔마디풀과(科)의 다년초; 뿌리는 약용〕(snakeweed).
bis·tou·ry [bísturi / -tə-] *n.* (*pl.* **-ries**) 외과용 메스.
bis·tro [bístrou] *n.* (*pl.* **-tros** [-trouz]) 〔구어〕〔부담감 없이 들어갈 수 있는〕 작은 음식점〔나이트 클럽〕, 선술집. 〔F〕
bi·sul·fate [baisʌ́lfeit], (**bi·sul·phate**) *n.* 〔화학〕중황산염(重黃酸鹽).
bi·sul·fide [baisʌ́lfaid, -fid], (**bi·sul·phide**) *n.* 〔화학〕이황화물(二黃化物)(disulfide).
bi·sul·fite [baisʌ́lfait], (**bi·sul·phite**) *n.* 〔화학〕중아황산염(重亞黃酸鹽).
BISYNC [báisiŋk] 〔略〕〔통신〕 *binary synchronous communications*(2진 데이터 동기(同期) 통신).
bit[1] [bit] *n.* **1** 〔굴레〕 재갈; 〔일반적으로〕 제어(억제, 구속)하는 것. **2** 〔송곳의〕 끝, 〔대패·도끼 따위의〕 날; 〔기계〕 비트.
draw the bit 말을 세우다(서), 삼가다.
take (or *get*) *the bit between* (or *in*) *the* (or *one's*) *teeth* 〔말이〕 재갈을 물고 저항하다, 날뛰다; 〔사람이〕 말을 듣지 않다, 반항하다(rebel).
── *vt.* (**bit·ted, bit·ting**) **1** 〔말에〕 재갈을 물리다, 〔말을〕 재갈에 길들이다. **2** …을 억제〔구속〕하다 (restrain).

‡**bit**[2] [bit] *n.* **1** 조금, 약간. ¶ *a bit of* French 약간의 프랑스어 / *Let's have a bit of* fun. 좀 놀자.
2 작은 조각, 소부분(small piece); 소량, 소량(small quantity). ¶ *a bit of* paper 종이 조각 / *a bit of* food 한입 거리 음식 / *break to bits* 산산이 부수다.
3 잠깐〔동안〕 (short time). ¶ Wait *a bit*! 잠깐 기다려 / I'll be back in *a bit*. 곧 돌아오겠다.
4 〔일반적으로〕 잔돈 (small coin); 〔미속〕 미국 각지에서 사용된〕 12.5센트 상당의 스페인 또는 멕시코 은화. * 보통 *two bits*(25 센트), *four bits*(50 센트)의 형태로 쓰인다.
5 〔영화·극 따위의〕 삽화적인 장면 (bit part); 〔구어〕 〔관객을 즐겁게 하려는〕 상투적인 몸짓; 〔영화·연극의〕 단역.
6 《미속》좋아하는 것, 하고 있는 것.
a bit 〔부사적으로〕 좀, 조금. ¶ He is *a bit* tired. 그는 좀 지쳐 있다.
a bit and a sup 약간의 음식.
bit by bit; *by bits* 조금씩, 서서히(gradually).
a bit of a 좀. ¶ He's *a bit of a* poet. 그에게는 좀 시인다운 데가 있다, 그런대로 시인이라 할만하다.
bits and pieces 남은 것, 부스러기, 잡동사니.
do one's bit 〔구어〕의무를 다하다, 본분을 다하다.
every bit ① 〔남김없이〕모두. ¶ We ate *every bit of* it. 말끔히 먹어치웠다. ② 어느 모로 보나. ¶ He is *every bit* a gentleman. 그는 어느 모로 보나 신사다.
for a bit 잠시 동안.
give a person a bit of one's mind ⇨ MIND.
a good bit 상당한 시간, 크게.
a little bit of a 대수롭지 않은, 작은.
a nice bit of 많은, 충분한.
not a bit 《구어》조금도 …않다(not at all); 천만의 말씀, ¶ I *don't* care *a bit*. 조금도 개의치 않다 / Are you afraid? ─ *Not a bit*! 두려워? ─ 천만에!
주의 *not a bit* and *not a little* ─ *not a bit* 는 구어체로 「조금도 …않다」, *not a little* 은 문어체로 뜻도 정반대로 「적지않이, 크게」로 된다. 예: I am *not a bit* tired. 조금도 피곤하지 않다 / I am *not a little* tired. 적지않이 피곤하다.
take a bit of doing 꽤 힘이 들다.
bit[3] [bit] *n.* **1** 〔컴퓨터〕 비트〔정보량의 기본 단위〕. **2** (~s) 정보, 지식. 〔< BI[NARY+DIGI]T〕
bit[4] [bit] *v.* bite 의 과거·과거 분사.

bitch [bitʃ] *n.* **1** 암캐; 〔이리·여우 따위의〕 암컷. * 대개는 동물명과 함께 쓴다. 예: *a bitch* fox (wolf) 암여우(이리). **2** 《속어》심술궂은 여자; 음란한 여자 (lewdwoman); *a son of a bitch* 개새끼〔지독한 욕; 금기의 말〕. **3** 《미속》불평, 불만(complaint); 불쾌한 것, 까다로운 것. **4** 《속어》〔카드의〕 퀸. ── *vi.* 《미속》투덜거리다, 불평을 말하다 (complain). ── *vt.* 《속어》…을 실패하다, 잡치다, 망쳐놓다 (spoil).
bitch up 《미속》…을 망쳐놓다. 「(bungle).
bítch góddess *n.* 세속적인〔물질적인〕 성공〔파멸이 뻔한 일시적인 것〕. 「난.
bitch·ing [bítʃiŋ] *adj.* 《속어》굉장한, 대단한, 뛰어
bitch·y [bítʃi] *adj.* (**bitch·i·er, bitch·i·est**) 《속어》암캐의; 닮고 닮은 여자 같은; 음란한; 심술궂은. **-i·ness** *n.*

‡**bite** [bait] *v.* (**bit, bit·ten** or **bit, bit·ing**) *vt.* **1** …을 물다, 물어뜯다. ¶ *bite* meat off the bone 뼈에서 물어뜯다 / I *bit* my tongue. 나는 혀를 깨물었다 / The dog *bit* me on (or in) the hand. 개가 내 손을 물었다.
2 〔이로〕 …을 물다.
3 〔벌레 따위가〕 …을 물다(sting); 〔게가〕 …을 물다, 집다. ¶ I was *bitten* by a mosquito. 모기에 물렸다.
4 〔추위가〕 …에 스며들다, …을 상하게 하다; …을 얼얼하게 자극하다. ¶ The cold *bites* us. 추위가 살을 에는 듯하다 / Pepper *bites* the tongue. 후추가 혀를 쏜다 / Frost *bites* leaves. 서리는 잎을 상하게 한다.
5 …을 부식(腐蝕)시키다(corrode). ¶ Acid *bites* metals. 산(酸)은 금속을 부식시킨다.
6 〔톱니바퀴·기계가〕 …을 맞물다; 〔날이〕 …에 베어 들어가다. ¶ The wheels *bite* the rails. 차륜은 레일과 맞물린다.
7 …을 꽉 쥐다(grip, seize); …을 세게 죄다.
8 〔보통 수동형으로〕 …을 열중시키다, …을 사로잡다. He was *bitten* by a lust of power. 그는 권력욕에 사로잡혔다.
9 《속어》〔보통 수동형으로〕 …을 속이다, 속여 넘기다 (cheat, trick); …을 화나게〔난처하게〕하다. ⇨ BITER. ¶ What *bites* you? 무슨 일이야, 왜 그래? ── *vi.* **1** 물다, 깨물다(at...). ¶ *One bitten twice shy.*《속담》한번 물리면 전보다 더 무섭다, 자라 보고 놀란 가슴 소댕 보고 놀란다 // (~+前+웹) My dog never *bites*, even at a stranger. 우리 개는 낯선 사람이라도 결코 물지 않는다.
2 〔낚시〕〔물고기가〕미끼를 물다. ¶ The fish are *hiting* well today 오늘은 물고기가 잘 문다.
3 〔유혹 따위에〕 걸려들다(at...). ¶ (~+前+웹) *bite at* a proposal 제의에 냉큼 응하다 / He's too smart to *bite at* such a bait. 그는 약아서 이런 미끼에 걸려들지 않는다.
4 〔기계 따위가〕 맞물리다; 〔날이〕 베어 들어가다. ¶ The brake won't *bite*. 브레이크가 아무리 해도 먹히지 않는다 / The screw *bites*. 나사가 박힌다 / The saw *bites* well. 톱이 잘 켜진다.
5 〔수수께끼·질문 따위에서〕 패배를 자인하다.
6 〔풍자 따위가〕 효과적이다.
be bitten with …에 열중하다, 정신이 팔리다.
bite at ① …을 물려고 하다, 덤벼들다. ⇨ *vi.* 1. ② …에게 욕설을 퍼붓다, 대들다. ¶ He *bites at* everybody. 그는 아무에게나 대든다.
bite a person's head off 남의 말에 마구 대들다.
bite in 〔에칭의 선을〕 산(酸)으로 부식하다.
bite into …에 잠식하다; …을 부식하다.
bite one's nails 손톱을 깨물며 분해하다.
bite off more than one can chew 분에 넘치는〔힘에 겨운〕 일을 하려고 들다. 「사하다.
bite on granite 헛수고를 하다.
bite the dust (or *the ground*) 쓰러지다; 〔싸움에서〕 전사하다.
bite the hand that feeds one 은혜를 원수로 갚다.
bite the thumb at a person 남에게 싸움을 걸다, 남을

놀리다(jeer).
bite the tongue 혀를 물다, 침묵하다.
bite one's tongue off ((could 와 함께 써서)) 말한 것을 후회하다.
— *n.* **1** 물기. ¶ I have another *bite* — ah! he's off again ! 물고기가 또 물었다 —— 어! 또 놓쳤구나!
2 물린(쏜) 상처; 동상(*cf.* frostbite).
3 심한 아픔. ¶ the *bite* of a wound 상처의 아림 / the *bite* of a cold wind 살을 에는 느낀 바람.
4 [한입의] 음식, 한입 거리; 간단한 식사. ¶ a *bite* of bread 한입의 빵 / Take a *bite*, please. 한입 잡수어 보세요./ I have not had a *bite* all day. 온종일 아무것도 먹지 않았다 / Want a *bite*? 뭐 좀 먹을래?
5 ⓤ [기계의] 맞물림, 걸림; 베어 들어가기.
6 [문체·경구(警句)의] 신랄함. ¶ There's always a *bite* in his words. 그의 말엔 언제나 신랄한 데가 있다.
7 ((구어)) 전체의 근소한 일부.
8 [산의] 부식 작용.
make (or ***take***) ***two bites at*** (or ***of***) ***a cherry*** 한 번에 할 수 있는 일을 여러 번으로 나누어 하다, 일부러 늑장부리다, 하찮은 일에 구애되다.
put the bite on ((속어)) …에게서 돈을 빌다, 돈을 조르다. ¶ He *put the bite on* me for $50. 그는 내게서 50 달러 꾸어냈다.
bite pláte *n.* [치과] [플라스틱이나 금속으로 만든] 치열 교정기.
bit·er [báitər] *n.* **1** 무는 사람(것), 무는 짐승(개), 미끼를 잘 무는 물고기. ¶ The dog was a terrible *biter*. 그 개는 사람을 자주 무는 개였다 / *Great barkers are no biters.* ((속담)) 짖는 개는 물지 않는다. **2** 속이는 사람, 사기꾼(sharper) ((현재는 다음 구에만 사용)). ¶ The *biter* [is] *bit.* ((속담)) 속이려다가 도리어 속는다, 혹 때리다가 혹 붙인다.
*****bit·ing** [báitiŋ] *adj.* **1** 살을 에는 듯한(nipping); 날카로운(sharp). ¶ *biting* cold (wind) 살을 에는듯한 추위 (바람). **2** [마음을] 찌르는 듯한, 신랄한(stinging), 비꼬는. ¶ a *biting* remark 신랄한 말 / have a *biting* tongue 독설을 내뱉다. **3** 부식성의(caustic). **4** 자극성의, 얼얼한(pungent). ~·**ly** *adv.* ~·**ness** *n.*
bít plàyer *n.* 단역(端役).
bít ràte *n.* [컴퓨터] 비트 전송(轉送) 속도.
bitt [bit] *n.* [항해] *n.* 계주(繫柱) ((갑판 위의 대개 쌍으로 된 짧은 쇠·나무기둥, 여기에 닻사슬·밧줄을 감는다)).
— *vt.* (닻사슬 따위를) 계주에 감다.
*****bit·ten** [bítn] *v.* bite 의 과거 분사의 하나.
:bit·ter [bítər] *adj.* **1** (맛이) 쓴. *cf.* sweet ¶ *bitter* medicine 쓴 약 / *Bitter* pills may have blessed effects. ((속담)) 좋은 약은 입에 쓰다. **2** 괴로운, 쓰라린, ¶ a *bitter* experience 쓰라린 경험 / the *bitter* truth 쓰라린 진실 / drink a *bitter* cup 고배를 마시다. **3** 지독한, 심한(severe). ¶ *bitter* cold 혹한 / a *bitter* winter 지독히 추운 겨울. **4** 비통한, 비참한(grievous). ¶ *bitter* grief 비탄 / a *bitter* fate 비참한 운명 / *bitter* tears 피눈물. **5** 원한이 사무치는, 격심한, ¶ a *bitter* enemy 철천지 원수 / a *bitter* rival in love 원한에 사무친 사랑의 라이벌 / a *bitter* hatred 격심한 증오 / a *bitter* fight 격렬한 싸움. **6** 신랄한, 독살스러운(harsh, sarcastic). ¶ *bitter* words 독설 / *bitter* criticism 혹평.
to the bitter end 끝까지, 죽을 때까지. ⇨ END.
— *n.* **1** (the ~ 또는 ~s) 쓴맛, 쓰라림(bitter taste, bitterness). ¶ take the *bitter* with the sweet 단 것 쓴 것을 다 맛보다 / taste the sweets and *bitters* of life 인생의 단맛 쓴맛을 다 맛보다 / get one's *bitters* 벌을 받다. **2** (~s) ((英)) 쓴 맥주(bitter beer); (쓴맛이 나는 뿌리·풀 따위를 담가서 맛을 돋인) 쓴 술. **3** (~s) ((약)) 고미정기(苦味丁幾), (전위·강장(强壯)용) 쓴 약.
— *adv.* 지독히, 몹시(very, extremely, bitterly). It's *bitter* cold. 지독히 춥다.

— *vt.* …을 쓰게 하다. — *vi.* 쓰게 되다.
◇ embítter *v.*
bítter ápple *n.* 콜로신스(colocynth) [박과(科)의 식물].
bítter énd *n.* **1** (보통 the~) [선박] [밧줄이나 닻줄의] 배 안쪽 끝 부분. **2** 최후, 궁지, 긴 간, 막바지. ¶ to (till, until) the *bitter end* 끝까지 [참고 견디어], 죽을 때까지 [싸우는 것 따위].
bit·ter·end·er [bítəréndər] *n.* ((구어)) 끝까지 굽히지 않는 사람, 끝까지 주장을 버티는 사람.
bit·ter·ish [bítəriʃ] *adj.* 씁쓸한, 좀 쓴; 다소 심한.
bit·ter·ly [bítərli] *adv.* 지독히, 몹시(very, extremely); 잔인하게; 쓰라리게, 비통하게. ¶ cry *bitterly* 몹시 울다.
bit·tern¹ [bítərn / -tə(ː)n] *n.* 알락해오라기 [습지에 살며 독특한 울음 소리를 낸다].
bit·tern² [bítərn / -tə(ː)n] *n.* ⓤ [화학] 간수 [소금을 만들 때 식염 결정(結晶)후 남는 모액(母液)].
*****bit·ter·ness** [bítərnis] *n.* ⓤ **1** 씀, 쓴맛. **2** 쓰라림; 지독함; 비통.
bit·ter·root [bítərùːt] *n.* 쇠비름속(屬)의 다년초 [미국 Rocky 산맥 지방산(産); 뿌리는 육질(肉質)이며 핑크 색 꽃이 핀다; Montana주의 주화(州花)].
bit·ter·sweet [bítərswíːt] *n.* **1** 배풍덩굴류(類)의 독초; 노박덩굴류. **2** [블랙 초콜릿처럼] 달콤씁쓸한 것. **3** ⓤ 괴로움이 따르는 기쁨, 고락. — *adj.* 쓰고도 달콤한, 회비가 엇갈리는. ¶ *bittersweet* love 달콤하고도 슬픈 사랑.
bit·ty [bíti] *adj.* 조그만(tiny).
bi·tu·men [bait(j)úːmən, bi- / bítjumin, -men] *n.* ⓤ 역청(瀝青), 비투멘 [원래는 천연 아스팔트; 현재는 가연성 탄화수소 화합물에 대한 일반명].
bi·tu·mi·nize [bit(j)úːmináiz -tjúː-] ((*英))에서는 -**mi·nise**도 쓴다)) *vt.* (-**nized, -niz·ing**) …을 역청화하다, …을 역청으로 처리하다.
bi·tu·mi·nous [bait(j)úːmənəs, bi- / bitjúːmínəs] *adj.* 역청의, 아스팔트의. ¶ *bituminous* shale 역청질 혈암(頁岩) / a stretch of *bituminous* road 흙 줄기의 아스팔트 도로. (coal).
bitúminous cóal *n.* 역청탄, 연탄(軟炭)
bi·u·nique [bàiju:níːk] *adj.* **1** [언어] 1방향 유일성의 [음소 표시와 음성 표시가 1대 1의 상응 관계에 있다]. **2** [수학] 1대 1의.
bi·va·lence [baivéilans, bívə- / ˚˚˚], **-len·cy** [-lənsi] *n.* ⓤ **1** [화학] 원자가(原子價)가 2임, 2가의 원자가를 가짐, 2가(價). **2** [유전] 상동(相同) 염색체가 접착하여 쌍을 이룸 (이룬 상태).
bi·va·lent [baivéilənt, bívə- / bàivéilənt] *adj.* **1** [화학] 원자가가 2의, 2가의 원자가를 가진. **2** [유전] [염색체가] 2가의. ¶ a *bivalent* chromosome 2가 염색체. *cf.* univalent — *n.* [유전] 2가 염색체.
bi·valve [báivælv] *n.* [동물] 쌍각류의 조개 [굴·대합 따위]. — *adj.* [동물] 쌍각류의; [식물] 2개의 화판(花瓣)이 있는.
bi·val·vu·lar [baivǽlvjulər] *adj.* =bivalve.
biv·ou·ac [bívuæk, bívwæk] *n.* 야영 [지], 노숙(露宿) — *vi.* (**-acked, -ack·ing**) 야영하다.
bívouac shéet *n.* [등산가가 사용하는] 스타르스키 천막(Zdarsky tent), 간이 천막.
biv·vy [bívi] *n.* (*pl.* -**vies**) ((속어)) 작은 천막(피난처). ✱ bivouac 의 단축형.
bi·week·ly [bàiwíːkli] *adj.* **1** 2주일에 한 번의, 격주의. **2** 1주일에 두 번의(semiweekly). — *adv.* 2주일마다, 격주로. **2** 1주일에 두 번. ✱ 이 뜻으로는 semiweekly를 더 흔히 쓴다. — *n.* (*pl.* -**lies**) 격주 간행물.
bi·year·ly [bàijíərli, -jə́ːr-, báijìər-] *adj.* **1** 2년마다의, 격년의(biennial). — *adv.* 1 2년에 한 번. **2** 1년에 두 번. ✱ 1년에 두 번[의] 이라는

뜻으로는 semiannual[ly], semiyearly, biannual[ly]를 더 흔히 쓴다.
biz [biz] *n.* ⓊⒸ《속어》장사, 거래(business). ¶ a good *biz* 수지맞는 장사 / a show *biz* 흥행업.
bi·zarre [bizá:*r*] *adj.* **1** 별난(odd), 기묘한, 이상한(queer), 기괴한(grotesque). **2** [색깔이] 두드러지게 대조되는. **3** 예기치 못한(unexpected), 믿을 수 없는. ~**ly** *adv.* ~**ness** *n.*
bi·zar·re·rie [bizá:rəri] *n.* Ⓤ 기괴[한 것], 기이한 행동, 변덕. [<F]
bi·zon·al [baizóunl] *adj.* 두 나라 공동 통치 지구의; (B-) [제2차 세계 대전 후 서독의] 미·영 양국 점령 지구의. [점령 지구.
Bi·zo·ni·a [baizóuniə] *n.* 제2차 대전후 서독의 미·영
Bk 《화학》 berkelium의 원소 기호.
bk. 《略》 (*pl.* **bks.**) bank; block; book.
BK. 《略》〔야구〕 balk[s].
bkg. 《略》 banking.
bkgd. 《略》 background.
bklr. 《略》〔인쇄〕 *black letter*.
bkpg. 《略》 bookkeeping.
bkpt. 《略》 bankrupt.
bks. 《略》 barracks.
bkt. 《略》 basket[s]; bracket.
bl. 《略》 bale[s]; barrel[s]; black; block; blue.
b.l. 《略》〔상업〕 bill of *l*ading; 〔砲〕 *b*reech*l*oading.
B.L. 《略》 Bachelor of *L*aws; Bachelor of *L*etters.
B/L 《略》 (*pl.* **BS/L**) 〔상업〕 *b*ill of *l*ading.
blab [blæb] *v.* (**blabbed, blab·bing**) —*vt.* (비밀)을 무심코 말하다, 분별없이 말해 버리다; …을 재잘재잘 지껄이다. —*vi.* 분별없이 지껄이다; 재잘재잘 지껄이다(chatter). —*n.* 1 ⓊⒸ 쓸데없는 잡담; 수다, 잡담. **2** =blabber. [tler].
blab·ber [blǽbər] *n.* 수다쟁이, 고자질하는 사람(tat-
blab·ber·mouth [blǽbərmàuθ] *n.* (*pl.* **-mouths** [-màuðz]) 《구어》 =blabber.
‡**black** [blæk] *adj.* **1** 검은, 흑색의; 검은 옷의; 피부가 검은; (때로 B-) 흑인의. *opp.* white ¶ *black* hair 검은 머리 / a *black* knight 흑기사 / *black* races 흑인종 / as *black* as coal (or ebony, pitch, ink, soot) 새까만 / A *black* hen lays a white egg. 《속담》 개천에서 용 나다. **2** 더러운, 때묻은(dirty). ¶ *black* hands 더러운 손.
3 어두운, 암흑의; 암담한, 음울한(dismal, gloomy). *opp.* bright ¶ *black* water 어두운 수면 / a *black* day 음울한 날 / *black* prospects 암담한 전도 / Things look *black*. 사태는 험악하다.
4 언짢은, 시무룩한(sullen). ¶ *black* looks 찌푸린 얼굴 / He gave me a *black* look. 그는 나를 언짢은 듯이 바라보았다.
5 엉큼한, 사악한(evil, wicked). ¶ a *black* heart 사악한 마음 / a *black* lie 악의에 찬 거짓말 / crimes of the *blackest* dye 가장 흉악한 범죄 / He is not so *black* as he is painted. 그는 소문만큼 나쁜 사람은 아니다.
6 재앙의, 불길한. ¶ ➡ BLACK FRIDAY. ¶ *The black ox has trod on his foot*. 《속담》 그에게는 액운이 붙었다; 그는 재난을 만났다.
7 암거래의, 암시장의.
8 [커피가] 밀크나 크림을 타지 않은, 블랙의. ¶ *black* coffee 블랙 커피 / drink one's coffee *black* 커피를 블랙으로 마시다.
9 [지도상에서 검게 표시하듯이] 폐허화한.
10 비난받아야 할, 불명예스러운(disgraceful). ¶ a *black* mark on one's record 경력상의 오점.
11 〔농담이나 문학 작품이〕 빈정대는, 병적인, 그로테스크한, 블랙.
black in the face 얼굴이 파랗게 질린, 안색이 변한.
black or white 흑백 양자 택일의, 중간은 용납 안되어.
go black 눈앞이 캄캄해지다, 의식을 잃다.
look black ① 화난 얼굴을 하다(*at, on, upon*…). ➡

adj. 4. ② [사태가] 험악하다. ➡ *adj.* 3.
paint a person black ➡ PAINT.
— *n.* **1** Ⓤ 검정, 흑색(*opp.* white); 검정 그림 물감, 검은 잉크, 먹, 흑연. ➡ NEGRO 〖類語〗 **3** (the ~) 흑자. *opp.* red ¶ get in the *black* 흑자가 되다 / The business is in the *black*. 장사는 흑자다. **4** Ⓤ 검은 옷, 상복. ¶ be [dressed] in *black* 검은 옷을 입고 있다. **5** ⓊⒸ 더러움. ¶ have some *black* on one's hand 손이 더러워져 있다. **6** [과녁의] 흑점. **7** Ⓤ 깜깜함, 암흑(complete darkness).
prove that black is white; talk black into white 흑을 백이라고 우기다.
put up a black 《英》 지독한 실수를 하다.
— *vt.* **1** …을 검게 하다(blacken); …을 더럽히다. **2** [구두약으로] [구두]를 닦다(polish). ¶ *black* shoes 검은 구두약으로 구두를 닦다. **3** 《英》 [다른 노동 조합을 지원하여] [작업]을 보이콧하다.
— *vi.* **1** 검어지다(blacken). **2** [비행중에] 눈이 어지러워지다.
black out ① …을 온통 검게 칠하다. ② [무대]를 어둡게 하다. ③ [공습에 대비하여] 등화 관제를 하다. *cf.* brown out ④ [일시적으로] 의식을 잃다. ⑤ [어떤 사람·사건 등에 대한] 기억을 잃다.
◇ bláck·en *v.*, bláck·ly *adv.*, bláck·ness, bláck·y *n.*
bláck advánce *n.* 선거 연설[유세] 방해.
bláck África *n.* 블랙 아프리카[아프리카 대륙중 흑인이 지배하고 있는 부분].
bláck América *n.* (때로 B-) 《총칭적》 미국 흑인.
bláck Américan *n.* (때로 B-) 미국 흑인.
black·a·moor [blǽkəmùər] *n.* **1** 흑인, [특히] 아프리카 흑인(African Negro). **2** 피부가 검은 사람.
black-and-blue [blǽkənblú:] *adj.* [얻어맞아] 시퍼렇게 된, 멍이 든. ¶ He was beaten *black-and-blue*. 그는 멍이 들도록 얻어맞았다.
black-and-tan [blǽkəntǽn] *adj.* **1** [개가] 검은 바탕에 갈색 무늬가 있는. **2** 《속어》 [나이트클럽 따위] 흑인과 백인이 다 드나드는.
bláck-and-tán térrier *n.* [흑색 바탕의 갈색 무늬의] 테리어의 개(Manchester terrier).
bláck and white *n.* **1** 펜화(畫). **2** 흑백 그림. **2** [흑색의] 인쇄, 사필(寫筆). ¶ in *black and white* 글로 쓴, 인쇄된. **3** 《美속어》 경찰 백차.
black-and-white [blǽkən(h)wáit] *adj.* **1** 컬러의 것에 대하여] 흑백의, 단색의. *cf.* color ¶ *black-and-white* television (photograph) 흑백 텔레비전(사진). **2** 흑백 얼룩의. **3** [논리 등] 흑백이 뚜렷한.
bláck árt *n.* (the ~) 마법, 마술 (magic), 요술(witchcraft).
bláck bág jób *n.* 《美속어》 =bag job.
black·ball [blǽkbɔ̀:l] *n.* **1** 반대 투표(adverse vote). **2** [반대 투표의] 검은 공. — *vt.* **1** [검은 공을 투표함에 넣어] …에 반대 투표를 하다(vote against), …을 부인하다(reject). **2** …을 배척하다(ostracize).
black·ball·er [blǽkbɔ̀:lər] *n.* **1** 반대 투표자.
bláck báss *n.* 농어류의 미국산(産) 민물고기[낚시 대상어].
bláck béar *n.* 흑곰[특히 북미산(産)]. **2** 대상어.
black·bee·tle [blǽkbí:tl] *n.* 좀 날 개 바퀴 [벌레] (cockroach).
bláck bélt *n.* **1** [미국 남부의] 흑인 지대. **2** [Alabama, Mississippi 주의] 옥토 지대[토양이 목화 재배에 가장 적합한 곳]. **3** [유도의] 검은 띠[의 사람].
***bláck·ber·ry** [blǽkbèri/-b(ə)ri] *n.* (*pl.* -**ries**) 검은 딸기, 나무딸기[장미과(科)의 낙엽성 관목, 검고 시름한 단맛의 열매가 열린다]; 그 열매; 나무딸기의 덤불. ¶ as plentiful as *blackberries* 아주 많은. — *vi.* (-**ried, -ry·ing**) (주로 -ing 형으로) 나무딸기를 따다. ¶ go *blackberrying* 나무딸기 따러 가다.
bláck bíle *n.* Ⓤ〔생리〕〔중세 의학〕 우울증의 원인이라고 하던〕 검은 담즙. ➡ HUMOR.

black·bird [blǽkbə̀ːrd] *n.* **1** [유럽산(產)]지빠귀과(科)의 검은새. **2** [미국산(產)]찌르레기류의 검은새. **3** [예전에] 노예로서 오스트레일리아로 팔려간 카나카(Kanaka) 사람.
black·bird·ing [blǽkbə̀ːrdiŋ] *n.* [U][예전에]카나카 사람을 유괴하여 노예로 팔았던 일.
*__black·board__ [blǽkbɔ̀ːrd / -bɔ̀ːd] *n.* 칠판, 흑판.
blackboard jungle *n.* 폭력 교실.
bláck bóok *n.* 검은 수첩, 요시찰인 명부(black list).
be [deep] in *a person's black books* 남의 미움을 [몹시] 받고 있다. ¶ *He is in our teachers' black books.* 그는 선생님들에게 미움을 받고 있다.
bláck bóttom *n.* (the ~) 1920년대 후반에 미국에서 유행한 엉덩이를 몹시 흔드는 재즈.
bláck bóx *n.* **1** 블랙 박스[그 기능은 알고 있으나 속의 구조는 알 수 없는 기계 장치]. **2** 《속어》전자 장치, 항공 기록 장치.
bláck bréad *n.* [U][호밀의] 흑빵. *cf.* brown bread
bláck cáp *n.* 《英》[사형 선고를 할 때 판사가 쓰는] 검은 우단 모자.
bláck·cap [blǽkkæ̀p] *n.* **1** 머리가 검은 조류. **2** 《美》검은 나무딸기(black raspberry).
bláck cápitalism *n.* 흑인 자본주의;《美》[특히 정부가 장려하는] 흑인의 기업 경영.
black-capped [blǽkkæ̀pt] *adj.* [새가] 머리가 검은, 검은 머리의.
bláck cáttle *n.* 《고어》[집합적][Scotland, Wales 산(產)의] 식용소.
Bláck Chámber *n.* 암흑실[정부의 첩보 기관].
black-coat [blǽkkòut] *n.* **1** 《보통 경멸적》 목사(clergyman). **2** 《英》[보통 검은 옷을 입는] 월급쟁이 [교사·사무원·관리 등]; 《美》white-collar worker).
black-coat·ed [blǽkkòutid] *adj.* 《英》검은 옷을 입은, 사무원의(《美》white-collar).
black·cock [blǽkkɑ̀k / -kɔ̀k] *n.* 검은 멧닭(black grouse)의 수컷[유럽산(產). 암컷은 gray hen].
Bláck Códe *n.* 《美》흑인법[흑인의 권리를 제한하는 남부의 주법(州法)].
bláck cóffee *n.* =café noir.
bláck cómedy *n.* [연극] 블랙 코미디[공포 분위기를 주제로 하면서도 익살스러운 내용을 담은 현대 연극 스타일의 일종].
bláck cópper *n.* [U] 조동(粗銅)
Bláck Cóuntry *n.* (the ~) 블랙 컨트리[영국의 Staffordshire 및 그 부근의 공업 지대. 매연으로 거무스름해진 데서 생긴 호칭].
bláck cróp *n.* [보리류에 대하여] 콩류의 농작물.
bláck cúrrant *n.* 까막까치밥나무[노란 꽃과 검은 열매를 맺는다].
Bláck Cúrrent *n.* (the ~) 흑조(黑潮).
black-damp [blǽkdæ̀mp] *n.* [광산] 질식 가스(chokedamp). [탄갱·깊은 우물 따위의 탄산가스].
Bláck Déath *n.* 흑사병, 페스트(bubonic plague) [14세기 유럽 전역에 크게 유행].
bláck díamond *n.* **1** [구멍 뚫는 데 쓰는] 흑금강석(carbonado). **2** (~s) 석탄(coal).
bláck dóg *n.* (the ~) 《구어》 우울(증) (melancholy, the blues).
get the black dog on one's back 침울(우울)해지다.
under the black dog 침울(우울)하여.
bláck dráught *n.* 하제(下劑)의 일종.
bláck éarth *n.* [U] 흑토(黑土)(tschernosem).
*__black·en__ [blǽk(ə)n] *vt.* **1** …을 검게 하다; 어둡게 하다(darken). ¶ *blacken* one's face 얼굴을 검게 하다 / *The room is blackened* with smoke. 방은 연기로 검어져 있다. **2** [체면·평판 따위를] 더럽히다(defame); [남]의 욕을 하다. ¶ *blacken* a person's reputation 남의 명성을 더럽히다. — *vi.* 검어지다; 어두워지다.
Bláck Énglish *n.* [U] 흑인 영어.

Bláck Entertáinment Télevision *n.* ⇨ BET.
black·er [blǽkər] *n.* **1** 검게 하는 사람; 구두닦이(bootblack). **2** 욕하는 사람.
bláck éye *n.* **1** 검은 눈. **2** [타박상 따위에 의한] 눈가의 푸른 멍. ¶ *give a person a black eye* 남을 쳐서 눈가에 푸른 멍이 들게 하다. **3** 《구어》 수치, 창피(shame), 불명예(dishonor), 수치(불명예)의 원인.
black-eyed [blǽkàid] *adj.* 눈이 검은; 눈가에 푸른 멍
bláck-èyed péa *n.* =cowpea. [이 든.
bláck-èyed Súsan *n.* 노랑데이지(yellow daisy)[북미 중동부산(產). Maryland주의 주화(州花)].
black-face [blǽkfèis] *n.* **1** [minstrel show 따위에서] 흑인으로 분장한 연예인(가수); [U] 흑인 분장. ¶ *She appeared in blackface*. 그녀는 흑인으로 분장하고 나타났다. **2** [인쇄] 굵은 활체, 고딕 활자(boldface). **3** [얼굴이 검은] 양의 일종. — *adj.* **1** 얼굴이 검은; 얼굴을 검게 한. **2** [활자가] 획이 굵은(bold-faced).
black·faced [blǽkfèist] *adj.* 얼굴이 검은; 침울한 얼굴의;[활자가] 획이 굵은.
Black-feet [blǽkfìːt] *n.* Blackfoot의 복수형으로 나.
black·fel·low [blǽkfèlou] *n.* 오스트레일리아 원주민.
black·fish [blǽkfìʃ] *n.* (*pl.* **-fish** *or* **-fish-es**) **1** 흑고래. **2** 각종 검은 물고기. **3** Alaska나 Siberia 산(產)의 민물고기.
bláck flág *n.* 해적기(Jolly Roger) [보통 검정 바탕에 흰색의 해골과 2개의 뼈가 교차되어 있다]. **2** 검은 기[인광 사형 집행 종료의 신호].
bláck flý *n.* 진디등에의 일종[검은 색이어 물리면 몹시 아프다].
Black-foot [blǽkfùt] *n.* (*pl.* **-feet** *or* **-foot**) 북미 인디언의 한 종족[Algonquian족의 한 부족]; [U] 그 언어.
Bláck Fórest *n.* 슈바르츠발트[서독 서남부의 삼림 지대(Schwarzwald)].
Bláck Fríar *n.* 도미닉 교단의 수도사(Dominican Friar) [그들이 입는 검은 옷에서].
Bláck Fríday *n.* 불길한 금요일[금요일에 그리스도가 처형당했다고 하여, 이 날은 불길한 일이 많다고 한다].
bláck fróst *n.* (the ~) 검은 서리[혹한 때문에 하얗게 결빙하지 않고 초목의 잎·싹 따위를 검게 말라 죽이는 서리].
bláck ghétto *n.* 흑인 빈민가.
bláck góld *n.* [U] 석유(petroleum).
bláck gáme *n.* 멧닭.
black·guard [blǽgərd / -gɑ̀ːd] *n.* 건달, 깡패, 불량배; 악당. ⇨ KNAVE [類語] — *vt.* …에게 깡패 같은 말씨를 쓰다, 욕지거리하다. — *vi.* 깡패 같은 짓을 하다. — *adj.* **1** 천한, 상스러운. **2** 상스럽게 말하는, 욕지거리하는.
black·guard·ism [blǽgərdìz(ə)m / -gɑ̀ːd-] *n.* [U] 악당짓; 악당 같은 말투, 욕지거리.
black·guard·ly [blǽgərdli / -gɑ̀ːd-] *adj.* **1** 깡패의(같은), 악당의(같은). **2** 비열한, 야비한. — *adv.* 깡패같이.
Bláck Hánd *n.* **1** 《美》흑수단(黑手團) [19세기 말에서 20세기 초에 걸쳐 나쁜 짓을 일삼던 이탈리아계 미국인의 비밀 결사]. **2** 《美》[일반적으로] 폭력단. **3** 흑수단[1883년에 진압된 스페인 무정부주의자의 결사].
black·head [blǽkhèd] *n.* **1** 여드름(comedo). **2** 머리가 검은 새[검은머리흰죽지(scaup duck)따위]. **3** [칠면조·닭 따위의] 간·창자 따위의 병.
black-heart·ed [blǽkhɑ́ːrtid] *adj.* 사악한, 뱃속 검은, 음흉한(evil, malignant).
Bláck Hóle *n.* **1** 인도 Calcutta에 있던 감옥[1756년에 이곳에 수감된 영국인 포로 146명이 밤새 23명밖에 살아남지 못했다고 함]. **2** (b- h-) [일반적으로]감옥, 군대의 영창. **3** (b- h-) [천문] 블랙홀[초(超) 중력에

의해 천체가 빨려 들어가는 우주의 가상적인 구멍].

black húmor n. ⓤ 블랙 유머[듣기 거북한 또는 건전치 못한 유머].

black·ing [blǽkiŋ] n. ⓤ **1** 검게 하는 것[특히 검은 구두약, 난로의 흑색 도료]. **2** 검게 하기. [ink

bláck ínk n. 《속어》흑자, 대변(貸邊). opp. red

black·ish [blǽkiʃ] adj. 거무스름한, 검은색을 띤.

bláck ívory n. **1** 탄화한 상아에서 채취하는 검은 염료. **2**《집합적》[노예 무역으로 팔린]아프리카 흑인.

black·jack [blǽkdʒæk] n. **1** [무기로 사용된]검은 가죽으로 싼 곤봉. **2** 큰 잔[원래는 검은 가죽제]. **3** 해적기 (black flag). **4** 껍질이 검은 작은 떡갈나무의 일종. **5** 《광물》섬아연광 (閃亞鉛鑛). **6** ⓤ[카드 놀이] 21 (twenty-one). ── vt. 《美》**1** …을 곤봉으로 치다. **2** [을]협박하여 …시키다.

bláck léad [-léd] n. ⓤ 석묵, 흑연.

black·lead [blǽkléd] vt. 흑연을 바르다(으로 닦다).

black·leg [blǽklèg] n. **1** 《獸醫》기종저 (氣腫疽) [소·양의 악성 전염병]. **2** ⓤ[줄기를 검게 말리는]양배추 따위의 병. **3** 《속어》[경마·도박 따위의]사기꾼. **4** 《英구어》파업 파괴자 (strikebreaker). ── (-legged, -leg·ging) vt. 《英구어》[조직 활동·파업 따위]에 반대하다. ── [남]을 배신하다 (betray). ── vi. 파업이 끝나기 전에 일터로 돌아가다.

bláck létter n. ⓤ《인쇄》검은 활자, 블랙 활자[고딕체 활자(Gothic letter)의 일종].

black-let·ter [blǽklètər] adj. 활자의[획이 굵은, 블랙 활자의. cf. red-letter

bláck-létter dày n. 불행한 날, 액일 (厄日). opp. red-letter day

bláck líe n. 악의에 찬 거짓말. opp. white lie

bláck líght n. ⓤ 불가시 (不可視) 광선[적외선·자외선].

black·list [blǽklìst] n. 요시찰 인물 명부; 블랙리스트. ¶ a man on a *blacklist* 요시찰 인물 / put a person on the *blacklist* 남을 블랙리스트에 싣다. ── vt. [남]을 블랙리스트에 싣다. [(炭塵肺).

bláck lúng n. ⓤ《병리》탄광부가 걸리는 탄진폐

black·ly [blǽkli] adv. 검게; 어둡게 (darkly); 음침하게 (gloomily); 심술궂게 (wickedly).

bláck mágic n. ⓤ 검은 마법[나쁜 목적을 위해 악마의 힘을 빌어서 하는 마법] (sorcery).

black·mail [blǽkmèil] n. **1** 《법률》공갈, 갈취, 갈취한 돈. **2** [옛날 북부 영국·스코틀랜드 국경 지방에서 산적이 보호·약탈 면제의 조건으로 민가에 부과한]공물 (貢物). ── vt. [을]등치다, 공갈하다.

black·mail·er [blǽkmèilər] n. 갈취자, 공갈자.
THREATEN 類語

bláck mán n. **1** 흑인. **2** 《종종 the B- M-》악마, 마왕 (the Devil).

Bláck María n. 《속어》죄수 호송차.

bláck márk n. 낙제점, 벌점; 흠, 오점.

bláck márket n. 암시장. [하다.

black-mar·ket [blǽkmáːrkit] vt., vi. […을]암거래

bláck mārketéer n. 암상인.

black-mar·ket·eer [blǽkmàːrkətíər] vi. 암시장에서 물건을 팔다, 암거래하다.

Bláck Máss n. **1** 검은 미사[악마를 찬송하는 미사]. **2** (b- m-) 흑의 (黑衣)의 미사[사제가 검은 제복을 입고 하는 이를 위한 미사]. [(麻).

bláck méasles n. ⓤ《병리》출혈성 홍역, 흑진 (黑

Bláck Móndary n. 휴가 후의 첫 등교일[학교에 가는 월요일].

bláck móney n. [도박 따위]부정 수단으로 번 돈; [소득 신고를 하지 않은]부정 소득.

Bláck Mónk n. 《종종 b- m-》[검은 옷을 입은]베네딕트회의 수도사 (Benedictine).

Bláck Múslim n. 블랙 모슬림[회교 교리를 믿고 흑인의 독립을 주장하는 전투적인 흑인 집단의 일원].

Muslim이라 자칭.

bláck nátionalism n. ⓤ[미국의] 흑인 민족주의.

bláck nátionalist n. 《종종 B- N-》흑인 민족주의자.

***bláck·ness** [blǽknis] n. ⓤ **1** 검음, 흑색; 어둠. **2** 음흉, 뱃속이 검음.

bláck óak n. 목피가 검은 참나무; ⓤ 그 재목[재질이 단단하여 가구나 마루에 쓰이다].

black-out [blǽkàut] n. **1** 정전 (停電), 소등; 《공습 시》암전 관제. **2** 《연극》암전 (暗轉). **3** [비행 중 비행사에게 일어나는] 일시적 의식 상실. **4** 기억 상실. **5** 《파업 따위로 인한》통신·보도의 두절. **6** 검열에 의한 보도 금지, 보도 관제.

Bláck Pánther n. 표범당원[미국의 흑인 과격

Bláck Páper n. 《英》흑서 (黑書) [권위자가 현행의 정책이나 제도·관습 따위를 비판하는 문서]. opp. White Paper

bláck pépper n. ⓤ[껍질째 빻은] 후추가루. cf. white pepper

black-plate [blǽkplèit] n. **1** [금속 세공] [세척전의] 강철판. **2** [래커나 에나멜을 칠한] 강철판.

Bláck pópe n. 《종교》막후의 교황[가톨릭 교회내에서 가장 유력한 수도회의 하나인 예수회의 수장을 지칭하는 속칭].

Bláck Pówer n. [미국에서의] 흑인 운동[정치적으로 또는 실력 행사로 흑인의 지위 향상을 추진].

bláck púdding n. ⓤⓒ **1** = blood sausage. **2** 검은 푸딩[밀가루·탄산 소다·달걀·당밀로 만든다].

Bláck ráce n. 흑인종[의 사람] (Negroid peoples).

bláck rádio n. 《종종 B- R-》《심리전의》흑색 방송.

Bláck Ród n. [영국의]흑장관 (黑杖官) [가터 훈작위를 가진 궁내관 (宮內官), 상원의 질서를 맡고 있다].

bláck rót n. ⓤ[과일·야채의]흑균병 (黑菌病).

bláck rúst n. ⓤ[과일·야채의]흑색병 (黑銹病).

Bláck Séa n. (the ~) 흑해[유럽과 아시아 사이에 있는 바다. 러시아·터키·루마니아·불가리아에 둘러싸여 있다].

Bláck Septémber n. 검은 9월단 (團) [팔레스티나 게릴라 급진파의 테러 조직].

bláck shéep n. **1** [보통의 흰 양에 섞여 태어나는] 검은 양. **2** [가문·단체의 이름을 더럽히는]골칫거리, 말썽꾼.

Bláck Shírt n. 《역사》흑샤스 당원[검은 샤스를 입었던 이탈리아의 파시스트 당원]; 파쇼 단체의 일원. cf. Brown Shirt [工].

‡**black·smith** [blǽksmìθ] n. 대장장이; 마제공[馬蹄

black·snake [blǽksnèik] n. ⓤ **1** 검정 뱀[북미산 (産) 독없는 뱀]. **2** 각종 검은 뱀. **3** 《美》부드러운 가죽의 긴 채찍.

bláck spót n. **1** 《식물·병리》흑반병 (黑斑病). **2** [도로상의] 사고 나기 쉬운 지점.

bláck sprúce n. 검정가문비나무[북미산 (産)].

black·strap [blǽkstræp] n. **1** [당밀과 럼주를 섞은] 음료. **2** 《속어》[지중해 지방 원산의 거무스름한]싸구려 포도주.

Bláck Stréam n. (the ~) 흑조 (黑潮) (Black Current). [좌].

bláck stúdies n. pl. 《단수 취급》미국 흑인 연구 [강

bláck swán n. 흑조 (黑鳥) [오스트레일리아 산 (産)].

bláck téa n. ⓤ 홍차. cf. green tea

bláck théater n. 《美》흑인극[흑인 사회를 주제로 하여 감독·제작하는 연극].

black·thorn [blǽkθɔ̀ːrn] n. **1** 인목 (橈木)의 일종. **2** 북미산 (産) 산사나무의 일종.

bláck tíe n. **1** [턱시도를 입을 때에 매는]검정 나비 넥타이. **2** 남자의 야회용 준정장 (準正裝). cf. white tie

black-tie [blǽktái] adj. [파티 따위]준정장 (準正裝)

blacktop

을 요구하는; 턱시도를 입고 검정 나비 넥타이를 매야 하는.
black·top [blǽktɑ̀p / -tɔ̀p] n. ① [도로 포장용]아스팔트. 2 아스팔트 포장 도로. —— vt. [도로]를 아스팔트로 포장하다.
bláck trácker n. 《濠》[추적 조사를 위해 경찰이 고용한]원주민 안내원.
bláck trée fúngus n. 목이버섯[중국 요리와 한방].
bláck vélvet n. 1 스타웃과 샴페인의 칵테일. 2 《濠속어》[성교 상대로서의]피부가 검은 여자.
bláck vómit n. ①〔병리〕[황열병 환자의]피 섞인 검은 가래; 구토물.
bláck vúlture n. 1 〔구세계산(産)〕검정독수리. 2 〔신세계산(産)〕검정콘도르.
bláck wálnut n. 〔북미산(産)〕검은호두나무; 그 열매(제목).
bláck·wà·ter féver [blǽkwɔ̀ːtər-] n. ①〔병리〕흑수열(黑水熱). [중태의 말라리아 열에서 검은 피오줌이 나옴].
bláck whále n. 검은 고래(black fish). 〔온다〕.
bláck wídow n. 〔미국산(産)〕검은 독거미〔암컷이 수컷을 잡아먹는 습성이 있다〕.
black·y [blǽki] n. (pl. **black·ies**) 《주로 英》흑인.
blad·der [blǽdər] n. 1 〔해부·동물〕주머니 모양의 조직; 방광. ▷ ABDOMEN 그림. 2 〔병리〕물집, 수포(水疱). 3 〔식물〕기포(氣胞). 4 부레, 공기 주머니. 5 허풍선이.
blad·der·wort [blǽdərwɔ̀ːrt] n. 통발속(屬)의 식물.
blad·der·y [blǽdəri] n. 방광 모양의, 부푼; 기포가 있는.
‡**blade** [bleid] n. 1 칼날, 칼몸; [스케이트의]날; 검(劍), 칼(sword). 2 〔잔디·보리 따위의 칼날같은]잎, 〔잎자루에 대한〕잎사귀. ¶ in the *blade* 〔보리가〕잎이 갖난[아직 이삭이 패지 않은]. 3 얇고 평평한 부분〔노깃·스크루의 날개·견갑골 따위], 4 〔음성〕혀의 평평한 부분. 5 위세 당당한 젊은이; 검객(swordsman). ¶ a gay *blade* 명랑하고 쇠쾌한 젊은이.
blade·bone [bléidbòun] n. 견갑골(shoulder blade).
blae·ber·ry [bléibèri / -bəri] n. 《스코·北英》월귤나무의 일종(whortleberry).
blague [blɑːg] n. 《프랑스》(=humbug) 허풍, 허튼 소리.
blah [blɑː] 《美속어》n. ①ⓒ 허튼 소리, 시시한 일 (nonsense, rubbish). 2 (the ~s) 언짢음, 몸의 불편. —— adj. 시시한, 재미없는, 싱거운(dull).
blain [blein] n. 〔병리〕농포(膿疱); 물집.
Bláir Hóuse [blɛ́ər-] 미국 대통령의 영빈관.
blam·a·ble [bléiməbl] adj. 비난받아야 할, 비난할 만한. ~ness n. **-bly** adv.
‡**blame** [bleim] vt. (**blamed, blam·ing**) 1 〔남〕을 나무라다, 비난하다 (...for). ▷ CRITICIZE 類語 ¶ (~+⽬+前+名) The teacher *blamed* him *for* neglect of duty (or *for* neglecting his duty). 선생은 그를 의무 태만이라고 야단쳤다 / The accountant was *blamed* for the mistake. 회계원은 잘못을 저질러 책망받았다.
2 〔잘못〕의 책임을 지우다, 전가하다, …의 탓으로 돌리다 (*on, for*). ¶ (~+⽬+前+名) The policeman *blamed* the accident *on* the driver. 경관은 그 사고를 운전수의 탓으로 돌렸다 / The mistake was *blamed on* the accountant. 그 잘못은 회계원의 탓으로 돌려졌다 / They *blamed* me *for* the failure. 그들은 실패를 내 탓으로 돌렸다.
3 《美속어·방언》…을 저주하다(* damn 의 완곡한 대용어로서 쓰인다). ¶ *Blame* it ! 빌어먹을! / *Blame* me if I do. 만약에 내가 하면 성을 갈겠다.
be to blame 책임이 있다, 이 나쁘다. ¶ I *am to blame* for it. 그것은 내 잘못이다. It's my fault.》
—— n. ① 1 비난(reproach), 책망(censure); incur *blame* for …때문에 비난을 받다. 2 〔잘못〕책임, 죄. ¶ lay the *blame* on …에게 책임을 씌우다 / lay the

blank

blame at the door of another 죄를 딴 사람에게 돌리다 / I will bear (*or* take) the *blame*. 내가 그 책임을 지겠다 / The *blame* lies with him. 죄는 그에게 있다.
◇ blámeful adj.
blame·a·ble [bléiməbl] adj. =blamable.
blamed [bleimd] 《美속어·美방언》 adj. 빌어먹을 (damned, confounded). ¶ The *blamed* door won't open. 빌어먹을 문이 아무리 해도 열리지 않는다.
—— adv. 괘씸하게 (confoundedly); 극도로, 몹시 (excessively). ¶ a *blamed* cold morning 지독하게 추운 아침.
blame·ful [bléimfəl] adj. 책망(비난)받아야 할; 책임을 져야 할 (blameworthy). ¶ a *blameful* careless mistake 비난받아야 할 부주의한 잘못.
-ly [-fəli] adv. **~ness** n.
blame·less [bléimlis] adj. 비난할 점이 없는, 죄없는, 결백한. ▷ INNOCENT 類語 ¶ She has lived a *blameless* life. 그녀는 깨끗한 생활을 하였다. **~ly** adv. **~ness** n.
blame·wor·thy [bléimwə̀ːrði] adj. 비난받을 만한, 비난받아야 할 (blameful). **-thi·ness** n.
*__**blanch**__ [blæntʃ / blɑːntʃ] vt. 1 ~을 희게 하다, 바래게 표백하다. ▷ WHITEN 類語 2 〔햇빛을 못 받게 하여〕〔식물〕을 희게 재배하다. ¶ *blanch* stems of celery 셀러리의 줄기를 희게 재배하다. 3 a) 〔껍질을 벗기려고〕〔과일〕을 끓는 물에 데치다. ¶ She *blanched* tomatoes to remove skins. 그녀는 껍질을 벗기려고 토마토를 끓는 물에 데쳤다. b) 〔날새가 나를 없애려고〕 …을 데치 위로 〔간〕을 데치다. ¶ *blanch* liver 간을 데치다. 4 〔야금〕〔산(酸)〕에〔금속〕에 흰 광택이 나게 하다. 5 〔병·공포 따위〕가 …을 창백하게 하다(make pale). ¶ Fear *blanched* her cheeks. 공포로 그녀는 얼굴이 파래졌다. —— vi. 1 희어지다. 2 〔병·공포 따위로〕창백해지다(turn pale). ¶ Her cheeks *blanched* with the long illness. 오랜 병으로 그녀는 안색이 창백했다.
blanch over 〔잘못 따위〕를 적당히 얼버무리다.
blanc·mange [bləmɑ́ːn(d)ʒ / -mɔ́nʒ] n. ①ⓒ 블라망쥬〔젤라틴 따위에 우유나 향료를 섞어 만든 푸딩〕.
*__**bland**__ [blænd] adj. 1 태도가 부드러운(gentle), 기분좋은 (agreeable). ¶ She has a *bland* manner. 그녀는 태도가 상냥하다. 2 〔기후가〕온화한(soothing), 상쾌한(balmy). ¶ An early morning breeze is *bland*. 이른 아침의 산들바람은 상쾌하다. 3 〔음식·약품 따위가〕맛이 부드러운, 순한. 4 시시한, 매력없는; 무관심한, 냉담한. **-ly** adv. **~ness** n.
blan·dish [blǽndiʃ] vt. 〔남〕에게 아첨하다(flatter), 〔남〕의 비위를 맞추다(coax); 〔남〕을 감언으로 꾀다. ¶ *blandish* a person *into* doing 남에게 알랑거려 …하게 하다. —— vi. 달콤한 말을 하다, 아첨하다.
blan·dish·er [blǽndiʃər] n. 아첨꾼(flatterer)
blan·dish·ment [blǽndiʃmənt] n. (종종 ~s) 아첨 (flattery), 치렛말, 감언.
‡**blank** [blæŋk] adj. 1 백지의, 공백의; 〔용지 따위에〕써넣지 않은. ¶ *blank* pages 공백 페이지 / a *blank* space 공백 / a *blank* form 〔기입하지 않은〕용지 / My memory was completely *blank*. 나의 기억은 텅 비어 있었다.
2 빈, 텅 빈, 아무 장식도 없는. ▷ EMPTY 類語 ¶ a *blank* wall 〔창문도 입구도 없는〕밋밋한 벽.
3 공허한, 무미 건조한. ¶ *blank* days 헛된 나날.
4 무표정한, 멍한; 당혹한, 난처한. ¶ a *blank* look 멍한 표정 / look *blank* 멍해 있다.
5 완전한 (complete, utter), 순전한 (pure). ¶ a *blank* idiot 순전한 바보 / *blank* impossibilities 전혀 불가능한 일 / *blank* stupidity 터무니없이 어리석음.
6 성과 없는, 무익한. ¶ *blank* efforts 보람없는 노력.
7 운(韻)을 밟지 않은. ▷ BLANK VERSE
8 《damn 대용의 완곡한 모욕의 말》빌어먹을. cf. blankety-blank ¶ *Blank* him ! 빌어먹을 놈!
—— n. 1 〔마음의〕공백, 공허. ¶ My mind is a com-

plete *blank.* 내 마음은 아주 공허하다 / Your absence left a *blank.* 당신이 없어서 적적했다.
2 공백, 여백, 빈 곳. ¶ Fill [in] the *blanks.* 빈 곳을 메워라 / Leave a *blank* for his signature. 그가 서명할 여백을 남기시오.
3 백지; 《美》 기입 용지(《英》 form). ¶ an application *blank* 신청 용지 / a telegraph *blank* 전보 용지.
4 백지 투표; [제비뽑기의] 빈탕.
5 [무늬를 박기 전의] 미가공의 화폐; 〖군사〗 공포(空砲).
6 〖양궁〗 과녁의 중심(bull's-eye); [일반적으로] 목적(aim).
7 빈 칸을 나타내는 「—」표. * "—"로 쓰고 blank 로 읽는다. ¶ 19—(nineteen blank 로 읽는다) 천 구백 몇 년/ Mr.—of—place 아무 데의 아무개씨.
8 저주·외설을 나타내는 말의 대용어.
draw a blank 《구어》 빈탕을 뽑다; 실수하다, 실패하다.
in blank 공백 그대로.
— *vt.* **1** …을 비우다. **2** …을 줄을 그어 지우다, 말소하다(cross out, delete) (*...out*). ¶ *blank out* a word 단어를 지우다. **3** 《美구어》 〔상대방〕에게 득점을 주지 않다. **4** 《美구어》 〖스포츠〗 〔상대팀〕을 무득점으로 누르다. ~**ness** *n.*

blank·book [blǽŋkbùk] *n.* [스케치북 따위의] 백지장(帳); [백지의] 미기입 장부.

blánk cártridge *n.* 공포(空砲). *cf.* ball cartridge

blánk chéck (《英》 **chéque**) *n.* **1** [금액을 적지 않은] 백지 수표. **2** 자유 행동권(free hand). ¶ give a person a *blank check* 남에게 무제한의 행동의 자유를 주다.

blánk endórsement *n.* 〖상업〗 배지(무기명식) 이서(裏書).

‡blan·ket [blǽŋkit] *n.* **1** 담요, 모포; [담요로 된 말·개 따위의] 덮개; 《美·캐나다》 [북미 인디언의] 웃옷. ¶ I sleep under a *blanket* every night. 밤마다 담요를 덮고 잔다/They tossed him in a *blanket.* 그들은 그를 담요로 싸서 헹가래쳤다. **2** [담요처럼] 온통 덮는 것. ¶ a *blanket* of snow 온통 덮인 눈. **3** 〖인쇄〗 [옵셋 인쇄기의] 블랭킷[아연판에서 여기에 잉크를 옮기고, 고무의 부드러움을 이용하여 종이에 인쇄한다].
a wet blanket ⇨ WET BLANKET.
born on the wrong side of the blanket 서자로 태어난.
— *vt.* **1** …을 담요로 싸다(덮다). ¶ *blanket* a baby 아기를 담요로 싸다. **2** [담요로 덮은 듯] …을 온통 덮다. ¶ clouds *blanketing* the sky 하늘을 뒤덮고 있는 구름. **3** [주로 벌로서] 〔남〕을 담요로 싸서 헹가래치다. **4** [자기(磁氣) 폭풍 따위가] 〔전파 따위〕를 방해하다, 끄다(extinguish) (*...out*). ¶ *blanket out* a TV program 텔레비전 프로를 방해하다. **5** 〖항해〗 [바람 머리에 나서서] 〔딴 배〕의 바람을 막다. **6** 《구어》 …을 감추다, 억누르다; 〔불〕을 끄다.
— *adj.* 총괄적인, 전체적인. ¶ a *blanket* bill 총괄적인 의안 / *blanket* bombing 융단 폭격.

blánket àrea *n.* 방송국 주변의 전파 장해로 인한 난시청 지대.

blánket chèst *n.* 《美》 이불장.

blan·ket·ing [blǽŋkitiŋ] *n.* Ⓤ **1** 담요감. **2** 〖무선〗 [강력한 전파에 의한] 다른 신호 방해, 전파 방해.

blánket [insúrance] pólicy *n.* 〖보험〗 총괄 보험 증서.

blánket ròll *n.* **1** 둘둘 만 담요[등산가·군인·카우보이 등이 휴대하는 담요·침낭을 둘둘 만 것]. **2** 크랩 도박(craps)에서 야바위치는 수[주사위를 담요 위에서 굴린다].

blánket stìtch *n.* 담요 가장자리 감치기[성기게 감치는 바느질법].

blank·e·ty-blank [blǽŋkitiblǽŋk], (**blankety**) *adj., adv.* 《구어》 빌어먹을[만큼], 괘씸한[정도로]. * 「—」로 나타내는 damned, bloody 따위의 저주의 뜻의 금구(禁句) 대용어. ¶ The *blankety-blank* window wouldn't open. 그 빌어먹을 창문이 아무리 해도 열리지 않았다.

blank·ly [blǽŋkli] *adv.* **1** 무표정하게, 멍하니, 멍청하게. ¶ He looked at me *blankly.* 그는 나를 멍하니 바라보았다. **2** 완전히(totally), 충분히; 단호히, 딱 잘라.

blank·ness [blǽŋknis] *n.* Ⓤ 공백; 단조로움; 공허.

blánk shéll *n.* [엽총의] 공포(空砲) (blank cartridge).

blánk vérse *n.* ⓊⒸ 무운시(無韻詩) [약강 5보격(步格)의 각운이 없는 시. 영국의 극시(劇詩)에 많이 사용].

blank·y [blǽŋki] *adj.* 《英》 = blankety-blank.

blan·quette [*F* blɑ̃kɛt] *n.* ⓊⒸ [어린 양·송아지·어린 닭 따위의 고기를 흰 소스로 졸인] 스튜 요리.

blare [blɛər] *v.* (**blared, blar·ing**) *vi.* [나팔 따위가] 울려 퍼지다; 큰소리로 외치다. ¶ The radio *blared* in the midnight. 라디오가 밤중에 크게 울렸다. **—** *vt.* 〔나팔 따위〕를 크게 울리다; …을 큰소리로 선언하다. ¶ *blare* out a warning 큰소리로 경고하다. **—** *n.* **1** [나팔 따위의] 울려퍼짐, 울리는 소리; 외침, 포효(roar). **2** 눈부신 빛, 강한 광채; 눈부심, 현란함. **3** 팡파르(fanfare).

blar·ney [blɑ́ːrni] *n.* Ⓤ 아첨(flattery). **—** *vt., vi.* [···에게] 아첨하다(flatter), [···을] 아첨하여 속이다.

Blárney stòne *n.* (the ~) Blarney 성의 돌[아일랜드에 있으며 이것에 입맞추면 아첨을 잘하게 된다고 한다].

bla·sé [blɑːzéi / ⌐-] *adj.* 살 맛을 잃은; 향락에 지친.

***blas·pheme** [blæsfíːm, +美 ⌐-] *v.* (**-phemed, -phem·ing**) *vt.* **1** 〔신성한 것〕을 모독하다. **2** …을 욕설하다, 매도하다. **—** *vi.* [신성한 것에 대해] 불손한 언사를 쓰다, 신성을 모독하다. ¶ *blaspheme against* God 신을 모독하다. ◇ blásphemy *n.*

blas·phem·er [blæsfíːmər, +美 ⌐--] *n.* 신성 모독자, 불경스러운 말을 하는 사람; 욕설하는 사람.

blas·phe·mous [blǽsfiməs] *adj.* 신성 모독의, 모독적인, 불경스러운(profane). ~**ly** *adv.* ~**ness** *n.*

***blas·phe·my** [blǽsfimi] *n.* (*pl.* **-mies**) **1** Ⓤ [신성한 것에 대한] 모독. **2** [일반적으로] 불손한 언동, 욕설. ¶ utter *blasphemies against* a person 남에게 욕설을 퍼붓다. ◇ blasphéme *v.*, blásphemous *adj.*

‡blast [blæst / blɑːst] *n.* **1** 한바탕의 바람, 돌풍. ⇨ WIND 類語 ¶ a *blast* of wind 한바탕의 바람/the strong *blasts* of early spring 이른 봄의 강한 돌풍. **2** [나팔·피리의] 취주[음]. ¶ a *blast* on a trumpet 나팔의 취주 / sound a *blast* on the siren 사이렌을 울리다. **3** 갑작스런 큰소리. ¶ The loudspeaker let out an awful *blast.* 스피커가 갑자기 요란한 잡음을 냈다. **4** [풍로·오르간의] 송풍. **5** 《美속어》 난장판 파티(wild party). **6** 폭파, 폭발, 폭풍; 《英》 〖광산〗 [탄광에서 쓰는] 1회분 화약. **7** Ⓤ [동·식물에 대한] 해독(blight). **8** 〖야구〗 홈런.
at a blast 단숨에.
[*at*] *full blast* 《구어》 능력껏, 최고 속도(음량)로.
in* (*out of*) *blast [풍로·오르간에] 바람을 보내고(보내지 않고).
— *vt.* **1** 〔경적 따위〕를 요란하게 울리다, 〔나팔 따위〕를 불다(blow). **2** 〔바위 따위〕를 폭파하다, [폭파하여] 〔터널 따위〕를 만들다. ¶ *blast* a tunnel through rock 바위를 폭파하여 터널을 만들다. **3** …을 시들게 하다; …을 손상하다, 망쳐놓다. ¶ The frost *blasted* the chrysanthemums. 서리로 국화가 시들었다 / The failure *blasted* my hope for life. 그 실패로 나는 인생에 대한 희망을 잃었다. **4** 《완곡적》 …을 저주하다(damn). ¶ *Blast* him! 뒈져라! / *Blast* it! 빌어먹을 것! **5** …이 거짓임을 나타내다. **6** 《美속어》 …을 몹시 비난하다. **7** 《美속어》 [권총 따위로] …을 해치우다.
— *vi.* **1** [나팔 따위가] 울리다; [소리가] 울리다, 울려 퍼지다. ¶ His voice *blasted* in a tunnel. 그의 목소리가 터널 속에서 크게 울렸다. **2** 시들다, 말라죽다, 못쓰게 되다, 망가지다. **3** 《美속어》 [권총 따위로] 쏘다. **4** 《美속어》 마약 주사를 맞다, 마리화나를 피우다.

blast off (*vi*.) [로켓이]발사되다, 이륙하다; (*vt*.)[로켓]을 발사하다, 쏘아 올리다. ¶ Apollo 11 was *blasted off* toward the moon. 아폴로 11호는 달을 향해 발사되었다.

-blast embryo(배), germ(싹) 의 뜻의 연결형. 예: ecto*blast*.

blast-down [bl쥰stdàun / blɑ́ːst-] *n*. [로켓의]역추진

blast·ed [blǽstid / blɑ́ːst-] *adj*. **1** 시든(withered), 마른(blighted); 망쳐진(ruined). ¶ *blasted* cattle 병든 소. **2** 《완곡적》 저주받은(damned), 지독한. ¶ The *blasted* dog barks at everyone. 그 빌어먹을 개는 아무나 보고 짖어댄다.

blást fúrnace *n*. 용광로.

blast·ing [blǽstiŋ / blɑ́ːst-] *n*. Ⓤ **1** [서리 따위가] 초목을 시들게 함. **2** 폭파, 발파.

blásting pòwder *n*. Ⓤ 폭약.

blasto- embryo(배(胚)), germ(싹)의 뜻의 연결형(*모음 앞에서는 blast-를 쓴다). 예: *blasto*derm.

blas·to·derm [blǽsto(u)dɜ̀ːrm] *n*. [발생] **1** 배반엽(胚盤葉)〔난할(卵割)의 결과 생기는 초기의 세포층〕. **2** =blastula. 「쏘아올리기.

blast-off [blǽstɔ̀ːf / blɑ́ːstɔ̀f] *n*. [로켓·미사일의]발사,

blas·to·mere [blǽstəmìər] *n*. [발생] 분할 구(球), 난할구(卵割球), 할구. 「배공(胚胚孔).

blas·to·pore [blǽstəpɔ̀ːr] *n*. [발생] 원구(原口), 포

blást pìpe *n*. 배기관, 송풍관.

blas·tu·la [blǽstjulə -tju-] *n*. (*pl*. **-las** or **-lae** [-liː]) [발생] 포배(胞胚).

blást wàve *n*. 폭풍(爆風) 〔의 파문〕.

blat [blæt] *vi*. (**blat·ted, blat·ting**) (양·송아지가) 울다. ── *vt*. 《구어》…을 큰소리로 지껄이다.

bla·tan·cy [bléitənsi] *n*. Ⓤ 소란, 떠들썩함.

bla·tant [bléitənt] *adj*. **1** 뻔뻔스러운, 주제넘은, 뻔한(obtrusive); 명백한, 뻔한. ¶ a *blatant* lie 뻔한 거짓말. **2** 떠들썩한, 시끄러운. ¶ *blatant* loudspeakers 시끄러운 스피커. **3** 야한, 난폭한. ¶ *blatant* colors 야한 색. **4** 《詩》 음매하고 우는. **~·ly** *adv*.

blath·er [blǽðər] (**blether**) *n*. Ⓤ 장황한 허튼소리, 헛소리. ── *vi., vt*. 쓸데없는 일을 지껄여대다.

blath·er·skite [blǽðərskàit] *n*. **1** 쓸데없는 말을 하는 사람, 수다쟁이, 허풍선이. **2** =blather.

blat·ter [blǽtər] *vi*. (방언) 재잘거리다. ── *n*. 끓는 잎임이 쏘는 듯한 덜컥 (펄럭) 거리는 소리.

blax·ploi·ta·tion [blæksplɔitéiʃ(ə)n] *n*. 《美》 흑인용 영화(연극)의 제작.

‡**blaze**¹ [bleiz] *n*. (보통 a~ of 또는 the~ of) **1** 불길(bright flame), 화염(bright fire). ¶ The *blaze* of a cheerful fire 활활 타고 있는 불 / in a *blaze* 불바다로 이루어.

類語 **blaze** 강한 빛과 열이 나는 비교적 큰 불길: the *blaze* of a forest fire 산불의 불길. **flame** 불길이라는 뜻의 가장 일반적인 말: the *flame* of a candle 양초의 불길. **flare** 어두운 배경이나 꺼져가는 불에서 갑자기 확 타오르는 불빛: the *flare* of a match in the dark 어둠에서 확 켜진 성냥불. **glare** 불쾌할만큼 이글거리는 불(빛): the *glare* of the tropical sun 열대의 태양의 타는 듯이 이글거리는 빛.

2 햇빛, 눈부신 빛(glare). ¶ the *blaze* of day 눈부신
3 [시각적인] 선명함, 밝음; [보석 따위의] 번쩍임, 광휘. ¶ The main street of the town is a *blaze* of lights in the evening. 저녁때 그 도시의 큰 거리는 전등불이 휘황하게 빛났다 / The red tulips made a *blaze* of color in the park. 그 빨간 튤립은 공원에서 선명한 빛을 띠고 있었다.
4 [감정의]격발. ¶ in a *blaze* of anger he struck the man on the head. 그는 화가 난 나머지 그 남자의 머리를 쳤다.
5 화려함, 눈부심. ¶ a *blaze* of oratory 화려한 웅변.
6 명백함, 주지(周知). ¶ the *blaze* of publicity 주지.
7 (~s) 《속어》 《완곡적》 지옥(hell). ¶ Old *Blazes* 악마 / Go to *blazes*! 뒈져라!
like blazes 맹렬히.
What the blazes ...?; Where in blazes ...? 《구어》 도대체 무슨(어디서)…?
── *v*. (**blazed, blaz·ing**) *vi*. **1** 불타다, 빛나다 (*away, up, forth*...). ¶ A fire was *blazing* in the fireplace. 벽난로에는 불이 활활 타고 있었다. **2** [화염처럼]빛나다, 번쩍이다(*forth*...). ¶ Lights were *blazing* in every window. 집집마다 창문에는 불빛이 휘황했다. **3** 격분하다(*up*...). **4** 잘 겨누어 연달아 발포하다(*away*...).
── *vt*. **1** …을 태우다. **2** …을 빛나게 하다, …에 빛나다. **3** (감정)을 노골적으로 나타내다.
blaze away ① [빠른 말로(흥분하여)] 지껄여대다. ② (일)을 맹렬히 하다.
blaze up 확 타오르다; 격분하다.
◇ **abláze** *adv., adj*.

blaze² [bleiz] *n*. **1** [소·말 따위의]얼굴에 있는 흰 표적. **2** [말·소 따위의]길 사이 새긴 표적. ── *vt*. (**blazed, blaz·ing**) **1** (껍질을 벗겨서)[나무]에 흰 표적을 내다. ¶ *blaze* a trail 나무껍질을 벗겨서 길표지를 만들다. **2** (길)을 내다. 「되다.
blaze a way (or *a path*) *in* [어떤 분야의]개척자가

blaze³ [bleiz] *vt*. (**blazed, blaz·ing**) …을 알리다 (make known); …을 포고하다(proclaim). ¶ Headlines *blazed* the Apollo feat. 신문의 표제가 아폴로의 위업을 알렸다.

blaz·er [bléizər] *n*. **1** 《구어》 휘황하게 빛나는 것. **2** 블레이저 [운동 선수 등이 입는 밝은 색의 윗도리]. **3** [요리가 식지 않도록 점화 장치 달린] 보온 냄비(접시).

blaz·ing [bléiziŋ] *adj*. **1** 불타는, 확 타오르는 (flaming with force). **2** 빛나는, 번쩍이는(glaring). **3** 《한정용법》 명백한, 뚜렷한(conspicuous). ¶ a *blazing* lie 《英구어》 빤한 거짓말. **4** 《사냥》 [짐승이 남겨놓고 간 냄새가]강렬한.

blázing stár *n*. **1** 화려한 꽃송이를 맺는 각종 백합과(科)의 식물. **2** 《고어》 인기(관심)의 초점이 되는 사람(것).

bla·zon [bléizn] *n*. **1** 문장(紋章); 문장 해설(기술(記述)). **2** 과시. ── *vt*. **1** [문장]을 문장학적으로 기술하다(그리다). **2** (…을)자랑삼아 보이다. **3** …을 공시(公示)하다, 널리 퍼뜨리다.

bla·zon·ry [bléiznri] *n*. Ⓤ **1** 紋章. **2** 문장 해설(기술); 문장.

bldg. (略) building.

Bldg. E. (略) *B*uilding *E*ngineer.

bldr. (略) builder.

-ble *suf*. ⇒ -ABLE, -IBLE. 「(기관사 조합).

B.L.E. (略) *B*rotherhood of *L*ocomotive *E*ngineers

*****bleach** [bliːtʃ] *vt*. …을 표백하다. ── *vi*. 희어지다. ⇒ WHITEN 類語 ¶ *bleach* cotton 무명을 표백하다. ── *n*. 표백제; 표백도; 표백.

bleach·er [bliːtʃər] *n*. **1** [천을]표백하는 사람, 마전장이. **2** 표백제. **3** 표백용 그릇. **4** (보통 ~s) [야구장 따위의]지붕없는 관람석. 「람석.

bleach·er·ite [bliːtʃəràit] *n*. 《美》 외야석(노천석)관

bleach·er·y [bliːtʃəri] *n*. (*pl*. **-er·ies**) 표백장, 표백공

bleach·ing [bliːtʃiŋ] *n*. Ⓤ 표백. 「장.

bléaching pòwder *n*. Ⓤ 표백분.

*****bleak**¹ [bliːk] *adj*. **1** [풍경이] 황량한(desolate), [토지 등이] 바람받이의, [바람이]살을 에는 듯한, 매섭게 찬. **2** 적막한, 쓸쓸한(dreary); 어두운, 음침한 (gloomy). **~·ly** *adv*. **~·ness** *n*.

bleak² [bliːk] *n*. (*pl*. **bleak** or **bleaks**) [어] 잉어과(科)의 민물고기[유럽산(産)). 은빛 비늘은 모조 진주의 원료).

blear [bliər] *vt*. [눈물·염증 따위로] [눈]을 흐리게 하다. ── *adj*. **1** [눈이]흐린, **2** [드물게] 흐릿한 (dim). **3** 불분명(blur); 눈이 흐린 상태.

blear-eyed [blíə(ː)ràid / blíər-] *adj*. **1** 눈이 흐린[잘 안 보이는]. **2** 앞일을 내다보지 못하는(short-sighted).

blear·y [blí(:)ri / blíəri] *adj.* (**blear·i·er, blear·i·est**) **1** 눈이 흐린. **2** 분명치 않은. **3** 지친.
-i·ly *adv.* **-i·ness** *n.*

***bleat** [bli:t] *vi.* (양·염소·송아지 따위가)울다. ── *vt.* 우는 소리로 …을 지껄이다. ── *n.* **1** 〔양·염소·송아지 따위의〕울음 소리; 그 비슷한 〔목〕소리. **2** 우는 소리, 푸념.

bleat·er [blí:tər] *n.* **1** 매애매애 우는 양(염소, 송아지). **2** 양의 울음 소리 같은 〔목〕소리를 내는 사람(것). **3** 우는 소리를 하는 사람.

bleb [bleb] *n.* 《드물게》 **1** 물집, 수포(水疱). **2** 거품.
bleb·by [blébi:] *adj.* 물집의, 수포의; 거품의.

bled [bled] *v.* bleed 의 과거·과거 분사.

‡**bleed** [bli:d] *v.* (**bled** [bled], **bleed·ing**) *vi.* **1** 출혈하다; 내출혈하다. 〔피가〕나다, 흘러나오다. ¶ *bleed to death* 출혈하여 죽다 / This cut is *bleeding*. 이 상처에서 피가 나고 있다 / He was *bleeding* at the nose. = His nose was *bleeding*. 그는 코피를 흘리고 있었다.
2 〔전투 따위에서〕피를 흘리다, 중상을 입다, 전사하다. ¶ (~+前+名) He *bled for* freedom. 그는 자유를 위해 피를 흘렸다.
3 〔수목이〕수액을 내다(exude sap).
4 〔천의 색이〕번지다, 배어나오다(run).
5 〔남 때문에〕마음 아파하다, 동정하다. ¶ (~+前+名) My heart *bleeds for* the poor children. 그 불쌍한 어린이들을 생각하면 내 마음이 아프다.
6 《속어》 돈을 뜯기다.
7 〔인쇄된 부분까지〕 도련치다.
── *vt.* **1** …에게 출혈시키다. **2** 〔환자 등〕의 피를 뽑다, 방혈(放血)하다. **3** 〔수액 따위〕를 채취하다; 〔나무〕에서 수액을 채취하다. **4** 《속어》〔남〕의 돈을 뜯어 내다, 옭아 내다. ¶ They *bled* him freely for the fund. 그들은 그 자금을 위해 그에게서 마음대로 돈을 뜯어냈다. **5** 〔인쇄된 부분까지〕〔페이지〕를 도련하다.
bleed a person white ⇨ WHITE.
── *n.* 〔인쇄〕 도련; 도련된 페이지.
◇ *blood n.*

bleed·er [blí:dər] *n.* **1** 출혈성의 사람; 혈우병(血友病) 환자(hemophiliac). **2** 방혈해 주는 사람. **3** 《속어》 남에게서 뜯어먹는 사람; 색적, 기식자. **4** 《속어》 〔야구〕 행운의 안타. **5** 《英·경멸적》 녀석(fellow).

blééder's diséase *n.* 혈우병(血友病) (hemophilia).

bleed·ing [blí:diŋ] *n.* Ⓤ **1** 출혈, 유혈. **2** 방혈(bloodletting). ── *adj.* **1** 출혈하는, 피나는; 피투성이의, 피묻은. **2** 고통(동정)을 느끼는. **3** 《英俚語》 지독한, 끔찍한(bloody).

bléeding héart *n.* **1** 금낭화〔하트형의 붉은 꽃이 핀다〕. **2** 《경멸적》 동정(이해)심이 많은 체하는 사람.

bleep [bli:p] *n.* **1** =beep. **2** =blip 3. ── *v.* **1** = bleep. **2** =blip.

***blem·ish** [blémiʃ] *vt.* 〔아름다움·완전성·명성〕을 손상하다; …에 흠을 내다. ── *n.* **1** 결점, 흠, 티 ⇨ DEFECT 類語 **2** 오점, 더럼, 얼룩(stain).

blench¹ [blentʃ] *vi.* 움찔하다, 뒷걸음질치다, 움츠리다(shrink).

blench² [blentʃ] *vi.* 희어지다, 창백해지다. ── *vt.* …을 회게 하다, 창백하게 하다; …을 표백하다(blanch).

‡**blend** [blend] *v.* (**blend·ed** *or* **blent, blend·ing**) *vt.* …을 섞다, 혼합하다. ⇨ MIX 類語 ¶ *blend* paints 그림 물감을 섞다 / *blend* tea (coffee, spirits) 차(커피, 술)를 혼합하다 / *blended* tea 혼합차.
── *vi.* **1** 섞이다, 혼합되다; 뒤섞이어 어우러지다. ¶ Oil and water do not *blend*. =Oil does not *blend with* water. 기름과 물은 섞이지 않는다/The sea and the sky seemed to *blend*. 바다와 하늘이 서로 뒤엉킨 듯이 보였다.
2 조화되다, 어울리다(harmonize) (*with*...). ¶ Purple and dark blue do not *blend*. 자주색과 암청색은 어울리지 않는다 // (~+前+名) The new curtains do not *blend with* the white wall. 새 커튼은 흰 벽과 어울리지 않는다.
── *n.* **1** 혼합. **2** 혼합물〔차·담배 따위〕. ¶ This coffee is a *blend* of Java and Brazil. 이 커피는 자바와 브라질산(產)을 혼합한 것이다. **3** 혼성. **4** 〔언어〕 혼성어(portmanteau word) 〔두 개의 낱말이 혼성된 단어. 예: smog<smoke+fog; slanguage<slang+language〕. *cf.* hybrid, contamination

blende [blend] *n.* Ⓤ 〔광물〕 섬아연광(閃亞鉛鑛) (zinc sulfide).

blénded whískey *n.* Ⓤ 블렌드 위스키〔대개 malt whiskey 와 grain whiskey 를 블렌드한 위스키〕.

blend·er [bléndər] *n.* 혼합기, 믹서.

blend·ing [bléndiŋ] *n.* ⓊⒸ **1** 혼합(물), 합성(물); 융합. **2** 〔언어〕 혼성〔비슷한 단어·구·문 따위가 혼동되어 다른 단어·구·문의 영향을 받아 생기는 현상. 예: different from 에서 different than 이 생기는 따위〕; 혼성어(contamination).

Blen·heim [blénim] *n.* =Blenheim spaniel.
Blénheim spániel *n.* 블렌님종의 스파니엘 개.

blen·ny [bléni] *n.* (*pl.* **-nies** *or* **-ny**) 베도라치과(科)의 바닷물고기.

blent [blent] *v.* blend 의 과거·과거 분사의 하나.

bleph·a·ri·tis [blèfəráitis] *n.* Ⓤ 〔의학〕 안검염(眼瞼炎).

bles·bok [blésbàk / -bɔ̀k], (**blesbuck**) *n.* (*pl.* **-bok** *or* **-boks**) 〔남아프리카산(產)〕 큰 영양의 일종. 〔book.
bles·buck [blésbʌ̀k] *n.* (*pl.* **-buck** *or* **-bucks**) =blesbok.

‡**bless** [bles] *vt.* (**blessed** *or* **blest, bless·ing**) **1** 〔종교적 의식으로서〕…을 신성하게 하다, 정하게 하다.
2 〔신이〕 〔사람〕에게 은총을 베풀다(…*with*) (*cf.* curse); …을 축복하다. *수동형으로 쓰는 일이 많다.* ¶ (~+目+前+名) God *blessed* her *with* good children. 신은 그녀에게 착한 아이들을 주셨다/These districts are *blessed with* natural resources. 이 지방은 천연 자원이 풍부하다 / I am *blessed with* a bad memory. 《반어적》 나는 기억력이 나빠 탈이다.
3 〔신〕을 찬송하다, 찬양하다(praise, glorify); 〔행운〕을 감사하다. ¶ *bless* oneself 스스로 축복하다, 행복하다고 생각하다 / We *bless* Thy Holy Name. 주님의 거룩한 이름을 찬양하노라 / I *bless* the day I met him. 그를 만났던 날을 감사하다.
4 〔악에서〕 …을 지키다(protect, guard) (…*from*). ¶ (~+目+前+名) *Bless* me *from* all evil. 나를 모든 악에서 지켜주소서.
5 …에 십자를 긋다; …에 십자를 그어 축복하다. ¶ *bless* oneself 십자를 그어 몸을 정하게 하다 / She *blessed* the orphans. 그녀는 십자를 그어 고아들의 행복을 빌었다.
6 《완곡적·반어적》 …을 저주하다(damn, curse). ¶ (~+目+前+名) How I *blessed* them *for* disturbing my slumber! 나의 단잠을 깨우다니, 괘씸한 놈들이군!
bless one's stars 행운을 신에게 감사하다, 자기의 복을 기뻐하다.
Bless me !; God bless me !; Bless my soul !; Well, I'm blest !; Bless the boy ! 저런!, 이크!, 이뻘씨!, 아차!, 당치 않다! 〔놀람·성남을 나타내는 말〕.
Bless you ! = *God bless you !* ②
God bless you! ① 그대에게 신의 축복이 있기를!; 정말 감사합니다! ② 아, 가엾어라 (*《英》《美》의 습관에서는 재채기를 한 사람에 대해서도 말한다).
have not a penny to bless oneself *with* 단돈 한푼 없다, 빈털터리다.
[I'm] blest (*or* *blessed*) *if*... 절대로 …이 아니다〔만약 …이면 가만두지 않겠다〕. ¶ I'm *blest if* I know. =*Blest if* I know. 그런 것은 전혀 모른다, 내가 알 게 뭐냐.

◇ bliss n.

*bless·ed [blésid, +美 blest]**, blest** [blest] adj. **1** 신성한(holy). ¶ the blessed land 성지 / the blessed ones 하늘에 계신 여러 성도. **2** 신의 은총을 입은, 행복한(happy). ¶ blessed ignorance 모르는 것이 약 / Blessed are the poor in spirit: for theirs is the kingdom of heaven. 심령이 가난한 자는 복이 있나니 천국이 저희 것이요.[←마태 복음(Matt.) 5 : 3]. **3** 반가운. ¶ blessed news 회소식. **4**《가톨릭》시복(諡福)받은(beatified); (the ~)《명사적 용법》복자. **5**《완곡적·반어적》불경스런, 죄가 될; 저주할. **6**《강조》 the whole blessed lot 고스란히 모두 / every blessed cent 한 푼도 남김없이 / every blessed one 모든 사람, 한 사람도 남김없이 모두.

of blessed memory 고…, 고인이 된….

~·ly adv. ~·ness n.

bléssed évent n.《구어》아이의 출생; 태어난 아이.

Bléssed Sácrament n. (the ~)《교회》성체, 성찬용 빵.

Bléssed Vírgin n. (the ~) 동정녀(성처녀) 마리아(the Virgin Mary), 성모 마리아.

:**bless·ing** [blésiŋ] n. **1** 축복; 축도(祝禱). cf. curse ¶ give the blessing 《사제가》축복하다, [목사가] 축도를 하다. **2** 하늘의 은혜, 신의 은총; 은혜; 고마운 것. ¶ A good fire is a great blessing in cold weather. 추울 때는 따뜻한 불이 무엇보다도 고맙다. **3** 식전의 짧은 기도. ¶ ask (or say) a blessing 식전의 기도를 드리다. **4**《완곡적·반어적》저주(의 말); 질책, 비난. **5** 승인(approval).

a blessing in disguise 괴롭지만 이익이 되는 경험, 불행처럼 보이나 실은 고마운 것.

*blest [blest] v. bless의 과거·과거 분사의 하나.
── adj. = blessed.

bleth·er [bléðər] v., n. = blather.

blew [blu:] v. blow¹의 과거형.

blg.《略》building.

*blight [blait] n. ⓤ **1**《식물》마르죽는 병; 충해. **2**《식물에 해를 미치는》병에 자욱한 세균. **3** ⓒ 파멸(실패)의 원인; [희망을] 꺾는 것; 어두운 그림자. ¶ cast a blight over …에 어두운 그림자를 던지다. ── vt. **1** …을 말라죽게 하다. ¶ Automobile exhaust blighted the trees. 자동차의 배기 가스로 나무들이 말라죽었다. **2** 《를 망쳐놓다(destroy), [희망 등을] 꺾다.
── vi. 말라죽다.

blight·er [bláitər] n.《英속어》경멸할(시시한) 녀석; 놈, 녀석(chap).

blight·y [bláiti] n. (pl. blight·ies)《英속어》(종종 B-) 영국 본국. ¶ a Blighty one 영국 본토로 송환될 만한 [군인의]부상.

bli·mey [bláimi], (**blimy**) interj.《英속어》제기랄!, 아뿔싸!, 아차!, 저런![놀람을 나타내는 소리].
* God blind me.의 전화(轉化).

blimp [blimp] n. **1** 연식(軟式) 소형 비행선;《구어》비행선. **2**《美속어》뚱보. **3** (B-) = Colonel Blimp.

bli·my [bláimi] interj.《英속어》= blimey.

:**blind** [blaind] adj. **1** 눈이 먼, 앞을 못 보는; 장님의, 맹인의; (the ~)《명사적 용법》맹인들(blind people). ¶ a blind man 장님 / be blind 실명하다 / as blind as a bat (or a beetle, a mole) 아주 눈이 먼 / He is blind of the left eye. 그는 왼쪽 눈이 안 보인다(* of 는 문어적) / blind leaders of the blind; the blind leading the blind 믿을 수 없는 소경을 믿고 하는 자[지극히 위험한 상태].[←마태 복음(Matt.) 15 : 14] / In the kingdom of the blind, the one-eyed is king.《속담》장님 나라에서는 애꾸가 임금; 범 없는 골에는 토끼가 스승이라 / The blind horse is the hardiest.《속담》앞 못 보는 말이 가장 대담하다.

2 이해하지 못하는, 알려고 않는(to…). ¶ blind to one's own defects 자기의 결점을 모르는 / People are sometimes blind to the political situation of the world. 사람들은 때로 세계의 정치 정세를 알려고 하지 않는다 / He is blind with terror. 그는 공포로 아무것도 못 본다. / 무서운 나머지 앞뒤를 분간하지 못한다.

3 맹목적인, 이성이 없는(irrational). ¶ blind tenacity (obedience) 맹목적인 고집(맹종) / with blind fury 맹렬히 / Love is blind.《속담》사랑은 맹목적.

4 무식한, 문맹의.

5 의식 (감각)이 없는(insensible). ¶ a blind stupor 완전한 혼수 상태, 인사불성.

6《속어》술취한(drunk), 곤드레만드레 취한.

7 [문장 따위가]이해하기 어려운, 알기 힘드는, [문자 따위가]판독하기 어려운; [편지가] 수취인 불명의. ¶ a blind story 이해 못할 이야기 / a blind passage in a book 책의 어려운 구절 / blind reasoning 이해할 수 없는 이유.

8 [가려져서]보이지 않는, 숨은; 앞이 잘 보이는. ¶ a blind nail 은혈못[겉으로는 박은 것처럼 보이지 않는 못] / a blind ditch 암거(暗渠) / a blind seam 공그른 솔기 / a blind wall 은벽 / a blind corner 앞이 잘 보이지 않는 모퉁이.

9 한쪽이 막힌, 출구 없는, 막다른. ¶ the blind gut 맹장.

10 창문 없는, 출입구가 없는. ¶ a blind window 장식 봉창[여닫지 못하는 창문].

11 맹목적인, 되는 대로의, 무턱댄. ¶ blind forces 기계적인 힘 / a blind purchase 충동적인 구매.

12《원예》열매를 맺지 않는(abortive).

13《항공》계기(計器)에만 의존하는. ¶ blind flying (landing) 계기 비행(착륙).

turn a blind eye to …을 못 본 체하다.

── vt. **1** …을 눈멀게 하다. ¶ be blinded of one eye 한쪽 눈이 되게 되다 / The explosion blinded her. 그 폭발로 그녀는 장님이 됐다.

2 …의 눈을 핑 돌게 하다; …에게 눈가림하다 (blindfold). ¶ He was blinded by the blow. 그는 얻어맞아 눈앞이 깜깜해졌다.

3 …을 어둡게 하다, 보이지 않게 하다. ¶ The clouds blinded the moon. 구름이 달을 가렸다.

4 …의 판단력을 잃게 하다, …을 맹목적이 되게 하다. ¶ (~+图+前+图) Love blinds us to all imperfections. 제 눈에 안경.

5 …의 광채를 잃게 하다, …을 무색하게 하다 (outshine). ¶ Her beauty blinded all the rest. 그녀의 아름다움이 나머지 사람들을 모두 무색케 했다.
── vi. **1**《속어》[운전자가] 무모하게 차를 몰다. **2**《英속어》욕설을 하다.

── n. **1** 가리는 것(발, 차양, 덧문 따위), 블라인드. ¶ Venetian blinds 베니션 블라인드 / rolling blinds 돌돌 마는 발 / draw up the blinds 블라인드를 올리다. **2** 눈을 속이는 것, 속임수, 핑계; 미끼 (decoy). **3**《보통 ~s》말의 눈가리개(blinder). **4**《사냥꾼의》잠복장소. **5**《속어》[술의]과음.

── adv. **1** 맹목적으로, 무작정. **2**《구어》의식을 잃도록, 3 눈으로 보지 않고, 계기에 의존하여. ¶ fly blind 계기 비행(착륙)을 하다.

go [at] it blind 맹목적으로 하다.

◇ blindly adv., blindness n.

blind·age [bláindidʒ] n.《군사》[참호 안의] 방탄벽.

blínd álley n. **1** 막다른 골목. **2** 전도가 암담한 형세 [직업·지위 등].

blínd bággage [cár] n.《美》《철도》수화물(우편 열차의 모든 출입문이 막힌 쪽).

blínd bómbing n.《군사》[보이지 않는 목표에 대한] 무차별 폭격, 맹폭.

blínd cóal n. ⓤ 무연탄.

blínd dáte n.《美》《제삼자의 주선에 의한】모르는 남녀간의 데이트, 그 상대.

blind·er [bláindər] n. **1** 눈을 현혹시키는 사람(것).

blindfold 2 (보통 ~s) 《美》[말의] 눈가리개(blinker).
blind·fold [bláindfòuld] vt. 1 …의 눈을 가리다. 2 …의 사고력을 잃게 하다, 눈을 현혹시키다, 눈을 속이다. ━ n. 눈가리는 천. ━ adj., adv. 1 눈을 가린(가리고), 눈가림을 한(하고). 2 맹목적인(으로), 무모한(하게).
blind gód n. 맹목의 신(Eros 또는 Cupid).
blind·ing [bláindiŋ] adj. 눈을 멀게 하는(듯한), 눈부신, 눈을 현혹하는. ━ n. ⓤ [새로 포장한 도로의 틈새 따위를 메우는]모래나 자갈. **~ly** adv.
blínd létter n. 주소 불명의 편지[주소가 부정확, 또는 불완전하거나 판독할 수 없는 편지].
*****blind·ly** [bláindli] adv. 1 맹목적으로, 무분별하게, 무모하게, 무턱대고, 무지하게. 2 막다르게 되어. 3 눈부시지않게.
blind·man [bláin(d)mæ̀n] n. (pl. -**men** [-mèn]) (주로 英) 《우체국의》 수신인의 주소·성명 판독 계원.
blíndman's búff [bláin(d)mæ̀nz-] n. ⓤ 까막잡기.
blíndman's hóliday n. 《고어·익살》 해질녘, 황혼(twilight).
‡**blind·ness** [bláin(d)nis] n. ⓤ 1 눈이 보이지 않음, 맹목. ¶ color blindness 색맹. 2 무분별. 3 무지 (ignorant folly).
blind píg(tíger) n. 《페어·美속어》 주류 밀매소, 무허가 술집(speak·easy).
blind rádio n. 《美속어》 텔레비전 방송에 대하여 보통의 라디오 방송.
blind-read·er [<́-ri:dər] n. =blindman.
blínd shéll n. 불발탄.
blínd síde n. 1 《애꾸의》눈먼 쪽. 2 약점, 허점. ¶ catch a person on his blind side 남의 약점을 찌르다.
blínd spót n. 1 《해부》[눈의 망막의] 맹점. 2 본인은 모르는 맹점. 3 《라디오의》감도가 나쁜 지역. 4 [경기장·강당 따위에서] 보이지(들리지) 않는 곳.
blínd stámping n. 《제본》무색 압인법(壓印法) [책표지 따위에 철인(鐵印)을 눌러서 자국만 나타나는 양각·색깔은 나타내지 않는 압인법].
blínd stítch n. 공그르기[실땀이 나타나지 않게 꿰매는 바느질]. ━ vt. …을 공그르다.
blind-stitch [bláindstìtʃ] vt. …을 공그르다.
blind-sto·ry [bláindstɔ̀:ri / -stɔ̀ri] n. (pl. -**ries**) 《건축》 창문 없는 층《교회당의 높은 창이 있는 측벽(clerestory) 아래의 벽》.
blínd tést n. 예비 지식이나 선입관 없이 받는 테스트.
blínd trúst n. 《법률》 백지 위임.
blind·worm [bláindwə̀:rm] n. 1 《유럽산(産)》발 없는 도마뱀. 2 《말레이 제도산(産)》 나사류(裸蛇類)의 동물(caecilian).
*****blink** [bliŋk] vi. 1 깜작이다; 눈을 깜작깜작하다. ⇒ WINK 類語. 2 흘긋 보다, 모른 체하다(ignore) (at…). ¶ (━+[刪]+[名] blink at responsibility 책임을 피하다. 3 놀라서 보다, 깜짝 놀라다(at…). 4 【먼 곳의 등불이】깜박거리다(twinkle). ━ vt. 1 【눈】을 깜박거리다, 【눈물】을 떨어뜨리다. 2 …을 눈감아주다, 못 본 체하다; 【책임】을 피하다(evade). ¶ blink the fact that …이라는 사실에 눈을 감다. 3 …을 깜박거리게 하다. ━ n. 1 깜짝임(blinking). 2 《주로 스코》 흘긋 봄(glimpse, glance). 3 섬광, 명멸, 빛의 깜박임(glimmer). 4 《기상》 빙원·눈이 지평선상에 비추는》 반사광.
on the blink 《美속어》 상하여, 못쓰게 되어. ¶ go (be) on the blink 고장나다(나다).
blink·ard [blíŋkərd] n. 1 우둔한 사람. 2 《고어》 노상 깜짝거리는 사람.
blink·er [blíŋkər] n. 1 《철도 전일등 따위의》 명멸 신호(등); 명멸광. 2 (보통 ~s) 《말의》 눈가리개 가죽(blinder). ◇ HARNESS 그림. 3 (보통 ~s) 《눈 보호용》 색안경(goggles).
blink·ing [blíŋkiŋ] adj. 1 깜작이는, 【빛이】 깜박이

리는. 2 《완곡히》 심한, 지긋지긋한(damned). 3 순전한(utter). ~**ly** adv.
blin·tze [blíntsə], **blintz** [blints] n. 《美》 치즈나 과일 따위를 얇게 싸서 기름에 튀긴 팬케이크.
blip [blip] n. 1 레이다 스크린 위의 광점(영상). 2 《美속어》 5 센트 백통화(nickel). 3 삑 하는 소리. ━ vi., vt. 삑 소리를 내다; 【비디오테이프나 텔레비전의 녹음 따위】를 삑 하는 소리로 바꾸다.
‡**bliss** [blis] n. ⓤ 1 더없는 행복, 환희. ⇒ HAPPINESS 類語. 2 【신학】 천국의 기쁨, 지복(至福). 3 천국 (paradise). 4 《고어》 행복(환희)을 가져오는 것.
◇ bless v., blíssful adj.
*****bliss·ful** [blísfəl] adj. 더없이 행복한, 지복의. 기쁨에 넘치는. ~**ly** [-fəli] adv. ~**ness** n.
blíssful ígnorance n. 【현실의 부조리·불평등을 느끼지 못하는】 행복한 무지, 모르는 게 약.
*****blis·ter** [blístər] n. 1 《피부의》 물집, 수포(水疱). ¶ have (or get) a blister on one's foot 발에 물집이 생기다. 2 【페인트 칠 위에 생기는】거품; 【유리 따위의】기포(氣泡); 【사진】 【감광판의】거품. 3 《군사》 【비행기의 동체 앞부분의】 돌출부. 4 【주정 수증기(酒精水準器)의】 눈금을 이루는 거품. 5 【약】 발포고(發疱膏). ━ vt. 1 …에게 【물집(수포)이】 생기게 하다. 2 【신랄한 비평·풍자 따위로】 【남】을 공격하다, 혹평하다. 3 【매질하거나 하여】 【아이】를 벌주다. ━ vi. 물집이 생기다. ◇ blístery adj.
blíster béetle(flỳ) n. 땅가뢰[가뢰과(科)의 곤충의 일종].
blíster cópper n. 【야금】 조동(粗銅).
blíster gás n. 수포성 가스【인체에 물집이 생기게 하는 가스】.
blis·ter·ing [blístəriŋ] adj. 1 물집이 생기게 하는; 물집이 생길만큼 뜨거운. ¶ a blistering sun 불볕 태양. 2 신랄한, 통렬한, 독살스러운(acrimonious). ¶ a blistering remarks 악담(毒舌). 3 격렬한, 맹렬한 (severe). ¶ a blistering assault 맹공격.
blíster páck n. = bubble pack.
blis·ter·y [blístəri] adj. 거품의(같은), 【유리나 페인트 걸침 따위에】 거품이 있는.
*****blithe** [blaið, + 美 blaiθ] adj. 1 즐거운(joyous), 유쾌한, 명랑한(cheerful), 쾌활한(gay). 2 분별없는, 부주의한. ~**ly** adv. ~**ness** n. ~ 걸어대는
blith·er·ing [blíðəriŋ] adj. 허튼(시시한) 소리를 지껄이는, 쓸데없이 재잘거리는.
blithe·some [bláiðsəm, + 美 bláiθ-] adj. 쾌활한, 명랑한(light-hearted), 기분이 들뜬, 즐거운.
~**ly** adv. ~**ness** n.
B.Litt. (略) 《라틴》 Baccalaureus Litterarum (= Bachelor of Letters (or Literature)).
blitz [blits] n. 1 《군사》 전격전(작전). 2 기습. ━ vt. …을 기습하다; …을 전격적으로 하다.
[<G lightning]
blitz·bug·gy [blítsbʌ̀gi] n. 《美軍 속어》 지프(jeep); 소형 트럭.
blitz·flu [blítsflu:] n. 《속어》 전격성(급성) 유행성 감기.
blitz·krieg [blítskri:g] n., vt. = blitz.
[<G blitz lightning + krieg war]
bliz·zard [blízərd] n. 눈보라, 폭풍설.
blk. (略) black; block; bulk.
B.LL. (略) Bachelor of Laws.
bloat [blout] vt. 1 【물·공기 따위로】 …을 부풀리다 (inflate) (…out). 2 …에게 자만심을 품게 하다, 우쭐하게 하다. 2 【물고기】를 훈제(燻製)하여 말리다. ¶ 부풀다(out…). 2 자만심을 품다. ━ n. 1 ⓤ 《獸醫》 【가축이 푸른 풀을 너무 먹어 가스가 차는】 위확대증(고창증(鼓脹症)). 2 《美속어》 술취한 사람(drunkard); 익사체.
bloat·ed [blóutid] adj. 부푼, 팽창한. ¶ a bloated profiteer 욕심에 부푼 모리배. 2 《과식 따위로 인하여》 비대한. 3 교만한. 4 【청어 따위가】훈제(燻製)된.
bloat·er [blóutər] n. 1 훈제 청어. 2 【미국 5 대호에

blob [blɑb / blɔb] *n.* **1** [걸쭉한 액체의] 방울(globule). **2** 더럼, 얼룩; 얼룩. **3** 일정한 형태가 없는 것. **4** [물고기가]물을 튀기는 소리. **5** 팔꿈이, 우둔한 사람. **6** [크리켓] 영점. —— *vt.* (**blobbed, blob·bing**) …에 얼룩(오점)을 묻히다.

*****bloc** [blɑk / blɔk] *n.* **1** [정치·경제상의] 단체, 블록, 권(圈). ¶ the Western *bloc* 서방권 / the Communist *bloc* 공산권 / the dollar *bloc* 달러 블록 / the sterling *bloc* 파운드 지역. **2** 《美》 의원 연합.
en bloc ⇒ EN BLOC.

‡**block** [blɑk / blɔk] *n.* **1** [나무·돌 따위의] 덩어리, 나무 토막; [건축용]블록; 조각자 목재. ¶ a *block* of wood [건축용] 목재 (角材) / a *block* of stone 석재 / a concrete *block* 콘크리트 블록 / building *block* [장난감] 집짓기나무.
2 [물건을 얹거나 자르는]대(臺), 받침나무(돌); 모탕, 도마; [푸줏간의]고기 써는 대; 조선대; 경매대. ¶ a barber's *block* 이발관의 가발대(骨) / keel *blocks* [조선용]용골대 / mount a horse by a *block* 승마대로 말을 타다.
3 [모양을 만들기 위한]형, 골, 틀(mold, form); 모자골; 식(style). ¶ hats of the newest *block* 최신형의 모자 / Hats are made on a *block*. 모자는 골로 모양이 만들어진다.
4 [인쇄] 판목; 대판(臺板); [제책용]쇠판.
5 단두대; (the ~) 단두. ¶ He was sentenced to the *block*. 그는 참수형 선고를 받았다.
6 [기계] 도르래, 고패(pulley). ¶ a single (a double) *block* 단식(복식) 도르래 / a *block* and tackle 고패와 밧줄[감아올리는 기구].
7 멍청이, 바보(blockhead).
8 장애물(hindrance, obstacle); 장애, 방해, 두절(obstruction). ¶ a *block* on a railway 철도의 불통 / a *block* of traffic 교통 차단.
9 [철도] 신호구(區), 폐색[구간]; 폐색 방식(block system).
10 [병리] [신경 따위의] 장애.
11 [증권·유가증의] 한 벌; [한쪽을 풀로 붙인] 용지철, 한 장씩 떼어 쓰게 된 편지, 우표의 한 시트. ¶ a *block* of shares (bonds) 한 벌의 증권(채권) / a *block* of ten tickets for a play 10장 한 벌의 연극표.
12 《美》[4면이 도로로 둘러싸인 도시의] 한 구획, 가구(街區); 네모진 토지; 한 가(街) 구획의 변의 길이; 약 1/20 마일. ¶ The house is a few *blocks* away. 그 집은 2, 3 구획 더 가야 합니다.
13 《주로 英》[많은 주거 또는 상점으로 구획된 1동이] 큰 건물; 아파트; 즐비한 집(상점). ¶ a *block* of flats 한 동의 아파트 《美》 apartment house).
14 [스포츠] 상대방에 대한 행동 방해, 블록.
15 [크리켓] 타자가 타구봉을 두는 곳.
16 (濠) [정부가 국유지를 이민에게 분양하는] 큰 부지, 구획; (the B-) 번화가.
17 (속어) [사람의] 머리(head).
18 [거래되는] 대량의 주식.
19 《英》[의안에 대한] 반대 성명.
20 =bloc.
21 [컴퓨터] 블록[한 단위로 취급되는 일련의 단어의 집단].
a chip of (or 《美》*off*) *the old block* ⇒ CHIP.
cut blocks with a razor [블록을 면도칼로 베듯이] 아까운 짓을 하다, 유능한 사람을 시시한 일에 쓰다.
go (or *come*) *to the block* ① 참수 되다. ⇒5. ② 경매에 붙여지다. ⇒2.
in the block 일괄하여, 총괄적으로. *cf.* en bloc
on the block 경매에 붙여져.
—— *vt.* **1** …에 돌·나무 따위를 쌓다(놓다, 끼우다).
2 …을 방해하다(obstruct), [도로]를 막다, 봉쇄하다 (…up). ¶ [~ing + 图] The street is *blocked* to traffic. 거리는 통행 금지가 되어 있다 / The alley was *blocked* with crowds. 골목은 군중으로 가득 메워버렸다 / They made every effort to *block* his election. 그들은 갖은 수단을 써서 그의 당선을 방해했다 / *Blocked*. 《게시문》 통행 금지.
3 [모자·구두 따위]를 골로 본뜨다. 「로 막다.
4 [스포츠] 을 방해하다; [크리켓] [공]을 타구봉으로
5 [자금 따위]를 봉쇄하다, [국내에서의 사용]을 제한하다 (* 주로 과거 분사형으로 쓰인다). ¶ *blocked* currency 봉쇄 통화.
6 [책 표지에] [무늬 따위]를 양각으로 새기다(emboss).
7 《英》[의안]의 통과를 방해하다.
8 [의학] [마취 따위]로 [신경]을 마비시키다.
9 [연극] …을 연출하다.
—— *vi.* **1** [스포츠] 상대방을 방해하다. **2** [종이가 열과 습기로] 접착하다. **3** [연극] 연출을 그리다.
block in ① …을 가두다. ② …의 약도를 그리다. ③
block out …의 약도를 그리다. └…을 계획하다.
◇ blockable, blockáde, blockìsh, blócky *adj.*

*****block·ade** [blɑkéid / blɔk-] *n.* **1** [군사] [항구 따위의] 봉쇄, 폐색(閉塞), 해상 봉쇄. ¶ raise (or lift) a *blockade* 봉쇄를 풀다 / break a *blockade* 봉쇄를 돌파하다 / run a *blockade* [몰래]봉쇄를 뚫고 출입하다. **2** 교통 차단. **3** 경제 봉쇄. —— *vt.* (*-ad·ed, -ad·ing*) …을 봉쇄하다, [교통·항행]을 차단하다.

block·ad·er [blɑkéidər / blɔk-] *n.* 봉쇄하는 사람 (것); [특히]항구 폐색선(船).

block·ade-run·ner [blɑkéidrʌ̀nər / blɔk-] *n.* 봉쇄를 뚫고 출입하는 사람(배). 「저해; 장애.

block·age [blɑ́kidʒ / blɔ́k-] *n.* [U]《美》[상태], 방해,

blóck and táckle *n.* 도르래 장치.

blóck associàtion *n.* 《美》[자기 지역의 이익을 도모하기 위한] 주민 협의회.

block·ball [blɑ́kbɔ̀:l / blɔ́k-] *n.* [야구] 블록볼, 장애

block·board [blɑ́kbɔ̀:rd / blɔ́kbɔ̀:d] *n.* [건축] [나란히] 합판의 일종.

blóck bóok *n.* 목판 인쇄한 책.

block·bust·er [blɑ́kbʌ̀stər / blɔ́k-] *n.* **1** (구어) [시가지의 한 구획을 전멸시킬 만큼 강력한]대형 폭탄. **2** 강력한 인상(영향, 효과)을 주는 사람(것). **3** block-busting 하는 사람. **4** 블록 버스터[대중을 겨낭해서 만든 대작(大作)이나 대형 영화]. **5** 대성공. **6** [스포츠] 마치 폭발적인 힘같이 실다, 맹렬.

block·bust·ing [blɑ́kbʌ̀stiŋ / blɔ́k-] *n.* [U]《美》흑인이 이사해 온다고 해서 백인 지구의 주민에게 집이나 땅을 싸게 파는 방식. 「letter

blóck cápital *n.* [인쇄] 블록체의 대문자. *cf.* block

blóck cháin *n.* 블록 사슬, 고리 사슬[자전거의 체인 따위].

blóck clùb *n.* 《美》반상회.

blóck cùtter *n.* 목판(木版) 기술자.

blóck dìagram *n.* **1** [지질] 블록 다이어그램[입체적으로 묘사한 지형도]. **2** [라디오 수신기 따위의]회로 구성도. **3** [컴퓨터의]블록 선도(線圖).

blóck grànt *n.* [어느 사업 계획에 주어지는] 포괄적 보조금. *opp.* categorical grant

block·head [blɑ́khèd / blɔ́k-] *n.* 멍청이, 바보

block·heater *n.* 축전(蓄電) 전열기.

block·house [blɑ́khàus / blɔ́k-] *n.* (*pl.* **-hous·es**[-hàuziz]) **1** [군사] 방새(防塞).
2 [총안(銃眼)이 있고 2층이 돌출한 목조의]작은 요새. **3** 통나무집. **4** [로켓 공학] [미사일·우주선 발사대 근처에 관제 요원·기기 따위를 보호하기 위한]철근 콘크리트 건

[blockhouse 2]

block·ish [blɑ́kiʃ / blɔ́k-] *adj.* 나무덩이 같은; 어리석은, 우둔한. **~ly** *adv.* **~ness** *n.*

block letter *n.* [인쇄] 블록 자체[모두 같은 굵기로 장식이 없는 문자. 예: A, B, C, a, b, c]. *cf.* sans serif

block line *n.* 도르래(고패)에 꿰는 밧줄(철사, 사슬).

block plane *n.* 목귀 대패 [판자 모서리를 모로 깎는 대패].

block print *n.* [미술] 목판화, 판화. [것].

block printing *n.* 목판 인쇄[술]; 목판 날염법(捺染法).

block programming *n.* [라디오·TV] 같은 종류의 프로를 같은 시간대에 합치는 일.

block release *n.* [영국의] 연구 휴가 제도[고도의 연구에 전력하도록 지원하며 임시 휴가를 내주는 제도].

block-ship [blákʃìp/blɔ́k-] *n.* **1** 항구 폐색선. **2** 노후선, 폐함(艦).

block signal *n.* 폐색 신호[기] [열차의 폐색 구간 진입 때에 그 가부를 지시하는 신호].

block system *n.* 폐색 방식[일정 구간 안에 들어온 한 열차가 그 구간을 통과할 때까지는 신호로써 다른 열차를 못 들어오게 하여 안전을 확보하는 방법].

block time *n.* [항공] 블록 타임[항공기가 활주로에서 이착륙하는 시간].

block vote *n.* 블록 투표[대의원에게 그가 대표하는 인원수만큼의 표수를 인정하는 투표 방법].

block·y [bláki/blɔ́ki] *adj.* (**block·i·er, block·i·est**) **1** 땅딸막한, 단단한(stocky). **2** [사진 따위가] 농담(濃淡)이 고르지 못한.

bloc vote *n.* =block vote.

bloke [blouk] *n.* (《주로 英 속어》) 놈, 너 석(fellow, guy). ¶ an old *bloke* 늙다리.

‡**blond** [bland/blɔnd] *adj.* **1** [머리털이]금발인, 담갈색의. **2** [피부가]횐. **3** 금발·흰 피부·푸른 눈의. **4** [가구재(材)의 색조가]옅은. ── *n.* **1** 블론드의 사람. *cf.* brunet **2** [U] [프랑스제(製)의] 비단 레이스.

‡**blonde** [bland/blɔnd] (blond 의 여성형) *adj.* [여자가]금발·흰 피부·푸른 눈의, 아름다운. ── *n.* 블론드의 여자. *cf.* brunette

blon·die [blándi/blɔ́n-] *n.* **1** 블론드인 사람. **2** (B ~) 블론디 [Chic Young의 만화 *Blondie* 에 나오는 여주인공; 남편은 Dagwood].

‡**blood** [blʌd] *n.* [U] **1** 피, 혈액; [하등 동물의] 체액(體液) **2** [식물의] 수액(樹液). ¶ loss of *blood* 출혈 / the circulation of *blood* 혈액 순환 / cough *blood* 기침을 하면서 피를 토하다 / shed *blood* 피를 흘리다, 유혈의 참사를 빚다 / It will bring the *blood* to his face. 그렇게 하면 그는 얼굴을 붉힐 것이다.
2 [생명의 근원으로서의] 피, 생명. ¶ give one's *blood* for his country 나라를 위하여 생명을 바치다.
3 유혈(bloodshed), 살육, 살인(murder). ¶ a man of *blood* 살인자 / Thy *blood* be upon thy head. 네 피가 네 머리로 돌아갈지어다[←사무엘기(하) (2 Sam.) 1:16]. [는 기운이 없다.
4 활력, 정력, 생기, 원기. ¶ He is out of *blood*. 그는 **5** 기질, 성품(temperament); 기분. ¶ a person of hot *blood* 성급한 사람 / His *blood* was up. 그는 격분했다.
6 [C](《주로 英》) 성미가 격한 사람; 다혈질인 사람, 열정가; 멋쟁이. ¶ The best young *blood* has gone abroad in search of fortune. 그 가장 유능한 신진기예(新進氣銳)의 젊은이는 출세의 길을 찾아서 해외로 건너갔다.
7 혈통, 가문, 문벌; 동족; 왕족, 귀족. ¶ blue *blood* 귀한 집안의 태생 / an ancestral *blood* 조상 / a brother by *blood* 친형제 / a prince(a princess) of the *blood* 왕자(공주) / come of good *blood* 집안(혈통)이 좋다 / related by *blood* 혈족의, 혈연의 / Love of the sea runs in my *blood*. 바다를 사랑하는 정신이 내 핏속에 흐르고 있다 / He is of imperial *blood*. 그는 황족이다 / They are of the same *blood*. 그들은 같은 가문이다 / They have Jewish *blood* in their veins. 그들은 유대인의 피를 받고 있다 / *Blood* will tell. 혈통은 어쩔 수 없다 / *Blood* is thicker than water.《속담》 피는 물보다 진하다.
8 [축산] 순수 혈통, 순종. ¶ a horse of the purest Arab *blood* 순아라비아종의 말.

bad (or *ill*) *blood* 악감정, 적의(敵意). ¶ breed *bad blood* [사람과 사람사이에] 악감정을 불러일으키다.

blood and iron [독일의 재상 비스마르크(Bismarck, 1815-98)의] 철혈(鐵血) 정책, 무력 정책. ¶ *the Man of Blood and Iron* 철 혈 재상[비스마르크의 별 *flesh and blood* ⇒ FLESH. [명].

for the blood of me 아무리 해도, 반드시.

get blood from (or *out of*) *a stone* 절러서 피도 안 나올 사람에게서 돈을 울아내다, 억지로 짜내다.

get (or *have*) *one's blood up* 홍분하다, 발끈해지다.

God's blood! [고어] 저런, 깜짝이야, 아뿔싸.

* *'s blood* 로 줄어 쓴다.

have a person's blood on one's head 남의 죽음에 책임을 지다.

in cold blood ① 태연하여; 신중(愼重)하게. ② 냉혹하게. ¶ He murdered his wife *in cold blood*. 그는 자기 아내를 냉혹하게 죽였다.

in hot (or *warm*) *blood* 격분하여, 발끈해서. ¶ I struck him *in hot blood*. 나는 울화가 치밀어서 그를 때렸다.

make a person's blood boil 남을 격분시키다. ¶ His answer *made* my *blood boil*. 그의 대답에 나는 격분했다.

make a person's blood run cold; freeze a person's blood 남을 오싹하게 만들다. ¶ The sight *made* his *blood run cold*. 그는 그 광경을 보고 소름이 끼쳤다.

My blood'll be on you! 《구어》 너를 저주할 테다!

put one's blood into …에 심혈을 쏟다. ¶ He *put* his *blood into* the thesis. 그는 논문에 심혈을 쏟았다.

sweat blood ① 큰 고생을 하다. ② 마음 졸이다.

taste blood [사냥개·짐승 따위가] 피맛을 알다; 처음으로 경험하다.

to the last drop of one's blood 마지막 피 한 방울까지; 목숨이 붙어 있는 한.

with blood in one's eyes 혈안이 되어, 살기를 띠고.

── *vt.* **1** [사냥개]에게 피를 맛보이다; 피를 보이다; 《軍事》[병사]를 유혈에 익숙하게 하다. **2** [의학] …에서 피를 뽑다. ＊ 보통 bleed 를 쓴다.

◇ *bleed v.*, *bloody adj.*

blood and thunder *n.* [U] [통속 소설이나 대중극 따위의] 폭력과 유혈투성이, 선정(煽情)주의.

blood-and-thun·der [blʌ́dənθʌ́ndər] *adj.* [통속 소설이나 대중극 따위의] 폭력과 유혈투성이의, 선정주의의. [액].

blood bank *n.* **1** 혈액 은행. **2** [수혈용의] 저장 혈액.

blood bath *n.* 대학살, 대량 학살(massacre).

blood brother *n.* **1** 친형제. **2** 우정으로 굳게 맺어진 남자; [피를 나누고 맹세한] 의형제, 형제 같은 사이. **3** [만것과] 끓을래야 끓을 수 없는 사이의 것.

blood cell(corpuscle) *n.* 혈구(血球).

blood count *n.* 혈구수 측정, 혈구 계산.

blood-cur·dler [blʌ́dkə̀ːrdlər] *n.* 전율적(선정적)인 이야기[기사·책 등].

blood-cur·dling [blʌ́dkə̀ːrdliŋ] *adj.* 오싹하게 하는, 간담이 서늘해지는, 등골이 오싹한.

blood donor *n.* 헌혈자.

blood·ed [blʌ́did] *adj.* **1** [보통 복합어를 만들어] […의] 피의, 피가 …한. ¶ warm (cold) -*blooded* animals 온혈(냉혈) 동물. **2** [말 따위가] 순종의, 혈통이 좋은.

blood feud *n.* [유혈의 복수를 되풀이하는] 두 종족 간의 뿌리깊은 원한(싸움), 철천지원수. [의.

blood-giv·en [blʌ́dgìv(ə)n] *adj.* 혈연에 의한, 동족

blood group(type) *n.* 혈액형.

blood-guilt·i·ness [blʌ́dgìltinis] *n.* [U] 살인죄.

blood-guilt·y [blʌ́dgìlti] *adj.* 살인죄를 범한.

blood heat *n.* ⓤ 혈온(血溫) [인간의 표준체온; 보통 약 37℃].
blood horse *n.* 순종의 말, 서러브레드 [thoroughbred].
blood·hound [blʌ́dhàund] *n.* 블러드하운드 [범인 수색·추적용의 냄새 잘 맡는 개].
blood·less [blʌ́dlis] *adj.* **1** 피가 나오지 않는. **2** 창백한(pale). **3** 피를 흘리지 않는, 유혈의 참사가 아닌. ¶ *a bloodless* victory (revolution) 무혈 승리(혁명). **4** 열정(기운)이 없는(spiritless). **5** 냉담(무정)한, 냉혈의. ~·ly *adv.* ~·ness *n.*
blood·let·ting [blʌ́dlètiŋ] *n.* ⓤ **1** [의학] 방혈(放血), 사혈(瀉血) [정맥을 절개하고, 피를 뽑는 일]. **2** 유혈.
blood·line [blʌ́dlàin] *n.* 혈통, 가계(家系) [특히 동물].
blood·lust [blʌ́dlʌ̀st] *n.* ⓤⓒ 피를 보려는 욕망, 피에 굶주림.
blood·mo·bile [blʌ́dmo(u)bìːl] *n.* 《美》 헌혈차, 긴급 혈액 수송차.
blood money *n.* **1** 살인 사례금 [청부 살인범에게 지불하는 돈]. **2** 위자료 [피살자의 유족에게 주는 배상금]. **3** 범인 신고 보상금 [극형에 처해질 범인을 관헌에게 신고하고 받는 돈].
blood orange *n.* 과육(果肉) (과즙)이 빨간 오렌지.
blood plasma *n.* 혈장(血漿).
blood platelet *n.* [해부] 혈소판(血小板) (thrombocyte).
blood poisoning *n.* ⓤ [병리] 패혈증(敗血症).
blood pressure *n.* ⓤ [생리] 혈압. ¶ He has a high (low) *blood pressure*. 그는 고(저) 혈압이다.
blood pudding *n.* =blood sausage.
blood purge *n.* 피의 숙청 [정당·정부가 불순 분자를 죽이거나 추방하는 일].
blood red *n.* 핏빛.
blood-red [blʌ́dréd] *adj.* **1** 피처럼 붉은. **2** 피로 물들인.
blood relation (relative) *n.* 혈연, 혈족, [유.
blood revenge [blʌ́drivénʤ] *n.* 혈액에 의한 보복(復), 앙갚음.
blood·root [blʌ́drùːt, +美 -rùt] *n.* **1** 겨자과(科)의 식물 [북미산]. **2** 《英》 장미과(科) 양지꽃속(屬)의 식물.
blood royal *n.* 황족, 왕족(royal family).
blood sausage *n.* ⓤ 돼지 선지를 섞은 소시지(blood pudding).
blood serum *n.* ⓤ[생리] 혈청(血淸).
*blood·shed [blʌ́dʃèd], **-shed·ding** [-ʃèdiŋ] *n.* ⓤⓒ **1** 유혈(의 참사), **2** 살해.
blood·shot [blʌ́dʃɒt / -ʃɔt] *adj.* [눈이] 충혈된, 핏발이 선. ¶ see things *bloodshot* 살기를 띠고 있다.
blood sport *n.* 피를 흘리는 스포츠 [투우·수렵 따위].
blood spot *n.* [계란 속에 생기는] 핏덩어리.
blood·stain [blʌ́dstèin] *n.* 핏자국, 혈흔(血痕).
blood·stained [blʌ́dstèind] *adj.* **1** 피묻은, 핏자국이 있는. **2** 살인(범)의(bloodguilty).
blood·stock [blʌ́dstɒk / -stɔ̀k] *n.* 《집합적》 서러브레드 [순종의 말].
blood·stone [blʌ́dstòun] *n.* ⓒⓤ 혈석(血石) (heliotrope), 혈옥수(血玉髓) [옥수(chalcedony)의 변종으로, 혈반(血斑)이 있는 3월의 탄생석].
blood stream *n.* [체내의] 혈류(血流).
blood·suck·er [blʌ́dsʌ̀kər] *n.* **1** 흡혈 동물, 거머리(leech). **2** 흡혈귀, 남이 고생하여 얻은 것을 착취하는 사람, 고리 대금업자(sponger). **3** 식객, 밥벌레(sponger).
blood sugar *n.* **1** 혈당(血糖) [혈액 속의 포도당]. **2** 혈당의 양(量). **3** 혈당의 측정.
blood test *n.* 혈액 검사.
blood-test [blʌ́dtést] *vt.* …의 혈액 검사를 하다.
blood·thirst·y [blʌ́dθə̀ːrsti] *adj.* 피에 굶주린, 유혈을 좋아하는, 살기 띤, 잔인한 (murderous).
-**thirst·i·ly** *adv.* -**thirst·i·ness** *n.*
blood tie *n.* 혈연, 혈족 관계.
blood transfusion *n.* ⓒⓤ 수혈(輸血).

blood type *n.* =blood group.
blood-type [blʌ́dtàip] *vt.* [사람]의 혈액형을 판정하다.
blood typing *n.* ⓤ 혈액형 검사.
blood vengeance *n.* 유혈의 복수. *cf.* blood feud
blood vessel *n.* 혈관.
blood-warm [blʌ́dwɔ̀ːrm] *adj.* 혈온(血溫)의, 미지근한.
blood·worm [blʌ́dwə̀ːrm] *n.* [낚시 미끼로 쓰는] 붉은 지렁이.
blood·wort [blʌ́dwə̀ːrt] *n.* **1** 뿌리에 붉은 색소가 있는 식물 [북미산(產)]. **2** 뿌리와 잎이 붉은 식물 [소루쟁이(dock)·혈근초(血根草)(bloodroot) 따위].
‡blood·y [blʌ́di] *adj.* (**blood·i·er, blood·i·est**) **1** 피로 더러워진, 피투성이의. ¶ a *bloody* dagger 피묻은 단검. **2** 유혈의, 살벌한, 피비린내나는. ¶ a *bloody* battle 피비린내나는 전투. **3** 피를 보는, 잔인한, 잔학한(cruel). ¶ a *bloody* tyrant 잔인한 폭군. **4** 피의, 혈액을 함유한, 혈액으로 만든; 핏빛의, 붉은. ¶ *bloody* flux 적리(赤痢) / *bloody* hand 붉은 손 [준남작(準男爵) 또는 Ulster의 문장(紋章)]. **5**《英俚語》패셉한, 지독한(damned); 엄청난(extraordinary);《강조어로》완전한.《英》는 **5**와 *adv.* 의 뜻으로 종종 b——[d]y처럼 쓰기도 한다. ¶ a *bloody* fool 형편없는 바보 / not a *bloody* one 단 하나도 …않다(없다). —— *adv.*《英俚語》대단히; 몹시, 터무니없이 (exceedingly). —— *vt.* (**blood·ied, blood·y·ing**) …을 피로 더럽히다, 피투성이로 만들다; …에게 피를 흘리게 하다.
blood·i·ly *adv.* **blood·i·ness** *n.* ◇ blood *n.*, bleed *v.*
Bloody Mary *n.* 보트카에 토마토 주스를 타서 만든 음료·술.
blood·y-mind·ed [blʌ́dimáindid] *adj.*《英俚語》[사람이] 훼방꾼인, 심술궂은, 살벌한, 잔인한 (cruel).
bloody shirt *n.* [복수를 상징하는] 피로 물들인 샤쓰; 적개심을 북돋우는 것. ¶ wave the *bloody shirt* 적개심을 북돋우다.
blooey, -ie [blúːi] *adj.*《美俗》[기계 따위의] 상태가 이상한. ¶ go *blooey* 고장나다.
‡bloom¹ [bluːm] *n.* **1** ⓒ 꽃; ⓤ《집합적》꽃. ⇒ FLOWER[類語] **2** 개화(기), 꽃의 만발. ¶ be out of *bloom* [꽃이] 다 지다, 개화기를 지나다 / The roses are in full *bloom*. 장미꽃이 만발해 있다 / The daisies have come into *bloom*. 데이지꽃이 피었다. **3** 혈색, 발랄함, 청춘, 아름다움; 성숙, 한창, 최고점 (culmination); ⓒ 미녀, 가인(佳人). ¶ young men in the *bloom* of adolescence. 청춘기의 젊은이. **4**〔젊음·건강을 나타내는〕볼의 홍조(flush); 젊음의 건강함) 혈색; [동물의 모피 따위의] **5** [과실(果粉)] [과실 표면에 생기는 흰 가루]. **6**〔광물〕화(華)〔광물의 피가루〕. **7**〔니스·래커 따위를 칠한 표면의〕탁한(흐린) 빛. —— *vi.* **1** 꽃이 피다, 개화하다. ¶ These flowers *bloom* all the year round. 이 꽃들은 일년내내 핀다. **2** 번영하다, 한창 번드날리다, 전성기를 뽐내다(flourish). **3** 생기(건강미)가 넘치다. **4** 화려한 색갈로 빛나다. —— *vt.* **1** …을 개화시키다. **2** …을 번영시키다. **3** …을 윤나게 하다. **4** …〔광택나는 면〕을 흐리게 하다.
◇ ablóom *adv., adj.,* blóomy *adj.*
bloom² [bluːm] *n.* 〔야금〕 괴철(塊鐵), 분괴철(分塊鐵) [압연기에 걸기 전에 증기 망치로 대충 불린 강괴(鋼塊)]. —— *vt.* [이긴 쇳물]을 괴철로 불리다.
bloom·a·ry [blúːməri] *n.* =bloomery.
bloom·er¹ [blúːmər] *n.* **1**(~s) 블루머 [예전에 운동복으로 입었던 여성용 바지]. **2**(~s) [여성·어린이용] 블루머형 바지. **3** 블루머 [짧은 스커트와, 헐거운 바지로 된 여성복]. [<1850년경 New York의 A. Bloomer 부인이 고안한 것]
bloom·er² [blúːmər] *n.* **1** 꽃피는 식물. **2** 기량(재능)을 키워 나가는 사람(청년). **3**《주로 英俗》큰 실책, 대 실수.
bloom·er·y [blúːməri] *n.* (*pl.* **-er·ies**)〔야금〕괴철로

blooming

(塊鐵爐). 괴철 공장. *cf.* bloom²

*__bloom·ing__ [blúːmiŋ] *adj.* **1** 꽃이 핀, 꽃이 만발한(in bloom). **2** 한창 젊은, 청춘의, 생기에 찬. **3** 번영하는, 융성하는(prospering). **4** 〖英口語〗 지독한, 터무니 없는. * bloody 대신 쓰는 완곡한 표현. ~·ly *adv.* ~·ness *n.*

blóoming míll *n.* 〖冶金〗 분괴압연기(分塊壓延機). 분괴 공장. *cf.* bloom²

bloom·less [blúːmlis] *adj.* 꽃이 없는, 꽃이 피지 않는

bloom·y [blúːmi] *adj.* (bloom·i·er, bloom·i·est) **1** 꽃으로 뒤덮인; 만발한. **2** 〖식물〗 [과실 따위가 표면에] 흰 가루가 낀.

bloop [bluːp] *n.* **1** 《美》 〖라디오 따위의〗 윙윙거리는 불쾌한 잡음. **2** 〖필름 따위의 이음새에 대는〗 잡음 방지용 특수 마스크(mask). — *vi.* 〖라디오 따위가〗 윙윙 잡음을 내다. — *vt.* **1** 〖특수 마스크 따위로〗 〖윙윙거리는 잡음을〗 없애다. **2** 《俗》 〖野球〗 〖투구를〗 텍사스 히트로 만들다, [텍사스 히트를] 날리다.
cf. blooper 3

bloop·er [blúːpər] *n.* **1** 부근의 수신기에 잡음을 일으키는 라디오 수신기. **2** 《俗》 〖특히 라디오 방송에서의〗 큰 실수(blunder). **3** 《俗》 〖野球〗 **a)** 텍사스 히트[내야수의 뒤쪽에 떨어지는 안타]. **b)** 역회전이 붙은 완만한 곡선을 긋는 투구.

blóop hít *n.* 〖野球〗 텍사스 히트(blooper).

‡**blos·som** [blásəm / blɔ́s-] *n.* **1** 〖특히 과수(果樹)의〗 꽃; 〖U〗〖집합적〗 〖한 그루의 나무, 또는 나무 전체의〗 꽃. ⇨ FLOWER 類語 ¶ a *blossom* bud 꽃봉오리 / a shower of *blossom* 눈보라 / cherry trees of double *blossom* 천엽(千葉)이 피는 벚나무. **2** 〖U〗 개화, 만발[기]. ¶ in full *blossom* 꽃이 만발한 / come (*or* spring) into *blossom* 꽃이 피기 시작하다. **3** 〖U〗 청춘, 소장기(少壯期).
— *vi.* **1** 〖나무에〗 꽃이 피다. ¶ *blossoming* season 꽃철 / The apple trees will *blossom* next month. 사과나무는 다음 달에 꽃이 핀다. **2** 번영하다, 발전하다; 출세하여 …이 되다(*into*, *out*...). ¶ (~+前+名) He has *blossomed into* a statesman. 그는 출세하여 정치가가 되었다. **3** 〖낙하산이〗 퍼지다.
◇ blóssomy *adj.*

blos·som·y [blásəmi / blɔ́s-] *adj.* 꽃으로 뒤덮인, 꽃이 만발한, 꽃이 한창인.

‡**blot¹** [blat / blɔt] *n.* **1** 〖잉크 따위의〗 점, 얼룩(spot, stain). ¶ This letter is full of *blots*. 이 편지는 잉크의 얼룩투성이다. **2** 〖인격·명성 따위의〗 흠, 오점(blemish). 오명(disgrace). ¶ a great *blot* in his career 그의 생애의 일대 오점 / an ugly *blot* on his reputation 그의 명성에 대한 일대 오점. **3** 〖古語〗 〖문장 따위의〗 삭제(erasure), 말살(obliteration).
a blot on the landscape 경치를 망치는 것, 풍경을 해치는 것. ¶ This decayed building is *a blot on the landscape*. 이 낡은 건물이 풍경을 망치고 있다.
— *v.* (**blot·ted, blot·ting**) *vt.* **1** 〖잉크·먹 따위로〗 …을 더럽히다, …에 오점을 찍다(stain, spot); [명예·인격 따위를] 손상시키다(injure). **2** …을 어둡게 하다 (darken), 희미하게 만들다; …에 그림자를 드리우다(obscure); …을 분간 못하게 하다; [수병의] 잠식. **3** …을 불명료하게 하다(...out). ¶ (~+目+副) *blot out* a memory 기억을 희미하게 하다 / The sky is *blotted out* by clouds. 하늘은 구름에 덮여 어둡다. **3** 〖압지 따위로〗 …을 빨아들이다. **4** …을 소실(消失)시키다(destroy), 완전히 말소하다, [얼룩을] 완전히 빼다, 닦아내다(...out). ¶ (~+目+副) His sins are all *blotted out*. 그의 죄는 완전히 말소되었다. **5** …을 문질러 바르다(daub), 뒤바르다.
— *vi.* **1** 〖잉크가〗 번지다. **2** 얼룩이 지다, 붙다. ¶ This paper *blots* easily. 이 종이는 잘 번진다.

blot² [blat / blɔt] *n.* **1** [서양 주사위 놀이(back-gammon)에서] 잡히기 쉽게 된 말. **2** 〖古語〗 〖토론·행위 따위의〗 약점(weak point). ¶ hit a *blot* 약점을 찌

르다.

blotch [blatʃ / blɔtʃ] *n.* **1** 〖잉크 따위의〗 큰 얼룩 (stain). **2** 부스럼, 종기, 창(瘡). **3** 오점, 결점 (blemish). **4** 〖식물·병리〗 **a)** 〖나무의〗 암종병(癌腫病) 〖곰팡이로 색깔이 나빠진 부분. **b)** 균 때문에 생기는 사과의 병. — *vt.* …을 얼룩지게 하다, …을 더럽히다.

blotch·ed [blatʃt / blɔtʃt] *adj.* 얼룩진.

blotch·y [blátʃi / blɔ́tʃi] *adj.* (**blotch·i·er, blotch·i·est**) **1** 〖얼굴 따위가〗 부스럼투성이의. **2** 얼룩 같은, 부스럼 비슷한.

blot·ter [blátər / blɔ́t-] *n.* **1** 〖틀에 붙인〗 압지(押紙) 〖잉크를 빨아들이는 기구〗. **2** 임시 장부, 〖경찰의〗 사고 기록부, 채포자 명부. **3** 모전(毛氈)으로 만든 패킹. **4** 〖美俗〗 술고래.

blot·tesque [blatésk / blɔt-] *adj.* 〖그림〗 아무렇게나 그린, 조잡하게 그린.

blót·ting pád [blátiŋ- / blɔ́t-] *n.* 압지철.

‡**blótting páper** *n.* 〖U〗 압지.

blot·to [blátou / blɔ́t-] *adj.* 《俗》 곤드레만드레 취한.

*__blouse__ [blaus, blauz / blauz] *n.* **1** [부인·아동복의] 블라우스. **2** 〖헐거운〗 작업복. **3** 〖미군의 보통 군복의〗 웃옷, 자켓 〖코트 대신 입는다〗; [수병의] 잠바. — *v.* (**bloused, blous·ing**) *vi.* 〖허리띠 윗부분에서〗 블라우스 따위가 불룩해지다. — *vt.* 〖장화의 상부에서〗 〖바지의 단을〗 부풀게 하다.

blous·on [blúːzoun, ⁓⁓, bláuːsən / bluːzɔ́n] *n.* 블루존 〖허리에 고무나 벨트를 졸라매면 좀 불룩해 보이는 여자용 자켓〗.

‡**blow¹** [blou] *v.* (**blew, blown** → *vt.* 13, **blow·ing**) *vi.* **1** 〖종종 it을 주어로 하여〗 〖바람이〗 불다. ¶ The wind is *blowing* from the east. 동쪽에서 바람이 불어오고 있다 // (~+副) The wind *blew* hard. 바람이 세게 불었다. It was *blowing* heavily. 바람이 몹시 불고 있었다. **2** 〖바람에〗 불려 흩어지다, 흩날리다; 〖바람에〗 펄럭이다, 나부끼다. ¶ The dust *blows*. 먼지가 흩날린다 / The curtains were *blowing* out of the open windows. 열린 창문에서 커튼이 나부끼고 있었다 / The door *blew* open. 바람에 문이 열렸다.
3 입김을 불다, 〖풀무 따위로〗 바람을 보내다. ¶ (~+前+名) *blow through* a pipe 관(管)을 불다 / The fan is *blowing on* my neck. 선풍기가 내 목에 바람을 보내고 있다.
4 [음악] 〖뿔피리·트럼펫·풍금 등이〗 울리다; 〖기적·사이렌 등이〗 울리다. ¶ (~+前+名) The train *blew* for the crossing. 열차가 건널목에서 경적을 울렸다 / The siren *blows at* noon. 정오에 사이렌이 울린다.
5 숨을 거칠게 쉬다, 헐떡이다; [말 따위가] 한숨 돌리다. ¶ The slope made him *blow*. 그는 비탈에서 헐떡였다 / Let the mare *blow* at the end of the furrow. 이 고랑 끝에서 암말이 한숨 돌리게 하라.
6 〖口〗 자랑하다, 허풍 떨다(boast). ¶ (~+前+名) He *blew about* his family. 그는 가족 자랑을 했다.
7 〖고래 따위가〗 물을 내뿜다(spout).
8 〖퓨즈·진공관·전구 따위가〗 끊어지다; 〖타이어가 안으로부터의 압력으로〗 터지다(*out*...). ¶ (~+副) The fuse *blew out*. 퓨즈가 끊어졌다.
9 거칠어지다, 소리치다; 격분하다. ¶ When he heard what they had done, he really *blew*. 그들이 한 짓을 듣자 그는 정말로 격분했다.
10 〖俗〗 〖지체없이〗 떠나가다(leave).
— *vt.* **1** 〖바람이〗 …을 불다, 휘몰아치다; [입김]을 불다. ¶ (~+目+前+名) Don't *blow* your breath *on* my face. 내 얼굴에 입김을 불지 마시오 / Let's *blow* the fire *into* a good blaze. 불을 불어서 잘 타오르게 하자 ¶ (~+目+副) She let the breeze *blow* her hair dry. 그녀는 산들바람에다가 머리털을 말렸다 / The wind *blew* my hat *off*. 바람에 내 모자가 날려갔다.
2 〖소식을〗 알리다, 전하다(...*about, abroad*); 〖소문을〗 퍼뜨리다; 《俗》 〖비밀을〗 누설하다, …을 고자질하다.

¶ (~+目+副) They have *blown* all sorts of silly rumors *about*. 그들은 온갖 바보 같은 소문을 퍼트렸다. **3** …을 불어서 부풀게 하다, 불어 만들다. ¶ *blow* glass 유리를 불어 가공하다 / *blow* one's balloons (bubbles) 풍선(비눗방울)을 불어 만들다.
4 …에 바람을 불어넣다, 불어서 내다; [코]를 풀다. ¶ *blow* one's nose 코를 풀다.
5 [피리·나팔 따위]를 불다, 취주하다; […]를 연주하다.
6 …을 폭발시키다(…*up*), [과적(過積) 따위]에 …을 파열시키다(…*out*). ¶ (~+目+副) *blow up* a bridge with gunpowder 교량을 화약으로 폭파하다.
7 [파리가] …에 쉬를 슬다. ¶ […]하다(…*out*).
8 a) [말]을 헐떡이며 하다, **b**) [말]에서 한숨 돌리다.
9 (속어)…에 돈을 쓰다; [재산]을 낭비하다. ¶ (~+目+前+名) *blow* a fortune *on* …에 재산을 낭비하다.
10 (속어)에 한턱 내다. ¶ (~+目+前+名) I'll *blow* you to a steak. 네게 비프스테이크를 한턱 내겠다.
11 (美속어)…을 잘못하다, 실패하다; [계획, 호기 따위를] 놓치다, 무산시키다 (보통 과거형으로). ¶ There were two chances to win, and he *blew* them both. 두 번 이길 기회가 있었는데 그는 두 번 다 놓쳤다.
12 (美속어)…에서 급히 나가다. ¶ He *blew* town. 그는 급히 시내를 떠났다.
13 (*pp.* **blowed**) (속어) …을 저주하다(curse). ¶ *Blow* it! 빌어먹을!, 제기랄! / I'm (*or* I'll be) *blowed* if I do it. 그런 일은 절대로 못하겠다.
14 (美속어) [마리화나]를 피우다.
blow a fuse (or ***a gasket***) (속어) 격분하다, 떠들어 대다.
blow away …을 불어 없애다, 불어 흩뜨리다, 불어 날려 […].
blow down …을 불어 떨어뜨리다(넘어뜨리다); [보일러 안의 증기]를 배출하다.
blow hot and cold 태도가 늘 바뀌다, 추켜올렸다 내렸다 하다, 변덕스럽고 주견이 없다.
blow in ① (*vt.*) [용광로]를 가동하기 시작하다; (*vi.*) [용광로가] 가동하다. *cf.* **blow out** ② (美속어) [돈]을 쓰다, 낭비하다, 다 써버리다. ③ 생산하기 시작하다. ④ (*vi.*) (속어) 불쑥 찾아오다.
blow into (속어) …에 뜻밖에 찾아오다. ¶ He just *blew into* town last night. 그는 어젯밤 뜻밖에 시내에 나타났다.
blow it 실수하다, 얼빠진 짓을 하다.
blow one's lines [연극] 실수하다, 대사를 틀리게 하다.
blow off ① …을 불어 날리다. ⇒ *vt.* 1. ② (*vi.*) [증 기·물 따위가] 뿜어나오다. ③ (구어) [큰 소리로 말하거나 하여] 긴장을 풀다.
blow off steam 노여움을 발산시키다. ¶ She would keep perfectly quiet until he had *blown off steam*. 그녀는 그가 화가 다 풀릴 때까지 잠자코 있곤 했다.
blow one's own horn (or ***trumpet***) 제자랑하다, 허풍을 떨다.
blow out ① [등불] 불어 끄다. ② (*vt.*) [용광로]의 가동을 중지하다; (*vi.*) [용광로가]가동을 멈추다. *cf.* **blow in** ③ [등불이]꺼지다, [폭풍 따위가]멎다. ⑤ 파열하다, 터지다.
blow over ① [폭풍 따위가]멎다, 가라앉다, 잔잔해지다. ② [위기·불행·풍설 따위가]무사히 지나가다, 스러지다, 잊혀지다.
blow one's top (or ***lid, stack***) (속어) 화내다, 불끈하다.
blow up ① …을 불어서 일으키다(피우다). ② 일어나다. ¶ A storm suddenly *blew up*. 갑자기 폭풍우가 일었다. ③ (*vt.*) …을 폭파하다, 못쓰게 만들다 ⇒ *vt.* 6); (*vi.*) 폭발하다, 파열하다, 더 세차게 불다. ④ …을 과장하다(exaggerate). ⑤ (구어) [화]를 내다, 이성을 잃다. ⑥ (구어) …을 야단치다, 비난하다. ⑦ …을 부풀게 하다; (*vi.*) (비유적으로도) 부풀다. ⑧ [사진]을 확대하다.

blow upon ① 신선한 맛을 없애다, 값없이 만들다. ② [신용]을 잃게 하다. ③ …을 배신하다; …을 밀고하다; …을 흉보다. ¶ He has *blown upon* us. 그는 우리를 배신했다.

—— **n. 1** 한줄기 바람; 강풍, 큰 바람. ¶ A heavy *blow* drove the ship into the port. 강풍 때문에 배는 항구로 들어왔다. **2** [입·악기·도구에 의한]한번 불기; 코를 풀기. **3** [고래의] 물뿜기. **4** [파리가 슨]알, 산란(産卵). **5** 허풍, 자기 자랑(boast); (속어) 허풍선이, 자랑꾼(braggart). **6** [야금] 한번 불어넣는 시간, 한번 불어넣는 양. **7** 휴식, 숨돌리기. ¶ get (*or* have, go for) a *blow* 한숨 돌리러 외출하다.
◇ **blówy** *adj.*

‡**blow²** [blou] *n.* **1** [손·주먹·무기 따위에 의한]강타, 타격, 구타, 타박. ¶ dodge a *blow* 타격을 피하다 / exchange *blows* 치고받다 / give the finishing *blow* 결정타를 먹이다 / I struck him a violent *blow* on the head. 나는 그의 머리를 세게 때렸다 // a *blow* from a sword 칼의 일격 / a *blow* with the hand 손바닥으로 한 대 치기.
2 [불시의]충격, 타격; 뜻밖의 재해. ¶ receive a bitter *blow* 큰 타격을 입다 / His mother's death was a great *blow* to him. 그의 어머니의 죽음은 그에게 큰 타격이었다.
at blows 주먹다짐을 하여, 격투를 하고 있는.
at a (or ***one***) ***blow*** 일격에, 한대에; 일거에. ¶ I killed three flies at a *blow*. 한 대에 파리 세 마리를 잡았다.
come (or ***fall***) ***to blows*** 주먹다짐이 되다. ¶ It was long before they *came to blows*. 그들은 한참 지나서야 주먹다짐을 시작했다.
strike a blow for (***against***) …을 편들다 (…에 반대하다).
without striking a blow 노력하지 않고, 힘들이지 않고.

blow³ [blou] *vi.* (**blew, blown, blow·ing**) 개화하다, 꽃이 피다. —— *n.* ⓒⓤ 개화; 꽃의 만발. ¶ in full *blow* 만발하여.

blow·back [blóubæk] *n.* **1** [축사(縮寫)한 것의] 확대 복사. **2** [비밀 정보 요원이 외국에서 퍼트린 데마의] 본국 역유입.
blow·ball [blóubɔ̀ːl] *n.* [민들레 따위의]수과(瘦果).
blow·by [blóubài] *adj.* 블로우바이 방식의[자동차의 배기 가스를 크랭크실(室)의 출구로서 태워 오염을 줄이는 방식].
blow-by-blow [blóubàiblóu] *adj.* 상세한[권투의 실황 방송시 타격의 하나하나에 대해 설명한 데서 유인].
blow·er [blóuər] *n.* **1** 부는 사람(물건); 유리그릇 따위를 불어 만드는 직공. **2** [풀무·조절]기. **3** [광산] [탄광의 바위틈에서의]가스 분출. **4** (속어) 허풍선이, 자랑꾼(braggart). **5** 용광로 담당책임자. **6** (英속어) 전화(telephone).
blow·fish [blóufìʃ] *n.* (*pl.* **-fish** *or* **-fish·es**) 복어 따위처럼[물을 부풀어 오르게 하는 물고기](puffer).
blow·fly [blóuflài] *n.* (*pl.* **-flies**) 파리의 일종[고기에 다 쉬를 스는 파리].
blow·gun [blóugʌ̀n] *n.* 불어서 쏘는 화살[통].
blow·hard [blóuhɑ̀ːrd] *n.* (속어) 대단한 허풍선이, 자랑꾼.
blow·hole [blóuhòul] *n.* **1** [터널·지하도 따위의] 바람 구멍, 통풍 구멍. **2** [고래가 물을 뿜어내는]분수공 (孔). **3** 고래. 바다표범 따위가 호흡하러 오는 얼음 구멍. **4** [야금] [주물(鑄物) 의]기포(氣泡). **5** [청] 카드.
blów-in càrd [blóuin-] *n.* 잡지에 끼워진 구독 신청 카드.
blow·ing [blóuiŋ] *n.* **1** 분출하는 소리. **2** [야금] [공기·증기에 의한]교란음(攪亂音). **3** [운두가 높은 유리·플라스틱 그릇의]취관식(吹管式) 제조.
blów jòb *n.* (卑語) = fellatio.
blow·lamp [blóulæ̀mp] *n.* (英) = blowtorch.
blow·mo·bile [blóumo(u)bìːl] *n.* 프로펠러로 추진하는 극지(極地)용 스키 자동차.

blown¹ [bloun] *v.* blow¹의 과거 분사. — *adj.* **1** 부푼, 팽창한(inflated). **2** 숨가쁜, 지친(exhausted). **3** 파리가 쉬를 슨; 구더기가 생긴. **4** 불어서 만든. ¶ *blown* glass 불어서 산소로크린 유리. **5** 발포 산소크로진 난; [퓨즈 따위가]끊어진. [꽃이 핀, 만발한.
blown² [bloun] *v.* blow³의 과거 분사. — *adj.* (원예)
blown-up [blóunʌ́p] *adj.* **1** [사진 따위가]확대된. **2** 폭발로 망가진(부서진). **3** [공·풍선 따위가]부풀어 오른. **4** 과장된, 야단스러운.
blow-off [blóuɔ̀ːf / -ɔ̀f, -ɑ̀f] *n.* **1** [증기·물 따위의] 분출. ¶ a *blowoff* pipe(valve) 분출 파이프(밸브). **2** 분출 장치. **3** 《속어》허풍선이(braggart).
blow-out [blóuàut] *n.* **1** [타이어의]빵구, 파열(puncture). **2** [공기·증기의]분출; [바람으로 모래(흙) 따위에] 생기는 구멍, 움푹 패인 곳. **3** [퓨즈의]용융. **4** 《속어》큰 잔치. **5** [병리] 동맥류(動脈瘤) 동맥관의 한 부분이 이상을 일으켜 일어나는 병.
blow-pipe [blóupàip] *n.* **1** [공기·가스를 부는]취관(吹管). **2** [유리 그릇을 만드는]유리 취관. **3** 화살을 불어 쏘는 통(blowgun, blowtube). **4** [의학] 취관(비강(鼻腔) 따위의 세정용·세척용 기구). [blowzy.
blows·y [blˊauzi] *adj.* (blows·i·er, blows·i·est) =
blow·torch [blóutɔ̀ːrtʃ] *n.* **1** 파이프공·용접공이 쓰는] 가스 발염기(發焰器) 《英》blowlamp).
blow-tube [blóut(j)ùːb / -tjùːb] *n.* **1** 불어서 화살을 쏘는 통(blowgun). **2** 유리 취관(blowpipe).
blow-up [blóuʌ́p] *n.* **1** 폭발(explosion). **2** 불끈 화냄, 격분. **3** [사진]확대.
blow-wave [blóuwèiv] *n.* 블로우 웨이브[머리를 드라이어로 말리면서 손질하기]. — *vt.* [머리를 드라이어로 손질하다.
blow·y [blóui] *adj.* (blow·i·er, blow·i·est) **1** 바람이 부는, 바람이 센(windy). **2** 바람에 나부끼는.
blowzed [blauzd] *adj.* =blowzy.
blowz·y [blˊauzi] *adj.* (blowz·i·er, blowz·i·est) **1** [머리가]헝클어진; 단정치 못한(unkempt). ¶ *blowzy* hair 텁수룩한 머리, 난발. **2** 불그레한 얼굴의(red-faced).
-i·ness *n.*
bls. (略) bales; barrels.
B.L.S. (略) Bachelor of Liberal Studies(교양학사); Bachelor of Library Science(도서관 학사); *B*ureau of *L*abor *S*tatistics(노동 통계국).
BLT (略) bacon, lettuce, and tomato sandwich.
blub¹ [blʌb] *n.* 갓 칠한 회반죽의 부푼 곳.
blub² [blʌb] *vi.* (blub-bed, blub-bing) 《속어》[특히 어린이가] 울다(weep), 흐느끼다. ¶ <blubber의 단축형)
blub·ber [blʌ́bər] *n.* **1** ⓤ[동물] 고래의 지방(脂肪). **2** 훌쩍훌쩍 울기. ¶ be in a *blubber* 훌쩍훌쩍 울고 있다. — *vi.* (경멸적)[소리를 내어]울다, 엉엉 울다, 훌쩍훌쩍 울다. ⇒ CRY (類語)¹ — *vt.* **1** 울면서 횡설수설 …을 말하다(…out), ¶ She *blubbered* out her sins. 그녀는 울면서 자기가 저지른 죄를 털어놓았다. **2** [얼굴을] 울어서 붓게 하다. — *adj.* **1** [얼굴이] 울어서 보기 흉해진, 울어서 부어오른. **2** 《종종 복합어를 만들어》부어오른, [입술이]두터운, 튀어나온.
blub·ber·y [blʌ́bəri] *adj.* **1** 고래 지방(脂肪)이 많은(fat), **2** [눈이] 울어서 부어오른(swollen), [얼굴이]울어서 일그러진(disfigured).
blu·cher [blúːtʃər, 美 -kər] *n.* 튼튼한 가죽 반장화의 일종.
bludge [blʌdʒ] *vi.* **1** 《속어》매춘을 알선하다, 뚜쟁이 질하다. **2** 《濠俗》(일·책임)을 회피하다, 피하다; 게으름피우다. — *vt.* 《濠俗》…을 등쳐다, 이용하다. [남의]강요하다; 속이다.
bludg·eon [blˊadʒ(ə)n] *n.* [한쪽 끝을 무겁게 만든] 짧고 굵은] 곤봉. — *vt.* **1** …을 곤봉으로 때리다. **2** [남]에게 억지로 …시키다, […하기]강요하다(force) (…*into*). ¶ *bludgeon* a person *into* doing 남에게 억지로 …하게 하다.

blue [bluː] *adj.* (blu·er, blu·est) **1** 푸른, 하늘빛의, 남색의(azure). ¶ clean *blue* sky 맑고 푸른 하늘 / deep *blue* sea 검푸른 바다.
2 [피부가 추위·타박상·공포 따위로]파랗게 된, 흙빛의, 검푸른. ¶ be *blue* from cold(fear) 추위(공포)로 얼굴빛이 파랗다.
3 기운 죽은, 우울한(low-spirited). ¶ I feel *blue* 기분이 울적하구 / He looked a bit *blue* tonight. 오늘밤 그는 좀 우울해 보였다.
4 가망이 없는, 암담한, 침울한. ¶ *blue* outlook 어두운 전망 / see things through *blue* glasses 사태를 비관적으로 보다.
5 [도덕적으로]엄한, 엄격한.
6 모독적인; 《구어》음란한. ¶ *blue* stories 음란한 이야기 / a *blue* movie 외설 영화.
7 [여자가]문학에 도취한, 학자인 체하는, 인텔리인.
8 푸른 옷을 입은; (B-) [남북전쟁 당시] 북군[측]의.
9 극도의. ¶ a *blue* fear 극도의 공포.
10 [음악] 블루스조(調)의. ¶ a *blue* song 블루스조의 노래.
a blue funk 《속어》심한 공포심.
blue in the face 격분하여 새파래진, 지쳐서 창백한.
drink till all is blue 취하여 곤드레하다.
like blue murder 매우 당황하여, 전속력으로.
once in a blue moon 아주 드물게, 예외적으로.
true blue 충실한.
— *n.* ⓤ **1** 파랑, 청색, 하늘색, 남색. ¶ deep *blue* 짙은 청색 / dark *blue* 암청색, 감색(紺色) / light *blue* 담청색.
2 (the ~) 하늘; 바다; 미지의 것. ¶ a bolt from the *blue* 寠 BOLT.
3 파랑 그림물감(염료); [세탁용] 청분(靑粉).
4 푸른 것[특히 푸른 옷[감] 등]; 《美》[남북 전쟁 시의] 북군 군복, *cf.* gray ¶ a girl in *blue* 푸른 옷을 입은 소녀.
5 ⓒ [푸른 제복을 입거나 기장을 단] 청군 멤버[영국의 대학 대항 경기 선수·남북 전쟁 당시의 북군 군인 등]; (the B-s) 《英》영국 근위 기병대. ¶ the dark *blues* 옥스퍼드 대학(대항 경기)의 선수 / light *blues* 케임브리지 대학(이튼 학교)의 경기 선수 / the *blue* and the gray [미국 남북전쟁시의]북군과 남군 / win one's *blue* 대학 대항 경기의 선수가 되다.
6 ⓒ 여류 문인, 문학에 도취한 여자, 인텔리인 체하는 여자(bluestocking).
7 (the ~s) 우울, 울증(melancholy). ¶ be in (or have) the *blues* 마음이 울적하다.
8 (~ s) 《종종 복수를 붙여 단수 취급》《음악》블루스.
out of the blue 뜻밖에, 별안간.
— *v.* (blued, blu·ing *or* blue·ing) *vt.* **1** …을 푸르게 하다, 푸르게 물들이다(칠하다). **2** …에 푸른 색을 띠게 하다. **3** 《英속어》…을 낭비하다. ¶ *blue* money 돈을 물쓰듯하다. — *vi.* 푸르게 되다.
blúe alèrt *n.* 제2차 경계 경보[yellow alert 의 다음 단계]. *cf.* red alert [症兒].
blúe bàby *n.* [심장 결함 따위에 의한]청백증아(靑白
blúe bàg *n.* [세탁할 때 천의 변색을 막기 위해 쓰는] 청제(靑劑); 그 작은 봉지. **2** [변호사용]청색 서류 가방.
Blúe·beard [blúːbìərd] *n.* **1** 푸른 수염의 사나이[프랑스 민화의 주인공 Chevalier Raoul 의 별명으로, 그는 아내를 6명이나 죽였다]. **2** 처를 여러 명 죽인 남자, 잔인한 남편.
*blue·bell [blúːbèl] *n.* **1** 종모양의 푸른 꽃이 피는 백합과의 각종 식물; 《英》 harebell **2** 개지치[지치과]에 속하는 미국산(産) 초목.
the bluebell of Scotland =harebell.
Blúe Bèlt *n.* 청정 수역[수질 보호와 한려수도의 자원 보호를 위해 1974년 한·미 위생 협정에 따라 제도되~충무~한산도에 설정된 수역]. [서].
Blúe Berèts *n.* 유엔군의 애칭[푸른 베레모를 쓴 데
*blue·ber·ry [blúːbèri / -b(ə)ri] *n.* (*pl.* -ries) **1** 월귤

나무[그 청색 열매는 식용]. **2** 월귤나무속(屬)의 관목.
blue·bird [blúːbəːrd] *n.* **[**북미산(産)의 푸른 날개의 명금(鳴禽).
Blúe Bírd *n.* **1** (the ~) 파랑새[Maeterlinck 의 시극(詩劇)에서 끝내 찾지 못하는 행복의 상징]. **2** Camp Fire Girls 의 7∼9세의 어린 단원.
blue-black [blúːblǽk] *adj.* 암청색의, 짙은 남색의.
blúe blóod *n.* ⓤ **1** 귀족 태생(혈통), 명문 출신. **2** (the ~) 귀족(aristocrat). 「태생의
blue-blood·ed [blúːblʌ́did] *adj.* 명문 출신의, 귀족
blue-bon·net [blúːbɑ̀nit /-bɔ̀n-] *n.* **1** 달구지 국화 (cornflower). **2** 남색의 꽃이 피는 루우핀 [특히 미국 Texas 주의 주화(州花)]. **3** [옛날 스코틀랜드인이 쓰던]청색 모자. **4** [이 모자를 쓴]스코틀랜드 병사. **5** 스코틀랜드인(Scotsman).
blúe bóok *n.* **1** (구어) 직원 명부, 명사 인명록, 신사록. **2** 《미》[청색 표지의]대학 시험 답안 용지. **3** 청서(靑書) 《영》 의회 발행의 보고서], 관보(offical publication).
blue-bot·tle [blúːbɑ̀tl / -bɔ̀tl] *n.* **1** 달구지 국화 (cornflower). **2** 남색 꽃의 식물[초롱꽃·무릇 따위]. **3** 청파리(bluebottle fly). **4** 《영속어》경관.
blúe bóx *n.* 《미속어》장거리 통화를 공짜로 거는 부정 전자 장치.
blúe-brick univérsity [blúːbrìk-] *n.* 《영》 (Oxford, Cambridge 같은) 전통있는 명문 대학. *opp.* red-brick university
blue-cap [blúːkæ̀p] *n.* **1** =bluebonnet 5. **2** (방언) 일년 자란 연어[머리에 푸른 반점이 있다]. **3** [유럽산 (産)의] 푸른 박새의 일종; [오스트레일리아산(産)의] 굴뚝새 비슷한 새.
blúe chéese *n.* ⓤ 우유로 만든 미국식 치즈.
blúe chíp *n.* **1** (증권) 우량주. **2** [카드놀이] 블루 칩, 청색 표 [돈 대신 쓰는 산가치 중에서 제일 높은 액수]. **3** 안전하고 유리한 투기(투자).
blue-chip [blúːtʃɪ̀p] *adj.* 우량주, 일류의, 훌륭한.
blue-coat [blúːkòut] *n.* **1** 청색 (감청색) 의 옷(제복)을 입은 사람. **2** 《미》[19세기의] 병사. **3** 《미》경관 (policeman).
blúecoat bóy *n.* 자선 학교의 생도[특히 영국 London 의 Christ's Hospital 학교의 생도].
blúecoat schóol *n.* 자선 학교[특히 영국 London 의 Christ's Hospital 학교].
blue-col·lar [blúːkɑ́lər / -kɔ́lə] *adj.* [공원처럼 작업복을 입은] 노동자의, 육체 노동자의, 블루 칼라의. *cf.* white-collar ¶ a *blue-collar* worker 공원, 육체 노동자.
Blúe Cróss *n.* 미국의 민간 건강 보험의 일종.
blúe dévils *n. pl.* **1** 우울, 울적, 의기 소침 (depression). **2** =delirium tremens.
blúe énsign *n.* 영국 해군 예비 군함기(旗).
blue-eyed [blúːàid] *adj.* **1** 푸른 눈의, 눈알이 푸른. **2** 마음에 드는(favorite).
blue-fish [blúːfɪ̀ʃ] *n.* (*pl.* **-fish** or **-fish·es**) **1** 《미》 대서양 연안산(産)전갱이류. **2** (일반적으로)푸른 빛깔의 물고기.
blúe flág *n.* 《식물》붓꽃. 「공포 상태, **blúe fúnk** *n.* ⓤ 《주로 英구어》《심리적인》공포 상태, 실신 상태. ¶ in a *blue funk* 벌벌 떨며; 기접하여.
blúe gálaxy *n.* 청색 소우주[멕시코의 아로우에서 발견한 특수 천체. BSO, QSG 라고도 부른다].
blue-gill [blúːgìl] *n.* 《미》 [Mississippi 강 원산] 개복치류의 식용어.
blue-grass [blúːgræ̀s /-grɑ̀ːs] *n.* **1** 새포아풀속(屬)의 풀; 그 목초 (牧草). **2** (the B-) =Bluegrass Region. **3** 《미》 블루그라스[미국 남부의 전통적인 시골풍 민요].
Blúegrass Région *n.* (the ~) 미국 Kentucky 주 중부 지방[bluegrass 가 많이 번식]. 「의 속칭.
Blúegrass Státe *n.* (the~) 미국 Kentucky 주(州)

blue-green [blúːgríːn] *n.* ⓤ 청록색.
Blúe Gùide *n.* 블루 가이드 [1918년에 영국에서 창간된 관광 안내 총서].
blúe gúm *n.* 유칼리 나무의 일종 (eucalyptus).
blúe héaven *n.* 《속어》 〔약학〕 아모바르비탈제(劑) [중추 신경 억제약].
blúe hélmet *n.* [유엔군]평화 유지군(peace-keeping forces), 휴전 감시 부대원 [푸른 헬멧을 쓰고 있는 데서 유래].
Blúe Hóuse *n.* [한국의 대통령 관저의] 청와대.
blue·ing [blúːɪŋ] *n.* =bluing.
blue·ish [blúːɪʃ] *adj.* =bluish.
blue·jack·et [blúːdʒæ̀kit] *n.* 수병(sailor).
blúe jáy *n.* [북미산(産)]어치의 일종.
blúe jèans *n. pl.* [데님(denim)으로 만든] 블루진, 작업복 바지. *cf.* Levis
blúe jóhn *n.* 자형석(紫螢石).
blúe láws *n. pl.* 《미》 엄격한 법률[일요일에는 근로·음주·도박·스포츠·기타 오락을 금지한 식민지 시대 청교도들의 엄한 법정].
blúe líght *n.* [보통 경멸적] 미국 연방 당원 [1813년에 미국의 연방당원이 영국인에게 푸른 꽃불 (blue light) 로 신호를 보낸 데서].
blúe máss *n.* 〔약학〕[수은에 다른 성분을 섞어 만든] 청환(靑丸)[수은 환약을 만든다]. *cf.* blue pill
blúe métal *n.* [도로 포장용의] bluestone 쇄석.
blúe móld (《영》 **móuld**) *n.* ⓤ [빵이나 치즈에 스는] 푸른 곰팡이.
blúe Móndày *n.* **1** 사순절(四旬節) (Lent) 전의 월요일. **2** 《미구어》 [휴일이 끝나고 다시 일이 시작되는] 우울한 월요일.
blúe móvie *n.* 《속어》 포르노 영화(pornographic motion picture).
blue·ness [blúːnis] *n.* ⓤ 푸름, 푸르름.
Blúe Níle *n.* (the ~) 청나일강 [에티오피아의 Tana 호에서 시작하여 수단 (Sudan) 의 카르툼 (Khartoum) 에서 나일강으로 흘러들어가는 나일강의 지류].
blue·nose [blúːnòuz] *n.* **1** 청교도적인 사람, [도덕적으로] 매우 엄격한 사람. **2** (B-) 캐나다 연해주(沿海州)의 주민; Nova Scotia 의 주민[기후가 매우 추워서 붙인 별명] (Nova Scotian). **3**《항해 속어》 *a)* Nova Scotia 의 범선. *b)* 그 배의 선원.
blúe nóte *n.* [음악] 블루 노트[블루스 따위에 특징적으로 나오는 반음 낮은 제3(7)음.
blue-pen·cil [blúːpéns(ə)l] *vt.* (**-ciled, -cil·ing**; 《영》 **-cilled, -cil·ing**) [편집자가] [원고 따위를] 푸른 연필로 수정(교정, 삭제) 하다; 정정하다.
blúe péter *n.* 〔항해〕 출범기(出帆旗) [푸른 바탕의 중앙에 휘빛 사각형이 있는 기].
blùe phóne líne *n.* [로켓 공학] 지령(指令) 전화 시스템 [발사 직전, 초읽기때 모든 중요 인물을 서로 연결하는 전화 시스템].
blúe píll *n.* 〔약학〕 수은 환약 (水銀丸藥) [blue mass 를 환약으로 만든 것으로 하제(下劑)로 사용]. *cf.* blue mass
blúe-pláte spécial [blúːplèit-] *n.* 《미》 각종 요리를 한접시에 담은 값싼 요리.
blue-point [blúːpɔ̀int] *n.* [날로 먹는] 작은 굴.
blue-print [blúːprìnt] *n.* **1** 청사진(cyanotype). **2** 설계도; [세밀한] 계획 (plan). — *vt.* **1** 청사진으로 찍다. **2** …을 계획하다 (plan). 「법].
blue-print·ing [blúːprìntiŋ, -prìntiŋ] *n.* 청사진(法)
blúe ríbbon *n.* **1** 최고 명예[상], 최우수상. **2** [가터 훈장의] 푸른 리본. **3** (B- R-) 《대서》 횡단에서 최고 속도를 기록한 대양 항로선에 수여되는 블루 리본 상. **4** [금주(禁酒) 회원의] 푸른 리본 기장 (記章). 「뛰어난,
blue-rib·bon [blúːrìbən] *adj.*《구어》 최상의, 가장
blúe-rìbbon júry *n.* 특별 배심(陪審) [학식과 경

Blúe Róund *n.* 블루 라운드[고용 문제를 주제로 하는 다자간 무역 교섭; blue는 blue-collar에서 유래하며 Uruguay Round를 본떠서 만든 말; 略 BR].

blúe rúin *n.* 《속어》 완전한 파멸; 싸구려 진(bad gin¹).

blues [bluːz] *n. pl.* ⇒ BLUE *n.* 7, 8. [원.

Blues [bluːz] *n.* **1** 《영국의》 근위 기병대(원). **2** 보수당

blue screen *n.* 블루 스크린[합성 사진 제작 기술의 하나].

Blúe Shíeld *n.* 《美》 블루 실드[비영리적인 의료 보험 조합의 칭호]. *cf.* Blue Cross

blue-sky [blúːskài] *adj.* **1** [특히 유가 증권에 대하여] 가치가 의심스러운(재정적으로)건실하지 못한. **2** 공상적인(fanciful); 지나치게 이상적인;거의 가치 없는.

blúe-skỳ láw *n.* 《美》 부정 증권 매매 금지법.

blues-man [blúːzmən, -mæn] *n.* (*pl.* -men) 블루스 가수(연주자).

blue-stock-ing [blúːstàkiŋ / -stɔ̀k-] *n.* **1** 문학 또는 지적 취미가 있는 체하는 여자, 문학가인 체하는 여성, 학자인 체하는 여자. **2** [18세기 중기에 London의 지식층 부인들이 조직한]문예 협회 (Blue Stocking Society)의 회원.

blue-stone [blúːstòun] *n.* ⓤ 청석(青石) [푸른 기가 도는 점토질 사암(砂岩). 건축·포장용].

blúe stréak *n.* 《美구어》 번갯불[처럼 빠른 것].
 talk a blue streak 《美속어》 매우 잽싸게 지껄이다.

blu·et [blúːit] *n.* **1** 담자색 꽃이 피는 나팔꽃[팔랑개비 국화 따위]. **2** (종종 ~s) 미국산(産) 꼭두서니과(科)의 식물(innocence) [담청색을 띤 꽃이 핀다].

blúe vítriol *n.* 《화학》 황산동(黃酸銅), 담반(膽礬)·《매염제(媒染劑)·분석 시약(試藥)용》.

blúe wáter *n.* ⓤ 먼 바다(open sea).

blúe whále *n.* 흰장수 고래(sulphur-bottom).

blue·y [blúːi] *n.* (濠) [방랑자·광부·산간 여행자들의] 소지품 보따리(swag). —— *adj.* 푸르스름한.

*****bluff**¹** [blʌf] *adj.* **1** 퉁명스러운(abrupt), 무뚝뚝한(blunt), 솔직한. ⇒ BLUNT 類語 **2** [해안·곶 따위가] 아서로운 듯한(steep), 절벽의, 낭떠러지의, **3** [항해] [뱃머리가]둥그스름한, 무뚝뚝한. —— *n.* **1** 절벽, 낭떠러지(cliff), 깎아지른 듯한 곳(headland). **2** 《주로 캐나다》 [대초원에 서 있는] 숲(clump), 작은 숲(grove).
~·ly *adv.* ~·ness *n.* ◇ blúffy *adj.*

bluff² [blʌf] *vt.* **1** …에게 허세를 부리다 [부려] …를 위협하다(threaten), 속이다(deceive); [허세를 부려서] …을 얻다. **2** [허세를 부려서] [남에게] …시키다. ¶ (~ + 前+名) He could *bluff* nobody into believing that he was rich. 아무리 허세를 부려도 누구도 그를 부자라고 생각하지 않았다. **3** 【카드놀이】[끗수가 높은 체하여서] (상대)를 속이다. —— *vi.* 허세를 부려서 남을 속이다. —— *n.* **1** ⓒⓤ 〈자신(自信)〉 있는 체하기; 허세, 엄포, 헛가락, 홍감. ¶ *make a bluff* [허세를 부려서] 위협하다; 허세부리는 사람(bluffer). **3** ⓤ 속임수, 발뺌. **4** 【카드놀이】 허세를 부려 자기 끗수가 높은 체하기, 허세부리기.
call a person's bluff 《카드놀이》 남의 끗수를 공개적으로 캐다; [허세로 생각하고]남에게 도전하다(덤비다).

bluff·er [blʌ́fər] *n.* 허세를 부리는 사람, 허풍쟁이.

bluff·y [blʌ́fi] *adj.* (때로 **bluff·i·er**, **bluff·i·est**) 절벽과 같은, 낭떠러지 모양의, 가파른(steep).

blu·ing, blue·ing [blúːiŋ] *n.* ⓤⓒ **1** 푸른 빛이 나게 하기. **2** 청분(靑粉) [흰 천을 세탁하는 데 쓰는 표백제]. [*n.*

blu·ish [blúːiʃ] *adj.* 푸르스름한, 열은 남빛의. ~·ness

*****blun·der** [blʌ́ndər] *n.* 큰 실패, 큰 실수, 터무니없는 실수. ❖ MISTAKE 類語 ¶ *a queer blunder* 이상한 실수 / *commit* (*or* make) *a blunder* 큰 실수를 저지르다 // *a grave blunder in* translation 중대한 오역. —— *vi.* **1** 머뭇거리다, 머뭇거리며 나아가다, 어정버정되는 대로 걷다; [머뭇거리다가] 비트적거리다(stumble). ¶ (~+前) *blunder about* 어정버정 돌아다니다 / *blunder along* 터벅터벅 걷다 / He *blundered on* alone. 그는 혼자서 터벅터벅 걸어갔다 // (~+前+名) *blunder against* each other 서로 부딪치면서 허둥지둥 걷다 / He *blundered into* debt. 그는 어물어물 빚을 지고 말았다. **2** 큰 실수(실책)를 저지르다, 터무니없는 잘못을 저지르다. ¶ She has *blundered* again. 그녀는 또 실수를 저질렀다 / The best workman sometimes *blunders*. 《속담》 원숭이도 나무에서 떨어질 때가 있다 // (~+前+名) The child often *blundered in* reading (spelling). 그 아이는 가끔 잘못 읽었다(썼다).
—— *vt.* **1** …을 서투르게 하다, 잡치다(bungle), 잡쳐 버리다(spoil); 실수하여 …을 잃다(...*away*). ¶ (~+ 副+名) *blunder away* one's fortune (chances) 실수를 하여 재산(좋은 기회)을 잃다. **2** …을 무심코 입밖에 내다(...*out*); 【변명 따위를】 횡설수설 말하다, 우물우물 말하다(...*out*). ¶ (~+前+名) *blunder out* a secret 부지중에 비밀을 누설하다.
blunder on (*or* upon) 우연히 …을 만나다(발견하다).

blun·der·buss [blʌ́ndərbʌs] *n.* **1** 나팔 총[17-18세기경 사용된 구경이 넓고 짧은 머스킷(musket)총]. **2** 얼간이, 멍청이(blunderer).

blun·der·er [blʌ́ndərər] *n.* 실수를 저지르는 사람, 얼빠진 짓을 하는 사람, 얼간이, 멍청이.

blun·der·ing [blʌ́ndəriŋ] *adj.* 우물쭈물 하는(staggering); 얼간이 같은, 크게 틀린; 어색한, 서투른(bungling). ¶ *blundering* citations and erroneous interpretations 엉터리 인용과 틀린 해석. ~·ly *adv.*

blunge [blʌndʒ] *vt.* (**blunged**, **blung·ing**) (진흙 따위)에 물을 섞다, 물을 부어 반죽하다.

*****blunt** [blʌnt] *adj.* **1** [칼날·끝 따위가] 무딘, 뭉툭한(dull). *opp.* keen, sharp ¶ The knife is too *blunt* to be of any service. 그 칼은 너무 무디어서 아무 쓸모도 없다. **2** [태도·말씨 따위가]무뚝뚝한, 퉁명스러운, 붙임성 없는, 버릇없는. ¶ a *blunt* fact 있는 그대로의 사실 / *blunt* of speech 말씨가 퉁명스러운 / *blunt in* one's behavior 태도가 붙임성이 없는.
類語 *blunt* 거칠고 상대방의 감정을 고려하지 않는: a *blunt* refusal 퉁명스러운 거절. **bluff** 거칠고 무뚝뚝하지만 근본은 나쁜 뜻을 주지 않는: a *bluff* old farmer 무뚝뚝하지만 호감이 가는 늙은 농부. **brusque** 거칠고 쩌르는 듯 날카로운: *brusque* speech 무뚝뚝하며 날카로운 말씨. **curt** (표현이)아주 짧고 쌀쌀맞은: a *curt* reply 쌀쌀맞은 대답. [acute **3** [감각·이해 따위가] 둔감한(dull), 느린(slow). *opp.*
—— *vt.* **1** …을 무디게 하다, 을 들지 않게 하다(weaken). **2** [힘·감각 따위]를 약하게 하다, 둔하게 하다. ¶ *blunt* the edge of grief (argument) 슬픔을 누그러뜨리다(논봉을 꺾다).
—— *n.* **1** 굵고 짧은 것(엽렵련 따위). **2** ⓤ《속어》현금(ready money). ~·ness *n.* ◇ blúntly *adv.*

*****blunt·ly** [blʌ́ntli] *adv.* **1** [칼 따위가] 무디게. **2** 무뚝뚝하게(abruptly), 버릇없이(rudely). **3** [감각·이해 따위가] 둔감하게.

*****blur** [bləːr] *n.* **1** 더러움(stain), 얼룩, 벤(번진) 흔적, 오점(smudge). ¶ His letter was full of *blurs*. 그의 편지는 얼룩 투성이였다. **2** [도덕상의]오점, 오욕(汚辱)(blemish). ¶ a *blur upon* one's name 불명예. **3** 어스름한(흐릿한) 상태(dimness), 흐림, 몽롱; 《사진》선명하지 못함, 흐림; 흐릿한(희미한) 것(경치). ¶ a *blur to* (*or* in) one's memory 희미하게 기억하고 있는 것. **4** [희미한] 붕붕거리는 소리(hum).
—— *v.* (**blurred**, **blur·ring**) *vt.* **1** [잉크 따위로] …을 더럽히다(sully), …에 [잉크 따위의]얼룩이 지게 하다(blot). **2** *blur* a page with ink 잉크로 책장을 더럽히다. **2** [명예·아름다움 따위]를 더럽히다, 오손하다(disfigure). ¶ The man's reputation was *blurred*. 그

blurb

남자의 명성은 더럽혀졌다. **3** [안개·눈물 따위가] [외형·경치를] 흐릿하게 하다, 희미하게 하다; [사진] …을 흐리게 하다. ¶ Mist *blurred* the hills. 안개로 산들이 흐릿하게 보였다. **4** [감각·의식 따위를] 흐리게 하다, 불명료하게 만들다. **5** [눈을] 흐리게 하다, 침침하게 하다(dim). ¶ Tears *blurred* her vision (*or* sight). 그녀는 눈물로 눈앞이 흐려졌다.
— *vi.* **1** [경치·시야·눈 따위가] 흐려지다, 침침해지다; [사진] 흐려지다, [의식 따위가] 흐릿해지다, 희미하게 되다. ¶ His vision *blurred* [with tears]. 그는 [눈물로]눈앞이 흐려졌다. **2** 더러워지다, 번지다.
blur out [더럽혀져서] …을 지우다, 희미하게 하다.
~**red·ly** *adv.* ~**red·ness** *n.* ◇ **blúrry** *adj.*

blurb [bləːrb] *n.* [책표지 따위에 쓴] 짧고 과장된 칭찬의 광고, 추천문, 호의적인 단평(短評). — *vt.* …을 과장 광고하다.

blur·ry [bləˊːri] *adj.* **1** 더러워진, 얼룩투성이의. **2** 흐릿한, 불명료한, 모호한(indistinct). ¶ a *blurry* photograph 희미한 사진.

blurt [bləːrt] *vt.* …을 불쑥 말하다(utter abruptly); …을 부지중에 말하다, 무심코 말하다, 누설하다(…*out*). ¶ In his anger, he *blurted* out the secret. 홧김에 그는 저도 모르게 비밀을 누설했다. — *n.* 불쑥 말하기, 부지중에 누설하기.

*****blush** [blʌʃ] *vi.* **1** 얼굴을 붉히다, [얼굴이]붉어지다. ¶ *blush* like a girl 소녀처럼 얼굴이 빨개지다 // (~+[補]) *blush* scarlet 얼굴이 새빨개지다 // (~+[副]) *blush* up to the root of one's hair [부끄러워서] 귀밑까지 빨개지다 // (~+[前]+[名]) He *blushed* for (*or* with) shame. 그는 창피스러워서 얼굴이 빨개졌다.
2 얼굴을 붉히며 부끄러워하다 (at, for …). ¶ (~+[前]+[名]) I *blushed* at my ignorance. 나는 내 무식이 창피스러웠다 / I *blushed* for the vices of my countrymen. 동향 사람들의 못된 짓 때문에 나는 부끄러웠다. ¶ (~+to do) I *blush* to own that … 부끄럽게…입니다(…).
3 [하늘·꽃 따위가] 장밋빛이 되다, 붉어지다.
— *vt.* **1** 붉게 하다, 홍조를 띠게 하다(redden).
2 얼굴을 붉혀 …을 알리다 (폭로하다). ¶ She *blushed* the truth. 그녀의 얼굴이 빨개져서 사실이 드러났다.
— *n.* **1** 얼굴을 붉히기, 부끄러움; [장미 따위의]불그레함, 장밋빛. ¶ The peaches were the *blush* of an innocent girl. 그 복숭아는 순진한 처녀가 얼굴을 붉힌 것 같은 색이었다. **3** [U](古語) 일견(一見) (glance).
at (*or* **on**) [**the**] **first blush** 일견하여, 첫눈에 (at first glance). ¶ At first *blush*, it seemed to be true. 일견해서 진실인 것처럼 생각되었다.
put a person to the blush 남의 얼굴을 붉히게 하다, 남의 체면을 잃게 하다.
◇ **blúshful** *adj.*

blush·er [blʌˊʃər] *n.* 혈색을 좋아 보이게 하는 화장품.
blush·ful [blʌˊʃfəl] *adj.* **1** 곧잘 얼굴을 붉히는; 수줍어하는, 부끄러워하는(bashful). **2** 장밋빛의(rosy); 붉은, 불그레한(ruddy).
blush·ing [blʌˊʃiŋ] *adj.* **1** 얼굴을 붉히는; (비유적) 부끄러워하는, 수줍어하는(bashful). **2** 장밋빛의(roseate); 불그스름해 있는. ¶ the *blushing* sky 벌겋게 물든 하늘. — *n.* U 얼굴을 붉히기; [하늘 따위가]붉게 물들기. ~**ly** *adv.*
blush·less [blʌˊʃlis] *adj.* 얼굴을 붉히지 않는; 부끄러움을 모르는(shameless), 뻔뻔스러운(impudent).

*****blus·ter** [blʌˊstər] *vi.* **1** [파도가]거세게 몰아치다, 거칠게 일다; [바람이]세차게 불어치다(roar), 맹위를 떨치다(rage). ¶ The wind *blustered* outside. 밖에는 폭풍이 위세를 떨쳤다. **2** 고함치다, 마구 떠들어 대다, 호통치다 (threaten) (at …). ¶ (~+[前]+[名]) He *blustered* at her. 그는 그녀에게 고함을 질렀다. ¶ **3** (남)에게 호통(소리) 치다, 위협하다; …에게 마구 떠들어대다(…*out, forth*); (남)에게 호통을 쳐서 (위협하여) …시키다. ¶ (~+[目]+

***bluster out** a threat 큰 소리로 위협하다 // (~+[目]+[前]+[名]) *bluster* one's way *through* the crowd 소리를 치면서 군중 속을 뚫고 나아가다 / I *blustered* him *into* silence (obedience). 호통을 쳐서 그를 침묵(복종)시켰다. — *n.* **1** [파도가]거세게 몰아침, [바람이]휘몰아침. **2** U 시끄러움, 떠들썩함. **3** U 허세, 공갈.
◇ **blústery** *adj.*

blus·ter·er [blʌˊstərər] *n.* 큰 소리로 외치는 사람, 호통치는 사람, 뽐내는 사람.

blus·ter·ing [blʌˊstəriŋ] *adj.* **1** 세차게 불어치는, 거칠게 몰아치는(stormy); 떠들썩한. **2** [언동 따위가] 난폭한(violent); 마구 호통치는; 으스대는 (swaggering). ~**ly** *adv.*

blus·ter·ous [blʌˊstərəs] *adj.* = blustering. ~**ly** *adv.*

blus·ter·y [blʌˊstəri] *adj.* **1** 휘몰아치는(stormy). **2** 마구 소리치는; 으스대는(swaggering).

blvd. (略) boulevard.

-bly *suf.* ⇨ -ABLY.

B.M. (略) *B*achelor of *M*edicine (의학사); *B*achelor of *M*usic (음악 학사); *B*ritish *M*useum; *b*owel *m*ovement (배변(排便)).

B.M.A. (略) *B*ritish *M*edical *A*ssociation. 「위).

BMD (略) *b*allistic *m*issile *d*efense (탄도 미사일 방

BME (略) *B*achelor of *M*echanical *E*ngineering; *B*achelor of *M*ining *E*ngineering.

BMEWS [bíːmjùːz] (美) (군사) *B*allistic *M*issile *E*arly *W*arning *S*ystem (미사일 조기 경보망). *cf.* DEWS

B.M.J. (略) *B*ritish *M*edical *J*ournal.

BMOC (略) *b*ig *m*an *o*n *c*ampus(인기있는 유력한 학생[보통 과외 활동의 지도자 등]). 「화).

B mòvie *n.* B급 영화(예산 부족으로 제작한 오락 영

BMR (略) *b*asal *m*etabolic *r*ate.

BMT (略) *B*achelor of *M*edical *T*echnology.

B. Mus. (略) *B*achelor of *Mus*ic (음악 학사).

bn., Bn. (略) *b*attalio*n*.

Bn. (略) *B*aron.

b.n. (略) *b*ank *n*ote(은행권).

bo[1] [bou] *n.* (*pl.* **bos** *or* **boes**) (美俗語) **1** 부랑자(tramp), 룸펜(hobo). **2** [친한 사이에서 부르는 말로] [이봐]친구, 짝패, 형님, 동생(mate, fellow, buddy).

bo[2] [bou] *interj.* 왝 [남을 놀라게 할 때의 소리].
cannot say bo to a goose [거위에게 "왝" 소리도 못 지를 만큼]아주 소심하다.
say neither bo nor bum 일언 반구의 말도 하지 않다.

bo, 'bo [bou] *n.* (*pl.* **bos** *or* **boes** [bouz]) (美俗語) = hobo.

b.o. (略) *b*ack *o*rder (미결제 어음); *b*ad *o*rder [도] (파손지); *b*ox *o*ffice; *b*ranch *o*ffice (지점, 출장소); *b*roker's *o*rder [환업] (선박 중개인 지시서); *b*uyer's *o*ption (증권) (구매 매매권).

B.O. (略) *B*oard of *O*rdnance (군수국); (口語) *b*ody *o*dor; *b*ox *o*ffice.

bo·a [bóuə] *n.* (*pl.* **bo·as**) **1** 보아[열대산(産) 큰 뱀의 총칭으로 동물을 졸라 죽여서 먹는다. anaconda, python, boa constrictor 따위]. *cf.* boa constrictor **2** 보아[깃털·모피 따위로 만든 여자용 긴 목도리].

B.O.A.C. (略) *B*ritish *O*verseas *A*irways *C*orporation (영국 해외 항공 회사) [BA의 구칭. ⇨ BA].

bóa constríctor *n.* 왕뱀 [동물을 졸라 죽여서 먹는 열대 아메리카산(産)의 큰 뱀]. *cf.* boa

Bo·a·ner·ges [bòuənə́ːrdʒiːz] *n.* *pl.* ¶ [성서] 보아너게, 우뢰의 아들[그리스도가 제자인 야고보(James)와 요한(John)에게 준 이름. ← 마가 복음 (Mark) 3: 17]. **2** (단수 취급) 열변을 토하는 설교자, 목소리가 큰 웅변가.

*****boar** [boːr/bɔːl] *n.* **1** [불까지 않은] 수퇘지. ⇨ PIG [類語] **2** 멧돼지(wild boar); U 멧돼지 고기. ¶ *boar* hunting 멧돼지 사냥 / feed like a *boar* 게걸스럽게 먹

board 287 **boardsailing**

다. ◇ bóarish adj.

‡**board** [bɔːrd / bɔːd] n. **1** 널빤지, 판자[plank 보다 얇은 것]. ¶ bare boards [깔개를 깔지 않은] 맨 마루 / a board fence 《美》 판자 울타리.

2 [특정한 목적을 위한] 판자; 칠판; 게시판; 다리미판; 선반; [게임용] 반(盤), 판; 《美》[농구] [바스켓을 설치한] 배판(backboard); (~s) [아이스하키] 경기장을 둘러싼 판자둑(sideboards). ¶ an advertising board 광고판 / a diving board 다이빙 보드 / an ironing board 다리미판 / a backgammon board 서양 주사위놀이.

3 두꺼운 마분지(cardboard); 판지(板紙), 두꺼운 종이(pasteboard). ¶ a book [bound] in cloth boards 클로스 표지본(表紙本).

4 식탁. ¶ a festive board 잔치상 / a groaning board 진수성찬이 쌓인 식탁 / sit at the board with …과 식사를 함께 하다.

5 [U] 식사, 식사 제공. ¶ a board bill 식비 / with full board 세 끼 제공으로 / pay for one's board 식비를 치르다 / work for one's board 식비를 벌기 위해 일하다 / give good board 훌륭한 식사를 제공하다 / The room rent is 200,000 won with board. 이 방은 식사를 주고 20만원입니다 / We give no board. [방만 빌려주고] 식사는 제공하지 않습니다.

6 (the ~s) [연극] 무대(stage). ¶ The play is now on the boards at this theater. 그 연극은 지금 이 극장에서 상연 중입니다. ⇨ on the boards.

7 회의의 탁자(council table); 회의(council), 위원회(committee), 평의원회, 이사회, 《美》 증권 거래소 이사회; [정부 기관의]부, 원, 청, 국, 성. ¶ a board member 위원 / a board of directors 이사회, 중역회 / a board of health 보건국 / an investigation board 조사국.

8 [C][U] [항해] 현(舷), 뱃전; 선내(船內), 갑판; [범선이] 돛의 방향을 바꾸지 않고 달린 구간.

9 《美》 [철도] 고정 신호기; [구어] [전력·전동의] 배전반(配電盤); [컴퓨터의] 배선반(配線盤); [전화의] 교환기(switchboard).

above board 공명 정대하게(aboveboard).

across the board 《美》① [경마] 연승식(連勝式)에 걸어서. ② 전면적으로.

bed and board ⇨ BED.

board and (or *by, on, to*) *board* [海事] [두 배가 서로 가까이] 나란히.

board and lodging (or *room*) 식사를 제공하는 숙.

the Board of Education 《美》 교육 위원회; 《英》 [종전의] 교육국. * 현재는 the Ministry of Education(문교부)이라고 한다.

the Board of Trade 《美》 상공 회의소; 《英》 상무성. cf. chamber of commerce

fall (or *run*) *on board of* ① …에 충돌하다. ② [비유적] [남]을 공격하다.

fall over the board [바닷속으로] 떨어지다.

go by the board ① 뱃전 너머[바닷속으로] 떨어지다. ② 버림받다, 잊혀지다. ③ [계획 따위가] 완전히 실패로 끝나다.

lay a ship on board [다른 배에] 배를 가로 대다, 접현(接舷)하다.

on board ① 배 안에, 배 위에; 차 안에; 비행기에 탑승하여, 버스에 타고. ¶ go (or get) on board [배·버스·기차·비행기 따위]를 타다 / have something on board …을 싣고 있다 / take something (or a person) on board …을 적재하다 [남을 승선(승차, 탑승)시키다] / She is on board [of] the ship. 그녀는 그 배에 타고 있다(* 본래는 전치사적으로 쓰여 of 는 생략되는 경우가 많다). ② [야구 속어] 누상에(on base).

on even board with ① …과 뱃전을 나란히 하여, 곁에 바싹 대고. ② …과 대등한 조건으로. ③ …과 사이 좋게.

on the boards 연극을 직업으로 삼고 있다. ¶ They are on the boards. 그들은 연극인이다.

sweep the board ⇨ SWEEP.

tread (or *walk*) *the boards* 무대에 서다, 배우가 되다.

— vt. **1** …에 판자를 대다, …을 판자로 둘러싸다(~ up, over). ¶ a boarded ceiling 판자를 댄 천장 // (~+目+副) board up a door 문을 널빤지로 막다.

2 [남]에게 식사를 제공하다, 침식을 제공하다; …을 하숙시키다, [말]을 맡아서 기르다. ¶ board a lodger 하숙인에게 식사를 제공하다 / board a person cheaply 남에게 하숙시키다 / board oneself 자취하다 / She is boarded by a widow. 그녀는 과부집에 하숙하고 있다 // (~+目+副+名) How much will you board me for? 침식을 제공해 주고 얼마입니까?

3 [배·기차·버스·비행기 따위]에 타다(embark on). ¶ board a plane 비행기에 탑승하다.

4 [공격하기 위해 적선]에 다가가다, 접현하다; [적진]에 돌입하다, 옮겨 타다.

— vi. **1** 하숙하다, 기숙하다; […에서] 식사를 하다. ¶ (~+圃+名) He boards at his aunt's. 그는 숙모댁에 기숙하고 있다 / She boards with us. 그녀는 우리집에 하숙하고 있다 / They boarded at a farmhouse for the vacation. 그들은 휴가중에 농가에 하숙했다 / I board at a hotel. 나는 호텔에서 식사를 한다. **2** [항해] [범선이] 갈짓자로 항해하다(tack).

board in 집에서 식사하다.

board out ① 외식하다. ② [아이]를 다른 집에 기숙시키다.

‡**bóard·er** [bɔ́ːrdər / bɔ́ːdə] n. **1** [식사 제공을 받는] 하숙인. cf. lodger ¶ take [in] boarders 하숙인을 두다. **2** 기숙생 [boarding school 의 생도]. cf. day boy ¶ a boarder at a public school 《英》퍼블릭 스쿨의 기숙생. **3** 적선에 옮겨 탄 병사.

bóard·báby n. 《美》보모 베이비 [부모가 양육 능력을 상실한 이유로 병원에 무기한 예탁되어 있는 유아].

bóard fòot n. (pl. b- feet) 보드 피트 [미국의 목재 측정 단위. 넓이 1피트 평방에 두께 1인치의 판자의 체적; 略 bd. ft.].

*‡**bóard·ing** [bɔ́ːrdiŋ / bɔ́ːd-] n. [U] **1** [집합적] 널빤지 (boards). **2** 판자 울타리, 판장. **3** 승선, 승차, 탑승.

bóarding càrd n. [비행기의] 탑승권(embarkation ticket).

bóard·ing·house [bɔ́ːrdiŋhàus / bɔ́ːd-] n. (pl. -houses [-hàuziz]) [식사를 주는] 하숙집; [boarding school 의] 기숙사.

bóarding lìst n. [여객기의] 탑승객 명부.

bóarding òfficer n. 선박 임검 장교(세관원); [입항하는 군함을 예방하는] 방문 장교.

bóard·ing·òut [bɔ́ːrdiŋàut, ----/ bɔ́ːd-, ----] n. [U] 《英》 **1** 외식[하기]. **2** [고아나 기아를 고아원에 수용하지 않고] 다른 집에 맡기기, 수양 아들로 주기. ¶ a boarding-out system 위탁 양육 제도. cf. placing-out

bóarding pàss n. [항공기의] 탑승권.

bóarding ràmp n. [항공기의] 승강대, 램프(ramp).

bóard·ing·ròom [bɔ́ːrdiŋrùːm / bɔ́ːd-] n. 《美》 [증권 거래소의] 입회장.

bóarding schòol n. 기숙 학교 [전체 학생을 기숙사에 수용하는 학교].

bóarding shìp n. 임검선 [중립국 등의 선박에 금수품의 유무를 조사].

bóarding stàble n. 《美》 말을 세놓는 곳.

bóard mèasure n. [board foot 를 단위로 하는] 목재 측정법. cf. board foot

bóard mèeting n. 임원 회의, 평의원회.

bóard ròom n. **1** [중역·이사의] 회의실. **2** 《美》 [증권 거래소의] 입회장.

bóard rùle n. 《美》 보드 척(尺) [목재의 체적을 측정하는 자]. [windsurfing.

bóard·sail·ing [bɔ́ːrdseiliŋ / bɔ́ːd-] n. [스포츠] =

bóard schóol *n.* 영국의 공립 국민 학교의 옛 이름. * 1902년 county council school로 개칭.

bóard wáges *n. pl.* [식사 제공을 받지 않는 종업원에게 지급되는] 식사 수당.

board·walk [bɔ́ːrdwɔ̀ːk/bɔ́ːd-] *n.* 《美》〔해 변의〕 널빤지의 산책로; 〔일반적으로〕 판자길.

boar·hound [bɔ́ːrhaund/bɔ́ːd-] *n.* 멧돼지 사냥용의 큰 개〔Great Dane 따위〕.

boar·ish [bɔ́ːriʃ/bɔ́ːr-] *adj.* 수퇘지(boar) 같은; 육욕적인, 음란한(sensual); 잔인한(cruel).

boart [bɔːrt] *n.* =bort.

‡**boast**¹ [boust] *vi.* 자랑하다, 뽐내다 (of, about...). ¶ He boasts too much. 그는 자랑이 지나치다 // (~+**圖**+**图**) She boasts of her blonde hair. 그녀는 금발을 자랑으로 삼는다 / He boasts of being rich. 그는 부자라고 자랑한다(=He boasts that he is rich.) / He boasted about his success. 그는 자기가 성공한 것을 자랑했다. **顯語** boast 「자랑하다」라는 뜻의 일반적인 말. **brag** 구어적으로 boast 보다 과장·자만의 뜻이 강하다. **vaunt** 문어적인 말.
— *vt.* **1** …을 자랑하다, 뽐내다. ¶ (~+**that** **图**) He boasts that he can swim well. 그는 헤엄을 잘 친다고 자랑한다 // (~+**圖**+(to be) **图**) John boasted himself (to be) an artist. 존은 자기가 예술가라고 자랑했다. **2** 〔자랑할만한 것을 가지고 있다, …을 가진 것을 자랑으로 삼다. ¶ Kyungju boasts many historic buildings. =Kyungju can boast of many historic buildings. 경주에는 역사적인 건축물이 많이 있다.
— *n.* 자랑(거리), 명예〔로 삼는 사물〕; 허풍. ¶ a loud boaster 허언 장담 / It is his boast that he worked his way through college. 대학을 고학으로 졸업했다는 것이 그의 자랑거리다.
make a boast of …을 자랑하다, 뽐내다. ¶ make a boast of being a spendthrift 돈을 마구 쓴다는 것을 자랑하다.
◇ **bóastful** *adj.*

boast² [boust] *vt.* 〔조각〕 〔끌로〕 〔돌 따위를〕 대강 다듬다.

boast·er [bóustər] *n.* 자랑을 잘하는 사람, 허풍쟁이.

boast·ful [bóustfəl] *adj.* **1** 자랑하는, 허풍떠는 (of...). ¶ be *boastful* of …을 자랑하다. **2** 〔말 따위가〕 자랑 투성이인, 과장된. **~·ly** [-fəli] *adv.* **~·ness** *n.*

boast·ing·ly [bóustiŋli] *adv.* 자랑하여, 자랑스러운

‡**boat** [bout] *n.* **1** 보트, 작은 배〔보통 노를 젓는 말을 하지만, 때로 돛이나 모터를 이용하는 것도 말한다〕. 보트. ¶ a boat for hire 빌려주는 보트 / a folding boat 접게 된 보트. **2** 〔일반적으로〕 배(ship); 〔여러 가지 목적의〕 배, 기선(steamer). ¶ a pleasure boat 유람선 / a fishing boat 어선 / a racing boat 경주용 보트 / get (or go) into a boat 배에 타다 / go by boat 배로 가다 / get out a boat 배를 내다 / lay (or bring) a boat alongside with …에 배를 바짝 대다 / haul a boat on shore 배를 육지로 끌어 올리다 / take [a] boat 一行의 기선을 타다. **3** 배 모양의 그릇. ¶ a gravy boat 〔배 모양의〕 고기 국물 그릇.
be in the same boat 처지〔운명·위험 따위〕를 하고 있다.
burn one's **boats** **(behind** one**)** 〔배를 불태워 돌아갈 방법을 없앤다는 뜻에서〕 배수(背水)의 진을 치다.
have an oar in every man's boat ⇒ OAR.
miss the boat 〔구어〕 실패하다(fail); 호기(好機)를 놓치다, 기회를 잡지 못하다(miss the bus).
rock the boat 일을 그르치다, 훼방시키다.
— *vi.* 배로 가다; 뱃놀이를 하다, 보트를 젓다. ¶ go boating at …으로 보트놀이를 가다 / (~+**圖**+**图**) boat down (up) a river 보트를 타고 강을 내려가다 (올라가다) / boat on a river 강에서 보트놀이를 하다. — *vt.* …을 배로 나르다; …을 배 위에 두다; 〔강〕을 배로 건너다. ¶ boat goods 보트로 화물을 나르다 / Boat the oars! 《구령》 노를 걷어 ! / boat a river 보트로 강을 건너다.
boat it 배로 가다, 보트를 젓다.

boat·a·ble [bóutəbl] *adj.* 〔강〕 배로 항행할 수 있는.

boat·age [bóutidʒ] *n.* ①《海事》 거룻배를 이용한 운반, 거룻배삯(업); 거룻배의 이용.

boat·bill [bóutbìl] *n.* 〔남미산(産)〕 해오라기의 일종.

boat·el [boutél] *n.* 《美》 보텔〔자가용 배로 여행하는 사람들의 숙박소〕. 《<BOAT+[HOT]EL》

boat·er [bóutər] *n.* **1** 보트를 타는 사람, 뱃놀이를 하는 사람. **2** 밀짚모자, 맥고모자.

boat·ful [bóutfùl] *n.* 배에 하나 가득한 수〔분량〕.

bóat hóok *n.* 갈고리 장대〔보트를 끌어당기거나 밀어내는데 쓰는 끝에 갈고리가 달린 장대〕.

boat·house [bóuthàus] *n.* (pl. **-hous·es** [-hàuziz]) 보트 창고, 정고(艇庫).

boat·ing [bóutiŋ] *n.* ① 뱃놀이; 보트 젓기. ¶ a boating man 보트 선수 / a boating party 뱃놀이 일행 / be fond of boating 보트 젓기를 좋아하다.

boat·load [bóutlòud] *n.* **1** 작은 배로 하나〔가득〕의 짐. **2** 배의 적재량.

*boat·man [bóutmən], boats·man [bóutsmən] *n.* (pl. **-men** [-mən]) **1** 보트 젓는 사람; 뱃사공. **2** 보트 판매자; 보트 셋집〔의 주인〕.

boat·man·ship [bóutmənʃìp] *n.* ① 배를 젓는 솜씨; 조정술(漕艇術). **2** 보트 젓는 사람의 기질.

bóat néck *n.* 보트 넥〔둥근 깃의 일종〕.

bóat péople *n.* 〔특히 월남에서 작은 배로 탈출한〕 표류 난민.

boat·race [bóutrèis] *n.* 《주로 英》 보트 경기.

boat·swain [bóusn, bóutswèin] *n.* 〔상선의〕 장범장 (掌帆長) (warrant officer); 〔상선의〕 갑판장, 수부장 (水夫長) 〔삭구(索具)·닻 등을 맡아 관리〕. * bo's'n, bosun 이라고도 쓴다.

bóatswain's cháir *n.* 〔로프로 매달아 높은 곳에서 일할 때 쓰는〕 수평으로 된 의자.

bóat tráin *n.* 기선과 연락하는 열차.

boat·yard [bóutjɑ̀ːrd] *n.* 〔보트·요트 따위의〕 소형 선박 수리(제작, 보관)소.

Bo·az [bóuæz] *n.* 〔성서〕 보아스〔룻(Ruth)의 두 번째 남편. ─룻기(記) (Ruth) 4 : 13〕.

*bob¹ [bab/bɔb] *n.* **1** 까딱하고 움직이기; 급히 (왈칵) 잡아당기기(jerk). **2** 〔끄떡 머리를 숙이는〕 인사. ¶ a bob of the head 머리를 끄떡 하는 인사.
— *v.* (**bobbed, bob·bing**) *vt.* **1** …을 까딱〔상하 좌우로〕 움직이다; …을 급히 (왈칵) 잡아당기다. (~+**圖**+**图**) The horse bobbed its head up and down. 말은 머리를 까딱까딱 아래위로 움직였다. **2** 〔까딱 움직여서〕 …을 나타내다. ¶ bob a curtsy (or a greeting) 까딱 머리를 숙여서 인사하다. — *vi.* **1** 〔머리나 몸이〕 까딱 움직이다 (흔들리다, 튀다). **2** 끄떡 머리를 숙이다, 까딱 머리를 숙여 인사하다(at, to ...). ¶ (~+**圖**+**图**) bob at (or to) a person 남에게 꾸벅 인사하다.
bob around 여기저기 쏘다니다.
bob at (or **for**) 〔물에 떠 있거나 달아맨 것 따위〕를 입으로 물려고 하다.
bob up ① 〔물새 따위가〕 불쑥 떠오르다. ¶ A duck bobbed up. 오리가 불쑥 수면에 떠올랐다. ② 〔오랫동안 볼 수 없던 사람이〕 불쑥 나타나다. ¶ We were dining when Mr. Brown bobbed up. 우리가 식사를 하고 있는데 브라운씨가 불쑥 나타났다. ③ 벌떡 일어나다.
bob up again like a cork 기운차게 다시 일어나다, 힘을 되찾다.
◇ **bóbbish** *adj.*

bob² [bab/bɔb] *n.* **1** 〔여자·어린이의〕 단발머리; 〔말·개의〕 자른 꼬리. **2** 〔시계의〕 추, 진자(振子)의 추, 분동. **3** 〔낚시〕 갯지렁이 낚싯밥; 〔낚싯줄의〕 낚시찌 (float). **4** 〔스코〕 송이(cluster), 다발(bunch). **5** = bobsled. **6** =bob skate. **7** 〔시·노래 끝의〕 되풀이하는 부분, 후렴(refrain).
— *v.* (**bobbed, bob·bing**) *vt.* 〔머리 따위〕를 짧게 깎

bob 다(cut short), 단발하다. ¶ The girl wears her hair *bobbed*. 소녀는 단발 머리를 하고 있다. — *vi.* [낚시] 갯지렁이 낚싯밥으로 물고기를 낚다.

bob[3] [bab / bɔb] *n.* 가볍게[톡] 치기, 똑똑 두드림. — *vt.* (**bobbed, bob·bing**) …을 가볍게(톡)치다.

bob[4] [bab / bɔb] *n.* (*pl.* **bob**) [英구어] 실링(shilling). ¶ It costs five *bob*. 그것은 5 실링이다.

Bob[5] [bab / bɔb] Robert 의 애칭. ¶ No, sirree, *Bob* ! = Absolutely not! 절대로 아닙니다! / Yes, sirree, *Bob* != Absolutely without doubt. 란(row), 대소동, 혼란. — *adj.* 소란한, 떠들썩한.

Bob·a·dil [bábədìl / bɔ́b-] *n.* 허풍선이, 허세를 부리는 사람, 자랑하기 좋아하는 사람(braggart). [< Ben Jonson 작 *Every Man in His Humour* 에 나오는 인물]

bobbed [babd / bɔbd] *adj.* 꼬리를 자른; 단발의, 단발한. ¶ *bobbed* hair 단발(bob).

bob·ber[1] [bábər / bɔ́bə] *n.* **1** 까딱하고 움직이는 사람(것). **2** [낚시] 찌(float, fishing bob).

bob·ber[2] [bábər / bɔ́bə] *n.* 봅슬레이 팀의 일원. *cf.* bobsled

bob·ber·y [bábəri / bɔ́b-] *n.* (*pl.* **-ber·ies**) [구어] 소란(row), 대소동, 혼란. — *adj.* 소란한(noisy), 떠들썩한.

bob·bin [bábin / bɔ́b-] *n.* **1** [방적기·미싱에 쓰는] 실패, 보빈. **2** [전기] 보빈(감는 통, 코일통. **3** 가느다란 실. **4** [문의 빗장을 잡아당겨 여는 끈 끝에 달린] 나무 구슬(막대).

bob·bi·net [bàbinét / bɔ̀bìnét] *n.* [기계로 짜는] 6각형 그물눈의 레이스.

bob·bing [bábiŋ / bɔ́b-] *n.* ⓤ [레이더] 레이다파의 불규 [칙 수신.

bóbbin làce *n.* ⓤ 보빈 레이스(pillow lace) [실을 bobbin 에 감은 채 손으로 짠 레이스]. [발한(lively).

bob·bish [bábiʃ / bɔ́b-] *adj.* [英구어] 원기 왕성한, 활

bob·ble [bábl / bɔ́bl] *v.* (**-bled, -bling**) [구어] [공]을 잡지 못하다, 펌블하다, 에러를 범하다. — *vi.* **1** 아래위로 움직이다. **2** 실수를 하다. — *n.* **1** 경련을 일으키는 듯한 움직임. **2** [구어] [공]을 실수로 잡지 못함, 펌블. **3** [미구어] 잘못; 실책(mistake).

bob·by [bábi / bɔ́bi] *n.* (*pl.* **-bies**) [구어] 순경, 경관 (policeman). [< London 의 경찰 조직을 개혁한 Sir Robert Peel (1788-1850) 의 통칭 *Bobby*]

bob·by-daz·zler [bábidæzlər / bɔ́b-] *n.* [英구어] 화려한 것, 멋진 것; 매력적인 사람.

bóbby pìn *n.* 보비 핀[주로 단발머리(bobbed hair) 에 쓰는 머리핀의 일종]. [소녀용 짧은 양말.

bób·by sòcks [bábisàks / bɔ́bisɔ̀ks] *n. pl.* [美구어]

bób·by sòx·er [bábisàksər / bɔ́bisɔ̀ksə] *n.* (구어) [10 대]소녀[특히 1940년대의 유행을 따르는 소녀].

bob·cat [bábkæt / bɔ́b-] *n.* (*pl.* **-cats** *or* **-cat**) [북미산(産)] 스라소니.

bob·let [báblit / bɔ́b-] *n.* 2 인승 bobsled.

bob·o·link [bábəliŋk / bɔ́b-] *n.* 쌀 먹는 새[북미산, 연작류(燕雀類)의 새. 남미에서 겨울을 보낸다].

bób skàte *n.* 봅 스케이트[두 개의 평행된 날이 달린 스케이트].

bob·sled [bábslèd / bɔ́b-] *n.* 봅슬레드[브레이크·핸들이 달린 두 대를 앞뒤로 연결한 3-4인승 썰매]. — *vi.* (**-sled·ded, -sled·ding**) 봅슬레드를 타다.

bob·sled·ding [bábslèdiŋ / bɔ́b-] *n.* ⓤ 봅 슬레드 경

bob·sleigh [bábslèi / bɔ́b-] *n., vi.* = bobsled. [기.

bob·stay [bábstèi / bɔ́b-] *n.* (海事) 제 1 사장(斜檣)의 지삭(支索). ⇨ BOWSPRIT.

bob·tail [bábtèil / bɔ́b-] *n.* **1** 짧은 꼬리, 자른 꼬리. **2** 꼬리를 자른 동물(bobtailed animal). **3** [美軍속어] 불명예 제대. — *adj.* 꼬리를 자른, [옷을 동이]밑자락이 짧은, 짧게 자른(short). — *vt.* …의 꼬리를 짧게 자르다.

bob·tailed [bábtèild / bɔ́b-] *adj.* 꼬리를 자른. [(産).

bob·white [báb(h)wáit / bɔ́b-] *n.* 메추라기[북미산

bób wìg *n.* 짧은 변발(辮髮) 모양의 가발.

bo·cage [boukάːʒ] *n.* [미술] [문직(紋織)·도자기 따위의 장식에 쓰이는]나무·나뭇가지·전원 풍경 등의 장식적인 디자인.

bo·ca·sin [bákəsin / bɔ́-] *n.* ⓤ 결이 고운 아마포(亞麻布)의 일종 (fine buckram).

boc·cie, -ce [bátʃi / bɔ́-] *n.* 잔디에서 하는 이탈리아식

Boche, Bosche [baʃ, bɔːʃ / bɔʃ] *n.* [속어] [경멸적] 독일인, 독일 병사 (German).

bock [bak / bɔk] *n.* **1** = bock beer. **2** 맥주 한 잔.

bóck bèer *n.* ⓤ [독일산(産)] 강한 흑맥주.

bod [bad / bɔd] *n.* [美속어] 몸(body), 요 요구량).

BOD (略) biochemical oxygen demand(생화학적 산

bode[1] [boud] *v.* (**bod·ed, bod·ing**) *vt.* …의 전조가 되다, …의 징후를 보이다. ¶ My mind *bodes* mischief. 좋지 못한 일이 있을 것 같은 기분이 든다. 2《고어》…을 예언하다, 예고하다. — *vi.* 전조를 나타내다, 징후를 보이다. ¶ This *bodes* well for your success. 이것은 네가 성공할 것이라는 좋은 징조이다 / This *bodes* evil (well) to ㆍr plan. 이것은 우리 계획에 나쁜(좋은) 조짐이다.

bode[2] [boud] *v.* bide 의 과거형. [한.

bode·ful [bóudfəl] *adj.* 전조를 나타내고 있는, 불길

bo·de·ga [boudíːgə, -美 -déi-] *n.* (*pl.* **-gas** [-gəz]) [스페인] **1** (=grocery store) **1** 식료 잡화점. * 특히 스페인어를 쓰는 미국인 사이에서 쓰는 말. **2** 포도주 가게(wineshop). **3** 포도주 저장실. [< Sp]

bode·ment [bóudmənt] *n.* 전조, 징후.

bodge [badʒ / bɔdʒ] *vi.* [구어] 실수를 저지르다, 망쳐 놓다. *cf.* botch

bodg·er [bádʒər / bɔ́dʒ-] *adj.* [濠속어] 천한, 가치 없는; [이름]가짜인. — *n.* 보잘것 없는 사람; 가명을 쓰는 사람, 가명, 별명.

Bo·dhi·satt·va [bòudisǽtvə, -wə] *n.* [불교] 보살.

bod·ice [bádis / bɔ́d-] *n.* **1** 보디스[끈으로 가슴·허리를 조여 매는 여자용 웃옷]. **2** 여자용 소매 없는 조끼, 부인복의 허리 부분. **3** [폐어] 코르셋 (corset, stays).

bod·ied [bádid / bɔ́d-] *adj.* **1** 몸이 있는. **2** 실체가 있는, 구체화된(embodied). **3** [복합어를 만들어] 체격이 …한. ¶ a long-*bodied* man 동체가 긴 남자 / a fat *bodied* (or full-*bodied*) man 뚱뚱한 남자. [bodice 1]

bod·i·less [bádilis / bɔ́d-] *adj.* **1** 동체가 없는, 형체가 없는. ¶ a *bodiless* head 동체가 없는 목. **2** 무형의, 실체가 없는 (incorporeal).

‡**bod·i·ly** [bádili / bɔ́di-] *adj.* **1** 신체(상)의. ¶ *bodily* exercise 신체의 운동, 체조. **2** 물질적인, 유형의 (corporeal, material). — *adv.* **1** 모두, 송두리째 (as a whole), 통째로, 그대로. ¶ The spectators rose *bodily*. 관객이 모두 일어섰다. **2** 체격을 갖추어, 형체를 이루어. **3** 자신이, 몸소 (in person). ¶ The man we thought dead walked *bodily* into the room. 죽었다고 생각했던 사람 자신이 방으로 들어왔다.

bod·ing [bóudiŋ] *n.* 전조, 징후 (omen); 흉조. — *adj.* [한] 예감이 드는; 불길한, 흉조의 (foreboding, ominous). ¶ *boding* care 어쩐지 불길한 일이 있을 듯한 불안한 기분. ~**ly** *adv.*

bod·kin [bádk(i)n / bɔ́d-] *n.* **1** [천·가죽 따위에 구멍을 뚫는] 자루가 달린 송곳 바늘; 뜨개 바늘. **2** 긴 머리핀. **3** 끈을 꿰는 돗바늘. **4** [폐어] 단도 (small dagger). **5** [英구어] 두 사람 사이에 꽉 낀 사람.

Bod·lei·an [bɔdlíːən / bɔd-] *n.* (the ~) [Oxford 대학의] 보들리 도서관. — *adj.* 보들리 도서관의. [< 재건자 Sir Thomas Bodley 의 이름]

‡**bod·y** [bádi / bɔ́di] *n.* (*pl.* **bod·ies**) **1** 몸, 신체, 육체. *opp.* mind, soul, spirit ¶ a dead *body* 시체 / a

human *body* 사람의 몸 / the strength of the *body* 체력 / the *body* of Christ〔가톨릭〕성체(聖體) / cover (or protect) a person with one's *body* 몸으로 남을 지키다 / build up the healthy *body* 몸을 단련하다 / Absent in *body*, but present in spirit. 몸으로는 떠나 있으나 영으로는 함께 있어서〔←고린도 전서(1 Cor.) 5:3〕. **2** 시체. ¶ The *bodies* were buried. 시체가 매장되었다. **3**〔물건의〕본체, 주요부, 몸통. ¶ the *body* of a gun 포신(砲身) / the *body* of a tree 나무 줄기 / an heir of one's *body* 직계 상속인. **4**〔동물·해부〕동체, 몸통. **5**〔건축〕주요부, 중앙부;〔특히 교회의〕본당. **6** 차체;〔海事〕선체;〔항공〕비행기의 동체. **7**〔연설·문서 따위의〕본문, 주문, 본론. **8**〔인쇄〕활자의 몸통. **9**〔기하〕입체(solid). ¶ a regular *body* 정면체. **10**〔물리〕물체, …체, 덩어리. ¶ an elastic *body* 탄성체 / a heavenly *body* 천체 / a liquid *body* 액체 / a solid *body* 고체 / a gaseous *body* 기체. **11**〔집합체·단체 따위의〕대부분, 대다수. ¶ The larger the *body* of the people 국민의 대다수는. **12**《구어》사람, 인물. ¶ an honest *body* 정직한 사람 / a good sort of *body* 호인 / He is a good-natured *body*. 그는 호인이다(*《방언》에서는 anybody, somebody의 대용으로 쓰이기도 한다: Gin(=If) a *body* meet a *body*… 누군가 누구와 만난다면〔← Burns〕). **13**〔법률〕개인의 신체, 사람, 신병(身柄). **14** 단체, 군(群), 집단; 법인. ¶ a religious *body* 종교단체 / a diplomatic *body* 외교단. **15**〔U〕〔C〕 밀도, 농도; 실질. ¶ wine of a good *body* 강한(독한) 포도주. **16**〔의복의〕동부(胴部); 조끼. **17**〔도자기의〕굳지 않은 멘바닝, 셍바닝. *as a body* 전체로서. ¶ take them *as a body* 그들을 전체로서 생각하다. *body and soul* ① 몸도 마음도 다, 전적으로. ¶ give *body and soul* to one's job 일에 몸과 마음을 다 바치다. ② 연인. *in a body* 한덩어리가 되어, 다 함께. ¶ resign *in a body* 몰소, 친히. *cf*. in person *keep body and soul together* 목숨을 유지하다, 간신히 살아 있다. *Over my dead body!*《구어》절대 안 돼! — *vt*. (bod·ied, bod·y·ing) **1** …에 형태를 주다. **2** …을 상징하다, 구체화하다, 체현하다(..*forth, out*).

bódy árt n. 보디 아트〔인체를 미술의 재료로 활용하는 예술의 한 양식〕.
bódy bàg n.〔흔히 고무로 만들었으며, 지퍼가 달린〕 시체 운반용 부대. 〔타격〕.
bódy blòw n.〔권투〕보디 블로〔흉부나 복부에 대한〕.
bod·y-build [bádibìld / bɔ́d-] n. 체격.
bod·y-build·er [bádibìldər / bɔ́d-] n. **1** 영양이 있는 음식. **2** 보디 빌딩을 하는 사람.
bod·y-build·ing [bádibìldiŋ / bɔ́d-] n. ⓤ 보디빌딩〔식사·운동 따위로 몸을 단련하기〕.
bódy bùrden n.〔방사능 물질 등 인체에 해로운〕 체내 축적물.
bódy chéck n.〔아이스하키〕보디 체크〔몸으로 방
bod·y-chéck [bádiʧèk] vt.〔아이스하키〕〔상대방에게 몸으로 부딪쳐 방해하다. 몸으로 부딪치다.
bódy clòck n. 체내 시계〔생물 시계(biological clock)의 일종으로 일상의 몸의 컨디션을 규칙 바르게 유지시키는 기능〕.
bódy cólor((英) **cólour**) n. **1**〔보석 따위의〕 바탕색. **2** 불투명 그림 물감.
bódy córporate n. (*pl.* bodies c-)〔법률〕사단 법인, 법인 단체 (corporation).
bódy cóunt n. **1**〔전투에서〕적의 전사자수〔집계〕,

〔사고 등에서〕사망자수. **2**〔일반적으로〕인원수, 총원수.
bódy Énglish n. ⓤ《美》〔스포츠〕이미 던진 공을 몸짓으로 조절하려 하는 반무의식적인 익살스러운 동작.
bod·y·guard [bádigà:rd / bɔ́d-] n. 보디가드, 신변 호위, 경호원, 수행원.
bódy lànguage n. ⓤⓒ 신체 언어〔상대방에게 의사나 감정을 전달하는 무의식적인 몸짓·표정·태도〕.
body-line [bádilàin / bɔ́d-] n.〔크리켓〕타자를 위협하기 위해 몸쪽에 가까운 투구.
bódy mechànics n. 신체 역학〔여성 신체 기능의 조정·내구력·균형 따위를 향상시키는 조직적 운동〕.
bódy míke n. 보디 마이크〔옷깃 따위에 달거나 목에 거는 소형 마이크〕.
bódy òdor((英) **òdour**) n. 체취, 겨드랑 냄새〔흔히 B.O.로 줄인다〕.
bódy pàint n.〔몸에 여러가지 모양을 그려넣는 데 쓰이는 페인트·화장품〕
bódy pòlitic n. (*pl.* bodies p-) (the ~) 정치 단체, 통치체;〔특히 한 나라의〕국민, 국가.
bódy protéctor n.〔야구〕보디 프로텍터〔캐처나 주심이 몸을 보호하기 위해 가슴에 대는 보호물〕.
bódy rúb n.《美속어》전신 마사지.
bódy scánner n.〔의학〕보디 스캐너〔단층(斷層) X선 투시 장치〕.
bódy sèrvant n. 시종(valet). 〔外殻〕
body·shell [bádiʃèl / bɔ́di-] n. 자동차의 차체 외각
bódy shìrt n. 몸에 꼭 맞는 셔츠.
bódy shòp n.《美》자동차 차체 공장.
bódy slám n.〔레슬링〕보디 슬램, 들어메치기.
bódy snátcher n. **1**〔해부하는 사람에게 팔려고 무덤을 파는〕시체 도둑(resurrectionist). **2**《美속어》유괴자(kidnapper). **3**《군대 속어》들것을 메는 사람 (stretcher-bearer).
bódy stócking n. 보디 스타킹〔몸에 꼭 끼는 스타킹 모양의 속옷〕. 〔꼭 끼는 여성복〕.
bod·y·suit [bádisù:t / bɔ́dis(j)ù:t] n. 보디수트〔몸에
bod·y-surf [bádisə̀:rf / bɔ́di-] vi. 파도타기용 널빤지 없이 파도타기를 하다.
bódy týpe n. ⓤ 본문(本文) 활자. *cf*. display type
bod·y·work [bádiwə̀:rk / bɔ́d-] n. ⓤ **1** 차체(車體) 제조(수선) 작업. **2** 차체, 차체 구조.
Boe·ing [bóuiŋ] n. 보잉사(社) (Boeing Company) 〔미국 최대의 항공기 제조 회사〕. 그 비행기. ¶ *Boeing* 747 (seven forty-seven, seven four seven) 보잉 747 점보 여객기.
Boe·o·tia [bióuʃ(i)ə] n. 보에오티아〔아테네(Athens) 서북부 지방에 있던 고대 그리스의 한 공화국. 수도 Thebes〕.
Boe·o·tian [bióuʃ(i)ən] *adj*. **1** Boeotia 의, Boeotia 사람의. **2** [Boeotia의 주민처럼] 우둔한, 어리석은 (dull). — n. **1** Boeotia 사람. **2** 우둔한 사람, 바보.
Boer [bó:r / bóuə] n. 보어 사람〔네덜란드계의 남아프리카 이주민〕. — *adj*. 보어 사람의.
Bóer Wár n. (the ~) 보어 전쟁〔영국과 보어 사람들 간의 전쟁(1899-1902)〕.
B. of E.《略》the *B*ank of *E*ngland (잉글랜드 은행); the *B*oard of *E*ducation〔영국〕문교성.
boff [baf / bɔf] n.《美속어》**1**〔청중·관객의〕폭소, 포복절도 (belly laughter). **2** 주먹의 일격. **3**〔연극〕 **a**)〔폭소를 자아내는〕익살 섞인 대사. **b**)〔흥행〕의 대성공, 대만원. 〔과학자〕.
bof·fin [báfin / bɔ́fin] n.《英속어》〔연구소의〕연구원.
bof·fo [báfou / bɔ́f-] *adj*.《美속어》매우 인기가 있는, 성공적인. — n. (*pl.* -fos)《美속어》=boff.
B. of H.《略》the *B*and of *H*ope (《주로 美》소년 금주단(禁酒團)); the *B*oard of *H*ealth (보건국).
B. of T.《略》the *B*oard of *T*rade (〔영국〕상무성.
*bog [bag, bɔ:g / bɔg] n. **1** 습지, 소택지, 늪. ¶ a *bog*

violet 늪에 피는 제비꽃. **2** 소택 지대. **3** (보통 ~s) 《영국속어》변소. — v. (**bogged, bog·ging**) vt. 《보통 수동형으로》…을 늪에 가라앉히다. ¶ be (or get) *bogged* (늪(수렁)에 가라앉다; 《비유적》 꼼짝 못하게 되다. — vi. 늪(수렁)에 가라앉다, 늪(수렁)에 빠지다; 움직이지 못하게 되다.

bog down ① 가라앉다. ¶ The road *bogged down* for lack of cement. 시멘트 부족으로 도로가 내려앉았다. ② 늪(수렁)에 빠지다, 꼼짝 못하게 되다.
◇ **bóggy** *adj*.

bo·gey [bóugi] *n*. **1** 도깨비, 요귀(bogy). **2** 《골프》보기. a) 〖일반적으로〗 기준 타수(par)보다 하나 많은 타수. b) 기준 타수. **3** 《濠》 헤엄치기; 수영장. **4** 《군대 속어》국적 불명의 비행기, 적기(敵機). — vt. 〖골프〗〖홀〗을 보기로 마치다. [비.

bo·gey·man [bóugimæ̀n] *n*. (*pl*. **-men** [-mèn]) 도깨

bog·gle [bágl / bɔ́gl] *v*. (**-gled, -gling**) vi. **1** 움찔하다, 소스라치다(take alarm); 〖놀라서〗 펄쩍 뛰다 (*at*…). ¶ He *boggled* at the sight of gallows. 그는 교수대를 보고 움찔했다. **2** 물러서다, 주저하다, 겁먹다 (hesitate, shrink). ¶ *boggle at* a word 말을 듣고 망설이다. **3** 딴전부리다, 시치미떼다(dissemble), 얼버무리다(equivocate) (*at*…). **4** 실수하다, 서투른 짓을 하다(bungle). — vt. …을 놀라게 하다. — *n*. **1** 경악. **2** 주저, 망설임. **3** 《구어》실수, 실책(bungle), 서투른 짓(botch).

bog·gy [bági, bɔ́gi / bɔ́gi] *adj*. (**-gi·er, -gi·est**) 늪지 (소택지)의, 수렁이 깊은, 소택지가 많은(marshy, swampy). ¶ a *boggy* hollow 늪이 많은 움푹한 땅.

bo·gie [bóugi] *n*. **1** =bogy. **2** 〖트럭에서 바퀴 차체를 받치는〗네 개의 뒷바퀴. **3** 〖주로 英〗보기차 〖두 대 차 대에 위에〗 차체를 얹은 철도 차량, 축축이 자유로이 움직인다〗. **4** 《英구어》〖돌 따위를 운반하는〗낮고 든든한 짐수레.

bóg íron [óre] *n*. 소철광(沼鐵鑛) 〖눌지대에서 나는 다공질의 갈철광(褐鐵鑛)〗.

bo·gle [bóugl, + 美 bágl] *n*. 도깨비, 요귀, 유령(bogy,
bóg móss *n*. 물이끼. └ghost)

bóg óak *n*. 땅 속에 묻힌 떡갈나무.

Bo·go·tá [bòugətáː] *n*. 보고타 〖남미 Colombia 공화국의 수도〗.

bog·trot·ter [bágtràtər / bɔ́gtrɔ̀tə] *n*. **1** 소택 지대의 거주자. **2** 《경멸적》 아일랜드 시골뜨기.

bo·gus [bóugəs] *adj*. 《美》 가짜의, 위조의. ¶ *bogus* currency 위조 통화 / *bogus* notes 위조 지폐 / a *bogus* company 유령 회사. — *n*. 〖U〗〖C〗 **1** 〖페어〗 가짜 돈. **2** 가짜.   └무.

bog·wood [bágwùd / bɔ́g-] *n*. 〖U〗〖소택지의〗 묻힌 나

bo·gy [bóugi] *n*. (*pl*. **-gies**) **1** 요귀, 도깨비, 유령 (hobgoblin), 악령(evil spirit). **2** 사람에게 붙어 괴롭히는 것. **3** 《군대 속어》 국적(정체) 불명의 항공기.

boh [bou] *interj*. =bo².

Bo·hea [bouhíː] *n*. 중국산(産)의 질이 나쁜 홍차.

Bo·he·mi·a [bo(u)híːmiən, -mjən] *n*. 보헤미아〖체코슬로바키아 서부의 주, 옛 오스트리아 영토〗. **2** 보헤미안이 사는 지역, 보헤미안 분위기로 가득 찬 사교계.

*****Bo·he·mi·an** [bo(u)híːmiən] — *n*. **1** Bohemia 사람. **2** 〖U〗〖고어〗 체코 말(Czech language). **3** (종종 b-) 〖예술가·작가 등〗 관습에 구애받지 않고 자유 분방한 생활을 하는 사람, 방랑자. **4** 집시(Gypsy).
— *adj*. **1** 보헤미아의, Bohemia 사람(말)의. **2** 전통에 얽매이지 않는(unconventional); 방랑적인; 자유 분방한. ¶ a *Bohemian* life 자유 분방한 생활.

Bo·he·mi·an·ism [bo(u)híːmiənìz(ə)m, -mjən-] *n*. 〖U〗 보헤미안(방랑자) 기질, 방랑 생활, 방종주의.

bo·hunk [bóuhʌŋk] *n*. 《美속어》〖동〗 유럽계 이민의 미숙련 노동자. *cf*. hunky².

*****boil**¹ [bɔil] *vi*. **1** 끓다, 비등(沸騰)하다; 〖그릇 속의 물건이〗 끓다. ¶ Water *boils* when heated. 물은 가열하면 끓는다. / The kettle is *boiling*. 주전자〖의 물〗이 끓고 있다. / A watched pot never boils. 《속담》 주전자도 지켜 보면 끓지 않는다. **2** 〖바다·강 따위〗 파도가 일다. ¶ The boat was swallowed up by the *boiling* waves. 그 배는 격랑에 휩쓸렸다. / He is *boiling with* rage (or anger). 그는 격분하여 펄펄 뛰고 있다 / Rage made his blood *boil*. 노여움으로 그는 피가 끓었다. **4** 〖음식이〗 삶아지다. ¶ The beef is *boiling*. 쇠고기가 삶아지고 있다.
— *vt*. **1** …을 비등시키다; …을 끓이다, 삶다, 데치다. ¶ *boil* water 물을 끓이다. **2** …을 삶다, 데치다. ¶ (~ + 目 + 補) *boil* an egg soft 계란을 반숙하다. **3** 〖…을〗 끓여서 만들다 〖얻다, 분리하다〗. ¶ *boil* salt 졸여서 소금을 얻다.

類語 **boil** 「비등하다(시키다)」, 「삶아지다(삶다)」라는 뜻의 가장 일반적인 말. **seethe** boil 과 거의 같은 뜻이지만 그 효과를 강조하는 말. **simmer** 조용히 지글지글하며 boil 직전에 있다. **stew** 〖특히 고기·과일 따위를〗 약한 불로 오래 삶다.

boil away 〖물 따위가〗 끓어서 없어지다.

boil down ① …을 달이다, 삶아 졸이다. ¶ *boil down* something into syrup 어떤 것을 졸여서 시럽으로 만들다. ② …을 요약하다, 줄이다. ③ 줄어들다; 도달하다, 결국 … 이 되다. ¶ He gave a number of excuses, but what they all *boil down* to is that he is unwilling to help us. 그는 여러 가지 핑계를 댔지만, 결국은 우리를 돕고 싶지 않다는 것이다.

boil off 〖액체 연료가〗 기체가 되어 없어지다.

boil over ① 끓어 넘치다. ¶ If you go on heating, the pot will *boil over*. 계속 데우면 냄비는 끓어 넘칠 것이다. ② 〖걱정 따위〗를 누를 수 없다, 화내기 시작하다. ¶ The incident made the public *boil over* with indignation. 그 사건으로 세상의 분노는 폭발했다.

boil the billy 《濠》 차를 끓이다.
boil the pot; make the pot boil ⇒ POT.
boil up ① 끓어오르다. ② 《濠》 차를 끓이다.
keep the pot boiling ⇒ POT.

— *n*. (the ~) 끓음, 비등. ¶ give the eggs a minute's *boil* 계란을 일분 동안 삶다 / come to the *boil* 끓으 르다, 끓다; 《비유적》 절정에 달하다 / bring to the *boil* 끓어 오르게 하다, 삶다 / The coffee was near the. *boil*. 커피는 끓으려 하고 있었다.

boil² [bɔil] *n*. 〖병리〗 부스럼, 창(瘡); 종기, 현데.

boiled [bɔild] *adj*. **1** 끓은, 삶은, 데친. ¶ *boiled* water 끓인 물 / a *boiled* egg 삶은 계란. **2** 《속어》 술취한(drunk).

bóiled shírt *n*. 《속어》 **1** 〖가슴 부분을 풀을 먹인〗 예복용 와이샤쓰(dress shirt). **2** 격식을 차리는 사람 (행위).

bóiled swéets *n. pl*. 《英》 단단한 캔디, 눈깔 사탕.

*****boil·er** [bɔ́ilər] *n*. **1** 보일러, 기관(汽罐). **2** 끓이는 그릇, 주전자. **3** 온수 탱크.

boil·er·mak·er [bɔ́ilərmèikər] *n*. **1** 보일러 제조 (수리)공. **2** 〖U〗 물 대신 맥주를 입가심으로 마시면서 드는 위스키.

bóiler pláte *n*. **1** 보일러판〖보일러 따위를 만드는 데 쓰는 압연강판(壓延鋼板)〗. **2** 스트레오판(板)으로 제공되는 공동 기사 〖주간 신문에서 사용〗. **3** 〖로켓 공학〗〖우주선의〗시험용 실물 크기 모형.

bóiler scále *n*. 〖보일러 속에 생기는〗 물앙금, 물때 (overalls).

bóiler súit *n*. 《英》〖아래 위가 붙은〗 작업복

*****boil·ing** [bɔ́iliŋ] *adj*. **1** 끓는, 비등하는. **2** *boiling* water 끓는 물. **2** 격분하고 있는; 쩔쩔 끓는 것 같은. ¶ *boiling* seas 격동하는 바다 / He was in a state of *boiling* indignation. 그는 화가 머리 끝까지 치밀어 있었다.

— *adv*. **1** 끓어오를만큼. ¶ some *boiling* hot coffee 끓는 것처럼 뜨거운 커피. **2** 매우, 대단히(extremely,

very). ¶ She is *boiling* mad. 그녀는 매우 화가 나 있다. ¶ 끓음, 비등, 삶음.
the whole boiling (구어) 모두, 전부.
bóiling òff n. 명주실을 삶아 익히기.
bóiling pòint n. 비등점[212°F, 100°C]. ¶ **at the boiling point** 비등점에 도달하여; (구어) 격분하여.
bóiling wàter reàctor n. 비등수형(沸騰水型) 원자로[略 BWR]. [체가 되어 없어짐.
boil-off [bɔ́ilɔ̀(ː)f / -ɔ̀f] n. [액체 연료의] 날아감, 기
‡**bois·ter·ous** [bɔ́istərəs] adj. **1** 거친 (rough), 시끄러운, 떠들썩한, 흥청거리는 (noisily cheerful). **2** [파도·날씨·바람 따위가] 사나운, 거친.
~·ly adv. **~·ness** n.
bo·ko [bóukou] n. (pl. **-kos**) [英속어] 코 (nose).
Bol. (略) Bolivia.
bo·la [bóulə], **-las** [-ləs] n. (pl. **-las**; **-las·es** [-ləsiz]) 끝에 쇳덩이가 달린 투승(投繩) [남미 인디언들이 이것을 짐승의 발목에 던져서 옭아 잡는다].
bóla tìe n. =bolo tie.
‡**bold** [bould] adj. **1** 대담한, 용감한. ⇨ BRAVE [類語]. ¶ a *bold* speech 대담한 연설 / as *bold* as a lion 매우 용감한, 담대한 / It's *bold* of you to swim in the sea full of sharks. 상어가 득실거리는 바다에서 헤엄을 치다니 아주 담대하네.
2 뱃심좋은; 버릇없는; 뻔뻔스러운. ¶ a *bold* hussy 말괄량이 / a *bold* gaze 버릇없이 빤히 보기 / as *bold* as brass 뻔뻔스러운, 파렴치한.
3 용기를 필요로 하는. ¶ a *bold* plan 용기 있는 계획.
4 상궤(常軌)를 벗어난, 기발한. ¶ a *bold* investigation 참신한 연구.
5 두드러진, 현저한; [문자가] 굵은, 선이 굵은 [인쇄] 볼드체의. ¶ *bold* handwriting 굵은 서체(書體) / a *bold* outline 뚜렷한 윤곽 / in *bold* relief 뚜렷이 눈에 띄게 / in *bold* strokes 굵직한 필치(筆致)로.
6 가파른, 절벽을 이루는. ¶ a *bold* promontory 깎아지른 듯한 갑(岬). [길].
7 강력한, 격렬한. ¶ a *bold* wind (fire) 거센 바람(불).
8 (페어) 확실한. **9** [美구어] [맛이] 독한.
make bold to do; **make** (or **be**) **so bold as to do** 감히 …하다, 실례를 무릅쓰고 …하다. ¶ He *made bold* to say so. 그는 뻔뻔스럽게도 그렇게 말했다.
make bold with 대담하게 …에 부딪치다; …을 슬쩍하다.
put a bold face on ⇨ FACE. [다 (훔치다).
bold-face [bóuldfèis] n. ⓤ 볼드체의 활자 [획이 굵은 활자체]. cf. lightface ── adj. 볼드체의.
── vt. …을 볼드체로 나타내다.
bold-faced [bóuldfèist] adj. **1** 뻔뻔스러운, 철면피의, 넉살좋은. **2** [인쇄] 볼드체의.
‡**bold·ly** [bóuldli] adv. **1** 대담하이, 무모하게, 버릇없이, 뻔뻔스럽게. ¶ speak and act *boldly* 대담하게 말하고 행동하다. **2** 두드러지게, 뚜렷하게. ¶ The tower stands out *boldly* against the clear sky. 그 탑은 맑은 하늘을 배경으로 우뚝 서 있다. **3** 굵은 글씨로, 볼드체로.
***bold·ness** [bóuldnis] n. ⓤ **1** 대담함, 무모함; 버릇없음, 뻔뻔스러움, 철면피. ¶ He had the *boldness* to approach the girl. 그는 배짱좋게 그 처녀에게 다가갔다.
2 [필세(筆勢) 따위의] 힘참, 도방.
bole¹ [boul] n. [식물] 줄기, 수간(樹幹) (trunk), 수신 (stem).
bole² [boul] n. ⓤ 교회점토(膠灰粘土) [황갈색 또는 적갈색의 점토로 안료(顏料)·도료(塗料)로 쓰인다].
bo·lec·tion [bouléʃ(ə)n] n. [건축·가구] 볼록 쇠시리.
bo·le·ro [bəlɛ́ərou / -lέər- // →3] n. (pl. **-ros**) **1** 볼레로 [4분의 3박자로 된 경쾌한 스페인 춤]. **2** 볼레로 무곡. **3** [英 bɔ́lərou] 허리까지 오는 짧은 웃옷. [<Sp]
bo·lide [bóulaid, +美 -lid] n. [천문] 대유성 (大流星) [폭발하여 광도가 강하게 빛나는 유성].

bol·i·var [bálivər / bɔ́l-] n. (pl. **-vars** or **-var·es** [balivá:res / bɔl-]) 볼리바르 [남미 베네수엘라의 화폐 단위. 은화].
***Bo·liv·i·a** [bəlíviə] n. **1** 볼리비아 공화국 [남미 중부의 내륙국; 수도는 La Paz 및 Sucre]. **2** (종종 b-) ⓤ (플러시 (plush) 와 비슷한) 부드러운 모직물.
Bo·liv·i·an [bəlíviən] adj., n. 볼리비아의 (사람).
bo·liv·i·a·no [boulìviá:nou] n. (pl. **-nos**) 볼리비아노 [볼리비아 공화국의 화폐 단위; 은화].
boll [boul] n. [식물] [목화·아마(亞麻) 따위의] 둥근 꼬투리 (pod).
bol·lard [bálərd / bɔ́l-] **1** [항해] 잔교(棧橋)·부두의 배 매는 기둥. **2** [英] [도로·잔디 따위에 자동차 따위를 못 들어오게 하기 위한] 짧은 기둥의 열.
bol·lix [báliks / bɔ́l-] [美속어] vt. …을 망쳐놓다, 어지럽히다, 실패하다. ── n. =ballocks.
bóll wèevil n. **1** 바구미의 일종 [유충이 목화 꼬지 (boll)를 갉아먹는 해충]. **2** [美] 비협합원. **3** 비협조적인 이단자. **4** (the ~) [민주당 내의] 반대 분자 그룹.
boll·worm [bóulwə̀:rm] n. 목화씨 벌레 [목화에 붙어 사는 해충] (corn earworm).
bo·lo [bóulou] n. (pl. **-los**) [필리핀 제도 및 미국 육군에서 쓰는] 외날의 큰 나이프.
bo·lo·gna [bəlóunjə] n. (=**bológna sàusage**) 볼로냐 소시지 [쇠고기·돼지 고기로 만든 대형 소시지].
bo·lo·graph [bóuləɡræ̀f / -ɡrɑ̀ːf] n. [물리] bolometer에 의한 측정 기록.
bo·lom·e·ter [boulɑ́mitər / -lɔ́m-] n. [물리] 볼로미터 [온도 상승에 의한 전기 저항의 변화를 이용한 방사 에너지 측정계].
bo·lo·ney [bəlóuni] n. =baloney.
bólo tìe n. [금속 고리로 매는] 끈 넥타이 (bola tie).
***Bol·she·vik, bol-** [bálʃivìk, boul- / bɔ́l-] n. (pl. **-vik·i** [-viːkiː] or **-viks**) **1** a) [1903-1917의] 러시아 사회 민주당 내의 다수파의 사람. cf. Menshevik b) [1918년 이후의] 소련 공산당원. **2** [일반적으로] 공산당원. **3** (경멸적) 과격파의 사람; 급진자.
Bol·she·vik·i, bol- [bálʃivìkiː / bɔ́l-] n. pl. [혁명 당시 러시아 사회 민주당 내의] 다수파, 과격파 [1917년의 혁명 이후 Comintern (the Third International)을 조직. 또한 1918년 이후 the Communist Party (공산당)로 개칭]. cf. Mensheviki [<Russ *majority party*]
Bol·she·vism [bálʃivìz(ə)m / bɔ́l-] n. **1** Bolsheviki의 사상(주의, 주장). **2** (때로 b-) [일반적으로] 과격주의; 과격의 사상.
Bol·she·vist [bálʃivist / bɔ́l-] n. **1** Bolshevik의 신조(주의, 주장)의 신봉자. **2** (때로 b-) 과격파 당원. ── adj. 볼셰비키의, 과격파의.
Bol·she·vis·tic, bol- [bàlʃivístik / bɔ̀l-] adj. Bolshevist (Bolshevism)의, 과격파의, 과격 사상의.
Bol·she·vize, bol- [bálʃivàiz / bɔ́l-] v. (**-vized**; **-viz·ing**) vt. (남)을 과격주의화하다, 적화시키다. ── vi. 과격하다(하게 되다); 과격주의자처럼 행동하다.
Bol·shie, -shy [bálʃi / bɔ́l-] n. (pl. **-shies**) (속어) =Bolshevik.
bol·ster [bóulstər] n. **1** [보통 깔개 밑에 넣는] 긴 베개, 베개 받이 [베개는 그 위에 놓는다]. **2** [기계·도구 따위의] 완충물, 받침대. ── vt. **1** [베개·받침 따위로] …에 괴다 (대다). **2** …을 지지하다, 지원하다 (... up). ¶ Her letters *bolster up* my spirits. 그녀의 편지가 나 기운을 돋구어 준다.
‡**bolt** [boult] n. **1** [문을 잠그는] 빗장. **2** [자물쇠의] 청, 자물쇠청. **3** 수나사, 볼트. cf. nut **4** 갑자기 달려 나가기, 돌진; 뺑소니, 탈주, 도망, 내뺌음. **5** 전광 (電光), 번갯불 (thunderbolt). **7** [美] 탈퇴, 탈당; 변절. **8** [직물·벽지의] 한 통 (필). ¶ a *bolt* of wallpaper 벽지 한 필. **9** [crossbow 로 쏘는] 굵은 화살.

1 0 〖총의〗 놀이쇠. *a bolt from* (or *out of*) *the blue* 청천벽력, 뜻밖의 사고(비극). ¶ The news was like *a bolt from the blue*. 그 소식은 맑은 하늘의 날벼락이었다. *make a bolt for it; do a bolt* 《속어》 재빨리 도망치다, 뺑소니치다. ¶ He *made a bolt for it* over the fence. 그는 담장을 넘어서 재빨리 도망쳤다. *shoot one's bolt* ① 굵은 화살을 쏘다. ② (비유적) 노력하다, 최선을 다하다; 마지막 시도를 하다. ¶ My *bolt is shot*. 화살은 시위를 떠났다; 이제는 손을 뗄 수 없다 / *A fool's bolt is soon shot*. 《속담》 어리석은 사람은 걸핏하면 제 밑천을 털어놓는다.
— *vt*. **1** …을 빗장을 질러 잠그다, 볼트로 죄다. **2** 《美》〖정당 따위를〗 탈퇴하다, 이탈하다; (주의·주장)을 바꾸다. **3** (화살 따위)를 쏘다, 발사하다. **4** …을 느닷없이 말하다, 입밖에 내다, 무심코 말하다. ¶ *bolt out the truth* 사실을 불쑥 말하다. **5** (음식)을 씹지 않고 먹다. ¶ *bolt one's breakfast* 조반을 들이 삼키다. **6** (천·벽지 따위)를 감다, 말다.
— *vi*. **1** 뛰어나가다, 달려나가다; 도망치다, 뺑소니치다 (*out*...). ¶ (~ + 劚) They *bolted out* with all their money. 그들은 있는 돈을 모두 챙겨 도망쳤다 / He *bolted out* of the room. 그는 방에서 뛰어나갔다. **2** 《美》 탈당하다, 자기 당의 지지를 거부하다. ¶ *bolt from* a party (an association) 탈당(탈회)하다. **3** 〖학생이 강의 따위를〗 빼먹다, 결석하다. **4** 다급하게 먹다.
— *adv*. 느닷없이, 갑자기, 불쑥; 곧장. *bolt upright* 곧장, 똑바로 서서. ¶ He stood *bolt upright*. 그는 똑바로 섰다.
bolt² [boult] *vt*. **1** (체·천으로) …을 쳐서 가리다. **2** …을 세밀하게 음미하다, 정밀하게 조사하다. *bolt something to the bran* 사물을 자세히 음미하다, 빈틈없이 조사하다.
bolt·er¹ [bóultər] *n*. **1** 도망치는 것, 내닫는 말. **2** 《美》 탈당자.
bolt·er² [bóultər] *n*. 체(sieve).
bolt·head [bóulthèd] *n*. **1** 볼트의 머리. **2** 〖화학〗 옛날에 쓰던 목이 긴 달걀 모양의 플라스크(matrass).
bolt-hole [bóulthòul] *n*. **1** 〖동물이〗 도망쳐 가는 구멍(길), 비밀 통로. **2** (현실로부터의) 도피 장소(place of refuge), 피난처.
bolt-on [bóultɑn / -ɔ̀n] *adj*. 볼트로 죈.
bolt·rope [bóultròup] *n*. **1** 〖항해〗 돛 가장자리 줄(돛이 찢어지지 않도록 가장자리에 댄 줄). **2** (일반적으로) 최상급의 줄.
bo·lus [bóuləs] *n*. (*pl*. **-lus·es**) **1** (알 따위에 먹이는) 큰 환약. **2** 음식 따위의 부드러운 덩어리. **3** = bole².
‡**bomb** [bɑm / bɔm] *n*. **1** 폭탄, 수류탄. ¶ an A-*bomb* 원자 폭탄 (atomic bomb) / an H-*bomb* 수소 폭탄 (hydrogen bomb) / an incendiary *bomb* 소이탄 / drop a *bomb* on …에 폭탄을 투하하다. **2** (페인트 따위의) 분무식 용기 (aerosol bomb). **3** (방사성 물질의 저장·운반에 쓰는) 납으로 된 용기. **4** (지질) 화산탄(화산 폭발 때의 용암덩이). **5** 《英속어》 (홍행)의 큰 실패, 흥행. **6** 《英속어》 대성공. **7** 폭탄 성명. **8** 《口》 한 밀천, 큰 재산. — *vt*. **1** …에 폭탄을 투하하다, …을 폭격하다. ¶ *bomb* (공)을 장타하다. — *vi*. **1** 폭탄을 투하하다, (폭탄이) 폭발하다. **2** 《美속어》 크게 실패하다.
bomb out ① 공습으로(집·직장 따위를) 잃게 하다. ② 《속어》 크게 실패하다, 자폭하다, 허사가 되다. *bomb up* 폭탄을 탑재하다.
*****bom·bard** [bɑmbɑ́ːrd / bɔm- // →*n*.] *vt*. **1** …을 포격하다, 폭격하다. ¶ The artillery *bombarded* the enemy all day. 포병대는 하루종일 적을 포격했다. **2** (질문·비난·청원 따위)을 …에게 퍼붓다, …에게(불평·질문 따위)를 퍼붓다. ¶ (~ + 目 + 劚 + 圉) *bombard* a person *with* questions 남에게 질문을 퍼붓다. **3** 〖물리〗 (입자(粒子) 따위로) …에 충격을 가하다. — *n*. [bɑ́mbɑːrd] **1** (초기의) 대포, 사석포(射石砲)(돌탄환을 쏘는 데 사용).
bom·bar·dier [bɑ̀mbərdíər / bɔ̀m-] *n*. (군대) **1** 폭격기의 폭격수. **2** 《英》 포병 하사관. **3** (역사) 포병(砲手). **4** 《캐나다》 (보통 앞바퀴 부분에 스키, 뒷바퀴 부분이 무한 궤도로 된) 소형 설상차(雪上車).
*****bom·bard·ment** [bɑmbɑ́ːrdmənt / bɔm-] *n*. U C **1** 포격, 폭격. **2** 질문 공세, 논란. **3** 〖물리〗 (입자 따위의) 충격.
bom·bar·don [bɑ́mbərdən, bɑmbɑ́ːr- / bɔmbɑ́ː-] *n*. 《음악》 **1** (오르간의) 저음 음전(音栓). **2** [tuba 와 비슷한] 저음 금관 악기.
bom·ba·sine [bɑ̀mbəzíːn, ㅡㅡㅡ / bɔ̀mbəzíːn] *n*. = bombazine.
bom·bast [bɑ́mbæst / bɔm-] *n*. U **1** 호언장담, 풍, 《폐어》 (심으로 쓰는) 솜 따위의 재료, 심 (padding). — *adj*. 《폐어》 = bombastic.
bom·bas·tic [bɑmbǽstik / bɔm-] *adj*. 과장된, 허풍의. **-ti·cal·ly** *adv*.
Bom·bay [bɑmbéi / bɔm-] *n*. 봄베이(아라비아해에 면한 인도의 항구 도시, 상공업의 중심지; 인도 서부의 옛 州(주)).
Bómbay dúck *n*. 인도 근해산(産)의 작은 물고기(정어리의 일종. 말린 것은 카레 요리용).
bom·ba·zine [bɑ̀mbəzíːn, ㅡㅡㅡ / bɔ̀mbəzíːn], (**bom·basine**) *n*. U봄버진 천(날실은 견사, 씨실은 털로 짠 능직(綾織). 검은 천은 상복감).
bómb bày *n*. 〖항공·군사〗 폭격기의 폭탄 투하실.
bómb dispósal *n*. 폭탄(불발탄) 처리. ¶ *bomb disposal* squad 폭탄(불발탄) 처리반.
bombe [bɑm, bɑmb] *n*. (*pl*. **bombes**) 멜론 따위에 아이스크림을 채운 얼음 과자.
bombed [bɑmd / bɔmd] *adj*. 《속어》 [술·마약에 있는] 한.
bombed-out [bɑ́mdàut / bɔ́md-] *adj*. 공습으로 불타 버린, 맹폭을 당한.
bomb·er [bɑ́mər / bɔ́m-] *n*. **1** (군사) 폭격기. ¶ a heavy(a medium, a light) *bomber* 중(重)(중(中), 경(輕)) 폭격기. **2** 폭탄 투하자.
bomb-hap·py [bɑ́mhæ̀pi / bɔ́m-] *adj*. 《구어》 폭격으로 신경 쇠약이 된, 포탄 쇼크에 걸린.
bomb·ing [bɑ́miŋ / bɔ́m-] *n*. **1** 폭격; (상대방 등을) 골려주기. ¶ a *bombing* plane 폭격기.
bomb·let [bɑ́mlit / bɔ́m-] *n*. 소형 폭탄.
bomb·load [bɑ́mlòud / bɔ́m-] *n*. (비행기 한 대에 실는) 폭탄 탑재량.
bomb·proof [bɑ́mprùːf / bɔ́m-] *adj*. 방탄(防彈)의. ¶ a *bombproof* shelter 방공호. — *n*. (지하 따위의) 방공 건조물, 방공호.
bómb ràck *n*. (비행기의) 폭탄 시렁, 폭탄 적재 장치.
bómb rùn *n*. (목표 확인에서 폭탄 투하까지의) 폭격 행정(航程).
bomb·shell [bɑ́mʃèl / bɔ́m-] *n*. **1** 폭탄. **2** 《비유적》 (뜻밖의) 돌발 사건, 사람을 놀라게 하는 일(물건). ¶ a *bombshell* declaration 폭탄 선언 / drop a *bombshell* 폭탄을 투하하다; 갑자기 깜짝 놀랄만한 소식을 터뜨리다 / His resignation came like a *bombshell*. 그의 사임은 맑은 하늘의 날벼락이었다. **3** 《구어》 매력적인 아가씨, 굉장한 미녀.
bómb shélter *n*. 방공호.
bomb·sight [bɑ́msàit / bɔ́m-] *n*. 〖항공·군사〗 (비행기의) 폭탄 조준기. [잔해.
bomb-site [bɑ́msàit / bɔ́m-] *n*. 폭격 구역; 폭격 뒤의
bom·by·cid [bɑmbísid / bɔm-] *n*. 나방의 일종.
bon [bɑn / bɔn] *adj*. 《프랑스》 (=good) 좋은.
bo·na fide [bóunə fáidi, 美 -fáid] *adj*. 성의 있는, 진실하거나 우러나는, 진실의. ¶ a *bona fide* transaction 성의 있는 거래 / a *bona fide* friend 진실한 친구. [<L in good faith]
bo·na fi·des [bóunə fáidiːz] *n*. (라틴) (=honest

bon ami intention, good faith) 선의, 성의, 정직. *cf.* mala fides
bon a·mi [F bɔnami] *n.* (*pl.* **bons a·mis** [F bɔzami])《프랑스》(=good friend). *cf.* bonne amie **1** [남자]친구, 좋은 친구. **2** 연인, 애인(lover).
bo·nan·za [bo(u)nǽnzə] *n.*《美》**1** 노다지, 부광대(富鑛帶). **2** 《구어》대통령(good luck), [뜻밖의] 행운. ¶ a *bonanza* enterprise 크게 히트친 사업 / a *bonanza* year 크게 히트친 해, 대풍년 / strike a *bonanza* 노다지를 만나다; 크게 한몫 보다.
in bonanza 《광산》노다지로; 노다지(행운)을 만나.
(<Sp good luck, prosperity)
bonánza fàrm *n.* [최신식 기구를 써서] 큰 이익(수화)을 올리는 대농장.
bo·nan·za·gram [bo(u)nǽnzəgræm] *n.* 보난자그램 [빈칸을 메우는 퀴즈의 일종].
Bo·na·parte [bóunəpὰːrt] *n.* 보나파르트 [나폴레옹 1세와 그의 네 형제를 배출한 코르시카의 명문].
Bo·na·part·ism [bóunəpὰːrtiz(ə)m] *n.* ⓤ 나폴레옹주의[나폴레옹 1세의 정책·행동 따위를 신봉·지지하는 태도].
Bo·na·part·ist [bóunəpὰːrtist] *n.* 나폴레옹 1세 및 그의 정책의 지지자(예찬자).
bon ap·pé·tit [F bɔnapeti] *interj.*《프랑스》맛있게 드십시오; 보나페티[미국의 요리 전문 월간 잡지].
bon·bon [bάnban / bɔ́nbɔn] *n.* 봉봉[과실·호도 따위를 넣어서 싼 단과자]. 《<F very good》
bon·bon·nière [bὰnbaniέər / bɔ̀nbɔnjέɛ] *n.* 봉봉 그릇, 과자 상자. 《<F》
bonce [bɑns / bɔns] *n.*《英속어》머리, 뇌.
bond[1] [band / bɔnd] *n.* **1** 묶는 것, 새끼, 끈, 띠. **2** [인간 관계의] 유대, 연분, 연고, 결속. ¶ the *bond* of friendship 우정의 기반(羈絆), 친구 관계 / the *bond* [*s*] of matrimony 부부의 연분 / The members of the club are joined by the *bonds* of fellowship. 클럽의 회원들은 친구 관계로 맺어져 있다.
類語 bond 강하고 오래 지속되는 정신적인 기반: the *bond* of blood 혈연의 기반. **tie** *bond* 만큼 강력한 것은 아닌, 의무·책임 따위의 기반: the *tie* of partnership 공동 경영자라는 기반. **link** 결합력이 약한 기반.
3 (보통 ~s) 속박, 의무; 의리, 은혜, 정의(情誼). ¶ the *bonds* of convention 인습의 속박.
4 〖법률〗 약정, 약속, 계약. ¶ break (*or* sever) a *bond* 계약을 파기하다 / enter into a *bond* with ···과 계약을 맺다.
5 〖법률〗 보증인; ⓤⓒ 보석금. ¶ on *bonds* 보석금을 걸고 / go a person's *bond*; be *bond* for a person 남의 보증인이 되다.
6 차용 따위의 증서, 계약(서); 공채 증서, 사채권. ¶ a *bond* for land 토지 매매 계약서 / call a *bond* 공채 상환을 통고하다 / a convertible *bond* 태환(兌換) 채권 / a public *bond* 공채.
7 ⓤ 〖세관〗 보세 창고 유치(留置). ¶ The goods are in *bond*. 물품은 보세 창고에 들어가 있다.
8 〖보험〗 〖지불 보증〗 계약.
9 〖건축·석공〗 접합제; 접합재(接合材); 〖돌·벽돌 따위의〗 이어쌓기 방식.
10 〖화학〗 가표(價標).
11 증권 용지.
be as good as one's *bond* 전적으로 신용할 수 있다.
be under *bond* ① 담보에 들어 있다. ② 보석중이다.
give *bond* **for** (**to** *do*) ···을 (할 것을) 보증하다, 약정서를 제출하다. ¶ We must *give bond* to call his witness. 그의 증인을 소환할 것을 보증하여만 한다.
— *vt.* **1** [물품]을 담보로 하다, 저당하다(mortgage). **2** [채권]을 발행하여 ···의 자금을 보증하다; [차입금]을 채권으로 대체하다. **3** 《美》 ···의 보증인이 되다. ¶ *bond* an employee 고용인을 보증하다. **4** ···을 보세 창고에 넣다. **5** 〖건축·석공〗 ···을 엇갈리게 포개어 쌓다. **6** ···을 잇다, 접착시키다. — *vi.* 이어지다, 접착되다.
bond[2] [band / bɔnd] *n.* 〖고어〗 부하, 가신(* 현재는 복합어로서만 쓰인다). ¶ a *bond*man 노예. — *adj.* 노예의, 구속되어 있는. ¶ *bond* servant 노예 / *bond* service [노예·농노(農奴) 따위의] 근무, 일.
*****bond·age** [bάndidʒ / bɔ́nd-] *n.* ⓤ **1** 노예(농노)의 처지(신분) (slavery). **2** 속박; 감금 (captivity); 굴종, 노예. ¶ keep (*or* hold) a person in *bondage* 남을 속박하다. **3** [정욕(情慾) 따위에] 얽매이기, 빠지기.
go into bondage 몸을 팔다.
bond·ed [bάndid / bɔ́nd-] *adj.* **1** 공채(채권)로 보증하는, 저당잡힌, 저당잡은. **2** 담보가 붙은, 저당에 넣은; 보세 창고에 유치된. ¶ *bonded* goods 보세 화물.
bónded fáctory (**mìll**) *n.* 보세 공장.
bónded góods *n. pl.* 보세 화물.
bónded imprôvement tràde *n.* 〖무역〗 보세 가공 무역.
bónded wárehòuse *n.* 보세 창고.
bond·er [bάndər / bɔ́nd-] *n.* **1** 보세 화물 화주(예치주). **2** 이음돌, 포개어 쌓은 돌.
bond·hold·er [bάndhòuldər / bɔ́nd-] *n.* 공채(채권), 사채(社債) 소유자.
bond·maid [bάndmèid / bɔ́nd-] *n.* 여자 노예; 급료가 없는 여자 사용인.
bond·man [bάndmən / bɔ́nd-] *n.* (*pl.* **-men** [-mən]) **1** 남자 노예. **2** 급료가 없는 남자 사용인. **3** 《英고어》 농노, 농노.
bónd pàper *n.* ⓤ 증권용의 고급 용지.
bónd sèrvant *n.* 노예(slave); 급료가 없는 사용인.
bónd sèrvice *n.* ⓤ 노예의 노역(근무).
bond·slave [bάndslèiv / bɔ́nd-] *n.* 노예; 속박된 사람.
bonds·man[1] [bάndzmən / bɔ́ndz-] *n.* (*pl.* **-men** [-mən]) = bondman.
bonds·man[2] [bάndzmən / bɔ́ndz-] *n.* (*pl.* **-men** [-mən]) [법률] 보증인; [신원] 인수인.
bond·stone [bάndstòun / bɔ́nd-] *n.* 〖건축〗 포개어 쌓는 돌, 이음돌.
Bónd Strèet *n.* **1** 본드가(街) [영국 London 의 일류 상점가]. **2** 본드가와 같은 고급 상점가.
bond·wom·an [bάndwùmən / bɔ́nd-], (**bonds-wom·an**) [bάndz- / bɔ́ndz-] *n.* (*pl.* **-wom·en** [-wìmin]) 여자 노예(female slave).
bone [boun] *n.* **1** 〖해부·동물〗 뼈 (*cf.* flesh, skin); [골격을 구성하는 개개의] 뼛조각. ¶ a rib *bone* 늑골 / cheek *bones* 광대뼈 / flesh and *bone* 뼈와 살 / plenty of *bone* 충분히 많은 골격 / set a broken *bone* 접골하다. **2** ⓤ 골질(骨質). **3** ⓤ 살이 붙은 뼈. ¶ juicy *bone* 살이 많이 붙은 뼈 / soup *bone* 수프용 뼈. **4** (~s) 해골(skeleton), 시체. ¶ His *bones* are buried here. 그의 유해는 이 곳에 묻혀있다. **5** (~s) 몸(body). ¶ lazy *bones* 게으름쟁이 / my old *bones* 나의 노구 / spare *bones* 앙상히 야위다 / She will never live to make old *bones*. 그녀는 결코 오래 살지 못할 것이다. **6** [분쟁 따위의] 씨, 대상. ¶ a *bone* of discord 불화의 씨 / a *bone* of contention 논쟁점. **7** 뼈와 비슷한 것[상아·고래 뼈 따위]. **8** 뼈와 같은 구실을 하는 것[우산·코르셋의 살, 배의 늑재(肋材) 따위]. **9** 골제품. **10** (~s)《美속어》[크랩·도박 따위의] 주사위. **11** (~s) [뼈·나무로 만든] 딱다기, 캐스터네츠; [단수 취급] (악단의) 딱다기 치는 악사(Mr. Bones). **12** 《美속어》 달러(dollar). **13**《美속어》공부 벌레.
a bag of bones ⇨ BAG.
[as] dry as a bone [뼈처럼] 바싹 마른.
be bred in the bone 타고난 천성이다. ¶ Her laziness *was bred in the bone*. 그녀의 게으름은 천성이다 / What's *bred in the bone* will come out in the flesh. 타고난 천성은 언젠가는 나타나는 법이다.
be hard in the bone 완고하다, 무정하다.
bone of one's **bone** 관계가 친밀한, 밀접한 관련이 있

feel (or **think, believe**) **in** one's **bones** 《美구어》 직감적으로 확신하다, 직감하다.
find bones in …에 구애되다; …에 반대하다.
give a person **a bone to pick** 귀찮은 상대에게 보상을 주고 입을 다물게 하다, 유리한 조건을 주고 귀찮은 상대를 쫓아버리다.
have a bone in one's **leg** (**throat**) 발(목구멍)이 뻣뻣해졌다[어른이 같(말할) 수 없을 때의 핑계].
have a bone to pick with a person 남에게 불평할 이유가 있다, 불평이 있다, 따져야 할 일이 있다. ¶ I have a bone to pick with you. 네게 따질 일이 한 가지 있다.
make no bones of (or **about**) …을 개의치 않다, …을 두려워하지 않다.
near the bone 《구어》 [이야기·농담 따위가] 상스러운, 외설스러운.
No bones broken! 괜찮아!, 별일 아니다!
point a bone at a person 《濠》 [원주민의 관습에서] 남에게 죽으라고 저주하다.
skin and bones 뼈와 가죽만 남은 사람.
to the bone (or **bones**) 뼛속까지[얼어서]; 철저하게; [비용 따위를] 최저로[깎다]. ¶ He was chilled *to the bone*. 추위가 뼛속까지 스며들었다.
without more bones 더 이상 주저하지 않고, 더 이상 반대하지 않고.
── v. (**boned, bon·ing**) *vt.* **1** [생선·고기]의 뼈를 바르다. ¶ *bone* a turkey (a fish) 칠면조(생선)의 뼈를 바르다. **2** [의복]을 고래 수염 따위로 빳빳하게 하다. **3** [농업] …에 골분(骨粉) 비료를 주다. **4** 《英속어》 [남의 것]을 훔쳐먹다, 따려어야 할 일이 있다. ── *vi*. 《美속어》 부지런히 공부하다, 벼락으로 공부하다 (*up*...). ¶ Those students are *boning up* on French. 저 학생들은 프랑스어를 벼락으로 공부하고 있다.
◇ **bóny** *adj.*

bone·ache [bóunèik] *n.* 골통(骨痛), 뼈가 쑤심.
bóne ásh (**èarth**) *n.* ⓤ 골회(骨灰) [비료·도자기(磁器) (bone china)의 제조용].
bóne bànk *n.* [의학] 뼈은행 [이식용 뼈의 보관 시설].
bóne bèd *n.* [지질] 골편(骨片)이 들어 있는 암층(岩層).
bone·black [bóunblæk] *n.* ⓤ 골탄(骨炭) [주로 흑색 안료(顔料)나 탈색제로 사용].
bóne chína *n.* 골회 자기 [골회 (bone ash)를 섞어 만든 질이 연한 자기].
boned [bound] *adj.* **1** 뼈를 발라낸. ¶ *boned* turkey 뼈를 발라내고 조리한 칠면조. **2** [코르셋 따위] 고래 수염을 넣어 빳빳하게 한. **3** [복합어를 만들어서] 뼈가 …한. ¶ a big-*boned* person 뼈대가 굵은 사람. **4** 골분 비료를 뿌린.
bone-dry [bóundrái] *adj.* 《구어》 **1** [들판에 버려진 뼈처럼] 바삭바삭 마른, 말라빠진. **2** 절대 금주의 (teetotal). ¶ a *bone-dry* luncheon 술이 없는 점심. **3** 목이 바싹 마른.
bóne dúst *n.* ⓤ 골분(骨粉) [비료용].
bóne èarth *n.* = bone ash.
bone·head [bóunhèd] *n.* 《속어》 멍청이, 얼간이(blockhead), 얼뜨기. [석은 (stupid).
bone·head·ed [bóunhèdid] *adj.* 얼뜬, 멍청한, 어리
bónehèad pláy *n.* [야구] 실책.
bóne ídle (**lázy**) *adj.* 게을러빠진.
bone·less [bóunlis] *adj.* 뼈 없는, 뼈를 발라낸; 뼈가 빠진; [문장 따위가] 느슨한.
bóne manúre *n.* 골분(骨粉) 비료.
bóne màrrow *n.* ⓤ 골수.
bóne mèal *n.* 《농업》 골분(骨粉) [비료·사료용].
bóne òil *n.* ⓤ 골유(骨油) [뼈를 건류(乾溜)하여 만든 기름].
bon·er [bóunər] *n.* 《속어》 어처구니없는 실수, 큰 실수. ¶ pull a *boner* 큰 실수를 저지르다.
bone·set [bóunsèt] *n.* [북미산(産)] 새등골나물의 일종.
bone·set·ter [bóunsètər] *n.* [무자격] 접골사.
bone·set·ting [bóunsètiŋ] *n.* ⓤ 접골.
bone·shak·er [bóunʃèikər] *n.* 《속어》 구식 자전거 [앞바퀴가 유난히 크고 고무 타이어가 없다]; 털털이 마차(자동차).
bóne spávin [獸醫] [말의] 뒷다리 무릎 (hock) 안에 생기는 골종(骨腫).
bone-tired [bóuntáiərd] *adj.* 기진맥진한.
bone·wea·ry [bóunwí(:)ri / -wìəri] *adj.* 아주 지친.
bóne yárd *n.* 《속어》 묘지; [못쓰게 된 자동차 따위] 폐기물(잡동사니) 처리장.
***bon·fire** [bánfàiər / bɔ́n-] *n.* [경축·신호 따위의] 큰 화톳불; [한데에서의] 모닥불. ¶ build a *bonfire* 모닥불을 피우다.
make a bonfire of [쓰레기 따위]를 태워버리다.
bon·go[1] [báŋgou / bɔ́ŋ-] *n.* (*pl.* **-gos**) 봉고 영양 [열대 아프리카산(産). 밤색에 흰 줄무늬가 있다].
bon·go[2] [báŋgou / bɔ́ŋ-] *n.* (*pl.* **-gos** or **-goes**) 봉고 [작은 북(drum)의 일종. 무릎 사이에 끼고 손가락으로 친다].
bon·ho·mie [bànəmí:, -ˊ-ˊ / bɔ́nəmì:] *n.* ⓤ 온후, 상냥함, 순박함. 《<F》
Bon·i·face [bánifèis / bɔ́n-] *n.* **1** 보니 페이스 [영국의 극작가 George Farquhar (1678-1707) 작의 *The Beaux' Stratagem* (1707)에 나오는 명랑한 여관 주인 이름]. **2** (b-) 여관 주인(innkeeper, landlord).
bon·ing [bóuniŋ] *n.* ⓤ **1** 뼈 발라내기, 제골(除骨); 골분(骨粉) 비료 뿌리기. **2** [코르셋 따위에 넣는] 뼈침 재료.
bon·ism [bániz(ə)m / bɔ́n-] *n.* 선세설(善世說) [이 세상은 선하다고 하는 낙천주의]. *cf.* malism
bo·ni·to [bəní:tou] *n.* (*pl.* **-tos** or **-toes**) 가다랭이. ¶ a dried *bonito* 마른 가다랭이. 《<Sp》 [니까.
bon·jour [F bɔ̃ʒu:r] 《프랑스》 (=good day) 안녕하십
bonk [baŋk / bɔŋk] 《英구어》 …을 치다.
bon·kers [báŋkərz / bɔ́ŋ-] *adj.* 《속어》 술취한; 정신이 돈.
bon mot [bán móu / bɔ́n-] *n.* (*pl.* **bons mots**) [재치있는] 명언, 명문구, 가구(佳句). 《<F good word》
***Bonn** [ban / bɔn] *n.* 본[도일의 수도].
bonne[1] [ban / bɔn] *adj.* 《프랑스》 (=good) 좋은. * *bon*의 여성형.
bonne[2] [ban / bɔn] *n.* (*pl.* **bonnes** [ban / bɔn]) 《프랑스》 (=good) **1** 하녀 (maidservant). **2** 아이 보는 여자 (nursemaid).
bonne a·mie [F bɔnami] *n.* (*pl.* **bonnes a·mies** [F bɔnami]) 《프랑스》 (=good friend) 좋은 여자 친구, 애인, 연인 (female lover). * *bon ami*의 여성형.
bonne bouche [bɔːn búʃ] *n.* (*pl.* **bonnes bouches** [bɔːn búʃ]) 《프랑스》 (=good mouth) 진미(珍味), 미미(美味) (delicacy), [식후 따위의] 맛있는 한입거리 (tidbit).
bonnes for·tunes [bɔːn fɔːrtjúːn] *n.* 《프랑스》 여자에게서 받은 호의 [남자의 자랑거리]; 행운, 횡재.
bon·net [bánit / bɔ́nit] *n.* **1** 보닛 [큰 리본을 턱 밑에 매게 된 여자·어린이용 모자]. **2** 《주로 스코》 [남자용] 테 없는 모자 (brimless cap). **3** [일반적으로 bonnet 식의] 쓰개; 깃털 머리 장식[북미 인디언이 쓰는 것]. **4** [기계 등의] 덮개, 갓 [굴뚝의 불티 막이 따위]; 《美》 [자동차의] 보닛 (《美》 hood). **5** 《속어》 [도박·경매 따위의] 한통속 (accomplice), 바람잡이 (decoy).

[bonnet 1]

have a bee in one's **bonnet** ⇨ BEE.
— vt. …에 모자(덮개)를 씌우다.
bon·net-laird [bánitlɛ̀ərd / bɔ́nit-] n. 《스코》 소지주(小地主).
bon·net rouge [F bɔnɛ ru:ʒ] n. (pl. **bonnets rouges** [F bɔnɛ ru:ʒ]) 《프랑스》 (=red cap) **1** 〔프랑스 혁명 때 과격파가 쓴〕 붉은 모자. **2** 과격파 당원, 과격론자, 급진주의자(extremist, radical).
bon·nie [báni / bóni] adj. =bonny.
bon·ny [báni / bóni], (**bonnie**) adj. (-ni·er, -ni·est) **1** 〔주로 스코〕 아름다운, 고운, 예쁜(handsome, pretty). **2**〖英방언〗살찌고 건강한; 쾌활한(gay), 기분 좋은(agreeable); 〖장소가〗조용한(placid). — adv. 〖英방언〗쾌활하게, 기분좋게. — n. 《스코》 예쁜 처녀(여자). **-ni·ly** adv. **-ni·ness** n.
bon·soir [F bɔ̃swa:r]《프랑스》(=good evening) 안녕하십니까?저녁 인사).
bon ton [bán tɔ́:n / bɔ́n-] n. (보통 the ~) **1** 우미(優美), 우아; 고상함, 점잖은 몸가짐, 교양이 있음. **2** 상류 사회, 상류 사교 모임. [<F good tone]
*bonus [bóunəs] n. **1** 〔주주에게 주는〕 특별 배당금; 보너스, 상여금. **2** 〔음당·계약 따위를 얻기 위한〕 프리미엄, 할증금. **3** 〔물건 살 때의〕 덤, 경품.
bónus dívidend n. 특별 배당.
bónus góods n. 보상 물자.
bónus íssue n. 무상 신주(無償新株).
bónus sýstem(plán) n. 보너스 제도.
bon vi·vant [bán vi:vá:ŋ / bɔ́n-] n. (pl. **bons vi·vants** [bàn vi:vá:ŋ / bɔ̀n-]) 《프랑스》 (=jolly fellow) **1** 미식가(美食家), 사치하는 사람. **2** 유쾌한 사람, 쾌활하고 인상 좋은 사람(jovial companion).
bon vi·veur [bɔ̀:ŋ vivə́:r] n. 호사스럽게 사는 사람, 도락가.
bon vo·yage [bàn vwɑ:já:ʒ / bɔ̀n-] interj. 여행길 무사하시기를, 안녕히 다녀오십시오(farewell) 〔먼 배 여행의 무사를 비는 작별 인사〕. [<F good journey]
*bon·y [bóuni] adj. (**bon·i·er, bon·i·est**) **1** 뼈의, 뼈같은, 골질의. **2** 뼈가 많은. ¶ a bony fish 가시가 많은 물고기. **3** 뼈가 굵은. ¶ a bony face 억세게 생긴 얼굴. **4** 뼈만 앙상한, 여윈(thin). ¶ an underfed bony child 영양 부족의 여윈 아이. **5** 뼈같이 딱딱한. **bon·i·ness** n.
bonze [banz / bɔnz] n. 〔극동의〕 중, 승려.
bon·zer [bánzər / bɔ́n-] adj. 《濠》 **1** 훌륭한(wonderful); 뛰어난(excellent). **2** 매우 큰.
boo[bu:] interj. 부우, 우우〔경멸·비난·야유·위협의 소리〕. **1** before you can say boo 야차 하는 사이에. — n. (pl. **boos**) 부우 하는 소리. — vi. 부우 하다. — vt. …에게 부우 하고 감정을 나타내다, 〔연설자 등〕을 비웃다, 야유하다. ¶ boo a dog out of a room 우우 하고 소리질러 개를 밖에서 내쫓다 / The speaker was booed. 연사는 야유당했다.
boo²[bu:] adj. 《美속어》근사한, 훌륭한(excellent).
boo³[bu:] n. Ⓤ 마리화나(marijuana).
boob [bu:b] n. 《美속어》 **1** 바보, 얼간이(dunce). **2** 〔큰〕실수. — vi. 《英속어》〔큰〕실수를 저지르다.
BÓOB attáck [bú:b-] n. 《美》 〔군사〕 핵 미사일의 기습 공격. [< bolt out of the blue(청천 벽력)]
boo-boo [bú:bù:] n. (pl. **-boos**) 《속어》 **1** 실수(blunder), 과오(error). **2** 가벼운 상처.
bóob tùbe n. (the ~) 《美속어》 텔레비전.
boo·by [bú:bi] n. (pl. **-bies**) **1** 바보, 얼간이(dunce). **2** 꼴찌 학생; 가장 못하는 경기자, 꼴찌. **3** 부비〔열대·아열대산(產)의 바다새〕.
bóoby hátch n. **1** 〔항해〕 창구(艙口)의 뚜껑〔갑판에서 승무원실로 통하는 해치웨이로서, 메인갑판을 통하지 않고도 선실로 통한다〕(companion hatch). **2** 《美속어》정신 병원; 형무소, 감옥(jail); 호송차(police wagon).

boo·by·ish [bú:biiʃ] adj. 바보 같은, 얼빠진.
bóoby prìze n. 〔경기 등에서〕 꼴찌상, 최하위상.
bóoby tràp n. 〔생명에 관계되는〕 숨겨진 폭발물이나 음모; 위장(僞裝) 폭탄.
boo·by-trap [bú:bitræ̀p] vt. (**-trapped, -trap·ping**) …에 함정(위장 폭탄)을 놓다.
boo·dle [bú:dl] n. 《美속어》 n. **1** 〔종종 경멸적〕 무리, 패거리, 동아리. **2** 〔많은〕 돈; 대량. **3** 매수금, 뇌물; 부정 이득. — vi. (**-dled, -dling**) 뇌물을 받다, 부정하게 돈을 얻다.
boo·dler [bú:dlər] n. 《美속어》 독직(瀆職) 공무원; 수회자.
boo·ga·loo [bù:gəlú:] n. (the ~) 부갈루〔2박자로 발을 디딛으며 어깨와 허리를 움직이는 춤〕.
boo·gie [bú:gi] n. =boogie-woogie. — vi. 《구어》 마음껏 즐기다, 신나게 놀다; 《속어》 부기에 맞추어 춤을 추다, 디스코를 하다.
boog·ie-woog·ie [bú:giwú:gi / ╴╵╴╵] n. Ⓤ Ⓒ 〔재즈〕 부기우기〔블루스를 타악기 모양으로 연주하는 피아노곡〕.
boo-hoo [bu:hú:, ╵╵] vi. 울부짖다, 엉엉 울다. ¶ The child boohooed when he skinned his knee. 그 아이는 무릎이 까지자 엉엉 울었다. — n. (pl. **-hoos**) 엉엉 울기; 〔엉엉〕 우는 소리.
‡**book** [buk] n. **1** 책, 책자, 서적; 저서. ¶ a book of reference; a reference book 참고서 / I ordered new English books from that store. 저 책방에 새로 나온 영어 서적을 몇 권 주문했다.
2 공책, 연습장; 기록부; 명부; (종종 ~s) 회계 장부; 부; (the ~) 전화 번호부(책). ¶ an English composition book 영작문 연습장(책) / a book of loading 〔선장이 소지하는〕 적하(積荷) 명세서 / a book (or books) of account 회계 장부 / keep books 기장하다, 치부하다 / examine the books 장부를 검사하다 / The books show a profit. 장부상으로 이익을 나타내고 있다.
3 〔작품의〕 권, 편, 책〔문학 작품 따위의 구분으로서 종합된 내용을 가진 1부〕. cf. volume. ¶ Book 1 of Milton's *Paradise Lost* 밀턴의 실낙원 제 1권 / the books of the Bible 성서의 여러 책.
4 교훈(지식)을 주는 것. ¶ the book of Nature 자연의 교훈 / It is a closed book to me. 그것은 내게는 전혀 알 수 없는 것이다 / His past is an open book. 그의 과거는 공개되어 있다(누구나 다 안다).
5 (the B-) 성서. ¶ swear on the *Book* 성서를 두고 맹세하다.
6 〔우표·인지 따위의〕 묶음철; 〔잎담배 따위의〕 한 묶음(packet). ¶ a book of tickets (stamps) 한 묶음의 회수권(우표) / a book of matches 떼어 쓰게 된 종이 성냥.
7 〔오페라의〕 가사(libretto); 〔연극·오페라 따위의〕 대본, 각본. ¶ the book of an opera 오페라의 가사 / a book of [the] words 대본, 가사.
8 〔카드놀이〕 〔whist 나 bridge 의〕 6장 갖추기.
9 《구어》 〔경마 따위의〕 내기 대장(臺帳);《속어》 〔노름판의〕 물주. [따위의] 메모.
10 〔경기〕 〔상대 팀이나 선수의 경기하는 버릇·약점
11 판단; 의견; (the ~) 규정(규칙) 〔집〕. ¶ according to (or in) my book 나의 생각으로는,
at one's *book* 공부하고 있는, 독서중인.
be with book 《英속어》 저술중이다.
bring... to book ① 〔남〕을 힐문하다, 〔남〕에게 해명을 요구하다; 남을 벌하다. ② 《英구어》〔언명(言明) 따위〕를 검토하다(investigate), 살피다.
by the book ① 정식으로, 딱딱하게. ¶ speak (or talk) *by the book* 정식으로(딱딱하게) 이야기하다 / go *by the book* 규칙 따위에 무조건 따르다, 맹종하다. ② 권위를 가지고, 정확히.
call a person to book = bring ... to book ①.

can make book on 《美》…은 틀림없다, 장담할 수 있다. ¶ You *can make book on* it that he can complete the delivery of the current truckload. 지금 트럭에 싣고 있는 짐을 그가 배달해 낼 수 있다는 것은 확실하다.
close the books ① [결산 따위를 할 때] 회계 장부를 마감하다; 주식 명의의 개서(改書)를 정지하다. ② 끝맺다. [하다.
hit the (or *one's*) **books** 《美학생 구어》[맹렬히] 공부
in *a person's* **bad** (or **black**) **books; out of** *a person's* **books** 남의 마음에 들지 않아, 이제 친구가 아닌. ¶ He is *in my black books*. 나는 그가 싫다.
in *one's* **book** …의 의견으로는, 생각으로는. ¶ Is she okay for the job? — No, not *in my book*. 그녀가 그 일에 적합한가요? — 제 의견으로는 아닙니다.
in *a person's* [*good*] **books** 남의 마음에 들어, 좋게 보여. ¶ That young man is *in everyone's good books*. 모두가 저 청년을 좋게 보고 있다.
like *a* **book** 정확하게, 바르게(precisely); 충분히 (thoroughly). ¶ speak *like a book*《구어》정확히(자세히) 말하다, 이야기투로 이야기하다 / read a person *like a book* 직관적으로 남이 생각하고 있는 것을 알다 / He knows the facts *like a book*. 그는 사실을 정확히 알고 있다.
make [*a*] **book** [경마따위에서] 물주가 되다; 돈을 걸다.
off the book 책을 보지 않고, 외어서.
on the books 명단에 기재되어, 기록되어.
one for the book 《美구어》주목할 만한 것(일); 굉장한 일. ¶ That play is *one for the book*. 저 연극은 주목할 만한 것이다.
open the book for …의 신청을 받다.
shut the books 거래를 중지하다.
suit *a person's* **book** 어떤 목적(계획)에 합치하다, 형편에 알맞다. ¶ That arrangement won't *suit my book*. 그 약정은 아무래도 내게 적합하지 않다.
take a leaf out of *a person's* **book** 남을 본받다; 남의 흉내를 내다.
throw the book at 《美속어》① [범죄자 등]을 최대한으로 처벌하다; …을 종신형에 처하다. ② …을 엄하게 벌하다.
up to books 《英속어》수업중(공부중)인. [벌하다.
without the book 기억하여, ② 전거(典據)[권위] 없이. ¶ punish *without the book* 권한 없이 벌주다.
— *vt.* **1** …을 책(명부)에 올리다(싣다), 기록하다, 기장하다. ¶ *book* something to a person 아무 앞으로 외상을 달아 두다, 외상으로 팔다.
2 [좌석 따위]을 예약하다, 신청해 두다(reserve); [남의 초대]을 약속해 두다. ¶ I have *booked* seats for the theater. 극장의 좌석을 예약해 두었다 / I shall *book* you *for* that evening. 그날 밤 당신을 초대하겠습니다.
3 [예약자의 이름]을 기입하다; [표]를 발행하다, 팔다; [표]를 사다. ¶ He *booked* a ticket *for* Paris. 그는 파리행 표를 샀다.
4 《구어》[행동]을 예정하다, 약속하다; [배우 등이] …과 출연 계약을 맺다. ¶ I am *booked* for a week in Paris. 나는 파리에서 1주일간 머무를 예정이다.
5 …을 탁송하다. ¶ (~+⬜+前+名) *book* freight *to* New York 짐을 뉴욕까지 탁송하다 / The parcel is *booked for* you tomorrow. 내일 네 앞으로 소포를 보낸다.
6 [용의자]의 죄상을 경찰 기록부에 기입하다, …을 고발하다. ¶ He was *booked* on a charge of burglary. 그는 강도죄로 경찰에 고발되었다.
7 [도박꾼]·[판돈]에 대한 물주가 되다.
— *vi.* **1** 명부에 올리다, 명단 따위에 기명하다, 이름을 신청하다, 좌석 따위를 예약하다, [일 따위를] 신청하다, 표를 사다. ¶ (~+前+名) I *booked for* the play. 그 연극표를 샀다.
be booked for …에서 벗어날 수가 없다. ⇨ BOOKED.
be booked up ① 예매표가 매진되다. ¶ The theater

is booked up for every evening this week except Wednesday. 그 극장의 금주의 저녁 예매권은 수요일을 제외하고는 모두 매진되었다. ② 선약이 있다. ¶ I am *booked up* for this evening. 오늘밤은 선약이 있다. ③ 《속어》조금도 틈이 없다.
book down to 계산을 …앞으로 달아 두다. ¶ Are you paying now, or shall we *book down* it *to* you? 지금 지불하시겠습니까? 아니면 외상으로 달아 돌까요?
book in 《주로英》[도착했을 때] 이름을 기입하다 (check in).
book through to …까지 전구간표를 사다. ¶ I *booked through to* London. 런던까지의 전구간표를 샀다.

book·a·ble [búkəbl] *adj.*《주로 英》[좌석 따위] 예약할 수 있는.
book accóunt *n.* [회계] 장부상의 대차 계정.
book àgent *n.*《美》서적 판매 외무원.
book·bind·er [búkbàindər] *n.* 제본업자, 제책공.
book·bind·er·y [búkbàind(ə)ri] *n.* (*pl.* **-er·ies**) 《美》제본소, 제책소.
book·bind·ing [búkbàindiŋ] *n.* ⓤ 제책[업, 술]; [책의] 장정(裝幀). [탄압.
book bùrning *n.* ⓤ 분서(焚書), 금서(禁書), 사상
book càrd *n.* [도서관의] 도서 대출 카드.
‡**book·case** [búkkèis] *n.* 책장, 책꽂이.
book clòth *n.* 제책·장정용 클로스(천).
book clùb *n.* **1** 서적 공동 구입회[회원에게는 연간 일정한 수의 신간 서적을 할인 판매하는 조직]. **2** [회원 조직의] 독서회, 도서 클럽(《英》book society).
book concèrn *n.*《美》도서 출판 회사. [매입금.
book dèbt *n.* 장부상의 차변(借邊) 계정(부채), 외상
booked [bukt] *adj.* **1** 등록한(된) (registered); 예약한(된); 계약한, 선약이 있는. **2** 《英》[표가] 지정된(reserved), 매진된(sold). ¶ a *booked* seat 예약 (지정)석. **3** 《구어》[…하도록] 운명지어진, 정해진(destined for). ¶ I'm afraid she's *booked for* a long illness. 그녀의 병은 틀림없이 오래 끌 것 같다.
book·end [búkènd] *n.* (보통 ~s) 북엔드, [책이 쓰러지지 않게 양쪽에 받치는] 책꽂이.
book fàir *n.* 도서전[서적의 전시 목적 외에도 그 판매나 판권 계약, 공동 출판 등을 목적으로 하는 업계의 모임]. 「rack, bookrest.
book·hold·er [búkhòuldər] *n.* 서안(書案). *cf.* book-
book hùnter *n.* 엽서가(獵書家).
book·ie [búki] *n.*《구어》= bookmaker 2.
‡**book·ing** [búkiŋ] *n.* **1** ⓤ 기장, 장부 기입, 등기. **2** ⓤⓒ [방·좌석 따위의] 예약(reservation); [배우·음악가 등의] 출연 계약.
bóoking clèrk *n.*《英》출찰 계원; 표 판매원 (ticket seller); 예약 계원.
bóoking òffice *n.*《英》[역·극장 등의] 출찰구, 매표소. *cf.* ticket office
book·ish [búkiʃ] *adj.* **1** 책[학문]을 좋아하는 (studious); 독서에 몰두하는. ¶ a *bookish* person 독서를 좋아하는 사람. **2** [실제 생활에서보다] 책에서 얻는, 서적을 통한. **3** 책의 (에 관한); 문학적인 (literary); 독서의. **4** 학자인 체하는 (pedantic), 딱딱한 (formal). ¶ a *bookish* speech 딱딱한 이야기. ~**·ly** *adv.* ~**·ness** *n.*
book jàcket *n.* 책 커버. *cf.* jacket
***book·keep·er** [búkkì:pər] *n.* 부기 계원, 장부 계원, 기장계 (記帳係).
book·keep·ing [búkkì:piŋ] *n.* ⓤ 부기. ¶ *bookkeeping* by card system 카드식 부기 / *bookkeeping* by double(single) entry 복(단)식 부기 / commercial (bank) *bookkeeping* 상업(은행) 부기.
book·land [búklænd] *n.* ⓤ 《英약사》 특허 자유 보유지[칙허장(royal charter)에 의해 보유를 허가받은 토지].
book·learn·ed *adj.* **1** [búklə̀:rnd →2] [실제적 경험보다는] 책에서 배운, 실정에 어두운, 책상 물림의.

book learning

2 [-ləːrnid] 학문에 정통한, [문학 등의] 조예가 깊은.
bóok léarning n. ⓤ **1** 독서로 얻은 지식, 책상의 학문. **2** 《구어》 학문, 교육(education).
***bóok·let** [búklit] n. 소책자, 팜플렛(pamphlet).
bóok-lore [búklɔ̀ːr / -lɔ̀ː] n. = book learning.
bóok lóuse n. 책좀[책의 풀 붙인 자리나 저장 곡물 따위를 먹어치우는 작은 해충].
book-lov·er [búklʌ̀vər] n. 애서가, 독서가.
book-mak·er [búkmèikər] n. **1** 서적 제조인[인쇄·제본·편집자의 총칭]. **2** [경마 따위의] 마권(馬券) 영업인, 물주.
book-mak·ing [búkmèikiŋ] n. ⓤ **1** 서적 제조[업], 책 만들기, 서적 편집. **2** [경마의] 마권 영업.
book·man [búkmən] n. (pl. -men [-mən]) **1** 학식 있는 사람, 학자(learned man, scholar); 독서가. **2** 《구어》 출판업자; 서적 판매업자(book salesman).
book·mark [búkmàːrk], **-mark·er** [-màːrkər] n. 서표(書標).
bóok mátches n. pl. 종이 성냥.
book-mo·bile [búkmo(u)bìːl] n. 《美》 [트레일러 따위 자동차를 이용한] 이동 도서관, 순회 도서관.
bóok múslin n. ⓤ **1** 제책용 모슬린. **2** [옛날에 여성 복지로 쓴] 얇고 흰 모슬린.
bóok nótice n. [신문·잡지의] 신간 도서 안내.
book-oath [búkòuθ] n. 《드물게》 성서에 손을 얹고 하는 맹세. [Book].
Bóok of Bóoks n. (the ~) 성서 (the Good Book).
Bóok of Cómmon Práyer n. (the ~) 《영국 국교회》 일반 기도서.
Bóok of Gód n. (the ~) 성서.
Bóok of hóurs n. **1** [매일 일정한 시간에 사용하는] 기도서. **2** 《가톨릭》 시과경(時課經), 성무 일도서.
Bóok of Mórmon n. (the ~) 모르몬 교회의 경전(經典) [1830년 Joseph Smith가 출판했다].
book·plate [búkplèit] n. 장서표[소유자의 이름·문장(紋章) 등을 기록하여 책표지의 안쪽에 붙이는 표].
bóok póst n. ⓤ 《英》 서적 우편[책을 특별히 싼 요금으로 보내는 우편 제도. 지금은 printed paper post에 의한다].
book·rack [búkræk] n. [편 책을 올려놓고 읽는] 서안(書案); 책꽂이, 서가(書架), 책[잡지] 전시용 선반.
bóok ráte n. 《美》 [특히 할인된] 서적 우편(소포) 요금.
book·rest [búkrèst] n. [독서할 때 편 책을 올려놓는] 서상, cf. bookholder, bookrack.
bóok revíew n. [신문·잡지 등의] 신간 서적 비평(안내), 서평.
bóok revíewer n. [특히 신문·잡지에 발표하는] 신간 서적 비평가, 서평가.
bóok revíewing n. 서평, 서평하기.
***book·sell·er** [búksèlər] n. 서적 판매업(인), 책장수.
book·sell·ing [búksèliŋ] n. ⓤ 서적 판매[업].
***book·shelf** [búkʃèlf] n. (pl. **-shelves** [-ʃèlvz]) 서가(書架), 책꽂이.
‡**book·shop** [búkʃàp / -ʃɔ̀p] n. =bookstore.
book·slide [búkslàid] n. 자동 서가.
bóok socíety n. 《英》 =book club 2.
book·stack [búkstæk] n. [도서관의 층층으로 된] 책시렁.
book·stall [búkstɔ̀ːl] n. **1** [보통 길거리의] 서적 매점; 노점의 헌책방. **2** 《英》 [역 따위에서 신문·잡지 따위의] 매점(newsstand).
book·stand [búkstænd] n. **1** [길거리의] 노점의 책방. **2** 《美》 책상, 서가.
‡**book·store** [búkstɔ̀ːr / -stɔ̀ː], (**bookshop**) n. 서점.
bóokstore cafè n. 서점 카페 [서점 내부에서 카운터를 설치하고 커피 따위를 파는 매점].
book·sy [búksi] adj. 《구어》 학자티를 내는, 유식한

체하는, …연하는. [독자].
bóok téller n. [녹음용으로 책을 소리내어 읽는] 낭
bóok tóken n. 도서 구입권.
bóok válue n. ⓤⓒ [시장 가격과 구별하여] 장부 가격[b/v], cf. market value
book·word [búkwàːrd] n. 책에서 배운 말 [때로는 발음 따위를 모르는 것].
bóok·work [búkwàːrk] n. ⓤ **1** [실험·실습 따위와 구별하여] 서적에 의한 연구(공부). **2** 《인쇄》 [신문과 구별하여] 서적의 인쇄 일. **3** [일에 부수되는] 서류 정리의 일(paper work).
***bóok·worm** [búkwàːrm] n. **1** 반대좀[책을 갉아먹는 벌레]. **2** 독서광, 공부벌레.
bóok wrápper n. = jacket n. 3.
boo·loo [búːluː] n. 《美속어》 대학 1년생.
‡**boom**[1] [buːm] n. **1** [파도·대포·우뢰 따위의] 쾅(쿵, 우르르) 하고 울리는 소리, 굉음. ¶ the boom of a cannon 대포의 굉음. **2** [꿀벌 따위의] 윙윙거리는 소리. ¶ the boom of a bee 꿀벌의 윙윙거리는 소리. **3** 벼락 경기, 붐; [물가·주가 따위의] 폭등, 급등; [어느 지역 따위의] 급속한 발전; [후보자·배우 등의] 인기 상승. cf. slump, bust ¶ a boom in shipbuilding 조선업계의 벼락 경기(호황) / a boom in new schools 새로운 학교의 급증 / a wartime boom 전쟁 경기. **4** (~s) 《美속어》 [재즈 따위의 한 벌의] 드럼.
— vi. **1** [대포·우뢰 따위가] 쾅(쿵, 우르르) 울리다; [큰 파도가] 쏴아 울리다. ¶ Guns were booming through the night air. 대포가 밤 공기를 진동시키며 울리고 있었다. **2** [꿀벌 따위가] 윙윙거리다, 윙윙거리며 돌진하다. **3** [장사가] 갑작스레 번창하다, 인기가 갑작스레 높아지다; 도시가 급속히 발전하다. ¶ Business is booming. 장사가 갑자기 잘 되고 있다 // (~+as 보) He is booming as an artist. 그는 화가로서 갑자기 인기가 높아지고 있다.
— vt. **1** [울림과 함께] …소리를 내다, …을 울리다 (... out). ¶ (~+목+부) boom out the verses 시를 큰 소리로 낭송하다 / The clock boomed [out] twelve. 시계가 땡땡하고 12시를 쳤다. **2** [광고 따위에서] …의 인기를 상승시키다, …을 크게 선전하다(내세우다). ¶ (~+목+전+명) The governor's friends are booming him for senator. 지사의 친구들은 그를 상원 의원감으로 열심히 밀고 있다.
bòom óff 《英》《속어》 싸워서 …을 격퇴하다(fight off).
— adj. 인기가 갑자기 높아진, 벼락 경기의, 급속히 발전한. ¶ boom prices 급등하는 물가.
boom[2] n. **1** [항해] 붐, 돛의 하활[돛자락을 펴는 데 쓰는 긴 원재(圓材)]; [기계] 기중기(derrick)의 팔. **2** [하구·항구 따위에서 배의 항행이나 목재의 유실을 방지하기 위한] 방재(防材), 유목(流木) 방책; 방재 따위를 설치하는 수역. ¶ a boom defense 《항구의》 방재. **3** [텔레비전 스튜디오 따위에서 마이크로폰이나 카메라의] 가동(可動) 걸침대. **4** [비행기의] 공중 급유용 파이프. [다; 벌하다.
lòwer the bóom on 《속어》 …을 금지하다; …을 과하 — vt. **1** [붐으로] [돛]을 팽팽하게 하다(... out, out). ¶ (~+목+부) boom out a sail 돛을 팽팽하게 펴다. **2** [하구·항구에서] 방재 따위를 설치하다. **3** [기중기로] [무거운 것]을 끌어 올리다, …의 위치를 움직이다.
boom-and-bust [búːmənbʌ́st] n.《구어》 [불경기 후의] 벼락 경기, 일시적 호황; 경기의 오르내림.
bóom báby n. 《보통 boom babies로 써서》 baby boom 시기에 태어난 사람.
bóom corridòr n. 초음속 비행대(帶)(로(路)).
boom·er[1] [búːmər] n. 《美구어》 **1** 한 밑천 잡을 만한 곳에 몰려드는 사람; 경기를 부채질하는 사람(boomster). **2** 뜨내기 노동자, 부랑자(hobo) =baby boomer.
boom·er[2] [búːmər] n. 《濠》 **1** [오스트레일리아산

(産)] 큰 캥거루의 수컷. **2** 《속어》 아주 큰 것.
*__boom·er·ang__ [búːməræŋ] n. **1** 부메랑[오스트레일리아 원주민이 사용하는 일종의 무기. 던지면 그 자리로 되돌아온다]. **2** [행위자(발언자)에게 그대로 되돌아오는] 음모, 욕설, 공격; 긁어 부스럼. **3** 〖연극〗[무대의 배경을 그리기 위하여 오르내리게 하는] 이동식 발판; [조명 기구를 붙이는] 판자. — vi. [던진 사람에게] 되돌아오다, 자업자득이 되다.
__bóomeràng efféct__ n. 〖경제〗부메랑 효과[선진국이 발전 도상국에 대한 경제 원조 · 자본 투자의 결과, 그 제품이 역수입되어 당하게 되는 현상].
__boom·ing__ [búːmiŋ] adj. **1** 쾅(쿵)하고 울리는; [강이] 큰 소리를 내며 흐르는. **2** 벼락 경기의, 폭등하는; 인기 상승의; 급속히 발전하는. ~·ly adv. [기.
__boom·let__ [búːmlit] n. 《美》약간의 호경기, 약간의 붐
__boom·ster__ [búːmstər] n. 《美구어》=boomer¹.
__boom·town__ [búːmtàun] n. 〖호경기로 갑자기 형성된〗신흥 도시.
*__boon__¹ [buːn] n. **1** 은혜, 혜택, 고마운 것, 선물(gift); 큰 이익(great benefit). ¶ the boon of freedom 자유의 혜택/an inestimable boon to mankind 인류에의 헤아릴 수 없는 은혜/It will be (or prove) a great boon to the public. 그것은 대중에게 큰 선물이 될 것이다. **2** 〖고어〗요청(request), 부탁(favor).
__boon__² [buːn] adj. **1** 유쾌한, 재미있는, 쾌활한. ¶ a boon companion 유쾌한[술] 친구. **2** 〖詩·고어〗친절한; 관대한(bounteous); 인자한(gracious); [날씨 따위가] 온화한, 기분 좋은(benign).
__boon·docks__ [búːndɑ̀ks / -dɔ̀ks] n. pl. 〖단수 취급〗《美속어》(보통 the ~) 오지(奧地), 벽지; 황야; [미개척의] 삼림 지대.
__boon·dog·gle__ [búːndɑ̀gl / -dɔ̀gl] n. 《美》**1** [가죽이나 잔가지로 만드는] 간단한 수공예품. **2** 〖보이스카우트가 목에 감는〗 가죽으로 짠 장식끈. **3** 〖구어〗쓸데없는(무익한) 일. — vi. (-gled, -gling) 〖구어〗쓸데없는(무익한) 일을 하다. (docks).
__boon·ies__ [búːniz] n. 《속어》산간 벽지, 오지(boon-
__boor__ [buər] n. **1** 거친 사람, 야인(yokel), 버릇없는 사람. **2** 무식한 농사꾼(peasant), 교양없는 시골뜨기(rustic). **3** 네덜란드·독일 등의 소작 농민. **4** (B-) =Boer.
__boor·ish__ [búː(ː)riʃ / búər-] adj. **1** 시골뜨기(농부)의, 농사꾼 같은; 농민 특유의. **2** 거친, 버릇없는(rustic, rude). **3** 예절 없고 시끌벅적한; 교양 없는 사람 / in a boorish manner 촌스럽게, 거칠고 막돼서.
~·ly adv. ~·ness n.
*__boost__ [buːst] vt. **1** [뒤·밑에서] …을 밀어올리다. ⇨ LIFT 類題. ¶ boost a person over a wall 남을 밀어올려 담을 넘게 하다. **2** [남]을 칭찬하여 힘나게 하다, 격려하다, 뒤를 밀어주다, 후원하다. ¶ boost [up] a person 남을 격려하다. **3** [값 따위]를 끌어올리다; …을 증대시키다. ¶ boost prices 가격을 끌어올린다. **4** 〖전기〗…의 전압을 높이다, 승압(昇壓)하다.
— n. **1** [뒤·밑에서] 밀어올리기. ¶ give a person a boost over a wall 남을 밀어올려 담을 넘게 하다. **2** [인기 따위의] 뒤를 밀어주기, 후원, 지지, 격려. ¶ The royal visit gave a boost to the lake. 왕족의 방문으로 그 호수는 유명해졌다. **3** [값·임금의] 인상, 등귀. ¶ a salary boost 봉급 인상 / a fare boost 운임 인상.
__boost·er__ [búːstər] n. 《美》**1** [뒤·밑에서] 밀어올리는 사람. **2** 후원자, 지지자(supporter), 격려자[인기에 대해] 선전하는 사람. **3** 〖전기〗승압기; 텔레비전·라디오 따위의] 증폭기. **4** 〖로켓 공학〗부스터[미사일·로켓의 보조 추진 장치], 보조 로켓; 〖군대〗보조 화약. **5** 〖급경사진 곳 따위에서 쓰이는〗보조 기관차. **6** 〖약학〗약제 효능 촉진제, 보조약(synergist); 〖면역학〗보조 주사.
__boost·er·ism__ [búːstəriz(ə)m] n. 《美》〖추어 올리는〗선전(문구), 열광적인 지지.

__bóoster ròcket__ n. 부스터 로켓[로켓이나 미사일의 추진·가속에 쓰이는 보조 로켓].
__bóoster shòt (injéction)__ n. =booster 6.
*__boot__¹ [buːt] n. **1** (보통 ~s) 《美》장화, 부츠; (보통 ~s) 《英》[편상화(編上靴) 따위의] 목이 긴 구두, 오버슈즈. cf. shoe ¶ high boots 《英》장화 / jack (or Wellington) boots 큰 장화 / laced boots 편상화 / elasticside boots [19세기의 단추·끈이 없고 양쪽이 고무로 된] 고무 반장화 / a pair of boots 장화 한 켤레 / be in boots 장화를 신고 있다 / pull on(off) one's boots 장화를 신다(벗다).
2 [옛날의 고문용] 구두 모양의 형틀.
3 칼집 모양의 덮개(씌우개).
4 [말에 신기는] 발싸개.
5 [무개(無蓋) 마차의 비·진흙을 막기 위한] 마부석의 가리개.   [무.
6 [자동차 타이어의 안쪽 파손 부분에 대었던] 보강 고
7 《英》〖합승 마차의 앞뒤에 있는〗짐 싣는 곳; [자동차 뒤부분의] 트렁크((美) trunk).
8 걷어차기, 차기(kick).
9 (the ~) 《속어》해고, 해직. ¶ get (give) the boot 해고되다(시키다) // the order of the boots 해고 통지.
10 〖야구 구어〗펌블(fumble) [내야 땅볼을 놓치기].
11 《美해군 속어》[기초 훈련을 받는 해병대의] 신병.
12 〖음악〗부트[오르간의 리드관(reed pipe) 안의 혀(reed)가 들어 있는 상자].
13 (~s) 〖단수 취급〗《英》[호텔 따위의] 구두닦이.
14 ⓤ 《英속어》돈.
15 《美구어》즐거움, 기쁨. ¶ That joke gave her a boot. 그녀는 그 농담에 크게 즐거워했다.
16 《英》〖연극〗[배우·배경을] 오르내리게 하는 장치.
__be in__ a person's __boots__ 남과 같은 처지(입장)이 되다.
__beat... out of__ one's __boots__ 《美구어》…에 결정타를 가하다.
__bet__ one's __boots__ 염려없다, 틀림없다, 꼭, 맹세코. ¶ You can bet your boots that it will rain tomorrow. 틀림없이 내일은 비가 올 거야.
__The boot is on the other leg__ (or __boots__). 책임은 상대방에게 있다, 얼토당토 않은 생각(짓)이다, 형세가 일변했다.   [준비의 나팔.
__boot and saddle, boots and saddles__ 〖기병의〗승마
__die with__ one's __boots on__; 《英》__die in__ one's __boots__ [직장에서] 순직하다; 전사하다, 횡사하다.
__go down in__ one's __boots__ 《美구어》겁내다, 무서워하다.   [동하다].
__go it boots__ 《美구어》민첩하게 하다, 활발하게 하다(활
__go to bed in__ one's __boots__ ⇨ BED.
__have__ one's __heart in__ one's __boots__ 겁을 먹고 있다, 의
__lick__ a person's __boots__ ⇨ LICK.   [기소침해 있다.
__like old boots__ 《英속어》기세 좋게, 맹렬하게 (like anything); 철저하게.
__move__ (or __start__) one's __boots__ 《美구어》출발하다.
__Over shoes, over boots.__ 《속담》내친 김에 끝까지.
__too big in__ one's __boots__ 우쭐하는, 뽐내는, 콧대 높은.
__wipe__ one's __boots on__ …을 모욕하다, …에게 무례한 짓을 하다.
— vt. **1** …에게 장화(부츠)를 신기다. **2** …을 구두 모양의 형틀로 고문하다. **3** 〖구어〗…을 차다, 걷어차다. **4** …을 차내다, 쫓아내다; 《구어》…을 해고하다(… out). **5** 〖야구〗[땅볼]을 펌블(fumble)하다; 《속어》[실수로] 기회를 놓치다. **6** 〖컴퓨터〗[모니터에] 띄우다; [운영 체제를] 컴퓨터에 판독시키다.
__boot it__ ① 걷다, 행진하다. ② 실패하다, 실수하다.
__boot one__ 〖야구〗실수를 하다.

__boot__² [buːt] n. ⓤ **1** 〖고어·방언〗덤, 부가물, 행하. **2** 〖폐어〗이익.
* __to boot__ 위에, 게다가, 덤으로(in addition). ¶ I will give you that to boot. 덤으로 그것도 주겠다.
— vi. vt. 〖고어·詩〗[…에] 이익이 되다, 쓸모있다.

boot³ [buːt] n. ⓤ (고어) 노획물, 전리품(booty, plunder). [shoeblack].

boot·black [búːtblæk] n. (美) 구두닦이[사람][(英)

bóot cámp n. 《美속어》 신병 훈련소.

boot·ed [búːtid] adj. 1 구두를 신은; [특히] 승마 준비를 갖춘. ¶ *booted* and spurred 박차 달린 구두를 신고, 승마 준비를 갖춘. 2 (鳥類) 경골(脛骨)이 깃털로 덮인; 부골(跗骨)이 각질(角質) 껍질로 덮인.

boot·ee n. 1 [búːtiː] → 2 (소아용) 털실 신발. 2 《美》 [búːtíː] (일종의 가벼운) 여자용 단화; (목이 짧은) 부츠.

boot·er [búːtər] n. 《구어》 축구 선수.

boot·er·y [búːtəri] n. 구두 가게, 제화점.

Bo·ö·tes [bouóutiːz] n. (천문) 목동좌(牧童座) (1등성 Arcturus를 주성(主星)으로 하는 북쪽 성좌의 이름).

‡**booth** [buːθ/buːð] n. (pl. **booths** [buːðz]) 1 오두막, 판자집, 가건물, 헛간(shed). 2 (시장 따위의) 포장마차, 매점, 노점, 임시 진열장. 3 부스, [전용화 따위의] 칸막은 작은 방, (식당 따위의) 칸막이 자리. ¶ a telephone *booth* 전화실(박스) / a broadcasting *booth* 방송실 / a motion-picture projection *booth* 영사실 / a polling (or a voting) *booth* 투표 용지 기입소(장).

boot·jack [búːtdʒæk] n. 장화 벗는 기구(뒤축을 걸어서 발을 빼기 쉽도록 한 V자 모양의 도구).

boot·lace [búːtlèis] n. 《주로 英》 구두끈(shoelace).

boot·leg [búːtlèg] n. 《美》 ⓤ 1 밀주, 밀조(밀매, 밀수)주. 2 장화의 목. ─ v. (**-legged, -leg·ging**) vt. 《美》 (주류 따위)를 밀조하다; (금제품)을 밀매하다. ─ vi. (주류 따위)를 밀조(밀매, 밀수)하다. ─ adj. 《美》 (주류 따위의) 밀조(밀매, 밀수)의; 부정(위법)의. ¶ *bootleg* liquor 밀조(밀매, 밀수)주. [<boot 신은 leg에 밀주를 숨긴 데서]

boot·leg·ger [búːtlègər] n. (특히 미국의 주류) 밀조(밀매, 밀수)(업)자.

boot·leg·ging [búːtlègiŋ] n. ⓤ 주류 밀조(밀매, 밀수).

boot·less [búːtlis] adj. 무익한(useless), 쓸모 없는, 소용없는(unavailing). ~·ly adv. ~·ness n.

boot·lick [búːtlìk] 《美속어》 vt. (남)에게 아첨하다, 알랑거리다(toady). ─ vi. 아첨하다, 알랑쇠이다.

boot·lick·er [búːtlìkər] n. 아첨쟁이, 알랑쇠(toady).

boot·lick·ing [búːtlìkiŋ] n. 《美속어》 아첨.

boot·mak·er [búːtmèikər] n. 구두장이, 구두 제조인. [약].

bóot pólish n. 《英》 구두닦기[(美) shoeshine], [(英) 손님의 짐을 나르거나 잔심부름도 하는] 여관·호텔의 구두닦기.

boots [buːts] n. 《단·복수 취급》《英》 손님의 짐을 나르거나 잔심부름도 하는 여관·호텔의 구두닦기.

boot·strap [búːtstræp] n. 1 (편상화의) 손잡이, 구두 죽. 2 자기 혼자의 힘. 3 【컴퓨터】 부트스트랩(예비 명령에 의해 프로그램을 load 하는 방법).

*pull oneself **up** by one's (**own**) **bootstrap*** 스스로의 힘으로 해나가다.
─ vt. 1 (재귀용법) 노력하여 (자기)를 어떤 상태로 되게 하다. 2 【컴퓨터】 부트스트랩으로 프로그램을 입력하다. 3 자력(自力)으로 진행하다. ─ adj. 자동(식)의, 자급(自給)의; 자력의.

bóot tree n. (보통 ~s) 구둣골[모양이 찌그러지지 않게 구두 안에 넣어두는 것].

*****boo·ty** n. (pl. **-ties**) 1 ⓤ 《집합적》 전리품, 노획물(spoils); 약탈품, 강탈품(plunder). 2 ⓒ (하나의) 노획품, 강탈품. 2 ⓤ 이득, 이익(gain); 상(賞).

*play **booty*** 패거리와 공모하여 상대를 속이다, 야바위 치다.

booze [buːz] n. 《구어》 ⓤ 1 술(liquor), 알코올 음료, 위스키. 2 주연, 술잔치.

*on the **booze*** 《구어》 줄곧 술을 마셔, 술 취하여.
─ vi., vt. (**boozed, booz·ing**) 술을 많이 마시다, 과음 *be boozed up* 몹시 취해 있다. [하다.

booze-fight·er [búːzfàitər] n. 술고래, 대주가.

booz·er [búːzər] n. 1 《구어》 술을 좋아하는 사람, 술

고래. 2 《英속어》 술집(pub).

booze-up [búːzʌ̀p] n. 《英속어》 술잔치.

booze-fight·er [búːzfàitər] n. 술고래, 대주가.

booz·y [búːzi] adj. (**booz·i·er, booz·i·est**) 《구어》 1 술취한(drunk). 2 술고래의, 술에 빠진.

bop¹ [bap/bɔp] n. ⓤ 밥(단음(斷音) 악부를 많이 쓴 모던 재즈의 연주 양식의 일종. 1940년대 후기에서 50년대 초기에 걸쳐 유행)(bebop).

bop² [bap/bɔp] 《美속어》 v. (**bopped, bop·ping**) vt. (주먹·막대기 따위로) …을 때리다, 치다(hit). ─ vi. 서로 치고받다, 싸우다(fight). ─ n. 때리기, 타격(blow).

bo-peep [boupíːp] n. ⓤ 1 아웅, 깍꿍. ¶ play *bopeep* 아웅(깍꿍) 하다(peekaboo). 2 《英속어》 잠(sleep).

BOQ (略) 《美》 bachelor officers' quarters.

bor. (略) borough.

bo·ra [bóurə/bɔ́ːrə] n. 1 (기상) 보라(아드리아 해 연안 지방에 계절적으로 북쪽 또는 동북쪽에서 부는 건조한 찬 바람]. 2 《濠》 보라(오스트레일리아 남자의 성인식(成人式)].

bo·rac·ic [bəræsik] adj. (화학) =boric.

borácic ácid n. =boric acid.

bo·ra·cite [bɔ́ːrəsait/bɔ́r-] n. ⓤ 방봉석(方硼石).

bor·age [bɔ́ːridʒ, bɑ́ː-/bɔ́ridʒ] n. 유리 지치(지치과 (科)의 식물. 샐러드 및 약용으로 쓴다]. [작(소리)].

bor·ak [bɔ́ːræk] n. (濠·뉴질랜드 속어) 놀림, 허튼 수

bo·rate [bɔ́ureit/bɔ́ː-] n. (화학) 붕산염(硼酸塩).
─ vt. (**-rat·ed, -rat·ing**) …을 붕산염으로 처리하다.

bo·rax [bɔ́ureks, bɔ́ː-/bɔ́ː-] n. ⓤ 1 (화학) 붕사(硼砂). 2 《美속어》 싸구려 상품, (겉만 번지르르한) 싸구려 가구; 《속어》 거짓말, 속임수, 허풍. ─ adj. 《속어》 싸구려의, 품질이 떨어지는, 겉만 번지르르한.

Bor·a·zon [bɔ́ːrəzɑn/bɔ́raɪrɔn] n. ⓤ (상표명) 보라존[초고압(起高壓)에 의하여 개발된 새 물질로, 다이아몬드 이상의 경도를 가진다].

Bor·deaux [bɔːrdóu] n. 1 보르도[프랑스 서남부의 항구. 포도주의 중심지]. 2 ⓤ 보르도 포도주[보르도 지방산(産)의 백포도주와 적포도주]. cf. claret 3 =Bordeaux mixture.

Bordeáux míxture n. (원예) 보르도액[황산구리와 석회유를 혼합한 농업용 살균제].

bor·de·lo [bɔːrdélou] n. (pl. **-los**) 갈보집.

‡**bor·der** [bɔ́ːrdər] n. 1 가, 가장자리, 변두리. ⇒ EDGE (類語) ¶ a hotel on the *border* of a lake 호숫가의 호텔. 2 경계(선); 국경(지방); 주경(州境); 《美》 (the ~) [특히 Rio Grande 강을 낀] 미국과 멕시코의 국경. ¶ a *border* army 국경 경비대 / on the *border* 국경(경계)에 가까이에, 국경에 접하여 / over the *border* 국경을 넘어서 / within (out of) *borders* 영토내(외)에.

類語 **border** 경계선 그 자체, 또는 경계선을 낀 어느 정도의 넓이의 지역. **boundary** 경계선, **bound** boundary 의 안쪽에서 보아 더 앞쪽으로는 갈 수 없는 한계의 뜻. **frontier** 정치적·군사적으로 본 다른 나라와의 경계 지역.

3 (the B- or 종종 the B-s) 잉글랜드와 스코틀랜드의 경계 지대. 4 한계, 극한, 끝장. ¶ the *border* of despair 실망의 극한 / the *borders* of death 임종(臨終). 5 (의복·모자 따위의) 가장자리(테두리) 장식, 선(緣)장식. ¶ a lace *border* round a tablecloth 식탁보 가장자리의 레이스 장식. 6 (원예) [정원 가장자리에 있는] 화단, 화단의 테두리. ¶ a garden with a *border* of pretty flowers 가장자리에 아름다운 꽃들이 심어진 정원.

*on the **border of*** ① …의 가(경계)에. ② 막 …하려고 하여. ¶ He is *on the border of* ruin. 그는 파국에 직면하고 있다.

─ vt. 1 …에 가장자리를 달다, 테를 두르다. ¶ *border* a tablecloth *with* lace 레이스로 식탁보 가장자리 장식을 달다 / a street *bordered with* trees 가로수 길.

2 …과 경계를 이루다, 접하다. ¶ The city is bordered by a large airport on the south. 그 시(市)는 남쪽으로 큰 비행장에 접하고 있다. — vi. **1** 상접(相接)하다, 서로 접하다(on, upon...). ¶ the countries bordering on the Pacific Ocean 태평양 연안 국가들. **2** 유사하다, 비슷하다(resemble) (on, upon ...). ¶ His self-esteem borders on ridiculousness. 그의 자만심은 바보스러울 정도다(어처구니없다).

bor·de·reau [bɔ̀ːrdəróu] n. (pl. **-reaux** [-róu(z)]) 상세한 각서(메모). 〈F〉

bor·der·er [bɔ́ːrdərər] n. **1** 국경 지대의 주민, 변경의 주민; [특히] 잉글랜드와 스코틀랜드 국경 지대의 주민. **2** 가장자리를 만드는 사람, 테를 두르는 사람.

bor·der·ing [bɔ́ːrdəriŋ] n. ⓤ 테를 두르는 재료. **2** =edging. — adj. 서로 접한. ⇨ ADJOINING 類語

bor·der·land [bɔ́ːrdərlænd] n. (the ~) 경계지, 국경 지대; 변방; 어중간한 지경(상태) (between, of ...). ¶ the borderland between sleeping and waking 비몽사몽의 지경, 꿈결 같은 상태 / He is on the borderland of insanity. 그는 정상 이상에 가까운 상태이다.

***bórder líne** n. 경계선, 국경선(boundary line).

***bor·der·line** [bɔ́ːrdərlàin] adj. **1** 경계(국경)상의, 국경(경계) 가까운. **2** 불명확한, 이도저도 아닌; 논쟁거리가 되는(debatable). ¶ a borderline case 이도저도 아닌 사례(경우) / a borderline feeling between love and friendship 애정 같기도 하고 우정 같기도 한 감정. **3** 아슬아슬한.

Bórder Státes n. pl. (the ~) **1**〖美史〗노예 제도를 인정하던 남부의 여러 주 가운데 북부의 자유주(Free States)에 인접해 있던 주 [Delaware, Maryland, Kentucky, Missouri, 때로는 West Virginia, Tennessee를 포함하기도 한다]. **2**《美》캐나다에 접해 있는 여러 주.

Bórder térrier n. 〖동물〗보더 테리어 [영국 원산의 털이 빳빳한 소형의 테리어 개].

‡**bore**¹ [bɔːr/bɔː] v. (**bored, bor·ing**) vt. **1** 〖기계〗[송곳 따위로] [구멍을] 뚫다. ¶ (~+몸/+몸+젠+명) bore a hole through (or in, into) the board 판자에 구멍을 뚫다. **2** (속을) 도려내다, (우물·구멍을) 파다, 파내다; …을 보링하다. ¶ A tunnel was bored through the mountain. 산을 뚫고 터널이 파졌다. **3** …을 밀고 나아가다, (남을) 밀어젖히고 나아가다; [경마에서] [다른 말을] 젖히다; (통로·입구를) 열다. ¶ He bore one's way through the crowd 군중 사이를 뚫고 나아가다. — vi. **1** (기계가) 구멍을 뚫다; (유정·탄광·온천 따위를) 시굴하다. ¶ (~ + 전 + 명) bore for oil (coal) 석유 (석탄)를 시굴하다. ¶ This timber bores well. 이 목재는 구멍이 잘 뚫린다. **3** …에 거슬러 조금씩 나아가다. ¶ We bored through the cold darkness. 우리는 차가운 어둠을 뚫고 한발한발 나아갔다. — n. **1** (기계) (보링의) 구멍, (우물·유정의) 시추공, 터널. **2** (총구·축받이 따위의) 강구(腔口), 포강(砲腔), 구경(口徑).

‡**bore**² [bɔːr/bɔː] vt. (**bored, bor·ing**) …을 지겹게 하다, 지루하게 하다. ¶ I was bored by his tedious talk. 그의 재미없는 이야기에 진저리났다. *be bored to death* (or *tears*) 지루해(심심해) 죽을 지경이다.
— n. **1** 지겹게 하는 사람, 귀찮은(성가신) 사람. ¶ a dreadful bore 지긋지긋하게 귀찮은 녀석. **2** 지겹게 하는 것, 지루한 일.

bore³ [bɔːr/bɔː] n. 고조(高潮), 해소(海嘯) [삼각형의 강어귀에 밀려올 때의 높은 파도].

bore⁴ [bɔːr/bɔː] v. bear¹의 과거형.

bo·re·al [bɔ́ːriəl/bɔ́ː-] adj. **1** 북(쪽)의(northern). **2** 북풍의. **3** (때로 B-) 〖그리스 신화〗 Boreas의.

Bo·re·as [bɔ́ːriəs/bɔ́(ː)riæs] n. **1**〖그리스 신화〗 보레아스 [북풍의 신]. **2** (詩) 북풍.

bore·cole [bɔ́ːrkoul/bɔ́ː-] n. =kale.

bored [bɔːrd/bɔːd] adj. 지루한, 지겨운. ¶ with a bored air 지루한 모양으로.

***bore·dom** [bɔ́ːrdəm/bɔ́ːd-] n. ⓤ 권태, 지루함(tedium). ¶ relieve boredom 심심풀이를 하다. **2** 지겹게 하는 것, 지루한 일.

bore·hole [bɔ́ːrhoul/bɔ́ːr-] n. **1** 구멍 뚫는 사람, 천공자 (穿孔者). **2** (기계) 송곳(auger), 천공기(구). **3** (곤충) 나무줄기(나무나 과일에 구멍을 파는 벌레).

bore·some [bɔ́ːrsəm/bɔ́ː-] adj. 지루한(tiresome), 재미없는(dull), 지겨운(boring).

bo·ric [bɔ́ːrik/bɔ́ːr-] adj. 붕소의, 붕소를 함유한.

bóric ácid n. 〖화학〗붕산.

bo·ride [bɔ́ːraid/bɔ́ːr-] n. 〖화학〗붕화물(硼化物) [붕소와 다른 원소와의 화합물].

***bor·ing**¹ [bɔ́ːriŋ/bɔ́ːr-] n. 〖기계〗**1** ⓤ 구멍 뚫기, 천공(작업), 보링. **2** [뚫은] 구멍. **3** (~s) 송곳밥, 보링 부스러기.

bor·ing² [bɔ́ːriŋ/bɔ́ːr-] adj. 지루한, 지겨운. ⇨ TEDIOUS 類語

bóring bìt n. 송곳 끝, 드릴의 날.

bóring machìne n. 천공기; 보링 기계.

bóring tòol n. 천공기, 구멍 파는 연장.

‡**born** [bɔːrn] v. bear¹의 과거 분사의 하나.
— adj. **1** 타고난, 천성적인, …한 성질을 타고난. ¶ a born athlete(musician) 타고난 운동 선수(음악가) / a born fool 선천적 바보 / a born Catholic 유아 영세를 받은 가톨릭 신자. **2** 태어난, 생긴. ¶ a recently born prince(idea) 갓 태어난 왕자 (갓 생각해낸 아이디어). **3** (복합어를 만들어) …에 생의. ¶ a German-born scholar 독일 태생의 학자 / a poverty-born crime 빈곤이 낳은 범죄. *born and bred* 토박이의, 순수한. ¶ He is a Parisian born and bred. 그는 파리 토박이다. 〔안에〕 *in all one's born days* 태어나서 지금까지, 일생 동안. *not born yesterday* 《보통 비꼬아서》 풋내기가 아닌, 쉽사리 속지 않는.

born-a·gain [bɔ́ːrnəgèn] adj. 《美》 [그리스도에 의해] 다시 태어난; 신심(信心)이 깊은; (비유적) [흥미·호기심 따위] 색다른.

‡**borne** [bɔːrn] v. bear¹의 과거 분사의 하나.

bor·né [bɔːrnéi] adj. 《프랑스》속이 좁은, 편협한.

Bor·ne·an [bɔ́ːrniən] adj. 보르네오의; 보르네오인(말)의. — n. **1** 보르네오인. **2** ⓤ 보르네오말.

Bor·ne·o [bɔ́ːrniòu] n. 보르네오 [말레이 군도 안에 있는 세계 제 3의 큰 섬. 인도네시아령·말레이시아령·브루네이로 나뉜다].

bor·ne·ol [bɔ́ːrniòul/-niɔ̀l] n. ⓤ 〖화학〗용뇌(龍腦), 보르네올. 장뇌(樟腦), 보르네올 [보르네오·수마트라 따위에서 나는 용뇌수에서 채취하는 장뇌 비슷한 방향(芳香) 물질].

born·ite [bɔ́ːrnait] n. ⓤ 반동광(斑銅鑛) [철과 구리의 황화물로서 중요한 구리 광석].

bo·ron [bɔ́ːran/bɔ́ːrɔn] n. ⓤ 〖화학〗 붕소(硼素) [비금속 원소로서 붕사 속에 함유되다; 원자 기호 B].

***bor·ough** [bə́ːrou/bʌ́rə] n. **1** 《美》 〔어떤 주의〕 자치 읍·면. **2** 《美》 New York 시의 5대 행정 독립구의 한 구 [Manhattan, the Bronx, Brooklyn, Queens, Richmond]. **3** 《英》 **a)** (칙허장(勅許狀))에 의하여 특권이 부여된) 자치 도시. **b)** 《英》 (국회 의원의 선거구로서의) 도시, 선거구. ¶ a rotten borough 부패 선거구. **4** (the B-) 《英》 [템즈강 남안의] Southwark 시. **5** 《英》 (옛날의) 성시(城市).

bor·ough-Eng·lish [bə́ːrouiŋgliʃ/bʌ́rə-] n. ⓤ 《英》 [옛 영국의 일부에서 행하여진] 말자 상속제(末子相續制).

‡**bor·row** [bɔ́ːrou, bár-/bɔ́r-] vt. **1** …을 빌다, 차용하다, 꾸다(...from, of). opp. lend ¶ May I borrow

borrowed your umbrella? 우산을 빌려주시겠습니까? / He *borrowed* money on credit. 그는 신용으로 돈을 꾸었다 // (~+目+前+名) *borrow* money *from* (or *of*) a person 남에게서 돈을 빌다(* *of* 보다는 *from* 이 잘 쓰인다) / These books may be *borrowed* for two weeks *from* the library. 이 책들은 도서관에서 2주일간 대출 받을 수 있다. **2** [무단히] [남의 문구·문체·사상 따위를] 빌어 쓰다; …을 채용하다; …을 따다 (…*from*). **¶** *borrow* his idea 그의 아이디어를 빌다 // (~+目+前+名) words *borrowed into* English *from* French 프랑스어에서 차용한 영어. **3** [수학] 빼셈에서 …을 윗자리에서 꾸어오다(내리다). ── *vi.* **1** 빌다, 차용하다. **¶** I neither *borrow* nor lend. 나는 돈을 빌려주지도 빌어쓰지도 않는다. **2** [골프] [그린의 경사·잔디의 결 따위를 고려하여] 공을 치다.

borrow trouble 군걱정을 하다, 비관적이다.
in borrowed plumes ⇒ PLUME.

bor·rowed [bɔ́:roud, bár-/bɔ́r-] *adj.* 빌린, 차용한; 딴 데서 따온. **¶** words *borrowed* from French 프랑스 말에서 따온 말 / *in borrowed plumes* 남의 옷을 빌려 입고, 남의 신망을 빌어서 / *borrowed* capital 차입 자본 / *borrowed* stock 차입 주식. [사람, 용자]

*bor·row·er [bɔ́:rouər, bár-/bɔ́r-] *n.* 빌어(꾸어) 쓰는

bor·row·ing [bɔ́:rouiŋ, bár-/bɔ́r-] *n.* **1** U 빌기, 차용. **2** [C] [보통 복합형으로] 차용물; 차용어; [언어] 차용.

borsch [bɔːrʃ/bɔːʃ], **borscht, borsht** [bɔːrʃt/bɔːʃt] *n.* U 보르시치[빨간 순무를 넣은 러시아식 수프].

bórsch círcuit *n.* = Borscht Belt.

Bórscht Bélt [-rʃt-] *n.* (the ~) 보르슈트 벨트 [미국 New York 주 Catskill 산중에 있는 유대인의 피서용 호텔 단지; 러시아 요리의 수프 borscht 가 동유럽에서 온 유대인이 좋아하는 요리인 데서].

Bor·stal [bɔ́:rstəl] *n.* (英) 10대 후반 비행 청소년 선도를 위한 학교.

Bórstal sýstem *n.* 소년 범죄자 감화 제도.

bort [bɔːrt], **(boart)** *n.* U 저질 다이아몬드; 다이아몬드 부스러기 [공업용·연마용].

bortz [bɔːrts] *n.* = bort.

bor·zoi [bɔ́:rzɔi] *n.* 보르조이 개 [러시아산(產)의 사냥개, Russian wolfhound 라고도 한다].

bos [bas, bɔs/bɔs] *n.* (美) = boss¹.

bos·cage [báskidʒ/bɔ́s-] *n.* 덤불; 숲; 수풀(thicket).

Bosche [bɔʃ/bɔʃ] *n.* =Boche.

bosh¹ [bɑʃ/bɔʃ] *n.* U (口語) 허튼 소리(nonsense), 바보 같은 소리. **¶** talk *bosh* 시시한(바보같은) 소리를 하다. ── *interj.* 허튼 소리 마라!, 바보같은 소리! ── *vt.* (英俗語 속어) …을 놀리다.

bosh² [bɑʃ/bɔʃ] *n.* (야금) 보슈 [용광로 하부의 가장 불룩한 부분]. [식수한 숲]

bosk [bask/bɔsk] *n.* (古語) 덤불, [관목] 숲(thicket).

bos·ket, -quet [báskit/bɔ́s-] *n.* 작은 숲(grove), 덤불, 관목, 수풀(thicket).

bosk·y [báski/bɔ́s-] *adj.* (보통 *bosk·i·er, bosk·i·est*) **1** 수목이 많은, 수목이 무성한(wooded). **2** 나무 그늘이 있는. **3** (주로 英) 거나한(tipsy).

bos'n, bo's'n [bóusn] *n.* (항해) =boatswain.

Bos·ni·a [báznie/bɔ́z-] *n.* **1** 보스니아 [Bosnia and Herzegovina의 일부, 옛 왕국]. **2** Bosnia and Herzegovina.

Bósnia and Hèr·ze·go·ví·na [-hə̀:rtsəgouví:nə] *n.* 보스니아 헤르체고비나 [아드리아해(Adriatic Sea) 연안의 공화국; 구 유고슬라비아 연방의 한 공화국이었으나 1991년 독립; 수도 Sarajevo].

Bos·ni·an [bázniən/bɔ́z-] *n.* **1** 보스니아 사람. **2** U 보스니아어. ── *adj.* 보스니아의; 보스니아 사람(말)의.

‡**bos·om** [búzəm, +美 bú:z-] *n.* **1** 가슴, 흉부. ⇒ BREAST 類語. **¶** a baby sleeping in her mother's *bosom* 어머니의 품에 안겨 잠자는 아기 / press a person to one's *bosom* 남을 꼭 껴안다 / heave the *bosom* [심호흡을 하여] 가슴을 부풀리다.
2 [의복의] 가슴 부분; (美) 와이셔츠(셔츠)의 가슴; [의복의] 품. **¶** draw a letter from one's *bosom* 품에서 편지를 꺼내다.
3 [생각·감정이 있는 곳으로서의] 가슴, 마음[속], 가슴 속, 흉금. **¶** keep something in one's *bosom* …을 가슴 속에 간직해 두다 / enter one's *bosom* [생각 따위가] 마음에 떠오르다 / speak one's *bosom* 흉금을 털어놓고 이야기 하다 / My mother's words came home to my *bosom*. 어머니의 말씀이 마음에 사무쳤다 / His sorrows were locked deep in his own *bosom*. 그는 슬픔을 가슴속 깊이 감추었다.
4 [산 따위의] 깊은 속; 내부, 깊숙한 곳. **¶** the *bosom* of a mountain(the nature) 산(자연)의 품.
5 [바다·호수·정원 따위의] 한가운데; 표면. **¶** on the *bosom* of the ocean 큰 바다 한복판에.
6 마음 놓이는(편안한) 곳. **¶** in the *bosom* of one's family 온 가족이 단란한 가운데, 가족에 둘러싸여.
take a person to one's bosom ① [여자를] 아내로 삼다, ② 남을 소중히 하다; 남을 진정한 친구로 삼다.
── *adj.* 친한, 깊이 신뢰하는. **¶** a *bosom* friend 막역한(신뢰하는) 친구.
── *vt.* **1** …을 가슴에 껴안다, 포옹하다. **2** …을 (품에) 넣다; …을 숨기다; …을 가슴에 간직하다.
◇ **bósomy** *adj.*

bos·omed [búzəmd, +美 bú:z-] *adj.* **1** 가슴에 품은 (간직한, 감춘). **2** [보통 복합어를 만들어서] …의 가슴 (모양)인. **¶** a full-*bosomed* beauty 가슴이 풍만한 미인.

bos·om·y [búzəmi, +美 bú:z-] *adj.* **1** [여자가] 가슴이 풍만한(busty). **¶** a *bosomy* actress 가슴이 풍만한 여배우. **2** [가슴처럼] 불룩한. **¶** *bosomy* hills 볼록하게 솟은 언덕.

bo·son [bóusən/-sɔn] *n.* (물리) 보존 [스핀이 정수(整數)의 소입자·복합 입자].

‡**boss**¹ [bɔːs, bas/bɔs] *n.* **1** 감독(관리)자(foreman), 주임, 상판. **2** (美) [정당의] 영수, 당수. **3** (구어) 두목, 우두머리, 왕초, 보스. ── *vt.* …을 감독하다(control), 지휘하다, 지시하다, 쥐고 흔들다. **¶** (~+目+副) His wife *bosses* him around. 그는 아내에게 꼼짝 못하다. ── *vi.* 두목(보스)이 되다, 두목 행세를 하다.
boss the show (속어) 좌지우지하다, 지배(감독)하다.
── *adj.* **1** 주요한(chief), 두목(보스)인, 지배하는. **2** (속어) 일류의(first-rate), 뛰어난(excellent).

boss² [bɔːs, bas/bɔs] *n.* **1** [동·식물] 혹, 혹[모양의 것]. **2** [지질] 암주(岩株) [지표에 노출된 화성암]. **3** 장식적인 돌기[물], 장식목. **4** [건축] [둥근 천장의 늑재(ribs) 교차점의] 돌기 장식; [천장 따위의] 부조(浮彫), 돋음새김.

boss³ [bɔːs, bas/bɔs] *n.* (美) (부르는 말로) [암소(cow)].

boss⁴ [bɔːs, bas/bɔs] (英속어) *vt., vi.* 실패하다, 실수하다, 잘못 보다, 오산하다. **¶** *boss* one's shot 실수하다. ── *n.* 실수, 실패, 오산; 사격이 서투른 사람.

BOSS (略) *Bureau of State Security* [남아 공화국의] 국가 보안국.

bos·sa no·va [bɑ̀sənóuvə/bɔ̀s-] *n.* U C 보사노바 [브라질 기원의 재즈·춤].

boss·dom [bɔ́:s, bɑs, bɔs/bɔs-] *n.* 정계의 보스임; 정계 보스의 영향 범위; 보스 정치.

bossed [bɔːst, bast/bɔst] *adj.* (건축) 돌을새김으로 한, 돌기(물)을 붙인(embossed).

boss-eyed [bɔ́:sàid, bás-/bɔ́s-] *adj.* (英속어) **1** 애꾸눈의, 사팔뜨기의(cross-eyed). **2** 한쪽으로 치우친, 기운.

boss·ism [bɔ́:siz(ə)m, bás-/bɔ́s-] *n.* U (美) 정치 보스에 의한 지배, 보스 정치[제도].

boss·y[^1] [bɔ́:si, bási / bɔ́si] *adj.* (**boss·i·er, boss·i·est**) 《구어》 두목 행세를 하는; 위세 부리는, 으스대는, 전제적인 (domineering).

boss·y[^2] [bɔ́:si, bási / bɔ́si] *adj.* (**boss·i·er, boss·i·est**) 《건축》 돋을새김이 있는, 돌기 장식이 붙은.

boss·sy[^3] [bɔ́:si, bási / bɔ́si] *n.* (*pl.* **-sies**) 《美》《애칭으로서》 암소, 송아지.

‡**Bos·ton** [bɔ́:stn, bás-/ bɔ́s-] *n.* **1** 미국 Massachusetts 주의 주도(州都). **2** (b-) Ⓤ 카드놀이의 일종 [두벌의 카드로 4명이 한다]. **3** (보통 b-) (the ~) 보스턴 왈츠[왈츠에 변화를 준 사교 댄스의 하나].

Bóston árm *n.* 보스턴 의수(義手) [전자 장치로 가동하는 인공 팔].

Bóston bàg *n.* 보스턴 백[손잡이가 둘 있는 백].

Bóston búll *n.* =Boston terrier.

Bóston créam píe *n.* 보스턴 크림 파이[둥근 케이크를 쪼개어 속에 크림이나 커스터드를 넣은 과자].

Bos·to·ni·an [bɔ:stóunian, bəs- / bɔstóunjən] *adj.* 보스턴[시민]의, 보스턴[시민]적인. ― *n.* 보스턴 시민.

Bóston Téa Párty *n.* (the ~) 《美史》 보스턴 차(茶) 사건 [1773년 12월 16일 영국 정부의 차조례(茶條例) (Tea Act)에 반대하는 사람들이 보스턴 항구에 정박중인 영국 선박에 적재됐던 차를 바다에 내던진 사건].

Bóston térrier *n.* 보스턴 테리어 [bulldog 과 bull-terrier 의 교배에 의한 미국산(產)의 암갈색 털에 흰 점 박이인 작은 개].

bo·sun, bo'son [bóusn] *n.* =boatswain.

Bos·well [bázwel, -wəl / bɔ́z-] *n.* 보스웰 같은 충실한 전기(傳記) 작가. 〔스코틀랜드의 전기 작가 James Boswell (1740-95) 의 이름〕

Bos·well·i·an [bazwélian / bɔz-] *adj.* 보스웰[식]의.

bot [bat / bɔt], **bott**) *n.* **1** 말파리(botfly)의 유충, **2** (the ~s) 보트증(症) [말파리 유충의 기생에 의한 말의 피부병].

bot. (略) botanical; botanist; botany; bottle; bottom;

bo't. (略) bought.

B.O.T. (略) the *B*oard of *T*rade; a *b*oard of *t*rade.

*bo·tan·i·cal [bətǽnikl], (bo·tan·ic [-tǽnik]) *adj.* 식물의, 식물학의, 식물학상의. ― *n.* 《약학》식물성 약품. ― **-ly** [-kəli] *adv.*

botánical gárden *n.* (종종 ~s) 식물원.

*bot·a·nist [bátənist / bɔ́t-] *n.* 식물 학자.

bot·a·nize [bátənàiz / bɔ́t-] (※ 《英》에서는 **bot·a·nise** 로도 쓴다) *v.* (**-nized, -niz·ing**) *vi.* 식물을 연구하다; 식물을 채집하다. ― *vt.* …을 [식물학적으로] 조사 (연구)하다.

‡**bot·a·ny** [bátəni / bɔ́t-] *n.* (*pl.* **-nies**) Ⓤ **1** 식물학. ¶ applied *botany* 응용 식물학 / geographic (systematic, morphological) *botany* 식물 분포 (분류, 형태) 학. **2** 〔한 지방의〕전체 식물. ¶ the *botany* of Cuba 쿠바 지방의 식물. **3** Ⓒ 식물학 서적(연구 논문). **4** (때로 B-) =Botany wool.

Bótany Báy *n.* 오스트레일리아의 동남부 Sydney 부근의 만[원래 영국의 범죄인 식민지].

be sent to Botany Bay 오스트레일리아로 유배형을 당하다.

Bótany wóol *n.* Ⓤ 오스트레일리아(產)의 최고급 메리노 양모. 〔<최초로 출하한 Botany Bay 의 이름〕

bo·tar·go [bətɑ́:rgou] *n.* Ⓤ 《英》숭어·참치 따위의 알을 시초·간물에 절인 식품.

botch[^1] [batʃ / bɔtʃ] *vt.* **1** …을 실수하다, 망쳐 놓다 (spoil), 실패하다 (bungle). **2** …을 서투르게 수리하다. ― *n.* **1** 어설픈 (서투른) 일, 불품없는 솜씨, 실수 (bungle). **2** 서투르게 기운 자리, 서투른 수선.

botch[^2] [batʃ / bɔtʃ] *n.* 《고어》종기, 부스럼 (swelling).

botch·er [bátʃər / bɔ́tʃə] *n.* 서투르게 일을 하는 사람, 서투른 직공.

botch·er·y [bátʃəri / bɔ́tʃ-] *n.* Ⓤ 서투른 일, 불품없는 솜씨, 실수.

botch·y [bátʃi / bɔ́tʃi] *adj.* (**botch·i·er, botch·i·est**) 서투른, 불품없는; 실수한.

bo·tel [boutél] *n.* =boatel.

bot·fly [bátflài / bɔ́t-] *n.* (*pl.* **-flies**) 말파리 [유충은 사람 또는 동물의 피부 따위에 기생].

‡**both** [bouθ] *adj.* 양쪽의, 양인의, 쌍방의. ¶ the buildings on *both* sides of the street 도로의 양편에 있는 건물들 / *Both* the boys passed the examination. 그 소년들은 둘 다 시험에 합격했다 / I don't know *both* those girls. 나는 저 소녀들을 둘 다 아는 것은 아니다 (한 사람만 안다).

― **Usage**[^1] both 가 정관사나 지시 대명사, 인칭 대명사의 소유격 (these, those, my, his 등) 과 함께 쓰일 때에는, 이들 앞에 놓이든가 명사 뒤에 놓인다. the both boys, his both hands 와 같은 말은 현재에는 일반적이 아니다. 또한 the boys both 의 경우의 both 는 대명사의 동격 용법이다.

― *pron.* 양쪽, 양자, 양인, 두 사람(둘) 다. ¶ *Both* belong to him. 둘 다 그의 것이다 / *Both* of them went. 둘 다 갔다 / They are *both* happy. 그들은 둘 다 행복하다 (※ both 는 they 와 동격) / They are gentlemen *both*. 그들은 둘 다 신사다 (※ both 는 gentlemen 과 동격) / It is the fault of *both*. 그것은 두 사람의 책임이다 (※ both's fault, both their fault 는 쓸 수 없다) / *Both* are not young. 《부분 부정》 두 사람 모두 젊은 것은 아니다 (One is not young.) / I don't know *both* of them. 《부분 부정》 그들을 둘 다 아는 것은 아니다. *cf.* I know *neither* of them. 어느 한 사람도 모른다.

― **Usage**[^2] both 의 주의해야 할 위치 ― (1) 동격 용법으로 주어·대명사의 바로 뒤에 both 를 쓸 경우, 이것은 강조된다: The children *both* laughed. 아이들은 둘 다 웃었다 / Men and women *both* enjoyed dancing. 남자나 여자 모두가 춤을 즐겼다 / He and I *both* enjoyed it. 그와 나는 다같이 그것을 즐겼다. 단, 복합 어구의 경우의 both 가 뒤로 가는 것은 그 어구가 주어인 경우 뿐이다.

(2) both 와 대명사의 어순은 보통 다음과 같은 형식이 쓰인다: *Both* are young. / *Both* of us are young. / We are *both* young. ※ We *both* saw them. 우리 두 사람은 다 그들을 만났다 / We saw them *both*. 우리는 그들 양인을 만났다. 동격의 대명사에 선행하는 both we, both us 와 같은 어순은 현재 쓰이지 않는다.

(3) 명사 [주어]+be, seem, appear 따위의 불완전 자동사 혹은 조동사의 경우에는 both 는 동사 (조동사) 의 뒤에 온다: Those houses *were both* burned. 그 두 집은 다 탔다 / They *seem both* clever. 그들은 둘 다 영리해 보인다.

(4) 명사의 경우에도 《美》에서는 *both of*…의 꼴이 쓰인다: *Both of* the children laughed.

(5) both 의 소유 관계는 of 로 나타낸다. 특히 《美》에서는 이 경향이 강하지만, 《英》의 문어체에서는 both their … (= of both of them) 같은 표현도 보인다: It is *both* our fault (*or* faults). 그것은 우리 두 사람의 결점이다 / on *both their* leaving… 그들 두 사람의 출발에 임해서…. 《美》에서는 이 경우에도 *both of them* leaving 이라는 표현을 잘 쓴다.

― *conj.* 《both A and B 의 꼴로 상관 접속사》…도 … 도, ¶ *Both* men *and* women can vote. 남녀가 다 투표할 수 있다 (※ 이 경우는 both 를 대명사, 남녀를 명사를 동격으로 생각할 수도 있다) / It is *both* good *and* cheap. 그것은 품질도 좋고 가격도 싸다 / He is *both* tired *and* hungry. 그는 지치기도 하고 배고프기도 하다.

― **Usage**[^3] (1) both A and B 의 구문에서는 A 와 B 는 등가(等價) [상당 어구·절]로 하는 것이 바람직하다. 따라서 both in Korea and America 는 문법상으로는 both *in* Korea and *in* America 라 하든지 *in* both Korea and America 로 하는 쪽이 좋다. (2) 또한 셋 이상의 어구에 관해서도 both A and B and C …로

both·er [báðər / bɔ́ðə] *vt.* **1** …을 괴롭히다(annoy, worry), …을 귀찮게 하다, 성가시게 하다. ¶ *bother one's parents* 부모를 성가시게 하다 / She comes *bothering* me day after day. 그녀는 매일 치근치근하러 나를 찾아온다 // (~+圓+前+名) *bother* one's head (*or* oneself) *about something* …의 일로 골치를 앓다 / *bother a person with questions* 남에게 귀찮게 질문하여 괴롭히다 / *bother a person for money* 남에게 돈을 뜯어내다 / (~+圓+*to do*) He *bothers* me *to lend him money*. 그는 나에게 돈을 꾸어달라고 조른다.

類語 **bother** 당혹·걱정을 끼치거나, 일 따위의 방해를 하다. **annoy** bother 하여 일시적으로 초조하게 하다, 신경질나게 하다. **worry** 큰 불안·걱정을 끼치다. **vex** annoy 보다도 큰 폐·노여움·걱정 따위를 일으키게 하다. **tease** 끈질기게 귀찮게 하여 괴롭히다. **harass** 끊임없이 요구를 해대거나, 부담을 주어 몹시 난처하게 하다. **plague** 쉴새없이 신경질나게 하거나 괴롭히거나 난처하게 함을 뜻하는 센 말. **pester** 참을 수 없을만큼 귀찮게 괴롭히다. **tantalize** 자주 기대를 갖게 하다가 배신하여 애타게 하다.

2 …을 어리둥절하게 하다(confuse), 당황케 하다 (bewilder).
3 (주로 英) (가벼운 짜증·초조 따위를 나타내어) 제기랄!, 귀찮은 … 놈아! ¶ *Oh, bother* [*it*]! 에이, 지긋지긋해(괘씸하다)!; 빌어먹을! / *Oh, bother you*! 귀찮다! / *Bother the flies*! 파리떼 파리 새끼!

— *vi.* **1** 고민하다(trouble oneself), 근심하다, 심히 걱정하다(worry) (*about, with*…). ¶ (~+前+名) Don't *bother about* the expenses. 비용 걱정은 마라 / I have no time to *bother* with trifles. 사소한 일로 신경쓸(고민할) 틈이 없다. **2** 일부러 …하다, …하도록 애쓰다. ¶ (~+*to do*) Don't *bother to* fix a lunch for me. 나를 위해 일부러 도시락을 만들 것 없어요.   [러진.

hot and bothered (구어) 혼란한, 얽히고 설킨, 어질
— *n.* ⓤ ⓒ **1** 난처한 일, 고민거리(annoyance); 말썽(trouble), 걱정(worry). ¶ *a spot of bother* 약간의 고민거리 / I find him a *bother*. 그는 깨골치아픈 사나이다 / Quit your *bóther*! 걱정하지 마라! / A lazy boy is a *bother* to his teacher. 게으른 소년은 교사의 골칫거리다. **2** 소동(fuss), 옥신각신 (dispute). ¶ What's all this *bother* about? 무슨 일로 야단이냐? / I had a little *bother* with him about money. 돈 때문에 그와 약간 옥신각신했다.

both·er·a·tion [bàðəréi(ə)n / bɔ̀ð-] *interj.* 귀찮다!, 제기랄!. — *n.* ⓤ 귀찮게 하기, 성가심; 번거로움.
both·er·some [báðərsəm / bɔ́ð-] *adj.* 귀찮은, 번거로운, 성가신(troublesome).
both·ie [báθi / bɔ́θi] *n.* (스코) =bothy.
both·y [báθi / bɔ́θi] *n.* (*pl.* **both·ies**) (스코) 오두막 (특히 농장 노동자·노무자 등의 숙박소).
bo tree [bóu-] *n.* (인도의) 보리수 (낙엽 교목. 이 나무 아래서 석가가 도를 깨쳤다).
bot·ry·oi·dal [bàtrióidl/bɔ̀t-], (**bot·ry·oid** [bátriɔid / bɔ́t-]) *adj.* 포도송이 모양의, 포도상(狀)의.
bot·ry·ose [bátriòus/bɔ́t-] *adj.* =botryoidal.
Bot·swa·na [bɑtswá:nə / bɔts-] *n.* 아프리카 남부의 보츠와나 공화국.
bott [bɑt / bɔt] *n.* =bot.
‡**bot·tle**[¹] [bátl / bɔ́tl] *n.* **1** 병, 술병. ¶ *a vacuum bottle* 보온병 / *a bottle stopper* 병마개 / *a bottle opener* 병따개 / uncork *a bottle* 병마개를 뽑다. **2** 한 병의 양. ¶ *a bottle* of ink 잉크 한 병 / sell by the *bottle* 병으로 얼마씩 팔다 / drink *a* [*whole*] *bottle* of wine 포도주를 한 병 마시다. **3** 젖병(nursing bottle); (한 젖병의) 우유. ¶ bring up (*or* raise) a child on the *bottle* 아이를 [모유가 아니고] 우유로 키우다. **4** (the ~) 술, 알코올 음료. ¶ *a devotee of the bottle* 애주가 / *be addicted to the bottle* 술에 빠지다.
hit the bottle (속어) 술을 많이 마시다, 과음하다, 취*over a* (*or the*) *bottle* (술을) 마시면서. ¶ *talk over the bottle* 술을 마시면서 이야기하다.
put new wine into old bottles 새 포도주를 낡은 부대(병)에 담다, 어울리지 않는 짓을 하다, 엉뚱한 짓을 저지르다 [←마태 복음(Matt.) 9 : 17].

— *vt.* (**-tled, -tling**) **1** …을 병에 담다; (英) (야채나 과일)을 병조림하다. ¶ *bottle* beer 맥주를 병에 담다 / *bottle* fruit 과일을 병조림하다. **2** (英속어) (범인 따위)를 붙잡다(nab, catch).
Bottle it! (美속어) 닥쳐!, 조용히!, 그만!
bottle off (술 따위)를 통에서 병으로 옮겨 담다.
bottle up ① …을 병에 밀봉하다. ② (감정 따위)를 억누르다(restrain). ¶ *bottle up* one's anger 노여움을 억누르다. ③ …을 가두다(shut up), 포위하다.
bot·tle[²] [bátl / bɔ́tl] *n.* (英방언) (건초·짚의) 다발, 묶음(bundle).
look for a needle in a bottle of hay → NEEDLE.
bóttle báby *n.* 인공 영양아, 우유로 키운 아이.
bót·tle·brùsh [bátlbrλ̀ʃ / bɔ́t-] *n.* **1** 병 씻는 솔. **2** 꽃솔나무; 쇠뜨기(field horsetail) (오스트레일리아산 (産) 천인화과(天人花科)의 식물. 여름에 꽃이 핀다).
bóttle cáp *n.* (병의) 왕관, 마개.
bóttle clùb *n.* (美) 보틀 클럽 (자기가 마실 술을 사서 맡겨 두었다가 통상의 폐점 시각후에 가서 마시는 회원제 클럽).
bot·tled [bátld / bɔ́t-] *adj.* **1** 병조림의, 병에 든. ¶ *bottled* beer (fruit) 병맥주(병조림 과일) / *bottled gas* (용기에 든) 액화 가스. **2** (美속어) 술취한.
bot·tle-fed [bátlfèd / bɔ́t-] *adj.* 우유로 자란, 인공 영양의. *cf.* breast-fed
bot·tle-feed [bátlfì:d / bɔ́t-] *vt.* (**-fed** [-fed], **-feeding**) (젖먹이)를 인공 영양(분유)으로 기르다. *cf.* breast-feed
bóttle gláss *n.* ⓤ 병유리 (암록색의 조제품).
bóttle góurd *n.* 호리병박.   [(deep green).
bóttle gréen *n.* ⓤ (때로 a ~) 암록색, 진한 녹색
bot·tle·hold·er [bátlhòuldər / bɔ́t-] *n.* **1** 권투 선수를 돌봐주는 사람, 세컨드(second). **2** 후원자(supporter). **3** 병이 넘어지지 않도록 받치는 기구.
bóttle ímp *n.* 병 속에 갇힌 전설상의 작은 도깨비; (물을 넣은 작은 병 속에서 떴다 가라앉았다 하는) 부침(浮沈) 인형.
bot·tle·man [bátlmæ̀n / bɔ́t-] *n.* (*pl.* **-men** [-mèn]) (美속어) 주정뱅이 (상습자).
bot·tle·neck [bátlnèk / bɔ́t-] *n.* **1** 좁은 통로 (입구). **2** (진행의) 장애, 방해, 애로; 병목 현상. — *vt.* …을 방해하다. — *vi.* 장애가 되다.
bóttleneck inflàtion *n.* (경제) 보틀넥 인플레이션 (일부 산업에서, 생산 능력을 초월하는 수요의 증대로 말미암아 발생하는 물가 상승).
bot·tle·nose [bátlnòuz / bɔ́t-] *n.* =bottle-nosed dolphin.
bot·tle-nosed [bátlnòuzd / bɔ́t-] *adj.* 주먹코의, (술꾼 따위가) 빨간코가 부어오른.
bóttle-nósed dólphin *n.* 청백돌고래 (북대서양산 (産)으로, 병 모양의 큰 코를 가졌다).   [(회).
bóttle párty *n.* 각자가 술을 가지고 오는 파티 (연)
bóttle trèe *n.* (식물) 줄기가 병모양으로 볼록해지는 빈병나무속(屬) 나무의 속칭 (오스트레일리아 원산).
bot·tle-wash·er [bátlwàʃər / bɔ́tlwɔ̀ʃə] *n.* **1** 병 씻는 사람 (기구). **2** (英구어) 허드렛일꾼.
head cook and bottle-washer (일반적으로) 잡일꾼.
bot·tling [bátliŋ] *n.* ⓤ 병조림; 병에 담기.
‡**bot·tom** [bátəm / bɔ́t-] *n.* **1** 하부(下部); (산 따위의) 기슭, (나무의) 밑동, (페이지의) 아래 부분. *opp.*

bottom boards ... **bougie**

top. ¶ the *bottom* of a tree 나무의 밑둥 / at the *bottom* of a hill 언덕의 기슭에 / notes at (or of) the *bottom* of a page 각주(脚註).
2 아래쪽, [밑]바닥. ¶ the *bottom* of a cup 잔의 밑바닥 / a false *bottom* [용기의] 속임수로 높인 밑바닥.
3 물밑, 해저(海底), 호수밑(바닥). ¶ the *bottom* of the sea 해저 / the rocky (sandy) *bottom* 암초 바닥(모래 바닥) / go (send) to the *bottom* 가라앉다(가라앉히다).
4 (보통 ~s) 얕은 지대, (특히) 강가의 낮은 충적지 [(bottom land).
5 [항해] 선저(船底), [배의] 흘수선(吃水線) 밑부분, 선복(船腹); 선박; (특히) 화물선. ¶ a ship with double (flat) *bottom* 이중 바닥(평저(平底))으로 된 배 / in American *bottoms* 미국 배로.
6 [의자의] 앉는 부분(seat). ¶ This chair needs a new *bottom*. 이 의자는 앉는 자리를 새로 갈아야겠다.
7 (구어) 엉덩이(buttocks), 둔부. ¶ smack one's *bottom* 볼기를 때리다.
8 근저(根底) (basis); [생각 따위의] 기초; 근거, 원인. ¶ from the *bottom* of one's heart 마음 속으로부터 / The *bottom* of my trouble lay deeper. 내 고민의 원인은 더 깊은 곳에 있었다.
9 (드물게) 저력, 끈기, 내구력, 스태미너.
10 (~s) 파자마의 바지.
11 (주로 英) [후미·만·뜰 따위의] 안쪽, 깊숙한 곳; [길 따위의] 막다른 곳. ¶ at the *bottom* of the street 거리의 막다른 곳에.
12 [야구] a) [회(回)의] 말(末). *opp.* top b) 하위 타자, 7·8·9번 타자.
13 말석, [학급 따위의] 최하위, 꼴찌.
14 (英구어) [물을 타기 전에] 먼저 따른 술.
at [the] *bottom* 사실은, 근본의, 내심은. ¶ He is an honest man *at bottom*. 그는 근본은 정직한 사내이다.
at the *bottom* of ① …의 주요 원인(주모자)으로. ¶ Who is *at the bottom of* this case? 이 사건의 장본인은 누구냐? ② …의 밑바닥에. ¶ be *at the bottom of* Fortune's wheel 불운의 구렁텅이에 빠져 있다.
at the *bottom* of the deep blue sea 바다 밑 깊이, 익사하여.
***bottom* side upwards** (美구어) 거꾸로, 뒤집혀.
Bottoms up! (구어) 건배!
from the *bottom* up 처음부터, 당초부터 완전히.
get to the *bottom* of …의 진상을 규명하다, 철저하게 조사하다.
have no *bottom* 바닥을 알 수 없다, 한이 없다. ¶ His energy *has no bottom*. 그의 정력은 한이 없다.
knock the *bottom* out of ① …의 밑바닥을 빼다; (계획·학설 등)을 송두리째 뒤집어엎다. ② …을 쓸쩍 해버리다.
stand on one's own *bottom* 독립(자립)하다, L수다.
to the *bottom* ① 밑바닥까지. ¶ drain a cup *to the bottom* 잔을 다 비우다. ② 철저하게. ¶ examine a matter *to the bottom* 문제를 철저하게 조사하다.
touch *bottom* ① [물] 밑에 닿다; 좌초하다. ② [시세·값 따위가] 바닥에 이르다; (운명이) 밑바닥에 이르다. ③ 확실한 사실에 이르다(미치다). [다.
venture all in one *bottom* 모든 것을 이 한판에 걸다
— *vt.* **1** …에 바닥[부분]을 대다. ¶ *bottom* a shoe 구두에 창을 대다 / *bottom* a chair 의자에 시트(앉을 부분)를 대다. **2** (보통 수동형으로) …의 기초를 두다 (base), …을 근거로 삼다(found) (*on, upon*). ¶ His acts are *bottomed* upon solid belief. 그의 행동은 확고한 신념에 입각하고 있다. **3** …의 근본을 알아내다, 진상을 규명하다; (강 따위의) 깊이를 재다. ¶ a mystery that we can't *bottom* 진상을 알 수 없는 이상한 일 / *bottom* a river 강의 깊이를 재다. **4** [바다 따위의] 밑바닥에 닿다, [잠수함의] 해저에 앉다. — *vi.* **1** 의거하다, 근거로 삼다(*on, upon* ...). **2** 밑바닥에 다다르다, [물가 따위가] 바닥에 닿다(*out* ...).

— *adj.* (보통 한정용법) **1** 밑바닥의, 물밑(해저)의, 하부의; 최하위의. ¶ a *bottom* shelf 맨아래 선반 / the *bottom* price 최저 가격 / a *bottom* fish 해저에 사는 물고기 / come out *bottom* 꼴찌가 되다. **2** 근본적인. ¶ the *bottom* cause (idea) 근본 원인(이념). **3** 최후의.
bet one's *bottom* dollar 《美》마지막 한 푼을 걸다. ¶ You can *bet* your *bottom dollar* [that ...]. [...에] 있는 돈을 다 털어서 걸어도 괜찮다, [...은] 절대 확실하다.
bóttom bóards *n. pl.* [보트의] 바닥 널, 밑판.
bóttom dráwer *n.* 《英》 [옷장의] 맨밑 서랍 [처녀의 혼수감 따위를 넣어두는 곳]. *cf.* hope chest
bóttom géar *n.* ⓤ 《英》 [자동차 따위의] 최저속 장치(기어). *opp.* top gear
bot·tom·ing [bátəmiŋ / bɔ́t-] *n.* 초벌 염색; 구두 밑창 마무리 작업; [도로 포장의] 노반(路盤)용재 [자갈·쇄석
bóttom lànd *n.* 《美》 = bottom *n.* 4. [따위].
bot·tom·less [bátəmlis / bɔ́t-] *adj.* **1** 밑바닥이 없는; [의자 따위의] 앉는 부분이 없는. ¶ a *bottomless* dipper 밑빠진 국자. ㄴ르는 바다.
2 매우 깊은, 바닥 모를. ¶ a *bottomless* sea 깊이를 모 **3** 헤아릴 수 없는; 한없는, 끝없는 (unlimited). ¶ the *bottomless* pit 지옥, 무저갱(hell) / His charity seems *bottomless*. 그의 자애는 헤아릴 수 없이 깊은 것 같다.
4 [댄서 등이] 나체의, 누드의.
bóttom lìne *n.* (the ~) [기업이 작성한 결산 보고의] 마지막 숫자[순익 또는 순손실을 나타낸다]; (구어) [산출된] 순익, 순손실; (구어) [마지막] 결과, 결말, 총결산; (속어) 최종 결정, 결론; (속어) 가장 중요한 사항, 요점, 핵심; (속어) 중요한 시점; 전환점; [여성] 둔부의 선.
bot·tom-line [bátəmlàin / bɔ́t-] *adj.* 이해·득실만을 염두에 둔; 실리만 좇는, 현실주의적인; 본질적인, 긴요한.
bot·tom·most [bátəmmòust / bɔ́təmməst] *adj.* 최저의 (lowest); 밑바닥의; 가장 깊은; 가장 기본적인.
bot·try [bátəmri / bɔ́t-] *n.* (*pl.* **-ries**) [해상법] 선박 저당 대차 계약[선박 또는 적하를 담보하여 항해 비용을 빌어쓰는 계약].
bóttom-úp manágement [bátəmʌ́p / bɔ́t-] *n.* [경영] 하의상달식 경영, 하부로부터 경영 관리.
bot·u·lin [bátʃulin / bɔ́tju-] *n.* ⓤ 보툴린[보툴리누스균에서 나오는 신경 독소].
bot·u·li·nus [bàtʃuláinəs / bɔ̀rju-] *n.* 보툴리누스균.
bot·u·lism [bátʃulìz(ə)m / bɔ́tju-] *n.* ⓤ [병리] 보툴리누스 중독증[부패한 소시지·통조림 따위를 원인으로 발생하는 중독증, 신경 마비를 일으킨다].
bou-bou [búːbuː] *n.* 부부[아프리카 여러 나라의 길고 소매 없는 옷].
bou·clé, bou·cle [buːkléi] *n.* ⓤ 부클레 사(옷감); 매듭 모양으로 꼰 실; 그 실로 짠 옷감. 〈F〉
bou·doir [búːdwɑːr] *n.* 여성의 침실(거실). 〈F〉
bouf·fant [buːfɑ́ːnt] *adj.* [옷소매나 치마 따위가] 부푼, 볼록한, 헐렁한. ¶ a *bouffant* 머리 모양. 〈F〉
bouffe [búːf] *n.* (음악) 희가극(opera bouffe). 〈F〉
bou·gain·vil·lae·a [bùːɡənvíliə] *n.* 부겐빌레아 [분꽃과(科)의 열대성 덩굴 식물].
‡**bough** [bau] *n.* **1** [나무의] 가지; 큰 가지 (main branch). ⇨ BRANCH [類語] **2** (고어) 교수대 (gallows).
bóugh·pot [báupàt / -pɔ̀t] *n.* **1** 큰 꽃병 (jardinière).
2 《英방언》 꽃다발 (bouquet).
‡**bought** [bɔːt] *v.* buy의 과거·과거 분사.
bought·en [bɔ́ːtn] *adj.* (詩·방언)[집에서 만든 것이 아니고] 가게에서 산, 구입된(purchased, bought). *cf.* homemade
bou·gie [búː(d)ʒiː, +美 ─́ ─] *n.* **1** [의학] 부지[식도나 요도를 살피거나 넓히는 가느다란 기구], 소식자(消息子). **2** [약] 좌약 (suppository). **3** 양초 (wax candle).

bouil·la·baisse [bù:(l)jəbéis] *n.* ⓤⓒ 부야베스[프랑스, 특히 마르세유 명물인 생선 스튜] (rich fish-stew). 〔<F〕
bouil·li [bu:jí:] *n.* ⓤ 삶은 고기, 전 고기. 〔<F〕
bouil·lon [búljɑn / bú:jɔ:ŋ] *n.* ⓤ 부용[맑은 고기프(clear soup)의 일종]. 〔<F strong broth〕
Boul., boul. 《略》 boulevard.
boul·der [bóuldər], (**bowlder**) *n.* 둥근 돌, 호박돌 [cobblestone보다 큰 것].
boule [bu:l] *n.* 〔근대 그리스의〕 의회, 하원.
Bou·le [bú:li] *n.* 기운찬, 불굴의.
boul·e·vard [bú(:)ləvɑ:rd / bú:l(i)-] *n.* 가로수 길; 대로; 《美》 한길.
bou·le·var·dier [bù:ləvɑ:rdíər] *n.* 파리의 큰 거리를 배회하는〔카페 따위에 곧잘 출입하는〕 플레이보이〔일반적으로. man-about-town〕.
boult [boult] *vt.* 《廢》 =bolt².
boul·ter [bóultər] *n.* 주낙[많은 낚시를 단 절기고 긴 낚싯줄〕.
*****bounce** [bauns] *v.* (**bounced, bounc·ing**) — *vi.* **1** 〔공 따위가〕 튀다; 되튀다; 튀어오르다, 바운드하다; 뛰다, 도약하다(jump, leap). 〔(~+圖)〕 *bounce about* 껑충껑충 뛰어다니다 / *bounce up* 뛰어오르다 / The ball *bounced* back from the wall. 공이 벽에 맞고 튀어왔다 // 〔(~+前+图)〕 A car is *bouncing* along the rough road. 한 대의 차가 나쁜 길을 덜컹거리며 달리고 있다.
2 거칠게 뛰어나오다, 뛰어들다. 〔(~+前+图)〕 *bounce out of (into)* the room 방에서 뛰어나오다(방으로 뛰어들어가다).
3 《주로 英》 허풍치다(talk big), 자랑하다(boast).
4 《구어》 〔수표 등이 은행에서〕 부도가 되어 되돌아오다.
— *vt.* **1** …을 튀게 하다, 되튀게 하다. 〔 *bounce* a ball 공을 튀기다 // 〔(~+图+圖)〕 *bounce* a boy *up* and *down* 소년을 들어올려 내렸다 하다.
2 〔문 따위〕를 탕 닫다(slam). 〔 *bounce* the door 문을 탕 닫다.
3 《美俗》 〔갑자기〕 …을 해고하다(discharge), 내쫓다, 물리치다(reject). 〔(~+图+圖+图)〕 He was *bounced from* his job. 그는 해고당했다.
4 《구어》 …을 야단치다(scold). 〔 I was well *bounced* for my carelessness. 나는 부주의로 해서 호되게 야단맞았다.
5 《英》 억지로(다그쳐서) 〔남〕에게 …시키다. 〔(~+图+前+图)〕 *bounce* a person *into (out of)* doing 남을 위협하여 …하게(못하게) 하다 / *bounce* a person *out of* his money 남을 을러메어 돈을 뺏다 / He was *bounced into* yielding. 그는 협박당해 굴복하고 말았다.
bounce back 《구어》 〔타격·패배·병 따위에서〕 급속히 회복하다. ◇ *vi.* **1**.
— *n.* **1** 튐, 되튐(rebound), 바운드; 〔갑작스러운〕 뛰어 오름(spring), 도약(jump). 〔 catch a ball on the first *bounce* 공을 원 바운드로 잡다 / The carp gave a *bounce*. 잉어가 가볍게 뛰었 다 / She rose with a *bounce*. 그녀는 벌떡 일어섰다.
2 ⓤ 탄력(resilience). 〔 a ball with *bounce* 탄력 있 는 공.
3 ⓤ 활력, 바이탈리티, 생기(liveliness).
4 ⓤ 〔때로 a ~〕 《美소수》 허풍(swagger), 호세, 뻔뻔스러움, 건방짐(impudence). 〔 The whole story is a *bounce* of his own. 그 이야기는 모두 그의 허풍이다.
5 (the ~) 《美소수》 해고, 추방(expulsion); 각하 (rejection). 〔 get the *bounce* 해고되다 / give a person the *bounce* 남을 해고하다.
6 〔레이더 표시기에 비친 항공기나 파편의 크기의〕 변동. *on the bounce* ① 뛰어, 바운드하여. ② 《소수》 허풍을 떨고, 허세를 부리며.
— *adv.* 쿵하고, 쾅당; 별안간, 느닷없이(suddenly). 〔 come *bounce* against a person 남에게 쾅 부딪치다 / *Bounce* went the door. 문이 쾅하고 닫혔다.
◇ **bóuncy** *adj.*
bounced chéck *n.* 부도 수표(bad check).

bounc·er [báunsər] *n.* **1** 뛰는 사람, 뛰는 것. **2** 《美소수》 〔극장·댄스홀 따위의〕 경비원(《英소수》 chucker-out). **3** 〔같은 종류 중에서〕 유달리 큰 것, 거대한 것 (thumper). 〔 This pumpkin is a *bouncer*. 이 호박은 유달리 크다. **4** 《英소수》 허풍선이; 큰 허풍.
bounc·ing [báunsiŋ] *adj.* **1** 힘찬(stout, strong), 활기 있는(vigorous), 건강한(healthy). 〔 *bouncing* girls 팔팔한 소녀들. **2** 과대한(exaggerated); 큰(big). 〔 a *bouncing* lie 엄청난 거짓말.
bóuncing Béss *n.* =bouncing Bet.
bóuncing Bét *n.* 사포나리아(soapwort).
bounc·y [báunsi] *adj.* (**bounc·i·er, bounc·i·est**) **1** 쾌활한, 기운찬(lively). **2** 탄력 있는(resilient).
*****bound¹** [baund] *v.* bind의 과거·과거 분사.
— *adj.* (*** 1, 2, 3**의 뜻으로 복합어를 만드는 경우가 있다) **1** 장정(裝幀)이, …한 제본의. 〔 a *bound* book 장정한 책 / *bound* in leather (cloth) 가죽(크로스) 표지의.
2 묶인(tied), 〔주로 복합어를 만들어〕 …에 갇힌. 〔 a *bound* prisoner 묶인 죄수 / snow-*bound* 눈에 갇힌 / an ice-*bound* ship 얼음에 갇힌 배.
3 〔심리적으로〕속박된; …의 의무가 있는, …해야 하는 (obliged); 〔고용살이·도제(徒弟)등의〕계약중의. ⇒ BIND *vt.* 6. 〔 a love-*bound* heart 사랑에 사로잡힌 마음.
4 꼭 (sure). 〔 He is *bound* to lose. 그는 반드시 진다 / It is *bound* to happen. 반드시 그런 일이 생긴다.
5 《美소수》 〔…하려고〕결심하여 (determined). 〔 He is *bound* to have his way. 그는 제 고집대로 할 배짱 │ 이다.
be bound up in ⇒ BIND.
be bound up with ⇒ BIND.
*****bound²** [baund] *vi.* 〔사람이나 망아지 따위가〕 뛰다; 〔파도가〕 넘실거리다; 약진하다, 야동희하. ⇨ JUMP 類語
〔(~+圖)〕 *bound away* 뛰어서 가버리다 / *bound forward* 약진하다 / 〔(~+前+图)〕 *bound upon* a person 남에게 덤벼들다 / He *bounded into* fame. 그는 일약 유명해졌다 / The kid *bounded* about the pasture. 새끼 양이 목장 안을 뛰어다녔다 / The waves *bounded*. 파도가 춤을 추었다. **2** 튀다, 통기다(spring), 〔공이〕 바운드하다(bounce), 뛰어오르다(leap, jump). — *vt.* …을 뛰어오르게 하다. — *n.* 뛰어오름, 튐(spring), 도약(jump); 〔마음의〕 약동.
at (or with) a bound 단번에 뛰어, 일약.   〔어서.
by leaps and bounds 착착, 순조롭게, 경충경충 뛰
on the bound 〔공이 튀고 있는〕, 바운드하는. 〔 catch a ball *on the bound* 바운드한 공이 바운드될 때 잡다.
*****bound³** [baund] *n.* **1** (보통 ~s) 경계[선], 경계 지방, 변경(邊境) (borderland). ⇨ BORDER 類語 〔 the farthest *bounds* of ocean 대양의 아득한 끝 / *bounds* of heaven and earth 하늘과 땅의 경계. **2** (~s) 한도, 한계, 범위, 출입 허가 구역. 〔 be within (outside) the *bounds* of …의 범위 안(밖)에 있다 / beyond all *bounds* 한없이 / go beyond (or outside) the *bounds* of …의 범위를 넘다 / keep within *bounds* 한도를 넘지 않다 / know no *bounds* 한이 없다 / pass (or break) the *bounds* of a common sense 상식의 범위를 벗어나다 / put (or set) *bounds to* …을 제한하다 / It is within *bounds* to say that … 이라고 말해도 과언이 아니다 / There are no *bounds* to our desires. 욕망에는 한도가 없다.
beat the bounds 《英》 교구의 회계를 살피다.
out of bounds ① 공식적 영역 이외, 지정 구역 밖에서. cf. out-of-bounds 〔 The ball bounced *out of bounds*. 공은 장외로 나갔다. ② 《英》 금지되어 (prohibited); 〔학생·군인 등의 출입·외출〕허가 구역 밖의 (《美》 off limits).
— *vt.* **1** 경계를 긋다〔형성하다〕. ⇨ LIMIT 類語 〔 The country is *bounded* on three sides by the sea. 그 나라는 삼면이 바다로 둘러싸여 있다. **2** …을 제한하다

(limit). 억제하다(restrain). ¶ Our knowledge is *bounded* by our experience. 우리의 지식은 경험에 의하여 한정되어 있다 / We should *bound* our desires by reason. 우리는 욕망을 이성으로 억제해야 한다. —— *vi.* 경계를 접하다, 접경하다(*on ...*). ¶ (~+前+名) Germany *bounds* on France. 독일은 프랑스와 접경하고 있다.

‡**bound**⁴ [baund] *adj.* **1** …에 가려고 하는, …행의 (*for ...*). ¶ a ship *bound* for Inchon 인천행의 배 / a plane *bound* from London to Paris 런던에서 파리로 가는 비행기 / We were *bound* on a journey. 우리는 여행을 떠나기로 되어 있었다. **2** 《복합어를 만들어》 …행의. ¶ homeward-*bound* 귀항[중]의 / outward-*bound* 외국행의 / a north-*bound* ship 북쪽으로 가는 배.

bound·a·ry [báund(ə)ri] *n.* (*pl.* -ries) **1** 경계[선]. ⇒ BORDER 類語 ¶ the *boundary* line 경계선 / the *boundary* of a country 국경. **2** 한계, 범위(limit). ¶ enlarge the *boundaries* of one's knowledge 지식의 영역을 넓히다. **3** (크리켓) 경계선에 이르는 타격(히트).

bound·en [báundən] *adj.* **1** 《고어》 은혜를 입은, 신세를 진(obliged)(*to ...*). **2** 《영에서는 고어》 의무적인 (obligatory). ¶ one's *bounden* duty 피할 수 없는 의무, 본분.

bound·er [báundər] *n.* **1** 《주로 영구어》 상스러운 사내(cad), 벼락 부자(신사)(upstart). **2** 《영구어》 **a)** 4륜 마차(four-wheeled cab). **b)** =dogcart. **3** 《야구》 땅볼(grounder).

bound fórm *n.* 《문법》 구속 형태[seated의 -ed처럼 단독으로는 쓰이지 않으며 다른 언어 구조의 일부분으로서 기능을 하는 어형].

*****bound·less** [báundlis] *adj.* 한없는, 끝없는(unlimited), 무한한(infinite). ¶ a *boundless* ocean 가없는 대양 / His *boundless* greed made him unhappy. 끝없는 욕망 때문에 그는 불행해졌다. ~·ly *adv.* ~·ness *n.*

*****boun·te·ous** [báuntiəs, +英 -tjəs] *adj.* **1** 아낌없이 주는, 관대한(generous), 자비심이 많은. ¶ *bounteous* nature 관대한 성질. **2** 풍부한(abundant), 충분히 있는(plentiful). ¶ *bounteous* production (crop) 풍부한 산물(풍작). ~·ly *adv.* ~·ness *n.* ◊ boúnty *n.*

*****boun·ti·ful** [báuntifəl] *adj.* **1** 관대한(generous), 물건을 아까와하지 않는, 인심 좋은, 활수한. ¶ She is *bountiful* of gifts. 그녀는 아낌없이 선물한다. **2** 풍부한 (abundant), 충분한(ample). ¶ a *bountiful* supply of food for the refugees 피난민을 위한 충분한 식량 공급. ~·ly *adv.* ~·ness *n.*

*****boun·ty** [báunti] *n.* (*pl.* -ties) **1** ⓤ 관대, 너그러움 (liberality), 후한 마음(generosity), 자비심, 박애. ¶ live on the *bounty* of …의 선심으로 생활하다 / We are dependent on the *bounty* of Providence. 우리는 신의 은혜에 의지하고 있다. **2** 은혜로운 것, 은혜, 하사금[下賜金]. ¶ a handsome *bounty* 훌륭한 하사물 / the natural *bounty* 천혜(天惠). **3** 상여금(reward), 《정부의》장려금, 보조금, 하사금(gratuity). ¶ a *bounty* on exports 수출 장려금 / grant a *bounty* 보조금을 교부하다. ◊ boúnteous, boúntiful *adj.*

bóunty húnter *n.* 상금을 노리는 사냥꾼[상금을 타기 위해 범인이나 맹수를 잡는 사람].

bóunty júmper *n.* 《미》《남북 전쟁 때》 입대 장려금을 받고 탈주한 응모병.

*****bou·quet** [buːkéi →1 / bu(ː)-, ´-´] *n.* **1** (+美 bou-) 꽃다발(nosegay); 칭찬, 찬사(compliment). ¶ throw *bouquets* (美구어) 칭찬하다, 비행기 태우다. **3** 《술의》향기. **2** 《+英》 bunch, clump of trees)

bouquét garní [-gɑːrníː] *n.* (*pl.* bouquets garnis) 부케 가르니 《향미를 내기 위해 스튜나 수프 속에 넣는 파슬리·백리향·월계수잎 따위의 작은 묶음》. 〔<F〕

bouque·tiere [buk(ə)tjéər] *adj.* 《프랑스》 《요리》 야채를 곁들인.

Bour·bon [búərbən →3 / F burbɔ̃] *n.* **1** 《프랑스의》부르봉 왕가의 사람《* 부르봉 왕가는 프랑스에서 1589년부터 1792년까지 계속》. **2** 《경멸적》 극단적인 보수주의자. **3** [+bɔ́ːr-] (- (-) (=**bóurbon whískey**) ⓤ 버번 위스키[옥수수로 만든 위스키]. *원래 미국 Kentucky주 Bourbon에서 만들었다.

Bóurbon bíscuit *n.* 부르봉 비스킷[초콜릿 크림이 들어 있는 비스킷].

Bour·bon·ism [búərbənìz(ə)m] *n.* ⓤ **1** 《프랑스의》 부르봉 왕조(왕가) 지지. **2** 극단적인 보수주의.

bour·don [búərdn, +美 bɔ́ːr-, +英 bɔ́ː-] *n.* 《음악》 **1** 《백파이프 따위의》 저음관(低音管), [오르간의] 부르동 음전(音栓). **2** 저음(bass).

bourg [buərg] *n.* **1** 읍(邑) (town); 마을(village). **2** 《프랑스의》장이 서는 읍(market town). 〔<F〕

*****bour·geois**¹ [búərʒwɑ́ː, ´-´-] *n.* (*pl.* -geois) **1** 중산 계급의 사람. **2** 상공업자. **3** 유산자, 자본가 (capitalist), 부르주아. —— *adj.* **1** 중산 계급의. **2** 부르주아[근성]의. **3** 속된, 속물적인. 〔<F〕

bour·geois² [bərdʒɔ́is, ´-´] *n.* ⓤ 《인쇄》 버조이스 활자[9 포인트에 해당하는 활자 크기의 일종]. 〔<프랑스의 활자 제조업자의 이름〕

bour·geoise [búərʒwɑːz, -´] *n., adj.* bourgeois의 여성형.

bour·geoi·sie [bùərʒwɑːzíː] *n.* (*pl.* -sie) (the-) **1** 중산 계급. **2** 《무산 계급에 대하여》 유산 계급, 자본가 계급. *cf.* proletariat

bour·geon [bə́ːrdʒ(ə)n] *n., v.* =burgeon.

Bour·gogne [burgɔ́ɲ] *n.* Burgundy의 프랑스 명.

bourn¹, bourne¹ [buərn, +美 bɔːrn, +英 bɔːn] *n.* =burn².

bourn², bourne² [buərn, +美 bɔːrn, +英 bɔːn] *n.* **1** 《고어》 경계, 한계(limit). **2** 목적[지](goal, destination). **3** 영역(realm).

bour·rée [buréi] *n.* 부레[가보트(gavotte) 비슷한 옛 프랑스·스페인의 춤; 또는 그 곡]. 〔<F〕

Bourse, bourse [buərs] *n.* 《특히 파리의》증권 거래소. 〔<F〕

bou·stro·phe·don [bùːstrəfíːd(ə)n / baù-] *n.* ⓤ 부스트로페돈식 서법(書法)[행이 바뀔 때마다 좌우 번갈아 반대 방향으로 쓴 옛날의 서법]. —— *adj.* 부스트로페돈식 서법의. —— *adv.* 부스트로페돈식 서법으로.

*****bout** [baut] *n.* **1** 《특히 권투·펜싱·레슬링의》 시합, 승부. ¶ a boxing (a fencing) *bout* 권투(펜싱) 시합 / a 15-round *bout* 15회 전 / have a *bout* with a person 남과 시합하다 / win (lose) a *bout* 시합에서 이기다(지다). **2** 《일·동작 따위의》 한바탕, 한차례. ¶ a *bout* of work 한바탕의 일 / a drinking *bout* 주연(酒宴). **3** 《병의》 발작(fit); 《한차례의》 기간. ¶ a long *bout* of coughing 한바탕의 기침 / a long *bout* of illness 오랜 병환.

[*in*] *this bout* 《주로 英》 이 때에는, 이런 경우에는.

bou·tique [buːtíːk] *n.* 부티크[숙녀복 전문점]. 〔<F〕

bou·ti·quier [bùːtiːkjéi] *n.* 부티크의 주인, 부티크 경영자.

bou·ton·niere [bùːtənìər / bùːtənjɛ́ər] *n.* 《흔히 남자가》 단추 구멍에 꽂는 꽃[장식]. 〔<F〕

bouts-ri·més [bùːriːméi(z), ´-´-] *n. pl.* 《詩》 화운 (和韻)[주어진 운에 맞추어 시를 짓는 일]. 〔<F〕

bov-, bovi- cattle의 뜻의 연결형. *cf.* bovine.

bo·vate [bóuveit] *n.* 《옛날 영국의》 토지 면적의 단위.

bo·vid [bóuvid] *adj.* 《동물》 소과(科)의, 소과의 동물의.

bo·vine [bóuvain] *adj.* **1** 소과의. **2** 소같은. **3** 둔한, 느릿한(dull). —— *n.* 소과의 동물[소·양·염소 따위].

Bov·ril [bávril / bɔ́v-] *n.* 《종종 b-》 《英》 《상표명》 《수프 따위에 쓰는》 최고기 엑스(液).

bov·ver [bávər / bɔ́v-] *n., vi.* 길거리에서 싸움[을 하다].

bóvver bóot *n.* 《英속어》[싸움할 때 신는] 발길질용 구두.

bow¹ [bau] *vi.* **1** 허리를 구부리다, 절을 하다(make a bow), 인사하다. ¶ (~+前+名) *bow before* the King 왕 앞에서 머리를 숙이다 / The boy *bowed* to me. 그 소년은 내게 인사를 했다 // (~+副) *bow* [*down*] to the ground 머리가 땅에 닿도록 절을 하다.
2 굴복하다, 복종하다(submit, yield) (*to* ...). ¶ (~+前+名) *bow to* authority 권위에 복종하다 / *bow to* the inevitable 피할 수 없는 운명에 복종하다 / *bow to* necessity 가난에 굴복하다 / *bow to* a person's opinion 남의 의견에 따르다.
3 구부러지다(bend), 휘 다(stoop). ¶ The trees *bowed* low. 나무들이 땅 위로 낮게 늘어졌다.
— *vt.* **1** (허리)를 구부리다, (머리)를 숙이다. ¶ *bow* one's head in prayer 머리를 숙여 기도하다.
2 …을 굴복시키다, 복종시키다(submit). ¶ He was *bowed* by the force of circumstances. 그는 환경의 힘에 굴복했다.
3 (종종 수동형으로) …을 굽히다, …의 기를 꺾다, …을 풀이 죽게 하다(... *with*). ¶ (~+圓+副) be *bowed down with* care 근심으로 풀이 죽어 있다 / She is *bowed with* age. 그녀는 늙어서 허리가 굽어 있다 / The poor folk were *bowed down* by the calamity. 재난으로 그 불쌍한 사람들은 풀이 죽어 있었다.
4 (절을 하여) (감사의 뜻)을 나타내다. ¶ He *bowed* his thanks. 그는 감사하다고 절을 했다.
5 (인사하면서) …을 안내(인도)하다. ¶ (~+圓+副) *bow* a person *in* (*out*) 인사하며 남을 맞아 들이다(전송하다) / He *bowed* himself out of the room. 그는 인사를 하고 방에서 나갔다.
bow and scrape 한쪽 발을 뒤로 빼면서 정중하게 절하다; 굽실굽실하다.
— *n.* 절, 인사. ¶ a courteous *bow* 예의 바른 인사 / with a low *bow* 공손히 절을 하며 / return a *bow* 답례하다 / exchange *bows* 서로 인사를 주고 받다 / She made a very polite *bow* to me. 그녀는 아주 공손하게 내게 인사를 했다.
make one's bow (예인인·정치인 등이) 첫선을 보이다; 절을 하고 퇴장하다. ¶ He made his first *bow* in this theater. 그는 이 극장에서 첫무대를 밟았다.
take a bow (군중 앞에 나아가거나 멈춰서거나 하며) 갈채를 받다, 인사받다.
‡**bow**² [bou] *n.* **1** 활. ¶ a *bow* and arrows 활과 화살 / draw (*or* bend) a *bow* 활을 당기다 / string a *bow* 활에 시위를 먹이다 / bend a *bow* 활을 당겨 힘껏 켜기. ¶ a violin *bow* 바이올린의 활. **3** 굽은 곳(bend), 곡선(curve). ¶ a *bow* in a road 도로의 굽은 곳. **4** 활 모양의 것(부분), 궁형의 것(물건) (saddlebow); 무지개(rainbow);《美》(안경의) 테 (temple). **5** (리본 따위의) 나비 매듭(bowknot), 나비 넥타이(bow tie). ¶ tie a ribbon in a *bow* 리본을 나비 매듭으로 매다. **6**《英》(활 모양의) 내달이 창(bow window). **7** (활의) 사수, 궁수(archer, bowman). ¶ William Tell was the best *bow* in the district. 윌리엄 텔은 그 지방에서 첫째가는 궁수였다.
bring a person to one's bow 남을 마음대로 부리다.
draw a bow at a venture ① 함부로 활을 당기다. ② 어림짐작을 하다.
draw (*or* bend) *the* (*or* a) *long bow* 허풍치다, 큰소리치다, …장하다.
have two (*or* many) *strings to* one's *bow* ① 단 한 가지 계획이나 수단뿐만 아니라, 다른 계책도 있다. ② 다재다능하다.
— *adj.* (활처럼)굽은, 활모양의. ¶ *bow* legs 안짱다리. — *vt., vi.* 활처럼 꾸부리다(굽다); (현악기의) 활을 쓰다.
*****bow**³ [bau] *n.* **1** (보통 ~s) 이물, 선수(*cf.* stern);[비행기의] 기수. ¶ on the starboard *bow* 우현 이물쪽에. **2** (보트의) 앞에, 앞으로 젓는 사람(bowman).
bows on (이물을 목표로 돌려서) 곧장, 일직선으로. ¶ The steamer approached us *bows on*. 기선이 선수를 이쪽으로 돌리고 다가왔다. 「하여.
bows under 이물에 파도를 뒤집어쓰면서, 난항(難航) *on the bow* 이물쪽으로, 정면에서 좌우 45°이내에.
bow-arm [bóuɑ̀ːrm] *n.* **1** 활을 잡는 팔, 왼팔. **2** [악기의] 활을 잡는 팔[오른팔].
Bów bélls [bóu-] *n. pl.* 영국 London의 East End에 있는 St. Mary-le-Bow Church의 종(* 이 종소리가 들리는 곳에서 태어난 사람을 런던 본토박이(Cockney)라고 했다).
within the sound of Bow bells 런던시 중심에서.
bów chàser [báu-] *n.* 함수포(艦首砲), 추격포.
bów còmpass [bóu-] *n.*【製圖】스프링 콤파스.
bowd·ler·ism [bóudlərìz(ə)m / báud-] *n.* ⓤⓒ 바우들러주의[서적에서 온당치 못한 것을 삭제·정정하는 일].〔<1818에 Shakespeare의 삭제판을 출판한 의사 Thomas Bowdler(1754-1825)의 이름〕
bowd·ler·i·za·tion [bòudləraizéiʃ(ə)n / bàudlərai-] *n.* ⓤ (불온한 부분의) 삭제 정정(expurgation).
bowd·ler·ize [bóudləràiz / báud-] (《英》에서는 **bowd·ler·ise**로도 쓴다) *vt.* (**-ized, -iz·ing**) (서적의 불온한 부분)을 삭제 정정하다.
bow·drill [bóudrìl] *n.* 활송곳[활의 탄력을 응용한 것으로 구멍을 일으키는 데도 쓴다].
bowed [baud] *adj.*〔무게 때문에〕휜, 굽은, (늙어서) 허리가 굽은. ¶ She is now old and *bowed*. 그녀는 지금 늙어서 허리가 구부러졌다.
‡**bow·el** [báuəl, baul] *n.*〔해부〕장(腸) (의 일부); (보통 ~s) 장(전체) (intestines), 내장, 창자(entrails). ¶ the large *bowel* 대장 / the small *bowel* 소장 / empty (*or* evacuate) the *bowels* 변이 잘 나오게 하다 / move one's *bowels* 변이 잘 나오다 / have loose *bowels* 설사하다. **2** (보통 ~s) 내부, 중심부(interior parts). ¶ *bowels* deep in the bowels of the earth 땅속 깊이. **3** (~s) (고어) [연민의 정이 깃드는 곳에서] 창자; 연민, 동정, 인정(pity, compassion). ¶ *bowels* of mercy 자비심 / You have no *bowels*. 너는 인정이 없다.
— *vt.* (**-eled, -el·ing**;《英》**-elled, -el·ling**) …의 창자를 빼내다(disembowel). 「(feces).
bówel mòvement *n.* **1** 변통(便通). **2** 배설물, 똥
bow·er¹ [báuər] *n.* **1** 나무 그늘의 휴식처(arbor), 정자; 나무 그늘. **2** 시골집(rustic dwelling). **3** 〔중세의〕성 내부의 부인의 내실(boudoir). — *vt.* …을 나뭇잎이나 가지로 덮다, 나무 그늘에 숨기다.
bow·er² [báuər] *n.* 허리를 굽히는 사람, 머리를 숙이는 사람; 아래를 향하고 있는 것.
bow·er³ [bóuər] *n.*〔음악〕현악기 주자.
bow·er⁴ [báuər], [bówer ànchor] *n.* 이물닻[이물의 양쪽 뱃전에 있는 것으로 정박할 때 늘 쓰는 큰 닻].
bow·er·bird [báuərbə̀ːrd] *n.* 풍조과(風鳥科)의 새〔조가비 따위로 정자 비슷한 것을 만들어 암컷을 끄는 호주·뉴기니아산(産)의 새〕.
bow·ered [báuərd] *adj.* =bowery¹.
bow·er·y¹ [báu(ə)ri / báuəri] *adj.* 나무 그늘의 휴식처 같은, 나무 그늘이 많은(shady). ¶ a *bowery* maze 나뭇잎이 무성한 미로(迷路).
bow·er·y² [báu(ə)ri / báuəri] *n.* (*pl.* -**er·ies**) **1** (New York 부근의) 네덜란드 이민 농장. **2** (the B-) [New York 시의] 바워리 거리〔싸구려 술집·하숙이나 떠돌이로 유명〕.
bow·fin [bóufìn] *n.* 아미아(북미산(産)) 육식 경린어(硬鱗魚)의 일종).
bów hánd [bóu-] *n.* **1**〔弓術〕활을 잡는 손〔보통 왼손〕. **2**〔음악〕〔악기의〕활을 쥐는 손〔보통 오른손〕. [*wide*] *on the bow hand* 아주 빗나가서.
bow·head [bóuhèd] *n.*〔동물〕〔북빙양산(産)의〕북극고래(Greenland whale) 〔큰 것은 길이 15미터에 이른다. 등에 큰 혹이 있다〕.
bów·ie knìfe [bóui-, 美 búːi-] *n.* 보위의 칼〔길이 38센티 정도의 날이 한쪽에 있는 단도, 사냥용〕.〔<고

안자인 미국의 개척자 Colonel James Bowie(1799?-1836)의 이름].
Bówie Státe n. (the ~)미국 Arkansas주의 별칭.
bow·ing¹ [bóuiŋ] n. ⓤ(음악)[바이올린 따위의 악기의] 활 쓰는 법, 운궁법(運弓法).
bow·ing² [báuiŋ] adj. 절을 하는; 휘어지는. ¶ a *bowing* acquaintance 가볍게 인사를 주고받는 사이, 조금 아는 사이. — n. ⓤ 절하기.
bów ìnstrument [bóu-] n. (음악) 활로 켜는 현악기.
bów·knot [bóunɑ̀t / -nɔ̀t, ´-`] n. (리본 따위의) 나비매듭, 나비형 리본.

‡**bowl**¹ [boul] n. **1** 주발, 사발, 공기. ¶ a sugar *bowl* 설탕 그릇. **2** 한 주발의 양. ¶ a *bowl* of soup (milk) 수프(밀크) 한 그릇. **3** 큰 술잔(goblet). ¶ a flowing *bowl* 철철 넘치는 큰 잔. **4** 주연(酒宴). ¶ the gay *bowl* 유쾌한 술자리 / over the *bowl* 술자리에서, 술을 마시면서. **5** 주발처럼 오목한 곳; (파이프의) 대통; (숟가락의) 오목한 곳(hollow). **6** 미식 축구 경기장, 스타디움(stadium). **7** (美)[시즌이 끝난 후 최상위 팀간의] 미식 축구 시합(bowl game). **8** (인쇄) [a, d 따위의] 활자의 둥근 부분. — vt. (극장·스타디움의 마루 따위)에 주발 모양의 경사를 만들다.

bowl² [boul] n. **1** (볼링(bowling) 따위의) 공; (잔디 볼링(lawn bowling)용(用)의 편충(偏重) (bias)을 둔) 나무공. **2** [bowling의]투구(投球), 한번 던지기, **3** (~s) = lawn bowling.
— vi. **1** 볼링을 하다. [볼링·크리켓] 투구하다. **3** [거침 없이 빨리] 미끄러지다. [차 따위가] 미끄러지듯이 달리다. ¶ The car *bowled* down the road. 그 차는 미끄러지듯이 달려갔다.
— vt. **1** (볼링·크리켓)(공)을 굴리다(던지다), 투구하다. **2** (볼링) (핀(pin))을 쓰러뜨리다; (득점·성적)을 올리다, 거두다. ¶ I *bowl* a good game 좋은 득점을 하다 / Today I *bowled* 160. 오늘은 160점을 얻었다. **3** (크리켓)(투구하여)(타자)를 아웃시키다(…out).
bowl out (구어) 대답할 수 없는 질문을 하다.
bowl over (구어) ① …을 때려 눕히다. ② …을 놀라게 하다, 당황하게 하다. ¶ They were *bowled over* by the news. 그 소식을 듣고 그들은 몹시 놀랐다.

bowl·der [bóuldər] n. = boulder.
bow·leg [bóulèg] n. (병리) **1** 내반슬(內反膝), O자형 다리. **2** 앙가발이. *cf.* knock-knee
bow·leg·ged [bóulèg(i)d] adj. 앙가발이의.
bowl·er¹ [bóulər] n. (= bówler hàt)(英) 중산모자(美) derby).
bowl·er² [bóulər] n. **1** 공을 굴리는 사람, (볼링의) 보울러. **2** (크리켓) 투구자, 투수.
bowl·ful [bóulfùl] n. 주발(사발, 공기) 하나 가득.
bow·line [bóulin, +美 -làin] n. (= bówline knòt) 고리 매듭(맛줄 매는 방법의 일종). **2** 돛을 팽팽하게 하는 밧줄. —[붙어오는 쪽으로 펴고,
on a bowline [맞바람을 받고 갈 수 있도록]돛을 바람

*bowl·ing [bóuliŋ] n. ⓤ **1** 볼링. **2** (美·캐나다) tenpins의 경기.
bówling álley n. 볼링의 레인(공이 굴러가는 주로(走路)). **2** (~s) 볼링장.
bówling créase n. (크리켓) 투수선(投手線).
bówling grèen n. 잔디 볼링장.
bowl·like [bóullàik] adj. 사발(공기) 모양의.
bow·man¹ [bóumən] n. (*pl.* -**men** [-mən]) (활의) 사수, 궁술가(archer).
bow·man² [báumən] n. (*pl.* -**men** [-mən]) (항해) (보트의) 앞 노를 젓는 사람.
bów nèt [bóu-] n. **1** (특히 매 잡는 데 쓰는) 새잡이 그물. **2** [가지를 엮어 만든] 왕새우(lobster) 잡는 바구니.
bów òar [báu-] n. = bow³ 2.

bów pèn [bóu-] n. (製圖) 오구(烏口)가 있는 스프링 콤파스(bow compass).
bów sàw [bóu-] n. 활톱, 실톱
bow·ser [báuzər] n. **1** (英) [비행기의] 급유차. **2** (濠·뉴질랜드) (급유소의) 급유 펌프.
bow·shot [bóuʃɑ̀t/-ʃɔ̀t] n. ⓤ (활의)사정(射程) [거리].
bow·sprit [báusprit,
bóu-] n. (항해)제 1 사장(斜檣)[이물에서 앞으로 돌출된 둥근 재목].
Bów Strèet [bóu-] n. 보우가(街) [영국 London의 수도 경찰법원의 소재지]. ¶ a *Bow Street* runner (*or* officer) 보우 경찰의 형사(경관); (英역사) [특히 19세기 초의] 런던의 범죄자 체포 담당 경관.

[bowsprit]

bow·string [bóustrìŋ] n. **1** 활시위. **2** [터키의] 교수용 밧줄. — vt. (-**stringed** or **-strung**, **-stringing**) [활시위나 끈 따위로] …을 목졸라 죽이다.
bówstring brìdge n. (현악기의 현을 받치는) 기러기 발.
bów thrùster [báu-] n. (선수(船首)) 추진기.
bów tìe [bóu-] n. 나비 넥타이; 나비 매듭.
bów wàve [báu-] n. **1** (우주·천문) 두부파(頭部波) [태양풍과 행성 자장(磁場)의 상호 작용에 의해 행성간 공간에서 항상 일어나고 있는 충격파]. **2** (로켓) 두부파[우주선이 대기에 재돌입할 때 일시적으로 발생하는 굽은 충격파].
bów wìndow [bóu-] n. **1** (활 모양의) 내닫이 창. **2** (속어) 장구통 배, 올챙이 배.
bow·win·dowed [bóuwìndoud] adj. **1** (활 모양의) 내닫이 창이 있는. **2** (속어) 장구통 배의(big-bellied).
*bow-wow [báuwáu-] n. **1** 개 짖는 소리. **2** (의성어) 멍멍. **3** (어린이말) 개, 멍멍(dog). **4** (~s) 파멸, 영락. ¶ go to the *bowwows* 파멸하다, 영락하다 / He is headed for the *bowwows*. 그는 파멸해 가고 있다.
the bowwow style 독선적인 말투(글투).
— vi. 멍멍 짖다(bark).
bow·yer [bóujər] n. 활 만드는 사람.

‡**box**¹ [baks / bɔks] n. **1** 상자; 돈궤. ¶ a wooden *box* 나무 상자. **2** 한 상자(의 용량) (boxful). ¶ a *box* of candy 캔디 한 상자. **3** 선물 상자; 선물; (英) 크리스마스 선물. **4** [극장 따위의] 한 상자 좌석 (box seat); 특등석; [법정의] 배심원석 (jury box), 증인석 (witness box); (야구) 디저 (투수, 코치)석. ¶ a family *box* 가족석 / the Royal *Box* 로열 박스. **5** (마차의) 마부석, [탈 것의] 운전석. ¶ mount the *box* 마부석에 오르다. **6** (화차 내부의) 한 구획, 칸간. **7** 작은 집; 오두막집; 초소 (sentry box); 파출소 (police box); 신호소 (signal box); (美) 사냥할 때 기거하는 오막. ¶ a shooting (*or* a hunting) *box* 사냥용 오막 / a fishing *box* 낚시용 오막. **8** [신문·잡지의] 테두리 친 기사, 박스 기사; 박스 기사의 테두리. **9** (英) 여행용 트렁크. **10** (기계) 축받이통; [창의] 두겹닫이; 벽장. **11** (속어) 사서함 (post-office box). **12** (美속어) 여성의 성기. **13** (속어) 텔레비전; 축음기 (phonograph).
a box and needle 나침반.
go home in a box 죽다, 살해되다.
in a tight (*or a bad, a hot*) *box* 궁지에 빠져, 난처하여 되어.
in the same box 같은 괴로운(난처한) 입장에서.
in the wrong box 장소를 잘못 알고, 중오하여.
a little box of a place 상자처럼 좁은 곳.
— vt. **1** …을 상자에 넣다(채우다). **2** …에 상자를 달다. **3** …을 [좁은 곳에] 가두다; *box up* ① *box up* a person in a small room 남을 좁은 곳에 가두다.
box in ① …을 상자에 넣다. ② (다른 주자)의 진로를 가로막다. ③ (적·경쟁 상대)를 몰아넣다, 포위하다.

box off ① …을 칸막이하다. ② 〔배〕의 선수를 돌리다.
box the compass ⇨ COMPASS.
◇ **bóxy** adj.

box² [baks / bɔks] n. (주먹·손바닥의) 일격, 따귀(slap). ¶ give a person a *box* on the ear 남의 따귀를 때리다. ── vt. (귀·뺨)을 손바닥(주먹)으로 때리다, …과 권투하다. ⇨ BEAT 類語 ── vi. 권투하다; 프로 권투 선수가 되다. ¶ Jim has *boxed* since he was only 10. 짐은 겨우 열 살 때부터 권투를 해왔다.

box clever (英구어) 빈틈없이 굴다.

box³ [baks / bɔks] n. 1 회양목. 2 [U] BOXTREE. 2 [U] 회양목 재목. ⇨ BOXWOOD 1.

Box and Cóx [báks(ə)n(d)káks / bɔ́ks(ə)n(d)-kɔ́ks] n. (복스씨와 콕스씨처럼) 한 가지 역할을 번갈아 하는 두 사람. 〔<J.M. Morton 작 동명의 희극〕

bóx bàrrage n. (군사) 대공 십자포화.

bóx bèd n. 1 상자형 침대. 2 접을 수 있는 상자형 침대.

bóx·bòard [báksbɔ̀ːrd] n. 상자를 만드는 데 쓰는 튼튼한 판지.

bóx cálf n.[U] 복스 가죽〔제화용의 무두질한 송아지 가죽〕.

bóx cámera n. 초기의 고정 초점식의 상자형 카메라.

bóx cànyon n. (美서부) 양쪽이 절벽인 깊은 협곡.

box-car [bákskɑ̀ːr / bɔ́ks-] n. 1 〔철도〕 유개 화차. 2 (~s)〔종종 단수 취급〕 주사위 내기에서 주사위 2개가 다 6이 나오기.

bóx clòth n. 얇은 갈색의 두꺼운 멜톤 나사(羅紗).

bóx còat n. 1 박스형 코트〔어깨 부분이 네모져서 전체가 상자 같은 느낌을 주는 여자용 코트〕. 2 〔마부용〕 두꺼운 외투.

bóx dràin n. 교차하는 부분이 상자형인 하수구.

bóx élder n. 〔북미산(産)〕 네군도단풍.

box·en [báksn / bɔ́ks-] (고어) 회양목〔재목〕.

***box·er** [báksər / bɔ́ksə] n. 1 권투선수. 2 복서개〔독·테리어 비슷한 중간 크기의 개〕.

Box·er [báksər / bɔ́ksə] n. (the ~s) (중국의) 의화단(義和團), 권비(拳匪). ¶ the *Boxer* Rebellion (or Trouble) 의화단 사건[1900년].

bóxer shòrts n. pl. 복서 쇼츠〔권투 선수가 입는 것 같은 허리가 고무줄로 된 헐거운 반바지로, 남녀용 및 어린이용의 있다〕.

bóx·ful [báksfùl / bɔ́ks-] n. 한 상자 가득〔한 분량〕.

bóx·haul [bákshɔ̀ːl / bɔ́ks-] vt. 〔항해〕 (선수)를 바람 불어가는 쪽으로 돌리고 그 자리에서 새로운 침로로 선수(船首)를 돌리다.

bóx·hòld·er [bákshòuldər / bɔ́ks-] n. 1 (극장·경마장 등에서의) 칸막이 관람석의 관람객. 2 사서함 소유자.

box·ing¹ [báksiŋ / bɔ́ks-] n. [U] 1 상자 만드는 재료. 2 창틀(casing), 〔창문의〕 두껍닫이. 3 상자에 넣기.

‡**box·ing**² [báksiŋ / bɔ́ks-] n. [U] 복싱, 권투(pugilism). ¶ a *boxing* match 권투 시합.

Bóxing Dày n. 크리스마스 선물주는 날〔보통 12월 26일, 그 날이 일요일이면 그 다음날. 고용인·우편 배달부에게 Christmas box를 선물한다〕.

bóxing glòve n. 권투 글러브.

bóxing kìte n. = box kite.

bóxing rìng n. 복싱 링.

bóxing wèights n. 권투선수의 체중에 의한 등급. * 무거운 차례로 heavy, light heavy, middle, welter, light, feather, bantam, fly.

bóx ìron n. 〔속에 석탄 따위를 넣고 쓰는〕 상자형 다리미.

bóx jùnction n. (英) 황색 선을 그은 정차가 금지된 교차로〔앞이 막혀 있을 때는 진입신호가 있어도 나가지 못한다〕.

box·keep·er [bákskìːpər / bɔ́ks-] n. 〔극장의〕 지정 칸막이 관람석 담당원.

bóx kìte n. 상자형 연〔주로 기상 관측용〕.

bóx lòbby n. 〔극장의〕 특별석에 딸린 복도.

bóx lùnch n. (美) 〔특히 주문 판매하는〕 샌드위치·프라이드·과일 따위를 넣는 도시락.

bóx nùmber n. (英) 사서함 번호; (신문의) 광고 회신용 번호〔신분을 밝히지 않는 광고주의 주소 대신에 광고에 적힌 회신용 번호〕.

bóx òffice n. 1 〔극장 따위의〕 매표소. 2 [U] 〔극장 따위의〕 수익, 매상, 매표고〔연극 따위의〕 인기. ¶ This show will be good *box office*. 이 쇼는 인기를 끌 것이다.

box-of·fice [báksɔ̀ːfis, -ɑ̀fis / bɔ́ksɔ̀fis] adj. 1 〔극장 따위의〕 매표소의. 2 〔예능인·흥행물 등이〕 크게 인기를 끈, 대성공한. ¶ a *box-office* hit (or success) 대성공, 대히트.

bóx plèat(plàit) n. 〔스커트 따위의〕 상자형 겹주름.

bóx scòre n. 〔야구〕 복스 스코어〔두 팀의 선수 전원의 이름과 각 선수의 안타·득점·실책 따위를 기록한 표〕.

bóx sèat n. 〔극장의〕 복스석. ¶ 파티.

bóx sòcial n. (美) 〔모금을 위한〕 box lunch 경매.

bóx stàll n. (美) 〔마구간·외양간 따위의〕 칸막이.

bóx sùpper n. (美) 상자 도시락(box lunch)을 팔아 자금을 모으는 자선 단체·교회 주최의 파티.

bóx-tree [bákstriː / bɔ́ks-] n. 회양목. ⇨ BOX³.

bóx-úp [báksʌ̀p / bɔ́ks-] n. (濠) 양떼들의 뒤섞임; 혼란.

bóx wàgon n. (英) =boxcar 1.

bóx·wòod [bákswùd / bɔ́ks-] n. 1 [U] 회양목의 재목. ⇨ BOX³. 2 복스 모나.

box·y [báksi / bɔ́ksi] adj. (**box·i·er, box·i·est**) 상자 모양의.

‡**boy** [bɔi] n. 1 소년, 사내 아이〔* 특히 18세 미만의 남자를 말한다〕, (구어) 아들(son). *cf.* girl 1. ¶ a *boy* wonder 신동(神童) / her eldest *boy* 그녀의 장남. 2 어린애 같은 남자, 유치한 사내, 단순한 남자. ¶ He is quite a *boy* in his actions. 그의 행동은 마치 어린애 같다. 3 젊은이, 청년(youth). ¶ a *boy* scientist 청년 과학자. 4 남학생. ¶ a college *boy* 〔남자〕 대학생 / an old *boy* 〔남성〕 동창생. 5 친근감을 담아 너석, 놈(fellow, chap). ¶ a nice *boy* 좋은 녀석 / Cheer up, old *boy*! 야, 힘내라! / How's my little *boy*? 어떻게 지내고 있니? 6 (the ~s) 한 집안·단체의 아들들, 남자들. 그의 친구. ¶ The *boys* at the office 사무실의 남자들. 7 급사, 사환. ¶ a messenger *boy* 사환 / a stable *boy* 마구간지기, 말구종. 8 〔항해〕 견습 선원(어부).

a boy in buttons 급사, 보이.

── *interj.* (구어) 아아!, 정말!, 멋지다!, 물론! 〔즐거움·놀람·감탄의 뜻을 나타낸다〕. * Oh, *boy*!로도 쓴다.
◇ **bóyish** adj.

boy-and-girl [bɔ́iən(d)gə́ːrl] adj. 소년소녀의, 연애의.

bo·yar [boujɑ́ːr, bɔ́iər] n. 1 〔러시아 역사〕 (옛날의) 귀족. 2 〔루마니아의 옛날의〕 특권 계급의 사람.

*****boy·cott** [bɔ́ikɑt / -kɔt, -kɔt] vt. 공동으로…을 거절하다; 불매 동맹을 맺이다; …을 사지 않다(다루지 않다); (남)을 배척하다, 보이콧하다. ¶ *boycott* a person 남을 배척하다 / *boycott* a commercial product 상품을 보이콧하다. ── n. [C,U] 불매 동맹, 거래 거부. ¶ economic *boycott* 경제적 불매 동맹 / declare a *boycott* against …에 대하여 불매 동맹을 선언하다. 〔<1880년 소작인들에게 보이콧을 당한 아일랜드의 토지 관리인 Charles Boycott의 이름〕.

‡**boy·friend** [bɔ́ifrènd] n. (구어) (여자의) 남자 친구, 애인, 연인; 보이 프렌드.

‡**boy·hood** [bɔ́ihùd] n. [U] 1 소년 시대, 소년기. 2 〔집합적〕 소년들, 소년 사회.

boy·hus·band [bɔ́ihʌ̀zbənd] n. 나이가 적은 남편.

*****boy·ish** [bɔ́iiʃ] adj. 소년의, 소년다운; 젊은; 쾌활한 남자의〔여자아이의〕. 사내 같은. ~**ly** adv. ~**ness** n.

boy-meets-girl [bɔ́imìːtsgə́ːrl] adj. 로맨스나 이야기 따위가 판에 박힌, 진부한.

*****bóy scòut** n. 보이 스카우트 단원〔1908년 영국에서 창립되어 그 후 전세계에 보급된 소년단(the Boy Scouts)의 단원〕.

Bóy Scóuts *n., pl.* (보통 the ~) 보이 스카우트. *cf.* Girl Scouts 〔보이젠베리〕〔나무딸기의 일종〕.

boy·sen·ber·ry [bɔ́iznbèri/-znb(ə)ri] *n.* (*pl.* **-ries**)

boy's-love [bɔ́izlʌ̀v] *n.* 쑥의 일종(southernwood).

Bóys Tówn *n.* 소년의 거리[Father Edward J. Flanagan (1886-1948) 이 1918년 미국 Nebraska 주 Omaha 시 교외에 건설; 고아·불량아의 수용소가 있다].

bo·zo [bóuzou] *n.* (*pl.* **-zos**) 〔美속어〕 녀석, 사나이 (fellow, guy), 힘깨나 세고 좀 모자라는 사나이.

bp. (略) baptized; birthplace; bishop.

b / p (略) blueprint.

Bp. (略) bishop.

b.p. (略) below proof(알코올 음료의 표준 강도 이하); bill of parcels(적하(積荷) 명세서); 〔상업〕 bills payable(지불어음) (B/P);〔물리·화학〕 boiling point.

BP (略) beautiful people; Black Panther.

B.P. (略) Bachelor of Pharmacy; Bachelor of Philosophy; blood pressure; British Petroleum(영국 석유 회사); British Pharmacopoeia; British Public.

B. Pd., B. Pe. (略) Bachelor of Pedagogy.

B.P.E. (略) Bachelor of Physical Education.

B.Pharm (略) Bachelor of Pharmacy.

B. Phil., B. Ph. (略) Bachelor of Philosophy.

bpi (略)〔컴퓨터〕 bits per inch[비트(바이트) / 인치(자기(磁氣) 테이프 따위의 기록 밀도의 단위; 인치당의 집록(集錄) 비트(바이트)수].

bpl. (略) birthplace.

BPO (略) British Post Office(영국 우편 공사).

B.P.O.E. (略) Benevolent and Protective Order of Elks (엘크스 자선 보호회).

BPS (略)〔컴퓨터〕 bits per second (초당 비트수[회선 (回線) 따위의 정보 전달 속도의 단위].

b. pt. (略) boiling point(비등점).

B.P.W. (略) Board of Public Works; Business and Professional Women's Clubs.

Br 〔화학〕 bromine 의 원자 기호.

Br (略) brother (형제[교회에서 신자끼리 서로 부를 때 이름 앞에 붙인다).¶ *Br* White 화이트 형제.

BR BLUE ROUND.

br. (略) branch; brand; brass; bridge; brief; brig; brigade; bronze; brother; brown.

Br. (略) Breton; Britain, British.

BR (略) British Rail(원래는 British Railways).

B.R., b.r. (略) bills receivable.

bra [brɑː] *n.* 〔美구어〕=brassiere. 〔歌〕.

Bra·ban·çonne [brɑ̀ːbɑ̃ː(n)sɔ́n] *n.* 벨기에 국가(國

brab·ble [bræbl] 〔페어〕 *vi.* (**-bled**, **-bling**) 시시한 일로 말다툼하다; 언쟁하다. —— *n.* 말다툼, 언쟁.

***brace** [breis] *n.* 1 걸쇠, 잠금쇠(clasp), 거멀못 (clamp). 2 버팀대, 지주(支柱) (prop, stay). 3 〔기계〕〔드릴 따위의 〕 굽은 손잡이. 4 〔음악〕 브레이스 〔복 가죽의 쳄새를 조절하는 가죽끈〕. 5 〔항해〕〔돛의 방향을 조절하는 데 쓰는〕 물줄, 아딧줄. 6 (~s) 중괄호 [{}] (*cf.* bracket);〔음악〕 브레이스[2개 이상의 5선 악보를 연결하는 괄호]. 7 〔의학〕 부목(副木); (종종 ~s) 〔치과〕 치열 교정기(齒列矯正器). 8 (~s)〔英〕 바지 멜빵(〔美〕 suspenders). ¶ a pair of *braces* 바지 멜빵 한 벌. 9 〔주로 개·사냥감 따위의〕 한 쌍(pair). ¶ *a brace of* 〔wild〕 ducks 한 쌍의 오리. 10 홍문제 (bracer). 11 〔군사〕 차려의 자세.
in a brace of shakes ⇨ SHAKE. 〔기하다.
take a brace 〔美구어〕〔운동 선수 등이〕 분발하다, 재 —— *v.* (**braced, brac·ing**) *vt.* 1 …을 걸쇠(거멀못)로 죄다; …에 버팀대를 괴다, …을 버티다(support). 2 〔복의 가죽·활의 시위 따위〕를 팽팽하게 죄다; ¶ *brace* a bow 활시위를 팽팽하게 죄다. 3 〔신경〕을 긴장시키다, 〔정신〕을 바짝 차리다(strain); …을 기운나게 하다(.. *up*). *cf.* bracing ¶ *brace up* oneself; *brace* one's energies 기운을 내다, 분발하다. 4 〔美구어〕 …에게

돈을 빌려 달라고 부탁하다, 도움을 청하다. 5 〔항해〕〔돛〕을 브레이스로 돌리다, 〔돛〕의 방향을 바꾸다.
—— *vi.* 차려 자세를 취하다; 〔공격 따위에〕 대응하는 자세를 취하다; 재빨리 준비하다.
brace up 〔구어〕 분발하다, 기운을 내

다.

bráce and bít *n.* 굽은 손잡이가 달 린 송곳.   〔brace and bit〕

***brace·let** [bréislit] *n.* 1 팔찌. 2 (~s) 〔속어〕 수갑, 쇠고랑(handcuff). ¶ put *bracelets* on a person's hands 남에게 수갑을 채우다. 3 가구 다리의 치식이 장식.

brace·let·ed [bréislitid] *adj.* 팔찌를 낀.

brácelet wátch *n.* 〔특히 여성용〕 소형 손목시계.

brac·er[1] [bréisər] *n.* 1 버티는 것, 죄는 것; 쳄줄, 당김쇠, 띠(band). 2 〔구어〕 홍분제, 강장제(tonic), 자극성 음료.

brac·er[2] [bréisər] *n.* 〔弓術〕 활막음, 팔받이.

bra·ce·ro [brɑsé(ː)rou / -séərou] *n.* (*pl.* **-ros**) 〔미국 입국이 인정된 멕시코의〕 농장 노동자.

brach [brætʃ, +美 bræk] *n.* 〔페어〕 암 사냥개(bitch

brachi- ⇨ BRACHIO-.   hound).

bra·chi·al [bréikiəl, +美 brǽk-] *adj.* 〔해부·동물〕〔척추 동물의〕 상완(上腕)의, 상박(上膊)의. ¶ the *brachial* artery 상박 동맥. 2 팔 비슷한, 팔 모양의 (armlike).

bra·chi·ate [bréikiit, -èit, +美 brǽkièit] *adj.* 1 〔식 물〕 가지(줄기)가 서로 번갈아 나는, 교호 대생(交互對 生)의. 2 〔동물〕 팔이 있는.

brachio- *arm* 의 뜻의 연결형 (* 모음 앞에서는 brachi-임). 예: *brachio*pod.

bra·chi·o·pod [bréikiəpɒd, bréi- / brǽkiəpɔ̀d] *n.* 족류(腕足類)의 동물〔파리조개·갯맛 따위〕.

bra·chi·um [bréikiəm, +美 brǽk-] *n.* (*pl.* **brachia**) 〔해부〕 상완, 상박(upper arm); 〔새 날개 따위의〕 상완에 해당하는 부분.

brachy- short 의 뜻의 연결형. 예: *brachy*cephalic.

brach·y·ce·phal·ic [brækisəfǽlik / -se-, -si-] *adj.* 〔해부〕 단두(短頭)의. *cf.* dolichocephalic

bra·chyl·o·gy [brəkílədʒi] *n.* ⓤⓒ (*pl.* **-gies**) 간략법(簡略法), 어구 생략; 표현의 간략형(단축형).

brac·ing [bréisin] *adj.* 기운을 북돋우는, 힘나게 하는; 〔정신을〕바짝 차리게 하는; 〔바람·공기 따위가〕상쾌한. —— *n.* 1 ⓤ 긴장〔력〕. 2 〔건축〕 버팀대, 지주 (support).

brack·en [brǽk(ə)n] *n.* (*pl.* **brack·en** *or* **-ens**)〔英〕 1 〔큰〕 양치(羊齒) 식물(large fern); 〔특히〕 고사리. 2 양치〔고사리〕 덤불.

***brack·et** [brǽkit] *n.* 1 〔선반 따위를 받치는〕까치발, 선반받이; 〔건축〕 내쌓기, 초엽(corbel). 2 까치발로 받친 선반; 벽에 붙인 전등(가스등). 3 (~s) 괄호[특히 square brackets [ ]을 가리킨다]. *cf.* parenthesis, brace ¶ in *brackets* 괄호로 묶어서 / Put suitable words between *brackets.* 적당한 말을 괄호에 넣어라. 4 동류(同類); 부류; 〔특정한〕 계층, 층. ¶ those in the higher income *bracket* 고소득층의 사람들 / the upper age *bracket* 고령자층 / the upper social *bracket* 상류 계급. 5 〔砲術〕 〔포차(砲車)의〕 협차(夾叉).
—— *vt.* 1 …을 까치발(선반받이)로 받치다; …에 까치 발(선반받이)을 달다. 2 …을 괄호로 묶다. 3 …을 일 괄하여 다루다. ¶ (~+目+前+名) The pupils were *bracketed* into five groups. 학생들은 다섯 그룹으로 나뉘었다. 4 〔砲術〕 〔포차를〕 협차로 포격하다.

bráck et clóck *n.* 탁상 시계.

bráck et créep *n.* 소득층의 점동(漸動) 현상[인플레이션으로 인해 납세자 구분이 세금 부담이 차차 높은 쪽으로 밀려 올라가는 것〕.   〔이.

brack·et·ing [brǽkitiŋ] *n.* 《집합적》 까치발, 선반받

brack·ish [brǽkiʃ] *adj.* **1** 약간 소금기가 있는, 좀 짠. ¶ *brackish* water 「반」염수. **2** 맛없는; 불쾌한. ~·**ness** *n.*
bract [brækt] *n.* 〔식물〕 포(苞), 포엽(苞葉).
brac·te·al [bréktiəl] *adj.* 〔식물〕 포(포엽)의(같은).
brac·te·ate [bréktiit, -èit] *adj.* 〔식물〕 포가 있는.
brac·te·ole [bréktiòul] *n.* 〔식물〕〔작은 꽃꼭지(pedicel) 위에 생기는〕 작은 포엽(苞葉).
bract·let [bræktlit] *n.* =bracteole.
bráct scàle *n.* 〔식물〕 포린(苞鱗).
brad [bræd] *n.* 가늘고 대가리가 작은 못, ㄱ자 못. ── *vt.* (**brad·ded, brad·ding**) …에 ㄱ자 못을 박다.
brad·awl [brǽdɔːl] *n.* 작은 송곳.
Brad·bur·y [brǽdbèri / -b(ə)ri] *n.* 〔英구어〕 1파운드 지폐, 10실링 지폐〔모두 옛날 지폐이다〕. [< Sir John S. Bradbury (?-1950) 영국 재무 장관]
Brad·shaw [brǽdʃɔː]. *n.* 〔英〕 브래드쇼 철도 안내 [Bradshaw's Railway Guide 의 준말].
brady- *slow* 의 뜻의 연결형. *예:* **brady**cardia.
brad·y·car·di·a [brædikáːrdiə] *n.* 〔U〕〔의학〕 서맥(徐脈), 심동지완(心動遲緩) [1분간의 맥박이 60이하가 되는 것].
brad·y·e·coi·a [brædiikɔ́iə] *n.* 〔의학〕 난청(難聽).
brad·y·pep·si·a [brædipépʒə, -siə/-sjə] *n.* 소화 불량.
brae [brei] *n.* 《스코·北英》 비탈, 사면(slope); 내리받이(declivity); 산허리(hillside).
*****brag** [bræg] *v.* (**bragged, brag·ging**) *vi.* 자랑하다, 뽐내다, 호언장담하다, 허풍떨다(*of, about …*). ⇨ BOAST 【類語】. ¶ (~+前+名) He *brags of* his rich father. 그는 돈많은 아버지를 자랑하고 있다. ── *vt.* …을 자랑하다. ── *n.* **1** 〔U〕 자랑, 허풍. ¶ make *brag* of …을 자랑하다 / play a game of *brag* 서로〔상대를 위압하려고〕허풍을 떨다. **2** 자랑거리. **3** 허풍선이(braggart). **4** 〔U〕 〔포커 비슷한〕 카드놀이의 일종. ── *adj.* 《美구어》 멋진(fine), 일류의(first-rate). ¶ He showed the *brag* hand of the shop. 그는 한때 그 가게 최고의 종업원이었다.
brag·ga·do·ci·o [bræ̀gədóuʃiòu / -tʃiòu] *n.* (*pl.* -**os**) **1** 〔U〕 허풍. **2** 허풍선이.
brag·gart [brǽgərt, +英 -gɑːt] *n.* 허풍선이, 호언장담가. ── *adj.* 허풍선이의, 자랑하는(boastful).
brag·ger [brǽgər] *n.* 자기 자랑하는 사람, 허풍선이, 떠벌이.
Brah·ma[1] [bráːmə, +美 bréimə] *n.* 〔종종 b-〕 브라마 닭〔인도의 브라마푸트라(Brahmaputra)강 유역 지방산의 큰 닭〕.
Brah·ma[2] [bráːmə] *n.* 범천(梵天)〔힌두교의 최고신, 만물 창조의 신〕. [< Skt]
Brah·ma[3] [bráːmə] *n.* =Brahmin 2.
Brah·man [bráːmən] *n.* (*pl.* -**mans**) **1** (=**Brah·min**) 바라문(婆羅門)〔인도의 사성(四姓)(caste) 중 최고위의 승려 계급〕. **2** 〔인도 원산의〕식용우. **3** =Brahma[2].
Brah·ma·ni [bráːməni] *n.* 바라문 계급의 여성.
Brah·man·ic [brɑːmǽnik], (**Brah·man·i·cal** [-ik(ə)l]) *adj.* 바라문교의, 바라문의.
Brah·man·ism [bráːmənìz(ə)m] *n.* 바라문교.
Brah·min [bráːmin] *n.* (*pl.* -**min** or -**mins**) **1** =Brahman 1. **2** 《美》 교양인, 지식인, 인텔리〔특히 명문 출신으로서 거만한 상류 사회의 인사〕.
Brah·min·ic [brɑːmínik], -**i·cal** [-ik(ə)l] *adj.* =Brahmanic.
Brah·min·ism [bráːminìz(ə)m] *n.* =Brahmanism.
Brah·min·ist [bráːminist] *n.* 바라문 교도.
***braid** [breid] *n.* 〔C〕〔U〕**1** 꼰 끈, 노끈끈, 끈목; 〔복식용 또는 머리에 매는〕리본. ¶ a straw *braid* 짚으로 꼰 끈 / gold *braid* 금몰. **2** 많아 늘인 머리. ── *vt.* **1** …을 꼬다, 짜다; 〔꼬아서〕…을 만들다. **2** 〔머리〕를 땋다, 리본 따위로 매다. ¶ a girl *braided* her hair with a blue ribbon 머리를 푸른 리본으로 맨 소녀 / *braid* one's hair into tresses 머리를 땋아 늘이다. **3** 〔의복〕을 리본으로 장식하다(trim).
braid·ed [bréidid] *adj.* **1** 끈이나 머리 따위로 꼰, 땋은. **2** 〔금몰 따위로〕장식한; 리본으로 묶은(장식한).
braid·er [bréidər] *n.* 끈을 꼬는 사람〔기계〕.
braid·ing [bréidiŋ] *n.* 〔U〕〔집합적〕꼰 끈, 끈목. **2** 〔의복이나 레이스의〕가장자리 장식.
brail [breil] *n.* 〔항해〕 쥘줄〔돛을 죄는 밧줄〕. ── *vt.* 〔세로돛〕을 죄다(… *up*).
braille [breil] *n.* 〔종종 B-〕 〔U〕 브라이유식 점자〔법〕. ── *vt.* …을 브라이유식 점자로 쓰다〔고치다〕. [< 고안자인 프랑스 사람 Louis Braille (1809-52) 의 이름]

‡**brain** [brein] *n.* **1** (the ~ 또는 one's ~s) 〔해부·동물〕〔척추 동물의〕뇌, 뇌수; 〔무척추 동물의〕중추 신경 조직. ¶ a disease of the *brain* 뇌병 / water on the *brain* 뇌수종(腦水腫) / He killed himself by blowing out his *brains*. 그는 머리를 쏘아 자살했다. **2** (때로 ~s) 지력(知力), 두뇌, 지능. ⇨ MIND 【類語】 ¶ a clear *brain* 명석한 두뇌 / use one's *brains* 머리를 쓰다 / beat (or rack, cudgel) one's *brains* 〔out〕 머리를 짜다, 이리저리 궁리하다 / have good (or plenty of) *brains* 머리가 좋다 / have no *brains* 머리〔지혜〕가 없다 / He hasn't much *brains*. 그는 머리가 그다지 좋지 않다 / The idle *brain* is the devil's shop. 《속담》 소인은 한가하면 나쁜 짓을 하기 쉽다. **3** 〔구어〕지적 지도자, 수재; (~s) 〔단수 취급〕〔속어〕지적 지도자. **4** 전자 장치〔특히 컴퓨터〕. ¶ the *brains* of the group 그룹의 지도자.

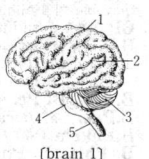
[brain 1]
1 central sulcus 중앙 열구 2 cerebrum 대뇌 3 cerebellum 소뇌 4 pons 뇌교 5 medulla oblongata 연수

beat one's **brains** 〔**out**〕 최선을 다하다, …에 온힘을 쏟다.
crack one's **brain** (or **brains**) 미치다.
have (or **get**) something **on the brain** 어떤 일에 열중하고 있다, 정신이 팔려 있다.
make a person's **brains reel** 남을 깜짝 놀라게 하다.
pick (or **suck**) a person's **brains** 〔자기가 노력하지 않고〕남에게 물어서 지식을 얻다, 남의 지혜를 빌다.
turn a person's **brain** 남을 어지럽게 하다; 남을 당황 〔난처〕하게 만들다, 아연케 하다.
── *vt.* …의 골통을 부수다.
◇ **bráiny** *adj.*
bráin bànk *n.* 〔학자들을 모아 놓은〕두뇌 은행.
bráin bòx *n.* 〔구어〕 전자 계산기, 컴퓨터.
bráin cèll *n.* 〔해부〕 뇌신경 세포, 뇌척추충(軸).
brain·child [bréintʃàild] *n.* (*pl.* -**chil·dren** [-tʃìldrən]) 《美구어》 생각(idea); 계획 (plan).
bráin dèath *n.* 〔U〕 〔의학〕 뇌사 (腦死) (cerebral death).
bráin dràin *n.* 두뇌 유출.
brain-drain [bréindrèin] *vi., vt.* 두뇌 (인재)를 유출하다(시키다).
-**brained** 「…한 머리를 가진」의 뜻. ¶ bright *brained* 머리가 명석한.
bráin fàg *n.* 정신 피로(mental fatigue), 뇌신경 쇠약.
bráin fèver *n.* 〔U〕 뇌막염, 뇌염.
bráin gàin *n.* 두뇌 유입, 두뇌 유치〔고도의 기술을 가진 외국의 과학자·기술자·의사 등의 인재가 유입해 들어오는 것〕.
brain·less [bréinlis] *adj.* 정신 박약의; 무식한, 어리석은.
brain·pan [bréinpæ̀n] *n.* 《구어》 두개(頭蓋) 〔골(skull)〕.
brain·pick·er [bréinpìkər] *n.* 남의 지혜를 이용하는

brain·pow·er [bréinpàuər] *n.* ⓤ **1** 지력(知力). **2** (집합적) 지성이 발달한 사람들, 지식인들; 참모진.
brain-sauce [bréinsɔ:s] *n.* ⓤ(익살) 지성.
bráin scàn *n.* (의학) 뇌주사(腦走査) 사진, 뇌주사도(圖) [brain scanner에 의한 X 선도].
bráin scànner *n.* (의학) 뇌주사 장치[뇌종양 등을 진단하는 CAT scanner].
brain·sick [bréinsìk] *adj.* 머리가 돈, 미친, 정신 착란 [상태]의 (crazy, mad).
bráin stéaler *n.* (美)(남의 문장 따위의) 표절자.
brain·stem [bréinstem] *n.* (해부) 뇌간(腦幹).
brain·storm [bréinstɔ̀:rm] *n.* **1** (갑작스러운) 정신 착란. **2** (구어) 문득 떠오른 멋진 생각, 영감(靈感).
brain·storm·ing [bréinstɔ̀:rmiŋ] *n.* ⓤ 브레인스토밍, 난상토론[회의 따위에서 각자가 생각나는 대로 의견을 말하고 최선책을 마련하는 일].
Bráins Trùst *n.* (때로 b- t-)(英) **1** =brain trust. **2** [라디오·텔레비전 프로에서]청취자의 질문에 즉석에서 대답하는 학자·전문가의 일단.
bráin tàblet *n.* (美속어) 궐련(cigarette).
brain·teas·er [bréintì:zər] *n.* (푸는 데) 머리를 쓰는 것(수수께끼·퍼즐 따위).
bráin trùst *n.* (美) 두뇌 위원회, 브레인 트러스트 [정책 결정을 돕도록 정부가 위촉하는 전문 고문단].
bráin trùster *n.* 두뇌 위원회 (brain trust)의 한 사람.
brain·twist·er [bréintwìstər] *n.* =brain teaser.
brain·ware [bréinwɛ̀ər] *n.* (컴퓨터) 브레인웨어(컴퓨터 기계, 이용 기술, 이용 분야등 3요소에 관한 컴퓨터의 유효한 사용법을 연구하는 사람).
brain·wash [bréinwɑ̀ʃ, -wɔ̀ʃ] *vt.* …을 세뇌하다, 사상적으로 전향시키다. — *n.* 세뇌.
brain·wash·ing [bréinwɑ̀ʃiŋ, -wɔ̀ʃ-] *n.* ⓤ 세뇌.
bráin wàve *n.* **1** (보통 ~s)(의학) 뇌파. **2** (구어) 갑자기 떠오른 멋진 생각, 영감(brainstorm).
brain·work [bréinwɔ̀:rk] *n.* ⓤ 두뇌(정신) 노동, 지적인 작업.
brain·work·er [bréinwɔ̀:rkər] *n.* 정신 노동자.
brain·y [bréini] *adj.* (**brain·i·er, brain·i·est**) 총명한, 머리가 좋은 (intelligent, clever).
braird [brɛərd] *n.* (주로 스코) 싹틈; 새싹. — *vi.* 새싹이 나오다, 싹트다.
braise [breiz] *vt.* (**braised, brais·ing**) (고기·야채)를 볶은 다음 물을 조금 넣고 천천히 익히다.
brake¹ [breik] *n.* **1** 브레이크, 제동기; (~s) 제동 장치 [brake drums, brake shues 따위]. ¶ put on the *brake* 브레이크를 걸다 (* 비유적으로도 쓴다) / take off the *brake* 브레이크를 풀다 / act as a *brake* on (or upon) …의 진전하는 작용을 하다. **2** =brakeman. **3** 아마(亞麻)를 으깨어 섬유를 분리해 내는 도구. **4** (英) 대형 4륜마차(break). **5** (美언·英) 큰 써레(heavy harrow). — *v.* (**braked, brak·ing**) *vt.* **1** …에 브레이크를 걸다. ¶ *brake* a car 차에 브레이크를 걸다. **2** …에 브레이크 장치를 달다. **3** (아마 따위)을 으깨어 섬유를 분리해 내다. — *vi.* 브레이크를 걸다; 브레이크가 걸리다.
brake² [breik] *n.* **1** 덤불, 풀숲(thicket). **2** 양치류 (fern, bracken) (비교적 큰 종류의 것).
brake³ [breik] *v.* (고어) break의 과거형의 하나.
brake·age [bréikidʒ] *n.* ⓤ **1** 제동 작용. **2** (집합적) 브레이크.
bráke bànd *n.* 브레이크 띠[브레이크 드럼(brake drum)에 감은 강철띠로서, 브레이크 드럼에 제동 작용을 준다].
bráke drùm *n.* 브레이크 드럼[회전축에 단 원통형의 것, brake bands 나 brake shoes의 작용으로 제동을 제동한다].
bráke flúid *n.* ⓤ (자동차의) 브레이크액(液).
bráke hórsepòwer *n.* 제동 마력(馬力), 정미(正味) 마력[엔진에서 외부로 줄 수 있는 마력; 略 b.h.p., bhp].
brake·light [bréiklàit] *n.* 브레이크등(燈) (라이트) [앞 운전석에서 브레이크를 밟으면 자동차 후미에서 켜지는 붉은 등].
brake·man [bréikmən], **(英) brakes·man** [bréiksmən] *n.* (*pl.* **-men** [-mən]) [열차의]제동수(制動手)(trainman). **2** =BRAKE ↓ '낙하산.
bráke pàrachute *n.* (항공) (감속용) 브레이크식.
bráke shòe *n.* (자동차 따위의) 제동자(制動子) [brake drum을 눌러 제동하는 작은 조각]. ⇨ BRAKE DRUM.
brake·van [bréikvæ̀n] *n.* (英) (화물 열차의 뒤에 연결되는) 제동차.
bra·kie [bréiki] *n.* (美구어) 제동수(brakeman).
bráking distance [bréikiŋ-] *n.* (자동차 따위의) 제동 거리.
bráking skìd *n.* (자동차 따위의) 브레이크를 밟았을 때 일어나는 미끄럼.
brak·y [bréiki] *adj.* (**brak·i·er, brak·i·est**) **1** 덤불이 우거진. **2** 양치(fern)가 무성한.
bra·less [brɑ́:lis] *adj.* 브래지어를 하지 않은.
Br. Am. (略) *British America*.
Brah·ma [brɑ́:mə] *n.* =Brahma.
bram·ble [bræmbl] *n.* **1** 나무딸기속(屬)의 식물; (英방언) 검은딸기. **2** 가시가 있는 관목(찔레·들장미 따위). — *vi.* (**-bled, -bling**) (英방언) 검은딸기를 따다.
bram·bling [bræmbliŋ] *n.* 되새[참새보다 좀 크고 검정·흰색·오렌지색의 무늬가 있는 작은 새, 유럽·아시아에 번식한].
bram·bly [bræmbli] *adj.* (**-bli·er, -bli·est**) 나무딸기 (검은딸기) 같은; 가시덤불이 우거진; 나무딸기(검은딸기)가 우거진.
bran [bræn] *n.* ⓤ 겨, 밀기울. ¶ take the flour and leave the *bran* 밀가루를 빼고 밀기울을 남기다 / sift to the *bran* 밀기울만 남을 때까지 체질하다.
◇ **brán·ny** *adj.*
‡**branch** [bræntʃ/ brɑ:ntʃ] *n.* **1** 가지; 가지 모양의 것. ¶ the *branches* of a lemon tree 레몬나무의 가지 / the *branches* of a reeindeer's antlers 순록(馴鹿)의 뿔의 가지.
類語 **branch** 크기에 관계없이 성장한 가지; 특히 잎이 없는 가지를 가리키는 경향이 있다: bare *branches* 잎이 떨어진 가지. **bough** 큰 가지; 특히 잎·꽃·열매가 달린 가지를 가리키는 경향이 있다: a *bough* heavy with fruit 열매가 주렁주렁 달린 가지. **limb** 줄기 또는 큰 가지가 크게 갈라진 것. **twig** branch 끝의 작은 가지. cf. spray, sprig **shoot** 갓 돋아난 어린 가지.
2 부문, 분과(分科). ¶ various *branches* of activity (industry) 활동(산업)의 여러 부문. **3** 지부, 지국, 지점, 지사, 출장소; 지선(支線); 분가(branch family). ¶ a local *branch* 지방 지점 / an overseas *branch* 해외 지점 / a *branch* factory 분공장 / a *branch* manager 지점장 / a *branch* office 지점, 지사, 지국 / open a *branch* 지사(지점)을 개설하다. **4** 지류, 실개천(stream). **5** (언어) 어파 분파상의)어족(語族). **6** (컴퓨터) (프로그램의) 분기(分岐), 브랜치.
root and branch ⇨ ROOT.
— *vi.* **1** 가지가 나오다, 가지가 퍼지다(forth, out). ¶ (~ +副) The pine tree *branches* out over the fence. 소나무 가지가 담장 너머로 뻗어 있다. **2** 분기(分岐)하다, 분화하다, 갈라지다(away, off, out). ¶ (~ +副) *branch off* in all directions 사방으로 갈라지다 / Here a bypath *branches off* from the main road. 본도 로에서 샛길이 여기서 갈라지다. — *vt.* …을 (가지 모양으로) 가르다. **2** …을 자수로 장식하다.
branch out 활동을 다른 분야까지 넓히다, 사업을 확장하다. ¶ *branch out* by opening another shop 가게

를 하나 더 내어 사업을 확장하다 / They *branched out* into new manufacture. 그들은 새로운 생산 분야로 사업을 확장했다.
◇ **bránchy** adj.

branchi- ⇨ BRANCHIO-.

bran·chi·a [bræŋkiə] n. (pl. **-chi·ae** [-kiː]) 〖동물〗〖물고기의〗아가미(gill).

bran·chi·al [bræŋkiəl] adj. 〖동물〗아가미의, 아가미 같은.

bran·chi·ate [bræŋkiit, -kièit] adj. 〖동물〗아가미 있는.

branch·ing [bræntʃiŋ / brάːntʃ-] n. ⓤ 가지를 뻗기, 분지(分枝), 분기(分岐). —— adj. 가지가 난, 가지가 갈라져 나간, 분기한.

branchio- gills(아가미)의 뜻의 연결형(* 모음 앞에서는 branchi-를 쓴다). 예: *branchio*pod (새각류(鰓脚類)의 동물); *branchi*ate.

branch·let [bræntʃlit / brάːntʃ-] n. 작은 가지.

bránch líne n. 지선(支線).

bránch wáter n. ⓤ **1** 〖강에서〗끌어온 물, 〖지류·수로 따위로〗끌어온 물. **2** 〖美〗〖소다수·콜라 따위에 대하여〗보통 물, 식수(plain water).

branch·y [bræntʃi / brάːntʃi] adj. (**bránch·i·er, bránch·i·est**) 가지가 많은.

‡**brand** [brænd] n. **1** 〖스탬프·레테르 등으로 표시된 상품의〗품질(quality), 등급(grade); 〖그릇에 찍힌〗상표(trademark). ¶ The coffee was of a superior *brand*. 그 커피는 고급품이었다 / There are two *brands* of the article on the market. 시장에는 그 물건이 두 가지 나와 있다. **2** 〖가축에 찍는〗낙인; 〖옛날에 노예·죄수에게 찍는〗낙인; 오명, 누명. ¶ the *brand* of Cain 카인의 낙인, 살인죄. **3** 〖낙인용의〗철인(鐵印). **4** 타고 있는 나무, 타다 남은 나무; 횃불. **5** 〖詩〗검, 칼(sword).

a brand from the burning (or *the fire*) 위험에서 구출된 사람; 개심자 〖← 스가랴서 (Zech.) 3:2〗. —— vt. **1** 〖가축·죄수 따위에〗낙인을 찍다; …에게 누명을 씌우다. ¶ On big ranches cattle are usually *branded*. 큰 목장에서는 대개 소에 낙인을 찍는다. **2** …에게 죄명의 낙인을 찍다, 오명을 씌우다. ¶ (~+圈+as 圈) He was *branded* as a thief. 그는 도둑이라는 누명을 썼다. **3** 〖마음에 ⋯을〗깊이 새기다, 지령이다. ¶ (~+圈+前+圈) The scene is *branded* on (or in) my memory. 그 광경은 내 기억에 깊이 새겨져 있다.

brand·er [bréndər] n. 낙인을 찍는 사람(도구).

bran·died [bréndid] adj. 브랜디를 넣은, 브랜디에 담근. ¶ *brandied* peaches 브랜디에 담근 복숭아.

bránd·ing íron [bréndiŋ-] n. 〖낙인을 찍는〗철인, 인투.

bran·dish [bréndiʃ] vt. 〖위협하듯이〗〖무기·흉기·지팡이 따위를〗휘두르다(flourish). —— n. 〖무기 따위를〗 휘두르기.

brand·ling [bréndliŋ] n. 붉은 줄이 있는 지렁이 〖낚시 미끼용〗.

bránd náme n. 상표명(trade name); 유명 상품.

brand-new [brǽn(d)n(j)úː / -njúː], (**bran-new**) adj. 아주 새로운(entirely new).

bran·dreth [bréndriθ] n. **1** 〖건초 따위를 너는〗삼각대(三脚架). **2** 우물의 나무 울타리. **3** 〖불 위에 걸치는〗삼발이.

*‡**bran·dy** [brǽndi] n. ⓤ 브랜디〖포도주, 때로는 사과주 따위를 증류하여 만드는 독한 술〗. —— vt. (**-died, -dying**) …에 브랜디를 섞다, …을 브랜디에 담그다.

brándy báll n. 〖英〗브랜디를 넣은 캔디.

brándy snáp n. 브랜디를 넣은 생강 비스킷.

branks [bræŋks] n. pl. 철쇄의 입마개〖예날 영국에서 바가지가 심한 여자 얼굴에 벌로써 씌운 것〗.

bran-new [brǽn(d)n(j)úː / -njúː] adj. = brand-new.

bran·ni·gan [brǽnigən] n. 〖美속어〗**1** 야단법석, 북새, 술잔치. **2** 쓸데없는 말다툼.

bran·ny [brǽni] adj. (**-ni·er, -ni·est**) 겨의(같은); 밀

brán píe n. 〖英〗= bran tub.

brant [brænt] n. (pl. **brants** or **brant**) 〖鳥〗흑기러기 (* 〖美〗에서는 보통 **brent, brent goose**로 쓴다) 검은기러기〖북미·시베리아의 북극권 지방산으로, 가을에는 남쪽으로 이동하는 철새〗.

brán túb n. 〖英〗보물 찾기의 겨통〖겨 밑에 선물을 숨겨 두고 아이들에게 찾게 하는 놀이〗.

bras [braː] n. 〖프〗bra의 복수형.

brash [bræʃ] adj. 〖美〗**1** 성급한, 경솔한. **2** 건방진, 주제넘은. **3** 〖재목이〗무른. —— n. **1** 〖바위·얼음 의〗파편; 〖항해〗얼음 조각. **2** 〖英방언〗소나기. **3** 〖英방언〗가슴앓이. ~·ly adv.

brash·ness [bræʃnis] n. ⓤ **1** 성급함. **2** 건방짐, 주제넘음.

bra·sier [bréiʒər / -zjə] n. = brazier.¹,² 〖도〗.

Bra·sil·ia [brəzíːljɑː] n. 브라질리아〖브라질의 수도〗.

‡**brass** [bræs / braːs] n. (pl. **brass·es**) **1** ⓤ 놋쇠, 황동(黃銅). ¶ red *brass* 붉은 놋쇠 / yellow *brass* 누런 놋쇠. **2** ⓒ (~es) 놋쇠 제품, 놋쇠 장식. **3** ⓒ 〖기계〗베어링. **4** 〖음악〗(때로 ~es) 금관 악기; (the ~es) 〖오케스트라의〗금관악기부. **5** 〖英〗〖초상·문장(紋章)을 새긴〗놋쇠 기념판. **6** ⓤ 〖속어〗돈, 금전(money). **6** ⓤ 놋쇠 색깔, 담황색. **7** ⓤ (종종 복수 취급) 〖美속어〗고급 장교들, 교관들. ⇨ BRASS HAT. ¶ the top *brass* of the government 정부의 고관들. **8** ⓤ 〖구어〗철면피, 뻔뻔스러움. ¶ bold as *brass* 아주 뻔뻔스러운 / He had the *brass* to say so to me. 그는 뻔뻔스럽게도 내게 그렇게 말했다. **9** 〖속어〗매춘부.

—— adj. 놋쇠로 만든; 금관 악기의; 놋쇠 색깔의. ¶ a *brass* plate 놋쇠판, 놋쇠의 문패 / a *brass* wire 놋쇠 철사 / The earthen pot must keep clear of the *brass* kettle. 〖속담〗약자는 강자와의 충돌을 피해야 한다.

not a brass farthing 조금도 …않다. ¶ He is *not* worth *a brass farthing*. 그는 아주 보잘것 없는 남자다 / I wouldn't give *a brass farthing* for it. 나는 그런 것에는 조금도 개의치 않는다.

—— vt., vi. **1** 〖야금〗…에 놋쇠를 입히다. **2** 〖英속어〗〖돈을〗치르다(*up*).(pay up)

◇ **brássy, brázen** adj., **braze** v.

brass·age [brǽsidʒ] n. ⓤ 화폐 주조료, 주화세(鑄貨稅).

bras·sard [brǽsɑːrd, -əː brəsάːrd], **bras·sart** [brǽsɑːrt] n. **1** 완장〖직무의 표지〗. **2** 〖15-16세기의〗팔에 두르는 갑옷.

bráss bánd n. 취주 악대, 브라스 밴드.

brass·bound [brǽsbàund / brάːs-] adj. **1** 놋쇠로 테를 장식한(보강한); 인습적인, 완고한. **2** 〖구어〗돌돌 뭉친, 경직된. **3** 낯 두꺼운, 뻔뻔스러운.

bras·se·rie [brǽsəri] n. 맥주 따위의 술도 파는 식당. 〖<F〗〖소〗.

bráss fóunder (fóundry) n. 놋쇠 주조공〖주조소〗.

bráss hát n. 〖속어〗**1** 〖육·해군의〗고급 장교〖그 모자의 금몰에서〗. **2** 고급 공무원, 관계(官界) 등의 실력자.

brass·ie [brǽsi / brάːsi] n., (**brassy, brass·es**) 〖골프〗2번 우드〖공이 맞는 부분 밑에 놋쇠를 댄 골프채〗.

bras·siere [brəzíər / brǽsiə] n. 브래지어.
〖<F little camisole〗

brass·i·ly [brǽsili / brάːs-] adv. 뻔뻔스럽게.

brass·i·ness [brǽsinis / brάːs-] n. ⓤ 놋쇠 질(質); 놋쇠 빛깔; 철면피.

bráss knúckles n. pl. 〖단·복수 양용〗〖격투용의〗손가락 관절에 끼우는 놋쇠 조각.

brass-mon·key [brǽsmʌ̀ŋki / brάːs-] adj., n. 〖美속어〗〖한정적〗대단히 추운〖날씨〗. ¶ It was *brass-monkey* weather. 날씨는 몹시 추웠다.

bráss rágs n. 〖수병·수부의〗놋쇠 닦는 넝마. ¶ part *brass rags* 〖英속어〗사이가 틀어지다(*with*).

brass-smith [brǽssmìθ / brάːs-] n. 놋쇠 세공인, 놋

bráss tácks *n. pl.* **1** 놋쇠 못(징). **2** 《구어》 핵심적 진실, 요점. ¶ get (or come) down to *brass tacks* [사물의] 근본을 알다; [문제의] 핵심을 언급하다; 사실 [요점]을 말하다. [쇠 제품.
brass·ware [brǽswɛ̀ər / brɑ́ːs-] *n.* ⓤ 《집합적》 놋
brass·wind [brǽswìnd] *n.* 금관 악기의.
bráss wìnds *n.* 금관 악기류; (the~) 《관현악의》 금관 악기.
brass·y[1] [brǽsi / brɑ́ːsi] *adj.* (**brass·i·er, brass·i·est**) **1** 놋쇠로 만든; 놋쇠를 입힌. **2** 놋쇠 같은; 놋쇠 색깔의. **3** 뺀뺀스러운, 철면피의. ¶ a *brassy* salesman 낯가죽이 두꺼운 외판원. **4** [소리가] 귀에 거슬리는; 시끄러운. ¶ *brassy* tones 금속음 / *brassy* cough 귀에 거슬리는 기침 소리. **5** 싸구려의, 겉만 번지레한. **brass·i·ly** *adv.* **brass·i·ness** *n.* [brassie.
brass·y[2] [brǽsi / brɑ́ːsi] *n.* (*pl.* **brass·ies**) =
brat [bræt] *n.* 《경멸적》 애새끼, 꼬마 녀석. * 보통 화가 났을 때 쓴다.
brat·tice [brǽtis] *n.* [갱도에 마련한] 판자 또는 천으로 만든 통풍 칸막이, 벽면 위의 보강용 판자.
— *vt.* (**-ticed, -tic·ing**) …에 칸막이를 하다.
brat·tle [brǽtl] 《주로 스코》 *n.* 덜컹덜컹(쿵쿵) 하는 소리. — *vi.* (**-tled, -tling**) 덜컹덜컹 달리다.
brat·wurst [brǽtwərst, brɑ́ːt- / -wəːst] *n.* 브라트부르스트 [돼지고기 소시지]. 〔<G〕
braun·ite [bráunait] *n.* 브라운광(鑛), 갈(褐)망간鑛.
Braun·schwei·ger [bráunʃwàigər] *n.* 브라운슈바이크 소시지 [훈제하여 향료를 넣은 간(肝) 소시지]. 〔<G〕
Bráun tùbe [bráun-] *n.* 브라운관 [1897년 독일의 물리학자 K. F. Braun 이 완성. 음극선관(cathode-ray tube)의 옛 이름].
bra·va·do [brəvɑ́ːdou] *n.* ⓤⓒ (*pl.* **-does** or **-dos**) 허세, 허장 성세. 〔<Sp〕
‡**brave** [breiv] *adj.* **1** 용감한, 용기있는(courageous). ¶ as *brave* as a lion 사자처럼 용감한 / the *brave* 용사 (brave men).
[類語] **brave** 가장 넓은 뜻의 말; 위험・위협에 직면하여 두려움을 모르는; 반드시 위험을 좋아한다는 뜻은 아니다. **courageous** 위험이 있음을 알고서도 brave로서 고도의 고상한 용기가 있는. **bold** 위험・곤란에 뛰어들려고 하는 도전적 경향을 나타낸다. **fearless** 위험이 없으므로 공포심이 없는, 또는 보다 적극적으로 의연한 결심을 나타낸다. **valiant** 위험에 직면하여, 또는 목적 달성을 위하여 결심을 굳게 지킬 구성이 있는. **gallant** 화려한 용감성을 나타낸다.
2 화려한(showy), 화려하게 차린(colorful). ¶ *brave* dresses 화려한 복장. **3** 《고어》 훌륭한, 멋진, 뛰어난.
— *n.* **1** 용감한 사람, 용사. **2** 《북미 인디언의》 전사(戰士), 용사. **3** 《폐어》 폭한; 허세를 부리는 사람.
— *vt.* **1** [곤란 따위에] 용감하게 맞서다. **2** …을 용감하게 해내다. ¶ *brave* dangers and hardships 위험과 곤란에 용감하게 맞서다. **2** …에 도전하다(defy); 감히 …하다 (dare). [나가다.
brave it out 《의심・비난을 받으면서도》 용감하게 밀고 ◇ **brávery** *n.*
‡**brave·ly** [bréivli] *adv.* 용감하게, 훌륭히. ¶ fight *bravely* on the side of justice 정의의 편에 서서 용감하게 싸우다.
brave·ness [bréivnis] *n.* ⓤ 용기, 용감성; 훌륭함.
‡**brav·er·y** [bréiv(ə)ri] *n.* ⓤ **1** 용기, 용감성. ⇒ BRAVE
[類語] **2** 훌륭함; 화려함(showiness, magnificence).
bra·vo[1] [brɑ́ːvou, -́-́ / -́-́] *interj.* 브라보!, 잘 한다!(Well done!). — *n.* (*pl.* **-vos**) 브라보라는 외침. — *vt., vi.* 브라보라고 외치다. 〔<It〕
bra·vo[2] [brɑ́ːvou / -́-́] *n.* (*pl.* **-voes** or **-vos**) 폭한, 자객. 〔<It〕
bra·vu·ra [brəvjú(ː)rə / -v(j)úərə] *n.* **1** 《음악》 [높은 기교를 요하는] 화려한 곡; 화려하고 씩씩한 연주. **2** 씩씩하고 화려함. — *adj.* 《음악》 씩씩한(spirited), 화려한(brilliant). 〔<It. spirit, bravery〕
braw [brɔː] *adj.* 《스코・北英》 풍채가 좋은, 옷차림이 훌륭한; 멋진(fine). ◆ **brave** 의 변형.
brawl [brɔːl] *n.* **1** 말다툼, 언쟁(noisy quarrel). **2** [여울・강의] 물소리. **3** 소란(clamor). ◆ DISORDER [類語]. — *vi.* **1** 말다툼(언쟁) 하다. **2** [여울 따위가] 소리내며 흐르다. [사람.
brawl·er [brɔ́ːlər] *n.* 말다툼하는 사람, 떠들어대는
brawl·ing [brɔ́ːliŋ] *adj.* 시끄러운(noisy), 귀가 따가운. **~·ly** *adv.*
brawn [brɔːn] *n.* ⓤ **1** 억센 근육. **2** 완력; 체력. **3** [삶아서 소금에 절인] 돼지 고기.
bráwn dráin *n.* 노동자・운동 선수 등의 국외 유출.
brawn·y [brɔ́ːni] *adj.* (**brawn·i·er, brawn·i·est**) 근육의; 근육이 발달한(muscular); 억센, 건장한(strong). **brawn·i·ness** *n.*
brax·y [brǽksi] *n.* 《獸醫》 《양의》 비탈저(脾脫疽).
bray[1] [brei] *n.* **1** [나귀 따위의] 시끄러운 울음 소리. **2** 나팔소리. **3** 시끄러운 소리(큰소리). — *vi., vt.* [나귀 따위가] 시끄럽게 울다; [나팔이] 울려 퍼지다; […라고] 고함치다.
bray[2] [brei] *vt.* **1** [맷돌 따위로] 갈다, 빻다, 바수다. **2** 《인쇄》 [잉크를] 엷게 펴다. [람(것).
bray·er[1] [bréiər] *n.* 귀에 거슬리는 소리로 외치는 사
bray·er[2] [bréiər] *n.* 《인쇄》 [등사판 따위의] 손으로 미는 롤러.
Braz. (略) Brazil, Brazilian.
braze [breiz] *vt.* (**brazed, braz·ing**) **1** …을 놋쇠로 만들다; …에 놋쇠를 입히다; …을 놋쇠로 장식하다. **2** …을 놋쇠 색깔이 되게 하다. **3** 《야금》 《금속》을 놋쇠로 접합하다, 납땜하다.
*‎**brazen** [bréizn] *adj.* **1** 놋쇠로 만든. **2** 《색깔・강도・소리 따위가》 놋쇠 같은. ¶ a *brazen* sky at sunset 질녘의 붉은 하늘. **3** 뺀뺀스러운. — *vt.* 뺀뺀스럽게도 …을 하다…*out, through*). ¶ He *brazened* out his determination. 그는 자신의 결심을 막무가내로 밀고 나갔다. **~·ly** *adv.* **~·ness** *n.* ◇ brass *n.*, braze *v.*
bra·zen·face [bréiznfèis] *n.* 뺀뺀스러운 사람.
bra·zen·faced [bréiznfèist] *adj.* 철면피의, 뺀뺀스러운. [*adv.*
bra·zen·ly [bréiznli] 뻔뻔스럽게, 철면피하게.
braz·er [bréizər] *n.* 땜장이. [은(shameless).
bra·zier[1], **-sier**[1] [bréiʒər / -zjə, -ziə] *n.* 놋쇠 세공인, 놋갓장이.
bra·zier[2], **-sier**[2] [bréiʒər / -zjə, -ziə] *n.* **1** 《금속제의》 화로. **2** 숯불구이용 요리 기구.
bra·zier·y [bréiʒəri / -zjəri] *n.* (*pl.* **-zier·ies**) ⓤ 놋쇠 세공; ⓒ 놋쇠 세공장.
bra·zil [brəzíl] *n.* **1** =brazilwood. **2** (=**brazíl réd**) ⓤ brazilwood 에서 추출되는 적색 염료.
‡**Bra·zil** [brəzíl] *n.* 브라질 [남미의 공화국. 수도는 Brasília].
*‎**Bra·zil·ian** [brəzíljən] *adj.* 브라질의; 브라질 사람의. — *n.* 브라질 사람.
Brazíl nút *n.* 브라질 너트 [브라질산(產) Brazil-nut tree의 과실 속의 종자로서 식용].
bra·zil·wood [brəzílwùd] *n.* ⓤ 《일반적으로》 실거리나무속(屬)의 나무 [열대산, 염료를 채취]; 《특히》 그 나무 [브라질산(產)으로 적황색 염료를 채취] (brazil).
Braz·za·ville [brǽzəvìl] *n.* 브라자빌 [콩고의 수도].
Br. Col. (略) *B*ritish *Col*umbia. [(십자사).
B.R.C.S. (略) *B*ritish *R*ed *C*ross *S*ociety (영국 적십자사).
*‎**breach** [briːtʃ] *n.* **1** 파손. **2** [벽・제방 따위의] 터진 곳, 갈라진 틈. **3** [법률・약속・도덕・계약・의무 따위를] 어기기, 위반, 침해, 불이행. ¶ a *breach* of agreement (or contract) 계약 위반 / a *breach* of close [법률] 불법 토지 침입 / a *breach* of etiquette 결례(缺禮) / a *breach* of the rule 규칙 위반 / a *breach* of trust [법률] 신의무 위반; 배임 / commit a *breach* of international

breach of promise

practice 국제적 관습을 어기다 / sue a person for *breach of promise* 남을 계약[특히 약혼] 불이행으로 고소하다. **4** 절교, 불화. ¶ a *breach* between two countries 두 나라 사이의 단교 / heal the *breach* 화해시키다. **5** [고래가] 물 위로 뛰어오르기. **6** [고어] 밀려와서 부딪치는 파도. ¶ a clean *breach* 갑판을 씻어 내리는 파도.
stand in the breach [성벽의 터진 곳에 선다는 뜻에서] 공격의 정면에 서다, 난국에 대처하다.
throw oneself **into the breach; step into the breach** 스스로 위험에 뛰어들다, 자진해서 난국에 맞서다.
— *vt.* …을 깨뜨리다, 돌파하다. ¶ The enemy's fierce attack *breached* our wall. 적의 맹렬한 공격으로 우리의 성벽이 돌파당했다. — *vi.* [고래가] 물 위로 뛰어오르다.
◇ break *v.*

bréach of prómise *n.* [U][C] [법률] 약속 위반, 위약, [특히] 약혼 불이행, 약혼 파기.

bréach of the péace *n.* [법률] [폭동·소란 따위에 의한] 치안 방해[죄], 치안 파괴.

‡**bread** [bred] *n.* [U] **1** 빵. ¶ a loaf (a slice *or* a piece) of *bread* 빵 한 덩이 (조각) / white *bread* 흰 빵 / brown *bread* 검은 빵[밀기울을 빼지 않고 만든 것] / black *bread* 검은 빵[호밀로 만든 것] / The *bread* never falls hot on its buttered side. (속담) 빵이 떨어지면 반드시 버터 바른 쪽이 땅에 닿는다, 설상가상. **2** 음식(food), 양식(sustenance); 생계(livelihood); daily *bread* 매일의 양식 / *bread* of life 생명의 빵[←요한 복음(John) 6 : 35] / out of *bread* 밥줄이 끊겨, 실직하여 / earn (*or* gain, make) one's *bread* 밥벌이를 하다, 생계를 세우다 / Man shall not live by *bread* alone. 사람이 먹으로만 살 것이 아니오 [←마태 복음(Matt.) 4 : 4]. **3** [교회] [성찬용의] 빵. **4** [美속어] 돈(money).
as I live by bread [내가 빵으로 살고 있는 것처럼] 아주 확실하게, 정말로(very really).
ask for bread and be given a stone 떡을 달라고 면 돌을 주다[←마태 복음(Matt.) 7 : 9].
beg one's bread 걸식하다.
bread and butter [brédnbʌ́tər] ① [단수 취급] 버터 바른 빵. ②[구어] 필요한 양식; 생계; 검소한 생활. ¶ quarrel with one's *bread and butter* 자기의 생업에 싫증이 나다.
bread and cheese 치즈를 곁들인 빵; 간단한 식사; 생계.
bread and circuses 대중의 마음을 잡는 방법.
bread and milk 우유에 적신 빵.
bread and salt [환대의 상징으로서의] 빵과 소금. ¶ He has eaten my *bread and salt*. 그는 우리 집의 손님이 되었다.
bread and scrape 버터를 아주 조금 바른 빵.
bread and wine 빵과 포도주; 성찬[례](Lord's Supper).
bread buttered on both sides 양쪽에 버터를 바른 빵; 안락한 생활; 뜻밖의 횡운. ¶ have one's *bread buttered on both sides* 안락한 생활을 하다.
break bread ① 함께 식사하다 (*with*...). ¶ He has *broken bread* with me. 그는 나와 한 솥의 밥을 먹은 사이다. ② 빵을 쪼다(쪼개다); 성찬례(Lord's Supper)를 올리다.
cast (*or* **scatter**) **one's bread upon the waters** 보수를 기대하지 않고 선행을 하다, 음덕을 베풀다.
eat the bread of affliction 고난의 떡을 먹다[←신명기(Deut.) 16 : 3].
eat the bread of idleness 무위도식하다.
know on which side one's bread is buttered 자신의 이해 득실을 잘 알고 있다, 빈틈이 없다.
take the bread out of a person's **mouth** 남의 생계의 길을 빼앗다.

— *vt.* **1** [요리] …에 빵가루를 묻히다. **2** …에게 빵(식사)을 주다. ¶ *bread* one's family 가족을 부양하다.

bread-and-butter [brédndbʌ́tər] *adj.* (*cf.* bread and butter) **1** 생계(최저 수입)를 얻기 위한, 고정 수입원이 되는; 돈(보수)을 바라고 하는. **2** 실용적인(practical); 세속적인, 현세적인. **3** [후한 대접에]고마움을 나타내는, 환대를 감사하는. ¶ a *bread-and-butter* letter [남의 환대를 받고 보내는]답례 편지. **4** [주로 英] 청소년기의, 한창 먹을 나이의. ¶ a *bread-and-butter* miss 한창 먹을 나이의 아가씨.

bread·bas·ket [brédbæ̀skit / -bàːs-] *n.* **1** 빵 바구니. **2** (속어) 밥통, 위(stomach). **3** [美] 곡창 지대, 주요 농업 지대.

bréad bìn *n.* 《英》 뚜껑이 있는 큰 빵 상자.

bread·board [brédbɔ̀ːrd / -bɔ̀ːd] *n.* [빵가루 따위의] 반죽판; 빵 써는 도마.

bread·board·ing [brédbɔ̀ːrdiŋ / -bɔ̀ːd-] *n.* [U] 평판한 실험대 위의 전기 회로 조립.

bréad còrn *n.* 빵 만드는 각종 곡물.

bread-crumb [brédkrʌ̀m] *n.* **1** 빵의 연한 속 부분. **2** (보통 ~s) 빵 부스러기(가루). — *vt.* …에 빵가루를 묻히다(처바르다).

bréad éarner *n.* 생계 유지자; 집안의 가장.

bread·er·y [brédəri] *n.* 《美》 빵 가게.

bread·fruit [brédfrùːt] *n.* 빵나무[남태평양 제도 원산의 뽕나무과의 상록 교목]; 빵나무 열매.

bréad knìfe *n.* 빵 써는 칼.

bread·less [brédlis] *adj.* 빵이 없는, 식량이 없는.

bréad lìne *n.* 식량 배급을 기다리는 실업자·빈민 등의 줄(열).

bréad mòld *n.* [U] [빵에 생기는] 검은 곰팡이.

bread·nut [brédnʌ̀t] *n.* 서인도 제도산(產) 뽕나무과 식물의 하나; 그 열매[볶아서 가루로 빻아 빵을 만든다].

bréad pòultice *n.* 끓는 물에 적신 빵으로 만든 찜질약.

bréad sàuce *n.* [U] 빵가루 소스.

bread·stick [brédstìk] *n.* 막대기 모양으로 딱딱하게 구운 빵.

bread·stuff [brédstʌ̀f] *n.* **1** (~s) 빵의 원료. **2** [U] [각종의] 빵(bread).

‡**breadth** [bredθ, bretθ] *n.* **1** 폭, 넓이(width). *cf.* length, thickness ¶ The box was two feet in *breadth*. 그 상자는 폭이 2피트였다. **2** [피륙의]한 폭, 폭으로 재는 것. ¶ a *breadth* of cloth 천의 한 폭. **3** [U][C] 관대, 관용, [견해·마음의]넓음(liberality). ¶ a *breadth* of view (mind) 견해(마음)의 넓음. **4** (보통 ~s) 넓이, 크기(extent). ¶ green *breadths* of an undulating hill 완만히 기복이 있는 언덕의 푸른 벌판. **5** [U] [미술] 여유가 있음, 웅대함, 웅대한 효과.
by a hair's breadth 간발의 차이로, 아슬아슬하게. ¶ escape *by a hair's breadth* 간발의 차로 모면하다.
to a hair's breadth 한 치도 어김없이, 정확히.
◇ broad *adj.*, bróaden *v.*

breadth·ways [brédθwèiz, brétθ-], **-wise** [-wàiz] *adv.* 가로로, 가로질러.

bréad trèe *n.* **1** =breadfruit. **2** =baobab. **3** 야생의 망고(wild mango).

bread·win·ner [brédwìnər] *n.* **1** 한 집안의 생계를 꾸리는 사람, 가족 부양자. **2** 밥벌이하는 도구(기술), 생업(生業).

‡**break** [breik] *v.* (**broke** *or* [고어] **brake, bro·ken** *or* [고어] **broke, break·ing**) *vt.* **1** …을 부수다, 깨다, 쪼개다, 찢다, 째다; …을 꺾다, 상처나게 하다; [새 기둥 따위의]를 길들이다 // *break* a safe 금고를 부수다 / *break* a doll 인형을 망그러뜨리다 / *break* a dish asunder 접시를 산조각으로 내다 / *break* a window [pane] 유리창을 깨다 / *break* a bone 골절하다 / *break* one's neck 목이 부러지다 / *break* a chain 사슬을 끊다 / *break* the seal 개봉하다 / *break* the skin 피부에 상처를 입히다 // (~+目+前+名) *break* a glass *in* (*or into*)

break

pieces 컵을 산산이 부수다 / *break* a rope *in* two 밧줄을 둘로 끊다.

[類語] **break** 가장 일반적인 말. **crush** 눌러 부수다. **shatter** 파편이 흩날릴 만큼 세게 break 하다. **crash**, **smash** 큰 소리를 내며 break 하다. **crack** 소리를 내며 금이 가다.

2 [법·약속·평화·질서]을 어기다, 위반하다, 깨뜨리다. ¶ *break* one's promise (*or* word) 약속을 어기다 / *break* one's pledge (resolution) 맹세를 어기다(결심을 바꾸다) / *break* a law 법을 어기다 / *break* bounds 경계(한계)를 침범하다; [병사·학생이] 지정된 외출 구역 밖으로 나가다 / *break* a strike 파업을 깨뜨리다.

3 …을 깨뜨리다, 어지럽히다; 중지하다, 막다, 방해하다(interrupt). ¶ *break* the silence 고요를 깨뜨리다 / *break* one's journey 도중 하차하다 / *break* one's rest (meditation) 휴식(명상)을 방해하다 / *break* one's sleep 잠이 깨게 하다 / *break* an electric current 전류를 끊다 / *break* a color 다른 색을 섞어 색조를 부드럽게 하다 /The stone *broke* the surface of water. 그 돌멩이가 수면을 흐트려 놓았다.

4 …을 능가하여 하다; …에 이기다; [기록]을 깨다. ¶ *break* opposition 반대를 이겨내다 / *break* a rebellion 반란을 진압하다 / *break* the 1,000-won line [주식 따위가] 천 원대를 돌파하다 / *break* the record 기록을 깨다.

5 [한 벌의 기물]을 헐다; [큰 돈]을 헐다. ¶ *break* a set 한 벌로 된 것을 헐다; 헐어서 팔다 / *break* a 10,000-won note 만 원짜리를 헐다.

6 [길]을 내다, 트다, [감옥]에서 탈옥하다, …으로부터 탈출하다. ¶ *break* open 부수고 열다 / *break* the enemy's defense line 적의 방어선을 돌파하다 / *break* cover (*or* covert) [사냥감이] 숨은 곳에서 뛰어나오다 / *break* jail 탈옥하다 / *break* a way through difficulties 난국을 타개해 나가다. └집에 침입하다.

7 [주거]에 침입하다. ¶ *break* a person's house 남의

8 …을 입밖에 내다, 누설하다(disclose); …을 알리다; [신문] [이야기 따위]를 공표(공개)하다. ¶ *break* a sigh (a smile) 한숨(미소) 짓다 / *break* a joke 농담하다 / (~+몸+전+名) *break* one's mind *to* a person 남에게 마음속을 터놓다 / *break* the news *to* a person 남에게 뉴스를 전하다.

9 [기록]을 깨다, 경신하다.

10 …을 파산시키다, 도산시키다(make bankrupt), 파멸시키다(ruin). cf. broke(*adj.*) ¶ *break* a firm 회사를 파산시키다.

11 [군대 등에서] …을 강등시키다(demote); …을 면직하다; …에게서 관직을 박탈하다(* 이 뜻일 때는 과거분사는 broken 또는 broke). ¶ *break* an officer 장교를 파면하다 / The captain was *broke* (or *broken*) for neglect of duty. 대위는 직무 태만으로 해임되었다.

12 [건강·체력]을 약화시키다, 쇠약케 하다; [강도·가치·위력]을 줄이다, 꺾다; [정신·기력]을 잃게 하다. ¶ *break* a fall (a blow) 낙하(타격)의 힘을 줄이다 / *break* a person's spirits 남의 기를 꺾다 / *break* a person's heart 남을 슬픔에 잠기게 하다 / The trees *broke* the wind. 나무들이 바람을 막아 주었다.

13 [동물]을 길들이다(…in). ¶ (~+몸+전+名) *break* a child *in* 아이를 순종하도록 가르치다 / (~+몸+전+名) *break* a horse *to* the rein (*or* the bridle) 말을 [고삐·말굴레에] 길들이다.

14 [남의 버릇]을 고치다, 악습을 버리게 하다(…of). ¶ (~+몸+전+名) *break* a person *of* lying 거짓말하는 버릇을 고쳐 주다 / I cannot *break* myself *of* the habit of smoking. 나는 흡연하는 습관을 고칠 수가 없다.

15 …을 해독하다; …을 해결하다. ¶ *break* a code 암호를 해독하다 / *break* a case 사건을 해결하다.

16 [법적인 절차를 밟아] …을 무효로 하다. ¶ *break* a will 유언장의 효력을 없애다 / *break* an alibi 알리바이를 뒤집다.

17 [계획·운동 따위]를 시작하다. ¶ *break* a campaign 운동을 시작하다.

18 [스포츠] [공]을 커브시키다; [갑자기] …의 방향을 바꾸다. ¶ *break* a curve ball 공을 커브시키다. — *vi.* **1** 깨지다, 부서지다, 쪼개지다, 부러지다, 무너지다, 끊기다. ¶ (~+전+名) The plate *broke into* pieces. 접시는 산산조각이 났다 / The rope *broke in* two. 밧줄은 두 가닥으로 끊겼다 // (~+부) Glass *breaks* easily. 유리는 깨지기 쉽다 / Better bow (or bend) than break. 《속담》 부러지는 것보다는 구부러지는 것이 낫다.

2 갑자기 그만두다; 중지하다; 끊기다, 중단되다; [전류가] 끊기다. ¶ The line *breaks* at the sixth generation. 그 혈통은 6대로 끊긴다 / We *broke* for coffee. 커피를 마시려고 쉬었다.

3 분해되다(*off* …); 붕괴하다; [구름·안개 따위가] 걷히다, 흩어지다(*away* …); [서리가] 녹다; [파도가] 부서지다; 느슨해지다(*up* …). ¶ Clouds *break*. 구름이 흩어진다 / Frost (Ice) *breaks*. 서리(얼음)가 녹는다 / His attention *broke*. 그의 주의가 산만해졌다 // (~+전+名) Waves *break against* the rocks. 파도가 바위에 부딪쳐 부서진다 / The sea *breaks on* the beach. 파도가 해안에서 부서진다.

4 관계를 끊다, 손을 떼다, 사이가 나빠지다(*with* …). ¶ (~+전+名) *break with* a friend 친구와 절교하다 / *break with* old conventions 인습과 결별하다.

5 [감금·구속에서] 벗어나다; 탈주(탈출)하다, 도망치다. └다(*away* …).

6 침입하다, 돌진하다(*in*, *through* …).

7 갑자기 …하다; [바람·폭풍우 따위가] 돌발하다, [날씨가] 변하다; [소리·질·빛깔 따위가] 갑자기 변하다; [물집·종기가] 터지다(burst) (*in*, *into*, *from* …; *forth*, *out*). ¶ The spell of fine weather has *broken*. 계속되던 좋은 날씨가 갑자기 변했다 // (~+전+名) *break into* a gallop (말이 보통걸음에서) 속보로 되다 // (~+부) A storm *breaks* [*out*]. 폭풍우가 갑자기 일었다 / Cheers *broke* [*forth*] from the crowd. 군중으로부터 환성이 터져나왔다.

8 날이 새다, 밝아오다(dawn). ¶ Day (Morning, Daylight) *breaks*. 날이 샌다. └다.

9 [물고기 따위가] 물 위로 떠오르다, 물 위로 뛰어오르

10 [군대가] 흩어지다, 후퇴하다(give way). ¶ The cavalry *broke* and fled. 기병대는 패주했다.

11 [건강·체력·시력이] 쇠약해지다, 쇠퇴하다, 기운이 없어지다; [기력을] 잃다(fail), 굴복하다; 망가지다, 고장나다. ¶ His health was *breaking* fast. 그의 건강은 급속히 쇠약해지고 있었다 / The horse *broke* under weight. 말이 무거운 짐을 못이겨 쓰러졌다 / He *broke* under questioning. 그는 질문 공세에 굴복했다 / The radio set *broke*. 라디오가 고장났다.

12 파산하다, 망하다; [신용·명예·지위 따위가] 떨어지다; [가치·주가(株價) 따위가] 폭락하다. ¶ The merchant (The bank) *broke*. 그 상인(은행)은 파산했다.

13 [가슴이] 미어지다. ¶ My heart almost *broke*. 내 가슴은 미어질 듯했다.

14 [음악] [악기·음성의] 음역이 바뀌다; 엉뚱한 소리가 나다; 변성(變聲)하다; [목소리가] 달라지다. ¶ His voice has *broken*. (나이가 되어) 변성했다; [감정이 격하여] 목소리가 갈라졌다.

15 《美》 [당구] [게임을 시작할 때 모아 둔 공을] 쳐서 흩트리다, 첫 큐를 치다; [공이] 커브하다, 브레이크가 걸리다.

16 [원예] [새싹·꽃·뿌리가] 돋다, 트다, 피다.

17 [신문] [뉴스 따위가] 공표되다, 알려지다. ¶ The story *broke* in the paper. 그 이야기는 지상에 보도되었다.

18 [모음이] 복모음화하다. └다.

19 《美》 [권투] [클린치한 뒤에] 떨어지다, 브레이크 하

20 《美俗語》 [사건 따위가] 일어나다, [어떤 결과로] 되

다. ¶ Things were *breaking* badly. 일이 잘못 되어 가고 있었다.
break a leg ! ⇨ LEG.
break a gun [총알을 재기 위해] 총을 꺾다.
break a lance with ⇨ LANCE.
break and enter 가택 침입을 하다.
break away ① [경주에서]신호 전에 스타트하다. ② 탈주하다, 도망치다(escape); [주제·패거리에서]이탈하다, 벗어나다 (from...). ¶ *break away from* a party (a prison) 탈당(탈옥) 하다. ③ 《美》[날씨가]개다. ⇨ *vi*. 3. ¶ The fog *broke away*. 안개가 걷혔다. ④ [습관 따위]를 갑자기 그만두다. ⑤ …을 꺾다, 때려부수다.
break back 갑자기 원상태로 돌아가다, 갑자기 복귀하다.
break blows with …과 치고받다.
break bread ⇨ BREAD.
break bulk 《항해》 짐을 부리기 시작하다.
break down ① (*vt*., *vi*.) 고장나다; …을 파괴하다, 때려부수다. ¶ *break down* a gate 문을 때려부수다 / The machine *broke down*. 그 기계는 고장났다. ② …을 압도하다; …을 극복하다(overcome). ¶ Her gentle words *broke down* the boy's nervousness. 그녀의 따뜻한 말에 소년의 불안은 사라졌다. ③ …을 분해하다, 분석하다(analyze); …을 분류하다, …을 조목별로 나누다. ④ (*vi*.) 부서지다, 부서져 떨어지다, 깨지다, 으스러지다, 분해되다. ⑤ (*vi*.) 실패하다, 좌절하다; 실망하다. ¶ The plan has *broken down*. 그 계획은 실패했다. ⑥ (*vi*.) 건강을 해치다, 쇠약해지다. ⑦ (*vi*.) 울음을 터뜨리다. ⑧ (*vi*.) 정전(停電)이 되다. ⑨《美구어》[행진 따위]를 멈추다(stop) (*특히 it을 목적어로 하여). ¶ *Break* it *down*! 집어치워 !
break even 《美구어》 손익이 없게 되다, 피장파장이 되다.
break for …을 향해 돌진하다.
break forth 갑자기 …하다, [화 따위]폭발하다. ¶ *break forth* into singing 갑자기 노래하기 시작하다.
break free (or loose) from …에서 벗어나다, 떠나다. ¶ Two unconvicted prisoners *broke free from* the jail. 두 명의 미결수가 탈옥했다 / The lion has *broken loose from* its cage. 사자가 우리에서 뛰쳐나왔다.
break from 급히 가버리다, …에서 벗어나다.
break ground ① 땅을 갈다(plow). ② 착공하다, 공사를 시작하다. ③ [일·사업 따위]를 시작하다. ④ 《항해》 닻을 [바다 밑에서] 떨어지게 하다, 감아올릴 수 있도록 하다. ⑤ 제일보를 이룩하다.
break in ① …을 훈련하다, 길들이다. ¶ *break in* a new assistant 새 조수를 훈련하다. ②《美》…을 쓰기 시작하다, 써서 길들이다. ¶ *break in* a pair of new shoes 새 구두를 신어서 길들이다. ③ (*vi*.) 경험을 쌓다, 익숙해지다. ¶ The new man is *breaking in* well. 그 신인은 잘 어울리고 있다. ④ (*vi*.) 침입하다. ¶ Thieves *broke in* during the night. 밤중에 도둑이 침입했다. ⑤ (*vi*.) 끼어들다, 참견하다, 갑자기 말하기 시작하다. ¶ As we were talking he *broke in* to say... 우리가 이야기하고 있을 때 그가 갑자기 …이라고 말참견했다. ⑥《濠방언》[땅]을 개척하다.
break in on (or upon) (*vt*.) ① …에 침입하다. ② 갑자기 …을 가로막다, 훼방놓다. ¶ The hooting of an owl *broke in on* the quiet of the place. 부엉이 울음소리가 그곳의 정적을 깨뜨렸다. ③ 갑자기 나타나다, 문득 [가슴]에 떠오르다, 문득 [입]에서 나오다. ¶ A new idea *broke in upon* my mind. 새로운 아이디어가 문득 머리에 떠올랐다.
break into ① …에 침입하다. ¶ A burglar *broke into* his house. 그의 집에 강도가 들었다. ② [이야기]를 가로막다, 방해하다. ¶ Just then he *broke into* a conversation. 바로 그때 그가 우리의 대화에 끼어들었다. ③ …을 …하다. ¶ She *broke into* a smile (tears). 그녀는 갑자기 미소지었다 (울기 시작했다). ④ 《美》[직업·지위 따위]에 들어가다(않다). ¶ *break into* the American League 아메리칸 리그에 입단하다.
Break it up. 《구어》 싸우지(다투지) 마라.
break new ground 신천지를 개척하다, 새출발을 하다.
break off ① (*vt*.) …을 꺾다, 따다; (*vi*.) 부러지다, 찢어지다, 갈라지다. ¶ *break off* a branch from the tree 나무에서 가지를 꺾다. ② (*vi*., *vt*.) 갑자기 그만두다; 중단하다; 관계를 끊다. ¶ *break off* conversation(friendship) 대화(우호 관계)를 끊다 / He *broke off* in the middle of the story 이야기 도중에 그는 갑자기 입을 다물었다 / Their engagement was *broken off*. 그들의 약혼은 파혼되었다.
break on (or upon) ① 갑자기 …에 나타나다. ¶ The shore *broke on* (or *upon*) us. 갑자기 해안이 보였다. ② …에게 명백해지다. ¶ The truth *broke upon* us. 진상이 명백해졌다.
break out ① (*vi*.) [전쟁·폭동·화재 따위가]일어나다, 발생하다, 돌발하다. ② (*vi*.) 발진(發疹)하다; 종기가 생기다; [땀이]나다. ¶ *break out* with measles 홍역에 걸리다. ③ [사용하기 위해] …을 준비하다, …의 짐을 풀다, …을 은닉처에서 꺼내다. ¶ *break out* champagne 샴페인을 꺼내다. ④ (*vi*.) 탈출하다, 뛰쳐나오다. ⑤ (*vi*.) 갑자기 외치기(말하기) 시작하다; 생각해 내다. ¶ He *broke out* into loud curses. 그는 갑자기 큰 소리로 욕을 퍼붓기 시작했다. ⑥ (*vt*.) [항해] [기(旗)]를 게양하고 펼치다; (*vi*.) [짐을 부리기 위해] 선창을 열다; 닻을 올리다. ⑦ 타락하다. ⑧ (*vt*., *vi*.) 《美》눈을 치우다. ⑨ 《濠》[금광]을 개광하다. ⑩ = break away ②.
break the ice ⇨ ICE.
break through ① (*vt*., *vi*.) […을] 뚫고 지나가다, 돌파하다. ② [햇빛 따위가] [구름 사이에서] 나타나다. ¶ The moon *broke through* the clouds. 달이 구름 사이로 나왔다. ③ [법]을 [관습 따위]를 이기다, (*vi*.) 위반하다. ¶ *break through* the law 법을 어기다 / *break through* an engagement 약속을 위반하다.
break up ① (*vt*.) …을 분리하다, 세분하다; …을 해산하다, [배 따위]를 해체하다; (*vi*.) 《英》[학교]가 방학에 들어가다; 산회하다. ¶ *break up* housekeeping 살림을 걷어치우다 / *break up* a meeting 산회하다 / *break up* a ship 배를 해체하다 / The party *broke up* at six. 파티는 6시에 끝났다 / When does school *break up*? 학교는 언제부터 방학입니까? ② (*vt*.) …을 끝내다, 종식시키다. ③ (*vt*.) [추위·병 따위]가 끝나다; [날씨가]변하다. ④ (*vt*.) 잘게 썰다. ⑤ (*vi*.) [서리·얼음 따위가] 녹다. ⑥ (*vi*.) [사람의 몸이] 쇠약해지다, 사기가 떨어지다. ¶ They are likely to *break up* under enemy attack. 그들은 적의 공격을 받으면 쉽게 무너질 것이다. ⑦ (*vt*.) …을 부수다; …을 중단하다, 방해놓다. ⑧ (*vt*.) 《美구어》 …을 당황하게 하다. ¶ He was all *broken up* by the news. 그는 그 소식을 듣고 아주 당황했다. ⑨ (*vt*.) [적]을 패주시키다. ⑩ [미식축구] 스크럼을 풀다. ⑪ (*vi*.) 《주로 美구어》 관계를 끊다, 절교하다; (*vt*.) [친구 등]을 사이가 벌어지게 하다. ⑫ (*vi*., *vt*.) 《美구어》 크게 웃다(웃기다). ¶ The joke *broke up* the audience. 그 농담으로 관중은 배꼽을 잡았다.
break with ① …와 관계를 끊다, 절교하다. ¶ *break* [a tie] *with* a friend 친구와 절교하다 / *break* [a tie] *with* old conventions 오랜 인습과 결별하다. ② 나누다, 분배하다. ¶ I'll *break* the money *with* you. 그 돈을 너와 나누겠다.

— *n*. **1** 파괴, 파손, 붕괴, 분쇄; 분리, 분석, 분해.
2 깨진(갈라진) 틈, 터진 데. ¶ There is a *break* in the wall. 벽에 갈라진 틈이 있다.
3 출현; 시작; 새벽, 여명. ¶ the *break* of May 5월의 시작 / the *break* of day 새벽.
4 돌진(rush); 《美》 탈출, 도망; 탈출 기도. ¶ make a

breakable / **breast**

break for freedom 자유를 찾아 탈주(돌진)하다. **5** 〔갑작스러운〕불화, 절교. **6** 중지, 중단; 〔전기〕단선(斷線), 차단기. ¶ a *break* in conversation 대화의 중단 / There was no *break* in the rain. 비는 줄곧 내렸다/I traveled to London without a *break*. 나는 런던으로 직행했다. **7** 급변; 《美》 〔말의〕보조 변화; 《美》 〔주가(株價)·물가〕관계의〕단절. **8** 《美》 폭락. **9** 〔구어〕기회, 호기, 가망; 운. ¶ a fair (*or* good) *break* 호기 / a tough *break* 불운 / an even *break* 반반의 가망, 동률. **10** 〔구어〕〔사교의〕과실, 실수; 실언. ¶ make a bad *break* 실수를 저지르다 / Give me a *break*! 기회를 주시오; 《美》 봐 주시오, 좀 기다려라. **11** ⓤⓒ 짧은 휴식, 휴게. ¶ a tea (a coffee) *break* 홍차(커피) 시간 / take a ten-minute *break* 10 분간의 휴식을 취하다. **12** 〔韻律〕〔행(行) 속에서의〕휴지(休止)(caesura); 〔인쇄〕단락(段落), 문단 사이의 1행 이상의 빈칸. **13** 《美》 〔당구〕연속 득점; 첫 큐; 〔야구·크리켓·구〕 커브, 곡구; 〔권투〕브레이크〔의 선언〕; 〔경마·육상 경기〕경주 개시. **14** (~s) 중지부점(中止符點) 〔예: Then he...〕. **15** 〔음악〕갑작스러운 전조(轉調); 〔재즈〕솔로에 의한〕중간 삽입부. **16** 우대 조치, 특별 배려. ¶ receive no special *breaks* from the government 정부로부터 어떠한 특별 배려도 받지 않다.

break·a·ble [bréikəbl] *adj.* 부서뜨릴 수 있는; 깨지기 (부서지기) 쉬운(fragile, frangible).

break·age [bréikidʒ] *n.* ⓤ **1** 파손, 손상, 파괴 (break). **2** 파손량, 파손된 부분. **3** 〔상업〕파손료, 파손 배상〔액〕, 파손 견적〔액〕. **4** (~s) 파손품(물).

break·a·way [bréikəwèi] *n.* **1** 분리(separation), 이탈; 탈퇴. ¶ a *breakaway from* traditions 전통으로부터의 이탈. **2** (주로 濠) 〔가축때 따위가〕놀라서 폭주하기(stampede); 무리에서 탈주한 동물. **3** 〔권투〕브레이크; 〔럭비〕공을 가지고 상대편 골로의〕돌진; 〔경기〕신호 전의 스타트. **4** 〔연극〕관객 앞에서 쉽사리 변화할 수 있는 소도구. ── *adj.* **1** 분리된, 이탈된. **2** 〔연극〕〔세트가〕쉽사리 변하는.

bréak·bòne féver [bréikbòun-] *n.* ⓤ 〔의학〕뎅기열(熱)(dengue).

break·danc·ing [bréikdænsiŋ] *n.* 브레이크 댄싱〔곡예나 체조 비슷한 동작을 리듬에 맞춰 단속적으로 추는 춤의 일종〕.

*****break·down** [bréikdàun] *n.* **1** 파괴; 붕괴, 몰락; 〔열차·기계 따위의〕고장, 파손; 〔건강 따위의〕쇠약, 장애. ¶ a nervous *breakdown* 신경 쇠약 / a *breakdown* crane 〔주로 철도 사고에 쓰는〕구조용 기중기 / a *breakdown* gang 〔철도 사고의〕구조〔작업〕반. **2** 〔화학〕분해, 분석(analysis). **3** 《美》 *breakdown* product 물질의 분해로 생기는 물질. **3** 분류; 내역, 명세, 명세서. **4** 〔전기〕절연 파괴. **5** 《美》 시끄럽고 활발한 포크 댄스.

bréakdown lòrry (vàn) 《英》 구난(救難) 〔작업〕차, 레커차(車) (wrecker, tow car).

bréakdown tèst *n.* 내구력(파괴) 시험.

*****break·er[1]** [bréikər] *n.* **1** 파괴자. ¶ a *breaker* of conventions (silence) 인습(정적)을 깨뜨리는 사람. **2** 〔해안·바위 따위에 부딪쳐 부서지는 파도, 흰 파도,〕큰 파도, 놀. ⇨ WAVE [類語] **3** 절단기, 석탄(돌) 깨는 기계; 〔전기〕차단기; (~s) 파도가 밀려와서 부서지는 바위.

break·er[2] [bréikər] *n.* 〔항해〕 〔구명 보트에 싣는 음료수용의〕물통.

break·even [bréikí:vən] *adj.* 수지가 어긋비슷한; 〔이익도 손해도 없는.

bréak·éven chàrt 〔회계〕손익 분기점 도표.

bréak·éven pòint *n.* 손익 분기점, 채산점.

*****break·fast** [brékfəst] *n.* ⓤⓒ 조반, 아침 식사 (* 보통 관사 없이 쓰지만 형용사가 있을 때는 부정관사를 수반한다). ¶ at *breakfast* 조반 때에 / have (*or* eat, 《英》 take) *breakfast* 조반을 먹다 (* take breakfast 는 《美》 에서는 조반을 가지고 가다의 뜻) / have a good (a hasty) *breakfast* 조반을 잘(급히) 먹다.

have ... for breakfast 《주로 澯구어》 조반 전에 (식은 죽 먹기로) ...을 해치울 수 있다.

── *vt.* ...에게 조반을 주다. ── *vi.* 조반을 먹다. (~ + 前 + 名) I *breakfasted on* bread and butter alone. 나는 버터 바른 빵으로 조반을 마쳤다.

bréakfast fòod *n.* 〔주로 조반용의 오트밀(oatmeal) 따위의〕곡류 식품.

break·front [bréikfrʌ̀nt] *adj.*, *n.* 양 측면보다 중심부가 튀어나온〔찬장·서가〕.

break-in [bréikìn] *n.* **1** 〔불법〕침입. **2** 시행〔試行〕, 시운전. **3** 《美》숙사로 돌아가는 사람, 밤부는 사람.

break·ing [bréikiŋ] *n.* ⓤ **1** 파괴, 절단. **2** 〔전기〕단선(斷線). **3** 길들이기, 조련. **4** 〔언어〕음의 분열 (fracture) 〔단모음이 다음에 오는 자음의 영향으로 이중모음화하는 일. 예: arm → earm (=arm), erthe → eorthe (=earth)〕. 〔는〕.

bréaking báll *n.* 〔스포츠〕변화구(球), 튀어 나가는.

bréaking pòint *n.* **1** 파괴(파열)점〔팽창·압력에 대한 저항 등의 한계점〕. **2** 〔人의 한도(한계점〕. **3** 〔사기의 지속 한도; 결렬점. **4** 변성기(變聲期).

bréaking tést *n.* 파괴 시험.

bréak líne *n.* 〔인쇄〕패러그래프의 맨 끝줄.

break·neck [bréiknèk] *adj.* 〔목을 부러뜨릴 듯이〕아주 빠른; 매우 위험한. ¶ at breakneck speed 무서운 속도로.

break-off [bréikɔ̀(ː)f, -ɑ̀f] *n.* 갑자기 그침(그만둠); 결렬.

break-out [bréikàut] *n.* 〔군사〕포위 돌파, 탈주.

break·point [bréikpɔ̀int] *n.* 〔어떤 과정에 있어서의〕중지(휴지)점, 중단점; 〔일단락짓는〕구획점.

break·through [bréikθrùː] *n.* **1** 〔군사〕방위선 돌파〔작전〕, 돌파구. **2** 〔난관의〕타개. **3** 비약적 발전; 눈부신 발견.

break-up [bréikʌ̀p /≠] *n.* **1** 분해, 분쇄 (disintegration); 분열, 파열 (disruption); 해산 (dispersal). **2** 《알래스카·캐나다》강·항구의 해빙; 해빙으로 배가 다닐 수 있게 된 첫날. **3** 〔친구·부부간 등의〕이별, 불화, 별거. 〔제.

break·wa·ter [bréikwɔ̀ːtər, ‑wɑ̀tər] *n.* 방파

break·wind [bréikwìnd] 《英》 방풍림.

bream[1] [briːm] *n.* (*pl.* **bream** *or* **breams**) **1** 잉어과의 담수어. **2** 〔몸이 납작한〕각종 담수어. **3** 도미류의 물고기.

bream[2] [briːm] *vt.* 〔항해〕〔배 밑에 붙은 조가비·해초 따위를〕불에 그을려 떼어내다.

*****breast** [brest] *n.* **1** 〔사람·동물의〕가슴, 흉부(chest); 〔옷의〕가슴 부분. ¶ a pigeon *breast* 새가슴 / The soldier was shot in the *breast*. 그 병사는 가슴에 총알을 맞았다. **2** 유방.

[類語] **breast** 사람의 어깨에서 복부(abdomen)까지의 중간 부분에 대하여 쓰는 또 여성의 유방도 가리킨다. **bosom** *breast* 의 문어적인 표현. 비유적으로 마음이나 감정을 나타내는 경우에 쓴다. **bust** 〔특히 여성의〕흉부; 특히 의복의 치수에 쓴다. **chest** *breast* 중 가슴뼈·갈비뼈에 싸인 부분을 가리킨다: a *chest* X-ray photo 흉부 X 선 사진.

3 흉중, 심정, 마음(heart). ¶ a pain in the *breast* 마음 아픔 / She had a troubled *breast*. 그녀는 걱정하고 있었다 / What emotion lay in her *breast* when her son made that speech? 아들이 그 연설을 했을 때 그녀는 어떤 기분이었을까?

4 가슴 같은 곳, 돌출부, 가슴 모양의 부분; 〔산·언덕 따위의〕중턱. ¶ the *breast* of a lake 호수의 굽이.

at the breast 젖을 먹고 있는. ¶ a child *at the breast* 젖먹이.

beat one's breast 가슴을 치며 슬퍼하다.
give a child the breast 아이에게 젖을 물리다.
make a clean breast of …의 가슴속을 남김없이 털어놓다, 모조리 자백하다.
past the breast 젖 떨어져서. ¶ The baby is *past the breast*. 그 아이는 젖 떨어져 있다.
take the breast 젖을 먹다.
— *vt.* **1** …을 가슴으로 받다. **2** …에 과감히 맞서다, (곤란·위험·폭풍우 따위)를 무릅쓰고 나아가다. ¶ The boat *breasted* the waves. 보트는 파도를 헤치고 나아갔다 // (~ +⑬+甸+匌) *breast* oneself *to* danger 위험에 과감하게 맞서다.

breast·band [bréstbæ̀nd] *n.* **1** (마구(馬具)의)가슴걸이. **2** (항해) (측연(測鉛)으로 수심을 잴 때) 몸을 받치는 밧줄.

breast-beat·ing [bréstbìːtiŋ] *adj., n.* 가슴을 치며 엄살조로 감정을 나타내는(나타내기) [자랑·항의·불만·후회·슬픔 따위] (num).

breast·bone [brés(t)bòun] *n.* 가슴뼈, 흉골 (sternum).

bréast cáncer *n.* [의학] 유방암 [의(의).

breast-deep [bréstdíːp] *adj., adv.* 가슴까지 차는.

breast·ed [bréstid] *adj.* **1** 가슴 부분을 댄(갖옷 따위). **2** (복합어를 만들어) (옷·갖옷의) 가슴이 …한. ¶ a single- (a double-) *breasted* coat 단추가 한(두) 줄로 단 양복 상의.

breast-fed [bréstfèd] *v.* breast-feed 의 과거·과거분사. — *adj.* 모유로 자란. ¶ the differences between *breast-fed* and bottle-fed children 모유로 자란 아이와 우유로 자란 아이의 차이.

breast-feed [bréstfìːd] *vt.* (**-fed, -feed·ing**) (아이)에게 젖을 먹이다(suckle, nurse); …을 모유로 키우다.

bréast hárness *n.* (목걸이를 하지 않고) 가슴걸이으로 맨 마구(馬具).

breast-high [brésthái] *adj., adv.* 가슴 높이의(로).

breast knot [bréotnʌ̀t / nɔ̀t] *n.* 기슴 부분의 징식 놋 고름. [치(brooch); 넥타이 핀(tiepin).

breast·pin [brés(t)pìn] *n.* 가슴에 꽂는 장식 핀, 브로

breast·plate [brés(t)plèit] *n.* **1** (갑옷 따위의) 가슴받이. **2** (마구의) 앞가슴받이. **3** 옛날 유대교의 대사제(大司祭)가 가슴에 건 12부족을 상징하는 보석으로 장식한 네모난 삼베. **4** (거북의) 흉부갑(甲).

bréast pócket *n.* (상의의) 가슴 호주머니 (포켓).

bréast púmp *n.* (젖이 너무 많이 나오는 여자가 쓰는) 젖 짜는 기구.

breast·rail [bréstrèil] *n.* (선미·후갑판 따위의) 손잡이로 쓰는 난간. **2** (발코니 따위의) 난간.

bréast stróke *n.* (보통 the ~) (수영) 평영(平泳).

breast·sum·mer [brés(t)sʌ̀mər / brésəmə*r*] *n.* (건축) (문 따위의 위에 가로지른) 상인방.

bréast wáll *n.* 흉벽(胸壁) (face wall).

bréast whéel *n.* 수평축(水平軸)이 수면과 같은 높이로 된 물방아. *cf.* overshot wheel

breast·work [bréstwə̀ːrk] *n.* 홍장루(胸牆), 흉벽(가슴 높이까지 쌓은 방벽).

‡**breath** [breθ] *n.* **1** ① (생리) 숨, 호흡; 호흡 작용. ¶ with bated *breath* 숨을 죽이고 / draw one's *breath* 숨 쉬다, 살아 있다 / fetch one's *breath* 숨을 다시 쉬다 / give up (or yield) one's *breath* 호흡을 멈추다, 죽다 / lose one's *breath* 숨차다 / The room was stuffy with human *breath*. 방은 사람의 숨으로 답답했다 / You can see your *breath* on a cold day. 추운 날에는 자기의 입김이 보인다.
2 ① 생기, 활기; 생명. [이 보인다.
3 한번의 호흡, 한숨. ¶ draw a deep (a long) *breath* 깊이 숨쉬다(한숨 놓다).
4 ① ② 잠깐 동안, 순간; 휴식 시간. ¶ take (or recover) *breath* 한숨 돌리다, 잠깐 쉬다.
5 살랑거림, 산들거림; 속삭임. ¶ a *breath* of air 바람의 산들거림 / There is not a *breath* of mystery. 신비스러운 데는 조금도 없다 / Not a *breath* was heard. 숨쉬는 소리도 들리지 않았다. [voice
6 (음성) 무성(음), 기음(氣音) [p, t, k, s 따위]. *cf.*
7 은은한 향기. ¶ the *breath* of morning 아침 내음.
above one's breath 소리를 내어.
all in a breath 연달아; 단숨에. ¶ read a book *all in a breath* 책을 단숨에 읽다.
at a breath 단숨에, 단번에. [리로.
below (or *under*) *one's breath* 소곤소곤, 낮은 소
the breath of one's nostrils (or *life*) 코로 생물의 기식을 호흡하는 것[←창세기(Gen.) 7:22]; 없어서는 안될 귀중한 것.
catch (or *hold*) *one's breath* (놀라서) 숨을 죽이다.
gather breath 숨을 쉬다, 숨을 돌리다.
get one's breath (*again*) 정상 호흡으로 되돌아가다.
in one (or *the same*) *breath* 동시에; 금방. ¶ be mentioned (or spoken of) *in the same breath* with …[과]비교될 수 있다 / He says yes and no *in one breath*. 그는 「네」라고 했다가 금방 「아니」라고 한다 / The two cannot be discussed *in the same breath*. 그 둘은 동시에 논할 것이 못 된다.
keep one's breath to cool one's porridge (구어) 입을 다물다, 쓸데없이 말참견하지 않다.
knock the breath out of a person (or *a person's body*) 남을 깜짝 놀라게 하다.
out (or *short*) *of breath* 헐떡이면서, 숨이 차서.
run oneself out of breath 뛰어서 숨이 차다.
save one's breath 잠자코 있다 (keep silent); 쓸데없는 논의에 끼지 않다. [(talk in vain).
spend (or *waste*) *one's breath* 쓸데없이 지껄이다
take a person's breath away; take away a person's breath 남을 깜짝 놀라게 하다. [까지.
to the last breath 마지막 숨을 거둘 때까지, 죽을 때
with one's last breath 임종 때에도; 끝까지 (to the last). ¶ He maintained *with his last breath* that he was innocent. 그는 끝까지 자기의 무고함을 주장했다.
◇ breathe *v.*, bréathy *adj.* [검사하다.

breath·a·lyse [bréθəlàiz] *vt., vi.* (英) 음주 여부를
breath·a·lys·er, breath·a·lyz·er [bréθəlàizə*r*] *n.* 음주 검사기. (< breath analyzer 의 뜻의 상표명)

‡**breathe** [briːð] *v.* (**breathed, breath·ing**) *vi.* **1** 숨쉬다, 호흡하다(respire). **2** 숨을 돌리다, 휴식하다 (take a rest). ¶ Give me a chance to *breathe*. 좀 쉬도록 해주십시오. **3** (바람이) 산들거리다. ¶ The air is *breathing* softly. 바람이 살랑살랑 불고 있다. **4** 살아 있다 (be alive), 생존하다 (exist). **5** (향기가) 풍기다, 감돌다. ¶ The roses *breathe* fragrantly. 장미에서 향기가 풍기고 있다.
— *vt.* **1** …을 호흡하다, …을 쉬다. ¶ *breathe* one's last [breath] 마지막 숨을 쉬다, 죽다(die).
2 …에게 숨돌리게 하다, 쉬게 하다. ¶ *breathe* a horse 말을 쉬게 하다 / Now you are *breathed*, we will push on. 쉬었으니 이제 급히 가도록 하자.
3 …을 숨차게 하다, 헐떡이게 하다, 지치게 하다(tire). ¶ He was so *breathed* that he could hardly move. 그는 너무 지쳐서 움직일 수가 없었다.
4 …을 말하다; …을 속삭이다(whisper); …을 알리다, 말해 주다. ¶ *breathe* a blessing 축복의 말을 하다 / *breathe* a word against 에게 불만을 토로하다 / *breathe* a word of it 비밀로 하다, 한마디도 안하다 / I promised not to *breathe* a syllable about that. 그 일에 대해서는 한 마디도 하지 않겠다고 나는 약속했다.
5 …을 표명하다, 발표하다; (정신 따위)를 구현하다. ¶ The book *breathes* an ardent love of the country. 이 책에는 강한 조국애가 가득 차 있다.
6 …을 내뿜다, 발산하다(… *out*). ¶ dragons *breathing* fire 불을 뿜는 용/the flowers *breathing* fragrance 향기를 풍기고 있는 꽃.
7 …을 주입하다, (영혼·생명 따위)를 불어넣다(infuse) (…*into*). ¶ (~ +⑬+甸+匌) *breathe* new life *into*

…에 새 생명을 불어넣다.
breathe again 안도의 숨을 쉬다, 안심하다.
breathe freely (or ***easily, easy***) 《구어》 마음을 놓다, 안심하다; 성공을 확신하다, 위기를 벗어나다.
breathe on (or ***upon***) …에 입김을 불다, …하게 하다; …을 더럽히다, 헐뜯다. ¶ *breathe on* her name 그녀의 명성을 더럽히다. ◇ **breath** *n*.

breathed [breθ → 1] *adj*. **1** [+briːð] 《음성》 무성(無聲)의, 무성음의(voiceless). ¶ a *breathed* sound (consonant) 무성자음(자음) [p, t, s, f 따위]. *cf*. voiced consonant **2** 《복합어를 만들어》 숨이 …한. ¶ short-*breathed* 숨이 찬.

breath·er [bríːðər] *n*. **1** 한숨 돌리기, 《구어》 잠깐의 휴식. ¶ have a *breather* 한숨 돌리다, 잠깐 쉬다. **2** [숨이 차는]격렬한 운동. **3** 숨쉬는 것; 생물. **4** 통기구, 공기 구멍. **5** [잠수부 등에게] 공기를 보내는 장치.

bréath gròup *n*. 《음성》 기식군(氣息群)〔처음과 끝이 분명하게 단숨에 발음되는 음군〕.

***breath·ing** [bríːðiŋ] *n*. ⓤ **1** 호흡 작용, 호흡(respiration), 숨쉬기. ¶ His *breathing* became irregular. 그의 호흡은 불규칙해졌다. **2** 한 호흡, 한숨〔single breath〕; 한순간, 잠시, 순식간. **3** 휴식, 휴지(休止)(pause). **4** 발언, 담화(utterance); 언어(words). **5** 열망, 동경(aspiration, longing) (after, for …). **6** 미풍. **7** [그리스 문법] 기식음의 발음; 기식음 부호. **8** 영감.

bréathing capácity *n*. ⓤ 폐활량. 〔inspiration).
bréathing hòle *n*. [숨통 따위의] 공기 빼는 구멍; [동물의]호흡 구멍, 기공(氣孔). 〔지(休止); 유양지.
bréathing plàce *n*. 휴식 장소; [시] (詩)의 중간 쉬
bréathing spàce *n*. **1** (=**bréathing spèll**) 숨 돌릴 틈, 한숨 돌릴 기회; 휴식 시간(time to rest); 휴식. **2** [움직이거나 일하는] 공간, 자리, 장소. ¶ There was no *breathing space* in the train. 전차 안에서는 꼼짝할 수가 없었다.

***breath·less** [bréθlis] *adj*. **1** 숨이 찬(out of breath); 헐떡이는(panting). ¶ Running fast makes you *breathless*. 빨리 달리면 숨이 찬다. **2** [걱정·공포·기대 따위로] 숨을 죽인; 숨막힐 듯한. ¶ *breathless* listeners 숨을 죽이고 경청하는 사람들 / watch with *breathless* attention 숨을 죽이고 지켜보다 / in a *breathless* hurry 숨도 쉴 수 없을 만큼 급히. **3** 죽은(dead), 숨이 끊어진. **4** 무풍의, 바람 한 점 없는. ~**ly** *adv*. ~**ness** *n*.

***breath-tak·ing** [bréθtèikiŋ] *adj*. 깜짝 놀랄만한, 아슬아슬한, 손에 땀을 쥐게 하는. ¶ a *breath-taking* view
bréath tèst *n*. 《영》 음주 검사. 〔놀라운 광경.
breath·y [bréθi] *adj*. (**breath·i·er, breath·i·est**) 《음성》[음성·노래 소리 따위]기식음(이 섞인); 성량이 모자라는. **breath·i·ness** *n*.

B. Rec., b. rec.《略》bills receivable (수취 어음).
brec·ci·a [brétʃə, -tʃiə, +美 bréʃiə] *n*. ⓤ 《지질》 각력암(角礫岩).

bred [bred] *v*. breed의 과거·과거 분사. — *adj*. 《복합어를 만들어》 …하게 자란. ¶ city-(country-) *bred* 도시(시골)에서 자란 / ill-(well-) *bred* 버릇없이(예절바르게) 자란.

breech [briːtʃ] — *vt*. *n*. **1** 엉덩이, 볼기, 둔부(buttocks). **2** 후부, 하부, 뒷부분. **3** 총의 개머리, 포미(砲尾). — *vt*. [briːtʃ] 《고어·방언》…에게 〔반〕바지를 입히다.

bréech bìrth (delìvery) *n*. 《의학》 골반위(位) 출산(분만) 〔아이를 거꾸로 낳는 일〕.
breech·block [bríːtʃblɑ̀k, -blɔ̀k] *n*. 〔대포의〕 미전(尾栓). 〔통에〕놀이쇠.
breech-cloth [bríːtʃklɔ̀ːθ, -klɑ̀(ː)θ], **-clout** [-klàut] *n*. 《미》 미개인이 입는 기저귀 모양의 천(loincloth).
breeched *adj*. **1** [bríːtʃt → 2] 포미(총개머리)를 입는. **2** [britʃt] 반바지(breeches)를 입은.

***breech·es** [brítʃiz] *n*. 《보통 복수 취급》 **1** 반바지(knee breeches). **2** 승마용 바지. **3** 《구어》 바지(trousers).
too big for one's ***breeches*** 분수를 모르는, 건방진.
wear the breeches 남편을 깔고 뭉개다, 내주장하다.
bréeches bùoy *n*. 《항해》 [즈크로 만든 바지 모양의] 구명대.
breech·ing [brítʃiŋ, + 美 briːtʃ-] *n*. **1** [말의]엉덩이 띠. **2** 연관(煙管) 〔보일러와 굴뚝을 잇는 도관〕. **3** 《해군》 주퇴삭(駐退索) 〔함포를 발사할 때 포의 후퇴를 막는 밧줄〕.
breech·less [bríːtʃlis] *adj*. **1** 포미(총개머리)가 없는. **2** 바지를 입지 않은.
breech-load·er [bríːtʃlòudər, +美 bríːtʃ-] *n*. 〔포미·총미에 장전하는〕후장포(後裝砲) 〔총〕. *cf*. muzzleloader 〔가〕후장식의.
breech-load·ing [bríːtʃlòudiŋ, +美 bríːtʃ-] *adj*. 〔총포

‡**breed** [briːd] *v*. (**bred, breed·ing**) *vt*. **1** 〔동물이〕새끼를 낳다, 〔알〕을 까다. **2** 〔동식물·병균 따위를〕번식시키다; 〔가축〕을 사육하다(raise); 〔원예〕의 품종을 개량하다. ¶ *breed* chickens for the market 내다 팔 병아리를 기르다.
3 〔비유〕…을 일으키다, 야기하다, 낳다(cause), …의 원인이 되다. ¶ A northern country *breeds* strong men. 북국은 튼튼한 인간을 만든다 / Ignorance *breeds* prejudice. 무지는 편견을 낳는다.
4 …을 가르치다, 양육하다. ¶ (~+囲+卿) *breed* a person a doctor 남을 의사가 되도록 가르치다 / be born and *bred* a soldier 태어날 때부터 군인이 되도록 교육받다 / (~+囲+卿+名) His father *bred* him *to* the law (*for* the church). 그의 아버지는 그를 법률가(목사)가 되도록 가르쳤다.
— *vi*. **1** 〔동물이〕새끼를 낳다; 태어나다; 자라다; 번식하다. ¶ Mice *breed* rapidly. 쥐는 급속히 번식한다.
2 〔…에서〕씨를 받다. ¶ (~+卿+名) *breed from* a mare of good stock 혈통이 좋은 암말의 씨를 받다〔에게 새끼를 낳게 하다〕. **3** 임신하고 있다.
born and bred ⇒ BORN.
breed in and in 근종(近種) 번식을 하다, 늘 근친 결
breed in the line 동종 번식을 하다. 〔혼을 하다.
breed out and out 이종(異種) 번식을 하다.
breed true 같은 특질의 아이를 낳다.
what is bred in the bone 타고난 성미, 영속적인 것.
— *n*. 종(種), 품종; 계통(lineage); 종류. ¶ A new *breed* of cattle 새 품종의 소 / Scholars are a diligent *breed*. 학자란 부지런한 〔종류의〕 사람들이다.
***breed·er** [bríːdər] *n*. **1** 번식하는 동물, 종축(種畜) 〔자손을〕생산하는 것. **2** 가축 사육자, 축산가. **3** 〔물리〕 = breeder reactor. 〔로의 일종〕.
bréeder reáctor *n*. 〔물리〕 증식로(爐殖爐) 〔원자
***breed·ing** [bríːdiŋ] *n*. ⓤ **1** 번식, 생식, 부화. **2** 품종개량, 육종(育種). **3** 양육, 양성(training, nurture). **4** 가정교육; 예절, 예의 범절(good manners). ¶ have 〔good〕 *breeding* 예의 범절이 있다. **5** 〔물리〕 증식〔작용〕 〔어떤 물질이 핵분열에 의해 소비되는 양 이상으로 새 핵분열 물질이 생산되는 일〕.
bréeding gròund *n*. 〔가축의〕사육장.
bréeding pònd *n*. 양어장.
bréeding sèason *n*. 번식기.
breeks [briːks] *n. pl*. 《스코·北英》 = breeches.
breen [briːn] *n., adj*. 녹을 띤 녹색(의).
〔< BR [OWNISH] + GR [EEN]〕

‡**breeze**[1] [briːz] *n*. **1** 산들바람, 〔기상〕 미풍〔풍속 1.6–1.38m의 바람, ⇒ WIND〕. ¶ a light (a gentle, a strong) *breeze* 경(연, 강)풍 / a friendly *breeze* 순풍 / A *breeze* came up. 바람이 일었다 / The *breeze* died away. 바람이 차츰 약해졌다. **2** 〔주로 英구어〕 동요, 풍파, 분규(disturbance); 싸움(quarrel). ¶ kick up a *breeze* 소동(분규)을 일으키다. **3** 《美구어》 간단

한 일(작업) (cinch).
bat (or **shoot**) **the breeze** 《속어》 ① 수다떨다 (chat). ② 호언장담하다. ③ 잡담하다.
── *vi.* **1** 《It을 주어로 하여》 산들바람이 불다. ¶ It was *breezing* offshore. 산들바람이 먼 바다쪽으로 불고 있었다. **2** 재빨리 행동하다, 잽싸게 움직이다《along, through, into ...》. ¶ 《~+*前*+*名*》 *breeze into* a room 재빨리 방으로 들어가다.
breeze in 《속어》 ① 낙승하다. ② 아무렇지도 않은 듯이 행동하다(움직이다).
breeze into (or ***out***) =breeze in ②.
breeze through …을 대충 훑어보다. ¶ He *breezed through* the papers. 그는 서류를 대충 훑어보았다.
It's a breeze. 식은 죽 먹기다.
◇ **bréezy** *adj.*

breeze² [briːz] *n.* 등에 (gadfly).
breeze³ [briːz] *n.* ⓤ 《英》 **1** 타다 남은 재. **2** 석탄 (숯) 가루, 분탄(粉炭).
bréeze blòck *n.* 《英》 브리즈 블록《시멘트와 석탄을 섞어서 만든 속이 빈 가벼운 건축용 블록》.
breeze·less [bríːzlis] *adj.* 바람 없는, 고요한(calm).
breeze·way [bríːzwèi] *n.* 《美》《두 건물 사이에 있는 지붕과 기둥만으로 된》 복도.
breez·y [bríːzi] *adj.* (**breez·i·er, breez·i·est**) **1** 산들바람이 부는, 바람이 잘 통하는; 바람이 부는(windy). **2** 상쾌한, 기분좋은(fresh); 씩씩한, 쾌활한(sprightly). **bréez·i·ly** *adv.* **bréez·i·ness** *n.* ⓤ 경쾌 폐기물].
breg·oil [brégɔil] *n.* 브레그 오일《연료로 쓰이는 재지》.
brek·er [brékər] *n.* 《英 속어》 조반, 아침 식사.
brek·ky [bréki] *n.* 《주로 濠속어》 조반(breakfast).
brems·strah·lung [brém(s)trɑ̀ːləŋ] *n.* ⓤ ⓒ 《물리》 제동 복사(制動輻射). [<G]
Brén gùn [brén-] *n.* 《英》 브렌 기관총.
brént gòose [brént-] *n.* 《英》 =brant.
brent·ing [bréntiŋ] *n.* 《소년단의》 지방 무료 연예 봉사.
br'er [brəːr] *n.* 《美남부 방언》 형제, 친구(brother) 《무식한 흑인 등이 쓴다》.
bres·sum·mer [brésəmər] *n.* =breastsummer.
Bre·tagne [F brətaɲ] *n.* 브르타뉴《옛날에 왕국이 있던 프랑스 서북부의 반도. 영어명 Brittany》.
Bret. 《略》 Breton.
‡breth·ren [bréðrin] *n. pl.* (*sing.* **brother**) 동포, 형제 《*지금은 친형제에 대해서는 쓰지 않는다》, 회원, 교우(敎友); 조합원, 동업자(fellow members). *cf.* brother
Bret·on [brét(ə)n] *n.* 브르타뉴 사람(⇒ BRETAGNE); ⓤ 《켈트어계의》브르타뉴 말. ── *adj.* 브르타뉴의, 브르타뉴 말(사람)의.
Brét·ton Wóods Cònference [brét(ə)n-] *n.* (the ~) 브레튼 우즈 회의《제2차 대전중의 1944년 7월에 개최된 연합국 통화 금융 회의; 이 회의의 결정에 따라 세계 은행과 국제 통화 기금(IMF)이 발족했다》. [<개최지인 미국 New Hampshire 주의 도시 이름]
brev. 《略》 brevet; brevier.
breve [briːv] *n.* **1** 단음(短音) 기호 (˘)《모음 위에 붙여 단음임을 나타낸다; 略: led》. **2** 《법률》 피고 소환장 (initial writ); 소송 개시 영장 (令狀). **3** 《음악》 2배 전음부(全音符) [|o|].
bre·vet [brəvét / brévit] *n.* ⓤⓒ 육해군 장교의 《명예 진급〔급여·권한은 그대로이다〕. ¶ a brevet officer 명예 진급 장교. ── *vt.* (-**vet·ted, -vet·ting; -vet·ed, -vet·ing**) ⋯을 명예 진급시키다. 〔은〕.
brevi- short의 뜻의 연결형. 예: *brevi*foliate 《잎이 짧은》.
bre·vi·ar·y [bríːvièri, brév- / bríːvjəri, -viəri] *n.* (*pl.* **-ar·ies**) **1** 《가톨릭》 일과 (日課) 기도서. **2** 《기독교회》 일과서.
bre·vier [brəvíər] *n.* ⓤ 《인쇄》 브레비어《약 8 포인트》.
***brev·i·ty** [bréviti] *n.* ⓤ **1** 《시간의》 짧음, 순간, 덧없음, the *brevity* of life 인생의 덧없음. **2** 《문장 따위의》 간결. ¶ for *brevity* 줄여서, 간결하게 하기 위하여 (간결을 위하여). *Brevity is the soul of wit.* 간결은 기지(機智)의 생명이다《← Shakespeare 작 *Hamlet*. II : ii》. ◇ **brief** *adj.*

***brew** [bruː] *vt.* ¶ 〔맥주 따위를〕 양조하다. *cf.* ferment ¶ 《~+*目*+*前*+*名*》 Beer is *brewed* from malt. 맥주는 맥아(麥芽)로 양조된다. **2** 〔음식 따위를〕 섞어서 만들다; 〔차 따위를〕 달이다. ¶ *brew* tea 홍차를 끓이다. **3** 〔음모 따위를〕 꾸미다 (plot), 〔일〕을 야기하다. ── *vi.* **1** 〔맥주 따위를〕 양조하다. **2** 《진행형으로》 준비 중이다; 〔일이〕 일어나고 있다, 임박하다; 〔음모 따위가〕 꾸며지다. ¶ Trouble was *brewing.* 골칫거리가 일어나고 있었다 / A plot (A storm) is *brewing.* 음모가 꾸며지고 있다《폭풍우가 올 듯하다》.
brew up 홍차를 끓이다.
drink as** one **has brewed; as you have brewed, so you must drink 자업 자득이다.
── *n.* ⓤ ⓒ **1** 〔한 번의〕 양조량. **2** 양조법. **3** 주질(酒質). ◇ **bréwage, bréwery** *n.*
brew·age [brúːidʒ / brúː(ː)-] *n.* ⓤ ⓒ 양조주, 양조 음료, 양조업자, 양조업자. *cf.* BREW.
brew·er [brúːər / brúː(ː)-] *n.* **1** 《맥주 따위의》 양조자.
***brew·er·y** [brúːəri / brúː(ː)-] *n.* (*pl.* -**er·ies**) 《맥주 따위의》 양조장. ◇ **brew** *v.*
brew·house [brúːhàus] *n.* (*pl.* -**hous·es** [-hàuziz]) 양조장.
brew·ing [brúːiŋ] *n.* **1** ⓤ 양조《법》. **2** 〔한 번의〕 양조량.
brew·is [brúːis] *n.* 《방언》 고깃국, 수프(broth); 고깃국(뜨거운 우유)에 적신 빵.
brew·ster [brúːstər] *n.* 《고어·방언》 =brewer.
Brèwster Sèssions *n. pl.* 《英》 주류 판매 허가증 발행을 위한 재판소 개정 기간《2월 1일~14일》.
***bri·ar** [bráiər] *n.* =brier¹'². 〔치기 개〕.
Bri·ard [briː(r)d] *n.* 브리아르《프랑스산(産)의 양치기 개》.
Bri·ar·e·us [braiéəriəs / -éər-] *n.* 《그리스 신화》 브리아레우스《Zeus에게 편들어 Titans와 싸운 손이 백 개, 머리가 쉰 개인 거인. Aegaeon 이라고도 함》.
brib·a·bil·i·ty [bràibəbíliti] *n.* 매수 가능성, 뇌물로 좌우될 수 있음. 〔하는.〕
brib·a·ble [bráibəbl] *adj.* 매수할 수 있는, 뇌물이 잘
***bribe** [braib] *n.* 뇌물. ¶ give (or offer) a *bribe* 뇌물을 주다 / take (or accept) a *bribe* 뇌물을 받다, 수회하다. ── *vt., vi.* 《⋯에게》 뇌물을 주다, 증회하다; 《⋯을》 매수하다. ¶ 《~+*目*+*前*+*名*》 *bribe* a person *into* silence (secrecy) 뇌물을 써서 입다물게 하다《비밀로 하게 하다》. // 《~+*目*+ *to* do) They are *bribed* to vote against the candidate. 그는 그 후보에게 반대 투표를 하도록 매수되었다.
brib·ee [braibíː] *n.* 뇌물을 받은 사람, 수회자.
bribe·giv·er [bráibgìvər] *n.* 증회자(briber).
brib·er [bráibər] *n.* 뇌물을 준 사람, 증회자.
***brib·er·y** [bráib(ə)ri] *n.* ⓤ 뇌물 행사, 증회, 수회. ¶ They are proof against *bribery.* 그들에게는 뇌물이 통하지 않는다 / He was charged with *bribery.* 그는 수회 (증회)죄로 고소당했다.
bribe·tak·er [bráibtèikər] *n.* 수회자(bribee).
bric-a-brac [bríkəbrǽk] *n.* ⓤ 《집합적》 골동품, 고물. [<F]
***brick** [brik] *n.* **1** ⓤ ⓒ 벽돌《《총칭적》 벽돌류《* 재료로서는 ⓤ, 한 개의 벽돌로서는 ⓒ》. ¶ a fire *brick* 내화(耐火) 벽돌 / houses built of *brick* 벽돌집 / a *brick* building 벽돌 건물; as dry as a *brick* 바싹 마른. **2** 벽돌 모양의 것; 벽돌집; 쌓기 놀이의 나무 토막《장난감》. ¶ a *brick* of ice cream 《벽돌처럼 굳힌》아이스크림 / a five-story *brick* 5층의 벽돌 건물. **3** 《구어》 호인, 좋은 사람(good fellow). ¶ He's a regular *brick.* 그는 패 호인이다.
drop a [**frightful**] ***brick*** 《구어》 ① 실수를 저지르다. ② 난처한 말을 하다.
drop something ***like a hot brick*** ⋯에서 갑자기 손을 떼다, 급히 버리다.

feel like bricks 《美구어》 차량한 생각이 들다.
have a brick in one's ***hat*** 술 취해 있다(be tipsy).
hit the bricks 《美속어》 ① 맨발로 돌아다니다. ② 공직에서 물러나다. ③ 교도소에서 석방되다. ④ 파업하다. ⑤ 〔목을 데가 없어서〕 밤거리를 헤매다. ⑥ 거리에서 구걸하다.
like a brick; like a thousand (or ***a hundred, a ton of*) *bricks*** 《구어》 맹렬한 기세로, 맹렬히. ¶ come down on a person *like a ton of bricks* 남에게 맹렬한 기세로 떨어지다 / work *like a brick* 맹렬히 일하다.
make bricks without straw (or ***clay***) 필요한 재료 없이 물건을 만들다; 비현실적인 전제로 일을 진행시키다; 헛고하다[←출애굽기(Exod.) 5 : 7].
swim like a brick 헤엄을 전혀 못 치다, 맥주병이다.
— vt. …에 벽돌을 깔다, …을 벽돌로 막다, 벽돌로 싸다. ¶ (~+圓+圖) *brick up* a window 창을 벽돌로 막다. ◇ **brícky** adj.
brick·bat [bríkbæt] n. **1** 〔특히 던지기 위한〕 벽돌 조각, 돌멩이. **2** 《구어》 신랄한 비평, 독설.
brick chéese n. 벽돌형의 말랑한 치즈.
brick dúst n. Ⓤ Ⓒ 벽돌 가루.
brick·field [bríkfìːld] n. 《英》 벽돌 공장.
brick·field·er [bríkfìːldər] n. 《濠남부》 강한 북풍.
brick·kiln [bríkkìl(n)] n. 벽돌 가마.
brick·lay·er [bríklèi(i)ər] n. 벽돌 직공.
brick·lay·ing [bríklèiiŋ] n. Ⓤ 벽돌 쌓기(쌓는 직업).
brick·mak·er [bríkmèikər] n. 벽돌 제조인. (업).
brick·mak·ing [bríkmèikiŋ] n. Ⓤ 벽돌 제조.
brick·ma·son n. =bricklayer.
brick réd n. Ⓤ (때로 a~) 붉은 벽돌색.
brick-red [bríkréd] adj. 붉은 벽돌색의.
brick téa n. Ⓤ 전차(磚茶) 〔차를 벽돌 모양으로 굳혀서 칼로 깎아 달인다. 몽고인·일부 소련인이 애용한다〕.
brick·work [bríkwə̀ːrk] n. Ⓤ 벽돌 쌓기(쌓는 공사); 벽돌로 만든 것.
brick·y [bríki] adj. (**brick·i·er, brick·i·est**) 벽돌의, 벽돌로 만든, 벽돌 같은.
brick·yard [bríkjàːrd] n. 《美》 벽돌 공장(제조장).
bri·cole [brikóul, --́] n. **1** 《당구》 브리콜 〔목적구(目的球)에 맞고 한번 쿠션에 맞았다가 다른 공에 맞는 일〕. **2** 간접적 행동; 기습. **3** 〔중세의〕 투석기.
*****brid·al** [bráidl] adj. 신부의; 혼례의, 신혼의. ¶ a *bridal* tour 신혼 여행. — n. **1** 혼례, 결혼식(wedding). **2** 〔고어〕 결혼의 축하연, 피로연(wedding feast). ◇ bride n.
Brídal Shówer n. 《美》 여자 친구로서 결혼 직전의 여성에게 줄 선물을 갖고 모이는 축하 파티.
brídal wréath n. 조팝나무〔장미과. 작은 가지 끝에 작은 흰 꽃이 핀다〕.
‡**bride**[1] [braid] n. **1** 신부(新婦). cf. bridegroom **2** 《英속어》 어린 아내. ◇ brídal adj.
bride[2] [braid] n. **1** 재봉·레이스 편물 따위의 잇는 끈(실) (link, tie). **2** 〔여성 모자의〕 장식끈.
bride-cake [bráidkèik] n. = wedding cake.
bride-cham·ber [bráidtʃèimbər] n. 〔고어〕 결혼 첫날밤을 보내는 방.
‡**bride·groom** [bráidgrùː)m] n. 신랑, 새신랑.
bríde príce n. 〔매매 결혼 사회에서〕 신부를 사는 돈·귀중속 따위.
brides·maid [bráidzmèid] n. 신부 들러리〔젊은 미혼 여성〕. cf. groomsman
brides·man [bráidzmən] n. (pl. **-men** [-mən]) 〔고어〕 신랑 들러리(best man).
bride-to-be [bráidtəbíː] n. (pl. **brides-**) 곧 신부가 될 여성, 예비 신부.
bride·well [bráidwəl, -wəl, -wèl] n. **1** 《英》 감화원, 교정원. **2** 《구어》 유치장, 구치감; 교도소. 〔< London의 옛 교도소가 St. Bride's Well 부근에 있었다〕

‡**bridge**[1] [bridʒ] n. **1** 다리; 육교; 〔철도〕 과선교(跨線橋); 〔항공〕 〔항공기 따위의〕 신축식 승강로. ¶ a bascule *bridge* 가폐교 / a floating *bridge* 부교 / a suspension *bridge* 적교(吊橋), 현수교 / build (or lay, stretch, throw, span) a *bridge* across (or over) a river 강에 다리를 놓다 / cross a *bridge* 다리를 건너다 / *Don't cross the bridge until you come to it.* 《속담》 지레 걱정은 하지 마라.
2 〔비유적〕 교량 노릇을 하는 것, 다리. ¶ A common language is a *bridge* between different cultures. 공통어는 다른 문화간의 다리 노릇을 한다.
3 〔항해〕 선교(船橋), 함교(艦橋), 브리지〔선박의 상갑판에 있는 선장·함장의 지휘소〕.
4 코 〔안경의〕 콧마루; 〔안과〕 브리지 〔안경의 렌즈와 렌즈를 잇는 부분〕; 〔음악〕 〔현악기의〕 기러기발; 〔치과〕 〔의치를 떠받치는〕 브리지, 가공 의치(架工義齒).
5 〔당구〕 브리지〔큐 끝을 받치는 손가락·손의 모양〕.
6 〔전기〕 전교(電橋), 브리지.
7 (=**brídge pássage**) 〔라디오·TV·음악〕 브리지〔두 주요 장면 또는 주제를 잇는 짧은 음악·연기·효과 따위〕.
8 〔화학〕 〔원자의〕 가교(橋狀) 결합(valence bond).
9 〔건축〕 〔교통 안전을 위해 현장의 인도 위에 설치한〕 비계.
10 〔연극〕 〔배경을 그리기 위해 오르내리게 할 수 있는〕 비계(paint bridge); 《英》 〔무대 뒤에서 쓰는 조명용의〕 승강 적교.

a bridge of gold; a golden bridge 〔패잔군의〕 퇴각로; 난국 타개책.
burn one's bridges [*behind one*] 배수의 진을 치다. ¶ He *burned* his *bridges* when he started the new enterprise. 그는 새 사업을 시작하면서 배수의 진을 쳤다.

— vt. (**bridged, bridg·ing**) **1** …에 다리를 놓다; 다리를 놓다(을 만들다); 다리로 〔강 따위를 〕 건너다. ¶ *bridge* a river 강에 다리를 놓다 / This road *bridges* the river. 이 길은 그 강을 넘어간다. **2** 〔비유적〕 …의 가교(중개) 역할을 하다; …을 메우다. ¶ *bridge* the gap between the two 둘 사이의 간극을 메우다 / *bridge* [over] a difficulty 난관을 넘다(타개하다).

bridge[2] n. Ⓤ 브리지 〔카드놀이의 일종〕.
bridge·a·ble [brídʒəbl] adj. 다리를 놓을 수 있는, 연락(연결)할 수 있는.
bridge·board [brídʒbɔ̀ːrd / -bɔ̀ːd] n. 계단의 발판을 받치는 톰나결의 옆 널빤지.
bridge·build·er [brídʒbìldər] n. 중간 조정자.

[bridgeboard]

bridge·head [brídʒhèd] n. 〔적으로 있는 강기슭 따위에 구축한〕 거점, 교두보.
brídge hóuse n. 《海事》 선교루(船橋樓), 선교 갑판실. ⇒ BRIDGE[1] 3.
brídge múșic n. 〔방송〕 〔프로와 프로 사이의〕 간주 〔연결〕 음악.
brídge pássage n. =bridge[1] 7.
brídge róll n. 《英》 작고 작은 롤 빵.
brídge táble n. = card table.
brídge tóll n. 다리 통행세.
brídge tówer n. 교탑(橋塔).
brídge tráin n. 〔군사〕 **1** 가교 종렬(架橋縱列). **2** 가교 〔재료〕 중대. 〔의 주요 돌출부.
bridge·ward [brídʒwɔ̀ːrd] n. **1** 다리지기. **2** 열쇠
bridge·work [brídʒwɔ̀ːrk] n. Ⓤ **1** 〔치과〕 〔총칭적〕 가공(架工) 의치. **2** 교량 공사.
bridg·ing [brídʒiŋ] n. Ⓤ Ⓒ 〔건축〕 〔토사 또는 건조물

brídging lòan n. 〖살던 집을 팔고 다시 산다든지 할 때의〗임시적인(연결성의) 융자(대부금).

‡**bri·dle** [bráidl] n. **1** 말굴레〖말의 머리에 다는 재갈·고삐〗; 장식 가죽끈 따위의 총칭. ¶ give a horse the bridle; lay the bridle on a horse's neck 말의 고삐를 늦추다; (비유적) 제멋대로 하게 하다, 자유롭게 활동시키다. **2** 속박, 구속〖물〗, 억제〖물〗. **3** 〖海事〗계선(繫船) 밧줄. **4** 〖기계〗물림쇠, 덮쇠.
a horse going well up to the bridle 자진하여 하는 사람.
keep one's tongue under a bridle 말을 삼가다, 말조심하다.
put a bridle on a person's tongue 남에게 말을 못하게 하다; 남에게 말조심시키다.
— v. (-dled, -dling) vt. **1** 〖말〗에 말굴레를 씌우다, 고삐를 달다. **2** …을 구속(억제)하다(restrain). CHECK 類語 ¶ He bridled his indignation (desires). 그는 분노(욕망)를 억눌렀다. — vi. 턱을 당기고 머리를 쳐들고, 몸을 뒤로 젖히다; 뽐내다. ¶ (~+前+图) bridle at a person's advice 남의 충고를 무시하다 // (~+副) She bridled up. 그녀는 몸을 젖히고 젠체했다.
brídle brídge n. 수레는 못 건너고 말만 건너는 좁은 다리.
brídle hánd n. 고삐를 잡는 손, 왼손. 〔는 다리.
brídle páth n. 승마 전용 도로〖수레는 못 다니는
brídle réin n. 고삐. 〔은 길.
bri·dle·wise [bráidlwàiz] adj. 〖말이〗굴레에 익숙한, 길든. ⇨ BRIDLE 1.
bri·doon [bridú:n] n. 〖작은 재갈과 큰 재갈이 있는 굴레의〗작은 재갈(snaffle). ⇨ BRIDLE 1.
Brie [bri:] n. = **Bríe chéese** 〖프랑스 Brie 지방 원산의 크림 모양의 흰 치즈〗.

‡**brief** [bri:f] adj. **1** 잠시의, 단시간의; 단명의. ¶ How brief the life of man is! 인생이란 얼마나 짧은 것인가. **2** 짧은, 간결한(concise); 퉁명스러운(abrupt). ⇨ SHORT 類語 ¶ a brief account 간단한 설명 / I'll be brief. 밀막하게 이야기하겠다.
to be brief 간단히 말하면, 요는. ¶ To be brief, she is my wife now. 요컨대 그녀는 지금은 내 아내다.
— n. (pl. briefs) **1** 대의, 개요, 적요(summary). **2** 〖법〗소송 사건 적요서(摘要書); 소송 사건. ¶ take a brief 소송 사건을 맡다 / have plenty of briefs 변호사(barrister)가 의뢰받는 사건이 많다. **3** 로마 교황의 교서, 교서, 교서보다 비공식적인 것). **4** (~s) 짧은 팬티, 요약. **5** =briefing. **6** (英) (연극) 무료 입장권, 패스. **7** (廢語) 서한.
hold a brief for …을 변호하다(defend), …을 지지하다.
in brief 요는, 간단히 말하면(in short). 〔하다.
make brief of …을 척척 해치우다.
— vt. **1** …을 요약하다; …의 요점을 보고하다. **2** (법) 〖소송 사건〗의 적요서를 작성하다; (英) …에게 변호를 의뢰하다. **3** (軍) (출격 직전의 비행사 등)에게 간결하면서 전투 지시를 내리다. (美) …에게 지시를 내리다, (美) …에게 간단히 말하다, 사건 설명을 하다, 브리핑 하다. ¶ (~+前+图) brief a person on something 어떤 일을 남에게 말하다.
~·**ness** n. brévity n. 〔briefcase.
bríef bàg n. **1** (英) 변호사의 서류 가방. **2**=
bríef·case [brí:fkèis] n. 〖서류 따위를 넣는〗접게된 가죽 가방, 서류 가방.
brief·ie [brí:fi] n. (美俗語) 단편 영화. cf. feature
brief·ing [brí:fiŋ] n. U C **1** 〖군대〗〖출격 직전의 비행사 등에게 내리는〗간결한 전투 지시, ¶ a briefing officer 명령 전달 장교. **2** 〖기자들을 놓고 하는〗간단한 보고(발표).
brief·less [brí:flis] adj. 〖법정 변호사가〗소송 서류가 오지 않는, 소송 의뢰인이 없는. ¶ a briefless lawyer 변호 의뢰인이 없는(파리 날리는) 변호사.
‡**brief·ly** [brí:fli] adv. 간단히, 〔덧없음.
brief·ness [brí:fnis] n. U 간결, 간결; 〖시간의〗짧음.

‡**bri·er¹, -ar¹** [bráiər] n. **1** 찔레, 들장미(wild rose). **2** 찔레 덤불. **3** 가시가 많은 줄기(잔가지). **4** (~s) (英) 괴로움, 고뇌(vexations), 곤란(difficulties).
◇ **bríery** adj.
*bri·er², -ar²** [bráiər] n. **1** U 브라이어〖유럽산 석남과의 관목〗. **2** 〖브라이어의 뿌리로 만든〗파이프.
bri·er·root, -ar- [bráiərrù(:)t] n. **1** U 브라이어 (brier²)의 뿌리. **2** 브라이어프뿌 나무. **3** 브라이어 뿌리로 만든 파이프.
bríer róse n. =dog rose. 〔리로 만든 파이프.
bri·er·wood, -ar- [bráiərwùd] n. =brierroot 2.
bri·er·y, -ar- [bráiəri] adj. **1** 찔레가 우거진; 가시가 많은(있는) (thorny). **2** (비유적) 곤란한.
brig¹ [brig] n. **1** 브리그형 범선〖앞뒤 쌍돛대에 가로돛이 몇 장씩 있는 것〗. **2** (美軍) 함내 영창.
brig² [brig] n., vt. (스코·北英) =bridge¹.
Brig. (略) brigade, brigadier.
*bri·gade** [brigéid] n. **1** (軍) 여단〖2개 연대(regiment) 이상으로 조직〗. ⇨ ARMY. ¶ a mixed brigade 혼성 여단 / the Brigade [of Guards] 근위(近衛)여단. **2** 대군, 대부대. **3** 〖특별한 목적으로 편성되는〗단, 대, 군(群). ¶ a fire brigade 소방대 / a rescue brigade 구조대. — vt. **1** …을 여단으로 편제하다. **2** …을 조(組)로 편성하다(group together).
brigáde májor n. (英軍) 여단 부관.
brig·a·dier [brìgədíər] n. **1** (英軍) 여단장〖준장으로 대령(colonel)과 소장(major general) 사이의 계급〗. **2** (美軍 구어) =brigadier general. **3** 〖역사〗나폴레옹 1세 군의 하사관 계급.
brigadíer géneral n. (美軍) 준장.
brig·and [brígənd] n. 산적(bandit).
brig·and·age [brígəndidʒ] n. U 약탈, 강탈, 탈취.
brig·and·ish [brígəndiʃ] adj. 산적 같은, ~·ly adv.
brig·and·ism [brígəndìz(ə)m] n. =brigandage.
brig·an·tine [brígəntì:n, -tàin] n. 〖항해〗 브리간틴형 범선〖쌍돛대 범선, 앞돛대에 가로놓은 여러 장과 뒷돛대에 세로놓 상하 두 장이 있는 것〗.
Brig. Gen. (略) *brig*adier *gen*eral.

‡**bright** [brait] adj. (**bright·er, bright·est**) **1** 빛나는, 눈부신, 밝은(opp. dark), ¶ bright sunshine 밝은 햇빛 / bright stars 빛나는 별 / bright eyes 빛나는 눈. 類語 bright 가장 일반적이고 널리 쓰이는 말. bright light 눈부신 빛; 밝은 등불. **brilliant** 〖너무 눈이 부실 만큼〗빛나는: brilliant sunlight 눈부신 햇빛. **radiant** 자체적으로 한결같은 광선을 내고 빛나는, 또는 그렇게 보이는: with radiant eyes 눈을 빛내며. **luminous** 자체적으로 또는 반사하여 백열광을 내는: a luminous body 발광체.
2 〖날씨 따위〗맑은, 갠, 환한; (비유적) 〖기쁨이나 희망으로〗빛나는, 밝은; 쾌활한(cheerful), 명랑한(lively), 명랑한. ¶ a bright day 맑은 날 / a bright smile 밝은 미소 / Her voice sounded bright and gay. 그녀의 목소리는 명랑하고 즐겁게 들렸다.
3 〖색채가〗선명한(vivid). opp. dull ¶ bright yellow 선명한 노랑 / bright red 선홍색.
4 〖액체가〗투명한, 맑은(clear, translucent).
5 영리한, 총명한, 머리가 좋은; 〖생각 따위가〗멋진, 좋은; 〖대화·표현 따위가〗생동감 있는, 재치(기지) 있는. opp. dull ≒ clever 類語 ¶ a bright boy 똑똑한 소년 / a bright idea 멋진 생각 / a bright answer 재치 있는 대답 / bright young things 〖종종 bright〗영리한 젊은이들. 〔tion 혁혁한 명성.
6 영광스러운, 빛나는(glorious). ¶ a bright reputa-
7 〖희망〗방심하지 않는, 빈틈 없는, 경계하는 (watchful). ¶ keep a bright lookout 빈틈없이 경계하다.
8 〖전망·앞날이〗밝은, 유망한.

bright and early 〖기상·도착 따위가〗아침 일찍이.
bright' in the eye ① 눈매가 시원시원한. ② (구어) 얼근하게 취한.
the bright side of things 사물의 밝은 면. ¶ look on

the *bright side of things* 사물을 낙관하다.
— *adv.* 밝게, 환하게(brightly). ¶ shine *bright* 밝게 빛나다. * 이 bright 는 형용사의 서술 용법으로도 해석된다.
— *n.* ⓤ《詩》빛남, 광휘(brightness, splendor).
◇ **bríghten** *v.*, **bríghtness** *n.*

‡**bright·en** [bráitn] *vt.* **1** …을 빛나게 하다, 밝게 하다. **2** 〔기분 따위〕를 밝게 하다, 즐겁게 하다, 유망하게 하다. ¶ Flowers *brighten* a room. 꽃은 방을 밝게 한다 // (~ +囲 +囲) His presence *brightened up* the party. 그가 참석해서 모임이 즐거웠다.
— *vi.* **1** 빛나다, 환해지다, 밝아지다. **2** 〔기분 따위가〕밝아지다, 명랑해지다, 힘이 나다. ¶ (~ +囲) His face *brightened* [*up*] at the news. 그 소식을 듣자 그의 얼굴은 환히 밝아졌다. ◇ **bright** *adj.*

bright-eyed [bráitàid] *adj.* 눈이 맑은, 눈이 빛나는 (또렷한). ¶ a *bright-eyed* girl 눈이 맑은 소녀.

bright-faced [bráitféist] *adj.* 똑똑하게 생긴. 〔가.
bright lights *n. pl.* (the ~) 《구어》도회지의 환락
‡**bright·ly** [bráitli] *adv.* 밝게, 환하게; 맑게; 선명하게, 총명하게.

‡**bright·ness** [bráitnis] *n.* ⓤ **1** 빛남, 밝음; 〔천체의〕광도(光度). **2** 《光學》 휘도(輝度) 〔미소면(微小面)에서나는 빛이 눈에 비치는 강도를 나타내는 양. 가령 순백은 최대 휘도이고 검정은 최저 휘도〕. **3** 선명〔함〕; 맑음, 투명(clearness). **4** 총명, 영리. **5** 〔표정 따위의〕밝음, 쾌활(vivacity).

Bright's disease *n.* ⓤ《병리》브라이트병(病) 〔단백뇨(蛋白尿)와 고혈압의 증상이 있는 신장 질환. 〔<이 병의 연구를 최초로 발표한 영국 의사 R. Bright (1789-1858)의 이름〕

brill [bril] *n.* (*pl.* **brill** or **brills**) 〔유럽산의〕 가자미.

***bril·liance** [bríljəns] *n.* ⓤ **1** 밝음, 광채 (splendor). **2** 슬기, 탁월, 걸출. **3** 《光學》 휘도, 밝기. **4** 〔음색의〕맑음. ◇ **brílliant** *adj.*

bril·lian·cy [bríljənsi] *n.* **1** (때로 -cies) 재능의 번득임. ¶ the *brilliancies* of his wit 그의 기지의 번득임. **2** = brilliance.

***bril·liant** [bríljənt] *adj.* **1** 빛나는, 눈부신, 찬란한. ⇨ BRIGHT 〔類語〕 ¶ a *brilliant* gem 찬란히 빛나는 보석. **2** 훌륭한, 빛나는(splendid). ¶ a *brilliant* achievement 빛나는 업적, 위업 / a *brilliant* idea 멋진 생각. **3** 재기에 넘치는. ¶ a *brilliant* mind 뛰어난 재능, 천재. — *n.* 〔보석〕 브릴리언트형〔잘 반짝이도록 각이 많이 나게 자른 보석. 특히 58면체 다이아몬드〕. **2** ⓤ〔인쇄〕브릴리언트 활자〔약 3¹/₂포인트〕. ◇ **brílliance** *n.*

brilliant cut *n.* 브릴리언트 커트〔보석을 반짝이게 다각체로 연마하는 방식〕.

bril·lian·tine [bríljəntì:n, ´-`-] *n.* ⓤ **1** 브릴리언틴〔머릿기름의 일종〕. **2** 브릴리언틴 천〔알파카 비슷한 광택이 있는 천〕.

***bril·liant·ly** [bríljəntli] *adv.* 찬란하게, 환하게; 재기에 넘쳐; 훌륭히. ◇ **brílliance** *n.*

Brill's disease [bríl:z-] *n.* ⓤ《병리》브릴씨병〔가벼운 발진티푸스. 1898년 New York 에서 발견. 〔<미국 의사 Nathan Edwin Brill (1859-1925)의 이름〕

brim [brim] *n.* **1** 〔잔·접시·사발 따위의〕가장자리. ⇨ EDGE 〔類語〕 **2** 〔모자의〕 테, 챙. ¶ a hat with a broad *brim* 테가 넓은 모자. **3** 《고어》 〔하천·못 따위의〕가장자리, 물가(岸).
to the brim 가득, 넘치도록.
— *v.* (**brimmed, brim·ming**) *vi.* 넘치도록 차다. ¶ (~ +囲) He is *brimming over* with enthusiasm. 그는 열의에 넘쳐 있다. — *vt.* …에 가득 채우다(붓다) (… *with*), ¶ (~ +囲 +前 +囵) *brim* a glass *with* wine 잔에 포도주를 가득 따르다. ◇ **brímful** *adj.*

brim·ful [brímfúl], (**brim-full**) *adj.* 넘칠 듯한, 가장자리까지 가득 찬. ¶ *brimful* eyes 눈물이 그렁그렁한

눈 / a glass *brimful* of wine 포도주가 가득한 글라스 / one's heart *brimful* of hope 희망에 부푼 가슴.
~**ly** [-fúli] *adv.* ~**ness** *n.* 〔는.

brim·less [brímlis] *adj.* 가장자리가 없는, 테(챙)없

brimmed [brimd] *adj.* 테두리가 …한. ¶ a broad-*brimmed* hat 챙이 넓은 모자. **2** 〔술잔 따위에〕가득 찬, 넘칠 듯한.

brim·mer [brímər] *n.* 가득 찬 〔술〕잔.

brim·ming [brímiŋ] *adj.* 넘칠 듯한, ~**ly** *adv.*

brim·stone [brímstòun/-stən] *n.* **1** ⓤ 유황(sulfur) 〔지옥의 불의 원천으로의 유황 (* 주로 성서 창세기 19장 24절, 요한 계시록 19장 20절과의 연상에서 사용); 《英구어》 〔유황화(華)와 당밀로 만든〕가정약(소아용 해독제〕. **2** 《고어》 잔소리가 심한 여자(virago).

brim·ston·y [brímstòuni/-stəni] *adj.* **1** 유황질의, 유황색의. **2** 악마 같은.

brin·dle [bríndl] *n.* **1** 얼룩(무늬). **2** 얼룩무늬의 동물. **3** 〔담배의〕모자이크 병.

brin·dled [bríndld] *adj.* 얼룩진, 얼룩무늬의.

brine [brain] *n.* ⓤ **1** 소금물, 염수(salt water); 채소 절이는 소금물. **2** (the ~) 《주로 詩》 주로 詩 대양 (ocean); 바닷물, 해수(sea water). **3** 〔폐어〕 눈물 (tears). **4** 《화학》 염류 용액.

brine pan *n.* 소금 가마〔해수를 증발시켜 소금을 만드는 가마〕; 〔염전의〕제염광(製鹽坑〕.

brine pit *n.* 소금 구덩이; 염수 우물.

‡**bring** [briŋ] *vt.* (**brought, bring·ing**) **1** 〔물건〕을 가져오다, 〔사람〕을 데려오다. ¶ (~ +囲 +囲) (~ +囲 +前 +囵) *Bring* me a cup of tea. = *Bring* a cup of tea *to* me. 차 한 잔 갖다주세요. // (~ +囲 +前 +囵) *Bring* your boy *with* you next time you come. 다음에는 아드님도 데려오십시오 // (~ +囲 +前 +囵) Have you *brought back* your umbrella? 우산을 가지고 돌아왔느냐?
〔類語〕 **bring** 단순히 「가져오다, 데려오다」의 뜻; 반대로 「가져가다, 데려가다」는 take. **fetch** 가서 가져 오다 (=go, get and bring).
2 …을 오게 하다, 가져오다, 초래하다. ¶ War *brings* disaster. 전쟁은 불행을 초래한다 / What has *brought* you here? 무슨 일로 여기에 왔는가? // (~ +囲 +前 +囵) be *brought into* the world 태어나다 / The news *brought* tears *to* (or *into*) our eyes. 그 소식을 듣고 우리는 눈물이 났다.
3 …을 〔어떤 상태로〕 가져오다, 되게 하다 (… *to*, *into*, *under*). ¶ (~ +囲 +前 +囵) *bring* the war *to* an end 전쟁을 끝내다 / *bring* a machine *into* play 기계를 작동시키다 / I was *brought under* suspicion. 나는 혐의를 받았다.
4 …을 상기시키다(recall). ¶ (~ +囲 +前 +囵) The letter *brought* her face *to* his mind. 그 편지를 보자 그는 그녀의 얼굴이 생각났다.
5 〔…하도록〕 〔남〕을 이끌다, 〔…할〕 생각이 나게 하다 (persuade). ¶ (~ +囲 + *to do*) I cannot *bring* myself *to* believe it. 아무래도 그것을 믿을 수가 없다 / He was *brought* to agree by our arguments. 우리는 그를 설득해서 동의하게 했다 / I wish I could *bring* him *to* my point. 그에게 내 논지를 이해시킬 수 있으면 좋겠는데.
6 〔소송 따위〕를 제기하다, 〔의안·의론 따위〕를 제출하다. ¶ (~ +囲 +前 +囵) *bring* an action (or a charge) *against* a person 남을 상대로 소송을 제기하다 / *bring* a bill *before* the National Assembly 국회에 의안을 제출하다.
7 〔수입·이익〕을 가져오다, 〔얼마〕에 팔리다. ¶ This article *brings* a good price. 이 물건은 좋은 값에 팔린다 // (~ +囲 +囲) This work *brought* me 1,000 dollars. 이 일로 나는 1,000달러를 벌었다.

bring about …을 가져오다, 초래하다, 야기하다 (cause); …을 해내다 (accomplish). ¶ Gambling

brought about his ruin. 그는 도박으로 망했다.
bring around 《美》① …을 설득하다(persuade). ② 《구어》…을 정신 들게 하다. ③ [화제 따위]를 바꾸다. ④ 《구어》[남]을 데리고 방문하다. ¶ Next time you come, *bring* him *around*. 다음에 올 때는 그녀를 데리고 오게. ⑤ …을 기분 좋게 해주다; …을 기운나게 하다.
bring back ① …을 도로 보내다, 돌려주다(... to). ⇨ *vt*. 1. ¶ *bring* a person *back to* life 남을 소생시키다. ② …을 생각나게 하다. ¶ Your letter *brought back* many pleasant memories. 편지를 보고 즐거웠던 기억이 많이 되살아났습니다. ⇨ *vt*. 4.
bring down ① [짐 따위]를 낭아(부리)다; [물가 따위]를 내리다; [새 따위]를 쏘아 떨어뜨리다, …을 추락시키다; 죽이다(kill), 사로잡다; …을 파멸시키다; [콧대·자존심]을 꺾다; [속어] [남]을 의기소침케 하다, 풀죽게 하다(dispirit). ② [재난 따위]를 가져오게 하다; …을 상승시키다. ¶ *bring down* anger on oneself 노여움을 하사다. ③ …까지 [기록]을 계속하다(...to). ④ [簿記]…을 다음 페이지로 이월하다.
bring down (or **carry**) **the house** ⇨ HOUSE.
bring forth ① …을 낳다(give birth); [싹]을 내다, [싹]이 트다; [열매]를 맺다(produce). ② …을 야기하다(cause). ③ [비밀 따위]를 밝히다; [안 따위]를 제출하다, 제시하다; …을 폭로하다.
bring forward ① [안·문제 따위]를 제출하다, 제시하다. ¶ *bring forward* an opinion 의견을 말하다. ② [簿記]…을 다음 페이지로 이월하다.
bring *something* **home to** *a person* ⇨ HOME.
bring in ① …을 가져오다, 꺼내다. ¶ Don't *bring in* things that are irrelevant to this case. 이 문제와 관계가 없는 일들을 꺼내지 마라. ② [수입·이익]을 가져오다. ③ [의안·문제·소송 따위]를 제출(제기)하다. ④ [풍습 따위]를 도입하다(introduce), ⑤ [남]을 소개하다, 데려오다. ¶ She *brought in* five new members last week. 지난 주에 그녀는 5명의 새 회원을 데려왔다. ⑥ [배심이] [평결]을 답신하다. ¶ *bring* a person *in* guilty 유죄의 판결을 내리다 / The jury *brought in* a verdict of 'Not guilty'. 배심은 무죄의 판결을 내렸다. ⑦ [야구] …을 생환시키다. ⑧ [유전 따위]의 생산량을 올리다. ⑨ …을 벌다. ¶ *bring in* a good salary 많은 급료를 받다. ⑩ [점수 따위]로 끝나다.
bring *a person* **low** ⇨ LOW.
bring off ① …을 가져가다; …을 구출하다(rescue). ② 《구어》[특히 예상 밖으로] [일]을 잘 해내다, 성취하다(accomplish). ③ [알]을 까다, 부화하다.
bring on …을 가져오다, 야기하다. ② …을 나타나게 하다, 내놓다.
bring out ① …을 가지고 나오다, 데리고 나오다. ② [의미 따위]를 명백히 하다; [색·성질 따위]를 나타내다; [능력 따위]를 끌어내다. ③ …을 입밖에 내다, 말하다(utter). ④ …을 출판하다(publish); [연극]을 상연하다. ⑤ [딸]을 사교계에 내보내다; [배우·가수]를 세상에 내보내다.
bring over ① …을 가져오다; …을 인도하다. ② [남]을 자기편에 끌어넣다; …을 설득하다; …을 개종시키다(convert). ③ =bring around
bring round 《英》 =bring around.
bring *a person* **through** [난국·시험·병 따위]를 남더러 극복하게 하다.
bring to (※ to는 부사로, [bríŋtúː]로 발음) ① …을 정신 들게 하다, 제기하다, (revive). ¶ With the help of brandy he was soon *brought to*. 브랜디 덕택에 그는 곧 정신이 들었다. ② (*vt.*, *vi.*) [항해] 정선(停船)시키다(하다).
bring ... to account ① =bring ... to book. ② [태만·실패 따위]를 꾸짖다.
bring ... to bear …을 집중시키다. ⇨ BEAR².

bring a thing to pass ⇨ PASS.
bring together …을 긁어 모으다; 묶다, 합치다.
bring under …을 억압하다, 진압하다.
bring up ① [아이]를 기르다, 양육하다, 가르치다. ② [문제 따위]를 꺼내다, 제기하다; [의원]에 발언을 요구하다. ③ [군대]를 전진시키다. ④ (*vt.*, *vi.*) 딱 멈추다; [항해] 정선시키다(하다). ⑤ …에 주의를 환기하다. ⑥ [위에서] …을 토하다(vomit).
bring-and-búy sàle [bríŋənbái-] *n.* 《英》 각자 물건을 가져와서 매매하는 자선 바자.
bring-ing-up [bríŋiŋʌp] *n.* ⓤ 《아이의》 양육, 훈육.
brin·ish [bríniʃ] *adj.* 짠.
brink [briŋk] *n.* 1 낭떠러지(절벽)의 가장자리. 2 가, 끝(extreme edge), 언저리. ⇨ EDGE 類語 3 위기, 중대한 국면(crucial situation); [...할] 찰나, 순간. ¶ shiver on the *brink* 결정적 순간에서 떨다.
on the brink of …의 직전에. ¶ They were *on the brink of* starvation. 그들은 아사 직전이었다.
brink·man·ship [bríŋkmənʃìp], (**brinks·man·ship** [bríŋks-]) *n.* ⓤ [외교 교섭 따위에서] 일촉 즉발의 상태까지 밀어붙이는 정책.
briny [bráini] *adj.* (**brin·i·er, brin·i·est**) 소금물의; 소금기 같은, 소금기 있는 (※ 눈물에 대해서도 때때로 사용). ¶ the *briny* flood 조수 / a *briny* taste 짠 맛.
bri·o [bríːou] *n.* [이탈리아어] (=vivacity) 생기, 활기(vigor), 활발. ¶ *con brio* [음악] 활발하게 (with vigor).
bri·oche [bríːouʃ, -əʃ / bríː(ː)ɔʃ, -ouʃ] *n.* 브리오슈[버터·달걀·효모로 만든 카스텔라 비슷한 과자]. 〔F〕
bri·o·let [bríːəlét] *n.* (*pl.* -**lettes**) [보석] 표면 전체에 삼각형의 작은 면을 낸 눈물방울 모양의 다이아몬드. ⇨ GEM. 〔F〕
bri·o·ny [bráiəni] *n.* (*pl.* -**nies**) =bryony.
bri·quette, bri·quet [brikét] *n.* 1 연탄, 주개탑. 2 연탄 모양으로 만든 것. — *vt.* (-**quet·ted, -quet·ting**) …을 연탄 모양으로 만들다.
Bris·bane [brízbein, -bən] *n.* 1 오스트레일리아 동부의 항구[Queensland의 주도, 피혁·양모·석탄의 수출항]. 2 브리즈번[달 표면의 제4 상한(象限)에 있는 분화구].
brise-bise [bríːzbíːz] *n.* [창문의 아래쪽 반을 가리는]반 커튼.
‡**brisk** [brisk] *adj.* 1 활발한, 기운찬, 원기 있는 (lively) ② ACTIVE 類語; [장사 따위] 활기 띤, 호황의. ¶ a *brisk* pace 활발한 보조 / Business is fairly *brisk*. 장사는 꽤 호황이다. 2 [날씨 따위] 상쾌한. ¶ *brisk* weather 상쾌한 기후. 3 [어조 따위] 날카로운; [말 따위] 톡 쏘는; [음료가] 거품이 잘 이는, 발포성(發泡性)의. — *vt., vi.* 발랄하게 하다(되다), 활기띠(게 하)다 (*up...*).
bris·ket [brískit] *n.* 1 [동물의] 가슴; 가슴고기. ⇨ BEEF 그림. 2 [구어] [사람의] 가슴 아래 부분.
‡**brisk·ly** [brískli] *adv.* 활발하게, 팔팔하게, 기세 좋게, 기운차게, 왕성하게, 상쾌하게, 기분좋게. ¶ Business is *briskly* carried on here. 여기서는 장사가 활기를 띠고 있다.
bris·ling, -tling [brísliŋ] *n.* [유럽산(産)] 작은 청어(sprat).
‡**bris·tle** [brísl] *n.* 거센 털, 강모(剛毛); 강모 모양의 것.
set up one's (*a person's*) *bristles* 격분하다 (시키다).
— *v.* (-**tled, -tling**) *vi.* 1 [털이] 곤두서다; 털을 곤두세우다(*up*). 2 성내다, 안달하다 (*with ...*). ¶ She was *bristling* with anger. 그녀는 잔뜩 화내고 있었다. 3 밀생하다, 빽빽이 들어서다, [곤란·난물 따위가] 충만하다(*with...*). ¶ (~+前+名) The city *bristles* *with* towers. 그 도시에는 도처에 탑이 있다 / The plan *bristled with* difficulties. 그 계획은 난점투성이였다.
— *vt.* 1 [털]을 곤두세우다. 2 …에 강모를 심다.

◇ **brístly** *adj.* [는(많은).
brís‧tled [brísld] *adj.* 센 털이 있는(많은), 강모가 있
brís‧tle‧tail [brísltèil] *n.* [동물] 좀[강모 같은 긴 꼬리가 있고 옷·종이 따위를 먹어치운다].
brís‧tling [brísliŋ] *n.* = brisling.
brís‧tly [brísli] *adj.* **1** 강모질의, 강모 같은; 강모가 있는. **2** 밀생한. **3** [머리털 따위가] 뻣뻣한, 곤두선. **4** 성마른.
Brís‧tol [brístl] *n.* 잉글랜드 서남부의 공업 도시로 중요한 무역항. [명함·카드용].
Brístol bóard *n.* ⓤ 브리스틀 종이[두꺼운 백상지.
Brístol créam(**mílk**) *n.* 《상표명》 썩 좋은 셰리주의 일종. [shipshape
Brístol fáshion *adv.* [항해] 정연(단정)하게. *cf.*
brit, britt [brit] *n.* **1** [고래의 먹이가 되는] 물벼룩(보리새우)떼. **2** 작은 청어리.
Brit. 《略》 Britain, Britannic, British.
‡**Brít‧ain** [brítn] *n.* Great Britain 의 약칭.
◇ **Brítish** *adj.*
Bri‧tan‧ni‧a [britǽnjə, -niə] *n.* **1** 브리튼섬의 고대 로마 이름; [특히]브리튼섬 남부의 로마군 주둔 지역. **2** = British Empire. **3** 《詩》 = Great Britain. **4** 브리타니아 상(像) [Great Britain 및 British Empire 를 상징하는 여인상], **5** = Britannia metal.
Británnia métal *n.* ⓤ 브리태튼 합금[주석·구리·안티모니의 백색 합금. 식기 제조용].
británnia sílver *n.* [야금] 브리태니아 실버[순도 약 96%의 은].
Bri‧tan‧nic [britǽnik] *adj.* 대(大)브리튼의, 영국의 (British). ¶ His (Her) Britannic Majesty 영국 국왕(여왕) 폐하.
Bri‧tan‧ni‧ca [britǽnikə] *adj.* 영국의. — *n.* 영국 관계 문헌. ¶ The Encyclopaedia Britannica 대영 백과 사전.
britch‧es [brítʃiz] *n. pl.* 《美口어》 = breeches.
Brit‧i‧cism [brítisìz(ə)m] *n.* ⓤⓒ 영국 영어(어법) [영국인의 특유한 말(어법)]. *cf.* Americanism
‡**Brít‧ish** [brítiʃ] *adj.* **1** 대브리튼의, 영국의, 대영 제국의, 영국인의. **2** [고대]브리트 사람(the Britons)의. — *n.* **1** (the ~) 《집합적》 영국인; 영연방민. **2** ⓤ 영국 영어(British English). *cf.* American **3** ⓤ 고대 브리튼어. ◇ **Brítain**, **Brítish** *n.*
British Acádemy *n.* (the ~) 영국 학사원[인문 과학의 연구·장려 등을 목적으로 하는 단체. 1899년 창립].
British Áirways *n.* (the ~) 영국 항공 [영국 국영 항공 회사 BEA 와 BOAC 가 합병해서; 略 BA].
British América *n.* = British North America.
British Associátion *n.* (the ~) 영국 학술 협회 [과학의 연구·장려가 목적인 단체. 1831년 창립].
British Bróadcasting Corporátion *n.* (the ~) 영국 방송 협회[略 BBC].
British Cómmonwèalth [of Nátions] *n.* (the ~) 영(영국) 연방 [영본국·속령 및 British Empire 로부터의 독립국으로 구성되어 있다; 1948년부터 정식으로는 British 를 빼고 the Commonwealth [of Nations] 라고 한다].
British Cóuncil *n.* 영국 문화 협회[영국 문화의 해외 선전과 영어 보급 따위를 목적으로 한다. 1934년 창립].
British Émpire *n.* (the ~) 대영 제국[식민지·속령·자치령을 포함하여 영연방에 속해 있던 모든 영지에 옛 호칭]. [American English
British Énglish *n.* ⓤ 영국 영어(British). *cf.*
Brit‧ish‧er [brítiʃər] *n.* 영국인[미국인 등이 특히 잉글랜드 주민을 가리키는 데 쓰는 말].
British Guiána *n.* 영령(領) 기아나[Guyana 의 국보호령 시대의 이름].
British Hondúras *n.* 영령 온두라스[중앙 아메리카 북부의 구(舊) 영국 식민지. 1981년 독립하여 Belize 로 개칭].
British Índia *n.* 영령(領) 인도[옛날에 영국 지배하에 있었던 17개 주. 현재는 India, Pakistan 및 Bangladesh 로 갈라져 있다].
British Ísles *n. pl.* (the ~) 영국 제도[Great Britain, Ireland, the Isle of Man 및 부근의 섬들].
Brit‧ish‧ism [brítiʃiz(ə)m] *n.* ⓤⓒ = Briticism. **2** 영국민 특유의 풍속·습관.
British Légion *n.* (the~) 영국 재향 군인회.
British Líbrary *n.* (the ~) 영국 도서관[British Museum 의 도서관 부분 등 4개의 조직체가 합병하여 1973년에 발족한 영국의 국립 도서관].
British Muséum *n.* (the ~) 대영 박물관[London 에 있는 세계적인 과학·문학·예술 따위의 자료·수집품의 전당. 1753년 창립. 그 부속 도서관은 500만권 이상의 장서를 소장].
British Nórth América *n.* **1** 캐나다. **2** 북미대륙 및 그 주변의 영역명.
British Ráil *n.* 영국 국철(국유 철도)[원래는 British Railways; 略 BR].
British thérmal únit *n.* 영국 열량 단위[1 파운드의 물을 화씨 1도 상승시키는 데 드는 열량; 略 B.T.U., B.t.u., B.th.u., Btu.].
British wárm *n.* 《英軍》 짧은 털외투.
British Wèst Índies *n. pl.* (the ~) 영국령 서인도 제도[영연방에 속하는 서인도 제도의 여러 국가 및 영국령의 섬]. *cf.* West Indies
Brit. Mus. 《略》 *Brit*ish *Mus*eum.
*****Brit‧on** [brít(ə)n] *n.* **1** [특히 잉글랜드의 주민을 말한다] ¶ North Britons 스코틀랜드인. **2** 브리튼인[고대에 영국 남부에 살던 켈트족].
Brít‧rail Páss [brítreil-] *n.* 브리트레일 패스[영국 국철을 마음대로 탈 수 있는 패스].
[<*Brit*[ISH] + RAIL]
brits‧ka, britz‧ska [brítskə, +美 brítʃ-] *n.* 러시아식 4륜 포장마차.
*****brit‧tle** [brítl] *adj.* 깨지기 쉬운, 부서지기 쉬운, 약한. ⇒ WEAK 頮語 — *n.* 브리틀[호두·땅콩 따위를 섞어서 만든 사탕과자]. **~ness** *n.*
brl. 《略》 barrel.
bro., Bro. (*pl.* bros.; Bros.) 《略》 brother.
broach [broutʃ] *n.* **1** [기계] 브로치[구멍을 넓히는 공구]. **2** [고기 굽는] 꼬치, 꼬챙이. **3** [통에] 구멍 내는 송곳. **4** [교회의] 뾰족탑. — *vt.* **1** [구멍을] 브로치 넓히다(가공하다). **2** [통]에 구멍을 내다(pierce). ¶ He broached a barrel of cider. 그는 사과주 통의 마개를 땄다. **3** [마시는 구멍을 내어] [술·물 따위]가 나오게 하다(draw). ¶ broach cider 사과주를 따라 내다. **4** [토론 따위]의 운(서두)을 떼다; [말 따위]를 꺼내다, 끄집어내다. ¶ broach a subject 문제를 꺼내다. — *vi.* **1** [항해] (범선이 갑자기 방향을 바꾸어) 뱃전을 바람쪽으로 돌리다; [바람·파도를]옆으로 받다. **2** [물고기·잠수함 따위가] 수면으로 나오다.
broach‧er [bróutʃər] *n.* 처음 말을 꺼내는 사람, 발설자, 제창자.
‡**broad** [brɔːd] *adj.* (*opp.* narrow) **1** 폭이 넓은(wide), 폭이 …인. ¶ three feet broad 폭 3피트의 / a broad river 넓은 강 / have broad shoulders 어깨가 넓다. **2** 광대한, 널찍한(vast). ¶ a broad ocean 드넓은 대양 / broad land 광대한 토지.
頮語 broad, wide 는 같은 뜻으로 쓰일 때도 많으나, 두 측면 사이의 길이·거리에는 wide 를, 평면의 넓이에는 broad 를 쓴다: a broad (or wide) street 넓은 거리 / an inch-wide ribbon 1인치 폭의 리본 / broad plains 넓은 평야.
3 밝은, 명백한. ¶ a broad distinction 명료한 구별 / broad facts 명백한 사실 / in a broad daylight 백주에; 공공연하게.

4 광범한, 일반적인(general). ¶ a *broad* experience 광범한 경험 / a *broad* rule 일반적 규칙 / in a *broad* sense 넓은 뜻에서 / have *broad* views 견해가 넓다 / take a *broad* view of …을 폭 넓게 보다. **5** 마음이 넓은, 관대한. ¶ a *broad* mind 관대한 마음. **6** 천한, 상스러운; 음란한; 노골적인; 거리낌없는; 대담한. ¶ a *broad* dialect 심한 사투리 / a *broad* hint 노골적인 암시 / a *broad* jest 상스러운 농담. **7** 〖음성〗 개구음(開口音)의(open). ¶ a *broad* vowel 개구 모음.

as broad as it is long 〖구어〗 폭도 길이도 같은; 〖사태가 어느쪽이든〗 결국 마찬가지인, 오십보 백보인.
— *adv.* **1** 넓게, 광범하게, 두루(broadly); 충분히(fully). ¶ be *broad* awake 완전히 깨어 있다. **2** 〖심한〗 사투리로. ¶ They speak *broad.* 그들은 순사투리로 이야기한다.
— *n.* **1** (the ~) 폭이 넓은 부분; 〖손의〗 바닥. ¶ the *broad* of the back (hand) 등(손바닥). **2** 〖속어〗〖경멸적〗여자(woman), 아가씨; 매춘부.
◇ bréadth *n.*, bróaden *v.*, bróadly *adv.*

bróad árrow *n.* 〖英〗 **1** 굵은 화살촉 모양의 표지〖영국에서 정부 소유물이나 죄수 수복에 찍는다〗. **2** 〖弓術〗 촉이 넓은 화살.

broad·ax, -axe [brɔ́:dæks] *n.* **1** 날이 넓은 도끼, 큰 도끼. **2** 전부(戰斧). [broad arrow 1]
broad·band [brɔ́:dbæ̀nd] *adj.* 〖무선〗 광대역(廣帶域)의.
broad·band·ing [brɔ́:dbæ̀ndiŋ] *n.* 〖경영〗 〖생산성 향상을 위한 노동자 각자의〗 작업 분담 영역의 확대.
bróad béan *n.* 잠두, 누에콩.
broad·bill [brɔ́:dbìl] *n.* **1** 부리가 넓은 새〖오리, 거위 따위〗. **2** 황새치(swordfish).
broad-blown [brɔ́:dblóun] *adj.* 〖꽃이〗 활짝 선.
broad-brim [brɔ́:dbrìm] *n.* **1** 〖퀘이커 교도 등이 쓰는〗 테가 넓은 모자. **2** (B-) 〖美구어〗 퀘이커 교도(Quaker).
broad-brimmed [brɔ́:dbrímd] *adj.* 챙이 넓은.
broad-brow [brɔ́:dbràu] *n.* 〖英구어〗 폭 넓은 취미를 가진 사람.
broad-brush [brɔ́:dbrʌ́ʃ] *adj.* 대충의, 불완전한.
‡**broad·cast** [brɔ́:dkæ̀st / -kɑ̀:st] *v.* (-**cast** or **-cast·ed, -cast·ing**) *vt.* **1** …을 방송하다. ¶ *broadcast* a lecture 강연을 방송하다. **2** 〖씨 따위〗를 흩뿌리다, 〖소문 따위〗를 퍼뜨리다. — *vi.* **1** 방송하다. **2** 흩뿌리다. — *n.* ⒸⓊ **1** 방송, 방송 프로. ¶ a *broadcast* program 방송 프로. **2** 〖씨를〗흩뿌리기, 산파(散播).
— *adj.* **1** 방송의. **2** 〖씨가〗흩뿌려진, 산파의. **3** 〖소문 따위가〗널리 퍼진. — *adv.* 널리. ¶ distribute *broadcast* 널리 배포하다 / sow *broadcast* 씨를 흩뿌리다.
broad·cast·er [brɔ́:dkæ̀stər / -kɑ̀:stə] *n.* **1** 파송기(機). **2** 방송하는 사람. **3** 〖라디오·TV〗 방송자; 방송 회사; 방송 장치.
*broad·cast·ing** [brɔ́:dkæ̀stiŋ / -kɑ̀:st-] *n.* Ⓤ 방송, 방송 사업, 방송 관계의 일. ¶ a *broadcasting* station 방송국 / *broadcasting* frequency 방송 주파수.
bróadcast média *n.* 전파 매체〖라디오나 텔레비전 등 전파를 이용하는 매체. Print Media 에 대한 말〗.
bróadcast sàtellite *n.* 방송 위성〖텔레비전 전파를 수신하고 중폭시키도록 만들어진 위성〗.
Bróad Chúrch *n.* 광교회파(廣敎會派)〖영국 국교회의 자유주의적인 한 교파〗. *cf.* High Church, Low Church
broad·cloth [brɔ́:dklɔ̀:θ / -klɔ̀(:)θ] *n.* Ⓤ 〖직물〗 **1** 〖美〗 명주 또는 면의 브로드천〖셔츠감·옷감〗(〖英〗 poplin). **2** 〖英〗 광폭의 검은 남자용 모직 옷감.
*broad·en** [brɔ́:dn] *vt.* …을 넓히다(widen). ¶

broaden one's view 견해를 넓히다. — *vi.* 넓어지다. ¶ The view *broadens.* 시야가 넓어진다 // (~+前+名) Her face brightened and *broadened* [out] *into* a beaming smile. 그녀의 얼굴은 밝아지면서 환하게 미소지었다. ◇ bróad *adj.*, bréadth *n.*
bróad gáuge(gáge) *n.* 〖철도〗 광궤 (廣軌). *cf.* standard gauge, narrow gage
broad-gauge [brɔ́:dgèidʒ], **-gaged** [-gèidʒd] *adj.* **1** 광궤의. **2** =broad-gauge.
broad-gauge [brɔ́:dgèidʒ], **-gauged** [-gèidʒd] *adj.* **1** 도량이 넓은, 관대한. **2** 대규모의. ¶ a *broad-gauge* plan 대규모의 계획.
bróad gláss *n.* =cylinder glass.
broad·horn [brɔ́:dhɔ̀:rn] *n.* 〖美〗〖미국 서부의 하천에서 사용된〗 대형 평저선(平底船) (ark).
broad·ish [brɔ́:diʃ] *adj.* 좀 넓은; 넓은 듯한. 〖기〗.
bróad júmp *n.* 넓이뛰기(long jump); 넓이뛰기 경기.
broad-leaf [brɔ́:dlì:f] *n.* (*pl.* **-leaves** [-lì:vz]) **1** 〖美〗〖엽궐련용의〗 넓은 잎 담배. **2** (灌) 잎이 넓은 나무.
broad-leaved [brɔ́:dlì:vd] *adj.* 잎이 넓은. 〖무.
broad·loom [brɔ́:dlù:m] *n.* 〖양탄자가〗 광폭으로 짠, 폭넓은.
*broad·ly** [brɔ́:dli] *adv.* **1** 널리. **2** 명백히. **3** 솔직하게. **4** 천하게, 상스럽게; 음탕하게. **5** 노골적으로, 거리낌없이. *broadly speaking* 대충 말하면, 대체로. 〖사투리로.
*broad-mind·ed** [brɔ́:dmáindid] *adj.* 마음이 넓은, 관대한, 편견이 없는. ~**·ly** *adv.* ~**·ness** *n.*
Broad·moor [brɔ́:dmùər] *n.* 〖英〗 Berkshire 의 Broadmoor에 있는 정신 병원〖원래 정신 이상의 범죄자를 수용했다〗.
broad·ness [brɔ́:dnis] *n.* Ⓤ **1** 나비, 폭. * 이 뜻은 breadth 가 보통. **2** 마음이 넓음. **3** 버릇없음, 노골적임.
bróad séal *n.* 국새(國璽)〖국가의 정식 관인〗.
broad-sheet [brɔ́:dʃì:t] *n.* =broadside 4.
broad·side [brɔ́:dsàid] *n.* **1** 〖항해〗 〖수면 위의〗 현측(舷側), 뱃전. ¶ *broadside* to *broadside* 〖배가〗 나란히. **2** 〖해군〗 **a)** 한쪽 뱃전의 대포 전체. ¶ fire a *broadside* 한쪽 뱃전의 포 모두에 일제 사격하다. **b)** 한쪽 뱃전의 포 전체의 일제 사격. ¶ exchange *broadsides* 뱃전 포의 일제 사격을 주고받다. **3** 〖비난·험담의〗 일제 공격. **4** 한 면만 인쇄한 큰 종이; 한 면만 인쇄한 인쇄물〖광고·포스터 따위〗. **5** 〖건물 따위의〗 넓은 측면. — *adv.* 〖~으로〗 뱃전을 돌리고. ¶ *broadside* on (or to) …에 뱃전을 돌리고. **2** 일제히. — *vi.* **1** 뱃전을 …로 돌리고 나아가다. **2** 현측 포화를 퍼붓다.
bróad sílk *n.* 폭 넓은 명주.
broad-spec·trum [brɔ́:dspéktrəm] *n.* 〖약학〗 광역(廣域) 스펙트럼의. ¶ *broad-spectrum* antibiotic 광역(광 스펙트럼) 항생 물질.
broad·sword [brɔ́:dsɔ̀:rd / -sɔ̀:d] *n.* 날이 넓은 칼.
broad·tail [brɔ́:dtèil] *n.* 카라쿨(karakul) 산의 꼬리가 굵은 양; Ⓤ 그 새끼양의 모피.
broad·way [brɔ́:dwèi], **-ways** [-wèiz] *adv.* = broadwise.
Broad·way [brɔ́:dwèi] *n.* **1** New York City 의 Manhattan 섬을 종단하는 거리. **2** 그 거리의 대형 극장가. **3** 〖집합적〗 New York City 의 상업 연극; 미국 연극계. — *adj.* Broadway의; 〖연극 따위가〗 Broadway에 맞는.
broad·wise [brɔ́:dwàiz] *adv.* 옆을 향하여, 옆으로.
Brob·ding·nag [brábdiŋnæ̀g / brɔ́b-] *n.* 〖J. Swift 작 Gulliver's Travels 에 나오는〗 거인국.
Brob·ding·nag·i·an [bràbdiŋnǽgiən / brɔ̀b-] *adj.* 거인국의; 거대한, 막대한. — *n.* 거인국의 주민, 거인.
bro·cade [brou(u)kéid] *n.* Ⓤ 무늬를 두드러지게 짠 비단, 능라(綾羅). — *vt.* (**-cad·ed, -cad·ing**) …을 무늬를 두드러지게 짜다. 〖짠.
bro·cad·ed [brou(u)kéidid] *adj.* 무늬를 두드러지게

broc·co·li, broc·o·li [brákəli / brɔ́k-] n. ⓊⒸ 모란채, 브로콜리(꽃양배추(cauliflower)의 일종. 어린 싹·줄기는 식용].
bro·ché [brouʃéi] adj. 능라의, 무늬를 두드러지게 짠(brocaded). — n. Ⓤ 능라. [<F]
bro·chette [brouʃét] n. [요리용] 꼬치, 꼬챙이(small spit). [<F]
bro·chure [brouʃúər / ⁻-] n. 팜플렛, 소책자. [<F]
brock [brɑk / brɔk] n. 1 [유럽산(産)의] 오소리(badger). 2《英》지저분한 녀석, 상스러운 놈.
brock·et [brákit / brɔ́k-] n. 1 [남미산(産)의] 작은 사슴. 2 [뿔이 나기 시작한] 두 살 난 붉은 수사슴.
bro·gan [bróugən] n. 튼튼하고 투박한 단화.
brogue[1] [broug] n. [영어의] 아일랜드 사투리; 지방 사투리. [<Ir]   [죽 구두(brogan).
brogue[2] [broug] n. [일상용의] 투박한 가
brogue[3] [broug] n. 《스코》사기, 협잡, 기만.
broi·der [brɔ́idər] vt. (고어) =embroider.
broi·der·y [brɔ́id(ə)ri] n. (고어) =embroidery.
*__broil__[1] [brɔil] vt. 1 [고기 따위]를 굽다(grill). ― BURN 顯語 2 …을 아주 뜨겁게 하다; (태양이) …에 내리쬐다. ¶ be *broiled* in the sun 햇볕에 내리쬐이다. ― vi. 1 구워지다. 2 [초조·흥분으로] 안달복달하다. ― n. 1 굽기. 2 혹서, 폭서(great heat). 3 불고기.
broil[2] [brɔil] n. 싸움; 소동, 소란(disorder). 싸우다, 말다툼하다.
broil·er [brɔ́ilər] n. 1《美》고기 굽는 기구. 2 굽는 사람. 3 구이용 영계.
bro·kage [bróukidʒ]. n. =brokerage.
‡**broke** [brouk] v. 1 break 의 과거형. 2 (고어) break 의 과거 분사. — adj. (구어) 돈이 없는, 무일푼의, 빈털터리의, 파산한(bankrupt). ¶ *broke* to the world (속어) 완전히 파산하다 / go clean *broke* (속어) 무일푼이 되다, 파산하다.
go for broke (속어) 전력을 다하여 해보다, 이판사판 — n. ⓊⒸ 1 [제지] 상품이 될 수 없는 종이, 펄프나 재생용 종이. 2 (~s) [양의 목·배에서 깎아낸] 저질 양모.
‡**bro·ken** [bróuk(ə)n] v. break 의 과거 분사. — adj. 1 깨진, 부서진, 쪼개진, 부러진, 꺾인, 상한. ¶ a *broken* leg 부러진 다리 / *broken* tea 가루 차. 2 어중간한, 우수리의, 단수(端數)의. ¶ a *broken* lot 《美》[100주 이하의 단수(端株) / a *broken* number 끝수, 분수 / *broken* money 푼돈, 잔돈. 3 [약속 따위] 깨진, 파기된(violated). ¶ a *broken* promise 깨진 약속. 4 단속적인; 기복이 있는, 울퉁불퉁한(uneven, rugged). ¶ a *broken* sleep 선잠 / *broken* water 출렁이는 파도 / *broken* weather 변덕스러운 날씨, 흐렸다 갰다 하는 날씨 / *broken* words 띄엄띄엄 하는 말. 5 건강을 해친(infirm); 낙심한. ¶ a *broken* heart 실연, 실의, 실망 / a *broken* man 실의에 빠진 사내. 6 (말이) 조련된, 길든(tamed).   [럽말.
7 (언어가) 지리멸렬한, 문법에 어긋나는, 변칙의. ¶ *broken* English 변칙 영어 /in *broken* accents 엉터리 어조로 8 망한, 몰락한, 파산한(ruined).   [조로.
~ly adv. ~ness n.
bro·ken-down [bróuk(ə)ndáun] adj. 1 깨진, 부서진; (건강 따위가) 쇠약한. 2 몰락한, 파산한(ruined). 3 (기계 따위가) 못 쓰게 된, 고장난, 망가진.
brōken hēart n. 실의, 절망, 실연.
*__bro·ken-heart·ed__ [bróuk(ə)nhɑ́ːrtid] adj. 가슴이 미어질 듯한, 슬픔에 잠긴, 상심한, 절망에 빠진; 실연한.
~ly adv. ~ness n.
brōken hōme n. 결손 가정 [죽음·별거·이혼 따위로 부모 중 한쪽 또는 양쪽 모두가 없는 가정].
brōken līne n. 1 파선(破線) [---]; 절선(折線). 2 고속 도로의 차선 변경 금지선.

brōken lōt n. [증권] 단주(端株)(odd lot).
brōken rēed n. 상한 갈대 지팡이; 믿을 수 없는 사람(것). [←이사야서 (Isa.) 36 : 6].
brōken wīnd n. Ⓤ《獸醫》(말의) 천식, 폐기종(肺氣腫)(heaves).   [천식(폐기종)에 걸린.
bro·ken-wind·ed [bróuk(ə)nwíndid] adj. (말의)
*__bro·ker__ [bróukər] n. 1 중매인, 중개인, 알선자 (middleman, agent), 브로커. 2《英》고물상.
bro·ker·age [bróukəridʒ] n. Ⓤ 1 중개[중매] [업]. 2 중매료, 중매 수수료, 구전, 알선료.
brok·ing [bróukiŋ] n. Ⓤ 중매업, 중개업. 2 전당[포]업. — adj. 중개하는, 중매의.
brol·ly [bráli/brɔ́li] n. (pl. -lies) 1《英구어》우산, 양산(umbrella). 2《英공군 속어》낙하산.
brom- ⇒ BROMO.
bro·mal [bróuməl] n. Ⓤ 《약》브로말[진통제·수면제용의 기름 모양의 무색 액체. 알콜에 취소를 작용시켜 얻는다].
bro·mate [bróumeit] 《화학》n. 취소산염. — vt. (-mat·ed, -mat·ing) …을 취소와 화합시키다.
bro·mic [bróumik] adj. 《화학》취소(臭素)의, [5가의] 취소를 함유하는.
bro·mide [bróumaid] n. 1 《화학》취화물(臭化物). ¶ sodium *bromide* 취화 나트륨. 2《美구어》지리한 (따분한) 사람. 3《美구어》지리한(따분한) 이야기, 흔해 빠진 생각; 케케묵은 말, 상투어.
brōmide pāper n. Ⓤ [사진] 브로마이드지(紙) [화대에 사용되는 인화지].   [한, 흔해빠진.
bro·mid·ic [broumídik] adj. 《美구어》평범한, 진부
bro·mine [bróumi(ː)n] n. Ⓤ《화학》브롬, 취소(臭素)[할로겐 족 원소의 하나; 원자 기호 Br].
bro·mism [bróumiz(ə)m] n. Ⓤ 《병리》취소 중독.
bromo- bromine 의 뜻의 연결형(* 모음 앞에서는 brom- 을 쓴다). 예: *bromo*form, *bromal*. [鑛].
bro·my·rite [bróumirait] n. Ⓤ 《광물》취은광(臭銀)
bronc [brɑŋk / brɔŋk] n. 《美》=bronco.
bronch- ⇒ BRONCHO-.
bron·chi [bráŋkai / brɔ́ŋ-] n. pl. (sing. **bron·chus** [-kiəm]) 기관지.
bron·chi·a [bráŋkiə / brɔ́ŋ-] n. pl. (sing. **-chi·um** [-kiəm]) 기관지.
bron·chi·al [bráŋkiəl / brɔ́ŋ-] adj. [해부] 기관지의. ¶ *bronchial* tubes 기관지.
bron·chi·ole [bráŋkiòul / brɔ́ŋ-] n. [해부] 세(細)기관지, 기관 세지.   [관지염의(에 걸린).
bron·chit·ic [brɑŋkítik, brɑn- / brɔŋ-, brɔn-] adj. 기
bron·chi·tis [brɑŋkáitis, brɑn- / brɔŋ-, brɔn-] n. Ⓤ 《병리》기관지염.
bron·cho [bráŋkou / brɔ́ŋ-] n. (pl. **-chos**) =bronco.
broncho- bronchial 의 뜻의 연결형(* 모음 앞에서는 bronch- 을 쓴다). 예: *broncho*pneumonia.
bron·cho-bust·er [bráŋkoubʌ̀stər / brɔ́ŋ-] n. =broncobuster.
bron·cho·pneu·mo·nia [brɑ̀ŋkoun(j)uːmóunjə, -niə /brɔ̀ŋkounjuː-] n. 《병리》기관지 폐렴.
bron·cho·scope [bráŋkəskòup / brɔ́ŋ-] n. 《의학》기관지경(鏡) [기관지 내의 검사기].
bron·chot·o·my [brɑŋkátəmi / brɔŋkɔ́t-] n. (pl. **-mies**) 《외과》기관지 절개술.   [BRONCHI.
bron·chus [bráŋkəs / brɔ́ŋ-] n. (pl. **bron·chi**) ⇒
bron·co [bráŋkou / brɔ́ŋ-], **(broncho)**, n. (pl. **-cos**) 1 [미국 서부산(産)의 작은] 야생마, 브롱코마. 2 (캐나다속어) 영국인; 영국으로부터의 이주민.
bron·co-bust·er [bráŋkoubʌ̀stər / brɔ́ŋ-] n. 야생마를 길들이는 사람, 조마사(調馬師).
bronk [brɑŋk / brɔŋk] n. 《美》=bronco.
bront- ⇒ BRONTO-.
bronto- thunder 의 뜻의 연결형(* 모음 앞에서는 bront- 를 쓴다). 예: *bronto*saur.

bron·to·saur [brántəsɔːr / brɔ́n-], (**bron·to·sau·rus** [brɑntəsɔ́ːrəs / brɔn-]) *n.* 브론토사우루스, 뇌룡(雷龍) [쥐라기(紀)에 아메리카에 살던 공룡의 일종].

Bronx [brɑŋks / brɔŋks] *n.* (the ~) 미국 New York 시 북부의 한 행정 구역. ⇨ BOROUGH.

Brónx chéer *n.* 《美》《입술과 혀를 진동시켜 내는》 야비한 야유(조소).

‡**bronze** [brɑnz / brɔnz] *n.* 1 ⓤ [야금] 청동[구리와 주석과의 합금]; 각종 구리 합금. ¶ aluminum *bronze* 알루미늄 청동 / manganese *bronze* 망간 청동. 2 ⓤ 청동색. 3 청동 제품(동상·메달 따위).
— *v.* (**bronzed, bronz·ing**) *vt.* 1 …을 청동색으로 하다, …에 청동 광택이 나게 하다. 2 …을 청동같이 단단하게 하다; 〖남〗을 무정하게하다 (make unfeeling).
— *vi.* [볕에 타서] 청동색이 되다.
— *adj.* 1 청동제의. 2 청동색의, 황갈색의, 적갈색의.

Brónze Áge *n.* (the ~) 1 청동기 시대[Stone Age 와 Iron Age 사이]. 2 (b-a-) 《그리스 신화》청동 시대[golden age, silver age 다음의 전쟁과 폭력의 시대].

bronze·smith [brɑ́nzsmìθ / brɔ́nz-] *n.* 청동장(匠), 청동 세공인.

Brónze Stár Médal *n.* [美군사] 청동 성장(星章) [공중전 이외의 용감한 행위를 한 군인에게 수여].

bronz·y [brɑ́nzi / brɔ́nzi] *adj.* (**bronz·i·er, brong·i·est**) 1 청동의(같은). 2 청동색의, 황갈색의, 적갈색의.

*****brooch** [broutʃ, +美 bruːtʃ] *n.* 브로치, 장식핀. [<

‡**brood** [bruːd] *n.* 1 한 배의 병아리, 한 배의 새끼들. ¶ a *brood* of chickens 한 배의 병아리들. 2 〖경멸적〗〖한 집의〗 아이들, 새끼들. 3 종류, 족속(kind, breed).
sit on brood ① 알을 품다. ② 생각에 잠기다, 곰곰이 생각하다.
— *vt.* 1 〖알〗을 품다, 〖병아리〗를 따뜻하게 해주다. 2 〖생각 따위〗를 마음에 품다. — *vi.* 1 알을 품다. 2 〖구름·어둠 따위가〗 자욱이 덮다, 내리덮다, 〖덮듯이〗 막아서 다다 (*on, over, above …*). ¶ (~ +前+名) Clouds *brooded* over the mountain. 구름이 산에 나직이 끼었다. 3 곰곰이 생각하다 (meditate), 이러저러 생각하다 (*on, over …*). ¶ (~ +前+名) Don't *brood* over such trifles. 그런 사소한 일을 가지고 끙끙거리지 마라.
— *adj.* 알을 품는, 씨받이용의. ¶ a *brood* hen 씨암탉 / a *brood* mare 씨암말.

brood·er [brúːdər] *n.* 1 인공 부화기. 2 생각에 잠기는 사람. 「언짢아, 시무룩하게.

brood·ing·ly [brúːdiŋli] *adv.* 생각에 잠겨, 기분이

brood·y [brúːdi] *adj.* (**brood·i·er, brood·i·est**) 1 생각에 잠기는; 침울한, 기분이 언짢은(moody). 2 〖암탉이〗 알을 품으려고 하는. **brood·i·ness** *n.*

‡**brook**[1] [bruk] *n.* 시내, 개울.

brook[2] [bruk] *vt.* 《보통 부정문에서》 1 …에 견디다, …을 참다 (endure), 1 I cannot *brook* interference. 나는 간섭을 받으면 못 참는다. 2 〖일〗이 …을 허락하다. ¶ The matter *brooks* no delay. 그 문제는 잠시도 지체할 수 없다.

brook·let [brúklit] *n.* 작은 시내 (개울), 실개천 (small

brook·lime [brúklàim] *n.* 〖유럽산〗 개불알풀 속 (屬)의 식물 〖남부 총상화 (總狀花)가 핀다〗.

*****Brook·lyn** [brúklin] *n.* 1 미국 Long Island 서부에 있는 New York 시의 한 행정 구역. ⇨ BOROUGH. 2 (b-) 〖볼링〗 헤드핀의 반대쪽에서 들어가는 공 〖오른손으로 던졌을 때 1·2핀 사이로 들어가는 공〗.

brook tròut *n.* 1 강송어(북미 동부의 산간 계류에서 나는 물고기). 2 〖북미 동부산〗 (brown trout).

‡**broom** [bruːm] *n.* 1 비. ¶ a new *broom* 《英》 구

악(舊惡)을 일소하려는 신임자 / *A new broom sweeps clean*. 《속담》신임자는 흔히 개혁을 하고 싶어한다. 2 금작화. 3 《美》〖건축〗〖두들겨져서〗 찌부러진 말뚝의 꼭대기 부분. — *vt.* …을 비로 쓸다, 쓸어내다.

broom·corn [brúːmkɔ̀ːrn] *n.* 《美》수수류 〖그 원 추화서를 잘라 비를 만든다〗.

bróom cýpress *n.* 대싸리.

broom·rape [brúːmrèip] *n.* ⓤ 초종용속(草從蓉屬)의 기생 식물.

broom·stick [brúːmstìk] *n.* 빗자루 《마녀(witch)가 이것을 타고 하늘을 난다고 한다》.
marry (or jump) over a broomstick; hop the broomstick 〖결혼은 하지 않고 동거 생활을 하다.

broom·y [brúːmi] *adj.* (**broom·i·er, broom·i·est**) 금작화가 무성한. 「미스 형제 상회.

bros., Bros. 《略》brothers. ¶ Smith *Bros. & Co. ~*

brose [brouz] *n.* ⓤ《스코》 오트밀에 더운 물이나 우유를 붓고 휘저은 음식.

*****broth** [brɔːθ, brɑθ / brɔ(ː)θ] *n.* ⓤⓒ 1 묽은 수프. 2 〖고기 또는 생선을 끓여낸〗 국물. ¶ *Too many cooks spoil the broth.* 《속담》사공이 많으면 배가 산으로 간다. 「(low).
a broth of a boy 〖아일〗 멋진 사내, 쾌남아(good fellow).

broth·el [brɔ́ːθ(ə)l, brɑ́θ-, brɔ́ːð-, brɑ́ð- / brɔ́θəl] *n.* 매춘굴.

‡**broth·er** [brʌ́ðər] *n.* (**broth·ers** *or* 《고어》**breth·ren** [bréðrin]) 《*복수형의 brethren은 주로 종교적인 의미를 가지는 경우에 사용*》 1 형제; 형, 동생, 아우. ¶ sister / an elder (or 《美구어》an older) *brother* 형 / a young (or a younger) *brother* 동생, 아우 / a whole *brother* 친형제.
— *Usage* brother *to* 와 brother *of* — 《1》 옛날에는 brother *to* the duke (공작의 동생)처럼 썼으나, 지금은 brother *of …* 로 쓰는 것이 보통이다(⇨ TO). 《2》 앞서와 같은 표현이 동격이 되는 경우, 형제가 한 사람일 때에는 John, brother *of* George 처럼 the brother *of* 처럼 부정 관사를 붙이는 것이 보통. 특별히 한 사람임을 강조할 경우에는 the brother *of* 처럼 정관사를 붙인다.
2 이부(異父) (이복) 형제(half brother); 수양 형제 (foster brother); 남자 친척(kinsman). *cf.* sister
3 동료(fellow), 친구(*cf.* sister). 〖대학 학생회의〗 회원.
4 〖같은 국적·조직·직업 등에 속하는〗 남성; 동포; 동지. *cf.* sister ¶ a *brother* of the angle 낚시 친구 / a *brother* of the whip 마부. 「sister
5 〖교회〗 평수도사, 〖사제가 되지 않은〗 수도사. *cf.*
6 경(卿) 〖군주·법관끼리의 호칭〗.
7 《美구어》형씨, 여보게, 친구 〖부르는 말〗. *cf.* sister ¶ *Brother*, can you spare a dime? 형씨, 10센트만 주겠소?
8 《美구어》혹인 동지(soul brother).
— *interj.* 이런!, 저런!, 이놈!, 고얀지!
— *vt.* …을 형제로서 대하다, 형제라 부르다.

bróther chíp *n.* 《北英》《관사 없이 형용사적으로》〖기질 따위〗 똑같은 부류의 사람, ¶ He is *brother chip* to his father. 그의 기질은 아버지 그대로다.

broth·er·ger·man [brʌ́ðərdʒə́ːrmən] *n.* (*pl.* **broth·ers-**) 친형제.

*****broth·er·hood** [brʌ́ðərhùd] *n.* ⓤ 1 형제의 관계, 동기간. 2 ⓒ 《友愛》 단체, 협회; 〖직업의〗 조합, 단체. 3 《美》노동 단체. 3 〖형제 같은〗 친한 사이. ¶ promote international *brotherhood* 국제 친선을 증진하다. 4 《비유적》 형제애.

broth·er-in-arms [brʌ́ðəriná:rmz] *n.* (*pl.* **broth·ers-**) 전우.

*****broth·er-in-law** [brʌ́ðərinlɔ̀ː] *n.* (*pl.* **broth·ers-**) 남편 또는 아내의 형제; 자매의 남편.

Bróther Jónathan *n.* 《英고어》 1 미국 정부〖사

람에 비긴 것]. **2** 전형적 미국인. * 현재는 Uncle Sam 이 일반적.
broth·er·less [brʌ́ðərlis] *adj.* 형제가 없는.
broth·er·li·ness [brʌ́ðərlinis] *n.* U 형제애; 형제 같은 애정; 친함, 우애.
***broth·er·ly** [brʌ́ðərli] *adj.* 형제의, 형제 같은, 형제다운; 애정이 깊은, 친한.
the City of Brotherly Love 미국 필라델피아시의 별 — *adv.* (고어) 형제로서, 형제같이; 친하게. └징.
brough·am [brúː(ə)m, +美 brúːəm] *n.* **1** 말 한필이 끄는 4륜 마차. **2** [무개(無蓋) 운전석이 있는] 브름형 자동차.
brought [brɔːt] *v.* bring의 과거・과거 분사.
brou·ha·ha [bruːhɑ́ːhɑː, ╌╌╌] *n.* UC 떠들썩한 세상 공론; 괜한 소동(흥분).
‡**brow** [brau] *n.* **1** 눈두덩; 눈썹(eyebrow). **2** (보통 ~s) 이마. ¶ *knit* (*or* *bend*) *one's brows* 눈살을 찌푸리다. **3** 얼굴, 용모(countenance). **4** 벼랑의 위끝, 벼랑 머리.
by the sweat of one's brow ⇨ SWEAT.
brów áque *n.* 편두통(偏頭痛)(migraine).
brow·beat [bráubiːt] *vt.* (**-beat, -beat·en**[-bìːtn], **-beat·ing**) …을 노려보다; …을 야단치다; …을 위협하다, 으르다(bully).
‡**brown** [braun] *n.* **1** U 갈색, 밤색. ¶ *dark brown* 암갈색 / *light brown* 엷은 갈색 / *red brown* 적갈색, 밤색 / *yellowish brown* 황갈색. **2** U 갈색 그림물감(염료); C 갈색의 것. **3** (英속어) 동화, 동전(copper coin).
fire into the brown 날아가는 새떼에게 총을 쏘아대다; 군중을 향해 무차별 발포하다.
— *adj.* **1** 갈색의, 밤색의. ¶ *brown paper* 갈색 포장지 / *brown ware* [유약을 바르지 않은] 질그릇, 오지그릇. **2** 볕에 탄(sunburned, tanned). **3** (종色 B-) 《美》 멕시코계 미국인의.
do a person brown (英속어) …을 감쪽같이 속이다.
do up brown (美속어) 훌륭히 해내다.
— *vi.* 갈색(밤색)이 되다; 볕에 타다; 눋다.
— *vt.* …을 갈색(밤색)으로 하다; 볕에 타게 하다; …을 눋게 하다.
brown off (속어) …을 따분하게 하다; 풀이 죽게 하다.
brown out 《美》 [절전을 위해] [전등]을 어둡게 하다. *cf.* black out
brówn ále *n.* U(英) 색이 짙은 에일.
brown-bag [bráunbǽg] *vt.*, *vi.* (**-bagged, -bag-ging**) [자루에 넣어] 술(또는) 음식을 식당이나 클럽에 가지고 가다.
brówn bágger *n.* (美속어) **1** 도시락을 가지고 다니는 샐러리맨. **2** 화이트 칼라의 기본 남성.
brówn béar *n.* [유럽이나 미국 북쪽에 사는] 불곰.
brówn bélt *n.* [유도나 태권도의] 갈색 띠(의 사람).
Brówn Beréts *n.* (the ~) **1** [지위 향상을 목적으로 하는] 멕시코계 미국 시민 단체. **2** 그 단원 또는 그 단원이 쓰는 베레모. └총.
Brówn Béss *n.* [옛날에 영국 군대에서 사용된] 구식
brówn Bétty *n.* [사과 따위 과일에나 빵가루・설탕・버터 따위를 섞어서 구운] 푸딩.
brówn bréad *n.* **1** [밀기울이 든 밀가루로 만든] 흑빵. **2** 전병의 일종(Boston brown bread).
brówn cóal *n.* 갈탄(lignite).
Brówn·i·an móvement (**mótion**) [bráunián-] *n.* [물리] 브라운 운동[Robert Brown이 1827년에 발견한 유체 속의 미립자의 불규칙 운동].
brown·ie [bráuni] *n.* **1** 작은 요정[밤에 몰래 인가에 와서 가사를 거든다는 갈색의 요정]. **2** 《美》 땅꼬마든] 초콜릿 과자. **3** (B-) [Girl Scouts 《美》의 Girl Guides의] 소녀 단원[8-11세]. **4** (濠) 포도 빵(currant bread).
brown·ing [bráuniŋ] *n.* **1** 갈색으로 하기. **2** [식공] 마무리 전의 갈색 밑칠. **3** [요리] 갈색 착색료[누런 설탕 따위].
Brown·ing [bráuniŋ] *n.* 브라우닝식 자동 권총(연발 권총). [<《미국의 무기 발명가 John Moses Browning (1885-1926)의 이름]
brown·ish [bráuniʃ] *adj.* 갈색을 띤.
brówn lúng (**diséase**) *n.* [병리] 면사폐(綿絲肺)[면공장의 종업원에게 일어나는 진폐증].
brown·ness [bráunnis] *n.* U 갈색.
brówn nóse *n.* 《美속어》아첨쟁이, 알랑쇠.
brown·out [bráunàut] *n.* [절전 따위를 위한] 전압 저하, 등화 관제. └Black Power
Brówn Pówer *n.* 멕시코계 미국인의 정치 운동.
brówn ríce *n.* U 현미.
Brówn Shírt *n.* (*cf.* Black Shirt) **1** [Hitler 지휘하의]나치스 돌격대원(storm trooper). **2** 독일 나치스 당원; [일반적으로] 파시스트.
brown·stone [bráunstòun] *n.* 《美》 적갈색 사암(砂岩)[전에는 고급 건축 자재로서 널리 사용]; C 이를 사용한 건축물. — *adj.* 상류(부유) 계급의.
brówn stúdy *n.* 심사 숙고, 깊은 생각(serious reverie). *be* [*lost*] *in a brown study* 깊은 생각에 잠겨 있다.
brówn súgar *n.* U 누런 설탕.
brówn thúmb *n.* 《美》 식물을 잘 기를 줄 모르는 사람;원예・야채 재배가 서투른 사람. *cf.* green thumb
brown·ware [bráunwèər] *n.* U 유약을 발라 구운 갈색 도자기, [원시적인] 갈색 도기.
brown·y [bráuni] *adj.* (**brown·i·er, brown·i·est**) = brownish.
*****browse** [brauz] *v.* (**browsed, brows·ing**) *vt.* **1** [새싹・풀 따위를] 먹다. ¶ (~+匣+殷) *browse leaves away* (or *off*) 새싹을 먹다. **2** [소 따위]를 방목하다, [소 따위]에게 풀을 마음대로 먹게 하다. **3** …을 마음 내키는 대로 읽다; [책장・서점]을 이리저리 뒤지다. **4** [컴퓨터] 월드 와이드 웹(WWW)에 접속하다.
— *vi.* **1** [소・사슴 따위가] 새싹 따위를 먹다(graze) (*on* ...). **2** 아무데나 마음내키는 대로 읽다. ¶ *browse in the pages of a book* 책을 여기저기 아무데나 읽다 / *browse one's way* 마음내키는 대로 돌아다니다.
— *n.* **1** C U [소 따위가 먹는] 어린 잎, 새싹, 어린 가지; 어린 잎따위의 먹기. ¶ *be at browse* [소 따위가] 어린 잎을 먹고 있다. **2** 아무데나 여기저기 읽기. **3** [컴퓨터] 주사(走査).
brows·er [bráuzər] *n.* **1** 어린 잎을 먹는 소(사슴). **2** 마음 내키는 대로 읽는 사람; 책은 사지 않고 뒤져 보기만 하는 사람. **3** [컴퓨터] 브라우저[인터넷의 월드 와이드 웹(WWW) 접속 프로그램].
B.R.S. (略) British Road Services.
Br. Som. (略) British *Som*aliland.
brt. for. *br*ough*t for*ward.
bru·cel·lo·sis [brùːsəlóusis] *n.* U(병리) 브루셀라병[Brucella 균에 의한 전염병].
bru·cine [brúːsiː(ː)n] *n.* [의학] 브루신[쓴맛이 나는 독성 알칼로이드]. [<스코틀랜드의 아프리카 탐험가 James Bruce (1730-94)의 이름]
bru·in [brúːin] *n.* 곰(bear). * 동화 등에서 의인화
bruise [bruːz] *v.* (**bruised, bruis·ing**) *vt.* **1** …에게 타박상을 입히다; [과일 따위]를 상하게 하다; [목재・금속]을 오그라뜨리다. **2** [감정 따위]를 상하게 하다. ¶ *My words bruised his feelings.* 내 말에 그는 기분이 상했다. **2** [약품・식품]을 빻다, 찧어으스러뜨리다(crush).
— *vi.* **1** 멍들다, 상처 나다. **2** [감정이] 상하다. ¶ *His feelings bruise easily.* 그의 감정은 상하기 쉽다.
— *n.* 타박상(contusion), 멍; 상처; [과일 따위의] 흠, 상처. ¶ *a bruise on the leg* 다리의 타박상.
bruis·er [brúːzər] *n.* **1** 권투 선수, 복서(boxer). **2** 《구어》건장한 남자, 거한. * 보통 big bruiser 로 쓴다.
bruit [bruːt] *vt.* 《주로 수동형으로》 …을 퍼뜨리다, 소

brumal

문 내다(...*about, abroad*). ¶ The report was *bruited about*. 소문이 퍼졌다. — *n.* 1 《고어》풍설, 소문 (rumor). 2 《고어》소음(noise). 3 《의학》[청진기로 들을 수 있는] 이상음.

bru·mal [brúːm(ə)l] *adj.* 겨울의, 겨울 같은, 한랭한 (wintry).

brum·by [brʌ́mbi] *n.* (*pl.* **-bies**) 《濠》 사나운 말, 야마.

brume [bruːm] *n.* ⓤⓒ 안개(mist, fog).

brum·ma·gem [brʌ́mədʒəm] *adj.* 겉만 번지르르한, 싸구려의, 가짜의. — *n.* 싸구려, 가짜, 모조품.

Brum·mie, -my [brʌ́mi] *n.* 《英구어》 버밍엄 출신자. — *adj.* 3류[품] 의, 겉만 번지르르한. [<지난날 영국 버밍엄에서 싸구려 물건을 대량 생산하여 식민지로 수출한 데서]

bru·mous [brúːməs] *adj.* 안개가 자욱한(foggy).

brunch [brʌntʃ] *n.* 《구어》 [점심을 겸한] 늦은 아침. [<BR[EAKFAST] + [L]UNCH]

brúnch còat *n.* 여성용의 짧은 실내복. *cf.* housecoat

Bru·nei [brúːnai] *n.* 브루나이 [보르네오섬 서북 해안의 토후국; 영국 보호령이었다가 독립한 영연방의 하나; 수도 Bandar Seri Begawan].

bru·net [bruːnét] (*cf.* blond, blonde) *adj.* 거무스름한 피부(머리칼, 눈)의. — ＊주로 남성에게 쓰인다. 여성의 경우는 brunette. — *n.* 브뤼넷의 남자.

bru·nette [bruːnét] *adj., n.* brunet의 여성형.

Bruns·wick bláck [brʌ́nzwik-] *n.* ⓤ 흑색 와니스의 일종.

brunt [brʌnt] *n.* 1 《공격의》 주력, 예봉. 2 《폐어》 날카로운 공격, 맹공(assault). **bear the brunt of** ···의 공격의 정면에 맞서다; [공격·긴장 따위를] 견디다.

‡**brush**[1] [brʌʃ] *n.* 1 브러시, 솔; 솔질. ¶ *a floor brush* 마루 청소용 브러시 / *a wire brush* 와이어 브러시 / He gave his coat a good *brush*. 그는 상의를 잘 솔질했다. 2 화필, 모필; (the ~) 화필, 화풍; (the ~) 《집합적》 화가. ¶ *a writing brush* 붓 / the *brush* of Matisse 마티스의 화풍 / *a brother of the brush* 《동업의》 화가, 뺑끼장이 / *a picture from the same brush* 같은 화가의 그림. 3 [여우 따위의] 털이 많은 꼬리. 4 스치기, 살짝 닿기; 소규모 접전. ¶ *a brush* with the enemy 적과의 작은 충돌 / have a *brush* with ···과 소규모 전투를 하다 / get a *brush* from the wheel 차바퀴에 스치다 / She felt the *brush* of his coat as he hurried by. 그녀는 그가 급히 지나칠 때 그의 상의가 살짝 닿는 것을 느꼈다. 5 질주(dashing ride). 6 《전기》 브러시; 브러시 방전. 7 《光學》 광망(光芒) 《약하고 흐릿한 광선의 모임》. 8 가벼운 병(slight illness). 9 《구어》 정글, 삼림 지대. 10 《美속어》 매정한 거절(brush-off). ＊보통 다음 숙어로 쓴다. ¶ give a person the (or a) *brush* 남에게 매정하게 거절하다(퇴짜 놓다). 11 수염(beard, whiskers). 12 《濠속어》 아가씨, 처녀(girl). *at a brush* 단번에. *at the first brush* 최초의 작은 전투에서 (⇨4); 최초, 같은 무리이다. *be tarred with the same brush* 똑같은 결점을 가지, 같은 무리이다. *give ... another brush* ···을 공들여 마무리하다. — *vt.* 1 ···에 솔질하다, ···을 닦다. ¶ *brush* one's hair 머리를 솔질하다 // (~+⬚+圖) *brush* one's teeth clean 이를 깨끗이 닦다 // (~+⬚) ···을 솔로 털다, 털어내다 (... *from*), (~+⬚+圖+圉) *Brush* the dust *from* your shoes. 신발의 먼지를 털어내. 3 《페인트 따위》를 솔로 칠하다. ¶ (~+⬚+圖+圉) *Brush* the paint carefully *to* the porous surface. 구멍이 많은 표면에 페인트를 잘 칠해라. 4 ···을 스치다, 살짝 닿다.

¶ My left hand *brushed* the wall and found the switch. 왼손으로 벽을 더듬어 보니 스위치가 있었다. — *vi.* 스치다, 스쳐 지나다; 질주하다. ¶ *brush by* (or *past, through*) *a person* 아무의 곁을 스쳐 지나가다.

brush [up] **against** ···에 살짝 닿다, 스치다.
brush aside (or **away**) ···을 털어내다(버리다); 취급하지 않다; [곤란·반대]를 무시하다.
brush off ① ···을 털어버리다, 치우다. ② ···을 무시하다. ⇨ BRUSH-OFF.
brush over ···에 살짝 칠하다(... *with*).
brush up [**on**] 《구어》 ① ···에 솔질하다, 깨끗하게 닦다. ② ···의 공부를 다시 하다, ···의 기억을 새로이 하다. ¶ I must *brush up* my English. 영어를 다시 공부해야겠다.
◇ **brúshy** *adj.*

brush[2] [brʌʃ] *n.* 1 ⓤ 꺾인 잔나뭇가지, 결가지, 땔나무. 2 덤불, 잡목림. 3 (the ~) 《美》 미개척지(backwoods).

brúsh·back [-bæ̀k] *n.* 《야구》 빈볼[투수가 타자의 기를 꺾기 위해 고의로 타자를 겨눠 던지는 공].

brúsh bùrn *n.* 찰과상, 생채기.

brúsh dischàrge *n.* 《전기》 브러시 방전.

brúsh fíre *n.* 1 [큰불이 아닌] 덤불 숲의 화재. 2 소규모의 전투.

brush-fire [brʌ́ʃfàiər] *adj.* 《전투》 소규모의, 국지적인. ¶ *brushfire wars* 국지전.

brúsh hòok *n.* 덤불 베는 낫(bush hook).

brush·ing [brʌ́ʃiŋ] *adj.* 1 솔질하는, 2 기세 좋은; 재빠른, 스치는. 3 1 솔질. 2 (보통 ~s) 쓸어모으는 것.

brush-off [brʌ́ʃɔ̀(ː)f, -ɑ̀f] *n.* 《美속어》 매정한 거절; 해고. ¶ He gave me a quick *brush-off*. 그는 매정하게 딱 잘라 거절했다.

brúsh·pen *n.* 필폔. [퀴.

brush-pen·cil [brʌ́ʃpènsl, -sìl] *n.* 화필, 붓.

*****brush-up** [brʌ́ʃʌ̀p] *n.* 1 깨끗이 솔질하기(닦기), [더럽거나 파손된 곳의] 수리, 손질; 화장을 다듬기(fixing up), 몸차장. 2 [전에 배운 것이나 잊혀져 가는 것을] 다시 하기, 복습.

brúsh whéel *n.* 《기계》 [소재용의] 브러시 바퀴.

brush·wood [brʌ́ʃwùd] *n.* 1 ⓤ 꺾인 잔나뭇가지, 결가지. 2 잔나무(관목) 숲, 덤불(thicket).

brush·work [brʌ́ʃwə̀ːrk] *n.* ⓤ 1 회화, 그림. 2 화법, 화풍. ¶ Renoir's *brushwork* 르느와르의 화법.

brush·y[1] [brʌ́ʃi] *adj.* 솔 같은; 털이 많은, 텁수룩한(shaggy, bushy).

brush·y[2] [brʌ́ʃi] *adj.* (**brush·i·er, brush·i·est**) 관목[덤불]이 무성한.

brusque [brʌsk / brusk, brɑːsk] *adj.* [동작·말이] 무뚝뚝한, 통명스러운. ⇨ BLUNT 類語.
~**ly** *adv.* ~**ness** *n.* [함.

brus·que·rie [brʌ́skəri / brúːs-] *n.* ⓤ 무뚝뚝함, 매정

*****Brus·sels** [brʌ́slz] *n.* 브뤼셀 [벨기에의 수도].

Brússels cárpet *n.* 브뤼셀 융단 [모직 융단의 일종].

Brússels láce *n.* ⓤ 브뤼셀 레이스[손으로 뜬 고급 레이스].

Brússels spróuts [brʌ́slz- / brúːsl-] *n. pl.* 싹양배 추.

brut [bruːt] *adj.* 《샴페인이》 쌈쌀한, 단맛이 없는.

‡**bru·tal** [brúːtl] *adj.* 1 야만적인, 잔인한, 비인도적인 (inhuman). ⇨ CRUEL 類語. 2 거친(crude, coarse). 3 비이성적인 (irrational, unreasoning), 4 짐승 같은.
◇ **brute, brutálity** *n.*; **brútally** *adv.*; **brútalize** *v.*

bru·tal·ist [brúːtəlist] *adj., n.* [건축] 야성파[의] [콘크리트 면을 이용한 양식(量式)]과 거에 맞는 사람].

bru·tal·i·ty [bruːtǽləti] *n.* (*pl.* **-ties**) ⓤ 잔인성, 수성(獸性); ⓒ 만행, 무도함, 무도한 행위(cruel act).

bru·tal·i·za·tion [brùːtəlizéiʃ(ə)n / -laiz-] *n.* ⓤ 야만화; 짐승 같은 상태.

bru·tal·ize [brúːt(ə)làiz] (＊《英》에서는 **bru·tal·ise** 로도 쓴다) *v.* (**-ized, -iz·ing**) *vt.* ···을 짐승처럼 만들다,

brutally 짐승처럼 되게 하다; ... 짐승같이 다루다; ...에게 잔인한 짓을 하다. —— vi. 잔인하게 굴다, 짐승같이 되다; 야만적이 되다.

bru·tal·ly [brúːtəli] *adv.* 야만스럽게, 난폭하게, 짐승처럼; 잔인하게.

‡**brute** [bruːt] *n.* **1** 짐승, 축생. ⇨ ANIMAL 〖類語〗 **2** 짐승 같은 사람, 비인간. ¶ *a brute* of a husband 냉혹한 남편 / a hideous *brute* 잔인 무도한 사람. **3** (the ~) [인간의] 수성(獸性), 수욕(獸慾) (lust). —— *adj.* **1** 짐승(축생)의, 수성(獸性)의; 이성이 없는. **3** 짐승 같은, 야수성의(brutal). **4** 야만적인, 잔인한 ¶ *brute courage* 만용 / *brute force* 폭력. **5** 관능적인, 육욕적인. ~**ly** *adv.*
◇ brútal, brútish *adj.*; brútify, embrúte *v.*

bru·ti·fy [brúːtifài] *v.* (-**fied, -fy·ing**) =brutalize.

brut·ish [brúːtiʃ] *adj.* **1** 야만적인, 잔인한(brutal). **2** 거친(coarse); 육욕적인(carnal). **3** 이성이 없는; 동물적인.

Bryn·hild [brínhild] *n.* [북유럽 신화] 브륀힐트 [지구르트(Sigurd)가 구나르왕(Gunnar)을 위해 아내로 바친 왈키리에. 니벨룽겐의 노래(Niebelungenlied)의 Brunhild에 해당. ⇨ VALKYRIE].

bry·ol·o·gy [braiálədʒi / -51-] *n.* ⓤ 선태학(蘚苔學).

bry·o·ny [bráiəni] *n.* (*pl.* -**nies**) 브리오니아[유럽산 (産) 박과(科)의 덩굴 식물]; (보통 -nies) 브리오니아의 뿌리[토제(吐劑)·하제].

bry·o·phyte [bráiəfàit] *n.* 선태류. [[류의].

bry·o·zo·an [bràiəzóuən] *n., adj.* [동물] 이끼벌레

Bry·thon·ic [briθánik / -θɔ́n-] *n.* ⓤ 브리튼말 [England 서북부 및 서남부에서 사용되는 켈트어파의 하나]. —— *adj.* 브리튼말의; 브리튼 사람의.

B/s (略) bags; bales. [도 증서).

B/S, b.s. (略) [상업] balance sheet; bill of sale(매

B.S. (略) *Bachelor of Science*(이학사); *Bachelor of Surgery* (외과 의학사); *British Standard*(영국 공업 규격).

B.S.A. (略) *Bachelor of Science in Agriculture* (농학사); *Boy Scouts of America* (미국 보이 스카우트단); *British South Africa* (영령 남아프리카).

B.S.A.A. (略) *Bachelor of Science in Applied Arts*.

BSAM (略) [컴퓨터] *basic sequential access method* (기본 순차 입출력 방식).

BSC 《略》 [통신] *binary synchronous communications*.

B.Sc. (略) *Bachelor of Science* (이학사).

B.S. Ec., B. S. Econ. (略) *Bachelor of Science in Economics*.

B-school [bíːskùːl] *n.* (구어) 경영 대학원(business

bsh. (略) *bushel*[s]. [school).

BSI (略) [경제] *business survey index*(기업 경기 실사 지수).

B.S.I. (略) *British Standards Institution*.

B.S.L. (略) *Botanical Society of London* (런던 식물학회); *Bachelor of Sacred Literature* (성전(聖典) 문학사); *Bachelor of Science in Law*; *Bachelor of Science in Linguistics*.

BSO (略) *blue stellar object* (청색 항성상 천체).

B.S.T. (略) *British Standard Time*(영국 표준 시간).

bt. (略) *boat*; *bolt*; *bought*.

Bt. (略) *baronet*.

B.T., B.Th. (略) *Bachelor of Theology* (신학사).

B-test [bíːtèst] *n.* [Breathalyzer에 의한] 주기(酒氣)

btry. (略) *battery*. [검사.

B.T.U., B.t.u., B.th.u. (略) [물리] *British thermal unit* (영국 열량 단위).

bu. (略) *bureau*; *bushel*.

bub [bʌb] *n.* (美속어) 《주로 부르는 말로》 형, 동생 (brother), 소년, 어린이, 꼬마(little fellow, boy).

bu·bal [bjúːbəl], **bu·ba·lis** [-lis] *n.* 사슴영양[북아프리카산(産)의 큰 영양의 일종].

bu·ba·line [bjúːbəlàin, -lin] *adj.* **1** 사슴영양(bubal) 비슷한. **2** 물소(buffalo)의 (비슷한).

‡**bub·ble** [bʌ́bl] *n.* ⓒ **1** 거품, 포말; [얼음·유리면 따위의] 기포(氣泡); 비눗 방울. ⇨ FOAM 〖類語〗 ¶ *soap bubbles* 비눗 방울 / vanish like a *bubble* 거품처럼 사라지다 / *Man is a bubble*. 《속담》 인생은 거품과 같다. **2** 물거품 같은 계획, 공론; 사기, 협잡(fraud); (형용사적 용법) 거품 같은, 실체(알맹이)가 없는, 속임수의. ¶ a *bubble* reputation 물거품같은 명성 / a *bubble* company 유령 회사 / a *bubble* scheme 헛된 계획. **3** [특히 사기적인] 과대 선전 투기(inflated speculation) ¶ *Bubble* Act 〖英〗 부정 투기·기업 제한법. **4** 거품 일기, 부글부글 끓기(끓는 소리). **5** 거품(공) 모양의 것, 둥근 지붕(천장)(dome); 소형 자동차. **6** 거즘 머리 스타일.
blow bubbles ① 비눗 방울을 불다. ② 공리 공론을 일삼다.
prick the bubble ① 비눗 방울을 튀겨 터뜨리다. ② 정체를 폭로하다.
—— *v.* (-**bled, -bling**) *vi.* **1** 거품 일다; 끓다, 비등하다. **2** 부글부글거리다; [샘 따위가], 솟다; [시냇가] 졸졸 흐르다(gurgle); 낄낄 웃다. ¶ (~ +圃) *bubble up* [샘물이] 콸콸 솟다 / *bubble out* [땅에서] 부글부글 넘쳐 나오다 / *bubble over* 거품이 일어 넘치다; [비유적] 흥분·열광을 억제하지 못하다. —— *vt.* **1** ···을 거품일게 하다. **2** (고어) ···을 속이다(cheat, swindle). ¶ (~ +쯰+前+图) *bubble* a person *into* (*out of*) 아무를 속여 ···하(···을 빼앗다).
bubble over with laughter (*wrath*) 웃음을 참지 못하다(화가 나서 날뛰다).
◇ búbbly *adj.* [뛰김.

búbble and squéak *n.* ⓤⓒ 〖英〗 쇠고기 *(이하 생략)*

búbble báth *n.* ⓤ 목욕용 거품 일게 하는 용제 (溶劑); ⓒ [이 용제를 넣은] 거품 목욕탕.

búbble cánopy *n.* [항공] 버블 캐노피[비행기 조종사실 위 반구상(半球狀)의 유선형 바람막이].

búbble cár *n.* 〖英구어〗 [투명한 덮개가 있는] 소형 3륜 자동차.

búbble chámber *n.* [물리] 거품통 [방사선 궤적(軌跡)을 측정하는 원자핵 실험 장치].

búbble gúm *n.* 풍선껌[chewing gum의 일종].

búbble mémory *n.* [컴퓨터] 자기(磁氣) 기포(氣泡) 기억 장치[정보 비트의 기억에 이용되는 원형 자구(磁區)].

búbble páck *n.* [물건이 보이도록] 투명한 재료에 의한 소형 포장(blister pack).

bub·bler [bʌ́blər] *n.* [음료용 수도의] 분수식 꼭지.

bubble-top [bʌ́bltàp / -tɔ̀p] *n.* [자동차·비행기의] 방탄용 플라스틱 덮개.

bub·bling [bʌ́bliŋ] *adj.* 졸졸 흐르는; 부글부글 거품이 이는. ¶ a *bubbling* brook 졸졸 흐르는 시내.

bub·bly [bʌ́bli] *adj.* (-**bli·er, -bli·est**) 거품이 많은, 잔뜩 거품이 인. ¶ *bubbly* water 샴페인. —— *n.* 《종종 the ~》 (주로 英구어) 샴페인(champagne).

bub·ly-jock [bʌ́blidʒɑ̀k / -dʒɔ̀k] *n.* 〖스코〗 칠면조의 수컷(turkey cock).

bub·by [bʌ́bi, +bʌ́bi] *n.* (*pl.* -**bies**) 《美》**1** = bub. **2** (속어) [여성의] 유방, 젖통.

bu·bo [bjúːbou] *n.* (*pl.* -**boes**) [병리] 가래톳, 서혜선종(鼠蹊腺腫).

bu·bon·ic [b(j)uːbánik / bjuː(ː)bɔ́n-] *adj.* [병리] 가래톳의, 서혜선종성의. ¶ *bubonic* plague 선(腺)페스트.

bu·bon·o·cele [b(j)uːbánəsìːl / bjuː(ː)bɔ́n-] *n.* [병리] 서혜 헤르니아(탈장).

bu·bu [búːbuː] *n.* =bou-bou.

buc·cal [bʌ́k(ə)l] *adj.* [해부] 볼의; 입의. ¶ the *buccal* cavity 구강(口腔).

buc·ca·neer [bʌ̀kəníər] *n.* 해적(pirate); 모험자 [특

buccaneering   334   **Buckingham Palace**

히 17-18세기경 카리브해(the Caribbean Sea) 부근에 날뛰던 해적적 모험가]. — *vi.* 해적질하다.
buc·ca·neer·ing [bʌkəní(:)riŋ / -níər-] *n.* ⓤ 해적 행위, 약탈.
buc·ci·na·tor [bʌksinèitər] *n.* [해부] 협근(頰筋).
bu·cen·taur [bju(:)séntɔ:r] *n.* [역사] 베니스 총독의 공식 어용선(御用船) (state barge).
Bu·ceph·a·lus [bju(:)séfələs] *n.* **1** 부케팔로스 [Alexander 대왕의 애마]. **2** 《익살》 씩씩한 말; 승용마(riding horse). ∗ 종종 비꼬거나 반어적으로 쓰다.
Bu·cha·rest [b(j)ù:kérést] *n.* 부카레스트[루마니아의 수도].
Buch·man·ism [búkmənìz(ə)m] *n.* 부크맨주의[미국의 Frank Buchman(1878-1961)이 창시한 그리스도교 신교의 한 종파. 순수한 신앙을 주창하고, 초기 그리스도교로의 복귀를 강조. 영국에서는 Oxford Group의 운동, 미국에서는 Moral Rearmament Movement(도덕재무장 운동)로 발전].
Buch·man·ite [búkmənàit] *n.* 부크맨주의자.
∗**buck**¹ [bʌk] *n.* (*pl.* **bucks** *or* **buck**) **1** 수사슴(stag); [순록·영양·토끼·양·염소 따위의] 수컷 따위의 수컷. **2** 맵시꾼, 멋쟁이[남자] (fop, dandy). ¶ *Old buck*! 여보게!, 이 사람아! [친근한 호칭]. **3** 《美口語》[북미 인디언] 남자. **4** 《美속어》[위세 당당한] 젊은이, 청년. **5** 《美속어》 달러(dollar). ¶ I've got five *bucks* now. 나는 지금 5달러를 가지고 있다.
as hearty as a buck 매우 원기왕성한.
in the bucks 《美속어》 돈을 가지고.
— *adj.* **1** 수컷의, 사내의. ¶ *buck* Indians 인디언 사내 / a *buck* nigger 흑인 사내. **2** 《美軍속어》[같은 계급으로서 서열이] 최하위의. ¶ a *buck* private (병졸·충원의 최하위의] 2등병.
buck² [bʌk] *vi.* **1** [말이나 나귀가 갑자기 등을 구부리고, 사람이나 물건을 떨어뜨리려고] 뛰어오르다, 날뛰다. **2** 《美구어》 완강히게 빈항하다, 깅경히 마하나(*at*, *against*...). ¶ (~+匣+图) *buck against* fate 운명에 거스르다 / *buck at* (or *against*) a reform 개혁에 강경하게 반대하다. **3** 《美구어》[차가 덜컹저리며] 갑자기 움직이다. **4** 《英》 자랑하다, 뽐내다(boast), 허풍 떨다 (*about*...). **5** 《美》 [몬테(monte)·파로(faro) 따위의] 도박을 하다(*at*, *against* ...).
— *vt.* **1** [말이] [사람이나 짐을] 날뛰어 떨어뜨리다, 흔들어 떨어뜨리려고 하다. *off*). ¶ (~+图+副] The legislature *bucked off* every reform proposal. 입법부는 개혁안을 죄다 물리쳐 버렸다. **2** 《美》 …을 머리로(뿔)로 받다(butt). **3** 《美구어》 …에 강경히 반항(반대)하다. **4** 《美》 [눈·얼음 따위를] 헤치고 나아가다(길을 내다). **5** 《미식축구》 [적진에] 공을 가지고 돌입하다. ¶ *buck* center [상대방의] 센터에로 돌입하다. ¶ (도박에서] *buck* the tiger 「특히 faro]를 하다(gamble). ¶ *buck* the tiger 「특히 faro]를 하다 [히 애쓰다.
buck for 《美軍속어》 [승진·이익 따위를] 위해 열심 *buck into* 《美》 [연구에] 무턱대고 뛰어들다; [남] 과 충돌하다, …과 우연히 마주치다(run into).
buck up ① 《美구어》 기운이 나다, 열심히 일하다; …을 기운내게 하다, …에게 자신을 되찾아 주다. ② …을 성장(盛裝)시키다(dress up). ③ 《美口》 《주로 명령으로》 서두르다. ¶ *Buck up*, or you will be late for school. 서두르지 않으면 학교에 늦는다.
buck up to a girl 《美구어》 [여성에게 좋은 인상을 주려고 노력하다(shine up to, shine round).
— *n.* 도약; 반항; 돌입; 자랑, 허풍.
give ... a buck (濠) …을 해보다.
have a buck at (濠) …을 해보다(시도하다).
buck³ [bʌk] *n.* **1** 톱질 모탕(sawhorse), [세조] 뜀틀. **2** [나무·금속제의] (英) 뱀장어 잡는 소쿠리(통발).
buck⁴ [bʌk] *n.* **1** [카드놀이] 다음번에 선 사람 앞에 갖다 놓는 패. **2** 《속어》(the ~) 책임.
Buck stops here. 모든 책임은 내가 진다. ∗ 미국 Truman 대통령의 좌우명.
pass the buck to a person 《美구어》 남에게 책임(비난, 일 따위)을 전가하다.
buck⁵ [bʌk] *n.* ⓤ 《英방언》 **1** [세탁용] 잿물, 알칼리액. **2** [집합적] 잿물로 빤 빨래(옷). — *vt.* [빨래]를 잿물로 빨다(표백하다).
buck. (略) buckram.
buck·a·roo [bʌkərù:, ˋ-ˋ] *n.* (*pl.* **-roos**) 《美서부》 [미국 서부의] 카우보이(cowboy).
búck básket *n.* 빨래 광주리 (clothes-basket).
búck bèan *n.* 조름 나물 [늪지 따위에 나는 식물].
buck·board [bʌkbɔːrd] *n.* 무개(無蓋) 경 4 륜마차 [buckboard] [차체가 스프링 역할을 겸한 긴 탄성판(彈性板)을 사용].
búck cárt *n.* 2륜 짐마차.
bucked [bʌkt] *adj.* **1** 《英속어》 지친, 피곤해진 (tired). **2** 《구어》 행복한(happy), 의기양양한.
buck·een [bʌkí:n] *n.* 《주로 아일》 부귀한 사람들을 흉내내는 중류·하류 계급의 청년.
buck·er [bʌkər] *n.* [뛰어서 기수를 떨어뜨리려는 버릇이 있는] 사나운 말.
∗**buck·et** [bʌkit] *n.* **1** 바께쓰, 물통, 들통 (∗ 《美남부》에서는 pail 이라고 한다). **2** [준설기의, 물방아·터빈 따위의] 물받이; [펌프의 피스톤. **3** 한 바께쓰 [의 분량] (bucketful) (*of* ...). ¶ a *bucket of water* 바께쓰 한 통의 물. **4** [볼링] 버킷 [2·4·5·8 또는 3·5·6·9의 핀이 남기]. **5** 《美속어》 주걱모, 고물차. **6** 《속어》 엉덩이(buttocks). **7** [컴퓨터] 버킷[직접 access 기억 장치에 있어서의 기억의 단위].
a bucket of bolts 《美속어》 덜거덕거리는 고물 자동차.
a drop in the bucket ⇨ DROP.
cry buckets 《구어》 눈물을 펑펑 흘리며 울다, 엉엉 울다. [올다.
get the bucket 《속어》 해고당하다.
give a person the bucket 《구어》 해고하다(dismiss).
kick the bucket 《속어》 죽다(die).
— *vt.* **1** [물]을 바께쓰로 푸다, 바께쓰로 나르다(...*up*, *out*). **2** 《주로 英》 [말]을 난폭하게 몰다; [보트]를 급히치로 난폭하게 젓다. **3** …을 속이다.
— *vi.* 《구어》 바삐 달리다; 서두르다.
búcket brigàde *n.* **1** [소화(消火)를 위한] 물통 릴레이조(組) [줄을 서서 물통을 릴레이식으로 나른다]. **2** [긴급 사태에] 대응하는 사람들의 일단.
búcket drédger *n.* 버킷 준설기.
buck·et·er [bʌkitər], **buck·e·teer** [bʌkitíər] *n.* 무허가(엉터리) 중매인, 부정 증권업자.
buck·et·ful [bʌkitfùl] *n.* 한 바께쓰 분(의 양). ¶ a *bucketful* of water 한 바께쓰의 물.
come down bucketful 《구어》 [비가] 억수로 오다(내리다, 퍼붓다). [접는 1 인용 좌석].
búcket sèat *n.* 버킷 시트 [스포츠카·비행기 따위의 **búcket shòp** *n.* [금융] 무허가(엉터리, 사기) 중매점.
buck·eye [bʌkài] *n.* **1** 칠엽수속(屬)의 나무 [horse chestnut 류]. **2** (B-) 《구어》 미국 Ohio 주 사람.
Búckèye Státe *n.* (the ~) 미국 Ohio 주의 별명.
búck féver *n.* ⓤ 《구어》 [사냥감이 다가왔을 때] 사냥의 초심자가 느끼는 흥분.
buck·horn [bʌkhɔːrn] *n.* 사슴 뿔.
buck·hound [bʌkhàund] *n.* 사슴 사냥개.   [Palace.
Búck Hóuse *n.* (the ~) 《英속어》 =Buckingham
Búck·ing·ham Pálace [bʌkiŋəm-] *n.* 버킹엄 궁전 [London의 St. James's Park 서쪽에 붙은 영국 왕가

buck·ish [bʌ́kiʃ] *adj.* **1** 멋부리는, 멋쟁이의 (foppish). **2** 성급한(impetuous), 위세 높은. ~**·ly** *adv.*

buck·jump [bʌ́kdʒʌmp] *vi.* [말이 기수나 짐을 떨어뜨리려고] 뛰어오르다, 날뛰다(buck).

buck·jump·er [bʌ́kdʒʌmpər] *n.* 날뛰어 탄 사람을 떨어뜨리는 말.

*__buck·le__ [bʌ́kl] *n.* **1** 버클, 혁대쇠; 조임쇠; [비슷한] 금속·영주 따위의 장식품. **2** [금속판 따위의] 휨, 비틀림(kink), 굽음(bend), 부풀음(bulge).
cover the buckle 춤추다(dance).
make buckle and tongue meet 《美구어》 살림을 꾸려나가다(get along), 수입과 지출이 맞아떨어지게 하다.
── *v.* (**-led, -ling**) *vt.* **1** …을 버클(조임쇠)로 채우다, 조임쇠로 죄다(... *on, up*). ¶ (~ +图+團) The warrior *buckled on* his armor. 전사는 갑옷을 조임쇠로 조였다 / He *buckled* the belt. 그는 허리띠를 버클로 채웠다. **2** [열 또는 압력을 가하여] …을 구부리다(bend), 뒤틀다(curl). ── *vi.* **1** [열·압력으로 갑자기] 구부러지다(bend), 휘다(warp). **2** 굴복하다, 양보하다(give way) (*under* ...). **3** 격투하다, 드잡이하다. *buckle* [*down*] *to*; *buckle oneself to* …에 온힘을 쏟다; …에 착수하다. ¶ He *buckled to* his homework. 그는 열심히 숙제를 했다 / It's about time to *buckle down* to work. 슬슬 일을 시작할 때다.

buck·led [bʌ́kld] *adj.* 물림쇠가 달린.

buck·ler [bʌ́klər] *n.* **1** [왼손에 드는] 둥근 방패. **2** 방어물, 보호자(protector); 방어, 보호(protection). ── *vt.* …의 방패가 되다; …을 막다, 지키다.

buck·mast [bʌ́kmæst / -mɑ̀ːst] *n.* = beechmast.

buck·o [bʌ́kou] *n.* (*pl.* **-oes**) **1** 약자를 못살게 구는 사람(bully). **2** 《英속어》 사내다운 선원. **3** 《아일》 젊은이(chap).

búck pàsser *n.* 《美구어》 상습적인 책임 회피자.

buck-pass·ing [bʌ́kpæsiŋ / -pɑ̀ːs-] *n.* ⓤ 책임 전가. *cf.* buck⁴.

búck prívate *n.* 《속어》 2 등병, 신병(新兵).

buck·ra [bʌ́krə] *n.* 《주로 美남부》 백인(white man). * 흑인이 쓰는 말.

buck·ram [bʌ́krəm] *n.* ⓤ 버크럼《제본·양복의 심 따위에 쓰는 아교로 빳빳하게 먹인 무명·아마포》. **2** 딱딱함, 꼼꼼함. [*Henry IV* 2 : 4.] *men in buckram* 가공의 인물《← Shakespeare 작 1》 ── *adj.* **1** 버크럼으로 만든. **2** 빳빳한(stiff); 딱딱한, 꼼꼼한; 겉보기만의. ── *vt.* …을 버크럼으로 튼튼하게 하다. **2** 《고어》 …을 강하게(훌륭하게) 보이도록 꾸미다.

bucks, buck. (*略*) Buckinghamshire.

buck·saw [bʌ́ksɔ̀ː] *n.* 큰 틀톱《손잡이가 둘 있는 나무꾼의 톱》.

buck·shee [bʌ́kʃìː, +美 -́] *n.* 《英軍속어》 특별 수당, 특별 배급; 하사금(gratuity). ── *adj.* 무료의, 공짜의. ── *adv.* 무료로.

buck·shot [bʌ́kʃɑ̀t / -ʃɔ̀t] *n.* (*pl.* -**shot** *or* -**shots**) 굵은 산탄.

buck·skin [bʌ́kskìn] *n.* ⓤ 녹비, 사슴 가죽; [황색의] 무두질한 염소 가죽. ── (~**s**) 녹비 바지(구두). **3** (B-) 독립 전쟁 때의 미국 병사[녹비 군복을 착용함]. **4** 미개척 삼림 지대의 주민(backwoodsman).

búck slíp *n.* [연락용의] 쪽지, 간이 문서(메모).

buck·stick [bʌ́kstìk] *n.* 허풍선이.

buck·thorn [bʌ́kθɔ̀ːrn] *n.* 갈매나무의 일종.

buck·tooth [bʌ́ktùːθ] *n.* (*pl.* -**teeth** [-tìːθ]) 뻐드렁니, 번니.

buck·toothed [bʌ́ktùːθt] *adj.* 뻐드렁니의 (난).

buck·wag·on [bʌ́kwæ̀gən] *n.* 대형 4 륜 마차.

buck·wheat [bʌ́k(h)wìːt] *n.* ⓤ 메밀, 메밀 알갱이; 《美》 메밀가루.

bu·col·ic [bjuːkɑ́lik / bjuː(ː)kɔ́l-] *adj.* (= **bu·col·i·cal** [-k(ə)l]) **1** 양치기의; 목가의(pastoral). ¶ *bucolic* poetry 목가. **2** 시골의, 전원의(rustic, rural). ¶ a *bucolic* life 시골 생활. ── *n.* **1** 《고어·익살》 농부(farmer); 양치는 사람(shepherd), 시골 사람, 시골뜨기(rustic). **2** (보통 ~**s**) 목가(牧歌), 전원시. -**i·cal·ly** [-ikəli] *adv.*

‡**bud**¹ [bʌd] *n.* **1** 싹, 꽃봉오리. ¶ a leaf *bud* 잎눈 / a flower *bud* 꽃눈 / put forth (*or* shoot out) *buds* 싹이 트다 / *Buds* are out. 싹이 텄다. **2** [동물] [하등 동물의] 싹 모양의 돌기, 아체(芽體) (gemma); [해부] 싹 모양의 기관(器官). ¶ a gustatory (a tactile) *bud* [혓바닥의] 미각(감촉), 유두(乳頭). **3** 미숙한 사람(물건); 애송이 처녀(총각), 처음으로 사교계에 나온 아가씨.
in [*the*] *bud* 봉오리가 있는, 봉오리 상태의. ¶ a beauty *in the bud* 장래의 미인감 / The roses are still *in bud*. 장미꽃은 아직 봉오리 상태이다.
nip ... *in the bud* …을 봉오리일 때에 따다, …의 싹을 잘라 버리다; …을 미연에 방지하다. ¶ They have *nipped* the plot *in the bud*. 그들은 그 음모를 미연에 방지했다.
── *v.* (**bud·ded, bud·ding**) *vi.* **1** 움(싹)트다, 발아하다, 봉오리지다(*out* ...); 자라기(발달하기) 시작하다, 뻗어 나가다. **2** 발달의 초기[단계]에 있다. **3** 《美구어》 [새 가] 싹을 쪼다(쪼아 먹다) (*on, upon* ...). ── *vt.* **1** …을 싹트게 하다(피어나게 하다); …에 봉오리지게 하다. **2** [원예] …을 눈접(芽椄)하다. ¶ *bud* a rose 장미를 눈접하다.
bud off from [발아해서] [모체]로부터 갈라져 나오다; …에서 분리하여 새 조직(단체)를 만들다.

bud² [bʌd] *n.* 《美구어》 **1** 형제(brother). **2** 《부르는 말로》 아저씨(man), 이봐, 애야(boy).

Bu·da·pest [búːdəpèst, -́-́-́ / b(j)úːdəpèst, -́-́-́] *n.* 부다페스트《헝가리의 수도》.

bud·ded [bʌ́did] *adj.* 싹튼, 꽃봉오리진; 눈접한.

*__Bud·dha__ [búːdə, +美 bʌ́ːdə] *n.* ⓤ 불타, 부처 ["the Enlightened One"《도를 깨친 사람, 각자(覺者)》의 뜻]; 석가모니. ⓒ 불상.

*__Bud·dhism__ [búːdiz(ə)m, +美 bʌ́ːd-] *n.* ⓤ 불교, 불법.

*__Bud·dhist__ [búːdist, +美 bʌ́ːd-] *n.* 불교도, 불교 신자.
── *adj.* 불교의, 불교도의, 불타의.

Bud·dhis·tic [buːdístik, +美 buːd-], (**Bud·dhis·ti·cal** [-tik(ə)l]) *adj.* = Buddhist. -**ti·cal·ly** [-tikəli] *adv.*

bud·ding [bʌ́diŋ] *adj.* 꽃봉오리지기 시작(짝트기) 한, 발육기에 있는. ¶ a *budding* beauty 꽃봉오리 같은 아가씨, 아리따운 소녀. **2** 세상에 알려지기 시작한, 신진의. ¶ a *budding* lawyer 신진 변호사.
── *n.* ⓤ 싹틈, 발아; 눈접, 아접(芽椄).

bud·dle [bʌ́dl] *n.* [광산] 광상(洗鑛槽). ── *vt.* [광석]을 세광조로 씻다.

bud·dle·ia [bʌ́dliə, +美 bʌdlíː ə] *n.* 취어초[열대 산(産)] 관상용 다년생 식물].

bud·doo [bʌ́duː] *n.* 아라비아인.

bud·dy [bʌ́di] *n.* (*pl.* **-dies**) 《美구어》 동료, 단짝(⇒ FRIEND 類語); 《부르는 말로》 이봐, 여보게.

bud·dy-bud·dy [bʌ́dibʌ́di] *adj.* 《美속어》 아주 친한, 우정의.

búddy sýstem *n.* 〔군사〕 [같은 기종(機種)] 간에 행하는] 공중 급유 장치.

budge¹ [bʌdʒ] *v.* (**budged, budg·ing**) (* 보통 부정문에 쓴다) *vi.* 조금 움직이다(move slightly); 양보하다(give way). ¶ He refused to *budge* an inch. 그는 한 치도 움직이기(양보하기)를 거절했다. ── *vt.* …을 조금 움직이다, 다소 양보하게 하다. ¶ They could not *budge* the rock blocking the way. 그들은 그 길을 막고 있는 바위를 조금도 움직일 수가 없었다.

budge² [bʌdʒ] *n.* ⓊⒸ 어린 양의 모피[방한복의 깃·안감 따위로 사용].

budg·er·i·gar [bʌ́dʒəriɡὰːr] *n.* 〔오스트레일리아산〕

‡**budg·et [bʌ́dʒit]** *n.* **1** 예산; 예산안. ¶ a *budget* committee 예산 위원회/an extraordinary (a supplementary) *budget* 임시(추가) 예산 / make a *budget* 예산을 편성하다 / include in a *budget* 예산에 포함시키다/open the *budget* 예산안을 제출하다 / The *budget* for the next year passed the National Assembly without amendment. 내년도 예산안은 원안대로 국회를 통과하다. **2** 경비, 비용. **3** 〔편지·서류 따위의〕 한 다발, 뭉치, 묶음, 수집물(collection). ¶ a *budget* of letters 한 다발의 편지. **4** 〔폐어〕 작은 자루, 작은 주머니(small bag). — *vt.* 〔자금·시간 따위〕를 할당(배분)하다, …의 예산을 세우다(짜다). ~ a person's time 시간을 짜다(편성하다). — *vi.* 예산에 넣다, 예산을 짜다 (*for* ...). ¶ *budget* for the coming year 내년도 예산을 짜다.

búdget accòunt *n.* 〔백화점 등의〕 할부 크레딧 구좌; 〔은행 등의〕 자동 불입 구좌.

budg·et·ar·y [bʌ́dʒitèri/-tǝri] *adj.* 예산상(의에 관한).

bud·ge·teer [bʌ̀dʒitíǝr], budg·et·er [bʌ́dʒitǝr] *n.* 예산을 세우는 사람, 예산 위원.

Búdget Méssage *n.* 〔미〕〔대통령이 매년 1월에 의회에 제출하는〕 **2** 예산 교서.

búdget stòre *n.* 〔美〕 백화점의 염가 특매장.

budg·ie [bʌ́dʒi] *n.* 〔구어〕 = budgerigar.

bud·let [bʌ́dlit] *n.* 어린 싹, 작은 꽃봉오리. 〔주.

Bud·weis·er [bʌ́dwaizǝr] *n.* 〔상표명〕 미국제 맥주(水夫大長).

bue·nas no·ches [bwéːnɑːs nóːtʃes] *interj.* 〔스페인〕=good night.

Bue·nos Ai·res [bwéinǝs ái(ǝ)riz, bóunǝs ɛ́(ː)ri(ː)z / bwéinǝs ái(ǝ)riz / Sp bwénos áires] *n.* 부에노스아이레스〔아르헨티나의 수도〕.

bue·nos dí·as [bwéinǝs díːɑːs] *interj.* 〔스페인〕=good morning(day).

***buff¹ [bʌf]** *n.* **1** Ⓤ 〔들소·소·사슴 따위의 가죽을 무두질하여 만든〕 담황색의 유혁(鞣革); Ⓒ 유혁으로 만든 두꺼운 코트〔특히 군인이 착용〕. **2** 〔가죽을 댄〕 연마봉(研磨棒)(buff stick), 연마륜(輪) (buffing wheel); 버프〔렌즈 따위를 닦는 부드러운 헝겊〕. **3** Ⓤ 유혁 색깔, 황갈색(yellowish-brown). **4** 〔보통 the~〕 〔구어〕 〔사람의〕 맨살(피부). ¶ in [the] *buff* 알몸으로 / stripped to the *buff* 벌거숭이가 되어. **5** 〔美구어〕 헌신적인 연구자(devotee), 팬, …광(狂). **6** 〔구어〕 들소(buffalo). **7** 〔英〕 옛 보병 제3연대〔현재의 동(東) 켄트 연대(East Kent Regiment)〕. — *adj.* **1** 유혁으로 만든. **2** 담황색의. — *vt.* **1** 〔금속〕을 유혁(연마봉, 연마륜)으로 닦다. **2** 〔무두질하여〕 〔가죽〕을 부드럽게 만들다. **3** …을 담황색으로 물들이다.

buff² [bʌf] *vt.* …에 충격을 완화하다, buffer¹의 구실을 하다. **2** 〔주로 방언〕 타격(blow), 〔손바닥으로〕 찰싹 때리기(slap).

‡**buf·fa·lo [bʌ́fǝlòu]** *n.* (*pl.* -loes *or* -los *or* -lo) **1** 물소; 들소. *cf.* bison, water buffalo **2** =buffalo robe. **3** =buffalohide. **4** 〔속어〕 〔군대〕 수륙 양용 탱크. — *vt.* (-loed, -lo·ing)〔美구어〕 **1** …을 난처하게 만들다(confuse); …을 속이다. **2** 〔허세를 부려서〕 …에게 겁을 주다, …을 위협하다.

buf·fa·lo·fish [bʌ́fǝlòufiʃ] *n.* (*pl.* -fish *or* -fish·es) 북미산(産)의 잉어 비슷한 큰 민물고기.

búffalo gràss *n.* 로키 산맥 동부의 건조한 평원에 많이 나는 짧은 잡초; 〔일반적으로〕 왜소한 잡초.

Búffalo Índian *n.* 미국 평원 지방에 사는 인디언 (Plains Indian).

búffalo ròbe *n.* 무릎덮개 〔북미산(産) 들소 모피로 만든〕.

búff còat *n.* 유피(鞣皮) 코트〔특히 17세기에 병사가 방어복으로 착용함〕.

buff·er¹ [bʌ́fǝr] *n.* **1** 완충 장치, 완충기〔철도 차량의 충격을 완화하는 장치〕. **2** 완충국; 〔약품의 부작용을 완화하는〕 완충제(劑); 완충국 (buffer state). **3** 〔컴퓨터〕 버퍼〔기억〕, 완충역(域). — *vt.* **1** 〔화학〕 …을 완충제로 처리하다. **2** …을 완화하다(ease).

buff·er² [bʌ́fǝr] *n.* **1** 〔윤내는 데 쓰는〕 연마반(研磨盤), 연마봉(棒), 연마륜(輪). **2** 연마사(師), 연마공(工).

buff·er³ [bʌ́fǝr] *n.* 〔英구어〕 **1** 구식 사내, 놈, 녀석 (* 종종 old buffer 로 쓴다). **2** 〔영국 해군의〕 수부 차장(水夫大長).

búffer mèmory *n.* 〔컴퓨터〕 동작 속도가 다른 장치를 독립적으로 동작하게 하는 기억 장치.

búffer resístor *n.* 〔컴퓨터〕 주기억 장치에 넣기 전에 일차적으로 정보를 모아서 전송하는 부분.

búffer stàte *n.* 완충국〔서로 적대하는 두 대국 사이에 끼어서 충돌을 방지하는 구실을 하는 작은 중립국〕.

búffer zòne *n.* 완충 지대; 비무장 중립 지대.

***buf·fet¹ [bʌ́fit]** *n.* **1** 〔손·주먹 따위로 치는〕 타격; 일격. **2** 충격; 〔운명·거센 파도·기류 따위의〕 부대끼기, 수난, 비운(悲運) (affliction). — *v.* (-fet·ed, -fet·ing) *vt.* **1** 〔주먹·손으로〕 …을 치다, 때리다; 〔운명·세파 따위가〕 〔사람〕을 괴롭히다, 못살게 굴다. **2** 〔풍파·경쟁 따위〕와 싸우다. ¶ *buffet* misfortune's billows 불행의 큰 파도와 싸우다//(~+圖+쏍+웜) He *buffeted* his way *to* riches and fame. 그는 악전 고투하여 부(富)와 명성을 얻었다. — *vi.* **1** 〔주먹이나 손으로〕 싸우다, 권투하다(box) (*with* ...). **2** 싸우면서 나아가다.

buf·fet² [bǝféi, bu-/ bʌ́fit 에서 2] *n.* **1** 식기 선반 (sideboard). **2** 〔부페〕〔역이나 열차 내의〕 간이 식당, 뷔페; 선 채로 먹는 식당; 뷔페식 요리. ¶ cold *buffet* 〔메뉴〕〔뷔페식〕. — *adj.* 간이 식당식의, 손님 각자가 집어서 먹는 방식의. ¶ *buffet* service 〔손님이 직접 집어시 먹는〕 셀프서비스식 식사 / a *buffet* lunch 셀프서비스식의 가벼운 점심 / a *buffet* luncheon 셀프서비스식 오찬회.

búffet càr *n.* 〔주로 英〕 식당차.

buf·fi [búːfi: / bʌ́f-] *n.* buffo의 복수형의 한 가지.

búff·ing whèel [bʌ́fiŋ-] *n.* 〔가죽을 댄〕 연마륜(研磨輪) (buffer).

búff lèather *n.* Ⓤ 유혁(鞣革), 무두질한 가죽(buff).

buf·fle·head [bʌ́flhèd] *n.* 〔북미산(産)〕 작은 오리의 일종.

buf·fo [búːfou / bʌ́f-] *n.* 〔음악〕 *n.* (*pl.* -fi [-fiː] *or* -fos) 〔오페라에서〕 광대역〔보통 베이스 가수〕; 〔광대역을 맡은〕 남성 오페라 가수. — *adj.* 희극의, 익살스러운, 우스꽝스러운(comic).

buf·foon [bǝfúːn] *n.* 광대, 익살꾼.
play the buffoon 익살부리다.

buf·foon·er·y [bǝfúːnǝri] *n.* ⓊⒸ 광대짓, 익살; 저속한 익살(rude joking).

buff·y [bʌ́fi] *adj.* (buff·i·er, buff·i·est) **1** 유혁(鞣革) 같은. **2** 유혁 빛깔의, 황갈색의.

*‡**bug¹ [bʌɡ]** *n.* **1** 반시류(류類)의 곤충; 〔일반적으로〕 곤충(insect). **2** 〔주로 英〕 빈대(bedbug). **3** 〔구어〕 미생물, 병원균(病原菌), 바이러스. **4** 〔美구어〕〔종종 ~s〕 〔기계·기구(機構)의 결함〕 (defect), 고장; 잘못. ¶ smooth out the *bugs* in the distribution system 배급 조직의 결함을 시정하다. **5** 〔속어〕 잘난 체하는 사람; 열광자, …광. **6** 〔美속어〕 〔a jazz *bug* 재즈광(狂)〕. **7** 〔美속어〕 〔도청용〕 비밀 마이크. **7** 〔美속어〕 소형 자동차.
go bugs 〔美속어〕 미치다, 실성하다.
have a bug on 〔美구어〕 …에 화를 내고 있다.
put a bug in a person's ear 〔美구어〕 남에게 넌지시 경고하다, …을 교묘히 부추기다.
put a bug on a person 〔美〕 남을 골탕먹이다, 속이다.
smell a bug 〔美〕 수상히 여기다.
the bug under the chip 〔美〕 숨은 목적, 속셈.
— *v.* (bugged, bug·ging) *vt.* **1** 〔식물〕의 해충을 구

제하다, 구축하다. **2**《美속어》…에 비밀 마이크를 장치하다, …에 도청하다. **3**《속어》괴롭히다, 방해하다 (bother), **4** 귀찮게 굴다. ¶ Don't *bug* me! 귀찮게 굴지 마라! ― *vi.*《美속어》눈을 휘둥그렇게 뜨다.
búg òff《美속어》귀찮게 굴지 않고 물러가다.
búg òut《美속어》도망가다 (run away).
búg úp《美구어》흥분하다; 당황하다.
bug² [bʌɡ] *n.* (폐어·방언) 귀신, 유령(bogy, hobgoblin). ─ (怪) (bogy).
bug·a·boo [bʌ́ɡəbùː] *n.* (*pl.* **-boos**) 도깨비, 요괴(妖怪)를 잡아먹는다는) 도깨비.
bug·bear [bʌ́ɡbɛ̀ər] *n.* **1** [실제로는 아무것도 아닌] 무서운 것, 귀신, 유령(bugaboo). **2** (폐어) [나쁜 아이를 잡아먹는다는] 도깨비.
bug-eyed [bʌ́ɡàid] *a.* 《속어》 눈이 튀어나온, 퉁방울눈의, [놀라서] 눈이 휘둥그래진.
bug·ger [bʌ́ɡər] *n.* **1**《속어》비역쟁이, 남색자(男色者), 수간자(獸姦者) (sodomite). **2**《속어》놈, 녀석(fellow), 꼬마(child). * 때로 친근감을 가지고 사용. ― *vt.* 과 비역하다. ― *vi.*《英속어》* 다음 숙어로만 쓴다.
búgger òff《英속어》나가다, 가버리다.
búgger úp《속어》혼란시키다, 분규시키다; 망쳐놓다.
bug·ger-all [bʌ́ɡərɔ̀ːl] *n.*《英속어》무(無) (nothing).
bug·gered [bʌ́ɡərd] *a.*《英卑語》지친맥진한, 녹아진. ― (獸姦).
bug·ger·y [bʌ́ɡəri] *n.* ⓤ《美卑語》비역, 남색, 수간
Búggins's tűrn [bʌ́ɡinziz-] *n.* ⓤ《英》연공(年功)서열에 의한 승진.
*bug·gy¹ [bʌ́ɡi] *n.* (*pl.* **-gies**) **1**《美》말 한 필이 끄는 1인승 마차[미국에서는 4륜, 영국에서는 2륜]. **2**《美》[화물 열차 후미의] 승무원차; [탄광·공장의] 운반차. **3**《美》 유모차(baby buggy). **4**《속어》자동차, 고물 자동차.
bug·gy² [bʌ́ɡi] *a.* (**-gi·er, -gi·est**) **1** 빈대가 득실거리는, 벌레가 붙어 있는. **2**《속어》미친 (crazy).
bug·house [bʌ́ɡhàus] 《美속어》 *n.* (*pl.* **-hous·es** [-hàuziz]) 정신 병원. ─ *adj.* 미친 (crazy).
bug·hunt·er [bʌ́ɡhʌ̀ntər] *n.* 《구어》 곤충 채집가, 곤충학자 (entomologist).
bug·hunt·ing [bʌ́ɡhʌ̀ntiŋ] *n.* ⓤ 곤충 채집.
*bu·gle¹ [bjúːɡl] *n.* 군용 나팔; 《고어》 《사냥용》 각적 (角笛), ― *v.* (**-gled, -gling**) *vi.* 나팔을 불다. ― *vt.* …을 나팔을 불어 소집하다.
bu·gle² [bjúːɡl] *n.* 자난초속(屬)의 식물.
bu·gle³ [bjúːɡl] *n.* 원통 모양의 구슬, 관옥(管玉) [보통 검은 빛깔이며, 부인복의 장식용]. ― *adj.* 검은.
búgle càll *n.* 집합 나팔 (소리). ─ 로 장식된.
búgle hòrn *n.* 각적(角笛); 나팔 (bugle).
bu·gler [bjúːɡlər] *n.* 나팔수(手).
bu·glet [bjúːɡlit] *n.* 작은 나팔.
bu·gle·weed [bjúːɡlwìːd] *n.* **1** 쉽싸리속(屬)의 식물 [약용]. **2** [북미산(產)의] 콩과(科)의 야생초 (wild indigo). **3** 자난초속(屬)의 식물 (bugle).
bu·gloss [bjúːɡlɑs, -ɡlɔːs, -ɡlɒs] *n.* 지치과(科)의 식물.
búg ràke *n.* 《英속어》 빗 (comb). ─ [樂用].
bugs [bʌɡz] *adj.* 《속어》미친 (crazy). ¶ You're *bugs*. 너 돌았구나.
buhl [buːl], (**boule**) *n.* (종종 B-) ⓤ 불 상감(象嵌) [목재·금속·상아·별갑(鼈甲) 따위의 상감 세공].
bu·i·bu·i [búibúi] *n.* 특히 아프리카 동부 연안 지방의 회교도 여성의 검은 어깨걸이. [<Swahili]
BUIC (略) 《美》 *Back-Up Intercept Control* (예비 요격 관제 시스템). *cf.* SAGE
Bu·ick [bjúːik] *n.* (상표명) 미국의 자동차 [GM 의 한 부문의 제품]. [<미국의 자동차 제작자 David D. Buick]
‡**build** [bild] *v.* (**built** *or* (고어) **build·ed; build·ing**) *vt.* **1** …을 짓다, 세우다, 건축(건설)하다, 건립하다, (도로·철도 따위)를 부설하다 (* 업자에게 건립시키는 경우와 자신의 손으로 건립하는 경우의 양쪽에 다 쓴다). He has *built* a house. 그는 집을 지었다 / The carpenter has *built* his own house. 그 목수는 자기 자신의 집을 지었다 / The government has *built* a new bridge. 정부는 새 다리를 건설하였다 // (~+围+图) The house is *built* of wood. 그 집은 목조 건물이다 / He has *built* a house *for* his son. 그는 아들에게 집을 한 채 지어 주었다 // (~+围+图) My father has *built* me a house. 아버지는 내게 집을 한 채 지어 주셨다.
[類語] **build** 「건조」라는 뜻의 가장 보편적인 말: *build* a nest (a machine) 둥지를 짓다(기계를 조립하다). **construct** 설계·공사 따위를 위한 「지적(知的)인 작업」 을 강조: *construct* a dam (a railway, a bridge) 댐 (철도, 교량)을 건설하다. **erect** build 보다 딱딱한 말로, 「높은 것을 세우다」의 뜻이 강하다: *erect* a tower (a statue) 탑(상(像))을 세우다.
2 …을 조립하다 (construct); (둥지)를 짓다; (불)을 피우다. ¶ *build* a word 문자를 짜맞추어 말을 만들다 / *build* a drink 여러 가지를 섞어서 음료를 만들다 / (~+围+用+图) *build* a nest of dead leaves 가랑잎으로 둥지를 짓다.
3 (국가 등)을 건설하다; (사업·재산·명성 따위)를 쌓아올리다. ¶ *build* a fortune 재산을 모으다.
4 (주장·표현 따위의) 근거[기대 따위]를 걸다 (base). ¶ (~+围+用+图) *build* an argument *on* solid facts 분명한 사실에 의거하여 주장을 내세우다.
5 (수동형으로) [성질·몸 등] …하게 되어 있다. ¶ He was slimly *built*. 그는 홀쭉하게 생겼다 / I am not *built* that way. 《美속어》 나는 그렇게 생겨먹지 않았어.
6 (성격)을 도야하다; …을 훈련시키다 (into…). ¶ (~+围+用+图) *build* boys *into* men 아이들을 가르쳐 훌륭한 어른이 되게 하다.
― *vi.* **1** 건축하다; 건축 사업에 종사하다. ¶ The ship *is building*. 그 배는 건조중에 있다. * *be building* 은 형식은 능동태이나 뜻은 수동이며, 현재는 보통은 *being built* 가 쓰인다.
2 믿다, 의지하다(rely) (*on*, *upon*…). ¶ (~+用+图) *build on* a promise 약속을 믿다.
3 높아지다, 증가하다 (increase). ― 둘러싸다.
búild ín …을 만들어 붙이다, 짜넣다, 〔집·벽 따위의〕 **búild róund** …을 둘러 짓다, 건물로 둘러싸다.
búild úp 〔재산·인격·자신감 등〕을 쌓아올리다, 강화(強化)하다, 〔건강〕을 증진하다, 회복하다. ② 〔이야기〕를 조작해 내다. ② …을 건물로 채우다, 〔장소〕가 건물로 들어서 있다; 교의로 발전하다. ③ …을 부흥시키다. ④ 《속어》 …을 치켜 세우다. ⑤ 자극을 주어 기본 (흥미)를 돋우어 가다. ⑥ 점차 늘다. ¶ The traffic has *built up* here. 이 근처도 교통량이 늘었다.
― *n.* ⓤ **1** 만듦새, 구조(make). ¶ the *build* of a car 자동차의 구조. **2** 체격. ¶ a man of slender *build* 몸이 후리후리한 사람. **3** (종종 a~) 고조(高潮). ¶ give a continuous *build* to a novel 소설을 끊임없이 고조시켜 가다.
‡**build·er** [bíldər] *n.* **1** 건설자, 건설업자. ¶ a master *builder* 도목수. **2** 비누 혼화제 [소다회·가성 소다 따위].
‡**build·ing** [bíldiŋ] *n.* **1** 건축물, 건물, 가옥, 빌딩. ¶ a public *building* 공공 건물 / the main *building* 본관. [類語] **building** 「건물」의 뜻의 가장 보편적인 말. **structure** 큰 건물을 나타내며, 특히 특정한 건축법·건축 재료를 나타내는 경우가 많다: a concrete *structure* 콘크리트 건물. **edifice** 으리으리한 대건축물. **structure** 를 이 뜻으로도 쓰기도 한다.
2 ⓤ 건축, 조영(造營); 건축술. ¶ *building* materials 건축 재료. ― 응 조합.
búilding and lóan associàtion *n.* 《美》 주택 금
búilding blòck *n.* **1** 건축용 블록. **2** (~s) 〔어린이 장난감용의〕 집짓기 나무. **3** (造船) 〔건조중인 배의

búilding léase n. 〔법률〕 건축 부지 임차권(ground lease); 그 기간〔보통 99년〕.

build·ing-so·ci·e·ty [bíldiŋsəsàiəti] n. 〔英〕 대부 방식의 주택 건설 조합.

búilding tràdes n. pl. 건축업〔목수·석공·미장이 등 건축에 관한 여러 가지 업무〕.

build-on [bíldɑ̀n / -ɔ̀n] adj. 조립식의.

build-up [bíldʌ̀p] n. 1 〔병력·세력 따위의〕 증강, 강화; 축적; 발전. 2 〔연극 장면 따위의 고조된〕 줄거리. 3 〔신인·신제품 따위의〕 선전. ¶ a new singer's build-up; the build-up of a new singer 신인 가수의 선전. 4 〔美구어〕 낙조, 조각. 5 격려.

‡**built** [bilt] v. build 의 과거·과거 분사. — adj. …조(造)의, …구조의; 조립한. ¶ a built mast 조립식 돛대.

built-in [bíltìn] adj. 1 〔건물에〕 붙박이로 만들어 넣은, 짜맞추어 넣은. ¶ a built-in bathtub 붙박이 욕조. 2 〔성질 따위가〕 고유의(inherent).

built-up [bíltʌ̀p] adj. 짜맞춘, 조립한; 겹쳐서 쌓은. ¶ a built-up gun 조립포(砲). 2 인가가 빽빽이 들어찬. ¶ a built-up area 인가의 밀집 지대.

Bu·jum·bu·ra [bùːdʒumbúə)rə] n. Burundi 의 수도 〔구칭은 Usumbura〕.

bul. (略) bulletin.

bulb [bʌlb] n. 1 〔식물〕 〔백합·히아신스·양파 따위의〕 인경(鱗莖), 구근(球根); 〔글라디올러스의〕 구경(球莖); 구근 식물. ¶ Lilies grow from bulbs. 백합은 인경에서 성장한다. 2 구근 모양의 물건, 구상부(球狀部), 〔전등·온도계 따위의〕 구(球). 3 진공 방전관(放電管)(vacuum tube). 4 〔해부〕 골수(骨髓), 연수(延髓)(medulla oblongata). 5 〔카메라의〕 벌브 노출.

bul·ba·ceous [bʌlbéiʃəs] adj. = bulbous 3.

bulb·ar [bʌ́lbər] adj. 인경(鱗葉)의, 구근(球根)의; 연수(延髓)의.

bulbed [bʌlbd] adj. 1 인경 모양의, 구근 모양의(bulbous). 2 인경을 가진, 구근이 있는.

bulb·if·er·ous [bʌlbífərəs] adj. 인경(구근)이 생기는.

bulb·i·form [bʌ́lbəfɔ̀ːrm] adj. 구근 모양의.

bul·bil [bʌ́lbil] n. 〔식물〕 〔참나리 따위의〕 작은 인경, 주아(珠芽).

bulb·let [bʌ́lblit] n. 〔식물〕 작은 인경(鱗莖), 구아(球芽).

bulb·ose [bʌ́lbous] adj. = bulbous.

bulb·ous [bʌ́lbəs] adj. 1 인경(구근) 모양의, 불룩한. 2 구근에서 성장하는. ¶ a bulbous plant 인경 구근(球根)에서 성장하는.

bul·bul [búlbul] n. 1 불불[nightingale 의 일종으로, 페르시아의 시(詩)에 나오는 명금(鳴禽)]. 2 가수(singer); 시인(poet).

Bulg. (略) Bulgaria, Bulgarian.

Bul·gar [bʌ́lgɑːr, +美 búl-] n. 불가리아인(Bulgarian).

Bul·gar·i·a [bʌlgɛ́(ː)riə, bul-/-gɛ́ər-] n. 불가리아〔유럽 동남부의 공화국, 수도 Sofia〕.

Bul·gar·i·an [bʌlgɛ́(ː)riən, bul-/-gɛ́ər-] n. 1 불가리아인(Bulgar). 2 ⓤ 불가리아어. — adj. 불가리아의.

*__bulge__ [bʌldʒ] n. 1 〔통 따위의〕 중배; 불룩한(돌출한) 부분. ¶ a bulge in a ceiling 천장의 불룩한 부분. 2 〔군사〕 전선의 돌출부. 3 〔드물게〕 〔海事〕 〔배 밑의〕 만곡부(彎曲部)(bilge); 〔해군〕 벌지〔군함의 어뢰 방어용의 불룩한 부분〕. 4 〔가격 따위의〕 등귀, 조금씩 오르기; 〔수량의〕 일시적 증가. 5 〔구어〕 우위, 이점(利點)(advantage)(on …).

have (or **get**) **the bulge on** a person 남의 우위에 서다, 남을 능가하다(이기다).

— v. (**bulged, bulg·ing**) vi. 불룩해지다, 돌출하다(swell)(out). ¶ bulging eyes 튀어나온 눈 // (~+圖) His muscles bulged out. 그의 근육은 울퉁불퉁했다 // (~+圖+图) The sack bulges with oranges. 자루는 오렌지로 불룩하다. — vt. …을 불룩하게 하다, 부풀

리다(… with). ¶ He bulged his cheeks. 그는 볼을 볼록하게 했다 // (~+圖+图) He bulged his pockets with apples. 그의 호주머니는 사과가 들어 있어 불룩했다. 2 〔배밑〕을 파손하다.

bulg·er [bʌ́ldʒər] n. 〔골프〕 벌저〔볼록면이 있는 목제 골프채〕.

bulg·y [bʌ́ldʒi] adj. (**bulg·i·er, bulg·i·est**) 불룩한.

bu·lim·i·a [bjuːlímiə] n. ⓤ〔병리〕 대식증(大食症)〔정신병자에게서 볼 수 있는 병적인 허기증〕.

bu·lim·ic [bjuːlímik] adj. 대식증의, 대식하는. — n. 식욕 항진증 환자, 다식증 환자.

‡**bulk** [bʌlk] n. ⓤ 1 크기(size), 부피(mass), 용적(volume). ¶ a ship of great bulk 큰 배 / It is of no great bulk. 그것은 그리 크지 않다. 2 (the ~) 태반, 대부분(greater part). ¶ The ocean forms the bulk of the earth's surface. 바다는 지구 표면의 태반을 차지한다. 3 〔포장되지 않은〕 상품, 산적(散積) 화물. 4 〔항해〕 뱃짐, 화물(cargo). ¶ bulk buying 대량 매입 / bulk sale 적하(積荷) 매매 / 화물을 배에 실은 채 일괄하여 매매기) / break bulk 짐을 부리기 시작하다. 5 ⓤⓒ 거대한 것, 거대한 체구, 거인. 6 〔종이 따위의〕 두께.

by bulk 〔저울을 사용하지 않고〕 적하 그대로, 눈대중으로.

in bulk ① 포장하지 않고, 산적 화물로. ② 대량으로. ¶ sell in bulk 대량으로 팔다, 도매로 팔다.

— vi. 1 부피가 커지다(swell)(up). 2 크게 보이다, 중요하게 보이다, 영향을 미치다. ¶ (~+圖) The money problem has bulked large in my mind for the last two months. 돈 문제가 지난 2 개월 동안 내 마음을 크게 누르고 있었다. 3 〔종이나 판지가〕 두껍다. — vt. 1 …을 부풀게 하다, 커지게 하다. 2 〔물고기 따위〕를 여러 겹으로 쌓다. 3 〔뱃짐의 무게〕를 확인하다.

búlk bùy clùb n. 〔英〕 〔상품을 싸게 구입하기 위한〕 공동〔한몫〕 구입 클럽.

búlk bùying n. 대량 구입(구매), 전량 매점(買占).

bulk·head [bʌ́lkhèd, +美 -kèd] n. 1 〔항해〕 〔선내의〕 방을 구분하는 격벽(隔壁). 2 〔토목〕 〔갱내의〕 차단벽. 3 〔건축〕 〔건물의 불룩 나온 부분의〕 지붕, 〔지하실로 통하는 계단 위의〕 덮개문; 〔지붕의〕 채광창.

búlk máil n. 〔美〕 요금 별납 우편.

búlk prodúction n. 〔美〕 대량 생산.

*__bulky__ [bʌ́lki] adj. (**bulk·i·er, bulk·i·est**) 1 부피가 큰, 엄청나게 큰, 거대한. 2 〔커서〕 다루기 어려운.

bulk·i·ly adv. **bulk·i·ness** n.

‡**bull**[1] [bul] n. 1 〔거세하지 않은〕 황소. ~ ox 頉語] 2 〔코끼리·고래 따위 큰 짐승의〕 수컷. cf. cow[1] 3 〔체격이나 목소리가 큰〕 황소 같은 사람. 4 〔증권〕 매방(買方), 강세 쪽(cf. bear[2]) ¶ a bull 〔카드놀이〕 〔가진 패와 상관없이〕 세게 나오는 사람. 5 (B-) 〔천문·점성〕 황소좌(座)(Taurus). 6 불독(bulldog). 7 〔美속어〕 경관(policeman), 순경. 8 〔探偵〕 detective. 8 ⓤ 〔종종 the ~〕 〔俗語〕 허풍, 허튼소리, 쓸데없는 이야기. 9 = bull's-eye. 10 〔英〕 불필요할 정도로 엄한 군사 훈련.

a bull in a china shop 남을 의식하지 않는 난폭자; 서투른 사람.

shoot (or **throw**) **the bull** 〔美속어〕 시시한 잡담을 하다; 허풍떨다.

sweat like a bull 땀을 몹시 흘리다.

take the bull by the horns 용감히 난국에 맞서다.

— adj. 1 수컷의(male). 2 황소 같은. ¶ a bull whale 고래의 수컷. 2 황소 쪽의(cf. bear[2]) ¶ a bull neck 굵은 목. 3 〔증권〕 매방의, 강세 쪽의. cf. bear[2] a bull market 강세 시장.

— vt. 1 〔값이 오를 것을 기대하고〕 …을 자꾸 사들이다. 2 〔계획·법안 따위〕를 억지로 밀고 나아가다; …을 뚫고 전진하다. ¶ bull one's way through a crowd 군중을 헤치고 나아가다. 3 〔항해〕 …을 들이받다(ram). 4 〔허풍〕을 떨다, 자랑하다.

bull[2] [bul] n. 1 〔로마 교황의〕 인새(印璽). 2 〔가톨릭〕 〔로마 교황인(教皇印)이 찍힌 공식〕 교서.

bull³ [bul] *n.* 앞뒤가 맞지 않는 소리[아일랜드인은 모순되고 익살맞은 말을 잘 하므로 Irish bull 이라고도 한다].

bull. 《略》 bulletin.

bul·la [búlə, bʌ́lə] *n.* (*pl.* **bul·lae** [-li:]) **1** 로마 교황인(印). **2** 〖병리〗 수포(水疱) (vesicle).

bul·lace [búlis] *n.* 서양오얏나무(plum, damson).

bul·late [búlit, bʌ́l-/bʌ́l-] *adj.* **1** 《동·식물》 〖표면이〗 수포(水疱) 모양으로 돌기한. **2** 《해부》 부풀어 오른.

bull-bait·ing [búlbèitiŋ] *n.* 〖U〗소 물어뜯기[옛날에 영국에서 유행한 구경거리. 개를 부추겨서 황소를 물어 죽인다].

bull·bat [búlbæt] *n.* 《美방언》 쏙독새(nighthawk).

búll bítch *n.* 불독의 암컷.

bull·boat [búlbòut] *n.* 《美》 원래 Plains Indians가 사용한] 소가죽배, 가죽배.

bull·dag·ger [búldæ̀gər] *n.* 《美속어》 동성애 여성의 남자역(butch, bulldyke).

*****bull·dog** [búldɔ̀ːg/-dɔ̀g] *n.* **1** 불독. **2** 짧고 굵은 권총. **3** 《英》 [Oxford, Cambridge 대학의] 학생감 보좌관. **4** [불독같이] 용맹한 사람, 끈질긴 사람, 완고한 사람. **5** 〖지방판 신문의〗 조조판(早朝版) 〖美국판〗 (bulldog edition). — *adj.* 불독 같은, 불독처럼 턱이 네모진. ¶ *bulldog* obstinacy 불독 같은 완고함. — *vt.* (**-dogged, -dog·ging**) **1** [불독처럼] …을 공격하다. **2** 《美서부》 (사슴이나 송아지)를 [뿔을 잡고] 쓰러뜨리다. **3** 과대 선전하다. 과대 선전해서 팔아먹다.

búlldòg ánt *n.* 《濠》 대형의 독개미.

búlldòg clíp *n.* 세게 무는 종이 집게.

búlldòg edítion *n.* 《특히 지방판 신문의》 조조판(早朝版).

bull·doze [búldòuz] *vt.* (**-dozed, -doz·ing**) **1** [땅]을 불도저로 고르다, 정지(整地)하다. **2** 《美구어》 …을 협박하다, 위협하다. ¶ *bulldoze* a person *into* doing a thing …을 협박해서 …하게 하다. **3** 《美구어》 …을 억지로 밀어붙이다, 강행하다.

***bull·doz·er** [búldòuzər] *n.* **1** 불도저. **2** 《美구어》 위협하는 사람(것), 협박자.

bull·dust [búldʌ̀st] *n.* 〖U〗 《濠》 **1** 굵은 먼지. **2** 《속어》 시시한 이야기, 허튼 소리. 〖동성 연애자.

bull·dyke [búldàik] *n.* 《美속어》 남자역을 하는 여자

bul·ler [búlər] *n.* 《英구어》 = bulldog.

‡**bul·let** [búlit] *n.* 탄환, 총탄, 소총탄. ¶ *Every bullet has its billet.* 《속담》 탄환에 맞고 안 맞고는 다 팔자 소관. **2** 작은 공 (球)(small ball). **3** 〖인쇄〗 큰 점 [책 의 장(章)이나 글의 단락을 명시함다]. **4** 《英속어》 **5** 《속어》 (카드놀이) 에이스(ace). **6** (~s) 《속어》 콩, 완두콩. **7** 총알 같은 구속구(速球). *bite* [*on*] *the bullet* 악물고 참다. *get the bullet* 《구어》 해고당하다. *give a person the bullet* 《구어》 〖남〗을 해고하다. — *vi.* 날쌔게 움직이다(move swiftly).

bul·let·head [búlithèd] *n.* **1** 둥근 머리, 머리가 둥근 사람. **2** 바보, 고집쟁이.

bul·let·head·ed [búlithèdid] *adj.* 머리가 둥근.

‡**bul·le·tin** [búlit(i)n/-tin] *n.* **1** 게시, 고시; 보고, 공보. ¶ an annual *bulletin* 연보(年報). **2** [라디오·텔레비전 따위의] 뉴스 속보(速報). **3** 〖학회 등의〗 정기 보고, 회보, 편람; 소규모의 신문. **4** 〖병상에 있는 저명 인사의〗 병세 보고서. — *vt.* 〖고시·보고·회보로〗 …을 알리다.

búlletin bòard *n.* 게시판, 고시판.

bul·let·proof [búlitprùːf] *adj.* 방탄의. ¶ a *bulletproof* jacket 방탄복, 방탄 조끼로의 하다.

búllet tráin *n.* 탄환 열차, 초고속 열차.

búll fíddle *n.* 《구어》 더블 베이스(double bass).

bull·fight [búlfàit] *n.* 〖스페인의〗 투우.

bull·fight·er [búlfàitər] *n.* 투우사(matador).

bull·fight·ing [búlfàitiŋ] *n.* 〖U〗 투우.

bull·finch [búlfìntʃ] *n.* 피리새류의 새.

bull·frog [búlfrɔ̀ːg, -frɔ̀ːg/-frɔ̀g] *n.* 〖북미산(産)의〗 황소개구리, 식용 개구리.

bull·head [búlhèd] *n.* **1** 〖각종의〗 머리가 큰 물고기 〖특히 메기(catfish)〗, 둑중개. **2** 고집쟁이.

bull·head·ed [búlhèdid] *adj.* 완고한(obstinate); 어리석은(stupid). ~**ly** *adv.* ~**ness** *n.*

bull·horn [búlhɔ̀ːrn] *n.* 〖휴대용〗 전기 확성기. — *vt.* 〖…을〗 확성기로 말하다. **2** 《비유적》 …을 대대적으로 떠들어대다.

bul·lion [búljən] *n.* **1** 금은괴 〖화폐의 지금(地金)〗. **2** 금괴, 은괴, 막대기 모양의 금(은)괴. **3** 금실, 은실, 금몰, 은몰.

bul·lion·ism [búljənìzm] *n.* 〖U〗 금은 통화주의; 〖경제〗 중금주의(重金主義) 〖전기(前期) 중상주의(重商主義)의 한 사상〗. 〖금주의자.

bul·lion·ist [búljənist] *n.* 금은 통화주의자; 〖경제〗 중

Búllion Státe *n.* (the ~) 미국 Missouri 주의 속칭.

bull·ish [búliʃ] *adj.* **1** 황소 같은. **2** 완고한(obstinate); 어리석은(stupid). **3** 〖상업〗 〖주식 거래 따위에서〗 강세(强勢)의, 낙관적인. *cf.* bearish ¶ a *bullish* factor 강세 요인 / a *bullish* market 상승 시세. ~**ly** *adv.* ~**ness** *n.*

búll mástiff *n.* 불마스티프 〖bulldog 과 mastiff 종의 교배에서 나온 사나운 번견(番犬)〗.

bull·necked [búlnèkt], (**bull-necked**) *adj.* 〖황소처럼〗 목덜미가 굵은. 〖~ *steer*〗

bull·ock [búlək] *n.* **1** 거세한 소. ⇨ OX 頭圖 **2** 수송

búll pén *n.* **1** 외양간. **2** 《美구어》 유치장. **3** 〖야구〗 불펜〖시합중에 구원 투수가 연습하는 장소〗; 〖집합적〗 〖야구〗 구원 투수. **4** 《美》 〖목장 등에서 일하는 사람들의〗 합숙소. **5** 《美구어》 〖남자 대학생을 위한〗 기숙사.

búll pòint *n.* 《英구어》 유리한 점, 강점.

bull·punch·er [búlpʌ̀n(t)ʃər] *n.* 《濠》 카우보이.

bull·pup [búlpʌ̀p] *n.* 불독의 새끼〖강아지〗.

bull·ring [búlrìŋ] *n.* 투우장.

bull·roar·er [búlrɔ̀ːrər/-rɔ̀ːrə] *n.* **1** 〖오스트레일리아 원주민이나 북미 인디언 등의〗 종교 의식용 악기. **2** 〖장난감이〗 딸랑이.

búll séssion *n.* 《속어》 〖식후 따위에 하는〗 남자끼리의 허물없는 잡담의 모임 (대화).

bull's-eye [búlzài] *n.* **1** 과녁 한복판의 흑점; 〖군사〗 표적권. ¶ make (or hit) the *bull's-eye* 과녁 복판을 맞히다, 취미를 만족시키다. **2** 과녁 복판을 맞힌 화살 (탄환). **3** 《구어》 핵심, 가장 중요한 점(crux). **4** 《배의 뱃전 따위에 쓰는 채광용의 둥근 창. **5** 반구(半球) 렌즈; 반구 렌즈가 달린 각등(角燈). **6** 〖항해〗 바퀴가 하나인 활차. **7** 〖기상〗 태풍의 눈; 태풍의 전조인 비운(飛雲). **8** 눈깔사탕.

bull·shit [búlʃìt] *n.* 《속어》 허튼 소리(nonsense); 뻥(lie); 허풍, 과장(exaggeration). ¶ *bullshit* 허튼 소리하다; 뻥까다. — *interj.* 허튼 소리!, 거짓말 마라!

bull·ter·ri·er [búltériər] *n.* 불테리어 〖bulldog 과 terrier 와의 잡종 개〗.

búll tòngue *n.* 〖경운기에 붙어 있는〗 보습의 날.

búll tròut *n.* 《英》 송어류의 식용어.

bull·whack [búl(h)wæ̀k] *n., vi., vt.* **1** 《美식우축구》 스크럼 〖으로 때리다〗.

bull·whack·er [búl(h)wæ̀kər] *n.* 《美》 소몰이꾼.

bull·whip [búl(h)wìp] *n.* 긴 생가죽으로 된 소체찍. — *vt.* (**-whipped, -whip·ping**) 소체찍으로 치다.

*****bul·ly**¹ [búli] *n.* (*pl.* **-lies**) **1** 약한 사람을 못살게 구는 자, 마구 빼기는 사람, 폭한(暴漢), 골목 대장. ¶ play the *bully* 약한 사람을 못살게 굴다, 마구 빼기다. **2** 《고어》 고용된 장사(壯士). **3** 《미식축구》 스크럼(scrimmage). **4** 《폐어》 포주, 뚜쟁이(pimp). **5** 《폐어》 친구(good friend); 연인(sweetheart). — *v.* (**-lied, -ly·ing**) *vt.* …을 못살게 굴다, 위협하다.

¶ (~+目+前+名) *bully* a person *into* (*out of*) doing something 남을 위협하여 어떤 일을 시키다(못하게 하다) / *bully* a person *out of* a thing 위협하여 남에게서 물건을 빼앗다. — *vi.* 뻐기다, 거만하게 굴다.
— *adj.* 《구어》 **1** 멋진, 근사한(excellent). **2** 기운찬, 기개가 늠름한(high-spirited), 쾌활한(jovial).
— *interj.* 《구어》 멋지다, 근사하다, 훌륭하다(well-done). ¶ *Bully* for you! 잘한다!, 근사하다!

bul·ly² [búli] *n.* = bully beef. 〔고기〕

búlly béef *n.* ⓤ 통조림한 쇠고기, 소금에 절인 쇠고기.

búl·ly·bòy [búlibɔ̀i] *n.* 폭력 조직의 하수인, 큰소리 (공갈) 치는 사람; 〔특히〕 정치 깡패.

búl·ly·òff [búliɔ̀ːf / -ɔ̀f] *n.* 《英》 〔하키〕 시합 개시.

búl·ly·ràg [búlirǣg] *vt.* (-ragged, -rag·ging) 〔…을〕 위협하다; 못살게 굴다.

búlly trèe *n.* 발라타나무〔열대 아메리카산(産). 발 라타 고무를 채취〕.

bul·rush [búlrʌ̀ʃ] *n.* **1** 〔성서〕 갈대(papyrus). **2** 큰 고랭이속(屬)과 부들속(屬)의 식물.

*****bul·wark** [búlwərk] *n.* **1** 〔築城〕 성벽, 방벽(rampart). **2** 방어(protection); 보호자. ¶ Law is the *bulwark* of public liberty. 법률은 사회적 자유의 방패이다. **3** 방파제(breakwater). **4** (보통 ~s) 〔항해〕 상갑판의 뱃전에 두른 방파용의 낮은 벽. — *vt.* …에 성벽(방벽)을 두르다, …을 방어하다(protect).

bum¹ [bʌm] *n.* 《美구어》 **1** 게으름뱅이, 건달, 방탕한 자; 떠돌이, 부랑자. ¶ VAGABOND 類語 **2** 술 마시고 법석대기. ¶ go on a *bum* 술 마시고 법석대다, 통음하다. *get the bum's rush* 《美구어》 매맞고 쫓겨나다, 추방되다.
give a person the bum's rush 《美구어》 남을 두들겨 쫓아내다.
on a bum 《美구어》 술마시고 들떠서.
on the bum 《美구어》 ① 흐트러져서, 고르지 못하여, 고장나서, 엉망이 되어. ② 떠돌이 생활을 하여. ¶ go *on the bum* 무전걸식하다.
— *v.* (**bummed, bum·ming**) *vi.* 《美구어》 남에게 기식하다, 빌어먹다; 빈둥거리며 세월을 보내다, 방탕 생활을 하다(*around*). — *vt.* …을 공짜로 얻어내다, 졸라서 빼앗다, 갚을 생각도 없이 빌다. ¶ (~+目+前+名) *bum* money *from* a person 갚을 생각도 없이 남에게서 돈을 꾸다.
— *adj.* (**bum·mer, bum·mest**) 《美구어》 **1** 조악(粗惡)한, 맛없는, 양질이 아닌(bad). ¶ *bum* cooking 맛없는 요리. **2** 거짓된(false), 현혹시키는(misleading). ¶ a *bum* steer 거짓 정보, 오보(誤報).

bum² [bʌm] *n.* 《英구어》 궁둥이, 엉덩이(buttocks).

búm·bail·iff [bʌ̀mbéilif] *n.* (*pl.* -iffs) 《英고어·경멸》 집달리(bailiff).

bum·ble¹ [bʌ́mbl] *v.* (-bled, -bling) *vi.* **1** 실수하다, 실책하다. **2** 발이 채이다, 비틀거리다. **3** 말을 더듬다, …을 서투르게 하다, …에 실패하다.
— *n.* 실수, 실책.

bum·ble² [bʌ́mbl] *vi.* (-bled, -bling) 〔벌이〕 윙윙거리다. *cf.* bumblebee 〔속칭·俗重〕.

bum·ble³ [bʌ́mbl] *n.* 《英》 〔거드름 피우는〕 하급 관리.

búm·ble·bèe *n.* 뒝벌.

bum·ble·dom [bʌ́mbldəm] *n.* (종종 B-) 벼슬아치 (하급 관리) 근성. 〔<Dickens 작 *Oliver Twist* 에 나오는 하급 관리의 이름〕

bum·ble·pup·py [bʌ́mblpʌ̀pi] *n.* ⓤ 〔카드놀이〕 휘스트(whist)의 변칙적인 놀이 방법.

bum·bling [bʌ́mbliŋ] *adj.* 실수투성이의, 무능한.
— *n.* ⓤⓒ 실수.

bum·bo [bʌ́mbou] *n.* ⓤ 범보〔럼주에 설탕·향료·물 따위를 섞어서 만드는 음료〕.

bum·boat [bʌ́mbòut] *n.* 〔항해〕 행상선(行商船) 〔정박 중인 배에 일용품·잡화 따위를 팔고 다니는 작은 배〕.

bumf [bʌmf] *n.* ⓤ 《英》 **1** 《속어》 화장지, 휴지, 토일 렛 페이퍼(toilet paper). **2** 〔경멸적〕 서류(memoran-

bum·kin [bʌ́mkin] *n.* (항해) = bumpkin².

bum·ma·lo [bʌ́məlòu] *n.* (*pl.* **-los**) 물천구(Bombay duck) 〔청어리류의 작은 물고기로, 인도양 부근에서 잡힌다〕.

bum·mer [bʌ́mər] *n.* 《美속어》 **1** 게으름뱅이 (idler); 부랑자. **2** 마약(환각제)의 불쾌한 경험; 불운 한 일, 실망.

‡**bump** [bʌmp] *vt.* **1** …에 충돌하다(collide with); …에 쾅하고 부딪치다(strike); 〔보트〕 …을 뒤에서 들이받다. ¶ *bump* a train 열차에 충돌하다. **2** …을 쾅하고 던지다, 쾅 하고 부딪치다(… *against*). ¶ (~+目+前+名) *bump* one's head *against* the wall 벽에 머리를 부딪치다. **3** 부딪쳐 …을 쾅 하고 떨어뜨리다. ¶ (~+目+前+名) The cat *bumped* the vase *off* the shelf. 고양이가 선반에서 꽃병을 쿵 하고 떨어뜨렸다. **4** (美속어) 〔지위·일·자리 따위에서〕 〔남〕을 쫓아내다, 밀어내다; 〔투표로〕 〔남〕을 부결하다(vote down). ¶ *bump* corrupt politicians 부패한 정치가를 추방하다. **5** 《美속어》 〔가격·임금 따위〕를 올리다; 〔카드놀이〕 〔건 돈〕을 끌어 올리다(raise). ¶ *bump* the price of rice 쌀값을 올리다. **6** (속어) 임신시키다. **7** 〔여객기 예약에서〕 예약을 취소하다; 〔여행 계획을〕 중지하다, 취소하다. **8** 《속어》 죽이다(kill). **9** 〔TV〕 〔어떤 사이즈의 비디오테이프에 수록된 영상이나 음성을〕 다른 사이즈의 비디오테이프로 바꾸어 옮기다.
— *vi.* **1** 부딪다, 충돌하다 (*against* …). ¶ (~+前+名) *bump against* a pebble 자갈에 채이다 / *bump against* each other 서로 부딪치다. **2** 〔차가〕 덜컥덜컥 소리내며 나아가다(*along* …). ¶ (~+目+前+名) The old car *bumped* along the rough road. 낡은 자동차가 울퉁불퉁한 길을 덜컥거리며 나아갔다.
bump into a person 《美구어》 남과 우연히 마주치다.
bump off …을 죽이다, 해치우다, 없애다 (kill). ¶ They told the killer to *bump* their boss *off*. 그들은 자기들의 두목을 없애라고 살인 청부업자에게 말했다.
bump up 《구어》 〔물가·급료 따위〕를 올리다; 〔점수 따위〕를 올리다; 승진시키다.
— *adv.* (come, go 따위와 함께) 쿵(쾅) 하고, 꽈당하고. ¶ come (*or* go) *bump* on the floor 쿵 하고 마루에 떨어지다 / come (*or* go) *bump* against the door 쾅 하고 문에 부딪치다.
— *n.* **1** 쾅부딪치기, 부딪기기, 충돌(collision); 〔보트〕 추돌(追突). **2** 부딪는(부딪히는) 소리; 쿵, 쾅, 〔차의〕 덜컥덜컥 소리. ¶ *bump* 하고 부딪치다. **3** 타박상, 혹(swelling, lump), 좌상(挫傷). ¶ a *bump* on one's head 머리의 혹. **4** 〔도로 따위의〕 융기, 돌기, 장애물; 〔骨相〕 두개골의 융기; 〔골상학상 어떤 종류의〕 재능, 능력, 직감(faculty). ¶ a *bump* on a road 도로의 융기 / She has no *bump* of locality. 그녀는 길눈이 어둡다 / He has no *bump* of mathematics. 그에게는 수학의 재능이 없다. **5** 〔항공〕 악기류, 범프〔비행기를 뒤흔드는 상승 기류〕. **6** 《美속어》 격상(격하), 승진(강등); 승급. **7** 《속어》 범프〔스트리퍼가 하반신을 앞으로 내밀듯이 움직이기〕. ◇ **búmpy** *adj.*

*****bump·er** [bʌ́mpər] *n.* **1** 충돌하는 것(사람). **2** 《美》 〔자동차 앞뒤의〕 범퍼, 완충기; 〔일반적으로〕 충격을 완화시키는 것. **3** 〔전용품으로서〕 술을 가득 채운 잔(글라스). **4** 《구어》 같은 종류의 것보다 유별나게 큰 것; 풍어(豊漁), 풍작, 만원, 히트. **5** 〔鑄造〕 주형에 모래를 채우는 기계. **6** 〔남미·쿠바에서 잡히는〕 전갱이과의 물고기. **7** 〔濠속어〕 〔킬런의〕 담배 꽁초. — *adj.* 유별나게 큰, 풍부한; 풍어의, 풍작의, 만원의, 크게 히트친.

búmper cár *n.* 《美》 충돌 놀이용 소형 전기 자동차.

búmper stícker (stríp) *n.* 자동차의 범퍼에 붙이는 슬로건 따위가 적힌 스티커.

bump·er-to-bump·er [bʌ́mpərtəbʌ̀mpər] *adj.*, *adv.* 〔자동차가〕 꽉 들어찬(들어차서).

bumph [bʌmf] n. =bumf.
bump·ing [bʌ́mpiŋ] n. [항공] 범핑[초과 매표·초과 예약을 받아 놓고 표 가진 승객을 태우지 않는 것].
búmping ráce n. [보트] 추돌(追突) 레이스[앞의 보트를 따라 잡아 터치하든가, 앞질러 승부를 정하는다].
bump·kin[1] [bʌ́m(p)kin] n. 시골뜨기, 촌놈.
bump·kin[2] [bʌ́m(p)kin], **bum·kin** [bʌ́mkin] n. [항해] [돛을 펴기 위해] 선외에서 내민 막대기.
bump-off [bʌ́mpɔːf/-ɔ̀f] n. 《美俗語》 살인(murder).
bump·tious [bʌ́m(p)ʃəs] adj. 오만한, 거만한, 건방진, 자만심이 가득 찬, 주제넘은. ~·ly adv. ~·ness n.
bump·y [bʌ́mpi] adj. (bump·i·er, bump·i·est) 1 울퉁불퉁한(rough); [차가] 덜컥덜컥 흔들리는(jolting); a bumpy road 울퉁불퉁한 길. 2 [기압의 변동이] 심한 동요를 일으키는, 악(나)기류가 있는.
bump·i·ly adv. **bump·i·ness** n.
bűm ráp n. 《美俗語》 부당한 벌(형), 누명.
bűm's rúsh n. 《구어》 내쫓은, 추방. 〔귀〕
bum-suck·er [bʌ́msʌ̀kər] n. 《卑語》 아첨꾼, 알랑꾼
*bun[1] [bʌn] n. 1 작은 롤빵[보통 단맛이 있고, 향료·건포도가 들어 있다]. 2 [롤빵 모양의]쪽진 머리. ¶ in a bun 머리를 쪽지고, 3 《濠》 중산(中山) 모자.
do one's bun 《濠》 기분을 잡치다, 화를 내다.
take the bun 《英俗語》 일등이 되다, 이기다.
bun[2] [bʌn] n. 《兒俗語》[의인화하여]다람쥐, 토끼.
bun[3] [bʌn] n. 《스코》 술마시고 흥청대기.
get a bun on 《美俗語》 곤드레만드레 취하다. 〔소〕
BUN (略)《생리》 blood urea nitrogen(혈중 요소 질
Bu·na [búːnə, búːnɑː] n. 《상표명》 《화학》 부나 〔천연 고무와 가장 유사한 합성 고무의 일종〕.
bunch [bʌntʃ] n. 1 포도 따위의 송이, 다발. cf. cluster ⇒ BUNDLE 類語 ¶ a bunch of grapes 포도 한 송이 / a bunch of papers 신문[서류] 한 뭉치(묶음). 2 《구어》 [사람의] 무리, 떼(group), ¶ a bunch of students 한 떼의 학생. 3 혹, 용기. (精華).
the best of the bunch 《구어》 가장 뛰어난 것, 정화
— vt. 다발짓다, 모으다; …에 주름을 잡다.
— vi. 다발이 되다, 모이다; 주름지다.
◇ **búnchy** adj. 〔풀산딸나무〕
bunch·ber·ry [bʌ́ntʃbèri, -bəri/-b(ə)ri] n. (pl. -ries)
búnch gráss n. [잎이 송이처럼 모여 나는]벼과의 풀.
búnch líght n. [U][C] [조명의] 속광(束光). 〔풀.
bunch·y [bʌ́ntʃi] adj. (bunch·i·er, bunch·i·est) 1 송이를 이루는, 송이 모양의; 다발진. 2 융기한.
bunch·i·ly adv. **bunch·i·ness** n.
bun·co [bʌ́ŋkou] n. 《美俗語》 1. [U][C] (pl. -cos) 사기, 속임수, 야바위; 상대방을 속이는 카드놀이 따위의 놀음.
— vt. …에게 속임수를 쓰다, 속이다(swindle).
bun·combe, bun·kum [bʌ́ŋkəm] n. [U] 인기를 노린 연설, 공치사. 〔<미국 North Carolina 주의 한 지방인 Buncombe: 거기서 선출된 국회 의원이 의회에서 그 지방만을 위해서 연설한 데서〕 〔dler〕
búnco stéerer n. 《美俗語》 사기꾼, 야바위꾼(swin-
bund [bʌnd] n. [인도·중국·한국 등지의]제방, 둑(embankment), 해안길, 번드, 연안 도로.
Bund [bund] n. (pl. **Bünde** [búndə]) 동맹, 연맹.
Bun·des·bank [búndəsbæ̀ŋk] n. [독일연방(중앙)] 은행.
Bun·des·rat, -rath [búndəsrɑ̀ːt] n. 1 [독일연방의] 상원. 2 [스위스의] 연방 의회.
Bun·des·tag [búndəstɑ̀ːg] n. [독일의] 하원.
‡**bun·dle** [bʌ́ndl] n. 1 한덩어리로 꾸린 것; 다발, 꾸러미(package). ¶ a bundle of clothes 한 꾸러미의 옷가지 / a bundle of groceries 식료품 꾸러미 / a bundle of hay (straw) 한 다발의 건초(짚) / a bundle of sticks (letters, papers) 막대기(편지, 서류) 다발 / make something into a bundle …을뭉쳐(다발)로 만들다 / sell things in a bundle 다발로 팔다.

類語 **bundle** 많은 것을 다발지은 것: a bundle of odds and ends 잡동사니의 다발. **bunch** 같은 종류의 것의 모임; 특히 같은 다발지은 것: a bunch of flowers 꽃다발. **package** 판매·수송을 위해 상자 따위에 넣거나 잘 다발지은 것: package goods 포장된 화물. **parcel** package 의 작은 것: parcel post 소포 우편. **packet** parcel bunch 보다 더욱 작은 것: a packet of cigarettes 《英》 담배 한 갑 《美》 a pack of cigarettes. **pack** 사람이나 동물의 등으로 나르기 위한 꾸러미.

2 [몇 개의 물건의]덩어리, 떼, 단(團), 조(組) (group, bunch, collection), ¶ a bundle of contradictions (superstitions, follies) 갖가지 모순(미신, 어리석은 짓) 투성이다. / He made a large bundle of mistakes. 그는 많은 잘못을 저질렀다. 3 《俗》 많은 액수의 돈, 큰 돈. 4 [식물] 유관속(維管束)(vascular bundle);[해부·동물] 소속(다발), 신경 섬유속. ¶ bundle sheath 유관속초 (維管束鞘).
drop one's bundle ① 《濠俗》 항복하다; 깜짝 놀라다. ② 《뉴질랜드俗》 낳다.
— v. (-dled, -dling) vt. 1 …을 다발짓다, 묶다, 싸다, 꾸리다(…up). ¶(~+目) bundle up clothes 옷가지를 꾸리다. 2 …을 서둘러 쫓아내다, 몰아내다(… off, out, away). ¶ (~+目+副) They bundled the children off to bed. 그들은 아이들을 침실로 쫓아보냈다 // (~+目+前+名) She bundled her boys out of the room. 그녀는 아이들을 방에서 쫓아냈다. 3 …을 던져넣다, 아무렇게나 던져넣다(…into, in). ¶ (~+目+前+名) He bundled his possession into a carriage. 그는 소지품을 차 안에 던져 넣었다 / They bundled him into a car. 그들은 그를 차 안으로 밀어 넣었다.
— vi. 1 서둘러 떠나다, 급히 나가다(leave hurriedly)(off, away, out, out of, into...). ¶ (~+前+名) She bundled out of the kitchen. 그녀는 부엌에서 급히 나갔다. 2 [약혼 중인 남녀가]옷을 입은 채 같은 잠자리에 들다 (* 옛날 영국의 웨일즈 및 미국의 뉴잉글랜드에 있던 습관). 〔깜짝.
bundle up [재귀용법 또는 수동형으로] 따뜻하게 몸을
bun·dling [bʌ́ndliŋ] n. 일괄 판매, 시스템 판매.
bun-fight [bʌ́nfàit] n. 《英俗語》 [티 파티 따위]파티.
bung [bʌŋ] n. 1 [통의]마개(stopper); [보트의]바닥 구멍의 마개. 2 [통의]따르는 구멍(bunghole), — vt. 1 …에 마개를 하다, …을 막다(…up). 2 《俗》 [싸움 따위에서] …을 때려 눕히다, 몰매질을 하다(beat)(… up). ¶ I bunged up his eyes. 나는 그의 눈을 쳤다. 3 《俗》 [돌 따위]를 던지다(throw).
bun·ga·loid [bʌ́ŋgəlɔ̀id] adj. 방갈로식의.
bun·ga·low [bʌ́ŋgəlòu, -美 bʌ́ŋglou] n. 방갈로[베란다가 있는 간단한 목조의 단층집]. 방갈로식 별장.
bun·gee [bʌ́ndʒi;] n. 번지[고무줄 다발을 면으로 덮어 씌운 밧줄] (bungee cord).
búngee júmping n. 1 번지 점프(점핑). 2 불필요한 모험, 무모함.
bung·er [bʌ́ŋər] n. 《濠俗語》 불꽃(firework).
bung·hole [bʌ́ŋhòul] n. [통의]따르는 구멍.
bun·gle [bʌ́ŋgl] v. (-gled, -gling) vi. 실수하다, 잡치다, 서투른 짓을 하다, — vt. …을 서투르게 하다, 잡치다, 엉망진창을 만들다. — n. 서투른 솜씨, 실수, 실책. ¶ make a bungle of …을 엉망진창으로 만들다.
bun·gler [bʌ́ŋglər] n. 실수를 하는 사람, 서투른 직공, 솜씨가 나쁜 사람. 〔없는.
bun·gle·some [bʌ́ŋglsəm] adj. 서투른, 어설픈, 솜씨
bun·gling [bʌ́ŋgliŋ] n. [U] 서투른 세공(일). — adj. 서투른, 어설픈.
bun·gy [bʌ́ŋgi] n. (pl. -gies) 《英·인도》 [특히 Bombay 지방의] 청소부, 넝마주이.
bun·ion [bʌ́njən] n. [병리] 건막류(腱膜瘤) [특히 엄지발가락의 안쪽에 생기는 종류(腫瘤)].
bunk[1] [bʌŋk] n. 1 [배·열차·막사 따위의]층으로 된 침대, 침상. 2 《구어》 침대, 잠자리(bed). — vi. 《구

bunk

어] 잠자리에 들다, 자다[특히 급조된 잠자리에서].
— *vt.* …에 잠자리를 만들다(마련해 주다).

bunk² [bʌŋk] *n.* ⓤ〖美俗語〗터무니없는 소리, 허풍, 허튼 소리(humbug, nonsense).

bunk³ [bʌŋk] *n.*〖英俗〗* 다음 숙어로만 쓴다.
do a bunk 도망치다, 내빼다.
— *vt.* …을 빼먹다, 게으름 피우다. ¶ He *bunked* an English class yesterday. 그는 어제 영어 공부를 빼먹었다. — *vi.* 도망치다(*off…*).

búnk bèd *n.* 2단 침대[의 한 단].

bunk·er [bʌ́ŋkər] *n.* **1** 큰 저장 상자, [배의]연료 창고. **2**〖골프〗벙커(코스 안에 장애물로서 만들어진 모래땅, 또는 흙이 드러난 부분). **3**〖군사〗엄폐호.(掩蔽壕). — *vt.* **1**〖골프〗(공)을 벙커에 쳐넣다. **2**〖항해〗(배)에 연료를 적재하다.

búnker òil *n.* 벙커유(油).

bunk·house [bʌ́ŋkhàus] *n.* (*pl.* **-hous·es** [-hàuziz]) [건축 공사장 등의]합숙소, [나무꾼 등의]오두막집.

bunk·mate [bʌ́ŋkmèit] *n.*〖합숙소 따위에서〗잠자리를 함께 한 동료.

bun·ko [bʌ́ŋkou] *n.* (*pl.* **-kos**), *v.* (**-koed**, **-ko·ing**)〖美俗語〗=bunco.

bun·kum [bʌ́ŋkəm] *n.* =buncombe.

bunk-up [bʌ́ŋkʌ̀p] *n.*〖英俗〗담장 오를 때 도와주기, 엉덩이 밀어주기.

bunn [bʌn] *n.* =bun¹.

bun·nia [bʌ́njə] *n.*〖인도〗인도인 상인.

*****bun·ny** [bʌ́ni] *n.* (*pl.* **-nies**) 〖구어〗**1** 토끼(rabbit). **2**〖방언〗다람쥐(squirrel). **3** (= **búnny gìrl**) (보통 B-) 버니 걸[몸이 비슷한 의상을 입은 웨이트레스]. **4**〖美俗語〗(관광자 따위의)남자를 낚는 여자. **5**〖속어〗등엉 연애자를 상대로 하는 남자, 남창.

búnny hùg *n.* (the ~)〖美〗20세기 초에 유행한 두명이 한 조가 되어 추는 춤.

Bún·sen búrner [bʌ́nsn-/G bùnzəm-] *n.* 분젠 버너(가스를 태워 간단하게 고열을 얻는 장치로서, 실험실에서 많이 쓰인다).
[<고안한 독일의 화학자 R.W. Bunsen]

*****bunt** [bʌnt] *vt.* **1**〖염소·송아지가 뿔·머리로〗받다, 밀다(butt). **2**〖야구〗(공)을 번트하다. — *vi.* **1** 뿔·머리 따위로 밀다, 밀다. **2**〖야구〗번트하다. — *n.* **1** 받기, 밀기, 돌격. **2**〖야구〗번트, 번트한 공.

bunt² [bʌnt] *n.* **1**〖항해〗(돛)의 중앙부. **2**〖어망 따위의〗중복부(中腹部).

bunt³ [bʌnt] *n.* ⓤ〖식물〗(밀)의 흑수병(黑穗病) [smut].

bun·ting [bʌ́ntiŋ] *n.* ⓤ **1**〖모·면의〗기(旗) 만드는 천. **2** 축제일 따위에 가로(街路)·회장 따위에 두르는 기(flags), 〖총칭적〗기(旗), 〖미국 배의〗장식기.

bun·ting² [bʌ́ntiŋ] *n.*〖새〗멧새.

bunt·line [bʌ́ntlin, -làin/-lin] *n.*〖항해〗번트라인 (가로돛의 아래쪽에 단단 밧줄로, 이것을 당겨 돛자락을 끌어올려서 활대 위에 접어놓는 데 쓰인다).

***buoy** [bú(ː)i, bɔi/bɔi] *n.*〖항해〗**1** 부이, 표표(浮標)[수로·암초·닻의 위치 따위를 표시하는 것]. ¶ an anchor *buoy* 앵커 부이[투묘(投錨) 위치를 나타낸다]/ a bell *buoy* 표종 부표, 타종 부표/ a lighted *buoy* 등화 부표[등화 장치로 위치를 표시한다]/ a cylindrical *buoy* 원통 부표/ a nun *buoy* 마름모꼴 부표/ a danger *buoy* 위험물 표시 부표. **2** 구명대, 구명 부이(life buoy).
— *vt.* **1**〖부이로〗…을 뜨게 하다(keep afloat)(*up*). **2**〖항해〗…을 부이로 나타내다, …에 부이를 달다(*out*, *off*). ¶ *buoy* an anchor 닻의 위치를 부이로 나타내다 // (~+圖+副) *buoy off* a channel 수로를 부표로 나타내다. **3**〖희망 따위를〗잃지 않다, 유지하다(sustain); [남]을 고무하다(encourage) (*up*). ¶ (~+圖+副) *buoy up* a person's courage 남의 용기를 고무하다 / He *buoyed* me *up*. 그는 내게 용기를 주었다 / She *buoyed* herself *up* with good news. 그녀는 좋은 소식을 듣고 힘을 냈다. — *vi.* 뜨다, 떠오르다 (float).

buoy·age [bú(ː)iidʒ, bɔ́i-/bɔ́i-] *n.* ⓤ〖항해〗부표 설치; 부표식(浮標式) [부표에 관한 규정·통제] ;〖집합적〗부표; 계선(繫船) 부표 사용료.

buoy·ance [bɔ́iəns, +美 bú:jəns] *n.* =buoyancy.

buoy·an·cy [bɔ́iənsi, +美 bú:jən-] *n.* ⓤ **1** 부력(浮力). **2** 부양성, 부양하는 성질, 쾌활함(cheerfulness). **4**〖시장 가격·시세 따위의〗등귀 경향.

***buoy·ant** [bɔ́iənt, +美 bú:jənt] *adj.* **1** 부양성의, 뜨기 쉬운, 뜨는. **2** [액체가]물체를 뜨게 하는, 부력이 있는. **3** 쾌활한, 낙천적인(cheerful); 힘나게 하는, 격려하는(cheering). **4**〖시장 가격·시세가〗오르는 경향이 있는. **~·ly** *adv.*

B.U.P.〖略〗British United Press.

bur¹ [bəːr] *n.* **1**〖밤·우엉 열매 따위의〗가시. **2** 가시가 있는 열매를 맺는 식물. **3** 귀찮게 달라붙어 떠나지 않는 사람, 귀찮게 구는 사람; [가시처럼]달라붙어 떨어지지 않는 것. **4**〖치과·기계〗버[이나 금속관 따위를 가는 기계]. — *vt.* (**burred**, **bur·ring**) …에서 가시를 뽑아내다.

bur² [bəːr] *n.* =burr².

Bur·ber·ry [báːrbəri, +美 -bèri] *n.* [U] **1** 바바리 방수포(防水布). **2** 바바리 레인코트, 방수복.

bur·ble [báːrbl] *vi.* (**-bled**, **-bling**) **1** 부글부글 소리를 내다(bubble). **2** 중얼중얼 말하다. — *n.* **1** 부글부글 소리내기; 솟아나름. **2** 중얼거림. **3**〖항공〗급각도로 날아붙어진 기류의 부서짐.

bur·bot [báːrbət] *n.* (*pl.* **-bot** *or* **-bots**) 모캐[대구 비슷한 민물고기]. [(en).

bur·den¹ [báːrdn] *n.* **1** 짐, 적 하 (積荷) 〖⇒ LOAD 類語〗; [U] 짐나르기, 화물의 운반. ¶ a *burden* of firewood 〖땔〗나뭇짐 / a *burden* of dust 쌓인 먼지 / a beast of *burden* [소·말 따위]짐 운반용 동물 / a ship of *burden* 화물선. **2**〖정신적인〗무거운 짐, 부담 (obligation), [무거운 짐이 되어]괴로히는 것, 괴로움, 걱정(trouble); 책임, 의무(duty). ¶ a *burden* of responsibility 책임이라는 무거운 짐 / a *burden* of sorrow 슬픔의 무거운 짐 / a *burden* of proof 〖법률〗입증 책임 / a financial *burden* 재정 부담 / an intolerable *burden* 견디기 힘든 무거운 짐 / *bear* the *burden* 무거운 짐을 견디다, 고생을 참다 / *share* the *burden* 무거운 짐을 나누어 지다 / *be* a *burden* to (*or on*) …의 부담이 되다, …에 수고를 끼치다 / *cast* (*or pass*) one's *burden* on another 자기 부담을 남에게 떠넘기다. **3**〖항해〗배의 적재력, 적재량. ¶ a ship of a hundred-tons *burden* 적재량 100톤의 배. **4**〖성서〗하나님의 말씀으로 고난[의 운명].

bear the burden and heat of the day 하루의 노고와 더위를 참다; 힘든 일을 마치다, 책임을 가지고 일에 임하다 [←마태 복음(Matt.) 20:12] [다, 죽다.
lay down life's burden 인생의 무거운 짐을 내려놓
— *vt.* **1** …에 무거운 짐을 싣다, 짐을 지우다 (load heavily) (*…with*). ¶ (~+圖+前+图) *burden* a horse *with* firewood 말에 장작을 싣다. **2**〖정신적인 짐을 지우다, 부담을 주다(charge); …을 괴롭히다(trouble, afflict) (*…with*). ¶ (~+圖+前+图) *burden* the people *with* heavy taxes 국민에게 중세를 부과하다 / I will not *burden* you *with* a lengthy account. 길게 설명하여서 너를 귀찮게 하지 않겠다 / He is *burdened* with a heavy debt. 그는 많은 빚을 지고 있다.

búrden shàring *n.* 방위 분담, 비용 분담.

bur·den² [báːrdn] *n.* **1** [옛글]에서 들려주는] 취지(趣旨), 요지, 요점, 주제(principal idea, theme). ¶ the *burden* of a speech 연설의 요지 / the *burden* of argument 논쟁의 취지. **2**〖음악〗[노래의]후렴(refrain); [춤의]장단, 반주.

like the burden of a song 되풀이하여.

bur·den·some [báːrdnsəm] *adj.* 짐스러듯이 답답한,

견디기 어려운, 괴로운, 성가신(troublesome).
~ly *adv.* ~ness *n.*
bur·dock [bə́ːrdɑ̀k / -dɔ̀k] *n.* 우엉.
‡**bu·reau** [bjúə)rou / bjúər-] *n.* (*pl.* **-reaus** or **-reaux**)
1 (英) 양복장, 화장대(종종 거울이 달린 것). *cf.* dresser² 2 (주로 英)〔서랍이 있는〕책상, 사무용 책상
(writing table). 3 〔관청의〕국(局), 부, 과 (* 관청의 부와 국의 이름에 붙을 때에는 주로(美)에서 쓴다). ¶ the Mint *Bureau* 조폐국 / the Printing *Bureau* 인쇄국 / the Weather *Bureau* (미국의)기상국 / the *Bureau* of Customs (미국의)관세국. 4 사무국, 편집국, 사무소, 안내소, 접수처(information office); (신문사·통신사의)지국. ¶ an information *bureau* 정보부; (美) 안내소 / an employment *bureau* 직업 소개소 / a credit *bureau* 상업 흥신소, 신용 조사 기관 / the Washington *Bureau* of the Associated Press AP 통신 워싱턴 지국.
bu·reauc·ra·cy [bju(:)rɑ́krəsi / bjuərɔ́k-] *n.* ⓤⓒ (*pl.* **-cies**) 1 관료 제도, 관료 정치. 2〔집합적〕관료, 공무원. 3 관료주의. 4 관료적(관청식)인 번잡한 사무 절차(red tape).
bu·reau·crat [bjúə(:)rou)kræt / bjúər-] *n.*〔정치〕공무원, 관료, 관료 정치가, 관료주의자.
bu·reau·cra·tese [bjù(:)rou)krǽtíːz / bjùər-] *n.*〔추상적·전문적·우회적 표현을 수시로 집어넣은〕관청 용어, 관료 어법(語法).
bu·reau·crat·ic [bjù(:)rou)krǽtik / bjùər-] *adj.* 관료적인, 관료주의(정치)의. **-i·cal·ly** [-ikəli] *adv.*
bu·reau·cra·tism [bjurǽkrətìz(ə)m, bjù(:)rəkrǽt-/ bjuə́rkræt-] *n.* ⓤ 관료주의.
bu·reau·crat·ist [bjurǽkrətist, bjù(:)rəkrǽt-/ bjuərkræt-] *n.* 관료주의자.
bu·reauc·ra·tize [bju(:)rɑ́krətàiz / bjuərɔ́k-] *vt., vi.* 관료화하다, 관료 체제화(정치화)하다.
bu·reaux [bju(:)rou / bjúər-] *n.* bureau의 복수형의 하나.
bu·rette, -ret [bju(:)rét/bju(ə)r-] *n.*〔화학〕뷰렛〔화학 분석용의 정밀한 눈금이 있는 유리관〕.
burg [bəːrg] *n.* 1 (美구어) 도시(city), 소도시, 읍 (town), 마을(village). 2〔역사〕성시(城市)〔성벽으로 둘러싸인 소도시〕.
burg·age [bə́ːrgidʒ] *n.* ⓤ〔법률〕(英)〔중세 도시민이 일정 금액을 영주 또는 국왕에게 바치고 얻은〕도시 토지 보유권; (스코)〔중세 도시민이 군(軍)에 복무하는 조건에 따라 국왕에게서 주어진〕도시 토지 보유권.
bur·gee [bə́ːrdʒiː] *n.*〔요트 따위의〕삼각기(三角旗).
bur·geon [bə́ːrdʒ(ə)n] *n.* 움, 눈, 싹, 새 싹(bud, sprout). — *vi.* 1 싹이 트다, 눈이 나오다(out, forth...). 2〔급격히〕성장하다, 발전하다(into ...). ¶ The newly-opened land *burgeoned into* a town. 그 신개발지는 급속히 도시로 발전했다. — *vt.* ...을 싹트게 하다.
burg·er [bə́ːrgər] *n.* 《美구어》1 ⓤ 햄버거용 쇠고기. 2 햄버그 스테이크 (bun), 햄버거(hamburger).
-burger〔둥근 빵에 고기·생선·치즈 따위를 끼운 갖 가지 샌드위치〕의 뜻의 연결형. 예: clam*burger*, cheese*burger*.
bur·ger·dom [bə́ːrgərdəm] *n.* 햄버거 업계.
bur·gess [bə́ːrdʒis] *n.* 1〔현재는 드물게〕〔영국 자치 도시(borough)의〕시민, 공민. 2 〔英역사〕영국 자치 도시·대학에서 선출된 영국 국회의〕의원. 3 〔美역사〕〔Virginia, Maryland의 식민지 의회의〕하원 의원.
burgh [bə́ːrə] *n.*〔스코〕자치 도시.
burgh·al [bə́ːrg(ə)l] *adj.* 자치 도시의.
burgh·er [bə́ːrgər] *n.*〔자치 도시(borough)의〕시민; (특히 유럽 여러 나라의 중류 도시의)시민.
‡**bur·glar** [bə́ːrglər] *n.* 밤도둑, 강도, 도둑. *cf.* burglary
búrglar alàrm *n.* 자동 도난 경보기.
bur·glar·i·ous [bəːrglɛ́(ə)riəs / -glɛ́ər-] *adj.* 밤도둑의, 강도(법)의. ~ly *adv.*

bur·glar·ize [bə́ːrglərɑ̀iz] *vt.* (**-ized, -iz·ing**)《구어》...에 도둑질(강도질)하러 들어가다.
bur·glar-proof [bə́ːrglərprùːf] *adj.* 도난 방지의.
bur·gla·ry [bə́ːrgləri] *n.* ⓤⓒ (*pl.* **-ries**) 밤도둑, 강도(질)하러 들어가기. ⇨ THEFT類語 ¶ commit *burglary* 강도질을 하다.
bur·gle [bə́ːrgl] *v.* (**-gled, -gling**)《구어》*vt.* ...에 도둑질(강도질)하러 들어가다(burglarize). — *vi.* 도둑질(강도질)을 하다.
bur·go·mas·ter [bə́ːrgo(u)mæ̀stər / -mɑ̀ːs-] *n.*〔네덜란드·독일·오스트리아 등지의〕시장(市長).
bur·go·net [bə́ːrgənèt] *n.*〔16세기경에 사용되었던〕면갑(面甲)이 붙은 경장(輕裝) 투구.
bur·goo [bə́ːrguː, -/-ˊ] *n.* (*pl.* **-goos**) 1 ⓤ 걸죽한 오트밀의 죽〔특히 선원용〕. 2 《美방언》ⓤ 맛이 진한 수프의 일종〔수프를 내놓는 야외 파티(피크닉).
Bur·gun·di·an [bəːrgʌ́ndiən] *adj.* Burgundy의, Burgundy의 주민의. — *n.* Burgundy의 주민.
Bur·gun·dy [bə́ːrg(ə)ndi] *n.* 1 부르고뉴〔포도 재배와 포도주 생산으로 유명한 프랑스 동남부 지방; 프랑스어 철자는 *Bourgogne*〕. 2 ⓤⓒ (*pl.* **-dies**)〔종종 b-〕부르고뉴산(産)의 포도주.
burh·el [bə́ːrəl / bɑ́ːr-] *n.* 히말라야의 야생양(羊).
‡**bur·i·al** [bériəl] *n.* ⓤⓒ 매장(interment), 장례식(funeral); 묘, 묘지(grave).
búrial càse *n.*《美》〔금속·목제의〕관(棺).
búrial gròund *n.* 매장지, 묘지(cemetery, grave-yard).
búrial mòund *n.* 분묘, 총(塚).
búrial sèrvice *n.* 매장식(埋葬式).
Bur·iat [bu(ː)rjɑ́ːt, bù(ː)riɑ́ːt] *n.* ⓤ 부리앗어(語). *cf.* Buryat.
bur·ied làyer [bérid-] *n.*〔전자 공학〕매복층〔반도체 소자 내부에 매복된 불순물층〕.
bur·i·er [bériər] *n.* 매장자.
bu·rin [bjúərin / bjúər-] *n.* 1〔금속 조각용의〕조각칼; 〔대리석 조각용의〕끌, 정. 2 ⓤ 조각 수법, 조각법.
bu·rin·ist [bjúə(ː)rinist / bjúər-] *n.*〔동판·대리석 따위의〕조각사(engraver).
bur·ka [búrkə, bə́ːr-, bɑ́ːr-] *n.* 부르카〔회교도 여자가 입는 머리부터 아래까지를 폭 덮는 겉옷〕.
burke [bəːrk] *vt.* (*bur·ked, burk·ing*) 1〔사체에 흔적이 남지 않도록〕...을 목졸라 죽이다. 2〔의안·논의 따위를〕묵살해 버리다, 얼버무려 없애다.
Bur·ki·na Fa·so [bəːrkìnə fɑ́sou] *n.* 부르키나 파소〔아프리카 서부의 공화국; 구칭 Upper Volta, 1984년 개칭; 수도 Ouagadougou〕.
Búr·kitt's lymphóma (tùmor) [bə́ːrkits-] *n.*〔병리〕버킷 림프종(腫)〔아프리카의 어린이에게 많은 암〕.〔< 영국 외과 의사 Dennis P. Burkitt〕.
burl [bəːrl] *n.* 1〔털실·실·직물 실의〕매듭, 마디. 2〔수목의〕옹이, 혹. — *vt.* 마디를 없애고〔천〕을 마무리하다.
burl. 《略》burlesque.
bur·lap [bə́ːrlæp] *n.* ⓤ 일종의 즈크천〔황마(黃麻)·대마(大麻) 따위로 성기게 짠〕천).
*‡**bur·lesque** [bəːrlésk] *n.* 1〔본격적인 작품을 희화한〕희작(戲作), 광시(狂詩); 희화, 만화(caricature). 2 (=**búr·lesk**)《美》〔코메디·노래·춤·스트립쇼 따위가 뒤섞인〕버라이어티쇼, 벌레스크. — *adj.* 희화의, 희작풍의, 코믹한(comical). 2 버라이어티쇼의.
(*-lesqued, -lesqu·ing*) *vt.*〔희작·광시에서〕〔본격적인 작품〕을 희화하다, 익살스럽게 흉내내다, 〔남의 소리·태도 따위〕를 익살스럽게 흉내내다, 희화하다. — *vi.* 익살스럽게 흉내내다.
bur·les·quer [bəːrléskər] *n.* 광대, 희화하는 사람, 익살스럽게 흉내내는 사람.
bur·let·ta [bəːrlétə] *n.*〔연극〕〔18-19세기의〕소희가극(小喜歌劇).
bur·ley¹ [bə́ːrli] *n.* (*pl.* **-leys**)〔종종 B-〕《美》잎담배의 일종〔Kentucky 주, Ohio 주 남부에서 생산〕.

bur·ley[2] [bə́ːrli] *n.* (*pl.* **-leys**) 《美구어》=burlesque 2.

Búr·ling·ton Hóuse [bə́ːrliŋtən-] *n.* London Piccadilly에 있는 건물[구관은 Royal Academy이고, 신관은 British Academy, British Association 본부].

bur·ly [bə́ːrli] *adj.* (**-li·er, -li·est**) **1** 튼튼한, 건장한, 우람한(stout, sturdy). **2** 퉁명스러운, 무뚝뚝한, 싹싹하지 못한. **bur·li·ly** *adv.* **bur·li·ness** *n.*

***Bur·ma** [bə́ːrmə] *n.* 버마[1989년 Myanmar로 국명이 바뀌고, 수도명 Rangoon도 Yangon으로 개칭].

Bur·man [bə́ːrmən] *n.* (*pl.* **-mans**) *a*=Burmese.

Búrma Róad *n.* 버마 루트[버마에서 산악 지대를 거쳐 중국의 국경(重慶)에 이르는 전략 도로].

Bur·mese [bəːrmíːz] *n.* (*pl.* **-mese**) **1** 버마인(人). **2** Ⓤ 버마어(語). ── *adj.* 버마의, 버마인(어)의.

‡**burn**[1] [bəːrn] *v.* (**burnt** or **burned, burn·ing**) *vi.* **1** 타오르다; 타다, 눋다; 타죽다. ¶ (~+*圖*) *burn well* (*badly*) 잘 타다(타지 않다) / *burn down* 불타서 무너지다, 소실되다; 불이 꺼져 가다 / *burn low* 화력이 약해지다, 거의 다 타다; 힘없이 타다 // (~+*圃*) *burn* blue (red) 파란(빨간) 빛을 내며 타다 / *burn* black 까맣게 타다 / *burn* bright 빨갛게(밝게) 타오르다. **2** [난로 따위]안에서 불이 타다 (contain fire); 화염에 싸이다. ¶ *The furnace is burning.* 난로불이 타고 있다. **3** 빛나다(glow red), [불이]켜지다(give light, shine). ¶ *An oil lamp burned behind the window.* 석유 램프가 창 너머에 켜져 있었다. **4** [육체적인 뜻으로]열을 느끼다(feel heat), 상기되다, 화끈해지다; 타는 듯이 아프다, [허 따위가]얼얼하다. ¶ (~+*前*+*名*) *His forehead* (*face*) *burned with fever.* 그의 이마(얼굴)는 열로 타는 것 같았다. **5** [심리적인 뜻으로]격하다, 뜨거워지다, 달아오르다; 걱정으로 불타다, 매우 흥분하다, 발끈하다, 노하다; [어떻든지]안으려고 하다. ¶ *My face burn.* 내 얼굴이 화끈거린다 / *I felt as if my face were burning.* 나는 얼굴이 화끈거렸다 // (~+*前*+*名*) *burn with* anger (fury, jealousy) 노여움(분노, 질투)에 발끈하다 / *burn with* love (shame) 사랑에 불타다(부끄러워 얼굴이 빨개지다) // (~+*to* do) *He burns to win fame.* 그는 명예욕에 사로잡혀 있다. **6** [토론 따위가]불꽃을 튀기다, 백열화하다; [하늘이]붉어지다. **7** 열로 인해 변색하다, 눋다; 숯이 되다; 햇볕에 그을다 (sunburn); 불에 데다. ¶ *The meat is burning.* 고기가 타고 있다 // (~+*圖*) *She has a skin that burns easily in the sun.* 그녀의 피부는 햇볕에 잘 탄다. **8** 부식하다; [인상이]마음에 새겨지다; 《화학》 연소하다; 《물리》[우라늄 등이]핵분열(핵융합)을 일으키다. **9** [놀이에서]숨긴 것을 찾아낼 지점에 있다, 알아맞히기 직전에 있다, [특히 숨바꼭질에서 자기를 잡으러 와서] 몸이 달다; 《비유적》 진리에 가까워지다. **10** 《미구어》 전기 의자로 사형에 처해지다. **11** [로켓 엔진]분사하다.
── *vt.* **1** …을 불태우다, 태우다, 지피다; …을 눋게 하다. ¶ (~+*图*+*前*+*名*) *The building was burnt* [*down*] *to ashes.* 그 건물은 화재로 재가 되었다(전소되었다).

[類語] *burn* 「태우다」의 뜻의 가장 일반적인 말. *bake* 직접 불에 대지 않고 오븐이나 불에 달은 금속·돌 위에서 굽다. *roast* 고기를 직접 불에 대거나 오븐 속에서 굽다. *broil* 《미》, *grill* 《영》 불 또는 석쇠 위에서 굽다.

2 [남]을 달아오르게 하다, 걱정을 품게 하다; [혀 따위]를 얼얼하게 하다. ¶ *Mustard burns the tongue.* 겨자는 혀를 얼얼하게 한다. **3** …을 태워서 데게 하다, …을 눋게 하다 (scorch); …을 햇볕에 타게 하다, [해가] [땅]을 마르게 하다 (dry up), [초목]을 시들게 하다 (wither). ¶ *The soup is burned.* 이 수프는 눌었다 // (~+*图*+*前*+*名*) *burn a thing brown*

(dry, hard) 어떤 것을 태워서 갈색으로 만들다(말리다, 굳히다). **4** [숯·벽돌 따위]를 굽다, 구워서 만들다; …을 구워서 굳히다. ¶ *burn* bricks 벽돌을 굽다. **5** 《화학》 …을 연소시키다, 산화시키다 (oxidize). **6** …을 화형에 처하다; 《미》 …을 전기 의자로 사형에 처하다 (electrocute). ¶ *He was burned at the stake.* 그는 화형에 처해졌다. **7** [죄수의 낙인 따위]를 찍다 (brand); …을 사람의 마음 속에 심다, 감명을 주다. **8** [구멍]을 태워서 뚫다 (…*in, through*). **9** …을 급격히 소비하다, 마구 쓰다 (squander). ¶ *burn* one's money 돈을 물쓰듯 하다 / *He burned his energy.* 그는 정력을 마구 소모했다. **10** 《미구어》 …을 속이다, 사기치다, …에게서 사취하다. ¶ *I was burned by that phony stock deal.* 그 사기 주식 거래에 속았다. **11** [로켓 엔진]을 분사하다. **12** 《미구어》 …에게 가짜 마약을 팔아넘기다.

be burnt to death 타죽다, 소사하다.
burn a hole in one's pocket ⇒ HOLE.
burn away ① 다 타다, 불타서 무너지다. ② …을 불태우다, 소실케 하다. ③ 계속 타다.
burn one's boats (or *bridges*) [*behind one*] ⇒ BOAT.
burn daylight ⇒ DAYLIGHT.
burn one's fingers ⇒ FINGER.
burn for …에 애타우다, 연모하다, 그리워하다.
burn in (or *into*) ① …을 부식하다. ② [인상이 마음에]새겨지다. ③ 타들어가다. ④ (*burn in* 으로)[사진]인화하다. ⑤ [열체부]에서 빼다.
burn off ① …을 불태워 버리다. ② [얼룩 따위]를 가시게 하다.
burn on …을 용접하다.
burn oneself out 무리하게 일을 해서 일찍 죽다.
burn out ① 다 타버리다 ② 정력을 다 써버리다. ③ 화재로 내쫓기게 하다.
burn powder 발사하다, 발포하다 (fire shots).
burn the candle at both ends ⇒ CANDLE.
burn the earth (or *the wind*) 《미》 전속력으로 달리다.
burn the midnight oil ⇒ OIL.
burn the Thames ⇒ THAMES.
burn the water 횃불을 준비하여 강에서 연어를 찍어 잡다.
burn together …을 태워서 잇다, 가열하여 합치다.
burn up ① …을 다 태워버리다. ② 다 타버리다. ③ 확 타오르다. ④ …을 열광의 도가니로; 《미구어》 정신없이 마구 하다; 《미속어》 …을 약올리다, 화나게 하다, 화를 내다, 발끈하다. ¶ *That really burns me up.* 그것은 정말로 나를 화나게 한다.
burn up the road ⇒ ROAD.
have … to burn 남을만큼 …이 많이 있다.
── *n.* **1** 타버린 곳 (burned place); 《미》 초목을 태워서 개간한 땅. **2** [병리] 화상(火傷); [약품 등에 의한]화상; 동상. **3** 데우기; 탄 자국; 햇빛에 타기 (sunburn); 낙인 (brand). **4** [로켓 엔진]분사. **5** (~s) 《미구어》 =sideburns.

burn[2] [bəːrn] *n.* 《스코·북영》 시내 (brook), 개울.

burn·a·ble [bə́ːrnəbl] *adj.* 가연성의, 태울·눌릴, 구울 수 있는.

búrn ártist *n.* 《미속어》 가짜, 마약 밀매꾼.
búrn bàg *n.* 기밀 서류 폐기 자루.
burned-out [bə́ːrndáut] *adj.* 타버린, 못쓰게 된, 식은. ¶ a *burned-out* bulb 타서 끊어진 전구 / *burned-out* zeal 소진(消盡)한 정열.

*'burn·er [bə́ːrnər] *n.* **1** 태우는 사람. ¶ a charcoal *burner* 숯 굽는 사람. **2** 버너, 연소기; [난로·벽난로 따위의] 아궁이. ¶ an oil *burner* 오일 버너.

bur·net [bə́ːrnit] *n.* 《식물》 화란오이풀[잎은 식용].

burn-in [bə́ːrnìn] *n.* [전자 공학] 통전(通電) 테스트 [전자 제품의 품질 보증을 위한 성능 시험].

‡**burn·ing** [bə́ːrniŋ] *adj.* **1** 타오르고(타고) 있는, 연

소중인 (aflame, on fire). **2** 비등(沸騰)하는. ¶ *burning water* 끓는 물. **3** 타는 듯한(glowing). ¶ a *burning* red bathing suit 타는 듯이 빨간 수영복. **4** 강렬한, 강렬한(intense), 열렬한(passionate). ¶ a *burning* desire 열정. **5** 가장 심각한, 가장 긴급한. ¶ a *burning* question 가장 긴급한 문제. — *n.* ⓤ **1** 연소. **2** [도자기 제조의]굽기. **~ly** *adv.*

búrning gláss *n.* 화경(火鏡), 볼록 렌즈.
búrning móuntain *n.* 화산(volcano).
búrning óil *n.* 연료유. [發火點]
búrning póint *n.* **1** [볼록 렌즈의] 초점. **2** 발화
*bur·nish [bə́ːrniʃ] *vt.* **1** …을 갈다, 닦다(polish). **2** …을 광내다, 반들거리게(매끄럽게) 하다. — *vi.* 광택이 나다, 빛나다. ¶ This floor *burnishes* well. 이 마루는 닦으면 잘 반들거린다. — *n.* ⓤⓒ 광택, 윤; 광택이 나는 표면.
bur·nish·er [bə́ːrniʃər] *n.* **1** 닦는 사람, 연마공.
bur·noose, -nous [bəːrnúːs, +英 bə́ːrnuːs] *n.* (아라비아인·무어인이 입는) 두건 달린 겉옷.
burn-out [bə́ːrnàut] *n.* **1** [로켓 공학] [로켓·미사일의]전연료의 완전 연소[시점]. **2** [전기] 단선(斷線). **3** 전소(全燒) 화재. **4** [심신의] 소모, 극도의 피로, [스트레스로 인한] 정신(신경) 쇠약. **5** [마약의 작용에 의한] 폐인.
burn·sides [bə́ːrnsàidz] *n. pl.* 《美》 번사이드 수염[턱수염을 완전히 밀고 구레나룻과 콧수염만을 기른 수염 모양]. *cf.* sideburns

*burnt [bəːrnt] *v.* burn의 과거·과거분사. — *adj.* 태운, 눌은; 화상을 입은. ¶ *burnt* alum 소명반(燒明礬) / *burnt* plaster 소석고(燒石膏) / *burnt* sienna 대자(代赭) (그림 물감) / A *burnt* child dreads the fire. 《속담》 불에 덴 아이는 불을 무서워한다, 자라 보고 놀란 가슴 소댕 보고 놀란다.
búrnt óffering *n.* 번제(燔祭) [신에게 바치기 위하여 제단에서 태우는 희생의 짐승].
burnt-out [bə́ːrntáut] *adj.* =burned-out.
burp [bəːrp] *n.* 《구어》 *n.* 트림. — *vi.* 트림하다. — *vt.* [젖먹이 등]에게 트림을 하게 하다.
búrp gún *n.* 《美》 [휴대용] 자동 기관 단총.
*burr¹ [bəːr] *n.* **1** [치과 의사나 구멍 뚫는 데 쓰는] 절삭(切削) 도구. **2** [동판 조각 따위의] 거친 살, 《사른 곳의》 깔쭉깔쭉한 자리. **3** [수목 따위의] 옹이. — *vt.* 깔쭉깔쭉하게 하다.
burr² [bəːr] *n.* **1** [리벳의] 와셔. **2** [판금(板金)의] 도려낸 철재(鐵材).
burr³ [bəːr] *n.* **1** 후음(喉音) [목젖을 떨어 울리는 r의 거친 음]. **2** 거친 (사투리가 강한) 발음. **3** 쌩쌩(윙윙) 도는 소리. — *vi., vt.* **1** 후음으로 말하다; 거칠게 (사투리로) 발음하다. **2** 쌩쌩(윙윙) 소리가 나다.
búrr·head [bə́ːrhèd] *n.* 《美속어》 흑인.
bur·ro [bə́ːrou, búr-/búr-] *n.* (*pl.* -ros) **1** 《美 서남부의 화물 운반용》 작은 당나귀. **2** 당나귀(donkey).
*bur·row [bə́ːrou/bʌ́r-] *n.* **1** [토끼·여우·두더지 따위가 숨어 사는]구멍, 굴, 움돋이, 동(穴)(burrow). **2** 은신처, 피난처(shelter, refuge). — *vi.* 구멍을 파다, 진로를 개척하다(*in, into, under* ...). ¶ (~+前+名) *burrow into* bed 잠자리에 파고들다 / *burrow* under the leaves 잎 밑으로 파고들다. **2** 구멍 속에서 살다, 숨다. **3** 찾다, 뒤지다; [연구 따위에] 몰두하다(*in, into* ...). — *vt.* **1** [언덕 따위에] 구멍을 파다, 굴을 만들다. **2** 《재귀용법》 [지하·구멍]에 잠복하다(파고들다).
bur·row·er [bə́ːro(u)ər/bʌ́r-] *n.* 구멍을 파는

(굴에 숨는) 동물[토끼·여우·두더지 따위].
búrr·stone [bə́ːrstòun] *n.* [돌절구에 쓰는]규석(硅 [石].
bur·ry [bə́ːri] *adj.* (-ri·er, -ri·est) 가시가 있는(많은), 가시와 같은, 따끔따끔한(prickly).
bur·sa [bə́ːrsə] *n.* (*pl.* -sae [-siː] or -sas) **1** [해부·동물] 점액낭(粘液囊), 활액낭(滑液囊). **2** [중세의] 대학 기숙사.
bur·sar [bə́ːrsər] *n.* **1** [특히 대학의] 회계원, 출납원. **2** [중세의] 대학생. **3** 《주로 스코》 [대학]장학생.
bur·sar·i·al [bəːrséː(ː)riəl] *adj.* **1** 회계의, 출납의.
bur·sa·ry [bə́ːrs(ə)ri] *n.* (*pl.* -ries) **1** [수도원의] 금고. **2** 《스코》 대학의 장학금(scholarship). [.炎.
bur·si·tis [bəːrsáitis] *n.* ⓤ [병리] 점액낭염(粘液囊
‡burst [bəːrst] *v.* (burst, burst·ing) *vi.* **1** 파열하다, 폭발하다(explode), 갑자기 튀다. ¶ The bomb *burst.* 폭탄이 터졌다 // (~+前+名) The box *burst into* fragments. 상자가 산산조각이 났다.
2 부풀어올라 터지다, 찢어져 벌어지다, [꽃망울이]터지다, 활짝 벌어지다; [둑 따위가]붕괴하다. ¶ The buds of cherry blossoms were *bursting.* 벚꽃의 꽃망울이 터지려고 하고 있었다 / The river banks were going to *burst.* 강둑이 당장에라도 무너질 것 같았다.
3 [격정을 이기지 못하여, [감정]이 찢어지다; 갑자기 …하다. ¶ (~+前+名) At last he *burst* with rage. 끝내 그의 노여움이 폭발하고 말았다 / *burst [out] into* tears (laughter) 울음(웃음)을 터뜨리다 / *burst [out] into* angry words (speech) 화가 나서 소리치다 (말문이 터지다).
4 [터질 듯이]가득차다, 충만하다, 터질 듯하다 (* be bursting with의 형태로 흔히 쓰인다). ¶ (~+前+名) The silo is *bursting with* soy beans. 사일로에는 콩이 가득 차 있다 / He is *bursting with* health (joy, happiness). 그는 건강(기쁨, 행복)이 넘쳐 흐르고 있다.
5 갑자기 보이게(들리게) 되다, 갑자기 나타나다; 갑자기 오다(생기다). ¶ (~+前+名) *burst on* (or *upon*) one's ears (view) 갑자기 들려오다(보이게 되다) / *burst through* the door 문에서 뛰어 나오다 (나가다) / *burst [out] into* flames (blossom) 갑자기 타오르다 (피어나다) / *burst out of (into)* a room 방에서 뛰어나오다 (방으로 뛰어 들어가다) / A storm *burst upon* us suddenly. 갑자기 폭풍우가 우리에게 몰아쳤다 / The sun *burst [forth* or *out] through (or from)* the clouds. 구름 사이에서 갑자기 햇빛이 비쳤다 / (~+前) A roar of laughter *burst forth* from the audience. 청중으로부터 폭소가 터져나왔다.
— *vt.* **1** 을 찢다, 째다, 파열시키다, 터뜨리다, 붕괴시키다. ¶ *burst* one's bonds 속박을 끊다 / The river will *burst* its banks. 그 강은 강둑을 무너뜨리고 말 것이다 // (~+目+補) *burst* the door open =*burst* open the door 문을 꽉 밀어서 열다. **2** …을 찔러서 찢다, 밀어서 터뜨리다, 찔러서 뚫다. ¶ *burst* one's clothes [통통해져서]옷을 터지게 하다. **3** …을 충만케 하다, 가득채우다. ¶ grain that *bursts* a granary 창고를 가득 메운 곡식. **4** …을 흥청망청 쓰다. ¶ *burst* oneself [과로로]몸을 버리다.
be bursting to do (구어) …하고 싶어 못 견디다.
burst a blood vessel 《美구어》 매우 흥분하다.
burst away ① 급히 떠나다. ② 파열하다. 「나가다.
burst forth ① 갑자기 …하기 시작하다(in...). ② 뛰어
burst in ① [문이 안쪽으로]세차게 열리다, 말을 가로막다; [남의]이야기에 끼어들다. ③ …에 난입하다 (*upon* ...).
burst one's sides with laughing 포복절도하다.
burst up ① 파열하다. ②《속어》 파산(파멸)하다. *cf.* bust up
— *n.* **1** 파열, 작렬, 폭발(explosion); 돌발, 격발, 발발. ¶ a *burst* of applause 갑자기 터지는 박수갈채 / The buds are near the *burst.* 꽃망울이 금방 터질 것 같

[burnsides]

다. **2** 갑작스러운 활동; 분기(奮起), 분발. ¶ at a (or one) *burst* 단숨에, 한꺼번에, 분발하여 / He won the race with a splendid *burst* of speed at the last. 그는 막바지에 놀라운 스피드를 내어 그 경주에서 이겼다. **3** 감정의 격발. ¶ His joke gave rise to a *burst* of laughter. 그의 농담으로 웃음이 터져나왔다. **4** (군사) [특정 장소에서의]탄환의 폭발; [자동 화기에 의한]연사(連射), 연발. ¶ an air *burst* 공중 폭발. **5** 파열의 결과, 파열된 곳. **6** 시야가 갑자기 열리는; 펼쳐진 전망. **7** [음주 따위의] 한 순배(bout); 《구어》 흥청대기. *cf.* bust ¶ on the *burst* 들떠서.
burst·er [bə́ːrstər] *n.* **1** 폭파하는 사람; 폭발물, 작약(炸藥). **2** 《濠》 세차고 차가운 남풍(buster).
búrsting chàmber *n.* 작약실(炸藥室).
búrsting chárge *n.* 작약 (burster).
burst-up [bə́ːrstʌ̀p] *n.* 《구어》 =bust-up.
bur·then [bə́ːrð(ə)n] *n., v.* (고어) =burden¹.
bur·ton [bə́ːrtn] *n.* (항해) 권양(捲揚) 장치, 경활차(輕滑車).
Bur·ton [bə́ːrtn] *n.* **1** Robert ~ (1577-1640) 영국의 목사·저술가[주저는 *The Anatomy of Melancholy* (1621)]. **2** (b-) * 다음 숙어로 쓴다.
go (or *knock*) *for burton* (英속어) 꺼지다, 사라지다.
Bu·run·di [burúːndi, bərúndi] *n.* 부룬디[1962년에 벨기에로부터 독립한 중앙 아프리카의 공화국; 수도 Bujumbura]. 「물 [우엉·도꼬마리 따위].
bur·weed [bə́ːrwìːd] *n.* 밤송이 같은 열매를 맺는 식
bur·y [béri] *vt.* (bur·ied, bur·y·ing) **1** …을 묻다. ¶ (~+目+前+名) be *buried* deep in snow (*under* the ground) 눈속(땅속) 깊이 묻히다.
2 …을 매장하다, 장사지내다(inter); [성직자가] …의 장례식을 올리다. ¶ He's dead and *buried*. 그는 죽어 묻혔다 / She has *buried* all her children. 그녀는 아이를 다 잃었다(과 사별했다) (* have *buried* 의 형태로) / They *buried* him *at sea*. 그를 수장(水葬)하였다.
3 …을 가라앉히다; …을 찌르다, 찔러넣다(plunge). ¶ (~+目+前+名) *bury* one's hand *in* sand 손을 모래속에 찔러넣다 / *bury* a dagger *in* a person's heart 남의 심장에 비수를 꽂다.
4 …을 덮어 감추다, 숨기다(conceal, cover up). ¶ *bury* treasure 보물을 숨기다 // (~+目+前+名) *bury* one's face *in* one's hands 두 손으로 얼굴을 감싸다.
5 (주로 재귀용법 또는 수동형으로) […에]파묻히다, 은 피하다, 사람 눈에 띄게 하다; […에]몰두[골몰]하다. ¶ (~+目+前+名) She was *buried in* grief (thought). 그녀는 슬픔(생각)에 잠겨 있었다 / He *buried* himself *in* his studies (work). 그는 공부(일)에 몰두했다 / He was too ambitious to *bury* himself *in* the country. 그는 시골에 파묻히기에는 너무도 야심적이었다.
6 …을 잊어버리다, 망각하다; 《비유적》 …을 묻어버리다, 단념하다. ¶ *bury* one's past 과거를 잊어버리다 / *bury* the old strife 해묵은 싸움은 원한을 묻어버리다.
7 《美속어》(친구를) 배반하다(betray).
be buried alive ① 생매장되다. ② 시골에 파묻히다, 시골에 파묻혀 세상에서 잊혀지다.
bury the hatchet ⇒ HATCHET.
bury one's head in the sand ⇒ HEAD.
◇ búrial *n.*
Bur·yat [bu(ː)rjáːt, bùːriáːt] *n.* (*pl.* -yats or -yat) 부리야트인(人) [부리야트 공화국 안의 몽고인]; (U) 부리야트어(語). — *adj.* 부리야트족(의).
bur·y·ing [bériiŋ] *n.* (U) 매장(burial).
búrying bèetle *n.* 송장벌레(gravedigger).
búrying gròund *n.* =burial ground.
‡**bus** [bʌs] *n.* (*pl.* **bus·es** or **bus·ses** [bʌ́siz]) **1** 버스, 합승 자동차. ¶ go in a (or by) *bus* 버스로 가다. **2** 합승 마차. **3** 《구어》여객기, [남은 뜻의] 대형 자동차 (automobile). **4** [전기] 모선(母線). **5** 로켓이나 미사일의 제 1 단.
miss the bus 버스를 놓치다; 《구어》 호기를 놓치다.
— *v.* (bussed, bus·sing; bused, bus·ing) *vi.* 《구어》 **1** (보통 bus it 의 형태로) 버스(합승 마차)로 가다. **2** 식당 급사의 조수(busboy, bus girl)로서 일하다.
— *vt.* **1** …을 버스로 나르다. **2** …을 식당 급사의 조수로 일하게 하다.
bus. (略) bushel(s); business.
bus·boy [bʌ́sbɔ̀i] *n.* 식당 급사의 조수.
bus·by [bʌ́zbi] *n.* (*pl.* -**bies**) 버스비 모자[영국 육군 경기병(輕騎兵) 등이 쓰는 예장용 (禮裝用)의 운두가 높은 털모자].
bús girl *n.* 식당 급사의 여자 조수. 「은 털모자].
‡**bush¹** [buʃ] *n.* **1** 관목(shrub). **2** (U) (종종 the ~) 수풀, 덤불. ¶ *A bird in the hand is worth two in the bush*. 《속담》남의 돈 천냥이 내 돈 한 푼만 못하다. **3** (비유적) 덤불(과 같은 것); 더벅머리; 여우 꼬리; 《美속어》턱수염(beard). **4** (U) 〔오스트레일리아 등지의〕미개간지; (지리) 총림지(叢林地) (woodland). **5** 〔술집 간판으로서의〕담장이 가지; 〔일반적으로〕술집의 간판; 술집(wineshop). ¶ *Good wine needs no bush*. 《속담》 좋은 물건에는 광고가 필요없다. **6** (the ~es) 《美속어》 시골, 시골의 소도시.
beat about (or *around*) *the bush* ① 숲 언저리를 두들겨 사냥감을 몰아내다. ② [남의 마음을 떠보려]넌지시 알아보다, 요점을 피하다. ¶ *Don't beat about the bush*, come to the point at once. 군소리는 그만두고 막바로 요점만 말해라.
beat the bushes 어찌할 바를 모르고[이리저리] 찾아다니다.
go bush 〔인적이 드문 곳으로 도망치다, 야생으로 돌아가다.
take the rag off (*the bush*) ⇒ RAG.
take to the bush 산적이 되다 (become a bushranger).
— *adj.* 《濠》 시골의, 허술한.
— *vi.* **1** 우거지다, 빽빽이 자라다(grow thickly); 덤불이 되다, 덤불처럼 되다(나다). **2** (濠) (원래 ~ it) 관목 지대에서 캠프하다. — *vt.* …을 관목으로 뒤덮다(비디다); …에 나뭇가지를 세우다.
bush out 《美속어》(미개척지에 도로를)내다.
bush up 《美속어》숲속에 숨다(잠복하다).
bush² [buʃ] *n.* (英) (기계) **1** 부시[마찰이나 부식을 방지하기 위하여 굴대 따위의 구멍에 끼워넣는 금속통] (bushing 2). **2** [보통 끼웠다 뺐다 할 수 있는] 축받이.
— *vt.* …에 부시를 끼우다.
bush. (略) bushel; bushels.
búsh bàby *n.* 여우원숭이의 일종[아프리카산(産)].
búsh bèan *n.* 강낭콩의 일종.
búsh càt *n.* [아시아·아프리카산(産)의]작은 고양이류; 사향고양이[아시아·남(産)].
bushed [buʃt] *adj.* **1** 숲을 이룬, 관목에 뒤덮인. **2** (濠) 길을 잃은, 어찌할 바를 모르는. **3** 《美속어》 피곤한, 지친 (tired).
‡**bush·el¹** [búʃ(ə)l / búʃl] *n.* **1** 부셸〔곡식 따위의 계량단위; 8갤런, 36리터〕. **2** 부셸 되. **3** 《구어》다량, 다수.
hide one's light (or *candle*) *under a bushel* ⇒ LIGHT. 「CORN.
measure a person's corn by one's own bushel ⇒
bush·el² [búʃ(ə)l / búʃl] *vt.* (-eled, -el·ing; (英) -elled, -el·ling) 〔의복을〕수선하다, 개조하다 (repair, alter). 「바구니[1 부셸 들이].
bush·el·bas·ket [búʃ(ə)lbæ̀skit / búʃlbɑ̀ːs-] *n.* 부셸
bush·el·er [búʃələr] *n.* (美) 의복을 수선(개조)하는 사람[특히 양복점의 조수].
bush·el·man [búʃ(ə)lmən / búʃl-] *n.* (*pl.* -men [-mən]) =busheler.
bush·er [búʃər] *n.* 《속어》(야구) =bush leaguer 1.
bush·fight·er [búʃfàitər] *n.* 게릴라병, 유격병.
bush·fight·ing [búʃfàitiŋ] *n.* (U) 게릴라전(guerrilla warfare). 「열매].
búsh frùit *n.* [currants, gooseberries 따위] 관목의
búsh hàrrow *n.* 부시 해로[일종의 써레].

búsh hát n. [濠軍] 챙 넓은 제모.
búsh hóok n. 낫의 일종.
bush·i·ly [búʃili] adv. 덤불처럼; [머리가] 덥수룩하게.
bush·ing [búʃiŋ] n. 1 [전기] 부싱, 투관(套管). 2 [기계] 축받이통(筒).
búsh láwyer n. [濠] 1 [뉴질랜드의]가시나무. 2 (구어) 법률에 밝다고 생각하고 있는 비전문가.
búsh léague n. [美속] (야구) =minor league.
búsh-léague adj. [인물, 작업 내용 따위의] 2류의, 미숙한. ¶ …수준 이하의 사람.
búsh léaguer n. 1 bush league의 선수. 2 《美속》
bush·man [búʃmən] n. (pl. -men [-mən]) 1 나무꾼(woodman). 2 (濠) 개척자(pioneer), 오지(奧地) 거주자. 3 (B-) 부시먼인(人) [남아프리카의 한 종족]. 4 (B-) ⓤ 부시먼어(語).
bush·mas·ter [búʃmæstər / -mɑ̀:s-] n. [열대 아메리카산의]독사(毒蛇). ¶ …는 비행사.
búsh pílot n. [정규 항공로 이외의] 변경(邊境)을 나는 비행사.
bush·rang·er [búʃreindʒər] n. 1 총림(叢林) 거주자. 2 (濠) 산적.
búsh télegraph n. ⓤ 1 [밀림 속에서 하는]정보의 전달(방법). 2 (濠) [경찰의 행동·동향 따위를 알리는]구두 전달 방식. 3 (속어) 구전(口傳), 뜬소문.
bush·veld [búʃfelt] n. 1 총림 지대. 2 (때로 B-) 남아프리카 Transvaal 중앙부의 저지대(低地帶).
bush·whack [búʃ(h)wæk] n. 《美》 vi. 1 총림을 개간하다(돌아다니다). 2 기습하다, 게릴라 공격을 하다.
— vt. …을 기습하다, 잠복하고 기다리다.
bush·whack·er [búʃ(h)wækər] n. 《美》 1 총림을 개간하는(돌아다니는) 사람. 2 [美학사] [남북 전쟁 당시의]남군의 게릴라병, 게릴라병(guerrilla).
bush·whack·ing [búʃ(h)wækiŋ] n. ⓤ 1 총림을 헤치고 나아가기. 2 게릴라 공격.
***bush·y** [búʃi] adj. (bush·i·er, bush·i·est) 1 수풀(총림) 같은, 무성한, 관목이 무성한. 2 털이 많은.
bush·i·ly adv. bush·i·ness n.
:bus·i·ly [bízili] adv. 1 바쁘게. 2 열심히.
:busi·ness [bíznis] n. 1 직업, 일, 업무, 실무, 사무. ▷ OCCUPATION 類語 ¶ the business world 실업계 / What's his business? =What line of business is he in? 그의 사업(직업)은 무엇입니까? 2 [경제] 장사, 매매, 거래(commercial dealings). ¶ active business 활발한 거래 / a business call 거래상의 방문 / business connection 거래 관계 / a business talk 상담(商談) / do business with …과 장사하다, 거래하다 / carry on business 사업을 하다 / do a [good] stroke of business [큰] 돈을 벌다 / do good business 사업이 번창하다 / Business is business. 《속담》장사는 장사 (인정상정 볼 것 없다). 3 ⓒ [상업] 상업체(商業體), 상사 회사(商事會社), 사업, 실업, 가게, 회사, 상점. ¶ a business corporation 상사 회사 / establish (or build up) a business 상사를 설립하다 / close (open, set up) a business 폐업하다 (개업하다, 사업을 일으키다) / He sold his business and retired. 그는 가게를 팔고 은퇴했다. 4 거래액(volume of trade). ¶ increase business by advertizing 광고로 거래를 늘리다. 5 집무, 근무. ¶ come away from business 근무를 마치다 / At what time do you go to business every morning? 매일 아침 몇 시에 직장에 갑니까? 6 ⓒ 주요 관심사; 사람[일]에 특히 관계가 있는 일; 직무, 본분, 직분. ¶ It's a student's business to study. 학생의 본분은 공부이다 / Everybody's business is nobody's business. 《속담》모두 함께 하는 일은 아무도 제대로 하지 않는 법(공동 책임은 무책임). 7 관여하는 근거, 관계할 권리가 있는 일 (* 보통 부정구문에서, with 또는 부정사를 수반). ⇨ have no business. ¶ know one's own business 자기가 할 일을 알고 있다(주제넘은 일은 하지 않다) / That's no

business of yours. =That's none of your business. =What business is that of yours? 그것은 네가 알 바 아니다, 쓸데없는 참견은 하지 마라 / Mind your own business! 네 걱정이나 해라! ⇨ MIND.
8 ⓒ [막연히]일(affair, matter); (구어) 것, 사물. ¶ It's an awkward business. 그것은 성가신 일이다 / I am sick of the whole business. (어떤 일이) 아주 싫어졌다, 이제 지긋지긋하다 / I can't understand this business at all. 이것이 무슨 일인지 나로서는 도무지 모르겠다 / He made a great business of it. 그는 그것에 몹시 애먹었다(애썼다).
9 [연극] [대사와 구별하여]연기, 몸짓(gesture).
10 [일시적인]용무, 심부름. ¶ come (or get) to business 볼일을 보다 / What's your business here? 무슨 일로 왔지? / I asked him what business had brought him there. 나는 그에게 무슨 용건인지 물었다 / I have business with you. 너한테 볼일이 있다.
11 일정, 의사(議事) (agenda). ¶ the business of the day (meeting) 당일(회의)의 의사 / take up (or proceed to) business 의사 일정에 들어가다.
Business as usual. 《게시문》평일처럼 영업중.
do a person's business 남을 파멸시키다; 남을 해치우다, 죽이다(do for). ¶ That will do his business. 그것으로 그는 나가떨어지겠지.
enter (or *go*) *into business* 실업계에 들어가다.
get down to business 진지하게 일에 몰두하다, 본론에 들어가다.
get (*give* a person) *the business* 《美속어》혼나다(혼내주다); 한 대 얻어맞다(때리다).
Go about your business! 썩 나가라!, 썩 꺼져라[해고할 때 따위].
go to business 집무하다, 일을 시작하다.
Good business! 잘 했다!, 잘 됐다!
have no business […할]권리가 없다, […해서는]안 되다. ¶ You've no business to come into my room. 누구 허락을 받고 내 방에 들어 왔지?
make a business of …을 업(장사)으로 삼다.
make a long business of …하는 데 시간이 걸리다.
man of business ① =businessman. ② 대리인, 대변인(agent, attorney).
— Usage a man of business 와 a businessman — 「실업가, [실무 뿐만 아니라 정치·학회 따위에서도] 실무에 밝은 사람, 사무 능력이 있는 사람」의 뜻으로는 둘 다 쓰이나, a man of business 쪽이 보다 구어적이다. a man of business 는 이밖에 「돈벌이에 능한 사람」의 뜻이 되는 수도 있다.
mean business (구어) 진정이다, 진심이다, 본격적이다. ¶ I mean business. 나는 진심이다.
on business 볼일이 있어서, 업무로. ¶ No admittance except *on business.* 《게시문》무용자 출입 금지.
out of business 파산(실직)하여, ¶ go out of business 실직하다.
send a person about his business 남을 나무라다; 남을 쫓아내다, 해고하다(send packing).
stick to one's business 일에 전념하다; 직무에 충실하다.
◇ *búsy* adj.
búsiness áddress n. 근무처 주소.
búsiness ágent n. 1 (英) 영업 대리점(인). 2 《美》[노동 조합의]집행 위원.
búsiness administrátion n. 경영학; 기업 관리.
búsiness cárd n. 업무용 명함.
búsiness cénter n. 번화가, 중심지.
búsiness cóllege n. (美) 실업 학교[부기·속기·타자 따위 실무 훈련을 한다]; 경영 대학.
búsiness correspóndence n. 상업 통신.
búsiness cýcle n. (美) 경기 변동(英 trade cycle).
búsiness dáy n. 영업일, 평일.
búsiness dístrict n. [도시 계획 따위의]상업 지역.
búsiness educátion n. ⓤ 1 실업 교육. 2 [타

búsiness énd *n.* (the ~) **1** 《英》《회사 따위의》영업부. **2** 《속어》《도구·무기 따위의 손잡이에 대하여》 제구실을 하는 부분〔예컨대, 총구나 드라이버의 끝 따위〕. **3** 문제의《중요한》부분.

búsiness Énglish *n.* ⓤ 상업 영어.
búsiness gírl *n.* 《英》매춘부.
búsiness hóurs *n. pl.* 집무(업무, 영업) 시간.
búsiness létter *n.* 상용 편지.
****búsi·ness·like** [bíznislàik] *adj.* 실무적인; 실제적인, 능률적인. ¶ in a *businesslike* way 능률적〔실무적〕으로.
búsiness machíne *n.* 사무 기기〔계산기 따위〕.
‡**búsi·ness·man** [bíznismæ̀n] *n.* (*pl.* **-men** [-mèn]) 실업가, 실무가, 사무가. ~**·ship** *n.* ⓤ administration.
búsiness mánagement *n.* 〔경영〕=business administration.
búsiness mánager *n.* 업무 관리자; 영업 지배인.
búsiness párk *n.* 상업 지구, 공업 단지.
búsiness quárters *n. pl.* 상가, 번화가.
búsiness replý cárd *n.* 상용 회신 엽서.
búsiness replý máil *n.* 《美》상용 수신인 지불 회신용 엽서.
búsiness schóol *n.* **1** 《美》경영 대학원(=business college) [HBS (Harvard Business School)가 유명] **2** 《속어》B-school, biz-school. **2** 일반 학교, 비즈니스 스쿨〔속기·타자·부기 등 실무를 훈련시키는 학교〕.
búsiness súit *n.* 신사복《英》lounge suit).
búsiness tríp *n.* 출장.〔·wimin〕여자 실업가.
búsi·ness·wom·an [bízniswùmən] *n.* (*pl.* **-wom·en**
búsiness yéar *n.* 영업 연도.
bus·ing [bʌ́siŋ] *n.* ⓤ《美》《백인·흑인 학생을 뒤섞기 위한》 버스 통학.
busk¹ [bʌsk] *v.*《英방언》=prepare.
busk² [bʌsk] *n.* **1** 〔코르셋의〕가슴 부분을 버티는 살대. **2** 《방언》코르셋.
busk³ [bʌsk] *vi. 《美구어》*통행인을 상대로 재주를 보이다; 〔연예인으로〕지방 순회 공연을 하다.
busk·er [bʌ́skər] *n.* 《英》지방 순회 연예인.
bus·kin [bʌ́skin] *n.* **1** 일종의 반장화. **2** 〔그리스·로마 시대의 비극 배우가 신었던〕바닥이 두꺼운 반장화. **3** 비극(tragedy).
put on the buskins 비극을 쓰다〔연기하다〕.
bus·kined [bʌ́skind] *adj.* **1** 반장화를 신은. **2** 비극의.
bús láne *n.* 《英》버스 전용 차선.
bús líne *n.* 버스 노선; 버스 회사.
bús·load [bʌ́slòud] *n.* 버스 한 대의 수용 능력, 버스에 가득 찬 사람들.
bus·man [bʌ́smən] *n.* (*pl.* **-men** [-mən]) 버스 승무원.
búsman's hóliday *n.* 《美》일상 근무와 비슷한 일을 하며 보내는 휴가.
Bus·ra [bʌ́srə] *n.* =Basra.
buss¹ [bʌs] *n.,* *vt.,* *vi.*《구어》=kiss.
buss² [bʌs] *n.* 쌍돛대의 평저〔平底〕범선〔어선〕.
bús·ses [bʌ́siz] *n.* bus의 복수형의 하나.
bús shélter *n.* 《英》지붕이 있는 버스 정거장, 버스 정거장의 비 막는 지붕.
bus·sing [bʌ́siŋ] *n.* =busing.
bús stóp *n.* 버스 정류장.
bust¹ [bʌst] *n.* **1** 《구어》《주먹으로》때리기, 강타(punch, sock). **2** 《속어》실패(failure); 파탄; 〔가격의〕폭락, 〔장사의〕불경기; 파산(bankruptcy); 실직. *cf.* boom¹. **3** 《속어》펑크, 파열. **4** 《구어》술잔치, 주연 (spree, bout). **5** ¶ on a *bust* 술 마시고 흥청대어. **5** 《속어》체포, 급습.
— *vt.* **1** 《구어》〔주먹으로〕…을 치다, 때리다. **2** 《속어》〔도시, 말을 소 따위가〕발에 맞줄을 걸어 넘어뜨리다. **3** …을 파산시키다(bankrupt); …을 파멸시키다(ruin). **4** 〔트러스트〕를 해체하여 작은 회사로 나누다. **5** 〔말〕을 쫓다, 깨다, 파열시키다. 펑크내다.
6 〔군대의〕…을 병졸로 강등시키다. **7** 《속어》체포하다(arrest); 급습하다.
— *vi. 《구어》*파산하다; 파멸하다. **2** 파열하다. **3** 〔사람이 일하다가〕쓰러지다, 지치다, 맥을 못추다.
bust úp 《속어》파산하다; 《美구어》사이가 틀어지다. — *adj.* 파산한. ¶ *go bust* 파산하다.
****bust²** [bʌst] *n.* **1** 흉상(胸像), 반신상〔환조(丸彫)·부조(浮彫)를 둘다 말한다. *cf.* statue, torso **2** 〔특히 여성의〕가슴, 흉부(bosom), 상반신, 버스트; 《여성복의》가슴둘레. ⇒ BREAST〔類語〕
[< L tomb: 흉상이 무덤 위에 세워졌던 데서]
bus·tard [bʌ́stərd] *n.* 능에, 느시〔엽조(獵鳥)〕.
bust·ed [bʌ́stid] *adj.* 《속어》=bust¹.
bust·er [bʌ́stər] *n.* **1** 《美구어》때려부수는 사람(것). **2** 《속어》거대한 것〔사람〕, 뛰어난 것〔사람〕. **3** 《속어》떠들기; 떠드는 사람. **4** (B-) 《구어》이봐〔마땅치 않은 상대방을 부르는 말〕. **5** 《濠》차갑고 세찬 남풍(burster). **6** 《美구어》=baby buster.
bus·tle¹ [bʌ́sl] *v.* (**-tled, -tling**) *vi.* **1** 활발하게 움직이다, 뛰어다니다(hurry) 《*about*...》; 분주히 일하다.
2 법석을 떨다, 법석을 떨며 돌아다니다 《*about, up*...》.
— *vt.* **1** 〔사람〕을 서두르게, 재촉하게〔…하게〕하다(hurry). **2** …을 분발하게 하다 (stir); 소란하게 하다.
bustle úp ① 법석을 떨다. ② 서두르다, 서두르게 하다.
— *n.* ⓤ 《the a ~》 야단 법석, 소동 (fuss, commotion); 잡답 (雜踏), 혼잡; 웅성거림. ¶ din and *bustle* 〔도시 따위의〕소란스러움 / be in a *bustle* 법석을 떨고 있다; 번잡하다, 붐비고 있다.
bus·tle² [bʌ́sl] *n.* 허리받이〔예전에 여성의 스커트 뒤를 불룩하게 하기 위하여 허리에 댄 것〕.
bus·tler [bʌ́slər] *n.* 수선을 떠는 사람, 법석을 떠는 사람.
bus·tling [bʌ́sliŋ] *adj.* **1** 바쁜 듯한. **2** 떠들썩한. **3** 혼잡한. ~**·ly** *adv.*
bus-top [bʌ́stàp/-tɔ̀p] *n.* 버스의 2층 좌석.
bust-up [bʌ́stʌ̀p] *n.* 《구어》**1** 〔우정·부부 관계의〕 파탄; 해어짐. **2** 술마시며 떠듬.
bust·y [bʌ́sti] *adj.* (**bust·i·er, bust·i·est**)《구어》《여성이》유방이 큰, 가슴이 풍만한. *cf.* bosomy.
bus·way [bʌ́swèi] *n.* 버스 전용 도로(차선), 버스 길.
‡**bus·y** [bízi] *adj.* (**bus·i·er, bus·i·est**) **1** 〔언제나〕바빠 움직이고 있는, 부지런히 일하고 있는, 한눈도 팔지 않고(급급하게) … 하고 있는, 쉬지 않는(unresting, stirring) 《*at, in, with*..., *doing*》. ¶ a *busy* bee 일벌레 / a *busy* tongue 수다쟁이 / *busy* hands 부지런히 일하고 있는 손 / *busy* as a bee 〔꿀벌처럼〕부지런히 일하고 있는 // He is *busy* at (or *with*) this work. 그는 이 일로 바쁘다.
2 여가가 없는, 분주한(not at leisure), 할 일이 많은, 〔일이〕밀려 있는. ¶ a *busy* day 바쁜 날 / *busy* idleness 쓸모없는 일로 분주하며 마음이 움직이기 / I shall be *busy* all tomorrow. 내일은 온종일 바쁘다.
── **Usage** busy in ing과 busy -ing── 오늘날에는 in을 생략하는 것이 보통, 역사적으로는 형태가 쓰였으며, 따라서 -ing는 동명사이지만, 오늘에는 현재분사에 가깝다, 특히 다른 요소가 끼어드게 되면 -ing는 한층 더 분사적이다: I will be *busy* next Sunday *preparing* for a journey.
3 남의 일에 참견 잘하는(officious). ¶ a *busy* interfering woman 남의 일에 참견하기 좋아하는 여자.
4 번화한, 떠들썩한, 활기찬. ¶ a *busy* street 번화한 거리 / a *busy* shop 활기찬 (손님이 많은) 가게.
5 《美》《전화 가》 통화 중인(engaged). ¶ Line's *busy*.=The line is *busy*. 〔지금〕통화중입니다. *《英》*에서는 Number's engaged. 또는 The number is engaged. 라고 한다.
get búsy 《美구어》일을 시작하다; 활발해지다(become active).
keep búsy 《美구어》일을 계속하다.
── *vt.* (**bus·ied, bus·y·ing**) …을 바쁘게 하다, 바쁘게 부리다〔일하게 하다〕, 종사하게 하다 《...*with, in, about*》. ¶ *busy* oneself *with* …에 바빠 움직이다〔종사

하다).

◇ búsiness, búsyness n., búsily adv.

búsy bée n. 부지런한 일꾼.

bus·y·bod·y [bízibàdi / -bɔ̀di] n. (pl. **-bod·ies**) 참견하기 좋아하는 사람, 주제넘게 나서는 사람(meddler).

bus·y·ness [bízinis] n. U 바쁨, 분주함. cf. business

búsy sígnal n. [전화에서] [통화중]의 신호.

bus·y·work [bíziwə̀ːrk] n. U[美] [학교 따위에서] 그저 시간을 보내기 위하여 시켜 놓은 과제나 일.

‡**but**¹ [강 bʌt, 약 bət] conj. I 《등위 접속사》 **1** 《앞의 어구·절과 반대 뜻의 어구·절을 이끌음》 그러나, 하지만, 그렇지만(however, nevertheless). ¶ He is gentle in appearance but strong at heart. 그는 외모는 얌전하지만 마음은 굳세다 / They all went out [,] but I didn't. 그들은 모두 나갔지만 나는 가지 않았다.

2 《앞의 부정어와 짝을 이루어》 …이 아니고(on the contrary). ¶ He is not an honest man, but a villain. 그는 정직한 사람이기는 고사하고 악당이다 / I don't play golf not because I dislike it but because I have no time to spare. 내가 골프를 하지 않는 것은 그것을 싫어해서가 아니라 시간이 없기 때문이다.

3 《앞의 감탄사를 받지만 거의 뜻을 지니지 않는다》 Heavens! but the noise is terrible. 정말 굉장한 소리군 / Excuse me, but can you tell me the way to the station? 죄송합니다만 역으로 가는 길을 가르쳐 주십시오.

4 …을 제외하고는, …이외에(other than, otherwise than). ¶ Nobody could solve the problem but I. 나 이외에는 아무도 그 문제를 풀지 못했다. ＊ I 대신에 me 를 쓰는 것이 일반적인데, 그 경우에 but 은 전치사이다 (→ prep.) / The children had nothing to do but wait for their mother. 아이들은 어머니를 기다릴 수밖에 없었다.

II 《종위(從位) 접속사》 ＊ 문어에서는 but that, 구어에서는 but what의 형태로도 쓰인다. **1** 《부사절을 이끌어》 **a)** (not so (such) … but…의 형태로) …이 아닐 만큼(that… not). ¶ He is not so old but he can work. 그는 일을 할 수 없을 만큼 늙지는 않았다. **b)** …이 아니면, …이 없다면(unless). ＊ 종속절은 보통 직설법. ¶ I would go abroad but that I am poor. 가난하지만 않다면 외국으로 나갈 텐데 / I could not have believed it but I saw it. 그것을 보지 않았더라면 도저히 믿지 못했을 것이다. **c)** …하면 반드시…. ¶ You cannot look but that you will see it. 보면 반드시 보인다(= You cannot look without seeing it.) (＊ 현재는 not (or never) … without doing 의 형태가 일반적이지만). / It never rains but it pours. 《속담》 비가 왔다 하면 반드시 억수로 퍼붓는다. ＊ 《불행은 꼬리를 물고 일어나는 법》을 뜻하나, 좋은 일이 이어진다는 뜻으로 쓰이기도 한다.

2 《명사절을 이끌어》 **a)** …이 아닌 것 같은; …이 아닌 일(that… not). ¶ It was impossible but he should notice it. 그가 그것을 모르고 있었다니 있을 수 없는 일이다. **b)** 《부정어를 동반하는 doubt, deny 따위에 뒤이어》 …이라는 것(that). ¶ I don't doubt but that he will succeed. 그가 성공하리라는 것을 나는 의심하지 않는다 / I never denied but that you were telling the truth. 네가 사실을 말하고 있다는 것을 나는 절대로 부인하지 않았다.

but then 그렇다고는 하나, 하지만 그렇다면. ¶ Your plan is good, but then who will put it into practice? 너의 계획은 훌륭하지만 그러면 누가 그것을 실행할 것이냐?

cannot choose but do …할 수밖에 달리 도리가 없다, …하지 않을 수 없다(must do). ¶ She could not choose but accept his proposal. 그녀는 그의 제의를 받아들일 수 밖에 없었다.

not only … but [**also**]… …뿐만 아니라 …도 또한(as well as). ⇨ NOT.

— adv. **1** 겨우, 단지(only). ¶ She is but a child. 그녀는 어린애일 뿐이다 / I have but just seen him. 방금 그를 만났다 / Your sister told me the news but a moment ago. 너의 여동생이 방금 그 소식을 전해 주었다. **2** 《보통 can but 와 함께 써서》 그저 …할 뿐[인 일]. ¶ I can but try the method. 그저 그 방법을 시험해 볼 뿐이다.

— prep. …을 제외하고, …이외에. ⇨ EXCEPT 類語. All but John visited me. 존을 제외하고는 모두 나를 찾아왔다 / They all went out but me. 나 이외는 모두 나갔다(⇨ conj. I 4) / You are the last but one (two) to start. 너의 출발 순위는 끝에서 두(세)번째이다 / She is supposed to arrive here the next day but one. 그녀는 모레쯤 도착할 것으로 생각된다 / The stationer's is next door but two. 문방구점은 두 집 건너에 있다.

all but ① …을 제외하고는 모두. ② 거의, 하마터면(nearly, almost). ¶ My dog was all but run over by a car. 나의 개는 하마터면 차에 치일 뻔했다.

anything but 결코 …이 아닌. ⇨ ANYTHING.

but for …이 없다면(without, if it were not for, if it had not been for). ¶ But for your help, I could not have succeeded. 너의 도움이 없었다면 나는 성공하지 못했을 것이다 / But for your advice, I would have failed. 너의 조언이 아니었다면 나는 실패했을 것이다.

cannot but do …하지 않을 수 없다(cannot help doing). ¶ I cannot but admire his honesty. 그의 성실성에는 그저 탄복하지 않을 수 없다 / We could not but laugh at his joke. 우리는 그의 농담을 듣고 웃지 않을 수 없었다.

have no choice but to do …할 수밖에 달리 도리가 없다, …하지 않을 수 없다(cannot choose but do). ¶ I had no choice but to follow his advice. 나는 그의 충고에 따를 수밖에 달리 방도가 없었다.

not but what (or **that**)…; 《고어》 **not but**… …이 아닌 것은 아니지만. ¶ Not but what you might [be able to do it]. 나는 할 수가 없다, 너도 못하리라는 것은 아니지만.

nothing but 그저 …일 뿐(only). ¶ He is nothing but an opportunist. 그는 그저 기회주의자일 뿐이다 / She did nothing but cry. 그녀는 그저 울 뿐이었다.

There is nothing for it but to do. …할 수밖에 다른 도리가 없다. ¶ There was nothing for it but to wait for a chance. 기회를 기다릴 수밖에 별 도리가 없었다.

— pron. 《관계 대명사》《부정의 뜻의 선행사에 이어서》 …이 아닌[것] (…who not, that … not). ¶ There was no one but could (= who could not) solve the problem. 그 문제를 풀지 못하는 사람은 없었다 / There is no rule but has (= that has no) exceptions. 예외 없는 규칙이란 없다.

— n., vt. 그러나[라고 말하다]. ¶ But me no buts. 「그러나, 그러나」라고 자꾸 변명하지 마라 《＊ 처음의 but 은 동사이고 뒤의 것은 명사》 // No buts about it. 아무 할 말도 해주게, 《口》부언.

but² [bʌt] n. 《스코》 바깥쪽 방(cf. ben¹); [방이 둘인 집

bu·ta·di·ene [bjùːtədáiːn, +美 ⌐ ˋ ⌐] n. U[화학] 부타디엔[무색·가연성의 탄화수소, 합성고무의 원료].

bu·tane [bjúːtein, +美 ⌐ ˋ] n. U[화학] 부탄[포화 지방성의 탄화 수소, 연료용].

butch [butʃ] n. 《美속어》남성역을 하는 여성 동성연애자. — adj. (여성의 동성애에서)남성역의. — vt. 《방언》 **1** …을 파멸시키다, …을 망쳐놓다. **2** …을 살육(살해)하다, 도살하다.

‡**butch·er** [bútʃər] n. **1** 푸줏간(meat dealer). ¶ a butcher's bill 푸주의 계산서; 전사자 명부 / butcher's meat [물고기·새고기와 구별하여] 짐승 고기. **2** 도축(屠畜) 해체업자, 도축을 해체하는 사람. **3** 학살자, 살륙자(slaughterer, murderer). **4** [특히 차·관람석 안에서 과자나 잡지 따위를 파는] 판매원.

the butcher, the baker, the candlestick maker 푸주·빵집·촛대집[즉, 온갖 직업의 사람들].
have a butcher's at 《英俗》…을[한번] 보다.
— *vt.* **1** …을 도축하다. ⇨ KILL 類語 **2** …을 학살(살육)하다, 참살하다. **3** …을 망쳐 놓다(botch, spoil). ¶ **butcher a job** 일을 망치다.
◇ bútcherly *adj.*
bútch·er·bird [bútʃərbə̀ːrd] *n.* 《俗》때까치(shrike).
butch·er·er [bútʃərər] *n.* 백정, 도축 해체업; 살육자.
bútcher knife 푸주에서 쓰는 칼.
bútch·er·ly [bútʃərli] *adj.* 백정(도살자) 같은; 잔인한(cruel), 흉맹스러운(savage).
butch·er's-broom [bútʃərzbrùːm, -brùm] *n.* 나도죽백[잉글랜드산 백합과(科)의 상록 관목].
butch·er·y [bútʃəri] *n.* (*pl.* **-er·ies**) **1** 도살장(slaughterhouse). **2** 도축업; 푸주업. **3** 《축살(畜殺)》; 학살(massacre), 참살, 살육(carnage).
***but·ler** [bátlər] *n.* **1** 하인 우두머리, 집사(執事)(head manservant). **2** [주류·식기·상 차리기 따위를 관장하는]식사 담당자, 식당 지배인, 주방장.
but·ler·y [bátləri] *n.* (*pl.* **-ler·ies**) 집사의 방; 식기 보관실; 식품 보관실(buttery).
Buts·kell [bátskəl] *adj.* 정적끼리 같은 정책을 지지하는, 오월 동주(吳越同舟)의.
Buts·kel·lism [bátskəlìz(ə)m] *n.* 대립한 정당이 동일한 정책을 내건 상태. [<영국 보수당 지도자 Butler 와 노동당 지도자 Gaitskell 의 이름]
***butt**¹ [bʌt] *vt.* **1** [짐승이] …을 머리로 떠밀다, 뿔로 받다. **2** (~+目+前+名) *butt a person in the stomach* 남의 배를 들이받다. **3** …에 부딪치다, 충돌하다.
— *vi.* **1** 부딪다 (*against, into*…). ¶ (~+前+名) *Going around the corner*, I *butted into* John. 모퉁이를 돌자 존과 부딪쳤다. **2** 돌출하다(project) (*on, against*…).
butt in 《俗》[…에] 참견히다(interfere), 주제넘게 나서다. ¶ *Don't* butt in *while others are speaking*. 남이 말하고 있을 때는 말참견을 하지 마라.
butt out 《俗》참견을 그만두다.
— *n.* 머리(뿔)로 받기; …충돌하다.
come (or run) butt against (or into) …에 정면으로 …
butt² [bʌt] *n.* **1** [포도주·맥주 따위의] 큰 통(barrel). **2** 한 통[액량의 단위]. hogshead 의 배(倍)].
butt³ [bʌt] *n.* **1** [굵은 또는 큰 쪽의] 끝 (thicker end), [총의]개머리판, [창의]손잡이 끝, [낚싯대의]손잡이 끝, 나무의 밑둥; 가죽의 두꺼운 부분, 두꺼운 가죽. **2** 남은 조각, 끄트머리. ¶ *a cigarette butt* 담배 꽁초. **3** 《俗》궁둥이, 엉덩이(buttocks). **4** 《俗》 궐련 (cigarette). **5** 가자미류(類).
butt and butt 끝과 끝을 맞대어. …하다.
spring a butt [항해] 겉 널빤지의 접합부를 느슨하게 하다.
butt⁴ [bʌt] *n.* **1** [사격의] 과녁, 표적. **2** (~s) 사격장(shooting range); 흙둔덕(mound). **3** [냉소·비꼼· 경계의]대상. ¶ *make a person the* butt *of ridicule* 남을 웃음거리로 삼다, 놀림감으로 삼다. **4** [폐이] 목표 (goal); 한계(limit). — *vi.* 끝을 맞대다 (*on*…); 인접하다(be adjacent) (*to*…). — *vt.* …의 끝에 접하다, 두 끝]을 접합하다.
butte [bjuːt] *n.* 《美서부·캐나다》 평원의]고립된 산.
bútt énd 굵은 쪽의 끝; [총의]개머리판, 말뚝머리, 나머지, 남은 조각, [판자의]이은 부분.
‡**but·ter** [bátər] *n.* ⓤ **1** 버터, 유지(乳脂); [버터 비슷한] 빵에 바르는 것. ¶ *apple butter* 사과 버터 / *peanut butter* 땅콩 버터. **2** 버터 모양의 [굳은 모양의 염화물(化物)·식물성 기름 따위]. ¶ *butter of zinc(tin)* 염화아연(주석) / *cacao butter* 카카오 버터. **3** 《구어》아부, **lay on the butter** 아첨하다. [아첨(flattery)
look as if butter would not melt in *one's* **mouth** 시치미 떼다, 점잔 빼다.
— *vt.* **1** [빵에] 버터를 바르다, 버터로 맛을 내다. **2** …에 액상의 접착제를 바르다. **3** 《구어》…에 아부하다, 아첨하다(…*up*). ◇ búttery¹ *adj.*
but·ter-and-égg màn [bátərèŋɡ-] *n.* 《俗》시골에서 온 부자; 도회지 구경을 나와 돈을 마구 뿌리는 농민. [용] 해산초류의 식물.
but·ter-and-eggs [bátərɛ̀nɡz] *n. pl.* 《단·복수 양
bútter bàll *n.* 《美 방언》 = bufflehead. 《구어》뚱뚱하게 살찐 사람, 땅딸보.
bútter bèan *n.* 강낭콩, 까치콩[미국 남부산(産)].
bútter bòat *n.* 배 모양의 소스 그릇. *cf.* sauceboat
but·ter·bur [bátərbə̀ːr] *n.* 머위류의 식물.
but·ter·cup [bátərkʌ̀p] *n.* 미나리아재비속(屬)의 식물; 애기미나리아재비속.
bútter dìsh *n.* [식탁용] 버터 접시. [다].
but·ter·fat [bátərfæ̀t] *n.* ⓤ 우유의 지방[버터를 만든
but·ter·fin·gered [bátərfìŋɡərd] *adj.* 물건을 잘 떨어뜨리는, 서투른(clumsy), [야구·크리켓 따위에서] 공을 잘 놓치는.
but·ter·fin·gers [bátərfìŋɡərz] *n. pl.* 《단수 취급》 물건을[손에서] 잘 떨어뜨리는 사람; 서툰 사람.
but·ter·fish [bátərfìʃ] *n.* (*pl.* **-fish** *or* **-fish·es**) 버터피시[대서양 연안산(産)의 미끈거리는 물고기].
‡**but·ter·fly** [bátərflài] *n.* (*pl.* **-flies**) **1** 나비. **2** 변덕스러운 사람, 바람기 있는 여자; 맵시를 내는 사람. **3** = butterfly stroke.
break a butterfly on the wheel ⇨ WHEEL.
have butterflies in the stomach 《美俗》 안달하다, 안절부절 못하다.
— *vi., vt.* 펄펄 날아다니다; 나비꼴로 벌리다.
bútterfly bàll *n.* 《美俗》 [야구] 너클 볼[느린 속도로 날다 타자 앞에서 급낙하하는 공].
bútterfly bòmb *n.* 《군예》소형 대인(對人) 폭탄.
bútterfly fìsh *n.* [어류][열대산(産)]나비고기과(科)의 물고기.
bútterfly nùt *n.* [손가락으로 돌리기 쉽게 날개가 달린] 나비너트(wing nut).
bútterfly stròke *n.* (the ~) [수영] 버터플라이, 접영(蝶泳) [수영법의 한 가지].
bútterfly tàble *n.* 양쪽에 덧붙인 판자를 접을 수 있게 된 테이블.
bútterfly vàlve *n.* 나비꼴 밸브. *cf.* throttle valve
bútterfly wèed *n.* 양박주가리(屬)의 식물.
but·ter·ine [bátərìːn, -ə̀rin] *n.* ⓤ 인조 버터.
but·ter·i·ness [bátərinis] *n.* ⓤ **1** 버터 비슷함. **2** 버터가 들어 있음.
but·ter·is [bátəris] *n.* 말굽 깎는 칼.
bútter knìfe *n.* 버터 나이프.
but·ter·milk [bátərmìlk] *n.* ⓤ 버터 밀크[우유에서 버터를 분리한 뒤에 남는 신맛나는 액체].
bútter mùslin *n.* 《주로 英》 = cheesecloth.
but·ter·nut [bátərnʌ̀t] *n.* **1** 버터넛[의 열매·나무] [북미산 호도의 일종]. **2** [꽃 또는 옷의 갈색 자연색. **3** 《美역사》 [남북 전쟁 당시의]남군 병사(Confederate soldier) [홈스펀의 갈색 작업복을 입고 있던 데서].
bútter sàuce *n.* ⓤ 버터소스[버터를 녹여 레몬 따위를 첨가한 소스].
bútter·scotch [bátərskàtʃ / -skɔ̀tʃ] *n.* **1** 버터스카치[버터로 만든 당과(糖菓)(taffy)의 일종]. **2** 버터스카치의 풍미.
bútter sprèader *n.* [빵에 버터를 바르는] 주걱. *cf.* butter knife [을 얻는다]
bútter trèe *n.* 버터나무[그 씨에서 버터 비슷한 기름
but·ter·weed [bátərwìːd] *n.* **1** [꽃 또는 잎이 노란] 국화과의 식물. **2** = horseweed. **3** 양박주가리류.
but·ter·wort [bátərwə̀ːrt] *n.* 벌레잡이제비꽃.
but·ter·y¹ [bátəri] *adj.* **1** 버터 모양의(로 된), 버터를 바른, 버터가 들어 있는. **2** 《구어》치사하게 알랑거리는, 아첨하는.
but·ter·y² [bátəri] *n.* (*pl.* **-ter·ies**) **1** 식품(음료) 보

buttery hatch 관실. **2** [Oxford, Cambridge 대학에서 학생에게 식품·음료를 판매하는]식품실. *cf.* canteen **3** 지하의 포도주 저장실.

búttery hátch *n.* 식품실과 식당 사이에 있는 음식을 나르는 작은 문.

butt-in-sky, -ski [bʌ́tínski] *n.* (*pl.* **-skies** [-z]) 《美俗》참견쟁이, 간섭하기(끼어들기) 좋아하는 사람.

bútt jóint *n.* [건축] [끝과 끝을 겹치지 않고 접합하는 방법]. *cf.* butt weld

but·tock [bʌ́tək] *n.* **1** (보통 ~s) 궁둥이, 둔부(rump). **2** (때로 ~s) [항해] 선미. **3** (주로 英) [레슬링의]허리치기. — *vt.* (주로 英) [레슬링에서] ···을 허리치기로 던지다.

‡**but·ton** [bʌ́tn] *n.* **1** [의복의]단추. **2** [벨의]누름단추, 단추 비슷한 것; [단추 모양의]손잡이; 기장(記章), 배지. **4** [식물] 싹, 봉오리(bud); [어려서 아직 피지 않은]버섯. **5** (~s) [단수 취급](주로 英) [금단추가 달린 제복을 입은]현관 보이(bellboy), 급사(page); 급사복. **6** [야구] 8회 후에 도가니 속에 남는 지류의 쇠찌꺼기. **7** [펜싱] 칼 끝에 댄 작은 가죽 등가리. **8** (권투 속어) 턱(chin) 끝. **9** (~s) (속어) 제정신(wits). *do not care a button* 조금도 개의치 않다.
have a button short (or *loose, missing*) 머리가 좀 모자라다.
hold (or *take*) *a person by the buttons* 남을 붙잡아 놓고 긴 이야기를 늘어놓다.
not worth a button 한푼의 가치도 없는.
on the button 어김없이, 정확히(precisely).
press (or *push, touch*) *the button* ① [벨 따위의] 단추를 누르다. ② 중대한 일을 딱 저지르다, 간단한 조작으로 복잡한 사태를 일으키다; [일의]실마리를 만들다.
— *vt.* **1** ···에 단추를 채우다, ···을 단추로 잠그다. 《비유적》···을 굳게 닫다(close tightly), 봉하다, 가두다(confine) (...*up*). ¶ (~+囝+) *button* [*up*] *one's coat* [*to the chin*] 웃의 단추를 [목까지 꼭]채우다 / *button up one's mouth*(*wallet*) 입을 다물다(지갑을 잠그다) / *The enemy is buttoned up.* 적은 독안에 든 쥐다. **2** (옷)에 단추를 달다. **3** [펜싱] [칼끝]에 작은 가죽 주머니를 대다; ···을 그 칼끝으로 찌르다.
— *vi.* (옷)에 단추가 채워지다, 단추로 잠그다. ¶ *My collar won't button.* 칼라의 단추가 잘 채워지지 않는다 // (~+㔾+囝) *This dress buttons down the back.* 이 드레스는 등에서 단추를 채우게 되어 있다. ¶
button into (or *in*) 단추를 채워서 [호주머니에]넣어 두다.
button up ① ···을 단추로 꽉 잠그다. ② 입을 다물다. ③ 결정하다, ④ ···해내다; 실시하다. ⑤ 굳게 지키다.
◇ **búttony** *adj.*

but·ton-ball [bʌ́tnbɔ̀ːl] *n.* =buttonwood 1.
but·ton-down [bʌ́tndáun] *adj.* **1** [샤쓰의 칼라가] 단추로 잠기는, 버튼다운의. **2** 버튼다운의 칼라가 달린. **3** (속어) 제한된, 인정된. **4** (美) 도시풍의, 빈틈없는.
button-hole [bʌ́tnhòul] *n.* **1** 단추 구멍. **2** (주로 英) 단추 구멍에 꽂는 꽃. — *vt.* (-**holed, -holing**) **1** ···의 단추 구멍을 감치다. **2** [남]을 붙들어 놓고 이야기를 길게 늘어놓다.
búttonhòle stítch *n.* 단추 구멍 감치기.
but·ton-hook [bʌ́tnhùk] *n.* 단추걸이[구두·장갑 따위의 단추를 걸 때 쓰는 갈고리 모양의 도구]. [전.
but·ton-less [bʌ́tnlis] *adj.* 단추가 없는, 단추가 떨어
bútton mán *n.* (美속어) 마피아의 평단원(平團員), 졸개(soldier). [잠그는.
but·ton-on [bʌ́tnɑ́n, -ɔ́n] *adj.* 단추가 달린, 단추로
bútton shóe *n.* 단추로 잠그는 단화. [대.
bútton stíck *n.* (군복 따위의) 단추를 닦는 놋쇠 막
bútton trèe *n.* (서인자제(科)에 속하는 열대 식물 [단추 모양의 열매가 열린다]. **2** =buttonwood 1.
but·ton-wood [bʌ́tnwùd] *n.* **1** 아메리카 플라타너스 [북미 원산; 재질이 좋다]. **2** =button tree 1. [달린.
but·ton-y [bʌ́tni] *adj.* 단추 같은, 단추가 많이 달

bútt pláte *n.* [총의] 개머리판.
but-tress [bʌ́tris] *n.* **1** 버팀벽, 지지(물), 버티는 것 (사람)(prop, support). ¶ *a buttress of the cause of democracy* 민주주의의 옹호자. **2** 버팀벽 모양의 것[산의 돌기부 따위].

— *vt.* **1** ···을 버팀벽으로 받치다, ···을 버티다, 지지하다 (...*up*). ¶ *These facts buttress* [*up*] *his argument.* 이러한 사실들이 그의 논의가 정당함을 입증하고 있다.

bútt sháft *n.* [살촉이 붙어 있지 않은] 사격 연습용 화살.
bútt wéld *n.*[U] [건축] 충두(衝頭) 접합[부]. *cf.* butt joint

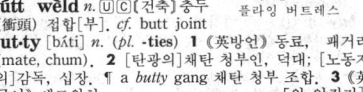

[buttress 1]
1 buttress 버팀벽
2 flying buttress 플라잉 버트레스

but·ty [bʌ́ti] *n.* (*pl.* **-ties**) **1** (英방언) 동료, 패거리(mate, chum). **2** [탄광의]채탄 청부인, 덕매; [노동자의]감독, 십장. ¶ *a butty gang* 채탄 청부 조합. **3** (英구어) 샌드위치.   [의 알킬기].
bu·tyl [bjúːt(i)l / -til] *n.* [화학] 부틸기(基) [1가(價)
bútyl ácetàte *n.* [U] [화학] 초산부틸[과실과 같은 냄새가 난다; 용제·페니실린 추출제].
bútyl álcohòl *n.* [U] [화학] 부틸알코올.
bu·tyl·ene [bjúːt(i)liːn] *n.* [화학] 부틸렌 [탄화 수소의 한 가지]. [를 함유한.
bu·tyr·a·ceous [bjùːtiréiʃəs] *adj.* 버터 모양의, 버터
bu·tyr·ate [bjúːtirèit] *n.* [화학] 낙산염(酪酸鹽).
bu·tyr·ic [bjuːtírik] *adj.* [화학] 낙산의, 낙산에서 얻은.   [산 에스테르.
butýric ácid *n.* [U] [화학] 낙산, 부틸산.
bux·om [bʌ́ksəm] *adj.* [여자가]토실토실하고 예쁜, 살집이 좋고(가슴이 풍만하고)매력적인; 건강하고 쾌활한. ~**ness** *n.*

‡**buy** [bai] *v.* (**bought, búying**) *vt.* **1** ···을 사다, 구입하다; 사주다. *opp.* sell ¶ *I will buy the book, expensive or inexpensive.* 비싸든 싸든(값의 고하간에) 그 책을 사겠다 / *You can buy it nowhere else.* 다른 곳에서는 그것을 사지 못할 것이다 // (~+囝+) *buy shirts at a bargain sale* 셔츠를 바겐 세일에서 사다 / *buy a pencil for 200 won* 200원에 연필을 사다 / *buy books at Kyobo's* 교보서점에서 책을 사다 / *bought it for cash*(*on credit*). 그것을 현금 (외상)으로 샀다 / (~+囝+) *Buy me the book.* = *I'll buy you the book for me.* 나한테 그 책을 사다오 / *I'll buy you lunch.* 너에게 점심을 대접하겠다.

[類語] **buy** 격식을 차리지 말로서, 모든 구매 행위에 두루 쓰이는데, 보통 고객이 아닌 일상적인 물건 사기에 쓴다: *buy a pen* (*a new dress*) 펜(새옷)을 사다. **purchase** 격식적인 말로서, 대량·고액의 것을 사는데 쓴다: *purchase an estate* (*a year's supply of oil*) 땅 (1년치의 기름)을 사다.

2 [대가를 지불하고] ···을 얻다. ¶ *The victory was dearly bought.* 그 승리에는 값비싼 희생이 따랐다 / *You shall buy this dear.* 그대로 두지는 않겠다 // (~+囝+) *buy favor with flattery* 아첨으로 호감을 사다 / *buy fame with one's life* (*at the expense of one's health*) 목숨(건강)을 희생하여 명예를 얻다.
3 ···을 매수하다(bribe). ¶ *buy a public official* 공무원을 매수하다.
4 (주로 신학) 속죄하다(redeem).
5 [돈이] ···을 살 수 있다, 사는 데 도움이 되다. ¶ *Money cannot buy happiness.* 돈으로 행복을 살 수는 없다.
6 (속어) ···을 믿다(believe), 시인하다(approve); ···에 속아 넘어가다, 속다. ¶ *I won't buy any part of the explanation.* 그 설명은 전적으로 받아들일 수 없다.

buyable

7 〔야구〕〔선수〕의 계약을 맺다.
— *vi.* 사다; 사는 편이다.
Buy American 미국 상품 우선 구매.
buy a pig in a poke (or *a bag*) ⇒ PIG.
buy back 되사다.
buy in ① …을 사들이다, 구입하다. ② 《속어》=buy into. ③ 《속어》 돈을 지불하고 회원이 되다.
buy into 《속어》 《주(株) 따위》를 사들이다; …의 주주가 되다.
buy it (or *that*) ① 《속어》〔수수께끼·질문이 풀리지 않아〕포기하다. ¶ I'll *buy* it. 나는 포기다. ②《英俗어》살해되다.
buy off …을 매수하다; 〔돈을 지불하고〕〔협박 따위를〕벗어나다.
buy out …을 사들이다, 권리를 사다; …을 매점하다.
buy over …에 뇌물을 쓰다(bribe), …을 매수하다(corrupt).
buy up ① …을 매점하다, …을 매집하다. ② 《중앙은행 따위가 값이 떨어지는 것을 막기 위하여》〔특정 통화〕를 사들이다.
— *n.* **1** 구매; 《美》 산(살) 물건(purchase). **2** 《美구어》잘 산 물건, 싸게 산 좋은 물건(bargain). ¶ a good *buy* 잘 산 물건.

buy·a·ble [báiəbl] *adj.* 살 수 있는; 매수할 수 있는.

búy Américan pólicy *n.* [dollar 방어를 위해 대외 원조에 적용하는] 미국 상품 우선 매입 정책.

búy·back [báibæk] *n.* 되사기, 환매(還買); 교환 매매, 물물 거래.

‡**búy·er** [báiər] *n.* **1** 사는 사람, 사는 손, 구매자(purchaser). **2** 〔상품의〕 구매 담당, 구입계, 바이어.

búyers' márket *n.* 구매자 시장〔상품의 공급이 과잉이어서 구매자에게 유리한 시황(市況)〕. *cf.* sellers' market

búyers' stríke *n.* 소비자 불매 동맹; 불매 운동.

buy-off [báiɔ̀(ː)f/-ɔ̀f] *n.* 《美》 **1** 〔제물·서비스에〕권한〕전(全) 권리의 매점. **2** 전속(매절) 계약을 한 사람.

búy·out [báiàut] *n.* 매점; 〔기업의〕매수, 경영권 장악.

‡**buzz**¹ [bʌz] *n.* **1** 〔모기·파리 따위의〕웡웡거리는 소리, 웅성거림. **2** 속삭임(whisper); 풍설, 뜬 소문(rumor, report). **3** 〔구어〕전화 걸기(phone call). **4** 《美속어》 취한 쾌감. — *vi.* **1** 〔기계·벌 따위가〕웡웡거리다; 웡웡 소리내며 날다; 낮은 진동음을 내다. ¶ The machine is *buzzing* busily on the job. 기계가 웡웡거리며 바삐 돌아가고 있다. **2** 와글와글 떠들다; 웅성대다. ¶ The room *buzzed* with excitement. 방 안은 흥분으로 웅성거리고 있었다. **3** 〔주로 英俗〕…에서 떠나다(leave) (*off*, *along*...). ¶ *Buzz off* ! 썩 꺼져라 !
— *vt.* **1** 〔날개 따위를〕웡웡 소리나게 하다. ¶ The fly *buzzed* its wings. 파리가 웡웡 날개 소리를 냈다. **2** 〔뜬소문을〕소곤소곤 속삭이다; …을 와글와글 입에 올리다. **3** …에 붕붕 소리로 신호하다. **4** 〔구어〕…에 전화를 걸다. **5** 〔항공〕…의 위를 저공 비행하다. ¶ A plane was seen *buzzing* a field. 비행기가 들판 위를 저공 비행하는 것이 보였다. **6** 〔英방언〕〔술병〕을 마지막 한 방울까지 다 마시다.
◇ **búzzy** *adj.* 딱정벌레.

buzz² [bʌz] *n.* 〔英방언〕〔밤 따위의〕가시, 깍지.

buz·zard [bʌzərd] *n.* **1** 〔유럽산의〕 말똥가리; 〔미국산의〕대머리수리(類)의 속칭. **2** 《종종 old buzzard 로서》 욕심 많은 늙은이. — *adj.* 〔폐어〕 바보천치의, 어리석은.

búzz bómb *n.* 폭명탄(爆鳴彈) 〔제2차 세계 대전 중 독일이 주로 대영(對英) 공격용으로 썼던 자동 조종 폭탄〕.

búzz bóx *n.* 〔英속어〕 자동차.

buzz·er [bʌzər] *n.* **1** 웡웡 소리내는 것; 웡웡거리는 벌레; 기적(汽笛), 사이렌. **2** 버저. **3** 〔군대속어〕 신호수.

buzz·ing [bʌziŋ] *adj.* 웡웡거리는, 웅성대는.

búzz sáw *n.* 〔소형어〕 둥근 톱(circular saw).

búzz sèssion *n.* 소수 인원으로 구성된 비공식 회의.

búzz·wig [bʌ́zwìg] *n.* **1** 술이 많은 큰 가발; 그것을 쓰는 사람. **2** 지체가 높은 사람, 중요 인물.

búzz·wòrd *n.* 〔전문가나 관공서의〕 전문 용어; 선전문구.

buzz·y [bʌ́zi] *adj.* (**buzz·i·er**, **buzz·i·est**) 웡웡거리는.

b. v. 《略》 *b*ook *v*alue (장부 가격).

B.V.D. 《略》 [bìːvìːdíː]. 《美》《상표명》 남성용 속옷.

B.V.M. 《略》 *B*lessed *V*irgin *M*ary (성모 마리아).

BVR 《군사》 *B*eyond *V*isual *R*ange (유시계외(有視界外)).

B.W. 《略》 *B*oard of *W*orks.

B / W 《略》 *b*lack and *w*hite (〔사진 따위의〕 흑백).

bwa·na [bwáːnə] *n.* 《동아프리카》 《부르는 말로》 주인님, 나리.

B-W-H 《略》 *b*ust-*w*aist-*h*ip.

BWI 《略》 《경제》 *b*usiness *w*arning *i*ndicators (경기 예고 지표).

B.W.I. 《略》 *B*ritish *W*est *I*ndies (영령(英領) 서인도 제도).

BWR, B.W.R. 《略》 *b*oiling *w*ater *r*eactor (비등수형 원자로).

B.W.T.A. 《略》 *B*ritish *W*omen's *T*emperance *Asso*ciation.

BX 《略》 *b*ase *e*xchange.

bx. 《略》 (*pl*. **bxs.**) box.

‡**by** [bai] *prep.* **1** 〔장소를 나타내어〕 …의 가까이에 (서), …의 곁에 (서), …의 옆에 (서) (near, close to); …의 수중에 (in possession of). ¶ a house by the river 강가의 집 / Sit by me. =Sit by my side. 내 곁에 앉거라 / The hotel stands by the railroad station. 그 호텔은 역부근에 있다 / He keeps the papers by him. 그는 그 서류를 손수 보관하고 있다 / There was no money by him. 그의 수중에는 돈이 한푼도 없었다.
—— **Usage**¹ 「…가까이에, 곁에」의 뜻의 by 는 다소 막연한 느낌, 아주 바로 다 접근하는 느낌, beside 는 접근해서 옆〔왼쪽, 또는 오른쪽〕에 라는 느낌이 강하다: *by* the gate / *at* the gate / *beside* the gate. ∗ 다음 예에서는, by 는 행위자를 나타내는 경우와 혼동을 피할 우려가 있어 beside 를 쓰는 편이 좋다: A bottle of poison was found by the deceased. 고인의 곁에 독약병이 한 개 있었다.

2 〔운동·방향을 나타내어〕 **a)** …을 따라(along), …을 지나서, …을 경유하여(through, via). ¶ travel *by* 〔way of〕 Siberia 시베리아를 경유해서 여행하다 / I came *by* the main road (the field). 나는 간선 도로(들판)를 지나서 왔다 / He left his house *by* a side door. 그는 옆문을 통해서 집을 나왔다 / It is seven miles *by* the road. 그 길을 따라서 가면 7마일이다. **b)** …의 옆(앞)을 지나서. ¶ I go *by* the store every day. 나는 매일 그 가게 앞을 지나간다 / He went *by* me without noticing me. 그는 나를 못 알아보고 내 옆을 지나쳐 갔다. **c)** …으로 기울어서(향해서) (toward). ¶ The island lies north *by* east. 그 섬은 동쪽으로 기운 북쪽(동미북(東微北))에 위치한다.

3 〔시간에 관해서〕 **a)** …동안, …사이(during). ¶ *by* night and 〔*by*〕 day 밤이나 낮이나, 밤낮으로 / He works *by* day and studies *by* night. 그는 낮에는 일하고 밤에는 공부한다 (주정 야독하고 있다) / They went home *by* daylight. 그들은 낮 동안〔어둡기 전〕에 귀가했다. **b)** …까지는〔이미〕(not later than). ¶ *by* noon (tomorrow, five o'clock) 정오(내일, 5시)까지(에는) / You'll be a fine youth *by* then. 그때쯤이면 너도 훌륭한 젊은이가 되겠다.
—— **Usage**² by the time —— (1) 「…까지에는」이란 시간을 나타내는 by 는 전치사이기 때문에, 뒤에 절(節)이 올 경우가는 by the time 〔that〕을 쓴다: by the time 〔that〕 they got there. (2) by the time 〔that〕 이 이끄는 절 속에서는 미래의 일은 현재형으로, 미래의 일은 현재 완료형으로 나타낸다: We must finish this *by the time* he *arrives*. / I will be in London *by the time you have arrived* in New York.

4 〔분량·정도를 나타내어〕 …만큼(to the extent of).

¶ miss the train *by* a minute 1분의 차이로 기차를 놓치다 / win *by* a boat's length 보트 한 척의 거리차로 이기다 / too many *by* one 하나 더 많은 / short *by* a foot 1피트만큼 부족한(짧은) / escape *by* a hairbreadth 간발의 차로(간신히) 도망치다 / He is *by* far the cleverest boy in the class. 그는 학급에서 가장 뛰어나게 영리하다 / He is older than I *by* five years. 그는 나보다 다섯 살 위다.
5 《판단의 이유·수단을 나타내어》 …에 의해서, …으로(according to). ¶ judge *by* appearances 외모로 판단하다 / tell the time *by* the sun 해를 보고 시간을 판단하다 / work *by* rule 규칙에 따라서 일하다 / That's nothing to go *by*. 그런 것으로는 판단할 수가 없다(그런 것은 판단의 기준이 되지 않는다).
6 …에 관해서, …에 대해서는, …은 (with respect to, concerning). ¶ He is a German *by* birth. 그는 독일 태생이다 / He is a tailor *by* trade. 그의 직업은 양복 재봉사이다 / He is honest *by* nature. 그는 천성이 정직하다 / I know him *by* name, but not *by* sight. 그의 이름은 알고 있지만 얼굴은 모른다.
7 …의 이름으로, …을 걸고, …에 맹세코. ¶ swear *by* God 신에게 맹세코 / I entreat you *by* all that is sacred. 일생의 부탁입니다 / *By* God (*or* Heaven)! 이런!, 어머나!, 놀랍군.
8 《행위·수단·방법·원인 따위를 나타내어》 …에 의해서, …의 힘으로, …으로. ¶ *by* accident (*or* chance) 우연히 / *by* all means 반드시, 꼭 무슨 일이 있어도 / *by* force 힘으로, 우격다짐으로 / *by* good luck (*or* fortune) 운좋게 / *by* means of …에 의해서, …으로 / *by* mistake 실수로 / *by* violence 폭력으로 / engines driven *by* electricity (steam) 전기(증기)로 작동하는 기관 / goods made *by* hand (machine) 손(기계)으로 만든 제품 / dine *by* lamplight 등불 빛에 식사를 하다 / hang *by* a thread 실오라기 한 가닥에 매달리다[위기일발의 상태를 말한다] / inform *by* telegram (letter) 전보(편지)로 알리다 / travel *by* air (land) 공로(육로)로 여행하다 / travel *by* water (*or* sea) 수로로(배를 이용하여) 여행하다 / go *by* car (train, airplane) 자동차(기차, 비행기)로 가다 / take a person *by* the arm (the hair) 남의 팔(머리채)을 잡다(* *by* 뒤의 명사에 the가 붙는다) / learn a poem *by* heart 시를 외다 / He earns his living *by* teaching. 그는 교편을 잡아서 생계를 꾸리고 있다 / He began *by* scolding us. 그는 처음부터 우리를 꾸짖기 시작했다 / He goes *by* the name of Jim. 그는 짐이란 이름으로 통한다 / He had a son *by* his first wife. 그에게는 전처와의 사이에 낳은 아들이 하나 있었다.
— **Usage**[3] by car, by train, etc. ——(1) 「by+교통 기관」의 경우 보통은 관사를 생략한다: by car / by plane / by ship. (2) 교통 기관이 형용사로 수식되거나, 특정한 것인 경우에는 관사를 붙인다: by *an* early train (by (*or* on) *the* 9 : 30 train. (3) 「…의 속에」라는 느낌이 드는 경우에는 in을 쓰고 관사를 붙인다: *in* (or *on*) *a* bus / I met him *in* (or *on*) *the* 9 : 30 train.
9 《동작의 주체를 나타내어》 …에 의해서[…된], …에 의한. ¶ a novel [written] *by* Charles Dickens 찰스 디킨즈가 쓴 소설 / America was discovered *by* Columbus. 미국은 콜럼버스에 의해서 발견되었다.
— **Usage**[4] 수동형과 by, with, of——(1) by는 행위자 (사람에게만 한정되는 것은 아니다)를, with는 수단 또는 도구를 나타낸다: He was killed *by* an enemy *with* a sword. * 하지만 느낌에 따라 by, with 어느쪽으로도 쓰이는 일이 있다: He gained his purpose *by* (*or* *with*) flattery. 그는 아첨으로 그의 목적을 달성했다. (2) 동사가 행위보다도 상태를 나타내는 경우에는 with를 쓰는 일이 많다: be covered *with* snow / be crowded *with* visitors / be delighted *with* (or *at*) the result. (3) 다소 오래된 문체에서는 of를 쓰는 일

이 있다. admire, beloved, hate 나 「저버리다」의 뜻의 동사 (abandon, desert, forsake)의 수동형에 많다.
10 [몇 개]씩; 차례로. ¶ day *by* day 하루하루, 나날이 / drop *by* drop 한 방울 한 방울[즉금씩] / house *by* house 한 집 한 집/little *by* little 조금씩 / one *by* one 하나하나, 하나씩/piece *by* piece 한 조각 한 조각/step *by* step 한 걸음 한 걸음, 착실히/*by* degrees (*or* inches) 점점, 점차, 서서히, 조금씩 / *by* twos and threes 삼삼 오오.
— **Usage**[5] by hundreds, etc. ——「몇 백으로 셀 수 있을만큼」이라고 할 때는 by hundreds, by the hundred, by the hundreds 의 세 가지가 있는데 맨 나중의 것이 흔히 쓰인다.
11 《종횡 관계·치수·승제(乘除) 따위를 나타낸다》 ¶ a room ten *by* twenty feet [가로·세로]10피트와 20피트인 방 / multiply (divide) 10 *by* 5 10에 5를 곱하다(10을 5로 나누다).
12 …의 단위로. ¶ board *by* the month (week) 한 달(주)에 얼마로 하숙하다 / sell *by* the pound (dozen) 한 파운드(다스)에 얼마로 팔다 / He is paid *by* the hour (day). 그는 시간급(일급)을 받고 있다.
13 …에 대해서(toward), …을 위해서(in behalf of). ¶ do one's duty *by* one's parents 양친에게 대해서 자기의 본분을 다하다 / He did well *by* me. 그는 나에게 [대해서]잘해 주었다.
[*all*] *by* oneself ① 혼자 힘으로, 혼자서(unaided). ¶ He studied English *by himself*. 그는 독학으로 영어를 공부했다. ② 홀로, 외톨로(alone). ¶ She lived [*all*] *by herself*. 그녀는 혼자서 살고 있었다.
by a long way 훨씬, 뛰어나게, 빼어나게.
by the bye (or **by**) ⇨ BYE.
come by ⇨ COME.
what by … , [and] what by … ; what by … and [what by] … …하기도 하고 …하기도 하면서; …이나 (이랴) =:. ¶ *what by* threats, [*and*] *what by* entreaties=*what by* threats *and* entreaties 위협하기도 하고 달래기도 하면서.
—— *adv.* **1** 가까이(near), 곁에(at hand), 부근에, 근처에. ¶ close (*or* near, hard) *by* 바로 곁에 / stand *by* 방관하다; [특히 항해의]준비가 되어 있다 / I happened to be *by*. 나는 우연히 그 곁에 있게 되었다 / He stole it when nobody was *by*. 그는 부근에 사람이 아무도 없을 때 그것을 훔쳤다.
2 옆(근처)을 지나서. ¶ A car dashed *by*. 자동차가 맹렬한 속력으로 지나갔다 / Let me *by*. 실례합니다 [사람 옆을 지나갈 때].
3 옆으로[치우고], 한쪽으로(aside); 남겨 두어, 대비하여(in reserve). ¶ put the subject *by* for the moment 문제를 한동안 불문에 붙이다 / lay (*or* put, set) money *by* 돈을 저축하다.
4 《때가》지나서(past); [슬픔 따위가]사라져서. ¶ in days gone *by* 왕년에, 한때는 / Her grief is *by* and gone. 그녀의 슬픔은 가셨다.
5 《美구어》[남의 집 등에]들러서. ¶ Will you come (*or* call, stop) *by* on your way home? 귀가길에 들러 주지 않겠습니까?
by and again 《美》 때때로, 이따금(sometimes).
by and by 잠시 후에, 곧 머지않아 (soon, before long).   「(whole).
by and large 전반적으로; 대체로, 대개 (on the
—— *adj.* (=**bye**) **1** 남의 눈에 띄지 않는, 은밀한(secret). **2** 한쪽으로 치우친, 한길을 벗어난; 동떨어진. **3** 2차적의, 부차적인(secondary), 부수적인(incidental). —— *n.* =bye.
by-: *pref.* by (*adj.*, *adv.*)의 뜻(* bye-로도 쓰며, 낱말로 떼어서 하이픈으로 연결하거나, 또는 한 낱말로도 쓴다). **1** 부수적인, 종속적인(incidental), 2차적인, 부차적인(secondary). 예: *by*-product, *by*-law, *by*-passage. **2** 떨어져 있는, 옆으로 벗어난. 예: *by*way. **3** 곁에, 가

by-and-by [báiən(d)bái] *n.* (the ~) 미래, [가까운]장래. ¶ in the sweet *by-and-by* 즐거운 미래에.

by-bid·der [báibìdər] *n.* [경매에서 값을 올리기 위해 고용된] 바람잡이.

by-blow [báiblòu] *n.* 1 [남의 옆에 있다가 우발적으로 맞는]군매. 2 사생아(bastard).

bye [bai] *n.* 1 [토너먼트에서]부전승(不戰勝) [한 사람(팀)]. ¶ draw a *bye* 부전승이 되다. 2 [골프의 매치 플레이에서]이미 승부가 나서 더 이상 플레이를 할 필요가 없는 매 남은 홀. 3 [크리켓] 타구에 의하지 않는 득점. 4 두번째의 것, 보조적(부차적)인 것.
by the bye (or *by*) 그런데, 말이 났으니 말이지 (by the way).
   — *adj.* =by.

bye- ⇒ BY-.

bye-blow [báiblòu] *n.* =by-blow 2.

bye-bye [báibài] *interj.* [유아] 안녕, 잘 있어, 잘가 (good-by). — *n.* [U] 자장자장(sleep). ¶ go to *bye-bye* 잠자다. [< GOOD-BYE 의 BYE 를 반복한 어린이말]

by-e·lec·tion [báiilèkʃ(ə)n] *n.* 《英》[국회 의원의]보결 선거. *cf.* general election

Bye·lo·rus·sia [b(j)èlourʌ́ʃə] *n.* =Belarus.

Bye·lo·rus·sian [b(j)èlourʌ́ʃ(ə)n] *adj.* 벨라루시의, 벨라루시인(방언)의. — *n.* 1 벨라루시인. 2 [U] 벨러시아어(의)벨라루시어 방언. 3 러, 사실(私心).

by-end [báiènd] *n.* 2차적인 은밀한 목적; 이기적인 동기.

*****by·gone** [báigɔ̀ːn, -gɑ̀n / -gɔ̀n] *adj.* 지나간, 과거의, 기왕의(past); 시대에 뒤떨어진 (out of date). ¶ *bygone days* 지나간 날, 옛날. — *n.* 지나간 일; 기왕지사(旣往之事). ¶ Let *bygones* be *bygones*. 《속담》 과거의 일은 잊어버리자.

by-job [báidʒɔ̀b / -dʒɔ̀b] *n.* 부업.

by-lane [báilèin] *n.* 옆길, 샛길, 골목길.

by·law, bye·law [báilɔ̀ː] *n.* 1 부칙, 단체 따위의 규칙, 규약, 내규. 2 부칙, 세칙, 준칙(準則). 3 《英》지방 자치체·단체 등의[조례(條例), 지방법.

by-line [báilàin] *n.* 1 [철도의]병행선(並行線). 2 [신문·잡지 기사에서]필자명을 쓰는 기사의 첫머리 행 [표제 다음 줄에 by···로 필자명을 나타낸다].
   — *vt.* [기사를] 기명(記名)으로 쓰다, 필자 이름을 밝히다. ¶ *bylined* story 기명 기사.

by·lin·er [báilàinər] *n.* [신문·잡지의]필자명을 밝히는 기사를 쓰는 기자.

by-name [báinèim] *n.* 성(姓) (secondary name), 2 별명(nickname).

BYO *n.*(略)(濠) bring your own(주류 지참이 허용되는 주류 판매 면허가 없는 식당); B.Y.O.

B.Y.O.B., BYOP, b.y.o.b. (略) bring your own *booze*(bottle) ([파티의 안내장 등에서] 술은 각자 지참할 것; 주류 지참 파티).

*****by-pass** [báipæ̀s / -pɑ̀ːs] *n.* 1 [자동차 전용의]우회로(迂回路), 바이패스(detour). 2 [수도·가스 따위의]측로(側管). 3 [전기]분로(分路) (shunt). 4 [통신]바이패스[음성·정보 따위를 기존 전화 회선 이외의 통신 모체로 전달하는 것]. — *vt.* (**-passed** or 《드물게》**-past**, **-pass·ing**) 1 [장애물 따위]을 샛길 따라 피하다 (avoid, escape), ···을 우회하다. ¶ *by-pass* a city 시를 우회하여 통과하다. 2 [질문 따위]를 회피하다 (evade), 무시하다. ¶ *by-pass* a question 질문을 피하다. 3 [물·가스 따위]를 측로로 흘리다. 4 [직속 상관·규정 따위]을 건너뛰다, 무시하다 (ignore); 따돌리다.

bý-pass cóndenser *n.* [전기] 측로(側路) 축전기.

bý-pass technólogy *n.* [통신] 전화 회사의 전선망을 쓰지 않는 통신 기술. [간.

by-past [báipæ̀st / -pɑ̀ːst] *adj.* 과거 (옛날)의, 지나

by-path [báipæ̀θ / -pɑ̀ːθ] *n.* (*pl.* **-paths** [-pæ̀ðz, -pɑ̀ːðz]) 옆길, 골목길, 샛길, 지름길, 우회로(byway). ¶ the *by-paths* of history 측면사(側面史).

by-play [báiplèi] *n.* [무대 옆에서 하는 원줄거리에서 벗어닌]부극(副劇), 측면 대사; 지엽적인 사건.

by-plot [báiplɑ̀t / -plɔ̀t] *n.* [소설·희곡 따위의]부차적 줄거리 (subplot).

*****by-prod·uct** [báiprɑ̀dəkt, -dʌkt / -prɔ̀d-] *n.* 부산물.

byre [báiər] *n.* 《英》외양간, 우사(牛舍).

by-road [báiròud] *n.* 옆길, 샛길, 지름길.

By·ron·ic [bairɑ́nik / bai(ə)rɔ́n-] *adj.* 1 바이런의, 2 바이런의 시 같은; 바이런적 기풍의[낭만적·정열적·냉소적인 것]. [<영국의 시인 Lord George Gordon Byron(1788-1824) 의 이름]

by-sit·ter [báisìtər] *n.* 1 가까이에 앉아 있는 사람, 2 방관자, 구경꾼(onlooker).

bys·si·no·sis [bìsinóusis] *n.* [U][C] (*pl.* **-ses** [-siːz]) [병리] 비시노시스 [면공장의 근로자에게 많은 폐질환].

by-speech [báispìːtʃ] *n.* 방백(傍白), 독백.

bys·sus [bísəs] *n.* (*pl.* **bys·sus·es** or **bys·si** [bísai]) 1 [동물] [연체 동물이 바위에 달라붙을 때 쓰는 거미 (足絲). 2 [U] [고대의]아마포(亞麻布). [(바나外紀).

*****by·stand·er** [báistæ̀ndər] *n.* 구경꾼, 방관자, 국외자

býstander effèct *n.* [심리] 방관자 효과[사람의 행동이나 작업(학업)은 옆에 다른 사람이 있을 때에 촉진된다는 이론].

by-street [báistrìːt] *n.* 옆길, 샛길, 뒷골목, 골목길.

by-talk [báitɔ̀ːk] *n.* [U] 곁들인 이야기; 여담, 잡담.

byte [bait] *n.* [컴퓨터] 바이트[정보 단위; 8 비트로 이루어짐].

by-time [báitàim] *n.* [U] 여가(leisure interval).

by·way [báiwèi] *n.* 1 샛길, 옆길, 우회로. 2 [학문·연구 따위의]부차적인 분야, 세상에 알려지지 않은 분야.

by·word [báiwə̀ːrd] *n.* 1 상투적인 말; 별명. 2 전 캐거 내려오는 말, 속담, 격언 (proverb). 3 웃음거리.

by·work [báiwə̀ːrk] *n.* [U] 부업. [조롱거리.

by-your-leave [báijɔːrlíːv] *n.* [상대방의]허락을 구하기, 상대방의 허락을 받지 않은 데 대한 사과 (변명)의 말.

Byz. (略) Byzantine.

By·zan·ti·an [bizǽns(i)ən, -tiən / -tiən] *adj., n.* = Byzantine.

*****Byz·an·tine** [bíz(ə)ntìːn, -tàin, -taɪn / bizǽntain, bai-] *adj.* 1 비잔틴 (Byzantium)의, 2 동로마 제국의, 3 비잔틴 건축 양식의. ¶ the *Byzantine school* [미술] 비잔틴파[14세기경까지 이탈리아 등지에서 성행한 미술의 한 파]. 4 음모의, 권모술수의.
   — *n.* 1 비잔틴인, 2 [건축·미술 따위에서]비잔틴파의 사람. ◇ Byzántium, Byzántinism *n*. [님.

Byzántine Chúrch *n.* 1 콘스탄티노플(비잔틴)의 총대주교 관할하의 동방 교회, 2 동방 교회, 그리스 정교회 (Eastern Church).

Byzántine Émpire *n.* (the ~) 비잔틴 제국, 동로마 제국 (Eastern Roman Empire) [A.D. 476-1453; 수도 Constantinople].

By·zan·ti·nesque [bìzəntinésk] *adj.* [특히 건축 양식·회화풍이] 비잔틴풍의.

By·zan·tin·ism [bizǽntinìz(ə)m] *n.* [U] 비잔틴주의, 비잔틴식(풍) [비잔틴의 정신·기풍].

By·zan·ti·um [bizǽnsiəm, -tiəm / -tiəm] *n.* 비잔틴[Bosporus 해협 연안의 고대 그리스의 도시; A.D. 330년 이곳에 Constantinople (현재의 Istanbul) 이 건설되었음].

BZ [bìːzíː] *n.* 착란성 독가스의 일종의 코드명(名).

Bz. (略) benzene.

BZZ 삐삐, 뺑뺑[그림·만화 같은 데서, 장난감 피리나 부저가 울리는 소리를 나타낸다]; 윙윙, 붕[벌이 날아다니는 소리].

C

C, c [siː] *n.* (*pl.* **C's** *or* **Cs; c's** *or* **cs**) **1** 영어 알파벳의 셋째 자. ¶ *C* for Charlie Charlie 의 C [국제 전화 통화 용어]. **2** C(c)가 나타내는 소리. **3** [연속된 것 중의] 세 번째 사람(물건). **4** [수학] 제3의 기지수 (量). **5** [논리] 제3의 가정(假定)의 사람(물건). **6** C (c)자 형[의 물건]. **7** [로마 숫자의] 100. ¶ CXV = 115 / IC = 99.

C [siː] *n.* **1** [美] [학업 성적의] C [B 아래; 미]. **2** 품질의 C 클래스, C급. **3** C 사이즈[신발의 폭이나 브래지어의 컵 사이즈, D보다 작고 B보다 크다]. **4** [음악] [다]음; [다]조. ¶ a sonata in *C* major (minor)「다」장조(단조) 소나타. **5** [美속어] 100달러 지폐 (hundred-dollar bill, C-note).

c (略) calorie; candle, candles; circa; cycle, cycles.
C (略) calorie; centigrade; coulomb.
C, C. (略) Celsius (centigrade).
C (화학) carbon 의 원자 기호.
c., C. (略) candle; canon; carat; (야구) catcher; cent, cents; (미식축구) center; centimeter; century; chapter (*chapters 의 약자로는 cc.*); chief; child; circa; city; cloudy; college; copyright (=ⓒ); cup; current.
C. (略) Cape; Catholic; Celtic; Church; Congress; Conservative; Consul; Corps; Court.
Ca (화학) calcium 의 원자 기호.
CA (略) chronological age ([심리] 역(曆)연령, 생활연령).
ca. (略) cathode; centiare; circa; [법률] case, cases.
C.A. (略) Central America; Confederate Army.
C.A., c.a. (略) chief accountant; (英) chartered accountant(공인 회계사); commercial agent (상업 대리업); consular agent; coast artillery(해안 경비대).
C/A (略) capital account; cash account; change of address [잡지의 예약 구독자 등의] 주소 변경); credit account (외상 계정); current account.
CAA, C.A.A. (略) Civil Aeronautics Administration (美 민간 항공 관리국).
Caa·ba [káːbə] *n.* = Kaaba.
CAAC (略) Civil Aviation Administration of China (중국 민항(民航) [중국의 국영 항공 회사]).
‡**cab**¹ [kæb] *n.* **1** 택시(taxicab). ¶ take a *cab* 택시를 타다. **2** 길거리 마차[길거리에서 기다렸다가 사람을 태우는, 말 한 필이 끄는 2륜(4륜) 마차]. **3** 기관사실; [트럭 따위의] 운전석. ── *v.* (**cabbed, cab·bing**) *vi.* 택시(마차)를 타다(로 가다) (*to*...).
¶ *cab* it 택시로 가다. ¶ *cab* it home 택시로 귀가하다.
cab², *n.* [kæb] *n.* 고대 헤브라이의 건량(乾量) 단위 [2쿼트(약 2,2리터) 상당]. [민간 항공국].
CAB, C.A.B. (略) Civil Aeronautics Board (美)
ca·bal [kəbæl] *n.* 밀계, 음모(intrigue). **2** [특히 정치적인] 비밀 결사; [문예·연극계의] 파벌, 동인. **3** (the C-) [英사] [Charles 2세 시대의] 외무 위원회. ── *vi.* (-**balled, -bal·ling**) 음모를 꾸미다 (conspire), 작당하다(*against*...).
cab·a·la, cab·ba-, kab·a-, kab·ba- [kǽbələ, kəbáːlə / kəbáːlə] *n.* **1** U [중세 유대교 학자들이 성서의 신비적 해석에 입각하여 주장한] 신비 철학. **2** [일반적으로] 비밀 교리.
cab·a·lism [kǽbəliz(ə)m] *n.* U C **1** [유대의]신비적 교리; [일반적으로] 비밀 교리. **2** 난해한 어구를 써서 곤혹케 하기.

cab·a·list [kǽbəlist] *n.* [유대의] 신비 철학가; 비법가.
cab·a·lis·tic [kæ̀bəlístik] *adj.* **1** 유대 신비 철학 (cabala) 의. **2** 신비적인, 불가사의한.
-ti·cal·ly [-tikəli] *adv.*
ca·bal·le·ro [kæ̀bəljɛ́(ː)rou / -ljɛ́ərou] *n.* (*pl.* -**ros**) **1** [스페인의]신사, 기사(騎士) (cavalier, knight). **2** (美서남부) a) 기수(騎手) (horseman). b) [여성의]호위자, 에스코트(escort), 숭배자 (admirer). {<Sp}
ca·ba·na [kəbǽn(j)ə / -bɑ́ː-] *n.* **1** 오두막집 (cottage, hut). **2** [해수욕장·풀장의] 간이 탈의실. {<Sp}
cab·a·ret [kæ̀bərɛ́i / -'-ˋ / → *n.* 2] *n.* **1** (英) [카바레의] 여흥, 플로어 쇼(floor show). **2** [kǽbərɛ̀t] [홍차·커피 따위가 한 세트 딸린] 작은 탁자. ── *vi.* [종종] 카바레에 출입하다. {<F *taven* 선술집}
‡**cab·bage**¹ [kǽbidʒ] *n.* **1** U C 캐비지, 양배추; 양배추의 결구(結球). **2** U (속어) 돈[특히 지폐].
── *vi.* (-**baged, -bag·ing**) **1** [식물이] 양배추처럼] 결구하다. **2** (英속어) 훔치다.
cab·bage² [kǽbidʒ] *n.* U **1** 훔친 물건, [마름질이] 손님 몰래 속여 두는 천. ── *vt., vi.* (-**baged, -bag·ing**) [-을] 훔치다, 슬쩍하다.
cabbage butterfly *n.* 배추흰나비.
cab·bage-head [kǽbidʒhèd] *n.* **1** 양배추의 결구. **2** (속어) 바보, 얼간이 (dolt).
cabbage net *n.* [데치는 데 쓰는] 양배추 그물.
cabbage palm(tree) *n.* 캐비지야자나무 [꼭대기에 자라는 어린 순은 식용].
cab·bage·town [kǽbidʒtàun] *n.* (캐나다) 빈민굴 (city slum); 슬럼가.
cabbage white *n.* = cabbage butterfly.
cab·bage·worm [kǽbidʒwɔ̀ːrm] *n.* 배추벌레 [배추를 뜯어먹는 배추흰나비 따위의 유충].
cab·ba·la [kæ̀bələ, kəbáːlə / kəbáːlə] *n.* = cabala.
cab·by, -bie [kǽbi] *n.* (*pl.* -**bies**) (구어) 택시 운전사; 길거리 마차의 마부 (cabdriver).
cab·driv·er [kǽbdràivər] *n.* 택시 운전사; 실시 마차의 마부.
ca·ber [kéibər] *n.* (스코) 장대 (pole), 들보 (beam) [특히 스코틀랜드의 북부·서북부 고지의] 힘을 시험해 보기 위해 던지는 원목(각목).
cab·ette [kæbɛ́t] *n.* 여자 택시 운전사.
‡**cab·in** [kǽbin] *n.* **1** 오두막집, 통나무집, [간단한 구조의] 작은 집; (英) [철도의] 신호소. **2** [특별 2등 선실의] 선실. ⇒ CABIN CLASS; [기선의] 장교용 개실(個室). **3** (항공) [항공기의] 조종실, 여객실, 화물실. **4** (美) [트레일러의] 거실, [케이블카의] 객실. ── *vi.* 오두막집에 살다, 오두막살이하다 ── *vt.* ...을 가두다(confine), 묶다, 단단히 싸다. ── *adv.* [선실·선객의] 특별 2등으로, [환].
cabin boy *n.* 캐빈 보이 [고급 선원·선객 당번 사].
cabin class *n.* 특별 2등[first class(1등)와 tourist class(2등)의 중간의 선객 등급].
cabin cruiser *n.* = cruiser.
cab·ined [kǽbind] *adj.* 선실이 좁은; 비좁은.
‡**cab·i·net** [kǽbinit] *n.* **1** (종종 C-) 내각; (英) [대통령의] 고문단. ¶ a shadow *cabinet* (英) 재야 내각[차기 정권에 대비하여 야당이 조직하는 것] / the breakup (the change) of a *cabinet* 내각의 와해(경질) / form a

new *cabinet* 새 내각을 조직하다. **2** 각의실, 회의실; 각의(閣議). **3** 상자, 용기, 귀중품 함. **4** [비싼 물건·식기류를 꾸며 두는] 장식 선반, [미술품 따위의] 진열장; [각종 물건을 두는] 작은 장농, 캐비닛. ¶ a bedroom *cabinet* 침실장. **5** [스테레오·텔레비전 따위를 넣는]캐비닛. **6** (사진) 캐비닛판, 캐비닛판 사진. **7** 《고어》작은 방, 밀실;《폐어》오두막집.
—— *adj.* **1** 내각의. ¶ a *cabinet* meeting 각의 / a *Cabinet* member 각료. **2** 사실(私室)[용]의. **3** 비밀의 (secret), 은밀한 (confidential). **4** 귀중품 상자(장식장) 따위에 보존해 두기 알맞은, 아름다운, 소형의, 캐비닛형(판)의. ¶ a *cabinet* edition 캐비닛판(library edition 과 popular edition 의 중간판). **5** (사진) 캐비닛판의.

cab·i·net·eer [kæbinitíːər] *n.*《구어》내각의 일원, 각료.
cábinet gòvernment *n.* (C-) 내각 책임제[정부], 의원 내각제(parliamentary system).
cab·i·net·mak·er [kǽbinitmèikər] *n.* 고급 가구 제작자.
cab·i·net·mak·ing [kǽbinitmèikiŋ] *n.* U 고급 가구의 제작; 고급 가구 제작업.
cábinet mínister *n.*《英》각료(閣僚).
cábinet púdding *n.* U C 〔카스텔라·과일·우유·달걀 따위로 만든〕푸딩.
cábinet reshúffle *n.* 개각(改閣).
cab·i·net·work [kǽbinitwə̀ːrk] *n.* U **1** 〔정교한〕고급 가구, 고급 나무 세공 (fine woodwork). **2** 가구 제작[업].
cábin pàssenger *n.* 특별 2등 선객. ⇨ CABIN CLASS.
‡**ca·ble** [kéibl] *n.* **1** 케이블〔철사·삼 따위를 꼬아 만든 튼튼하고 굵은 밧줄, 굵은 밧줄, 강삭(鋼索)〕. **2** 【전기】〔절연체로 싼 여러 가닥의 전선을 모아, 표면을 납 따위로 외장한〕 케이블, 〔특히〕해저 케이블, 해저 전선. ¶ build (or lay) a submarine *cable* 해저 케이블을 부설하다. **3** 〔해저 케이블을 이용한〕해외전신(전보), 외전 (cablegram). **4** 【항해】 **a)** 닻줄, 닻사슬〔닻과 본선을 연결한다〕. **b)** =cable length. **5** 〔건축〕 꼰꾸 따위의〕 밧줄꼴 장식. **6** =cable-stitch. **7** =cable TV.
—— *v.* (**-bled, -bling**) *vt.* **1** 〔통신〕을 해저 케이블로 보내다; …에 외전(해외 전보)을 치다. ¶ (~+몸+圖+图]) *cable* one's condolence *to* a person 남에게 조전(弔電)을 치다. **2** …을 케이블로 묶다, …을 닻줄로 매다. **3** …에 케이블을 설치하다. —— *vi.* **1** 해외 전보를 치다. **2** =cable-stitch.
nothing to cable home about《구어》평범한, 시시한.
cáble addréss *n.* 〔해외 전신용〕수신처 약호.
cáble bírd *n.*《美구어》미국의 통신 위성 Satcom (CATV 중계용)의 애칭.
cáble cár *n.* 케이블 카.
ca·ble·cast [kéiblkæ̀st / -kɑ̀ːst] *n., vi.* (**-cast** *or* **-cast·ed, -cast·ing**) 유선 텔레비전 방송을 하다.
ca·ble·gram [kéiblgræ̀m] *n.* 해저 전신, 해외 전보.
cáble hóme *n.* 유선 텔레비전 수신 계약을 맺은 가정.
ca·ble·laid [kéiblleid] *adj.* 케이블 꼬기의, 9가닥으로 꼰〔3개의 밧줄을 하나로 꼰 다음, 다시 그것을 3개 합쳐서 꼰 것〕.
cáble (cáble's) léngth *n.* 〔海事〕 케이블[해상 거리의 단위로 보통 100길 또는 120길.〔美해군〕에서는 720피트.〔英해군〕에서는 608피트〕.
cáble nétwork *n.* 유선 텔레비전 방송망.
ca·blese [kéiblíːz] *n.* U 해저(해외) 전신 특유의 말, 국제 전보 용어〔단축·당어 등 간단히 합성 따위가 있다〕.
cáble shíp *n.* 해저 전선 부설선, 케이블선(船).
ca·ble·stitch [kéiblstitʃ] *n.* 밧줄무늬 뜨개질.
—— *vi.* 밧줄무늬 뜨개질을 하다.
ca·blet [kéiblit] *n.* 둘레 10인치 이하의 닻줄.

한 밧줄.
cáble TV *n.* U 유선 텔레비전 (CATV).
ca·ble·vi·sion [kéiblvìʒ(ə)n] *n.* 유선 텔레비전 방송. (< CABLE+(TELE)VISION)
ca·ble·way [kéiblwèi] *n.* 삭도(索道), 공중 케이블, 로프웨이.
cab·man [kǽbmən] *n.* (*pl.* **-men** [-mən]) = cabdriver.
cab·o·chon [kǽbəʃɑn / -ʃɔn] *n.* 카보숑〔모나게 커트하지 않고 윗부분을 둥글게 간 보석〕.
ca·boo·dle [kəbúːdl] *n.*《구어》한 때, 무리 (lot, pack), 군중 (crowd). ¶ *the whole caboodle* 이것저것〔누구나〕모두, 전부.
ca·boose [kəbúːs] *n.* **1** 《美》〔화물 열차의 맨 뒤에 있는〕 승무원 차(《英》guard's van, brake van). **2** 《英》선내 조리실 (ship's galley).
cab·o·tage [kǽbətɑ̀ːʒ, -tidʒ] *n.* U **1** 연안 항행; 연안 무역. **2** 〔항공〕 국내 항공(권).
cab·rank [kǽbræŋk] *n.* 《英》 = cabstand.
cab·ri·ole [kǽbriòul] *n.* **1** 〔특히 치펜데일식 가구 (Chippendale furniture) 의 탁자·의자의 특유한〕구부러진 다리. **2** 〔발레〕 도약 중에 한쪽 발로 다른 발을 치는 동작.
cab·ri·o·let [kæ̀briəléi] *n.* **1** 말 한 필이 끄는 2륜 포장 마차. **2** (페어) 포장 지붕이 있는 쿠페 (coupe)형 자동차.
cab·stand [kǽbstænd] *n.* 택시 승차장.
cab·track [kǽbtræk] *n.* 궤도 택시〔고가 궤도 위를 전기 자동차가 자동 운전한다〕.
ca' can·ny [kɑːkǽni, kɔː-] *n.* U C《英》 [cabriole 1] 〔노동자의〕태업. —— *vi.* 《스코》신중하게 일을 진행시키다, 조심스럽게 해나가다 (* ca'는 call 의 생략형).
ca·ca·o [kəkéiou, -káː-, -káu / -káːou, -kéi)ou] *n.* (*pl.* **-os**) **1** 카카오나무〔작은 상록수로 아메리카 열대 지방 원산, 씨는 코코아 및 초콜릿의 원료〕. **2** (= cacáo bèan, cócoa bèan) 카카오 씨(열매).
cacáo bútter *n.* = cocoa butter.
cach·a·lot [kǽʃəlɑ̀t, -lòu / -lɔ̀t] *n.* = sperm whale.
cache [kæʃ] *n.* **1** 은닉 장소, 〔특히 식료품·탄약 따위를 감추어 두기 위해 빼낸〕땅속의 저장소, **2** 저장품, 은닉 물자, —— *vt., vi.* (**cached, cach·ing**) 은닉 장소에 감추다, 은닉 장소에 저장하다.
cáche mémory *n.* 〔컴퓨터〕 주(主) 기억장치에 들어 있는 데이터의 일부를 일시적으로 보관하는 고속 기억 장치.
cache·pot [kǽʃpɑt / -pɔ̀t] *n.* 장식 그릇〔화분을 넣는다〕.
ca·chet [kǽʃei, - / - -] *n.* **1** 〔공문서 따위의〕봉인. **2** 공식 인가(승인)의 인장. **3** 〔뚜렷한〕특징, 표적 (stamp). **4** 〔의학〕 〔쓴 약 따위를 싸는〕캡슐. **5** 〔우편물에 표시되어 있는〕회사명, 선전, 표어, 의장(意匠).
ca·chex·i·a [kəkéksiə], **-chex·y** [-kéksi] *n.* U 〔병리〕악액질(惡液質)〔만성 질환의 경과중에 나타나는 소모가 수반되는 전신적 영양 장애〕. ¶ cancerous *cachexia* 암성 악액질 / malarial *cachexia* 말라리아 악액질, 만성 말라리아.
cach·in·nate [kǽkineit] *vi.* (**-nat·ed, -nat·ing**) 〔버릇없이〕크게 웃다, 껄껄 웃다, 가가대소하다.
cach·in·na·tion [kæ̀kinéi](ə)n] *n.* U C 크게〔껄껄〕웃음, 가가대소.
ca·chou [kəʃúː, kæʃúː] *n.* **1** = catechu. **2** 〔알약·정제로 된〕구중(口中) 방향약.
ca·chu·cha [kətʃúːtʃə] *n.* 카추차〔볼레로 (bolero) 비슷한 3/4박자의 활발한 스페인 춤〕; 그 무곡.
ca·cique [kəsíːk / kæ-, kɑ-] *n.* **1** 〔멕시코·서인도 제도의〕추장; 〔중남미·스페인의 식민지의 거물〕, 〔필리핀에서〕대지주. **2** 열대 아메리카산(産)의 찌르레기사촌

cack [kæk] *n.* 어린이용 구두[뒤축이 없는 부드러운 가죽 창 구두].
cack-hand·ed [kǽkhændid] *adj.* 《英구어》서투른, 바보스런.
***cack·le** [kǽkl] *v.* (**cack·led, cack·ling**) *vi.* **1** [암탉·거위 따위가]꼬꼬꼬(꽥꽥)하고 날카롭게 울다. **2** 깔깔 웃다. **3** 떠들썩하게 지껄이다. —— *vt.* …을 깔깔거리며 말하다, 새된 목소리로 지껄이다(...out). —— *n.* **1** [암탉·거위 따위의]꼬꼬꼬(꽥꽥) 우는 소리. **2** 깔깔거리는 웃음 소리, 높은 웃음. **3** [부질없는]수다.
cack·ler [kǽklər] *n.* 수다쟁이.
CACM(略) *Central American Common Market* (중미 공동 시장).
caco- bad, evil, poor, unpleasant 의 뜻의 연결형. 예: *caco*dyl, *caco*graphy.
cac·o·de·mon, -dae- [kækədíːmən] *n.* **1** 악령 (evil spirit), 악마 (devil). **2** 《英》 악의있는 사람.
cac·o·dyl [kǽkou/dil/-dail, -dil] [(化學)] *n.* **1** 카코딜(基). **2** (=**dicacodyl**)[(化)]카코딜, 디카코딜[악취가 심한 맹독성 액체]. —— *adj.* 카코딜기를 함유하는; 카코딜군(群)의.
cac·o·e·py [kǽkou)épi] *n.* [U] 발음 불량. *cf.* orthoëpy
cac·o·ë·thes, -e·thes [kækouíːθiːz] *n.* [U] [불가항력적인] 충동 (itch); 악습, 악벽; …광 (mania).
cac·og·ra·pher [kækɑ́grəfər/-kɔ́g-] *n.* **1** 글씨 서툰 사람, 악필가. **2** 철자를 틀리는 사람.
cac·og·ra·phy [kækɑ́grəfi/-kɔ́g-] *n.* [U] **1** 악필, 서투른 글씨. *cf.* calligraphy **2** 오자(誤字) (incorrect spelling). *cf.* orthography
ca·col·o·gy [kækɑ́lədʒi/-kɔ́l-, kə-] *n.* [U] 틀린 말씨, 나쁜 말투.
ca·coph·o·nous [kækɑ́fənəs, kə-/-kɔ́f-] *adj.* 귀에 거슬리는, 음조가 나쁜, 불협화음의. ~·**ly** *adv.*
ca·coph·o·ny [kækɑ́fəni, kə-/-kɔ́f-] *n.* (*pl.* -**nies**) **1** 귀에 거슬리는 음색; 불협화음. **2** [(音樂)]불협화음만으로 된 악곡.
cac·ta·ceous [kæktéiʃəs] *adj.* 선인장과(科)의.
cac·tus [kǽktəs] *n.* (*pl.* -**tus·es** or -**ti** [-tai]) 선인장.
ca·cu·mi·nal [kækjúːminəl/kə-] [(音聲)] *adj.* 권설 (卷舌)의. —— *n.* 권설음.
cad [kæd] *n.* **1** 비신사적인 남자, 예의를 모르는 남자, 상스러운 남자. **2** [英학생들에게] [학생에 대하여] 시내 사람 (townsman). **3** 《속어》 심부름 다니는 소년.
CAD(略) *computer-aided design* (컴퓨터를 이용한 설계의 자동화 시스템).
ca·das·tral [kədǽstrəl] *adj.* 토지 대장의.
ca·das·tre, -ter [kədǽstər] *n.* 토지 대장.
ca·dav·er [kədǽvər, -déiv-/-déivə] *n.* **1** [특히 사람의] 시체 (corpse). **2** 《속어》 파산.
ca·dav·er·ous [kədǽvərəs] *adj.* 시체의; 죽은 사람 같은, 창백한, 파랗게 질린 (pale, ghastly), 말라빠진. ~·**ly** *adv.*
CAD/CAM [kǽdkǽm] 《略》 *computer-aided design / computer-aided manufacture* (컴퓨터를 이용한 설계·제조의 자동화 시스템).
CADD(略) *computer aided drug design* (컴퓨터에 의한 약 설계).
cad·dice [kǽdis] *n.* =caddis¹⁻².
cad·die, -dy [kǽdi] (* 《美》 에서는 caddie, 《英》에서는 caddy를 애용) *n.* (*pl.* -**dies**) **1** [골프] 캐디. **2** 심부름꾼; 잡일하는 소년. **3** =caddie cart. —— *vi.* (-**died, -dy·ing**) caddie 로서 일하다.
Cad·die, -dy [kǽdi] *n.* 《美속어》 =Cadillac 1.
cáddie bàg *n.* 골프채 백.
cáddie càrt *n.* 캐디 카트[골프채 따위를 실어 나르는 두 바퀴 손수레].
cad·dis¹ [kǽdis] *n.* [U] 소모사 (梳毛絲) (worsted yarn) [일종의 모직물용 실]; [U] [여러 가닥의 소모사로 꼰] 소모사 끈 (worsted ribbon).
cad·dis² [kǽdis] *n.* =caddisworm.
cad·dis·fly [kǽdisflài] *n.* 날도래류(類) [벌레].

cad·dish [kǽdiʃ] *adj.* 비신사적인, 예의를 모르는, 천한. ~·**ly** *adv.*
cad·dis·worm [kǽdiswə̀ːrm] *n.* 물 여우 [caddisfly 의 유충. 낚시의 미끼로 쓴다].
cad·dy¹ [kǽdi] *n.* (*pl.* **-dies**) 《英》 작은 깡통, 작은 상자; 차통 (tea caddy).
cad·dy² [kǽdi] *n.* (*pl.* -**dies**), *vi.* (-**died, -dy·ing**) =caddie.
cáddy spòon *n.* [자루가 긴] 찻숟갈. caddie.
-cade procession, parade 의 뜻의 연결형. 예: aqua*cade*, motor*cade*.
***ca·dence** [kéid(ə)ns] *n.* [C] [U] **1** [말의] 리듬, 억양; [목소리의]하강조; [일반적으로 음·소리·가락의]리듬, 억양; [시의]리듬, 율동, 운율. **2** [춤 따위의]리듬, 박자; [행진의] 보조. **3** [(音樂)] 마침법[악곡·악장의 끝 소절에 있는 화음]. ¶ **authentic** *cadence* 정격(완전) 마침법 / **mixed** *cadence* 혼합 마침법. —— *vt.* …을 리드미컬하게 하다. ◇ **cádent** *adj.*
ca·denced [kéidənst] *adj.* 리드미컬한, 운율적인.
ca·den·cy [kéidənsi] *n.* [U] **1** =cadence. **2** [(紋章)] 분가 (分家) 가문.
ca·dent [kéid(ə)nt] *adj.* **1** =cadenced. **2** [고어] 떨어지는, 내려가는 (falling).
ca·den·za [kədénzə] *n.* [(音樂)] 카덴차[특히 협주곡에서 악장의 끝 부분에 삽입된 화려한 독주 부분].
ca·det [kədét] *n.* **1** [美] 육군(해군) 사관 학교 생도, 사관 후보생 (* 해군의 경우는 midshipman). **2** 상선 학교 학생. **3** 수습중인 사람[교육 실습생, 업무 연수자 등] (trainee). **4** 차남 이하의 아들 (younger son); 남동생; 막내 아들 (the youngest son). **5** [옛속어] 매춘부의 앞잡이 (뚜쟁이), 뚜쟁이.
cadét córps *n.* 《英》 [대학 등의] 군사 훈련단.
ca·det·cy [kədétsi] *n.* =cadetship.
ca·dét·ship [kədétʃìp] *n.* [U] cadet 의 지위 (신분).
Ca·dette [kədét] *n.* 12세-14세의 걸 스카우트.
cadét téacher *n.* 교육 실습생, 교생, [시간]강사.
cadge [kædʒ] *v.* (**cadged, cadg·ing**) *vi.* **1** 기식하다 (sponge); 우려내다 (등쳐 먹다); 구걸하다 (beg). **2** 《英》 행상하다 (peddle); 소리치며 팔다. —— *vt.* 구걸하여 …을 얻다; …을 조르다; …을 돌려 줄 의사 없이 빌다; 《英》 행상하여 …을 벌다; [랑】《英》 행상인.
cadg·er [kǽdʒər] *n.* 식객; 거지 (beggar); 떠돌이, 행상인.
cadg·y [kǽdʒi] *adj.* [스코·英방언] **1** 즐거운, 기쁜, 명랑한 (cheerful). **2** 바람기가 많은, 방종한 (wanton), 호색의 (lustful). **3** 들뜨이 발정한, 암내 내는.
ca·di [káːdi, kéidi] *n.* 《회교 국가의》 하급 법관.
Cad·il·lac [kǽd(i)læk] *n.* **1** [상표명] 캐딜락 [미국제 고급 자동차]. **2** 《美속어》 헤로인, [매로]코카인.
Cad·me·an [kædmíː(:)ən] *adj.* 카드모스 (Cadmus)의.
Cadméan víctory *n.* 카드모스 (Cadmus) 의 승리, [패배나 다름없는] 쓰라린 승리, 희생이 큰 승리, 신승 (辛勝). *cf.* Pyrrhic victory
cad·mi·um [kǽdmiəm] *n.* [U] [化學] 카드뮴[청색을 띤 은백색의 푸른 금속; 원자 기호 Cd].
Cad·mus [kǽdməs] *n.* [그리스 신화] 카드모스[페니키아 왕자. 용을 죽이고 Thebes 를 건설한 용사].
ca·dre [kǽdri] *n.* **1** [軍의] [집합적] 간부 (진), 기간 요원, [신설 부대 훈련의 중심이 되는] 간부. **2** 기초[공사], 뼈대; 개요.
ca·du·ce·us [kəd(j)úːsiəs/-djúː-] *n.* (*pl.* -**ce·i** [-siài]) **1** [그리스 신화] Hermes 의 지팡이 [평화와 의술의 상징]. **2** 의술 또는 미육군 군의부대의 기장인 이와 비슷한 지팡이.
ca·du·ci·ty [kəd(j)úːsiti/-djúː-] *n.* **1** 노쇠 (senility), 취약함 (frailty), 덧없음 (transitoriness).
ca·du·cous [kəd(j)úːkəs/-djúː-]

[caduceus 1]

adj. **1** 〔식물〕〔잎 따위가〕떨어지기 쉬운, 빨리 떨어지는, 조락성(早落性)의. **2** 〔동물〕탈락하기 쉬운. **3** 잠시의, 덧없는 (transitory).
CAE 〈略〉computer-*a*ided *e*ngineering(컴퓨터 원용(援用) 엔지니어링).
cae·cal [síːkl] *adj.* 맹장의.
cae·ci·tis [siːsáitis] *n.* U 맹장염.
cae·cum [síːkəm] *n.* (*pl.* **-ca** [-kə]) =cecum.
*****Cae·sar** [síːzər] *n.* **1** 로마 황제[Augustus 황제부터 Hadrian 황제까지의 칭호; 후에는 추정 후계자의 칭호]. **2** 〔일반적으로〕황제, 전제 군주, 독재 군주 (tyrant, dictator); [신과 대비하여] 지상의 군주[←마태 복음 (Matt.) 22 : 21]. 〔<로마의 장군이며 정치가인 Gaius Julius Caesar(100-44 B.C.)의 이름〕
Cae·sa·re·an, -sar·i·an [siːzɛ́(ː)riən / -zέə-] *adj.* 케사르(시저)의; 제왕(황제)의; 독재 군주의(적인). — *n.* (때로 c-) =Caesarean section. 〔옆 절개술.
Caesárean séction (ȯperation) *n.* (때로 c-) 제왕 절개술.
Cae·sar·ism [síːzərìzəm] *n.* U 전제 정치(absolute government, autocracy); 제국주의 (imperialism).
Cae·sar·ist [síːzərist] *n.* 제국주의자 (imperialist).
cae·si·um [síːziəm / -zjəm, -ziəm] *n.* 〔화학〕= cesium.
cae·su·ra [sizjúː(ː)rə, -zjúː(ː)rə / -zjúərə], (cesura) *n.* (*pl.* **-ras** or **-rae** [-riː]). 〔韻律〕 중간 휴지(休止) 〔시형(詩行)〕내에서 일어나는 의미의 단절; 음각(韻脚) 분해에서는 2개의 수직선(‖)으로 나타낸다〕
cae·su·ral [sizjúː(ː)rəl, sizjúː(ː)r- / si(ː)zjúər-] *adj.* 〔韻律〕중간 휴지의.
CAF 〈略〉**c**ost *a*nd *f*reight (운임 포함 가격); *c*ost, *a*ssurance, and *f*reight (운임·보험료 포함 가격).
*****ca·fé, -fe** [kæféi, kə-/kǽfei, kæf, keif] *n.* **1** 커피점, 다방 (coffeehouse); [주류도 파는] 간이 식당, 싸구려 음식점. **2** 술집, 바 (barroom). **3** U 커피 (coffee). **4** =café coffee.
CAFEA 〈略〉 **C**ommission on *A*sian and *F*ar *E*ast *A*ffairs (아시아 극동 문제 위원회).
ca·fé au lait [kæféi ou léi, kɑːféi-] *n.* U 카페 오레 [커피에 같은 양의 뜨거운 우유를 탄 것]. **2** (때로 a~) 연한 갈색 (light brown). **3** 〔英속어〕인도인의 피가 섞인 혼혈. 〔<F coffee with milk〕
café filtre [kæféi fíːltrə] *n.* 〔프랑스〕여과기로 거른 커피.
ca·fé noir [kæféi nwɑ́ːr] *n.* 〔프랑스〕 (=black coffee) 블랙 커피.
‡**caf·e·te·ri·a** [kæ̀fití(ː)riə/-tíəriə] *n.* 카페테리아 [셀프서비스식의 식당]. 〔<American Sp cafeteria coffee store〕
caff [kæf, keif] *n.* 〔英속어〕=café.
caf·fe·ic [kæfíːik] *adj.* 〔화학〕커피의, 카페인의.
caf·feine [kæfíːn, kǽfi(ː)n/kǽfiːn, -fiːin] *n.* 〔화학·약학〕 카페인[커피·차 따위에서 채취하는 결정질(結晶質)의 알칼로이드; 흥분제·이뇨제로 쓴다〕.
Cafféinefree Cóke *n.* 〈상표명〉카페인 성분을 제거한 콜라. 〔<1983년에 Coca Cola USA가 발매한 신제품〕
caf·fe·in·ism [kæfí(ː)nìz(ə)m] *n.* 카페인 중독.
caf·tan [kǽftən, kɑːftɑ́ːn] *n.* 카프탄〔근동 지역에서 착용되는 긴 소매와 띠가 있는 긴 의복〕.
‡**cage** [keidʒ] *n.* **1** 새장 (birdcage), 〔동물의〕우리. **2** 옥사, 감옥 (prison), 포로 수용소. **3** 〔엘리베이터의〕 승강대, 차체. 〔탄광 등에서〕밧줄로 매단 승강대. **4** 〔외장된모양의〕뼈대, 틀. **5** 포가 (砲架), 포차 (砲座). **6** 〔야구〕타격 연습용 이동 백넷 (batting cage). **7** 〔농구〕바스켓, 골, 마스켓. **8** 〔美속어〕사람의 골격. **9** 〔美〕슬립 또는 드레스 위에 입는 얇은 또는 레이스로 된 겉옷. **10** 〔美속어〕학교. — *vt.* (**caged, cag·ing**) **1** …을 새장(우리)에 넣다, 감금하다. **2** 〔구어〕〔하키·농구에서〕〔공〕을 골에 넣다.

cage up …을 옥사에 가두다, 투옥하다.
◇ **encáge, incáge** *v.*
cáge bird *n.* 새장에 넣어서 기르는 새.
cage·ling [kéidʒliŋ] *n.* 새장의 새 (caged bird).
cag·er [kéidʒər] *n.* 〔구어〕농구 선수.
cag·ey, cag·y [kéidʒi] *adj.* (**cag·i·er, cag·i·est**) 〔구어〕주의깊은, 신중한 (cautious); 빈틈없는 (shrewd).
cag·i·ly [kéidʒili] *adv.* 주의깊게; 빈틈없이.
ca·hoot [kəhúːt] *n.* (보통 ~s) 〔美속어〕공동 (partnership); 공모. ※보통 다음 숙어로 쓴다.
go [*in*] *cahoots* 〔속어〕 똑같이 나누다, 등분(균분)하다 (share equally); 한몫 끼다, 공동으로 일하다, 한패가 되다.
in cahoots (or *cahoot*) 〔속어〕공동으로, 협력하여, 공모하여, 한통속(한패)이 되어. 〔수업〕
CAI 〈略〉 **c**omputer-*a*ssisted *i*nstruction (컴퓨터 이용 수업).
cai·man, cay- [kéimən, -mæn/kəsúːn, -mans] *n.* (*pl.* **-mans**) 〔중남미산(産)의〕 큰 악어 (alligator).
Cain [kein] *n.* **1** 가인 [Adam과 Eve의 장남; 동생 Abel을 살해. ←창세기 (Gen.) 4]. **2** 형제를 죽인 사람, 살인자.
raise Cain 〈속어〉큰 소동을 벌이다; 성내다.
Cai·no·zo·ic [kàinou zóuik, kèi-] *adj., n.* 〔지질〕= Cenozoic.
ca·ique, -ïque [kɑːíːk / kaifíːk] *n.* **1** [Bosporus 해협에서 사용되는 좁고 긴 노 젓는 배. **2** 〔특히 지중해 동부의〕 돛배.
caird [kɛərd] *n.* 〔스코〕 **1** 행상 땜장이 (traveling tinker). **2** 부랑자 (vagrant).
cairn [kɛərn], (**carn**) *n.* [이정표·기념비 따위로 삼기 위해 피라미드형으로 쌓아 올린] 돌무더기, 케른.
cairn·gorm [kɛ́ərngɔ̀ːrm] *n.* 연수정 (烟水晶) (=**cáirngorm stòne**) 연수정 (烟水晶) (smoky quartz).
cáirn térrier *n.* 작은 스코치테리어 개[Scotland 원산].
*****Cai·ro** [káirou / káiərou //→2] *n.* **1** 카이로 [Nile강 동북 연안에 있는 이집트 아랍 공화국의 수도]. **2** [kéirou / kéərou] 미국 Illinois주 남부의 도시.
cais·son [kéis(ə), -sɑn/kəsúːn, kéis(ə)n] *n.* **1** 케슨, 잠함 (潜函) 〔수중 작업용의 밑바닥이 없는 상자〕. **2** 〔도크용의〕보트형 수문 (水門), 〔선체 수리용의〕부함 (浮函). **3** 〔침몰선인양용의〕방수 상자. **4** 탄약 (폭약) 상자 〔전에는 지뢰로 사용〕; 탄약차.

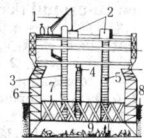

[caisson 7]
cáisson disèase *n.* U 〔병리〕케송병, 잠함병, 잠수병 (decompression sickness).
1 crane 2 air locks
3-5 shaft
6 concrete wall
7 girders 8 riverbed
9 working chamber
cai·tiff [kéitif] *n.* 〔古어·詩〕 *n.* 비열한 (비겁한) 자, 겁쟁이. — *adj.* 비열한, 겁많은 (base).
ca·jole [kədʒóul] *v.* (**-joled, -jol·ing**) 〔남〕을 감언으로 속이다; 〔남〕을 추켜올리다 (flatter).
cajole a person into (or *out of*) 남을 꾀어 …시키다 (…하지 않게 하다). ¶ I *cajoled* her *into* matrimony. 나는 그녀를 속여 결혼하게 하였다.
cajole a thing from (or *out of*) *a person* 남을 속여 …을 빼앗다. ¶ He *cajoled* a knife *from* a child. 그는 아이를 속여 나이프를 빼앗았다.
ca·jole·ment [kədʒóulmənt] *n.* =cajolery.
ca·jol·er [kədʒóulər] *n.* 치켜올리는 사람, 감언으로 꾀는 사람.
ca·jol·er·y [kədʒóuləri] *n.* U C (*pl.* **-er·ies**) 감언으로 꾐.
Ca·jun [kéidʒən] *n.* **1** 美국 Louisiana주 주민 중 Acadia[현재 Nova Scotia] 지방의 프랑스계 이민의 자손; U 그들이 쓰는 프랑스어 방언. **2** Alabama주 남서부와 Mississippi주 동남부의 백인과 인디언 및 흑인과의 혼혈아.

‡**cake** [keik] *n.* **1** ⓊⒸ 케이크, 양과자. ¶ light *cakes* 담백한 과자 / *You can't eat your cake and have it* [*too*]. 《속담》 먹은 케이크는 남지 않는 법; 일이란 양립하기 어렵다. **2** [납작하고 얇게 구운] 딱딱한 빵; 팬케이크 (pancake); 철판으로 구운 과자 (griddlecake). ¶ brown a *cake* 과자를 갈색으로 굽다. **3** 생선이나 야채를 경단 모양으로 만들어 기름에 튀긴 것. ¶ a fish *cake* 어탄. **4** [일정한 모양의]덩어리; 압축한 딱딱한 덩어리. ¶ a *cake* of soap 비누 1개 / a bean *cake* 콩깻묵. **5** Ⓤ《속어》돈, 돈(지폐)뭉치. **6**《美속어》미인, 매력적인 여자. **7** (the ~) 분할되는 것의 전체. *cakes and ale* ① 맛있는 음식과 술, 갖가지 즐거운 일. ② 흥겹망청 즐기기. ③ 한가한 생활. *go* (or *sell*) *like hot cakes* 날개 돋친듯이 팔리다. *hurry up the* (or *one's*) *cakes* 기운을 서두르다. *One's cake is dough.* 계획은 실패했다; 실망했다. *a piece of cake*《구어》쉽고 즐거운 일. *take the cake*《구어》상을 타다, 남보다 뛰어나다, 발군하다. * 좋지 않은 일을 비꼴 때 쓴다.
— *v.* (**caked, cak·ing**) *vt.* [과자 모양으로] …을 굳히다, 덩어리로 만들다. — *vi.* [과자 모양으로] 굳어지다, 응고하다. ◇ cáky *adj.*
cake-hole [kéikhòul] *n.*《英속어》입.
cake·walk [kéikwɔ̀:k] *n.*《美》**1** 케이크워[미국 흑인이 보여주는 우아한 걸음걸이의 경쟁; 이긴 팀이 상품으로 케이크를 받는다]. **2** 케이크워춤[곡]. — *vi.* 케이크워으로 걷다, 케이크워춤을 추다.
cak·y [kéiki] *adj.* 케이크 같은; 고형(固形)의.
CAL(略) China *Air*/*lines*[대만의 민간 항공 공사(공사)].
cal.(略) calendar; caliber; small calorie[s].
Cal.(略) California; large calorie[s].
Cál·a·bar bèan [kǽləbà:r] *n.* 칼라바르콩[열대 아프리카의 덩굴 식물의 일종; 맹독, 약용].
cal·a·bash [kǽləbæ̀ʃ] *n.* **1** [식물] 호리병박; [인동과 (科)의]괴불나무. **2** 호리병박 제품[공·공기·파이프·술통 따위]; [인디언이 사용하는 호리병박으로 만든 악기.
cal·a·boose [kǽləbùːs, ⸌—⸍] *n.*《美구어》유치장 (lockup), 교도소(jail).
ca·la·di·um [kəléidiəm] *n.* [식물] 칼라듐[열대 아메리카산(産) 관상 식물의 일종].
cal·a·man·co [kǽləmǽŋkou] *n.* (*pl.* **-cos**) Ⓤ 캘러맹코 모직[한쪽 면이 격자 무늬 또는 수자직(繻子織)의 광택이 있는 모직물; 18세기에 유행]; ⓒ 캘러맹코 나사로 만든 의복.
cal·a·man·der [kǽləmændər, ⸌—⸍] *n.* [식물] 흑단(黑檀)의 일종[Ceylon산(産) 고급 가구용 목재].
cal·a·mar·y [kǽləmèri / -məri] *n.* (*pl.* **-ries**) 오징어, 화살꼴뚜기.
cal·a·mi [kǽləmài] *n.* calamus의 복수형.
cal·a·mine [kǽləmàin, +美 -min] *n.* Ⓤ [광물] **1** 칼라민, 이극광(異極鑛), 규(珪)아연광. **2** 능(菱)아연광 (smithsonite).
cal·a·mite [kǽləmàit] *n.* 노목(蘆木)[30미터에 달하는 고생대 석탄기에 무성했던 거대한 목본(木本) 양치식물. 그 유해가 석탄이 되었다].
ca·lam·i·tous [kəlǽmitəs] *adj.* 재난을 가져오는; 재난의, 불행한; 비참한 (disastrous).
~**ly** *adv.* ~**ness** *n.*
ca·lam·i·ty [kəlǽməti] *n.* Ⓒ (*pl.* **-ties**) 재앙, 재난, 재해; 큰 불행(불운), 비운, 고난 (misery). ⇨DISASTER類語 ¶ A miserable *calamity* befell him. 처참한 재앙이 그에게 들이닥쳤다. ◇ calámitous *adj.*
cal·a·mus [kǽləməs] *n.* (*pl.* **-mi**) **1** 창포 (sweet flag); 종려 (palm)의 일종; [鳥類] [깃의] 깃축(quill).
ca·lan·do [ka:láːndou / kəlǽn-] *adv., adj.* [이탈리아]《음악》서서히 속도 늦춤(줄임)의,

차 약하게.
ca·lash [kəlǽʃ] *n.* **1** 말 두 필이 끄는 4륜의 포장 마차; 그 마차의 포장. **2** [여성용의] 포장형 후드[18세기경에 유행하던 모자].
calc- ⇨ CALCI-.
cal·ca·ne·um [kælkéiniəm] *n.* (*pl.* **-ne·a** [-niə])
cal·ca·ne·us [kælkéiniəs] *n.* (*pl.* **-ne·i** [:niài]) [해부] 종골(踵骨).
cal·car [kǽlkɑːr] *n.*(*pl.* **-car·i·a**[-kɛ́(:)riə / -kɛ́əriə]) [생물] 며느리발톱; 며느리발톱 모양의 돌기.
cal·car·e·ous [kælkɛ́(:)riəs / -kɛ́ər-] *adj.* 석회질의, 석회를 함유하는; 백악질의 (chalky).
cal·ce·o·lar·i·a [kælsiəlɛ́(:)riə / -lɛ́ər-] *n.* 칼세올라리아속(屬)의 식물[슬리퍼 모양의 꽃이 핀다. 관상용].
cal·ces [kǽlsiːz] *n.* calx 의 복수형의 하나.
calci- calcium, lime 의 뜻의 연결형 (* 모음 앞에서는 calc- 를 쓴다). 예: *calci*ferous, *calci*fy; *calc*areous.
cal·cic [kǽlsik] *adj.* 칼슘성의, 석회질의, 칼슘(석회)을 함유하는. * 석회 (lime)는 산화칼슘 (calcium oxide) 의 통칭.
cal·cif·er·ol [kælsífərɔ̀ul, -ɔ̀:l] *n.* Ⓤ [생화학] 칼시페롤, 비타민 D₂.
cal·cif·er·ous [kælsíf(ə)rəs] *adj.* [화학] 탄산칼슘 (calcium carbonate)을 생성하는; 탄산칼슘을 함유하는.
cal·ci·fi·ca·tion [kæ̀lsifikéi(ə)n] *n.* Ⓤ **1** 석회화. **2** [생리] 조직내 석회질 침착(沈着); [해부] 세내 석회 조직. **3** [지질] 석회 작용. **4** 토양계 칼슘.
cal·ci·fy [kǽlsifài] *vt., vi.* (**-fied, -fy·ing**) [생리] […을] 석회질로 하다(되다), 칼슘의 첨착분으로 경화시키다 (하다).
cal·ci·mine [kǽlsimàin, +美 -min] *n.* 칼시민[벽이나 천정용의 백색 또는 착색한 수성 도료]. — *vt.* (**-mined, -min·ing**) …에 칼시민을 칠하다.
cal·ci·na·tion [kæ̀lsinéi(ə)n] *n.* Ⓤ 하소(煆燒).
cal·cine [kǽlsain, +美 -sin] *vt., vi.* (**-cined, -cin·ing**) […을] 하소하다, [물질을] 태워 휘발 성분을 없애고 재 모양의 물질로 만들다.
cal·cin·er [kǽlsáinər, ⸌—⸍] *n.* 하소로(煆燒爐), 하소기(器).
cal·cite [kǽlsait] *n.* Ⓤ 방해석(方解石).
cal·ci·to·nin [kæ̀lsətóunən] *n.* Ⓤ [생화학] 칼시토닌 [혈액 속의 칼슘을 조절하는 호르몬].
****cal·ci·um** [kǽlsiəm] *n.* Ⓤ [화학] 칼슘[원자 기호 Ca]. ◇ cálcic *adj.*
cálcium cárbide *n.* Ⓤ [화학] 탄화칼슘, [속칭] 카바이드[칼슘과 탄소의 결정(結晶) 화합물; 물과 작용하여 아세틸렌을 발생].
cálcium cárbonàte *n.* Ⓤ [화학] 탄산 칼슘[결정 화합물로서 대리석·방해석 따위의 주성분].
cálcium chlóride *n.* Ⓤ [화학] 염화칼슘[건조제·한제(寒劑)로 사용].
cálcium hydróxide *n.* Ⓤ [화학] 수산화칼슘, 소석회(消石灰) [산화칼슘 또는 생석회를 물에 녹여 얻는다].
cálcium líght *n.* Ⓤ 칼슘광(光), 석회광, 라임라이트 [석회를 산수소염 속에서 가열할 때 생기는 백색광; 조명에 사용] (limelight).
cálcium óxide *n.* Ⓤ [화학] 산화칼슘, 생석회 (quick lime).
cálcium phósphate *n.* Ⓤ [화학] 인산칼슘[식물 비료용]; 척추 동물의 뼈의 주성분.
cal·cog·ra·phy [kælkágrəfi / -kɔ́g-] *n.* Ⓤ 크레용(파스텔) 화법.
calc-sin·ter [kǽlksìntər] *n.*[광물] = travertine.
calc-spar [kǽlkspɑ̀ːr] *n.* = calcite.
cal·cu·la·bil·i·ty [kæ̀lkjuləbíliti] Ⓤ 계산할 수 있음, 어림할 수 있음, 예측할 수 있음.
cal·cu·la·ble [kǽlkjuləbl] *adj.* **1** 계산할 수 있는; 미리 계산할 수 있는, 어림할 수 있는, 예측이 가능한. **2** 신용할 수 있는 (reliable), 믿을(의지할) 수 있는 (de-

cal·cu·la·graph [kælkjúːləgræf/-ɡrɑ̀ːf] *n.* 통화 시간 기록기.

‡**cal·cu·late** [kǽlkjulèit] *v.* (**-lat·ed, -lat·ing**) *vt.* **1** …을 계산하다, 추계하다. ⇨ COMPUTE 類語 ¶ (~+图) *calculate* the speed of light 빛의 속도를 계산하다 // (~+图+前+名) The population of the city is *calculated* at 150,000. 그 도시의 인구는 15만명으로 산정되고 있다. **2** (보통 수동형으로) (어떤 목적)에 적합하게 하다. ¶ (~+图+前+名) be *calculated* for modern conditions 현대의 상태에 적합하도록 되어 있다 // (~+图+前+名) (~+图+ to do) This machine is not *calculated* for such purposes. =This machine is not *calculated* to serve such purposes. 이 기계는 그러한 목적에 맞도록 만들어진 것은 아니다. **3** (장래의 일을) 산정(算定)하다, 예측하다, 어림잡다 (estimate), 추정하다, 평가하다(evaluate). ¶ *calculate* a solar (a lunar) eclipse 일식(월식) 일을 계산해내다 / We shall win by a narrow majority, I *calculate*. 아슬아슬한 득표차로 우리가 이길 것이다. **4** (美구어) …이라고 생각하다 (think), 상상하다(guess); (美부부) 할 작정이다 (intend), 계획하다(plan). ¶ I *calculate* you couldn't find him there. 거기에 가도 그를 찾지 못할 것으로 생각되다 / He *calculated* to do it. 그는 그렇게 할 작정이었다.
— *vi.* **1** 계산하다; 견적을 내다 (estimate). **2** 기대하다, 의지하다(*on*...) (rely, depend). ¶ (~+前+名) *calculate on* fine weather 좋은 날씨를 기대하다 / I *calculate on* your aid. 자네 도움을 믿고 있겠네 / You can *calculate on* success. 너는 반드시 성공한다.
◇ calculátion *n.*, cálculative *adj.*

cal·cu·lat·ed [kǽlkjulèitid] *adj.* **1** 산출된, 산정된; 어림된, 추정의. **2** 작정된, 기도된, 고의적인 (intentional), 계획적인. ¶ a *calculated* riot 계획적인 폭동. **3** …할 것 같은 (likely); …에 알맞은 (fit, suited) (*for*...). ⇨ CALCULATE *vt.* 2.

cal·cu·lat·ing [kǽlkjulèitiŋ] *adj.* **1** 계산하는, 계산용의. ¶ a *calculating* scale (*or* rule) 계산자. **2** 빈틈없는 (shrewd), 신중한 (cautious). ¶ a *calculating* businessman 빈틈없는 사업가. **3** 타산적인, 이기적인 (selfish), 책략이 있는, 약삭빠른 (scheming); ¶ a *calculating* disposition 타산적 기질 / a *calculating* scheme 약삭빠른 계획.

cálculating machíne *n.* 계산기, 자동 계산기.

‡**cal·cu·la·tion** [kælkjuléi(ə)n] *n.* **1** ① 계산(하기), 산출; ② 계산 결과 (computation). ¶ make a *calculation* 계산하다 / a rapid mental *calculation* 빠른 암산. **2** ①ⓒ 예측, 예상 (forecast). ¶ The result is beyond *calculation* at present. 현재로서는 결과를 예상할 수가 없다. **3** ①ⓒ 장래에 대한 고려, 조심 (forethought); 신중한 계획; ① 타산; 심사숙고. ◇ cálculate *vi.*

cal·cu·la·tive [kǽlkjulèitiv/-lətiv] *adj.* **1** 계산상의; 어림(추측)의. **2** 타산적인, 빈틈없는, 신중한; 계획적인.

cal·cu·la·tor [kǽlkjulèitər] *n.* **1** 계산하는 사람; 계산기 (calculating machine). **2** 계산표, 산출표.

cal·cu·lous [kǽlkjuləs] *adj.* (병리) 결석 (結石)(질)의, 결석증에 걸린, 결석이 있는, 결석으로 인한.

cal·cu·lus [kǽlkjuləs] *n.* (*pl.* **-li** [-lài] *or* **-lus·es**) **1** ① (수학) 고등 수학적 계산법, 미적분학. ¶ differential *calculus* 미분학 / integral *calculus* 적분학. **2** (병리) 결석(結石). ¶ renal *calculi* 신장 결석, 신석(腎石) / a biliary *calculus* 담석.

Cal·cut·ta [kælkʌ́tə] *n.* 캘커타 (인도 동부의 도시, 서벵골 (West Bengal) 주의 주도, 상업의 중심지).

cal·dar·i·um [kældɛ́(ː)riəm /-dɛ́əri-] *n.* (*pl.* **-i·a** [-iə]) (고대 로마 목욕탕의) 온욕실(溫浴室).

cal·de·ra [kældérə, -dí(ː)rə / kɔːldɛ́ərə] *n.* 칼 데라 (화산체 중앙부의 분화구보다 크게 움푹 팬 지형).

cal·dron [kɔ́ːldrən], (**cauldron**) *n.* 큰 솥, 큰 냄비.

Ca·leb [kéiləb / -leb] *n.* 갈렙 [히브리인 12도자의 한 사람. ←민수기 (Num.) 13:6-33].

ca·lèche [kəléʃ] *n.* (*pl.* **-lèches** [-léʃ]) **1** (캐나다) (Quebec에서 쓰는) 앞좌석에 마부 자리가 있는 말 한 필이 끄는 2륜 포장 마차. **2** =calash 1.

Cal·e·do·ni·a [kælidóuniə, -njə] *n.* (주로 詩) 스코틀랜드(Scotland). *cf.* Albion

Cal·e·do·ni·an [kælidóuniən, -njən] *n.* (주로 詩) *n.* 스코틀랜드인. — *adj.* 스코틀랜드의.

cal·e·fa·cient [kælifĕiʃ(ə)nt] *n.* (의학) 인체재(引赤劑) (온각(溫覺)을 일으키는 물질; 겨자 따위).
— *adj.* 온각을 일으키는, 인적의, 달아오르게 하는.

cal·e·fac·tion [kælifǽk(ə)n] *n.* ① 따뜻하게 하기, 가열; 가온 상태. 「성의.

cal·e·fac·tive [kælifǽktiv] *adj.* 따뜻하게 하는, 가열

cal·e·fac·to·ry [kælifǽkt(ə)ri] *adj.* 열을 내는, 가열(난방)용의. — *n.* (*pl.* **-ries**) 수도원의 난방실 등.

ca·lem·bour [kǽləmbuər] *n.* (프랑스) 재담, 말재주 부리기 (pun).

‡**cal·en·dar** [kǽləndər] *n.* **1** 달력, 캘린더; 역법(曆法). ¶ a wall-*calendar* 벽에 거는 달력 / a daily pad *calendar* 일력(日曆) / the Moslem *calendar* 회교력 / the lunar *calendar* 태음력 / the solar *calendar* 태양력 / the Gregorian (Julian) *calendar* 그레고리오 (율리우스)력. **2** 행사 예정표, 일정표; (공문서의) 기록부 (register); (법원의) 소송 사건표, (페어) 요람(要覽). ¶ a court *calendar* 법정 일정 / a university *calendar* 대학 행사 예정표.
on the calendar ① 달력에 실려(기입되어). ② 일정에 올라, 예정되어.
— *vt.* …을 달력(일정표)에 적어넣다; …을 기록하다 (register); …을 예정하다 (schedule); (문서)를 정리하다

cálendar árt *n.* 달력에나 쓸 통속적인 그림(사진).

cálendar clóck *n.* 날짜가 나오는 시계 (월일·요일 따위도 표시한다). *cf.* calendar watch

cálendar dáy *n.* 역일(曆日) (한밤중부터 다음 한밤중까지의 24시간).

cálendar mónth *n.* 역월(曆月) (1월·2월 따위).

cálendar wátch *n.* 날짜 따위가 나오는 손목(회중) 시계.

cálendar yéar *n.* 역년(曆年) (1월 1일부터 12월 31일까지). *cf.* fiscal year

cal·en·der [kǽləndər] *n.* 캘린더 (천·종이 등에 광택을 내는 롤 기계); (자동차 타이어용의) 고무 먹인 천을 만드는 기계, 고무 먹이는 기계. — *vt.* …을 캘린더에 걸다, …에 광택을 내다.

Cal·en·der [kǽləndər] *n.* (회교국의) 탁발 수도자 (dervish).

cal·ends [kǽlindz], (**kalends**) *n. pl.* (복수 취급) (고대 로마력의) 초하루.
on (or *till*) *the Greek calends* 아무리 지나도 (결코) …않다 (never) (그리스력에는 calends 라는 말이 없는 데서). ¶ I shall pay the debt *on* (or *till*) *the Greek calends*. 빚은 언제까지고 결코 갚지 않겠다.

ca·len·du·la [kəléndʒulə / -djuː-] *n.* 금잔화 (국화과의 관상용 식물). 「말린 금잔화 (외상약용).

cal·en·ture [kǽləntʃuər, -tʃər / -tjuə] *n.* ① (병리) (열대 특유의) 일사병, 열사병.

ca·les·cence [kəlés(ə)ns] *n.* ① 증온(增溫), 가열, 증온(增溫). 「해 오는,

ca·les·cent [kəlés(ə)nt] *adj.* 뜨거워지는, 온도를 더

‡**calf¹** [kæf / kɑːf] *n.* (*pl.* **calves** (-z)) **1** 송아지 (보통 1세 이하). ⇨ OX 類語 **2** (코끼리·물개·고래 따위의) 새끼. **3** ①ⓒ (*pl.* **calfs**) 송아지 가죽. ¶ a book bound in *calf* 송아지 가죽으로 장정한 책. **4** 어리석은 젊은이, 순진한 남자. **5** (빙산에서 분리된) 얼음덩이.
eat the calf in the cow's belly 독장수 셈을 하다.
in (or *with*) *calf* (소가) 새끼를 배어.

kill the fatted calf […을 위해] 성대한 환영 준비를 하다, 성찬을 마련하다[돌아온 방탕한 아들의 고사에서. ← 누가 복음(Luke) 15 : 23].

calf² [kæf / kɑːf] *n.* (*pl.* **calves**) 장딴지. ⇨FOOT 圖.

cálf·bòund [kǽfbàund / kɑ́ːf-] *adj.* [책이] 송아지 가죽으로 장정한.

cálf dòz·er [kǽfdòuzər] *n.* 소형 불도저.

cálf knèe *n.* 엑스(X)다리, 외반슬(外反膝) (knock-knee).

cálf lòve *n.* ⓤ 《英》 [소년·소녀의] 풋사랑 (puppy love).

cálf's-fòot [kǽvzfùt / kɑ́ːf.vz-] *n.* 송아지의 족 요리.

cálf·skìn [kǽfskìn / kɑ́ːf-] *n.* ⓤ 1 송아지 가죽. 2 카프스킨 [송아지 가죽을 무두질한 고급 가죽].

cálf's tèeth *n.* 젖니.

Cal·i·ban [kǽlibæn] *n.* 1 Shakespeare 작(作) *The Tempest*에서 Prospero를 섬기는 반수인(半獸人) 노예. 2 [캘리밴처럼] 추악하고 무도한 남자.

cal·i·ber, 《英》 **-bre** [kǽlibər] *n.* 1 [원통형 물건의] 직경. 2 [총포의] 구경(口徑); [총알의] 직경. ¶ a gun of 14-inch *caliber* 구경 14인치 포. 3 ⓤ 재능 (ability), 덕량, 도량; 인품, 사람됨, 인물 (character). ¶ a man of poor *caliber* 재능이 부족한 사람 / a statesman of excellent *caliber* 훌륭한 정치가. 4 ⓤ [사물의] 품질, 등급. ¶ dictionaries of this *caliber* 이 정도의 사전.

cal·i·brate [kǽlibrèit] *vt.* (**-brat·ed, -brat·ing**) 1 [직경·구경 따위를] 재다, 측정하다. 2 [계기에] 눈금을 매기다; [계기의] 눈금을 조사하다. 3 ~의 …인치 총기.

cal·i·bra·ter, -tor [kǽlibrèitər] *n.* 눈금(구경) 재는 사람.

cal·i·bra·tion [kæ̀libréiʃ(ə)n] *n.* ⓤ 1 구경 측정. 2 [계기의] 눈금 조사. 3 (~s) 눈금.

cal·i·ces [kǽlisìːz / kéil-] *n.* calix의 복수형.

cal·i·cle [kǽlikl] *n.* 1 [동물] 소배상부(小杯狀部), 소배상 기관. 2 [식물] 부악 (副萼). ⇨ CALYCLE.

cal·i·co [kǽlikòu] *n.* ⓤⓒ (*pl.* **-coes** *or* **-cos**) 《美》사라사 [무늬를 날염한 무명천]. 《英》 흰 캘리코, 옥양목 [빛이 고운 무명]. — *adj.* 1 캘리코 [제]의. 2 사라사의; 사라사 무늬의; 얼룩 무늬의 (spotted). ¶ a *calico* pony 얼룩 조랑말 / a *calico* ball (*or* hop) 《美고어》 값싼 옷차림으로 하는 자유롭고 마음 편한 가장 무도회.

cal·i·co·back [kǽlikoubæ̀k] *n.* 《美》 빨강·검정의 반점이 있는 노린재의 일종인 곤충 [양배추의 해충].

cálico bùg *n.* 《美》 = calicoback.

cálico prínting *n.* ⓤ 사라사 날염, 사라사 염색.

ca·lif [kéilif, kǽl-] *n.* = caliph.

Calif. (略) California.

cal·if·ate [kǽlifèit] *n.* = caliphate.

‡**Cal·i·for·nia** [kælifɔ́ːrnjə, -niə] *n.* 1 미국 태평양 연안의 주 [주도 Sacramento; 略 Calif., Cal.]. 2 **the Gulf of ~** 캘리포니아만 [멕시코 및 California 반도에 걸쳐 있는 길쭉한 만].

Cal·i·for·nian [kælifɔ́ːrnjən, -niən] *adj.* 캘리포니아 주의; 캘리포니아 주민의. — *n.* 캘리포니아 주민.

Califórnia póppy *n.* 금영화 [양귀비과(科)의 노란 꽃이 피는 청록색의 식물; California 주의 주화(州花)].

cal·i·for·ni·um [kælifɔ́ːrniəm] *n.* ⓤ 《화학》 칼리포르늄 [인공 방사성 원소의 하나; 원자 기호 Cf].

ca·lig·ra·phy [kəlígrəfi] *n.* = calligraphy.

cal·i·pash [kǽlipæ̀ʃ, 美 ⁻⁻̀] *n.* ⓤ 바다거북의 등고기 [수프의 진미].

cal·i·pee [kǽlipìː, ⁻⁻́] *n.* ⓤ 바다거북의 배고기 [진미].

cal·i·per, cal·li- [kǽlipər] *n.* 1 (보통 ~s) 캘리퍼스, 측정(測徑) 양각기 [물건의 두께, 원통의 외경(外徑), 구멍의 내경 따위를 재는 기구]. 2 inside (outside) *calipers* 내측 (外測)

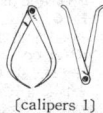

[calipers 1]

(외측) 캘리퍼스. 2 [종이·판지 따위의] 두께. — *vt.* …을 캘리퍼스로 재다.

cáliper rùle *n.* 캘리퍼스 자.

ca·liph, ca·lif [kéilif, kǽl-] *n.* 칼리프 [마호메트 후계자로서의 회교 국가의 교주 겸 국왕(Sultan)의 칭호].

cal·iph·ate [kǽlifèit], (**califate**) *n.* 칼리프의 지위; 칼리프의 통치국.

cal·is·then·ic [kælisθénik], (**cal·is·then·i·cal [-k(ə)l]**) *adj.* 미용 체조의, 유연 체조의.

cal·is·then·ics [kælisθéniks] *n. pl.* 1 〈단수 취급〉미용 체조법. 2 〈복수 취급〉미용 체조, 유연 체조.

ca·lix [kéiliks] *n.* (*pl.* **cal·i·ces**) 〈가톨릭〉 미사용 잔, 성작(聖爵) (chalice). [< L]

calk¹ [kɔːk] *vt.* = caulk.

calk² [kɔːk] *n.* 1 [편자의] 미끄럼 방지용 징(스파이크). 2 《美》 [구두창의] 미끄럼 방지용 징. — *vt.* 1 …에 미끄럼 방지용 징 (스파이크)을 박다. 2 미끄럼 방지용 징으로 …에 상처를 내다.

calk³ [kɔːk] *vt.* [도안 따위의 뒷면에 색분필을 칠하고, 앞면을 철필 따위로 문질러] …을 옮겨 그리다.

calk·er¹ [kɔ́ːkər] *n.* = caulker.

calk·er² *n.* = calk² 1.

calk·in [kɔ́ːkin] *n.* = calk² 1.

‡**call** [kɔːl] *vt.* 1 [큰 소리로] …을 부르다, 불러내다; [명단 따위를] 소리내어 읽다. ¶ *call* a taxi 택시를 부르다 / I'll *call* the roll. 〈교실에서〉 출석을 부르겠어요 // (~+圓+副) He *called* me *out*. 그는 나를 불렀다. 2 …을 청하다; …을 선언하다, 포고하다 (proclaim); …을 요구하다, …을 오게 하다, 불러들이다 (summon); …에게 명령하다. ¶ *call* a halt 정지를 명하다 / *call* a strike 파업을 명하다 (지령하다) / The American ambassador was *called* home. 미국 대사는 귀국 명령을 받았다.

3 [잠에서] …을[불러] 깨우다 (awaken), [마음 따위에] …을 떠오르게 하다, [남의 주의]를 끌다. ¶ *Call* me at six o'clock. 나를 6시에 깨워 주시오 / *call* something to mind 무엇을 상기하다 / He *called* [our] attention to it. 그는 우리의 주의를 그것에 쏠리게 했다.

4 […를] 부르다 (호출하다), [회의 등]을 소집하다. ¶ *call* a witness 증인을 소환하다 / *call* a meeting 회의를 소집하다 // (~+圓+前+圈) *call* men to arms (*or* the colors) 남을 군대로 소집하다 / He was *called* to the Metropolitan Police Board. 그는 수도 경찰국에 호출되었다.

5 …을 토의(심의)에 부치다. ¶ *call* a case 사건을 심의에 부치다, 사건을 재판에 회부하다.

6 …에게 전화를 걸다 (telephone), …을 전화에 불러내다. ¶ *Call* me at nine. 9시에 나한테 전화 주세요 // (~+圓+前+圈) *Call* him *on* the telephone. 그에게 전화해라 / He *called* me *from* Paris. 그는 파리에서 내게 전화를 걸어왔다.

7 [울음소리를 흉내내어] 〈새·동물〉을 불러 (꾀어) 들이다.

8 [스포츠] **a)** 〈날씨나 그라운드의 나쁜 컨디션 때문에〉[시합]을 중지하다. ¶ a *called* game 콜드 게임. **b)** [심판이 아무에게] …의 판정을 내리다, …을 선언하다. ¶ (~+圓+副) The umpire *called* him *out*. 심판은 그에게 아웃을 선언했다.

9 …의 변제(상환, 불입, 지불)를 요구하다 [반환·불입]을 요구하다 (催告) 하다 / *call* the payment of one's loan 채권의 상환을 요구하다.

10 …을 …이라고 이름짓다 (name), …이라고 부르다. ¶ (~+圓+圈) *call* a spade a spade 물건을 그 이름으로 부르다, 솔직이 말하다 (⇨ SPADE) / We *called* him John. 우리는 그를 존이라고 이름지었다 / They *called* him a liar. 우리는 그를 거짓말쟁이라고 불렀다.

11 …을 …이라고 단정하다, 생각하다 (consider); …으로 간주하다, 어림잡다 (estimate). ¶ (~+圓+圈) I *call* that fair. 그것은 공평하다고 생각하다 / They

call

called it ten miles. 그들은 그것을 약 10마일로 잡았다. **12** [당구] [포켓에서 15개의 공 중] [포켓에 넣을 공]을 지정하다. **13** [카드놀이] [포커에서] [상대방의 패를 보이라고 요구하다]. **14** 〔속어〕 [남]을 꾸짖다(scold), 비난하다.

— *vi.* **1** [큰 소리로] 부르다, [도와달라고] 소리치다 (shout, cry). ¶ (~+圖+图) *call* to a person *for* help 남에게 도와달라고 소리치다 // (~+圖+图+ *to* do) I *called* to him to stop. 나는 그에게 멈추라고 소리쳤다. **2** […을] 방문하다, […에] 들르다(* [집]의 경우는 call *at*, 「사람」의 경우는 call *on* 을 쓴다). ¶ (~+圖+图) *call at* his house 그의 집을 방문하다 / *call on* my uncle 삼촌을 방문하다 / *Call* again. 또 오십시오.〔점원이 손님에게〕/ The ship *calls at* Boston. 그 배는 보스턴에 기항한다. **3** 전화하다, 전화를 걸다. **4** [카드놀이] [포커에서 상대방의 패를 보이도록] 요구하다, 콜을 하다. **5** [무척으로] 송신하다, 호출하다(to...). **6** [새·동물이] 울다. **7** 《美구어》정확히 예고(예보)하다. **8** 《美》트집잡다.

be called on to do …할 필요가 있다, …해야 하다.

call A after B B의 이름을 따서 A라고 이름 붙이다. ¶ She was *called* Elizabeth *after* the queen. 그녀는 여왕의 이름을 따서 엘리자베스로 불리었다.

call a thing one's own …을 소유하다. ¶ He had hardly a moment he could *call his own*. 그는 자기 시간이라고 할만한 것이 한순간도 없었다.

call after ① …을 부르며 뒤쫓다. ② …을 뒤에서 부르다.

call away ① 가게 하다, 떠나게 하다. ② …을 불러내다, 소집하다. ¶ The manager *called* him *away*. 지배인이 그를 불렀다. ③ 〔주의·마음〕을 다른 데로 돌리다.

call back ① [남]을 되부르다. ② [활력 따위]를 되찾다; [기억 따위]를 되살리다, …을 상기하다, 상기시키다. ¶ This picture *calls back* my college days. 이 사진을 보니 대학 시절이 생각난다. ③ [실언 따위]를 취소하다, 철회하다. ④ 《美》나중에 다시 …에게 전화하다. ¶ I'll *call* you *back*. 나중에 다시 전화하겠습니다.

call by 《美구어》들르다. ¶ He *called by* for Susie. 그는 수지를 데리러 들렀다.

call down ① 아래쪽으로 소리지르다(부르다). ② [천벌·은총 등]을 내려주십사고 빌다(*on*...). ③ 《美구어》[남]을 꾸짖다, 야단치다(*for*...). ¶ He *called* me *down for* talking too much. 그는 내가 너무 지껄인다고 야단쳤다.

call for ① …을 큰 소리로 부르다. ② [소리쳐] …을 청하다. ¶ He *called for* a cup of tea. 그는 소리로 홍차를 한 잔 달라고 말했다. ③ [배우 등]을 갈채하여 불러내다. ④ …을 필요로 하다, …을 요구하다. ¶ The task *calls for* great courage. 그 일은 큰 용기를 필요로 한다. ⑤ [물건]을 가지러 들르다, [남]을 부르러 (데리러, 마중하러) 들르다. ¶ Shall we send the goods, or will you *call for* them? 물건을 보내드릴까요, 아니면 가지러 오시겠습니까? ⑥ 알맞다, …이 적당하다. ¶ Such a crime *calls for* the severest punishment. 이러한 범죄는 최대의 엄벌이 타당하다. 〔도록 하다.

call for trumps 【카드놀이】 상대방에게 으뜸패를 내게

call forth ① …을 불러내다. ② [비웃음]을 끌어내다; [용기]를 내다, 분기하다. ¶ The proposal *called forth* a good deal of hostile criticism. 그 제안에 대해서 많은 반대 의견이 나왔다.

call in ① (*vi.*) […에] 잠깐 들르다 (*at*...). ② [전진기지·유포·선전 따위에] …을 청수하다, 회수하다, 철회하다. ③ …을 불러들이다. ④ [남]을 초대하다; [조언·원조]를 청하다; [의사]를 부르다. ¶ *call in* the police (an expert) 경찰(전문가)을 부르다 / *call in* professional advice 전문적 조언을 구하다. ⑤ [대출금·담보 따위]를 회수하다 / [화폐·지폐 따위]의 회수 명령을 내리다. ¶ *call in* bank notes and issue new ones 지폐를 회수하여 새것을 발행하다.

call... in (or *into*) *question* ⇒ QUESTION.

call... into …을 […의] 상태로 불러(끌어)들이다. ¶ *call... into* being (or existence) …을 낳다, 창조하다 (produce, create) / *call... into* play …을 활동시키다.

call it a day ⇒ DAY.

call it quits ⇒ QUITS.

call a person names ⇒ NAME.

call off ① …을 세다, 차례로 읽어내다. ② 〔구어〕[계획]을 중지하다; [약속·예약 따위]를 취소하다 (cancel); …을 포기하다. ¶ *call* a trip *off* 여행을 중지하다 / The game was *called off* on account of rain. 그 시합은 비 때문에 중지되었다. ③ …을 불러 떠나게 하다; [일]을 중지시키다. ¶ Please *call off* your brother. 제발 동생을 불러서 데리고 가주시오. ④ […에서]의 주의를 돌리다(*from*...).

call on (or *upon*) ① [이름을 불러서] [학생]에게 시키다, ② [남]을 잠시 방문하다, [외판원 등이] 호별 방문을 하다 (⇒ *vi.* 2). ¶ The grocer *calls on* us every Friday. 식료품상은 금요일마다 주문을 받으러 온다. ③ 〔하나님 등]의 이름을 불러 기도하다. ¶ [원조 따위]를 청하다. ¶ *call on* a person's service 남의 원조를 청하다. ⑤ [말]을 격려하다. ⑥ [사냥개가] 사냥감을 발견하고 짖다.

call on (or *upon*) *a person for* (or *to* do) 남에게 …을 […해달라고] 부탁하다 (request). ¶ He *called on* me *for* help. 그는 내게 도움을 청했다 / I *called on* him *to* make a few remarks. 그에게 몇 마디 해달라고 청했다.

call out ① (*vi.*, *vt.*) […을] 큰 소리로 외치다. ¶ In his pain he *called out* loudly. 너무도 아파서 그는 고래고래 소리를 질렀다. ② [고어] …에게 결투를 신청하다. ③ [군대 따위]를 소집하다. ④ …하라고 명하다 (*to* do). ¶ The general *called out* the rebels *to* surrender. 장군은 반란군에게 항복을 명했다. ⑤ …을 뽑아(끌어) 내다, 불러내다, 불러일으키다. ¶ The danger *called out* the best in her. 위험이 닥치자 그녀의 가장 좋은 점이 나타났다. ⑥ 《美구어》[노동자]에게 파업을 지령하다. ⇒ *vt.* 2. ⑦ [사육제에서 가장하고] 무리를 추가로 권유하다. 〔다.

call out to a person for 남에게 …을 달라고 소리치

call over ① …을 불러 모으다. ② …을 점호하다, 소리내어 읽다.

call things by their names [속이지 않고] 분명히 말하

call to [주의를 끌기 위해] [남]에게 소리치다. ¶ I *called to* him, but he appeared not to hear me. 나는 그에게 소리쳤으나 안 들리는 것 같았다.

call up ① …에게 전화를 걸다, …에 전화로 이야기하다 (《英》ring up); 자고 있는 그를 깨우다. ¶ What time shall I *call* you *up*? 몇 시에 깨워드릴까요? ② [영혼 따위]를 부르다, 불러내다. ③ 《美》…을 불러내다. ④ …을 마음속에 그리다. ¶ The music *called up* old times. 그 음악을 들으니 옛날 생각이 났다. ⑤ [남]에게 일어서서 연설하도록 하다. ⑥ [남]을 자극하다. ⑦ [남]을 소집하다. ¶ *call up* for active duty 현역에 소집하다.

what is called; what you (or *they*) *call* ⇒ WHAT.

— *n.* **1** 부르기; 부르는 소리, 외치는 소리(shout, cry); [새·짐승의] 울음소리; [사냥 따위에서] 서로 부르는 소리, 신호 소리; 전화 따위의 통화, 불러내기; 앙코르. **2** 소집; [종교상의] 의무, 사명; 천직. **3** [강한] 매력, 유혹(attraction). **4** [짧은] 방문; 기항(寄港). ¶ make (or pay) a *call* 방문하다. **5** (종종 부정형과 함께) 필요(need); 요구(demand); 지불 요구; 불입 청구. **6** 점호. **7** [연극] 리허설의 통고. **8** 〔스포츠〕 [심판의] 판정. **9** [카드놀이] 콜. ⇒ *vi.* 4.

at (or *on*) *call* ① [요구시] 언제든지 수요에 응할 수 있는. ② 《美》청구가 있는 즉시 지불할 (갚을) 수 있는; 곧 입수할 수 있는. ¶ money *on call* 〔상업〕 당좌 대부금.

have the call 인기가 있다; 수요가 많다.
a house of call ⇨ HOUSE.
take a call [막이 내린 후 다시 무대에 나와] 관객의 갈채를 받다.
within call ① 부르면 들리는 곳에, 가까운 곳에. ② [남의] 세력권 내에서; [명령 등에] 즉각 응할 수 있는.
within calling distance 방문할 수 있는 거리내에.

cal·la [kǽlə] *n.* **1** (=**cálla líly**) 칼라[아프리카 원산(産)의 천남성과(科)의 원예 식물]. **2** 칼라[유럽·북아메리카의 한랭한 늪에 나는 식물].

call·a·ble [kɔ́:ləbl] *adj.* **1** 부를 수 있는. **2** [공채 따위] 수시로 상환할 수 있는. **3** [대부금 따위] 청구즉시 지불되는.

cal·lant [kǽ:lənt, +美 kǽl-], **-lan** [-lən] *n.* 《스코·北英》젊은이(lad); 소년(boy).

call-a-thon [kɔ́:ləθɑ̀n / -θɔ̀n] *n.* 장시간(연속) 전화.
call·back [kɔ́:lbæ̀k] *n.* 회수. 「토론.
cáll bèll *n.* 초인종.
cáll bìrd *n.* [큰 짐승을 꾀어 내기 위한] 미끼 새.
call·board [kɔ́:lbɔ̀:rd / -bɔ̀:d] *n.* 고시판, 게시판.
cáll bòx *n.* 《英》 공중 전화 박스 (《美》 telephone booth); 《警》 경찰·소방서용의 비상 전화.
call-boy [kɔ́:lbɔ̀i] *n.* **1** 나올 차례인 배우의 호출 담당자. **2** [호텔의] 보이(bellboy).

cáll connèct sýstem *n.* 《英》 전화 접속기[사무실에서 다이얼을 돌리지 않고 keypad의 키를 눌러 내선·외선 전화에 접속시키는 장치].

cálled gàme *n.* [야구] 콜드 게임 [5회가 경과한 후 어둠·비 또는 심한 점수차로 중지된 시합. 승부는 그때까지의 득점으로 결정함].

cálled stríke *n.* 《美》 [타자가] 놓쳐버린 스트라이크, [심판에 의해] 스트라이크로 선언된 투구.

‡**call·er**[1] [kɔ́:lər] *n.* **1** 부르는 사람; 소집자. **2** 내방자, 방문객. ⇨ VISITOR [類語]

cal·ler[2] [kǽlər] *adj.* **1** 《스코·北英》 식물 특히 생선 따위가] 신선한(fresh), 갓맑은. **2** [날씨·바람 따위가] 상쾌한(refreshing), 선선한(cool).

call-fire [kɔ́:lfàiər] *n.* 《군사》 요구사격 [상륙 부대의 요구에 따른 함포 사격].

cáll gìrl *n.* [전화로 불러오는] 매춘부, 콜걸.
cáll hòuse *n.* call girl이 있는 매춘굴.
calli- beauty 라는 뜻의 연결형. 예: *calli*graphy, *calli*sthenics.

cal·li·gram, -gramme [kǽligræ̀m] *n.* 캘리그램[시행(詩行)을 제재(題材)에 맞는 그림이 되도록 배열한 시].

cal·lig·ra·pher [kəlígrəfər] *n.* 서예가, 달필가.
cal·li·graph·ic [kæ̀ligrǽfik] *adj.* 서도의, 서법의; 달필의, 명필의; 필적의.
cal·lig·ra·phist [kəlígrəfist] *n.* =calligrapher.
cal·lig·ra·phy [kəlígrəfi] *n.* ⓤ **1** 달필, 명필, 능서(能書) [beautiful handwriting], 예술체. **2** pp. cacography **2** 필적(handwriting). **3** 서법 [예술로서의] 서예.

call-in [kɔ́:lìn] *n.* 전화 프로그램 [텔레비전·라디오에서 청취자로부터의 전화를 방송하는 프로그램].

*call·ing** [kɔ́:liŋ] *n.* ⓤⓒ **1** 부르기, 외침[소리]; 점호. ¶ the *calling* of a roll 점호. **2** 직업, 가업, 생업. ◦ OCCUPATION [類語] ¶ By *calling*, he is a painter. 그의 직업은 페인트장이다. **3** 호출, 소환(summons); 소집, 초대, 점호. the *calling* of Congress 의회의 소집. **4** [강한 내적] 충동(impulse). **5** [신학] 하나님의 부르심, 성소(聖召).

cálling càrd *n.* 명함 (visiting card).
Cal·li·o·pe [kəláiəpi] *n.* 증기로 음관을 울리는 일종의 파이프 오르간.
Cal·li·o·pe [kəláiəpi] *n.* 《그리스 신화》 칼리오페[웅변과 서사시를 맡은 Muses 중의 한 여신].
cal·li·op·sis [kæ̀liápsis / -ɔ́p-] *n.* =coreopsis.
cal·li·per [kǽlipər] *n., vt.* =caliper.

Cal·lis·to [kəlístou] *n.* 《그리스 신화》 칼리스토[제우스(Zeus)와 정을 통했기 때문에 헤라(Hera)의 질투를 받아 곰으로 변신되어 아르테미스(Artemis)에게 살해된 님프(nymph)].

cal·li·thump, -la- [kǽliθʌ̀mp] *n.* 《美북부》 몹시 떠들썩한 행렬; [신혼 부부를 축하하여] 뿔피리를 불고 대야·냄비 따위를 두드리기.

cal·li·thum·pi·an [kæ̀liθʌ́mpiən] *adj.* 《美》 떠들썩한 음악의, 떠들썩하게 거리를 누비고 다니는. — *n.* 떠들썩한 음악대.

cáll lètters *n. pl.* [방송국 따위의] 호출 부호.
cáll lòan *n.* 《금융》 콜론, 콜 대부금 [요구가 있는 즉시 상환한다는 조건의 대부]. ⇨ CALL MARKET, CALL MONEY. *cf.* time loan

cáll màrket *n.* 《금융》 콜 시장 [금융 기관 상호간에 아주 단기의 자금 대차(貸)를 하는 시장. 그 금리를 call rate, 중개업자를 call broker라고 한다. 콜을 대부하는 쪽에서 보면 call loan, 대부받는 쪽에서 보면 call money 라 부른다].

cáll mòney *n.* ⓤ 《금융》 콜머니, 콜 차입금. ⇨ CALL MARKET, CALL LOAN. 「호.
cáll nùmber(màrk) *n.* [도서관] [도서의] 청구 번호.
cáll òption *n.* 《증권》 콜 옵션, 주식 매입 선택권.
cal·los·i·ty [kælásəti, kə- / -lɔ́s-] *n.* (*pl.* -**ties**) **1** ⓤ 냉정, 냉담, 무감각(callousness). **2** 《식물》 식물의 경화된 부분. **3** 《생리》 [피부의] 경결(硬結); 못(callus).

*cal·lous** [kǽləs] *adj.* **1** 굳어진 (hardened), 굳은(hard). **2** 무감각한 (insensitive), 냉정한, 냉담한 (indifferent). ¶ He is perfectly *callous* to their criticism. 그는 그들의 비판에 대해 조금도 관심이 없다. **3** 《생리》 [피부가] 경결된, 굳어진 (indurated); 못이 박힌. — *vi.* 굳어지다; 무감각해지다. — *vt.* …을 굳어지게 하다. ~**·ly** *adv.* ~**·ness** *n.*

call-over [kɔ́:lòuvər] *n.* 점호(roll call).
cal·low [kǽlou] *adj.* **1** 미숙한(immature), 경험이 없는(inexperienced). ¶ a *callow* youth 아무것도 모르는 젊은이. **2** 아직 깃털이 나지 않은(unfledged). **3** (아일) [목장이] 저습지인. — *n.* **1** [곤충] [갓 부화한] 일개미. **2** (아일) 저습지의 목장. ~**·ness** *n.*

cáll ràte *n.* 《금융》 콜 대차 금리(대부란 이율). ⇨ CALL MARKET.
cáll sàles *n.* [호텔] 방문 판매.
cáll sìgn *n.* =call letters.
cáll slìp *n.* [도서관] 도서 청구표.
call-up [kɔ́:lʌ̀p] *n.* **1** 《美》 [군대의] 소집, 소집 인원수. **2** [특히 매춘부와의] 약속.

cal·lus [kǽləs] *n.* (*pl.* **-lus·es**) **1** 《생리》 피부 경결; 못(callosity). **2** [병리] 가골(假骨) [골절 부분에 생겨 유착 작용을 하는 뼈 조직]. **3** [식물] 유합(癒合) 조직, 가피(假皮). — *vt.* (**-lused, -lus·ing**) *vi.* callus로 되다. — *vt.* …에 callus를 형성하다.

‡**calm** [kɑːm] *adj.* **1** [날씨·바다 따위가] 조용한, 고요한, 잔잔한(windless). ¶ a *calm* sea 잔잔한 바다. **2** [얼굴·목소리·태도가] 차분한, 침착한(unruffled), 냉정한, *opp.* agitated, excited ¶ a *calm* voice 차분한 목소리. **3** [사회 상태 따위가] 평온한(peaceful). **4** 《구어》 주제넘은, 뻔뻔스러운(impertinent).

[類語] **calm** 격동·흥분이 없는; 본래는 바다·날씨에 쓰는 말: *calm* weather 온화한 날씨. **still** 소리나 움직이는 기척이 없는: a *still* empty room 아무도 없는 조용한 방. **quiet** 소요나 떠들썩함이 별로 없는: a *quiet* engine 조용한 엔진. **silent, noiseless** 존재·움직임을 알아채지 못할 만큼 소리를 내지 않는: *silent* snow 소리없이 내리는 눈 / a busy but *noiseless* highway 붐비지만 조용한 하이웨이. **hushed** 소리를 내지 않아 조용한: *hushed* silence in an examination room 시험장의 소리를 죽인 조용함. **tranquil** *calm* 보다 차분한 고요함, 평화를 즐기는 상태: a *tranquil* retired life 조용한 은퇴 생활. **serene** 기품·우아·맑음 등이 깃

든 조용함: a *serene* autumn day 온화하고 청명한 가을날.
— *n*. 1 (보통 a ~) 조용함, 고요, 평온 (stillness). ¶ a *calm* before a storm 폭풍 전의 고요 / After a storm comes a *calm*. 《속담》 폭풍 뒤에 고요가 온다. 2 무풍 상태. ¶ a dead *calm* 바람 한점 없는 고요. ¶ the region of *calms* 무풍 지대 / The storm was followed by a great *calm*. 폭풍우 뒤에는 바람 한점 없이 고요했다. 3 ⓤ 〔마음·사회 상태의〕 차분함, 침착. ¶ with imperturbable *calm* 아주 침착하게.
— *vt*. …을 가라앉히다, 차분하게 하다, 평온하게 하다. ¶ *calm* a dog 개를 달래어 조용하게 하다.
— *vi*. 〔바다·마음·사회 상태가〕 가라앉다. 잠잠해지다; 〔사람이〕 차분해지다(*down*). ¶ (~+퇲) The sea soon *calmed down*. 바다는 곧 잔잔해졌다.
cal·ma·tive [káːlmətiv, káːm-] *adj*. 〔의학〕 진정시키는(sedative). — *n*. 진정제.
‡**calm·ly** [káːmli] *adv*. 조용히, 차분하게, 평온하게.
***calm·ness** [káːmnis] *n*. ⓤ 평온, 침착.
cal·o·mel [kǽləml, -mèl / -mèl] *n*. ⓤ 〔약학〕 감홍(甘汞), 염화 제 1 수은〔주로 하제·살균제용〕.
cal·o·res·cence [kæ̀ləre՛sns] *n*. ⓤ 〔물리〕 백열〔상태〕 〔가시 광선보다 낮은 주파수를 가진 복사 집합체의 흡수로 생긴다〕.
cá·lor gàs [kǽlər-] *n*. 〔상표명〕 용기에 넣은 가정용 액화 부탄 가스.
calori- heat 가스의 뜻의 연결형.
ca·lor·ic [kəlɔ́ːrik, -lár- / -lɔ́r-] *adj*. 1 〔생리〕 열의, 칼로리의, 열량의, 열에 관한. 2 〔엔진이〕 열기로 운전되는. — *n*. ⓤ 열(heat), 감온(熱素), 칼로릭〔옛날에는 열을 일종의 물질로 생각했다〕. ¶ *caloric* theory 칼로릭설(說). 〔力〕.
cal·o·ric·i·ty [kæ̀lərísiti] *n*. ⓤ 〔생물〕 온열력(溫熱力).
***cal·o·rie** [kǽləri] (*calory*) *n*. 1 〔물리〕 칼로리〔열량 의 단위〕. ¶ a gram (*or* a small) *calorie* 그램 칼로리, 소(小)칼로리〔1그램의 물의 온도를 1℃ 높이는 데 드는 열량〕/ a kilogram (*or* large) *calorie* 킬로그램 칼로리, 대(大)칼로리〔1kg 의 물의 온도를 1℃ 높이는 데 드는 열량〕. 2 〔생리〕 칼로리. **a)** large *calorie* 에 상당하는 생물이 내는 열량이나 음식물이 가지는 열량 따위로 나타내는 단위. **b)** 이 단위의 열량을 내기 위해 필요한 음식물의 양.
ca·lor·i·fa·cient [kə̀lərifèiʃ(ə)nt, -làr-, -lɔ̀r-] *adj*. 〔음식물이〕 열을 발생하는(heat-producing).
cal·o·rif·ic [kæ̀lərífik] *adj*. 열 발생에 관한, 열을 발생하는. ¶ *calorific* properties of coke 코크스의 발열성.
calorífic válue(pówer) *n*. 발열량.
ca·lor·i·fy [kəlɔ́ːrifài, -lár- / -lɔ́r-] *vt*. …을 가열하다.
cal·o·rim·e·ter [kæ̀lərímitər] *n*. 〔물리〕 칼로리미터, 열량계. 〔정법〕.
cal·o·rim·e·try [kæ̀lərímitri] *n*. ⓤ 〔물리〕 열량 측정법.
cal·o·ry [kǽləri] *n*. (*pl*. -**ries**) =CALORIE.
ca·lot [kəlát / -lɔ́t] *n*. 머리에 꼭 맞는 테〔챙〕 없는 모자, 〔그런 디자인의〕 여자·어린이 모자.
ca·lotte [kəlát / -lɔ́t] *n*. 1 〔원래 가톨릭 성직자가 쓰던〕 머리에 꼭 맞는 테〔챙〕 없는 모자(zucchetto); 〔일반적으로〕 머리에 꼭 맞는 테〔챙〕 없는 모자(skullcap, calot). ¶ I assume the *calotte* 성직에 취임하다, 성직자가 되다. 2 〔건축〕 반(半) 돔, 둥근 지붕.
calque [kælk] *n*. 〔언어〕 1 의미 차입어〔구〕 2 번역 차용〔어〕.
CALS 〔略〕 Computer-aided Acquisition and Logistic Support〔통합 물류·생산 시스템〕; Commerce at Light Speed(광속 교역).
Cal·tech [kǽltek] *n*. 《美구어》 캘리포니아 공과 대학. (< *Cal*ifornia Institute of *Tech*nology).
cal·trap [kǽltræp] *n*. =CALTROP.
cal·trop [kǽltrəp] *n*. 1 〔식물〕 가시가 있는 이삭·열

매를 가진 식물〔남가새·마름 따위〕. 2 〔군사〕 마름쇠, 여철(藜鐵)〔옛날 기병대의 전진을 저지하기 위해 길에 뿌린 쇠못이 붙은 마름모꼴 물건. 지금은 이러한 것을 타이어를 펑크내는 데 쓴다〕.
cal·u·met [kǽljumèt] *n*. 긴 장식 담뱃대, 평화의 파이프〔인디언의 의식 때 등에 특히 화친의 표시로서 피운다〕 (peace pipe).
ca·lum·ni·ate [kəlʌ́mnièit] *vt*. (-at·ed, -at·ing) …을 중상하다, 비방하다 (slander).
ca·lum·ni·a·tion [kəlʌ̀mniéiʃ(ə)n] *n*. ⓤ 중상하기, 비방하기; ⓒ 〔개개의〕중상, 헐뜯기, 악담(calumny).
ca·lum·ni·a·tor [kəlʌ́mnièitər] *n*. 중상자, 비방자.
ca·lum·ni·a·to·ry [kəlʌ́mniətɔ̀ːri / -t(ə)ri] *adj*. = calumnious.
ca·lum·ni·ous [kəlʌ́mniəs] *adj*. 중상적인, 비방하는 (slanderous, defamatory). ~·ly *adv*.
cal·um·ny [kǽləmni] *n*. (*pl*. -nies) 1 ⓤ 중상하기, 비방하기(slander, defamation), 악담, 헐뜯기. 2 〔개개의〕악담. ¶ They heaped all sorts of *calumnies* upon him. 그들은 그에게 온갖 악담을 퍼부었다.
cal·u·tron [kǽljutràn / -trɔ̀n] *n*. 〔물리〕 칼루트론〔전자기(電磁氣)적 방법에 의한 동위 원소 분리기〕.
Cal·va·ry [kǽlvəri] *n*. (*pl*. -**ries**) 1 갈보리의 언덕, 골고다의 언덕 (Golgotha) 〔예루살렘 (Jerusalem) 이외의 '해골'이라고 불리던 언덕으로, 예수가 십자가에 못박힌 곳. Calvary 는 '해골'의 라틴어 이름이고, Golgotha 는 히브리어 이름. ⇒ 누가복음 (Luke) 23 : 33〕. 2 (종종 c-) 예수의 십자가상. 3 (c-) 엄청난 괴로움, 수난.
calve [kæv / kɑːv] *vi*., *vt*. (**calved, calv·ing**) 1 〔소 따위가〕 새끼를 낳다. 2 〔빙산·빙하가〕 얼음덩이를 분리하다, 〔얼음덩이가〕 분리되다.
***calves** [kævz / kɑːvz] *n*. calf[1,2]의 복수형.
Cal·vin·ism [kǽlvinìz(ə)m] *n*. ⓤ 〔신학〕 칼빈주의, 칼빈교〔프랑스 태생의 종교 개혁자인 John Calvin (1509-64)이 주장한 예정설. 하나님의 절대성·성서의 권위 등을 강조〕.
Cal·vin·ist [kǽlvinist] *n*. 칼빈 신도, 칼빈주의자.
Cal·vin·is·tic [kæ̀lvinístik], (**Cal·vin·is·ti·cal** [-ti·k(ə)l]) *adj*. 칼빈파의, 칼빈주의의. (baldness).
cal·vi·ti·es [kælvíʃiːz] *n*. ⓤ 〔머리의〕 벗겨짐, 대머리
calx [kælks] *n*. (*pl*. **calx·es** *or* **cal·ces** [kǽlsiːz]) 1 광회(鑛灰), 금속회〔광물·금속의 연소 후에 남는 재 모양의 물질〕. 2 생석회(lime).
cal·y·ces [kǽlisìːz, -乄 +美 kéil-] *n*. calyx 의 복수형.
cal·y·cine [kǽlisàin, -sin, kéilisàin], (**ca·lyc·i·nal** [·lísin(ə)l]) *adj*. 〔식물〕 꽃받침(calyx)의〔에 관한〕; 꽃받침 같은.
cal·y·cle [kǽlikl] *n*. 1 〔식물〕 곁꽃받침〔보통 꽃받침의 바깥쪽에 생긴 꽃받침 모양의 것〕. 2 〔동물〕 = calyculus.
Ca·lyp·so [kəlípsou] *n*. (*pl*. -**sos**) 1 〔그리스 신화〕 칼립소〔Odysseus 를 7년간 Ogygia 섬에 잡아 두었던 바다의 nymph〕. 2 (c-) 〔식물〕 풍선난초. 3 (c-) 칼립소〔서인도 제도의 Trinidad 원주민 사이에서 발생한 일종의 재즈 음악〕. — *adj*. (c-) 〔음악〕 칼립소풍의.
ca·lyp·so·ni·an [kæ̀lipsóuniən] *n*. 칼립소 작곡가, 칼립소 가수.
ca·lyp·tra [kəlíptrə] *n*. 〔식물〕 1 선모(蘚帽)〔선류(蘚類)의 수정후의 조란기(造卵器) 벽이 2차적으로 발달한 원형의 보호 조직〕; 내피막(內被膜)〔태류(苔類)의 자낭병(子囊柄)을 싸는 보호 조직〕. 2 근관(根冠)(root cap).
ca·lyx [kéiliks, kǽ-] *n*. (*pl*. **ca·lyx·es** *or* **cal·y·ces**) 〔식물〕 꽃받침, 악(萼).
cályx spráy *n*. 〔과수용의〕살충 분무액.
cam [kæm] *n*. 〔기계〕 캠〔정원동(定圓動)을 왜원동(歪圓動) 또는 전후동(前後動)으로 바꾸는 장치〕.
Cam. 〔略〕 Cambridge.
CAM 〔略〕 〔컴퓨터〕 *c*omputer *a*ided(*a*ssisted)

manufacturing(컴퓨터 원용 제조; content addressable memory(연상 기억 장치, 내용 참조 가능 메모리).
CAMAC [kǽmæk] n. 〔원자물리·컴퓨터〕 캐맥〔계측기와 컴퓨터 사이의 인터페이스(interface)의 표준 규격〕. [<Computer Aided Measurement and Control]
ca·ma·ra·de·rie [kæm(ə)rǽdəri, -rάːd-, kὰːmərάːd-] n. Ⓤ 우정, 우애(comradeship). [<F]
cam·a·ril·la [kæ̀məríllə] n. 1 〔원래 스페인 왕의〕 어밀 고문단; 비밀 결사. 2 작은 회의실. [<Sp]
cam·as [kǽməs, + 美 -mæs], (**cam·ass**) n. 1 〔식물〕 애기백합〔북미 서부산(産). 구근은 식용〕. 2 유독(有
Camb. (略) Cambridge. **3** 그 먹을.
cam·ber [kǽmbər] vi. 〔가운데가 위로〕 휘다 (arch). — vt. …을 휘게 하다. — n. Ⓤ Ⓒ 1 〔도로·갑판 따위의〕 약간 위로 휜 곳. 2 〔중앙이 약간 둘린〕 꼬리보. 3 〔항공〕 〔날개의〕만곡, 캠버. 4 〔어선 따위를 매어 두는〕작은 선거(船渠).
cámber bèam n. 〔건축〕 꼬리보, 우미량(牛尾梁).
cam·bist [kǽmbist] n. 〔금융〕 1 환어음 매매업자; 외국환 전문가, 환전상. 2 각국 도량형·통화 편람(환산표).
cam·bi·um [kǽmbiəm] n. (pl. **-bi·ums** or **-bi·a** [-biə]) 〔식물〕 형성층(形成層).
Cam·bo·di·a [kæmbóudiə / -djə, -diə] n. 캄보디아.
Cam·bo·di·an [kæmbóudiən / -diən, -djən] adj. 캄보디아(인·문화)의. — n. 캄보디아인; Ⓤ 크메르어 (Khmer).
cam·brel [kǽmbrəl] n. 〔英방언〕 〔푸줏간의〕 고기를 매달아두는 쇠갈고리(gambrel).
Cam·bri·a [kǽmbriə] n. Wales 의 옛이름.
Cam·bri·an [kǽmbriən] adj. 1 〔지질〕 캄브리아기(紀) (계)의. ¶ the Cambrian period (system) 캄브리아기(계). 2 캄브리아기(계) 〔고생대의 최고기(最高期) 또는 그 지층. 많은 화석을 보유하는 것이 특징〕. 2 웨일즈인 (Welshman).
cam·bric [kéimbrik] n. Ⓤ 케임브릭〔손수건 따위에 사용되는 고급 아마포·면포〕. ¶ 〔거운 음료〕.
cámbric téa n. Ⓤ 묽은 차·우유·설탕으로 만든 뜨
*Cam·bridge** [kéimbridʒ] n. 1 잉글랜드 동부 Cambridgeshire 의 주도〔케임브리지 대학의 소재지〕. 2 미국 Massachusetts 주 동부의 도시〔하버드 (Harvard) 대학의 소재지〕. ◇ **Cantabrígian** adj.
Cámbridge blúe n. Ⓤ (때로 a~) 담청색(淡青色) (light blue). cf. Oxford blue
cam·cord·er [kǽmkɔ̀ːrdər / ⸺⸺] n. 캠코더〔비디오 카메라와 비디오 카세트 레코더(VCR)를 한데 합친 소형 전자 기기〕.
‡**came** [keim] v. come 의 과거형.
‡**cam·el** [kǽm(ə)l] n. 1 낙타. ¶ the Arabian camel 단봉 낙타(dromedary) / the Bactrian camel 쌍봉 낙타 / It is easier for a camel to go through the eye of a needle than for a rich man to enter into the kingdom of God. 약대가 바늘귀로 들어가는 것이 부자가 하나님의 나라에 들어가는 것보다 쉬우니라〔←마태복음 (Matt.) 19 : 24〕. 2 〔항해〕 부함(浮函) 〔얕은 곳을 지날 때 배를 뜨게 하는 것〕.
strain at a gnat and swallow a camel 하루살이는 걸러내고 낙타는 삼키는도다, 작은 일에 구애되어 큰 일을 소홀히 하다〔←마태 복음(Matt.) 23 : 24〕.
cam·el·back [kǽm(ə)lbæ̀k] n. 1 낙타의 등; 〔의자 따위의〕 물질 모양의 등. ¶ on camelback 낙타를 타고. 2 〔美〕 〔타이어 수리에 사용되는〕 일종의 재생 고무.
cámel bírd n. 타조 (ostrich).
cam·el·eer [kæ̀m(ə)líər] n. 1 낙타를 모는 사람(camel driver). 2 낙타 기병.
cam·el·hair [kǽm(ə)lhɛ̀ər] n. =camel's hair.
— adj. =camel's-hair.

ca·mel·lia [kəmíːljə, -liə, +英 -méliə] n. 동백나무; 동백꽃. [<동양에서 이것을 가져왔다고 하는 선교사 Camellus 의 이름]
ca·mel·o·pard [kəmélədpὰːrd / kǽmil-, kəmél-] n. 1 《폐어》 기린 (giraffe). 2 (C-) 〔천문〕 기린좌.
Cam·e·lot [kǽmilὰt / -lɔ̀t] n. 영국 Exeter 근처의 전설적인 도시〔아서왕 (King Arthur)의 궁정이 있었다는 곳〕.
cam·el·ry [kǽm(ə)lri] n. (pl. **-ries**) 낙타 기병; 낙타 사용병.
cámel's hàir n. Ⓤ 1 낙타털〔피혁·붓·담요 따위에 쓰임〕. 2 그 직물.
cam·el's-hair [kǽm(ə)lzhὲər] adj. 1 낙타털로 된. ¶ camel's-hair yarn 낙타 털실. 2 〔화필이〕 다람쥐의 꼬리털로 만든. ¶ a camel's-hair brush 다람쥐 꼬리털로 만든 화필.
Cám·em·bert [chèese] [kǽməmbɛ̀ər-] n. Ⓤ 카망베르 치즈〔맛이 진한 부드럽고 노르스름한 프랑스 치즈〕.
cam·e·o [kǽmiòu] n. (pl. **-os**) 1 카메오 세공〔보석 따위의 돋을새김〕. 2 카메오 돋을새김을 한 자기 또는 의 장신구. 3 〔문학 작품·연극의〕 주옥 같은 장면(묘사). — adj. 〔카메오 세공같이〕 작고 깔끔한. [<It]
cámeo pàrt n. 〔연극〕 카메오 파트〔유명 스타가 단역 등 하찮으나 독특한 배역을 맡고 특별 출연하는 일〕.
‡**cam·er·a** [kǽm(ə)rə] n. 1 (pl. **-er·as**) 카메라, 사진기; 텔레비전 카메라. 2 (pl. **-er·ae** [-rìː]) 〔법률〕 판사의 사실(私室).
in camera 〔법률〕 판관의 방에서; 공개를 금지하여; 은밀하게 (privately).
on camera 텔레비전 카메라 앞에서.
cam·er·a-con·scious [kǽm(ə)rəkɑ̀nʃəs / -kɔ̀n-] adj. 《美》 카메라 앞에 나서는 데 익숙하지 않은. opp. camera-wise
cam·er·a-eye [kǽm(ə)rəài] n. (the ~) 사진처럼 공정·정확한 보도〔능력〕.
cam·er·al [kǽm(ə)rəl] adj. 1 판사 (의원)의 사실(私室)의. 2 (=**cám·er·al·ís·tic**) 국가 재정 및 국정(國政) 회의에 관한.
cámera lú·ci·da [-lúːsidə] n. 〔光學〕 전사(사생) 기.
cam·er·a·man [kǽm(ə)rəmæ̀n / -mèn]) 〔영화·텔레비전의〕카메라 기사, 〔신문 따위의〕 사진 기자. cf. photographer
cámera ob·scú·ra [-əbskjú(ː)rə / -ɔbskjúərə] n. 〔사진기의〕 어둠 상자. 〔영기〕.
cam·er·a·plane [kǽm(ə)rəplèin] n. 사진 촬영용 비행기.
cám·er·a-réad·y cópy [kǽm(ə) rərèdi-] n. 1 《英》 =mechanical. 2 카메라 촬영이 가능한 완성된 인쇄 원고.
cámera rehéarsal n. Ⓤ Ⓒ 〔방송〕 분장·의상 따위를 본프로와 똑같이 하고 텔레비전 카메라를 써서 하는 연습.
cámera scrípt n. 〔방송〕 텔레비전 방송에서 카메라의 위치나 이동을 지시하는 대본.
cam·er·a-shy [kǽm(ə)rəʃὰi] adj. 사진 찍히기를 싫어하는, 사진 혐오의. 〔tube〕.
cámera tùbe n. 〔TV〕 촬상관(撮像管) (image
cam·er·a-wise [kǽm(ə)rəwὰiz] adj. 카메라에 익숙한. opp. camera-conscious
cam·er·a·work [kǽm(ə)rəwὰːrk] n. 카메라 사용법(기술).
cam·er·len·go [kæ̀mərléŋgou], (**cam·er·lin·go**[-líŋgou]) n. (pl. **-gos**) 〔가톨릭〕 로마 교황의 시종〔재정관〕, 교황청 관리담당 추기경. [<It]
Cam·e·roon [kæ̀mərúːn, ⸺⸺] n. 1 =Cameroun. 2 카메룬산〔서아프리카 해안의 활화산〕.
Cam·e·roons [kæ̀mərúːnz, ⸺⸺] n. 1 (G _Kamerun_) 아프리카 서부의 한 지방〔1884-1919년까지 독일 보호령. 1919년 영국과 프랑스의 위임 통치령으로 양분되었다〕. 2 British Cameroons 라고도 하는 아프리카 서부의 구영국 신탁 통치령〔1961년 국민투표로 북부는 나

Cameroun 이지리아 연방, 남부는 카메룬 공화국과 합병].
Ca·me·roun [kӕmərúːn] n. 카메룬[서아프리카의 공화국. 1960년 독립할 때까지는 프랑스의 신탁통치령. 수도 Yaoundé].
cam·i·knick·ers [kǽminìkərz, +英 -‐-‐-], (**cam·i·knicks** [-nìks, +英 -‐-‐]) n. pl. 《英》[여성용] 반바지가 있는 콤비네이션 속옷. 〔< CAMI (SOLE) + KNICKER (BOCKER)〕
Ca·mil·la [kəmílə] n. [로마 전설] 카밀라[Aeneas 와 싸운 로마의 용감한 소녀].
cam·i·on [kǽmiən, -jən] n. 1 큰 짐마차. 2 군용 트럭.
ca·mise [kəmíːs, +英 -míːz] n. 낙낙한 셔츠 (loose shirt); 툰의 (smock).
cam·i·sole [kǽmisòul] n. 1 캐미솔[짧은 슬립형의 여성용 속옷·화장옷]. 2 [옛날에 남성이 입은]소매 달린 자켓(상 쓰). 3 정신병자 구속복 (strait jacket).
cam·let [kǽmlit] n. ⓤⓒ 1 방수천; 방수천으로 만든 옷. 2 낙타지(織); 낙타지 의복. ── vt. (-let·ted, -let·ting) …을 대리석 무늬로 장식하다.
cam·o·mile, cham- [kǽməmàil] n. 카밀레[유럽산 (産) 국화과(科)의 약용 식물].
Ca·mor·ra [kəmɔ́ːrə, -márə / -mɔ́rə] n. 카모라당 [1820년 경에 이탈리아의 나폴리 (Naples)에서 생긴 정치적 비밀 결사. 협박·강도질도 했다]. 2 (c-) 비밀 결사. 〔< It〕
***cam·ou·flage** [kǽmuflàːʒ] n. 1 ⓤⓒ [군사] 카무플라주, 위장. 2 ⓤ [일반] 변장 (disguise), 속임[수] (deception). ── vt. (-flaged, -flag·ing) …을 위장하다. ¶ *camouflaged* truck 위장한 트럭.
cam·ou·flag·er [kǽmuflàːʒər] n. 속이는 사람.
cam·ou·flet [kǽmufléi, ‐‐‐] n. 1 [폭탄의] 지하 폭발. 2 [지하에서 터진 폭탄으로 생긴] 지하의 구멍.
cam·ou·fleur [kǽmuflə́ːr] n. 《군사》위장시키는 사람, 위장 기술자. 〔F〕

‡**camp**[1] [kӕmp] n. ⓒ ⓤ 1 〔군대·유목사 따위의〕야영 [진]지, 노숙지; 〔산·해안의〕캠프장; 《美》 [여름철의] 임간(林間) 학교, 합숙. ¶ the *camp* eye 《美》 캠프의 감시(인) / make a *camp*; go into *camp* 야영[노숙]하다. 2 천막, 가건물[의 집단]. ¶ break up (*or* strike) a *camp* 천막을 걷다 / make (*or* pitch) *camp* 천막을 치다 / lodge in a *camp* 야영하다. 3 가건물(천막)에 거주하는 사람들. 4 야영, 캠핑; 노숙. 5 〔작전 행동중인〕 군대, 야영문. ¶ an aviation *camp* 항공대. 6 군대 생활. 7 〔총칭적〕캠핑 용구. 8 〔주의·사상이 같은〕 동지, 동료, 진영. ¶ be in the enemy's *camp* 적쪽에 속해 있다. 9 〔난민·빈민 등의〕수용소.
in the same camp 같은 의견을 가지고, 동의하여.
── vi. 1 천막을 치다, 캠프를 치다. 2 야영하다, 캠프하다. ¶ *camp* out 밖에서 자다, 캠프 생활을 하다; 메뚜한 생활을 하다, 최저 생활을 하다. 3 임시로 거주하다. ── vt. …을 야영(숙박)시키다.
camp down 천막을 치다, 자리잡다.
camp on the trail of … 뒤를 집요하게 따라가다.
camp[2] [kӕmp] n. 《속어》케케묵거나 속된 것. 오히려 더 좋다고 보기; 기상천외의 것이나 케케묵은 것 또는 속된 것의 좋은 점을 인정하기〔살리기〕, 그러한 태도·행동·예술 표현. 「를 찌르다.
── vi., vt. 《속어》케케묵은 것이나 속된 것으로 의표
camp it up 《속어》① 동성애를 겉으로 드러내다. ② 괴상한 맛을 내다, 색다른 것으로 의표를 찌르다.
── adj. 《속어》케케묵거나 속된 것이 오히려 묘미 있는.

Cam·pa·gna [kɑːmpáːnjə / kӕm-] n. 1 (the ~) 로마 주변의 평야. 2 (c-) (pl. **-gne** [-njei]) 평야, 평원. 〔< It〕
‡**cam·paign** [kӕmpéin] n. 1 〔군사〕 전역(戰役), 회전(會戰), 일련의 군사 행동. 2 〔특별한 목적을 위한〕 운동, 경쟁; 정치(선거) 운동. ¶ a sales *campaign* 판매 촉진 운동 / a political *campaign* 정치 운동 / an anti-pollution *campaign* 공해 반대 운동 / a *campaign* chairman 《美》 선거 사무장 / a *campaign* for (against) … 찬성(반대) 운동 / enter upon a *campaign* 운동을 시작하다 / plan a *campaign* 작전 계획을 짜다. 3 〔야금〕용광로 제련의 1 회분.
── vi. 1 종군하다. 2 운동을 하다 〔일으키다〕. 3 《美》…에 출마하다 (*for*…). 4 판촉활동을 하다.
go campaigning 싸움터로 나가다, 종군하다.
campaign badge n. 〔군사〕 종군 기장, 「[記].
campaign biography n. 《美》 입후보자 전기〔傳
campaign book n. 《美》 [정당의 강령·후보자 소개 따위가 실린, 정당 발행의] 선거용 팜플렛.
campaign button n. 캠페인 버튼[후보자의 이름, 때로는 사진이나 슬로건을 넣은 둥근 배지].
campaign club n. 선거 후원회. 「사람.
cam·paign·er [kӕmpéinər] n. 종군자; 노병; 노련한
campaign fund n. [기부에 의한]선거 운동비.
campaign manager n. 선거 사무장.
campaign speaker n. 유세원.
campaign speech n. 정견 발표, 선거 연설.
campaign swing n. 지방 선거 유세 여행.
cam·pa·ni·le [kӕmpəníːli] n. (pl. **-ni·les** *or* **-ni·li** [-níːli]) 종루, 종탑[특히 교회당에서 따로 떨어져 있는 것]. cf. belfry, bell tower 〔< It〕
cam·pa·nol·o·gy [kӕmpənálədʒi / -nɔ́l-] n. ⓤ 1 종학(鐘學). 2 종술(鐘術); 명종술(鳴鐘術); 주종술(鑄鐘術).
cam·pan·u·la [kӕmpǽnjulə / kəm-] n. 종 모양의 꽃이 피는 식물[초롱꽃 (bellflower) 따위].
cam·pan·u·late [kӕmpǽnjulit, -lèit] adj. 종 모양의.
cámp bèd n. [접을 수 있는] 캠프용 침대.
cámp chàir n. [접을 수 있는] 간편한 의자.
camp-craft [kǽmpkrӕft / -kràːft] n. ⓤ 캠프술, 야막 생활비.

Camp Dávid n. 캠프 데이비드[미국 메릴랜드주(州)에 있는 미국 대통령의 산장(山莊)].
***camp·er** [kǽmpər] n. 1 캠프하는 사람, 천막 생활자, 야영자. 2 캠퍼, 캠핑카[트레일러나 자동차가 끄는 캠프용의 작은 방이 있는 차].
cam·pe·si·no [kӕmpisíːnou] n. (pl. **-nos**) [라틴 아메리카의] 시골 사람; 인디언 농업 노동자, 농민.
cam·pes·tral [kӕmpéstrəl] adj. 들 (평야, 평원)의; 전원의; 시골의.
cámp fèver n. ⓤ 야영병(病) [야영지에서 발생하는 열병, 특히 티푸스 따위].
***camp·fire** [kǽmpfàiər] n. 1 야영의 모닥불, 캠프파이어. 2 〔모닥불을 둘러싼〕모임, 친목회.
cámpfire gìrl n. 미국 소녀단(the Campfire Girls of America)의 단원[7-18세의 소녀로 구성되며, 심신의 인격 향상·건강 증진·훌륭한 시민으로서의 자격 획득이 목적].
cámp fòllower n. 1 비(非)전투 종군자〔군대를 따라 다니는 상인·세탁부·매춘부 등〕. 2 진영 밖의 지지자, 동조자.
camp·ground [kǽmpgràund] n. 캠프장, 야영지.
cam·phene [kǽmfiːn, -‐] n. ⓤ 〔화학〕 캠펜[테르펜 (terpene)의 일종].
cam·phol [kǽmfoul, -fɑl / -fɔl] n. ⓤ 〔화학〕용뇌(龍
***cam·phor** [kǽmfər] n. ⓤ 〔화학·약학〕1 장뇌(樟腦), ¶ tincture of *camphor* 장뇌 정기(丁幾). 2 장뇌 같은 것.
cam·pho·rate [kǽmfərèit] vt. (-rat·ed, -rat·ing) … 에 장뇌를 넣다.
cámphor bàll n. [보통 나프탈린·장뇌로 만든]방충용 장뇌알.
cam·phor·ic [kӕmfɔ́ːrik, -fár- / -fɔ́r-] adj. 장뇌질의, 장뇌가 든, 장뇌에서 채취한.
cámphor íce n. ⓤ [파라핀·장뇌·경랍(鯨蠟)·피마자 기름으로 만든] 장뇌 연고(軟膏).

cámphor óil n. ⓤ 장뇌유.
cámphor trèe (làurel) n. 녹나무.
camp·ing [kǽmpiŋ] n. ⓤ 캠프 생활; 야영.
camp·ing-out [kǽmpiŋàut] n. =camp-out.
cam·pi·on [kǽmpiən] n. 너도개미자리과(科)의 식물 〔동자꽃·장구채 따위〕.
cámp mèeting n. [종교상의] 야외(천막) 집회.
cam·po [kǽmpou] n. (pl. **-pos**) [남미의] 대초원.
cam·po·ree [kæ̀mpəríː] n. 《美》 보이스카우트 지방 대회. cf. jamboree
cam·po san·to [kǽmpou sǽntou] n. (pl. **cam·pi san·ti** [káːmpi sáːnti:], Sp **cam·pos san·tos** [-sáːntoːs])《이탈리아·스페인》(=holy field) 묘지, 공동 묘지.
camp-out [kǽmpàut] n. 야영, 집단적 캠프 생활.
cámp schòol n. 임간(林間) 학교.
cámp·site [kǽmpsàit] n. 캠프장, 야영지.
cámp·stool [kǽmpstùːl] n. [접는 식] 의자.
‡**cam·pus** [kǽmpəs] n. 《美》 **1** [대학 등의] 교정; 학교의 구내. **2** 대학 [대학의] 분교. **3** [대학 등의] 고등 교육 기관. **on** [**the**] **campus** 캠퍼스에서, 대학에서. 〔육계.
cámpus police n. 《美》 대학 경비원.
cam·py [kǽmpi] adj. 《美속어》 =camp².
cam·shaft [kǽmʃæft / -ʃàːft] n. [기계] 캠축(軸).
cam·wood [kǽmwùd] n. ⓤ 서아프리카산(産) 콩과(科)의 단단한 나무〔붉은 염료를 채취〕.
‡**can**¹ [강 kæn, 약 k(ə)n] auxil. v. (**could**; 부정형 **can·not**, 《美》**can not** [kǽnat, -´-, kənát / kǽnɔt, kænǽt], **can't** [kænt / kɑːnt])

〔주의〕¹ (1) 원형 부정사를 수반하지만, 문맥에 따라 생각하는 일도 있다. *I can* do what you [*can do*]. 네가 할 수 있는 일은 나도 할 수 있다. (2) 고어 thou 에 호응하는 어형 **canst, couldst** 이외는 어느 주어에 대해서도 어형이 바뀌지 않는다. (3) 부정사·분사·동명사의 어형은 없고 be able to 따위로 대용한다. (4) 부정의 경우 구어에서는 보통 *can't* 를 쓴다.

1 《가능·능력》 …할 수 있다 (be able to). ¶ I *can* read Turkish. 나는 터키어를 읽을 수 있다 / He *can't* play chess. 그는 장기를 둘 줄 모른다 / The box *can* hold 30 eggs. 그 상자에는 계란은 30개 넣을 수 있다 / How *can* you be so unkind? 너는 어쩌면 그렇게 불친절할 수 있느냐 〔불친절한 짓을 하고도 태연하게 있을 수 있느냐〕?
— *Usage* 이 뜻의 can 은 흔히 지각 동사 see, hear, feel, smell 등과 함께 쓰이나, can 의 뜻이 분명히 나타나지 않는 경우가 많다. I *can* see the lake from this room. 이 방에서는 호수가 보인다.
類語 **can**「할 수 있다」라는 뜻의 가장 광범위한 말; 이 하의 모든 말로 바꾸어 쓸 수 있다. **may** 관용적 표현 이외로는 가능성·추측 또는 허가의 뜻을 나타내는 것이 보통. **be able to** 적극적으로 무엇을 하는 능력을 나타낸다; 완료형·미래형에서 can 의 대용을 한다: He *is able to* (=*can*) train dogs. 그는 개를 훈련시킬 수 있다. **be capable of** 어떤 일을 받아들이거나 보통의 조건을 충족시키는 능력을 나타낸다: Dogs *are capable of* being trained (=*can* be trained). 개는 훈련을 시킬 수가 있다. **can afford to** 금전적·시간적, 기타의 면에서「중대한 지장을 초래하지 않고 할 수 있다」: I cannot *afford to* (=*cannot*) have you loaf about. 나는 너를 빈둥빈둥 놀릴 수는 없다.

2 《가능적 경향》 …할(일)수도 있다. ¶ Children *can* be a great nuisance. 아이들은 매우 귀찮은 존재일 수도 있다 / He *can* tell awful lies. 그는 엄청난 거짓말을 할 때도 있다.

3 《가능·추측》 **a**) 《평서문에서》 …일 수 있다, …일 〔는〕지도 모른다, …하였을 터이다. ¶ He *can* be there now. 그는 이제 그곳에 도착했을지도 모른다 〔도착할 가능성이 있다〕. **b**) 《의문문에서》 도대체 …일까? ¶ *Can* he be hiding? 그는 도대체 숨어 있는 것일까?

What *can* that mean? 도대체 그것은 무슨 뜻일까? / How *can* it have been true? 어떻게 그것이 있을 수가 있을까? **c**) 《부정문에서》 …일 리가 없다. ¶ The news *cannot* be true. 그 소식이 사실일 리가 없다 / He *cannot* have been at home yesterday. 그는 어제 집에 있었을 리가 없다.

4 《허가·명령》 …해도 좋다 (⇨ MAY 4); …하면 된다. ¶ You *can* go now. 이제 가도 좋다 / You *can* keep it till Friday. 금요일까지 그것을 갖고 있어도 좋다 / You *can't* travel first-class with a second-class ticket. 2등표로 1등에 타서는 안 된다 / *Can* I have a glass of water? 물 한 컵 주시겠습니까? 《주례요》 / What *can* I do for you? 무엇을 〔보여〕 드릴까요?, 무슨 볼일로 오셨습니까? / She *can* wait. 그녀는 기다리면 된다.
〔주의〕² 일반적으로 허가를 물을 때는 May I…? 쪽이 보다 더 공손한 표현으로 되어 있으나, 구어에서는 보통 can 을 쓴다. 예: *Can* I come in? — Yes, you *can*. 들어가도 좋습니까? — 예, 좋습니다. *cf.* may 4

5 《무장적 호의》 《* will be 대용된다》. ¶ *Can* you pass me the salt? 소금 좀 집어 주시겠습니까? / I *can* do that for you. 그렇게 해드리지요.

6 《구어》 《목적·의도의 부사절에서 may 의 대용》. He saves money, so [that] he *can* buy some good land. 그는 좋은 땅을 사기 위해서 돈을 저축한다.
as … *as* […] *can be* 더할 나위 없이. ¶ She is *as* happy *as* [happy] *can be*. 그녀는 더할 나위 없이 행복하다.
can but do …할 수 있을 뿐이다. ¶ I *can but* advise him. 나는 그에게 충고만 할 수 있을 뿐이다.
cannot away with ⇨ AWAY.
cannot but do …할 수 밖에는 없다, …하지 않을 수 없다. ¶ I *cannot but* protest against injustice. 나는 부당한 일에는 항의할 수밖에는 없다 〔항의하지 않을 수가 없다〕. 〔어찌.
cannot help doing ⇨ HELP. * cannot but do 보다 구
cannot do … without doing …하기만 하면 꼭 …하다, …하지 않고는 …할 수가 없다. ¶ I *cannot* see him *without* thinking of his father. 그를 보기만 하면 그의 아버지 생각이 난다.
cannot … *too* 아무리 …해도 지나치지 않다. ¶ One *cannot* be *too* careful. 사람은 아무리 주의해도 지나치는 법이 없다.

‡**can²** [kæn] n. **1** 〔금속제〕통, 깡통 《* 원통형이며 뚜껑이나 손잡이가 있는 것을 말함》. ¶ an ash *can* 쓰레기통 / a milk *can* 우유통 / a sprinkling *can* 물뿌리개. **2** 〔액체를 넣는〕 그릇; 물컵. **3** 《美》 〔통조림의〕 통. 《英》 tin. **4** 《美속어》 교도소 (jail). **5** 변소 (toilet). **6** 엉덩이 (buttocks). **7** 《군사 속어》 수중 폭뢰 (爆雷) (depth charge); 구축함.
carry (or *take*) *the can* 《구어》 남의 일로 야단을 맞다, 남의 일의 뒤치다꺼리를 하다.
carry the can for 《美속어》 …의 책임을 지다.
hand a person the can 《美속어》 남을 해고하다.
in the can 〔영화에서〕 지금이라도 개봉할 수 있게 되어, 완성되어.
— vt. (**canned, can·ning**) **1** …을 통조림하다. **2** …을 레코드에 취입하다, 녹음하다. **3** 《美속어》 …을 해고하다; 끝내게 하다, 버리다; 중지시키다 (stop). ¶ get *canned* 해고되다 / *Can* that noise! 《속어》 조용히 〔해!
can. 〔略〕 canon; canto.
Can. 〔略〕 Canada, Canadian.
Ca·na [kéinə] n. 《성서》 가나 〔이스라엘 (Israel) 북부 갈릴리 (Galilee) 의 옛 도시. 그리스도가 최초로 기적을 행한 곳. ←요한 복음 (John) 2 : 1, 11〕.
Ca·naan [kéinən] n. **1** 《성서》 가나안 [의 땅] 〔현재의 팔레스티나 (Palestine) 에 해당하며, 하나님이 아브람에게 약속한 땅. ←창세기 (Gen.) 12 : 5-10〕. **2** 약속의 땅, 천국, 낙원, 이상향.
Ca·naan·ite [kéinənàit] n. **1** 가나안 (Canaan) 에 토

착한 주민. **2** ⓤ 셈어족(語族) [헤브라이・페니키아어 따위로서, 고대 팔레스티나・시리아에서 사용]. ━ *adj.* 가나안[사람]의; 셈 말의.

Ca·naan·it·ic [kèinənítik] *adj.* 가나안 사람의.

‡**Can·a·da** [kǽnədə] *n.* 캐나다[북미 대륙 북부에 있는 영연방 자치국; 수도 Ottawa].

Cánada bálsam *n.* ⓤ 캐나다발삼[발삼 전나무 (balsam fir)에서 채취하는 질이 좋은 발삼. 현미경용 표본(標本) 제작이나 렌즈 접합에 쓴다]. ━━[종.

Cánada góose *n.* 오리과(科)에 속하는 기러기의 일

‡**Ca·na·di·an** [kənéidiən, +英 -djən] *adj.* 캐나다[산 (產)]의; 캐나다인의. ━ *n.* 캐나다인.

Canádian bácon *n.* 캐나디슨 베이컨[돼지 허리의 기의 소금 절임 훈제. 특히 비계가 적다].

Canádian Fálls *n.* (the~) [Niagara Falls의 캐 나다쪽 부분의] 캐나다 폭포.

Canádian Frénch *n.* ⓤ [프랑스계(系)] 캐나다인 이 쓰는] 캐나다・프랑스어.

ca·naille [kənéil, -náil] *n.* 하층민(riffraff), 하층 사회; 우민(愚民) (rabble). [<F]

‡**ca·nal** [kənǽl] *n.* **1** 운하, 수로. ¶ the Panama (Suez) *Canal* 파나마(수에즈) 운하. **2** 작은 만. **3** [동식물의] 도관(導管). **4** [천문] 커낼[화성의 표면에 보이다는 가느다란 검은 선]. **5** [페어] [고대 건축의] 장식용 홈. ━ *vt.* (-nalled *or* -naled, -nal·ling *or* -nal·ing) …에 운하를 파다, 수로를 만들다.
◇ canálize *v.* ━━[새.

ca·nal·age [kənǽlidʒ] *n.* 운하 개설(수송); 운하 통행

canál bóat *n.* [밑바닥이 평평한] 운하용의 집배.

ca·nal-built [kənǽlbìlt] *adj.* [배가] 운하 항행에 알 맞은.

ca·nal·ic·u·lus [kæ̀nəlíkjuləs] *n.* (*pl.* **-li** [-lài]) [해 부・동물] 뼈 따위에 있는 소관, 소구(小溝).

ca·nal·i·za·tion [kənæ̀lizéiʃ(ə)n, kæ̀nəl-/ kæ̀nəlaiz-] *n.* ⓤ **1** 운하 개설, 운하화(化). **2** 운하 계통(조직). **3** [심리] [일반 능력의] 특수화 발현(發現) (개통).

ca·nal·ize [kənǽlaiz, kǽnəlàiz / kənǽlàiz] (* 《英》 에서는 **ca·nal·ise** 로도 쓴다) *vt.* (-ized, -iz·ing) **1** …에 운하를 파다; …을 운하로 만들다. **2** …을 수로에 이 끌다. **3** …에 방향을 잡아 주다; …에 배수구를 만들어 주다. **4** [항로 심도(深度)를 유지하기 위하여] (강)을 구획짓다. ◇ canál *v.*

ca·nal·ler [kənǽlər] *n.* 운하용 집배(canal boat).

canál ràys *n. pl.* [물리] 커낼선(線) [양전기선의 일종]. *cf.* anode rays

Canál Zóne *n.* (the ~) 운하 지대[파나마 운하에서 미국령(領)인 지대] (Panama Canal Zone).

ca·na·pé [kǽnəpi, -pèi] *n.* **1** 카나페[빵・토스트・크 래커에 치즈・캐비어・안초비 따위를 얹은 것]. **2** [18세기 프랑스에서 쓰이]소파. [<F]

ca·nard [kənáːrd / kæ-, kə-] *n.* **1** 허위 보도, 유언 (流言), 남을 속이기, 장난. **2** [항공] 날개 앞부분에서 수 평 꼬리날개에 해당하는 것이 달린 비행기. **3** [요리] [집]오리.

‡**ca·nar·y** [kənɛ́(:)ri / -néəri] *n.* (*pl.* **-nar·ies**) **1** ⓤ [새] 카나리아 (canary bird), **2** ⓤ 카나리아빛, 담황색 (canary yellow), **3** ⓤ 카나리아 제도산(產)의 백포도 주[셰리주(酒)와 비슷하다], **4** (속어) [댄스 악단에 소속된] 여성 가수. **5** (속어) 밀고자(informer). **6** (the ~) 카나리 댄스[지그(jig)와 비슷한 3박자의 활발한 춤]. ━ *adj.* 카나리아빛의.

canáry bírd *n.* 카나리아 (canary).

ca·nar·y·bird flówer [kənɛ́(:)ribə̀ːrd-], (**canáry créeper**) *n.* 카나리아덩굴[한련속(屬)의 1년초].

canáry gráss *n.* 유럽갈풀[카나리아 제도산(產)].

Canáry Íslands *n.* (the ~) 카나리아 제도[대서양 아프리카 서북 해안에 가까운 스페인령의 제도. the Canaries 라고도 한다.

canáry séed *n.* canary grass 의 열매[작은새의 모 이]. ━━[색.

canáry yéllow *n.* ⓤ (때로 a~) 카나리아빛[밝은 황

ca·nas·ta [kənǽstə] *n.* ⓤ [카드놀이] 커내스터[두 벌의 카드를 써서 2~6 인이 하는 rummy 비슷한 카드놀이의 일종]. ━━[뿐] 살담배.

ca·nas·ter [kənǽstər] *n.* ⓤ [남미산(產)의] 질이 나

Ca·nav·er·al [kənǽv(ə)rəl] *n.* **Cape ~** 미국 Florida 주 동부의 대서양에 면한 갑(岬) [케네디 우주 센터가 있으며, 한동안 Cape Kennedy 라고도 불렸다(1963-73)].

Can·ber·ra [kǽnb(ə)rə] *n.* 오스트레일리아의 수도.

canc. (略) cancel, canceled, cancellation.

can·can [kǽnkæ̀n / F kɑ̃kɑ̃] *n.* (the ~) 캉캉춤[발을 차올리며 추는 춤].

can·car·ri·er [kǽnkæ̀riər] *n.* (속어) 책임을 지는 사람.

‡**can·cel** [kǽns(ə)l] *v.* (-celed, -cel·ing; 《英》 -celled, -cel·ling) *vt.* **1** …을 지우다, 삭제하다(delete). ¶ *cancel* something with a mark 표를 해서 지우다. **2** …을 무효로 하다(make void), 취소하다 (annul). ¶ *cancel* permission 허가를 취소하다 / *cancel* one's order for books 책의 주문을 취소하다. **3** [기차표 따위]를 펀치로 찍다, …에 소인(消印)을 찍다. ¶ **a** *canceled* check 지불필 수표 / *cancel* a stamp 우표에 소인을 찍다. **4** … 을 소멸시키다 (neutralize); …을 상쇄하다 (counterbalance); 보상하다. ¶ (…*out*), **5** [수학] [분자와 분모, 또는 방정식 양변의 공통항]을 약분하다. **6** [인쇄] …을 삭제하다. ━━[색. ━ *vi.* **1** 상쇄되다(*out*…). **2** [수학] [분자와 분모, 또는 방정식 양변의 공통항]이 약분되다. ¶ The two *a*'s on each side of an equation *cancel*. 방정식 양변의 *a* 는 약분된다. ━ *n.* **1** 취소, 삭제, 말살; [계약의]해제. **2** [인쇄] 생략 (略), 삭제(부). **3** [인쇄] 삭제 부분. **4** (보통 ~s, 종종 a pair of ~s) [차표용] 펀치.

can·cel·a·ble, 《英》 **-cel·la-** [kǽns(ə)ləbl] *adj.* 취소할 수 있는, 말소할 수 있는, 폐지할 수 있는, 삭제할 수 있는, 해제(해약)할 수 있는; [수학] 약분되는.

cáncel báck órder *n.* [상업] 미조달(未調達) 주문의 취소 (略 CBO).

can·celed, 《英》 **-celled** [kǽns(ə)ld] *adj.* 취소된, 거부된; …에 소인(消印)이 찍힌.

can·cel·er, 《英》 **-cel·ler** [kǽns(ə)lər] *n.* 지우는 사람(것), 소인기(器).

can·cel·la·tion [kæ̀nsəléiʃ(ə)n] *n.* ⓤⓒ **1** 취소, 말소; 폐지; [수학] 약분, 소거 (消去). **2** 소인, 펀치로 찍기 (perforation). **3** 취소된 것, 삭제(폐지)된 것.

‡**can·cer** [kǽnsər] *n.* ⓤⓒ **1** [병리] 암 (癌癌). ¶ [a] *cancer* of the stomach 위암 / die of lung *cancer* 폐암으로 죽다. **2** [사회 따위의] 암; 해악, 악폐. ¶ Growing political corruption is a *cancer* on society. 정치적 부패가 중대되는 것은 사회의 암이다. **3** (the C·) [천문] 게자리; 거해궁(巨蟹宮) [황도 십이궁(宮)의 제4궁] (the Crab). ◇ ZODIAC 그림. ◇ **cáncerous** *adj.*

can·cer·ate [kǽns(ə)rèit] *vi.* (-at·ed, -at·ing) 암이 되다, 암화(癌化)하다. ━━[發癌.

can·cer·a·tion [kæ̀nsəréiʃ(ə)n] *n.* 암에 걸리기, 발

can·cered [kǽnsərd] *adj.* 암에 걸린.

cáncer gùn *n.* [암 치료용] 방사선 전자 가속기.

can·cer·o·pho·bi·a [kæ̀nsəroufóubiə] *n.* 암 공포증.

can·cer·ous [kǽns(ə)rəs] *adj.* 암의, 암에 걸린; 암과 같은. ━━(rette).

cáncer stìck *n.* (속어) (익살) 궐련, 담배 (cigar-

can·croid [kǽŋkrɔid] *adj.* 암종(癌腫) 모양의, **2** [동물] 게 모양의, 게 비슷한. ━ *n.* **1** [병리] 유암(類癌) [종], 피부암. **2** 게 따위의 갑각류(甲殼類) 동물.

c & b (略) 《英》 《크리켓》 caught *and* bowled.

C & C (略) computer *and* communication(컴퓨터와 통신의 두 정보 기술을 통합한 종합적 정보 기술).

can·de·la [kændíːlə] n. 〖光學〗 칸델라[1948년 국제 도량형(度量衡) 총회에서 결정한 광도(光度)의 단위; 기호 cd]. (< L candle)

can·de·la·bra [kændiláːbrə, -léi-] n. **1** candelabrum의 복수형의 하나. **2** (pl. **-bras**) =candelabrum.

can·de·la·brum [kændiláːbrəm] n. (**-bra** [-brə] or **-brums**) 〖장식이 딸린〗 큰 촛대, 나뭇가지 모양의 촛대. (< L)

can·dent [kændənt] adj. 작열(灼熱)의; 백열(白熱)의.

can·des·cence [kændésns] n. ⓤ 백열 (incandescence).

can·des·cent [kændésnt] adj. 백열의(incandescent).

C. & F. 〖略〗〖商業〗 cost and freight (운임 가산 가격).

*__can·did__ [kændid] adj. **1** 솔직한, 숨김 없는; 노골적인 (outspoken); 꾸밈이 없는 (sincere). ➡ FRANK 〖類語〗 ¶ a candid person 싫은 소리도 서슴지 않고 말하는 사람 / to be candid with you 터놓고 말하자면, 실은…. **2** 〖사진 따위에서〗 포즈를 취하지 않는 (unposed); 뽐내지 않는; 격식을 차리지 않는 (informal). **3** 공평한, 공정한 (impartial), 공평 정대한 (fair). ¶ Give me a candid hearing. 허심 탄회하게 들어 주게 // candid about the matter 그 일에 공평한. **4** (흰색). **5** 〖古語〗 순결한, 깨끗한. **—ly** adv. **~ness** n. ◇ cándo[u]r n.

Can·di·da [kændidə] n. ⓤ 칸디다[곰팡이의 일종].

can·di·da·cy [kændidəsi] n. ⓤ 〖美〗 입후보; 후보 자격 〖英〗 candidature).

‡**can·di·date** [kændidèit, -dit / -dèit, -dət] n. **1** 지원자, 지망자. ¶ a candidate for an exam 수험 지망자. **2** 후보, 입후보자. ¶ a candidate for governor 지사 (知事) 입후보자 // offer oneself as a candidate 입후보하다 / put up a candidate 후보를 내세우다 / run candidate at …에서 입후보하다. **3** …을 할 것 같은 사람, 이 될 만한 사람. **4** 지원기(期). (< L candidātus white-robed < candidus white < candēre shine: 옛날 로마에서 관직의 지망자가 흰 옷을 입고 거리를 걸으며 민중의 신용을 얻으려고 한 데서: 동계어 candid. cf. candle, candor)

can·di·da·ture [kændidət͡ʃùər, -tʃər / -tʃə] n. 〖英〗 =candidacy.

cándid cámera n. 〖스냅 사진을 찍기에 편리한〗 소형 카메라, 〖일반적으로〗 소형 카메라.

can·died [kændid] adj. **1** 설탕으로 끓인, 설탕으로 조린(조린). ¶ candied fruit 설탕 절임한 과일. **2** 〖설탕처럼〗 결정(結晶)된 (crystallized), 당화(糖化)한. **3** 달콤한 (sweet, honeyed), 구변 좋은 (flattering); candied words 달콤한 말 / have a candied tongue 구변이 좋다.

‡**can·dle** [kændl] n. **1** 양초. ¶ blow out (or put out) a candle 양초를 끄다 / light a candle 촛불을 켜다, **2** a) 양초 모양의 물건, b) 등불, 불빛. **3** 〖光學〗 칸델라(candela), 촉광(燭光); 국제 표준 촉광.

burn the candle at both ends 정력(재산)을 낭비 (탕진)하다, 여러 방면으로 정력을 다 써버리다.

by the candle 촛불이 다 탈 때까지, 촛불로 시간을 재서.

cannot (or **be not fit to**) **hold a candle to** …과는 비교도 안된다, …에 미치지 못하다. ¶ He is not fit to hold a candle to his rival. 그는 그의 라이벌의 발꿈치에도 미치지 못한다.

curse with bell, book, and candle 《드물게》 〖가톨릭〗 정식으로 파문(破門)하다. 〖▶LIGHT¹〗.

hide one's candle (or **light**) **under a bushel** = **hold the candle to the Devil** 틀린 (나쁜) 쪽을 돕다.

not worth the candle 《드물게》 애쓴(돈을 쓴) 보람 (값어치)이 없는.

— vt. (**-dled**, **-dling**) 〖계란〗을 등불(촛불 등)에 비추어 보아서 그 좋고 나쁨을 선별하다.

can·dle·ber·ry [kændlbèri / -b(ə)ri] n. (pl. **-ries**) **1** 《美》 소귀나무(wax myrtle); 소귀나무의 열매. **2** 쿠쿠이나무; 쿠쿠이나무의 열매〖양초 대용〗 (candle nut).

can·dle·end [kændlènd] n. **1** 타다 남은 촛동강. **2** (~s) 인색하게 주워 모은 자질구레한 물건.

can·dle·fish [kændlfiʃ] n. (pl. **-fish** or **-fish·es**) 미국 서북해안에서 잡히는 빙어 비슷한 식용어〖지방분이 많아 말려서 양초로 대용〗.

can·dle·hold·er [kændlhòuldər] n. =candlestick.

*__can·dle·light__ [kændllàit] n. ⓤ **1** 촛불. ¶ read by candlelight 촛불빛으로 책을 읽다. **2** 〖희미한〗 인공 조명(등불). **3** 해질녘, 땅거미질 무렵(twilight). ¶ after candlelight 해가 진 후에.

Can·dle·mas [kændlməs, -mæs] n. 〖가톨릭〗 성촉절 (聖燭節) 〖2월 2일, 성모 마리아의 순결을 기리려고 촛불 행렬을 한다〗. ¶ Candlemas Day 성촉절. cf. Ground-hog Day * 〖스코〗에서는 quarter-day 로도 쓴다.

can·dle·pin [kændlpìn] n. **1** 〖candlepins 놀이에 쓰는〗 양초 모양의 막대기. **2** (~s) 〖단수 취급〗 십주희 (十柱戯) (tenpins) 비슷한 놀이.

cándle pòwer n. 〖光學〗 촉광(燭光).

*__can·dle·stick__ [kændlstìk] n. 촛대 (candleholder).

can·dle·wick [kændlwìk] n. **1** 양초의 심지. **2** 현삼과(玄蔘科) 식물의 일종. — adj. 〖직물에서〗 양초 심지 같은 술 장식이 있는. ―능하는.

can·do [kændúː] adj. 《美속어》 열성이 있는, 열심인;

*__can·dor__, 《英》 **-dour** [kændər] n. ⓤ **1** 솔직, 담백 (frankness), 성실, 정직. **2** 공평, 공평무사(公平無私), 공명정대; 치우침이 없음. ¶ open-minded candor 공평무사 / with candor 공정하게. **3** 《폐어》 순결. ◇ cándid adj.

C & W 〖略〗 country-and-western.

‡**can·dy** [kændi] n. ⓤⓒ (pl. **-dies**) **1** 《美》 사탕 자, 당과(糖菓), 캔디 《英》 sweets, sweetmeats). ¶ a piece of candy 사탕 하나. **2** 《英》 얼음사탕(crystallized sugar). **3** 《속어》 코카인 (cocaine). — v. (**-died**, **-dy·ing**) vt. **1** …을 설탕으로 조리다, 설탕 절임 하다. **2** 〖설탕·시럽 따위〗를 조려서 결정(結晶)시키다. **3** …에 설탕 따위를 묻히다, …에 당의(糖衣)를 입히다. **4** …을 달콤하게(즐겁게) 하다. ¶ candy one's words 달콤한 말을 쓰다. — vi. **1** 설탕이 발라지다, 당의가 입혀지다. **2** 얼음사탕 모양으로 굳어지다.

cándy flòss n. 《英》 **1** 솜사탕. **2** 《비유적》 실현성이 없는(알맹이가 없는) 계획.

cándy púll n. 〖젊은이들의 친목을 위한〗 과자 만드는 모임.

cándy stòre n. 《美》 과자 가게(《英》 sweet shop).

cándy stríper n. 《美구어》 10대의 자원 간호 보조원 〖제복에 붉은 줄무늬가 있는 제복을 입었다에서〗.

can·dy·tuft [kænditÀft] n. 구주냉이〖겨자과(科)에 딸린 관상용 식물〗.

cándy wédding n. 캔디 혼식(婚式) 〖결혼 3주년 기념〗.

‡**cane** [kein] n. **1** 지팡이, 단장 (walking stick). **2** 〖대나무·등나무·사탕수수·종려나무 따위의 마디가 있는〗 줄기; 그런 줄기가 있는 식물. **3** 〖용재(用材)로서의〗 등나무류(rattan); 〖조깨〗 대나무(등나무) 재목. ¶ a cane chair 등나무 의자. **4** 사탕수수. **5** 〖학생 등을 때리는〗 회초리(rod, stick). cf. ferule **6** 봉랍봉(封蠟棒). **7** 유리 막대기(관). — vt. (**caned**, **can·ing**) **1** 〖名〗 cane a lesson into a person 남을 회초리로 때리면서 학과를 가르치다. **2** …을 등나무(대나무)로 만들다; 〖의자 따위〗에 등나무를 사용하다.

cane·brake [kéinbrèik] n. 등나무 숲, 대나무 밭.

cáneborus ràttler (**ráttlesnàke**) n. 〖미국 동남부산(産)〗 방울뱀.

cáne chàir n. 등나무 의자.

cáne lànd n. 사탕수수 재배지.

can·e·phore [kǽnifɔ̀ːr / -fɔ̀ː] n. **1** 〖고대 그리스에

cáne sùgar n. ⓤ 사탕수수 설탕, 사카로즈(sucrose). cf. beet sugar

cane·work [kéinwə̀ːrk] n. ⓤ 등나무 세공[품].

can·ful [kǽnfùl] n. 한 통 가득 [한 분량]. ¶ **a** *canful* **of water** 한 통 가득한(한 통의) 물, 물 한 통.

cangue [kæŋ] n. 〖원래 중국에서 사용하던 형구(刑具)인〗 칼.

Ca·nic·u·la [kəníkjulə] n. 《드물게》 〖천문〗 천랑성(天狼星)(Sirius, Dog Star).

ca·nic·u·lar [kəníkjulər] adj. **1** 〖천문〗 천랑성의. **2** 〖천랑성이 새벽에 뜨는〗 한여름의. ¶ *canicular* **days** [여름의] 복중.

ca·nine [kéinain, +美 kənáin, +英 kǽn-] adj. **1** 개의, 개 같은; 개과(科)의. ¶ **a** *canine* **laugh** 냉소 / *canine* **madness** 광견병. **2** 〖해부·동물〗 송곳니의, 견치의. ¶ *canine* **teeth** 송곳니. — n. **1** 〖동물〗 개과의 동물〖개·이리·승냥이 따위를 포함〗. **2** 개. **3** 송곳니, 견치. ⇒ DENTITION 그림.

can·ing [kéiniŋ] n. 매질, 채찍질.

Cánis Májor n. 〖천문〗 큰개자리(座). 〖< L Greater Dog〗

Cánis Mínor n. 〖천문〗 작은개자리(座). 〖< L Lesser Dog〗

can·is·ter [kǽnistər] n. **1** 깡통, 작은 상자〖보통 금속제로서 차·커피 따위를 넣는데〗. **2** 산탄통(case shot). **3** 〖가스 마스크의〗 여과 장치통.

***can·ker** [kǽŋkər] n. **1** ⓤ 〖병리〗 입 안에 생기는 궤양, 구강(口瘡), 아구창(鵝口瘡); 〖獸醫〗 말발굽에 생기는 병, 제암(蹄瘡). **3** 〖식물 병리〗 〖나무의〗 암종병(癌腫病). **4** =cankerworm. **5** 〖비유적〗 부식(부패)시키는 것, 해독을 끼치는 것; 〖마음에 파고드는〗 고뇌. **6** 〖방언〗 찔레(dog rose). — vt. **1** …을 궤양에 걸리게 하다, 2 을 썩이다(corrupt); …을 부식(腐蝕)하다(corrode), 서서히 파괴하게 리다, 구암에 걸리다.

can·kered [kǽŋkərd] adj. 〖고어〗 **1** 부패(타락)한(corrupt, depraved). **2** 언짢은, 심술궂은, 맘보가 고 약한(malignant). **3** 〖식물이〗 자벌레에 먹힌; 암종병에 걸린. **4** 궤양에 걸린(ulcerated).

can·ker·ous [kǽŋkərəs] adj. **1** 궤양성의, 궤양 같은. **2** 궤양의 원인이 되는; 부패(부식)시키는.

can·ker·worm [kǽŋkərwə̀ːrm] n. 〖과수나 수목을 해치는〗 자벌레; 그와 비슷한 해충.

can·na [kǽnə] n. 칸나〖열대 원산의 관상 식물〗.

can·na·bin [kǽnəbin] n. 〖인도 삼에서 채취하는 수지, 마취제·진정제용〗.

can·na·bis [kǽnəbis] n. ⓤ 마리화나(marijuana).

can·na·bism [kǽnəbìz(ə)m] n. 마리화나(대마초) 중독.

***canned** [kænd] adj. **1** 《美》 통조림(병조림)한. ¶ *canned* **goods** 통조림류, 통조림 식품. **2** 《속어》 녹음된(recorded). ¶ *canned* **music** 레코드 음악. **3** 《속어》 미리 준비된. **4** 《속어》 취한(drunk).

cánned héat n. 휴대 연료〖고체 알코올 따위〗.

can·nel [kǽn(ə)l], (**cánnel còal**) n. ⓤ 촉탄(燭炭) 〖기름·가스를 많이 함유한 석탄, 밝은 불꽃을 내며 탄다〗.

can·nel·lo·ni [kæ̀nəlóuni] n. pl. **1** 카넬로니〖원통형 파스타 속에 저민 고기 또는 치즈를 채워 넣고 구운 이탈리아 요리〗. **2** 카넬로니〖속에 달콤한 크림을 채워 넣고 설탕을 쳐서 내놓는 파스타 디슈〗.

can·ner [kǽnər] n. **1** 《美》 통조림 제조업자. **2** 고기의 품질이 낮아서 개밥으로나 쓸 식용 동물. 〖장.

can·ner·y [kǽnəri] n. (pl. **-ner·ies**) 통조림 제조 공장.

***can·ni·bal** [kǽnib(ə)l] n. **1** 식인종, 사람 고기를 먹는 사람. **2** 동족끼리 잡아먹는 동물. — adj. **1** 사람 고기를 먹는. **2** 동족끼리 잡아먹는 동물의(같은).

can·ni·bal·ic [kæ̀nibǽlik] adj. **1** 잔인한. **2** 사람을 잡아먹는, 식인의; 동족끼리 잡아먹는.

can·ni·bal·ism [kǽnibəlìz(ə)m] n. ⓤ **1** 동종끼리 잡아먹기. **2** 식인. ¶ **practice** *cannibalism* 사람 고기를 먹다. **3** 야만, 만행(barbarism), 잔인한 행위(savage cruelty).

can·ni·bal·is·tic [kæ̀nib(ə)lístik] adj. **1** 식인의, 사람 고기를 먹는. **2** 동족끼리 잡아먹는. **3** 잔인한.

can·ni·bal·i·za·tion [kæ̀nibəlizéi(ə)n / -lai-] n. 〖폐품을 이용하는〗 수리·수선; 조립.

can·ni·bal·ize [kǽnibəlàiz] (＊《英》에서는 **can·nibalise**로도 쓴다) vt.,vi. (**-ized, -iz·ing**) **1** 사람 고기를 먹다, 동종끼리 잡아먹다. **2** 〖폐품의 부품을 이용하여 다른 기계를〗 수리하다, 조립하다. **3** 〖다른 기계를 수리하기 위해 부품을〗 떼어내다; 고물상을 경영하다.

can·ni·kin [kǽnikin] n. **1** 작은 통; 작은 컵. **2** 〖나무로 만든〗 바께쓰, 물통.

can·ning [kǽniŋ] n. ⓤ《美》통조림(병조림) 제조[업].

‡**can·non** [kǽnən] n. (pl. **-nons** or 《집합적》 **-non**) **1** 대포; 〖비행기에 장비된〗 기관포(＊ 현재는 보통 gun을 쓴다). ¶ **a piece of** *cannon* 대포 1문 / **three** *cannon* (or *cannons*) 대포 3문 / **fire a** *cannon* 대포를 쏘다. **2** 〖기계〗 이중축〖내축과 외축이 따로 돌아가는 두 겹의 축〗. **3** =cannon bit. **4** 〖종의〗 매다는 꼭지. **5** = cannon bone. **6** 《英》 〖당구〗 캐넌〖친 공(cue ball)이 연달아 2개의 목표공(object ball)에 맞기〗; 《美》 (carom). — vi. **1** 대포를 쏘다. **2** 《英》 〖당구〗 캐넌을 치다. **3** 격렬하게 충돌하다. 〖다.

cannon **into** (or **against**) **a** *person* 남과 우연히 만나

can·non·ade [kæ̀nənéid] n. 연속 포격(bombardment). — vt., vi. (**-ad·ed, -ad·ing**) 〖연속〗 포격하다, 발포하다.

can·non·ball [kǽnənbɔ̀ːl] n. **1** 〖보통 공 모양의 옛날〗 포탄. **2** 《美속어》〖고속의〗 급행 열차. **3** 〖수영〗 무릎을 안고 뛰어내리는 다이빙. **4** 〖정구〗 총알 같은 서브. — adj. 《속어》 고속의. — vi. 《속어》 고속으로 전진하다.

cánnon bìt n. 〖말의〗 둥근 재갈.

cánnon bòne n. 〖동물〗 〖유제류(有蹄類)의〗 hock과 fetlock 사이에 있는〗 관골(臗骨).

cánnon cràcker n. 대형 불꽃(폭죽).

can·non·eer [kæ̀nəníər] n. 포병(artilleryman).

cánnon fòdder n. ⓤ 〖전투에서 대포의 밥이 되는〗 병사들.

can·non·proof [kǽnənprúːf] adj. 방탄(防彈)의.

can·non·ry [kǽnənri] n. ⓤⓒ (pl. **-ries**) 포격, 발포; 〖집합적〗 포병대. 〖거리.

cánnon shòt n. **1** 포탄. **2** 포격, 발포. **3** ⓤ 착탄

‡**can·not** [kǽnɑt, -ˊ-, kənát / kǽnɔt, kənát] =can not. — **Usage** 《英》에서는 cannot을 보통 쓰나, 《美》에서는 대개 can not으로 쓴다. can not은 cannot보다 다소 격식을 차리거나 강조적으로 쓰며, 회화에서는 can't를 쓴다.

can·ny [kǽni] adj. (**-ni·er, -ni·est**) **1** 주의 깊은, 조심성있는, 신중한(careful, cautious). **2** 영리한(sagacious), 빈틈없는(shrewd). **3** 능숙한(skilled), 노련한(expert). **4** 《스코》 **a**) 검소한(frugal), 알뜰한(thrifty). **b**) 〖주로 부정문에서〗 안전한, 무난한. **c**) 조용한, 고요한(quiet), 온순한(gentle). ¶ **a** *canny* **brook** 잔잔하게 흐르는 시내. **d**) 기분좋은. **e**) 아름다운. — adv. 〖스코〗 **1** 조심스럽게, 신중히. cf. ca'canny 《스코》 **2** 솜씨있게, 무난하게. **3** 조용히.

-ni·ly adv. **-ni·ness** n.

‡**ca·noe** [kənúː] n. 카누〖paddle로 젓는 작은 배〗, 통나무배, 가죽배〖짐승의 가죽을 씌운 배〗.

paddle **one's own** *canoe* 독립 독행하다, 남에게 의지하지 않다.

— v. (**-noed, -noe·ing**) vi. **1** 카누를 젓다, 카누를 타다. **2** 카누로 가다. — vt. …을 카누로 운반하다.

ca·noe·ist [kənúːist] *n.* 카누 젓는 사람.
can·on[1] [kǽnən] *n.* **1** [종교 회의 또는 그밖의 권위, 예를 들면 교황의 권위에 의해 공인된] 교회법, 계율, 종규(宗規), 법전(canon law). **2** [일반적으로] 법령, 법률, 법규. **3** [윤리·예술상의] 표준(standard), 기준, 규범(criterion). ¶ the *canons* of taste 취미의 표준. **4** [성서의] 정전(正典) 목록; 정전(canonical books), 성전(聖典) (sacred books), 경전(經典); [일반적으로] 정전; [문학] 진짜 작품. *cf.* Apocrypha **5** (C-) [가톨릭의] 미사 전문(典文), **6** 신자(성인) 명단(list of saints). **7** [음악] 카논, 전칙곡(典則曲). **8** [U] [인쇄] 카논 활자[48포인트의 큰 활자].
◇ **canónical** *adj.*, **cánonize** *v.*
can·on[2] [kǽnən] *n.* **1** [주로 英] [대성당(cathedral, collegiate church) 소속의] 참사회원(參事會員); 사제 평의회. **2** [가톨릭] [어떤 수도회의] 회원.
ca·ñon [kǽnjən] *n.* =canyon. [canon[2]
can·on·ess [kǽnənis] *n.* 수녀, 여자 수도회 회원. *cf.*
ca·non·i·cal [kənɑ́nik(ə)l / -nɔ́n-] *adj.* **1** [英에서는 고어] 종규(宗規)로 정한, 교회법에 따른, 교회(계율)의. ¶ *canonical* punishment 교회법에 따른 벌 / *canonical* dress 성직자의 복장. **2** 정전(正典)의, 성전(聖典)의; 정전 목록에 든. ¶ the *canonical* books [of the Bible] [성서의] 정전. **3** 규범(표준)적인, 전형의. ¶ *canonical* criticism 규범적인 비평. **4** [수학] [좌표 따위가] 정준(正準)의(in standard form). **5** [음악] 카논(형식)의.
— *n.* (~s) 성직자의 복장.
canonical hours ① [가톨릭] 성무공과(聖務工課) [교회법에 정해진 matins [with lauds], prime, tierce, sext, nones, vespers, complin 의 하루 7회에 걸친 기도 시간]. ② [英] [오전 8시부터 오후 3시까지의] 결혼식 거행 시간.
~·**ly** [-kəli] *adv.* ◇ **cánon**[1] *n.*
can·on·ic·i·ty [kæ̀nənísiti] *n.* [U] 교회법(종규)에 일치함. **2** 정규, 진정(眞正).
can·on·ics [kənɑ́niks / -nɔ́n-] *n. pl.* [단수 취급] 경전 연구, 정전학(學).
can·on·ist [kǽnənist] *n.* 교회법에 정통한 사람, 교회 법 학자, 정전(正典) 학자.
can·on·is·tic [kæ̀nənístik] *adj.* **1** 성전학의. **2** 교 회법에 관한; 종교법학적인.
can·on·i·za·tion [kæ̀nənizéiʃ(ə)n / -naiz-] *n.* [U] **1** 죽은 사람을 성인(聖人品)에 올리기, 시성(諡聖); 시성식. **2** 정전 승인 **3** [교회로서] …을 승인하기, 공인(公認) 하기.
can·on·ize [kǽnənàiz] (* [英]에서는 **canonise** 로도 쓴다) *vt.* (**-ized**, **-iz·ing**) **1** [교회] …을 시성하다. **2** …을 정전으로 인정하다. ¶ *canonized* books 공 인 정전. **3** [교회로서] …을 승인(인가)하다. **4** …을 찬양하다, …을 영광되게 하다(glorify). ◇ **cánon**[1] *n.*
cánon law *n.* 교회법, 종규(宗規).
cánon régular *n.* (*pl.* **canons-**) [가톨릭] [선서하 고 수도회에 들어가 수도하는 정규의] 수도사.
can·on·ry [kǽnənri] *n.* [U] 성당 참사회원의 직; [집합 적] 성당 참사 회원.
ca·noo·dle [kənúːdl] *vt., vi.* (**-dled**, **-dling**) [美속어] 키스하다, 애무하다.
cán ópener *n.* **1** [美] 깡통따개 ([英] tin opener). **2** [美속어] 금고털이에 쓰는 기구.
can·o·pied [kǽnəpid] *adj.* 천개(天蓋)가 있는.
Ca·no·pus [kənóupəs] *n.* [천문] 용골좌(龍骨座)의 α 별.
***can·o·py** [kǽnəpi] *n.* (*pl.* **-pies**) **1** 닫집, 천개(天蓋) [왕좌·침대·설교단 따위의 상부를 가리는 장식]. **2** 닫집처럼 위를 가리는 것. ¶ a tree with a *canopy* of leaves 지붕처럼 잎이 무성한 나무 / under a *canopy* of smoke 하늘을 덮은 연기 아래. **3** [건축] 차양. **4** 하늘, 천공(天空). ¶ the *canopy* of heaven 창공. **5** [비

행기 조종석의] 덮개; 낙하산의 산체(傘體).
under the canopy [美속어] 도대체.
— *vt.* (**-pied**, **-py·ing**) …을 닫집모양(처럼) 가리다.
¶ Clouds *canopy* the sky. 구름이 하늘을 가리다.
ca·no·rous [kənɔ́ːrəs / -nɔ́ː-] *adj.* 음악적인, 선율이 아름다운, 잘 울리는.
Ca·nos·sa [kənɑ́sə / -nɔ́s-] *n.* 이탈리아 북부의 옛 성 [1077년 신성 로마 제국 황제 Henry 4세가 교황 Gregory 7세 앞에서 회개하여 파문이 풀린 곳].
go to Canossa 처음에는 세게 나가다가 나중에는 굴복하다, 개심(改心)하다.
canst [강 kænst, 약 kənst] *auxil. v.* [고어·詩] can 의 2인칭·단수·현재형. * 주어가 thou 일 경우에 쓴다: thou *canst* =you can.
cant[1] [kænt] *n.* **1** [점잔을 빼는, 또는 의 으로만 열 심히 체하는] 위선적인 말(투), 빈 말. **2** [도둑·집시 따위의] 변말, 은어(lingo). ¶ thieves' *cant* 도둑의 은 어 / talk in *cant* 은어로 말하다. **3** [특정한 계급·당 파·직업 따위의] 특수어(jargon); 유행어. ¶ a *cant* phrase 한때의 유행어. **4** [거지의] 청승맞은 목소리(말투).
— *vi.* **1** 위선적인 말투로 말하다; 독실한 신자 같은 말투를 쓰다, 점잔 빼며 말하다. **2** [거지 같은] 청승맞은 목소리로 말하다.
cant[2] [kænt] *n.* **1** 튀어나온 모서리, 돌각(突角) (salient angle), [건물 따위의] 모서리, 모퉁이, 구석 (corner). **2** 기울기, 경사. **3** [제방 따위의] 사선(斜線), 사면, 사각(斜角), 사각(斜面)(bevel). **4** [일반적으로] 경사면, 사면(slant). **5** [갑자기] 밀기, 쩌르기, 던지기, **6** [원목에 커낸] 지저깨비 판자. — *vt.* **1** …을 비스듬히 자르다(bevel), …을 비스듬히 하다 (slant). **2** … [갑자기] …을 던지다(toss). **3** …을 기울다. ¶ *cant* a table 탁자를 기울이다. **3** [갑자기] …을 던지다(toss). **4** …을 기울다, …을 경사지게 하다 (slant, tilt); 뒤집하다.
:can't [kænt / kɑːnt] cannot 의 단축형.
Cant. (略) Canterbury; Canticles.
Cantab. (略) Cantabrigian.
can·ta·bi·le [kɑːntɑ́ːbilèi / kæntɑ́ːbili] [음악] *adj.*, *adv.* 노래 같은(처럼), 노래하는 듯한(하듯이). — *n.* 노래하는 듯한 음조의 곡, 칸타빌레. [<It]
Can·ta·brig·i·an [kæ̀ntəbrídʒiən] *adj.* (*cf.* Oxonian) **1** [영국의] 케임브리지(Cambridge) [대학]의. **2** [미국 Massachusetts 주(州)의] 케임브리지(Cambridge)의; 하버드(Harvard) 대학의. — *n.* **1** Cambridge 출신자(주민). **2** Cambridge 대학생(졸업생); Harvard 대학생(졸업생). ◇ **Cámbridge** *n.*
[<L *Cantabrigia* Cambridge] [tilcver.
can·ta·lev·er [kǽnt(ə)lèvər, -lìːv- / -lìːv-] *n.* =can-
can·ta·loupe [kǽntəlòup / -lùːp], (**can·ta·loup**) *n.* 캔털루프 [멜론의 일종]; 머스크멜론.
can·tan·ker·ous [kæntǽŋk(ə)rəs, kən-] *adj.* 성미 고약한 (ill-natured), 심술궂은, 걸핏하면 싸우는 (quar-relsome). ~·**ly** *adv.* ~·**ness** *n.*
can·ta·ta [kəntɑ́ːtə / kæn-, kən-] *n.* [음악] 칸타타 [독창·중창·합창 따위로 이루어진 서정적 가곡풍의 성악 곡]. [<It]
Can·ta·te [kæntɑ́ːti] *n.* 시편(詩篇)(Psalms)의 제98 편 [*Cantate Domino* (Sing unto the Lord)로 시작]. [<L]
can·ta·tri·ce [kæ̀ntətríːs / *It* kɑ̀ntɑtríːtʃe / *F* kɑ̃tatris] *n.* (*pl. It* **-tri·ci** [-tríːtʃi]; *F* **-trices** [-tris]) (이탈리아·프랑스) (=female singer) 여자 가수.
cánt dòg *n.* =cant hook.
can·teen [kæntíːn] *n.* **1** [美] 물통. **2** [英] 군인 매점, 구내 매점 (= Post Exchange (=PX)). **3** [기지 따위의] 오락장, 간이 식당. **4** 사내 식당, 학교 식당. **5** 휴대용 식기(통).
can·ter [kǽntər] *n.* [말의] 느린 구보(easy gallop) [gallop 과 trot 의 중간]. ◇ GALLOP. ¶ a *preliminary*

canter 예비적인 느린 구보; [일반적으로] 가벼운 예비 운동, 예행 연습.
— *vi.*, *vt.* 천천히 구보하다(구보시키다).

*Can·ter·bur·y [kǽntərbèri, -b(ə)ri /-b(ə)ri, -bèri] *n.* 캔터베리[영국 동남부 Kent 주에 있는 종교 도시. 영국 교회의 중심지].

Cánterbùry béll *n.* 풍륜초(風輪草), 앵초(櫻草).

Cánterbùry tále *n.* 장황한(지루한) 이야기, 꾸며낸 이야기. [< *The Canterbury Tales*]

Canterbury Tales *n.* **The** ~ 캔터베리 이야기[초서(Chaucer) 작으로서 순례자들이 이야기하는 형식으로 되어 있는] (詩).

can·thar·i·des [kænθǽridìːz] *n. pl.* (*sing.* **-thar·is** [-θəris]) **1** [의학] [단·복수 양용] 칸타리스[가뢰(곤충의 일종)의 가루로 만든 자극제·이뇨제]. **2** (-tharis) 가뢰(Spanish fly).

cánt hòok *n.* 《美》 갈고리 달린 막대기[제재소 따위에서 통나무를 걸어서 굴리는 데 사용]. *cf.* peavey

can·thus [kǽnθəs] *n.* (*pl.* **-thi** [-θai]) [해부] 눈초리.

can·ti·cle [kǽntikl] *n.* **1** [주로 성서 귀절에 그대로 곡을 붙인] 성서 노래. **2** [주로 예배용의] 노래(song). **3** (the C-s) [구약 성서 중의] 솔로몬의 아가(雅歌) (The Song of Solomon).

can·ti·le·na [kænt(ə)líːnə] *n.* [음악] 칸틸레나[노래하는 것 같은 선율; 기악의 서정적인 선율]. [< It]

can·ti·lev·er [kǽnti(·)lèvər, -ìːvər /-lìːvə] *n.* [토목·건축] 외팔보, 내다지 들보[처마·차양 따위에서 볼 수 있는 것으로서, 한쪽 끝만을 고정한 보]; [항공] 바깥쪽으로는 버팀대가 없는] 캔틸레버식 날개.

cántilèver brídge *n.* 캔틸레버식 다리.

can·ti·na [kæntíːnə] *n.* 《美서남부》 술집, 주점(saloon).

cant·ing [kǽntiŋ] *adj.* 애처로운 말투를 쓰는, 넋두리하는(whining); 위선적인(hypocritical).

cánting árms *n. pl.* [紋章] 가명(家名)에서 따온 문장(紋章).

can·tle [kǽntl] *n.* **1** 말안장의 뒷부분, 안미(鞍尾) 보통 위로 조금 휘어서 있다). **2** 자투리, 조각(piece), 한쪽 귀, 구석(corner), 일부(portion).

can·to [kǽntou] *n.* (*pl.* **-tos**) 칸토, 편(編) [장편시의 한 단락으로서 산문의 chapter에 해당함].

can·ton [kǽnt(ə)n, -tan, kæntán / kǽnton, -꽃 /→ **2** //—**1** [스위스 연방의] 주(州), 현(縣); [프랑스의] 군(郡) (arrondissement). **2** [英 kæntán] [紋章] 방패 무늬의 오른쪽(항해서 왼쪽) 위끝의 작은 구획. **3** [건축] 건물의 모서리에서 밖으로 튀어나온 벽기둥. — *vt.* **1** …을 구분하다. **2** …을 주(현)으로 나누다. **3** [kæntán, -tóun / kəntúːn, kæn-] [병사 등]을 숙영(宿營)시키다, [군대 따위]에 숙사를 배정하다.

can·ton·al [kǽntən(ə)l] *adj.* 주(州)의, 현(縣)의, 시읍면의.

Canton crépe [kæntán-, -꽃 / kǽntɔn-, -꽃] *n.* U 광동비단[약간 두껍고 오글쪼글한 견직물].

Can·ton·ese [kæ̀ntəníːz] *n.* (*pl.* **-ese**) 광동인(廣東人). **2** U 광동어. [*adj.* 광동(식)의.

Cánton flánnel *n.* U 광동플란넬[한쪽 면에만 보풀을 세운 무명 직물].

can·ton·ment [kǽntóunmənt, -tán- / kəntúːn-, kæn-] *n.* [군사] [군대의] 숙영(宿營), 막사; 숙영지 (military quarters); [임시의] 겨울철 막사.

can·tor [kǽntər] *n.* **1** [교회에서의] 성가대 합창

지휘자, 선창자(先唱者). **2** [유대교의] 기도문 독창자.

can·to·ri·al [kæntóːriəl /-tóː-] *adj.* **1** 성가대 지휘자의. **2** 교회내 성가대석 북쪽의.

can·to·ris [kæntóːris, -tóːr- /-tóːr-] *n.* 《라 틴》 [음악] 북쪽 합창대가 노래하는 부분.

can·trip [kǽntrip, kæn-] *n.* 《스코》 **1** 주문(呪文)(spell). **2** 장난(mischief).

can·tus [kǽntəs] *n.* (*pl.* **-tus**) **1** =cantus firmus. **2** 전례(典禮) 악가, 성가적 성율, 성가조(調).

cántus fírmus [-fíːsrməs] *n.* **1** [기독교회의] 오랜 전통적인 성악. **2** [음악] 정선율(定旋律) [대위법 작곡의 기본이 되는 선율].

cant·y [kǽnti] *adj.* 《스코·北英》 **1** 즐거운, 유쾌한, 쾌활한(cheerful). **2** 기운찬, 활발한, 활기찬(lively).

Ca·nuck [kənʌ́k] *n.* 《美속어·경멸적》 캐나다 사람, (특히) 프랑스계의 캐나다 사람.

‡can·vas [kǽnvəs] *n.* U **1** 돛베, 범포(帆布), 즈크 [삼베, 무명 따위로 짠 올이 굵은 천, 천막이나 돛 따위에 사용]. **2** 화포(畫布), 캔버스; C [화포에 그린] 그림, 유화(油畫). **3** (집합적) 돛. **4** (집합적) 천막, 텐트. **5** [옷·자수 등의 심(心)으로 쓰이는] 거칠고 빳빳한 천.

carry too much canvas 분수에 넘치는 짓을(능력 이상의 일을) 하려고 하다.
on the canvas [권투] 녹다운되어서, 캔버스에 쓰러져서; 패배 직전에.
under canvas ① [항해] [배가] 돛을 펴고, ② [군사] [군대가] 야영중의, 천막을 치고(in tents). ¶ *sleep under canvas* 천막을 치고 자다.

can·vas·back [kǽnvəsbæ̀k] *n.* (*pl.* **-backs or -back**) 붉은머리흰죽지[북미산(産)의 들오리의 일종].

cánvas bòat *n.* 캔버스 보트[나무뼈대에 캔버스를 씌운 작은 배].

*can·vass [kǽnvəs] *vt.* **1** [투표·의견·기부 따위를] [어떤 지역·집단의 사람]에게 의뢰하다, …의 주문을 받으러 다니다[선거구 따위를] 유세하고 다니다; 《美》 [투표] *for* votes 투표를 권유하기 위해 선거구를 유세하다. **2** …을 상세히 조사하다; 토론하다(discuss, debate). ¶ *canvass* a plan 안(案)을 검토하다. **3** 《페어》 …을 혹평하다. — *vi.* **1** 선거 운동을 하다; 주문을 받으러 돌아다니다(*for*…). ¶ (~+圖+匈) *canvass for* a candidate 입후보자를 위해 유세하다 / *canvass for* a newspaper 신문의 구독 신청을 받으러 다니다. **2** 토론하다. **3** 조사, 연구; 여론 조사. **2** [투표·기부·주문을 받기 위한] 호별 방문, 선거 운동, 유세; 권유.

can·vass·er [kǽnvəsər] *n.* [선거 따위의] 운동원, 유세원; [보험 회사 따위의] 외무원.

cánvas shóes *n.* 즈크 신.

cánvas strétcher *n.* 캔버스 들것.

can·y [kéini] *adj.* (**can·i·er, can·i·est**) 등나무(cane)로 만든; 등나무가 많은. [ley).

*can·yon [kǽnjən] *n.* 《美》 협곡 (deep val-

can·zo·ne [kænzóuni /-tsóu-] *n.* (*pl.* **-ni** [-niː]) [음악] 칸초네[마드리갈풍의 서정적 가곡].

can·zo·net [kæ̀nzənét] *n.* 칸초네트, [밝고 경쾌한] 짧은 가요곡.

caou·tchouc [kautʃúːk, kúːtʃuk / kautʃú(ː)k] *n.* U **1** 탄성 고무(India rubber). **2** 생고무(pure rubber).

*cap[1] [kæp] *n.* **1** [테 없는] 모자. ¶ a hunting *cap* 사냥 모자 / a peaked *cap* [학생모와 같은] 앞챙이 달린 모자. **2** 레이스 모자[실내용 여성 모자]. **3** [직업·계급 따위를 나타내는]체모, [운동 팀 따위의 특유한] 선수모, ¶ a *cap* (a square) 《美》 대학의 제모, 각모(mortarboard). **4** [형태·용도·장소 따위가] 모자 같은 것 구실을 하는 것; 병뚜껑; [만년필의] 뚜껑; [구두의] 코(toecap); 슬개골(膝蓋骨) (kneecap); [시계의] 속두

껑; 투구. ¶ a steel *cap* 철모. **5** 정상(top), 최고 (acme). ¶ a snowy *cap* 눈이 덮인 산봉우리. **6** [식물] 버섯의 갓(pileus). **7** [건축] 주두(柱頭); [항해] 돛대 꼭대기의 이음목. **8** 뇌관(percussion cap); [장난감 권총의]때총갑. **9** 용지의 크기[예를 들면 foolscap]. **10** [여우 사냥 따위에서 비회원으로부터 거두는] 회비. **11** [광산] 천장을 떠받치는 버팀대 머리의 가로대. **12** [닭은 고무 타이어의 접지(接地) 부분에 덧대는] 새 고무층. **13** [대패의] 덧날. **14** 피임용 페서리.
assume the black cap 사형 선고를 내리다.
the cap and bells 어릿광대의 방울 달린 모자. ¶ He wears *the cap and bells.* 그는 웃음 거리다.
cap and gown 대학의 정장.
cap in hand 《구어》 모자를 손에 들고(벗고), 공손히.
cap of liberty; liberty cap [고대 로마에서 해방된 노예에게 주어진] 자유의 모자; [공화당의 상징인] 삼각 모자.
cap of maintenance 관모[영국왕 대관식 때 왕 앞에서 받들어 드는 모자].
fit the cap on 빈정대는 말을 자기 일로 생각하다.
fling (or *throw*) *one's cap over the windmill* 무모한 행동을 하다, 관습에 도전하다.
gain the cap of 《英구어》 …에게서 존경의 표시로 경례를 받다.
get (or *gain, win*) *one's cap* 《英》 선수가 되다.
If the cap fits, wear it. 《속담》 그 말이 옳다고 여기거든 자기 일로 알아라.
in the cap [광맥이] 좁고 짧은.
kiss caps with 〔남〕과 함께 술을 마시다.
pull caps (or *wigs*) 〔고어〕 [여자가] 싸움을 하다.
put on one's considering (or *thinking, conjuring*) *cap* 심사숙고하다.
ready as a borrower's cap 즉석에서.
send the cap round 〔기부금 따위를 걷기 위해〕 모자를 돌리다. * 이렇게 해서 모은 돈을 cap money 라 한다.
set one's cap at (or *for*) 《속어》 [여자가] [남자의] 호감을 사려고 애쓰다, [여자가] [남자]를 유혹하여 남편으로 삼으려 하다, …의 비위를 맞추다.
touch one's cap to …에게 약간 경의 표시만을 하다, 인사 치례를 하다.
Where is your cap ? [어린이에게 타이르는 말로] 인사 해야지 ?
── v. (capped, capping) vt. **1** …에 모자(덮개)를 씌우다; 뚜껑을 씌우다; 쇠붙이를 붙이다. **2** …을 완성하다, 마무리하다(complete) **3** [다른 것]을 능가하다(surpass). ¶ *cap* a story 좋은 이야기 끝에 다시 그보다 더 좋은 이야기를 하다. **4** …의 꼭대기를 덮다. ¶ Snow has *capped* Mt. Halla. 눈이 한라산을 덮었다. **5** [스코]에게 학위를 수여하다. **6** 《英》 [경기자]에게 선수모를 주다; …을 선수로 뽑다. **7** …에게 탈모하다, 경례하다. ── vi. **1** 경례하다, 탈모하다(*to*...). ¶ I *cap* to that. 나는 그것에 찬성하다. **2** [비회원이] 클럽의 여우사냥에 참가하다.
cap the climax 도(度)를 넘다, 예측을 벗어나다, 예상 외로 잘하다.
to cap [*it*] *all* 모든 것보다 월등히; 결국에는, 마침내는. ¶ And *to cap it all*, we had several weeks of heat. 그리고 결국에는 수 주일간의 더운 날씨가 계속되었다.

cap² [kæp] n. 대문자(capital letter) (* 보통 caps 를 쓴다). ¶ set in *caps* 대문자로 조판하다. ── vt. (capped, capping) …을 대문자로 쓰다(인쇄하다).
[< capital]

cap³ [kæp] n. 《구어》 대장(隊長), 선장, 반장.
[< captain]

cap⁴ [kæp] n. 《美속어》 [마약·환각제 따위의] 캡슐.
[< capsule]

CAP, C.A.P.《略》 Civil Air Patrol(민간 항공 순시원); computer-aided production(컴퓨터 도입 생산); Common Agricultural Policy[EEC 가맹국간의] 공통 농업 정책); 《군사》 combat air patrol(전투 공군 초계(哨戒)).

cap.《略》 capital, capitalize, capitalized; capital letter; chapter; foolscap.

*ca·pa·bil·i·ty [kèipəbíliti] n. (pl. -ties) ⓤ **1** 능력, 재능, 수완(ability, capacity) (*of, for*...). ¶ his *capability* in charming his audience 그의 청중을 매료시키는 능력. **2** 가능성; 용량. **3** (보통 -ties) 장래 능력, 장래성, 미개발의 능력. ¶ It is above (or beyond) my *capability*. 그것은 내 역량으로는 어쩔 수 없다 / discover a person's *capabilities* 사람의 장차 발전할 수 있는 소질을 발견하다. ◇ cápable *adj*.

‡**ca·pa·ble** [kéipəbl] *adj*. **1** 유능한, 수완있는, 역량 있는(able, competent); 실력 있는 (efficient). ¶ a *capable* man 유능한 사람 // the man *capable* for the job 그 일에 적격인 사람. **2** …을 할 수 있는, …을 받기 쉬운(*of*...). ⇒ CAN 類語 **3** [나쁜 뜻으로] 감히 …할, …도 불사할(*of*...). ¶ He is *capable* of stealing. 그는 도둑질도 불사할 사람이다.

── *Usage* capable of ──(1) able to 가 적극적 능력을 나타내는 데 대하여, capable of 는 소극적 능력·순응성을 나타낸다: Human nature is *capable of* being improved by moral discipline. 인간성은 도덕 교육에 의해서 개선될 수 있다. cf. He was *able to* go through the trial. 그는 그 고난을 견디어 냈다. (2) capable of 의 주어는 사람 또는 사람의 동작이 미치는 대상인 경우가 보통이다: The economy is *capable of* growing quickly. 경제의 급속한 성장은 가능하다.

~**ness** *n.* **-bly** *adv*.

*ca·pa·cious [kəpéiʃəs] *adj*. 많이 들어가는, 포용력이 큰; 광대한(roomy), 관대한. ¶ a *capacious* vessel 탑량이 큰 배 / a *capacious* mind 활달한 마음.

-ly *adv.* **~ness** *n.* ◇ capácity *n.*

ca·pac·i·tance [kəpǽsit(ə)ns] *n.* [전기] **1** ⓤ 전기(정전(靜電)) 용량, 커패시턴스. **2** 축전기, 콘덴서.

ca·pac·i·tate [kəpǽsitèit] *vt.* (**-tat·ed, -tat·ing**) **1** …이[…하는 것을] 가능하게 하다, 능력을 부여하다(enable). ¶ *capacitate* him *for* do the work 그가 그 일을 할 수 있도록 해주다. **2** …에게 [법적] 자격을 주다. ¶ *capacitate* him *for* an office 그에게 어떤 직장을 가질 자격을 주다. [부어.

ca·pac·i·ta·tion [kəpæ̀sitéiʃ(ə)n] *n.* ⓤ 능력 (자격)

ca·pac·i·tive [kəpǽsitiv] *adj*. [전기] 전기 용량의, 용량성(의). (condenser).

ca·pac·i·tor [kəpǽsitər] *n.* [전기] 축전기, 콘덴서.

‡**ca·pac·i·ty** [kəpǽsiti] *n.* (*pl. -ties*) ⓤ **1** (종종 a ~) 수용력, 용량, 용적, 체적. ¶ expand beyond *capacity* 용량 이상으로 커지다 / This can has a *capacity* of 4 quarts. 이 통에는 4쿼트가 들어간다 / This room has a *capacity* of 20. 이 방에는 20인의 좌석이 있다. **2** (때로 a ~) [심신의] 능력, 정신능력; 성능, 재능, 역량(*for, of*...). ⇒ ABILITY 類語 ¶ a man of *capacity* 수완가 // the *capacity* for English 영어의 재능 / He has a remarkable *capacity* for lying. 그는 거짓말을 누워 떡 먹듯 한다.

3 ⓒ 지위(position), 자격(function); 관계(relation). ¶ in the *capacity* of legal adviser 법률 고문의 자격으로 / in a civil *capacity* 일개 시민으로서.

4 [법률상의] 자격, 능력(qualification). ¶ be in *capacity* 법률상의 능력을 가지다 / I was taxed to my utmost *capacity*. 나는 지불 능력의 최대 한도까지 과세되었다.

5 〖電〗 열용량; [전기(정전)용량(capacitance).
at capacity 전생산 능력으로.
be filled (or *packed*) *to capacity* 만원이다.
in one's capacity as …이라는 자격으로.
in the capacity of …의 자격으로. ¶ He traveled *in*

cap-a-pie, cap-à-pie [kæpəpí:] *adv.* 머리끝에서 발끝까지, 온몸 어디도 빈틈없이. ¶ a knight armed *cap-a-pie* 완전 무장한 기사(騎士).

ca·par·i·son [kəpǽrisn] *n.* **1** 장식 마구(馬具), 아름다운 말옷. **2** 성장(盛裝), 아름다운 복장. —— *vt.* [말]에게 말옷을 입히다; …을 아름답게 꾸미다.

cáp clòud *n.* [높은 산봉우리에 걸리는] 흰 삿갓구름

Cap·Com, Cap·com [kǽpkàm / -kɔ̀m] *n.* 우주선 교신 담당자(capsule communicator).

*****cape**[1] [keip] *n.* 케이프, 어깨에 걸치는 망토[코트가 붙어 있거나 또는 따로따로 입을 수 있다].

‡**cape**[2] [keip] *n.* **1** 곶, 갑(岬)(headland). **2** (the C-) =the Cape of Good Hope; (美) =Cape Cod.

Càpe Canáveral *n.* 케이프 캐너베럴[미국 Florida 주에 있는 갑(岬). 미사일·우주 계획의 기지; 1963-73년까지는 Cape Kennedy 라 불렀다].

Cápe Cód *n.* **1** 코드갑(岬) [미국 Massachusetts 주 동남부에 있다]. **2** (=**Càpe Còd cóttage**) [18-19세기에 Cape Cod 에서 유행한] 단층집으로서 중앙에 굴뚝이 있는 오두막집.

Cápe Cólony *n.* Cape of Good Hope 주의 구칭.

Cápe Cólored *adj., n.* [남아프리카 공화국의 법률에서] 백인과 유색 인종과의 혼혈의[사람] [Cape 주 서부에 많이 산다].

Cápe Kénnedy *n.* 케이프 케네디[Cape Canaveral 의 구칭.

cap·e·lin [kǽpəlin] *n. (pl. -lin or -lins)* [북양산(産)] 빙어과(科)의 작은 물고기[대구의 낚싯밥 따위로 사용].

Ca·pel·la [kəpélə] *n.* [천문] **1** 카펠라[마부좌(Auriga)의 1등성]. **2** [달(月)면 제4분원(分圓)에 있는] 카펠라 분지.

Cápe of Gòod Hópe *n.* (the ~) 희망봉[아프리카 남쪽 끝 가까이에 있는 갑(岬)]. **2** 남아프리카 공화국의 한 주[구칭 Cape Colony; 주도(州都) Cape Town]. * Cape Province 라고도 한다.

*****ca·per**[1] [kéipər] *vi.* 깡충깡충 뛰어 다니다 (skip about). —— *n.* **1** 까불며 뛰어다니기, 깡충깡충 뛰어다니기. **2** (종종 ~s) 못된 장난, 광태(狂態). **3** (美속어) [강도 따위의] 나쁜 짓, 범죄.
cut capers (or *a caper*) ① 깡충깡충 뛰어다니다. ② 까불어대다, 못된 장난을 하다, 광태를 부리다.

ca·per[2] [kéipər] *n.* 백화채나무[지중해 지방 원산의 가시가 많은 관목]; 그 꽃봉오리[식초에 절여서 조미료로 사용].

cap·er·cail·lie [kæpərkéilji], **-cail·zie** -kéilzi] *n.* 큰뇌조(雷鳥) [뇌조 중 가장 큰 것].

Ca·per·na·um [kəpə́ːrniəm, +美 -neiəm] *n.* 가버나움[북이스라엘의 옛 도시. 예수의 갈릴리 전도의 중심지].

cape·skin [kéipskìn] *n.* 케이프스킨[장갑용 양가죽].

Ca·pe·tian [kəpíːʃ(ə)n] *adj.* 카페 왕조의. —— *n.* 카페 왕조의 왕, 카페 왕가의 사람.

Cápe Tòwn, (Cape-town) *n.* 케이프 타운[남아프리카 공화국 Cape of Good Hope주의 주도(州都)·항구. 이 나라 입법상의 수도]. *cf.* Pretoria

Càpe Vérde Íslands *n. pl.* (the ~) 카보베르데 제도(諸島) [1975년 포르투갈에서 독립한 아프리카 서쪽의 공화국].

cap·ful [kǽpfùl] *n.* 모자에 하나 가득[한 분량]; 조금, 얼마 안되는 분량. ¶ a *capful* of wind [항해] 산들바람.

ca·pi·as [kéipiəs, kǽ-] *n. (pl. -as·es [-əsi:z]* [법률] 구인장, 체포 영장.

cap·il·lar·i·ty [kæpəlǽriti] *n.* 털 모양(現象), 모양. **2** [물리] 모세관 현상.

cap·il·lar·y [kǽpəlèri / kəpíləri] *adj.* **1** 털[모양]의, 털처럼 가는. **2** 모세의, 모세관 현상의. ¶ *capillary* action (phenomenon) 모세관 작용(현상)/a *capillary* vessel 모세관. —— *n. (pl. -lar·ies)* **1** (인체부) 모세 혈관(capillary vessel). **2** (=**cápillary tùbe**) 모세관.

cápillàry attráction *n.* ⓤ 모세관 인력.

ca·pi·ta [kǽpitə] *n.* caput 의 복수형.

‡**cap·i·tal**[1] [kǽpitl] *n.* **1** 수도, 서울. **2** 대문자, 두문자(capital letter). **3** ⓤ 자본. ¶ foreign *capital* 외자 / fixed *capital* 고정 자본 / invest (*or* sink) one's *capital* in a business 사업에 투자하다. **4** ⓤ 원금, 자본금. ¶ lose both *capital* and interest 원금도 이자도 다 잃다. **5** ⓤ (종종 C-) 자본가 계급. *opp.* labor **6** ⓤ 세력. ¶ Good health and energy are his *capital.* 건강과 정력이 그의 밑천이다.
live on one's *capital* 무위도식하다.
make capital out of …을 이용하다, …을 기화로 삼다(틈타다).
on capital 자본(원금)에 대해서. ¶ pay 6% interest *on capital* 원금에 대해서 6 퍼센트의 이자를 지불한다.
speak in capitals 어조를 힘주어 말하다.
—— *adj.* **1** 자본의, 자산의; 원금(밑천, 본전)의, ¶ a *capital* stock (fund) 자본주(株) (금). **2** 으뜸가는, 매우 중요한, 주요한(principal). ⇨ CHIEF [類語] ¶ a *capital* city 수도. **3** (英) 훌륭한, 뛰어난 (excellent); 일등의, 일류의(first-rate). ¶ That's a *capital* idea. 그것은 훌륭한 착상이다. **4** 대문자의, 두문자의. ¶ a *capital* letter 두문자 / an artist with a *capital* A [a를 대문자로 쓸만큼] 매우 뛰어난 예술가. **5** (英속어로) 죽어 마땅한, 사형에의. ¶ a *capital* sentence 사형 선고. **6** 중대한, 대단한(serious), 치명적이(fatal), ¶ a *capital* error 치명

cap·i·tal[2] [kǽpitl] *n.* [건축] 기둥머리.

cápital accóunt *n.* **1** 자본금 계정. **2** (~s) [회계] 자본 계정[자산에서 부채를 뺀 나머지의 순(純)재산액 계정].

Doric Ionic Corinthian
도리아식 이오니아식 코린트식

[capital[2]]
1 plinth 2 echinus 3 fluting
4 volute 5 acanthus

cápital ássets *n. pl.* [상업] 자본적 자산, 고정 자산 [특허권, 상표권 등 무형자산 포함]. *cf.* current assets

cápital flíght *n.* 자본 도피.

cápital gáin *n.* 자산 매각 소득, 자본 이득.

cápital góods *n. pl.* [경제] 자본재(財).

cap·i·tal-in·ten·sive [kæpitlinténsiv] *adj.* [경제] 자본 집약적인[생산성이나 이윤을 올리는 데 막대한 자본을 요하는].

*****cap·i·tal·ism** [kǽpitəlìz(ə)m, +英 kəpít-] *n.* ⓤ 자본주의, 자본주의 제도.

*****cap·i·tal·ist** [kǽpitəlist, +英 kəpít-] *n.* 자본가; 자본주의자; 부자. —— *adj.* capitalistic.

cap·i·tal·is·tic [kæpitəlístik] *adj.* 자본가의, 자본주의의; 자본주의적인. ¶ *capitalistic* economy 자본주의 경제 / a *capitalistic* state 자본주의 국가.
-ti·cal·ly [-tikəli] *adv.* [표].

cápitalist róad *n.* 《중국》주자파(走資派)의 정책(목)

cápitalist róader *n.* 주자파(走資派) [자본주의의 길을 걷는 중공의 실권자].

cap·i·tal·i·za·tion [kæpitəlizéiʃ(ə)n / kəpìtəlai-] *n.* (* 《英》에서는 **cap·i·tal·i·sa·tion** 으로도 쓴다) ⓤ **1** 자본화. **2** [회계] [사업에의] 투자; [지불금의] 현시가 계상; 주식 자본. **3** [수입·연금의] 자본 현가계상. **4** 대문자(두문자)로 쓰기. **5** 수도(首都)로 하기.

주의 대문자의 주요 용법 ── (1) 인칭 대명사의 1 인칭 단수 주격: *I*. (2) 문장의 첫머리: *It* was in 1975 *that*... (3) 문장 중에 나오는 인용문의 첫머리: George said, "*The* book is too difficult." (4) 고유 명사, 달력의 월명(月名), 요일명, 축제일 따위: *John Milton/ Korea / the White House / January / Monday*. (5) 관직·칭호·지위의 명칭이 고유 명사적으로 쓰인 경우: *King of England / Prime Minister / Doctor Faustus*. (6) 신(神)의 이름, 기타 이에 준하는 명칭: *God / Jehovah / the Almighty / the Saviour / the Holy Ghost / the Jest.* (7) 공공 기관 등: *the Government / the Supreme Court / the Ministry of Education*. (8) 정당, 종파, 학회(우호) 단체 따위: *Democratic Party / Protestants / the Lions Club*. (9) 저서·논문의 제목은 명사·대명사·형용사·동사·부사를 대문자로 쓴다: *the Merchant of Venice / The History of the English Novel*. (10) 전쟁, 기타 역사상 유명한 사건·시대: *World War II / the Black Death / the Dark Ages*. (11) 시(詩)의 각 행의 첫머리. 단, 현대시에서는 대문자로 쓰지 않는 경우도 적지 않다. (12) 의인화(擬人化)된 추상 명사: *Haste thee Nymph*, and bring with thee *Jest*, and youthful *Jollity*. 님프여, 어서 가서 익살과 싱싱한 희화를 데려와주려무나.

cap·i·tal·ize [kǽpitəlàiz, 英 kəpít-] (* 《英》에서는 **capitalize**로도 쓴다) v. (-ized, -iz·ing) vt. **1** …을 대문자로 쓰다(인쇄하다). **2** (회사의) 자본 주식수를 결정하다. ¶ a company *capitalized* at $100,000,000 1 억 달러의 자본을 가진 회사. **3** …을 주식으로 전환하다, 자본화(化) 하다. **4** (회계) (지출)을 비용으로 취급하지 않고 사업 자금으로 계상하다. **5** …에 자본을 투자(공급)하다. **6** …의 시세(가치)를 어림잡다. **7** 《美》…을 이용하다, …을 기화로 삼다(takes). ¶ *capitalize* the vanity of women 여성의 허영심을 이용하다. **8** 《美》…을 대문자(두문자)로 쓰다(인쇄하다); (글)을 대문자 (두문자)로 쓰기 시작하다. — vi. 이용하다, 기화로 삼다(틈타다) (*on*...). ¶ *capitalize on* another's mistake 남의 실수를 기화로 삼다.

cápital lèvy n. 자본 과세.
cap·i·tal·ly [kǽpit(ə)li] adv. 멋지게; 훌륭하게; 대단히 잘. (alty).
cápital púnishment n. 사형, 극형 (death pen-
cápital shíp n. 주력함[전함·순양함·항공모함 등].
cápital stóck n. **1** 자본주[회사가 발행한 총주식수]. **2** (회사의) 주식 자본.
cápital súrplus n. 자본 잉여금.
cápital térritory n. 수도권(圈).
cápital tránsfer tàx n. [자산] 증여세 (gift
cap·i·tate [kǽpiteit] adj. [식물] 두상(頭狀) [화성]의.
cap·i·ta·tion [kæ̀pitéiʃ(ə)n] n. **1** ⓤ 인원별 계산; [임금·요금 따위의] 인원별 할당. ¶ a *capitation* grant [인원수에 따라 지급되는] 인두(人頭) 보조금. **2** 인두세 (poll tax).
Cap·i·tol [kǽpitl] n. **1** [Washington, D.C.에 있는] 미국 국회 의사당. **2** (보통 c-) 미국 주의회 의사당 (Statehouse). **3** Jupiter의 신전 [고대 로마의 Capitoline Hill에 있었음]. **4** =Capitoline Hill.
Cápitol Hìll n. **1** =Capitoline Hill. **2** 《美》국회, 의회 (Congress). **3** 미국 국회 의사당이 있는 언덕.
Cap·i·to·line [kǽpit(ə)làin / kəpít(ə)u-] adj. [로마의] Jupiter 신전의, Capitoline Hill의. — n. (the C-) =Capitoline Hill.
Cápitoline Hìll [英 -´--´-] n. 고대 로마의 일곱 언덕의 하나[일곱 언덕 중 가장 작은 것; 종교·정치의 중심이며 그 위에 Jupiter를 모시는 신전이 있었음].
ca·pit·u·la [kəpítʃulə / -tju-] n. capitulum의 복수형.
ca·pit·u·lar [kəpítʃulər / -tju-] n. **1** 참사 회원. **2** (~s) 참사회 법규. — adj. **1** [식물] 두상(頭狀) [화]

서]의(capitate). **2** 참사회의(에 관한).
ca·pit·u·lar·y [kəpítʃuleri / -tjuləri] adj. 참사회의. — n. (pl. -lar·ies) **1** 참사 회원. **2** (pl. -lar·ies) [프랑크 왕국의] 법규집.
ca·pit·u·late [kəpítʃuleit / -pítju-] vi. (-lat·ed, -lat·ing) [조건부 또는 무조건으로] 항복하다.
ca·pit·u·la·tion [kəpìtʃuléiʃ(ə)n / -pìtju-] n. ⓤ **1** 무조건 항복; 조건부 항복. ⓒ 항복 문서. **2** (~) 협약, 협정. **3** 요점, 개요 (summary). **4** (종종 ~s) 옛날 터키 황제가 거류 외국인에게 인정한 치외 법권 따위에 관한 각종 협정.
ca·pit·u·la·tion·ism [kəpìtʃuléiʃ(ə)niz(ə)m/-tju-] n. **1** 조건부 항복. **2** 투항주의[반(反) 서방 정책에서 물러서는 공산주의자를 비난하는 말].
ca·pit·u·lum [kəpítʃuləm / -tju-] n. (pl. **-la**) **1** [식물] 두상화서, 두상화(頭狀花); 버섯류의 갓. **2** [해부] 뼈의 소두(小頭).
cap·lin [kǽplin] n. =capelin.
Cap'n [kǽpn] n. =Captain.
ca·po [kǽpou] n. 《이탈리아》 **1** 두목 [《美》마피아 용어].
ca·pon [kéipən, -pan] n. [식육용의] 거세한 수탉.
ca·pon·ize [kéipənàiz] (* 《英》에서는 **ca·pon·ise**로도 쓴다) vt. (-ized, -iz·ing) (수탉)을 거세하다 (castrate).
ca·po·ral [kǽpərəl, kæ̀pəràl / kæ̀pəráːl] n. ⓤ 카포랄[프랑스제의 싸구려 살담배].
cap·o·re·gime [kǽpourì·ʒìːm] n. [이탈리아] 간부 (lieutenant) [《美》마피아 용어].
ca·pot [kəpát, -póu / -pót] n. [카드놀이] [piquet에서의] 전승(全勝). — vt. (-pot·ted, -pot·ting) [piquet에서] (상대방)에게 전승하다.
ca·pote [kəpóut] n. **1** [군인·여행자 등의] 두건 달린 긴 외투. **2** 카포트 모자[여성·어린이용의 끈이 달리고 테가 없는 모자]. **3** [탈 것의] 포장, 차덮개. **4** [투우사의] 어깨 망토, 케이프.
cáp pàper n. 엷은 갈색 포장지; 편지지의 일종.
cap·per [kǽpər] n. **1** 모자 장수. **2** [기구의] 뚜껑 제작업(기계). **3** 《美속어》특히 도박판의 앞잡이, 바람잡이; [경매의] 값을 올리는 사람, 바람잡이.
cáp pístol n. 장난감 권총.
Ca·pri [káːpri, kæpríː] n. **1** 카프리섬[이탈리아의 나폴리만에 있는 작은 섬]. **2** ⓤ [그 섬에서 나는] 포도주. **3** (~s) 여성용의 몸에 꼭 끼는 바지 (Capri
cápric ácid [kǽprik-] n. ⓤ 카프로산(酸) [버터 및 갖가지 지방 속에 함유되어 있다].
ca·pric·ci·o [kəpríːtʃiòu] n. (pl. **-cios** [-tʃiòuz]) or It **-ci** [-tʃi:]) **1** 까불기, 장난 (prank). **2** ⓤ 변덕, 일시적 기분 (caprice). **3** [음악] 카프리치오, 기상(奇想) 곡, 광상곡. <It>
*ca·price [kəpríːs] n. ⓤⓒ **1** 일시적 기분, 변덕, 바람기, 순간적인 충동 (whim). ¶ Her refusal to go is a mere *caprice*. 그녀가 가고싶지 않다고 한 것은 변덕에 불과하다. **2** 변덕스러운 성질. **3** 일시적 기분의 작품, 희작(戲作). **4** [음악] =capriccio. <It>
*ca·pri·cious [kəpríʃəs] adj. 변덕스러운, 마음이 변하기 쉬운, 바람기 있는. **~ly** adv. **~ness** n.
Cap·ri·corn [kǽpriko̜ːrn] n. [천문] **1** 산양좌 (the Goat). **2** 마갈궁 (摩羯宮) [황도 12궁 중의 제10궁]. ⇒ ZODIAC 그림. [선.
the Tropic of Capricorn 동지선 (冬至線), 남회귀
cáp·ri·fig [kǽprifìg] n. [남유럽·소아시아산 (產)의] 야생 무화과의 일종, 그 열매.
ca·prine [kǽprain] adj. 염소의, 염소 같은 (goat-
cap·ri·ole [kǽpriòul] n. **1** 깡충 뛰기, 도약 (leap). **2** [말이 전진하지 않고 말을 나란히 하고 뛰는 도약]. — vi. (-oled, -ol·ing) 말이 도약하다, 깡충깡충 뛰다.
caps. 《略》*cap*ital letters; capsule.
cáp scréw n. 둥근머리 볼트.

Cáp Sép(略) [로켓] capsule separation(캡슐 분리).
cap·si·cum [kǽpsikəm] n. 가지과(科) 고추속(屬)의 식물; 그 열매.
cap·size [kǽpsaiz, -´-/-´-] v. (-sized, -siz·ing) vi. 뒤집히다, 전복하다(overturn). ¶ The boat *capsized*. 보트가 전복했다. —vt. …을 뒤집어 엎다, 전복시키다. ⇨ UPSET 類語 ¶ A strong wind *capsized* the boat. 강풍으로 보트가 뒤집혔다. —n. 전복.
cap·stan [kǽpstən] n. 캡스턴[닻 따위나 무거운 물건을 들어올리기 위한 장치]; 캡스턴[테이프 레코더의 테이프 회전 속도 조절 장치].
cápstan bàr n. 캡스턴 막대[캡스턴에 꽂아 인력으로 돌리는 막대기].
cap·stone [kǽpstòun] n. [벽·건조물의 꼭대기에 얹힌] 갓돌, 관석(冠石) (coping).

[capstan]

cap·su·lar [kǽpsjulər, -sju-/-sju-] adj. 꼬투리의; 꼬투리 모양의; 꼬투리(캡슐)에 든.
cap·su·late [kǽpsəlèit, -sju-], **-lat·ed** [-lèitid] adj. 꼬투리 모양의; 꼬투리(캡슐)에 든.
*cap·sule [kǽps(ju)l/-sju:l] n. 1 [약을 싸는] 교갑, 캡슐. 2 [식물] 삭과(蒴果); 삭(蒴); 씨주머니. 3 [해부·동물] 막낭(膜嚢), 피막(被膜); 삭 모양의 기관(器官). 4 [일반적으로] 작은 낭, 작은 포피(包被) (covering). 5 [우주 로켓의] 캡슐. 6 [유리병의 주둥이에 덮는] 병마개. —vt. (-suled, -sul·ing) 1 …을 캡슐로 싸다, …에 캡슐을 씌우다. 2 …을 요약하다, 작게 꾸뚱그리다. —adj. 1 작게 가득 찬. 2 간결한, 요약한.
cápsule commúnicator n. [로켓] 지상 연락원 [지상 관제소에서 우주선 탑승자와 통화하는 사람; 略 Cap Com].
Capt. (略) captain.
‡**cap·tain** [kǽptin] n. 1 우두머리, 장, 수령(chief). 2 육군 대위, 해군 대령; 《美》공군 대위; 《英해군》 [장성에 상당하는] 함대 부관(fleet captain); 《美해군》 [임시의] 함대 참모. 3 군 지도자, 역전의 지휘관; 전략가(strategist). 4 선장, 함장, 정장(艇長), 기장. 5 [특정 담당 구역의] 수부장(水夫長), 구역장, 주임; [공장 따위의] 반장, 직공장; 《美》 [경찰·소방서의] 분대장, 지서장; [지방 선거구의] 당 지도자. 6 《美》 대식당나, 거물. 7 [스포츠] [팀의] 주장; [학교의] 반장. —vt. 을 지휘하다, 통솔하다.
cap·tain·cy [kǽptinsi] n. ⓤⓒ (pl. -cies) captain의 직(지위), 행동, 임기.
Cáptain Géneral n. 최고 지휘관.
cap·tain·ship [kǽptinʃip] n. ⓤ 1 =captaincy. 2 captain으로서의 재능(수완).
CAPTAIN System [kǽptin-] n. [상표명] 캡틴 시스템[중앙의 컴퓨터로부터 가정의 TV 수상기에 정보를 제공하는 비디오텍스 시스템. 〈Character and Pattern Telephone Access Information Network〉
cap·tion [kǽpʃ(ə)n] n. 1 [페이지·장·논설 따위의] 표제, 제목(title, heading). 2 [사진·삽화의] 설명. 3 [영화] 자막. 4 [법률] 법률 문서에 붙이 두서(頭書)[작성한 장소·일시·권한 따위를 기술한 부분]; [英법률] 체포(arrest).
—vt. …에 표제(제목, 설명, 자막)를 붙이다.
cap·tious [kǽpʃəs] adj. 1 [결점 따위를] 책망(비난)하는, 허물을 캐는, 흠(트집) 잡는(faultfinding), 까다로운. ¶ *captious* remarks 책망하는 말, 비난. 2 말꼬리를 잡고 늘어지는, 심술궂은. ¶ *captious* questions 심술 궂은 질문. -ly adv. -ness n.
cap·ti·vate [kǽptəvèit] vt. (-vat·ed, -vat·ing) (남의 마음을 매혹하다, …의 넋을 빼앗다(charm), [페어] …을 체포하다(take captive). ⇨ ATTRACT
類語 ¶ The children were *captivated* by the story. 아이들은 그 이야기에 흠뻑 빠져 들었다 / He was *captivated* with (or by) her beauty. 그는 그녀의 미모에 녹쳐(惑)당하였다.
cap·ti·vat·ing [kǽptəvèitiŋ] adj. 매혹적인.
cap·ti·va·tion [kæ̀ptəvéiʃ(ə)n] n. ⓤ 매혹(하기); 매료(된 상태); 매력.
cap·ti·va·tive [kǽptəvèitiv] adj. 매혹적인, 매력이 있는.
‡**cap·tive** [kǽptiv] n. 1 포로(prisoner). 2 사랑에 사로잡힌 사람; [아름다움 따위에] 매료된 사람. ¶ He became a *captive* to her beauty. 그는 그녀의 미모에 완전히 사로잡혔다. —adj. 1 포로가 된; 감금(유폐)된. ¶ take (hold, lead) a person *captive* 남을 포로로 하다(잡아 두다). 2 [기구(氣球) 따위가] 계류(繫留)되어 있는. ¶ a *captive* balloon 계류 기구. 3 [사랑·아름다움 따위에] 사로잡힌. 4 [소기업이] 대기업에 지배된.
cáptive áudience n. [라디오나 화성기 따위에서 나오는] 선전 등을 마지못해 듣는 청중.
cáptive fíring n. ⓤⓒ [로켓의] 지상 분사(噴射).
*cap·tiv·i·ty [kæptíviti] n. ⓤ 감금(imprisonment), 사로잡힌 몸(상태); 구류 기간. ¶ be in *captivity* 포로가 되어 있다.
cap·tor [kǽptər] n. 잡는 사람, 포획자; [상(賞)의] 획득자.
cap·tress [kǽptris] n. captor의 여성형.
‡**cap·ture** [kǽptʃər] vt. (-tured, -tur·ing) 1 …을 붙잡다(catch), 체포하다(arrest); 포로로 하다. ⇨ CATCH
類語 ¶ The police *captured* the thief. 경찰은 그 도둑을 체포하였다. 2 …을 공격하다, 함락시키다. 3 [상품 따위를] 획득하다(win). 4 [물리] [원자가] [다른 분자를] 포획하다. —n. 1 ⓤ (보통 the~) 포획, 나포; 탈취, 공략, 약탈. ¶ the *capture* of a fishing boat 어선의 나포. 2 포획물, 포획한 사람, 포로; 상금(prize). 3 ⓒ (보통 the~) [물리] [원자가] 다른 분자를 포획하는 일.
cap·u·chin [kǽpjuʃin] n. 1 [중남미산(産)] 거미원숭이의 일종. 2 (* capuchine이라고도 쓴다) [여자용]두건 달린 외투. 3 (C-) [가톨릭] 카푸친회 수도사 [프란체스코회 계통의 탁발(托鉢) 수도사인데, 긴 고깔 모양의 두건을 쓴다].
ca·put [kéipət, kǽpət] n. (pl. **cap·i·ta**) [해부] [뼈 따위의] 머리, 두상(頭狀) 돌기. 〈L head〉
cáput mór·tu·um [-mɔ́:/rtjuəm/-mɔ́:tjuəm] n. ⓤⓒ [鍊金] 폐물, 쩌꺼기. 2 [화학] 벵갈라, 철단(鐵丹) (colcothar). 〈L dead head〉
cap·y·ba·ra [kæ̀pibáːrə] n. 캐피바라[최대의 설치(齧)齒) 동물; 남미산(産)으로 하천 부근에 살며, 체모(體毛)는 모랫빛. 꼬리는 없다].
‡**car** [kɑːr] n. 1 자동차(《美》automobile, 《英》motorcar). ¶ drive a *car* 자동차를 운전하다 / take a *car* 자동차를 타다 / go by *car* 자동차로 가다. ⇒ BY (Usage)³. 2 궤도차, 시내 전차(《美》streetcar, 《英》tramcar). 3 《美》철도 차량, 객차, 화차(* 《英》에서는 객차에는 carriage, 화차에는 wagon, van을 쓴다). ¶ a passenger *car* 객차 / a freight *car* 화차 / a dining (a sleeping, an observation) *car* 식당(침대, 전망) 차. 4 [비행선·경기구(輕氣球)의] 곤돌라, 매단 바구니; 《美》 [엘리베이터의] (elevator cage). 5 [詩] 전차(戰車) (chariot). 6 《美방언》 [일반적으로] 바퀴 달린 운반구(wheeled vehicle); [짐] 마차, 광차(鑛車). 7 살림통[물고기 따위를 산 채로 보존하기 위해 물 위에 띄워놓는 구멍 뚫린 상자].
CAR (略) Central African Republic; Civil Air Regulations; computer aided retrieval(컴퓨터 검색).
car. (略) carat.
CARA (略) Classification and Ratings Administration([美국 영화 협회의] 분류·기준 심사 위원회).
car·a·bao [kɑ̀ːrəbáu/kɑ̀ːrəbáːou] n. (pl. **-ba·os** or **-ba·o**) 필리핀산(産) 물소(water buffalo).

car·a·bin [kǽrəbin] *n.* =carbine.
car·a·bine [kǽrəbàin] *n.* =carbine.
car·a·bi·neer, -nier [kæ̀rəbiníər], **car·bi·neer** [kɑ̀ːrbiníər] *n.* **1** carbine 총을 가진 옛날의 기병, 기총병(騎銃兵), 카빈병(兵). **2** (the C-s) 영국 근위(近衛) 제3(제6) 기병(龍騎兵) 연대.
ca·ra·bi·nie·re [kærəbinjέːri] *n.* (*pl.* **-ri** [-njέːri]) 《이탈리아》 경찰관(policeman).
car·ac, -ack [kǽrək] *n.* =carrack.
car·a·cal [kǽrəkæ̀l] *n.* 카라칼[서남 아시아에 사는 적갈색의 스라소니. 귀 끝은 검은 색깔]; Ⓤ 카라칼의 모피.
ca·ra·ca·ra [kàːrəkáːrə] *n.* 〔중남미산(產)의〕 독수리 비슷한 매의 일종.
Ca·ra·cas [kərάːkəs, -rǽ-] *n.* 카라카스〔남미 베네수엘라 northern에 있는 이 나라의 수도〕.
car·ack, -ak [kǽrək] *n.* =carrack.
car·a·cole [kǽrəkòul], **-col** [-kɑ̀l, -cɔl) *n.* **1** 〔馬術〕 (기마술의) 반(半)회전, 반(半)선회(half turn). **2** 〔드물게〕 나선 계단. ── *vi.* (**-coled, -col·ing**) 〔승마에서〕 반회전하다, 반선회하다.
car·a·cul [kǽrəkəl] *n.* =karakul.
ca·rafe [kərǽf, -ráːf] *n.* 〔식탁·연단용의〕 유리 물병.
*****car·a·mel** [kǽrəməl, -mèl /-mèl] *n.* **1** 구운 설탕, 캐러멜〔음식물의 착색 또는 가미용(加味用)〕. **2** 캐러멜〔과자〕. **3** Ⓤ캐러멜색, 연한 갈색.
car·a·mel·ize [kǽrəməlàiz] *v.* (**-ized, -iz·ing**) *vt.* 〔설탕 따위를〕 캐러멜로 만들다, 캐러멜화(化)하다. ── *vi.* 캐러멜이 되다.
car·a·pace [kǽrəpèis] *n.* 〔갑각류의〕 갑각, 껍질, 〔거북·게〕의 등딱지.
*****car·at** [kǽrət] *n.* **1** 캐럿〔다이아몬드 따위 보석의 중량 단위; 200mg〕. **2** =karat.
‡**car·a·van** [kǽrəvæ̀n] *n.* **1** 〔사막의〕 대상(隊商), 캐러밴; 〔순례자 등의〕 여행자대. **2** 서커스용의 덮개가 나 가구 따위를 운반하는 대형 운반차(van), 〔한 떼의〕 포장마차. ¶ a *caravan* of emigrants 이주민의 한 무리. **3** 《英》 트레일러 하우스(house trailer). ── *vi.* 캐러밴 여행을 하다, 캐러밴으로 운반하다.
cáravàn pàrk *n.* 《英》 트레일러 하우스용 주차장.
car·a·van·sa·ry [kærəvǽnsəri], **-se·rai** [-sərài] *n.* (*pl.* **-ries; -rais**) **1** 〔넓은 안마당이 있는〕대상용 여관. **2** 큰 여관.
car·a·vel [kǽrəvèl] *n.* 〔스페인·포르투갈에서 15-16세기경 사용했던〕 경쾌한 소형 범선.
car·a·way [kǽrəwèi] *n.* **1** 캐러웨이〔미나리과(科) 회향풀의 일종〕. **2** (=**cáraway sèeds**) 캐러웨이의 열매 〔향기가 있으며 요리·의약용〕.
carb- ⇒ CARBO-.
car·barn [kάːrbὰːrn] *n.* 《美》 전차(버스) 차고.
car·be·cue [kάːrbikjùː] *n.* 폐차 압축기〔폐차를 화염위에서 회전시켜 압축하는 장치〕. [< CAR + [BAR]BECUE]
cár bèd *n.* 카베드〔자동차용의 바스켓형(型) 휴대용 유아 침대〕.
car·bide [kάːrbaid, +美 -bid] *n.* 〔化學〕 **1** 카바이드, 탄화물. **2** 탄화 칼슘(calcium carbide).
car·bine [kάːrbain, +美 -biːn] *n.* 카빈총, 기총(騎銃)〔총신이 짧은 소총〕.
car·bi·neer [kὰːrbiníər] *n.* =carabineer.
carbo- carbon 의 뜻의 연결형 〔* 모음 앞에서는 carb-를 쓴다〕. 예: *carborundum, carbazole*.
*****car·bo·hy·drate** [kὰːrbo(u)háidreit] *n.* 〔化學〕 탄수화물, 함수(含水)탄소.
car·bo·lat·ed [kάːrbəlèitid] *adj.* 석탄산을 함유한.
*****car·bol·ic** [kɑːrbɑ́lik /-bɔ́l-] *adj.* 〔化學〕 석탄산의.
car·ból·ic ácid *n.* Ⓤ 〔化學〕 석탄산.
car·bo·lize [kάːrbəlàiz] *vt.* (**-lized, -liz·ing**) …을 석탄산으로 처리하다; …에 석탄산을 타다.
cár bòmb *n.* 자동차 폭탄〔자동차에 폭약을 싣고 목표물에 돌진하는 특공대용 폭탄〕.
cár bòmbing *n.* car bomb 에 의한 폭파.
‡**car·bon** [kάːrbən] *n.* **1** Ⓤ 〔化學〕 탄소〔비(非)금속 원소의 하나; 원자 기호 C〕. **2** 〔전기〕 〔아크등·전지의〕 탄소봉(棒), 탄소판(板). **3** Ⓤ Ⓒ 카본지(紙) (carbon paper). **4** 〔카본지로 복사한〕 사본, 복사물(carbon copy). ¶ a *carbon* of a letter 〔카본지로 복사한〕 편지의 사본.
car·bo·na·ceous [kὰːrbənéiʃəs] *adj.* 탄소의, 탄소질의, 탄소를 함유한.
car·bo·na·do[kὰːrbənéidou] *n.* (*pl.* **-does** *or* **-dos**) 칼질하여 구운 고기, 새구이, 생선 구이; 그 고깃조각. ── *vt.* 〔고기 따위를〕 칼질하여 굽다. **2** 〔古語〕 …을 칼질하다, 난도질하다(slash).
car·bo·na·do² [kὰːrbənéidou] *n.* (*pl.* **-does** *or* **-dos**) 흑색 다이아몬드〔주로 브라질산(產)이며 천공기(穿孔機)에 사용〕.
Car·bo·na·ri [kὰːrbənάːriː] *n. pl.* (*sing.* **-ro** [-rɔː]) 〔역사〕 카르보나리당(黨), 탄소당(炭燒黨)〔19세기 초에 Naples 에서 결성된 혁명파의 비밀 정치 결사〕. [< It]
car·bon·ate *n.* [kάːrbənèit, -nit / -nit /→ *vt.*] 〔化學〕 탄산염. ¶ calcium *carbonate* 탄산 칼슘. ── *vt.* [kάːrbənèit] (**-at·ed, -at·ing**) …을 탄산염으로 바꾸다, 탄화(炭化)하다. **2** …에 탄소를 포화(飽和)시키다. ¶ *carbonated* water 탄산수. **3** …을 활기띠게 하다 (enliven).
car·bon·a·tion [kὰːrbənéiʃ(ə)n] *n.* Ⓤ 탄산화 작용, 탄화(carbonization); 탄산 포화.
cárbon blàck *n.* 카본블랙〔인쇄용 잉크 따위의 원료로 사용〕.
cárbon cópy *n.* **1** 카본지로 편지·서류 따위를 복사한 것. **2** 꼭 닮은 사람(물건). 〔측정 연대.
cárbon dàte *n.* 〔考古〕 카본 데이트, 〔방사성〕 탄소
car·bon-date [kάːrbəndèit] *vt.* …의 연대를 방사성 탄소로 측정하다.
cárbon dióxide *n.* Ⓤ 〔化學〕 이산화탄소, 탄산가스.
cárbon fíber *n.* 카본 〔化〕 섬유.
cárbon 14 [-fɔ́ːrtíːn / -fɔ́ː-] *n.* Ⓤ 〔化學〕 탄소의 방사성 동위 원소〔원자 기호 ¹⁴C〕.
*****car·bon·ic** [kɑːrbάnik /-bɔ́n-] *adj.* 탄소의; 탄소를 함유하는.
carbónic ácid *n.* Ⓤ 탄산.
carbónic-ácid gàs [kɑːrbάnikǽsid /-bɔ́n-] *n.* Ⓤ 탄산가스(carbon dioxide).
Car·bon·if·er·ous [kὰːrbəníf(ə)rəs] *adj.* 〔지질〕 **1** 석탄기(紀)의, 석탄계(系)의. **1** the *Carboniferous* period 석탄기. **2** (c-) 석탄을 산출(함유)하는.
car·bon·i·za·tion [kὰːrbənizéiʃ(ə)n / -nai-] *n.* Ⓤ **1** 탄화. **2** 〔코크스 제조 따위의〕 석탄 건류(乾溜).
car·bon·ize [kάːrbənàiz] (*《英》*에서는 **car·bon·ise** 로도 쓴다) *vt.* (**-ized, -iz·ing**) **1** …을 탄화하다, 〔구워서〕 숯으로 만들다. **2** …에 탄소를 바르다; …에 탄소를 함유시키다.
cárbon knóck *n.* 엔진의 불완전 연소에 의한 노크 소리.
cárbon monóxide *n.* Ⓤ 〔化學〕 일산화탄소.
cárbon pàper *n.* Ⓤ 카본지(紙); 카본 인화지.
cárbon tètrachlóride *n.* Ⓤ 〔化學·약〕 사염화탄소〔무색 불연성(不燃性)의 액체. 용매(溶媒)·구충제·소화제(消火劑) 따위에 사용〕.
cárbon tíssue *n.* 〔사진〕 카본 인화지.
car·bon·yl [kάːrbənil] *n.* Ⓤ 〔化學〕 카르보닐〔기(基)〕〔일산화탄소와 금속의 착염(錯鹽)〕. ── *adj.* 카르보닐〔기(基)〕를 함유하는.
car·bo·rane [kάːrbərèin] *n.* Ⓤ 〔化學〕 카보레인〔탄소·붕소·수소의 화합물〕.
car·borne [kάːrbɔ̀ːrn / -bɔ̀ːn] *adj.* 자동차에 태우는,

자동차로 운반하는(이동하는).

car·bo·run·dum [kà:rbərʌ́ndəm] n. **1** ⓤ 카보런덤, 탄화규소[매우 단단하며, 열·산에도 강하다; 연마제·내화물(耐火物)·저항체로서 사용]. **2** (C-) 그 상품명. [<CARB[ON]+[C]ORUNDUM]

car·box·yl group(**radical**) [ka:rbáksil-/-bók-] n. 카르복실(탄산) 기(基). ¶ 〖약 용기〗.

car·boy [ká:rbɔi] n. 상자(채롱)에 넣은 큰 유리병[극약 용기].

car·bun·cle [ká:rbʌŋkl] n. **1** 〖병리〗 옹(癰), 정(疔), 부스럼, 여드름. **2** 〖꼭대기 부분을 둥글게 깎은〗석류석(garnet); 홍옥(紅玉). **3** ⓤ 짙은 적갈색.

car·bun·cled [ká:rbʌŋkld] adj. **1** 〖병리〗 옹·정이 있는. **2** 석류석(홍옥)을 가진.

car·bun·cu·lar [ka:rbʌ́ŋkjulər] adj. 〖병리〗 옹(癰)의(같은), 벌겋게 염증을 일으킨(inflamed).

car·bu·ret [ká:rbərèit, -bjurèt/-bjurèt] vt. (-ret·ed, -ret·ing;《주로 英》-ret·ted, -ret·ting) …을 탄소와 화합시키다, …에 탄소 화합물을 섞다. ¶ carbureted hydrogen 탄화 수소.

car·bu·re·tion [kà:rbəréiʃ(ə)n, -bju-/-bjurét(ʃ)ə)n] n. ⓤ **1** 기화(氣化) [내연 기관에서 공기와 휘발유 따위의 연료를 폭발에 알맞은 비율로 혼합하는 일]. **2** 탄화.

car·bu·re·tor, 《英》**-ret·tor** [ká:rbərèitər, -bju-, -re-/-bjurètə], **car·bu·ret·er, 《英》-ret·ter** n. **1** 〖내연 기관의〗 기화기(氣化器), 카뷰레터[휘발유와 공기를 혼합하여 안개 상태의 혼합 가스를 만드는 장치]. **2** 탄화 장치.

car·bu·ri·za·tion [kà:rbərizéiʃ(ə)n / -bjurai-] n. ⓤ 탄화[금속을 탄소와 화합시키는 일].

car·bu·rize [ká:rbəràiz / -bju-] (*《英》에서는 **car·bu·rise** 로도 쓴다) vt. (-rized, -riz·ing) **1** 〖금속〗을 탄소로 처리하다. **2** =carburet.

car·ca·jou [ká:rkədʒù, -ʒù:] n. 미국산(産) 오소리의 일종(wolverene).

car·ca·net [ká:rkənèt] n. **1** 〖보석을 박은 — 금으로 된〗머리 장식. **2** 〖고어〗〖금·보석이 박힌〗목걸이.

cár càrd n. 〖전철·버스 등의〗차내 광고.

cár càrrier n. 〖수출용〗자동차 운반선.

car·case [ká:rkəs] n. =carcass.

***car·cass** [ká:rkəs] (*《美》에서는 **car·case** 로도 쓴다) n. **1** 〖짐승의〗시체; 〖도살하여 내장을 제거한〗짐승의 몸통; 〖경멸적〗사람의 몸통, 사람의 시체. ¶ to save one's carcass 자신의 안전을 도모하기 위하여. **2** 생명·기력을 잃은 것; 잔해. ¶ carcasses of old tires 헌 타이어의 잔해. **3** 〖집·배의〗뼈대. ¶ carcass roofing 지붕의 뼈대[기와를 이지 않은 지붕의 뼈대]. **4** 〖군사〗소이탄의 일종.

cárcass mèat n. 〖통조림에 대하여〗날고기.

car·cin·o·gen [ka:rsínədʒən] n. 〖병리〗발암 물질[암의 원인이 되는 물질].

car·ci·no·gen·ic [kà:rsinoudʒénik] adj. 〖병리〗발암성의. ~·i·ty 암성.

car·ci·no·ge·nic·i·ty [kà:rsinoudʒənísiti] n. ⓤ 발암성.

car·ci·no·ma [kà:rsinóumə] n. (pl. ~·mas or ~·ma·ta [-mətə]) 〖병리〗암(cancer).

car·ci·nom·a·tous [kà:rsinámətəs /-nɔ́m-] adj. 〖병리〗암의.

cár còat n. 《美》카코트〖짧은 오버코트〗.

‡card¹ [ka:rd] n. **1** 카드 [보통 장방형의 두꺼운 종이]; 명함(visiting card); 엽서(post card); 인사장(greeting card), 안내장, 초대장; 입장권. ¶ an index card 색인 카드 / a business card 영업용 명함 / a union card 조합원증 / a birthday card 생일 축하 카드 / a Christmas card 크리스마스 카드 / exchange cards 명함을 교환하다/send in(or up) one's card 명함을 들여보내다/leave one's card for a person 남에게 명함을 두고 가다/receive a card for a wedding 결혼식의 청첩장을 받다 / No cards. [장례식의 신문 광고에서] 이 광고로 개별 통지를 대신합니다.

2 [카드놀이의] 패, 카드(playing card); (~s)《보통 단수 취급》카드놀이. ¶ a pack of cards; 《美》a deck of cards 한 벌의 카드 / play cards 카드놀이를 하다 / cut cards 카드를 떼다 / win at cards 카드놀이에서 이기다 / tell a person's fortune from cards 카드로 남의 운수를 점치다.

3 가지고 있는 유리한 패, 유리한 수단, 방책. ¶ We still have another card to play. 아직 유리한 패(방책)가 남아 있다.

4 프로그램, 목록; 식단표(menu card); [나침반·자석의] 방향 지시판(compass card); [골프] 스코어 카드.

5 [경기의] 순서, 시합의 대전 편성; 시합; 흥행물, 구경거리. ¶ a drawing card 특별 프로, 인기물 / That is the best card for the event. 그것은 그 행사의 가장 당기는 프로이다.

6 《구어》좀 별난 녀석(인물), 재미있는 녀석, 대단한 녀석. ¶ a knowing card 빈틈없는 사람 / an odd card 괴짜 / a good card 좋은 녀석 / a cool card 아무렇지도 않은 얼굴로 터무니없는 것을 요구하는 사람.

7 게시, 통고, 광고, 성명문.

8 (the ~) (英구어) 합당한(적절한) 것, 딱 들어맞는 것(the correct thing). ¶ That's the card [for it]. 바로 그것이다.

9 (=) 《英구어》 국민 보험증.

ask for one's cards 사직하다, 일을 그만두다.

cards and spades 《美》매우 큰 핸디캡.

The cards are in one's hands. 으뜸패를 쥐고 있다, 주도권을 쥐고 있다, 우세하다.

count on one's cards 유리한 지위를 믿다, 성공을 예상하다.

given one's cards 《英구어》해고되어.

go in with good cards 좋은 패를 가지고 있다, 성공을 확신할 만한 근거가 충분하다.

have a card up one's sleeve 비상시에 내놓을 으뜸패를 가지고 있다, 비책을 가지고 있다[사기 도박꾼이 카드를 교묘히 소매 속에 감추고 논다는 뜻에서].

have (or hold) [all] the cards in one's hands 성공할 가능이 많다, 비책이 있다, 자신이 있다.

a house of cards 엉성한 계획, 성공할 가망이 없는 계획[카드는 아이들이 놀이에 써서].

in the cards 《종종 부정문에서》있음직한, 있을 수 있는[점을 치는 데 카드를 사용하는 데서]. ¶ It is not in the cards that he will be the next President. 그가 차기 대통령이 될 것 같지는 않다.

play all one's cards 온갖 방법을 총동원한다.

play one's best card 가장 확실하다고 생각되는 수단을 사용한다, 최선의 방책을 취하다.

play one's cards well (badly) 카드놀이가 능숙하다(서투르다); 일을 잘(서투르게) 진행하다, 능숙하게(서투르게) 행동하다.

play one's last card 최후의 수단을 강구하다.

put (or lay) one's cards on the table 가진 패를 탁자 위에 내놓다, 자기 패를 보이다; 계획(의도)을 드러내다.

show one's cards (or hand) 트럼프에서 패를 보이다; 실력(계획)을 공개하다.

speak by the card 명확하게 말하다. ¶ …하다.

throw up one's cards 가진 패를 버리다; 계획을 단념하다.
— vt. **1** …에 카드를 도르다. **2** [견본 따위]를 카드에 붙이다. **3** …을 카드에 기입하다, [득점]을 카드에 기록하다.

card² [ka:rd] n. 소모기(梳毛機) [양모·삼 따위의 섬유를 소모하는 기계], (carding machine); 보풀을 세우는 기계. — vt. …을 빗다; 보풀을 세우다.

CARD (略) Campaign Against Racial Discrimination(인종 차별 철폐 운동).

Card. (略) cardinal.

car·da·hol·ic [kà:rdəhɔ́(:)lik, -hál-] n. 크레디트카드를 사용하여 낭비하는 사람, 습관적 신용카드 사용자.

car·da·mom [káːrdəməm], (**car·da·mum**, **car·da·mon** [-mən]) n. 소두구(小豆蔲) [아시아 열대 지역산(産)의 생강과(科)의 식물]; 그 열매[향료·의약용].

***card·board** [káːrdbɔ̀ːrd/-bɔ̀ːd] n. ⓤ 보드지, 판지(板紙), 마분지.

card-car·ry·ing [káːrdkæ̀riiŋ] adj. [회원·당원이] 증명서를 가진, 정식의; 전형적의.

cárd càse n. 포켓용 명함 케이스, 카드 상자.

cárd càtalog n. [도서관의] 카드식 목록.

card·er [káːrdər] n. [털 따위를] 빗질하는 사람, 보풀 세우는 직공; 소모기(梳毛機), 보풀 세우는 도구.

card·hold·er [káːrdhòuldər] n. 1 [회원증을 가진] 정식 회원(당원). 2 도서 대출증 소지자. 3 [타자기의] 카드 홀더.

cardi- ⇒ CARDIO.

car·di·ac [káːrdiæk] adj. 1 심장의, 2 [위와 식도의 경계가 있는] 분문(噴門)의. — n. 1 [의학] 강심제. 2 심장병 환자.

car·di·al·gi·a [kàːrdiǽldʒiə], (**car·di·o·dyn·ia** [kàːrdio(u)díniə]) n. ⓤ [병리] 1 가슴앓이(heartburn). 2 심장통(痛). [스웨터]

car·di·gan [káːrdigən] n. 카디건(앞자락에 단추를 단)

***car·di·nal** [káːrdin(ə)l] adj. 1 가장 중요한, 주요한 (chief, principal), 기본적인 (fundamental). ¶ of cardinal significance 대단히 중요한. 2 진홍(주홍)색의. 3 [동물] 이매패(二枚貝)의 경첩의. — n. 1 [가톨릭] 추기경[교황(Pope) 다음가는 고위로서, 새 교황은 이 중에서 호선(互選)된다. 진홍색 옷과 모자를 착용]. 2 [여성용의] 두건 달린 외투. 3 (=**cárdinal bírd, cárdinal grósbeak**) 붉은홍관조(紅冠鳥) [북미산의 새]. 4 (=**cárdinal réd**) 진홍색. 5 =cardinal number. ~·ly [-nəli] adv.

car·di·nal·ate [káːrdin(ə)nəlèit, -lit] n. ⓤ [가톨릭] 1 [집합적] 추기경(cardinals). 2 추기경의 지위(직, 권위).

cárdinal flówer n. 붉은숫잔대 [북미산].

cárdinal grósbeak n. =cardinal 3.

cárdinal númber (**númeral**) n. 기수(基數) [one, two, forty 따위]. cf. ordinal number

cárdinal póints n. pl. 기본 방위(方位) [북·남·동·서].

cárdinal réd n. =cardinal 4.

car·di·nal·ship [káːrd(i)nlʃìp] n. =cardinalate.

cárdinal síns n. =deadly sins.

cárdinal vírtues n. pl. 기본 도덕 [고대 철학에서는 justice, prudence, temperance, fortitude 네가지 덕(德)을 기독교에서는 거기에 hope, faith, charity 를 더하여 일곱 가지 덕].

cárdinal vówel n. [음성] 기본 모음[8개의 모음].

cárd ìndex n. 카드식 색인.

card-in·dex [káːrdìndeks] vt. 1 …의 카드식 색인을 만들다. 2 …을 분류하다.

card·ing [káːrdiŋ] n. ⓤ 소면(梳綿), 소모(梳毛) [털이나 면의 섬유를 빗질하여 짜기 좋게 하는 공정].

cárding machìne n. 소면기(梳綿機), 소모기(梳毛機). ⇒ CARD².

cardio- heart(심장)의 뜻의 연결형 (* 모음 앞에서는 cardi-를 쓴다). 예: cardiograph, cardialgia.

car·di·o·gram [káːrdio(u)græ̀m] n. 심장 운동도(圖), 심전도(心電圖)(electrocardiogram).

car·di·o·graph [káːrdio(u)græ̀f/-gràːf] n. 심장동계(心臟動計), 심전계(electrocardiograph).

car·di·og·ra·phy [kàːrdiágrəfi/-diɔ́-] n. ⓤ 심장 운동 검사.

car·di·oid [káːrdiɔ̀id] n. [수학] 카디오이드, 심장형 [하나의 원이 다른 같은 크기의 원에 외접하면서 구를 때 그 원의 원주상의 한 점이 그리는 곡선].

car·di·ol·o·gy [kàːrdiálədʒi/-ɔ́l-] n. ⓤ 심장학.

car·di·o·pul·mo·nar·y [kàːrdio(u)pʌ́lmənèri/-nəri]

adj. 심폐(心肺)의.

car·di·o·vas·cu·lar [kàːrdio(u)vǽskjulər] adj. [해부] 심장 혈관의. ¶ cardiovascular disease 심장 혈관 질환.

car·di·tis [kaːrdáitis] n. ⓤ [병리] 심장염.

car·doon [kaːrdúːn] n. 카르둔 [엉겅퀴류(類)의 일종. 지중해 지방산의 다년생 식물].

card·phone [káːrdfòun] n. (英) 카드식 공중 전화.

card·play·er [káːrdplèiər] n. (자주) 카드놀이하는 사람.

cárd pùnch n. (英) =key punch. [는 사람.

cárd shárk n. (美속어) 1 카드놀이의 명수. 2 =cardsharp.

card·sharp [káːrdʃàːrp], **-sharp·er** [-ʃàːrpər] n. 카드놀이 사기꾼, 사기 도박사.

cárd tàble n. 카드놀이용 테이블.

cárd vòting n. (英) 카드 투표 [노동 조합 따위에서 조합원을 대표하여 행하는 투표. 그 한 표는 대표하고 있는 조합원의 수와 같은 가치를 지닌다].

‡**care** [kɛər] n. ⓤ 1 걱정 (anxiety), 근심, 걱정 (worry), 우려(concern). ¶ Care has aged my father. 아버지는 근심 걱정으로 늙으셨다 / Care is no cure. (속담) 근심은 할수록 늘어만 해롭다 / Care killed the cat. (속담) 근심 걱정은 몸에 해롭다.

[類語] **care** 책임·공포·불안 따위의 정신적 중압(重壓): worn out with care 근심으로 야윈. **concern** 애착·책임·존경 따위를 가지고 있는 것에 대한 걱정에 가까운 관심: concern over one's family's welfare 가족의 행복을 바라는 마음씀. **anxiety** 불행·재난 따위를 염려하는 불안과 공포의 괴로움: anxieties over the difficulty of making a living 생활을 꾸려나가는 어려움에 대한 걱정. **worry** anxiety 보다 더 초조하고 불안한 정신적 고통; 종종 쓸데없는 걱정: worry about one's examination results 시험 성적에 대한 걱정.

2 ⓒ (종종 ~s) 걱정거리, 마음에 걸리는 일, 번거로운 일; 주목(관심)의 대상, [특히 주의를 요하는] 사항, 일. ¶ domestic (or family) cares 집안 일 / worldly cares 속세(俗世)의 번뇌 / daily cares of life 일상 생활의 번거로움 / the cares of the State 국사(國事) / be full of cares 걱정이 태산 같다 / be free from care 근심 걱정이 없다 / Our first care is … 우리의 첫째 관심사는 …이다.

3 주의(serious attention), 조심(caution), 배려(heed). ¶ I want of care 부주의 / with care 주의 깊게, 신중히; [하물의 꼬리표 따위에서] 취급 주의 / take (or have a) care 주의하다, 조심하다/devote great care to work 일에 세심한 주의를 기울이다 / Take care that you do not make yourself ill. 병에 걸리지 않도록 조심해라 / You had better give more care to your dress. 복장에 좀더 신경을 써야겠다.

4 취미, 소원(liking, wish) (for…). ¶ He has no care for sports. 그는 스포츠에 취미가 없다.

5 보호(protection), 돌봄, 감독, 간호(charge). ¶ The child is in my care. 그 아이는 내가 돌보고 있다/ You need medical care. 너는 의사의 치료가 필요하다.

6 (폐어) 슬픔, 비탄(grief).

care of; in care of …씨 전교(轉交), …씨 방(方) (* 편지 겉봉에, c/o로 줄여서 쓴다). ¶ Mr. Smith c/o Mr. Jones 존스씨 방 스미스씨 / Address me in care of P Company. 내 편지는 P사 전교(轉交)로 보내 주십시오. / a care of souls [교회] 목회(牧會), 사목(司牧).

take care of ① …을 돌보다, 뒷바라지하다(look after); …에 조심하다, 관리하다. ¶ He took good (little) care of his children. 그는 아이들을 잘 봤다 (거의 돌보지 않았다) / Please take good care of the house while I am away. 내가 없는 동안 집을 잘 돌봐 주십시오 / Take care of yourself. 건강에 조심하십시오. ② (美) …을 처리하다 (deal with); …을 없애다 (제거하다). ¶ I took care of my house. 나는 집을 처분했다.

under (or **in**) **the care of** a person; **under a person's care** 남의 신세를 지고, 남의 보호(관리)하에. ¶ The library is under the care of Mr. A. 도서관은 A 씨가 관리하고 있다 / He is under a doctor's care. 그는 의사의 진료를 받고 있다 / I left the child under (or in) my aunt's care. 나는 그 아이를 숙모에게 맡겼다.

— vi. (cared, car·ing) 1 《보통 부정문·의문문에서》 걱정하다, 관심을 가지다(be concerned), 마음을 쓰다, 유념하다(about...). ¶ Who cares?=Nobody cares. 알게 뭐야? / I don't care a bit(or at all). 나는 조금도 개의치 않는다 // (~+wh.절) Will you go?—I don't care if I go. 가겠니?——가도 괜찮지(※ I don't care if...은 오히려 「…하고 싶다」의 뜻을 지니고 있다) / I don't care what happens now. 이제는 무슨 일이 일어나도 상관없다 / He doesn't care for light literature. 그는 대중문학에 관심이 없다 / He cares about nobody but himself. 그는 자기 자신의 일밖에 걱정하고 있지 않다 / Do you care for the result? 어떤 결과가 될지 걱정되십니까?

2 돌보다, 간호하다(for...). ¶ (~+전+명) I cared for the children while their mother was away. 아이들의 어머니가 나가고 없는 동안 내가 그들을 돌보았다 / I'll care for his education. 내가 그의 학자금을 대주겠다 / Nurses care for the sick. 간호사가 환자를 간호하다.

3 《의문문·부정문에서》 좋아하다; …하고 싶어하다(for...). ¶ (~+전+명) I don't care for apples. 나는 사과를 좋아하지 않는다 / Does she really care for him? 그녀는 정말 그를 좋아하는 것일까? / Would you care for a walk? 산책을 하지 않겠습니까?(※ 대답이 yes인 경우 I care for a walk.은 불가, I like...로 대답한다) // (~+to do) I don't care to do it today. 오늘은 마음이 내키지 않는다 / Would you care to have some kind (or sort) of drink? 뭣 좀 마시겠습니까?

couldn't care less 《구어》 조금도 개의치 않다, 아무래도 상관없다.
for all (or **anything, what**) **one care** 아무래도 상관없다. ¶ He may fail for all I care. 그 녀석이 실패하든 말든 내가 알 바 아니다.
I don't care what you say. 《구어》 뭐라고 말씀하신다 해도(※ 다음에 오는 말을 강하게 긍정). ¶ I don't care what you say, you won't find a pleasanter spot than this. 뭐라고 말씀하신다 해도 이처럼 쾌적한 장소는 없을 것입니다.
◇ cáreful adj.

CARE [kɛər] (略) Cooperative for American Relief to Everywhere Inc. (미국 대외 원조 물자 발송 협회).

ca·reen [kərí:n] vt. 《항해》 [청소·수리를 위하여] [배]를 기울이다; [기울인] 배를 청소(수리)하다.
— vi. 1 [배가] 기울다; 《美》 [자동차가 커브에서] 기울다. ¶ careen round a corner 한쪽으로 기울어 모퉁이를 돌다. 2 [항해] 배를 기울이고 청소(수리)하다. — n. (the ~) [배를] 한 쪽으로 기울이기, 기울여서 청소(수리)하기, 경선(傾船). ¶ on the careen 경사져서, 기울어서.

ca·reen·age [kərí:nidʒ] n. 1 ⓤ 경선(傾船), 경선 수리. 2 경선 수리소.

‡**ca·reer** [kəríər] n. 1 생애, 경력, 이력. ¶ a brilliant(a glorious) career 눈부신(화려한) 생애 / a career in law 법률가로서의 경력 / He turned his last career into an ardent advocacy of peace. 그는 만년을 열렬한 평화 옹호에 바쳤다.
2 생애의 직업, 생계를 세우기 위한 직업; [특별한 훈련을 받는] 직업. ¶ follow a literary (or a stage) career 문필가(무대) 생활을 하다 / make a career of science 과학을 직업으로 삼다 / a diplomat of career 직업 외교관.
3 [업무나 직업에서의] 성공, 출세(success). ¶ All careers are open to talent. 재능이 있는 사람에게는 성공의 진로가 열려 있다.
4 ⓤ 진행, 경과(course). ¶ in mid career 도중에서 / be in [the] full career of …의 절정(최고조)에 있다.
5 ⓤ 질주(rapid course); 전속력(full speed); 《떼어》 돌격. ¶ in full career 전속력으로, 쏜살같이.
6 《美》 《형용사적 용법》 본직의, 직업적인 (professional). ¶ a career diplomat 직업 외교관 / a career military officer 직업 군인(장교) / a career woman 직업 여성.
— vi. 질주하다, 바쁘게 이리 저리 뛰어다니다(about...).

ca·reer educátion n. [교육] 커리어 교육 [장래의 사회적 진로나 직업을 적절히 선택할 수 있도록 유치원에서 고등학교까지 일관성 있게 지도하려는 미국의 교육 커리큘럼].

caréer gírl(wóman) n. [평생의 직업을 가진] 자활 여성. cf. career man [주의].

ca·reer·ism [kəríər(ə)m / -ríər-] n. ⓤ 입신 출세 주의.

ca·reer·ist [kəríərist / -ríər-] n. 입신 출세주의자.

caréer mán n. 전문 직업인; 직업 외교관.

caréers máster n. [학교에서] 직업 지도 교사(※ 여성형은 caréers místress).

caréer sýstem n. [행정에 있어서의] 종신직제(終身職制). [~ness n.]

*care·free [kɛ́ərfrì:] adj. 근심(걱정)이 없는, 태평한.

‡care·ful [kɛ́ərfəl] adj. 1 주의깊은(watchful), 조심성있는(cautious) (about, in, with...). ¶ a careful man 조심성있는 사람, 신중한 사람 / Be careful when you drive a car. 자동차를 운전할 때는 조심을 해라 // She is careful about her dress. 그녀는 복장에 유의하고 있다 / He is careful in choosing his friends. 그는 친구를 선택하는 데 신중하다 / Be careful with the fire. 불을 조심해라 / Be more careful with your work. 일을 더 신중히 해라 / He is always careful to tell the truth. 그는 언제나 진실을 말하려고(거짓말을 하지 않으려고) 마음먹고 있다 / Be careful not to use bad language. 나쁜 말을 쓰지 않도록 주의해라 // Be careful that you don't lose it. 그것을 잃지 않도록 조심해라 / Be careful what you say. [자신의] 입을 조심해라.
[類語] careful 실수를 피하여 완벽을 기하려고 세심한 주의와 옳은 판단을 가진다: a careful parent 주의깊은 부모. cautious 위험·손해를 경계하여 조심하는: a cautious investor 조심스러운 투자가. discreet 특히 미묘한 일에 대해 앞일을 생각하고 언행에 사려 분별이 있는: a discreet action 신중한 행동. wary 위험·계략 등을 탐지할 수 있도록 주의를 기울이는: be wary of strangers 낯선 사람을 조심하다.
2 소중히 하는, 신경을 쓰는(mindful), 유의하는(of, about...)(※ be careful of=take care of). ¶ She is very careful about housekeeping. 그녀는 가사·가계에 대단히 신경을 쓰고 있다 / He is careful of his health (money). 그는 건강(돈)을 소중히 여긴다 / You must be more careful of other people's feelings. 좀더 다른 사람의 감정에 유의하도록 해라.
3 [사물에 대하여] 고심한, 애쓴; 정성들인, 꼼꼼한, 면밀한. ¶ a careful piece of work 고심한 작품 / a careful analysis 정확한 분석 / a careful examination of facts 사실의 면밀한 조사. [ious).
4 《고어》 난처한(troubled); 걱정되는, 염려되는(anx-
◇ care n.

‡**care·ful·ly** [kɛ́ərfəli] adv. 주의 깊게, 신중하게 (cautiously); 정성들여, 애써서.

*care·ful·ness [kɛ́ərfəlnis] n. ⓤ 주의 깊음, 조심스러움; 배려, 신중; 고심. [라벨].

cáre lábel n. 《英》 직물 제품 따위에 붙어있는 취급 주의

care-la·den [kɛ́ərlèidn] adj. =careworn.

cár electrònics n. 카 엘렉트로닉스 [자동차의 안전 주행·운전 조작·연료 절약 등의 제반 사항을 컴퓨터로 조절하는 시스템].

‡**care·less** [kέərlis] *adj.* **1** 부주의한(inattentive), 신중하지 않은(*in*...). ¶ Never be *careless* in driving. 운전에 신중을 기하지 않으면 안 된다 / She is *careless* in morals. 그녀는 품행이 단정치 못하다.
2 경솔한(thoughtless), 덜렁덜렁한, 경망스러운; 부정확한. ¶ a *careless* mistake 경솔한 실수 / a *careless* remark 경솔한(경망스러운) 언사 / *careless* work 정성들이지 않은 일.
3 무관심한, 개의치 않는(indifferent) (*about, of, in*...). ¶ be *careless* about one's appearance(*or* dress) 복장에 무관심하다 / be *careless* of danger 위험을 개의치 않다 / He is *careless* of his health(money). 그는 건강(돈)에 대하여 무관심하다 / He is *careless* about what others think. 그는 남의 생각에 대하여는 개의치 않는다.
4 소탈한, 겐세하지 않는, 꾸밈이 없는(artless).
5 《고어》 근심이 없는, 걱정이 없는. ¶ a *careless* life 마음편한 생활.
***care·less·ly** [kέərlisli] *adv.* 부주의하게, 경솔하게, 소홀하게; 무관심하게.
***care·less·ness** [kέərlisnis] *n.* Ⓤ 부주의, 경솔, 경망; 무관심. 〔람.
car·er [kέ(:)rər / kέərə] *n.* 돌보는 사람, 간호하는 사
***ca·ress** [kərés] *n.* 애무[포옹·키스 따위]. — *vt.* **1** …을 애무하다. **2** [바람 따위가 부드럽게] …을 스치다; [음악·목소리 따위가] …에 부드럽게 울리다. ¶ The light breeze *caressed* her long hair. 산들바람이 그녀의 긴 머리를 부드럽게 스치고 지나갔다. **3** …에 친절하게 대하다, …을 귀여워하다.
ca·ress·ing [kərésiŋ] *adj.* 애무하는 (듯한), 귀여워하는, 달래는. **~·ly** *adv.*
ca·ress·ive [kərésiv] *adj.* 애무의, 애무하는(어루만지는) 듯한, 기분 좋은. ¶ a *caressive* breeze 기분 좋은 산들바람. **~·ly** *adv.*
car·et [kǽrət] *n.* 탈자(脫字) 기호, 삽입 기호[∧].
[<L there is wanting]
care·tak·er [kέərtèikər] *n.* 시중드는(돌보는) 사람, 관리인, 《英》수위(《美》 janitor). ¶ a *caretaker* government 잠정 내각, 선거 관리 내각.
care·worn [kέərwɔ̀:rn] *adj.* [근심·고생 따위로] 지친, 야윈, 초췌한. ¶ a *careworn* mother 근심 걱정으로 초췌해진 어머니.
Cá·rey Strèet [kέri-] *n.* 《英》파산, 도산.
[<파산 법정이 있던 런던의 거리 이름]
car·fare [ká:rfὲər] *n.* [전차·버스 따위의] 승차 요금. 〔거리.
car·fax [ká:rfæks] *n.* 《英》〔주요 도로의〕교차점, 네
car·fen·tan·il [kà:rféntænil] *n.* 〔약〕카펜타닐〔소량으로 많은 사람을 마취시킬 수 있는 강력한 마취약〕.
cár férry *n.* 카페리〔자동차나 화차를 운반하는 도선(渡船)·항공기〕.
car·float [ká:rflòut] *n.* 《美》〔철도〕화차 운반선.
car·ful [ká:rfùl] *n.* 차 한 대분, 차 하나 가득.
‡**car·go** [ká:rgou] *n.* Ⓒ Ⓤ (*pl.* **-goes** *or* **-gos**) **1** 〔배나 비행기 따위의〕 적하(積荷) (freight), 선하(船荷). **2** 화물. ⇒ LOAD〔類語〕 ¶ a *cargo* ship(*or* boat) 화물선 / load a ship with *cargo* 배에 짐을 싣다.
cárgo bày *n.* 《우주》〔스페이스 셔틀의〕 화물실〔우주선의 모든 화물을 여기에 싣는다. 길이 18.3m, 폭 5.2m, 높이 4m〕.
cárgo líner *n.* 정기 화물선, 정기 화물 수송기.
cárgo plàne *n.* 화물 수송기.
car·hop [ká:rhàp / -hɔ̀p] *n.* 《美》드라이브인 식당 (drive-in restaurant)의 남자(여자) 종업원.
Car·ib [kǽrib] *n.* **1** (*pl.* **-ibs** *or* **-ib**) 카리브인〔남미 동북부에 살며, 이전에는 서인도 제도의 일부를 지배하던 인디언〕. **2** Ⓤ 카리브어.
Car·ib·be·an [kὲribí:ən, kərí:biən] *adj.* **1** 카리브해(어)의. **2** 카리브해의. — *n.* 카리브인(Carib).
2 (the ~) =Caribbean Sea.
Carìbbéan Séa *n.* (the ~) 카리브해〔중미·남미·서인도 제도로 둘러쌓인 바다〕. 〔Antilles.
Car·i·bees [kǽribì:z] *n. pl.* (the ~) = Lesser
car·i·bou [kǽribù:] *n.* (*pl.* **-bous** *or* **-bou**) 〔북미산(産)의〕 순록(馴鹿). *cf.* reindeer
car·i·ca·tur·al [kæ̀rikətʃúərəl, -tʃù(:)r- / kæ̀rikətʃúərəl] *adj.* 〔풍자〕만화의, 만화 같은.
***car·i·ca·ture** [kǽrikətʃùər / kǽrikətʃùər] *n.* **1** 〔특징이나 결점을 우습고 재미있게 과장한〕풍자화(畫), 풍자문, 풍자 만화. **2** Ⓤ Ⓒ 만화화(化); 회화법(繪畫法) **3** 서투른 모방. — *vt.* (**-tured, -tur·ing**) …을 풍자만화로 그리다, 우스꽝스럽게 묘사하다.
car·i·ca·tur·ist [kǽrikətʃuərist / kǽrikətʃùərist] *n.* 풍자 만화가, 풍자 화가(작가).
Car·i·com, CARICOM [kǽrikám / -kɔ́m] *n.* 카리브 공동체, 카리브 공동 시장. 〔< CARI[BBEAN] COM[MUNITY] or CARI[BBEAN] CO[MMON] M[ARKET]〕
car·ies [kέ(:)ri:z / kέəri:z] *n.* Ⓤ 〔병리〕카리에스 〔뼈·이 따위의 부식〕. 〔<L〕
Ca·rif·ta, CARIFTA [kəríftə] *n.* 카리브 자유 무역연합. 〔< CARI[BBEAN] F[REE] T[RADE] A[SSOCIATION]〕
car·il·lon [kǽrilàn, kǽrìljən / kəríljən] *n.* **1** 〔선율을 연주할 수 있도록 배열한〕편종(編鐘), 〔편종으로 연주되는〕명종곡(鳴鐘曲). **2** 〔오르간의〕종음전(鐘音栓). — *vi.* 편종을 연주하다. 〔<F〕
car·il·lon·neur [kæ̀riləné:r / kəríljənə:] *n.* 편종 연주자(carillon player). 〔<F〕
Ca·ri·na [kəráinə, +美 -rí:-] *n.* 〔천문〕 용골좌(龍骨座) 〔남쪽 하늘에 있는 아르고 (Argo)좌의 일부. 주성(主星)은 카노푸스성(星) (Canopus)〕.
car·i·nate [kǽrinèit], **car·i·nat·ed** [-nèitid]) *adj.* 〔동·식물〕용골 모양의 융기가 있는, 용골 모양의. — *n.* 〔鳥類〕용골 모양의 흉골(胸骨)을 가진 새, 흉봉(胸峯類)의 새.
car·i·o·ca [kǽrióukə] *n.* **1** 카리오카〔삼바를 개작한 남미의 춤〕; 카리오카의 곡. **2** (C-) Rio de Janeiro의 주민.
car·i·ole, car·ri- [kǽrióul] *n.* **1** 말 한 필이 끄는 소형의 2륜 무개 마차. **2** 포장을 친 짐마차.
car·i·ous [kέ(:)riəs / kέər-] *adj.* 카리에스(caries)에 걸린; 부패한(decayed). **~·ness** *n.*
cár jóckey *n.* 《美》〔주차장·차고의〕주차 관리원.
cark·ing [ká:rkiŋ] *adj.* 애태우는, 걱정되는, 불안한 (anxious); 곤란한 (troubled); 골치 아픈 (troublesome). ¶ *carking* cares 근심. **2** 인색한 (stingy).
carl, carle [ka:rl] *n.* **1** 《스코》 건장한 사나이; 버릇없는 녀석 (churl); 구두쇠; 육체 노동자. **2** 《고어》 시골뜨기, 농부. **3** 《폐어》 농노 (bondman).
Cár·ley flóat [ká:rli-] *n.* 〔항공〕고무로 만든 구명정(救命艇).
cár license *n.* 〔자동차의〕등록증〔번호〕; 번호판.
car·line, -lin [ká:rlin] *n.* 《주로 스코》 **1** 노파 (old woman). **2** 마녀 (witch).
car·load [ká:rlòud] *n.* 《주로 美》화물 자동차 1대분의 화물.
cárload lòt *n.* 《美》화차 전세 취급 기준량.
cárload ràte *n.* 화차 전세 취급 운임〔률〕.
Car·lo·vin·gi·an [kà:rlo(u)víndʒiən] *adj.* =Carolingian.
Car·lo·witz [ká:rlo(u)wits, -vits] *n.* Ⓤ 칼로비츠주 (酒) 〔유고슬라비아 Carlowitz 산(産)의 적포도주〕.
Cárl·ton Clúb [ká:rlt(ə)n-] *n.* 《英》영국 보수당 본부.
car·ma·gnole [kà:rmənjóul / F karmaɲɔl] *n.* 카르마뇰〔프랑스 혁명 참가자들의 복장, 또는 당시 유행했던 노래와 춤〕. 〔(메이커).
car·mak·er [ká:rmèikər / ´--] *n.* 자동차 제조 회사
car·man [ká:rmən] *n.* (*pl.* **-men** [-mən]) **1** 〔시가 전차의〕승무원, 차장, 운전사. **2** 짐마차의 마부

(carter).
Car·mel·ite [káːrmilàit] n. 〔가톨릭〕카르멜(Carmel)회의 수사(수녀) [12세기에 팔레스타인의 Carmel 산에서 창시된 수도회에 소속; 흰옷을 입었기 때문에 White Friar 라고도 한다]. — adj. 카르멜회의; 카르멜회 수사(수녀)의.

Car·men [káːrmen] n. Prosper Mérimée의 소설 Carmen (1845)의 여주인공 〔정열적인 집시 여자〕.

car·min·a·tive [kaːrmínətiv, káːrminèi-/káːminə-] n. 구풍제(驅風劑). — adj. 위장내의 가스를 배출하는; 구풍의.

car·mine [káːrmin, -main/káːmain] n. ⓤ 1 심홍색, 양홍색(洋紅色), 2 카민, 양홍〔코치닐(cochineal)에서 만드는 안료·그림물감〕. — adj. 심홍색의, 양홍색의.

carn [kaːrn] n. 〔쌓아올린〕돌무더기, 도표(道標), 큰 케른(cairn).

car·nage [káːrnidʒ] n. ⓤ 1 〔전쟁터 따위에서의〕살육, 대학살. 2 〔고어〕〔집합적〕〔전쟁터 따위에서의〕시체(dead bodies).

***car·nal** [káːrn(ə)l] adj. 1 세속의, 속세(세속)적인 (worldly); 물질적인(material), 비정신적인. 2 육체의(fleshly), 관능적인, 육욕의(sensual), 성(性)의(sexual). ¶ carnal affections 육욕적인 사랑 (cf. Platonic love) / carnal appetite (or desire) 성욕, 육욕 / have carnal knowledge of …과 성관계를 가지다(※ 주로 법률적 용법). —·ly [-nəli-] adv.

cárnal abúse n. 〔법률〕 강제 추행, 〔특히 소녀에 대한〕 강간.

car·nal·ism [káːrn(ə)lìz(ə)m] n. ⓤ 세속주의, 현세쾌락주의, 육욕주의(sensualism).

car·nal·i·ty [kaːrnǽliti] n. ⓤ 1 번뇌; 세속성(性). 2 육욕(lust); 육욕에 빠지기, 음탕.

car·nal·ize [káːrnəlàiz] vt. (-ized, -iz·ing) …을 육욕에 빠지게 하다.

car·nall·ite [káːrnəlàit] n. 〔광물〕 광로석(光鹵石).

car·nap·per, -nap·er [káːrnæpər] n. 자동차 도둑. 〔<CAR + KID〕 NAPPER〕

‡**car·na·tion** [kaːrnéiʃ(ə)n] n. 1 카네이션〔미국 Ohio 주의 주화(州花)〕. 2 ⓤ 담홍색, 분홍색; 〔페어〕 〔그림의〕 살색 부분. — adj. 담홍색의.

Cár·ne·gie Háll [káːrnəgi, kaːrnéigi-/kaːnégi-] n. 카네기홀〔미국 New York 시에 있는 세계적으로 유명한 연주회장. 1898년에 개축 자금의 태반을 기부한 Andrew Carnegie 의 이름을 따서 명명〕. 〔< 스코틀랜드 태생의 미국 제강왕인 Andrew Carnegie(1835-1919)의 이름〕

Cárnegie únit n. 〔美〕 카네기 학점〔중학교에서 한 과목을 1년에 이수하면 주어지는 단위. 대학 입학 자격의 계산 단위가 된다〕. (cornelian).

car·nel·ian [kaːrníːljən/kə-] n. 홍옥수(紅玉髓).

car·net [kaːrnéi] n. (pl. -nets [-néiz]) 카르네 〔EEC 국가간의 차량의 무관세 통과 허가증〕. 〔<F〕

car·ni·fy [káːrnifài] v. (-fied, -fy·ing) 〔의학〕 vt. …을 육질화(肉質化)하다, 육질로 바꾸다, 살 모양이 되게 하다. — vi. 육질이 되다.

‡**car·ni·val** [káːrniv(ə)l] n. 1 순회공연하는 홍행〔서커스 따위〕; 법석대는 축제 분위기, 야단법석 (merrymaking); 〔행사적인〕 …대회, …제(祭). ¶ a winter sports carnival 동계 스포츠 대회/a carnival of bloodshed 유혈 소동, 대학살의 참사. 2 〔종종 무관사 단수형으로〕 사육제〔사순절(Lent) 직전의 1주일간 행해지는 축제〕, 〔특〕 Mardi gras.

Car·niv·o·ra [kaːrnívərə] n. pl. 〔동물〕 식육류(食肉類)·목(目).

car·ni·vore [káːrnivòːr/-vɔ̀-] n. 1 육식 동물. 2 식충 식물.

car·niv·o·rous [kaːrnív(ə)rəs] adj. 육식성의(flesh-eating), 식육류의. cf. herbivorous ¶ carnivorous animals 식육 동물. —·ly adv. —·ness n.

car·no·tite [káːrnətàit] n. ⓤ 카르노광, 카르노석(石) 〔우라늄의 원광〕.

car·ny, -ney, -nie [káːrni] n. (pl. -nies) 1 순회 공연하는 홍행 단원, 순회 쇼단의 연예인. 2 =carnival 1.

car·ob [kǽrəb] n. 구주콩나무〔지중해 지방 원산의 콩 류(類)〕. 대개 동물의 사료〕.

‡**car·ol** [kǽrəl] n. 1 기쁨의 노래, 축가. 2 찬송가 (hymn), 〔종교적인〕 노래; 지저귀다. 3 〔즐거운 듯 지저귀는〕 새소리. — v. (-oled, -ol·ing/〔英〕 -olled, -ol·ling) vi. 기뻐 노래하다, 즐겁게 노래하다; 지저귀다. — vt. …을 즐겁게 노래하다; …을 노래로 찬양하다.

car·ol·er, 〔英〕 car·ol·ler [kǽrələr] n. 캐럴(기쁨의 노래)을 부르는 사람.

Car·o·li·na [kæ̀rəláinə] n. 1 북미 대서양 연안의 영국 식민지〔1729년에 현재의 North Carolina 주와 South Carolina 주로 분할되었다〕. 2 (the ~s) 남북 캐롤라이나 주.

Car·o·line [kǽrəlàin, -lin] adj. 영국왕 Charles 1·2세 〔시대〕의; Charles 의.

Car·o·lin·gi·an [kæ̀rəlíndʒiən] adj. 〔프랑크 왕국의〕 카롤링 왕조〔가〕의. n. 카롤링 왕조의 사람.

Car·o·lin·i·an[1] [kæ̀rəlíniən] adj. 미국 캐롤라이나 식민지의, North Carolina 와 South Carolina 주의. — n. North Carolina 와 South Carolina 주의 주민(출신자).

Car·o·lin·i·an[2] [kæ̀rəlíniən] adj., n. =Carolingian.

car·om [kǽrəm], **(car·rom)** n. 1 〔당구〕 캐럼 〔치는 공(cue ball)이 잇따라 두 개의 표적공에 맞는 일〕 (〔英〕 cannon). 2 맞고 되튀기. — vi. 1 캐롬이 되다. 2 맞고 되튀다.

car·o·tene [kǽrətiːn], **(car·o·tin)** n. ⓤⓒ〔화학〕 카로틴〔당근·고추 등에 함유되어 있는 적황색 색소〕.

ca·rot·e·noid [kərátinòid/-rɔ́t-], **car·o·tin·oid** 〔생화학〕 n. 카로티노이드〔동물의 지방 또는 어떤 종류의 식물에 함유된 황색 및 적색 색소로서, 화학적으로는 carotene 과 같다〕. — adj. 카로티노이드(와 같은).

ca·rot·id [kərátid/-rɔ́t-] n. (=carótid ártery) 〔해부〕 경동맥(頸動脈). — adj. 경동맥의.

ca·rot·id·al [kərátidəl/-rɔ́t-], **-i·de·an** [-idiən] adj. 경동맥의 (carotid).

car·o·tin [kǽrətin] n. 〔화학〕 =carotene.

car·o·ti·noid [kərátinòid/-rɔ́t-] n. 〔생화학〕 = carotenoid.

ca·rous·al [kəráuz(ə)l] n. 1 ⓤⓒ 주연(酒宴), 홍청거리는 연회. 2 =carrousel.

ca·rouse [kəráuz] n. 주연, 홍청대는 잔치 (carousal). — vi. (-roused, -rous·ing) 홍청대며 마시다, 통음하다(drink deeply). ¶ carouse it 술을 마구 마시다. -rous·ing·ly adv.

car·ou·sel [kæ̀rusél, -zél/kæ̀ruzél] n. =carrousel.

carp[1] [kaːrp] vi. 허물을 들추다, 〔하찮은 일로〕나무라다, 트집을 잡다(at…). ¶ carp at minor errors 사소한 잘못을 가지고 잔소리하다. 〔물고기〕

*****carp**[2] [kaːrp] n. (pl. carp or carps) 잉어, 잉어과의.
-carp fruit 의 뜻의 연결형〔※ 식물 용어로 쓰임〕. 예: endocarp, mesocarp, epicarp.

car·pal [káːrp(ə)l] 〔해부〕 adj. 완관절(腕關節)의, 수목(腕)의. — n. 완관골. — n. 완관골. (pal.

car·pa·le [kaːrpéili] n. (pl. -li·a [-liə]) 〔해부〕 =car-

cár párk n. 〔주로 英〕 자동차 주차장 (parking lot).

cár·pe di·em [káːrpi dáiem] 〔라틴〕 현재를 즐겨라(enjoy today); 현재의 기회를 잡아라(seize present opportunities).

car·pel [káːrp(ə)l/-pel] n. 〔식물〕 암술잎, 심피(心

car·pel·late [káːrpəlèit] *adj.* (식물) 암술잎이 있는.
car·pen·ter [káːrpintər] *n.* 목수, 목공; 선장(船匠)［극장 따위의］무대 장치 담당자. *cf.* joiner, cabinet-maker ¶ *carpenter's* shop 목수의 일터, 목공소 / *carpenter's* tools 목공의 연장/the *carpenter's* son 나사렛(Nazareth)의 아들[Jesus Christ 를 가리킨다].
— *vi.* 목수일을 하다. — *vt.* …을 목수일로 만들다; …을 공작하다.
cárpenter's squáre *n.* [목수용의] 곱자, 직각자.
car·pen·try [káːrpintri] *n.* ⓤ 1 목수직, 목수일, 목공. 2 목공품. 3 [문학 작품 따위의]창작 과정.
carp·er [káːrpər] *n.* 혐구(트집) 쟁이, 잔소리꾼.
†**car·pet** [káːrpit] *n.* 1 융단［천], 깔개, 양탄자. *cf.* rug ¶ a woolen *carpet* 모직의 융단천 / a cork *carpet* 코르크제(製)의 깔개 / a Persian (Turkish) *carpet* 페르시아（터키) 융단 / beat a *carpet* 양탄자를 청소하다. 2 [융단을 깔아놓은 것 같은]넓은 평면. ¶ a grassy *carpet* 잔디밭 / a *carpet* of flowers 넓은 꽃밭.
on the carpet ① 《英》[의제나 제안 따위가]심의중인, 검토중인, 연구중인 (under consideration). ¶ bring the matter *on the carpet* 그 문제를 심의에 붙이다. ② 《구어》[손윗사람 등으로부터]꾸중을 들어, 불려가서. ¶ He was *on the carpet* for his mischief. 그는 불려가서 짓궂은 장난에 대해 꾸중을 들었다 / The teacher called his mischievous pupils *on the carpet*. 선생은 장난꾸러기 학생들을 야단쳤다.
— *vt.* 1 …에 양탄자(융단)를 깔다; [화초 따위가] …을 온통 뒤덮다(*with*). ¶ (~=된+前+ⓐ) The stone is *carpeted* *with* moss. 그 돌은 이끼로 뒤덮여 있다. 2 …을 호출하다, 책망하다.
car·pet·bag [káːrpitbæ̀g] *n.* 여행 가방[특히 양탄자천으로 만들어진 구식 제품]. — *vi.* (-bagged, -bag·ging) 1 간편한 차림으로 여행하다. 2 한몫 보려고 떠돌아다니다.
car·pet·bag·ger [káːrpitbæ̀gər] *n.* 1 한몫 보려고 돌아다니는 떠돌이, [특히] 떠돌이 정상배; 외래자 (stranger, outsider). 2 《美여》(경멸적) 남북 전쟁 직후의 혼란통에 한몫 보려고 남부로 건너온 북부 사람, 투기꾼. 3 《英》선거구에 살고 있지 않은 국회 의원.
car·pet·beat·er [káːrpitbìːtər] *n.* 양탄자 터는 사람 (도구).
cárpet béd *n.* 양탄자 무늬처럼 심은 꽃밭.
cárpet bédding *n.* ⓤ[원에] 양탄자 무늬로 화단을 꾸미기.
cárpet béetle(bùg) *n.* 수시렁이의 일종[유충은 양탄자나 모직물을 쏠아 먹는다].
cár·pet-bomb [káːrpitbàm / -bɔ̀m] *vt., vi.* 융단(절 저한) 폭격을 하다.
cárpet bómbing *n.* ⓤ 융단 폭격[철저한 폭격].
cárpet dánce *n.* [양탄자 위에서 하는]약식 무도[회].
car·pet·ing [káːrpitiŋ] *n.* 1 양탄자천, 깔개용 재료. 2 [집합적] 융단, 양탄자, 깔개류(carpets).
cárpet kníght *n.* 1 실전 경험이 없는 기사. 2 나약한 남자, 여자 곁에서만 맴도는 남자(lady's man).
cárpet ród *n.* [계단 따위의]양탄자 누르개.
cárpet slípper *n.* 모직으로 만든 슬리퍼.
cárpet snáke *n.* 오스트레일리아산의 얼룩뱀[diamond snake의 일종].
cárpet swéeper *n.* 양탄자용（전기] 청소기.
cár·pet·weed [káːrpitwìːd] *n.* 석류풀류(類)[땅 위를 기듯이 자라는 잡초].
cárpet yárn *n.* 양탄자 짜는 실.
cár·phone [káːrfoun] *n.* 카폰[승용차에 설치한 무선 전화].
car·pi [káːrpai] *n.* carpus 의 복수형.
-car·pic *suf.* -carp 로 끝나는 낱말을 형용사로 만든다. 예: endo*carpic* (내과피(內果皮)의).

carp·ing [káːrpiŋ] *adj.* 트집잡는 (faultfinding); 잔소리가 심한; 심술궂은. ¶ a *carping* tongue 독설.
— *n.* ⓤ 트집잡기, [허물을]책망하기. **~·ly** *adv.*
carpo- fruit 의 뜻의 연결형. 예: *carpo*logy.
car·po·log·i·cal [kàːrpəlɑ́dʒik(ə)l / -lɔ́dʒ-] *adj.* 과실학의. 〔實學者〕
car·pol·o·gist [kɑːrpɑ́lədʒist / -pɔ́l-] *n.* 과실학자(果
car·pol·o·gy [kɑːrpɑ́lədʒi / -pɔ́l-] *n.* ⓤ 과실학.
cár póol *n.* [자가용] 자동차의 합승 이용［에너지 절약책].
car·pool [káːrpùːl] *vi.* 자가용차 합승 그룹에 가입하다.
car·port [káːrpɔ̀ːrt / -pɔ̀ːt] *n.* [건물의 측면에서 지붕을 내단] 간이 차고.
-car·pous *suf.* -carp 로 끝나는 낱말을 형용사로 만든다. 예: apo*carpous* (이생심피(離生心皮)의).
car·pus [káːrpəs] *n.* (*pl.* -pi [-pai]) 1 손목(wrist). 2 [집합적] 손목뼈 (wrist bones).
car·rack [kǽræk], **(car·ack, car·ac)** *n.* ⓤ(고어) 갈리온배(galleon) [15-16세기에 사용된 대형 무장 상선].
cár rádio *n.* [자동차에 비치한]카 라디오.
car·ra·geen [kǽrəgìːn], **(car·ra·gheen)** *n.* [식물] 진두발의 일종[식용 해초], (Irish moss).
car·ra·gee·nin [kærəgíːnin] *n.* ⓤ carrageen 으로 만든 수지성 다당류 (多糖類) [식품·화장품의 유화제 따위로 쓰인다].
car·re·four [kǽrəfùər, ⁓⁼] *n.* 1 십자로, 교차로. 2 [관청 앞이나 장터처럼 도로가 집중하는]광장. 3 (C-) 프랑스의 대(大)연쇄 수퍼마켓.
car·rel [kǽrəl], **(car·rell)** *n.* [도서관 서가 사이에 마련된] 개인용 특별 열람석.
cár réntal *n.* 자동차 대여업.
†**car·riage** [kǽridʒ] *n.* 1 마차[특히 자가용 4륜 마차]; 객차, 승반차. ¶ a closed (an open) *carriage* 유(무)개 마차 / a *carriage* and pair (four) 말 두(네) 필이 끄는 4륜 마차 / a State *carriage* (공식의)특별 마차(황족용) / drive (or ride) in a *carriage* 마차를 타고 가다. 2 《英》객차. *cf.* coach ¶ a composite *carriage* 혼합차[한 차량 안에 여러 등급으로 칸막이가 되어 있는 객차] / a first-class *carriage* 1 등차.
3 ⓤ 운반, 운송(transport), 수송(conveyance). ¶ a bill of *carriage* 송장(送狀) / the *carriage* of goods by sea(land, air) 화물의 해상 (육상, 공중) 수송 / expenses of *carriage* 화물 운임, 운송료.
4 ⓤ 운임, 운송료.
5 [대포의] 포가(砲架) (gun carriage), 포차(砲車), 대차(臺車); [기계 따위의] 대가(臺架), 운반대; [타자기의] 캐리지.
6 (보통 a~) 몸가짐, 동작, 태도. ⇒ MANNER 類語 ¶ a graceful *carriage* 우아한 몸가짐 / a queenly *carriage* 여왕다운 태도 / a free and easy *carriage* 느긋하고 서두르지 않는 태도.
7 ⓤ (고어) [사업 따위의] 관리, 경영(management); [의회에서 동의안의] 통과, 의결.
car·riage·a·ble [kǽridʒəbl] *adj.* 마차가 통과할 수 있는. ¶ a *carriageable* road 마차의 통행이 가능한 도로.
cárriage dóg *n.* 희고 검은 점박이의 Dalmatian종의 개.
cárriage dríve *n.* 《英》[저택·공원 안 따위의] 마차길, 차도.
cárriage fólk *n. pl.* (속어) 자가용 마차를 가진 신분의 사람들.
cárriage fórward *adv.* 《英》 운임 수취인 지불로.
cárriage frée *adv.* 《英》 운임 무료로.
cárriage hórse *n.* 마차 끄는 말.
cárriage hóuse *n.* 마차 창고.
cárriage páid *adv.* 《英》운임 선불로, 운임 지불필로.
cárriage pórch *n.* 마차 등을 밑의 차 대는 곳.
cárriage tráde *n.* (the ~) [집합적] [극장 따위에 자가용 마차를 타고 올 정도의] 부자 손님.
cárriage wáy *n.* 《英》차도; 마차 길.

car·ried [kǽrid] *adj.* **1** 운반된. **2** 열중한, 황홀해진.

car·ri·er [kǽriər] *n.* **1** 운송인; 우편 집배원; 신문 배달인. **2** 항공 모함(aircraft carrier). **3** [차·화물 열차마위의] 짐받이; [기계] 운반 장치. **4** 운송업자, 운송 회사, 항공 회사. **5** [면역] 보균자(물). ¶ disease *carriers* 병균 보유자. **6** [물리·화학] 담체(擔體). **7** [무선] 반송 전파(搬送波)(carrier wave). **8** =carrier pigeon. **9** [염색] 현색제(顯色劑).

cárrier bàg *n.* 《영》 쇼핑 백(shopping bag).

car·ri·er-based [kǽriərbèist] *adj.* [항공기가] 항공모함에 기지를 둔, 함재의. ¶ *carrier-based* planes 함재기(艦載機).

Cárrier Báttle Gròup *n.* 《미》 [군사] 항공모함 전단.

car·ri·er-borne [kǽriərbɔ̀ːrn] *adj.* 항공모함에 적재한. ¶ a *carrier-borne* aircraft 함재기.

cárrier pìgeon *n.* 전서(傳書) 비둘기(homing pigeon).

cárrier rócket *n.* 운반 로켓, 발사용 로켓.

cárrier wàve *n.* [무선] 반송파(搬送波).

car·ri·ole [kǽrioul] *n.* =cariole.

car·ri·on [kǽriən] *n.* ⓤ **1** 죽은 동물의 고기, 썩은 고기. **2** 부패[물], 오물. — *adj.* **1** 썩은 고기를 먹는. ¶ a *carrion* bird 썩은 고기를 먹는 새. **2** 썩은 고기 같은, 썩은(rotten).

cárrion cròw *n.* **1** [유럽산] 까마귀의 일종. **2** [미국 남부산] 검은새매.

car·ro·ma·ta [kàːrəmáːtə] *n.* [필리핀의] 말이 한필이 끄는 2륜 포장마차.

car·ron·ade [kæ̀rənéid] *n.* [역사] 카로네이드 포(砲) [옛날 전함에 사용된 대구경의 포신이 짧은 포].

cárron òil [kǽrən-] *n.* ⓤ 카본유(油) [아마인유(亞麻仁油)와 석회수를 섞은 화상용 약].

***car·rot** [kǽrət] *n.* **1** 당근[뿌리]. **2** (~s) 《속어》 붉은 머리(털) [인 사람].

carrots and sticks 사탕과 채찍, 회유와 위협.
— *vt.* 《미》 [가공하기 전에] [모피]에 초산을 처리하다.

car·rot·y [kǽrəti] *adj.* (-rot·i·er, -rot·i·est) **1** 당근빛의, 주황색의(yellowish red). **2** 붉은 머리털의(redhaired).

car·rou·sel, car·ou- [kæ̀rusél, -zél / kæ̀ruzél] *n.* **1** 《미》 회전 목마(merry-go-round). **2** [역사] 마상 시합; [집단의] 기마 곡예. **3** [공항의] 수화물 컨베이어(baggage carrousel).

‡car·ry [kǽri] *v.* (-ried, -ry·ing) *vt.* **1** …을 운반하다, 보내다(convey), 수송하다(transport). ¶ *carry* goods in a ship 화물을 배로 운반하다 / *carry* goods to a storehouse 화물을 창고로 가지고 가다 / *carry* a child in one's arms 아이를 안고 가다 / *carry* something on one's back (shoulder) …을 등에 지고 (어깨에 메고) 가다.

[類語] *carry* 수단을 불문하고 「운반하다」의 뜻의 가장 일반적인 말: *carry* baggage (passengers) 수하물(승객)을 운반하다. *bear* 운반되는 것의 무게 또는 중요성을 강조하는 말: *bear* a burden (important news) 무거운 짐(중요한 소식)을 나르다(전하다). *convey* carry 보다 딱딱한 말; 연속적 또는 하나로 뭉뚱그려, 또는 일정한 경로·수단으로 운반됨을 암시: *convey* oil to a refinery 기름을 정유 공장으로 운반하다. *transport* 상당히 대량의 화물을 자동차 따위 수송 전용 수단에 의해 장거리 운반하다: *transport* dairy products to market 낙농 제품을 시장으로 운반하다. *transmit* 운반 능력을 강조하는 말; 유형물·무형물 모두에 사용되는 말: *transmit* electricity (a telegram) 전기(전보)를 보내다.

2 …을 가지고 있다; [무게 따위]를 지탱하다; …을 휴대하다(hold), 아기를 배고 있다; [군함이] [대포]를 장비하다; [배가] [돛]을 올리다. ¶ *carry* a cane in one's hand 손에 지팡이를 들고 있다 / He *carries* his age well. 그는 나이를 먹었어도 정정하다 / Those columns *carry* the roof. 그 원주들이 지붕을 지탱하고 있다 / The warship *carried* nine 20-inch guns. 그 군함은 20인치 포 9문을 장비하고 있었다.

3 [소식 따위]를 전하다; [소리·물 따위]를 전하다(나르다); [눈]으로 훑어보다. ¶ *carry* a message *to* a person 남에게 말을 전하다 / *carry* one's eye *along* a line 《영》 한 행씩 죽 훑어보다 / The air *carries* a sound. 공기는 소리를 전한다.

4 [머리·몸 따위]를 일정한 자세로 유지하다; 《재귀용법》 처신하다. ¶ (~+匣+副) She *carried* her head *high*. 그녀는 머리를 높이 치켜들고 있었다 // (~+匣+前+图) He *carried* his head *on* one side. 그는 머리를 한 쪽으로 기울이고 있었다 // She *carries* herself *gracefully* (*proudly*). 그녀의 몸가짐은 우아(거만)하다.

5 …을 촉구하다(drive, impel); [결심 따위]를 실행에 옮기다; [어떤 상태로] …을 이끌다; [결과를] 낳다, 유효하게 하다. ¶ (~+匣+前+图) Let's *carry* the plan *into* effect. 자, 그 계획을 실행에 옮겨 보자 / (~+匣+副) The argument *carried* us too *far*. 우리들은 토론이 너무 지나쳤다.

6 [방위 진지]를 빼앗다, 함락시키다(capture).

7 [동의·의안 따위]를 통과시키다; [선거에서] 이기다; [주장]을 관철시키다. ¶ The decision was *carried* unanimously. 결의문은 만장 일치로 통과되었다 / We *carried* the candidate. 우리는 그 후보를 당선시켰다.

8 [어떤 방향·점까지] …을 넓히다, 연장하다(extend). ¶ (~+匣+前+图) The war was *carried into* Asia. 그 전쟁은 아시아까지 확대되었다.

9 《美남부·英방언》 [사람]을 데리고 가다(take), 호송하다(escort), …을 수행하다(accompany).

10 …을 감동시키다(influence); [청중]을 사로잡다, 청종케 하다. ¶ Her singing *carried* the audience. 그녀의 노래는 청중을 사로잡았다.

11 [의미 따위]를 내포하다; [권위·책임·이자 따위]를 수반하다. ¶ *carry* an important meaning 중요한 의미를 가지고 있다 / *carry* 6% interest 6퍼센트 이자가 붙다 / His judgment *carries* great weight. 그의 판단은 대단한 무게가 있다.

12 [상업] [상점]에 …을 갖추다, 재고로 가지고 있다(keep in stock); …을 팔고 있다(deal in). ¶ This store *carries* clothing for men. 이 상점에서는 남자용 의류를 팔고 있다.

13 [농작물 따위]를 산출하다, 수확하다(yield); …을 부양하다, 기르다(support). ¶ This money will *carry* me for about a month. 이 돈으로 약 한 달은 생활할 수 있을 것이다.

14 [수]를 한 자리 올리다; [장부 따위에서] …을 이월하다; [다른 장부로] …을 이기(移記)하다.

15 《美》 [신문에 언제나] [기사]를 싣고 있다. ¶ Newspapers *carry* weather reports. 신문은 일기 예보를 싣고 있다.

16 《美》 [음악] [주선율]을 노래하다.

17 [골프] [거리·장애물 따위]를 한 번에 쳐서 넘다.

18 [사냥] …의 자국을 쫓다.

19 [하키] [퍽]을 몰고 전진하다.

— *vi.* **1** 가지고 가다, 들어 나르다; 운송업을 경영하다. ¶ fetch and *carry* [물건]을 가지고 오거나 가지고 가다. **2** [음향·탄환 따위가] 이르다, 닿다. ¶ His voice doesn't *carry* well. 그의 목소리는 잘 들리지 않는다 / This rifle *carries* nearly a mile. 이 총의 사정은 약 1마일이다. ¶ [말이] 머리를 어떤 자세로 유지하다. ¶ *carry* well 머리를 바르게 치켜들고 있다.

carry all (or ***everything***) ***before one*** 파죽지세로 나아가다; 큰 성공을 거두다, 수월하게 이기다.

carry a tune 정확하게 노래하다, 음정을 틀리지 않고 노래하다.

carry away 《보통 수동형으로》 ① …을 가져가 버리

다, 운반해 가다; 〔물건·인명〕을 빼앗다; 〔파도·바닷물〕이 배에서 …을 휩쓸어가다. ¶ The bridge was *carried away* by the torrent. 다리는 격류에 떠내려 갔다 / Many villagers were *carried away* by the plague. 많은 마을 사람들이 전염병에 걸려 목숨을 빼앗겼다. 〔비유적〕 …의 넋을 잃게 하다, …을 열중시키다, …을 흥분시키다. ¶ She was *carried away* by the poem. 그녀는 그 시에 홀딱 빠져버렸다. ③ 《*vi*.》《英》〔항해〕〔매가〕 돛대 따위를 파손당하다.

carry back ① …에게 …을 회상하게 하다; …을 도로 가져가다. ¶ His words *carried* me *back* to the good old days. 그의 말은 옛날의 좋았던 시절을 생각나게 했다 / We *carried* the stone *back*. 우리는 돌을 제자리에 도로 갖다 두었다. ② 〔簿記〕 전기분으로서 대변(貸邊)에 기재하다.

carry both ends of the log 〔濠〕 두 사람에게 할당된 작업을 모두 마치다.　　　　　　〔forward.

carry down ① 가지고 내리다. ② 〔簿記〕 ＝carry

carry fire in one hand and water in the other 언행이 일치하지 않다; 알랑거리다, 속이다.

carry forward ① 〔사업 따위〕를 진척시키다. ② 〔簿記〕〔총계 따위〕를 다음 페이지로 넘기다, 〔차기로〕이월하다. ¶ The sum was *carried forward* to the next account. 그 금액은 다음 계정으로 이월되었다.

carry a person high [*and dry*] 《美》 남을 짓궂게 놀리다(괴롭히다).　　　　　　　　　　　　　〔다.

carry it; 〔고어〕 *carry it away* 이기다, 승리를 거두

carry it off [*well*] 멋지게 해내다; 태연하다, 시치미를 떼고 있다(* 수동형으로는 쓰지 않는다). ¶ *carry it off* with a laugh 웃어 넘기다.

carry off ① 〔상품·명예 따위〕를 획득하다, 쟁취하다(win). ¶ He *carried off* the prize. 그는 그 상을 획득했다. ② …을 대담하게 해치우다, 밀고 나아가다(brave out). ③ 〔병 따위가〕 …의 생명을 빼앗다. ¶ He was *carried off* by cholera. 그는 콜레라로 죽었다. ④ 〔포로 따위〕를 끌고 가다. ⑤ 〔남〕을 유괴하다; …을 빼앗아 가다. ¶ They *carried off* all the cattle. 그들은 소를 모두 훔쳐 갔다.

carry (or *sweep*) *a person off his feet* ⇒ FOOT.

carry on …을 영위하다, 경영하다(conduct), 관리하다(manage); 〔사무〕를 처리하다. ¶ *carry on* the new enterprise 새로운 사업을 경영하다. ② …을 계속하다, 속행하다(continue) (…*with*); 〔절차 따위〕를 밟다. ¶ *carry on* with the job 일을 계속하다. ③ 〔중단했다가〕 다시 시작하다, 재개하다. ¶ One person *carried on* where the other had left off. 한 사람이 끝난 곳부터 다른 사람이 시작했다. ④ 《구어》 처신하다, 행동하다. ¶ If you *carry on* that way, you'll get the club a bad name. 만일 그런 식으로 처신한다면 클럽의 평판이 나빠질 거다. ⑤ 《구어》〔거칠게·무례하게〕 굴다, 행동하다; 바람을 피우다(flirt) (…*with*). *cf.* carryings-on. ⑥ 《구어》〔분노·불쾌 따위로〕 안색이 변하다, 노발대발하다. ¶ He *carried on* something dreadful. 그는 노기가 등등했다. ⑦ 〔항해〕 위험할 정도로 많은 돛을 펴고 가게 하다.

carry out ① 〔계획 따위〕를 실행에 옮기다, 완성하다, 성취하다(accomplish); …을 수행하다(execute). ¶ He did not *carry out* his promise to us. 그는 약속을 이행하지 않았다. ② …에 따르다, …을 지키다. ¶ *carry out* instruction 규칙에 따르다.

carry over ① …을 연기하다, 〔상품 따위〕를 다음 철로 넘기다. ② 〔자기편으로〕 …을 끌어들이다, 설득하다. ③ 〔簿記〕 ＝carry forward. ④ 〔증권〕 …을 다음 결산 일까지 이월하다.

carry one's point 상대를 설득하다, 저항을 물리치고 *carry the day* 승리를 얻다.　　　　　　〔승리를 거두다.

carry (or *bring down*) *the house* ⇒ HOUSE.

carry through ① …을 완성하다, 성취하다. ② 〔어려운 입장에 있는 사람〕을 끝까지 지원하다, 뚫고 나가게

하다, 버티게 하다. ¶ His courage *carried* him *through*. 그의 용기는 그를 최후까지 버티게 했다. ③ 〔최후까지〕 지속하다.

carry something too far …을 극단에 이를 때까지 하다, 도를 지나치다.

carry too many (or *the biggest*) *guns* 〔드물게〕 상대로서 벅차다(너무 세다). ¶ He *carried too many guns* for me. 그에게는 도저히 당할 수가 없었다.

carry (or *have*) *weight* ⇒ WEIGHT.

carry ... with one (* 수동형으로는 쓰지 않는다) ① …을 휴대하다, 데리고 가다, 가지고 가다. ¶ I always *carry* a lot of money *with* me. 나는 항상 많은 돈을 갖고 다닌다. ② …을 기억하고 있다. ③ 〔남〕을 설득시키다, 〔청중〕을 납득시키다. ¶ The speaker *carried* his audience *with* him. 연설자는 청중을 감동시켰다.
 — *n.* 1 (pl. -ries) 〔총 따위의〕 사정(射程) (range). 2 〔골프〕〔공의〕 공간을 나는 거리(flight). 3 《美》 하천·운하 따위 두 수로 사이의〕 육상 운반; 〔두 수로를 잇는〕 연수육로(陸路) (portage). 4 〔군사〕 어깨 총 〔어깨 칼〕의 자세.

car·ry·all [kǽriɔ̀ːl] *n.* 1 〔말 한 필이 끄는〕 4륜 경(輕)마차. 2 〔마주보는 긴 좌석이 있는〕 소형 승합차, 4 행용〕 큰 가방, 잡낭. 4 캐리올[토목용 토사·쇄석 반출 장치].

car·ry·back [kǽribæ̀k] *n.* 미국 소득세법상 세금의 과납 등에 의한〕 대월분(貸越分).

cárry côt 〔유아용의〕 휴대용 침대.

car·ry·ing [kǽriiŋ] *n., adj.* 적재〔의〕, 운송〔의〕.

cárrying capácity *n.* 1 적재량. 2 〔생태〕 포화(飽和) 수준(saturation level).

cárrying chárge *n.* 이월일변(移越日邊), 자산 체장비(滯藏費).

car·ry·ings-on [kǽriiŋzán / -ɔ́n] *n. pl.* 《구어》 경망한(어리석은) 행동, 남녀간의 음탕한 희롱, 농탕치기.

cárrying tráde *n.* ⓤ 운수업.

car·ry-on [kǽriàn / -ɔ̀n] *adj.* 〔항공기내에〕 들고 들어갈 수 있는. ¶ a *carry-on* bag 기내에 갖고 들어갈 수 있는 가방.　　　　　　　　　　　　　　〔고 갈 수 있는.

car·ry-out [kǽriàut] *adj.* 《美》 〔요리 따위〕 사가지

car·ry-o·ver [kǽriòuvər] *n.* 1 이월품(移越品). 2 〔簿記〕〔다음 페이지로의〕 이월. 3 〔미국 소득세법에서〕 당해년의 손익을 다음 1, 2년에 걸쳐 정리할 수 있는 법규.

car·sick [káːrsìk] *adj.* 차멀미가 난. *cf.* seasick ¶ get *carsick* 차멀미가 나다.

car·sick·ness [káːrsìknis] *n.* ⓤ 차멀미.

Cár Sléeper *n.* 카 슬리퍼〔철도에 의한 승객과 승용차의 동시 수송 서비스〕.　　　　　　　　　　　　〔州都〕.

Cár·son Cíty [káːrsn-] *n.* 미국 Nevada 주의 주도

‡**cart** [kaːrt] *n.* 1 2륜 짐마차(의), 2륜 운반차(배달차). ¶ a coal *cart* 석탄 운반차 / in a *cart* 짐차로. 2 운반용 손수레. 3 2륜 경마차. 4 《폐어》 전차(戰車) (chariot). 5 〔英구어·방언〕 계딱지.

be in the cart 《英속어》 난처한 입장에 있다, 불리한 상태에 있다.　　　　　　　　　　　　　　〔도하다.

put (or *set*) *the cart before the horse* 본말을 전
 — *vt.* …을 짐수레로 나르다. — *vi.* 짐수레를 사용하다, 짐수레에 타다.　　　　　　　　　　　　〔니다.

cart about …을 가지고 돌아다니다; …을 안내하며 다

cart away (or *off*) …을 〔짐마차로〕 운반해 가다; 《英구어》 잡아가다. ¶ *Cart* yourself *off!* 꺼져 !

cart·age [káːrtidʒ] *n.* ⓤ 짐차로 나르기; 짐차 운임.

carte[1] [kaːrt] *n.* 〔드물게〕〔펜싱〕 제4의 자세(quarte) 〔칼을 적의 오른쪽 가슴에 겨누는 자세〕.

carte[2] [kaːrt] *n.* 1 메뉴, 식단표(menu). *cf.* à la carte 2 〔드물게·폐어〕 카드놀이의 패. 3 〔폐어〕 지도(地圖).

cárte blánche [káːrt bláːnʃ] *n.* (pl. cartes blanches) 1 〔서명이 있는〕 백지 위임장. 2 백지(전

권) 위임. **3** [카드놀이] [피켓 따위에서] 그림패가 없는 손에 쥔 패. [<F blank (white) card]
carte de vi·site [kà:rt də vizí:t] n. (pl. **cartes d-**) (프랑스) (=visiting card) **1** 명함. **2** 명함 사진 [소형의 사진을 명함 대신 사용한 것].
car·tel [ka:rtél] n. **1** 카르텔, 기업 연합. cf. trust **2** 포로 교환 협정서. **3** (종종 C-) [프랑스·벨기에 정계의] 앞야 연합. **4** [결투의] 도전장.
cár télephone n. 자동차용 무선 전화, 카폰.
car·tel·ism [ka:rtéliz(ə)m] n. ⓤ 기업 연합주의.
car·tel·ize [ka:rtélaiz] vi., vt. (-ized, -iz·ing) 카르텔(기업 연합)을 만들다.
car·ter [ká:rtər] n. 짐마차꾼, 마부.
cártes blánches [ká:rts blá:nʃ] n. carte blanche 의 복수형.
cartes de vi·site [kà:rt-] n. carte de visite의 복수형.
Car·te·sian [ka:rtí:ʒ(ə)n / -zjən] adj. 데카르트(Descartes)의, 데카르트 학파의. — n. 데카르트 철학 신봉자, 데카르트 학도.
Car·te·sian·ism [ka:rtí:ʒ(ə)nìz(ə)m / -zjən-] n. 데카르트의 철학.
cart·ful [ká:rtfùl] n. 짐마차 한 대분[의 양].
Car·thage [ká:rθidʒ] n. 카르타고[북아프리카 Tunis 부근에 있던 고대 도시 국가. 기원전 146년 로마군에 의해 멸망되었다].
Car·tha·gin·i·an [kà:rθədʒíniən] adj. 카르타고의. — n. 카르타고 사람.
cárt hórse n. 짐마차[를 끄는] 말.
Car·thu·sian [ka:rθ(j)ú:ʒən / -zjən] n. [가톨릭] [1086년 St. Bruno가 설립한] 카르투지오회(會)의 수사(修士). — adj. 카르투지오 수도회의.
car·ti·lage [ká:rtilidʒ] n. ⓤⓒ [해부·동물] 연골(軟骨) (gristle).
car·ti·lag·i·nous [kà:rt(i)lædʒinəs] adj. **1** 연골의, 연골질의. **2** [동물] [상어·가오리처럼] 골격이 연골로 되는. — 대량.
cart·load [ká:rtlòud] n. **1** 짐마차 1대분. **2** (구어) 대량.
car·to·gram [ká:rtəgræm] n. 통계 지도.
car·tog·ra·pher [ka:rtágrəfər / -tɔ́g-] n. 지도 제작자.
car·to·graph·ic [kà:rtəgrǽfik], **-i·cal** [-ik(ə)l] adj. 지도 제작[법]의.
car·tog·ra·phy [ka:rtágrəfi / -tɔ́g-] n. ⓤ 지도 제작[법], 제도[법].
car·to·man·cy [ká:rtəmænsi] n. ⓤ 카드 점(占).
car·ton [ká:rtn] n. **1** [큰]판지 상자; 판지. **2** 판지 상자 안에 넣은 것. ¶ a carton of cigarettes 담배 한 상자. **3** 과녁 복판의 흰 점; 명중탄.
***car·toon** [ka:rtú:n] n. **1** 시사 풍자 만화, 토막 만화. **2** (미술) 실물 크기의 밑그림. **3** 연속 만화(comic strip); 만화 영화(animated cartoon). — vt. …을 만화로 풍자하다. — vi. 만화를 그리다.
car·toon·ist [ka:rtú:nist] n. 만화가; 밑그림쟁이.
car·top [ká:rtàp] adj. 자동차 지붕에 싣고 운반하다. — vi. 자동차 지붕에 짐을 싣고 운반하다.
car·top·per [ká:rtàpər / -tɔ̀p-] n. 자동차 지붕에 싣고 운반할 수 있는 소형 보트.
car·touche [ka:rtú:ʃ], (car·touch) n. **1** [건축] 소용돌이 장식. **2** [고대 이집트의 기념비 따위에서 국왕의 이름을 둘러싼] 원형의 장식 테두리. **3** 탄약통 (cartridge), 탄약통 모양의 상자. [<F <It]
***car·tridge** [ká:rtridʒ] n. **1** 탄약통, 약포(藥包). ¶ a blank cartridge 공포탄. **2** 작은 용기. **3** [사진] 파트로네[물 필름을 담는 통]. **4** 카트리지[전축의 픽업 안에 있는 바늘을 넣는 케이스].
cártridge bàg n. 탄약 주머니.
cártridge bèlt n. [군사] 탄[약]띠.
cártridge bòx n. 탄약 상자.
cártridge chàmber n. [총의] 약실(藥室).

cártridge clìp n. [총기의]클립, 삽탄자(挿彈子).
cártridge pàper n. ⓤ **1** 약포지(藥包紙). **2** 도화지, 하드롱지.
cárt ròad (tràck) n. =cartway.
car·tu·lar·y [ká:rtjuléri / -tjulər-] n. (pl. **-lar·ies**) 특허장(권리 증서) 대장 (chartulary).
cart·way [ká:rtwèi] n. 짐마차길.
cart·wheel [ká:rt(h)wì:l] n. **1** [짐수레 따위의]바퀴. **2** 옆으로 재주넘기. ¶ turn cartwheels 옆으로 재주를 넘다. **3** (美속어) 대형 주화[특히, 미국의 1달러 은화].
cárt whíp n. 짐마차 마부가 쓰는;굵은 채찍.
cart-whip [ká:rt(h)wìp] vt. (-whipped or -whipt, -whip·ping) …을 굵은 채찍으로 때리다.
cart·wright [ká:rtràit] n. 수레 만드는 목수.
car·un·cle [kǽrəŋkl, kərʌ́ŋ-] n. **1** [식물] 종부(種阜), 씨혹. **2** [동물] [새의 머리 부분의] 축 처진 살; [닭의]볏. **3** [해부] 육구(肉丘) [눈두덩 따위].
†**carve** [ka:rv] v. (carved, carv·ing) vt. **1** [나무·돌 따위]을 새기다, 조각하다, 새겨서 …을 만들다. ¶ (~+됨+쮞+휭) carve stone (wood) for a statue 돌 (나무)을 새겨서 상(像)을 만들다 / carve marble into a statue 대리석으로 상을 새기다. **2** [나무·돌 따위]에 조각하다 (inscribe). ¶ (~+됨+쮞+휭) carve a figure in wood (stone, marble, ivory) 나무(돌, 대리석, 상아)에 상(像)을 조각하다(새기다) / carve one's name on a tree 나무에 이름을 새겨 넣다. **3** [진로 따위]를 트다, 개척해 나가다, 이룩하다. ¶ (~+됨+뭐) carve out a career 출세하다, 사회에 진출하다. **4** [고기]을 썰다, 베어 나누다. ¶ He carved the meat. 그는 고기를 베어 나누어 주었다. — vi. **1** 조각하다, 고기를 베어 썰(씰)어)내다.
carve for oneself 제멋대로 행동하다.
carve up ① 베어 나누다, 힐벗 밀다. ② [유산·잉지 따위]를 분할하다.
carve one's **way to** 스스로 길을 개척하여 …에 이르다. ¶ He carved his way to reputation. 그는 노력해서 명성을 얻었다.
car·vel [ká:rv(ə)l] n. =caravel.
car·vel-built [ká:rv(ə)lbìlt] adj. [항해] [뱃전의 외판(外板)을] 포개지 않고 맞대어 붙인.
car·ven [ká:rv(ə)n] adj. (詩) 조각한(carved).
***carv·er** [ká:rvər] n. **1** 조각가. **2** [식탁에서] 고기를 베어 나누어 주는 사람. **3** 고기 베는 칼; (~s) 식탁용 고기 써는 연장. ¶ a pair of carvers 고기 써는 나이프와 포크.
***carv·ing** [ká:rviŋ] n. **1** ⓤ 조각[술]. **2** 조각품.
cárving fórk n. [고기 써는 데 쓰는] 대형 포크.
cárving knífe n. [고기 써는 데 쓰는] 대형 나이프.
cár wàsh n. 세차[장].
car·y·at·id [kæriǽtid] n. (pl. **-ids** or **-id·es** [-ídì:z]) [건축] [그리스 전축의] 여인상(女人像) 기둥. cf. telamon
car·y·op·sis [kæriápsis / -ɔ́p-] n. (pl. **-ses** [-sí:z] or **-si·des** [-sídì:z]) [식물] 각과(殼果) (grain), 영과(穎果).
CAS (略) [항공] calibrated airspeed (수정 대기 속도); collision avoidance system (충돌 방지 장치).
ca·sa·ba, cas·sa- [kəsá:bə] n. 카사바 멜론[겨울철 멜론의 일종] (casaba melon).
cas·al [kéis(ə)l] adj. [문법] 격(case)의.
Cas·a·no·va [kæ̀zənóunvə, kæ̀s-] n. (때로 c-) 호색가, 엽색가 (rake). [<이탈리아의 작가 Giovanni Jacopo Casanova (1725-98)]
cas·ca·bel [kǽskəbèl] n. 구장포(口裝砲)의 포신 미

[caryatid]

부(尾部)에 있는] 미주(尾珠).

*cas·cade [kæskéid] n. 1 작은 폭포, 계단 폭포; [정원 따위의]인공 폭포. 2 물결 모양의 천 또는 레이스장식. 3 폭포 모양의 꽃불; [국화 따위의]현애(懸崖) 가꾸기. 4 [화학] 캐스케이드,[계단처럼 연결된 화학용 실험 장치]. 5 [U] [전기] [유도 전동기의] 종속(縱續), [축전기의]직렬. —— v. (-cad·ed, -cad·ing) vi. 폭포가 되다, 폭포처럼 떨어지다. —— vt. [전기] …을 종속 접속하다, 직렬이 되게 하다.

cascáde contról n. [컴퓨터] 종속 제어.
cascáde shówer n. [물리] 방사선이 단계적으로 입자수를 증대하여 가는 현상.
cas·car·a [kæské(:)rə / -ká:rə] n. 1 (=cascára búckthorn) 털갈매나무의 일종[미국 태평양 연안산(產)]. 2 =cascara sagrada.
cascára sa·grá·da [-səgréidə, -grá:-] n. [U] 털갈매나무의 껍질[완하제(緩下劑)].

‡case[1] [keis] n. 1 사건(occurrence); 문제. ¶ a case of injustice 부정 사건 / a most exciting case 손에 땀을 쥐게 하는 사건 / a case of conscience 양심의 문제 / a case of life and death 생사의 문제.
2 (보통 the ~) 실정, 진상, 실태; 상황(condition), 상태(situation), 처지, 형세. ¶ such being the case 사정이 그러하므로, 그런 실정이므로 / as the case stands 지금 실정으로는 / in good case 순조롭게, 순탄하게, 무사히(well off) / It's the case. 그것이 진상이다 / If you do so, you will make your case worse. 그렇게 한다면, 너의 입장은 더욱 나빠질 것이다.
3 사례, 경우; 예(例). ⇒ EXAMPLE [類語] ¶ a case in point 해당 예; 문제가 되고 있는 사례 / in your case 너의 경우에는 / in either case 어느 경우에나 / in some cases 경우에 따라서는, 어쩌면 / It is a different case. 그것은 별개 문제이다 / Take the case of Mr. Smith. 스미스씨의 경우를 생각해 보아라.
4 [사실·이유 따위의]진술, 변명, 주장, 하고 싶은 말, 충분한 논의. ¶ a case for capitalism 자본주의[옹호]론 / a case for a defendant 피고의 주장 // have a good (or a strong) case 소송에 이길 수 있는] 충분한 사유가 있다 / lay the case 진술하다 / make out one's case 입장을 분명히 밝히다 / put up a poor case 사유가 납득이 안 가다 / State your case briefly. 하고 싶은 말을 간단히 진술하시오.
5 [병의] 증세, 병상(病狀); [내과·외과의] 환자(patient). ¶ fever (malignant cancer) cases 열병(악성 암) 환자 / mental cases 정신병 환자 / a gone case 회복할 가망이 없는 환자 / a case of measles 홍역[의 증세], 홍역 환자 / His case is alarming. 그의 병세는 안심할 수가 없다 / She laid her case before the doctor. 그녀는 자기 병세에 관해 의사와 상의했다.
6 [법률] 소송(suit, cause), 소송 사건. ¶ appeal a case 상소하다 / drop a case 소송을 취하하다 / file a case in a court 사건을 법정으로 끌고 가다, 재판을 걸다 / try (or decide) a case 사건을 재판하다 / She gained (lost) the case. 그녀는 소송에 이겼다(졌다).
7 [문법] 격(格). ¶ the nominative (objective, possessive) case 주격(목적격, 소유격).
8 [구어] 사람; 기인(奇人). ¶ a difficult case 아주 까다로운 사람, 다루기 힘든 녀석 / He is a case. 그는 괴짜다.
9 《美俗》 애태우는 사랑, 홀딱 반한 사이. ¶ It's a case. 서로 좋아하는 사이다.   [일이지만.
as is often the case with …[의 경우에] 흔히 있는
as the case may be 경우에 따라.
case by case 하나하나, 개별적으로, 사례별로.
in any case [사정이]어떻든 간에, 여하튼 (anyhow). ¶ In any case, I'll go there tomorrow. 여하튼 내일 거기에 가겠다.
in case of …의 경우에는.
in case [that...] ① …하는 경우에, 만일 …이면. ② 만일에 대비하여, …이면 안 되므로. ¶ Take an umbrella with you in case it rains. 비가 올 경우에 대비해서 우산을 가지고 가거라.
—— Usage in case of 와 in case [that...] —— in case of 다음에는 명사가 오지만, in case [that...]은 절을 이끈다: In case of rain, the picnic will be put off. / In case [that] it should rain (it rains), the picnic will be put off. 비가 올 경우에는 소풍은 연기될 것이다. * lest ... should 가 문어적이며 현대 영어에서는 별로 쓰이지 않는 데 비하면, in case [that...]은 구어적이다. in case [that...] 절 안에서는 「should + 원형 부정사」보다 직설법을 쓰는 편이 한층 더 구어적이다. If와 비교해 in case 는 「혹시나, 만일」이라는 뜻이 강하고, 특히 미래의 일에 대비한다는 뜻을 내포한다.
in nine cases out of ten 십중팔구, 거의 틀림없이.
in no case 결코 …아니다 (by no means). ¶ In no case have I noticed the fact. 그 사실에 주목했던 일은 한 번도 없다.
in that case 그 경우는, 그렇다면.
in the case of …에 관하여는, …에 관하여 말하면 (as regards). ¶ In the case of Mr. A there is no excuse. A씨의 경우는 변명의 여지가 없다.
on the case 《美》 사건을 조사하여; 《美俗語》 개인적인 사랑으로.
put [the] case [that] …이라고 가정하다.

‡case[2] [keis] n. 1 상자(box, chest), 용기(容器) (receptacle), 케이스. ¶ a case for books 책 상자 (bookcase) / a jewel case 보석 상자 / a packing case 포장용 상자. 2 [가죽제의]용기, 주머니(bag), 갑(匣). ¶ a cigarette case 담배갑 / a dressing case 화장품 그릇 / a writing case 필통. 3 집(sheath), 덮개(covering), 통(筒); [시계 따위의]딱지, 껍데기. ¶ a knife case 칼집. 4 한 상자의 분량; 한 짝. ¶ a case of ginger ale 진저에일 한 상자 / a case of pistols 한 쌍의 권총. 5 [문·창문 따위의]틀框(frame). 6 [제본] 책의 표지(book cover); [표지를 보호하기 위해]책을 넣는 케이스; [인쇄] 식자용 상자(활자 케이스). ¶ the lower case 소문자 활자 케이스[略 l.c.] / the upper case 대문자 활자 케이스[略 u.c.].
come (or get) down to cases 《美》 본론으로 들어가다, 요점을 말하다. ¶ Get right down to cases without any preliminaries. 서론은 빼고 바로 요점을 말해라.
keep cases [on...] 《美》 […을]지키다.
—— vt. (cased, cas·ing) 1 …을 상자(집, 통)에 넣다, 상자에 담다, [상자의 뚜껑을 덮다. 2 …에 측면을 대다, …을 둘러싸다; [건물의 외벽 따위]를 덮다(cover). ¶ case a wall with stone 벽을 돌로 마무리하다. 3 《美俗》[범행 전에] [집 따위]를 미리 살피다.
Case [keis] n. [컴퓨터] 컴퓨터 원용 소프트웨어 공학. [< computer-aided software engineering]
ca·se·ase [kéisieis] n. 카세인과 단백질을 분해하는 효소[치즈 제조용]. [부.
case·book [kéisbùk] n. 케이스북, 판례집, 사건 기록
cáse bóttle n. [상자에 넣기 쉽게 만든]모난 병.
case·bound [kéisbàund] adj. [책이]단단한 표지의, 양장의.
case-by-case [kéisbaikéis] adj. 축조적(逐條的)인, 건(件) 별의, 사례별로 처리하는.
case·dough [kéisdòu] n. 《美俗》 비상금.
cáse énding n. [문법] 격[변화]어미, [격을 나타내는] 활용 어미.
ca·se·fy [kéisifài] vt., vi. (-fied, -fy·ing) 치즈질(質)로 만들다(이 되다).
case·hard·en [kéishà:rdn] vt. 1 [야금] [철의 표면]을 경화(硬化)하다, 표면을 열처리하다, [철]을 담금질하다. 2 …을 뻔뻔스럽게 만들다, 신경을 무디게 하다.
cáse history n. 1 사례사(事例史) [개인·가족·단체 따위에 관하여 수집되는 모든 자료로서, 사회 사업·

정신병학·의학 따위에 사용된다]. **2** 병력(病歷), 기왕증(既往症).
ca·sein [kéisi:n, +英 -si:in] *n.* ⓤ **1** 〖생화학〗 카세인, 건락소(乾酪素). **2** 〖그림〗 카세인 유제(乳劑); 카세인 그림 물감. 〖=table knife〗
cáse knífe *n.* **1** 칼집에 든 나이프. **2** 식탁용 나이프.
cáse láw *n.* ⓤⓒ 판례법(判例法) 〖법원의 판례에 기초를 둔 불문법〗. *cf.* statute law
cáse·lòad [kéislòud] *n.* 《美》 판사·케이스워커(caseworker) 등의 담당 건수.
cáse·màte [kéismèit] *n.* **1** 포곽(砲郭)〖군함의 대포를 보호하기 위한 방벽〗. **2** 〖방벽에 지붕을 덮어 방호한〗 포대(砲臺).
cáse·màt·ed [kéismèitid] *adj.* 포곽(포대)을 설비한.
*****cáse·ment** [kéismənt] *n.* **1** 여닫이창의 창틀; 여닫이창 (casement window). **2** 〖일반적으로〗 창. **3** 덮개. **4** 커튼(옷감)용의 얇은 면포(綿布) (casement cloth).
cásement clòth *n.* 커튼(옷감)용 엷은 무명천.
ca·se·ous [kéisiəs] *adj.* 치즈(건락(乾酪))의, 치즈 같은.
cáse récord *n.* =case history. ⌐양의.
ca·sern, ca·serne [kəzə́:rn] *n.* 《군사》 막사(幕舍) (barrack).
cáse shót *n.* 〖대포의〗 산탄(散彈). *cf.* shrapnel
cáse stúdy *n.* **1** 사례(事例) 연구〖사회 조사법의 한가지〗. **2** =case history.
*****cáse·wòrk** [kéiswə̀:rk] *n.* ⓤ 〖사회〗 케이스워크〖불리한 조건을 가진 개인 또는 가족의 생활사·환경을 사회학적·심리학적으로 조사하여, 충고와 지도를 하는 사회 사업〗.
cáse·wòrk·er [kéiswə̀:rkər] *n.* casework를 하는 사람, 케이스워커.
cáse·wòrm [kéiswə̀:rm] *n.* 몸 둘레에 집을 짓는 유충 (幼蟲) 〖도롱이벌레·옷좀나방의 유충·물여우 따위〗.
†cash¹ [kæʃ] *n.* ⓤ **1** 현금, 성화(正貨) (ready money), 은행권. ¶ prompt *cash*; spot *cash* 현찰, 맞돈 / *cash* on (*or* 英) in hand 수중에 있는 현금 / be in *cash* 현금을 가지고 있다 / be out of *cash* 현금이 수중에 없다 / be short of *cash* 현금이 부족하다 / convert (*or* turn) into *cash* 현금으로 바꾸다 / keep in *cash* 금전 출납 업무를 보다 / *Cash* or charge? 현금입니까, 카드입니까? **2** 현찰 지불, 맞돈 (* 수표 따위에 의한 지불도 포함). ¶ *cash* and carry 현찰 판매주의 / *cash* on arrival 착하 불(着荷拂) / *cash* on delivery (=《美》collect on delivery) 대금 상환 인도 〖略 C.O.D.〗 / *cash* with order 현찰 주문 / pay in *cash* 현금으로 치르다, 카드입니까? / give a discount for *cash* 현찰지불에 할인을 해주다.
do one's cash 《英속어》 돈을 탕진하다(없애다).
— *adj.* 현찰의, 현찰 지불의. ¶ a *cash* payment 현찰 지불 / a *cash* price 현찰 판매 가격 / a *cash* sale 현찰 판매 / *cash* crops 환금 농작물.
— *vt.* **1** ⋯에 현찰을 지불하다, (어음 따위)를 현찰로 바꾸다. ¶ *cash* a check; get a check *cashed* 수표를 현찰로 바꾸다. **2** 〖카드놀이〗 〖반드시 이길 패〗를 먼저 내고 이기다.
cash down 《美구어》 맞돈으로 지불하다; 청산하다.
cash in ① 〖수표 따위의〗 현찰로 바꾸다. ② 《美속어》 죽다. ③ 《美속어》 계약을 파기하다; 〖자산〗을 현금화하다.
cash in on 《구어》 ⋯으로 〖돈을〗 벌다, ⋯을 이용하다; ⋯에 돈을 걸다. ¶ The actress *cashed in on* her popularity. 그 여배우는 인기를 이용했다.
cash in one's chips (*or checks*) 《美속어》 → CHIP.
cash² [kæʃ] *n.* (*pl.* **cash**) 〖옛날 중국·인도·동인도 등지에서 유통했던〗 소액 화폐.
cásh accòunt *n.* 현금 계정.
cash-and-car·ry [kǽʃ(ə)nkǽri] *adj.* 《美》 현찰 판매·무배달주의의.
cásh àssets *n. pl.* 현금 자산.

cásh·bòok [kǽʃbùk] *n.* 현금 출납부.
cásh·bòx [kǽʃbàks / -bɔ̀ks] *n.* 돈궤, 금고.
cásh·bòy [kǽʃbɔ̀i] *n.* 《회사·상점의 판매계와 출납계 사이에서》 현금 수납을 돕는 소년 점원.
cásh cárd *n.* 캐시 카드, 현금 인출 카드.
cásh cárrier *n.* 〖출납계와 연락하는〗 금전 수송기.
cásh crédit *n.* ⓤⓒ 당좌 대부, 보증 대부. ⌐(器).
cásh cróp *n.* 환금 작물(作物), 상품 작물.
cásh cústomer *n.* 현금 고객.
cásh désk *n.* 〖상점의〗 계산대.
cásh díscount *n.* 현찰 할인; 할인 금액.
cásh dispènser *n.* 〖은행의〗 현금 자동 지급기.
cash·ew [kǽʃu:, kəʃú:] *n.* **1** 캐슈〖열대 아메리카 원산의 옻나무과(科)의 식물〗. **2** =cashew nut.
cáshew ápple *n.* 캐슈 애플〖cashew nut의 열매 꼭지〗.
cáshew nùt *n.* 캐슈 너트〖cashew apple의 끝에 열리는 열매〗.
cásh flów *n.* ⓤ (때로 a ~) 캐시 플로〖기업의 현금 유출입; 현금 잔고의 변동 따위〗.
*****cash·ier¹** [kæʃíər] *n.* **1** 출납계, 회계원. **2** 〖은행의〗 지배인.
cash·ier² [kæʃíər, +英 kəʃíə] *vt.* **1** 〖군인〗을 면직하다. **2** ⋯을 방출하다(discard); ⋯을 거부하다(reject).
cashíer's chéck *n.* 자기앞 수표〖은행이 자기 앞으로 발행하는 수표〗.
cásh·less socíety [kǽʃlis-] *n.* 현금이 없는 〖필요치 않은〗 사회, 카드 사회〖모든 지불수단이 카드로 이루어질 자래의 사회〗.
cash·mere, kash·mir [kǽʃmíər, -/ kǽʃmíə] *n.* ⓤ **1** 캐시미어 직(織) 〖인도 Kashmir 지방산(産)의 염소 모직〗. **2** 캐시미어직의 옷. **3** 캐시미어털 〖실〗. **4** 모조 캐시미어 직물.
cásh-o·mat [kǽʃəmæ̀t] *n.* 《美》 현금 지급기.
cásh on delívery *n.* 〖상업〗 대금 상환 인도〖《美》에서는 collect on delivery; 略 COD〗.
cásh príce *n.* 현찰 가격.
cásh règister *n.* 금전 등록기.
cásh sále *n.* 《증권》 당일 결제 거래.
cásh surrénder válue *n.* 〖보험의〗 해약 반환 ⌐금.
cásh tráde *n.* 《美》 =cash sale.
cásh transáction *n.* 《증권》 실물 거래.
cas·i·mire [kǽsimèr] *n.* =cassimere.
cas·ing [kéisiŋ] *n.* **1** 상자, 포장〖의 재료〗. **2** 〖문창의〗 틀, 테. **3** 《美》 〖자동차 타이어의 튜브를 싸는〗 외피(外被). **4** 〖유전(油田) 따위의〗 외 파이프. **5** 〖소시지 따위의〗 양·돼지의 창자. **6** 〖항해〗 〖기선의〗 굴뚝을 둘러싼 바깥 벽. **7** 〖덮기 위해 씌운〗 유리의 층(層).
ca·si·no [kəsí:nou] *n.* (*pl.* **-nos**) **1** 카지노, 오락관. **2** 이탈리아 시골의 작은 주택. **3** =cassino. 〖<It〗
*****cask** [kæsk, kɑ:sk] *n.* **1** 통 (barrel). **2** 한 통의 분량. ¶ twenty *casks* of beer 맥주 20통. — *vt.* ⋯을 통에 넣다, 쟁이다.
*****cas·ket** [kǽskit / kɑ́:s-] *n.* **1** 《주로 美》 관(棺) (coffin). **2** 〖보석·귀중품 따위를 넣는〗 작은 상자.
— *vt.* ⋯을 작은 상자에 넣다.
Cás·pi·an Séa [kǽspiən-] *n.* (the ~) 카스피해(海) 〖러시아 남부와 이란과의 국경에 있는 세계 최대의 호수. 함수호(鹹水湖)로 내륙호(內陸湖)〗.
casque [kæsk] *n.* 투구(helmet); 〖동물〗 두부(頭部)에 생기는 투구 모양의 것.
cas·sa·ba [kəsɑ́:bə] *n.* =casaba.
Cas·san·dra [kəsǽndrə] *n.* **1** 〖그리스 신화〗 카산드라 〖Troy의 여자 예언자〗. **2** 불길한 예언자; 세상이 믿어주지 않는 예언자. ⌐미료.
cas·sa·reep [kǽsəri:p] *n.* cassava뿌리에서 얻는 조
cas·sa·ta [kəsɑ́:tə] *n.* 〖이탈리아〗 〖견과(堅果)·프루츠가 든〗 아이스크림.
cas·sa·tion [kæséi(ə)n] *n.* ⓤⓒ 〖판결 따위의〗 폐기, 파기(破棄) (annulment).
cas·sa·va [kəsɑ́:və] *n.* **1** 카사바〖열대 지방에서 나는

대극과의 식물). **2** ⓤ 카사바 녹말[tapioca 의 원료).
cas·se·role [kǽsəròul] *n.* **1** [유리나 도기(陶器)로 되고, 요리한 채 식탁에 올리는] 뚜껑 있는 찜 냄비. **2** 찜 냄비 요리. **3** [화학 실험용의] 손잡이가 달린 작은 접시. **4** (주로 英) 스튜 냄비(stewpan).
en casserole 찜 냄비 요리로.
── *vt.* (-roled, -rol·ing) …을 찜 냄비로 찌다, 요리 하[다.
*cas·sette** [kæsét, kə-] *n.* **1** [사진] 필름 통(cartridge). **2** [보석을 넣는] 작은 상자. **3** [녹음 테이프 의] 카세트.
cas·sette·re·cord·er [kəsétrikɔ́:rdər] *n.* =cassette tape recorder.
cassétte tápe recórder *n.* 카세트식 테이프 레코 [더.
cassétte TV (télevision) *n.* 카세트 텔레비전.
cas·sia [kǽʃə / kǽsiə] *n.* ⓤ 계피(桂皮) 〔중국 남부산 (產) 계수나무의 껍질〕; 통킹육계(肉桂) (Chinese cinnamon) 〔녹나무과(科)의 상록 교목〕. [직(織).
cas·si·mere [kǽsimiər], (**casimere**), *n.* ⓤ 캐시미어
cas·si·no [kəsí:nou] *n.* ⓤ 카드놀이의 일종 〔내통의 패 와 수중에 있는 패를 짜맞추는 놀이〕.
Cas·si·o·pe·ia [kæ̀siəpí:ə] *n.* **1** [천문] 카시오페이 아좌(座). **2** [그리스 신화] 카시오페이아 〔Cepheus 의 아내이며 Andromeda 의 어머니〕.
cas·sit·er·ite [kəsítəràit] *n.* ⓤ [광물] 석석(錫石) (tinstone) 〔주석의 원광(原鑛)〕.
cas·sock [kǽsək] *n.* **1** 카속〔사제(司祭)·목사 등 성직자가 입는 보통 검정 빛깔의 긴 겉옷〕. **2** [드물게] 검은 더불의 비단 조끼. **3** [드물게] 목사(clergyman).
cas·so·war·y [kǽsəwè(:)ri / -wèəri] *n.* (*pl.* -war·ies) 화식조(火食鳥) 〔오스트레일리아·뉴기니산 (產)〕.
*cast [kæst / kɑːst] *v.* (**cast·ing**) *vt.* **1** …을 던지다, 내던지다, 내던지다, 던져 올리다(넣다). ⇒ THROW 類語
¶ (~+目+前+名) *cast* a stone *at* a person 남에게 돌을 던지다.
2 [어떤 방향으로] [눈]을 돌리다, 쏟다; [빛·불안·의혹 따위]를 던지다; [마법]을 걸다. ¶ (~+目+前+名) *cast* a glance *at* …을 흘긋 보다 / *cast* a light *on* …에 광명을 던지다 / He *cast* his eyes *down* the page. 그는 그 페이지를 아래쪽으로 훑어보았다.
3 [제비]를 뽑다(draw); [주사위]를 던지다. ¶ *cast* lots 제비를 뽑다 / The die is *cast*. 주사위는 던져졌다 (일은 이미 벌어졌다; 되돌아갈 수는 없다).
4 [낚싯줄]을 던지다, [그물]을 던지다; [닻]을 내리다. ¶ *cast* anchor 닻을 내리다, 투묘(投錨)하다.
5 …을 집어버리다, 옆으로 쓰러뜨리다.
6 …과 헤어지다, …을 잃다; [새끼] [깃털]을 떨구다 [뱀이] [허물]을 벗다(shed); [잎·열매]를 떨어뜨리다; [동물이] …을 산(流產)하다. ¶ A horse *cast* his shoe. 말의 편자가 떨어져 나갔다.
7 [벌·곤충의 떼]를 쫓아버리다; …을 물리치다, 퇴출놓다; …을 해고하다 [법률]을 패소(敗訴)시키다. ¶ The farmer *cast* a swarm of bees. 그 농부는 벌떼를 쫓아버렸다 / He was *cast* in a law suit. 그는 소송에 졌다.
8 [표]를 던지다(deposit), …을 주다(bestow), 수여하다(confer)(*on, upon*). ¶ *cast* a ballot 투표하다 / (~+目+前(+名)) *cast* glory *upon* one's name 명성을 떨치다 / *cast* a slur *on* a person's reputation 남의 명성을 손상시키다.
9 [연극] [배우]를 뽑다, 배역하다. ¶ (~+目+前+名) *cast* an actor *for* a play 연극의 배우를 뽑다 / *cast* a role *to* an actor 배우에게 역(役)을 맡기다 / He was *cast* *for* the part of Othello. 그에게는 오델로 역이 맡겨졌다.
10 [지금(地金)] 따위를 주조(鑄造)하다, 틀에 넣어 만들다. ¶ (~+目+前+名) *cast* metal *into* coins 금속을 경화(硬貨)로 주조하다 / The statue is *cast* in bronze. 그 상(像)은 청동으로 만들어져 있다.

11 …을 계산하다(reckon), 보태다; [점성도(占星圖)·천궁도(天宮圖)]의 산정(算定)을 하다(compute); …을 예측하다(forecast). ¶ *cast* a horoscope 천궁도를 펼쳐 별점을 치다. 「물」을 돌리다.
12 …을 [비틀어] 구부리다; [항해] [바람으로부터 이
13 [사냥개에게] …의 냄새를 쫓게 하다.
14 [고어] …을 계획(공작)하다; (폐어) …을 숙고(熟考)하다.
── *vi.* **1** 던지다(throw); 주사위를 던지다. **2** 주형(鑄型) 속에서 만들어지다. **3** 계산하다(calculate), 더하다(add); 계획하다. **4** 추측하다(conjecture); 예측하다(forecast). **5** [재목이] 휘다, 뒤틀리다(warp). **6** [연극] 배역하다. **7** [사냥개가] 냄새를 찾다. **8** [항해] 이물을 바람 불어오는 쪽으로 돌리다. **9** [폐어] 숙고하다.

cast about (or *around*) ① 찾아다니다(*for* …). ¶ *cast about for* some way of escape. 그는 도망칠 길을 찾아다녔다. ② [이리저리] 궁리하다, 획책하다, 연구하다. ¶ I am *casting about* me how I am to meet the expenses. 어떻게 해서 비용을 마련할 것인지 궁리 중이다. ③ [항해] 침로를 바꾸다. [(discard).
cast aside ① …을 물리치다, 버리다, 폐지시키다
cast away ① …을 물리치다, 제거하다. ② (수동형으로) 난파하다, 표류하다. ③ …을 낭비하다. ¶ He *cast* his life *away*. 그는 일생을 헛되이 보냈다.
cast back ① 거슬러 올라가다, 회상하다(*to* …). ② [조상을] 되돌아가다; [길]을 되돌아가다(*to* …).
cast beyond the moon 터무니없는 추측을 하다, 제멋대로 추측하다.
cast down ① …을 밑으로 던지다, 넘어뜨리다 (overthrow). ② (수동형으로) …을 의기소침하게 하다, 낙심시키다. ¶ He was *cast down* by the news. 그는 그 소식을 듣고 실망했다. ⇒ DOWNCAST. ③ …을 멸시하다. ④ [시선]을 내리깔다, [머리]를 숙이다.
cast in one's lot with (or *among*) ⇨ LOT.
cast a thing in a person's teeth ⇨ TOOTH.
cast off ① …을 버리다, 물리치다(discard). ② (속박)을 벗다; …을 벗어 던지다(take off). ¶ *cast off* one's grief 슬픔을 떨쳐버리다. ③ [항해] (*vt., vi.*) [밧줄]을 풀다; (*vt.*) [매놓은 배]를 정박한 곳에서 끌어내다. ④ [편물]을 마무리하다, [뜨개질의 코]를 감치다. ⑤ [인쇄] [원고]를 조판 페이지로 어림하다. ⑥ [사람] [인연]을 끊다, [교제]를 그만두다 [남과 의절하다, 돌보지 않다. ⑦ [매 사냥에서] [매]를 풀어놓다; [여우 사냥에서] [개]를 풀어놓다.
cast on [뜨개질 맨 처음에] …의 코를 뜨다; …을 재빨리 하다.
cast one's bread upon the waters ⇨ BREAD.
cast oneself on (or *upon*) …에 몸을 맡기다, …에 의지하다.
cast out …을 내쫓다, 내던지다. [지하다.
cast pearls before swine ⇨ PEARL.
cast up ① …을 [해안에] 밀어올리다. ② [흙 따위]를 쌓아올리다. ③ …을 토하다(vomit). ④ …을 계산하다, 합계하다. ⑤ [머리]를 갑자기 들다. ⑥ (*vi.*) [스코·두들어] 나타나다. ⑦ …을 비난하다.

── *n.* **1** 던지기; 던진 것, 던져지는 거리. ¶ within a stone's *cast* of …에서 던진 돌이 닿을 정도로 가까운 거리에. [질; 낚시터.
2 [주사위의] 던짐; [낚싯줄의] 던져 넣기, 투망(投網)
3 운(運) (fortune, lot), 시도. ¶ at the last *cast* 마지막 운을 시험하여 보려고 / try another *cast* 다시 한번 해보다.
4 [연극] 배역. ¶ an all-star *cast* 명우(名優) 총출연.
5 [야금] 주조; 거푸집, 주형(鑄型); 소조물(塑造物) 소조; 1회의 주조에 필요한 금속의 양; (의학) 깁스 붕대; [병리] [소변의] 원주(圓柱).
6 외형, 외관(appearance), 형식(form); 경향, 성질. ¶ a *cast* of features 얼굴의 모습, 용모 / a *cast* of mind 성품 / a *cast* of character 성격 / He is of a serious

cast. 그의 성격은 착실하다.
7 꼬임 ; 비꼬여짐, 뒤틀림(warp). ¶ a *cast* in the eye 사팔뜨기. 「붉은 빛을 띤 색조.
8 색상, 색조 ; …한 기미. ¶ a slight *cast* of red 약간
9 도층에서 차에 태우기(lift).
1 0 계산 ; 예측. **1 1** 질이 나쁜 모직물.

Cas·ta·li·a [kæstéiliə] *n.* **1** 그리스 Parnassus 산에 있는 샘[Apollo 와 Muses 에 바쳐진 영천(靈泉). 시가(詩歌)의 영감의 샘이라 한다]. **2** 시적(詩的) 영감의 원천. 「[시의 샘이.
Cas·ta·li·an [kæstéiliən] *adj.* **1** 영천 Castalia 의, **2**
Cas·ta·ly, -ta·lie [kǽstəli] *n.* (*pl.* **-lies**)=Castalia.
cas·ta·net [kæstənét] *n.* (보통 ~s) 캐스터네츠[2개의 상아 또는 나뭇 조각을 조가비처럼 합쳐 타악기로, 손 안에 쥐고 소리를 낸다]. ¶ a pair of *castanets* 한 벌의 캐스터네츠.
cast·a·way [kǽstəwèi / káːst-] *n.* **1** 난 파 자(難破者), 표류자, **2** 표류물, 내버린 물건. **3** [사회가] 따돌리는 사람, 깡패(outcast). — *adj.* **1** 표류하는, 난파한(wrecked). **2** 내버려진, 버림받은.
***caste** [kæst / kɑːst] *n.* **1** 카스트[인도의 세습적 계급. Brahman(승려), Kshatriya(무사), Vaisya(농민·상인), Sudra(노예)의 사성(四姓)으로 이루어진다] ; 카스트 제도, **2** [사회] [일반적으로] 폐쇄적 특권 제도 [제도], **3** [곤충] [집단 생활을 하는 곤충의] 직능군별(職能群別). 「위를 잃다.
lose caste 카스트의 계급이 낮아지다. **2** 사회적 지 — *adj.* 특권 계급의, 카스트의.
cas·tel·lan [kǽstələn] *n.* 성주(城主).
cas·tel·lat·ed [kǽstəlèitid / -tel-] *adj.* **1** [건축] 성곽 모양의, 성같이 지은. **2** 성이 많은.
cas·tel·la·tion [kæstəléi(ʃ)ən / -tel-] *n.* ⓤ 성 쌓기, 축성(築城).
cast·er [kǽstər / káːstə] *n.* **1** 던지는 사람 ; 주조자 (鑄造者) ; 배역 담당, **2** [기구류의 밑에 달린] 타리 마퀴. **3** 양념병 ; 뿌리는 용기 ; 양념병 진열대.
cáster sùgar *n.* ⓤ 정제 설탕, 분말 백설탕.
cas·ti·gate [kǽstəgèit] *vt.* (**-gat·ed, -gat·ing**) **1** …을 [때리어] 응징하다, 징벌(懲罰)하다, **2** …을 혹평하다. **3** …을 교정하다, 수정하다.
cas·ti·ga·tion [kæstəgéi(ʃ)ən] *n.* ⓤⓒ **1** 징계, 징벌, **2** 혹평, **3** 정정, 교정, 수정.
cas·ti·ga·tor [kǽstəgèitər] *n.* **1** 징계자, 징벌자, **2** 혹평하는 사람, **3** 정정자, 교정자.
cas·ti·ga·to·ry [kǽstəgətɔ̀ːri / -gèit(ə)-] *adj.* 징계의, 징벌의.
Cas·tile [kæstíːl] *n.* **1** 카스틸, 카스틸랴[스페인의 대부분을 차지했던 옛 왕국]. **2** (=**Castíle sóap**) ⓤ 카스틸 비누[올리브유를 주원료로 하는 단단한 비누].
Cas·til·ian [kæstíljən, -liən] *n.* **1** 카스틸랴인(語) [표준 스페인어], **2** 카스틸랴 방언. **3** 카스틸랴인의. — *adj.* 카스틸랴의 ; 카스틸랴인(어)의.
cast·ing [kǽstiŋ / káːst-] *n.* ⓤ **1** 던지기. **2** 주조 (鑄造) ; ⓒ [鑄物] 주물, **3** 배역, **4** 낚싯줄 던지기(던지는 방법). **5** ⓒ [뱀 따위의] 허물.
cásting nèt *n.* =cast net.
cásting vòte (*vóice*) *n.* 캐스팅 보트[찬부 동수일 때 의장이 던지는 결정 투표(deciding vote). ¶ have (*or* hold) a *casting vote* 캐스팅 보트를 쥐고 있다.
cást íron *n.* 주철(鑄鐵). *cf.* wrought iron
cast-i·ron [kǽstáiərn / káːst-] *adj.* **1** 주철로 만든, **2** 융통성이 없는(inflexible), 딱딱한(rigid). **3** 튼튼한, 건장한(strong, hardy). ¶ a *cast-iron* stomach 튼튼한 위.
‡**cas·tle** [kǽsl / káːsl] *n.* **1** 성(城), 성곽. ¶ *An Englishman's house is his castle.* (속담) 영국 사람의 집은 성이다 [남의 침입을 허용하지 않는다]. **2** 견고한 성채. **3** [성곽식으로 지은] 큰 저택(mansion), 성관(城館). **4** [장기 장기] 성장(城將), [장기의 차(車)에 해당]

(rook). — *vi., vt.* (**-tled, -tling**) **1** 성을 쌓다, 성 곽으로 둘러싸다 ; 성 안에 두다. **2** [서양 장기] 성장으로 왕을 지키다.
cas·tle-build·er [kǽslbìldər / káːsl-] *n.* **1** 축성가 (築城家). **2** 공상가, 몽상가(daydreamer).
cas·tled [kǽsld / káːsld] *adj.* **1** 성이 있는. ¶ a *castled* hill 성이 있는 언덕. **2** =castellated.
cástle in the áir, (cástle in Spáin) *n.* 공중 누각, 터무니없는 공상, 기상(奇想), 백일몽(daydream). ¶ build a *castle in the air* 공중에 누각을 짓다, 되지 않을 일을 몽상하다.
cást nèt *n.* 투망(投網)(casting net).
cast-off [kǽstɔ̀ːf / káːstɔ̀f, -ɔ̀f] *adj.* 벗어 던진(thrown away), 포기된, 버림받은. ¶ *castoff* clothing 벗어 던진 의류. — *n.* **1** 버림받은 사람(것). **2** [인쇄] [원고를] 조판 페이지로 어림하기.
cas·tor¹ [kǽstər / káːstə] *n.* **1** ⓤ 해리(海狸) (비버)향(香)[해리의 샅에서 나오는 분비물로 의약이나 향료로 쓴다]. **2** 비버 모자(beaver hat). **3** ⓤ [상의용의] 두꺼운 나사천. **4** 바다삵, 해리, 비버(beaver).
cas·tor² [kǽstər / káːstə] *n.* =caster 2, 3.
cas·tor³ [kǽstər / káːstə] *n.* 〈천문〉 쌍동이 좌(座) (Gemini) 의 알파성(星) [Pollux 의 아우별. 나란히 있는 두 별 중 북쪽의 별].
cástor bèan *n.* (美) **1** 피마자씨 ((英) castor seed). **2** 피마자, 아주까리.
cástor òil *n.* 피마자유[피마자 씨에서 채취하는 점착성있는 기름. 하제(下劑)나 윤활유 등에 쓴다].
cás·tor-òil plànt *n.* 피마자, 아주까리[인도 원산 등대풀과(科)의 키가 큰 식물. 이것의 씨(castor bean)에서 피마자유(castor oil)를 채취한다].
cástor sùgar *n.* ⓤ (주로 英) 분말 백설탕, 정제설탕.
cas·trate [kǽstreit / -ˊ-] *vt.* (**-trat·ed, -trat·ing**) **1** [동물] …을 불까다, 거세하다(emasculate) ; [남소]를 제거하다. **2** [식물] …의 꽃밥을 없애다. **3** [책 따위]의 결정한 부분을 삭제(정정)하다, …의 골자를 빼버리다(expurgate).
cas·tra·tion [kæstréi(ʃ)ən] *n.* ⓤⓒ **1** [동물] 거세, 난소 제거, **2** [식물] 꽃밥을 없애기, 제웅(除雄)[꽃의 웅성 기관(雄性器官)의 기능을 제거하기, 자가 수분(自家受粉)을 막기 위해서]. **3** [책·영화] 수정, 정정.
Cas·tro·ist [kǽstrouist], **-tro·ite** [-trouàit] *n., adj.* 카스트로 지지자[의].
cást stéel *n.* 주강(鑄鋼).
‡**cas·u·al** [kǽʒu(ə)l, +英 kǽsjuəl] *adj.* **1** 우연한, 뜻하지 않은 ; 우발적인, 무심코 한, 즉석의(offhand). ⇔ ACCIDENTAL [類] ¶ a *casual* meeting 우연한 만남 / a *casual* visitor 뜻밖의 방문객 / a *casual* fire 실화(失火).
2 부주의한(careless), 조심성 없는, 문득 생각난, 되는 대로의, ¶ a *casual* remark 문득 생각난 말.
3 무관심한(negligent), 태평한, 믿을 수 없는. ¶ a *casual* air 무관심한 태도 / a *casual* answer 건성으로 하는 대답 / a very *casual* sort of person 도무지 믿을 수 없는 사람.
4 일시의(occasional), 부정(不定)의(irregular). ¶ a *casual* customer 뜨내기 손님 / *casual* expenses 임시 비용 / a *casual* laborer (英) 임시 노동자 / earn a living by *casual* labor 임시의 일로 생활을 벌다. [*casual* wear 평상복.
5 [의복 따위가] 약식의 (informal), 평상복의. ¶
6 (英) 임시 구호를 받는. ¶ the *casual* poor 임시 구호를 요하는 빈곤자.
7 [폐허] 불확실한, 불안정한.
— *n.* **1** 임시 노동자. **2** (英) 임시 구호를 받는 사람. **3** 임시로 소속된 병사. **4** (주로 ~s) 캐주얼, 평상복 ; 캐주얼 슈즈.
~·ness *n.*

cas·u·al·ize [kǽʒu(ə)làiz, +英 kǽʒjuəl-] vt. [정규 고용인]을 임시 노동자가 되게 하다.
cásual làbor[er] n. 뜨내기 노동[자].
*__cas·u·al·ly__ [kǽʒu(ə)li, +英 kǽʒjuəli] adv. 우연히, 뜻밖에, 무심코, 문득; 이따금, 때때로.
*__cas·u·al·ty__ [kǽʒu(ə)lti, +英 -ʒju(ə)l-] n. (pl. -ties) 1 [군대] [전사·부상·포로·행방 불명에 의한] 사고 병; (-ties) 사상자수. 2 (보통 -ties) 사상자. ¶ heavy casualties 많은 사상자. 3 재해, 뜻하지 않은 사고, 기화(奇禍) (accident). 4 재해를 당한 사람, 피해자.
cásualty insúrance n. ⓤ 상해(재해) 보험 [교통 사고나 도난에 대한 것].
cásual wàrd n. (英) [구빈원(救貧院)의] 부랑자 수용실.
cas·u·ist [kǽʒuist, 수英 -zju-] n. 1 [양심 문제] 결의론자(決疑論者). 2 궤변가(sophist).
cas·u·is·tic [kæ̀ʒuístik, +英 -zjú-], **-ti·cal** [-tik(ə)l] adj. 1 결의론적인. 2 궤변적인 (sophistical). -ti·cal·ly [-tikəli] adv.
cas·u·ist·ry [kǽʒuistri, +英 kǽʒju-] n. ⓤ ⓒ (pl. -ries) 1 결의론(決疑論) [도덕상의 행위의 선악을 윤리적·사회적 관행(慣行) 따위의 관점에서 결정하려는 것]. 2 궤변, 견강부회(牽強附會).
ca·sus bel·li [kéisəs bélai] n. (pl. -li) (라틴) 1 case of war) 개전(開戰)의 이유나 구실이 되는 사실.
‡__cat__ [kæt] n. 1 고양이; 고양잇과 동물[lion, tiger, panther, leopard 따위] (* tomcat 수코양이, she-cat 암코양이, kitten 새끼고양이). ¶ a Siamese (a Persian) cat 샴(페르시아) 고양이 / A cat has nine lives. (속담) 고양이는 목숨이 아홉 있다; 여간해서는 죽지 않는다 / A cat may look at a king. (속담) 고양이도 임금님을 볼 수 있다; 누구나 다 나름의 권리가 있다 / Curiosity killed the cat. (속담) 호기심이 신세를 망친다 / When the cat's away, the mice will play. (속담) 고양이가 없으면 쥐가 설친다; 호랑이 없는 골에 토끼가 스승. 2 ⓤ 고양이의 털. 3 [입이 거친] 심술궂은 여자. 4 (美속어) 사람, 녀석, 놈; 재즈광(狂). 5 =cat-o'-nine-tails. 6 (주로 英) [양끝이 뾰족하여] 나무토막; 나무공을 치는 채; 나무공을 치는 놀이 (tipcat). 7 (항해) a. (외돛대의) 작은 범선(catboat). b. 닻걸이[닻을 끌어올려 걸어두는 선재(船材)] (cathead). 8 메기 (catfish). 9 (C-) (속어) = caterpillar 2.
before the cat can lick her ear 결코 …아니다 (never) [자기 귀를 핥을 수 있는 고양이는 없다는 데서].
bell the cat ⇒ BELL.
cats and dogs (美) 싸구려 주권(株券); 잡동사니.
enough to make a cat laugh [고양이도 웃을 만큼] 아주 우스운, 아주 시시한.
enough to make a cat speak (英) [그것을 먹으면 고양이도 한마디 할 만큼] 썩 좋은; 맛있는. * 흔히 술 따위에 관해서 쓴다.
fall on one's legs like a cat (英) 용케 빠져나가다.
fight like cats and dogs [쌍방이 모두 쓰러질 때까지] 끝까지 싸우다.
grin like a Cheshire cat 공연히 히죽히죽 웃다. ⇒ CHESHIRE CAT.
It rains cats and dogs. 비가 억수같이 퍼붓는다. ⇒ RAIN.
let the cat out of the bag (구어) [무심코] 비밀을 누 설하다, [자기도 모르게] 실토하다.
like a cat on hot bricks [벽돌 위의 고양이처럼] 안절부절 못하여.
like a scalded cat 마구 돌진하여.
live under the cat's foot 엄처시하에 살다.
play cat and mouse ⇒ CAT AND MOUSE.
play like a cat with a mouse 놀림감으로 삼아 괴롭히다.
put the cat among the pigeons 소동을 일으키다.
see (or watch) which way the cat jumps; see how the cat jumps; wait for the cat to jump [정치가 등이] 형세를 관망하다, 기회를 엿보다.
shoot the cat 토하다 (vomit).
sick as a cat 몹시 욕지기가 나서 [고양이가 자주 욕하는 데서].
There are more ways of killing a cat than chok-ing it with butter. (구어) 목적을 달성하는 데는 여러가지 방법이 있다 [방법은 하나만이 아니다].
There's no room to swing a cat [in]. [집·방·공간 따위가] 매우 비좁다.
turn the cat in the pan 표변하다, 배반하다.
—— v. (cat·ted, cat·ting) vt. 1 …을 아홉 가닥으로 된 채찍으로 때리다. 2 [닻]을 닻걸이 (cathead)에 걸다, 끌어올리다. —— vi. 1 (英속어) 토하다 (vomit). 2 (속어) 매춘부를 사다.
CAT (略) clear air turbulence (cf. air turbulence); Cathay Air Transport (캐세이 항공사); Civil Air Transport ([대만의] 민항공운공사(民航空運公司)); computer-aided testing(컴퓨터에 의한 시험·검사); credit authorization terminal(크레디트카드의 신용도를 묻의하는 단말기); [인쇄] computer-assisted typesetting (컴퓨터 사식(寫植)); [의학] computer-ized axial tomography(컴퓨터에 의한 X선 체축(體軸) 단층 촬영).
cat. n. (略) catalog[ue]; catechism.
cata-, cat-, (cath-) pref. down, against, back 의 뜻 (* 모음 앞에서는 cat-, 파열음 앞에서는 cath-를 쓴다). 예: cataphyll, cataclysm, catastrophe.
cat·a·bol·ic [kæ̀təbɑ́lik, -bɔ́l-] adj. [생리·생물] 이화(異化) 작용의.
ca·tab·o·lism, ka- [kətǽb(ə)lìz(ə)m] n. ⓤ [생리·생물] 이화 작용. opp. anabolism
cat·a·chre·sis [kæ̀təkríːsis] n. ⓤ ⓒ (pl. -ses [-siːz]) 1 [어원의 오해에 따른] 용어의 오용(誤用), 부자연스러운 말씨. 2 비유의 남용.
cat·a·chres·tic [kæ̀təkréstik], **-ti·cal** [-tik(ə)l] adj. 용어(비유)가 잘못된, 부자연스러운. -ti·cal·ly [-tikəli] adv. ———— (tion).
cat·a·clasm [kǽtəklæ̀z(ə)m] n. 파열, 분열 (disruption).
cat·a·cli·nal [kæ̀təkláin(ə)l] adj. [지질] [산골짜기 따위가] 지층의 경사를 따라 하강하는, 암층(岩層) 경사의.
cat·a·clysm [kǽtəklìz(ə)m] n. 1 [사회적·정치적] 격변, 대변동 (upheaval). 2 [지질] 지각(地殼)의 격변. 3 대홍수 (deluge).
cat·a·clys·mal [kæ̀təklízm(ə)l] adj. 대이변의, 격변의.
cat·a·clys·mic [kæ̀təklízmik] adj. 대변동의; 대격동의. ¶ cataclysmic changes 격변; 천재지변.
-mi·cal·ly [-mikəli] adv.
cat·a·clys·mist [kæ̀təklízmist] n. 격변론자.
cat·a·comb [kǽtəkòum / -kùːm] n. 1 (보통 ~s) 지하 납골당, 지하 묘지. 2 (the C-s) [로마의] 캐터콤 [초기 기독교도의 박해 피난처]. 3 포도주 저장실. [<Gk]
cat·a·dro·mous [kətǽdrəməs] adj. [물고기가 산란을 위해] 강을 따라 내려가 바다로 가는, 강류성(降流性)의. opp. anadromous
cat·a·falque [kǽtəfæ̀lk] n. 1 관대(棺臺). 2 영구차.
Cat·a·lan [kǽt(ə)lən, -læ̀n] adj. 카탈로니아 (Catalonia)의; 카탈로니아인(어)의. —— n. 카탈로니아인; ⓤ 카탈로니아어[프로방스어 (Provençal)와 같은 어족의 로맨스어].
cat·a·lase [kǽtəlèis] n. ⓤ [생화학] 카탈라제 [과산화수소 분해 효소].
cat·a·lec·tic [kæ̀t(ə)léktik] adj. [운율] 운각(韻脚)이 불완전한 [시의 마지막 행의 어미에 음절이 부족한 일]. —— n. 불완전 운각의 시행(詩行).
cat·a·lep·sy [kǽt(ə)lèpsi] n. ⓤ [병리] 강경증(強硬症) [히스테리·정신 분열증 따위에 수반되는 근육 경직·자세 고정 따위의 증상].
cat·a·lep·tic [kæ̀t(ə)léptik] adj. 강경증의. —— n. 강경증 환자.
cat·a·lo [kǽt(ə)lòu] n. (pl. -loes or -los) = cattalo.
‡__cat·a·log, -logue__ [kǽt(ə)lɔ̀ːg, -lɑ̀g / -lɔ̀g] n. 1 (美) [도서관] 장서 목록, 도서 목록. ¶ a card catalog [도

서관의]카드 목록. **2** 목록, 카탈로그. ⇨LIST〖類語〗¶ a *catalog* of articles for sale 판매품 목록. **3** 《美》대학 편람(안내서)《英》prospectus, university calendar).
— *v.* (-loged, -log·ing; -logued, -logu·ing) *vt.* …의 목록을 만들다, …을 목록에 수록하다.
— *vi.* 목록에 오르다.

cat·a·log·er, -logu·er [kǽt(ə)lɔ̀:gər, -làg- / -lɔ̀gə] *n.* 목록(카탈로그) 편집(작성)자.

cat·a·logue rai·son·né [kǽt(ə)lɔ̀:g rèi(ŋ)z(ə)néi, -làg- / -lɔ̀g rèizɔn-] *n.* (*pl.* **catalogues raisonnés**) 《프랑스》(=reasoned catalog) 해설이 붙은 종류별 목록.

cat·al·pa [kətǽlpə] *n.* 개오동나무류의 식물《아시아·미국 등지의 온난지역에서 자라며 흰꽃이 핀다》.

ca·tal·y·sis [kətǽlisis] *n.* ⓤⓒ (*pl.* **-ses** [-sìːz]) **1** 〖화학〗촉매 작용, 매촉 작용. **2** 〖사람 또는 힘의〗촉매 반응.

cat·a·lyst [kǽt(ə)list] *n.* **1** 〖화학〗촉매. *cf.* anticatalyst **2** 남에게 좋은 감화를 주는 사람(것).

cat·a·lyt·ic [kæ̀t(ə)lítik] *adj.* 촉매(접촉)〖반응〗의, 촉매(접촉) 반응을 일으키는. ¶ *catalytic* reaction 촉매 반응. **-i·cal·ly** [-ikəli] *adv.*

catalýtic convérter *n.* 촉매 변환장치《자동차 배기 가스 속의 유해 성분을 무해로 전환시킨다》.

cat·a·lyze [kǽt(ə)làiz] *vt.* (-lyzed, -lyz·ing) 〖화학〗…에 촉매(접촉) 반응을 미치다.

cat·a·lyz·er [kǽt(ə)làizər] *n.* =catalyst.

cat·a·ma·ran [kæ̀təmərǽn] *n.* **1** 〖인도나 남미의〗뗏목배; 캐터머랜《두 척의 작은 배를 널빤지로 연결하여 돛을 단 것》; 쌍동선(雙胴船). *cf.* trimaran **2** 《구어》잔소리가 심한 여자. **3** 《캐나다 방언》 소형의 나무 썰매.

cat·a·me·ni·a [kæ̀təmíːniə] *n. pl.* (단·복수 양용) 〖생리〗월경(menses).

cat·a·me·ni·al [kæ̀təmíːni(ə)l] *adj.* 〖생리〗월경의.

cat·a·mite [kǽtəmàit] *n.* 남색(男色)의 상대가 되는 소년, 연동(戀童).

cat·a·mount [kǽtəmàunt] *n.* **1** 고양이과의 야생 동물. **2** 《美》퓨마(cougar); 스라소니(lynx).

cat·a·moun·tain [kæ̀təmáunt(i)n / -tin] *n.* 고양이과의 야생 동물《wildcat, leopard, panther 따위》. **2** 싸움꾼.

cat-and-dog [kǽt(ə)ndɔ́ːg / -dɔ́g] *adj.* **1** 〖개와 고양이처럼〗사이가 나쁜, 견원지간(犬猿之間)인. ¶ lead (or live) a *cat-and-dog* life 싸움질만 하고 살다. **2** 《속어》〖저당이나 담보가〗매우 투기적인, 가치가 의심스러운.

cát and móuse(rát) *n.* ⓤ 아이들놀이의 일종《둥글게 둘러서서 손을 잡고, 한 아이가 다른 아이들 뒤쫓는다. 다른 아이들은 쫓기는 아이가 잡히지 않도록 잡은 손을 올렸다 내렸다 한다》.

play cat and mouse with …을 가지고 놀다, 희롱하다; 〖상대를 앞지르기(이기기)위해 계략을 쓰다, 기회를 기다리다.

Cát-and-Móuse Áct [kǽt(ə)nmáus-] *n.* 《英속어》단식(斷食) 죄수 가출옥법.

cat·a·plasm [kǽtəplæ̀z(ə)m] *n.* 〖의학〗습포(濕布), 찜질(poultice).

***cat·a·pult** [kǽtəpʌ̀lt] *n.* **1** 쇠뇌《옛 날 군대에서 창(槍)이나 큰 화살·돌 따위를 발사하기 위해서 쓴 무기》. **2** 〖항공 모함의〗함제기(射出機), 캐터펄트. **3** 《英》고무줄 새총(slingshot). — *vt.* **1** 〖캐터펄트로〗…을 사출하다(날리다)(hurl). **2** 《英》고무줄 새총으로 …을 쏘다.

***cat·a·ract** [kǽtərækt] *n.* **1** 큰 폭포. **2** 격류, 호우(豪雨), 대홍수. **3** 〖안과〗백내장(白内障).

***ca·tarrh** [kətɑ́ːr] *n.* ⓤ 〖병리〗카타르, 점막염; 특히 비(鼻)·기관지 카타르; 《英》감기.

ca·tarrh·al [kətɑ́ːr(ə)l] *adj.* 〖병리〗카타르의, 카타르성의, 〖…의〗.

cat·ar·rhine [kǽtərain] *n., adj.* 협비원류(狹鼻猿類).

***ca·tas·tro·phe** [kətǽstrəfi] *n.* **1** 큰 재해(재출), 돌발적인 대변동. ⇨ DISASTER〖類語〗 **2** 파국, 비극적 결말. **3** 대실패, 재난. **4** 〖연극에서〗대단원. **5** 〖지질〗〖지각의〗격변, 변동(cataclysm).
◇ **catástrophic** *adj.*

cat·a·stroph·ic [kæ̀təstráfik / -strɔ́f-], (**cat·a·stroph·i·cal** [-ik(ə)l]) *adj.* 대이변의, 파멸적인 (disastrous). **-i·cal·ly** [-ikəli] *adv.*

cat·a·to·ni·a [kæ̀tətóuniə] *n.* ⓤ 〖정신병〗긴장증〖정신 분열증의 일종〗.

cat·a·ton·ic [kæ̀tətánik / -tɔ́n-] *adj.* 〖정신병〗긴장증의. — *n.* 긴장증 환자.

Ca·taw·ba [kətɔ́ːbə] *n.* **1** 《원예》 카토바 포도《미국 동부 지방의 적색종》. **2** ⓤ 카토바 포도주《향기가 나는 백포도주》. **3** ⓒ 카토바어(語)〖North Carolina 및 South Carolina 주에 남아 있는 수(Sioux) 어족의 하나〗. **4** North Carolina 주를 흐르는 강《South Carolina 주로 흘러들어 Wateree 강이라고 불린다》.

cat·bird [kǽtbə̀ːrd] *n.* 고양이 울음 소리 같은 소리를 내는 아메리카 지빠귀.

cátbìrd sèat (posítion) *n.* 《美》선망의 대상이 되는 입장〖상태〗. ¶ 〖滑車〗.

cát blòck *n.* 〖항해〗닻을 끌어올리는 데 쓰는 활차.

cat·boat [kǽtbòut] *n.* 캣보트〖이물에 돛대가 하나 있는 종범선(縱帆船).

cát búrglar *n.* 지붕창이나 2층의 창문으로 침입하는 도둑.

cat·call [kǽtkɔ̀ːl] *n.* **1** 〖집회·극장 따위에서〗불만을 나타내는 〖고양이 울음 소리 같은 소리, 날카로운 휘파람 소리. **2** 고양이 울음소리를 내는 의음기(擬音器). — *vi.* 고양이 울음 소리를 내다, 야유하다 — *vt.* …을 고양이 울음 소리로 야유하다.

‡catch [kǽtʃ] *v.* (**caught, catch·ing**) *vt.* **1** …을 잡다, 〖추적하여〗붙잡다(seize). ¶ He *caught* the pickpocket. 그는 소매치기를 붙잡았다.
2 〖덫·그물·함정으로〗…을 잡다; 속이다(deceive). ¶ (~+目+補) A wolf was *caught* alive. 늑대가 생포되다.
〖類語〗 *catch* 도망치거나 숨거나 움직이는 것을 잡는다는 뜻의 일반적인 말. *capture* catch 보다 저항이 심하거나, 상대가 벅찬을 뜻하는 말: *capture* an enemy soldier 적병을 붙잡다. ⇨ TAKE.
3 〖열차 따위〗의 시간에 대어가다. *opp.* miss, lose ¶ *catch* a train 열차 시간에 대어가다.
4 …을 알아채다; 〖…하고 있는 현장을〗발견하다, 덮치다《*at, on*》. ¶ (~+目+副+名) *Catch* me [at it]! 《구어》그런 짓을 누가 해《내가 그런 짓을 하는 현장을 붙잡아 보아라》/ He was *caught* in the act of stealing. 그는 도둑질하는 현장을 들켰다 // (~+目+-*ing*) *catch* a person *bending* (or *napping*) 《구어》남을 불시에 때리다 / I *caught* him *speaking* ill of me. 그가 내 험담을 하고 있는 것을 발견했다 / He was *caught stealing*. 그는 도둑질하는 현장을 들켰다.
5 〖낙하물·타격 따위가〗…에 맞다, …을 치다(hit), …에 타격을 주다《*on*》. ¶ (~+目+副+名) The blow *caught* me *on* the nose. 나는 코를 한대 얻어맞았다 // (~+目+目) I *caught* him one (or a blow) *on* the cheek. 나는 그의 뺨을 한대 갈겼다.
6 〖종종 수동형으로〗〖비 따위〗을 만나다; 〖바람〗을 안다. ¶ *catch* the wind 〖돛 따위가〗바람을 안다 // (~+目+副+名) be *caught in* a shower 소나기를 만나다.
7 〖공 따위〗를 받다, 잡다; 〖야구〗…의 포수를 맡아 하다. ¶ *catch* a ball 공을 잡다.
8 〖종종 재귀용법〗〖숨〗을 죽이다, 억누르다, 멈추다. ¶ *catch* oneself 하던 일(말)을 갑자기 멈추다 / I *caught*

my breath. 나는 숨을 죽였다 / He started to speak but quickly *caught* himself. 그는 말을 시작했지만 곧 입을 다물었다. **9** 〔병〕에 걸리다, 감염하다. ¶ *catch* [a] cold easily 감기에 잘 걸리다 // (~+囹+囷+圀) ¶ The nurse *caught* the disease *from* a patient. 간호사에게 환자의 병이 옮았다. **10** (태도·버릇 따위)에 영향을 받다, 물들다. ¶ *catch* a person's manner 남의 태도에 물들다. **11** …을 붙잡다, 쥐다; …이[못 따위에] 걸리다; …에 휘감기다, [못 따위가] 걸리다. ¶ A nail *caught* her sleeve. 그녀의 옷소매가 못에 걸렸다 // (~+囹+前+圀) *catch* a person *by* the arm 남의 팔을 붙잡다 / *be caught between* (or *in the middle of*) …의 사이에 끼다; …의 중간에 끼어 난처해지다 / *catch* a person *in* his words 남의 말꼬리를 잡다 / She *caught* her foot *on* the stair. 그녀의 발이 계단에 걸렸다 / A bone got *caught in* my throat. 뼈가 목구멍에 걸렸다.

— **Usage** catch a person *by* the arm 과 catch a person's arm——전자는 a person 에 뜻의 중점이 있고, by the arm 은 붙잡는 장소를 덧붙이는 느낌의 표현, 후자는 a person 에 뜻의 중점을 둔 표현. *catch a person by the arm의 the는 정관사가 인칭대명사를 대신하는 특수용법. [easily 바로 불이 붙다. **12** (불이) 붙다, (불길이) 번지다. ¶ *catch* fire **13** (남의 눈·주의)를 끌다(attract), (남의 마음)을 사로잡다. ¶ *catch* the fancy of the public 세상 사람의 마음에 들다 / Beauty *catches* the eye. 미인은 남의 눈을 끈다. **14** …을 이해하다(understand); …을 알아듣다. ¶ I didn't quite *catch* what he said. 나는 그가 한 말을 잘 알아들을 수 없었다. **15** (벌 따위)를 받다. ¶ *catch* the dickens(*or* the devil) 심하게 꾸중을 듣다. **16** 《구어》(연극·텔레비전 등)을 보다, 시청하다, 듣다. ¶ *catch* a radio program 라디오(프로)를 듣다.

— *vi.* **1** 재빨리 붙들다, 붙잡으려고 하다(*at* …). ¶ *catch at* ⇨ 걸리다(*in, on …*), (자물쇠 따위가) 잠기다; (목소리 따위가)메다. ¶ The lock won't *catch*. 그 자물쇠는 잠기지 않는다 / My voice *caught*. 나는 목소리가 잘 나오지 않았다 / The kite *caught in* a tree. 연이 나무에 걸렸다. **3** [불 따위가]붙다, 타다; 번지다. ¶ This firewood *catches* easily. 이 장작은 불이 잘 붙는다. **4** 《구어》캐처를 보다. **5** (연못 등에) 얼음이 얼다(*over* …). 《英속어》임신하다.

catch as catch can ① 앞뒤를 가리지 않고, 이렇게 해서든 아무런 계획도 없이. ¶ They live *catch as catch can*. 그들은 제멋대로 생활하고 있다. ② (레슬링) 자유형으로.
catch at ① …을 붙잡으려고 하다, 필사적으로 손을 뻗다. ¶ A drowning man will *catch at* a straw. 《속담》물에 빠진 사람은 지푸라기도 붙잡는다. ② …을 잡아, …에 달려들다. ¶ *catch at* a person's prpposal 남의 제안을 기꺼이 받아들이다.
catch away …을 날치기하다.
catch one's breath ① ⇨ *vt.* 8. ② 한숨 돌리다. ③ 호흡이 가라앉을 때까지 쉬다.
catch it (*or hell*) 《구어》꾸지람을 듣다, 벌을 받다. ¶ You will *catch it*. 넌 야단맞을거야.
Catch me later. 나중에 이야기합시다.
catch on ① [···에]걸리다, 달라붙다; […을]붙잡다 (*to …*). ② 《구어》인기를 얻다, 히트하다(*with …*). ③ 《주로 美》이해하다(*to …*). ④ 기회를 재빨리 포착하다. ⑤ 취직하다.
catch a person out ① 〔야구〕(공을 받아서)남을 아웃시키다. ② 《구어》남의 잘못(거짓)을 간파하다. ¶ The pretender was *caught out*. 그 사기꾼은 덜미를 잡혔다. ③ 《구어》책략을 써서 남을 해치우다.
catch up ① …을 갑자기 들어올리다. ¶ Fallen leaves were *caught up* in a sudden wind. 갑자기 바람이 불어 낙엽이 날려 올라갔다. ② …을 휩쓸어 넣다 (involve, entangle); …을 그 뜻에 반(反)하여 끌어들이다; …의 마음을 빼앗다(enthrall). (* 수동형으로만 쓴다). ¶ She was *caught up* in the excitement of the crowd. 그녀는 군중의 흥분 상태에 휩쓸리고 말았다. ③ …을 몸에 지니다. ¶ *catch up* the habit of drinking 술버릇이 붙다. ④ 뒤진 것을 만회하다(*on, with …*). ¶ *catch up with* one's work 뒤진 일을 만회하다. ⑤ […을]따라잡다(*with …*). ¶ I'll *catch* you *up* (or *catch up with* you) in a few minutes. 나는 몇 분 안에 너를 따라잡을거다. ⑥ [질문이나 비판으로](말하는 사람)을 방해하다(interrupt), 야유를 퍼붓다. ⑦ [남의 잘못]을 지적하다(*on*). ⑧ …을 고리로 죄다. ⑨ 《美구어》부정의 현장을 덮치다. ⑩ 최신 뉴스를 알리다. ⑪ 체포하다. ¶ The police *caught up* with the thief. 경관은 도둑을 잡았다. ⑫ 응보(應報)가 있다(*with …*). ¶ His evil ways *caught up with* him at last. 마침내 악업(惡業)의 응보가 있었다.

First catch your hare. ⇨ HARE.
— *n.* **1** 잡기. **2** 고리, 걸쇠. **3** [숨·목소리의]막힘, 목멤, 걸림. **4** 잡힌 것(사람); 포획량(물). ¶ get a good *catch* of sardine 정어리를 많이 잡다. **5** 손에 넣을 가치가 있는 것;《구어》좋은 결혼 상대자; 횡재한 물건. ¶ No *catch* 당기지 않은 것, 결정치 않은 것. **6** 이익(profit). **7** 《구어》남을 속이는 함정, 책략, 계략. ¶ There is a *catch* in it somewhere. 어딘가에 함정이 있다. **8** 단편(斷片). **9** 〔음악〕윤창(輪唱), 가곡. **10** 캐치볼; 포구(捕球); 포수(捕手). ¶ a good *catch* 공을 썩 잘 받는 사람 / play *catch* 캐치볼을 하다. **11** [배를 저을 때 노를] 물속에 넣는 방법.

by catches 때때로, 가끔, 이따금.
catch as catch can ⇨ *v.* (숙어).
no catch ⇨ *n.* 5. ② 《구어》무익한, 싫은; 어려운.
— *adj.* **1** 남을 속이는. **2** 남을 매혹시키는, 흥미를 돋우는.
catch-all [kǽtʃɔ̀ːl] *n.* 잡동사니 주머니[바구니·상자 따위]. — *adj.* 포괄적인 것을 넣은(담은).
catch-as-catch-can [kǽtʃəzkǽtʃkǽn] *n.* Ⓤ [레슬링] 자유형[아랫도리를 공격할 수 있다]. *cf.* Greco-Roman / *adj.* 수단을 가리지 않는, 닥치는 대로의.
cátch básin *n.* [하수구의] 쓰레기받이; [개수통의] 찌꺼기받이.
cátch càr *n.* 《美 속어》교통 위반 차량 단속차.
cátch cròp *n.* 단기 작물, 간작물(間作物).
catch-crop-ping [kǽtʃkrɑ̀piŋ / -krɔ̀p-] *n.* 간작(間作).
cátch dráin *n.* (산허리의) 물받이 도랑.
catch-'em-a-live-o [kǽtʃəməláivou] *n.* 《英》파리잡는 끈끈이 종이.
cátch-er [kǽtʃər] *n.* **1** 잡는 사람(도구), 포획기. **2** [야구] 캐처, 포수. **3** (고래잡이의)캐처 보트.
catch-fly [kǽtʃflài] *n.* (*pl.* **-flies**) 끈끈이귀개과 (科)의 식물[끈끈이대나물·파리지옥 따위].
catch-ing [kǽtʃiŋ] *adj.* **1** 감염성의, 옮기 쉬운(infectious), 「Yawning is *catching*. 하품은 옮아간다. **2** 남을 끌어당기는(attractive); 매혹적인(fascinating).
catch-line [kǽtʃlàin] *n.* (독자의 시선을 끌기 위한) 광고 선전 문구.
catch-ment [kǽtʃmənt] *n.* **1** Ⓤ 담수(湛水); Ⓒ 담수량. ¶ a *catchment* area 담수 지역, 유역. **2** 저수지, 담수지; (저수지의) 물.
cátchment àrea *n.* 유역, (저수지의) 담수 지역 (catchment basin); 《英》통학(通學) 범위(거리).
catch-out [kǽtʃàut] *n.* 간파(看破); 〔기대 따위의〕어긋남.
catch-pen-ny [kǽtʃpèni] *adj.* [물건이] 겉만 번드르르한; 돈만 벌면 그만이라는 식의. — *n.* (*pl.* **-nies**) 겉만 번드르르한 값싼 상품.
cátch phráse *n.* [남의 주의를 끄는] 기발한 문구

catch pit n. 캐치 피트《集水溝》.
catch·pole, -poll [kǽtʃpòul] n. 《고어》집달리[채무 불이행자를 체포하는 관리].
catch quòta n. 어획량 할당.
cátch títle n. 약기 서명(略記書名)《도서 목록 따위에서 긴 도서명을 생략한 것》, 약기표제(略記表題)《페이지 아래쪽의 난외에 간략히 적은 것》.
catch-22 [kǽtʃtwèntitúː] n. 《美구어》모순된 규칙 따위에 얽매어 꼼짝 못하기; 난국에 빠져 진퇴양난의 상태. 《<미국 작가 J. Heller(1923-)의 소설 제목》
catch·up [kǽtʃəp, kétʃ-] n. =ketchup.
catch-up [kǽtʃʌp] n. 따라잡기 위한 노력; 뒤진 것을 만회하기.
catch·weight [kǽtʃwèit]《경기》n. [규정의 구속을 받지 않는] 경기자의 체중. ── adj., adv. 무제한급의(으로).
catch·word [kǽtʃwə̀ːrd] n. 1 [정당 등의] 표어, 슬로건. 2 [사전·참고서 등의] 난외에 있는 표제어, 중요한 항목(기사), [페이지 윗부분의] 난외 표제어. 3 [고서의 맨아래 난외에 인쇄된] 다음 페이지의 첫 말.
catch·y [kǽtʃi] adj. (catch·i·er, catch·i·est) 1 재미있고 외기 쉬운. ¶ a *catchy* tune 외기 쉬운 노래. 2 현혹시키는(deceptive), 걸려들기 쉬운, 방심할 수 없는. 3 단속적(斷續的)인, 변덕스러운(fitful). ¶ a *catchy* wind 단속적으로 부는 바람.
cate [keit] n. (보통 ~s) 《고어》진미(珍味), 좋은 맛(dainty).
cat·e·chet·i·cal [kæ̀tikétik(ə)l], (**cat·e·chet·ic** [-kétik]) adj. 《교수법의》문답식의, 교리 문답의. ~·ly [-kəli] adv.
cat·e·chise [kǽtikàiz] vt. (-chised, -chis·ing) 《英》=catechize.
cat·e·chism [kǽtikìz(ə)m] n. 1 《종교》교리 문답집, 공교 요리집(公敎要理集). 2 문답식 교과서, 3 《페이지정간(政黨)을 알아보기 위한》질문 항목; 문답식 교수법. 4 질문 공세. ¶ put a person through a *catechism* 남에게 질문 공세를 펴다. 「답식의.
cat·e·chis·mal [kæ̀tikízm(ə)l] adj. 교리 문답의, 문
cat·e·chist [kǽtikist] n. 1 교리를 가르치는 사람, 전도사; 교리 문답 교사. 2 《교회》세례 준비로서 교리를 예비 신자에게 가르치는 사람.
cat·e·chis·tic [kæ̀tikístik], **-ti·cal** [-tik(ə)l] adj. 교리 문답의, 문답식의. **-ti·cal·ly** [-tikəli] adv.
cat·e·chize [kǽtikàiz] (《英》에서는 catechise 로도 쓴다) vt. (-chized, -chiz·ing) 1 …에게 문답식으로 [교리를] 가르치다. 2 …에게 [신앙에 관하여] 질문하다. 3 …을 따져 묻다.
cat·e·chiz·er [kǽtikàizər] n. =catechist.
cat·e·chu [kǽtitʃùː] n. 《화학》카테츄《콩과(科) 식물에서 채취하는 천연 색소. 의약·염료·가죽 무두질 따위에 쓴다》
cat·e·chu·men [kæ̀titʃjúːmən / -men] n. 1 《교회》[초기의 기독교회에서 세례를 받기 위한 준비로서] 교리 교육을 받는 신자. *cf*. neophyte 2 《초보적 사실·원리 따위를》 배우는; 초심자(beginner); 입문자.
cat·e·gor·i·cal [kæ̀tigɔ́(ː)rik(ə)l, -gár-, -góːr-], (**cat·e·gor·ic** [-rik]) adj. 1 절대적인(absolute), 무조건의(unconditional); 단언적인. ¶ a *categorical* denial of accusation 비난의 절대적 거부. 2 《논리》(명제가) 정언적(定言的)인, 단언적인; 《삼단논법에서》정언적 명제를 가지고 있는. 3 범주에 속하는, 범위내의. ~·ly [-kəli] adv. ~·ness n.
categórical grànt n. [특정 목적에 주어지는] 개별 보조(조성)금. opp. block grant
categórical impérative n. 1 《윤리》정언적 명령[그 자체에 가치가 있다 하여 절대적·무조건적으로 행하여지는 도덕적 명령; 칸트의 용어》. 2 양심의 무조건적 명령.

cat·e·go·rize [kǽtigəràiz] vt. (-rized, -riz·ing) 1 …을 범주에 넣다. 2 …을 유별(類別)하다, 분류하다 (classify).
***cat·e·go·ry** [kǽtigɔ̀ːri / -gəri] n. (pl. -ries) 1 부문, 부속(部屬). ⇨ SORT [類語] 2 《형이상학》[아리스토텔레스 철학에서] 최고류(最高類); [칸트 철학에서] 선험적(先驗的) 근본 개념[양·질·인과성(因果性) 따위]; 범주. 3 (-ries) 《단수 취급》문answer법.
◇ categórical adj., cátegorize v.
cátegory rómance n. 카테고리 로망스[등장 인물·이야기 전개·결말 따위가 일정한 틀에 의하여 씌어지는 낭만적인 소설. Harlequin사의 시리즈물 등이 대표적].
ca·te·na [kətíːnə] n. (pl. -nae [-niː]) 1 연쇄; 연속. 2 [교부(敎父)들의 저서에서 인용한] 연쇄적 발췌[교리의 해석 따위에서]. 「nary.
cat·e·nar·i·an [kæ̀tinɛ́(ː)riən / -nɛ́ər-] adj. =cate-
cat·e·nar·y [kǽt(ə)nèri / kətíːnəri] n. (pl. -nar·ies) 1 《수학》현수선(懸垂線). 2 《전동차 따위의 가선(架線)을 매다는》현수삭(索). ── adj. 1 현수선의 2 사슬의, 사슬 모양의.
cat·e·nate [kǽt(ə)nèit] vt. (-nat·ed, -nat·ing) …을 연쇄(連鎖)[연결]하다; …을 사슬 모양으로 만들다. ¶ *catenated* cells 연쇄상 세포. 「합.
cat·e·na·tion [kæ̀t(i)néiʃ(ə)n] n. ⓤ 연쇄, 연결, 결
ca·ter[kéitər] vi. 1 음식·요리를 준비[조달]하다, 공급하다 (for …). ¶ (~+前+名) *cater* for a feast 연회를 위하여 요리를 준비하다, 요리 당번을 맡다. 2 만족을 주다, 소망을 들어주다, 기쁘게 하다, 영합하다, [연극·음악 따위의 여흥을 제공하여] 흥을 돋우게 하다 (*to, for* …). ¶ (~+前+名) *cater* for a person's enjoyments 남에게 오락을 제공하다 / *cater to* their needs 그들의 필요에 응하다 / These hotels compete with each other in *catering to* the comfort of their guests. 이들 호텔은 서로 손님의 마음을 끌려고 경쟁하고 있다. ── vt. 음식을(요리를) 준비하다; 네쪽짜리 패.
ca·ter[2] [kéitər / 《美》kǽ-] n. [페어] [주사위의] 넉점 (the fourspot); [카드놀이의] 넉점짜리 패.
cat·er·an [kǽtərən] n. 〈역사》[스코틀랜드 고지의] 산적(freebooter), 약탈자(marauder).
ca·ter-cor·ner [kǽtərkɔ̀ːrnər / kéitː-], **cat·er-cor·nered** [-nərd] adj. 대각선의, 비스듬한(diagonal). ── adv. 대각선으로, 비스듬히 「척.
ca·ter-cous·in [kéitərkʌ̀zn] n. 《고어》친구, 먼 친
ca·ter·er [kéitərər] n. 1 〈연회 따위의》 요리 조달인; 연회업자; [호텔 따위의] 연회 주선 담당자. 2 여흥 따위의 제공자.
ca·ter·ess [kéitəris] n. caterer의 여성형.
ca·ter·ing [kéitəriŋ] n. 케이터링[여객기의 기내식(機內食)을 공급하는 업무].
‡cat·er·pil·lar [kǽtərpìlər] n. 1 [나비·나방 따위의] 애벌레, 쐐기 벌레. 2 (C-) 《상표명》 무한 궤도식 트랙터, 캐터필러(Caterpillar Tractor). 3 남을 등쳐 먹는 사람, 착취자(extortioner).
cáterpillar trèad n. [트랙터·전차(戰車) 등의] 무한 궤도.
cat·er·waul [kǽtərwɔ̀ːl] vi. 1 〈발정기의 고양이처럼》울다, 울부짖다. 2 싸움을 하다, 서로 욕으로 으르렁거리다. ── n. 발정기의 고양이 울음 소리; 이것과 비슷한 목소리(소리).
cat-eyed [kǽtàid] adj. 고양이의 눈 같은; [고양이처럼] 어둠 속에서도 잘 보이는.
cat·fall [kǽtfɔ̀ːl] n. 〈해양》양묘삭(揚錨索) [닻을 양묘기(架)(cathead)에 걸어 둘 때 쓰는 밧줄]. 「툼.
cat·fight [kǽtfàit] n. 심하게 서로 다투기, 심한 말다
cat·fish [kǽtfìʃ] n. (pl. ~, **fish** or **fish·es**) 1 메기류의 물고기. 2 베도라치류의 물고기.
cát fòot n. [고양이 발처럼] 짧고 포동포동한 발.
cat-foot [kǽtfùt] vi. 살그머니 나아가다, 살금살금 건

다(pussyfoot).
cat·gut [kǽtgʌt, +英 -gət] *n.* 장선(腸線)[양 따위의 창자로 만드는 질긴 줄. 악기의 현·정구 라켓의 줄 따위로 쓰인다].
cath- *pref.* ⇨ CATA-.
Cath. (略) **1** (종교 c-) cathedral. **2** Catholic.
*__ca·thar·sis__ [kəθɑ́ːrsis] *n.* ⓤⓒ (*pl.* **-ses** [-siːz]) **1** [의학] 배변(purgation). **2** [美學] 정화(淨化), 카타르시스[비극 따위에 의한 정서의 정화]. **3** [정신병] 정화법[억압된 정서를 배출시키는 정신 요법].
ca·thar·tic [kəθɑ́ːrtik] *adj.* (**ca·thar·ti·cal** [-k(ə)l]) **1** 배변의, 변을 잘 통하게 하는(purgative). **2** 정화의. ― *n.* 하제(下劑).
Ca·thay [kæθéi] *n.* [고어·詩] =China.
CATHAY (略), Cathay Pacific Airway (캐세이) 태평양 항공; 국제 약칭 CX).
cat·head [kǽthèd] *n.* [항해] 양묘가(揚錨架)[이물의 양쪽에 돌출한 닻걸이].
ca·the·dra [kəθíːdrə] *n.* (*pl.* **-drae** [-driː]) **1** 교좌(敎座), 주교좌(主敎座) [cathedral 에 있는 bishop 의 의자]. **2** [대학 교수 등의] 강단(講壇); 강좌. **3** 고대 로마의 여성용 의자.
ex cathedra 위압적으로, 권위로써.
*__ca·the·dral__ [kəθíːdr(ə)l] *n.* **1** 대성당[bishop 의 의 좌가 있고, 주교구(diocese)를 대표한다]. **2** 주교 제도 파기 이전에 주교좌가 있던 대교회. ― *adj.* **1** 주교 좌가 있는, 주교회의. **2** 권위있는(authoritative).
◇ *cathédra* *n.*
Cátherine whéel [kǽθ(ə)rin-] *n.* **1** [紋章] [주위에 돌기가 있는] 바퀴 무늬. **2** 바퀴 모양의 창(wheel window), **3** (회전) 불꽃(pinwheel), [테르.
cath·e·ter [kǽθətər] *n.* [의학] 도뇨관(導尿管), 카테
cath·e·ter·ize [kǽθitəràiz] *vt.* (**-ized, -iz·ing**) …에 도뇨관(카테테르)을 꽂다.
ca·thex·is [kəθéksis] *n.* ⓤⓒ (*pl.* **-thex·es** [-θéksiːz]) [정신분석] 커섹시스[특정의 사람·물건·관념에의 libido 의 집중].
cath·ode [kǽθoud] *n.* [물리] 음극(陰極). *opp.* anode
cáthode rày *n.* [물리] 음극선.
cáthode-rày túbe [kǽθoudrèi-] *n.* 브라운관.
cath·od·ic [kæθɑ́dik, kəθ-/kəθɔ́d-] *adj.* 음극의.
-i·cal·ly [-ikəli] *adv.*
‡**cath·o·lic** [kǽθ(ə)lik] *adj.* **1** 전반적인, 보편적인 (universal). **2** [취미나 감정이] 폭넓은; 마음이 넓은 (broad-minded), 관대한(liberal). **3** (종 C-) 옛 그리스도교의 [특히 분열 이전의] 고대 가톨릭 교회의. **4** (C-) [신교의 여러 파에 대하여] 가톨릭 교회의 로마 가톨릭 교회·그리스 정교회 등에 관하여 말한다). **5** (C-) 로마 가톨릭 교회의. ― *n.* **1** (종교 C-) 고대 가톨릭 교회의 신도. **2** (C-) [가톨릭, [특히] 로마 가톨릭 교도. **ca·thol·i·cal·ly** [kəθɑ́likəli/-θɔ́l-] *adv.*
◇ cathólicism, cathólicity *n.*, cátholicize *v.*
Cátholic Chúrch *n.* [로마] 가톨릭 교회.
Cátholic Emáncipátion Áct *n.* [英國史] 가톨릭 교도 해방령[1829 년에 반포된 법령, 이것에 의해 Great Britain 과 Ireland 의 가톨릭 교도는 국교도(國敎徒)와 같은 정치상의 권리를 얻었다.
*__Ca·thol·i·cism__ [kəθɑ́lisìz(ə)m/-θɔ́l-] *n.* ⓤ **1** 가톨릭 교회의 교리·조직·신앙. **2** (c-) =catholicity.
◇ cátholic *adj.*
cath·o·lic·i·ty [kæθəlísiti] *n.* ⓤ **1** 보편성(universality); 마음이 넓음, 관대함, 포용성(broad-mindedness). **2** (C-) =Catholicism 1.
ca·thol·i·cize [kəθɑ́lisàiz/-θɔ́l-] *vt., vi.* (**-cized, -ciz·ing**) **1** 보편화하다(universalize), 일반화하다(되다); 관대하게 하다(되다). **2** (C-) 로마 가톨릭교적으로 하다(되다).
ca·thol·i·con [kəθɑ́likən/-θɔ́l-] *n.* 만능약, 만병 통치약(panacea).
cat·house [kǽthàus] *n.* [美俗어] 창녀집, 매춘굴.

cát íce *n.* ⓤ 박빙(薄氷) [물이 줄어 수면에서 떨어진 것] (shell ice).
cat·i·on [kǽtàiən] *n.* [물리·화학] 양(陽)이온. *cf.* [anion
cat·kin [kǽtkin] *n.* [식물] 미상화(尾狀花) [버드나무·자작나무 따위의 꽃].
cat·lap [kǽtlæp] *n.* [英俗어] 묽은(싱거운) 음료(차).
cat·like [kǽtlàik] *adj.* 고양이 같은(feline); 교활한; 살금살금 하는(stealthy).
cat·ling [kǽtliŋ] *n.* **1** 장선(腸線) (catgut) [현악기나 정구 라켓용]. **2** [외과용의] 절단도(切斷刀) [양날이 있는 작은 칼]. **3** [고어] 작은 고양이 (kitten).
cát màn *n.* **1** 캐터필러(caterpillar)의 운전사. **2** [사자 따위 고양이과 동물을 다루는 서커스단의] 맹수 사육사.
cat·mint [kǽtmìnt] *n.* 《英》=catnip.
cát nàp *n.* 선잠, 노루잠.   [다, 졸다.
cat·nap [kǽtnæp] *vi.* (**-napped, -nap·ping**) 선잠 자
cat·nip [kǽtnip] *n.* 개박하[고양이가 좋아하는 식물].
cat-o'-nine-tails [kǽtənáintèilz] *n.* (*pl.* **-tails**) 아홉 가닥 채찍[매듭이 있는 아홉 줄의 끈을 손잡이에 연 채찍; 체벌용(體罰用)].
ca·top·tric [kətɑ́ptrik/-tɔ́p-], (**ca·top·tri·cal** [-trik(ə)l]) *adj.* 거울의, 반사의. *cf.* dioptric
ca·top·trics [kətɑ́ptriks/-tɔ́p-] *n. pl.* 《단수 취급》반사광학(光學).
cát rìg *n.* [항해] catboat 에 쓰이는 범장(帆裝) [이물에 있는 외돛대에 한 장의 돛을 가진다].
cat-rigged [kǽtrìgd] *adj.* catboat 식으로 범장한.
CÁT scàn *n.* [의학] [CAT scanner 에 의한] 컴퓨터 X 선 체축(體軸) 단층 촬영 사진. *cf.* CAT, CAT scanner
CÁT scànner *n.* [의학] 컴퓨터 X선 체축 단층 촬영
cát's crádle *n.* ⓤⓒ 실뜨기 놀이.   [장치.
cat's-ear [kǽtsìər] *n.* 금혼초속(屬)의 식물[잎이 고양이 귀 비슷하고 노란꽃이 핀다].
cat's-eye [kǽtsài] *n.* **1** 묘안석(猫眼石) [보석]. **2** [도로의] 야간 반사 장치[자동차의 안전 운행을 위하여 노상(路上) 표지나 중앙선을 따라 배치한 것], [자동차의] 후미 반사경.
cat's-foot [kǽtsfùt] *n.* (*pl.* **-feet** [-fìːt]) **1** 적설초 [덩굴 식물] (ground ivy). **2** 백두산떡쑥속(屬)의 식
cát shárk *n.* 두툽상어.   [물.
cát skìnner *n.* 《美》트랙터 운전수.
cat·sleep [kǽtsliːp] *n.* =cat nap.
cat's-meat [kǽtsmìːt] *n.* ⓤ 《英》고양이의 먹이로 주는 고기[꼬챙이에 껜 말고기·고기 찌꺼기 따위]; 핫길 고기. *cf.* dog's meat
cat's-paw [kǽtspɔ̀ː] *n.* **1** 남의 도구로 이용되는 사람, 앞잡이(tool). **2** [활차(滑車)에 밧줄을 걸매의] 매듭의 일종. **3** [항해] 잔잔한 바람[비교적 좁은 범위의 수면에 잔물결을 일으킬 정도의 미풍], 그 바람이 미치는 해역(海域).
make a cat's-paw of a person 남을 앞잡이로 쓰다.
cat's-tail [kǽtstèil] *n.* =cattail.
cát·suit [kǽts(j)ùːt/-sùːt] *n.* 《英》 캣 수트[목에서 발까지 전신에 꼭 끼는, 바지가랑이가 있는 원피스].
cat·sup [kǽtsəp, kétʃəp] *n.* =ketchup.
cát's whísker *n.* =cat whisker.
cat·tail [kǽttèil], **cat's-tail** [kǽts-] *n.* **1** 부들 《英》reed mace). **2** =catkin.
cat·ta·lo [kǽtəlou] *n.* (*pl.* **-loes** *or* **-los**) 축우(畜牛) (cattle)와 미국들소(buffalo)와의 교배에 의하여 생긴 잡종.   [음.
cat·ti·ness [kǽtinis] *n.* ⓤ 고양이 같은 성미, 심술궂
cat·tish [kǽtiʃ] *adj.* **1** 고양이 같은; 소리를 내지 않는, 몰래 하는(catlike). **2** 심술궂은, 악의 있는 (spiteful). **~·ly** *adv.* **~·ness** *n.*
‡**cat·tle** [kǽtl] *n.* 《집합적》《복수 취급》**1** 소 류(類)의

반추 동물, 축우. ⇨ OX 類語. ¶ Are all the *cattle* in? 소는 다 넣었느냐. **2** 《드물게》 가축[말·돼지·양 따위](livestock). ⇨ FAMILY(Usage) **3** 들소, 물소. **4** 《속어》 말. **5** 《경멸적》 짐승같은 놈들, 개새끼들[사람에게 하는 말].
cáttle brèeding *n*. 목축[업].
cáttle dròver *n*. 소몰이꾼.
cáttle guárd(grìd) *n*. [목장 안의 소가 나가지 못하도록 도로상에 설치한] 금속 장애물 막대기.
cáttle lèader *n*. [소 따위를 끄는] 쇠코뚜레.
cat·tle-lift·er [kǽtllìftər] *n*. 《英》=cattlerustler.
cat·tle-lift·ing [kǽtllìftiŋ] *n*. 소(가축) 도둑질.
cat·tle·man [kǽtlmən, -mæ̀n] *n*. (*pl*. **-men** [-mən, -mèn]) **1** 소치는 사람[남자]. **2** [소] 목장 주인, 목우업자(牧牛業者).
cáttle pàss *n*. [특히 철도·도로 아래에 있는] 가축 통로.
cáttle pèn *n*. 외양간, 가축 우리.
cáttle pìece *n*. 소의 그림.
cáttle plàgue *n*. ⓤ 《獸醫》 우역(牛疫)(rinderpest).
cáttle rànch *n*. 《美》 소의 큰 목장.
cáttle rànge *n*. 《美》 소(가축) 방목지.
cáttle rùn *n*. 목장.
cat·tle-rus·tler [kǽtlrʌ̀slər] *n*. 《美》 소도둑.
cáttle shòw *n*. 축우 전시회(품평회).
cat·tle·ya [kǽtliə] *n*. 카틀레야[열대 아메리카산의 난초과의 식물].
cat·ty [kǽti] *adj*. (**-ti·er, -ti·est**) **1** 고양이 같은(cat-like). **2** 심술궂은, 악의있는(spiteful), 음흉한(malicious). ¶ a *catty* remark 악의있는 비평.
CATV 《略》 community antenna *tel*evision ([난시청지역의] 공동 안테나 텔레비전); *cable tel*evision (유선 텔레비전).
cat·walk [kǽtwɔ̀ːk] *n*. 비행기 안·교량 따위에 설치한] 좁은 통로[주위보다 높게 된 것이 많다].
cát whìsker *n*. 《무선》 광석 검파기(鑛石檢波器)의 광석에 접촉시키는 철사; 《전기》 반도체와의 접촉선.
Cau·ca·sia [kɔːkéiʒə / -ʒə, -ziə] *n*. =Caucasus **2**.
Cau·ca·sian [kɔːkéiʒən / -zjən, -ʒiən] *adj*. **1** 코카서스 사람의; 백색 인종의[유럽·북아프리카·동아시아·인도의 백색인에 가지다]. **2** 코카서스 산맥 지방의. **3** 코카서스 어족(語族)의[그 지방의 비(非)인도 유럽 어족 및 비(非)튀르크 어족]. — *n*. **1** 코카서스 사람(민). **2** 백색인. **3** 코카서스 제어(諸語).
Cau·ca·soid [kɔ́ːkəsɔ̀id] *n*. 《인류》 백색 인종, 코카소이드[유럽·북아프리카·인도 등지에 분포된 백색인 자손]. — *adj*. 코카소이드의, 백색 인종의.
***Cau·ca·sus** [kɔ́ːkəsəs] *n*. (종종 the ~) 코카서스 지방[흑해와 카스피해 사이에 있는 소련의 한 지방; 코카서스 산맥을 경계로 하여 유럽측 *Circassia* 와 아시아측 *Transcaucasia* 로 나뉜다].
cau·cus [kɔ́ːkəs] *n*. **1** 《美》 정당의 지방 대회[후보자를 지명하거나 대회자의 대표를 선출하거나 한다]; 정당 간부 회의. **2** 《英》 정당의 지방 위원회[정당의 활동을 규제한다]. — *vi*. 정당의 지방 대회[간부 회의, 지방 위원회]을 열다.
cau·dad [kɔ́ːdæd] *adv*. 《동물》 꼬리쪽으로.
cau·dal [kɔ́ːd(ə)l] *adj*. 《해부·동물》 꼬리의, 꼬리 부분의; 꼬리 모양의(taillike). **~·ly** [-dəli] *adv*.
cáudal fìn *n*. 꼬리지느러미.
cau·date [kɔ́ːdeit], (**cau·dat·ed** [-deitid]) *adj*. 《동물》 꼬리가 있는, 꼬리 모양의 부속 기관이 있는.
cau·dil·lo [kɔːdíːljou, -díːjou] *n*. (*pl*. **-los** [-z]) 《스페인어권의》 군사 지도자; 군사력을 좌우하는 정계 지도자.
cau·dle [kɔ́ːdl] *n*. 《환자용의》 미음죽, 자양(滋養) 음료(포도주 또는 맥주에 계란·빵·향료 따위를 섞은 것).
‡caught [kɔːt] *v*. catch 의 과거·과거 분사.

caul [kɔːl] *n*. **1** 대망막(大網膜)〔태아가 태어날 때 종종 머리에 쓰고 있는 양막(羊膜)의 일부〕. **2** 여성 두발의 뒤쪽에 붙어 있는 그물; 여성용 두발 모자. **3** 《폐어》 가발의 그물 모양으로 된 밑바탕.
caul·dron [kɔ́ːldrən] *n*. =caldron.
cau·les [kɔ́ːliːz] *n*. caulis 의 복수형.
cau·les·cent [kɔːlés(ə)nt] *adj*. 《식물》 [지상] 줄기가 있는, 유경(有莖)의.
***cau·li·flow·er** [kɔ́ːliflàuər / kɔ́l-] *n*. ⓒⓤ 콜리플라워, 꽃양배추; 《식용으로 하는》 콜리플라워의 머리 부분.
cáuliflòwer éar *n*. 《권투 선수 등의》 모양이 찌그러진 귀.
cau·line [kɔ́ːlain, +sæ -lin] *adj*. 《식물》 줄기의, 《특히》 줄기 윗부분의, 줄기에서 나오는.
cau·lis [kɔ́ːlis] *n*. (*pl*. **-les**) 《식물》 《특히 초본(草本)식물의》 줄기.
caulk, calk [kɔːk] *vt*. **1** 《배의 널판틈에》 뱃밥(oakum) 따위를 채워 물이 새지 않게 하다. **2** 《창문·탱크 따위》의 틈(균열)을 틀어막다. **3** 《금속판의 이음새》를 두드려서 단단히 죄다.
càulk óff 《속어》 낮잠자다, 자다.
caulk·er, calk·er [kɔ́ːkər] *n*. **1** 《배 따위에》 누수(漏水) 방지를 하는 사람. **2** 누수 방지 공구(工具).
caus. 《略》 causative.
caus·a·ble [kɔ́ːzəbl] *adj*. 야기될 수 있는, 일어나는.
caus·al [kɔ́ːz(ə)l] *adj*. **1** 원인의, 원인이 되는, **2** 인과 관계의. ¶ *causal* relation 인과 관계. **3** 《문법·논리》 원인을 나타내는. ¶ a *causal* conjunction 원인을 나타내는 접속사. **~·ly** [-zəli] *adv*.
cau·sal·gi·a [kɔːzǽldʒiə, -dʒə] *n*. ⓤ 작열통(灼熱痛) [대개는 팔에 타는 듯한 아픔을 느끼는 신경통의 일종].
cau·sal·i·ty [kɔːzǽləti] *n*. ⓤⓒ (*pl*. **-ties**) **1** 인과 관계, 인연. ¶ the law of *causality* 인과율(因果律), **2** 인과성(性).
cau·sa·tion [kɔːzéiʃ(ə)n] *n*. ⓤ **1** 인과 작용, 야기시키기, **2** 인과 관계(causality). **3** 원인, 기인(cause).
caus·a·tive [kɔ́ːzətiv] *adj*. **1** 원인이 되는, 야기시키는, ¶ an event *causative* of war 전쟁의 원인이 된 사건. **2** 《문법》 원인을 나타내는, 사역적인. ¶ a *causative* verb 사역 동사. — *n*. 《문법》 사역 동사 [cause, let, make 따위]. **~·ness** *n*.
caus·a·tive·ly *adv*. 《문법》 사역적으로.
‡cause[1] [kɔːz] *n*. **1** ⓤⓒ 원인(*opp*. effect); 원인이 되는 (것); 기인(起因). ¶ *cause* and effect 원인과 결과, 인과/analyze the *causes* of failure 실패의 원인을 분석하다 / The flood was the *cause* of much damage. 홍수 때문에 큰 손해가 났다 / A woman was the *cause* of his downfall. 그가 파멸한 것은 여자 때문이었다. **2** ⓤⓒ 이유(reason), 동기(motive), [행동의]근거; 지당한 (정당한) 이유, ⇨ REASON 類語 ¶ ascertain the real *cause* 진짜 원인을 확인하다/He gets angry without *cause*. 그는 이유도 없이 화를 낸다 // *cause* for a crime 범죄의 동기 / We have *cause* for joy. 우리에게는 기뻐할 까닭이 있다 // have *cause* to alter one's mind 기분을 바꾸어야 할 이유가 있다. **3** ⓤⓒ 《법률》 소송(사건); [소송]의 신청. ¶ the day (the hour) of *cause* 재판 날짜(시간) / plead one's own *cause* 소송 이유를 제출하다. **5** 논의의 주장; [사회적인] 운동, 주의, 주장; 대의(大義), 목적(object); [전체의] 이익, ¶ World peace is the *cause* he works for. 세계 평화야말로 그가 그 달성을 위하여 헌신하는 대의이다 //a heroic fighter for the *cause* of democracy 민주주의를 위한 영웅적인 투사/I'll labor in the *cause* of humanity. 나는 인류를 위하여 진력하겠다.

— **Usage** a cause, the cause ── '...의 주의·목적을 위하여,의 뜻으로는 정관사를 붙인 뒤에 동격의 of 를 취한다. 단, 형용사에 수식되어 단독으로 쓰이는 경우에는 부정 관사를 취하는 경우도 있다: fight for a great *cause* / work in a common *cause*. * 위의 예와 같이

the cause of 앞에 놓이는 전치사는 in 이나 for 가 보통. 단. serve, service, benefit 따위가 앞에 있는 경우에는 to 가 온다: serve to the *cause of* freedom.
6 〖철학〗 원인〖아리스토텔레스의 네 원인 중 현재는 주로 final causes (목적인(目的因))의 뜻으로 쓰이됨〗.
make common cause with (against) a person 남과 제휴(협력)하다(하지 않다).
— vt. **(caused, caus·ing) 1** …의 원인이 되다, …을 야기하다. ¶ What *caused* his ruin? 어째서 그는 파멸했느냐?/His ruin was *caused* by his faults. 그의 파멸은 그의 결점에 의한 것이었다 / His death was *caused* by cancer. 그의 죽음은 암이 원인이었다 / Speeding *causes* lots of accidents. 과속이 수많은 사고를 일으킨다. **2** …에게 …시키다. ¶ (～+图+to do) The rain *caused* the river *to* overflow. 비 때문에 강이 범람했다 / He *caused* me to lose my job. 그 사람 때문에 나는 일자리를 잃었다 / I *caused* it *to* be broken. 내가 그것을 망가뜨렸다 / What *causes* the apple *to* fall *to* the ground? 어째서 사과는 지면으로 떨어지는가?
＊ What *makes* the apple *fall* to the ground? 보다 문어적(文語的)이다.
◇ cáusal, cáusative *adj.*
cause², 'cause [kɔːz, kʌz, kəz] *conj.* 〖구어〗 = because.
cause-and-ef·fect [kɔ́ːzən(d)ifékt] *adj.* 인과 관계의.
cause cé·lè·bre [kóuz se(i)lébr(ə)] *n.* (*pl.* **causes célèbres** [kóuz se(i)lébr(ə)z]) 유명한 재판 사건. 〖<F celebrated case〗
cause·less [kɔ́ːzlis] *adj.* **1** 원인(이유)이 없는; 까닭없는(groundless). **2** 우연한. **~·ly** *adv.*
caus·er [kɔ́ːzər] *n.* **1** 원인이 되는 사람. **2** …시키는 사람(것).
cau·se·rie [kòuzərí: /─-─] *n.* **1** 한담(閑談), 만담, 잡담(chat). **2** 〖신문 문예란 등의〗수필, 만필(漫筆).
cause·way [kɔ́ːzwèi] *n.* **1** 〖낮은 지대·습지에 흙을 쌓아 만든〗 둑(제방)길. **2** 공도(公道), 한길(highway), 포장 도로(paved road). — *vt.* **1** 〖도로에〗 자갈을 깔다. **2** …에 둑길을 만들다.
cau·sey [kɔ́ːzi, 〖英〗 -zei] *n.* (*pl.* **-seys**) **1** 〖英방언〗 = causeway. **2** 〖고어〗 고대 로마의 주요 도로.
caus·tic [kɔ́ːstik] *adj.* **1** 가성(苛性)의, 부식성(腐蝕性)의(corrosive). ¶ *caustic* alkali 가성 알칼리. **2** 신랄한, 빈정대는(sarcastic). ¶ a *caustic* remark 혹평. — *n.* 〖U, C〗 **1** 부식제(劑). **2** 〖광학〗 = caustic curve, caustic surface. **-ti·cal·ly** [-tikəli] *adv.*
cáustic cúrve *n.* 〖광학〗 화선(火線).
caus·tic·i·ty [kɔːstísiti] *n.* 〖U〗 **1** 부식성, 가성도(苛性度). **2** 신랄〖함〗, 통렬〖함〗, 빈정댐.
cáustic sóda *n.* 〖화학〗 가성 소다, 수산화나트륨 (sodium hydroxide).
cáustic súrface *n.* 〖광학〗 화면(火面).
cau·ter·ant [kɔ́ːtərənt] 〖의학〗 *n.* 부식제; 부식기(器). — *adj.* 부식성의(caustic).
cau·ter·i·za·tion [kɔ̀ːtərizéi(ə)n / -rai-] *n.* 〖U〗 소작(燒灼), 부식; 뜸뜨기.
cau·ter·ize [kɔ́ːtəràiz] 〖英〗에서는 **cau·ter·ise**로도 쓴다) *vt.* **(-ized, -iz·ing) 1** …을 소작제(달군 쇠)로 태우다, …에 뜸을 뜨다. **2** 〖양심 따위를〗 마비시키다.
cau·ter·y [kɔ́ːtəri] *n.* (*pl.* **-ter·ies**) **1** 소작물. **2** 〖U〗 소작법(法); 소작. ¶ moxa *cautery* 뜸.
‡cau·tion [kɔ́ː(ə)n] *n.* **1** 〖U〗 조심, 경계, 신중(prudence, carefulness). ¶ with *caution* 조심하여, 신중하게 / You should use *caution* in crossing a busy street. 차의 통행이 많은 길을 건널 때는 조심해야 한다. **2** 〖U, C〗 경고(warning), 주의〖교통 신호의 주의도 caution 이라 한다〗. ¶ by way of *caution*; for *caution*'s sake 경고로서, 다짐하기 위해서/with a *caution* 훈계하여/give

a *caution* to one's friend 친구에게 주의를 주다. **3** 〖구어〗 별난 사람(것), 표한 놈(물건); 주의 인물. ¶ 〖美〗 〖스코 법률〗 보증, 담보. ¶ *caution* money 보증금〖특히 대학 입학 때의 신원 보증금〗. — *vt.* …에게 경고하다 (warn), 조심하게 하다, 주의를 주다. ⇒ WARN〖類語〗 ¶ (～+图+前+名) The public is *cautioned against* pickpockets. 여러분에서는 소매치기를 조심하십시오. // (～+图+前+名) (～+图+to do) He was *cautioned against* being late. =He was *cautioned* not *to* be late. 그는 늦지 않도록 주의를 받았다.
◇ cáutious, cáutionary *adj.*
cau·tion·ar·y [kɔ́ːʃ(ə)nèri / -nəri] *adj.* 경계의; 주의를 촉구하는, 경고의. ¶ *cautionary* advice 충고.
cáution mòney *n.* 〖英〗〖대학에 내는〗신원 보증금.
‡cau·tious [kɔ́ːʃəs] *adj.* 조심성 있는(prudent), 주의 깊은, 신중한. ⇒CAREFUL〖類語〗 ¶ a *cautious* person (manner) 조심성이 많은 사람(태도) // He is *cautious* not *to* tell secrets. 그는 조심성이 많아서 좀처럼 비밀을 누설하지 않는다 / Be *cautious* not *to* fall into the ditch. 도랑에 빠지지 않도록 조심해라 // I'll be *cautious* of giving offense. 나는 남을 성나게 하지 않도록 조심하겠다. **~·ness** *n.* ◇ cáution *n.*
*cáu·tious·ly [kɔ́ːʃəsli] *adv.* 조심스럽게, 신중히.
CAV (略) 〖전자공학〗 *c*onstant *a*ngular *v*elocity(광학식 비디오 디스크에서 각 트랙에 TV의 한 프레임분을 기록하는 방법). *cf.* CLV
cav. (略) *cav*alier, *cav*alry.
cav·al·cade [kæ̀v(ə)lkéid] *n.* **1** 기마 행렬, 마차의 행렬. **2** 행렬(procession).
*cav·a·lier [kæ̀vəlíər] *n.* **1** 말탄 무사(武士); 기사 (knight). **2** 기사도 정신을 가진 사람; 〖여성에게〗 시중드는 남자; 〖여성의〗춤 상대; 싹싹한 남자, 호남자(好男子)(gallant). **4** (C-)〖英사〗〖Charles 1세 시대의〗왕당원(王黨員). *cf.* Roundhead — *adj.* **1** 교만한, 건방진(haughty). **2** 대범한, 호방한, 소탈한(offhand). **3** (C-)〖英사〗왕당원의. — *vi.* **1** 여성에게 시중을 들다. **2** 거만(교만)하게 굴다.
◇ cavalíerly *adv.*, *adj.*
cav·a·lier·ly [kæ̀vəlíərli] *adv.* 기사처럼, 기사연하고; 교만하게(haughtily); 대범하게, 호방하게.
— *adj.* 기사 특유의; 거만한 (arrogant).
*cav·al·ry [kǽv(ə)lri] *n.* (*pl.* **-ries**) **1** 〖집합적〗〖보통 복수 취급〗〖군대〗 기병대, 〖장갑차를 쓰는〗기갑부대; 〖美〗〖기갑 부대 중의〗 정찰을 임무로 하는 일대(一隊). **2** heavy (light) *cavalry* 중(경)기병. **3** 〖집합적〗 말 탄 사람; 〖승마〗 승마. **3** 〖페어〗〖기사의〗 마술(馬術).
cav·al·ry·man [kǽv(ə)lrimən] *n.* (*pl.* **-men** [-mən]) 기병.
ca·vate [kéiveit] *adj.* **1** 바위를 뚫은, **2** 동굴이 된. ¶ the *cavate* cliff dwellings of the indians 절벽에 낸 인디언의 동굴 주거.
cav·a·ti·na [kæ̀vətíːnə] *n.* (*pl.* **-ne** [-nei])〖음악〗 카바티나〖짧은 서정적인 독창곡 또는 단순한 선율의 기악곡〗.〖<It〗
*cave¹ [keiv] *n.* **1** 〖특히 산허리의〗 굴, 동굴. ⇒ HOLE〖類語〗 **2** 〖특히〗 〖정당으로부터의〗 탈당; 탈당파. *cf.* Adullamite **4** 〖美속어〗 작고 창문 없는 사무소. — *v.* **(caved, cav·ing)** *vt.* **1** …을 굴로 만들다. **2** 파다 (hollow out). **2** 꺼지게 하다, 함몰시키다(…*in*). ¶ (～+图+前+名) He *caved* my hat *in*. 그는 내 모자를 움푹 눌러 놓았다. **3** …의 동굴을 탐험하다. — *vi.* **1** 움푹 들어가다(fall, sink) (*in*). **3** 〖구어〗 항복하다, 굴복하다(submit)(*in*). ¶ (～+前+名) Germany *caved in* due to lack of goods. 독일은 물자의 결핍으로 굴복했다.
cave² [kéivi] *interj.* 〖英학생속어〗 쉬! 〖선생이 온다〗; 조심해라 (Look out!). 〖L *beware*〗
ca·ve·at [kéiviæt] *n.* **1** 〖법률〗 〖소송 따위의〗 절차 정

지 신청; 예고 기재(豫告記載). **2** 경고, 주의. *file* (or *enter*, *put in*) *a caveat against* ① 〖법률〗…에 대하여 절차 정지를 신청하다; …의 예고 기재를 하다. ② …을 경고하다.
[< L let him beware]

cáveat émptor *n*. 매주(買主)의 위험 부담[사는 사람은 상환 청구권을 갖지 않으므로 불리한 계약을 하지 않도록 주의해야 한다는 경고].
[< L let the buyer aware)

ca·ve·a·tor [kéivièitər] *n*. **1** 〖법률〗 절차 정지 신청자; 예고 기재자. **2** 경고자(警告者).

cáve dwèller *n*. **1** 동굴 생활을 하는 사람; 〖유사 (有史) 이전의〗 혈거인(穴居人) (cave man). **2** 《美口語》 대도시에서 아파트 생활을 하는 사람.

cáve dwèlling *n*. ⓤ 혈거 생활.

cave-in [kéivìn] *n*. **1** 〖광산 따위의〗 함몰, 낙반, 붕괴(collapse). **2** 함몰 장소.

cáve màn *n*. **1** 〖석기 시대의〗 혈거인. **2** 《구어》 〖특히 여성에게〗 야만스럽게 행동하는 사람, 세련되지 못한 사람.

cav·en·dish [kǽvəndiʃ] *n*. ⓤ 남짝 담배[부드럽게 하여 향료를 넣고 판자처럼 압축하여 씹는 담배].
[< 제조자의 이름]

*__cav·ern__ [kǽvərn] *n*. **1** 《修辭》〖특히 큰〗굴, 동굴. ⇨ HOLE 類語 **2** 〖병리〗〖특히 결핵에 의한 폐의〗 공동(空洞). — *vt*. **1** …을 동굴 속 따위에 가두다. **2** …에 굴을 파다. ◊ cávernous *adj*.

cav·erned [kǽvərnd] *adj*. 동굴로 된.

cav·ern·ous [kǽvərnəs] *adj*. **1** 굴이 있는(많은); 굴 같은. **2** 〖눈·뺨 따위가〗 움푹 들어간. *cavernous eyes* (*cheeks*) 움푹 들어간 눈(뺨). **3** 〖마치 동굴에서 나오듯이〗 울리는, 공동음(空洞音)의. ¶ *a cavernous voice* 깊게 울리는 목소리. **4** 작은 구멍이 많은, 틈투성이의. **~·ly** *adv*.

cav·son [kǽvisən] *n*. 코을레〖사나운 낱말 실들이기 위하여 코에 씌우는 강인한 끈〗.

cav·i·ar, -are [kǽviɑːr, ˌ-ˈ-] *n*. ⓤ 캐비어〖철갑상어(sturgeon)의 알을 소금에 절인 것, 전채(前菜)로 먹는 진미〗.

caviar[*e*] *to the general* 너무 고상하여 속인으로서는 그 가치를 모를 일품 [← Shakespeare 작 *Hamlet* 2 : 2].

cav·il [kǽv(i)l, -vil] *v*. (**-iled, -il·ing**; 《英》 **-illed, -il·ling**) *vi*. 〖하찮은 일에〗 이론(異論)을 제기하다, 트집잡다, 쓸데없이 흠잡다(*at, about, with*…). ¶ *I have not the smallest intention of caviling about it.* 그 일에 트집을 잡으려는 생각은 조금도 없다. — *vt*. …의 트집을 잡다, 쓸데없이 흠을 들춰 내다. — *n*. ⓤⓒ 시시한 책망, 쓸데없는 반대.

cav·il·er, 《英》 **-il·ler** [kǽv(i)lər] *n*. 〖시시한 일에〗 책망하는 사람, 트집장이, 흠잡는 사람.

cav·ing [kéiviŋ] *n*. ⓤ **1** 동굴 탐험, 케이빙. **2** 함몰.

cav·i·ta·tion [kævitéiʃən] *n*. ⓤ 캐비테이션, 공동(空洞) 현상〖프로펠러의 뒤 따위에 생기는 진공부(眞空部). 종종 프로펠러·펌프 따위의 중대한 파손의 원인이 된다〗.

*__cav·i·ty__ [kǽviti] *n*. (*pl*. **-ties**) **1** 움푹 팬 곳(hollow-place), 구멍. ⇨ HOLE 類語 **2** 〖해부〗 강(腔) 〖체내의 기관 따위의 빈 곳〗. ¶ *the abdominal (oral, the nasal) cavity* 복(구, 비)강. **3** 충치의 구멍.

cávity wàll *n*. 〖건축〗 이중벽〖내부의 중공층(中空層) 때문에 단열 효과가 높다〗.

ca·vort [kəvɔ́ːrt] *vi*. 《美구어·英古어》 〖말이〗뛰어다니다 (prance); 〖사람이〗 뛰어다니다, 장난치며 돌아다니다, 흥청대다. 〖계 (戒觀) 양호.

CAVU (略) 〖항공〗 *c*eiling *a*nd *v*isibility *u*nlimited (요).

ca·vy [kéivi] *n*. (*pl*. **-vies**) 〖남미산의 꼬리가 짧은〗 천축서(天竺鼠) 〖축양종(畜養種)의 guinea pig 도 포함〗.

caw [kɔː] *n*. 까악까악; 까마귀의 울음 소리. — *vi*. 〖까마귀가〗 까악까악 울다.

Cax·ton [kǽkst(ə)n] *n*. **1** 〖출판〗 캑스턴 판(版) [Caxton이 인쇄한 서적; 사용 활자는 모두 획이 굵은 활자]. **2** ⓤ〖인쇄〗 캑스턴 활자 [Caxton이 사용한 활자에서 유래한 말]. [< 영국 최초의 인쇄업자 William Caxton(1422 ? ~91)의 이름]

cay [kei, kiː] *n*. 작은 섬(islet); 암초, 산호초(key).

cay·enne [káien, kei-/kéi-], (**cáyenne pépper**) *n*. 고추〖French Guiana의 도시 Cayenne에서 유래한 말〗.

cay·man [kéimən] *n*. (*pl*. **-mans** [-mənz]) = caiman.

Ca·yu·ga [kei(j)úːɡə, kai-/kiúː, kjúː] *n*. (*pl*. **-gas** or **-ga**) 카유가족(族)〖북미 인디언의 한 종족으로 Iroquois Confederacy 중 제일 작은 종족〗.

cay·use [kái(j)uːs, ˈ-ˈ] *n*. (*pl*. **-us·es**)《美서부》 **1** 인디언이 부리는 튼튼한 조랑말(Indian pony); 〖일반적으로〗 말. **2** (C-) (*pl*. **-us·es** or **-use**) 카이유스족의 사람〖Oregon주 동부의 인디언〗; ⓤ 카이유스족의 말.

Cb (略) 〖화학〗 *c*olum*b*ium. * 현재는 niobium이라고 한다.

CB (略) 〖군대〗 *c*onfined to *b*arracks (외출 금지); *c*hemical and *b*iological (생물 화학〖무기〗의), *c*onvertible *b*ond (해외 전환 사채).

C.B. (略) 〖라틴〗 *C*hirurgiae *B*accalaureus (= Bachelor of Surgery 외과의(外科醫) 학사; 《英》*C*ompanion of the *B*ath 〖제3급(최하위)〗 바드 훈위자(動位者)).

CBC (略) *C*anadian *B*roadcasting *C*orporation (캐나다 방송 협회); *c*omplete *b*lood *c*ount (혈산(血算)).

CBD (略) *c*ash *b*efore *d*elivery (대금 선불); *c*entral *b*usiness *d*istrict (중심 업무 지구).

C.B.E. (略) *C*ommander [of the Order] of the *B*ritish *E*mpire (영국 훈장 상급 훈사(動士)).

CBer [síːbíːər] *n*.《美구어》시민대(市民帶) 라디오의 소유자(교신자), 시민 라디오 팬

CBG (略) *C*arrier *B*attle *G*roup (항공 모함 전투군).

CBI (略) *C*omputer *B*ased *I*nstruction (컴퓨터 원용(援用) 학습 지도); *C*aribbean *B*asin *I*nitiative (카리브 지역 개발 촉진 계획).

C.B.I. (略)《英》*C*onfederation of *B*ritish *I*ndustry.

CBL (略) *c*omputer-*b*ased *l*earning (컴퓨터 원용(援用) 학습).

CBMS (略) *C*omputer-*b*ased *m*essaging *s*ystem (컴퓨터에 의한 정보 전달 시스템).

CBO (略) *C*ongressional *B*udget *O*ffice (연방 의회 예산 사무국); *C*ommunity *B*ased *O*rganization (지역 활동 시민 단체); *c*ancel *b*ack *o*rder.

C-bomb [síːbɑm/-bɔm] *n*. 코발트 폭탄.

CBR (略) *c*hemical, *b*iological and *r*adiological (화학·생물·방사능의). ¶ *CBR* warfare 화생방전.

CB radio (略) 〖통신〗 *C*itizen's *B*and *R*adio (시민대) 라디오). *cf*. Citizen's Band.

CBS (略)《美》*C*olumbia *B*roadcasting *S*ystem.

CBU (略) *c*luster (or *c*anister) *b*omb *u*nit (산탄형 폭탄).

CBW (略) *c*hemical and *b*iological *w*arfare (생물 화학전).

cc. (略) *c*hapters.

cc., c.c. (略) *c*ubic *c*entimeter; *c*arbon *c*opy.

C.C., c.c. (略) *c*arbon *c*opy; *c*ash *c*redit; *c*ashier's *c*heck; *c*hief *c*lerk; *c*ircuit *c*ourt; *c*ity *c*ouncil; *c*ity *c*ouncilor; *c*ivil *c*ode; *c*ivil *c*ourt; *c*ommon *c*ouncilman;《프랑스》*c*ompte *c*ourant (= current account); *c*onsular *c*lerk; *c*ontra *c*redit; *c*ounty *c*lub; *c*ounty *c*lerk; *c*ounty *c*ommissioner; *c*ounty *c*ouncil; *c*ounty *c*ourt; *c*ricket *c*lub.

CCA (略) *c*ar *c*argo ([승용차와 화물을 싣는] 자동차 운반선).

C.C.A. (略) *C*ircuit *C*ourt of *A*ppeals (순회 항소원), *C*hief *C*lerk of the *A*dmiralty.

CCC (略)《美》*C*ivilian *C*onservation *C*orps (민간 식

림 치수단(植林治水團)); Commodity Credit Corporation(미국 상품 금융 공사).
C.C.C. 《英》 Corpus Christi College [Cambridge 대학의 한 학료(學寮)].
CCCP 《éséséstár》 (略) 《러시아》 *Soyuz Sovetskikh Sotsialisticheskikh Respublik*(=The Union of Soviet Socialist Republics) (구 소비에트 사회주의 공화국 연방) [러시아어의 C는 S, P는 R. *cf.* USSR.] (부).
CCD (略) Civil Censorship Department (민간 검열서. [〈Confraternity of Christian Doctrine〉)
CCD Bible n. 로마 가톨릭 20세기 개정 신·구약 성서.
C.C.F. (略) 《英》 Combined Cadet Force(연합 장교 양성 부대).
CCI (略) Chamber of Commerce and Industry(상공회의소); Civil Communication Intelligence.
C-CLAW [sí:klɔ̀:] *n.* close-combat *l*aser *a*ssault *w*eapon (근접 전투용 레이저 공격 병기).
C clef [음악] 다 음자리표. *cf.* clef
CCMS (略) 〖우주 공학〗 *c*heckout, *c*ontrol and *m*onitor *s*ubsystem (점검·초읽기·발사 관계 시스템).
C.C.P. (略) 〖법률〗 Code of Civil Procedure (민사 소송법); Court of Common Pleas (민사 법원).
CCS (略) 〖통신〗 *c*entral *c*ontrol *s*tation.
CCTV (略) *c*losed-*c*ircuit *t*ele*v*ision.
CCV (略) 〖항공〗 *c*ontrol-*c*onfigured *v*ehicle (형태 변환 항공기).
CCW (略) 《美》 *c*arrying a *c*oncealed *w*eapon(은닉 흉기 소지); (소문자 ccw 로) *c*ounter*c*lock*w*ise.
Cd 〖화학〗 cadmium 의 원자 기호.
cd., cds. (略) cord, cords.
c.d., c. div. (略) *c*um *d*ividend.
C.D. (略) *C*ivil *D*efense; *C*ontagious *D*iseases (전염병); *c*ertificate of *d*eposit (양도 가능 정기 예금 증서); *c*ash *d*ispenser (현금 자동 지불기); *c*ompact *d*isc.
c/d 〖簿記〗 *c*arried *d*own(이월).
CDC (略) *C*enter for *D*isease *C*ontrol([미국 공중 위생국] 전염병 예방 본부).
CDE (略) *C*onference of *D*isarmament in *E*urope(유럽 군축 회의).
CD-I (略) *c*ompact *d*isc *i*nteractive(대화형 CD).
CDMA (略) 〖통신〗 *c*ode *d*ivision *m*ultiple *a*ccess(코드(부호) 분할 다중 접속).
CDN (略) 〖국제 자동차 식별 기호〗 Canada.
CD plàyer *n.* 콤팩트 디스크 플레이어.
CD-ROM [sídiːrɑ̀m] (略) *c*ompact *d*isc-*r*ead-*o*nly *m*emory(CD 롬).
cdr, CDR, Cdr. (略) *C*ommander.
CDS (略) 〖우주 공학〗 *c*entral *d*ata *s*ystem.
Ce 〖화학〗 cerium 의 원자 기호.
-ce *suf.* 추상 명사 어미. 예: diligen*ce*, intelligen*ce*.
C.E. (略) *C*hief *E*ngineer; *C*hurch of *E*ngland (영국 국교회); *C*ivil *E*ngineer; *C*orps of *E*ngineers (기사단(技師團)); *C*ouncil of *E*urope (유럽 회의).
CEA 《美》 *C*ommodity *E*xchange *A*uthority; *C*ouncil of *E*conomic *A*dvisers ([미국 대통령] 경제 자문 위원회); *C*ounty *E*ducation *A*uthority.
ce·a·no·thus [sìːənóuθəs] *n.* [북미산] 털갈매나무속의 식물.
‡**cease** [siːs] *v.* (**ceased, ceas·ing**) (*opp.* begin) *vi.* **1** 그만두다, 중지되다. ⇨ 〖STOP 語誌〗, BEGIN 〖Usage²〗 ¶ The publication of the magazine *ceased* with the May number. 그 잡지는 5월호로 폐간되었다 // (~＋前＋图) *cease* from strife 싸움을 그만두다. **2** 그치다, 끝나다. ¶ The rain has *ceased*. 비가 그쳤다 / His influence *ceased* with his death. 그의 권세는 그의 죽음과 함께 없어졌다. — *vt.* …을 그만두다, 끝내다. ¶ *cease* work 일을 그만두다 // (~＋-ing) It has *ceased* raining. 비가 그쳤다 // (~＋to do) It *ceased* to be new. 그것은 이미 새것이 아니었다 / He has never *ceased* to be regretful.

그는 아직도 유감스럽게 생각하고 있다.
— **Usage** cease 가 동명사나 to 부정사와 함께 쓰일 때는 딱딱한 문어적 표현이 되므로 흔히 stop 쪽이 많이 쓰인다.
Cease fire ! 〖군대〗 사격 중지 ! [구령].
— *n.* ⓤ 중지, 중절(中絶) (ceasing). ＊지금은 다음 숙어 이외에는 거의 쓰이지 않는다.
without cease 끊임없이, 그칠 사이 없이. ¶ Space extends *without cease* in all directions. 우주는 모든 방향으로 끊임없이 퍼져나가고 있다.
◇ cessátion *n.*
cease-fire [síːsfáiər] *n.* 휴전 〖명령〗.
*****cease·less** [síːslis] *adj.* 끊임없는 (continual, incessant); 끝이 없는. ¶ *ceaseless* rain 간단없이 내리는 비.
~·ly *adv.*
ceas·ing [síːsiŋ] *n.* ⓤ 중지, 중절(中絶). ¶ without *ceasing* 끊임없이.
CEC (略) *C*ommodity *E*xchange *C*ommission.
ce·ci·ty [síːsiti] *n.* (비유적) =blindness.
Ce·cró·pi·a mòth (sikróupiə-] *n.* [북미산의] 산누에나방.
Ce·crops [síːkrɑps / -krɔps] *n.* 〖그리스 신화〗 케크롭스 [앗티카(Attica)의 창설자이며 초대 왕].
ce·cum, cae- [síːkəm] *n.* (*pl.* **-ca** [-kə]) [해부·동물] 맹장(盲腸).
CED (略) 《美》 *C*ommittee for *E*conomic *D*evelopment(경제 개발 위원회).
*****ce·dar** [síːdər] *n.* **1** 서양삼나무[송백류(松柏類)의 나무]; 히말라야삼나무 (Himalayan cedar); 레바논삼나무(cedar of Lebanon); 삼나무 비슷한 각종 나무; ⓤ 삼나무 재목, 시더 재목. **2** 《英어로》 연필.
◇ cédarn *adj.* (〈Gk)
ce·darn [síːdərn] *adj.* 〖詩〗 **1** 삼나무의. **2** 삼나무로 만든.
cédar wáxwìng *n.* 《美》 여새 [북아메리카산의 작은 새].
cede [siːd] *vt.* (**ced·ed, ced·ing**) **1** (권리·영토 따위) 를 양도[surrender] 하다. ¶ (~＋前＋图) *cede* territory *to* …에 영토를 할양(割讓)하다. **2** …을 양보하다; (토론에서) …을 인정하다, 받아들이다.
ce·di [síːdi] *n.* (*pl.* **-dis**) 가나의 화폐 단위.
ce·dil·la [sidílə] *n.* c의 밑에 붙이는 기호 [ˌ] [a,o,u 앞의 c 가 [s]음임을 나타낸다. 예: façade [fəsɑ́ːd]].
cee [siː] *n.* C 의 글자, C 자형.
CEEB (略) 《美》 *C*ollege *E*ntrance *E*xamination *B*oard(대학 입학 시험 위원회).
cée sprìng *n.* =C spring.
cei·ba [séibə] *n.* **1** 〖식물〗 케이폭 나무. **2** 케이폭(kapok) 나무의 솜털.
ceil [siːl] *vt.* **1** [판자·회반죽으로] [건물]의 천장을 대다. **2** [배]의 내부에 판자를 대다.
*****ceil·ing** [síːliŋ] *n.* **1** 천장[널]. **2** [배의] 내부 판자(planking). **3** [가격·임금 따위의] 최고 한도(top limit). *opp.* floor ¶ a *ceiling* on wages(prices) 임금(물가)의 최고치. **4** (항공) [지상의 것을 분간할 수 있는] 가시(可視) 최고 한도; 상승 한도. **5** [기상] 운고(雲高)[지상에서 구름의 최하부까지의 높이].
hit the ceiling ① [값 따위] 가 대단히 높아지다, 최고에 달하다. ②《美어로》 불통을 터뜨리다, 발끈하다.
céiling lìght *n.* 천장등 (삼각 측량에 의하여 운 저고도(雲底高度)를 재는 탐조등].
céiling sỳstem *n.* 실링 방식 [개발 도상국에 대한 관세를 특별히 낮추어서 그 최혜국 방식의 한 가지].
ceil·om·e·ter [siːlɑ́mitər / -lɔ́m-] *n.* 운고계(雲高計).
cel·a·don [séləd`ɑn, -dn / -d`ɔn] *n.* ⓤ 회 (담)녹색(pale green), 회 (담) 청색(pale blue); 청자(중국산(産))의 회록색 채색 자기(彩色磁器).
cel·an·dine [séləndàin] *n.* **1** (=gréater célandine) 애기똥풀 [양귀비과의 식물]. **2** (=lésser célandine) 미나리아재비의 일종.

cel·a·nese [séləníːz/ ˊ-ˊ-] n. ⓤ 셀러니즈[아세테이트 인견사·직물]; (C-) 그 상표명.
[<CEL[LULOSE]+A[CETATE]+N+-ESE²]
-cele¹ tumor 의 뜻의 연결형. 예: gastro*cele*, varico*cele*.
-cele² ⇨ -COELE.
ce·leb [səléb] n. 《속어》 유명인, 명사.
[<celebrity 의 단축형]
Cel·e·bes [séləbìːz/selíːbiːz] n. 셀레베스[인도네시아 공화국의 한 섬].
cel·e·brant [sélibrənt] n. **1** [미사·성찬식의] 사제 (司祭). **2** [제전·의식 따위의] 참석자. **3** 찬양자, 칭찬하는 사람.
‡**cel·e·brate** [séləbrèit] v. (-brat·ed, -brat·ing) vt. **1** 〔의식·제전 따위〕를 거행하다; 〔식·축전을 베풀어〕 …을 기념하다(commemorate). ¶ *celebrate* a victory 전승(戰勝)을 축하하다 / *celebrate* a festival 제전을 거행하다. **2** …을 널리 알리다, 공포하다(proclaim). **3** …을 〔극구〕 칭찬하다〔laud), 찬양하다(extol). ¶ (~+몸+前+名) People *celebrated* him for his glorious victory. 사람들은 그의 영광스러운 승리를 찬양했다. — vi. **1** 기념일[파뤼]을 축하하다, 축전을 베풀어 기념하다. **2** 〔사제가〕 의식을 거행하다. **3** 《英구어》 마음껏 술배를 들다. **4** 흥겹게 마시다, 흥청거리다. ¶ I *celebrate* rather riotously 다소 떠들썩하게 축하하다. ◇ celebrátion n.
‡**cel·e·brat·ed** [séləbrèitid] adj. 유명한, 저명한, 이름 높은. ¶ FAMOUS 類語 ¶ He was *celebrated* for his many novels. 그는 많은 소설을 쓴 것으로 유명했다 / He is *celebrated* for his courage. 그는 용기가 있는 것으로 유명하다.
‡**cel·e·bra·tion** [sèlibréiʃ(ə)n] n. **1** ⓤ 축하. ¶ in *celebration* of …을 축하하여. **2** 식, 축전, 제전; 의식, 성찬식[의 거행]. **3** ⓤⓒ 칭찬, 찬양; (∼s) 찬사. ◇ célebrate v. 「의식 집행자(참석자).」
cel·e·bra·tor [séləbrèitər] n. 축하하는 사람; 찬양자;
*****ce·leb·ri·ty** [siləbriti] n. (pl. -ties) **1** 고명(高名)한 사람, 유명 인사, 명사. **2** ⓤ 지명(知名), 명성(fame), 고명(renown). ¶ a man of *celebrity* 지명 인사.
ce·ler·i·ty [siléːriti] n. ⓤ 신속, 민속(swiftness), 속력(speed). ¶ with astonishing *celerity* 굉장한 속력으로.
*****cel·er·y** [séləri] n. ⓤ 셀러리, 화란미나리.
ce·les·ta [siléstə] n. 첼레스타〔피아노 비슷한 건반 악기〕.
ce·leste [silést] n. **1** ⓤ 하늘빛 (blue sky). **2** 《음악》 첼레스트 〔오르간의 음전(音栓)〕 (organ stop, voix celeste); 피아노의 왼쪽 약음(弱音) 페달.
*****ce·les·tial** [siléstʃəl /-tjəl] adj. **1** 하늘의, 천상계(天上界)의, 천국의(heavenly) (opp. terrestrial); 거룩한, 신성한(divine); 지상의 것으로는 생각할 수 없을 만큼 아름다운(완벽한). ¶ *celestial* bliss 천상의 지복(至福). **2** 하늘의, 천공(天空)의, opp. earthly ¶ a *celestial* body 천체. **3** 비행의. ¶ a *celestial* fix 비행 위치. **4** (C-) 〔옛날〕 중국(인)의. ⇨ CELESTIAL EMPIRE — n. **1** (C-) 천인(天人). **2** (C-) 《고어·익살》 중국인 (Chinese). ~ly [-əli] adv.
celéstial bódy n. 천체 (天體).
Celéstial Cíty n. (the ∼) 천도(天都) 예루살렘 [Bunyan 작의 Pilgrim's Progress 〔천로역정(天路歷程)〕의 주인공 Christian 의 여행 목적지].
Celéstial Émpire n. (the ∼) 〔청조 (清朝)〕까지 계속된〕 역대 왕조의 중국〔천조 (天朝)의 번역〕. ＊ Chinese Empire 라고도 한다.
celéstial equátor n. 〔천문·항해〕 천구(天球)의 적도 〔지축(地軸)과 수직으로 교차하는 면을 가진 천구의 큰 원〕.
celéstial glóbe n. 천구의 (天球儀).
celéstial mechánics n. pl. 〔단·복수 양용〕 천체역학(力學). cf. gravitational astronomy
celéstial navigátion n. 천측(천체 관측) 항법(航法).

celéstial sphére n. 천구(天球) 〔관측자를 중심으로 로 하여 그린 반경 무한대의 구〕.
ce·li·ac [síːliæk] adj. =coeliac.
cel·i·ba·cy [séləbəsi] n. ⓤ 독신〔상태, 생활〕. **2** 〔신부·승려의 서약에 의한〕 독신 〔생활〕. **3** 금욕〔생활〕.
cel·i·ba·tar·i·an [sèlibətɛ́(:)riən/-tɛ́ər-] adj. 독신의, 독신주의의(celibate).
cel·i·bate [sélibit, +美 -bèit] n. **1** 〔특히 종교적 이유에 의한〕 독신자, 독신주의자. **2** 금욕하고 있는 사람. — adj. 독신의(single). **2** 금욕하고 있는; 독신의 서약을 한, 독신주의의.
‡**cell** [sel] n. **1** 〔수도원·형무소 따위의〕 작은 방, 감방, 밀실, 암자; 《詩》 오두막집(cottage); 《詩》 묘지. ¶ a condemned *cell* 《英》 사형수 독방. **2** 〔작게 구분된〕 방, 〔벌집의〕 봉방(蜂房). **3** 정치·사회·종교 단체의 조직, 세포. 〔조직 내의〕 공동부(空洞部). **5** 〔곤충〕 〔시맥(翅脈)으로 나누어져 있는〕 시실(翅室). **6** 〔胎生〕 자실(子室). **7** 〔식물〕 꽃가루방. **8** 〔전기〕 〔단일 구성의〕 전지. ＊ cell 이 모인 것이 battery. **9** 〔물리·화학〕 전해조(電解槽). **10** 〔항공〕 날개 구조 〔생엽 비행기의 날개의 구조〕; 〔기구·비행선의〕 가스 주머니. ◇ céllular, céllulose adj.
cel·la [sélə] n. (pl. -lae [-liː]) 〔건축〕 고대 그리스 로마 사원의 성상(聖像) 안치소, 신전 (神殿).
‡**cel·lar** [sélər] n. **1** 〔식량·연료·포도주 따위의〕 지하 저장실. **2** 지하실, 저장 포도주, 오래된 술. ¶ keep a good *cellar* 《英》 포도주의 저장이 많다. **4** (the ∼) 〔스포츠〕 〔리그전 따위의 순위의〕 최하위, 꼴찌. — vt. …을 지하실에 저장하다.
cel·lar·age [séləridʒ] n. ⓤ **1** 〔집합적〕 지하 저장실(cellars). **2** 지하 저장 면적(cellar space). **3** 지하 저장 보관료, 지하실 사용료.
cel·lar·er [sélərər] n. 수도원 따위에서의 의식주(衣食住) 보면 〔담당〕자. 「탄, 반송.」
cel·lar·et [sèlərét], (**cel·lar·ette**) n. 〔식당의〕 술병 선
cel·lar·man [sélərmæn] n. (pl. -men [-mèn]) 《英》 술집의 지하 드렁일꾼.
céll blóck n. 〔교도소의〕 독방동(棟).
céll division n. 〔생물〕 세포 분열.
cel·list [tʃélist], (**'cel·list**) n. 첼로 주자(奏者), 첼로 연주가.
céll mémbrane n. 〔생물〕 세포막.
*****cel·lo** [tʃélou], (**'cel·lo**) n. (pl. -los) 첼로 〔저음 현악기〕. [<It. violoncello 의 단축형]
cel·lo·phane [séləfèin] n. ⓤ 셀로판. — adj. 셀로판의, 셀로판 같은.
cel·lu·lar [séljulər] adj. **1** 세포의, 세포 모양의, 세포질의, 세포로 된. **2** 구획식의, 〔벌집 따위〕 작은 방으로 된; 투명한, 비쳐 보이는. ¶ a *cellular* double bottom 〔배의〕 구획식 이중 바닥 / a *cellular* radiator 벌집식 방열기(放熱器). ~ly adv.
céllular enginéering n. 〔의학〕 세포 공학 〔피부 이식 따위〕.
cel·lu·lar·i·ty [sèljulériti] n. ⓤ 세포질(성).
cel·lu·la·rized [séljulərāizd] adj. 세포분화된; 소구획으로 나누어진.
céllular phóne n. 휴대폰, 카폰, 휴대용 전화기 (mobile phone).
cel·lu·lase [séljulèis] n. ⓤ 〔화학〕 셀룰라제 〔셀룰로스(섬유)를 분해하여 포도당으로 만드는 효소〕.
cel·lu·late [séljulèit] vt. (-lat·ed, -lat·ing) …을 세포질로 만들다, 세포 조직으로 하다; …을 구획화하다. — adj. 세포의.
cel·lu·lat·ed [séljulèitid] adj. 세포 모양의, 세포 조직.
cel·lu·la·tion [sèljuléiʃ(ə)n] n. ⓤ 세포 형성, 세포 조직. 「실, 소강(小腔).」
cel·lule [séljuːl] n. 〔생물〕 작은 세포; 〔해부〕 소
cel·lu·li·tis [sèljuláitis] n. 〔병리〕 봉와 조직염(蜂窩組織炎), 소포염(小胞炎).

*cel·lu·loid [séljulɔ̀id] n. ⓤ《美》1《상표명》셀룰로이드. 2 영화용 필름; 영화.
*cel·lu·lose¹ [séljulòus] n. ⓤ《화학》셀룰로스, 섬유소(纖維素).
cel·lu·lose² [séljulòus] adj. 작은 구멍이 많은.
céllulose nítrate n. ⓤ《화학》니트로셀룰로스, 질산(窒酸) 섬유소.
cel·lu·lous [séljuləs] adj. 세포가 많은, 세포로 이루어진.
céll wàll n.《생물》(특히 식물 세포의) 세포막, 세포벽.
Cel·o·tex [sélətèks] n.《상표명》셀로텍스[단열 방음재].
Cels.《略》Celsius.
Cel·sius [sélsiəs, +美 -ʃəs] adj. =centigrade 2
Célsius thermómeter n. 섭씨 온도계, 백분도(百分度) 온도계. cf. Fahrenheit, Réaumur (<이 눈금을 창안한 스웨덴 천문학자 Anders Celsius(1701-44))
celt [selt] n.《考古》〔유사 이전의 인간이 사용했던〕(청동) 도끼.
*Celt [selt, kelt], (Kelt [kelt]) n. 켈트인〔현재는 Irish, Gaels, Welsh, Bretons가 이에 속하는 주요한 인종〕. Celt.《略》Celtic.
*Celt·ic [séltik, kél-], Kelt·ic [kéltik] n. ⓤ 켈트어(語)〔인도 유럽 어족의 한 어파로서 Irish, Scots Gaelic, Welsh, Breton의 여러 언어를 포함〕. — adj. 켈트인(어)의.
Céltic cróss n. 켈트 십자가〔라틴 십자가(일반 십자가)의 중심에 링이 있다〕.
Celt·i·cism [séltisìz(ə)m, kél-] n. ⓤⓒ 켈트풍(風); 켈트인 기질; 켈트어풍(어법).
Celto- Celtic 이라는 뜻의 연결형. 예: Celto-Teutonic.
Celt·ol·o·gist [seltɑ́lədʒist, kel- / -tɔ́l-] n. 켈트학자, 켈트어(민족) 학자.
cel·tuce [séltəs] n. ⓤ 셀터스〔셀러리(celery)와 상치(lettuce)의 맛을 지닌 야채〕.
cem·ba·lo [tʃémbəlòu, tʃém-] n. (pl. -li [-lìː] or -los) =harpsichord. 2 =dulcimer.
‡ce·ment [simént] n. ⓤ 1 시멘트. 2 접합제; 경화재(硬化材)〔치아의 공동(空洞)을 메우는 치과용 시멘트·도자기를 접합하는 재료 따위〕. 3《비유적》잇는 것, 합치시키는 것, 유대(紐帶). ¶ Time is the cement of friendship. 시간은 우정을 굳게 한다. 4《야금》(삼탄 (滲炭)용으로 쓰이는) 숯가루. ⇨ CEMENTATION 2. 5 〔해부〕〔치아의〕 시멘트질. 6《암석》〔쇄설물(碎屑物)의〕결석(石結). — vt. 1 을 시멘트로 접합하다(굳히다); ...을 굳게 결합시키다. 2 ...에 시멘트를 바르다. — vi. 접합하다. ◇ cementation n.
ce·men·ta·tion [sìːmentéiʃ(ə)n, +美 -mən-] n. ⓤ 1 시멘트 접합(바르기); 접합, 결합, 교착(膠着). 2 《야금》시멘테이션, 〔특히〕삼탄(滲炭)〔쇠를 숯가루 속에서 가열하여 표면은 단탄하고 내부는 연한 강철을 만드는 조작〕.
ce·ment·er [siméntər] n. 접합(결합), 교착)하는 사람
ce·ment·ite [siméntait] n.《금속》시멘타이트〔고온에서 강(鋼) 속에 생기는 탄화철〕.
cemént míxer n. 시멘트(콘크리트) 믹서.
‡cem·e·ter·y [sémitèri / -tri] n. (pl. -ter·ies) 〔특히 교회에 부속되지 않은〕묘지, 매장지(graveyard), 공동 묘지. cf. churchyard
cen.《略》central; century.
Cen. Am.《略》Central America.
-cene recent, new 의 뜻의 연결형. 예: pleisto cene.
ceno-¹ recent, new 의 뜻의 연결형. 예: Cenozoic.
ceno-², coeno- common 의 뜻의 연결형. 예: cenobite, coenobite.
cen·o·bite, coe·no- [séno(u)bàit / síː-] n. [수도원에서] 공동 생활하는] 수도사, cf. anchorite
cen·o·bit·ic, coe·no- [sìːno(u)bítik, +美 séno(u)-], -i·cal [-ik(ə)l] adj. 수도사의, 수도원의.
cen·o·bit·ism [síːno(u)bìtiz(ə)m, +美 séno-] n. ⓤ [수도원에서의] 공동 생활[제도]; 수도사 생활.
cen·o·gen·e·sis, coe·no- [sìːno(u)dʒénisis, +美 sèno(u)-] n. ⓤ《생물》변형 발생, 신발생〔계통 발생을 반복하지 않는 개체 발생〕. opp. palingenesis
cen·o·ge·net·ic, coe·no- [sìːno(u)dʒənétik, +美 sèno(u)-] adj. 변형 발생의, 신발생의. -i·cal·ly [-ikəli] adv.
cen·o·taph [séno(u)tæ̀f / -tɑ̀ːf] n. 1 기념비. 2 (the C-) 〔런던의 Whitehall 거리에 있는〕 제1차·제2차 세계 대전 전몰자 기념비.
Ce·no·zo·ic [sìːno(u)zóuik, sèn-], Cai·no- [kàino(u)-, kèi-] adj.《지질》신생대(新生代)의. ¶ the Cenozoic era 신생대. — n. 신생대〔중생대 다음에 오는 지질 시대 최후의 시대로서 현대에 이른다〕.
cense [sens] vt. (censed, cens·ing) ...에 향을 피우다; ...에게 분향하다.   〔煙桶用〕.
cen·ser [sénsər] n.〔쇠사슬에 매단〕향로〔성당의 전〕.
*cen·sor [sénsər] n. 1〔출판물·연극·영화 등의〕검열관. 2 풍기 단속자;〔영국의 대학의〕학감(學監). 3 비난하는 사람, 까다로운〔흠잡는〕 사람(faultfinder). 4〔고대 공화정(共和政) 로마의〕감찰관〔시세(市勢) 조사와 시민의 풍기 단속을 관장한 관리〕. 5 ⓤ〔정신 분석〕잠재 의식 억압력(censorship). — vt. ...을 검열하다, 〔검열관이〕〔말 따위〕를 삭제하다.   〔결릴〔듯한〕.
cen·sor·a·ble [sénsərəbl] adj. 검열을 받는, 검열에
cen·sor·ate [sénsərit] n. 검열관 기관.
cen·so·ri·al [sensɔ́ːriəl / -sɔ́ːr-] adj. 검열관의; 감찰관의; 검열의; 비판적인.
cen·so·ri·ous [sensɔ́ːriəs / -sɔ́ːr-] adj. 지나치게 비판적인, 트집 만이 잡는, 까다로운. -ly adv. ~·ness n.
*cen·sor·ship [sénsərʃìp] n. ⓤ 1 검열. 2 검열관의 직무(직권, 임기). 3〔정신 분석〕〔프로이드의 꿈의 학설에서〕잠재 의식 억압력.
cen·sur·a·ble [sénʃ(ə)rəbl] adj. 비난할(만한), 책망받을만한. ~·ness n. -bly adv.
*cen·sure [sénʃər] n. ⓤⓒ 불신임의 표명; 비난, 책망, 견책(blaming, condemnation), 혹평. ¶ a tacit censure 말없는 비난 / escape censure 견책을 모면하다 / pass a vote of censure on ...에 대한 불신임 투표를 통과시키다.
hint censure of ...을 풍자하다.
— vt. (-sured, -sur·ing) vt. ...을 비난하다, 책망하다, 견책하다(blame, condemn); ...을 혹평(악평)하다. ⇨ CRITICIZE 類語 ¶ censure careless work 부주의한 일을 나무라다. — vi. 불찬성을 표명하다; 비난하다, 책망하다, 견책하다; 혹평하다.
cen·sur·er [sénʃərər] n. 비난하는(책망하는) 사람.
*cen·sus [sénsəs] n. 국세 조사, 인구 조사. ¶ take a census of ...의 국세 조사를 하다.
cénsus páper n. 국세(인구) 조사표.
cénsus retúrns n. pl. 국세 조사 신고.
cénsus tàker n. 인구(국세) 조사원.
cénsus tràct n. 국세 조사 표준지〔인구 조사를 위해 미국 정부가 쓰는 대도시의 일정한 표준 지역〕.
‡cent [sent] n. 1〔단위로서의〕 100. ¶ per cent 100에 대하여 (⇨ PERCENT) / cent per cent 100% 〔의 이자〕; 예외없이 / hundred per cent《구어》완전히, 지성으로. 2 센트〔미국·캐나다·오스트레일리아의 dollar, 스리랑카의 rupee, 네덜란드의 guilder 따위의 100분의 1 화폐 단위, 기호 c., ct.〕; 1센트 동전. 3《음악》반음(semitone)의 100분의 1의 음정.
not a [red] cent 조금도 ~ 아닌. ¶ I don't care a cent for it. 그런 것은 전혀 개의치 않는다〔아무래도 좋다〕 / It does not matter a red cent to them. 그들에게 있어 그런 것은 어떻게 되는 상관없다 / It is not worth a cent. 그것은 한 푼의 가치도 없다.
cent- ⇨ CENTI-.   〔centum; century.
cent.《略》centigrade; centime; centimeter; central;

CENTAG 《略》 *Central Army Group*([NATO 의] 중앙 방면군; 흔히 [séntæg]로 읽는다).

cen·tal [séntl] *n.* 《주로 英》 100파운드[약 45. 35킬로그램. 곡물의 무게를 재는 단위]《美》 hundredweight).

cen·tare [sentéər, -tά:r / -tά:] *n.*, **cen·ti·are** [sentiά:r] *n.* 센티아르[100분의 1아르; 1평방 미터].

cen·taur [séntɔ:r] *n.* **1** (C-)【그리스 신화】켄타우로스[상반신은 사람, 하반신은 말의 모습을 하고 있는 괴물]; (c-) 반인 반마의 괴물. **2** [centaur와 같은] 기괴한 것(사람); 이중의 성질을 가진 사람. **3** (C-)【천문】= Centaurus 2. **4** 명기수(名騎手).

Cen·tau·rus [sentɔ́:rəs] *n.* 【그리스 신화】켄타우로스[Ixion과 Nephele의 아들. centaur 족의 시조]. **2** 〖천문〗켄타우로스좌(座)〔남천(南天)에 있으며, 태양계에서 가장 가까운 Alpha Centauri와 Beta Centauri의 두 1등성〕.

[centaur 1]

cen·tau·ry [séntɔ:ri] *n.* (*pl.* **-ries**) **1** 용 담 과에 속하는 초본. **2** 수레국화속(屬)의 식물.

cen·ta·vo [sentά:vou] *n.* (*pl.* **-vos**) 센타보[멕시코·필리핀·쿠바 등에서 쓰는 peso 나 포르투갈·브라질에서 쓰는 escudo 의 100분의 1에 해당하는 화폐 단위].

cen·te·nar·i·an [sèntinέəriən / -nέər-] *adj.* 100년의, 100살의. — *n.* 100살[이상]의 사람.

***cen·te·nar·y** [senténəri, séntənèri / sentí:nəri] *adj.* **1** 100년간의, **2** 100년 마다의, 100년에 1번 일어나는. — *n.* (*pl.* **-nar·ies**) **1** 100년 기념일, 100년제(祭). **2** 100년간, 1세기(century).

***cen·ten·ni·al** [senténial, +英 -njəl] *adj.* **1** 100년의. **2** 100년 기념일(제)의. **3** 100년 존속한. **4** 100살의. — *n.* **1** 《美》 100년 기념일, 100년제(centenary). **2** 100년 기념일(제)의 축제.

Centénnial Státe *n.* (the ~) 【美俗】 Colorado 주의 별명[미국 독립 100년제의 해(1876)에 합중국에 가입하여 생긴 이름].

‡**cen·ter,** 《英》 **-tre** [séntər] *n.* **1** (보통 the ~) 중심, 한가운데(⇔ MIDDLE 類語). 【회전의】중심점, 중심축(軸)【수학】【도형이나 체계(體系)의】중심점, 중앙, ⇔ CIRCLE 그림. ¶ The *center* of a wheel 차축(車軸) / the *center* of gravity 중심 / the *center* of symmetry 대칭(對稱)의 중심 / the *center* of attraction 인력(引力)의 중심, 《비유적》인기의 초점 / a school building with a lecture hall at its *center* 중앙에 강당이 있는 교사(校舍) / right in the *center* of …의 한가운데에 / draw a circle round a given *center* 주어진 점을 중심으로 원을 그리다.

2 《美》 중심지; 중심 인물, 중심물, 중추(中樞)《英》 [특히 혁명가·반역·야구] 중간파[수], 【센터[필드]; 【대】 본대. ¶ a social *center* 사교상의 중심 인물 / a busy commercial *center* 번화한 상업 지구 / a *center* of pleasure 환락의 중심지 / a *center* of trade 상업의 중심지 / significant *centers* of culture 문화의 중요 도시 / She was the radiant *center* of society. 그녀는 사교계의 인기 있는 화려한 존재였다. **3** 본원(本源), 기원(起源); 핵. ¶ an earthquake *center* 진원지(震源地) / New York is the theatrical *center* of the American people. 뉴욕은 미국인의 연극의 본고장이다.
4 (보통 C-) 【정치】 【보수·혁신 양당의】 중간파; 온건파. **cf.** LEFT, RIGHT.
5 【축구·하키·야구】 【중앙의 [수], 센터[필드]; 【축구】 센터로의 킥(송구).
6 【군대】 【부대의 양익(兩翼)】에 대하여】 중앙(주축)부.
7 【생리】 신경 중추. ¶ the vasomotor *center* 혈관 운동 신경 중추.
8 【기계】 【선반의】 센터【공작물을 받치는 끝이 원추형】.
9 【표적의】 중심권; 중심권 명중(탄).

10 【건축】 = centering.

catch on [the] center 《美》 【증기 기관의 피스톤이】 중앙에 와서 서다; 《비유적》 빼도 박도 못하게 되다.
come to the center 《美속어》 사람들 앞에 나서다, 두드러진 지위를 차지하다.
on center 《美》 【건축】 【기둥 따위가】 각각의 중심에서 …의 간격으로. ¶ The studs are set 20 inches *on center*. 샛기둥이 각각의 중심에서 20인치의 간격으로 놓여 있다.

— *v.* (**-tered, -ter·ing**;《英》 **-tred, -tring**) *vt.* **1** …을 중심에 놓다. **2** …을 중심에 모으다, 【한 점에】집중시키다(concentrate). ¶ (~+圖+前+图) He *centered* his attention on the problem. 그는 그 문제에 주의를 집중했다. **3** …의 중심을 결정하다, 중심에 표를 찍다. **4** 【축구·하키】【공】을 센터로 보내다(치다). **5** 【축구·하키】【공】을 축 따위의 중심점에 오도록 하다.
— *vi.* 중심[점]에 있다; 집중하다(* 전치사는 보통 on 이 쓰이지만, 《구어》에서는 round, around, about, in, at 등이 쓰인다). ¶ (~+前+图) The story *centers* on the rare adventure. 그 이야기는 희한한 모험을 중심으로 하고 있다 / The story *centers* round the theft of the diamond. 그 이야기는 다이아몬드의 도난을 중심으로 전개된다.

◇ céntral, céntric *adj.* 「는 선수」
cénter báck *n.* [배구·수구의] 백의 중앙에 위치한
cénter bít *n.* 타래 송곳.
cén·ter·board, -tre- [séntərbɔ̀:rd / -bɔ̀:d] *n.* 【항해】 배 바닥에 붙이는 지느러미 모양의 가동 용골(可動龍骨).
cén·tered 《英》 **-tred** [séntərd] *adj.* **1** 중심이 있는; 중앙에 있는; 집중된. **2** 【인체】 중앙에 놓은. ¶ a *centered* dot 가운뎃점, 중점(中點). **3** 중심을 만들어) …의 중심으로 한. ¶ consumer-*centered* 소비자 본위의.
cénter fíeld *n.* 【야구】 센터[필드].
cénter fíelder *n.* 【야구】 센터 필더, 중견수.
cén·ter·fold [séntərfòuld] *n.* 잡지의 접어 넣은 페이지[누드 사진 따위를 접은 것].
cén·ter·ing, 《英》 **-tring** [séntəriŋ] *n.* 【건축】 홍예틀, 공가(拱架)【아치의 건조(建造) 따위에 사용하는 가구(架構)】.
cénter láne *n.* 《美》 【편도 홀수 차선의】 중앙 차선, 가변 차선.
cénter-léft [séntərléft] *adj.* 정치적 중도 좌파의.
cénter of grávity *n.* **1** 【力學】 무게(질량)의 중심, 중심(重心). **2** 【흥미·산업 따위의】 중심점(사람, 것); 초점.
cén·ter·piece, 《英》 **-tre-** [séntərpì:s] *n.* 【데이블의 가운데에 놓는】 장식물【은이나 유리 제품, 또는 자수나 레이스 따위】; 【천장의】 중앙부의 장식.
cénter púnch *n.* 【기계】 센터 펀치【금속 세공 따위에서 중심점(선)에 구멍을 뚫기 위한 끝이 뾰족한 도구】.
cen·tes·i·mal [sentésim əl)] *adj.* 100분의 1의; 백분법(百分法)의, 백진법(百進法)의. *cf.* decimal
cen·tes·i·mo [sentésimòu] *n.* (*pl.* **-mos** *or* *It* **-mi** [-mi:]) **1** 첸테시모【lira의 100분의 1에 해당하는 이탈리아의 화폐 단위】; 첸테시모 동전. **2** 첸테시모【파나마·우루과이의 화폐 단위로 peso 의 100분의 1】.
centi- hundredth 의 뜻의 연결형 (* 모음 앞에서는 cent-를 쓴다) 【미터법 단위의 100분의 1에 쓰인다】. 예: *centi*gram, *centi*meter, *centa*re, *centi*are.
cen·ti·are [séntièr, -ά:] *n.* = centare.
cen·ti·bar [séntibàr] *n.* 【기상】 센티바[100분의 1바]. *cf.* bar.
***cen·ti·grade** [séntigrèid] *adj.* **1** 【눈금이】 백분도(百分度)의. **2** 【온도계가】 섭씨의[略 C] (Celsius). ¶ 25°C 섭씨 25도.
cén·ti·gràde thermómeter *n.* 섭씨 온도계[1 기압일 때의 얼음의 용해점을 0°, 물의 비등점을 100°로 하여 100분도(分度)한 온도계]. *cf.* Celsius thermometer,

Fahrenheit

cen·ti·gram, 《주로 英》**-gramme** [séntigræm] *n.* 센티그램[100분의 1 그램; 略 cg.].

cen·ti·li·ter, 《英》**-li·tre** [séntilìːtər] *n.* 센티리터 [100분의 1 리터; 0.6102 입방 인치에 해당; 略 cl.].

cen·til·lion [sentíljən] *n.* 《美·프랑스》10의 303승 (乘);《英·독일》10의 600승.

cen·time [sάːntiːm] *n.* 상팀[프랑스의 화폐 단위로 100분의 1 프랑].

‡**cen·ti·me·ter,**《英》**-tre** [séntimìːtər] *n.* 센티미터 [100분의 1미터; 0.3937인치에 해당; 略 cm.].

cen·ti·me·ter-gram-sec·ond,《英》**-tre-gramme-** [séntimìːtərgræmsékənd] *adj.* 〖물리〗 [길이·질량·시간의] 센티미터·그램·초(秒) 단위제 (單位制)의 [略 c.g.s.].

cen·ti·mil·lion·aire [sèntimíljənέər] *n.* 억만장자.

cen·ti·mo [séntimòu] *n.* (*pl.* **-mos**) 센티모[스페인의 peseta, 코스타리카의 colon, 베네수엘라의 bolivar, 파라과이의 guarani의 100분의 1의 화폐 단위].

*****cen·ti·pede** [séntipìːd] *n.* 지네[절지(節肢) 동물의 순각류(脣脚類)].

cen·ti·sec·ond [séntisèkənd] *n.* 100분의 1초.

cent·ner [séntnər] *n.* [유럽의 수개국에서] 50kg에 상당하는 무게단위[110, 23상형(常衡) 파운드에 해당].

cen·to [séntou] *n.* (*pl.* **-tos**) [명작에서 뽑아 모은] 발췌 시구(詩句); [명곡의 부분을 뽑아서 엮은] 발췌 악곡.

CENTO, Cento [séntou] (略) *Central Treaty Organization* (중앙 조약 기구 [영국·파키스탄·터키 이란에 의한 중동의 반공(反共) 방위 기구(1959〜79)]).

centr- ⇨ CENTRI-.

‡**cen·tral** [séntrəl] *adj.* **1** 중심의, 중심을 형성하는; 중앙의, 중심에 있는, 중심에 가까운, 중심부에 있어 편리한. ¶ a bank in a *central* location 중심부의 편리한 은행 / The sun has the *central* place in the solar system. 태양은 태양계의 중심을 이루고 있다. **2** 중심적인, 중추적인, 주된(chief), 지배적인. ¶ the *central* character in a novel 소설의 중심 인물. **3** 〖정견 따위가〗 중도파의. ¶ take a *central* position on a problem 어떤 문제에 중도적 입장을 취하다. **4** 〖해부·생리〗 중추 신경계의; 척추체(脊椎體)의. ¶ the *central* nervous system 중추 신경계. **5** 〖음성〗 중설음(中舌音)의. — *n.* **1** 《美》전화 교환국《英》exchange); 《口》《보통 무관사》교환원. ¶ get *central* 교환원을 부르다. **2** 본점, 본국(本局), 본부. ◇ **cénter** *n.*, **céntralize** *v.*

Central Áfrican Repúblic *n.* 중앙 아프리카 공화국[프랑스 공동체에 속하는 공화국; 수도 Bangui].

céntral alárm sýstem *n.* 중앙 경보 장치.

Céntral América *n.* 중앙 아메리카, 중미(中美).

Céntral Américan *n.* 중앙 아메리카의 주민.
— *adj.* 중앙 아메리카의; 중앙 아메리카 주민의.

Céntral Ásia *n.* 중앙 아시아.

céntral bánk *n.* 중앙 은행. [部].

céntral cásting *n.* 《美》〖촬영소의〗배역부(配役 *straight from central casting; right out of central casting* 전형적인, 틀에 박힌.

céntral cíty *n.* [메갈로폴리스의] 중심도시, 핵 (核)도시(core city).

céntral héating *n.* ⓤ [열탕·스팀 따위에 의한] 중앙 난방[장치], 센트럴 히팅.

Céntral Intélligence Ágency *n.* 미국중앙정 보국(CIA).

cen·tral·ism [séntrəlìz(ə)m] *n.* ⓤ 중앙 집권화, 집권 제도; 중앙 집주의.

cen·tral·ist [séntrəlist] *n.* 중앙 집주의자.

cen·tral·is·tic [sèntrəlístik] *adj.* 중앙 집권주의적 인.

cen·tral·i·ty [sentræliti] *n.* ⓤ 중심의 위치, 중심에 있음; 중추성(中樞性).

cen·tral·i·za·tion [sèntrəlizéiʃ(ə)n / -laiz-] *n.* ⓤ **1** 집중하기; 집중되기, 중앙화. **2** [행정상의] 중앙 집권. **3** 권력의 집중; 〖주로 사회〗중앙 단체(조직)에의 의존 과정. *opp.* decentralization.

cen·tral·ize [séntrəlàiz] *vt.* (**-ized, -iz·ing**) **1** …을 집중하다, 중앙화하다, 중심에 모으다[끌어당기다]. **2** …을 중앙집권화하다. — *vi.* [한점(중앙)에] 집중하다.

céntralized fíre contról *n.* 〖군사〗중앙 사격 통제 (지휘).

cen·tral·ly [séntrəli] *adv.* 중심[적]으로, 중앙으로.

cen·tral·ly-heat·ed [séntrəlihíːtid] *adj.* 센트럴 히팅(중앙 난방)의.

céntral nérvous sýstem *n.* 〖해부〗중심 신경계 [동물의 집중 신경계에서 형태·기능상의 중추부].

cen·tral·ness [séntrəlnis] *n.* ⓤ 중심임, 중심에 있음. [「의.

Céntral Párk *n.* 미국 New York시에 있는 대공

Céntral Pówers *n. pl.* [제1차 대전중에 연합군과 싸운 독일·오스트리아 등의 동맹 제국(諸國).

céntral pròcessing únit *n.* (= *céntral próces- sor*) 〖컴퓨터〗중앙 연산 처리 장치[略 CPU].

céntral reservátion *n.* 《英》[도로의] 중앙 분리 대.

Céntral Resérve Bànks *n. pl.* (the 〜)《美》중 앙 준비 은행[New York, Chicago, St. Louis의 세 도시에 있는 국립 은행].

Céntral Stándard Tíme *n.*《美》= Central Time. [略 C.S.T., c.s.t.]

Céntral Tíme *n.* ⓤ [미국의] 중앙 표준시.

centri- center 의 뜻의 연결형(* centro-를 쓰는 수도 있으며, 또 모음 앞에서는 centr-를 쓴다). 예: *centri*fugal; *centr*oid (*centro*sphere.

cen·tric [séntrik], **-tri·cal** [-trik(ə)l] *adj.* **1** 중심의, 중심에 있는; 중심의, 중추적인(central). **2** 〖해부·생리〗신경중추의. **-tri·cal·ly** [-trikəli] *adv.*

cen·tric·i·ty [sentrísiti] *n.* ⓤ 중심임, 중심성.

cen·trif·u·gal [sentrífjug(ə)l] *adj.* **1** 중심에서 밖으로 향하는, 원심(遠心)의. ¶ *centrifugal* force 원심력. **2** 원심력의, 원심력에 의한. *opp.* centripetal ¶ a *centrifugal* pump [소용돌이식] 원심 펌프. **3** [생리] 중추로부터 흥분을 운반하는, 원심 신경계의, 원심성의(efferent). ¶ *centrifugal* nerves 원심 신경. **4** 〖식물〗 원심 화서(花序)의. — *n.* 〖기계〗원심 분리기(-기). **〜·ly** [-gəli] *adv.*

centrífugal súgar *n.* ⓤ 분밀당(分蜜糖).

cen·tri·fuge [séntrifjùːdʒ] *n.* 원심기, 원심 분리기.
— *vt.* (**-fuged, -fug·ing**) …에 원심 작용을 받게 하다; …을 원심 분리기에 걸다.

cen·tri·ole [séntriòul] *n.* 〖생물〗중심 소립(小粒) (소체) [중심체의 중심에 있는 소립].

cen·trip·e·tal [sentrípitl] *adj.* **1** 중심으로 향하는, 구심(求心)의. **2** 구심력에 의한. *opp.* centrifugal ¶ *centripetal* force 구심력. **3** 〖생리〗구심의, 구심성의(afferent). ¶ *centripetal* nerves 구심 신경. **4** 〖식물〗구심 화서(花序)의. **〜·ly** [-təli] *adv.*

cen·trism [séntriz(ə)m] (때로 C·) *n.* 중도(온건)주의, 중도 정치.

cen·trist [séntrist] (때로 C·) *n.* [유럽 대륙에서] 중앙 당파[의원]. — *adj.* 중앙 당원의.

centro- ⇨ CENTRI-.

cen·troid [séntroid] *n.* 〖수학〗중심(重心), 도심(圖心). [「중심체.

cen·tro·some [séntrə(u)sòum] *n.* 〖생물〗세포의

cen·tro·som·ic [sèntrə(u)sóumik] *adj.* 〖생물〗세포의 중심체의.

cen·tro·sphere [séntrəsfìər] *n.* **1** 〖생물〗세포의 중심질(質), 중심구(球). **2** 〖지질〗[지구의] 중심권, 지핵(地核).

cen·trum [séntrəm] n. (pl. **-trums** or **-tra**) 1 중심, 중추. 2 [해부·동물] 추체(椎體) [추골(椎骨)의 중심체].

cen·tum [séntəm] n. 100 (hundred). ¶ per centum 100에 대하여(per cent).

cen·tu·ple [séntjupl / sén-] adj. 100배의 (hundredfold). ─ vt. (**-pled, -pling**) …을 100배하다.

cen·tu·pli·cate vt. [sent(j)ú:plikèit / -tjú:p- /] → adj., n.] (**-cat·ed, -cat·ing**) …을 100배하다.
─ adj. [sent(j)ú:plikit / -tjú:-] 100배의. ─ n. [sent(j)ú:plikit / -tjú:-] 100배, 100부(部). ¶ in centuplicate 100부 적은, 100부 복사하여.

cen·tu·ri·al [sent(j)ú(:)riəl / -tjúər-] adj. 100년의, 1세기의, 백인대(百人隊)(의).

cen·tu·ri·on [sent(j)ú(:)riən / -tjúər-] n. [고대 로마의] 백인대 대장.

‡**cen·tu·ry** [séntʃuri] n. (pl. **-ries**) 1 100년; 1세기. ¶ half a century ago 50년 전 / the later 18th century 18세기의 후기/the last two decades of the 19th century 19세기의 마지막 20년. 2 100으로 된 단체. ¶ [고대 로마의 군대], 백인조[고대 로마의 투표 단위]. ¶ a century of sonnets 1조로 된 100편의 소넷. 3 (C-) 〖U〗〖인쇄〗 센추리[활자의 한 서체]. 4 100, 〖美俗〗〖시계〗 of poems 시 백 선(詩百選). 5 〖크리켓〗 100점(100 runs). 6 〖美俗〗 100달러[지폐].
◇ centúrial adj.

céntury plànt n. 〖美〗 용설란(龍舌蘭) [관상용으로 재배하는 멕시코 원산의 식물]. [<백년에 한 번 꽃이 핀다고 생각되었던 꽃]

Céntury Sèries n. 〖美空軍〗 센추리 시리즈[기종(機種) 명칭이 100번대 이후의 신형 초음속 전투기 F-100, F-106 따위].

CEO 〖略〗 chief executive officer(경영 최고 책임자).

cephal- ⇒ CEPHALO-.

ce·phal·ic [səfǽlik / kef-, sef-] adj. 1 머리의, 두부(頭部)의; 머리에 있는, 두부로 향한. ¶ a cephalic eye 두안(頭眼) [연체 동물의 머리 부분에 있는 눈]. 2 머리 모양의.

-cephalic head 의 뜻의 연결형. cf. cephalo- 예: brachycephalic (단두증(短頭症)의).

cephálic índex n. 〖인류〗 두부 지수(頭部指數) [머리의 가로와 세로의 비].

cephalo- head 의 뜻의 연결형(*모음 앞에서는 cephal-을 쓴다). 예: cephalothorax, cephalalgia (두통).

ceph·a·lo·pod [séfələpàd / -pɔ̀d] n. 〖동물〗 두족류(頭足類) 〖오징어·문어 따위〗. ─ adj. 두족류의.

ceph·a·lo·tho·rax [sèfəlouθɔ́:ræks] n. (pl. **-rax·es** or **-ra·ces** [-rəsi:z]) 〖동물〗 〖거미류·갑각류(甲殼類) 등 물의〗 두흉부(頭胸部).

ceph·a·lous [séfələs] adj. 머리[부분]이 있는.

-cephalous headed 의 뜻의 형용사를 만드는 연결형. 예: brachycephalous (단두증(短頭症)의).

Ceph·a·lus [séfələs] n. 〖그리스 신화〗 케파로스 [Attica 의 사냥꾼; Procris 의 남편].

Ce·pheus [sí:fju:s, -fiəs] n. 1 〖천문〗 a) 케페우스좌(座) [북극성 주위를 도는 성좌]. b) 케페우스[달 표면의 제 1 상한(象限)에 있는 크레이터]. 2 〖그리스 신화〗 케페우스[에티오피아의 왕; Cassiopeia 의 남편이며 Andromeda 의 아버지].

-ceptor taker, receiver 의 뜻의 연결형. 예: preceptor.

cer- ⇒ CERO-.

ce·ram·ic [sirǽmik] adj. 도기(陶器)의; 도기 제조의. ¶ ceramic art 제도술(製陶術), 도예술(陶藝術) / the ceramic industry 요업(窯業). ─ n. 도기.

ce·ram·ics [sirǽmiks] n. pl. 1 〖단수 취급〗 제도술, 제도 공예. 2 〖복수 취급〗 도기류.

cer·a·mist [sérəmist] n. 도공, 제도 기술자 (ceramic artist), 요업가.

ce·ras·tes [sirǽsti:z] n. 뿔뱀 [아프리카산의 독사].

ce·ras·ti·um [sirǽstiəm, -tiəm] n. 점나도나물 [석죽과의 식물].

cer·at- ⇒ CERATO-.

ce·rate [sí(:)reit / sí́ərit] n. 〖U〗 〖약〗 납(蠟) 고약.

ce·rat·ed [sí(:)reitid / sí(ə)rei-] adj. 밀랍을 입힌.

cerato- horn 의 뜻의 연결형(*모음 앞에서는 cerat-을 쓴다). 예: ceratoglossus (대각설근(大角舌筋)); ceratodus.

ce·rat·o·dus [sirǽtədəs, sèrətóudəs] n. 세라토두스 〖오스트레일리아산(産)의 폐어(肺魚)〗.

Cer·be·re·an [sə:rbí(:)riən / -bíər-] adj. Cerberus (의) 같은; 엄중하고 무서운.

Cer·ber·us [sə́:rb(ə)rəs] n. (pl. **-ber·us·es** or **-ber·i** [-bərài]) 〖그리스 신화〗 케르베로스 [3 개의 머리 달린 지옥을 지키는 개]. ¶ a sop to Cerberus [케르베로스를 온순하게 하기 위한] 미끼, 뇌물; 양보. 2 엄중하고 무서운 문지기.

cere¹ [síər] n. 〖鳥類〗 [육식조(肉食鳥) · 앵무새 따위의 윗부리에 있는] 납막(蠟膜).

cere² [síər] vt. (**cered, cer·ing**) 1 〖고어〗 [시체]를 밀랍 먹인 천 (cerecloth)으로 싸다. 2 〖폐어〗 …에 밀랍을 바르다 (wax).

‡**ce·re·al** [sí(:)riəl / síər] n. 1 (보통 ~s) 곡물 (grain); 〖U〗 곡류가 나는 식물. 2 〖美〗 오트밀의 아침 식사. ─ adj. 곡류의, 곡물의. ¶ cereal diet 곡물식(穀物食).

cer·e·bel·lum [sèribéləm] n. (pl. **-bel·lums** or **-bel·la** [-bélə]) 〖해부·동물〗 소뇌. ⇒ BRAIN 그림.

cerebr- ⇒ CEREBRO-.

cer·e·bra [séribrə] n. cerebrum 의 복수형의 하나.

cer·e·bral [séribrəl, 美 sərí:-] adj. 〖해부·동물〗 대뇌의, 뇌의. ¶ cerebral anemia 뇌빈혈. 2 지적인 (intellectual), 두뇌적인. ¶ a cerebral drama 지성에 호소하는 연극. 3 〖음성〗 설배음(舌背音)의, 반전음 (反轉音)(retroflex). ¶ a cerebral consonant 《英》 반전 자음. ─ n. 〖음성〗 반전 자음.

cérebral áccident n. 〖의학〗 뇌졸중.

cérebral déath n. 〖의학〗 뇌사(腦死) (brain death).

cérebral hémorrhage n. 〖U〗 〖병리〗 뇌일혈.

cérebral pálsy n. 〖U〗 〖병리〗 뇌성 마비.

cer·e·brate [séribrèit] v. (**-brat·ed, -brat·ing**) vi. 1 〖대〗 뇌를 쓰다, 뇌가 작용하다. 2 생각하다, 사고하다 (think). ─ vt. …을 머리[두뇌]를 써서 하다.

cer·e·bra·tion [sèribréi(ə)n] n. 〖U〗 1 〖대〗뇌의 작용. 2 사고(思考) (thinking).

cer·e·bric [séribrik, sərí:-] adj. 〖대〗 뇌의, 뇌에 유래하는. ¶ cerebric acid 뇌산(腦酸). (encephalitis).

cer·e·bri·tis [sèribráitis] n. 〖U〗 〖병리〗 뇌염 **cerebro-** cerebrum 의 뜻의 연결형 (*모음 앞에서는 cerebr-을 쓴다). 예: cerebritis, cerebrospinal.

cer·e·bro·spi·nal [sèribro(u)spáin(ə)l, sərì:-] adj. 〖해부·생리〗 뇌척수(腦脊髓)의. ¶ cerebrospinal fluid 뇌척수액 / the cerebrospinal nervous system 뇌척수 신경계.

cer·e·brum [séribrəm] n. (pl. **-brums** or **-bra**) 〖해부·동물〗 대뇌, 뇌. ⇒ BRAIN 그림.
[<L brain]

cere·cloth [síərklɔ̀:θ / -klɔ̀(:)θ] n. (pl. **-cloths** [-klɔ̀:ðz / -klɔ̀(:)-]) [특히 시체를 싸는] 밀랍 입힌 천. (cerecloth).

cere·ment [síərmənt] n. (보통 ~s) 1 밀랍 입힌 천 (cerecloth). 2 수의(壽衣) (graveclothes).

*‡**cer·e·mo·ni·al** [sèrimóuniəl, -njəl] adj. 1 의식(儀式)의, 의례의, 의식적인. ¶ ceremonial usage 의례상의 관례 / a ceremonial costume 예복 / She received me in a ceremonial way. 그녀는 나를 정중하게 맞았다. 2 정식(正式)의(formal), 공식의. ─ n. 1 의식, 식전(式典). 2 〖가톨릭〗 의례서(儀禮書); 의식 해설서. 3 의례, 의례적 태도. ~·ly [-əli] adv.

cer·e·mo·ni·al·ism [sèrimóuniəlìz(ə)m, -njəl-] n. 〖U〗

ceremonialist

cer·e·mo·ni·al·ist [sèrimóuniəlist, -njəl-] *n.* 의식 존중자; 형식에 구애되는 사람, 형식주의자.

cer·e·mo·ni·ous [sèrimóuniəs, -njəs] *adj.* **1** 의식을 중히 여기는, 지나치게 의식에 흐른, 매우 정중한, 딱딱한. ¶ a *ceremonious* person 딱딱한 사람. **2** 예식(의식)에 관한; 의식을 올려서 행하는, 정식의 (formal). ¶ a *ceremonious* reception 정식 환영회.
~·ly *adv.* ~·ness *n.*

‡**cer·e·mo·ny** [sérimòuni / -məni] *n.* (*pl.* **-nies**) **1** 의식, 식전(式典), 예식, 식. ¶ a congratulatory (a funeral) *ceremony* 축하식(장례식) / a graduation (or (美) a commencement) *ceremony* 졸업식 / a marriage (a wedding) *ceremony* 결혼식 / perform (or hold, observe) a *ceremony* 식을 올리다.

[類語] *ceremony* 종교적·사회적·국가적인 엄숙한 의식: an opening *ceremony* 개회식. *rite* 종교적 기타의 ceremony 중에서 엄격히 정해진 형식에 따라 하는 발언·행위: burial *rites* 장례식, *ritual* 어떤 종교·단체 따위에서 행하여지는 모든 ceremony, rite 의 총칭: the *ritual* of the Apache Indians 아파치 인디언의 의식.

2 종교 의식. **3** ⓤ 겸손한(정중한) 행동; 허례(虛禮) (meaningless formality). **4** ⓤ 의례, 예법. ¶ with all due *ceremony* 극히 엄숙히, 공손하게 / with *ceremony* 어마어마하게, 격식을 차려서 / without *ceremony* 격식을 따지지 않고, 허물없이; 소탈하게, 수수하게. **5** ⓤ 관례 준수, 형식에 구애됨.
No ceremony! 스스러워할 것 없습니다, 염려 마시고 마음대로 하세요.
stand on (or *upon*) *ceremony* 격식을 차리다, 너무 딱딱해 격의없이 사귈 수 없다; 딱딱한 태도를 강요하다. ceremonial, ceremónious *adj.*

◇ **Ce·rén·kov radiátion** [tʃərénkəf-] *n.* [물리]체렌코프 복사(輻射) [어떤 물질 중의 하전 입자(荷電粒子)가 광속(光速)보다 빠를 때 생기는 현상].
[<발견자 P.A. Cerenkov (1904-)의 이름]

Ce·res [sí(:)ri:z / sír-] *n.* **1** [로마 신화] 케레스[고대 이탈리아의 농업의 여신. 그리스 신화의 Demeter에 해당]. **2** [천문] 케레스 소행성(小行星) [1801년에 발견된 최대의 소행성].

ce·re·us [sí(:)riəs / síə-] *n.* [식물] 손가락 선인장[남미 북부 원산(産)].

ce·ri·a [sí(:)riə / síə-] *n.* [화학] 산화 세륨.

ce·ric [sí(:)rik, sérik / síər-] *adj.* [화학] (특히 4가(價)의) 세륨(cerium)을 함유한.

cer·iph [sérif] *n.* 《도활자》= serif.

ce·rise [sərí:s, -rí:z] *n.* ⓤ 선홍색(鮮紅色), 연분홍색.
— *adj.* 선홍색의, 연분홍색의.

ce·ri·um [sí(:)riəm / síər-] *n.* ⓤ [화학] 세륨 [금속 원소의 하나; 원자 기호 Ce].

cer·met [sə́:rmet] *n.* (야금) 서멧, 도성(陶性) 합금 [내열성(耐熱性)의 합금].

CERN (略) (프랑스) *Conseil Européen pour la Recherche Nucléaire* (유럽 공동 원자핵 연구소).

cero- wax 의 뜻의 연결형 [모음 앞에서는 cer-를 쓴다]. 예: *cero*plastic, *cer*ate.

ce·ro·plas·tic [sì(:)rouplǽstik / síər-] *adj.* **1** 밀랍 모형의. **2** 밀랍으로 소상(塑像)을 만든.

ce·ro·plas·tics [sì(:)rouplǽstiks / síər-] *n. pl.* (단수 취급) 밀랍 모형술, 밀랍 세공.

cert [sə:rt] *n.* 《英속어》 확실한 일 (certainty). ¶ a dead *cert* 절대 확실한 일.

cert. (略) certificate, certify, certified.

‡**cer·tain** [sə́:rt(i)n] *adj.* **1** [사람이] 틀림이 없는; 믿을 수 있는 (confident), 의심하지 않는(*of*...). ⇒ SURE [類語] ¶ a *certain* fact 틀림없는 사실 // I am *certain* of success. 나는 성공을 확신하고 있다 / I am *certain* of his innocence. =I feel *certain* that he is innocent. 나는 그의 무죄를 확신하고 있다 / I am *certain* of being able to finish it by tomorrow. 내일까지는 반드시 그것을 끝낼 수 있을 것으로 생각한다.

2 반드시 …하는, 피할 수 없는(inevitable) (*to* do). ¶ face *certain* death 반드시 죽음을 직면하다 // One is *certain* to die. 사람은 반드시 죽는다 / He is *certain* to come. 그는 반드시 온다 / The thief is *certain* to be caught in time. 도둑은 조만간 꼭 잡힌다.

3 의심할 여지가 없는 (unquestionable), 확실한, 부정할 수 없는, 논의(반박)의 여지가 없는 (indisputable). ¶ *certain* evidence 확실한 증거 // It is *certain* that he failed in the exam. 그가 그 시험에 떨어진 것은 확실하다.

4 《명사 앞에 붙여》[어느] 특정한, 일정한(fixed, definite). ¶ at a *certain* time 어느 정해진 시간에 / on a *certain* day 정해진 날에 / at a *certain* place 정해진 장소에서 / We have no *certain* dwelling place. 우리는 정처가 없다 [←고린도 전서 (1 Cor.) 4 : 11].

5 어떤, 어느, 모(某) (※ 말하기 거북한 경우, 완곡히 말하기 위해, 또는 경멸의 뜻을 가지고 쓴다). ¶ a *certain* Mr. Green 그린 씨라는 분 / under *certain* conditions 어떤 조건 아래에서 / for a *certain* reason 어떤 이유로.

—— **Usage** (1) a *certain* 은 *some* 은 부정(不定)·미지(未知)의 관념을 강조한다: I have read it in *a* book. [무슨 책이었는지를 본인이 기억하고 있는 경우도 있다]. *cf.* I have read it in *some* book. [무슨 책이었는지 잊었지만]. ※「어떤…」의 뜻의 *some* 은 가산(可算) 명사의 단수형을 취한다. 부정·미정의 뜻을 강조하는 데는 in *some* book or other 와 같이 한다. ⇒ SOME.
(2) *some* 은 순수하게 부정·미정의 경우에 쓰이지만, 알고 있으면서도 말하지 않는 경우에도 쓴다. a *certain* 은 알고 있지만 일부러 말하지 않는 경우, 말할 필요가 없는 경우에 쓰며, 때로는 경멸의 뜻을 내포한다: *some* lady / *a certain* lady / a lady of *a certain* age (실은 상당히 나이든 부인). ※ *a Mr. Smith* (스미스 씨라는 사람) 보다도 *a certain* Mr. Smith 라는 쪽이 더 강조적(强調的)이다. 또 Mr., Mrs. 등 따위를 붙이지 않는 경우는 a Smith 라 하지 않고 *a certain* 이나 one 을 써서 *a certain* Smith, one Smith 와 같이 말한다.

6 믿을만한 (reliable), 신뢰할만한 (trustworthy). ¶ The report is *certain*. 그 보고는 확실하다.

7 《많지는 않으나》 다소의, 약간의 (some), 어느 정도의. ¶ to a *certain* extent (or degree) 어느 정도까지 / feel a *certain* reluctance 어쩐지 마음이 내키지 않다.

8 《폐어》 고정된, 부동의 (steadfast).
for certain (구어) 확실히 (※ 보통 know, say 따위의 뒤에 쓰인다). ¶ I know *for certain* that it rained in Seoul last night. 어젯밤 서울에 비가 내렸다는 것은 확실하다 / I don't know *for certain*. 나는 확실히는 모른다.
for certain sure 《속어》 확실히.
in a certain condition ⇒ CONDITION.
make certain [*of, that* ...] 《...을》 확인하다.
of a certain description 수상쩍은 장사를 하는. ¶ a woman *of a certain description* 매춘부. [(*of*...).
— *pron.* 《복수 취급》《...중의》약간의 사람(것), 약간 ◇ cértainly *adv.*, cértainty, cértitude *n.*, ascertáin *v.*

‡**cer·tain·ly** [sə́:rt(i)nli] *adv.* **1** 틀림없이, 확실히 (surely, with certainty), 의심할 여지 없이 (without doubt), 반드시, 꼭. ¶ most *certainly* 절대로 틀림없이 / He will *certainly* come. 그는 꼭 온다. **2** 《대답하는 말로》물론, 그렇고말고, 좋고말고. ¶ May I have this book? —— *Certainly*. 이 책을 가져도 됩니까? —— 되고말고요.
Certainly not! (*not* 를 강조》 안 됩니다, 당치 않아요. ¶ Do you mind if I smoke here? —— *Certainly not!* 여기서 담배를 피워도 됩니까? —— 되고 말고요.

* Cértainly not!은 I certainly don't mind!의 뜻.
cer·tain·ty [sə́ːrt(i)nti] *n.* (*pl.* **-ties**) **1** U 확실함, 확실성, 필연성(inevitability); 확신(conviction). ¶ the *certainty* of death 죽음의 필연성 / objective *certainty* 객관적 확실성. **2** 확실한 것; 틀림없는 사실 (assured fact). ¶ a moral *certainty* [절대적이라고는 할 수 없으나] 거의 틀림없는 일 / Death and taxes are *certainties*. 죽음과 세금은 면할 수 없다 / Your failure was a *certainty* from the beginning. 너의 실패는 애당초부터 확실한 것이다.
for (or **to**) **a certainty** 꼭, 틀림없이, 의심할 여지없이. ¶ He was killed in a traffic accident; I know it *for a certainty*. 그는 교통 사고로 죽었어, 틀림없이.
with [**absolute**] **certainty** 확신을 가지고; 틀림없이, 꼭. ¶ I can't say *with certainty* whether he's still alive. 그가 아직 살아 있는지 어떤지 확실히 알 수 없다.
◇ **cértain** *adj.*
Cert. Ed. 《略》《英》*Certificate in Education*(수료 증명서). [(certainly).
cer·tes [sə́ːrtiːz / -tiz] *adv.* 《古語》 확실히, 참으로
certif. 《略》 certificate, certificated.
cer·ti·fi·a·ble [sə́ːrtifàiəbl, ╴╴╴╴] *adj.* **1** 증명할 수 있는, 보증할 수 있는. **2** 《英》 정신병이라고 증명할 수 있는; [정신적으로] 이상한. ¶ a *certifiable* desire 이상한 욕망.
‡**cer·tif·i·cate** *n.* [sərtífikit] ─ *vt.* **1** 증명서. ¶ a health *certificate* 건강 진단서 / a *certificate* of birth (death) 출생(사망) 증명서 / a *certificate* of nationality 국적 증명서. **2** 졸업 증명서, 면[허]증, 인가장. *cf.* diploma / a teacher's *certificate* 교원 자격증. **3** [법률상의 증거가 되는], 증명서. ¶ a *certificate* of purchase [법률상의 경매에서, 경매품 매입을 증명하는] 매수(買受) 증명서. **4** 《美》 미국 정부가 금・은괴를 보관한다는 증거로 발행하는) 증권. **5** 증권. ¶ a *certificate* of share(or stock) [특생주의 주식 소유권임을 증명하는] 주권. ─ *vt.* [sərtífikèit] (**-cat·ed**, **-cat·ing**) **1** …을 인증하다. ¶ (~ + *that*) I do hereby *certificate* that... 여기에 …임을 증명합니다. **2** …에게 증명서를 주다; …에게 면허증을 주다. ¶ a *certificated* teacher 유자격 교사. ◇ certification *n.*
cer·ti·fi·ca·tion [sə̀ːrtifikéi(ə)n ─2] *n.* U **1** 증명, 보증; [수표의] 지불 보증. **2** [sərtifikéi(ə)n, ╸英 sə̀ːrtifi-] 증명서 교부. **3** C 증명서.
***cer·ti·fied** [sə́ːrtifàid] *adj.* **1** 증명된, 허가된, 보증된(guaranteed). **2** 보증된, 보증부(附)의. ¶ a *certified* pilot 면허증을 가진 조종사. **2** 보증된, 보증부 수표[은행이 지불 보증을 한 수표] / a *certified* invoice 영사(領事) 보증 송장(送狀) / *certified* mail [손해 배상 없는] 배달 증명 우편 / a *certified* public accountant 《美》 공인 회계사[略 C.P.A.] 《英》 chartered accountant. **3** 《英》 정신 병원에 강제 입원한; [법적으로] 정신 이상이라고 선고받은.
cértified mílk *n.* 《美》[위생 기준에 합격한] 품질 보증 우유.
cer·ti·fi·er [sə́ːrtifàiər] *n.* 증명자.
***cer·ti·fy** [sə́ːrtifài] *v.* (**-fied**, **-fy·ing**) *vt.* **1** …을 증명하다; …을 보증하다, 책임지고 맡다(guarantee); …에게 […임의] 믿을 만한 정보를 제공하다. 【 APPROVE 項目】 ¶ (~ + *that* 節) I *certify that* he is a diligent student. 그가 착실한 학생임을 보증합니다 / I hereby *certify that*... 여기에 …임을 증명합니다. **2** …에 확신을 가지고 말하다, 틀림없이 …이라고 말하다(assure). **3** [은행이] [수표의 지불]을 보증하다. **4** 《英》 [의사가] …을 정신 이상이라고 증명하다.
─ *vi.* 증명하다(testify) (*to*...); 보증하다(vouch) (*for*...). ¶ (~ + 前 + 名) I believe it to be true, but I am not able to *certify* to that effect. 그것이 사실이라고 믿지만, 그렇다는 것을 증명할 수는 없다.
◇ certificátion *n.*

cer·ti·o·ra·ri [sə̀ːrʃiərɛ́(ː)ri, -rɛ́(ː)rai / sə̀ːtio:réərai] *n.* [법률] [상급 법원이 하급 법원에 명령하는] 서류 이송(移送) 명령[서].
cer·ti·tude [sə́ːrtit(j)uːd / -tjuːd] *n.* U 확신(conviction); 확실[성] (certainty, sureness).
ce·ru·le·an [sirúːliən, -ljən] *n.* U 심청색(深青色) (deep blue), 감청색, 하늘색. ─ *adj.* 심청색의, 감청색의, 하늘색의.
ce·ru·men [sirúːmən / -men] *n.* U 귀에지(earwax).
ce·ruse [sí(ː)ruːs / sí ─] *n.* U **1** 〖화학〗 백연(白鉛), 연백(鉛白) [염기성 탄산납] (white lead). **2** 〖화장용〗 분. [원광(原鑛).
ce·rus·site [sí(ː)rəsàit / síər-] *n.* U 백연광(鑛) 〖납
cer·van·tite [sə́ːrvæntàit] *n.* U 백안광(白安鑛) 〖안티모니 산화물〗.
cervic- ⇨ CERVICO-.
cer·vi·cal [sə́ːrvik(ə)l, +英 sə:(ː)vái-] *adj.* [해부] 목의, 경부(頸部)의. ¶ *cervical* artery 경동맥(頸動脈) / *cervical* canal 경관(頸管).
cervico- cervix 의 뜻의 연결형. 모음 앞에서는 cervic-을 쓴다. 예: *cervico*dynia(경통(頸痛)), *cervic*itis(자궁 경관염(頸管炎)).
cer·vine [sə́ːrvain] *adj.* **1** 사슴의, 사슴 같은 (deer-like). **2** 사슴털색의, 짙은 갈색의(dun-colored).
cer·vix [sə́ːrviks] *n.* (*pl.* **~·es** or **-vi·ces** [sə:rváisi:z, sə́:rvisi:z]) [해부] **1** 경부(頸部), 목 (neck). **2** [자궁・방광 따위의] 경상부(頸狀部) (neck-like).
Ce·sar·e·an, -i·an [si(ː)zɛ́(ː)riən / -zɛ́ər-] *adj., n.* =Caesarean.
ce·sar·e·vitch, -witch [sizǽːrəvitʃ, -ri- ─2] *n.* **1** 〖종종 C-〗 〖제정(帝政) 시대의〗 러시아 황태자. **2** [sizǽrəvitʃ, -witʃ, -zɑːr-] (C-) 영국 Newmarket에서 10월에 행해지는 경마.
ce·si·um [síːziəm, -zjəm] *n.* U 〖화학〗 세슘 〖금속 원소의 하나; 원자 기호 Cs〗.
ces·pi·tose [séspitòus] *adj.* 〖식물〗 =caespitose.
cess[1] [ses] *n.* **1** 《英》 세(稅), 과징금(課徵金). * 현재는 rate 를 쓴다. **2** 《스코》 지조(地租) (land tax); 《아일》 군대 부과세; [인도에서] 수출입 물품세. *cf.* rate ─ *vt.* 《英》 …에 과세하다.
cess[2] [ses] *n.* U 《英・아일 구어》 운(運) (luck). ¶ Bad *cess* to you! 제기랄, 뒈져버려라!
ces·sa·tion [seséi(ə)n] *n.* U C 휴지(休止), 정지, 단절. ¶ *cessation* of hostilities (or arms) 휴전, 정전.
◇ céase *v.*
ces·sion [sé(ə)n] *n.* U C **1** [토지・권리의] 할양(割讓), 양도; [재산의] 양여. ¶ the *cession* of territory 영토 할양 / the *cession* of rights 권리 양도. **2** U 할양(양도, 양여)된 것. **3** [법률] [채무자로부터 채권자에게의] 재산(권리) 인도.
ces·sion·ar·y [sé(ə)nèri / -nəri] *n.* (*pl.* **-ar·ies**) [법률] 양수인(讓受人), 수탁자(受託者) (assignee).
Cess·na [sésnə] *n.* 〖상표명〗 세스나(경비행기).
cess·pit [séspit] *n.* 구정물통[따위], 똥통.
cess·pool [séspùːl] *n.* **1** 구정물 구덩이; 분뇨 구덩이, 똥통. **2** [비유적] 더러운 장소, [최악의] 구렁텅이(소굴). ¶ a *cesspool* of iniquity 죄악의 소굴.
c'est la vie [se la viː] 《프랑스》 그것이 인생이다.
ces·tode [séstoud] 〖동물〗 *n.* [촌충 따위의] 촌충류 (寸蟲類). ─ *adj.* 촌충류의.
ces·toid [séstoid] 〖동물〗 *adj.* [벌레가] 띠 모양의 (ribbonlike), 촌충과 같은. ─ *n.* 촌충류(cestode).
ces·tus[1] [séstəs] *n.* (*pl.* **-ti** [-tai]) **1** 〖그리스・로마 신화〗 Venus(Aphrodite)의 띠 [사람의 연정을 일으키게 하는 여러 가지 장식이 붙어 있다고 한다].
ces·tus[2] [séstəs] *n.* [고대 로마의 권투 선수가 사용한] 가죽끈 권투 장갑.
ce·su·ra [siʒúː(ː)rə, -zjúː(ː)rə / -zjúːrə] *n.* (*pl.* **-ras** or

-rae [-ri]) =caesura.
cet- whale 의 뜻의 연결형. 예: cetacean. 〔준시〕.
C.E.T. 〔略〕 Central European Time (중앙 유럽 시간).
CETA 〔略〕 〔美〕 Comprehensive Employment and Training Act(정부 자금으로 실업자의 직업훈련 등을 행하는 계획; 흔히 [síːtə]로 읽는다).
ce·ta·cean [sitéiʃ(ə)n / -ʃ(j)ən] 〔動〕 adj. 고래류(類)(cetacea)의. — n. 고래류의 포유 동물[고래·돌고래 따위].
ce·ta·ceous [sitéiʃəs / -ʃəs] adj. =cetacean.
ce·tane [síːtein] n. 〔U〕〔化學〕세탄[메탄계의 포화 탄화 수소].
ce·te·ris pa·ri·bus [kéitəris pǽribəs, sét- / síːt-] 〔라틴〕(=other things being equal) 다른 사정이 같다면. * cet. par.로 줄여 쓴다.
CETI 〔略〕 communication with extra-terrestrial intelligence (지구밖의 지적(知的) 생물과의 교신). cf. SETI
Ce·tus [síːtəs] n. 〔천문〕고래좌(座) (the Whale).
cé·vi·tám·ic ácid [síːvaitǽmik-] n. 〔U〕〔생화학〕비타민 C(vitamin C). [<c+VITAM[IN] +IC]
Cey·lon [silɑ́n / -lɔ́n] n. 실론[인도 남쪽, 인도양에 있는 섬나라; 1972년 스리랑카(Sri Lanka) 공화국으로 개칭].
Cey·lo·nese [sìːləníːz / sìlɔn-] adj. 실론섬의; 실론인의. — n. (pl. **-nese**) 실론인.
‡**cf.** [síːéf, kəmpéər / síːéf] confer (=compare) (참조하라). * 문두(文頭)에서는 Cf.
c.f., cf. 〔略〕〔제본〕 calf; 〔야구〕 center field[er].
Cf 〔化〕 californium 의 원자 기호.
CF 〔略〕 Commercial Film(광고 선전용) 텔레비전 필름); Centrifugal Force(원심력).
C.F. 〔略〕 Chaplain to the Forces (종군 목사).
c/f 〔略〕〔簿記〕 carried forward(이월(移越)).
CFA 〔略〕 certified financial analyst.
CFC 〔略〕 chlorofluorocarbon (지구 오존층 파괴의 주범으로 지목되는 불화 염화 탄소 화합물; 프레온 가스); 〔ROK-US〕 Combined Forces Command (한미 연합군 사령부).
CFF 〔略〕 compensatory financing facility(〔국제 통화 기금(IMF)의〕 보상 융자 제도).
C.F.I. 〔略〕 cost, freight, and insurance (운임·보험료 포함 가격). *보통은 C.I.F.라 한다.
CFRP 〔略〕 carbonfiber-reinforced plastics (탄소 섬유 강화 플라스틱).
CFS 〔略〕〔貿易〕 container freight station (콘테이너 화물 처리장); chronic fatigue syndrome(만성 피로 증후군).
cg. 〔略〕 centigram. 〔tive Group(자문 위원회).
CG 〔略〕〔컴퓨터〕 Computer Graphics; Consulta-
C.G. 〔略〕 coast guard; commanding general; center of gravity; consul general; captain of guard.
C.G.H. 〔略〕 Cape of Good Hope(희망봉).
CGI 〔略〕〔컴퓨터〕 computer-generated imagery(컴퓨터가 그린 화상(畫像)) 〔system].
cgs, c.g.s., C.G.S. 〔略〕 centimeter-gram-second
Ch. 〔略〕 chapter; 〔서양장기〕 check; China; Chinese; church; Charles; Chaldean; Chaldee; Christ.
ch. 〔略〕 chapter; 〔서양장기〕 check; church.
c.h. 〔略〕 candle hours; clearing house; courthouse; custom house.
C.H. 〔略〕〔英〕 Companion of Honour; captain of the horse; courthouse; customhouse.
cha [tʃɑː] n. 〔英속어〕차(tea).
〔<char 힌두어를 거쳐 중국어 chá 까지 소급된다〕
Cha·blis [ʃǽbli(ː), +美 ʃɑːblíː] n. 〔U〕 샤블리 포도주〔프랑스 Burgundy 지방산의 백포도주〕.
cha-cha [tʃɑ́ːɑ̀ː], **(cha-cha-cha)** n. 〔음악〕차차차춤 〔Latin America 에서 시작된 빠른 리듬의 춤곡〕. —
vi. (-chaed, -cha·ing) 차차차를 추다. 〔佛佛〕.
chac·ma [tʃǽkmə] n. 〔남아프리카산의〕차크마 비비
cha·conne [ʃɑːkɔ́n, ʃæ- / ʃəkɔ́n] n. 1 샤콘춤〔스페인에서 비롯되었다는 옛날 춤〕. 2 샤콘 무곡. 〔러기.
chad [tʃæd] n. 〔U〕〔컴퓨터〕〔펀치 카드의〕천공 부스
Chad [tʃæd] n. 1 차드〔아프리카 중북부에 있는 프랑스 공동체내의 공화국; 수도 Fort Lamy]. 2 〔言〕차드어 〔아시아·아프리카어족(語族)에 속하는 언어군(群); Nigeria 나 Lake Chad 부근에서 사용〕.
Chad·band [tʃǽdbæ̀nd] n. 구변좋은 위선자.
〔<Dickens 작 Bleak House 중의 등장 인물 이름〕
cha·dor, -dar [tʃʌ́dər] n. 차도르[인도·이란 등지의 여성들이 베일이나 숄로 사용하는 커다란 천].
chaet- ⇨ CHAETO-.
chaeto- hair 의 뜻의 연결형(* 모음 앞에서는 chaet-).
*‡**chafe** [tʃeif] v. (**chafed, chaf·ing**) vt. 1 …을 쓸려 벗겨지게 하다, 쓸려 따끔거리게 하다. ¶ The stiff collar chafed my neck. 빳빳한 옷깃에 목의 살갗이 벗겨졌다. 2 …을 문질러 줄게 하다, 마멸(磨滅)시키다. 3 〔손 따위를〕비비다, 비벼서 따뜻하게 하다. 4 〔남〕을 화나게 하다(irritate), 괴롭히다(annoy). ¶ My teasing chafed him. 그는 내 농담에 화를 냈다. — vi. 1 마찰하다 (rub) (against…), 2 쓸려 끊어지다(줄다); 닳다 (against…). ¶ (~+前+名) The rope chafed against the branch. 밧줄이 나뭇가지에 쓸려 끊어졌다. 3 안달나다, 짜증나다, 화를 내다[be irritated] (at…). ¶ (~+前+名) chafe at an injustice 부정에 분노하다.
chafe at the bit 짜증나다, 〔진행의 지연 따위로〕안달나다.
— n. 1 찰과상. 2 안달, 짜증, 노여움. ¶ in a chafe 안달이 나서, 분통이 터져. 3 마찰열.
chaf·er [tʃéifər] n. 〔주로 英〕풍뎅이.
*‡**chaff**[1] [tʃæf/tʃɑːf] n. 〔U〕 1 왕겨. ¶ sift the whole chaff to find a few grains 수고에 비해 몇 알을 얻기 위해 왕겨(또는 sift) the grain from the chaff 진짜와 가짜를 구분하다; 선약을 구분하다. 2 〔사료용으로 절단한〕짚, 여물. 3 쓰레기, 잡동사니, 쓸모없는 것 (rubbish). ¶ chaff and dust 쓸모없는 것 / be caught with chaff 쉽사리 속아 넘어가다. 4 〔꽃의〕포(苞). 5 〔방향 탐지기를 속이기 위해〕비행기에서 뿌리는 금속편.
chaff[2] [tʃæf/tʃɑːf] vt. 〔악의없이〕…을 놀리다, 희롱하다. — vi. 농담을 하다(banter). — n. 〔U〕〔악의 없는〕놀림, 희롱(raillery).
chaff-cut·ter [tʃǽfkʌ̀tər / tʃɑ́ːf-] n. 여물 써는 작두.
chaf·fer[1] [tʃǽfər] n. 값을 깎기, 흥정.
— vi. 흥정하다(haggle). 2 〔말을〕 주고받다 (bandy words). — vt. 1 〔말〕을 주고받다. 2 〔폐어〕…을 거래하다, 교환하다.
chaf·fer[2] [tʃǽfər / tʃɑ́ːfə] n. 놀리는 사람, 농담하는 사람.
chaf·fer·er [tʃǽfərər] n. 값을 깎는 사람, 흥정하는 사람.
chaf·finch [tʃǽfintʃ] n. 푸른머리되새 〔유럽산(産)의 애완용 명금(鳴禽)〕.
chaff·y [tʃǽfi / tʃɑ́ːfi] adj. (**chaff·i·er, chaff·i·est**) 1 왕겨가 많은, 왕겨 같은. 2 하찮은, 시시한.
cháf·ing dìsh [tʃéifiŋ-] n. 1 요리겸 보온용 냄비. 2 풍로. 〔방지하다〕.
cháf·ing gèar n. 마찰 방지 장치(밧줄 따위의 마찰을
cha·grin [ʃəgrín / ʃǽgrin] n. 〔U〕〔C〕원통함, 억울함, 분함. ¶ to one's chagrin 분하게도. — vt. (**-grined, -grin·ing**) 〔보통 수동 형으로〕 …을 원통하게 〔분하게〕여기게 하다, 번민하게 하다. ¶ He was chagrined at (or by) his failure. 그는 실패한 것을 원통해했다.
cha·grined [ʃəgrínd / ʃǽgrind] adj. 분하게 여기는. ⇨ ASHAMED 〔語〕
‡**chain** [tʃein] n. 1 쇠사슬. ¶ an endless chain 순환 사슬 / a gold watch on a silver chain 은줄에 달린 금

시계.
2 묶는 것, 구속하는 것.
3 (보통 ~s) 속박, 구속(confinement); 감금(imprisonment). ¶ prisoners in *chains* 사슬에 묶여 있는 죄수들.
4 연쇄, 연속, 일련(一連). ⇨ SERIES 類語 ¶ a *chain* of mountains 산맥 / a *chain* of thoughts [연달아 떠오르는] 일련의 생각 / a *chain* of command 명령 계통.
5 [항해] 닻줄; (~s) [측연수(測鉛手)의] 수심 측정 장소[횡정삭(橫碇索)] 밑에 있다. ¶ mooring *chains* 계선
6 [전기] 회로.
7 [은행·극장·호텔 따위의 경영에서] 연쇄식. ¶ build up a *chain* of stores (*or chain* stores) 연쇄점을 만들다.
8 [측량] 측쇄(測鎖) [거리 측정기]; 측쇄의 길이. * Gunter's(surveyor's) *chain* (66피트), engineer's *chain* (100피트).
9 [화학] 연쇄.
brighten the chain (美) 옛정을 두텁게 하다.
chain and ball; ball and chain ⇨ BALL.
— *vt.* **1** …을 사슬로 매다(…*up*). ¶ (~+目+圖) *Chain up* the dog. 개를 사슬로 매둬라. **2** …을 속박(구속)하다(fetter), 감금하다(restrain). ¶ (~+目+圖+图) He is *chained to* his work. 그는 일에 얽매여 있다. **3** [측량] …을 측쇄로 재다.
◇ **encháin** *v.*

cháin ármor ((英) **ármour**) *n.* = chain mail.
cháin bréak *n.* [라디오·TV] 방송 브레이크 [지방 방송국에서 자체 방송 시간에 넣는 짧은 광고].
cháin brídge *n.* 쇠사슬 적교(吊橋).
cháin cáble *n.* [항해] 닻줄[닻의 쇠사슬].
cháin cóupling *n.* [기계] 쇠사슬 브레이크.
cháin dríve *n.* 체인 전동(傳動) 장치, 체인 구동(驅動) 장치.
cháin férn *n.* 싹난고사리속(屬)의 식물.
cháin gáng *n.* (주로 美) 한 쇠사슬에 묶인 죄수들 [호송하는 경우 따위].
cháin・ing [t∫éiniŋ] *n.* [컴퓨터] 체이닝, 연쇄적 처리.
cháin・less [t∫éinlis] *a.* **1** 쇠사슬이 없는. **2** 쇠사슬에 매이지 않은, 속박 없는.
cháin・let [t∫éinlit] *n.* 작은 쇠사슬(little chain).
cháin létter *n.* 연쇄 편지 [받는 사람이 차례로 몇 사람에게 사본을 보내어 나가는 것], 행운의 편지.
cháin líghtning *n.* (美) 갈짓자로 치는 번개.
cháin máil *n.* 쇠사슬 갑옷 (chain armor).
cháin・man [t∫éinmən] *n.* (*pl.* **-men** [-mən]) [측량] 측쇄(測鎖)로 측량하는 사람. [法].
cháin méasure *n.* [U] [측량] 체인 도량법(度量法)
cháin pláte *n.* [항해] 횡정삭(橫碇索) 멈춤쇠.
cháin prínter *n.* [컴퓨터] 체인 프린터 [사슬 모양으로 배열되어 회전하면서 인자(印字)되는 고속 인자기].
cháin púmp *n.* 사슬 펌프 [사슬에 물통을 달아서 퍼 올리는 양수(揚水) 장치]. ¶응을 길어내다.
chain-re・áct [t∫éinriǽkt] *vi.* [물리·화학] 연쇄 반응하다.
chain-re・áct・ing [t∫éinriǽktiŋ] *adj.* [물리·화학] 연쇄 반응의.
cháin reáction *n.* [U][C] **1** [물리·화학] 연쇄 반응 [원자핵의 분열 따위로 자동적으로 진행되는 반응]. **2** [연쇄 반응적인] 사건의 잇따른 발생.
cháin reáctor *n.* [물리·화학] 원자로(reactor).
cháin ríveting *n.* [U] 이음매를 따라 나란히 징을 박는 일.
cháin sáw *n.* 동력(動力) 톱, 체인 소. [것].
cháin shót *n.* 연쇄탄 [2개의 탄환을 사슬로 연결한
chain-smoke [t∫éinsmòuk] *vi.* (-**smoked**, -**smok・ing**) 피우고 있는 담배의 불로 다음 담배불을 붙이는 식으로 해서 [담배]를 피우다. — *vt.* [담배]를 잇따라 피우다.
cháin smóker *n.* 줄담배를 피우는 사람 (기).
cháin stítch *n.* [자수·뜨개질 따위의] 사슬뜨기(짜)

cháin・stitch [t∫éinstìt∫] *vi.* 사슬 모양으로 바느질하다, 사슬뜨기를 하다. — *vt.* …을 사슬뜨기(짜기)로 하다.
cháin stóre *n.* (美) 연쇄점, 체인 스토어.
cháin whéel *n.* [자전거 따위의] 사슬 바퀴.
cháin-work [t∫éinwə̀:rk] *n.* [U] **1** [자수·재봉 따위의] 사슬 무늬, 사슬 모양의 장식; 사슬 모양으로 바느질하는 것, 사슬 편물. **2** 사슬 세공.
‡**chair** [t∫ɛər] *n.* **1** [보통 팔걸이 있는] 의자. ¶ a cane[-bottomed] *chair* 등의자 / an easy *chair* 안락 의자 / a folding *chair* 접는 의자 / take a *chair* 자리에 앉다 / sit on (*or* in) a *chair* 의자에 앉다 / Please draw your *chair* up to the fire. 의자를 난로 앞으로 당기십시오.
2 권위 있는 지위, 관청의 의자; 법관[석]; 의장석(직), 회장, 좌장(座上), 사회자 등의 직무(소임). ¶ be in the *chair* 의장(좌장)을 맡다, 의장(좌장)석에 앉아 있다 / leave the *chair* 의장석을 떠나다; 토론을 끝내다 / appeal to the *chair* 의장의 채결을 요구하다 / take the *chair* 의장석에 앉다; 토론을 시작하다 / occupy the presidential *chair* of a university 대학 총장 자리를 차지하다 / *Chair! Chair!* 의장! 의장! [혼란한 의사당 내의 정리를 요구하는 소리] / The speaker abandoned the *chair*. 그 의장은 사임했다.
3 (the ~) [대학의] 강좌 (* 종종 대문자); 대학 교수 [의 직]. ¶ He holds the *Chair* of Sanskrit. 그는 산스크리트의 강좌를 맡고 있다 / The Philosophy *Chair* is vacant. 철학 강좌 자리가 비어 있다.
4 (美속어) 전기 의자. ¶ escape the *chair*. 사형을 면하다 / send a man to the *chair* 사람을 사형에 처하다.
5 = sedan *chair*.
6 (英) [철도] 좌철(座鐵) [레일을 침목에 고정시키는 쇠붙이].
— *vt.* **1** …을 의자에 앉게 하다 **2** …직책을 맡게 하다, …에 취임시키다. **3** (英)(우승자 등)을 의자에 앉혀 높이 메다.
cháir béd *n.* 긴 의자 겸용의 침대.
cháir・borne [t∫ɛ́ərbɔ̀:rn / -bɔ̀:n] *adj.* (공군) 지상 근무의, 사무적의.
cháir cár *n.* **1** [철도] [통로 양쪽에 1인용 의자가 늘어선] 특등 객차. **2** = parlor car.
cháir líft *n.* 체어 리프트 [케이블에 의자를 매달아 스키어·등산객 등을 산꼭대기까지 실어다 주는 것].
‡**cháir・man** [t∫ɛ́ərmən] *n.* (*pl.* -**men** [-mən]) **1** 의장, 좌장, 사회자; 회장, 위원장. ¶ the *Chairman of* Committee [영국 의회의] 전원(全院) 위원장 / the *Chairman* of the Atomic Energy Commission 원자력 위원회 의장. **2** [대학 학부의] 주임 교수. **3** 가마꾼, 휠체어를 미는 사람. — *vt.* [회의 따위]를 사회하다.
cháir・man・ship [t∫ɛ́ərmənʃìp] *n.* [U] chairman의 직 (신분, 지위, 자격). [PERSON.
chair-one [t∫ɛ́ərwʌ̀n] *n.* (美) ⇨ CHAIRMAN. CHAIR-
cháir-o-pláne [t∫ɛ́(:)rouplèin / t∫ɛər-] *n.* (유원지 따위의) 회전 공중 그네.
cháir・per・son [-pə̀:rsn] *n.* 의장.
cháir ráil *n.* [건축] 중인방(中引枋) [의자 따위로 벽이 상하지 않도록 벽에 댄 긴 판자].
cháir-warm・er [t∫ɛ́ərwɔ̀:rmər] *n.* (美속어) **1** [호텔의 로비 따위에서] 의자에 장시간 앉아 있는 사람. **2** 게으름뱅이.
cháir・wom・an [t∫ɛ́ərwùmən] *n.* (*pl.* -**wom・en** [-wìmin]) (chairman의 여성형) 여성 의장(사회자, 위원장). ★ chairlady 라고도 한다.
chaise [ʃeiz] *n.* **1** 포장을 씌운 경(輕) 마차 [특히 말 한 필이 끄는 2인승 2륜 마차]. **2** 역마차(post chaise).
cháise lóngue [-lɔ́ːŋ / -lɔ́ŋ] *n.* 긴 의자 [잠자는 의자의 일종]. [< F long chair]
cha・la・za [kəléizə] *n.* (*pl.* -**zas** *or* -**zae** [-zi:]) **1** [동물] 난대(卵帶) [알의 노른자위와 씨눈을 알의 중앙에 지

chal·ced·o·ny [kælséd(ə)ni, + kǽlsidòuni] *n.* (*pl.* **-nies**) 〔광물〕옥수(玉髓) 〔석영의 변종; 유백색의 반투명한 규산의 불순물. 착색하여 도장 재료 따위로 쓰임〕.

chal·cid [kǽlsid] *n.* =chalcid fly.

chálcid flý *n.* 수중다리좀벌[벌목(目) 수중다리좀벌 과(科)의 곤충; 유충은 다른 곤충·번데기에 기생〕.

chalco- copper, brass 의 뜻의 연결형(＊ 모음 앞에서는 chalc-를 쓴다). 예: *chalco*graph, *chalc*anthite.

chal·co·cite [kǽlko(u)sàit] *n.* ⓤ 휘동광(輝銅鑛) 〔구리의 원광〕.

chal·co·graph·ic [kælkəgrǽfik] *adj.* 동판 조각의.

chal·cog·ra·phy [kælkágrəfi / -kɔ́g-] *n.* ⓤ 동판 조각술.

chal·co·py·rite [kælko(u)páirait / -páiə-] *n.* ⓤ 황동광(黃銅鑛) 〔구리의 가장 중요한 괴상(塊狀) 원광〕.

Chal·da·ic [kældéiik] *n., adj.* =Chaldean.

Chal·di·ic [kældí(:)ik] *n.* 칼데아[페르시아만(Persian Gulf) 연안에 있던 바빌로니아 제국의 한 지방〕.

chal·de·a [kældí(:)ə] *n.* 칼데아[페르시아만(Persian Gulf) 연안에 있던 바빌로니아 제국의 한 지방〕.

Chal·de·an [kældí(:)ən] *n.* **1** 칼데아 인[바빌로니아 지배의 기초를 닦은 고대 셈족]. **2** 점성가, 점쟁이 (占星家). **3** ⓤ 칼데아어(語). — *adj.* 칼데아의; 점성술의, 비방(祕方)의.

Chal·dee [kældí:, -́-/-́-] *n., adj.* =Chaldean.

chal·dron [tʃɔ́:ldrən] *n.* 《英》 촐드론〔영국에서 석탄·코크스·석회 따위를 재는 단위; 32 또는 36 bushels 에 해당〕.

cha·let [ʃæléi, -́- / ʃǽlei, -li] *n.* **1** 샬레〔스위스 산지(山地)의 목동등집〕. **2** 스위스풍(式)의 산장, 별장. 〔<F〕

〔chalet 1〕

chal·ice [tʃǽlis] *n.* **1** 〔문어〕 술잔, 컵. **2** 〔교회〕 **a)** 칼리스〔성찬·미사용의 잔〕, 성배(聖杯). **b)** 〔성찬·미사용의〕 포도주가 담긴 칼리스. **3** 배상화(杯狀花); 술잔 모양의 물건.

chal·iced [tʃǽlist] *adj.* **1** 잔에 부은. **2** 배상화의.

‡chalk [tʃɔ:k] *n.* **1** ⓤ 백악(白堊), ¶ French *chalk* 재봉용 초크. **2** ⓒ 분필, 백묵; 색분필. ¶ a piece of *chalk* 분필 한 자루 / a red *chalk* 붉은 색 분필 / colored *chalks* 색분필 / write in red *chalk* 붉은 색 분필로 쓰다. **3** (the ～) 백묵으로 쓴 표시(선). **4** 승부의 득점; 〔술집 따위의〕 외상값, 빚.
as like as chalk and cheese; as different as chalk from cheese〔구어〕 외관은 비슷하나 속은 전혀 다른, 사이비(似而非)인.
by a long chalk; by long chalks;〔구어〕 *by chalks*〔英〕 훨씬, 단연코. ¶ That's not the whole of the story, by a long chalk. 그것이 절대로 그 이야기의 전부가 아니다.
come up to [the] chalk《美俗》 다시 시작하다, 만족할 만하다, 수준에 도달하다. 〔뒤지지 못하다.
do not know chalk from cheese 선악(善惡)을 분간
walk a chalk line《美俗》=walk the chalk.
walk one's chalks《俗》 철수(鐵芾)하다.
walk the (or *a*) *chalk* ① 〔구어〕 취하지 않았다는 것을 증명하기 위해 똑바로 걷다. ¶ I am still able to *walk a chalk.* 나는 아직도 취하지 않았다. ②《美구어》 정확히 행동하다, 명령대로 행동하다.
— *vt.* **1** …을 분필로 쓰다(그리다)(…*down*). **2** …에 분필을 칠하다. **3** …에 백악을 섞다. **4** …을 표백 (漂白)하다, 회계하다.
chalk out ① …을 설계하다, 계획하다. ② 백묵으로 …의 윤곽을 그리다.

chalk up ① 분필로 〔득점〕을 적어 두다(score). ② …을 달성하다; 〔승리, 이익을 보다, 벌다(earn). ¶ They *chalked up* two runs in the first inning. 그들은 첫번째 공격에서 2 점을 얻었다. ③ 신용으로 빌려주다; 〔구어〕〔불길한 일을〕 기억해 두다, 잊지 않고 있다. ④ …을 …의 탓으로 하다(ascribe)(…*to*).
◇ **chálky** *adj.*

chálk bèd *n.* 〔지질〕 백악층.

chálk·bòard [tʃɔ́:kbɔ̀:rd / -bɔ̀:d] *n.* 칠판[특히 엷은 녹색의〕.

chálk pìt *n.* 백악갱(白堊坑).

chálk·stòne [tʃɔ́:kstòun] *n.* ⓤ 〔병리〕 〔손가락 마디 따위의〕 통풍석(痛風石). **2** 백악피(塊).

chálk tàlk *n.* 칠판에 분필로 써 가며 하는 강의나 강연.

chalk·y [tʃɔ́:ki] *adj.* (때로 **chalk·i·er, chalk·i·est**) **1** 백악질의, 분필처럼 흰. **2** 초크가 묻은. **3** 〔사진〕〔콘트라스트가 지나치게 강해서〕 세부를 잘 알 수 없는, 선명치 않은.

‡chal·lenge [tʃǽlindʒ] *n.* **1** 〔경기·기량(技量)에의〕 도전; 〔결투·시합에의〕 신청; 도전장. ¶ a *challenge* to a game (a duel) 시합(결투)의 신청 / accept (or take up) a *challenge* 도전에 응하다 / accept a *challenge* for £50 50 파운드의 내기에 응하다 / He considered it a *challenge.* 그는 그것을 도전으로 간주했다. **2** 설명의 요구; 요청, 청구. ¶ respond to (or meet) a *challenge* 청에 응하다. **3** 〔군대〕 수하(誰何). **4** ⓤ〔법률〕〔배심원에 대한〕거부, 기피. ¶ *challenge* to the array (or panel) 배심원 전원에 대한 기피. **5** 〔美〕〔투표의 무효 또는 투표자가 법률상 무자격이라는〕 이의(異議) 제기. **6** ⓤ 문제 제기, 의심하기. ¶ They brought his title into *challenge*. 그들은 그의 자격을 문제로 삼았다. **7** 〔보람이 있는〕 과제, 난제. ¶ The *challenge* today is to promote social welfare. 오늘날의 과제는 사회 복지를 증진시키는 일이다. **8** 〔사냥〕 사냥개가 냄새를 말고 짖어대기.
— *v.* (**-lenged, -leng·ing**) *vt.* **1** …에 도전하다, …에게 토론(시합)을 신청하다(defy, dare). ¶ *challenge* criticism 비평에 맞서다 // (～+목+전+명) *challenge* a person *to* a game 남에게 시합을 신청하다. **2** …에 이의를 제기하다; …을 의심하다(doubt); 〔진술의 진위 따위〕를 다투다. ¶ *challenge* a person's statement 남의 진술에 의심을 품다. **3** 〔군대〕 …에게 수하하다. ¶ The sentinel *challenged* us with "Who goes there?" 보초는 우리에게 수하했다. **4** 〔법률〕〔판사 또는 배심원〕에게 이의를 제기하다; …을 기피하다. **5** 〔청찬·주의〕를 바라다. **6** 〔美〕〔투표·투표자〕에게 이의를 제기하다. — *vi.* **1** 도전하다. **2** 〔사냥〕 사냥개가 냄새를 맡고 짖다.

chal·lenge·a·ble [tʃǽlindʒəbl] *adj.* **1** 도전할 수 있는, 2 기피할 수 있는.

chállenge cùp (tròphy) *n.* 〔경기의〕 우승컵.

chal·leng·er [tʃǽlindʒər] *n.* **1** 〔특히 권투의〕 도전자. ¶ The champion forced the *challenger* against the ropes. 챔피언은 도전자를 로프쪽으로 몰아붙였다. **2** 기피 신청인; 수하(誰何)하는 사람. **3** 〔라디오〕 방신기.

chal·leng·ing [tʃǽlindʒiŋ] *adj.* **1** 도전하는 듯한, 도발적인. **2** 매력적인(fascinating). ～**·ly** *adv.*

chal·lis [ʃǽli / ʃǽlis], (**chal·lie**) [ʃǽli] *n.* ⓤ 샬리 〔사라사풍(風)의 여자 옷감〕.

cha·lyb·e·ate [kəlíbiit] *adj.* 광천(鑛泉)·약이〕 철분을 함유한. — *n.* 철제(鐵劑); 〔수〕.

cham [kæm] *n.* **1** 〔고어〕=khan[1]. **2** (the Great C-) 달군왕(韃靼王); 문단의 원로[특히 Dr. Johnson 을 가리킴].

cha·made [ʃəmá:d] *n.* 〔고어〕〔군사〕 **1** 〔강화 또는 회담을 바라는〕 담판을 원하는 북·나팔 따위의 신호. **2** 후퇴 신호.

‡cham·ber [tʃéimbər] *n.* **1** 《英에서는 고어》 방 (room), 사실(私室), 침실(bedroom). ¶ a privy *chamber* 궁정의 사실. **2** (～s)《英》〔사무·주거용의〕

셋방. **3** [궁전·관저의] 한 방; 대기실; 공무 집행실. ¶ an audience *chamber* 접견실. **4** 회의장, 회의실. ¶ the *Chamber* of Commerce 상공 회의소. **5** (~s) [법률] [법원의] 판사실, 공판이 필요치 않은 사건을 심문하는 방. **6** (*the*) (英) [특히 법학원 (法學院)] (the Inns of Court) 내의 변호사 사무실. **7** 회계실. **8** 의회, 국회; 법원. ¶ *the lower* (*upper*) *chamber* [of legislature] 하원(상원). **9** [동·식물의] 실방(室房), 공동(空洞) (cavity). **10** 탄창(彈倉). **11** [총의] 약실(藥室), [권총의] 윤동(輪胴). ¶ a revolver with six *chambers* 6 윤동 연발 권총. **12** = chamber pot. ─ vt. ⋯을 방에 들이다; ⋯에 약실을 달다.

chámber cóncert *n.* 실내악 연주회.
chámber cóuncil *n.* 비밀 회의.
chámber cóunsel *n.* 《주로 英》법률 고문[법정에 나오지 않는 변호사] (《美》office lawyer); [U] 《英》법률상의 조언, 감정(鑑定).
cham·bered [tʃéimbərd] *adj.* [⋯한] 실(室)이 있는.
*cham·ber·lain [tʃéimbərlin] *n.* **1** 시종, 궁중의 고관. ¶ *the Grand Chamberlain* 시종장 / *the Lord Chamberlain of the Household* 궁내(宮內) 장관. **2** 출납 계원. **3** 귀족 집의 가령(家令), 재산 관리인 (steward).
cham·ber·maid [tʃéimbərmèid] *n.* **1** [호텔·여관의] 침실 담당 여자 종업원. **2** (고어) [귀부인의] 몸종.
chámber músic *n.* U 실내악.
chámber órchestra *n.* 실내악 단.
chámber pót *n.* [침실용의] 변기, 요강.
cham·bray [ʃǽmbrei] *n.* U 샴브레이 직물[얇은 줄무늬 또는 바둑판 무늬가 있는 평직 무명 옷감].
cha·me·le·on [kəmíːliən, -ljən] *n.* **1** 카멜레온[카멜레온과(科) 동물의 총칭; 주위의 색깔에 따라 몸의 빛깔을 바꿈]. **2** 변덕스러운 사람, 바람잡이. **3** (C-) [천문] 카멜레온좌.
cha·me·le·on·ic [kəmìːliánik / -ɔ́n-] *adj.* 카멜레온 같은. **2** 바람기 있는, 지조가 없는.
cham·fer [tʃǽmfər] *n.* **1** [끌 따위로 판] 홈. **2** 모서리를 깎아서 만든 면(面). ─ *vt.* ⋯의 모서리를 깎다; ⋯을 깎아내다.
cham·ois [ʃǽmi / ─→2] *n.* (*pl.* **-ois** *or* **-oix** [-z]) **1** 스위스영양(羚羊) [소·양과(科)의 동물; 뿔이 원추형으로 갈고리 모양, 험한 산악에서 군거]. **2** (*※ 英*) 에서도 종종 [ʃǽmi]라고 발음) U 새미 가죽, 셈 가죽 [양·사슴·염소의 무두질한 가죽; 모조 셈 가죽[면포를 가공한 것]. ─ *vt.* **1** ⋯을 무두질해서 셈 가죽으로 만들다. **2** ⋯을 셈 가죽으로 문지르다. ─ *adj.* **1** 셈 가죽의. **2** 담황갈색의.
cham·o·mile [kǽməmàil, -mìːl] *n.* = camomile.
champ[1] [tʃæmp] *vt.* **1** [말이 안달이 나서] [꼴 따위] 를 우두둑우두둑 씹다, 소리내어 씹다(munch). **2** 《스코》⋯을 짓이기다(crush). ─ *vi.* **1** 이 가는 소리를 내다; 달려들어 물다(*at*⋯). **2** [분해서] 이를 갈다.
champ [*at*] *the bit* ① 말이 안달이 나서 재갈을 물다. ② 성급 타다, 기다리다 못해 몸이 달아 있다.
─ *n.* 우적우적 씹기; 이 가는 소리.
champ[2] [tʃæmp] *n.* 《속어》= champion.
cham·pac [tʃǽmpæk, tʃʌ́mpʌk] *n.* 챔팩 나무[동남 도산(産) 목련과의 나무; 가구재(家具材) 따위로 쓴다].
*cham·pagne [ʃæmpéin] *n.* U **1** 샴페인. **2** 샴페인 색, 누런빛을 띤 황색. **3** 최고(사치)품. ─ *adj.* **1** 누런빛을 띤 황색의. **2** 사치스러운, 값비싼. (< 프랑스의 원산지 Champagne)
champágne cúp *n.* 샴페인에 감미·향료를 타서 얼음에 채운 여름 음료.
cham·paign [ʃæmpéin] *n.* **1** 평야, 평원. **2** (폐어) 싸움터(battlefield). ─ *adj.* 평야의, 넓은.
cham·pers [ʃǽmpərz] *n.* 《英구어》= champagne.
cham·per·tous [tʃǽmpərtəs] *adj.* 《법률》소송 방조의.

cham·per·ty [tʃǽmpərti] *n.* 【법률】이익 분배를 조건으로 하는 소송 방조. [[식물]].
cham·pi·gnon [ʃæmpínjən, tʃæm-] *n.* 샹피뇽버섯
‡cham·pi·on [tʃǽmpiən, -pjən] *n.* **1** [경기의] 우승자, 선수권 보유자, 챔피언(*in*⋯). ¶ a swimming *champion* 수영의 우승자. **2** 최고상 획득자(물) [품평회의 말·개 따위]. **3** [주의(主義)를 위해 싸우는] 투사; 옹호자, 전사(戰士) (warrior). ¶ a *champion* of peace 평화의 투사. ─ *adj.* 우승한. ¶ *a champion* swimmer(boxer) 수영 우승자(권투선수권 보유자). **2** 《구어》일류의(first-rate). ¶ *a champion* blunder 어처구니없는 실책. ─ *vt.* **1** [앞장 서서] ⋯을 옹호하다 (⇒ SUPPORT 類語). **2** ⋯과 싸우다. ¶ He *championed* his friend. 그는 앞장서서 친구를 감싸주었다. **2** [폐어]에 도전하다(defy). [여성형].
cham·pi·on·ess [tʃǽmpiənis, -pjən-] *n.* champion의
cham·pi·on·ship [tʃǽmpiənʃìp, -pjən-] *n.* **1** 선수권, 우승; 우승자의 명예(지위). ¶ *a championship* series 선수권 쟁탈전 / *the World Alpine Ski*(*the Heavyweight Boxing*) *Championship* 세계 알파인 스키(헤비급 권투) 선수권 / *gain* (*or* win) a golf *championship* 골프 선수권을 획득하다 / He holds the world tennis *championship*. 그는 세계 테니스 선수권을 보유하고 있다. **2** U 옹호, 변호(defense); 옹호자임. **3** (보통 ~s) 선수권 대회, 결승전.
champ·le·vé [ʃæmpləvéi] *n.* (*pl.* **-vés** [-véi, -véiz]) [금속 바탕에 장식 무늬를 새기고 에나멜을 메워 구운] 샹르베 칠보(champlevé enamels).
Champs É·ly·sées [ʃɑ̀ːnzeilizéi] *n.* 샹젤리제 [파리의 큰 거리 및 그 주변의 공원].
chan. (略) channel.
Chanc. (略) Chancellor; Chancery.
‡chance [tʃæns / tʃɑːns] *n.* **1** U C 우연(accident); 행운, 운명(luck) (*※ 형용사를 수반할 때에는 종종 부정관사를 붙인다*). ¶ *a lucky chance* 행운 / *a mere chance* 순전한 우연 / *a game of chance* 운에 맡긴 노름 / *leave things* (*nothing*) *to chance* 일을 운에 맡기다 (무슨 일이든 운에 맡기지 않다).
2 가능성, 가망, 승산 (possibility); (종종 ~s) 장래성, 예상, 전망. ¶ It is nine *chances* out of ten against the plan. 그 계획은 십중 팔구 잘될 가망이 없다 / He has no *chance* of winning. 그는 이길 가망이 없다 / He may have a *chance* of becoming (*or* to become) principal. 그는 교장이 될지도 모른다. / No(Not a) *chance*!(유감이지만) 그럴 가능성은 없다.
3 기회, 호기. ⇒ OPPORTUNITY [類語] ¶ the main *chance* ⇒ MAIN CHANCE / *a chance* in a thousand 천재 일우의 기회 / I will give him another *chance*. 나는 그에게 다시 한번 기회를 주겠다.
4 [야구] [척살(刺殺)·포살(捕殺)의] 기회.
5 위험, 모험(risk). ¶ He took *a chance* when he swam the channel. 그는 죽느냐 사느냐의 각오로 해협을 수영해서 건넜다.
6 [고어] 재난, 재앙.
7 《美구어》얼마의 양(수, 거리). ¶ *a smart* (*or* fine, right) *chance* of lawyers 많은 변호사들.
as chance would have it 우연히.
by any chance 만약에, 혹시나. ¶ if *by any chance* I should fall into poverty 만약에 가난해진다면.
by chance 우연히, 뜻밖에. ¶ I met him *by chance*. 우연히 그를 만났다.
by some chance 어쩌다가, 어떤 계제에.
[*the*] *chances are* [*that*⋯] 아마⋯일 것이다. ¶ *Chances are that* he has plenty of help. 아마도 그는 많은 도움을 받고 있을 것이다.
on the chance of doing; *on the chance that*⋯ ⋯하는 것을 기대하고, 혹시나⋯할지도 모른다고 생각하고. ¶ I went there *on the chance of* seeing her. = I went there *on the chance that* I might see her. 그녀

chanceful

를 만날 수 있지 않을까 하고 그곳에 갔다.
on the off chance 요행을 바라고, 만일의 경우에.
stand a [good] chance (or **show**) [**of** doing] […의] 승산(가망)이 [충분히] 있다. ¶ You *stand a good chance of* carrying off the prize. 너는 상을 탈 가망이 충분히 있다.
stand no chance against …에 대해서 승산이 없다.
take (or **run**) **one's** (or **the**) **chance** [**of** doing] […]을 운에 맡기고 해보다; 위험을 무릅쓰다; […]의 기회
take a [long] chance; take [long] chances 《美구어》 위험을 무릅쓰다, 흥하건 망하건 해보다. ¶ Don't *take a chance* [on] going out in this weather without an umbrella. 이런 날씨에 우산도 없이 외출하는 따위의 짓은 하지 마라.
take an even chance 승산이 엇비슷한 일을 운에 맡기다 해보다.
The chances are against (**in** *a person's* **favor** or **in favor of** *a person*) 형세는 …에게 불리(유리)하다. ¶ *The chances were in his favor*, but he failed. 형세는 그에게 유리했는데 실패했다.
— *adj.* 《한정 형용사》 우연의, 불시의, 뜻밖의 (accidental, casual). ¶ *a chance* customer 오다가다 들른 손님 / *a chance* hit 요행수로 맞기 / *a chance* meeting 우연한 만남 / *a chance* resemblance 우연한 닮음 / *a chance* visit 뜻밖의 방문.
— *v.* (**chanced, chanc·ing**) *vi.* 때마침 […]하다; 우연히 일어나다 (* 현재는 보통 happen을 쓴다). ¶ (~ + *to do*) I *chanced* to meet her. 우연히 그녀를 만났다 / 《it은 주어로 하여》 (~ + *that* 절) It *chanced* that we rode in the same bus. 우리는 우연히 같은 열차에 탔다.
— *vt.* 《구어》 (보통 it을 목적어로 하여》 …을 되든 안 되든 해보다, 운에 맡기고 해보다, 감행하다(risk). ¶ I'll *chance* it. 되든 안 되든 해보겠습니다.
as it may chance 그때의 형편에 따라, 사정에 따라.
chance on (or **upon**) …과 우연히 마주치다; …을 우연히 발견하다. ¶ I *chanced upon* this book. 우연히 이 책을 찾아냈다.
chance one's arm 《英구어》 운을 하늘에 맡기고 해보다. ¶ I'll *chance* my *arm*, and offer £10 for that. 결과는 운에 맡기기로 하고 그것에 나는 10파운드를 내겠다.
chance one's luck 운수를 시험해 보다. ¶ Did you *chance your luck* at Monte Carlo? 너는 몬테카를로 (도박장)에서 운수를 시험해 보았니?
▷ bechánce /, cháncy *adj.*

chance·ful [tʃǽnsfəl / tʃɑ́ːns-] *adj.* 사건이 많은; 기회가 많은; 《고어》 위험한, 모험적인.

chan·cel [tʃǽns(ə)l / tʃɑ́ːn-] *n.* 〔교회〕 내진(內陣), 제단 주변의 사제석(司祭席), 설교단.

chan·cel·ler·y [tʃǽns(ə)ləri / tʃɑ́ːn-] *n.* (*pl.* **-ler·ies**) **1** 《영국》 chancellor의 직 (위). **2** chancellor의 관청 (부, 국, 관리). **3** 대사관(영사관)의 사무국.

***chan·cel·lor** [tʃǽns(ə)lər / tʃɑ́ːn-] *n.* **1** (보통 C-) 《영》 장관, 대법원장, 대법관[영국의 각종 고관명을 나타낸다]. ¶ the *Chancellor* of the Duchy of Lancaster 랭커스터 공작령 대법관[랭커스터 공작으로서 공식으로 영국왕을 대표하는 각원(閣員)] / the *Chancellor* of the Exchequer 재무장관 / the Lord [High] *Chancellor* [of Great Britain] 대법관 (영국에서 최고의 사법관이며, 내각 및 추밀원(樞密院)의 일원, 귀족원 의장). **2** 《美》 형평법(衡平法) 법원장. **3** 〔서독·오스트리아의〕 수상. **4** 《英》 〔대사관 따위〕 1등 서기관. **5** 《英》 〔명예직의〕 대학 총장 〔실제적인 운영은 vice-chancellor가 맡아 한다〕 (*cf.* 《美》 president); 《美》 대학의 사무처장. **6** 〔교회〕 대법관 고문.

chan·cel·lor·ship [tʃǽns(ə)lərʃip / tʃɑ́ːn-] *n.* ⓤ chancellor의 직 (지위, 임기).

chance-med·ley [tʃǽnsmèdli / tʃɑ́ːn-] *n.* ⓤ 〔법률〕 과실 치사, 정당 방위 살인.

chan·cer·y [tʃǽns(ə)ri / tʃɑ́ːn-] *n.* (*pl.* **-cer·ies**) **1** chancellor 의 사무소(chancellery). **2** 〔영국의〕 대법관청, 공문서 보관소. **3** (보통 C-) 《美》 대법관 법정 〔현재는 고등 법원(High Court of Justice)의 일부〕. **4** 〔법률〕 형평법 법원; 형평법. **5** 〔가톨릭〕 〔로마 교황청의〕 상서원(尙書院).
in chancery ① 〔법률〕 형평법 법원에 소송중인. ② 〔레슬링〕 머리를 상대방의 겨드랑이 밑에 짓눌러서. ③ 궁지에 몰려, 불리한 입장이 되어.

chan·cre [ʃǽŋkər] *n.* 〔병리〕 경성 하감(硬性下疳) 〔매독의 초기 병변(病變)〕.

chan·croid [ʃǽŋkrɔid] *n.* 〔병리〕 연성(軟性) 하감.

chanc·y [tʃǽnsi / tʃɑ́ːn-] *adj.* (**chanc·i·er, chanc·i·est**) **1** 우연한; 위태위태한(risky). **2** 《주로 스코》 행운의 (lucky). ▷ 장식용 전등.

***chan·de·lier** [ʃændəlíər] *n.* 샹들리에 〔천장에 매다는 장식용 전등〕.

chan·delle [ʃændél] *n.* 〔항공〕 *n.* 급상승(zoom).
— *vi.* (-**delled, -dell·ing**) 급상승하다(zoom).

chan·dler [tʃǽndlər / tʃɑ́ːn-] *n.* **1** 상인(商人) (dealer, trader). **2** 양초 제조 판매인. **3** 잡화상(인). ¶ a corn *chandler* 잡곡상.

chan·dler·y [tʃǽndləri / tʃɑ́ːn-] *n.* (*pl.* **-dler·ies**) **1** 양초 잡화상. **2** 잡화상. **3** ⓤ (때로. -dleries) 잡화류.

‡**change** [tʃeindʒ] *v.* (**changed, chang·ing**) *vt.* **1** 〔외관・모양 따위]을 바꾸다, 고치다, 변경하다, 변화시키다(…*into*). ¶ *change* one's address 주소를 바꾸다 / *change* one's character 성격을 고치다 / *change* one's habits 습관을 바꾸다 / *change* one's mind 생각을 바꾸다 / (~ + 目 + 前 + 名) *change* water *into* vapor 물을 증기로 변화시키다.
〖類語〗 **change** 보통 명백히 다른 것으로의 변화를 뜻하나, 아래의 모든 단어를 대신할 수 있다: *change* a plan 계획을 바꾸다. **alter** 전체적으로 바꾸지 않고, 어떤 특수한 점이 변하다: *alter* a plan 계획을 일부 수정하다. **vary** 시일의 경과나 성장 등의 변화로 생기는 차이를 뜻할 때가 많다: Custom *varies* from age to age. 습관은 시대에 따라 변한다. **convert** 특정한 목적에 합치되도록 change하다: *convert* iron into steel 철을 강철로 변화시키다.

2 〔다른 것〕을 …으로 바꾸다(exchange), 교환하다, 갈다; …을 갈아입다(…*for, with*). ¶ *change* one's clothes 옷을 갈아 입다 // (~ + 目 + 前 + 名) *change* places *with* …과 장소를 바꾸다 / *change* jobs *with* …과 번갈아 일을 하다 / *Change* seats with each other. 서로 자리를 바꾸어 주세요(* places, jobs, seats 의 복수형에 주의) / You had better *change* wet clothes *for* dry ones. 젖은 옷을 마른 옷으로 갈아입는 것이 좋겠다.

3 〔기차·버스 따위에서〕 …으로 갈아타다 (…*for*). ¶ (~ + 目 + 前 + 名) You must *change* trains *for* Suwon at Kuro. 너는 구로역에서 수원행으로 갈아타야 한다 (* trains의 복수형에 주의).

4 〔수표·화어음 따위]을 현금으로 바꾸다; 〔돈〕을 환전하다, 잔돈으로 바꾸다(…*into, for*). ¶ *change* a five-dollar bill 5달러짜리 지폐를 잔돈으로 바꾸다 // (~ + 目 + 目) Can you *change* me this ten-dollar bill? 이 10달러짜리 지폐를 바꿔주세요 // (~ + 目 + 前 + 名) *change* dollars *into* pounds 달러화(貨)를 파운드화로 환전하다 / I can *change* this bill *for* 50 dollars. 이 어음을 50달러로 바꿀 수 있다.

5 …의 외피(커버)를 바꾸다. ¶ *change* a bed 〔침대의〕 커버를 갈다, 아랫자락을 고쳐 깔다 / *change* a crying baby 우는 아기의 기저귀를 갈아주다 (아기에게 옷을 갈아입히다).

— *vi.* **1** 변화하다, 변하다(alter) (*to, into…*). ¶ The times *change*. 시대는 변한다 // (~ + 前 + 名) The wind *changed from* south *to* north. 풍향이 남쪽에서 북쪽으로 바뀌었다 / A caterpillar *changes into* (or *to*) a

changeability 412 **chanter**

butterfly. 쐐기벌레는 나비로 변한다 / Summer *changes to* fall. 여름이 가면 가을이 온다 / Our relations with that country will soon *change for* the better. 우리 나라와 그 나라와의 관계는 머지 않아 개선될 것이다. **2** 교체하다, 교대하다(make an exchange). **3** [탈것을] 갈아타다. ¶ All *change*! (美) 여러분, 갈아타 주십시오.((英) All out (or off)!). **4** [옷을] 갈아입다. ¶ (〜+前+图) *change for* dinner 식사하기 위해서 옷을 갈아입다 / *change into* silk 비단옷으로 갈아입다. **5** [조수(潮水)의] 간만·달의 모양이 변하다; [어른이 되어 목소리가] 변하다. **6** [술·우유 따위가] 맛이 변하다.
change about (구어) ① [지위·처지가] 바뀌다. ② 변절하다; 탈당하다.
change down (*up*) [자동차의] 기어를 저속(고속)으로 바꾸다.
change foot (or *feet*) ⇒ FOOT.
change front [군대] 공격 방향을 바꾸다.
change hands ⇒ HAND.
change off 교대하다.
change oneself into …으로 변장하다.
change over 위치를 전용하다, 다른 용도로 바꾸다.
change one's tune ⇒ TUNE.
— *n.* **1** 변화(variation); 변경, 개수(改修) (alteration); 수정(modification); 편차(偏差) (variation); 변형 (transformation). ¶ social *changes* 사회적 변화 / a *change* for the better (worse) 바람직한(바람직하지 않은) 변화. **2** 교체; 이동; 전환(更迭); 갈아입기, 기본 전환; 전지(轉地) [요양]. ¶ a *change* of air 전지 요양 / go to the seaside for a *change* [of air] 해안으로 전지 요양하러 가다 / go to the movies for a *change* 기분 전환을 위해서 영화보러 가다. **3** [상태·형태·형세의] 변화. ¶ the *change* of voice 변성(變聲) / the *change* of life [여성의] 갱년기 / the *change* of tide 조수(潮水)가 바뀔 때; [비유적] 위기. **4** 대용물. **5** ⓤ 잔돈, 거스름돈, ¶ small *change*. 잔돈 / Keep the *change*. 거스름돈은 그냥 두세요. **6** (C) ((英)) [상업] 거래소, 교환소 (※ Exchange의 약어로 오인되어 종종 'Change로 쓰는 일이 있다). ¶ on 'Change 거래소에서. **7** (보통 〜s) 종소리의 변곡(變曲).
changes and chances 성쇠(盛衰).
for a change 여느때와 달리; 기분 전환으로. ¶ Why can't you spend an evening at home *for a change*? 하루 밤쯤 집에서 지내면 어떻겠니?
get no change out of a person (구어) 남에게서 아무것도 알아낼 수 없다; [논쟁·싸움에서] 남에게 이기지 못하다.
give a person [*his*] *change* 남을 위해서 진력하다; 남에게 보답(보복)하다; 남에게 당연한 상(벌)을 주다.
give a person no *change* 남에게 아무런 만족도 주지 않다; 남에게 아무것도 알리지 않다.
go through changes (구어) [무엇인가를] 깨닫고(태도를 바꾸다, 긴장하고 있다, 걱정하고 있다.
put the change on (or *upon*) a person (구어) 남을 속이다.
put a person *through changes* (구어) 남을 놀라게 하다, 뜻밖의 일로 남에게 충격을 주다.
ring the changes ① 가급적 순서를 바꿔서 종을 울리다. ② [비유적] 방법을 바꿔가며 하다; 여러 가지로 나꿔 말하다. [보복하다.
take one's (or *the*) *change out of* a person 남에게 ◇ *changeful adj.*
change·a·bil·i·ty [tʃèindʒəbíliti] *n.* ⓤ 변하기 쉬움, 불안정.
‡**change·a·ble** [tʃéindʒəbl] *adj.* **1** [사람의 성질·기후 따위가] 변하기 쉬운, 변하는 경향이 있는; [날씨가] 불순한(variable). ¶ The weather is *changeable* at this time of the year. 이맘때는 날씨가 불순하다. **2** [광택·외관이] 여러 모로 변해 보이는.
〜ness *n.* ·bly *adv.*

change-down [tʃéindʒdàun] *n.* [자동차 따위의 기어를] 저속으로 바꾸기.
change·ful [tʃéindʒfəl] *adj.* 끊임없이 변화하는(changing); 변화가 많은(variable); 불안정한(inconstant). 〜ly *adv.* 〜ness *n.*
change gear *n.* [자동차·기계의] 변속기, 변속 기어.
change·less [tʃéindʒlis] *adj.* 변하지 않는, 일정 불변의(constant), 〜ly *adv.* 〜ness *n.*
change·ling [tʃéindʒliŋ] *n.* **1** 바뀌친 아이[선녀(仙女)가 납치해 다른 아이 대신에 두고 가는 작고 못생긴 아이·동물] (elf child). **2** [화학적으로] 변색한 우표. **3** (고어) **a)** 불충한 자; 마음이 잘 변하는 사람, 바람둥이. **b)** 바보, 멍청이(idiot).
change machine *n.* 잔돈 바꾸는 기계(changemaker).
change-mak·er [tʃéindʒmèikər] *n.* 자동(잔돈) 환전기; [지하철 따위에서] 잔돈을 교환해 주는 사람.
change-o·ver [tʃéindʒòuvər] *n.* [정책 등의] 전환; [내각 따위의] 경질; [지위·입장·환경 따위의] 변화.
change pocket *n.* 잔돈 주머니.
change ringing *n.* ⓤ 전조타종(轉調打鐘) [종을 여러 가지 방법으로 치는데, 특히 4분 음계로 타종한다].
change-up [tʃéindʒʌp] *n.* [야구] 체인지 업[타자의 타이밍을 빗나가게 하기 위해 투수가 구속(球速)을 변화시키는 일].
change wheel *n.* [기계] 변속(變速) 기어. [실.
changing room *n.* ((英)) 특히 체육관 따위에서의 탈의
‡**chan·nel**[tʃǽn(ə)l] *n.* **1** 강바닥, 하상(河床).
2 수로; 해협. ¶ cut a *channel* 수로를 내다 / the [English] *Channel* 영국 해협. **3** [항해] 항로. **4** [보도 따위의] 경로, 통로; (〜s) [소정의] 연락 수단; [왕복의] 경로. / the *channel* of knowledge 지식의 경로 / the *channel* of trade 정상적인 무역 경로 / a reliable *channel* 믿을 만한 소식통.
5 농신보 [라디오·텔레비전·전신·전화의 송신 따위 하나의 통신을 전달하는 경로], 채널, 주파수대(帶).
6 [방향 따위의] 순로(順路), 계통, 방면. ¶ break out into a new *channel* 새로운 방면을 개척하다.
7 수도, 수관(水管).
8 [문지방 따위의] 홈, [기둥 따위의] 장식용 세로홈, [일반적으로] 좁고 긴 홈(groove); 총검(銃劍)의 홈.
9 [컴퓨터] [정보의 전달·전송·기억 기능에 쓰이는] 회로.
10 = channel iron.
— *vt.* (-neled, -nel·ing; (英) -nelled, -nel·ling) **1** …에 수로를 내다, 도랑을 파다. **2** …을 수로로 운반하다; [어떤 방향으로] …을 돌리다, …의 루트를 넓히다; …을 이끌다, 보내다, 전달하다 // (〜+图+前+图) He *channeled* all his energy *into* fixing his bicycle. 그는 에너지를 다해 자전거 수리에 매달렸다.
chan·nel[2] [tʃǽn(ə)l] *n.* [항해] [뱃전에 돌출한] 수평판 [돛대의 가로 지삭(支索)의 경사도를 크게 하기 위한 것]. [(材).
channel iron (bar) *n.* 홈이 패어 있는 형재(型
channel lease *n.* [유선 TV의] 채널 임대.
chan·son [ʃǽnsən/ ʃɑ̃ːŋsɔ́ːŋ] *n.* 상송, 노래(song). [〈F] [(가수).
chan·son·nier [ʃæ̀nsəníei] *n.* (프랑스의) 상송 가수
****chant** [tʃænt / tʃɑːnt] *n.* **1** 노래(song); 창가. **2** [시편이나 성서의 노래의] 단조로운 창화(唱和); [영창조의(詠唱調)]; 찬송가, 성가. **3** 단조로운 말투. **4** 항 따위의 구호 외치기. — *vt.* **1** …을 노래하다(sing). **2** [시나 노래를 지어] …을 축하하다, 찬송하다. ¶ *chant* the praises of …을 격찬하다. **3** [시편(詩篇)·찬송가·성가를] 가창(歌唱)하다.
4 [항의 구호를] 외치다. — *vi.* **1** 노래하다; 창화하다. **2** 항의 구호를 외치다.
chan·tage [tʃǽntidʒ / F ʃɑ̃taʒ] *n.* (프랑스) (= blackmail) 공갈, 협박.
chant·er [tʃæntər / tʃɑːntə] *n.* **1** [찬송가 따위를] 영

chan·te·relle [tʃæntərél, tʃèn-/ tʃèn-] n. 버섯의 일종〈프랑스에서 식용〉. 「여자 가수. [<F]

chan·teuse [ʃɑːntúːz] n. 〖카바레·나이트클럽 등의〗

chant·ey, chant·y [ʃǽnti, tʃæn-/tʃáː-] n. (pl. -eys; chant·ies) [선원들이 일에 맞추어 부르는] 뱃노래.

chan·ti·cleer [tʃǽntiklìər / ‑‑‑, tʃɑ́ːntiklìə] n. 수탉(rooster). 「<중세의 서사시 Reynard the Fox 에 나오는 수탉 이름〗 「〖형〗 여자 가수.

chant·ress [tʃǽntris / tʃɑ́ːnt-] n. (chanter 의 여성

chan·try [tʃǽntri / tʃɑ́ːn-] n. (pl. -tries) 1 〖교회〗 〖사후의 명복을 위해 매일 미사를 올려줄 것을 조건으로 하여 바치는〗 헌금. 2 〖그 헌금으로 지은〗 예배당. 3 교회당 부속의 〖작은〗 예배당.

chant·y [ʃǽnti, tʃæn-/ tʃɑ́ːn-] n. (pl. chant·ies) = chantey.

***cha·os** [kéi)as / -ɔs] n. Ⓤ Ⓒ 1 혼돈(混沌), 대혼란; 무질서. opp. cosmos ⇒ CONFUSION 〖類語〗 2 〖성서〗 〖천지 창조 이전의 혼돈〗 3 (C-) 〖그리스 신화〗 카오스 〖천지 창조에 의해 처음으로 나온 신; 혼돈의 화신〗. 4 《페어》깊은 균열(chasm); 심연(深淵) (abyss).

***cha·ot·ic** [ke(i)ɑ́tik / -ɔ́t-] adj. 대혼란의, 무질서한. opp. cosmic **-i·cal·ly** [-ikəli] adv.

chap¹ [tʃæp] v. (chapped, chap·ping) vt. 1 〖추위 위〗 〖피부를 트게 하다(crack), …을 거칠게 하다 (roughen); …을 붉게 하다(redden). 2 〖땅·목재를 갈라지게 하다(split), …을 금가게 하다. ― vi. 〖손 피부〗 트다, 거칠어지다; 〖땅·목재 따위에〗 금이 가다. ― n. 1 (보통 ~s) 금, 〖피부의〗 튼 자리(crack). 2 〖스코〗 일격(一擊)(blow), 한대 때리기(knock).

chap² [tʃæp] n. 1 《구어》 놈, 녀석(fellow), 사나이, 사내아이 〖* man 또는 boy 를 소탈하게 표현한 말〗. ¶ a good(or a nice, old) chap 〖호감이 가는〗 좋은 사나이 / Old chap ! (=My dear chap !)《부르는 말로》이 사람아 ! 《英方言》 고객, 단골 손님(customer).

chap³ [tʃæp] n. =chop³.

chap., Chap. (略) chaplain; chapter.

cha·pa·ra·jos [ʃǽpəréious / tʃɑ̀ːpəréihous], **cha·pa·re·jos** [-ous/ -hous]) n. pl. 《美》 카우보이의 가죽 바지.

chap·ar·ral [ʃǽpəráːl, +美 ‑rǽl] n. 1 《美서남부》 작은 떡갈나무의 수풀(덤불). 2 〖일반적으로〗 덤불.

chàparrál còck n. 〖미산(産)〗 뻐꾸기의 일종(roadrunner)의 수컷.

chàparrál hèn n. 〖미산(産)〗 뻐꾸기의 일종(roadrunner)의 암컷.

chap·book [tʃǽpbùk] n. 싸구려책〖옛날에 호객 행상인(chapman)이 팔고 다니던 이야기·속요(俗謠) 따위의 소책자〗.

chape [ʃeip] n. 1 〖칼집의〗 물미〖끝에 씌운 쇠〗 2 〖혁대의〗 걸쇠.

cha·peau [ʃæpóu] n. (pl. -peaux [-póuz] or -peaus) 《美서남부》 모자(hat). [<F cape, cap]

‡chap·el [tʃǽp(ə)l] n. 1 〖개인 또는 학교·왕실 부속의〗 예배당, 채플. ¶ chapel royal 왕실 부속 예배당. 2 〖영국 국교회(Church of England) 이외의 개신교의〗 교회당. cf. church ¶ chapel folk 비국교도(nonconformists)/ give up church and attend chapel 국교를 버리고 비국교도가 되다. 3 〖한 교구의 교회에 딸린〗 예배소, 분회당(分會堂). 4 〖예배소에서 거행하는〗 예배식, Ⓤ 예배. ¶ keep(miss) chapels 〖학생이〗 예배에 출석(결석)하다. 5 〖예배 또는 궁정내의〗 성가대 (choir), 악단(orchestra), 6 인쇄소; 인쇄공 조합.

chápel gòer n. 《英》 비국교도.

chap·el·ry [tʃǽp(ə)lri] n. (pl. -ries) 예배당 관할 구역.

chap·er·on, -one [ʃǽpəròun] n. 샤프롱〖젊은 미혼 여성이 사교계에 나가거나 이끼리 교제하는 장소에 드나들 때 따라다니며 시중드는, 보통 나이 지긋한 기혼 여성〗, 2 〖15 세기에 유행한〗 머리 장식. ― vt. 〖젊은 여성의〗 보호자로서 따라다니다.

chap·er·on·age [ʃǽpəròunidʒ] n. Ⓤ 젊은 미혼 여성의 시중들기.

chap·fall·en [tʃǽpfɔ̀ːl(ə)n], **chop-** [tʃɑ́p-/ tʃɔ́p-] adj. 1 아래턱이 움푹 들어간. 2 풀이 죽어 있는(dispirited), 낙담한(dejected). 「〖축〗 기둥머리(capital).

chap·i·ter [tʃǽpitər] n. 《성서 이외에는 드물게》 〖전

chap·lain [tʃǽplin] n. 1 〖궁정·학교·군대·병원·교도소 등 공공 시설 소속의〗 신부, 목사, 교회지(敎誨師), 종군 신부, 군목. 2 〖드물게〗 〖집회의〗 예배 사회자.

chap·lain·cy [tʃǽplinsi] n. Ⓤ chaplain 의 직.

chap·lain·ship [tʃǽplinʃìp] n. = chaplaincy.

chap·let [tʃǽplit] n. 1 〖머리 장식용의〗 화관(花冠). 2 염주. 3 〖가톨릭〗 작은 염주〖길이는 rosary 의 3분의 1〗; 작은 염주를 세면서 올리는 기도. 4 〖건축〗 염주 모양의 쇠시리, 구슬선(astragal).

chap·let·ed [tʃǽplitid] adj. 화관을 쓴; 구슬선의.

chap·man [tʃǽpmən] n. (pl. -men [-mən]) 《英》 소리치며 파는 장사꾼(hawker), 행상인(peddler).

chapped [tʃæpt] adj. 살갗이 튼, 피부가 갈라진.

chap·pie [tʃǽpi], **(chap·py)** n. 《英구어》 녀석, 사나이, 꼬마(chap); 멋쟁이《사나이》.

chaps [tʃæps] n. pl. 《美서부》 =chaparajos.

cháp stìck n. 《美》 =lip-balm.

‡chap·ter [tʃǽptər] n. 1 〖책·논문 따위의〗 장(章) 〖略 c., cap., ch., chap.〗; 제목, 〖담화의〗 화제(topic); 〖인생·역사의〗 한 장(章), 한 구절, 중요한 사건; 삽화 (挿話). ¶ the first chapter; Chapter 1(One) 제1장/ His career forms a chapter of life stranger than any fiction. 그의 경력은 그 어떤 소설보다도 기구한 삶의 한 장을 이루고 있다. 2 〖조합·단체 따위의〗 지부, 분회 (branch). 3 《英》〖교회〗 a) 〖수도원의 한 관구·수도회 전체의〗 집회. b) 성당 참사회원의 총회. c) 〖교회 전체의 관구·수도회의〗 총회. d) 〖집합적〗 성당 참사회원, 성직 대표자. 4 〖일반적으로〗 총회(general assembly). 5 〖성가〗 〖성무(聖務) 일과에서 시편 낭송 후 같은 때에 낭독하는〗 성서의 짧은 구절. 6 〖시계 문자반의〗 숫자, 숫자를 대신하는 기호.

chapter and verse n. 확실한(충분한) 근거, ¶ give chapter and verse for …에 대한 확실한 전거를 제시하다, 정확한 정보를 제공하다. ② 《美속어》 규칙집; 상세한 정보, ③ 정확하게, 상세히.

read [a person] a chapter 〖남을〗 단단히 타이르다.
a chapter of accidents 일련의 불행한 사건.
to the end of the chapter ⇒ END.
― vt. 〖책·논문 따위〗를 장(章)으로 나누다.

Chápter 11 n. 《美》파산 기업 법정 관리〖U.S. Bankruptcy Code〖미국 파산법〗 Chapter 11〖제11장〗에서〗. ¶ file under Chapter 11 〖파산 기업의〗 법정 관리를 신청하다.

chápter hòuse n. 1 〖교회〗 성당 참사회 회의소. 2 《美》 〖대학 동창회 지부 따위의〗 회관(會館).

char¹ [tʃɑːr] v. (charred, char·ring) vt. 1 …을 숯으로 하다. 2 …을 까맣게 태우다. ― vi. 까맣게 타다, 숯이 되다. ― n. Ⓤ 까맣게 탄 것. 2 숯 (charcoal).

char², charr [tʃɑːr] n. (pl. chars or char; charrs or charr) 곤들매기류 물고기〖연어과〗 담수어〗.

char³ [tʃɑːr] n. 1 《주로 英》〖구어〗 잡역부(雜役婦)(charwoman). 2 집안의 잡다한 일. 3 〖시간(일)급제의〗 잡일(odd job), 잡무, 집안일 거들기(chore). ― v. (charred, char·ring) vt. 1 〖집안일·잡일 따위〗를 하다. 2 …을 수리하다, 고치다(fix). ― vi. 〖시간(일) 급제로〗 가사를 돌다, 잡역부로서 일하다.

char⁴ [tʃɑːr] n. 《英속어》 =tea.

char·a·banc, char·à-banc [ʃǽrəbæŋ(k) / -bæ̀n] n. 《英》 대형 관광 버스. * 현재는 motor coach 라는

말이 더 널리 쓰인다.

‡**char·ac·ter** [kǽriktər, -rək-] n. **1** ⓤⓒ [사람이나 물건의] 성질, 성격, 기질. ¶ a man of lovable *character* 애교 있는 사람 / a generic *character* [동·식물의] 속성 / assume an international *character* 국제성을 띠다 / bear the *character* of …의 성질을 띠다.
2 ⓤⓒ 특징. (⇨ QUALITY 類語); (유전·발생) 형질(形質). ¶ *character* of the country 그 지방의 특징 / diseases of a malignant *character* 악성 질환.
3 ⓤ [개인이나 국민의 도덕적] 특성, 성격. ¶ insular *character* 섬나라 근성 / moral *character* 덕성(德性) / national *character* 국민성 / read *character* in the face 관상을 보다.
類語 *character* 인물 평가의 기준이 되는 그 사람 특유의 도덕적 특성: noble *character* 고매한 인격. **individuality** 남과 분명히 다른 개인적 특징: strong *individuality* 강한 개성. **personality** 외관과 내면적 특징이 하나로 어우러져서 남에게 주는 인상: vivid *personality* 발랄한 개성.
4 ⓤⓒ [도덕적으로 보아 훌륭한] 품성, 인격, 덕성. ¶ a man of *character* 인격자 / a man of fine *character* 인품이 훌륭한 인물 / *character* building 인격 형성 / elevate the *character* of a newspaper 신문의 품격을 높이다 / train (or polish, cultivate) one's *character* 품성을 갖고 닦다.
5 ⓒⓤ [특히 좋은] 평판, 명성. ¶ a blot (or a stain) on one's *character* 명성을 더럽히는 오점(汚點)/lose one's *character* 명성을 잃다 / injure one's *character* 명성을 훼손하다 / get a good *character* 호평을 받다 / give a person a good (a bad) *character* 남을 칭찬하다(헐뜯다) / redeem one's *character* 명성을 회복하다.
6 [주로 물건의] 신용에 관한 서술; [전(前) 고용주가 고용인에게 주는] 인물 증명서, 추천장. ¶ twenty years' *character* 20년 근속 증명서 / His employer gave him a very good *character*. 고용주가 크에게 아주 좋은 추천장을 써 주었다.
7 ⓤ 지위, 신분, 자격.
8 사람, 인물. ¶ a real *character* 실재 인물 / a public *character* 세상에 널리 알려진 사람, 공인(公人) / bad *characters* 불량배.
9 《구어》 괴짜, 기인(奇人). ¶ He is quite a *character*. 그는 상당히 괴짜다.
10 [연극·영화·역사 등이나 이야기 속의] 인물, 배역; [17-18 세기 영문학의] 인물 묘사(character sketch). ¶ a leading *character* 주역 / impersonate a *character* 어떤 역을 연기하다 / The *characters* were poorly cast. 배역이 나빴다 / The novelist draws his *characters* from real life. 그 소설가는 작중 인물을 실생활에서 끌어온다.
11 문자, 기호, 부호, [컴퓨터의] 기호. ¶ an alphabetic *character* 알파벳 문자 / the Chinese *character* for "monkey" 「원숭이(猿)」라는 한자 / musical *characters* 악보 / a *character* reader [컴퓨터의] 문자 판독 장치 / a large (small) *character* 큰(작은) 글자로.
12 《집합적》 [한 나라의] 문자(charactery); 서체(書體).
13 《페어》 암호, 암호 통신.
in character 성미에 맞아; 조화되어; 배역에 꼭 맞아(.. *with*). ¶ The policy should be *in character with* the state. 정책은 국체(國體)와 일치해야 한다.
in the character of (or **as**) ① …의 자격으로. ¶ make a speech *in the character of* President 대통령의 자격으로 연설하다. ② …역으로 분장하여. ¶ He appears *in the character of* King Oedipus. 그는 에디푸스왕으로 분장해서 나온다.
out of character 성미에 맞지 않아; 조화되지 않아; 배역에 맞지 않다. ¶ go *out of character* 격에 맞지 않는 짓을 하다.
── vt. 《고어》 **1** [성격]을 묘사하다, 기술하다. **2** …을 조각하다, 새기다, 파다.

◇ charactéristic *adj.*, cháracterize *v.*

cháracter áctor n. 성격 배우.
cháracter assassinàtion n. ⓤⓒ《美》 [공인(公人) 등에 대한] 중상, 비방, 인신 공격.
cháracter dénsity n. [컴퓨터] 문자 밀도 [기록 매체의 단위 길이당 기억할 수 있는 문자수].
cháracter disórder n. 성격 이상.
cháracter displáy n. [컴퓨터] 문자 표시 장치 [컴퓨터의 출력 장치의 하나].
char·ac·ter·ful [kǽriktərfəl] *adj.* 특성(특질, 특징)을 잘 나타내는; 특징적인, 독특한.

‡**char·ac·ter·is·tic** [kæ̀riktərístik] *adj.* 특유의, 독특한, 특질, 있는. ¶ the *characteristic* enthusiasm of youth 젊은이의 특색인 열광적 감격 [성] / the *characteristic* taste of honey 벌꿀 특유의 맛 / It's *characteristic* of him. 그것은 참으로 그다운 일이다. ── n. **1** 특질, 특징. ⇨ FEATURE 類語 ¶ the *characteristics* of the nation 그 국민의 특성 / the *characteristic* of poetry 시(詩)의 특질. **2** 〔수학〕 [로그의] 지표(指標).
-ti·cal·ly [-tikəli] *adv.* ◇ cháracter *n.*, cháracterize *v.*
char·ac·ter·i·za·tion [kæ̀riktəraɪzéɪ(ə)n / -raɪ-] n. ⓤ 성격 묘사; 특성의 기술(記述).

char·ac·ter·ize [kǽriktəraɪz] (《英》에서는 **characterise** 로도 쓴다) *vt.* (**-ized, -iz·ing**) **1** …의 특성을 나타내다, 특징을 밝히다. **2** …의 특성을 기술하다. ¶ (~+圓+*as* 團) It must be *characterized as* a success. 그것은 성공이라고 단정해야 한다. **3** …에 특성을 주다, …의 특색을 이루다. ¶ His style is *characterized* by simplicity. 그의 문체는 간결하여 특징이다.

◇ cháracter, characterizátion *n.*

char·ac·ter·less [kǽriktərlɪs] *adj.* **1** 특징(개성)이 없는, 평범한. **2** [근무] 증명서가 없는.
char·ac·ter·ol·o·gy [kæ̀riktərάlədʒɪ, -ɔ́l-] n. [심리] 성격학, 성격 연구; 인물지(人物誌), 인물평.
cháracter skétch n. [소설 따위의] 인물(성격) 묘사.
char·ac·ter·y [kǽrikt(ə)rɪ] n. ⓤ **1** [의미 표현의 수단으로서의] 문자(기호)의 사용. **2** 《집합적》 [한 나라의] 문자.
cha·rade [ʃəréɪd, -rάːd] n. **1** (~s) 《단수 취급》 몸짓 놀이, 제스처 게임 [한 사람이 몸짓으로 나타내는 말을 다른 사람이 알아맞히는 실내 놀이]. **2** [이 놀이에서] 알아맞히는 말.
char·broil [tʃάːrbrɔɪl] *vt.* …을 숯불로 굽다.
*char·coal [tʃάːrkoʊl] n. **1** ⓤ 숯, 목탄. **2** 목탄 연필, 목탄화(畫). ── *vt.* …을 목탄으로 그리다; …을 숯불로 칠하다. ──【화로.
chárcoàl búrner n. **1** 숯 굽는 사람. **2** 숯 풍로.
chárcoàl gráy (《英》 **gréy**) n. ⓤ 짙은 회색(dark gray). ¶ *charcoal gray* (or *grey*) hat 짙은 회색 모자.
chard [tʃάːrd] n. 근대 [잎은 식용].
chare [tʃɛər] n., v. (**chared, char·ing**) 《英·드물게》 =char³.

‡**charge** [tʃάːrdʒ] v. (**charged, charg·ing**) *vt.* **1** [짐]을 …에 싣다; [물건을] [그릇에] 채우다, 담다(...*with*).
2 [화약을] [총포에] 장전하다, [축전지]에 충전하다; [물리] …을 대전(帶電)시키다. ¶ *charge* a storage battery 축전지에 충전하다 // (~+圓+前+名) *charge* a gun with powder 대포에 탄약을 장전하다.
3 [일반적으로] …에 채워넣다, 가득 채우다; …을 다른 물질로 채우다, 포화(飽和)시키다(...*with*). ¶ (~+圓+圓+圓) a brush *charged* with black ink 먹을 듬뿍 머금은 붓 / the atmosphere *charged* with radioactive rays 방사선을 띠고 있는 대기 / *charge* water *with* salt 물에 소금을 포화시키다 / *charge* one's mind *with* information 마음 속에 정보를 가득 집어넣다.
4 [마음·정신]에 부담을 주다; [임무 따위]를 …에게 위탁하다, 맡기다; [재귀법] 떠맡다(...*with*). ¶ (~+

⑪+前+名 charge oneself with …의 책임을 떠맡다 / I am charged with the task. 나는 그 일을 책임지고 있다.
5 〔남〕에게 명령하다; 〔남〕에게 훈시하다, 타이르다. ¶ (~+图+to do) I charge you strictly not to commit such a crime again. 두 번 다시 그런 죄를 범하지 않도록 엄중히 명한다.
6 …에게 설명하다(instruct). ¶ A judge charges a juryman. 재판관이[사건의 문제점을] 배심원에게 설명한다.
7 …을 비난하다, 나무라다; 고소(고발)하다; 〔죄 따위〕를 뒤집어씌우다, …의 탓으로 돌리다. ¶ (~+图+前+名) charge a crime on her 그 죄를 그녀의 탓으로 돌리다 / He was charged with a crime. 그는 기소되었다 (*〔美〕에서는 It is charged that he committed a crime.이라는 구문이 보통) / The prisoner is charged with stealing a car. 피고는 자동차를 훔친 혐의로 기소되었다 / The master charged the accident to (or against) me. 주인은 그 사고를 내 책임이라고 했다.
類語 charge 보통 무거운 죄를 법에 의해 고소(고발)하다: charge a person with a fraud 남을 사기죄로 고소(고발)하다. **accuse** 죄상을 들어서 본인을 직접 얼마하게 책망하다: accuse a person of a fraud 남의 사기 행위를 크게 책망하다. **indict** 〔검사·배심단 등이〕 증거를 고려한 끝에 죄상을 인정하여 기소하다: indict a person accused of murder 살인죄로 고발된 사람을 기소하다. **impeach** 공직자의 부정을 헌법의 절차에 따라 탄핵하다; 일반적으로는 사람을 다그쳐서 답변을 하게 하다: The National Assembly impeached the judge. 국회는 그 법관을 탄핵했다.
8 …을 차변(借邊)에 기입하다, 부채에 써넣다, 〔사는 사람의〕 외상으로 달아놓다(...to). ¶ Charge it, please. 외상으로 달아 주십시오 // (~+图+前+名) charge expense to a person's account 비용을 남의 구좌(口座)에 올리다.
9 〔세금 따위〕를 부과하다, 〔지불·대금 따위〕를 요구하다, 청구하다. ¶ (~+图+前+名) charge coal at $4 a ton 석탄값을 톤당 4 달러로 쳐서 청구하다 / How much do you charge for this room? 이 방에는 얼마입니까?
10 〔총 따위〕를 겨누다; …을 습격하다. ¶ The soldiers charged the enemy. 병사들은 적을 습격했다.
11 〔문장 따위〕에 문장을 넣다.
— vi. **1** 돌격하다(at...). ¶ We charged at the enemy. 우리는 적을 향해 돌격했다. **2** 지불을 남으로 돌리다. **3** 대금〔지불〕을 청구하다(for...). **4** 셈을 해서 차변에 기입하다. **5** 〔개가〕 명령에 따라 엎드리다.
charge dówn 〔럭비 따위〕에서 공을[펀트를] 막다.
charge óff ① …을 결손(필요 경비)으로 공제하다. ② […의] 탓으로 돌리다(...to). ¶ A bad mistake must be charged off to ignorance. 큰 잘못은 무지(無知)의 소치라고 하지 않을 수 없다.
— n. **1** 짐, 무거운 짐.
2 ⓤⓒ 〔화약 1 발분의〕 장전; 충전; 〔물리〕 전하(電荷). ¶ 〔an〕 electric charge 전하 / magnetic charge 자하(磁荷).
3 ⓤ 감독; 보관, 관리; 보호. ¶ the hospital under his charge 그가 관리하고 있는 병원 / I have her under my charge. 내가 그녀를 돌보고 있다.
4 ⓤ 〔위탁된〕 책임, 의무; ⓒ 맡은 물건; 수탁물(受託物); 맡겨진 사람〔환자·신도 등〕.
5 ⓤ 명령, 훈령, 훈계, 설명. ¶ a judge's charge to the jury 배심원에 대한 판사의[사건의 문제점에 관한] 설명.
6 비난, 혐의, 고소, 〔죄에 대한〕 문책, 비난. ¶ a charge of murder 살인 혐의 / a false charge 무고한 죄 / retract a charge 고소를 취하하다 / make (or bring) a charge against a person 남을 고발(비난)하다 / She denied the charge brought against him. 그녀는 그가 뒤집어쓴 비난을 부정했다 / What's the charge? 무슨 혐의지?

7 ⓒⓤ 비용, 요금; (~s) 각종 경비; 차변 기입. ⇒ PRICE 類語 ¶ the charge for admission 입장료 / a list of charges 요금표 / free of charge 무료로 / put down a sum to a person's charge 어떤 금액을 남의 앞으로 달다 / No charge is made for this service. 이 서비스는 무료입니다.
8 재정(財政)상의 부담, 〔부동산의〕 부채, 채권, 세금.
9 돌격, 진격; 돌격 나팔, 진격 나팔. ¶ sound the charge 돌격 나팔을 불다.
10 〔紋章〕 문장(紋章); 고안(意匠).
11 〔로켓 공학〕 고체 추진제(推進劑) 입자.
gét a chárge 〔속어〕 흥분하다; 즐기다.
gíve ...in chárge to a person …을 남에게 맡기다, 인도하다. ¶ give a thief in charge to the police 도둑을 경찰에 인도하다.
háve chárge of = take charge of.
in chárge ① …을 맡은, 담당인. ¶ a person in charge 주임(主任) / a physician in charge 주치의. ② 〔英〕 체포되어, 구류되어(under arrest).
in chárge of ① …을 맡아서, 담당하여. ¶ She is in charge of the third year class. 그녀는 3학년 반을 맡고 있다 / I was left in charge of the house [on] that day. 그날 나는 집 보는 일을 맡았다 / He was put in charge of the mill. 그는 공장의 감독이 되었다. ② …에게 맡겨져서, 위탁되어(*② 의 뜻으로는 in the charge of 나 in one's charge 를 쓰는 일이 있다). ¶ We left our baby in charge of the baby-sitter. 우리는 아기를 아기 보아주는 사람에게 맡겼다 / The safe is in the charge of him. 금고는 그가 관리하고 있습니다.
láy... to a person's chárge …을 남의 탓으로 돌리다.
máke a chárge for …의 견적을 내다; …의 대금을 청구하다.
on chárges of; on a (or the) chárge of …의 혐의로, …의 죄로. ¶ He was brought to trial on charges of murder. 그는 살인 혐의로 재판에 회부되었다.
retúrn to the chárge 돌격(토론)을 다시 시작하다.
táke chárge of …을 떠맡다, 돌보다. ¶ He took charge of all the work. 그가 모든 일을 떠맡았다.

char·gé [ʃɑːrʒéi / ʒeí-] n. = chargé d'affaires.
charge·a·ble [tʃɑ́ːrdʒəbl] adj. **1** 〔부담·비용을〕 책임져야 할, 〔세금이〕 부과되어야 할(on, to...), ¶ a chargeable call 유료 통화 / be chargeable on him (to his account) 그가 부담해〔지불해야〕 한다. **2** 〔책임·죄·허물을〕 져야 할(on, with...); 고소되어야 할(with...). **3** 돌보아 주어야 할, 〔사회의〕 신세를 지는. **4** 〔고어〕 값비싼. **~·ness** n.
chárge accóunt n. 외상 계정.
charge·a·hol·ic [tʃɑ́ːrdʒəhɔ́ːlik] n. 크레디트 카드를 남용하는 사람, 크레디트 카드 중독.
charge-a-plate [tʃɑ́ːrdʒəplèit] n. 외상 거래 카드; 크레디트 카드. 〔상표명〕
chárge cárd n. = credit card.
chárge cústomer n. 외상 손님; 신용 거래자.
charged [tʃɑːrdʒd] adj. **1** 〔물리〕 대전(帶電)한, ¶ a charged body 대전체 / a charged particle 대전 입자. **2** 강렬한, 감정이 얽힌(격앙된), 열정적인. **3** 자극적인, 반론을 불러일으키기 쉬운.
char·gé d'af·faires [ʃɑːrʒéi dæfέər / ━━] n. (pl. char·gés d'af·faires [ʃɑːrʒéiz-/ʃɑ́ːʒei dæféəz]) 대리 대사(공사). 〔<F one charged with affairs〕 〔불장〕
chárge hánd n. 〔英〕 작업장(職工長), 조장(組長).
chárge núrse n. 〔병동 이상의〕 수간호원.
chárge pláte n. = charge-a-plate.
charg·er[tʃɑ́ːrdʒər] n. 〔古〕 충전기(充電器); 장약기(裝藥器). **3** 〔廢〕 위탁자, 고소인, 고발인.
charg·er[tʃɑ́ːrdʒər] n. 〔고어〕 큰 접시.
chárges colléct n. 운임 도착지불(到着拂).

charge sheet n. 《英》경찰의 기록 대장.
char·i·ly [tʃɛ(:)rili/tʃɛəri-] adv. **1** 조심스럽게, 주의하여, 꼼꼼하게. **2** 아까운 듯이, 인색하게.
char·i·ness [tʃɛ(:)rinis/tʃɛəri-] n. U **1** 조심성(caution). **2** 인색함, 근검(sparingness).
Char·ing Cross [tʃɛəriŋ-] n. 영국 London 중앙부의 Trafalgar 광장 동쪽에 있는 번화한 지역.
*__char·i·ot__ [tʃɛəriət] n.
1 [1인승 2륜]의 전차(戰車) 〔옛날에 전쟁·경기 따위에 썼다〕. **2** 4륜 경마차; 멋진 마차.
— vi. …을 전차로 나르다.
— vt. 전차를 몰다, 전차에 태다.

[chariot 1]

char·i·ot·eer [tʃɛ̀əriətíər] n. **1** 전차를 모는 사람. **2** (C-) 《천문》 마부좌(Auriga).
cha·ris·ma [kərízmə] n. U C (pl. **-ma·ta** [-mətə] or **-mas**) 매력, 개인적인 매력, 남을 끌어당기는 힘, 카리스마.
char·is·mat·ic [kæ̀rizmǽtik] adj. 영도자로서의 매력이 있는, charisma 가 있는; 카리스마적인.
*__char·i·ta·ble__ [tʃǽritəbl] adj. **1** 자비로운(beneficent) (to…). ¶ be charitable to the poor 가난한 사람들에게 자비롭다. **2** [남에 대해] 너그러운(lenient). **3** 자선의. ¶ a charitable institution 자선 시설.
~·ness n. -bly adv.
‡__char·i·ty__ [tʃǽriti] n. (pl. **-ties**) **1** U C 자선[행위], 적선; 박애, 자비심, 인정, 관용; 〔형용사적 용법〕 자선의, 자선적인. ¶ a charity ball (concert) 자선 무도회(음악회) / a charity hospital 자선 병원 / charity work 자선 사업 / a man of charity 자선가 / an act of charity 자선 행위 / for the sake of charity; for charity's sake 자선을 위해 / cold as charity 〔형식적인 자선 행위처럼〕 냉담한 / He will not tolerate charity. 그는 남의 동정을 받기를 좋아하지 않을 겁니다 / I employ her in (or out of) charity. 나는 불쌍해서 그녀를 고용하고 있다 / She lives on charity. 그녀는 구호품으로 살아가고 있다 / Charity begins at home. 《속담》 자선은 먼저 가정으로부터 시작된다 (* 기부나 봉사 따위를 거절할 때의 구실로 쓰는 일이 많다). **2** 자선 금품, 구호품. **3** 자선 (구호) 기금(단체, 시설), 시료원(施療院), 양육원; (-ties) 자선 사업. ¶ Brother (Sister) of Charity 자선단(團)의 수사(수녀) / charity children 양육원의 아이들 / devote oneself to charities 자선 사업을 위해 헌신하다 / contribute to charities 자선 단체에 기부하다. **4** U 기독교적 사랑. **5** 꽃고비〔관상용 식물〕 (Jacob's ladder).
be in (out of) charity [with] […을] 사랑하다(사랑하지 않다).
char·i·ty ba·zaar n. 자선 바자.
char·i·ty boy (girl) n. 자선 학교의 남(여) 학생.
char·i·ty child n. 고아원 원아.
char·i·ty school n. 자선 학교.
cha·ri·va·ri [ʃərívəri/ʃɑ̀:rivɑ̀:ri] n. **1** [결혼식 후 신혼 가정의 창 밑에서 대야·냄비 따위를 두드리며 벌이는] 야단법석. **2** 소란, 떠들썩한 소동.
chark [tʃɑ:rk] n. U 《英방언》 숯(charcoal); 코크스(coke). — vt. …을 구워서 숯을 만들다(char), 코크스로 만들다.
char·la·dy [tʃɑ́:rlèidi] n. (pl. **-dies**) 《英》 = char.[woman.
char·la·tan [ʃɑ́:rlət(ə)n] n. **1** 아는 체하는 사람, 허풍선이; 사기꾼. **2** 가짜[돌팔이] 의사.
char·la·tan·ic [ʃɑ̀:rlətǽnik] adj. 사기꾼 같은, 가짜의.
char·la·tan·ism [ʃɑ́:rlət(ə)nìz(ə)m] n. = **charlatanry**. [아부위].
char·la·tan·ry [ʃɑ́:rlət(ə)nri] n. U 허풍, 엉터리, 야.
Charles's Wain [tʃɑ́:rlziz wéin] n. 《英》 북두칠성.

Charles·ton [tʃɑ́:rlztən, tʃɑ́:rls-] n. **1** 미국 West Virginia 주의 주도. **2** 미국 South Carolina 주의 항구. **3** (the ~) 찰스턴〔미국에서 1920년대에 유행한 춤〕.
Char·ley, -lie [tʃɑ́:rli] n. **1** (C-) 《英속어》 바보. **2** 《美속어》 《경멸적》 백인(Mr. Charlie). 〔<인명 Charles 의 애칭〕.
charley horse n. 《美구어》 [근육의 피로에 의한] 팔·다리의 경직, 쥐.
char·lock [tʃɑ́:rlək, -lak/-lɔk] n. 겨자류의 식물.
char·lotte [ʃɑ́:rlət] n. 샬로트〔보통 과일·크림 따위를 빵이나 카스텔라로 싼 푸딩〕.
char·lotte russe [-rúːs] n. 샬로트 루스〔카스텔라에 커스터드를 씌운 것〕.
‡__charm__ [tʃɑ:rm] n. **1** U C 매력; (~s) 〔여자의〕 아름다운 용모, 미색. ¶ feminine charms 여성미 / the charms of nature 자연의 매력 / break the charm 환멸을 느끼게 하다 / She has a great charm. 그녀에게는 굉장한 매력이 있다. **2** 마력(魔力), 마법(spell). ¶ act (work) like a charm 〔계획 따위가〕 훌륭히 성공하다. ¶ 〔약 따위가〕 신통하게 듣다, **3** 〔마귀를 쫓는〕 부적; 주문(呪文). ¶ a life charm 목숨을 지켜주는 charm 마법에 걸려 있다. **4** 〔시계줄·팔찌 따위에 다는〕 작은 장식물.
— vt. **1** 〔보통 수동형으로〕 …을 황홀하게 하다(⇒ ATTRACT 頭語); …을 기쁘게 하다. ¶ I shall be charmed to come to your house. 기꺼이 댁으로 찾아 뵙겠습니다 // (~+目+젠+名) I was charmed with her conversation. 나는 그녀의 대화에 매료되었다. **2** …을 마력으로 지키다; …에 마력을 걸어 …하게 하다; …에 마력을 부여하다. ¶ (~+目+젠+補) charm a person asleep 남을 마력으로 잠들게 하다 // (~+目+副) charm away one's toothache 신통력으로 치통을 고치다 // (~+目+젠+名) charm a secret out of a person 남을 호려서 비밀을 캐내다. — vi. **1** 매혹적이다, 매력을 지니다. **2** 마법을 걸다. **3** 〔약 따위가〕 이상하게 잘 듣다, 신통하게 쓰다.
charmed [tʃɑːrmd] adj. **1** 마력(주문)에 걸려 있는, 저주받은. **2** 마력(주문)으로 지켜지고 있는.
bear a charmed life [어떤 재난에 부딪쳐도] 불사신이다〔← Shakespeare 작 Macbeth 5 : 8〕.
charmed circle n. 배타적 집단; 특권 계급.
charm·er [tʃɑ́:rmər] n. **1** 매력적인 것, 미녀. **2** 마술사. ¶ a snake charmer 뱀 부리는 사람.
char·meuse [ʃɑːrmúːz] n. U 샤르뮤즈〔수자(繻子) 비슷한 견직물〕. 〔<F〕
‡__charm·ing__ [tʃɑ́:rmiŋ] adj. **1** 유쾌한, 즐거운; 매력적인. **2** 마법을 거는, **-ly** adv. **~·ness** n.
charm school n. 〔여성이 미용·교양·사교를 배우는〕 차밍 스쿨.
char·nel [tʃɑ́:rnl] n. (= **chárnel hòuse**). 납골당.
— adj. **1** 시체를 안치하는, 납골의. **2** 죽음과 같은 (deathlike).
Char·on [kɛ́(:)rən/kɛ́ər-] n. **1** 〔그리스 신화〕 카론〔저승으로 가는 강(Styx)의 나룻배 사공〕. **2** 《익살》 나룻배 사공(ferryman).
char·poy [tʃɑ́:rpɔi/-ˊ] n. (pl. **-poys**) 〔인도의 대나무로 찐〕 간이 침대.
char·qui [tʃɑ́:rki] n. U 쇠고기 육포(jerky).
char·rette [ʃəret] n. 〔각 분야의 전문가에 의한〕 토론회, 심의회.
char·ry [tʃɑ́:ri] adj. (**-ri·er**, **-ri·est**) 목탄질의, 숯의, 숯투성이의, 숯으로 덮인.
‡__chart__ [tʃɑːrt] n. **1** 그림, 도표. **2** 수로도(水路圖), 해도(海圖) (marine map). **3** 〔특수한 상황·사실 따위를 나타내는〕 약도, 도표. ¶ a historical chart 역사 도표 / a topographical chart 지형도 / a physical chart 지세도(地勢圖) / a weather chart 일기도. **4** 《美속어》 〔재즈의〕 편곡. **5** 《美속어》 잘 팔리는 음반의 목록.
— vt. **1** …을 도표(해도)로 만들다. **2** …을 계획하다.

char·ter [tʃáːrtər] *n.* **1** [법인·단체 따위의] 설립 조항, 허가서; [중앙 기관·모(母)회사로부터의] 지부(지점) 설립 허가. **2** [황제 등으로부터의] 윤허장, 특허장. **3** (종종 C-) 인권 확립의 선언, 헌장. ¶ the Great *Charter* [영국의] 대헌장(Magna Carta) / the *Charter* of the United Nations 유엔 헌장. **4** 특권. **5** [항공기·선박·버스 따위의] 전세(《형용사적 용법》 전세의. ¶ a *charter* plane 전세기(專貰機). **6** 용선(傭船) 계약[서] (charter party). ── *vt.* **1** …에게 특허(특권)를 주다, 〔지부·회사 따위의〕설립을 인가하다. **2** 〔항공기·선박 따위를〕계약에 의해서 전세내다. ⇨ HIRE
類語

char·ter·age [tʃáːrtəridʒ] *n.* **1** 임대차 계약, 특히 용선 계약. **2** 용선료.

chárter còlony *n.* 〖미역사〗특허 식민지[영국왕이 각 무역회사에 준 특허장에 의하여 건설된 식민지; Virginia, Massachusetts 따위].

char·tered [tʃáːrtərd] *adj.* **1** 특허〔면허〕를 받은. ¶ a *chartered* accountant 〖영〗공인 회계사〔略 C.A.〕/ a *chartered* company 특허 회사 / a *chartered* libertine 천하가 다 아는 버릇없는 녀석. **2** 전세낸; 용선 계약을 한.

char·ter·er [tʃáːrtərər] *n.* 용선자(傭船者), 전세내는 사람.
chárter flìght *n.* 전세기, 전세 여객기. 〔上 s.
Char·ter·house [tʃáːrtərhàus] *n.* **1** (고어) 영국 London의 카르투지오회(會) 수도원. **2** (the ~) [1611년 그 자리에 세워진] 양육원. **3** 〔그 양육원에서 갈라진〕영국의 public school.
chárter mèmber *n.* 〔회사·단체 따위의〕창립자.
chárter párty *n.* 용선 계약[서].

Chart·ism [tʃáːrtiz(ə)m] *n.* 〖영사〗차티스트 운동, 인민 헌장 운동〔영국에서 일어난 급진적인 정치 개혁 운동(1838-48); 인민 헌장을 만들고, 그것의 의회 과표을 요구했다〕; 인민 헌장주의.

chart·ist [tʃáːrtist] *n.* **1** 지도 작성자(cartographer). **2** 괘선표로 증권 시장의 동향을 분석 예측하는 증권 당사자.

Chart·ist [tʃáːrtist] *n.* Chartism에 참가한 사람.
chart·less [tʃáːrtlis] *adj.* 해도가 없는; 해도에 실려 있지 않은.
char·tog·ra·phy [kɑːrtɔ́grəfi / -tɔ́g-] *n.* = cartography.
char·treuse [ʃɑːrtrɔ́ːz / -trɔ́ːs] *n.* **1** (때로 C-) ⓤ 샤르트루즈주(酒) 〔La Grande Chartreuse의 카르투지오회(會) 수도원에서 만들어진 황·녹 2종의 리큐르〕. **2** ⓤ 연두색. **3** (C-) 카르투지오회 수도원(Carthusian monastery). 〈F〉

chárt ròom *n.* 〔항해〕= chart house.
char·tu·lar·y [kɑ́ːrtʃuleri / -tʃuləri] *n.* (*pl.* **-lar·ies**) = cartulary.

char·wom·an [tʃáːrwùmən] *n.* (*pl.* **-wom·en** [-wìmin]) 빌딩 따위의 일용(日傭) 잡역부, 〖영〗일용 가정부, 파출부.

char·y [tʃɛ́(ː)ri] *adj.* (**char·i·er, char·i·est**) **1** 주의 깊은, 조심하는, 신중한(*of*...). ¶ be *chary* of one's name 자기 이름을 아끼다 / He was *chary* of mistaking the problem. 그는 그 문제를 틀리지 않도록 마음을 썼다. **2** 삼가는, 저어하는, 내성적인(*of*...). ¶ He is *chary* of telling the truth. 그는 사실을 말하기를 주저하고 있다. **3** 아끼는(*of*...). ¶ be *chary* of a person's praise 남에게 찬사 보내기에 인색하다, 쉽사리 칭찬하지 않다. **4** 까다로운, 가리는(*about*...).

Cha·ryb·dis [kərɪ́bdis] *n.* (*cf.* Scylla) **1** Sicily 섬 앞바다의 큰 소용돌이. **2** 〔그리스 신화〕카리브디스 〔바다의 소용돌이가 괴물로 의인화된〕.
between *Scylla* and *Charybdis* ⇨ SCYLLA.
Chas. (略) Charles.
chase¹ [tʃeis] *v.* (**chased, chas·ing**) *vt.* **1** …을 뒤쫓다, 추격하다; …을 추격하다. ¶ *chase* a thief 도둑을 뒤쫓다 / *chase* oneself 《미역어》 도망치다 / *Chase* yourself! 꺼져버려! **2** …을 쫓아내다(...*from, out of*), …을 쫓아버리다(...*away, off*). ¶ (~ + 目 + 前 + 名) *chase* a fox *out of* its burrow 여우를 굴에서 몰아내다 / *chase* fear *from* the mind 공포심을 몰아내다 / (~ + 目 + 副) *chase* flies *off* 파리를 쫓아버리다. **3** 〔짐승 따위〕를 사냥하다(hunt). ¶ *chase* rabbits 토끼사냥을 하다. **4** (미) (여자)에게 구애하다, 치근거리다. ── *vi.* **1** 뒤쫓다, 추적하다(*after*...). ¶ (~ + 前 + 名) The police *chased after* the murderer. 경찰은 살인범을 추적했다. **2** (구어) 달리다, 서두르다(hurry). ── *n.* **1** 추적, 추격. ¶ one in full *chase* of the other 한쪽이 다른 쪽을 열심히 쫓는 것. **2** (the ~) 사냥, 수렵(hunting). ¶ spoils of the *chase* 사냥한 짐승 / a lover of the *chase* 사냥 애호가. **3** 쫓기는 것(짐승). **4** (英) 〔울타리를 치지 않은 사유의〕 사냥터; [사냥터에서의] 수렵권, 동물을 길러 둘 권리. **5** = steeplechase.
give chase 추적하다, 뒤쫓다, 추격하다(*to*...). ¶ *give chase to* an enemy 적을 추격하다.
lead a person a chase (or *a dance*) 남을 이리저리 끌고 다니다, 남에게 헛수고 하게 하다, 쓸데없는 수고를 끼치다.

chase² [tʃeis] *n.* **1** 〔인쇄〕체이스 〔조판을 죄는 틀〕. **2** 홈(groove), 홈줄; 오목하게 긴 부분〔이음매에 낀, 또는 파이프 따위의 매설에 쓰이는 홈〕. **3** 〖砲〗 포의 전신(前身)〔포신에서 포구까지〕.
── *vt.* (**chased, chas·ing**) …에 〔나선상의〕홈을 파다, 칼자국을 내다.

chase³ [tʃeis] *vt.* (**chased, chas·ing**) 〔금속〕에 돋을새김을 하다.
chase gùn *n.* 추격포(追擊砲)(chaser).

chas·er [tʃéisər] *n.* **1** 쫓는 사람, 추격자; 추격함, 추격기. **2** (구어) 독한 술을 마신 직후에 마시는 물 또는 다른 음료수, 입가심용 음료. **3** 〔추격용에 장착되는〕추격포. **4** 사냥꾼(hunter). **5** 《주로 英》 〔연극〕 종극(終劇) 따위의 종막·종막의 음악.

chas·er [tʃéisər] *n.* 조금사(彫金師).
chas·ing [tʃéisiŋ] *n.* ⓤ 조금술(彫金術); 조금무늬.

***chasm** [kǽz(ə)m] *n.* **1** 〔지면·암석 따위의〕 갈라진 틈, 균열; 협곡(gorge). **2** 〔벽 따위의〕 크게 벌어진 틈. **3** 〔연속된 것의〕 틈, 중단, 간극(gap). ¶ a *chasm* in time 시간의 틈. **4** 〔감정·취미·의견 따위의〕 차이, 간격. ◇ **chásmal, chásmic** *adj.*

chas·mal [kǽzm(ə)l] *adj.* 갈라진 틈과 같은.
chasmed [kǽz(ə)md] *adj.* 〔갈라진 틈(균열)이 있는.
chas·mic [kǽzmik] *adj.* 갈라진 틈과 같은.
chas·my [kǽzmi] *adj.* (**chasm·i·er, chasm·i·est**) **1** 갈라진(째진) 틈이 많은. **2** = chasmic.

chasse [ʃæs] *n.* (프랑스) 〔커피·담배 따위의 후에 마시는〕 입가심의 리큐르술. *cf.* chaser¹ 2
chas·sé [ʃæséi / -́] *n.* ⓤ [댄스] 샤세 〔발을 빨리 미끄러지듯이 옮기는 스텝〕. ── *vi.* (**chas·séd, chas·sé·ing**) 샤세로 추다. 〈F〉
chas·seur [ʃæsə́ːr] *n.* **1** 〔프랑스〕 추격병, 경보병(輕步兵), 경기병. **2** 〔제복을 입은〕 시종, 급사. **3** 사냥꾼. 〈F〉

chas·sis [ʃǽsi, 〔美〕ʃǽsi] *n.* (*pl.* **-sis** [-siz]) **1** 〔자동차의〕 차대(車臺), 섀시. **2** 〔포차(砲車)의〕 포가(砲架), 포대. **3** 〔항공기의〕 착륙용 각부(脚部). **4** 〔라디오·텔레비전의〕 섀시 〔각 부품을 고정시키는 대(臺)〕; 섀시에 고정된 것. **5** 〖케이스·캐비닛 따위의〗 틀, 뼈대. **6** 《미역어》 〖여성의〗 몸(body), 자태(姿態) (figure), [*cf.*] *chássis frame*

***chaste** [tʃeist] *adj.* **1** 정숙한, 〔육체적으로〕 순결한, 더럽혀지지 않은. **2** 〔성질·언행이〕 우아한, 겸손한, 순수한. **3** 〔문체가〕 고상한, 간결한. **4** 〔페어〕 미혼의.
~**ly** *adv.* ~**ness** *n.* ◇ **chástity** *n.* 〔上 의.

***chas·ten** [tʃéisn] *vt.* **1** 〔신 또는 사랑이 내리는 고난 따

위가 인간을 바로잡기 위하여〕(그 사람)을 징벌하다, 혼내다, 단련하다. ¶ a spirit *chastened* by adversity 역경에 단련된 정신. **2** 〔열정 따위〕를 억제하다, 완화하다(restrain). **3** 〔사상·문체 따위〕를 순화하다, 세련되게 하다, 아담하게 하다(refine).

chas·ten·er [tʃéisnər] *n.* 징계하는 사람(것); 시련자
chas·tis·a·ble [tʃæstáizəbl] *adj.* 징벌받을 만한.
*****chas·tise** [tʃæstáiz] *vt.* (**-tised, -tis·ing**) **1** …을 혼내주다, 징벌하다, …에게 체벌을 가하다. **2** 〔고어〕〔열정 따위〕를 억제하다(chasten). ◇ chastísement *n.*
chas·tise·ment [tʃǽstaizmənt, tʃæstíz-/tʃæstíz-] *n.* Ⓤ ⒞ 매질, 징벌, 응징.
chas·tis·er [tʃæstáizər] *n.* 징계하는 사람.
***chas·ti·ty** [tʃǽstiti] *n.* Ⓤ **1** 육체적인 순결, 정조. **2** 〔성질·언행·사상·감정의〕 순결함, 우아함; 〔문체의〕 고상함, 간소함. ◇ chaste *adj.*
chástity bèlt *n.* 정조대(貞操帶).
chas·u·ble [tʃǽzjubl, 美 -zə-] *n.* 〔교회〕 상제복(上祭服)〔사제가 미사를 올릴 때 alb 위에 입는 소매없는 제복〕.
‡**chat** [tʃæt] *vi.* (**chat·ted, chat·ting**) 한가롭게 이야기하다, 한담하다, 담소하다. ¶ (~+前+名) *chat with* a *friend* 벗과 담소하다 / *chat* of old times 옛 이야기를 나누다 // Let's *chat* over tea. 차를 마시них면서 이야기나 합시다. — *n.* **1** 한담, 〔한가로운〕 잡담; 좌담. ¶ I've just dropped in for a *chat*. 잡담이나 하려고 잠시 들렀습니다 / None of your *chat*. 참견하지 마. **2** 쩌르레기류의 작은 새. **chátty** *adj.*
*****châ·teau** [ʃætóu/-́] *n.* (*pl.* **-teaus** or **-teaux** [-tóuz / -touz]) **1** 〔프랑스의〕 성. **2** 〔프랑스를 모방하여 지은〕 대저택, 큰 별장.
Cha·teau·bri·and [ʃætóubriɑ̀ːŋ] *n.* (때로 c-) 샤토브리앙〔400~500g의 필레 고기로 만드는 두꺼운 비프스테이크, 보통 소스와 감자 튀김이 곁들여진다〕.
châ·teau wine [ʃætou wàin] *n.* 샤토 포도주〔프랑스의 Bordeaux 부근의 우수한 포도로 만들어진다〕.
chat·e·lain [ʃæt(ə)lèin] *n.* (*pl.* **-lains** [-lèinz]) 성주(城主).
chat·e·laine [ʃæt(ə)lèin] *n.* **1** 여자 성주(城主), 성주 부인; 대저택의 여주인. **2** 숙녀용 허리띠 장식용 사슬〔열쇠·시계·지갑 등을 매달고 다닌다〕. 〔<F〕
cha·toy·ant [ʃətɔ́iənt] *adj.* 광택(색채)이 변화하는.
chát shòw *n.* 〔英〕유명인과의 대담 프로(talk show).
chat·tel [tʃǽtl] *n.* **1** (종종 ~s) 가재(家財) (↔ POSSESSION 語源) **2** 〔법률〕 동산 (personal property). ¶ *chattel* personal 순수 동산 / *chattel* real 부동산적 동산, 준부동산 / goods and *chattels* 가재 도구 일습. **3** 〔고어〕노예(slave).
cháttel mòrtgage *n.* 〔美〕동산 양도 저당.
‡**chat·ter** [tʃǽtər] *vi.* **1** 〔원숭이·새 따위가〕 짹짹(꽥꽥) 울어대다. **2** 〔시시한 이야기〕를 재잘재잘 지껄이다. **3** 〔추위·공포 때문에 이가〕딱딱 소리내다, 〔기계 따위〕덜컹 덜컹 진동하다. ¶ Fear made his teeth *chatter*. 그는 공포로 이가 딱딱 마주쳤다. — *vt.* **1** …을 빠른 말로 지껄이다, **2** 〔기계·이 따위〕를 달각달각 소리내다. — *n.* **1** 재잘거림, 잡담, **2** 〔원숭이·새 따위가〕 짹짹 우는 (소리), 째 지저귐. ¶ the *chatter* of sparrows 참새들의 지저귐. **3** 〔이가〕 딱딱 마주치는 소리, 〔기계의〕 덜컹덜컹 하는 소리.
~**ing·ly** *adv.*
chat·ter·box [tʃǽtərbɑ̀ks/-bɔ̀ks] *n.* 수다쟁이.
chat·ter·er [tʃǽtərər] *n.* **1** 수다쟁이(chatterbox). **2** 미식조(美食鳥)와 (科)의 명금(鳴禽).
chat·ty [tʃǽti] *adj.* (때로 **-ti·er, -ti·est**) **1** 수다스러운, 말하기 좋아하는(talkative). **2** 잡담적인(conversational), 격의 없는(informal), 친근한(familiar). ¶ a *chatty* letter 두서없이 너절하게 적은 편지. -**ti·ly** *adv.* -**ti·ness** *n.*
Chau·ce·ri·an [tʃɔːsí(ː)riən/-síəri-] *adj.* Chaucer 의, Chaucer 〔의 작품〕풍의. — *n.* Chaucer 연구가(예찬자). 〔<영국의 시인 Geoffrey Chaucer(1340?-1400)의 이름〕
chaud-froid [ʃoufrwáː] *n.* Ⓤ 〔요리〕쇼프로와〔젤리 또는 마요네즈를 곁들인, 새의 필레 고기를 차게 한 요리〕. 〔<F〕
chauf·fer [tʃóːfər] *n.* 〔손으로 들어 나를 수 있는〕 소화로.
*****chauf·feur** [ʃóufər, ʃo(u)fə́ːr] *n.* (여성형은 chauffeuse [ʃoufə́ːz]) 〔자가용차의〕 고용 운전사. — *vt.* **1** …을 〔자가용차에〕태우고 가다. **2** …의 고용 운전사로 일하다. — *vi.* 〔자가용차의〕운전사로서 일하다. 〔<F〕
chauf·feuse [ʃoufə́ːz] *n.* (*pl.* **-feuses** [-fə́ːz]) chauffeur 의 여성형. 〔<F〕
chaul·moo·gra [tʃɔːlmúːgrə] *n.* 대풍수(大風樹)의 일종〔인도산(產) 교목; 씨에서 대풍자유를 채취〕. 〔<Bengali〕
chaul·moógra òil *n.* Ⓤ 대풍자유(大風子油) 〔대풍수의 씨에서 채취하는 지방유; 예로부터 문둥병의 치료제〕.
Chau·tau·qua [ʃətɔ́ːkwə] *n.* **1** 미국 New York 주 서남부에 있는 호수; 그 호숫가의 마을. **2** Chautauqua 호숫가의 하기 교육 집회〔1874년에 발족되었으나 지금은 쇠퇴했다〕. **3** (종종 c-) 〔그런 종류의〕 하기 강습회, 여름 학교.
chau·vin·ism [ʃóuvinìz(ə)m] *n.* Ⓤ **1** 〔호전적이고〕 광적 애국주의; 〔같은 성(性)·인종에의〕 맹신, 배타주의. **2** 남성 우월주의(male chauvinism). *cf.* jingoism 〔<F Nicolas Chauvin: 나폴레옹을 신처럼 숭배한 한 병사의 이름〕
chau·vin·ist [ʃóuvinist] *n.* **1** 호전적·열광적인 애국주의자; 배타적 맹신자. **2** 남성 우월주의자(male chauvinist).
chau·vin·is·tic [ʃòuvinístik] *adj.* **1** 열광적 애국주의의; 〔같은 성·인종에 대하여〕 맹신적인, 배타적인. **2** 남성 우월주의의. -**ti·cal·ly** [-tikəli] *adv.*
chaw [tʃɔː] *vt., vi.* 〔속어〕 우물우물 씹다(chew).
chaw up 〔美〕…을 엉지럽이 해치우다.
— *n.* 〔속어〕한 입(의 분량); 〔한 입에〕 씹는 담배.
cháw bàcon *n.* 〔英〕〔경멸적〕 시골뜨기.
Ch.E. 〔略〕chemical engineer.
‡**cheap** [tʃiːp] *adj.* (*opp.* **dear, expensive**) **1** 〔값이〕 싼, 〔가격이〕 싸게 먹히는. ¶ a *cheap* edition 염가판 / *cheap* labor 저임금 노동 / a *cheap* store 물건값이 싼 가게 / *cheap* and *nasty* 값이 싸고 질이 나쁜. **2** 〔밀천이 들지 않는〕 값싼, 싸구려의, 가치가 낮은; 비열한, 천박한. ¶ *cheap jewelry* 싸구려 보석 / *cheap* conduct 천박한 행위 / *make* oneself *cheap* 〔누구나 손쉽게 만나 주는 등〕 스스로 값싸게 굴다.

顯語 cheap 값이 싼 이외에 싸구려·빈약함을 뜻한다: a *cheap* dress 값싼 드레스. **inexpensive** 나쁜 뜻은 없고, 품질이 좋은 데 비해서는 값이 싸다는 것이 내포되어 있다; *cheap*를 피하기 위해 이 말을 쓰는 수가 많다: an *inexpensive* but good dress 값은 싸나 좋은 옷. **3** 간단히 할 수 있는, 손쉽게 입수할 수 있는. ¶ a *cheap* victory 낙승(樂勝). **4** 〔美〕 저리(低利)의; 〔인플레 따위로〕가치가 떨어진. ¶ *cheap* money 가치가 낮은 돈 / *cheap* credit 저금리의 융자. **5** 〔英〕 할인의. ¶ a *cheap* ticket 할인권. **6** 〔美구어〕인색한(stingy).
cheap as dirt; dirt cheap 아주 값싼, 헐 값의.
feel cheap ① 부끄럽게 여기다, 풀이 죽다, 어리둥절하다. ¶ She *felt* very *cheap* about her blunder. 그녀는 실수를 저질러서 풀이 매우 죽었다. ② 〔英구어〕 기분이 언짢다. ¶ I *feel* cheap still. 아직도 기분이 언짢다.
hold ... cheap …을 깔보다, 경시하다.
— *adv.* 싸게, 염가로(cheaply). ¶ get off *cheap* 〔값이〕 싸게 치이다; 〔벌 따위가〕 가볍게 끝나다 / buy *cheap* and sell dear 싸게 사서 비싸게 팔다 / I got it *cheap*. 그

것을 싸게 손에 넣었다.
— **n.** (the ~) ＊다음 숙어로만 쓴다.
on the cheap 《주로 英》싸게. ¶ how to do travelling *on the cheap* 여행을 싸게 하는 방법.
◇ chéapen *v.*

cheap·en [tʃíːp(ə)n] *vt.* **1** …을 싸게 하다, …의 값을 내리다;《고어》…의 값을 깎다. **2** …을 깔보다. **3** …의 가치·위엄 따위를 떨어뜨리다, …을 값싸게 하다. — *vi.* 싸지다.

cheap·en·er [tʃíːp(ə)nər] *n.* 값을 내리는(깎아주는) 사람;값에 대하여 구는 사람.

cheap·ie [tʃíːpi] *n.* (특히 제작비가 들지 않은) 싼 물건.

cheap·jack [tʃíːpdʒæk], (**cheap·john** [tʃíːpdʒɑ̀n /-dʒɔ̀n]) *n.* 소리치며 파는 상인, 행상인. — *adj.* 행상인의, 행상인에 어울리는;값싸고 질 나쁜.

cheap·ly [tʃíːpli] *adv.* 싸게, 싼 값에;경멸적으로.

cheap·ness [tʃíːpnis] *n.* Ⓤ 염가, 저렴;천격스러움.

chéap shót *n.* 《美속어》(상대방을 경멸하는) 비열한 말(행위). 《스포츠》비열한 플레이.

Cheap·side [tʃíːpsàid/⏑⏑] *n.* 영국 London 중부를 동서로 지나는 큰 거리(중세에 유명한 시장이 있었다).

cheap·skate [tʃíːpskèit] *n.* 《美속어》구두쇠 (miser).

‡**cheat** [tʃiːt] *n.* 속이는 사람, 사기꾼, 협잡꾼. **2** 속이기, 속여서 빼앗기, 사기(행위), 사취, 부정 행위. **3** 개보리류의 1년생 잡초(chess).
— *vt.* **1** …을 속이다, 기만하다, 사기치다, …에게서 사취하다. ¶ (~+閨+前+名) *cheat* a person *into* the belief that... 남을 속이어 …이라 믿게 하다 / *cheat* her *into* marriage (*or* marrying) 그녀를 속여 결혼하게 하다 / *cheat* a person *out of* something 남에게서 …을 사취하다.
[類語] **cheat** 남의 눈을 속여 이익을 얻다: *cheat* one's customers 〔장수가〕 손님을 속이다. **deceive** 고의로 사실을 감추거나 그릇된 것을 믿게 하다: *deceive* the people 국민을 속이다. **trick** 계략으로 속이다; 동기가 반드시 사악하지만은 않다: *trick* the suspect to disprove his alibi 피의자의 알리바이를 뒤집기 위한 계략을 쓰다. **victimize** 비열한 방법으로 cheat, deceive, trick 하다: *victimize* a minor 연소자를 속이다.
2 …을 교묘히 벗어나다, 면하다. ¶ *cheat* death 죽음을 면하다. **3** (지루함·피로 따위)를 이럭저럭 넘기다.
— *vi.* **1** 사기를 치다, 속임수를 쓰다, 부정 행위를 하다, [시험에서] 커닝하다. ¶ (~+閨+前+名) *cheat in* (*or* *on, at*) an examination 시험에서 커닝하다. **2** 《美속어》부정(不貞) (불)의를 저지르다(*on*...). ¶ *cheat on* one's wife 아내의 애정을 배반하다.

cheat·er [tʃíːtər] *n.* 속이는(협잡하는) 사람; 사기꾼.

chéat shéet *n.* 《美속어》커닝용 쪽지.

‡**check** [tʃek] *vt.* **1** …을 급히 멈추다 (⇨ STOP [類語]); …을 저지하다, 방해하다. ¶ *check* one's steps 갑자기 걸음을 멈추다/ He *checked* me in my work. 그는 내 일을 방해했다.
2 …을 억제하다, 견제하다; …을 가감하다. ¶ He could not *check* his anger. 그는 분노를 억누를 수가 없었다.
[類語] **check** 행동·진행을 방해하거나 영향력·세력을 때려 부수다: *check* a revolutionary movement 혁명 운동을 저지하다. **curb** 수단을 써서 어떤 범위 안에서 무르게 하다: *curb* the explosion of urban population 도시 인구의 격증을 막다. **restrain** 힘·권력 또는 그 러한 이유 따위로 못하게 하다: *restrain* a child from being cruel to animals 아이가 동물을 못살게 구는 것을 못하게 하다. **bridle** 강한 감정·욕망을 억누르다: *bridle* one's curiosity 호기심을 억누르다.
3 …의 정오(正誤)를 확인하다, …을 조사하다, 대조하다; …에 대조필의 표(✓)를 하다(...*up, off*). ¶ (~+閨+前+名) *Check* your answer *with* mine. 너의 답을 내 것과 맞추어 보아라 // (~+閨+劂) Did you *check* them *off*? 그것들을 대조해 보았느냐?
4 …에 물표를 달다, [수화물]을 일시 보관시키다, [모자·외투 따위]를 보관소에 맡기다; [수화물]을 물표를 받고 부치다. ¶ (~+閨+前+名) *check* trunks *to* …에게 트렁크를 수화물로 부치다 / *Check* your coat *at* the cloakroom. 코트는 보관소에 맡기십시오. **5** …에 격자(체크) 무늬를 넣다, …을 바둑판 무늬로 하다. **6** 《서양장기》(장군)을 부르다. **7** 《美》(남)에게 잔소리를 하다. **8** …에 금(갈라진 틈)을 내다. **9** 〔농업〕…을 정조식(正條植) 이랑(checkrow)에 심다. **10** 〔아이스하키〕(상대방의 공격·움직임)을 방해하다.
— *vi.* **1** 일치하다, 합치하다, 부합하다 (*with*...). **2** [딱] 멈추다; 〔사냥개가〕 냄새를 놓치고 멈춰 서다. **3** 《美》(확인을 위해) 조사하다(*on*...). **4** 《美》수표를 발행하다. **5** 〔목재·페인트 따위가〕 건조하여 (갈라진 틈, 금이) 가다. **6** 〔서양장기〕 장군을 부르다. **7** 〔카드놀이〕 맨먼저 거는 것을 그만두다. **8** 《매사냥》 〔매가〕 노리던 사냥감을 버리고 다른 것을 쫓다(*at*...).
check in 《美》① 〔호텔·회의에서〕 기장(記帳)하다. ② 《구어》 〔타임 레코더를 누르고〕 출근하다, 출근했음을 알리다. ③ 출두하다. ④ 《구어》 죽다.
check into ① 기장하고 〔호텔·회의에〕 들어가다. ② …에 도착하다.
check up on …을 대조하다, …의 진위를 확인하다.
check out 《美》① (*vt.*) 〔맡긴 물건〕을 되찾다. ② (*vi.*) 〔계산을 치르고〕 호텔에서 나오다. ③ (*vi.*) 《구어》 〔타임 레코더를 누르고〕 퇴사하다, 퇴사를 알리다. ④ (*vi.*) 《속어》 죽다. ⑤ (*vi.*) 《속어》 사직하다. ⑥ (*vt.*) 〔도서관의 책〕을 대출하다. ⑦ (*vt.*) …을 확인하다. ⑧ (*vt.*) 〔은행에서〕 〔돈〕을 찾다. ⑨ (*vi.*) 〔수퍼 마켓 등에서〕 계산원이 합계 금액을 내다.
— *n.* **1** 갑작스러운 정지, 방해 [자, 물], 반격, 격퇴. ¶ meet with a *check* 방해(반격)에 부딪치다.
2 억제, 제어; 억제(제어)하는 것(사람, 수단). ¶ *checks* and balances 〔정치〕 견제와 균형(3권의 조화를 도모하는 것) / have a *check* on …을 억누를 힘이 있다 / hold (*or* keep) one's anger in *check* 분노를 참다.
3 검사, 대조, 사증(査證); 검사 기준; 검사필의 표(✓) 《英》tick); 〔일 등의〕 통제, 감독. ¶ keep a *check* on …을 감독하다 / make a *check* on data 자료를 대조하다.
4 수표 《英》cheque). ¶ a dishonored *check* 부도 수표 / draw (cash) a *check* 수표를 발행하다(현금으로 바꾸다).
5 《美》 〔특히 식사의〕 전표, 계산서 《英》bill). ¶ *Check*, please. 계산서 좀 부탁합니다.
6 물표, 보관증 《美》ticket).
7 체크(격자) 무늬, 바둑판의 한 칸; 체크 무늬의 천.
8 〔서양장기〕 장군(공격). ¶ The king is in *check*. 장군이다.
9 《美》 〔카드놀이〕 칩, 산가지(chip).
10 《美》 〔목재·페인트 등의〕 갈라진 금, 건열(乾裂).
11 사냥개가 냄새를 놓치기. **12** 〔석공〕 맞장부이음.
13 〔아이스하키〕 적의 진격 저지.
hand (*or* **pass**) **in** one's **checks** 《주로 美속어》 죽다; 포기하다.
— *interj.* **1** 〔장기에서〕 장군! **2** 《美구어》 좋다!, 알았다!
— *adj.* 대조용의, 대조용의, 표준용의. **2** 체크 무늬의.
chéck béam *n.* 〔항공〕 〔항공기의 조종사가 착륙에 앞서 그 방향을 확인하기 위한〕 전파.
check·book[tʃékbùk] *n.* 수표장(《英》chequebook).
checked [tʃekt] *adj.* **1** 체크 무늬의. **2** 〔음성〕 〔모음이〕 폐음절(閉音節)의, 폐쇄음의(閉音節의). *opp.* free *checked* vowels 억닫힘 모음 [hit, wet, shut 따위, 폐음절 중의 모음 [i], [e], [ʌ]].

*‡**check·er**[《英》**cheq·uer** [tʃékər] *n.* **1** (~s) [단수 취급] 《美》체커(놀이) (《英》draughts). **2** 체커의 말 (《英》draught). **3** (종종 ~s) 체크 무늬, 격자 무늬; 〔그 무늬 개개의〕 칸. **4** 마가목류의 나무 (service

check·er² [tʃékər] n. 1 검사원. 2 [외ト·모자 따위의] 보관원. 3 [수퍼마켓 따위의] 계산원.

check·er·ber·ry [tʃékərbèri] n. (pl. -ries) 북미 산(産) 바위앵도류의 관목; 그 열매[붉고 맛이 좋다].

check·er·board, 《英》 cheq·uer- [tʃékərbɔ̀ːrd/-bɔ̀ːd] n. 체커판, 서양장기판《英》 draughtboard).

check·ered, 《英》 cheq·uered [tʃékərd] adj. 1 변화가 많은. ¶ a checkered life 기복이 심한(기구한) 생애. 2 체크 무늬의. 3 얼락달락한.

checkered flag n. 체커 플래그[자동차 경주의 주행 종료를 알리는 바둑판 무늬의 신호기].

check·er·work, 《英》 cheq·uer- [tʃékərwə̀ːrk] n. ① 1 바둑판 무늬의 세공. 2 돌을 바둑판 무늬로 쌓기. [인.

check-in [tʃékìn] n. [호텔에서의] 숙박 수속, 체크인.

checking account n. 《美》[예금자가 발행하는 수표에 따라 지불해 주는] 당좌 예금《英》 current account). cf. savings account

check·less society [tʃéklis-] n. = cashless society.

check line n. 1 [항해] 부두 따위를 따라 배의 진행을 제어하는 굵은 밧줄. 2 =checkrein.

check list n. 《美》 대조표, 일람표, 선거인 명부.

check·mate [tʃékmèit] n. 1 [서양장기] 외통 장군, 외통수. 2 궁(곤)경, 대패배, 좌절, 멸망.
── vt. (-mat·ed, -mat·ing) 1 [서양장기] [상대방 장군]을 외통수로 하다, 좌절시키다. 2 ···을 곤경에 몰아넣다, 실패하게 하다.
── interj. [서양장기] 장군!

check nut n. [기계] =lock nut. [비공제 징수.

check-off [tʃékɔ̀ːf/-ɔ̀(·)f] n. 《美》 급료에서의 조합

check-out [tʃékàut] n. 1 [호텔의] 계산, 지불 절차, 체크아웃; 퇴출 시간. 2 [수퍼마켓에서의 물건값의] 계산, 계산대. 3 [기계 따위의] 점검, 검사.

checkout scanner n. 체크아웃 스캐너[상품에 붙어 있는 bar code를 판독하는 광학 기기].

check·point [tʃékpɔ̀int] n. 1 《美》 [교통의] 검문소. 2 [항공] 표지 (標識) 지점. 3 [컴퓨터] 체크포인트[컴퓨터의 조작을 위해 특히 마련된 프로그램의 중단점(breakpoint)].

check·rein [tʃékrèin] n. 멈춤 고삐[말이 머리를 숙이지 못하게 안장에 거는 줄].

check roll [tʃékròul] n. =muster roll, check list.

check·room [tʃékrù(ː)m] n. 《美》 [모자·외투 따위의] 일시 보관소, 클로크룸 (《英》 cloakroom); 수하물 보관소 (《英》 left-luggage office).

check-row [tʃékròu] 《美》 [농업] n. 정조식(正條植) 이랑. ── vt. [농작물]을 정조식 이랑에 심다.

checks and balances n. 《美》 [정치 권력의 통제와 균형[삼권 분립의 건전한 기본 원리].

check·stand [tʃékstænd] n. 계산대.

check string n. [차내에서 하차를 알리기 위해 당기는] 신호줄.

check taker n. [극장 등의] 표받는 사람.

check trading n. 은행 수표 판매 [수표의 금액과 이자를 할부로 판매하는 방식].

check-up [tʃékʌ̀p] n. 1 대조, 검사, 시험. ¶ give a motor a checkup 모터를 검사하다. 2 신체 검사.

check valve n. 역류 방지 밸브.

check·weigh [tʃékwèi] vt. [콘테이너·화물 따위의 무게]를 검사하다, 계량하다.

check·writ·er [tʃékràitər] n. 수표 금액 인쇄기.

Ched·dar [tʃédər] n. ① 체더 치즈[미국인이 가장 많이 먹는 치즈] (Cheddar cheese).
[<영국 Somerset 주의 원산지명]

Che. E. 《略》 chemical engineer.

chee-chee [tʃíːtʃíː] n. ①《인도》《경멸적》 아시아·유럽 혼혈인이 사용하는 부정확한 영어.

‡**cheek** [tʃiːk] n. 1 볼, 뺨. ¶ rosy cheeks 장미빛 볼 / kiss a person on the cheek 남의 볼에 키스하다. 2 (보통 ~s) [바이스의] 턱; [용기의] 측면, 옆면, [문간의] 가로 기둥. 3 궁둥이, 엉덩이 (buttocks). 4 ① 뻔뻔스러움, 철면피, 건방진 말(태도). ¶ have plenty of cheek 낯가죽이 두껍다, 뻔뻔스럽다 / have the cheek to do 건방지게도 (뻔뻔스럽게도) ···하다 / None of your cheek! = Don't give me any of your cheek. 건방진 소리 마라! / What a cheek! 뻔뻔스럽게!
cheek by jowl [with] [···과] 나란히; [···과 사이가] 밀접 (긴밀) 하여.
to one's own cheek 자기 전용으로, 독차지하여.
turn the other cheek 부당한 처사를 관대히 용서하다 [←마태 복음 (Matt.) 5 : 39].
[with one's] **tongue in** [one's] **cheek** ⇒ TONGUE.
── vt. 《英구어》 ···에게 건방진 말을 하다, 건방진 태도를 취하다. **cheek a** person 남에게 건방진 말을 하다.
cheek it 뻔뻔스럽게 밀어붙이다.

cheek·bone [tʃíːkbòun] n. 광대뼈.

cheek pouch n. [원숭이·다람쥐 등의] 볼주머니.

cheek strap n. 말고삐의 옆쪽 가죽끈.

cheek tooth n. 어금니, 구치(臼齒) (molar).

cheek·y [tʃíːki] adj. (cheek·i·er, cheek·i·est) 《구어》 건방진, 뻔뻔스러운. ⇒ IMPERTINENT [類語]
chéek·i·ly adv. **chéek·i·ness** n.

cheep [tʃiːp] vi. [병아리·쥐새끼 등이] 삐약삐약 (짹짹) 울다, 짹짹 울다 (chirp, peep). ── vt. ···을 삐약거리는 목소리로 말하다. ── n. 삐약삐약 (짹짹, 짹짹) 우는 소리.

cheep·er [tʃíːpər] n. 1 [자고(鷓鴣)·뇌조 등의] 새끼. 2 쬐끔이.

‡**cheer** [tʃiər] n. 1 환호, 환성, 갈채; [스포츠의] 성원, 응원. ¶ a cheer section 응원석. 2 ① 격려, 기운을 북돋우기. ¶ words of cheer 격려의 말. 3 ① 기분, 심기(心氣). * 현재는 보통 다음과 같은 구로 쓰다, 기분좋게 / be of good cheer 기뻐하다, 기력이 왕성하다 [←마태 복음(Matt.) 9 : 2]. 4 ① 원기, 쾌활, 활기, 명랑. ¶ make cheer 유쾌하게 하다, 들뜨다. 5 ① 음식, 성찬(food). ¶ a birthday cheer 생일 잔치 / make (or enjoy) good cheer 잔치를 성대히 벌이다. 6 ① 《고어》 표정. 7 (~s) ①《감탄사적 용법》 건배, 잘했다. [다.
give (or **do, make**) **a** person **the cheer** 남을 환대하── vt. 1 《美》에게 갈채를 보내다, ···을 환호하여 응원하다; ···에게 성원을 보내다, ···을 응원하다. ¶ (~+回+前+名) cheer a team to victory 팀을 응원하여 이기게 하다 / cheer a dog on a game 개를 부추겨 사냥감을 뒤쫓게 하다. 2 ···을 기쁘게 하다, ···의 기운을 돋우어 주다(...up). ¶ (~+回+回) Everyone was cheered up at the news. 그 소식에 너나 할 것 없이 기뻐했다.
── vi. 1 갈채하다, 환호하다; 성원하다.
2 기운이 나다(up...). ¶ (~+回) cheer up at good news 좋은 소식에 기운이 나다 / Cheer up! 힘을 내라!
cheer ... to the echo ⇒ ECHO.
◇ chéery, chéerful adj.

cheer·er [tʃí(ː)rər / tʃíərə] n. 성원자, 응원자, 갈채를 보내는 사람; 《英방언》 힘을 내기 위한 한잔.

‡**cheer·ful** [tʃíərfəl] adj. 1 기분이 좋은, 기쁜듯한, 명랑한, 쾌활한, 원기 왕성한. ⇒ GLAD [類語] ¶ a smiling cheerful man 생글생글 웃으며 명랑한 사나이 / cheerful conversation 명랑한 대화. 2 상쾌한, 기분 좋은, 밝은. ¶ a cheerful sunny room 햇빛이 잘 드는 기분좋은 방 / Things have a cheerful look. 사태는 유망하다 / That's a cheerful remark. 《반어》 그 말은 그냥 넘어갈 수 없다. 3 마음에서 우러나온, 기꺼이 하는(willing). ¶ a cheerful giver 기꺼이 물건을 주는 사람.

cheer・ful・ly [tʃíərfəli] *adv.* 기분좋게, 선선히, 기꺼이.

*cheer・ful・ness [tʃíərfəlnis] *n.* ⓤ 기분좋음.

*cheer・i・ly [tʃí(ː)rili / tʃíər-] *adv.* 명랑하게, 힘차게.

cheer・i・ness [tʃí(ː)rinis / tʃíər-] *n.* ⓤ 명랑, 원기 왕성함.

cheer・ing [tʃí(ː)riŋ / tʃíər-] *adj., n.* 격려가 되는[것], 낙관적인[것]; 환호하는[것].

cheer・i・o [tʃí(ː)riòu / tʃíəriòu] *interj., n.* (*pl.* -os) 《英구》 **1** 안녕, 잘 있어(goodbye). **2** 〔건배 때의〕축하합니다, 건배, 만세(To your health!).

*cheer・lead・er [tʃíərlìːdər] *n.* 《美》〔보통 여성의〕응원단장.

cheer・lead・ing [tʃíərlìːdiŋ] *n.* 응원의 지휘, 응원 단장의 기술.

cheer・less [tʃíərlis] *adj.* 기운이 없는, 활기 없는 (dull), 재미없는(joyless); 쓸쓸한(dreary), 음산한 (gloomy). **~ly** *adv.* **~ness** *n.*

cheer・ly [tʃíərli] *adv.* **1** 〔항해〕힘을 내서, 힘차게 〔선원을 격려하는 말〕. **2** =cheerfully.

cheer・o [tʃí(ː)rou / tʃíər-] *interj., n.* (*pl.* -os) 《英구》 =cheerio.

*cheer・y [tʃí(ː)ri / tʃíəri] *adj.* (**cheer・i・er, cheer・i・est**) **1** 원기 왕성한, 쾌활한; 기분 좋은, 명랑한, 유쾌한. **2** 기운을 북돋아 주는, 활기차게 하는, 밝은, 기분좋은, 상쾌한. ◇ cheer *v.*

‡cheese[1] [tʃiːz] *n.* **1** ⓤ 치즈; ⓒ 〔어떤 형태로 굳힌〕 치즈(＊ 보통은 물질 자체의 형상의 것도 크게 자른 한 조각을 가리킬 때는 보통 명사). ¶ green *cheese* 생치즈[미숙성의 치즈]／a *cheese* 치즈 한 개. **2** ⓤⓒ 〔형태 또는 성질이 치즈와 비슷한 것〕(＊ 구주회〔九柱戱〕의 공(skittle ball); ⓤ《美구어》〔유아어〕토해낸 우유; ⓤ〔야금〕주괴(鑄塊)의 횡단면; 치즈 꼴로 된 강철편(주괴). **3** 〔여자가 무릎을 굽히고 하는〕절(curtsy).

bread and cheese ⇨ BREAD.

make cheeses 빙글빙글 돌다가 갑자기 주저앉아 스커트를 부풀리다.

Say cheese ! 웃어요!, 치즈하세요! 〔사진을 찍을 때 카메라를 든 사람이 하는 말〕.

◇ chéesy *adj.*

cheese[2] [tʃiːz] *vt.* (**cheesed, chees・ing**) 《속어》 …을 그치다, …을 그만두다(stop, leave off).

Cheese it ! 그만둬! (Stop!); 조심해! (Look out!), 도망쳐 ! (Run away!)

cheese[3] [tʃiːz] *n.* (the ~)《속어》 **1** 바로 그것(그 사람), 안성맞춤인 것. **1** That's the quite *cheese*. 바로 그것이다. **2** 1등품, 고급품. **3** 거물, 우두머리.

cheese・burg・er [tʃíːzbəːrɡər] *n.* 〔빵에 치즈를 끼운〕 치즈 버거.

cheese・cake [tʃíːzkèik] *n.* **1** 치즈 케이크〔치즈가 든 과자〕. **2** 《속어》각선미를 강조한 사진(삽화). *cf.* beefcake

cheese・cloth [tʃíːzklɔ̀ːθ, -klɑ̀θ / -klɔ̀θ] *n.* ⓤ 올이 성긴 얇은 무명〔원래 치즈를 싸는 데 썼다〕.

cheesed [tʃiːzd] *adj.*《英속어》〔…에〕싫증이 난, 지겨운; 화가 나는 (*off, with*…). 〔계란도 포함〕.

cheese・mon・ger [tʃíːzmʌ̀ŋɡər] *n.* 치즈 장수〔버터, 인색한.

cheese・par・ing [tʃíːzpɛ̀(ː)riŋ / -pɛ̀ər-] *adj.* 쩨쩨한, 인색한. — *n.* **1** 치즈를 깎아낸 부스러기. **2** (~s) 가치가 없는 것, 잡동사니. **3** ⓤ인색. **4** (~s) 사전〔어 자들이 은밀히 푼푼이 모은 돈〕.

chéese pláte *n.* **1** 치즈 접시〔직경 15cm 가량〕.〔옷웃의〕큰 단추.

chéese scóop *n.* 〔만들 때 맛을 보는〕치즈 국자.

chéese stráws *n. pl.* 치즈 스트로〔밀가루에 잘게 썬 치즈를 넣고 반죽한 것을 길쭉길쭉하게 썰어 구운 비스킷; 식전ㆍ식후 과자〕.

chéese vát *n.* 치즈 응고용 원형(原型).

chees・y[1] [tʃíːzi] *adj.* (**chees・i・er, chees・i・est**) **1** 치즈 같은[맛의]. **2**《美속어》값싼, 저급의, 하등의.

chees・y[2] [tʃíːzi] *adj.* (**chees・i・er, chees・i・est**)《속어》 멋진(stylish); 고급의(first-rate).

chee・tah [tʃíːtə] *n.* 치타〔아프리카 및 서남 아시아산의 표범 비슷한 동물〕; ⓤ 그 털가죽.

chef [ʃef] *n.* 요리장(料理長), 쿠크장(head cook); 쿡, 요리인. 〔<F chief〕

chef-d'oeu・vre [ʃeidɔ́ːvər] *n.* (*pl.* **chefs-** [ʃei-]) 걸작, 명작(masterpiece). 〔<F principal work〕

cheir-, cheiro- ⇨ CHIRO-.

Che・ka [tʃéikɑː, -kə] *n.* 체카〔소련의 반혁명을 단속하는 특별 정치 경찰 기관(1917-22); G.P.U.〔게페우, 합동 국가 보안부〕의 전신〕.

che・la[1] [kíːlə] *n.* (*pl.* **-lae** [-liː]) 〔새우ㆍ게ㆍ전갈 따위의〕집게발.

che・la[2] [tʃéilɑ: / -lə] *n.* 〔인도에서 불교의〕입문자 (novice), 〔종교가의〕제자(disciple).

che・late [kíːleit] *adj.* 〔새우ㆍ게와 같은〕집게발 (chela)을 가진, 집게발 비슷한. — *n.* 〔화학〕킬레이트 화합물, 집게발형 착염(錯鹽)〔혈색소ㆍ엽록소 따위〕. — *vi., vt.* 킬레이트 화합물을 만들다.

Chel・e・an [ʃélién] *adj.* 〔考古〕아브빌기(期)〔구석기 시대 전기〕의(Abbevillian).

che・lo・ni・an [kilóuniən] *adj.* 거북류의. — *n.* 거북 류의 동물(turtle, tortoise).

Chel・sea [tʃélsi] *n.* 영국 런던 서남부 Thames강 북쪽의 한 구(한때 화가ㆍ문인의 거주지로 유명했던 곳).

chem- ⇨ CHEMO-.

chem. 《略》chemical, chemist, chemistry.

‡chem・i・cal [kémik(ə)l] *adj.* 화학의, 화학상의, 화학적인; 화학 작용에 의한, 화학 약품의, 화학 약품에의한. ¶ *chemical* action 화학 작용／*chemical* analysis 화학분석／*chemical* combination 화합(化合)／a *chemical* formula (equation) 화학식(화학 방정식)／a *chemical* reaction 화학 반응／the *chemical* industry 화학 공업／*chemical* warfare 화학 전／*chemical* weapons 화학 무기. — *n.* (보통 ~s) 화학 약품, 화학 제품.

~ly [-kəli] *adv.* ◇ chémistry *n.*

chémical bálance *n.* 〔화학〕〔특히, 분석용의〕화학 저울.

chémical engineéring *n.* 화학 공학(공업).

chémical Máce *n.*《상표명》에어러솔 스프레이식 최루가스(mace). 〔略 COD〕

chémical óxygen demánd *n.* 화학적 산소요구량

chémical wárfare *n.* 〔독가스 따위를 사용하는〕화학전〔略 CW〕.

chemico- ⇨ CHEMO-.

chem・i・co-bi・ol・o・gy [kèmikou(u)baiɑ́lədʒi / -ɔ́l-] *n.* ⓤ 생화학(生化學). 〔-학.

chem・i・co・phys・ics [kèmiko(u)fíziks] *n.* 물리 화〕

che・min de fer [ʃəmn də féər] *n.* ⓤ 〔카드놀이〕 baccarat의 일종. 〔<F road of iron〕

*che・mise [ʃəmíːz] *n.* **1** 슈미즈(여성용 내의); 슈미즈 드레스〔슈미즈처럼 단순한 형의 원피스〕. **2** 토루(土壘)의 옹벽(擁壁). 〔<F〕

chem・i・sette [ʃèmizét] *n.* 슈미제트〔장식이 달리고 소매가 없는 여성용 내의〕. 〔<F〕

chem・ism [kémiz(ə)m] *n.* ⓤ 화학 작용(chemical action).

chem・i・sorb [kémisɔ̀ːrb] *vt.* 화학적으로 흡착(흡수)하다.

‡chem・ist [kémist] *n.* **1** 화학자. **2**《英》약제사 (pharmacist). *cf.* druggist ¶ a *chemist's* shop 《英》 약국 (pharmacy). **3**《폐어》=alchemist.

‡chem・is・try [kémistri] *n.* (*pl.* -**tries**) **1** ⓤ 화학. ¶ applied (practical) *chemistry* 응용 화학／organic (inorganic) *chemistry* 유기 (무기) 화학／physical (pharmaceutical) *chemistry* 물리(약) 화학. **2** ⓤ 화학적 성질(성능). **3** ⓤⓒ 〔화학 작용을 연상케 하는〕작용, 과정. ¶ the *chemistry* of love 사랑의 불가사의.

◇ chémical *adj.*

chemo-, chemico- chemical, chemistry 의 뜻의 연결형(* chemo-는 모음 앞에서는 chem-을 쓴다). 예: *chemo*therapy, *chem*urgy, *chemico*physics(물리화학).

chem·o·sphere [kémo(u)sfìər] *n.* (the ~)〔기상〕 화학권(化學圈)〔성층권의 윗부터 중간권·열권(溫度圈)에 걸친다; 광(光)화학 반응이 일어나는 범위〕.

che·mo·ster·il·ant [kèmo(u)stérilənt] *n.* 〔해충·유해 동물 따위에 사용하는〕 화학 불임약.

chem·o·syn·the·sis [kèmo(u)sínθəsis] *n.* ⓤ 〔식물·생화학〕 화학 합성. *cf.* photosynthesis

chem·o·ther·a·peu·tic [kèmo(u)θèrəpjú:tik], **-ti·cal** [-tik(ə)l] *adj.* 화학 요법의, 화학 요법에 의한.
-ti·cal·ly [-tikəli] *adv.*

chem·o·ther·a·peu·tics [kèmo(u)θèrəpjú:tiks] *n. pl.* 〔단수 취급〕〔의학〕 =chemotherapy.

chem·o·ther·a·py [kèmo(u)θérəpi] *n.* ⓤ〔의학〕 화학 요법.

chem·ur·gy [kémə:rdʒi] *n.* ⓤ 농예(農藝) 화학.

che·nille [ʃəní:l] *n.* 1 셔닐 실, 모충사(毛蟲絲)〔빌로도처럼 보풀을 세운 장식용 비단실〕. 2 그 직물〔이실을 씨실로 하여 털·무명실 따위와 혼직한다〕.

cheong·sam [tʃɔ́ŋsáːm] *n.* 장삼(長衫)〔중국의 여성복; 각부(脚部) 옆이 터져 있는 원피스〕.

*****cheque** [tʃek] *n.* 《英》 수표(《美》 check).

cheque·book [tʃékbùk] *n.* 《英》 수표장(《美》 check-book).

cheq·uer [tʃékər] *n., vt.* 《英》 =checker¹.

Cheq·uers [tʃékərz] *n.* 영국 수상의 별장〔Buckinghamshire 의 Aylesbury 부근에 있다〕.

cher·chez la femme [F ʃɛrʃe la fam]《프랑스》(=look for the woman) 여자를 조심하라; 사건 뒤에는 여자가 있다.

cher·ish [tʃéri] *vt.* 1 …을 소중히 하다; …을 따뜻이 돌보다, 귀여워하다, 애육하다, 사래곱게 내하다. ¶ The old sisters *cherished* the child as one of their own. 늙은 자매는 그 아이를 자기들 자식으로 사랑했다. 2 〔야심·감정 따위〕를 마음에 품다, 가슴속에 간직하다; 〔추억〕을 그리워하다. ⇒ HUG〔類語〕¶ *cherish* the memory of one's boyhood days 소년시절〔의 추억〕을 그리워하다 / *cherish* the religion in the heart 그 종교를 마음속으로 신봉하다 //(~+圓+前+名) *cherish* a resentment (or grudge) *against* …에 원한을 품다.
〔類語〕**cherish** 마음속에 소중히 간직하다: *cherish* one's mother's memory 어머니의 추억을 마음속에 간직하다. **foster** 마음속에 어떤 생각을 품고 키워 나가다: *foster* a desire 소망을 마음속에 키워나가다. **harbor** 나쁜 생각이나 감정을 마음속에 품다: *harbor* a grudge 마음속에 원한을 품다.

Cher·o·kee [tʃérəkì:, ˋ-ˋ] *n.* (*pl.* **-kees** or **-kee**) 1 체로키족(族)〔북미 인디언의 한 종족으로, 현재는 Oklahoma 주 일대에 살고 있다〕. 2 ⓤ 체로키어(語).

Cherokèe róse *n.* 금앵자(金櫻子)〔흰꽃이 피는 덩굴 장미로, 미국 Georgia 주의 주화(州花)〕.

che·root [ʃərú:t] *n.* 양끝을 자른 엽궐련.

*****cher·ry** [tʃéri] *n.* (*pl.* **-ries**) 1 《美》 서양 벚나무의 열매. ¶ *Cherry* ripe, *cherry* ripe! 빨갛게 익은 버찌요! 〔상인이 외치는 소리〕. 2 서양 벚나무, 〔각종〕 벚나무(cherry tree). 3 벚나무 재목. ⓤ 벚나무 비슷한 나무; 버찌 같은 열매. 4 ⓤ 버찌색, 선홍색(bright red). 5 《美俗》 처녀막, 처녀성. 6 《美俗》〔볼링〕 스페어를 치를 때 앞쪽 핀만 쓰러뜨리기.
make (or **take**) **two bites at**(or **of**) **a cherry** ⇒ BITE.
— *adj.* 1 버찌색의, 선홍색의. ¶ *cherry* lips 붉은 입술. 2 벚나무 재목으로 만든. ¶ a *cherry* cabinet 벚나무로 만든 장롱. 3 〔음식물에〕 버찌를 사용한, 버찌 냄새가 나는. 4 《美俗》 처녀의.

chérry ápple *n.* 각시능금나무.

chérry blóssom *n.* (보통 ~s) 벚꽃.

chérry·bob [tʃéribɔ̀b / -bɔ̀b] *n.* 《英》〔2개가 붙은〕 버찌 송이.

chérry brándy *n.* ⓤ 체리 브랜디〔버찌를 브랜디에 담궈 만든 달콤한 리큐르술〕.

chérry fárm *n.* 《美俗》 경범죄자 수용 농장.

chérry pícker *n.* 1 버찌 따는 사람. 2 《俗》 전선 따위를 수리하는 데 쓰는 이동식 작업대가 달린 기중기. 3 《美俗》 특히 처녀를 좋아하는 남자. 4 〔우주공학〕 체리 피커〔발사대상의 우주인에 이상 사태가 발생했을 때 비행사의 캡슐을 끌어내는 기중기〕.

chérry píe *n.* 1 버찌가 든 파이. 2 《英》〔보라빛의〕 헬리오트로프(heliotrope); 쥐오줌풀(valerian).

chérry·stone [tʃéristòun] *n.* 1 버찌씨. 2 《美》 대합의 일종(quahog).

chérry trée *n.* 1 벚나무.

‡chérry trèe *n.* 벚나무.

cher·so·nese [kə́:rsəni:z, -ni:s / -ni:s] *n.* 반도.

chert [tʃə:rt] *n.* ⓤ⏐ⓒ 〔광물〕 각암(角岩), 혹규석(黑硅石).

chert·y [tʃə́:rti] *adj.* 〔광물〕 각암의, 혹규석의, 혹규석으로 된, 혹규석으로 만든.

*****cher·ub** [tʃérəb] *n.* (*pl.* ~**s** * 1, 2 에서는 **cher·u·bim** [tʃérəbim] 이 된다) 1 〔성서〕〔단수로는〕 케루브, 〔복수로는〕 케루빔〔손발과 날개를 가진 상(像)으로 표현된〕 신적(神的) 존재로, 구약성서에서는 에덴 동산의 수위·신의 옥좌를 지는 사람·성궤(聖櫃)의 수호자로 되어 있다. ⇒ 창세기(Gen.) 3 : 24, 출애굽기(Exod.) 25 : 19, 에스겔서(Ezek.) 10 등〕. 2 〔교회〕 치천사(智天使)〔천사의 위계의 하나. 지식을 관장하며, 종종 날개가 있는 천동(天童) 또는 날개가 난 아이의 두부(頭部)로 상징된다〕. ⇒ ANGEL 〔주의〕 지천사의 상. 3 예쁘고 순진한 어린이, 귀엽게 생긴 어린이; 통통하게 살진 순진한 사람, 통통한 얼굴의 사람. **cherúbic** *adj.*

che·ru·bic [tʃərú:bik / tʃe-] *adj.* 케루브의, 케루빔의; 귀엽고 순진하게 생긴, 통통하게 살져서 귀여운. **-bi·cal·ly** [-bikəli] *adv.*

cher·vil [tʃə́:rvil] *n.* 파슬리류의 식물〔샐러드용〕.

Ches. (略) Cheshire.

Chesh·ire [tʃéʃər] *n.* =Cheshire cheese.

Chéshire cát *n.* 히죽히죽 웃는 고양이; 항상 웃고 있는 사람. *grin like a Cheshire cat* 까닭없이 히죽히죽 웃다. 〔<영국의 동화 작가 Lewis Carroll (1832-98)의 작품 *Alice's Adventures in Wonderland*〔이상한 나라의 앨리스, 1865〕에 등장하는 고양이〕.

Chéshire chéese *n.* ⓤ 체셔치즈〔영국 서부 Cheshire 주산(産)의 치즈〕.

*****chess**¹ [tʃes] *n.* ⓤ 체스, 서양장기〔흑백 각각 16 개의 말을 쓴다〕. ¶ play *chess* with …과 체스를 두다.

chess² [tʃes] *n.* (*pl.* **chess** or **chess·es**) 부교(浮橋) (pontoon bridge) 위에 가로로 까는 널빤지.

chess³ [tʃes] *n.* 참새귀리류의 잡초.

chess·board [tʃésbɔ̀:rd / -bɔ̀:d] *n.* 체스판〔가로 세로 각각 8 칸의 흑백의 말밭이 있는 판〕.

ches·sel [tʃésəl] *n.* 〔치즈를 굳힐 때에 쓰는〕 틀.

chess·man [tʃésmæ̀n, +美 -mən] *n.* (*pl.* **-men** [-mèn, +美 -mən]) 체스의 말.

*****chest** [tʃest] *n.* 1 가슴, 흉부〔내의 기관〕 (thorax); 폐. ⇒ BREAST 〔類語〕 ¶ a cold in the *chest* 기침 감기 / *chest* trouble 폐병 / He measures 37 inches round the *chest*. 그의 가슴둘레는 37 인치이다. 2 〔대형이며 튼튼한, 뚜껑이 달린〕 수납함, 보존함, 궤; 〔선원의〕 소지품 상자. ¶ a jewelry *chest* 보석 상자 / a carpenter's *chest* 목수의 연장통. 3 〔공공 단체의 보관 상자〕 보관함. 5 〔공공 단체의 사회 구제 기금, 공동 모금, 5 〔차 따위의〕 수송용 포장 상자, 상품 상자. 6 〔포장 상자 따위의〕 내용물〔의 양〕. ¶ a *chest* of tea 차 한 상자〔의 양〕. 7 옷장, 장롱(chest of drawers). ¶ a *chest*

of clothes 옷장에 가득 찬 옷. **9** 《구어》 가슴속, 생각. *Chest out !*《호령》가슴을 펴라!
get something off one's chest《구어》[걱정 따위를 털어놓아] 마음의 짐을 덜다.
have something on one's chest《구어》마음에 걸리는 일이 있다.
◇ chésty *adj.*

chest・ed [tʃéstid] *adj.*《보통 복합어를 만들어》가슴이 …한. ¶ broad-*chested* 가슴통이 넓은 / flat-*chested* 가슴이 납작한 / full-*chested* 가슴이 풍만한.

ches・ter・field [tʃéstərfìːld] *n.* **1** (때로 C-) 외투의 일종[안에 단추가 달리고, 깃은 빌로도, 포켓에 덮개가 있는 것]. **2** 소파의 일종[양끝에 팔걸이가 있고 침대 겸용인 것].

Ches・ter・field・i・an [tʃèstərfíːldiən] *adj.* Chesterfield 경(卿)과 같은; 귀족다운, 위엄있는, 우아한(elegant). 〔<영국의 정치가・저작가 4th Earl of Chesterfield(1694-1773)의 이름〕

Chês・ter Whíte [tʃéstər-] *n.* 백색 품종의 돼지의 종[미국 Pennsylvania 주의 Chester 원산].

chést nòte *n.* = chest voice.

‡**chest・nut** [tʃésnʌ̀t, -nət, +英 tʃést-] *n.* **1** 밤, 밤나무. **2** (U) 밤나무 재목. **3** 밤나무 비슷한 나무(열매) 〔horse chestnut 따위〕. **4** (U) 밤색(reddish brown); 밤색털의 말, 구렁말. **5**《구어》〔진부한〕농담, 일화. **6** 말 다리의 안쪽에 생기는 못(callosity).
pull a person's chestnuts out of the fire 불속의 밤을 줍다, 〔남을 구하기 위하여〕위험을 무릅쓰다.
— *adj.* 밤색의, 적갈색의(reddish brown); 밤색털의; 〔음식 따위〕밤이 든, 밤을 넣어 만든.

chest・nut・ting [tʃésnʌ̀tiŋ, -nət-, +英 tʃést-] *n.* (U) 밤줍기.

chést of dráwers *n.*〔침실용〕옷장(《美》bureau).

chest-on-chest [tʃéstɑnt∫ést / -ɔn-] *n.*〔대소 2개로 한 벌을 이루는〕2층장.

chést protéctor *n.*〔방한용〕가슴받이.

chést régister *n.*〔음악〕흉성 성역(胸聲聲域).

chést tòne *n.*〔음악〕흉성음[비교적 저음의 목소리].

chést vòice *n.*〔음악〕흉성(胸聲). 〔리〕.

chest・y [tʃésti] *adj.* (chést-i-er, chést-i-est) **1**《구어》흉부가 잘 발달한. **2**《속어》교만한, 으스대는.

chee・tah [tʃíːtə] *n.* = cheetah.

Chet・nik [tʃétnik, -́] *n.* 유고슬라비아의 게릴라대원〔제 2 차 세계 대전 때 활약〕.

che・val-de-frise [ʃəvǽldəfríːz] *n.* (*pl.* **che・vaux-**〔-vóu-〕)《군대》〔기병 방어용〕방책(防柵), 녹채(鹿砦)〔적의 침입・도주 따위를 저지하기 위하여 설치하는, 쇠붙이의 못(spikes)이나 가시 철조망 따위로 덮인 장애물〕. 〔<F〕

che・va・let [ʃəvǽlei] *n.* **1**〔현악기의〕줄 받침 (bridge). **2**〔적교(吊橋)의〕교대(橋臺). 〔<F〕〔鏡〕.

che・vál glàss [ʃəvǽl-] *n.*〔전신이 비치는〕체경(體

chev・a・lier [ʃèvəlíər] *n.* **1** 훈위(勳位) 소유자, 수훈자, 수위자(授位者). ¶ a *chevalier* of the Legion of Honor 레종도뇌르 훈위 소유자. **2**〔고어〕〔중세의〕기사(knight). **3**〔프랑스 역사〕최하위의 귀족. **4**〔기사처럼〕용감한 사람(cavalier). **5** 아방뛰르를 추구하는 사람; 사기꾼. 〔<F〕

che・vet [ʃəvéi] *n.*〔교회당의〕맨 안쪽〔특히 방사상으로 늘어선 몇 개의 부속 예배당을 가진다〕.

Chev・i・ot [tʃéviət, tʃíːv-] *n.* **1** 체비옷 종(種)의 양 〔England 와 Scotland 의 접경에 있는 구릉 지대인 Cheviot Hills 원산으로, 그 털은 스코치트위드의 원료로서 유명〕. **2** (c-) 그 털로 짠 직물, 스코치트위드.

Chev・ro・let [ʃèvrəléi / ʃévrəlèi] *n.*〔상표명〕시보레 〔자동차의 이름〕.

chev・ron [ʃévr(ə)n] *n.* **1** 〔V자형 무늬의〕수장(袖章)〔계급・소속 따위를 나타내며, 하사관・경장 따위가 단다〕.
2 (=**cheveron**)〔紋章〕산(山)의, 역 V 자형. **3**〔건축〕= chevron molding.

chévron mòlding *n.*〔건축〕지그재그 무늬가 있는 쇠시리; 〔특히 로마네스크식 건축의〕산(山) 모양의 쇠시리. 〔표지.

chévron bòard *n.* 급 커브를 나타내는 갈짓자 도로

chev・ro・tain [ʃévrətèin, -tin], (**chev・ro・tin**〔-tin〕) *n.* 사슴 비슷한 작은 반추 동물[아프리카나 아시아의 열대 지방산(産)으로, 뿔이 없다].

chev・y [tʃévi] 《英》 *v.* (**chev・ied, chev・y・ing**) *vt.* **1** …을 뒤쫓다, 〔…의 신경을 건드리다, 〔집요하게〕성가시게 괴롭히다. — *vi.* 뛰어다니다, 급히 도망치다. — *n.* (*pl.* **chev・ies**)**1** 사냥에서의 외침. **2** 사냥, 추적. **3** (U) 술래잡기의 일종.

Chev・y [ʃévi] *n.* **1** 〔상표명〕Chevrolet의 일종. **2** 《美속어》=Chevrolet.

‡**chew** [tʃuː] *vt.* **1** …을 씹다, 깨물다(masticate). *cf.* gnaw, bite **2**〔물어뜯은 것처럼〕…에 상처를 내다(…*up*). **3**〔물어뜯어〕〔상처・구멍 따위를〕만들다. **4** …을 심사숙고하다, 논하다(…*over*). ¶ He spent the whole night *chewing* the matter over. 그는 그 문제를 밤새도록 생각했다. — *vi.* **1** 씹다, 깨물다. **2**《구어》씹는 담배를 씹다. **3** 심사숙고하다.
chew out 《속어》…을 호되게 꾸짖다, 야단치다.
chew (or *one's*) *cud* ⇒ CUD.
chew the scenery ⇒ SCENERY.
chew the rag (or *the fat*) ⇒ RAG¹.
chew up ① …을 엉망으로 부수다. ②《英속어》《보통 수동형으로》…을 호되게 꾸짖다.
— *n.* **1** 씹기. **2** 씹히어는 것; 〔특히 씹는 담배의〕한 번 씹는 분량. ¶ a *chew* of tobacco 씹는 담배의 한번 씹는 분량.

chéwing gùm *n.* (U) 추잉검, 껌.

chéwing tobàcco *n.* (U) 씹는 담배.

che・wink [tʃiwíŋk] *n.*〔북미 동부에 많은〕되새류의 명금(鳴禽) (towhee).

chew・y [tʃúːi] *adj.* (**-i-er, -i-est**)〔음식이 단단하거나 하여〕잘 씹히지 않는; 질긴. ¶ tough *chewy* meat 질기고 잘 씹히지 않는 고기.

Chey・enne [ʃaién, -én] *n.* (*pl.* **-ennes** or **-enne**) 샤이안族(族); ① 샤이안족의 언어.

chez [ʃei] *prep.*《프랑스》…의 집(가게)에서(at, in); …과 함께(with); …의 사이에서.

chg. (略) (*pl.* **chgs.**) change; charge.

chgd. (略) changed; charged.

chi [kai] *n.* 그리스 알파벳의 제 22 자[X, χ].

chi・ack [tʃáiænk], (**chy・ack**) *vt.*《濠속어》…을 놀리다, 비웃다.

Chi・an・ti [kiǽnti, -áːn-] *n.* (U) 키안티[이탈리아 Chianti 지방산(産)의 적포도주].

chiao [tʃiau] *n.* (*pl.* **chiao**) 각(角)〔중공・대만의 보조 화폐 단위; 10분의 1원(元)(yuan)〕.

chi・a・ro・scu・ro [kiɑ̀ːrəskjú(ə)rou / -skjúə-], (**chi・a・ro・os・cu・ro**) *n.* (*pl.* **-ros**) **1**〔미술〕〔그림의〕명암의 배분[으로의 묘사], 명암법. **2** 명암법으로 표현한 그림〔판화 따위〕, 묵화(墨畫). — *adj.* 명암〔법〕의; 정반대 나타낸.

chi・as・ma [kaiǽzmə] *n.* (*pl.* **-ma・ta**〔-mətə〕)〔생물〕키아스마, 염색체 교차(交叉); 〔특히 시신경의〕교차.

chi・as・mus [kaiǽzməs] *n.* (*pl.* **-mi**〔-mai〕)〔수사〕교차(交錯) 〔배열법〕〔2개의 같은 관계에 있는 구 또는 절이 반복될 때의 이순의 전치(轉置)〕, 예: "white lilies and roses red," "We live to die, but we die to live.".

chi・as・tic [kaiǽstik] *adj.*〔수사〕교차 배열법의(chiasmus)의.

chi・bouk, -bou・que [tʃibúː(ː)k] *n.* 터키인이 사용하는 긴 담뱃대.

chic [ʃiː(ː)k] *adj.*〔복장이〕멋있는, 맵시있는; 세련된. — *n.* (U)〔특히 복장의〕스타일, 우아함, 멋.〔<F〕

Chi·ca·go [ʃikáːgou, -kɔ́ː-] n. 미국 Illinois 주의 도시.
Chi·ca·go·an [ʃikáːgouən] n. 시카고 시민.
chi·cane [ʃikéin] n. **1** =chicanery. **2** [카드놀이] [브리지에서] 으뜸패(trump)가 한 장도 없는 수[를 가진 사람]. **3** 시계레인[자동차 경주장의 위험한 커브에 감속용으로 설치된 인공 장애 노면].
—— v. (-caned, -can·ing) vt. **1** [위계를 써서] [남]을 속이다, 책략에 빠뜨리다. ¶ *chicane* a person *into* taking a walk 남을 그럴 듯한 말로 산책에 끌어내다 / *chicane* a person *out of* a thing 남에게서 물건을 사취하다. **2** …을 핑계하다, …에 관하여 옹색한 변명을 늘어놓다.
—— vi. 속이다, 위계를 쓰다, 궤변을 늘어놓다.
chi·can·er·y [ʃikéinəri] n. ⓤⓒ (*pl.* **-er·ies**) 책략(trickery), 속임수, 궤변, 변명, 발뺌, 교활한 수법.
Chi·ca·nis·mo [tʃikɑnízmou] n. [멕시코계 미국인의] 강한 민족적 긍지. *cf.* Chicano
Chi·ca·no [tʃikɑ́ːnou] n. 멕시코계 미국인.
chi·chi [ʃíːʃiː, + tʃíː:tʃíː] *adj.* **1** 화려하게 장식한(showy). **2** 겉만 번지르르한, 일부러 꾸민(affected). **3** 《보통 약간 경멸적》 복장에 심히 마음을 쓰는.
—— n. ⓤ 야한 것, 허식(虛飾); ⓒ 젠체하는 사람.
‡**chick**¹ [tʃik] n. **1** 병아리, [일반적으로] 새끼, 《애칭으로서》 아이, 어린애. **3** 《美속어》 《특히 장난기 있고 매력적인》 소녀, 계집애.
have neither chick nor child; *be without chick or child* 아이가 하나도 없다.
chick² [tʃik] n. [인도·동남 아시아 지방의] 대나무발.
chick·a·bid·dy [tʃíkəbidi] n. 《어린이 말》 삐약삐약, 아기, 귀여운 애; 《古어》 병아리.
chick·a·dee [tʃíkədìː] n. 박새류.
Chick·a·mau·ga [tʃikəmɔ́ːgə] n. 미국 Georgia 주 북부에 있는 수로 [남북 전쟁 때의 남군 전승지 (1863)].
chick·a·ree [tʃíkərìː] n. [북미산(産)] 붉은 다람쥐.
Chick·a·saw [tʃíkəsɔː] n. (*pl.* ~s, 《집합적》 -saw) 치커소족(族) [의 사람] [북미 인디언의 호전적인 한 부족. 원래 Mississippi주 북부에 있었으나 현재는 Oklahoma 주에 살고 있다].
‡**chick·en** [tʃíkin] n. **1** 《주로 美》 닭. *cf.* fowl **2** 닭의 새끼, 병아리 [특히 1년 미만인 것]. **3** [일반적으로] 새새끼. **4** ⓤ 닭고기. **5** 《구어》 미숙한 사람, 젊은이, 애송이, 《특히》 여자 아이; 비겁자(coward). ¶ She's no *chicken*. 그녀는 이제 어린애가 아니다 / play *chicken* 담력을 겨루다. **6** 《美軍속어》 사소한 일에 엄격히 굴기.
count one's chickens before they are hatched 떡국은 먹기도 전에 김칫국부터 마신다.
get it where the chickens got the ax 《美구어》 혼나다, 호되게 당하다.
—— *adj.* **1** 닭고기를 사용한. ¶ *chicken* croquettes 치킨 크로켓. **2** 작고 연한. ¶ a *chicken* lobster 작은 새우. **3** 《美속어》 겁많은(cowardly). **4** 《美軍속어》 사소한 일에 엄한. —— vi. 《구어》 겁내다; 겁나서 그만두다(*out*…). ¶ He *chickened out* on the plan. 그는 겁이 나서 그 계획을 집어치웠다.
chick·en-and-egg [tʃíkinəndég] *adj.* [문제 따위가] 닭이 먼저냐 달걀이 먼저냐 식의; 양자 중 어느 쪽이 원인이고 결과인지 알 수 없는.
chicken breast n. 새가슴(pigeon breast).
chick·en-breast·ed [tʃíkinbrèstid] *adj.* 새가슴의.
chicken cholera n. =fowl cholera.
chicken feed n. ⓤ **1** 닭 모이. **2** 《美속어》 하찮은 돈, 작은 돈(pennies, nickels 따위) (small change); [정부 지출 따위로] 적게 흘려보내는 가짜 정보. [류.
chicken hawk n. 가금(家禽)을 습격하는 말똥가리
chicken hazard n. 노름의 일종.
chicken heart n. 《속어》 겁쟁이, 소심한 사람.
chick·en-heart·ed [tʃíkinhɑ́ːrtid] *adj.* 《구어》 마음 약한, 겁많은, 소심한(timid, cowardly).

chicken liver n. 겁쟁이, 얼뜬 사람.
chick·en-liv·ered [tʃíkinlívərd] *adj.* 《구어》 겁이 많은, 소심한, 나약한(timid, cowardly).
chicken pox n. ⓤ 《병리》 작은마마, 수두(水痘) [소아에게 일어나는 급성 발진성 전염병] (varicella, pox).
chicken sexer n. 병아리 감별사. [pox).
chicken switch n. 《美속어》 [고장난 비행기·우주선 조종사의] 비상 탈출 로켓 스위치.
chicken yard n. 《美》양계장 《英》 fowlrun).
chick·let [tʃíklit] n. 《美속어》 계집애, 소녀.
chick·ling [tʃíkliŋ] n. (= **chickling vetch**) 연리초속(屬)의 1년생 덩굴식물 [유럽산(産)의 콩과 식물, 가축의 사료용].
chick·pea [tʃíkpìː] n. 이집트콩, 병아리콩 [지중해 연안 및 인도 남방에서 나며, 그 열매는 식용·사료용].
chick·weed [tʃíkwìːd] n. 별꽃.
chi·cle [tʃíkl] n. ⓤ 치클 [중미 열대 지방산의 나무(sapodilla)에서 채취하는 추잉검의 원료].
Chi·com [tʃáikɑm / -kɔ̀m] n. 《美》 중국 공산당원. [< *Chi*nese + *com*munist]
chic·o·ry [tʃíkəri], (**chic·co·ry**, **chick·o·ry**) n. (*pl.* **-ries**) **1** ⓒ 치커리 [국화과(科)의 여러 해살이 풀]. 식용. **2** ⓤ 치커리의 가루 [치커리의 뿌리를 볶아서 빻은 것. 커피에 넣어 향기·쓴맛을 더하게 한다].
*chide [tʃaid] v. (chid·ed or chid [tʃid], chid·ed or chid or chid·den [tʃíd(ə)n], chid·ing) vi. **1** 꾸짖다(scold). 잔소리하다. **2** 폭풍·바다 따위가〉 사납게 일다.
—— vt. **1** …을 꾸짖다, …에게 잔소리를 하다(…*for*) (⇒ REPROACH 類語) [꾸짖어서] [남에게] …하게 하다 (…*into, to*); [꾸짖어] [남]을 쫓아내다 (…*away*). **2** …을 몹시 싫다, …에게 하다, …을 비난하다, …에 불만을 표시하다 (disapprove).
‡**chief** [tʃiːf] n. (*pl.* **chiefs**) **1** [단체의] 장(長), 우두머리, 지휘사, 상관, …장. ¶ the *chief* of staff 참모장 / the *chief* of a family 가장 / the *chief* of police 《美》 경찰 서장. **2** [종족의] 추장, 족장, 지배자. ¶ a red Indian *chief* 북미 인디언의 추장. **3** 《속어》 두목, 보스. **4** 《紋章》 방패꼴 문장 윗부분의 3분의 1.
in chief **①** 우두머리의, 최고의. ¶ the commander *in chief* 최고 지휘관, 사령관 / the editor *in chief* 편집장. **②** 《古어》 주로 (chiefly). **③** 군주 직속의, 군주와 직접 계약을 맺고 있는.
—— *adj.* 제1위의, 최고 권위의, 상사(上司)의. ¶ a *chief* accountant 회계 주임 / a *chief* secretary 비서장 / a *chief* engineer 기사장. **2** 가장 중요한, 주된. ¶ a *chief* point 주요점 / his *chief* merit 그의 주된 장점 / the *chief* difficulty 큰 어려움 (난국).
[類語] *chief* 지위·권력·중요도 따위가 최고이고 그 밑에 속하는 것이 있는 것: one's *chief* aim in life 인생의 주요 목적. **main** 어떤 것을 구성하는 부분·단위 중에서 크기·세력·중요도가 최고인: the *main* office 본점. **principal** 권력·중요도·크기 따위가 최고인: the *principal* actor in the troupe 그 공연단의 주역 배우. **major** [동종의 것을 둘로 분리해서 생각하여] 중요도·수·양 따위가 큰 쪽의: the *major* part of the population 인구의 태반. **capital** 중요도·우수성 따위의 점에서 동종의 것 중 최고의: seven *capital* sins 일곱 가지의 큰 죄.
—— *adv.* 《古어》 주로 (chiefly).
chief (or *chiefest*) *of all* 그 중에서도 특히.
chief constable n. 《英》 경찰서장 《《美》 the chief of police).
chief·dom [tʃíːfdəm] n. ⓤⓒ **1** 우두머리임(headship), 우두머리의 지위(권위). **2** 지배지(dominion); 지배하에 있는 사람들. [사·시장 등].
Chief Executive n. 《美》 대통령, 행정 장관 《주지·
chief justice n. (the ~) **1** [법률] 수석 재판관, 재판장. **2** (C-J-) 미국 대법원장.
‡**chief·ly** [tʃíːfli] *adv.* **1** 주로, 특히(above all). **2** 대

체로(mainly). — *adj.* 우두머리의, 우두머리에 걸맞은.

chief máte *n.* 〖항해〗 일등 항해사(chief officer).

Chief of Stáff *n.* (the ~) 《美》 1 육(공)군 참모총장. 2 (c- of s-) 참모〖총〗장.

***chief·tain** [tʃíːftən, -tin] *n.* 1 지도자, 지휘자 (leader). 2 수령, 두목. 3 〖고어〗 대장(captain). 4 추장; 〖특히 Scotland 고지족(高地族)의〗 족장.

chief·tain·cy [tʃíːftənsi, -tin-] *n.* ⓊⒸ (*pl.* **-cies**) chieftain 의 지위(직책, 권위, 직능).

chief·tain·ess [tʃíːftənis, -tin-] *n.* chieftain 의 여성〖형〗.

chief·tain·ship [tʃíːftənʃip, -tin-] *n.* =chieftaincy.

chiff-chaff [tʃíftʃæf] *n.* 솔새〖휘파람새류의 명금(鳴禽)〗. 〖<의성어(擬聲語)〗

chif·fon [ʃifán, -´- / -fɔn] *n.* Ⓤ 1 시폰〖비단·나일론 따위의 가볍고 얇은 직물〗. 2 (보통 ~s) 여성복의 장식〖리본이나 레이스 따위〗. — *adj.* 1 여성복에 대하여〗 시폰으로 만든, 시폰 같은. 2 〖파이·케이크 따위가〗 휘저어 계란의 흰자위·젤라틴 등을 넣은. (<F)

chif·fo·nier [ʃifəníər], (**chif·fon·nier**) [-] *n.* 〖거울이 달린 높은〗 양복장. (<F)

chig·ger [tʃígər] *n.* 1 진드기의 유충〖사람이나 가축에 기생하여 피를 빨고, 양충병(恙蟲病)을 매개한다〗 (jigger). 2 =chigoe. 〖아 붙이는 쪽〗.

chi·gnon [ʃíːnjan / ʃíːnjɔːŋ] *n.* 시뇽〖여자 뒤머리에〗.

chig·oe [tʃígou] *n.* 모래벼룩〖서인도 제도·남미 등지에 많으며, 암컷은 사람·가축의 피부에 기생〗.

Chi·hua·hua [tʃiwáːwaː, -wə] *n.* 치와와〖멕시코 원산의 세계 최소의 개; 몸높이 20cm, 체중 1~3kg〗.

chil·blain [tʃílblèin] *n.* (보통 ~s) 〖병리〗 동상(凍傷).

chil·blained [tʃílblèind] *adj.* 동상에 걸린. (傷).

‡**child** [tʃaild] *n.* (*pl.* **chil·dren**) 1 어린이, 아동. ¶ as a *child* 어렸을 때 / from a *child* 어릴 때부터 / rear (educate) a *child* 아이를 기르다(교육하다). 2 갓난아이, 젖먹이, 유아. ¶ The *child* is father of the man. 〖속담〗 세 살 적 버릇 여든까지 간다. 3 어린애 같은 사람, 유치한 사람. ¶ a *child* couple 어린애 같은 부부 / Don't be a *child*. 철없는 짓 하지 말아라. 4 〖나이에 관계없이 부모에 대하여〗 아이, 자식. 5 자손; 추종자, 숭배자. ¶ a *child* of God 신의 아들〖신자·부활한 사람〗 / a *child* of the Devil 악마의 제자 / the *children* of Izaak Walton 강태공들〖낚시질의 명수 Izaak Walton의 후계자의 뜻〗. 6 〖의 형 힘이나 작용의〗 영향을 받은 사람, 산물, 소산. ¶ a *child* of nature (the age) 자연의 아들(시대의 총아) / a *child* of the revolution 혁명아 / the *children* of light 빛의 아들〖초기 그리스도교 교도나 초기 퀘이커 교도를 가리킨다〗 / Poems are the *children* of fancy. 시는 공상의 소산이다. 7 〖英방언·고어〗 여자 아이. 8 〖고어〗 =childe.
a child of the forest 《美》 인디언.
the children of this world 세상 사람들; 세상 물정에 밝은 사람들.
this child 《속어》 자신, 나. ¶ 에 밝은 사람들.
with child 임신 중인(pregnant). ¶ get a woman *with child* 여자에게 아이를 배게 하다 / She is *with child* by her husband. 그녀는 남편의 아이를 배고 있다.
◇ **chíldish** *adj.*

child abúse *n.* 어린이(아동) 학대.

child·bat·ter·ing [tʃáildbætəriŋ] *n.* 〖아이들을 매질하기, 어린이 학대 행위.

child·bear·ing [tʃáildbɛ̀(ː)riŋ / -bɛ̀ər-] *n.* Ⓤ 출산, 분만. — *adj.* 아이를 낳을 수 있는, 아이 낳기에 알맞은.

child·bed [tʃáildbèd] *n.* Ⓤ 분만중인 상태, 진통 상태. ¶ lie in *childbed* 분만중이다. (fever).

chíldbed féver *n.* Ⓤ 산욕열(產褥熱) (puerperal

child·birth [tʃáildbə̀ːrθ] *n.* ⓊⒸ 출산, 분만. ¶ a difficult *childbirth* 난산.

child·care [tʃáildkɛ̀ər] *n.* Ⓤ 육아(育兒).

child·care léave *n.* 육아 휴가〖maternity leave 와 paternity leave 대신 쓰이게 된 말〗.

childe [tʃaild] *n.* 〖고어〗 도령, 귀공자(* 보통 C- 로 시 따위의 제목에 쓰인다. ¶ *Childe Harold's Pilgrimage* 귀공자 해럴드의 편력〖Byron 의 장편시〗.

child guídance *n.* 〖심리·교육·의학 전문가에 의한〗 문제아 지도.

Chil·der·mas [tʃíldərməs, -mæs] *n.* 유아 순교일 〖Herod 왕에 의해서 죄없는 유아가 살해된 날; 12월 28일〗 (Holy Innocents' Day).

‡**child·hood** [tʃáildhùd] *n.* Ⓤ (때로 a ~) 아이의 상태, 유년(아동)기, 유년 시대; 요람기, 초기. ¶ from *childhood* 어릴 때부터 / the *childhood* of science 과학의 요람기 / be in one's second *childhood* 노망하다.

child·ing [tʃáildiŋ] *adj.* 임신하고 있는(pregnant); (비유적) 열매를 잘 맺는(fruitful).

‡**child·ish** [tʃáildiʃ] *adj.* 1 어린이의, 어린이다운. 2 어린애 같은, 철없는, 유치한. ⇨ CHILDLIKE 〖類語〗 ¶ Put away a *childish* thing. 철없는 짓 작작 해라.
~·ly *adv.* ~·ness *n.* ◇ child *n.*

child lábor (《英》 **lábour**) *n.* Ⓤ 유년노동, 미성년자 노동〖법률이나 관례가 정한 최저 취업 연령 이하의 아동을 취업시키는 일〗. ~·ness *n.*

child·less [tʃáildlis] *adj.* 아이가 없는, 자손이 없는.

***child·like** [tʃáildlàik] *adj.* 〖순진함·솔직함 따위가〗 어린이 같은, 어린이다운; 어린이와도, 어린이에 어울리는. ¶ *childlike* innocence 어린이 같은 순진함.
〖類語〗 **childlike** 좋은 뜻으로 「어린이 같은」; a *childlike* candor 어린이 같은 솔직함. **childish** 나쁜 뜻으로 「어린애 같은」; a *childish* temper 어린애 같은 신경질. **infantile** = very childish; 원래는 「유아의」를 뜻하며, 감정적 색채가 없는 말: *infantile* ignorance 아주 어린애 같은 무지(無知).
~·ness *n.* ◇ child *n.*

child·ly [tʃáildli] *adj.* 〖드물게〗 어린애 같은, 어린이다운.

child mínder *n.* 《英》 〖특히 맞벌이 부부를 위한〗 보

child·proof [tʃáildprùːf] *adj.* 어린이라도 다룰 수 있는, 아이들에게 안전한.

child psychólogy *n.* Ⓤ 〖심리〗 아동 심리학.

‡**chil·dren** [tʃíldr(ə)n, tʃúl-] *n.* child 의 복수형.

child's pláy *n.* Ⓤ (구어) 1 매우 손쉬운 일. ¶ It's mere *child's play* for him. 그것은 그에게는 식은 죽 먹기이다. 2 사소한 일, 하찮은 일.

child wélfare *n.* 아동 복지.

child wífe *n.* 〖어린애처럼〗 젊은 아내.

chil·e [tʃíli] *n.* =chili.

***Chil·e** [tʃíli] *n.* 칠레〖남미 서부, 태평양 연안의 공화국; 수도 Santiago〗.

Chil·e·an [tʃíliən], (**Chilian**) *adj.* 칠레의; 칠레인의. — *n.* 칠레인.

Chíle píne *n.* 칠레소나무(monkey puzzle).

Chíle saltpéter (《美》 **sáltpètre**) *n.* Ⓤ 칠레초석 〖질산(窒酸)〗·비료 제조의 원료; 칠레에 많이 난다〗.

chil·i [tʃíli] *n.* ⓊⒸ (*pl.* **chil·ies**) 1 고추〖빨간 고추의 꼬투리〗. 2 《美》 =chili con carne.

Chil·i [tʃíli] *n.* =Chile.

chil·i·ad [kíliæ̀d] *n.* 1 천(千)(thousand). 2 1천 년 (millennium).

chil·i·asm [kíliæ̀(ə)m] *n.* Ⓤ 〖신학〗 지복(至福) 천년설, 천년 왕국설〖가까운 장래에 그리스도가 재림하여 천년간 지상을 통치한다는 초기 기독교시대에 일어난 설〗 (millennium, millenarianism).

chil·i·ast [kíliæ̀st] *n.* 천년 지복설 신봉자.

chil·i·as·tic [kìliǽstik] *adj.* 천년 지복설의, 천년 지복설을 신봉하는.

chíl·i con cár·ne [tʃíli kən káːrni / -kɔn-], (**chile con carne**) *n.* Ⓤ 칠레 고추(chili)를 넣은 스튜풍의 멕시코 요리. (<Sp)

chí・li pòw・der *n.* 칠레 파우더 [칠레 고추・마늘 따위의 가루 양념]. ¶ a spoonful of *chili powder* 한 순가락의 칠레 고추가루.

chí・li sàuce *n.* Ⓤ 칠레 소스[토마토에 칠레 고추와 향료 따위를 섞어서 만든 소스].

‡**chill** [tʃil] *n.* **1** [불쾌한] 추위, 차가움. ¶ a wintry *chill* 겨울의 추위 / take the *chill* off [포도주・물 따위를] 조금 데우다. **2** [몸의 떨림을 수반하는] 한기, 으스스함, 오한. ¶ *chills* and fever 《美구어》학질, 말라리아열 / catch (*or* take) a *chill* 오한을 일으키다 / give a person a *chill* 남을 오싹하게 하다 / feel a *chill* run down one's spine 등줄기가 오싹해지다 / I feel a *chill* creep over me. 몸이 오싹해진다. **3** 《비유적》 실의; 흥을 깨뜨림. ¶ A chill came over his heart. 그의 의기가 꺾였다 / The bad news cast a *chill* over the gathering. 나쁜 소식이 좌흥(座興)이 깨졌다. **4** 【야금】 냉강금속(冷剛金屬). **5** [와니스・래커 도장의] 흐린 부분 (bloom).

put the chill on *a person* ① 남에게 쌀쌀하게 대하다, 쌀쌀한 태도를 취하다. ② 사람을 죽이다 (kill).

— *adj.* **1** 차가운; 한기가 도는. ¶ a *chill* breeze 살을 에는 듯한 찬바람 / The wind blows *chill*. 바람이 차다. **2** 《비유적》 낙담하게 하는, 풀이 죽게 하는; 냉담한, 쌀쌀한. ¶ *chill* prospects 밝지 않은 전망 / a *chill* reception 냉담한 대우 / a *chill* welcome 냉담한 출영 / a *chill* greeting 냉담한 인사.

— *vi.* **1** 차가와지다; 오한이 나다, 오싹오싹하다. **2** [야금] [주철을 굳게 하려고 넣었을 때] 표면이 급격히 냉각됨 (冷硬) 이다. **3** 《美속어》순순히 따르다; [저항없이] 붙잡히다. **4** 《美속어》 정열을 잃다, 냉담해지다.

— *vt.* **1** 춥게 하다, 식히다, 냉각하다; …을 오싹하게 하다. ¶ be *chilled* to the bone (*or* the marrow) 추위가 뼛속까지 스며들다 / be *chilled* with fear 공포로 오싹해지다 / *chill* a person's blood 간담을 서늘하게 하다. **2** [음식을] 냉장하다. ¶ *chilled* meat 냉장육. **3** …의 열을 식히다, …의 흥을 깨다. ¶ *chill* a person's hope 희망을 잃게 하다. **4** 【야금】[금형에 넣어] [주철의 표면을] 냉경(冷硬)시키다. **5** 《英구어》[액체]를 조금 데우다, [술]을 데우다. *cf.* n. **1**, **6** 《俗語》 [불만 따위를] 해소하다. **7** 《美속어》…을 죽이다 (kill), **8** [도장(塗裝)한 면]을 냉각시켜 흐리게 하다.

~・ness *n.* ◇ **chíl・ly** *adj.*

chíll càr *n.* 《美》 [철도] 냉장차(車).

chilled [tʃild] *adj.* 냉각된, 냉장된; [주물 따위가] 냉강(冷剛)한.

chíll・er [tʃílər] *n.* **1** 《구어》 [살인 따위가 묘사되는] 이야기 (thriller). **2** 《구어》 멜로드라마. **3** 냉각 장치. **4** 식히는 (흥을 깨는) 것 (사람).

chíl・li [tʃíli] *n.* (*pl.* **-lies**) = chili.

chil・li・ly [tʃílili] *adv.* = chilly.

chíll・ing [tʃíliŋ] *adj.* 냉랭한, 으스스한; 냉담한, 쌀쌀한.

chíll・ing・ly [tʃíliŋli] *adv.* 으슬으슬하게; 냉담하게.

chíll móld *n.* 【야금】냉각 주형 (冷却鑄型) [급냉하여 표면을 특히 단단하게 하기 위해 쓰이는 금속제의 주형].

Chíl・lon [ʃələn / ʃíːlɔːn / F ʃijɔ̃] *n.* 시온성(城) [스위스 서부의 제네바 (Geneva) 호 동단에 있는 옛 성].

chíll-ròom [tʃílrùːm] *n.* 냉장실.

‡**chíl・ly** [tʃíli] *adj.* (**-li-er, -li-est**) **1** 으슬으슬한; 차가운, 추운. ¶ a *chilly* breeze 살을 에는 듯한 바람. **2** 한기가 드는, 추위를 타는. ¶ I feel *chilly* 한기가 든다. **3** 냉담한; [마음이] 차가운. ¶ a *chilly* manner 냉담한 태도. **4** 모골이 송연해지는, 무서운.

— *adv.* 냉담하게. **-li-ness** *n.* ◇ chill *n.*

chilo- lip, labial의 뜻의 연결형. 예: *chilo*plasty.

chi・lo・plas・ty [káiləplæ̀sti] *n.* Ⓤ 입술 형성 수술.

Chíl・tern Húndreds [tʃíltə(ː)rn-] *n. pl.* (the ~) 《英》 영국왕의 직속지. ¶ accept (*or* apply for) the *Chiltern Hundreds* 하원 의원직을 사퇴하다. * 영국의 하원 의원이 사퇴했을 때는 명목만의 직책인 이 Chiltern Hundreds의 관리직을 지원한다.

chi-mae・ra [kimí(ː)rə, kai- / -mírərə] *n.* **1** 은상어과 (科)의 물고기. **2** = chimera.

chimb [tʃaim] *n.* = chime².

chime¹ [tʃaim] *n.* **1** [조율되어 있는] 한 벌의 종, 차임 (carillon). ¶ a door *chime* 문에 단 초인종. **2** (종종 ~s) [한 벌을 이룬 종의 금속관을 수직으로 늘어세운 타악기]; [오르간의] 종소리의 음전 (音栓). **3** (종종 ~s) [한 벌을 이룬 종이 연주하는] 선율. **4** Ⓤ Ⓒ 아름다운 화음; 음악; 해조 (諧調), 선율. **5** Ⓤ Ⓒ 조화, 일치 (harmony). ¶ in *chime* 조화되어, 일치해 // fall into *chime* with …과 조화되다 / keep *chime* with …과 조화를 유지하다, …에 정도를 맞추다.

— *v.* (**chimed, chim・ing**) *vi.* **1** [방울이나 종이] 조화되어 울리다 (울려퍼지다). ¶ The bells are *chiming*. 종이 조화된 가락으로 울려 퍼지고 있다. **2** [방울이나 종으로] 아름다운 소리를 내다, 한 벌의 종을 울리다. **3** 운율을 붙여 [노래하듯] 말하다; 단조로운 억양으로 말하다. **4** [종을] 조종하다(*with*…). ¶ *chime* with one's mood 자기 기분과 조화되다.

— *vt.* **1** [종이나 방울로] [음악 따위]를 연주하다; [종]을 울리다, 치다. ¶ *chime* a bell 종을 울리다; [종] [시간]을 알리다, [종을 울려서] [시간]을 알리다. ¶ (남)을 …시키다, [남]을 부르다. ¶ The clock *chimed* five. 시계가 5시를 알렸다 // (~+图+副) The bell *chimed* him home. [시보(時報)의] 종이 그의 귀를 재촉했다 // (~+图+副+囹) *chime* a person to rest 종을 울려 남을 쉬게 하다. **3** …을 운율을 붙여 단조롭게 말하다 (되풀이하다). ¶ The boys *chimed* a greeting to their teacher. 아이들은 장단을 맞춰 선생님께 인사했다.

chíme ín ① [동의를 표시하기 위해서] 집사이 내화에 끼어들다, 논의에 가담하다. ¶ Father *chimed in*, and that decided it in my favor. 아버지가 찬동하셨기 때문에 그 일은 내 의견대로 결정되었다. ② 보조를 맞추어 합류하다. ¶ He began to sing, and the rest *chimed in*. 그가 선창하자 나머지 사람들도 함께 노래를 불렀다. ③ 조화되다; 장단을 맞추다 (*with*…). ¶ I think your plans will *chime in* with mine. 너의 계획은 내 것과 일치하리라 생각한다 / His theory does not *chime in* with external circumstances. 그의 설은 외부 사정과 일치하지 않는다.

chime² [tʃaim] *n.* (**chine, chimb**) **1** [통 따위의 양끝의] 돌출한 가장자리. **2** 갑판의 흠.

chim・er¹ [tʃáimər] *n.* 종을 울리는 사람.

chim・er² [tʃíːmər] *n.* = chimere.

chi・me・ra, -mae- [kimí(ː)rə, kai- / -mírərə] *n.* **1** (때로 C-) 【그리스 신화】 키메라 [사자의 머리, 양의 몸통, 뱀의 꼬리를 가지고 입에서 불을 뿜는 괴수]. **2** 【장식 미술 따위의】 괴물. **3** 【기괴한】 환상; 실현될 것 같지 않은 꿈. **4** 【발생】 [이조직(異組織)(구조)의] 공생체(共生體). [< Gk]

chi・mere [tʃimíər, ʃi-], (**chimer**) *n.* 영국 국교회파의 bishop이 입는 헐겁고 소매가 없는 웃옷.

chi・mer・ic [kimérik, -míːr-], -**i・cal** [-ik(ə)l], -**mer・al** [-mírəl] *adj.* 상상의, 가공의, 환상 속의, 현실과 동떨어진. -**i・cal・ly** [-ikəli] *adv.*

‡**chim・ney** [tʃímni] *n.* **1** 굴뚝. * 전체를 가리키는 경우와 지붕 위로 나온 부분만을 가리키는 경우가 있다. **2** [기관차나 기선의] 연통, 연통 (smokestack, funnel). **3** [남포의] 등피. **4** 굴뚝 모양의 것 [분화구 따위]. **5** 《방언》 난로. **6** [등산] 침니 [암벽에 세로로 난, 굴뚝을 닮은 자르게 쪼갠 갈라짐; 등산 루트로 이용됨].

chímney brèast *n.* 굴뚝이 벽에서 방으로 나와 있는 부분, 벽난로의 아궁이 바로 윗부분.

chímney càp *n.* 굴뚝의 갓.

chímney còrner *n.* 벽난로의 구석(측면); 불에 가까운 곳; 노변(爐邊) (fireside).

chímney jáck n. 굴뚝의 회전식 갓. 〔piece〕
chímney píece n. 《주로 英》 벽난로 선반(mantel-
chímney pót n. 《주로 英》〔통풍을 좋게 하기 위하여 굴뚝 꼭대기에 다는〕 토관(土管), 판금통(板金筒). **2**《英》=chimney-pot hat.
chímney-pòt hát [tʃímnipɑ̀t-/-pɔ̀t-] n.《英구어》실크 해트(top hat).
chímney sháft n. =chimney stalk.
chímney stáck n. 여러개의 연통을 한데 모아 붙여 놓은 굴뚝[특히 지붕 위로 나온 부분]을 가리킨다.
chímney stálk n. **1** 굴뚝의 지붕 위로 나온 부분. **2** 〔공장의〕 높은 굴뚝.
chímney swállow n. =barn swallow.
chímney swéep (swéeper) n. 굴뚝 청소부.
chímney swíft n. 칼새(남·북미산(產)의 새).
chímney tóp n. **1** 굴뚝 꼭대기. **2** 굴뚝의 지붕 위로 나온 부분. **3** =chimney pot 1.
chimp [tʃimp] n.《구어》=chimpanzee.
*****chim·pan·zee** [tʃìmpænzíː, -ˊ-ˊ-/tʃìmpənzíː, -pæn-] n. 침팬지, 검은성성이.
‡**chin** [tʃin] n. 아래턱, 턱끝 (cf. jaw); 잡담. ¶ 〔with the〕 chin in 〔one's〕 hand 손으로 턱을 괴고. **keep one's chín up** 〔난국에 맞서서〕 의연한 자세를 유지하다, 굴복하지 않다. **take it on the chín**《美구어》 패배를 맛보다, 완전히 실패하다; 고통이나 벌을 참아내다. **úp to the chín**《英구어》 완전히 말려들어; 매우 바쁜〔게〕. — v. (chinned, chin·ning) vt. **1** 〔턱걸이 운동에서〕〔철봉〕까지 턱을 가져가다. 〔재귀 용법〕 턱걸이하다. ¶ chín a bar 철봉에서 턱걸이를 하다. **2**《美구어》〔바이올린 따위를〕 턱에 대다. **3**《古어》…에 말을 걸다, …과 잡담하다. — vi. **1** 턱걸이하다. **2**《美속어》지껄여대다.
Chin. (略) China, Chinese.
‡**chi·na** [tʃáinə] n. **1** 〔U〕 도자기, 자기(porcelain), 도기 (crockery); 〔집합적〕 도자기 제품(chinaware), 오지 그릇, 사기 그릇. **2** 〔도〕 자기제의; 〔도〕 자기와 같은 느낌을 주는. **3** 20회혼의, 20주년 기념의; 도혼식(陶婚式)의.
‡**Chí·na** [tʃáinə] n. **1** the People's Republic of ~ 중화 인민 공화국, 중국 〔수도 Peking 베이징(北京)〕. **2** the Republic of ~ 중화 민국 〔대만(臺灣)〕.
◇ **Chinése** adj., n.
Chína Áirlines n. 중화 항공 공사(公司) 〔대만의 민간 항공 회사; 略 CAL〕.
Chína áster n. 과꽃 〔중국 원산의 국화과(科)의 식물〕.
chí·na bárk [káinə-, kíːnə-] n. 〔U〕 키나피 (cinchona(키나무)의 껍질. 이로부터 키니네(quinine)를 채취한다〕.
chi·na·ber·ry [tʃáinəbèri/-bəri] n. (pl. **-ries**) **1** (=**chinabérry trèe**) 멀구슬나무 〔아시아 원산〕. **2** =soapberry.
Chína cárd n. 중국 카드〔소련방 붕괴 이전의 냉전 시대에, 중국과의 관계 개선을 정책적 수단으로 삼아 제국과의 관계에서 유리한 입장에 서려고 했던 일〕.
chína cláy n. 〔U〕 고령토(高嶺土), 도토(陶土)(kaolin).
chína clóset n. 찬장 〔특히 유리가 끼어 있는 것〕.
Chína ínk n. 먹 (India ink).
Chi·na·man [tʃáinəmən] n. (pl. **-men** [-mən]) **1**《경멸적》 중국인(Chinese). **2**(c-)〔도〕 자기 상인. **have not a Chínaman's chánce** 거의(전혀) 기회가 (가망성이) 없다.
Chína órange n. 운향과(科)의 식물〔필리핀 산(產)〕으로 오렌지와 비슷한 것〕(calamondin).
Chína róse n. **1** 월계화〔중국 원산의 장미과의 식물〕(Bengal rose). **2** 아욱과의 부용과 같은 속(屬)의 식물.
Chína Séa n. (the ~) 지나해(支那海).
Chi·na·town [tʃáinətàun] n. 중국인 거리.

Chína trée n. =chinaberry 1.
chi·na·ware [tʃáinəwɛ̀ər] n. 〔U〕 도자기 제품.
Chína wátcher n. 중국〔문제〕 연구가, 중국통(通) (Pekingologist).
chína wédding n. 도혼식〔결혼 20주년 기념〕.
chin·ca·pin [tʃíŋkəpìn] n. =chinquapin.
chinch [tʃintʃ], **chintz** [tʃints] n. **1** 빈대(bedbug). **2** =chinch bug.
chínch búg n. 노린재와 비슷한 보리의 해충.
chin·chil·la [tʃintʃílə] n. **1** 친칠라〔다람쥐 비슷한 동물〕. **2** 〔U〕 친칠라의 모피. **3** 친칠라의 모피 제품〔코트나 상의 따위〕. **4** 외투용의 두꺼운 모직물.
chín-chín [tʃíntʃín/-ˊ-ˊ] n. **1** 정중한 인사, 격식을 갖춘 인사(chatter). — vi. **1** 정중하게 인사하다, 격식을 갖추어 이야기하다. **2** 《생각나는 대로》 지껄여대다. — interj. **1** 〔인사로서〕 '야아, 안녕하세요, 안녕히 계십시오(가십시오)'. **2** 〔건배할 때〕 '건강을 위하여'. 〔< Chin〕
CHINCOM [tʃínkəm/-kɔm] n. 대(對)중국 수출 통제 위원회. cf. COCOM (<CHIN〔A〕+COM〔MITTEE〕)
chín-còugh [tʃíŋkɔ̀ːf, -kɑ̀f/-kɔ̀f] n. 〔U〕〔병리〕 백일해(百日咳) (whooping cough).
chine[1] [tʃain] n. 《英방언》〔좁고 깊은〕 협곡.
chine[2] [tʃain] n. **1** 등뼈(backbone); 척주(脊柱) (spine). **2** 〔요리용의〕 살이 붙은 등뼈. **3** 〔산 따위의〕 등성이, 마루(ridge, crest).
chine[3] [tʃain] n. =chime[2].
Chi·nee [tʃàiníː, -ˊ-, 美 -ˊ-] n.《속어》=Chinese.
‡**Chi·nese** [tʃàiníːz, -níːs/tʃáiníːz] n. (pl. **-nese**) **1** 중국어. cf. Mandarin **2** 중국인. — adj. 중국〔풍〕의; 중국어의; 중국어의, 한자의.
Chinese béllflower n. 도라지(balloonflower).
Chinese blóck n. 목탁.
Chinese bóxes n. 크기에 따라 차례차례 꼭 끼게 만든 상자.
Chinese cháracter n. 한자.
Chinese chéckers n. 다이아몬드 게임〔2~6명의 경기자가 구멍이 뚫린 6각의 별꼴 판 위에서 10개의 말을 상대편 진지로 전진시키는 게임〕.
Chinese cópy n. 완전한 모조〔오리지날과 똑같이 모방한 모조품〕.
Chinese Émpire n. (the ~) 중화 제국; 역대 왕조 하의 중국 〔1912년 1월 혁명으로 공화국이 됨〕.
Chinese fíre drìll n. 대혼란〔상례, 야단법석〕.
Chinese ínk n. = India ink.
Chinese lántern n. 〔장식용의〕 종이 초롱.
Chinese púzzle n. **1** 매우 복잡한 퍼즐(수수께끼). **2** 복잡한 것; 난문(難問).
Chinese réd n. 〔U〕〔때로 a ~〕 진홍색(scarlet); 주홍색(orange red); 크롬적(red) (chrome red).
Chinése réstaurant sýndrome n. 중국요리 멀미 〔중국 요리를 먹은 후의 두통·현기증 따위 현상으로, 1968년에 처음으로 보고되었음〕.
Chinese Revolútion n. (the ~) 신해(辛亥) 혁명 〔1911년 청조(淸朝)를 쓰러뜨린 중국의 민주주의 혁명〕.
Chinese Wáll n. (the ~) 만리장성(Great Wall of China).
Chinese white n. 〔U〕 **1** 아연화(亞鉛華)〔백색 그림물감의 일종〕. **2** =zinc white.
Chinese wóod òil n. 〔U〕 동유(桐油) (tung oil).
Ching, Ch'ing [tʃiŋ] n. 청(清), 청조(1644-1912).
chink[1] [tʃiŋk] vt. 쨍그랑 소리를 울리게 하다, 쨍그랑 소리를 내다. — vi. 쨍그랑 소리가 나다. — n. **1** 쨍그랑 하는 소리. **2** 〔U〕〔C〕《속어》경화(coin), 현금(ready cash). 〔< 의성어(擬聲語)〕
chink[2] [tʃiŋk] n. **1** 갈라진 틈, 균열 (crack, cleft, fissure). **2** 좁은 틈새, 간극(間隙).
the chínk in 〔one's〕 **ármor** 약점, 아픈 곳. — vt. 〔어떤 것의〕 갈라진 틈〔틈새〕을 메우다.
Chink [tʃiŋk] n. 《모욕적》 중국인.

chin·ka·pin [tʃíŋkəpìn] *n.* =chinquapin.
chink·y [tʃíŋki] *adj.* 금이 간, 틈이 많은.
chin·less [tʃínlis] *adj.* 턱끝이 쑥 들어간; 의지력이 없는.
chinned [tʃind] *adj.* 《복합어를 만들어》 턱이 …한. ¶ double-*chinned* 2중턱의.
Chino- Chinese 의 뜻의 연결형. 예: *Chino*-Korean.
Chi·noi·se·rie [ʃi:nwɑ:zərí:, -wάzəri / -wάzəri] *n.* [17-18세기 유럽에서 유행한 복장·가구 등의] 중국 양식, 중국 취미.
Chi·nook [ʃinúːk, -núk / -núk] *n.* (*pl.* **-nooks** or **-nook**) **1** 치누크족(族) [북미 Columbia 주 강어귀 부근에 살고 있던 북미 인디언]; 치누크족 사람; Ⓤ 치누크어(語) (Chinookan). **2** (c-) 미국 Rocky 산맥의 동쪽으로 내리치는 따뜻하고 따뜻한 바람. **3** (c-) 미국 서부 Washington, Oregon주의 해안에 부는 습하고 따뜻한 서남풍(wet chinook). **4** =chinook salmon.
Chinóok járgon *n.* Ⓤ 치누크 혼합어 [이전에 북미 콜롬비아강 유역에서 쓰이던 치누크어·영어·프랑스어·인디언어의 혼합어].   [salmon).
Chinóok sálmon *n.* 북태평양산의 대형 연어(king
chin·qua·pin [tʃíŋkəpìn] *n.* 북미산(産) 밤나무의 일종; 칭커핀밤나무[의 열매].
chin strap *n.* [모자의] 턱끈; [미용 정형용의] 턱끈; 고삐의 일부.   [총좌(銃座)).
chín túrret *n.* 폭격기나 무장 헬리콥터의 기수 밑의
chintz [tʃints] *n.* Ⓤ 사라사 무명의 일종.
chintz·y [tʃíntsi] *adj.* (**chintz·i·er, chintz·i·est**) **1** 사라사 무명과 같은. **2** 《구어》 싸구려의, 값싼.
chin-up [tʃínʌp] *adj.* 지치는 일이 없는, 용감한.   [턱걸이.
‡**chip**[tʃip] *n.* **1** [나무 따위의] 한 토막, 부서진 조각, 부스러기. ¶ The *chip* doesn't fly far from the *stump.* 《속담》그 아버지의 그 아들. **2** [음식이나 따위의] 얇은 조각. ¶ potato *chips* 포테이토 칩 [얇게 썰어 기름에 튀긴 감자]. **3** (~s) 《영》 포테이토 칩. **4** 저민 자국, 깨진 파편, 칼자국. **5** [포커 따위에서 사용하는 상아나 뼈로 된] 작은 원판꼴의 산가지, 칩. **6** 《구어》 다이아몬드 따위의 작은 조각. **7** 말라서 맛이 없어진 것; 하찮은 것. ¶ dry as a *chip* 무미건조한 / do not care a *chip* 전혀 개의치 않다. **8** 건조한 동의의 조각[연료용]. **9** [모자나 바구니 따위를 만드는] 무늬목, 지푸라기. ¶ a *chip* basket 얇게 쪼갠 나무로 만든 바구니. **10** 《골프》 =chip shot. **11** (~s) 《속어》 금전, 돈. ¶ buy *chips* 투자하다. **12** (C-) 《영국어》 배에 타고 있는 목수(ship's carpenter). **13** [전자 공학] 칩, 반도체 소자(素子) [집적 회로가 프린트되는 실리콘의 작은 조각).
cash (or **hand, pass**) **in** *one's* **chips** 《미》 ⓵ 〔포커 따위에서〕 산가지를 현금으로 바꾸다. ⇒5. ⓶ 《속어》 죽다.
a chip in porridge (or **pottage, broth**) 독도 약도 되지 않는 첨가물, 아무 도움도 되지 않는 것.
a chip of (or **off**) **the old block** 《좋은 뜻으로》 조상의 피를 이어받은 사람, 《특히》 아버지를 꼭 닮은 아들. * 보너로만 쓰이다.
in the chips 《속어》 부자인.   [건.
let the chips fall where they may 결과야 어찌 되
when the chips are down 《미》 일단 유사시에; 위기 (시련)에 빠졌을 때에, 막바지에서.
with a chip on *one's* **shoulder** 《미구어》 싸울 기세로, 《구어》 잊을 수 없는 불만[불평]을 갖고.
— *v.* (**chipped, chip·ping**) *vt.* **1** [도끼나 정으로] …을 자르다, 깎다. **2** [작은 부분을] 잘라내다, 깎아내다. ¶ *chip* bits of rock 바위의 일부를 떼어내다. **3** 〔작은 부분을 잘라내어〕…의 모양을 훼손하다, [칼날·돌·컵 따위의 이]를 빼다. **4** 깎아서 …을 만들다. ¶ *chip* a toy out of wood 나무를 깎아서 장난감을 만들다. **5** [병아리가 알의 껍질을] 깨다. **6** [놀이] [포커 따위에서] 산가지를 내어 …을 걸다. **7** 《영국어》 …을 놀리다. **8** (濠) [랭이로] …을 갈다(hoe). — *vi.* **1** 잘게 빻아지다, 이가 빠지다. **2** 《골프》 chip shot 을 치다.   [다.
chip at …에 덤벼들다; …에 독설을 퍼붓다, 싸움을 걸
chip in ⓵ [선물 따위를 위해] 돈을 추렴하다, 제몫을 내다, 기부하다. ⓶ 《주로 英구어》 남의 이야기에 갑자기 끼어들다, 방해하다. ⓷ [포커 등에서] 돈을 걸다.
chip off ⓵ (*vt.*) …을 갈아내다, 깎아내다. ⓶ (*vi.*) [도자기 따위의] 이가 빠지다.
◇ **chíppy** *adj.*
chip[2] [tʃip] *vi.* (**chipped, chip·ping**) 쨉쨉거리다(울다). — *n.* 쨉쨉 우는 소리.
chip[3] [tʃip] *n.* [레슬링] 안다리 후리기.
chíp básket *n.* [과일 따위를 담는] 무늬목으로 엮은 바구니.
chip·board [tʃípbɔ̀ːrd / -bɔ̀:d] *n.* Ⓤ Ⓒ 판지(板紙).
chíp bónnet (**hát**) *n.* 대팻밥으로 짠 모자.
chíp cárd *n.* 칩카드 [자기대(磁氣帶) 대신 마이크로칩을 댄 카드로서, 캐시 카드·크레딧 카드·진료 카드 따위로 이용).
chíp héad *n.* 컴퓨터광(狂).
chíp·mák·er [tʃípmèikər] *n.* 반도체 [소자] 제조업자(semiconductor manufacturer).
chip·munk [tʃípmʌŋk], (**chip-muck** [-mʌ̀k]) *n.* [미국·유럽산(産)의] 줄무늬다람쥐.
Chip·pen·dale [tʃíp(ə)ndèil] *n.* Chippendale 풍의 가구 [우아한 곡선을 이용한 장식적인 것]. — *adj.* Chippendale 풍의. ○ 《영국의 가구 디자이너 Thomas Chippendale(1718? -79) 의 이름).
chip·per[1] [tʃípər] *adj.* 《주로 美구어》 원기 왕성한; 명랑한.
chip·per[2] [tʃípər] *vi.* **1** 〔새가〕 쨉쨉거리다, 쨉쨉 울다 (chirp). **2** 나불나불 지껄이다.
chip·per[3] [tʃípər] *n.* **1** [표면을] 깎는 사람(도구), 대패[질 하는 사람]. **2** [펄프용의] 칩(쇄목)을 만드는 기계.
chip·pie, -py [tʃípi] *n.* (*pl.* **-pies**) 《美》 **1** =chipping sparrow. **2** 《속어》 말괄량이; 매춘부. **3** =chipmunk.
chip·ping [tʃípiŋ] *n.* (보통 ~s) 토막; 잘게 부서진 것, 나뭇조각. **2** 쨉쨉 우는 소리.
chípping spárrow *n.* 갈색머리 멧새 [북미산(産)의 참새의 일종).
chip·py[1] [tʃípi] *adj.* (**-pi·er, -pi·est**) **1** 조각(토막)이 있는, 부스러기가 많은. **2** 말라서 [칩처럼] 된, 바삭바삭하게 된. **3** 《속어》 [술을 과음하여] 기분이 나쁜; 화를 잘 내는.
chip·py[2] [tʃípi] *n.* (*pl.* **-pies**) =chippie.
chíp shót *n.* 《골프》 칩 쇼트 [볼을 짧게 쳐올리기, 그린의 어프로치에 쓴다].
chíp wár *n.* 반도체 전쟁 [반도체 업계의 치열한 경쟁].
chirk [tʃɜːrk] *vi.* [문 따위가] 삐걱거리다; [쥐·새 따위가] 쨉쨉 울다. ¶ 《美구어》 …을 기운나게 하다 (*up...*). — *adj.* 《美구어》 쾌활한, 활기찬.
chiro- hand 의 뜻의 연결형 (* 모음 앞에서는 chir-를 쓴다). 예: *chiro*practic.
chi·rog·no·my [kairάgnəmi / kai(ə)rɔ́g-] *n.* Ⓤ 수상술(手相術).
chi·ro·graph [káiro(u)græf / kái(ə)ro(u)gràːf] *n.* **1** 〔갖가지〕 자필 증서; 〔봉건 시대의〕 차지(借地) 계약서, 그 증서의 한쪽. **2** 자서(싸인)에 따르는 책임 [교황의] 친서(親書).   [가.
chi·rog·ra·pher [kairάgrəfi / kài(ə)rɔ́g-] *n.* 서예
chi·rog·ra·phy [kairάgrəfi / kài(ə)rɔ́g-] *n.* 손으로 쓰기(handwriting); 필적, 서체.
chi·rol·o·gy [kairάlədʒi / kaiərɔ́-] *n.* Ⓤ 수화법(手話法).
chi·ro·man·cer [káiro(u)mænsər / kái(ə)-] *n.* 수상가(手相家).

chi・ro・man・cy [káiro(u)mænsi / kái(ə)-] *n.* ⓤ 수상술(palmistry).
Chi・ron [káirɑn / kái(ə)rɔn] *n.* 《그리스 신화》 케이론[반인반마(半人半馬)의 켄타우루스(centaur) 족의 한 사람; 의술・무술 따위에 능했음]. 〖문으.〗
chi・rop・o・dist [kairɔ́pədist / kirɔ́p-] *n.* 발 치료 전문의.
chi・rop・o・dy [kirɑ́pədi, kai- / kirɔ́p-] *n.* ⓤ 발 치료법[발바닥의 혹집기・못 따위의 경증의 발의 병 치료].
chi・ro・prac・tic [kàirəpræktik / kàiərə-] *n.* 1 척추 교정 지압 요법. 2 =CHIROPRACTOR.
chi・ro・prac・tor [káiro(u)præktər / kái(ə)rou-] *n.* 척추 교정 지압 요법 전문가.
Chi・rop・ter・a [kairɑ́ptərə/kai(ə)rɔ́p-] *n. pl.* (*sing.* **Chi・rop・ter・os** [-rəs]) 익수목(翼手目)[박쥐 따위를 포함].
*****chirp** [tʃəːrp] *vi., vt.* 1 〖새・벌레가〗 짹짹(찍찍) 울다. 2 떠들썩하게 이야기하다. ¶ *chirp* a song 노래를 부르다. — *n.* 짹짹, 찍찍〖새・벌레의 울음 소리〗.
◇ **chírpy** *adj.*
chirp・er [tʃə́ːrpər] *n.* 짹짹(찍찍) 우는 새(벌레); 떠들썩하게 이야기하는 사람.
chirp・y [tʃə́ːrpi] *adj.* (**chirp・i・er, chirp・i・est**) 1 〖구어〗 쾌활한(gay), 명랑한, 즐거워 보이는. 2 짹짹 지저귀는, 찍찍 울어대는.
chirr [tʃəːr] *vi.* 1 〖여치・귀뚜라미 따위가〗 찍찍(찌르륵찌르륵) 울다. 2 〖그러한〗 소리를 내다. — *n.* 찍찍, 찌르륵찌르륵〖여치・귀뚜라미 따위의 날카로운 울음 소리〗.
chir・rup [tʃírəp, +美 tʃə́ːrəp] *vi., vt.* 1 〖새・벌레가〗 짹짹(찍찍) 울다(chirp). 2 〖아기 등을 어르면서〗 쯧쯧거리다. 3 〖속어〗 〖극장 따위에 동원 부대가〗 박수갈채를 보내다. — *n.* 짹짹, 찍찍〖하는 울음 소리〗.
chir・rup・y [tʃírəpi, +美 tʃə́ːrəpi] *adj.* 명랑한, 쾌활한(chirpy).
Chis・an・bop [tʃízənbɑ̀p / -bɔ̀p] *n.* 〖상표명〗 지산법(指算法)〖한국의 배원진(Sung Jin Pai)이 발명한 초보 산수 교육용 계산법〗.
*****chis・el** [tʃízl] *n.* 1 끌, 〖금속용의〗 정. ¶ a cold *chisel* 〖철판 따위를 자르는〗 강철 끌. 2 (the ~) 조각용 끌, 조각도(刀); ⓤ 조각술. 3 ⓒ ⓤ 〖속어〗 속책, 부정, 사기.
full chisel 〖美속어〗 전속력으로. — *v.* ~ 협잡.
— *v.* (**-eled, -el・ing**; 〖英〗 **-elled, -el・ling**) *vt.* 1 ~을 끌로 파다(자르다, 깎다, 도려내다), 조각하다(...*out of*, *from, into*). ¶ (~+圓+前+名) *chisel* a statue *out of* (*or from*) marble; *chisel* marble *into* a statue 대리 석상(像)을 조각하다. 2 〖美속어〗 〖남〗을 속이다, 협잡질하다; 〖남〗에게서 〖물건〗을 빼앗다. ¶ (~+圓+前+名) *chisel* a person *out of* something 남을 속여서 물건을 편취하다. — *vi.* 1 끌을 사용하다, 조각하다. ¶ (~+前+名) *chisel for* good marks 좋은 접수를 따려고 커닝하다. *chisel in on* 〖美구어〗 ...에 끼어들다, 간섭하다.
chis・eled, 〖英〗 -elled [tʃízld] *adj.* 1 끌로 조각한(파낸). 2 윤곽이 분명한, 깊이 조각한, 잘 생긴(clear-cut). ¶ *chiseled* features 윤곽이 분명한 얼굴.
chis・el・er, 〖英〗 -el・ler [tʃízlər] *n.* 1 끌질하는 사람; 조각사. 2 《美속어》 사기꾼.
chit[1] [tʃit] *n.* 1 〖음식값・삯값 따위의〗 계산서, 전표. ¶ the *chit* system 〖현찰 거래에 대하여〗 외상 거래 제도. 2 《주로 英》 단신(短信), 각서, 메모; 추천장, 인물 증명서. 〖計畫局〗
chit[2] [tʃit] *n.* 1 어린이(child), 젊은이. 2 〖경별진〗.
chit[3] [tʃit] *n.* 눈, 싹. — *vi., vt.* (**-chit・ted, chit・ting**) 〖英방언〗 싹 따위가〗 싹을 내다, 발아하다. — *n.* 싹을 따다.
chit-chat [tʃítʃæ̀t] (* *chat* 의 반복형) *n.* 1 간단한 대화, 잡담. 2 소문거리, 소문(gossip). — *vi.* (**-chat・ted, -chat・ting**) 잡담하다, 정보있는 이야기를 하다.
chi・tin [káitin] *n.* ⓤ 〖생화학〗 키틴(質)〖갑각(甲殼)류・곤충 따위의 껍질을 만드는 주성분〗.
chi・tin・ous [káitinəs] *adj.* 〖생화학〗 키틴질의.
chít・lin círcuit [tʃítlin-] *n.* 《美속어》 〖흑인 연예인이 출연하는〗 극장 나이트 클럽.
chit・lings [tʃítliŋz], **-lins** [-linz] *n.* =CHITTERLING.
chi・ton [káit(ə)n/-t(ɔ)n] *n.* 1 키톤〖고대 그리스 사람이 알몸 위에 직접 걸친 헐거운 가운〗. 2 딱지조개류에 속하는 조개의 일종(sea cradle).
chít sýstem *n.* 전표 지불 제도.
chit・tack [tʃitɑ́ːk / tʃitǽk] *n.* 인도의 중량 단위〖1온스〗.
chit・ter・lings [tʃítliŋz / tʃítəliŋz] *n. pl.* 〖특히 요리용의〗 돼지 따위의 소장(곱창).
chit・ty [tʃíti] *n.* (*pl.* **-ties**) =CHIT[1].
chiv [tʃiv] *n.* 《속어》 〖흉기로서의〗 날붙이, 칼(shiv); 면도칼. — *vt.* 찌르다, 쩨쩨다.
chiv・al・ric [ʃivǽlrik / ʃív(ə)l-] *adj.* 기사도〖정신〗의, 기사적인(chivalrous).
*****chiv・al・rous** [ʃív(ə)lrəs] *adj.* 기사도의, 기사도에 맞는; 용기있는, 〖여성 등에〗예의바른, 〖적 따위에〗관대한, 의협적인; 동키호테적인(quixotic); 기사 제도의. ¶ the *chivalrous* society 기사 제도 사회.
~**ly** *adv.* ~**ness** *n.*
*****chiv・al・ry** [ʃív(ə)lri] *n.* ⓤ 1 기사도, 기사도의 관례, 기사도 정신〖예절・용기・충성・관대의 덕을 존중하고 부녀자나 약자를 돕는 것을 주의로 한다〗. ¶ the flower of *chivalry* 기사도의 정화, 기사의 귀감. 2 〖집합적〗 기사 제도, the age of *chivalry* 기사 제도 시대〖10세기에서 14세기경까지〗. 3 기사단(團). 4 〖고어〗 《집합적》 정의를 존중하는 용사들; 화려한 신사들. 5 ⓒ 〖고어〗 기사다운(용감한) 행위.
◇ **chívalrous, chívalric** *adj.*
chive [tʃaiv] *n.* (보통 ~s) 산파의 일종〖잎은 조미료로 쓰인다〗. 〖= chevy〗.
chiv・vy [tʃívi] *v.* (**-vied, -vy・ing**), *n.* (*pl.* **-vies**) 《英》=CHEVY.
chiv・y [tʃívi] *v.* (**chiv・ied, chiv・y・ing**), *n.* (*pl.* **chiv・ies**) 《英》 =CHEVY.
chiz, chizz [tʃiz] *n.* 《美속어》 속임수, 야바위. — *vt.* (**chizzed, chizz・ing**) ...을 속이다. 〖<CHISEL〗
Ch. J. 〖略〗 *Chief Justice* (재판장).
chla・mys [klǽmis, kléi-] *n.* (*pl.* **-mys・es** *or* **chlam・y・des** [klǽmidìːz, kléimi-]) 고대 그리스 남자의 짧은 외투.
chlor- ⇨ CHLORO-.
chlo・ral [klɔ́ːrəl/klɔ́-] *n.* ⓤ 〖화학〗 1 클로랄〖알콜에 염소를 작용시키어 얻는 무색유상(油狀)의 액체; 최면제〗. 2 (=**chlóral hýdrate**) 포수(抱水) 클로랄〖결정상(結晶狀) 물질; 최면제〗.

(chlamys)

chlo・ral・ism [klɔ́ːrəlìz(ə)m/klɔ́ː-] *n.* ⓤ 클로랄 중독증.
chlo・ral・ize [klɔ́ːrəlàiz / klɔ́ː-] *vt.* 클로랄로 처리하다.
chlo・ram・phen・i・col [klɔ̀ːræmfénikɔ̀ːl, -kòul / klɔ̀ː-] *n.* ⓤ 〖약〗 클로람페니콜〖일반적으로 클로로마이세틴이라 불리는 항생 물질의 하나〗.
chlo・rate [klɔ́ːrit, -reit/klɔ́ː-rit] *n.* 〖화학〗 염소산염(鹽素酸鹽).
chlor・dane [klɔ́ːrdein] *n.* ⓤ 클로르데인〖인단(indan)에서 유도되는 무취의 살충제〗.
chlo・rel・la [klɔrélə] *n.* 〖식물〗 클로렐라〖단세포 녹조류(綠藻類)〗.
chlo・ric [klɔ́ːrik/klɔ́ː-] *adj.* 〖화학〗 염소의; 염소를 함유한. ¶ *chloric* acid 염소산.
chlo・ride [klɔ́ːraid, -rid / klɔ́ː-raid] *n.* 〖화학〗 염화물. ¶ magnesium *chloride* 염화 마그네슘.
chlóride of líme *n.* 표백분(bleaching powder).
chlo・ri・dize [klɔ́ːridàiz / klɔ́ː-] *vt.* (**-dized, -diz・ing**)

chlo·rin·ate [klɔ́:rinèit / klɔ́:-] vt. (-at·ed, -at·ing) 1 〔화학〕…을 염화물로 하다, …에 염소를 작용시키다. 2 〔농업〕 염소로 살균하다. 3 〔야금〕 (금은 광석)을 염소 가스로 처리하다.

chlo·ri·na·tion [klò:rinéi∫(ə)n / klɔ́:-] n. ⓤ 〔화학〕 염소 처리, 염소화; 염소 소독.

chlo·rine [klɔ́:rin / klɔ́:r-] n. ⓤ 〔화학〕 염소 〔기체 원소의 하나; 황록색이며 악취가 난다; 원자 기호 Cl〕.

chlórine wáter n. 염소수〔표백제〕.

chlo·rite¹ [klɔ́:rait / klɔ́:-] n. ⓤ 녹니석(綠泥石).

chlo·rite² [klɔ́:rait / klɔ́:-] n. 〔화학〕 아염소산염(亞鹽素酸鹽). ¶ potassium *chlorite* 아염소산 칼륨.

chlor·mad·i·none [klɔ:rmǽdənòun / klɔ́:-] n. ⓤ 클로마디논〔피임약〕.

chloro-¹ green의 뜻의 연결형(* 모음 앞에서는 chlor-를 쓴다). 예: *chlorophyll, chlorella.*

chloro-² chlorine의 뜻의 연결형 (* 모음 앞에서는 chlor-를 쓴다). 예: *chloroform, chloride.*

chlo·ro·ben·zene [klɔ̀:rəbénzi:n / klɔ́:(:)-] n. 클로로벤젠〔페인트·래커 따위의 용제로 사용〕.

chlo·ro·dyne [klɔ́:ro(u)dàin / klɔ́:(:)-] n. ⓤ 〔화학·약〕 클로로다인〔아편·클로로포름을 함유한 마취·진통제〕.

chlo·ro·flu·o·ro·car·bon [klɔ̀:ro(u)fluərəkɑ́:rbən / klɔ́:(:)-] n. 〔화학〕 염화 불화 탄소 화합물, 프레온 가스(Freon gas) 〔스프레이의 분무제, 냉장고의 냉각제; 오존층 파괴의 주범으로 지목되어 금세기 안에 없애기로 합의; 略 CFC〕. *cf.* Montreal Protocol

chlo·ro·flu·o·ro·meth·ane [klɔ̀:ro(u)fluərəméθein / klɔ́:(:)-] n. 클로로플루오레메탄〔略 CFM〕. *cf.* chlorofluorocarbon

chlo·ro·form [klɔ́:rəfɔ̀:rm / klɔ́:(:)-] n, 〔화학·약〕 클로로포름〔무색의 휘발성 액체; 마취제〕.
— vt. …을 클로로포름으로 마취시키다〔죽이다, 처리하다〕.

chlo·ro·form·ist [klɔ́:rəfɔ̀:rmist / klɔ́:(:)-] n. 마취사〔외과 의사의 조수〕.

Chlo·ro·my·ce·tin [klɔ̀:ro(u)maisí:tin / klɔ̀:(:)r-] n. 〔상품명〕 〔약〕 클로로마이세틴. ⊂ CHLORAMPHENICOL.

chlo·ro·phyll [klɔ́:rəfil / klɔ́:(:)-], (**chlo·ro·phyl**) n. ⓤ 〔식물·생화학〕 엽록소, 클로로필.

chlo·ro·pic·rin [klɔ̀:ro(u)píkrin / klɔ́:-] n. ⓤ 〔화학·군사〕 클로로피크린〔무색의 액체; 살충제·화학전용 독가스로 쓰임〕.

chlo·ro·plast [klɔ́:ro(u)plæ̀st / klɔ́:(:)r-] n. 〔식물〕 엽록체.

chlo·ro·prene [klɔ́:ro(u)prì:n / klɔ́:(:)r-] n. ⓤ 〔화학〕 클로로프렌〔무색의 액체; 합성 고무의 원료〕.

chlo·ro·quine [klɔ̀:ro(u)kwí:n, -kwáin / klɔ́:(:)-] n. 클로로키닌〔말라리아의 특효약의 일종〕.

chlo·ro·sis [klɔ:róusis / klɔ:(:)-] n. ⓤ 1 〔식물〕 〔엽록소 결핍의 식물체의〕 백화(白化), 황화(黃化). 2 위황병(萎黃病) 〔철분 결핍에 의한 일종의 빈혈병〕.

chlo·rous [klɔ́:rəs / klɔ́:(:)-] adj. 〔화학〕 3가(價)의 염소를 함유하는; 아염소산의. ¶ *chlorous* acid 아염소산.

chlor·prom·a·zine [klɔ:rprɑ́məzì:n / klɔ(:)-prɔ́m-] n. 클로르프로마진〔특히 침울형의 정신병 환자에게 쓰는 진정제〕.

chlor·tet·ra·cy·cline [klɔ̀:rtètrəsáiklin / klɔ(:)-] n. 〔약학〕 클로르테트라사이클린〔항생 물질의 일종; 상품명은 오레오마이신〕.

chm. (略) chairman; checkmate.

Ch.M. (略) (라틴) *Chirurgiae Magister* (=Master of Surgery).

CHN (略) *C*able *H*ealth *N*etwork ([미국의] 건강·과학 프로그램 전문 유선 방송망).

choc-ice [tʃɑ́kais / tʃɔ́k-] n. 〔英〕 초콜릿 아이스크림이 든 파이.

chock [tʃɑk / tʃɔk] n. 1 쐐기, 초크; 문 따위·통 따위의 밑에 넣어 구르는 것을 막는 바퀴굄, 받침나무. 2 〔항해〕 a) 도삭기(導索器) 〔게류 밧줄·닻줄·예인 밧줄 따위가 지나가는 금속 또는 나무로 된 장치〕. b) 〔보트·통 따위의〕 대목(臺木). 3 〔제작 기계의〕 베어링.

(chock 2 a))

— vt. 1 …을 쐐기로 고정시키다〔죄다〕; 〔차바퀴·통 따위에〕 받침나무를 괴다. 2 〔항해〕 〔보트〕에 받침나무를 괴다, 〔보트〕를 대목 위에 올려놓다.
chock up …을 쐐기로 단단히 고정시키다. ② 〔방 따위〕를 〔가구 따위로〕 가득 채우다(...*with*). ¶ *chock up a room with furniture* 방을 가구로 가득 채우다.
— *adv.* 꼭 맞게, 단단히(tightly). ¶ *chock against the edge* 가장자리에 단단히.

chock-a-block [tʃɑ́kəblɑ̀k / tʃɔ́kəblɔ̀k] *adj.* 1 〔항해〕 〔짝지은 위아래의 두 활차가〕 서로 닿을 정도로 바싹 당겨진. 2 〔꼼짝할 수 없을 만큼〕 가득 찬, 움직일 수 없게 된.

chock-full, -ful [tʃɑ́kfúl / tʃɔ́k-], **chuck-full, choke-full** *adj.* 가득 찬.

‡**choc·o·late** [tʃɔ́(:)kələt, tʃɑ́k-, tʃɔ́k-] n. ⓤ 1 초콜릿. 2 ⓒ 초콜릿 과자〔음료〕. ¶ *chocolate* in cake 덩어리 초콜릿 / a bar of *chocolate*; a *chocolate* bar 판 초콜릿, 초코바 / a box of *chocolates* 초콜릿 과자 한 상자. 3 초콜릿색, 갈색. — *adj.* 초콜릿으로 만든, 초콜릿의; 초콜릿색의. 〔초콜릿 과자〕

chócolate chíps *n. pl.* (美) 〔디저트 따위에 넣는〕

chócolate créam *n.* ⓤ 크림이 든 초콜릿.

Choc·taw [tʃɑ́ktɔ:] n. (pl. **-taws** or **-taw**) 1 〔집합적〕 촉토족(族) 〔아메리카 인디언의 머스코기언 어족(語族) (Muskhogean) 중의 한 종족으로, 현재는 Oklahoma에 산다〕; 촉토인(人). 2 ⓤ 촉토어. 3 〔美구어〕 기묘하여 뜻을 알 수 없는 것〔말·문자·설명 따위〕. 4 〔보통 c-〕 〔스케이팅〕 촉토 스텝〔피겨 스케이팅의 스텝의 일종〕.

‡**choice** [tʃɔis] n. 1 선택, 선발. ¶ the girl of one's *choice* 자기가 선택한 여자, 좋아하는 여자/regret one's *choice* 자기가 한 선택을 후회하다 / make a careful *choice* of; be careful in the *choice* of …을 깊이 생각해서 선택하다 / He is allowed a free *choice* of books in the library. 그는 도서관에서 마음대로 책을 선택할 수 있게 되어 있다.

〖類語〗 **choice** 많은 것 중에서 자기 의사로 선택하는 권리 또는 기회: a course of one's own *choice* 자기가 선택한 길. **selection** 광범한 속에서 분별있게 하는 선택: a careful *selection* of books 깊이 생각한 도서 선택. **election** 어떤 목적·공직에 적합한지의 여부를 잘 판단해서 하는 선택: a student's *election* of courses 학생의 강좌 선택. **alternative** 서로 응답하지 않는 중 어느 하나를 골라잡는 선택; 3개 이상에 쓰는 수도 있다: the *alternative* of compromise or war 타협이냐 전쟁이냐의 둘 중 하나. **preference** 기호·편애에 의한 선택: I have no *preference* of one over another. 어느 하나를 다른 것보다 좋아하는 마음은 없다. **option** choice 보다 한층 선택의 자유·권리를 강조하는 말: a sentence of one week in prison with the *option* of a fine 1주간의 구류, 또는 희망에 따라서는 벌금으로 마칠 수 있는 판결.

2 ⓤ 선택력, 선택권, 기호; ⓒ 선택의 기회. ¶ *without choice* 이것저것 가리지 않고 / offer a *choice* 마음대로 고르게 하다 / take one's *choice* 좋아하는 것을 고르다 / have no special *choice* 특별히 좋아하는 것은 없다. 3 선택된 사람; 선택물. ¶ This hat is my *choice*. 이

모자로 하겠다.
4 (보통 a~) 《집합적》선택의 풍부함(다양성, 범위). ¶ We have a great *choice* of fancy goods. 저희 가게에는 장신구를 골고루 갖추고 있습니다 / The larger the *choice*, the larger the puzzle. 선택의 범위가 넓으면 넓을수록 그만큼 선택이 어렵다.
5 다른 것보다 우수한 것; 특선품, 정선물, 일품(逸品), 정수. ¶ These flowers are the *choice* of my garden. 이 꽃들은 나의 정원의 일품입니다.
6 대체 수단, 달리 취할 길. ¶ Death was the only *choice*. 남은 길은 죽음뿐이었다.
7 ⓤ《美》《쇠고기의 등급에서》 중질(中質)의 고기.
at one's *choice* 좋을대로, 마음대로, 자유 선택으로.
by choice 기호에 따라, 특히 좋아서. ¶ I came here *by choice*. 나는 좋아서 이곳에 왔다.
for choice 고른다면. ¶ You may take Latin *for choice*. 고른다면 라틴어를 택할 수 있다.
have one's *choice* 선택할 수 있다, 고를 수 있다.
have no choice ① 선택의 여지가 없다, 대안이 없다. ② 특별히 좋아하는 것은 없다, 아무거나 좋다.
have no choice but to do …할 수밖에 없다. ¶ You *have no choice but to* leave now. 이제는 떠날 수밖에 도리가 없다.
of choice 특선의, 특상품의.
— *adj.* (**choic·er, choic·est**) **1** 가려 뽑은, 신중히 선택된; [물건이] 우수한, 정선된, 고급의. ¶ *choice* goods 우수품. **2** 《주로 방언》[사람이] 가리는, 까다로운. ¶ be *choice* of one's food 식성이 까다롭다. **3** 《美》[쇠고기가] 중질인. *prime 의 아래, good 의 위의 등급.
~**ly** *adv.* ~**ness** *n.* ⇨ choose *v.*
‡**choir** [kwaiər] *n.* **1** 《교회의》 성가대; 합창단. **2** 《가수·무용수·악기 따위의》 일단, 《새 따위의》 한 떼 (company). ¶ a *choir* of dancers 무용단 / a string *choir* [오케스트라의] 현악기부. **3** 《건축》 교회 안의 성가대석[성무 일과(聖務日課)를 공창(合唱)하는 사제 및 수사의 자리]. **4** 《신을 찬송하는》 천사의 단체(*choir* of angels). — *vi., vt.* 합창하다(sing in chorus).
choir·boy [kwáiərbɔ̀i] *n.* 《교회 등의 성가대 소속의》 소년 가수.
chóir lòft *n.* 《교회당 안 2 층(gallery)에 있는》 성가대석.
choir·mas·ter [kwáiərmæ̀stər / -mɑ̀ːs-] *n.* 성가대 지휘자.
chóir òrgan *n.* 《합창대 반주용의》 최저음 파이프 오르간[great organ, swell organ 과 함께 복합 오르간을 이룬다].
chóir scrèen *n.* 《교회의》 성가대석과 회중석 사이의 칸막이.
‡**choke** [tʃouk] *v.* (**choked, chok·ing**) *vt.* **1** …의 숨통을 끊다, …을 교살하다; [연기·눈물 따위로] …을 숨막히게 하다, 질식시키다; …을 메이게 하다, 막다. ¶ He swallowed a coin and *choked*. 그는 동전을 삼켜 질식했다 / She was *choked* with tears. 그녀는 눈물로 목이 메었다 / The cave was *choked* with the landslide. 그 동굴은 산사태로 막혀 버렸다 // (~+뫰+前+뎡) *choke* one's utterance *with* tears 눈물로 말이 막히다 / He *choked* the child to death. 그는 아이를 목졸라 죽였다. **2** …의 성장(진전, 움직임)을 저지하다; [식물]을 말라죽이다; [불]을 끄다. ¶ a field *choked* with briars 찔레 덩굴이 우거져 농작물이 자라지 않는 밭 / *choke* a fire 불을 끄다. **3** 《감정·눈물 등》을 억누르다, 억제하다. ¶ (~+뫰+前+뎡) *choke down* one's rage 분노를 꾹 참다 / *choke back* one's passion 격정을 억누르다. **4** 《내연 기관에서 연소가 잘 되도록》 《내연 기관에 보내는 공기》를 줄이다, 멈추다, 《내연 기관의》 초크를 당기다. — *n.* 2. **5** 《스포츠》 《배트·라켓 따위를》 짧게 잡다.
— *vi.* **1** 숨이 막히다, 질식하다, 메다, 메다(*with*…). ¶ *choke* with smoke 연기로 숨이 막히다 / *choke on* (or *over*) one's food 음식이 목에 걸리다. **2** 《성장·발전·움직임 등이》 저지되다(*with*…).
choke back ① …을 질식시키다. ② ⇒ *vt.* 3.
choke down ① …을 질식시키다. ② ⇨ *vt.* 3. ③ 《음식》을 간신히 삼키다. [고] 있다.
choke in (or *up*) 《美口語》 발언을 삼가다, 입을 다물
choke off ① …을 질식사키다, 교살하다; …의 성장을 저지하다. ② …을 단념하게 (그만두게) 하다. ¶ *choke off* discussion 토론을 중지시키다. **3** 《개 따위》의 목을 눌러 [물고 있는 것을] 놓게 하다.
choke up (*vt.*) ① …을 질식사키다; …을 말라죽게 하다. ② (*vt.*) 《모래 따위가》《수로·강어귀 따위》를 막다. 《먼지 따위가》 …을 메게 하다, 막다. * 이상 수동형에서는 *with*를 수반한다. ¶ be *choked up with* refuse 먼지로 막히다. ③ (*vi.*) 《口語》 《감정이 격하여》 말이 나오다 않다, 입을 다물다; 《흥분·긴장하여》 침착성을 잃다, 침착성을 잃어 실력을 발휘하지 못하다. ④ =*choke in*.
— *n.* **1** 질식, 폐색; 오열하는 듯한 【목】소리. **2** 《내연 기관의》 공기 흡입 조절 장치, 초크; 《기계》 《공기·물 따위의》 폐색 장치. **3** 《전기》 =*choke coil*. **4** 《관·통 따위의》 협착부(狹窄部), 폐색부.
◇ **chóky** *adj.*
choke·bore [tʃóukbɔ̀r/-bɔ̀ː] *n.* **1** 《탄환이 널리 산하지 않게 하는》 총구가 좁아진 총신. **2** 그런 총구를 가진 산탄총.
choke·cher·ry [tʃóuktʃèri] *n.* (*pl.* -**ries**) 《북미산(產)》 산벚나무의 일종; 《떫은 맛이 있는》 그 열매.
chóke còil *n.* 《전기》 초크 코일[변동이 급격한 전류의 통과에 저항을 나타내는 코일].
choke·damp [tʃóukdæ̀mp] *n.* ⓤ 《탄갱·오래 된 우물 따위에 괴는》 질식(탄산) 가스(blackdamp).
choke·full [tʃóukfúl] *adj.* =*chock-full*.
chok·er [tʃóukər] *n.* **1** 숨막히게 하는 사람(것), 질식시키는 것; 막는(죄는) 것. **2** 《口語》 초크[목에 꼭 끼는 짧은 목걸이]; 높이 세운 옷깃; 예복용의 흰 넥타이.
chok·ey [tʃóuki], (**choky**) *n.* (*pl.* -**eys**) **1** 《英俗語》 유치장, 감옥(prison). **2** 《인도》 파출소, 초소.
chok·ing [tʃóukiŋ] *adj.* **1** 질식할 것 같은, 숨막히는, 답답한; 《감정이 격하여》 가슴이 벅찬. ¶ in a *choking* voice 《감동으로》 숨막힐 듯한 소리로. **2** 《전기》 색류 (塞流). ~**ly** *adv.*
cho·kra [tʃóukrə] *n.* 《인도》 보이, 하인.
chok·y[1] [tʃóuki] *adj.* (**chok·i·er, chok·i·est**) 질식할 것 같은, 숨막히는; 《감동 때문에》 숨막힐 것 같은.
chok·y[2] [tʃóuki] *n.* (*pl.* **chok·ies**) =*chokey*[2].
chol- gall, bile 의 뜻의 연결형 (* 자음 앞에서는 chole- 또는 cholo-를 쓴다). 예: *chol*agogue (담즙 배출 촉진제), *chol*uria (담뇨(膽尿) 〔증〕); *chole*cystitis (담낭염), *chole*cystostomy; *cholo*chrome (담즙 색소).
chole- ⇨ CHOL-.
chol·e·cys·tos·to·my [kɑ̀lisistɑ́stəmi / kɔ̀lisistɔ́s-] *n.* ⓤ (*pl.* -**mies**) 《외과》 【담석 제거를 위한】 담낭 절개 [술].
chol·er [kɑ́lər/kɔ́l-] *n.* ⓤ **1** 《英에서는 古語》 짜증, 신경질, 성마름, 화. **2** 《古語》 담즙(bile) [옛날에는 짜증·화를 나게 하는 것으로 생각했다].
*****chol·er·a** [kɑ́lərə / kɔ́l-] *n.* ⓤ 《병리》 콜레라. ¶ Asiatic (or Asian, epidemic, malignant) *cholera* 진성 콜레라 / European (or summer) *cholera* 유럽(여름) 콜레라 [콜레라균에 의하지 않은 비전염성의 급성 중독 증상].
chólera bèlt *n.* 《배를 차지 않게 하는》 복대(腹帶).
chol·e·ra·ic [kɑ̀ləréiik / kɔ̀l-] *adj.* 콜레라 〔성〕의.
chólera mór·bus [-mɔ́ːrbəs] *n.* ⓤ 콜레라병 [콜레라균의 의하지 않은 비전염성의 급성 중독증의 이름].
chol·er·ic [kɑ́lərik / kɔ́l-] *adj.* **1** 화를 잘 내는, 격하기 쉬운, 성마른. **2** 《폐어》 담즙질의(bilious).
chol·er·ine [kɑ́lərin/kɔ́l-, -ràin] *n.* ⓤ 경증(輕症) 콜레라.
cho·le·sta·sis [kòuləstéisis] *n.* (*pl.* -**ses** [-siːz]) 담즙(膽汁) 분비 장애.

cho·les·ter·in [kəléstərin / kɔ-] n. =cholesterol.
cho·les·ter·ol [kəléstəròul, -ɔ̀:l / -rɔ̀l] n. 《생화학》 콜레스테롤〔담즙·담석·뇌·난황 따위에 있는 지방성물질〕.
cho·li·amb [kóuliæm(b)], **cho·li·am·bus** [kòuliǽmbəs] n. (pl. **-ambs**; **-am·bi** [-ǽmbai]) [韻律] 파행 단장격(跛行短長格) 〔단장격의 마지막 시각(詩脚)이 장장격(spondee), 또는 장단격(trochee)으로 되어 있는 것〕(scazon).
cho·line [kóuli:n, +美 kál-] n. ⓤ 《생화학》 콜린〔동식물의 조직, 특히 뇌·담즙·난황·종자 속에 함유되어 있는 비타민 B복합체의 일종〕.
chol·la [tʃóuljɑː, -jə] n. (pl. **-las** [-jɑːz, -jəs]) 《美》《식》《미국 서남부산(產)》 선인장의 일종.
cho·lo- ⇨ CHOL-.
chomp [tʃɑmp / tʃɔmp] vt., vi. =champ¹.
chondr- cartilage(연골)의 뜻의 연결형(* 보통 자음 앞에서는 chondri-, chondro- 를 쓴다). 예: *chondr*al(연골의), *chondr*in(연골소); *chondri*glucose (연골 포도당); *chondrio*some (입체차(粒體子)); *chondro*sarcoma(연골 육종(肉腫)).
chondri- ⇨ CHONDR-.
chon·drin, -drine [kɑ́ndrin / kɔ́n-] n. ⓤ 연골.
chondrio- ⇨ CHONDR-.
chondro- ⇨ CHONDR-.
chon·droid [kɑ́ndrɔid / kɔ́n-] adj. 연골 비슷한.
choo-choo [tʃúːtʃùː] n. (pl. **-choos**) 《美어린이말》 칙칙폭폭〔기차 소리〕; 《英》 puff-puff). — vi. **1** 기차 소리를 흉내내다. **2** 기차를 타고 가다.
chook [tʃuk] n. 《주로 濠》 =chicken.
‡**choose** [tʃuːz] v. (**chose, chosen** or 《폐어》 **chose, choos·ing**) vt. **1** …을 고르다, 선택하다, 가려 뽑다. ¶ deliberately *choose* a book (a friend, a house) 잘 생각해서 책(친구, 집)을 고르다 / The reference books ill *chosen.* 참고서의 선택이 서투르다 // (~+圓+前+㉿) *choose* one *among* many 많은 것 중에서 하나를 고르다 / There is nothing (not much, little) to *choose between* A *and* B. A와 B 사이에는 전혀 (그다지, 거의) 우열의 차가 없다 / She *chose* her husband *for* his money only. 그녀는 부자라는 사실만으로 남편을 골랐다 / I *chose* her *for* her beauty. 나는 미인이어서 그녀를 택했다 // (~+圓+前+㉿) (~+圓+as ㉿) (~+圓+ *to be* ㉿) They *chose* him *for* their leader. = They *chose* him as their leader. = They *chose* him *to be* their leader. 그들은 그를 자기들의 지도자로 뽑았다.
類 *choose* 자기의 판단으로 골라 손에 넣다(채용하다): *choose* a teaching career 교사의 길을 택하다. *select* 광범위한 속에서 주의 깊게 살펴 적당한 것을 고르다: *select* books for children 아동용 도서를 고르다. *elect* 어떤 직책·목적에 가장 알맞은 사람(것)을 고르다: *elect* a chairman 의장을 선출하다. *prefer* 기호·소망이 딴 것에 대한 것보다 강하다, 마음이 끌다·채용을 뜻하지는 않는다: I *prefer* this one, but I cannot afford it. 이쪽이 좋지만 살 돈이 없다. *pick* select 의 구어적 말: *pick* the Miss Korea of the year 그 해의 미스 코리아를 뽑다.
2 (to- 부정사를 수반하여) 〔차라리〕 …하는 쪽을 택하다(prefer), …하려고 결심하다(decide). ¶ (~+*to do*) He did not *choose to* go. 그는 가고 싶어하지 않았다 / She did not *choose to* accept my present. 그녀는 내 선물을 받으려고 하지 않았다.
3 …을 원하다, 바라다(want). ¶ Take whichever you *choose.* 어느 것이든 좋은 것을 택해라. — vi. **1** 고르다, 선택하다. ¶ (~+前+㉿) *choose between* the two 둘 중에서 고르다. **2** 원하다, 하고 싶다. ¶ if you *choose* 바라신다면 / as you *choose* 원하시는 대로.
cannot choose but do 《英에서는 고어》 …하지 않을 수 없다.
choose A before B B보다 A를 택하다. ¶ *choose* death *before* dishonor 불명예보다 죽음을 택하다.
pick and choose ⇨ PICK.
◇ *choice n.*
choos·er [tʃúːzər] n. **1** 고르는 사람, 선택자. **2** 《구어》 선거인.
choos·y, choos·ey [tʃúːzi] adj. (**choos·i·er, choos·i·est**) 《구어》 이것저것 가리는, 까다로운, 피카스러운.
‡**chop**¹ [tʃɑp / tʃɔp] v. (**chopped, chop·ping**) vt. **1** 〔도끼 따위로〕 …을 [쳐서] 자르다, 찍어서 자르다 (⇨ CUT 題圖); 〔드물게〕 …을 잘라 길을 내다, 잘라서 …을 만들다. ¶ (~+圓+圓) *chop* branches *away* (or *off*) 가지를 치다 / I *chopped down* the shady tree. 그늘을 만드는 나무를 잘라 넘어뜨렸다 // (~+圓+前+㉿) We must *chop* a path *through* the forest. 우리는 숲을 쳐내고 길을 내지 않으면 안된다. **2** …을 잘게 썰다, 다지다, 난도질하다(mince); 《비유적》 …을 세분하다; 〔말 따위〕를 더듬거리다. ¶ *chop* firewood 장작을 패다 / She *chopped* her words in grief. 그녀는 너무도 슬퍼서 더듬거리며 말했다 // (~+圓+圓) *chop up* a cabbage 양배추를 잘게 썰다 // (~+圓+前+㉿) *chop* meat into small pieces 살코기를 저미다. **3** 〔정구·크리켓 따위에서〕 〔공〕을 잘라 치다. **4** 〔면화〕를 솎다. — vi. **1** 찍다, 쳐서 자르다, 난도질하다. ¶ (~+前+㉿) *chop at* a tree 나무를 찍다. **2** 갈라지다. **3** 〔정구 따위에서〕 공을 잘라 치다. **4** 갑자기 날아오르다 (뛰어오르다), 갑자기 오다(가다), 갑자기 달려들다(*on, upon...*). **5** 〔해면에〕 삼각 파도가 일다.
chop in 《구어》 〔말〕을 갑자기 가로막다, 말참견하다. ¶ *chop in* words 말을 갑자기 가로챈다 / *chop in with* one's remarks 곁에서 말을 가로채다.
chop out (or *up*) 〔지층이〕 갑자기 노출되다.
— n. **1** 쳐서 자르기, 〔도끼 따위로 치는〕 나룻, 찍기. ¶ take a *chop* at …을 쳐서 자르다. **2** 저미기. **3** 〔군부〕 《英방언》 쪽매의 짧고 날카로운 타격〕. **4** 자른 한 조각, 절단한 조각; 〔보통 갈비뼈에 붙은 양·돼지·송아지 따위의〕 고기 조각. **5** 《폐어》 갈라진 틈, 째진 틈, 금. **6** 〔해면의〕 삼각 파도, 불규칙적인 잔물결.
chop² [tʃɑp / tʃɔp] v. (**chopped, chop·ping**) vi. **1** 〔바람 따위가〕 갑자기 방향을 바꾸다, 〔풍향이〕 급변하다 (*about, around...*). ¶ (~+前) The wind *chopped round* from west to north. 풍향이 갑자기 서에서 북으로 변했다. **2** 〔《英방언》 생각이 흔들리다, 변심하다 (*about...*). **3** 《폐어》 물물교환하다. **4** 《폐어》 말을 주고받다, 언쟁하다, 토론하다. — vt. 《英방언》 …을 교역하다, 기꺼이 거래하다, 기대하다.
chop and change 〔마음·방침·직업 등을〕 자주 바꾸
chop back 〔풍향이〕 갑자기 제대로 돌아오다; 다시 되돌아오다.
chop logic ⇨ LOGIC.   〔다.
chop words 심한 말을 주고받다, 언쟁하다; 평계를 대
— n. 급변(急變), 변동.
chops and changes 변천, 변전(變轉).
chop³ [tʃɑp / tʃɔp] n. **1** (보통 ~s) 턱. **2** (~s) 구강(口腔). **3** (~s) 볼(cheek). **4** 〔해협 따위의〕 입구. ¶ the *chops* of the Channel 〔대서양쪽의〕 영국 해협의 입구.   〔들어대다.
beat one's chops 쉬지 않고 지껄여대다, 까닭없이 떠
lick one's chops ① 입맛을 다시다(relish). ② 침을 삼키다, 기꺼이 기다리다, 기대하다.
chop⁴ [tʃɑp / tʃɔp] n. **1** 〔인도·중국 등지에서〕 관인, 면허〔장〕, 출항(양륙) 허가증, 여행 허가증; 상표. **2** 〔인도 구어〕 품질, 품종, 등급. ¶ the first (second) *·chop* articles 1 (2) 급품 / of first *chop* 상질(上質)의.
chop-cher·ry [tʃɑ́ptʃèri / tʃɔ́p-] n. (pl. **-ries**) 《폐어》 실에 매단 버찌를 이로 물기.
chóp chóp adv., interj. 《중국의 상업 영어》 빨리빨리(quick).
chóp dòllar n. 《중국의》 각인(刻印)이 찍힌 달러

chop・fall・en [tʃápfɔ:l(ə)n / tʃɔ́p-] adj. =chapfallen.
chop・house¹ [tʃáphàus / tʃɔ́p-] n. (pl. **-hous・es** [-hàuziz]) **1** [chop¹ 요리를 파는] 싸구려 요리집. **2** 스테이크 하우스.
chop・house² [tʃáphàus / tʃɔ́p-] n. (pl. **-hous・es** [-hàuziz]) 《고어》《중국에서》 세관(customhouse).
chop・per [tʃápər / tʃɔ́pə] n. **1** 처서 자르는 사람(것); 나무꾼(woodchopper). **2** [자루가 짧고 날이 큰] 고기 자르는 도끼, 고기 자르는 칼. **3** 《美속어》헬리콥터(helicopter). **4** (~s) 《속어》이(teeth), 〔특히〕의치(義齒). **5** 〔전자 공학〕 직류 교류 변환기. **6** 《美속어》 개찰원, 표받는 여자. **7** 《美속어》 자동 소총 〔소지자〕. ━ vt., vi. 《美속어》헬리콥터로 날다, 헬리콥터로 수송하다.
chop・ping¹ [tʃápiŋ / tʃɔ́p-] adj. **1** 처서 자르는, 처서 자르기 위한, 저미기 위한. **2** [바다・호수의] 파도가 일렁이는, 삼각파도가 이는. **3** 《英구어》 [아이가] 크고 튼튼한, 씩씩한.
chop・ping² [tʃápiŋ / tʃɔ́p-] adj. **1** [풍향이] 바뀌기 쉬운, 급변하는. **2** 기분〔생각〕이 변하기 쉬운, 변덕스러운(jerky).
chópping blòck (bòard) n. 도마.
chópping knìfe n. 잘게 써는 칼, 식칼.
chop・py¹ [tʃápi / tʃɔ́pi] adj. (-pi・er, -pi・est) [바다・호수의] 물결이 일렁이는, 삼각파도가 이는.
chop・py² [tʃápi / tʃɔ́pi] adj. (-pi・er, -pi・est) **1** [풍향이] 급변하는, **2** [시장 따위가] 변동이 심한. **3** [문체 파위가] 일관되지 않은, 고르지 못한.
chop・stick [tʃápstìk / tʃɔ́p-] n. **1** (보통 ~s) 젓가락. ¶ a pair of *chopsticks* 젓가락 한 벌. **2** (C-s) 《단수 취급》 촙스틱(두 손의 둘째 손가락을 써서 피아노로 연주하는 간단한 왈츠). [러치키].
chóp stròke n. 〔정구・크리킷〕 촙 [공을 자르듯이] 내
chóp sú・ey [-súːi / -sjúːi]; (ü)《美》《中》《美》슈이〔고기와 야채의 잡탕으로, 미국식 중국요리의 대표적인 것〕.
cho・ral [kɔ́ːr(ə)l / kɔ́(ː)r(ə)l] adj. 합창의, 합창곡의; 합창대의, 성가대의. ¶ a *choral* composition 합창곡. ━ n. chorale. ~・**ly** adv.
cho・rale [kəræl, kourɑ́ːl / kɔrɑ́ːl, kə-] n. **1** 합창곡, 성가, 코랄[성가대 또는 회중 일동이 부르는 힘찬 리듬의 장엄한 제창 성가〕. **2** 합창대, 성가대.
cho・ral・ist [kɔ́ːrəlist / kɔ́-] n. 합창 대원, 성가 대원
chóral sérvice n. 합창 예배. [원.
****chord**¹ [kɔːrd] n. **1** 〔어떤 감정〕 심금(心琴) (feeling, emotion). ¶ touch the right *chord* 상대방의 심금을 울리다 / The words struck a sympathetic *chord* in his heart. 그 말이 그의 공감을 불러일으켰다. **2** 〔기하〕 현(弦). ¢ CIRCLE 그림. **3** 〔토목〕 그림. ¶ 트러스(truss)의 현재(弦材). **4** 〔항공〕 익현(翼弦). **5** 〔해부〕 전(腱), 삭(索) (cord). ¶ the vocal *chords* 성대. **6** 〔고어〕 〔악기의〕 현(string).
chord² [kɔːrd] n. 〔음악〕 코드, 화음. ¶ break (or spread) a *chord* 화음을 〔동시가 아니라〕 차례로 연주하다.
chord・al [kɔ́ːrd(ə)l] adj. **1** 〔해부〕 삭(索)의. **2** 〔음악〕 화음의.
chor・date [kɔ́ːrdeit] n. 〔동물〕 척삭(脊索) 동물의, 척삭문에 속하는. ━ n. 척삭 동물.
chore [tʃɔːr / tʃɔ-] n. 《美》 **1** 허드렛일, 잡일 (odd job), 〔집 안의〕 자질구레한 일; (~s) 〔집・농장의〕 늘 하는 일, 가사(家事) (routine work). **2** 힘드는 〔하기 싫은〕 일. ━ vi. (**chored, chor・ing**) 잡일을 하다, 허드렛일을 하다.
cho・re・a [kɔːríːə / kɔ(ː)ríə] n. U 〔병리〕 무도병 (舞蹈病) 〔안면이나 사지의 극심한 경련 같은 운동을 일으킨〕 (St. Vitus's dance). **2** 〔獸醫〕 코리아병(病) 〔불수의(不隨意)의 경련 같은 운동을 일으킨다〕.
cho・re・ic [kɔːríːik / kɔː-] adj. 무도병의, 무도병의

cho・re・o・graph [kɔ́ːriəgræf / kɔ́riəgràːf] vt. 〔음악〕 에 발레를 안무하다. ━ vi. 안무가로서 일하다.
cho・re・og・ra・pher [kɔ̀ːriɔ́grəfər / kɔ̀(ː)riɔ́g-] n. 〔음악, 특히 발레의〕 안무가(按舞家).
cho・re・o・graph・ic [kɔ̀ːriəgrǽfik / kɔ̀(ː)riə-], **-i・cal** [-ik(ə)l] adj. **1** 무용, 특히 발레 안무〔법〕의. **2** 무용 기보법(記譜法)의. **3** 무용술의, 발레의.
cho・re・og・ra・phy [kɔ̀ːriɔ́grəfi / kɔ̀(ː)riɔ́g-], 〈주로 英〉 **cho・reg-** [kərég-] n. U 1 무용, 특히 발레의 안무〔법〕. **2** 무용 기보법[무용의 여러 가지 운동・동작을 기호로 기술・표시하는 방법]. **3** 무용술, 발레.
cho・ri・amb [kɔ́ːriæm(b) / kɔ́(ː)ri-] n. 〔韻律〕 〔詩의〕 **cho・reg-** [kərég-] n. U 1 〔韻律〕 〔고전시의〕 장단단장격(長短短長格) [-∪∪-]〔영시의〕 강약약강격 [×××].
cho・ri・am・bic [kɔ̀ːriǽmbik / kɔ̀(ː)ri-] adj. 〔韻律〕 장단단장격의, 강약약강격의.
cho・ri・am・bus [kɔ̀ːriǽmbəs / kɔ̀(ː)ri-] n. (pl. **-bus・es** or **-bi** [-bai]) =choriamb.
cho・ric [kɔ́ːrik, kάr- / kɔ́r-] adj. 합창의; 합창곡풍의; 합창용의. ¶ a *choric* ode 합창대의 서정가(抒情歌).
chóric spéaking (spéech) n. U 〔연극〕 슈프레히코르〔한떼의 사람들이 일제히 대사를 말하기〕.
cho・rine [kɔ́ːriːn / kɔ́-] n. 《美속어》 코러스 걸.
cho・ri・oid [kɔ́ːriɔ̀id / kɔ́ːri-] adj. 〔해부〕 =choroid.
cho・ri・on [kɔ́ːriən / kɔ́ːriən] n. 〔발생〕 융모막(絨毛膜) 〔포유류의 태아를 싸는 얇은 막 중 가장 바깥쪽에 있는 것〕, 난막(卵膜) 〔포유류의 융모막에 상당하는 파충류・새・곤충・물고기의 알 속에 있는 것〕, 장막(漿膜); 난각(卵殼). [수].
cho・rist [kɔ́ːrist, kάr-] n. 〔고어〕 합창자〔단원. n. **1** 〔교회의〕 성가대원, 소년 성가대원 (choirboy). **2** 성가대 지휘자.
cho・rog・ra・pher [kɔːrɔ́grəfər / kɔríɔ́g-] n. 지지학자(地誌學者), 지방 지세도(地誌) 편찬자.
cho・ro・graph・ic [kɔ̀ːro(u)grǽfik / kɔ̀-], (**cho・ro・graph・i・cal** [-ik(ə)l]), **-i・cal・ly** [-ikəli] adv.
cho・rog・ra・phy [kɔːrɔ́grəfi / kɔːrɔ́g-] n. U 〔지리〕 지지(地誌), 지방 지세도; 〔특히 성가의〕 안무법.
cho・roid [kɔ́ːrɔid / kɔ́ːː-], (**chorioid**) adj. 〔해부〕 융모막 모양의, 장막(漿膜) 모양의; 〔특히 안구의〕 맥락막(脈絡膜)의 같은. ━ n. 〔안구의〕 맥락막 (choroid coat). ¢ EYE 그림.
cho・rol・o・gy [kərάlədʒi / -rɔ́l-] n. 〔생물〕 분포학.
chor・tle [tʃɔ́ːrtl] vi., vt. (**-tled, -tl・ing**) 〔혼자 서〕 킬킬거리다, 신이 나서 웃다(이야기하다), 기뻐하다. ━ n. 희열〔득의〕의 소리 없는 웃음.
‡**cho・rus** [kɔ́ːrəs / kɔ́ː-] n. **1** 〔음악〕 a) 합창단(대). b) 합창곡(가). ¶ a *chorus* for male 남성(男聲) 합창곡 / a mixed *chorus* 혼성 합창곡. c) 합창단(節) (가); 후렴(refrain). **2** 합창; 제창; 일제히 하는 발언. ¶ in *chorus* 소리를 함께서, 일제히 (in unison) / My question was answered by a *chorus* of noes (yeses). 나의 물음에 모두가 이구동성으로 「아니오」(「그렇습니다」)라고 대답했다. **3** 〔뮤지컬 따위의〕 코러스〔뮤지컬 무용수와 수〕; 노래, 춤. **4** 〔고대 그리스 연극의〕 합창 무용, 노래 무용; 〔주역의 연기를 보조하고 연극의 줄거리를 설명한〕; 그 노래. **5** 〔엘리자베스 왕조 연극에서〕 주역의 보조적 역할을 맡아 연기하며 특히 줄거리의 해설을 맡았던 파트; 그 부분. ━ vt., vi. (**-rused, -rus・ing**) **1** 합창하다. **2** 일제히 말하다, 이구동성으로 말하다.
chórus bòy n. 〔연극〕 〔노래부르며 춤추는 뮤지컬의〕 코러스 보이.
chórus gìrl n. 〔연극〕 〔노래 부르며 춤추는 뮤지컬〕 [의] 코러스 걸.
chórus màster n. 합창대장.
‡**chose**¹ [tʃouz] v. choose 의 과거;《폐어》과거 분사.
chose² [ʃouz] n. 〔법률〕 물(物), 재산, 동산. ¶ a

chose in possession 소유 재산, 유체(有體) 동산 / a *chose* in action 권리 재산, 무체(無體) 동산.

chose ju·gée [ʃouz ʒuːʒéi] *n.* (*pl.* **choses jugées** [ʃouz ʒuːʒéi]) 《프랑스》 (=judged thing) 해결(기정) 사실(사항), 기정 문제.

‡**cho·sen** [tʃóuzn] *v.* choose 의 과거 분사. — *adj.* **1** 뽑힌, 선택된, 기회에 맞는(preferred), 좋아하는 (favorite); (the ~) 《명사적 용법》 선택된 사람들. ¶ a *chosen* book 선정 도서 / one's *chosen* color 좋아하는 색. **2** 〖신학〗 신에게 뽑힌. ¶ the *chosen* people 신의 선민[유대인의 자칭(自稱)].

chou [ʃuː] *n.* (*pl.* **choux** [ʃuːz], **2** 에서는 [ʃuː]) **1** 〖양배추 꽃의 숙녀복·모자 따위의〗 리본의 매듭 장식; 장미꽃 장식. **2** 슈크림(cream puff).

chough [tʃʌf] *n.* 깃털은 검고 발과 부리가 빨간 유럽산 (産) 까마귀.

chouse [tʃaus] 《고어·英구어》 *vt.* (**choused, chous·ing**) 〖남〗을 속이다, 기만하다, 사기치다(...*of*, *out of*). ¶ *chouse* a person *out of* his money 남을 속여서 돈을 빼앗다. — *n.* ⓤ 사기, 협잡.

chow[1] [tʃau] *n.* ⓤ 《美구어》 음식물(food). — *vi.* 먹다(eat).

chow down 《美구어》 먹다; 식사하다.

chow[2] [tʃau] *n.* (종종 C-) = chow chow.

chow[3] [tʃau] *interj.* ♡ ciao.

chów chòw *n.* (종종 C- c-) 중국산의 개〖허가 점 미화한다 무렵 하였다〗.

chow-chow [tʃáutʃau /-ː] *n.* ⓤ **1** 중국식 김치. **2** 《중국·인도의》 잡탕, 음식물(food); 식사(meal). **3** 각자 절임. 〈<중국의 상업 영어〉

chow·der [tʃáudər] *n.* 《美》 차우더〖주로 조개 또는 생선과 야채류로 만든 진한 수프 또는 스튜풍 요리〗.

by *chowder* 《美구어》 제기랄, 빌어먹을.

chow·hound [tʃáuhàund] *n.* 《美속어》 대식가, 먹는 데 열심인 사람(glutton).

chow mein [tʃàu méin] *n.* ⓤ 《美》 볶은 국수, 초면 (炒麵).

chow-time [tʃáutàim] *n.* 《美속어》 식사 시간.

CHQ (略) *C*orps *H*ead*q*uarters (군단 사령부).

Chr. (略) *Ch*r*istian*; *Ch*r*istopher*.

Chre·ma·tis·tic [krìːmətístik] *adj.* 이재학(理財學)의.

chres·tom·a·thy [krestáməθi/-tóm-] *n.* (*pl.* **-thies**) (보통 주석이 붙은 학습용의) 명구집, 명문선.

chrism [krízm] *n.* ⓤ 〖교회〗 **1** 성유(聖油油)〖세례·견신(堅信)·서계(敍階) 등 교회의 의식에 쓰는 향료가 든 기름〗. **2** 〖교회〗 성유식〖성유를 발라 정하게 하기, 도유식(塗油式)〗.

chris·mal [krízməl] *adj.* 성유의; 도유식의.

chris·ma·to·ry [krízmətɔ̀ːri/-təri] *n.* (*pl.* **-ries**) 〖교회〗 성유 그릇, 성유 병.

chris·om [krízəm] *n.* 〖교회〗 **1** = chrism. **2** 《폐어》 〖유아의〗 세례용 흰 옷.

Chris-sake [kráissèik] *interj.* 《美속어》 (for ~) 제발!, 아무쪼록! 〖<for Christ's sake〗

‡**Christ** [kraist] *n.* **1** 그리스도, 예수 (* 원래 칭호로서 Jesus the Christ 라고 했으나 현재는 Jesus Christ 로 고유명사가 되었다). **2** (the C-) 〖구약 성서에 예언된〗 구세주(Messiah). **3** 〖성서〗 〖제사(祭司)·예언자·왕으로서〗 기름 부어져 성별(聖別)된 사람(the anointed). **4** 그리스도와 같은 인격의 소유자.

before Christ 그리스도 강탄 전, 서력 기원전. * B.C. 로 생략. — *interj.* 《속어》 어머나!, 뭐라고! 〖놀람·분노 등〗 ◇ *Chrístian adj.*

Chríst child *n.* (the ~) 아기 예수.

christ·cross [krísk(r)ɔ̀ːs/-krɔ̀s] *n.* 십자, 십자형, 십자(가).

christ·cross-row [krískrɔ̀ːsróu/-krɔ̀s-] *n.* 《英 고어》 알파벳.

chris·ten [krísn] *vt.* **1** ···에게 세례를 베풀어 기독교도로 만들다(baptize). **2** 〖남〗에게 세례를 베풀어 이름 짓다〖배 따위〗를 명명하다. ¶ (~+명+명) The baby was *christened* Luke. 그 아이는 누가라는 세례명을 받았다. **3** 《드물게》 쓰기 시작하다.

Chris·ten·dom [krísndəm] *n.* **1** (the ~) 《집합적》 기독교도(Christians). **2** ⓤ 기독교의 세계, 기독교국. **3** ⓤ = Christianity.

chris·ten·ing [krísniŋ] *n.* ⓤ ⓒ 세례; 세례식(baptism); 명명하기; 〖일반적으로〗 명명식.

Christ·hood [kráisthùd] *n.* ⓤ 그리스도(구세주)임.

‡**Chris·tian** [krístʃ(ə)n / -tjən, -tʃ(ə)n] *adj.* **1** 그리스도의, 그리스도의 가르침에 관한, 기독교의(에 속하는); 기독교를 믿는, 기독교도의. ¶ the *Christian* religion 기독교/ *Christian* countries 기독교국(諸國) / the *Christian* creed 기독교(교도)의 신조 / *Christian* art 기독교 예술/ *Christian* charity 이웃 사랑, 박애. **2** 경건한, 자비로운, 친절한. **3** 《구어》 인간다운, 버릇이 나쁘지 않은; 문명적인. ¶ a *Christian* weapon 《드물게》 문명의 이기 / a *Christian* diet 인간에 어울리는 (제대로 차려진) 식사. **4** 〖동물이〗 아닌〗 간의.

Young Men's (*Women's*) *Christian Association* 기독교 청년 (여자 청년) 회 〖略 Y.M.(W.)C.A.〗.

— *n.* **1** 기독교도(人), 그리스도교; 기독교도 사람. **2** 《구어》 품위 (교양) 있는 사람. **3** 《방언》 〖동물에 대하여〗 인간. **4** Bunyan 작 *Pilgrim's Progress*(1678)의 주인공.

make a Christian out of a person 《美속어》 남에게 〖억지로〗 마음먹은 대로의 행동 (태도)을 취하게 하다.

◇ *Christ, Christianity* n. *Chrístianize* v.

Chrístian búrial *n.* 교회장(教會葬).

Chrístian Démocràts *n. pl.* 기독교 민주당〖유럽 여러 나라의 가톨릭교적 정당〗〖원〗.

Chrístian Éra *n.* (the ~) 서력 기원, 서기〖그리스도가 탄생된 것으로 추정되는 해부터 기산하는 기원〗.

Chris·ti·a·ni·a [krìstiǽniə] *n.* **1** 노르웨이의 수도 Oslo 의 옛 이름. **2** 〖스키〗 크리스차니아 회전법 (Christy, Christie).

Chris·tian·ism [krístʃ(ə)nìzm / -tjən-, -tʃ(ə)n-] *n.* 기독교, 신앙.

***Chris·ti·an·i·ty** [krìstʃiǽniti / -tiǽn-] *n.* (*pl.* **-ties**) **1** ⓤ 기독교; 기독교 신앙(신조·교리); 기독교적 성격 (정신). **2** 기독교 교파, 기독교도임. **3** 《집합적》 기독교도(Christendom). ◇ *Chrístian adj.*

Chris·tian·i·za·tion [krìstʃ(ə)nizéiʃ(ə)n / -tjənaiz-, -tjən-] *n.* ⓤ 기독교화, 기독교도의 귀의.

Chris·tian·ize [krístʃ(ə)nàiz/-tjən-, -tʃ(ə)n-] *vt.* (**-ized, -iz·ing**) 〖남·국민〗에게 기독교를 믿게 하다, ···을 기독교도로 만들다; 기독교식으로 개종시키다. — *vi.* 기독교도가 되다.

Chris·tian·like [krístʃ(ə)nlàik / -tjən-, -tʃ(ə)n-] *adj.* 기독교도다운, 기독교도에 어울리는.

Chris·tian·ly [krístʃ(ə)nli / -tjən-, -tʃ(ə)n-] *adj.* = Christianlike. — *adv.* 기독교도답게, 기독교 신자에 걸맞게.

‡**Chrístian náme** *n.* 〖성(姓)에 대해 세례 때 받는〗 이름, 세례명(baptismal name). *cf.* family name, surname

주의 Christian name, first name, given name, family name, surname 에 대하여 — John Milton 이면 Milton 이 「성」(family name, surname)이고 John 이 「이름」이다. 또 John Stuart Mill 의 경우, John 을 first name, Stuart 를 middle name, Mill 을 last name 이라고 하는 수도 있다. 기독교도의 가정에서는 아이가 태어나면 등록소(registry)에서 호적에 올리고, 그 몇 주일 후에 교회에서 세례식 때 명명(christening)을 한다. 그때 아이에게 주어지는 이름이 세례명 (Christian name)인데, 대개는 성서에 나오는 인명이나 일가 친척의 이름을 따서 지어진다. 그러나 비기독교도의 「이름」은 세례명이 아니므로 first name 또는 given name 쪽이 일반적이다. 그리고 부자 또는 형제가 동명인 경우는 이름 끝에 Sr.(=senior)나 Jr.(= junior)를 붙여서 구별한다. 예: John Smith, Sr.
Chrístian Scíence n. ⓤ 크리스찬 사이언스[1866년 미국 여성 Mary Baker Eddy에 의해서 창시된 종교로서, 심신의 만병은 그리스도의 가르침의 체득과 신앙에 의해서 고쳐진다고 설파하고, 의약을 쓰지 않고 정신적·영적 치료를 베푼다].
Chrístian Scíence Mónitor n. (the ~) 미국 보스턴에서 발행되는 중립계 고급 석간지[1908년 창간].
Chrístian Scíentist n. 크리스찬 사이언스 신자.
Chrístian Sócialism n. ⓤ 기독교 사회주의.
Chris·tie [krísti] n. =Christiania 2.
Chris·tie's [krísti:z] n. 런던의 미술품 경매상.
Christ·less [kráistlis] adj. **1** 기독교 정신에 위배되는, **2** 기독교를 믿지 않는, 비기독교적인.
Christ·like [kráistlàik] adj. [마음씀·행실 따위가] 그리스도와 같은.
Christ·ly [kráistli] adj. 그리스도의, 그리스도다운; 그리스도와 같은(Christlike). **-li·ness** n.
‡**Christ·mas** [krísməs] n. (보통 무관사 단수) 크리스마스, 그리스도 강탄제, 성탄절[12월 25일]. cf. Xmas ¶ a Christmas book 크리스마스 때 합당한 책 / the Christmas holidays (or vacation) 크리스마스 휴가 / a Christmas number [잡지 따위의] 크리스마스 특집호 / A Merry Christmas! 성탄절을 축하합니다!, 메리 크리스마스!
Chrístmas bóx n. (英) 크리스마스 선물[평소의 봉사에 보답하기 위해 Boxing Day에 고용인이나 우편집배원에게 준다]. cf. Boxing Day
Chrístmas cárd n. 크리스마스 카드.
Chrístmas cárol n. **1** 크리스마스 축가(祝歌). **2** (A C- C-) Charles Dickens 작의 이야기(1843).
Chrístmas clúb n. [크리스마스 때 쓰기 위해] 회원이 정기적으로 예금하는 은행 구좌.
Chrístmas Dáy n. (보통 무관사 단수) 성탄절, 크리스마스 축제일[12월 25일].
Chrístmas Éve n. (보통 무관사 단수) 크리스마스 전야[12월 24일].
Chrístmas gíft n. 크리스마스 선물.
Chrístmas hólidays n. pl. (the ~) 크리스마스 휴가; [각급 학교의] 겨울 방학.
Chrístmas púdding n. (英) 크리스마스에 먹는 프럼푸딩.
Chrístmas róse n. 성탄꽃, 크리스마스 로즈[크리스마스 무렵 청백색 꽃이 피는 미나리아재비과의 식물].
Chrístmas séal n. [결핵 퇴치 기금을 위한] 크리스마스 실.
Chrístmas stócking n. 산타 클로스의 선물을 받기 위해 침대 따위에 걸어놓는 양말.
Christ·mas·sy [krísməsi] adj. (구어) 크리스마스다운, 크리스마스 기분의.
Christ·mas·tide [krísməstàid] n. (보통 무관사 단수) 크리스마스 계절[Christmas Eve(12월 24일)부터 Epiphany(1월 6일)까지].
Chrístmas trée n. **1** 크리스마스 트리[전나무 따위의 상록수를 쓴다]. **2** [볼링] 크리스마스 트리[3·7·10 또는 2·7·10의 스플릿].
Christo- Christ의 뜻의 연결형. 예: Christology.
Chris·tol·o·gy [kristáləd3i /-tɔ́l-] n. (pl. **-gies**) ⓤ [신학의 한 분야인] 그리스도론. **2** [에] 그리스도에 관한 학설, 그리스도 연구.
Chris·toph·a·ny [kristáfəni /-tɔ́f-] n. ⓤ [부활 후의] 그리스도의 출현, 그리스도의 재현.
Chríst's Hóspital n. 영국의 public school [원래는 Edward 6세가 1553년 London에 설립한 고아를 위한 병원; 뒤에 학교가 되었고, 흔히 제복의 색에 따라 Bluecoat School로 알려졌다. 1902년에 Sussex의 Horsham으로 이전].

Chríst's-thorn [kráistsθɔ̀ːrn] n. 갯대추나무[그리스도의 가시관(冠)에 사용되었다고 하는 유럽 남부산의 가시가 돋친 관목.
Chrísty mínstrels [krísti-] n. 크리스티 악단[얼굴을 검게 칠하고 흑인 노래를 부르는 순회 악단].
chrom- ⇒ CHROMO-.
chro·ma [króumə] n. ⓤ 색의 순도(純度), 색도; 색의 선명도, 채도(彩度).
chromat- ⇒ CHROMATO-.
chro·mate [króumeit /-mit, -meit] n. [화학] 크롬산염(酸鹽). ¶ potassium (lead) chromate 크롬산칼리(연).
chro·mat·ic [kro(u)mǽtik] adj. **1** 색(색채)의, 색채가 있는, 색채에 관한. ¶ chromatic polarization 색편광(色偏光) / chromatic printing 색도 인쇄 / chromatic sensation 색채 감각. **2** [음악] 변위음(變位音)의, 반음계(半音階)의. ¶ a chromatic chord 반음계의 화음. **-i·cal·ly** [-ikəli] adv. 채색을 하여; 반음계적으로.
chromátic àberràtion n. ⓤ [광學] 색수차(색수차) [초점거리 또는 배율이 빛의 파장에 따라 다르기 때문에 상(像)의 가장자리가 채색되어 보이는 현상].
chro·mat·i·cism [kro(u)mǽtisìz(ə)m] n. ⓤ [음악] 반음계[사용]; 반음계가 많은 곡의 형식.
chro·mat·ic·i·ty [kròumætísiti] n. ⓤ [광學] 색도.
chro·mat·ics [kro(u)mǽtiks] n. pl. (단수 취급) 색채학(chromatology).
chromátic scále n. [음악] 반음계.
chromátic sígn n. [음악] 임시표, 반음 기호[올림표, 내림표, 제자리표 따위] (accidental).
chro·ma·tid [króumətid] n. [유전] [세포 분열에 앞서 염색체가 종렬(縱裂) 2분된] 염색 분체(分體).
chro·ma·tin [króumətin] n. ⓤ [생물] [염색체의] 염색질, 크로마틴. ¶ chromatin granule 염색질 입자.
chro·ma·tism [króumətìz(ə)m] n. ⓤ **1** [식물의 녹색 부분의] 이상 변색. **2** [光學] =chromatic aberration.
chro·ma·tist [króumətist] n. 색채학자.
chromato- color, chromatin의 뜻의 연결형(* 모음 앞에서는 chromat-을 쓴다. 예: chromatograph, chromatophore.
chro·ma·to·graph [króumətəgrǽf /-grà:f] vt. [화학] …을 색층 분석(色層分析)하다.
chro·ma·tog·ra·phy [kròumətágrəfi /-tɔ́g-] n. ⓤ [화학] 색층(色層) 분석, 크로마토그래피.
chro·ma·tol·o·gy [kròumətáləd3i /-tɔ́l-] n. ⓤ **1** = chromatics. **2** 색채론.
chro·ma·to·phore [króumətəfɔ̀ːr /-fɔ̀:] n. **1** [동물] 색소 세포, 색소체. **2** [식물] [식물 세포내의] 유색체, 색소체.
chro·ma·to·scope [króumətəskòup] n. 크로마토스코프[여러 색의 광선을 하나의 혼합색으로 합성하는 장치].
chro·ma·trope [króumətròup] n. [환등의] 회전 채.
chro·ma·type [króumətàip] n. ⓤⓒ 크롬지(紙) 사진[법], 컬러 사진.
chrome [kroum] n. ⓤ **1** 크롬 (chromium). **2** 크롬 옐로, 황연(黃鉛) (chrome yellow); 황색 그림 물감. **3** (구어) 자동차에서 크롬 도금. — vt. (**chromed, chrom·ing**) **1** [염색] …을 크롬 염료로 염색하다. **2** …에 크롬 도금을 하다.
-chrome colored thing, coloring matter의 뜻의 연결형. 예: monochrome, polychrome.
chróme gréen n. ⓤ 크롬 녹색[녹색 안료의 하나].
chróme réd n. ⓤ 크롬 빨강[적색 안료의 하나].
chróme stéel n. ⓤ 크롬강(鋼).
chróme yéllow n. ⓤ 연황(鉛黃) [황색 안료의 하나].
chro·mic [króumik] adj. [화학] 3가(價)의 크롬을 함유한, 제2크롬의. cf. chromous ¶ chromic acid 크롬산.

chro·mite [króumait] n. 1 〖화학〗 아(亞)크롬산 염. 2 ⓤ 크롬 철광.

chro·mi·um [króumiəm / ·mjəm, ·miəm] n. ⓤ 〖화학〗 크롬, 크로뮴〖광택 있는 단단한 금속 원소; 원자 기호 Cr〗.

chrómium stéel n. =chrome steel.

chro·mo [króumou] n. (pl. **-mos**) = chromolithograph.

chromo- (＊ 모음 앞에서는 chrom-을 쓴다) 1 color 의 뜻의 연결형. 예: *chromo*gen, *chrom*atic. 2 〖화학〗 a) chromium(크롬)의 뜻의 연결형. b) 유색 화합물을 그 무색 등위체(等位體)와 구별하기 위한 연결형.

chro·mo·gen [króuməd3ən] n. 〖화학〗 색원체(色原體).

chro·mo·graph [króuməgræf/-grà:f] n. 젤라틴 등 사판, 곤약판(菎蒻版). ── vt. …을 젤라틴 등사판으로 복사하다.

chro·mo·lith·o·graph [króumo(u)líθo(u)græf / -grà:f] n. 착색 석판 인쇄[의 그림].

chro·mo·li·thog·ra·pher [króumo(u)liθágrəfər / -θ5g-] n. 착색 석판 인쇄자.

chro·mo·lith·o·graph·ic [króumo(u)líθəgræfik] adj. 착색 석판[술]의.

chro·mo·li·thog·ra·phy [króumo(u)liθágrəfi / -θ5g-] n. ⓤ 착색 석판술.

chro·mo·pho·to·graph [króumo(u)fóutəgræf / -grà:f] n. 《페어》〖사진〗 컬러(원색) 사진.

chro·mo·so·mal [kròuməsóum(ə)l] adj. 염색체의.

chro·mo·some [króuməsòum] n. 〖유전〗 염색체.

chro·mo·sphere [króuməsfìər] n. 〖천문〗 **1** 채층(彩層)〖태양 광구(光球)의 바로 바깥쪽에 있는 백열의 가스층〗. **2** 〖일반적으로〗 천체 바깥쪽을 싸고 있는 가스체.

chro·mo·type [króumətàip] n. 착색 석판 인쇄; 착색 사진.

chro·mous [króuməs] adj. 〖화학〗 3가(價)의 크롬을 함유한, 아(亞)크롬산의. *cf.* chromic

chron- ⇨ CHRONO-.

chron. (略) chronological, chronology.

Chron. (略) 〖성서〗 Chronicles.

***chron·ic** [kránik / krɔ́n-] adj. **1** 상습적인, 오래 끄는, 고질적인. ¶ a *chronic* drinker 상습적인 술꾼. **2** 장기간에 걸친, 만성적인. ¶ a *chronic* inflation 장기간에 걸친 인플레. **3** 만성병 (숙환)을 앓는, 지병이 있는. ¶ a *chronic* case 만성병 환자. **4** 〖병이〗 만성인, 고질적인. *opp.* acute ¶ a *chronic* disease 만성병 **5** 《英 속어》 고약한, 지독한(severe).

chron·i·cal [kránik(ə)l / krɔ́n-] adj. =chronic.

chron·i·cal·ly [kránikəli / krɔ́n-] adv. 상습적으로, 만성적으로, 장기간에 걸쳐서.

***chron·i·cle** [kránikl / krɔ́n-] n. **1** 연대기(年代記), 편년사(編年史); 역사책; 기록; 이야기(narrative). **2** (the C-) 〖신문명으로서〗 …신문. ¶ The News *Chronicle* 뉴스 크로니클(紙) [London 에서 발행되는 영국 우 유800 신문].

the [*Books of*] *Chronicles* 역대〖구약 성서 중의 제 13·14권을 말한다〗〖略 Chron.〗.

── vt. (-cled, -cling) …을 연대기에 싣다, 연대순으로 기록하다.

chronicle small beer ⇨ SMALL BEER.

chrónicle pláy (hístory) n. 사극〖사실(史實)을 자유롭게 다룬 엘리자베스 1세 시대의 극; Shakespeare 의 *Richard III, Henry V* 등〗.

chron·i·cler [kránikl*ər* / krɔ́n-] n. 연대기 작자, 편사(編史)가, 연대기 작자.

chrono- time 의 뜻의 연결형 (＊ 모음 앞에서는 chron- 을 쓴다). 예: *chrono*meter.

chron·o·gram [kráno(u)græm / krɔ́n-] n. **1** 연대 표시명(銘) 〖문장 중의 대형 로마자를 숫자로 하여 합하면, 연대(年代)를 표시하게 되어 있는 명(銘) 또는 기록〗. **2** 크로노그래프에 의한 기록.

chron·o·graph [kráno(u)græf / króno(u)grà:f] n. 〖물리〗 **1** 기초(記秒) 장치, 크로노그래프〖시간의 경과를 도형으로 기록하는 장치〗. **2** 극미 측시기(極微測時機), 스톱 워치.

chro·nol·o·ger [krənálədʒər / -nɔ́l-] n. =chronologist.

chron·o·log·ic [krànəládʒik / krɔ̀nəlɔ́dʒ-] adj. = **chron·o·log·i·cal** [krànəládʒik / krɔ̀nəlɔ́dʒ-] adj. 연대순의, 연대학적인. ¶ a *chronological period* 연대 / a *chronological table* 연표 / *chronological age* 생활 연령. **~·ly** [-kəli] adv.

chro·nol·o·gist [krənálədʒist / -nɔ́l-] n. 연대학자, 연표학자, 편년사가(編年史家).

chro·nol·o·gize [krənálədʒàiz / -nɔ́l-] vt. (-gized, -giz·ing) …을 연대순으로 배열하다.

chro·nol·o·gy [krənálədʒi / -nɔ́l-] n. (*pl.* **-gies**) **1** ⓤ 연대의 전후 관계. **2** ⓤ 연대학. **3** 연대기; 연표.

chro·nom·e·ter [krənámitər / -nɔ́m-] n. 크로노미터〖경도(經度) 측정 위에 사용되는 정밀한 시계〗;〖일반적으로〗 정밀한 시계.

chron·o·met·ric [krànəmétrik / krɔ̀n-], **-ri·cal** [-rik(ə)l] adj. 크로노미터의(에 관한); 크로노미터로 측정한. **-ri·cal·ly** [-rikəli] adv.

chro·nom·e·try [krənámitri / -nɔ́m-] n. ⓤ 시간 측정(법).

chron·o·pher [kránəfər / krɔ́n-] n. 시보기(時報機).

chron·o·scope [kránəskòup / krɔ́n-] n. 크로노스코프〖빛·발사체 따위의 속도를 재는 초시계〗; 〖일반적으로〗 정밀한 시계.

-chronous of time, of period 의 뜻의 연결형. 예: iso*chronous*, syn*chronous*.

chrys- ⇨ CHRYSO-.

chrys·a·lid [krísəlid] n. =chrysalis. ── adj. **1** 번데기의, 번데기에 관한. **2** 준비기의.

chrys·a·lis [krísəlis] n. (*pl.* **-lis·es** or **chry·sal·i·des** [krisǽlidì:z]) **1** 〖곤충〗 번데기; 번데기의 집. **2** 준비(과도(過渡))의 단계(시기).

***chrys·an·the·mum** [krisǽnθ(ə)məm] n. 국화〖꽃〗. [Homer 작 *Iliad* 중의 인물로서 아폴로의 사제 Chryses 의 아름다운 딸; 트로이 전쟁(Trojan War) 때 그리스군의 포로가 되어 Agamemnon 과 Achilles 의 불화의 원인이 되었다].

Chry·se·is [kraisí:is] n. 〖그리스 신화〗 크리세이스

chrys·el·e·phan·tine [krìsələfǽntin, -tain / -tain] adj. 〖고대 그리스 조각에서〗 금과 상아를 입힌.

chryso- gold, golden, yellow 의 뜻의 연결형 (＊ 모음 앞에서는 chrys-를 쓴다). 예: *chryso*lite, *chryso*beryl.

chrys·o·ber·yl [krísou(ə)bèril] n. ⓤ 〖광물〗 금록석(金綠石), 크리소베릴〖보석으로 쓴다〗.

chrys·o·lite [krísə)làit] n. ⓤ 〖광물〗 감람석(橄欖石), 크리솔라이트(olivine) 〖황색 또는 녹색이며 투명〗.

chrys·o·prase [krísou(ə)prèiz] n. ⓤ 〖광물〗 녹옥수(綠玉髓), 크리소프레이스.

chrys·o·tile [krísətìl] n. 〖광물〗 온석면(溫石綿).

chs. (略) chapters.

chub [tʃʌb] n. (*pl.* **chub** or **chubs**) 황어 무리의 민물 고기.

chub·by [tʃʌ́bi] adj. (**-bi·er, -bi·est**) 토실토실 살찐, 땅딸막한(stumpy); 둥근 얼굴의, 포동포동한, 오동통한. ⇨ FAT 類語 ¶ a *chubby* face 포동포동한 얼굴. **-bi·ness** n.

***chuck**[1] [tʃʌk] vt. **1** 〖턱 밑 따위를〗 가볍게 치다. **2** 〖…을/가까이에〗 휙 던지다, 팽개치다. ¶ (~＋⦿＋⧾) *chuck away* rubbish 쓰레기를 버리다 / *chuck* money *about* us 〖英속어〗 《회장(會場)》·방 따위에서》 〖남〗을 내쫓다, 몰아내다(...*out*). ¶ Why don't you *chuck* him? 그를 해고하는 것이 어때? // (~＋⦿＋⧾) The teacher *chucked out* the students who were chattering loudly. 그 선생님은 큰소리로 잡담하고 있는 학생들을 쫓아냈다. **4** 〖의안(議案) 따위〗

chuck 437 **church**

를 부결하다;《구어》…을 내던지다, 포기하다, 중지하다, 그만두다. ¶ (~+国+副) chuck up one's job 싫증이 나서 일을 팽개치다 / chuck up something 어떤 일을 그만두다.

chuck away ① 버리다. — *vt.* ② 낭비하다. ¶ chuck away a lot of money 큰 돈을 낭비하다. ③ 〔기회〕를 놓치다.

chuck it 《英구어》〔지금 하고 있는 일을〕그만두다, 중지하다. ¶ If you don't chuck it, I'll call the police. 그만두지 않으면 경찰을 부르겠다.

chuck over《구어》갑자기 교제를 끊다, 협력 관계를 정지하다.

chuck up《구어》그만두다, 단념하다. — *vt.* 4.

chuck (or **throw**) **up the sponge** ⇒ SPONGE.

— *n.* **1** 애무, 가볍게 두드림(쓰다듬음). **2**〔특히 英〕던져올리기, 휙 내던지기.

get the chuck 해고되다. ¶ The man, who had stolen a car, got the chuck. 그 사나이는 차를 훔쳤다가 해고되었다.

give a person **the chuck**《속어》① 남을 갑자기 해고하다. ② 남과 느닷없이 관계를 끊다.

chuck² [tʃʌk] *n.* **1** 목정〔소의 목덜미 고기〕. ⇒ BEEF 그림. **2** 〔쐐기 또는 꺾쇠로 사용하는〕통나무. **3** 〔기계〕〔선반 따위의〕물림쇠, 척. **4**《美서부 속어》음식, 식품.
— *vt.* 〔기계〕…을 척에 걸다, 척으로 고정시키다.

chuck³ [tʃʌk] *vi.* 〔닭 따위가〕꼬꼬 하고 울다(cluck).
— *n.* **1** 〔닭을 부르는〕구구 하는 소리, 〔말을 격려하는〕끌끌 하는 소리. **2**〔고어〕당신, 자네, 너〔부부 사이 또는 부모 자식 사이에서 쓰는 애칭〕.

chuck-a-luck [tʃʌkəlʌk] *n.* ⓤ《美》주사위 놀이의 일종.

chuck·er-out [tʃʌkərɑ̀ut] *n.* (*pl.* **chuck·ers-**)《英속어》〔극장·음식점 등의〕경비원, 문지기(bouncer).

chuck-far·thing [tʃʌkfɑ̀ːrðiŋ] *n.* 돈치기 놀이〔땅구멍에 돈을 던져, 들어간 것을 차지하는 어린이 놀이〕.

chuck-full [tʃʌkfúl] *adj.* =chuck·full.

chuck-hole [tʃʌkhòul] *n.* 길의 움푹한 곳.

‡**chuck·le** [tʃʌkl] *vi.* (**chuck·led, chuck·ling**) **1** 낄낄 웃다, 〔만족스럽게〕싱긋이 웃다, 혼자서 웃다, 혼자서 재미있어 하다. ⇒ LAUGH 類語 ¶ He chuckled because she was nodding. 그녀가 꾸벅꾸벅 졸고 있는 것을 보고 그는 낄낄 웃었다 // (~+副+名) He must be chuckling to himself at his success. 그는 자신의 성공을 생각하고 만족스럽게 싱글벙글하고 있을 것이다//(~+圖) **chuckle out** 낄낄거리며 말을 하다. **2** 〔닭이〕꼬꼬 울다 (cluck). — *n.* **1** 낄낄 웃음, 〔만족스러운〕싱긋 웃음. **2** 〔암탉이 병아리를 부를 때의〕꼬꼬 하는 소리.

chuck·le·head [tʃʌklhèd] *n.* 《구어》바보, 멍청이.

chuck·le·head·ed [tʃʌklhèdid] *adj.* 멍청한.

chúck wàgon *n.*《美서부》취사용 마차〔목동이나 나무꾼의 식량과 취사 용구 따위를 비치한 것〕.

chud·dar, -der [tʃʌ́dər] *n.* 숄(머리쓰개)의 일종〔북부 인도 여인이 사용하는 모직물〕.

chuff¹ [tʃʌf] *n.* (*pl.* **chuffs**) 시골뜨기; 아비한 사람; 구두쇠. — *vt.* 《英속어》…을 힘나게 하다, 기쁘게 하다 (…up).

chuff² [tʃʌf] *n.* 증기 기관〔차〕의 느릿느릿한 배기음; 식식 하는 소리(chug). — *vi.* 식식 소리를 내다.

chuff·y [tʃʌfi] *adj.* (**chuff·i·er, chuff·i·est**) 촌스러운, 교양없는; 무뚝뚝한; 인색한.

chug [tʃʌg] *n.* 〔기관차 따위의〕칙칙폭폭 소리; 퉁(첨벙) 하는 소리, 一 *vi.* (**chugged, chug·ging**) 폭폭 소리를 내다. ¶ The train chugged along. 기차가 폭폭 소리를 내며 지나갔다.

chug·a·lug [tʃʌ́gəlʌ̀g] *vt., vi.* (**-lugged, -lug·ging**)《美속어》〔술을〕단숨에 쭉 들이켜다.

chuk·ker, -kar [tʃʌ́kər], **-ka** [tʃʌ́kə] *n.* 〔폴로에서〕한 시합 중의 1회.

*****chum**¹ [tʃʌm] *n.* **1** 친구, 벗, 옛친구. ⇒ FRIEND 類語 ¶ boyhood chums 죽마고우 / a new chum 《濠》새로 온 이민 / They became chums with each other in a week. 그들은 일주일 사이에 서로 친해졌다. **2** 〔대학 따위에서〕 같은 방 친구. ¶ the chums in college 대학에서의 같은 방 친구.
— *vi.* (**chummed, chum·ming**) **1** 친하게 사귀다 (up …). ¶ They chummed up with each other. 그들은 서로 친해졌다. **2** 〔남과〕방을 같이 쓰다.
◇ chúmmy¹ *adj.*

chum² [tʃʌm] *n.* ⓤ 밑밥. — *vi., vt.* 밑밥을 주어 물고기를〔모아〕낚다.

chum·mage [tʃʌ́midʒ] *n.* ⓤ **1** 합숙, 동숙. **2** 방값.

chum·mer·y [tʃʌ́məri] *n.* (*pl.* **-mer·ies**) 동숙소(同宿所).

chum·my¹ [tʃʌ́mi] *adj.* (**-mi·er, -mi·est**)《구어》사이좋은, 친한(with…), 붙임성 좋은, 상냥한. **-mi·ly** *adv.* **-mi·ness** *n.* 〔소부의 조수.

chum·my² [tʃʌ́mi] *n.* (*pl.* **-mies**)《英속어》굴뚝 청

chump [tʃʌmp] *n.* **1**《구어》바보, 멍청이, 얼간이. **2** 굵고 짧은 나무 토막. **3** 〔막대 따위의〕굵은 쪽의 끝.

off one's **chump**《英속어》머리가 돌아서; 열광하여; 미치어. ¶ go off one's chump 열광하다, 미치다.

chunk [tʃʌŋk] *n.* **1** 〔빵·치즈·목재 따위의〕큰 덩어리, 두꺼운 조각. ¶ a chunk of cheese (meat) 치즈(고기)의 큰 덩어리. **2** 〔구어〕다부지게 생긴 사람, 딱 벌어진 사람. **3** 억센 동물, 〔특히〕억센 말. **4** 상당한 양, 다량. ¶ have a chunk of money 꽤 많은 돈을 갖고 있다.

extinguish a person's **chunk**《美속어》남을 죽이다.

chunk·y [tʃʌ́ŋki] *adj.* (**chunk·i·er, chunk·i·est**) 땅딸막한, 다부지게 생긴, **chunk·i·ly** *adv.* **chunk·i·ness** *n.*

chun·nel [tʃʌ́n(ə)l] *n.* 〔철도용〕해저 터널; (the C-) 〔영국과 프랑스를 연결하는〕영국 해협 횡단 해저 터널. [<CH〔ANNEL〕+〔T〕UNNEL〕

‡**church** [tʃəːrtʃ] *n.* **1** 〔기독교의〕교회〔당〕, 성당;《英》영국 국교회의 교회당. *cf.* chapel

2 ⓤⓒ 〔교회의〕예배〔집회〕. ¶ **between** churches 〔드물게〕예배 사이에 / after church 예배〔식〕후에 / **go** to church 예배보러 가다 / attend church regularly 빠짐없이 교회에 나가다 / She was at (or in) church this morning. 그녀는 오늘 아침 예배에 참석했다.

3 (the ~) 〔집합적〕기독교도.

4 (the C-) 〔독립된 교단을 이루는 교파를 뜻하는〕교회. ¶ the Church of England; the English Church; the Anglican Church 영국 교회 / the Church of Scotland 스코틀랜드 교회 / the Presbyterian Church 장로 교회 / the Eastern Church 동방 교회〔그리스 정교회〕 / the Western Church 서방 교회〔로마 가톨릭 교회〕 / the Established Church; the State Church 국교〔영국에서는 영국 국교회〕 / the Church Army 영국교회의 구세군.

5 (the ~) 〔도시·국가·국민의〕전체 기독교도 또는 각 교회의 신도.

6 (the ~)〔특정한 기독교회의〕회중(會衆).

7 〔국가에 대한 종교적 조직 또는 권력으로서의〕교회, 교권. ¶ separation of church and state 정교분리.

8 (the ~) 교회의 교직, 교역(敎役). ¶ **go into** the church 성직에 취임하다 / He entered the church after his hard study of twelve years. 그는 12년에 걸친 수련 끝에 성직에 취임했다.

9 〔기독교의 교회당〕당.

10 (the C-) 〔기독교 이외의〕종교 조직(회중). ¶ the Jewish Church 유대교회〔당〕.

〔as〕 poor as a church mouse ⇒ MOUSE.

be asked in church 교회에서 결혼식의 예고를 하다 〔반대자의 신청을 접수한다〕.

talk church ① 종교를 논하다. ②《속어》재미없는 이

— *adj.* 교회의, 예배의. ¶ *church* affairs 교회의 사무(일) / a *church* bell 교회의 종 / *church* living 성직록(祿) / a *church* member 교회원 / *church* music 교회 음악 / *church* service 예배; 기도서(service book) / a *church* social 교회의 친목회 / *church* time 예배 시간. — *vt.* 1 〖감사 등 특별한 예배를 위해〗 …을 교회에 데리고 가다; 〖순산한 여인〗에 대해 감사 기도를 올리다. ¶ The mother was *churched* and her baby was christened on the same day. 어머니는 교회에서 산후의 감사 기도를 받았고 갓난 아이는 그날 세례를 받았다. 2 〖美 남부〗…을 교회 규칙에 따르게 하다.

Chúrch Commíssioners *n.* 《英》국교 재무 위원회.

church-go-er [tʃə́:rtʃgòuər] *n.* 1 늘 교회에 다니는 사람, 교회 참석을 게을리하지 않는 사람. 2 《주로 英》 영국 국교회원. *cf.* Nonconformist

church-go-ing [tʃə́:rtʃgòuiŋ] *adj.* 교회에 참석하는, 항상 교회에 다니는. — *n.* ⓤ 교회 다니기.

church-ing [tʃə́:rtʃiŋ] *n.* ⓤ 〖산후의 여인을 위한〗 순산 감사 예배.

chúrch invísible *n.* (the ~) 〖신학〗 보이지 않는 교회〖시간과 공간을 초월한 전체 기독교인의 공동체〗. *cf.* church visible

church-ism [tʃə́:rtʃiz(ə)m] *n.* ⓤ 1 〖극단적인〗 교회 신봉 정신. 2 〖영국의〗 국교주의.

chúrch kèy *n.* 〖끝이 삼각형인〗 맥주 깡통 따개〖교회의 뾰족탑과 비슷한 데서〗.

church-less [tʃə́:rtʃlis] *adj.* 1 교회 없는. 2 교회에 속하지 않는; 교회에 다니지 않는, 무종교의.

church-ly [tʃə́:rtʃli] *adj.* 교회의, 교회에 어울리는; 종교상의. **-li-ness** *n.*

church-man [tʃə́:rtʃmən] *n.* (*pl.* **-men** [-mən]) 1 성직자, 목사(clergyman) 2 〖교회의 열렬한〗 신자, 지지자. 3 《英》 영국 국교회 회원.

chúrch mílitant *n.* (the ~) 〖신학〗 싸우는 교회〖현세의 악과 싸우는 기독교도 전체를 말한다〗. *cf.* church triumphant

Chúrch of Chríst, Scíentist *n.* (the ~) Christian Science 의 정식 명칭.

chúrch ràte *n.* 〖영국・아일랜드에서 옛날에 교구민의 가옥이나 토지에 할당하여 징수하던〗 교회 유지세.

chúrch régister *n.* 〖교구민의 세례・결혼 따위를 기록한〗 교회 기록부.

church-scot [tʃə́:rtʃskàt / -skɔ̀t], **-shot** [-ʃàt / -ʃɔ̀t] *n.* ⓤ 옛날 교구민이 목사에게 납부하던 연보금의 일종 〖목사 생활비〗.

chúrch sérvice *n.* 예배; 영국 국교의 기도서.

chúrch tèxt *n.* ⓤ 〖인쇄〗 고딕 활자체의 일종.

chúrch triúmphant *n.* (the ~) 〖신학〗 개선〖凱旋〗교회〖현세에서 악마의 싸움에서 이겨 승천한 기독교도 전체를 말한다〗. *cf.* church militant

chúrch vísible *n.* (the ~) 〖신학〗 보이는 교회〖시간과 공간 속에 있는 전체 기독교인의 공동체〗. *cf.* church invisible

church-ward-en [tʃə́:rtʃwɔ̀:rdn] *n.* 1 교구 위원 〖영국 국교회・미국 감독 교회에서 회계 따위의 사무를 관장하는 교구 대표자〗. 2 《英》 긴 사기 담뱃대.

church-wom-an [tʃə́:rtʃwùmən] *n.* (*pl.* **-wom-en** [-wìmin]) 〖특히 영국 국교회의〗 여성 교회원(교인).

church-y [tʃə́:rtʃi] *adj.* (**church-i-er, church-i-est**) 1 교회 의식 따위를 엄하게 지키는. 2 국교적인, 국교를 지지하는.

*****church-yard** [tʃə́:rtʃjà:rd / -́-́] *n.* 교회의 경내; 교회의 부속 묘지. ¶ A *churchyard* cough 다 죽어가는 사람 같은 기침 / A green Christmas (or Yule) makes a fat *churchyard*. 《속담》 크리스마스에 눈이 오지 않으면 죽는 사람이 많다.

churl [tʃə:rl] *n.* 1 농부, 시골뜨기. 2 상스러운 사람, 성미 까다로운 사람. 3 구두쇠. 4 〖英역사〗최하층의 자유민.

churl-ish [tʃə́:rliʃ] *adj.* 1 시골뜨기의. 2 상스러운, 막된, 성미 까다로운. 3 인색한, 구두쇠의. 4 경작(처리)하기 어려운. **~ly** *adv.* **~ness** *n.*

churn [tʃə:rn] *n.* 1 〖버터 제조용의〗 교유기(攪乳器); 우유 비슷한 용기, 교유기. 2 《英》커다란〖우유용〗 깡통. — *vt.* 1 〖버터를 만들기 위해〗 …을 휘젓다. 2 〖크림을 휘저어서〗 〖버터〗를 만들다. ¶ *churn* butter 휘저어서 버터를 만들다. 3 〖일반적으로〗 …을 세게 휘젓다. — *vi.* 1 교유기를 돌리다. 2 〖액체가〗 세차게 움직이다; 〖파도 따위가〗 기슭을 때렸다가 밀려가다, 소란하게 움직이다. ¶ leaves *churning* in the wind 바람에 소란하게 흔들리는 나뭇잎 / the roar of the *churning* water 소용돌이치는 거센 물소리. 3 동요하다.

churn out 대량 생산(발행)하다, 잇따라 내다.

chúrn dàsher (stàff) *n.* 우유 젓는 장치(막대기) (churner).

churn-er [tʃə́:rnər] *n.* 휘젓는 기구, 교반기.

churn-ing [tʃə́:rniŋ] *n.* ⓤ 1 교반(攪拌) (agitation), 교유(攪乳). 2 1회에 만들어내는 버터의 양.

churr [tʃə:r] *n.* 〖쏙독새(nightjar) 따위의〗 찍찍(쪽쪽) 우는 소리(chirr). — *vi.* 〖쏙독새가〗 찍찍(쪽쪽) 하고 울다.

chut [tʃʌt] *interj.* 체!, 쯧쯧!〖마뜩찮을 때 혀차는 소리〗.

chute[1] [ʃu:t] *n.* 1 활송(滑送) 장치〖물・곡식・석탄 따위를 높은 곳에서 낮은 곳으로 내려보내는 홈통・관 따위〗; 더스트 슈트. 2 〖toboggan 따위의〗 비탈진 활주로. 3 폭포; 급류, 여울. — *v.* (**chut-ed, chut-ing**) *vt.* …을 활송 장치로 떨어뜨리다. — *vi.* 활송 장치로 내려가다.

chute[2] [ʃu:t] *n.* 〖구어〗 낙하산(parachute).
— *v.* (**chut-ed, chut-ing**) *vi.* 낙하산으로 내리다. — *vt.* 〖비행기에서 낙하산으로〗 …을 떨어뜨리다.

chute-the-chute [ʃú:tðəʃú:t] *n.* 《美》 워터 슈트.

chute-troop-er [ʃú:ttrù:pər] *n.* 〖구어〗 낙하산병 (paratrooper).

chut-ist [ʃú:tist] *n.* 낙하산병(parachutist).

chut-ney [tʃʌ́tni], (**chut-nee**) *n.* 처트니〖과일・마늘・고추・생강 따위를 섞어 버무린 달고도 매운 인도 원산의 조미료〗.

chut-tie, -ty [tʃʌ́ti] *n.* (*pl.* **-ties**) 〖濠구어〗 껌.

chutz-pah, -pa [hútspə] *n.* 《美속어》 뻔뻔스러움.

Chu-vash [tʃu:vá:ʃ] *n.* (*pl.* **-vash-es** or **-vash-i** [tʃu:vá:ʃi] or **-vash**) 터키어계의 불가리아인; ⓤ 그 말.

chy-la-ceous [kailéiʃəs] *adj.* 유미(乳糜)의, 유미 모양의.

chyle [kail] *n.* ⓤ 〖생리〗 유미(乳糜) 〖지방 때문에 우유처럼 부옇게 흐려진 소장내의 림프액〗.

chyme [kaim] *n.* ⓤ 〖생리〗 유미죽〖위의 소화 작용으로 먹은 음식이 변화한 부드러운 물질〗.

CI (略) China Airlines 의 국제 항공 약칭; Ivory Coast; certificate of insurance; 〖기상〗 comfort index (쾌적 지수; *cf.* DI).

C.I. (略) Channel Islands; Chief Inspector; Chief Instructor; Commonwealth Institute.

CIA, C.I.A. (略) Central Intelligence Agency (미국 중앙 정보국).

Cía. (略) 〖스페인〗 *compañia* (=company).

ciao [tʃau] *interj.* 〖이탈리아〗 안녕하세요; 잘 가(있어), 안녕, 그럼 또 만나.

ci-bo-ri-um [sibɔ́:riəm / -bɔ́-] *n.* (*pl.* **-ri-a** [-riə]) 1 〖제단 위의〗 닫집; 닫집 모양의 사당(shrine). 2 〖가톨릭〗 성합(聖盒) 〖미사용 성체 담는 그릇〗.

CIC (略) 〖군사〗 combat information center (전투 정보 지휘소).

C.I.C. 《略》 *C*ounter*i*ntelligence *C*orps(방첩 부대); *C*ommander *i*n *C*hief(최고 사령관).

ci·ca·da [sikéidə, -káː- / -káː-, -kéi-] *n.* (*pl.* **-das** *or* **-dae** [-diː]) 매미.　　　　　[(cicada)

ci·ca·la [siká:lə] *n.* (*pl.* **-las** *or* **-le** [-le]) 매미.

cic·a·trice [síkətris] *n.* (*pl.* **cic·a·tri·ces** [sìkətráisiːz, +美 sìkéitriːsiːz]) 〖의학·식물〗 =cicatrix.

cic·a·tri·cial [sìkətríʃəl] *adj.* 〖의학〗 흉터의, 상처 자국의; 〖식물〗 엽흔(葉痕)의.

cic·a·tri·cle [síkətrikl] *n.* **1** 〖생물〗 〖노른자의〗 배자(胚子). **2** 〖식물〗 = cicatrix 2.

cic·a·trix [síkətriks, +美 sikéi-] *n.* (*pl.* **-tri·ces** [sìkətráisiːz, +美 sìkéitriːsiːz]) **1** 〖의학〗 흉터, 상처 자국. **2** 〖식물〗 탈리흔(脫離痕) 〖씨가 떨어져나간 자국〗, 엽흔(葉痕) 〖잎이 떨어져 나간 자국〗.

cic·a·tri·za·tion [sìkətrizéiʃ(ə)n, -trai-] *n.* Ⓤ 흉터 (상처 자국)의 형성, 〖상처〗 아물어 붙음.

cic·a·trize [síkətraiz] (＊《英》에서는 **cic·a·trise** 로도 쓴다) *v.* (**-trized, -triz·ing**) ── *vt.* 〖상처〗에 자국이 생기게 하다, …을 고치다. ── *vi.* 흉터가 생기다, 아물다.　　　　　　　　　　　　　　　　　[류류(類).

cic·e·ly [sís(i)li] *n.* (*pl.* **-lies**) 〖미나리과(科)의〗 뱅도

cic·e·ro·ne [sìsəróuni, tʃìtʃə- / tʃìtʃə-, sìsə-] *n.* (*pl.* **-nes** *or* **It -ni** [-niː]) 〖명승 고적 등의〗 안내인, 가이드. [< It < L *Cicero*: *Cicero* 같은 웅변가라는 뜻〗

Cic·e·ro·ni·an [sìsəróuniən, -njən] *adj.* 키케로풍의; 키케로처럼] 웅변적인, 단아한, 운율적인. ── *n.* 키케로 연구자; 키케로 숭배자.

ci·cis·be·o [tʃìːtʃizbé(i)ou, +美 sisísbi(ː)òu / It tʃìtʃizbéːo] *n.* (*pl.* **-be·i** [-béiiː, +美 -biiː / It -béːi]) 〖이탈리아〗 〖특히 18세기 이탈리아의〗 유부녀의 공공연한 애인.

CICS *c*ustomer *i*nformation *c*ontrol *s*ystem(고객 정보 관리 시스템).

CICT 《略》 *C*ommission of *I*nternational *C*ommodity *T*rade〖유엔〗 국제 상품 무역 위원회).

Cid [sid] *n.* (The ~) 기독교 옹호를 위해 무어인과 싸운 스페인의 영웅 Ruy Díaz de Bivar(1040?-99)의 칭호 El Cid Campeador의 호칭〖Cid 는 수령·총통이란 뜻〗.

C.I.D. 《略》 *C*riminal *I*nvestigation *D*epartment [of *S*cotland *Y*ard] (〖영국 런던 경시청의〗 수사과).

-cidal killing, having power to kill 의 뜻의 연결형 (＊ -cide 의 형용사형). 예: homi*cidal*.

-cide killer, the act of killing 의 뜻의 연결형. 예: homi*cide*, sui*cide*.

*ci·der [sáidər] (＊《英》에서는 **cy·der** 로도 쓴다) *n.* Ⓤ (＊우리 나라에서 말하는 사이다는 소다수에 단맛을 가한 soda pop 이다) **1** 사과술, 사과 주스[음료 또는 사과주·식초 따위의 원료로-] (sweet cider). **2** 사과주 〖사과즙을 발효시켜서 만드는 알코올분 2-8％인 술〗 (hard cider) (＊ 발효시키지 않은 것을 sweet cider 라고 한다).

cíder cùp *n.* 사과주·리큐르·소다수를 섞어서 만든 달고 향긋한 청량 음료.　　　　　　　　[(water cider).

ci·der·kin [sáidərkin] *n.* Ⓤ 질이 좋지 않은 사과주

cíder prèss *n.* 사과짜는 기계〖사과주(cider) 제조 용〗.

cíder vínegar *n.* Ⓤ 사과즙 식초.　　　　　[용〗.

ci-de·vant [siːdəváɳ] *adj.* 〖프랑스〗 (=heretofore) 〖특히 공무원·공공 기관의 임직원에 관하여〗 이전의(former), 전의(late). ¶ a *ci-devant* official 전직 관리.

Cie. 《略》〖프랑스〗 *c*o*mpagnie* (=company).

C.I.E. 《略》《英》 *C*ompanion (Order) of the *I*ndian *E*mpire.

CIEC 《略》 *C*onference of *I*nternational *E*conomic *C*ooperation(국제 경제 협력 회의).

CIF, C.I.F., c.i.f. 《略》 *c*ost, *i*nsurance, and *f*reight (운임·보험료 포함 가격).

CIF & C 《略》 *c*ost, *i*nsurance, *f*reight and *c*ommission(운임·보험료 및 수수료 포함 가격).

cig [sig] *n.* 《구어》 = cigar, cigarette.

ci·ga·la [sigá:lə] *n.* = cicada.

‡ci·gar [sigáːr] *n.* 엽궐련, 여송연.

cig·a·rette [sìgərét, +美 ´--] , (cig·a·ret) *n.* 궐련, 담배. ¶ a pack of *cigarettes* 담배 한 갑.

cigarétte càse *n.* 담배 케이스.

cigarétte gìrl *n.* 〖레스토랑이나 나이트 클럽 따위에서〗 담배를 팔고 다니는 소녀.

cigarétte hòlder *n.* 궐련 물부리(＊ pipe는 살담배용).

cigarétte pàper *n.* Ⓤ 담배 마는 종이.

cigár hólder *n.* 엽궐련용 작은 물부리.

cig·a·ril·lo [sìgəríːlou] *n.* (*pl.* **-los**) 작은 엽궐련.

ci·gar-shaped [sigáːrʃèipt] *adj.* 궐련 모양의.

cigár stòre *n.* 담배 가게.　　　　　　　　　[(참모 총장).

C.I.G.S. 《略》《英》 *C*hief of *I*mperial *G*eneral *S*taff

C.I.I. 《略》 *C*hartered *I*nsurance *I*nstitute.

ci·lan·tro [silá:ntrou] *n.* 고수(coriander)의 잎〖향신·조미료·샐러드·수프용〗.

cil·i·a [sílíə] *n. pl.* (*sing.* **cilium**) **1** 속눈썹(eyelashes). **2** 〖동물〗 섬모(纖毛). **3** 〖식물〗 〖잎 따위의 털〗.

cil·i·ar·y [sílièri / -əri] *adj.* **1** 〖눈의〗 모양체(毛樣體) 의; 속눈썹의. **2** 〖동물〗 섬모의. ¶ *ciliary* movement 섬모 운동.

cil·i·ate [sílíit, -èit] *n.* 〖동물〗 섬모충류에 속하는 원생 동물〖짚신벌레·종벌레 따위〗. ── *adj.* **1** (= **cil·i·at·ed** [sílièitid]) 〖동·식물〗 섬모(솜털)를 가진. **2** 섬모충류의.

cil·i·a·tion [sìlíéiʃ(ə)n] *n.* 속눈썹(섬모)이 있음; 《집합적》 속눈썹, 섬모.

cil·ice [sílis] *n.* **1** 모직 의복; 〖예전에 수도사가 입던〗 마미다(馬尾緞) 샤쓰. **2** Ⓤ 〖말·낙타의 털로 짠〗 마미 단 천.

cil·i·um [sílíəm] *n.* *cilia* 의 단수형.

CIM 《略》 *C*omputer-*I*ntegrated *M*anufacturing(컴퓨터 조작 통합 생산).

Cim·me·ri·an [simíːriən / -míəri-] *adj.* **1** 〖그리스 신화〗 킴메르족의〖킴메르족은 Homer 의 시에서 안개와 어둠 속에서 산다고 읊어진 민족의 하나〗. **2** 몹시 어두운; 음침한. ¶ *Cimmerian* darkness 영원한 어둠.

C. in C., C-in-C 《略》 *C*ommander *in* *C*hief(최고 사령관).

cinch [sintʃ] 《美》 *n.* **1** 〖말의〗 안장 띠, 뱃대끈. **2** 《구어》 꽉 쥐기, 단단히 붙잡기. ¶ have a *cinch* on a bat 배트를 꽉 잡다. **3** 《속어》 확실한 일, 쉬운 일; 〖특히 스포츠에서〗 우승이 확실한 팀(선수), 우승 후보. ¶ That's a *cinch*. 그런 일은 누워 떡먹기이다 / She is a *cinch* to win the game. 그녀가 이기게 마련이다. ── *vt.* **1** 〖말〗에 뱃대끈을 매다; …을 바짝 죄다 (tighten). **2** 《속어》 …을 꽉 쥐다, 확보하다.

cínch bèlt *n.* 신치 벨트〖여성용의 폭이 넓은 벨트〗.

cin·cho·na [sinkóunə, +美 siɳ-, +美 sintʃóunə] *n.* 기나수(幾那樹); Ⓤ 기나피〖이것에서 키니네를 채취한다〗. 〖< 페루의 총독 부인 Chinchon 이 1638년에 열병 치료에 이것을 썼다〗　　　　　　　　　　　　　　　[(신코닌의.

cin·chon·ic [siɳkánik, sin- / siɳkɔ́n-] *adj.* 기나수의;

cin·cho·nine [síɳkənàin, sín-] *n.* Ⓤ 〖약〗 신코닌〖기나무 껍질 중에 키니네와 함께 함유된 알칼로이드〗; 키니네 대용품.

cin·cho·nism [síɳkənìz(ə)m, +美 sín-] *n.* Ⓤ 〖병리〗 기나 중독〖귀울림·두통·현기증 따위의 증상을 수반한다〗.

cin·cho·nize [síɳkənàiz, +美 sín-] (＊《英》에서는 **cin·cho·nise** 로도 쓴다) *vt.* (**-nized, -niz·ing**) …을 기나(키니네)로 치료하다.

Cin·cin·nat·i [sìnsinǽti] *n.* **1** 미국 Ohio 주의 도시. **2** 《속어》 〖볼링〗 신시내티〖8·10 편의 split〗.

CINCLANT [síɳklænt] 《略》〖美軍〗 *C*ommander-

in-Chief, Atlantic (대서양 최고 사령관).
CINCLANTFLT(略)《美軍》Commander-*in*-Chief, Atlantic Fleet(대서양 함대 사령관).
CINCPAC [síŋkpæk] (略)《美》Commander-*in*-Chief, Pacific (미 군 태평양 지구 총사령관).
CINCPACFLT(略)《美軍》Commander-*in*-Chief, Pacific Fleet(태평양 함대 사령관).
CINCSAC [síŋksæk] (略)《美》Commander-*in*-Chief, Strategic Air Command(전략 항공 군단 최고 사령관).
cinc·ture [síŋ(k)tʃər] *n.* **1** (고어·문어) 띠(belt, girdle). **2** 띠처럼 두르는 것; 테두리; 울. **3** 〔고대 건축의 원주의〕환대(環帶) 장식. ── *vt.* (-tured, -tur·ing) …에 띠를 두르다(죄다); …을 둘러싸다.
***cin·der** [síndər] *n.* **1** ⓤ 〔석탄·목재 따위의〕덜 탄 부스러기, 잉걸불, 뜬숯; (~s) 타고 남은 것, 재(ashes). ¶ burn (be burnt) to cinders (or a cinder) 새까맣게 태우다(타다). **2** 〔야금〕쇠똥, 광재(鑛滓)(slag). **3** (~s) 〔지질〕화산암신(岩礫)〔화산에서 분출된 슬래그 모양의 화산 모래 따위〕. ── *vt.* (고어)…을 태워서 재로 만들다.
cínder blòck *n.* 〔건축용의〕시멘트 블록.
***Cin·der·el·la** [sìndərélə] *n.* **1** 옛날 이야기의 여주인 공〔계모에게서 구박받고 있었지만 요정의 도움으로 왕궁의 무도회에 나가게 되고, 뒷날 왕비가 되었다〕. **2** 숨은 미인 처녀.
Cinderélla còmplex *n.* 〔심리〕신데렐라 콤플렉스 〔남성에 대한 여성의 잠재적인 의존 심리〕.
Cinderélla dànce *n.* 《英》자정에 끝나는 무도회. 〔<무도회에 참석한 Cinderella 가 요정의 말에 따라 12 시까지는 돌아가야만 했다는 이야기〕
cínder path (tràck) *n.* 석탄재를 깔아서 만든 작은 길, 또는 경주용 트랙.
cin·der·y [síndəri] *adj.* **1** 타다 남은 부스러기 같은, 뜬숯의, **2** 뜬숯이 많은, 뜬숯이 흩어져 있는.
cine- cinema의 뜻의 연결형. 예: cinecamera, Cinerama.
cin·e·aste [síniæst] *n.* 영화인, 영화 팬. 《<F》
cin·e·cam·er·a [sínəkæmərə, -- -- --] *n.* 영화 촬영기.
cin·e·film [sínəfìlm] *n.* 영화 필름.
‡**cin·e·ma** [sínəmə] *n.* 《英》**1** ⓒ 영화(motion picture). ¶ a cinema actor 영화 배우 / a cinema show 영화 흥 행 / a cinema star 영화 스타 / a cinema theater (or house) 영화관. **2** (the ~) 〔집합적〕영화(motion pictures); 영화 제작. **3** 영화관. ¶ go to the cinema 영 화를 보러 가다. 〔<CINEMA[TOGRAPH]〕
cínema círcuit *n.* 영화의 흥행 계통.
cínema fàn *n.* 영화 팬.
cin·e·ma·go·er [sínəməgòuər] *n.* 영화 보는 사람, 영화 팬.
Cin·e·ma·Scope [sínəməskòup] *n.* 《상표명》시네 마스코프〔와이드 스크린 방식의 영화의 일종〕.
cin·e·math·eque [sìnəmətéik] *n.* 실험 영화 극장.
cin·e·mat·ic [sìnəmætik] *adj.* 영화의, 영화에 관한.
 -i·cal·ly [-ikəli] *adv.*
cin·e·mat·ics [sìnəmætiks] *n. pl.* 영화 예술〔기술〕.
cin·e·ma·tize [sínəmətàiz] *vt.*, *vi.* (-tized, -tiz·ing) 《주로 英》…을 영화로 만들다, 영화화하다 (cinematograph).
cin·e·mat·o·graph [sìnəmætəgræf / -grá:f] *n.* 《주로 英》*n.* 영사기; 영화 촬영기. ── *vt.*, *vi.* …을 영화로 찍 다, 촬영하다.
cin·e·ma·tog·ra·pher [sìnəmətágrəfər / -tɔ́g-] *n.* 영화 촬영 기사.
cin·e·mat·o·graph·ic [sìnəmætəgræfik], (**cin·e·mat·o·graph·i·cal** [-ik(ə)l]) *adj.* 영화의, 영사의.
 -i·cal·ly [-ikəli] *adv.*
cin·e·ma·tog·ra·phy [sìnəmətágrəfi / -tɔ́g-] *n.* ⓤ 영화 촬영 기술(기법).

ci·né·ma vé·ri·té [si:neimá veiri:téi] *n.* 《프랑스》시네마 베리테〔도큐멘터리식의 영화〕.
cin·e·mese [sìnəmí:z] *n.* 영화 용어.
cin·e·mo·gul [sínəmòugəl] *n.* 《美俗語》영화계의 거물.
cin·e·phile [sínəfàil] *n.* 《英》영화 팬.
cin·e·pro·jec·tor [sínəprədʒèktər] *n.* 영사기.
Cin·e·ram·a [sìnəræmə, -rá:mə / -rá:mə] *n.* 《상표 명》시네라마〔3 대의 영사기를 동시에 돌려 입체감을 내는 초와이드 스크린 방식의 영화의 일종〕. 〔<CINE[MA] + [PANO]RAMA〕
cin·e·rar·i·a [sìnəré(:)riə / -réər-] *n.* 시네라리아〔국화과의 관상용 원예 식물; Canary 제도 원산〕.
cin·e·rar·i·um [sìnəré(:)riəm / -réər-] *n.* (*pl.* **-i·a** [-iə]) 납골당.
cin·e·rar·y [sínəréri / -rəri] *adj.* 유골의, 유골을 넣어 두는. ¶ a cinerary urn 유골 단지.
cin·er·a·tor [sínəréitər] *n.* 화장로(火葬爐)
ci·ne·re·ous [sinf(:)riəs / -nfər-] *adj.* **1** 재가 된; 재 같은. ¶ cinereous bodies 재로 변한 사체. **2** 〔깃털 따위가〕잿빛의, 회색의.
cin·gu·late [síŋgjulit, -lèit] *adj.* 〔해부·동물〕〔곤충 따위가〕색대(色帶)가 있는, 띠 모양의 것이 있는.
cin·gu·lum [síŋgjuləm] *n.* (*pl.* **-la** [-lə]) 〔해부·동물〕띠 모양의 부분; 〔치과〕치대(齒帶) (basal ridge).
cin·na·bar [sínəbà:r] *n.* ⓤ **1** 진사(辰砂)〔붉은 결정체로 수은의 원광; 의약이나 적색 안료로 쓴다〕. **2** 선홍색, 주홍색 (vermilion).
***cin·na·mon** [sínəmən] *n.* **1** ⓤ 육계(肉桂)〔향료로 쓴다〕, 육계나무; ⓤ 계피. **3** ⓤ 육계색〔황갈색 또는 적갈색〕. ── *adj.* 〔음식 따위〕육계의 향료로 맛들인; 육계색의.
cínnamon bèar *n.* 〔북미산의〕검은곰의 일종.
cínnamon fèrn *n.* 〔식물〕꿩고비〔북미산〕.
cin·na·mon·ic [sìnəmánik / -mɔ́n-] *adj.* 육계에서 채취한.
cínnamon stòne *n.* 〔광물〕육계석〔석류석의 일종〕.
cinq [siŋk] *n.* = cinque.
cinq·foil [síŋkfɔ̀il] *n.* = cinquefoil.
cinque [siŋk], (**cinq**) [siŋk] *n.* 〔주사위·카드 따위의〕5(five), 다섯 끗. 〔<F〕
cin·que·cen·tist [tʃìŋkwitʃéntist] *n.* 16세기 이탈리아의 문인·예술가.
cin·que·cen·to [tʃìŋkwitʃéntou] *n.* ⓤ (종종 C-) 16세기, 1500년대〔특히 16세기의 이탈리아 문학·예술에 관해서 말한다〕. 〔<It〕
cinque·foil [síŋkfɔ̀il] *n.* **1** 양지꽃〔장미과의 식물〕. **2** 〔건축〕오판(五瓣)〔잎 장식, 매화꽃 등 양지꽃의 잎 모양과 비슷한 건축물 장식〕. **3** 〔紋章〕다섯잎 클로버 모양의 문장.
Cínque Pórts *n. pl.* (the ~) 5항(港)〔영국 동남부 Sussex와 Kent에 있는 특별 항구. 처음에는 Hastings, Romney, Hythe, Dover, Sandwich의 5항이었으나, 후에 Winchelsea, Rye 도 추가〕.
CINS [sinz] *n.* 《美》감독을 요하는 아동. *cf.* JINS 〔<Child(Children) In Need of Supervision〕
Cin·za·no [tʃinzá:nou] *n.* (*pl.* **-nos**) 《상표명》이탈리아산 베르뭇주(酒) 〔식전 반주용〕.
C.I.O., CIO *n.* Congress of Industrial Organizations 《美》산업별 노동 조합〔1955년에 AFL 과 합병하여 AFL-CIO 라 칭한다〕).
CIOMS (略) Council for International Organization of Medical Sciences(국제 의학 단체 협의회).
ci·on [sáiən] *n.* = scion.
CIP (略) Cataloging in Publication.
Ci·pan·go [sipǽŋgou] *n.* (고어) = Japan.
***ci·pher** [sáifər] (*《英》또한* = **cy·pher**로도 쓴다) *n.* **1** 숫자의 영(0) (zero). **2** 아라비아 숫자; 아라비아식 기수법(記數法). ¶ a number of three ciphers 세 자리의 수. **3** 가치 없는 것; 보잘것없는 사람(nonentity). ¶

He is a mere *cipher*. 그는 하찮은 인물이다. **4** ⓊⒸ 암호, 부호. ¶ a *cipher* code(telegram) 비밀 전신법(전신) / in *cipher* 암호로. **5** [암호를 푸는] 열쇠(key). **6** 짜맞춘 글자[이름의 머리글자 등](monogram). **7** Ⓤ (英)[오깅으로 인한] 파이프 오르간의 잡음(自鳴).
— vi. **1** 숫자를 사용하다, 계산하다. **2** (英)[파이프 오르간에] 잡명하다. — vt. **1** …을 계산하다. **2**[영어] …을 생각해내다(...out). ¶ ~ +ⓘ+몸 *cipher out* a sum 합계를 산출하다 / *cipher out* a plan 계획을 생각해내다. **2** …을 암호로 쓰다. *opp*. decipher
ci·pher·ing [sáif(ə)riŋ] *n*. Ⓤ 계산, 운산(運算).
cípher kèy *n*. 암호 푸는 열쇠.
cip·o·lin [sípəlin] *n*. Ⓤ 대리석의 일종[이탈리아산; 흰색과 녹색의 줄무늬가 있다].
CIQ (略) customs, *i*mmigration and *q*uarantine (세관·출입국 관리 및 검역).
cir. (略) circa.
circ. (略) circa; circuit; circulation; circumference.
cir·ca [sə́ːrkə] *prep., adv.* 약, 대략, …경[略 ca, ca., c, c., cir., circ.]. ¶ born *circa* 1550 1550년경 출생. (< L about)
cir·ca·di·an [səːrkéidiən] *adj*. 24시간 주기의.
cir·can·ni·an [səːrkǽniən], -can·nu·al [-kǽnjuəl] *adj*. 연(年) 주기의.
Cir·cas·sian [səːrkǽʃ(i)ən, -ʃiən] *n*. [러시아 남부 Caucasus 산맥 북부의] 시르카시아(Circassia) 지방의 원주민; Ⓤ 시르카시아어. 시르카시아의 언어. — *adj*. 시르카시아지방의; 시르카시아지방 사람(말)의.
Cir·ce [sə́ːrsi] *n*. **1** [그리스 신화] 키르케(Homer의 시 *Odyssey*에 나오는 마녀; 마술로 Odysseus의 부하들을 돼지로 변하게 했다). **2** 아주 매혹적인 여자, 요부형의 미인.
Cir·ce·an [səːrsíːən, ─́──] *adj*. 키르케(Circe) 같은; 매혹적인, 요부 같은.
cir·ci·nate [sə́ːrsinèit] *adj*. 둥글게 된; 고리 모양의. **2** [식물] [양치류처럼] 잎이 소용돌이 모양의.
cir·ci·ter [sə́ːrsitər] *prep., adv*. =
‡cir·cle [sə́ːrkl] *n*. **1** 원(圓), 원둘레, 원주. ¶ draw a *circle* with a chair for its center 의자를 중심으로 원을 그리다.

2 원으로 둘러싸인 평면, 원형; 원형의 것, 원형의 구조물; [천문] [해나 달 주위에 나타나는] 무리. ¶ a *circle* of trees 둥그렇게 심은 나무들 / sit in a *circle* 둥글게 앉다 / form a *circle* around …을 둘러싸다.
3 고리, 고리 모양의 장식품, 왕관.
¶ (考古) [스톤헨지(Stonehenge)의] 환상 열석(環狀列石).
4 원형 곡예장[극장의 원형 관람석]. ¶ a dress *circle* 특등석.
5 [활동·세력 따위의] 범위. ¶ a narrow *circle* of acquaintance 좁은 교제 범위 / the wide *circle* of mankind's experience 전인류의 경험이라는 넓은 범위/in a domestic *circle* 가정에서, 집안 식구끼리 / within the *circle* 그 범위 내에 / It's beyond the *circle* of foretelling. 그것은 예측을 불허한다.
6 순환; 일주(一周). ¶ the *circle* of the seasons 사철
7 [논리] 순환 논법(vicious circle). ¶ argue in a *circle* 순환 논법으로 논하다.
8 [완전한] 한 계통, 한 계열, 전체. ¶ the *circle* of sciences 학문의 전계통.
9 (종종 ~s) [주의·목적 따위를 같이하는 사람들의] 집단, …계(界), …사회. ¶ business (diplomatic) *circles* 실업 (외교)계 / official (political) *circles* 관계(官界) (정계) / upper (or well-bred) *circles* 상류 사

(circle 1)
AB diameter 직경
C center 중심
CD, CA, CB radii
EF chord 현
EKF arc 호
TM tangential line 접선
P point of tangency 접점
GH secant 할선

회 / social *circles* 사교계 / join (*or* enter) the *circle* of …계에 끼어들다.
10 [독일·이탈리아 등지의] 행정 구분의 하나.
11 [지리] 위선(緯線), 권(圈). ¶ the Arctic (the Antarctic) *Circle* 북(남)극권 / the *circle* of latitude (longitude) 등위도(等緯度) (경도)선.
12 [천문] **a**) 천체의 궤도. **b**) 천체의 공전(公轉) 주기. **c**) 자오의(子午儀).
come full circle 한 바퀴 돌고 되돌아오다.
square the circle ⇨ SQUARE.
— *v*. (-cled, -cling) *vt*. **1** [둥글게] …을 둘러싸다; …에 동그라미를 치다. ¶ The enemy *circled* the hill. 적이 그 언덕을 둘러쌌다 / Please *circle* the right answer. 정답에 동그라미를 치시오. **2** …을 선회하며 걷다. ¶ The earth *circles* the sun. 지구는 태양을 돈다 / He *circled* the house cautiously. 그는 집 주위를 조심스럽게 돌았다. **3** …을 우회하다, 피해서 지나가다.
— *vi*. **1** [비행기 따위가] 선회하다, 돌다. ⇨ TURN [類語] ¶ (~ +ⓘ) *circle round* 빙빙 돌다, 선회하다. **2** [영화·TV] 화면의 원이 커지면서 (작아지면서) 영상이 나타나다 (사라지다)(...*in, out*).
◇ *círcular adj., círculate, encírcle v*.
cir·clet [sə́ːrklit] *n*. **1** 작은 원, 작은 고리. **2** 반지, 팔찌, [특히 머리에 쓰는] 장식 고리.
cir·cle·wise [sə́ːrklwàiz] *adv*. 둥글게, 원형으로.
Cir·clo·ra·ma [sə̀ːrklərɑ́ːmə] *n*. (Cir·ci·ra·ma [sə̀ːrkərɑ́ːmə]) (상표명) 서클로라마 (원주(圓周)상의 스크린 위에 몇 대의 영사기로 동시에 상영하는 영화).
circs [səːrks] *n*. *pl*. (英)(구어) 사정, 상황, 정세 (circumstances). ¶ under the *circs* 이런 사정으로, 현재 상황으로는 / in better *circs* 더 좋은 상황에서.
‡cir·cuit [sə́ːrkit] *n*. **1** 순회, 순행; 순회 여행. ¶ a *circuit* clout (*or* drive) (야구) 본루타(本壘打), 홈런 / on the *circuit* 순회 중에 / make a *circuit* of a farm 농장을 한 바퀴 돌다 / The earth's *circuit* of the sun takes about 365 days. 지구가 태양 둘레를 일주하는 데는 약 365일이 걸린다. **2** 순회 여행 (여로); 우회로, 우회. ¶ make a long *circuit* 멀리 우회하다. **3** 정기적 순회 행사[순회 재판·순회 목사의 설교 따위]; 순회 목사, 순회 재판의 법정 등; 순회 교구, 순회 재판구. ¶ go the *circuit*; go on *circuit* 순회 재판을 돌다 / ride the *circuit* 말 타고 순회하다 / 순회 판사(또는 목사)로서 순회하다. **4** 주위; 경계선으로 둘러싸인 부분. **5** [영화관·극장·나이트클럽 따위의] 흥행 계통. ¶ a film on the 20th Century Fox *circuit* 20세기 폭스사(社) 계통 상영 영화. **6** (야구·축구 따위 스포츠의) 연맹, 리그. **7** [전기] **a**) 회로. **b**) [라디오 따위의] 배선, [전기 기계의] 회로 계통. **c**) 배선도. ¶ a closed (an open) *circuit* 폐(개) 회로 / a magnetic *circuit* 자로(磁路) / a return *circuit* 귀회로(歸回路) / a short *circuit* 단락(短絡), 쇼트. **8** [자동차 경주의] 환상 경주로. — *vt., vi*. …을 일주하다, 순회하다. ◇ *circúitous adj*.
círcuit brèaker *n*. [전기] 회로 차단기.
círcuit clòser *n*. [전기] 회로 접속기.
círcuit clòut (drìve) *n*. (야구) 본루타, 홈런 (home run).
círcuit cóurt *n*. 순회 재판소.
círcuit cóurt of appéals *n*. (美) 순회 공소원 (控訴院) [district court와 Supreme Court의 중간의 연방 재판소로 1948년 이전의 것].
círcuit júdge *n*. 순회 재판소의 판사.
cir·cu·i·tous [sə(ː)rkjúː(ː)itəs] *adj*. 에움길 (우회로)의; 에두르는, 직접적이 아닌. ¶ a *circuitous* argument 우회적인 논의 / take a *circuitous* road 에움길로 가다. **~·ly** *adv*. **~·ness** *n*.
círcuit rìder *n*. (교구를 맡고 돌면서 설교하는 감리교파의) 순회 목사.
cir·cuit·ry [sə́ːrkitri] *n*. Ⓤ [전기·전자의] 회로[설계]; 회로 소자(素子).

cir·cu·i·ty [sə(ː)rkjúːiti] n. ⓤⓒ (pl. **-ties**) 우회, 돌아서 가기; 에둘러 말하기.

‡**cir·cu·lar** [sə́ːrkjulər] adj. **1** 원의; 원형의, 둥근 (round). ¶ a circular cone 원추체(圓錐體). **2** 빙빙 도는, 원을 그리는, 일주하는; 순회의; [편지·빼라 따위] 회람의; [수·논의 따위] 순환하는. ¶ a circular stair 나선 계단 / a circular railway 환상(순환) 철도 / a circular ticket 일주 여행표 / a circular tour 순회(일주) 여행 / a circular motion 원운동 / a circular number 순환수 / a circular letter 회람장, 회장(回章) / a bank's circular letter of credit [상업] 순환(순회) 신용장. **3** 에둘러 말하는, 간접적인.
— n. 회람장, 회장; 안내장, 광고 빼라. ¶ send out a circular 회람장을 돌리다, 회람하다. **-ly** adv.
◇ circle n., circular v.

cir·cu·lar·i·ty [sə̀ːrkjuléríti] n. ⓤ 원형[모양]; 고리 모양; 순환성.

cir·cu·lar·i·za·tion [sə̀ːrkjulərìzéiʃ(ə)n / -raiz-] n. ⓤ **1** 회부, 회람. **2** 회람장으로 하기. **3** 원형으로 하기.

cir·cu·lar·ize [sə́ːrkjulərài̇z] (* 〖英〗에서는 **cir·cu·lar·ise** 로도 쓴다) vt. (-ized, -iz·ing) **1** [회람 따위]를 돌리다; …에 회람장을 돌리다; …에 광고 빼라를 보내다. **2** …을 회람장으로 하다. **3** …을 둥글게 하다, 원형으로 하다.

cir·cu·lar·iz·er [sə́ːrkjulərài̇zər] n. 회람자; 회람장 작성자; 둥글게(원형으로) 하는 것.

círcular méasure n. 〖수학〗 호도법(弧度法) [호도(radian)로 각도를 재는 법].

círcular nóte n. **1** 회람장, 회장. **2** 순회 신용장 [몇몇 거래 은행에 보낸 신용장].

círcular sáw n. 〖동력학〗 둥근 톱.

círcular velócity n. 〖로켓공학〗 원궤도(圓軌道) 속도.

‡**cir·cu·late** [sə́ːrkjulèit] v. (-lat·ed, -lat·ing) vi. **1** 돌다, 운행하다 (through, in, among...). ¶ (~+前+名) Hot water circulates through these pipes. 더운 물이 이 파이프를 통해서 순환한다. **2** (名) [사람이] 순회하다, 여행하며 돌다, **3 a)** [술잔 따위가] 돌려지다. **b)** [소문이] 퍼지다, 돌다. ¶ (~+前+名) The story circulated through the town (among the people). 그 이야기는 온 도시에 (사람들 사이에) 퍼졌다. **c)** [화폐·어음 따위가] 유통하다. **d)** [신문·서적 등이] 보급되다, 배포되다 (through, among...). **4** 〖수학〗 [숫자가] 순환하다.
— vt. **1** [소문 따위]를 퍼뜨리다, 유포하다. ⇨ SPREAD〖語〗 **2** [술잔 따위]를 돌리다. ¶ circulate the wine 술을 차례로 돌리다. **3** [책]을 보급시키다; [신문·잡지 따위]를 돌리다, 배포하다; [편지 따위]를 회람하다; [화폐·어음]을 유통시키다(through, to). ¶ The letter was circulated through the office. 그 편지는 사무실 안에서 회람되었다.
◇ círcular adj., circulátion, círcle n.

círculàting cápital n. 유동 자본. opp. fixed capital

círculàting décimal n. 〖수학〗 순환 소수.

círculàting líbrary n. **1** 회람식 도서관[회원들이 책을 돌려본다]. **2** [유료] 대출 도서관.

círculàting médium n. 통화[화폐·수표·어음 따위].

círculàting núrse n. 순회 간호사.

‡**cir·cu·la·tion** [sə̀ːrkjuléiʃ(ə)n] n. ⓤ **1** 운행, 돌기, [공기의] 유통; [혈액 따위의] 순환. ¶ increase the circulation of air in a room 방 안의 공기 유통을 잘 되게 하다 / whip up the circulation [of the blood] 혈액 순환을 잘 되게 하다. **2 a)** [책 따위의] 유통; [소문 따위의] 유포; [신문·잡지 따위의] 보급, 발행 부수. ¶ put ... in (or into) circulation …을 유통(유포)시키다 / The rumors are widely in circulation. 여러 가지 소문이 퍼지고(돌고) 있다. **b)** ⓤⓒ [신문·잡지 따위의] 발행 부수, 판매 실적. ¶ The London Press has a large circulation. 런던 프레스는 발행 부수가 많다. **3** 통화, 유통 어음. ¶ the present circulation of Korea 한국의 현재의 통화.
be back in circulation 다시 활약을 시작하다, 현역으로 복귀하다. ¶ After a month in hospital, he is back in circulation. 한 달 입원한 뒤 그는 현역에 복귀했다.

cir·cu·la·tive [sə́ːrkjuléitiv, -lətiv] adj. 순환적인.

cir·cu·la·tor [sə́ːrkjuléitər] n. **1** 여러 곳을 여행하거나 돌아다니는 사람. **2** [뉴스 따위의] 전달자; [소문 따위를] 돌리는 (퍼뜨리는) 사람. **3** 순환기(器). **4** 〖수학〗 순환 소수. **5** 〖페어〗 돌팔이, 야바위꾼.

cir·cu·la·to·ry [sə́ːrkjulətɔ̀ːri / sə̀ːrkjuléit(ə)ri, sə́ːkjulə-] adj. [혈액·수액(樹液)·공기·교통 따위] 순환[상]의, 유통의. ¶ the circulatory system 순환계.

circum- around, about 등의 뜻의 연결형. 예: circumscribe, circumstance.

cir·cum·am·bi·ence [sə̀ːrkəmǽmbiəns], **-en·cy** [-ənsi] n. 둘러싸기.

cir·cum·am·bi·ent [sə̀ːrkəmǽmbiənt] adj. 주위의, 에워싸는, 둘러싸는.

cir·cum·am·bu·late [sə̀ːrkəmǽmbjulèit] vt., vi. (-lat·ed, -lat·ing) **1** [걸어서] …을 돌아다니다, 순행하다. **2** [목적]에 서서히 접근하다, [남의 마음 따위]를 넌지시 살피다; 에둘러 말하다.

cir·cum·am·bu·la·tion [sə̀ːrkəmǽmbjuléiʃ(ə)n] n. ⓤ [걸어서] 돌아다니기, 두루 걷기.

cir·cum·a·vi·ate [sə̀ːrkəméivièit] vt. (-at·ed, -at·ing) 〖세계〗를 비행기로 일주하다.

cir·cum·a·vi·a·tion [sə̀ːrkəmèiviéiʃ(ə)n] n. ⓤ 〖세계〗 일주 비행.

cir·cum·bend·i·bus [sə̀ːrkəmbéndibəs] n. ⓤ 에움길, 멀리 돌아감; 에두른 말투.

cir·cum·cen·ter, 〖英〗 **-tre** [sə̀ːrkəmséntər] n. 〖수학〗 외심(外心) [외접원의 중심].

cir·cum·cir·cle [sə̀ːrkəmsə́ːrkl, ˌ─ ─ ˌ] n. 〖수학〗 외접원(外接圓).

cir·cum·cise [sə́ːrkəmsàiz] vt. (-cised, -cis·ing) **1** …에게 할례를 베풀다. **2** ⇨ CIRCUMCISION 1. **2** …을 정신적으로 정(淨)하게 하다, …의 마음을 정화하다.

cir·cum·cised [sə́ːrkəmsàizd] adj. 할례받은[유대인을 이른다]; 유대인의.

cir·cum·ci·sion [sə̀ːrkəmsíʒ(ə)n] n. ⓤ **1** 할례[유대교·회교의 의식으로서 남자의 음경 포피를 절제하는 일]. **2** 포피 절제. **3** 정신적 정화. **4** (C-) 〖페어〗 기독교도 할례제(祭) [1월 1일]. **5** (the C-) [성서에 나오는] 유대인(the Jews). **6** (the ~) 정신적 정화를 받은 사람.

*****cir·cum·fer·ence** [sərkʌ́mf(ə)rəns] n. ⓤⓒ **1** 원주, 원둘레. **2** a point on the circumference 원주 위의 한 점. **2** 주위, 주선(周線). ¶ the circumference of one's chest 가슴 둘레 / This lake is about three miles in circumference. 이 호수는 주위가 약3마일이다. **3** 둘레 안의 면적. ◇ circumferéntial adj.

cir·cum·fer·en·tial [sərkʌ̀mfərénʃ(ə)l] adj. **1** 원주의, 주위의; 원주 내의. **2** 에두르는. ¶ a circumferential manner of speech 에둘러 말하는 투.

cir·cum·flect [sə̀ːrkəmflékt] vt. **1** 감다. **2** 곡절 (曲折) 음부를 달다.

cir·cum·flex [sə́ːrk(ə)mflèks] adj. **1** 곡절(曲折) 인; 곡절 악센트가 있는. **2** 만곡의. — n. 〖음성〗 곡절 악센트(circumflex accent); 그부호[모음위의 ^ , ˘ , ˜] [고대 그리스말에서의 발음의 억양조나 프랑스말 등에서의 자음 [s] 따위의 탈락을 나타낸다. 예: bête<beast; hôtel <hostel; forêt <forest) (circumflex mark). — vt. …을 만곡시키다(bend around); …에 곡절 악센트[부호]를 붙이다.

cir·cum·flight [sə́ːrkəmflàit] *n.* 천체 궤도 비행.
cir·cum·flu·ence [sərkʌ́mfluəns] *n.* ⓤ 회류(回流), 구비 도는 흐름.
cir·cum·flu·ent [sərkʌ́mfluənt] *adj.* 둘레를 흐르는, 회류의(flowing around); 주위를 둘러싸는.
cir·cum·flu·ous [sərkʌ́mfluəs] *adj.* **1** =circumfluent. **2** 물로 둘러싸인. ¶ England is a *circumfluous* country. 영국은 바다로 둘러싸인 나라이다.
cir·cum·fuse [sə̀ːrkəmfjúːz] *vt.* (-fused, -fus·ing) **1** [빛·액체 따위]를 붓다 (쏟다), 끼얹다 (...about, around), ¶ He *circumfused* light about (or around) it. 그는 그 주위에 빛을 비추었다. **2** [빛·액체 따위]로 ···을 둘러싸다, [빛·액체 따위에] ···을 담그다(...with, in), ¶ a girl *circumfused* with (or in) light 빛을 받고 있는 소녀.
cir·cum·fu·sion [sə̀ːrkəmfjúːʒ(ə)n] *n.* ⓤⓒ 주위에 퍼붓기, 끼얹기, 살포.
cir·cum·gy·rate [sə̀ːrkəmdʒáirèit / -dʒái(ə)r-] *vi., vt.* (-rat·ed, -rat·ing) 회전하다(시키다), 선회하다(시키다).
cir·cum·gy·ra·tion [sə̀ːrkəmdʒairéi(ə)n/-dʒai(ə)r-] *n.* ⓤⓒ 회전, 선회.
cir·cum·ja·cent [sə̀ːrkəmdʒéis(ə)nt] *adj.* 주위의, 주변의(surrounding); 경계를 접하는.
cir·cum·lit·to·ral [sə̀ːrkəmlít(ə)rəl] *adj.* 연안의, 안에 인접하는.
cir·cum·lo·cu·tion [sə̀ːrkəmlo(u)kjúː(ə)n] *n.* ⓤⓒ 넌지시 둘러 말하기, 완곡어법; 둘러대는 표현. ¶ *Circumlocution* Office 관료주의적인 관청(규칙·문서 따위에 구애되어 실무가 해결 안 되는 관청; Dickens 의 조어(造語)) / without *circumlocution* 단도직입적으로.
cir·cum·lo·cu·tion·al [sə̀ːrkəmlo(u)kjúː(ə)n(ə)l] *adj.* 둘러대는, 완곡한.
cir·cum·loc·u·to·ry [sə̀ːrkəmlɑ́kjutɔ̀ːri / -lɔ́kjut(ə)ri] *adj.* 넌지시 둘러 말하는, 완곡한.
cir·cum·lu·nar [sə̀ːrkəmlúːnər] *adj.* 달 주위를 도는, 달을 둘러싸는.
cir·cum·me·rid·i·an [sə̀ːrkəmmərídiən] *adj.* 〔천문〕자오선 근처의.
cir·cum·nav·i·gate [sə̀ːrkəmnǽvigèit] *vt.* (-gat·ed, -gat·ing) ···을 두루 항행하다, (특히 세계를) 배로 일주하다. ¶ *circumnavigate* the earth 지구를 일주하다.
cir·cum·nav·i·ga·tion [sə̀ːrkəmnæ̀vigéi(ə)n] *n.* ⓤ 주항(周航), (배를 이용한) 세계 일주.
cir·cum·nav·i·ga·tor [sə̀ːrkəmnǽvigèitər] *n.* 주항자, (배를 이용한) 세계 일주자.
cir·cum·nu·tate [sə̀ːrkəmn(j)úːtèit / -njúː-] *vi.* (-tat·ed, -tat·ing) 〔식물의 줄기 끝·덩굴손 따위가 자라면서〕회선 전두(回旋轉頭) 운동을 하다, 원을 그리면서 자라다.
cir·cum·plan·e·tar·y [sə̀ːrkəmplǽnitèri / -t(ə)ri] *adj.* 행성 부근의(을 도는).
cir·cum·po·lar [sə̀ːrkəmpóulər] *adj.* 〔지리〕〔지구의〕극지 부근의; 〔천문〕〔천체의〕주극(周極)의, 천극 (天極)을 도는. ¶ the *circumpolar* ocean 극해(極海) / *circumpolar* stars 주극성(周極星).
cir·cum·scribe [sə̀ːrkəmskráib, ─ ─ ─́] *vt.* (-scribed, -scrib·ing) **1** ···의 둘레에 선을 긋다, ···을 선으로 둘러싸다. ¶ *circumscribe* one's signature (or with) a line 서명한 둘레에 선으로 두르다. **2** ···을 테두리 속에 넣다, 가두다, 속박하다. ¶ ···을 한정하다, LIMIT 類語] ¶ *circumscribe* a person's movement within narrow bounds 사람의 활동을 좁게 제한하다. **3** 〔기하〕 **a)** ···을 외접 (外接)시키다. *cf.* inscribe ¶ a *circumscribed* circle 외접원. **b)** 〔한 도형이〕〔다른 도형을〕외접하여 둘러싸다. **4** 〔논리적으로〕···을 규정하다. **5** 바퀴 모양(모어쓰기 식)으로 ···에 서명하다.

cir·cum·scrib·er [sə̀ːrkəmskráibər, ─ ─ ─́] *n.* 주위에 선을 긋는 사람(물건), 제한하는 것(사람).
cir·cum·scrip·tion [sə̀ːrkəmskríp(ə)n] *n.* ⓤ **1** 제한, 한정; 둘러싸는 것, 주위, 주변, 윤곽, 한계선. **2** 구역, 범위. **3** ⓒ 〔화폐·인장 따위의〕둘레에 새긴 글자. **4** 〔고어〕의미의 한정, 정의. **5** 〔기하〕외접.
cir·cum·so·lar [sə̀ːrkəmsóulər] *adj.* 태양 둘레를 도는, 태양 주변의.
cir·cum·spect [sə́ːrkəmspèkt] *adj.* **1** 사방을 살피는; 조심성 있는 (cautious); 신중한 (prudent). ¶ a *circumspect* action 신중한 행동. **2** 심사숙고한.
~**ly** *adv.* ~**ness** *n.*
cir·cum·spec·tion [sə̀ːrkəmspék(ə)n] *n.* ⓤ 세심한 관찰(주의), 신중한 행동; 경계, 용의주도.
cir·cum·spec·tive [sə̀ːrkəmspéktiv] *adj.* 주의 깊은, 신중한. ¶ *circumspective* behavior 조심성 있는 행동.
✱**cir·cum·stance** [sə́ːrkəmstæ̀ns / -stəns, -stæns] *n.* **1** (보통 ~s) 〔주변의〕사정, 상황, 환경. ¶ extenuating *circumstances* 참작해야 할 정황 / the whole *circumstances* 자초지종 / unforeseen *circumstances* 예견하지 못한 상황 / according to *circumstances* 상황에 따라, 사정 여하로 / under (or in) the *circumstances* 이런 상황에서는, 사정이 이러하므로 / under (or in) any *circumstances* 어떤 경우에도 / under (or in) no *circumstances* 어떤 일이 있어도 (결코) ···않다 / under certain *circumstances* 경우에 따라서는 / under the existing *circumastances* 현상으로서는 / as far as *circumstances* permit 사정이 허락하는 한 / We were forced by *circumstances* to do so. 우리는 사정상 할 수 없이 그렇게 했다 / That depends on *circumstances*. 그것은 사정 나름이다. **2** (보통 ~s) 〔남의〕처지, 살림 형편. ¶ one's private *circumstances* 내막, 개인적인 처지 / in bad (or needy, reduced) *circumstances* 역경에서, 궁핍하여 / in easy *circumstances* 아무런 불편 없이, 안락하게 / in good *circumstances* 좋은 처지에, 편안히 / in straitened *circumstances* 궁핍하여. **3** 사실 (fact), 사건, 생긴 일. ¶ a fortunate *circumstance* 다행한 일. **4** ⓤ 〔사실·사건의〕부수적인 것, 이차적인 것; 〔중요하지 않은〕세부, 세목, 전후 사정. ¶ with (much) *circumstance* 〔매우〕상세하게, 장황하게 / Time cuts off *circumstance*. 상세하게 설명할 틈이 없다. **5** ⓤ 〔고어〕야단스러움, 형식(격식)에 치우침. ¶ pomp and *circumstance* 당당한 격식 / without *circumstance* 격식을 차리지 않고, 소탈하게.
[*be*] *not a circumstance to*《속어》 ···과는 비교가 되다.
— *vt.* (-stanced, -stanc·ing) 〔어떤 상황·관계에〕 ···을 두다. ¶ be awkwardly *circumstanced* 거북한 입장에 있다 / be better *circumstanced* 보다 나은 입장에 있다 / be differently *circumstanced* 입장을 달리하다.
◇ *circumstántial adj.*, *circumstántiate v.*
cir·cum·stanced [sə́ːrkəmstænst / -stənst, -stæ̀nst] *adj.* 어떤 상황, 관계)에 있는, 어떤 사정하에 있는. ✽ 특히 경제적인 형편에 대하여 쓰는 경우가 많다. ¶ a man poorly *circumstanced* 빈곤한 처지에 있는 사람.
cir·cum·stan·tial [sə̀ːrkəmstǽn(ə)l] *adj.* **1** 정황적(情況的)인, 주위의 사정에 의한. ¶ *circumstantial* evidence 〔법률〕정황 증거(간접적인 추리적 증거). *opp.* direct evidence **2** 부수적인, 이차적인; 우발적인. ¶ of *circumstantial* importance 이차적 중요성이 있는. **3** 상세한, 세부에 걸친. ¶ a *circumstantial* report of an accident 사고에 대한 상세한 보고. **4** 생활 형편의. ¶ *circumstantial* prosperity 경제적 형편이 좋음.
~**ly** [-ʃəli] *adv.*
cir·cum·stan·ti·al·i·ty [sə̀ːrkəmstæ̀n(i)ǽliti] *n.* ⓤ ⓒ (*pl.* -ties) **1** 〔설명 따위가〕자상함, 상세. **2** 사정,

cir·cum·stan·ti·ate [sə̀ːrkəmstǽnʃièit] vt. (-at·ed, -at·ing) 1 …의 상황 증거를 보여(…을 상세히 말하여) 입증하다. 2 …을 상세히 설명하다.
cir·cum·stel·lar [sə̀ːrkəmstélər] adj. 별 둘레의, 별 주위를 도는.
cir·cum·ter·res·tri·al [sə̀ːrkəmtəréstriəl] adj. 지구 둘레의(를 도는).
cir·cum·val·late [sə̀ːrkəmvǽleit] adj. 성벽·참호 따위로 둘러싸인. ── vt. (-lat·ed, -lat·ing) …을 성벽·참호 따위로 둘러싸다.
cir·cum·val·la·tion [sə̀ːrkəmvæléi(ʃ)(ə)n / -vəl-, -væl-] n. Ⓤ 주위에 성벽·참호 따위를 두르기; Ⓒ 둘러싸고 있는 성벽·참호 따위.
cir·cum·vent [sə̀ːrkəmvént] vt. 1 [계략 따위로] …을 포위하다, 책략에 빠뜨리다; [남]을 속여넘기다, 기만하다, 한수 더 뜨다. 2 …을 돌다, 일주하다.
cir·cum·vent·er, -ven·tor [sə̀ːrkəmvéntər] n. 책략가, 기만자.
cir·cum·ven·tion [sə̀ːrkəmvénʃ(ə)n] n. Ⓤ Ⓒ 계략에 빠뜨리기; 속여넘기기, 기만.
cir·cum·ven·tive [sə̀ːrkəmvéntiv] adj. 계략에 빠뜨리는; 속여넘기는.
cir·cum·vo·lute [səːrkǽmvəl(j)ùːt / -ljùːt] vi., vt. (-lut·ed, -lut·ing) 소용돌이치다, 서리다, …을 휘감아들이다.
cir·cum·vo·lu·tion [sə̀ːrkəmvəl(j)ùːʃ(ə)n / -ljùː-] n. Ⓤ Ⓒ 1 회전, 선회; 1회전, 일주. 2 소용돌이, 사림. 3 만곡(彎曲). 4 에둘러 가는 길, 넌지시 하는 행동.
cir·cum·volve [sə̀ːrkəmválv / -vɔ́lv] vt., vi. (-volved, -volv·ing) 회전시키다(하다).
‡**cir·cus** [sə́ːrkəs] n. 1 서커스, 곡예. ¶ a water circus 물을 가지고 하는 곡예 / pitch (or put up) a circus 서커스의 천막을 치다 / run a circus 서커스를 하다. 2 서커스단, 곡마(단)단. ¶ a traveling circus 순회 서커스단. 3 원형의 곡예장; [고대 로마의] 원형 경기장. 4 [英] [방사형 도로가 집중하는] 원형 광장, ¶ Piccadilly Circus [런던의] 피카딜리 광장. 5 [英] 단 법석(uproar); 유쾌한 사람(일). 6 [페어] 팔찌, 가락지.
Circus Máx·i·mus [-mǽksiməs] n. (the ~) [고대 로마의] 원형 아주 대경기장.
cirque [səːrk] n. 1 권곡(圈谷), 카르[빙하의 침식으로 생긴 반원형의 움푹한 땅]. 2 [詩] 원, 고리, 둥근 테(circle, ring).
cir·rate [síreit] adj. [動·식물] 덩굴손(촉모(觸毛))이 있는.
cir·rho·sis [siróusis] n. Ⓤ [병리] [특히 과음으로 생기는 간장·신장 따위의] 경변증(硬變症).
cir·rhot·ic [sirátik / -rɔ́t-] adj. [병리] 경변증의.
cir·ri [sírai] n. cirrus의 복수형의 하나.
cir·ri- ⇒ CIRRO-.
cir·ri·ped [síripèd], **-pede** [-piːd] n. 만각류(蔓脚類) [바위·조개 껍질 따위에 붙어 사는 거북다리·굴등 따위]. ── adj. 만각류의.
cir·ro-, cir·ri- cirrus(권운)이란 뜻의 연결형. 예: cirrostratus, cirrocumulus.
cir·ro·cu·mu·lus [síro(u)kjúːmjuləs / -kúːm-] n. (pl. -lus or -li [-lai]) [기상] 권적운(卷積雲), 조개구름.
cir·rose, -rhose [sí(ː)rous / siróus] adj. 1 [동·식물] 덩굴손이 있는, 촉모(觸毛)가 있는. 2 [기상] 권운의, 권운 같은.
cir·ro·stra·tus [sìro(u)stréitəs/síro(u)stráː-, -stréi-] n. (pl. -tus or -ti [-tai]) [기상] 권층운(卷層雲).
cir·rous [sírəs] adj. =cirrose.
cir·rus [sírəs] n. (pl. -ri [-rai] ─3) 1 [식물] 덩굴손. 2 [동물] 촉모(觸毛). 3 (pl. -rus) [기상] 권운(卷雲). [<L curl]

cirs- ⇒ CIRSO-.
cirso- varix(정맥류)의 뜻의 연결형(* 모음 앞에서는 cirs-를 쓴다). 예: cirsocele 정맥류(靜脈瘤), cirsoid (정맥류 모양의).
CIS 《略》 Commonwealth of Independent States(독립 국가 연합); Counter-Intelligence Service(대(對) 첩보부); [우주공학] communication interface system(대(對) 오비터 교신 시스템); Chemical Information System; Center for Integrated System(스탠퍼드 대학 직접 회로 연구 센터); Congressional Information Service.
cis- pref. on the near side of, subsequent to 의 뜻. 예: cisalpine, cisatlantic. cf. trans-.
cis·al·pine [sisǽlpain, +美 -pin] adj. [로마에서 보아] 알프스 이쪽의, 알프스 남쪽의.
cis·at·lan·tic [sìsətlǽntik] adj. 《美》 [유럽 또는 미국에서 보아] 대서양 이쪽 편의.
cis·co [sískou] n. (pl. -coes or -cos) 《美》 [미국 오대호에서 나는] 연어와 비슷한 물고기(whitefish).
cis·lu·nar [sislúːnər] adj. [천문] 달 궤도 안쪽의, 달과 지구 사이의.
cis·mon·tane [sismǽntein / -mɔ́n-] adj. 산 이쪽의; [특히] 알프스 이쪽의.
cis·pon·tine [sispǽntain / -pɔ́n-] adj. 다리 이쪽의; [특히 London에서] 템즈 강의 북쪽[기슭]의.
cis·sie, cis·sy [sísi] n. =sissy
cist [sist, kist / sist] n. 1 [考古] 선사 시대의 석관(石棺). 2 [고대 로마의] 성기함(聖器函).
Cis·ter·cian [sistə́ːrʃ(j)ən] n. 시토 수도회의 수도사. ── adj. 시토 수도회의. ¶ the Cistercian Order 시토 수도회[1098년 프랑스의 수도사 Robert가 Clteaux에 창설했음].
***cis·tern** [sístərn] n. 1 [보통 옥내에] 설치한 물통, 탱크, 《美》 [종종 지하에 둔, 지붕에 내린 빗물을 저장하는] 천수조(天水槽). 2 [해부] [분비액 따위를 저장하는] 저장기, 조(槽), 강(腔), 낭(囊).
cis·tus [sístəs] n. 물푸레나무속(屬)의 풀.
cit [sit] n. 《美》 시민(citizen); 《속어》 일반인; (~s) 시민복, 평복.
cit. 《略》 citation, cited; citizen; citrate.
cit·a·ble [sáitəbl] adj. 인용할 수 있는; 소환할 수 있는.
*cit·a·del [sítədl, -tədèl] n. 1 《美》 시민을 지키는】 성채, 요새. 2 [일반적으로] 성, 성채; 견고한 장소. 3 최후의 피난처. 4 [군함의] 포대, 포탑(砲塔).
ci·ta·tion [saitéi(ʃ)ən, +美 si-] n. Ⓤ 1인용하기; 인용구(quotation). 2 [사실·선례 따위의] 열거, 예거. 3 [법률] 소환, 소환장. 4 《美》 [군대] [전시에 부대·개인에 대한] 표창[장], 감사장.
*cite [sait] vt. (cit·ed, cit·ing) 1 [전거(典據)로써] [작가·책·한 절]을 인용하다, 인증(引證)하다, 예로 들다. ¶ The devil can cite Scripture for his purpose. 악마도 자신의 목적을 위하여 성경을 인용할 수 있다[← Shakespeare 작 The Merchant of Venice]. 2 [지지·증명·확인을 위해] …에 대하여 말하다; 예로써 …에 언급하다. 3 …을 법정으로 소환하다; …을 소집하다, 출동시키다. 4 …을 생각해내다(call to mind); …을 입에 올리다(mention). 5 《美軍》 [공을 세운 군인·부대]에 대해 표창장을 수여하다; [일반적으로] …을 표창하다. ¶ He was cited for his research work. 그는 그 연구 활동으로 표창을 받았다.
◇ cǐtation n., cítable adj.
cite·a·ble [sáitəbl] adj. =citable.
cite-out [sáitàut] n. 소환장만 건네 주고 석방하기[미국에서 데모 따위로 체포자가 많을 경우, 뒷날 출두하라는 소환장만 주고 그 자리에서는 석방하는 일].
cith·a·ra [síθərə] n. 고대 그리스의 하프와 비슷한 악기.
cith·er [síθər] n. =cittern.

cith·ern [síθərn] *n.* =cithern. 「시화한.
cit·ied [sítid] *adj.* 1 [한 나라의] 국민이 된, 도
cit·i·fied [sítifàid] *adj.* 《구어》[습관·복장 따위가] 도시풍인, 도시적인.
cit·i·fy [sítifài] *vt.* (-**fied, -fy·ing**) …을 도시화하다, 도시적으로 하다.

‡**cit·i·zen** [sítizn] *n.* 1 [한 나라의] 국민, 공민.
類語 **citizen** 국민으로서 정부의 충성을 맹세하고 그 보호를 받는 사람, 공민권을 가진다; 주로 공화국 국민에게 쓴다: an American *citizen* 미국 국민. **subject** 군주국의 국민, 또는 피정복국의 국민: a British *subject* 영국 국민. **national** 주로 외국에 거주하는 국민을 말한다: Korean *nationals* living abroad 해외에 사는 한국 국민.
2 [특히 시민권이 있는] 시민, 도시인(townsman). 3 《미》[군인·경찰관 등에 대하여] 일반인, 민간인(civilian). 4 주민, 사는 사람(inhabitant). ¶ a *citizen* of the world 세계인, 국제인. 5 [외국인에 대하여] 본국인, 본토 사람.
citizen defénse *n.* 시민방위, 민방위.
cit·i·zen·ess [sítiznis] *n.* citizen의 여성형.
cit·i·zen·ize [sítiznàiz] *vt.* 《미》 공민권을 주다.
cit·i·zen·ry [sítiznri] *n.* ⓊⒸ (*pl.* -**ries**) 《집합적》 공민, 시민.
Citizen's Bánd *n.* 《미》 시민 밴드 라디오, 시민 라디오[개인용 주파수대(帶); 略 CB].
*****cit·i·zen·ship** [sítiznʃìp] *n.* Ⓤ 공민권, 시민권; 시민의 자격(신분).
CITO (略) Charter of International Trade Organization(국제 무역 헌장).
citr- ⇨ CITRO-.
cit·rate [sítreit, sáit- / -rit] *n.* 〖화학〗 구연산염(枸櫞酸塩).
cit·ric [sítrik] *adj.* 1 감귤류의; 감귤류에서 채취한. 2 〖화학〗 구연산(성(性))의. ¶ *citric* acid 구연산.
cit·ri·cul·ture [sítrikʌ̀ltʃər] *n.* 감귤 재배.
cit·rin [sítrin] *n.* Ⓤ 〖생화학〗 시트린[비타민 P].
cit·rine [sítri:n] *adj.* 레몬빛의.── *n.* 1 레몬빛. 2 [광물] 황수정(黃水晶) [석영(石英)의 일종].
citro-, citri- citron, citric acid 의 뜻의 연결형(*모음 앞에서는 citr-를 쓴다). 예: *citri*culture(감귤류 재배), *citr*ate.
Ci·tro·en [sítrouen / -ən] *n.* 시트로엔 [프랑스의 Citroën 회사가 만든 차종].
cit·ron [sítr(ə)n] *n.* 1 시트론, 시트론의 열매 [레몬과 비슷하지만 그보다 크고 껍질도 두꺼운 담황색 열매]. 2 시트론 나무. 3 설탕에 절인 시트론 껍질. 4 ⓤ 시트론 빛.── *adj.* 시트론 빛의.
cit·ron·el·la [sítrənélə] *n.* 1 시트로넬라 [남부 아시아산(産)의 향기가 나는 풀]. 2 =citronella oil.
citronélla óil *n.* Ⓤ 시트로넬라유(油)[바르는 약·향수 따위의 원료].
cit·rous [sítrəs] *adj.* =citrus.
cit·rus [sítrəs] *n.* 감귤류 [시트론·레몬·등자 따위]. ── *adj.* 감귤류의.
cit·tern [síta(:)rn], **cith·ern** [síθərn] *n.* 시턴 [기타 비슷한 옛 악기; 특히 16-17세기에 영국에서 유행].

‡**cit·y** [síti] *n.* (*pl.* **cit·ies**) 1 [일반적으로] 도시, 도회. *cf.* town ¶ do the *city* 시내를 구경하다. 2 《영》[보통 bishop 이 있는 곳(town)으로 국왕으로부터 시의 칭호를 받은] 도시. 3 《미》시[시장과 시의회에 의해 통치되는 자치체]. 4 《캐나다》인구를 바탕으로 하는 상위 자치체. 5 《집합적》시의 주민, 전시민. 6 (the C-)《영》 a) 구(舊) 런던시 [Lord Mayor 와 시의회가 통치한다]. b) 그 상업·금융의 중심 구역. 7 (the C-)《영》[고대 그리스 등의] 시국가(city-state).
the City of Davíd (성서) 다윗의 도성(城). * Jerusalem[←사무엘기(하)(2 Sam.)5 : 6-7] 또는 Bethlehem [누가 복음(Luke)2 : 4]을 말한다.

the City of Gód 하나님의 성 [←시편(Ps.)46 : 4].
the City of Lílies 백합의 도시 [플로렌스의 별칭].
the city of réfuge { 성서 } 도피하는 자의 성읍(도시) [고대 유대에서 실수로 살인한 자의 보호지로 인정받은 6개 성읍.←여호수아기(書)(Josh.)20].
the City of [the] Séven Hílls 일곱 언덕의 도시 [로마의 별칭].
the Etérnal Cíty 영원의 도시 [로마의 별칭]. 「자.
sómething in the Cíty 《영구어》의심스러운 금융업
cíty árticle *n.* [신문의] 상업·경제 기사.
city assémbly *n.* 시의회(municipal assembly).
cíty bánk *n.* 시중 은행.
city-born [sítibɔ́:rn] *adj.* 도시에서 태어난.
city-bred [sítibrèd] *adj.* 도시에서 자란.
city búster *n.* 《구어》 큰 폭탄 [원자 폭탄·수소 폭탄 따위].
city chícken *n.* 돼지(송아지) 고기를 꼬챙이에 꽂아서 밀가루를 묻혀 기름으로 튀긴 요리.
city códe *n.* 도시 코드, 도시 약호(略號) [항공 회사·여행업계 등에서 사용되는 세 글자로 된 약호로서, Geneva 는 GVA, London 은 LON, Paris 는 PAR, New York 은 NYC 로 하는 것 등].
Cíty Cómpany *n.* 《영》런던시 상업 조합.
city cóuncil *n.* 시의회.
city delívery *n.* 《미》시내 우편 배달. *cf.* rural delivery
city désk *n.* 1 《미》[신문사의] 사회부, 지방부; 《영》경제 편집부.
cíty éditor 1 《미》[신문의] 지방 기사 편집장, 사회부장. 2 《영》[신문의] 경제 편집장, 경제부장.
city fáther *n.* 시의 지도적 인물 [시의회 의원 등].
city gás *n.* 도시 가스.
city háll *n.* 《미》시청, 시 청사.
city mán *n.* 《영》(종종 C-) 금융가(financier); 런던의 상업·금융의 중심지 (the City)에서 은행업에 종사하는 사람.
city mánager *n.* 선거에 의하지 않고 시의회의 임명으로 시정(市政)을 맡아보는 사람.
city órdinance *n.* 도시 조례(條例) 《영》by-law.
city plán *n.* 도시 계획 [도시의 무질서한 발전을 막고 질서를 잡는 일].
city plánning *n.* =city plan.
cíty róom *n.* 1 [신문·라디오·텔레비전 따위의] 지방판 편집실. 2 지방판 편집실 직원.
city·scape [sítiskèip] *n.* 도시 풍경, 도시의 경관.
city slícker *n.* 《미구어》도회물이 든 사람 [시골 사람들이 종종 경멸적으로 쓴다]. 「가.
city-state [sítistéit] *n.* [고대 그리스 등의] 도시 국
city-ward [sítiwərd], **-wards** [-wərdz] *adv.* 도회(도심), 도회(市) 쪽으로.
cíty wáter *n.* 수도[용수].
city-wide [sítiwàid] *adj.,adv.* 전(全) 도시(의).
civ. (略) civil, civilian.
civ·et [sívit] *n.* 1 Ⓤ 영묘향(靈貓香). 2 사향고양이 (civet cat). 3 Ⓤ 사향고양이의 가죽.
civ·ex [síveks] *n.* 시벡스[핵무기 제조의 원료가 되는 플루토늄의 생산 방지를 위해 핵연료를 중심로서 재처리하는 시스템]. [<CIV[ILIAN]+EX[TRACTION]]

*****civ·ic** [sívik] *adj.* 1 시의, 도시의. ¶ a *civic* problem 도시 문제. 2 시민의, 시민다운, 시민적인. 3 시민 간의(civil). ¶ *civic* duties 시민의 의무 / *civic* virtues 공민 도덕. -**i·cal·ly** [-ikəli] *adv.*
civic cénter ((英) céntre) *n.* 관청이나 여러 공공 시설이 모여 있는 도시의 중심 지구.
civic crówn *n.* 시민의 영관(榮冠) [고대 로마에서 전우의 목숨을 구한 병사에게 주는 떡갈나뭇잎의 관].
civ·i·cism [sívisìz(ə)m] *n.* 1 시민주의, 시정(市政) 존중; 공민 중심주의 [정신].
civ·ic-mind·ed [sívikmáindid] *adj.* 공동 사회의 이

civ·ics [sívik s] *n. pl.* 《단수 취급》 공민과; 시정학; 시정론, 시정 연구.

‡**civ·il** [sív(ə)l/-v(i)l] *adj.* **1** 시민(공민)의, 시민(공민)으로 이루어진; 시민(공민)으로서의. ¶ *civil* life 시민 생활 / *civil* duties 공민으로서의 의무 / *civil* spirit 시민 정신. **2** 국가의, 국내의, 내국의, ¶ *civil* affairs 국내 문제. **3** 《군에 대하여》 일반 시민의, 문관의; 《교회에 대하여》 세속의. ¶ *civil* administration 민정(民政) / *civil* authorities 문관, 민사 당국자. **4** 문명의, 개화한. *opp.* savage ¶ *civil* society 〔공동 생활을 영위하는〕 문명 사회, 시민 사회. **5** 공손한, 예의바른. ⇨ POLITE 類語 ¶ keep a *civil* tongue in one's head 〔실례가 되지 않도록〕 말을 삼가다 / I must say something *civil* to him. 그에게 예의바른 말을 좀 해주어야겠다. **6** 〔법률〕 민법의; 국민 시민법의 부탁(受託). ¶ *civil* law 민법(상용법 (민법)의) (*cf.* criminal, political). ¶ the *Civil* Court 민사 법원. **7** 〔천문지(天文時)·천문력에 대하여〕 상용(常用)의. ¶ a *civil* day 상용일〔한밤중에서 다음날 한밤중까지의 하루〕 / a *civil* year 상용년, 역년(曆年).
do the civil 정중하게 하다. ◇ civility *n*.

cívil áction *n.* 〔법률〕 민사 소송.
cívil commótion *n.* 〔국내의〕 폭동, 소요.
cívil déath *n.* 〔법률〕 시민(공민)권의 박탈(상실).
cívil defénse *n.* 《英》**defénce**) *n.* 〔U〕 전시에 주로 공습에 대한 민간 방위 체제.
cívil disobédience *n.* 〔U〕 시민적 반항〔납세 거부 따위에 의한 시민의 정치적 공동 반항〕.
cívil enginéer *n.* 토목 기사, 토목 감독.
cívil enginéering *n.* 〔U〕 토목 공학, 토목 공사.

*****ci·vil·ian** [sivíljən] *n.* **1** 〔군인·경관 등에 대하여〕 평민, 시민; 비전투원, 민간인; 문관, 공무원. **2** 로마법(민법) 학자, 로마법(민법)의 대가. — *adj.* 평민의, 민간의; 문관의; 〔물리학〕(文民化)된.

ci·vil·i·an·i·za·tion [sivìljənizéi(ə)n / -naiz-] *n.* 〔U〕 문민화.
ci·vil·ian·ize [sivíljənàiz] *vt.* (-ized, -iz·ing) …을 군 관리에서 민간 관리로 바꾸다, 문민화하다.
civ·i·li·sa·tion [sìvilizéij(ə)n / -laiz-] *n.* 《英》 = civilization.
civ·i·lise [sívilàiz] *vt.* (-lised, -lis·ing) 《英》 = civilize.
***ci·vil·i·ty** [sivíliti] *n.* (*pl.* -ties) **1** 〔U〕 정중, 공손, 예의바름. **2** 정중〔공손〕한 행동〔말〕. **3** 〔U〕 〔고어〕 문명, 문화.
civ·i·liz·a·ble [sívilàizəbl] *adj.* 교화(教化)할 수 있는, 문명화할 수 있는.
‡**civ·i·li·za·tion, -sa-** [sìvilizéij(ə)n / -lai-] *n.* 〔U〕 **1** 문명, 문화 (⇨ CULTURE 類語); 교화〔하기〕, 개화〔하기〕; 문명 상태. **2** 《집합적》 문명국〔국민〕들. **3** 〔국가·민족 또는 한 시기의〕 문명(양식). ¶ ancient Irish *civilization* 고대 아일랜드 문명〔양식〕. **4** 문명이 발달한 지역. **5** 문명의 이점(이기).
*****civ·i·lize** [sívilàiz] (* 《英》에서는 **civilise** 로도 쓴다) *vt.* (-lized, -liz·ing) **1** …을 개화시키다, 문명으로 이끌다, 교화하다(enlighten). **2** …을 세련시키다.
civ·i·lized [sívilàizd] *adj.* **1** 문명의, 개화된, 문명의 영역에 도달한. **2** 예절바른, 품위있는, 훈육을 잘 받은, 배운 데 있는, 문명의, 문화(인)의.
civ·i·liz·er [sívilàizər] *n.* 개화(교화)시키는 사람 (것).
cívil láw *n.* **1** 민법. **2** (C- L-) 로마법 (Roman law).
cívil líberty *n.* (보통 -ties) 시민적 자유, 공민의 자유.
cívil líst *n.* 《英》 **1** 〔의회에서 책정한〕 왕실 경비. **2** 문관 봉급표; 문관의 봉급〔특히 총액〕.
cív·il·ly [sív(ə)li] *adv.* **1** 시민〔공민〕답게. **2** 민법상; 민사상. **3** 공손하게, 예의바르게(politely).
cívil márriage *n.* 〔종교 의식을 따르지 않는〕 민사 혼인, 신고 결혼.
cívil ríghts *n. pl.* **1** (때로 C· R·) 《美》 공민(민)권. **2**

cívil sérvant *n.* 《주로 英》 문관, 공무원.
cívil sérvice *n.* 〔U〕 정부 근무, 행정사무; (the C- S-) 《집합적》 전(全)공무원, 전(全)공무원. ¶ *Civil Service* Commissioners 공무원 시험 위원.
cív·il-spó·ken [sív(ə)lspóuk(ə)n / -v(i)l-] *adj.* 말씨가 정중한.
cívil súit *n.* 민사 소송.
cívil wár *n.* **1** 내란. **2** (the C· W·) **a)** 《美》 남북전쟁(1861-65). **b)** 《英》〔Charles I세 시대의〕 국회파와 왕당파의 싸움(1642-46, 1648-52). *cf.* Great Rebellion
cívil yéar *n.* 상용년, 공민 정신, 공민 정신.
civ·vy, -vie [sívi], **(civie)** *adj.* 《속어》일반인의, 민간인의. — *n.* (*pl.* -vies) **1** 〔군에 대하여〕 일반인, 민간인. **2** (-vies) 〔군복·관복에 대하여〕 평복.
Cívvy Strèet *n.* 《英속어》 시민 생활. 〔신사복.
CJ 〔略〕 Chief Justice.
ck. 〔略〕 cask; check.
Cl 〔化学〕 chlorine 의 원자 기호.
cl. 〔略〕 centiliter; class; clause; cloth;claim; clearance;
c.l. 〔略〕 carload; civil law. 〔 clerk.
C/L 〔略〕 *cash letter* 〔당좌〕 예금 입금표).
CLA ⓒCollege Language Association.
clab·ber [klǽbər] *n.* 〔U〕 산패(酸敗)하여 응고한 우유. — *vi.* 〔우유가〕 산패하여 응고하다. — *vt.* …을 응고시키다.

clack [klǽk] *vi.* **1** 찰칵〔덜컥, 탁〕 소리나다, 덜컥덜컥 소리나다. **2** 재잘거리다(chatter). **3** 〔암닭 따위가〕 꼬꼬 울다. — *vt.* **1** …을 재잘재잘 떠들어대다.
2 …을 찰칵〔탁, 덜컥〕 소리나게 하다. — *n.* **1** 찰칵〔덜컥〕 하는 소리. **2** 재잘거림, 수다. **3** 《美속어》 허.
4 〔기계〕 = clack valve.
clack·er [klǽkər] *n.* 덜컥덜컥〔딸각딸각〕 소리나는 것, 재잘거리는 사람.
cláck válve *n.* 〔기계〕 나비형 밸브, 역류 방지 밸브.
***clad**[1] [klǽd] *v.* CLOTHE 의 과거·과거 분사. — *adj.* 차려입은; 장비한. ¶ well-*clad* children 잘 차려입은 아이들.
clad[2] [klǽd] *vt.* (**clad, clad·ding**) …을 도금하다.
‡**claim** [kleim] *vt.* **1** 〔당연한 권리로서〕 …을 요구하다, 청구하다. ⇨ DEMAND 類語 ¶ *claim* damages 손해배상을 요구하다 / *claim* obedience 복종을 요구하다.
2 〔권리·소유·자격 따위〕 승인을 요구하다, …의 권리를 주장하다. ¶ Both sides *claimed* the victory. 양측이 다 이겼다고 주장했다 / Every citizen may *claim* the protection of the law. 시민은 누구나 법률의 보호를 요구할 수 있을 것이다 / Does anybody *claim* this umbrella? 이 우산을 분실한 사람은 없습니까? / Where do I *claim* my baggage? 짐은 어디서 찾습니까? **3** 〔구어〕 …을 〔사실이라고〕 주장하다. ¶ (~ +*to* do) He *claimed* to have reached the top of the mountain. 그는 산정에 올랐다고 주장했다 // (~ +*that* 節) She *claimed* that he had attempted to kidnap her child. 그녀는 그가 자기 아이를 유괴하려 했다고 주장했다.
4 〔사물이〕 …을 필요로 하다, 요구하다; 〔주의할만한〕 가치가 있다 (deserve). ¶ There's one other point which *claims* our attention. 우리가 주목할 만한 점이 또 한가지 있다 / Death *claimed* him. 그는 죽었다.
— *vi.* 〔법률〕 손해 배상을 요구하다 (against…). ¶ (~ +前+名) *claim against* a person 남에게 배상을 요구하다, 남을 고소하다.
— *n.* ⓒⓤ 〔당연한 권리로서의〕 요구, 청구; 주장 (*for, to*…). ¶ satisfy a person's *claim for* damages 남의 손해 요구에 응하다 / set up a *claim to* a copyright 판권을 주장하다 / He put in a *claim for* a share in the spoils. 그는 노획물의 분배 몫을 요구했다.
2 〔당연한〕 권리, 자격 (*to, on…*). ¶ He has no *claim on* me. 그는 내게 아무 것도 요구할 권리가 없다 / He has no *claim to* scholarship. 그는 학자의 자격이 없다.

3 [사실 또는 자기 것으로서의] 주장, 단언(to...). ¶ Does anybody make a *claim* to this wallet? 이 지갑은 어느 분의 것입니까? **4** 청구물, 요구되는 땅, [채굴 따위를 위한] 불하 허가지; 수취소, 찾는 곳. ¶ stake out a *claim* 말뚝을 쳐서 배분된 토지의 경계를 짓다 / baggage *claim* 수화물 찾는 곳. **5** [보험·배상 따위의] 지불 요구; (~s) 배상금. *jump a claim* ① 《美》 남이 선취한 토지(채굴권)를 가로채다. ② [남의 권리 따위]를 속여서 빼앗다. *lay claim to* …의 소유권을 주장하다, …할 자격이 있다고 주장하다.

claim·a·ble [kléiməbl] *adj.* [권리로서] 요구할 수 있는, [당연히] 주장할 수 있는, 청구할 수 있는.

*claim·ant [kléimənt] *n.* 요구자, 권리 주장자; [배상 따위의] 청구자, 신청자. — 《예탁자》

cláim chèck *n.* [물건을 보관시키고 받는] 보관증.

claim·er [kléimər] *n.* 1 = claimant. 2 [매각 경마의] 출전마, 매각 경마.

cláiming ràce *n.* 매각 경마[말을 일정한 금액으로 경주 후에 매각하는 조건을 붙여 출전시키는 경마].

claim-jump·er [kléimdʒʌmpər] *n.* 《美》 불하된 광구 따위의 선취 특권 횡령자.

clair·au·di·ence [klɛ(:)rɔ́ːdiəns, -djəns / klɛərɔ́ː-] *n.* ⓤ 투청력(透聽力).

clair·au·di·ent [klɛ(:)rɔ́ːdiənt, -djənt / klɛərɔ́ː-] *adj.* 투청력이 있는. — *n.* 투청력자, 초인적 청력가.

clair·voy·ance [klɛərvɔ́iəns] *n.* ⓤ 1 날카로운 통찰력. 2 투시, 투시력, 천리안.

clair·voy·ant [klɛərvɔ́iənt] *adj.* 투시력이 있는, 천리안의, 투시의. — *n.* 투시자, 천리안을 가진 사람.

*clam¹ [klæm] *n.* 1 대합조개의 식용 조개. ¶ *clam* chowder 대합조개의 냄비 요리. **2** 《美俗》 말없는 사람, 말수가 적은 사람; 명청한 사람. **3** 《美俗》 잘못 (mistake). **4** 《美속어》 1달러[의 금액].
close as a clam 꼭 쥐고 내놓지 않는, 인색한 (stingy).
— *vi.* (**clammed, clam·ming**) 대합조개를 잡다.
clam up 《美구어》 입을 다물다.
◇ *clámmy adj.*

clam² [klæm] *n.* (보통 ~s) 꺾쇠(clamp).

clam³ [klæm] *n.* ⓤ 차갑고 끈적한 상태; 축축한 상태.

cla·mant [kléimənt] *adj.* 1 시끄러운(noisy). 2 긴급의, 다급한.

clam·bake [klǽmbèik] *n.* 《美》 1 바닷가에서 대합을 구워 먹는 야유회, 2 (구어) 모임(gathering), (특히) 유쾌한 모임. 3 《속어》 [라디오 프로의] 실패한 리허설; 화려한 실패.

*clam·ber [klǽm(b)ər / klǽmbə] *vi., vt.* […을] 손발로 기어오르다; 힘들여 기어오르다. — *n.* 기어오름.

clam·ber·er [klǽm(b)ərər / klǽmbə-] *n.* 기어오르는 사람.

clam·my [klǽmi] *adj.* (**-mi·er, -mi·est**) 축축하고 끈적끈적한; 불쾌한. **-mi·ly** *adv.* **-mi·ness** *n.*

‡clam·or, 《英》 -our [klǽmər] *n.* 1 큰 외침소리, 아우성치는 소리, 노호, 절규(loud shouting), 2 [불만·항의·요구 따위의] 시끄러운 외침, 떠들어대는 소리; 이유 (against, for, of...) ⇨ NOISE[類語] ¶ They made *clamors against* lower pay(for better pay). 그들은 임금 인하에 반대하여(임금 인상을 요구하여) 외치고 있었다 / It called forth *clamors of* indignation. 그것 때문에 노성이 일어났다. **3** 소동, 소란. ¶ I don't want to make a foolish and futile *clamor*. 나는 어리석고 소용없는 법석을 떨고 싶지는 않다.
— *vi.* 외치다, 절규하다; 떠들어대다. ¶ (~+團) They *clamored* out. 그들은 큰 소리로 떠들어댔다 // (~+뒤+名) The newspapers *clamored against* the government's policy. 신문들은 정부의 정책에 대하여 이들어 반대했다 / We *clamored for* admission. 우리

는 시끄럽게 떠들며 입장을 요구했다 / The prisoners *clamored for* better treatment. 죄수들은 보다 나은 대우를 요구하며 떠들어댔다 // (~+to do) The soldiers *clamored to* go home. 병사들은 귀환하겠다고 떠들어댔다.
— *vt.* …을 시끄럽게 말하다, 떠들어대다; 외쳐서(노호하여) …에게 …시키다. ¶ They *clamored* their demands. 그들은 요구 사항을 외쳐댔다 // (~+團+圖) The speaker was *clamored down*. 변사는 야유를 받고 입을 다물었다 // (~+*that*) They *clamored that* the accident was caused by carelessness. 그들은 그 사고가 부주의 탓이라고 외쳤댔다.
◇ *clámorous adj.*

clam·or·er, 《英》 **-our-** [klǽmərər] *n.* 절규하는 사람, 노호하는 사람.

*clam·or·ous [klǽm(ə)rəs] *adj.* 1 시끄러운, 소연한, 소란한. 2 시끄럽게 요구하는, ~ly *adv.* ~ness *n.*

clam·our [klǽmər] *n., v.* 《英》 = clamor.

*clamp¹ [klæmp] *n.* 1 꺾쇠, 죔쇠, 거멀못; 죄는 기구. 2 (보통 ~s) 집게, [배 만드는 목수 용의] 못뽑이의 일종; [의자용의] 겸자(鉗子). **3** [건축] 나비장; (造船) 보받이 판자. — *vt.* …을 꺾쇠로 고정시키다(죄다), …에 꺾쇠를 걸다.
clamp down 《美구어》 …을 탄압하다, 단속하다.

clamp² [klæmp] *vi.* 육중하게 걷다, 무거운 발소리를 내며 걷다. — *n.* 무거운 발소리.

clamp³ [klæmp] *n.* [이탄(泥炭)·잔디·쓰레기 따위의] 더미, 퇴적; [흙·짚을 덮어서 저장한] 감자 더미. — *vt.* …을 쌓아 놓다, 쌓다.

clamp·down [klǽmpdàun] *n.* 《美속어》 엄중한 단속.

clamp·er [klǽmpər] *n.* 1 꺾쇠(clamp), 집게(pincer). 2 [미끄러지지 않게 구두창에 대는] 못박은 작은 철판, 등철(冬鐵).

clámp scrèw *n.* 죄어붙이는 데 쓰는 나사못. *cf.* setscrew

clam·shell [klǽmʃèl] *n.* 1 대합 조가비, 2 조가비 모양의 흙을 퍼올리는 기구[강바다 따위의 준설용].

clam·worm [klǽmwə̀ːrm] *n.* 갯지렁이[낚싯밥이 되는 벌레].

*clan [klæn] *n.* 1 [특히 스코틀랜드 고지의] 씨족. 2 한패, 동아리, 도당, 파벌. **3** (人類) [모계에서 본] 부족 단위, [동일 조상의] 일족. — ⓤ clánnish *adj.*

clan·des·tine [klændéstin, +英 -tain] *adj.* 비밀의, 내밀의, 남몰래 하는(secret, private); 남의 눈을 꺼리는. ¶ *clandestine* dealings 비밀 거래.
~ly *adv.* **~ness** *n.*

*clang [klæŋ] *n.* 땡, 땡그랑, 쨍그랑; 금속이 서로 부딪치는 소리, 금속성 소리. — *vi., vt.* […을] 땡(쨍그랑)하고 울리다. *cf.* clank

clang·er [klǽŋər] *n.* 《英속어》 큰 실수.
drop a clanger 《英속어》 큰 실수를 저지르다.

clan·gor, 《英》 **-gour** [klǽŋ(g)ər] *n.* 땡땡, 쨍그랑, 쨍쟁[금속성의 소리]. — *vi.* 땡땡 울리다, 쨍그랑쨍그랑 울려퍼지다.

clan·gor·ous [klǽŋ(g)ərəs] *adj.* 땡그랑땡그랑 울리는. **~ly** *adv.*

clank [klæŋk] *n.* 절컥절컥[무거운 쇠사슬이 서로 부딪쳐 나는 소리]. — *vi.* 1 철컥철컥하고 소리내다(울리다). 2 절컥절컥 소리를 내며 움직이다. — *vt.* …을 철컥거리다.

clan·nish [klǽniʃ] *adj.* 1 씨족의, 2 (같은 패거리·당원으로) 단결심이 강한, 파벌적인, 배타적인.
~ly *adv.* **~ness** *n.* 당 감정.

clan·ship [klǽnʃip] *n.* ⓤ 씨족 제도; 씨족 정신; 파벌 정신.

clans·man [klǽnzmən] *n.* (*pl.* **-men** [-mən]) 같은 씨족의 사람, 일족(문중)의 사람.

clans·wom·an [klǽnzwùmən] *n.* (*pl.* **-wom·en** [-wìmin]) clansman 의 여성형.

‡clap¹ [klæp] *v.* (**clapped, clap·ping**) *vt.* 1 [손바닥 따위]를 세게 치다, 때리다; [새가] 날개치다(flap). ¶ He

clapped his hands, when the maid appeared. 그가 손뼉을 치자 하녀가 나타났다. **2** …에게 박수갈채하다, 박수를 보내다. ¶ *clap* a performer 연주자에게 박수를 보내다. **3** [어깨 따위를] 가볍게(친근하게) 치다, 툭 치다(pat). ¶ (~+圄+剾+名) I *clapped* him *on* the shoulder. 나는 그의 어깨를 툭 쳤다. **4** [급격한 동작으로 철썩이] …하다, 대다; 쾅 닫다; [돛 따위를] 재빨리 올리다. ¶ (~+圄+剾+名) *clap* a hat *on* one's head 모자를 훌쩍 쓰다 / *clap* a board *over* a pit 구멍을 판자로 탁 막다 / *clap* spurs *to* a horse 말에 급히 박차를 가하다. — *vi.* 손뼉을 치다; 박수하다.
clap eyes on ⇨ EYE.
clap hold of …을 붙잡다.
clap on ① (구어) [힘차게] 시작하다. ② 돛을 확 펴다. ¶ *clap* all sail *on* 돛을 모두 펴다.
clap up ① …을 급조하다, 서둘러 준비하다. ② [거래 따위를] 서둘러 결정짓다, 체결하다. ¶ *clap up* a bargain 서둘러 거래를 매듭짓다. ③ …을 투옥하다. ④ 계속해서 많은 박수를 보내다.
— *n.* 찰싹 때리기(때리는 소리), 손바닥으로 치기(치는 소리), 박수(clapping) [소리], 청찬; 날개치기(치는 소리); 천둥 따위의 큰 굉음. ¶ a *clap* of thunder 뇌성, 천둥 소리.

clap² [klæp] *n.* (보통 the ~) 《卑語》성병; [특히] 매독(syphilis).

clap·board [klǽbərd, klǽpbɔ̀ːrd / klǽpbɔ̀ːd] *n.* **1** 《美》물막이 판자, 비늘판자(《英》weatherboard). **2** 《英》[통 따위를 만드는] 떡갈나무 판자. — *vt.* 《美》…에 물막이 판자를 대다.

clap·net [klǽpnèt] *n.* [새 잡는] 덮그물.

clap·om·e·ter [klæpɒ́mitər / -ɔm-] *n.* 박수 계량기.

clap·per [klǽpər] *n.* **1** 박수치는 사람, 손뼉치는 사람; 치는 사람, 때리는 사람. **2** [종·방울의] 추·방울쇠(tongue) **4** 설렁; 땡땡이.
like the clappers 《英속어》매우 빨리.

clap·per·board [klǽpərbɔ̀ːrd/-bɔ̀ːd] *n.* (보통 ~s) [영화] 딱다기[촬영 시작과 종료 때 신호로 치는 딱다기].

clap·per·claw [klǽpərklɔ̀ː] *vt.* 《고어》**1** …을 때리고 할퀴다. **2** …을 욕하다, 꾸짖다.

clap·trap [klǽptræp] *n.* ⓤ **1** 인기를 끌기 위한 수단 (방책 따위). **2** 알맹이 없는 말; 실없는 소리.
— *adj.* 인기를 끌기 위한, 얼렁뚱땅하는.

claque [klæk] *n.* (집합적) **1** 극장에 고용되어 박수·성원을 보내는 패. **2** 남에게 추종하는 패거리. [<F *claquer* clap]

cla·queur [klækə́ːr] *n.* 고용되어 박수(성원)하는 사람.

clar. (略) clarinet.

clar·a·bel·la [klæ̀rəbélə] *n.* 클라라벨라 음전(音栓) [부드럽고 감미로운 음색을 내는 풍금의 음전].

clar·ence [klǽrəns] *n.* 4인승 상자형 4륜마차[Brougham과 흡사하다]. [<후에 영국왕 William 4세가 된 Clarence 공작(1765-1837)의 이름]

clar·en·don [klǽrəndən] *n.* ⓤ [인쇄] 클라렌든 활자 [좀 길고 굵은 활자체]. [<영국 Oxford 대학 출판부의 인쇄소 the Clarendon Press]

clar·et [klǽrət] *n.* ⓤ **1** 클래럿 [프랑스의 Bordeaux 산(產) 적포도주]; 담백하면서 좀 떫은 맛이 난다. *cf.* Bordeaux **2** 클래럿색[짙은 자홍색]. **3** (속어) 피. ¶ tap (*or* broach) a person's *claret* …을 때려서 코피가 나게 하다. **4** 《구어》자동차의 피.

claret cup *n.* 클래럿 컵[클래럿에 레몬즙·브랜디·과실·설탕 따위를 섞고 탄산수를 타서 만든 청량 음료].

clar·i·fi·ca·tion [klæ̀rəfikéiʃ(ə)n] *n.* ⓤ **1** 정화(淨化); 정화법; (액체 따위의) 투명하게 하기. **2** [내용·이유 따위의] 명확화.

clar·i·fi·er [klǽrəfàiər] *n.* 맑게 하는 사람(것), 정화기; 청정제(劑); 정화제.

*****clar·i·fy** [klǽrəfài] *v.* (**-fied, -fy·ing**) *vt.* [생각·문제 따위]를 명백히 하다. ¶ He *clarified* his proposal. 그는 자기의 제안을 분명히 밝혔다. **2** [액체·기체 따위]를 투명하게 하다, 맑게 하다. **3** (의식 따위)를 뚜렷하게 하다. — *vi.* **1** 분명해지다. **2** 투명하게 되다, 맑아지다.

*****clar·i·net** [klæ̀rinét, klǽrinət], (**clar·i·o·net** [klæ̀rinét]) *n.* 클라리넷. [<F] 연주자.

clar·i·net·ist, -net·tist [klæ̀rinétist] *n.* 클라리넷

*****clar·i·on** [klǽriən] *adj.* 날카롭고 맑은, 명쾌한, 낭랑하고 날카로운. — *n.* **1** 클라리온[옛날 전쟁 때 사용한 트럼펫의 일종]; 《詩》클라리온 소리, 클라리온과 비슷한 낭랑한 나팔 소리. **2** [풍금의] 클라리온 음전(音栓).

*****clar·i·ty** [klǽriti] *n.* ⓤ **1** 청명, 청징(淸澄), 명쾌(clearness). **2** 명백, 명료.

clar·ki·a [klɑ́ːrkiə / -kiə, -kiə] *n.* 클라키어[미국 서부 원산의 바늘꽃과(科)의 관상용 식물].

cla·ro [klɑ́ːrou] *adj.* [엽궐련이] 빛깔이 엷고 맛이 순한 (**-ros** *or* **-roes**) 맛이 순한 엽궐련.

clart [klɑːrt] *vt.* 《스코·北英》끈적끈적한 것으로 …을 더럽히다. 관상용 식물.

clar·y [klɛ́(ː)ri / klǽri] *n.* (*pl.* **clar·ies**) 샐비어속의

‡**clash** [klæʃ] *n.* **1** [종 따위가] 땡땡 울리는 소리, [무기 따위의] 쟁그랑쟁그랑 부딪치는 소리. ¶ It came down with a *clash*. 그것이 쟁그랑 소리를 내며 떨어졌다. **2** 충돌하기, 심하게 부딪치기. **3** [견해·이익의] 충돌, 알력, 불일치, 대립(conflict, opposition). ¶ the *clash* of opinions 의견의 충돌 / Incessant *clashes* occurred between them. 그들 사이에 끊임없는 충돌이 일어났다.
— *vi.* **1** [종 따위가] 땡땡 울리다. [무기 따위가] 쟁그랑 울리다. **2** [큰 소리를 내며] 충돌하다, 심하게 부딪치다 (*into, against, at, upon...*). ¶ The swords *clashed*. 칼이 쩽그랑 맞부딪쳤다 // (~+剾+名) Shield *clashed against* shield as the warriors met in battle. 무사들이 싸움에서 맞불고 방패와 방패가 서로 부딪쳤다. **3** [의견 따위가] 충돌하다, [규칙 따위에] 저촉되다 (conflict, disagree); 일치하지 않다; [색 따위가] 어울리지 않다(*with...*). ¶ Their interests *clash*. 그들은 이해가 상치된다 // (~+剾+名) This plan *clashes with* his interests. 이 계획은 그의 이익과 충돌한다 / Those colors *clash with* her dress. 저 색은 그녀의 옷과 어울리지 않는다. — *vt.* [종 따위]를 땡땡 울리다, [칼 따위]를 쨍그랑쨍그랑 맞부딪치다; …을 심하게 부딪치게 하다 (*...against*). ¶ The bell *clashed* its sorrowful note. 종이 슬픈 가락으로 울렸다 // (~+圄+剾+名) He *clashed* his head *against* the wall. 그는 벽에 머리를 부딪쳤다.

clash·land [klǽʃlənd] *vi.* [비행기가] 불시착하다.

‡**clasp** [klæsp / klɑːsp] *n.* **1** 고리, 걸쇠, 죔쇠, 클래스프, 버클(buckle). **2** 꽉 쥐기(잡기), 악수(grasp); 포옹(embrace). ¶ He gave my hand a hard *clasp*. 그는 나의 손을 꼭 잡았다. **3** 종군 기념 약장(略章) [훈장의 리본에 붙이는 것; 종군지명 따위가 새겨져 있다]. — *vt.* **1** [걸쇠로] …을 고정시키다. **2** …을 바짝 죄다, 채우다. **3** …을 힘있게 쥐다(grasp); …을 꼭 껴안다, 포옹하다. ¶ We *clasped* hands. 우리는 [감동적으로] 굳게 손을 잡았다 (재회했을 때) / I *clasped* my hands [together] at the news. 나는 그 소식을 듣고 두 손을 마주잡았다 (*놀람, 기원, 깊은 감동을 나타내는 몸짓). // (~+圄+剾+名) He *clasped* her *by* the hand. 그는 그녀의 손을 꼭 잡았다 / The mother *clasped* her baby hard in her arms (*to* her bosom). 어머니는 갓난 아기를 품에 꼭 껴안았다. **4** [덩굴이] …에 감겨들다, 휘감기다. — *vi.* **1** [걸쇠 따위로] 고정되다, 죄다. **2** 꽉 쥐다. ◇ enclásp *v.*

clasp·er [klǽspər / klɑ́ːsp-] *n.* **1** 휘감기는 것(사람). **2** [식물의] 덩굴손. **3** (~s) [곤충의] 끌어안는 기관, 교미기(交尾器), 미각(尾脚).

clásp hóok *n.* 채우는 갈고리.
clásp knífe *n.* 접는 주머니칼, 접칼.
‡**class** [klæs / klɑːs] *n.* **1** 조(組), 종류(⇨ SORT 類語); 부류, 부문, 항목(division, category). ¶ a good *class* of man 선인(善人) / be of that *class* 저 부문에 속하다 / be not in the same *class* with …과는 비교가 안 되다, 같은 부류가 아니다 / These form a *class* by themselves. 이들은 스스로 한 부문을 이룬다.
2 등급, 급. ¶ high *class* 일류, 상등 / low *class* 하등, 하급/the first *class* 제1급, 제1급/the second *class* 제2등 / a poor class of house 별로 좋지 않은 집 / place A in a *class* with B A 를 B와 동등한 지위(동류)에 놓다.
3 ⓒ ∪ (종종) 학급, 반, 클라스; [국민 학교의]학년; 수업[시간] (lesson). ¶ a first-year *class* [국민 학교의] 1학년/ a graduating *class* 최고 학년, 졸업반 / between *classes* 휴식 시간에/in *class* 수업중/be [at the] top of the *class* 반에서 수석이다 / take a *class* in cookery 요리 강습을 받다 / There are no *classes* on Saturday. 토요일은 휴강일다.
4 《美》〔집합적〕 동기생, 졸업 동기생; [군대의] …년도 병. ¶ the 1961 *class* 1961년도 [입대]병 / the *class* of 1960 1960년도 졸업반 / He graduated from Harvard in the *class* of 1964. 그는 1964년에 하버드를 졸업했다.
5 《英대학》우등시험 합격등급, 우등급. ¶ take (or get, obtain) a *class* 우등으로 졸업(진급)하다, 우등급을 따다.
6 ⓒ ∪ (종종 ~es) [사회의] 계급(rank), 사회 층 (social division); 계급 제도. ¶ the educated *class* 지식 계급 / the higher (or upper) *classes* 상류 계급 / the middle *classes* 중류(중산) 계급 / the lower *classes* 하층 계급 / the propertied *classes* 유산 계급 / the working *classes* 노동자 계급.
7 (the ~es) 〔집합적〕 유산 계급, 지식 계급, 상류 계급. ¶ the *classes* and masses 상류 계급과 하층 계급, 사회 전체.
8 ⓒ 〔구어〕 우수, 탁월, 고급, 걸출(distinction, excellence); 《속어》 〔복장·예의범절 따위의〕 훌륭함. ¶ be no *class* 보잘것 없다, 열등이다 / That has some *class*. 그것 제법 멋지다.
9 〔생물〕 강(綱) 〔생물 분류학상 문(門) (phylum) 과 목 (目) (order) 사이의 것〕. ⇨ CLASSIFICATION 主의
be in a class by oneself 타의 추종을 불허하다, 단연 우수하다, 다른 것과 전혀 다르다.
be not class enough [*to do*] [… 할 만큼] 잘하지 못하다.
do a bit of class 《英속어》 [범죄자들 사이에서] 적어도 수준급의 범죄를 저지르다.
— *vt.* **1** …을 분류하다(classify); …의 등급(품등)을 정하다, ¶ (~+目+*as* 補) be *classed as* …으로서 분류되다 // (~+目+前+名) *class* it *among* poetry 시 부문에 넣다 / be *classed in* three groups 세 그룹으로 분류되다 / be *classed with* …과 동일한 부문에 소속되다.
2 〔학생을〕 학급으로 나누다, …의 반에 넣다. 《英대학》 …에게 우등급을 주다. ¶ He got a degree, but was not *classed*. 그는 학위는 받았지만 우등급을 따지 못했다.
— *vi.* [부류·등급 따위에] 속하다, …의 일원이다. (~+*as* 補) those who *class as* believers 신도인 사람들.
◇ cláss*i*fy *v.*
class. class, classical, classication, classified.
clássa·ble [klǽsəbl / klɑːs-] *adj.* 분류할 수 있는.
cláss áction *n.* 집단 대표 소송.
cláss áction súit *n.* 〔법률〕 《美》〔소비자 문제·공해·교통 사고 따위로 인한 피해자들의 손해 배상을 요구하는〕 집단 소송.
cláss·book [klǽsbùk / klɑːs-] *n.* **1** 《美》[출결·성적 따위를 기록하는] 교무 수첩. **2** 《美》 졸업 기념 앨범. **3** 《英》 교과서.
cláss-con·scious [klǽskɑ́nʃəs / klɑːskɔ́n-] *adj.* 계급 의식을 가진, 계급 의식에 눈뜬.
cláss cónsciousness *n.* ⓤ 계급 의식.
cláss dày *n.* [때로 C·D·) 《美》[졸업식이 개최되는] 졸업 축하회(학예회). [mate.
class·fel·low [klǽsfèlou] *n.* 《주로 英》 = classic.
‡**clas·sic** [klǽsik] *adj.* **1** 제1위의, 일류의(leading), 최고급의, 우수한(excellent). ¶ modern *classic* writers 현대의 일류 작가들 / a *classic* authority on English poetry 영시의 최고 권위자. **2** [문학·예술의] 고대 그리스·로마(풍)의(classical); 고전적인, 고풍의. ¶ *classic* myths 고대 그리스·로마 신화 / *classic* poetry 고전풍의 시. **3** 표준의(standard), 모범적인; 전형적인. **4** 역사적(문화적·문학적)인 연상이 풍부한, [역사적으로] 유서 깊은, [전통적으로]유명한. ¶ a *classic* event 유서 깊은 행사 / the *classic* races [영국의 대표적] 5대 경마[Two Thousand Guineas, One Thousand Guineas, the Derby, Oaks, St. Leger]. **5** 《英》 아주 훌륭한(splendid); 우수한.
— *n.* **1** [고대 그리스·로마의]고전 작가. **2** 고전 학자; 〔고어〕 고전주의자. **3** (the ~s) [고대 그리스·로마의] 고전 문학. **4** [일반적으로] 고전의 것, 최고 작품. ¶ ancient and modern *classics* 고금의 명저. **5** 〔구어〕 전통적 행사(시합), 고전적 행사, 유서 깊은 행사.
6 《美구어》 1925-42년대의 자동차.
◇ clássical *adj.*, clássicize *v.*

clas·si·cal [klǽsik(ə)l] *adj.* **1** 고대 그리스·로마의, 고전 문학의, 고전어의. *cf.* archaic ¶ the *classical* languages 고전어[그리스어·라틴어] / a *classical* education 고전 교육 / *classical* studies 고전 연구 / a *classical* scholar 고전 학자. **2** [고전주의의] [간소·균형·조화 따위를 중시하는]; 고전적인; 의고적(擬古的)인; [음악] 고전파의, 클래식의. ¶ *classical* music 고전파 음악, 클래식 음악(* *classic* music 은 틀림) / *classical* literature 고전주의 문학 / a poem conceived on *classical* line 의(擬)고전풍의 시. **3** 최고급의, 모범적인 (classic); 모범적인, 전형적인. **4** [신기하고 이례적인 학설과 구별하여] 정통파의, 전통적인; [교육의]인문적인(*opp.* technical). ¶ the *classical* school 〔경제〕 정통 [고전] 경제학파[영국의 Adam Smith 일파].
~·**ly** [-kəli] *adv.* ~·**ness** *n.*
clássical cóllege *n.* 《캐나다》 [퀘벡주(州)의] 8년제 고등 학교 겸 대학.
clas·si·cal·ism [klǽsikəlìz(ə)m] *n.* =classicism.
clas·si·cal·ist [klǽsikəlist] *n.* =classicist.
clas·si·cal·i·ty [klǽsikǽliti] *n.* ⓤ **1** 〔문학·예술 양식 따위의] 고전적 특질, 단아(端雅). **2** 고전적 교양(학식).
clas·si·cise [klǽsisàiz] *v.* (*-cised, -cis·ing*) 《英》 = classicize.
clas·si·cism [klǽsisìz(ə)m] *n.* ⓤ **1** [문학·예술의] 고전주의, 의고(擬古)주의, 고전적 양식. ② romanticism **2** [교육상의] 상고(尚古)주의. **3** 고전의 학식. **4** 고전어풍(어형).
clas·si·cist [klǽsisist] *n.* **1** 고전학자; 그리스·로마 연구의 대가. **2** 〔문학·예술상의〕 고전주의자. **3** 고전 교육 창도자.
clas·si·cize [klǽsisàiz] (* 《英》에서는 **classicise** 로도 쓴다) *v.* (*-cized, -ciz·ing*) *vt.* …을 고전풍으로 하다 (make classic). — *vi.* 고전풍을 모방하다.
cláss identificátion *n.* [사회] 계급 귀속(歸屬) 의식.
clas·si·fi·a·ble [klǽsifàiəbl] *adj.* 분류할 수 있는.
‡**clas·si·fi·ca·tion** [klæ̀sifikéiʃ(ə)n] *n.* ⓤⓒ **1** 분류, 유별(類別); 등급 매기기. **2** (동·식물의) 분류.
主의 동물의 분류 단계는 문(門)(phylum), 강(綱)(class), 목(目)(order), 과(科)(family), 속(屬)(genus), 종(種)(species), 변종(變種)(variety), 식물에서는 문(門)(division) 이외는 동물과 같다.
3 〔주로 美〕 [정부·군대 문서의] 기밀 종별(種別).

clas·si·fi·ca·to·ry [klæsífikeitɔ̀ːri, klǽsif- / klǽsifikèit(ə)ri] *adj.* 분류상의; 분류의.

***clas·si·fied** [klǽsifàid] *adj.* **1** 분류된, 분배된. **2** 《주로 美》〔정부·문서 등이〕기밀 분류된; 〔일반적으로〕비밀의, 기밀 취급의. **3** 구인(求人) 광고가 있는. ¶ the *classified* section of a newspaper 신문 광고란.

clássified ádvertísement (* 보통 **clássified ád** 라고 한다) 《美》〔신문 따위의〕항목별 광고, 3행 광고, 구인(구직) 광고. *cf.* display advertising

clas·si·fi·er [klǽsifàiər] *n.* **1** 분류하는 사람(물건). **2** 〔화학〕 분립기(分粒器).

***clas·si·fy** [klǽsifài] *vt.* (-fied, -fy·ing) **1** …을 분류하다, 분류하다; 등급을 매기다, 등급으로 나누다. ¶ *classify* books by subjects 책을 각 과목별로 분류하다. **2** 《주로 美》〔문서 따위〕를 기밀 취급하다.
◇ classification *n.*

clas·sis [klǽsis] *n.* (*pl.* **clas·ses**) 〔드물게〕〔교회〕 **1** 부 개혁파 교회에서의 관할구역의 장로 목사·장로 감독회, **2** 목사·장로 감독회가 지배하는 관할구내의 여러 교회, 교구(敎區).

class·less [klǽslis / klɑ́ːs-] *adj.* 〔사회가〕계급없는; 〔개인이〕사회적 계급에 속하지 않은.

cláss líst *n.* 《英》〔대학의〕우등 시험 합격자 명단.

class·man [klǽsmæn / klɑ́ːs-] *n.* (*pl.* **-men** [-mèn]) 《英》우등 시험 합격자, cf. passman

***class·mate** [klǽsmèit / klɑ́ːs-] *n.* 급우, 반 친구, 《美》동급생.

cláss méeting *n.* 학급회, 학급의 모임.

cláss nóun(**náme**) *n.* 〔문법〕종속(種屬) 명사, 보통 명사(common noun).

cláss nùmber *n.* 〔도서관〕도서 분류 번호.

cláss ríng *n.* 《美》반의 기념 반지〔고등 학교의 어 느 반에 다녔다는 표시 반지〕.

‡**class·room** [klǽsrù(ː)m / klɑ́ːs-] *n.* 교실.

cláss strúggle(**wár, wárfare**) *n.* 계급 투쟁.

class·work [klǽswəːrk / klɑ́ːs-] *n.* 학교 공부, 수업.

class·y [klǽsi / klɑ́ːsi] *adj.* (**class·i·er, class·i·est**) 《美속어》고급의, 훌륭한, 썩 좋은, 멋진.

clas·tic [klǽstik] *adj.* **1** 〔해부(解剖)〕분해할 수 있는. **2** 〔지질〕쇄설성(碎屑性)의(fragmental).

‡**clat·ter** [klǽtər] *n.* **1** 〔접시·기계·말발굽 소리 따위〕 덜커덕거리는 소리; 소음(disturbance). ¶ the *clatter* of machinery 기계의 소음. **2** 떠들썩한 이야기 소리; 잡담(idle talk); 남의 소문 이야기(gossip). ¶ the *clatter* of tongues (noisy laughter) 왁자지껄하는 이야기 소리(웃음 소리).
— *vi.* **1** 덜걱덜걱〔덜커덕덜커덕〕울리다〔소리가 나다〕. **2** 덜커덕거리며 빨리 나아가다, 달려가다. ¶ (~+劇) *clatter* about 통통걸음으로 걸어다니다 / *clatter* along 덜커덕덜커덕 소리내며 달려가다; 발굽 소리를 내며 말을 달리다 / *clatter* down〔접시 따위가 떨어지다〕 덜커덕거리며 빨리 가다. **3** 왁자그르 떠들다(chatter), 큰소리로 지껄이는 말소리가 들리다.
— *vt.* …을 덜커덕거리게 하다, 쟁그렁거리다. ¶ Don't *clatter* your knives and forks. 나이프와 포크를 쟁그렁거리게 하는 것은 안 된다.

clat·ter·er [klǽtərər] *n.* 덜컥거리는 물건; 말 많은 (수다스러운) 사람.

clat·ter·ing·ly [klǽtəriŋli] *adv.* 덜커덕거리며, 스럽게.

clau·di·cant [klɔ́ːdikənt] *adj.* 《폐어》절뚝거리는 (lame). 〔절뚝거리다〕.

clau·di·ca·tion [klɔ̀ːdikéiʃ(ə)n] *n.* ⓤ 파행(跛行).

claus·al [klɔ́ːz(ə)l] *adj.* **1** 〔문법〕절(節)의, **2** 〔법률〕조항의.

‡**clause** [klɔːz] *n.* **1** 〔문법〕절(節)〔중문·복문의 일 부이면서 그 자체 안에 주어·술어를 가지고 있는 어군 (語群)〕. *cf.* phrase ¶ a noun *clause* 명사 절 / an adjective *clause* 형용사절 / an adverbial (*or* an adverb) *clause* 부사 절 / a main (*or* a principal) *clause* 주절(主節) / a subordinate (*or* a dependent) *clause* 종속절/an independent *clause* 독립절. **2** 〔법규·조약·유서 따위의〕조항, 조목. ¶ a penal *clause* 벌칙 / a saving *clause* 단서. ◇ cláusal *adj.*

claus·tral [klɔ́ːstrəl] *adj.* 수도원의(cloistral); 은둔의.

claus·tro·pho·bi·a [klɔ̀ːstrəfóubiə / -bjə, -biə] *n.* ⓤ 〔정신병〕밀실 공포증. *cf.* agorabhobia

cla·vate [kléiveit], (**cla·vat·ed** [-id]) *adj.* 곤봉(방망이) 모양의.

clave[1] [kleiv] *v.* 〔고어〕 cleave[2]의 과거형의 하나.

cla·ve[2] [klɑ́ːvei] *n.* 클라베스〔두 손에 잡고 마주 부딪쳐 울리는 타악기. 룸바 연주 따위에 사용된다〕.

clav·i·chord [klǽvikɔ̀ːrd] *n.* 클라비코드〔피아노의 전신인 건반 악기〕.

clav·i·cle [klǽvikl] *n.* 〔해부·동물〕쇄골(鎖骨) (collarbone).

cla·vic·u·lar [kləvíkjulər] *adj.* 쇄골의. 〔반.

cla·vier[1] [klǽviər, kləvíər / klǽviə] *n.* 〔악기의〕건

cla·vier[2] [kləvíər, + 英 klǽviə] *n.* 건반 악기.

clav·i·form [klǽvifɔ̀ːrm] *adj.* 곤봉(방망이) 모양의 (clavate).

‡**claw** [klɔː] *n.* **1** 〔새·짐승의〕갈고리 발톱; 〔게·새우의〕집게발; 〔경멸적〕사람의 손. **2** 갈고리 발톱 모양의 것; 〔사람의 가늘고 긴〕손가락; 〔장도리의〕못뽑이 (끝). **3** 〔비유적〕〔공격의〕손, 마수. ¶ in a person's *claw* 남의 마수에 걸려 / get one's *claws* into a person 암카퀴하게 남을 공격하다.
cut (*or*, *clip, pare*) *the claws of* …에게서 공격력을 빼앗다, …을 무력하게 하다.
— *vt.* **1** 〔갈고리 발톱으로〕 …을 잡아째다(tear), 움켜잡다. ¶ *Claw* me and I'll claw you. 《속담》네가 할퀴면 나도 할퀼 테다, 오는 정이 있어야 가는 정도 있다. **2** 긁어서 만들다(파다). ¶ *claw* a hole 손(발)톱으로 구멍을 파다. **3** …을 긁듯 하며 앞으로 나아가다.
— *vi.* **1** 손(발)톱으로 할퀴다. **2** 〔잡으려고〕손으로 더듬다. **3** 〔주로 스코〕〔가려운 곳을〕살짝 긁다. 〔다.
claw back 〔주로 정부가〕〔부가금을 세금으로 환수하 *claw hold of* …에 매달리다, …을 꽉 움켜잡다.
claw off 〔항해〕이물을 〔…의〕바람 불어오는 쪽으로 돌리다, 바람을 비스듬히 받으면서 배를 전진시키다.

claw·back [klɔ́ːbæk] *n.* ⓒⓤ《英》교부금을 세금으로 환수하기.

cláw bàr *n.* 게발 모양의 지렛대.

cláw clútch *n.* 서로 맞무는 클러치.

clawed [klɔːd] *adj.* 〔주로 복합어를 만들어〕〔…의〕 톱(발톱)이 있는. ¶ iron-*clawed* 무쇠 손톱(발톱)이 있는. 〔미복(dress coat).

cláw hámmer *n.* **1** 노루발 장도리, **2** 〔구어〕연

cláw hátchet *n.* 노루발 도끼.

‡**clay** [klei] *n.* ⓤ **1** 점토(粘土). ¶ potter's *clay* 도토 (陶土) / as *clay* in the hands of potter 〔도공(陶工)의 손안에 있는 점토처럼〕마음대로/as cold as *clay* 점토처럼 차가운. **2** 흙(earth), 진흙(mud). ¶ die and turn to *clay* 죽어서 흙이 되다/have feet of *clay* 다리가 튼튼하지 못하다, 넘어지기 쉽다. **3** 인간〔신이 흙을 재료로 하여 인체를 만들었다는 성서의 고사에서〕; 〔죽은〕인체; 육체. ¶ a man of *clay* 보통의 〔육체를 지닌〕사람. **4** ⓒ 도제(陶製) 담뱃대(clay pipe).
moisten (*or* *soak, wet*) *one's clay*《구어》술을 한잔 하다(drink).
— *vt.* …에 점토를 섞다(바르다).
◇ cláyish *adj.* 〔말.

clay·bank [kléibæ̀ŋk] *n.* **1** ⓤ 황갈색. **2** 황갈색의

clay-cold [kléikòuld] *adj.* 점토처럼 차가운; 생기 없는(lifeless).

cláy cóurt *n.* 〔정구〕클레이코트〔바닥이 흙으로 된 코트〕. *cf.* grass court

clay·ey [kléii] *adj.* 점토가 많은, 점토질(모양)의; 점
clay íronstòne *n.* 이철광(泥鐵鑛). 「토를 바른.
clay·ish [kléiiʃ] *adj.* 점토질(모양)의; 점토를 바른.
clay·more [kléimɔ̀ːr /·mɔ̀ː] *n.* 1 [옛날 스코틀랜드 고지 사람이 쓰던] 쌍날의 큰 칼. 2 손잡이가 달린 이 넓은 칼. 3 =claymore mine. 「는 지뢰.
cláymore míne *n.* 작은 금속 조각 따위로 날리
cláy pígeon *n.* [사격] 클레이 [클레이 사격(trap-shooting) 따위에서 표적으로 공중에 던지는 점토제 원반].
cláy pípe *n.* 1 토관(土管). 2 도제(陶製) 담뱃
cláy pit *n.* 점토 채굴장.
cláy shòoting *n.* 클레이 사격.
cláy slàte *n.* 점판암(粘板岩).
cláy stòne *n.* [U][C](폐어) 1 충적토 안의 암구(岩 球). 2 점토암(粘土岩) (argillite).
cld. (略) called; canceled; cleared [goods in shipping] (선박의 적하(積荷) 관세를 지불하고); cloud; colored.
-cle ⇨CULE.
clead·ing [klíːdiŋ] *n.* [기계] [보일러 따위의 방열(放 熱)을 막는] 덮개, 실린더 덮개; [터널의] 사방(砂防) 말뚝.

‡**clean** [kliːn] *adj.* (**clean·er, clean·est**) 1 깨끗한, 청결한, 더럽지 않은, 산뜻한; 청결함을 좋아하는. *opp.* dirty ¶ a *clean* room 깨끗한 방 / a *clean* servant 깨끗한 것을 좋아하는 하인.
2 [육체적으로] 깨끗한, 순결한; [정신적·도덕적으로] 더러움이 없는(pure), 순결한, 결백한(innocent); 정정 당당한, 스포츠맨다운. ¶ a *clean* bill [of health] [선원·선객의] 건강 증명서 / a *clean* fighter 정정당당하게 싸우는 선수 / have *clean* hands; keep one's hands *clean* 양심의 가책을 느낄 일이 없다 / lead a *clean* life 깨끗한 생활을 하다 / With regard to personality he is always *clean*. 그는 인품면에서 항상 깨끗하다 / He has a *clean* record. 그는 전과가 없다.
3 상스럽지 않은, 추잡하지 않은. ¶ a *clean* conversation 상스럽지 않은 품위있는 대화 / have a *clean* mouth 상스럽지 않다.
4 순수한(pure), 다른 것이 섞이지 않은(unmixed). ¶ *clean* wine 순수한 포도주.
5 결점(고장)이 없는, 흠있는. ¶ *clean* timber 마디가 없는 재목 / a *clean* record 흠없는 깨끗한 경력.
6 [첨삭·교정으로] 더럽혀지지 않은; [깨끗해서] 읽기 쉬운(readable). ¶ a *clean* copy 정서.
7 완전한, 남김없는. ¶ make a *clean* breast of …을 깨끗이 털어놓다 / show a *clean* pair of heels 살{쩍\}슬쩍 줄행랑을 놓다 / make a *clean* sweep of …을 일소하다 / He won the last election by a *clean* sweep. 그는 최근의 선거에서 완승했다.
8 정당한, 당연한(proper). ¶ the *clean* thing 《美口》 올바른 행위, 정직.
9 〈균형이 잡혀서〉 날씬한, 맵시 좋은(well-shaped), 단정한(trim). ¶ *clean* limbs 날씬한 팔다리 / have *clean* lines 모양이 반듯하다.
10 솜씨 좋은(skillful), 능란한(neat). ¶ a *clean* hit [야구] 깨끗한 안타.
11 [물리] 방사성 강하물이 없는; 방사성이 아닌. ¶ *clean* hydrogen bombs 깨끗한 수소 폭탄.
12 [항해] a) [항구 따위에] 장해물이 없는 (unobstructed), 안전한. *opp.* foul ¶ a *clean* harbor 안전한 항구. b) [배 밑에 해초류·조가비 따위가] 붙어 있지 않은; 뱃짐이 없는; [검역 등이] 잡은 것이 없는.
13 [주로 성서] [인간의] 율법에 비추어 잘못이 없는; 부정타지 않은; [새·짐승·물고기가] 정결한, 먹을 수 있는.
14 [물고기가] 산란기를 지난; 식용으로 알맞은. * 산란기의 물고기는 식중독을 일으키기 쉬우므로 foul fish 라고 하다.
15 《속어》[무기 따위를] 몰래 지니고 있지 않은.
16 《속어》마약을 쓰지 않는.
— *adv.* 1 청결하게; 정정당당하게(cleanly). ¶ She likes to live *clean*. 그녀는 청결을 좋아한다. 2 완전히, 충분히(wholly, completely). ¶ cut *clean* [남붙이가] 잘 들다 / jump *clean* over 훌쩍 뛰어넘다 / He is *clean* mad. 그는 완전히 미쳤다 / I *clean* forgot to go there. 그곳에 가는 것을 깜빡 있었다.
— *vt.* 1 …을 깨끗하게 하다(make clean); …을 말끔히 치우다, 정돈하다. ¶ *clean* a window 유리창을 닦다 / *clean* one's teeth 이를 닦다.
類語 *clean* 부착물 따위를 제거하여 말끔한 상태로 되돌리다; 방법·수단을 불문한: *clean* a dress (a house) 옷(집)을 깨끗이 하다. **cleanse** [화학적 방법 따위로] 불결·유해물을 완전히 제거하여 깨끗하게 하다; 정신적·도덕적인 뜻으로도 사용한다: *cleanse* a sickroom (an automobile engine, one's soul) 병실(자동차의 엔진, 마음)을 깨끗하게 하다.
2 …을 깨끗이 비우다(empty). ¶ *clean* the board 《구어》[카드 놀이에서 이겨] 탁상의 건 돈을 전부 따다; (구어) 청소하다; 청소되다. 「승하다.
clean down 쓸어 (씻어) 내리다; [벽 따위를] 깨끗이 씻다; [솔질을 해서] [말 따위를] 씻어주다.
clean house ⇨ HOUSE.
clean out …을 말끔히 쓸어내다. ② 《속어》[남]에게서 [돈을] 빼앗다, [도박·불경기 따위가] [사람]을 빈털터리로 만들다. ¶ He was *cleaned out*. 그는 빈털터리가 되었다. ③ …을 다 써버리다(use up). ④ 《美구어》[어떤 장소에서] [물건을] 몽땅 가져가다.
clean one's plate ⇨ PLATE.
clean up ① …을 청소하다. ② 몸을 단정하게 하다. ③ …을 마무리하다; 먹어 치우다, 소탕하다. ④ 《美구어》[돈을] 크게 벌다, 이익을 올리다. ⑤ 《구어》[부패·정계(政界) 등을] 정화하다, 숙청하다.
clean up on 《속어》 (사람)을 이기다, 해치우다.
◇ **cléanly** *adj., adv.*, **cleanse** *v.*

clean·a·ble [klíːnəbl] *adj.* 깨끗이 할 수 있는.
Cléan Áir Àct *n.* 《美》대기 오염 방지법 (1970년 제정).
clean-bred [klíːnbréd] *adj.* 순종의; 소중히 키운.
clean-cut [klíːnkʌ́t] *adj.* 1 윤곽이 뚜렷한. 2 맵시 있는(well-shaped). 3 명확한, 선명한(definite). ¶ his *clean-cut* view on the problem 그 문제에 대한 그의 명확한 견해. 4 말쑥하고 건강한, 잘생긴. [위].
cléan énergy *n.* 깨끗한 (무공해) 에너지 [태양열]
‡**clean·er** [klíːnər] *n.* 1 클리닝을 하는 사람, 세탁업자; 청소부. 2 세제(洗劑). 3 청소기. 4 (보통 -s) 드라이클리닝업자(점).
take a person to the cleaners 《속어》남에게 돈을 잃게 하다, 빈털터리로 만들다.
clean-fin·gered [klíːnfíŋgərd] *adj.* 1 깔끔한 손가락의. 2 정직한(honest), 훌륭한(honorable). 3 [소매치기가] 솜씨가 날랜(dexterous).
clean-hand·ed [klíːnhǽndid] *adj.* 결백한(upright), 죄를 범하지 않은(guiltless).
cléan hánds *n. pl.* 정직; 무구(無垢), 무죄.
cléan índustry *n.* 무공해 산업.
‡**clean·ing** [klíːniŋ] *n.* [U] 1 청소. ¶ general *cleaning* 대청소, 2 세탁, 클리닝. ¶ dry *cleaning* 드라이클리닝. 3 《속어》[운동 경기에서의] 완패; [무기·도박 따위에서] 빈털터리가 되기. 4 《구어》살인 (killing). 5 (~s) 먼지, 티끌. 6 (보통 ~s) 나무들 중에서 성장이 나쁜 것을 솎아내다.
clean·ish [klíːniʃ] *adj.* 산뜻한, 좀 깨끗한.
clean·li·ly [klénlili] *adv.* 깨끗이, 산뜻하게.
clean-limbed [klíːnlímd] *adj.* 팔다리가 균형이 잡힌; 자세가 좋은. 「아함.
***clean·li·ness** [klénlinis] *n.* [U] 1 청결. 2 청결을 좋
clean-liv·ing [klíːnlíviŋ] *adj.* [정신·육체적으로] 깨끗하게 사는; 청렴결백한.

clean·ly[1] [klénli] *adj.* (**-li·er, -li·est**) **1** 산뜻한, 청결한, 깔끔한; 청결을 좋아하는. **2** 품위 있는.
clean·ly[2] [klíːnli] *adv.* **1** 깨끗이, 청결하게. **2** 맑게, 더러움 없이. **3** 〖고어〗 완전히, 몽땅(completely).
clean·ness [klíːnnis] *n.* ⓤ 청결, 결백.
clean-out [klíːnàut] *n.* 《속어》 〖의학〗 배변(排便)[장 내부를 완전히 배출시키기]; 일소(一掃) 〖보일러 따위의〗 청소 구멍. ⇨ CLEAN.
cléan róom *n.* 《美》 〖우주선·병원 따위의〗 청정실.
cleans·a·ble [klénzəbl] *adj.* 깨끗이 할 수 있는, 청결하게 할 수 있는, 결백하게 할 수 있는.
***cleanse** [klenz] *v.* (**cleansed, cleans·ing**) *vt.* **1** …을 청결하게 하다, 깔끔하게 하다, 깨끗이 하다. **2** …의 죄를 제거하다, 일소하다. ¶ *cleanse* the mind *of* (or *from*) vice (wicked thought) 마음에서 사악함(사악한 생각)을 없애다. — *vi.* 깨끗해지다, 청결해지다. ◇ **clean** *adj.*
cleans·er [klénzər] *n.* **1** 깨끗하게 하는 것; 세탁하는 사람. **2** 〖비누·소다 등의〗 세제, 세척, 세탁용품.
clean-shav·en [klíːnʃéivən] *adj.* 깨끗이 면도한.
cleans·ing [klénziŋ] *n.* ⓤ **1** 깨끗이 하기, 정화; 죄를 깨끗이 벗기, 죄를 깨끗이 씻기(purification). **2** (~s) 쓸어버린 쓰레기. **3** (보통 ~s) 〖가축의〗 후산(後產). **4** 〖美〗 청소(cleaning). — *adj.* 정화하는, 청정(淸淨)하게 하는 〖환상 따위를〗 없애는 데 도움이 되는, (긴장을) 완화시키는.
cléansing créam *n.* 클린징 크림. 〖용지〗.
cléansing tíssue *n.* ⓤⓒ 티슈 페이퍼〖얇은 화장용지〗.
cléan swéep *n.* **1** 일소, 숙청(cleanup). **2** 〖선거에서〗 대승, 압도적 승리(landslide).
clean-up [klíːnʌ̀p] *n.* **1** 정화 운동, 청소; 〖특히 죄·악습 따위의〗 일소. **2** 《속어》 큰 벌이, 이익(profit). **3** 〖야구〗 4번; 4번 타자. — *adj.* 〖야구〗 4번 타자의.
‡clear [kliər] *adj.* **1** 밝은(light), 환한, 밝게 빛나는(bright), 맑은 (fine). ¶ a *clear* sky 맑게 갠 하늘 / as *clear* as day (or daylight, noonday) 대낮처럼 밝은; 아주 명료한.
2 투명한, 맑은, 투시할 수 있는. ¶ as *clear* as crystal
3 〖소리·목소리·색깔 따위가〗 맑은, 깨끗한, 윤기가 있는, 명랑한; 〖윤곽 등이〗 뚜렷한. ¶ a *clear* complexion 환한 안색 / a *clear* piping note 맑은 피리 소리.
4 〖사실·논리 따위가〗 명백한, 명료한. opp. dark ¶ a *clear* statement 조리 있는 진술 / make oneself *clear* 〖상대방에게〗 자기의 말을 이해시키다 / make things *clear* 사물(사정)을 분명히 하다, 설명하다 / It is *clear* what the author is driving at. 작가가 무슨 말을 하려는가는 분명하다.
〖類語〗 *clear* 의심·혼란을 일으킬 여지가 없이 뚜렷한: write in a *clear* style 명료한 문체로 쓰다. **plain** 복잡하지 않고 단순·분명한: *plain* expression 간단 명료한 표현. **distinct** 용이하게 다른 것과 구별되어 보일 (들릴, 이해될)만큼 분명한: *distinct* handwriting 명료한 필적. **evident** 외면적 상황에서 곧바로 추론할 수 있는: his *evident* delight 그의 태도에 분명히 나타나 있는 기쁨. **apparent** 외면적 상황에서 추론하면 분명히 알 수 있는: It was *apparent* that he was ill. 분명히 그는 몸이 편치 않았다. **obvious** 두드러지게 보일 만큼 뚜렷한: an *obvious* change in fashions 유행의 뚜렷한 변화. **manifest** 분명히 표면에 드러나 있어서 추론의 필요가 없는: his *manifest* malice 그의 분명한 악의. **patent** 누구나 분명히 알 수 있는: a *patent* error 누가 보아도 분명한 잘못. **palpable** 〖원래는 시각 이외의〗 감각으로 곧 알 수 있는: a *palpable* lie 분명한 거짓말.
5 분명히 아는, 자신이 있는, 확실한. ¶ I am not *clear* about that matter. 그 일에 관해서는 확신이 없습니다 / He is *clear* on the point that … …이라는 점에 대해서 그는 자신이 있다.

6 〖두뇌 따위가〗 명석한, 이해가 빠른. ¶ a *clear* head 명석한 두뇌 / a *clear* remembrance 뚜렷한 기억력.
7 방해가 없는, 걸릴 것이 없는, 트인 (open) (*of* …). ¶ a *clear* channel 전용 채널 / a *clear* passage 앞이 툭 틘 길 / keep *clear* 주차를 금지하다 / All *clear*. 적기 집음, 공습 경보 해제 / The coast is *clear*. 방해자는 아무도 없다, 물실 호기, 때는 지금이다 / The cables are *clear*. 전신은 통한다 / roads *clear of* traffic 통행자가 없는 도로.
8 순수한 (pure); 전적인 (entire); 순익의 (net). ¶ a *clear* month 꼬박 한 달 / a *clear* profit 순익으로 / a *clear* thousand dollars 실수입 천 달러 / four *clear* days 꼬박 4일간 / the *clear* contrary theme 전혀 반대의 주제.
9 〖목재가〗 마디가 없는, 흠이 없는 (clean).
10 〖부채·의무·책임 따위의〗 속박이 없는, 자유로운 (free), 〖…이〗 전혀 없는, 〖…을〗 면한 (*of* …). ¶ a person *clear of* debt 전혀 빚이 없는 사람 / be *clear of* errors(worry) 전혀 잘못(걱정)이 없다 / get *clear of* …에서 떨어지다, 벗어나다 / keep *clear of* …에서 떨어져 있다, …을 피해 있다.
11 〖음성〗〖발음〗 맑은; 입김이나 마찰이 없는. opp. dark ¶ *clear* l 밝은 'l'.
12 죄가 없는, 혐의가 없는.
13 짐 등이 부린.
— *vt.* **1** 〖의문·불안 따위를〗 풀다, 분명하게 하다 (make clear); 맑게 하다, 깨끗이 하다 (…up). ¶ (~+圄+匐) That *clears* it all *up*. 그것으로 모든 것이 밝혀진다.
2 〖의심〗을 풀다, 〖결백〗을 증명하다 (…up). ¶ *clear* one's honor 명예를 증명하다 (~+圄+匐) *clear* ambiguity *up* 미심한 점을 밝히다 // (~+圄+前+圀) *clear* oneself *of* a charge 혐의를 풀다, 결백함을 증명하다.
3 …을 치우다, 제거하다 (take away); 지불하다 (pay); 〖낡〗을 배제하다; 〖접시의〗 요리를 비우다. ¶ *clear* one's conscience 양심의 거리낌을 없애다 / *clear* the sea 소해(掃海)하다 / *clear* the table 식탁을 치우다 / *clear* a debt 빚을 갚다 / *clear* the way 길을 비키다 // (~+圄+前+圀) *clear* the air *of* dust 공기 중의 먼지를 일소하다 / *clear* the deck *for* action 갑판 위를 정리하여 전투 준비를 하다 / *clear* one's mind *of* doubt 의심을 없애다 / *clear* the pavement *of* the snow; *clear* the snow *from* the pavement 보도의 눈을 제거하다.
4 …을 개간하다. ¶ *clear* a forest 〖나무를 베어〗 숲을 개척하다 / *clear* land 토지를 개간하다.
5 〖닿지 않고〗 …을 뛰어넘다; 〖잘〗 …을 지나치다; 〖법안 따위가〗 〖의회〗를 통과하다; 〖난관〗을 뚫고 지나가다. ¶ *clear* a difficult situation 난국을 뚫고 나가다 / *clear* a fence 담장을 뛰어넘다.
6 〖배가〗 〖항구·육지〗를 떠나다; 〖선박의〗 출항 절차를 밟다. ¶ *clear* the land 〖배가〗 육지를 떠나다 / *clear* a ship 출항 절차를 밟다.
7 〖상업〗 〖재고품〗을 싼 값으로 팔아 치우다.
8 〖어음〗을 교환 청산하다.
9 …의 이익 (순익)을 올리다.
10 〖당국의 허가〗를 얻다(주다).
11 〖셈〗을 치르다, 청산하다.
12 〖통제관이〕 〖비행기〗의 출발을 허가하다.
— *vi.* **1** 분명해지다; 〖기분·마음·하늘 따위가〗 맑아지다, 〖구름 따위가〗 걷히다, 〖액체가〗 맑아지다; 녹다. ¶ My head *cleared*. 머리가 맑아졌다 / It *cleared off*. 하늘이 개었다. **2** 《속어》 가버리다 (go away); 물러나다. ¶ (~+匐+前+圀) *clear out of* the way 출발 절차가 안 되도록 출발하다. **3** 출항 절차를 마치다; 출항하다. **4** 〖상업〗 재고품을 싸게 팔아치우다. ¶ great reduction in order to *clear* 재고 정리 대할인.
clear away ① 청소하다. ② 〖식탁 따위〗를 치우다. ③ 〖안개 따위〗 걷히다 (vanish). ④ 떠나다 (leave), 도피하다 (escape). ⑤ 〖방해가 되는 것〗을 치우다.
clear off ① …을 제거하다, 치우다. ② 〖빚 따위〗를

갚다. ③ …을 팔아 치우다. ④ [안개 따위가] 걷히다, [비가] 멎다. ⇨ vi. 1. ⑤ (vi.) 달아나다, 떠나 버리다; (vt.) …을 떠나다.

clear out ① …을 청소하다, 정돈하다. ② …을 비우다, …의 내용물을 죄다 내놓다. ③ …을 빈털터리로 만들다. ④ …을 팔아치우다. ⑤ 출항하다. ⑥ [특히 서둘러] 가버리다(go away). ⑦ [구어] [힘으로] …을 배제하다.

clear up ① [날씨가] 좋아지다, 개다. ② …을 해결하다. ③ …을 치우다, 청소하다.

— adv. 1 분명히, 뚜렷이(apparently, distinctly). ¶ show *clear* 분명히 보이다 / speak loud and *clear* 큰 소리로 분명히 말하다 / stand *clear* against the blue sky 푸른 하늘을 배경으로 뚜렷이 서있다. 2 전적으로, 충분히(entirely, completely). ¶ get *clear* away (or off) 완전히 떨어지다; 도망치다, 가버리다 / get (or go) *clear* out 완전히 밖으로 나가다. 3 떨어져서(apart), 접촉하지 않고, ¶ stand *clear* of the problem concerned 그 문제와는 전혀 관계가 없다. 4 [구어] 줄곧 (all the way), [시간] 동안 내내.

— n. (보통 the~) 1 빈 곳, 공지, 빈틈, 2 [하늘·날씨 따위가] 갬. 3 [건축] 안 치수[문지방에서 상인방 (上引枋)까지의 거리].

in the clear ① 안치수로. ② 자유로이. ③ 결백하여. ④ [암호가 아니라] 보통 문자로. ⑤ 《美俗》 자산가로.

◇ clárity, cléarness, cléarance n., clárify v.

clear·a·ble [klí(:)rəbəl/klíər-] *adj.* 깨끗이 할 수 있는.
cléar áir túrbulence *n.* ⓤ 청천 난기류(晴天亂氣流) ⇨ CAT].
*clear·ance [klí(:)rəns/klíər-] *n.* 1 ⓤ 깨끗이 치우기, 청소, 2 ⓒ 개간, [삼림 따위의]개척;ⓒ 개척한 장소. 3 [기계] 여유, 틈새. 4 [상업] 어음 교환 [액]. 5 출항 허가(증); 통관 절차; 허가. ¶ You got your *clearance* to leave. 이제 가도 좋다. ◇ clear *adj.*
cléarance órder *n.* [법률] 철거 명령.
cléarance sàle *n.* 재고정리(떨이) 판매, 재고품 염가 판매.
clear-cut [klíərkʌ́t] *adj.* 1 윤곽이 뚜렷한, 윤곽이 정돈된. ¶ a *clear-cut* face 윤곽이 뚜렷한 얼굴. 2 명확한, 명쾌한(definite). 3 ¶ *clear-cut* interpretation 명확한 해석.
cleared [klíərd] *adj.* 통관 수속을 필한, 지불이 끝난.
clear·er [klí(:)rər/klíərə] *n.* 치우는(제거하는) 사람 (물건).
clear-eyed [klíəráid] *adj.* 1 눈이 맑은; 눈이 밝은 (clear-sighted). 2 총명한, 통찰력 있는.
clear-head·ed [klíərhédid] *adj.* 두뇌가 명석한;이해력 있는. ~**ly** *adv.* ~**ness** *n.*
*clear·ing [klí(:)riŋ/klíəriŋ] *n.* 1 ⓤ 청소, 소제. 2 [장애물의] 제거; 소해(掃海). 3 ⓒ [숲속의] 개간지. 4 [상업] [은행 상호간의] 어음 교환. ¶ a *clearing* bank 어음 교환 은행. 5 (~s) 어음 교환액.
cléaring bàlance *n.* 어음 교환 차액.
cléaring hòspital *n.* [군대] 야전 병원.
cléaring hòuse *n.* 어음 교환소.
cléaring stàtion *n.* [군대] 야전 병원.
‡**clear·ly** [klíərli] *adv.* 1 밝게. ¶ The moon shines *clearly.* 달이 밝게 비치고 있다. 2 명료하게, 분명하게, 틀림 없이. ¶ I heard the voice *clearly.* 나는 그 소리를 분명히 들었다. 3 밝게.
*clear·ness [klíərnis] *n.* 1 맑음, 선명, 맑고 밝음. 2 명쾌, 명확함. 3 장애 없음, 홀없음. 4 결백.
clear-sight·ed [klíərsáitid] *adj.* 1 눈이 잘 보이는, 시력이 좋은. 2 명민한, 선견지명이 있는.
~**ly** *adv.* ~**ness** *n.*
clear-starch [klíərstàːrtʃ] *vt., vi.* [셔츠·올을 띠 위를] 풀 먹이다. *cf.* starch
clear-sto·ry [klíərstɔ́ːri / -stəri] *n.* (*pl.* -**ries**) = clerestory.

clear·way [klíərwèi] *n.* 주차 (정차) 금지 도로.
cleat [kliːt] *n.* 1 쐐기, 마개. 2 [항해] 밧줄 걸이, 받침 나무. 3 클리트[전선을 눌러 고정시키는 것]. 4 눌러 고정시키는 나무(금속). 5 [구두창의] 미끄럼막이 징 (고무, 가죽). — *vt.* …을 cleat 로 누르다, cleat 에 고정시키다.

[cleat 2]

cleav·a·bil·i·ty [klìːvəbíliti] *n.* ⓤ 벽개성(劈開性), 절개할 수 있음.
cleav·a·ble [klíːvəbəl] *adj.* 쪼갤(찢을) 수 있는; 벽개성의 절개할 수 있는.
cleav·age [klíːvidʒ] *n.* ⓤⓒ 1 쪼개짐, 찢어짐, 열개 (裂開), 분열. 2 갈라진 곳, 틈, 흠. ¶ the *cleavage between* rich and poor 빈부간의 분열. 3 [생물] 수정란 (受精卵)의 세포 분열, 난할(卵割). 4 [결정(結晶)의] 벽개성. 5 [화학] [분자·화합물의] 분열. 6 [블라우스의 갖은 팬 목 언저리로 드러나 보이는] 여성 유방의 골짜기; 여성의 유부. 7 의견(신념, 이해 관계)의 불일치.

*cleave[1] [kliːv] *v.* (**cleft** *or* **cleaved** *or* **clove, cleft** *or* **cleaved** *or* **clo·ven, cleav·ing**) *vt.* 1 …을 쪼개다, 찢다; [나뭇결·갈라진 곳을 따라] …을 쪼개다(찢다)(split, set apart). ⇨ TEAR 類語 ¶ (~+目+補) *cleave* it *asunder* 그것을 발기발기 찢다 / *cleave* a tree *down* 나무를 베어 쓰러뜨리다 // (~+目+前+名) *cleave* it open 그것을 절개하다 // (~+目+前+名) *cleave* it *in* two 그것을 두 조각 내다. 2 [공기·물 따위를] 밀어 헤치고 나아가다, 가르고 나아가다, [군중을] 헤치며 나아가다(pass through). ¶ *cleave* the water 물을 헤치고 나아가다 // (~+目+前+名) *cleave* one's way *through* …을 밀어 헤치고 나아가다. 3 [길 따위를] 개척하며 나아가다. ¶ (~+目+前+名) *cleave* a path *through* a wilderness 황야에 길을 뚫어 나아가다. — *vi.* 1 쪼개지다, 찢어지다. ¶ The road *cleft* by frost. 길이 서리로 갈라졌다. 2 밀어 헤치고 나아가다; [새 따위가] 하늘을 헤치듯 날아가다; [배 따위가] 물을 헤치고 나아가다.
◇ cleft[1] ~

cleave[2] [kliːv] *vi.* (**cleaved** *or* 《고어》 **clave, cleaved, cleav·ing**) 1 달라붙다, 접착(고착)하다 (*to* …). ¶ His tongue *cleaved to* the roof of the mouth. 그는 혀가 입천장에 달라붙어 말을 할 수 없었다 [←시편 (Ps.) 137:6]. 2 집착하다, 충실히 붙어있다 (*to* …). ¶ *cleave* to an idea 어떤 생각을 고수하다.

cleav·er [klíːvər] *n.* 1 쪼개는(씻는) 사람(기구). 2 큰 [특히 푸주의] 식칼. [굴 류의 식물].
cleav·ers [klíːvərz] *n. pl.* [보통 단수 취급] 갈퀴덩굴.
cleek [kliːk] *n.* 1 [골프] 클리크[아이언 클럽의 일종]. 2 (스코·北英) 큰 갈고리(large hook). — *vt.* (주로 스코) …을 [꽉] 잡다.
clef [klef] *n.* [음악] 음부(普部) 기호. ¶ G *clef* 바음 자리표[고음부(treble) 기호] / F *clef* 바 음자리표[저음부(bass) 기호] / C *clef* 다 음자리표[중음부 기호].
*cleft[1] [kleft] *n.* 1 쪼개진 틈, 갈라진 틈 (fissure). 2 쪼개진 조각(split). 2 분열선.
*cleft[2] [kleft] *v.* cleave[1]의 과거·과거 분사. — *adj.* 1 쪼개진, 갈라진;분할된. 2 [잎이] 깊게 갈라진.
cléft gráft *n.* ⓤ [접목(接木)의] 할접(割接).
cléft pálate *n.* 구개열(口蓋) 파열, 언청이.
cléft séntence *n.* [문법] 분열문. 예: It ... that 에 의해 분리된 문장. 예: It is wine that Tom likes.].
cleg, clegg [kleg] *n.* 《英》 등에(gadfly); 말 파리 (horsefly); 쇠파리.
cleis·to·gam·ic [klàistəgǽmik] *adj.* [식물] = cleistogamous.
cleis·tog·a·mous [klaistɔ́gəməs / -tɔ́g-] *adj.* [식물] 폐화(閉花) 수정의. [폐화 수정.
cleis·tog·a·my [klaistɔ́gəmi / -tɔ́g-] *n.* ⓤ [식물]

clem [klem] *v.* (**clemmed, clem·ming**)《英방언》 *vt.* 굶주림 따위로⋯을 여위게 하다, 굶주리게 하다. ── *vi.* 여위다(pinch), 굶주리다(starve).

clem·a·tis [klémətis] *n.* 미나리아재비과 으아리속의 풀 또는 관목.

clem·en·cy [klémənsi] *n.* ⓤ ⓒ (*pl.* **-cies**) **1** 〔성격·성질의〕온화, 온순; 관대, 자비(mercy). ¶ The judge showed *clemency* to the prisoner. 판사는 죄수를 관대하게 다루었다. **2** 자비로운 행위(처치). **3** 〔날씨의〕온화함(calmness), 따뜻함(mildness).

clem·ent [klémənt] *adj.* **1** 〔성질의〕온후한(gentle), 자비로운(lenient), 관대한, 동정심이 있는(compassionate). **2** 〔날씨 따위가〕온화한, 따뜻한(mild). ¶ *clement* weather 온화한 날씨. ── **-ly** *adv.*

*****clench** [klentʃ] *vt.* **1** 〔이〕를 악물다, 〔입〕을 굳게 다물다, 〔주먹〕을 꼭 쥐다, ⋯을 단단히 쥐다. ¶ *clench* one's teeth 이를 악물다, 굳게 결심하다. **2** 〔문제〕를 결말짓다, ⋯을 매듭짓다. ¶ *clench* a bargain 계약을 체결하다. **3** 〔항해〕〔못 밧줄 따위의 끝〕을 반대로 꼬부려 잡아매다; 〔못·볼트 따위의 끝〕을 두드려 꼬부리다. **4** 〔권투에서〕〔상대〕를 부둥켜안다(clinch). ── *vi.* **1** 단히 쥐기, 〔이〕를 악물기. **2** 〔항해〕반대로 꼬부려 잡아매기〔새끼줄 따위를 매는 특수한 방법〕. **3** 〔권투〕부둥켜안기, 클린치.

clench·er [kléntʃər] *n.* =clincher.

clénch-físt[ed] salúte *n.* 주먹을 내민 항의의 몸짓〔신좌익, 여성 해방 운동가, 혹이 등이 흔히 쓴다〕.

cle·o·me [klióumi] *n.* 백화채(白花菜).

clep·sy·dra [klépsidrə] *n.* (*pl.* **-dras** *or* **drae** [-drī:]) 물시계. 〔tomania.

clep·to·ma·ni·a [kléptəméiniə] *n.*〔심리〕= klep-

clep·to·ma·ni·ac [kléptəméiniæk] *n.*〔심리〕= kleptomaniac.

clere·sto·ry [klíərstɔ̀:ri / -stə-] *n.* (*pl.* **-ries**) **1** 〔건축〕교회 따위의 지붕 위에 높은 채광창이 달려 있는 층. **2** 〔열차 안의〕지붕 밑의 환기층.

*****cler·gy** [klə́:rdʒi] *n.* (*pl.* **-gies**) **1** 〔집합적〕신도에 대하여 사제·목사 등의 교역자, 성직자, *cf.* clergyman **2** ⓤ 사제직(司祭職), 목사.

‡**cler·gy·man** [klə́:rdʒimən] *n.* (*pl.* **-men** [-mən]) **1** 성직자, 교역자, *cf.* minister 3 **2** 〔기독교의〕교회, 〔특히 영국 국교회의〕사제. 〔엄.

clérgyman's sóre thróat *n.* ⓤ〔의학〕만성 후두

clérgy·wom·an [klə́:rdʒiwùmən] *n.* (*pl.* **-wom·en** [-wìmin]) **1** 〔익살〕목사의 아내(딸). **2** 여자 목사; 〔집 물게〕수녀. 〔직의(clerical).

cler·ic [klérik] *n.* 성직자, 목사. ── *adj.* 목사의, 성

*****cler·i·cal** [klérik(ə)l] *adj.* **1** 서기의, 사무원의, 필사원(筆寫員)의. ¶ a *clerical* error 오기(誤記) / *clerical* work 서기의 일, 필사 / a *clerical* staff 사무 직원. **2** 성직의, 목사의. ¶ a *clerical* life 목사 생활. **3** 〔정치적으로〕성직권을 지지하는. ── *n.* **1** 〔드물게〕목사(clergyman). ── **~s** 〔구어〕성직복, 목사복. **2** 〔정치상의〕성직권 지지자. ── **-ly** [-kəli] *adv.*

clérical cóllar *n.* 로만 칼라(Roman collar) 〔가톨릭 성직자의 목 뒤에서 고정하는 가늘고 빳빳한 흰 깃〕.

cler·i·cal·ism [klérikəlìz(ə)m] *n.* ⓤ **1** 교회권(학장) 주의, 성직자 중심주의, 교회 정치주의. *cf.* secularism **2** 성직자 기질(권위). **3** 〔경멸적〕교회(성직자)의 정치적 세력.

cler·i·cal·ist [klérikəlist] *n.* 교회권 주장자, 성직자 중심주의자.

cler·i·cal·ize [klérikəlàiz] *vt.* (**-ized, -iz·ing**) ⋯을 성직자가 되게 하다. 〔(戱詩)

cler·i·hew [klérihjù:] *n.*〔韻律〕자서전적인 4행 희시

‡**clerk** [klə:rk/klɑ:k] *n.* **1** 〔은행·회사의〕사무원, 회사원; 〔호텔에서 객실 배정 따위를 맡은〕사무원. ¶ a bank *clerk* 은행원 / a lady *clerk* 여사무원 / a *clerk* in (*or* of) a foreign firm 외국 상사의 사원. **2** 《美》점원, 판매원. **3** 〔법원·의회·회의 따위의〕서기(secretary), 기록계, 진행계. ¶ a municipal (*or* a city) *clerk* 시청 서기(공무원) / the head *clerk* main서기장, 상점 지배인. **4** 교회 서기, 교구의 집사. **5** 성직자, 교역자(clergyman). ¶ a *clerk* in holy orders《英》성직자, 목사. **6** 〔고어〕읽고 쓸 줄 아는 사람; 학자. ¶ He was no great *clerk.* 그는 대단한 학자는 아니었다.

a clerk of St. Nicholas 노상 강도, 도둑.

the Clerk of the Weather ① 《의인화(擬人化)하여》날씨의 신. ②《美속어》기상대장.

── *vi.* 사무원(서기, 점원)으로서 근무하다. ¶ (~ + 前+名) *clerk for* (*or* *in*) a store 점원 노릇을 하다.

◇ **clérical** *adj.* 〔위〕.

clerk·dom [klə́:rkdəm/klɑ́:k-] *n.* ⓤ 서기〔점원〕의 직

clerk·ly [klə́:rkli/klɑ́:k-] *adj.* (**-li·er, -li·est**) **1** 성직자(목사)의(다운). **2** 서기(사무원)의; 《美》점원의 (다운). **3** 〔고어〕학자의, 학자 같은; 달필의. ── *adv.* 사무원(점원)답게.

clerk·ship [klə́:rkʃip/klɑ́:k-] *n.* ⓤ **1** 사무원(서기·점원의) 신분, 사무원의 신분. **2** 〔임상 실습〕의과 대학생의 신분. **3** 〔고어〕학식;〔집합적〕성직자.

‡**clev·er** [klévər] *adj.* (**~·er, ~·est**) **1** 영리한, 총명한, 재치있는, 똑똑한(bright). *opp.* stupid ¶ a *clever* boy 영리한 소년 / say a *clever* thing 똑똑한(기발한) 말을 하다.

類語 *clever* 머리 회전이 빨라 상황·문제에 대한 대처가 재빠름; 미국 영어에서는 「교활한」이란 뉘앙스를 풍긴다: a *clever* student 약삭빠른 학생. **wise** 매우 intelligent 해서 시야가 넓고 건전한 판단력이 풍부함: a *wise* statesman 현명한 정치가. **bright, smart** 둘 다 구어적으로 젊은이나 어린이에 흔히 사용되지만 **bright**는 머리의 활동과 태도 따위가 활발함, **smart**는 남보다 뛰어나기 위해 빈틈없음을 암시함: a *bright* student 공부 잘하는 학생 / a *smart* trick 영리한 계략. **intelligent** 이해·습득·판단의 능력이 보통 이상으로 타고난; 동물에도 쓰인다: an *intelligent* mother (dog) 총명한 어머니(개). **intellectual** 매우 intelligent 한 데다가, 교육·교양을 쌓은 결과 수준 높은 지식 분야에 흥미와 능력을 지닌; 동물에는 사용되지 않는다: An *intelligent* person does not necessarily lead an *intellectual* life. 머리가 좋은 사람이 반드시 지적인 생활을 한다고는 할 수 없다.

2 솜씨의, 능란한(good).

3 잘하는, 솜씨 좋은, 숙련된(dexterous). *opp.* clumsy ¶ *clever* fingers 뛰어난 손재주, 재주 있는 손가락 / a *clever* horse 장애물을 잘 뛰어넘는 말 // He is *clever with* the pen. 그는 글씨를 잘 쓴다.

4 교묘한, 정교한, 독창적인(adroit, ingenious). ¶ a *clever* apparatus 정교한 기계.

5 〔방언〕사람이 좋은, 호인의.

6 〔방언〕⋯에 맞는, 적합한(suitable), 편리한(convenient).

7 〔방언〕아름다운(handsome); 건강한.

── **~·ly** *adv.*, **~·ness** *n.*

clev·er-clev·er [klévərklévər] *adj.* 똑똑한 체하는, 재치를 뽐내는.

clév·er díck *n.*《英속어》《경멸적》시큰둥한 작자, 아는 체 뽐내는 녀석.

clev·er·ish [klévəriʃ] *adj.* **1** 잔꾀가 있는, 똑똑해 보이는. **2** 꾀 교묘한, 매우 솜씨 좋은.

*****clev·er·ly** [klévərli] *adv.* **1** 영리하게, 솜씨 좋게, 재치 있게. **2** 교묘하게.

*****clev·er·ness** [klévərnis] *n.* ⓤ **1** 영리함, 재치있음. **2** 교묘함, 재주 좋음.

clév·er stícks *n. pl.*《단수 취급》《英》아는 체하는

clevis

너석(clever dick).
clev·is [klévis] *n.* U 자형의 고리, U 링크.
clew [kluː] *n.* **1** 〔실·끈 실 따위를 감은 실뭉치, 실꾸리, 테실; 〔그리스 신화〕〔미궁·미로를 인도하는〕실, 길잡이 실. **2** 〔조사·연구의〕 실마리, 〔문제 해결의〕 실마리, 단서 (* 이 뜻으로는 현재 clue 가 보통). **3** 〔항해〕 돛귀 〔가로돛의 아랫귀·세로돛 뒷면의 아랫귀〕; 돛귀의 걸이 (clew iron). **4** (보통 ~s) 〔해먹(hammock)의〕 달아매는 끈.
from clew to earing 가로돛의 밑에서부터 위까지;〔비유적〕구석에서 구석까지, 샅샅이, 철저히.
— *vt.* **1** 〔실〕을 둥글게 감다. **2** 〔어떤 힌트를 제시하여〕…을 지도하다, …에게 단서를 제시하다. ¶ *These things clewed me out* a way out of the difficulty. 이것들이 문제 해결의 실마리가 되어 주었다.
clew down 〔항해〕 돛귀를 내려당겨서〔돛〕을 펴다.
clew up ① 〔항해〕 돛귀를 끌어 올려서 〔돛〕을 접다. ② 〔일〕을 끝마치다.
CLI (略) computer-led instruction 컴퓨터 주도 학습.
***cli·ché** [kliːʃéi/-́-] *n.* **1** 〔진부한〕 상투 어구, 〔예술·문학·연극 따위에서〕 상투적인 줄거리(전개, 표현). **2** 〔영〕 연판(鉛版), 스테레오판, 전기판. [< F stereotyped expression]
***click** [klik] *n.* **1** 딸깍(찰칵) 하는 소리. ¶ the *click* of a latch 걸쇠가 딸깍 하는 소리. **2** 〔기계〕 걸쇠, 미늘, 딸깍 소리를 내며 잠기는 것. **3** 〔음성〕〔챗 하며〕 혀차는 소리. **4** 말이 앞뒤의 편자를 서로 맞부딪치기(맞부딪히는 버릇).
— *vi.* **1** 딸깍(찰칵) 소리가 나다. **2** 〔구어〕 성공하다, 히트하다. **3** 〔구어〕〔남과〕 뜻이 맞다, 의기 투합하다 (*with* …). **4** 〔구어〕 갑자기 알게 되다, 문득 깨닫다.
— *vt.* **1** …을 딸깍 소리 나게 하다. **2** 찰칵 소리내어 …을 치다. ¶ The soldier *clicked* his heels and saluted. 그 병사는 발꿈치를 딱 맞부딪치며 경례했다.
clíck bèetle *n.* 방아벌레(snapping beetle).
click·er [klíkər] *n.* **1** 딸깍(찰칵) 소리내는(울리는) 것. **2** 〔인쇄〕 식자 반장.
click·e·ty·clack [klíkətiklǽk] *n.* 덜컹덜컹〔전차 바퀴소리 따위〕.
***cli·ent** [kláiənt] *n.* **1** 소송 의뢰인; 변호 의뢰인, 고객, 단골 손님(customer). **3** 〔고대 로마에서 귀족의 보호를 받은〕 세습적 예속자, 평민(plebeian). **4** 사회 복지의 수혜자; 남의 보살핌을 받는 사람, 피보호자, 예속자(dependent). **5** =client state.
cli·ent·age [kláiəntidʒ] *n.* =clientele.
cli·ent·al [kláiéntl, kláiəntl] *adj.* 의뢰인의, 고객의.
cli·en·tele [klàiəntél/klìːəntéil] *n.* 〔집합적〕 **1** 〔변호사의〕 소송 의뢰인들(clients). **2** 단골 손님(customers), 〔극장의〕 단골들, 〔병원의〕 환자. **3** 피보호자들, 부하들, 시종들.
cli·ent·less [kláiəntlis] *adj.* 의뢰인이 없는, 단골 없는.
clíent státe *n.* 보호국, 속국.
***cliff** [klif] *n.* 〔해안 따위의〕 벼랑, 절벽(precipice).
◇ **cliffy** *adj.*
clíff dwèller *n.* **1** 암굴 거주자; (보통 C- D-) 유사 시대 이전에 미국 서남부의 암굴에 거주하던 인간. **2** 〔구어〕〔도시의〕 고층 주택 거주자.
cliff-dwell·ing [klífdwèliŋ] *adj.* 암굴에서 거주하는; 고층 주택에서 생활하는.
cliff·hang [klífhæ̀ŋ] *vi.* 위태로운 상태에 놓이다.
cliff·hang·er [klífhæ̀ŋər] *n.* **1** 〔텔레비전·영화의〕 모험물〔시리즈〕. **2** 손에 땀을 쥐게 하는 것.
cliff·hang·ing [klífhæ̀ŋiŋ] *adj.* 손에 땀을 쥐게 하는, 모험적인.
cliffs·man [klífsmən] *n.* (*pl.* -men) 절벽에 잘 오르는 사람.
cliff·y [klífi] *adj.* (**cliff·i·er, cliff·i·est**) 낭떠러지가 이룬, 절벽의, 가파른.
cli·mac·ter·ic [klaimǽktərik, klàimæktérik] *n.* **1** 갱년기〔여성의 폐경기(閉經期) 따위〕. **2** 액년(厄年). ¶ the grand *climacteric* 대액년〔보통 63세〕. **3** 위기.
— *adj.* (=**cli·mac·ter·i·cal** [-ik(ə)l]) 갱년기의; 액년의; 위기의.
cli·mac·tic [klaimǽktik], (**cli·mac·ti·cal** [-tik(ə)l]) *adj.* 절정의, 절정에 도달하는, 〔수사〕 점층법(漸層法)의. ¶ *climactic* arrangement 최고의 협정.
-ti·cal·ly [-tikəli] *adv.* ◇ **clímax** *n.*
‡**cli·mate** [kláimit] *n.* **1** ⓤⓒ〔어떤 지역의〕 기후 (*cf.* weather), 풍토. ¶ a humid *climate* 습기찬 기후 / an influence of the *climate* 기후의 영향.
— **Usage** the climate in Seoul과 the climate of Seoul —— 둘 다 「서울의 기후」라는 뜻이지만, 전자에서는 the climate 가 의미상의 중심으로 그 장소를 나타내는 수식 요소(종속적 요소)인데 반하여, 후자에서는 「다른 장소가 아니라 서울의」처럼 Seoul에 의미의 중점이 있다.
2 〔기후상으로 분류된〕 지방, 지대(region), 토지, 국토(land). ¶ a change of *climate* 전지(轉地) / live in a northern *climate* 북쪽 나라에 살다. **3** 〔어떤 지역·시대의〕 풍조, 사조. ¶ a political *climate* 정치 사조.
◇ **climátic** *adj.*
cli·mat·ic [klaimǽtik], (**cli·mat·i·cal** [-ik(ə)l]) *adj.* 기후(상)의, 풍토의. **-i·cal·ly** [-ikəli] *adv.*
cli·ma·to·log·i·cal [klàimətəládʒik(ə)l]/-lɔ́dʒ-], (**cli·ma·to·log·ic** [-ik]) *adj.* 기후(풍토) 학상의.
cli·ma·tol·o·gist [klàimətáləd ʒist/-tɔ́l-] *n.* 기후(풍토) 학자.
cli·ma·tol·o·gy [klàimətáləd ʒi/-tɔ́l-] *n.* ⓤ 기후학.
‡**cli·max** [kláimæks] *n.* **1** 절정, 정점; 〔연극·연설 따위의〕 최고조, 클라이맥스. ¶ reach (or come to) a *climax* 절정에 달하다. **2** 〔수사〕 클라이맥스, 점층법(漸層法) 〔점차로 힘찬 문구를 써서 마지막에 가장 효과적인 내용을 말하는 방법〕; 최후의 가장 효과적인 부분. *opp.* anticlimax **3** 〔생태〕 극상(極相), 안정기〔불안정한 군락(群落)이 천이(遷移)로 안정 군락이 되어 오래 그 상태를 지속하는 경우〕. **4** 오르가슴.
— *vi., vt.* 정점〔최고조〕에 달하다〔로 끌고 가다〕.
◇ **climáctic** *adj.*
‡**climb** [klaim] *v.* (**climbed** *or* 〔고어〕 **clomb**, **climb·ing**) *vi.* **1** 〔나무·밧줄 따위를〕 기어오르다, 〔산·계단 따위를〕 오르다(ascend). ¶ *climb* like a monkey 원숭이처럼 기어오르다 // (~ +副) *climb up* 기어오르다 / Monkeys *climb* well. 원숭이는 나무에 잘 오른다 // (~ +前+名) *climb* to the top 정상에 오르다. **2** 〔확실한 노력에 의하여〕 입신하다, 출세하다(rise); 승급하다 (promote). ¶ (~ +前+名) *climb from* poverty *to* wealth 가난에서 벗어나 부자가 되다 / *climb to* power 출세하여 권력을 얻다. **3** 〔길 따위가〕 오르막이 되다. **4** 〔식물이〕 감아 올라가다.
— *vt.* **1** 〔나무 따위〕를 기어오르다, 〔산 따위〕에 오르다(…up). ¶ *climb* a mountain 등산하다 / *climb* a tree 나무에 오르다 / *climb* Parnassus 〔시신(詩神)이 사는〕 파르나수스산(山)에 오르다〔시가(詩歌)의 공부에 힘쓰다〕// (~ +目+副) *climb* a ladder *up* 사다리를 오르다.
類語 **climb** 노력하여 오르다. **ascend** 상당한 높이까지 서서히, 또는 당당하게 오르다: *ascend* a river (the Himalayas) 강을 거슬러 올라가다(히말라야에 오르다). **mount** 좀 높은 곳에 오르다, 올라타다: *mount* a horse (a platform) 말에 올라타다 (연단에 오르다). **scale** 곤란·위험을 극복하고 오르다: *scale* a rampart 성벽을 기어오르다.
2 〔천체·연기·비행기 따위가〕 …에 서서히 떠오르다, 상승하다. ¶ The sun has *climbed* the sky. 태양이 하늘 높이 떠올랐다. **3** 〔비유적〕〔노력하여〕〔권세 있는 지위 따위〕에 오르다. ¶ *climb* the way to success 성공에의 길을 올라가다. **4** 〔식물 따위가〕 …에 휘감겨 올라가다, 기어오르다.

climb down (*vi.*, *vt.*) ① 기어내리다 (*from* ...). ¶ He climbed down [*from*] the mast. 그는 돛대에서 기어내렸다. ② 《구어》 [지위 따위에서] 내려오다, 물러나다 (*from* ...); 양보하다, 단념하다.
── *n.* **1** 오르기. ¶ a long *climb* 장시간의 등반. **2** 오르는 곳, 높은 곳.

climb·a·ble [kláiməbl] *adj.* 기어오를 수 있는.

climb-down [kláimdàun] *n.* ⓊⒸ《구어》양보; 단념; [성명·요구 따위의] 철회. ⇨ *climb down.*

*****climb·er** [kláimər] *n.* **1** 기어오르는 사람(물건); 등산가, 나무에 오르는 사람. ¶ an alpine *climber* 고산 등산가 / a mountain *climber* 등산가(mountaineer). **2** 출세하려고 노력하는 사람, 출세주의자, 야심가(social climber). **3** 기어오르는 식물 [담쟁이덩굴 따위]. **4** 등산용 스파이크.

climb·ing [kláimiŋ] *n.* ⓊⒸ 오르기, 등산.

climbing fern *n.* ⓊⒸ 실고사리속[식물].

climb·ing·fish [kláimiŋfìʃ] *n.* (*pl.* ~·**fish** or ~**fish·es**) =climbing perch.

climbing frame *n.* 《英》정글 짐(jungle gym).

climbing irons *n. pl.* 등반용 쇠붙이, [등산화용] 아이젠.

climbing perch *n.* 등목어(登木魚) [동남 아시아산의 담수어; 2·3일간 지상을 기어다니고, 아가미를 이용하여 나무에 기어오르기도 한다].

climbing plant *n.* =climber 3.

climbing rose *n.* 덩굴장미. [각도 상승.

climb-out [kláimàut] *n.* [비행기의 이륙 직후의] 급

clime [klaim] *n.* 《문어》 **1** 지방(region), 토지, 국토 (land). ¶ breathe the air of northern *climes* 북쪽 나라에 살다. **2** 기후, 풍토(climate).

cli·mo·graph [kláimo(u)græf / -grà:f] *n.* 클라이모그래프, 기후 그래프.

*****clinch** [klintʃ] *vt.* **1** [때려 박은 못의 끝]을 쳐내리다, 쳐서 납작하게 하다. **2** ...을 못 따위로 고정시키다 (fix), 죄다(tighten). **3** [거래 따위]를 최종적으로 결말짓다; [논의 따위]를 끝장내다; ...에게 크게 승리하다. ¶ *clinch* a bargain 거래를 성립시키다 / *clinch* championship 선수권을 획득하다. **4** [항해] ...을 반대로 꺾어 잡아매다. ⇨ *n.* 5. ── *vi.* **1** 《권투》맞붙다, 클린치하다. **2** 《속어》포옹하다.
── *n.* **1** 끝을 쳐내려 구부린 못; 못 끝의 꼬부린 부분. **2** 고정시키기, 죄기, 고착(fixation); 고정시키는 도구. **3** 《권투》클린치. **4** 《속어》포옹. **5** [항해] 반대로 꺾어 잡아매기 [로프의 끝을 반대로 꺾어 매는, 반영구적인 고정법].

clinch·er [klíntʃər] *n.* **1** 못 끝을 꼬부려 고정시키는 사람; 못 끝을 꼬부리는 연장. **2** 고착시키는 것, 죄는 기구, 꺾쇠. **3** 결정적인 의론, 결정타.

clinch·er-built [klíntʃərbìlt] *adj.* =clinker-built.

cline [klain] *n.* 《생물·인류》 [지역적] 연속변이(變異).

‡**cling** [kliŋ] *vi.* (**clung**, **cling·ing**) **1** 달라붙다, 접착 (粘着)하다(stick), 밀착하다(*to* ...). ¶ (~+閘+囹) The wet clothes clung *to* my skin. 젖은 옷이 살갗에 달라붙었다. **2** [손·발로 잡아들어] 매달리다, 꼭 달라붙다, 떨어지지 않다; [덩굴 따위가 벽에] 들러붙다 (*to* ...). ⇨ STICK 類語. ¶ (~+閘+囹) The child *clings to* me. 아이가 내게 매달려 떨어지지 않는다. **3** [사상·희망·기억 따위에] 집착하다, 고집하다(*to* ...). ¶ (~+閘+囹) *cling to* an old custom 구습을 고수하다 / *cling to* one's hope 희망을 버리지 않다.
◇ **clíngy** *adj.*

cling·er [klíŋər] *n.* 접착(밀착)하는 것; 애착을 못 버리는 사람, 고집하는 사람.

cling-film [klíŋfìlm / ⌐⌐] *n.* 《상표명》 [식품 포장용의] 찰짝 붙는 폴리에틸렌 필름.

cling·ing [klíŋiŋ] *adj.* 밀착성의, 달라붙는.

clínging víne *n.* 《구어》무력해서 걸핏하면 남자에게 의지하는 여자.

cling·stone [klíŋstòun] *adj.* 씨가 잘 빠지지 않는.
── *n.* 씨가 잘 안 빠지는 복숭아. *cf.* freestone

cling·y [klíŋi] *adj.* (**cling·i·er, cling·i·est**) 접착성이 강한, 점착성의(adhesive).

*****clin·ic** [klínik] *n.* **1** [의과 대학·병원 부속의] 진료소. **2** 임상(臨床) 강의; 임상 강의반; 임상 강의실. **3** [의학 이외의] 진료 실습; [일반적으로] 상담소. ¶ a speech *clinic* 발음[교정] 교실. ── *adj.* =clinical.

*****clin·i·cal** [klínik(ə)l] *adj.* **1** 진료소의. **2** 병상의, 병상용의; 병상에서 사용되는. ¶ a *clinical* diary 병상 일지 / a *clinical* thermometer 체온계. **3** 임상 [치료, 진찰]의. ¶ *clinical* lectures 임상 강의 / *clinical* instruction 임상(실지) 교수 / *clinical* medicine 임상 의학. **4** 《종교》병상(임종)에서 행해지는. ¶ *clinical* conversion 임종 귀의(歸依)(세례). **~·ly** [-kəli] *adv.*

clínical ecólogy *n.* 임상 생태학.

clínical psychólogy *n.* 임상 심리학.

clin·i·car [klínikà:r] *n.* 병원차.

cli·ni·cian [kliníʃ(ə)n] *n.* 임상 의사; 임상 의학자.

clink¹ [kliŋk] *vi.* **1** [동전·컵 따위가 맞부딪쳐] 땅랑(뗑그랑) 울리다. **2** (드물게) [시(詩) 따위의] 운이 맞다 (rhyme), 듣기 좋게 울리다(jingle). ── *vt.* **1** [동전·컵 따위]를 땅랑땅랑(뗑그랑뗑그랑) 울리게 하다. ¶ *clink* glasses 컵을 부딪쳐 쨍강 울리다[건배할 때]. **2** 《드물게》...의 운을 맞추다. ── *n.* **1** [동전·컵 따위가 맞부딪쳐] 땅랑(뗑강)하고 울리는 소리. **2** 《고어》시의 운(rhyme), 가락이 맞는 슬구(jingle). **3** 《英》검은딱새(stonechat) 따위의 날카로운 울음소리.

clink² [kliŋk] *n.* 《구어》교도소(prison); 감옥(jail); 유치장(lockup). ¶ in *clink* 유치장에 들어가.

clink·er¹ [klíŋkər] *n.* **1** [특히 도로 포장용의] 단단한 벽돌. **2** [석탄 따위를 때고 난 다음의] 타지 않은 덩어리, 쇠똥. ── *vi.* 더덕 남다.

clink·er² [klíŋkər] *n.* 쨍하고 울리는 것(사람).

clink·er³ [klíŋkər] *n.* **1** 《속어》실패, 실책(mistake, error); 실패작, 불량품. **2** 《英속어》멋진 사람 (물건). [뱃전을 겹쳐 댄.

clink·er-built [klíŋkərbìlt] *adj.* [보트·배 따위가]

clink·ing [klíŋkiŋ] *adj.* **1** 땅랑(쨍그랑)거리는. **2** 《英속어》멋들어진, 뛰어나게 좋은. ── *adv.* 멋들어지게, 훌륭하게.

clink·stone [klíŋkstòun] *n.* [광물] 향암(響岩).

cli·no- slope 의 뜻의 연결형. 예: *clino*meter.

cli·nom·e·ter [klainámitər / -nɔ́m-] *n.* 경사계(傾斜計) [지층의 주향(走向)·경사각을 측정].

cli·no·met·ric [klàino(u)métrik], **cli·no·met·ri·cal** [-k(ə)l] *adj.* **1** [결정체(結晶體) 따위의 면이] 경사각의. **2** 경사계의.

clin·quant [klíŋkwənt] *adj.* 《고어》 [금속 조각 따위가] 번쩍번쩍 빛나는, 금빛으로 번쩍이는. ── *n.* 금박으로 된 가짜, 번드르르한 싸구려.

Cli·o [klái(o)u] *n.* **1** 《그리스 신화》클라이오 [역사의 여신; Nine Muses 의 하나]. **2** 클라이오상(賞) [미국 텔레비전 코머셜 상]; 그 소형 상(像).

‡**clip**¹ [klip] *v.* (**clipped**, **clipped** or **clipt**, **clip·ping**) *vt.* **1** [가위로] ...의 작은 가지·털 따위를 자르다, 가지런히 깎다, 짧아 다듬다. ¶ We *clip* our dog every summer. 우리는 해마다 여름에 개의 털을 깎아준다. **2** ...을 깎아내다, 잘라내다. **3** [금화·은화의] 가장자리를 깎아내다. **4** ...을 단축하다, 생략하다 (omit); [약 모음을 생략하여] ...을 급히 발음하다. **5** [비용 따위]를 삭감하다(curtail). **6** 《구어》...을 후려갈기다, 혼내주다. **7** 《속어》...에게서 빼앗다, ...을 속이다 (cheat). ── *vi.* **1** 《구어》자르다, 잘라내다; [신문 따위에서] 오려내다. **2** 질주하다; 《고어》빨리 날다.
clip a person's *wings* ⇨ WING. ── *n.* **1** 깎기, 깎아내기, 깎아 다듬기, 전지(剪枝). **2** 깎은 것, 깎아낸 것; [한 차례 또는 한 철의] 양모를

깎아낸 양, 가위로 한번 깎아낸 양; [영화 필름의] 커트된 것(cut). **5** 《구어》속도 (speed), 보조, 민첩한 동작. ¶ at a good *clip* 매우 빨리. **6** 《美구어》한번, 한 차례(once). ¶ at a (or one) *clip* 한번에, 한숨에.

‡**clip**² [klip] *vt.* (**clipped, clip·ping**) **1** …을 꽉 쥐다(끼우다), 세게 잡다. **2** 을 둘러싸다(encircle), 에워싸다(encompass). **3** 《미식축구》…을 클리핑하다[뒤에서 공을 안 가진 상대방의 다리에 부딪치는 반칙]. **4** 《고어》…을 껴안다, 포옹하다(embrace). — *n.* 꼭 꺼우는 것; 끼우는 금속 기구, 고정 편, 종이 집게, 클립. ¶ a tie *clip* 넥타이 핀. **2** [미식축구] 클립. — *vt.* **3** [기관총의] 삽탄자(挿彈子) (cartridge clip); [편자의] 철심(鐵心). **4** 《고어》포옹.

clip árt *n.* 오려붙이기 예술[책 따위의 삽화를 오려 붙여 공예품을 만드는 예술] 「립보드.

clip-board [klípbɔ̀ːrd / -bɔ̀ːd] *n.* 종이 끼우개판, 클

clip-clop [klípklàp / -klɔ̀p] *n.* 타가닥타가닥[말발굽 소리], 이와 비슷한 율동적인 발소리. — *vi.* (-**clopped, -clop·ping**) 다닥다닥 소리내며 걷다(뛰다).

clip-fed [klípfèd] *adj.* [총의] 총알이 장전된.

clíp jòint *n.* **1** 《속어》[바가지를 씌우는] 하급 카바레(레스토랑). **2** [석공] 회반죽을 쓴 결합.

clip-on [klípɑ̀n / -ɔ̀n] *adj.* 클립으로 고정되는. 「한.

clipped [klipt] *adj.* 짧게 깎은, 깎아낸; 발음을 생략

clípped fórm (**wòrd**) *n.* [단어의] 단축형(생략어) [예: fan < *fanatic*; pike < turn*pike* 따위].

clip·per [klípər] *n.* **1** 깎아내는 사람. **2** (보통 ~s) 깎아내는 기구, 가위, 전지 가위(shears), 이발기. ¶ a nail *clippers* 손톱깎이. **3** 쾌속 범선, 쾌속 비행정; 대형 쾌속여객기; 빠른 말. **4** 《속어》멋진 사람(물건), 일품(逸品).

clip·per-built [klípərbìlt] *adj.* 【항해】[배가] 쾌속 항해를 위해 만들어진, 쾌속 범선식으로 만들어진.

clip-pe·ty-clop [klípitiklɑ́p / -klɔ̀p] *n.* =clip-clop *n.*

clip-pie [klípi] *n.* 《英구어》[버스・전차의]여차장.

clip·ping [klípiŋ] *n.* ⓤⓒ **1** 깎기, 베어내기, 이발하기. **2** 베어낸 것, 깎아낸 털; 《美》[신문 따위의] 오려낸 것(scrap, 《英》cutting); [신문의] 잡보난.
— *adj.* **1** 베어내는, 깎아내는, 가위질하는. **2** 《구어》쾌속의. ¶ in *clipping* pace 잰 걸음으로. **3** 《속어》일류의, 멋들어진, 훌륭한. 「《복사용》.

clip-sheet [klípʃìːt] *n.* 한 면만 인쇄한 인쇄물[보존・

clique [kliːk, + 美 klik] *n.* 도당, 붕당(朋黨) (coterie), 파벌. ¶ an academic *clique* 학벌. — *vi.* (**cliqued, cliqu·ing**) 《구어》도당을 짜다, 파벌을 만들다. [< F

cli·quey, cli·quy [klíːki] *adj.* (**-qui·er, -qui·est** or **more ~, most ~**) =cliquish.

cli·quish [klíːkiʃ] *adj.* 도당심이 강한, 도당적인; 배타적인(exclusive). ¶ a *cliquish* fashion 배타적인 방법 (풍조). **~·ly** *adv.* **~·ness** *n.*

cli·quism [klíːkiz(ə)m] *n.* ⓤ 도당심, 배타주의.

clit [klit] *n.* 《속어》=clitoris.

C. Lit. [略] Companion[s] of *Lit*erature.

cli·to·ris [klítəris, kláit-] *n.* [해부] 음핵(陰核).

clit·ter-clat·ter [klítərklǽtər] *adv.* 덜걱덜걱, 달그락달그락.

cliv·ers [klívərz] *n. pl.* =cleavers.

clk. [略] clerk; clock.

clo·a·ca [klouéikə] *n.* (*pl.* **-cae** [-si: / -ki:]) **1** 하수구(下水溝), 하수도 (sewer). **2** 변소(privy). **3** [부도덕한 행위가 행해지는] 마굴. **4** [동물] [조류・어류의] 총 배설강(腔).

‡**cloak** [klouk] *n.* **1** 소매없는 외투[남녀 모두 입는 망토・케이프의 헐거운 느슨한 겉옷]. **2** 은폐하는 수단(물건), 가면, 가장(disguise), 구실, 핑계 (pretext). **under the cloak of** …의 가면을 쓰고, …을 핑계로, …의 구실 아래.
— *vt.* **1** …에게 외투를 입히다. ¶ *cloaked in* white silk 하얀 실크 외투를 입고. **2** …을 은폐하다(hide, conceal). — *vi.* 외투를 입다.

cloak-and-dag·ger [klóukəndǽgər] *adj.* 스파이 활동의, 음모의; [특히 연극・소설 따위가]음모와 스파이 활동을 다룬, 첩보물의.

cloak-and-sword [klóukənsɔ́ːrd / -sɔ́ːd] *adj.* [영화・연극・소설 따위가 망토를 걸치고 칼을 휘두르는 패걸이 활약하는]모험과 로맨스로 엮어진, 활극식의.

cloak·room [klóukrù(ː)m] *n.* **1** [극장・호텔・클럽 따위의] 클로크, 휴대품 보관소;《英》[역의] 수화물 임시 보관소;《美》baggage room). **2** 《美》[의원의]원내 휴게실;《英》[극장 따위의]화장실, 변소(public restroom).

clob·ber¹ [klɑ́bər / klɔ́bə] *vt.*《속어》**1** …을 사정없이 때리다, 때려 눕히다 (knock down). **2** …을 여지없이 해치우다.

clob·ber² [klɑ́bər / klɔ́bə] *n.* **1** 《英・濠속어》《집합적》의복(clothes). **2** [구두・자루의 가죽에 난 흠에 바르는]검은 옷. — *vi.* **1** 《英・濠속어》나들이옷(의복)을 입다. **2** [도자기 따위에] 마무리칠을 하다.

cloche [klouʃ] *n.* **1** [원예] 식물 보호용의 종 모양의 유리 덮개. *cf.* bell jar **2** 종 모양의 여성 모자. [< F bell]

‡**clock**¹ [klɑk / klɔk] *n.* **1** [일반적으로]시계, 괘종(탁상) 시계. *cf.* watch ¶ an alarm *clock* 자명종 / an electric *clock* 전기 시계 / set a *clock* by the radio 시계를 라디오의 시보에 맞추다 / set a *clock* going 시계를 가게 하다 / The *clock* is slow (fast). 시계가 늦다(빠르다) / The *clock* has struck five. 시계가 5시를 쳤다. **2** 《구어》지시 계기, [자동]기록기, 타임 레코더(time clock); 스톱워치(stopwatch).

around (or *round*) *the clock* 24시간 계속하여, 주야 겸행으로; 항상, 끊임없이.

by the clock 정확히, 또박이.

hold the clock on …의 시간을 스톱워치로 재다.

like a clock 정확히; 규칙적으로; 자동적으로.

put (or *set, turn*) *the clock back* ① 시계 바늘을 거꾸로 돌리다. ② 시대에 역행하다; 진보를 방해하다. ③ 옛날로 되돌아가다. 「다.

tell the clock 몇 시라고 말하다; 시간을 재다, 기록하

when one's clock strikes 임종 때에.

— *vt.* **1** [시계・스톱워치 따위로] [경기 등]의 시간을 재다, 타임을 기록하다. **2** [자동 기록기로] [작업량・답파 거리 따위]를 측정하다.

clock in (or *on*) (*vi.*) [타임 레코더로] 출근 시간을 기록하다, 출근하다.

clock out (or *off*) (*vi.*) [타임 레코더로] 퇴근 시간을 기록하다, 퇴근하다.

◇ **clócklike** *adj.*

clock² [klɑk / klɔk] *n.* [스타킹・양말의 발목 위쪽의] 자수 장식. — *vt.* [스타킹・양말]을 자수로 장식하다 (embroider).

clóck càrd *n.* 시간 기록 시계 (타임 리코더)의 카드.

clock·er [klɑ́kər / klɔ́kə] *n.* [경기의] 계시원(計時員); [입장자 수・경기 타임 따위를 기록하는] 기록계.

clóck-face [klɑ́kfèis / klɔ́k-] *n.* 시계의 문자반(盤) (dial).

clóck gòlf *n.* ⓤ 클록 골프[골프와 비슷한 경기].

clock·ing [klɑ́kiŋ / klɔ́k-] *adj.*《北英》둥지를 떠나지 않는, 둥지에 붙어 있으려고 하는; 알을 품는 시기의. ¶ a *clocking* hen 포란기(抱卵期)의 암탉.

clock-like [klɑ́klàik / klɔ́k-] *adj.* 시계처럼 정확한, 규칙적인.

clock-mak·er [klɑ́kmèikər / klɔ́k-] *n.* 시계점 주인; 시계 제조(수리) 공, 시계사.

clock-pulse [klɑ́kpʌls / klɔ́k-] *n.* [컴퓨터] 각시(刻時) 펄스[동기(同期)를 취하기 위해 사용되는 주기적인 신호].

clóck ràdio *n.* 시계가 붙은 라디오.
clóck stànd (**tùrret**) *n.* 시계대(臺).
clóck tòwer *n.* 시계탑.
clóck wàtch *n.* 회중 시계.
clóck wàtcher *n.* 퇴근 시간만을 기다리는 사람, 「으름뱅이.
clock·wise [klákwàiz / klɔ́k-] *adv.* 시계 바늘이 움직이는 방향으로, 오른쪽으로. ¶ *clockwise* rotation 시계식(오른쪽) 회전. ── *adj.* 오른쪽으로 도는. *opp.* counterclockwise
clock·work [klákwə̀ːrk / klɔ́k-] *n.* 시계 장치, 태엽 장치. ¶ a *clockwork* toy 태엽 장치가 된 장난감. *like clockwork* 정확하게, 규칙적으로.
*clod [klɑd / klɔd] *n.* 1 [흙의] 덩어리, 흙덩이. ¶ cast a *clod* between ⋯의 사이를 나쁘게 하다, 이간질하다. 2 ⓤ 흙(earth, soil). 3 흙(덩이) 비슷한 것; [영혼에 대하여]육체. 4 얼간이, 바보(fool, dolt). 5 소의 어깨살[부분]. ── *vt.* (**clod·ded, clod·ding**) ⋯에 흙덩이를 던지다. ◇ **clóddish, clóddy** *adj.*
clod·dish [kládiʃ / klɔ́d-] *adj.* 1 흙덩이의(같은). 2 우둔한, 굼뜬(doltish). ── **·ness** *n.*
clod·dy [kládi / klɔ́di] *adj.* 흙덩이가 많은, 흙덩이 같은. 2 품위 없는, 천한(mean).
clod·hop·per [kládhɑ̀pər / klɔ́dhɔ̀pə] *n.* 1 시골뜨기(rustic, bumpkin). 2 (~s) 튼튼하고 무거운 투박한 신.
clod·hop·ping [kládhɑ̀piŋ / klɔ́dhɔ̀p-] *adj.* 거친, 예절 없는(loutish); 시골뜨기 같은(boorish).
clod·poll [kládpòul / klɔ́d-] (*also* **clód·pole**) *n.* 얼간이, 멍청이, 바보.
*clog [klɑg / klɔg] *v.* (**clogged, clog·ging**) *vt.* 1 ⋯을 방해하다(hinder); [먼지·기름 따위가] [기계의 운전]을 방해하다; [짐승의 다리에] 무거운 나무를 달다[달아나지 못하게하다]. ¶ *clog* a person's movements 남의 행동을 방해하다 / The machine got *clogged* with thick oil and dirt. 끈적거리는 기름과 먼지 때문에 그 기계가 잘 움직이지 않게 되었다. 2 [관(管) 따위를] 막다, 막히게 하다; [자동차가] [길]을 막다. ¶ The pipe was *clogged* with frozen snow. 파이프는 얼어붙은 눈으로 막혔다. ── *vi.* 1 [관 따위가] 막히다; [기계 따위가] 잘 돌아가다. ¶ This pipe *clogs* very easily. 이 관은 툭하면 막힌다. 2 [액체가] 짙어지다, 끈끈하게 달라붙다, 굳어지다. ¶ Oil soon *clogs* in cold weather. 날씨가 추우면 기름이 곧 굳는다. 3 나막신 춤(clog dance)을 추다. ── *n.* 1 방해[물], 장애[물] (hindrance); [먼지 따위가 쌓여서 생기는 기계의] 고장. 2 [가축치는 말의] 무거운 나무. 3 [바닥이 두꺼운 나무나 코르크로 된] 나막신; 나막신 춤(clog dance). ◇ **clóggy** *adj.*
clóg dànce *n.* 나막신 춤.
clóg dàncer *n.* 나막신 춤을 추는 사람.
clog·gy [klági / klɔ́gi] *adj.* (때로 **-gi·er, -gi·est**) 방해가 되는; [액체가] 끈끈하게 달라붙는, 굳기 쉬운(sticky); [관이]막히기 쉬운.
cloi·son·né [klɔ̀izənéi / klwɑːzɔ́nei] *n.* 칠보 자기. ⟨F⟩
*clois·ter [klɔ́istər] *n.* 1 [건축][교회·수도원 등의 안뜰을 둘러싼] 회랑(回廊), 보행 복도; 안뜰(court-yard). 2 수도원(convent); (the ~) 수도원 생활, 은둔 생활. 3 조용한 외딴 곳. ── *vt.* 1 ⋯을 수도원에 가두다; 은퇴시키다. ¶ (~+몸+團) + 젠) *cloister* oneself [up] *in* a monastery 수도원에 들어박히다. 2 ⋯에 회랑을 설치하다, ⋯을 회랑으로 둘러싸다. ◇ **clóistral** *adj.*
clois·tered [klɔ́istərd] *adj.* 1 세상에서 은둔한; 수도원에 들어박힌. ¶ a *cloistered* life 은둔 생활. 2 회랑

[cloister 1]

이 있는.
clóister gàrth *n.* 회랑이 있는 안뜰. *cf.* garth
clois·tral [klɔ́istrəl] *adj.* 1 수도원의, 수도원 같은; 수도원에 들어간. 2 은둔한, 속세를 떠나(recluse).
clom·i·phene [kláməfìːn / klɔ́mi-] *n.* ⓤ 클로미펜 [수정(受精) 촉진제].
clone [kloun] *n.* 1 [집합적](생물) 클론, 영양계(營養系) [어떤 생물[주로 식물]의 한 개체에서 유성(有性) 생식이 아닌 영양 번식으로 증식한 자손]; 복제(複製) 생물. 2 복제 인간, 기계적으로 움직이는 사람, 로봇. 3 [컴퓨터] 호환기(互換機). ── *vt., vi.* (**cloned, clon·ing**) 1 무성(無性) 생식하다(시키다). 2 복제하다, 똑같이 만들다.
clon·ic [klánik / klɔ́n-] *adj.* [병리] 간헐성 경련의.
clo·nic·i·ty [klounísiti] *n.* ⓤ [병리] 간헐성 경련.
clonk [klɑŋk / klɔŋk] *n., vi., vt.* 쿵(쾅) 하는 소리(를 내다); (구어) 치다.
clo·nus [klóunəs] *n.* ⓤ [병리] 간헐성 경련 [근육의 급격한 계속적 경련].
*close[1] [klouz] *v.* (**closed, clos·ing**) *vt.* 1 ⋯을 닫다, 잠그다(shut); (가게·학교 등)을 폐쇄하다, 봉쇄하다, 폐쇄하여 영업(사용)을 중지하다, 휴일로 하다; [구멍·틈 따위]를 막다, 메우다; [구멍]을 쥐다. ¶ *close* an entrance(a door) 입구(문)를 잠그다 / *close* a book (the eyes) 책을 닫다, 눈을 감다 / *close* a gap 빈틈을 채우다 / *close* one's career(or life) 생애를 마치다 / *close* one's days 죽다 / *close* one's mind 마음의 문을 닫다 / *close* one's purse to ⋯에게 돈 내는 것을 거부하다 / *close* a street to traffic 도로의 통행을 금하다 / *close* the gate on(or upon) a visitor 대문을 닫아 방문자를 맞이 않나다 / *close* the door to foreigners 쇄국(鎖國)하다 / The harbor is *closed* to navigation. 그 항구는 선박의 출입이 금지되어 있다.
[類語] *close, shut* close 는 보통 열려 있는 것을 닫는다는 뜻인데 대하여 shut 는 문·뚜껑·빗장 따위를 밀거나 당기는 동작을 암시하며, 들이지 않거나 내보내지 않는 행위의 뜻이 강하다: *close* a door 단순히 「문이 열려 있지 않은 상태로 하다」 / *shut* a door 당기거나 밀고 잠그는 행위를 암시하여 「문을 제대로 닫다」 // *close* one's eyes 단순히 「눈을 감다」 / *shut* one's eyes 눈을 감고 「자기의 눈에 보이지 않도록 하다」.
2 ⋯을 종결하다, 완료하다(finish); (모임 따위)를 마치다, 끝내다; (교섭 따위)를 끝맺다; (계약 따위)를 체결하다. ¶ *close* a discussion 토론을 종결하다 / *close* a speech 연설을 끝마치다 / *close* a letter 편지를 끝맺다 / *close* a contract 계약을 맺다 / *close* a bargain 거래를 맺다 / That chapter is *closed*. 그 이야기는 끝났다. 3 (열[列])의 간격을 좁히다(;[힘 따위]를 집결하다. ¶ *close* the ranks. 4 [항해][다른 배 따위]에 접근하다; [전기][회로·전류]에 접속하다. ── *vi.* 1 [문 따위가] 잠기다, [상처 따위가] 아물다, [꽃잎 따위가] 오므라지다. ¶ The window will not *close*. 문이 아무리 해도 닫히지 않는다 / My eyes are *closing*. [잠이 와서] 눈이 감기려 한다. 2 끝나다, 종료하다; 폐회하다; 종업하다, [연극이] 파하다; [학교·사무실 등이] 영업을 중지하다, 내휴하다, 폐점하다; ⇒ END [類語] ¶ The party *closed* at five. 파티는 5시에 끝났다. 3 결합하다, 결집(結集)하다(come together). ¶ (~+團) These five lines *close together* in a center. 이들 다섯 개의 선은 중심에서 매어지고 있다. 4 가까이 가다(draw near), 접근하다, 다가가다(서다). 5 접전(接戰)하다(*with* ...). ⇒ *close with.* 6 (중의 다음)[거래 가격]으로 끝나다. 7 일치하다, 합의하다, 응하다(agree)(*with* ...). ⇒ *close with.*
close about ⋯을 둘러싸다(surround). ¶ The enemy

closed about us. 적은 우리를 포위했다.
close an account 신용 거래를 끊다, 청산하다.
close down ① (*vt.*, *vi.*) 폐쇄하다. ¶ *close down* the hatches of a ship in a storm 폭풍우로 배의 승강구를 굳게 닫다 / The factory *closed down*. 공장은 문을 닫았다. ② (*vt.*) [반란 따위]를 진압하다, [마약 매매 따위]를 단속하다(*on* ...).
close a *person's eye* 남의 눈을 때려 부어오르게 하다.
close one's hand on ⋯을 잡다, 쥐다.
close in ① ⋯을 둘러싸다, 가두다. ¶ *close in* a place by a wall 장소를 둘러싸다. ② [문·창 따위]를 안에서 잠그다. ③ (*vi.*) [어둠·적 따위가] 다가 오다 (*on, upon* ...). ¶ Night *closed in* on (or *upon*) the scene. 밤이 다가와 주변이 보이지 않게 되었다.
close out [상품]을 싸게 팔아치우다; ⋯을 매각하다, 처분하다.
close round ⋯을 둘러싸다(encircle, surround).
close the books ⇒ BOOK.
close (or ***shut***) ***the door upon*** a *person* ⇒ DOOR.
close the eyes of ⋯의 눈을 감겨주다, 임종을 지키다.
close the ranks ① 열의 간격을 좁히다. ② 진영을 굳게 하다; 동지의 결속을 굳히다.
close up ① ⋯을 꼭 닫다; ⋯을 완전히 폐쇄하다. ② (*vi.*) 밀집하다, 모이다. ③ (*vi.*) [상처가] 아물다; [구멍이] 막히다.
close with ① ⋯에 육박하다, ⋯과 접전하다. ¶ *close with* enemy 적과 맞붙어 싸우다. ② [제의]에 동의하다, 응하다; [남]과 협상이 이루어지다. ¶ I *closed with* the offer at once. 나는 당장에 그 제의에 응했다.
— *n*. **1** 닫기, 잠그기, 폐쇄(closing). **2** 끝, 종결(conclusion); 끝남(end), 폐회. ¶ at the *close* of the season 시즌이 끝날 때에 / bring ... to a *close* ⋯을 끝내게 하다 / come to a *close* 끝나다 / draw to a *close* 끝에 가까워지다. **3** [고어] 접전, 격투, 맞붙어 싸우기. **4** [음악] 종지법, 종지, 종지 기호(cadence).
◇ clósure *n*.

‡close² [klouz] *adj*. (**clós·er, clós·est**) **1** 닫힌, 잠긴, 밀폐된(shut). ¶ a *close* box 밀폐된 상자.
2 둘러싸인(enclosed); 둘러싸고 있는(enclosing).
3 갇힌, 엄중하게 감금된(confined); 가두는, 감금하는 (confining). ¶ a *close* prisoner 중죄수(重罪囚) / keep a person *close* at home 남을 집에 연금하다.
4 숨겨진(hidden), 비밀의(secret). ¶ *close* privacy 극비 / keep oneself *close* 숨어 있다 / keep a thing *close* 물건을 숨겨두다 / keep (or lie) *close* 숨어 있다.
5 옹색한, 좁은(narrow). ¶ a *close* alley 좁은 뒷골목.
6 [방이] 바람이 잘 안 통하는, [공기가] 후텁지근한, 숨막히는(stifling); [날씨가] 무더운. ¶ a *close* room 답답한 방 / a spell of *close* weather 무더운 날씨의 계속 / The inside of the factory was so hot and *close*. 공장의 내부는 매우 무더워서 숨막힐 지경이었다.
7 말수가 적은, 말이 없는(reticent), 마음을 터놓지 않는, 내성적인. ¶ a *close* disposition. 그는 내성적인 성격이다 / He is as *close* as wax. [구어] 그는 무섭게 입이 무거운 사람이다 / He is *close* about his own affairs. 그는 자기 자신에 대한 이야기는 하지 않는다.
8 인색한(stingy); 돈을 변통할 수 없는, 금전적인 여유가 없는. ¶ a *close* man 구두쇠 / Money is *close*. 돈이 안 돈다 // be *close with* one's money 돈에 인색하다.
9 한정된(restricted), 비공개의, 입수하기 어려운. ¶ a *close* scholarship 《英》 일반에게 공개되지 않는 장학금.
10 [거리·시간·정도·관계가] 가까운(near), 접근한, 밀접한; 조밀한, 빽 찬(dense); 밀집한(crowded); 올이 촘촘한, 올이 가는(compact). ¶ a *close* thicket 밀생한 잡목 / a *close* view 근처의 경치 / a *close* shot [하마터면 맞을 뻔한] 아슬아슬한 탄환 / a *close* order 밀집 대형(隊形) / a *close* resemblance 아주 비슷함, 흡사 / a *close* texture 올이 촘촘한 직물 / a *close* printing (writing) 자간을 좁혀 빽빽하게 인쇄하기(쓰기) / *close* in age 나이가 비슷하다, 비슷한 나이이다 / be in *close* connection with ⋯과 밀접한 관계이다.
頭語 *close* 사이에 빈틈이 없이 촘촘한: *close* weave 올이 촘촘한 직물. **dense** 빛·물 따위가 통과하지 못할 만큼 밀집한: a *dense* fog 짙은 안개. **thick** 다수가 모여 한 집단이 된: a *thick* grove 빽빽한 숲. **compact** 좁은 범위에 가득히 또한 가지런하게 찬: a small, *compact* community 소규모의 밀집된 공동 생활체.
11 친한, 친밀한. ⇒ FAMILIAR 頭語 ¶ a *close* friend 절친한 친구 // be *close with* a person 남과 친하다.
12 [의복 등이] 꼭 맞는. ¶ a *close* hat 꼭 맞는 모자.
13 [머리털·잔디 따위가] 매우 짧게 깎인, 아주 짧은.
14 면밀한(careful), 엄밀한(strict); 정밀한, 정확한 (accurate). ¶ a *close* description 면밀한 묘사 / a *close* copy 정밀한 사본 / a *close* attention 세심한 주의 / a *close* translation 정밀한 번역.
15 호각(互角)의; [선거전에서] 세력이 호각인. ¶ a *close* game (or contest) 접전 / a *close* district [선거의] 접전 지구.
16 금련(禁獵)의, [법률에서] 금지하고 있는. *opp*. open ¶ a *close* season (or time) 《英》 금렵기(《美》 a closed season).
17 [음성] 혀를 구개(口蓋)에 가깝게 하고 발음하는. *opp*. open ¶ *close* vowels 폐모음(閉母音) ([i:], [u:]
be close to ⋯에 접근하여 있다, ⋯에 가깝다. [따위].
be close to one's heart 늘 생각하고 있다, 마음에서 떠나지 않다.
— *adv*. **1** 아주 가까이(near), 밀접하게, 접근하여; 빽빽하게(closely). ¶ *close* at hand 바로 가까이에 / *close* by [⋯의] 바로 가까이에 / sit (stand) *close* 바싹 붙어 앉다(서다). **2** 친밀하게. **3** 내밀히. **4** 엄밀히, 정밀하게, 정확하게 맞게, 딱 맞게. **5** 꼭 맞게. ¶ fit *close* 꼭 맞다. **6** 아주 짧게. ¶ cut the lawn (the hair) *close* 잔디 (머리)를 짧게 깎다. **7** 인색하게(stingily). ¶ live *close* 인색하게 생활하다.
close on (or ***upon***) ⋯에 가깝게; 대충, 거의(nearly). ¶ He is *close upon* sixty. 그는 60에 가깝다.
come close to 《美》 조금만 더하면 (하마터면, 거의) ⋯할 뻔하다(* to 다음에는 gerund 또는 명사가 온다). ¶ He *came close to* fulfilling his dream. 그는 자신의 꿈을 거의 실현할 수 있게 되었다.
press a *person close* 남을 호되게 몰아세우다.
run a *person close* 남을 바싹 쫓아가다.
sail close to (or ***near***) ***the wind*** ⇒ WIND¹.
— *n*. **1** 《英》 [개인 소유의] 담 두른 땅, 구내, 경내(境內)(precinct), [학교] 교정(校庭). ¶ break a person's *close* 남의 소유지에 침입하다. **2** [스코] [좁은] 통로.
◇ enclóse *v*., clósely *adv*., clóseness *n*.

clóse áir suppórt *n*. [군사] 근접 항공 지원.
close-at-hand [klóusəthǽnd] *adj*. [시간적·거리적으로] 아주 가까이에 있는(가까운).
close-by [klóusbái] *adj*. 바로 곁에 있는, 지척의.
clóse cáll *n*. 《구어》 위기일발, 구사일생, 아슬아슬한 탈출(narrow escape).
clóse commúnion *n*. [교회] [다른 종파가 끼어들지 못하는] 예배 성찬식.
clóse corporátion *n*. =closed corporation.
close-cropped [klóuskrápt / -krɔ́pt] *adj*. [머리를] 짧게 깎은.
close-cross [klóuskrɔ̀s] *n*. **1** 근친 교배(近親交配)(incest breeding). **2** 근친 교배에 의한 자손. — *vt*. ⋯을 근친 교배시키다.

‡closed [klóuzd] *adj*. **1** 경계의, 장벽의. **2** 닫은, 밀폐의; 비공개의; 관계자외 출입금지인. ¶ behind *closed* doors 비밀로, 비공개로 / with *closed* doors 문을 닫아 걸고, 방청을 금지하고 / *closed* mail 봉함 우편. **3** [음성] 자음으로 끝나는, 폐음절(閉音節)의. *opp*. open ¶ *closed* syllables 폐음절.

clósed accóunt n. 차액이 없는 대차 계정.
clósed bóok n. 영문을 알 수 없는 것, 분명치 않은 것; 이해할 수 없는 인물; 끝장이 난 일.
clósed círcuit n. [전기] 폐회로(閉回路).
clósed-cír·cuit télevision [klóuzdsə́ːrkit-] [U] 폐회로 텔레비전, 유선 텔레비전.
clósed còrporátion n. 폐쇄 회사[주식을 공개하지 않는다].
closed-door [klóuz(d)dɔ́ːr / -dɔ́ː] adj. 문을 잠근, 비밀의, 비공개의. ¶ a closed-door session 비밀 회의.
clósed-énd [klóuzdénd] adj. [투자 신탁이] 자본액 고정(固定)의, 폐쇄식의. opp. open-end
clósed-énd invéstment còmpany n. 폐쇄 투자 신탁 회사(closed-end fund). cf. open-end investment company
closed-loop [klóuzdlùːp] adj. [자동 제어기] 피드백 기구(機構)로 자동적으로 조정되는.
closed-out [klóuzdàut] n. 폐업; 점포 정리. ¶ a closedout sale 폐업 대매출.
close·down [klóuzdàun] n. 《美》 1 조업 정지; 공장 폐쇄. 2 폐업(閉業). 3 《英》 방송(방영) [시간] 완료. [표현法]
clósed prímary n. 제한 예선[유자격 당원만이 하는 사업소]. opp. open shop [컴퓨터] 컴퓨터 사용법의 하나로서, 프로그램 작성이나 작동을 전문 담당자만이 하는 방식]
clósed séa n. [국제법] (the~) 영해. cf. open sea
clósed séason n. 《美》 금렵기(《英》 close season).
***clósed shóp** n. 1 클로즈드 숍[노동조합원만을 고용하는 사업소]. opp. open shop 2 [컴퓨터] 컴퓨터 사용법의 하나로서, 프로그램 작성이나 작동을 전문 담당자만이 하는 방식
close-fist·ed [klóusfístid] adj. 구두쇠의, 인색한 (stingy). ~·ly adv.
close-fit·ting [klóusfítiŋ] adj. [옷 따위가] 몸에 꼭 맞는.
close-grained [klóusgréind] adj. [목재 따위가] 나뭇결이 고운, 결이 촘촘한.
clóse hármony n. [U] [음악] 밀집 화성.
close-hauled [klóushɔ́ːld] [항해] adj. [바람을 거슬러 가도록 돛을] 활짝 편. —adv. 돛을 활짝 펴고.
close-in [klóusìn] adj. 인접한.
close-knit [klóusnít] adj. 유대가 긴밀한, 굳게 뭉친.
close-lipped [klóuslípt] adj. 말수가 적은, 입이 무거운.
‡**close·ly** [klóusli] adv. 1 가까이, 접근하여; 밀접하게, 친밀히. ¶ He resembles his father closely. 1 그의 아버지를 꼭 닮았다/He is closely connected with the party. 그는 당과 긴밀한 관계를 유지하고 있다. 2 꼭, 빈틈없이, 단단히, ¶ shut closely 밀폐하다 / Her skirt fits closely. 그녀의 스커트는 몸에 꼭 맞는다 / She clasped her child closely to her bosom. 그녀는 아이를 품에다 꼭 껴안았다. 3 면밀하, 엄밀히, 정확하게. ¶ listen closely 가만히 귀를 기울이다/watch a person closely 남을 주의깊게 지켜보다/translate a poem closely 시를 [원문에]충실하게 번역하다. 4 검소하게, 인색하게.
close-mouthed [klóusmáuðd] adj. 말수가 적은, 터놓지 않는(reticent).
close·ness [klóusnis] n. [U] 1 밀폐, 꼭 닫음. 2 숨막힘(stuffiness), 무더움, 답답함. 3 친밀, 친근(intimacy). ¶ the closeness of our friendship 우리 우정의 친밀함. 4 인색함(stinginess). 5 접근, 근사. 6 [직물] 올이 촘촘함(존존)함. 7 엄밀, 정확. 8 정밀, 엄밀.
close-out [klóuzàut] n. 《美》 폐업 대매출; 재고 정리 판매.
close-packed [klóuspǽkt] adj. 꽉 찬, 충만한.
clóse quárters n. pl. 1 좁은 (붐비는) 방. 2 접근전, 백병전.
***clos·er** [klóuzər] n. 1 닫는 사람, 끝맺는 사람; 폐색(閉塞)기구. 2 접합(接合)하는 사람, 접합 기구. 3 [석공] 귓돌, 귓벽돌, 갓벽돌[담·벽 따위에 사용].

clóse sháve n. 《구어》 위기 일발(narrow escape).
clóse shót n. [영화·TV] 근사(近寫) (close-up). opp. long shot
close-stool [klóuzstùːl, klóus-] n. 뚜껑이 붙은 실내용 변기.
clóse suppórt n. =close air support.
‡**clos·et** [klázit / klɔ́z-] n. 1 [서재·응접용의] 작은 방, 사실(私室). 2 찬장(cupboard), 벽장, 반침. 3 china closet 사기그릇 찬장. 3 변소(water closet).
of the closet 탁상의, 공론에 지나지 않는. ¶ a plan *of the closet* 탁상 계획.
—adj. 사적인(private), 비밀의(secret); 사실(私室)에 적합한; 비실제적인(unpractical). ¶ a *closet* consultation 비밀 회의 / a *closet* drama 서재극(書齋劇) [읽기 위한 희곡].
—vt. (보통 재귀용법) [남]을 [벽장 따위에] 가두다. 《보통 수동으로》 [밀담을 위하여] [남]을 사실에 가두다. ¶ (~+图+前+名) *closet* oneself *in* a phone booth 전화실 안에 들어박히다 / He was closeted with the minister. 그는 장관과 밀담했다.
clos·et·ed [klázitid / klɔ́z-] adj. 갇힌.
clóset polítícian n. 비실제적인 정치가.
clóset quéen n. 《속어》 은밀한 동성 연애자.
close-up [klóusʌ̀p / -́-] n. [사진·TV·영화] 클로즈업, 크게 촬영한것; 근접 촬영.
close-wov·en [klóuswóuv(ə)n] adj. 촘촘하게 짠.
***clos·ing** [klóuziŋ] n. 1 폐쇄, 폐점. 2 결산, 마감, 정지. 3 종결, 끝맺음(ending). ¶ a word in *closing* 끝맺음의 한 마디. —adj. 1 폐점(폐장, 폐회)의. ¶ *closing* time 폐점 시간, 폐문 시간 / a *closing* address 폐회사 / *closing* [out] sales 떨이 판매. 2 결산의, 마감의, 정지의. ¶ *closing* accounts 결산, 원장(元帳) 마감 / *closing* books 장부 마감 / a *closing* date 결산일, 마감일. 3 끝(종료)의. ¶ a *closing* price 최종 시세 / *closing* quotations [증권 거래소의] 종장 시세 / the *closing* hour of life 임종.
clo·sure [klóuʒər] n. [U][C] 1 폐지, 폐쇄, 마감 (closing), 폐점, 폐회. 2 종지, 종결(end). 3 [폐쇄(사유지)의] 담, 울타리(enclosure). 4 [음성] 폐쇄(음). 5 《英》 [의회에서의] 토론 종결(《美》 cloture).
—vt., vi. (-sured, -sur·ing) 《英》 [의회에서 토론을] 종결시키다(하다) (《美》 cloture).
clot [klat / klɔt] n. [피 따위의] 엉긴 덩어리 (mass, lump); 응괴(凝塊). ¶ a *clot* of blood 응혈(凝血).
—v. (clot·ted, clot·ting) vi. 엉겨서 덩어리가 되다; 응고하다. —vt. …을 응고시키다, 응결(凝結)시키다; …을 응괴로 덮다.
‡**cloth** [klɔːθ / klɔ(ː)θ] n. [U] 《종류를 나타낼 때는 [C]》 (*pl.* cloths [klɔːθs, klɔːðz] / [klɔ(ː)ðz]) 1 《총칭적》 직물(織物), 모직물(woolen cloth), 평직 나사. ¶ a *cloth* coat 나사 상의(上衣) / a *cloth* of gold(silver) 금란(金襴)(은란(銀襴)). 2 피륙, 옷감. 3 《어떤 용도의》 헝겊 조각, 걸레, 행주(duster); 책상보. 4 [연극] 막, 배경막. 5 클로스[제본용 면포]. ¶ lay (remove) the *cloth* 식사 준비를 하다(뒷 설겆이를 하다). 6 [성직자가 입는] 검정 성직복(수도복); (the ~) 성직자; 성직[에 있는 사람들] (the clergy). ¶ respect a man's *cloth* 성직자의 신분에 대하여 경의를 표하다. 7 《항해》 [집합적] 돛 (sails), 범포(帆布)(canvas). ¶ carry much *cloth* 돛을 완전히 펴다.
cut one's coat according to one's (*or the*) *cloth* ⇒ COAT. 「빨간 거짓말의.
made (*or cut*) *out of the whole cloth* 《美구어》 새 ◇ clothe v.
cloth·back [klɔ́ːθbæ̀k / klɔ́(ː)θ-] n. [제 본] [paperback 에 대하여] 클로스 장정본.
cloth·bound [klɔ́ːθbàund / klɔ́(ː)θ-] adj. [책의 표지가] 클로스로 장정된. 「급의.
cloth-cap [klɔ́ːθkæ̀p / klɔ́(ː)θ-] adj. 《英》 노동자 계

‡clothe [klouð] *vt.* (**clothed** *or* 〔고어〕 **clad, clothing**) **1** …에게 옷을 입히다(dress); …에게 의복을 지급하다. ¶ *clothe* oneself 옷을 입다 // (~+目+前+名) He *clothed* himself *in* his best. 그는 나들이옷을 입었다 / She is *clothed in* white. 그녀는 흰 옷을 입고 있다.
2 …을 뒤덮다(cover). ¶ Leaves *clothe* trees. 잎이 나무를 뒤덮다 / Spring *clothes* the land with green leaves. 봄은 신록으로 대지를 뒤덮는다.
3 〔권력·영광 따위를〕…에게 부여하다, 주다(endow); 〔사상 따위를〕표현하다(express). ¶ (~+目+前+名) be *clothed with* righteousness(authority) 정의의 옷을 걸치다〔권력을 부여받다〕 / *clothe* one's thoughts *in* suitable language 자기의 사상을 적절한 말로 표현하다 / He struggled to *clothe* his face *in* a smile. 그는 굳은 얼굴에 미소를 띠려고 애썼다.
clothe and feed …에게 의식을 공급하다. ¶ work to *clothe and feed* one's wife and family 처자를 입히고 먹여 살리기 위하여 일하다.
◇ clothes, clóthing *n.*
cloth-eared [klɔ́:θiərd / klɔ́(:)θ-] *adj.* 《구어》 난청(難聽)의; 둔감한
clóth èars *n. pl.* 난청(難聽), 음치.
‡clothes [klou(ð)z / klouðz] *n. pl.* **1** 의복, 옷. ¶ secondhand *clothes* 헌 옷 / two suits of *clothes* 옷 두 벌 / Fine *clothes* make the man. 《속담》 옷이 날개.
[類語] **clothes** 개개의 의류가 집합한 것: working *clothes* 작업복. **clothing** 집합적인 의류라는 것: *clothing* for children (=children's clothes) 아동용 의류. **dress** 보통 사교장에 어울리는 의복: full *dress* 정장. **garment** 하나의 의류, 격식차린 말: a foundation *garment* 여자의 체형(體型)을 바로 하기 위한 속옷.
2 침구(bedclothes). **3** 세탁물.
in long clothes 유치하여.
clothes-bag [klóu(ð)bæ̀g / klóuðz-] *n.* 빨래 자루.
clothes-bas·ket [klóu(ð)zbæ̀skit / klóuðzbɑ̀:s-] *n.* 세탁물 바구니.
clothes-brush [klóu(ð)zbrʌ̀ʃ / klóuðz-] *n.* 양복솔, 의류용 브러시.
clóthes hànger *n.* =coat hanger.
clothes-horse [klóu(ð)zhɔ̀:rs / klóuðz-] *n.* **1** 빨래 걸이. **2** 유행복을 입는 사람.
clothes-line [klóu(ð)zlàin / klóuðz-] *n.* **1** 빨랫줄. **2** 〔야구 속어〕 빨랫줄같이 뻗어나가는 〔강한〕 라이너(line drive).
clothes·man [klóu(ð)zmæ̀n / klóuðz-] *n.* (*pl.* -men [-mèn]) 헌옷장수.
clóthes mòth *n.* 옷좀나방.
clothes-peg [klóu(ð)zpèg/klóuðz-] *n.* 《영》=clothespin.
clothes-pin [klóu(ð)zpìn/klóuðz-] *n.* 《미》 빨래 집게.
clóthes pòle *n.* 빨랫줄을 매는 기둥.
clothes-press [klóu(ð)zprès / klóuðz-] *n.* 양복장, 옷장(chest, wardrobe).
clóthes pròp *n.* 《영》=clothes pole.
clóthes trèe *n.* 〔가지가 있는 기둥 모양의〕 모자〔외투〕걸이.
clóthes wrìnger *n.* 빨래 짜는 기구.
cloth-ier [klóuðjiər, -ðiər / -ðiə] *n.* **1** 모직물 제조업자, 모직물 상인. **2** 양복점 주인; 의류상.
‡cloth·ing [klóuðiŋ] *n.* ⓤ **1** 〔집합적〕 의복, 의류 (garments, clothes). ¶ a *clothing* store 옷 가게 / eating, *clothing* and housing 의식주. **2** 덮개(covering).
clóthing wòol *n.* ⓤ 방모사(紡毛絲)용 양모.
clóth mèasure *n.* 피륙량 자.

Clo·tho [klóuθou] *n.* 〔그리스 신화〕 운명의 3여신(the Fates) 중의 한 여신〔생명의 실을 잣는 여신〕.
clóth yàrd *n.* **1** 피륙 야드〔36인치〕. **2** 긴 화살 〔cloth yard 길이의〕.
clot·ted [klɑ́tid / klɔ́t-] *adj.* 응고한; 응혈(凝血)의; 〔피·때 따위로〕 엉겨붙은.
clótted crèam *n.* ⓤ 응고〔고체〕 크림.
clótted nónsense *n.* ⓤ 말도 안 되는 헛소리, 영터리.
clot·ty [klɑ́ti / klɔ́ti] *adj.* **1** 덩어리가 많은; 응고한, 핏덩어리의(clotted). **2** 응고하기 쉬운, 응결성(凝結性)의.
clo·ture [klóutʃər] *n.* ⓤⓒ《미》〔의회에서의〕 토론 종결. *cf.* closure. — *vt., vi.* (**-tured, -tur·ing**) 《미》〔의회에서〕 토론을 종결〔하여 곧 표결〕하다.
clou [klu:] *n.* 구경거리, 흥미의 중심점. [<F nail]
‡cloud [klaud] *n.* **1** ⓒⓤ 구름. ¶ a dark *cloud* 검은 구름 / a bank of *clouds* 구름 봉우리 / rise above the *clouds* 구름 위에 우뚝 솟다 / sail up into the *clouds* 구름바다 속으로 비행하다 / *Clouds* form (*or* rise). 흐려진다, 구름이 인다 / The peak was covered with *cloud* [*s*]. 산정은 구름으로 덮여 있었다 / Every *cloud* has a silver lining. 《속담》 어떤 구름이라도 뒤쪽은 은빛으로 빛난다, 괴로움의 반면에는 기쁨이 있다.
2 구름 모양의 것, 자욱한 먼지〔연기 따위〕. ¶ a *cloud* of dust(smoke) 자욱한 먼지〔연기〕 / raise a great *cloud* of sand 자욱한 모래 먼지를 일으키다.
3 〔벌레·새 따위의〕 큰 떼, 집단. ¶ a *cloud* of mosquitoes (flies) 구름 같은 모기〔파리〕떼.
4 〔대리석·거울 따위의〕 흐림, 홈(blemish). ¶ crystal without *clouds* 흐림이 없는 수정 / a marble with dark *clouds* 검은 줄이 있는 대리석.
5 〔얼굴 등에 나타나는〕 흐림, 근심하는 기색, 어두운 그림자. ¶ a *cloud* of sorrow 슬픈 기색 / a *cloud* of war 전운 / a *cloud* on one's happiness 사람의 행복을 가리는 암운 / cast a *cloud* on …을 흐리게 하다, …에 어두운 그늘을 던지다 / have a *cloud* on one's brow 우울한 얼굴을 하고 있다 / A heavy *cloud* came upon his face. 그의 얼굴이 몹시 흐려졌다.
a cloud of words 구름 잡는 듯한 이야기.
blow a cloud 《구어》 담배를 피우다.
drop from the clouds 난데없이 나타나다.
in the clouds ① 하늘 높이. ② 공상에 잠겨, 멍청하게. ¶ have one's head(*or* lose oneself) *in the clouds* 공상에 잠기다. ③ 비현실적으로, 막연히.
on a cloud 《속어》 행복의 절정에서, 의기충천하여.
under a cloud 꾸지람을 받아, 의심을 받고. 〔여.
under cloud of night 야음을 틈타서, 어둠을 이용하— *vt.* **1** …을 흐리게 하다, 구름으로 덮다; 〔하늘 따위〕를 어둡게 하다(darken). ¶ The tears *clouded* her eyes. 그녀의 눈은 눈물로 흐려졌다. **2** …을 어둡게 하다, 모호하게 하다. **3** …에 어두운 빛을 드리우다; 〔명성 등〕을 더럽히다; 〔남〕에게 혐의를 걸다. ¶ *cloud* one's reputation 명성을 더럽히다 / His face was *clouded* with anxiety. 그의 얼굴은 근심으로 흐려 있었다. **4** …을 구름 무늬가 지게 하다. — *vi.* 〔하늘·마음 등이〕 흐려지다. ¶ (~+勵) The sky *clouded* over. 하늘은 온통 흐렸다.
◇ clóudy *adj.*, enclóud *v.*
cloud·ber·ry [kláudbèri] *n.* (*pl.* **-ries**) 야생의 진들
cloud-built [kláudbìlt] *adj.* 구름 같은; 속이 빈; 공상적인(imaginary).
cloud·burst [kláudbə̀:rst] *n.* 억수, 호우.
cloud-capped [kláudkæ̀pt] *adj.* 구름을 인, 구름으로 덮인; 구름 사이로 우뚝 솟은.
clóud càstle *n.* 몽상, 백일몽.
clóud chàmber *n.* 〔물리〕 안개 상자〔기체 중의 α선·β선 따위의 하전 입자선(荷電粒子線)이 지나간 자국을 보는 장치〕.
cloud-cuck·oo-land [kláudkúku:lænd] *n.* (때로

C-C-L-) ⓤ 이상향(理想鄕).

clóud dríft n. 흘러가는 구름, 뜬 구름.

cloud·ed [kláudid] *adj.* **1** 흐린, 어두운(obscure). **2** 우울한; 혼란된(confused). **3** 구름 모양의, 구름 무늬의.

cloud·i·ly [kláudili] *adv.* 흐려서, 흐릿하게, 날씨가.

cloud·i·ness [kláudinis] *n.* ⓤ **1** 흐린 날씨, 흐림; 〔기상〕 운량(雲量). **2** 구름 무늬. **3** 〔색채·광택의〕 흐림. **4** 〔시력·정신력·지력 (知力)의〕 둔함, 몽롱함, 활발치(분명치) 못함(obscurity). **5** 〔액체의〕 흐림, 탁함. **6** 우울, 불쾌함.

cloud·ing [kláudiŋ] *n.* ⓤ **1** 구름 무늬, 얼룩 무늬. **2** 〔운나는 면의〕 흐림. 〔향.

cloud·land [kláudlǽnd] *n.* ⓤⓒ 공상의 세계, 이상

*****cloud·less** [kláudlis] *adj.* ⓤⓒ 구름이 없는, 맑게 갠, 청명한(clear). **~ly** *adv.* **~ness** *n.*

cloud·let [kláudlit] *n.* 조각 구름.

clóud níne *n.* 《속어》하늘에라도 오르고 싶은 행복감, 의기양양. ¶ I'm on *cloud nine*. 난 지금 날아갈 듯 한 기분이야.

clóud ráck *n.* 조각 구름의 떼. 〔圈〕.

clóud ríng *n.* 〔적도상에 있는〕 운대(雲帶), 운권(雲

cloud·scape [kláudskèip] *n.* **1** 구름 그림(경치). **2** 구름 모양.

clóud séeding *n.* ⓤ 〔인공 강우를 위해〕 구름에 드라이아이스나 옥화은(沃化銀) 따위의 입자를 뿌리기.

cloud-world [kláudwə̀:rld] *n.* 이상향.

‡**cloud·y** [kláudi] *adj.* (**cloud·i·er, cloud·i·est**) **1** 흐린, 구름이 많은. ¶ a *cloudy* sky 흐린 하늘 / It is *cloudy* today. 오늘은 날씨가 흐리다. **2** 구름의, 구름 모양의. ¶ a *cloudy* pillar 구름 기둥, 기둥 모양의 구름. **3** 구름 무늬의; 〔운나는 면의〕 흐린, 구름무늬의. ¶ *cloudy* marble 구름무늬가 든 대리석. **4** 〔술 따위가〕 맑지 않은, 탁한(not clear). ¶ *cloudy* liquid 탁한 액체. **5** 분명하지 않은, 흐릿한(obscure). ¶ eyes *cloudy* with sleep 졸음에 겨운 눈 / a *cloudy* picture 흐릿한 사진. **6** 〔우울·근심에〕 침울한; 불쾌해 하는. ¶ *cloudy* looks 우울한 표정. **7** 혐의를 받은, 불명예스러운.
◇ cloud, cloudiness *n.*, cloudily *adv.*

clough [klʌf, 《美》klau] *n.* 《英방언》협곡(ravine), 골짜기(glen).

clout [klaut] *n.* **1** 〔구어〕 한대 치기, 손바닥으로 때리기(blow). **2** 〔야구 속어〕 강타, 장타(long hit). **3** 《美》권력, 영향력. **4** 〔활쏘기의〕 과녁 중심에 댄 흰 천, 과녁의 중심. **5** 〔고어〕 형겊조각, 구멍에 집는 천(patch); 넝마. **6** 〔구두 바닥·차륜 따위의 철판, 징. ¶ a *clout* nail 〔구두 바닥의〕 징, 못.
― *vt.* **1** 〔구어〕 때리다 〔주먹·손바닥으로〕 …을 치다, 때리다. ¶ *clout* a person's head 놈의 머리를 강타하다. **2** 〔고어·방언〕 …에 붕대를 감다; …에 천을 덧대어 집다(patch), …을 수선하다(mend); 〔구두 밑창 따위에〕 징을 박다.

clove¹ [klouv] *n.* **1** 정향나무〔열대성 상록 교목〕. **2** 정향〔정향나무의 꽃봉오리를 말린 향료〕. ¶ oil of *cloves* 정향유.

clove² [klouv] *n.* 〔식물〕 백합·양파 따위의 소인경(小鱗莖).

clove³ [klouv] *v.* cleave¹의 과거형의 하나.

clove⁴ [klouv] *n.* 《英》양모·치즈 따위의 중량 단위〔보통 8 pounds에 상당〕.

clóve hítch *n.* 감아매기〔맺줄 매듭의 하나〕.

clo·ven [klóuv*ə*n] *v.* cleave¹의 과거 분사의 하나.
― *adj.* 갈라진, 쪼개진(split), 〔둘로〕 나뉘어진, 분열된.

clóven hóof(fóot) *n.* **1** 갈라진 발굽, 우제(偶蹄). **2** 악마(Satan), 악마의 유혹.
show the cloven hoof (or *foot*) 악마의 본성을 드러내다, 정체가 드러나다.

clo·ven-hoofed [klóuv(ə)nhú:ft], **-foot·ed** [-fútid] *adj.* **1** 발굽이 갈라진. **2** 악마 같은.

clóve pínk *n.* 카네이션(carnation).

‡**clo·ver** [klóuvər] *n.* ⓤⓒ 클로버, 토끼풀.
be (or *live*) *in clover* 호사스럽게(안락하게) 살다.

clo·ver-leaf [klóuvərlì:f] *n.* (*pl.* **-leaves**) 〔네 잎 로버 모양의〕 입체 교차로. ― *adj.* 네잎 모양(무늬)의.

*****clown** [klaun] *n.* **1** 광대(jester). **2** 교양 없는 사람, 촌뜨기(rustic). **3** 품위 없는 사람, 본데없이 자란 사람(ill-bred person). ― *vi.* 광대 노릇을 하다, 익살부리다. ◇ clównish *adj.*

clown·er·y [kláunəri] *n.* ⓤⓒ (*pl.* **-er·ies**) 광대짓, 익살, 익살스러운 짓.

clown·ish [kláuniʃ] *adj.* **1** 광대 같은, 우스꽝스러운. **2** 촌뜨기 같은, 교양없는; 품위없는.
~ly *adv.* **~ness** *n.*

clox [klɑks / klɔks] *n. pl.* 〔상업〕 clock²의 복수형.

cloy [klɔi] *vt.* 〔음식을 단 것 쾌락 따위로〕 …을 넌덜나게 (물리게) 하다; 과식하게 하다(surfeit); 배부르게 하다(satiate). ― *vi.* 싫증나다, 넌덜나다; 물리다.

cloy·ing [klɔ́iiŋ] *adj.* 싫증나게 하는, 넌덜나는, 물리게 하는.

cloze [klouz] *adj.* 〔테스트 방법으로〕 문장 안의 빠진 단어를 보충하는.

‡**club** [klʌb] *n.* **1** 곤봉(cudgel); 경찰봉; 〔골프·하키 용의〕 타구봉, 클럽. **2** 〔운동·사교 따위의〕 클럽, 동호회; 클럽실 (clubroom); 클럽 회관(clubhouse). ¶ a tennis *club* 테니스 클럽 / a country *club* 컨트리 클럽 〔교외에 테니스·골프 따위를 즐기는 클럽〕 / an Alpine *club* 산악회. **3** 나이트 클럽, 카바레. **4** 〔카드놀이〕 클럽; (~s) 〔단·복수 양용〕 클럽의 패 전부. ¶ the king of *clubs* 클럽의 킹. **5** 〔식물〕 곤봉 모양의 구조 (기관). ― *v.* (**clubbed, club·bing**) *vt.* **1** …을 곤봉으로 때리다, 〔총 따위〕 을 곤봉 대신으로 쓰다. ¶ *club* a rifle 총을 거꾸로 쥐다 // (~+目+目+圓) *club* a person to death 남을 때려 죽이다. **2** 〔사람〕 을 모아서 클럽을 만들다; …을 합동(결합) 시키다(unite, combine). ¶ (~+目) *club* persons *together* 클럽에 사람들을 모으다. **3** 〔금전·지혜 등〕을 서로 내놓다; 〔지출 따위〕를 분담하다. ¶ *club* expenses 지출을 분담하다.
― *vi.* 클럽을 조직하다; 〔공동 목적을 위하여〕 협력(합동) 하다; 〔금전 따위〕 를 서로 내다. ¶ (~+圓) *club together* 서로 협력하다 // (~+前+名) *club with* a person 남과 협력하다.

club·ba·ble [klʌ́bəbəl] *adj.* 《구어》 클럽 회원에 알맞은, 사교적인, 교제를 잘하는(sociable).

clubbed [klʌbd] *adj.* 〔과실·뿌리의〕 곤봉 모양의.

club·by [klʌ́bi] *adj.* (**-bi·er, -bi·est**) **1** 상냥한, 사교적인. **2** 클럽 같은, 회원제의, 배타적인.

clúb cár *n.* 특별 객차, 사교 객차 〔안락 의자·카드놀이 탁자 등이 설치되어 있다〕.

clúb cháir *n.* 낮고 육중한 안락 의자.

club·dom [klʌ́bdəm] *n.* ⓤ **1** 클럽계, 클럽 생활. **2** (총칭적) 클럽.

clúb fóot *n.* 〔가구 따위의〕 굽은 다리.

club·foot [klʌ́bfùt] *n.* (*pl.* **-feet** [-fì:t]) **1** 만족(彎足), 만곡족(彎曲足); 〔짧고 굽은 기형의 발(talipes). **2** 발의 선천성 기형.

club·foot·ed [klʌ́bfùtid] *adj.* 만족(만곡족)의.

club·hand [klʌ́bhæ̀nd] *n.* 만곡수〔일종의 선천적 불구〕; 손의 굽음(기형).

club·haul [klʌ́bhɔ̀:l] *vt.* 〔항해〕 보조돛을 내리고 방향을 바꾸다〔닻을 사용함으로써 좁은 수역에서 할 수 있다. 위급한 경우에 행하다〕.

club·house [klʌ́bhàus] *n.* (*pl.* **-houses** [-hàuziz]) 클럽 회관, 클럽 하우스.

club·land [klʌ́blæ̀nd, 《美》-lənd] *n.* ⓤ 클럽 지구, 클럽가(街) 〔특히 영국 London의 St. James's Palace 부근〕.

clúb láw *n.* ⓤ 폭력 지배, 폭력주의(정치).

club·man [klʌ́bmən, -mæ̀n] *n.* (*pl.* **-men** [-mən,

club·mo·bile [klʌ́bmoubìːl] *n.* 클럽모빌[클럽실처럼 장비한 트레일러로, 군인·노동자에게 다과·담배 따위를 공급].

club móss *n.* 석송(石松).

club·room [klʌ́brùː)m] *n.* 클럽(집회)실.

club·root [klʌ́brùː(ː)t] *n.* [식물·병리] [양배추 따위의] 뿌리 비대병, 뿌리혹병, 근류병(根瘤病).

club sándwich *n.* 클럽 샌드위치[보통 3겹으로 된 토스트에 고기·야채 따위를 끼운 것].

club sóda *n.* =soda water.

club sófa *n.* =club chair.

club stéak *n.* 소의 허릿살로 만든 작은 스테이크.

club·wom·an [klʌ́bwùmən] *n.* (*pl.* **-women** [-wìmin]) 사교 클럽의 여성 회원; 사교계 여성.

*****cluck** [klʌk] *vi.* [암탉 따위가] 꼬꼬하고 울다(부르는 소리). ── *n.* 꼬꼬하고 우는 소리.

*****clue** [kluː] *n.* 1 [문제·수수께끼·신비를 푸는] 실마리, 단서; [조사·연구의] 단서(*to* ...). ¶ with this *clue* to go upon 이것을 실마리로. 2 [그리스 신화] [미궁의] 길을 인도하는 실, 길 표지, 도표(道標) (clew).
do not have a clue 전혀 이해 못하다.

clue·less [klúːlis] *adj.* 실마리(단서)가 없는.

clúm·ber [**spániel**] [klʌ́mbər] *n.* 클럼버 스패니얼 종(개) [영국의 다리가 뭉툭하고 흰 털 바탕에 담황색 반점이 박힌 새 사냥개].

*****clump** [klʌmp] *n.* 1 [나무의] 밀집(cluster), 숲, 덤불(thicket). ¶ a *clump* of bamboos 대나무 숲 / a *clump* of trees 나무 숲. 2 [세균] 세균 덩어리; [흙 따위의] 덩어리(lump, mass). 3 무거운 발소리(걸음걸이). 4 [구두의] 두꺼운 가죽 이중창. ── *vi.* 1 무거운 발소리를 내며(걸음걸이로) 걷다. 2 [세균] [세균이] 군생(群生)하다, 덩어리지다. ── *vt.* 1 ⋯을 한데 모으다, 덩어리지게 하다. 2 [세균] [세균]을 군생시키다, 응집(凝集)시키다. ◇ **clúmpy** *adj.*

clump·ish [klʌ́mpiʃ] *adj.* =clumpy.

clómp sóle *n.* [구두의] 두꺼운 이중창.

clump·y [klʌ́mpi] *adj.* (**clump·i·er, clump·i·est**) 1 덩어리진, 덩어리가 된 2 나무숲이 많은, 울창한. 3 [발소리가] 무거운, 더들더들한.

*****clum·sy** [klʌ́mzi] *adj.* (**-si·er, -si·est**) 1 어색한 (awkward), 뻑뻑한; 서투른, *opp.* clever. ¶ a *clumsy* driver 서투른 운전 기사. 2 모양 없는, 서투르게 만든 (ill-made). 3 눈치 없는, 얼빠진.

clum·si·ly *adv.* **clum·si·ness** *n.*

clunch [klʌntʃ] *n.* [U] 1 경화 점토(硬化粘土) (indurated clay). 2 이질(軟質) 석회암.

clung [klʌŋ] *v.* cling의 과거·과거 분사.

‡**clus·ter** [klʌ́stər] *n.* 1 [꽃·과실 따위의] 송이, 다발, *cf.* bunch. ¶ a *cluster* of grapes 포도 한 송이. 2 [같은 종류의 사람·물건의] 일단, 무리(group), 군중 (crowd). ¶ a *cluster* of bees 꿀벌 떼 / in a *cluster* 떼지어. 3 [군대] 훈장의 리본에 붙인 작은 금속편[같은 훈장을 거듭 받았다는 표시]. 4 [음성] 연속자음[한 음으로 발음하는 둘 이상의 연속되는 자음]. ── *vi.* 1 ⋯을 떼짓게 하다, 밀집시키다. 2 ⋯을 떼지어 둘러싸다. 3 ⋯을 송이 지게 하다. ── *vi.* 1 송이를 이루다, 주렁주렁 달리다. 2 [벌 따위가] 떼짓다, 군생(群生)하다.

clúster bómb *n.* 산탄형 폭탄.

clúster cóllege *n.* [美] [종합 대학 안의 독립된] 교양 학부, 단과 대학. [⋯을 합친 것].

clústered cólumn *n.* [건물의] 다발 기둥[많은 기‡**clutch**¹ [klʌtʃ] *vt.* 1 ⋯을 꽉 쥐다; ⋯을 꽉 잡으려고 들다, 매달리다. ⇨ HOLD 類語 ¶ *clutch* power 권력을 쥐다 / *clutch* one's child to one's breast 아이를 품에 꽉 껴안다. 2 [속어] [남의 마음 등]을 사로잡다, 매혹하다.
── *vi.* 1 꽉 잡다; 잡아채다(snatch); 매달리다(*at* ...). ¶ (~+閒+图) A *drowning* man will *clutch* at a

straw. 《속담》 물에 빠진 사람은 지푸라기라도 잡는다. 2 자동차의 클러치를 조작하다. 3 《속어》 [공포 따위로] 당황하다(*up* ...).
clutch hold of ⋯을 움켜쥐다.
── *n.* 1 꽉 잡기(쥐기). ¶ within *clutch* 잡을 수 있는 곳에, 손이 닿는 곳에 / make a *clutch* at ⋯을 꽉 붙잡으려고 하다. 2 (보통 ~es) 잡고 있는 손; 지배(력), 손아귀. ¶ I have him in my *clutches*. 그는 나의 수중에 있다 / fall (*or* get) into the *clutches* of ⋯의 손에 잡히다, ⋯의 손아귀에 들다 / get out of the *clutches* of ⋯의 수중에서 빠져 나오다, ⋯의 독수(毒手)에서 도망치다. 3 [기계] 연축기(連軸器), 클러치; 클러치 조작 장치. ¶ [구어] 위기, 절박한 경우(emergency), [야구] 펀치(pinch). ¶ in the *clutch* 다급할 때에, 위기에 처해서.
in the clutches 《구어》 참을 수 없는 상황에, 괴로운 장면에서.

clutch² [klʌtʃ] *n.* 1 한번에 품은 알[보통 13개]. 2 알의 한배; 한배에 깐 병아리. ── *vt.* [병아리]를 까다 (hatch).

clut·ter [klʌ́tər] *vt.* ⋯을 흩뜨리다, 어지럽다, 뒤죽박죽을 만들다. ¶ The room was *cluttered up* with many books. 방에는 많은 책들이 흐트러져 있었다. ── *vi.* [방언] 소란을 피우다 (bustle), [다급하게] 뛰다; 빨리 종잘거리다. ¶ *clutter* along a street 길을 다급하게 뛰어가다. ── *n.* 1 혼란(confusion), 난잡(disorder); 어질러진 물건, 산더미같이 흐트러진 물건. ¶ a *clutter* of books on a desk 책상 위에 흐트러져 있는 책들 / His room is in a *clutter*. 그의 방은 어질러져 있다. 2 소음, 떠들썩한(덜거덕거리는) 소리(clatter).

CLV (略) [전자공학] constant *l*inear *v*elocity. *cf.* CAV

Clydes·dale [kláidzdèil] *n.* 클라이즈데일종의 복마(卜馬) [스코틀랜드산(産)].

Clýdesdàle tèrrier *n.* 스코치테리어의 일종.

clyp·e·ate [klípièit] *adj.* 1 둥근 방패 모양의. 2 [곤충] 두순(盾盾)이 있는, 액편(額片)이 있는.

clyp·e·us [klípiəs] *n.* (*pl.* **clyp·e·i** [klípiài]) [곤충] 두순, 이마조각, 액편[곤충의 상순(上脣)과 이마 사이의 부분].

clys·ter [klístər] [의학] *n.* 1 관장(灌腸) (enema). 2 관장액(약) (injection). ── *vt.* ⋯에게 관장을 하다.

Cly·tem·nes·tra, -taem- [klàitimnéstrə] *n.* [그리스 신화] 클라이템네스트라 [Agamemnon의 아내].

cm, cm. (略) centimeter.

Cm [화학] curium의 원자 기호.

Cm [기상] *c*umulo-*n*imbus *m*ammatus.

CM (略) *c*ommercial *m*essage (상업 광고 방송).

c.m. (略) *c*hurch *m*issionary; *c*ommon *m*eter; corresponding *m*ember; *c*ourt-*m*artial.

C.M. (略) *C*ommon *M*arket; *c*ommon *m*eter; command module; *C*ongregation of the *M*ission; *c*ourt-*m*artial.

CMA (略) *c*ash *m*anagement *a*ccounts (현금 관리 계정); *C*hemical *M*anufacturers *A*ssociation (미국 화학 공업 협회); *C*ommittee on *M*ilitary *A*ffairs.

CMC (略) *C*able *M*usic *C*hannel (유선 TV 음악 방송). *cf.* CNN

cmd. (略) *c*ommand paper.

cmdg. (略) *c*ommanding.

Cmdr. (略) *C*ommander.

C.M.G. (略) *C*ompanion [of the Order] of *St. Michael and St. George.*

CMI (略) *c*omputer *m*anaged *i*nstruction (컴퓨터로 관리하는 교육); [英] *C*entral *M*onetary *I*nstitution ([국제 결제 은행 등] 공적 금융 기관).

cml. (略) *c*ommercial.

CMOS (略) *c*omplementary *m*etal-*o*xide-*s*emiconductor (상보형(相補型) 금속 산화막 반도체).

C. M. Sgt. (略) Chief Master Sergeant.
CMU (略) Canadian Maritime Union.
Cn (略) [기상] cumulo-nimbus.
C/N (略) circular note (순회 신용장[수 개의 거래 은행 앞으로 보낸 신용장]); credit note (부담 승인서; [상업] 임금필 통지서).
CNA (略) Central News Agency (대만의 통신사).
CNC (略) computer numerical control (컴퓨터 수치(數値) 제어).
C.N.D. (略) Campaign for Nuclear Disarmament (핵무기 금지 운동).
CNN (略) Cable News Network ([미국의] 유선 뉴스 방송망).
CNO (略) chief of naval operations (해군 작전 부장).
Cnos·sus [nάsəs / knóusəs, knɔ́s-] n. =Knossos.
C-note [síːnòut] n. 100달러 지폐.
CNS, cns (略) central nervous system (중추 신경 계통).
Co [화학] cobalt 의 원자 기호.
co- pref. **1** with, together, joint, jointly 의 뜻. 모음 또는 h, gn 앞에서 쓴다. *cf.* com-. 예: *co*adjutor, *co*habit, *co*gnate. **2** 접두어 com-, con- 따위가 라틴어계의 단어에 붙을 때 그 대신 쓰인다. 예: *co*ncentric → *co*-centric, *com*mingle → *co*-mingle. **3** [수학·천문] complement of 의 뜻. 예: *co*sine, *co*factor, *co*declination.
***Co., co.** (略) company; county; country.
***c.o., co.** (略) [우편] [in] care of (…전교(轉交), … 씨방(方)); [簿記] carried over (이월).
C.O. (略) commanding officer (사령관); conscientious objector; cash order; colonial office.
C/O (略) cash order.
‡**coach** [koutʃ] n. **1** [옛날에 말 네 필이 끌던] 4륜 대형 마차, 역마차(stagecoach). **2** 공식 마차(state carriage). ¶ a state *coach* 국왕의 공식마차 / Lord Mayor's *coach* 런던 시장의 공식 마차. **3** 세단형 자동차, [美] 합승 자동차, 버스(bus); [英] [장거리용] 대형 버스. **4** [철도의] 객차([美] car). ¶ travel by *coach* 기차 여행을 하다. **5** [수험 준비의] 가정 교사(tutor); [경기의] 코치, 지도원(trainer); [야구] 1루(3루) 코치. ― vt. **1** …을 마차로 나르다. **2** [수험생 등]을 가르치다; [경기에서] …을 코치하다, 지도하다. ¶ *coach* a boat's crew for a race 조정 선수를 레이스용을 위해 코치하다 / He *coached* the baseball team. 그는 그 야구 팀의 코치를 했다. ― vi. **1** 마차로 여행하다. **2** 코치로 일하다, **3** 수험 지도를 하다, 가정 교사를 하다; 가정 교사의 지도를 받고 공부하다.
coach-and-four [kòutʃən(d)fɔ́ːr / -fɔ́ː] n. 말 네 필이 끄는 마차.
drive a coach and four (or six) through [빈틈투성이의 법망 따위]를 쉽게 빠져나가다, [법률 따위]를 무시해 버리다; 논파하다.
coach box n. [마차의] 마부석.
coach-built [kóutʃbìlt] adj. [자동차의 차체가] 나무로 된.
coach dog n. 달마티아종의 개(Dalmatian). [감독].
coach-ee [kóutʃíː] n. [英俗] 코치(지도)를 받는 사람.
coach·er [kóutʃər] n. **1** 코치하는 사람, 지도자, 훈련자; [야구] 주루(走壘) 지휘자. **2** 마차 말(coach horse).
coach fellow n. [한 마차를 끄는] 짝 말; 동료.
coach·ful [kóutʃfùl] n. 마차 가득(의 분량).
coach horn n. 역마차의 나팔.
coach house n. 마차 두는 곳.
***coach·man** [kóutʃmən] n. (pl. -men [-mən]) **1** [마차의] 마부. **2** 파리 낚시[특히 숭어 낚시용].
coach·man·ship [kóutʃmənʃìp] n. ⓤ 마부의 자격(솜씨); 마부 기술.
coach office n. 합승 마차 매표소.
coach·work [kóutʃwə̀ːrk] n. ⓤ **1** 자동차의 설계(기획). **2** 자동차의 설계 기술.

co·act [ko(u)ǽkt] vi. 함께 일하다, 협력하다.
co-ac·tion¹ [ko(u)ǽkʃ(ə)n] n. ⓤ 압력(force); 강제.
co-ac·tion² [ko(u)ǽkʃ(ə)n] n. ⓤ 공동 작업, 협력.
co-ac·tive¹ [ko(u)ǽktiv] adj. 위압적인(coercive); 강제적인(compulsory).
co-ac·tive² [ko(u)ǽktiv] adj. 공동 작업의. [한.
co-ad·ja·cent [kòuədʒéisnt] adj. 서로 이웃하는; 근접
co-ad·just [kòuədʒʌ́st] vt. 서로 조절하다.
co-ad·just·ment [kòuədʒʌ́stmənt] n. ⓤⒸ 상호 조절.
co-ad·ju·tant [ko(u)ǽdʒut(ə)nt] adj. 서로 돕는.
― n. 협력자; 조수.
co-ad·ju·tor [ko(u)ædʒútər, +美 kòuədʒúːtər] n. **1** 조수, 보좌[역] (assistant); 원조자(helper). **2** [교회] 감독보(補) [가톨릭] 보좌 주교[주교 계승권을 가지고 교구 주교를 보좌한다].
co-ad·ju·tress [ko(u)ædʒútris, +美 kòuədʒúːtris] n. **1** 여자 조수, 여자 보좌원. **2** [교회] 여자 수도원장 보(補) [여자수도원장(abbess)을 보좌하는 여성 후계자].
co-ad·u·nate [ko(u)ǽʒunit / -dju-] adj. [동·식물] 착생(着生)의, 합착(合着)한, 결합한.
co-ad·u·na·tion [ko(u)æʒunéiʃ(ə)n / -dju-] n. ⓤ [동·식물] 착생, 합착, 결합.
co-ad·ven·ture [kòuədvéntʃər] vi. (-tured, -turing) 모험을 함께하다. ― n. ⓤ 두 사람 이상이 하는 모험.
co-ad·ven·tur·er [kòuədvéntʃərər] n. 공동 모험가.
co-a·gen·cy [ko(u)éidʒənsi] n. ⓤ 협동, 협력; 공동작업.
co-a·gent [ko(u)éidʒənt] n. 조력자, 협동자, 동료.
co-ag·u·la·ble [ko(u)ǽgjuləbl] adj. 응고(응결)시킬 수 있는.
co-ag·u·lant [ko(u)ǽgjulənt] n. 응고(응결)제.
co-ag·u·late [ko(u)ǽgjuleit] v. (-lat·ed, -lat·ing) vt. …을 응고시키다, 응결시키다, 굳히다. ― vi. 응고하다, 굳다.
co-ag·u·la·tion [ko(u)æ̀gjuléiʃ(ə)n] n. ⓤ **1** [생리] 응고(응결)작용, 응결. ¶ the *coagulation* of blood 혈액의 응고(응결). **2** 응고(응결)물, 응결체.
co-ag·u·la·tive [ko(u)ǽgjuleitiv, -lə-] adj. 응고(응결)성의, 응고(응결)적인.
co-ag·u·la·tor [ko(u)ǽgjuleitər] n. 응고(응결)제.
co-ai·ta [kuːáitə] n. [남미의] 거미손이.
‡**coal** [koul] n. ⓤ **1** 석탄. ¶ brown *coal* 갈탄 / hard *coal* 무연탄 / soft *coal* 역청탄 / small *coal* 분탄(粉炭). **2** (~s) [연료용으로 부서뜨린] 석탄; Ⓒ 그 한 덩어리. ¶ a hot (or a live) *coal* 타고 있는 석탄 / a ton of *coals* 석탄 1톤 / lay in *coals* for winter 겨울에 대비하여 석탄을 사들이다. **3** 목탄(charcoal).
blow the coals 분노(격정)에 부채질하다, 부추기다.
call (or drag, haul, rake, take) a person over the coals for …의 일로 …을 야단치다, 혼내주다.
carry coals to Newcastle [석탄의 산지인 Newcastle로 석탄을 날라가는 것처럼] 쓸데없는(불필요한) 짓을 하다, 헛수고하다.
coal and cake 수족(英俗語) 빈털터리인.
a cold coal to blow at 해보아야 소용없는 일.
heap coals of fire on a person's head 원수를 은혜로 갚아 남을 부끄럽게 하다(후회시키다).
― vt. **1** …을 구워서 숯을 만들다. **2** [배 따위]에 석탄을 공급하다. ― vi. [배가] 석탄을 싣다. ¶ *coal* at Hongkong 홍콩에서 석탄을 싣다.
◇ coaly adj.
coal-bear·ing [kóulbɛ̀(ː)riŋ / -bɛ̀ər-] adj. 석탄을 산출하는.
coal bed n. [지질] 석탄층.
coal-bin [kóulbìn] n. 석탄통, 석탄 두는 곳.
coal-black [kóulblæ̀k] adj. 새까만.
coal-box [kóulbàks / -bɔ̀ks] n. 석탄통; 《군대 속어》 검은 연기가 나는 폭탄.

cóal bréaker *n.* 쇄탄장(碎炭場), 쇄탄기(機).
cóal briquétte *n.* 연탄, 구공탄.
cóal búnker *n.* [배·기차의]석탄 창고, 저탄소.
cóal càr *n.* 《美》 1 [철도의]석탄 수송 화차. 2 [증기 기관차의]탄수차(炭水車) (tender). 3 [탄광의]석탄 운반차.
cóal céllar *n.* [주택의]지하 석탄 저장실.
cóal dèpot *n.* 저탄장.
cóal dùst *n.* 석탄 가루, 석탄 먼지.
coal-er [kóulər] *n.* 1 석탄 공급선, 석탄차; 탄갱 철도. 2 《英》 석탄 인부.
co·a·lesce [kòuəlés] *vi.* (**-lesced, -lesc·ing**) 1 하나로 합치다(되다); [끊어진 근육·골절 따위가]아물어 붙다, 유착하다 (*in*, *into* ...). 2 합동하다; [정당 등이] 연합(제휴)하다, 합병하다 (*in*, *into* ...). ¶ These colonies *coalesced into* a nation. 이들 식민지가 합병하여 하나의 국가가 되었다.
co·a·les·cence [kòuəlésns] *n.* ⓤ 1 하나로 합침; 유착, 합동, 합병, 연합, 제휴.
co·a·les·cent [kòuəlésnt] *adj.* 1 하나로 합친; 유착한. 2 합병한, 합동한, 제휴한, 연합한.
cóal fàce *n.* 노출된 석탄층의 표면; 채탄 막장.
cóal fàctor *n.* 《英》 석탄 중개 상인.
cóal fìeld *n.* 탄전.
coal-fish [kóulfìʃ] *n.* (*pl.* **-fish** or **-fish·es**) 검정대구[북대서양산(産)] 대구의 일종.
cóal flàp *n.* 《英》 [coal cellar 의] 석탄 투입구의 뚜껑.
cóal gàs *n.* ⓤ 1 [석탄이 연소할 때 나는]석탄 가스. 2 [등화용·연료용]가스.
cóal hàtch *n.* [배의]석탄 창고의 해치.
cóal héaver *n.* 석탄 운반인, 석탄 적재(양륙) 인부.
cóal hòd *n.* 《美방언》 석탄[운반]통.
coal·hole [kóulhòul] *n.* 1 《英》 [건축물 따위의] 지하 석탄 창고. 2 [지하 석탄 창고의] 석탄 투입구.
cóal hòuse *n.* 석탄 창고.
coal·ing [kóuliŋ] *n.* 석탄 싣기(공급).
cóaling stàtion *n.* [선박의] 석탄 공급항; [기차의] 석탄 공급역.
Coal·ite [kóulait] *n.* 《상표명》 반해탄(半解炭) [저온 건류(乾溜) 코크스].
***co·a·li·tion** [kòuəlíʃ(ə)n] *n.* ⓤⓒ 1 합동, 연합. ¶ [개인·주의·정당·국가 등의 일시적인]제휴, 연립 // a *coalition* cabinet 연립 내각 // a *coalition* against a common enemy 공동의 적에 대한 연합(제휴) / a *coalition between* two parties 양당의 제휴.
co·a·li·tion·ist [----nist], **-tion·er** [-ʃ(ə)n-ər] *n.* 연합(합동)론자, 연립(제휴)론자.
coal·less [kóullis] *adj.* 석탄이 없는.
cóal màster *n.* 탄광주.
cóal mèasures *n. pl.* [지질] 1 협탄층(夾炭層) [석탄층을 함유하는 지층의 한 계통]. 2 (C-) 석탄층(coal beds).
cóal mìne *n.* 탄광, 탄갱 (coal pit).
cóal mìner *n.* 탄광 인부, 채탄부.
cóal mìning *n.* ⓤ 1 채탄. 2 석탄 광업, 채탄업.
coal-mouse [kóulmàus] *n.* (*pl.* **-mice** [-màis]) = coal tit.
cóal òil *n.* ⓤ 《美》 석유, 등유(kerosene, paraffin).
cóal òwner *n.* 탄광주.
cóal pàsser *n.* [항행] 석탄 운반 인부.
cóal pìt *n.* 탄갱 (coal mine). 2 《美》 숯 굽는 곳.
cóal plàte *n.* =coal flap.
coal·sack [kóulsæk] *n.* 1 [스크제씨] 석탄 부대. 2 (C-) [천문] 석탄 부대 [은하의 십자좌에 있는 대형의 암흑 부분].
cóal scòop *n.* 석탄용 부삽.
cóal scrèen *n.* [석탄을 고르는]굵은 쇠그물 체.
cóal scùttle *n.* [가정용의] 석탄 바께쓰, 석탄통.
cóal sèam *n.* [지질] 석탄층(coal bed).
Cóal Stàte *n.* (the ~) 미국 Pennsylvania 주의 별

cóal tàr *n.* ⓤ 콜타르[도료·의약·염료·용제(溶劑) 따위의 원료].
cóal tìt *n.* 박새[유럽산(産)의 새].
coal-whip·per [kóul(h)wìpər] *n.* 《英》 [배의] 석탄 양륙기(揚陸機); 석탄 양륙 인부.
coal·y [kóuli] *adj.* (**coal·i·er, coal·i·est**) 석탄의, 석탄질의, 석탄이 나는; 석탄과 같은.
coam·ing [kóumiŋ] *n.* (보통 ~s) 방수 테두리 [갑판의 승강구나 지붕·마룻바닥 따위의 구멍 주위의 침수를 막기 위한 것].
co-an·chor [kouǽŋkər] *n.* 《美》 텔레비전·라디오의 공동 뉴스 캐스터. — *vt., vi.* 공동 뉴스 캐스터를 맡아 보다.
co·ap·ta·tion [kòuæptéiʃ(ə)n] *n.* ⓤ 접골; 유합(癒合).
co-arc·tate [kouá:rkteit] *adj.* [곤충] [단단한 거죽에 싸이] 번데기를 낳는.
‡**coarse** [kɔːrs / kɔːs] *adj.* (**coars·er, coars·est**) 1 [질이] 조악(粗惡)한, 조잡한, 거친, 하등의. ¶ *coarse* food (*or* fare) 조식(粗食) / *coarse* goods 조악품. 2 [천 따위가] 올이 성긴, [가루 따위가] 굵고 거친, 크게 만든. *opp.* fine ¶ *coarse* cloth 올이 성긴 천 / *coarse* sand 굵은 모래 / *coarse* tea 질이 낮은 엽차. 3 조잡한, 거친; 상스러운 (vulgar), 추잡한 (indecent), ¶ *coarse* language 품위 없는 말투 / a *coarse* joke 추잡한 농담 / *coarse* manners 형편 없는 예의 범절. 4 [금속 따위가] 정련(精鍊)되지 않은, 무쇠의.
~·ly *adv.* ~·ness *n.* ◇ cóarsen *v.*
cóarse fìsh *n.* 《英》 [연어류를 제외한] 담수어; 그 살.
coarse-grained [kɔ́:rsgréind / kɔ́:s-] *adj.* 1 결이 거친, 올이 성긴, 알이 굵은. 2 품위 없는, 거친 (crude), 속된, ¶ a *coarse-grained* person 우락부락한 사람.
coars·en [kɔ́:rsn / kɔ́:sn] *vt.* ...을 조잡하게 하다; [천·나뭇결·낱알 따위를] 거칠게 하다; ...을 천하게 하다. — *vi.* 조잡하게(품위 없게) 되다.
COAS(略) crewmen optical alignment sight ([우주선의] 광학 관찰용 기기).
‡**coast** [koust] *n.* 1 해안, 해변 (seashore); 연안 지역, 연안 지대. ⇒ SHORE [類語]. ¶ a *coast* defense ship 해안 경비함 / *coast* traffic 연안 무역 / on the *coast* 해안에서. 2 (the C-) 《美[the]C-)》 태평양 연안 지방. 3 [고어] 국경. 4 《美·캐나다》 [썰매·자전거로 활주할 수 있는] 비탈[진 언덕]; ⓤ [자전거·썰매로 하는] 활주, 활주.
Clear the coast! [길을] 비켜!
The coast is clear. 위험한 것이 없다, 근처에 방해물(적)이 없다; 때는 지금이다.
[*from*] *coast to coast* 《美》 대서양 연안에서 태평양 연안까지, 전국적으로.
— *vi.* 1 《美》 [눈·얼음 위를] 썰매로 미끄러져 내리다, [자전거로 페달을 밟지 않고]비탈길을 내려가다. 2 연안을 항행하다, [항구에서 항구로 연안 무역선이] 연안을 항행하다. 3 [관성의] 타력으로 나아가다. 4 [명성·재산 따위의 힘으로] 쉽게 승진하다(성공하다). — *vt.* ...의 연안을(...을 따라) 나아가다. 2 [가는 사람]의 곁을 따라 따라가다; (예외)...의 곁을 가다. ◇ cóastal *adj.,* cóastward[s] *adv.*
***coast·al** [kóustl] *adj.* 연안의, 해안을 따라 있는, 근해의. ¶ a *coastal* plain 해안(연안) 평야.
coast·er [kóustər] *n.* 1 연안 항행선, 연안 무역업자. 2 [언덕을 활강하는 데 사용하는]썰매 (sled); 오락용 활주차, 롤러코스터 (roller coaster). 3 일종의 쟁반[포도주병 따위를 얹어서 식탁의 손님에게 돌리는 데 사용](tray); [글라스·접시 등의] 받침.
cóaster bràke *n.* 코스터 브레이크[페달을 거꾸로 밟아서 세우는 자전거용 제동기].
Cóast Gùard *n.* 《美》 국가 연안 경비대[해안 구조·밀수 따위를 단속]. 2 (c-g-) [일반적으로]연안 경

비대[원].
coast·guards·man [kóus(t)gὰːrdzmən] n. (pl. **-men** [-mən]) 연안 경비 대원.
coast·ing [kóutiŋ] adj. 연안 항로의, 근해 항로의. ¶ a *coasting* vessel 연안 항행선. — n. ⓤ 1 연안 항행; 연안 무역. 2 ⓤⓒ 해안선의 지형; 해안선 지도. 3《美》[썰매로 하는] 언덕 활강; [자전거 따위의] 타력 운전.
cóasting tràde n. ⓤ 연안 무역.
coast·land [kóustlænd] n. ⓤ 연안 지대.
coast·line [kóustlàin] n. 해안선. ¶ *coastline* traffic 연안 무역.
cóast líner n. 연안 항행선.
coast-to-coast [kóusttəkóust] adj. 대서양 연안에서 태평양 연안에 이르는, 미국 횡단의, [미국]전국에 걸친. ¶ *coast-to-coast* television network 전미국 텔레비전 방송망 / a *coast-to-coast* highway 미국 대륙 횡단 고속 도로.
coast·waiter [kóustwèitər] n.《英》연안 무역 화물을 담당하는 세관원.
coast·ward [kóustwərd] adv.(=**coast·wards**[-wərdz]) 해안 쪽으로, 해안으로 향하여. — adj. 해안으로 향하는.
coast·ways [kóustwèiz] adv.《고어》=coastwise.
coast·wise [kóustwàiz] adv. 해안을 따라. ¶ Our ship sailed *coastwise*. 우리 배는 해안을 따라 항행했다. — adj. 해안을 따른, 연안의. ¶ *coastwise* business (traffic) 연안 거래(무역).
‡**coat** [kout] n. 1 [남자 양복의]웃옷(jacket), [여성·어린이의]긴 상의; 외투(overcoat, 《美》greatcoat); 코트, 3 [동식물의]모피, 털; 가죽; 막(膜), 깍지, 껍질 (husk). ¶ the *coats* of an onion 양파 껍질 / the *coats* of the stomach 위의 층. 2 [먼지 따위의] 층, 퇴적 (堆積) (layer), 쌓인 것; [페인트 따위의]칠; 도금(鍍金). ¶ the first *coat* [벽의] 초벌칠 / a *coat* of dust 쌓인 먼지 / a *coat* of paint 페인트의 칠(층).
a *coat* and skirt 여성용 [외출] 슈트.
a *coat* of arms ① [방패 모양의] 문장(紋章). ② [갑옷 위에 입는] 문장이 박힌 겉옷.
a *coat* of mail 쇠사슬 갑옷.
cut one's *coat* according to one's cloth 환경에 익숙해지다, 분수에 맞는 생활을 하다.
dust a person's *coat* [for him]《속어》남을 때리다.
take off one's *coat* ① [싸움 준비로] 겉옷을 벗다. ② [일에] 본격적으로 달려들다. ¶ *take off one's coat to the work* 웃옷을 벗고 본격적으로 일에 착수하다.
trail one's *coat* (or *coattails*) 도전적으로 행동하다, 자극적인 태도를 취하다.
turn (or *change*) **one's *coat*** 변절하다; 개종(改宗)하다.
wear the king's (or **the queen's**) ***coat***《英》군복을 입다, 군인이 되다.
— vt. …에게 웃옷을 입히다, …을 웃옷으로 덮다. 2 [페인트 따위가] …에 칠하다; [주석 따위를] …에 입히다; [먼지 따위가] …의 표면을 덮다(...with). ¶ (~+目+前+名) *coat* wood *with* paint 나무에 페인트칠을 하다 / *coat* iron *with* tin 철에 주석을 입히다 / The car is *coated* with dust. 차는 먼지를 뒤집어 쓰고 있다.
cóat ármor《英》**ármour** n. [방패 모양의] 문장(紋章), 가문(家紋).
cóat càrd n.〖카드놀이〗그림 카드 (face card).
coat·ed [kóutid] adj. 1 웃옷을 입은; 겉칠을 한. 2 [종이에] 광택 도료를 바른, 윤을 낸. 3 [직물의] 방수 가공을 한.
cóated páper n. ⓤ 윤을 낸 종이, 코팅지.
coat·ee [kouti:] n. 짧은 웃옷 [특히 몸에 착 달라 붙는 여성복·어린이 옷 따위].
cóat hànger n. 양복걸이, 옷걸이 (hanger).
co·a·ti [koυάːti] n. (pl. **-tis**) 긴꼬리너구리 [남미산 (産) 아메리카 너구리과(科)의 동물].

co·a·ti·mon·di, -mun·di [ko(u)άːtimándi] n. = coati.
*****coat·ing** [kóutiŋ] n. ⓤⓒ 1 칠하기, 덧칠하기; [음식의] 코팅[겉에 입히는 것]; 도료. ¶ a *coating* of paint 페인트 덧칠. 2 웃옷용 천.
coat·room [kóutrù(ː)m] n. =cloakroom.
coat·tail [kóuttèil] n. (보통 ~s) 1 [아회복·모닝 코트 따위의 둘로 갈라진] 주의 자락. 2《美》약한 대통령 후보자를 함께 당선시키는 강력한 후보자의 힘, 강력한 후보자의 후광.
hang on to a person's *coattails* 남의 신세를 지며 생활하다, 남의 부양을 받다.
on the *coattails* of ① …후에. ¶ His dismissal from the company followed *on the coattails* of the scandal. 그 스캔들이 있고 난 후에 그는 회사에서 해고되었다. ② …덕분에, …의 도움으로. ¶ He became successful *on the coattails* of his rich father. 그는 돈많은 아버지 덕분에 성공했다.
ride on a person's *coattails*《美》강력한 후보자의 도움을 받아 함께 당선되다.
trail one's *coattails* (or *coat*) ⇨ COAT.
coat-trail·ing [kóuttrèiliŋ] adj., n.《英》화나게 하는(하기), 도발하는(하기).
co·au·thor [kouɔ́:θər] n. 공저자, 공동 집필자. — vt. …을 공동 저술(저작)하다.
*****coax** [kouks] vt. 1 [남을] [달콤한 말로] 달래어 …시키다, ¶ (~+目+圖) *coax* a person *away* (or *out*) 남을 속여 데리고 가다, 꾀어내다 / *coax* a girl *away* from home 소녀를 속여서 집에서 데리고 나오다 / *coax* a person *round* 남을 구슬리다 / (~+目+to do) (~+目+前+名) *coax* a child *to* take(or *into* taking) his medicine 아이를 달래어 약을 먹이다 / *coax* a person *into* good temper 좋은 말을 해서 남의 기분을 좋게 하다. 2 [불집을] 잘 다루어 제 하고 싶은 대로 하다. ¶ (~+目+*to* do) *coax* a fire *to* burn 불을 잘 타게 하다 // (~+目+前+名) *coax* a key *into* a lock 자물쇠에 열쇠를 잘 끼워넣다. 3 [남에게서][물건을][감언으로] 꾀어] 빼앗다. ¶ (~+目+前+名) *coax* a thing *out of* a person; *coax* a person *out of* a thing 감언으로 꾀어 남에게서 물건을 빼앗다. — vi: 감언을 쓰다, 달래다, 어르다.
co·ax·al [kouǽks(ə)l] adj. =coaxial.
coax·er [kóuksər] n. 비위 맞추는 사람, 알랑쇠.
co·ax·i·al [kouǽksiəl] adj. 같은 축(軸)의, 공통 축을 가진. ¶ *coaxial* cylinders 동축 실린더 / a *coaxial* speaker 동축 스피커.
cóaxial cáble n.〖전기〗동축 케이블.
coax·ing [kóuksiŋ] n. ⓤ 감언으로 꾀기, 달래기. — adj. 살살 달래는, ~ly adv.
cob¹ [kab / kɔb] n. 1《美》옥수수의 속대 (corncob). 2 백조의 수컷 (male swan). 3 콥종(種)의 말 [다리가 짧고 땅딸막한 말]. 4《英》[검토와 짚을 섞은] 거친 벽토. 5《英구어》거미 (spider). 6《英방언》**a)** 중요 인물, 지도자 (leader). **b)** [석탄·돌 따위의] 둥근 덩이, 둥근 빵.
cob², **cobb** [kab / kɔb] n.《英방언》갈매기 (gull); [특히] 등이 검은 큰 갈매기.
*****co·balt** [kóubɔːlt / kou bɔ́:lt, kóubɔːlt] n. ⓤ 1〖화학〗코발트[은백색의 금속 원소; 원자 기호 Co]. ¶ *cobalt* 60 코발트 60 [방사성 코발트 동위체. 암 치료에 사용된다]. 2 코발트 그림 물감. ◇ cobáltic adj.
cóbalt blúe n. ⓤ (때로 a~) 코발트 블루[산화 코발트를 함유하는 청색 그림물감]; 암청색.
cóbalt bòmb n. 1 코발트 폭탄(C-bomb). 2 [납으로 겉을 둘러싼] 암 치료용 방사성 코발트 용기.
co·bal·tic [ko(u)bɔ́:ltik] adj.〖화학〗[특히 3가(價)의] 코발트의, [3가의] 코발트를 함유하는.
co·bal·tite [ko(u)bɔ́:ltait], **co·balt·ine** [kóubɔːltìːn, -tin] n. ⓤ 휘(輝)코발트 광(鑛).

cóbalt-60 bómb [kóubɔːltsíksti-] n. [거죽을 납으로 싼] 코발트 60 용기(cobalt bomb)[암치료법].

cob·ber [kábər / kɔ́bə] n. (濠口語)[남자의] 친우(close friend), 동료(partner).

cob·ble[1] [kábl / kɔ́bl] n. 1 자갈, 알돌(cobblestone). 2 (~s) [자갈 만한] 석탄(cob coal). 3 《속어》[금속 세공의] 결함, 불량품. —— vt. (-bled, -bling) [도로 따위]에 자갈을 깔다, [자갈로] …을 포장하다.

cob·ble[2] [kábl / kɔ́bl] vt. (-bled, -bling) [구두 따위]를 고치다, 수선하다(mend); …을 꿰매다.

*****cob·bler** [káblər / kɔ́blə] n. 1 구두 수선공, 구두 수선장이(* 지금은 shoemaker 가 보통). ¶ *The cobbler's wife goes the worst shod.*《속담》집에 시루 없다, 대장의 집에 식칼이 논다. 2 (美) 프루트 파이(fruit pie)의 일종. 3 으깨러 [포도주에 레몬·설탕 따위를 섞고 얼음을 넣은 음료]. 4 [고어] 서투른(어설픈, 졸렬한) 직공. 5 [염색 따위가 잘 안된] 불량품(불합격품).

cob·ble·stone [káblstòun / kɔ́bl-] n. 알돌[철도·도로 포장 따위에 쓰이는 직경 20-30cm 정도의 것].

cob·bly [kábli / kɔ́b-] adj. 자갈로 포장한; 울퉁불퉁한(uneven). —— (塊炭).

cób cóal n. U [표면이 매끈하고 큰] 석탄덩이, 괴탄

Cob·den·ism [kábdənìzəm / kɔ́b-] n. U 콥던주의 [자유 무역·국제 협조·평화주의 등의 기조].

Cob·den·ite [kábdənàit / kɔ́b-] adj. 콥던주의적인. —— n. 콥던주의자, 자유 무역주의자.

co·bel·lig·er·ent [kòubəlídʒərənt] n. [정식 가맹 조약으로 의하지 않는] 공동 참전국, 전쟁 참가자(자). *cf.* ally[1]. —— 가 하나의 어선.

co·ble [kóubl] n.《스코·北英》바닥이 평평하고 돛대 근 빵(bun).

cob·loaf [káblòuf / kɔ́b-] n. [위에 둥근 흑이 있는] 둥근 빵(bun).

cob·nut [kábnʌt / kɔ́b-] n. [유럽산(産)의] 개암나무; 그 열매 [큰 달걀 모양으로 식용].

COBOL [kóuboul, -bɔːl / -bɔl] n. U [컴퓨터] 코볼 [사무용 프로그램 언어]. [< *common business oriented language*]

*****co·bra** [kóubrə] n. 코브라[아시아·아프리카 등지에 많은 무서운 독사. 성이 나면 목 부분이 불룩해진다]; 코브라 가죽. [< Port. snake of the hood]

cóbra de ca·pél·lo [-dikəpélou] n. (pl. **cobras-**) [인도산(産)] 코브라의 일종. [< Port. snake with a hood] —— [물].

co·burg [kóubəːrg] n. U 코버그[안감·복지용의 능직

*****cob·web** [kábwèb / kɔ́b-] n. 1 거미집, 거미줄. 2 얇은 직물. 3 [거미집처럼] 섬세한 것; [특히] 미묘하게 뒤얽힌 공리 공론(空理空論). 4 (~s) 혼란, 께께묵어서 쓸모가 없는 것, [특히] 정신적인 피곤, 머리의 피로. ¶ *cobwebs* of superstition 께끼묵은 미신 / blow (or clear) [away] the *cobwebs* from one's brains [산책 따위를 해서] 머리를 맑게 하다, 기분 전환을 하다. 5 [교묘히 짜여진 계획·음모 따위의] 그물, 갱계, 함정. ¶ break through the *cobwebs* of the law 법망을 뚫다.
◇ **cóbwebby** adj.

cob·webbed [kábwèbd / kɔ́b-] adj. 거미줄을 친.

cob·web·by [kábwèbi / kɔ́b-] adj. 1 거미줄을 친(오랫동안 방치하여) 거미줄투성이의; 먼지투성이의. 2 거미집 모양의; 얇고 가벼운.

COC (略) *Combat Operations Center*([미국 공군의] 전투 지휘부).

co·ca [kóukə] n. 코카[남미 안데스 지방 원산의 작은 나무]; U 코카의 잎[말려서 코카인을 뽑음].

Co·ca-Co·la [kòukəkóulə] n.《상표명》코카콜라[청량 음료수의 일종; 약칭 Coke].

co·caine [ko(u)kéin, +美 kóukein] n. U 코카인[코카(coca)에서 채취하는 국소 마취제]. [중독.

co·cain·ism [ko(u)kéinìzəm / koʊ-] n.《병리》코카인

co·cain·ist [ko(u)kéinist] n.《병리》코카인 중독자.

co·cain·i·za·tion [kò(u)kèinizéiʃ(ə)n / -nai-] n. U 코카인 마비.

co·cain·ize [ko(u)kéinaiz] vt. (**-ized, -iz·ing**) …을 코카인으로 마비시키다.

-coccal「coccus(구균)의, coccus 로 된」의 뜻의 연결형. 예: *streptococcal*(연쇄 구균성의).

coc·ci [káksai / kɔ́k-] n. coccus 의 복수형.

-cocci -coccus 의 복수형.

coc·cid [káksid / kɔ́k-] n. 깍지진디과(科)의 곤충.

coc·cid·i·um [kaksídiəm / kɔk-] n. (pl. **-ia** [-iə]) 콕시듐[척추 동물 따위의 소화 기관에 붙는 기생충].

-coccoid「coccus(구균) 같은, 공 모양의」라는 뜻의 연결형. 예: *streptococcoid*(연쇄 구균 같은).

coc·cus [kákəs / kɔ́k-] n. (pl. **-ci**) 1《세균》구균(球菌). 2《식물》[분리과(分離果)의] 심피(心皮), 소견과 (小乾果).

-coccus (pl. **-cocci**) coccus(구균)의 뜻의 연결형. 예: *streptococcus*(연쇄(連鎖) 구균).

coc·cyg·e·al [kaksídʒiəl / kɔk-] adj. 미골(尾骨)의.

coc·cyx [káksiks / kɔ́k-] n. (pl. **coc·cy·ges** [kaksáidʒìːz / kɔk-]) [해부] 미골(尾骨).

co-chair [koutʃɛ́ər] vt. [위원회·토론회 등에서] 공동 사회자를 맡아 보다, 공동 의장직을 맡아 보다.

co-chair·man [koutʃɛ́ərmən] n. (pl. **-men** [-mən]) 공동 의장. ¶ *a cochairman country* 공동 의장국.

co·chin [kóutʃin, +美 kátʃ-] n. 코친종(種) [아시아 원산의 대형 식용 닭].

coch·i·neal [kátʃiniːl, ---/ kòtʃiniːl] n. U C 코치닐 [연지벌레(cochineal insect)의 암컷을 말려서 만든 진홍색(眞紅色) 염료].

cóchineal insect n. 연지벌레[멕시코·중미 지방의 선인장 따위에 기생하는 작은 개각충(介殼蟲)의 일종. 말린 암컷에서 연지빛 염료를 채취한다].

coch·le·a [káklìə / kɔ́k-] n. (pl. **-le·ae** [-lìːː] or **-le·as**) 1《해부》[내이(內耳)의] 와우각(蝸牛殼). 2 나선 계단[이 있는 탑].

coch·le·ate [káklìèit, -it / kɔ́k-], **-at·ed** [-èitid] adj. 달팽이 모양의, 나선형의.

‡**cock**[1] [kak / kɔk] n. 1《英》수탉((美) rooster) (cf. hen); [일반적으로] 새의 수컷(male bird); 누른 도요(woodcock). ¶ *a game cock* 싸움닭, 투계(鬪鷄) / *a cock pheasant* 수렁 / *a cock robin* 울새(robin)의 수컷 / *Every cock crows on its own dunghill.*《속담》제 똥무더기 위에서는 어떤 수탉이라도 울 줄 안다; 이불속을 활갯짓은 누구라도 칠 수 있다 / *As the old cock crows, the young cock learns.*《속담》자식은 부모의 본을 보게 마련. 2 [수탉 모양의] 풍향계(風向計)(weathercock). 3 두목, 대장, 보스. 4 [가스·수도·술통 따위의] 고동, 꼭지, 콕(tap, faucet). ¶ turn the *cock* 꼭지(고동)를 틀다(열다).
5 [총의] 공이치기, 격철(擊鐵) (hammer); 총의 공이 치기를 세우기, 발사 태세.
6 [해시계·주일의] 바늘, 시침(示針).
7 [고어] 수탉의 울음 소리, [새벽에] 수탉이 울기; 새벽, 계명(鷄鳴) (cockcrow). ¶ the first (the second) *cock* 첫닭(두 번째 닭)이 울기; 첫 울음 소리.
8《卑語》음경(陰莖), 페니스(penis).

at (or **on**) **full** (**half**) **cock** ① 꼭지를 완전히(반쯤) 들어 놓고. ② 공이치기를 완전히(반쯤) 잡아당기고.

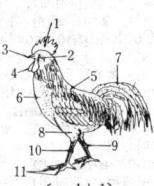

[cock[1]]
1 comb 볏 2 earlobe 귓불 3 beak 부리 4 wattle 육수 5 back 등 6 breast 가슴 7 tail feathers 꼬리긴 8 hock 무릎 9 spur 며느리발톱 10 shank 정강이 11 claw 갈고리 발톱

③ 충분히(불충분하게) 준비되어.
cock and hen 《英속어》10달러짜리 지폐.
a cock of the loft (or *the walk*); *a cock on its own dunghill* 위세 당당한 두목.　[(brambling).
a cock of the north 되새《참새과(科)의 작은 새》
a cock of the rock 루피콜라〔남아산(産)미식조과(美飾鳥科)의 한 속(屬)〕.
a cock of the walk 《구어》만인이 인정한 지도자, 가장 뛰어난 사람, 두목.　[caillie).
a cock of the wood 〔유럽산(産)〕큰뇌조(capergo *off at half cock* (탄알의)공이치기를 완전히 당기기 전에 튀어나가다; 〔계획 따위가〕서둘러서(준비 부족으로)실패하다. *cf.* at full(half) cock
live like a fighting cock (싸움닭처럼) 맛나는 것만 먹고 호사스럽게 지내다.
—— *vt.* 〔총의〕공이치기(격철)를 잡아당기다. ¶ *cock a gun* 총의 공이치기를 잡아당기다.
◇ **cóckish, cócky** *adj.*

cock² [kak / kɔk] *n.* **1** 〔모자 차양이〕위로 젖혀지기. **2** 〔코끝이〕위로 향하기; 〔눈을〕치떠보기. —— *vt.* **1** 〔모자의〕차양을 위로 젖히다, 〔모자를〕멋으로 삐딱하게 쓰다; ¶ *cock* one's *hat* 모자의 차양을 젖혀 올리다, 모자를 멋으로 삐딱하게 쓰다. **2** 〔귀를〕쫑긋 세우다. ¶ The dog *cocked* [up] his ears at the sound of the whistle. 그 개는 휘파람 소리에 귀를 쫑긋 세웠다. —— *vi.* (개의 꼬리 따위가) 곧추서다; (사람이) 몸을 뒤로 젖히다(*up*).
cock one's *eye at a person* 《英구어》남에게 눈짓하다; 남을 훑끔 치떠보다.　[다.
cock one's *nose* 《英》경멸하여 코끝을 위로 치켜세우

cock³ [kak / kɔk] *n.* 건초더미, 볏짚더미 〔건초 따위를 쌓아올린 원추형의 더미〕. —— *vt.* 〔건초 따위를〕원추형으로 쌓다, 짚가리를 만들다.

cock·ade [kakéid / kɔk-] *n.* 〔꽃 모양의〕모표(帽標)
(rosette).　[가 달린.
cock·ad·ed [kakéidid / kɔk-] *adj.* 〔꽃 모양의〕모표
cock-a-doo-dle-doo [kákədù:dldú: / kɔ́k-] *n.* **1** 꼬끼오《닭 울음 소리》. **2** 《어린이말》꼬꼬닭.
cock-a-hoop [kàkəhú(:)p / kɔ̀kə-] *adj., adv.* **1** 기 양양한(하게), 득의만면한(하여), 뽐내는(뽐내면서). **2** 비스듬한(하게)(askew).
Cock·aigne [kakéin / kɔk-], (**Cock·ayne**) *n.* **1** 〔놀면서 호강스럽게 살 수 있는〕환락경(歡樂境), 무릉도원. **2** 《英구어》런던(London).
cock-a-leek·ie [kàkəlí:ki / kɔ̀k-], **cock·ie·leek·ie, cock·y·leek·ie, cock·y·leek·y** *n.* [kàki- / kɔ̀k-] Ⓤ 부추를 넣은 닭고기 수프 〔스코틀랜드 요리〕.
cock-a-lo·rum [kàkəlɔ́:rəm / kɔ̀kəlɔ́:-] *n.* 《구어》젠체하는(건방진) 사내《특히 몸집이 작은 사내》.
cock-a-ma·mie, -ma·my [kákəmèimi / kɔ́k-] *adj., n.* Ⓤ 《美속어》하찮은[일]; 무의미한 [일].
cock-and-bull story [kákənbúlstɔ̀:ri / kɔ́kənbúl stɔ̀ri] *n.* 터무니없는 이야기, 황당무계한 이야기.
cock-and-hen [kákənhén / kɔ́k-] *adj.* 《구어》〔클라스 따위가〕남녀 혼합의, 혼성(混性)의.
cock·a·tiel [kàkətí:l / kɔ̀k-], (**cock·a·teel**) *n.* 앵무새의 일종〔오스트레일리아 원산. 흔히 사육되는 종류〕.
cock-a-too [kàkətú: / kɔ̀k-] *n.* **1** 도가머리가 있는 앵무새의 일종. **2** 《濠》소농(小農) (small farmer).
cock-a-trice [kákətris / kɔ́kətràis, -tris] *n.* **1** 괴사(怪蛇) 〔뱀이 깐 달걀에서 태어났다 하며, 머리·다리·날개는 닭, 몸통·꼬리는 뱀의 형상을 한 전설상의 괴물. 이것이 한 번 노려보면 사람은 그 자리에서 죽는다고 한다〕. **2** 〔성서〕독사〔→이사야(書) (Isa.) 11:8〕.
cóck bèad *n.* 〔목공〕돋을무늬 장식이 된 구슬선.
cock·bird [kákbə̀:rd / kɔ́k-] *n.* 수탉.
cock·boat [kákbòut / kɔ́k-] *n.* 〔항해〕〔큰 배에 전속으로 딸려 잡역선(雜役船)으로 쓰이는〕작은 배; 《고어》

하천용의 작은 배.
cock·chaf·er [káktʃèifər / kɔ́k-] *n.* 떡갈잎풍뎅이〔나무에 큰 피해를 주는 대형 풍뎅이〕.
cock·crow [kákkròu / kɔ́k-], (**cock·crow·ing** [-iŋ]) *n.* Ⓤ 닭이 우는 시각, 새벽, 여명 (dawn).　[한.
cocked [kakt / kɔkt] *adj.* 위로 젖혀진, 위로 향하
cócked hát *n.* 차양을 위로 젖힌 모자; 〔현재는 특히 정장용(正裝用)의〕삼각모.
knock ... into a cocked hat 《속어》…을 때려눕히다; …을 형편없이 해치우다.
cock·er¹ [kákər / kɔ́k-] *n.* **1** = cocker spaniel. **2** 투계(鬪鷄)〔닭싸움〕장려자, 투계가.
cock·er² [kákər / kɔ́k-] *vt.* 〔어린이·병자 등을〕너무 귀여워하다, 응석을 받아 주다(... *up*). ¶ Don't *cocker up* your children. 아이들을 응석받이로 만들지 마시오.
Cock·er [kákər / kɔ́k-] *n.* 〔다음 숙어로 쓴다〕　〔cocked hat〕
according to Cocker 정확한; 정확히 말하자면. 〔<영국의 수학자 Edward Cocker(1631-75)의이름〕
cock·er·el [kák(ə)rəl / kɔ́k-] *n.* **1** 〔깐 지 1년 이내의〕어린 수탉. **2** 걸핏하면 싸우는 젊은이.
cócker spániel *n.* 코커 스파니엘〔사냥용 또는 애완용의 개〕.
cock·et [kákit / kɔ́k-] *n.* 《英·스코》세관 관인(官印), 관세 납부 증서.
cock·eye [kákài / kɔ́k-] *n.* 사팔눈, 사시(斜視)
cock·eyed [kákàid / kɔ́k-] *adj.* **1** 사팔뜨기의, 사시의. **2** 《속어》기울어진, 비뚤어진. ¶ be built *cockeyed* 등(허리)이 구부러져 있다, 〔체격이〕볼썽 사납다. **3** 《속어》어리석은, 명청한; 술취한; 잘못된 틀린. ¶ *cockeyed* politics 어리석은 정치 / He was absolutely *cockeyed*. 그는 곤드레만드레 취해 있었다.　[우〕.
cócke·ye[d] bób *n.* 《濠속어》갑작스런 대폭풍 (폭
cock·fight [kákfàit / kɔ́k-] *n.* 닭싸움, 투계(鬪鷄) 〔미국에서는 법률로 금지되어 있다〕.
cock·fight·ing [kákfàitiŋ / kɔ́k-] *n.* Ⓤ 닭싸움 (cockfight).
beat cockfighting 이렇게 재미있는 일은 없다; 더없이 재미있다.
cock·horse [kákhɔ̀:rs / kɔ́k-] *n.* 〔장난감의〕흔들목마.
ride a cockhorse 기쁨에 취하다, 환희에 넘치다.
—— *adv.* 걸터 타고, 타고 앉아.
cock·ish [káki∫ / kɔ́k-] *adj.* 《구어》수탉같은; 잘난체하는, 건방진 (cocky).
cock·le¹ [kákl / kɔ́kl] *n.* **1** 새조개류〔심장 모양의 쌍각류; 특히 유럽산(産)의 식용종〕; 그 조가비 (cockleshell). **2** 〔가죽·종이 따위의〕주름, 구김살. **3** 〔바닥에 깔린〕작은 배 (cockleboat). **4** 《美》카를〔작은 글자가 들어 있는 새조개 모양의 캔디〕.
cockles of the heart 마음속, 심중.
warm (or *delight*) *the cockles of a person's heart* 남을 마음으로부터 기쁘게 하다 〔기운을 돋우다〕.
—— *v.* (*-led, -ling*) *vi.* **1** 주름지다, 구김살지다. **2** 잔물결이 일다 〔구김살이지게 하다〕. ¶ *a book cockled* by water 물에 젖어 구겨진 책.
cock·le² [kákl / kɔ́kl] *n.* 〔일반적으로〕보리밭의 잡초, 호밀풀, 독보리.
cock·le·boat [káklbòut / kɔ́kl-] *n.* **1** 〔뱃바다에 얕은〕작은 배. **2** =cockboat.
cock·le·bur, -burr [káklbə̀:r / kɔ́k-] *n.* **1** 《美》도꼬마리류〔국화과(科)의 가시 있는 잡초〕. **2** 우엉(burdock).
cock·le·shell [kákl∫èl / kɔ́k-] *n.* **1** 새 조개 (cockle) 의 조가비. **2** 〔항해〕=cockboat.
cóckle stáirs *n. pl.* 나선 계단.

cock·loft [kάklɔ̀:ft / kɔ́klɔ̀ft] *n.* 작은 다락방.

***cock·ney** [kάkni / kɔ́k-] *n.* 1 《종종 C-》 [본토박이] 런던내기 《런던의 East End 지구에 살면서 그 말씨에 독특한 사투리가 있다. 전통적으로는 Bow Church 의 종소리가 들리는 곳에서 태어나서 자란 사람들》. 2 《종종 C-》 ⓤ 런던 사투리, 런던 영어. * 대표적인 특징으로서 h 음의 탈락을 들 수 있으나, 반대로 모음으로 시작되는 말에 h 음이 첨가되는 경우도 있다. 예: ham and egg → 'am an' hegg / up the hill → hup the 'ill / Harry and his girl Harriet →'Arry an' 'is gal 'Arriet. 또, [ei]를 [ai]로 발음하는 것도 특징. 예: rain [rein] → [rain] / station [stéiʃ(ə)n] → [stáiʃ(ə)n]. 3 《폐어》 응석받이. 4 유약한 도시인.
— *adj.* 《종종 C-》 런던 사람(내기)의, 런던에서 자란; 런던 사투리의. ¶ speak with a *Cockney* accent 런던 사투리로 말하다.
◇ cóckneyish *adj.*, cóckneyfy, cóckneyize *v.*

cock·ney·dom [kάknidəm / kɔ́k-] *n.* ⓤ 1 런던내기 거주 지역, 런던내기 사회. 2 《집합적》 런던내기(토박이) (cockneys).

cock·ney·ese [kὰkníːz / kɔ̀k-] *n.* ⓤ 런던 말씨(사투리). ⇒ COCKNEY 2.

cock·ney·fy [kάknifài / kɔ́k-] *vt., vi.* (-fied, -fying) [말씨·풍습 따위가] 런던내기으로 하다(되다).

cock·ney·ish [kάkniiʃ / kɔ́k-] *adj.* 런던내기식의.

cock·ney·ism [kάkníz(ə)m / kɔ́k-] *n.* ⓤⓒ 1 기질·말씨·습성 따위의 런던내기풍(식); 런던 말씨(사투리). 2 [로 되다](하다). ⇒ COCKNEY 1

cock·ney·ize [kάkniàiz / kɔ́k-] *vi., vt.* 런던내기식으로

***cock·pit** [kάkpìt / kɔ́k-] *n.* 1 [비행기의]조종사실. 2 [요트·보트 따위의] 선미(船尾) 좌석. 3 《역사》 [구식 군함에서 갑판 밑의]하급 사관실[전시에는 부상자 수용실이 된다]. 4 투계장(鬪鷄場); 시합장; 싸움터. ¶ Belgium has been called the *cockpit* of Europe. 벨기에는 유럽의 전쟁터라고 일컬어졌다.

cóckpit vóice recórder *n.* 《항공》[조종실] 음성 기록 장치《사고 원인을 해명하기 위한 장비; 略 CVR》.

cock·roach [kάkròutʃ / kɔ́k-] *n.* 바퀴.

cocks·comb [kάkskòum / kɔ́ks-] *n.* 1 《수탉의》 볏. 2 맨드라미《관상용 식물》. 3 《광대가 쓰는》 고깔 모자. 4 《4개 이상의 분출구가 있는》 가스등.

cock·shot [kάkʃàt / kɔ́kʃɔ̀t] *n.* 표적 떨어뜨리기《공·막대기 따위를 던져 상품을 떨어뜨리는 놀이》; 그 한 번 던지기.

cock·shut [kάkʃàt / kɔ́k-] *n.* ⓤ《英방언》 저녁때, 해질녘(evening), 황혼(twilight).

cock·shy [kάkʃài / kɔ́k-] *n.* (*pl.* -shies) 과녁 맞히기《공·막대기 따위를 과녁에 맞추어 떨어뜨리는 놀이》; 그 과녁, 공격 목표.

cóck spárrow *n.* 1 참새의 수컷. 2 잘난 체하는 「작은 사내.

cock·spur [kάkspə̀ːr / kɔ́k-] *n.* 1 《수탉의》 며느리 발톱. 2 북미산(産)의 가시가 있는 관상용》 산사나무.

cock·sure [kάkʃúər / kɔ́k-] *adj.* 1 자신만만한, 확신하는; 독단적인, 자신(자만심)이 너무 강한. ¶ She hates his *cocksure* attitude. 그녀는 그의 독선적인 태도를 싫어한다 // I am *cocksure* of (or about) my success. 틀림없이 성공합니다 / He is *cocksure* about making the sale. 그는 그 판매에 자신이 있다. 2 확실히 일어나는, 반드시 ...하는. ¶ His success is *cocksure*. 그의 성공은 절대로 확실하다. ~·ly *adv.* ~·ness *n.*

cock·swain [kάksən, -swèin / kɔ́k-] *n.* = coxswain.

cock·sy [kάksi / kɔ́k-] *adj.* (-si·er, -si·est) = coxy.

***cock·tail** [kάktèil / kɔ́k-] *n.* 1 칵테일《알코올 음료의 일종》. 2 칵테일 요리《생굴·대합·게·새우 따위에 소스를 친 前菜 5 요리》; 프루츠 칵테일《차게 한 몇 가지 과일채에 주스를 부은 전채》; 과일의 생주스, 3 꼬리를 자른 말(cocktailed horse); 잡종의 경주마. 4 사이비 신사, 벼락 출세자. — *adj.* 칵테일의; 칵테일 파

티용의. ¶ a *cocktail* dress 칵테일 드레스[칵테일 파티 때에 입는 여성복]. — *vt., vi* 칵테일 파티를 열다; 칵테일을 마시다.

cócktail bèlt *n.* 교외의 고급 주택 지대.

cock-tailed [kάktèild / kɔ́k-] *adj.* 《말 따위가》꼬리를 자른, 엉덩이를 버쩍 쳐든.

cócktail hòur *n.* 칵테일이 나오는 시간, 칵테일 아워《저녁 식사 전의 오후 5 시에서 8시 정도의 사이》.

cócktail lòunge *n.* 《호텔·공항 따위의》사교실, 휴게실, 바(bar). 「파티.

cócktail pàrty *n.* 칵테일 파티《칵테일 아워의 사교》.

cock-up [kάkʌp / kɔ́k-] *n.* 1 《물건의 가장자리·끝이》부풀어 젖혀진 모자. 2 《인쇄》[크게 돋보이기 위해 자보다 훨씬 뛰어난] 머리글자; 어깨글자(Y² 의 ² 따위). 3 《英속어》 혼란.

cock·y¹ [kάki / kɔ́ki] *adj.* (cock·i·er, cock·i·est) 《구어》으쓱대는, 건방진, 젠 체하는.
cock·i·ly *adv.* **cock·i·ness** *n.*

cock·y² [kάki / kɔ́k-] *n.* 1 《濠 구어》 소농 (cockatoo). 2 《鳥類》 [오스트레일리아산(産)]앵무새의 일종.

cock·y-leek·ie, -leek·y [kὰkilíːki / kɔ̀k-] *n.* = cock-a-leekie.

còck·y-ól·ly (còck·y-ól·y) **bírd** [kὰkiáli- / kɔ̀kiɔ́l-] *n.* 새짹, 짹짹[어린 아이의 말].

co·co [kóukou] *n.* (*pl.* -cos) 코코야자(coconut palm); 코코야자의 열매(coconut).

***co·coa** [kóukou] *n.* ⓤ 1 코코아《cacao 의 종자를 가루로 만든 것》; 코코아《음료》. 2 코코아 빛. — *adj.* 코코아(빛)의.

cócoa bèan *n.* 카카오콩 (cacao bean).

cócoa bùtter *n.* ⓤ 카카오 기름(cacao butter)《비누·화장품의 원료》.

co·coa·nut [kóukənʌ̀t] *n.* =coconut.

cócoa pòwder *n.* ⓤ 1 분말 코코아. 2 갈색 화약.

COCOM [kóukam] *n.* 《略》 Coordinating Committee for Export to Communist Areas《코콤, 냉전 시대 때의》대(對)공산권 수출 통제 위원회》.

co·con·scious [koukάnʃəs / -kɔ́n-] *adj.* 《심리》 부의식적 (副意識的)인. ~·ly *adv.* ~·ness *n.*

***co·co·nut** [kóukənʌ̀t], (**cocoanut**) *n.* 1 코코넛《코코야자(coco)의 열매. 크고 껍질이 단단한데, 핵(核) 안에 젖 모양의 액즙 (coconut milk)이 있어 야자 기름을 만든다》. 2 《英속어》 [사람의]머리.

That accounts for the milk in the coconut. 《익살》 그것으로 충분히 알았다.

cócunut mìlk *n.* ⓤ 야자 열매의 과즙.

cócunut òil *n.* ⓤ 야자유.

cócunut pàlm (trèe) *n.* 코코야자(coco).

cócunut shỳ *n.* 《英》야자 열매 떨어뜨리기《야자 열매를 표적 또는 상품으로 하는 거리 흥행의 하나》.

co·coon [kəkúːn] *n.* 1 누에 따위의 고치. 2 《거미 따위의》알을 싸는》보호용 자루, 난낭(卵囊). 3 《비닐 따위의》덮개. — *vi.* 고치를 만들다. — *vt.* ...을 고치로 싸다; [고치로 싸듯이] ...을 휩싸다.

co·coon·ing [kəkúːniŋ] *n.* 《美》집에서 TV 나 VCR 을 보며 여가를 보내기. *cf.* couch potato

co·coon·er·y [kəkúːn(ə)ri] *n.* (*pl.* -er·ies) 양잠소 (養蠶所).

co·cotte [koukάt / kɔkɔ́t] *n.* 창부, 매춘부. 《<F hen》

co·cur·ric·u·lar [kóukəríkjulər] *adj.* 정과(正課)와 병행하는.

Co·cy·tus [kousáitəs] *n.* 《그리스 신화》 한탄의 강《저승(Hades)의 강의 하나로, 아케론 강(Acheron) 으로 흘러간다》. 「(codfish).

***cod¹** [kad / kɔd] *n.* (*pl.* **cod** *or* **cods**) 《물고기인》 대구

cod² [kad / kɔd] *n.* 1 주머니(bag). 2 《방언》 콩 따위의 깍지.

cod³ [kad / kɔd] *vi., vt.* (**cod·ded, cod·ding**) 《속어》 속이다(hoax). — *adj.* 속이는, 놀리는, 조롱하는.

Cod [kɑd / kɔd] n. **Cape** ~ ⇨ CAPE COD.
COD (略) chemical oxygen demand(화학적 산소 요구량).
C.O.D.¹ (略) Concise Oxford Dictionary. 〔구략〕.
C.O.D.², **c.o.d.** (略) (美) collect ((英) cash) on delivery (대금 상환)(相換)), ¶ send a thing *C.O.D.* 물건을 대금 상환으로 부치다.
co-da [kóudə] n. 〔음악〕 코다〔악곡·발레의 종결부에 붙여서 완료를 짓기 위한 부분(소악장(小樂章))〕; 〔희곡·소설 따위의〕 매듭짓기. 〔<It〕
cod·bank [kádbæŋk / kɔ́d-] n. 대구 퇴(堆)〔대구들이 많이 모이는 바다 밑의 야트막한 곳〕.
cod·ding [kádiŋ / kɔ́diŋ] n. ⓤ 대구 잡이.
cod·dle [kádl / kɔ́dl] vt. (-dled, -dling) 1 …을 상냥하게 다루다, 응석받이로 기르다(… *up*), ¶ *coddle* oneself 자기 몸을 아끼다(소중히 하다). 2 …을 뭉근한 불로 끓이다, 물렁하게 삶다. — n. 응석받이, 허약하게 자란 사람, 약골.

‡**code** [koud] n. 1 법전. ¶ the *Code* of Hammurabi 함무라비 법전 / the civil (the criminal) *code* 민(형)법전. 2 〔어떤 계급·사회를 지배하는〕법도, 규약, 관례, 도덕. ¶ the moral *code* 도덕률 / the religious *code* 종교적인 규약 / the *code* of ethics 윤리의 법칙 / the *code* of a school 학칙 / the *code* of honor 사교상의 예법, 신사(숙녀)도; 〔옛날의〕결투의 예절. 3 신호법; 암호, 약호(號), 부호. ¶ the International *code* 만국 공통 전신 부호; 만국 선박 신호 / a telegraphic *code* 전신 암호 / a code telegram 암호 전보. 4 〔컴퓨터〕코드, 부호; 부호 시스템. 5 유전 정보(genetic code). — vt. (**cod·ed, cod·ing**) 1 …을 법전으로 작성하다 (codify). 2 〔전신·컴퓨터 따위의〕기호(부호)로 만들다, 코드화하다. — vi. 유전 정보를 지정하다(*for* …).
◇ **códify, encóde** v.
CODE (略) Cable Online Data Exchange.
códe bòok n. 전신 전화 약호철(略號帖).
code-break-er [kóudbrèikər] n. 암호 해독자.
co-dec [kóudèk] n. 〔전자공학〕코덱, 부호기, 복호기 (復號器). *cf*. decoder 〔<*coder*+*decoder*〕
códe dàting n. (美) 날짜 표시제〔부패하기 쉬운 식품 따위에 제조 연월일·저장 수명·판매 기한 등을 암호로 표시하는 제도〕. *cf*. bar code
co-de·fend·ant [kòudiféndənt] n. 공동 피고.
co-deine [kóudi:n, -di:in] n. ⓤ 〔약〕코데인〔아편에서 뽑는 진통제·최면제〕.
códe nàme n. 〔비밀 첩보원 따위〕 암호명.
Code Na·po·lé·on [kɔːd napoleɔ̃ / kóud-] n. 〔프랑스〕 the Napoleonic code〕나폴레옹 법전〔1804-07년간에 발포된 프랑스의 민사 사법(私法)〕.
cod·er [kóudər] n. 〔컴퓨터〕코더〔프로그래머의 지시에 따라 정보를 코드화하여 펀치 원고를 작성하는 사람〕.
códe wòrd n. 전신 약호 문자.
co·de·ter·min·a·tion [kò(u)ditəːrminéiʃ(ə)n] n. 노사의 공동 결정.
co·dex [kóudeks] n. (pl. **co·di·ces**) 〔특히 고전·성서의〕사본. ⇒ codex¹.
cod·fish [kádfiʃ / kɔ́d-] n. (pl. **-fish** or **-fish·es**) 대구.
códfish àristócracy n. (美)〔집합적〕대구 어업으로 돈을 번 벼락부자들의 뽐내는 족보.
codg·er [kádʒər / kɔ́dʒə] n. 1 (구어)〔노인의〕 괴짜, 괴패한 사람. 2 (英방언) 추접스런 노랭이.
cod·i·cil [kádis(i)l / kɔ́disil] n. 1 유언 보충서. 2 〔일반적으로〕추가(조항), 부록(supplement, appendix).
cod·i·cil·la·ry [kàdisíləri / kɔ̀d-] adj. 유언 보충서의, 추가의.
cod·i·fi·ca·tion [kàdifikéiʃ(ə)n, kòud-/kɔ̀d-, kòud-] n. ⓤ 법전 편찬; 성문화, 법전화. 〔찬자〕.
cod·i·fi·er [kádifàiər, kóud-/kɔ́d-] n. 법전 편찬자.
cod·i·fy [kádifài, kóud-/kɔ́d-] vt. (**-fied, -fy·ing**) 1 〔법률 따위를〕법전으로 편찬하다, 법전화하다. 2 …을 조직화하다.
cod·ing [kóudiŋ] n. ⓤ 1 부호화. 2 〔컴퓨터〕코딩. ⇨ CODER.
cod·ling¹ [kádliŋ / kɔ́d-], **cod·lin** [kádlin / kɔ́d-] n. 1 (英) 〔요리용의〕가름한 사과. 2 작은 풋사과.
cod·ling² [kádliŋ / kɔ́d-] n. 대구의 새끼, 새끼대구.
códling (códlin) mòth n. 사과좀나방의 일종〔충은 과실의 속을 파먹는다〕.
cód-lìv·er óil [kádlìvər- / kɔ́d-] n. ⓤ 간유〔대구 위의 간에서 뽑는 지방유. 강장제용〕.
co·don [kóudɑn / -dɔn] n. 코돈〔특정 아미노산을 만들어 내는 유전 정보를 형성하는 3개 뉴클레오티드의 연속〕.
cod·piece [kádpiːs / kɔ́d-] n. 〔15-16세기에 유행한 남자 복장의 바지 앞에 단 주머니.
co-driv·er [kóudràivər] n. 〔자동차에서〕교대로 운전하는 운전자.
cods·wal·lop [kádzwɑləp / kɔ́dzwɔ̀ləp] n. ⓤ (英속어) 실없는 소리, 바보스런 일.
co-ed, co·ed [kóuéd / kòuéd] n. (美구어)〔남녀 공학의〕여자 대학생. 〔<CO[-]ED[UCATIONAL STUDENT]〕
cóed dòrm n. (美)〔대학의〕남녀 공용 기숙사.
co-e·di·tion [kòuedíʃ(ə)n] n. 〔서로 다른 언어·나라·출판사에 의한〕동시 출판(본). 〔者〕.
co-ed·i·tor [kouéditər] n. 공동 편집자, 공편자(共編
co·ed·u·cate [kouédʒukèit, +英 -édju(:)-] vt., vi. (**-cat·ed, -cat·ing**) 남녀 공학제로 하다.
***co·ed·u·ca·tion** [kòuèdʒukéiʃ(ə)n, +英 -èdju-] n. ⓤ 남녀 공학. ◇ **coéducate** v, **coeducational** adj.
co·ed·u·ca·tion·al [kòuèdʒukéiʃ(ə)nəl, +英 -èdju-] adj. 남녀 공학제의.
co·ef·fi·cient [kòuifíʃ(ə)nt] n. 1 〔수학〕계수(係數). ¶ Three is the *coefficient* of x in 3*x*, 3*x* 에서의 3은 x 의 계수이다. 2 〔물리〕계수, 율. ¶ the *coefficient* of expansion 팽창 계수. 3 공동 작인(作因).
— adj. 공동 작용의(cooperating).
coe·la·canth [síːləkæ̀nθ] n. 실러캔스, 강극어(腔棘魚)〔중생대의 백악기(白堊紀)에 멸종되었다고 여겨졌으나, 1938년 아프리카 동해안에서 발견되어〔살아 있는 화석〕이라 일컬어진 경린어(硬鱗魚)의 종류〕.
-coele, -cele, -coel small cavity 〔와(窩)·소강(小腔)〕의 뜻의 연결형. 예: entero*coel* 〔장체강(腸體腔), nuero*coel* 〔신경강〕.
coe·len·ter·ate [sìːléntərèit, -rit, +英 silén-] n. 강장(腔腸)동물. — adj. 강장 동물의, 강장 동물에 속하는.
coe·li·ac, ce·li- [síːliæ̀k] adj. 〔해부〕복강(腹腔)의.
coe·lom [síːləm] n. 〔동물〕강장 동물의 체강.
co·empt [ko(u)émpt] vt. 매점(買占)하여 지배하다.
coe·nes·the·sia, ce·nes- [sìːnesθíːʒ(i)ə, -ziə], **-the·sis** [-θíːsis] n. ⓤ 〔심리〕일반 감각〔자기 존재의 최저 의식〕.
coeno- ⇨ CENO-².
co·en·zy·mat·ic [kòuenzimǽtik, -zai-] adj. 〔생화학〕조(助)효소에 관한, 조효소적인.
co·en·zyme [ko(u)énzaim] n. 〔생화학〕보(補)효소, 조(助)효소, 보조 효소.
co·e·qual [kouíːkwəl] adj. 〔지위·능력 따위에〕동등한, 동격의. — n. 동등한(동격의) 사람.
~ly [-kwəli] adv. 〔同權〕
co·e·qual·i·ty [kòuiːkwɑ́ləti / -kwɔ́l-] n. ⓤ 동등, 동
***co·erce** [ko(u)ə́ːrs] vt. (**-erced, -erc·ing**) 1 〔법률·권위 따위로〕…을 억압하다, 구속하다(restrain), 지배하다. 2 〔…을〕하도록〔사람에〕억지로 시키다〔*into*). ⇨ FORCE 類語〕¶ *coerce* obedience 복종을 강요하다 // (~+圖+前+名) *coerce* a person *into* submission (silence) 억지로 남을 복종시키다(침묵시키다). 〔'드부게〕(~+圖+*to do*)(~+圖+前+名) *coerce* a person *to* drink (or *into* drinking) 남에게 억지로 술을 먹이다.
co·er·ci·ble [ko(u)ə́ːrsibl] adj. 강제(강압, 억압)할

co·er·cion [ko(u)ɔ́ːrʃ(ə)n] *n.* ⓤ **1** 강제, 억압, 위압, 강압; 강제력. **2** 압정, 탄압 정치.
co·er·cion·ar·y [ko(u)ɔ́ːrʃ(ə)nèri / -ʃ(ə)nəri] *adj.* 강제(억압)적인; 탄압 정치의.
co·er·cion·ist [ko(u)ɔ́ːrʃ(ə)nist] *n.* 억압 정치론자, 강행주의자.
co·er·cive [ko(u)ɔ́ːrsiv] *adj.* 강제적(고압적)인, 억압적인. ~**ly** *adv.* ~**ness** *n.*
coércive fórce *n.* ⓤ [물리] 보자력(保磁力).
co·es·sen·tial [kòuisénʃ(ə)l] *adj.* 동질(同質)의 (*with* ...).
co·e·ta·ne·ous, co·ae- [kòutéiniəs] *adj.* 동기(同期)의; 같은 기간의; 같은 시대의.
co·e·ter·nal [kòuitə́ːrn(ə)l] *adj.* 영원히 공존하는. ~**ly** [-nəli] *adv.*
co·e·ter·ni·ty [kòuitə́ːrniti] *n.* ⓤ 영원한 공존.
co·e·val [kouíːv(ə)l] *adj.* **1** 같은 때의, 같은 시대(연대)의(*with* ...). — *n.* 같은 시대의 사람(물건), 같은 연대의 사람(물건). ~**ly** [-vəli] *adv.*
co·e·val·i·ty [kòuivǽliti] *n.* ⓤ 시대를 같이함, 동시대, 동년대, 동갑.
co·ex·ec·u·tor [kòuigzékjutər] *n.* (여성형은 coexecutrix) [law 등의] 공동 집행(수행)자.
co·ex·ec·u·trix [kòuigzékjutriks] *n.* (*pl.* **-tri·ces** [-trisìːz]) coexecutor의 여성형.
co·ex·ist [kòuigzíst] *vi.* 공존하다; 같은(같은 장소)에 존재하다(*with* ...).
*****co·ex·ist·ence** [kòuigzíst(ə)ns] *n.* ⓤ 공존. ¶ *peaceful coexistence* 평화 공존. [대의.
co·ex·ist·ent [kòuigzíst(ə)nt] *adj.* 공존하는; 같은 시
co·ex·tend [kòuiksténd] *vt., vi.* [시간·공간적으로]같은 넓이로 퍼지게 하다(퍼지다).
co·ex·ten·sive [kòuiksténsiv] *adj.* 동일한 시간(공간)에 걸치는(퍼지는).
co·fac·tor [kóufæktər] *n.* **1** 〖생화학〗 보조 인자, 보조 요인. **2** 〖수학〗 공통 인자; 여(餘) 인자(인수).
C. of C. (略) Chamber of Commerce.
C. of E. (略) Church of England.
co·fea·ture [kóufìːtʃər] *n.* [영화 따위의] 주된 공연물과 함께 내놓는 [부차적인] 공연물.
‡**cof·fee** [kɔ́ːfi, káfi / kɔ́fi] *n.* ⓤ **1** 커피; ⓒ 〖구어〗 한 잔의 커피. ¶ *a cup of coffee* 커피 한 잔 / *strong (weak) coffee* 진한(묽은) 커피 / *black coffee* 밀크 또는 크림을 넣지 않은 커피(café noir) / *white coffee*, *coffee and milk* 밀크를 넣은 커피 / *make one's breakfast coffee* 아침 식사의 커피를 끓이다 / We ordered two *coffees*. 우리는 커피를 두 잔 주문했다. **2** 커피 딸린 가벼운 식사; 식후의 커피; 커피를 즐기는 모임. ¶ *entertain a person at coffee* 커피 모임에서 남을 대접하다. **3** ⓒ 커피나무(coffee tree); ⓤ〖집합적〗 커피 열매 (coffee berries), 커피콩(coffee beans). ¶ *green coffee* 볶지 않은 커피콩. **4** 커피색, 암갈색. [월급.
coffee and cake[*s*] ① 커피와 케이크. ②〖구어〗 싼 — *adj.* 커피색의.
cof·fee-and [kɔ́ːfiænd, káf- / kɔ́f-] *n.* 〖속어〗 롤빵 (도넛)과 커피만의 가벼운 식사.
cóffee bár *n.* 〖英〗[스탠드식으로 커피와 가벼운 식사를 제공하는] 커피바, 스낵바.
cóffee bèan *n.* 커피씨.
cóffee bèrry *n.* 커피 열매.
cof·fee·ber·ry [kɔ́ːfibèri, káf-/ kɔ́f-] *n.* (*pl.* **-ries**) [커피 열매처럼 열매를 맺는]미국 California 산(產)의 상록 관목.
cóffee brèak *n.* 커피 시각, 작업중의 중간 휴게시
cof·fee·cake [kɔ́ːfikèik, káf-/ kɔ́f-] *n.* ⓤⓒ 커피케이크[커피 따위를 마시면서 먹는 건포도·땅콩 따위의 케이크].
cóffee grìnder *n.* 커피 가는 기계.

cóffee gróunds *n. pl.* 커피 찌꺼기.
cof·fee-house [kɔ́ːfiháus, káf-/ kɔ́f-] *n.* (*pl.* **-hous·es** [-hàuziz]) 커피점, 다방[17, 18세기 영국에서는 현재의 club처럼 문인이나 정치가가 많이 이용했다].
cóffee klàtch (klàtsch) *n.* [여자 등이 커피를 마시면서 하는]잡담, 다화회(茶話會).
cóffee líghtener (whítener) *n.* ⓤ 커피에 타는 크림의 대용품 [비(非)유제품].
cóffee màker *n.* 〖美〗 커피 끓이는 기구; 커피를 타는 사람; 커피 판매 회사(등).
cóffee mìll *n.* 커피콩을 가는 기구.
cóffee plànt *n.* 커피나무. [피 주전자.
cóf·fee·pot [kɔ́ːfipàt, káf-/ kɔ́fipɔ̀t] *n.* 커피포트, 커
cóffee sèrvice [sèt] *n.* 커피세트, 커피 도구 한 벌.
cóffee shòp *n.* 〖美〗[간단한 식사도 되는 다방; 커피 판매점. [는 노점.
cóffee stàll *n.* 〖英〗[특히 밤에]차와 간단한 식사를 파
cóffee tàble *n.* [거실에서 커피 따위를 마실 때 쓰는 낮은] 소형 탁자.
cóf·fee-tà·ble bòok [kɔ́ːfitèibl-, káf-/ kɔ́f-] *n.* 커피 테이블에 놓고 보는 호화판 책. [다방.
cóffee tàvern *n.* [알코올성이 없는] 음료를 파는 집,
cóffee trèe *n.* 커피나무.
cof·fer [kɔ́ːfər, káf-/ kɔ́f-] *n.* **1** 〖귀중품을 넣는〗 상자, 궤(box, chest). **2** (~ s) 〖금고(treasury), 재원(funds). ¶ *the coffers of the State* 국고. **3** 〖함함(艦函)(cofferdam)과 같은〗 상자 모양의 것. **4** 〖건축〗 소란 반자〖천장이나 아치 따위의 안쪽에 만든 장식적인 오목한 부분〗. [coffer 4] — *vt.* **1** ···을 귀중품 상자에 넣다, 금고에 넣다. **2** ···을 소란으로 장식하다. ¶ *a coffered ceiling* 소란 반자, 우물 천장.
cof·fer·dam [kɔ́ːfərdæ̀m, káf-/ kɔ́f-] *n.* 임시 방축, 잠함(潛函). [반자.
cof·fer·ing [kɔ́ːfəriŋ, káf-/ kɔ́f-] *n.* 우물 천장, 소란
‡**cof·fin** [kɔ́ːfin, káf-/ kɔ́f-] *n.* **1** 관(棺), 널. **2** 〖말의〗 발굽통〖발굽뼈가 있는 부분〗. **3** 낡은 배(coffin ship). **4** 〖인쇄〗 나무틀. — *vt.* **1** ···을 관에 넣다, 입관하다. **2** 〖책 따위〗를 사장하다.
in one's coffin 매장되어, 죽어서.
drive (or *put*) *a nail into a person's coffin* 〖근심·무절제 등이〗 사람의 수명을 줄이다, 명을 재촉하다.
cóffin bòne *n.* [말의] 발굽뼈.
cóffin còrner *n.* 〖미식축구 속어〗 코핀 코너, 죽음의 코너[골라인 10야드 앞 이내의 좌우 코너].
cóffin jòint *n.* [말의] 발굽 관절.
cóffin nàil *n.* 〖속어〗 궐련(cigarette).
cóffin plàte *n.* 관 뚜껑에 붙이는 금속 명패.
cof·le [káfl/ kɔ́fl] *n.* [사슬 따위로 한 줄로 묶인]한 무리의 짐승들(노예).
co·fig·u·ra·tive [koufígjurətiv] *adj.* 각 세대가 독자적인 가치관을 가진.
C. of S. (略) Chief of Staff.
cog[1] [kag/ kɔg] *n.* **1** 〖톱니바퀴의〗 톱니, 톱니바퀴(cog-wheel); 〖구어〗 조직속의 작은 일부, 톱니바퀴. — *vt.* (**cogged, cog·ging**) ···에 톱니바퀴를 달다.
cog[2] [kag/ kɔg] *vt., vi.* (**cogged, cog·ging**) **1** [특히 주사위로] 속임수를 쓰다, 부정을 저지르다. **2** 속여 먹 [다. [페어] 속임수, 야바위.
cog[3] [kag/ kɔg] *n.* 장부[판자 따위를 이을 때 그 끝에 만드는 돌기]. — *vt., vi.* (**cogged, cog·ging**) 장부를 달다, 장부로 잇다.
cog[4] [kag/ kɔg] *n.* [페어] 작은 고깃배, 소형의 보트.
cog. (略) cognate.
Co·gas [kóugæs] *n.* 코개스[석탄 또는 석유를 만드는 가스의 총칭]. [<C[OAL]+O[IL]+GAS]
co·gen·cy [kóudʒənsi] *n.* ⓤⓒ 설득력이 있음, 설득

co·gen·e·ra·tion [kòudʒenəréiʃən] n. 열 병합 발전, 폐열 발전. ¶ cogeneration plant 열 병합 발전소.

co·gent [kóudʒ(ə)nt] adj. 남을 수긍시키는, 승복시키는, 설득력이 있는; 적절한. ~·ly adv.

cogged¹ [kɑgd / kɔgd] adj. 톱니(톱니바퀴)가 달린.

cogged² [kɑgd / kɔgd] adj. 장부가 달린.

cog·ging¹ [kágiŋ / kɔ́g-] n. ⓤ〔집합적〕톱니바퀴의 톱니, 톱니바퀴.

cog·ging² [kágiŋ / kɔ́g-] n. ⓤ〔집합적〕장부(cogged joints).

cog·i·ta·ble [kádʒitəbl / kɔ́dʒ-] adj. 생각할 수 있는, 사고의 대상이 될 수 있는(thinkable).

cog·i·tate [kádʒiteit / kɔ́dʒ-] v. (-tat·ed, -tat·ing) vi. 깊이 (곰곰) 생각하다, 심사 숙고하다(meditate) (upon, over, about ...). —— vt. …을 고안하다; …을 궁리하다 (devise); …을 계획하다.

cog·i·ta·tion [kàdʒitéiʃ(ə)n / kɔ̀dʒ-] n. ⓤ 1 사고(思考), 숙고, 명상 (meditation). 2 사고력, 3 ⓒ 〔어떤〕생각(thought), 고안; 〔어떤〕궁리(design), 계획(plan).

cog·i·ta·tive [kádʒitèitiv / kɔ́dʒitə-] adj. 깊이 생각하는; 사고력이 있는. ~·ly adv. ~·ness n.

cog·i·ta·tor [kádʒitèitər / kɔ́dʒ-] n. 심사(숙고)하는 사람 (meditator).

co·gi·to, er·go sum [kádʒitoú : rgou sám] 《라틴》 (=I think, therefore I exist.) 나는 생각한다, 그러므로 나는 존재한다 〔데카르트(Descartes)의 말〕.

cogn. 《略》cognate.

co·gnac [kóunjæk, kán- / kón-, kóu-] n. ⓤ 1 《종종 C-》 코냑〔프랑스의 Cognac 지방에서 나는 브랜디〕. 2 《구어》프랑스산(産) 브랜디; 〔일반적으로〕고급 브랜디.

*__cog·nate__ [kágneit / kɔ́g-] adj. 1 조상이 같은, 같은 혈족의; 〔언어〕기원이 같은; 〔언어가〕동계(同系)의, 같은 어족의. ¶ cognate languages 동계 언어. 3 같은 종류의, 유사한, 밀접한 성질의(with ...). ¶ a cognate idea 비슷한 생각. —— n. 1 조상을 같이 하는 사람들, 같은 혈족, 친족. 2 동족어, 동계 언어. 3 유사한 물건, 같은 종류의 것. ◇ cognátion n.

cógnate óbject n. 동족 목적어.
〔주의〕to tell tales, to smile a bright smile 과 같이 동사와 같은 어원의 목적어를 동족 목적어라고 한다. smile 과 같이 자동사에 붙은 경우는 행위의 양태(樣態)를 나타내는 수가 있다. 또 확대하여 동사의 동족어가 목적어인 경우에도 동족 목적어라고 하는 수가 있다: to fight a battle.

cog·na·tion [kɑgnéiʃ(ə)n / kɔg-] n. ⓤ〔특히 언어의〕동족 관계.

cog·na·tion·al [kɑgnéiʃ(ə)n(ə)l / kɔg-] adj. 동족 관계의.

cog·ni·tion [kɑgníʃ(ə)n / kɔg-] n. ⓤ 1 인식, 인지력. 2 인식의 소산; 인식된 것; 〔폐어〕지식.

cog·ni·tion·al [kɑgníʃ(ə)n(ə)l / kɔg-] adj. 인식(상)의.

cog·ni·tive [kágnitiv / kɔ́g-] adj. 인식의; 지각(상)의; 인지(認知)되는; 지각력(인식력) 있는.

cog·ni·za·ble [kɑ́g(n)nizəbl / kɔ́g-] (*《英》에서는 cognisable 로도 쓴다) adj. 1 인식할 수 있는, 알 수 있는, 지각할 수 있는. 2 〔법률〕승인할 수 있는; 〔범죄 따위가〕재판 관할권 안에 있는, 심리할 수 있는. **-bly** adv.

cog·ni·zance [kɑ́g(n)nizəns / kɔ́g-] (*《英》에서는 cognisance 로도 쓴다) n. ⓤ 1 알기, 인식 (perception); 승인 (recognition); 주의 (notice), 알 수 있는 범위, 인식 범위 (range of knowledge). ¶ lack of cognizance 인식 부족 / be (or lie) within one's cognizance 인식할 수 있는 범위 내에 있다 / come to a person's cognizance 남에게 알려지다 / have cognizance of …을 알고 있다 / take cognizance of …을 정식으로 인정하다 / This event is beyond (or out of) his cognizance. 그 사건은 그가 모르는 일이다. 2 〔법률〕인식, 인지(認知); 재판 관할권; 재판상의 공지(公知). 3 〔紋章〕문장.

cog·ni·zant [kɑ́g(n)niz(ə)nt / kɔ́g-] (*《英》에서는 cognisant 로도 쓴다) adj. 1 인식하고 있는, 알고 있는, 깨닫고 있는(aware) (of ...). 2 〔법률〕재판 관할권이 있는.

cog·nize [kágnaiz / kɔgnáiz] (*《英》에서는 **cognise** 로도 쓴다) vt. (-nized, -niz·ing) …을 인식하다, 인지하다(perceive); …을 알다(know).

cog·no·men [kɑgnóumən / kɔgnóumen] n. (pl. -no·mens or -nom·i·na [-nɑ́minə / -nɔ́m-]) 1 성(surname). 2 〔일반적으로〕이름(name), 〔특히〕별명 (nickname). 3 〔고대 로마인의〕가명(家名), 셋째 이름. cf. agnomen, nomen, praenomen

co·gno·scen·ti [kɑ̀njo(u)ʃénti / kɔ̀n-] n. pl. (sing. **-te** [-tei/-ti]) 〔미술·문예 작품 따위의〕감정가. 〔<It〕

cog·nos·ci·ble [kɑgnɑ́sibl / kɔgnɔ́s-] adj. 인식할 수 있는, 알 수 있는.

cog·no·vit [kɑgnóuvit / kɔg-] n. 〔법률〕〔민사 법원에서의〕피고의 자백, 재판상의 채무 인낙(認諾), 피고의 원고 청구의 인낙.

cog·rail [kágreil / kɔ́g-] n. 〔압트식 철도의〕톱니끌 레일(cogged rail).

cóg ràilway (ràilroad) n. 톱니끌 레일 철도.

cog·wheel [kɑ́g(h)wi : l / kɔ́g-] n. 톱니 바퀴(gear wheel).

co·hab·it [kouhǽbit] vi. 1 〔미혼 남녀가〕동서(同棲)하다. 2 〔고어〕동거하다.

co·hab·it·ant [kouhǽbit(ə)nt] n. 동서자; 동거자.

co·hab·i·ta·tion [kouhæ̀bitéiʃ(ə)n] n. ⓤ 동서; 동거.

co·heir [kóuɛər] n. 공동 상속인.

co·heir·ess [kouɛ́(:)ris / -ɛ́aris] n. coheir 의 여성형.

co·heir·ship [kóuɛərʃip] n. ⓤ 공동 상속 자격.

co·here [ko(u)híər] vi (-hered, -her·ing) 1 밀착하나, 긴밀히 결부되다; 응집(凝集)하다(hold fast); 함께 되다. ⇒ STICK 類語. 2 〔분자 따위가〕결합하다. 3 〔의론·문체 따위가〕조리가 서다, 일관성이 있다. ¶ His story does not cohere. 그의 이야기는 조리가 서지 않는다. 3 일치하다, 어울리다(agree) (with ...).

co·her·ence [ko(u)hí(:)rəns / -hɪ́ər-], **-en·cy** [-ənsi] n. ⓤ 1 밀착, 결합, 응집 (cohesion). 2 〔논리·이야기 줄거리 따위의〕일관성, 조리.

*__co·her·ent__ [ko(u)hí(:)rənt / -hɪ́ər-] adj. 1 서로 밀착되어 있는, 응집성의. 2 〔각 부분이〕일치한. 3 〔이야기 따위가〕조리가 선, 앞뒤가 맞는, 일관성 있는 (consistent); 알기 쉬운. ¶ a coherent argument 조리가 선 논의 / a coherent plan 일관된 계획.

co·her·ent·ly [ko(u)hí(:)rəntli / -hɪ́ər-] adv. 밀착하여, 응집하여; 〔의론·문체 따위가〕조리가 서서, 앞뒤가 맞아.

co·her·er [ko(u)hí(:)rər / -hɪ́ərə] n. 밀착하는 것; 〔무선〕코히러〔무선 전신 초기에 쓰이던 검파관(檢波管)〕.

*__co·he·sion__ [ko(u)hí:ʒ(ə)n] n. ⓤ 1 〔각 부분의〕결합, 부착, 점착(粘着). 2 〔물리〕〔분자의〕응집. 3 〔식물〕결합, 합착(合着). 4 〔정신적인〕결합, 단결. ¶ national cohesion 국민의 단결.

*__co·he·sive__ [ko(u)hí:siv] adj. 1 점착력 있는; 〔물리〕〔분자가〕응집력 있는. 2 결합력 있는. ~·ly adv. ~·ness n.

co·ho·bate [kouhoubèit] vt. (-bat·ed, -bat·ing) 〔약학〕…을 다시 증류하다.

co·hort [kóuhɔ:rt] n. 1 고대 로마의 보병대; (~s) 〔일반적으로〕군대; 〔동아리 등의〕그룹, 대(隊), 단(團). ¶ She has a cohort of admirers. 그녀에게는 많은 숭배자가 있다. 3 한 패, 동료, 동아리.

C.O.I. 《略》《英》Central Office of Information.

coif [kɔif → n. 4, vt. 2] n. 1 머리에 꼭 맞는 모자(후

드); [수녀 등이 베일 밑에 쓰는]후드. **2** 〖역사〗 변호사의 帽모(法帽) 〖옛날에 영국의 고등 변호사가 쓰던 꼭 맞는 모자〗; 변호사의 직(지위). **3** 〖역사〗 〖옛 무사가 머리를 막기 위해〗투구 밑에 쓰던 모자. **4** [kwɑːf] 머리형. — *vt.* **(coifed, coif·ing** → 2) **1** …에 후드를 씌우다. **2** [kwɑːf] **(coiffed, coif·fing)** …을 어떤 머리형으로 하다, 조발(調髮)하다.
coif·fure [kwɑːfúːr / F kwɑfœːr] *n.* 《프랑스》(= hairdresser) 이발사.
coif·fure [kwɑːfjúər] *n.* **1** 머리 땋는 방법; 머리 형, 이발 양식. **2** [여자용]머리 장식(headdress) 〖하다.
— *vt.* (-fured, -fur·ing) [머리 장식으로] …을 장식
coign, coigne [kɔin] *n.* = quoin. * 보통 다음 숙어
로 쓴다. 〖態〗.
coign of vantage [관찰·행동하기에]유리한 지위(상
‡**coil**[kɔil] *vt.* …을 돌돌 감다, 사리다. ¶ (~+图+圖)
The snake coiled itself *up*. 뱀은 또아리를 틀었다 // (~ +图+前+名) He coiled a wire *around* (or *round*) a stick. 그는 막대기에 철사를 친친 감았다. — *vi.* 고리를 짓다, 사리다, 또아리를 틀다, 감기다; 소용돌이치며 나아가다. ¶(~+前+名) The snake coiled *around* (or *round*) its victim. 그 뱀은 먹이를 친친 감았다. — *n.* **1** 고리, 소용돌이, 사리, ¶ a mosquito *coil* 모기향. **2** [쌓아올린·철사·밧줄의] 한 사리, 한 타래; 우표의 한 마름 [보통 500장분]; 말아 올린 머리털. ¶ a *coil* of rope 밧줄의 사리. **3** 〖전기〗코일.
coil² [kɔil] *n.*《고어·詩》소동, 혼란; 고생, 성가심 (trouble). ¶ this mortal *coil* 이 속세의 번거로움 [← Shake speare 작 *Hamlet* III : i : 67]. 〖일종.
coil·er [kɔ́ilər] *n.* 코일 만드는 사람. **2** 방어기를
‡**coin** [kɔin] *n.* **1** 경화(硬貨), 화폐. ¶ a silver *coin* 은화 / current *coins* 통화. **2** 《속어》돈, 금전. ¶ I haven't the *coin* to do it. 그것을 할 돈이 없다 있지 않다. **3** 〖건축〗= quoin.
pay a person [back] in his own coin 앙갚음하다.
the other side of the coin 정반대의 견해.
There is the other side of coin. 이야기는 그것으로 끝나지 않는다.
— *vt.* **1** [화폐]를 주조하다. **2** 〖금속〗을 화폐화하다, 화폐로 주조하다. **3** [말 따위]를 새로 만들어 내다 (invent). ¶ *coin* words 새로운 말을 만들어 내다.
— *vi.* 《英구어》가짜돈을 만들다. **2** 〖금속 세공〗 [화폐 따위의 겉에] 디자인을 돋을새김하다.
coin money 《구어》돈을 많이 벌다. ¶ He's *coining* money with that new invention. 그는 그 신발명으로 굉장히 많은 돈을 벌고 있다.
◇ **cóinage** *n.* 〖다용 비행기〗.
COIN 《略》counter-*insurgency aircraft* (對)게릴
coin·a·ble [kɔ́inəbl] *adj.* [화폐로]주조할 수 있는.
***coin·age** [kɔ́inidʒ] *n.* Ⓤ **1** 화폐 주조, 《집합적》화폐, 통화. **3** 화폐 제도; 화폐 주조권. **4** 만들어 냄; Ⓒ 만들어 낸 것, 신조어(新造語). ¶ *coinage* of new words 신어를 만들어 냄 / a recent *coinage* 신어 / a *coinage* of fancy 공상의 산물 / This is the very *coinage* of your brain. 이것은 바로 네 머리로 생각해 낸 것이다. ⇨ **coin** *v., n.*
cóin assòrter *n.* 주화의 크기를 가려내는 기계.
cóin bòx *n.* 〖공중 전화 따위의〗동전통;《英》공중 전화
cóin chànger *n.* 주화 교환기. 〖화 박스〗.
***co·in·cide** [kòuinsáid] *vi.* (**-cid·ed, -cid·ing**) **1** 동시에 같은 공간을 차지하다, 〖장소가〗일치하다, 동시에 일어나다(*with* …). ¶ (~+前+名) The death of Chaucer may be said to *coincide* with the end of the Middle English period. 초서의 죽음과 함께 중기 영어 시대도 끝이 났다고 말해도 좋을 것이다. **2** 〖양·무게 따위가〗 …와 상당하다, **3** 〖의견 등이〗일치하다; 〖성질 따위가〗 꼭 맞다; 부합하다, 합치하다(correspond) (*with* …). ⇨ AGREE 類語 ¶ (~+前+名) *coincide* in opinion 의견이 일치하다 / Your interests *coincide* with mine. 네 이익

은 내 이익과 일치하고 있다.
◇ **coíncidence** *n.*, **coíncident, coincidéntal** *adj.*
***co·in·ci·dence** [kouínsid(ə)ns] *n.* Ⓤ **1** [우연의] 일치, 부합, 합치. ¶ *coincidence* of time [두 사건 따위의] 시간적 일치 / [a] strange *coincidence* 기연(奇緣) / by a curious *coincidence* 이상 아릇한 인연으로, 우연의 일치로 / by a happy *coincidence* 공교롭게도 / It was a mere *coincidence*. 그것은 단순한 우연의 일치였다. **2** 동시 발생, 같은 곳에 공존함; Ⓒ 동시 발생 사건.
◇ **coíncíde** *v.*, **coíncident, coincidéntal** *adj.*
***co·in·ci·dent** [kouínsid(ə)nt] *adj.* **1** [때·곳이] 일치하는(*with* …). ¶ His mother's death was *coincident* with his birth. 그의 어머니는 그가 태어남과 동시에 세상을 떠났다. **2** 꼭 일치하는, 부합하는; 딱 맞는, 같은 (*with* …). ¶ What has occurred is *coincident* with my hopes. 내가 바라던 대로 되었다.
◇ **coíncide** *v.*, **coíncidence** *n.*, **coíncidently** *adv.*
co·in·ci·den·tal [kouìnsidéntl] *adj.* 일치하는, 부합하는; [우연적인] 동시 발생의. **~·ly** [-təli] *adv.*
co·in·ci·dent·ly [kouínsíd(ə)ntli] *adv.* [우연히] 일치하여, 부합하여; 동시에.
coin·er [kɔ́inər] *n.* 화폐 주조자, 〖특히〗 위조 화폐 만드는 사람; 〖신어의〗 조어자(造語者).
co·in·her·it·ance [kòuinhérit(ə)ns] *n.* Ⓤ 공동 상속 (joint inheritance).
co·in·her·i·tor [kòuinhéritər] *n.* 공동 상속자.
cóin láundry *n.* 주화 투입식 자동 세탁기를 갖춘 셀프서비스 세탁소.
cóin machìne *n.* 자동 판매기(slot machine).
cóin of the réalm *n.* 법정 화폐(legal tender).
coin-op·er·at·ed [kɔ́inɔ̀pərèitid/-ɔ́p-] *adj.* 동전 투입식의, 자동 판매의.
cóin pùrse *n.* 잔돈 지갑.
co·in·stan·ta·ne·ous [kòuinstəntéiniəs] *adj.* 동시에 일어나는, 동시의.
co·in·sti·tu·tion·al [kòuinstit(j)úːʃən(ə)l / -tjúː-] *adj.* 남녀별 편성 교교의. 〖보험.
co·in·sur·ance [kòuinʃú(ː)r(ə)ns/-ʃúər-] *n.* Ⓤ 공동 **co·in·sure** [kòuinʃúər] *vt., vi.* (**-sured, -sur·ing**) 공동으로 보험에 들게 하다(들다).
Co·in·tel·pro [kòuintélprou] *n.*《美》〖FBI 의〗대(對) 과피죄 첩보 활동.
[< COU[NTER] IN[TELLIGENCE] + PRO[GRAM]]
Coin·treau [kwɑ́ːntrou] *n.*《상표명》크왜트로 〖오렌지 맛이 나는 무색의 달짝지근한 리큐르 주(酒)〗.
coir [kɔ́iər] *n.* 야자열매외 겉껍질에서 뺀 섬유〖방줄·매트용〗.
cois·trel, -tril [kɔ́istrəl] *n.* 《고어》**1** 〖기사(騎士)의〗 하인. **2** 악당, 놈팡이.
coit [kɔit] *n.* 〖솔속어〗궁둥이(buttocks).
co·i·tion [kouíʃ(ə)n] *n.* = coitus.
coítion déath *n.* 복상사(復上死).
co·i·tus [kóuitəs] *n.* Ⓤ 성교(sexual intercourse).
cóitus inter·rúp·tus [-ìntərʌ́ptəs] *n.* 〖의학〗 중단 (中斷) 성교〖사정 전에 물러남으로써 중단되는 성교〗.
co·jo·nes [kəhóunes, -neis] *n. pl.* 《스페인》 고환(睾丸),《비유적》용기(勇氣).
coke¹ [kouk] 〖화학〗 *n.* Ⓤ 코크스. — *vt., vi.* (**coked, cok·ing**) 코크스로 만들다(되다).
coke² [kouk] *n.* Ⓤ《속어》코카인 (cocaine).
Coke [kouk] *n.* 《종종 c-》ⓊⒸ Coca-Cola 의 약칭.
cóke òven *n.* 코크스 제조로(爐).
co·ker·nut [kóukərnʌt] *n.*《英》= coconut.
cok·ie [kóuki] **(cok·ey)** *n.* 코카인 중독자〖넓게는 마약 중독자〗.
cók·ing cóal [kóukiŋ-] *n.* Ⓤ 점결탄(粘結炭).
col [kɑl/kɔl] *n.* **1** 〖지리〗 [봉우리와 봉우리 사이의]골, 안부(鞍部), 고개. **2** 〖기상〗 안상 등압선(鞍狀等壓 〖線〗.
COL《略》*cost of living*(생계비, 생활비).

col-¹ *pref.* ⇒ COM-.
col-² ⇒ COLO-.
col. 《略》 collected; college; colony; color; column.
Col. 《略》 Colombia; Colonel; Colorado; Colossians.
co·la¹ [kóulə] *n.* **1** (C·) 콜라나무[아프리카산(產)] (kola). **2** (=kola) ⓤ 콜라나무 열매(kola nut)로 만드는 강장제. [하나.
co·la² [kóulə] *n.* colon¹² 의 복수형; colon²의 복수형의
COLA 《略》《美》 cost-of-living adjustment[s] (생계비 조정[제도]).
col·an·der [kʌ́ləndər, +美 kál-], (**cullender**) *n.* [부엌용] 여과기. — *vt.* …을 여과하다, 거르다.
cóla nùt *n.* =kola nut.
co·lat·i·tude [koulǽtit(j)ùːd / koulǽtitjùːd] *n.* ⓤ 【천문·항해】 여위도(餘緯度) [90도에서 어느 위도를 뺀 나머지].
col·can·non [kalkǽnən / kɔl-] *n.* ⓤ 양배추와 그 밖의 야채·감자를 삶아 으깬 아일랜드 요리.
col·chi·cine [káltʃisìːn, -ki-/kɔl-] *n.* ⓤ 〔약〕 콜히친 〔콜히쿰(colchicum)의 씨앗·구근(球根) 속에 든 알칼로이드; 식물용 호르몬제로써 쓰인다〕.
col·chi·cum [káltʃikəm / kɔl-] *n.* **1** 콜히쿰. **2** ⓤ 〔약〕 콜히친 제제(製劑)〔콜히쿰의 씨앗 또는 구근을 말린 것. 류머티즘·신경통 치료약으로 쓰인다〕.
Col·chis [kálkis / kɔl-] *n.* 〔그리스 신화〕 콜키스〔흑해 동해안에 있던 옛나라. 페르시아 서북부의 전설의 고장으로, Jason이 황금 양털(Golden Fleece)을 구하러 갔던 나라〕.
col·co·thar [kálkəθər / kɔl-] *n.* ⓤ 〔화학〕 철단(鐵丹) 황화철(黃化鐵)을 가열해서 만드는 적색 안료(顏料). 녹막이·연마제용〕.
‡**cold** [kould] *adj.* **1** 추운, 찬, 차가운, 식은 (*opp.* hot). 〔죽어서〕 싸늘해진, 목숨이 없는, 죽은: *a cold* day 추운 날 / *a cold* wind 찬바람 / *a cold* fit 오한, 한기 / *a cold* bath 냉수욕 / *cold* meat 냉육 / *cold* soup 냉수프 / feel *cold* 춥게 느끼다, 한기가 들다 / I am *cold.* 나는 춥다.
〔類語〕 **cold**「추운, 차가운」의 뜻의 일반적인 말. **cool**「시원한」. 때로는「불쾌한」을 뜻한다: *a cool* breeze 시원한 산들바람 / *cool* soup 식은 수프. **chilly** 추워(cold)로 몸이 부르르 떨리는: *chilly* weather 쌀쌀한 날씨(으스스한 날씨). **icy** 비·바람·물 따위가 살을 에는(으스스한) 차가운: *an icy* rain 살을 에는 듯이 차가운 비. **freezing** 얼어붙도록 차가운: *a freezing* wind 얼어붙을 듯한 바람. **frosty** 서리가 내리는 (듯한): *a frosty* night 서리 내리는 밤. **frigid** 혹한의(the *frigid* zone 한대).
2 냉정한, 침착한(calm); 냉담한(indifferent), 쌀쌀한 (unfriendly). *opp.* warm ¶ *cold* reasoning 냉정한 이성 / *a cold* heart 냉정한 마음, 무정 / in the *cold* light of reason 냉정하게 생각하고서 / *cold* in manner 태도가 냉담한(쌀쌀한) / *cold* at heart 냉혹한.
3 재미없는 (uninteresting), 흥을 깨뜨리는(chilling), 낙심시키는(dispiriting), 울적한(depressing). ¶ *a cold* counsel 달갑지 않은 충고 / *a cold* jest 김샌 농담 / *cold* news 언짢은 소식.
4 〔맛 따위가〕약한; 〔짐승이 남긴 냄새가〕 희미한 (faint). ¶ *a cold* scent 희미하게 남은 냄새.
5 〔맞히기〕 놀이 따위에서〕 들어 맞지 않는. *opp.* hot
6 〔미술〕 한색(寒色)의, *opp.* warm ¶ *cold* colors 한색 / *a picture* in *cold* tone 한색 색조의 그림.
7 〔흡이〕 열을 흡수하기 어려운.
8 〔美속어〕 〔권투 선수 등이 얻어맞고〕의식 불명의, 정신을 잃은. ¶ knock a person *cold* 남을 쳐서 기절시키다.
as cold as a fish (or **a frog**) 〔사람이〕 몹시 차가운, 냉정한, 쌀쌀한.
as cold as a wagon tire 《美》 완전히 식어버려서, 죽어버려서.
as cold as charity 《비꼬아서》 몹시 냉랭한, 쌀쌀한.
blow hot and cold ⇒ BLOW¹.
cold in death 죽어서.
get (or **have**) **cold feet** ⇒ FOOT.
give the cold shoulder to *a person* ⇒ COLD SHOULDER.
hardly cold in *one's* **grave** 죽은 지 얼마 되지 않은.
in cold blood ⇒ BLOOD.
in cold print ⇒ PRINT.
leave *a person* **cold** 남의 흥을 돋구지 않다; 인상을 남기지 않다.
make *a person's* **blood run cold** 〔공포 따위로〕 남을 오싹하게 만들다.
throw (or **pour**) **cold water on** ⇒ WATER.
— *adv.* **1** 전적으로(entirely), 확실히, 완전히, 충분히(빙점하) 5도. **2** ⓤ(C) (종종 a~) 감기, 고뿔, 오한 ¶ a bad (or a severe) *cold* 지독한 감기 / a slight *cold* 가벼운 감기 / *a cold* in the head (or the nose) 코감기 / *a cold* in the chest (or the lungs) 가슴 감기 / be in bed with *a cold* 감기로 누워 있다 / catch (or take, 《美속어》 get) [a] *cold* 감기에 걸리다 (* take cold는 조금 낡은 표현. catch *a bad cold* 와 같이 형용사가 붙는 경우 외에는 보통 무관사) / have (or 《구어》 have got) *a cold* 감기에 걸려 있다. * 관사를 붙이는 것은, **cold without** 〔속어〕 〔단맛이 없는〕 냉수만을 탄 브랜디 (위스키).
come in from the cold 〔간첩 등이〕 냉혹한 활동의 제일선에서 돌아오다.
out in the cold ① 한데에 버려진 상태로. ② 무시된, 따돌림 당한, 돌림쟁이가 되어. ¶ He was left *out in the cold.* 그는 따돌림을 받았다, 그는 냉대를 받았다 / Come and join us; don't sit *out in the cold.* 이리 와서 우리와 어울려라, 친구들과 겉돌아서는 안 된다.
◇ **cóldly** *adv.*, **cóldness** *n.*
cold-blood·ed [kóuldblʌ́did] *adj.* **1** 무정한, 잔인한. **2** [동물]냉혈의, ¶ a *cold-blooded* animal 냉혈동물〔물고기·뱀·거북 따위〕. **3** 열의가 없는, 무감동의. **4** 추위에 약한, 추위를 타는. ~**ly** *adv.* ~**ness** *n.*
cóld cásh *n.* ⓤ 현금.
cóld chàin *n.* 저온 유통 체계〔야채·생선·육류의 냉동 공급 체계〕.
cóld chísel *n.* 〔금속을 쪼는〕 정.
cóld cómfort *n.* 달갑잖은 위안, 그다지 위안이 되지 못하는 것.
cóld créam *n.* ⓤ 콜드 크림.
cóld cùts *n. pl.* 콜드 커트〔각종 얇은 냉고기와 치즈의 모듬요리〕. 가드, 〕
cold deck *n.* 《속어》〔속임수를 쓰기 위한〕 한 벌의
cold-deck [kóulddèk] *vt.* 속이다(cheat), 편취(騙取)하다; 사칭하다.
cold-drawn [kóulddrɔ́ːn] *adj.* 상온(常溫)에서 잡아늘인, 상온에서 짠. 〔합주.
Cóld Dúck *n.* 〔때로 c-d-〕 ⓤ 버건디와 샴페인의 혼
cóld féet *n. pl.* 《구어》 겁, 공포심, 주눅. ¶ get (or have) *cold feet* 주눅들다.
cóld físh *n.* 소극적이고 냉담한 사람.
cóld fràme *n.* 〔원예용의〕 온실 대용 프레임〔유리를 장치한 것〕.
cóld frónt *n.* 〔기상〕 한랭 전선. *opp.* warm front
cold-ham·mer [kóuldhǽmər] *vt.* 〔쇠 등을〕 상온(常溫)에서 벼리다.
cold-heart·ed [kóuldháːrtid] *adj.* 무정한, 냉담한 (indifferent), 불친절한(unkind). ~**ly** *adv.* ~**ness** *n.*
cold·ish [kóuldiʃ] *adj.* 좀 추운, 으슬으슬한, 꽤 추운.

cóld líght *n.* ⓤ 냉광(冷光)[반딧불·인광(燐光) 따위].

cold-liv·ered [kóuldlívərd] *adj.* 냉담한, 감정이 없는.   [게.

‡**cóld·ly** [kóuldli] *adv.* 춥게; 차갑게, 냉담하게, 쌀쌀하

cóld méat *n.* ⓤ **1** 냉육(冷肉)[요리하여 식힌 쇠고기 따위]. **2** 《속어》 시체. ¶ *a cold meat cart* 영구차 / *a cold meat* box 관(棺).

*****cóld·ness** [kóuldnis] *n.* ⓤ 추위, 냉기, 한기; 냉담.

cóld páck *n.* **1** 냉찜질. **2** 〔통조림의〕 저온(低溫) 처리법.

cold-pack [kóuldpæk] *vt.* **1** …에 냉찜질을 하다. **2** 〔과일 따위〕을 저온처리법으로 통조림하다.

cóld péace *n.* 냉전 중의 소강 상태, 긴장 속의 평화.

cóld píg *n.* 《英속어》 〔잠이 깨도록〕 머리에 끼얹는 냉수.   [寒)의.

cóld-proof [kóuldprù:f] *adj.* 추위에 견디는, 내한(耐

cold-roll·ing [kóuldròuliŋ] *n.* 냉간 압연(冷間壓延).

cóld róom *n.* 냉장실.

cóld rúbber *n.* ⓤ 《美》 〔화학〕 저온에서 처리 제조한 질긴 합성 고무〔자동차 타이어 따위에 사용〕.

cóld shórt *n.* 〔야금〕 〔쇠붙이 따위가〕 추위에 약한 성질.   [에 약한.

cold-short [kóuldʃɔ́:rt] *adj.* 〔야금〕 〔쇠붙이 따위가〕 추위

cóld shóulder *n.* (the~) 〔구어〕 냉대, 경시(輕視). *give* (or *show, turn*) *the cold shoulder to a person* 남에게 쌀쌀하게 대하다, 냉대하다; 남을 싫어하다. ¶ She *gave the cold shoulder to* him. 그녀는 그에게 쌀쌀맞게 대했다.

cold-shoul·der [kóuldʃóuldər] *vt.* 《구어》 …을 냉대하다, 무시하다.

cóld shútdown *n.* 냉각 운전 정지〔원자로의 완전한 운전 정지〕.

cóld-slaw [kóul(d)slɔ̀:] *n.* =coleslaw.

cóld snáp *n.* 갑자기 엄습하는 일시적인 한파(寒波).

cóld sóre *n.* 〔의학〕 입술 헤르페스, 입언저리 단순포진(疱疹)〔감기나 열병 때문에 입언저리에 생기는 일종의 발진〕.

cóld stéel *n.* 칼붙이〔칼·총검 따위〕.

cóld stórage *n.* ⓤ 냉장, 저온 저장. *put something in cold storage* …을 무기 연기하다, 한입에 미루다.

cóld stóre *n.* 냉장고, 냉장실.   [오한.

cóld swéat *n.* ⓤ 〔공포·흥분 따위로 인한〕 식은 땀,

cóld túrkey *n.* ⓤ **1** 갑작스런 마약 사용 중지〔마약 환자 등의 치료법〕. **2** 《부사적으로 써서》 **a)** 통명스럽게, 무뚝뚝하게. ¶ He talked *cold turkey* about our chances. 그는 우리 승산에 대하여는 냉담한 말투였다. **b)** 준비 없이, 느닷없이.

cóld wár *n.* (때로 C· W·) 냉전〔무력에 의하지 않은 경제면·정치면에서의 날카로운 대립〕. *cf.* hot war

Cóld Wárrior *n.* 냉전을 추진하는 정치가.

cóld wáter *n.* 〔구어〕 〔희망·계획 따위를〕 흐리게 하기, 훼방 놓기; 트집. ¶ *throw cold water* on …을 트집 잡다, …에 찬물을 끼얹다.

cold-wa·ter [kóuldwɔ̀:tər] *adj.* 급탕(給湯) 설비가 없는.

cóld wáve *n.* **1** 〔기상〕 한파. **2** 콜드 퍼머, 저온 퍼머.

cold-weld [kóuldwèld] *vt.* 냉(冷)용접하다〔우주 공간 따위에서 열이나 압력을 쓰지 않고 용접시킨다〕.

cole [koul] *n.* 양배추 따위의 평지과(科) 식물〔특히 *collar the cole* 돈을 훔치다.   [평지.
post (or *tip*) *the cole* 지불하다, 현금을 내놓다.

co·lec·to·my [kəléktəmi] *n.* ⓤⓒ (*pl.* **-mies**) 〔의학〕 결장 절제(結腸切除) 〔술〕〔전부 혹은 일부를 절제한다〕.

co·le·op·ter·an [kòuliáptərən, káli-/kɔ̀liɔ́ptərən] *n.* 초시류(鞘翅類)(갑충류)(에 속하는).
— *n.* =coleopteron.

co·le·op·ter·on [kòuliáptərən, káli-/kɔ̀liɔ́ptərən] *n.* (*pl.* **-ter·a** [-tərə]) 초시류의 곤충; 갑충(beetle).

co·le·op·ter·ous [kòuliáptərəs, káli-/kɔ̀liɔ́p-] *adj.* (甲蟲) 초시류의, 갑충류의.

cóle·seed [kóulsì:d] *n.* ⓤⓒ 평지씨, 채종(菜種).

cole·slaw [kóulslɔ̀:] *n.* 《美》콜슬로〔날 양배추를 잘게 썰어서 드레싱을 한 샐러드〕.

co·le·us [kóuliəs] *n.* 콜레어스〔아시아·아프리카 열대 지방 원산의 잎이 아름다운 관상용 식물〕.

cóle·wort [kóulwə̀:rt] *n.* =cole.

col·farm [kálfà:rm/kɔ́l-] *n.* 〔소련의〕 집단 농장 (kolkhoz).

col·ic [kálik/kɔ́l-] *n.* ⓤ 〔병리〕 복통, 산통(疝痛).
— *adj.* 복통의, 산통의.   [는.

col·ick·y [káliki/kɔ́l-] *adj.* 산통의; 산통을 일으키

có·li cóunt [káli-/kɔ́l-] *n.* 〔바닷물 따위에 함유된〕 대장균의 수(coliform count).

col·i·form ba·cíllus [kálifɔ̀:rm/kɔ́l-] 〔세균〕 장내(腸內) 박테리아, 대장균.

col·i·se·um [kàlisí:əm/kɔ̀lisí(:)əm] *n.* **1** 〔원형〕 대극장, 경기장. **2** (C-) =Colosseum.   [염, 결장염.

co·li·tis [kou(ː)láitis/kɔ-, kou(ː)-] *n.* ⓤ 〔병리〕 대장

coll. (略) collect, collection, collector, collective; college, collegiate; colloquial.

*****col·lab·o·rate** [kəlǽbərèit] *vi.* (**-rat·ed, -rat·ing**) **1** 공동으로 일하다, 공동 연구하다, 합작하다; 제휴하다. ¶ 〔~+前+名〕 *collaborate on* a work with a person 남과 공동으로 일을 하다. **2** 〔점령군·적국에〕 협력하다. ¶ 〔~+前+名〕 *collaborate with* an enemy 적에 협력하다, 부역하다.

*****col·lab·o·ra·tion** [kəlæ̀bəréiʃ(ə)n] *n.* ⓤⓒ **1** 합작, 공저(共著), 공동 연구. ¶ The book was a *collaboration* of four authors. 그 책은 네 사람의 공저였다. **2** 〔점령군·적국에의〕 협력, 부역.

col·lab·o·ra·tion·ist [kəlæ̀bəréiʃ(ə)nist] *n.* 〔점령군에의〕 협력자, 부역자, 〔적국과의〕 통모자(通謀者).

col·lab·o·ra·tive [kəlǽbərèitiv, -rətiv] *adj.* 협력적인, 협력하는, 합작의, 공동 제작의. ¶ *a collaborative* research 공동 연구.

col·lab·o·ra·tor [kəlǽbərèitər] *n.* **1** 공동 제작자, 합작자, 공저자(共著者). **2** 〔점령군·적국에의〕 협력자, 부역자(collaborationist).

col·lage [kəláː3] *n.* 〔미술〕 콜라즈〔신문이나 광고의 스크랩을 발라 맞추어서 선 또는 색채를 묘미 있게 나타낸 추상적 회화 구성법〕; 콜라즈에 의한 작품.
— *vt.* …을 콜라즈로 하다.

col·la·gen [kálədʒən/kɔ́l-] *n.* ⓤ 〔생화학〕 교원질(膠原質) 〔경(硬)단백질의 일종으로 결체(結締) 조직 및 뼈의 성분〕.

cóllagen disèase *n.* 교원병(膠原病).

col·lag·ist [kəlá:ʒist] *n.* 콜라즈 제작자(화가).

col·laps·a·ble [kəlǽpsəbl] *adj.* =collapsible.

col·lap·sar [kəlǽpsɑ̀:r] *n.* 〔천문〕 블랙 홀(black hole).

‡**col·lapse** [kəlǽps] *n.* (**-lapsed, -laps·ing**) *vi.* **1** 〔건조물 따위가〕 무너지다, 붕괴하다. **2** 〔계획·희망 따위가〕 좌절되다, 실패하다(fail). ¶ His plan *collapsed*. 그의 계획은 깨졌다. **3** 〔신체가 급격히〕 쇠약해지다; 〔의지 따위가〕 꺾이다; 〔사람이〕 재기 불능으로 되다. ¶ His health is *collapsing* day by day. 그는 날로 쇠약해져 가고 있다. **4** 《美》〔의자 따위의 기구가〕 접을 수 있다. — *vt.* 《美》〔의자 따위〕를 접다. ¶ *collapse* a chair (a telescope 따위) 〔망원경〕을 접다. — *n.* **1** 무너짐, 붕괴, 도괴; 〔계획 따위의〕 좌절. ¶ the *collapse* of a tower 탑의 붕괴 / the *collapse* of a ministry 내각의 붕괴. **2** 〔신체 따위의 급격한〕 쇠약; 〔의지 따위의〕 꺾임, 의기 소침. ¶ in a state of *collapse* 의기 소침하여, 풀이 죽어서.

col·laps·i·ble [kəlǽpsəbl], (**collapsable**) *adj.* 접을

수 있는. ¶ a *collapsible* chair 접는 식 의자.
‡**col·lar** [kálər/kɔ́l-] *n.* **1** 칼라, 깃. ¶ a stand-up (a turndown) *collar* 세운(접은) 칼라. **2** [훈장의] 수장(首章), (英) 나이트 작위 훈장의 목걸이; [여자의] 목걸이(necklace). ¶ a *collar* of pearls 진주 목걸이 / the *collar* of SS (or esses) S자로 이은 수장(首章) [런던 시장·고등 법원장 등이 패용한다]. **3** [개 따위의] 목걸이, 목띠; [말의] 어깨띠. ⇨ HARNESS 그림 **4** [동물] 목테 무늬 [동물의 목둘레에 있는 줄무늬 또는 구조]; [식물] 경령(頸領) [뿌리와 줄기와의 경계부], **5** [기계] 고리(ring), 접관(接管) [2개의 관을 잇는 데 쓴다]. **6** [건축] 주환(柱環). **7** [요리의] 둘둘 만 고기. **8** (속어) 체포(arrest). **9** [기계] 이음고리, 고리관(管).
against the collar (고어) [말 따위가 무거운 짐을 끌고 갈 때처럼] 몹시 고생을 하며 (* 말이 비탈길을 올라갈 때 어깨끈이 쓸려서 고통스러운 데서). ¶ work *against the collar* 곤란을 무릅쓰고 일하다.
be (get) hot under the collar (속어) 화가 나 있다, 화를 내다; 홍분해 있다, 홍분하다. ¶ If the least thing goes wrong, he *gets hot under the collar*. 뭐가 조금이라도 잘못되기만 하면 그는 화를 낸다.
be in collar ① 굴레를 쓰다, 일할 차비가 되어 있다. ② (구어) 취직을 하고 있다.
be out of collar (구어) 실직하고 있다.
in the collar (활동가) 속박을 당하고, [부려먹다.
keep a person up to the collar 남을 독촉하다, 몹시
slip the collar ① 굴레를 벗기다. ② 곤란을 모면하다; 일에서 손을 떼다, 제약에서 벗어나다.
wear (or *take*) *a person's collar* 남의 명령에 따르다. [일하다.
work up to the collar 열심히 일하다, 꾀부리지 않고
— *vt.* **1** …에 칼라를 달다, 굴레를 씌우다. **2** …의 멱살을 잡다, (구어) 목을 잡다, 체포하다. ¶ The policeman *collared* the thief. 경찰관이 그 도둑을 잡았다. **3** (럭비) (공을 가진 상대방)을 부동켜안다 (tackle). **4** [고기] 둘둘 말다. **5** (구어) …을 훔치다, 가로채다. **6** [말을 걸어서] (사람)을 잡고 지체시키다.
collar a nod (美) 자다(sleep).
cóllar bèam *n.* [건축] 조임보[조그만 양식 가옥의 맨 아래에 있는 들보].
col·lar·bone [kálərbòun / kɔ́l-] *n.* 쇄골(鎖骨)(clavicle).
cóllar bùtton *n.* 칼라 단추.
col·lard [kálərd/kɔ́ləd] *n.* 양배추의 일종 [미국 남부산(産)]; (~s) 그 잎[식용].
col·lared [kálərd/kɔ́ləd] *adj.* **1** 칼라를 단, 굴레를 씌운; 칼라 비슷한 부분이 있는. **2** [고기 따위를] 둘둘 말아 감은.
col·lar·et, -ette [kàlərét/kɔ̀l-] *n.* [모피·레이스 따위로 만들어 붙이는 여자 옷의] 조그만 칼라.
cóllar hàrness *n.* 목에 거는 마구(馬具).
col·lar·less [kálərlis / kɔ́l-] *adj.* 칼라(깃)가 없는.
cóllar stùd *n.* (英) = collar button.
cóllar wòrk *n.* ⓤ (말이 무거운 짐을 끌고 가는 것 같은) 힘든 (몹시 고된) 일(hard work).
collat. (略) collateral.
col·late [kəléit, káleit / kɔléit, kɔl-] *vt.* (-lat·ed, -lat·ing) **1** …을 대조하다, 조합(照合)하다; [텍스트]를 교정(校訂)하다. ¶ (~+目+前+名) I must *collate* it, word by word, *with* the Greek original. 이 책의 단어를 그리스어의 원문과 대조해야한다. **2** [제본] [책]의 페이지[순서]를 맞추다, 낙장(落張)을 조사하다. **3** [교회] [bishop이] …에게 성직을 부여하다.
*colláteral [kəlǽt(ə)rəl/kɔl-] adj. 1 나란히 있는, 옆으로의, 평행의(parallel), 나란히 나아가는. 2 [식물] 병립(並立)하는, 대생(對生)하는. 3 부수적인(accompanying, attendant), 보조적인, 부차적인 (auxiliary). ¶ a *collateral* surety 부보증인 / *collateral* office 겸임(兼任). 4 증권류를 담보로 한, 추가 담보로

보증된. ¶ a *collateral* loan 부담보부 대부금, 대충 자금(對充資金) / *collateral* security 근저당(根抵當). 5 본체(本題)에서 벗어난, 2차적인(secondary), 간접의 (indirect). ¶ a *collateral* cause 부차적인 원인. 6 방계(傍系)의. *cf.* lineal ¶ a *collateral* family 분가(分家) / Cousins are *collateral* relatives. 사촌은 방계 친족이다.
— *n.* **1** 부저당물, 대충 물자. **2** 방계 친족.
~·ly [-(ə)rəli] *adv.* **~·ness** *n.*
col·la·tion [kəléiʃ(ə)n, kal-/kɔl-, kəl-] *n.* ⓤⓒ **1** (원문 따위와의) 조합(照合), 대조. **2** [서적의] 페이지 순서 조사, 낙장(落張) 조사. **3** [bishop이] 목사를 성직 (benefice)에 천거하는 일, 성직 수임 임명, 성직 수임 (授任). **4** ⓒ [단식중에 허용되는] 간단한 식사. **5** [수도원에서의] 성서·성인 전기의 회독(會讀).
col·la·tive [kəléitiv, kal-/kɔl-, kəl-] *adj.* **1** 대조하는, 서로 맞추어 보는. **2** [교회] 성직에 임명된. ¶ *collative* benefices 성직록(錄).
col·la·tor [kəléitər, kǽleitər / kɔléi-, kəl-] *n.* **1** 조합자(照合者), 대조자. **2** [제본의] 접지 맞추는 사람(기계), 낙장 조사원.
*cólleague [káli:g/kɔ́l-] *n.* (관직·직업상의) 동료 (associate). ⇨ FRIEND [類語]
cól·league·ship [káli:gʃip/kɔ́l-] *n.* ⓤ 동료 관계.
‡**col·lect¹** [kəlékt] *vt.* **1** …을 모으다, (사람)을 집합시키다. ⇨ GATHER [類語] ¶ men *collected* from each county 각주(各州)에서 모인 사람들. **2** [우표·표본 따위]를 수집하다(accumulate). ¶ *collect* postage stamps 우표를 수집하다. **3** [세금·집세 따위]를 받다, 수금하다; 모금하다(raise). ¶ *collect* taxes 세금을 징수하다 / *collect* contributions for a school 학교를 위한 기부금을 모으다. **4** (생각을 가다듬다, (총기)을 불러 일으키다, (마음)을 가라앉히다. ¶ *collect* one's thoughts 생각을 정리하다 / *collect* one's courage 용기를 불러일으키다 / *collect* oneself 마음을 가라앉히다. **5** (구어) …을 불러다, 가져오다(fetch). **6** [말고삐]를 쥐어서 말)을 제어하다. **7** (고어) …을 추측하다 (infer).
— *vi.* **1** 모이다, 집합하다(assemble). ¶ A crowd of students *collected* in front of the dean. 수많은 학생들이 학장 앞에 모였다. **2** 쌓이다, 축적되다(accumulate). ¶ Dust and rubbish have *collected* on the desk. 먼지와 쓰레기가 책상 위에 쌓여 있다. **3** 수금하다, 모금하다(*on*...). **4** (우표·화폐 따위)를 수집하다. **5** [馬術] [말]이 진정되다.
— *adj., adv.* 대금 수취인 지불의(로). ¶ a *collect* call 요금 수신인 지불 통화 / send a telegram *collect* 수취인 지불로 전보를 치다.
◇ collection *n.*, collective *adj.*
col·lect² [kálikt, -lekt / kɔ́l-] *n.* [교회] 집도문(集禱文) [미사나 "교회의 기도"에서 사회자가 일동을 대표하여 말하는 짧막한 기도문].
col·lect·a·ble [kəléktəbl] *adj.* = collectible.
col·lec·ta·ne·a [kàlektéiniə / kɔ̀lektéi:njə, -téiniə] *n. pl.* 발췌, 선집(選集), 잡록(雜錄) (anthology).
colléct cáll *n.* 콜레트 콜, 요금 수신인 지급 통화.
col·lect·ed [kəléktid] *adj.* **1** 차분한, 침착한. **2** 모은, 수집된(gathered). **~·ly** *adv.* **~·ness** *n.*
col·lect·i·ble, -lect·a- [kəléktəbl] *adj.* 모을 수 있는.
‡**col·lec·tion** [kəlékʃ(ə)n] *n.* ⓤ 수집, 채집; ⓒ [표본·미술품 따위의] 수집물, 소장품(所藏品). ¶ a *collection* of postage stamps 우표의 수집. **2** ⓤⓒ 수금; ⓒ 모금, 기부금. ¶ a *collection* box (교회의)연보상자, 헌금함/make a *collection* among one's friends 친구들에서 기부금을 모으다 / take up a *collection* in church for war sufferers 전재민(戰災民)을 위해 교회에서 모금을 하다. **3** 축적, 퇴적(堆積)(accumulation). **4** (~s) (英) (대학의) 학기말 시험. **5** [복식(服

飾)의] 신작 발표회, 콜렉션.
◇ colléct v., colléctive adj.

*col·lec·tive [kəléktiv] adj. **1** 모인, 축적된. ¶ *collective* knowledge 축적된 지식. **2** 총체적인 (aggregate), 연합된(combined). ¶ *the collective* body of a university 대학 전체 / a *collective* note 연명 통첩, 공동 문서. **3** 집의, 공동의, 공유(共有)의. ¶ *collective* ownership 공유권 / *collective* property 공유 재산. **4** [과실(果實)이]집합적인; [문법] 집합 명사의. ¶ *collective* fruit 집합과(集合果), 다화과(多花果) [오디·무화과(科) 따위]. — *n*. **1** [문법] =collective noun. **2** 집합체, 집단(aggregate). ~·ly adv.
◇ colléct, colléctivize v., colléction, colléctívity n.

colléctive agréement n. 노동(단체) 협약.
colléctive bár·gain·ing [-báːrɡiniŋ] n. [U] [노사 간의]단체 교섭. (kolkhoz).
colléctive fárm n. [소련의]집단 농장, 콜호즈
colléctive léadership n. 집단 지도 체제.
colléctive nóun n. [문법]집합 명사[단수형으로 집단을 나타내는 명사; audience, committee, family 등].
colléctive secúrity n. [U] 집단 안전 보장.
col·lec·tiv·ism [kəléktivìz(ə)m] n. [U] **1** 집산(集産)주의. **2** 집단 행동(사고).
col·lec·tiv·ist [kəléktivist] n. 집산주의자.
col·lec·tiv·is·tic [kəlèktivístik] adj. 집산주의적인. -ti·cal·ly [-tikəli] adv.
col·lec·tiv·i·ty [kàlektívəti/kɔ̀l-] n. [U][C] (pl. -ties) **1** 집단성. **2** 집단, 집합체(collective whole). **3** 《집합적》사람들.
col·lec·ti·vi·za·tion [kəlèktivizéi(ə)n/-vai-] n. [U] 집산화(集産化).
col·lec·ti·vize [kəléktivàiz] vt. (-vized, -viz·ing) [민중·산업·조직 따위를] 집산화하다, 공영화(共營化)하다.
cóllect on delívery n. ⇨ C.O.D³

*col·lec·tor [kəléktər] n. **1** 수집가, 채집자. ¶ a ticket *collector* 집찰계원(集札係員) / a *collector* of postage stamps 우표 수집가. **2** 수금인, 징세관(徵稅官); [인도의]수세관(收稅官)겸 지방 장관. **3** 수집기 (장치). **4** [전자 공학] 집전자(集電子), 콜렉터[도체(導體)에 접촉, 거기에서 전류를 모으는 장치].
col·lec·tor·ate [kəléktərit] n. [특히 인도의]수세관의 관할 구역(collector's district); 수세관의 직위.
col·lec·tor·ship [kəléktərʃip] n. [U][C] 수금인(수세관)의 직권(관할 구역); 수세권(收稅權).
col·leen [káliːn, kəlíːn] n. **1** 《아일》 아가씨, 소녀(young girl). **2** 아일랜드 아가씨(Irish girl).

‡col·lege [kálidʒ/kɔ́l-] n. **1** (* 일정한 표현으로 무관사 단수) 단과 대학, 전문 학교; [종합 대학(university)의 일부를 이루는] 대학, 전문 학부, [일반 교양의]학부; [일반적으로] 대학교(university). ¶ a *college* cap 대학 모자 / a woman's (or a women's) *college* 여자 대학 / enter [a] *college* 대학에 입학하다 / She is in *college*. 그녀는 대학 재학중이다. **2** [특수]전문 학교. ¶ a barber *college* 이용(理容)학원 / the Royal Naval *College* 《영》 해군 사관 학교. **3** 《영》 학료(學寮) (university)를 구성하는 교수 및 학생 자치체(自治體)로 Cambridge의 Christ's *College*, Oxford의 Merton *College* 따위]. **4** 《영》 어떤 특정 public school의 명칭 [Eton *College*, Winchester *College* 따위]. *cf.* Rugby, Harrow **5** [위의 여러 학교의]교사(校舍). **6** 단체, 공동체, 학회, 협회; 일단(一團). ¶ a *college* of physicians 의사회.
the College of Arms 《영》 계보 문장원(系譜紋章院).
the College of Cardinals; the Sacred College [가톨릭] 추기경회(단) [로마 교황의 최고 자문 기관].
the College of Justice [스코틀랜드의] 고등 법원.
the college of the apostles [그리스도 12제자의] 사도단(使徒團).
the Heralds' College =the College of Arms.
◇ collégiate, collégial adj.

Cóllege Bóards n. pl. (the~) 《미》 칼리지 보드 [미국의 대학 진학 적성 시험(SAT)이나 학력 검사 (Achievement Test)를 실시하는 기관]. *cf.* ETS
cóllege líving n. 《영》 대학이 임명권을 가진 성직.
cóllege púdding n. 《영》 [1인분의] 작은 건포도 푸딩.
col·leg·er [kálidʒər/kɔ́l-] n. **1** 영국 Eton 교의 급비생. **2** 대학생(college student). **3** 《영구어·속어》형무소 수용자.
cóllege trý n. 《미구어》 [자기 팀, 동창생의 명예를 위한] 최대의 노력, 전력. ¶ give [something] the *college try* 에 최선을 다하다.
cóllege wídow n. 《미구어》 대학가에 살며, 상대를 잇따라 바꾸어 가면서 학생과 교제하는 미혼 여성.
col·le·gi·al [kəlíːdʒiəl] adj. =collegiate.
col·le·gian [kəlíːdʒ(i)ən] n. **1** college의 학생(졸업생). **2** college의 일원.

*col·le·giate [kəlíːdʒiit, +美 -dʒit] adj. **1** college의. ¶ a *collegiate* life 대학 생활. **2** college 학생의. ¶ a *collegiate* dictionary 대학생용 사전. **3** 단체 조직의, 조합의. -·ly adv. -·ness n.
collégiate chúrch n. **1** 대성당[bishop이 아닌 dean의 관리하에 있다]. **2** 《영》 장로회의(consistory) 또는 교회회의(session)의 동일 관리하에 있는 교회 또는 교회의 연합; [수명의 목사가]공동 관리하는 교회. **3** [구어] 대학에 부속된 교회.
col·len·chy·ma [kəléŋkimə] n. [식물] 후 각(厚角)조직.
col·let [kálit/kɔ́l-] n. **1** [보석 반지의] 보석받이. **2** [기계] 콜릿[둥근 막대기를 꽉 물리는 데 사용한다]; [시계 유사(遊絲)의] 중심 고리. — vt. [보석 따위를] 보석받이에 끼우다.

*col·lide [kəláid] v. (-lid·ed, -lid·ing) vi. **1** 충돌하다 (crash) (against, with...). ¶ Two motorcars *collided*. 2대의 자동차가 충돌하였다 / (!~ + 前 + 図) The boat *collided with* a rock. 보트는 바위에 충돌하였다. **2** [의견·목적 따위가]일치하지 않다, 상충하다(conflict). — vt. [물리][입자 따위를] 충돌시키다.
◇ collísion n.

col·lie [káli/kɔ́li] n 콜리종의 개[Scotland 원산의 양 지키는 개].
col·lier [káljər/kóliə, -ljə] n. 《주로 영》 **1** 석탄선 (船); [집합적] 갱부, 광부(coal miner). **3** [폐어] 석탄 상인.
col·lier·y [káljəri/kɔ́l-] n. (pl. -lier·ies) 《주로 영》 탄갱(炭坑) [부속 건물·시설 일체를 포함한다]; 채탄소.
col·li·gate [káligèit/kɔ́l-] vt. (-gat·ed, -gat·ing) **1** 결합하다, 한데 묶다. **2** [논리] [여러 사실]을 통합(종합)하다.
col·li·ga·tion [kàligéi(ə)n/kɔ̀l-] n. [U] **1** [사실 따위의]종합, 총괄. **2** [논리] 총식법(總括法).
col·li·mate [kálimèit/kɔ́l-] vt. (-mat·ed, -mat·ing) **1** ...을 평행하게 하다. **2** [망원경의] 시준(視準) (조준)을 조정하다, ...을 시준(조준)하다.
col·li·ma·tion [kàliméi(ə)n/kɔ̀l-] n. [U][C] 시준, 조준.
col·li·ma·tor [kàlimèitər/kɔ́l-] n. [光學] **1** 시준기, [망원경의]시준의(視準儀). **2** [물리] 프리즘에 평행광(光)을 투사하는 스펙트로스코프의 대물.
col·lin·e·ar [kəlíniər/kɔlínjə] adj. 동일 선상의, 공선(共線)상의, 공선적인.

‡col·li·sion [kəlíʒ(ə)n] n. [U][C] **1** 충돌(crash); [물리] 입자의 충돌. ¶ the *collision* between two dump trucks 두 대의 덤프 트럭의 충돌. **2** [이해 관계 따위의]충돌, 알력(conflict), 부조화.
come into collision [*with*] [...과] 충돌하다. ¶ The two trains *came into collision* on the Kyongbu Line.

경부선에서 두 열차가 충돌했다.
◇ collíde v.
collísion còurse n. **1** [탄도탄 따위의] 충돌 코스. **2** 파국으로 가는 길.
collísion màt n. [항해] 방수 매트[충돌 따위로 생긴 구멍을 막는 응급용의 매트].
col·lo·cate [kálo(u)kèit / kɔ́l-] vt. (-cat·ed, -cat·ing) **1** …을 나란히 놓다. **2** [일정한 순서로] …을 배치(배열)하다. —— vi. [언어] 연어(連語)를 이루다 (*with*...).
‡**col·lo·ca·tion** [kàlo(u)kéiʃ(ə)n / kɔ̀l-] n. ⓤⓒ **1** 배치, 배열. **2** [문장 중의] 말의 배치; 연어(連語), 연어법.
col·loc·u·tor [kəlákjutər / kɔlɔ́(u)kjùːtə] n. 말상대, 대화 상대, 대화자.
col·lo·di·on [kəlóudiən] n. ⓤ [화학] 콜로디온[상처를 덮어 가리거나, 필름 제조에 쓰이는 용액].
col·lo·di·on·ize [kəlóudiənàiz] vt. (-ized, -iz·ing) …에 콜로디온을 바르다; …을 콜로디온으로 처리하다.
col·lo·di·um [kəlóudiəm] n. = collodion.
col·logue [kəlóug] vi. (-logued, -lo·guing) 《방언》 밀담하다; 모의하다, 공모하다 (conspire).
col·loid [kálɔid / kɔ́l-] n. [물리·화학] 콜로이드, 교상체(膠狀體), 교상질(質). *cf.* crystalloid —— adj. 교상의, 교질의.
col·loi·dal [kəlɔ́idl] adj. [물리·화학] 콜로이드[모양]의, 교질의. ¶ *colloidal* silver 콜로이드은(銀).
col·lop [káləp / kɔ́l-] n. 《英방언》 **1** [베이컨 따위의] 얇은 고깃점; [일반적으로] 얇은 조각, 조그만 조각. **2** [살진 사람의] 피부의 주름(fold).
colloq. (略) colloquial, colloquialism, colloquially.
‡**col·lo·qui·al** [kəlóukwiəl] adj. 일상 회화의; 구어[체]의. opp. formal ¶ *colloquial* French 프랑스어. ~·ly [-əli] adv. ◇ collóquialism n.
col·lo·qui·al·ism [kəlóukwiəlìz(ə)m] n. ⓤⓒ 구어적 표현, 구어체, 담화체.
col·lo·qui·al·ist [kəlóukwiəlist] n. 이야기하기 좋아하는 사람, 입담 좋은 사람(conversationalist).
col·lo·quist [káləkwist / kɔ́l-] n. 대화의 상대 (collocutor).
col·lo·qui·um [kəlóukwiəm] n. (pl. **-ums** or **-qui·a**) 전문가 회의, 세미나.
col·lo·quy [káləkwi / kɔ́l-] n. ⓤⓒ (pl. **-quies**) **1** 대화, 대담 (conversation); [정식의] 회담 (conference). **2** [개혁파·장로회 의의] 교무회 (教務會).
col·lo·type [kálo(u)tàip / kɔ́l-] n. **1** ⓤ 콜로타이프(판) [사진을 응용하여 제판하는 인쇄법의 한 가지]. **2** ⓒ 콜로타이프 인쇄물.
col·lude [kəlúːd] vi. (-lud·ed, -lud·ing) 《英에서는 고어》 **1** 몰래 결탁하다. **2** 공모하다 (conspire).
col·lu·nar·i·um [kàljuné(ː)riəm / kɔ̀ljunέər-] n. (pl. **-nar·i·a** [-nέəriə]) [의학] 세비제 (洗鼻劑).
col·lu·sion [kəlúːʒ(ə)n] n. ⓤⓒ **1** 공모 (共謀) (conspiracy). ¶ *in collusion with* …와 짜고 행동하다. **2** [법률] [소송 따위의] 결탁, 통모 (通謀).
col·lu·sive [kəlúːsiv] adj. 공모한, 결탁한, 서로 짜고 하는, 기만적인. ~·ly adv. ~·ness n.
col·ly [káli / kɔ́li] vt. (-lied, -ly·ing) 《英방언》 …을 검댕으로 검게 하다; [먼지 따위로] …을 더럽히다 (begrime). —— n. ⓤ 먼지 (grime), 검댕 (soot).
col·lyr·i·um [kəlíriəm] n. (pl. **-lyr·i·a** [-lfriə] or **-ums**) (의학) 세안제 (洗眼劑) (eyewash).
col·ly·wob·bles [káliwàblz / kɔ́liwɔ̀blz] n. pl. (구·방언) [단·복수 양용] 복통, 배앓이.
colo- colon[2]의 연결형. 예: *colo*tomy.
Colo. (略) Colorado.
col·o·cynth [káləsinθ / kɔ́l-] n. **1** [=**cólocynth ápple**] 콜로신드 오이. **2** ⓤ 콜로신드 오이에서 정제하여 만든 (下劑).

Co·logne [kəlóun] n. **1** 쾰른[독일의 라인강변 공업 도시. G. Köln] **2** (종종 c-) ⓤ 콜론의 물(水), 오드콜로뉴 (eau de Cologne) (=cologne water).
{< F *eau de Cologne* 콜론의 물: Cologne에서 만들어진 대서}
Co·lom·bi·a [kəlámbiə / -lɔ́m-, -lʌ́m-] n. 콜롬비아 [남미 서북부의 공화국; 수도 Bogotá].
Co·lom·bi·an [kəlámbiən / -lɔ́m-, -lʌ́m-] adj. 콜롬비아의. —— n. 콜롬비아 사람.
Co·lom·bo [kəlámbou] n. 콜롬보[스리랑카 공화국의 수도·항구]. **2** 달의 표면 제 4 분면(分面)에 있는 직경 50마일 정도의 분지.
Colómbo Plàn n. 콜롬보 계획[1950년에 시작된 영국의 동남 아시아 개발 계획; 공식 명칭은 Colombo Plan for Cooperative Economic Development in South and Southeast Asia].
‡**co·lon**[1] [kóulən] n. **1** [구두점의] 콜론 (:).
[주의] 콜론의 주요 용법 ── (1) 본래는 피리어드와 세미 콜론의 중간 정도의 절단력을 가진 구두점이지만, 현재에는 「즉 (that is to say, *viz.*)」의 뜻으로 쓰는 것이 보통. 예: These are the main exports: iron, copper, wheat, and cotton. (2) 그 밖에 편지의 인사말 (salutation)의 뒤, 시각의 표시, 비율의 표시 등에 쓰인다. 예: Dear Sir: (* 이 다음 행을 바꾸어 본문을 시작한다. 단, 콜론을 쓰는 것은 공식적인 경우이며, 보통의 편지에서는 Dear George, 처럼 코머가 쓰인다) / 5 : 30 p.m. / The oil should be mixed 1 : 3. (3) 콜론 다음에 완전한 문장이 올 경우에는 대문자로 시작하는 것이 보통. 예: The following decision was reached: He should be banished immediately. 다음과 같은 결정에 이르렀다. 즉, 그는 당장 추방되어야 한다고.
2 (pl. **-la** [-lə]) (고어·詩) [2 내지 6의 음각(韻脚)이 있는] 시구(詩句).
co·lon[2] [kóulən] n. (pl. **-lons** or **la** [-lə]) [해부] 결장(結腸).
co·lon[3] [ko(u)lóun] n. (pl. **-lons** or Sp **-lo·nes** [-lóuneis]) 콜론[코스타리카 (Costa Rica)·엘살바도르 (El Salvador)의 화폐 단위]. —— 장주.
co·lon[4] [kóulən, kəlóun] n. 식민지로의 이주자, 농.
‡**co·lo·nel** [kə́ːrn(ə)l] n. **1** 육군 대령; 중령 (lieutenant colonel) 의 약칭. ¶ a *colonel* commandant 《英》 여단장[현재의 brigadier에 해당]. **2** 《美》미국 서·남부에서 민간인에 대한 경칭. ~·cy n.
Cólonel Blimp [kə́ːrn(ə)l blímp] n. 《英》 거만한 반동 군인 (정부 관리). [<영국의 정치 만화가 David Low의 작품에 나오는 가공 인물 이름]
colo·nel·cy [kə́ːrn(ə)lsi] n. ⓤ colonel 의 계급 (직).
colo·nel-in-chief [kə́ːrn(ə)líntʃìːf] n. (pl. **colo·nels-in-chiefs**) 《英》 명예 연대장.
colo·nel·ship [kə́ːrn(ə)lʃìp] n. = colonelcy.
‡**co·lo·ni·al** [kəlóuniəl, -njəl, -niəl] adj. **1** 식민지의, 식민지풍의, 식민지에 특유한. ¶ a *colonial* policy 식민지 정책 / *Colonial* Office 《英》 식민성 (省). **2** (종종 C-) 《미국》 미국이 영국으로부터 독립하기 전의 (식민지의), 에스러운. ¶ *colonial* architecture 식민지 양식 건축[미국 초기의 건축 양식] / old *colonial* days [독립 전의] 미국의 영국 식민지 시대. **3** [생태·동물] 군체 (群體)를 이루는, [식물] 군락 (群落)을 형성하는. —— n. 식민지 주민. ~·ly [-əli] adv.
cólony n.
co·lo·ni·al·ism [kəlóuniəlìz(ə)m / -njəl-, -niəl-] n. ⓤ **1** 식민주의 (기질). **2** 식민지 정책.
co·lo·ni·al·ist [kəlóuniəlist / -njəl-, -niəl-] n. 식민지 주의자. —— adj. 식민지주의의.
co·lo·ni·sa·tion [kàlənizéiʃ(ə)n / kɔ̀lənai-] n. 《英》 = colonization.
‡**col·o·nist** [kálənist / kɔ́l-] n. **1** 식민지의 주민. **2** 식민지 개척자, 식민지 이주자 (settler). **3** 《美》 [선거를 위한] 일시적인 이주자.

col·o·ni·tis [kàlənáitis / kɔ̀l-] *n.* ⓤ〔병리〕결장염(結腸炎)(colitis).
col·o·ni·za·tion [kàlənizéiʃ(ə)n / kɔ̀lənai-] *n.* ⓤ 1 식민지 건설, 식민지화. 2 《美》〔선거를 위한〕일시적인 이주.
col·o·nize [kálənàiz / kɔ́l-] (* 《英》에서는 **colonise**로도 쓴다) *v.* (**-nized, -niz·ing**) *vt.* 1 …을 식민지로 하다, …에 이민지를 건설하다. ¶ England *colonized* India. 영국은 인도를 식민지로 하였다. 2 〔남〕을 식민지로 보내다, 이주시키다. ¶ *colonize* laborers *in* a mining region 노동자들을 광산 지역에 이주시키다. 3 〔동·식물〕을 새로운 땅에 옮기다, 이식하다. 4 《美》〔선거를 위해 불법적으로〕〔유권자〕를 이주시키다.
— *vi.* 1 식민지를 개척하다. 2 식민지로 이주하다.
col·o·niz·er [kálənàizər / kɔ́l-] *n.* 1 식민지 개척자, 식민지화. 2 《美》〔선거 따위에서의〕전입 유권자.
col·on·nade [kàlənéid / kɔ̀l-] *n.* 1 〔건축〕열주(列柱), 주랑(柱廊). 2 가로수.
col·on·nad·ed [kàlənéidid/kɔ̀l-] *adj.* 1 열주가 있는. 2 가로수가 있는.
‡**col·o·ny** [káləni / kɔ́l-] *n.* (*pl.* **-nies**) 1 〔집합적〕식민, 이민. ¶ send out a *colony* to Brazil 브라질에 이민을 보내다. 2 식민지. ¶ a *colony* settlement 식민지 / Crown *Colony* 《英》직할 식민지 / a self-governing *colony* 자치 식민지. 3 해외 영토, 속령(屬領); 그 주민. 4 (the C-s) 《美》동부 13주[미국 독립 때, 이 13주로 합중국을 형성했다]. 5 거류지, 조계(租界); 거류민. 6 〔같은 직업의 사람들이 모여 사는〕취락, 집단(거주지), …인(人) 마을. ¶ a *colony* of artists 예술인 마을. 7 〔동물〕군체(群體), 〔개미·벌〕사회(집단). 8 〔식물〕군락(群落). ◇ **colónial** *adj.*, **cólonize** *v.*
col·o·phon [káləfən, -fən / kɔ́ləfən, -fɔ̀n] *n.* 1 〔옛날 책의〕간기(刊記), 판권(版權), 권말 장식 무늬. 2 출판사의 표지(標識), 도안.
from title page to colophon 〔책의〕속표지에서 판권에 이르기까지, 첫장에서 끝장까지. *cf.* from cover to cover
col·o·pho·ny [káləfòuni, kəlɔ́fəni / kəlɔ́fəni] *n.* ⓤ 〔보통의〕수지(樹脂), 송진(rosin).
col·o·quin·ti·da [kàləkwíntidə / kɔ̀lə-] *n.* = colocynth.
‡**col·or,** 《英》**-our** [kʌ́lər] *n.* 1 ⓤⓒ 빛깔, 색, 색채(hue, tint); 〔그림〕색조, 채색. ¶ pale(dark, light) *colors* 엷은(어두운, 밝은) 색 / fundamental(*or* primary) *colors* 원색 / secondary *colors* 등화색(等和色), 중간색.

〔類義〕 *color* 「빛깔」을 뜻하는 일반적인 말; 원색에는 이 말을 쓴다: the *colors* of a rainbow 무지개의 빛깔. *hue* 시에서는 *color* 와 같은 뜻; 보통 색조를 가리킨다: The blue of the ocean has changed to a darker *hue*. 바다의 푸른빛이 보다 어두운 색조로 바뀌었다. *shade* 빛깔의 명암·농담(濃淡): various *shades* of red 여러 가지 색조의 빨강. *tint* 보통 밝고 미묘한 색조에 쓴다: a *tint* of gold 금색. *tinge* 전면적으로 얇게 착색된 상태: a reddish *tinge* 불그스름한 빛깔.

2 ⓤⓒ 혈색, 안색(complexion); 혈색 좋은(건강해 보이는) 안색; 붉은 얼굴(blush). ¶ gain *color* 혈색이 좋아지다 / You have no(*or* very little) *color*. 당신은 혈색이 아주 나쁩니다 / lose *color* 창백해지다 / have a high *color* 혈색이 아주 좋다.
3 ⓤ 〔유색 인종, 특히 흑인의〕피부색, 살빛; 《집합적》유색 인종, 흑인.
4 ⓤ 〔문학 작품 따위의〕개성(individuality), 묘미, 맛(zest), 생채(生彩); 인품, 개성(personality); 〔지방의〕특색. ¶ local *color* 지방색 / The *color* of her writing excited me. 그녀의 작품이 풍기는 생채에 나는 흥분되었다.
5 그림 물감(pigment); 페인트(paint); 물감(dye). ¶ water *colors* 수채화의 그림 물감 / oil *colors* 유화의 그림 물감.
6 (~s) 〔표지(標識)가 되는〕색깔, 상징(symbol); 기장(記章); 색리본; 색자켓. ¶ the *colors* of a school〔정해진〕학교색.
7 (주로 ~s) 군기, 연대기, 군함기, 선박기; 국기; 〔미국 해군의〕국기 게양식; (the ~s) 육해군. ¶ a regimental *color* 연대기 / the King's *color* 영국 국기 (Union Jack) / salute the *colors* 군기(軍旗)에 대해 경례하다.
8 ⓤ 겉모양, 외관; 겉치레, 그럴듯함(plausibility), 말 같은 느낌. ¶ some *color* of truth 얼마간의 진실 / without *color* 꾸밈없는 그대로 / give(*or* lend) *color* to one's story 이야기를 그럴듯하게 윤색하다.
9 〔물리〕〔quark 의〕컬러, 색.
call to the colors 징병(소집)하다.
change color ① 안색이 달라지다, 창백하다. ② 얼굴을 붉히다.
come off with flying colors ① 의기양양하게 개선하다. ② 《비유적》 적의 면목을 세우다, 훌륭히 해내다.
come out in one's true colors 본성을 드러내다.
describe something in very black colors 편견을 가지고 …을 말하다.
desert one's colors ① 탈영(탈주)하다, 탈당하다. ② 지지(원조)를 그만두다, 변절하다.
get one's colors 선수의 리본을 받다, 선수가 되다.
join the colors 입대하다.
lay on the colors [too thickly] 《드물게》 덕지덕지 색칠을 하다; 치켜세우다, 과장해서 말하다.
lower one's colors ① 깃발을 내리다; 항복하다. ② 요구를 완화하다, 고분고분 (겸손)하게 되다.
nail one's colors to the mast 기치(주의, 주장)를 선명히 하다; 의지를 끝까지 굽히지 않다.
off color ① 본래의 색이 벗겨져 있다, 색이 좋지 못한. ② 《구어》건강이 좋지 않은. ¶ I am feeling *off color* today. 오늘은 몸이 좋지가 않다. ③ 《美속어》악취미의, 괴상한.
paint something in bright (dark) colors ① …을 화려하게(수수하게) 묘사하다. ② …을 높이 칭찬하다 (혹평하다).
put a false color (or false colors) upon …의 사실(설명)을 일부러 곡해하다.
sail under false colors ① 국적을 위장하고 항해하다. ② 제 본성을 속이고 세상을 살아가다.
see the color of a person's money 남이 돈을 가지고 있다는 증거를 보다, 남에게서 지불을 받다. ¶ I would like to *see the color of* your *money*. 돈을 지불해 주셨으면 합니다.
see things in their true colors 사물의 진상을 보다.
serve with the colors 현역에 복무하다.
show one's colors 정체(본성)를 드러내다, 실토를 하다.
stick to one's colors 자기 주의(주장, 입장)를 고수하다.
strike one's color 항복하다, 참가를 취소하다.
take one's color from …을 흉내내다.
under color of …을 구실삼아, …을 핑계로. ¶ *under color of* friendship 우정을 구실삼아.
with colors nailed to the mast 철저하게.
with flying colors; with colors flying 의기양양하게, 우쭐대며.
with the colors 현역에 복무하여.
— *vt.* 1 …을 채색하다, 색칠하다(paint); 물들이다(dye); 〔얼굴〕을 붉히다. ¶ *color* a picture 그림에 색칠을 하다. 2 …을 실물과는 다르게 보이게 하다, 〔사실 따위〕를 왜곡하다(distort). 3 …에 특색을 부여하다, …을 윤색하다. ¶ an account *colored* by personal feelings. 개인적 감정으로 윤색된 보고.
— *vi.* 1 〔과실 따위가〕물들다, 빛깔이 달라지다. ¶ The apples are beginning to *color*. 사과가 물들기 시작하고 있다. 2 〔사람이〕얼굴을 붉히다(blush) (*up*…). ◇ **cólorful, cólory** *adj.*

col·or·a·bil·i·ty, 《英》 **-our-** [kʌlərəbíliti] *n.* ⓤ 착색 가능성.

col·or·a·ble, 《英》 **-our-** [kʌlərəbl] *adj.* **1** 착색할 수 있는. **2** 겉보기만 그럴 듯한, 위조의. ~·**ness** *n.* ·**bly** *adv.*

Col·o·rad·an [kʌlərǽdən, -ráː-/kɔ̀lərɑ́ː-], (**Col·o·rad·o·an** [-rǽdəwən, -ráː-]) *adj.* 콜로라도의. — *n.* 콜로라도 사람.

col·o·ra·do [kʌlərǽdou, -ráː-/kɔ̀lərɑ́ː-] *adj.* 〔여송연의〕 빛깔과 맛이 중간 정도의.

***Col·o·rad·o** [kʌlərǽdou, -ráː-/kɔ̀lərɑ́ː-] *n.* **1** 미국 서부의 주〔주도(州都) Denver; 略 Colo.〕. **2** (the ~) 콜로라도강 〔Grand Canyon의 협곡, Boulder Dam 등이 있다〕.

Colorádo [potáto] béetle *n.* 콜로라도 감자잎벌레〔검은 줄무늬가 있는 황색 감충의 일종, 감자의 해충〕.

col·or·ant [kʌ́lərənt] *n.* 착색제(着色劑), 염료, 안료, 색소.

col·or·a·tion, 《英》 **-our-** [kʌ̀ləréi(ə)n] *n.* ⓤ **1** 착색, 채색. **2** 착색법, 채색법. **3** 〔생물의〕 천연색. ¶ protective *coloration* 보호색 / warning *coloration* 경계색.

col·o·ra·tu·ra [kʌ̀lərət(j)ú(ː)rə/kɔ̀lərətúərə] *n.* **1** 〔음악〕 〔성악에서 빠른 경과구(經過句)·연주꾸밈음(音), 또는 그 밖의 장식적 기교를 요하는 대목〕. **2** 그런 특색이 있는 악곡. **3** 콜로라투라를 잘 부르는 소프라노 가수. — *adj.* 콜로라투라 〔소프라노 가수〕의. [< It *coloring*]

col·or·a·ture [kʌ́lərətʃùər/kɔ́lərətjùə] *n.* = coloratura.

cólor bär *n.* = color line.

col·or·bear·er, 《英》 **-our-** [kʌ́lərbɛ̀(ː)rər/-bɛ̀ərə] *n.* 기수(旗手).

col·or·blind, 《英》 **-our-** [kʌ́lərblàind] *adj.* **1** 색맹의, 색각 이상의. **2** 〔사진〕 피링·모라·자외선에만 감광(感光)하는, **3** 인종 차별을 하지 않는.

cólor blíndness *n.* ⓤ 색맹, 색각 이상 〔色覺異常〕.

cólor bòx *n.* 그림 물감통.

col·or·cast, 《英》 **-our-** [kʌ́lərkæ̀st/-kɑ̀ːst] *n.* 컬러 텔레비전 방송. — *vt., vi.* (**-cast, -cast·ing**) 컬러 텔레비전 방송을 하다.

col·or·code [kʌ́lərkòud] *vt.* (**-cod·ed, -cod·ing**) …을 빛깔에 따라 구분하다.

cólor condítioning *n.* 색채 조절〔학교·병원·공장·사무실 등에서 색채 조절을 통해 작업 환경 개선을 도모하는 일〕.

***col·ored,** 《英》 **-oured** [kʌ́lərd] *adj.* **1** 색체가 있는, 〔검정·회색·하양 이외의〕 색깔 있는, 착색된. ¶ *colored* shirts 색깔 있는 샤쓰. **2** 〔종종 C-〕 유색〔인종〕의; 혹인의. **3** 윤색한, 과장한, 왜곡화된(specious); 왜곡된(distorted). ¶ a *colored* view 왜곡된 견해, 편견. **4** 〔복합어를 만들어〕 …색의. ¶ cream-*colored* 크림색의. — *n.* 〔종종 C-〕 《집합적》 〔남아프리카의〕 유색인.

cólored mán *n.* 《美》 혹인. ¶ NEGRO 【類語】

cólored stóne *n.* 〔다이아몬드 이외의 무색·유색의〕 보석.

col·or·er, 《英》 **-our-** [kʌ́lərər] *n.* 착색자, 채색자.

col·or·fast, 《英》 **-our-** [kʌ́lərfæ̀st/-fɑ̀ːst] *adj.* 변색되지 않는, 색이 바래지 않는. ¶ a *colorfast* textile 색이 바래지 않는 직물.

col·or·field [kʌ́lərfìːld] *adj.* 〔추상화에서〕 선보다 색채를 두드러지게 한.

cólor fìlm *n.* **1** ⓤ 컬러 필름. **2** 천연색 영화.

cólor fìlter *n.* 〔사진〕 여광기(濾光器), 여광판, 필터.

cólor fòrce *n.* 〔물리〕 색력(色力) 〔quark를 결합하는 강한 힘〕.

‡**col·or·ful**, 《英》 **-our-** [kʌ́lərfəl] *adj.* **1** 색채가 풍부한, 극채색(極彩色)의, 울긋불긋한, 화려한. **2** 그림 같은; 다채로운. ¶ *colorful* events 다채로운 행사. **3** 생생한, 두드러진 인상이 주는. ¶ a *colorful* narrative 생생한 이야기. ~·**ly** [-fəli] *adv.* ~·**ness** *n.* ◇ **cólor** *n.*

col·or·gen·ic, 《英》 **-our-** [kʌ̀lərdʒénik] *adj.* 〔컬러 텔레비전에서〕 빛깔이 선명한.

cólor guàrd *n.* 《美》 군기 호위병.

col·or·if·ic [kʌ̀lərífik/kɔ̀l-] *adj.* **1** 빛깔을 내는, 색채가 나게 하는, 채색하는(imparting color). **2** 색의, 빛깔에 관한. 「색채계.

col·or·im·e·ter [kʌ̀lərímitər] *n.* 측색계, 비색계.

col·or·ing, 《英》 **-our-** [kʌ́ləriŋ] *n.* ⓤ **1** 착색(着色). ¶ give *coloring* to …에 채색을 하다. **2** 착색법, 채색법 (coloration). ¶ His *coloring* is quite elementary. 그의 채색법은 아주 초보적이다. **3** 〔얼굴의〕 혈색. ¶ unhealthy *coloring* 건강하지 못한 안색. **4** 〔때로 a~〕 겉보기, 외관(show); 윤색. ¶ He lies with a *coloring* of truth. 그는 참말 같은 거짓말을 한다. **5** 착색제, 그림 물감, 물감. 「림책.

cóloring bòok *n.* 〔선으로 나와 있는〕 색체하는 그

col·or·ist, 《英》 **-our-** [kʌ́lərist] *n.* **1** 〔사진·머리카락 따위의〕 착색자, 채색자(colorer). **2** 색채 효과를 잘 내는 화가.

col·or·is·tic, 《英》 **-our-** [kʌ̀lərístik] *adj.* 빛깔(채색)에 관한, 색채 효과를 잘 내는.

cólor·key [kʌ́lərkìː] *vt.* = color-code.

*‡**col·or·less**, 《英》 **-our-** [kʌ́lərlis] *adj.* **1** 빛깔이 없는, 무색의. **2** 〔안색이〕 창백한, 해쓱한(pale); 색이 부족한; 〔빛깔이〕 칙칙한, 흐릿한(dull). **3** 특징〔특색〕이 없는, 개성이 없는; 흐리멍덩한. ¶ a *colorless* person 흐리멍덩한 사람. **4** 공평한, 치우치지 않은(unbiased), 중립적인(neutral). ~·**ly** *adv.* ~·**ness** *n.*

cólor lìne *n.* (the~) 《美》백색 인종의 유색 인종에 대한 사회적·정치적 차별(color bar).

col·or·man, 《英》 **-our-** [kʌ́lərmən] *n.* (pl. **-men** [-mən]) 《英》 그림 물감 장수; 도료(塗料) 상인.

cólor mátching *n.* 〔염색·조명〕 배색, 색 맞추기.

cólor mèter *n.* 〔사진〕 색도계, 컬러미터.

cólor míxture *n.* 〔염색·조명〕 혼색.

cólor músic *n.* ⓤ 〔조명〕 색채 음악〔빛깔·형태·명암 따위의 배합의 변화로 나타내는 음악적 분위기〕.

cólor páinting *n.* ⓤ 선보다 색채를 두드러지게 한 추상 화법.

cólor phàse *n.* 〔동물의〕 계절 따위에 따른 변색; 채색(體色)이 변하는 동물, 유전에 의한 채색 변화.

cólor phóto *n.* 컬러사진, 천연색 사진.

cólor photógraphy *n.* ⓤ 컬러(천연색) 사진술.

cólor préjudice *n.* 유색 인종(혹인)에 대한 편견.

cólor prínt *n.* 채색 판화(版畵), 컬러 프린트.

cólor prínting *n.* ⓤ 채색 판화법, 원색 인쇄.

cólor schème *n.* 〔실내 장식 따위의〕 색채의 배합 설계; 색채 배합. ¶ the *color scheme* of a costume 의상의 색채 배합.

cólor sérgeant *n.* 군기(旗) 호위 상사.

cólor sèt *n.* 컬러 텔레비전 수상기.

cólor télevìsion *n.* ⓤ ⓒ 컬러 텔레비전 (color TV).

cólor témperature *n.* 〔물리〕 색온도.

cólor·wash [kʌ́lərwɔ̀ʃ, -wɔ̀ːʃ/-wɔ̀ʃ] *n.* 수성 도료(水性塗料). — *vt.* …을 수성 도료로 그리다.

col·or·y, 《英》 **-our-** [kʌ́ləri] *adj.* **1** 〔구어〕 빛깔이 좋은, 다채로운 (colorful). **2** 때깔 좋은〔상품이 우수함을 나타낸다〕. ¶ *colory* coffee 품질 좋은 커피.

Co·los·sae [kəlɑ́si/-lɔ́s-] *n.* 골로새〔소아시아의 프리지아(Phrygia)의 옛 도시〕.

*co·los·sal** [kəlɑ́s(ə)l/-lɔ́s-] *adj.* **1** Colossus 와 같은, 거대한. ¶ HUGE 【類語】 **2** 〔구어〕 놀라운, 어마어마한. ~·**ly** [-əli] *adv.* ◇ **colóssus** *n.*

Col·os·se·um [kɑ̀ləsíːəm/kɔ̀ləsí(ː)əm] *n.* 콜롯세움〔로마의 원형 대경기장, 서기 70년 Vespasian 황제

시대에 기공하여 80년 Titus 황제 시대에 낙성했다]. **2** (c-) =coliseum.

Co·los·sian [kəlάʃ(ə)n/ -lɔ́ʃ-] *n.* **1** Colossae 의 사람. **2** (the ~s)《단수 취급》골로새서[신약 성서 중의 한 서(書)로, 사도 바울의 편지]. — *adj.* Colossae [사람]의.

co·los·sus [kəlάsəs/ -lɔ́s-] *n.* (*pl.* **-los·si** [-sai] *or* **-sus·es**) **1** 거상(巨像) (huge statue); (C-) Rhodes 섬에 있었다는 청동의 거대한 Apollo 상[세계 7대 불가사의의 하나] (the Colossus of Rhodes). **2** 거대한 물건, 거인, 위인. ◇ colóssal *adj.*

co·los·trum [kəlάstrəm/ -lɔ́s-] *n.* Ⓤ〖생리〗초유(初乳) [출산후 3일경까지 유선에서 분비되는 맑잖거나 노르스름한 액체].

co·lot·o·my [kəlάtəmi/ -lɔ́t-] *n.* (*pl.* **-mies**) 〖외과〗결장 절개(結腸切開)〖술〗.

‡**col·our** [kʌ́lər] *n., v.*《英》=color.

-co·lous inhabiting 의 뜻의 연결형. 예: arenicolous (모래속에 사는).

col·por·teur [kάlpò:rtər/ kɔ́lpɔ:tə] *n.* **1** 서적 상인. **2** 성서(종교 서적) 반포인.

Col. Sergt.《略》color sergeant.

‡**colt** [koult] *n.* **1** [4,5세까지의 수컷의]망아지; [수컷의]당나귀(얼룩말)의 새끼. *cf.* filly **2** 젊고 경험 없는 사람, 풋나기;《英》〖프로 크리켓 선수의〗신인. **3** 〖항해〗〖매질용의〗매듭 밧줄. ◇ cóltish *adj.*

Colt [koult] *n.* (=**Cólt revólver**) 〖상표명〗콜트식 자동 권총. [〈발명자 Samuel Colt 의 이름〉

col·ter,《주로 英》**coul-** [kóultər] *n.* 〖쟁기의 술 닦에 대는〗보습 끝의 날.

colt·ish [kóultiʃ] *adj.* **1** 미숙한; 야성의. **2** 제멋대로 구는; 장난치는. **3** 망아지의(같은).
~**ly** *adv.* ~**ness** *n.*

colts·foot [kóultsfùt] *n.* (*pl.* **-foots**) 관동(款冬), 머위〖국화과(科)의 다년생 식물〗.

co·u·brine [kάl(j)ubràin, -brin/ kɔ́ljubràin] *adj.* 뱀과 같은(snakelike); 뱀과(科)의.

col·um·bar·i·um [kὰləmbɛ́(:)riəm/ kɔ̀ləmbɛ́ər-] *n.* (*pl.* **-bar·i·a** [-iə]) **1** 납골당(納骨堂); 유골 안치소. **2** =columbary. [비둘기장.

col·um·bar·y [kάləmbèri/ kɔ́l-] *n.* (*pl.* **-bar·ies**)

‡**Co·lum·bi·a** [kəlʌ́mbiə] *n.* **1** 미국 South Carolina 주의 주도(州都). **2** (the ~) 미국 서북부의 강. **3** (*詩*) 미국, 아메리카주〈小桂), 중축(中軸) (axis) **4** 여성 취급. **4** 북아메리카산(産) 대형 양. [〈아메리카주 대륙의 발견자 Christopher Columbus 의 이름〉] ◇ Colúmbian *adj.*

Co·lum·bi·an [kəlʌ́mbiən] *adj.* **1** 미국의, 아메리카 합중국의. **2** Christopher Columbus 의. — *n.* Ⓤ〖인쇄〗컬럼비아〖16 포인트의 활자〗. 〖~ 의 식물.

col·um·bine[kάləmbàin/ kɔ́l-] *n.* 매발톱꽃속(屬)

col·um·bine[kάləmbàin/ kɔ́l-] *adj.* 비둘기의, 비둘기 같은;비둘기색(dove-colored).

Col·um·bine [kάləmbàin/ kɔ́l-] *n.* 희극이나 무언극에 나오는 어릿광대(Harlequin)의 애인.

co·lum·bite [kəlʌ́mbait] *n.* Ⓤ 콜롬브석(石) [검은 결정체(結晶體)의 광석. 니오븀(niobium)의 주원광(主原鑛)].

co·lum·bi·um [kəlʌ́mbiəm] *n.* Ⓤ〖고 어〗〖화 학〗콜롬븀[niobium 의 옛 이름]. 「都).

‡**Co·lum·bus** [kəlʌ́mbəs] *n.* 미국 Ohio주의 주도(州

Co·lúm·bus Dàv *n.* 콜럼버스 기념일[10월 12일, 이탈리아의 항해자 Christopher Columbus(1446 ? -1506)의 아메리카 대륙 발견(1492)을 기념하는 날] (Discovery Day).

col·u·mel·la [kὰljumélə/ kɔ̀l-] *n.* (*pl.* **-lae** [-li:]) 〖해부·동물〗소주(小柱), 중축(中軸) (axis) 【달팽이 껍질의〗중축·권패(卷貝)의 축주(軸柱)·식물의 과축(果軸) 따위〗.

‡**col·umn** [kάləm/ kɔ́l-] *n.* **1** 〖건 축〗원 주(圓柱); 지주(支柱); [일반적으로] 기둥(pillar). ¶ *a column* of the Doric (the Corinthian, the Ionian) style 도리아(코린트, 이오니아)식의 원주.
2 기둥 모양의 물건; 버팀대(support). ¶ the spinal *column* 척추 / the *column* of the nose 콧대 / a *column* of mercury (water) 수은주(물기둥) / emit a *column* of smoke (vapor) 한 줄기의 연기(수증기)를 내뿜다.
3 [영자 신문 따위의 세로로 구획한] 난(欄); 컬럼, 특약 정기 기고[난] [서명이 있는 논설·보도·특별 기사 등]; [인쇄] 세로단(段), 세로행. ¶ an agony *column* 신문등의]흠보난(凶報欄) [심인(尋人)·사망 따위의 광고] / advertisement (home affairs, literary, sports, want) *columns* 광고 (가정, 문예, 스포츠, 구인)란 / pages [printed] in double *columns* 세로 2단조[로 인쇄된] 페이지 / in our (or these) *columns* 본란에서, 본지상에서 / crowd the *columns* of a newspaper 신문지상을 떠들썩하게 하다/make a few *columns* out of the news 그 뉴스로 몇 칼럼을 메우다 / The magazine has three *columns* to a page. 이 잡지는 페이지마다 3 단색되어 있다.
4 [덧셈 따위에서 아래로 차례로 내려쓴 숫자의] 세로 행. ¶ add a *column* of figures 세로 배열의 숫자를 더하다.
5 〖군대의〗종대. *cf.* line; 〖함대의〗종렬. ¶ the fifth *column* 제 5 열, 제 5 부대[이적 행위를 하는 사람] / march in the *column* of fours 4열 종대로 행진하다.
6 〖식물〗꽃술 기둥[난초과(科)의 꽃 따위의 암꽃술과 수꽃술이 유착한 기관].
◇ colúmnar *adj.*

co·lum·nar [kəlʌ́mnər] *adj.* **1** 원주형의, 원주모양으로 만든. **2** [영자 신문처럼] 세로단으로 인쇄(조판)한.

col·umn·ed [kάləmd/ kɔ́l-] *adj.* **1** 원주가 있는, 원주로 지탱된. **2** 세로단으로 나눈, 세로단식으로 인쇄한 (columnar).

col·um·ni·a·tion [kəlὰmniéiʃ(ə)n] *n.* Ⓤ Ⓒ 〖건축〗원주 사용; 원주 배치법,《집합적》원주 전부.

col·umn·ist [kάləm(n)ist/ kɔ́l-] *n.* 〖신문〗특별란 담당자; 정기 기고가.

co·lure [kəlúər, kóuljuər/ kəljúər] *n.* 〖천문〗분지 경선(分至經線), 사계선(四季線) 〖춘분점·추분점을 지나는 2 분경선(equinoctial colure)과 하지점·동지점을 지나는 2 지경선(solstitial colure)의 둘이 있다].

col·za [kάlzə/ kɔ́l-] *n.* 평지(rapeseed).

cólza òil *n.* Ⓤ 평지 기름(rape oil).

com-, (**col-, con-, cor-, co-**) *pref.* (* 1 앞에서는 col-; b, m, p 앞에서는 com-; gn, h, w 및 모음 앞에서는 co-; r 앞에서는 cor-; 그 밖의 경우에는 con-을 쓴다) **1** with, together, jointly, in combination 의 뜻. 예: *com*bine, *com*pare, *com*mingle. **2** completely 의 뜻.

com.《略》comedy; commerce; common, commonly.

Com.《略》Commander; Commission, Commissioner; Committee; Commodore.

COM《略》coal-oil mixture（석탄·석유 혼합 연료); *c*omputer-*o*utput *m*icrofilm.

co·ma[kóumə] *n.* 혼수 상태(stupor). ¶ in a *coma* 혼수 상태에 빠져서.

co·ma[kóumə] *n.* (*pl.* **-mae** [-mi:]) **1** 〖천문〗혜성의 대광상체(髮狀體)〖중심부 핵 둘레의 희미하게 빛나는 부분〗. **2** 〖光學〗혜성형 수차(收差), 코마〖비스듬한 입사(入射) 광선으로 생기는 혜성 모양의 상(像)〗. **3** 〖식물〗씨털(당면속(唐綿屬) 식물의 씨앗에 있는 흰 명주실 모양의 관모(冠毛)〗.

co·mak·er [kóuméikər] *n.* 연서인(連署人); [특히] 연대 보증인.

co·man·age·ment [kòumǽnidʒmənt] *n.* 근로자 경영 참가(worker participation).

Co·man·che [ko(u)mǽntʃi] *n.* (*pl.* **-ches** *or* **-che**) **1** [복미의]코만치족(사람). **2** Ⓤ 코만치말.

co·mate[kouméit, =-=] *n.* 친구, 동료, 한패, 단짝.

co·mate[2] [kóumeit] *adj.* 1 〔식물〕 섬털(coma)이 있는, 관모(冠毛)가 있는. 2 털 모양의(hairy); 술 모양의 (tufted).

com·a·tose [kóumətòus, +美 kám-] *adj.* 1 혼수 상태의. 2 방심 상태의, 멍한; 활발치 못한(torpid).

‡comb[1] [koum] *n.* 1 빗. 2 말 빗(currycomb). 3 빗 모양의 물건. 4 소면기(梳綿機). 5 〔닭의〕볏. ⇒ COCK. 6 볏 모양의 돌기[물마루·줄고기 언덕·투구의 장식 따위]. 7 벌집(honeycomb); 벌집 모양의 물건.

cut the comb of a person 남의 콧대를 꺾다.
— *vt.* 1 〔머리·털〕을 빗다, 빗질하다. 2 〔티끌 따위〕를 빗어 없애다. 3 〔양모·삼 등〕을 빗다. 4 샅샅이(찾다) 〈+目+前+名〉 *I combed the files for the missing paper.* 없어진 서류를 찾아 서류철을 샅샅이 뒤졌다. — *vi.* 〔물결이〕 넘실거리다, 부서지다.
comb off 〔머리의 티끌 따위〕를 빗어내다.
comb out ① 〔머리〕를 빗질하다. ② …을 빗어내다, 빗질하여 제거하다. ③ …을 골라내다, 제거하다. ④ 〔불필요한 인원 등〕을 정리하다.
comb up (*vi.*) 머리를 빗어 다듬다.

comb[2] [ku:m, koum] *n.* =combe.

comb. (略) combination; combining; combustion.

com·bat *v.* [kəmbǽt, kámbæt, kʌ́mbæt, kɑ́m-] → *n.*] (-bat·ed, -bat·ing〔英〕-bat·ted, -bat·ting) *vt.* …과 싸우다(fight), …에 반항하다. ¶ *combat a movement* (*prejudice, a tendency*) 어떤 운동(편견, 경향)에 반대하여 싸우다 / *combat a disease* (*an enemy*) 질병(적)과 싸우다. — *vi.* 싸우다(fight); 분투하다 (struggle) (*with, against, for* …). ¶〈+前+名〉*combat for* freedom of speech 언론의 자유를 위해 싸우다 / *combat with* (*or against*) *a person for a thing* 어떤 일 때문에 남과 싸우다 / *They will combat with* the guerrilas. 그들은 게릴라와 싸울 것이다. — *n.* [kámbæt] 전투, 싸움(duel), 전투(fight), 투쟁(strife), 싸움(*with*…). ⇒ BATTLE 類語 ¶ *a combat car* 전차(戰車) / *combat orders* 전투 명령 / *a combat plane* 전투기 / *combat troops* 전투 부대 / *a kite combat* 연싸움 / *a single combat* 결투, 1대1의 싸움 / *a combat against difficulties* 곤란과의 싸움 / *a combat between a lion and a tiger* 사자와 호랑이와의 싸움 / *fight a close combat with an enemy* 적과 백병전을 벌이다 / *He was defeated in his combat with the life.* 그는 생활과의 싸움에서 패배했다.
in combat 전투중에, 전투중의. ¶ *life and death —*삶과 죽음의 고빗사위.
a trial by combat ⇒ TRIAL.
◇ **combátant** *n., adj.*, **cómbative** *adj.*

*****com·bat·ant** [kəmbǽt(ə)nt, kámbət-/kɔ́mbət(ə)nt, kʌ́m-] *n.* 전투원, 전투 부대. — *adj.* 1 싸우고 있는, 싸움을 거는. 2 호전적인, 전투적인.
◇ **combát** *n., v.*

cómbat bòot *n.* 전투용 반장화, 전투화, 군화.

cómbat fatígue *n.* [U]〔정신 의학〕전투 피로증, 전투 신경증(battle fatigue).

com·bat·ive [kəmbǽtiv, kámbətiv/kɔ́m-, kʌ́m-] *adj.* 곧잘 싸우려 하는; 전투적인, 호전적인(pugnacious).
~**·ly** *adv.* ~**·ness** *n.* 〔합〕 전투 부대.

cómbat tèam *n.* 《美》〔군대〕〔특정한 작전상의〕연합 전투 단위(fighting unit).

cómbat ùnit *n.*

combe [ku:m] *n.* 《英》좁고 깊은 골짜기.

comb·er [kóumər] *n.* 1 〔양털·솜 따위를〕빗기는 사람, 빗기는 기구; 소면기(梳綿機). 2 밀려오는 물결, 부딪치는 (부서지는) 파도(breaker). 〔…〕있는.

com·bin·a·ble [kəmbáinəbl] *adj.* 결합(화합)할 수

‡com·bi·na·tion [kàmbinéiʃ(ə)n / kɔ̀m-] *n.* [U©] 1 결합, 연합(alliance), 단결(unity), 공동; 〔화학〕 화합.
¶ *a chemical combination* 화합 / make (*or* form) *a good* (*a strong*) *combination* 좋은(강력한) 콤비가 되다 // *combination of* carbon *with* a metal 탄소와 금속과의 화합 / by a happy *combination of* circumstances 운이 좋아서 / I carry on a business in *combination with* my brothers. 나는 형제들과 공동으로 사업을 하고 있다. 2 결합된 것, 짜맞추어진 것. 3 결사(結社), 단체, 조합. 4 〔자물쇠의〕 숫자(문자) 배합. 5 (~s)《英》콤비네이션〔사쇠와 속바지가 잇달린 내의〕(union suit); 사이드카가 달린 오토바이. 6 〔수학〕 조합. *cf.* permutation
◇ **combinátional** *adj.*, **combíne** *v.*, **cómbinative** *adj.*

com·bi·na·tion·al [kàmbinéiʃ(ə)n] / kɔ̀m-] *adj.* 결합의, 합동의, 짜맞춘.

combinátion cär *n.*《美》〔철도〕혼합 객차[1등과 2등, 또는 객실과 화물실 등 2가지 이상의 용도로 쓰이는 차량].

combinátion dòor *n.* 〔여름에 망사(網紗)로 갈아 끼울 수 있는 판자 달린〕 덧문, 외양문.

combinátion drùg *n.* 복합약〔두 종류의 항생물질이나 설페제 따위의 혼합약〕.

combinátion lòck *n.* 숫자(문자) 배합 자물쇠.

combinátion ròom *n.*《英》〔케임브리지 대학의〕 특별 연구원 사교실, 학생 사교실.

combinátion sàle *n.* 끼워팔기식 판매. *cf.* tie-in

com·bi·na·tive [kámbinèitiv, kəmbáinə-/kɔ́mbinə-, -nèi-] *adj.* 결합의, 결합에 관한; 결합성의, 결합력이 있는, 결합에 의한. ¶ *a combinative* sound change 〔음성〕 연음(連音) 변화〔어떤 음이 그 앞뒤 음의 영향으로 변하는 일〕 / a *combinative* factor 〔음성〕 연음 변화의 원인.

com·bi·na·tor·ics [kəmbìnətɔ́riks / kɔ̀mbinətɔ́r-] *n. pl.* 〔단수 취급〕〔수학〕 순열(順列) 조합론.

‡com·bine [kəmbáin → *n.*] (-bined, -bin·ing) *vt.* 1 …을 결합시키다, 연합시키다, 협력시키다. ⇒ JOIN 類語 ¶ *combine* two companies 두 회사를 합병하다 // 〈+~+目+前+名〉*combine* factions *into* a party 파벌을 합쳐 한 정당이 되게 하다. 2 …을 갖추다, 겸비하다; 합께 지니다. ¶ He is some kind of Satan and saint *combined*. 그는 악마와 성자를 한데 합친 것 같은 사람이다 // 〈+~+目+前+名〉*combine* work *with* pleasure 일에 재미를 결들이다 / New building materials should have strength *combined with* lightness. 새로운 건축 재료는 강하면서도 가벼워야만 한다. 3 〔화학〕 …을 화합시키다. ¶ The acid and alkali are *combined* to form salt. 산과 알칼리가 화합하여 염이 된다.
— *vi.* 1 결합하다(join), 합동하다(unite), 겸비하다. 2 〔화학〕화합하다. 3 〈+~+前+名〉Hydrogen *combines with* oxygen to form water. 수소는 산소와 화합하여 물이 된다.
— *n.* [kámbain / kɔ́m-] 1 〔美口語〕기업 합동; 〔정치적〕연합, 합동, 제휴. 2 복식 수확기(收穫機), 콤바인. 3 그림이나 콜라주의 짜맞춤.
◇ **combinátion** *n.*, **cómbinative** *adj.* 〔화합한.

com·bined [kəmbáind] *adj.* 결합한, 연합한, 협동한.

combíned árms *n. pl.* 〔군사〕 연합 부대〔각종 병과 부대를 통합한 작전 부대〕.

combíned éxercise *n. pl.* 〔동맹국의 군대 또는 해공군의〕합동 연습.

combíned operátions *n.* 합동 작전; 〔육·해·공군〕합동 작전.

combíne hárvester *n.* =combine〔복식 수확기〕.

comb·ing [kóumiŋ] *n.* [U©] 1 빗질, 소모(梳毛). 2 (~s) 〔빗질하여〕 빠진 머리털(양털).

combing machine *n.* 소모기(梳毛機).

comb·in·ing fōrm [kəmbáiniŋ-] *n.* 〖문법〗 연결형 [복합어·합성어를 만드는 요소].

combíning wèight *n.* 〖화학〗 화합량, 〖화학〗 당량(當量)(equivalent).

cómb jélly *n.* ⓤ 빗살해파리(ctenophore).

com·bo [kámbou / kɔ́m-] *n.* (*pl.* **-bos**) **1** 《美》소규모 재즈 악단, 캄보. **2**《구어》=combination 2, 3. **3**《豪속어》토착민과 결혼(동거)하고 있는 백인 남자. [< COMB[INATION] + -O (익살스러운 느낌을 나타내는 접미사)]

comb-out [kóumàut] *n.* **1** 일제 검거; 철저한 수색. **2** 콤웃[머리 모양을 마무리하는 일].

com·bust [kəmbʌ́st] *adj.* 〖천문〗〖행성이〗태양에 가까와져서 빛이 희미해진.

com·bus·ti·bil·i·ty [kəmbʌ̀stəbíləti] *n.* ⓤ 연소성, 〖성(燃燒性)〗, 가연성.

com·bus·ti·ble [kəmbʌ́stəbl] *adj.* **1** 가연성의, 불붙기 쉬운(inflammable). **2** 흥분하기 쉬운, 잘 달아오르는. — *n.* (보통 ~s) 가연성 물질, 잘 타는 물건. **~·ly** *adv.* **~·ness** *n.*

***com·bus·tion** [kəmbʌ́stʃ(ə)n] *n.* ⓤ 〖1〗 연소. ¶ complete *combustion* 완전 연소 / spontaneous *combustion* 자연 발화. **2** 〖화학〗 연소, 〖생체 내의〗산화 반응 (oxidation). **3** 격동, 소동. ◇ **combústive** *adj.*

combústion chàmber *n.* 〖기계〗〖엔진의〗연소실.

combústion tùbe *n.* 연소실, 〖~〗실.

com·bus·tive [kəmbʌ́stiv] *adj.* 연소성의, 연소의.

com·bus·tor [kəmbʌ́stər] *n.* 〖항공〗〖제트 엔진 따위의〗연소실.

COM·DEX [kámdèks / kɔ́m-] *n.* 〖컴퓨터〗 콤덱스〖컴퓨터와 그 관련 업자를 대상으로 삼는 전시회〗. [< *Com*puter *D*ealers *Ex*po]

comdg. 《略》commanding.

Comdr., comdr. 《略》commander.

Comdt., comdt. 《略》commandant.

‡**come** [kʌm] *v.* (**came** [keim], **come**, **com·ing**) *vi.* **1** 〖이야기하는 사람 쪽으로〗오다, 〖상대자에게로, 상대와 같은 방향으로〗가다. ¶ (~+副) *Come* here (this way), please. 이쪽으로 오십시오 / *Come* in. 들어와요 / He has *come* ten miles. 그는 10마일 떨어진 곳에서 왔다 / [Yes,] I'm [just] *coming*. [예,] 〖지금〗 갑니다 / (~ + to do) *Come* to see me. 놀러와요, 한번 들르시오 / Will you *come* to have dinner with us? 함께 식사하러 오지 않겠습니까?(* 《美구어》에서는 *come* see me, *come have* dinner 처럼 원형 부정사를 쓰는 수가 있다) / There is a woman *come* to see you at the door. 어떤 부인이 당신을 만나러 문간에 와 있습니다(* 이 문장의 *come*은 과거 분사로, 앞에 who has(who is)가 생략되어 있다. There is a It is로 시작되는 구문에서는 구어문에서 관계 대명사의 주격이 생략되는 경우가 많다) / (~ + 前 + 名) Will you *come* to the dance tonight? 오늘밤 댄스 파티에 오시겠습니까? / May I *come* to your house next Sunday? 다음 일요일에 댁으로 찾아뵈도 될까요? / I'll *come* to Paris while you are there. 당신이 파리에 있는 동안에 파리에 가겠습니다 / Shall I *come* with you? 같이 갈까요? (* 이 뜻에서는 go를 써도 좋다.)

── Usage 사물이 움직여 가는 방향 또는 그곳에 존재하는 물체(사람)의 입장에서 보아 쓰는 말. 따라서 자기(말하는 사람)가 상대방 쪽으로「가는」것도 go가 아니고, 상대쪽으로 움직여가는 것에 *come*을 쓴다.

2 도착하다, 도달하다, 당다(arrive). ¶ (~+前+名) He *came* to the end of the road. 그는 도로의 끝에 다다랐다 / Where have you *come from*? 어디서 오셨습니까?(* Where do you *come from*? 과의 차이에 주의.) — *vi.* 15 / (~+副) The train is *coming* in now. 열차가 지금 들어오고 있다.

3 〖때가〗 오다, 다가오다, 돌아오다. ¶ the world to *come* 내세(來世), 후세 / Easter *comes* once a year. 부활절은 일년에 한 번 돌아온다 / I wish tea (coffee) break would *come* soon. 빨리 차(커피) 마시는 시간이 됐으면 좋으련만 / His hour has *come*. 그의 임종이 다가 왔다 / The time will *come* when the rumor is proved true. 그 소문이 사실로 판명될 때가 올 것이다 / Spring has (is) *come*. 봄이 왔다(이제는 봄이다). * *come*, *go*, *rise*, *set* 따위의 운동을 나타내는 몇몇 자동사는 완료형의 조동사로서 have, be 두 가지를 쓰는데, have의 경우에는 동작에, be의 경우에는 상태에 중점이 두어진다. **4**《가정법에서》…이 오면(when … comes). ¶ a year ago *come* Christmas 이번 크리스마스가 되면 꼭 일년 전에 / I'll be twenty *come* April. 4월이면 스무 살이 된다. * 진지한 문장에 쓰면 옛 문투의 맛을 풍긴다.

5 〖순서에 따라〗오다, 돌아오다. ¶ My turn has *come*. 내 차례가 왔다 / After nine *comes* ten. 9 다음이 10이다 / (~+to do) I now *come* to consider the next subject. 이제 다음 문제를 생각할 때다.

6 나타나다 (appear). ¶ The shadows *came* and went in the firelight. 불빛에 그림자가 나타났다 사라졌다 하였다 // (~+前+名) A smile *came* to his lips. 그의 입술에 미소가 떠올랐다.

7 다다르다, 이르다 (reach) (*to*…). ¶ (~+前+名) Her hair *comes* to her back. 그녀의 머리는 등뒤에까지 늘어져 있다.

8 일어나다, 닥치다 (take place, occur, happen). ¶ I'm ready for whatever *comes*. 어떤 일이 일어나더라도 각오는 되어 있다 / (~+前+名) No harm will *come* to you. 너에게 해로운 일은 없을 것이다 // (~+*that* 節) How *comes* it (How does it *come*) *that* you didn't know? 자네가 그것을 몰랐다니 대체 어떻게 된걸가? * *do*를 쓰지않는 것은 관용적 고문투이다. ⇨ *vi.* 15.

9 〖어떤 때에〗 해당하다 (fall). ¶ (~+前+名) Christmas *came* on a Monday that year. 그해의 크리스마스는 월요일이다.

10 손에 들어오다, 팔고 있다 (be available); 공급되다 (be offered). ¶ Both riches and honor *come*. 재산과 명성이 동시에 들어온다 // (~+前+名) Used cars *come* at a low price. 중고차는 싼 값으로 구할 수 있다 / This dress *comes* in four sizes. 이 옷은 4가지 사이즈가 〖팔리고〗 있다.

11 생각나다, 떠오르다. ¶ The inspiration never *came*. 영감은 끝내 떠오지 않았다 / (~+前+名) A bright idea *came* to my head. 멋진 생각이 머리에 떠올랐다.

12 〖결과로서〗 생기다; 발생하다 (*of*, *from*…). ¶ (~+前+名) No good *comes* of dishonesty. 부정직에서는 좋은 일이 생기지는 않는다 / See what *comes of* it. 그 결과가 어떻게 되는지 잘 봐라 / Illness may *come from* a poor diet. 질병은 잘 못먹어서 생기는 수도 있다.

13 〖…이〗 되다 (become). ¶ (~+補) The shoelace *came* loose (untied). 구두끈이 느슨해졌다 (풀렸다) / The work will soon *come* easy with a little practice. 그 일은 조금만 익숙해지면 곧 수월해질 것이다 / What I have long hoped has at last *come* true. 오랜 소망이 마침내 실현되었다.

14 〖어떤 상태에〗 이르다, 옮아가다, 들어가다 (*to*, *into*…). ¶ (~+前+名) *come into* existence 생겨나다, 시작되다 / *come into* flower 꽃이 피다 / *come into* force 효력을 발생하다 / *come into* sight 보이기 시작하다 / *come into* use 쓰이게 되다 / *come into* the world 태어나다 / *come into* a person's favor 남의 마음에 들게 되다 / *come to* a conclusion 결론에 도달하다 / The ship *came* into action. 배는 움직이기 시작했다.

15 …하게 되다. ¶ (~+to do) You will *come* to like it. 당신은 그것을 좋아하게 될 것이다 / He has *come* to see that he was wrong. 그는 자기가 잘못이었음을 알게 되었다 / He *came* to be a noted scientist. 그는 이윽고 유명한 과학자가 되었다 / The fact *came* to be revealed. 그 사실이 밝혀졌다 / His advice *came* to

be considered important. 그의 충고는 중요한 것으로 여겨지게 되었다 / How did you *come to* be there? 어떻게 거기에 가게 되었나요?(⇨ vi. 8).
16 형성되다, 되다, 생겨나다, 생성하다. ¶ Peace will *come* between them in time. 결국 그들 사이는 평화가 이루어질 것이다 // (~+前+名) A chicken *comes from* an egg. 달걀에서 병아리가 태어난다.
17 […의] 출신이다; 혈통[집안]이다*(from, of...).* ¶ (~+前+名) She *comes from* Florida. 그녀는 플로리다 출신이다 / She *comes from* a middle-class family. 그녀는 중류의 출신이다 / He *comes of* a royal line. 그는 왕실 집안이다 / Where do you *come from*? 출신지는 어디입니까? * 이 뜻으로는 항상 현재형으로 쓴다. 《美》에서는 come from 과 비슷한 빈도로 from 을 쓴다. *cf.* Where have you come from? ⇨ *vi.* 2.
18 〖명령형에서〗 자, 이봐(now). ¶ *Come, come.* 자, 어서 / *Come,* tell me what has happened. 이봐, 어떤 일이 일어났는지 말을 해.
19 〖금액 따위가…〗 되다(amount); 〖결국 …에〗 귀착하다*(to...).* ¶ (~+前+名) My taxes *came to* $3,000 last year. 내 세금은 작년에 3천 달러였다 / A liar *comes to* grief at last. 거짓말장이는 결국 불행하게 된다 / What he says *comes to* this. 그의 이야기는 결국 이런
20 《美속어》 오르가슴에 달하다, 〚 〛 것이다.
— *vt.* **1** 〖주로 英〗…을 하다, 행하다(do, act), 해내다(perform). ¶ *come* the bully over a person 《英속어》 남을 못살게 굴다/*come* a joke (*or* a trick) on a person 남을 놀리다 / *come* a hand at cards 카드놀이에 끼다. **2** 《구어》…역을 맡아하다, …인 체하다(play) (* 비난의 뜻이 함축되어 있다. 보통 정관사나 불은 명사를 수반한다). ¶ *come* the moralist (the great man) 도덕군자(위인)인 체하다. **3** 〖어떤 나이〗가 되어 가다, …이 되다(approach). ¶ He is *coming* twenty years old. 그는 20세가 다 되어간다.

come about ① 일어나다, 생기다(happen, occur). ¶ It *came about* like this. 그것은 이렇게 일어났다. ② 〖해가〗 바람 불어오는 쪽으로 배를 돌리다(tack). ③ 〖바람의 방향이〗 바뀌다.
come across ① …과 마주치다; …을 우연히 발견하다. ② 《美속어》〖빚 따위〗를 지불하다, 〖약속·의무〗를 이행하다*(with...).* ⇨ *come across with.* ③ 〖머릿속〗에 떠오르다, …의 마음을 스치다. ¶ A doubt *came across* my mind. 내 마음속에 문득 의문이 스쳤다. ④ 이해할 수 있다. ⑤ 정보를 누설하다, 배신하다. ⑥ 〖여자가〗 몸을 내맡기다.
come across with ① 《속어》〖기대·요구에 응하여〗…을 주다; 〖금전 따위〗를 지불하다, 넘겨주다. ¶ *come across with* a contribution 기부를 하다. ② …을 자백하다(confess).
come after ① …의 뒤를 잇다; …에 잇따르다(follow). ¶ those who *come after* us 우리 뒤에 오는[뒤를 잇는] 사람들. ② …을 찾다, 구하다, 얻으러 오다.
come again 같은 말을 되풀이하다; 좀더 자세히 말하다. ¶ Would you *come again,* please? 한번 더 말씀해 주시겠어요.
come along ① 함께 가다*(with...).* ¶ May I *come along with* you to the movies? 영화보러 같이 가도 좋습니까? ② 《구어》〖명령형으로〗자 빨리! (Hurry up!). ¶ *Come along,* we haven't got much time! 자 빨리, 시간이 얼마 없단 말이야! ③ 《구어》활발하게 나가다; 살아나가다(get along) *(with...).* ¶ This company is *coming along* very well. 이 회사는 아주 잘 되어가고 있다 / How are you *coming along* with the plans? 그 계획은 어떻게 되어가고 있습니까? ④ 동의하다(agree) *(with...).* ⑤ 나타나다; 출두하다(appear).
come and go ① 오락가락하다, 〖세월이〗오고가다, 변천하다; 〖빛이〗 명멸하다. ¶ Money will *come and go.* 돈이란 돌고 도는 것. ② […을] 믿고 찾아가다

(upon...). ③ 잠깐 들르다.
come around (*or* 《英》) *round*) ① 돌아오다. ¶ A leap year *comes around* every four years. 윤년은 4년에 한 번씩 돌아온다. ② 〖남의 의향에 맞추어〗의견·결정 따위를 바꾸다; 〖바람의 방향이〗 바뀌다(to...). ¶ He is *coming around* to me(to my opinion). 그는 나에게(내 의견에) 동조하려 하고 있다. ③ 의식을 회복하다, 소생하다(recover); 〖노여움·고통 따위가〗가라앉다. ④ 《구어》슬쩍 들르다(visit). ⑤ 《구어》감언으로 꾀다.
come at ① …에 달하다, …을 얻다(get at, attain). ② …을 공격하다(attack). ¶ A tiger *came at* the hunter. 범이 사냥꾼에게 덤벼들었다. ③ 의미하다, 표시하다. ¶ What are you *coming at*? 어떻게 할 작정입니까?
come away ① 벗겨지다, 떨어져 나가다. ¶ The branch *came away.* 가지가 부러져 나갔다. ② 떠나다, 멀어지다. ¶ *Come away* from this place. [나와 함께] 이곳을 떠나요.
come back ① 돌아오다*(from...);* 생각나다, 상기하다*(to...).* ¶ *come back from* abroad 외국에서 돌아오다 / His old school days *came back to* him. 그는 옛날의 학창시절이 생각났다. ② 《구어》회복하다; 복귀하다*(to...).* ¶ *come back to* power 다시 정권을 잡다. ③ 《美속어》말대꾸하다(retort), 적절한 응수를 하다.
come between …의 사이를 가르다; 이간질하다. ¶ Money *came between* the married couple. 돈이 부부 사이를 갈라놓았다.
come by ① …을 얻다, 입수하다(obtain, acquire). ¶ How did you *come by* such a large sum of money? 어떻게 그런 큰 돈을 손에 넣게 되었는가? ② 《美》…에 들르다(call at).
come clean ⇨ CLEAN.
come-day, go-day 《구어》 그날 벌어 그날 먹는, 무사 안일한. ¶ a *come-day, go-day* attitude 될 대로 되겠지 하는 식의 태도.
come down ① 넘어지다; 떨어지다, 내리다; 〖값 따위〗하락하다; 영락(零落)하다*(in...).* ¶ *come down in* price 값이 내리다. ② 대대로 전해지다, 상속되다. ¶ The custom has *come down to* us. 그 풍습은 오늘날까지 전해 내려왔다. ③ 《英구어》〖활수하게〗돈을 지불하다*(with...).* ④ 결국 …이 되다*(to ...)*(⇨ *vi.* 19).
come down handsome ⇨ HANDSOME.
come down on (*or* upon) …을 덮치다, 습격하다. ② 《구어》에 〖느닷없이〗 요구하다. ¶ He *came down on* me for the payment of fifty dollars which I had owed him. 그는 내가 그에게 빚진 50 달러를 갚으라는 요구를 했다. ③ 《구어》…을 야단치다; 호되게 비난하다. ④ …에 반대의 입장을 취하다. ¶ He *came down* hard *on* gambling. 그는 도박에 강력히 반대했다.
come down to earth ⇨ EARTH.
come down with …의 병에 걸리다. ¶ *come down with* pneumonia 폐렴에 걸리다.
come forward ① 나서다, 앞으로 나오다(present oneself); 지원하다(volunteer). ¶ *come forward* to help 돕겠다고 나서다. ② 성공하다, 명성을 얻다.
come home to a person ⇨ HOME.
come in ① 〖집·방 따위에〗 들어오다, 들어가다(enter). ② 〖기차·배 따위가〗 도착하다. ③ 쓰이기 시작하다; 유행하기 시작하다. ¶ This fashion *came in* several years ago. 이 패션은 수년 전부터 유행하기 시작했다. ④ 〖시기·계절 따위가〗 시작되다. ⑤ 《구어》참가하다; 〖일 따위의 일부분〗을 담당하다. ¶ Tom *came in* second in the race. 톰은 경주에서 2등으로 들어왔다. ⑥ 입상하다; 당선하다. ⑦ 〖정당이〗정권을 잡다. ⑨ 〖수입으로서〗들어오다. ⑩ 〖농작물 따위가〗 수확이 되다, 익다. ⑪ 《美속어》〖동물이〗새끼를 낳다.
come in for 《구어》…을 받다, 수취하다. ¶ *come in*

for a sound beating 늘씬하게 얻어맞다.
come into ① …에 들어가다, [어떤 상태가] 되다. ⇨ *vi.* 14. ② …을 상속하다. ¶ *come into* a large fortune 큰 재산을 상속하다. ③ 참가하다.
come into one's **own** = OWN.
come near *doing* …할 뻔하다.
come off ① 떠나다(leave). ② 《구어》일어나다; 행하여지다. ¶ When did the exhibition *come off*? 그 전시회는 언제 있었습니까? ③ 결국 …이 되다; …의 결과가 되다. ¶ I have never *come off* lucky in gambling. 나는 도박에서 재미본 적이 없다. ④ 《구어》잘 되다, 성공하다, 실현하다, 해내다. ¶ His attempt to persuade her did not *come off*. 그녀를 설득하려는 그의 시도는 성공하지 못했다. ⑤ 그만두다, 끝나다.
Come off it (or **the grass**)! 《구어》어리석은(뻔한, 돼먹지 않은) 소리 그만해. ¶ *Come off it*, Tom. Who will believe such a story? 관둬라, 톰. 누가 그런 소릴 믿겠니?
come on (*《* on 은 *adv.* [5n]) ① 진보(발전)하다; 자라나다, 성장하다(*with*, *in*...). ¶ *come on* with (or *in*) one's studies 학업이 진보하다. ② 〔자연 현상이〕차차 …으로 되다. ¶ It *came on* dark. 《英》차차 어두워졌다/It *came on* to rain toward evening. 저녁 무렵에 비가 내리기 시작했다. ③ 등장하다; 나타나다. ¶ The next singer *came on*. 다음 가수가 등장했다. ④ 〔질병 따위가〕《구어》덤벼들다; 〔명령형으로〕빨리, 시작해라; 〔상대의 주의를 끌기 위해서〕야, 이봐. ¶ *Come on*, don't sit there dreaming. 이봐, 멍하니 앉아 있지 마라. ⑤ 〔명령형으로〕자 덤벼; 아무쪼록. ⑥ 〔명령형으로〕그만하다. ⑦ 《속어》인상을 주다; 효과가 있다, […처럼] 행동하다.
come on (or **upon**) (*《* on, upon 은 *prep.*) ① …을 급습하다, 불시에 습격하다. ② 〔신상〕에 일어나다, 덮치다. ¶ What has *come upon* you? 무슨 일인가? ③ …의 마음 속에 떠오르다. ④ …에게 요구하다, 부탁하다. ⑤ …의 부담이 되다. ⑥ …과 우연히 마주치다. ¶ I *came upon* the announcement in the paper. 신문의 그 발표가 우연히 눈에 띄었다.
come out ① 출판되다; 나타나다. ¶ When did the new magazine *come out*? 언제 그 새 잡지가 나왔습니까? ② 알려지다, 드러나다. ¶ The motive of the crime will *come out* at the trial. 그 범죄의 동기는 재판에서 밝혀지게 될 것이다. ③ 〔꽃·봉오리가〕피다, 벌어지다. ④ 〔사교계·무대 따위에〕데뷔하다. ⑤ 〔시험 따위에서〕어떤 성적을 올리다; 〔어떤 결과로〕끝나다. ¶ He *came out* a loser. 그는 패배자로 끝났다 / It *came out* all right in the end. 결국에는 좋게 될 것이다. ⑥ 성공하다. ⑦ 스트라이크를 하다. ⑧ 《속어》동성 연애를 공공연히 드러내다. 〔…하다.
come out of that 《美구어》참견을 그만두다, 단념 〔하다.
come out with ① …을 자백하다, 토로하다, 암시하다. ② …을 공표하다, 말하다, 〔안 따위〕를 제출하다, 〔성명〕을 발표하다, 〔질문〕을 하다. ¶ He *came out* *with* the most useful suggestion. 그는 가장 쓸모있는 제안을 했다. ③ …을 세상에 내보내다.
come over¹ (* over 는 *prep.*) ① …에게 일어나다, 〔어떤 상태가 일시적으로〕〔사람〕을 엄습하다. ¶ A fit of chilliness *came over* me. 오한이 나를 엄습했다. ② …을 속이다, …에게 하다.
come over² (* over 은 *adv.*) ① 《英》 […한 기분·상태로〕되다(become). ¶ I *came over* sleepy (dizzy, chilly). 졸음이 왔다(현기증이 났다, 오한이 났다). ② 《美구어》이성의 정열을 북돋우다.
come round ① 《英》=come around. ② 〔항해〕배를 바람 불어오는 쪽으로 돌리다.
come the heavy 《구어》점잔빼다, 거만한 태도를 취하다.
come through ① 《美》성공하다, 해내다; 〔기대·요구대로 일을〕하다(*with*...). ¶ *come through* with one's promise 약속을 지키다. ② 《美구어》고백하다, 털어놓다. ③ 통과하다, 지나가다. ¶ *Coming through*, please. 좀 갑시다.
come to (* to 는 *adv.* [tú:]) ① 의식을 회복하다. ② 〔항해〕배를 바람 불어오는 쪽으로 돌리다. ③ 〔항해〕정박하다.
come to (* to 는 *prep.* [tə]) ⇨ *vi.* 7, 8, 14, 19.
come under ① …의 부분(범주)에 포함되다. ¶ Tea and sugar *come under* the head of groceries. 차와 설탕은 식료품류에 속한다. ② …의 영향을 받다. ¶ *come under* a person's notice 남이 알게 되다.
come up ① 오르다, 올라가다. ¶ *come up* to the room [2층의] 그 방으로 올라가다. ② 다가오다, 가까이 오다. ¶ A pretty girl *came up* [to me]. 예쁜 소녀가 다가왔다. ③ 〔식물이〕싹이 나오다, 움트다. ④ 나타나다. ⑤ 〔폭풍우 따위가〕일다. ⑥ 언급되다, 화제가 되다. ¶ The subject never *came up* among us. 우리 사이에서는 그 화제가 나오지 않았다. ⑦ 〔법안 따위가〕상정되다, 제출되다. ⑧ 《英》〔대학 기숙사에〕들어가다. ⑨ 〔항해〕그물의 힘을 늦추다. ⑩ 〔명령형으로〕달려! [* 말 따위에게 하는 말].
come up against …에게 대항하다.
come up to ① …에 달하다. ¶ The water *came up* to the floor. 물이 마루에까지 달했다. ② …에게 말을 걸다. ③ 〔질·양 따위가〕…과 비슷하다(equal).
come up with ① …에 따라가다, 따라잡다. ¶ *come up with* a traveler on foot 도보 여행자를 따라잡다. ② 《美》〔필요한 물건〕을 공급하다, 주다, 산출하다. ③ …을 제안하다, 〔어떤 생각〕을 꺼내다.
when it comes to *doing* …할 제까지 되면. 〔왕래.
come-and-go [kʌ́mən(d)góu] *n.* (*pl.* **-goes**) 내왕,
come-at-a-ble [kʌmǽtəbl] *adj.* 《구어》접근하기 쉬운, 사귀기 쉬운, 교제하기 쉬운(accessible).
come-back [kʌ́mbæ̀k] *n.* **1** 《구어》복귀, 회복, 컴백. **2** 《속어》말대꾸(retort), 재치있는 응답(repartee). **3** 《美속어》불평, 불만.
come-back-er [kʌ́mbæ̀kər] *n.* 〔야구〕배트에 맞아 투수 앞으로 직접 돌아가는 땅볼.
cóme·back wín *n.* 역전승(comefrom-behind win).
COMECON [kámikɔn / kɔ́m-] 《略》Council for Mutual Economic Assistance (경제 상호 원조 회의, 코메콘〔냉전 시대의 동유럽 사회주의 국가 협의 기관〕).
***co·me·di·an** [kəmíːdiən] *n.* **1** 희극 배우. **2** a low *comedian* 하층의 희극 배우. **2** 희극 작가. **3** 익살꾼, 잘 웃기는 사람.
co·mé·die de mœurs [kəmedi də mœrs] *n.* 《프랑스》(=comedy of manners) 풍속 희극.
Co·mé·die-Fran·çaise [F kɔmedi frɑ̃sɛz] *n.* 코메디 프랑세즈〔고전극 상연으로 유명한 프랑스 국립 극장〕.
co·me·di·enne [kəmì:dién / -mèid-, -mì:d-] *n.* 여자 희극 배우. 〔F〕
comédie noire [-nwɑːr] *n.* 《프랑스》흑색 희극〔부조리극이고 금적하고 냉혹한 희극〕.
co·me·di·et·ta [kəmìːdiétə, +美 -mèd-] *n.* (보통 단막짜리) 단편 희극, 소희극. 〔<It〕
com·e·dist [kámidist / kɔ́m-] *n.* 희극 작가.
com·e·do [kámidòu / kɔ́m-] *n.* (*pl.* **-dos** or **-do·nes** [kàmidóuniːz / kɔ̀m-]) 〔의학〕여드름.
come·down [kʌ́mdàun] *n.* 《구어》〔권위·명예 따위〕의 실추, 영락, 몰락.
‡**com·e·dy** [kámidi / kɔ́m-] *n.* (*pl.* **-dies**) **1** [1편의] 희극; 희극 영화; [U] 〔희곡의 한 분야로서의〕희극, 희극 문학. *cf.* tragedy, farce ¶ as good as a *comedy* 희극처럼 재미있는 / a light *comedy* 가벼운 희극 / a musical *comedy* 희가극 / a (or *the*) *comedy* of manners 풍속 희극〔사교계의 풍속 따위를 풍자적으로 묘사한 것〕. **2** [U][C] 〔연극·문학·실생활에 있어서의〕희극적 요소, 희

극적 사전. ¶ There is plenty of *comedy* in life. 인생에는 희극적인 일이 듬뿍 있다. **3** 인생극, 인간극[희극적 수법으로 인생을 묘사한 문학 작품]. ¶ the Divine Comedy [단테의] 신곡(神曲) / the Human Comedy [발자크의] 인간 희극. 그만두다.
cut the comedy 《속어》 농담을 그만두다; 허튼 수작을 ◇ cómic, cómical *adj.*
com·e·dy·wright [kámidirait / kɔ́m-] *n.* 희극 작가, 코메디 작가[playwright에 대응하는 말].
come-from-be·hind [kʌmfrəmbiháind] *adj.* 역전의, 선두를 따라잡은. ¶ a come-from-behind win 역전승.
come-hith·er [kʌmhíðər, kəmhíðər] *adj.* (특히 성적으로) 도발적인, 유혹적인. — *n.* **1** 유혹. **2** [가축 따위를] 부르는 소리. 「여쁨.
come·li·ness [kʌ́mlinis] *n.* Ⓤ 용모의 아름다움, *
come·ly [kʌ́mli] *adj.* (-li·er, -li·est) **1** 용모가 아름다운, 어여쁜, 고운. ⇨ BEAUTIFUL 類語 **2** 《고어》 알맞은, 적당한, 어울리는(becoming).
come-off [kʌ́mɔ̀:f / -ɔ̀f] *n.* 《美구어》 **1** 결론, 결말. **2** 발뺌, 변명.
come-on [kʌ́mɑ̀n / -ɔ̀n] *n.* 《美속어》 유혹(lure); 사기꾼의 앞잡이; (백화점 등에서의) 특매품, 특별 상품.
come-out·er [kʌ̀mautər] *n.* 《종교 단체 등으로부터의》 이탈자; 과격한 개혁가.
*
com·er [kʌ́mər] *n.* **1** 오는 사람(물건), 온 사람(물건). ¶ all comers [특별한 자격을 요하지 않는] 출석자 전원 / a first comer 선착자(先着者). **2** 《美구어》 유망한 사람(물건), 진보 발전하고 있는 사람(물건).
co·mes·ti·ble [kəméstibl] *adj.* 먹을 수 있는. — *n.* (보통 ~s) 식료품, 음식물.
‡**com·et** [kámit / kɔ́m-] *n.* 〔천문〕 혜성, 살별. ◇ cómetary *adj.* 「성과 같은.
com·et·ar·y [kámitèri / kɔ́mitəri] *adj.* 혜성의, 혜
co·meth·er [kouméðər] *adj., n.* 《英방언》 =come.
co·met·ic [kəmétik] *adj.* = cometary. 「hither.
cómet sèeker (fìnder) *n.* 혜성 탐색용 망원경.
come-up·pance [kʌ̀mʌ́p(ə)ns] *n.* 《美구어》 당연한 보복, 당연히 받아야 할 벌. 「(菓).
com·fit [kʌ́mfit] *n.* [나무 열매 따위를 넣은] 당과(糖)
‡**com·fort** [kʌ́mfərt] *vt.* **1** …을 위로하다; 기력을 북돋우다, 격려하다(encourage); …을 안심시키고 (relieve). ¶ *comfort* a person who is in sorrow 슬픔에 잠겨 있는 사람을 위로하다 / He will be *comforted* to learn that she was not hurt in the accident. 그 사고로 그녀가 다치지 않았다는 것을 알게 되면 그는 안심할 것이다 / *comfort* oneself with the thought that …이라 생각하고 스스로를 위로하다.
類語 comfort 비탄·고뇌·고통을 완화시키고 나아가서 희망·기력을 갖게 함으로써 기운을 북돋우다: *comfort* a boy who has failed in the entrance examination 입학 시험에 떨어진 소년을 위로하다. console 친절과 동정을 나타내어 비탄·고뇌를 완화시키다: *comfort*보다 뜻이 소극적이고 격식을 차리는 면: *console* a mother who has lost her child 아이를 잃은 어머니를 위로하다. solace [비탄·고통보다도] 무료함·우울·고독 따위의 감정을 달래다: *solace* oneself with books 책으로 기분을 달래다.
2 〔육체를〕 편하게 하다. **3** 《고어》 …을 원조하다.
— *n.* **1** Ⓤ 위로, 위안(consolation); 낙, 안심 (relief). ¶ words of *comfort* 위로의 말 / give *comfort* to …을 위로하다 / We could give them no *comfort*. 우리는 그들에게 위로 해줄 수 없었다 / find (or take) *comfort* in one's religion. 종교를 위안으로 삼다. **2** 위안을 주는 사람, 위안이 되는 물건(일); (~s) 생활을 편하게 해주는 것들 (home comforts) (* necessities 와 luxuries의 중간격의 물건). ¶ It is a *comfort* to know that he is alive. 그가 살아 있다는 것을 아는 것은 위안이 된다 / The hotel has every modern *comfort*. 그 호텔에는 근대적이고 쾌적한 온갖 설비가 되어 있다 // He is a great *comfort* to his parents. 그는 그의 부모의 커다란 위안이다.
3 《주로 美 중·남부》 깃털 이불.
4 Ⓤ 안락, 편안함. ⇨ EASE 類語 ¶ love *comfort* 안일(安逸)을 좋아하다 / live in ease and *comfort* 안락하게 살다 / relax in cool *comfort* 시원한 곳에서 편안히 쉬 **5** Ⓤ 《고어》 원조. 「다.
be of [good] comfort 편안히 잘 있다.
◇ cómfortable *adj.*
‡**com·fort·a·ble** [kʌ́mf(ər)təbl] *adj.* **1** 쾌적한, 기분이 좋은; 안락한, 마음 편한, 편안한. ¶ a *comfortable* house 아늑한 집 / *comfortable* circumstances 쾌적한 환경 // I am *comfortable* in this coat. 이 옷은 입기가 편하다.
類語 comfortable 몸과 마음에 두루 고통·고민·귀찮은 일 따위가 없는; 평온·행복·만족을 주는: feel *comfortable* 기분이 쾌적하다 / a *comfortable* chair 편안한 의자. easy 걱정·의심·귀찮은 것 따위를 일으킬 듯한 사실이 전혀없는: feel *easy* 마음이 푹 놓이다 / an *easy* chair 안락 의자. cozy 따뜻하며 안락하고 comfortable 한: a *cozy* baby carriage 편안한 유모차. snug 필요한만큼의 것을 충족시켜 comfortable 한: a *snug* little room 아담하고 편안한 방.
2 위안이 되는; 사귀기 쉬운. ¶ *comfortable* words 위안이 되는 말 / a *comfortable* person to be with 같이 있으면 마음 편한 사람. **3** 충분한, 넉넉한(adequate). ¶ a *comfortable* income (salary) 넉넉한 수입(봉급).
— *n.* 《주로 美북부》 깃털 이불(comforter).
~**ness** *n.* ◇ cómfortably *adv.*
*
com·fort·a·bly [kʌ́mf(ər)təbli] *adv.* 안락하게, 쾌적하게, 기분좋게; 잘 조절되어. ¶ be *comfortably* off 안락하게(아쉬움 겪 없이) 살아가다.
*
com·fort·er [kʌ́mfərtər] *n.* **1** 위로하는 사람(물건), 위안자. ¶ a Job's *comforter* 위로하는 대신에 오히려 한층 더 슬프게 하는 사람. **2** (the C-) 〔신학〕 성령 (the Holy Spirit). **3** 《주로 英》 길다란 털목도리. **4** 《美》 깃털 이불. **5** 《英》 [젖먹이를 달래기 위한] 고무 젖꼭지 (dummy).
com·fort·ing [kʌ́mfərtiŋ] *adj.* 《美》 격려가 되는 (encouraging); 위안이 되는 (consoling).
com·fort·less [kʌ́mfərtlis] *adj.* **1** 위안이 없는; [생활을] 편케 하는 것이 없는; 살기가 편치 못한, 쓸쓸한.
cómfort stàtion (ròom) *n.* 《美》 공중 변소.
com·frey [kʌ́mfri] *n.* 나래지치, 컴프리[지치과(科)의 식물. 그 잎사귀를 약초로 사용했다]. 「fortable.
com·fy [kʌ́mfi] *adj.* (-fi·er, -fi·est) 《구어》 =com-
‡**com·ic** [kámik / kɔ́m-] *adj.* **1** 희극의, 희극에 관한; 희극적인. ¶ a *comic* opera 희가극. **2** 희극을 하는, 희극에서 연기하는, 희극을 만드는. ¶ a *comic* actor (writer) 희극 배우(작가). **3** 웃기는, 익살맞는, 우스꽝스러운, 우스운. ¶ a *comic* book (paper) 만화 잡지 (신문) / a *comic* strip [신문·잡지 따위의 몇몇 토막으로 된] 연속 만화 / a *comic* song 익살맞은 노래.
— *n.* **1** 희극 배우. **2** 《구어》 만화 잡지. **3** (~s) 연속 만화, 만화란(comic strip). **4** (the ~) [문학·예술·인생 따위의] 희극적 요소. *cf.* tragic.
◇ cómedy *n.*, cómical *adj.*
*
com·i·cal [kámik (ə) l / kɔ́m-] *adj.* 웃기는, 익살맞은, 우스운, 우스꽝스런; [쾌어] 우스운. —**·ly** [-kəli] *adv.*
~**ness** *n.* ◇ cómedy *n.*; comicálity *n.*
com·i·cal·i·ty [kɑ̀mikǽli / kɔ̀m-] *n.* **1** Ⓤ 우스움, 익살스러움, 재미. **2** 익살맞은 말.
cómic ópera *n.* 희가극(喜歌劇).
cómic strìp *n.* [신문·잡지 따위의] 연속 만화 (《英》 strip cartoon). 「령관).
Com. in Chf. (略) Commander in Chief (최고 사
Com·in·form [kámin͡fɔːrm / kɔ́m-] *n.* 코민포름[舊 9개국의 공산당이 결성한 정보 교환 및 상호간의 활

동 조정을 목적으로 한 조직(1947-56)].
[<*Com*munist *Inf*ormation *Bureau* 공산당 정보국>]

‡**com·ing** [kámiŋ] *n.* ⓒⓊ 접근, 도래, 도착(arrival).
— *adj.* **1** 다가오는, 가까이 오고 있는, 다음의 (approaching). **2** 두각을 나타내기 시작한, 팔리기 시작한. 「길이 없는.
coming and going 도피할 곳이 없는, 도저히 면할
cóming ín *n.* (*pl.* **comings in**) **1** 들어가기, 개시.
2 (보통 comings in) 수입, 세입.
cóming óut *n.* (*pl.* **comings o-**) 데뷔.
com·int [kámint/kɔ́m-] *n.* 통신 첩보[기관] ¶ *Israel's comint* picked the phone conversation. 이스라엘 통신 첩보 기관이 그 전화 내용을 도청했다.
[<COM[MUNICATION]+INT[ELLIGENCE]]
Com·in·tern [kámintə̀:rn, ɔ̀-/kɔ́m-], (**Komintern**) *n.* 코민테른[레닌 등의 지도하에 결성된 국제 공산당 기관(1919-43); 제3 인터내셔널이라고도 불린다).
[<*Com*munist *Inter*national]
COMISCO [kəmískou] (*略*) *Com*mittee of the *I*nternational *S*ocialist *Co*nference (국제 사회주의자 회의 위원회)
com·i·ta·dji [kòumətá:dʒi/kɔ̀mitédʒi] *n.* (발칸 지방의) 비정규(非正規) 부대. [<F]
co·mi·ti·a [kəmíʃiə] *n.* (*pl.* **-tia**) (고대 로마의) 인민 집회(법률을 제정하거나 행정관을 선출).
com·i·ty [kámiti/kɔ́m-] *n.* Ⓤⓒ (*pl.* **-ties**) **1** 예의, 경양. **2** (국제법) 예의(국가간에 다른 나라의 법률·관습을 존중하기) (comity of nations).
com·ix [kámiks/kɔ́m-] *n.* comics의 다른 철자. ⇒ COMIC.
coml. (*略*) commercial.
comm. (*略*) commander; commerce; commission; committee; commonwealth.
‡**com·ma** [kámə/kɔ́mə] *n.* **1** 코머, 구점(句點) [,].
¶ inverted *commas* 인용 부호[코머를 거꾸로 한 모양으로 보이는 데서]. **2** (음악) 소음정(小音程).
[주의] comma의 주요 용법 ――(1) 동격, 부르는 말: those industrious people, the Koreans 근면한 국민, 즉 한국인/George, come here. (2) 삽입 요소의 명시: Correct errors, if any, in the following passage. (3) 독립적 성격이 강한 부사[구] [nevertheless, furthermore, of course, etc.]나 약한 감탄사[oh, well, etc.]의 뒤. (4) [비교적 긴] 독립적 성격이 강한 요소가 주어에 선행하거나 주문(主文) 뒤에 이어질 경우: He left the room, saying nothing to me. 그는 나에게 아무 말도 하지 않고 방에서 나갔다. (5) 추후에 부가된 수식 요소의 앞: Somebody, who (or whom) I don't know, spoke to me. 알지 못하는 어떤 사람이 나에게 말을 걸어왔다. (6) 강조·대조를 위해서 [특히 접속사를 쓰지 않는 경우]: It was George, not Mary, who told it to me. / I came, I saw, I conquered. 왔다, 보았다, 이겼다. (7) 문장의 뜻을 명확히 하기 위해서: Not long after, he was taken sick. 얼마 안 되어 그는 병이 났다. *cf.* not long after he was taken sick (8) 수의 단위 표시: $1,000,000. (9) 3개 이상의 명사를 셀 경우 (* 정식 문체로 세는 것을 하나하나 강조할 경우는 [A, and B, and C, and D 의 형태로] and 앞에 comma를 쓰기도 하나 보통은 쓰지 않는 경우가 많다). (10) 하나의 명사에 둘 이상의 형용사가 대등하게 걸려 있는 경우 그 형용사의 사이: the dark, gray sky 어두운 잿빛 하늘. *cf.* the dark gray sky 암회색의 하늘.
cómma bacíllus *n.* (의학) 코머상(狀)균[아시아 콜레라의 병원균].
‡**com·mand** [kəmǽnd/-má:nd] *vt.* **1** …을 (에게) 명령하다, 명하다. ¶ … (~+🅸+*to do*) (~+[*that*]) I *commanded* him *to do* it. =I *commanded* [*that*] he [should] do it. 그에게 그것을 하도록 명했다 (* should 를 쓰지 않는 것은 미국 용법).
2 …을 지휘하다(lead); …을 지배하다(control); (감정 따위)를 억제하다, 제어하다(restraint). ¶ *command* the air(the sea) 제공(제해)권을 장악하다/ *command* oneself 자제하다/ *command* one's temper(feelings) 분노(감정)를 억제하다/ The captain *commands* his ship. 선장은 배를 지휘한다.
3 …을 마음대로, 자유자재로 쓰다, 구사하다. ¶ *command* a large vocabulary 풍부한 어휘를 구사하다/You may *command* my services. 무슨 일이든 분부만 내려 주십시오/I can *command* a large sum of money. 많은 돈을 내 마음대로 쓸 수 있다.
4 (동정·존경 등)을 모으다, …을 받을 만한 가치가 있다(deserve); (물건이) …의 값에 팔리다(fetch). ¶ Great men *command* respect. 위대한 사람은 존경을 받는다/ Food *commands* a higher price when it is scarce. 식품은 부족하면 당연히 값이 오른다.
5 (경치 따위)를 바라보다, 내려다보다, 내려다보는 위치를 차지하다(dominate). ¶ a window *commanding* a view of a lake 호수가 잘 보이는 창문/My house *commands* a lovely view. 나의 집은 전망이 좋은 곳에 있다.
— *vi.* **1** 명령을 내리다; 지휘하다. ¶ *command* with authority 권위를 가지고 명령하다/people born to *command* 웃사람이 될 자질을 타고난 사람들/God *commands* and man obeys. 신은 명하고 사람은 그에 따른다/Who *commands* here? 이곳 지휘자가 누구냐? **2** (경치를) 바라보다, 바라보는 위치를 차지하다.
— *n.* **1** 명령(order), 구령; (컴퓨터에 대한) 지령, 정보; (英) (국왕의) 초대; Ⓤ 지휘(권). ¶ at the word of *command* 명령이 내리자마자/ soldiers under the *command* of an officer 장교가 거느리는 병사들/give a *command* 명령을 내리다/give a word of *command* 구령을 내리다/ assume (or take) *command* of an army 군대를 지휘하다/ Who is the officer in *command*? 지휘관은 누구냐?/ He has a hundred men under his *command*. 그는 100명을 지휘한다/ Anyone who violates this *command* shall be punished by death. 누구든지 이 명령을 어기는 자는 사형에 처한다 // a *command* *to* retreat 철수 명령/ order the *command* *to* halt 정지를 명한다.
2 Ⓤ (때로 a ~) 지배력, 제어력; (언어를) 자유로이 구사하는 힘; (돈을) 마음대로 쓰기. ¶ a *command* of language 언어를 자유로이 구사하는 힘/lose *command* of one's emotion (oneself) 감정을 억제(자제)하지 못하다/get the *command* of the air (the sea) 제공(제해)권을 잡다/ The money is at his *command*. 그는 그 돈을 마음대로 쓸 수 있다/ Here I am, sir, at your *command*. 무슨 일이든 분부만 내려주십시오/ She has several languages at her *command*. 그녀는 몇 가지 언어를 자유로이 쓸 수 있다/Does he have a good *command* of English? 그는 영어에 능통합니까?
3 Ⓤ 내려다봄, 전망; 위치를 차지하고 있음. ¶ The garden overlooks the river below with wide *command*. 그 뜰에서는 아래의 강이 훤히 내려다보인다/ The hill gives you *command* of the entire city. 그 언덕에서 시 전체를 내려다볼 수 있다.
4 (군사) 관할권(管下), 관할 지역, 사령부; 관하의 부대.
¶ the Supreme *Command* 최고 사령부/the United Nations *Command* 유엔군 사령부.
by command of …의 명령으로, …의 명령을 받고.
in command of …을 지휘하여, …을 마음대로 하여; [어떤 위치를] 차지하여. ¶ a general *in command* of the army 육군을 지휘하는 장군/They are not strong in their *command* of English. 그들은 영어가 신통치 않다/The stronghold is *in command* of a pass. 그 요새는 산길을 장악하고 있다.
— *adj.* **1** 명령의, 지휘(권)의, 지휘를 위한. **2** 지휘자(지령자)의, 지휘자에 관한. **3** 명령에 따라 행해지는.

◇ commándment n.
com·man·dant [kámǝndænt, -dà:nt / kɔ̀mǝndǽnt, -dá:nt] n. 사령관, 지휘관; 《美軍》 사관 학교 교장[의 칭호].
commánd cár n. 〖美육군〗 사령관용 자동차.
commánd destrúct n. 〔로켓공학〕 지령(指令) 파괴[쏘아올린 로켓이 엉뚱한 방향으로 날아갈 때 이를 폭파하는 시스템〕.
com·man·deer [kàmǝndíǝr / kɔ̀m-] vt. **1** 〔강제적으로〕…을 병역에 복무시키다, 징병하다. **2** 〔개인 재산〕을 징발하다, 징용하다. **3** 《口語》…을 억지로 빼앗다.
:com·mand·er [kǝmǽndǝr / -máːn-] n. **1** 명령자; 지도자(leader). **2** 지휘자, 지휘관, 부대장, 사령관. **3** 〖해군〗 해군 중령. **4** 상급 훈작사(動爵士).
commánder in chíef n. (pl. **commanders i-**) **1** (종종 C- in C-) 〔육해공 전군을 통수하는〕 최고 사령관. **2** 〔육(해)군의 일부분을 거느리는〕 총사령관.
com·mand·er·ship [kǝmǽndǝrʃìp / -máːnd-] n. ⓤ commander 의 직(지위).
com·mand·er·y, -mand·ry [kǝmǽnd(ǝ)ri / -máːnd-] n. ⓤⓒ (pl. **-er·ies; -ries**) **1** 상급 훈작사의 신분. **2** 상급 훈작사의 관할 영토.
commánd guídance n. 〔유도탄 따위의〕 지령유도(指令誘導).
*com·mand·ing [kǝmǽndiŋ / -máːnd-] adj. **1** 위엄 있는, 당당한, 관록있는. **2** 요충지를 차지하고 있는; 전망이 좋은. **3** 명령하는, 지휘하는. **~ly** adv.
commánding ófficer n. 〖美軍〗 〔소위부터 대령까지의〕 부대 지휘관, 지휘관(部隊長).
*com·mand·ment [kǝmǽn(d)mǝnt / -máːn(d)-] n. **1** 명령, 지령. **2** 신의 율법, 계율(戒律), 모세의 십계 (the Ten Commandments)의 하나. **3** 명령하기; 명령권, 지휘권.
commánd módule n. 〔우주〕 사령선(司令船) 〔略 CM〕.
commánd níght n. 〔英〕 어전(御前)연극(연주)의 밤.
com·man·do [kǝmǽndou / -máːn-] n. (pl. **-dos** or **-does**) **1** (종종 C-) 《주로 英》 〔제2차 세계 대전 중의 연합군측의〕 특별 공격대, 특별 공격대원; 게릴라 대원. **2** 〖남아프리카〗 〔보어 사람이 원주민의 약탈대에 대비한〕 의용병단.
commánd páper n. 〔英〕 〔의회에 대한〕 칙령서(勅令書) 〔略 Cmd〕.
commánd perfórmance n. 어전(御前) 연주(연극).
commánd póst n. 〖美軍〗 전투 지휘소.
commánd sérgeant májor n. 〖美軍〗 부대 선임 상사.
cómma splíce n. 코머 결함〔접속사 없이 두 문장을 코머로 잇기〕(comma fault).
com·meas·ur·a·ble [kǝmézǝrǝbl] adj. 같은 양(크기, 무게)의(commensurate).
com·meas·ure [kǝmézǝr] vt. (**-ured, -ur·ing**) …과 같은 양(크기, 무게)이다, 같은 넓이를 갖다.
com·me·dia dell'ar·te [kǝméidia delá:rti] n. (pl. **commedia dell'artes** or **commedias dell'arte**) 코메디아 델라르테〔16세기 중엽〜18세기 초에 걸친 이탈리아의 즉흥 가면 희극〕. [<It]
comme il faut [kɔ̀m iːl fóu / kɔ̀m-] 《프랑스》 (= as it ought to be) 적당한; 정당한; 정당하게. ¶ It is quite comme il faut. 그것은 전혀 나무랄 데가 없다.
com·mem·o·ra·ble [kǝmém(ǝ)rǝbl] adj. 기념할 만한.
*com·mem·o·rate [kǝmémǝrèit] vt. (**-rat·ed, -rat·ing**) **1** 〔물건이〕…의 기념이 되다; …의 명예를 후세에 전하다. **2** 〔의식·제전으로〕…을 기념하면, 축하하다. **3** 〔연설·문장에서〕…을 칭찬하다, …의 찬사를 말하다. ◇ commemorátion n., commémoratory adj.
*com·mem·o·ra·tion [kǝmèmǝréiʃ(ǝ)n] n. **1** ⓤ 기념, 기념축하. ¶ in commemoration of the victory 그 전승을 기념하여. **2** 축전, 기념제(식). **3** (C-) Oxford 대학 〔창립〕기념일. ◇ commémorate v., commemorátional, commémorative adj.
com·mem·o·ra·tive [kǝmémǝrèitiv, -rǝ- / -rǝ-] adj. **1** 기념의, 기념이 되는. **2** 〔화폐·메달·우표 따위가〕 기념으로 발행된. ¶ a stamp commemorative of …기념 우표. — n. 기념물(품). **~ly** adv.
com·mem·o·ra·tor [kǝmémǝrèitǝr] n. 기념제 거행자(참가자).
com·mem·o·ra·to·ry [kǝmém(ǝ)rǝtɔ̀ːri / -t(ǝ)ri] adj. 기념의, 기념이 되는(commemorative).
:com·mence [kǝméns] v. (**-menced, -menc·ing**) vt. …을 개시하다, 시작하다. 〖反義〗 BEGIN ¶ commence an action at law 소송을 제기하다 / commence hostilities 적대 행동을 취하다 / commence the study of law 법률 공부를 시작하다 / He commenced life as a pamphleteer. 그는 시사문제의 소(小)논설 집필가로서 인생을 시작했다. — vi. **1** 시작되다 // (begin). 연주는 곧 시작될 시각이다 / The first term commences in April. 1학기는 4월에 시작된다 / (~+前+图) We will commence with this work. 이 일부터 시작합시다. **2** 《주로 英》 〔대학에서〕 학위를 받다. ¶ (~+前+图) commence in arts 인문 과학에서의 학위를 받다. ◇ comméncement n.
*com·mence·ment [kǝménsmǝnt] n. **1** ⓤⓒ 시작, 개시(beginning). **2** 〔대학 따위의〕 졸업식, 학위 수여식; 졸업식 날. ¶ a commencement address 졸업식 식사(式辭).
*com·mend [kǝménd] vt. **1** …을 칭찬하다, 기리다, 찬양하다(praise). ¶ His work ought to be highly commended. 그의 일은 격찬을 받아야 한다 / I commended him for his good conduct. 나는 그의 선행을 칭송했다. **2** 추천하다, 천거하다(recommend). ¶ (~+图+前+图) commend a person to [the notice of] one's friends 아무를 친구에게 추천하다. **3** …을 말기다, 위탁하다(entrust) (…to). ¶ (~+图+前+图) commend one's soul to God 하느님께 영혼을 맡기다(안심하고 죽다)/She commended the child to her aunt's care. 그녀는 아이를 돌봐달라고 숙모에게 맡겼다 / I commend it to your notice. 그 점에 주의하시기 바랍니다.
Commend me to 《口語》 …에게 안부 전해 주십시오; 《비꼬아서·반어적으로》…에 한하다, …이 제일이다. *commend itself to* …에게 좋은 인상을 주다, …의 마음을 끌다. ¶ The suggestion does not commend itself to me. 그 제안은 내 마음에 들지 않는다.
◇ comménd v., comméndatory adj.
com·mend·a·ble [kǝméndǝbl] adj. 추천할 수 있는; 칭찬할만한, 훌륭한. **~ness** n. **-bly** adv.
com·men·dam [kǝméndæm] n. ⓤ 〔교회〕 〔페어〕 **1** 〔성직의 공백으로 인한〕 성직급(給) 일시 보유〔1836년 부터 폐지〕. ¶ hold a benefice in commendam 성직급을 일시 보유하다. **2** 〔보유된〕 성직급.
*com·men·da·tion [kàmǝndéiʃ(ǝ)n, -men- / kɔ̀mǝn-mǝn-] n. **1** ⓤ 칭찬, 찬양. **2** ⓤ 추천(recommendation). ¶ a letter of commendation 추천장. **3** 칭찬하는 것, 칭찬(讚辭); (~s) 《古語》 인사, 인사치레. **4** ⓤ 〔중세 법률〕 〔영토의〕 위탁, 위임.
◇ comménd v., comméndatory adj.
com·mend·a·to·ry [kǝméndǝtɔ̀ːri / -t(ǝ)ri] adj. 칭찬하는; 추천하는. **2** 〔페어〕 성직 〔일시〕 급을 보유하는.
com·men·sal [kǝméns(ǝ)l] adj. **1** 식탁을 같이 하는. **2** 〔동·식물이〕 공생적(共生的)인. cf. parasitic, symbiotical **3** 〔사회 집단이〕 공존하고 있는. — n. **1** 식사 친구. **2** 공생 동물(식물).

com·men·sa·lism [kəméns(ə)lìz(ə)m] *n.* ⓤ **1** 〖생물〗공생, [특히] 편리(片利) 공생. *cf.* parasite, symbiosis **2** 공생(共生).

com·men·sal·i·ty [kɑ̀mənsǽliti / kɔ̀m-] *n.* ⓤ **1** 식사를 같이하는 습관(상태). **2** 〖생물〗[편리] 공생.

com·men·su·ra·bil·i·ty [kəmènʃ(ə)rəbíliti, -s(ə)-/-ʃ(ə)-, -ʃu-] *n.* ⓤ 같은 수로 나뉘어짐, 통약성(通約性); 균형.

com·men·su·ra·ble [kəmènʃ(ə)rəbl, -s(ə)-/-ʃ(ə)-, -ʃu-] *adj.* **1** 통약(약분)할 수 있는(*with*...). ¶ a *commensurable* number (quality)〖수학〗진수(盡數), 진량(盡量). **2** 균형이 잡힌, 상응하는(*with*). ~·**ness** *n.* -**bly** *adv.*

com·men·su·rate [kəmènʃ(ə)rit, -s(ə)-/-ʃ(ə)-, -ʃu-] *adj.* **1** 같은 정도(크기, 넓이, 기간)의(commeasurable). **2** 액수(크기, 정도)가 상응하는, 적당한, 균형이 잡힌(proportionate) (*to, with*...). **3** 공통의 단위로 가진, 같은 단위로 계산할 수 있는(commensurable). ~·**ly** *adv.* ~·**ness** *n.*

com·men·su·ra·tion [kəmènʃəréiʃ(ə)n, -sə-/-ʃ(ə)-, -ʃu-] *n.* ⓤ **1** 통약, 약분. **2** 균등; 같은 양, 같은 크기; 균형, 상응.

‡**com·ment** [kámənt / kɔ́m-] *n.* ⓤ ⓒ **1** 주석(注釋) (annotation); 설명(exposition); 해석. ¶ add *comments* or explanations 주석 또는 설명을 붙이다 / *comments* on a text 원문의 주석. **2** 논평, 비평(criticism); 의견. ⇨ REMARK 類語 ¶ No *comment*! 아무것도 할 말이 없습니다 // He listened quietly and without *comment*. 그는 조용히 그리고 아무 말도 없이 들었다 / Her conduct excited *comment* and gossip. 그녀의 행동은 말썽거리가 되었다 // He made frank and outspoken *comments* on the foreign policy. 그는 대외정책에 관해서 솔직하고 기탄없는 비판을 가했다. — *vi.* 주석을 달다(쓰다); 설명하다. **2** 논평하다, 의견을 말하다; 이러쿵저러쿵 말하다(*on, upon, about*...). ¶ (~+前+图) Everybody *commented* humorously about (or on) her new dress. 사람들이 모두 그녀의 새 옷에 대해서 이러쿵 우스갯 평을 했다. — *vt.* (⦁ 드물게)…에 주석을 달다; …을 논평하다. ◇ *cómmentary n.*

***com·men·tar·y** [káməntèri / kɔ́mənt(ə)ri] *n.* (*pl.* -**tar·ies**) **1** 〖일련의〗주석, 설명; 비평. **2** 평석서(評釋書), 주석서. ¶ a *commentary* on the Bible 성서 주석. **3** (보통 -taries) 실록, 사건의 기록. ¶ Caesar's *Commentary* on the Gallic War 시저의 갈리아 전기(戰記).

a running commentary ① 〖본문의 순서에 따른〗연속 주석. ② 동시 해설, 실황 방송. ③ 논평.

com·men·tate [kámentèit / kɔ́men-, -mən-] *vt., vi* (-**tat·ed, -tat·ing**) 해설하다. 실황 방송을 가했다.

com·men·ta·tion [kɑ̀mentéiʃ(ə)n / kɔ̀men-] *n.* ⓤ 주석을 달기, 논평(해설)하기.

***com·men·ta·tor** [kámentèitər / kɔ́men-] *n.* **1** 〖서적·음악 따위의〗주석자. **2** 〖라디오·텔레비전 따위의〗시사 문제 해설자, 뉴스 해설자. ¶ a radio *commentator* 라디오 해설자. **3** 미사의 사회자. ——ˌtor.

com·ment·er [kámentər / kɔ́m-] *n.* = commenta-tor.

‡**com·merce** [kámə(:)rs / kɔ́m-] *n.* ⓒ ⓤ **1** 〖국가간·지방간의 대규모의〗상업, 통상, 무역 (trade). ◇ domestic (or internal) *commerce* 국내 무역 / foreign *commerce* 외국 무역 / the Chamber of *Commerce* 상공회의소 / the Department of *Commerce* 《美》상무부(商務部). **2** 사교, 교제 (social intercourse). **3** 〖드물게〗성교. **4** 영적(정신적) 교섭. — *vi.* (-**merced**, -**merc·ing**) 사귀다, 교제하다(*with*...). ◇ **commércial** *adj.*

‡**com·mer·cial** [kəmə́ːrʃ(ə)l] *adj.* **1** 상업(통상, 무역)의, 상업(무역)상의; 상업에 종사하는, 거래할 때 쓰이는(행해지는). ¶ a *commercial* agent 대리상 / *commercial* art 상업 미술 / *commercial* corre- spondence 상업 통신[문] / *commercial* law 상법 / a *commercial* museum 상품 진열관 / a *commercial* school 상업 학교 / a *commercial* town 상업 도시 / a *commercial* transaction 상거래 / a *commercial* traveler《美》지방 판매 외교원 / a *commercial* treaty 통상 조약.

2 영리적인, 돈벌이주의의. ¶ a *commercial* company 영리 회사 / a *commercial* drama 상업 연극 / a merely *commercial* viewpoint 돈벌이 위주의 견지.

3 〖순수하게 화학적이 아닌〗시판용의, 시장용의. ¶ *commercial* soda (sulfuric acid) 시판용 소다(황산).

4《美》〖라디오·TV〗상업(광고) 방송의, 영리 회사의 스폰서가 붙은. ¶ a *commercial* program 상업(광고) 방송 프로 / do a *commercial* for Nike 나이키의 광고에 출연하다.

5 〖항공편 따위가〗영업용인, 군용이 아닌.

6 세일즈맨용의, ¶ a *commercial* hotel 세일즈맨용의 호텔.

— *n.* **1** 〖라디오·TV〗광고 방송(프로), 코머셜, 스폰서가 붙은 방송 프로, 상업 방송. **2**《英구어》〖지방 순회의〗세일즈맨.

~·**ly** [-ʃəli] *adv.* ◇ cómmerce *n.*, commércialize *v.*

commércial attaché *n.* 〖재외 공관 소속의〗상무관(商務官). 〖신문 용어의〗.

com·mer·cial·ese [kəmə̀ːrʃəlíːz] *n., adj.* 상업 통신(문) 용어(의).

com·mer·cial·ism [kəmə́ːrʃ(ə)liz(ə)m] *n.* ⓤ **1** 상업주의, 영리주의, 돈벌이주의, 상혼(商魂). **2** 상관습. ⓤ ⓒ 상용어(법). 〖의, 영리주의의.

com·mer·cial·ist [kəmə́ːrʃəlist] *n.* 상업가; 상업주의자.

com·mer·ci·al·i·za·tion [kəmə̀ːrʃ(ə)lizéiʃ(ə)n / -ʃəlai-] *n.* ⓤ 상업(영리)화; 상품화.

com·mer·cial·ize [kəmə́ːrʃ(ə)làiz] *vt.* (-**ized, -iz·ing**) **1** …을 상업화하다, 영리적으로 이용하다. **2** …을 시장에 내놓다, 상품화하다.

commércial méssage *n.* =commercial *n.* 1.

commércial tráveler *n.* =traveling salesman.

com·mie¹, -my¹ [kámi / kɔ́m-] *n.* (*pl.* -**mies**) 《방언》공기돌.

com·mie², -my² [kámi / kɔ́m-] *n.* (*pl.* -**mies**) (종종 C-)《구어》공산당원, 공산주의자(communist).

com·mi·nate [káminèit / kɔ́m-] *vt.* (-**nat·ed, -nat·ing**) **1** 〖벌·보복·저주 따위로〗…을 위협하다. **2** …을 저주하다. — *vi.* 저주하다.

com·mi·na·tion [kɑ̀minéiʃ(ə)n / kɔ̀m-] *n.* ⓒ ⓤ **1** 〖벌·보복 따위의〗위협, 으름; 저주. **2** 〖영국 국교회의 대재 참회식(大齋懺悔式)때에 낭독되는〗신벌(神罰)의 경고.

com·mi·na·to·ry [kəmínətɔ̀ːri, kɑ́minə- / kɔ́minət(ə)ri] *adj.* 강박적인, 위협적인(threatening).

com·min·gle [kəmíŋgl / kɔ-, kə-] *v.* (-**gled, -gling**) *vt.* …을 뒤섞다, 혼합하다. ⇨ MIX 類語 — *vi.* 뒤섞이다.

com·mi·nute [kámin(j)ùːt / kɔ́minjùːt] *vt.* (-**nut·ed, -nut·ing**) …을 잘게 빻다, 가루로 만들다; …을 세분하다. ¶ *comminuted* fracture 복잡 골절. — *adj.* 잘게 빻아진, 가루로 된.

com·mi·nu·tion [kɑ̀min(j)úːʃ(ə)n / kɔ̀minjúː-] *n.* ⓤ ⓒ 분쇄, 〖… 한.

com·mis·er·a·ble [kəmízərəbl] *adj.* 가엾은, 불쌍한.

com·mis·er·ate [kəmízərèit] *v.* (-**at·ed, -at·ing**) *vt.* …을 가엾게(딱하게) 여기다, 애처로워하다, 동정하다(pity). ¶ *commiserate* a misfortune 불운을 가엾게 여기다 // 〖(~+图)+图〗 *commiserate* a person *for* (or on) his misfortunes 남의 불행에 동정하다. — *vi.* 애처로워하, 동정하다(*with*...). ¶ (~+前+图) *commiserate with* a person *on* a loss 남의 손실에 동정하다.

com·mis·er·a·tion [kəmìzəréiʃ(ə)n] *n.* ⓒ ⓤ 가엾게 여김, 연민, 동정. ⇨ PITY 類語

com·mis·er·a·tive [kəmízərèitiv, -ərə-/-ərə-] *adj.* 가엾게 여기는, 동정적인. ~**ly** *adv.*

com·mis·sar [kάməsὰːr, ⏗⏑⏑/kɔ̀m, ⏗⏑⏑] *n.* **1** [소련의] 인민위원[commissariat 의 장관; 1946년부터는 minister 가 정식명칭]. **2** [공산당 정부의] 위원, 대표.

com·mis·sar·i·al [kὰmisɛ́(ː)riəl/kɔ̀misɛ́ər-] *adj.* 인민위원의, 인민위원에 관한.

com·mis·sar·i·at [kὰmisɛ́(ː)riət/kɔ̀misɛ́ər-] *n.* **1** [소련의] 인민 위원회[부(部)에 해당하는 기관; 1946년부터 ministry 로 개칭]. **2** 군수물자의 보급 방법. **3** 병참부(兵站部).

com·mis·sar·y [kάmisèri/kɔ́misəri] *n.* (pl. **-sar·ies**) **1** 《美》군대·광산·채벌장 따위의 판매소, 매점. **2** [영화 촬영소 등의] 식당, 간이식당(cafeteria). **3** 대리자(deputy). **4** [교회] 주교 대리, 감독 대리. **5** [소련의] 인민 위원(commissar). **6** 《프랑스의》총경. **7** 《稀》[군대] 병참부 장교.

‡com·mis·sion [kəmíʃən] *n.* **1** ⓤⓒ [권한·직무의] 위임, 위탁. ¶ *commission* of full power 전권 위임. **2** [U] [위임에 의한] 명령, 사명; 직권, 권한. ¶ carry out one's *commission* successfully 사명을 성공리에 수행하다 / go beyond one's *commission* 월권행위를 하다 // *give commission to* buy merchandise 상품 구매의 권한을 부여하다.
3 《美》장교 임명 발령; [U] 장교의 지위(권한). ¶ get (resign) one's *commission* 장교로 임관되다(를 사임하다) // receive one's *commission as* a second lieutenant in the army 육군 소위의 사령장을 받다.
4 [집합적] 위원; 위원회. ¶ The Atomic Energy *Commission* 《美》원자력 위원회 / a permanent *commission* 상임 위원회 / I am sitting on a Royal *Commission*. 나는 [영국의] 왕립 조사위원회의 위원이다 / I was appointed to a *commission* to investigate the subject. 그 문제의 조사 위원회로 임명되었다 // a *commission of* inquiry 조사 위원회.
5 위임 사항; 부탁받은 일; 의뢰할 일. ¶ I have some *commissions for* you. 몇 가지 부탁이 있습니다.
6 ⓤⓒ [범죄 따위의] 수행. ¶ He is charged with the *commission* of murder. 그는 살인죄로 고발되어 있다.
7 [U] [업무의] 위탁, 대리[권] (agency); ⓒ 대리 수수료, 구전(percentage). ¶ a return *commission* 환부(還付) 수수료 / She gets (allows, charges) a *commission* of ten percent on all the sales made. 그녀는 총매상에서 10%의 수수료를 받는다(준다, 청구한다).
the commission of the peace 《英》치안 재판소 판사(justice of the peace); 판사의 권한.
in commission ① [군함 따위가] 취역중인; 현역의(in service). ¶ a naval officer *in commission* 현역 해군 장교. ② 언제라도 사용할 수 있는. ¶ I must put my broken car *in commission* again. 고장난 자동차를 다시 쓸 수 있도록 고쳐놓지 않으면 안 된다. ③ 위임(위탁)된. ¶ have it *in commission to* do …할 일을 위임받고 있다.
into commission [해군] [함선이] 취역하여.
on commission 위임(위탁)을 받고. ¶ sale *on commission* 위탁 판매.
on the commission 치안 판사직에 취임하여.
out of commission ① 퇴역하여. ② 쓰지 못하게 되어. ¶ put (or place) a thing *out of commission* 물건을 쓰지 못하게 하다.
— *vt.* **1** …을 위임하다, 권한을 주다(authorize); …에게 위임장을 주다; …을 [장교 등으로] 임명하다(appoint); [일 따위를] 의뢰하다, 주문하다. ¶ (~+目+*to* do) She *commissioned* the artist to paint a picture of her. 그녀는 화가에게 초상화를 그리도록 의뢰했다. **2** [군함을] 취역시키다.
◇ *commit* *v.*

com·mis·sion·aire [kəmìʃənɛ́ər] *n.* 《英》[호텔·관청·극장 따위의] 수위(porter), 수위 조합원; 심부름꾼(messenger). ¶ the Corps of *Commissionaires* 수위 조합[London 에 있는 퇴역 군인으로 결성된 조합으로 심부름꾼·문지기 등으로 고용된다].

commíssion dày *n.* 《英》순회재판 개정일.

com·mis·sioned [kəmíʃ(ə)nd] *adj.* 임명된. ¶ a *commissioned* officer 장교 (*cf.* noncommissioned officer) / a *commissioned* ship 취역선.

‡com·mis·sion·er [kəmíʃ(ə)nər] *n.* **1** 위원, 이사. **2** 사무관, 국장, 청장, 장관; 지방 행정관. ¶ a police *commissioner* 《美》[도시의] 경찰부장 / the *Commissioner* of Patents 특허청장. **3** 코미셔너 [프로 스포츠의 최고 기관(책임자)]. **4** 《속어》도박 브로커.

com·mis·sion·er·ship [kəmíʃ(ə)nərʃìp] *n.* commissioner 의 직(지위).

commíssion hòuse *n.* 중권 중매점(仲買店).

commíssion mèrchant *n.* 위탁 매매인, 중개상.

com·mis·su·ral [kάmiʃurəl, kὰmisú(ː)r-, -ʃú(ː)r-/kɔ̀misjúər-] *adj.* 접합의, 접합한 자리의, 이음매의.

com·mis·sure [kάmiʃùər/kɔ́misjùə] *n.* **1** 이은 자리, 이음매, 접합한 자리(seam). **2** [식물] 2개의 심피(心皮)의 접합 부분(면). **3** [해부·동물] [신경의] 교련(交連)[부].

‡com·mit [kəmít] *vt.* (**-mit·ted, -mit·ting**) **1** …을 맡기다, 위탁하다, 맡기다; [의안 등을] 위원[회]에 위탁하다. ¶ (~+目+*前*+图) *commit* one's soul to God 영혼을 신에게 맡기다, 죽다 / *commit* oneself to a doctor's care 의사의 치료를 받다 / I *committed* the estate to the custody of my agent. 재산 관리를 내 대리인에게 맡겼다.
2 [기록·기억을 위하여] …을 맡기다. ¶ (~+目+*前*+图) *commit* one's idea to paper 생각난 것을 종이에 적어두다 / *commit* a story to memory 이야기를 암기하다.
3 [정신 병원·감화원·전쟁터 등으로] …을 보내다, 수용하다, 구류하다. ¶ (~+目+*前*+图) *commit* a patient to a state hospital 환자를 주립병원에 보내다 / The troops were *committed* to the front line. 그 부대는 일선으로 배치되었다.
4 …에 상관하다, 연루시키다; [몸을] 피할 수 없는 입장에 놓다; [보통 재귀용법] 몸을 속박하다; [체면·명성 따위를] 위태롭게 하다; [의견·태도를] 분명하게 언명하다; …에 전념하다. ¶ That will *commit* us. 그러면 우리는 꼼짝 못하게 (난처하게) 된다 // (~+目+*前*+图) countries *committed* to the West 서방 제국 / She became *committed* in the matter. 그녀는 그 문제에 말려들었다 / The President refused to *commit* himself *on* the subject. 대통령은 그 문제에 대한 언명을 거절했다 / He was *committed* to the cause of world peace. 그는 세계 평화를 위해서 전력했다 / *commit* oneself *to* going=*commit* oneself *to* go 갈 약속을 하다, 간다는 언질을 주다 // (~+目+*to* do) He *committed* himself *to* make a fresh start in life. 그는 새 인생을 시작한다고 맹세했다.
5 [나쁜 뜻으로] …을 행하다(perform); [죄·과실 위]를 범하다(perpetrate). ¶ *commit* a crime (an error) 죄(잘못)를 범하다 / *commit* suicide 자살하다 / *Commit* no nuisance. 《게시문》소변 금지.
6 …을 [처분에] 부치다. ¶ (~+目+*前*+图) They *committed* the body to the grave (the earth, the flames, the waves). 시체를 매장(토장, 화장, 수장)했다 / The murderer was *committed for* trial. 살인자는 재판에 회부되었다.
◇ *commíssion, commítment* *n.*

‡com·mit·ment [kəmítmənt] *n.* **1** [U] 위임, 위탁. **2** [의회] [의안의] 위원[회] 회부. **3** ⓤⓒ 수감, 투옥, 구류; [정신병원 따위로의] 수용(confinement). ¶ The psychiatrist recommended *commitment*. 정신과 의사는

수용을 권장했다. **4** 수용 명령, 수용 영장, 구류 영장. **5** ⓊⒸ〔죄의〕 수행; 범행. **6** ⓊⒸ 언질(공약, 서약) 주기(하기); 언질, 공약, 서약; 관련(연루)됨, 의무, 책무. **7** 헌신, 열심, 전념(engagement)(*to ...*). ¶ She has a *commitment* to religion. 그녀는 종교에 몰두하고 있다. **8**〔증권〕 매매〔계약〕.

com·mit·ta·ble [kəmítəbl] *adj.* **1** 재판에 부쳐야 할. **2** 위탁할 수 있는. **3** 수용되어야 할.〔매장.

com·mit·tal [kəmítl] *n.* ⓊⒸ **1** = commitment. **2**

‡**com·mit·tee** [kəmíti →2] *n.* **1**《집합적》〔전〕위원, 위원회, 평의회(* 구성 멤버는 중시할 때는 복수로 취급한다. *cf.* committeeman). ⇨ FAMILY (Usage). ¶ a standing *committee* 상임 위원회, 상설 위원회 / a special *committee* 특별 위원회 / the *Committee* of Supply《영》 하원 예산 위원회 / the *committee* of the whole (*or* house) 전원(全院) 위원회 / be in *committee* 위원회를 개최중이다 / sit (*or* be) on a *committee* 위원회에 속하다, 위원이다 / refer to a *committee* 위원회에 회부하다 / The *Committee* meets at one. 위원회는 1시에 열린다 / The *Committee* are all against it. 위원들은 모두 그것에 반대하고 있다. **2** [kəmíti, kàmítí / kɔ̀m-] 〔법률〕 관재인(管財人), 수임자, 수탁자, 후견인; 〔미치광이 등의〕 감시인.

com·mit·tee·man [kəmítimən, -mæ̀n] *n.* (*pl.* **-men** [-mən, -mèn]) **1** 위원〔의 한 사람〕. **2** 〔선거구의〕 정치 지도자. **3**〔노동 조합의〕 현장(직장) 대표위원(shop steward).

com·mit·tee·wom·an [kəmítiwùmən] *n.* (*pl.* **-wom·en** [-wìmin]) committeeman 의 여성형.

com·mix [kɑmíks, kəm-/kɔm-] *vt., vi.*〔고어·시〕 혼합하다(blend), 섞다.

com·mix·ture [kɑmíkstʃər, kəm-/kɔm-] *n.* ⓊⒸ 혼합, 혼합물.

commn. (略) commission. [munist.

com·mo. [kɔ́mou] *n.* (*pl.* **-mos**) *adj.*《속어》= com·

com·mode [kəmóud] *n.* **1** 〔장식이 달린〕 서랍장; 장롱, 옷장; 찬장. **2** 세면대. **3** 실내용 변기(chamber pot); 변소, 화장실(toilet). **4**〔1700년경 프랑스에서 유행한 높은〕 여성용 머리 장식.

com·mo·di·ous [kəmóudiəs, -djəs, -diəs] *adj.* **1** 넓은, 널찍한, 넓고 편리한, 〔집 따위가〕 방 배치가 널찍한(넉넉한). **2**〔고어〕 알맞은. **-ly** *adv.* **-ness** *n.*

‡**com·mod·i·ty** [kəmɑ́diti / -mɔ́d-] *n.* (*pl.* **-ties**) 편리한 물건, 일용품, 생활 필수품; 상품. ¶ household *commodities* 기용품 / staple *commodities* 주요 상품 / prices of *commodities*; *commodity* prices 물가.

commódity dòllar *n.*《미》 달러〔물가의 변동에 따라서 dollar 의 금 함유량을 바꾸어 그 상품 구매력을 안정시킨다는 이론〕 (compensated dollar).

commódity exchànge *n.* 상품 거래소.

commódity mòney *n.* Ⓤ 〔경제〕 **1** 〔조가비·곡물 등 금속 이외의 물품을 소재로 하는〕 자연 화폐 (natural money). **2**《미》 상품 화폐 [commodity dollar 를 단위로 하는 통화 형태].

commódity tàx *n.* 물품세〔주로 사치성·기호성 물품 등에 부과되는 간접세〕.

*****com·mo·dore** [kɑ́mədɔ̀ːr / kɔ́mədɔ̀ː] *n.* **1**《미 해군》 준장〔소장과 대령 사이의 계급; 전시 herb 되었으며 적용됨〕. **2**《영해군》 사령관〔소함대의 수석 함장〕. **3** 제독〔함대·상선대의 수석 (최고참) 함장, 요트(보트) 클럽의 회장 등에 대한 경칭〕.〈D〉

‡**com·mon** [kɑ́mən / kɔ́m-] *adj.* (때로 **-mon·er**, **-mon·est**) **1** 공통의; 공동의; 공공의(*to ...*). ⇨ MUTUAL 類語 ¶ *common* agreement 공동 계약 / a *common* ancestor 공통의 조상 / *common* interests 공통의 이해 / a *common* language 공통어 / *common* property 공유 재산 // Sentient life is *common* to man and beast. 유정(有情)의 삶을 산다는 점에서는 사람이나 동물이나 공통이다 / Love of money is *common* to all men. 금전욕은

만인에게 공통이다.
2 일반의(general); 공공의(public). ¶ a *common* high road 공도(公道) / the *common* good 공익 / *common* welfare 공공 복지 / a *common* nuisance 공해 (public nuisance).
3 일치한, 단결한(united). ¶ a *common* defense 공동 방위 / by *common* consent 만장 일치로. 〔흔난 도적.
4 이름난, 악명 높은(notorious). ¶ a *common* thief 이
5 통례의(usual), 잘 일어나는, 흔히 있는(familiar). ¶ a *common* event (*or* occurrence) 흔히 일어나는 사건 (일) / a *common* experience 흔히 겪는 경험 / a *common* saying 속담 / a *common* sight 흔히 볼 수 있는 광경 / a matter of *common* knowledge 누구나 알고 있는 일 / an error *common* among Korean students 한국 학생들 사이에 흔히 있는 잘못 / a flower *common* in English fields 영국의 들에 흔히 피는 꽃.
6 보통의, 평범한(ordinary); 계급가 없는; 진부한, 흔해빠진(trite). ¶ a *common* man 보통 사람 / the *common* people 민중 / a *common* soldier 병졸 / a *common* cold 〔유행성 감기가 아닌〕 보통 감기 / *common* ability 평범한 역량 / make a *common* remark 케케묵은 말을 하다.
7 통속적인, 열등한; 천한, 상스러운(vulgar). ¶ a *common* accent 품위 없는 말투(사투리) / a *common* decoration 속된 장식 / *common* furniture 조잡한 가구 / *common* manners 상스러운 태도.
類語 **common** 뛰어난 점이 없는, 흔히 볼 수 있는; 나쁜 뜻으로는 조잡한, 열등한: a *common* error 흔히 있는 여느 과오. **general** 어떤 종류·무리의 대다수에게 두루 있는: a *general* belief 모두가 믿고 있는 것. **average** 평균적인: an *average* person 특히 우수하지도 열등하지도 않은 보통 사람. **ordinary** 일상적·일반적 표준에의 average 인; 나쁜 뜻으로는 그저 average 또는 그 이하의 (* common 쪽이 경멸적): an *ordinary* person 여느 사람. **normal** 충족해야 할 〔최저한의〕 표준에 맞는, 이상 (異常) 이 아닌: a *normal* person 정상적이고 보통 사람. **usual** 습관적으로 흔히 있고 기이한 감이 나지 않는: one's *usual* breakfast 언제나와 같은 보통의 조반.
8〔해부〕〔혈관·신경이〕 공통의 줄기에서 나온. ¶ the *common* carotid artery 총경동맥 (總頸動脈).
9〔운율〕 음절이 장단(長短) 공통의.
10〔문법〕 보통 명사의; 통성 (通性) 의, 통격 (通格) 의. ¶ a *common* case 통격 / a *common* gender 통성 / a *common* noun 보통 명사. *cf.* proper noun
11〔수학〕 공통의, 공약(공통)의.

***common or garden; common garden** 아주 흔한, 흔히 볼 수 있는. ¶ a *common or garden* farce 흔해빠진 소극(笑劇).

make common cause with (**against**) *a person* ⇨ CAUSE¹. 〔하는.

to use a common phrase (*or* **word**) 이른바, 흔히 말

— *n.* **1** (종종 ~s) 공유지, 공용지, 공원; 〔공동으로 사용하는〕 울타리 없는 황무지, 목초지. ¶ play cricket on a village *common* 마을의 공유지에서 크리켓을 하다. **2**〔법률〕 공동 사용권, 입회권. ¶ *common* of piscary (pasturage) 어업 (방목) 입회권. **3** (때로 C-) 〔교회〕 통상 민중; 일반 의식문 (儀式文), 〔미사의〕 통상문 (미사곡). **4** (~s) ⇨ COMMONS. [*mon.*

above (*or* **beyond**) *the common* = *out of* [*the*] *com-**in common* 공동으로, 공동으로; 〔…과 마찬가지로, …과 공통해서 (*with*...). ¶ live *in common* 공동 생활을 하다 / The two have hobbies *in common*. 두 사람은 같은 취미를 가지고 있다 / They have nothing *in common with* each other. 그들에게는 공통점이 하나도 없다.

out of [*the*] *common* 비범한 (exceptional); 드문. ¶ It is something *out of the common*. 그것은 진귀한 것이다.

~ness *n.* ◇ **cómmonage** *n.*

com·mon·age [kámənidʒ / kɔ́m-] *n.* ⓤ **1** 공유, [특히 목초지의]공동 사용. **2** 공유물(공유지)의 사용권. **3** ⓒ 공유물, 공유지. **4** 《집합적》 =COMMONALTY.
com·mon·al·ty [kámən(ə)lti/kɔ́m-] *n.* (*pl.* **-ties**) **1** (=**com·mon·al·i·ty**[-əliti]) (the ~) [귀족(nobility) 등과 구별해서] 평민. **2** 일반 사람들. **3** 법인(法人).
cóm·mon-área chárge [kámənē(ː)riə-/kɔ́mən-ɛ́ər-] *n.* 《美》 아파트 따위의 관리비.
cómmon cárrier *n.* [철도·기선·버스 등의] 운수업자(회사); [전화, 전신, 텔렉스, 데이터 통신 따위의] 공중 통신업자.
cómmon chórd *n.* 【음악】 보통 화음[장단 3도 및 5도로 된 세 화음].
cómmon cóld *n.* = cold *n.*
cómmon cóuncil *n.* (드물게) 시(市)의회; 읍(면)회, 교회.
cómmon críer *n.* 광고(선전) 업자.
cómmon denóminàtor *n.* **1** 【수학】 공분모(公分母). **2** [집단·단체·동료 사이의] 공통점, 공통의 특질(信念).
cómmon divísor (**fáctor**) *n.* 【수학】 공약수(公約數). ⇨ COMMON MEASURE.
com·mon·er [kámənər/kɔ́m-] *n.* **1** 평민, 서민계급의 사람. *cf.* nobleman **2** 《英》 하원 의원. ¶ the Great *Commoner* 위대한 하원 의원[the elder William Pitt(1708-1778)의 별명]. **3** (Oxford 대학 등의) 자비생, 독립 학생[장학금을 받지 않는 학생]. **4** 공유(입회)권 소유자. [mass fraction
cómmon fráction *n.* 【수학】 분수(分數). *cf.* deci-
cómmon gróund *n.* ⓤ 【특히 美】 [사회 관계·논의·상호 이해 등의] 공통 기반.
cómmon lánd *n.* ⓤ 공유지(公有地), 공유지(共有地) (common).
cómmon láw *n.* (the ~) 【법률】 관습법, 불문법, 불문율, 보통법, 구머리. ¶ **at** (*or* **in**) **the** *common law* 보통(관습)법상.
cóm·mon-láw márriage [kámənlɔ́ː-/kɔ́m-] *n.* 보통법 혼인[결혼식 등의 의식·형식을 갖추지 않는 경우], 내연 관계.
cómmon léarning *n.* ⓤ 보통 학식[국민학교·중학교 학생이 교양 생활에 필요하다고 간주되는 것].
cómmon lódging[-house] *n.* 간이 숙박소.
cómmon lógarithm *n.* 【수학】 상용 대수(常用對數) (Briggsian logarithm).
‡**com·mon·ly** [kámənli/kɔ́m-] *adv.* **1** 대개, 보통, 일반적으로(usually). **2** 보통 정도로.
Cómmon Márket *n.* (the ~) 유럽 공동 시장(EC).
Cómmon Màrketéer *n.* EC 가맹에 찬성하는 영국 사람.
cómmon méasure *n.* **1** 〔수학〕 =common divisor. ¶ **the greatest** *common measure* 최대 공약수〔略 GCM〕. **2** 〔음악〕=common time; 〔韻律〕〔찬송가·서정시 등에 많은〕 약강사보격 (弱弱四步格) (iambic tetrameter).
cómmon múltiple *n.* 【수학】 공배수(公倍數). ¶ **the least** (*or* **lowest**) *common multiple* 최소 공배수 [略 LCM].
‡**com·mon·place** [kámənplèis/kɔ́m-] *adj.* **1** 평범한, 보통의, 재미없는, 개성없는. ¶ **a** *commonplace* **fellow** 평범한 놈. **2** 흔해빠진, 진부한, 틀에 박힌. ¶ **a** *commonplace* **remark** 평범한 의견. ── *n.* **1** 평범한 말, 진부한 문구. **2** 평범한 일, 재미없는 일. **3** 【古】 인용(참조)할 가치가 있는 문구, 명구(名句), 명문. ── *vt., vi.* (-**placed, -plac·ing**) **1** 비망록(명문집)에 써넣다(적어두다), 비망록(명문집)에서 인용하다. **2** 진부한 말을 하다. **~·ness** *n.*
cómmonplace bóok *n.* 비망록; 명문집.
cómmon pléas *n. pl.* **1** (C- P-) 〔美〕 민사 법원 (Court of Common Pleas). **2** 〔英법률〕 민사 소송.
cómmon práyer *n.* [영국 국교회의] 공식 기도문;

492

성공회(聖公會) 기도서; (the C- P-) [영국·미국·캐나다 등의] 성공회 기도서(the Book of Common Prayer).
cómmon rátio *n.* 〔수학〕 공비(公比).
cómmon róom *n.* 《주로 英》 [학교·대학 등의] 휴게실, 환담실.
com·mons [kámənz/kɔ́m-] *n. pl.* **1** 평민, 서민. ¶ **the House of** *Commons* [영국의] 하원. **3** 〔英〕 (단수취급) [특히 대학 등의] 공동 식탁; [공동 식탁에 나오는] 정식. **4** [일반적으로] 음식. ¶ **be on short** *commons* 음식을 충분히 받지 못하다.
cómmon schóol *n.* 공립 국민 학교.
‡**cómmon sénse** *n.* ⓤ 상식, 양식.
com·mon·sense [kámənsèns/kɔ́m-] *adj.* 상식적인, 양식을 가진.
com·mon·sen·si·cal [kàmənsénsik(ə)l/kɔ̀m-] *adj.* 상식(양식)이 있는.
cómmon stóck *n.* 《美》 보통주(株). *cf.* preferred (*or* preference) stock [기호 C].
cómmon tíme *n.* ⓤ 〔음악〕 보통 박자[4분의 4박자].
cómmon trúst fúnd *n.* 공동 투자 신탁 자금.
com·mon·weal [kámənwìːl/kɔ́m-] *n.* ⓤ **1** 공공의 복지(public good), 공익. **2** 【古어】 =commonwealth.
‡**com·mon·wealth** [kámənwèlθ/kɔ́m-] *n.* **1** 연방; (the C-) 영국연방(the [British] Commonwealth [of Nations]), **2** 영국의 자치령[특히 오스트레일리아]. ¶ **the** *Commonwealth* [of Australia] 오스트레일리아 연방. **3** 국가; [특히] 공화국, 민주국; 《집합적》 국민. **4** (the C-) 〔英역사〕 공화정 시대(1649-60). **5** (C-) 《美》 주(州) (state), 자치령. ∗ 공식적으로는 Massachusetts, Pennsylvania, Virginia, Kentucky에만 쓴다. **6** [공통한 관심사로 단결한 집단] 단체, 협회, 학회, 조직. ¶ **the** *commonwealth* **of letters** 문단. **7** 〔폐어〕 =commonweal.
Cómmonwèalth Dáy *n.* 영연방 경축일 [빅토리아 여왕 탄생 기념일로 5월 24일; 전에는 Empire Day라 했다]. *cf.* Victoria Day
Cómmonwèalth of Nátions *n.* (the ~) ⇨ British Commonwealth [of Nations].
Cómmonwealth préference *n.* 영연방 특혜 관세.
cómmon yéar *n.* 평년. *cf.* leap year
∗**com·mo·tion** [kəmóuʃ(ə)n] *n.* ⓤⓒ 격동, 동요; 소동, 혼동. ¶ **be in** *commotion* 동요하다. 있다. ¶ **make much** *commotion* 큰 소동을 피우다. ◇ **commóve** *v.*
com·move [kəmúːv] *vt.* (**-moved, -mov·ing**) ⋯을 심하게 동요시키다, 어지럽히다; 선동하다(agitate), 흥분시키다.
commr. 《略》 commissioner, commoner.
com·mu·nal [kəmjúːn(ə)l, kámju-/kɔ́mjunl, kəmjúː-] *adj.* **1** 사회의, 공동체의. **2** 자치체의, 시읍면[의]의. ¶ **a** *communal* **election** 시읍면 선거. **3** 공동 (공유)의, 공공의. ¶ *communal* **land** 공유지. **4** 파리 코뮌의. **5** 공동체 사이의; 《인도》 [대립하는] 인종·종교 집단간의. ¶ **a** *communal* **riot** 촌락간의 폭동. **~·ly** [-nəli] *adv.* [의주의.
com·mu·nal·ism [kəmjúːnəlìzəm] *n.* ⓤ 지방 자치주의.
com·mu·nal·ist [kəmjúːnəlist] *n.* 지방 자치주의자.
com·mu·nal·is·tic [kəmjùːnəlístik] *adj.* 지방 자치주의의.
com·mu·nal·i·za·tion [kəmjùːnəlizéiʃ(ə)n/-nəl-ai-] *n.* 지방 자치화.
com·mu·nal·ize [kəmjúːnəlàiz] (∗ 《英》에서는 **communalise**로도 쓴다) *vt.* (**-ized, -iz·ing**) ⋯을 지방자치화하다; ⋯을 지방자치체의 재산으로 하다.
communál márriage *n.* [잡혼식(雜婚式)의] 단체(합동)결혼(group marriage).
Com·mu·nard [kámjunàːrd/kɔ́m-] *n.* **1** (종종 c-) [프랑스 역사] [1871년의] 파리 혁명 정부 지지자. **2**

(c-) commune 의 거주자.

com·mune[1] *vi.* [kəmjúːn → *n.*] (-muned, -mun-ing) 친하게 이야기하다; 친하게 사귀다(교제하다) (with...). ¶ (~+圈+名) *commune with* nature 자연을 가까이하다(즐기다) / *commune with* oneself (*or* one's own heart) 심사 숙고하다. —— *n.* [kámjuːn/kɔ́m-] ⓤ 환담; 사상(감정)의 교환. ◇ commúnion *n.*

com·mune[2] [kəmjúːn] *vi.* (-muned, -mun·ing) 성찬을 받다(*cf.* communion); 성체를 배령(拜領)하다.

com·mune[3] [kəmjuːn/kɔ́m-] *n.* 1 [프랑스·이탈리아·스위스의] 최소 자치구; 군(郡), 시행정구(市行政區). 2 [공산주의적] 공동체; 농촌 공동체; [중공의] 인민 공사. 3 히피(hippie) 부락, 공동 생활촌. ¶ *the Commune*; *the Paris Commune*; *the Commune of Paris* 파리 혁명 정부 **a)** 1789-1794년 프랑스 혁명 때 파리에 생긴 혁명적 자치 단체. **b)** 1871년 3월부터 5월까지 파리를 지배한 혁명 정부.

com·mu·ni·ca·bil·i·ty [kəmjùːnikəbíliti] *n.* 1 전달할 수 있음, 전달성; 전염성. 2 이야기하기 좋아함.

com·mu·ni·ca·ble [kəmjúːnikəbl] *adj.* 1 전해지는; [병이] 전염성의. 2 이야기하기를 좋아하는, 수다스러운. **~ness** *n.* **·bly** *adv.*

com·mu·ni·cant [kəmjúːnikənt] *n.* 1 성찬을 받는 사람, 성체 배령자. 2 전달자, 제보자(報者). —— *adj.* 전하는.

‡**com·mu·ni·cate**[kəmjúːnikèit] *v.* (-cat·ed, -cat·ing) *vt.* 1 [사상·의사·정보 따위]를 전하다(impart), 전달하다, …을 알리다, 통지하다(make known). ¶ (~+圈+前+名) A stove *communicates* heat to a room. 난로는 방을 덥게 한다. 3 …에게 성찬을 받게 하다, 성체를 주다. 4 [공유]를 함께하다, 나누다(share) (...*with*). ¶ (~+圈+前+名) *communicate* opinions *with* …과 의견을 교환하다. —— *vi.* 1 통신하다(*with*...). ¶ *communicate* by telephone 전화로 통화하다 // (~+前+名) *communicate with* one's teacher 선생과 통신하다. 2 통하다, 연락하다(*with*...). ¶ (~+前+名) The living room *communicates with* the dining room. 거실은 식당과 통하고 있다. 3 성찬을 받다, 성체를 배령하다. 4 [고어] 참가하다. ◇ commúnicate *n.*, commúnicative *adj.*

‡**com·mu·ni·ca·tion** [kəmjùːnikéiʃ(ə)n] *n.* 1 ⓤ 전달; [병의] 전염. ¶ *communication* of diseases 병의 전염. 2 ⓤ 통신; 통화, 서신 왕래; 전달(*with*...). ¶ in *communication with* …과 서신 왕래(통신, 연락) 중이어 / have no *communication with* …과는 서신 왕래(통신, 연락)가 없다 / *Communication with* a deaf person is difficult. 귀먹은 사람과의 통화는 힘이 든다. 3 (~s) [단수 취급] 보도 기관, 정보 전달 기술. ¶ a *communications* satellite 통신 위성 / mass *communications* 매스컴. 4 ⓤⓒ 편지, 소식, 전언(傳言) (message). ¶ Your *communication* came in time to change my plan. 너의 편지가 때 맞추어 왔기 때문에 나는 계획을 바꾸었다. 5 학회(學會) 발표 논문. 6 ⓤⓒ 교통, 교통 기관. ¶ Because of the accident, there is no *communication* between the two places today. 사고 때문에 오늘은 두 지역간의 교통이 두절되어 있다. 7 (~s) [군대] 전달(기관), 연락(기관); 병참(兵站) 조직. ◇ commúnicate *v.*, commúnicative *adj.*

commu·ni·cá·tion còrd *n.* [열차 내의] 비상 신호줄.

commu·ni·cá·tion dirèctor *n.* 《美》 대통령의 공보 담당 수석비서.

commu·ni·cá·tion èngineèring *n.* ⓤ 통신 공학.

commu·ni·cá·tions gàp *n.* 커뮤니케이션의 격차[연령층·사회 계층·정치 단체 사이 따위에서 의사 소통이 안 되는 일].

commu·ni·cá·tions sàtellite *n.* 통신 위성.

commu·ni·cá·tion secùrity *n.* [군사]=COMSEC.

commu·ni·cá·tion[s] thèory *n.* 정보 이론.

commu·ni·cá·tions zòne *n.* [군대] 병참 관구(兵站管區), 보급지[최전선과 후방과의 병력 교대, 통신, 물자 보급에 사용].

com·mu·ni·ca·tive [kəmjúːnikèitiv, -nikə-/-kə-, -nikèi-] *adj.* 1 전하는, 이야기하는, 수다스러운 (talkative). 2 전달의, 통신(교통)에 관한. **~·ly** *adv.* **~ness** *n.*

com·mu·ni·ca·tor [kəmjúːnikèitər] *n.* 통보자, 발신기, [열차 내의] 통보기.

com·mu·ni·ca·to·ry [kəmjúːnikətɔ̀ːri/-təri] *adj.* 통신(전달)에 관한; 이야기하기를 좋아하는.

‡**com·mun·ion** [kəmjúːnjən, -niən] *n.* 1 ⓤ 공유; 참여. 2 ⓤ 친교; 영적(靈的) 교섭(*with*...). ¶ hold *communion with* …과 가까이 지내다 / seek *communion with* …과의 교제를 바라다. 3 종교 단체, 교회. ¶ be of the same *communion* 같은 교파(敎派)에 속하다. 4 (종종 C-) [개신교] 성찬식; [가톨릭] 성체 배령(拜領) (Holy Communion). ¶ *Communion* in both kinds [빵과 포도주의] 두 형색(形色)에 의한 성체 배령식, 양종(兩種) 배수 성찬식. ◇ commúne[1,2] *v.*

com·mun·ion·ist [kəmjúːnjənist] *n.* 1 성찬에 대해 특별한 주장(견해)을 가지고 있는 사람. 2 성체 배령자. [단 앞의 난간].

commún·ion ràil *n.* [교회] 성체 배령대(臺) [제

commún·ion tàble *n.* [교회] 성찬대.

com·mu·ni·qué [kəmjúːnikèi, -ˈ-ˈ] *n.* 공보(公報), 코뮈니케. 《<F communicate》

‡**com·mu·nism** [kámjunìz(ə)m/kɔ́m-] *n.* ⓤ 1 공산주의. 2 (C-) 공산주의 이론(운동). 3 =communalism.

‡**com·mu·nist** [kámjunist/kɔ́m-] *n.* 1 공산주의자. 2 (C-) 공산당원. 3 (보통 C-) =Communard. —— *adj.* 공산주의(자)의; (C-) 공산당의.

Cómmunist Chína *n.* 중공(中共).

com·mu·nis·tic [kàmjunístik/kɔ̀m-] *adj.* 공산주의(자)의. **-ti·cal·ly** [-tikəli] *adv.* [intern.

Cómmunist Internátional *n.* (the ~) = Com-

Cómmunist Lèague *n.* (the ~) 공산주의 동맹 [1847년 London에서 결성; 제1 인터내셔널의 선구].

Cómmunist Manifésto *n.* (the ~) 공산당 선언 [Marx 와 Engels 가 1848년에 발표].

Cómmunist Pàrty *n.* (the ~) 공산당.

com·mu·ni·tar·i·an [kəmjùːnitɛ́(ː)riən/-tɛ́ər-] *n.* [공산주의적] 공동 사회의 일원; 공동 사회주의자(기본 인권보다 공동체 이익 중시).

‡**com·mu·ni·ty** [kəmjúːniti] *n.* (*pl.* -ties) 1 [문화·역사가 같은] 공동 사회, 공동체; 지역 사회, 공동 사회의 사람들. 2 [직업·종교 따위가 같은] 공동 생활체. ¶ the Mormon *community* 모르몬 교단(敎團) / the Jewish *community* 유대인 사회 / the *community* of scholars 학자의 세계. 3 [생태] [동물의] 군집(群集) [식물의] 군락(群落). ¶ an oak forest *community* 오크 삼림 군락. 4 (the ~) 일반 사회, 공중(公衆). ¶ the welfare of the *community* 사회의 복지. 5 ⓤ 공유, 공동 참여; [사상·이해 관계의] 일치, 유사(類似). ¶ *community* of goods 재산의 공유 / *community* of interests 이해의 일치.

commúnity anténna télevision *n.* ⓤ 공동 시청 안테나 텔레비전[略 CATV].

commúnity cénter *n.* 《英》 공회당.

commúnity chèst *n.* 공동 모금.

commúnity chúrch *n.* 《주로 美》 [종파의 구별을 초월한] 합동 교회.

commúnity cóllege *n.* 지역 사회 대학[한 지역의 주민에 전문 대학 정도의 직업 교육을 하는 기관].

commúnity hòme *n.* 《英》 소년원, 감화원.

commúnity próperty *n.* [美법률] [남편과 아내의] 공유 재산.

commúnity schòol *n.* 《美》 지역 사회 학교[어린

이의 사회 교육 외에 오락·성인 교육 등도 실시한다].
com·mú·ni·ty sínging *n*. ⓤ [회합 따위에서 출석자 전부가 알고 있는 노래를] 합창하는 일.
com·mu·ni·za·tion [kàmjunizéiʃ(ə)n / kɔ̀mjunai-] *n*. ⓤ [재산의] 공유화; 공산화.
com·mu·nize [kámjunàiz / kɔ́m-] (※《英》에서는 communise 로도 쓴다) *vt*. (**-nized, -niz·ing**) **1** [토지·재산】을 공유화하다. **2** (때로 C-) …을 공산화하다.
com·mut·a·bil·i·ty [kəmjù:təbíliti] *n*. ⓤ 교환(전환)할 수 있는 일.
com·mut·a·ble [kəmjú:təbl] *adj*. 교환(전환)할 수 있는, 대체할 수 있는.
com·mu·tate [kámjuteit/kɔ́m-] *vt*. (**-tat·ed, -tat·ing**) [전기] **1** 〖전류의〗방향을 바꾸다. **2** …을 정류(整流)하다.
com·mu·ta·tion [kàmjutéiʃ(ə)n / kɔ̀m-] *n*. **1** ⓤ 환, 변환(substitution); ⓒ 교환물. **2** 보상[금], 대체(對替). **3** ⓤⓒ 〖법률〗감형. **4** ⓤ [전기] 정류. **5** ⓤ 《美》정기(회수)권 통근.
còmmutátion tícket *n*. 《美》[열차·전차 따위의] 정기권, 회수권 (《英》season ticket).
com·mu·ta·tive [kəmjú:tətiv, kámjutèitiv / kəmjú:tə-, kɔ́mju(:)tèi-] *adj*. 상호의, 서로의(mutual); 〖수학〗교환의.
com·mu·ta·tor [kámjuteitər / kɔ́m-] *n*. [전기] [직류 발전기의] 정류자(整流子), 전환기. **2** 〖수학〗교환자.
com·mute [kəmjú:t] *v*. (**-mut·ed, -mut·ing**) *vt*. **1** …을 교환하다, 대체하다 (exchange); 바꾸다 (change) (…into, to, for). **2** [지불 방법]을 대용(代用)하다, 대체(對替)하다 (…to, into, for). **3** …을 감형하다. ¶ commute a death penalty to (or into) life imprisonment 사형을 종신형으로 바꾸다.
— *vi*. **1** 대용하다; 대용으로 쓸 수 있다. **2** 일괄(括)하여 돈을 할인하여[지불하다. **3** 《원래 美》[정기권·회수권으로] 통근하다. ¶ commute from Inchon to Seoul 인천에서 서울로 통근(통학)하다. **4** [수학] 요소의 위치를 바꾸어도 같은 결과가 나오다. — *n*. 통근, 통근 거리.
com·mut·er [kəmjú:tər] *n*. **1** 교환자. **2** 《원래 美》정기(회수)권 사용자, 교외 통근자. **3** 〖전기〗=commutator.
commúter bèlt *n*. 《英》교외 통근자의 주택 지역.
com·mut·er·dom [kəmjú:tərdəm] *n*. ⓤ 대도시 근교의 주택 지역.
com·mut·er·land [kəmjú:tərlænd], **-ville** [-vìli] *n*. ⓤ 대도시 근교의 주택 지대, 위성 도시. [mie¹.
com·my¹ [kámi / kɔ́mi] *n*. (*pl*. **-mies**) 《방언》=com-
com·my² [kámi / kɔ́mi] *n*. (*pl*. **-mies**) 《종종 C-》《구어》=commie².
Com·ne·nus [kɔmní:nəs, kɔm-] *n*. 비잔틴 왕조; 그 왕조가(家)의 사람. [호수.
Co·mo [kóumou] *n*. **Lake** ~ [북 이탈리아의] 코모
Có·mo·ro Íslands [kámərou-/kɔ́m-] *n*. *pl*. (the ~) 코모로 군도 [인도양 서부의 군도. 1975년 프랑스로부터 독립 선언].
Com·o·ros [kámərouz / kɔ́m-] *n*. 코모로 연방 회교 공화국 [Federal and Islamic Republic of the Comoros; 아프리카 동해안의 도서 국가; 수도 Moroni].
co·mose [kóumous] *adj*. [식물 따위가] 털 많은, 잔털이 나 있는 (hairy, comate).
comp [kamp / kɔmp] *vi*. 《구어》〖영뚱한 가락으로〗재즈 반주를 하다 (<accompany).
comp. (略) comparative, compare; compensation; compilation, compiled; composition; compound.
‡**com·pact**¹ [kəmpǽkt, +美 kámpækt /-pǽkt] *adj*. **1** 꽉 들어찬, 빽빽한, 촘촘한 (dense); 죄어진. ⇨ CLOSE 類語 **2** 조촐한, 아담한; 소형 (小型)의, 작고 쓸모있게 설계된. **3** [문체가] 간결한 (terse); 요령있는. **4** [… 으로] 되어 있는 (of …). — *vt*. [kəmpǽkt] **1** …을 빽빽(촘촘)하게 하다, 꽉 채우다; …을 압축하다. **2** …을 탄탄하게 하다; …을 안정시키다. **3** 전부 …으로 구성되다 (…of). **4** [야금] [금속·가루]를 거푸집에 넣어 압축하다. — *n*. [kámpækt / kɔ́m-] **1** 콤팩트 [휴대용 분갑]. **2** 소형 자동차. **3** [야금] 거푸집에 넣어 압축해서 만든 것. **~·ly** *adv*. **~·ness** *n*.
***com·pact**² [kámpækt / kɔ́m-] *n*. ⓤⓒ 계약 (contract), 맹약(盟約). ¶ general compact 공인(公認) 협약 ‖ the theory of social compact 사회 계약론 ‖ compact between parties 정당간의 계약.
cómpact dísc *n*. 콤팩트 디스크 [레이저 광선으로 재생하는 기록; 略 CD].
com·pact·ed [kəmpǽktid] *adj*. 꽉 찬, 옹골진; 탄탄한; 안정된. **~·ly** *adv*. **~·ness** *n*.
com·pac·tion [kəmpǽkʃ(ə)n, kəm-, kɔm-] *n*. ⓤ 꽉 채움; 꽉 찬 상태; 간결화; 〖지질〗〖퇴적물의〗압축[작용].
com·pac·tor [kəmpǽktər] *n*. **1** 꽉 채우는 사람 (물건). **2** [못자리·노반 따위를 만들기 위해] 다지고 굳히는 기계; 처분하기 쉽도록 쓰레기 따위를 부수거나 압축하는 장치 [부엌용].
com·pa·dre [kəmpá:drei] *n*. 《美서남부》친구, 단짝. (<Sp)
‡**com·pan·ion**¹ [kəmpǽnjən] *n*. **1** 친구, 동료; 상대, 짝. ⇨ FRIEND [類語] ¶ bad companions 나쁜 동료들 / a companion of one's youth 어릴 때의 친구 / a companion in arms 전우(戰友) / a companion in crime 공범자.
2 반려 (伴侶); [우연히 생긴] 친구, [여행의] 길동무. ¶ one's life companion 일생의 반려 [아내를 지칭] / a traveling companion 여행의 길동무 / He is not of a companion. 《英》그는 여행하기가 어려운 사람이다.
3 [입주해서 귀부인 등의] 말상대를 해주는 사람.
4 [쌍을 이루고 있는 것의] 한쪽, 한짝. ¶ a companion volume 자매편 (姉妹編) / Here's the glove for my left hand but I can't find its companion. 왼손 장갑은 여기 있으나 오른손 장갑이 보이지 않는다.
5 [책 이름 따위에 사용하여] 입문서, 지침, 편람 (guide), [… 의] 벗. ¶ Woman's Home Companion 가정 주부의 벗.
6 (=**compánion stár**) [천문] 반성 (伴星). *cf*. primary
7 최하급 훈작사 (勳爵士), 계급의 최하급자. ¶ a Companion of the Bath 최하급 바드훈작사 [略 C.B.].
make a companion of …을 친구로 삼다; …을 동반하다.
the Companions of Literature 《英》문학 기사 (騎士) [1961년에 제정한 문학 훈위 (勳位); 略 C. Litt].
the Order of the Companions of Honour 《英》 예 훈위 [국가에 공로가 있는 남녀 65명에게 수여된다; 略 C.H.].
— *vt*. …과 동반하다, …에 수행하다, 따라가다 (accompany). — *vi*. 함께 가다, 동행하다, 사귀다.
◇ **companionable** *adj*.
com·pan·ion² [kəmpǽnjən] *n*. 〖항해〗 **1** 갑판의 천창(天窓); 갑판 승강구의 비바람막이 덮개. **2** = companionway.
com·pan·ion·a·ble [kəmpǽnjənəbl] *adj*. 사귐성이 좋은, 사교적인, 친구로 사귀기 좋은. **~·ness** *n*. **-bly** *adv*.
com·pan·ion·ate [kəmpǽnjənit] *adj*. 동료의, 동반자의; 마음 (취미) 이 맞는.
companionate marriage 《美》우애 결혼. *cf*. trial marriage
compánion hátch (héad) *n*. =companion².
compánion hátchway *n*. =companionway.
com·pán·ion ládder *n*. 〖항해〗선실과 갑판 사이의 계단.

com·pan·ion·ship [kəmpǽnjənʃìp] *n.* ⓤ **1** 친구 사이, 우의(友誼), 교우. **2** 〔집합적〕《英》〔인쇄〕같은 직공장(職工長) 밑에서 일하는 식자공 동료. **3** (C-) 나이트(knight) 작(爵)의 Companion 급(級). ⇨ COMPANION¹ 7.

com·pan·ion·way [kəmpǽnjənwèi] *n.* 〔항해〕〔갑판 밑의〕선실로 통하는 승강구(口).

‡com·pa·ny [kʌ́mp(ə)ni] *n.* (*pl.* **-nies**) **1** 일단(一團), 일행; 극단, …座(座); ⓤ〔집합적〕친구, 동료. ¶ low *company* 저속한 동료들 / a theatrical *company* 극단 / a *company* of players 배우 일행 / avoid bad *company* 못된 친구를 피하다 / make the *company* laugh 동석한 사람들을 웃기다 / A man is known by the *company* he keeps. 친구를 보면 그 사람을 알 수 있다.
〚頫語〛 **company** 「동료」를 뜻하는 가장 넓은 뜻의 말: a *company* of travelers 여행단. **band** 목적과 운명을 함께하는 긴밀히 조직된 집단: a *band* of robbers (musicians) 도적단(악단). **party** 공통의 목적으로 모인 사람들: a rescue *party* 구조대. **troop** 군대처럼 긴밀한 단위로 편성된 집단: a *troop* of mounted police 기마 경관대. **circle** 공동 관심사로 부담없이 어울리는 적은 인원수의 친구; 복수형으로 「…계(界)」의 뜻(界): a knitting *circle* 뜨개질 친구 / jazz *circles* 재즈계. **set** 취미·사상·생활 양식 따위가 비슷한, 특히 상류의 사람들: the Miami Beach *set* 마이애미 비치족(族). **coterie** *set* 보다도 동질적이며 더 강하고 친밀한 친구들의 무리: a *coterie* of writers 작가 동인. **clique** 상류·지성 따위를 내세우는 배타적인 소수의 친구: her *clique* in school 학교에서 그녀가 속하는 일파(一派). **ring** 사욕·부정을 즐기기 위한 소수의 친구: a gambling *ring* 도박 친구.
2 ⓤ〔사교적인〕회합, 모임.
3 ⓤ 교우, 친교, 교제; 우정(companionship, fellowship).
4 ⓤ 동석(同席), 동반. ¶ in the *company* of his father 그의 아버지와 함께, 그의 아버지와 동석하여.
5 ⓤ〔집합적〕《구어》손님(guest[s]), 방문객(visitor[s]). ¶ have (or receive) *company* 손님이 있다 / invite *company* to dinner 손님을 식사에 초대하다 / I see some *company* arriving. 손님 몇 분이 오신다.
6 ⓤ〔일반적으로〕사회(society). ¶ shine in *company* 사회에서 유명하다.
7 회사, 상사, 상회. ¶ the East India *Company* 동(東)인도 회사 / a joint-stock *company* 주식 회사 / a life insurance *company* 생명 보험 회사 / a limited [liability] *company* 《英》유한 책임 회사 / a publishing *company* 출판사 (* 회사명으로서는 Co. Ltd.처럼 줄여 쓴다: Longmans, Green & Co. Ltd.; Co.는 [kʌ́mpəni] 또는 [kou]로 발음된다).
8 (C-)〔회사명에 이름이 나오지 않는〕사원. ¶ Thomas Smith & *Company* 토머스 스미스 상회〔토머스 스미스와 그밖의 사원의 회사라는 뜻〕.
9 〔중세의〕동업 조합, 길드(guild).
10〔군대〕**a)** 보병 중대. ⇨ ARMY〚주의〛¶ a *company* commander 중대장. **b)**〔비교적 소수의〕일단의 병사.
¶ a bearer *company* 싸움터에서 부상병이나 시체를 운반하는 일단의 병사.
11 소방대.
12 승무원 전원(ship's company).
13 〔가〕 한 무리의 사람들, 그 일행(일단). ¶ Napoleon, Stalin, and *company* 나폴레옹, 스탈린 그리고 그와 같은 부류의 사람들.
bear (or **keep**) *a person* **company** 남과 동행하다; 남의 상대를 해주다. ¶ I'll *bear* you *company.* 제가 모시고 가겠습니다.
be good (**bad** or **poor**) **company** 사귐성이 좋다(나쁘다).
err (or **sin**) **in good company** 훌륭한 사람들도 실수한다 〔그러니 내가 실수 좀 하기로 무슨 대수냐〕.
fall into company with …과 우연히 길동무가 되다.

for company 짝패로서, 동행자로서. ¶ He took a friend *for company.* 그는 짝패로서 친구를 데리고 갔다.
in company ① 함께(with…). ② 사람 앞에서. ¶ insult a person *in company* 남을 사람 앞에서 모욕하다.
keep good (**bad**) **company** 좋은(나쁜) 친구와 사귀다.
keep company with …과 친해지다;《구어》〔결혼 상대로서〕…과 사귀다; …에게 구혼하다.
keep to one's own company 혼자 있다.
love one's own company 고독을 사랑하다.
part company [**with**] ① [……과] 헤어지다, 절교하다. ¶ We *parted company* at the station. 우리는 정거장에서 헤어졌다. ② [……과] 의견을 달리하다.
—— *v.* (**-nied, -ny·ing**) 〔고어〕 *vi.* 교제하다 (associate).
—— *vt.* …과 동반하다, 따라가다(accompany).

cómpany màn *n.* [노동 조합에서 보아] 회사편 종업원.
cómpany mànners *n. pl.* 남 앞에서만 차리는 예의 범절, 격식 차린 예절. ¶ on one's *company manners* 점잔빼며.
cómpany ófficer *n.* [군대] 위관(尉官).
cómpany stóre *n.* [회사의] 매점, 구매부.
cómpany tòwn *n.* 회사 도시〔고용이나 주택면에서 거의 전면적으로 한 회사에 의존하는 도시〕.
cómpany únion *n.*《美》**1**〔고용주의 지배하에 있는〕어용 조합. **2** 단독 조합〔한 공장·한 회사만의 단일 조합〕.
compar. (略) comparative. 〔독 조합〕.
‡com·pa·ra·ble [kámp(ə)rəbl / kɔ́m-] *adj.* **1** 비교할 수 있는, 공통점이 있는(with…), **2** 필적하는, 비길만한 (to…). ¶ No other book is *comparable* to this in Korea. 한국에는 이에 필적할만한 책이 없다. ~**ness** *n.*
◇ compáre *v.*
com·pa·ra·bly [kámp(ə)rəbli / kɔ́m-] *adv.* 비교할 만큼, 필적할만큼, 동등하게.
com·par·a·tist [kəmpǽrətist] *n.* =comparativist.
‡com·par·a·tive [kəmpǽrətiv] *adj.* **1** 비교의, 비교에 의한. ¶ a *comparative* method 비교 연구법 / *comparative* linguistics 비교 언어학. **2** 비교적인, 어지간한. **3** 〔문법〕비교급의. *cf.* positive, superlative ¶ the *comparative* degree 비교급. —— *n.* 〔문법〕(the ~) 비교급. ~**ness** *n.* ◇ compáre *v.*
‡com·par·a·tive·ly [kəmpǽrətivli] *adv.* 비교적, 비교상. 〔학(문학)자〕.
com·par·a·tiv·ist [kəmpǽrətivist] *n.* 비교 언어의
com·pa·ra·tor [kámpərèitər / kɔ́m-] *n.* 비교 측정기(測定器)〔길이·거리·색채 등을 비교하는 장치〕.
‡com·pare [kəmpɛ́ər] *v.* (**-pared, -par·ing**) *vt.* **1** …을 비교하다, 견주어보다, 대조하다(…with). ¶ *compare* two dictionaries 두 사전을 비교하다 // (~+圓+前+名) *compare* German *with* English 독일어를 영어와 비교하다.
〚頫語〛 **compare** 유사점과 상이점을 찾아내어 가치·우수성을 알아내다: *compare* two cultures 두 문화를 비교하다. **contrast** 특히 상이점을 강조하여 대비시키다: *contrast* two cultures 두 문화를 대비시키다.
2 …을 비유하다, 비기다(liken) (…*to*). ¶ (~+圓+前+名) Life is *compared* to a voyage. 인생은 항해에 비유된다 / Nothing is to be *compared* to its beauty. 그 아름다움에 비길만한 것은 아무것도 없다.
—— 《용법》**compare to** 와 **with** — 두 개를 구체적으로 비교해서 「견주어볼」경우에는 **with**를, 추상적·비유적으로 비교해서 「비유할」경우에는 **to**를 사용한다. 그러나 최근에는 「견주어볼」 때에도 **to**를 쓸 때가 적지 않다.
3 〔견해·사상·인상 따위〕를 〔대비〕교환하다.
4 〔문법〕〔형용사·부사〕를 비교급·최상급으로 변화시키다.

— vi. 《보통 부정문 또는 의문문에서》 필적하다, 동등하다; 겨루다(vie) 《with...》. ¶ (~+圈+名) No lady can *compare with* her. 그녀에 필적하는 부인은 없다 / Art cannot *compare with* nature. 예술은 자연과 비할 바가 못되다.
[*as*] *compared with* …과 비교하여.
— *n.* ※ 다음 숙어에만 쓰인다.
beyond (or *past, without*) *compare* 무엇과도 비교할 수 없을만큼, 비길 데 없이, 무쌍한. ¶ joy *beyond compare* 무상(無上)의 기쁨.
◇ compárison *n.*, cómparable, compárative *adj.*

‡**com·par·i·son** [kəmpǽrisn] *n.* ⓤ ⓒ **1** 비교, 대비, ¶ if a *comparison* be made 만일 비교한다면 / It defies all *comparison*. 그것과 비견할 만한 것이 없다. **2** 《수사》 *cf.* simile, metaphor ¶ "A man brave as a lion" is a common *comparison*. 「사자처럼 용맹한 사나이」따위는 흔히 쓰이는 비유이다. **3** 비교의 가능성(여지); 유사. ※ 부정문에서 많이 쓰임. ¶ There is no *comparison* between them. 그들 사이에는 비교의 여지가 없다. **4** 《문법》 〔형용사·부사의〕 비교 변화.
bear (or *stand*) *comparison with* …에 필적하다.
bear a very favorable *comparison with* …과 비교해서 우위에 서다.
beyond (or *without*) *comparison* 비길수 없을 만큼, 비할 데 없이.
challenge comparison with …과 우열을 겨루다.
by (or *in*) *comparison with* …과 비교하면.
make (or *establish*) *a comparison* 비교하다 (*between with...*).
◇ compáre *v.*

comparison shopper *n.* [경쟁 점포의 물건 값이나 서비스 상황 따위를 조사하는] 동업자 정찰 사원, 스파이 사원.
com·part [kəmpɑ́ːrt] *vt.* …을 분하다, 칸을 막다.
***com·part·ment** [kəmpɑ́ːrtmənt] *n.* **1** 구획 (division), 구분, 〔옷장 따위의〕 칸막이; 〔건축〕 큰 장식(裝飾) 속의 구분된 부분. ¶ a *compartment* ceiling 소란 (小欄) 반자. **2** 〔객차·여객선 따위의〕 칸살 방〔서로 마주 앉도록 되어 있다〕;《美》〔열차의〕 세면(洗面) 설비를 갖춘 독방 침대(cf. bedroom, roomette); 〔군함〕 격실. ¶ a *smoking compartment* 〔열차의〕 흡연실(吸煙室) / a watertight *compartment* 〔배의〕 방수 격실(防水隔室).
— *vt.* …을 구분하다, 칸막이 하다 (compartmentalize).
com·part·men·tal [kɑ̀mpɑːrtmént(ə)l] *a.* 〔방·토지 따위가〕 구분(구획) 된, 칸막이 된. **~·ly** *adv.*
com·part·men·tal·ize [kɑ̀mpɑːrtméntəlàiz] *vt.* (-**ized**, -**iz·ing**) …을 구분하다, 칸을 막다.
‡**com·pass** [kʌ́mpəs] *n.* **1** 나침반, 나침의(儀) (mariner's *compass*). ¶ a *compass* needle 나침. **2** 〔보통 -es〕 〔제도용〕 컴퍼스. ¶ a pair of *compasses* 컴퍼스 한 개 / a bow *compass* 용수철 달린 컴퍼스; a beam *pass* 빔 컴퍼스 〔널빤지에 장치하는 큰 컴퍼스〕. **3** ⓤⓒ 범위, 한계, 구역. ¶ RANGE 類語 : 주위, 둘레, ¶ forty meters in *compass* 둘레 40m/in 〔소〕 small *compass* 좁은 범위로/beyond the *compass* of…; beyond the *compass* of one's powers 힘이 미치지 않는; within the *compass* of lifetime 일생중에. **4** ⓤ ⓒ 〔음악〕 음역(音域) (range). ¶ a voice of great *compass* 음역이 넓은 목소리. **5** ⓤ 적당한 정도, 중용; 조심. ¶ speak within *compass* 〔조심스레〕 말하다. **6** 돌아서 가는 길, 우회로 (detour). ¶ fetch (or go) a *compass* 돌아가다.
box the compass 〔의견·방침 따위가〕 결국 출발점으로 돌아가다.
— *vt.* **1** …을 빙 돌아가다, 우회하다. **2** …을 둘러싸다, 에워싸다(surround). ¶ an island *compassed* by the sea 바다에 둘러싸인 섬. **3** …을 달성하다 (achieve); …을 획득하다 (obtain). ¶ *compass* one's purpose 목적을 달성하다. **4** …을 계획하다, 꾸미다 (plot). ※ 나쁜 뜻으로 쓰인다. ¶ *compass* the death of a person 남의 암살을 꾸미다. **5** …을 이해하다.
— *adj.* 둥근.
com·pass·a·ble [kʌ́mpəsəbl] *adj.* **1** 둘러쌀 수 있는. **2** 성취할 수 있는(attainable).
cómpass cárd *n.* 〔항해〕 나침반의 지침면 (指針面), 나침패 (羅針牌) 〔동서남북이 자세하게 기록된 나침반용 눈금 원반〕.
cómpass dial *n.* 자침(磁針)이 달린 휴대용 해시계.
*****com·pas·sion** [kəmpǽʃ(ə)n] *n.* ⓤ 측은히 여기는 마음, 연민, 동정 (on, upon...). ¶ PITY 類語 ¶ womanly *compassion* 여자다운 동정 // in *compassion* to …에 동정하여 / have (or take) *compassion on* …을 측은히 여기다. ◇ compássionate *adj., v.*
*****com·pas·sion·ate** *adj.* [kəmpǽʃ(ə)nit +] 인정 깊은, 동정적인, 정다운. — *vt.* [kəmpǽʃənèit] (-**at·ed**, -**at·ing**) …을 측은히 여기다 (pity for), 가엾게 여기다, …에 동정하다. **~·ly** *adv.* **~·ness** *n.*
◇ compássion *n.*

cómpass pláne *n.* 굽은 대패 〔오목면이나 볼록면을 깎는, 구부릴 수 있는 대패〕.
cómpass róse *n.* 〔海事〕 나침도 (羅針圖) 〔해도에 그린 원형 방위도〕. *cf.* compass card
cómpass sáw *n.* 둥글게 자르는 톱, 실톱.
cómpass tímber *n.* 〔조선 (造船) 용〕 의 굽은 재목, 만재 (彎材), 곡재 (曲材).
cómpass window *n.* 쑥 나온 반원형 창, 돌출 창.
com·pat·i·bil·i·ty [kəmpæ̀təbíliti] *n.* ⓤ **1** 적합 [성], 양립성(兩立性); 일치, 조화 (harmony). **2** 〔컴퓨터〕 호환성(互換性).
*****com·pat·i·ble** [kəmpǽtəbl] *adj.* **1** 양립할 수 있는, 모순 없는 (consistent), 적합한, 조화하는 (congruous) (with...). ¶ His interests are not *compatible* with his. 그의 이해관계는 나와 이해관계가 양립하지 않는다. **2** 〔TV〕 양립식의 〔흑백 수상기로는 흑백으로 수상할 수 있는 컬러 텔레비전의 방송 방식〕. **~·ness** *n.* **-bly** *adv.*
compátible cólor [sýstem] *n.* 양립식 컬러 텔레비전 방송 방식 〔컬러 텔레비전 방송을 보통의 흑백 수상기로 흑백으로 수상할 수 있는 방식〕.
com·pa·tri·ot [kəmpéitriət, -pǽtri-] *n.* 같은 나라 사람, 동포 (fellow countryman). — *adj.* 같은 나라의.
com·pa·tri·ot·ic [kəmpèitriátik, -pǽtri-] *adj.* 같은 나라 사람의, 동포적인.
com·pa·tri·ot·ism [kəmpéitriətìz(ə)m, -pǽtri-] *n.* ⓤ 같은 나라 사람임, 같은 나라 사람의 친밀성, 동포의 정분.
compd. (略) compound.
com·peer [kəmpíər, kɑ́mpiər, kɔ́mpiə, ─ː] *n.* 대등한 자(equal); 동배(同輩), 동료(comrade).
‡**com·pel** [kəmpél] *v.* (-**pelled**, -**pel·ling**) *vt.* **1** …에게 억지로 …시키다, 무리하게 …시키다. ¶ FORCE 類語 ¶ (~+圈+to do) *compel* a person to confess 남에게 억지로 자백게 하다 / Hunger *compelled* him to surrender. 그는 배고픈 나머지 어쩔 수 없이 항복했다 / The rain *compelled* us to stay indoors. 우리는 비 때문에 부득이 집에 있어야 했다. **2** …을 강요하다. ¶ (~+圈+图) They *compelled* obedience (silence) from us. 그들은 우리에게 복종(침묵)을 강요했다 / He *compelled* tears from his audience. 그는 청중으로 하여금 눈물을 흘리지 않을 수 없게 했다. **3** 〔무리하게〕 굴복시키다, 따르게 하다 (subdue); …을 압도하다 (overpower). ¶ (~+圈+to do) *compel* a person to one's will 남을 무리하게 자기 뜻에 따르게 하다 / *compel* a person to submission 남을 무리하게 복종케 하다. **4** 《고어》 …을 한데 몰다 (drive together), 몰아 모으다. — *vi.* 강제하다, 거역하기 어려운 힘을 갖다.
◇ compúlsion *n.*, compúlsive, compúlsory *adj.*
com·pel·la·ble [kəmpéləbl] *adj.* 강제할 수 있는.
com·pel·la·tion [kɑ̀mpəléiʃ(ə)n / kɔ̀mpel-] *n.* ⓤ

[이름이나 호칭을:] 부름. **2** 명칭, 호칭(appellation).
com·pel·ler [kəmpélər] *n.* 강제자.
***com·pel·ling** [kəmpélin] *adj.* **1** 강제적인, 억지스러운, 위압적인. **2** 사람을 가만히 두지 않는, 마음을 끄는; 존경하지 않을 수 없게 하는. ¶ a *compelling* smile 무심코 끌려드는 미소.
com·pend [kámpend / kɔ́m-] *n.* =compendium.
com·pen·di·ous [kəmpéndiəs] *adj.* 간단하고도 요령 있는, 간명(簡明)한, 간결한. ~·ly *adv.* ~·ness *n.*
com·pen·di·um [kəmpéndiəm] *n.* (*pl.* -**di·ums** or -**di·a** [-diə]) 간결하게 표현된 대요(大要), 개요, 개론, 요약, 적요(摘要).
com·pen·sa·ble [kəmpénsəbl] *adj.* [손해・상해(傷害) 따위가] 보상의 대상이 되는, 보상할 수 있는.
***com·pen·sate** [kámpənsèit / kɔ́mpən-] *v.* (**-sat·ed, -sat·ing**) *vt.* **1** …에 변상하다, 배상하다, 보답하다; [美] [보수를] …에게 지불하다(pay) (... *for*). ¶ (~+目+前+名) *compensate* a person *for* loss 남에게 손해 배상을 하다 / *compensate* a person for his services 도움에 보답하다 / The company *compensated* her for extra work. 회사는 그녀의 시간외 근무에 대해 보수를 지불했다. **2** …을 보충하다, 상쇄하다 (counterbalance, offset) (...*with*). ¶ (~+目+前+名) *compensate* evil *with* good 악을 선으로 상쇄하다(매우다). **3** [기계] [흔들이 따위]를 보정(補整)하다. **4** [통화의 구매력을 안정시키기 위해 물가의 변동에 따라] [통화]의 금 함유량을 조정하다. — *vi.* 보상하다, 보충하다, 메우다(*for*...). ¶ (~+前+名) Industry and loyalty sometimes *compensate for* lack of ability. 근면과 충실은 때때로 재능의 결여를 보충한다 / Nothing can *compensate for* the loss of a mother. 어떠한 것도 어머니의 죽음을 보상할 수는 없다 / Her vanity was *compensated for* by her kindness. 그녀의 허영심은 친절한 마음으로 보충되었다.
◇ compensátion *n.,* cómpensative, compénsatory *adj.*
‡**com·pen·sa·tion** [kàmpənséiʃ(ə)n / kɔ̀mpən-] *n.* Ⓒ **1** 보상, 배상, 벌충, 보충, 대가(代價), 갚음 (*for* ...). ¶ in *compensation for* …의 보상(배상)으로 / receive money as *compensation for* …의 보상(배상)으로서 돈을 받다 / make *compensation for* …을 벌충하다. 2 [美] [노고에 대한] 보수, 보답; [공무원 등의] 급료(pay). ¶ *compensation* to dispossessed owners 철거 소유자에 대한 보상 / pains with sorry *compensations* 별로 보답이 없는 수고. **3** [생물] 보상 작용[어느 기관(器官)의 결함을 보충하는 다른 기관 또는 그 기관의 이상 발달]. **4** [심리] 보상 작용[열등감을 감추기 위해 강한 체 함이 따위]. **5** [기계] [흔들이 따위의] 보정(補整).
com·pen·sa·tion·al [kàmpənséiʃ(ə)n(ə)l / kɔ̀mpen-] *adj.* 보상의, 배상의, 보답으로서의.
còmpensátion bàlance *n.* 보정 천칭(補正天秤).
com·pen·sa·tive [kámpənsèitiv, kəmpénsə- / kəmpénsə-, kɔ́mpensèi-] *adj.* =compensatory.
com·pen·sa·tor [kámpənsèitər / kɔ́mpen-] *n.* **1** 보상자, 배상자. **2** [기계] 보정기, 조정기; [光學] 보정판(補正板).
com·pen·sa·to·ry [kəmpénsətɔ̀ːri / -t(ə)ri] *adj.* 보상의, 보답의, 배상의 의미에서의, 보충의. ¶ *compensatory* payment 보상금, 배상금.
com·pere [kámpɛər / kɔ́m-] *n.* Ⓡ [주로 英] [방송 연예회 따위의] 사회자. [< F godfather]
‡**com·pete** [kəmpíːt] *vi.* (**-pet·ed, -pet·ing**) **1** 경쟁하다, 다투다, 겨루다(*with, for, in* ...). ¶ (~+前+名) *compete with* others *for* a prize (mastery) 남들과 (지배권)을 겨루다 / *compete with* others *in* a race (business) 경주(사업)에서 남들과 경쟁하다.
類語 *compete* 상・지위 그밖의 보답을 얻기 위해 남과 경쟁하다: *compete* for promotion 승진을 겨루다. contend 강력히 대립하는 것과 격렬히 다투다; 다툴 필요성을 강조하다: *contend* with temptations 유혹과 싸우다. **contest** 어떤 것을 입수・확보하기 위해 남에 대항하여 자신의 우월을 증명하는다: *contest* the office of governor 지사의 자리를 다투다.
2 필적하다, 어깨를 겨루다(*with, in* ...). ¶ (~+前+名) Other goods cannot *compete with* this in the quality. 품질에 있어 다른 상품은 이것과 대항할 수 없다.
◇ competition *n.,* competitive *adj.*
***com·pe·tence** [kámpit(ə)ns / kɔ́m-] *n.* Ⓤ **1** [어떤 일을 하는] 능력, 재능, 적성, 자격(*for* ...). ⇨ ABILITY
類語 ¶ *competence for* a task 일을 수행하는 능력 / I doubt his *competence for* such a post. 그가 그런 지위에 적임인지 의심스럽다. **2** 충분한 양(量) (보통 a ~) [웬만큼 생활할 수 있는] 자산, 재산, 수입. ¶ earn a *competence* and fame 상당한 자산과 명성을 얻다. **3** [법률] 권한, 권능, 능력 (legal capacity). ¶ exceed one's *competence* 월권 행위를 하다 / be within one's *competence* to do …하는 것은 아무의 권한에 속한다. **4** [발생] 반응력(성).
com·pe·ten·cy [kámpit(ə)nsi / kɔ́m-] *n.* Ⓤ **1** =competence(1~3). **2** [법률] [증인・증거] 능력, 자격, 적격.
***com·pe·tent** [kámpit(ə)nt / kɔ́m-] *adj.* **1** 유능한 (capable), 충분한 자격을 갖춘, 적임(適任)의 (*for* ...). ¶ a *competent* cook 솜씨가 뛰어난 요리사 / a *competent* secretary 유능한 비서 // He is *competent for* the position. 그는 그 지위에 앉아도 충분한 자격이 있다 // He is *competent* to do the task. 그는 그 일의 적임자다. **2** 상당한, 충분한(adequate). ¶ a *competent* supply of provisions 충분한 식량 공급 / have a *competent* knowledge of …에 대해 충분한 지식이 있다. **3** [법률] [증인 등의] 법적 능력(자격)이 있는; [관청・법원 등이] 관할권이 있는; [행위가] 합법적인, 정당한. ¶ a *competent* witness 법률상 증인 능력이 있는 증인 / the *competent* authorities 주무(主務) 관청 / the *competent* court 관할 법원. ~·ly *adv.* ◇ cómpetence *n.*
‡**com·pe·ti·tion** [kàmpitíʃ(ə)n / kɔ̀m-] *n.* Ⓤ Ⓒ **1** 경쟁, 겨룸(rivalry) (*with, for*...). ¶ be in *competition with* others for a prize 남들과 겨루다 / put a person into *competition with* 남을 …과 경쟁시키다. **2** Ⓒ 경기회, 대회(contest), 시합(match); 경쟁 상대(competitor); 경쟁자들, 대항자들(competitors). ¶ a boxing *competition* 권투 시합 / a rifle *competition* 사격 대회. **3** [생태] 생존 경쟁. **4** [상업상] 경쟁. a price *competition* 가격 경쟁 / a free *competition* 자유 경쟁. **5** [사회] 경쟁[개인 등의 목적을 쟁취하기 위해 겨루지만 결과적으로 상대를 파멸시키는 일은 없는 사회적 항쟁]. ◇ compéte *v.,* competitive *adj.*
Competítion Róund *n.* 경쟁 조건의 평준화 문제 등을 주제로 하는 다자간 무역 교섭; Uruguay Round를 본떠서 만든 말; 略 CR].
***com·pet·i·tive** [kəmpétitiv] *adj.* 경쟁의, 경쟁으로 결정되는 [장사가] 경쟁심이 강한, 경쟁적인. ¶ a *competitive* power 경쟁력 / a *competitive* market 경쟁 시장 / a *competitive* supply (demand) 경쟁 공급(수요).
~·ly *adv.* ~·ness *n.* [val] (*in* ...).
***com·pet·i·tor** [kəmpétitər] *n.* 경쟁자, 경쟁상대 (ri-
com·pet·i·to·ry [kəmpétitɔ̀ːri / -t(ə)ri] *adj.* =competitive. [성형.
com·pet·i·tress [kəmpétitris] *n.* competitor의 여
com·pi·la·tion [kàmpiléiʃ(ə)n / kɔ̀m-] *n.* **1** Ⓤ 편집, 편찬. ¶ *compilation* of a dictionary 사전 편찬. **2** Ⓒ 편집물, 기록.
com·pil·a·to·ry [kəmpílətɔ̀ːri / -t(ə)ri] *adj.* **1** 편집
***com·pile** [kəmpáil] *vt.* (**-piled, -pil·ing**) **1** [자료]를 모으다, 하나로 종합하다, 집계하다. ¶ (~+目+前+名) *compile* materials *into* a magazine 자료를 모아 잡지를 만들다. **2** [자료를 모아] [책]을 편찬하다, 편집하다. ¶ *compile* a guidebook 안내서를 만들다. **3**

com·pil·er [kəmpáilər] *n.* **1** 편집자, 편찬자. **2** 〖컴퓨터〗 컴파일러[컴파일하기 위한 프로그램 언어로서, 일상어에 가까운 형태로 쓰여진 프로그램을 기계가 이해할 수 있도록 명령형으로 고쳐 쓴 것; COBOL, FORTRAN, ALGOL 의 총칭〗. * compiler language 라고도 한다.

compl. (略) complement.

com·pla·cence [kəmpléisns] *n.* =complacency.

com·pla·cen·cy [kəmpléisnsi] *n.* (*pl.* -cies) **1** ⓤ 흡족한 만족, 안심; 자기 만족, 득의(得意)(self-satisfaction). **2** 만족감을 주는 것, 위안이 되는 것.

com·pla·cent [kəmpléisnt] *adj.* **1** (특히 자기의 우월성에) 만족해하는, 자기 만족의, 흡족해 보이는. **2** 기분이 좋은, 상냥한(pleasant). ~·ly *adv.*

‡**com·plain** [kəmpléin] *vi.* **1** 불평(푸념)을 말하다, 불만을 말하다, 투덜대다(*of, about...*). ¶ be always *complaining* 늘 불평하(우는 소리)을 하고 있다 // (~+ 前+名) *complain* of little supply 공급이 적다고 불평하다 / *complain about* high prices 물가가 비싸다고 투덜대다 / We have nothing to *complain of*. 우리에겐 아무런 불만이 없다 / (~+*that* 節) He is always *complaining that* he cannot find time to do what he wants to [do]. 그는 하고 싶은 일을 할 시간이 늘 투덜거리고 있다.

類語 **complain** 「불평·불만을 말하다」라는 뜻의 가장 일반적인 말. **grumble** 혼잣말처럼 투덜투덜 complain 하다: *grumble* about the foul weather 지독한 날씨라고 투덜거리다. **growl** 성난 목소리로 complain 하다: *growl* about the delayed train 열차가 연착했다고 꽥꽥거리다. **murmur** 낮은 목소리로 complain 하나, 불만스러운 생각이 약한 것을 뜻하지는 않는다: *murmur* against an incompetent teacher 무능한 교사에 대한 불만을 중얼거리다. **whine** 애처로운 소리로 complain 하다: *whine* like a child 어린애처럼 우는 소리를 하다.

2 [고통·병의 용태로] 호소하다(*of...*). ¶ (~+前+名) *complain of* a headache (a stomachache, a sore throat) 두통(복통, 목구멍의 아픔)을 호소하다. **3** (정식으로) 불평하다, 고소하다(to...). ¶ (~+前+名) *complain to* the police of (or *about*) ~ 에 대해 경찰에 호소하다 // (~+前+名+*that* 節) She *complained* to me that he had been rude to her. 그녀는 그가 자기를 모욕했다고 내게 호소했다. **4** 〖詩〗 슬픈 듯한 소리를 내다. ◇ **compláint** *n.*

com·plain·ant [kəmpléinənt] *n.* 〖法〗 공소인(公訴人), 고소인, 원고(plaintiff).

com·plain·er [kəmpléinər] *n.* 불평가, 투덜대는 사람, 불만을 말하는 사람.

com·plain·ing·ly [kəmpléiniŋli] *adv.* 불만스러운 듯이, 불평을 말하면서, 투덜대면서.

‡**com·plaint** [kəmpléint] *n.* **1** ⓤⓒ 불평, 푸념, 넋두리(lament); 비난, 꾸짖음(censure); 후회(regret). ¶ be full of *complaints* 불평이 많이 있다 / a cause of *complaint* 불평의 씨(원인) // direct (or make) one's *complaint against* a person 남에게 불평을 말하다. **2** 불평(불만, 병), 병(illness). ¶ chronic *complaint* 만성병. **4** (美) 〖法〗 원고의 최초의 신청; [치안 판사에 대한] 신립, 고소, 고소장. ¶ make (or lay, lodge, bring) a *complaint* before the court *against* a person 남을 법원에 고소하다 // A *complaint* will be laid before the police. 경찰에 고소를 당할 것이다. ◇ **compláin** *v.*

com·plai·sance [kəmpléis(ə)ns, -z(ə)ns, kámpləzæns / kəmpléiz(ə)ns] *n.* ⓤ 상냥함; 은근함, 공손(한 태도, 행위); 고분고분함(compliance).

com·plai·sant [kəmpléis(ə)nt, -z(ə)nt / kəmpléiz(ə)nt] *adj.* 남의 비위를 맞추는, 상냥한; 공손한, 정중한(civil, courteous), 친절한; 고분고분한(compliant). ~·ly *adv.*

com·pla·nate [kámplənèit / kɔ́mplənit] *adj.* 평평하게 된, 평평하게 한; 같은 평면에 놓인.

com·pla·na·tion [kàmplənéiʃ(ə)n / kɔ̀m-] *n.* ⓤ 평평하게 함, 평면화.

com·pleat [kəmplíːt] *adj.* (고어) =complete. * *The Compleat Angler* 「낚시 대전(大全)」 Izaak Walton 작(1653)을 모방하여 지금은 The Compleat... 가 책이름으로 자주 쓰인다. 「(interweave).

com·plect [kəmplékt] *vt.* 함께 엮다, 서로 짜다

com·plect·ed [kəmpléktid] *adj.* (보통 복합어를 만들어) 얼굴 빛이 …한(complexioned). ¶ a dark-*complected* man [얼굴] 빛이 검은 남자.

‡**com·ple·ment** [*n.* kámplimənt / kɔ́m- // *v.* ~] **1** 보충물, 보완물; 보충량. ¶ an indispensable (a necessary) *complement* 빼놓을 수 없는(필요한) 보충물.

類語 **complement** 완전한 것이 되게 하는 데에 절대 필요한 또는 the last *complement* to a series of books 총서(叢書)의 마지막 한 권. **supplement** 일단 완전한 것이 되어 있는 물건에 그저 덧붙이는 것: a yearly *supplement* to an encyclopedia 백과 사전의 연간(年刊) 부록.

2 [문법] 보어. **3** 한 쌍으로 된 것의 한쪽(counterpart). **4** 전량(全量), 필요한 것의 전부, 한 벌(complete set); 총계(totality). ¶ the moon in her *complement* 만월. **5** 전승무원. ¶ Now the ship has her full *complement* of men. 이제 전승무원이 승선했다. **6** 〖기하〗 여각(餘角); 여호(餘弧) 〖수학〗 보집합(補集合), 여집합(餘集合). **7** 〖음악〗 보충 음정 [어떤 음정에 몇 도의 음정을 보충하여 옥타브를 이루는 음정]. **8** [녹색] [혈액·임파 속의] 보체(補體).

9 =complementary color.

— *vt.* [kámplimènt / kɔ́m-] **1** …을 보충하다, 보태다, 보완하다(complete). **2** (폐어) =compliment.

com·ple·men·tal [kàmplimént(ə)l / kɔ̀m-] *adj.* 보충적인, 〔서로〕 보완하는(complementary).

~·ly [-təli] *adv.*

com·ple·men·tar·i·ty [kàmplimentǽriti / kɔ̀m-] *n.* 〖물리·화학〗 상보성(相補性).

com·ple·men·ta·ry [kàmpliménti(ə)ri / kɔ̀m-] *adj.* 보충이 되는, 보충적인; 서로 보완하는. ¶ a *complementary* arc 〖기하〗 여호. — *n.* =complementary color. -**ta·ri·ly** *adv.*

còmpleméntary ángle *n.* 〖기하〗 여각.

còmpleméntary cólor [(英) **cólour**] *n.* 〖미술〗 **1** 보색(補色), 여색(餘色). **2** =secondary color.

còmpleméntary distribútion *n.* ⓤⓒ 〖언어〗 상호 보충적 분포.

‡**com·plete** [kəmplíːt] *adj.* (드물게 -plet·er, -plet·est) **1** 전부가 갖추어진, 빠진 것이 없는, 완전한(whole). ¶ a *complete* story 완결 소설 / a *complete* set of kitchen utensils 요리 도구 한 벌 / the *complete* works of Shakespeare 셰익스피어 전집.

類語 **complete** 필요한 부분 따위가 모두 갖추어져 「완전한」: a *complete* translation of "War and Peace" 「전쟁과 평화」의 완역. **perfect** 어떤 규율·양식에 일치하고 아주 뛰어나다 「완전한, 완벽한」: a *perfect* translation 더할 나위 없는 완벽한 번역. **entire** complete 하여 어느 것도 분리될 수 없는 통일체를 이루어 「완전한」: an *entire* collection of Korean butterflies 한국산(産) 나비의 완전한 수집. ⇒ WHOLE

類語 **thorough** 각 세부(細部)에 주의가 철저하여 「완전한」: a *thorough* search 완전한 수색(수사). **intact** 손상·변화 따위를 받지 않고 본래의 상태로 「온전한」: a building *intact* after ten centuries 10세기를 거친

후에도 온전하게 남아 있는 건물. **2** 완성된, 완결된(finished). ¶ The year is now *complete*. 올해도 이제 끝났다/It is to be *complete* in four volumes. 그것은 4권으로 완결될 예정이다. **3** 전적인(thorough). ¶ a *complete* ass (or fool) 철저한 바보 / a *complete* failure (victory) 완패(완승)/ a *complete* stranger 완전한 타인. **4** 숙달(숙련)된; 나무랄 데가 없는, ¶ a *complete* hunter 사냥의 명수 /a *complete* lady 완벽한 숙녀. **5** [미식축구] [포워드 패스가] 잘 받아내어진. **6** [수학] 완비된, 완전한. ¶ *complete* solution 완전 해 — *vt.* (-plet·ed, -plet·ing) **1** …의 수·양을 채워 완전한 것이 되게 하다, …을 전부 갖추다, 완비하다. ¶ Two more books will *complete* this series. 두 권만 더 나오면 이 총서가 완간된다/His disappearance *completed* my conviction of his guilt. 그의 실종으로 그가 유죄라는 나의 판단이 확실해졌다. **2** …을 끝내다, 완료하다, 완성하다, 완결하다, 성취하다(finish, fulfill). ¶ *complete* the construction of a monument 기념비의 건설을 완성하다 / She *completed* her homework early in the evening. 그녀는 숙제를 저녁 일찍 끝내버렸다. **3** [미식축구] [포워드 패스]를 성공시키다.
to complete one's misery 가뜩이나 불행한데다가.
~·ness *n*., complétion *n*., complétive *adj*.

‡**com·plete·ly** [kəmplíːtli] *adv*. 완전히; 충분히; 전적으로; 완벽하게.

***com·ple·tion** [kəmplíːʃ(ə)n] *n*. ⓤ **1** 완성, 완료; 달성, 성취(fulfillment). ¶ approach (*or* near) the *completion* of …의 완성이 가까워지다 / be near *completion* 완성에 가까워지다 / bring … to *completion* …을 완성하다. **2** [미식축구] 잘 받아낸 포워드 패스.
◇ complète *v*., complétive *adj*.

com·ple·tist [kəmplíːtist] *n*. 완전(완성)주의자.
— *adj*. 완성주의의.

com·ple·tive [kəmplíːtiv] *adj*. 완전하게 하는, 완성(완료)에 도움이 되는; 완성(완료)되어 가는.

‡**com·plex** [kəmpléks, kámpleks / kɔ́mpleks // → *n*.] *adj*. **1** 몇개의 부분으로 이루어진, 복합의, 혼성(混成)의 (compound). ¶ a *complex* tone 복합음. **2** 복잡한, 얽히고 설킨(complicated). ¶ a *complex* argument 복잡한 논의.

[類語] **complex** 각 부분·요소가 서로 깊이 관련된; 지식·경험 따위의 필요를 암시: the *complex* mechanism of government 복잡한 정치 기구. **complicated** 아주 *complex* 함; 이해·해결이 극히 곤란함을 강조: a *complicated* problem in physics 물리학의 복잡한 문제. **intricate** 지나치게 얽혀 얼핏 보아서 이해하기가 힘든, 혼란되기 쉬움을 강조: an *intricate*, abstract pattern 복잡한 추상적 무늬. **involved** 복잡하게 얽혀 분해하기 어려운; 때로는 혼란을 암시: an *involved* knot (style) 복잡한 매듭(문체). **knotty** 아주 *complicated* 하고 *intricate* 한; 해결·처리가 거의 불가능한 것을 암시: a *knotty* question 복잡하여 도저히 풀 수 없는 문제.

3 [문법] [단어·문장이] 복합의. ¶ a *complex* word 복합어. **4** [수학] 복소수(複素數)의.
— *n*. [kámpleks / kɔ́m-] **1** 복합체, 합성물. **2** [정신 분석] 콤플렉스[억압되어 의식에는 나타나지 않는 감정적으로 집중되어 있는 관념의 집합(복합)]를 가리키는 용어. ¶ inferiority (superiority) *complex* 열등(우월) 감. **3** 고정 관념(fixed idea), 강박 관념. ¶ a woman *complex* 여성 공포감 / a height *complex* 고소(高所) 강박감. ¶ [수학] 복소수. **5** 콤비나트[공장 결합]. * 「콤비나트」는 러시아어의 *kombinat* 가 그 어원.
~·ly *adv*. ~·ness *n*. ◇ compléxity *n*.

cómplex fráction *n*. [수학] 번분수(繁分數).

***com·plex·ion** [kəmplékʃ(ə)n] *n*. **1** 얼굴의 윤기, 안색, 살결; 얼굴 생김새, 용모. ¶ a fair *complexion* [얼굴의] 흰 살갗 / a good (a bad) *complexion* 좋은 (나쁜) 안색 / a healthy *complexion* 건강한 혈색 / a person with a dark *complexion* 얼굴빛이 검은 사람 / She has a beautiful *complexion*. 그녀는 얼굴이 아름답다. **2** [사태의] 외관, 형세, 양상(aspect), 상황. ¶ the *complexion* of the war 전국(戰局) / put another *complexion* on …의 형세를 바꾸다/Things are wearing a dangerous *complexion*. 사태는 험악한 양상을 띠고 있다. **3** 《폐어》성질(nature).

com·plex·ion·al [kəmplékʃ(ə)n(ə)l] *adj*. 안색의; 천성의; 성질의.

com·plex·ioned [kəmplékʃ(ə)nd] *adj*. 《주로 복합어를 만들어》얼굴색이 …한. ¶ a fair-*complexioned* girl 얼굴색이 흰 소녀/a dark-*complexioned* man 얼굴색이 검은 남자.

***com·plex·i·ty** [kəmpléksiti] *n*. ⓤⓒ (*pl*. -ties) 복잡, 복잡성, 착잡; ⓒ 복잡한 것, 착잡한 것.

cómplex séntence *n*. 복문[종속절이 있는 문장. 예: When the clock strikes (종속절), it will be three o'clock.(주절)].

com·pli·a·ble [kəmpláiəbl] *adj*. 《폐어》= compliant.

***com·pli·ance** [kəmpláiəns] *n*. ⓤ **1** [요구·신청 따위의] 응낙, 승낙, 수락. **2** 유순(柔順), 고분고분함. **3** 맹종, 굴종; 비굴. **4** [물리] 컴플라이언스.
in compliance with …에 따라, …에 응하여.
◇ compliant *adj*., comply *v*.

com·pli·an·cy [kəmpláiənsi] *n*. = compliance.

com·pli·ant [kəmpláiənt] *adj*. **1** 고분고분한, 순종하는, ⇒ OBEDIENT [類語] **2** 시키는대로 하는, 맹종하는. ~·ly *adv*.

com·pli·ca·cy [kámplikəsi / kɔ́m-] *n*. (*pl*. -cies) **1** ⓤ 복잡, 착잡, 분규. **2** 복잡한 문제(사태).

***com·pli·cate** *vt*. [kámplikèit / kɔ́m- // → *adj*.] (-cat·ed, -cat·ing) …을 복잡하게 하다, 뒤얽히게 하다, 곤란하게 하다. ¶ This problem is *complicated* with his family circumstances. 이 문제는 그의 가정 사정과 복잡하게 얽혀있다. — *adj*. [kámplikit/kɔ́m-] **1** 복잡한, 뒤얽힌, 착잡한(complex). **2** [식물] 겹쳐진; [곤충] [곤충의 날개가] 세로 접어 겹쳐진. ¶ a *complicate* embryo 겹쳐진 배(胚).
◇ cómplicacy, complication *n*.

‡**com·pli·cat·ed** [kámplikèitid/kɔ́m-] *adj*. **1** 복잡한, 뒤얽힌, 착잡한, ⇒ COMPLEX [類語] **2** [구조 따위가] 복잡한, 알기 어려운. ~·ly *adv*. ~·ness *n*.

***com·pli·ca·tion** [kàmplikéi(ə)n / kɔ̀m-] *n*. **1** ⓤⓒ 복잡함; 복잡한 상태, 착잡, 분규. ¶ a *complication* of rules and restrictions 복잡한 규칙과 제한 사항. **2** 복잡하게 만드는 요소, 분규의 원인. **3** [병리] 합병증, 병발증.

com·plic·i·ty [kəmplísiti] *n*. ⓤⓒ(*pl*. -ties) 공범, 공모, 연좌, 연루(連累) (*with, in*...). ¶ *complicity* in theft 절도의 공범.

com·pli·er [kəmpláiər] *n*. 승낙하는 사람, 승낙자.

‡**com·pli·ment** *n*. [kámplimənt/kɔ́m- // → *v*.] **1** 추키는 말, 찬사; [말·태도에 의한] 경의의 표현 (*to, on, upon* ...). ¶ an empty *compliment* 입에 발린 칭찬/ deserve a *compliment* 찬사를 받을만하다/return the *compliment* 답례 하다 / He paid you a high *compliment*. 그는 당신을 크게 칭찬했다 / Thank you for your *compliment*. 칭찬해주셔서 감사합니다 // make(*or* pay) a *compliment* to a person *on* (*or upon*) 님…에 관해 칭찬(축하)하는 말을 하다. **2** (보통 ~s) 인사말(greetings); 안부 전하는 인사말(good wishes). ¶ the *compliments* of the season 계절 인사/ send one's *compliments* to …에게 안부를 전하다 / I am to present you with their *compliments*. 그들이 당신에게 안부 전해 달라고 합디다 / Please give me my best *compliments* to your parents. 양친에게 부디 안부 전해주십시오. **3** 《고어·방언》선물(gift), 행하(tip).

in compliment to …에 경의를 표하여.

make (or **pay, present**) *one's* **compliments to** *a person* ① 남에게 문안 인사차 방문하다, 남에게 경의를 표하다. ② 남에게 안부 전하다.
with the compliments of *Mr. A*; **with** *Mr. A's* **compliments** 근정(謹呈) ── A로부터 〔책·기타 선물에 사용하는 문구〕. ¶ *With* the author's *compliments* 근정 ── 저자로부터.
── *vt.* [kámpliment / kóm-] **1** 〔남〕에게 찬사를 말하다, 〔남〕을 칭찬하다; 〔남〕에게 듣기 좋은 말을 하다; 〔남〕에게 축사를 하다(congratulate) ¶ (~+图+前+图) *compliment* a woman *on* her new hat 여인의 새 모자를 칭찬하다 / *compliment* a person *on* the birth of a son 남에게 생남 축하 인사를 하다 // *compliment* a person *into*(*out of*) 남을 추켜서 …하게 하다(…을 빼앗다). **2** 〔남〕에게 증정하다(present)(...*with*). ¶ (~+图+前+图) I *complimented* her *with* a book. 나는 그녀에게 책을 증정했다.
◇ compliméntary *adj.*

com·pli·men·ta·ry [kàmplimént(ə)ri / kɔ̀m-] *adj.* **1** 찬사의, 칭찬의, 경의를 표하는; 겉치렛말을 하는, 아첨하는(flattering); 인사를 차리는; 축하의, 치하하는. ¶ a *complimentary* address 축사. **2** 무료의(free), 우대하는. ¶ a *complimentary* ticket 우대권 / a *complimentary* copy 증정본, 견본. ◇ cómpliment *n.*

com·pline, -plin [kámplin / kɔ́m-] *n.* 〔교회〕 잠기 전의 기도〔하루의 성무 일과(聖務日課)의 마지막 기도, 또는 그 시간〕, 종과(終課), 최종 기도.

com·plot *n.* [kámplàt / kɔ́m-] → *v.* 공모(共謀)(conspiracy). ── *vt., vi.* [kəmplát / -plɔ́t] (**-plot·ted, -plot·ting**) 공모하다(plot together).

‡**com·ply** [kəmplái] *vi.* (**-plied, -ply·ing**) **1** 따르다, 동의하다, 승낙하다(agree) with, ¶ (~+前+图) *comply with* a person's request 남의 요구에 응하다 / *comply with* a rule 규칙에 따르다 // He *complied* with a bad (a good) grace. 그는 마지못해(쾌히) 승낙했다. **2** [폐어] 에의바르다. ◇ compliánce *n.*, compliánt *adj.*

com·po [kámpou / kɔ́m-] *n.* ⓒⓤ (*pl.* **-pos**) 혼합물, 합성품, [특히] 회반죽, 모르타르. 〔< COMPO[SITION]〕

*com·po·nent** [kəmpóunənt] *adj.* 구성 요소(성분)을 이루는, 구성하고 있는. ¶ a *component* part 구성 부분. ── *n.* **1** 구성 요소(부분), 성분. ≒ ELEMENT 類語 **2** 〔물리〕 〔힘·속력 따위의〕 분력(分力). ¶ a *component* of force 분력 / a *component* of velocity 분속도(分速度). **3** 〔물리 화학〕 성분〔화합물·혼합물을 구성하는 각 원소〕. **4** 〔수학〕 〔벡터 장(場)의〕 성분.

cómpo rátions *n. pl.* (군대) 비상 휴대 식량.

com·port [kəmpɔ́ːrt / -pɔ́ːt] *vt.* 〔재귀용법〕 처신하다 (conduct), 행동하다 (behave). ¶ *comport* oneself gracefully 우아하게 행동하다 / *comport* oneself with dignity 위엄있게 행동하다. ── *vi.* 어울리다, 조화되다(suit). ¶ (~+前+图) His behavior does not *comport* with his status. 그의 거동은 신분에 어울리지 않는다.

com·port·ment [kəmpɔ́ːrtmənt / -pɔ́ːt-] *n.* ⓤ 태도, 행동, 거동, 품행(deportment).

‡**com·pose** [kəmpóuz] *v.* (**-posed, -pos·ing**) *vt.* **1** (보통 수동형) …의 일부(구성 요소)를 이루다, …을 조립하다, 만들어 내다. ¶ (~+图+前+图) The troop was *composed* entirely *of* American soldiers. 그 부대는 전부 미국인 병사로 구성되었다. **2** 〔시·문장〕을 짓다, 〔음악〕…을 작곡하다; 〔미술〕 〔그림〕을 구도(構圖)하다. ¶ *compose* a poem 시를 짓다 / *compose* a sentence 문장을 짓다 / *compose* a song 노래를 작곡하다. **3** 〔인쇄〕 〔활자〕를 짜다(set up); …을 활자로 짜다. ¶ *compose* an article 논설을 활자로 짜다. **4** 〔안색·태도 따위〕를 부드럽게 하다; 〔마음〕을 가라앉히다, 진정시키다(calm). ¶ *compose* one's emotions 감정을 억제하다 / *compose* oneself to read a book 마음을 진정시키고 책을 읽다 // (~+图+前+图) *compose* one's mind *for* 마음을 가다듬고 …을 시작하려고 하다. **5** 〔논쟁 따위〕를 가라앉히다, 해결하다, 조정하다 (settle, adjust). ¶ *compose* a dispute 분쟁을 조정하다. ── *vi.* **1** 문학(음악) 작품을 창작하다, 문장(시)을 짓다, 작곡하다. **2** 구도로서 짜다. **3** 활자를 짜다.
◇ compositíon, compósure *n.*, compósite *adj.*

*com·posed** [kəmpóuzd] *adj.* 침착한(calm), 평온한, 편안한 (tranquil). **-pos·ed·ly** [-póuzidli] *adv.* **-pos·ed·ness** [-idnis] *n.*

*com·pos·er** [kəmpóuzər] *n.* **1** 구성자, 구도자(構圖者); 작곡가; 지은이, 저자(author). **2** 조정자.

com·pos·ing [kəmpóuziŋ] *adj.* 진정시키는. ¶ *composing* medicine 진정제. ── *n.* 〔인쇄〕 식자.

composing fràme(stànd) *n.* 식자대(臺).

composing machìne *n.* 〔인쇄〕식자기(機).

composing ròom *n.* 〔인쇄소의〕식자실.

composing stìck *n.* 〔인쇄〕식자용 스틱.

*com·pos·ite** [kəmpázit, kam- / kɔ́mpəzit, -sit] *adj.* **1** 각종 요소로 된; 합성의, 복합의(compound). ¶ a *composite* carriage 각 등급 혼성 객차. **2** 〔식물〕 국화과(科)의. **3** 〔건축〕 콤포지트식의, 혼합식의 〔고대 로마 건축 양식의 하나로 이오니아식 기둥머리를 코린트식 기둥머리 위에 얹어 한 기둥머리로 한것〕. **4** 〔로켓 공학〕 **a)** 〔로켓 또는 미사일의〕 2단 이상의, 다단식 (多段式)의. **b)** 〔발사 화약이〕 혼합 연료와 산화제(酸化劑)로 되어 있는. **5** 〔음향〕 〔배가〕 철골과 목재 합성의. **6** 〔수학〕 복합(합성) 함수의, 합성수의. ── *n.* **1** 합성물, 혼성물(compound). **2** 〔식물〕 국화과(科) 식물 (composite plant). **3** 합성화(畫), 합성 사진. **~·ly** *adv.* ◇ compóse *v.*

compósite númber *n.* 〔수학〕 합성수.

compósite phótogràph *n.* 합성 사진.

compósite school *n.* 〔캐나다의 보통과·상업과·공업과를 합한〕 종합 중등 학교.

‡**com·po·si·tion** [kàmpəzíʃ(ə)n / kɔ̀m-] *n.* **1** ⓤ 구성, 합성, 조립; ¶ the *composition* of forces (waves) 〔물리〕 힘(파동)의 합성.
2 ⓤ 작문(법), 작시(법), 〔음악〕 작곡(법); ⓒ 〔한 편의〕 작문, 문장; 음악 작품, 악곡. ¶ a *composition* book (美) 작문 연습장 / an English *composition* 〔한 편의〕 영작문 / a musical *composition* 음악 작품 / write a *composition* 작문을 쓰다 // a *composition* for the piano 피아노곡.
3 ⓤⓒ 배합, 배치; 〔미술〕 구도; 〔인쇄〕 식자. ¶ the *composition* of a picture 그림의 구도.
4 ⓤ 합성(구성)되어 있는 상태, 구조; ⓒ 합성물, 혼성물, 〔특히 회반죽 따위의〕 이긴 것(compo).
5 ⓤ 기질, 성질. ¶ There is something eccentric in his *composition*. 그의 성질에는 좀 별난 데가 있다.
6 〔문법〕 〔낱말의〕 복합, 복합법; 문장 구성법.
7 화해, 타협(compromise); 〔채권자와 채무자 사이의〕 화해, 사화(私和), 시담(示談); 사화금(金). ¶ come to a *composition* with a person 남과 화해(타협)하다.

com·po·si·tion·al·ism [kàmpəzíʃ(ə)nəlìz(ə)m / kɔ̀m-] *n.* 〔미술〕 구성파.

com·pos·i·tive [kəmpázitiv / -pɔ́z-] *adj.* 합성적인, 종합적인.

com·pos·i·tor [kəmpázitər / -pɔ́z-] *n.* 〔인쇄〕 식자공.

*com·pos men·tis** [kámpəs méntis / kɔ́m-] 《라틴》 제정신의, 정신이 멀쩡한(sane); 〔법률〕 정신이 건전한.

com·post [kámpoust / kɔ́m-] *n.* 합성물, 혼합물; ⓤ 〔특히〕 혼합 비료, 퇴비(堆肥). ── *vt.* …에 퇴비를 주다.

*com·po·sure** [kəmpóuʒər] *n.* 태연자약, 냉정, 침착, 평정(calmness). ¶ with *composure* 침착하게 / keep (lose) one's *composure* 평정을 유지하다(잃다).
◇ compóse *v.*

com·po·ta·tion [kàmpo(u)téiʃ(ə)n / kɔ̀m-] n. ⓤ 술잔치, 주연(酒宴) (carouse).

com·po·ta·tor [kámpo(u)tèitər / kɔ́m-] n. 술친구.

com·pote [kámpout / kɔ́mpɔt, -pout] n. **1** 설탕절임 (설탕조림)한 과일[보존식용]. **2** [과자·과일 따위를 담아 내는] 굽 달린 접시.

‡**com·pound**[1] adj. [kámpaund, -´/ kɔ́m-// → n., v.] **1** 혼합의, 혼성의, 합성의, 복합의. ¶ a *compound* substance 혼합물. **2** [화학] 화합물의. **3** [문법] 복합의; 중문(重文) (compound sentence)의. ¶ a *compound* word 복합어. **4** [동·식물] 복합의, 많은 개체 (個體)로 이루어진. ¶ a *compound* animal 군체 동물 (群體動物) / a *compound* fruit 집합(복합) 과일 / a *compound* inflorescence 복합 화서(花序). **5** [음악] 복합 박자(compound time)의. **6** [기계] 복식의, 연성 (連成)의. **7** [전기] 겸으로 감은. ¶ a *compound* motor 겸으로 감은 전동기(電動機) / a *compound* impulse turbine 연성(連成) 충동 터빈.

── n. [kámpaund / kɔ́m-] **1** 혼합물, 합성물. ¶ A medicine is usually a *compound*. 약은 보통 합성물이다. **2** [화학] 화합물. **3** [문법] 복합어(compound word).

── v. [kəmpáund, kɑm-/ kəm-, -] vt. **1** [성분 따위]을 혼합하다, [약 따위]을 조합(調合)하다; [낱말 따위]을 합성하다, 복합하다 [여러 가지를 합쳐서] [하나의 것]을 만들어내다. ¶ *compound* a medicine 약을 조제하다. **2** [반제(返濟)] 요구액보다 적은 액수를 지불하고 [부채]를 시담(示談)으로 해결하다, 합의 처리하다. **3** [법률] [고소하지 않는 조건으로 가해자로부터 돈을 받고] [범죄]를 합의 처리하다, 시담으로 해결하다. ¶ *compound* an offense 죄를 합의 처리하다. **4** [전기] [모터 따위]를 겸으로 감다. **5** …을 증가(강화)하다. **6** [이자]를 복리로 지불(계산)하다. ¶ This bank *compounds* interest semiannually. 이 은행은 반년마다 이자를 복리로 지불한다.

── vi. **1** 타협하다, 화해하다(compromise). ¶ (~ + 前+图) *compound with* a person *for* a thing 어떤 일을 남과 타협하다. **2** 화해하다, 시담으로 해결하다. **3** 뒤섞이다, 혼합하여 하나로 되다.

com·pound[2] [kámpaund / kɔ́m-] n. [인도·말레이시아 등지에서] 울타리로 둘러싼 백인의 저택(상업) 지구; [아프리카에서] 울타리로 둘러싼 원주민 노동자의 주택 지구; 포로 수용소; [일반적으로] 울타리로 둘러싼 지역.

com·pound·a·ble [kəmpáundəbl, kɑm- / kəm-, kɔm-] adj. **1** 혼합할 수 있는, 복합할 수 있는. **2** 화해할 수 있는, 타협할 수 있는; 시담으로 해결할 수 있는.

cóm·pound-cóm·plex séntence [kámpaundkámpleks- / kɔ́mpaundkɔ́m-] n. [문법] 혼문(混文) [종속절과 대등절을 가진 글]. [기].

cómpound éngine n. 2단 팽창 기관, 복합 발동기.

cómpound éye n. [동물] [곤충등의] 복안(複眼).

cómpound flówer n. [식물] 집합화(集合花) [국화과(科) 식물].

cómpound fráction n. [수학] = complex fraction.

cómpound frácture n. [의학] 복잡 골절(複雑骨折). [interest

cómpound ínterest n. ⓤ 복리(複利). cf. simple

cómpound ínterval n. [음악] 복합 음정[옥타브 이상에 걸친 음정].

cómpound léaf n. [식물] 복엽(複葉).

cómpound númber n. 복명수(複名數), 제등수(諸等數) 와. ＊ 예를 들어 one minute twenty seconds (1분 20초) 따위.

cómpound séntence n. 중문(重文) [and, or, but 등의 등위 접속사로 2개 이상의 단문을 결합한 글].

cómpound tíme n. [음악] 복합 박자 [단박자(單拍子)를 여러 개 합쳐서 형성; 6/4, 9/8 따위].

com·pound-wound [kámpaundwáund / kɔ́m-] adj. [전기] 겸으로 감은.

com·pra·dor, -dore [kɑ̀mprədɔ́ːr / kɔ̀m-] n. 매판 (買辦) [옛날 중국에서 외국 상사 따위에 고용되어 외국 과의 상거래 따위를 한 중국인].

com·preg [kámprèg / kɔ́m-] n. ⓤⓒ [합성 수지로 접착한] 고압(高壓) 베니어.

com·preg·nate [kəmprégneit] vt. (**-nat·ed, -nat·ing**) [합성 수지로] …을 밀착(접착)시키다.
[<COM[PRESS] + IM[PREGNATE]

‡**com·pre·hend** [kàmprihénd / kɔ̀m-] vt. **1** [사물의 의미·성질]을 이해하다, 알다, 파악하다. ⇨ UNDERSTAND
[類語] **2** …을 포함하다, 포괄하다(include). ⇨ CONTAIN
[類語] ◇ compreh**é**nsion n.; compreh**é**nsible, comprehénsive adj.

com·pre·hend·ing·ly [kàmprihéndiŋli / kɔ̀m-] adv. 이해하여.

com·pre·hen·si·bil·i·ty [kàmprihènsəbíliti/kɔ̀m-] n. ⓤ 이해할 수 있음, 알기 쉬움.

com·pre·hen·si·ble [kàmprihénsəbl / kɔ̀.-] adj. 이해할 수 있는, 알기 쉬운, 뜻이 명료한(intelligible). **~ness** n. **-bly** adv.

‡**com·pre·hen·sion** [kàmprihénʃ(ə)n / kɔ̀m-] n. ⓤ **1** 포함, 포괄(inclusion). ¶ a term of wide *comprehension* 뜻이 넓은 말. **2** 이해, 이해력, 파악력, 지각력(知覺力). ¶ above (or beyond) one's *comprehension* 이해할 수 없는 / within one's *comprehension* 이해할 만 한. ¶ It passes my *comprehension*. 나로서는 그것을 도무지 이해할 수 없다. **4** [이해하여 얻은] 지식. **5** [논리] 내포(內包) (connotation). **6** [종교] [영] 이견(異見)의 허용, 신교(信敎)의 자유. ◇ comprehénd v.

‡**com·pre·hen·sive** [kàmprihénsiv / kɔ̀m-] adj. **1** 포함하는, 포괄적인, 범위가 넓은(inclusive). ¶ a *comprehensive* term 뜻이 넓은 말 / a *comprehensive* mind 견해가 넓은 사람 // a *comprehensive* of …을 포함하는. **2** 이해하는; 이해력이 있는, 이해가 빠른. ¶ *comprehensive* faculty 이해력. ── n. (종종 ~s) (= còmprehénsive exàminàtion) [학위를 취득하기 위한] 종합 시험. **-ly** adv. **-ness** n.
◇ comprehénd v., comprehénsion n.

còmprehénsive schóol n. [영] [실업 교육도 실시하는] 중등 학교. cf. grammar school

*com·press** [kəmprés →], vt. **1** [공기·가스 따위]을 압축하다, 압착하다; …을 꽉 누르다, 밀어 넣다, 단단히 죄다(... into). ¶ *compress* gas 가스를 압착하다. **2** [언어·사상 따위]을 압축히다, 줄이다, 요약하다(... into). ¶ I *compressed* my thoughts *into* several words. 나는 생각을 몇 마디로 요약했다.
── n. [kámpres / kɔ́m-] **1** [의학] [혈관을 압축하는] 압박 붕대; 습포(湿布). **2** [솜을 곤포(梱包)하는] 압착 기계. ◇ compréssion n., compréssive adj.

*com·pressed** [kəmprést] adj. **1** 압축된, 응축된; [문장 등] 간결해진. ¶ *compressed* air 압축 공기. **2** [함께] 눌린. **3** 평평해진 (flattened). **4** [식물] 측면으로 눌린, 편평(扁平)한. **5** [동물] [물고기가] 옆이 납작한.

com·press·i·bil·i·ty [kəmprèsəbíliti] n. (pl. **-ties**) [물리] **1** ⓤ 압축성, 압축 가능성. **2** 압축률.

com·press·i·ble [kəmprésəbl] adj. 압축(압착)할 수 있는, 압축성의. ¶ *compressible* fluid 압축성 유체(流體).

*com·pres·sion** [kəmpréʃ(ə)n] n. ⓤ **1** 압축, 압착. **2** 압축 상태; [문장·문체 등의] 간결, 압축, 요약.

com·pres·sive [kəmprésiv] adj. 압축력이 있는, 압착하는. **~ly** adv.

*com·pres·sor** [kəmprésər] n. **1** 압축자; 압착기(機). **2** [해부] 압축근(筋). **3** [외과] [혈관]압박기(器). **4** [전자 공학] 콤프레서.

com·pris·al, -priz·al [kəmpráiz(ə)l] n. **1** 포함,

함유. **2** 개략, 대요(summary).
*com·prise [kəmpráiz], (**com·prize**) vt. (**-prised**, **-pris·ing**) **1** …을 포함하다, 포함하다. ⇨ CONTAIN [類語] ¶ be comprised in …에 포함되어 있다. **2** …으로 성립되다, 이루어지다 (be composed of). ¶ The United States comprises 50 states. 미국은 50개 주로 이루어져 있다. **3** …을 구성하다. ¶ The first part is comprised of 15 chapters. 제1부는 15장으로 구성되어 있다.
‡**com·pro·mise** [kámprəmàiz / kɔ́m-] n. **1** ⓤⓒ 타협, 양보; 화해(with …). ¶ a life of compromise 타협의 생활 / They reached a satisfactory compromise. 그들은 만족스러운 타협에 이르렀다 // make a compromise with …과 타협하다. **2** 절충 (안(案)); 절충한 것, 중간의 것. ¶ a compromise between Korean and foreign styles 한국식과 외국식의 절충. **3** [명예·신용 따위를] 위태롭게 하기. ¶ a compromise of one's honor 자신의 명예를 위태롭게 하기.
— v. (**-mised**, **-mis·ing**) vt. **1** [분쟁 따위]를 타협하여 (서로 양보해서) 해결하다; [재판에 붙이지 않고] 화해하다. ¶ (~+图+前+图) compromise a dispute with a person 남과 타협하여 분쟁을 해결하다. **2** [주의·주장]을 양보하다, 굽히다. **3** [남에게] [의혹·나쁜 평판 따위]를 받게 하다; [남의] [명예·신용 따위]를 위태롭게 하다, 떨어뜨리다. ¶ compromise oneself 의혹을 초래하다, 신용을 떨어뜨리다 / compromise one's reputation (honor) 자기의 평판(명예)을 더럽히다.
— vi. 타협하다, 양보하다, 화해하다; [불리·불명예스러운] 양보를 하다(with …). ¶ (~+前+图) compromise with …과 타협하다 // compromise on these terms 이런 조건으로 타협하다. 〜·r n.
com·pro·mis·er [kámprəmàizər / kɔ́m-] n. 타협자.
com·pro·vin·cial [kàmprəvínʃ(ə)l / kɔ̀m-] adj. 같은 대주교구(大主敎區) (archiepiscopal province)의.
— n. 대주교구의 주교 (bishop).

compte ren·du [kɔ̀ːnt rɑːŋdjú / F kɔ̃ːt rādý] n. (프랑스) (= account rendered) (pl. **comptes rendus**) [업무·회의 따위의] 보고(서); [동 기록] 결산.
comp·to·graph [kámptəgræf / kɔ́mptəgrɑ̀ːf] n. 자동 계산기.
Comp·tom·e·ter [kamptámitər / kɔmptɔ́m-] n.《상표명》 고속도 계산기 [사무용 계산기의 일종].
comp·trol·ler [kəntróulər] n. 《美 따위의》 검사관, 감사관 (controller). ¶ a comptroller of accounts 회계 검사관 / the Comptroller General 《美》 감사원장.
*com·pul·sion [kəmpʌ́lʃ(ə)n] n. ⓤ **1** 강제, 억지; 강제(강요)당한 상태. ¶ by compulsion 강제적으로; under (or on, upon) compulsion 강요되어, 부득이. **2** [심리] 강박 충동 [의식에 어긋나는 어떤 행위를 하려고서는 배길 수 없는 강한 충동]. ¶ compulsion acts [이성에 어긋나는] 충동적인 행위.
◇ compel v.; compúlsive, compúlsory adj.
*com·pul·sive [kəmpʌ́lsiv] adj. **1** 강제적인 (compulsory), 억지의, **2** [심리] 충동성의. ⇨ COMPULSION 2.
〜·ly adv. 〜·ness n.
*com·pul·so·ry [kəmpʌ́ls(ə)ri] adj. **1** 강제하는, 강제적인, 강요하는, opp. voluntary ¶ compulsory measures 강제 수단. **2** 강제된, 의무적인 (obligatory), 필수 (必修)의. opp. elective ¶ compulsory education 의무 교육 / compulsory service 징병 / compulsory subjects 필수 과목 / Attendance at school is compulsory for children. 학교에 가는 것은 어린이들의 의무이다.
-ri·ly adv. **-ri·ness** n. ◇ compél v., compúlsion n.
com·punc·tion [kəmpʌ́ŋ(k)ʃ(ə)n] n. ⓤ 양심의 가책, 마음의 거리낌, 마음의 아픔; 뉘우침, [가벼운] 후회. cf. remorse ¶ with compunction 뉘우쳐서 / without compunction 천연덕스럽게 / I have no compunction for what I have done. 내가 한 일을 조금도 나쁘다고 생각하지 않는다.
com·punc·tious [kəmpʌ́ŋ(k)ʃ(ə)s] adj. 꺼림칙한, 마음이 아픈, 후회스러운, 뉘우치는. 〜·ly adv.

com·pur·ga·tion [kàmpəːrgéi(ʃ)(ə)n / kɔ̀m-] n. ⓤⓒ 《英고어》 [법률] 면책 선서 [피고가 자신의 무죄를 선서하고 또 일정수의 친구나 이웃 등이 피고의 말이 진실임을 증언하면 피고는 석방되는 제도].
com·pur·ga·tor [kámpəːrgèitər / kɔ́m-] n. 면책선서자 [면책 선서 제도에서 피고의 말의 진실성을 보증하는 사람]. ⇨ COMPURGATION.
com·put·a·ble [kəmpjúːtəbl] adj. 계산할 수 있는, 산출할 수 있는, 측정할 수 있는.
*com·pu·ta·tion [kàmpjuːtéi(ʃ)(ə)n / kɔ̀m-] n. ⓤⓒ **1** 계산, 산출 (calculation); 계산법. **2** 계산의 답(결과), 산출된 수치.
com·pu·ta·tion·al [kàmpjuːtéiʃən(ə)l / kɔ̀m-] adj. 계산에 관한.
com·pu·ta·tive [kəmpjutèitiv, -tətiv, kɔ́m-] adj. 계산의, 계산을 하는.
*com·pute [kəmpjúːt] v. (**-put·ed**, **-put·ing**) vt. …을 계산하다, 산출하다; …을 대충잡다, 산정(算定)하다. ¶ compute the distance of the moon from the earth 지구에서 달까지의 거리를 산출하다 // (~+图+前+图) compute one's loss at $100,000 손해를 10만 달러로 대충잡다. — vi. 계산하다. ¶ computing by weight 무게로 계산하면.
[類語] compute 어떤 자료·수식(數式)의 계산 작업 그 자체: compute one's income tax 자기의 소득세를 계산하다. calculate 자료에 의거하여 수식을 세우고 그것을 계산하는 모든 과정을 가리킨다: calculate the expected course of a rocket 로켓의 예상 진로를 계산하다. estimate 불충분한 자료로 개략적인 수치를 계산하다: estimate the construction cost 건설비를 개산(槪算)하다. reckon compute 와 같은 뜻; 통 암산으로 해결할 수 있는 간단한 계산: reckon the party expense 파티 비용을 계산하다. figure reckon 과 같은 뜻; 때로 번거로움을 암시: figure up all the expenses 전비용을 계산하다.
— n. ⓤ 계산 (computation). ¶ beyond compute 계산할 수 없는. ◇ computátion n., cómputative adj.
‡**com·put·er** [kəmpjúːtər] n. **1** 계산하는 사람, 계산자(者). **2** 계산기; 전자 계산기, 컴퓨터. ¶ an electronic computer 전자 계산기.
computer abuse n. 《컴퓨터》 컴퓨터 부정 이용. cf. computer crime
computer crime n. 컴퓨터 범죄.
computer dating n. 컴퓨터 중매 (남녀 교제).
com·put·er·ese [kəmpjùːtəríːz] n. ⓤ **1** 컴퓨터의 전문 용어. **2** 컴퓨터 언어 (computer language).
computer game n. 컴퓨터 게임. cf. video game
com·put·er·i·za·tion [kəmpjùːtərizéiʃ(ə)n / -rai-] n. ⓤ 컴퓨터화(化).
com·put·er·ize [kəmpjúːtəràiz] vt. (**-ized**, **-iz·ing**) …을 컴퓨터화하다, [컴퓨터] 이용해서] 자동화하다; [정보]을 컴퓨터로 처리하다.
computer language n. 컴퓨터 언어. ⇨ ALGOL, COBOL, FORTRAN.
com·put·er·like [kəmpjúːtərlàik] adj. 컴퓨터 같은 (비슷한). ¶ with computerlike precision 컴퓨터와도 같은 정확성으로.
com·put·er·nik [kəmpjúːtərnìk] n. 《구어》 《경멸적》 컴퓨터꾼, 컴퓨터에 강한 관심을 가진 자, 컴퓨터 추진론자.
computer science n. 컴퓨터 과학 [컴퓨터의 설계·프로그래밍·조작 따위에 관하여 연구하는 학문].
computer typesetting n. 《인쇄》 컴퓨터 식자 (植字), 전산 사식 [사진 식자 문자를 사용하는 컴퓨터에 의한 조판; 略 CTS].
com·put·er·y [kəmpjúːtəri] n. ⓤ **1** 컴퓨터 시설, 컴퓨터 전체. **2** 컴퓨터의 기술 (조작).
computer virus n. 《컴퓨터》 컴퓨터 바이러스 [마치

병원체처럼 컴퓨터에서 컴퓨터로 침입·전염하여 이용자의 소프트웨어를 파괴하는 프로그램].

com·pu·to·pi·a [kɑ̀mpjutóupiə] *n.* 컴퓨토피아[컴퓨터에 의한 이상적인 사회] *cf.* computopolis [< COMPU[TER] + U[TOPIA]

com·pu·to·po·lis [kɑ̀mpjutɑ́pəlis] *n.* 컴퓨터 도시[컴퓨터에 의한 고도의 정보 기능을 지닌 미래 도시]. *cf.* computopia

com·pu·word [kámpjuwə̀ːrd / kɔ́m-] *n.* 컴퓨터 언어.

Comr. (略) Commander.

‡**com·rade** [kámræd / kɔ́mrid, kám-] *n.* **1** 동료, 친구(* 대개는 남자끼리 사용한다). ⇨ FRIEND 類語 **2** [같은 정당·친목 단체 따위의]회우(會友); [특히 공산당의]당원, 동지.

com·rade·ly [kámrædli / kɔ́mrid-, kám-] *adj.* 동료의, 동료다운; 동료에게 어울리는.

com·rade·ship [kámrædʃìp / kɔ́mrid-, kám-] *n.* 동료 사이, 동료끼리임; 동지애, 우애.

coms [kɑmz / kɔmz] *n.* [英구어] = combination.

com·sat [kámsæt / kɔ́m-] *n.* 통신 위성 (= communications satellite).

COMSAT, Com·sat [kámsæt / kɔ́m-] *n.* [미국의] 통신 위성 회사. [< Communications Satellite Corporation]

COMSEC [kámsek / kɔ́m-] *n.* (군사) 통신 보안. [< COM[MUNICATION] + SEC[URITY]]

Com·so·mol [kámsəmɔ̀l / kɔ́m-] *n.* =Komsomol.

Com·stock·er·y [kámstɑ̀k(ə)ri / -stɔ̀k-] *n.* ⓤⓒ [미술·문예 작품의]풍기상의 엄한 단속(검열). [< 미국인 Anthony Comstock (1844-1915)의 이름]

Com·symp [kámsìmp] *n.* [美속어] 공산당 동조자. [< Communist sympathizer]

comte [kɔːnt / F kɔ̃ːt] *n.* [프랑스] (=count) 백작.

Com·ti·an [kámtiən / kɔ́:n-] *adj.* 콩트 (Comte)의, 콩트 철학의. [< 프랑스 실증 철학의 창시자 Auguste Comte (1798-1857)]

Comt·ism [kámtiz(ə)m / kɔ́:n-] *n.* ⓤ [Comte가 제창한] 실증 철학자.

Comt·ist [kámtist / kɔ́:n-] *n.* Comte 파의 철학자, 실증주의자.

Co·mus [kóuməs] *n.* [그리스 신화] 코머스 [축제·주연·환락의 신. 흰 옷차림으로 날개를 단 젊은이로 상징된다].

con[1] [kɑn / kɔn] *adv.* [제안 따위에] 반대하여, 반대하므로 (against). *opp.* pro[1] ¶ consider an argument pro and con 논의를 찬반 양쪽으로 생각하다. — *n.* 반대론 [자], 반대 투표 [자], 반대[의 입장]. ¶ pros and cons 찬반 양론.

con[2] [kɑn / kɔn] *vt.* (**conned, con·ning**) …을 [암기할 만큼 잘] 배우다 (learn), 암기하다, 정독하다, 상세히 조사하다. 정사 (精査) 하다. ¶ con [over] a lesson 학습하다.

con[3], **conn** [kɑn / kɔn] *vt.* (항해) (**conned, con·ning**) [배의] 조타 (操舵)를 지휘하다, 진로를 지시하다. ¶ a conning tower 군함의 사령탑; [잠수함의] 전망탑 / con a ship 배의 조타를 지휘하다. — *n.* 조타 지휘, 조함 (操艦) 지휘; 조함 지휘자의 위치.

con[4] [kɑn / kɔn] [美속어] *adj.* 사기의, 신용사기의 (confidence). ¶ a con game 사기 / a con man 야바위꾼, 사기꾼. — *vt.* (**conned, con·ning**) (cf. remorse) **1** …을 신용하게 해놓고 속이다 (swindle, trick). ¶ That crook conned me out of all my savings. 저 사기꾼은 내 저금을 몽땅 속여 빼앗았다. **2** [감언이설로] 구워삶다. [< confidence (단축)]

con[5] [kɑn / kɔn] *n.* [美속어] 죄수 (convict).

con- *pref.* com-의 변형 [b,h,l, m, p, r, w 를 제외한 자음 앞에서 쓴다. 예: *convene, condone, connection*].

con. (略) concerto; conclusion; connection; consolidated; consul; continued; [라틴] *contra* (= against); [라틴] *conjunx* (=wife).

Con. (略) Conformist; Consul.

CONAD (略) Continental Air Defense Command (美) 본토 방공 사령부).

con a·mo·re [kɑn əmɔ́:ri, -əmóː:ri; kɔn əmɔ́:ri / It kon amóːre] **1** 애정을 가지고, 정답게; 열렬히. **2** [음악] 부드럽게 (tenderly). [< It. with love]

co·na·tion [kounéiʃ(ə)n] *n.* ⓤⓒ [심리] 능동, 의욕 [욕구·의지 따위에 포함되어 있다고 생각되는 발동적 (發動的) 요소], 의욕감.

con bri·o [kɑn bríːou / kɔn-] [음악] 기운차게, 활발하게 (spiritedly). [< It. with spirit]

conc. (略) concentrate, concentrated, concentration; concerning.

con·cat·e·nate [kɑnkǽtinèit / kɔn-] *vt.* (**-nat·ed, -nat·ing**) …을 [쇠사슬 모양으로] 잇다, 연결하다 (link together), — *adj.* [쇠사슬처럼] 연결된.

con·cat·e·na·tion [kɑnkæ̀tinéiʃ(ə)n / kɔn-] *n.* ⓤⓒ 연결 (connection); [사건 등의] 연속, 연관, 연쇄.

*****con·cave** [kɑnkéiv, ´--] *adj.* 오목한, 요면 (凹面) 의. *opp.* convex ¶ a concave lens 오목 렌즈 / a concave mirror 오목 거울. — [kɑ́nkeiv] 요면, 움푹 들어간 곳, 오목한 부분; (the ~) 하늘. — *vt.* (**-caved, -cav·ing**) …을 오목하게 하다 (make concave). ~**ly** *adv.* ~**ness** *n.*

◇ concávity *n.*

con·cav·i·ty [kɑnkǽviti / kɔn-] *n.* (pl. -ties) **1** ⓤ 오목한 상태, 요형 (凹形). **2** ⓒ 오목한 것(부분), 움푹 들어간 곳 (cavity), 요면 (凹面).

con·ca·vo-con·cave [kɑnkéivou(u)kɑnkéiv, -----/ kɔnkéivo(u)kɔnkéiv] *adj.* [렌즈가] 양쪽이 다같이 오목면인, 양쪽의 가운데가 오목한.

con·ca·vo-con·vex [kɑnkéivo(u)kɑnvéks, -kɑ́nveks / kɔnkéivo(u)kɔnvéks] *adj.* 한쪽은 오목하고 다른 한쪽은 볼록한, 요철 (凹凸) 의; [光學] 오철 렌즈의.

‡**con·ceal** [kənsíːl] *vt.* (~ed, ~·ing) ⇨ HIDE 類語 **1** …을 비밀로 하다 (keep secret). ¶ (~ +目) conceal oneself in …의 속에 몸을 숨기다, …에 잠복하다 / The tree concealed him from view. 그는 나무에 가려서 보이지 않았다 / I do not conceal anything from you. 나는 당신에게 아무 것도 숨기지 않는다.

◇ concéalment *n.*

*****con·ceal·ment** [kənsíːlmənt] *n.* ⓤ **1** 숨기는 일, 은닉, 은폐, 숨기기. ¶ *concealment* of birth 출산의 은닉 (무제출). **2** 숨겨져 있음, 숨어 있기, 잠복. ¶ lie in *concealment* 숨어 있다, 잠복하고 있다. **3** ⓒ 은닉처 (수단), 잠복처 (숨는).

*****con·cede** [kənsíːd] *vt.* (**-ced·ed, -ced·ing**) *vt.* **1** …을 [진실·정당·적당·확실하다고 마지 못해] 인정하다, 시인하다 (admit). ¶ *concede* defeat 패배를 인정하다 / (~ +目 +目) *concede* a point to a person in argument 논의에서 남에게 한걸음 양보하다 // (~ +that節) Everyone *concedes* that two and three make[is] five. 2+3이 5라는 것은 누구나 인정한다. **2** …을 [권리·특권으로서] 용인하다 (yield); [권리·특권 따위를] 주다, 허용하다 (grant). ¶ (~+目+目) He *conceded* us the right to walk through his land. 그는 우리에게 자기 소유지를 통과하는 권리를 주었다 // (~+目+目) *concede* shorter working hours *to* the staff 사원에게 노동 시간의 단축을 허용하다 / The privilege has been *conceded* to him. 그에게 그 특권이 주어졌다. **3** [공식 발표 전에] …으로 자신의 패배 (상대방의 승리)를 인정하다. — *vi.* 양보하다, 용인하다. ¶ (~+目+目) *concede* to a person a person's opinion 남의 의견을 용인하다.

◇ concéssion *n.*, concéssive *adj.*

con·ced·ed·ly [kənsíːdidli] *adv.* (美) 명백히, 분명히 (admittedly).

‡**con·ceit** [kənsíːt] *n.* ⓤ **1** 자부심, 자만심, 만심 (慢心). ⇨ PRIDE 類語 ¶ be full of *conceit* 자부심이 강하

다. **2** 상상, 공상(fancy); 변덕, 즉흥적인 생각; [독자적인]발상, [기발한]착상, 기상(奇想). **3** (고어) **a**) 호의, 존중. **b**) [자기만의] 생각, 사견(私見), 평가. ¶ in my own *conceit* 사견으로는. **4** [페어] 이해력.
out of conceit with …에 싫증이 나서, …에 정나미가 떨어져서.
— vt. **1** (재귀용법) [자기]를 추켜세우다(flatter). **2** (고어 · 방언) [이] 좋아지다. **3** (폐어 · 방언) …을 상상하다, 생각하다. ◇ concéive v.

***con·ceit·ed** [kənsíːtid] *adj.* **1** 자만심이 강한, 우쭐대는(vain). **2** (고어) **a**) 의견을 갖고 있는, …이라는 의견의. **b**) 변덕스러운. **3** (폐어) 영리한.
~·ly *adv.* ~·ness *n.*

con·ceiv·a·bil·i·ty [kənsìːvəbíləti] *n.* ⓤ 생각(상상)할 수 있는 가능성, 상상할 수 있음.

***con·ceiv·a·ble** [kənsíːvəbl] *adj.* 상상(생각)할 수 있는, 있음직한(possible). ¶ take every *conceivable* precaution against … 에 대하여 생각할 수 있는 모든 예방책을 강구하다/the best method *conceivable* 생각할 수 있는 가장 좋은 방법. ~·ness *n.*

con·ceiv·a·bly [kənsíːvəbli] *adv.* 상상(생각)할 수 있는 범위내에서는, 필시, 아마.

‡**con·ceive** [kənsíːv] *v.* (**-ceived, -ceiv·ing**) *vt.* **1** [계획 따위를] 착상하다(devise); [생각·의견·감정 따위]를 마음에 품다(entertain). ¶ *conceive* a plan (an idea) 계획(구상)을 세우다 / *conceive* a hatred 원한을 품다 / *conceive* an affection for a person 남에게 애정을 품다.
2 … 을 마음에 그리다, 상상하다(imagine). …이라고 여기다, 생각하다(think). ¶ (~+to be] [톱] *conceive* something [*to be*] *possible* 어떤 일을 가능하다고 생각하다 / (~+*that* 절) I *conceive* that it is true. 그것은 진실이라고 생각한다 / (~+*wh.*) I cannot *conceive how* that can be. 어떻게 그렇게 될 수 있는지 이해할 수 없다.
3 (보통 수동형) …을 말로 표현하다(express). ¶ *be conceived* in plain terms 쉬운 말로 표현되어 있다.
4 [아버지가] [자식]을 보다(beget); [어머니가] [아이]를 배다, 임신하다.
5 … 을 이해하다(understand). ¶ I *conceive* you. 당신의 기분은 이해합니다.
— *vi.* **1** 생각이 떠오르다, 상상하다 (think) (*of* …). ¶ (~+전+명) *conceive of* a plan 한가지 계획을 생각해내다 / It is impossible to *conceive* of anything better. 이 이상 더 좋은 생각은 떠오르지 않는다. **2** 임신하다(become pregnant).
◇ concéit, concéption *n.*

con·cel·e·brate [kɑnséləbrèit] *v.* (**-brat·ed, -brat·ing**) *vt.* 공동 집전자로서 미사에 참가하다. — *vi.* 공동 집전자로서 참가하다. [조화.

con·cent [kɑnsént] *n.* ⓤⓒ [폐어] [음·소리의] 일치.

con·cen·ter, (英) **-tre** [kɑnséntər, kən-/kɔn-] *vt., vi.* 한점에 집중시키다(하다) (concentrate, focus).

‡**con·cen·trate** [kɑns(ə)ntrèit, -sen-/kɔ́n-] *v.* (**-trat·ed, -trat·ing**) *vt.* **1** …을 한점(중심)에 모으다, (군대)를 집결시키다; [힘·정신 따위]를 집중하다 (… *on, upon*). ¶ (~+명+전+명) *concentrate* one's attention (efforts) *on* (or *upon*) … 에 주의(노력)을 집중하다 / *concentrate* rays *on* (or *into*) a focus 광선을 초점에 집중하다. **2** [불순물 따위를 제거하여(줄여서)]; …을 순화(純化) (농축)하다. **3** [광산] [광석]을 선광(選鑛)하다. — *vi.* **1** 한점(중심)에 모이다, 집중하다. ¶ (~+전+명) Population tends to *concentrate* in large cities. 인구는 대도시에 집중하는 경향이 있다. **2** 정신·노력 따위를 한점에 집중하다, 온 힘을 기울이다, 전심전력하다 (*on, upon* …). ¶ (~+전+명) *concentrate upon* a problem 어떤 문제에 전심 전력하다. **3** 순화(농축)되다. — *n.* 농축물(식품).
◇ concentrátion *n.,* cóncentrative *adj.*

con·cen·trat·ed [kɑns(ə)ntrèitid, -sen-/kɔ́n-] *adj.* **1** [정신·노력 따위가] 집중적인; 밀집된, 한 점에 모인. **2** 농축된, 진한(condensed). ¶ *concentrated* food 농축식품.

***con·cen·tra·tion** [kɑ̀ns(ə)ntréiʃ(ə)n, -sen-/kɔ̀n-] *n.* ⓤⓒ **1** 집중(하기); 집중 상태, 밀집. **2** 정신·노력 따위의 집중, 전력(專念), 전심전력, 골몰. ¶ power of *concentration* [정신]집중력. **3** [군대] [다음 작전 준비를 위한 부대의] 집결; [포화의] 집중. **4** 집중된 것, 집단. **5** 농축, 응축; [화학] 농도. **6** 집중 강의. **7** ⓤ [카드놀이] 카드 알아맞추기 놀이의 일종(memory).
◇ cóncentrate *v.,* cóncentrative *adj.*

concentrátion càmp *n.* [정치범·포로 등의] 강제 수용소.

con·cen·tra·tive [kɑns(ə)ntrèitiv, -sen-/kɔ́n-] *adj.* 집중적인, 집중하는, 열중하는 성격의.

con·cen·tra·tor [kɑns(ə)ntrèitər, -sen-/kɔ́n-] *n.* 집중시키는 사람(물건, 장치); 발화(發火) 집중 장치; 채광기; 농축기; [통신] 집선(集線) 장치.

con·cen·tre [kənséntər, kɑn-/kɔn-] *vt., vi.* (**-tred, -tring**) (英) =concenter.

con·cen·tric [kənséntrik, +美 kɑn-, +英 kɔn-], (**con·cen·tri·cal** [-k(ə)l]) *adj.* 동심(同心)의, (원(圓)·구(球))가 동일한 중심을 가진. ¶ *concentric* circles 동심원.
-tri·cal·ly [-trikəli] *adv.*

con·cen·tric·i·ty [kɑ̀nsəntrísiti/kɔ̀n-] *n.* ⓤ 동일 중심성(同一中心性).

***con·cept** [kɑnsept/kɔ́n-] *n.* 개념, 관념. ▷ THOUGHT
類語 ¶ an abstract *concept* 추상 개념. — *adj.* 새로운 착상의, 시작 단계의, 시대를 앞질러가는.

‡**con·cep·tion** [kənsépʃ(ə)n] *n.* **1** ⓤ 개념 작용(성), 개념화; 구상력. **2** ⓤ 임신(pregnancy); 수태 (fertilization). **3** 개념, 관념(idea), 생각. ▷ THOUGHT
類語 ¶ my *conception* of life 나의 인생관 / beyond *conception* 상상도 할 수 없는 / have a clear *conception of* …에 관해 명확한 개념을 가지다 / have no *conception of* …을 전혀 알지 못하다. **4** 착상, 고안(design), 계획(plan). **5** [일련의 사건 따위의] 시초(beginning).
◇ concéive *v.*

con·cep·tion·al [kənsépʃ(ə)nl] *adj.* 개념의(에 관한), 개념적인; 계획의.

con·cep·tive [kənséptiv] *adj.* **1** 개념(상)의. **2** 생각하는 힘이 있는. **3** (드물게) 임신할 수 있는.

con·cep·tu·al [kənséptʃuəl/-tju-] *adj.* 개념의(에 관한). ~·ly *adv.*

concéptual árt *n.* ⓤ 개념 예술(제작의 개념과 과정 그 자체를 예술 작품으로 본다).

con·cep·tu·al·ism [kənséptʃuəlìz(ə)m/-tju-] *n.* ⓤ [철학] 개념론(nominalism 과 realism 의 절충론).

con·cep·tu·al·ist [kənséptʃuəlist/-tju-] *n.* [철학] 개념론자; 개념 예술가.

con·cep·tu·al·ize [kənséptʃuəlàiz/-tju-] *vt.* (**-ized, -iz·ing**) …을 개념화하다. — *vi.* 개념으로 생각하다.

cóncept vìdeo *n.* 콘셉트 비디오(음악과 그 이미지를 전달하는 영상(映像)을 조화시킨 비디오).

‡**con·cern** [kənsə́ːrn] *vt.* **1** …에 관계하다(relate to), 이해 관계가 있다, 중요하다, 영향을 주다(affect). ¶ The problem *concerns* us all. 그 문제는 우리 모두에 관계가 있다 / This *concerns* my honor. 이것은 내 명예에 관한다.
2 (재귀용법 또는 수동형으로) …에 관계가 있다, 관여하다, 참여하다 (be engaged in …) (… *in, with, about*). ¶ (~+图+前+名) *concern* oneself *with* public work 공공 사업에 관여하다 / I am not *concerned* (in or with) the affair. 나는 그 일과 관계가 없다.
3 (재귀용법 또는 수동형으로) …을 걱정하다, 염려하다(disquiet, trouble) (…*about, over, for*). ¶ (~+图+前+名) He *concerns* himself *about* the future. 그는 앞

날을 염려하고 있다 / They are concerned over the affair. 그들은 그 사건에 대해 걱정하고 있다 / She was concerned for her son's safety. 그녀는 아들이 무사한지 걱정하고 있었다.
as concerns …에 관하여[는].
so(or *as*) *far as* … *be concerned* …에 관한 한. ¶ *so* (or *as*) *far as* this problem *is concerned* 이 문제에 관한 한.
To whom it may concern 《편지·증명서 따위의 첫머리에 써서》관계자 제위(각위).
— *n.* **1** (종종 ~s) 관심사(business); 제반사; 사건 (affair); 용무, 볼일. ¶ everyday *concerns* 일상사 / private *concerns* 사사로운 일 / I can manage my own *concerns.* 내 일은 내가 할 수 있다 / It's no *concern* of mine. 그것은 내가 알 바 아니다 / Mind your own *concerns.* 네 일이나 해, 남의 일에 참견 마라 / He knows little of worldly *concerns.* 그는 세상사에 어둡다.
2 ⓤ 중요성(importance). ¶ a matter of serious *concern* 매우 중대한 일.
3 ⓤ 걱정, 근심; 관심(about, over, for …). ⇒ CARE 類語 ¶ with (without) *concern* 걱정(무관심)하여 / feel *concern* about(or over) …에 불안을 느끼다, 염려하다 / show much(or great) *concern* for the patient 그 환자에 대해 큰 우려를 나타낸다.
4 [중대한] 관계, 관련(relation); 이해 관계. ¶ have a *concern* in the business 그 사업에 관계하고 있다(이해 관계가 있다) / have no *concern* with …과는 아무런 관계도 없다.
5 사업, 영업(business); 상사, 회사(firm); 재벌, 재단, 콘체른. ¶ a flourishing(or going) *concern* 번창하는 회사 / float a *concern* 회사를 설립하다.
6 《구어》[막연한]것, 일, 사물(thing); 사람. ¶ a rickety *concern* 쓰러질듯 덜컹덜컹하는 것 / a selfish *concern* 이기적인 사람.
◇ concérnment *n.*
con·cerned [kənsə́ːrnd] adj. **1** 이해관계를 가진. **2** 걱정스러운, 염려하는 (troubled, anxious). ¶ a *concerned* look 염려스러운 표정. **3** (보통 명사 뒤에) 관계 있는, 관계하고 있는, 당해(當該). ¶ all the students *concerned* with the affair 사건과 관계 있는 모든 학생들 / the authorities *concerned* 관계 당국. **4** 사회(정치) 문제에 관심이 있는.
con·cern·ed·ly [kənsə́ːrnidli] *adv.* 걱정하여, 염려하여.
‡*con·cern·ing* [kənsə́ːrniŋ] *prep.* …에 관하여, …에 대하여(about, regarding).
con·cern·ment [kənsə́ːrnmənt] *n.* ⓤ《문어》 **1** 중요[성], 중대[성] (importance). **2** 관계(relation), 관여(with, in…). **3** 걱정, 근심, 관심(anxiety) (about, for…). **4** ⓒ 관계하고 있는 일(affair), 업무(business); 관심사.
‡*con·cert* [kánsə(ː)rt / kɔ́nsət / → *v.*] *n.* **1** 음악회, 연주회; 독창회, 독주회, 리사이틀(recital). **2** ⓤ 협조(協調), 협력, 협력, 제휴(agreement); 협력; 일치(accord), 조화(harmony). ¶……………(*with*…).
in concert ① 일제히. ② […과] 제휴(협력)하여
— *adj.* 음악회의. ¶ a *concert* hall 음악회장 / a *concert* pianist 콘서트 피아니스트. **2** *concert* 에서 연주되는(하는).
— *v.* [kənsə́ːrt] *vt.* **1** …을 협정(협조)하다, …의 공동 계획을 세우다, …을 공동으로 하다(…*with*). **2** …을 계획하다(plan), 안출하다(devise). — *vi.* 공동 계획을 세우다(plan together); 공동 행동을 취하다(*with*…).
◇ cóncertize *v.*
con·cert·ed [kənsə́ːrtid] *adj.* **1** 협정된, 합의된; 공동의. **2** 〖음악〗합창(합주)용으로 편곡된. ~*ly adv.*
con·cert·go·er [kánsə(ː)rtgòuər / kɔ́nsət-] *n.* 음악회의 단골 참석자.
cóncert gránd [piáno] *n.* 연주회용 그랜드 피아노[육각형의 소형 아코디언].
con·cer·ti·na [kànsərtíːnə / kɔ̀n-] *n.* 〖음악〗콘서티나
con·cert·ize [kánsərtàiz / kɔ́n-] *vi.* (*-ized, -iz·ing*) 콘서트에 출연하다; 연주 여행을 하다.
con·cert·mas·ter [kánsə(ː)rtmæ̀stər / kɔ́nsətmàːs-], ‑*meis·ter* [-màistər] *n.* [오케스트라의] 수석 연주자[지휘자를 보조하며, 보통 제1 바이올리니스트].
con·cer·to [kəntʃéərtou / -tʃóːtou] *n.* (*pl.* ‑*tos* or ‑*ti* [-tiː]) 〖음악〗협주곡.
cóncert pítch *n.* ⓤ〖음악〗합주조(合奏調) [보통의 음도보다 약간 높은, concert 용으로 악기를 조율할 때의 음도]; 〖비유적〗[능률·후진]의 보통이 아닌 호조.
con·ces·sion [kənséʃ(ə)n] *n.* **1** ⓤⓒ 양보, 허용, 허가, [특권 등의] 허여(許與). ¶ make (or grant) a *concession* to …에게 양보하다. **2** 용인(讓與物). **3** 〔주로 정부가 주는〕면허, 이권, 특권(privilege). ¶ a mining *concession* 광산 채굴권. **4**《美》구내 매점 사용권; 구내 매장, 매점. **5** 거류지, 조계(租界) (settlement). ◇ concéde *v.*
con·ces·sion·aire [kənsèʃənέər] *n.* [정부로부터 사용권 따위를 얻은] 특권[허가] 소유자; 《美》 [해변이나 공원 따위에] 매점 개업 허가를 받은 사람.
con·ces·sion·ar·y [kənséʃənèri / -nəri] *adj.* 양보의, 양보적인. — *n.* (*pl.* ‑*ar·ies*) =concessionaire.
con·ces·sion·er [kənséʃ(ə)nər] *n.* =concessionaire.
con·ces·sive [kənsésiv] *adj.* **1** 양보하는, 양보적인. **2** 〖문법〗양보의, 양보를 나타내는. ¶ a *concessive* clause 양보절 [although, even if 등이 이끄는 절].
conch [kaŋk, kantʃ / kɔŋk, kɔntʃ] *n.* (*pl.* *conchs* [kaŋks / kɔŋks] or *conch·es* [káŋtʃiz, kántʃ- / kɔ́ŋtʃiz, kɔ́ntʃ-]) **1** 조개(shellfish), 조가비(shell). **2** 권패(卷貝), 고동. **3** [로마 신화] Triton 의 나팔[소라고동]. **4** =concha.
con·cha [káŋkə / kɔ́ŋ-] *n.* (*pl.* ‑*chae* [-kiː]) **1** 〖해부〗외이(外耳), 이각(耳殼). **2** 〔건축〕반원형 지붕, 둥근 천장, 〔교회당 등의〕후진(後陣) (apse).
con·chif·er·ous [kaŋkífərəs / kɔŋ-] *adj.* 〖동물〗조가비를 함유하는.
con·chi·tis [kaŋkáitis / kɔŋ-] *n.* ⓤ〖의학〗외이염.
con·choid [káŋkɔid / kɔ́ŋ-] *n.* 〔기하〕콘코이드.
con·choi·dal [kaŋkɔ́id(ə)l / kɔŋ-] *adj.* 〔광물〕조가비 모양의.
con·chol·o·gist [kaŋkálədʒist / kɔŋkɔ́l-] *n.* 패류(貝類)학자, 패류 연구가, 조개류 수집가. 〔패류학.
con·chol·o·gy [kaŋkálədʒi / kɔŋkɔ́l-] *n.* ⓤ 패각학.
con·chy, ‑chie [kántʃi / kɔ́n-] *n.* (*pl.* ‑*chies*)《속어》양심적 참전 거부[병역] 기피자(conscientious objector).
con·cierge [kànsiέərʒ / kɔ̀n-] *n.* 문지기; [아파트·호텔 따위의] 수위; [호텔 따위의] 안내인. [<F]
con·cil·i·a·ble [kənsíliəbl] *adj.* 달랠 수 있는, 조정할 수 있는.
con·cil·i·ate [kənsílièit] *vt.* (*-at·ed, -at·ing*) **1** [그럴듯한 말로] [남]을 믿게 하다; [적개심 따위]를 누그러뜨리다, 달래다(appease); …을 회유하다, 무마하다. **2** [남의 존경 또는 호의]을 획득하다, …의 마음에 들다, 환심을 사다(win, gain). **3** [대립]을 조정(調停)하다, 양립시키다.
con·cil·i·a·tion [kənsìliéi(ə)n] *n.* ⓤ **1** 달램, 위로, 회유. **2** [특히 노사간 쟁의의] 조정, 화해.
con·cil·i·a·tive [kənsílièitiv / ‑sílətiv] *adj.* =conciliatory.
con·cil·i·a·tor [kənsílièitər] *n.* **1** 조정자; 회유자. **2** 중재자(arbitrator).
con·cil·i·a·to·ry [kənsíliətɔ̀ːri / ‑t(ə)ri] *adj.* 융화적인, 달래는; 회유적인.
con·cin·ni·ty [kənsíniti] *n.* ⓤⓒ (*pl.* ‑*ties*) [修辭] 어조·논리의 뛰어난 조화; [문체의] 우아함(elegance).

‡**con·cise** [kənsáis] *adj.* (-cis·er, -cis·est) [말 따위가] 간결한, 간명한. **~ly** *adv.* **~ness** *n.* ◇ concísion *n.*
con·ci·sion [kənsíʒ(ə)n] *n.* ① 1 간명, 간결 (brevity). 2 잘게 자르기, 절단(切斷); 절제, 삭제. 3《경멸적》= circumcision.
con·clave [kánkleiv, káŋ- / kɔ́n-, kɔ́ŋ-] *n.* 1 비밀 회합(회의) (private meeting). ¶ sit in *conclave* 비밀 회의에 참석하다, 밀의(密議)하다. 2 교황 선거[추기경 총회의 비밀 투표에 의한다]; 그 회의실. 3《집합적》추기경 (Sacred College).
con·clude [kənklúːd, 英 kəŋ-] *v.* (-clud·ed, -clud·ing) *vt.* 1 …을 끝내다, 종결하다, 완료하다 (finish), …의 결말을 짓다. ¶ To be *concluded*. 다음 호에 완결 / *Concluded*. [연재물 등의 말미에] 완결, 끝 / *conclude* an argument 논쟁을 끝내다 // (~+図+前+图) The meeting was *concluded* with the college song. 모임은 교가와 함께 폐회되었다 / He *concluded* his speech *by* quoting a passage from Shakespeare. 그는 셰익스피어의 한구절을 인용함으로써 연설을 마쳤다.
2 [최종적으로] …을 결정하다, [조약 따위를] 체결하다. ¶ *conclude* [a] peace 강화 조약을 체결하다 // (~+图+前+图) *conclude* a treaty with the country 그 나라와 조약을 맺다.
3 …이라고 추론하다, 추단하다. [추단으로] 결론을 내리다(infer, deduce). ¶ (~+*that* 節) I can *conclude* from my experience *that* … 나의 경험에서 …이라고 단언할 수 있다 // (~+図+*to be*) They *concluded* the plan *to be* the best. 그들은 그 안이 최선이라고 단정했다.
4 [최종적으로] …을 결정하다, 결심하다(decide, resolve). ¶ (~+*to do*) I *concluded* not to go. 나는 [결국] 가지 않기로 정했다.
5 [폐어] …을 가두어 넣다, 억지로 처넣다(shut up). — *vi.* 1 끝나다, 종료(완료)되다. ¶ The meeting *concluded* in uproar. 회합은 소란 속에 끝났다. 2 [… 이라는 말로] 이야기를 끝맺다(끝내다, 마치다) (end). 3 결론짓다, 결론에 도달하다.
◇ conclúsion *n.*, conclúsive *adj.*
‡**con·clu·sion** [kənklúːʒ(ə)n, 英 kəŋ-] *n.* 1 ① 끝말, 종말, 종결; © 종국, 끝맺음. ⇔ END 類語 ¶ at the *conclusion* of …을 끝맺음에 있어서. 2 결과, 결말(result). ¶ a foregone *conclusion* 필연적(처음부터 알고 있는) 결과(결론). 3 결론, 결정, 최종적 타결. ¶ bring … to a *conclusion* …을 결론짓다 / …을 낙착시키다 / come to a *conclusion* 종결되다, 낙착하다, 결론에 도달하다. 4 ①© [조약 따위의] 체결. ¶ *conclusion* of a treaty 조약의 체결. 5 추단, 추정(deduction); [논리] 결론, 귀단; [3단 논법의] 단안. ¶ jump to (or at) a *conclusion* 성급하게 [너무 빨리] 결론을 내리다. 6 ① [법률] **a**) 금반언(禁反言). **b**) [부동산 양도 증서 따위의] 말미, 결어(結語)부분; 변호(변론)의 말미(결어) 부분. 7 [문법] [조건절에 대한] 귀결절(apodosis).
in conclusion 마지막으로, 끝으로 (finally). [거두다.
try conclusions with …과 자웅을 결정하다, 우열을 ◇ conclúde *v.*, conclúsive *adj.*
***con·clu·sive** [kənklúːsiv, 英 kəŋ-] *adj.* 1 확정적인(convincing), 결정적인(decisive). ¶ *conclusive* presumption [법률] 종결적 추정 [법률상 반증이 허락되지 않는 추정]. 2 끝내는, 마지막의(closing).
~ly *adv.* **~ness** *n.* ◇ conclúde *v.*, conclúsion *n.*
con·coct [kankákt, kən- / kənkɔ́kt] *vt.* 1 …을 뒤섞어서 만들다, 조합(調合)하다, 조제하다, 조리하다. 2 [이야기 따위]를 꾸며내다 (make up); [음모 따위]를 꾸미다, 획책하다(contrive).
con·coct·er [kankáktər, kən- / kənkɔ́k-], (**con·coc·tor**) *n.* 조합(調合)자; [이야기 따위의] 날조자; [음모를] 꾸미는 사람.
con·coc·tion [kankák∫(ə)n, kən- / kənkɔ́k-] *n.* ① 1 조합, 조제; 조합(조제)물. 2 날조, 조작; 조작물, 조작

한 것; 책모 (contrivance).
con·coc·tive [kankáktiv, kən- / kənkɔ́k-] *adj.* 조합(조제)의; 날조의; 책모의.
con·col·or·ous [kankálərəs] *adj.* 단색의.
con·com·i·tance [kankámit(ə)ns, kən- / kənkɔ́m-], (**con·com·i·tan·cy** [-t(ə)nsi]) *n.* ① 1 부수, 공존 (existence). 2 =concomitant. 3《가톨릭》병존(倂存) [성찬 안에 빵과 그리스도의 몸, 포도주와 그리스도의 피가 공존하는 신앙(설)].
con·com·i·tant [kankámit(ə)nt, kən- / kənkɔ́m-] *adj.* 상반(相伴)하는, 수반하는, 부수하는(accompanying). — *n.* 부수하는 성질(사정), 부수물(*of* …).
‡**con·cord** [kánkɔːrd, káŋ- / kɔ́ŋ-, kɔ́n-] *n.* ① 1 [의견·감정 따위의]일치; [이해(利害)의] 합치, 조화 (harmony). *opp.* discord 2 [국제간의] 협약(treaty), 협조(協調), 맹약; 우호 관계. 3 ©[음악] 협화음. *opp.* discord 4 [문법] [수·격·성·인칭의] 일치, 호응 [법].
◇ concórdant *adj.*
Con·cord [káŋkərd —→3 / kɔ́ŋkɔ́ːd] *n.* 1 미국 Massachusetts 주 동부의 도시[1775년 4월 19일에 독립 전쟁의 두번째 전투가 있던 곳]. 2 미국 New Hampshire 주의 주도(州都). 3 [美 kánkɔːrd] 콩코드종의 포도[알이 굵고 검푸른 포도].
con·cord·ance [kankɔ́ːrd(ə)ns, kən-, kəŋ-] *n.* 1 ① 일치(agreement); 조화(harmony). ¶ in *concordance* with your wishes 소원대로, 소망에 따라. 2 [알파벳순의] 어구 색인. ¶ a *concordance* of Shakespeare 셰익스피어 용어 색인.
con·cord·ant [kankɔ́ːrd(ə)nt, kən-, kəŋ-] *adj.* 일치한; 조화된(harmonious). **~ly** *adv.*
con·cor·dat [kankɔ́ːrdæt / kɔn-, kəŋ-] *n.* 1 협정, 협약. 2 로마 교황과 정부간의 조약, 콘코르다트, 정교(政敎)조약.
Con·corde [kankɔ́ːrd / kɔn-, kəŋ-] *n.* 콩코드[영국·프랑스 공동 개발의 초음속 제트 여객기].
Con·cor·di·a [kankɔ́ːrdiə / kɔn-] *n.* [로마 신화] 평화의 여신. 1. 경애, 경기.
con·cours [F kɔ̀kuːr] 《프랑스》 (=contest) *n.* 콩쿠 *con·course** [kánkɔːrs, káŋ- / kɔ́ŋkɔːs, kɔ́n-] *n.* 1 집합(assemblage); 군중, 붐비는 사람들. 2 [역·공항의] 차도, 산책길, 중앙 광장. 3 [역·공항의] 중앙 홀. 4 [하천의] 합류[점]. 5 큰 거리, 대로, 가로수길 (거리). 6 경마장, 경기장.
con·cres·cence [kankrésns] *n.* ① 1 [생물] [조직·세포 따위의] 합생(合生), 유합(癒合). 2 [발생] 배(胚)분자의 결합.
‡**con·crete** [kánkriːt, káŋ-, kankríːt / kɔ́n-, kɔ́ŋ- //—→*n.*, *v.*] *adj.* 1 구체적인, 구상(具象)적인, 유형의, 고체하는, *opp.* abstract ¶ a *concrete* noun 구상 명사 / take a *concrete* form 실제의 형태를 취하다, 구체화하다 / a *concrete* proof 구체적 증거. 2 명확한, 특수한. 3 콘크리트제의. 4 응결한, 고체의.
— *n.* [-, --/-⸗] 1 구체적 관념, 구체 명사(名辭); (the ~) 구체물. 2 응고물, 응결물. 3 ①콘크리트; reinforced (*or* armored) *concrete* 철근 콘크리트.
in the concrete 실제적으로, 구체적으로. *opp.* in the abstract
— *v.* [kánkriːt / kɔ́n- —→ *vt.*2, *vi.*1] (-cret·ed, -cret·ing) *vt.* 1 …을 콘크리트를 바르다, 콘크리트로 처리하다. 2 [英 kənkríːt, kəŋ-] 응결시키다, 굳히다 (make solid). 3 …을 구체적으로 하다, 구체화(구상화)하다. — *vi.* 1 [英 kənkríːt, kəŋ-] 응결하다, 굳어지다(harden). 2 콘크리트를 바르다. 콘크리트를 사용하다.
~ness *n.* ◇ concrétion *n.*, concrétionary, concrétive *adj.*, cóncretize *v.*
cóncrete júngle *n.* 콘크리트 정글[인간을 소외시키는 도시].

con·crete·ly [kánkri:tli, káŋ-, kankrí:t-/kɔ́n-, kɔ́ŋ-] *adv.* 구체적으로, 유형적으로, 실제적으로.

cóncrete míxer *n.* 콘크리트 믹서(혼합기).

cóncrete músic *n.* U 콘크리트 음악(musique concrete) [테이프에 녹음한 자연음을 조작·변형해서 편집한 음악].

cóncrete nóun *n.* 〖문법〗 구상 명사[물질적·구체적 사물을 나타냄].

cóncrete númber *n.* 〖수학〗 명수(名數).

cóncrete póetry *n.* U 구상시[시를 그림 모양으로 배열하는 전위시](前衛詩).

con·cre·tion [kankrí:ʃ(ə)n / kɔn-, kɔn-] *n.* U 1 응고, 응결. 2 C 응고(응결)물, 결석체. 3 〖병리〗결석(結石). 4 〖지질〗결핵(結核), 응괴(凝塊). 5 U C 구상, 실형(實形)[화한 것].

con·cre·tion·ar·y [kankrí:ʃ(ə)nèri / kankrí:ʃ(ə)nəri] *adj.* 결석의, 응고의; 〖지질〗결핵성의.

con·cre·tive [kankrí:tiv / kən-, kɔn-] *adj.* 응결성의, 응결력이 있는. **~·ly** *adv.*

con·cre·tize [kánkri:tàiz, káŋ-/kɔ́nkri:t(:)-, kɔ́ŋ-] *vt.* (-**tized**, -**tiz·ing**) …을 구체화시키다; …을 응고시키다.

con·cu·bi·nage [kankjú:binidʒ / kɔn-] *n.* 1 첩 둠. 2 첩임, 첩의 신분; 내연 관계.

con·cu·bi·nar·y [kankjú:binèri / kɔnkjú:binəri] *adj.* 첩의, 첩살이(생활)를 하는. — *n.* (*pl.* **-nar·ies**) 첩.

con·cu·bine [kánkjubàin, káŋ-/kɔ́ŋ-] *n.* 1 첩, 내연의 처. 2 〖일부다처제에서〗 제2 부인.

con·cu·pis·cence [kankjú:pis(ə)ns / kən-, kɔn-] *n.* U 색정, 색욕(lust). 〖성〗욕망, 욕정.

con·cu·pis·cent [kankjú:pis(ə)nt / kən-, kɔn-] *adj.* 1 욕심 많은, 탐욕의. 2 호색의(lustful), 음란한(sensual).

*__con·cur__ [kənkə́:r, +英 kəŋ-] *vi.* (-**curred**, -**cur·ring**) 1 〖…에〗동의하다 (agree) 〖…와〗일치하다(*in* ...). ¶ (~+前+名) I don't *concur with* you *on* this point. 이 점에서는 너와 의견이 같지 않다 / The judges all *concurred in* giving John the prize. 심사원은 모두 존에게 상을 주기로 의견이 일치했다. 2 협력하다(cooperate), 〖여러 가지 사정이〗서로 관련되다. ¶ (~+*to do*) The events in his childhood *concurred* to make him what he is. 어릴 때의 사건들이 서로 작용하여 오늘날의 그 사람을 만들었다. 3 부합하다, 동시에 일어나다 (coincide) (*with* ...). 4 〖폐어〗집중하다 (converge). ◇ **concúrrent** *adj.*, **concúrrence** *n.*

con·cur·rence [kənkə́:r(ə)ns / -kár(ə)ns], (**con·cur·ren·cy** [-r(ə)nsi]) *n.* (*pl.* **a ~**) 1 〖여러 가지 요소·원인 따위가〗동시에 작용하기; 협력 (cooperation). 2 의견의 일치, 동의(agreement). 3 동시 발생, 부합(coincidence). 4 〖기하〗집합점. 5 〖법률〗동일 권리. 6 〖고어〗경쟁. 7 〖컴퓨터〗병행성(竝行性).

con·cur·rent [kənkə́:rənt / -kár(ə)nt] *adj.* 1 동시에 일어나는, 병행하는, 공존하는(coincident); 〖선 따위가〗평행의(*with* ...). ¶ It was *concurrent with* the event. 그것은 그 사건과 동시에 발생했다. 2 〖요소·원인 따위가〗협력하는(cooperating). 3 겸무의, 겸직의, 동등한 권리를 가지는. 4 〖의견 따위가〗일치하는, 동의하는(agreeing). 5 동일점에 모이는, 동일점에서 교차하는. — *n.* 1 병날 사건; 동시에 작용하는 원인. 2 〖고어〗경쟁자(rival). **~·ly** *adv.*

concúrrent operátion *n.* 〖컴퓨터〗〖입력·처리·출력의 세 가지 조작의〗병행 처리; 동시 처리; 다항 처리.

concúrrent resolútion *n.* 〖미의회〗동일 결의[상 양원에서 채택된 같은 결의안. 공동 결의(joint resolution)와는 달리 행정 장관(주지사, 대통령)의 서명이 필요없음].

con·cuss [kənkás, +英 kəŋ-] *vt.* 1 〖심리〗…을 뒤 흔들다; …에게 〖뇌〗진탕을 일으키게 하다. 2 …을 협박하다, 위협하다 (threaten).

con·cus·sion [kənkáʃ(ə)n, +英 kəŋ-] *n.* U C 1 진동; 격동, 충격. 2 〖병리〗 뇌진탕. ¶ a *concussion* of the brain 뇌진탕. 3 강제(coercion).

con·cus·sion·al [kənkáʃ(ə)nl] *adj.* 진동(충격)의; 〖병리〗진탕의.

con·cus·sive [kənkásiv, +英 kəŋ-] *adj.* 진동의; 〖병리〗진탕성의.

con·cy·clic [kansáiklik / kɔn-] *adj.* 〖기하〗동일 원주상의.

cond. (略) condenser; conditional; conductor.

*__con·demn__ [kəndém] *vt.* 1 …을 옳지 않다고 보다 (disapprove), 비난(힐난)하다(...*for*). ¶ CRITICIZE 類語 ¶ We *condemn* cruelty and cruel people. 우리는 잔인성과 잔인한 사람들을 비난한다 // (~+目+前+名) *condemn* a person *for* his conduct 남의 행위를 책망하다.

2 〖얼굴 등이〗〖남〗에게 유죄인 듯한 인상을 주다, …에게 재난을 가져오다. ¶ His shifty looks were enough to *condemn* him. 그의 교활한 표정은 과연 죄인다와 보였다.

3 …에게 선고하다, 〖남〗을 유죄로 판결하다(... *to*). ¶ (~+目+前+名) *condemn* a person *to* death(*to* imprisonment) 남에게 사형(금고형)을 선고하다 / They were *condemned* of treason. 그들에게는 반역죄가 선고되었다 / (~+目+*to do*) *condemn* a person *to* be hanged 남에게 교수형을 선고하다.

4 〖고난 따위에〗 〖남〗을 운명짓다(... *to*). ¶ (~+目+前+名) be *condemned to* poverty 운명이 가난하게 살도록 되어 있다. 〖기〗처분하다.

5 〖물건 따위를〗불량품(사용 불능)이라고 정하다, 폐기〖의사〗…에게 불치 선고를 내리다, 손들다.

7 〖美〗〖공익을 위해〗〖재산·토지〗의 수용(收用)을 명하다. ◇ **condemnátion** *n.*, **condémnatory** *adj.*

con·dem·na·ble [kəndémnəbl] *adj.* 비난해야(어야)할, 책망해야(받아야)할.

*__con·dem·na·tion__ [kàndemnéiʃ(ə)n / kɔ̀n-] *n.* U C 1 비난. 2 죄의 선고, 유죄의 결정. 3 비난(유죄 선고)의 근거(이유). 4 불량품 판정, 폐기의 명령. 5 〖美〗〖공익을 위한 재산 등의〗물수, 수용[명령]. ◇ **condémn** *v.*, **condémnatory** *adj.*

con·dem·na·to·ry [kəndémnətɔ̀:ri / -t(ə)ri] *adj.* 비난의, 처벌의, 유죄의.

con·demned [kəndémd] *adj.* 1 유죄를 선고받은; 비난받은; 사형수의. ¶ a *condemned* cell (*or* ward) 사형수 감방 / a *condemned* sermon 사형수에 대한 설교. 2 폐기(몰수)를 선고받은.

con·demn·er, -dem·nor [kəndémnər] *n.* 1 〖죄의〗선고자, 비난자.

con·den·sa·bil·i·ty [kəndènsəbíliti] *n.* U 응축성(凝縮性), 압축성; 단축성.

con·den·sa·ble, (**condensible**) [kəndénsəbl] *adj.* 응축할 수 있는, 압축할 수 있는; 단축할 수 있는.

con·den·sate [kəndénseit] *n.* 〖액체 가스·산소 따위의〗응축물; 압축물; 단축물.

*__con·den·sa·tion__ [kàndenséiʃ(ə)n / kɔ̀n-] *n.* U 1 응축, 응결; 〖화학〗축합(縮合), 액화; 〖물리〗응축, 냉축(冷縮). 2 응축 상태; C 응축물(condensed mass). 3 〖표현의〗간략화, 단축, 요약(abridgment). 4 〖정신상의〗〖관념·기억·감정 따위의〗압축.

*__con·dense__ [kəndéns] *v.* (-**densed**, -**dens·ing**) *vt.* 1 …을 응축하다, 압축하다(compress), 농축하다(*opp.* rarefy); 〖사상·진술 따위를〗간추리다(abridge). ¶ *condense* a story 이야기를 요약하다 // (~+目+前+名) *condense* a statement *into* a few words 진술을 몇 마디로 간추리다 / be *condensed into* thick soup 〖좋아들어〗걸쭉한 수프로 되다. 2 〖기체〗응축시키다, 액화하다. 3 〖렌즈〗〖광선〗을 모으다 (concentrate). 4 〖전기〗의 강도를 높이다 (intensify).

— vi. **1** 줄어들다, 응축하다; 요약하다. **2** [액체가] 고체화하다, [기체가] 액화하다(*into* ...).
◇ condensátion *n*.

*con·densed [kəndénst] *adj*. **1** 압축된; 농축된, 진해진; [기체가] 액화된. ¶ *condensed* fruit juice 농축 과즙. **2** 간결한, 요약된(shortened). **3** 〖인쇄〗 〖활자가〗 장체(長體)의. *cf*. expanded

condénsed mǐlk *n*. 〖가당(加糖)〗 연유(煉乳).

*con·dens·er [kəndénsər] *n*. **1** 응축자(물). **2** 응결기. **3** 〖기체·증기 따위의〗 액화(응결) 장치, 〖증기 기관의〗 응축기, 복수기(復水器). **4** 집광(集光) 렌즈, 집광 장치. **5** 〖전기〗 축전기, 콘덴서.

con·den·ser·y [kəndénsəri] *n*. (*pl*. -ser·ies) 《美》 연유(콘덴스트 밀크) 제조 공장.

con·den·si·ble [kəndénsibl] *adj*. = condensable.

*con·de·scend [kàndisénd / kɔ̀n-] *vi*. **1** 〖손아랫 사람에 대해〗 자기를 낮추다, 겸손하다, 으스대지 않고 … 하다(stoop). ¶ (~+*to do*) The king *condescended* to eat with the beggars. 임금의 몸으로서 걸인들과 식사를 함께 했다. **2** 자신을 굽혀 …하다, 창피를 무릅쓰고 …하다. ¶ (~+*to do*) *condescend* to accept bribes 지조를 굽히고 뇌물을 받다 // (~+*前*+*名*) *condescend* to trickery 몰락(타락)하여 사기를 치다. **3** 〖자신의 지위·권세를 의식하면서〗 상냥하게 대하다, 친절을 베풀다, 은혜를 베푸는 듯 대하다(*to* ...). ¶ He seems to be *condescending* all the time. 그 사람은 늘 상냥하게 대하는 듯하다. **4** 〖스코〗 상세하게 적다(*upon* ...).
◇ condescénsion, condescéndence *n*.

con·de·scend·ence [kàndiséndəns / kɔ̀n-] *n*. **1** 〖U〗 겸손, 공손, 정중. **2** 〖스코〗 명세표(明細表).

con·de·scend·ing [kàndiséndiŋ / kɔ̀n-] *adj*. 겸손한, 공손한, 정중한(modest, humble); 〖손아랫 사람에 대해〗 일부러 겸손한; 생색내는 듯한, 은혜라도 베푸는 듯한. ~·ly *adv*.

con·de·scen·sion [kàndisénʃ(ə)n / kɔ̀n-] *n*. 〖U〗 **1** 겸손, 공손, 정중; 비하(卑下). **2** 〖자기를 낮추면서 나타내는〗 오만; 〖손아랫 사람에 대한〗 은혜를 베푸는 듯한 태도.

con·dign [kəndáin] *adj*. 〖죄에 대해 형벌 따위가〗 적절한, 알맞게 엄한, 지당한(adequate). ~·ly *adv*.

con·di·ment [kándimənt / kɔ́n-] *n*. 〖C〗〖U〗 조미료, 양념.

*con·di·men·tal [kàndiméntl / kɔ̀n-] *adj*. 조미료의.

*con·di·tion [kəndíʃ(ə)n] *n*. **1** 〖U〗 〖사람·사물의 특별한〗 상태, 사정; 〖C〗 (종종 ~s) 〖주위의〗 양상, 상황, 현황. ¶ STATE 類語. ¶ the *condition* of affairs 형세, 사태 / under the present *conditions* 현황으로는 / under favorable (difficult) *conditions* 좋은 (나쁜) 사정하에, 순조로운 (어려운) 처지에.
2 〖U〗 건강 상태; 〖경기자의〗 컨디션. ¶ His *condition* is improving. 그의 건강 상태는 좋아지고 있다.
3 사회적 지위; 〖U〗신분, 처지. ¶ a man of *condition* 신분이 좋은 사람 / people of every *condition* 모든 처지의 사람들 / better one's *condition* in life 생활을 개선하다.
4 〖제한적인〗 조건, 제약; 필요 조건. ¶ the *condition* of all success 모든 성공의 필요 조건 / impose (or make) *conditions* 조건을 붙이다 / meet the *conditions* 그 조건에 맞다, 그 조건을 충족시키다 / make it a *condition* that ... …을 조건으로 하다.
5 〖법률〗 **a**) 규정, 조항. **b**) 사건, 결과(event).
6 〖美〗 **a**) 〖가입학·가진급 학생이 치는〗 추가 시험. **b**) 시험 미필 과목.
7 〖문법〗 〖조건문의〗 조건절, 가정절.
8 〖논리〗 전건(前件)(antecedent).

be in no condition to do …하기에 적합하지 않다, … 할 형편이 못 되다.

change (or *alter*) *one's condition* 처지(환경)를 바꾸다, 새생활을 시작하다; 〖고어·방언〗 결혼하다.

in a delicate (or *a certain, an interesting*) *con-* *dition* 임신중이다.

in condition (*cf*. out of condition) ① 건강 상태가 좋은. ② 〖물건의〗 보존 상태가 좋은; 만족스러운 상태

on conditions 조건부로.

on (or *upon*) *condition that* ... …이라는 조건으로; 만일 …이라면(if). ¶ I will do it *on condition that* I am paid. 돈을 준다면 그것을 하겠다.

out of condition (*cf*. in condition) ① 건강을 해쳐. ② 〖물건의 보존 상태가〗 나쁜, 사용할 수 없는.
— *vt*. **1** …을 알맞은 상태로 하다, …의 컨디션을 조절하다(가다듬다); 〖냉·난방으로〗 〖공기〗를 조절하다. ¶ *condition* the air of a room 방의 공기를 조절하다 / Exercise *conditions* your muscles. 운동을 하면 근육이 풀린다. **2** …의 필요 조건이 되다, …을 제약하다, 결정하다(determine). ¶ Ability and effort *condition* success. 능력과 노력은 성공의 조건이다 ¶ (~+*目*+*to do*) Fear *conditioned* the boy *to* behave in such a way. 공포 때문에 소년은 그런 식으로 행동하게 되었다. **3** …을 조건으로 하다, 조건으로서 규정하다(stipulate). ¶ (~+*目*+*前*+*名*) The gift to the boy was *conditioned* on his good behavior. 행실만 바르면 그 선물을 소년에게 주기로 되어 있었다. **4** 〖개·말 따위의〗 컨디션을 〖최상으로〗 조절하다(가다듬다). ¶ (~+*目*+*前*+*名*) *condition* a horse *for* a race 경주 말의 컨디션을 가장 좋게 하다. **5** 〖섬유 따위의 상품을〗 검사하다. **6** 〖심리〗 …에게 조건 반사를 일으키게 하다; …에 대해 조건을 붙이다. ¶ (~+*目*+*to do*) The dog was *conditioned to* expect food when he heard a bell. 그 개는 벨 소리를 들으면 음식을 기대하는 조건 반사를 일으키도록 되어 있었다. **7** 《美》〖학생에게 추가 시험을 조건으로 하여 진급을 허가하다. — *vi*. 조건을 붙이다 (make conditions).
◇ condítional *adj*.

*con·di·tion·al [kəndíʃ(ə)n(ə)l] *adj*. **1** 조건부의; 제약적인, 조건이 붙은. **2** 〖…을〗 조건으로 한, …나름의 (으로)(*on, upon* ...). ¶ It is *conditional on* (or *upon*) your ability. 그것은 당신의 능력 나름이다. **3** 〖문법〗 조건을 나타내는. ¶ a *conditional* clause 조건절. **4** 〖논리〗 〖전제가〗 가정적인, 가정을 하나 이상 가진. **5** 〖수학〗 〖부등식이〗 조건부로〖변수의 모든 값에 대해 성립한다고는 할 수 없는〗. — *n*. 〖문법〗 조건법; 조건절. ~·ly [-nəli] *adv*.

con·di·tion·al·i·ty [kəndìʃ(ə)néliti] *n*. 〖U〗 조건부임, 조건부 제한; 〖IMF 등〗 융자 조건.

condítional sále *n*. 〖U〗 〖법률〗 조건부 판매.

con·di·tioned [kəndíʃ(ə)nd] *adj*. **1** 조건부의(conditional). **2** 〖복합어를 만들어〗 어떤 조건으로 있는. ¶ ill-*conditioned* 불량 상태의. **3** 〖심리〗 후천적으로 얻은, 조건 지워진(learned, acquired). **4** 어떤 목적으로 조절된. **5** 공기 조절 장치가 있는(air-conditioned).

condítioned respónse (réflex) *n*. 〖심리〗 조건 반사(반응).

con·di·tion·er [kəndíʃ(ə)nər] *n*. **1** 조건 지우는 사람(사물). **2** 〖유용성을 더하기 위한〗 첨가물(약제). **3** 〖운동 경기의〗 코치. **4** 공기 조절 장치. **5** 〖섬유 따위의〗 품질 검사관.

con·di·tion·ing [kəndíʃ(ə)niŋ] *n*. 〖U〗 검사; 〖공기의〗 조절.

con·do [kándou / kɔ́n-] *n*. (*pl*. ~**s** [-z]) 《美구어》 **1** 콘도, 분양 아파트(맨션). **2** 콘도 한 채.
[<CONDO(MINIUM)]

con·do·la·to·ry [kəndóulətɔ̀ːri / -t(ə)ri] *adj*. 애도의 뜻을 나타내는, 조위의, 조상의, 문상의.

con·dole [kəndóul] *v*. (-doled, -dol·ing) *vi*. 괴로와하는 사람에게 동정하다; 문상하다, 조위하다, 애도하다 (*with, upon* ...) — *vt*. 《폐어》 〖남의 죽음을〗 애도하다, 슬퍼하다; 〖죽은 사람의〗 명복을 빌다.

con·dole·ment [kəndóulmənt] *n*. =condolence.

con·do·lence [kəndóuləns] *n*. 〖U〗 문상, 조위, 애도; (종종 ~s) 애도의 말, 조사(弔詞). ¶ a letter of

condolence 문상 편지 / present(express) one's *condolences* to …에 애도의 조의를 표하다.
con·do·lent [kəndóulənt] *adj.* 문상(조위)의, 애도하는.
con·dol·er [kəndóulər] *n.* 애도자, 조위자, 문상객.
con·dom [kándəm, kʌ́n-/ kɔ́n-, kʌ́n-] *n.* [산아 제한 용의] 콘돔.
con·dom·i·nate [kəndámənit, kən-/ kəndɔ́m-] *adj.* 공동 통치(지배)의.
con·do·min·i·um [kàndəmíniəm / kɔ̀n-] *n.* (*pl.* -ums *or* -i·a [-niə]) 1 공동 관리(지). 2 분양 아파트, 분양 맨션[대지를 거주자가 공유한다]. 3 [국제법] 2개국 이상에 의한 공동 통치.
con·do·na·tion [kàndo(u)néiʃ(ə)n / kɔ̀n-] *n.* ⓤ [죄의] 용서, 묵인; [법률] [특히 간통의] 용서(有恕).
con·done [kəndóun] *vt.* (-doned, -don·ing) 1 [죄]를 용서하다(pardon), 눈감아주다. ⇒ EXCUSE 類語 2 [어떤 행위가] [죄]의 갚음(속죄)이 되다. 3 [법률] [간통]을 용서하다; 유서하다.
con·dor [kándər / kɔ́ndɔː, -dər] *n.* 1 콘도르[남미산(產)의 독수리]. 2 칠레의 구(舊)화폐[10 페소 상당].
con·dot·tie·re [kɔ̀ːndo(u)tjɛ́(ː)rei / kòndo(u)tjɛ́ə-] *n.* (*pl.* -tie·ri [-ri]) 1 14-15세기 이탈리아의 용병(傭兵) 대장, 외인 부대 대장. 2 군사 모험가; 용병.
con·duce [kənd(j)úːs / -djúːs] *vi.* (-duced, -duc·ing) [어떤 결과에] 이르다, …으로 이끌어 가다[*to, toward* …]; 도움이 되다, 공헌하다(contribute). ¶ (~+图 +图) War *conduces* to subsequent misery. 전쟁에는 참상이 뒤따른다.
con·duc·i·ble [kənd(j)úːsəbl / -djúːs-] *adj.* =conducive.
con·du·cive [kənd(j)úːsiv / -djúːs-] *adj.* …에게 도움이 되는, 조성(촉성)하는, 촉구하는(helpful) (*to* …). ¶ Temperance is *conducive* to long life. 절제는 장수를 가져온다. — **ness** *n.*
‡**con·duct** *n.* [kándəkt, kɔ́n- // → *v.*] ⓤ 1 행위, 품행, 행실, 거동. ⇒ ACT 類語 ¶ good(bad) *conduct* 착한(나쁜) 행위 / rules of *conduct* 처세훈 / She is above such *conduct*. 그녀는 결코 그런 짓을 할 사람이 아니다. 2 경영, 관리, 처리(direction, execution), the *conduct* of a war 전쟁의 수행. 3 [무대·연극 등의] 처리법; [줄거리의] 각색, 취향. 4 지휘, 지도, 안내(guidance). ¶ under the *conduct* of …의 안내(지휘)로. 5 ⓒ [稀] 호송자, 에스코트(escort).
— *v.* [kəndʌ́kt] *vt.* 1 [재귀용법] 처신하다, 거동하다, 행동하다 [업무 따위]를 실시하다. ¶ *conduct* a market research 시장 조사를 실시하다 / She *conducted* herself nobly. 그녀는 품위있게 처신했다. 2 [사업 따위]를 경영하다, 끌고가다(manage). 3 [악단·군대 따위]를 지휘하다. ¶ *conduct* an orchestra 관현악단을 지휘하다. 4 …을 안내하다, 인도하다(lead), …을 수행 안내하다(escort). ⇒ GUIDE 類語 ¶ a *conducted* tour 수행 안내원(가이드)이 붙은 관광 여행 // (~+图+圃+图) *conduct* a person to (or into) …으로 남을 안내하다. 5 [열·전기·소리 따위]를 전하다, 전도(傳導)하다(transmit). — *vi.* 1 [길 따위가] 통하다, 이끌다 (*to*…). 2 [악단]을 지휘하다. 3 안내하다. 4 [美] 거동하다. ◇ **condúction** *n.*, **condúctive** *adj.*
con·duct·ance [kəndʌ́ktəns] *n.* ⓤ [전기] 콘덕턴스, 전도 계수(傳導係數) [저항(resistance)의 역수(逆數)].
con·dúct·ed EMÍ [kəndʌ́ktidíːèmái] *n.* [전기] 전도 전자(電磁) 방해[전자 기기에 전원·선로 따위를 타고 전달되는 잡음]. *cf.* radiated EMI [<*electro magnetic* interference]
con·duct·i·bíl·i·ty [kəndʌ̀ktibíləti] *n.* ⓤ [열 따위의] 전도도.
con·duct·i·ble [kəndʌ́ktəbl] *adj.* 전도성의.
con·duc·tion [kəndʌ́kʃ(ə)n] *n.* ⓤ 1 [물 따위를 파이프로] 이끌기. 2 [물리] a) [열·전기 따위의]전도, b) 전도성, 전도율 (conductivity). 3 [생리] [지각(知覺) 따위의] 전도.

¶ *conductive* power 전도력.
con·duc·tive [kəndʌ́ktiv] *adj.* 전도[성]의, 전도력이 있는.
con·duc·tiv·i·ty [kàndʌktívəti / kɔ̀n-] *n.* ⓤ [물 리] [열·소리·전류 따위의] 전도성(율).
condúct móney *n.* ⓤ 증인 소환비 [증인에게 지급되는 왕복 여비와 체재비]; [응모병에게 지급되는] 응모 여비.
‡**con·duc·tor** [kəndʌ́ktər] *n.* 1 지도자(leader), 안내자(guide). 2 지배인, 관리인(manager). 3 [버스·전차·열차의] 차장(⟨英⟩에서는 열차 차장은 guard라 한다). 4 [음악] 지휘자. 5 전도물, 도체(導體); 도선; 양(良)도체. ¶ a good(bad) *conductor* 양(불량)도체. 6 피뢰침.
con·duc·tor·ship [kəndʌ́ktərʃìp] *n.* ⓤ conductor의 직(직무) [특히 지휘자·관리인의]. [여성형.
con·duc·tress [kəndʌ́ktris] *n.* conductor (1~4)의
con·duit [kánd(j)uit, -dit / kɔ́ndit] *n.* 1 [물 따위를 끄는] 도관(導管), 수도[도관, 통틀어. 2 수도, 도랑, 도수거(導水渠) (canal). 3 [전기] 선거(線渠), 전선관(管). 4 [고어] 샘, 분수.
cónduit sýstem *n.* [전차의] 선거(線渠) 전로(電路) 방식; [전동의] 전선관(電線管)식, [전동선의] 연관(鉛管)식.
con·du·pli·cate [kənd(j)úːplikit / kəndjúː-] *adj.* [식물] [싹 속의 꽃잎·잎이] 두 겹으로 된, 접첩상(摺褶狀)의.
con·dyle [kándail, -dil / kɔ́n-] *n.* [해부] 과상(髁狀) 돌기, 골류(骨瘤); [뼈 끝자리의 둥근 돌기로 다른 관절과의 접합부].
Cón·dy's flúid [kándiz-/ kɔ́n-] *n.* (=**Con·dy**) ⓤ 콘디 소독액. [<영국의 의사 H. B. Condy의 이름].
*****cone** [koun] *n.* 1 [기하] 원추형, 원추; 원추형의 것. ¶ a circular *cone* 원추 / an elliptical *cone* 타원추 / a right circular *cone* 직원추 / an ice-cream *cone* 아이스크림을 담는 원추형 웨이퍼. 2 폭풍 신호구(球) (storm cone). 3 [식물] 구과(毬果) [솔방울 따위]. 4 첨봉 화산추 [원추형 화산]; 코니데. — *vt.* (**coned, con·ing**) 1 …을 원추형으로 만들다. 2 [수동형으로] [비행기가 적의] 서치라이트에 비추어지다.
◇ **cónoid** *adj.*
cone·flow·er [kóunflàuər] *n.* 삼잎국화의 일종 [국화과(科); 북미 원산].
Con·el·rad [kán(ə)lræd / kɔ́n-] *n.*⟨美⟩ 코넬래드 방식 [방공 수단의 한 방법; 일반 방송을 중지하고 특정 주파수의 AM 방송만을 함으로써 적기·미사일이 주파수로 도시의 위치를 알아내는 것을 막음].
(<*control* of *el*ectro-magnetic *rad*iation)
cone·nose [kóunnòuz] *n.* 흡혈 곤충(assassin bug).
con es·pres·sio·ne [kònisprèsióunei / kɔ̀ːn-] ⟨이탈리아⟩[음악] 표정을 가지고.
Còn·es·tó·ga [wǽgon] [kànistóugə-/ kɔ̀n-] *n.* 개척 당시의 미국 서부에서 사용된 대형 포장 마차.
co·ney, -ny [kóuni] *n.* (*pl.* -neys; -nies) 1 ⟨고어⟩ 토끼(rabbit); 토끼의 모피. 2 바위너구리(hyrax).
Cóney Ísland [kóuni-] *n.* 미국 New York 시 Long Island의 남쪽 해안에 있는 섬 [해수욕장, 환락지].
conf. (略) conference.
con·fab (口語) *n.* [kǽnfæb / kɔ́n-] // → *vi.*] =confabulation. — *vi.* [kənfǽb / kɔn-] (-**fabbed, -fab·bing**) =confabulate.
con·fab·u·late [kənfǽbjulèit] *vi.* (-lat·ed, -lat·ing) 1 담소하다, 담론하다, 간담하다; 협의하다(*with*…). 2 [정신 의학] 기억과 기억 사이를 메우다, 작화(作話)하다.
con·fab·u·la·tion [kənfæ̀bjuléi(ə)n] *n.* ⓤ ⓒ 1 담소, 담론, 간담; 협의, 회담. 2 [정신 의학] 작화(증), 허담증(虛談症).
con·fab·u·la·tor [kənfǽbjulèitər] *n.* 담소자, 간담자; 협의자, 회담자.

con·fab·u·la·to·ry [kənfǽbjulətɔ̀:ri / -t(ə)ri] *adj.* 담소하는 식의, 간담하는 식의.

con·fect [kənfékt → *n.* ⇨] *vt.* **1** …을 조제(調製)하다, 조합(調合)하다(compound). 만들다(make up). **2** …을 설탕 절임으로 만들다, 사탕 과자로 만들다. **3** …을 조립하다(construct). —— *n.* [kánfekt / kɔ́n-] 사탕 과자, 캔디.

con·fec·tion [kənfékʃ(ə)n] *n.* **1** 당과, 캔디: [과일 따위의] 설탕 절임(preserve). **2** 〔페어〕 〔약〕 당제(糖劑) 〔당밀·벌꿀 따위에 약품을 섞은 것〕. **3** 〔특히 여성용의〕 기성 복식품(服飾品). **4** Ⓤ 조제, 조합. —— *vt.* 〔당과·당제〕를 만들다, 조제하다.

con·fec·tion·ar·y [kənfékʃ(ə)nèri / -n(ə)ri] *n.* (*pl.* **-ar·ies**) **1** 과자 제조소(공장), 과자 보관소. **2** 당과(candy), 설탕 절임. **3** 과자점. —— *adj.* 당과의, 설탕 절임의.

con·fec·tion·er [kənfékʃ(ə)nər] *n.* 과자 제조인(판매자), 과자 장수.

confectioner's súgar *n.* Ⓤ 정제한 가루 설탕.

con·fec·tion·er·y [kənfékʃ(ə)nèri / -n(ə)ri] *n.* (*pl.* **-er·ies**) **1** Ⓤ〔집합적〕과자, 당과, 캔디. **2** Ⓤ 당과 제조(판매)〔업〕, 제과. **3** 당과 제조(판매)소, 과자점(candy shop).

Confed. (略) Confederate; Confederation.

*__con·fed·er·a·cy__ [kənféd(ə)rəsi] *n.* (*pl.* **-cies**) **1** 연합국, 동맹국, 〔주·당·사람 등의〕 연합단. **2** 동맹, 연맹, 연합(league, alliance). **3** 〔불법적인〕 도당, 음모단(conspiracy); Ⓤ 공모. **4** (the C-) 〔미역사〕 남부 연합(the Confederate States of America).
◇ confédrate *adj.*, *v.*

*__con·fed·er·ate__ [kənféd(ə)rit → *v.* ⇨] *adj.* **1** 연합한, 동맹한; 공모(결속)한. **2** (C-) 〔미역사〕 남부 연합(the Confederacy)의. *cf.* Federal
—— *n.* **1** 동맹국(국), 연합자(국) (ally), 제휴자(companion). **2** 공모자, 연루자, 한패(accomplice) (*in*...). **3** (C-) 〔미역사〕 남부 연합 지지자, 남부파의 사람(군인), 남부 동맹 참가주의 사람. —— *vt.*, *vi.* [kənfédərèit] (-**at·ed**, -**at·ing**) 연합시키다(하다), 연맹하다(하다). ¶ *confederate* oneself *with* … 과 동맹하다. **2** 도당을 짜다, 한패가 되다(*with*...).

Confederate States of América *n. pl.* (the ~) 〔미역사〕 아메리카 남부 연합〔노예 폐지론에 반대하여 1860-61년에 걸쳐 미합중국에서 탈퇴한 남부 11 개 주가 결성〕.

*__con·fed·er·a·tion__ [kənfèdəréiʃ(ə)n] *n.* Ⓤ **1** 동맹, 연합, ⇨ ALLIANCE 〔類語〕 **2** 연합국, 동맹국; 연방. **3** (the C-) 〔미역사〕 아메리카 식민지 동맹 〔1781-89, Articles of Confederation에 따라서 성립된 식민지 13 개 주의 연맹〕. ◇ confédrate *adj.*, *v.*, confederative *adj.*

con·fed·er·a·tive [kənfédərèitiv, -d(ə)rə- / -d(ə)r-ə-] *adj.* 연맹의, 연방의, 동맹(연합)의.

*__con·fer__ [kənfə́:r] *v.* (-**ferred**, -**fer·ring**) *vt.* **1** …을 수여하다, 주다(*on*). ⇨ GIVE 〔類語〕 ¶ (~+目+前+名) *confer* a favor *upon* a person 남에게 호의를 베풀다, 총애하다, 편역두다. **2** 〔페어〕 비교하다(compare).
—— *vi.* 의논(상의)하다, 상담하다; 회담하다 (*with*...). ⇨ CONSULT 〔類語〕 ¶ (~+前+名) *confer with* him on (or *about*) the matter 문제를 두고 그와 협의하다.
◇ conférment, conférence *n.*

con·fer [kənfə́:r] *vt.* 〔라틴〕 〔명령형〕 참조하라(compare) (*略 cf.*).

con·fer·ee [kànfərí: / kɔ̀n-] *n.* **1** 〔미〕 의논 상대; 회담 출석자, 협의자. **2** 〔상·학위를〕 수여받는 사람, 수령자.

*__con·fer·ence__ [kánf(ə)r(ə)ns / kɔ́n-] *n.* **1** 〔특히 의〕 회의, 협의회. ⇨ MEETING 〔類語〕 ¶ a general *conference* 총회 / a disarmament *conference* 군축 회의 / have (or hold) a *conference* with …과 협의하다. Ⓤ 협의, 회담, 상담(consultation). ¶ in *conference* with …과 협의중이니 in *conference* 협의회를 열다. **3** 〔정치〕 〔국회 의원에 의한〕 양원 협의회. **4** 〔교회〕 **a)** 〔연차〕 총회. **b)** 〔총회에 참가하는〕 교단, 교회 연맹. **5** 〔미〕 〔스포츠〕 경기 연맹, 운동 단체 연합.
◇ confér *v.*

cónference cáll *n.* 전화 회의 〔떨어진 장소에 있는 몇 사람이 전화로 하는 회의〕.

con·fer·en·tial [kànf(ə)rénʃəl / kɔ̀n-] *adj.* 회의의.

con·fer·ment [kənfə́:rmənt] *n.* Ⓤ 수여; 협의.

con·fer·ra·ble [kənfə́:rəbl] *adj.* 수여할 수 있는, 수여해야 할.

con·fer·ral [kənfə́:rəl] *n.* =conferment.

con·fer·rer [kənfə́:rər] *n.* 수여자; 협의자.

*__con·fess__ [kənfés] *vt.* **1** …을 자백하다, 고백하다, 실토하다, 인정하다(acknowledge, avow). ¶ She *confessed* her secret (crime) *to* her friends. 그녀는 비밀 (죄)을 친구들에게 털어놓았다. **2** 〔사실·진실이라고〕 …을 인정하다, 자인하다. ⇨ ADMIT 〔類語〕 ¶ (~+*that* 節) I must *confess that* I haven't done it. 사실은 그것을 하지 않았습니다 // (~+目+[*to be*]) The man *confessed* himself [*to be*] guilty. 그 남자는 죄를 범했다고 자인했다. **3** …의 신앙을 고백하다; …에게〔충성〕을 맹세하다. **4** 〔죄의 사함(absolution)을 얻기 위해 사제에게〕 〔죄〕를 고백하다, 고해하다, 참회하다. ¶ *confess* oneself *to* a priest 자기 죄를 사제에게 고백하다. **5** 〔사제〕가 〔신도〕의 고해를 듣다.
—— *vi.* **1** 고백하다, 자백하다(make confession), 인정하다, 자인하다(admit) (*to*...). ¶ (~+前+名) I *confess to* [having] a weakness for wine. 실은 술이라면 사족을 못씁니다. **2** 〔사제에게〕 죄를 고백(고해)하다. **3** 〔사제가〕 고해를 듣다.
to confess the truth 사실대로 말하자면, 실은.
◇ conféssion *n.*

con·fessed [kənfést] *adj.* **1** 〔정말이라고〕 인정된, 정평이 있는(admitted), 명백한(evident). ¶ stand *confessed* as …이라는 것〔죄상〕이 명백하다.

con·fess·ed·ly [kənfésidli] *adv.* 공인되어; 명백히, 의심할 여지없이(admittedly); 자백(고백)에 따르면.

con·fess·er [kənfésər] *n.* =confessor.

con·fes·sion [kənféʃ(ə)n] *n.* **1** Ⓤ⃝ 자백, 자인, 참회. **2** Ⓤ⃝ 신앙 고백. **3** 고백서, 자백서, 진술서. **4** Ⓤ 〔가톨릭〕 〔그리스도의 대리자, 교회의 대표자로서의 사제에게 하는〕 죄의 고백(참회). **5** 〔고어〕 순교자의 무덤; 제단(altar); 교회, 성당(shrine). ◇ conféss *n.*

con·fes·sion·al [kənféʃ(ə)nəl] *adj.* 자백, 고백의, 참회의. ¶ a *confession*(고백)의. **2** 〔고어〕 〔18세기 프랑스의〕 팔걸이 의자.

con·fes·sion·ar·y [kənféʃənèri / -nəri] *adj.* 고백의, 〔특히〕 사적(비밀) 고백(auricular confession)의. —— *n.* (*pl.* **-ar·ies**) 〔고어〕 고백(고해)실(confessional).

conféssion of fáith *n.* =confession 2.

con·fes·sor [kənfésər] *n.* **1** 자백(자인, 고백)자. **2** 고해(告解) 신부. **3** 기독교 신앙 고백자; 순교하지 않은 신자. **4** (C-) 참회왕〔영국왕 Edward〕.

con·fet·ti [kənféti(:)] *n. pl.* (*sing.* **-fet·to** [-fétou]) **1** 〔단수 취급〕 〔퍼레이드·축제·결혼식 따위에서 뿌리는〕 색종이 조각. **2** 캔디, 봉봉(bonbons). [<It]

con·fi·dant [kànfidǽnt, -dá:nt, kánfidæ̀nt / kɔ̀nfidǽnt, ≟-≟] *n.* 〔비밀 등을 털어놓을 수 있는〕 믿을만한 〔극친한〕 친구.

con·fi·dante [kànfidǽnt, -dá:nt, kánfidæ̀nt / kɔ̀nfidǽnt, ≟-≟] *n.* confidant의 여성형. **2** 긴 의자의 일종.

*__con·fide__ [kənfáid] *v.* (-**fid·ed**, -**fid·ing**) *vi.* **1** 〔신뢰하여 비밀을〕 털어놓다, 털어놓고 말하다. ¶ (~+前+名) The girl always *confided in* her mother. 소녀는 항상 어머니에게 마음 속을 털어놓았다. **2** 믿다, 신뢰하다, 신용하다 (*in*...). ¶ (~+前+名) You can *confide in*

confidence his good faith. 그의 성실성은 믿을 만하다. — vt. **1** [비밀을 지켜줄 것으로 믿고] 「…에게」말하다, 털어놓다 (... to). **2** 신뢰하여 …을 맡기다, 위임하다, 위탁하다(entrust). ¶ (~+목+전+명) confide a task to a person's charge 남에게 일을 맡기다 / confide oneself to a person 남에게 일신을 맡기다, 남에게 의지하다.
◇ cónfidence n., cónfident, confidéntial adj.

‡con·fi·dence [kánfid(ə)ns / kɔ́n-] n. **1** [전면적인] 신뢰, 신용, 신임, [비밀을 지킨다는] 신뢰. ⇨ BELIEF 類語 ¶ have (or place, put) confidence in …을 신뢰하다 / gain (or obtain, win) the confidence of … 의 신뢰를 얻다 / give one's confidence to a person 남을 믿다 / enjoy (or be in) the confidence of a person 남의 신임을 받고 있다.
2 (英)[정치][내각의]신임. ¶ a vote of confidence 신임 투표[의 한 표] / a want of confidence in the Cabinet 내각에 대한 불신임.
3 자신, 확신(certitude), 대담성. ¶ lack confidence in one's own strength 자신의 역량에 대한 확신이 결여되어 있다 // He goes at his work with confidence. 그는 자신만만하게 일을 한다.
類語 confidence 남의 원조·영향의 유무와는 관계없는 「자신」; inspire confidence in one's pupils 제자들에게 자신감을 고취하다. assurance confidence 보다 더 센 뜻; 거드름·자만심 등 나쁜 의미로 쓸 때도 있다: Don't act with such assurance. Think first. 그렇게 자신만만하게 굴지 말고, 먼저 생각부터 해 보게. self-confidence, self-assurance 외부로부터의 원조·영향이 없음을 강조하는 말.
4 주제넘음, 뻔뻔스러움(impudence). ¶ He had the confidence to deny it. 그는 뻔뻔스럽게도 그것을 부인했다.
5 확실함, [미래에 대한] 확신(assurance).
6 (고어) 신뢰의 근거가 되는 것, 확신(자신)을 주는 것.
7 비밀, 속내 이야기. ¶ I have no wish to hear confidences. 속내 이야기는 듣고 싶지 않다.
in [*strict*] *confidence* [절대] 비밀로, 극비로.
make a confidence (or *confidences*) *to* …에게 털어놓다.
take a person into one's confidence 남에게 비밀을 털어놓다.
— adj. (美) 사기의, 협잡의(swindling).
◇ confíde v., confidéntial, cónfident adj.

cónfidence gàme (英) trìck n. 남의 신뢰를 틈타 사기 수법, 신용 사기.
cónfidence màn n. 사기꾼, 협잡꾼(con man).

‡con·fi·dent [kánfid(ə)nt / kɔ́n-] adj. **1** 확신하는, 굳게 믿고 있는(of …). ⇨ SURE 類語 ¶ be confident in oneself 자신만만하다 // We are confident of our success. 우리는 성공을 확신하고 있다 / I am confident that there will be no war. 앞으로 전쟁은 없으리라고 굳게 믿는다. **2** 자신이 있는. ¶ We are confident in saying that … 우리는 자신 있게 …이라고 말한다. **3** 자신만만한, 주제넘은, 뻔뻔스러운. **4** (폐어) 신뢰할 수 있는. — n. 친구, 믿을 수 있는 벗(confidant). ¶ a confident of a secret 비밀을 털어놓을 수 있는 친구.

*con·fi·den·tial [kànfidén(ʃ)(ə)l / kɔ̀n-] adj. **1** 비밀의, 내밀한, 은밀한(secret); (美) [정치·군사] [공문서 등에] 기밀의. ¶ strictly confidential 극비의 / a confidential report 기밀 보고 / a confidential letter 친서(親書), 밀서. **2** 비밀을 털어놓는, 친밀한, 허물없는. ⇨ FAMILIAR 類語 ¶ talk in a confidential tone 속삭이는 어조로 [밀을] 말하다 // become confidential with strangers 초면의 사람들과 친밀해지다. **3** 비밀을 위탁받은, 신임받은, 심복의. ¶ a confidential agent 비밀탐정 / a confidential clerk 비서. ~·ly [-ʃəli] adv.

cònfidéntial commùnicátion n. ⓤ (법률) 비밀 정보 [변호사·의사·사제·목사·남편·아내 등에게 내밀히 알린 내용으로서 법정에서의 증언을 강요하지 않음].

*con·fi·dent·ly [kánfid(ə)ntli / kɔ́n-] adv. 확신을 가지고, 대담하게.
con·fid·ing [kənfáidiŋ] adj. 신뢰(신용)하는(trustful); (섣불리) 신용하는, [남을] 잘 믿는(unsuspicious). ~·ly adv.

con·fig·u·ra·tion [kənfìgjuréi(ʃ)(ə)n] n. **1** [요소·부분의] 상관 위치, 배치; 외형, 형태. **2** (천문) (星位). b) 성군, 성좌. **3** (물리·화학) 원자 배열 [분자내 원자의 공간적 배치] **4** (컴퓨터) 구성[계산기 시스템을 구성하는 요소 또는 하드웨어의 장치].
con·fig·u·ra·tion·al [kənfìgjuréi(ʃ)(ə)l] adj. 배치 (형태)의. ~·ly [-nəli] adv.
con·fig·u·ra·tion·ism [kənfìgjuréi(ʃ)(ə)nìz(ə)m] n. ⓤ (심리) 형태(게슈탈트) 심리학(Gestalt psychology).
con·fig·ure [kənfìgjur] vt. [어떤 틀에 맞추어] 형성하다(to ...); [어떤 형으로] 배열(배치)하다.
con·fin·a·ble, -fine·a·ble [kənfáinəbl] adj. **1** 제한할 수 있는, 한정할 수 있는. **2** 가둘 수 있는, 감금할 수 있는.

‡con·fine vt. [kənfáin → n.] (-fined, -fin·ing) **1** …을 한정하다, 제한하다, 국한하다. ⇨ LIMIT 類語 ¶ (~+목+전+명) I will confine myself (or my remarks) to facts. 사실을 말하는 선에서 그치겠다. **2** …을 가두다, 유폐하다, 감금하다(imprison). ¶ (~+목+전+명) confine a convict in jail 죄수를 감금하다 / He is confined to his bed with cold. 그는 감기 때문에 자리에 누워 있다. **3** (보통 수동형으로) 해산 자리에 눕다. ¶ She is about to be confined. 그녀는 해산이 가까와지고 있다.
— n. [kánfain / kɔ́n-] **1** (보통 ~s) 경계, 경계선(선). **2** 한계, 범위. ¶ within (beyond) the confines of …의 범위내에 (범위를 넘어). **3** (폐어) 감옥, 옥 (prison). ◇ confíne v.

con·fined [kənfáind] adj. **1** 한정된, 좁은, 비좁은. **2** 갇힌; 해산 자리에 누운.

*con·fine·ment [kənfáinmənt] n. **1** ⓤ 국한, 한정, 제한(restriction); 억제(restraint). **2** ⓤ 감금, 유폐 (imprisonment); (군대) [재판자의 영창내의] 감금(구류). **3** ⓤⓒ 해산 자리에 눕기; 출산.

‡con·firm [kənfə́ːrm] vt. **1** (진술 따위를) 확실하게 하다, 확실히 하다, 확증하다(prove, verify). ¶ This confirmed my suspicions. 이것으로 나의 의혹이 맞았음을 알 수 있었다.
2 [정식 또는 법적으로] …을 확인하다, 인증(認證)하다(sanction), 비준하다(ratify). ¶ confirm an agreement (a treaty) 협정(조약)을 비준하다 / (~+목+전+명) confirm a possession (a title) to a person 남에게 물건(칭호)을 승인하다.
3 …을 더욱 견고하게 하다, 굳히다, 강화하다. ¶ (결심·의견·습관 따위를) 굳히다, 강화하다. ¶ (~+목+전+명) confirm a person in his decision 남의 결심을 더욱 굳어지게 하다.
4 (교회) …에게 견진 성사(堅振聖事)를 주다(베풀다).
◇ confirmátion n., confírmative, confírmatory adj.

con·firm·a·ble [kənfə́ːrməbl] adj. 확실하게 할 수 있는, 확증(확인)할 수 있는.

*con·fir·ma·tion [kànfərméi(ʃ)(ə)n / kɔ̀n-] n. **1** ⓤ 확정, 확립(고정)하게 함, 확립. **2** 확증(의 사례), 증거, 증언. **3** ⓤ [정식] 시인, 확인, 비준. ¶ confirmation of sale (purchase) 매각(매입)의 확인. **4** ⓤⓒ (교회) 견진(성사), 견진례(堅振禮), 안수례(按手禮). ◇ confírm v.

con·firm·a·tive [kənfə́ːrmətiv] adj. 확인의, 확증의, 확증하는.

con·firm·a·to·ry [kənfə́ːrmətɔ̀ːri / -t(ə)ri] adj. 확실하게 하는, 확증적인(of ...).

*con·firmed [kənfə́ːrmd] adj. **1** 확인된; 비준된 (ratified). **2** 상습적인, 뿌리깊은, 굳어버린. ¶ a confirmed drunkard 철저한 주정뱅이 // get confirmed

con·fir·mee [kɑ̀nfəːrmíː] *n.* [법률] 확인을 받는 사람; [교회] 견진 성사(견진례)를 받는 사람.

con·fis·ca·ble [kənfískəbl / kɔn-] *adj.* 몰수할 수 있는, 압수할 수 있는.

*****con·fis·cate** [kɑ́nfiskèit, kənfískeit / kɔ́nfiskèit] *vt.* (**-cat·ed, -cat·ing**) [직권으로] …을 압수하다, 몰수하다, 징발하다. — *adj.* 몰수된.
◇ confiscátion *n.*, confíscatory *adj.*

con·fis·ca·tion [kɑ̀nfiskéiʃ(ə)n / kɔ̀n-] *n.* ⓊⒸ 몰수, 압수; 징발(requisition).

con·fis·ca·tor [kɑ́nfiskèitər / kɔ́n-] *n.* 몰수자, 압수자, 징발자. ¶ …의, 몰수하는.

con·fis·ca·to·ry [kənfískətɔ̀ːri / -t(ə)ri] *adj.* 압수의.

Con·fit·e·or [kənfítiɔ̀ːr] *n.* [가톨릭] [특히 미사 때와 자기 전의 기도 때 드리는] 고백의 기도. [< L. I confess]

con·fi·ture [kɑ́nfitʃər / kɔ́n-] *n.* 당과(糖菓), 캔디.

*****con·fla·gra·tion** [kɑ̀nfləgréiʃ(ə)n / kɔ̀n-] *n.* 큰 화재.

con·fla·tion [kənfléiʃ(ə)n] *n.* ⓊⒸ [도서] 두 종류의 이본(異本)의 융합, 합성; 합성본.

‡**con·flict** *vi.* [kənflíkt →ㅡ] **1** [이해 관계·의견 등이] 대립하다(be opposed), 충돌하다(*with* …). ¶ (~+前+名) His testimony *conflicts with* yours. 그의 증언은 당신의 증언과 어긋난다. **2** 싸우다, 다투다(contend) (*with* …). — *n.* [kɑ́nflikt / kɔ́n-] ⓊⒸ **1** 싸움, 전투; [특히 장기간의] 투쟁, ⇨ QUARREL[1] [類語] **2** 말다툼, 쟁의, 논쟁(controversy). **3** [이해 관계·의견 등의] 대립, 상극. ¶ a sharp *conflict between* their opinions 의견의 날카로운 대립. *be in* (*come into*) *conflict with* ① …과 충돌하다, 모순되다. ② …과 싸우고 있다(싸우다).
◇ conflíction *n.*, conflíctive *adj.*

con·flict·ing [kənflíktiŋ] *adj.* 서로 다투는; 상반하는, 모순되는, 일치하지 않는(contradictory); 충돌하는.

con·flic·tion [kənflíkʃ(ə)n] *n.* ⓊⒸ 다툼, 싸움; 충돌; 모순.

con·flic·tive [kənflíktiv] *adj.* 상반하는, 모순되는, 충돌하는(conflicting).

con·flu·ence [kɑ́nfluəns / kɔ́n-] *n.* **1** [하천 따위의] 합류; 합류점. **2** [사람이나 사물의] 모임, 집합(concourse); 군중.

con·flu·ent [kɑ́nfluənt / kɔ́n-] *adj.* **1** 합류하는, 합쳐지는. **2** [병리] [발진이] 융합성의(융합성의) (을 가진). — *n.* 합류하는 강(하천); 지류(tributary).

— con·flux [kɑ́nflʌks / kɔ́n-] *n.* =confluence.

con·fo·cal [kɑnfóukəl / kɔn-] *adj.* [수학] 초점을 공유하는, 공초점(共焦点)의. ¶ *confocal* conics 공초점 원추 곡선.

*****con·form** [kənfɔ́ːrm] *vi.* **1** [규칙 등에] 따르다, 순응하다, 들어맞게 하다(*to* …). ¶ (~+前) *conform to* (or *with*) the laws (the customs) 법률(습관)에 따르다. **2** [형상·성질이] 같아지다, 동형으로 되다. ¶ (~+前+名) A coat must *conform to* the figure of the wearer. 상의는 입는 사람의 몸에 맞아야 한다. **3** 영국 국교를 준봉(신봉)하다. — *vt.* **1** [형상·성질을] 같아지게 하다, 일치시키다 (*... to*). **2** [규율·관습 등에] …을 따르게 하다, 순응시키다, 맞추다. ¶ ADAPT [類語] ¶ (~+前+名) *conform* oneself *to* the fashion 유행에 따르다.
◇ confórmance, confórmity, conformátion *n.*

con·form·a·bil·i·ty [kənfɔ̀ːrməbíliti] *n.* Ⓤ 일치[성], 적합.

con·form·a·ble [kənfɔ́ːrməbl] *adj.* **1** [형상·성질이] 같은, 닮은, 유사한 (similar). **2** 들어맞는, 적합한 (suited), 조화된(harmonious), 일치한(*to, with* …). ¶ *be conformable to* a standard 표준에 들어맞다. **3** 순종하는, 유순한(obedient, compliant)(*to* …). ¶ a *conformable* disposition 유순한 성질 // The boy was *conformable to* his father's wishes. 소년은 아버지의 의사에 순종했다. **4** [지질] [지층이] 정합(整合)의. **~ness** *n.* **-bly** *adv.*

con·form·ance [kənfɔ́ːrməns] *n.* Ⓤ 일치, 적합; 순종, 순응(conformity)(*to, with* …).

con·for·ma·tion [kɑ̀nfɔːrméiʃ(ə)n, -fər- / kɔ̀n-] *n.* **1** 형태, 형상(form, shape), 구조(structure). **2** [각 부분의 균형잡힌] 배치. **3** Ⓤ 맞춤, 적합, 순응(*to* …).

con·form·er [kənfɔ́ːrmər] *n.* 순응자, 준봉자.

con·form·ism [kənfɔ́ːrmiz(ə)m] *n.* Ⓤ [관례 따위의] 준수(遵守)주의, 순응주의.

con·form·ist [kənfɔ́ːrmist] *n.* **1** [관례 등에] 따르는 사람, 순응하는 사람(*to* …). ¶ a *conformist to* the fashion 유행에 따르는 사람. **2** (종종 C-) 영국 국교도.

con·form·i·ty [kənfɔ́ːrmiti] *n.* (*pl.* **-ties**) Ⓤ **1** [형상이나 성질 따위의]유사, 상사(correspondence), 일치 (agreement), 적합, [다른 것과의] 조화(harmony); Ⓒ 유사[한 사례] (*to, with* …). ¶ *conformity* in shape 형태의 유사 // *conformity with* his views 그의 의견과의 일치 / His behavior is in *conformity to* his word. 그는 언행이 일치한다. **2** [규칙·명령·습관 등에의] 따름, 순응, 복종(*with, to* …). ¶ *conformity to* the law 법에 순응하기 / in *conformity with* your request 당신의 요구에 따라(요구대로). **3** (종종 C-) 영국 국교의 신봉(준봉).
◇ conform *v.*

‡**con·found** [kənfáund, kɑn-/kɔn-] *vt.* **1** …을 뒤섞다, [사람·이름·말 등을] 잘못하여 동일시하다, 혼동하다. ¶ (~+目+前+名) *confound* means *with* end 수단과 목적을 혼동하다 / *confound* public affairs *with* private ones 공과 사를 혼동하다. **2** [혼란 때문에] …을 당황(당혹)케 하다, 어리둥절케 하다(dismay). ¶ *be confounded at* (or *by*) the sight …을 보고 당황하다. **3** [고어] …을 부끄럽게 하다, 창피를 주다. **4** [고어] [희망·계획 따위]를 뒤엎다(overthrow), 꺾다, 좌절시키다. **5** …을 저주하다(damn) (* 가벼운 욕설로 사용). ¶ *Confound* [kənfáund / kɔn-] you (or him)! 제기랄!, 빌어먹을 ! / *Confound* it! 젠장!, 빌어먹을!

*****con·found·ed** [kənfáundid, kɑn- / kɔn-] *adj.* **1** 혼란한; 당황한, 어리둥절한(confused, perplexed). **2** 《완곡하게》 저주할, 괘씸한, 지독한(damned). ¶ a *confounded* fool 지독한 바보. — *adv.* 《완곡하게》 엄청나게, 지독하게(extremely). ¶ *confounded* hard 무지무지하게 어려운 / wait a *confounded* long time 지독하게 오래 기다리다. **~ly** *adv.*

con·fra·ter·ni·ty [kɑ̀nfrətə́ːrniti / kɔ̀n-] *n.* (*pl.* **-ties**) 종교·자선 등의) 단체, 협회(brotherhood); 조합.

con·frere [kɑ́nfrɛər / kɔ́n-] *n.* [조합·협회 등의] 동료회원; [직업·연구 등의] 동료, 동업자(colleague).

‡**con·front** [kənfrʌ́nt] *vt.* **1** …에 면하다, 직면하다, 마주보다. ¶ two buildings *confronting* each other 서로 마주보는 두 건물 // (~+目+前+名) *be confronted by* (or *with*) a difficulty 곤란에 직면하다 / He was *confronted by* the lady at the gate. 그는 대문에서 그 부인과 마주쳤다. **2** [적·위험·죽음 따위]에 맞서다, 적대하다. **3** …을 마주보게 하다, 대결시키다(set face to face); [증거 따위]를 들이대다. ¶ (~+目+前+名) *confront* the accused *with* his accusers 피고와 원고를 대결(대질)시키다 / *confront* a person *with* evidence of his crime 남에게 범죄 증거를 들이대다. **4** [비교·검사를 위해] …을 맞추어 보다, 대비하다(compare). ¶ (~+目+前+名) *confront* an account *with* another 한 계정을 다른 계정과 대조하다.
◇ confrontátion, confróntment *n.*

con·fron·ta·tion [kɑ̀nfrəntéiʃ(ə)n / kɔ̀n-] *n.* ⓊⒸ **1** 직면, 조우. **2** 대결, 대심(對審), 대질.

con·front·er [kənfrʌ́ntər] *n.* 대항자(물); 대결자.

con·front·ment [kənfrʌ́ntmənt] *n.* =confrontation.

Con·fu·cian [kənfjúːʃən / -ʃ(j)ən] adj. 공자의, 유교의, 유가학(儒家學)의. — n. 공자의 학도, 유학자, 유생(儒生).

Con·fu·cian·ism [kənfjúːʃənìz(ə)m / -ʃ(j)ən-] n. ⓤ 유교[인(仁)]을 최고의 덕으로 삼는 공자의 가르침).

Con·fu·cian·ist [kənfjúːʃənist / -ʃ(j)ən-] n. 유학자, 유생.

Con·fu·cius [kənfjúːʃəs / -ʃ(j)əs] n. 공자(孔子)(551?-479 B.C.) [중국명 K'ung Fu-tsze; 중국의 철학자·교육가. 「논어(論語)」는 그의 언행을 편집한 책].

‡**con·fuse** [kənfjúːz] vt. (-fused, -fus·ing) 1 …을 마구 뒤섞다, 뒤죽박죽으로 하다, 혼란시키다(disorder). ¶ confuse one's ideas 생각을 혼란시키다. 2 …을 혼동하다(confound), …을 잘못 구별하다, …을 틀리다(mistake). cf. distinguish. ¶ (~+圖+前+名) confuse verse with poetry 운문과 시를 혼동하다 / confuse the names Austria and Australia 오스트리아와 오스트레일리아를 혼동시키다. 3 (보통 수동형으로) …을 당황하게 하다, 어리둥절케 하다. ¶ EMBARRASS 類語 ¶ get confused 당황하다, 어리둥절하다, 갈팡질팡하다 / She was confused at (or by) her blunder. 그녀는 실수를 저질러 쩔쩔맸다. ◇ confúsion n.

*__con·fused__ [kənfjúːzd] adj. 1 혼란한, 난잡한(disordered). ¶ confused noises 소란 / a confused statement (account) 뒤죽박죽인 진술(설명). 2 당황한, 어리둥절한, 어찌할 바 모르는(bewildered). -fus·ed·ly [-zidli] adv. -fus·ed·ness [-zidnis] n.

con·fus·ing [kənfjúːziŋ] adj. 혼란시키는(듯한), 당황하게 하는.

con·fus·ing·ly [kənfjúːziŋli] adv. 어리둥절하도록, 어찌할 바 모르게, 당황하리만큼.

‡**con·fu·sion** [kənfjúːʒən] n. ⓤ 1 혼란, 난잡(disorder); 소란, 소동. ¶ wild confusion 심한 혼란 / save confusion with …의 혼란을 완화하다 / All is in confusion. 온통 혼란이다.

類語 confusion 뒤죽박죽으로 뒤섞여 하나씩 구별할 수 없는 상태: a room in confusion [정리되지 않고] 마구 흐트러진 방. disorder 정상적인 위치·배열 등이 흐트러진 상태: a room in disorder 무질서하게 어질러진 방. mess 불결·불쾌한 혼란·난잡: a room in a mess 지저분하게 흩어진 방. chaos 아직 아무런 질서도 없는 초기의 혼란 상태를 뜻하는 경우가 많다: a new office still in chaos 아직 혼란 상태에 있는 새 사무실. muddle 솜씨가 서툴러서 일어난 혼란: a muddle under poor leadership 서투른 지휘로 인한 혼란. snarl 뒤엉키기 짜증나기 어려운 혼란: a traffic snarl 교통의 혼란. jumble 조화되지 않는 물건이 난잡하게 놓여있는 상태: a room with souvenirs in a jumble 각지의 선물들이 어수선하게 놓인 방.

2 혼동, 혼미, 착잡, 모호. ¶ confusion of morality and religion 도덕과 종교의 혼동 / The question is involved in much confusion. 그 문제는 매우 착잡하다. 3 [마음의] 혼란, 갈팡질팡, 당황, 곤혹, 난처함. ¶ in confusion 당황하여 / covered with confusion 갈팡질팡하여, 어쩔 줄 몰라 / throw a person into confusion 남을 혼란상태에 빠뜨리다, 어쩔 줄 모르게 하다 / conceal one's confusion 마음의 혼란을 감추다.

4 [정신병] [의식의] 착란, 혼란.

Confusion! 빌어먹을 ! , 제기랄!

confusion worse confounded 한층 더 심한 혼란, 대단한 혼란.

drink confusion to (문어) …을 저주하며 원한의 잔을 들다.

◇ confúse v.

con·fu·sion·al [kənfjúːʒən(ə)l] adj. 혼란된, 혼돈의.

con·fut·a·ble [kənfjúːtəbl] adj. 논파(설파, 논박)할 수 있는.

con·fu·ta·tion [kànfjuː(:)téiʃ(ə)n / kɔ̀n-] n. ⓤ 논파, 설파, 논박; 반론, 반증.

con·fu·ta·tive [kənfjúːtətiv] adj. 논파적인, 논박적인, 꺽소리 못하게 하는.

con·fute [kənfjúːt] vt. (-fut·ed, -fut·ing) 1 (논설·증언 따위)를 논파(설파)하다, 논박하다(disprove); (남의 잘못)을 밝히다, [증거를 대어] …을 꺽소리 못하게 하다(refute). 2 (폐어) 남을 뒤엎다, 망쳐놓다(confound).

con·fut·er [kənfjúːtər] n. 논파(논박)자.

Cong. (略) Congregational[ist]; Congress; Congressional.

con·ga [kúŋgə / kɔ́ŋgə] n. 1 콩가[아프리카 기원의 Cuba 섬의 춤]; 그 춤의 곡. 2 콩가 드럼[손으로 치는 북의 일종]. — vi. 콩가를 추다. [< Sp Congo]

cón gáme n. 《美구어》 신용 사기, 남의 호의를 등쳐먹는 협잡(confidence game).

con·gé [kánʒei / kɔ́ːn-] n. 1 작별, 작별 인사(leave-taking). ¶ take one's congé 작별 인사를 하다. 2 해직, 면직. ¶ get one's congé 해직당하다 / give a person his congé 남을 해직하다, 면직하다. 3 (고어) [특히 작별의] 절(bow). [< F leave of absence]

con·geal [kəndʒíːl] vt. 1 …을 얼리다, 응고시키다, 응결시키다. ¶ Horror congealed his blood. 그는 공포 때문에 피가 얼어붙을 지경이었다. 2 (주의 따위)를 경직시키다. — vi. 1 얼다, 응결하다. 2 경직하다.

con·geal·a·ble [kəndʒíːləbl] adj. 응결시킬 수 있는, 응고하는, 어는.

con·geal·er [kəndʒíːlər] n. 응고시키는 것(사람).

con·geal·ment [kəndʒíːlmənt] n. =congelation.

con·gee [kándʒi: / -] n. (폐어) =congé. — vi. (-geed, -gee·ing) 작별(하직)하다, 절하다(bow).

con·ge·la·tion [kàndʒiléiʃ(ə)n / kɔ̀n-] n. 1 ⓤ 응고, 응결, 동결. ¶ a point of congelation 응고점. 2 응고물(concretion), 동결물.

con·ge·ner [kándʒinər / kɔ́n-] n. 1 같은 종류의 물건(사람). 2 같은 속(屬)(genus)의 동식물. ¶ the tiger and its congeners 범과 그 속의 동물. — adj. 유사한.

con·ge·ner·ic [kàndʒinérik / kɔ̀n-] adj. 동종(동족, 동류)의(with ...).

con·gen·er·ous [kəndʒénərəs] adj. =congeneric.

*__con·gen·ial__ [kəndʒíːnjəl] adj. 1 [성질·취미 등이] 같은; 성미가 맞는(compatible) (with, to ...). ¶ He was congenial to company. 그는 일행과 마음이 맞았다. 2 취미(기호, 성미)에 맞는, 쾌적한(agreeable) (to ...). ¶ A work congenial to a person's taste 아무의 취미에 맞는 일 / a climate congenial to one's health 건강에 좋은 기후. ~·ly adv. congeniálity n.

con·ge·ni·al·i·ty [kəndʒìːniǽliti] n. ⓤⓒ [성질·취미 등의] 합치(affinity); 서로 맞는 성미; 적응성, 적합성; 쾌적성.

con·gen·i·tal [kəndʒénitl] adj. [병·결함 따위가] 타고난, 생득적인, 선천적인(inborn). ¶ congenital idiocy 선천적 정신 박약. ~·ly [-təli] adv.

con·ger [káŋgər / kɔ́ŋ-] n. =conger eel.

cónger éel n. (어류) 붕장어.

con·ge·ries [kándʒəríːz / kəndʒə́əriːz] n. pl. (단·복수 양용) 그러모은 것(collection), 집합, 집단(aggregation), 집적(集積).

*__con·gest__ [kəndʒést] vt. (보통 수동형으로) 1 …을 억지로 채워넣다, 붐비게 하다(overcrowd). ¶ The swimming pool is much congested. 풀장은 몹시 혼잡하다. 2 (병리) 울혈시키다, 충혈시키다. ¶ His liver is congested. 그의 간장은 울혈이 되어 있다. — vi. 1 붐비다, 혼잡하다. 2 (병리) 울혈되다, 충혈되다. ◇ congéstion n., congéstive adj.

con·gest·ed [kəndʒéstid] adj. 1 (사람·교통 등이) 붐비는, 혼잡한(overcrowded); (화물 따위가) 정체된. ¶ a congested district 인구 과잉 지역 / congested traffic 혼잡(정체)한 교통. 2 (병리) 울혈(충혈)된. ¶ a congested organ 충혈된 기관.

*con・ges・tion [kəndʒéstʃ(ə)n] *n.* ⓤ **1** 〔인구의〕밀집, 과잉; 〔교통・장소 등의〕혼잡; 정체. ¶ *congestion* of population 인구 과잉 / street *congestion* 거리의 혼잡 / relieve the *congestion* of traffic 교통 혼잡을 완화하다. **2** 〖병리〗울혈, 충혈. ¶ *congestion* of the brain 뇌충혈 / arterial *congestion* 동맥열 충혈. ◇ congést *v.*

con・ges・tive [kəndʒéstiv] *adj.* 〖병리〗충혈의, 울혈성의.

con・glo・bate [kənglóubit → *v.* / kɔ́nglo(u)beit] *adj.* 둥글게 된, 둥근, 공 모양의. —— *v.* [kɔ́nglo(u)beit] (**-bat・ed, -bat・ing**) *vt.* …을 둥글게 하다, 공 모양으로 하다(만들다). —— *vi.* 둥글게(공 모양으로) 되다.

con・glo・ba・tion [kànglo(u)béiʃ(ə)n / kɔ̀n-] *n.* **1** ⓤ 둥글게 함; 공 모양, 구형. **2** 구상체(球狀體) (spherical body).

con・globe [kənglóub / kɔn-] *vt., vi.* (**-globed, -glob・ing**) =conglobate.

con・glob・u・la・tion [kənglòubjuléiʃ(ə)n] *n.* ⓤⓒ 구상화(球狀化).

con・glom・er・ate [kənglámərit / -glɔ́m- // → *v.*] *n.* **1** 집성(集成), 집괴(集塊). **2** 〔지질〕역암(礫岩) (pudding stone). **3** 콩글로머리트, 복합 기업. —— *adj.* **1** 〔여러 가지 물체가 모여〕둥글게 뭉쳐진, 집괴 모양의, 단괴(團塊)모양의. **2** 〔과실 따위가〕복합된. **3** 〖지질〗역암성의, 집괴성의. ¶ *conglomerate* clay 역암토. —— *v.* [kənglámərèit / -glɔ́m-] (**-at・ed, -at・ing**) *vt.* …을 둥글게 뭉치다, 집괴 모양으로 하다. —— *vi.* 둥글게 뭉쳐지다, 집괴 모양으로 되다.

conglómerate integrátion *n.* 〔경영〕〔기업의〕다각적 통합.

con・glom・er・a・teur [kənglàmərətə́:r / -glɔ̀m-] *n.* 복합(다각) 기업 경영자; 대재벌.

con・glom・er・at・ic [kənglàmərǽtik / -glɔ̀m-], (**con・glom・er・it・ic** [-ərítik]) *adj.* 〖지질〗역암성의, 집괴성의.

con・glom・er・a・tion [kənglàməréiʃ(ə)n / -glɔ̀m-] *n.* **1** ⓤ〔상이한 물체의〕모임, 집합, 응집. **2** 집성체, 응괴(cluster).

con・glu・ti・nate [kənglú:t(i)nèit] *v.* (**-nat・ed, -nat・ing**) *vt.* …을 〔아교 따위로〕붙이다, 교착(膠着)시키다; 〔뼈 따위를〕유착(癒着)시키다. —— *vi.* 〔아교 따위로〕붙다, 교착하다; 〔뼈 따위가〕유착하다. —— *adj.* 붙은, 교착한; 유착한.

con・glu・ti・na・tion [kənglù:t(i)néiʃ(ə)n] *n.* ⓤ 유착; 교착; 유착.

con・glu・ti・na・tive [kənglú:tinèitiv, -nə-] *adj.* 교착성의.

con・go [káŋgou / kɔ́ŋ-] *n.* =congou.

Con・go [káŋgou / kɔ́ŋ-] *n.* (the ~) **1** 콩고 인민공화국[People's Republic of the Congo; 1991년 9월 국명에서 People's(인민)를 삭제; 수도 Brazzaville) **2** 콩고민주공화국[Democratic Republic of the Congo; Zaire 공화국의 구칭].

Cóngo dýe(cólor) *n.* 〖화학〗콩고 염료〔직접 아조 염료의 일종〕.

Con・go・lese [kàŋgo(u)líːz / kɔ̀ŋ-] *adj.* 콩고의; 콩고인(의). —— *n.* (*pl.* **-lese**) 콩고인; ⓤ 콩고어.

cóngo snàke(èel) *n.* 미국 동남부에 사는 뱀장어 비슷한 도룡뇽의 일종.

con・gou [káŋguː / kɔ́ŋ-], (**congo**) *n.* ⓤ 쿵후차(工夫茶)〔중국산(産) 홍차의 일종〕.

con・grat・u・lant [kəngrǽtʃulənt / -tju-, -tʃu-] *adj.* 축하할, 축하(경하, 경축)의. —— *n.* 축하하는 사람.

‡con・grat・u・late [kəngrǽtʃulèit / -tju-, -tʃu-, kəŋ-] (**-lat・ed, -lat・ing**) *vt.* 〔남을 어떤 일로〕축하하다, 경축하다, …에게 축하의 말을 하다(...*on*). ¶ I *congratulate* you. 축하합니다 // 〔~+목+ 颸 +囹〕 I *congratulate* you on your engagement (success). 약혼(성공)을 축하드립니다.

congratulate oneself on …을 기뻐하다, 자랑스러워하다. ¶ I *congratulate* myself *on* finding a good job. 좋은 일자리를 구해서 기쁘다. 〔*adj.*

◇ congratulátion *n.,* congrátulant, congrátulatory

‡con・grat・u・la・tion [kəngrǽtʃuléiʃ(ə)n / -tju-, -tʃu-, kəŋ-] *n.* **1** ⓤ 축하, 경하, 경축. ¶ a matter for *congratulation* 경하할 일 / in *congratulation* of …을 축하하여. **2** (~s) 축하의 말, 축사(*on, upon* ...). ¶ All of us offer *congratulations on* your achievement. 우리 일동은 귀하의 위업에 대해 축사를 드립니다. —— *interj.* (~s) 축하합니다. ¶ *Congratulations!* You have just become the father of a boy. 축하합니다！아들이 태어났습니다.

congrátulate *v.,* cóngratulant, congrátulatory *adj.*

con・grat・u・la・tor [kəngrǽtʃulèitər / -tju-, -tʃu-] *n.* 축하하는 사람, 축하객, 하객.

con・grat・u・la・to・ry [kəngrǽtʃulətɔ̀:ri / -tjulə-t(ə)ri, -tʃu-, kəŋ-] *adj.* 축하의, 경축의; 경하의. ¶ a *congratulatory* speech 축사 / send a *congratulatory* telegram to a person 남에게 축전을 보내다(치다).

*con・gre・gate *v.* [káŋgrigèit / kɔ́ŋ- // → *adj.*] (**-gat・ed, -gat・ing**) *vi.* 모이다, 집합하다(assemble). —— *vt.* …을 많이 모으다. ⇨ GATHER 顋語 —— *adj.* [káŋgrigit, -gèit / kɔ́ŋ-] 모인; 집단의, 집단적인(collective).

◇ congregátion *n.,* cóngregative *adj.*

*con・gre・ga・tion [kàŋgrigéiʃ(ə)n / kɔ̀ŋ-] *n.* **1** 모임, 집합; 〔특히 종교적인〕집회. **2** 〔교회의〕회중(會衆), 신도단, 신도 조합(협회). ¶ The *congregation* was small. 회중은 적었다. **3** 〖성서〗이스라엘 사람; 기독교 교회. **4** 〔가톨릭〕로마 교황청의 추기경 위원회(committee of cardinals), [order 에는 속하지 않으나 간단한 서원을 하는]수도회; [베네딕토회의]수도원 연합. **5** (英) [대학의]직원 총회. **6** (아메리카 식민시대의) 교구, 촌락. ◇ cóngregate *v.,* congregátional, cóngregative *adj.*

con・gre・ga・tion・al [kàŋgrigéiʃən(ə)l / kɔ̀ŋ-] *adj.* **1** 집회의, 회중의, 회중이 행하는. ¶ *congregational* singing 회중의 합창 / *congregational* worship 회중의 예배, 집회 예배. **2** (C-) 조합 교회제[파]의. ¶ the *Congregational* Church 조합 교회.

con・gre・ga・tion・al・ism [kàŋgrigéiʃən(ə)lìz(ə)m / kɔ̀ŋ-] *n.* 조합 교회주의.

con・gre・ga・tion・al・ist [kàŋgrigéiʃən(ə)list / kɔ̀ŋ-] *n.* 조합 교회원, 조합 교회주의자.

con・gre・ga・tive [káŋgrigèitiv / kɔ́ŋ-] *adj.* 모이는, 집합적인.

‡con・gress *n.* [káŋgris / kɔ́ŋgres, -gris // → *v.*] **1** (C-) 〔보통 무관사〕(美) 국회, 의회〔상원(the Senate)과 하원(the House of Representatives)의 양원제〕; 〔공화국, 특히 중남미 각국 등의〕의회, 국회(* Congress 는 주로 미국, Parliament 는 영국의 국회를 말하며, 우리나라의 국회는 National Assembly 라고 한다). ¶ a member of *Congress* 국회 의원 / the *Congress* of the Philippines 필리핀 국회 / *Congress* met for the first time in 1789. 미국 국회는 1789년에 처음으로 개회했다. **2** (C-) 〔국회의〕회기(session). ¶ the 84th *Congress* 제84차 의회 / in *Congress* 의회 개회중. **3** 〔국가의 대표자・사절・학자 등의 공적인 정식의〕회의; 〔교회・학회 등의〕집회, 대회. ¶ a medical *congress* 의학 학회 / the International P.E.N. *Congress* 국제 펜 대회. **4** 친밀한 교제; (구어) 성적 교섭. —— *vi.* [kəngrés] 회합하다, 대회를 열다.

◇ congréssional *adj.*

cóngress bòot (美) (보통 ~s) [20세기 초기에 유행한] 발목까지 오는 장화.

*con・gres・sion・al [kəngréʃən(ə)l / -grǽʃ-, kəŋ-] *adj.* **1** 회의의. **2** (보통 C-) (美) 국회의, 의회의. ¶ a *Congressional* district 하원 의원 선거구 / the *Congressional* Medal [of Honor] 명예 훈장〔실전에서의 무훈에 대해 의회의 이름으로 수여되는 최고 훈장〕.

Congressional Record 국회 의사록 / *congressional* staff 《美》 [의회의] 전문 위원, 의원 보좌관.

con·gress·man [káŋgrismən / kɔ́ŋgres-, -gris-] *n.* (*pl.* **-men** [-mən]) (종종 C-) 《美》 국회 의원; [특히] 하원 의원.

con·gress·man-at-large [káŋgrismənətláːrdʒ / kɔ́ŋ-] *n.* (*pl.* **congressmen-at-large**) 《美》 [1개 선거구가 아닌] 주 전체에서 선출되는 하원 의원, 전(全) 주의원 [국세 조사 결과 주 할당 의원이 증가할 경우 전(全) 주 단위로 선출한다].

Cóngress of Indústrial Organizátions *n.* (the ~) 《美》 산업별 노동 조합[略 CIO]. *cf.* AFL-CIO

Cóngress Pàrty *n.* [인도의] 국민 회의파.

con·gress·per·son [káŋgrispə̀ːrsn / kɔ́ŋ-] *n.* (종종 C-) = congressman.

con·gress·wom·an [káŋgriswùmən / kɔ́ŋgres-] *n.* (*pl.* **-wom·en** [-wìmin]) (종종 C-) 《美》 여자 국회 의원; [특히] 여자 하원 의원.

con·gru·ence [káŋgruəns, kəŋgrúːəns / kɔ́ŋgruəns] *n.* ⓤ 1 일치, 적합(agreement), 조화(harmony); 적합성(congruity) (*with, between* ...). 2 [수학] 합동. ¶ a *congruence* expression 합동식.

con·gru·en·cy [káŋgruənsi / kɔ́ŋ-] *n.* = congruence.

con·gru·ent [káŋgruənt, kəŋgrúː- / kɔ́ŋgruənt] *adj.* 1 일치하는, 조화된(harmonious) (*with* ...). 2 [수학] 합동의. ¶ *Corresponding* parts of *congruent* figures are equal. 합동형의 대응하는 부분은 같다. ~·ly *adv.*

con·gru·i·ty [kəŋgrúː(ː)iti / kɔŋ-, kən-] *n.* ⓤⓒ (*pl.* **-ties**) 1 일치 (agreement), 조화 (harmony); 적합 (fitness); 일치점. 2 [수학] 합동[성].

con·gru·ous [káŋgruəs / kɔ́ŋ-] *adj.* 1 일치하는 (agreeing), 조화하는. 2 적절한, 적당한 (appropriate) (*with, to* ...). ~·ly *adv.* ~·ness *n.*

con·ic [kánik / kɔ́n-] *adj.* (= **con·i·cal** [-k(ə)l]) 원추형의. — *n.* [기하] = conic section. ¶ a centered *conic*; a *conic* with center 유심 (有心) 2차 곡선. **-i·cal·ly** [-ikəli] *adv.* (ric).

con·i·coid [kánikɔ̀id / kɔ́n-] *n.* [기하] 2차 곡면 (quad-

cónic séction *n.* [단수 취급] 원추 곡선. 론.

con·ics [kániks / kɔ́n-] *n. pl.* [단수 취급] 원추 곡선

co·nid·i·um [ko(u)nídiəm] *n.* (*pl.* **-nid·i·a** [-nídiə]) [식물] [균류 (菌類)의] 분생자 (分生子), 분생 포자.

co·ni·fer [kóunifər, +美 kón-, +英 kɔ́n-] *n.* [식물] 구과 (毬果)식물, 침엽수[pine, fir, cypress, yew 등].

co·nif·er·ous [ko(u)nifərəs] *adj.* [식물] 구과를 맺는. ¶ a *coniferous* forest 침엽수림.

co·ni·form [kóunifɔ̀ːrm, +美 ká-] *adj.* 원추형의.

conj. 《略》 conjugation; conjunction, conjunctive.

con·jec·tur·a·ble [kəndʒéktʃ(ə)rəbl] *adj.* 추측할 수 있는.

con·jec·tur·al [kəndʒéktʃ(ə)rəl / +英 -tʃur-)l] *adj.* 추측상의, 억측의. ¶ a *conjectural* opinion 억측 / His opinion was merely *conjectural*, not proved. 그의 의견은 억측일 뿐, 입증된 것이 아니었다. 2 추측하기 좋아하는. ~·ly *adv.*

con·jec·ture [kəndʒéktʃər] *n.* ⓤⓒ 1 짐작, 추측, 억측 (supposition, surmise). ¶ a tame (well-founded, mistaken) *conjecture* 단순한 (충분한 근거가 있는, 잘못된) 추측 / hazard a *conjecture* 어림짐작하다 / be lost in *conjecture* 추측에 잠기다 / form (*or* make) *conjectures* on ... 을 추측하다. 2 《廢》 판독 (interpretation).
— *v.* (*-tured*, *-tur·ing*) *vt.* ~을 짐작 (추측)하다. ¶ GUESS 類語 ¶ *conjecture* the fact from 그 사실로 ... 서 추측하다 // (~+*that* 節) I cannot *conjecture that* ... ...을 추측할 수가 없다. — *vi.* 짐작 (추측)하다. ◇ **conjéctural** *adj.*

con·join [kəndʒɔ́in] *vt., vi.* 연합하다 (unite); 결합하다 (combine), 연결하다 (되다).

con·joined [kəndʒɔ́ind] *adj.* 결합된, 연합한 (linked, combined). ¶ *conjoined* events 관련된 일련의 사건들.

con·join·er [kəndʒɔ́inər] *n.* 결합시키는 자 (사람).

con·joint [kəndʒɔ́int / kɔ́ndʒɔint, kəndʒɔ́int] *adj.* 연합한 (united), 공동의, 연대의 (joint). ¶ a *conjoint* action 공동 동작. — *n.* 1 [이익이나 의무 따위의 성질 어서의] 한 동아리. 2 (~s) [특히 재산의 공동 소유자로서] 부부. ~·ly *adv.*

con·ju·gal [kándʒug(ə)l / kɔ́n-] *adj.* 부부[간]의 (connubial), 혼인[상]의 (matrimonial). ¶ *conjugal* affection 부부애 / *conjugal* relations 부부간. ~·ly [-gəli] *adv.*

con·ju·gal·i·ty [kàndʒugǽliti / kɔ̀n-] *n.* ⓤ 부부임, 혼인[상태], 부부 생활.

*con·ju·gate [kándʒugèit, kɔ́n-// → *adj., n.*] (**-gat·ed, -gat·ing**) *vt.* 1 [문법] [동사를] 활용시키다; [동사의] 활용형을 나타내다, 활용을 말하다. *cf.* decline, inflect 2 《廢》 [특히 결혼에 의하여] ...을 결합시키다. — *vi.* 1 [생물] 교접 (交接)하다, 접합하다. 2 [문법] [동사가] 활용되다, 변화하다. — *adj.* [kándʒugit, -gèit / kɔ́n-, -gèit] 1 쌍이 된, 결합한. 2 [식물] 잎이 쌍을 이룬 [쌍잎 따위]. 3 [書誌] [책의 2매이지를] 한 장에 인쇄한. 4 [문법] 동근 (同根)의, 어원을 같이하는. 5 [수학] 공액 (共軛)의. ¶ *conjugate* angles (arcs) 공액각 (호). 6 [화학] 공액의. ¶ *conjugate* acid (base) 공액산 (염기). — *n.* [kándʒugit, -gèit / kɔ́n-, -gèit] [문법] 동근어 (同根語), 동일 어원의 말. ◇ **conjugátion** *n.*

‡**con·ju·ga·tion** [kàndʒugéiʃ(ə)n / kɔ̀n-] *n.* ⓤⓒ 1 [문법] [동사의] 활용, 변화 (*cf.* declension, inflection); 변화형; 동일 변화의 동사군 (群). ¶ strong (weak) *conjugation* 강 (약)변화 / regular (irregular) *conjugation* 규칙 (불규칙) 변화. 2 결합. 3 [생물] [세포의] 접합. ◇ **conjugate** *v.*

con·ju·ga·tion·al [kàndʒugéiʃ(ə)nəl / kɔ̀n-] *adj.* 1 [문법] [동사] 활용 (변화)의. 2 결합 (연결)의. 3 [생물] 접합의. ~·ly [-nəli] *adv.*

con·junct [kəndʒʌ́ŋ(k)t, kándʒʌ̀ŋ(k)t / kɔ́ndʒʌ̀ŋ(k)t] *adj.* 결합한, 공동의. ~·ly *adv.*

‡**con·junc·tion** [kəndʒʌ́ŋ(k)ʃ(ə)n] *n.* 1 ⓤⓒ 결합함, 연합 (association), 합동 (union), 관련. ¶ The fleet operated in *conjunction* with the Royal Navy. 함대는 영국 해군과 협력하여 군사 행동을 취했다. 2 [사건·상황의] 관련, 연결; 동시 발생. 3 [문법] 접속사. ¶ coordinate *conjunctions* 등위 접속사 [문장의 어구를 접속시키는 and, but, or] / subordinate *conjunctions* 종속 접속사 [종속절을 주절에 접속시키는 if, because, as, that 따위]. 4 [천문] [2개 이상의 천체의 외관상의] 근접, 합 (合).
◇ **conjoint**, **conjunctive**, **conjúnctional** *adj.*

con·junc·tion·al [kəndʒʌ́ŋ(k)ʃən(ə)l] *adj.* 1 결합의, 합동의. 2 [문법] 접속사의. ~·ly [-nəli] *adv.*

con·junc·ti·va [kàndʒʌŋ(k)táivə / kɔ̀n-] *n.* (*pl.* **-vas** *or* **-vae** [-viː]) [해부] [눈의] 결막. [막염.

con·junc·ti·val [kàndʒʌŋ(k)táivəl / kɔ̀n-] *adj.* 결

*con·junc·tive [kəndʒʌ́ŋ(k)tiv] *adj.* 1 접속 (연결)하는, 결합적인, 연접 (連接)적인 (connective); 결합 (연합)한 (united, combined). ¶ *conjunctive* tissue 결합 조직 / *conjunctive* action 공동 행위. 2 [문법] 접속사적인. ¶ a *conjunctive* adverb 접속 부사 [also, however 따위]. — *n.* [문법] 접속어 [주로 접속사 따위]; 접속법. ~·ly *adv.* ◇ **conjúnction** *n.* [결막염.

con·junc·ti·vi·tis [kəndʒʌ̀ŋ(k)tiváitis] *n.* ⓤ [안과]

con·junc·ture [kəndʒʌ́ŋ(k)tʃər] *n.* 1 [위기를 수반하는 사건 따위의] 마주치기. 2 위급 사태, 위기 (crisis). ¶ at (*or* in) this *conjuncture* 이 위기에 즈음하여.

con·ju·ra·tion [kàndʒuréi(ə)n / kɔ̀ndʒu(ə)-] *n.* ⓤⓒ 1 [신의 이름이나 주문으로] 악마를 불러냄; 주문, 주

술(incantation); 마법. **2** [마술적인] 탄원(기원).

*con·jure [kándʒər, kʌ́n- / kʌ́n- //→4] *v.* **(-jured, -jur·ing)** *vt.* **1** [사람 등]을 마력으로 좌우하다(움직이다). **2** [마술 따위로] [악마·영혼 따위]를 불러내다, 출현시키다(... *up*). **3** [마음 속에] …을 출현시키다, 상기하다(recall) (... *up*). ¶ [~+围+副] His imagination *conjured up* a scene of horror. 그의 상상력이 무서운 광경을 떠올렸다. **4** [kǝndʒúǝr] …을 탄원하다, 기원하다(entreat solemnly). ¶ (~+围+*to do*) I *conjure* you *to* help me. 제발 나를 도와 주십시오. — *vi.* **1** [주문으로] 악마(영혼)를 불러내다. **2** 마법(마술, 요술)을 하다(부리다).

conjure away …을 마법으로 쫓다. ¶ He *conjured away* a devil. 그는 마법으로 악마를 내쫓았다.
conjure out ① 마법(주술, 요술, 마술)으로 …을 나오게 하다. ② [남을 감언이설로 속여서] [물건]을 빼앗다. ¶ He *conjured* the money *out of* my pocket. 그는 나의 호주머니에서 돈을 우려내었다.
a name to conjure with ① 주문에 사용되는 이름. ② 유력한 이름.

◇ conjurátion *n.*

con·jur·er, -jur·or [kándʒǝrǝr, kǝndʒúǝrǝr / kándʒǝr- //→2] *n.* **1** 마법사(magician); 요술쟁이(juggler). **2** [kǝndʒú(:)rǝr / -dʒúǝrǝ] 탄원하는 사람, 기원자. **3** 아주 영리한 사람.

con·jur·ing [kándʒǝriŋ / kʌ́n-] *n.* Ⓤ 요술, 마술.

conk[1] [kaŋk / kɔŋk] *n.* **1** (속어) 머리(head). **2** (속어) 머리를 치기. **3** (英속어) 코(nose). — *vt.* (속어) **1** …의 머리를 때리다. **2** (美속어) [고수머리]를 포마드나 잿물 따위로 펴다.

conk[2] [kaŋk / kɔŋk] *vi.* (구어) 망가지다, 고장나다; 의식을 잃다; 죽다.

conk out (美속어) [기계 따위가] 갑자기 서다(정지하다); 자다; 의식을 잃다; 죽다.

conk·er [káŋkǝr / kɔ́ŋ-] *n.* (英구어) **1** 상수리 열매 (horse chestnut). **2** (~s) 상수리 열매놀이.

conk-out [káŋkàut / kɔ́ŋk-] *n.* (美속어) 고장.

conk·y [káŋki / kɔ́ŋki] (英속어) *adj.* (**conk·i·er, conk·i·est**) 코가 큰(big-nosed). ~ *n.* 코가 큰 사람.

cón màn *n.* (속어) 협잡꾼, 사기꾼.
[<CON(FIDENCE) MAN]

con·man·ship [kánmǝnʃìp / kɔ́n-] *n.* Ⓤ 사기술.

con mo·to [kan móutou / kɔn-] [음악] 기운차게.
[<It. with motion]

conn [kan / kɔn] *v.*, *n.* =con[3].

Conn. (略) Connecticut.

con·nate [káneit / kɔ́n-] *adj.* **1** 타고난, 생래(生來)의(inborn). **2** [병 따위의] 선천적인(congenital). ¶ a *connate* disease 선천병. **2** [잎의] 합생(合生)의, 합착 (合着)의.

con·nat·u·ral [kǝnǽtʃ(u)rǝl, ka- / kɔ-] *adj.* **1** 타고난(inborn). **2** 같은 성질의, 동종의; 동족의.

~·ly [-rǝli] *adv.*

‡con·nect [kǝnékt] *vt.* **1** …을 결합시키다, 잇다, 붙이다, JOIN 類語 ¶ a word which *connects* words, clauses, and sentences 단어·절·문장을 잇는 말 // (~+围+前+名) *connect* this wire *to* (or *with*) that 이 철사를 그것과 잇다.

2 …을 연결시키다, 이어주다. ¶ You are *connected*. [전화에서] 연결되었습니다(나왔습니다) // (~+前+围+名) *connect* two towns *by* a railroad 두 도시를 철도로 연결하다 / The operator *connects* you *with* Chicago. 교환수가 당신을 시카고와 연결시켜 줍니다.

3 (보통 수동태 또는 재귀용법) [사업 따위로] …을 […과] 관계시키다; [결혼 등으로] […과] 친척 관계로 만들다, *with*). ¶ (~+围+前+名) I am distantly *connected with* the family. 그 집안과는 먼 친척간이다 / He *connects* himself *with* the firm. 그는 그 회사에 관계하고 있다 / He is well *connected*. 그는 안면이 넓다.

4 …을 연상하다(associate), 결부하여 생각하다, *with*). ¶ (~+围+前+名) *connect* prosperity *with* trade 번영을 무역과 결부하여 생각하다 / We *connect* orange blossoms *with* weddings. 우리는 오렌지 꽃을 보면 결혼을 연상한다. …다.

5 [토론 따위]의 논리를 일관시키다, 앞뒤가 맞게 하다. — *vi.* **1** 연결되다, 연속(접속) 되다(join). **2** [기차·기선이] 연락되다. ¶ (~+前+名) This train *connects with* another at Seoul. 이 열차는 서울에서 다른 열차와 연락된다. **3** [문맥·생각 따위가] 연관되다, 연결되다. ¶ (~+前+名) This paragraph doesn't *connect with* the others. 이 절은 다른 절과 연결이 안된다. **4** (野球) 강타하다(*for* ...).

◇ connéction *n.*, connéctive *adj.*

con·nect·ed [kǝnéktid] *adj.* 연결(접속)되고 있는, 관계가 있는; 일관된. ~·ly *adv.* ~·ness *n.*

con·nect·er [kǝnéktǝr] *n.* =connector.

*Con·nect·i·cut [kǝnétikǝt] *n.* **1** 미국 동북부 New England의 주[수도 Hartford; 略 Conn.]. **2** (the ~) 미국 Massachusetts 주와 Connecticut 주를 남하해서 Long Island Sound에 이르는 강.

con·néct·ing lìnk [kǝnéktiŋ-] *n.* 사슬 줄이 연결된 부분; [기계] 연결 링크.

connécting ròd *n.* [기계] [기관 등의] 연결봉.

‡con·nec·tion, (英) -nex·ion [kǝnékʃ(ǝ)n] *n.* **1** ⓒ 결부, 결합; [사건·행동 따위의] 관련, 관계(relation) (*with* ...); 연결하는 것, [기계 따위의] 연결부. ¶ the *connection between* church and state 교회와 국가간의 관계 / the *connection* of the suspect *with* the crime 용의자와 범죄와의 관계.

2 Ⓤ|ⓒ [사상·문맥 따위의] 연결, 관련(context). ¶ *connection between* ideas 사상간의 관련 // stray thoughts without *connection* 본론에서 벗어난 매락없는 사상 / The word has a different meaning in this *connection*. 이 문맥에서는 그 단어가 다른 의미를 가진다.

3 Ⓤ|ⓒ a) [인간적·사회적] 관계, 교제(association); [보통] 친척, 연고자 [특히 결혼에 의한] 인척(관계]. ¶ have no *connection* whatever *with* the affair 그 사건과는 아무런 관계도 없다 / sever one's *connection* with the party 그 당과의 관계를 끊다 / He has powerful *connections* in the police. 그는 경찰에 강력한 연줄이 있다. b) [남녀간의] 관계, 친교(intimacy); 성교.

4 [장사의] 단골, 단골 거래처(손님), 고객; [변호사 등의] 의뢰인. ¶ establish a *connection* 단골을 만들다.

5 [정치·종교 따위의] 단체, 종파. ¶ the Methodist *Connection* 메서디스트 교회.

6 Ⓤ|ⓒ [전화의] 연결, 접속(junction); [기차·선박·비행기 따위의] 연락, 접속. ¶ a good *connection* of trains 기차의 편리한 연락 / miss one's *connection* 연락선(기차)을 놓치다 / You are in *connection*. [전화에서] 나왔습니다 / This train makes *connections with* a ferry boat at Pusan. 이 열차는 부산에서 연락선과 ferry boat와 연결되어 있습니다 / The buses run in *connection with* the trains. 버스는 열차와 연결되어 운행된다.

7 [마약 따위의] 밀수 경유지; 밀수 조직.

in connection with ① …과 관련하여(concerning). ② …에 연락되어.

in this connection 이와 관련하여, 이 점에 있어서.

◇ connéct *v.*, connéctive *adj.*

con·nec·tion·al, (英) -nex·ion·al [kǝnékʃǝn(ǝ)l] *adj.* 연락(접속)의; 관계의.

con·nec·tive [kǝnéktiv] *adj.* 접속하는, 연결하는.
— *n.* **1** 연결(결합)시키는 물건. **2** [문법] 접속어, 연결어[단어·구·절·문장을 잇는 접속사·관계사 따위]. ~·ly *adv.*

connéctive tìssue *n.* [해부] 결합 조직.

con·nec·tor [kǝnéktǝr] *n.* **1** 연결자, 연락자; 연결 (접속)물. **2** [차량의] 연결기; 연결계(원); [전기] 접속

자(接續子), 코넥터.

‡**con·nex·ion** [kənékʃ(ə)n] *n.* 《英》=connection.

cŏn·ning tòwer [kániŋ-/kɔ́n-] *n.* [군함의] 사령탑; [잠수함의] 전망탑.

con·nip·tion [kəníp(ə)n] *n.* (종종 ~s) 《美口語》히스테리[의 발작]; 울화통, 발끈함.

con·niv·ance [kənáiv(ə)ns] *n.* ⓤ 못본 체하기, 묵인, 묵과; [법률] [범죄의] 묵인, 묵허. ¶ *connivance* at a person's fault 남의 과실의 묵인 // This was done with the *connivance* of officials. 그것은 관리의 묵인 아래 이루어졌다.

con·nive [kənáiv] *vi.* (-nived, -niv·ing) **1** 보고도 못본 체하다, 묵인(묵허)하다(wink at) (*at* ...). ¶ *connive at* gambling 도박을 묵인하다. **2** 공모하다, 묵계하다(*with* ...). ¶ *connive with* a criminal 범죄자와 공모하다. [람.

con·niv·er [kənáivər] *n.* 묵인자, 눈감아 주는 사

con·nois·seur [kànəsə́ːr/kɔ̀n-, -sjúə] *n.* [미술품 따위의] 감정가, 감식가, 전문가; [술 따위의] 감정가, 품평가. ¶ a *connoisseur* in (or of) painting (wine) 그림(포도주)의 감정가. [암; 감정업.

con·nois·seur·ship [kànəsə́ːrʃip/kɔ̀n-] *n.* ⓤ 감식

con·no·ta·tion [kànou̯téiʃ(ə)n/kɔ̀n-] ⓤⓒ **1** 암시(함축, 연상, 내포)함(하는 물건, 의미), **2** 함축, 언외(言外)의 뜻. ¶ These two words have different *connotations*. 이들 두 단어에는 서로 다른 어감이 있다. **3** [논리] 내포(內包).

con·no·ta·tive [kánou̯tèitiv, kənóutə-/kɔ́nou̯tèi-, kənóutə-] *adj.* **1** […의 뜻을] 암시하는, 함축하는 (*of* ...). ¶ a *connotative* sense 언외의 의미 // be *connotative of* …이라는 뜻을 암시하는. **2** [논리] 내포적인. *opp.* denotative ~**·ly** *adv.*

con·note [kənóut, kɔn-, kən-] *vt.* (-not·ed, -not·ing) **1** [말이 원래의 의미 외에] [부수적인 의미를] 암시하다, 내포(함축)하다. ¶ The word 'home' usually *connotes* comfort and security. '가정'이라는 말에는 보통 위안과 안전이라는 어감이 따른다. **2** [논리] …을 내포하다. *opp.* denote

con·nu·bi·al [kən(j)úːbiəl/-njúːbjəl, -biəl] *adj.* 혼인의, 결혼의(matrimonial); 부부의. ~**·ly** [-əli] *adv.*

con·nu·bi·al·i·ty [kən(j)ùːbiǽliti/-njùː-] *n.* ⓤⓒ (*pl.* -ties) 결혼[생활], 부부 관계(사이); (종종 -ties) 부부 특성.

co·noid [kóunɔid] *adj.* 원추(圓錐)형(모양)의, 첨원(尖圓)형(모양)의 (cone-shaped). ── *n.* 원추형(곡선체), 첨원체.

co·noi·dal [ko(u)nɔ́idl] *adj.* =conoid.

‡**con·quer** [káŋkər/kɔ́ŋ-] *vt.* **1** [적·국토 등을] 정복하다(defeat), 탈취하다, 싸워서 획득하다. ⇒ DEFEAT [類語] ¶ *conquer* territories 영토를 탈취하다 // *conquer* an enemy 적을 정복하다 / *conquer* liberty (fame) 자유(명성)를 획득하다 / the *conquered* 패자, 피정복자. *cf.* conqueror **2** [곤란 따위를] 극복하다, [유혹 따위를] 이기다; [산 따위를] 정복하다. ¶ *conquer* bad habits (passions, difficulties) 악습(격정, 곤란)을 이겨내다. **3** [여자를] 자기 것으로 하다. ── *vi.* 승리를 얻다, 이기다. ¶ stoop to *conquer* 수치를 무릅쓰고 목적을 달성하다 / to *conquer* or to die 잡아먹느냐 잡아먹히느냐 하고(싸우다), 죽을 때까지(싸우다). ◇ cónquest *n.*

con·quer·a·ble [káŋkərəbl/kɔ́ŋ-] *adj.* 정복할 수 있는, 극복할 수 있는, 타파할 수 있는.

‡**con·quer·or** [káŋkərər/kɔ́ŋ-] *n.* **1** 정복자, 승리자 (victor). *cf.* the conquered ¶ an aggressive *conqueror* 침략적 정복자. **2** (the C-) [1066년에 영국을 정복한] Normandy 공 William 1세의 별칭(William the Con-*play the conqueror* 결승전을 하다. [queror).

‡**con·quest** [káŋkwest, káŋ-/kɔ́ŋ-] *n.* **1** ⓤ 정복. ¶ the *conquest* of the sea 대양의 정복 / a desire of *conquest* 정복욕. **2** ⓤ (때로 a ~) [호의·애정 따위의] 획득, [이성을] 꾀어 차지함; ⓒ 꾀어서 차지한 사람(여자), 애정에 넘어간 사람(여자). ¶ make a *conquest* of a person's love 남의 애정을 얻다 / make *conquests* of ladies 많은 여성을 꾀어 차지하다. **3** ⓤ 극복; [노력에 의한] 획득. ¶ the *conquest* of temptations 유혹의 극복 / the *conquest* of liberty (fame) 자유(명성)의 획득. **4** 정복으로 얻은 것, 점령지, 정복지. ¶ the *conquests* of Napoleon 나폴레옹의 정복지. **5** (the C-) = the Norman Conquest. ◇ cónquer *v.*

con·qui·an [káŋkiən] *n.* 카드놀이의 일종.

con·quis·ta·dor [kɑŋkwístədò:r/kɔ̀ŋkwistədɔ́ː-] *n.* (*pl.* **-dors** or **-do·res** [kɑŋkwístədɔ́ːriz/kɔ̀ŋkwistədɔ́ːriz]) [16세기에 멕시코·페루를 정복한 스페인 사람의] 정복자; [일반적으로] 정복자 (conqueror).

con·rail, Con-Rail [kánrèil/kɔ́n-] *n.* 《美》철도 연합 회사[1976년 설립].
[<*Consolidated Rail* Corporation]

cons. (略) consecrated; conserve; consigned; consignment; consolidated; consonant; constable; constitution, constitutional; construction; consul; consulting.

Cons. (略) Constable; Constitution; Consul.

con·san·guine [kɑnsǽŋgwin/kɔn-] *adj.* =consanguineous.

con·san·guin·e·ous [kɑ̀nsæŋgwíniəs/kɔ̀n-] *adj.* 혈족의(akin), 동족의, 혈연의.

con·san·guin·i·ty [kɑ̀nsæŋgwíniti/kɔ̀n-] *n.* ⓤ 혈족, 동족, 친족 관계(kinship). ¶ lineal(collateral) *consanguinity* 직계(방계) 친족.

‡**con·science** [kánʃ(ə)ns/kɔ́n-] *n.* ⓤⓒ **1** 양심, 도의심. ¶ a bad (or a guilty) *conscience* 꺼림칙한 마음 / a social *conscience* 사회적 양심 / quietness of *conscience* 양심의 평온 / qualms of *conscience* 양심의 가책 / consult one's *conscience* 자기 양심에 호소하다 / have a good (or a clear) *conscience* 마음에 거리낌이 없다 / smooth one's *conscience* 양심을 달래다 / trouble one's *conscience* 양심을 괴롭다. **2** 양심적임, 성실성. ¶ an artistic *conscience* 예술적 양심.

clear one's conscience 마음이 편해지게(마음에 거리낌이 없도록) 하다.

for conscience' (or *conscience*) *sake* 양심에 걸려, 양심상; 제발. ¶ He suffered *for conscience sake.* 그는 양심의 가책으로 고민했다.

have ... on one's conscience …을 꺼림칙하게 하다, 이 마음에 걸리다. ¶ He seems to have something *on his conscience*. 그는 양심의 가책을 받는 일이 있는 것 같다.

have the conscience to do 뻔뻔스럽게도 …하다, 태연히 …하다, …하고도 양심의 가책을 받지 않다.

in [*all*] *conscience* ① 도의상, 양심에 비추어, ¶ I can't, *in conscience*, do it. 양심상 나는 그것을 못하겠다. ② 틀림없이, 반드시.

make a conscience of doing 반드시 …하기로 하다. ¶ You should *make a conscience of* taking a walk every morning. 매일 아침 반드시 산책을 해야 한다.

make ... a matter of conscience …을 양심적으로 처리하다.

My conscience ! (古語) 《놀람·반박·곤혹을 나타내어》이런, 저런; 어머나, 쳇.

out of all conscience 실로, 과연.

◇ consciéntious *adj.*

cónscience clàuse [법률] 양심 조항[종교상·양심상의 이유로 어떤 행위를 거부하는 것을 허용하는 법률 조항].

con·science·less [kánʃ(ə)nslis/kɔ́n-] *adj.* 양심 없는, 도의심이 결핍된, 파렴치한(unscrupulous)

cónscience mòney 《口語》속죄의 현금, 양심적 납금[양심의 가책으로 탈세자 등이 익명으로 내는 세금].

con·science-strick·en [kánʃ(ə)nsstrìk(ə)n/kɔ́n-] *adj.* 양심의 가책을 받는, 마음에 걸리는.

*con·sci·en·tious [kànʃiénʃəs / kɔn-] adj. 양심적인, 성실한, 진지한(scrupulous); 꼼꼼한, 세심한. ¶ a conscientious judge 양심적인 재판관.
~·ly adv. ~·ness n. ◇ cónscience n.

conscientious objéctor n. 양심적 병역 기피자.

con·scion·a·ble [kánʃ(ə)nəbl / kɔ́n-] adj. 양심적인 (conscientious), 양심에 어긋나지 않는; 올바른(just).
-bly adv.

‡con·scious [kánʃəs / kɔ́n-] adj. 1 의식하고 있는, 자각하고 있는, 알고(알아채고) 있는(of ...). ⇨ AWARE 類語 ¶ a conscious liar 알면서 거짓말하는 사람 / be conscious of one's own merits (guilt, folly) 자기의 공적(죄, 바보짓)을 자각하다 / be conscious of pain (cold) 고통(추위)을 느끼다 / He was conscious of being lifted from the place. 그는 그 장소로부터 몸이 들어올려지는 것을 의식했다 // I was conscious that my strength was failing. 나는 내 힘이 약해져 가는 것을 자각하고 있었다.
2 제정신의, 의식이 있는. ¶ become conscious 제정신이 들다 / Although dying, he was quite conscious. 죽어가면서도 그는 의식이 충분히 있었다.
3 자의식(自意識)이 강한, 수줍어하는(self-conscious), 심약한. ¶ He is too conscious. 그는 지나치게 부끄럼을 탄다. [을 잡는 자가.
4 신중한; 고의적인. ¶ a conscious artist 신중하게 붓
◇ cónsciously adv., cónsciousness n.

*con·scious·ly [kánʃəsli / kɔ́n-] adv. 의식적으로, 일부러; 자각적으로, 제정신으로, 알면서.

‡con·scious·ness [kánʃəsnis / kɔ́n-] n. ⓤ 의식, 자각, 자의식; 사상, 감정. ¶ intense consciousness 강한 의식 / national consciousness 국가 의식 / the moral consciousness of a people 국민의 도덕 의식 / a stream of consciousness (심리) 의식의 흐름 / bring a person to consciousness 사람을 소생시키나 / lose (recover) one's consciousness 의식을 잃다(회복하다) // a dim consciousness of ···에 대한 막연한 의식 / the consciousness of guilt 죄의 자각, 죄의식 // She is happy in the consciousness that ... 그녀는 ···이라는 것을 알고 좋아하고 있다.

con·scribe [kənskráib] vt. (-scribed, -scrib·ing) (드물게) = conscript.

con·script vt. [kənskrípt → n., adj.] (군대에) 징집하다, 징병하다(draft); ···을 징용(징발)하다.
── n. [kánskript / kɔ́n-] 징모병, 신병.
── adj. [kánskript / kɔ́n-] 징집(징병)된, 병적에 편입된(drafted). ¶ a conscript soldier 징집병.

con·script·ee [kànskriptí: / kɔ̀n-] n. 〔美구어〕 징모자(徵募者), 〔특히〕 신병.

cónscript fáthers n. pl. 1 〔고대 로마의〕 원로원 의원. 2 입법부 의원.

con·scrip·tion [kənskríp(ʃ)ən] n. ⓤ 1 징병(제도) (draft). ¶ evade conscription 징병을 기피하다 / conscription age 징병 적령, 2 〔전시에 정부가 하는〕 강제 징집, 징발.

con·scrip·tion·ist [kənskríp(ʃ)ənist] n. 징병주의자, 징병제 지지자.

con·scrip·tive [kənskríptiv] adj. 징병의. ¶ the conscriptive system 징병 제도

*con·se·crate [kánsikreit / kɔ́n-] vt. (-crat·ed, -crat·ing) 1 ···을 신성하게 하다, 성화(聖化)하다; (가톨릭) (미사에서 빵과 포도주를) 성별(聖別)하다; 축성하다; (교회) ···을 봉헌하다(dedicate); ···을 성직에 임명하다. opp. desecrate ¶ consecrate a bishop by applying chrism 주교로 서품(敍品)하여 성유(聖油)를 바르다 // (~ +囲+前+名) consecrate a church to divine service 교회당을 예배(성사)에 바치다, 헌당(獻堂)하다 / edifices consecrated to worship 예배를 위한 건물.
2 〔어떤 목적에〕 ···을 바치다, 전념하다. ⇨ DEVOTE

類語 ¶ (~ +囲+前+名) He consecrated his life to church. 그는 교회를 위하여 일생을 바쳤다 / His life was consecrated to helping sick people. 그의 일생은 병든 사람들을 돕는 일에 바쳐졌다 / The party was consecrated to the memory of the late Dr. H. 그 집회는 고 H 박사를 기념하여 개최되었다.
3 〔세월 따위에 의해〕 ···을 귀중한 것으로 하다. ¶ a tradition consecrated by time 예로부터 전하여진 귀중한 전통.
── adj. 신에게 바쳐진; 신성한(sacred).
◇ consecrátion n., cónsecrative, cónsecratory adj.

*con·se·cra·tion [kànsikréi(ʃ)ən / kɔ̀n-] n. ⓤ ⓒ 1 성별, 성화; 봉헌, 정진, 헌신. ¶ the consecration of church 헌당 / consecration of one's life to education 교육에의 헌신. 2 성별(미사에서 빵과 포도주를 예수의 몸과 피가 되게 하는 일). 3 〔주교의〕 서품, 서품식. ¶ the consecration of bishops 주교의 서품.
◇ cónsecrate v. [봉헌의.

con·se·cra·tive [kánsikrèitiv / kɔ́n-] adj. 성별의,

con·se·cra·tor [kánsikrèitər / kɔ́n-] n. 성별자, 봉헌자; 주교 서품자.

con·se·cra·to·ry [kánsikrətɔ̀:ri / kɔ́nsikrèit(ə)ri] adj. 신성하게 하는, 성별의; 봉헌의(dedicatory).

con·se·cu·tion [kànsikjú:(ʃ)ən / kɔ̀n-] n. ⓤ ⓒ 1 〔사건 따위의〕 연속(succession), 관련. 2 논리의 일관 〔성〕, 조리; 추론. 3 〔문법〕 〔시제·어법 따위의〕 일치 (sequence).

*con·sec·u·tive [kənsékjutiv] adj. 1 연속적인, 계속되는. ⇨ SUCCESSIVE 類語 ¶ consecutive numbers 연속 번호 / win three consecutive victories 3연승하다. 2 논리가 일관된, 앞뒤가 맞는. ¶ consecutive reasoning 앞뒤가 맞는 추론. 3 〔문법〕 결과를 나타내는. ¶ a consecutive clause 결과절 결과를 나타내는 부사절. 예: He kept running till he fell down exhausted. 그는 계속 달렸으나 마침내 기진하여 쓰러지고 말았다).
-·ly adv. -·ness n. ◇ consecútion n.

con·seil d'é·tat [kɔːnsèi deitá:] n. (프랑스) 국무원; 〔정부 행정에 대한 국민의 불만을 조사하는〕 민원(民怨) 감찰관(ombudsman). [폐, 노쇠.

con·se·nes·cence [kànsinés(ə)ns / kɔ̀n-] n. ⓤ 노

con·sen·su·al [kənsénʃuəl / -sju-] adj. 1 〔법률〕 합의상의, 합의에 의한. ¶ a consensual marriage 합의 결혼. 2 〔생리〕 교감(交感)작용의, 교감성의. ¶ consensual actions 교감 작용.

*con·sen·sus [kənsénsəs] n. 1 〔의견 등의〕 일치, 합의 (agreement). ¶ a consensus of opinion 의견의 일치. 2 일치된 의견, 대다수의 의견, 총의. 3 〔생리〕 교감 작용.

‡con·sent [kənsént] vi. 동의하다, 승낙하다(to ...). AGREE 類語[1] opp. dissent ¶ (~ +前+名) consent to a suggestion (proposal) 제안(제의)에 동의하다 // (~ + to do) I can't consent to have him go there. 나는 그를 그곳에 보내는 데 대해 찬성할 수 없다 // (~ + that) He consented that I should start at once. 그는 내가 곧 출발하는 것에 동의했다.
── n. ⓤ 1 동의(assent), 묵인(acquiescence), 허가 (permission). ¶ give (refuse) one's consent to ···에 동의하다(보류하다) // at the age of consent 〔법률〕 승낙 연령〔결혼 따위를 승낙할 수 있는 연령〕 / obtain a person's consent 동의를 얻다 / withhold one's consent 동의를 보류하다 / by his express consent 그의 명확한 승낙을 받고 / at the mutual consent 상호간의 합의로 / with or without consent 승낙이 있든 없건 / cannot move hand or foot without the consent of ···의 허가 없이는 꼼짝도 못하다 / Silence gives consent. 〔속담〕 침묵은 승낙의 뜻.
2 〔감정·의견 따위의〕 일치. ¶ with (or by) one consent 이구동성으로, 만장일치로 / He was chosen by general (or common) consent. 그는 만장일치로 선출

되었다. ◇ consénsus, consentanéity, consentience n., consentaneous, consentient adj. [장일치.
con·sen·ta·ne·i·ty [kɑ̀nsentənɪ́:iti] n. ⓤ 일치; 만
con·sen·ta·ne·ous [kɑ̀nsəntéiniəs / kɔ̀n-] adj. 1 일치된, 합치된(accordant), 합당한, 적합한(to, with ...). ¶ be *consentaneous* to morals 도의에 어긋나지 않다. 2 만장일치의(unanimous). ~**ly** adv.
con·sent·er [kənséntər] n. 승낙자, 동의자.
con·sen·tience [kənsénʃ(ə)ns] n. ⓤ [감정이 고조된 가운데 이루어지는] 일치, 협의, 협동.
con·sen·tient [kənsénʃ(ə)nt] adj. 1 일치하는, 합치하는(accordant). 2 동의하는(consenting) (*to ...*); [의견 따위가] 만장일치의(unanimous). 3 협동의.
‡**con·se·quence** [kɑ́nsikwens, -kwəns / kɔ́ns(i)-kwəns] n. 1 결과, 귀추. ⇨ EFFECT 類語 ¶ a necessary *consequence* 필연적인 결과 / by natural *consequences* 자연적인 결과로/accept the *consequence* of ...의 결과를 감수하다 / There might be some serious *consequences*. 중대한 결과가 생길지도 모른다.
2 결론, 귀결(conclusion). ¶ It follows as a logical *consequence* that... 논리적 결론으로서 ...이 된다.
3 ⓤ 중요성, 중대함; [지위·입장 따위의] 중요함, 명망(distinction); 자존, 잘난 체함(self-importance). ⇨ IMPORTANCE 類語 ¶ a man of *consequence* 중요 인물/give oneself an air of *consequence* 잘난 체하다, 거드름 피우다 / It is of much *consequence*. 그것은 매우 중요하다.
in consequence 그 때문에, 따라서, 그 결과. ¶ I do not know what happened *in consequence*. 나는 그 결과로 어떠한 일이 일어났는지 모른다.
in consequence of ...의 탓으로, ...의 결과로서. ¶ I can't call on you *in consequence of* his illness. 그가 병중이기 때문에 당신을 방문할 수가 없습니다.
take (or *answer for*) *the consequences* [자기 행위의] 결과를 감수하다, 결과에 대해 책임을 지다.
with the consequence that ... 그 결과로서 당연히 ...으로 되다. ¶ He confessed himself guilty, *with the consequence that* the matter was settled. 그는 죄를 자백했으며, 그 결과로 사건이 해결되었다.
◇ cónsequent, consequéntial adj.
*con·se·quent** [kɑ́nsikwènt, -kwənt / kɔ́ns(i)kwənt] adj. 1 결과의, 결과로서 일어나는(resulting) (*on, upon, to ...*). ¶ the distress of the people *consequent* on the rise in the cost of living 사람들이 생활비의 앙등으로 겪게 되는 고초/physical deterioration *consequent* upon the rush to a city life 도시 생활에 몰린 바쁨 때문에 몸이 약해짐. 2 [논리상] 필연적인, 당연한; 앞뒤가 꼭 들어 맞는.
— n. 1 [당연한] 결과; 결론(conclusion). 2 [논리] [조건 명제(命題)나 가언(假言) 명제의] 제2절(節), 후건(後件) [예: If John is ill, *he will remain indoors.* 존이 아프다면, 그는 집에 있을 것이다). *opp.* antecedent 3 [수학] [비(比)의] 후항(後項), 후율(後率). ~**ly** adv.
cónsequence n., cónsequently adv., consequéntial adj.
con·se·quen·tial [kɑ̀nsikwénʃ(ə)l / kɔ̀n-] adj. 1 결과로서 일어나는, 결과의(resultant), 간접의. ¶ *consequential* damages [법률] 간접적 손해. 2 [논리적으로] 앞뒤가 들어맞는, 조리가 서는; 당연한, 필연적인. ¶ *consequential* alterations in the wording of a document 문서의 용어 사용에 있어서의 당연한 변경. 3 중요한, 중대한(important); 뽐내는, 거드름 피우는(self-important). ¶ a *consequential* lady (bearing) 뽐내는 여성 (태도). ~**ly** [-ʃəli] adv. ~**ness** n.
con·se·quen·ti·al·i·ty [kɑ̀nsikwènʃiǽliti / kɔ̀n-] n. 간접인과 관계, 결과의, 뽐내기, 거드름 피우기.
‡**con·se·quent·ly** [kɑ́nsikwèntli, -kwənt- / kɔ́ns(i)-kwənt-] adv. 결과로서, 따라서, 그러므로, 그 까닭에. ⇨ THEREFORE 類語
con·serv·a·ble [kənsə́:rvəbl] adj. 보존할 수 있는 (preservable).
con·serv·an·cy [kənsə́:rv(ə)nsi] n. (*pl.* -**cies**) 1 (英) [항해·어업 따위의] 관리 위원회. *cf.* conservator ¶ the Thames Conservancy 템즈강 관리 위원회. 2 ⓤ [삼림·하천 따위의] 보존, 관리, 감독.
*con·ser·va·tion** [kɑ̀nsə(:)rvéiʃ(ə)n / kɔ̀n-] n. ⓤ 1 보존, 유지 (preservation). *opp.* dissipation ¶ *conservation of* energy [물리] 에너지의 보존(불멸) / *conservation of* social order 사회 질서의 유지. 2 [하천·삼림 따위의] 관리, 보호(conservancy). 3 ⓒ 보호 관리구; 보호림(林), 관리 하천, 보호 어장. 4 [과일 따위의] 보존[법].
◇ consérve v., conservátional, consérvative adj.
con·ser·va·tion·al [kɑ̀nsə(:)rvéiʃən(ə)l / kɔ̀n-] adj. 보존(유지)에 관한, 보존된; 관리(보호)된.
con·ser·va·tion·ist [kɑ̀nsə(:)rvéiʃ(ə)nist / kɔ̀n-] n. 자연 보호론자. — adj. 자연 보호주의의.
*con·serv·a·tism** [kənsə́:rvətìz(ə)m] n. ⓤ 1 보수주의; 보수 기질, 보수성. 2 [종종 C-] 영국 보수당의 주의(강령). 3 [우주 개발·원자력 발전 분야등에서의] 안전 제일 주의.
‡**con·serv·a·tive** [kənsə́:rvətiv] adj. 1 보수적인, 보수주의의. *cf.* progressive ¶ He is *conservative* in his habits. 그는 습관을 좀체로 바꾸지 않는다. 2 온건한, 조심스러운. ¶ It is *conservative* to say that... ...이라고 말해도 과언이 아니다. 3 보존력이 있는(preservative). 4 (종종 C-) 보수당의; (C-) 보수적 유대인(유대교)의. — n. 보수적인 사람, 보수주의자. ¶ a fanatical *conservative* 광신적인 보수주의자. 2 (C-) [특히 영국의] 보수당원; 보수적 유대인(유대교도). 3 보존하는 것, 방부제(preservative). ~**ly** adv. ~**ness** n.
◇ consérve v., conservátion n.
Consérvative Párty n. (the ~) [영국] 보수당[영국의 2대 정당의 하나]. *cf.* Labour Party
con·ser·va·toire [kənsə̀:rvətwɑ́:r, - - -] n. [주로 프랑스의] 음악 (미술) 학교(conservatory).
[<F *academy of music or art*]
con·ser·va·tor [kɑ́nsərvèitər, kənsə́:rvətər / kɔ́nsəvèitə, kənsə́:vətə] n. 1 보호자, 보존자. 2 [법률] [재산 관리 능력이 없는 사람을 보호하는] 후견인 (guardian). 3 [박물관 따위의] 관리인, 직원. 4 《英》 [항해·어업 따위의] 관리 위원; 보안 위원. *cf.* conservancy ¶ *conservators* of a river 하천 관리 위원 / *conservators* of peace 보안 위원, 보안관.
con·serv·a·to·ry [kənsə́:rvətɔ̀:ri / -t(ə)ri] n. (*pl.* -**ries**) 1 온실(greenhouse); 식물실. 2 미술 학교, 음악 학교(conservatoire). 3 보존적인, 보존력이 있는(preservative).
*con·serve** vt. [kənsə́:rv → n.] (-**served**, -**serv·ing**) 1 ...을 보호하다, 보존하다(preserve). ¶ *conserve* one's strength (health) 자기의 힘(건강)을 유지하다 / *conserve* vegetables for future use 야채를 장차 먹기 위해 보존해 두다. 2 [과일을] 설탕 절임으로(해서 보존)하다, 잼으로 만들다. — [kɑ́nsə:rv, kənsə́:v, kɔ́nsə:v] n. 1 (종종 ~s) [과일 따위의] 설탕 절임(preserves), 잼(jam). 2 [의학] 당제(糖劑).
◇ conservátion n., consérvative adj.
con·serv·er [kənsə́:rvər] n. 보호(보존)하는 사람(물건).
con·shy, -shie [kɑ́nʃi / kɔ́n-] 《英구어》 ⇨ chy.
‡**con·sid·er** [kənsídər] vt. 1 ...을 고찰하다(contemplate), 숙고하다(meditate), 곰곰 생각하다(reflect), 검토하다 (examine). ¶ *consider* a matter in all its aspects 문제를 온갖 면에서 고찰하다 // (~+*that* 節) I *consider* that he ought to help me. 나는 그가 나를 도와주어야 할 것으로 생각하고 있다 // (~+*wh.* 節) You must *consider* whether it will be worthwhile. 그 것이 그럴만한 가치가 있는 것인지의 여부를 잘 생각해 보아야 한다 // (~+*wh.* to do) I *considered* what to

buy there. 나는 거기서 무엇을 살 것인가를 생각했다 // (~+*-ing*) I am *considering going* to London. 런던에 갈까 생각하고 있읍니다.
2 …을 …으로 생각하다, […으로] 여기다. [類語] ¶ (~+目+as[補]) He *considered* "Hamlet" *as* an example of a Shakespearian tragedy. 그는 「햄릿」을 셰익스피어 비극의 한 전형으로 생각했다 // (~+目+ [*to be*][補]) I *consider* him [*to be*] worthy of confidence. 나는 그를 믿을만한 사람으로 생각한다 / We *consider* Shakespeare [*to be*] a great poet. 우리는 셰익스피어를 위대한 시인으로 생각한다.

── Usage consider [as] ── He *considered* me [*as*] an enemy. 위와 같은 문장에서 as를 쓰는 것은 regard as 와의 유추·혼동에 의한 것으로서 사용할 수 없다고 하지만 실제로는 많이 쓰이고 있으며, 특히 수동형에서 자주 쓰인다: He *is considered* as a most trustworthy man.

3 …을 참작하다, 고려에 넣다(make allowance for); …을 배려하다, [남의 감정 따위를] 헤아리다. ¶ We should *consider* his youth. 그가 젊다는 점을 헤아려 주어야 하다.
4 …에 주의(관심)를 기울이다, 마음을 쓰다(regard). ¶ He never *considers* others. 그는 남에 대해 전혀 신경을 쓰지 않는다.
5 …을 존경하다, 존중하다(respect). ¶ He is greatly *considered* by townsmen. 그는 시민들로부터 크게 존경 받고 있다.
6 …[의 구입·채택]에 관해 고려하다. ¶ *consider* an apartment 아파트를 살 것을 고려한다.
7 〖고어〗 …을 눈여겨 보다, 주시하다 (scrutinize).

── *vi.* **1** 숙고하다, 고려하다(reflect). ¶ Let me *consider* a moment. 잠깐 생각하게 해주세요. **2** 눈여겨 보다, 주시하다.

all things considered 만사를 고려해서, 이것저것 생각한 나머지, 결국.
◇ consíderate *adj.*, considerátion *n.*

‡**con·sid·er·a·ble** [kənsíd(ə)rəbl] *adj.* **1** [수량·금액 따위가] 어지간한, 상당한, 적지 않은. ¶ *considerable* labor 많은 수고 / a *considerable* sum of money 상당한 금액 / a *considerable* number of people 적지 않은 사람들. **2** 고려해야 할, 중요한 (important), 주목해야 할 (noteworthy); 무시하지 못할. ── *n.* 〖때로 a~〗《美구어》 많음, 다량(much); 상당히 많은 양. ¶ do *considerable* for a person 남을 위해 어지간히 힘써 주다. 　　　　　　　　　　　　　　　　[상당히.

‡**con·sid·er·a·bly** [kənsíd(ə)rəbli] *adv.* 어지간히, 꽤,
***con·sid·er·ate** [kənsíd(ə)rit] *adj.* **1** [남에 대해] 동정심(이해심)이 많은(*of...*). ⇨ THOUGHTFUL [類語] ¶ She is *considerate* of others. 그녀는 남들에 대해 이해심이 많다 // It is very *considerate* of him to have said so. 그가 그렇게 말했다니 참으로 동정심이 많구나. **2** 사려 깊은, 신중한(deliberate). **3** 〖고어〗 주의 깊은(careful). ~·ly *adv.* ~·ness *n.*
◇ consider *v.*, considerátion *n.*

‡**con·sid·er·a·tion** [kənsìdəréi(ə)n] *n.* **1** U 고려, 고찰, 숙려(熟慮) (deliberation), 심사〖숙고〗 (meditation). ¶ after more mature *consideration* 좀더 곰곰 생각한 후에 / It is a matter for *consideration*. 그것은 한번 생각해 보아야 할 〖중요한〗 일이다 / give a problem one's careful *consideration* 문제를 주의 깊게 고찰하다 // with due *consideration* of the proposal 그 제안을 응당 고려하여.
2 까닭, 이유(account), 동기(motive), 고려해야 할 사정. ¶ I spared him from *considerations* of mercy. 불쌍해서 그를 용서해 주었다.
3 생각, 사상(thought). ¶ an interested *consideration* 자기만을 위한 생각 / personal *considerations* 개인적인 생각.
4 보수, 보답(reward). ¶ I will not do such a thing for any *consideration*. 나는 어떠한 보수를 준다 해도 그런 짓은 하지 않겠다 / He will do anything for a *consideration*. 그는 보수만 받는다면 어떤 짓이든 할 것이다.
5 〖법률〗 약인(約因), 대가(對價).
6 U 배려, 이해, 참작(*for...*). ¶ show *consideration* for a person's position 남의 지위를 참작하다 / He has no *consideration* for old age. 그는 늙은이를 위하는 마음이 없다.
7 U 〖드물게〗 중요함, 중대함(importance). ¶ men of *consideration* 상당한 자리에 있는 사람들.
8 U 존중, 존경(respect). ¶ have *consideration* for … 을 존중하다.

in consideration of ① …의 보수로서. ② …을 고려해서.
on (or *under*) *no consideration* 절대로 …아니다(않다) (never). 　　　　　　　　　　　　　　　[서.
out of consideration for …을 참작해서, …을 봐주어서
take ... into consideration …을 고려하다. ¶ You must *take* his youth *into consideration*. 너는 그가 아직 젊다는 점을 고려해 주어야 한다.
under consideration 고려하고 있는, 생각중인.
◇ consíder *v.*

con·sid·ered [kənsídərd] *adj.* **1** 깊이 생각한, 숙고한 끝의. **2** 존경받는(respected), 중시되는.

‡**con·sid·er·ing** [kənsíd(ə)riŋ] *prep.* …을 고려하면(in view of), …으로서는. ¶ a hearty old man *considering* his age 나이에 비해서는 기력이 좋은 노인 / *Considering* her age, she reads well. 그애는 나이에 비해 잘 읽는다. ── *adv.* 《구어》 그런대로, 제법. ¶ That's not so bad, *considering*. 그런대로 그렇게 나쁘지 않다 / He does well, *considering*. 그는 제법 잘한다.
── *conj.* …이므로, …을 생각하면(seeing that). ¶ *Considering* [*that*] he was new to this business, he did very well. 이 일이 처음이었다는 점을 감안한다면 그는 대단히 잘했다 / It is excusable *considering* how difficult it is. 그 일의 어려움을 고려한다면 무리도 아니다.

***con·sign** [kənsáin] *vt.* **1** …을 넘겨 주다, 인도하다 (deliver). …을 위탁하다, 위임하다, 맡기다(...*to*). ¶ *consign* the body to the watery grave 그 시체를 수장(水葬)하다 / *consign* a child to a person's care 아이 돌보는 일을 아무에게 맡기다 / *consign* ... to oblivion …을 잊어버리다 / *consign* ... to a wastepaper basket …을 휴지통에 버리다 / *consign* one's soul to God 자기의 영혼을 하나님에게 맡기다 / *consign* a letter to the post 편지를 우체통에 넣다 / *consign* money *in* a bank 은행에 예금하다.
2 …을 제쳐놓다(set apart), 할당하다(assign)(...*to*). ¶ (~+目+前+名) He *consigned* this room *to* his private use. 그는 이 방을 자기 전용으로 했다.
3 〖상업〗 [판매]를 위탁하다; [상품]을 탁송하다(...*to*). ¶ (~+目+前+名) *consign* goods *to* an agent 상품의 판매를 대리점에 위탁하다.
◇ consígnable, consígnment *n.*

con·sign·a·ble [kənsáinəbl] *adj.* 위탁할 수 있는.
con·sig·na·tion [kànsignéi(ə)n / kɔ̀n-] *n.* U **1** 〖상품의〗 위탁, 공탁; 탁송. **2** 교부.
to the consignation of …앞으로, …을 받는 사람으로 해서. 　　　　　　　　　　　　　　　[자. *cf.* consignor
con·sign·ee [kànsainí: / kɔ̀n-] *n.* 하물 인수인, 수탁
con·sign·er [kənsáinər] *n.* =CONSIGNOR.
con·sign·ment [kənsáinmənt] *n.* **1** U 교부, 탁송, 위탁; 위탁 판매. ¶ goods on *consignment* 위탁 판매. **2** 〖상업〗 탁송품, 위탁 화물; 위탁판매품. 　　　[품.
con·sígn·ment nòte *n.* 《주로 英》 〖항공편의〗 위탁 화물 운송장, 〖특히〗 항공 화물 운송장.
con·sígn·ment sàle *n.* U 위탁 판매.
con·sign·or [kənsáinər] *n.* 〖위탁 판매인〗 위탁자,

[하물의] 발송인, 하주. *cf.* consignee

‡**con·sist** [kənsíst] *vi.* **1** [부분·요소로] 이루어져 있다(be composed) (*of*...). ¶ (~+前+名) Most books *consist of* several chapters. 대부분의 책은 몇 개의 장으로 이루어져 있다/Our dinner *consisted of* three courses only. 우리 정찬은 세 코스밖에 나오지 않았다. * of 다음에는 성분·재료를 나타내는 복수 명사 또는 2개 이상의 명사가 따른다.
2 [...에] 있다, 존재하다, 내재하다 (lie) (*in*...). ¶ (~+前+名) *In* what does happiness *consist*? 행복이란 무엇이냐?/Wisdom does not *consist* only *in* knowing facts. 지혜라는 것은 그저 사실을 알고 있다는 것만은 아니다. * in 다음에는 내재적(內在的) 관계를 나타내는 추상 명사 또는 동명사[구]가 따른다.
3 양립하다, 일치하다, 조화하다(*with*...). ¶ (~+前+名) Health *consists with* temperance. 건강은 절제와 일치한다.
4 [고어] 공존하다(exist together).
◇ consístence, consístency *n*., consístent *adj*.

*con·sist·en·cy [kənsístənsi] / con·sist·ence [-t(ə)ns] *n.* ⓤ **1** [물질의] 단단함, 견고도(firmness, solidity). **2** [액체의] 농도, 밀도(density); 점도(粘度), 점성(viscosity). **3** [인격 등의] 견고함, 절조(節操); 지속성. ¶ an endeavor of lasting *consistency* 지속적인 노력. **4** 양립함, 모순되지 않음(compatibility), 일관성, 언행 일치 (*in*, *of*...). ¶ *consistency* in one's behavior 행동의 일관성. ◇ consíst *v*., consístent *adj*.

*con·sist·ent [kənsíst(ə)nt] *adj*. **1** [의견 따위가] 일치하는(accordant), 양립하는, 모순되지 않는 (compatible) (*with*...). ¶ It is not *consistent with* what you told me before. 그것은 당신이 전에 말한 것과 다르다 / You are not *consistent* with yourself. 당신은 모순되고 있다. **2** [주의·방침 따위가] 변함없는, [사람이] 시종 일관된, 언행이 일치하는(cohering) (*in*...); 절제있는, 절조있는. ¶ He is not *consistent* in his action. 그의 행동은 앞뒤가 맞지 않는다. **3** 결합하는, 응집하는 (cohering). **4** [고어] 고정된, 확고한(fixed, firm). ~·ly *adv*. ◇ consíst *v*., consístency, consístence *n*.

con·sis·to·ri·al [kɑ̀nsistɔ́ːriəl / kɔ̀nsistɔ́ːr-] *adj*. **1** 교회 법정의, 종교 법원의. **2** [가톨릭] 추기경 회의의. **3** [영국 국교회] 주교 회의의, 교회 법정의; [장로 교회] 장로 회의의.

con·sis·to·ry [kənsístəri] *n.* (*pl.* -ries) **1** 교회 회의, 종교 법원; 그 회의실; 그 집회. **2** [가톨릭] 교황이 소집하는 추기경 회의. **3** [영국 국교회] 주교 회의[그 교구(bishop)와 주교 법관(bishop's chancellor)이 주재하는 교회 법정]; [장로 교회] 장로 회의. **4** [일반적으로] 집회, 회의.

con·so·ci·ate [kənsóujiit, +美 -ʃiéit → *v*.] *adj*. 연합(합동)한; 합병(제휴)한. ── *n.* [드물게] 제휴자, 조합원(associate). ── *vi.* [kənsóujièit] (**-at·ed, -at·ing**) 연합(합동)하다; 합병(제휴)하다(associate) (*with* ...).

con·sol [kɑ́nsɑl, kənsɑ́l / kɔ́nsɔl, kənsɔ́l] *n.* (보통 ~s) [영국의] 콘솔 공채(公債), 정리 공채[1751년에 이자가 다른 각종 공채를 정리해서 이율을 통일한 것].
[< CONSOL[IDATED ANNUITIES].]
consol. (略) consolidated.

con·sol·a·ble [kənsóuləbl] *adj*. 위안할 수 있는, 마음이 진정되는.

*con·so·la·tion [kɑ̀nsəléiʃ(ə)n / kɔ̀n-] *n.* ⓤ **1** 위안, 위로, 위자(comfort). ¶ spiritual *consolation* 정신적 위안/find *consolation* in studying 연구하는 가운데 위안을 찾다. **2** ⓒ 위안해 주는 사람, 위안해 주는 (사실). **3** 패자전[패자끼리 붙는 경기].
◇ consóle *v*., consólatory *adj*.

consolátion mòney *n*. 위자료.
consolátion príze *n*. 위안상(賞), 감투상.
consolátion ràce (màtch, stàkes) *n*. [경주·시합·경마 따위] 패자 부활전.

con·sol·a·to·ry [kənsɑ́lətɔ̀ːri / kənsɔ́lət(ə)ri] *adj*. 위안의, 위로가 되는(consoling).

‡**con·sole**¹ [kənsóul] *vt.* (**-soled, -sol·ing**) [...의 슬픔·고통 따위]를 녹이다, 위안하다(comfort); ...을 힘내게 하다(cheer up). ⇨ COMFORT [類語] ¶ *console* oneself by thinking ...이라 생각하여 자위하다/Nothing could *console* her grief. 아무것도 그녀의 슬픔을 달랠 수는 없었다. ◇ consolátion *n*., consólatory *adj*.

con·sole² [kɑ́nsoul / kɔ́n-] *n.* **1** [오르간의] 연주대, 콘솔[건반(keyboard)과 페달(pedal) 따위를 포함]. **2** 콘솔[방바닥에 놓는 대형 스테레오·텔레비전 등의 캐비닛]. **3** = console table. **4** [건축] 소용돌이꼴의 까치발, 콘솔[소용돌이꼴의 장식적 까치발]. **5** [컴퓨터 등의] 조작(제어) 테이블, 콘솔; [비행기 등의] 관제용 계기반.
[console² 4]

cónsole mírror [kɑ́nsoul- / kɔ́n-] *n*. 까치발로 받쳐 벽에 단 거울.

cónsole táble [kɑ́nsoul- / kɔ́n-] *n*. 소용돌이꼴 까치발의 다리로(벽에 붙여진 작은 테이블.

*con·sol·i·date [kənsɑ́lidèit / -sɔ́l-] *vt.* (**-dat·ed, -dat·ing**) **1** [학교·회사 따위]를 합병하다(unite); [흩어져 있는 것]을 하나로 뭉치다, 통합하다(combine) (... *into*). ¶ *consolidate* one's estates 재산을 합치다 / (~+目+前+名) *consolidate* two companies *into* one 두 회사를 합병해서 한 회사로 만들다. **2** [군대] [진지]를 강화하다, 견고히 하다. **3** ...을 공고히 하다, 강화하다(strengthen), 굳건히 하다(solidify). ¶ *consolidate* one's power 권력을 강화하다 / *consolidate* one's position in society 사회적 지위를 다지다. ── *vi.* **1** 하나로 되다, 통합되다, 합병되다. **2** 굳어지다, 튼튼해지다. ── *adj*. 통합된, 통일된, 합병진; 강화된(consolidated). ◇ consolidátion *n*.

con·sol·i·dat·ed [kənsɑ́lidèitid / -sɔ́l-] *adj*. 굳혀진, 강화된, 단단히 다져진, **2** 합병된, 통합된(unified). ¶ a *consolidated* bond 정리 공채 / a *consolidated* railroad 합동 철도.

consólidated annúities *n. pl.* = consol. [기금.
Consólidated Fúnd *n*. (the ~) [영국의] 정리 공채
consólidated schóol *n*. 통합 학교[특히 미국의 농촌 지역에서 서로 이웃하는 학군이 공동으로 세운 공립 국민 학교].

*con·sol·i·da·tion [kənsɑ̀lidéiʃ(ə)n / -sɔ̀l-] *n.* ⓤ **1** 합동, 합병, 통합, 정리(unification). ¶ *consolidation* of public loans 공채의 정리/*consolidation* of banks 은행의 합병. **2** ⓤ 단단히 다지기, 강화 (solidification). ¶ *consolidation* of an empire 제국의 강화. **3** 통합체, 합동체, 통일체. ◇ consólidate *v*.

con·sol·i·da·tor [kənsɑ́lidèitər / -sɔ́l-] *n*. 통합자, 정리자, 합병하는 사람; 굳히는 사람(물건), 강화하는 사람(물건).

con·sol·i·da·to·ry [kənsɑ́lidətɔ̀ːri / -sɔ́lidət(ə)ri] *adj*. 통합하는, 합병하는; 굳히는, 다지는, 공고히 하는.

con·sol·ing [kənsóuliŋ] *adj*. 위안이 되는.

con·som·mé [kɑ̀nsəméi / kənsɔ́mei] *n.* ⓤ 콩소메, 맑은 수프. [< F consummate, completed]

con·so·nance [kɑ́ns(ə)nəns / kɔ́n-], -nan·cy [-nənsi] *n.* ⓤ **1** 조화, 일치(accord). ¶ in (out of) *consonance with* ...과 일치(조화)하여 (하지 않고). **2** [음의] 조화, 협화(harmony). **3** [음] 협화, 협화음, *opp*. dissonance **4** ⓤⓒ [韻律] 자운[자음만의 압운(押韻)]. ¶ assonance **5** [물리] 공명 (共鳴).

‡**con·so·nant** [kɑ́ns(ə)nənt / kɔ́n-] *n.* [음성] 자음. *cf*. vowel **2** 자음자(字). ── *adj*. **1** 일치하는, 조화하는, 모순되지 않는(consistent) (*with*, *to*...); 안 dissonant ¶ actions *consonant with* one's character 성격과 합치하는 행위/a rule *consonant* to reason 합리적인 규칙. **2** [어음(語音)이] 유사한. **3** [음] 조화하

는, 협화하는 (harmonious). **4** 〔음악〕 협화음의. *opp.* **dissonant 5** 〔음성〕 자음의(consonantal). **6** 〔물리〕 공명의, 공명하는(resonant). ~·ly *adv.*
◇ cónsonance *n.*, consonántal *adj.*

con·so·nan·tal [kɑ̀nsənǽntl / kɔ̀n-] *adj.* 자음의, 자음성(子音性)의.

*__con·sort__ *n.* [kάnsɔːrt / kɔ́n- // → *v.*] **1** 배우자(spouse). ¶ *a prince consort* 여왕의 부군 (夫君) / *a queen consort* 중궁, 왕비, 황후. **2** 동료, 짝, 파트너(partner). **3** 요선(僚船), 요함(僚艦), 동행선(船). **4** 〔음악〕 합창자·연주자의 일단.
in consort with …과 협력해서, …과 함께.
— *v.* [kənsɔ́ːrt] *vi.* **1** 교제하다, 사귀다(associate). ¶ (~+뎬+囹) *Do not consort with* thieves. 도둑들과 어울리지 마라. **2** 일치하다, 조화하다(harmonize). ¶ (~+뎬+囹) *Pride does not consort* well with poverty. 긍지는 가난과 잘 어울리지 않는다. — *vt.* ……을 조화되게 결합시키다.

con·sor·ti·um [kənsɔ́ːr∫iəm/-sɔ́ːtjəm] *n.* (*pl.* **-ti·a** [-∫iə/-tjə]) **1** 자본가 연합; [개발 도상국에 대한 경제 원조를 위한] 국제 차관단, 채권국 회의, 콘소시엄. **2** [학교나 단체의] 연합, 제휴; 협회, 조합.
(< L *community of goods*)

con·spe·cif·ic [kὰnspisífik / kɔ̀n-] *adj.* 〔동·식물의〕같은 종(種)의.

con·spec·tus [kənspéktəs] *n.* **1** 개설, 개관(survey). **2** 개략(summary), 대략, 줄거리, 적요(digest).

‡**con·spic·u·ous** [kənspíkjuəs] *adj.* **1** 잘 보이는, 똑똑히 보이는, 눈에 잘 띄는. ¶ a *conspicuous* landmark 잘 보이는 육표(陸標). **2** 돋보이는, 이채로운; 저명한; ⇨ OUTSTANDING [類語] ¶ a *conspicuous* man 이채를 띠는 인물 / *make* oneself *conspicuous* 돋보이게 행동하다 / *cut a conspicuous* figure 이채를 띠다.
~·ly *adv.* ~·ness *n.*

conspícuous consúmption (**wáste**) *n.* 〔경제〕 [재산이나 지위를 자랑하기 위한] 과시적 소비.

*__con·spir·a·cy__ [kənspírəsi] *n.* (Ⓤ)Ⓒ (*pl.* **-cies**) **1** 음모(謀議), 공모; 음모(plot); 음모단. ¶ *unmask* a *conspiracy* 음모를 폭로하다 / [a] *conspiracy* of silence 침묵을 지키자는 모의 // *in conspiracy with* …과 공모하에서 / a *conspiracy against* the government 정부 타도의 음모 / a *conspiracy to* hijack an airplane 비행기 납치 음모. **2** 〔법률〕 공동 모의. **3** 〔어떤 결과를 가져오게 한 사건·사정 따위의〕 겹침, 합침, 결합, 동시 발생.
◇ conspíre *v.*

*__con·spir·a·tor__ [kənspírətər] *n.* 음모자, 공모자(plotter).

con·spir·a·to·ri·al [kənspìrətɔ́ːriəl / -tɔ́r-] *adj.* 음모의.

*__con·spire__ [kənspáiər] *v.* (**-spired, -spir·ing**) *vi.* **1** 음모하다, 공모하다. ¶ (~+뎬+囹) *conspire against* a person's life 남을 죽이려는 음모를 꾸미다 / *conspire against* the government 정부 타도를 획책하다 / *conspire with* …과 공모하다. **2** 협력하다(서로 와서) …하다, [같은 목적을 위해] 서로 협력하다(combine), [어떤 결과를 가져오도록 사정이] 겹치다, 일시에 일어나다. ¶ (~+*to do*) *All* things *conspired to* make him prosperous. 이러저러한 일이 모두 원인이 되어 그는 성공했다. — *vt.* ……을 획책하다, 모의하다, 꾸미다(plot). ¶ *conspire* a crime 못된 짓을 꾸미다.
◇ conspíracy *n.*

con·spir·er [kənspáiərər / -spáiərər] *n.* =conspirator.

con·spir·ing·ly [kənspáiəriŋli / -spáiər-] *adv.* 공모하여서.

con spir·i·to [kɑn spírìtou / kɔn-] *adv.* 〔음악〕 활기를 가지고, 힘차게(with spirit). (< It)

const., Const. (略) constable; constant; constituent, constitution; construction.

cons't. (略) consignment.

*__con·sta·ble__ [kάnstəbl, kʌ́n- / kʌ́n-] *n.* **1** 치안 담당관. **2** 《주로 英》 경관, 순경(policeman). ¶ a *chief constable* 《英》 경찰 부장 / a *special constable* 비상시에 치안 판사가 임명하는 특별 순경. **3** 각종 고관. ¶ the *Constable* of France [프랑스 왕조 시대의] 궁내 장관 / the *Lord High Constable* of England [중세의] 영국군 총지휘관. **4** [성(城) 따위의] 관리 장관. ¶ the *Constable* of Windsor Castle (the Tower) 윈저궁(런던탑) 관리 장관.
outrun (or *overrun*) *the constable* 빚을 지다.

con·sta·ble·ship [kʌ́nstəblʃìp, kʌ́n- / kʌ́n-] *n.* Ⓤ constable의 직(ㅅ임, 임기).

con·stab·u·lar·y [kənstǽbjulèri / -ləri] *n.* (*pl.* **-lar·ies**) **1** 경찰의 관할구; [한 관할구의] 경찰대. **2** [군대 조직의] 보안대. — *adj.* 경관의; 경찰대의.

*__con·stan·cy__ [kάnst(ə)nsi / kɔ́n-] *n.* Ⓤ 불변, 불변성, 항구성; 지조가 굳음(resoluteness); 충실, 절개(faithfulness); [질·상황 따위의] 불변성, 규칙 바름, 한결같음 (regularity). ¶ eternal *constancy* 영원한 절개 / *constancy to* purpose 지조의 굳음.
◇ cónstant *adj.*

‡**con·stant** [kάnst(ə)nt / kɔ́n-] *adj.* **1** 불변의, 일정한, 한결같은 (uniform). ¶ *as constant as* the northern star 북극성처럼 변함없는. **2** 부단의, 끊임없는; 규칙 바르게 되풀이되는, 빈번하게 발생하는. ⇨ CONTINUAL [類語] ¶ *constant* trouble 끊임없이 일어나는 걱정거리. **3** [애정 따위가] 변함 없는, 흔들림이 없는, 충실한. ¶ FAITHFUL [類語] ¶ a *constant* lover (friend) 변함없는 애인(친구). **4** 지조가 굳은, 확고한(resolute). — *n.* **1** 변하지 않는 것. **2** 〔물리〕 불변량(수). **3** 〔수학〕 정수, 율. ¶ the circular *constant* 원주율.
◇ cónstantly *adv.*, cónstancy *n.*

con·stant·an [kάnstəntæ̀n / kɔ́n-] *n.* Ⓤ 콘스탄탄 [구리와 니켈의 합금].

Con·stan·tia [kənstǽn∫iə / kɔn-] *n.* Ⓤ 콘스탄시어 포도주 [남아프리카 Cape Town 부근산(產)].

*__Con·stan·ti·no·ple__ [kὰnstæntinóupl / kɔ̀n-] *n.* 콘스탄티노플 [동로마 제국의 수도, 그 후 오토만 제국의 수도; 터키의 현 Istanbul의 옛 이름].

cón·stant-lév·el bal·lóon [kάnst(ə)ntlèv(ə)l- / kɔ́n-] *n.* [일정한 기압면 위를 장시간 부유하며 대기 속 데이터를 모으는] 일정 고도 기구(氣球).

‡**con·stant·ly** [kάnst(ə)ntli / kɔ́n-] *adv.* **1** 변함없이. **2** 끊임없이, 빈번하게, 계속적으로(continually), 종종(frequently), 언제나(always).

con·stel·late [kάnstəlèit / kɔ́n-] *vi., vt.* (**-lat·ed, -lat·ing**) [성좌의 별처럼] 떼를 짓다(짓게 하다), 총총히 박다(박히다) (cluster); 성군(星群)을 이루다. ¶ a *constellated* sky 별이 총총한 하늘.

*__con·stel·la·tion__ [kὰnstəléi∫(ə)n / kɔ̀n-] *n.* **1** 〔천문〕 성좌, 별자리; [성좌가 차지하는] 성역(天界)의 구분. ¶ a *constellation* in the northern hemisphere 북반구의 성좌. **2** 〔점성〕 성운(星運), 운성(星位). **3** 〔비유적〕 기라성 같은 모임(일단), 화려하게 차려입은 신사 숙녀의 모임(galaxy). ¶ a *constellation* of wits and beauties 미인과 재사(才士)의 눈부신 모임.
◇ cónstellate *v.*

con·ster·nate [kάnstərnèit / kɔ́n-] *vt.* (**-nat·ed, -nat·ing**) 〔보통 수동형으로〕 깜짝 놀라게 하다, 당황케 하다(dismay). ¶ He was *consternated* at the news. 그는 그 소식을 듣고 대경 실색했다.

con·ster·na·tion [kὰnstərnéi∫(ə)n / kɔ̀n-] *n.* Ⓤ 대단한 놀람, 경악(dismay). ¶ *with* (or *in*) *consternation* 경악해서 / *to* one's *consternation* 놀랍게도 / *throw* a person *into consternation* 남을 깜짝 놀라게 하다.

con·sti·pate [kάnstipèit / kɔ́n-] *vt.* (**-pat·ed, -pat·ing**) 〔주로 수동형으로〕 ……을 변비에 걸리게 하다.
¶ *be constipated* 변비에 걸려 있다.

con·sti·pa·tion [kὰnstipéi∫(ə)n / kɔ̀n-] *n.* Ⓤ 변비.

con·stit·u·en·cy [kənstítʃuənsi / -stítju-] n. (pl. -cies) 1 《집합적》[한 선거구의]선거구민, 투표자 (voters). 2 선거구. ¶ a three-member *constituency* 정원 3명의 선거구. 3 《집합적》지지자층, 고객층 (customer).

*__con·stit·u·ent__ [kənstítʃuənt / -stítju-] adj. 1 구성하는, 구성 요소(성분)를 이루는(component). ¶ the *constituent* parts of bread 빵의 성분. 2 선거(지명)권이 있는; 헌법의 제정 및 개정에 대한 권능이 있는.
— n. 1 [구성] 요소, 성분(component), 구성물. ¶ ELEMENT 類語 ¶ three great *constituents* of modern education 현대 교육의 3대 요소. 2 선거인, 선거구민. 3 [법률] 대리 지정인, [대리인에 대해] 본인 (principal). 4 [문법] [문장의] 구성 요소, 성분(element).
◇ constitútion, constítuency n.; cónstitute v.

Constítuent Assémbly n. [프랑스 역사] 국민의회(1789–91). [총체].

constítuent bódy n. 선거의 모체(母體) [유권자의].

‡**con·sti·tute** [kánstit(j)ùːt / kɔ́nstitjùːt] vt. (-tut·ed, -tut·ing) 1 [요소로서] …을 구성하다, 조성하다 (compose, form), 《수동형으로》[사람]을 [체격적·체질적으로] …의 상태로 하다. ¶ Seven days *constitute* a week. 7일로 1주일이 된다 / A group of congressmen *constituted* a forum. 국회 의원의 일당이 공개 토론회를 만들었다 //(~+圓+補) She is delicately *constituted*. 그녀는 몸매가 우아(연약)하다. 2 …을 [에] 임명하다(appoint), 선정하다 (elect); …을 [이도록] 만들다(make). ¶ (~+圓+補) be *constituted* representative of …의 대표자로 임명되다. 3 [법률]을 제정하다 (enact); [기관 등]을 설립하다(found). ¶ *constitute* an acting committee 임시 위원회를 설치하다. 4 [회의나 법정 등]에 대해 법적인 형식을 부여하다, …을 합법화하다, …을 성립시키다. 5 [고어] …을 두다 (place).
◇ constitútion n., constítuent, cónstitutive adj.

‡**con·sti·tu·tion** [kànstit(j)úːʃ(ə)n / kɔ̀nstitjúː-] n. 1 ⓤ 구성, 구조, 조직. ¶ the physical *constitution* of the sun 태양의 물리적 구조. 2 ⓤⓒ 체격, 체질. ¶ a man of delicate *constitution* 몸매가 우아(연약)한 사람 / have a good *constitution* 체격이 좋다 / Her *constitution* is weak. 그녀는 몸이 약하다. 3 성질, 기질(disposition, temperament). ¶ have a gentle *constitution* 성질이 온화하다. 4 ⓤ 설립, 제정(establishment). 5 형성, 편성(formation). 6 헌법; 관습, 규정, 관행(custom); 법령(decree). ¶ a written *constitution* 성문 헌법. 7 정체(政體). ¶ the British *constitution* 영국의 정체.
by constitution 타고난. ¶ She is fragile *by constitution*. 그녀는 허약한 체질을 타고났다.
◇ cónstitute v., constitútional adj.

*__con·sti·tu·tion·al__ [kànstit(j)úːʃən(ə)l / kɔ̀nstitjúː-] adj. 1 체격의, 체질의; 성질상의, 타고난. ¶ a *constitutional* weakness (or infirmity) 타고난 병약(病弱). 2 보건·건강을 위한. ¶ a *constitutional* walk 건강을 위한 산책. 3 *constitution*상의, 조직상의; 본질적인, 주요한, 근본적인(essential). ¶ a *constitutional* formula 화학] 구조식. 4 헌법[상]의, 입헌(立憲)적인, 입헌 정치의; 헌법(合憲)의, 합법적으로. ¶ a *constitutional* monarchy 입헌 군주 정체 / a *constitutional* law 헌법 / a *constitutional* assembly 헌법 제정 (제헌) 회의 / a *constitutional* crisis 헌법의 위기. ¶ n. 건강을 위한 산책(운동). ¶ take a *constitutional* 건강을 위해 산책하다.
◇ constitútion, constitutionálity n., constitútionalize v., constitútionally adv.

Cònstitútional Convéntion n. (the ~) [미역사] 헌법 제정 회의[합중국 헌법의 원문 기초를 위해서 1787년 5월에 개최].

con·sti·tu·tion·al·ism [kànstit(j)úːʃ(ə)nəlìz(ə)m / kɔ̀nstitjúː-] n. ⓤ 1 입헌주의; 헌정 옹호. 2 입헌 정치, 입헌 제도.

con·sti·tu·tion·al·ist [kànstit(j)úːʃ(ə)nə]list / kɔ̀nstitjúː-] n. 1 입헌주의자, 헌법 옹호자. 2 헌법 학자.

con·sti·tu·tion·al·i·ty [kànstit(j)ùːʃənǽliti / kɔ̀nstitjùː-] n. ⓤ 1 합헌성. 2 합법성, 합법성.

con·sti·tu·tion·al·ize [kànstit(j)úːʃ(ə)nəlàiz / kɔ̀nstitjúː-] vt. (-ized, -iz·ing) …에 헌법을 시행하다, …을 입헌 제도화하다.

con·sti·tu·tion·al·ly [kànstit(j)úːʃ(ə)nəli / kɔ̀nstitjúː-] adv. 1 체질상, 체질적으로. ¶ be *constitutionally* infirm 체질적으로 허약하다. 2 성격적으로, 선천적으로(naturally). ¶ be *constitutionally* oversensitive 선천적으로 신경 과민이다. 3 입헌적으로, 헌법상; 합법적으로(legally).

con·sti·tu·tive [kánstit(j)ùːtiv / kɔ́nstitjùː-] adj. 1 구성하는, 성분을 이루는(constituent); 요소를 이루는(elemental); 구조의(structural). ¶ *constitutive* elements 구성 분자. 2 본질적인(essential). ¶ *constitutive* components 본질적 요소. 3 제정권이 있는, 설정권이 있는. ~·ly adv.

con·sti·tu·tor [kánstit(j)ùːtər / kɔ́nstitjùːtə] n. 구성자, 조직자; 제정자, 설정자.

constr. (略) construction; construed.

‡**con·strain** [kənstréin] vt. 1 …을 강제하다, 강요하다; [사람]에게 억지로 …하게 하다. ¶ FORCE 類語 ¶ *constrain* obedience 복종을 강요하다 //(~+圓+ to do) *constrain* a person *to* work 남에게 억지로 일을 시키다 / I was *constrained* to do it. 나는 어쩔 수 없이 그것을 했다. 2 …을 가두어 넣다, 감금하다 (confine). ¶ (~+圓+前+名) He was *constrained in* the prison. 그는 감옥에 갇혔다. 3 …을 억제하다(restrain).
feel constrained …을 하지 않을 수 없다고 생각하다 (to do); 부자연스런(거북한, 갑갑한) 느낌이 들다.
◇ constráint n.

con·strained [kənstréind] adj. 1 강제당한, 강제적인. ¶ *constrained* obedience 강제당한 복종. 2 억지로 지은, 굳어진, 뻣뻣한, 경직한, 어색한, 부자연스런; 갑갑한, 답답한. ¶ a *constrained* manner 부자연스런 태도 / a *constrained* smile 굳어진(어색한) 웃음, 억지 웃음. -strain·ed·ly [-nidli] adv.

*__con·straint__ [kənstréint] n. ⓤ 1 제한 (restriction), 속박, 구속(confinement). 2 [감정 따위의] 억제. 2 [태도 따위의] 부자연스러움, 뻣뻣함, 어색함, 답답함; 당혹(embarrassment); 스스럼, 삼감. ¶ *with constraint* 스스러워서 /*feel* (or *show*) *constraint* in a person's presence 남 앞에서 거북스러워하다. 3 강제, 압박[감] (compulsion); ⓒ 압박하는 물건. ¶ *act under constraint* 강제당하여 행동하다. ◇ constráin v.

con·strict [kənstríkt] vt. 1 …을 단단히 죄다(조르다) (contract), 압축하다(compress). ¶ The bottle is *constricted* in the middle. 그 병은 가운데가 잘록하다. 2 …의 자연스런 발전(추이, 발육)을 저해하다.

con·strict·ed [kənstríktid] adj. 죄인, 죽한; 압축된; 답답한, 갑갑한(cramped). ¶ 좁은 (narrow). ¶ a *constricted* view of life 편협한 인생관.

con·stric·tion [kənstríkʃ(ə)n] n. ⓤ 1 [단단히] 죔, 조름(contraction), 압축 (compression). 2 [흉부(胸部) 따위의] 죄어드는 느낌. ¶ a *constriction* in one's chest 흉부의 압박감. 3 압축된 부분, 잘록한 부분. 4 죄는 물건. 5 [음성][성대의] 협착(狹窄), 수축.

con·stric·tive [kənstríktiv] adj. 단단히 죄는, 압축적인, 수축성의.

con·stric·tor [kənstríktər] n. 1 먹이를 졸라 죽이는 큰 뱀. 2 [해부] 괄약근(括約筋), 수축근. 3 압박하는 사람(물건); 압박기(器).

con·stringe [kənstríndʒ] vt. (-stringed, -string·ing)

…을 죄다, 압축하다, 수축시키다(contract).
con·strin·gen·cy [kənstríndʒ(ə)nsi] *n.* ⓤ 수축성.
con·strin·gent [kənstríndʒ(ə)nt] *adj.* 압축(수축)시키는; 수축성의.
con·stru·a·ble [kənstrúːəbl] *adj.* 해석할 수 있는.
‡**con·struct** *vt.* [kənstrʌ́kt → *n.*] **1** (부품 따위)를 조립하다(frame), (철도·다리 따위)를 건설(부설)하다, (건물 따위)를 세우다. ⇨ BUILD 〖類語〗 *opp.* destroy ¶ *construct* a house 집을 짓다. **2** (이론·글·계획 따위)를 구성하다, 고안하다, …을 궁리하다, 생각해 내다(devise). ¶ *construct* a theory 이론을 구축하다 / *construct* the plot of a novel (a play) 소설(연극)의 줄거리를 구성하다. **3** 〖기하〗 …을 작도하다. — *n.* [kɑ́nstrʌkt / kɔ́n-] **1** 건조물, 구조물. **2** 〖심리〗 구성 개념, 복합 개념; 〖문법〗 구문(construction).
◇ constrúction *n.*, constrúctive *adj.*
con·struc·ter [kənstrʌ́ktər] *n.* =constructor.
‡**con·struc·tion** [kənstrʌ́kʃ(ə)n] *n.* **1** ⓤⓒ 건조, 건설, 건축(*opp.* destruction); 건조 기술, 건축술. ¶ a bridge of recent *construction* 최근에 건설된 다리 / It has been four years in *construction*. 건설에 착수한 지 4년이 되었다.
2 ⓤ 건축 양식, 구조(법), 구성(structure). ¶ objects of similar *construction* 같은 건축 양식의 건물.
3 건조물, 건축물(building). ¶ a flimsy (a solid) *construction* 약한(견고한) 건물.
4 〖문법〗 구문, 연어, 구의 구성.
5 〖법률·원문·행위 따위의〗해석, 설명(explanation, interpretation). ¶ This sentence does not bear such a *construction*. 이 문장은 그렇게는 해석할 수 없다// put a bad (a good) *construction* on …을 나쁘게(좋게) 해
6 ⓤ 〖기하〗 작도. 〔석하다.
7 ⓤ 〖심리〗 구성 작용.
under (or *in course of*) *construction* 건설중인, 공사중인.
◇ constrúct *v.*, constrúctive *adj.*
con·struc·tion·al [kənstrʌ́kʃ(ə)nl] *adj.* **1** 건설의; 구조상의, 구성상의, 구조적인. **2** 해석상의. ~**ly** [-nəli] *adv.*
con·struc·tion·ism [kənstrʌ́kʃ(ə)nìz(ə)m] *n.* **1** 해석주의. **2** 〖미술〗 구성파, 구성주의(Constructivism).
con·struc·tion·ist [kənstrʌ́kʃ(ə)nist] *n.* **1** 〖법률 등의〗해석자. **2** 〖미술〗 구성파 화가(Constructivist).
‡**con·struc·tive** [kənstrʌ́ktiv] *adj.* 건설적인, 적극적, 발전적인(*opp.* destructive) ¶ *constructive* criticism (opinion) 건설적인 비평(의견). **2** 구조(구성)적인, 구조(구성)상의 (structural). ¶ *constructive* faculty 구조력. **3** 〖다른 사실 따위로부터의〗 추정(인정)에 따른(inferential). **4** 〖법률〗 법정(法定)의, 추정상의, 의제상의(擬制)의. ¶ a *constructive* crime 준범죄[본래의 범죄 개념의 확대 해석에 따라 죄로 취급되는 범죄] / a *constructive* fraud 법정 사기. **5** 〖기하〗 작도의.
~**ly** *adv.* ~**ness** *n.* ◇ constrúct *v.*, constrúction *n.*
Con·struc·tiv·ism [kənstrʌ́ktivìz(ə)m] *n.* (때로 c-) ⓤ 〖미술〗 구성파, 구성주의[20세기 초두에 소련의 미술가들 사이에 일어난 추상파의 신운동].
Con·struc·tiv·ist [kənstrʌ́ktivist] *n.* (때로 c-) 〖미술〗 구성파의 미술가.
con·struc·tor, -ter [kənstrʌ́ktər] *n.* **1** 건조자, 건설자. **2** 조선 기사.
*con·strue [kənstrúː, +英 kɔ́nstruː → *n.*] *v.* (-strued, -stru·ing) *vt.* **1** …을 …의 뜻으로 파악하다, …을 해석하다, …을 추론(推論)하다(infer). ¶ Different lawyers may *construe* the same law differently. 법률가가 다르면 같은 법도 달리 해석될 수가 있다. **2** 〖문법〗 구두(로) …을 번역(의역)하다, (translate). **3** 〖문장〗의 구문(syntax)을 설명하다, (문장)을 구성 요소로 분석하다. **4** 〔단어·구〕를 짝맞추다, 문법적으로 결합하다. ¶ (~+目+前+名) The

verb 'rely' is usually *construed with* the preposition 'on' or 'upon'. 동사 rely는 보통 전치사 on 또는 upon 과 함께 쓰인다. — *vi.* 〖문법〗 문법적으로 분석할 수 있다. ¶ This sentence does not *construe*. 이 문장은 문법적으로 분석할 수 없다. — *n.* 〔美 kɔ́nstruː〕 ⓤ 구문 분석〔연습〕. ◇ constrúction *n.*
con·sub·stan·tial [kɑ̀nsəbstǽnʃ(ə)l / kɔ̀n-] *adj.* 동질(同質)의, 동체(同體)의.
con·sub·stan·tial·ism [kɑ̀nsəbstǽnʃ(ə)lìz(ə)m / kɔ̀n-] *n.* ⓤ 〖신학〗 성체 공존론〔그리스도의 육체는 성찬식의 면병(빵떡)과 포도주 속에 있다〕.
con·sub·stan·ti·al·i·ty [kɑ̀nsəbstæ̀nʃiǽliti / kɔ̀n-] *n.* ⓤ 동질, 동체〔임〕.
con·sub·stan·ti·ate [kɑ̀nsəbstǽnʃièit / kɔ̀n-] *v.* (-at·ed, -at·ing) *vi.* **1** 〖신학〗 양체(兩體) 공존설을 믿다(설명하다). **2** 동질(동체)로 하다. — *vt.* …을 동체(동체)로 하다. **2** …을 동질(동체)로 간주하다.
con·sub·stan·ti·a·tion [kɑ̀nsəbstæ̀nʃiéiʃ(ə)n / kɔ̀n-] *n.* ⓤ 〖신학〗 양체 공존설〔성찬 속에 빵과 그리스도의 몸, 포도주와 그리스도의 피가 공존한다는 설〕.
cf. transubstantiation
con·sue·tude [kɑ́nswit(j)ùːd / kɔ́nswitjùːd] *n.* ⓤ 습관(custom); 〔특히 법률적인〕 습관, 관례.
con·sue·tu·di·nar·y [kɑ̀nswit(j)uːdínəri / kɔ̀nswitjuːdínəri] *adj.* 관습의, 관례의(customary). ¶ the *consuetudinary* law 관습법, 불문율. — *n.* (*pl.* -nar·ies) **1** 관습법, 불문율. **2** 〔특히 수도원·교회 등의〕 관례서, 식례집(式例集), 의식서(儀式書).
***con·sul** [kɑ́ns(ə)l / kɔ́n-] *n.* **1** 영사. ¶ an acting *consul* 대리 영사 / an honorary *consul* 명예 영사. **2** 〔로마 역사〕 집정관〔정원 2명〕. **3** 〔프랑스 역사〕 집정관 〔1799-1804년의 프랑스 공화국의 최고 행정관; 정원 3명 중에서 나폴레옹 1세가 제1집정을 맡았다〕.
◇ cónsular *adj.* 〔료.
con·su·lage [kɑ́nsəlidʒ / kɔ́n-] *n.* ⓤ 영사 증명 수수
con·su·lar [kɑ́ns(ə)lər, -sjul- / kɔ́nsjulə] *adj.* 영사의, 영사관의. ¶ a *consular* assistant 영사관보(補) / be in the *consular* service 영사직에 있다. **2** 〔로마 역사〕 집정관의. **3** 〔프랑스 역사〕 집정의.
cónsular ágent *n.* 영사 대리.
cónsular ínvoice *n.* 〔상업〕 영사 송장(送狀).
con·su·late [kɑ́ns-, -sju- / kɔ́nsju-] *n.* **1** 영사관. **2** ⓤ 영사의 직〔임기, 권한〕 (consulship). **3** (종종 C-) 〔프랑스 역사〕 총독 정치〔시대〕 (1799-1804).
cónsulate géneral *n.* (*pl.* consulates g-) **1** 총영사관. **2** ⓤ 총영사의 직.
cónsul géneral *n.* (*pl.* consuls g-) 총영사.
con·sul·ship [kɑ́ns(ə)lʃìp / kɔ́n-] *n.* ⓤ **1** 영사의 직 〔신분, 지위, 임기〕. **2** 집정직.
‡**con·sult** [kənsʌ́lt] *vt.* **1** …에게 조언을 구하다, …의 의견에 …에게 상의(상담)하다. ¶ *consult* a doctor 의사의 진찰을 받다.
〖類語〗 **consult** 권위·자격이 있는 사람이나 서적 등에서 의견·조언·정보를 구하다: *consult* a lawyer 변호사에게 상의하다. **confer** 대등한 입장에서 의견을 교환하다: The directors *confer* every week. 중역진은 매주 협의한다.
2 …을 참고로 하다, …을 조사하다(refer to). *consult* a dictionary 사전을 찾다 / *consult* a watch 시계를 보다.
3 〔남의 이해 관계·편의 따위〕를 고려에 넣다, 고려하다 (consider). ¶ *consult* one's own interests 자기 자신의 이해 관계를 생각하다.
— *vi.* 고려하다(consider); 상담(상의)하다(confer) 〔*with*…〕.
— **Usage** (1) consult 와 consult with — 예컨대 의사의 진찰을 받는다든가 변호사의 감정을 의뢰한다든가 또는 부모·선배·교사 등의 의견을 듣는 경우나 자기에게 지식을 제공해 주는 것·사전 따위를 조사할 때에는 「consult+목적어」의 형식을 쓰며, 자기와 대등

한 사람과 의논할 경우에는 「consult with+목적어」의 형식을 사용한다: *consult* a doctor (a dictionary) / *consult with* a friend. * 최근에는 consult with를 써야 할 경우에도 with를 생략하는 일이 많다. 2) consult on과 consult about —— 어느 특정한 문제에 관해서 상의하는 느낌일 때는 on을, 어떤 문제를 중심으로 이와 관련되는 여러 가지 일에 관하여 상의하는 경우에는 about를 사용한다: *consult on* important matters / *consult about* one's health.
consult [*with*] one's *pillow* ⇨ PILLOW.
◇ consultátion *n*., consúltative, consúltatory *adj*.

con·sult·a·ble [kənsʌ́ltəbl] *adj*. 상의해야 할, 상의할 수 있는; 참고가 되는.

*con·sult·ant [kənsʌ́ltənt] *n*. **1** 상의하는 사람, 의견을 듣는 사람. **2** 상담(의논) 상대, 고문; 고문 의사, 고문 기사, 콘설턴트.

*con·sul·ta·tion [kɑ̀nsəltéi(ə)n / kɔ̀n-] *n*. Ⓤ **1** 상담, 협의; 사전 찾아보기. ¶ personal *consultation* 직접 상담 / through (*or* with) the arduous *consultation* of a dictionary 사전을 노상 찾아보면서 / hold a *consultation with* a person *about* 아무…에 대해서 상의하다. **2** 진찰; [변호사의] 감정. **3** [전문가의] 협의회, 심의회. **4** 참고, 참조, 조사.
◇ consúlt *v*., consúltative, consúltatory *adj*.

con·sul·ta·tive [kənsʌ́ltətiv] *adj*. 상담의, 상의의, 심의의; 협의의(deliberative), 자문의(advisory). ¶ a *consultative* body (committee) 자문 기관 (위원회).

con·sul·ta·to·ry [kənsʌ́ltətɔ̀ːri / -t(ə)ri] *adj*. =consultative.

con·sult·er [kənsʌ́ltər] *n*. [남에게] 상의하는 사람, 의견을 묻는 사람; 협의자.

con·sult·ing [kənsʌ́ltiŋ] *adj*. 진찰의; 고문[격]의, 자문의. ¶ a *consulting* physician 진찰 의사; 고문 의사 / a *consulting* lawyer 고문 변호사 / a *consulting* room 진찰실.

con·sul·tor [kənsʌ́ltər] *n*. =consulter.

con·sum·a·ble [kənsú:məbl / -sjú:m-] *adj*. 소비 (소모)할 수 있는, 다 써버릴 수 있는. ¶ *consumable* commodities 소모품. —— *n*. (보통 ~s) 소모품.

‡con·sume [kənsú:m / -sjú:m] *v*. (**-sumed**, **-sum·ing**) *vt*. **1** …을 다 써버리다, 소모하다 (use up), 소비하다(spend). **2** [시간·금전 따위]를 낭비하다 (waste). ¶ *consume* one's fortune 재산을 탕진하다. **3** …을 탐식하다, 걸신들린 것처럼 먹다, 쑤셔 먹어 치우다(게걸스럽게 마셔버리다). **4** [불·질병 따위가] …을 소멸시키다, 파괴하다, 다 태워버리다, 다 써버려 없애다. ¶ The student was *consumed* by his study. 그 학생은 공부하는 데 기를 쓰고 말았다 / She was *consumed* with grief. 그녀는 슬픔 때문에 수척해졌다. **5** 《보통 수동형으로》 …를 열중하게 하다, 몰두하게 하다; [질투·증오 따위가] …의 마음에 맺히다, 사무치다(absorb, engross). ¶ be *consumed* with envy(rage) 질투로 가슴을 태우다(노발대발하다).
—— *vi*. 소비되다; 파괴되다; 여위다, 수척해지다(waste away).
◇ consúmption *n*., consúmptive *adj*.

con·sum·ed·ly [kənsú:midli / -s(j)ú:m-] *adv*. 대단히, 극도로(extremely).

‡con·sum·er [kənsú:mər / -s(j)ú:mə] *n*. **1** 소비(소모)하는 사람, 소모하는 물건. ¶ *consumers* of tobacco 담배의 과도한 애연가. **2** [경제] 소비자. *cf*. producer. ¶ *consumer* credit [월부 구입자에 대한] 소비자 신용 / a *consumers*' cooperative society 소비 조합. [생태] 소비자 [섭취한 유기물을 에너지의 원천(原泉)이 낮은 유기물로 분해하는 종속(從屬) 영양 생물].

consúmer (**consúmers'**) **góods** *n. pl*. [경제] 소비재(財) (consumption goods). *cf*. capital goods, producer[s'] goods

con·sum·er·ism [kənsú:mərìz(ə)m / -s(j)ú:m-] *n*. Ⓤ 소비자 중심주의; 소비자 보호(운동).

con·sum·er·ist [kənsú:mərist / -s(j)ú:m-] *n*. 소비자 중심주의자. —— *adj*. 소비자 중심주의의.

consúmer móvement *n*. [경제] 소비자 운동.

consúmer (**consúmers'**) **príce índex** *n*. 소비자 물가 지수 [略 CPI].

consúmer profíle *n*. 소비자 프로필 [특정 상품의 주 소비자의 특징 일람표]. [(수요) 조사.

consúmer reséarch *n*. [경제] 소비자 조사, 시장

consúmer resístance *n*. [경제] 소비자 저항 [소비자가 물건 매입을 거부하는 것].

consúmer stríke *n*. [경제] 불매 운동.

con·sum·ing [kənsú:miŋ / -s(j)ú:m-] *adj*. **1** 소비하는. ¶ the *consuming* public 일반 소비자. **2** 다 태워버리는(정도의). **3** 여위게 하는, 애태우는.

*con·sum·mate *v*. [kɑ́nsəmèit / kɔ́n- // → *adj*.] (**-mat·ed, -mat·ing**) *vt*. **1** …을 완성하다, 완료하다 (complete, fulfill); …을 정점에 달하게 하다. ¶ The news *consummated* her happiness. 그 소식을 듣고 그녀의 행복은 절정에 달했다. **2** [신방에 듦으로써] [결혼] 을 완료하다. ¶ *consummate* a marriage 신방에 들다.
—— *adj*. [kənsʌ́mit] **1** 완성된, 완전한(perfect). ¶ *consummate* skill 신기(神技)에 가까운 완전한) 기술. **2** 순전한, 터무니없는. ¶ a *consummate* hypocrite 터무니없는 위선자. **~·ly** [kənsʌ́mitli] *adv*.
◇ consummátion *n*., cónsummative *adj*.

con·sum·ma·tion [kɑ̀nsəméi(ə)n / kɔ̀nsə-] *n*. Ⓤ **1** 마무리, 완성, 성취; [목적·소망 따위의] 달성. **2** 완전[한 경지], 극치. **3** [신방에 듦에 따른] 결혼의 완료.

con·sum·ma·tive [kɑ́nsəmèitiv / kɔ́nsʌm-] *adj*. 완성하는, 끝손질의(final).

con·sum·ma·tor [kɑ́nsəmèitər / kɔ́nsʌm-] *n*. 완성자, 달성자.

‡con·sump·tion [kənsʌ́mp(ə)n] *n*. Ⓤ **1** [경제] 소비. *cf*. production ¶ household *consumption* 가정 소비. **2** 소모, 소진(waste); 파괴(destruction); 썩어 문드러짐, 노후(老朽) (decay). **3** 소비액. ¶ a daily (an annual) *consumption* per head 1인당 1일 (1년)의 소비액. **4** 체력의 진행성 소모, 폐결핵(tuberculosis).
◇ consúme *v*., consúmptive *adj*. [goods.

consúmption góods *n. pl*. [경제] = consumer

con·sump·tive [kənsʌ́m(p)tiv] *adj*. **1** 소비의. **2** 파괴적인, 소모적인, 낭비적인. ¶ a *consumptive* war 소모전. **3** 폐병[성]의. ¶ a *consumptive* patient 폐병 환자. —— *n*. 폐병(폐결핵) 환자. **~·ly** *adv*. **~·ness** *n*.

cont. (略) containing, contents; continent, continental; continue, continued; contra; contract.

Cont. (略) Continental.

‡con·tact [kɑ́ntækt / kɔ́n- // → *v*.] *n*. Ⓤ **1** 접촉 (touching). ¶ a point of *contact* 접점(接點) / a disease communicated by *contact* 접촉성 전염병 / bring a (person) into *contact with* …에 물건 (사람)을 접촉시키다 / come into(*or* in) *contact with* …과 접촉하다, 만나다 / establish *contact with* …과 접촉하다, 연락을 취하다.
2 (종종 ~s) 교제, 교섭, 사귐(association); 관계 (connection), 지기(知己). ¶ a man with many *contacts* 교제가 넓은 사람 // be in intimate *contact with* …과 친교가 있다.
3 [전기] 접촉, 혼선; ⓒ 접촉자(子), 접촉편(片); 접촉 장치. ¶ make (break) *contact* [전류를] 연결하다(끊다).
4 ⓒ [의학] [접촉성 전염병 환자와의] 접촉자, 보균 의자; [감염에 따른] 피부염. ¶ …는 상태].
5 ⓒ [스파이 등의] 연락원, 정보원; 교량 역할을 하는 사람. —— *v*. [kɑ́ntækt, kəntǽkt] *vt*. **1** …과 접촉하다. **2** [남]과 연락하다, [남]과 교제하다.
—— **Usage** contact를 「…과 연락을 취하다」 (get into

touch with)의 뜻으로 쓰는 것은 원래 미국어의 상업 용어였으나, 현재는 일반적으로 사용된다.
— vi. 접촉하다.
— interj. 〔항공〕 준비 완료 [비행기의 발진 직전의 신[호].
cóntact appróach n. 〔항공〕 목시(目視) [비행] 진
cóntact bréaker n. 〔전기〕 〔전류의〕 차단기. ㄴ입.
con·tact·ee [kɑ̀ntæktíː] n. 피접촉자; 우주인에게 접촉[된 사람.
cóntact flying (flight) n. ⓤ 유시계(有視界) 비행.
cóntact léns n. 콘택트 렌즈.
cóntact máker n. 〔전기〕 전류 접촉 장치, 접촉자.
cóntact mán n. 〔거래 따위의〕 중개자; 〔사업가가 고용하는〕 관공서 교섭자; 정보 제공자.
cóntact míne n. 〔촉발(觸發) 수뢰(기뢰, 지뢰).
cóntact prínt n. 〔사진〕 밀착 인화(印畫).
contact sport n. 〔축구·럭비 따위〕 접촉 경기.
cóntact vísit n. 접촉(자유) 면회 〔교도소에서 면회 자와 육체적인 접촉이 허용되는 면회〕.
con·ta·gion [kəntéidʒ(ə)n] n. ⓤ 〔직접〕 접촉 전염, 감염. cf. infection ¶ Cholera spreads by contagion. 콜레라는 접촉 전염으로 퍼진다. **2** 〔접촉〕전염병. **3** 병균, 병독, 전염 매체. **4** 악영향, 감화, 병폐, 타락. **5** 감화, 영향, 감염. ¶ the contagion of unrest 불안의 전염.
*con·ta·gious [kəntéidʒəs] adj. **1** 전염(감염)성의. ¶ a contagious disease 전염병. **2** 전염병을 일으키는, 전염병의 원인이 되는. **3** 옮기 쉬운, 퍼지기 쉬운, 영향을 미치는. ¶ Laughter is contagious. 웃음은 옮기 쉽다 (하나가 웃으면 모두 웃는다). ~·ly adv. ~·ness n.
‡**con·tain** [kəntéin] vt. **1** …을 가지다, 포함(함유)하다, …이 들어있다(hold). ¶ The box contains 30 apples. 그 상자에는 사과가 30개 들어 있다.

類語 **contain** 내용물로서 포함하다: The book contains ten chapters (a chapter on wisdom). 그 책에는 장이 10개 있다 (예지에 관한 장이 하나 들어 있다).
include 전체를 구성하는 일부로서 포함하다: The chapters include one on wisdom. 그 장들 중에는 예지에 관한 장이 하나 들어 있다. **comprehend** 어떤 제의 범위 안에 포함하다: Wisdom comprehends a sense of proportion. 예지에는 균형 감각이 포함된다.
comprise 전체의 구성 요소로서 포함하다; 모든 요소를 나타낸다: The book comprises five short stories. 그 책은 5편의 단편 소설로 구성되어 있다. **embrace** 광범위한, 또는 여러 가지를 포함하다: The book embraces various topics. 그 책은 여러 가지 주제를 다루고 있다. **involve** 필연적인 조건·결과로서 포함하다: The project involves a lot of expenditure. 그 계획에는 막대한 비용이 수반된다.

2 …을 넣을 수 있다, …의 용적이 있다, …을 수용할 수 있다. ¶ That pitcher will contain a quart of milk. 저 주전자에는 밀크 1쿼트가 들어갈 것이다. **3** 〔내용·성분으로서〕 …을 포함하다, …으로 이루어지다(구성되다). ¶ This metal contains gold. 이 금속에는 금이 함유되어 있다. **4** 〔제한내에〕 …을 머물러 있게 하다, 억제하다(restrain). ¶ contain oneself 자제하다 / I cannot contain my anger. 나는 화가 치밀어서 참을 수가 없다. **5** 〔수학〕 …으로 나뉘어 떨어지다, 〔어떤 수〕를 인수(因數)로 가지다. ¶ 10 contains 2 and 5. 10은 2와 5로 나누어진다. **6** 〔기하〕 〔변이〕 끼다, 〔도형〕을 둘러싸다. **7** 〔수량이〕 …과 같다, 맞먹다. ¶ A pound contains 16 ounces. 1파운드는 16온스이다. **8** 〔군대〕 …을 견제하다. ¶ a containing force 견제 부대.
◇ cóntent¹, contáinment n.
con·tain·a·ble [kəntéinəbl] adj. **1** 포함할 수 있는, 넣을 수 있는. **2** 억제할 수 있는.
‡**con·tain·er** [kəntéinər] n. 용기, 그릇(vessel, receptacle); 〔화물 운송용〕 콘테이너.
con·tain·er·i·za·tion [kəntèinəraizéiʃ(ə)n /-nərai-] n. ⓤ 콘테이너에 의한 화물 수송, 콘테이너화(化).
con·tain·er·ize [kəntéinəràiz] vt. (-ized, -iz·ing) 〔화물〕을 콘테이너에 넣다 (넣어서 수송하다).
con·tain·er·port [kəntéinərpɔ̀ːrt] vt. 〔콘테이너선이 접입하는〕 콘테이너항(港).
con·tain·er·ship [kəntéinərʃìp] n. 콘테이너선.
con·tain·ment [kəntéinmənt] n. ⓤ **1** 견제, 억제. **2** 〔적국·반대 세력 등의〕 봉쇄. ¶ a containment policy 봉쇄 정책.
contáinment bóom n. 오일 펜스(oil fence) 〔해상에 유출된 기름의 확산을 방지하기 위해 바다 위에 띄우는 띠 모양의 부낭(浮囊)〕. ㄴ질.
con·tam·i·nant [kəntǽmənənt] n. 오염균, 오염 물
con·tam·i·nate vt. [kəntǽminèit → adj.] (-nat·ed, -nat·ing) **1** 〔접촉함으로써〕 …을 더럽히다, 오염시키다, 불순하게 하다(defile, pollute), 2 〔독물·방사능 따위로〕 …을 오염시키다. ¶ the atmosphere contaminated by radioactivity 방사능으로 오염된 대기. **3** …에 나쁜 영향을 미치다, …을 악에 물들게 하다, 타락시키다. ¶ a civilization contaminated by another 다른 문명에 의해 나쁜 영향을 받은 문명.
— adj. [-minit, -nèit] 〔고어〕 악에 물든.
***con·tam·i·na·tion** [kəntæmənéiʃ(ə)n] n. ⓤ **1** 더럽히기, 더럽혀짐, 오염, 오탁(汚濁) (pollution), 〔독물·방사능 따위에 의한〕 오염. ¶ radioactive contamination 방사능 오염. **2** ⓒ 더럽히는 것, 타락시키는 것; 나쁜 영향. **3** 〔언어〕 혼효(混淆), 혼성 [flush <flash + blush; leave it be <let it be+leave it alone 같은 것]; 〔2개의 문학 작품의〕 혼성. cf. blend, hybrid, portmanteau word
con·tam·i·na·tive [kəntǽmənèitiv /-nətiv] adj. 더럽히는, 오염시키는; 해악을 미치는.
con·tam·i·na·tor [kəntǽmənèitər] n. 더럽히는 것.
con·tan·go [kəntǽŋgou] n. (pl. -tan·gos or -tan·goes) 지불 유예금, 이연(移延) 금리, 이연료. cf. backwardation ¶ the contango day 이연 거래일.
contd. (略) contained; continued.
conte [kount] n. 〔프랑스〕 단편 소설, 콩트.
con·temn [kəntém] vt. …을 경멸하다, 모욕하다.
con·temn·er [kəntém(n)ər], (**con·tem·nor**) n. 경멸하는 (깔보는) 사람.
contemp. (略) contemporary.
con·tem·pla·ble [kəntémpləbl] adj. 생각할 수 있는, 꾀할 수 있는.
‡**con·tem·plate** [kɑ́ntəmplèit, -təm- / kɔ́ntəmplèit] v. (-plat·ed, -plat·ing) vt. **1** …을 눈여겨 보다, 응시하다, 가만히 보다(gaze at); 〔예술품 따위〕를 감상하다. ¶ She is contemplating her face in a mirror. 그녀는 거울에 비친 자기 얼굴을 들여다보고 있다.
2 …을 숙고하다, 고찰하다; …을 묵상하다 (meditate on). ⇨ THINK 類語 ¶ We contemplated the problem in all its aspects. 우리는 그 문제를 모든 면에서 차분히 연구했다.
3 …을 의도하다 (intend). ¶ contemplate a tour around the world 세계 일주 여행을 계획하다 / (~+ -ing) He contemplates leaving hospital. 그는 퇴원할까 생각하고 있다.
4 …을 예기하다 (expect). ¶ I did not contemplate any objection from him. 그가 반대하리라고는 생각지 않았다.
— vi. 〔심사〕숙고하다 (meditate), 명상하다.
◇ contempláion n., contémplative adj.
‡**con·tem·pla·tion** [kɑ̀ntəmpléiʃ(ə)n / kɔ̀ntəm-] n. ⓤ **1** 주시, 눈여겨 봄, 응시. **2** 숙고, 명상, 묵상 (meditation). ¶ He was lost in contemplation. 그는 명상에 잠겨 있었다. **3** 생각, 의도 (intention); 계획. ¶ have something in contemplation …을 꾀하고 있다, 계획하고 있다. **4** 예상, 기대 (expectation).
◇ contemplate v., contémplative adj.
con·tem·pla·tive [kəntémplətiv, kɑ́ntəmplèi- / kɔ́ntəmplèi-, kəntémplə-] adj. 〔심사〕숙고하는, 묵상 (명상)

con・tem・pla・tor [kάntəmplèitər, -tem- / kɔ́ntempleitə] n. [심사] 숙고하는 사람, 명상가, 정관자.

con・tem・po・ra・ne・i・ty [kəntèmpərəníːiti] n. ⓤ 같은 시대(시기)임.

con・tem・po・ra・ne・ous [kəntèmpəréiniəs, -njəs, -niəs] adj. 동시의, 동시에 발생(존재)하는; 같은 시대 (시기)의(*with*...). ⇨ CONTEMPORARY [類語] ¶ *be contemporaneous with* …과 동시대다, 동시대에 속하다.
~・ly adv. ~・ness n.

‡**con・tem・po・rar・y** [kəntémpərèri / -p(ə)rəri] adj. **1** 동시대(동시기)의; 동시대에 일어나는(일어난); 같은 연령의, 동년배의. ¶ Goethe was *contemporary* with Beethoven. 괴테는 베토벤과 같은 시대의 사람이었다. [類語] *contemporary* 사람・작품에 쓰인다: a man *contemporary* with Shakespeare 셰익스피어와 동시대의 사람. *contemporaneous* 사건에 쓰인다: an event *contemporaneous* with the French Revolution 프랑스 혁명과 동시대의 사건.
2 현대의, 당대의. ¶ our *contemporary* events 당대의 사건 / *contemporary* literature 현대 문학.
— n. (pl. **-rar・ies**) **1** […과] 같은 시대(시기)의 사람. ¶ our *contemporaries* 우리와 같은 시대의 사람들, 현대의 사람들 / They were *contemporaries* at college. 그들은 대학 시절의 동기생이었다 / He was a *contemporary* of Goethe. 그는 괴테와 동시대의 사람이었다. **2** […과] 같은 나이(동년배)의 사람. ¶ He treats me as his *contemporary*. 그는 나를 자기의 동년배처럼 취급한다. **3** [신문・잡지의]동업자; [동시 발행의] 다른 신문・잡지. ¶ our *contemporary* 동업 신문(잡지), 동업지(紙・誌) / a home *contemporary* 본국의 신문.
◇ contemporanéity n., contémporize v.

con・tem・po・rize [kəntémpəràiz] (＊《英》에서는 **con・tem・po・rise** 로도 쓴다) v. (-rized, -riz・ing) vt. …을 같은 시대에 놓다, 동시대로 하다(synchronize).
— vi. 시대를 같이 하다.

‡**con・tempt** [kəntém(p)t] n. ⓤ **1** 경멸, 멸시, 모욕. ¶ an object of *contempt* 경멸의 대상 / in *contempt* of …을 경멸해서 / bring *contempt* upon one's family name 자기의 가(家)명을 욕되게 하다 / throw *contempt* on …을 모욕하다 / feel (or have) *contempt* for …을 경멸하고 있다 / have (or hold) a person in *contempt* 남을 모욕하고 있다. **2** 경멸당함, 불명예, 치욕. ¶ fall into *contempt* 창피당하다(당하게 되다) / bring a person into *contempt* 남을 모욕하다. **3** [법률] 모욕 행위, 모욕죄. ¶ *contempt* of court 법정 모욕죄.
◇ contémptuous adj.

con・tempt・i・bil・i・ty [kəntèm(p)təbíliti] n. ⓤ 멸시할만함, ~・bly adv.

***con・tempt・i・ble** [kəntém(p)təbl] adj. 경멸할만한, 비열한(despicable); 하찮잖은, 하찮은.
~・ness n. -bly adv.

***con・temp・tu・ous** [kəntém(p)tʃuəs / -tju-] adj. 모욕적인, 경멸적인, 남을 업신여기는. ¶ be *contemptuous of* …을 경멸하다. ~・ness n. ◇ contémpt n.

***con・temp・tu・ous・ly** [kəntém(p)tʃuəsli / -tju-] adv. 경멸적으로, 거만하게, 도도하게.

‡**con・tend** [kənténd] vi. **1** [곤란・장애 와] 싸우다 (struggle). ¶ (~+前+名) *contend with* difficulties (an antagonist) 곤란(적대자)와 싸우다 / *contend against* an obstacle 장애와 싸우다 / *contend for* freedom 자유를 위해 싸우다 / *contend for* its possession 그것을 점유하려고 싸우다 / *contend for* the heavyweight title. 그 권투 선수는 헤비급 타이틀을 쥐기 위해 싸우다. **2** 다투다, 겨루다, 경쟁하다. ⇨ COMPETE [類語] **3** 논쟁하다(debate, argue), 토론(토의)하다(dispute), 반박하다.
— vt. [강경하게] …을 주장하다(assert), 주장하고 보이지 않다(maintain). ¶ (~+*that* 節) He *contended that* gambling was a far worse evil than drunkenness. 그는 도박은 술에 탐닉하는 것보다 훨씬 더 나쁘다고 주장하였다.
◇ conténtion n., conténtious adj.

con・tend・er [kənténdər] n. 경쟁자; 주장자.

‡**con・tent**¹ [kάntent / kɔ́n-] n. ⓤ **1** (보통 ~s) 속에 든 것, 내용물. ¶ the *contents* of a cask 통 속에 들어있는 것. **2** (보통 ~s) [문서・연설 등의] [내용의] 목차. ¶ the *contents* of a book 책의 내용 / the *content* of education 교육의 내용 / a table of *contents* 목차, 차례. **3** [문서・연설 등의] 요지, 취지, 진의(眞意). ¶ the *contents* of a statement 성명(聲明)의 요지. **4** [철학・논리] [개념을 구성하는] 내용; [형식에 대한] 내용. **5** 수용력; 용적, 용량(capacity); 체적(volume). **6** 면적(area); 범위(extent); 크기(size), 길이. ¶ linear *content* 길이 / solid *content* 용적, 체적. **7** 함유량. ¶ iron *content* of an ore 광석의 철(鐵) 함유량.
◇ contáin v.

‡**con・tent**² [kəntént] adj. 《서술 형용사》 **1** 바라던 바를 이룬, 만족한(satisfied)(*with*...). ¶ be quite *content with* …에 아주 만족하다. **2** 마음 편한, 안심인(easy in mind). ¶ live (die) *content* 편안히 살다(죽다). **3** 《고어》기꺼이(willing), 단념한, 체념하고 있는(resigned). **4** 《英》동의하는, 찬성인(assenting). ＊[英] 상원에서는 영국 상원에서는 yes, no 대신에 content, not content 를 쓰며, 하원에서는 ay 또는 aye, no 를 쓴다.
— vt. **1** …의 소망을 이루어주다, …을 만족시키다(satisfy). **2** …에 만족하다, 흡족해하다(…*with*...). ¶ (~+回+前+名) He *contented* himself with his position. 그는 자기의 지위에 만족하고 있다.
— n. **1** ⓤ 만족(satisfaction); 만족감. ¶ to one's heart's *content* 마음껏, 실컷 / live in peace and *content* 평화와 만족 속에서 살다. [類語] content [욕망이 완전히 충족되지는 않아도] 불만을 품지 않고 마음을 편안히 가지는 상태. contentment content 와 같은 뜻이지만, 특히 환경 따위에 만족하기: *contentment*, the source of happiness 행복의 원천인 만족. *satisfaction* 욕망・필요 따위의 충족, 그에 따르는 쾌감: *satisfaction* after a good meal 좋은 식사를 한 뒤의 만족감.
2 (~s)《英》[상원에서] 찬성 투표(자). cf. noncontent
◇ conténtment n.

cón・tent-ad・dress・a・ble mémory [kάntentədrèsəbl- / kɔ́n-] n. [컴퓨터] 연상(聯想) 기억 장치.

cóntent análysis n. [사회・심리] 내용 분석《매스 코뮤니케이션의 내용・가치・감정 등의 통계적 분석》.

***con・tent・ed** [kənténtid] adj. 만족하는(satisfied, content)(*with*...); 마음 편한, 기꺼워하는(willing). ¶ a *contented* look (smile) 만족스러운 표정(미소) / be *contented* to do 기꺼이 …하다 // be *contented with* one's lot 운명에 만족하고 있다. -・ly adv. ~・ness n.

***con・ten・tion** [kəntén(ʃ)ən] n. **1** ⓤ 다툼, 싸움(struggle, strife), 투쟁(conflict). ¶ a bone of *contention* 싸움의 원인, 불화의 씨. **2** ⓤ 경쟁. **3** ⓤⓒ 언쟁, 논쟁, 논전(argument). ¶ fierce *contentions* 격론. **4** 논점, 주장. **5** [통신] 회선(回線) 쟁탈.
◇ conténd v., conténtious adj.

con・ten・tious [kəntén(ʃ)əs] adj. **1** 싸우기 좋아하는, 논쟁(토론)을 좋아하는. **2** [문제 따위가] 논쟁을 불러 일으키는, 이론의 여지가 있는. ¶ a *contentious* problem 논쟁(말썽)을 불러일으키는 문제. **3** [법률] 소송의, 계쟁(係爭)의. -・ly adv. ~・ness n.

***con・tent・ment** [kənténtmənt] n. ⓤ **1** 만족하기, 만족. ⇨ CONTENT² [類語] ¶ *Contentment* is better than riches. 《속담》만족은 부귀보다 낫다. **2** 《고어》만족시키기. ◇ content² adj., v.

con·ter·mi·nous [kəntə́ːrminəs / kɔntə́ː-], (**con·ter·mi·nal** [-n(ə)l]) *adj.* **1** 공통의 경계를 가지는, 서로 접촉하는(contiguous), …과 인접하는(adjacent) (*with, to*...). **2** [시간·공간 따위가] 동일 한계(범위) 내의, 동일한 넓이를 가지는.

‡**con·test** *n.* [kántest / kɔ́n- // → *v.*] **1** [승리·우월 등을 얻기 위한] 다툼, 싸움(struggle). ¶ a *contest* with …과의 싸움. **2** 경쟁, 경기, 시합, 콩쿠르(competition). ¶ a close *contest* 호각의 경쟁 / a speed *contest* 스피드 경주 / an English oratorical *contest* 영어 웅변 대회. **3** 논쟁, 논전(dispute, controversy). ¶ decide a *contest* between …간의 논쟁을 해결하다.
— *v.* [kəntést] *vt.* **1** …을 다투다, 겨루다, 싸우다 (strive for) (...*with, against*). ⇨ COMPETE 類語 ¶ (~+目+前+名) *contest* a victory *with* a person 남과 승리를 겨루다. **2** …에 관해서 논쟁(논전)하다(argue, dispute). ¶ *contest* a suit 소송에 관해서 논쟁하다. **3** [무효라고] …에게 이의(이론)를 제기하다. ¶ *contest* a will 유언을 무효라고 소송하다.
— *vi.* 다투다(struggle) (*with, against, for*...); 겨루다, 경쟁하다(compete); 논쟁하다(dispute).
◇ contestátion *n.*

con·test·a·ble [kəntéstəbl] *adj.* 다툴만한, 논쟁의.
con·test·ant [kəntéstənt] *n.* **1** 다투는 사람, 논쟁자, 경쟁(경기)자. **2** [선거 결과에] 이의를 제기하는 사람; [법률] [유언의 유효성에 대한] 이의 신청자.
con·tes·ta·tion [kàntestéiʃ(ə)n / kɔ̀n-] *n.* U **1** 논쟁, 논전(controversy); 소송. ¶ be in *contestation* 소송중이다. **2** 논점, 주장(assertion).
con·test·ed election [kəntéstid-] (英) 경쟁 선거; (美) [낙선자로부터] 당선 무효 소송을 제기당한 선거.
con·test·ee [kəntestíː / kɔ̀n-] *n.* 경쟁자, 경기자.
con·text [kántekst / kɔ́n-] *n.* C U **1** [문장의] 문맥, 전후 관계. ¶ in this *context* 이 문맥에서는, 이에 관련해서. **2** 정황(상황), 주변 상황, 배경.
◇ contéxtual *adj.*
con·tex·tu·al [kəntékstʃuəl / -tjuəl, -tʃuəl] *adj.* [문장의] 문맥상의, 문맥상의. ~**ly** *adv.*
con·tex·ture [kəntékstʃər] *n.* U C **1** 구조, 구성, 조직; 문장 구조, 문체. **2** 직물. **3** 짜맞추기, 짜는 법.
con·ti·gu·i·ty [kàntigjúː(ː)iti / kɔ̀n-] *n.* U C (*pl.* -ties) **1** 접촉(contact), 인접, 근접(proximity) (*with*...). **2** 계속, 연속; 퍼짐(extent). **3** [심리] 접근.
con·tig·u·ous [kəntígjuəs] *adj.* 접촉하는(touching), 인접하는(adjoining) (*to*...); 근접한, 접근한, 가까이의 (near). ¶ America and Canada are *contiguous.* 미국과 캐나다는 경계를 접하고 있다 / The city is *contiguous to* the ocean. 그 도시는 대양에 접해 있다. ~**ly** *adv.* —~**ness** *n.*

contin. (略) continued.
con·ti·nence [kántinəns / kɔ́n-], (**con·ti·nen·cy** [-si]) *n.* U 자제(自制), 극기(self-restraint); 특히 «성(性)적인» 금욕, 절제; 정절. ¶ *continence* in speech 말을 삼가기.

‡**con·ti·nent**[1] [kántinənt / kɔ́n-] *n.* **1** 대륙. ¶ the New (Old) *Continent* 신(구)대륙. **2** [섬·반도 따위와 구별해서] 본토, 육지. **3** (the C-) [영국에 대해서] 유럽 대륙. **4** [등의] 연장, 퍼진 것. **5** 《고어》 용기(容器), 그릇. ◇ continéntal *adj.*
con·ti·nent[2] [kántinənt / kɔ́n-] *adj.* 자제하는, 절제하는. **2** [성욕을] 억제하는, 금욕의; 정절을 지키는.
‡**con·ti·nen·tal** [kàntinéntl / kɔ̀n-] *adj.* **1** 대륙의, 대륙적인. **2** (보통 C-) 유럽 대륙의, 유럽 대륙식의. ¶ *Continental* literature 대륙 문학. **3** (C-) [미국 독립 전쟁 당시의] 아메리카 식민지의; 북미 대륙의. ¶ the *Continental* U.S. 북미 본국. **4** (C-) [독립 전쟁 당시의] 미국 (미대륙) 군인의. **2** [독립 전쟁 당시 대륙 회의에 의해서] 발행된] 미국 지폐. **3** 《부정문에서》 조금, 미량(微量). ¶ be not worth a *continental* 조금도 가치

가 없다, 한푼의 가치도 없다. **4** 대륙의 주민; [보통 C-] 유럽 대륙인. ~**ly** [-təli] *adv.*
◇ cóntinent[1] *n.,* continéntalize *v.*

continéntal bréakfast *n.* [영국식에 대해] 유럽 대륙식의 간단한 조반[빵과 커피로 된 가벼운 식사].
Cóntinéntal Cóngress *n.* [美 역사] 대륙 회의 [독립 전쟁 당시 Philadelphia에서 두 번에 걸쳐서 열린 미국의 영국 식민지 각주(各州)의 대표자 회의 (1774, 1775-89)].
continéntal divíde *n.* **1** 대륙 분수계(分水界). **2** (C-D-) 로키 산맥 분수계(the Great Divide).
continéntal drift *n.* U [지리] 대륙 이동(표류) [설]. ┌anic island
continéntal ísland *n.* 대륙에 부속된 섬. *cf.* oce-
con·ti·nen·tal·ism [kàntinéntəliz(ə)m / kɔ̀n-] *n.* U **1** 대륙주의, 대륙 기질; [영국에 대하여] 유럽 대륙적인 양식. **2** 대륙을 좋아하기, 대륙 심취.
con·ti·nen·tal·ist [kàntinéntəlist / kɔ̀n-] *n.* 대륙주의자, 대륙인.
con·ti·nen·tal·i·za·tion [kàntinèntəlàizéi(ʃ)(ə)n / kàntinèntəlai-] *n.* **1** [지질] 대륙 형성; 대륙화. **2** [문화·풍습의] 유럽 대륙품으로 되기.
con·ti·nen·tal·ize [kàntinéntəlàiz / kɔ̀n-] *vt.* (**-ized, -iz·ing**) …을 [유럽] 대륙화(化)하다.
continéntal séating *n.* [특히 극장에서] 중앙 통로를 넓게 내지 않고 좌석과 좌석 사이의 공간을 넉넉하게 잡는 좌석 배치 방식.
continéntal shélf *n.* [지리] 대륙붕.
continéntal slópe *n.* 대륙붕 사면[대륙붕에서 심해로 내려가는 급사면].
continéntal sýstem *n.* 대륙 봉쇄 [Napoleon이 1806년에 영국에 대해서 사용한 정책] (French system).
con·ti·nent·ly [kántinəntli / kɔ́n-] *adv.* **1** 절제해서, 검소하게, 삼가서 (temperately). **2** 금욕해서, 정절을 지켜서.

con·tin·gence [kəntíndʒ(ə)ns] *n.* U 접촉(contact).
con·tin·gen·cy [kəntíndʒ(ə)nsi] *n.* (*pl.* -cies) **1** U 우연(성), 우발(偶發), 불확실(uncertainty). **2** 뜻밖의 일(chance), 우발 사건, 불의의 사고(accident). **3** [어떤 사건에] 부수적으로 일어나는 사건, 부수 사건. **4** 임시 지출.
contíngency táble *n.* [통계] 분할표(分割表).
con·tin·gent [kəntíndʒ(ə)nt] *adj.* **1** [...에] 의존하는, …여하에 달린, …에 부수적으로 일어나는(conditional) (*on, upon*...). ¶ It is *contingent on* success. 그것은 성공 여부에 따라서 정해진다. **2** 불확실한(uncertain); 있을 수 있는(possible). ¶ Such risks are *contingent to* the travel. 그 여행에 이러한 위험이 따를는지도 모른다. **3** 우발적인, 우연한(fortuitous); 뜻밖의, 돌연한 (⇨ ACCIDENTAL 類語); 임시의; [논리] 우연적인. ¶ *contingent* expenses 뜻밖의 지출 / *contingent* service 임시적인 복무. **4** [우연한] 진실 우연적 진실. — *n.* **1** [기부 따위의] 할당액, 분담액. **2** 분견대, 분견 함대; 파견단. **3** 우연한 사건, 우발 사건 (contingency).
contíngent ánnuity *n.* 불확정 유기(有期) 연금[장래의 불확정한 사건의 발생에 의해 발효되는 연금].
contíngent liabílity *n.* U 우발 채무[우발 사건으로 말미암은 지출에 의해서 지불되는 금액].
‡**con·tin·u·al** [kəntínjuəl] *adj.* **1** 끊임없는, [시간적] 연속적인(continuous). ¶ The dog kept up a *continual* barking. 그 개는 쉴 새 없이 짖어댔다. **2** [이따금 사이를 두고] 규칙적으로 일어나는; 빈번한.
類語 **continual** 오랫동안 단속적으로 되풀이해서 일어나는: *continual* rain 장마(간간이 끊겼다 쏟아졌다 하는 비). **continuous** 시간적 또는 공간적으로 끊기지 않고 쭉 계속되는: *continuous* eight-hour labor 연속 8시간 노동[끊김이 없다]. **constant** 계속·반복의 간격·비

continually / **contort**

율·상황이 일정 불변함을 강조: a *constant* increase in population 인구의 꾸준한 증가. **incessant** 운동·활동에 중단이 없음을 강조: *incessant* rain 끊임없이 내리는 비. **perpetual** 언제까지나 반복 또는 계속되는; 때로 짜증스러움을 암시: the *perpetual* whining of a baby 그칠 줄 모르는 아기의 울음 소리.
◇ continúe v., continually adv., contínuance n.

‡**con‧tin‧u‧al‧ly** [kəntínjuəli] *adv.* **1** 쉴 새 없이, 끊임없이. **2** 빈번히, 자주; 자주.

***con‧tin‧u‧ance** [kəntínjuəns] *n.* ⓤⓒ **1** 계속, 지속, 연속; 계속 기간. ¶ the *continuance* of bad weather 계속되는 악천후 / of long *continuance* 장기간에 걸친. **2** [같은 장소·상태에] 머물러 있기, 체재(滯在); [생물 따위의] 존속. ¶ the *continuance* of species 종(種)의 존속 / *continuance* in office 유임, 재직. **3** [소설·이야기 따위의] 계속(sequel). **4** [법률] 연기.
◇ continúe v., contínual adj.

con‧tin‧u‧ant [kəntínjuənt] [음성] *n.* 계속음, 연속음 [음질을 바꾸지 않고 지속하는 자음. f, v, m, s, r 따위]. *cf.* stop —— *adj.* 계속음의.

***con‧tin‧u‧a‧tion** [kəntìnjuéi(ʃ)ən] *n.* **1** ⓤ 계속하기, 지속(continuance); 이어가기, 연속; 존속. ¶ in *continuation* 연속해서. **2** ⓤ 연장하기, 연장(prolongation). **3** ⓤ 확대, 신장(伸張) (extension), 추이(推移). ¶ the *continuation* of a story 이야기의 진전. **4** [이야기 따위의] 계속, 속편(sequel); [법률] 연기. **5** 이어지기, 증축. ¶ build a *continuation* of a room 방을 증축하다. **6** (~s) 바지에 이어지는 각반(긴 양말). **7** (속어) 조끼에 붙은 바지. **8** [英] [상업] 결산의 이월(移越) (contango).
◇ continúe v., continuative adj.

continuátion schòol *n.* [야간 따위의] 보습(補習)학교, [째대 이하].

continuátion shèet *n.* 연속 지면 [편지·문서의 둘째장 이하].

con‧tin‧u‧a‧tive [kəntínjuèitiv / -njuətiv] *adj.* **1** 연속적인, 계속적인. **2** [非]제한적인. *cf.* restrictive ¶ *continuative* use [문법] 계속적 용법 [예: I met a tall man, who was blind. 나는 키가 큰 사람을 만났는데, 그 사람은 장님이었다.

—— *n.* **1** 연속된 것. **2** [문법] 계속사(詞) (어) [관계대명사·접속사·전치사 따위] (connective). **3** (음성) =continuant. ~‧ly *adv*.

con‧tin‧u‧a‧tor [kəntínjuèitər] *n.* 계속하는 사람, 계승자, 후계자. ¶ the *continuator* of Goethe 괴테의 후계자.

‡**con‧tin‧ue** [kəntínju(:)] *v.* (-tin‧ued, -tin‧u‧ing) *vi.* **1** 계속하다, 지속하다, 이어지다, 계속되다. ¶ His speech *continued* an hour. 그의 연설은 1시간 동안 계속되었다 / (~+前+ⓝ) *continue* on one's course 여전히 자기의 방침대로 하다 / He *continued* with his work. 그는 자기 일을 계속했다.
[類語] **continue** 계속되어「그치지 않음」을 강조. The party *continued* after you had left. 네가 돌아간 후에도 파티는 계속되었다. **last** 특정한 기간 계속되다; 손상·소모되거나 하지 않고 계속되다: enough food to *last* all winter 겨울을 나는 데 충분한 식량 / The party *lasted* three hours. 파티는 3시간 동안 계속되었다. **endure** 외부로부터의 파괴력·영향에 저항하여 계속되다: The wooden temple has *endured* a thousand years. 그 목조 사원은 천년이나 존속했다. **persist** 보통 또는 이상으로 완강히 오래 지속되다: The high temperature *persisted* in the patient. 고열이 그 환자에게서 내릴 줄 모르고 계속됐다.

2 [중단되었다가 다시] 계속되다, [중도에서 또] 이어지다. **3** 존속하다, 영속(永續)하다(last, endure). ¶ (~+前+ⓝ) The habits *continued* into adult life. 그 버릇은 어른이 되어서도 고쳐지지 않았다.
4 [장소에] 머무르다, 체재(滯留)하다, [상태·지위 범위 등에] 머물다, 남다(at, in...). ¶ (~+前+ⓝ) *continue in* office another year 다시 1년간 근무를 계속하다 / *continue at* one's post 유임하다.
5 여전히 …이다. ¶ (~+補) He *continues* well. 그는 여전히 건강하다.

—— *vt.* **1** …을 하기를 (하는 것을) 계속하다. ¶ (~+to do) He *continued* to cause his parents great anxiety. 그는 늘 부모님에게 걱정을 끼쳐왔다 // (~+-*ing*) He *continued* working for a long time. 그는 오랫동안 일을 계속했다.
2 …을 계속하다; 연장하다 (계속해) …을 하다; [중단했다가 다시] …을 계속하다, [중도에서 또] 계속하다; …을 계속시키다, [지위 따위에] 머무르게 하다 (maintain, retain). ¶ *continue* one's walk for miles 몇 마일 동 걷다 / *continue* a narrative 이야기를 계속하다 // (~+ⓝ+前+ⓝ) *continue* a person *in* office 남을 일자리에 머물러 있게 하다 (~+前+ⓝ).
3 …을 연기하다(extend), 연장하다(prolong).
4 [말]을 잇다, 계속해서 말하다.
5 [상업] …을 이월(移越)하다(carry over).
6 [법률] …을 연기하다(adjourn), 미결인 채로 두다.
to be continued 다음 호에 계속. *cf.* to be concluded
◇ contínuance, continuátion, contínuum, continúity n., continual, continuous adj.

con‧tin‧ued [kəntínju:d] *adj.* 연속된, 연속적인(continuous), 계속된, 불변의, 부단한(constant).

contínued fráction *n.* [수학] 연분수(連分數).
contínued propórtion *n.* [수학] 연비(連比).
contínued stóry *n.* 연재(속) 소설(serial).

con‧tin‧u‧er [kəntínjuər] *n.* 계속하는 사람, 계속자; 연속되는 것(continuator).

con‧tín‧u‧ing educátion [kəntínju:iŋ-] *n.* [최신의 지식·기능 등을 가르치기 위한] 성인 교육, 계속 교육.

***con‧ti‧nu‧i‧ty** [kàntin(j)ú:iti/kɔ̀ntinjú:-] *n.* (*pl.* -ties) **1** ⓤ 연속(성, 상태), 계속(성, 상태); [논리적으로] 밀접한 연관. ¶ the *continuity* of a story 이야기 줄거리의 흐름. **2** ⓤⓒ 계속되는 것, 연속체, 계속물. **3** [영화·라디오·TV] 대본, 콘티. ¶ a *continuity* writer 연출 대본 작가. ◇ continúe v., continuous adj.

continúity gìrl (clèrk) *n.* [영화] [필름의] 편집 계(係).

***con‧tin‧u‧ous** [kəntínjuəs] *adj.* 연속의, 계속적인; 끊김이 없는, 끊임없는. ⇒ CONTINUAL [類語] ¶ *continuous* development 부단한 발전 / a *continuous* group [수학] 연속군(群) / *continuous* rain 줄곧 내리는 비, 장마 / *continuous* function [수학] 연속 함수. **2** [식물] 마디의. ~‧ness *n*.
◇ continúe v., continúity n.

contínuous bráke *n.* [전(全)차량에 작동하는] 관통(貫通) 브레이크.

contínuous cúrrent *n.* [전기] 직류(直流) (direct current). *cf.* alternating current

contínuous índustry *n.* 일관 생산업 [원료에서 제품까지의 공정이 같은 장소에서 이루어지는 산업].

***con‧tin‧u‧ous‧ly** [kəntínjuəsli] *adv.* 연속해서, 계속적으로, 끊임없이.

con‧tin‧u‧um [kəntínjuəm] *n.* (*pl.* -tin‧u‧a) **1** 연속, 연속체. **2** ⓤ number *continuum* 수(數)연속체 / space-time *continuum* 시공(時空)의 연속체 [제4차원].

con‧to [kóntou / kɔ́n-] *n.* (*pl.* -tos) **1** 포르투갈의 통화 단위 [1,000 escudos에 상당]. **2** 포르투갈·브라질의 옛날 화폐의 단위 [1,000 milreis에 상당].

con‧toid [kántɔid / kɔ́n-] [음성] *adj.* 자음(子音) 같은 (consonantlike). —— *n.* 자음 같은 음.

con‧tor‧ni‧ate [kəntɔ́:rniit] *adj.* 둘레에 깊은 홈이 있는. —— *n.* 둘레에 홈이 있는 동전.

***con‧tort** [kəntɔ́:rt] *vt.* **1** …을 비틀다(twist), 구부리다(bend), 찌그러뜨리다(distort). ¶ *contort* one's face

contortion

얼굴을 찡그리다. **2** [문장(말)의 뜻 따위를]곡해하다, 왜곡하다(distort violently).

con·tor·tion [kəntɔ́ːrʃ(ə)n] *n.* ⒰ⓒ **1** 비틀기, 뒤틀기, 찌그러뜨리기. **2** 뒤틀림, [얼굴·몸 따위의]찌그러짐, 비틀림(distortion). ¶ make *contortions* of one's face 얼굴을 찡그리다. **3** 곡해, 왜곡.

con·tor·tion·ist [kəntɔ́ːrʃ(ə)nist] *n.* **1** [손발의 관절을 자유자재로 구부리는] 곡예사. **2** 곡해하는 사람. ¶ a verbal *contortionist* 말뜻을 곡해하는 사람.

con·tor·tive [kəntɔ́ːrtiv] *adj.* 찌그러진, 뒤틀린.

*****con·tour** [kάntuər / kɔ́n-] *n.* **1** 윤곽; 외형; 개략(概略). ⇒ FORM 類語 ¶ the *contour* of a face 얼굴의 윤곽 / an intonation *contour* 인토네이션 곡선. **2** [해안·산 따위의] 윤곽선; 등고선(等高線) (contour line). ¶ *contour* farming 등고선 재배. **3** (때로 pl.) 여체(女體)의 곡선. **4** [보통 지도를 길잡이로] 자유로이 산야를 하이킹하기. — *vt.* **1** …의 등고선을 그리다(나타내다). **2** …의 윤곽을 그리다(나타내다), …의 윤곽을 이루다. **3** [등고선을 따라] 산허리 둘레에 [길 따위]를 내다.

cóntour chàir *n.* 인체에 꼭 맞게 만든 의자.

cóntour fèather *n.* [鳥類] 새의 몸 거죽을 덮고 있는 깃털.

cóntour lìne *n.* 등고선.

cóntour màp *n.* 등고선 지도.

contr. (略) contract, contracted, contraction; contralto; contrary; contrasted; control, controller.

con·tra [kάntrə / kɔ́n-] *prep.* …에 반대하여, …에 대하여(against), …에 대비해서(in contrast with). — *adv.* 반대로(to the contrary). ¶ pro and *contra* 찬반 양론으로(두 갈래로). — *n.* (보통 ~s) 반대, 반대 의견. ¶ pros and *contras* 찬반 양론. **2** [簿記] 대변난(貸邊欄).

contra- against, opposite, opposing 의 뜻의 연결형. 예: *contra*band, *contra*dict, *contra*ceptive.

con·tra·band [kάntrəbænd / kɔ́n-] *n.* ⒰ **1** 수출입 금제품, 밀수품. ¶ absolute (*or* unconditional) *contraband* 절대 (무조건) 금제품[전시 따위] / conditional *contraband* 조건부 금제품[솜 따위]. **2** 밀수, 밀무역; 부정 거래. **3** (=cóntraband of wár) [국제법] 전시(戰時) 금제품. **4** [남북 전쟁중에] 북군측으로 도망간 흑인 노예. — *adj.* [수출입] 금지의, 금제의; 부정의 (illegal). ¶ *contraband* goods 금제품 / *contraband* trade 밀무역 / a *contraband* trader 밀수상(商).

con·tra·band·ist [kάntrəbændist / kɔ́n-] *n.* 밀 수출(밀수입)자, 밀수업자, 금제품 매매상(smuggler).

con·tra·bass [kάntrəbèis / kɔ́n-] *n.* [음악] **1** 최저음; 최저음 악기. **2** 콘트라베이스(double bass). — *adj.* 콘트라베이스의, 최저음의.

con·tra·bass·ist [kάntrəbèisist / kɔ́n-] *n.* 콘트라베이스 연주자.

con·tra·bas·soon [kάntrəbəsúːn / kɔ́n-] *n.* [음악] 콘트라바순(double bassoon).

con·tra·cep·tion [kὰntrəsépʃ(ə)n / kɔ̀n-] *n.* ⒰ 피임(법).

con·tra·cep·tive [kὰntrəséptiv / kɔ̀n-] *adj.* 피임(용)의. — *n.* 피임약, 피임구.

con·tra·clock·wise [kὰntrəklάkwaiz / kɔ̀ntrəklɔ́k-] *adj., adv.* 시계 바늘과 반대 방향으로 도는(돌게), 왼쪽으로 도는(돌게) (counterclockwise).

‡**con·tract** *n.* [kάntrækt / kɔ́n-] // → *v.* **1** 협정, 계약, 규약(agreement). ¶ *contract* goods 약정품 / a *contract* note 약속 어음, 계약서; [英] 매매 계약서 / a *contract* of insurance 보험 계약 / an express (implied) *contract* 명시(明示)계약, 명약(明約)(묵약) / a mutual *contract* 상호 계약 / a social *contract* 사회 계약 / a verbal(*or* an oral) *contract* 구두 계약 / a written *contract* 서면 계약 / close a *contract* 계약을 맺다 / make (*or* enter into) a *contract* with …과 계약을 맺다. **2** 계약서; 협약서. ¶ draw up a *contract* 계약

contradict

서를 작성하다. **3** 청부. ¶ a *contract* system 청부법 / *contract* work 청부일 (공사). **4** [정식] 약혼 (betrothal). **5** a) =contract bridge. b) (contract bridge 에서 최고 값을 부르기; 그 트릭의 수(數). **6** [美 俗에] 청부 살인 행위; 살인 청부업, 살인 명령. — *v.* [kəntrǽkt → *vt.* 1, 6] *vt.* **1** [+美 kάntrækt] …을 협의해서 정하다, 계약(약정)하다. ¶ as *contracted* 계약대로 / *contract* an alliance 동맹을 맺다. **2** …을 축소하다, 수축시키다; …을 줄이다, 좁히다. ¶ *contract* a muscle 근육을 수축시키다. **3** 주름지게 하다(wrinkle), [이맛살]을 찌푸리다. ¶ *contract* one's brows 이맛살을 찡그리다 (찌푸리다). **4** [문법] [음 따위를 생략·결합해서] [말]을 단축하다(shorten), 생략하다 (abbreviate) [예: ne'er <never, o'er <over]. **5** [자연히] …의 습관이 붙다, [병]에 걸리다(catch) [부채 따위]지다. ¶ *contract* a good habit 좋은 습관이 붙다. **6** [+美 kάntrækt] [친교(親交) 따위]를 맺다, …과 약혼하다(betroth). ¶ (~+目+前+名) *contract* a friendship *for* (*or* *with*) …과 우정을 맺 다 / *be contracted to* …과 약혼하고 있다. — *vi.* 줄다, 쪼그라들다, 수축하다, 축소하다 (shrink). **2** 계약하다; 약혼하다.
◇ contráction *n.*, contráctile, contráctive *adj.*

cóntract brìdge *n.* ⒰ [카드놀이] auction bridge 의 일종 [입찰자는 처음에 계약한 정수만큼는 딸 수가 없음].

con·tract·ed [kəntrǽktid] *adj.* **1** 수축한, 단축한; 정그린, 찌푸린 (shrunken). ¶ a *contracted* forehead 주름진 이마. **2** 축약된, 생략된(abridged). ¶ a *contracted* noun [문법] 생략 명사 [예: ma'am, o'clock 따위]. **3** [마음·생각 따위가] 좁은, 편협한(narrow), 인색한 (mean). ¶ a *contracted* idea 좁은 생각. **4** 옹색한(restricted). ¶ *contracted* circumstances 곤궁한 형편. **5** 계약한, 협정된; 약혼한.

cóntract fàrming *n.* **1** [美]계약 농업. **2** [사회주의 국가에서의] 자유 농업.

con·tract·i·bil·i·ty [kəntræktibíliti] *n.* ⒰ 수축(단축)할 수 있는, 수축(단축)성의. ~**·ness** *n.*

con·tract·i·ble [kəntrǽktibl] *adj.* 줄어드는, 수축(단축)할 수 있는, 수축(단축)성의. ~**·ness** *n.*

con·trac·tile [kəntrǽkt(i)l / -tail] *adj.* 수축하는, 수축성의, 수축의. ¶ *contractile* force (*or* power) 수축력.

con·trac·til·i·ty [kὰntræktíliti / kɔ̀n-] *n.* ⒰ 수축성.

con·tract·ing [kəntrǽktiŋ →2] *adj.* **1** 수축하는. **2** [kάntræktiŋ / kɔ́n-] 계약의, 청부의. ¶ *contracting* parties 계약 당사자; 동맹국. **3** 약혼의.

*****con·trac·tion** [kəntrǽk(ʃ)(ə)n / kɔ́n-] *n.* **1** 줄이기, 축소하기; (shrinking), 단축, 축소 (shortening). **2** ⒞ [문법] [말 따위의] 생략, 축약 [예: dept't <department)]; 생략어 (구) [예: e'er (= ever), can't (=cannot)]. **3** [생리] [근육의]수축, 위축. **4** [통화·자금 따위의] 제한, 축소, 절감 (restriction). **5** 위촉, 경기 후퇴. **5** [수학] 생산규모(算); [텐서 해석(解析)의]축약, 강제(降階). **6** 빚을 지기; 병에 걸리기; 버릇이 붙기, 습관(習慣) (*of*…). ¶ the *contraction* of a drug habit 마약 상용(常用)의 버릇이 붙기 / the *contraction* of a disease 병에 걸림. ◇ contráct *v.*, contráctive *adj.*

con·trac·tive [kəntrǽktiv] *adj.* 수축하는, 수축성의.

cóntract márriage *n.* 계약 결혼.

*****con·trac·tor** [kάntrækt*ər* → 1] *n.* **1** [美 kəntrǽktər] 계약자, 도급자. ¶ a building *contractor* 건축청부업자. **2** [해부] 수축근(筋).

con·trac·tu·al [kəntrǽkt∫uəl / -tjuəl] *adj.* 계약(상)의.

con·tra·dance [kάntrədæns / kɔ́ntrədὰːns] *n.* (= contredanse.

*****con·tra·dict** [kὰntrədíkt / kɔ̀n-] *vt.* **1** …에 반대 주장을 하다, 반박하다, 항변하다. ¶ He *contradicted* me softly. 그는 부드럽게 나에게 반대했다. **2** [주장·말]을 부정하다, 부인하다. ¶ The statement has been

contradictable 531 **contrast**

contradicted. 그 성명은 부정되었다. **3** [성명・행동 따위가] …에 모순되다. ¶ *contradict* oneself 모순된 말을 하다 / The facts *contradict* the theory. 그 사실은 이론과 상반된다. **4** 〖폐어〗…에 반대하다(oppose).
◇ contradíction *n*., contradíctory, contradíctious, contradíctive *adj*.

con·tra·dict·a·ble [kὰntrədíktəbl / kɔ̀n-] *adj*. 부정(부인)할 수 있는, 반박(반대)할 수 있는.

con·tra·dict·er [kὰntrədíktər / kɔ̀n-] *n*. 반박자.

__con·tra·dic·tion__ [kὰntrədíkʃ(ə)n / kɔ̀n-] *n*. **1** Ⓤ 부정, 부인(denial); 반박, 반대(opposition); Ⓒ 부인(하는 진술). ¶ in *contradiction* to …에 상반되어, 반대하여. **2** Ⓤ 논, 자가당착(inconsistency); Ⓒ 모순[된 언동]. ¶ the law of *contradiction* 〖논리〗 모순율(律) / a *contradiction* in terms 〖논리〗 명사(名辭)의 모순. **3** Ⓤ Ⓒ 〖논리〗 모순 대당(矛盾對當)(contradictory).
◇ contradíct *v*.

con·tra·dic·tious [kὰntrədíkʃəs / kɔ̀n-] *adj*. **1** 반대(반박)하기 좋아하는. **2** 〖고어〗 자기 모순적인.

con·tra·dic·tive [kὰntrədíktiv / kɔ̀n-] *adj*. 모순되는, 모순이 들어 있는(contradictory).

con·tra·dic·tor [kὰntrədíktər / kɔ̀n-] *n*. =contradicter.

con·tra·dic·to·ri·ly [kὰntrədíkt(ə)rili / kɔ̀n-] *adv*. **1** 모순되게. **2** 부정적으로.

con·tra·dic·to·ri·ness [kὰntrədíkt(ə)rinis / kɔ̀n-] *n*. Ⓤ 모순[성]. **2** 반항성.

con·tra·dic·to·ry [kὰntrədíkt(ə)ri / kɔ̀n-] *adj*. **1** 모순된, 모순된(inconsistent); 정반대의. ⇨ OPPOSITE 類語 ¶ a *contradictory* concept (term) 〖논리〗 모순 개념 (명사(名辭)) // a plan *contradictory* to common sense 상식으로는 받아들일 수 없는 계획. **2** 반박하는, 부정적인; 부정하기 좋아하는. — *n*. (*pl*. -ries) **1** 〖논리〗 모순 대당(矛盾對當)〔진위(眞僞)의 판단이 불가능한 관계〕. **2** 모순어. **3** 반대론, 부정적 주장. **-ri·ly** *adv*. **-ri·ness** *n*.

con·tra·dis·tinc·tion [kὰntrədistíŋ(k)ʃ(ə)n / kɔ̀n-] *n*. Ⓤ 대조, 대비(對比). ¶ in *contradistinction* to …과 대비해서.

con·tra·dis·tin·guish [kὰntrədistíŋgwiʃ / kɔ̀n-] *vt*. …을 비교(대조)해서 구별하다, 대비하다(...*from*).

con·trail [kάntreil / kɔ́n-] *n*. 비행[기] 구름.

con·tra·in·di·cate [kὰntrəíndikeit / kɔ̀n-] *vt*. 〈-cated, -cat·ing〉 〖의학〗 〈징후 따위가〉 …에 대해서 금기(禁忌)를 나타내다.

con·tra·in·di·ca·tion [kὰntrəindikéiʃ(ə)n / kɔ̀n-] *n*. Ⓤ 〖의학〗 금기(禁忌)〔어떤 증상에 대해서 바람직하지 않은 치료법〕.

con·tral·to [kəntrǽltou / kɔn-] 〖음악〗 *n*. (*pl*. **-tos**) **1** 콘트랄토[soprano와 tenor 중간의 여성(女聲) 최저음]. ⇨ BASS¹; 콘트랄토 음부(音部). **2** 알토[남성 최고음]. **3** 콘트랄토 가수, 알토 가수. — *adj*. 콘트랄토의. 〔<It *contra* against+*alto* alto〕

con·tra·po·si·tion [kὰntrəpəzíʃ(ə)n / kɔ̀n-] *n*. Ⓤ Ⓒ **1** 대치(對置), 대립, 대조(contrast). **2** 〖논리〗 환질환위(換質換位)〔법〕.

con·tra·prop [kάntrəpràp / kɔ́n-] *n*. 동축(同軸) 프로펠러〔서로 반대 방향으로 회전〕.

con·trap·tion [kəntrǽpʃ(ə)n] *n*. 《미구어》 새로운 고안, 신안(contrivance); 《英俗어》 기묘한 고안물, 괴상한 기계.

con·tra·pun·tal [kὰntrəpʌ́ntl / kɔ̀n-] *adj*. 〖음악〗 대위법의, 대위법적인. **-ly** [-təli] *adv*

con·tra·pun·tist [kὰntrəpʌ́ntist / kɔ̀n-] *n*. 〖음악〗 대위법에 능숙한 작곡가.

con·trar·i·an [kəntrέəriən] *n*, *adj*. 반골(의), 이단자(의), 〔일반과 반대로 투자하는〕 역투자가(의).

con·tra·ri·e·ty [kὰntrəráiəti / kɔ̀n-] *n*. Ⓤ Ⓒ (*pl.* **-ties**) **1** 반대(opposition), 불일치(disagreement), 모순. **2** 상반되는 사실, 모순점. **3** 〖논리〗 반대 대당(反對對當)(contrary opposition).

con·tra·ri·ly *adv*. **1** [kάntrerili / kɔ́ntrəri- // →2] 반대로(to the contrary), 이에 반(反)해서(on the contrary). **2** [kəntrέ(:)rili / kəntrέəri-] 심술궂게, 고집스럽게(perversely).

con·tra·ri·ness *n*. Ⓤ **1** [kάntrerinis / kɔ́ntrəri- // →2] 반대. **2** [kəntrέ(:)rinis / kəntrέəri-] 심술, 외고집.

con·tra·ri·wise [kάntreriwàiz / kɔ́ntrəri-] *adv*. **1** 반대로, 거꾸로. **2** 이에 반(反)해서 (on the contrary). **3** 고집스럽게, 심술궂게(perversely).

__con·tra·ry__ [kάntreri / kɔ́ntrəri // →*adj*. 5] *adj*. **1** 〖성질이〗 반대인, 정반대의. ⇨ OPPOSITE 類語 ¶ *contrary* propositions 반대 명제(題). **2** 〔…에〕 어긋나는, 받아들이지 않는(*to*...). ¶ *contrary* to custom 관습에 어긋나는 / *contrary* to fact 사실과 반대의 / It is *contrary* to rules. 그것은 규칙 위반이다. **3** 〔방향・위치가〕 거꾸로의, 역(逆)의, 반대쪽의(opposite). ¶ look the *contrary* way 외면하다. **4** 불리한, 역(逆)의, 형편이 나쁜(unfavorable). ¶ *contrary* weather 악천후 / *contrary* winds 역풍(逆風). **5** [+美 kəntrέ(:)ri / +英 kəntrέəri] 외고집인, 고집을 부리는(perverse); 제멋대로 구는. ¶ a *contrary* man 고집쎈 사람. **6** 〖식물〗 직각(直角)의.
— *n*. (*pl*. **-ries**) **1** (the~) 반대, 정반대. **2** 상반되는 것의 한쪽; 상반되는 사물(성질). **3** 〖논리〗 반대 명제. **by contraries** 거꾸로, 정반대로; 예상과 어긋나게. ¶ interpret *by contraries* 반대로 해석하다.
on the contrary 그와는 반대로, 이에 반(反)해서, 그것은 고사하고, 그러기는커녕. ¶ *On the contrary*, it is I who am in your debt. 오히려 신세를 지고 있는 것은 제쪽입니다.
to the contrary 그와 반대로(의), 반대 결과로(의). ¶ I have nothing to say *to the contrary*. 나는 이의가 없습니다 / There is no evidence *to the contrary*. 그렇지 않다는 증거는 없다.
— *adv*. 반대로, 거꾸로, 〔…에〕 반(反)해서. ¶ go *contrary* to a person's wishes 남의 의사를 어기다.
◇ contrárīety, cóntrariness *n*., cóntrarily, cóntrariwise *adv*.

__con·trast__ [kəntrǽst / -trά:st / →] *vt*. **1** …을 대조하다, 대비하다, …와 대조해보이다 (~+圄+圄+圂) *contrast* A *with* B A와 B를 대조시키다. **2** …과 좋은 대조를 이루다, 〔대비시켜서〕 …을 더 두드러지게 하다. — *vi*. **1** …과 대조를 이루다[해서 뚜렷한 차이를 나타내다(*with*...). ¶ (~+ +圄) This color *contrasts* well *with* green. 이 색깔은 녹색과 좋은 대조를 이룬다.
— *n*. [kάntræst / kɔ́ntrɑ:st] **1** Ⓤ 대조(대비)하기; 대조, 대비, 대조법; 〖날씨〗 비조(比照). ¶ be a *contrast to* …에 대해서 좋은 대조가 되다, …을 대조적으로 두드러지게 하다. **2** 〔현저한〕 차이, 상이(相異) (*between*...). ¶ a striking *contrast between* the old and the new 신구(新舊)의 현저한 차이. **3** 정반대의 것, 현저한 차이가 있는 것, 대조가 되는 것. **4** 〖미술〗 〔상이한 모양・선・색깔 따위의〕 대비, 대치(對置); 〔사진・음화(陰畫)의〕 흑백(명암)의 대조. ¶ make a beautiful *contrast with* …과 아름다운 대조를 이루다.
by contrast with …과의 대조에 의해서.
in contrast with …과 대조를 이루어, …과는 뚜렷이 달라서.

— Usage contrast with, contrast to — contrast 가 동사인 경우에는 with를, 명사인 경우에는 to 또는 with를 동반한다: The snow-crowned peak *contrasts* finely *with* the blue sky. / The snow-crowned peak formed a fine *contrast to* (or *with*) the blue sky. ✽「A와 B와의 현저한 대조」는 a strong *contrast between* A and B 라고 한다.

◇ **cóntrasty** *adj.*
con·tras·tive [kəntrǽstiv] *adj.* **1** 대조(대비)적인. **2** 〔언어〕 [두 언어간의] 일치·차이를 연구하는. ¶ a *contrastive* grammar 대조 문법.
con·trast·y [kántræsti, kəntrǽsti / kəntrǽsti] *adj.* 〔사진〕 대조가 심한.
con·tra·vene [kàntrəvíːn/kɔ̀n-] *vt.* (**-vened, -ven·ing**) **1** 〔주의·진술 따위〕에 반대하다; …과 모순되다. **2** 〔법률·규칙 따위〕를 어기다, 범하다, …에 위반하다.
con·tra·ven·tion [kàntrəvénʃən/kɔ̀n-] *n.* Ⓤ Ⓒ **1** 위반, 위배. **2** 위반 행위; 〔법률〕 [유럽 제국에서의] 경범죄.
in contravention of …에 위반해서.
con·tre·danse [kántridæns/kɔ́ntridà:ns], (**contra·dance**) *n.* **1** 콘트라댄스, 대무(對舞) 〔서로 마주 보고, 상대를 바꿔가면서 추는 춤〕. **2** 대무곡. 〔< F: country-dance 의 오역〕
con·tre·temps [kàntrətàː/kɔ́ːn-] *n.* (*pl.* ~ [-tà:ŋz]) 뜻하지 않게 (공교롭게) 일어난 사건(mischance). 〔< F *contre* against + *temps* time〕
contrib. (略) contribution, contributor.
‡**con·trib·ute** [kəntríbjuːt] *v.* (**-ut·ed, -ut·ing**) *vt.* **1** 〔돈 따위〕를 기부하다. ¶ (~+阳+前+客) *contribute* money *to* relieving the poor 빈민을 구제하기 위해 기부하다. **2** …에 기여하다, 공헌하다; 〔새로운 지식 따위〕를 부여하다. ¶ *contribute* suggestions 조언을 주다. **3** 〔신문·잡지 등〕에 기고하다. ¶ (~+阳+前+客) *contribute* articles *to* journals 잡지에 기고하다. — *vi.* **1** 기부를 하다. ¶ (~+前+客) *contribute to* the community chest 공동 모금에 기부하다. **2** 기여하다, 공헌하다; …의 한 원인(도움)이 되다, 원조하다. ¶ (~+前+客) He *contributed towards* the achievement of these results. 그는 이러한 성과를 올리는 데 힘이 되었다 / His effort *contributed to* his present success 그의 오늘날의 성공은 그의 노력에 의한 것이었다. **3** 기고하다. ¶ (~+前+客) *contribute to* a magazine 잡지에 기고하다.
◇ contribution *n.*, contributive, contributory *adj.*
‡**con·tri·bu·tion** [kàntribjúːʃ(ə)n/kɔ̀n-] *n.* Ⓤ Ⓒ **1** 기부, 출자; 기증품, 기부금. ¶ monetary *contribution* 기부금 / benevolent *contributions* 자선 기부금. **2** 공헌, 기여, 조력. ¶ make a *contribution to* (or *toward*) medicine 의학에 공헌하다. **3** 〔신문·잡지 따위에의〕 기고. ¶ He sent *contributions to* the literary column of the paper. 그는 그 신문의 문예란에 투고했다. **4** 세금, 부과금; 〔군사〕 〔점령지의 주민에게 부과하는〕 군세(軍稅), 징발세(徵發稅); 〔법률〕 분담금, 분담(부담)금. ¶ lay people under *contribution* 사람들에게 군세를 부과하다. ◇ contribute *v.*
con·trib·u·tive [kəntríbjutiv] *adj.* 기여하는, 공헌적인(*to*…).
*****con·trib·u·tor** [kəntríbjutər] *n.* **1** 기부자. **2** 공헌자. **3** 〔신문·잡지 따위에〕 기고가.
con·trib·u·to·ry [kəntríbjutɔ̀ːri/-t(ə)ri] *adj.* **1** 기부의, 출자하는; 분담하는. **2** 기여하는, 공헌하는, 이바지하는, […에] 도움이 되는 (*to*…). ¶ *contributory* infringement 〔법률〕 특허권 침해 방조 / *contributory* negligence 〔법률〕 기여 과실(過失). **3** 조세(군세)를 부과할 수 있는. — *n.* (*pl.* **-ries**) **1** 출자 의무자; 출자 (의무)자, 기부자; 지불 주주(株主). **2** 〔英〕 〔법률〕 무한 책임 사원.
con·trite [kəntráit, kántrait/kɔ́ntrait] *adj.* 죄를 깊이 뉘우치고 있는, 회한(悔恨)의 정을 나타내는; ¶ *contrite* tears 회한의 눈물. ~**ly** *adv.* ~**ness** *n.*
con·tri·tion [kəntríʃ(ə)n] *n.* Ⓤ **1** 뉘우침, 회오, 회한. 〔교회〕 회오 〔죄를 마음속으로부터 뉘우치기〕, 참회. *cf.* attrition
con·triv·a·ble [kəntráivəbl] *adj.* 고안(안출)해 낼 수 있는.
con·triv·ance [kəntráivəns] *n.* **1** 고안, 발명

품, 장치. **2** Ⓤ 고안, 발명; 고안하는 재간. **3** 계략, 모계. ◇ contrive *v.*
‡**con·trive** [kəntráiv] *v.* (**-trived, -triv·ing**) *vt.* **1** …을 연구하다, 고안하다, 발명하다. ⇨ INVENT【類語】 ¶ *contrive* a new kind of engine 신형 엔진을 발명하다 / *contrive* an excuse 핑계를 꾸미다. **2** 〔못된 짓 따위〕를 계획하다, 꾀하다. ¶ *contrive* robbery 강도 짓을 꾀하다 / *contrive* a person's death 남을 죽이려고 기도하다. **3** 잘(용케) …하다; 어떻게든(그럭저럭) …하다(manage); 일부러…저지르다. ¶ (~+ to do) I will *contrive to* come back home by ten o'clock. 어떻게든 10시까지는 집에 돌아오도록 하겠다 / He *contrived to* get himself into trouble. 그는 스스로 화를 당할 짓을 저질렀다. — *vi.* **1** 궁리하다, 마련하다; 〔가사를〕 잘 꾸려 나가다. ¶ Can you *contrive* without it? 그것 없이도 해 나갈 수 있겠느냐? **2** 계획하다, 꾀하다(plot).
cut and contrive 잘 꾸려 나가다.
◇ contrivance *n.*
con·triv·er [kəntráivər] *n.* 고안자; 계략가; 〔가사 따위를〕 솜씨있게 꾸려나가는 사람.
‡**con·trol** [kəntróul] *v.* (**-trolled, -trol·ling**) **1** …을 지배하다, 통제하다, 관리하다, 감독하다. ⇨ GOVERN【類語】 ¶ A captain *controls* his ship and its crew. 선장은 배와 선원을 관리감독한다. **2** …을 제어(억제)하다. ¶ *controlling* gears 조정기, 제어 장치 / *control* oneself 자제하다, 감정을 억제하다 / *control* one's emotions (anger, grief) 감정(화, 슬픔)을 억누르다. **3** …을 대조(조회)하다, 맞추어 보다. **4** 〔지출·계정 따위〕를 제한하다, 규정하다, 가감하다, 조절하다. ¶ *control* payments 지불을 조절하다.
— *n.* **1** Ⓤ 지배(력), 통제(력), 단속, 관리, 감독, 규율. ¶ birth *control* 산아 제한 / traffic *control* 교통 정리. **2** **a)** Ⓤ 제지, 억제〔력〕, 제어; 〔야구〕 제구력(制球力), **b)** (~s) 〔기계·비행기의〕 조종 장치 **c)** 〔오토바이 경주 따위의〕 서행(徐行) 구역; 〔도로의 그 속의〕 관제 구역. **3** 〔실험 결과 따위의〕 조사(照査), 조사(대조) 표준; 대조부(簿), 부본(副本)(check). **4** 〔심령술〕 영매(靈媒)의 언행을 지배하는 혼령.
be beyond control 억제할 수가 없다, 힘에 겹다.
be in control of …을 관리하다.
be under the control of …의 관리(지배)하에 있다.
bring (or *get*)… *under control* …을 억누르다, 억제하다; 〔화재〕를 진압하다. ¶ The fire was soon *got under control*. 그 불은 곧 진압되었다.
get out of control 억제할 수 없게 되다.
have (*lose*) *control of* (or *over*) …을 제어하다(할 수 없게 되다). ¶ *have control over* oneself 자제하다 / He *lost control of* his horse. 그는 말을 어거(감당)할 수 없게 되었다.
without control 제멋대로, 함부로, 통제함이 없이.
◇ contrólment *n.*
contról bóard(**pánel**) *n.* 기기 제어반(制御盤)
contról bóoth *n.* = control room.
contról chárt *n.* 〔통계〕 품질 관리 도표〔제품의 불량 허용 수준을 판정하기 위한 도표〕.
contról clóck *n.* 기준(基準) 시계(master clock).
contról gróup *n.* **1** 〔전자공학〕 제어 집단. **2** 〔항공〕 조종 장치. **3** 〔약학〕 대조군(對照群)〔동일 실험에서 실험 요건을 가하지 않은 그룹〕.
con·trol·la·ble [kəntróuləbl] *adj.* 지배(관리, 제어)할 수 있는; 조종 가능한.
con·trolled ecónomy [kəntróuld-] *n.* 통제 경제.
*****con·trol·ler** [kəntróulər] *n.* **1** 〔회계〕 사무관; 감독관; 관리자; 통제자, 단속인. ¶ a *Controller-General* 〔미〕 이사장, 〔군〕 감독 장관, 〔미〕 회계 감사 원장. **2** 〔英〕 〔항공〕 항로 표정반(標定盤). **3** 〔전기〕 제어기, 정류기(整流器); 〔항해〕 닻줄을 멈추게 하는 억쇄기(抑鎖器).
con·trol·ler·ship [kəntróulərʃip] *n.* Ⓤ 감사관(관

리인)의 직무(직위).
contról lèver n. =control stick.
con·trol·ment [kəntróulmənt] n. ⓤ 감사, 감독, 관리, 단속; 제어.
contról ròd n. [원자 물리] [원자로의] 제어봉(棒).
contról ròom n. [녹음 스튜디오 따위의] 조정실.
contról stìck n. [항공] 조종간. [foil].
contról sùrface n. [항공] 가변익 (movable air-
contról tòwer n. [항공] [비행장의] 관제탑.
contról ùnit n. [컴퓨터] 제어 장치[hardware 의 일부].
con·tro·ver·sial [kàntrəvə́:rʃ(ə)l / kɔ̀n-] adj. 토론의(을 좋아하는), 논쟁상의; 논쟁의 여지가 있는. **~·ly** [-ʃəli] adv.
con·tro·ver·sial·ism [kàntrəvə́:rʃəl(ə)m / kɔ̀n-] n. ⓤ논쟁하는 버릇, 논쟁적 정신; [격렬한] 논쟁, 토론.
con·tro·ver·sial·ist [kàntrəvə́:rʃəlist / kɔ̀n-] n. 토론가; 논쟁자.
***con·tro·ver·sy** [kántrəvə̀:rsi / kɔ́n-, kəntróvəsi] n. ⓤ ⓒ (pl. **-sies**) 논의, 토론(debate), 논쟁; 언쟁. ARGUMENT [類語] ¶ academical controversy 학문상의 논쟁 / a subject of controversy 논쟁의 주제 / That is the fact beyond (or out of, without) controversy. 그것은 논쟁의 여지가 없는 사실이다 / be in [a] controversy with a person 남과 논쟁하고 있는 중이다 / enter into [a] controversy with a person 남과 논쟁을 시작하다(벌이다) / hold a controversy with (or against) a person on a matter 어떤 일에 관해서 남과 논쟁하다.
◇ controvérsial adj., cóntrovert v.
con·tro·vert [kántrəvə̀:rt / kɔ́n-] vt. **1** (증언 따위)을 논박하다, 부인하다(deny). **2** …에 관해서 논쟁하다, 토론하다.
con·tro·vert·i·ble [kàntrəvə́:rtəbl / kɔ̀n-] adj. 토론(논쟁)할 만한, 논쟁의 여지가 있는. **-bly** adv.
con·tu·ma·cious [kàntjuméiʃəs / kɔ̀ntju(ː)-] adj. **1** 아무리 해도 말을 듣지 않는; 불손하기 짝이 없는. **2** [법률] [법정의] 소환[명령]에 응하지 않는. **~·ly** adv.
con·tu·ma·cy [kánt(j)uməsi / kɔ́ntju-] n. ⓤ ⓒ (pl. **-cies**) 완강한 불복종; [법률] 관명(官命) 무시.
con·tu·me·li·ous [kànt(j)uumíːliəs, kàntə- / kɔ̀n-tju(ː)míːljəs] adj. 오만한, 불손한, 모욕적인.
con·tu·me·ly [kəntjúːməli, kánt(j)uuml̀ːli / kɔ́ntjum(i)-] n. (pl. **-lies**) [말·태도의]오만함, 모욕[적인 취급].
con·tuse [kənt(j)úːz / -tjúːz] vt. (**-tused**, **-tus·ing**) …에 타박상을 입히다(bruise).
con·tu·sion [kənt(j)úːʒ(ə)n / -tjúː-] n. ⓤ ⓒ 타박상, [의학] 좌상(挫傷).
co·nun·drum [kənʌ́ndrəm] n. **1** 익살스러운 말장난으로 대답하는 수수께끼; 난문. **2** 수수께끼 인물.
con·ur·ba·tion [kànəːrbéiʃ(ə)n / kɔ̀n-] n. [주변에 많은 소도시가 모여 있는] 집합 도시.
CONUS [kánəs / kɔ́n-] n. [군사] 미국 본토[군][하와이·알래스카 등을 제외한 미본토의 총칭].
[< Continental United States]
con·va·lesce [kànvəlés / kɔ̀n-] vi. (**-lesced**, **-lesc·ing**)앓고 난 뒤에 건강을 회복하다, 병이 나아가다.
con·va·les·cence [kànvəlésns / kɔ̀n-] n. ⓤ 건강 회복[기], 병이 나아져 감.
con·va·les·cent [kànvəlésnt / kɔ̀n-] adj. 병이 차츰 나아가는, 회복기에 있는 [병자의]. ¶ a convalescent hospital 회복기 환자 요양소. — n. 회복기의 병자, 앓고 난 사람.
con·vec·tion [kənvékʃ(ə)n] n. ⓤ **1** [물리] [열·전기의] 대류(對流), 환류(環流); [기상] 대류. **2** 전달.
con·vec·tion·al [kənvékʃ(ə)n(ə)l] adj. 대류의; [열 따위의] 전달의.
convéction cùrrent n. [전기] 대류 (운반) 전류.
con·vec·tive [kənvéktiv] adj. **1** 전달(운반)력이 있는. **2** 대류(환류)의, 대류성(性)의.
con·vec·tor [kənvéktər] n. [뜨거운 공기를 내보내 방을 뜻뜻하게 하는] 방열기(放熱器).
con·ven·a·ble [kənví:nəbl] adj. 소집할 수 있는, 소환이 가능한.
con·ve·nance [kánvənəːns / kɔ̀ːʒvi-] n. ⓤ **1** 편의; 적당함. **2** (~s) 관습, 세상의 관례; 예절.
con·vene [kənví:n] v. (**-vened**, **-ven·ing**) vi. 집합하다; 회합하다. — vt. **1** …을 모으다, 소집하다. **2** …을 불러내다, 호출(소환)하다 (summon). ¶ convene a person before a court 남을 법정에 소환하다.
con·ven·er, -ve·nor [kənví:nər] n. 소집자; 위원장, 집회자.
‡con·ven·ience [kənví:njəns] n. **1** ⓤ 형편이 좋음; 편리함, 편의; 이익. ¶ as a matter of convenience 편의 상 / for convenience' sake 편의상, 편의를 위해서 / for the convenience of …의 편의를 위해서/It is a great convenience to have a doctor so near. 가까이에 의사가 있으면 매우 편리하다.
2 ⓤ [개인의] 형편; ⓒ 형편이 좋을 때(상태), 편리한 사태. ¶ at one's [own] convenience 형편이 좋을 때에 / at your earliest convenience 형편이 허락하는 대로 빨리 / await a person's convenience 남의 형편 좋을 때를 기다리다 / Consult your own convenience. 형편 좋으실 대로 하세요 / You may come at any time that suits your convenience. 언제든 형편 좋을 때에 와도 된다.
3 편리한 것, 유용품; [문명의] 이기; (~s) 의식주의 편익. ¶ a house full of conveniences of every sort 모든 편리한 물건을 갖추고 있는 집 / a hotel with modern conveniences 근대적 시설을 갖춘 호텔.
4 (주로 英) =water closet.
make a convenience of (구어) …을 자기 마음대로 사용하다, 자기의 편의에 이용하다.
◇ convénient adj.
convénience fòod n. ⓤ 인스턴트 식품.
convénience gòods n. pl. 일용 잡화 식료품.
convénience òutlet n. 실내 콘센트.
convénience stòre n. 일용 잡화 식료품점.
con·ven·ien·cy [kənví:njənsi] n. (pl. **-cies**) 《고어》=convenience.
‡con·ven·ient [kənví:njənt] adj. **1** 형편이 좋은; 편리한, 알맞은. ¶ use a convenient tool 편리한 도구를 사용하다 / live in a convenient house 편리한 집에서 살다 / if it is convenient for you 형편이 좋으시다면 / When will it be convenient for you to come? 언제쯤 이면 오시는 데 지장이 없으시겠습니까? / (✻ convenient 뒤에 사람 또는 물건이 올 때에는 to 또는 for를, 목적(purpose)을 나타내는 명사가 올 때에는 for를 쓰지만, 전반적으로는 for를 쓰는 경향이 많다). **2** 가까운, 손쉬운(to…). ¶ His house is convenient to the bus stop. 그의 집은 버스 정류장에서 가깝다. **3** (폐어) 적당한, 타당한.
make it convenient to do 형편(틈)을 보아 …하다.
◇ convénience n., convéniently adv.
***con·ven·ient·ly** [kənví:njəntli] adv. 형편이 좋게; 편리하게; 안성맞춤으로.
***con·vent** [kánv(ə)nt, +sg -vent] n. 수도원(특히 여자의] 수도원, 수녀원. ¶ go into a convent 수녀가 되다. ◇ convéntual adj.
con·ven·ti·cle [kənvéntikl] n. [특히 16, 17 세기의 영국 비(非)국교도의] 비밀 집회; 그 집회소.
‡con·ven·tion [kənvénʃ(ə)n] n. **1** [정식의] 집회, [정치적·종교적] 대표자 회의, 대회 ⟶ MEETING **2** 협약, 협정; [우편·저작권·특허권 따위의] 국제 협정. ¶ a military convention 군사 협정/the convention of meter 미터 조약. **3** a) [항간의 일반적인] 관례, 인습. ¶ a slave to convention 인습의 노예. **b)** 인습 존중. **c)** [예술의] 관례, 약속 사항; [카드놀이의] 약속, 관례. ¶ stage convention 무대의 약속 사항. **4** (英) [비공식의]

집회; 〔英史〕 〔1660년, 1668년에 국왕의 소집이 없이 열린〕 의회. **5** 〔美〕 〔정당의〕 전국 대회, 전당 대회(national convention).
◇ **convéne** v., **convéntional** adj.
*__con·ven·tion·al__ [kənvénʃən(ə)l] adj. **1** 전통적인; 인습에 사로잡힌, 항간의 통례적인, 관습적인. ¶ conventional morality 인습적 도덕 / conventional symbols 관용 기호 / conventional ways 종래의 방식. **2** 형식적인, 틀에 박힌, 상투적인. ¶ conventional phrases 판에 박힌 문구 / conventional remarks 틀에 박힌(평범한) 의견. **3** 협정(협약)에 관한, 협정(협약)상의. ¶ conventional neutrality 협정 중립 / a conventional tariff 협정 세율. **4** 대회의, 집회의. **5** 회의의. **6** 〔병기〕 재래형의, 통상의, 비핵(非核)의. ¶ conventional weapons 〔핵병기에 대해〕 통상 병기. **7** 〔미술〕 〔전통에 따를 뿐〕 독창성이 없는, 인습적인; 〔조형 미술에서〕 양식화(樣式化)된. ~**·ly** [-nəli] adv.
◇ **convéntion**, **conventionálity** n., **convéntionalize** v., **convéntionally** adv.
__con·ven·tion·al·ism__ [kənvénʃ(ə)nəlìz(ə)m] n. Ⓤ **1** 인습 고수, 인습주의. **2** 관례, 관습; 판에 박힌(상투적인) 문구.
__con·ven·tion·al·ist__ [kənvénʃ(ə)nəlist] n. 인습(관례) 존중자.
__con·ven·tion·al·i·ty__ [kənvènʃənǽliti] n. Ⓤ Ⓒ (pl. **-ties**) **1** 인습성; 인습(관례)의 존중(고집). **2** (종 **-ties**) 인습, 관례. **3** 인습적 형식, 틀에 박힌 양식.
__con·ven·tion·al·ize__ [kənvénʃ(ə)nəlàiz] (*英에서는 **con·ven·tion·al·ise**로도 쓴다) vt. (-**ized**, -**iz·ing**) **1** …을 인습(관례)화하다. **2** 〔미술〕 …을 양식화하다.
__conventional wisdom__ n. Ⓤ 통념, 속설.
__con·ven·tion·ar·y__ [kənvénʃ(ə)nèri / -nəri] adj. **1** 특별 계약의. **2** 〔英〕 협정 차지(借地)의. — n. (pl. **-ar·ies**) 협정 차지〔인〕.
__convéntion cénter__ n. 콘벤션 센터〔회의장이나 숙박 시설이 집중되어 집회 등을 열기에 적합한 지구 또는 종합 빌딩〕.
__con·ven·tion·eer__ [kənvènʃəníər] n. 대회 출석자.
__convéntion hàll__ n. 〔호텔 따위의〕 회의장.
__con·ven·tu·al__ [kənvéntʃuəl -tju-] adj. 수도회의, 수녀원의; 수녀원적인. — n. 수도사, 수녀; (C-) 〔프란체스코 수도회에 속한〕 콘벤츄얼 수도사.
__con·verge__ [kənvə́:rdʒ] v. (-**verged**, -**verg·ing**) (opp. **diverge**) vi. **1** 〔선 따위가〕 한 점(선)에 집중하다. ¶ (~ +前+名) The mountains converge into a single ridge. 그 산들이 모여서 하나의 산등성이를 이룬다. **2** 모이다, 집중하다. ¶ (~ +to do) We find much evidence converging to support the hypothesis. 그 가설(假說)을 뒷받침하는 증거가 많다. 〔수학·물리〕 수렴(收斂)하다. — vt. …을 한 점(선)에 집중시키다.
__con·ver·gence__ [kənvə́:rdʒ(ə)ns] n. (opp. **divergence**) Ⓤ (= **con·ver·gen·cy** [-dʒ(ə)nsi]) **1** 한 점으로의 집중; 집중성, 집중 상태, 집중도(度). **2** Ⓒ 집중점. **3** 〔수학·물리〕 수렴(收斂); 〔생리〕 폭주(輻輳), 수렴〔근점 주시(近點注視)때 두 눈이 한 점으로 모이는 일〕; 〔기상〕 수렴 현상; 〔생물〕 근사(近似)현상, 수렴.
__con·ver·gen·cy__ [kənvə́:rdʒ(ə)nsi] n. = **convergence 1**.
__con·ver·gent__ [kənvə́:rdʒ(ə)nt] adj. (opp. **divergent**) 한 점으로 집중하는, 집중성이 있는; 〔수학·물리〕 수렴성(收斂性)의; 〔생물〕 2차적 유사(類似)의. ¶ convergent light 수렴광(光) / a convergent pencil 수렴 광속(光束) / a convergent series 수렴 무한 급수(級數).
__con·ver·ger__ [kənvə́:rdʒər] n. 논리적 추론(推論)에 능숙한 사람. 〔opp. **diverging lens**〕
__con·vérg·ing léns__ [kənvə́:rdʒiŋ-] n. 〔光學〕 수렴 렌즈.
__con·vers·a·ble__ [kənvə́:rsəbl] adj. **1** 마음을 털어놓고 이야기할 수 있는, 말하기 쉬운; 말을 잘하는, 이야기를 좋아하는. **2** 화제에 알맞는. **~·ness** n. **-bly** adv.

__con·ver·sance__ [kənvə́:rs(ə)ns, kάnvər- / kənvə́:-], **-san·cy** [-s(ə)nsi] n. Ⓤ 정통(精通); 친밀, 친교.
__con·ver·sant__ [kənvə́:rs(ə)nt, kάnvər- / kənvə́:-, kάnvə-] adj. **1** 〔…에〕 정통한, 잘 알고 있는(with, in, about…). ¶ He is conversant with the subject. 그는 그 문제에 정통하다. **2** 친밀한, 친교가 있는 (with, among…). ¶ I have been conversant with that person. 나는 그 사람과는 가까이 사귀어 왔다. **~·ly** adv.
*__con·ver·sa·tion__ [kὰnvərséiʃ(ə)n / kɔ̀n-] n. Ⓤ **1** 회화; Ⓒ 대담, 대화, 담화, 좌담(with…). ¶ a private conversation 사사로운 이야기 / make conversation 잡담(이런저런 이야기); 을 나누다 / enter (or fall) into conversation with …과 담화를 시작하다 / have (or hold) a conversation with … 과 담화하다 / be in conversation with …과 이야기를 하고 있다, 담화중이다. **2** 교제, 사교〔성〕, 친교. **3** 성교. ¶ criminal conversation 〔법률〕 간통. **4** 〔고어〕 생활 태도(양식). **5** 〔페어〕 〔경험·학문 등에 의한〕 숙지(熟知), 정통함. **6** 〔외교〕 비공식 회담. ◇ **convérse** v., **conversátional** adj.
*__con·ver·sa·tion·al__ [kὰnvərséiʃən(ə)l / kɔ̀n-] adj. **1** 담화〔식〕의, 회화〔체〕의. **2** 이야기하기를 좋아하는, 이야기를 잘하는, 격이 없는. **~·ly** [-nəli] adv.
__con·ver·sa·tion·al·ist__ [kὰnvərséiʃ(ə)nəlist / kɔ̀n-], **-tion·ist** [-ʃ(ə)nist] n. 이야기하기를 좋아하는 사람, 이야기를 잘하는 사람.
__conversátional móde__ n. 〔컴퓨터〕 회화 모드〔컴퓨터와 사용자가 단말 장치를 통해 서로 정보를 교환하면서 정보 처리를 하는 형태〕.
__conversátion píece__ n. (= **conversation picture**) 〔18세기에 유행한 것으로서, 여러 사람들이 모여 있는 장면을 그린〕 풍속화. **2** 화제거리를 제공하는 일(것); 〔특히〕 장식품, 골동품.
__conversátion pít__ n. 〔美〕 대화실〔기실 따위에서 차분히 이야기할 수 있도록 바닥의 한 단계를 낮춘 자리〕.
__con·ver·sa·zio·ne__ [kὰnvərsɑ̀:tsióuni / kɔ̀nvərsæ-] n. 〔이탈리아〕 (= conversation) (pl. **-zio·nes** or It **-zio·ni**) 친목회, 간담회, 간담회; 문예·학술에 관한 토론회.
*__con·verse__[1] vi. [kənvə́:rs n. -] (-**versed**, -**vers·ing**) **1** 격이 없이 이야기하다, 담화를 주고 받다(with…). ⇒ SPEAK 類語. ¶ (~ +前+名) converse with a person on (or about) a subject 남과 어떤 문제에 관해 이야기하다. **2** 〔페어〕 가까이 사귀다, 교제하다; 영적(靈的)으로 교제하다; 성교하다(with…). — n. [kάnvə:rs / kɔ́n-] Ⓤ **1** 담화. **2** 친교, 교제; 〔페어〕 영적 교제. ◇ **conversátion** n., **convérsant** adj.
*__con·verse__[2] adj. [kɑnvə́:rs, kάnvərs / kɔ́nvə:s, -] n.] 거꾸로 된, 역(逆)의, 〔순서·방향·행위 따위가〕 반대의(opposite). ¶ converse arrangement of parts 부품의 반대 배치. — n. [kάnvə:rs / kɔ́n-] **1** 반대, 역(reverse). **2** 〔논리〕 환위 명제(換位命題); 전환 명제; 두 말 사이의 역(逆)관계. **3** 〔수학〕 역. **~·ly** adv.
__con·ver·si·ble__ [kənvə́:rsəbl] adj. 거꾸로(전환) 할 수 있는.
*__con·ver·sion__ [kənvə́:rʒ(ə)n, -ʃ(ə)n / -ʃ(ə)n] n. Ⓤ **1** 전환, 변환, 변화; 〔배 따위의〕 개조, 개장(改裝). ¶ conversion of iron into steel 철에서 강철로의 변성(成). **2** 개심(改心); 회심(回心), 귀의(歸依), 개종(改宗); 〔주의·당파 등의〕 전향. ¶ conversion of the Jews to Christianity 유대인의 기독교에의 개종. **3** 〔수학〕 전환법. **4** 〔논리〕 환위(換位). **5** 〔정신 분석〕 전환. **6** 〔화학〕 변이(變移). **7** 〔럭비〕 횡령; 재산 전용. ¶ conversion of public money to one's own 공금 횡령. **8** 〔공채 따위의〕 이체(移替); 〔법〕 태환(兌換); 〔외국 화폐간의〕 환산. **9** 〔컴퓨터〕 콘버전. ⇒ CONVERT vt. **8**. ◇ **convért** v., **convérsional**, **convérsive** adj.
__con·ver·sion·al__ [kənvə́:rʒənəl], **-ar·y** [kənvə́:rʒənèri / -əri] adj. 전환의, 개종(改宗)의.

convérsion tàble n. 〔서로 다른 도량형 따위의〕환산표.

con·ver·sive [kənvə́:rsiv] adj. **1** 전환(변환)을 일으키는, 전환(변화)성의. **2** 〔논리〕환위적(換位的)인.

‡**con·vert** vt. [kənvə́:rt → n.] **1** …을 변환(전환, 변화)시키다 (…을 개장(改裝) (개조)하다. ⇨CHANGE 類語 ¶ a *converted* cruiser 개장 순양함 // (~+目+前+名) *convert* cotton *into* cloth 면사(綿絲)를 천으로 변화시키다 / *convert* a savage *into* a civilized man 야만인을 문명인으로 만들다.
2 〔화학〕…에 화학 변화를 일으키다. ¶ (~+目+前+名) *convert* sugar *into* alcohol 화학 변화에 의해서 설탕을 알코올로 바꾸다.
3 …을 개심시키다; …을 개종(改宗)시키다; 〔주의·당파 따위〕를 변경(전환)시키다. ¶ (~+目+前+名) *convert* a Roman Catholic *to* Protestantism 가톨릭 교도를 프로테스탄트로 개종시키다.
4 …을 전용(轉用)하다; …을 부정하게 유용하다; 〔법률〕〔공금 따위〕를 횡령하다.
5 …을 거꾸로 하다, 바꾸어 놓다; 〔논리〕〔주사(主辭)와 빈사(賓辭)〕를 환위(換位)하다.
6 …을 태환(兌換)하다, 환전(換錢)하다. ¶ (~+目+前+名) *convert* banknotes *into* gold 은행권을 금으로 태환하다. …을 (借換)하다.
7 〔구(舊)〕공채를 소각(消却)하고 〔공채 따위〕를 차환한다.
8 〔컴퓨터〕〔다른 코드로〕〔코드〕를 번역(변환)하다; 〔어떤 매체(媒體)에 기록되어 있는 데이터〕를 다른 매체로 옮기다.
—vi. **1** 전환하다; 변화하다. **2** 개종(改宗)하다; 전향하다; 개심하다. **3** 〔럭비〕〔트라이를〕컨버트하다.
— n. [kánvə:rt] 개종자, 전향자. ¶ make a *convert* of a person 남을 개종시키다.
◇ convérsely, convérse adj., n. 〔iplane.

con·vert·a·plane [kənvə́:rtəplèin] n. = convert-

con·vert·er, -ver·tor [kənvə́:rtər] n. **1** 전환(변환)시키는 사람, 개종(개심)시키는 사람. **2** 직물 가공업자. **3** 〔전기〕변환기, 변류기(變流器) 〔교류 전력에서 직류 전력을 만들어내는 장치〕. **4** 〔물리〕전환로(爐) 〔천연 우라늄 등에서 중성자를 흡수시켜서 핵연료 물질을 만들어내는 원자로〕. **5** 〔야금〕전로(轉爐).

convérter reáctor n. 〔원료〕전환로(轉換爐).

con·vert·i·bil·i·ty [kənvə̀:rtəbíləti] n. 〔U〕전환(개종)할 수 있음; 전환성; 〔금융〕태환성.

*****con·vert·i·ble** [kənvə́:rtəbl] adj. **1** 전환(변환)할 수 있는; 개조할 수 있는(*into*…). **2** 개종시킬 수 있는. **3** 〔논리〕환위(換位)할 수 있는, 바꾸어 말할 수 있는. **4** 현금화(化)할 수 있는, 태환할 수 있는. ¶ a *convertible* note 태환 지폐. **5** 같은 가치의; 같은 뜻의. ¶ *convertible* terms 동의어. **6** 〔자동차·유람선이〕지붕(포장)을 접어넣을 수 있게 된. 〔=접어넣을 수 있는 포장 지붕이 있는 자동차, 컨버터블. ~ness n. **-bly** adv.

convértible bónd n. 〔경제〕전환 사채.

con·vert·i·plane, -vert·a- [kənvə́:rtəplèin] n. 〔헬리콥터처럼 수직 비행도 가능한〕전환식 비행기.

con·vert·ite [kənvə́:rtàit / kɔ́n-] n. 〔고어〕**1** 개종자, 귀의자(歸依者) (convert). **2** 갱생한 매춘부.

*****con·vex** adj. [kɑnvéks, kən-, kánveks / kɔ́nvéks, 스-- // -ㅡ] **1** 볼록면의, 철면(凸面)의, 가운데가 높은, 凸형의 (opp. concave). ¶ a *convex* lens 볼록 렌즈. **2** 〔수학〕〔다각형에서〕어느 내각(內角)도 180도 이하인. — n. [kánveks, kən-] 볼록면, 철면(凸面) 〔체〕, 볼록부. ~**ly** adv.

con·vex·i·ty [kɑnvéksəti, kən-, kən-] n. 〔U〕〔C〕(pl. **-ties**) 볼록한 모양; 볼록면, 철면〔체〕.

con·vex·o-con·cave [kɑnvèksou kɑnkéiv / -kɔ́nkeiv] adj. 한쪽면은 볼록하고 한쪽 면은 오목한, 요철(凹凸)의. ¶ a *convexo-concave* lens 요철 렌즈의. 〔光學〕요철 렌즈의.

con·vex·o-con·vex [kɑnvèksou kɑnvéks / -kɔ́n-

veks] adj. 양면이 볼록한. ¶ a *convexo-convex* lens 양면 볼록 렌즈.

con·vex·o-plane [kɑnvèkso(u)pléin] adj. 한쪽 면은 평면이고 다른 쪽 면은 볼록면인, 평철(平凸)의 (plano-convex).

‡**con·vey** [kənvéi] vt. **1** 〔여객·화물 따위〕를 나르다, 운송하다, 수송하다. ⇨CARRY 類語 ¶ Buses *convey* passengers. 버스는 승객을 실어 나른다. **2** 〔음·열·전류 따위〕를 전달하다. ¶ Wire *conveys* an electric current. 철사는 전류가 통한다 / Air *conveys* sound. 공기는 음을 전한다. **3** 〔의미·통신 등〕을 전달하다, 알리다. ¶ (~+目+前+名) *convey* the expression of grief *to* a person 남에게 애도의 뜻을 전하다 / His words *convey* no meanings to me. 그의 말은 도대체 무슨 뜻인지 모르겠다. **4** 〔법률〕〔재산 따위〕를 양도하다. ¶ (~+目+前+名) *convey* one's property *to* a person 남에게 재산을 양도하다.

con·vey·a·ble [kənvéiəbl] adj. 수송할 수 있는; 전달할 수 있는, 양도 가능한.

*****con·vey·ance** [kənvéiəns] n. **1** 〔U〕운반, 수송; 〔열 따위의〕전도(傳導); 〔의사·사상 등의〕전달. ¶ *conveyance* by land 육상 수송 / means of *conveyance* 교통 (수송) 기관. **2** 교통(수송) 기관. **3** 〔법률〕〔U〕양도; 〔C〕양도 증서. ◇ convéy v.

con·vey·anc·er [kənvéiənsər] n. **1** 운반자, 전달자. **2** 〔법률〕〔부동산〕양도 취급인.

con·vey·anc·ing [kənvéiənsiŋ] n. 〔U〕〔법률〕〔부동산〕양도 수속〔조사·증서의 작성〕.

con·vey·er, -or [kənvéiər] n. **1** 수송업자, 운반인. **2** 운송(운반) 장치, 콘베이어. **3** 양도인.

convéyor bèlt n. 콘베이어 벨트.

*****con·vict** vt. [kənvíkt → n.] **1** …의 유죄를 증명하다; …을 유죄라고 선고하다(…*of*). ¶ (~+目+前+名) *convict* a person *of* murder 남에게 살인죄 판결을 내리다 / be *convicted* of having committed theft 절도죄로 문초를 받다. **2** …에 죄를 뉘우치게 하다, 〔양심 따위〕…의 죄를 가책받게 하다 (…*of*). ¶ His conscience *convicted* him. 그는 양심의 가책을 받았다 / (~+目+前+名) a person *convicted* of a sin 죄책감에 시달리는 사람. — n. [kánvikt / kɔ́n-] 유죄로 입증된 피고, 기결수; 죄수(受刑者), 죄수. ◇ convíction n., convíctive adj.

‡**con·vic·tion** [kənvíkʃ(ə)n] n. **1** 〔U〕〔C〕유죄의 판결 (명결). **2** summary *conviction* 즉결 재판. **2** 〔U〕죄의 자각, 양심의 가책, 회오. **3** 〔U〕〔도리를 깨우쳐서〕납득시키기, 설득. ¶ carry *conviction* to a person 남을 설득하다(설득하는 힘이 있다) / be open to *conviction* 설득(이치)에 따르다 / bring a person to *conviction* of sin 남에게 죄를 자각시키다. **4** 〔U〕〔C〕신념, 확신. ⇨BELIEF 類語 ¶ a man of strong *conviction* 신념이 강한 사람 // in the full *conviction* that… …이라고 굳게 믿고. ◇ convíct, convíctive, convíncing, convíctional adj.

con·vic·tion·al [kənvíkʃ(ə)n(ə)l] adj. 확신시키는, 뉘우치게 하는.

con·vic·tive [kənvíktiv] adj. 확신시키는. ¶ a *convictive* answer 납득이 가는 대답 // be *convictive* of …을 확신시키는 힘이 있다. ~**ly** adv.

‡**con·vince** [kənvíns] vt. (-**vinced, -vinc·ing**) 〔도리를 깨우쳐서〕〔남〕에게 확신시키다, 납득시키다, 깨닫게 하다. ¶ *I am + that* 절) be fully *convinced* that… …라고 아주 확신하고 있다 / He *convinced* me *that* I was in the wrong. 그의 말을 듣고 내가 잘못했다는 것을 잘 알았다 / (~+目+前+名) *convince* a person *of* his fault 남에게 잘못을 깨닫게 하다 / *convince* oneself (or be *convinced*) *of* its truth 그것이 진실이라고 확신하다. ◇ convíction n.

con·vinc·er [kənvínsər] n. 확신시키는 사람, 설득자.

con·vinc·i·ble [kənvínsəbl] adj. 설득할 수 있는.

*****con·vinc·ing** [kənvínsiŋ] adj. 설득력 있는, 납득이 가

는, 납득시키는. ¶ a *convincing* argument 설득력 있는 논법. ~**ly** *adv.* ~**ness** *n.*

con·vive [kánvaiv / kɔ́n- / F kɔ̃viv] *n.* 식사(술) 친구.

con·viv·i·al [kənvíviəl] *adj.* **1** 연회의; 연회를 좋아하는; 연회에 적합한. ¶ a *convivial* gathering 친목회, 연회. **2** 들뜬 기분의, 유쾌한, 흥겨운; 친밀감 있는. ~**ly** *adv.*

con·viv·i·al·ist [kənvíviəlist] *n.* **1** 연회를 좋아하는 사람. **2** 쾌활한 사람.

con·viv·i·al·i·ty [kənvìviǽləti] *n. (pl.* -**ties**) **1** ⓤ [연회석의] 흥겨움, 들뜬 기분; 쾌활. **2** 연회, 술잔치.

con·vo·ca·tion [kànvou(u)kéiʃ(ə)n / kɔ̀n-] *n.* **1** ⓤ [의회] 등의 소집. **2** 집회, 회합. **3** (C) [영국 국교회] 대교구(大敎區)의 주교 회의; 《美》[감독 교회의] 지방부회(部會). **4** (Oxford · Durham 대학의) 평의회.

con·vo·ca·tion·al [kànvəkéiʃən(ə)l / kɔ̀n-] *adj.* 소집의; 집합(회합)의; 주교(主敎) 회의의; 지방 부회의.

con·vo·ca·tor [kánvou(u)kèitər / kɔ́n-] *n.* **1** (회의 · 의회) 등을 소집하는 사람. **2** 주교 회의의 참석자.

con·voke [kənvóuk] *vt. (*-**voked**, -**vok·ing***)* …을 불러 모으다, (의회 등)을 소집하다.

con·vo·lute [kánvəlù:t / kɔ́n-] *v. (-*lut·ed, -lut·ing*) vt.* …을 감아 넣다, 둘둘 말다. — *vi.* 서로 뒤엉키다. — *adj.* 둘둘 말린(감긴); 소용돌이꼴의, 회선형(回旋形)의; 《식물》 한쪽으로 감긴, 포선형(包旋形)의. ~**ly** *adv.*

con·vo·lut·ed [kánvəlù:tid / kɔ́n-] *adj.* **1** 회선형의, 둘둘 말린(감긴). **2** 복잡한, 뒤엉킨.

con·vo·lu·tion [kànvəlú:ʃ(ə)n / kɔ̀n-] *n.* **1** 나선, 회선(回旋); 나선 형의 것. **2** [해부] 뇌회(腦回) (gyrus).

con·volve [kənvɑ́lv / -vɔ́lv] *v. (*-volved, -volv·ing*) vt.* 특히 과거 분사형으로 쓰이다)…을 나선형(소용돌이꼴)으로 감다(말다), 둘둘 말다(감아 넣다). — *vi.* 뒤엉키다, 휘감기다.

con·vol·vu·lus [kənvɑ́lvjuləs / -vɔ́l-] *n. (pl.* -lus·es or -li [-lài]) 메꽃류(類).

*****con·voy** *vt.* [kánvoi, kənvɔ́i / kɔ́nvɔi / → *n.*] …을 호위(호송)하다; 《古語》(손님 · 귀부인 등)을 안내하다. ¶ The merchant ship was *convoyed* by a destroyer. 그 상선은 구축함의 호위를 받았다. — *n.* [kánvoi / kɔ́n-] **1** ⓤ 호위, 호송. ¶ sail under *convoy* of a destroyer 구축함의 호위 하에 항행하다. **2** 호위군(부대, 함대). **3** 호송받는 군단(軍團), 호송 선단(차량대); 【동일 지휘하의】 군용 차량대.

con·vulse [kənvʌ́ls] *vt. (-*vulsed, -vuls·ing*)* **1** …에 심한 진동을 일으키다; …에 대소동을 일으키다. ¶ An eruption *convulsed* the island. 심한 분화(噴火)가 그 섬을 진동시켰다. **2** 《보통 수동형으로》 …을 경련시키다, …에 몸부림치게 하다. ¶ be *convulsed with* anger (laughter) 분노에 떨다(포복절도하다).

⋄ convúlse *v.*, **convúlsive**, **convúlsionary** *adj.*

*****con·vul·sion** [kənvʌ́lʃ(ə)n] *n.* **1** 《보통 ~s》 [병리] 경련, 경풍. ¶ fall into a fit of *convulsions*; have *convulsions* 경련을 일으키다. **2** 동란, 소동, 혼란. ¶ a political *convulsion* 정치적 파동. **3** 〖자연계의〗 변동, 이변. **4** 《보통 ~s》 〖웃음 따위의〗 발작. ¶ All present were in *convulsions* of laughter. 그 자리에 있던 사람들은 모두 배를 안고 웃었다.

⋄ convúlse *v.*, **convúlsive**, **convúlsionary** *adj.*

con·vul·sion·ar·y [kənvʌ́lʃ(ə)nèri / -nəri] *adj.* 경련성의; 진동성의, 동란의. — *n. (pl.* -ar·ies) 《특히 종교적 도취로 말미암아》 경련 상태에 빠지는 사람.

con·vul·sive [kənvʌ́lsiv] *adj.* 경련성의; 발작적인. ¶ *convulsive* rage 발작적인 격노. **2** 진동적인, 격동적인. ~**ly** *adv.* ~**ness** *n.*

co·ny [kóuni] *n. (pl.* -nies) = coney.

*****coo** [ku:] *v. (*cooed, coo·ing*) vi.* **1** (비둘기가) 구구 울다; (비둘기) 처럼 구구 소리를 내다. **2** (애인끼리) 달콤한 말을 속삭이다. ¶ bill and *coo* ⇒ 애인들이) 달콤한 속삭임을 주고 받다. — *vt.* …을 달콤하게 속삭이다(말하다). ¶ *coo* one's words 달콤한 말을 속삭이다. — *n.* 구구구〖비둘기 따위의 울음 소리〗.

coo² [ku:] *interj.* 《英속어》 어렵소!, 뭐라구!〖놀람 · 의아심을 나타내는 소리〗.

COO (略) 《美》 chief operating officer (〖기업의〗 최고 업무 집행 책임자). *cf.* CEO

coo·ee, -ey [kúːiː / kúːi] *n.* 어어이〖오스트레일리아 원주민이 신호로 외치는 소리〗. — *vi.* (coo·eed, coo·ee·ing; coo·eyed, coo·ey·ing) 어어이 하고 부르다(외치다).

coo·er [kúːər] *n.* (새 따위의) 구구 소리를 내는 것; 〖애인끼리〗 달콤하게 이야기하는 (속삭이는) 사람.

coof [kuːf] *n.* 《주로 스코》 얼간이, 멍청이, 바보.

‡**cook** [kuk] *vt.* **1** 〖열을 가해서〗 〖음식〗을 요리하다, 조리하다; 〖음식〗에 불기를 가하다. **2** …에 영향(자극)을 주다, 〖감정 따위〗를 움직이다(불러일으키다). **3** 《구어》 …을 꾸며내다, 날조하다, 위조하다(…*up*); 《수정을 적당히 꾸미다 // (~+图+副) *cook up* a story 엉터리 이야기를 꾸며내다. **4** 《속어》 …을 못쓰게 만들다(망쳐놓다) (spoil, ruin); 《英속어》 …을 기진맥진하게 하다(tire out). — *vi.* **1** 〖음식이〗 요리되다, 식사 준비를 하다. ¶ (~+副) *cook out* 옥외에서 요리하다, 식사를 하다. **2** 〖음식이〗 요리되다, 삶아지다, 구워지다, 익다. ¶ (~+副) This meat *cooks* quite *well*. 이 고기는 잘 익는다 // The supper is *cooking*. 지금 저녁을 짓고 있는 중이다. **3** 《구어》 생기다, 일어나다 (occur).

be cooked alive 찌는 듯이 덥다.

cook a person's goose 《구어》 ⇒ goose.

What's cooking? 무슨 일이야? 잘 있었어?

— *n.* 요리사, 쿡. ¶ a head *cook* 요리사 우두머리, 주방장 / She is a good (bad) *cook*. 그녀는 요리 솜씨가 좋(서투르)다. *Too many cooks spoil the broth.* 《속담》 요리사가 너무 많으면 국을 망쳐놓는다; 사공이 많으면 배가 산으로 올라간다. **⋄ cóokery** *n.*

cook·a·ble [kúkəbl] *adj.* …을 요리할 수 있는(것).

cook·book [kúkbùk] *n.* 《美》 요리책(《英》 cookery book).

cóok chéese *n.* ⓤ 〖탈지유로 만든〗 쿡 치즈.

cook·ee [kúki] *n.* 《美구어》 요리사의 조수; 캠프의 요리인.

cook·er [kúkər] *n.* **1** (냄비 · 솥 따위) 요리 기구, 취사 도구, 요리용 풍로(화덕) (cookstove). ¶ a gas *cooker* 가스 레인지. **2** 요리 재료, 〖날로 먹지 않고〗 요리해서 먹는 과일. **3** 계산 따위를 속이는 사람.

*****cook·er·y** [kúkəri] *n. (pl.* -er·ies) **1** ⓤ 요리, 요리법. **2** 요리장, 취사장.

cóokery bóok *n.* 《英》 = cookbook.

cook·ey [kúki] *n.* = cooky, cookie.

cook-gen·er·al [kúkdʒén(ə)rəl] *n.* 《英》요리와 가사를 도맡은 가정부.

cook·house [kúkhàus] *n. (pl.* -hous·es [-hàuziz]) 〖특히 배의〗 취사실; 〖캠프 따위의〗 옥외 취사장.

*****cook·ie** [kúki] *n.* **1** 《美》 쿠키〖단맛이 있는 작은 과자〗. **2** 《스코》 과자빵 (bun). **3** 《美》 〖보통 사랑스럽게 부르는 말〗 귀여운 소녀, 애인. **4** 《속어》 놈, 사내, 사람.

cóokie púsher *n.* 《美속어》 〖일은 안하고 여자의 파티 따위〗 사교 모임에만 열중하는 젊은 사람, 유약하고 겁많은 사내; 아첨꾼; 〖특히 국무부의〗 관리, 전통숭배적인 외교관. 〖전통미숭배〗.

cóokie shéet *n.* 쿠키 시트〖비스킷 따위를 굽는 철판〗.

cook-in [kúkìn] *n.* **1** 자가(自家) 요리. **2** 요리 교실.

‡**cook·ing** [kúkiŋ] *n.* ⓤ 요리, 요리법. — *adj.* 요리하기에 알맞은(*cf.* eating); 요리용의. ¶ *cooking* apples

cook·out [kúkàut] *n.* 야외 요리[파티].
cook·room [kúkrù(:)m] *n.* (특히 배 안의) 취사실.
cook·shop [kúkʃàp / -ʃɔ̀p] *n.* 작은 요리집, 식당.
cook·stove [kúkstòuv] *n.* 요리용 난로.
cook·top [kúktàp / -tɔ̀p] *n.* 4개의 버너가 달린 찬장형 렌지.
cook·ware [kúkwɛ̀ər] *n.* 취사 도구.
cook·y [kúki] *n.* (*pl.* **cook·ies**) **1** =cookie. **2** 《구어》《특히 여자》요리사.

‡**cool** [ku:l] *adj.* (**cool·er, cool·est**) **1** 서늘한, 시원한, 선선한, 상쾌한; 시원해 보이는. *opp.* warm ¶ a *cool* breeze 시원한 바람 / a *cool* dress 시원해 보이는 옷 / get (*or* keep) *cool* 납량(納凉)하다(서늘하게 해주다). **2** 식은; (체온이) 평열(平熱)로 된. ¶ The coffee isn't *cool*. 커피는 식지 않았다/The fever has left him, and he is quite *cool*. 그는 열이 내려서 정상이 되었다. **3** 차분한, 냉정한(calm). ¶ a *cool* head 냉철한 두뇌[의 소유자] / Keep *cool* ! 침착해! **4** 열의가 없는; 냉담한, 무관심한, 쌀쌀한(*to*...). ¶ a *cool* greeting 냉담한 인사 / remain *cool* 냉담한 태도를 취하다 / *cool* in one's affections 애정에 식어진. **5** 뻔뻔스러운, 낯두꺼운. ¶ a *cool* cheek 철면피. **6** 《구어》《금액·수량 따위가》과장이 없는, 에누리없는; 거금의. ¶ It will cost you a *cool* thousand dollars. 그것은 거금 수천 달러가 들 것이다. **7** 차가운 빛깔의, 한색(寒色)의. **8** 《사냥》《짐승이 남긴 냄새가》 희미한. **9** 《속어》멋진(dandy), 훌륭한(super), 좋은(very good). ¶ Yeah, that's *cool*. 그래, 아주 좋아. **10** 《재즈》 냉정하고 지적(知的)인; 전위적인. *cf.* hot
— *adv.* 《구어》=coolly.
— *n.* ① **1** (the ~) 서늘한 것[장소, 때], 시원한 공기. ¶ in the *cool* of the morning 아침나절의 시원한 때에. **2** ⟨one's ~⟩ 냉정함.
(*as*) *cool as a cucumber* ⇨ CUCUMBER.
blow one's cool 《미속어》 감정적이 되다, 흥분하다.
keep one's cool 《미속어》 냉정을 유지하다.
lose one's cool 《미속어》 냉정을 잃다, 흥분하다.
— *vi.* **1** 서늘해지다, 차가와지다, 식다(*down, off*...). ¶ Your porridge will soon *cool*. 죽이 금방 식겠다. **2** (격한 감정이) 가라앉다, 식다, 누그러지다(subside); 무관심해지다(*on, to, toward*...). ¶ His affection for his wife has *cooled*. 아내에 대한 그의 애정은 식었다.
— *vt.* **1** …을 서늘하게 하다, 차게 하다, 식히다; …에 서늘한 감각을 주다. ¶ *cool* oneself 납량하다 / The rain has *cooled* the air. 비가 와서 시원해졌다. **2** 〔열정을〕 식히다, 가라앉히다, 누그러뜨리다(allay). ¶ That will *cool* your eagerness for it. 이것으로 그것에 대한 너의 열정은 식을 것이다.
cool one's coppers ⇨ COPPER.
cool one's heels ⇨ HEEL.
cool it 《미속어》 냉정히하다; 말려들지 않다.
◇ **cóolly** *adv.*, **cóolness** *n.*

cool·ant [kú:lənt] *n.* [마찰열을 감소시키는]냉각제(劑)(액), [자동차 따위의] 냉각수(水).
cóol bòx(bàg) *n.* 쿨러(cooler), 아이스 박스.
cóol cát *n.* 《미속어》 재즈광, 재즈 통(通).
‡**cool·er** [kú:lər] *n.* **1** 냉각시키는 것; 냉각기(장치); 냉방 장치(air conditioner). **2** 냉각제(劑). **3** 청량 음료. **4** 《속어》교도소, 형무소, 유치장, 독방.
cool-head·ed [kú:lhédid] *adj.* 냉정한, 차분한.
coo·lie [kú:li], (**cooly**) *n.* **1** [인도·중국 등지] 하급 노동자, 막일꾼, 쿨리. **2** 쿨리 같은 저임금 노동자.
cool·ing-off [kú:liŋɔ́:f, -áf, -ɔ́f] *adj.* [격정·분쟁 분위를] 냉각시키기 위한.
cóoling-óff pèriod *n.* [노동 쟁의 등의] 냉각 기간.
cóoling tìme *n.* =cooling-off period.
cóoling tówer *n.* [냉방 용수의] 냉각탑, 냉각통.
cool·ish [kú:liʃ] *adj.* 약간 쌀쌀한; 선뜻한.
cóol jázz *n.* ① 쿨 재즈[모던 재즈의 한 양식].
*cool·ly** [kú:(l)li] *adv.* **1** 서늘하게. **2** 냉정히, 차분하게. **3** 냉담하게, 뻔뻔스럽게.
*cool·ness** [kú:lnis] *n.* ① **1** 서늘함, 냉기. **2** 냉정함, 차분함, 침착. **3** 냉담, 쌀쌀함. **4** 뻔뻔스러움, 후안무치.
coolth [ku:lθ] *n.* 《구어·익살》 =coolness.
coo·ly [kú:li] *n.* (*pl.* **-lies**) =coolie.
coomb, coombe [ku:m, +美 koum] *n.* =combe.
coon [ku:n] *n.* **1** 《미국》너구리. **2** 《경멸적》흑인. ¶ a *coon* song 흑인의 노래. **3** 《미국어》사내. ¶ a gone *coon* 별볼일 없는 놈.
go the whole coon 《미》 철저히 하다.
[< [RAC]COON]
coon·can [kú:nkæ̀n] *n.* ① 쿤캔[카드 40장으로 둘이서 하는 카드놀이의 일종].
coon·hound [kú:nhàund] *n.* 《미》 너구리 사냥용 개.
cóon's áge *n.* 《구어》 기나긴 동안.
coon·skin [kú:nskìn] *n.* ① ⓒ 미국 너구리 가죽[제품]; 너구리로 된 모자[꼬리를 머리 위에 늘어뜨린].
coon·tie [kú:nti] *n.* [식물]미국산(産) 소철의 일종; 그 뿌리에서 채취한 식용 녹말.
coop [ku:p, +美 kup] *n.* **1** 〔새·작은 짐승용의〕동우리, 새장, 우리. **2** 비좁은 장소. **3** 《속어》교도소, 형무소, 감방. ¶ *fly the coop* 《미어》도망치다, 탈옥하다.
— *vt.* …을 둥우리(우리)에 넣다; …을 가두어 넣다, …을 감금하다(*up, in*). ¶ He was *cooped* up in the elevator. 그는 엘리베이터 안에 갇혔다.
co-op [kóuàp, / kóuáp] *n.* 《구어》 생활 협동 조합; 생활 협동 조합 매점.
[< CO-OP[ERATIVE STORE [SOCIETY]]]
coop., **co-op.,** **coöp.** 《略》 cooperative.
coop·er [kú:pər] *n.* **1** 통 만드는 사람, 통 수선인. **2** 《英》술통. **3** 《U혼합 흑맥주[porter 와 stout 을 반반씩 탄 맥주]. — *vt.* 〔통 따위를〕 만들다, 수선하다. **2** 《구어》 〔모양·매무새 따위를〕 매만지다(*up, out*).
— *vi.* 통 제조업을 하다.
coop·er·age [kú:pəridʒ] *n.* **1** ① 통 만드는 직업, 통 제조업; 통 만드는 품삯. **2** 통 만드는 작업장; 통장이의 제품.
‡**co·op·er·ate, co-op-, co·öp-** [kouápərèit / -ɔ́p-] *vi.* (**-at·ed, -at·ing**) **1** 협력하다, 협동하다, 약속하고 일에 대처하다; 〔경제적으로〕 서로 돕다, 상호 부조하다. ¶ (~+前+名) *cooperate with* a person *for* … 을 위해 남과 협력하다 / All of them *cooperated* with him in the work. 그들은 모두 그 일을 그와 협력해서 했다. **2** 〔상황이〕 서로 겹쳐져서 작용하다, 서로 도움이 되다. ¶ All things *cooperate* for the best. 만사 호조다 // (~ + *to do*) Everything *cooperated to* make our plan a success. 모든 일이 협조가 잘 되어서 우리의 계획은 성공을 거두었다. ◇ cooperátion *n.*, cóoperative *adj.*
‡**co·op·er·a·tion, co-op-, co·öp-** [kouàpəréi ʃ(ə)n / -ɔ̀p-] *n.* **1** ① 협동, 협력, 협조. ¶ give one's *cooperation* 협력하다 / obtain *cooperation* from …으로부터 협력을 얻다 // in *cooperation* with …와 협동해서. **2** 〔경제〕 협동 작업; ① 〔사회〕 협동 작업. ¶ a producers' (a consumers') *cooperation* 생산 (소비) 조합. **3** ① 〔생태〕 협동 [작용] 〔공동 (共動)으로 coaction〕 의 일종으로서, 관계 개체 전부에 유리한 결과를 가져오는 것).
◇ cóoperate *v.*
*co·op·er·a·tive, co-op-, co·öp-** [kouápəreitiv, -ərətiv /-ɔ́p(ə)rətiv] *adj.* **1** 협동의, 협력의, 협조적인. ¶ a *cooperative* principle 협력주의. **2** 협동 조합의. ¶ a *cooperative* movement 협동 조합 운동 / a *cooperative* society 생활 협동 조합 / a *cooperative* store 협동

cooperative house

조합 매점. — n. 1 생활 협동 조합(cooperative society). 2 공동 아파트. ~·ly adv.
◇ coóperate v., cooperátion n.
co·óperative hóuse n. 조합 주택.
co-op·er·a·tor, co-op-, co-öp- [kouáp(ə)rèitər / -ɔ́p-] n. 1 협력자, 협동하는 사람. 2 협동 조합 가입자, 소비 조합원.
coop·er·ing [kúːpəriŋ] n. ⓤ 통 만드는 일, 통 제조
coop·er·y [kúːpəri] n. (pl. **-er·ies**) =cooperage.
co-opt, co-öpt [kouápt / -ɔ́pt] vt. 1 [위원회 등에서] (새 위원·임원)을 호선(互選)하다. 2 《美》…을 흡수하다. 〔호선(互選).
co-op·ta·tion, co-op- [kòuaptéiʃ(ə)n / -ɔp-] n. ⓤ
co-op·ta·tive, co-op- [kouáptətiv / -ɔ́p-] adj. 호선의, 호선에 의한.
*co·or·di·nate [kouɔ́ːrd(i)nit, +美 -nèit / → v.] adj. 1 동등의, 동위(同位)의, 동격의, 대등한(with...). cf. subordinate ¶ coordinate authority 동등한 권위 / coordinate in rank with…과 계급이 같은. 2 대등한 관계를 나타내는; 〔문법〕 등위(等位)의. cf. subordinate ¶ a coordinate conjunction 〔문법〕 등위 접속사[and, but, for 따위]. 3 〔수학〕 좌표의.
— n. 1 [계급·권력 따위가] 동등한 사람(것), 동위자. 2 〔문법〕 동위 어구, 동격 어구. 3 (~s) 〔수학〕 좌표. ¶ parallel coordinates 평행 좌표 / polar coordinates 극(極)좌표. 4 (~s) 〔服飾〕 코디네이트[색깔·소재·디자인이 서로 조화를 이루는 콤비 복장].
— v. [kouɔ́ːrdinèit] (**-nat·ed, -nat·ing**) vt. 1 …을 동등하게 하다, 동격으로 하다. 2 …을 순서있게 정리하다. ¶ coordinate one's idea 자기의 생각을 정리하다. 3 …을 조정하다(harmonize). ¶ coordinate muscular movement 근육의 움직임을 조정하다. — vi. 1 대등(동등)하게 되다, 동위(동격)가 되다. 2 잘 정리되다, 주화되다. 균형이 잡히다(with). ~·ly adv ~·ness n. ◇ coordinátion n., coórdinative adj.
coórdinate cláuse n. 〔문법〕 등위절(等位節). cf. subordinate clause
co-or·di·nat·ed [kouɔ́ːrd(i)nèitid] adj. 〔단일 목적을 위해〕복수의 근육계(筋肉系)를 사용할 수 있는, 〔근육의〕동조적 작용이 가능한.
*co·or·di·na·tion [kouɔ̀ːrd(i)néiʃ(ə)n] n. ⓤ 1 동위 [화(化)], 동격[화] 등위 관계, 동격, 대등. 2 통일; 일치, 조정; 〔특히 근육 운동의〕 공동 작업.
◇ coórdinate adj., v.
co·or·di·na·tive [kouɔ́ːrd(i)nèitiv / -nət-] adj. 1 동위의, 동등한, 동격의, 대등한. 2 조정된. 3 〔문법〕 등위의.
*co·or·di·na·tor [kouɔ́ːrd(i)nèitər] n. 동등하게 하는 사람(것); 조정하는 사람(것).
coot [kuːt] n. 1 쇠물닭 [유럽 및 아시아에 분포하는 물새]; 검둥오리; 물새. ¶ as bald as a coot 쇠물닭처럼 머리가 벗겨진. 2 《구어》바보, 얼간이, 괴짜[특히 늙은이].
coot·ie [kúːti] n. 《구어》이(louse). 〔은어로 말함〕.
co-own·er [kòuóunər] n. 〔법률〕 공동 소유자(joint owner).
cop[1] [kap / kɔp] vt. (**copped, cop·ping**) 1 《속어》…을 붙잡다. 2 …을 체포하다, 훔치다.
cop a plea 《美속어》무거운 죄를 모면하기 위해서 가벼운 죄를 인정하다.
cop it 《美속어》꾸지람 듣다, 벌 받다(catch it); 《때로》죽음을 당하다, 살해(피살)되다(get killed).
cop out 《구어》① 경찰에 자백하다. ② 배신하다. ③ 〔약속 따위〕를 어기다. ④ 포기하다(on...); 탈락하다. ⑤ 주의(主義)를 바꾸다, 타협하다, 도피하다.
— n. 《英속어》붙잡힘. * 특히 다음 구로 쓰인다. ¶ a fair cop 꼼짝 못하고 붙잡힘.
cop[2] [kap / kɔp] n. 《美속어》경찰관, 순경(policeman). cf. copper[2]
cop[3] [kap / kɔp] n. 1 〔방적 기계의 주축(主軸)에 감

copious

긴〕원추형의 실꾸리. 2 《英방언》〔특히 언덕 따위의〕꼭대기; 〔새의〕볏, 도가머리.
cop. 《略》 copper, copyright, copyrighted.
co·pa·cet·ic, -pe·set- [kòupəsétik] adj. 《美속어》훌륭한, 우수한(excellent).
co·pai·ba [koupéibə, -pái- / kɔpái-] n. ⓤ 코파이바 발삼 〔남미산(產) 콩과(科)의 열대 나무에서 채취되는 유성 수지(油性樹脂)로서, 니스·래커제(劑) 등으로 쓰인다〕 (copaiba balsam).
co·pal [kóup(ə)l], koupǽl, +美 kóupəl] n. ⓤ 코팔 〔여러 가지 열대 나무에서 채취되는 수지로서, 니스·래커 등의 원료〕.
co·palm [kóupɑːm] n. 소합향의 일종 〔북미산(產) 나무〕; ⓤ 〔소합향에서 채취한〕방향성 액체 수지.
co·par·ce·nar·y [koupáːrs(i)nèri / -nəri] n. ⓤ 〔법률〕 〔관습법에 따라서 몇명의 여자에게 인정되는〕 부동산 공동 상속, 상속 재산 공유(共有). — adj. 부동산 공동 상속의. 〔공동 상속인.
co·par·ce·ner [koupáːrs(i)nər] n. 〔법률〕 〔부동산〕
co·part·ner [kòupáːrtnər] n. 협동자, 조합원, 동료; 〔합자·합명 회사의〕 공동 출자자.
co·part·ner·ship [kòupáːrtnərʃìp] n. ⓤ 1 〔상업상의〕 협동, 협조. 2 합자제(制), 손익 분담제, 공동 경영제.
co·párt·ne·ry [koupáːrtnəri] n. =copartnership.
*cope[1] [koup] v. (**coped, cop·ing**) vi. 1 다투다, 겨루다, 맞서다(with...). 2 〔잘〕대처하다(with...). ¶ (~+圍+匿) cope with difficulties 곤란을 타개하다(수습하다) / cope with a task 일을 처리하다. 3 《고어》상대하다; 마주치다(with...). — vt. 《英구어》…에 다투다, 겨루다, …에 대항하다; …에 대처하다(cope with).
cope[2] [koup] n. 1 대법의(大法衣) 〔의식이나 행렬이 있을 때 성직자가 성직복이나 흰 법의(法衣) 위에 걸쳐 입는 긴 맘토 모양의 겉옷〕. 2 〔웃옷이나〕 천개(天蓋)가 비슷한 물건. 3 the cope of night 밤의 장막. 3 천공(天空), 창공, 대공(大空). 4 〔건축〕 〔담의〕 갓돌(coping). — vt. (**coped, cop·ing**) 〔지붕의 용마루 따위에〕 덮개를 씌우다; …에 웃옷이나 대법의를 입히다; 〔담 따위에〕 갓돌을 얹다.
COPE 《略》 Committee on Political Education 〔미국 AFL-CIO 의〕 정치 교육 위원회).
C.O.P.E.C. Conference on Christian Politics, Economics and Citizenship.
co·peck [kóupek] n. =kopeck. 〔의 수도〕.
*Co·pen·ha·gen [kòupənhéigən] n. 코펜하겐 〔덴마크
co·pe·pod [kóupəpàd / -pɔ̀d] n. 《動》 《動物》 요각류(橈脚類) 〔민물·바닷물에 사는 아주 작은 갑각류인데, 물고기·고래의 먹이가 된다〕.
cop·er [kóupər] n. 《英》 말장수, 마상(馬商).
Co·per·ni·can [koupə́ːrnikən] adj. 1 코페르니쿠스의, 코페르니쿠스설[지동설]의. ¶ the Copernican system (or thoery) 지동설. cf. Ptolemaic system 2 철저한, 발본적(拔本的)인. 〔<지동설을 제창한 폴란드의 천문학자 Nicolaus Copernicus(1473-1543) 의 이름〕.
*Co·per·ni·cus [koupə́ːrnikəs] n. 〔천문〕코페르니쿠스 분화구.
co·pe·set·ic [kòupəsétik] adj. =copacetic.
cope·stone [kóupstòun] n. 1 갓돌, 관석(冠石)(coping); 갓돌용의 돌. 2 마지막 손질, 마무리, 완성; 극치, 결정.
cop·i·er [kápiər / kɔ́p-] n. 1 복사하는 사람; 복사기. 2 사자생(寫字生) (transcriber). 3 모방자.
co·pi·lot [kóupàilət] n. 부(副) (보조) 조종사.
cop·ing [kóupiŋ] n. ⓤ 〔담이나 난간의 꼭대기에 얹는〕 두겁대, 갓돌. 2 〔돌 벽돌담 따위의〕 갓돌 공사.
cóping sáw n. 〔세공용의〕 실톱.
cóping stóne n. 〔건물이나 담의 꼭대기에 얹는〕 갓돌, 관석(冠石).
*co·pi·ous [kóupiəs, +英 -pjəs] adj. 1 많은, 대량의

⇨ PLENTIFUL 類語 ¶ a *copious* harvest 풍작. **2** [내용·사상·표현·말 따위가] 풍부한, 너무 풍부한, ¶ *copious* notes 자세한 주(注) / *copious* sources of knowledge 풍부한 지식의 원천 / a *copious* preacher 말 잘하는 설교자, 능변가. ~**ly** *adv*. ~**ness** *n*.

co·pla·nar [koupléinər] *adj*. [수학] [점·선이] 같은 평면에 있는.

co·pol·y·mer [koupálimər / -pɔ́l-] *n*. [화학] 공중합체(共重合體).

cop-out [kápàut / kɔ́p-] *n*. 《美속어》 **1** 자백. **2** 약속 위반, 위약(違約). **3** 포기; 전향(轉向); 탈락. **4** 타협, 도피.

‡**cop·per**¹ [kápər / kɔ́pə] *n*. **1** ⓤ [화학] 구리, 동[금속 원소; 원자 기호 Cu]. **2** 동전; (~s) 잔돈. ¶ ask for *coppers* 잔돈을 요구하다. **3** 구리 그릇, 동제품. **4** 《英》 큰 구리솥. **5** ⓤ [색] 구릿빛.

cool one's coppers 술 깨는 물을 마시다.
— *adj*. 구리로 만든; 구릿빛의. — *vt*. (배 밑 따위)를 구리로 입히다, …에 구리를 쐬우다, 구리로 도금하다. *《속어》*(지는 편)에 돈을 걸다(bet against).
◇ cópperish, cóppery *adj*.

cop·per² [kápər / kɔ́p-] *n*. 《美속어》 경찰관, 순경 (policeman). *cf*. cop²

cop·per·as [kápərəs / kɔ́p-] *n*. ⓤ [화학] 녹반(綠礬), 황산제일철 [염료·의약품·잉크 따위의 제조용].

cópper béech *n*. 너도밤나무의 일종[유럽산(産)이며, 잎은 짙은 구릿빛].

cop·per-bot·tomed [kápərbátəmd / kɔ́pəbɔ́t-] *adj*. [배가] 밑바닥에 동판을 깐(입힌); 항해에 견디는, 튼튼한.

cop·per-col·ored, 《英》 **-oured** [kápərkʌ̀lərd / kɔ́p-] *adj*. 구릿빛의. 〔도금한〕

cop·pered [kápərd / kɔ́p-] *adj*. 구리를 입힌, 구리를 판[칠한].

cop·per·head [kápərhèd / kɔ́p-] *n*. **1** 아메리카살무사[북미산(産) 독사]. **2** (C-) [미국의] 남북 전쟁 당시 남부에 동정한 북부 사람.

cópper Índian *n*. 캐나다의 Yellowknife 족의 인디언.

cop·per·ish [kápəriʃ / kɔ́p-] *adj*. 구리 같은, 구리를 함유한.

cop·per·nose [kápərnòuz / kɔ́p-] *n*. [술꾼의] 붉은 코, 비사증 코.

cop·per·plate [kápərplèit / kɔ́p-] *n*. **1** 동판. **2** 동판으로 인쇄한 것. **3** ⓤ 동판 조각; 동판 인쇄. **4** ⓤ 동판에 조각한 듯이 쓴 글씨.

cop·per-skin [kápərskìn / kɔ́p-] *n*. 아메리카 인디언.

cop·per·smith [kápərsmìθ / kɔ́p-] *n*. **1** 구리 세공인, 구리 그릇 제조인. **2** 오색조, 바벳[인도에 많은 가슴이 붉은 작은 새].

cópper súlfate *n*. ⓤ [화학] 황산동(黃酸銅) (blue vitriol).

cop·per·y [kápəri / kɔ́p-] *adj*. 구리의, 구리로 만든; 구리 같은, 구릿빛의; 구리를 함유한.

cop·pice [kápis / kɔ́p-] *n*. =copse.

cop·pice-wood [kápiswùd / kɔ́p-] *n*. =copsewood.

cop·ra [káprə, kóup- / kɔ́p-] *n*. ⓤ 코프라[코코 야자의 핵이나 과육(果肉)을 말린 것; 야자유의 원료]. [<Port <Mal] 〔공동 사장.〕

co-pres·i·dent [kóuprèzidənt / ˌ--ˈ--] *n*. [두 사람의]

copro- dung(똥)의 뜻의 연결형(* 모음 앞에서는 copr-를 쓴다). 예: *copro*lite.

co-pro·duce [kòuprədjúːs / -djúːs] *vt*. [영화 따위]를 공동 제작하다; 공동 생산하다.

co-prod·uct [kòuprádəkt, -dakt / -prɔ́d-] *n*. 부산물(by-product).

co·pro·lag·ni·a [kɑ̀prəlǽgniə / kɔ̀p-] *n*. [정신 의학] 분변 발정증(糞便發情症) [변태 성욕의 일종으로서, 똥을 보거나 생각하면 발동하는 성적 흥분].

co·pro·la·li·a [kɑ̀prəléiliə / kɔ̀p-] *n*. [정신 의학] 강박적 외설어증(猥褻語症) [강박 행위의 일종으로, 외설스러운 말을 자주 사용하는 증세].

cop·ro·lite [káprəlàit / kɔ́p-] *n*. ⓤ 분석(糞石) [동물의 똥의 화석].

co·prol·o·gy [káprálədʒi / kɔprɔ́l-] *n*. ⓤ 외설(淫談)(호색).

co·proph·a·gous [kəpráfəgəs / kɔprɔ́f-] *adj*. 똥을 먹는, 분식성(糞食性)의 [투구풍뎅이 따위].

cop·ro·phil·i·a [kɑ̀prəfíliə / kɔ̀p-] *n*. [정신 의학] 불결물 기호벽(嗜好癖) [더러운 것, 특히 똥을 병적으로 좋아하는 증세].

co·proph·i·lous [kəpráfələs / -prɔ́f-] *adj*. **1** [어떤 종류의 버섯처럼] 똥을 먹고 자라는, 분생(糞生)의. **2** 변태적으로 똥에 흥미를 가지는. 〔(共榮).〕

co-pros·per·i·ty [kòuprɑspériti, -prəs-] *n*. ⓤ 공영

copse [kaps / kɔps] *n*. 잡목숲 (coppice).

copse·wood [kápswùd / kɔ́ps-] *n*. **1** [고어·페어] 잡목숲(copse). **2** [잡나무숲의] 잔나무, 덤불(underwood).

cop-shop [kápʃàp / kɔ́pʃɔ̀p] *n*. 《속어》경찰관 파출소.

cops·y [kápsi / kɔ́psi] *adj*. 잡목숲이 많은; 잡목숲 같은.

Copt [kapt / kɔpt] *n*. **1** 콥트 사람 [고대 이집트인의 자손]. **2** 콥트 교도 [이집트의 기독교도].

cop·ter [káptər / kɔ́p-] *n*. 《구어》 =helicopter.

Cop·tic [káptik / kɔ́p-] *n*. 콥트말 [고대 이집트어에서 발달했으나 현재는 폐어]. — *adj*. 콥트 사람(말)의.

cop·u·la [kápjulə / kɔ́p-] *n*. (*pl*. ~**s** *or* **-lae** [-liː])
1 잇는 것, 연결물. **2** [논리] [문법] 연사(連辭), 계사(繫辭), 연결사(詞), 연결 동사(linking verb) [주어와 술어(述語)를 연결하는 말; 영어에서는 be 가 대표적인 예].

cop·u·late *vi*. [kápjulèit / kɔ́p-] // — *adj*. (**-lat·ed, -lat·ing**) 성교하다, 교미하다, 교접하다.
— *adj*. [kápjulit / kɔ́p-] 결합된, 연결된.

cop·u·la·tion [kápjuléi(ə)n / kɔ́p-] *n*. ⓤ 결합, 연결, **2** 성교, 교미, 교접.

cop·u·la·tive [kápjulèitiv, -lə- / kɔ́p-] *adj*. **1** 결합시키는, 연결시키는. **2** [문법] 연결사적인, 계사적(繫辭的)인; 연결적인, 연결된 어구(語句) 또는 절(節)로 이루어진. ¶ a *copulative* conjunction 연결 접속사 [and, also 따위] / a *copulative* verb 연결사적 동사 [be 따위]. **3** 성교의, 교미의, 교접의.
— *n*. [문법] 연결사, 계사. ~**ly** *adv*.

‡**cop·y** [kápi / kɔ́pi] *n*. (*pl*. **cop·ies**) **1** 베끼기, 복사, 복제(⇨ FACSIMILE 類語); 모사(模寫), 모방(imitation); 사본, 부본(副本); [법률] 등본, 초본. ¶ a *copy* of a letter 편지의 사본 / keep a *copy* of …의 사본을 떠두다 / take a *copy* of …을 복사하다.
2 ⓒ 원고, 초고; [신문 따위의] 재료, 기사 거리. ¶ a clean (*or* a fair) *copy* 청서, 정서 / a foul (*or* a rough) *copy* 초고 / It will make a good *copy*. 그것은 좋은 원고(기사 거리)가 되겠는 걸.
3 [동일한 책·잡지·사진·판화 따위의] 한 부(部), 한 권. ¶ an autograph *copy* 자서본 (自署本) / a complimentary (*or* a presentation) *copy* 증정본 / an additional *copy* 추가 인화 [사진] / a *copy* in choice binding 예쁘게 장정된 책, 미장본 (美裝本) / a current *copy* of Newsweek 뉴스위크의 최근호 / issue 1,000 numbered *copies* of the book 그 책을 한정판으로 1,000 부 발행하다.
4 《英구어》[학교의] 작문(composition), 숙제. ¶ a *copy* of verses [연습 과제의 일종의] 단시(短詩).
5 [고어] [습자용의] 대본, 글씨본. ¶ write from a *copy* 본을 보고 쓰다.
— *v*. (**cop·ied, cop·y·ing**) *vt*. **1** [서류 따위]를 복사하다; [그림]을 모사하다; [예술 작품 등에서] [자연 따위]를 모방하다. **2** [사람이나 작품]을 본뜨다, [남의 태도·양식]을 흉내내다. **3** ⇨ IMITATE 類語 — *vi*. **1** 복사하다, 베끼다. ¶ (~+圖+圀) *copy into* a notebook 공책에 베끼다 (베껴 쓰다). **2** 모방하다, 흉내내다; [시험 답안을] 몰래 베끼다, 커닝하다 (*after*, *from*, *out of* …).

¶ (~+前+名) *copy after* a good precedent 좋은 선례를 본뜨다 / *copy from* nature 자연을 본보다 / *copy from* [the] life 사생하다.

cop·y·book [kápibùk / kɔ́pi-] *n.* **1** 습자책, 습자본. **2** 복사부(簿), 부본첩. ── *adj.* 진부한, 박힌 (commonplace). ¶ a *copybook* maxim 진부한 격언.

cop·y·boy [kápibɔ̀i / kɔ́pi-] *n.* [신문사에서 심부름하는] 원고 담당 사환.

cop·y·cat [kápikæ̀t / kɔ́pi-] *n.* 《구어》 흉내내는 사람, 모방자. ── *vt.* (-**cat·ted, -cat·ting**) [남의 작품]을 고대로 흉내내다, 표절하다.

cópy dèsk *n.* [신문사·잡지사의] 편집용 책상.
cop·y·ed·it [kápièdit / kɔ́pi-] *vt.* 원고 정리[편집·교열]을 하다.
cópy èditor *n.* 원고 정리[편집·교열]자.
cop·y·graph [kápigræ̀f / kɔ́pigrà:f] *n.* 셀라틴 판(版), 곤약판[복사기] (hectograph).
cop·y·hold [kápihòuld / kɔ́pi-] *n.* 《英법률》 등본 보유권 [England, Ireland 에서, 장원(莊園) 재판소의 기록의 등본을 소지함으로써 입증된 장원 내의 토지 보유권. 지금은 폐지]; [등본 보유권에 의해서 소유하고 있는] 등본 보유권지(地). ── *adj.* 등본 보유권의(에 의한); 등본 보유권지의.
cop·y·hold·er [kápihòuldər / kɔ́pi-] *n.* **1** [인쇄기나 타이프라이터에 부착하는] 원고 누르개. **2** 교정(校正) 조수. **3** 《英법률》 등본 보유권자 [등본 보유권지 (copyhold)의 소유자]. [사[용의].
cop·y·ing [kápiiŋ / kɔ́pi-] *n., adj.* ⓤ 복사(용)의, 등
cópying ìnk *n.* 복사용 잉크.
cópying prèss *n.* 복사기.
cópying rìbbon *n.* [타자기의] 복사용 리본.
cop·y·ist [kápiist / kɔ́pi-] *n.* **1** [특히 문서의] 복사 담당자, 등사계, 필생(筆生); 필경자(筆耕者). **2** 모방자 (imitator).
cópy pàper *n.* ⓤ 복사 용지; 원고 용지.
cop·y·read [kápirìːd / kɔ́pi-] *vt.* (**-read** [-red]) [신문사 등에서] 원고를 정리(교열)하다.
cop·y·read·er [kápirì:dər / kɔ́pi-] *n.* **1** [신문의] 편집부 기자. **2** [신문의 원고를 정리·편집하고 제목을 붙이는] 편집 담당 기자.
*** cop·y·right** [kápiràit / kɔ́pi-] *n.* ⓤ ⓒ 판권, 저작권. ¶ a *copyright* holder 판권 소유자 / infringe *copyright* 판권을 침해하다 / *Copyright* reserved. 판권 소유. ── *adj.* 판권이 있는, 저작권을 가진. ── *vt.* …의 판권(저작권)을 취득하다; [작품의] 저작권을 보호하다. ¶ This book is *copyrighted*. 이 책에는 판권이 있다.
cop·y·right·a·ble [kápiràitəbl / kɔ́pi-] *adj.* 판권(저작권)을 취득할 수 있는.
cop·y·right·er [kápiràitər / kɔ́pi-] *n.* 판권 소유자.
*** cop·y·writ·er** [kápiràitər / kɔ́pi-] *n.* 광고 문안 작성자, 카피라이터. [성.
cop·y·writ·ing [kápiràitiŋ / kɔ́pi-] *n.* 광고 문안 작
coq au vin [kɔːk ɔː véɪ̃] *n.* 코코뱅 [네모지게 썬 돼지고기·양파·마늘·버섯 따위를 넣고 붉은 포도주 소스로 끓인 새고기 스튜]. [< F]
coque·li·cot [kákliko̞u, kóuk-/kɔ́k-] *n.* 개양귀비, 우미인초(虞美人草) (corn poppy). [< F]
co·quet [koukét / kɔket-, kouk-] *vi.* (-**quet·ted, -quet·ting**) **1** [여자가 남자에게] 아양떨다, 교태를 부리다, 따리붙이다(*with*…). **2** 가지고 놀다, 만지작거리다, [가벼운 기분으로] 손대보다, 심심풀이로 해보다 (*with*…). ¶ (~+前+名) *coquet with* a knife 칼을 가지고 장난하다 / *coquet with* business 장사에 손을 대다. ── *adj.* =coquettish. ── *n.* 《폐어》여자를 농락하는 사나이. [< F *coquet* cockerel < *coq* cock]
co·quet·ry [kóukitri, koukét-/kɔ́kit-, koukét-] *n.* ⓤ ⓒ (*pl.* -**ries**). **1** [여자가 남자에게 부리는] 아양, 교태; 추파를 던지기, 아양떨기. **2** 가지고 장난하기, 농락.
co·quette [koukét / kɔk-, ko(u)k-] *n.* **1** 바람을 피우는

여자, 요부 (flirt). **2** [벗이 있는] 벌새 (hummingbird). ── *vi.* (-**quet·ted, -quet·ting**) =coquet.
co·quet·tish [koukétiʃ, +英 kɔk-] *adj.* 남자를 후리는, [여자가] 남자에게 아양부리는, 교태를 부리는, 요염한. ~·**ly** *adv.* ~·**ness** *n.*
co·quille [koukí(ː)l] *n.* 코키유, 조개구이 요리 [가·생선·조개 따위를 조가비 또는 조가비 모양의 그릇에 담아서 구운 요리]. [< F shell]
co·qui·na [koukíːnə] *n.* ⓤ 코키너, 패각암(貝殼岩) [조가비·산호 따위의 파편으로 이루어진 말랑말랑한 백색의 석회암]. [< Sp shellfish]
co·qui·to [koukíːtou] *n.* (*pl.* -**tos**) 코키토 종려(棕櫚) 나무, 칠레 종려나무 [칠레산(產)인데, 수액에서 시럽을 채취하며, 열매는 식용하고, 기름도 짠다] (coquito palm).
cor [kɔːr] *interj.* 《英방언》 저런!, 어머나!; 설마! [놀람·불신을 나타내는 소리].
cor- *pref.* ⇨ COM-.
cor. (略) corner; cornet; coroner; corpus; correct, corrected, correction; correlative; correspondence, correspondent, corresponding.
Cor. (略) Corinthians; Coroner.
Co·ra [kóːurə] *n.* (= Core, Kore) [그리스 신화] 코레 [지하계(界)의 여왕 페르세포네 (Persephone)와 동일한 여신으로서, 처녀성의 상징].
cor·a·cle [kɔ́ːrəkl, kár-/ kɔ́r-] *n.* 《英》 고리 배 [Wales나 Ireland에서 사용하는 것으로서, 버들가지를 고리짝처럼 엮은 것에 짐승가죽이나 천을 씌운 작은 배].
*** cor·al** [kɔ́ːrəl / kɔ́r-] *n.* ⓤ **1** 산호. **2** 산호충(蟲) (coral polyp). **3** 산호 세공; [첫먹이에게] 산호로 만든 장난감. **4** ⓤ 산호빛. **5** ⓤ 새우 알 [삶으면 산호빛이 되기 때문]. **6** **1** 산호로 된 것. **2** 산호빛을 만드는. ¶ a *coral* polyp 산호충. **3** 산호빛의.
◇ **córalline** *adj.*
córal ìsland *n.* 산호섬 [산호초가 해면 위로 올라와 형성된 섬]. [산호질(質)의.
cor·al·lif·er·ous [kɔ̀(ː)rəlífərəs] *adj.* 산호가 나는;
cor·al·line [kɔ́ːrəlin, -làin / kɔ́rəlàin] *adj.* 산호의; 산호 비슷한; 산호빛. ── *n.* **1** 산호물품[과(科)의 해초. **2** 산호 모양의 동식물 [이끼벌레·히드로충 따위].
cor·al·lite [kɔ́ːrəlàit / kɔ́r-] *n.* ⓤ **1** 한 개의 산호의 골격. **2** 화석 산호. **3** 산호수(樹). **4** 산호빛 대리석.
cor·al·loid [kɔ́ːrəlɔ̀id / kɔ́r-] *adj.* 산호 모양의, 산호 비슷한.
córal réd *n.* ⓤ (때로 a ~) 붉은 산호빛. [같은.
córal rèef *n.* 산호초.
córal ròot *n.* 산호뿌리난초 [난초과(科)의 식물].
córal snàke *n.* 산호뱀 [특히 미국 남부산(產) 작은 독사].
córal trèe *n.* 인도콩 [인도산(產) 콩과(科)의 식물; 완두 비슷한 산호빛 꽃이 핀다].
co·ram po·pu·lo [kɔ́ːræm pápjəlòu / kɔ́ːræm pɔ́pjulòu] (라틴) 대중 앞에서, 공공연히 (publicly).
cor an·glais [kɔ̀ːr ɑːŋgléi, +英 -æŋ-] *n.* 《음악》 잉글리시 호른 (English horn). [< F]
cor·ban [kɔ́ːrbæn, +英 -bən] *n.* 《주로 성서》고대 유대인이 소원을 달성하기 위하여 신에게 바치던 제물.
cor·beil, -beille [kɔ́ːrbel] *n.* [건축] 꽃바구니 장식 [과일 또는 꽃을 담은 바구니를 조각한 것]. [< F *corbeille* basket]
cor·bel [kɔ́ːrb(ə)l] *n.* [건축] **1** 코벨, 까치발 [위층이 아래층보다 돌출하도록 초엽 비슷하여 벽면에서 벽돌·돌 따위를 내쌓기]. **2** [대들보·도리 따위의] 받침 나무. ── *vt.* (-**beled, -bel·ing** 《특히 英》 -**belled, -bel·ling**) **1** …에 초엽처럼 위층을 내쌓다. ¶ *corbel off* (or *out*) …에 초엽처

[corbel 2]

cor·bel·ing, -bel·ling [kɔ́:rbəliŋ] n. 〔건축〕 초엽 구조[위로 올라감에 따라 차례차례 밖으로 돌출한 구조]; 초엽쌓기 방법.
corbel-step [kɔ́:rbəlstèp] n. 〔건축〕 =corbiestep.
córbel táble n. 초엽 선반[난간 또는 처마나 천장 널 림 띠(cornice) 밑에 일렬로 늘어선 초엽쌓기].
cor·bie [kɔ́:rbi] n. 《스코》 큰까마귀(raven); 까마귀 (crow).
cor·bie-step [kɔ́:rbistèp] n. 〔건축〕코 벨 단(段) [박 공(牔栱)의 양쪽에 붙인 층계 모양의 돌출물].
‡**cord** [kɔ:rd] n. 1 ⓤⓒ 끈, 가는 노끈; 가는 새끼줄. ¶ untie a cord 끈을 풀다. 2 ⓒⓤ 〔전기〕코드. 3 〔해 부〕삭상(索狀) 조직, 대(帶), 인대(靭帶)〔끈 모양의 기 관을 가리킨다〕. ¶ the spinal cord 척수(脊髓) / the vocal cords 성대. 4 ⓤ 골지게 짠 천, 〔특히〕 코르덴 천; (~s) 코르덴 바지. 5 (종종 ~s) 구속, 속박. ¶ the cords of love 사랑의 굴레. 6 코드척(尺)〔장작의 체적 단위. 128ft³ (3.6246m³)〕. 7 vt. …에 장식끈을 달다; …을 끈으로 동이다; 〔코드로 나누어〕〔장작을 쌓아올리 다. ¶ cord [up] a box 상자를 묶다.
cord·age [kɔ́:rdidʒ] n. 1 ⓤ 〔집합적〕 끈, 밧줄; 〔배 의 삭구(索具)로 쓰이는〕삭조(索條). 2 코드 척(尺)으 로 쌓아올린 장작의 분량.
cor·date [kɔ́:rdeit] adj. 〔조가비·잎 따위가〕심장형 의.
cord-cord·less [kɔ́:rdkɔ́:rdlis] adj. 〔전기 기구가〕 교류·충전 겸용의. ¶ a cord-cordless shaver 충전도 할 수 있는 전기 면도기.
cord·ed [kɔ́:rdid] adj. 1 끈이 있는, 끈으로 된, 끈 모 양의. 2 〔천의 직이〕골지게 짠. 3 끈으로 묶은. 4 〔목재·장작을〕1 코드씩 나눠 쌓은.
Cor·del·ia [kɔ:rdí:ljə] n. Shakespeare 작 *King Lear* (1605-06)에 등장하는 리어왕의 막내딸.
Cor·de·lier [kɔ̀:rdilíər] n. 1 프란시스코회 수도사 〔매듭이 있는 허리띠를 두른 데서〕. 2 (~s) 코르들리 에 클럽〔프랑스혁명의 수도원에서 회합한 프랑스 혁명 시대 파리의 정치 결사〕.
cor·delle [kɔ:rdél] n. 〔미국·캐나다에서 쓰이는 배 의〕 기는 밧줄. — vt. (-delled, -delling) 〔배〕를 밧 줄로 끌다.
‡**cor·dial** [kɔ́:rdʒəl / -djəl] adj. 1 진심에서 우러나는, 마음으로부터의; 따뜻한, 우정(애정)이 어린, 인정있는, 친절하고 공손한. ⇒ AMIABLE 類語 ¶ a cordial greeting 진심에서 우러나온 인사 / a cordial liking (dislike) 진 심으로 좋아함(싫어함). 2 강장성(強壯性)의; 기운을 돋구는. ¶ a cordial food 강장식 / a cordial medicine 강장(강장)제. — n. 1 ⓤⓒ 강장제; 자극제(stimulant). 2 강심제. 3 ⓤ코디얼주(酒), 리큐르주(술) (liqueur). ~·ness n. córdially adv., cordíality n.
cor·di·al·i·ty [kɔ̀:rdʒiǽləti, kɔ̀:rdʒǽl- / -diǽl-] n. (pl. -ties) 1 ⓤ진심, 성심 성의; 인정, 온정, 성실. 2 진심에서 우러나온 말(행위), 성심 성의의 표시; 인정있 는 말(행위), 온정의 표시.
*****cor·dial·ly** [kɔ́:rdʒəli / -djəli] adv. 성심 성의로, 정 성껏, 진심으로, 친절하게. ¶ Cordially yours; Yours cordially 경구(敬具) 〔편지의 끝맺음 말〕.
cor·di·form [kɔ́:rdifɔ̀:rm] adj. 심장형의.
Cor·dil·le·ra [kɔ̀:rdiljéərə / kɔ̀:r-diljéərə] n. 산맥, 주요 산계(山系) 〔보통 대륙에 있는 것〕.
cord·ing [kɔ́:rdiŋ] n. ⓤ 1 〔총칭적〕 끈, 밧줄(cord-age). 2 〔직물〕 골지게 짜기. 3 장식 끈.
cord·ite [kɔ́:rdait] n. ⓤ 코르다이트 폭약〔끈 모양의 무연 화약〕.
cord·less [kɔ́:rdlis] adj. 1 줄(끈)이 없는. 2 〔전기 기구가〕 코드가 필요없는. ¶ a cordless electric tooth-brush 코드가 필요없는 전기 칫솔.
córdless phòne n. 전화선 없는 전화기.
Cor·do·ba [kɔ́:rdəbə] n. 1 (=**Cor·do·va** [-və]) 코 르도바〔스페인 남부의 도시. 무어인 지배 시대의 수도〕. 2 아르헨티나 중부의 도시. 3 (c-) 중미 니카라과의 통 화 단위; 그 은화.
cor·don [kɔ́:rdn] n. 1 장식끈, 묶는끈〔어깨에서 겨 드랑이 밑으로 걸치는〕(sash)(綬章), 장식 리본〔기사 (騎士)훈장·명예장 따위〕. ¶ the blue *cordon* 청수장. *cf.* cordon bleu / the grand *cordon* 대수장(大綬章)〔최고 기사 훈 장〕. 2 〔군대〕 초병선(哨兵線), 비상〔경계〕선. ¶ a sanitary *cordon* 〔전염병 발생지의〕 방역선 / a *cordon* of police 〔경찰의〕비상〔경계〕선/post (*or* draw) a *cordon* 비상선(초병선)을 치다. 3 〔築城〕 성벽(ram-part)과 흉벽(胸壁)(parapet) 사이의 불쑥 내민 갓돌. 4 〔건축〕 성벽의 비상선(초병선)으로 둘러싸다. 5 〔園藝〕 외대 가꾸기〔과수의 줄기나 가지 중 1~2가닥만 지면에 수직·수평으로 자라 도록 가꾸는 법〕.
— *vt.* 비상선(초병선)으로 둘러싸다(...off).
cor·don bleu [F kɔrdɔ̃ blǿ] n. (*pl.* **cor·dons bleus** [F kɔrdɔ̃ blǿ]) 1 청수장(靑綬章)〔프랑스, 부르봉 왕 조 시대의 기사의 최고 훈장〕. 2 청수장과 비슷한 높 은 명예(영예). 3 청수장 착용 자격의 소유자. 4 〔한 분야의〕 권위자, 명인, 〔익살〕 일류 요리사.
〔<F blue ribbon〕
Cor·do·van [kɔ́:rdəvən] adj. 1 〔스페인의〕 코르도 바(Cordoba, Cordova)의. 2 (c-)코도반 가죽의(으로 된), 코도반의. — n. 1 〔스페인의〕코르도바 사람. 2 (c-) ⓤ 코도반 가죽〔코르도바 원산의 부드러운 염소 가죽〕.
*****cor·du·roy** [kɔ́:rdərɔ̀i, -́--́ / -́-́-, -djur-] n. 1 ⓤ 코 르덴〔천〕. 2 (~s) 코르덴복〔특히 바지〕. 3 〔원래 美〕 〔소택지 따위의〕 통나무 길(corduroy road).
— *adj.* 1 코르덴〔제〕의. 2 〔도로 따위가〕 통나무를 가로놓아 만든. — *vt.* 통나무를 가로놓아〔길 따위〕를 만들다; 〔습지 따위〕에 통나무를 깔아서 길을 내다.
córduròy ròad n. 〔美〕 통나무 길.
cord·wain [kɔ́:rdwein] n. ⓤ 〔고어〕 코도반 가죽 (cordovan leather).
cord·wain·er [kɔ́:rdweinər] n. 〔고어〕 코도반 가죽 직공; 제화공. * 지금은 길드(guild)의 이름마위로 쓴다.
cord·wood [kɔ́:rdwùd] n. ⓤ 1 코드 척(尺) 단위로 쌓은 목재〔장작 따위〕. 2 〔코드 척으로 나눠 쌓기 위한〕 길이 4피트로 쪼갠 장작.
*****core** [kɔ:r / kɔ:] n. 1 〔과실 따위의〕 속, 응어리, 과 심(果心). 2 〔문제의〕핵심; 중요 부분, 심장부. 3 정수 (精髓); 〔비유〕 핵심. ¶ to the *core* 마음속까지 / be rotten at the *core* 근성이 썩어 있다. 4 중심〔부〕; 〔전자석(電 磁石) 따위의〕 철심(鐵心), 발전자(發電子) 철심 (magnetic core). 〔鑄造〕 코어, 심형(心型) 〔차바퀴에 구멍을 내기 위한 주형〕; 〔나무의 목질부〔심재(心材)와 표피의 중간〕; 〔베니어판의〕 심목(心木); 〔주물의 핵심〕 의 심. 5 〔광산〕 〔흙·바위·광물의〕 원통형 채취 샘 플. 6 〔인류〕 〔석기 시대의〕 석재. 7 〔지질〕 지구의 중심부; 〔물리〕 〔원자로의〕 노심(爐心). — *vt.* (cored, cor·ing) 1 〔과실의〕 속 (응어리)을 빼다(없애다). 2 …을 중심부에서 잘라내다(뽑아내다), …에서 견본을 떼 어내다(채취하다). 3 〔주물〕에 공동(空洞)을 만들다.
CORE (略) *Congress of Racial Equality*(미국 인종 평등 회의).
Co·re·a [kɔrí:ə / -ríə] n. =Korea.
Co·re·an [kɔrí:ən, kou-] adj., n. =Korean.
córe cíty n. 〔美〕 메갈로폴리스의 중심 도시(central city).
córe currículum n. 〔교육〕 중핵 교육 과정〔코어 커 리큘럼〕〔교과의 틀에 얽매이지 않고, 사회 생활 문제를 중심으로 하여, 그것을 해결하는 데에 필요하다고 생각 되는 전교과를 관련시킨 커리큘럼〕.
co·re·la·tion [kòurilɛ́i(ə)n] n. 〔주로 英〕 =corre-lation.
core·less [kɔ́:rlis / kɔ́:-] adj. 속(핵심)이 없는; 공 허한.

co·re·li·gion·ist [kòurilídʒənist] *n.* 같은 종교의 신자.

córe mèmory *n.* 〖컴퓨터〗 자심(磁心) 기억 장치.

co·re·op·sis [kò:riápsis / kɔ̀riɔ́p-] *n.* (*pl.* **-sis**) 금계국(金鷄菊), 큰금계국, 기생초.

cor·er [kɔ́:rər / kɔ́:-] *n.* 〔사과 따위 과일의〕 속을 도려내는 과도; 응어리 빼내는 기구; 〔흠·바위 따위의〕 샘플 채취기.

co·re·spond·ent [kòurispándənt / -pɔ́nd-] *n.* 〔법률〕 〔간통을 원인으로 하는 이혼 소송에서〕 공동 피고.

córe stòrage *n.* 〖컴퓨터〗 자기(磁氣)코어 기억장치 (core memory).

córe tìme *n.* 코어 타임 〔flextime 제에서 반드시 출근해야 할 의무 시간대(帶)〕.

córe tùbe *n.* 코어 튜브〔표본을 채취하기 위해 지면(월면) 하에 삽입하는 관(管)〕.

corf [kɔːrf] *n.* (*pl.* **corves** [kɔːrvz]) 〔英〕 **1** 〔광산〕 석탄(광석) 운반차(바구니, 삼태기). **2** 〔산 물고기를 넣어두는〕 활어 탱크. ——〔은 개〕.

cor·gi [kɔ́:rgi] *n.* 코르기 개〔영국 Wales 산(産)의 작은 개〕.

co·ri·a [kɔ́:riə / kɔ́:-] *n.* corium 의 복수형.

co·ri·a·ceous [kɔ̀:riéiʃəs / kɔ̀ri-] *adj.* 가죽의, 가죽으로 만든, 가죽 같은.

co·ri·an·der [kɔ̀:riǽndər / kɔ̀ri-] *n.* 고수〔미나리과(科)의 식물〕; 고수의 열매〔향료의 재료〕.

Cor·inth [kɔ́:rinθ, kάr- / kɔ́r-] *n.* 코린트〔고대 그리스의 도시, 상업·예술의 중심지〕.
◇ **Corínthian** *adj., n.*

*Co·rin·thi·an** [kərínθiən] *adj.* **1** 〔고대 그리스의 도시〕 코린트의. **2** 〔코린트 사람처럼〕 사치스러운, 방탕한. **3** 〔문체 따위가〕 화려한(ornate). **4** 〔건축〕 코린트식의. ⇨ CAPITAL² 그림. *cf.* Doric, Ionic ¶ the *Corinthian* order 코린트 양식. —— *n.* **1** 코린트 사람. **2** (the ~s) 《단수 취급》 고린도서〔신약성서 중에 있는 사도 바울의 두 서한 중의 하나〕. * 정식으로는 the Epistles 〔of Paul the Apostle〕 to the Corinthians〔사도 바울의〕 고린도인들에게 보내는 편지〕라고 한다. ¶ the First (the Second) *Corinthians* 고린도인들에게 보내는 첫째(둘째) 편지. **3** 돈많은 사교가; 〔요트·경마 등을 하는〕 아마추어 운동가; 〔폐어〕 난봉꾼.

co·ri·um [kɔ́:riəm / kɔ́:-] *n.* (*pl.* **co·ri·a**) 〔해부〕 진피(derma).

‡**cork** [kɔːrk] *n.* **1** ⓤ 코르크〔코르크나무(cork oak)의 외피 아래에 생기는 코르크 조직으로 만든 것〕. ¶ burnt *cork* 코르크 먹〔눈썹을 그리거나 배우의 분장용〕. **2** =cork oak. **3** ⓒ 〔코르크나 고무로 만든〕 병마개; 코르크 제품〔특히 낚시찌〕. **4** 〖식물〗 코르크 조직, 전피(栓皮)〔나무의 외피에 생긴 목전(木栓)세포의 집합체〕. **like a cork** 뜨기 쉬운; 쾌활한; 곧 원기를 회복하는. —— *adj.* 코르크로 만든. —— *vt.* **1** ···에 코르크〔제품〕를 붙이다. **2** 〔병〕에 코르크 마개의 마개를 하다; 〔병〕을 코르크 마개로 막다, 코르크 마개로 밀폐하다(...up). **3** 〔눈썹·얼굴 따위〕를 코르크 먹으로 검게 칠하다〔분장하다〕. ◇ **córky** *adj.*

cork·age [kɔ́:rkidʒ] *n.* ⓤ **1** 〔병마개 가지고 들어온 술에 대하여 레스토랑·호텔에서〕 병마개 따주는 봉사 요금. **2** 병마개를 뽑기(끼우기).

corked [kɔːrkt] *adj.* **1** 코르크 마개를 한. **2** 〔포도주 따위가〕 코르크 냄새가 나는(corky). **3** 코르크 먹으로 검게 칠한(화장한). **4** 〔구두창 따위에〕 코르크를 댄.

cork·er [kɔ́:rkər] *n.* **1** 코르크 마개를 박는 사람(기계). **2** 〔속어〕 토론 따위에 결말을 짓는 한 마디, 결정적(압도적)으로 놀라운(사람), 터무니 없는 거짓말; 굉장한 것(사람).

cork·ing [kɔ́:rkiŋ] 〔구어〕 *adj.* 훌륭한(excellent), 멋진(fine). —— *adv.* 훌륭히, 멋지게(very). ¶ have a *corking* good time 아주 멋진 시간을 보내다.

córk jàcket *n.* 〔코르크로 만든〕 구명 조끼.

córk òak *n.* 코르크나무〔지중해 연안 지방에서 나는 너도밤나무과(科)의 식물; 두꺼운 코르크 조직에서 코르크를 채취〕.

cork·screw [kɔ́:rkskrù:] *n.* 마개뽑이 〔코르크 마개를 뽑는 나선형 기구〕. —— *adj.* 〔마개뽑이처럼〕 나선형의(spiral). ¶ a *corkscrew* curls 나선 모양의 고수머리 / a *corkscrew* path 나선형의 길 / a *corkscrew* dive 선회 강하(降下). —— *vt., vi.* ···을 나선 모양으로 움직이게〔나아가게〕 하다; 나선 모양으로 움직이다〔나아가다〕.

cork-tipped [kɔ́:rktìpt] *adj.* 〔英〕 〔궐련〕 코르크 모양의 필터가 있는.

córk trèe *n.* **1** =cork oak. **2** 황벽나무〔운향과(科)의 나무〕; 외피 아래에 코르크 조직이 있다.

cork·wood [kɔ́:rkwùd] *n.* **1** 라이트네리아〔북미산(産) 낙엽 관목. **2** ⓤ 목질부가 가볍고 기공(氣孔)이 있는 나무〔발사(balsa) 따위〕.

cork·y [kɔ́:rki] *adj.* (**cork·i·er, cork·i·est**) **1** 코르크 성(質)의. **2** 코르크 모양의, 코르크 같은. **3** 〔구어〕 들뜬(buoyant), 활발한, 발랄한(lively). **3** 〔포도주 따위가〕 코르크 냄새가 나는.

corm [kɔːrm] *n.* 〔식물〕 구경(球莖) 〔구상(球狀)으로 생긴 땅밑 줄기〕.

cor·mo·rant [kɔ́:rmərənt] *n.* **1** 〔鳥類〕 가마우지. **2** 〔비유적〕 먹보, 게걸스럽게 먹는 사람; 대식가; 욕심꾸러기. —— *adj.* 많이 먹는; 게걸스럽게 먹는; 욕심꾸러기의(rapacious).

‡**corn**¹ [kɔːrn] *n.* ⓤ **1** 〔美〕〔집합적〕 옥수수(Indian corn, 〔美〕 maize). ¶ break *corn* 〔美〕 옥수수를 따다. **2** 〔英〕 〔집합적〕 a) 곡물(grain) (*〔英〕 에서는 집합적으로 보리, 특히 밀(wheat), 〔스코〕 에서는 귀리(oats)의, 〔美〕 에서는 옥수수를 가리키는 것처럼, 일반적으로 그 지방의 주요 곡물을 가리킨다). ¶ *Up corn, down horn.* 〔속담〕 곡식값이 오르면 쇠고기값이 내린다. b) 곡초(穀草) 〔밀·호밀 등〕. ¶ a field of *corn* 〔옥수수〕밭 / a sheat of *corn* 곡초 한 다발 / cut the *corn* 곡초를 베다. **3** ⓒ 〔밀·호밀·보리·옥수수 따위의〕 알갱이, 낟알. **4** 〔美〕 =corn whiskey. **5** 〔美〕〔속어〕 케케묵은 생각(이야기), 진부한 익살, 감상적인 음악. **6** 〔美〕 사탕수수(sweet corn). **7** 〔스키〕 싸라기 눈(corn snow).
acknowledge the corn 〔원래 美〕 제 잘못(과실)을 인정하다.
corn in Egypt 〔음식물 따위의〕 풍부한 공급, 이집트의 공급〔←창세기(Gen.) 42 : 1-2〕. 〔강〕 하다.
eat one's corn in the blade 수입을 예상하고 낭비〔호〕
measure a person's corn by one's own bushel 자기를 표준으로 하여 남을 판단하다.
—— *vt.* **1** 〔화약 따위〕를 알로 뭉치다. **2** 〔고기·물고기〕를 소금에 절여 보존하다; ···에 잔뜩 넣다; 소금을 뿌리다. **3** 〔토지〕에 곡식을 심다. **4** ···을 곡물로 기르다, ···에 곡식을 먹이다. ◇ **córny**¹ *adj.*

corn² [kɔːrn] *n.* 〔병리〕 **1** 못, 티눈, 물집. **2** 〔말의 연부 좌상(軟部挫傷)으로 생기는〕 말굽 종창(腫脹).
tread (or *step*) *on a person's corns* (or *toes*) 〔구어〕 남의 감정을 상하게 하다.

Corn. (略) Cornwall, Cornish.

-corn horn 이라는 뜻의 연결형. 예: longi*corn*, uni*corn*.

corn·ball [kɔ́:rnbɔ̀:l] 〔美속어〕 *n.* 시골뜨기, 고리타분한 녀석. —— *adj.* 케케묵은, 진부한.

Córn Bèlt [kɔ́:rn-] *n.* 옥수수 지대〔옥수수 재배 및 옥수수의 가축 사육에 가장 적합한 미국 중서부 지방, 특히 Iowa, Illinois, Indiana 주 일대〕.

corn bòrer *n.* 조명충나방의 유충〔옥수수의 해충〕.

corn·brash [kɔ́:rnbrӕ̀ʃ] *n.* 〔지질〕 석회 사암층(砂岩層) 〔곡물 재배에 알맞은 퇴적층〕.

córn brèad *n.* 〔美〕 옥수수빵.

córn càke *n.* ⓤ(ⓒ) 〔美〕 〔옥수수 가루로 만든〕 옥수수빵.

córn chàndler *n.* 〔英〕 곡류 소매상. 〔과자.

corn·cob [kɔ́:rnkὰb / -kɔ̀b] *n.* **1** 옥수수의 속대. **2** =corncob pipe.

córncòb pípe *n.* 옥수수의 속대로 만든 파이프.

córn còckle n. 선옹초[곡초 사이에 나는 패랭이꽃科(과)의 1년초]. [색(light yellow).
córn còlor ((英) **còlour**) n. ⓤ (때로 a ~) 엷은 황
corn-col·ored, (英) **-oured** [kɔ́ːrnkʌ̀lərd] adj. 엷은 황색의.
corn-crack·er [kɔ́ːrnkræ̀kər] n. 《경멸적》 미국 남부의 가난한 백인.
córn cràke n. 뜸부기의 일종.
corn·crib [kɔ́ːrnkrìb] n. 옥수수 창고.
córn dánce n. 《옥수수의 파종 및 수확 때 추는》 북미 인디언의 춤.
córn dódger n. 《주로 美남부》 딱딱하게 구운 옥수수
cor·ne·a [kɔ́ːrniə] n. 《해부》 각막(角膜); 빨.
cor·ne·al [kɔ́ːrniəl] adj. 《해부》 각막의.
córn éarworm n. = bollworm.
*corned [kɔːrnd] adj. **1** 소금에 절인. ¶ *corned* beef 콘 비프. **2** 《英속어》 술취한(intoxicated).
cor·nel [kɔ́ːrn(ə)l] n. 《식》 층층나무[산딸나무속(屬)의 식물; 교목과 관목이 있다].
cor·nel·ian [kɔːrníːljən] n. = carnelian.
cor·ne·ous [kɔ́ːrniəs] adj. 각질(角質)의; 뿔 같은.
‡cor·ner [kɔ́ːrnər] n. **1** 모, 모서리, 모퉁이, 구석, 한 구석; 끝(end), 가장자리(margin). ¶ a *corner* of a box (a room, a table) 상자(방, 테이블)의 한 구석 / stand (or put) a child in the *corner* [벌로서] 방 구석에 아이를 세우다.
2 [길의] 모퉁이; 돌출부, 튀어나온 모서리. ¶ a house on the *corner* 모퉁이집 / a *corner* of land 바다 따위에 돌출한 토지/at the *corner* of the street 거리모퉁이에서.
── Usage at, in, on the corner ──「모퉁이」가 지점인 경우에 at, 구석의 구획안에 있으면 in, 모퉁이 땅에 접촉해 있는 집 따위의 경우는 on을 쓴다. * 보기에 따라 on 대신 at을 쓰는 일이 있다.
3 외딴 곳, 구석진 곳, 한쪽 구석; 〔모든〕 부분, 지역 (region, quarter). ¶ a dark *corner* 어두운 구석 / all the *corners* (or the four *corners*) of the earth 세계도처, 방방곡곡 / within the four *corners* of …의 범위 안에서 / see every nook and *corner* in the house 집안을 구석구석 다 살피다 / leave no *corner* unsearched 샅샅이 뒤지다.
4 (~s) [인품의] 모. ¶ rough *corners* 버릇없는 태도 / round off a person's *corners* 남의 모난 데를 없애다.
5 궁지, 곤경, 난처한 입장. ¶ in a tight *corner* 궁지에 빠져서 / drive a person into a *corner* 남을 궁지에 몰아넣다.
6 〔상업〕 〔주식이나 상품의〕 매점(買占). ¶ make a *corner in* grain 곡물을 매점하다.
7 (the C-) 《英속어》 London의 태터솔(Tattersall's)에 있는 도박장.
8 모퉁이에 대는 것, 코너[모퉁이를 보호하는 것].
9 〔축구〕 = corner kick; 〔하키〕 코너 히트.
around (or **round**) **the corner** ① 길 모퉁이를 돈 곳에. ② 바로 다가와서.
cut corners ① 〔길 모퉁이 따위를 지나지 않고〕 지름길로 가다, 마구 돌진하다. ② 돈〔시간, 노력〕을 절약하다.
cut off a corner = cut *corners* ①.
keep a corner 조그마한 자리〔지위〕를 차지하다.
trim one's **corners** 《美속어》 사태가 허용하는 범위에서 모험을 하다.
turn the corner ① 모퉁이를 돌다. ② 〔경마〕 최종 코너를 돌다. ③ 〔병이〕 고비를 넘기다; 위기를 뚫고 나아가다.
── vt. **1** …에 모(모서리)를 내다. ¶ (~+图+前+图) *corner* walls with stone 벽의 모서리를 돌로 쌓다.
2 …을 모퉁이(구석)에 놓다; …을 모퉁이에 몰아넣다, …을 궁지에 몰아넣다. **3** 〔상업〕 …을 매점하다. ¶ *corner* wheat 밀을 매점하다 / *corner* the market 시장의 물건을 매점하다. ── vi. **1** 모퉁이를 이루다; 모퉁이에 있다(*on*…). ¶ the spot where the three states *corner* 3주(州)가 모를 이루고 인접한 지점 / a tearoom that *corners* on the street 거리 모퉁이의 다방. **2** 〔~+前+图〕 *corner* in stocks 재고품을 매점하다.
── adj. **1** 모퉁이에 있는. **2** 모퉁이〔구석〕에서 쓰이
cor·ner·back [kɔ́ːrnərbæ̀k] n. 〔미식축구〕 코너백 〔수비 위치의 하나, 제일 바깥쪽 측면을 지키는 하프 백〕.
córner bòy n. 《英》 거리의 불량배(corner man).
cor·nered [kɔ́ːrnərd] adj. **1** 《보통 복합어를 만들어》 모퉁이〔구석〕가 있는, 모가 난; 몇가지 입장이 있는. ¶ a four-*cornered* contest for a prize 넷을 둘러싼 네 사람의 경쟁. **2** 궁지에 몰린, 진퇴 유곡의.
cor·ner·er [kɔ́ːrnərər] n. 〔상업〕 매점자.
córner·ing skíd [kɔ́ːrnəriŋ-] n. 〔자동차 따위가〕 커브를 돌 때 일어나는 슬립.
córner kíck n. 〔축구〕 코너 킥.
córner mán n. **1** 흑인 악단의 양끝에 서서 캐스터네츠나 탬버린을 쳐서 흥을 돋구는 사람(end man). **2** 거리의 불량배(corner boy). **3** 〔상업〕 매점 상인.
córner shóp n. 〔수퍼마켓에 대해〕 구멍 가게.
cor·ner·stone [kɔ́ːrnərstòun] n. **1** 〔건축〕 〔건물 귀퉁이의 모퉁이〕 주춧돌; 〔건축 공사 개시를 기념하는 정초식에서 토대의 주요 일각에 놓는〕 초석, 정초(定礎). **2** 〔사물의〕 기초, 토대(basis). ¶ The Magna Carta is the *cornerstone* of English liberty. 마그나 카르타는 영국의 자유의 초석이다.
cor·ner·wise [kɔ́ːrnərwàiz], **-ways** [-wèiz, -wəz] adv. 모가 나게, 돌출하여; 모퉁이에서 모퉁이로 비스듬히, 어긋나게.
cor·net [kɔːrnét / kɔ́ːnit] n. **1** 코넷〔세 개의 피스톤이 있는 트럼펫 모양의 악기〕; 코넷 연주자. **2** 〔소매점 따위에서 작은 물품이나 과자 따위를 넣는〕 삼각형 종이 봉지. **3** 《英》 〔아이스크림 따위를 넣는〕 콘〔원추형의 웨이퍼〕 (cone). **4** 〔자선회의 수녀가 쓰는〕 흰색의 큰 모자. **5** 〔옛날의〕 여성의 장식용 두건(cornette). **6** 〔해군의〕 신호기. **7** 〔이전의〕 기병대 기수(旗手).
cor·net-à-pis·tons [kɔːrnétəpistɔ̀ːŋ] n. (pl. **cor·nets-**) 코넷(cornet). [< F cornet with valves]
cor·net·ist, -net·tist [kɔːrnétist / kɔ́ːnit-] n. 코넷 연주자. [래소.
corn-ex·change [kɔ́ːrnikstʃèindʒ] n. 《英》 곡물 거
corn-fac·tor [kɔ́ːrnfæ̀ktər] n. 《英》 곡물 도매상.
corn-fed [kɔ́ːrnfèd] adj. **1** 〔가축 따위가〕 옥수수로 자란. **2** 《美속어》 커서 굼튼(서투른); 멍청한.
*corn·field [kɔ́ːrnfìːld] n. 곡물밭; 옥수수 밭.
corn-flag [kɔ́ːrnflæ̀g] n. 글라디올러스(gladiolus)의 일종.
corn-flakes [kɔ́ːrnflèiks] n. pl. 콘플레이크〔옥수수를 으깨어 바삭바삭하게 익힌 것. 우유나 설탕을 넣어서 먹는다〕. [루.
córn flóur n. ⓤ **1** 《英》 = cornstarch. **2** 곡물의 가
corn-flow·er [kɔ́ːrnflàuər] n. **1** 팔랑개비국화. **2** 선옹초(corn cockle).
corn-husk [kɔ́ːrnhʌ̀sk] n. 《美》 옥수수 껍질.
corn-husk·ing [kɔ́ːrnhʌ̀skiŋ] n. ⓤ《美》 옥수수 껍질 벗기기; 〔옥수수 껍질 벗기는 축제〕 (husking bee).
cor·nice [kɔ́ːrnis] n. **1** 〔건축〕 처마 돌림띠〔건물이나 벽의 꼭대기에서 수평으로 돌출한 부분〕; 코니스〔entablature의 윗부분〕. **2** 천장돌림띠〔실내에서 천장과 벽의 경계에 돌출한 부분〕; 〔커튼의 윗부분을 덮는〕 상인방(上引枋). **3** 벼랑 끝에 차양처럼 눈더미. ── vt. (**-niced, -nic·ing**) …에 돌림띠를 붙이다.
corn·i·ness [kɔ́ːrninis] n. ⓤ 곡물이 풍부함.
Cor·nish [kɔ́ːrniʃ] adj. 영국 Cornwall 주(州) 〔영국 서남부의 주(州)〕 의; Cornwall 사람(말)의.
── n. ⓤ 콘월말〔Cornwall 지방의 켈트 방언; 18세기까지 사용되었다〕.
Cor·nish·man [kɔ́ːrniʃmən] n. (pl. **-men** [-mən])

영국 Cornwall 의 주민, Cornwall 사람.

córn júice n.《美속어》=corn whiskey.

Córn Láws n.《英역사》곡물 조례(條例)[곡물의 수입에 무거운 세금을 부과하던 법률; 1846년에 폐지].

córn líquor n. =corn whiskey.

corn-loft [kɔ́ːrnlɔ̀ːft/-lɔ̀ft] n. 곡창, 곡물 창고(granary).

córn méal n. ⓤ 1 맷돌에 탄 밀가루. 2《美》맷돌에 탄 옥수수 가루. 3《스코》오트밀(oatmeal).

córn míll n. 1《英》제분기(flour mill). 2《美》[가축의 사료로 쓰기 위한] 옥수수 타는 기계.

cor·no·pe·an [kɔːrnóupiən/kənóu-] n. =cornet 1.

córn pláster n. 티눈에 바르는 고약.

córn póne n.《美남부》옥수수 빵.

córn póppy n. 개양귀비.

córn rént n.《英》현물 소작료.

corn-row [kɔ́ːrnròu] vt., vi.《美》머리를 땋다(땋아 늘어뜨리다). [어서 쌓은 가리.

córn shóck n. [말리기 위해] 옥수수 줄기를 다발지

córn sílk n. ⓤ《美》옥수수 수염. [부기.

córn smút n. [옥수수의] 흑수병(黑穗病); 옥수수 깜

corn-stalk n. [kɔ́ːrnstɔ̀ːk] n. 1 곡물(보리)의 줄기.《美》옥수수의 줄기. 2《英구어》키가 큰 사람, 키다리 [특히 오스트레일리아 태생의 백인에 대한 별명].

corn-starch [kɔ́ːrnstɑ̀ːrtʃ] n. ⓤ《美》콘스타치[옥수수 녹말].

córn súgar n. ⓤ《美》옥수수 당(糖).

córn sýrup n. ⓤ《美》옥수수로 만든 시럽.

cor·nu·co·pi·a [kɔ̀ːrn(j)uːkóupiə/-njukóupiə, -piən/-pjə] n. 1 [그리스 신화] 풍요(豐饒)의 뿔〈Zeus에게 젖을 먹였다고 하는 염소 (Amalthaea 의 뿔; 조각·회화에서는 꽃, 과일, 곡식을 담은 [cornucopia 1]
뿔로 표현〕. 2《美》풍부; 풍요. 3 [원추형의] 종이 그릇(봉지), 콘(cone).

cor·nu·co·pi·an [kɔ̀ːrn(j)ukóupiən/-njukóupiən, -piən] adj. 염소뿔의; 풍부한, 풍요한, 넘칠만큼 많은 (넉넉한).

cor·nut·ed [kɔːrn(j)úːtid/-njúːt-] adj. 1 뿔이 있는; 뿔 모양의. 2 〈고어〉 오쟁이진, 아내에게 배신당한

córn whískey n. ⓤ《美》옥수수 위스키. [한.

corn·y[1] [kɔ́ːrni] adj. (**corn·i·er, corn·i·est**) 1 곡물의(이 풍부한);《美》옥수수의(가 풍부한). 2《美속어》진부한, 구식의(old-fashioned); 하찮은; [재즈 따위가] 감상적인, **3**. 티눈이 생긴.

corn·y[2] [kɔ́ːrni] adj. (**corn·i·er, corn·i·est**) 티눈의.

co·rol·la [kərɑ́lə/-rɔ́lə] n. [식물] 화관(花冠).

cor·ol·la·ceous [kɔ̀ːrəléiʃəs, kɑ̀rə-/kɔ̀r-] adj. 화관이 있는, 화관 같은.

cor·ol·lar·y [kɔ́ːrəlèri, kɑ́r-/kərɔ́ləri] n. (pl. **-lar·ies**) 1 [수학] 계(系). 2 추론(推論). 3 [당연한] 결과. ¶ Good health is a corollary of having good habits. 건강은 좋은 습관을 가진 데서 오는 당연한 결과이다.

co·rol·late [kɔ́ːrəlèit, kɑ́rəl-/kɔ́rəl-], **-lat·ed** [-lèitid] adj. 화관(花瓣)이 있는, 화관 같은.

***co·ro·na** [kəróunə] n. (pl. **-nas** or **-nae** [-niː]) 1 관(冠)(crown), 화관[고대 로마에서 전공(戰功)을 기려 수여]. 2 [천문] 코로나, 광관(光冠)[개기 일식(皆既日蝕) 때 그 주위의 흰빛]; [일반] 광환(光環), 광륜(光輪), 무리, 코로나[끝이 가느다란 엽궐련의 일종]. 4 [해부] 관상물(冠狀物)[이·두개골 따위의 상부]. 5 [건축] 돌림띠 (cornice)[교회당의] 원형 샹들리에. 6 [식물] [수선화 따위의] 부화관(副花冠)(小冠). 7 [전기] 코로나 방전(放電).

◇ **co·ro·nal, có·ro·nary** adj., n., **có·ro·nat·ed** adj. [<L corona crown]

Coróna Austrális [-ɔːstréilis] n. [천문] 남관좌 (南冠座) (the Southern Crown).

Coróna Bo·re·ál·is [-bɔ̀ːriéilis, -éil-/-bɔ̀ː-] n. [천문] 북관좌 (the Northern Crown).

cor·o·nach [kɔ́rənək, kɑ́r-, -nəx/kɔ́r-] n. [스코틀랜드·아일랜드의] 만가(挽歌) (dirge).

cor·o·nal n. [kɔ́ːrən(ə)l, kár-/kɔ́r-// → adj.] 1 왕관; 작은 관; [보석] 머리 관금(冠金). 2 화관 (wreath, garland). 3 《비유적》 영관(榮冠). — adj. [kəróun(ə)l], [kɔ́rən(ə)l, kɑ́rə-, kɔ́rə-] 왕관의, 화관의. 2 [해부] 두로(頭顱)의, 관상(冠狀)의; [치과] 관측(冠側)의. ¶ a coronal suture 관상 봉합. 3 [천문] 코로나의, 광관(光冠)의. 4 [음성] 혀끝이 반전(反轉)한, 혀끝의.

cor·o·nar·y [kɔ́rənèri, kɑ́r-/kɔ́rənəri] adj. 1 관의 (같은). ¶ a coronary laurel 월계관. 2 [해부] 관상의, 관상 동맥의. — n. (pl. **-nar·ies**) [의학] 혈전증(血栓症) (coronary thrombosis). 2 관상 동맥 (coronary artery).

cor·o·nate [kɔ́ːrənèit, kɑ́r-/kɔ́r-] adj. [동·식물이] 소관(小冠)을 쓴, 관상(冠狀部)이 있는.

cor·o·na·tion [kɔ̀ːrənéi(ʃ)n, kɑ̀r-/kɔ̀r-] n. 1 대관식, 즉위식. 2 대관, 즉위.

cor·o·ner [kɔ́ːrənər, kɑ́r-/kɔ́r-] n. 검시관(檢屍官).

cor·o·ner·ship [kɔ́ːrənərʃìp, kɑ́r-/kɔ́r-] n. 검시관의 직. [심문관(inquest).

córoner's ínquest n. [검시관에 의한] 검시, 사인

***cor·o·net** [kɔ́ːrənit, kɑ́r-/kɔ́r-] n. 1 작은 관, 귀족의 보관(寶冠). 2 [금·보석·꽃으로 장식한 여성용] 머리 장식; (詩) 화관 (garland). 3 [창문·문 상부의] 장식. 4 [獸醫] [말의] 제관(蹄冠).

cor·o·net·ed, -net·ted [kɔ́ːrənitid, kɑ́r-, -nèt-/kɔ́r-] adj. 1 관을 쓴. 2 귀족의.

co·ro·zo [kəróusou/-zou] n.《美》상아야자[남미산(産)의 나무], 그 나무의 열매[상아의 대용].

corp., Corp.《略》corporal; corporation.

corpl., Corpl.《略》corporal.

cor·po·ra [kɔ́ːrpərə] n. corpus 의 복수형.

***cor·po·ral**[1] [kɔ́ːrp(ə)rəl] adj. 1 육체(신체)의 (bodily); [동물] 몸의; 두부·수족을 제외한 동체의. ¶ corporal pleasure 육체적 쾌락 / corporal punishment 체형(體刑)[특히 태형]. 2 개인의 (personal). ¶ corporal possessions 사유물. 3 ⇒ corporeal ·고어〉=corporeal. ~**ly** [-rəli] adv. ◇ **corporálity** n.

cor·po·ral[2] [kɔ́ːrp(ə)rəl] n. 1 〈군대〉하사 (sergeant 의 아래). 2 (C) 《美》지대자 이 없는.

the Little Corporal 작은 상병[나폴레옹 1세의 속칭].

cor·po·ral[3] [kɔ́ːrp(ə)rəl] n. [교회] 성찬(聖餐)포(布).

cor·po·ral·cy [kɔ́ːrp(ə)r(ə)lsi] n. ⓤ 상병직(임기).

cor·po·ral·i·ty [kɔ̀ːrpərǽliti] n. ⓤ (pl. **-ties**) 1 유형(有形)[적 성질·상태], 형체가 있음, 육체를[몸을 갖고 있음. 3 (-ties) 신체적인 일, 육체적 욕망.

córporal óath n.《고어》성찬포나 성서 등에 손을 대고 하는 서약.

***cor·po·rate** [kɔ́ːrp(ə)rit] adj. 1 법인 조직의. ¶ corporate body; a body corporate 법인. 2 [공공] 단체의, 공동의. ¶ corporate responsibility 공동 책임. 3 결합한 (incorporated). ~**ly** adv. ◇ **corporátion** n.

córporate ádvertising n. [이미지 제고를 위한] 기업 광고. [업.

córporate América n. 미국 경제계(재계), 미국 기

córporate cúlture n. 기업 문화 (제일), 사풍(社風).

córporate idéntity n. 기업 이미지 통합 작업, CI.

córporate ládder n. 기업의 직제.

córporate ráider n. 기업 매수꾼, 기업 매수 공작자.

córporate státe n. [합리적이며 비인간적인] 법인형(法人型) 국가.

córporate tówn n. 자치 도시.

‡**cor·po·ra·tion** [kɔ̀ːrpəréi(ʃ)n] n. 1 사단 법인

(corporation aggregate); 조합, 협회. ¶ *a corporation sole* 단독 법인(국왕·교황 등) / *a municipal corporation* 시(市) 자치체, 시정(市政) 기관. **2** 《美》 유한(주식) 회사. ¶ *a trading corporation* 상사 회사 / *the corporation law* 회사법(《英》 company law) / *a corporation lawyer* 회사 고문 변호사. **3** (C-) 〔영국의〕 시 자치 단체; 〔시장·시 참사회로 이루어지는〕 시정 집행 기관. **4** 단체. ¶ *an ecclesiastical corporation* 종교 단체. **5** 《구어》 신체(body), 배, 〔특히〕 올챙이배 (potbelly).
◇ cór·po·rate, còr·pó·ra·tive *adj*.
còr·po·rá·tion ág·gre·gate *n*. 사단 법인.
còr·po·rá·tion táx *n*. 법인세.
cor·po·ra·tive [kɔ́ːrpərèitiv, -rətiv] *adj* **1** 법인(단체)의(corporate). **2** 협동 조합주의의. ¶ *a corporative state* 협동 조합 국가〔이탈리아의 파쇼 국가 등〕.
cor·po·ra·tor [kɔ́ːrpərèitər] *n*. 법인(단체)의 일원.
cor·po·re·al [kɔːrpɔ́ːriəl / -pɔ́ː-] *adj*. **1** 육체의(bodily) (*opp*. spiritual); 물질적인, 형(形)의, 형(形)而下의. ⇒ MATERIAL 類語 **2** 〔법률〕 유체(有體)의, 유형의. ¶ *corporeal hereditament* 유형 세습 재산 / *corporeal movables* 유체 동산. ~·ly [-əli] *adv*.
cor·po·re·al·i·ty [kɔːrpɔ̀ːriǽliti / -pɔ̀ːri-] *n*. Ⓤ 유형〔적 성질·상태〕, 구체성; 육체적 존재.
cor·po·re·i·ty [kɔ̀ːrpəríːiti] *n*. Ⓤ **1** 형체가 있음, 유형. **2** 물질성.
cor·po·sant [kɔ́ːrpəzænt, -sænt] *n*. Ⓤ 세인트 엘모의 불(St. Elmo's fire) 〔폭풍우 때 돛대·탑 꼭대기에 일어나는 방전 현상〕.
‡corps [kɔːr / kɔː] *n*. (*pl*. corps [kɔːrz / kɔːz] *단·복수 양용이지만 발음은 다르다*) **1** 〔군대〕 **a)** 군단 〔보통 2개 사단 이상 및 보조 부대로 편성되며 lieutenant general(육군 중장)이 지휘하는 부대 단위〕. ⇒ ARMY 注意 **b)** 특수 부대. ¶ *the U.S. Marine Corps* 미 해병대. **2** 단체, 대(隊), 반. ¶ *an army corps* 군단 / *a relief corps* 구호반 / *a peace corps* 평화 봉사단 / *a corps de ballet* 무용단 / *the corps diplomatique* 외교단. **3** 〔독일 대학의〕 학우회.
*corpse [kɔːrps] *n*. 〔보통 인간의〕 시체(dead body).
córpse cándle *n*. 도깨비 불〔묘지 따위에서 나는 인광(燐光)〕.
córpse wátch *n*. 〔초상집의〕 밤샘, 경야(經夜).
corps-man [kɔ́ːrmən] *n*. (*pl*. -men [-mən]) 《美軍》 간호병, 위생병; 병사.
cor·pu·lence [kɔ́ːrpjuləns] *n*. Ⓤ 비만, 비대.
cor·pu·len·cy [kɔ́ːrpjulənsi] *n*. =corpulence.
cor·pu·lent [kɔ́ːrpjulənt] *adj*. 동동한, 살찐. ⇒ FAT 類語 ~·ly *adv*.
*cor·pus [kɔ́ːrpəs] *n*. (*pl*. -po·ra) **1** 〔사람·동물의〕 몸; 시체. **2** 〔문서의〕 전체, 집성(集成). **3** 〔언어〕 언어 분석·문법적 해부를 위해 기록·수집된 언어 자료. **4** 주체(물). **5** 〔수입·이자의 대상인〕 원금, 자본, 자금. **6** 〔해부〕 기관(器官)의 주요 부분, 특수기관. **7** 전체, 총체. ¶ *The corpus of opinion was in favor.* 전체 의견은 찬성이었다. [<L *corpus* body]
Córpus Chrís·ti [kɔ́ːrpəs krísti] *n*. **1** 〔가톨릭〕 그리스도 성체절(聖體節) 〔원래는 Trinity Sunday 다음의 목요일, 현재는 다음의 일요일〕. **2** 미국 Texas 주의 멕시코만에 면한 도시. [<L *Body of Christ*]
cor·pus·cle [kɔ́ːrpəsl, -pʌsl / -pəsl, kɔːpʌsl] *n*. **1** 〔해부〕 〔피·임파액 속의〕 혈구(血球), 소체. ¶ *red (white) corpuscles* 적(백) 혈구. **2** 미소체(微小體). **3** 〔물리〕 미립자. ¶ *a corpuscle body* 의 지소수(指水線)
cor·pus·cu·lar [kɔːrpʌ́skjulər] *adj*. 혈구의 미소체의; 미립자의.
cor·pus·cule [kɔːrpʌ́skjuːl] *n*. =corpuscle.
córpus de·líc·ti [-dilíktai] *n*. (*pl*. cor·po·ra d-) 〔법률〕 범죄의 주체, 죄체(罪體) 〔범죄의 객관적 사실〕; 〔살인 사건에서의〕 피해자의 시체.

cór·pus jú·ris [-dʒúː)ris / -dʒúəris] *n*. (*pl*. cor·po·ra j-) 법대전(法大典); 〔한 나라의 법규를 모두 수록한〕 법규집, 법전.
corr. 《略》 corrected; correspond, correspondence, corresponding, corresponding; corrupt, corrupted, corruption.
cor·rade [kəréid] *v*. (-rad·ed, -rad·ing) 〔지질〕 *vi*. **1** 깎아내다, 침식하다. **2** 〔강물로 바위 따위가〕 무너지다. —— *vt*. 〔모래·자갈이 섞인 하류(河流)가〕 〔바위 따위를〕 닳게 하다.
cor·ral [kərǽl / kɔːrɑ́ːl] *n*. **1** 〔소·말 따위의〕 가축 우리(pen); 짐승을 사로잡는 덫우리. **2** 〔야영 때의〕 원 진(圓陣). —— *vt*. (-ralled, -ral·ling) **1** 〔가축 따위〕를 우리에 넣다, 가두다, …에 우리를 만들다. **2** 《美구어》 …을 사로잡다(seize), 입수하다. **3** 〔짐차 따위〕로 둥글게 진을 치다.
cor·ra·sion [kəréiʒ(ə)n] *n*. Ⓤ 〔지질〕 〔물·바람에 의한〕 침식.
‡cor·rect [kərékt] *vt*. **1** 〔잘못〕을 고치다, 정정하다, …을 교정하다; 첨삭(添削)하다. ¶ *correct mistakes in an exercise* 연습 문제의 잘못을 고치다 / *correct a printer's proof* 교정쇄를 교정하다. **2** …의 잘못을 지 적하다. ¶ *correct a speaker* 연사의 잘못을 지적하다. **3** 〔남〕을 타이르다, 혼내주다, 벌주다; 〔잘못〕을 바로잡 다. ¶ *correct a child with the rod* 아이를 회초리로 벌주다 / *She corrected the man for taking liberties with her.* 그녀는 그가 멋대로 구는 것을 나무랐다. **4** 〔악영향 따위〕를 억제하다; …을 중화하다; 〔병·악습〕을 고치다(cure). ¶ *correct manners (principles)* 버릇(원칙)을 고치다 / *correct one's habit* 습관을 고치다. **5** 〔수학·물리〕 …을 조정하다, 보정 (補正)하다(adjust). ¶ *correct the reading of a barometer* 기압계의 눈금을 보정하다.
stand corrected 정정을 승인하다.
—— *adj*. **1** 올바른(right), 틀림(결점) 없는; 정확한 (accurate). ¶ *a correct spelling* 정확한 철자 / *correct pronunciation* 정확한 발음 / *the correct dress for the occasion* 그 행사 때의 정식 복장. **2** 적절한, 당한 (proper); 온당한, 관습적인, 정식의. ¶ *correct behavior* 올바른 행실 / *do (say) the correct thing* 적당한 일(말)을 하다.
類語 correct, right 같은 뜻으로 쓰며, 서로 바꿔 쓸 경우가 많으나 correct 는 과오·결점이 없음을, right 는 진실·규범에 어긋나지 않음을 강조: *the correct* (= right) *answer* 정답 / *a correct gentleman* 빈틈 없는 신사 / *his right name* 그의 본명. **accurate** 진실·규범에 대하여 주의함을 암시: *an accurate calculation* 정확한 계산. **exact** 진실·규범과 완전히 일치함을 강조: *the exact number of students* 정확한 학생수. **precise** 세부까지 아는 꼼꼼함 정도로는 exact 한: *a precise definition* 엄밀한 정의.

all present and correct 《英구어》 좋다(all correct).
~·ness *n*. ◇ cor·réc·tion *n*., cor·réct·ly *adv*.
corréct cárd *n*. (the ~) 《속어》 **1** 경기 따위의 프로그램. **2** 예의 범절.
*cor·rec·tion [kərék·ʃ(ə)n] *n*. Ⓤ **1** 정정, 수정, 교정; ⓒ 정정(수정, 교정)한 곳. ¶ *marks of correction* 교정 기호 / *correction of proofs* 교정 / *correction of an examination paper* 시험 답안의 정정 / *correction of deviation* 나침반의 자차(自差) 수정 / *I made several corrections in his composition.* 나는 그의 작문에 몇 군데를 정정했다. **2** 교정(矯正), 징벌. ¶ *a house of correction* 감화원 / *administer correction with the rod* 매질로 징계하다. **3** 억제, 중화(中和).
under correction 정정받기로 하고. ¶ *I say this under correction.* 틀렸으면 정정받기로 하고 나는 이 말씀을 드립니다.
◇ cor·réct *vt*., cor·réc·tive *adj*.
cor·rec·tion·al [kərékʃən(ə)l] *adj*. **1** 개정의, 수정 정오(正誤)의. **2** 교정적인, 징계의.

corréctional institútion(cénter) n. 《美》 교도소. ¶ a *correctional institution* for juvenile delinquents 소년원.

cor·rect·i·tude [kəréktit(j)ùːd /-tjùːd] n. ⓤ 〔품행〕 방정, 단정.

cor·rec·tive [kəréktiv] adj. 1 바로 잡는, 개정(정)하는, 교정(矯正)하는. ¶ *corrective* exercise 교정 운동. 2 〔약이〕 중화하는. — n. 1 교정물, 교정책, ¶ a *corrective* of faults 실수를 없애는 방법. 2 중화제(中和劑). ~·ly adv.

corréctive tráining n. 〔英법률〕 징치(懲治) 교육 [1948년의 형사 재판법에 의한 처분; 죄인을 징치감에 넣어 직업 교육과 일반 교육을 받게 한다].

*cor·rect·ly [kəréktli] adv. 올바르게, 정확하게; 적당히, 적절히.

cor·rec·tor [kəréktər] n. 1 정정자, 교정자(校正者); a *corrector* of the press 교정자. 2 교정자(矯正者); 벌주는 사람. 3 검열자, 비평가.

correl. (略) correlative.

*cor·re·late [kɔ́ːrilèit, kár-/kɔ́r-] v. (-lat·ed, -lat·ing) vt. …을 서로 관련시키다, …을 조직적으로 관련시키다(...with, to). ¶ *correlate* the two 그 두 개를 관련시키다 // (~+圓+前+名) Try to *correlate* your knowledge of history *with* that of geography. 당신의 역사 지식과 지리 지식을 서로 관련시켜 보시오. — vi. 서로 관련하다, 상호 관계를 갖다(to, with...). ¶ Chemistry and physics *correlate*. 화학과 물리는 서로 관계가 있다 // (~+前+名) Geography *correlates* with (or to) many other studies. 지리학은 다른 많은 학과와 관련이 있다. — adj. 서로 관련이 있는(correlated). — n. 서로 관계가 있는 것(사람).

cor·re·lat·ed [kɔ́ːrilèitid, kár-/kɔ́r-] adj. 서로 관계가 있는.

*cor·re·la·tion [kɔ̀ːriléiʃ(ə)n, kàr-/kɔ̀r-] n. ⓤⓒ 1 상호(상관)관계. 2 〔지질〕 〔층위(層位)의〕 대비(對比).

correlátion coefficient n. 〔통계〕 상관계수〔상관의 정도를 나타내는 척도의 하나〕. ¶ a *correlation coefficient* table 상관 계수표.

cor·rel·a·tive [kərélətiv / kɔ-, kə-] adj. 1 〔…과〕 상호 관계가 있는(with, to...). ¶ Her research results are *correlative* with his. 그녀의 연구 성과는 그의 연구 성과와 상관 관계가 있다. 2 〔문법〕 상관적인, 상호 관계가 있는. ¶ *correlative* conjunction 상관 접속사[예를 들면 either... or, neither...nor 따위]. 3 유사한(analogous). — n. 상관물; 상관어, 상관적 어법. ~·ly adv.

cor·rel·a·tiv·i·ty [kərèlətívəti / kɔ̀-, kə̀r-] n. ⓤ 상관성, 상호 관계.

‡**cor·re·spond** [kɔ̀ːrispánd, kàr-/kɔ̀rispɔ́nd] vi. 1 일치하다, 부합하다, 상응하다(with, to...). ⇒ AGREE 類語 ¶ His words and actions do not *correspond*. 그의 말과 행동은 일치하지 않는다 // (~+前+名) Her white hat and shoes *correspond* with her white dress. 그녀의 흰 모자와 구두는 흰 드레스와 조화가 잘 된다. 2 〔구조·기능·양 따위가〕 해당하다, 대응하다(to...). ¶ (~+前+名) The rank of an English earl *corresponds* *to* that of an European count. 영국의 earl 은 유럽의 count 에 해당한다 / T in English *corresponds* *to* z in German. 영어의 t 는 독일어의 z 에 대응한다 / The broad lines on the map *correspond* *to* roads. 지도 위의 굵은 선은 도로를 가리킨다. 3 편지 왕래를 하다(with...). ¶ We rarely meet, though we *correspond* regularly. 우리는 규칙적으로 편지는 주고 받지만 좀처럼 만나지는 못한다 // (~+前+名) He earnestly wishes to *correspond* *with* her. 그는 그녀와의 편지 왕래를 바란다.
◇ correspóndence n., correspóndent adj.

‡**cor·re·spond·ence** [kɔ̀ːrispándəns, kàr-/kɔ̀rispɔ́nd-] n. ⓤ 1 일치(agreement), 적합(conformity); 조화(harmony) (with, to...). ¶ *correspondence* between the two 양자간의 일치 / *correspondence* of his words *to* (or *with*) his actions 그의 언행 일치. 2 〔구조·기능의〕 유사(analogy); 해당; 대응, 일치. 3 〔때로 a~〕 편지 왕래, 통신; 연락(communication). ¶ one-way (two-way) *correspondence* 일방적(양자간) 통신 / exchange *correspondence* in English 영어로 편지를 주고 받다 / keep up *correspondence* 서신왕래를 계속하다 // be in constant *correspondence* with …과 서신 왕래를 늘 유지하다 / enter (or get) into *correspondence* with …과 편지를 주고 받기 시작하다 / She dropped her *correspondence* with him. 그녀는 그와 서신왕래를 끊었다. 4 《집합적》 통신문, 편지 (letters), 문서. ¶ commercial (or business) *correspondence* 상업 통신문 / diplomatic *correspondence* 외교 문서.
◇ correspónd v. 〔란, 특고(公)〕

còrrespóndence cólumn n. 〔신문의〕 독자 통신란.

còrrespóndence cóurse n. 통신 교육 과정.

còrrespóndence depártment n. 문서과.

còrrespóndence schóol n. 통신 교육 학교.

cor·re·spond·en·cy [kɔ̀ːrispándənsi, kàrəs-/kɔ̀rispɔ́nd-] n. (pl. -cies) =correspondence 1.

‡**cor·re·spond·ent** [kɔ̀ːrispándənt, kàr-/kɔ̀rispɔ́nd-] n. 1 통신자. ¶ a bad (or a poor) *correspondent* 편지를 쓰기 싫어하는 사람 / a good *correspondent* 편지를 자주 쓰는 사람. 2 통신원(기자); 〔신문·잡지의〕 기고가. ¶ a special *correspondent* for […신문] 특파원 / a war *correspondent* 종군 기자 / our London *correspondent* 본사의 런던 통신원 〔신문 용어〕. 3 〔주로 외국의〕 거래선, 거래사. 4 일치(상응)하는 것. — adj. 상응하는, 일치하는, 대응하는(with, to...). ~·ly adv.

*cor·re·spond·ing [kɔ̀ːrispándiŋ, kàr-/kɔ̀rispɔ́nd-] adj. 1 상당하는; 대응하는, 유사한 (similar). 2 a *corresponding* angle 동위각. 2 통신하는; 거래하는. ¶ a *corresponding* member [하직 등의] 통신 회원, ~·ly adv.

cor·ri·da [kɔːríːdə] n. 투우(鬪牛) (bullfight). [<Sp]

*cor·ri·dor [kɔ́ːridər, kár-/kɔ́r-] n. 1 〔방의 출입구가 있는〕 복도, 낭하. ¶ a *corridor* carriage 복도가 있는 객차 / a *corridor* train (英) 복도가 있는 열차. 2 회랑(回廊) 지대 〔내륙에서 항구 따위로 통하는 좁고 긴 지형〕. ¶ the Polish Corridor 폴란드 회랑. *the corridors of power* 권좌, 보이지 않는 권력.

cor·rie [kɔ́ːri, kári /kɔ́ri] n. 《스코》 산 중턱의 동굴.

cor·ri·gen·dum [kɔ̀ːridʒéndəm, kàr-/kɔ̀r-] n. (pl. -da [-də]) 1 〔원고·인쇄물의〕 정정해야 할 것, 오자(誤字), 2 (보통 -da) 정오표(正誤表). [<L]

cor·ri·gent [kɔ́ːridʒənt, kár-/kɔ́r-] n. 〔의학〕 교정약(矯正藥) 〔약제의 맛·색깔·냄새 등을 수정〕.

cor·ri·gi·ble [kɔ́ːridʒəbl, kár-/kɔ́r-] adj. 1 고칠 수 있는, 교정할 수 있는. 2 〔사람이〕 순순히 잘못을 고치는, 순종하는. 3 정정할 필요가 있는. (rival).

cor·ri·val [kəráiv(ə)l] n. 《드물게》 경쟁자, 대항자.

cor·rob·o·rant [kəráb(ə)r(ə)nt /-rɔ́b-] adj. 1 확증적인. 2 힘을 돋우는 (strengthening); 〔약 따위가〕 강장성(强壯性)의 (invigorating). — n. 1 확증적 사실. 2 강장제 (tonic).

cor·rob·o·rate [kəráːbərèit /-rɔ́b-] vt. (-rat·ed, -rat·ing) 1 〔증거 따위로〕 [소신 따위를] 확증하다 (confirm), 입증하다; …을 튼튼하게 하다 (strengthen). ¶ *corroborate* a theory 이론을 확증하다. 2 〔법률·조약 따위를〕 확인하다.

cor·rob·o·ra·tion [kəràbəréiʃ(ə)n /-rɔ̀b-] n. ⓤ 1 〔이론 따위를〕 확실히 하기, 확증. ¶ in *corroboration* of …을 확증하기 위하여. 2 확증적인 진술 (사실), 입증하는 것.

cor·rob·o·ra·tive [kəráːbərèitiv, -rə-/-rɔ́b(ə)rətiv, -rèi-] adj. 확인의, 확증적인 (confirmatory). ~·ly adv.

cor·rob·o·ra·tor [kəráːbərèitər /-rɔ́b-] n. 확증자(물).

cor·rob·o·ra·to·ry [kəráːbərətɔ̀ːri /-rɔ́bərətəri]

adj. =corroborative.

cor·rob·o·ree [kərɔ́bəri / -rɔ́b-] *n*.(濠) **1** [오스트레일리아 원주민의] 종교적·호전적 성질의 집회(춤); 남자의 성인식. **2** 떠들썩한 집회(축제); 축제 소동.

cor·rode [kəróud] *v*. (**-rod·ed**, **-rod·ing**) *vt*. **1** [화학 작용 따위로] …을 부식(腐蝕)(침식)하다, [물이] [암석을] 침식하다. ¶ Acids *corrode* metals. 산은 금속을 부식시킨다. **2** [마음·성격 따위]를 해치다, 좀먹다, 나쁘게 하다(impair). ¶ Anxiety *corroded* her heart. 걱정 근심이 그녀의 마음을 좀먹었다. — *vi*. **1** 부식(침식)하다, 부패하다. **2** [괴로움 따위로 마음이] 좀먹다.

cor·ro·dent [kəróudənt] *adj*. 부식(침식)력이 있는.
cor·rod·i·ble [kəróudəbl] *adj*. 부식성의. = 하는.
cor·ro·si·ble [kəróusibl] *adj*. 부식(침식)되는, 부패하는.
cor·ro·sion [kəróuʒ(ə)n] *n*. ⓤ **1** 부식(침식) 작용; 부식(침식)상태; 부식(침식)에 의해 생긴 것. **2** [걱정이] 마음을 좀먹음.
cor·ro·sive [kəróusiv] *adj*. **1** 부식(침식)성의, 부식하는, 좀먹는. **2** [정신적으로] 좀먹는. — *n*. 부식물, 부식제(劑). ¶ Most acids are *corrosives*. 대부분의 산은 부식 작용을 한다. ~**ly** *adv*. ~**ness** *n*.
corrósive súblimate *n*. ⓤ [화학] 승홍(昇汞) [염화 제 2 수은].
cor·ru·gate [v. [kɔ́:rugèit, kár- / kɔ́r- // -rə-] (**-gat·ed**, **-gat·ing**) *vt*. …을 주름지게 하다, 물결 모양으로 만들다. — *vi*. 주름지다, 물결 모양으로 되다. — *adj*. [-git, +美 -gèit] =corrugated.
cor·ru·gat·ed [kɔ́:rugèitid, kár- / kɔ́r-] *adj*. 물결 모양의, 주름이 있는, 골진. ¶ *corrugated* iron 골 함석 / *corrugated* paper (*or* cardboard) 골판지.
córrugated páper *n*. ⓤ 골판지 [깨지기 쉬운 물건을 포장하는 데 사용].
cor·ru·ga·tion [kɔ̀:rugéiʃ(ə)n, kàr- / kɔ̀r-] *n*. **1** ⓤ 물결 모양으로 되기(하기); 주름 잡기, 주름짐. **2** 물결 모양의 주름; [이마의] 주름; 홈, 골, 웃주름.
cor·ru·ga·tor [kɔ́:rugèitər, kár- / kɔ́r-] *n*. **1** [해부] 추미근(皺眉筋). **2** 골판지 제조기(원).
‡**cor·rupt** [kərʌ́pt] *adj*. **1** 부정한(dishonest), 뇌물로 움직이는, 부패한. ¶ *corrupt* practices [특히 선거에서의] 부정 행위, 수회 행위 / a *corrupt* official 부패 공무원 / a *corrupt* judge 부패 판사. **2** [인격 따위가] 비열한(debased), 비도덕적인, 타락한(depraved), 도덕에 어긋나는(wicked). ¶ a *corrupt* society 퇴폐한 사회. **3** 썩은, 부패한(decayed, rotten); 더러워진, 불결한 (infected). ¶ *corrupt* air 오염된 공기. **4** [원고·원문 등이 잘못되어] 개작 따위로] 개악된; [언어가] 방언으로 된, 전와(轉訛)된. ¶ a *corrupt* manuscript 개악된 원고 / *corrupt* Spanish 스페인어 사투리.
— *vt*. **1** [뇌물 따위로] …을 매수하다, …에게 뇌물을 주다. **2** [도덕적으로] 부패시키다, 타락시키다 (pervert, deprave). ¶ *corrupt* the younger generation 젊은 세대를 타락시키다 / *corrupt* public morals 풍기를 문란하게 하다. **3** …을 부패시키다, 썩이다; 오염하다, 불결하게 하다(infect). **4** [원고 따위]를 개악하다; [언어]를 전와(轉訛)시키다. — *vi*. **1** 썩다. **2** 타락하다, 매수되다. **3** [원문이] 개악(언어)가] 전와되다. ~**ly** *adv*. ~**ness** *n*.
◇ corrúption *n*., corrúptive *adj*.
cor·rupt·er, -rup·tor [kərʌ́ptər] *n*. 부패(타락)시키는 것(사람), 증회자(贈賄者).
cor·rupt·i·bil·i·ty [kərʌ̀ptəbíliti] *n*. ⓤ 부패하기 쉬움, 매수되기 쉬움.
cor·rupt·i·ble [kərʌ́ptəbl] *adj*. **1** 부패하기 쉬운. **2** 타락하기 쉬운, 뇌물로 좌우되는, 매수할 수 있는. **3** [언어가] 전와(轉訛)되기 쉬운. ~**ness** *n*. **-bly** *adv*.
*‡**cor·rup·tion** [kərʌ́pʃ(ə)n] *n*. ⓤ **1** 부패(decay). **2** 타락. **3** 부정 행위, 증회, 수회. **4 a**) [언어 따위의] 전와(轉訛), 불순어; ⓒ 전와된 어형. **b**) [원작의] 개악. **5** 타락(부패)시키는 힘.

corruption of blood [법률] [범죄에 의한] 혈통 오손(汚損).
◇ corrúpt *v*., corrúptive *adj*.
cor·rup·tion·ist [kərʌ́pʃənist] *n*. 증(수)회자, 부패성의(of…). ~**ly** *adv*.
cor·rup·tive [kərʌ́ptiv] *adj*. 부패(타락)시키는, 부패성의(of…). ~**ly** *adv*.
cor·sage [kɔ:rsá:ʒ] *n*. **1** [여성이] 가슴이나 어깨에 다는 작은 꽃다발. **2** [여성복] 조끼(bodice), 몸통 부분.
cor·sair [kɔ́:rseər] *n*. **1** [특히 Barbary 지방의 회교도의] 약탈선. **2** [일반적으로] 해적; 해적선.
corse [kɔːrs] *n*.《고어·詩》[특히 인간의] 시체 (corpse).
Cor. Sec[y]. 《略》Corresponding Secretary.
cor·se·let, -lette [kɔ́:rslit →2] *n*. **1** 상체를 싸는 갑옷. **2** [美 kɔ̀:rs(ə)lét] 코슬레트(all-in-one) [코르셋과 브래지어를 한데 합친 여성의 속옷].
*‡**cor·set** [kɔ́:rsit] *n*. **1** (종종 ~s) 코르셋. **2** 《고어》 중세의 조끼. — *vt*. **1** …에 코르셋을 입히다. **2** …을 엄격하게 규제하다.
Cor·si·ca [kɔ́:rsikə] *n*. 코르시카섬[지중해에 있는 프랑스령 섬으로 Napoleon 1세의 출생지; 수도는 Ajaccio].
Cor·si·can [kɔ́:rsikən] *adj*. 코르시카섬의; ⓤ 코르시카 사람(방언)의. — *n*. 코르시카 사람; ⓤ 코르시카 방언. ¶ the [great] *Corsican* 나폴레옹 1세 [경멸].
cors·let [kɔ́:rslit] *n*. =corselet **1**. [낫 호칭].
cor·tege [kɔ:rté(i)ʒ / -téiʒ], (**cor·tège** [kɔ:rté(i)ʒ / -téiʒ]) *n*. **1** 행렬(procession). **2** 수행원, 시종들. [< F]
Cor·tes [kɔ́:rtiz / -tes, -tez] *n. pl*. [프랑코 정권 이전의 스페인 또는 포르투갈의]의회.
cor·tex [kɔ́:rteks] *n*. (*pl*. **-ti·ces** [-tisìːz]) **1** [식물] 수피(樹皮)(bark), [과일 따위의] 껍질, [약용] 목피. **2** [해부] [특히 뇌·신장 따위의 기관의] 피질(皮質), 외피, 《L *cortex* bark》
cor·ti·cal [kɔ́:rtik(ə)l] *adj*. **1** 외피(성)의, 외층의, 피질의. **2** 수피(과피)의, 피층의. ~**ly** [-kəli] *adv*.
cor·ti·cate [kɔ́:rtikit, -kèit / -kit] *adj*. 피질이 있는, 외피가 있는; 수피가 있는; 외피(수피) 모양의.
cor·ti·cat·ed [kɔ́:rtikèitid, -kit] *adj*. =corticate. [똘.
cor·ti·le [kɔ:rtíːlei] *n*.《이탈리아》[건축] 안마당, 안
cor·tin [kɔ́:rtin] *n*. ⓤ《생화학》코르틴[부신선(副腎腺)에서 분비되는 호르몬].
cor·ti·sone [kɔ́:rtisòun, -zòun / -zòun] *n*. ⓤ 코티존 [부신 피질에서 분비되는 호르몬; 류머티즘성 관절염에 특효]. 「코런덤.
co·run·dum [kərʌ́ndəm] *n*. ⓤ [광물] 강옥(鋼玉).
co·rus·cant [kərʌ́skənt] *adj*. 반짝이는, 반짝반짝 빛나는.
cor·us·cate [kɔ́:rəskèit, kár- / kɔ́r-] *vi*. (**-cat·ed**, **-cat·ing**) **1** 빛나다, 반짝이다. **2** [재치 따위가] 번득이다.
cor·us·ca·tion [kɔ̀:rəskéiʃ(ə)n, kàr- / kɔ̀r-] *n*. ⓤ **1** 반짝임. **2** (비유적) [재치 따위가] 번득임.
cor·vée [kɔ:rvéi] *n*. **1** [봉건 영주가 백성에게 과한] 강제 노역(勞役), 부역. **2** [도로·교량 수리 따위 공익을 위해 주민에게 부과되는] 노역, 근로 봉사.
corves [kɔːrvz] *n*. corf의 복수형.
cor·vet [kɔ:rvét] *n*. =corvette.
cor·vette [kɔ:rvét] *n*. **1** (옛날) 코르벳함[평갑판·일단 포장(一段砲裝)의 목조 군함]. **2** 《英》 코르벳함[소형 경무장의 고속함으로서 주로 수송 선단 호송에 이용]. 「와 같은.
cor·vine [kɔ́:rvain, +美 -vin] *adj*. 까마귀의, 까마귀
Cor·vus [kɔ́:rvəs] *n*.《천문》 까마귀자리(the Crow).
Cor·y·bant [kɔ́(ː)ribænt, kár- / kɔ́r-] *n*. (*pl*. **-ban·tes** [kɔ̀ribǽntiːz, kàri-] *or* **-bants**) **1** [그리스 신화] 코리반트[여신 Cybele의 시종; 떠들썩한 주연과 난

무로 의식을 올리며 섬겼다고 한다. **2** (c-) 술마시고 떠드는 사람.

cor·y·ban·tic [kɔ̀ːribǽntik, kɑ̀r-/kɔ̀r-] *adj.* **1** 떠들썩한, 난장판의(frenzied). **2** (C-) Corybant 의.

Cor·y·don [kɔ́ːrid(ə)n, kɑ́r-/kɔ́r-] *n.* 코리든 [목가에 나오는 대표적인 양치기의 이름]; 시골 젊은이.

cor·ymb [kɔ́ːrim(b), kɑ́r-/kɔ́r-] *n.* 〔식물〕 산방화서.

co·rym·bose [kərímbous/kɔ̀rimbóus] *adj.* 산방화서의, 산방화 모양의(corymblike).

cor·y·phae·us [kɔ̀ːrifíːəs, kɑ̀r-/kɔ̀r-] *n.* (*pl.* -phae·i [-fíːai]) **1** 〔특히 고대 그리스 극의〕 합창대 지휘자. **2** 지휘자, 리더. **3** (C-) 〔그리스 신화〕 Zeus 의 형용어구 ['highest'의 뜻].

cor·y·phée [kɔ̀ːriféi, kɑ̀r-/-kɔ́rifèi] *n.* 〔발레의〕 주연 여자 무용수.

co·ry·za [kəráizə] *n.* U 〔병리〕 코감기, 코 카타르.

cos¹ [kɑs/kɔs] *n.* cos lettuce.

cos², **'cos** [kaz/kɔz] *conj., adv.* 《英 구어》 = because.

cos³ 《略》 cosine.

cos. 《略》 companies; counties.

C.O.S., c.o.s. 《略》 cash on shipment (선적불(船積拂), 적하불(積荷拂)); chief of staff.

Co·sa Nos·tra [kóusə nóustrə] *n.* 코자 노스트라 [미국의 마피아; 이탈리아어로 「우리들의 것」].

co·saque [kəzɑ́ːk, +美 kou-, +英 kɔ-] *n.* 크래커 봉봉 〔양쪽을 당기면 터지면서 과자 따위가 나오는 것〕 (cracker bonbon). [<F]

co-script·er [kóuskríptər] *n.* 〔영화〕 각본 공동 작가.

cose [kouz] *vi.* (cosed, cos·ing), *n.* = coze.

cosec 《略》 cosecant.

co·se·cant [kousíːk(ə)nt, -kǽnt/kóusíːk(ə)nt] *n.* 〔수학〕 코시컨트, 여할(餘割) 〔略 cosec〕.

co·seis·mal [kousáism(ə)l, -sáiz-], **-mic** [-mik] *adj.* 〔지진의〕 등진파권상의(等震波圈上)의.

co·sey [kóuzi] *adj.* (-si·er, -si·est), *n.* = cozy.

cosh [kɑʃ/kɔʃ] *n.* 《주로 英속어》 〔금속 따위를 속에 넣은〕 곤봉; 경찰봉. — *vt.* …을 곤봉으로 때리다.

cosh·er [kɑ́ʃər/kɔ́ʃə] *vt.* …에 응석부리게 하다; …을 귀여워하다, 음식을 받아주다(pamper)(… *up*).

co·sie [kóuzi] *adj.* (-si·er, -si·est), *n.* = cozy.

co·sig·na·to·ry [kousígnətɔ̀ːri/kóusígnət(ə)ri] *adj.* 연서(連署)의. — *n.* (*pl.* -ries) 연서자, 연판자(連判者); 연서국.

co·sign·er [kòusáinər, ∠-∠-] *n.* 연서인; 연대 보증인; 어음의 공동 서명인.

co·si·ly [kóuzili] *adv.* = cozily. [cos]

co·sine [kóusàin] *n.* 〔수학〕 코사인, 여현(餘弦) 〔略

co·si·ness [kóuzinis] *n.* = coziness.

cós léttuce *n.* U C 양상치(lettuce)의 일종.

cosm- ⇨ COSMO-.

*****cos·met·ic** [kɑzmétik/kɔz-] *n.* **1** 화장품. **2** 결점을 감추는 것. — *adj.* **1** 화장용의, 미용의. **2** 장식적인, 표면적인. **-i·cal·ly** [-ikəli] *adv.*

cos·me·ti·cian [kɑ̀zmitíʃ(ə)n/kɔ̀z-] *n.* 화장품 업자; 미용사. [미용사.

cos·me·tol·o·gist [kɑ̀zmitɑ́lədʒist/kɔ̀zmitɔ́l-] *n.*

cos·me·tol·o·gy [kɑ̀zmitɑ́lədʒi/kɔ̀zmitɔ́l-] *n.* U 화장품학, 미용술.

*****cos·mic** [kɑ́zmik/kɔ́z-] *adj.* **1** 우주의. ¶ *cosmic philosophy* 우주 〔진화〕론. **2** 장대 무변한, 광대한. **3** 〔드물게〕 질서 있는, 조화된, 정연한. *opp.* chaotic

◇ cósmos *n.*, cósmical *adv.*

cos·mi·cal [kɑ́zmik(ə)l/kɔ́z-] *adj.* **1** = cosmic. **2** 〔천문〕 해돋이와 동시에 일어나는. *cf.* acronical **~·ly** [-kəli] *adv.*

cósmic dúst *n.* 〔천문〕 우주진(塵).

cósmic ráys *n. pl.* 〔천문〕 우주선(線).

cos·mism [kɑ́zmiz(ə)m/kɔ́z-] *n.* U 우주〔진화〕론.

cosmo- world, universe 라는 뜻의 연결형(＊모음 앞에서는 cosm-을 쓴다). 예: *cosmo*logy, *cosmo*naut, *cosm*ism.

cos·mo·drome [kɑ́zmədròum/kɔ́z-] *n.* 〔소련의〕 인공 위성·우주선 기지.

cos·mog·e·ny [kɑzmɑ́dʒini/kɔzmɔ́dʒ-] *n.* U C (*pl.* -nies) 우주 창조설〔론〕.

cos·mo·gon·ic [kɑ̀zmo(u)gɑ́nik/kɔ̀zmo(u)gɔ́n-], **-i·cal** [-ik(ə)l] *adj.* 우주 창조(진화)론의.

cos·mog·o·nist [kɑzmɑ́gənist/kɔzmɔ́g-] *n.* 우주 창조(진화)론자.

cos·mog·o·ny [kɑzmɑ́gəni/kɔzmɔ́g-] *n.* U C (*pl.* -nies) **1** 우주 창조(진화)론. **2** 우주의 생성.

cos·mog·ra·pher [kɑzmɑ́grəfər/kɔzmɔ́g-] *n.* 우주 형상지 학자.

cos·mo·graph·ic [kɑ̀zmo(u)grǽfik/kɔ̀z-], **-i·cal** [-ik(ə)l] *adj.* 우주 형상지의.

cos·mog·ra·phy [kɑzmɑ́grəfi/kɔzmɔ́g-] *n.* U C (*pl.* -phies) 우주 형상지(形狀誌) 〔학〕 〔천지의 주요한 특징을 기술〕.

cos·mo·log·ic [kɑ̀zmo(u)lɑ́dʒik/kɑ̀zmo(u)lɔ́dʒ-], **-i·cal** [-ik(ə)l] *adj.* 우주론의, 우주 형상적인.

cos·mol·o·gist [kɑzmɑ́lədʒist/kɔzmɔ́l-] *n.* 우주론자(학자).

cos·mol·o·gy [kɑzmɑ́lədʒi/kɔzmɔ́l-] *n.* U 〔철학·천문〕 우주론, 우주 철학.

cos·mo·naut [kɑ́zmənɔ̀ːt/kɔ́z-] *n.* 우주 비행사 (astronaut).

cos·mo·nau·tic [kɑ̀zmənɔ́ːtik/kɔ̀z-], **-ti·cal** [-tik(ə)l] *adj.* 우주 비행〔사〕의.

cos·mo·nau·tics [kɑ̀zmənɔ́ːtiks/kɔ̀z-] *n. pl.* 〔단수 취급〕 우주 항공학. 〔주 비행사.

cos·mo·nette [kɑ̀zmənét/kɔ̀z-] *n.* 〔소련의〕 여성 우

cos·mo·plas·tic [kɑ̀zmo(u)plǽstik/kɔ̀z-] *adj.* 세계 형성의, 우주 창조의.

cos·mop·o·lis [kɑzmɑ́pəlis/kɔzmɔ́p-] *n.* 〔세계 각국의 사람들이 사는〕 국제 도시. *cf.* metropolis

*****cos·mo·pol·i·tan** [kɑ̀zmətɑ́pɑ́lit(ə)n/kɔ̀zməpɔ́l-] *adj.* **1** 전세계에 걸친; 세계적인. ¶ a *cosmopolitan* city 국제 도시 (cosmopolis) / a *cosmopolitan* population 전세계의 인구 / Music is one of the most *cosmopolitan* arts. 음악은 가장 세계적인 예술의 하나이다. **2** 〔동·식물〕 전세계적으로 분포된. **3** 세계를 집으로 삼는, 세계주의의, 코즈모폴리턴의.

— *n.* 세계주의자, 세계인, 코즈모폴리턴.

◇ cosmópolitanize *v.*, cosmópolite *n.*

cos·mo·pol·i·tan·ism [kɑ̀zməpɑ́lit(ə)nìz(ə)m/kɔ̀zməpɔ́l-] *n.* U 세계주의, 코즈모폴리턴 기질.

cos·mo·pol·i·tan·ize [kɑ̀zməpɑ́lit(ə)nàiz/kɔ̀zməpɔ́l-] (＊《英》에서는 **cos·mo·pol·i·tan·ise** 로도 쓴다) *vt., vi.* (-ized, -iz·ing) 세계주의적으로 하다(되다).

cos·mo·po·lite [kɑzmɑ́pəlàit/kɔzmɔ́p-] *n.* **1** 세계 시민, 세계주의자, 코즈모폴리턴. **2** 세계적으로 분포되어 있는 동식물. — *adj.* = cosmopolitan.

cos·mo·po·lit·i·cal [kɑ̀zmo(u)pəlítik(ə)l/kɔ̀z-] *adj.* 세계 정책적인. 〔세계 정책.

cos·mo·pol·i·tics [kɑ̀zməpɑ́litiks/kɔ̀zməpɔ́l-] *n. pl.*

cos·mop·o·lit·ism [kɑzmɑ́pəlitìz(ə)m/kɔzmɔ́p-] *n.* = cosmopolitanism.

cos·mo·ra·ma [kɑ̀zmərǽmə, -rɑ́ːmə/kɔ̀zmərɑ́ːmə] *n.* 코즈모라마[세계 각지의 풍경을 들여다 보는 장치]. *cf.* diorama, panorama [<COSMO-+〔PANO〕RAMA]

*****cos·mos** [kɑ́zməs, -mɑs/kɔ́zmɔs] *n.* U **1** 〔질서 정연한〕 세계, 우주. ⇨ UNIVERSE 類語 **2** 완전히 조화가 이루어진 체계; 질서, 조화. *opp.* chaos **3** C 코스모스. **4** (C-) 〔구소련의 기상·천체 관측용의〕 인공 위성.

◇ cósmic *adj.*

cos·mo·tron [kɑ́zmətrɑ̀n/kɔ́zmətrɔ̀n] *n.* 〔물리〕 코스모트론〔양성자 가속 장치의 일종〕.

COSPAR [kɔ́spɑːr] 《略》 *Committee on Space Research* (국제 우주 공간 연구 위원회).

co·spon·sor [kóuspánsər / -spɔ́n-] *n*. 공동 스폰서.
— *vt.* …의 공동 스폰서가 되다, 〔결의안 따위〕를 공동 제안하다.

Cos·sack [kǽsæk, -sək / kɔ́sæk] *n*. **1** 코작 사람, 코작 기병. **2** 코작풍의 복장. 〔前哨〕.

Cóssack pòst *n*. 《군대》 〔수명의 기병에 의한〕 전초

cos·set [kásit / kɔ́s-] *vt*. 을 귀여워하다, 응석을 받아주다(pamper). — *n*. **1** 집에서 기르는 어린 양. **2** 애완 동물, 페트.

cos·sie [kázi / kɔ́zi] *n*. 《濠구어》 수영복.

‡**cost** [kɔːst / kɔst] *n*. 〔(*U*)*C*〕 **1** 값, 가격, 원가; 비용, 경비. ⇒ PRICE 類語 ¶ the prime *cost*; the *cost* price 매입 원가 / at *cost* 원가로 / at a *cost* of five thousand won 5천 원의 비용으로 / at a great *cost* 큰돈을 들여서 / at a low *cost* 싼 비용으로 / below *cost* 원가 이하로 / free of *cost* 무료로 / the *cost* of production (living) 생산(생활)비 / cut *costs* 비용을 절감하다 / cover the *costs* 밑지지 않다.
2 희생(sacrifice), 손실(loss), 벌금(penalty); 〔돈·시간 등의〕소비. ¶ at a heavy *cost* 커다란 손해를 보고.
3 (~s) 〔법률〕 소송 비용〔보통 패소자가 지불〕. ¶ *costs* against a defendant 피고 부담의 소송 비용 / Each party to pay their *costs*. 소송 비용은 쌍방 부담으로 한다.
at all costs; at any cost 어떤 희생을 치르더라도, 기어코. ¶ hold it *at all costs* 그것을 사수하다 / accomplish one's aim *at any cost* 만난을 무릅쓰고 목적을 이루다 / We must arrive at Boston before midnight *at any cost*. 자정까지는 무슨 일이 있어도 보스턴에 도착해야 한다.
at the cost of …의 비용을 지불하고, …을 희생하고.
¶ work *at the cost of* one's health 건강을 희생하면서 일하다.
count the cost 앞일을 어림하 보다. 〔서 일하다.
to a person's cost 남의 부담으로; 남에게 폐를 끼치고.
¶ as I know *to my cost* 내 쓰라린 경험으로 아는 일이가다.
— *v*. (cost, cost·ing) *vt*. **1** 〔돈·시간·노력 따위〕이 들다, 을 필요로 하다, 〔값이〕…이다, 〔남〕에게 …을 소비케 하다. ¶ It *costs* too much. 그것은 너무 비싸다 / How much does it *cost* to buy a car? 자동차를 사는데 비용이 얼마나 드느냐 ? // 〔~+因+因〕It *cost* me ten dollars. 그것은 10 달러였다 / What did it *cost* him much time and labor. 그 책을 쓰는데 그는 많은 시간과 노력을 들였다. **2** 〔행위의 결과〕…을 희생시키다, 잃게 하다, 대가를 치르게 하다, 〔고통 따위를〕…에게 주다. ¶ 〔~+因+因〕 The work *cost* him his life. 그 일로 그는 목숨을 잃었다. **3** 〔상업〕 …의 원가(생산비)를 계산하다. ¶ *cost* a car 자동차의 원가를 계산하다.
— *vi*. 〔상품 따위의 비용을〕 산정하다, 계산하다.
主意 cost 는 타동사처럼 쓰이고 있으나 역사적으로는 원래 자동사이기 때문에 수동형은 될 수 없다. 직접 목적어도 원래는 부사적 수식어로서 그 앞에 in 이 있었으나 현재는 생략된 것이라고 생각할 수 있다.
cost a person dear (or *dearly*) 남에게 비싸게 치이다, 몹시 혼나다.
cost what it may 아무리 비용이 들지라도; 어떤 일이 있더라도, 기필코(at any cost).
◇ **cóstly** *adj*.

cost- ➪ COSTO-.

cos·ta [kástə / kɔ́s-] *n*. (*pl*. -tae) **1** 〔해부〕 늑골(肋骨) (rib). **2** 〔식물〕 엽맥(葉脈), 주맥(主脈). **3** 〔곤충 날개의〕 전연맥(前緣脈). 〔<L *costa* rib, side.〕

cost-ac·count [kɔ́ːstəkáunt / kɔ́st-] *vt*. **1** … 의 원가 계산을 하다. **2** …을 세밀하게 검토하다.

cóst accóuntant *n*. 《英》 원가 계산 담당자.

cóst accóunting *n*. 〔*U*〕 원가 계산.

cos·tal [kástl / kɔ́s-] *adj*. **1** 〔해부〕 늑골의. ¶ *costal nerves* 늑간(肋間) 신경. **2** 〔식물〕 주맥의.

cóst and fréight *n*. 〔상업〕 운임 포함 가격〔略 C.A.F., C. & F., CF〕.

co-star [kóustɑːr] *n*. 〔영화·연극에서의〕 공연자.
— *vi., vt*. (-starred, -star·ring) 〔주역과〕 공연하다 (시키다).

cos·tard [kástərd / kɔ́s-] *n*. **1** 영국종의 큰 사과; 그 나무. **2** 〔고어·익살〕 머리(head).

Cos·ta Ri·ca [kástə ríːkə, kɔ́s- / kɔ́stə ríː-] *n*. 코스타리카〔중미의 한 공화국; 수도는 San José〕.
〔<Sp. rich coast〕

Cos·ta Ri·can [kástə ríːkən, kɔ́s- / kɔ́s-] *n*. 코스타리카사람. — *adj*. 코스타리카〔사람〕의.

cos·tate [kásteit / kɔ́s-] *adj*. **1** 〔해부〕 늑골이 있는. **2** 〔식물〕 엽맥(주맥) (costa)이 있는.

cost-ben·e·fit [kɔ́ːstbénəfit / kɔ́st-] *adj*. 비용 효과〔분석〕의. 〔(元帳).

cóst bòok *n*. 《英》 〔광산업〕 회계 장부, 원가 원장

cóst clèrk *n*. 《英》=cost accountant.

cos·tean, -teen [kɑstíːn / kɔs-] *vi*. 《英》〔광산〕〔광맥을 찾기 위해〕도랑이나 수갱(竪坑)을 파다.

cost-ef·fec·tive [kɔ́ːstiféktiv / kɔ́st-] *adj*. 비용 효과가 큰.

cóst effectiveness (efficiency) *n*. 〔*U*〕 비용 효과성〔경비와 예상된 수익과의 비율이 좋은 상태〕.

cost-ef·fi·cient [kɔ́ːstifíʃ(ə)nt / kɔ́st-] *adj*. = cost-effective. 〔termonger.

cos·ter [kástər, kɔ́ːs- / kɔ́s-] *n*., *v*.《英속어》=cos-

cos·ter·mon·ger [kástərmʌ̀ŋɡər, kɔ́ːs- / kɔ́s-] *n*.《英》과일·야채·생선 따위를 손수레에 싣고 다니는〕행상인. — *vi*. 소리치며 행상하다.

cost-free [kɔ́ːstfríː / kɔ́st-] *adj., adv*. 무료의(로).

cóst inflátion *n*. =cost-push inflation.

cost·ing [kɔ́ːstiŋ / kɔ́st-] *n*. 〔*U*〕《英》〔상업〕 원가 계산 (cost accounting).

cóst, insúrance, and fréight *adj*. 〔상업〕 운임 보험료 포함 가격의 〔略 C.I.F.〕.

cos·tive [kástiv / kɔ́s-] *adj*. **1** 변비의, 변비에 걸린 (constipated). **2** 《고어》 〔동작·반응이〕 느린. **3** 〔비유적〕 인색한. **-ly** *adv*. **~ness** *n*.

cóst kèeper *n*. =cost accountant.

cost·li·ness [kɔ́ːstlinis / kɔ́st-] *n*. 〔*U*〕 **1** 고가(高價), 비용이 많이 듦 (expensiveness). **2** 사치.

‡**cost·ly** [kɔ́ːstli / kɔ́st-] *adj*. (-li·er, -li·est) **1** 비용이 많이 드는, 값비싼. ⇔ EXPENSIVE 類語 **2** 희생이 많은, 돈이 많이 드는. **3** 귀중한, 가치 있는. **4** 《고어》 사치한. **-li·ness** *n*. ◇ cost *n., v*.

cost·mar·y [kástmèəri, kɔ́ːst- / kɔ́stmèəri] *n*. (*pl*. -mar·ies) 쑥국화 〔잎은 향기가 좋으며 식용〕.

costo- rib 라는 뜻의 연결형 (*모음 앞에서는 cost-를 쓴다). *예: costotomy* (늑골 절제술); *costata*.

cóst-of-lív·ing index [kɔ́ːstəvlívíŋ- / kɔ́st-] *n*. 소비자 물가 지수(consumer price index). 산비에.

cost-plus [kɔ́ːstplʌ́s / kɔ́st-] *adj*. 협정 이익 가산 생

cóst-push inflátion *n*. 〔*U*〕 코스트인플레이션 〔임금 수준과 이에 따른 생산비의 상승으로 생긴 인플레이션〕.

‡**cos·tume** [kást(j)uːm, -/ kɔ́stjuːm, -] *n*. **1** 〔*U*〕 〔어떤 국민·계급·시대·지방 등의 특유한〕복장, 풍속, 머리. ¶ ceremonial *costume* 예복 / Highland *costume* 스코틀랜드 고지 지방의 복장. **2** 〔*U*〕〔무대나 무도회에서 입는〕 시대 의상, 가장복. ¶ *stage costume* 무대 의상. **3** 여성복 한 벌 (ensemble). **4** 〔특수한 때·계절에 맞는〕 복장, 유행복. ¶ a winter *costume* 동복 / a hunting *costume* 수렵복. — *vt*. (-tumed, -tum·ing) 〔남〕에게 의상을 입히다(dress); …을 위하여 의상을 마련하다. ¶ *costume* a play 연극 의상을 준비하다.

cóstume jéwelry n. ⓤ 인조 장신구 [모조 보석].
cóstume píece (pláy) n. [시대 의상을 입고 연기는]사극(史劇), 시대극.
cos·tum·er [kʌst(j)úːmər, -́-́- / kɔ́stjuːmə, -́-́-] n. [연극・무도회용의] 의상상인.
cos·tum·ey [kʌst(j)úːmi / kɔstjúːmi] adj. 《美》무대 의상 같은.
cos·tum·i·er [kʌst(j)úːmiər / kɔstjúːm-] n. = costumer.
co·sure·ty [kouʃúərti / kóu-] n. (pl. -ties) 연대 보증인.
co·sy [kóuzi] adj. (-si·er, -si·est), n. (pl. -sies) cozy.
cot¹ [kat / kɔt] n. **1** [특히 즈크 천으로 된]간이침대. **2** 《英》 어린이용 침대(crib). **3** [항해] 달아맨 침대.
cot² [kat / kɔt] n. **1** 《詩》 오두막집(cottage), 작은 집. **2** [양 따위의] 우리(shelter). **3** [보호용] 손가락 깍지(고무색(sack)). **4** [덮개 (covering)].
— vt. (cot·ted, cot·ting) [양]을 우리에 넣다.
cot³ [略] (수학) cotangent.
co·tan·gent [koutǽndʒ(ə)nt / kóu-] n. [수학] 코탄젠트, 여접(餘接) [略 cot, ctn].
cót cáse n. **1** 병상에 드러누운 채 기동을 못하는 환자. **2** 《濠》[익살] 술 취해 녹초가 된 사람.
cót déath n. 《英》 유아의 급사병(急死病).
cote [kout] n. **1** [양・돼지・비둘기 따위의]집, 우리. ¶ a dove-cote 비둘기장. **2** 《英방언》 작은 집, 오두막 (cottage).
Côte d'Azur [kòut dəzúər] n. 코트 다쥐르, 감벽(紺碧) 해안 [프랑스 남쪽의 피한・피서지. Riviera 의 프랑스명].
Côte d'Ivoire [kòut divwá:r] n. 코트디부와르 공화국 [Ivory Coast 의 프랑스명].
co·tem·po·ra·ne·ous [koutèmpəréiniəs] adj. (고어)=contemporaneous.
co·tem·po·rar·y [koutémp(ə)rèri / -rəri] adj., n. (pl. -rar·ies) (고어)=contemporary.
co·ten·ant [kouténənt / -́-́-] n. 공동 차지(借地).
co·te·rie [kóutəri] n. **1** [사교계의] 동료, 친구; [문예에 관계한] 동인, [예술가 등의] 서클. **2** 그룹, 일파 (clique). [< F]
co·ter·mi·nous [koutə́:rminəs] adj. =conterminous. [nous.
co·thur·nus [kouθə́:rnəs] n. (pl. -ni [-nai]) **1** 비극, [연기의] 비극조(풍). **2** [고대 그리스・로마에서 비극 배우가 무대에서 신던] 반장화(buskin).
co·tid·al [koutáid(ə)l] adj. 동조(同潮)의; 동조선의.
co·til·lion [ko(u)tíljən] n. **1** 코티용 [활발한 프랑스의 사교 댄스]; 그 곡. **2** 카드리유(quadrille)풍의 춤.
co·til·lon [ko(u)tíljən] n. =cotillion.
co·to·ne·as·ter [kətòuniǽstər] n. 섬개야광나무 [장미과(科)의 관목; 가시가 없고 장식용].
cot·quean [kátkwìːn / kɔ́t-] n. **1** (고어) 집안 일을 잘하는 남자. **2** (폐어) 거칠고 말 많은 여자.
Cots·wold [kátswould, -wəld / kɔ́ts-] n. 코츠월드 종의 양 [영국 Cotswolds 산(産)으로 털이 길다].
cot·ta [káta / kɔ́ta] n. [교회] 중백의 (cassock 위에 입는 약식 제복) (surplice) [성가 대원의 소매가 없거나 또는 짧은]백의.
‡cot·tage [kátidʒ / kɔ́t-] n. **1** 오두막집; 시골집; 작은 집. **2** 《美》[피서지 따위의] 작은 별장. **3** 《美》[병원・기숙사 따위의] 별채의 작은 집.
cóttage chéese n. ⓤ 《美》 부드러운 백색 치즈.
cóttage fármer n. 소작농.
cóttage hóspital n. 《英》 [상주 의사가 없는] 간이 병원.
cóttage índustry n. 가내 공업(영세 산업) [특히 빈공인의] 소회사.
cóttage lóaf n. 《英》 크고 작은 두 개를 겹쳐놓은 빵.
cóttage órgan n. 상자형 소형 오르간.
cóttage piáno n. 직립형 작은 피아노.
cóttage píe n. ⓤⓒ 시골 파이[일종의 고기 만두].
cóttage púdding n. ⓤ 코티지 푸딩 [가미하지 않은 케이크에 단 과즙을 쳐서 먹는 것].
cot·tag·er [kátidʒər / kɔ́t-] n. **1** 작은 집에 사는 사람, 《美》 별장에 사는 사람. **2** 《英》 농업(농장) 노동자, 빈농.
cot·ter¹ [kátər / kɔ́tə] n. **1** 코터, 쐐기, 쐐기전(栓), 가로 쐐기; [건축] 비녀장. **2** = cotter pin.
cot·ter², **-tar** [kátər / kɔ́tə] n. **1** 《스코》 오두막집에 사는 날품팔이 농부, 소작인. **2** (아일) = cottier. **3** 빈농, 농장 노동자 (cottager). [drill).
cótter dríll n. [기계] 선회(旋回) 드릴 (traverse
cot·ter·el [kátər(ə)l / kɔ́t-] n. 《英방언》 **1** = cotter¹. **2** [난로에 쓰는] 고리 달린 막대기.
cótter pín n. [기계] 코터 핀, 쐐기 핀 [꽂은 뒤에 끝을 두 가닥으로 벌려 놓음].
cot·ti·er [kátiər / kɔ́t-] n. **1** 《英》 빈농, 농장 노동자 (cottager). **2** (아일) 소작인 [소작료는 입찰로 결정].
‡cot·ton [kátn / kɔ́tn] n. ⓤ **1** 솜, 면화; [다른 식물의] 솜털, ¶ ginned cotton 조면(繰綿) / raw cotton 면화, 원면 / waste cotton 지스러기 솜 / sanitary (or absorbent) cotton 탈지면. **2** [집합적] 목화; [경작물로서의] 목화. **3** 면포; 면사, 무명실; 면직물. ¶ sewing cotton [바느질용]무명실 / a needle and cotton 실을 뗀 바늘. **4** 《美》 탈지면.
— adj. 솜의, 솜으로 된, 무명의, 무명으로 만든. ¶ cotton cloth 면포 / cotton textile (or tissue) 면직물 / cotton thread 무명실. — vi. **1** (구어) 친해지다, 조화되다; 동의하다 (agree) (with...). **2** (구어) 애착을 느끼다, 좋아하다 (to, with...).
cotton on [to] ① […이] 좋아지다. ②《속어》 […을] 이해하다, […을]눈치채다.
cotton up [to] 《구어》 ① […과] 친해지다. ② […에] 동의하다. ¶ cotton up to an idea 어떤 착상에 동의하다
◇ **cóttony** adj. [다.
cótton bátting n. ⓤ 정제면(精製綿) [시 벌을 매워]; 탈지면[외과용 위생 솜].
Cótton Bélt n. (the ~) [미국 남부의] 목화 지대.
cótton bóll n. 목화 다래.
cótton cáke n. ⓤⓒ 《美》 목화씨 깻묵 [가축의 사료].
cótton cándy n. ⓤ 《美》 솜사탕. [료].
cótton flánnel n. 면 플란넬 (Canton flannel).
cótton gìn n. 조면기(繰綿機) [면섬유를 씨와 분리].
cótton góods n. 면제품.
cótton gráss n. 황새풀 [습지에서 자라며 흰솜 같은 이삭을 가진 사초과(科) 식물].
cótton méal n. 면화씨 깻묵으로 만든 가축의 먹이.
cótton míll n. 방적 공장. [사.
cótton móuth n. [미국 남부의 늪지에 사는] 큰 독
cot·ton·oc·ra·cy [kàt(ə)nákrəsi / kɔ̀t(ə)nɔ́k-] n. **1** 《구어》 방적 왕국. **2** [집합적] 《美어사》 [남북 전쟁 후의] 남부 목화 재배자.
cótton pícker n. 목화 따는 사람(기계).
cot·ton-pick·in' [kátnpìkn / kɔ́tn-] adj. 《美속어》 지겨운, 번번찮은.
cótton plánt n. 목화.
cótton pówder n. ⓤ 분말 면화약(綿火藥) [무연(無煙) 화약의 원료].
cótton préss n. 면화 프레스 [면화 포장 기계].
cótton·seed [kátnsìːd / kɔ́tn-] n. (pl. **-seeds** or **-seed**) 면실(綿實), 목화씨[기름을 짠다].
cóttonseed cáke n. =cotton cake. [용].
cóttonseed méal n. ⓤ 목화씨 가루 찌끼[사료・비료
cóttonseed óil n. 면실유[식용]. [적업소.
cótton spínner n. 면사 방적공, 방적공 공장 주인, 방
cótton spínning n. 면사 방적(업).
Cótton Státe n. (the ~) 미국 Alabama 주의 별칭.
cótton stúff n. 면제품(綿製品).
cot·ton·tail [kátntèil / kɔ́tn-] n. 《美》 흰꼬리토끼 [미국산(産)으로 복실복실한 흰 꼬리가 있다].
cótton trée n. 판야나무 (silk-cotton tree).
cótton wáste n. ⓤ 면사 부스러기 [기계 소제용].

cot·ton·weed [kátnwìːd/kɔ́tn-] *n.* 솜풀나무 [국화과(科)의 식물; 줄기·잎에 흰 연모(軟毛)가 밀생].

cot·ton·wood [kátnwùd/kɔ́tn-] *n.* [북미산(產)] 넓은 잎양버들[씨에 솜 모양의 술이 있다].

cot·ton·wool [kátnwúl/kɔ́tn-] *vt.* 소중히 기르다, 애지중지하다.

cótton wóol *n.* ⓤ 1 원면, 면화(raw cotton). 2 《英》 정제한 솜, 이불솜; 탈지면(absorbent cotton).

cot·ton·y [kátni/kɔ́t-] *adj.* 1 솜 같은, 폭신폭신한 (downy). 2 [나사(羅紗)가] 보풀이 인.

cótton yárn *n.* 방적사, 면직사(綿織絲).

cot·trel [kátrəl/kɔ́t-] *n.* 《美》 전기 침전기(沈澱器) [굴뚝 속에 장치하여 검댕 따위를 제거].

cot·y·le·don [kàtilíːd(ə)n/kɔ̀t-] *n.* 〔식물〕 자엽(子葉), 떡잎.

cot·y·le·don·ous [kàt(i)líːdənəs/kɔ̀t-] *adj.* 자엽(이) 있는, 자엽 모양의.

‡**couch** [kautʃ] *n.* 1 긴 의자(lounge), [일반적으로] 소파(sofa). 2 《주로 詩》 침대, 침상, 자리(bed). ¶ a *couch* of fever 열병의 잠자리 / on a *couch* of pain 병석에서. 3 휴식처, 야수의 숨는 곳, 굴 (lair, den). 4 〔양조〕 맥아(麥芽) 키우는 곳. 5 〔제지〕 펄프 건조판. 6 《페어》 《페인트의》 초벌칠.
— *vt.* 1 〔보통 수동형 또는 재귀용법〕 …을 눕히다(lay down); …을 펼치다(spread). ¶ *couch* oneself; be *couched* 드러눕다. 2 〔창 따위〕를 아래로 겨누다. ¶ …로 머리를 숙이다. 3 …을 나타내다, 표현하다(express); 암시하다(…in). 4 〔제지〕 〔젖은 펄프〕를 건조판으로 옮기다. 5 〔양조〕 〔맥아〕를 펴서 싹트게 하다. 6 〔외과〕 〔백내장〕을 시축(視軸) 아래로 떨어뜨리다; …에게 백내장 수술을 하다. — *vi.* 1 드러눕다, 〔자리에〕 들다. 2 〔짐승이 숨어〕 숨다; 〔몰래 숨어서〕 웅크리다. 3 잠복하다. 4 〔나뭇잎이〕 퇴적(堆積)하다.

couch·ant [káutʃ(ə)nt] *adj.* 1 드러누워 있는; 웅크린. 2 〔紋章〕 〔짐승이〕 머리를 들고 가로누워 있는.

cóuch dòctor *n.* 《구어》 정신과 의사(psychiatrist).

cou·chee [kúːʃei] *n.* 《왕·귀족의》 야간 접견.

cou·chette [kuːʃét] *n.* 〔열차의〕 침대가 있는 독실.

cóuch grãss *n.* 개밀〔포아풀과(科)의 식물; 뿌리가 길게 뻗는 잡초〕.

couch·ing [káutʃiŋ] *n.* 1 ⓤ 웅크리기. 2 ⓤⓒ 카우칭〔굵은 실이나 노를 다른 가는 실로 천에 꿰매붙이는 무늬 수놓기(세공)의 하나〕.

cóuch potàto *n.* ⓤ 텔레비전 광.

Cou·é·ism [kuːéiɪz(ə)m/kúːei-] *n.* ⓤ 쿠에 요법, 자기 암시 요법(autosuggestion). 〔< 프랑스의 심리학자 Émile Coué(1857–1926)의 이름〕

cou·gar [kúːgər] *n.* (*pl.* -gars *or* -gar) 퓨마, 아메리카라이온[puma, panther, mountain lion 이라고 함].

‡**cough** [kɔːf/kɔf] *n.* 1 기침, 헛기침. ¶ a dry *cough* 마른 기침 / a choking *cough* 숨이 막힐 듯한 기침 / a churchyard *cough* 심한 기침 / have a bad (slight) *cough* 몹시(조금) 기침이 나다. 2 기침 병. ¶ whooping *cough* 백일해. 3 〔내연 기관의〕 기침 같은 불연음(不燃音).
— *vi.* 1 기침하다, 헛기침하다. 2 〔내연 기관이〕 기침 같은 불연음을 내다. — *vt.* 1 기침을 하여 내뱉다(…up, out). 2 (~+圈+圈) *cough* up phlegm 기침을 하여 가래를 뱉다. 2 기침을 하여 …을 말하다. ¶ (~+圈+圈) *cough* down a speaker 헛기침을 하여 연사로 하여금 말 못하게 하다.
cough up 《속어》 ① 〔특히 돈〕을 마지못해 주다. ② …을 토하다, 고백하다.

cóugh dròp *n.* 1 기침 멎게 하는 알약. 2 《英속어》 만만찮은 사내.

cóugh mìxture(sỳrup) *n.* 《英》 기침약.

‡**could** [강 kud, 약 kəd] *auxil. v.* can¹의 과거형(* 부정형 **could not** *or* **couldn't**) 1 〔직설법〕 **a)** 〔과거의 가능·능력〕 …할 수 있었다(was able to). ¶ He *could* read before he was three years old. 그는 세 살도 되기 전에 글을 읽을 수 있었다 / He *could* not bring himself to say so. 그는 아무래도 그렇게 말할 수는 없었다 / I ran fast, but still *couldn't* catch the bus. 나는 뛰어갔지만 버스를 탈 수 없었다. **b)** 〔과거의 가능적 경향〕 …한 일도 있었다. ¶ She *could* be very unkind. 그녀는 아주 불친절한 적도 있었다. 〔과거에 있어서의 허가〕 …하여도 좋았다. ¶ Students *could* stay at school until the age of 18. 학생들은 열 여덟 살까지 재학할 수 있었다.
— **Usage¹** *could*는 가정법으로서 현재의 일을 부드럽게 표현하는 데 쓰는 일이 많으므로 과거를 명시할 때는 was(were) able to, managed to를 쓴다(⇒ ABLE). be able to는 「능력」을, manage는 「어떻게 해서든지」라는 뉘앙스가 있으므로 그것을 피하기 위해서는 단순 과거형을 쓴다.

2 〔직설법〕 〔시제의 일치〕(* 간접 화법·중간 화법·명사절·부사절에서 can의 모든 용법을 쓸 수 있다.) ¶ He said he *could not* accept it. 그는 그것을 받아들일 수 없다고 말했다(=He said, "I cannot accept it.") / I wondered whether it *could* be true. 그것이 정말일까 하고 생각했다 / He worked hard so that he *could* succeed. 그는 성공할 수 있도록 열심히 노력했다.

3 〔가정법〕 **a)** 〔사실에 반대되는 가정〕 〔종속절 안에서〕 ¶ 〔현재 사실의 반대〕 I wish I *could* do that. 그것을 할 수 있으면 좋을 텐데 / If I *could* fly, I would go there at once. 내가 날 수 있다면 당장 그곳으로 갈 텐데 / 〔과거 사실의 반대〕 I wish I *could* have done that at that time. 그때 내가 그것을 할 수 있었더라면 하고 생각한다. **b)** 〔실현되지 않은 일〕 〔주절 안에서〕 ¶ 〔현재 사실의 반대〕 You *could* do it if you tried. 너라면 할 수 있을 텐데 // 〔과거 사실의 반대〕 He *could* have done that, if he had tried. 만일 그가 했더라면 그는 그것을 할 수 있었을 텐데.
— **Usage²** 가정법 과거의 *could*는 시제 일치에 의하여 변화하지는 않는다. 법(mood)은 시제에 우선하기 때문이다. 그 결과 외관상 일치할 수 없는 경우도 있다: She looks(looked) as if she *could* see nothing. 그녀는 아무것도 보이지 않는 듯한 표정을 하고 있다(있었다).

4 〔3 b)의 귀결에서 발달한 완곡한 표현〕 **a)** ¶ 〔현재에 대하여〕 I *couldn't* do it. 〔해봐도〕 나는 도저히 할 수 없다 / She *could* do it. 그녀라면 할 수 있을 텐데 / *could* be true. 그것은 사실일 수도 있다 // 〔과거에 대하여〕 He *could* have been there then. 어쩌면 그 당시 그는 그곳에 있었을지도 모른다. **b)** …하고 싶어서. ¶ I *could* laugh for joy. 기뻐서 웃고 싶어요. **c)** 〔공손한 부탁〕 ¶ *Could* you tell me the way to the station? 역으로 가는 길을 가르쳐 줄 수 있습니까?
[주의] *could*에 관한 숙어는 can과 꼭 같으며 시제는 위에서 말한 조건에 따라 달라지는 데 불과하다. 또 4 c)에서 어서는 Can you …?, Could you …?, Will you …?, Would you …?의 순서에 따라 더 공손한 표현이다. ⇒ CAN.

could·n't [kúdnt] could not의 단축형.

couldst [kudst] *v.* 《고어·詩》 = could〔can의 2인칭·단수〔thou〕 canst의 과거형〕.

cou·lee [kúːli] *n.* 1 《美》 〔여름에는 물이 마르는 서부의〕 깊은 계곡, 깊은 골짜기. 2 〔지질〕 용암류(熔岩流). 〔< F *couler* flow〕

cou·lée [kuːléi] *n.* 《프랑스》 = coulee.

cou·leur de rose [F kulœːr də roːz] 《프랑스》 (= color of rose) *adj.* 장미색의(rose-colored); 낙관적인(optimistic). — *adv.* 장미색처럼 아름답게; 낙관적으로. *n.* 장미색.

cou·lisse [kuːlíːs] *n.* 1 **a)** 홈이 있는 기둥〔그 홈을

couloir 따라 문이 움직인다. **b)** 《英》[수문의 문짝이 오르내리는] 홈. **2** (보통 ~s) **a)** [연극][무대 양 옆의 배경] 돌출부. **b)** 무대의 양 옆 [돌출부와 뒷벽 사이의 공간]. **3** 《美》무대 뒤. 〔F〕

cou·loir [kuːlwáːr/-́-] *n.* [산허리의]험한 협곡. 〔<〕

cou·lomb [kúːlɑm/-lɔm] *n.* 쿨롬 [전기량의 실용 단위; 1암페어의 전류가 1초간 흐르는 전기량; 略 C]. 〔< 프랑스 물리학자 C. A. de Coulomb(1736-1806)의 이름〕

cou·lom·e·ter [kuːlɑ́mitər/-lɔ́m-] *n.* 전량계(電量計)

coul·ter [kóultər] *n.* 《英》= colter.

‡**coun·cil** [káuns(i)l] *n.* **1** 회의, 자문 위원회, 평의회, 협의회. ¶ a cabinet *council* 각의 / a family *council* 친족 회의 / the governor's *council* 《美》지사 자문 위원회 / the [Privy] *Council* 《英》추밀원(樞密院). **2** 《기독 자치체의》의회. ¶ a city *council* 시의회, 3 종교 회의, 교회 회의; 〔가톨릭〕공회의(公會議) [전 가톨릭 주교 총회의]; 〔성서〕고대 유대의 최고 의회. **4** 〔영국 식민지에서 총독의 입법·행정상의〕보좌 기관.

cóuncil bòard *n.* **1** 〔회의용〕탁자. **2** 〔개최중인〕회의.

cóuncil chàmber *n.* 회의실.   〔計〕

cóuncil [hóusing] estàte *n.* 《英》공영 주택단

cóuncil flàt *n.* 《英》공영 아파트.

cóuncil hòuse *n.* **1** 의사당, 의회의소. **2** 《英》〔지방 자치체의〕공영 주택.

***coun·cil·lor** [káuns(i)lər], (**councilor**) *n.* **1** 〔주·시·읍의회 등의〕의원. **2** 평의원(評議員), 참사관.

coun·cil·lor·ship [káuns(i)lərʃip] *n.* ⓤ councillor 의 직(지위).

coun·cil·man [káuns(i)lmən] *n.* (*pl.* **-men** [-mən]) 《美》의원, 〔특히 지방 의회의〕의원.

coun·ci·lor [káuns(i)lər] *n.* **1** = councillor. **2** counselor.

cóuncil ròom *n.* = council chamber.

cóuncil schòol *n.* 《英》공립 국민 (중) 학교(《美》 public school).

cóuncil tàble *n.* = council board.

‡**coun·sel** [káuns(ə)l] *n.* **1** ⓒⓤ 충고, 조언, 의견. ADVICE 類語 ¶ a friendly *counsel* 친절한 충고 / give (*or* offer) *counsel* 조언을 하다 / ask *counsel* 조언을 청하다 / follow a person's *counsel* 남의 충고에 따르다. **2** ⓤ 상담, 협의(consultation), 심의(deliberation). ¶ take *counsel* with …과 상담하다 / take *counsel* with (*or* on) one's pillow 하룻밤 자면서 생각하다. **3** ⓤ〔신중한 계획(plan), 의도(design), 결심. ¶ keep one's [own] *counsel* 계획을 가슴에 숨기고 있다. **4** 《단·복수 양용》〔법률〕법률 고문, 고문 변호사; 〔집합적〕변호사단. ▶ LAWYER 類語 ¶ *counsel* for the plaintiff (the defense) 원고(피고)측 변호사/a King's (*or* a Queen's) *counsel* 왕실 고문 변호사〔略 K.C.; Q.C.〕. **5** ⓤⓒ〔교회〕신도에 대한 그리스도의〕권고. **6** ⓤ《고어》지혜(wisdom), 사려 분별(prudence).

the counsel[s] of perfection ① 〔성서〕한 차원 나름의 가기를 바라는 자에의 온전하기를 바라는 권고〔←마태복음 (Matt.) 19 : 21〕. ② 실천 불가능한 이상안.

— *v.* **-seled, -sel·ing;** 《특히 英》**-selled, -sel·ling**) *vt.* **1** …에게 조언하다, 충고하다(advise). ¶ *counsel* prudence 신중하라고 충고하다 / (~+圄+to do) He *counseled* me to quit smoking. 그는 내게 담배를 끊으라고 충고했다. **2** …을 권하다(recommend). ¶ *counsel* submission 항복을 권하다. — *vi.* 조언하다, 상담하다.

coun·sel·ee [kàuns(ə)líː] *n.* 상담(조언)을 받는 사람.

coun·sel·ing, 《英》**-sel·ling** [káuns(ə)liŋ] *n.* ⓤ 상담, 협의; 〔심리〕카운셀링.

‡**coun·sel·or,** 《英》**-sel·lor** [káuns(ə)lər] *n.* **1** 고문, 상담역(adviser). **2** 변호사(《美·英口어》 법정 전문 변호사). ▶ LAWYER 類語 **3** 《美》〔어린이 야영 생활 때의〕조수(assistant). **4** 《美》〔대사관·공사관의〕 법무관, 참사관. **5** 상담 교사, 카운슬러.

coun·se·lor-at-law [káuns(ə)lərətlɔ́ː] *n.* (*pl.* **coun·se·lors-at-law**) 《美》변호사(lawyer), 〔특히〕법정 전문 변호사(trial lawyer).

coun·se·lor·ship, 《英》**-sel·lor-** [káuns(ə)lərʃip] *n.* ⓤ counselor 의 직(지위).

‡**count**¹ [kaunt] *vt.* **1** …을 세다(enumerate), 계산하다(calculate). ¶ *count* the people 인원을 세다 / *count* the money 돈을 세다 / *count* one's receipts 수익고를 계산하다 / *count* the house 입장자 수를 세다 / *count* the number of words in a dictionary 사전의 어휘 수를 세다 / *Don't count your chickens before they are hatched.* 《속담》떡 줄 사람은 생각지도 않는데 김칫국부터 마신다.

類語 *count* 하나 둘 하고 세다: *count* the eggs in a basket 바구니의 달걀 수를 세다. *tell* 예스러운 말; 특히 천천히 생각하듯이 *count* 하다: *tell* the stars 별을 하나 하나 하고 세다. *number* 문어적인 말. *enumerate* 하나하나 중요성을 부여하며 세다: *enumerate* the member countries of the United Nations 유엔 가맹국을 하나하나 세다.

2 〔수를 어느 수〕까지 세다, 열거하다. ¶ He *counted* twenty. 그는 스물까지 세었다.

3 …을 셈에 넣다, 고려에 넣다, 포함시키다(…*in*). ¶ I have forty hens, *counting* this year's pullets. 금년의 암평아리를 계산에 넣으면 암탉은 마흔 마리다 / There are ten guests, not *counting* the members of the family. 가족을 넣지 않고, 손님은 열 명 있다. 〔impute〕. **4** …의 탓으로 돌리다, …에게 돌리다(ascribe), 씌우다 **5** 《보어와 함께》…이라 간주하다, …이라고 생각하다 (consider, regard) (…*as, for*). (~+圄+圄) I *counted* it stupid to do such a thing. 그런 짓을 하는 것은 어리석다고 생각했다/He *counted* his life meaningless. 그는 자기의 인생이 무의미하다고 생각했다/She *counts* herself fortunate in having good health. 그녀는 건강하다는 것을 행운으로 여기고 있다 // (~+圄+as 圄) (~+圄+圄+圉) Everyone *counted* the boy as (or for) lost. 누구나 그 소년은 행방 불명이 된 것으로 간주했다 / We *counted* him as (or for) dead. 우리는 그를 죽은 것으로 여겼다.

6 《美방언》…이라고 추측하다, 생각하다(guess). ¶ (~+*that* 圄) We *count that* she will come. 우리는 그녀가 오리라고 생각한다.

— *vi.* **1** 수를 세다, 계산하다. ¶ He can not even *count* properly. 그는 제대로 수도 세지 못한다 / *count* from one to ten 하나부터 열까지 세다/He *counted* up to one hundred. 그는 100까지 세었다/She *counted* on her fingers. 그녀는 손가락을 꼽으며 세었다.

2 수(數)적으로 생각하다, 수(數)로는 …이 되다.

3 〔…으로〕 간주되다. ¶ (~+*as* 圄) This picture *counts* as a masterpiece. 이 그림은 걸작으로 간주된다. **4** 〔…의〕 가치가 있다, 중요하다. ¶ What *counts* is the quality of our life. 중요한 것은 우리의 생활의 질이다 / What he said does not *count*. 그가 말한 것은 중요하지 않다 // (~+圊+圉) This book *counts* among her best works. 이 책은 그녀의 가장 뛰어난 작품 중의 하나다. **5** 의존하다, 믿다, 기대하다(depend) (*on, upon*…). ⇒ RELY 類語 ¶ (~+圊+圉) *count* on others 남에게 의존하다 / I hope we can *count on* your support. 당신의 지지를 기대할 수 있기를 바랍니다.

6 〔음악〕박자를 세다.

7 〔특수한〕수치를 지니다.

count down 수를 거꾸로 읽다〔10, 9, 8…, 0〕; 〔로켓 발사 때 사용〕.

count for much 아주 중요하다(가치가 있다). ¶ It *counts for much* in America. 그것은 미국에서는 몹시 중요한 일이다.

count for nothing; do not count for anything 보

잘렀없다, 아무 가치(쓸모)가 없다. ¶ Mere cleverness doesn't *count for anything*. 단순이 머리가 좋다는 것만으로는 아무 쓸모가 없다.
count in …을 셈에 넣다; 같은 패에 넣어주다.
count off ① 세어서 등분하다. ② [군대 따위에서] 번호를 부르다.
count out ① …을 세어서 내다, [돈]을 주다. ② …을 제외하다. ③ 《미국속어》 [개표 때] 득표의 일부를 제외하여 …을 낙선시키다. ④ [권투에서] …을 졌다고 선언하다.
count over …을 다시 세다, 일일이 세다.
count to ten (구어) 마음을 진정키 위해 10까지 세다.
count up ① …을 다 세어 내다. ② 합계하다.
— *n.* 1 [C][U]계산, 셈. ¶ make an actual *count* 실제의 수를 세다. 2 총수, 총계(sum total). ¶ hold a census *count* 인구 조사를 하다. 3 [법률][기소장의] 소인(訴因). ¶ His indictment contained two *counts*. 그의 기소에는 두 가지 소인이 있었다. 4 번수(番手) [방적사의 굵기의 단위]. 5 a) [야구] 카운트[볼과 스트라이크의 수]. b) [권투] 카운트[녹다운 때 심판이 세는 초수(秒數)]. c) [볼링] 카운트[스페어의 뒤에 첫번째 던져서 쓰러뜨린 핀의 수]. 6 [물리] [가이거 계수관 따위에서의] 방사선의) 계수(計數). 7 ①《고어》 평가; 고려(regard), 주의, 주목.
beyond (or ***out of***) ***count*** 셀 수 없는, 무수한. [다.
keep count of …을 계속 세다, …의 수를 기억하고 있
lose count of …을 잘못 세다, 셀 수 없게 되다, …의 수를 잊다.
set no count on …을 중요시하지 않다, …을 안중에 두지 않다.
take count of ① …을 중히 여기다, 중요시하다. ¶ *Take* no *count of* what she says. 그녀의 말을 중요시하지 마라. ② [권투] 빼다.
***count*²** [kaunt] *n.* [영국 이외의 유럽 여러 나라의] 백작(* 영국의 earl에 해당).
count·a·ble [káuntəbl] *adj.* 1 셀 수 있는. 2 [수학][집합론] 유한(有限)의. — *n.* [문법] 가산(可算) 명사. *cf.* uncountable
count·down [káuntdàun] *n.* [로켓 발사 때 따위의] 초읽기; 최종 점검.
:coun·te·nance [káuntinəns] *n.* 1 ⓤⓒ 용모, 얼굴; [얼굴의] 표정, 안색. → FACE 類語 ¶ a sad *countenance* 슬픈 표정 / change one's *countenance* 안색을 바꾸다 / read a person's *countenance* 남의 표정을 읽다. ¶ The king had a noble *countenance*. 그 왕은 고귀한 용모였다 / Her *countenance* fell. 그녀의 안색이 침울해졌다. 2 ⓤ 냉정, 침착(composure). ¶ keep one's *countenance* 침착한 태도를 유지하다, [웃지 않고] 점잖빼고 있다 / lose *countenance* 침착성을 잃다. 3 ⓤ지지 (support), 격려, 장려, 원조(encouragement). ¶ give (or lend) *countenance* to a person 남을 돕다 / find no *countenance* in …의 지지를 얻지 못하다. [로.
in the light of *a person's* ***countenance*** 남의 도움으
keep *a person* ***in countenance*** 남의 체면을 세워주다.
put *a person* ***out of countenance*** 남을 당황하게 하다; 남을 무안하게 하다.
— *vt.* (-nanced, -nanc·ing) 1 …을 용서하다, 너그럽게 보다(permit), 참다. ¶ I could not *countenance* his rudeness. 나는 그의 무례함을 참을 수 없었다. 2 …에 찬성하다(approve), …을 지지하다(support), 장려하다(encourage). ¶ The king *countenanced* learning. 왕은 학문을 장려했다.
:count·er¹ [káuntər] *n.* 1 [은행·상점 따위의] 계산대, 판매대, 카운터. ¶ a department store *counter* 백화점의 판매대 / a girl behind the *counter* 카운터 뒤에서 일하는 여점원 / pay over the *counter* 카운터에서 지불하다. 2 계산자. 3 계산기, [물리] [방사선의] 계수관(計數管). ¶ a Geiger *counter* 가이거 계수관. 4 [식당·주점의] 카운터. [부엌의] 조리대. 5 [카드놀이] 산가지 [득점을 세기 위한 둥근 금속·상아·나무 따위의 작은 원판]. 6 모조화폐; 화폐, 돈(coin, money).
over the counter [증권 거래소가 아니라] 증권업자의 가게에서.
sit (or ***serve***) ***behind the counter*** 점원(상인)이 되다. [정하다.
under the counter [거래 따위를] 비밀리, 몰래, 부
:coun·ter² [káuntər] *adv.* 반대 방향으로; 거꾸로, 반대로(contrary) (* 보통 go나 run과 함께 쓴다). ¶ run (or go) *counter* to our interest 우리 이익에 어긋나다.
— *adj.* 1 반대 방향의(opposite), 대립한(opposed). ¶ the *counter* direction 반대 방향. 2 부(副)의, 부본(副本)의. — *n.* 1 반대, 반대물. 2 [권투] 되받아치기, 카운터 블로; [펜싱] [칼끝을 둥글게 돌려] 칼끝을 막기. 3 [항해] 선미 돌출부. 4 [말의] 앞가슴 부분. 5 [구두의] 뒷굽 가죽. 6 [인쇄] [활자면의] 골짜기 [잉크가 묻지 않는 곳]. — *vt.* 1 …에 반대하다, 거스르다. 2 [타격·운동 따위에] 반격하다. — *vi.* 1 반대하다. 2 [권투] 되받아치다.
coun·ter³ [káuntər] *vt.* 《폐어》…과 교전하다.
counter- opposite의 뜻의 연결형. 예: *counter*act.
:coun·ter·act [kàuntərækt] *vt.* …에 거꾸로 행동하다, …을 방해하다(hinder), 대항하다; [역으로 행동하여] [남의 계획 따위]를 꺾다, 좌절시키다; [약 따위가] …을 중화하다. ◇ counteráction *n.*, counteráctive *adj.*
coun·ter·ac·tion [kàuntərǽkʃ(ə)n] *n.* ⓤⓒ 1 [계획의] 훼방, 방해. 2 [약의] 중화[작용]. 3 반작용, 대응 행동.
coun·ter·ac·tive [kàuntərǽktiv] *adj.* 반작용의; 중화성의. — *n.* 반작용제(劑), 중화력; 중화력.
coun·ter·a·gent [káuntərèidʒ(ə)nt] *n.* 중화력, 반항력; 중화제, 반작용제.
coun·ter·ap·proach [káuntərəpròutʃ] *n.* (보통 ~es) [군사] 대항 참호. [격.
coun·ter·at·tack *n.* [káuntərətæk] 역습, 반격. — *vt., vi.* [kàuntərətǽk] [...에게] 역습(반격)하다.
coun·ter·at·trac·tion [kàuntərətrǽkʃ(ə)n] *n.* ⓤ 반대 인력, 대항 인력.
coun·ter·bal·ance *n.* [káuntərbæ̀ləns → *v.*] 1 평형추(平衡錘) (balancing weight). 2 평형력, 평형, 균형. — *v.* [kàuntərbǽləns] (-anced, -anc·ing) 1 …을 균형(평형)시키다. 2 [효과]를 상쇄하다(offset), [부족]을 메우다. ¶ Studying hard often *counterbalances* slowness at learning. 열심히 공부하면 굼뜬 학습 진도를 메꾸는 수가 종종 있다. — *vi.* 균형(평형)을 잡다; 상쇄하다; 메우다, 보충하다.
coun·ter·blast [káuntərblæ̀st, -blὰːst] *n.* 1 맹렬한 항의, 강경한 반대. 2 반대 기류.
coun·ter·blow [káuntərblòu] *n.* 반격; 역습; 보복; [권투] 카운터블로[상대방 공격에 맞받아치는 펀치].
coun·ter·buff [káuntərbʌ̀f] *n., vt.* 《고어》 반격[하다]. (방음) 천장.
coun·ter·ceil·ing [káuntərsìːliŋ] *n.* [건축] 방화
coun·ter·change [kàuntərtʃéindʒ] *v.* (-changed, -chang·ing) 1 [장소·성질 따위]를 엇바꾸다, 교환하다(interchange). 2 [색]을 교차시키다, 체크 무늬가 되게 하다(checker). — *vi.* 엇바뀌다, 교차하다.
coun·ter·charge *n.* [káuntərtʃὰːrdʒ → *v.*] 1 반소 (反訴), 맞고소, 2 [군사] 반격, 역습. — *vt.* [kàuntərtʃάːrdʒ] (-charged, charg·ing) 1 …을 반소(맞고소)하다. ¶ If he charges me with bribery, I'll *countercharge* him with slander. 그가 나를 수회죄로 고소하면 나는 그를 명예 훼손으로 맞고소하겠다. 2 [군사] …을 반격하다, 역습하다.
coun·ter·check *n.* [káuntərtʃèk → *v.*] 1 대항(방지) 수단, 방해. 2 재조회[再照會]; 저지(retort). — *vt.* [kàuntərtʃék] 1 [장해 따위]를 억제 (방지)하다, …에 대항하다. 2 …을 재조회하다. 3 《고어》…에 반박하다.

coun·ter·claim n. [káuntərklèim → v.] 〖법률〗반소, 맞고소; 반대 요구, 대항 요구. ─ vt., vi. [kàuntərkléim/⌐-⌐] …에 반소하다, 반대 요구를 제출하다 (*for, against…*). 〖반대 요구자〗

coun·ter·claim·ant [káuntərkléimənt] n. 반소자,

coun·ter·clock·wise [kàuntərklákwàiz / -klɔ́k-] adj., adv. 시계 바늘과 반대 방향의(으로).

coun·ter·con·di·tion·ing [káuntərkəndíʃ(ə)niŋ] n. ⓤ〖심리〗반대 조건 부여. 〖대체.

coun·ter·coup [káuntərkù:] n. 반(反) 쿠데타, 역쿠

coun·ter·cul·ture [káuntərkÀltʃər] n. ⓤ 반문화[기성 사회의 가치관을 무너뜨린 젊은이들의 문화].

coun·ter·cur·rent [káuntərkə̀:rənt / -kÀr-] n. 1 역류. 2 〖전기〗역전류(inverse current).

coun·ter·dec·la·ra·tion [kàuntərdèklərèiʃ(ə)n] n. 반대 성명, 반대 선언.

coun·ter·deed [káuntərdì:d] n. 〖앞서의 증서를 무효로 할 수 있는〗반대 증서; 〖공표된 협약을 취소하는〗비밀 서류.

coun·ter·dem·on·strate [káuntərdèmənstreit] vi. 〖먼저 있었던 데모에 대해〗대항(반대) 데모를 하다.

coun·ter·dem·on·stra·tion [kàuntərdèmənstréiʃ(ə)n] n. 대항 데모〖어떤 데모에 대한 반대 데모〗.

coun·ter·drain [káuntərdrèin] n. 부(副)하수도; 누수거(漏水渠).

coun·ter·drive [káuntərdràiv] n. 반격, 역습.

coun·ter·drug [káuntərdrÀg] n. 〖마약·알코올 따위〗습관성있는 약물이 싫어지게 하는〗대항약(對抗藥).

coun·ter·es·ca·la·tion [kàuntərèskəléiʃ(ə)n] n. ⓒ 대항적 확대[escalation에 대한 보복으로 이쪽도 escalate 하는 일].

coun·ter·es·pi·o·nage [kàuntəréspiənidʒ, -nà:ʒ / kàuntəréspiənídʒ] n. ⓤ 역(逆)스파이 활동, 방첩 활동.

coun·ter·ev·i·dence [kàuntərévid(ə)ns] n. 반대되는 증거, 반증.

coun·ter·ex·am·ple [kàuntərigzǽmpl / -zá:m-] n. 반증, 반례(反例).

*coun·ter·feit [káuntərfit] adj. 1 위조의, 가짜의, 모조의(forged). ¶ a *counterfeit* note 위조 지폐. 2 거짓의, 허위의, 겉뿐인(pretended). ¶ *counterfeit* grief 마음에도 없는 비탄 / *counterfeit* illness 꾀병. ─ n. 1 모조품, 위조물, 가짜(forgery). ¶ This note is a poor *counterfeit*. 이 지폐는 조잡하게 만든 가짜이다. 2 《고어》모사(模寫), 사본(copy); 초상. 3 《고어》사기꾼. ─ vt. 1 …을 모조하다(imitate), 위조하다 (forge). 2 …과 비슷하다(resemble), …을 흉내내다. ¶ *counterfeit* a person's voice 남의 목소리를 흉내내다. 3 …인 체하다, …을 가장하다(simulate). ¶ *counterfeit* sorrow 슬픈 체하다. ─ vi. 가짜를 만들다, 속이다(feign).

coun·ter·feit·er [káuntərfitər] n. 모조자; 〖화폐·지폐 따위의〗위조자, 화폐 위조자.

coun·ter·foil [káuntərfɔ̀il] n. 《주로 英》부본, 원부(原簿)〖수표·영수증 따위를 떼주고 남는 쪽지〗(《美》 stub).

coun·ter·force [káuntərfɔ̀:rs / -fɔ̀:s] n. ⓤ 반대(대항) 세력; 선제 핵공격 무기; 〖핵병기 공격에 대한〗핵반격에 의한 반격.

coun·ter·fort [káuntərfɔ̀:rt / -fɔ̀:t] n. 〖건축〗부벽(扶壁), 버팀벽.

count·er·girl [káuntərgə̀:rl] n. 여점원, 여급사.

coun·ter·glow [káuntərglòu] n. 〖천문〗대일조(對日照)〖태양의 반대쪽에 보이는 미광〗(gegenschein).

coun·ter·guard [káuntərgà:rd] n. 〖築城〗외루벽(外壘壁), 버팀벽.

coun·ter·in·fla·tion·ar·y [kàuntərinfléiʃənèri / -nəri] adj. 인플레 억제의. ¶ *counter-inflationary* measure 인플레 억제책.

coun·ter·in·sur·gen·cy [kàuntərinsə́:rdʒənsi] n. ⓤ 반(反)게릴라 활동. ─ adj. 반게릴라 활동의.

coun·ter·in·sur·gent [kàuntərinsə́:rdʒənt] n. 게릴라 소탕 대원. ─ adj. 반게릴라 활동의.

coun·ter·in·tel·li·gence [kàuntərintélidʒ(ə)ns] n. ⓤ《美》〖군사〗방첩 활동. ¶ *Counterintelligence* Corps 보안 부대, 방첩대.

coun·ter·in·tu·i·tive [kàuntərin(t)jú:itiv / -tjú:-] adj. 직관(直觀)에 어긋나는.

coun·ter·ir·ri·tant [kàuntərírit(ə)nt] n. 〖의학〗대 자극제.

coun·ter·ir·ri·tate [kàuntəríritèit] vt. (-tat·ed, -tat·ing) 〖의학〗…에 반대 자극제를 바르다, 반대 자극 요법을 쓰다.

coun·ter·ir·ri·ta·tion [kàuntəriritéiʃ(ə)n] n. ⓤ〖의학〗반대 자극[법].

count·er·jump·er [káuntərdʒÀmpər] n. 《속어》《경멸적》점원, 판매원.

coun·ter·light n. [káuntərlàit → v.] 마주 본 양쪽에서의 조명. ─ vt. [kàuntərláit] (-light·ed or -lit, -light·ing) 〖내부〗에 마주 본 양쪽에서 조명하다.

coun·ter·man [káuntərmæ̀n] n. (*pl.* -men [-mèn]) 점원; 〖식당 따위의〗카운터에서 손님 시중을 드는 사람.

coun·ter·mand vt. [kàuntərmǽnd / -má:nd / → n.] 〖명령 따위〗를 철회하다, 취소하다; 〖반대 명령을 내려〗…을 소환하다. ─ n. [káuntərmǽnd / -mà:nd] ⓤⓒ 취소 명령, 〖주문의〗취소.

coun·ter·march n. [káuntərmà:rtʃ → v.] 1 뒤로 돌아가기, 반대 행진. 2 〖행동·방법의〗180도 전환. ─ vt., vi. [kàuntərmá:rtʃ] 뒤로 돌아 행진시키다(하다); 180도 전환시키다(하다).

coun·ter·mark n. [káuntərmà:rk → v.] 1 〖우폐·금은 세공 따위의〗검증극인(檢證極印). 2 〖공동 하물에〗부표(副票). ─ vt. [kàuntərmá:rk] 1 〖우폐·금은 세공 따위에〗극인을 찍다. 2 〖화물에〗부표를 달다. 〖책; 보복 수단.

coun·ter·meas·ure [káuntərmèʒər] n. 대책, 대응

coun·ter·mine n. [káuntərmàin → v.] 1 〖육군〗대적 갱도(對敵坑道)〖적의 갱도를 폭파키 위한 갱도〗; 〖해군〗〖적의 기뢰를 폭파하기 위한〗자주(自走) 기뢰, 역(逆) 기뢰. 2 〖적의 계략의 이면을 찌르는〗대항책. ─ vt., vi. [kàuntərmáin] (-mined, -min·ing) 1 〖군사〗…에 대적 갱도(자주 기뢰)로 대항하다; 대적 갱도를 파다. 2 〖…의〗계략의 이면을 찌르다.

coun·ter·move n. [káuntərmù:v → v.] 대항 운동, 보복 수단. ─ vi., vt. [kàuntərmú:v] (-moved, -mov·ing) 대항(보복)적으로 움직이다. 〖격.

coun·ter·of·fen·sive [kàuntərəfénsiv] n. 반공, 반

coun·ter·of·fer [káuntərɔ̀:fər, -áf-, ⌐-⌐-⌐ / -ɔ́f-] n. 반대 신청, 반대 제안; 〖상거래의〗수정 신청.

coun·ter·pane [káuntərpèin] n. 〖침대의〗이불, 침대 씌우개(bedspread).

*coun·ter·part [káuntərpà:rt] n. 1 복사물(copy), 사본(duplicate), 상대물. 2 〖정부(正副)〗2통 중의 1통, 부본. 3 한 쌍의 한쪽. ¶ The *counterpart* of man is woman. 남자와 짝을 이루는 것은 여자이다. 4 아주 닮은 사람(것). ¶ This child is her sister's *counterpart*. 이 아이는 언니와 꼭 닮았다. ─ adj. 〖경제〗〖자금 따위가〗대충(對充)의. ¶ a *counterpart* fund 대충 자금.

coun·ter·plan [káuntərplæ̀n] n. 대책. 〖대항변.

coun·ter·plea [káuntərplì:] n. 〖법률〗〖부수적〗재

coun·ter·plot [káuntərplàt / -plɔ̀t] n. 대항책; 〖적의 의표를 찌르는〗계략. ─ v. (-plot·ted, -plot·ting) vi. 〖적의 계략에 대해〗대항책을 강구하다. ─ vt. 〖적의 계략〗의 의표를 찌르다.

coun·ter·point [káuntərpòint] n. ⓤ〖음악〗대위법(對位法); ⓒ 대위법으로 만든 곡. ─ vt. …을 대비하여 강조하다.

coun·ter·poise [káuntərpɔ̀iz] n. 1 평형추(錘), 분

동. **2** ⓤ 평형, 균형. ¶ the *counterpoise* of day and night 주야의 균형/be in *counterpoise* 균형이 잡혀 있다. **3** 평형력, 대항 세력. **4** [무선] 대지선(對地線) [지표에 어스선 대용으로 쳐놓은 전선].
— *vt.* (-poised, -pois·ing) **1** …을 균형 (평형)을 이루게 하다. **2** …과 평형을 유지하게 하다; …과 균형이 루다, …에 대항하다. **3** …을 메우다, 보상하다. **4** 《고어》 …을 비교 검토하다.

coun·ter·poi·son [káuntərpɔ̀izn] *n.* 해독제.
coun·ter·pres·sure [káuntərprèʃər] *n.* ⓤ 반대 압력, 역압(逆壓).
coun·ter·pro·duc·tive [kàuntərprədʌ́ktiv] *adj.* [기대에] 반대되는 결과를 가져오는.
coun·ter·pro·gram·ming [kàuntərpróugræmiŋ] *n.* ⓤ [TV] [다른 방송국의 프로에 대항하기 위한] 대항 프로 편성.
coun·ter·prop·a·gan·da [kàuntərprɑ̀pəgǽndə / -prɔ̀p-] *n.* ⓤ 대항 선전, 역선전.
coun·ter·pro·pos·al [kàuntərprəpóuz(ə)l] *n.* 반대 제안, 대안. [= counterblow.
coun·ter·punch [káuntərpʌ̀ntʃ] *n.* 반격; 〔권투〕
Counter Reformátion *n.* (the ~) [역사] 반종교 개혁 [종교 개혁에 이어 가톨릭 교회 내부에서 일어난 교회 개혁 운동].
coun·ter·ref·or·ma·tion [kàuntərrèfərméiʃ(ə)n] *n.* ⓤⓒ 반(反)개혁.
coun·ter·rev·o·lu·tion [kàuntərrèvəlú:ʃ(ə)n] *n.* ⓤⓒ 반혁명.
coun·ter·rev·o·lu·tion·ar·y [kàuntərrèvəlú:ʃ(ə)nèri/-nəri] *adj.* 반혁명의. — *n.* (*pl.* **-ar·ies**) 반혁명운동가(주의자).
coun·ter·rev·o·lu·tion·ist [kàuntərrèvəlú:ʃ(ə)nist] *n.* 반혁명 운동가(주의자).
coun·ter·scarp [káuntərskɑ̀:rp] *n.* [築城] [보루 (堡壘)의 도랑의] 외벽; 외벽으로 둘러싸인 통로. *cf.* scarp
coun·ter·sea [káuntərsì:] *n.* 역파도. [축(軸).
coun·ter·shaft [káuntərʃæ̀ft / -ʃɑ̀:ft] *n.* [기계] 중간
coun·ter·sign *n.* [káuntərsàin → ~] **1** [군대] [보초 등의] 암호, 군호; [항해] 응답 신호. **2** 부서(副署), 연서(連署). — *vt.* [⇐ 美 kàuntərsáin] [문서]에 연서 (부서)하다; …을 확인하다. [부서.
coun·ter·sig·na·ture [kàuntərsígnətʃər] *n.* 연서,
coun·ter·sink *vt.* (káuntərsìŋk ⇐ ~ 美 ` ̀ ´ —— ~) (**-sank, -sunk, -sink·ing**) **1** [못대가리 묻히도록] …의 구멍 위쪽을 넓히다. **2** [나사·볼트의 대가리를] 구멍에 묻히게 하다. — *n.* [káuntərsìŋk] **1** 구멍의 위쪽을 넓히는 송곳. **2** 위쪽을 넓힌 구멍.
coun·ter·spy [káuntərspài] *n.* (*pl.* **-spies**) 역산첩.
coun·ter·state·ment [káuntərstèitmənt] *n.* 반론; 반대 진술.
coun·ter·step [káuntərstèp] *n.* 대책. [격.
coun·ter·stroke [káuntərstròuk] *n.* 되받아치기; 반
coun·ter·sub·ject [káuntərsʌ̀bdʒikt] *n.* [음악] 반 (反)주제; 대응(對應) 주제.
coun·ter·ten·den·cy [kàuntərténdənsi] *n.* (*pl.* **-cies**) 역경향.
coun·ter·ten·or [káuntərténər] *n.* [음악] 카운터테너 [남성의 최고음부]; 카운터테너 가수.
coun·ter·ter·ror·ism [kàuntərtérərìz(ə)m] *n.* ⓤ 보복(대항) 테러.
coun·ter·trade [káuntərtrèid] *n.* 대응 무역 [수입 이 수입 대금에 상응하는 다른 제품의 구매를 조건으로 제시하는 무역 거래]. [應型].
coun·ter·type [káuntərtàip] *n.* 유사형, 대응형(對
coun·ter·vail [kàuntərvéil] *vt.* **1** …에 반작용하다; …을 상쇄하다. **2** …을 메우다, 보상하다. **3** 《고어》 …과 같다. — *vi.* 같은 힘으로 대항하다(*against*…).
coun·ter·vail·ing dúty [kàuntərvéiliŋ-] *n.* 상쇄

관세[수출국의 보호를 받는 수입품에 부과].
coun·ter·view [káuntərvjù:] *n.* 반대 의견; 대조.
coun·ter·vi·o·lence [kàuntərváiələns] *n.* ⓤ 대항적 (보복적) 폭력.
coun·ter·weigh [kàuntərwéi] *v.* = counterbalance.
coun·ter·weight [káuntərwèit] *n.* 평형추(平衡錘), 분동(分銅).
coun·ter·word [káuntərwə̀:rd] *n.* 전용어(轉用語), 대용어 [본 뜻과는 동떨어져서 넓고 애매한 의미로 쓰이는 말. 예: *awful* (= very), *terrific* (= extraordinary)].
coun·ter·work *n.* [káuntərwə̀:rk ⇐ ~] **1** ⓤ 반대 행동, 반작용; 방해, 훼방. **2** (~ s) [군사] [적진에 대한] 대항 진지. — *v.* [kàuntərwə́:rk] *vi.* 대항하다, 반대 행동을 하다. — *vt.* …을 방해하다, 좌절시키다; [적]의 의표를 찌르다.
count·ess [káuntis] *n.* 백작 부인 [count (《英》에서는 earl)의 부인]. ⇒ BARON 〔주의〕 **2** 여백작.
cóunt·ing fràme(ràil) [káuntiŋ-] *n.* [유아용] 주판식 계산 기구.
cóunting hòuse *n.* 《주로 英》 회계 사무소, [공장·회사 따위의] 회계과, 회계실.
cóunting ròom *n.* 《美》 = counting house.
‡**count·less** [káuntlis] *adj.* 셀 수 없는, 무수한.
cóunt nóun *n.* [문법] 가산(可算) 명사.
count·out [káuntàut] *n.* **1** [英하원] 정족수 (40명) 미달로 인한 유회. **2** 《美》제외표(除外票)에 의한 낙선(자). **3** [권투] 카운트아웃 [녹다운의 규정 시간(10초)이 지나는 것].
cóunt pálatine *n.* (*pl.* **counts p-**) [독일 역사·英 역사] 팔라틴 백작 [자기 영토내에서 왕권의 일부를 행사하도록 허용받았던 독일·영국의 백작].
coun·tri·fied [kʌ́ntrifàid], (**countryfied**) *adj.* 촌스러운, 시골티가 나는; 촌태다운, 소박한(rustic).
‡**coun·try** [kʌ́ntri] *n.* (*pl.* **-tries**) **1** ⓒ ⓤ 지역(region), 토지, 땅(district), 지방. ¶ an unknown *country* 모르는 고장 / a mountainous *country* 산악 지방.
2 나라, 국가(nation), 국토. ¶ foreign *countries* 여러 외국 / an industrial *country* 공업국 / So many *countries*, so many customs. 《속담》 지방이 다르면 풍속도 다르다.
—— **Usage** 예를 들어 한국인이 한국내에서 「우리나라에서는」이라 할 경우 in this *country* 가 보통이며 in our *country* 는 쓰기에 따라 교만·비하(卑下)·경멸 따위의 감정을 포함하는 일이 있다.
3 (the ~) 〔집합적·단수 취급〕 국민, 민중, 대중(the public). ¶ All the *country* is opposed to war. 국민 전체가 전쟁에 반대하고 있다.
4 본국, 고국, 조국; (보통 one's ~) 고향. ¶ one's old *country* 조국 / fight for one's *country* 조국을 위해 싸우다.
5 (보통 the ~) 시골, 전원, 교외. *cf.* town ¶ life in the *country* 전원 생활 / spend in the *country* 시골에서 지내다 / go out into the *country* 시골로 가다.
6 영역, 분야. ¶ a strange *country* to a person 어떤 사람에게 있어서 미지의 분야.
7 [크리켓] 외야(外野) (outfield).
8 [법률] 배심(jury). ¶ trial by the *country* 배심 재판.
9 《美육군》 사관교.
go (or **appeal**) **to the country** 《英》 [의회를 해산하고] 국민의 여론을 묻다, 총선거를 하다.
put (or **throw**) **oneself upon the** (or **one's**) **country** [소송 관계자가] 배심 재판을 요구하다.
—— *adj.* **1** 시골의, 지방의(rural). ¶ a *country* town 시골읍 / *country* people 시골 사람들. **2** 거친, 무례한(rude). **3** 《방언》 고국의, 조국의.
coun·try-and-west·ern [kʌ́ntriənwéstərn] *n.* ⓤ 《美》 컨트리언웨스턴 [미국 서부 및 남부 지방에서 발달한 대중 음악] (country music).

coun·try-born [kʌ́ntribɔ̀:rn] *adj.* 시골 태생의.
coun·try-bred [kʌ́ntribrèd] *adj.* 시골에서 자란.
cóuntry clùb *n.* 컨트리클럽[옥외 스포츠의 여러 가지 설비를 갖춘 교외 클럽].
cóuntry cóusin *n.* [도회지가 신기하게 보이는] 시골뜨기.
cóuntry dámage *n.* ⓤ (보험) [악천후·취급 부주의 따위에 의한] 상품의 손해.
coun·try-dance [kʌ́ntridæ̀ns / -dɑ̀:ns] *n.* [남녀가 마주 보면서 추는 영국에서 일어난] 컨트리댄스(contradance).
coun·try·fied [kʌ́ntrifàid] *adj.* =countrified.
coun·try·folk [kʌ́ntrifòuk] *n.* 《집합적》 시골 사람들, 지방인; 동포, 동향 사람.
cóuntry géntleman *n.* 지방 신사, 시골 지주.
cóuntry hóliday *n.* 교외에서 보내는 휴가(피크닉).
cóuntry hóuse *n.* [귀족·지주 등의] 시골 저택; 《美》 별장. *opp.* town house
cóuntry jàke *n.* 《美》 시골뜨기.
coun·try·like [kʌ́ntrilàik] *adj.* 시골풍의, 촌스러운.
***coun·try·man** [kʌ́ntrimən] *n.* (*pl.* -men [-mən]) **1** 동포, 동향인. ¶ a fellow *countryman* 동포. **2** 시골 사람, 지방민. *cf.* citizen **3** 어떤 지역의 주민.
cóuntry míle *n.* 《美구어》 장거리 (a long distance).
cóuntry músic *n.* 《美》 =country-and-western.
coun·try·peo·ple [kʌ́ntripìːpl] *n.* =countryfolk.
cóuntry róck *n.* ⓤ 컨트리 로크[로크조(調)의 웨스턴 음악].
cóuntry·seat [kʌ́ntrisìːt] *n.* 《英》 시골의 대저택.
‡coun·try·side [kʌ́ntrisàid] *n.* **1** (보통 the ~) 《국내의》 지방, (특히) 시골, 전원. **2** 《집합적》 어떤 지방의 주민; 시골 사람들.
coun·try·wide [kʌ́ntriwáid] *adj.* 전국적인.
coun·try·wom·an [kʌ́ntriwùmən] *n.* (*pl.* **wom·en** [-wìmin]) **1** 동향의 여자, 같은 나라의 여자. **2** 시골 여자.
‡coun·ty [káunti] *n.* (*pl.* **-ties**) **1** 《美》 군(郡) (* state)에 다음가는 행정 구역) (* Louisiana 주에서는 parish 라고 한다). **2** 《英》 [정치·행정·사법상의 최대 구획] (* 고유 명사와 결합하면 shire 가 된다. 예: the *county* of Berk=Berk*shire*); [캐나다·뉴질랜드 등] 주, 군. **3** (the ~)군민, 주민; 《英》 지방 명문가(문벌가). **4** 《페어》 백작령(領).
cóunty ágent *n.* 《美》 군(郡)의 농사 고문 (agricultural agent) [농민에게 농업과 시장에 관한 조언을 하고 농민의 교육 계획을 추진하는 공무원].
cóunty bórough *n.* 《英》 특별시[인구 5만 이상으로서 행정상 county 와 동격의 도시].
cóunty clérk *n.* 《美》 군 서기.
cóunty cóllege *n.* 《英》 보습(補習) 학교[Education Act(1944)에 따라 국민 학교를 중퇴한 15-18세의 남녀가 의무적으로 다니는 part-time 직 직업 학교].
cóunty commíssioner *n.* 《美》 군정(郡政) 위원.
cóunty cóurt *n.* **1** 《英》 주(지방) 법원[주로 민사 사건, 특히 소액의 채권 따위를 다룬다]. **2** 《美》 군 법원.
coun·ty-court [káuntikɔ̀ːrt] *vt.* 《英구어》 ···을 주(지방) 법원에 고소하다.
cóunty fáir *n.* 《美》 농업 박람회, 농산물 경진 대회.
cóunty fárm *n.* 《美》 군 구빈(救貧) 농장. (院).
cóunty hóme (house) *n.* 《美구어》 군(郡)빈원(救貧院).
cóunty schóol *n.* 《英》 공립 국민(중) 학교.
cóunty séat (*sìte*, 《美》 *tówn*) *n.* 군청(주청) 소재지, 군(주)의 행정 중심지.
cóunty séssions *n. pl.* 《英》 [주 치안 판사에 의한 민사·형사·공소에 대한] 사계(四季) 재판.
coup [kuː] *n.* (*pl.* **coups** [kuːz]) **1** 《장사·사업 따위의》 대성공, 큰 히트. ¶ make a great *coup* 대성공을 거두다. **2** 쿠데타. (<F blow, stroke)

coup de grâce [F kuː d grɑːs] *n.* (*pl.* **coups d-** [F kuː-])《프랑스》(=stroke of mercy) **1** 온정의 일격[죽음의 고통을 길게 하지 않기 위한 일격]. **2** 최후의 일격.
coup de main [F kuː də mɛ̃] *n.* (*pl.* **coups d-** [F kuː-])《프랑스》(=stroke of hand) **1** 기습, 급습. **2** 급격한 발전(전개).
coup d'é·tat [kúːdeitɑ́ː] *n.*(*pl.* **coups d-** [kúː-]) 쿠데타, 무력 정변(政變). ⇒ REVOLUTION 類語 ¶ an aborted *coup d'état* 미수로 끝난 쿠데타.
[<F stroke of state]
coup de thé·â·tre [F kuː d teɑːtr] *n.* (*pl.* **coups d-** [F kuː-])《프랑스》(=stroke of theater) **1** 〔연극에서의〕사건의 급전환; 인기를 노린 행동; 흥행 성공. **2** 기발한 트릭(꾀).
coup d'oeil [F kuː dœj] *n.* (*pl.* **coups d-** [F kuː-])《프랑스》(=stroke of eye) 일별, 일견(quick glance); 개관.
cou·pé, -pe [kuːpéi,→2/＝-] *n.* **1** 쿠페형 마차[상자형의 2인승 4륜마차로서 마부석은 따로 있다]. **2** 《《美》 보통 **coupe** [kuːp]) 쿠페형 자동차[문이 둘 있는 2-6인승 상자형 자동차]. *cf.* sedan **3** 《英》《철도》 〔뒤쪽 한쪽에만 좌석이 있는 유럽의〕특별 객차. **4** 〔발레〕〔한쪽 다리에서 다른 다리로 체중을 옮기는〕중간 스텝.
cou·pla [kʌ́plə] *adj.* 《美구어》 =a couple of.
‡cou·ple [kʌ́pl] *n.* **1** 〔둘로 이루어진〕한쌍; 〔같은 종류·관계가 있는〕둘, 두 사람, 두 마리 (* two 의 의미로 널리 쓰인다. ⇒ PAIR 類語 ¶ a *couple* of players 두 사람(한쌍)의 경기자 / a *couple* of pens 두 자루의 펜.
⇒ *a couple of.*
⇒ **Usage** couple 이 수사 다음에 올 때, 단수형일 때도 있으나 복수형이 되는 것이 보통. 예: three *couples* of ducks 여섯 마리의 오리.
2 부부, 약혼한 남녀; 〔댄스 따위의〕남녀 한쌍. ¶ a young *couple* 젊은 부부 / a newly wedded *couple* 신혼 부부 / an engaged *couple* 약혼중인 남녀 / make a good *couple* 어울리는 부부이다. **3** (보통 ~s) 두 마리의 사냥개를 잇는 가죽끈. **4** (*pl.* **-ple**) 〔여우 사냥 때의〕두 마리 한쌍의 사냥개. **5** 〔물리〕 우력(偶力). **6** 〔천문〕 연성(連星). **7** 〔건축〕 ∧자 모양으로 짠 두 재목.
a couple of 《美구어》 두서너 개의, 몇 개의. ¶ *a couple of* hours 두세 시간. ¶ 〔협력하다.
go (or *hunt, run*) *in couples* 늘 둘이 함께 다니다; — *v.* (**-pled, -pling**) *vt.* **1** ···을 둘씩 잇다(link), 합하다, 연결하다. 〔전기〕 커플러(coupler)로 연결하다. **2** ···을 결혼시키다(marry); 〔동물〕을 교미시키다. **3** ···을 연상하다, 관련지어 생각하다. ¶ (~+目+前+图) *couple* A *with* (or *and*) B A 와 B 를 결부시켜 생각하다. — *vi.* **1** 결합하다. **2** 결혼하다; 교미하다.
cou·pler [kʌ́plər] *n.* **1** 연결자(인), 연결물, 연결 장치. **2** An automatic *coupler* 〔철도 차량의〕자동 연결기. **2** 〔풍금 따위의〕 전반 연결기. **3** 〔전기〕 커플러[2개의 회로를 결합하는 장치]. **4** 〔컬러 사진의〕발색제(發色劑)에 첨가하는 화학 약품.
cou·plet [kʌ́plit] *n.* **1** 〔시의〕이행 연구(二行聯句), 대구(對句) [계속되는 2행의 시구(詩句)에서 같은 각운(脚韻)이 있고, 길고 같은 음률이 붙여지는 것]. **2** 한 쌍, 둘. **3** 〔음악〕 커플링[후렴과 후렴 사이에 끼운 론도 형식의 대조적인 부분].
cou·pling [kʌ́pliŋ] *n.* **1** ⓤ 연결; 결합. **2** 교미. **3** 〔기계〕 연결기(장치), 커플링; 〔철도〕 차량 연결기. **4** 〔전기〕 〔두 회로의〕 결합. **5** 〔배관공사용〕 이음 파이프.
***cou·pon** [k(j)úːpɑn/-pɔn] *n.* **1** 한장씩 떼어쓰는 승차권(식권); 〔철도〕 연락 승차권, 회수권 한 장. ¶ a *coupon* ticket 연락 승차권; 쿠폰식 관광표(승차권) / a food *coupon* 식권. **2** 〔광고 따위에 붙어 있는〕절취(切取) 신청권, 경품 교환권, 쿠폰. ¶ a *coupon* system 경품부 판매법 / sell goods with prize *coupons* 현상 쿠폰

으로 상품을 팔다. **3** [국채·공채·사채 따위의] 정기 이자 표(票). ¶ a *coupon* bond 이자 표부(附) 채권 / *coupon* notes 이자 [표]부 약속 어음 / a *coupon* sheet 이자 표 시트 / cash a *coupon* 이자 [표]부를 현금으로 바꾸다 / cum *coupon*; *coupon* on 이자 [표]부 / ex *coupon*; *coupon* off 이자 표가 이미 지불된. **4** 《英속어》[당에서의] 입후보 공천장. [<F]

‡**cour·age** [kə́ːridʒ / kʌ́ridʒ] *n.* ⓤ 용기, 배짱. *cf.* valor ¶ cool *courage* 침착한 용기 / high *courage* 대단한 용기 / Dutch *courage* 《구어》 술김에 내는 용기, 허세 / gather *courage* 용기를 내다 / recover one's *courage* 용기를 회복하다 / lose *courage* 용기를 잃다 / take(*or* pluck up, muster up) *courage* 용기를 불러일으키다 / *Courage*! 기운내라!, 힘내라! // have the *courage* to do …할 용기가 있다; 대담하게도 …하다.
have the courage of one's convictions [비난에도 굽히지 않고] 자기의 소신에 따라 행동할 용기가 있다.
take one's courage in both hands 용감하게 하다, 대담하게 나서다.
◇ courágeous *adj.*, encóurage *v.*

‡**cou·ra·geous** [kəréidʒəs] *adj.* 용기있는, 용감한, 대담한, 배짱있는. ⇨ BRAVE 類語 **~·ly** *adv.* **~·ness** *n.*

cour·gette [kuərʒét] *n.* 쿠르젯[페포호박(vegetable marrow)의 한 품종으로, 그 애호박은 주키니(zucchini)처럼 이용].

cour·i·er [kúriər, +美 kə́ːri-] *n.* **1** 급사(急使), **2** 급한 소식을 전하는 기관 [배·비행기 따위]. **3** 《英》여행의 시종군; [관광 회사의] 가이드, 여행 안내인. **4** 《英》[신문의 명칭으로서] …신문, 타임스.

‡**course** [kɔːrs / kɔːs] *n.* ⓒⓤ (종종 the ~) 진행, 전진(advance), 추이(推移). ¶ the *course* of life 인생 행로.
2 진로, 코스; 노정(路程), 도정(道程); 침로; 수로 (channel). ⇨ WAY 類語 ¶ the *course* of a river 강의 수로 / the *course* of a ship 배의 침로 / change(*or* shift) one's *course* 진로(코스)를 바꾸다. ⇨5.
3 [경주·경기를 하는 육지·바다의] 코스, 주로(走路); 골프코스(golf course); 경마 마장. ¶ a thirty-six hole golf *course* 36홀의 골프 코스 / a race *course* 경마장.
4 (보통 the ~) [시간·사건·행동의] 경과, 과정, 진행; 순서. ¶ the *course* of an argument 토론의 과정 / the *course* of a dispute 분쟁의 경과 / the *course* of things 일의 진행, 사태 / the *course* of nature 자연의 추세.
5 [행동의] 방침, 방향, 방법. ¶ the best *course* 최선책 / take one's own *course* 독자적인 방법을 택하다, 자기 생각대로 하다 / change one's *course* 자신의 방침을 바꾸다.
6 행동, 처신(conduct, behavior); (~s) 행실. ¶ mend one's *courses* 행실을 고치다.
7 [강의·연구·복약(服藥)의] 연속. ¶ a *course* of lectures on Asia 아시아에 관한 연속 강의 / a *course* of medical treatments 일련의 단계적 치료법.
8 교과, 과정, 학과, 과목; 《美》[대학의] 단위. ¶ a *course* of education 교과 과정 / a *course* of study 연구 과정, 학습 과정, 학습 지도 요령 / a preparatory *course* 예과 / a medical *course* 《대학의》 의과 / finish one's college *course* 대학 과정을 수료하다.
9 [요리의] 코스[dinner 에서 나오는 한접시 한접시를 말한다]; 일품, 한 접시(dish). ¶ the first *course* 처음 요리 / the main *course* 주요 요리, 메인 코스 / a dinner of six *courses* 6품 요리의 정식.
10 〖항해〗 **a)** (종종 ~s) 나침반의 포인트. ¶ shape one's *course* 진로를 정하다. **b)** 큰 가로 돛. ¶ the fore *course* 앞돛대의 큰 돛(forsail) / the main *course* 가운데 돛대의 큰 돛(mainsail).
11 [건축] [돌·벽돌 따위의] 열(列), 층.
12 [편물] 가로 짜나가는 선.
13 (~s) 월경(menses).
14 [마상 창시합에서의] 한편의 돌격, 한판 승부.
15 〖사냥〗 [사냥감의 냄새보다 모습을 보고 쫓아가는] 개를 사용하는 추적.
16 《고어》 경주(race).
as a matter of course ⇨ MATTER.
by course of …의 관례에 따라서, …의 절차를 거쳐.
in (*or under*) *course of* …중에. ¶ *in course of* writing 집필중에.
in due course 마침 좋은 때에, 순서를 따라, 머지 않아, 그러는 동안에. ¶ You'll be promoted *in due course*. 그러는 사이에 너는 승진할 것이다.
in mid course 도중에.
in the course of …중에(during), …사이에. ¶ *in the course of* a week 일주일 사이에.
in [*the*] *course of time* 머지않아, 이윽고.
in the ordinary course of things 자연히[되어가는 대로], 보통 같으면.
of course [əfkɔ́ːrs, əv-] 물론, 당연히.
run (*or take*) *one's course* 되어가는 대로 놔두다, 자연의 경과를 따르다.
stay the course 끝까지 버티다.
take a course ① [배가] 일정한 침로를 달리다. ② 어떤 방침을 취하다. ③ 강의를 받다. ¶ *take a course* in French 프랑스어 강의를 받다.
take to evil course 나쁜 길로 빠지다, 못된 길로 들어서다.
— *v.* (**coursed, cours·ing**) *vt.* **1** …을 통과하다, 뛰어가 버리다. **2** …을 추적하다. **3** [사냥개로] [사냥감을] 사냥하다, …을 쫓게 하다; [말]을 달리게 하다.
— *vi.* **1** 진로를 나아가다(정하다). **2** 달리다, 경주하다. **3** 빠르게 흐르다. **4** [사냥개로] 사냥하다.
course away 사냥감을 쫓으며 (때를) 보내다.

cóurse dínner *n.* 정식 만찬.
cours·er¹ [kɔ́ːrsər / kɔ́ːsə] *n.* 사냥군; 사냥개.
cours·er² [kɔ́ːrsər / kɔ́ːsə] *n.* 《문어》 준마, 경주마.
cours·er³ [kɔ́ːrsər / kɔ́ːsə] *n.* 물떼새[아프리카·아시아의 사막에 사는 발이 빠른 새].
cours·ing [kɔ́ːrsiŋ / kɔ́ːs-] *n.* ⓤ **1** 경주, 추적. **2** 사냥개를 쓰는 사냥.

‡**court** [kɔːrt / kɔːt] *n.* **1** [사방이 둘러싸인] 안마당 (courtyard); 《英》[케임브리지 대학의] 교정.
2 [백화점·박람회 따위의] 구획, …관. ¶ a *court* devoted to French products 프랑스 상품 진열장, 프랑스관.
3 《英》[성원으로 둘러싸인] 건물, 큰 저택.
4 뒷골목, 막다른 골목. ¶ a narrow *court* 좁은 뒷골목.
5 [테니스·배구 등의] 코트; 코트의 일부분. ¶ a tennis *court* 테니스 코트 / an indoor *court* 실내 코트.
6 (종종 C-) 궁전, 왕궁(palace); 왕실, 황실, 조정; 《집합적》 조정 신하. ¶ a *court* etiquette 궁중 예법 [예도] / the king and the whole *court* 왕과 전체 조신들 / at *Court* 궁중에서 / go to *court* 입궐하다.
7 (종종 C-) 군주가 베푸는 공식 집회, 궁중 회의, 알현. ¶ be presented at *Court* 배알하다 / hold a *Court* 어전 회의를 열다, 알현식을 올리다.
8 [군주에 대한] 경의, 충성의 맹세; 알랑거림, 아첨; 구애(求愛), 구혼. ¶ pay(*or* make) one's *court* to a person 남에게 아첨하다; 구애하다.
9 〖법률〗 법정, 법원; 개정(開廷); 재판. ¶ the *Court* of Admiralty 《英》 해사(海事) 법원 / 《美》 the *Court* of Appeals = 《英》 the *Court* of Appeal 공소심 법원 / the *Court* of Claims 《美》 행정 재판소 / the *Court* of Common Pleas 《英》 민사 소송 재판소 / the Supreme *Court* 《美》 대법원, 대심원 / a decision of the *court* 판결 / in *court* 법정에서 / appear in *court* 출정하다 / hold a *court* 개정하다, 재판하다 / bring something before the *court* 어떤 일을 재판에 붙이다 / take something into *court* 재판에 붙이다.

10 《집합적》 재판관, 법관. **11** [단체·법인·회사 따위의] 임원회, 위원회, 이사회; 《집합적》임원, 간부, 중역. ¶ the *court* of directors 양식. **the court of conscience** [이사회]. **the Court of St. James's** 영국 궁정. **the High Court of Parliament** 영국 의회. **out of court** ① 법정 밖에[서], 당사자끼리 합의하여. ② 일고의 가치도 없는; [토론 따위가] 무의미하다고 주되어. **put a thing out of court** …을 무시하다, 고려하지 않 [다. *— vt.* **1** [남]의 비위를 맞추다. **2** [남]에게 구애하다. **3** [호의·존경 등]을 얻으려고 하다, 구하다. ¶ *court* a person's agreement 남의 동의를 얻으려고 하다. **4** [남]을 꾀다 (invite); [재난 따위]를 초래하다. ¶ *court* a rebuff 퇴짝을 맞다 / *court* a disaster 재난을 당하다. *— vi* 구애하다.
◇ **cóurtly, cóurtlike** *adj.*

cóurt cárd *n.* 《英》=face card.
Cóurt Círcular *n.* 《英》[신문지상의] 궁정 기사.
cóurt dánce *n.* 궁정 무용[곡]. *cf.* folk dance
cóurt dáy *n.* 공판일, 개정일.
cóurt dréss *n.* 궁중복, 입궐복.
‡**cour·te·ous** [kə́ːrtiəs / -tjəs, kɔ́ː-] *adj.* **1** 예의바른, 공손한. ⇨ POLITE 類語 ¶ be *courteous* to one's guests 손님에게 공손하다. **2** 친절한, 인정있는.
~·ness *n.* ◇ **cóurtesy** *n.*
*⁕**cour·te·ous·ly** [kə́ːrtiəsli / -tjəs-, kɔ́ː-] *adv.* **1** 예의 바르게, 공손하게. **2** 친절하게, 자상하게.
cour·te·san [kɔ́ːrtizn, kɑ́ːr-/ kɔ̀ːtizǽn], (courte-zan) *n.* [고급] 매춘부.
‡**cour·te·sy** [kə́ːrtisi, +英 kɔ́ː-, →3] *n.* (*pl.* **-sies**) ⓤⓒ 예의, 공손; 공손한 언동. ¶ with *courtesy* 예의 바르게 / return a *courtesy* to a person 남에게 답례하다. **2** ⓤ 관례 (generosity), 호의; 승낙 (consent); ⓤⓒ 특별 대우, 우대. ¶ show *courtesy* 호의를 보이다 / extend (*or* accord) a person the *courtesy* of 남을 우대하다. **3** [美 kə́ːrtsi] 절, 인사 (curtsy). ¶ drop a *courtesy* 허리를 약간 굽혀 인사하다 / make a *courtesy* 허리를 굽혀 인사하다.
be granted courtesies (*or* **courtesy**) **of the port** 《美》《귀국하는 선객》 세관에서 우선적으로 짐 검사를 받다.
by courtesy 예의상; 관례에 따라. [으로.
by (*or* **through**) **the courtesy of** *a person* 남의 호
◇ **cóurteous** *adj.*

cóurtesy cáll (**vísit**) *n.* 예의상의 방문, 예방.
cóurtesy cárd *n.* 우대 카드 [지참자에 대한 특별배 려 등을 부탁하는 소개 명함 형식].
cóurtesy líght *n.* [문을 여닫을 때 자동적으로 켜지는] 자동차 실내등.
cóurtesy títle *n.* 《英》[귀족 자녀의 이름 앞에 붙이는 관습상의] 명예 칭호[Lord, Lady 등].
cour·te·zan [kɔ́ːrtizn, kɑ́ːr-/ kɔ̀ːtizǽn] *n.* =cour·
cóurt gúide *n.* 《英》 신사 인명록. [tesan.
*⁕**court·house** [kɔ́ːrthàus / kɔ́ːt-] *n.* (*pl.* **-hous·es** [-hàuziz]) **1** 법원. **2** 《美》=county seat.
*⁕**cour·ti·er** [kɔ́ːrtiər / kɔ́ːtjə, -tiə] *n.* **1** 조신 (朝臣). **2** 아첨꾼, 알랑쇠.
cóurt lády *n.* 상궁 (尙宮).
court·like [kɔ́ːrtlàik / kɔ́ːt-] *adj.* 궁정풍의; 공손한; 우아한, 품위있는 (courtly).
*⁕**court·ly** [kɔ́ːrtli / kɔ́ːt-] *adj.* (**-li·er, -li·est**) **1** 품위 있는; 궁정의. ⇨ POLITE 類語 **2** 아첨하는. **3** 궁정의, 궁정풍의. *— adv.* 궁정풍으로; 고상하게; 아첨하여.
-li·ness *n.*
court-mar·tial [kɔ́ːrtmɑ́ːrʃ(ə)l / kɔ́ːt-] *n.* (**courts-** *or* **-mar·tials**) 군법 회의. *cf.* provost court ¶ a drumhead *court-martial* [전투중의] 임시 군법 회의. *— vt.* (**-tialed, -tial·ing**) (특히 英) **-tialled**,

-tial·ling) …을 군법 회의에 회부하다.
cóurt of appéals *n.* [법률] **1** 《美》 항소 법원[미국의 연방 법원 및 몇몇 주(州) 법원 조직에 있어서의 중간 상소 법원]. **2** 《美》[New York 주 등 몇몇 주의] 최고 법원 (*《美》에서는 Court of Appeals로도 표기). **3** 《英》 (the Court of Appeals) 항소 법원 [London 소재 최고 법원 (Supreme Court of Judicature) 의 일부인 제 2심 법원].
cóurt of cháncery *n.* [법률] 형평법원 (衡平法廷) 법원 (court of equity).
cóurt of cómmon pléas *n.* (the ~) [법률] **1** 《英》민사 법원 [민사 사건에 관해 일반적으로 제 1심 관할권을 가지고 있던 법원으로서, 1873년에 폐지]. **2** 《美》민사 법원 [일부 주(州)에서는 일반적으로 민사 관할권을 갖는 법원. 형사 관할권을 갖는 것도 있다].
Cóurt of St. Jámes's *n.* (the ~) 《英》 제임스 궁정[영국 궁정의 공식 명칭. 옛날에 알현이 이루어졌던 St. James's Palace에서 유래]. ¶ The Korean ambassador to the *Court of St. James's* 주영(駐英) 한국 대사.
cóurt órder *n.* 법원 명령.
cóurt pláster *n.* 반창고.
cóurt repórter *n.* 법원 속기사 (서기).
cóurt róll *n.* 법원 기록, [특히 토지의 상속·양도·등기 따위에 관한] 기록.
court·room [kɔ́ːrtrùː(t)m / kɔ́ːt-] *n.* 법정.
*⁕**court·ship** [kɔ́ːrtʃìp / kɔ́ːt-] *n.* ⓤ **1** [남자의] 구애, 구혼; 구혼 기간. **2** 《폐어》 예의, 품위.
cóurt ténnis *n.* ⓤ 코트 테니스 [벽면을 써서 하는 실내 테니스의 일종] (《英》real tennis). [안뜰.
court·yard [kɔ́ːrtjɑ̀ːrd / kɔ́ːt-] *n.* [성·호텔 등의]
‡**cous·in** [kázn] *n.* **1** 사촌. ¶ a first (*or* full) *cousin* 친사촌 / a second *cousin* 재종, 육촌. **2** 혈연, 친척. **3** [성질·언어 따위가] 아주 비슷한 사람, 형제뻘, 동지. ¶ our Canadian *cousins* 유리들의 형제간인 캐나다 사람. **4** 경 (卿) [군주가 다른 나라의 군주 또는 귀족인 신하에게 쓰는 경칭].
be first cousin to *a person* 남과 아주 비슷하다.
call cousins with *a person* 남과 친척이라고 말하다.
a first cousin once removed ① 사촌의 아들. ② 재종, 육촌 (second cousin).
◇ **cóusinly** *adj.*
cous·in-ger·man [kázndʒə́ːrmən] *n.* (*pl.* **cous·ins-**) 친사촌 (first cousin).
cous·in·hood [káznhùd] *n.* ⓤ **1** 사촌의 관계, 사촌간. **2** 《집합적》 사촌들; 친척.
cous·in-in-law [kázninlɔ̀ː] *n.* (*pl.* **cous·ins-**) 사촌 시누이 (올케, 매부, 처남).
cous·in·ly [kázn-li] *adj.* 사촌의, 사촌다운. *— adv.* 사촌답게. [척.
cous·in·ry [káznri] *n.* (*pl.* **-ries**) 《집합적》 사촌들; 친
coûte que coûte [kùːt kə kúːt] 《프랑스》 (=cost what it may) 어떤 일이 있어도, 기어코, 반드시.
couth [kuːθ] *adj.* 《익살》 세련된, 점잖은, 다듬어진, 품위있는 (refined, polished). *— n.* 세련됨, 품위있음.
cou·ture [kuːtúər] *n.* ⓤ 고급 부인복의 재단; ⓒ 그 디자이너, 그 부인복. [<F sewing, seam]
cou·tu·ri·er [kuːtú(ə)riei] *n.* [남자의] 부인복 재단사, 남성 디자이너. [<F one who sews, man dressmaker]
cou·tu·ri·ère [kuːtúəriɛ̀ər] *n.* couturier의 여성형. [<F]
cou·vade [kuːvɑ́ːd] *n.* 의만 (擬娩) [원시인의 풍습으로서, 아내가 출산할 때 남편도 자리에 누워 출산의 동작을 흉내내는 일].
co·va·lence [kouvéiləns] *n.* [화학] **1** 공유 원자가 (共有原子價). **2** 공유 결합 (covalent bond 라고도 함).
*⁕**cove**¹ [kouv] *n.* **1** 작은 만, 후미. *cf.* bay¹ **2** 숨는 곳, 후미진 곳. **3** 동굴. **4** 좁은 산길. **5** 산림 지대의 초원. **6** [건축] 오목한 부분; [천장과 다락 따위의] 활

cove

모양으로 오목하게 굽혀 올린 부분. ── *vt., vi.* (**coved, cov·ing**) [천장 끝을] 활 모양으로 굽혀 올리다.

cove² [kouv] *n.* 1 《英속어》 놈, 녀석. ¶ **a rum** *cove* 이상한 놈. 2 《濠속어》 두목, 십장; 〖목양장의〗 지배인.

***cov·e·nant** [kávinənt] *n.* 1 계 약, 서 약, 맹 약 (with...). ¶ **keep (break)** *covenant* **with a person** 남과의 계약을 지키다(어기다). 2 〖법률〗 계약의 부대 조항; 날인 증서 계약, 날인 증서; 날인 증서 계약 소송. 3 〖성서〗 하나님이 고대 이스라엘 사람에게 한 약속, 성약(聖約); 〖종교〗 〖입신자(入信者)의〗 신앙 서약(고백). 4 (the C-) 국제 연맹 규약.
the Ark of the Covenant 〖성서〗 계약의 궤[Moses의 십계를 새긴 돌을 넣어 둔 상자].
the Land of the Covenant 〖성서〗 약속의 땅 [Canaan].
── *vi.* 계약하다, 서약하다, 맹약하다 (with...). ¶ (~+前+名) *covenant* **with a person for** 남과 …의 계약을 하다. ── *vt.* 계약을 맺고 …을 동의하다. ¶ (~+*to do*) He *covenanted to* do it. 그는 그것을 하기로 서약했다.

cov·e·nant·ed [kávinəntid] *adj.* 계약한; 계약상의 의무가 있는; 하나님의 약속으로 주어진. ¶ *covenanted* **grace** 〖하나님의〗 은혜, 은총.

cov·e·nan·tee [kàvinəntí:] *n.* 〖법률〗 피계약자. *cf.* covenantor

cov·e·nant·er [kávinəntər] *n.* 1 계약자, 서약자. 2 (C-) 〖역사〗 〖스코틀랜드의〗 종교 개혁 당원.

cov·e·nan·tor [kávinəntɔ̀r] *n.* 〖법률〗 계약자, 계약 이행자. *cf.* covenantee

Cóv·ent Gárden [káv(ə)nt-, káv-/kɔ́v-] *n.* 1 영국 London 중앙의 한 지구 (아채·화초 시장으로 유명). 2 그 지구의 오페라 극장 (the Covent Garden Theatre) [현재는 the Royal Opera House 라고 부름].

Cov·en·try [káv(ə)ntri, káv-/kɔ́v-] *n.* 영국 중부 Warwickshire 의 도시.
send a person to Coventry 남을 친구로 끼워주지 않다, 남과의 교제를 끊다.

‡**cov·er** [kávər] *vt.* 1 …을 덮다, 싸다, 가리다, …의 덮개가 되다. ¶ **Snow** *covered* **the highway.** = **The highway was** *covered* **with snow.** 고속 도로는 눈으로 덮여 있었다 // (~+目+前+名) *cover* **one's face with one's hands** 손으로 얼굴을 가리다.
2 …에 덮개를 씌우다, 뚜껑을 덮다, 커버를 달다; …에 온통 칠하다. ¶ (~+目+前+名) *cover* **a table with a cloth** 식탁에 식탁보를 씌우다; 식사 준비를 하다 / *cover* **a box with a wide board** 넓은 널빤지로 상자의 뚜껑을 하다 / *cover* **a wall with paper (paint)** 벽에 벽지를 바르다(페인트를 칠하다) / *cover* **bread with honey** 빵에 꿀을 바르다.
3 …을 지키다, 보호하다(protect); 〖야구〗 〖베이스〗 커버하다; 〖군대〗 …을 엄호하다. ¶ *cover* **one's head** 모자를 쓰다 / **be** *covered* 모자를 쓰고 있다 / **remain** *covered* 모자를 쓴 채로 있다 / *cover* **the landing** 상륙을 엄호하다 / *Cover* **me!** 엄호하라! // (~+目+前+名) The cave *covered* him *from* the snow. 그 동굴이 그를 눈으로부터 지켜주었다.
4 …을 감추다, 덮어 가리다. ¶ *cover* **a mistake** 잘못을 감추다 / *cover* **one's track** 자기의 발자취를 감추다, 행방을 감추다, 자기의 활동을 비밀로 하다 // (~+目+前+名) *cover* **one's bare shoulders with a shawl** 맨 어깨를 숄로 가리다.
5 《재귀용법》 …을 지니다, 당하다. ¶ (~+目+前+名) *cover* **oneself with honors** 명예를 지니다 / He *covered* himself *with* disgrace. 그는 수치를 당했다.
6 …을 떠맡다, …의 책임을 지다. ¶ *cover* **the post** 그 지위를 맡다.
7 〖총 따위로〗 …을 겨냥하다, 겨누다. ¶ (~+目+前+名) *cover* **the enemy with a rifle** 적에게 소총을 겨누다.
8 …을 사정거리 안에 두다. ¶ **The battery** *covered* **the city.** 그 포대(砲隊)는 그 도시를 사정 거리안에 두고 있었다.
9 〖문제·범위 따위〗를 포함하다, 망라하다, …을 다루다. ¶ **The magazine** *covers* **a wide range of audience.** 그 잡지는 독자층이 넓다.
10 〖신문〗 …의 보도를 담당하다, …을 보도하다, 취재하다. ¶ *cover* **occurrences** 여러 가지 사건을 보도하다 / *cover* **a fire for a newspaper** 신문에 화재 기사를 쓰다.
11 〖…의 거리〗를 가다, 여행하다. ¶ *cover* **ten miles a day** 하루 10마일을 가다.
12 〖요금 따위〗를 충분히 치르다, 감당하다; 〖지불·손해액 따위〗를 메우다, 상쇄하다. ¶ *cover* **expenses** 비용을 감당하다.
13 〖보험〗 …을 보험에 들다; …을 담보로 넣다, 저당하다. ¶ *cover* **an overdraft** 당좌 대월을 담보로 삼다.
14 〖노름에서〗 〖상대〗와 같은 액수의 돈을 걸다, 내기의 조건에 응하다.
15 〖카드놀이〗 〖나온 패〗보다 끗수가 높은 패를 내다.
16 〖수컷이〗 〖암컷〗에 올라타다, …과 교미하다; 〖암탉이〗 〖알〗을 품다. ¶ *cover* **eggs** 알을 품다.
17 《美》 …의 뒤를 밟다, …을 미행하다.
── *vi.* 《구어》 1 〖부재중의〗 대신(대리) 노릇을 하다 (for...). 2 감추다, 숨기다 (for...).
cover in …을 덮어버리다; 〖구멍 따위〗를 메우다.
cover over …을 덮어씌우다, 덮어서 막다.
cover up …을 완전히 덮다; …을 덮어 가리다, 비밀로 하다, 은폐하다. ¶ *cover up* **a scandal** 추문을 비밀로 하다.
── *n.* 1 덮개, 뚜껑 (lid); 〖책의〗 표지 (*cf.* jacket); 포장지. ¶ **from** *cover* **to** *cover* 〖책의〗 처음부터 끝까지. 2 ⓤ 보호 (protection), 피난처 (shelter); 잠복처. 3 ⓤ 겉치레 (pretense), 핑계, 구실 (feigning). 4 ⓤⓒ 〖짐승의〗 숨는 곳; 잠복처가 되는 초목·덤불 따위. ¶ **break** *cover* 〖짐승이〗 잠복처에서 튀어나오다. 5 ⓤⓒ 〖군사〗 엄호물; 차폐물. 6 〖식탁의 1인분의 식기〗 〖접시·나이프·포크·냅킨 따위〗. ¶ **lay a table with ten** *covers* 10인분의 상을 차리다. 7 ⓤ 〖재정〗 담보 (security), 보증금. 8 〖우편〗 봉투 (envelope), 접는 봉투. ¶ **under separate (same)** *cover* 별봉으로(동봉하여).
get under cover 안전한 곳에 숨다, 피난하다.
take cover 지형을 이용하여 숨다.
under cover ① 편지에 동봉하여 (to...). ② 몰래.
under [*the*] *cover of* ① …의 엄호 아래, …을 틈타서. ¶ *under cover of* **darkness** 어둠을 틈타서. ② …을 핑계삼아.
◇ **cóvert** *adj.*

*cov·er·age** [káv(ə)ridʒ] *n.* ⓤⓒ 1 〖보험〗 〖보험의〗 보호, 보상 범위, 〖보상을 해주는〗 위험 범위. 2 〖재정〗 정화(正貨) 준비〖금〗. ¶ **60% gold** *coverage* **of paper currency** 지폐에 대한 60%의 금 준비. 3 적용 범위, 〖일반적으로〗 범위 (extent); 〖라디오·텔레비전의〗 유효 시청 범위; 〖신문·정기 간행물의〗 보급 범위. 4 〖신문〗 신문 보도, 취재.

cov·er·all [kávərɔ̀:l] *n.* (보통 ~s) 〖상의와 하의가 붙은 헐거운〗 작업복.

cóver chàrge *n.* 〖식당·나이트클럽 등의〗 봉사료.

cóver cròp *n.* 간작(間作) 〖겨울에 토양의 침식·비료의 유출·잡초의 번식 따위를 막기 위해 밭에 심는 클로버·당근 따위〗.

cov·ered [kávərd] *adj.* 1 덮개를 씌운, 뚜껑 달린. 2 모자를 쓴. 3 차폐된, 숨겨진. ¶ **a** *covered* **way** 지붕이 있는 샛길. 4〖복장을 만들어〗 …으로 덮인. ¶ **a snow-***covered* **ground** 눈으로 덮인 운동장.

cóvered brídge *n.* 지붕이 있는 다리.

cóv·ered-dísh súpper [kávərdíʃ-] *n.* 각자가 되는대로 음식을 가지고 모이는 파티.

cóvered wágon *n.* 1 《美》 〖서부 개척자들이 쓴〗 포장 마차. 2 《英》 〖철도〗 = boxcar.

cóvered wáy n. 지붕 있는 낭하.
cóver gírl n. 커버 걸[잡지의 표지 사진용의 미녀].
cóver gláss n. 《현미경의》 커버 글라스.
‡**cov·er·ing** [kʌ́v(ə)riŋ] n. **1** 덮개, 뚜껑. ¶ a *covering* for a chair 의자 씌우개. **2** ⓤ 덮기. — adj. 덮는; 엄호하는. ¶ *covering* fire 엄호 사격.
cóvering létter n. 동봉된 설명서(편지).
cóvering nóte n. 《보험》 가(假)계약서.
cóvering príce n. 총할 가격.
*__cov·er·let__ [kʌ́vərlit] n. **1** 덧이불, 침대보(bedspread). **2** 덮개.
cov·er·lid [kʌ́vərlid] n. 《고어·방언》=coverlet.
cóver línes n. pl. 〔잡지 따위의〕 표지에 인쇄된 특집 기사 제목.
cóver nóte n. 《英》 〔화재 보험의〕 가(假) 계약서 (《美》 insurance binder).
cóver póint n. 〔크리켓〕 후위(의 위치).
cóver shóoting n. 숲에서 하는 총 사냥.
cóver shót n. 광각(廣角) 사진 촬영; 광각 사진.
cov·er·slip [kʌ́vərslip] n.=cover glass.
cóver stóry n. 커버 스토리〔잡지 따위의 표지에 관련된 기사〕.
cov·ert [kʌ́vərt] adj. **1** 덮여 있는(covered); 사람 눈에 띄지 않는. ¶ a *covert* place 은밀한 장소. **2** 숨겨진, 비밀의, 암암리의. ¶ a *covert* threat 은근한 위협. **3**〔법률〕〔여성이〕 남편의 보호하에 있는. ¶ a feme *covert* 남편이 있는 여자, 유부녀. — n. **1** 덮개, 뚜껑, 씌우개(cover). **2** ⓤⓒ 피난처; 은신처; 〔사냥〕 냉감이 숨는 곳, 잠복처; 〔잠복처로서의〕 덤불, 숲. ¶ break *covert* 덤불에서 날아 오르다. **3** (~s) 〔동물〕 〔새의〕 우부우(雨覆羽). —ly adv. —ness n.
cóvert clóth n. ⓤ 커버트 천〔능직으로 짠 모직 또는 면직의 일종〕; 만든 짧고 가벼운 외투.
cóvert cóat n. 《英》 커버트 코트〔covert cloth 로 만든 외투〕.
cov·ert·ly [kʌ́vərtli] adv. 은연중에; 몰래, 넌지시.
cov·er·ture [kʌ́vərtʃər, -tjər, -tʃùər, -tjùər] n. ⓤⓒ 덮개, 보호, 엄호물; 숨는 곳. **2** ⓤ〔법률〕〔남편의 보호를 받는〕 아내의 신분, 유부녀의 신분.
cov·er-up [kʌ́vərʌp] n. **1** 숨기; 은닉; 구실, 핑계. **2** 〔사진식〕 무마, 은폐.
*__cov·et__ [kʌ́vit] vt. **1** 〔남의 것을〕 턱없이 탐내다. ¶ All *covet*, all lose. 《속담》 대탐대실(大貪大失). **2** …을 갈망하다. — vi. 턱없이 탐내다. ¶ (~+䣎+名) *covet* after (or for) popularity 인기를 얻으려고 애쓰다. ⬥ cóvetous adj.
cov·et·a·ble [kʌ́vitəbl] adj. 탐낼만한, 부러워하는.
cov·et·er [kʌ́vitər] n. 탐내는 사람.
cov·et·ous [kʌ́vitəs] adj. **1** 턱없이 탐내는, 욕심많은. ¶ be *covetous* of …을 몹시 탐내다. **2** 열망하는, 갈망하는. —ly adv. —ness n. ⬥ cóvet v.
cov·ey [kʌ́vi] n. 〔자고(鷓鴣)·메추라기 따위의〕 때, 〔사람의〕 때, 무리, 일단; 한 가족. ¶ a *covey* of girls 소녀들의 무리.
cov·in [kʌ́vin] n. ⓤ **1** 〔법률〕 비밀 공모. **2** 《고어》 사기.
cov·ing [kóuviŋ] n. **1** 〔건축〕 활처럼 굽어 올라간 지붕(천장). **2** (~s) 벽난로의 화구를 받치는 부분.
‡**cow**[1] [kau] n. (pl. cows or 《고어》 kine [kain]) **1** 암소, 젖소〔새끼를 낳은 적이 있는〕; ox 〔離語〕 ¶ keep *cows* 소를 기르다 / milk a *cow* 소의 젖을 짜다. **2** 〔코끼리·고래·바다표범 따위의〕 암컷. cf. bull ¶ a *cow* elephant 암코끼리. **3** 《美

속어》〔덩치가 크고, 뚱뚱하고 또 단정치 못한〕 여자. **4**《美卑語》〔아이가 많고 또 임신을 잘 하는〕 여자. **5**《濠구어》싫은 녀석, 싫은 일.
till the cows come home 오랫동안; 영구히. ¶ She will keep on playing the piano *till the cows come home*. 그녀는 언제까지나 피아노를 치고 있을 것이다.
cow[2] [kau] vt. 〔폭력 따위로〕…을 으르다, 위협하다.
cow·a·bun·ga [kàuəbʌ́ŋgə] interj. 간다! 〔파도 타기 (surfing)를 하는 사람이 외치는 소리〕.
‡**cow·ard** [káuərd] n. 겁쟁이, 비겁자. ¶ play the *coward* 비겁한 짓을 하다 / He is too much of a *coward* to do such a thing. 그는 너무 겁쟁이라서 그런 짓은 못한다. — adj. **1** 겁많은(timid), 비겁한. ¶ a *coward* blow 비겁한 일격. **2**〔紋章〕 동물이 꼬리를 뒷다리 사이에 끼고 있는.
⬥ cówardice n., cówardly adj.
*__cow·ard·ice__ [káuərdis] n. ⓤ 겁, 비겁.
*__cow·ard·ly__ [káuərdli] adj. 겁 많은, 비겁한. ¶ a *cowardly* conduct 비겁한 행위. — adv. 겁많게도, 비겁하게. **-li·ness** n.
cow·bane [káubèin] n. 〔소에게 해롭다는〕 독미나리.
cow·bell [káubèl] n. 암소 목에 다는 방울.
cow·ber·ry [káubèri / -bəri] n. (pl. -ries) 월귤나무 〔의 열매〕.
cow·bird [káubə̀ːrd] n. 〔북미산(產)〕 찌르레기의 일종.
‡**cow·boy** [káubɔ̀i] n. **1** 카우보이, 목동. **2** 스피드광, 난폭한 운전자.
cówboy cóffee n. 《美속어》〔설탕을 넣지 않은〕 블랙 커피.
cow·catch·er [káukǽtʃər] n. 《美》〔기관차·전차의〕 배장기(排障器); 구조장치; 〔라디오·TV〕 〔프로 앞에 넣는〕 짧은 광고.
ców cóllege n. 《美속어》 **1** 농과 대학. **2** 지방의 작은 대학.
cow·er [káuər] vi. **1**〔공포·부끄러움 때문에〕 위축되다. **2**《英방언》웅크리다.
cow-eyed [káuàid] adj. 눈이 큰(ox-eyed).
cow·fish [káufìʃ] n. (pl. -fish or -fish·es) **1** 해우(海牛). **2** 돌고래류. **3** 〔머리에 뿔 같은 돌기물이 있는〕 거북복어.
cow·girl [káugə̀ːrl] n. 목장에서 일을 돕는 여자.
ców gráss n. 《濠》=red clover.
cow·gun [káugʌ̀n] n. 《美속어》 해군 중포(重砲).
ców hánd n. 《美》=cowboy.
cow·heel [káuhìːl] n. 쇠족에 양파와 그 밖의 양념을 넣어 젤리 모양으로 삶은 요리.
cow·herb [káu(h)ə̀ːrb] n. 〔유럽 원산의〕 말뱅이나 물.
cow·herd [káuhə̀ːrd] n. 소 치는 사람. cf. shepherd
cow·hide [káuhàid] n. **1** 쇠가죽〔무두질한 것〕. **2** 쇠가죽 채찍. — vt. (-hid·ed, -hid·ing) …을 쇠가죽 채찍으로 때리다.
cow·house [káuhàus] n. (pl. -hous·es [-hàuziz]) 외양간, 우사(牛舍).
cow·ish [káuiʃ] adj. 소 같은(소)의 겁 많은.
ców kíller n. 개미벌〔미국 남부산의 날개가 없는 큰 벌〕.
cowl[1] [kaul] n. **1**〔수도사의〕 두건 달린 겉옷, 두건. **2** 둑옷 갓〔연기의 역류 방지용〕; 〔환기통의〕 바람 모으는 장치. **3** 자동차 차체의 앞부분〔방풍 유리와 계기판 부분을 포함한 부분〕; 〔기관차 굴뚝의〕 불똥막이 〔美소구어〕. **4**〔항공〕=cowling. — vt. **1** …에게 cowl 을 입히다. **2** …을 수도사가 되게 하다. **3** …을 〔cowl 모양의 것으로〕 덮다.

[cow[1]]
1 horn 뿔 2 poll 머리
3 neck 목 4 bridge of nose 콧마루 5 muzzle 콧등 6 jaw 턱 7 throat 목구멍 8 dewlap 육수 9 brisket 가슴 10 knee 무릎 11 hip 엉덩이 12 tail 꼬리 13 thigh 허벅지 14 udder 유방 15 teat 젖꼭지 16 hock 비절 17 hoof 발굽 18 pastern 발목

cowl[2] [kaul] n. 《美방언》〔막대기로 둘이 메는〕 큰 통.
cowled [kauld] adj. cowl 을 입은(쓴), 두건 달린.
cow·lick [káulìk] n. 이마 위의 곱추선 머리카락.
cowl·ing [káuliŋ] n. 〔항공〕〔비행기의〕 발동기 덮개.
cow·man [káumən] n. (pl. -men [-mən]) **1**《美서부의》목축업자, 목장주(rancher). **2**《英》소 치는 사람.
co-work·er [kóuwə̀ːrkər, ⸌⸌⸌ / ⸌⸌⸌] n. 함께 일하

는 사람, 협력자(fellow worker); 동료.
ców pársley *n.* 산삼(山蔘)(wild chervil).
ców pársnip *n.* 어수리[소의 사료].
cow-pat [káupæt] *n.* 《英》 쇠똥.
cow·pea [káupìː] *n.* 광저기의 일종; 그 종자.
Ców·per's glánd [káupərz-, kúː-] *n.* 〔해부·동물〕 카우퍼선(腺). 〔< 영국의 해부학자 William *Cowper* (1666-1709)의 이름〕
cow·poke [káupòuk] *n.* 《美》 =COWBOY.
ców pòny *n.* 목동이 타는 조랑말.
cow·pox [káupàks / -pɔ̀ks] *n.* U 〔의학〕 우두.
cow·punch·er [káupʌ̀ntʃər] *n.* 《美》 =COWBOY.
cow·rie, -ry [káuri] *n.* (*pl.* -ries) 별보배조개.
cow·shed [káuʃèd] *n.* 외양간.
cow·shot [káuʃàt / -ʃɔ̀t] *n.* 〔크리켓 속어〕 허리를 굽히고 치는 강타.
cow·skin [káuskìn] *n.* 암소 가죽[무두질한 가죽].
cow·slip [káuslìp] *n.* **1** 《英》 구륜앵초. **2** 《美》 동의 나물. 〔심 도시〕.
ców tòwn *n.* (특히 미국 서부의) 소치는 고장의 중심부.
ców trèe *n.* 젖나무[우유와 같은 수액(樹液)이 나오는 뽕나무과(科)의 식물〕.
cox [kaks / kɔks] *n.* 〈구어〉〔보트의〕 키잡이, 콕스 (coxswain). — *vt.* 〔보트의〕 키잡이 노릇을 하다.
cox·a [káksə / kɔ́k-] *n.* (*pl.* **cox·ae** [-siː]) **1** 〔해부〕 둔부(hip); 고관절(股關節) (hip joint). **2** 〔동물〕 〔곤충의〕 기절(基節), 〔갑각류의〕 저절(底節).
cox·al [káks(ə)l / kɔ́k-] *adj.* 가랑이의, 고관절의; 기절의, 저절의.
cox·al·gi·a [kaksǽldʒiə / kɔk-] *n.* U 〔의학〕 둔통(臀痛), 고(股)관절통.
cox·comb [kákskòum / kɔ́ks-] *n.* **1** 멋쟁이, 맵시꾼. **2** 〔고어〕〔중세의 광대가 쓴〕 붉은 볏모양의 모자. 〔< COCK'S COMB〕
cox·comb·i·cal [kakskóumik(ə)l / kɔks-] *adj.* 모양(멋) 내는, 허식적인.
cox·comb·ry [kákskòumri / kɔ́ks-] *n.* (*pl.* -ries) 맵시내기, 멋부리기, 젠체하기, 허식.
Cox·sáck·ie vírus [kuksǽːki·] *n.* 콕새키 바이러스〔병원(病原) 바이러스의 일군〕.
cox·swain [káksn, -swèin / kɔ́k-], (**cock·swain**) *n.* **1** 〔보트의〕 키잡이, 타수(cox). ¶ a *coxswain's* box 키잡이의 자리. **2** 정장(艇長). — *vi., vt.* 〔…의〕 키잡이〔정장〕 노릇을 하다.
cox·swain·ship [káksnʃìp, -swein·/kɔ́k-] *n.* U 키잡이(정장)의 역할(솜씨).
cox·y [káksi / kɔ́ks-], (**cock·sy**) *adj.* (**cox·i·er, cox·i·est**) 《英》 건방진, 잘난 체하는, 뽐내는(cocky).
*****coy** [kɔi] *adj.* **1** 수줍어하는, 암띤. ⇒ SHY 類語 ¶ be *coy* of …이 수줍어하여 말을 못하다. **2** 〔보통 여성이〕 수줍은 체하는; 요염한(coquettish). **3** 〔고어〕 〔장소가〕 아늑한, 구석진, 으숙한. — *vi.* 〔고어〕 부끄러운 체하다.
~·ly *adv.* **~·ness** *n.*
Coy. (略)《英》 〔특히 군대〕 Company.
coy·ish [kɔ́iiʃ] *adj.* 좀 수줍어하는. **~·ness** *n.*
coy·o·te [káiout, kaióuti / kɔ́iout, -́] *n.* (*pl.* -te or -tes) 코요테 (prairie wolf). 〔< Mexican〕
Cóyote Státe *n.* (the~) 미국 South Dakota 주의 속칭.
coy·pu [kɔ́ipuː] *n.* (*pl.* **-pu** or **-pus**) 코이푸, 누트리아 〔남미의 늪지대에 사는 쥐의 일종; 모피는 nutria 라 불리며 고기는 식용된다〕. 〔어〕 = cousin.
coz [kʌz] *n.* (*pl.* **coz·es** *or* **coz·zes**) 《美구어》 = 英고 COUSIN.
coze [kouz] *vi.* (**cozed, coz·ing**) 친근하게 이야기하다, 터놓고 이야기하다. — *n.* 친근한 대화, 한담.
coz·en [kʌ́zn] *vt.* …을 속이다, 기만하다(deceive); …을 속여서 빼앗다(cheat). ¶ *cozen* a person *into* signing a contract 남을 속여서 계약서에 서명시키다 / *cozen* a person *out of* money 남을 속여서 돈을 빼앗다. — *vi.*

사기를 치다, 속이다.
coz·en·age [kʌ́z(ə)nidʒ] *n.* U 사기, 협잡.
coz·en·er [kʌ́znər] *n.* 속이는 사람, 사기꾼, 협잡꾼.
co·zy, -sy [kóuzi] *adj.* (**-zi·er, -zi·est; -si·er, -si·est**) **1** 〔집·의자 따위가〕 편안한, 기분좋은, 아늑한(fortable). ⇒ COMFORTABLE 類語 **2** 편리한, 편안한. — *n.* (*pl.* **-zies; -sies**) **1** 보온기, 보온 커버. ¶ a tea *cozy* 찻주전자 보온커. **2** 〔차양 달린〕 2인용 긴 의자.
co·zi·ly *adv.* **co·zi·ness** *n.*; **co·si·ly** *adv.* **co·si·ness** *n.*
cP (略) centipoise.
CP [síːpíː] *n.* (the~) 공산당(Communist party).
cp. (略) compare.
c.p. (略) *c*andle *p*ower; *c*hemically *p*ure; *c*ircular *p*itch; *c*ommand *p*ost; *c*ommon *p*leas.
C.P. (略) *c*hief *p*atriarch; *c*ommon *p*rayer; *c*ommunist *p*arty.
CPA (略)〔컴퓨터〕 *c*ritical *p*ath *a*nalysis (대형 계획의 최적 스케줄 분석).
C.P.A. (略) *c*ertified *p*ublic *a*ccountant (공인 회계사. *cf.* 《英》 C.A.).
CP Air (略) *C*anadian *P*acific *Air*lines (캐나다 태평양 항공). 〔(공공 방송 협회〕.
CPB (略) 《美》 *C*orporation for *P*ublic *B*roadcasting
cpd. (略) *c*ompound.
CP'·er [síːpíːər] *n.* 공산당원. 〔< cp(communist party) + er〕
CPFF (略) *c*ost *p*lus *f*ixed *f*ee.
CPI (略) *c*onsumer *p*rice *i*ndex.
cpl. (略) *c*orporal.
cpm (略) *c*ards *p*er *m*inute (카드수 / 분).
CPM (略)〔컴퓨터〕 *c*ritical *p*ath *m*ethod (대형 계획의 유효 순서 결정 방법).
CPO (略) *c*hief *p*etty *o*fficer.
C.P.R. (略) *C*anadian(*C*entral) *P*acific *R*ailway.
C.P.R.E. (略)《英》 *C*ouncil for the *P*rotection of *R*ural *E*ngland.
cps (略) *c*ycles *p*er *s*econd.
C.P.S. (略) *c*onsumer *p*rice *s*urvey (소비자 가격 조사). 〔리 장치〕.
C.P.U. (略)〔컴퓨터〕 *c*entral *p*rocessing *u*nit (중앙 처리 장치).
CPX (略)〔군대〕 *C*ommand *P*ost *Ex*ercise (지휘소 연습〔실제로 부대를 움직이는 것이 아니라 지휘소에서 지도를 놓고 병력을 움직이면서 행하는 훈련〕).
CQ (略)〔아마추어 무선의〕 일반 신호 〔기호〕; (略) 〔군사〕 *c*harge of *q*uarters ([이간호] 당번).
C.Q.D. (略) *C*ustomary *Q*uick *D*ispatch (관습적 조기 하역(早期荷役)).
Cr 〔화학〕 *c*hromium 의 원자 기호.
CR ⇒ COMPETITION ROUND.
cr. (略) *c*redit; *c*reditor; *c*rown.
C.R. (略) *C*osta *R*ica.
‡crab[1] [kræb] *n.* **1** 게, 게의 살; 게 비슷한 동물. *cf.* hermit crab, land crab, king crab **2** (the C-) 〔천문〕 게자리(座), 거해궁(巨蟹宮) (Cancer). **3** 성미 까다로운 사람, 시무룩한 사람. **4** 〔기계〕 감아 올리는 기계, 이동 원치(crab winch). **5** (~s) 〔두 개의 주사위가 모두 1이 되는 식의〕 최하점. **6** = crab louse. **7** 〔항공〕 〔옆바람에 대한 비행기의〕 비스듬히 비행하기.
catch a crab 〔보트 경기에서〕 헛저어 뒤집히다.
turn out (or **come off**) ***crabs*** 실패로 끝나다, 불운하게 되다.
— *v.* (**crabbed, crab·bing**) *vi.* **1** 게를 잡다. **2** 〔항해〕 〔배가 예인중에〕 좌우로 흔들리며 나아가다; 〔항공〕 〔비행기가〕 비스듬히 비행하다. — *vt.* 〔항공〕 〔비행기〕를 비스듬히 비행시키다. ◇ **crábby** *adj.*
crab[2] [kræb] *n.* =crab apple.
crab[3] [kræb] *v.* (**crabbed, crab·bing**) *vi.* **1** 〔매가〕 서로 발톱으로 할키다. **2** 흠잡다(find fault); 불평하다 (complain). — *vt.* **1** 〔매가〕 〔다른 매〕를 발톱으로 할퀴

쥐다(claw). **2** …의 결점을 찾다, …을 흠잡다. **3** 《속어》…을 망쳐놓다, 못쓰게 만들다 (spoil). ¶ *crab* the deal (a person's act) 거래(남의 행위)를 망쳐놓다 / *crab* the turn 다른 배우의 대사나 연기를 망쳐놓다.

cráb ápple *n.* [작고 신] 돌능금 [나무].

crab·bed [krǽbid] *adj.* **1** 심술궂은(ill-natured), 시무룩한, 성미가 까다로운, 심보가 사나운 (crabby). **2** [문체 따위가] 난해한. **3** [필적 따위가] 알아보기 어려운.
~·ly *adv.* ~·ness *n.*

crab·ber¹ [krǽbər] *n.* **1** 게잡이 어부. **2** 게잡이배.
crab·ber² [krǽbər] *n.* 흠잡는 사람; 투덜거리는 사람.
crab·bing [krǽbiŋ] *n.* ⓤ 크래빙 [천이 줄지 않게 하는 특수 처리법].
crab·by [krǽbi] *adj.* (-bi·er, -bi·est) = crabbed.
cráb gráss 왕바랭이 [1년초; 잔디에 해가 되는 잡초].
cráb locomótive *n.* [광산용의] 윈치 달린 전기 기관차.
cráb lóuse *n.* 사면발이, 모슬 (毛蝨).
cráb méat *n.* 게의 살.
cráb pót *n.* [잔 가지를 엮어 만든] 게잡이용 통발.
crab's-eye [krǽbzài] *n.* (종종 ~s) 해안석 (蟹眼石) [가재의 위속에 생기는 석회질의 결석 (結石); 옛날에는 의료용].
cráb spíder *n.* 게거미과 (科) 의 거미 [옆으로 긴].
crab·stick [krǽbstìk] *n.* **1** 돌능금나무 (crab tree) 로 만든 지팡이 (곤봉). **2** 성미가 까다롭고 심술궂은 사람.
cráb trée *n.* 돌능금 (crab tree) 나무.
crab·wise [krǽbwàiz] *adv.* 게걸음으로 (crabways), 옆으로 비스듬히; 에둘러서 (간접적으로).

crack [kræk] *vi.* **1** 갑자기 날카로운 소리를 내다, [채찍이] 휙 울리다, [총이] 탕 소리를 내다(snap). ¶ A rifle *cracked* somewhere. 어디에선가 소총 소리가 났다. **2** 갑자기 소리내며 깨지다(부러지다). **3** 갈라지다, 금이 가다(become fissured). **4** [목소리가] 갑자기 귀에 거슬리게 되다, 쉬는 소리가 나다. [사춘기에] 변성하다. **5** 쇠약해지다, 망가지다 (fail, give away); [정신적 압박에] 굴복하다 (yield, succumb). ¶ (~+前+图) *crack* under a strain 과로로 [몸이] 망가지다. **6** 《주로 방언》자랑하다, 으스대다 (brag, boast) (*of...*). **7** 《주로 스코》지껄이다, 잡담하다 (chat, gossip). **8** 《구어》맹렬한 기세로 달리다. **9** [화학] [석유가] 분류 (分溜) 되다, 열분해하다. ⇨ CRACKING *n.*

— *vt.* **1** …에게 갑자기 날카로운 소리를 내게 하다, [채찍을] 휙 울리다; …을 소리내며 깨다(부수다). ¶ *crack* a whip 채찍을 휙 울리다 / *crack* one's fingers 손가락을 울리다.
2 [유리 따위에] 금이 가게 하다, 갈라지게 하다; [딱딱한 것을] 깨다, 뻐개다; …을 조금 열다. [⇨ BREAK 類語] ¶ *crack* a chestnut 밤을 까다 / *crack* a door 문을 조금 열다.
3 《구어》[어려운 것 따위를] 풀다, 해결하다, 해독하다 (solve, decipher). ¶ *crack* a code (a problem) 암호 (문제) 를 풀다.
4 《구어》[금고 따위에] 부수고 들어가다 (break into). ¶ *crack* a home [강도가] 집에 침입하다.
5 《구어》[포도주의 병 따위를] 따서 마시다. ¶ *crack* a bottle together 함께 술을 마시다. [(impair).
6 [신용 따위를] 손상하게 하다, 떨어뜨리다; …을 망쳐놓다
7 [목소리를] 쩌지르게 하다, 귀에 거슬리게 하다.
8 [기력 따위를] 슬픔으로 꺾다; 아의 마음을 감동시키다, 불안정하게 하다; …을 깊이 감동시키다.
9 [농담을] 하다; …을 말하다 (utter, tell). ¶ *crack* a joke 농담을 하다.
10 [화학] [가압 (加壓) 증류에 의하여] [석유] 를 열분해하다, 열 분류하다, 분류 (分溜) 하다.
crack a book 《속어》책 [특히 교과서 따위] 를 펴고 읽다, 공부하다.
crack a smile 《속어》 방긋 웃다, 미소짓다 (smile).

***crack* down** 《미구어》엄한 조치를 취하다, 통렬한 타격을 가하다; 비난하다 (*on...*).
***crack* on** ① [항해] 돛을 전부 펴다, 돛을 모두 펴고 달리다. ② 《영구어》 전진하다, 속행하다.
***crack* open** 폭로하다 (reveal).
***crack* up** ① 《속어》 [정신적·육체적으로] 약해지다, 녹초가 되다. ② (*vi., vt.*) 《구어》[자동차나 비행기 따위를] 엉망이 되게 하다, 부딪치다, 부딪혀서 엉망이 되게 하다 (crash). ③ 《구어》…을 칭찬하다. ④ 《미구어》…을 크게 웃기다. [을 하다.
crack wise 《속어》경구 (警句) 를 말하다; 그럴듯한 말
get cracking 《속어》시작하다, 착수하다 (start) (*on...*).

— *n.* **1** [물건이 깨지는 듯한] 날카로운 소리; [채찍의] 휙 소리. ¶ a *crack* of thunder 천둥소리.
2 [총의] 사격, 발사(shot). ¶ take a *crack* at a person 남에게 총을 쏘다.
3 강한 일격, 타격. ¶ He hit me an awful *crack*. 그는 나에게 딱 하고 강한 일격을 가했다.
4 [유리 따위의] 갈라진 틈, 쪼개진 틈, 금, 흠 (fissure); 빈틈; [문의] 열린 틈 (* 부사적으로 쓰인다). ¶ a cup with a *crack* in it 금이 간 컵 / open a door a *crack* 문을 조금 열다.
5 결점; 정신적 결함 (mental defect).
6 쉰 목소리; 변성.
7 《구어》 기회 (opportunity); 호기 (chance); 시도 (try). ¶ have (or take) a *crack* at …을 해보다.
8 《구어》경구 (wisecrack); 기지에 찬 말.
9 《구어》일순, 순간 (moment). ¶ the *crack* of dawn 새벽 / in a *crack* 순식간에, 일순간에.
10 《주로 英》[어떤 점에서] 뛰어난 사람 (것).
11 《속어》 강도질, 강도 (burglary).
12 《미속어》 크랙, 정제 코카인 [순도가 높고 중독성이 강한 작은 알갱이 모양의 코카인으로 흡연용]. ¶ *crack* baby 코카인 중독자 자녀.
the crack of doom 이 세상 마지막 날의 우레 소리 (신호) [Shakespeare 작 *Macbeth* 4 : 1 : 117].
— *adj.* 《구어》 뛰어난, 일류의 (first-rate). ¶ be a *crack* hand at …에 있어서는 일류이다.
— *adv.* [딱·휙 따위] 날카로운 소리를 내어. ¶ She hit me *crack* in the cheek. 그녀는 내 빰을 찰싹 때렸다.
◇ **crácky** *adj.*

crack·a·jack [krǽkədʒæk] *n., adj.* = crackerjack.
crack·brain [krǽkbrèin] *n.* 미치광이, 바보.
crack·brained [krǽkbrèind] *adj.* 미친, 머리가 돈, 바보의.
crack·down [krǽkdàun] *n.* 갑자기 후려치기; 갑작스러운 경찰의 수색, 엄중한 단속, 엄격한 조치.
***cracked** [krækt] *adj.* **1** 깨진, 부서진 (broken). **2** 금이 간. **3** [신용 따위가] 떨어지진, [평판 따위가] 손상된 (damaged). **4** 《구어》상궤 (常軌) 를 벗어난 (eccentric); 머리가 돈, 미친. **5** 목쉰; 변성한.
***crack·er** [krǽkər] *n.* **1** 크래커, 딱딱하게 구운 얇은 비스킷. **2** 폭죽 (爆竹) (firecracker). **3** (= **crácker bónbon**) 크래커 봉봉 [양쪽 끝을 당기면 폭음과 함께 터지며 안에서 과자·장난감이 나오는 종이통]. **4** 《경멸적》[미국 남부의] 가난한 백인. **5** 《방언·속어》거짓말쟁이, 허풍선이; 《학생 속어》거짓말. **6** 까는 사람 (것), 부수는 기구; 〔~s〕 호두까는 기구 (nutcrackers); 《익살》 이(tooth). **7** (C-) 《美》미국 Georgia 주 사람.
crack·er-bar·rel [krǽkərbærəl] *adj.* 《구어》[철학·사상 따위가] 흔해빠진, 평범한; 시골식의.
crácker bónbon *n.* = cracker 3.
crack·er·jack [krǽkərdʒæk], (**crackajack**) *n.* 《美속어》뛰어난 사람, 훌륭한, 일류의.
Crácker Jáck *n.* 《상표명》튀긴 옥수수·땅콩을 당밀로 굳힌 과자.
crack·ers [krǽkərz] *adj.* 《英속어》미친 (crazy). ¶

go *crackers* about …에 열중하다 / drive a person *crackers* 남을 미치게 하다. [cracker 7]

Cracker State n. 《美》 미국 Georgia주의 속칭. *cf.* cracker 7

crack·ing [krǽkiŋ] n. ⓤ 《화학》 크래킹, 분해 증류 [비등점이 높은 중질 석유를 열분해 따위를 하여 경질 석유, 주로 분해 가솔린을 만드는 일]. — adj. 《속어》 멋진; 《英구어》 아주 빠른. — adv. 《속어》 아주, 몹시 (extremely) (보통 good과 함께 쓰인다). ¶ a *cracking* good show 아주 멋진 쇼.

crack·jaw [krækdʒɔ̀ː] adj. 발음하기 어려운.

*crack·le [krǽkl] v. (-led, -ling) vi. 1 [불이 붙은 나뭇가지 따위가] 탁탁(바지직) 소리내다 (sputter). 2 [도자기의] 표면에 금이 가다. — vt. 1 …을 탁탁 소리나게 하다; …을 탁탁 소리내며 깨다(부수다). 2 [도자기의 표면에] 금이 가게 하다. — n. 1 탁탁 소리. 2 [도자기의] 장식적인 금, 잔금을 넣어 구운 도자기. ◇ cráckly adj.

crack·le·ware [krǽklwɛ̀ər] n. ⓤ 잔금을 넣어 구운 도자기.

crack·ling [krǽkliŋ] adj. 탁탁 소리내는. — n. ⓤ 1 탁탁 소리. 2 [구운 돼지고기의] 바삭바삭한 윗가죽. 3 (보통 ~s) 《방언》 라드(lard)를 만들고 남는 바삭바삭한 돼지 비계 찌끼.

crack·ly [krǽkli] adj. (-li·er, -li·est) 바삭바삭하는.

crack·nel [krǽkn(ə)l] n. 1 바삭바삭하게 구운 비스킷. 2 (~s) 바삭바삭하게 튀긴 돼지 비계.

crack of doom n. (the~) 1 최후의 심판일이 왔음을 알리는 천둥 소리[← Shakespeare작 *Macbeth* 4:1]. 2 최후의 심판일, 세상의 종말의 날(doomsday).

crack·pot [krǽkpɑ̀t / -pɔ̀t] 《구어》 n. 머리가 돈 사람, 괴짜. — adj. 머리가 돈, 제정신이 아닌.

crack-shot [krǽkʃɑ̀t / -ʃɔ̀t] n. 사격의 명수.

cracks·man [krǽksmən] n. (pl. -men [-mən]) 《속어》 강도, 도둑 (burglar), 가택 침입 강도 (house breaker).

crack-up [krǽkʌ̀p] n. 1 [비행기의] 추락, 충돌. 2 《구어》 건강 장해; 정신 착란, 신경 쇠약. 3 파괴, 도괴(倒壞).

crack·y [krǽki] adj. (crack·i·er, crack·i·est) 1 금이 간; 깨질 것 같은. 2 《주로 英방언》 머리가 돈 (crazy).

by cracky (interj.) 《美고어》 정말!, 실로!, 과연!

-cracy rule, government, governing body (정체(政體))라는 뜻의 연결형. ⇨ CRAT. 예: autocracy, democracy.

‡**cra·dle** [kréidl] n. 1 요람, 어린이 침대. 2 요람지, 발상지; (the~) 요람 시대, 유년 시대. ¶ the *cradle* of civilization 문명의 발상지 / from (in) the *cradle* 유년 시대부터(에) / from the *cradle* to the grave 요람에서 무덤까지, 일생 동안. ⇨ GRAVE². 3 요람 비슷한 것; [난파선에서 사람을 구조하는] 바구니; 선가(船架), 진수장(進水用); 미그걸대(launching cradle); 《의학》 환자의 환부에 침구가 닿지 않도록 하는 기구; 수화기대(受話器臺); 《항공》 비행선을 팽창시킬 때 올려놓는 대; 《대포를 올려놓는》 포가(砲架); 《자동차 차체 하부를 수리할 때 수리공이 눕는》 바퀴 달린 대 (creeper); 《그림그릴 때 쓰는》 이동식 패널 나무받침대. 4 《광산》 곡식을 가지고서 베기 위해 낫에 댄 덧살; 덧살을 댄 낫(cradle scythe). 5 《광산》 《사금의》 선광대(選鑛臺).

rob the cradle 《美구어》 훨씬 나이 어린 상대와 데이트[결혼]하다.

the cradle of the deep 《詩》 바다.

— v. (-dled, -dling) vt. 1 …을 요람에 넣(어 흔들)다, 흔들어 재우다; …을 기르다. ¶ *cradle* a child 아이를 돌보아 기르다. 2 《농작물을》 덧살을 댄 낫으로 베다. 3 《배를》 선가에 올려놓다; [일반적으로] …을 받침대에 올려놓다. 4 《광산》 《사금을》 선광대로 씻다(...out). — vi. 1 요람에 눕다. 2 농작물을 덧살을 댄 낫으로 베다.

cra·dle·land [kréidllænd] n. 요람지, 발상지.

cradle scythe n. 덧살을 댄 큰 낫.

cradle snatcher n. 《구어》 훨씬 연하의 상대와 결혼하는(사랑하는) 사람.

cra·dle·song [kréidlsɔ̀ːŋ / -sɔ̀ŋ] n. 자장가(lullaby).

cra·dling [kréidliŋ] n. ⓤ 1 요람에 어린 혼들기; 보육. 2 《광산》 《사금의》 선광. 3 《건축》 〔둥근 천장 따위를 받치는〕 목제(木製)받자.

‡**craft** [kræft / krɑːft] n. * 1, 2의 뜻으로는 종종 연결 형으로서 쓰인다. 1 ⓤ 솜씨, 기술, 교묘함, 궁리하는 재주. ¶ a builder's *craft* 건축가의 기술. 2 《특히 손의, 또는 특수한 기술을 요하는》 일, 직업; 수공업, 공예, 수예(handicraft). ¶ arts and *crafts* 미술 공예. 3 ⓤ 못된 꾀, 교활, 술책(cunning). ¶ …의 공예. 4 (the~) 《집합적》 동업자, 동업 조합원; 동업 조합; (the C-) 프리메이슨 (Freemason)의 조합. ¶ the *craft* of masons 석공 조합. 5 《단 복수》 배 (boat, vessel), 〔한 대의〕 비행기; 《집합적》 배, 선박, 항공기(aircraft).

the gentle craft 낚시질(⇨2); 낚시 친구(⇨4).

— vt. 을 교묘하게 만들다. ◇ **crafty** adj.

-craft skill, art, occupation 이라는 뜻의 연결형. 예: handi*craft*, priest*craft*. ⇨ CRAFT n. 1, 2.

craft brother (guild) n. [숙련 직업의] 동업자(동업조합).

craft·i·ly [krǽftili / krɑ́ːft-] adv. 교활하게, 간사하게. -i·ness [-inis] n. ⓤ 교활.

*crafts·man [krǽftsmən / krɑ́ːfts-] n. (pl. -men [-mən]) 1 직공, 공인, 장인(匠人), 공예가(artisan). 2 예술가(artist), 명공.

crafts·man·ship [krǽftsmənʃìp / krɑ́ːfts-] n. ⓤ 공인의 솜씨(기술, 기교, 숙련).

craft union n. 직업별 노동 조합. *cf.* industrial union

craft·work [krǽftwɜ̀ːrk] n. 공예(세공) 일; 공예(세공) 품.

*craft·y [krǽfti / krɑ́ːf-] adj. (craft·i·er, craft·i·est) 1 간교한, 교활한(cunning). ¶ *crafty* as a fox 여우 교활한. 2 《고어》 솜씨가 뛰어난, 솜씨 있는, 교묘한 (skillful). craft·i·ly adv. craft·i·ness n. ◇ craft n.

crag [kræg] n. 1 울퉁불퉁한 바위, 낭떠러지. 2 〔지질〕 《영국 동남부에서 볼 수 있는》 개사층(介砂層). ◇ crággy adj.

crag·ged [krǽgid] adj. = craggy.

crag·gy [krǽgi] adj. (-gi·er, -gi·est) 바위가 많은, 바위 투성이의; 험준한. -gi·ness n.

crags·man [krǽgzmən] n. (pl. -men [-mən]) 암벽 잘 타는 사람. 〔새〕.

crake [kreik] n. 뜸부기 [rail보다 작고 부리가 짧은 〔새〕].

*cram [kræm] v. (crammed, cram·ming) vt. 1 〔장소·그릇 따위에〕 억지로 밀어넣다, 다져넣다 (...with). ¶ (~+图+젭+图) *cram* a hall *with* people 홀에 사람들을 가득 집어넣다. 2 …을 〔장소·그릇 속에〕 채워넣다, 밀어넣다(stuff) (...into, down). ¶ (~+图+젭+图) *cram* books *into* a bag 가방에 책을 잔뜩 넣다. 3 〔살찌게 하려고〕 〔특히 가금을〕에게 배불리 먹이다; 〔음식〕을 게걸스럽게 배불리 먹다. ¶ (~+图+젭+图) *cram* oneself *with* food 게걸스럽게 잔뜩 먹다. 4 《구어》 〔시험 공부 따위에〕 〔학생〕에게 억지로 외게 하다, 벼락 공부를 시키다; 〔학과〕을 주입식으로 가르치다(공부하다) (...up). ¶ *cram* a boy *for* an exam 아이에게 벼락 공부를 시키다. 5 《고어》 〔남〕에게 거짓말하다, 허풍을 떨다(ily).

— vi. 1 게걸스럽게 먹다, 배불리 먹다(eat greed). 2 《구어》 벼락 공부를 하다(up).

cram ... down a person's throat 남에게 …을 되풀이하여 말하다.

— n. 1 채워넣기, 충만; 〔사람이〕 꽉 들어참, 꽉 들어찬 사람들. 2 《구어》 벼락 공부(로 얻은 지식); 《英속어》

자습서, 참고서. **3** 《구어》 거짓말(crammer).
◇ crámfull adj.
CRAM 《略》〔컴퓨터〕 Card Random Access Memory (자기(磁氣) 카드 기록 장치).
cram·bake [krǽmbèik] n. 《美俗語》남자끼리의 모임(stag party).
cram·bo [krǽmbou] n. (pl. -boes) **1** 〔운(韻)이 같은 말을 찾는〕 운 찾기 게임. **2** 《경멸적》운, 운이 같은 말(rhyme), 서툰 시.
cram·full [krǽmfúl] adj. 꽉 찬(of, with...).
cram·mer [krǽmər] n. **1** 《英구어》 무턱대고 외게 하는 교사(학교);《구어》벼락 공부를 하는 학생. **2** 닭 따위를 살찌게 하는 장치(사람). **3** 《고어》거짓말(lie).
cram·ming [krǽmiŋ] n. Ⓤ 벼락 공부; 꽉 채우기.
crámming school n. 〔입시 준비생들을 위한〕 학원.
*__cramp__¹ [kræmp] n. 《종종 ~s》〔특히 손발의〕 경련, 쥐. ¶ a cramp in the calf 장딴지의 쥐 / a writer's cramp 서경(書痙), 손가락 경련. **2** 《보통 ~s》심한 복통. ― vt. 《보통 수동으로》…에 경련을 일으키게 하다. ¶ His limbs were cramped. 그의 손발은 경련을 일으켰다.
cramp² [kræmp] n. **1** 꺾쇠(cramp iron). **2** 죄는 기구, 죔쇠(clamp). **3** 속박; 구속물, 제한하는 것.
― vt. **1** …을 꺾쇠로, 죔쇠로 죄어붙이다. **2** …을 제한하다, 한정하다(restrain); …을 구속하다(restrict); …을 방해하다(hamper). **3** …의 키를 잡다, 〔자동차 앞바퀴〕의 방향을 바꾸다(steer).
cramp a person's style 《속어》남의 자유로운 활동(기술·기능의 발휘)을 방해하다, 남을 실망시키다.
― adj. **1** 〔필적 따위가〕 알아보기 힘드는, 〔의미가〕 알기 힘든, 어려운. **2** 좁은(narrow).
cramped [kræmpt] adj. **1** 경련하는. **2** 답답한, 비좁고 갑갑한. ¶ the cramped interior 비좁고 갑갑한 내. **3** 〔문체(文體)·필적 따위가〕 읽기 힘든.
cramp·fish [krǽmpfíʃ] n. (pl. -fish or -fish·es) 시끈가오리(electric ray).
crámp íron n. 꺾쇠(cramp).
cram·pon [krǽmpɑn], **cram·poon** [-pùːn] n. **1** 《보통 ~s》〔무거운 것을 들어올리는〕 쇠갈고리. **2** (~s)〔구두에 대는〕 스파이크, 철제 징, 〔등산용〕 아이젠.
cran [kræn] n. Ⓤ 《스코》 크랜(생청어의 용량 단위; 37½ gallons, 약 170.3ℓ).
cran·age [kréinidʒ] n. Ⓤ 《이》 기중기 사용(권, 료).
cran·ber·ry [krǽnbèri / -b(ə)ri] n. (pl. -ries) 넌출월귤; 그 과실〔신맛이 강하고 젤리나 소스를 만드는 데 쓴다〕.
cránberry búsh n. 북미 북부산(産)의 관목〔꽃은 희고 공모양; 재배종을 snowball 이라고도 한다〕 (high cranberry).
‡**crane** [krein] n. (pl. **cranes**, **1** 에서는 때로 **crane**) **1** 두루미, 왜가리, 〔유럽·아시아산(産)의〕 검정 두루미; 두루미 비슷한 새. **2** 크레인, 기중기. ¶ a bridge *crane* 다리 모양의 크레인. **3** 크레인 모양의 장치(기구); 수평 자재(自在) 받침대; 사이펀(siphon);〔텔레비전·영화 촬영 때의〕 카메라 이동장치. **4** (the C-)〔천문〕두루미좌(座). ― v. (**craned, cran·ing**) vt. **1** …을 크레인 따위로 움직이다. **2** 〔목〕을 길게 빼다. ― vi. **1** 목을 빼다. **2** 《구어》〔위험·곤란에 처하여〕 망설이다(hesitate).
cráne flý n. 꾸정모기〔모양은 큰 모기 비슷하지만 피는 빨지 않는다〕(《英》daddy longlegs).
crane's-bill [kréinzbíl] n. 이질풀속(屬)의 식물.
crani- ⇨ CRANIO-.
cra·ni·a [kréiniə] n. -nja, -niə] n. cranium 의 복수형.
cra·ni·al [kréiniəl / -njəl, -niəl] adj. 두개(頭蓋)〔골〕의.
cránial índex n. 두개골 지수(指數)〔두개의 전후 길이에 대한 폭의 비(比)〕. *cf.* cephalic index
cra·ni·ate [kréiniit, -nièit] adj. 두개(頭蓋)가 있는. **2** 두개 동물문(門)에 속하는. ― n. 두개 동물.
cranio- cranium 이라는 뜻의 연결형(※모음 앞에서는 crani-를 쓴다). 예: *cranio*meter.
cra·ni·o·log·i·cal [krèiniəlάdʒik(ə)l / -lɔ́dʒi-] adj. 두개〔골〕학(頭蓋〔骨〕學)(의)에 관한). ― **ly** [-kəli] adv.
cra·ni·ol·o·gist [krèiniάlədʒist / -ɔ́l-] n. 두개〔골〕학자.
cra·ni·ol·o·gy [krèiniάlədʒi / -ɔ́l-] n. Ⓤ 두개〔골〕학.
cra·ni·om·e·ter [krèiniάmitər / -ɔ́m-] n. 두개〔골〕 측정기.
cra·ni·o·met·ric [krèinio(u)métrik], (**cra·ni·o·met·ri·cal** [-rik(ə)l]) adj. 두개〔골〕 측정학의.
― **ri·cal·ly** [-rikəli] adv. 〔측정학.
cra·ni·om·e·try [krèiniάmitri/-ɔ́m-] n. Ⓤ 두개〔골〕
cra·ni·um [kréiniəm / -njəm, -niəm] n. (pl. **-ni·ums** or **-ni·a**) **1** 두개, 두개골. **2** 《익살》머리.
*__crank__¹ [kræŋk] n. **1** 〔기계〕 크랭크, L 자형 핸들〔기계의 축에 직각으로 연결되어 운동을 전달하는 장치〕. **2** 《구어》기인(奇人), 괴짜, 한가지 일에 열중하는 사람;《구어》성미 까다로운 사람, 심술쟁이, 불평많은 사람. **3** 기발한(별난) 생각, 변덕; 기행(奇行); 희한한 익살, 장황한 농, **4** 〔페어〕〔도로 따위의〕 굴곡, 꼬불꼬불함(bend).
― vt. **1** …을 크랭크 모양으로 구부리다, 크랭크 모양으로 죄다. **2** …에 크랭크를 달다. **3** 〔기계〕〔축〕을 크랭크로 돌리다. **4** 〔크랭크를 돌려〕〔엔진〕을 걸다, …의 엔진을 걸다; 〔영화 카메라〕의 크랭크를 돌려 촬영하다. (…up). ― vi. **1** 〔엔진을 걸기 위해서〕크랭크를 돌리다. **2** 《美俗語》준비를 하다(up).
― adj. **1** 〔건물이〕 불안정한, 흔들흔들하는(shaky). **2** 《英방언》병약한(cranky).
◇ **cránky** adj. 〔기우는.
crank² [kræŋk] adj. 〔배 따위가〕 전복하기 쉬운, 잘
crank³ [kræŋk] adj. 《방언》활발한, 기운찬(lively).
cránk áxle n. 〔기계〕 크랭크 차축(車軸).
crank·case [krǽŋkkèis] n. 〔기계〕〔내연 기관의〕 크랭크축 덮개.
crank·i·ly [krǽŋkili] adv. **1** 변덕스럽게; 미치광이처럼. **2** 흔들흔들. **3** 《구어》〔병으로〕 휘청휘청하여.
crank·i·ness [krǽŋkinis] n. Ⓤ **1** 변덕, 괴퍅스러움. **2** 동요, 불안정. **3** 병약(病弱).
crank·le [krǽŋkl] n. 구부러짐(turn). ― v. (**-kled, -kling**) vi. 구부러지다. ― vt. …을 구부러지게 하다.
cránk létter n. 〔저명 인사에게, 종종 익명으로 내는〕 협박적인 투서, 협박장.
crank·pin [krǽŋkpìn] n. 〔기계〕 크랭크핀. 〔축.
crank·shaft [krǽŋkʃæ̀ft / -ʃàːft] n. 〔기계〕 크랭크
crank·y¹ [krǽŋki] adj. (**crank·i·er, crank·i·est**) **1** 성미 까다로운, 성 잘내는(ill-tempered); 심술궂은(cross). **2** 괴팍한, 별난(eccentric), 기묘한(queer); 변덕스러운; 미친. **3** 〔건물 등이〕불안정한, 흔들흔들하는(crooked). **4** 《英방언》병약한(sickly), 약한(infirm). **crank·i·ly** adv. **crank·i·ness** n.
crank·y² [krǽŋki] adj. (**crank·i·er, crank·i·est**) 《배》기울기 쉬운, 전복하기 쉬운.
cran·nied [krǽnid] adj. 금이 간, 갈라진 틈이 있는.
cran·nog [krǽnəg] n. 〔고대 아일랜드·스코틀랜드에서 호수의 인공 섬위에 세운〕 호상 주택, 호상 인공 도새섬.
cran·ny [krǽni] n. (pl. **-nies**) 〔벽이나 바위 따위의〕 갈라진 틈, 금. ¶ search every *cranny* 샅샅이 찾다.
crap¹ [kræp] n. **1** 〔크랩 노름에서〕지는 끗수를 던지기. ≒ CRAPS. *cf.* natural **2** =craps.
crap² [kræp] n. **1** 《卑語》배설물, 똥(shit);《속어》잡동사니, 쓰레기. **2** 《속어》거짓말(lie), 허풍. **3** 《속어》헛소리(nonsense). ― vi. 《卑語》똥누다. ― vt. 〔지나치게 힘·재료를 쓰다.
crap around ① 바보 같은 짓을 하다. ② 일을 하지 않

crape [kreip] n. 1 ⓤ 크레이프(crepe). * 주로 상복·상장(喪章) 따위로 쓰는 쭈글쭈글한 검정 비단. 2 [팔에 두르는] 상장. — vt. (craped, crap·ing) …을 검정 크레이프로 덮다; [팔·모자]에 상장을 두르다, [몸]에 검정 크레이프를 걸치다; …을 우글쭈글하게 하다.

crâpe clôth n. 크레이프 비슷한 모직물.

craped [kreipt] adj. 1 [검정] 크레이프를 두른; 상장을 단. 2 쭈글쭈글한, 곱슬곱슬한.

crâpe hâir n. = crepe hair.

crape-hang·er [kréiphæ̀ŋər] n. 《속어》 비관론자.

crâpe mýrtle n. 백일홍. [(pessimist).

crap·pie [kræpi] n. 크래피[미국 중부산(產)의 작은 민물고기 sunfish의 일종].

crap·py [kræpi] adj. (-pi·er, -pi·est)《속어》 지긋지긋한; 아주 천한; 시시한.

craps [kræps] n. pl. [단수 취급] 크랩노름[두 개의 주사위로 하는 노름; 첫번째 흔든 주사위의 끗수의 합이 7 또는 11인 경우(natural)는 이기고 2나 3 또는 12의 경우(crap)는 진다]. ¶ shoot craps 주사위로 노름을 하다.

crap-shoot·er [kræpʃùːtər] n. 크랩노름(craps)을 하는 사람, 주사위 도박사.

crap·u·lence [kræpjuləns] n. ⓤ 과음(과식)으로 몸이 편찮음, 숙취(宿醉). [편찮아짐.

crap·u·lent [kræpjulənt] adj. 과음(과식)으로 몸이

crap·u·lous [kræpjuləs] adj. 1 폭음하는, 폭식하는. 2 과음(과식)으로 몸이 괴로운; [병이] 과음(과식)에 의한. ~·ly adv. ~·ness n.

crap·y [kréipi] adj. (crap·i·er, crap·i·est) 크레이프같은, 쭈글쭈글한; 상장(喪章)을 단, 검은 크레이프를 걸친.

cra·ses [kréisiːz] n. crasis의 복수형. [진.

*‡**crash**¹ [kræʃ] vt. 1 [요란한 소리를 내며] …을 때려부수다, 산산이 부수다, 쩌부러뜨리다. ¶ ⇒ BREAK 類語 (~+囲+名) crash a cup against a wall 찻잔을 벽에 던져 박살을 내다. 2 [요란한 소리를 내며] …을 달리다, 밀고 나아가다. ¶ (~+囲+名) crash one's way through the thicket 덤불을 헤치며 나아가다(말을 몰다). 3 《구어》[극장·파티 따위]에 표(초대) 없이 입장하다, 몰래 들어가다. 4 《종종 수동형으로》[비행기]를 불시착(추락) 시키다; [자동차 따위]를 부딪치다, 충돌시키다.

— vi. 1 [요란한 소리를 내며] 부서지다, 깨지다; 와르르 무너지다, 붕괴하다. ¶ (~+前+名) The dishes crashed to the floor. 접시가 마루에 쨍그랑 떨어져 깨졌다. 2 [세게 부딪치며] 요란한 소리를 내다; [요란한 소리를 내며] 돌진하다; 충돌하다. ¶ (~+前+名) The avalanche crashed down the mountainside. 눈사태가 요란한 소리를 내면서 산허리를 덮쳤다 / The tank crashed through the jungle. 탱크가 밀림을 헤치고 나아갔다 / The engine crashed into the freight train. 기관차가 쾅소리를 내며 화물 열차에 부딪쳤다. 3 [사업이] 실패하다, 파산하다. 4 [비행기가] 추락하다, 불시착하여 파손되다. 5 《美 속어》 자다; 무료로 자다.

— n. 1 [물건이 부딪치거나 깨질 때의] 요란한 소리; [갑자기 나는] 큰 음향, 굉음. ¶ a crash of thunder 천둥 소리 / fall (break) with a crash 요란한 소리를 내며 떨어지다 (깨지다). 2 [요란한 소리를 동반하는] 분쇄, 파괴, 충돌. 3 [충돌·파괴의] 충격. 4 [갑작스러운] 와해, 도괴(倒壞); [사업 따위의] 갑작스러운 파산. ¶ crash of the market 시장의 갑작스런 와해. 5 [보통 기계의 파손이나 비행기의] 불시착, 추락.

— adv. 쨍그렁(쾅, 와그르르, 탕)하고, 요란한 소리를 내며(with a crash). ¶ Crash went the door. 문이 쾅하고 닫혔다. — adj. 《구어》긴급을 요하는, 응급용의. ¶ a crash program (or project) 강행(强行)계획, 목표량 돌파 생산 계획.

crash² [kræʃ] n. 1 크래시[수건·테이블보 따위로 쓰는 거친 삼베]. 2 [제본] [책의 등에 대는] 한랭사(寒冷紗). [위의] 폭주 방지 벽.

crásh bàrrier n. 《주로 英》[고속 도로, 경주장 따

crásh bòat n. [바다에 추락한 비행기의] 조난 구조선.

crásh crúise n. 집중 강화, 특별 훈련.

crásh dìve n. [잠수함의] 급속 잠항(潛航).

crash-dive [kræʃdáiv, ⸺⸺] v. (-dived, -div·ing) vi. [잠수함이]급속 잠항하다. — vt. [잠수함]을 급속 잠항시키다.

crash·er [krǽʃər] n. 요란한 소리를 내며 깨는(깨지는) 것; 타격, 통격; 충돌물.

crásh-hàlt [krǽʃhɔ̀ːlt] n. 《英》급정거(crash stop).

crásh hélmet n. [경주자용] 안전 헬멧.

crash·ing [krǽʃiŋ] adj. 《구어》 1 이상한, 드문(unusual). 2 완전한(complete).

crash-land [krǽʃlænd] vi. 불시착하다. — vt. [비행기]를 불시착시키다.

crash-land·ing [krǽʃlændiŋ] n. ⓤⓒ 불시착; 동체 착륙[특히 착륙장치의 고장으로 파손에 따르는 것].

crásh pàd n. 1 [자동차 내부의] 완충 장치. 2 《美 속어》잘 곳.

crash·wor·thy [krǽʃwɔ̀ːrði] adj. [차 따위가] 충돌(충격)에 견디는[힘이 있는](crashproof).

cra·sis [kréisis] n. (pl. -ses) 1 [문법] 모음 축합(縮合) [특히 그리스어·라틴어에 있어서 어떤 말의 어미의 모음과 다음말의 어두의 모음이 하나의 긴 모음 또는 중모음으로 결합하는 일. 예: kagō <kai egō]. 2 《고어》구성, 구조(constitution, composition).

crass [kræs] adj. 1 우둔한, 어리석은; 터무니없는, 엉뚱한. ¶ crass ignorance 터무니없는 무지. 2 [피륙이] 거친, 두꺼운. ~·ly adv. ~·ness n.

cras·si·tude [krǽsitjùːd / -tjùːd] n. ⓤ 1 [지독한] 무지, 우둔. 2 [피륙 따위] 거칢, 두꺼움; 조잡.

-crat ruler, member of a ruling body, advocate of a particular form of rule 의 뜻의 연결형. 예: aristocrat, autocrat, democrat, plutocrat. cf. -cracy

crate [kreit] n. 1 [포장용·운송용의] 나무 상자, 고리바구니, 대바구니. 2 《구어》낡은 자동차(비행기). — vt.(crat·ed, crat·ing) …을 나무 상자(대바구니)에 넣다.

*‡**cra·ter** [kréitər] n. 1 분화구; [달의] 환상산(環狀山), 크레이터. 2 [지면의] 폭탄 구멍, 포탄 구멍; [달의] 운석 구멍. 3 (the C-) 《천문》 컵자리(座).

cra·ter·i·form [kréitərifɔ̀ːrm, +美 krətéri-] adj. 1 분화구 모양의. 2 [식물] 컵 모양의.

cráter wàll n. [화산의] 화구벽(火口壁). [형.

-cratic -crat 로 끝나는 명사에서 형용사를 만드는 연결

C rátion n. 《美육군》C호 휴대 식량(食糧).

cra·ton [kréitan / -tɔn] n. [지질] 대륙핵, 대륙지각(地殼)의 비교적 단단하고 안정된 부분].

craunch [krɔːntʃ, krɑːntʃ] v., n. = crunch.

cra·vat [krəvǽt] n. 1 넥타이(necktie). * 《英》에서는 고어 또는 상업 용어. 2 [특히 17세기 남자가 목에 두른] 스카프(neckcloth, scarf).

*‡**crave** [kreiv] v.(craved, crav·ing) vt. 1 …을 [몹시] 원하다, 갈망하다. ¶ ⇒ LONG² 類語 ¶ I crave water. 몹시 물이 마시고 싶다 / (~+that 節) I crave that she (should) come. 그녀가 꼭 와주었으면 한다. 2 [사물을 [몹시] …을 필요로 하다, 요구하다(require). 3 [열심히] 남에게 …을 바라다, 청하다, 간청하다. ¶ crave a person's pardon (favor) 남의 용서를 빌다(호의를 베풀라고 청하다). ¶ (~+囲+前+名) crave mercy of (or from) a person 남에게 관대한 처분을 청하다. — vi. 1 청하다, 간청하다(for…). 2 갈망하다, 열망하다 (for, after…).

cra·ven [kréiv(ə)n] adj. 겁많은, 소심한; 비열한, 비 — n. 겁쟁이, 비겁한 사람. ~·ly adv. ~·ness n. [cry craven 겼다고 외치다, [겁먹은.

Crav·en·ette [krævənét, kréiv-] n. 《상표명》 1 크래버넷[방수포(防水布)·방수 가공법의 일종]. 2 크래버넷제 외투. [<영국 런던의 Craven Street]

crav·ing [kréiviŋ] n. ⓤⓒ 1 [강렬한] 욕구, 갈망; 갈청. ¶ have a *craving* for (or *after*) knowledge (pleasure) 지식(쾌락)을 갈망하다. — *adj.* 몹시 탐내는. ~**ly** *adv.*

craw [krɔː] n. 1 [새·곤충류의] 모이주머니, 소낭 (嗉囊) (crop). 2 [동물의] 밥통(stomach).
stick in a person's (or *the*) *craw* 남을 초조하게 만들다, 괴롭히다.

craw·fish [krɔ́ːfìʃ] n. 1 (pl. **-fish** or **-fish·es**) = crayfish. 2 《美구어》[사업·계획·입장 따위에서] 손떼는 사람, 변절자. — *vi.* 《美구어》꽁무니를 빼다, 손을 떼다, 변절하다.

‡**crawl**¹ [krɔːl] *vi.* 1 기다, 기어가다, 포복하다; [식물의 덩굴 따위가] 뻗다. ¶ (~+黑) *crawl about* on all fours (*or* on hands and knees) 네발로 기어다니다 // (~+前+图) *crawl into* (*out of*) a hole 구멍으로 기어들어가다(구멍에서 기어나오다).
類語 **crawl** [뱀·송충이처럼] 배를 땅에 대고 기다: A snake *crawls*. 뱀은 기어간다. **creep** 네발로 엎드려서 천천히 몰래 나아가다: A baby *creeps*. 갓난아기가 긴다.
2 느릿느릿 가다, 서행하다; [시간이] 더디게 지나가다; [환자가 기듯이] 천천히 (비슬비슬) 걷다. ¶ The work *crawled*. 일은 지지부진 진척되지 못했다.
3 살금살금 움직이다; 굽실굽실하다, 비하(卑下) 하다; [사냥감에] 몰래 다가가다(*on, upon*...). ¶ (~+图) He tried to *crawl back* into favor. 그는 호감을 사려고 알랑거렸다.
4 [기는 것으로] 득실거리다, 우글우글하다(*with...*). ¶ (~+图) The body *crawled with* worms. 그 시체는 구더기가 우글거리고 있었다.
5 [피부가] 벌레가 기어다니듯 하다, 근질근질하다(feel creepy). ¶ My flesh *crawled* at the mere thought of it. 그 생각만 해도 나는 근질근질했다(소름이 끼쳤다).
crawl [*home*] *on one's eyebrows* 《구어》 기진맥진하여 집으로 오다.
— *n.* 1 기기, 기어가기; 느릿느릿 나아가기, 서행. ¶ go at a *crawl* 느릿느릿 걷다, 서행하다. 2 [수영] = do a *crawl* 《구어》 굽실굽실하다(cringe).
◇ **cráwly** *adj.*

crawl² [krɔːl] n. [해안의 얕은 곳에 마련하는] 물고기 가두리.

crawl·er [krɔ́ːlər] n. 1 기는 사람(것); 이(louse); 구더기(maggot). 2 서행차; 《英》손님을 찾아서 천천히 다니는 택시. 3 (종종 ~s) [갓난애의] 덧옷, 겉옷. 4 《수영》크롤로 헤엄치는 사람.

cráwler tràctor n. 무한 궤도(형) 트랙터.
crawl·er·way [krɔ́ːlərwèi] n. 로켓·우주선 운반 도로.
crawl·ing·ly [krɔ́ːliŋli] *adv.* 기듯이, 천천히.
cráwling pèg n. 크롤링 펙[환율을 자주 조금씩 조정하는 일].
cráwl spàce n. 지붕 밑 또는 마루 밑의 낮이가 낮은 공간.
crawl·y [krɔ́ːli] *adj.* (crawl·i·er, crawl·i·est) 《구어》 기는, 굼실굼실한, 근질근질한.

cray·fish [kréifìʃ] n. (pl. **-fish** or **-fish·es**) 1 가재. 2 = spiny lobster.

‡**cray·on** [kréiən, -an / kréiən, -ɔn] n. 1 크레용. 2 크레용화(畫). — *vt.* 1 ...을 크레용으로 그리다. 2 [계획 따위를] 세우다, 입안(立案)하다.
cray·on·ist [kréiənist] n. 크레용 화가.

craze [kreiz] v. (crazed, craz·ing) vt. 1 ...을 미치게 하다; 도자기처럼 되게 하다, 열광(열중)시키다. 2 [도자기]에 잔금을 넣다(crack). 3 《고어》[건강 따위]를 손상하다(impair). — *vi.* 1 미치다. 2 [도자기 표면이] 금이 생기다. (드물게)산조각이 되다, 깨지다. — *n.* 1 열광, 열중(mania); [일시적·열광적] 대유행, ...열 (熱) (*for*...). ⇒ FASHION 類語. 광기(insanity). 2 [도자기 표면의] 잔금.
◇ **crázy** *adj.*

crazed [kreizd] *adj.* 미친; 잔금이 간.
cra·zi·ly [kréizili] *adv.* ⓤⓒ 미친 듯이.

‡**cra·zy** [kréizi] *adj.* (**-zi·er, -zi·est**) 1 미친(insane); 미친듯한; (⇨ MAD 類語). 2 무모한, 무분별한(senseless); 별난, 기이한, 이상한(unusual). ¶ Are you *crazy*? You must be *crazy*. 너 괜찮아?, 너 이상하구나! 2 《구어》열광한; [이성에게] 열중하는, 미친(infatuated) (*about, aver, for*...). 3 ...이 되고 싶어 못견디는. ¶ He is *crazy* to try out a new car. 그는 새 차를 타보고 싶어서 안달이다 / She is *crazy* about you. 그녀는 너에게 푹 빠졌어. 4 혼들리는 듯하게, 부서지기 쉬운; 무너질 것 같은. 5 약한, 병약한(weak). 6 《속어》 멋진, 기막힌 (excellent).
— *n.* (pl. **-zies**) 《속어》 미친 사람.
like crazy ⇒ LIKE¹. **-zi·ly** *adv.* **-zi·ness** *n.*

crázy bòne n. = funny bone.
crázy páving n. 《英》 크기가 다른 돌·타일 따위를 뒤섞어서 까는 포장; 그런 포장 도로.
crázy quílt n. 조각보 이불.
cra·zy·weed [kréiziwìːd] n. = locoweed.
CRB (略) *Central Reserve Bank* (미국 중앙 준비 은행).
CRC (略) *Civil Rights Commission.*

creak [kriːk] vi. 삐걱거리다; 삐걱삐걱하다. ¶ *Creaking* doors hang the longest. 《속담》 쪽정이 밤이 삼년 간다. — *vt.* 삐걱거리게 하다. — *n.* 삐걱거리는 소리. ◇ **créaky** *adj.*

creak·y [kríːki] *adj.* (**creak·i·er, creak·i·est**) 1 삐걱거리는. 2 낡은, 황폐한.

‡**cream** [kriːm] n. ⓤ 1 [우유의] 크림, 유지(乳脂). 2 화장품(약품). 3 크림 모양의 것; 크림을 넣은 수프. ¶ ice *cream* 아이스 크림 / chocolate *creams* 초콜릿 크림 (* 보통 복수형) / *cream* of lime 석회유(乳). 4 (the ~) 가장 좋은 부분(the beat part), 정수, 정화(精華). ¶ the *cream* of manhood 남자중의 남자 / the *cream* of society 사교계의 스타[들] / the *cream* of a story 이야기의 가경 / the *cream* of a joke 농담의 우스운 곳 / the *cream* of the crop 가장 좋은 것, 일짝(의) 사람. 5 크림색, 유황색(乳黄色) (yellow white).
— *vi.* 1 [우유가] 크림이 생기다, [우유에] 유피(乳皮)가 앉다. 2 [액체가] 더껑이가 생기다 (froth, foam). — *vt.* 1 ...을 크림 모양으로 하다. 2 ...을 크림 (우유·크림 소스)으로 요리하다, ...에 크림(따위)을 넣다. 3 《우유》에 크림(유피)이 생기게 하다. 4 《우유》에서 크림을 떠내다(skim), 크림을 분리시키다. 5 ...의 알짜를 뽑다, ...에서 선발하다. 6 ...에 (화장) 크림을 바르다. 7 《속어》...를 호되게 때리다, 망쳐놓다.
◇ **créamy** *adj.*

cream chèese n. ⓤ[미국] 크림 치즈 [흰 생치즈].
cream-col·ored, 《英》**-oured** [kríːmkÀlərd] *adj.* 크림색의.
cream crácker n. 《英》 짭짤한 크래커.
cream-cups [kríːmkÀps] n. pl. [단·복수 양용] 크림컵스[미국 California 산(産) 겨자과의 1년생 식물].
cream·er [kríːmər] n. 1 크림 통 (cream jug). 2 크림 분리기.
cream·er·y [kríːmari] n. (pl. **-er·ies**) 버터·치즈·크림 제조소(판매점).
cream-faced [kríːmfèist] *adj.* [무서워서] 얼굴이 파래진.
cream hòrn n. 크림혼[원통 모양의 크림 과자].
cream jùg(pìtcher) n. [식탁용] 크림 단지 (그릇) (creamer).
cream làid n. ⓤ [주로 英] 크림색의 평행선으로 넣어 만든 용지.
cream pùff n. 1 슈크림[과자]. 2 《美속어》고급 중고차. 3 《속어》 여자 같은 (유약한) 사내(sissy).
cream sàuce n. 크림 소스[크림 또는 우유와 밀가루·버터로 만든 흰 소스].
cream sèparator n. 크림 분리기.
cream-slice [kríːmslàis] n. 크림 (아이스크림)을 떠

내는 나무 주적. [산수].
créam sóda *n.* 소다수[바닐라의 맛을 곁들인 탄산수].
créam téa *n.* ⓤ《英》 잼이나 고형 크림을 곁들인 빵과 함께 먹는 오후의 차.
cream·ware [krí:mwɛər] *n.* ⓤ 크림색의 도자기.
créam wóve *n.* ⓤ《주로 英》 크림색의 그물무늬가 있는 용지.
*__cream·y__ [krí:mi] *adj.* (**cream·i·er, cream·i·est**) 1 크림이 든; 크림 같은. 2 크림 모양의. 3 크림 색의.
cream·i·ly *adv.* **cream·i·ness** *n.* ◇ **cream** *n.*
crease[1] [kri:s] *n.* 1 종이·천 따위의 접은 자국, 주름(fold); [얼굴의] 주름; [바지의] 주름. 2 〖크리켓〗 리스〖투수와 타자의 위치를 나타내는 선; 그 선으로 제한된 장소〗. — *v.* (**creased, creas·ing**) *vt.* 1 …에 주름을 잡다, 주름지게 하다. 2《美》〖특히 총탄 따위가〗…에 찰과상을 입히다; …을 스치는 탄환으로 기절시키다. — *vi.* 주름잡히다, 주름지다.
crease[2] [kri:s] *n.* =creese.
creas·er [krí:sər] *n.* 〖재봉·제본 따위의〗 [기구].
crease-re·sist·ant [krí:srizìst(ə)nt] *adj.* [피륙이] 구겨지지 않는.
creas·ing [krí:siŋ] *n.* ⓤ 〖건축〗 〖담·둑 따위 끝의〗 벽돌·타일로 낸 빗물 흘러내리는 홈.
cre·o·sote [krí(:)əsòut] *n.* =creosote.
creas·y [krí:si] *adj.* (**creas·i·er, creas·i·est**) 주름투성이의, 구겨진.
‡**cre·ate** [kri(:)éit] *v.* (**-at·ed, -at·ing**) *vt.* 1 …을 창조하다, 창작하다(produce), 창시하다. ¶ God *created* the heaven and the earth. 하나님이 천지를 창조하셨다 [←창세기 (Gen.) 1:1]. 2 〖사람이〗…을 만들어내다, 창작하다, 창안하다. ¶ *create* a system of philosophy 철학 체계를 세우다 / *create* a drama 극을 창작하다. 3 〖연극〗 〖배우가〗 〖배역〗을 처음 맡아서 그 전형(典型)을 만들다. ¶ *create* a new Hamlet 〖연기를 통하여〗 새로운 햄릿의 형을 만들다. 4 〖작위 따위를〗 …에게 수여하다, 주다, 임명하다. 〖目+補〗 *create* a man a peer 남을 귀족으로 만들다. 5 〖상태 따위를〗 불러 일으키다, 야기하다. ¶ The policy *created* a favorable public opinion. 그 정책은 좋은 반향을 불러일으켰다. — *vi.* 1 창조〖창작〗하다. 2《英속어》야단 법석하다
— *adj.* 〖고어〗창조된(created). [다.
◇ **création, créature** *n.*, **créative** *adj.*
cre·a·tine [krí:əti:n, -tin] *n.* ⓤ 〖생화학〗 크레아틴〖척추 동물의 근육 속에 있는 알칼로이드 또는 아미노산의 일종〗.
‡**cre·a·tion** [kri(:)éiʃ(ə)n] *n.* ⓤ 1 창조; 창시; 창작, 창설, 창립. ¶ the *creation* of great works of art 위대한 예술 작품의 창조.
2 ⓒ 창조물, 산물; 창안, 창의물, 창작; 독창적인 디자인; 〖연극의〗 새로운 형; 신형 의상. ¶ *creations* of a poet 시인의 작품 / a *creation* of imagination 상상력의 소산 / Language is the most important mental *creation* of man. 말은 가장 중요한 인간의 정신적 소산이다.
3 (the C-) 〖신의〗 천지 창조, 창세. ¶ since the *Creation* 천지 창조 이래, 개벽 이래.
4 〖신의〗 창조물, 천지, 우주; 만물, 삼라만상;《집합적》 생물. ¶ the whole *creation* 만물 / the brute *creation* 짐승들.
5 작위 수여, 서임(敍任). ¶ the *creation* of peers 〖영국에서 정부가 상원에서의 반대를 분쇄하려고 정부를 지지하는〗 새 귀족의 남조(濫造).
6《美 구어》《감탄사로》아야!, 어쩌면!
the lord of [*the*] *creation* 만물의 영장, 인간(man).
That beats (or *licks*) [*all*] *creation.*《구어》그건 놀랍다, 그건 무엇보다도 훌륭하다.
◇ **creáte** *v.*, **creátive** *adj.*
cre·a·tion·ism [kri(:)éiʃ(ə)nìz(ə)m] *n.* ⓤ 1 영혼 창조설, *cf.* **traducianism** 2 천지 창조설〖만물의 존재는 신의 창조에 의한다는 설〗. *cf.* **evolutionism**

cre·a·tion·ist [kri(:)éiʃ(ə)nist] *n.* 1 영혼 창조설 신봉자. 2 천지 창조론자.
*__cre·a·tive__ [kri(:)éitiv] *adj.* 1 창조의, 창조적인, 창조력이 있는, 독창적인, 창의력이 풍부한. ¶ *creative* writing 창작적인 글 / *creative* imagination 창조적 상상. *cf.* **reproductive imagination** 재생적 상상 2 […을] 낳는(듯한), 생기게 하는(힘이 있는) (productive) (*of…*). ¶ be *creative* of …을 창조하다. — *n.*《美》독창적인 사람. **~·ly** *adv.* **~·ness** *n.*
◇ **creáte** *v.*, **creativity** *n.*
cre·a·tiv·i·ty [krì:eitívəti] *n.* ⓤ 창조성, 창조력, 독창력.
*__cre·a·tor__ [kri(:)éitər] *n.* 1 창조자, 창작자, 창시자, 창설자; 서임자(敍任者). 2 (the C-) 〖천지의〗 창조자, 조물주(God). 〖작〗자임.
cre·a·tor·ship [kri(:)éitərʃìp] *n.* ⓤ 창조(창시, 창
cre·a·tress [krí:éitris] *n.* creator 의 여성형.
cre·a·tur·al [krí:tʃərəl] *adj.* 피조물(被造物)에 관한; 동물(인간)의 (적인).
‡**cre·a·ture** [krí:tʃər] *n.* 1 〖신에 의한〗 창조물, 피조물, 생물, 이 세상의 것. 2 〖인간과 구별하여〗 동물; 〖특히〗 마소〖축산의 대상이 되는 동물〗. 3 〖경멸·친밀감을 나타내어〗 사람, 놈, 녀석, 자식, 년 (* 문맥이 분명한 경우 이외에는 보통 형용사를 동반). ¶ fellow *creatures* 우리와 같은 인간, 동포 / a lovely (a poor) *creature* 귀여운(불쌍한) 녀석. 4 남의 뜻대로 되는 사람, 앞잡이, 부하, 노예. ¶ the *creature* of circumstances 환경의 노예. 5 산물《of…》(product) (*of…*). ¶ good *creatures* 육체적 쾌락을 주는 것; 음식물, 의식주. 6 (the ~)《속어·방언·익살》술, 〖특히〗 위스키.
créature cómforts *n. pl.* 육체적 쾌락을 주는 것; 〖특히〗 음식물.
crèche [kre(i)ʃ / kreiʃ] *n.* 1 《英》 탁아소(《美》 day nursery). 2 기아 보호소, 고아원. 〖< F cradle〗
cre·dat Ju·dae·us A·pel·la [krí:dæt dʒudéiəs əpélə]《라틴》 (=Tell that to the Jews.) 〖유대인이라면 몰라도〗 누가 믿겠는가 〖← Horace, *Satires* I.v. 100〗.
cre·dence [krí:d(ə)ns] *n.* 1 ⓤ 믿음, 신용(belief), 신임, 신앙. ¶ a story beyond *credence* 믿을 수 없는 이야기 / a letter of *credence* 신임장 / find *credence* 신임받다 / give(refuse) *credence* to …을 믿다(믿지 않다). 2 〖미사(성찬식)〗 용품을 올려놓는 제단과는 별도의 제기(祭器) 탁자(credence table), 제물대.
cre·den·tial [kridénʃ(ə)l] *n.* 1 신용 증명서. 2 (보통 ~s) 〖특히 정부의〗 신임장. — *adj.* 신임의; 신임할 수 있는.
cre·den·tial·ism [kridénʃəlìz(ə)m] *n.* 증명서(학력) 편중주의.
cre·den·za [kridénzə] *n.* 찬장의 일종.
cred·i·bil·i·ty [krèdəbíliti] *n.* ⓤ 믿을 수 있음, 진실의 그럴듯함, 신뢰의 결여.
credibílity gáp *n.* 〖정부나 정치가의〗발언과 사실의 어긋남, 신뢰의 결여.
cred·i·ble [krédəbl] *adj.* 믿을 만한, 신용(신뢰)할 수 있는, 확실한. ¶ a *credible* witness 믿을 만한 증인. **~·ness** *n.*
cred·i·bly [krédəbli] *adv.* 믿을 만한 소식통에서, 확실히(reliably). ¶ be *credibly* informed that … 믿을 만한 소식통에서 …이라고 듣고 있다.
‡**cred·it** [krédit] *n.* ⓤ 1 신용, 신용(belief, trust); 신용(신뢰)의 가능성, 확실성. ¶ a witness of the highest *credit* 가장 믿을 만한 증인 // It is unwise to place (or put) too much *credit in* (or on) hearsay. 소문을 너무 믿는 것은 현명치 못하다.
2 명성(reputation), 신망; 〖신용에 의한〗 세력, 권력(authority). ¶ a man of *credit* 명성이 있는 사람 / use (or employ, exert) all one's *credit* to do 신용을 이용하여 …하다 / have (or get) the *credit* of …의 평판을 얻다; 명예롭게도 …하였다고 인정받다.
3 명예, 영예 (honor); ⓒ 명예가 되는 일. ¶ be much

(or greatly) to the *credit* of …의 큰 명예이다(가 되다) / The *credit* goes to (or is due to, belongs to, rests with) him. 그 공적은 그의 것이다 / He gave this dog the *credit* of having saved his life. 그는 이 개의 덕분으로 목숨을 건졌다 / He will bring *credit* to his teacher. 그는 스승의 이름을 드높일 것이다 / He is a *credit* to our school. 그는 우리 학교의 명예(자랑)이다.
4 ⓒ(美)[교육] 이수 증명, 이수 단위(credit hour). ¶ I took the course for three *credits*. 나는 3학점짜리 과목을 이수했다.
5 [상업][거래상의] 신용; 신용 능력; 신용 대부(판매), 외상. ¶ long (short) *credit* 장기 (단기) 신용 대부 / buy goods at six months' *credit* 6개월 외상으로 물건을 사다 / No *credit* is given at this shop. 이 가게에서는 외상은 사절입니다 / His *credit* is good for 100,000 won. 그는 10만 원가지는 외상이 가능하다.
6 예금[액], 대월[액]; 대부 금액. ¶ I have only 2,000 won standing to my *credit* in the bank now. 내 은행 예금은 2천 원밖에 남아 있지 않다.
7 [簿記] 대변(貸邊) 기입[액]; 대변(장부의 오른쪽 부분; 略 cr.). *cf.* debit ¶ enter (*or* place, put) a sum to a person's *credit*; give a person *credit* for a sum 어떤 금액을 남의 대변에 기입하다.
8 크레딧[영화·텔레비전 따위에서 제작자·재료의 출처·제작자 따위를 분명히 하는 일]. ¶ a *credit* title 크레딧 타이틀[자막].
do a person credit; do credit to a person 남의 명예가 되다. ¶ His honesty *does* him *credit*. 그의 정직함은 아주 훌륭하다.
get credit for …으로 명성을 얻다.
give a person credit for 남이 …을 가지고 있다고(…이라고) 간주하다; …을 남의 공로로 삼다. ¶ I *gave* you *credit* for being a more sensible fellow. 나는 네가 좀 더 분별이 있다고 생각했다.
give credit to …을 믿다.
on credit 외상으로, 신용 대부로. ¶ business *on credit* 신용 거래 / buy (sell) *on credit* 외상으로 사다(팔다).
reflect credit on (or *upon*) …의 명예가 되다, 체면을 세우다.
stretch one's credit 신용을 무리하게 이용하다.
take credit for …의 공을 차지하다, …을 자기의 명예로 삼다. ¶ You must not *take credit for* work done by him. 그의 공을 가로채서는 안 된다.
to one's credit 명예롭게도, ¶ To his *credit*, he won the 'A prize'. 명예롭게도 그는 A상을 획득했다.
— *vt.* **1** …을 믿다, 신용하다, 신뢰하다 (believe, trust).
2 …의 체면을 세우다, …에게 명예가 되다 (do credit)
3 [공적·명예·성질 따위]을 [남에게] 돌리다 (… *to*), [남]에게 […이] 있다고 간주하다 (attribute, ascribe) (…*with*). ¶ (~+图+젠+图) *credit* something *to* a person; *credit* a person *with* something 어떤 것이 남에게 속한다고 간주하다; 남이 어떤 것을 가지고 있다고 생각하다 / Until now I have always *credited* you *with* some sense (honesty). 지금까지 네가 조금은 분별이 있다고(정직하다고) 생각하고 있었다.
4 [簿記] [금액]을 […의] 대변에 기입하다 (…*to*), [남]의 대변에 [금액]을 기입하다 (…*with*). ¶ (~+图+젠+图) *credit* a sum *to* a person; *credit* a person *with* a sum 남의 대변에 금액을 기입하다.
5 (美)[교육] …에 [학점(이수 증명)]을 주다 (…*with*). ¶ (~+图+젠+图) *credit* a student *with* three hours in geometry 학생에게 기하의 3학점을 주다.

cred·it·a·bil·i·ty [krèditəbíləti] *n.* ⓤ **1** 명예가 됨. **2** 신용할 수 있음.

***cred·it·a·ble** [kréditəbl] *adj.* **1** 명예가 되는 (honorable); 훌륭한, 칭찬할만한 (praiseworthy) (*to*...). **2** 신용할 수 있는. ~**·ness** *n.* -**bly** *adv.*

credit account *n.* (英) = charge account.

credit agency *n.* [신용판매를 위한] 신용 조사소 (조사 기관).
credit association(guild) *n.* = credit union.
credit bureau *n.* 상업 흥신소.
credit card *n.* 크레딧 카드.
credit ceiling *n.* 여신(興信)[대출] 한도.
credit hour *n.* (美)[교육] 이수 단위 시간.
credit inquiry *n.* 신용 조회.
credit insurance *n.* ⓤ[보험] 신용 보험, 대손(損)보험[상품의 할부금 회수 불능에 의한 손해를 메우기 위한 보험].
credit line *n.* **1** 크레딧 라인[뉴스·기사·그림·사진·텔레비전 프로 따위에 밝힌 제공자 이름]. **2** 대출 한도[액][금융 기관·상점이 거래처에서 신용 대부하는 최고 한도].
credit loan *n.* 신용 대부.
credit man *n.* 신용 조사원.
credit manager *n.* [은행·회사의] 조사 부장; 신용 조사원(담당)(credit man).
credit memorandum *n.* 신용표, 신용 메모.
credit note *n.* **1** 부담 용인서. **2** [상업] 입금필 통지서, 대변 전표.
***cred·i·tor** [kréditər] *n.* **1** 채권자. **2** [簿記] 대변(略 cr.]. *cf.* debtor
credit rating *n.* 신용도 책정; 신용 등급; 차입 한도.
credit sale *n.* 신용 판매, 외상 판매.   도액.
credit side *n.* [부기] 대변(貸邊).
credit slip *n.* (美) 입금표.
credit squeeze *n.* [경제] 금융 긴축.   [태.
credit standing *n.* ⓤ[지불 능력에 관한] 신용 상
credit title *n.* (~s) [영화·텔레비전의] 배역·원작자·제작 관계자·자료 제공자 등을 알리는 자막.
credit tranche [-trɑ́ːnʃ] *n.* [금융] 크레디트 트랑시[IMF 가맹국이 소선부로 출사 앙값액을 초과하여 인출할 수 있는 금액].
credit union *n.* 신용 조합.
cred·it·wor·thy [kréditwə̀ːrði] *adj.* [상업] [대부(貸付)에서 재정적으로] 신용할 수 있는. -**thi·ness** *n.*
cre·do [kríːdou, kréi-] *n.* (*pl.* -**dos**) **1** (보통 the C-)[교회] 니체노 신경(信經) (Nicene Creed), 사도 신경 (Apostles' Creed). **2** 크레도[보통 니체노 신경을 음악으로 한 곡; 미사곡의 제3부]. **3** 신조 (creed).
***cre·du·li·ty** [kridjúːləti / -djúː-] *n.* ⓤ 너무 쉽게 믿는 성질(경향), 경신(輕信). ◇ *crédulous adj.*
***cred·u·lous** [krédʒuləs / krédju-] *adj.* **1** 쉽게 믿는, 잘 속는, 곧이곧대로 받아들이는, **2** 쉽게 믿는 데서 오는. ~**·ly** *adv.* ~**·ness** *n.* ◇ credúlity *n.*
Cree [kriː] *n.* (*pl.* **Crees** or **Cree**) **1** 크리 사람[캐나다의 Manitoba, Saskatchewan 지방에 사는 북미 인디언의 한 부족]. **2** ⓤ 크리 말.
***creed** [kriːd] *n.* **1** 신조 [기독교 신앙의 주요 조항을 요약한 것]. **2** (the C- *or* the c-) 사도 신경 (Apostles' Creed). **3** 교리; 신조; **4** [일반적으로] 신념, 신조, 주의; 강령.
***creek** [kriːk] *n.* **1** (美·캐나다·濠) 크리크, 시내, 수로(水路); 시내, 샛강. **2** 《주로 英》[바다·강·호수 따위의] 작은 만, 후미 (inlet); 《방언》삼각주. **3** 《英방언》좁은 *up the creek* (俗) 궁지에 빠져서.   [꼬부랑길.
creek·y [kríːki] *adj.* creek 가 많은.
creel [kriːl] *n.* **1** 바구니; [특히]물고기 바구니. **2** [물고기·새우 따위의 잡는] 통발. **3** [방적기의] 실꾸리 받치는 틀.
***creep** [kriːp] *v.* (**crept** [krept], **creep·ing**) *vi.* **1** ¶ *creep* 포복하다, ◇ CRAWL[類語] **1** 기다 / We *crept* toward the enemy. 우리는 는을 향해 포복해 갔다.
2 느릿느릿(살금살금) 움직이다(걷다), 몰래 다가가다 (steal). ¶ *creep* on tiptoe 발끝으로 살금살금 걷다 / Danger *creeps* nearer. 위험이 시시각각 다가온다 // (~

Creep

+📖 When did he *creep in* (*out*)? 그는 언제 소리없이 들어왔느냐(빠져나갔느냐)?//(~+📖+명) The burglar *crept into* the house. 도둑이 그 집에 몰래 들어갔다 / Old age *crept on* (or *upon*) him. 그는 모르는 새에 늙었다 / Sleepiness *crept over* me. 잠이 슬그머니 왔다. **3** 살살 비위맞추다, 굽실대다, [남에게] 알랑거리다. ¶ (~+📖+명) *creep into* a person's favor 살살 남의 비위를 맞추다. **4** [식물의 덩굴·뿌리 따위가] 기다, 뻗다, 퍼지다, 휘감기다. ¶ (~+📖) *creep* (*up*) 오싹한 (근질근질한) 느낌, 전율. ¶ give a person the [cold] *creeps* 남을 오싹하게 하다, 몸서리치게하다. **3** 《美수어》싫은 녀석, 불쾌한 사람(unpleasant person). **4** [동물이 기어들어가는] 구
◇ **creepy** *adj.*

Creep [kriːp] *n.* 《美》 대통령 재선 위원회 [Watergate 사건과 관련된 Nixon 재선 운동 조직에 대한 경멸적 호칭. CRP 또는 CREEP]. [< *C*ommittee to *Re*elect the *P*resident]

creep·er [kríːpər] *n.* **1** 기는 것, 곤충, 파충류의 동물(reptile). **2** 비굴한 아첨꾼. **3** (보통 ~s) [갓난아이의] 덧옷. **4** 덩굴 식물. **5** 나무 사이를 기어다니는 작은 새; [특히] 나무발바리. **6** 탐해구(探海鉤). **7** (보통 ~s) [구두창에 대는] 미끄럼 방지용 정.

creep·ered [kríːpərd] *adj.* 덩굴이 얽힌.

creeper làne 《美》[고속 도로의] 저속 차량용 옆 길.

creep·hole [kríːphòul] *n.* **1** [짐승이] 숨는 구멍, 피신처. **2** 핑계(excuse). [비젼 카메라]

creep·ie-peep·ie [kríːpiːpìːpi] *n.* 휴대용 소형 텔레비전.

creep·ing [kríːpiŋ] *adj.* **1** [담쟁이처럼]기는, 기어가는 (동물·곤충). **2** 포복해서 자라는 (식물). **3** 살금살금 걷는, 느린(slow). ¶ *creeping inflation* 잠행성(潛行性) 인플레. **3** 근질근질한. **4** 오싹한. ~**·ly** *adv.*

creep·y [kríːpi] *adj.* (**creep·i·er, creep·i·est**) **1** 기는, 기어다니는. **2** 느릿느릿 움직이는. **3** 근질근질한. **4** 오싹한, 소름끼치는. **creep·i·ly** *adv.* **creep·i·ness** *n.*

creep·y-crawl·y [kríːpikrɔ́ːli] *n.* (*pl.* **-crawl·ies**) 《英》 굼실굼실 기는 벌레, 송충이. [(kris).

creese [kriːs] *n.* [말레이 사람의] 꾸불꾸불한 단도

cre·mains [kriːméinz] *n. pl.* [화장(火葬)한] 유골.

cre·mate [kríːmeit, kriméit / kriméit] *vt.* (**-mat·ed, -mat·ing**) **1** …을 화장하다. **2** …을 소각하다(burn).

cre·ma·tion [kriːméiʃ(ə)n] *n.* U **1** 화장. **2** 소각.

cre·ma·tion·ist [kriːméiʃ(ə)nist] *n.* 화장주의자.

cre·ma·tor [kríːmeitər / kriméitə] *n.* **1** 화장하는 사람; [쓰레기] 소각자. **2** 화장로(火葬爐); [쓰레기] 소각 장치.

cre·ma·to·ri·al [krèmətɔ́ːriəl, 美 krìː-] *adj.* 화장장의.

cre·ma·to·ri·um [krìːmətɔ́ːriəm, krèmə- / krèmətɔ́ː-] *n.* (*pl.* **~s, -ri·a** [-riə]) =crematory.

cre·ma·to·ry [kríːmətɔ̀ːri, kréma- / krémətɔ̀ːri] *adj.* 화장의; 소각의. — *n.* (*pl.* **-ries**) 화장(소각)로, 화장터.

crème [krem, kriːm / kreim] *n.* U **1** =cream. **2** 걸쭉한 리큐르술. **3** 화이트 소스(white sauce). [< F cream]

crème de ca·ca·o [krèm də kəká:ou, -kóukou / krèim - / F də kakao] *n.* U 크렘 드 카카오.[카카오 및 바닐라를 넣은 리큐르술]. [< F cream of cocoa

crème de la crème [F krɛm də la krɛm] *n.* 《프랑스》(=cream of the cream) 최상의 것(the very best); 꽃중의 꽃, 정화(精華).

crème de menthe [krèm də máːnt / krèim-] *n.* U 크렘 드 멘테 [박하가 든 리큐르술]. [< F cream of mint)

Cre·mo·na [krimóunə] *n.* **1** 크레모나 [북부 이탈리아 Po 강가의 도시]. **2** 크레모나산(産) 바이올린 [16-18 세기에 제작된 것으로 Stradivarius, Amati 따위가 유명].

cre·nate [kríːneit] *adj.* 《동·식물》[나뭇잎 또는 오그라든 적혈구의 가장자리가] 둥근 거치(鋸齒) 모양의. ~**·ly** *adv.* [치 모양.

cre·na·tion [krinéiʃ(ə)n] *n.* U C 《동·식물》 둥근 거

cren·a·ture [krénətʃər, krìːnə-] *n.* U 《동·식물》 **1** U =crenation. **2** [잎 따위의] 둥근 거치 모양의 눈금 (notch).

cren·el [krén(ə)l] *n.* =**cre·nelle** [krinél] **1** [흉벽 (胸壁)의] 총안(銃眼). **2** =crenature. — *vt.* (**-eled, -el·ing** 《특히 英》 **-elled, -el·ling**) =crenelate.

cren·el·ate, 《특히 英》 -el·late [krénəlèit] *vt.* (**-at·ed, -at·ing**; 《英》 **-lat·ed, -lat·ing**) **1** …에 총안을 내다. **2** [건축] [쇠시리 따위]를 총안 무늬로 하다. — *adj.* 총안을 낸, 총안 무늬로 한.

cren·el·a·tion, 《특히 英》 -el·la· [krènəléiʃ(ə)n] *n.* U C **1** 총안 설치. **2** 총안 흉벽. **3** 톱니 모양.

Cre·ole [kríːoul] *n.* **1** 서인도 제도·중남미로 이주한 백인[프랑스인·스페인인의 자손], 크리올 사람. **2** 《미국 Louisiana 주 등지에서 쓰는 프랑스계 이민의 자손; U 그들이 쓰는 프랑스어. **3** (c-) 크리올 사람과 흑인의 혼혈아; 북미 태생의 흑인. — *adj.* **1** (때로 c-) 크리올 사람의(에 관한). **2** [동·식물 따위가] 그 토지에서 자라지만 외래종인.

Créole Státe *n.* (the~) 미국 Louisiana 주의 속칭.

cre·o·lize [kríːoulàiz] *vt.* [언어]를 혼성시키다, 혼효어(混交語)로 만들다.

creolìzed lánguage *n.* 혼합어(Gullah 어 따위].

cre·o·sol [kríː(ː)əsòul, -sɔːl] *n.* U 《화학》 크레오솔. [< CREOS[OTE] + -OL]

cre·o·sote [kríː(ː)əsòut] *n.* U 크레오소트 [의료·방부제용]; 석탄산(酸). — *vt.* (**-sot·ed, -sot·ing**) …을 크레오소트로 처리하다. [용].

créosòte óil *n.* U 크레오소트 기름 [목재 방부제

***crepe, crêpe** [kreip] *n.* U **1** 크레이프 [바단의 일종]. **2** =crepe rubber. — *vt.* (**creped, crep·ing; crêped, crêp·ing**) …을 크레이프로 장식하다(달다). [< F < L *crispum* curled]

crepe de Chine [krèip də ʃíːn] *n.* U 크레이프 데 신 [프랑스 비단의 일종으로 주로 여성 복지]. [< F crepe of China]

crepe hàir *n.* [연극에서 분장용으로 쓰이는 가짜 수염·가발 따위의] 인조 털.

crepe·hang·er [kréiphæŋər], (**crape·hang·er**) *n.* 《美속어》 비관론자, 염세가.

crêpe pàper *n.* U 크레이프 페이퍼 [냅킨용의 주름진 종이].

crêpe rùbber *n.* U [구두창에 대는] 크레이프 고무.

crêpe su·zette [krèip suːzét / -s (j) uː-; F krɛp syzét] *n.* (*pl.* **crêpe su·zettes** [-zéts] *or* 《프랑스》 **crêpes su·zette** [krɛp-]) 디저트용 과자의 일종.

crep·i·tate [krépitèit] *vi.* (**-tat·ed, -tat·ing**) **1** 탁탁 소리나다(crackle). **2** [방울뱀 등이] 딱딱 소리내다. **3** [의학] [폐가] 염발음(捻髮音)을 내다.

crep·i·ta·tion [krèpitéiʃ(ə)n] *n.* U C **1** 탁탁하는 소리, 딱딱 소리내기. **2** [의학] 《폐》 딱딱 부딪는 소리, (rattle). **3** [의학] 《폐》 염발음.

cre·pon [kréipɑn / -pɔn, -pɔːŋ] *n.* U 크레퐁 [crepe 비슷하나 그보다는 두꺼운 견·모직물]. [< F]

‡crept [krept] *v.* creep의 과거·과거 분사.

cre·pus·cu·lar [kripʌ́skjulər] *adj.* **1** 땅거미 진 (질

때의); 어스레한(dim). 2 〖동물〗 땅거미질 때 나타나는 (활동하는).

cre·pus·cule [kripʌ́skjuːl / krépəs-], **-cle** [kripʌ́sl] n. ⓤ 땅거미, 박명, 황혼(dusk, twilight).

cres., cresc.〖略〗〖음악〗 crescendo.

cre·scen·do [kriʃéndou] n. (pl. **-dos** or It **-di** [-diː]) **1**〖음악〗점강음(漸强音)〖점〗. **2** 힘·음량이 점점 강해짐. —— adv.〖음악〗점점 세게〖略 cres., cresc. 기호 <〗. opp. decrescendo —— adj.〖음악〗점점 세어지는. 〖< It. growing〗

*****cres·cent** [krésnt] n. **1** 초승달, 신월(新月), 상현(上弦)달. **2** 초승달 모양〖의 것〗, 초승달 모양의 물건;《英》초승달 모양의 빵; 초승달 모양으로 늘어선 집; 그런 집 앞의 길. **3**〖터키의〗언월기(偃月旗); (C-) 터키 제국 (Turkish Empire); 회교의 세력, 《특히》회교국; the Cross and the Crescent 기독교와 회교. —— adj. **1** 초승달 모양의(crescent-shaped), 상현의. **2** 점점 커지는(증대하는)(growing). opp. decrescent

cres·cive [krésiv] adj. 점점 느는 (커지는).

cre·sol [kríːsoul / -sɔl] n. ⓤ〖화학〗크레졸.

cress [kres] n. 〖식물〗개구리자리류.

cres·set [krésit] n. 장대 위에 올려놓거나 위에서 태워 놓는 등화용 불통, 표지등.

Cres·si·da [krésidə] n. 〖그리스 신화〗크레시다〖애인 Troy 의 왕자 Troilus 를 배반하고 Argos 왕 Diomedes 에게 간 여자〗.

‡**crest** [krest] n. **1** 닭 따위의 볏(comb); 〖새의〗관모, 볏(관모)비슷한 것. **2**〖투구의〗깃털 장식; 투구; 〖말·개 따위의〗목덜미. 〖말갈기〗. **4**〖紋章〗〖방패 위의〗문장; 가문(家紋). ¶ a family crest 가문. **5** 꼭대기, 정점, 절정; 최고(최상)의 것; 〖산의〗정상; 산등성이(ridge); 〖산맥의〗 ¶ a mountain crest 산등성이. **6**〖건축〗〖지붕의〗종루마루〖장식〗. **7** 뼈마루. One's crest fallen. 기가 죽다. erect (or elevate) one's crest 의기 양양해지다, 뽐내다. on the crest of the wave 물마루를 타고, 의기양양하여 —— vt. **1** …에 깃털(종루)장식을 달다; …의 꼭대기에 장식이 되다. **2** …의 꼭대기에 이르다. —— vi. 〖파도 따위가〗굽이치다, 높아지다.

crest·ed [kréstid] adj. 볏이 있는, 깃털장식이 있는.

crest·fall·en [kréstfɔ̀ːlən] adj. 풀이 죽은, 의기 소침한. ~ly adv.

crest·ing [kréstiŋ] n. **1**〖건축〗종루마루 장식. **2**〖투구의〗깃털장식. 〖**2** 미친의〗

crest·less [kréstlis] adj. **1** 볏(꼭대기 장식)이 없는.

cre·ta·ceous [kritéiʃəs] adj. **1** 백악질의 [초크와 같은](chalky). **2** (C-) 〖지질〗백악기(紀)의, 백악계 (系)의. —— n. the C-) 〖지질〗백악기; 백악계.

Cretáceous périod n. 〖지질〗백악기〖중생대 최후의 지질 시대〗. 〖성된 지층〗.

Cretáceous sýstem n. 〖지질〗〖백악기에 형

Cre·tan [kríːt(ə)n] adj. 크레타섬(Crete)의, 크레타섬 사람의. —— n. 크레타섬 사람(주민)〖특히 이 섬 토착의 그리스 사람〗. 〖령의 섬〗.

Crete [kriːt] n. 크레타섬〖지중해 동부에 있는 그리스

cre·tic [kríːtik] n. 〖韻律〗장단장격(長短長格).

cre·ti·fi·ca·tion [krìːtifikéiʃ(ə)n] n. ⓤ 백악화(白堊化); 석회화(calcification).

cre·ti·fy [kríːtifài] vt. (-**fied**, -**fy·ing**) …을 백악(석회)화하다.

cre·tin [kríːtin / krét-] n. 크레틴병(cretinism) 환자.

cre·tin·ism [kríːtinìzəm / krét-] n. 〖병리〗크레틴병〖갑상선 장애에 의해 기형·백치 등의 증상을 일으킨다〗.

cre·tin·ous [kríːtinəs / krét-] adj. 크레틴병〖환자〗의.

cre·tonne [kritɑ́n, kríːtɑn / kretɔ́n, ---] n. ⓤ 크레톤 사라사〖가구 덮개·커튼 따위로 쓴다〗.

cre·vasse [krivǽs] n. **1**〖빙하의〗갈라진 깊은 틈, 크레바스. 《美》〖제방의〗터진 곳. —— vt. (-**vassed**,

-**vas·sing**) …에 갈라진 틈이 생기게 하다.

*****crev·ice** [krévis] n. 〖좁고 깊은〗갈라진 틈(cleft).

crev·iced [krévist] adj. 갈라진 틈이 있는, 균열(금)이 간.

‡**crew**[1] [kruː] n. 〖집합적〗**1** 〖배·비행기 따위의〗승무원; 〖고급선원을 제외한〗선원. **2** 〖같은 일에 종사하거나 뜻을 같이 하여 지휘자 밑에서 일하는 사람의〗일단, 패, 조(組), 반. **3** 〖보트 따위의〗크루(team); 조정(漕艇)경기. **4** 〖종종 경멸적으로〗패거리, 한패(gang, company). ¶ A noisy crew 시끄러운 패들.

cerw[2] [kruː] v. 〖주로 英〗crow[1] 의 과거형.

créw cút n. 크루 커트〖남자 머리를 짧게 깎기〗.

crew·el [krúːil] n. ⓤ 자수용 털실.

crew·el·work [krúːilwə̀ːrk] n. ⓤ 〖털실〗자수.

crew·man [krúːmən] n. (pl. **-men** [-mən]) crew 의 일원.

crew·mate [krúːmèit] n. 우주선의 동료 승무원.

créw néck n. 크루 네크〖깃이 없는 네크라인〗; 깃 없는 스웨터.

créw sòck n. (보통 ~s) 〖이랑지게 짠〗두꺼운 양말. 〖<선원들이 착용하던 것에서〗.

*****crib** [krib] n. **1** 〖난간이 있는〗어린이 침대. **2** 구유, 여물통(manger). **3** 〖곡식·소금 따위를 넣는〗큰 통. **4** 〖가축〗우리, 소를 넣는 곳. **5** 작은 〖좁은〗방; 작은 집, 오두막(hut); 둘러싸인 장소; 곳간〖으로 쓰는 방〗. **6**〖속어〗집, 방, 상점, 금고. ¶ crack a crib 〖강도가〗집으로 들어가다. **7**〖토목 공학〗통나무나 각재(角材)·철재 따위의 테두리〖기초 공사·댐 건설 따위에 사용〗; 〖광산의 갱〗갱목(坑木)이나 우물의 판벽(板壁). **8**〖구어〗〖남의 작품·문장 등의〗무단 도용, 표절. **9**〖구어〗자습서; 커닝 페이퍼(pony). **10**〖카드놀이〗〖cribbage 에서 물주가 갖게 되는〗버린 카드. **11** 싸구려 매춘굴. —— v. (**cribbed, crib·bing**) vt. **1** 〖좁은 장소·방 따위에〗…을 가두다, 감금하다(confine). **2** …에 여물통을 설비하다. **3** 〖통나무·각재 따위의〗테두리를 설치하다. **4**〖구어〗남을 몰래 훔치다(steal)〖남의 작품 등〗을 무단 도용하다, 표절하다. —— vi. **1**〖구어〗표절하다, 자습서를 사용하다, 커닝하다. **2** 〖말 따위가〗여물통을 깨물다.

crib·bage [kríbidʒ] n. ⓤ 카드놀이의 일종.

crib·ber [kríbər] n. **1** 도용자, 표절자; 좀도둑. **2** 자습서를 사용하는〖커닝을 하는〗학생. **3** 여물통을 깨무는 버릇이 있는 말. 〖표 갱도의 판벽〗.

crib·bing [kríbiŋ] n. **1** =crib-biting. **2**〖광산〗〖세

crib·bite [kríbbàit] vi. (-**bit** [-bit], -**bit·ten** [-bit-(ə)n] or **-bit**, -**bit·ing**) 〖말 따위가〗여물통을 깨물고 거칠게 숨을 들이마시다.

crib·bit·ing [kríbbàitiŋ] n. ⓤ 말이 여물통을 물고 거칠게 숨을 들이마시는 버릇(cribbing).

críb déath n. 갓난아기의 급사(急死)(cot death).

crib·ri·form [kríbrifɔ̀ːrm] adj. 〖동·식물〗작은 구멍이 많은, 체 모양의, 소공질(小孔質)의.

crib·work [kríbwə̀ːrk] n. ⓤ 〖토목 공학〗〖기초·댐·버팀벽 따위의〗테두리(판벽) 공사(crib).

crick [krik] n. 〖목·등 따위의〗근육 경련, 쥐. —— vt. 〖목·등〗에 근육 경련을 일으키다.

‡**crick·et**[1] [kríkit] n. 귀뚜라미. as merry as a cricket 매우 명랑한.

‡**crick·et**[2] [kríkit] n. ⓤ **1** 크리켓〖11명씩의 2개 팀이 하는 영국의 구기〗. **2**《英》페어 플레이, 공명정대. ¶ It's not (quite) cricket. 그것은 공정하지 않다. —— vi. 크리켓을 하다.

crick·et[3] [kríkit] n. 《美》작고 낮은 의자; 작은 발판.

crick·et·er [kríkitər] n. 크리켓을 하는 사람.

cri·coid [kráikɔid] 〖해부〗adj. 고리 모양의, 환상(環狀)의. —— n. 〖특히 후두(喉頭) 아래쪽의〗환상 연골.

***cri de cœur** [krì də kɔ́ːr] n. (pl. **cris de cœur** [kríː(z)də kɔ́ːr]) 《프랑스》(=cry from the heart) 〖가슴 속에서 우러나오는〗외침; 열렬한 탄원.

cri·er, cry·er [kráiər] n. 1 외치는(우는) 사람. 2 [법정의] 정리(廷吏) (court crier). 3 포고(布告)를 큰 소리로 알리며 다니는 사람(town crier). 4 큰소리로 외치며 파는 장수. [놀랍다!
cri·key [kráiki] interj. 《놀람을 나타내어》야!, 참!,
crim. con. 《略》《법률》 criminal conversation.
‡**crime** [kraim] n. 1 [법률상의] 죄, 범죄. ¶ a capital crime [사형에 처할만한] 중죄 / attempt (commit) a crime 못된 짓을 꾸미다(범죄를 저지르다) / put (or throw) a crime upon a person 남에게 죄를 덮어씌우 다 / Hijacking is a crime against humanity. 항공기(선박) 납치는 인간성에 어긋나는 범죄이다.
  〖類〗 crime 법률상 처벌의 대상이 되는 범죄; the crime of murder 살인죄. sin 종교상·도덕상의 죄악: the sin of envy 질투의 죄. offense 도덕·관습·법률 따위에 어긋나는 모든 darkerロー에서 경중(輕重)을 따지지 않는다: an offense against one's family tradition 집안의 전통에 어긋나는 행위. vice 부도덕한 습관적 행위: the vice of luxury 사치라는 악덕.
  2 [U] [일반적으로] 못된 짓, 인도에 어긋난 짓; 죄악.
  3 《구어》 어처구니없는 (몰상식한) 짓, 지독한 행위.
  — vt. (crimed, crim·ing) 《英》…을 군기 위반죄로 벌하다, 군기 위반죄로 처벌하다.
  ◇ criminal adj., criminate v.
Cri·me·a [kraimí:ə, kri- / -míə] n. (the ~) 크림 반도.
Cri·me·an [kraimí:ən, kri- / -míən] adj. 크림 반도의.
Criméan Wár n. (the ~) 크림 전쟁 [영국·프랑스·터키·사르디니아와 러시아의 전쟁(1853-56)].
crime pas·si·o·nel [krì:m pa:sjənél] n. 치정에 의한 범죄. [<F]
crimes [kraimz] interj. =Christ mine!
crime-sheet [kráimʃì:t] n. 《英軍》 [군기 위반자의] 처벌 기록.
crime writer n. 범죄(추리)소설작가.
crim·i·nal [krímin(ə)l] adj. 1 범죄의, 범죄에 관한, 형사상의. cf. civil ¶ a criminal case 형사 사건 / a criminal court 형사 법원 / a criminal offense 형사범. 2 범죄의; 죄가 있는. ¶ a criminal act 범죄 행위. 3 《구어》 괘씸한, 못된; 어처구니없는, 몰상식한. — n. 범인. ¶ a chance (a habitual) criminal 우발적 범죄자 (상습범). ~·ly [-nəli] adv.
  ◇ crime n., criminate v.
críminal assáult n. [법률] 범죄성 폭행, 강간
críminal códe n. 형법[체계].
críminal contémpt n. [법률] 법정 모욕죄. [tery).
críminal cònversátion n. 《법률》 간통(adul-
crim·i·nal·is·tics [krìmin(ə)lístiks] n. pl. 《단수 취급》 범죄 수사학. cf. criminology
crim·i·nal·i·ty [krìminéliti] n. (pl. -ties) 1 [U] 범죄적 성질, 범죄성. 2 범죄 행위의 (criminal act). 3 [U] 유죄.
crim·i·nal·ize [krímin(ə)làiz] vt. (-ized, -iz·ing) …을 범죄자로 만들다, 유죄로 하다.
críminal láw n. 《U》 형법. [여, 형사 (형벌) 상.
crim·i·nal·ly [krímin(ə)li] adv. 유죄로; 형법에 의하
crim·i·nate [krímineit] vt. (-nat·ed, -nat·ing) 1 … 을 고발(고소)하다. 2 …에게 죄를 씌우다(죄가 있다고 하다), …의 유죄를 증명하다. ¶ criminate oneself 자기에게 불리한 증언을 하다. 3 …을 책망하다, …을 맹렬히 비난하다(censure).
crim·i·na·tion [krìminéi(ʃ)ən] n. [U,C] 고발, 고소, 죄를 지우기 (씌우기), 유죄의 증언; 심한 비난.
crim·i·na·tive [krímineitiv / -nətiv] adj. 고발하는, 죄를 씌우는(지우는); 비난하는, 힐난하는.
crim·i·na·to·ry [krímǝnətɔ̀:ri / -təri] adj. = criminative.
crim·i·ne, -ni, -ny [krímini] interj. 《고어》 이것 참, 저런 [놀람·조롱·경멸 따위를 나타낸다].
crim·i·no·log·i·cal [krìmǝnǝládʒik(ə)l / -lɔ́dʒ-] adj.

범죄(형사)학상의. ~·ly [-kəli] adv.
crim·i·nol·o·gist [krìmǝnálǝdʒist / -nɔ́l-] n. 형사(범죄)학자. [범죄학.
crim·i·nol·o·gy [krìmǝnálǝdʒi / -nɔ́l-] n. 《U》 형사학,
crim·i·nous [kríminəs] adj. 죄가 있는. * 지금은 다음의 숙어로만 쓴다.
  a criminous clerk 파계승(破戒僧).
crim·i·ny [krímini] interj. 《고어》 =crimine.
crimp[1] [krimp] vt. 1 (천·철판·판지 따위에) 잔주름을 잡다[주름살을 잡다]; [머리털]을 곱슬곱슬하게 하다. 2 〔가죽〕을 구부러서 틈이 잡히게 하다. 3 〔요리〕 〔어육〕에 진칩을 내다. 4 …을 방해하다, 지연시키다. — n. 1 오그라뜨림, 주름잡기. 2 주름, 물결 무늬. 3 (보통 ~s) 고수 머리. 4 방해물, 장애. ¶ put a crimp in (or into) …의 방해가 되다.
crimp[2] [krimp] n. [부정 수단에 의한 선원이나 군인의] 유괴 알선업자. — vt. …을 유혹하여 [선원이나 군인으로서] 유괴하여버리다, 유혹하다.
crimp·er [krímpər] n. 오그라들게 하는 사람(것), 머리 지지는 아이론.
crímp·ing iron [krímpiŋ-] n. 〔머리털을 곱슬곱슬 지지는〕 헤어 아이론, 머리 고데.
crim·ple [krímpl] v. (-pled, -pling) vt. …에 주름을 잡다(만들다); 〔머리〕를 지지다. — vi. 구깁살(주름) 지다; 〔머리가〕 곱슬곱슬해지다. — n. 주름(fold), 구김살; 〔머리털 따위의〕 오글오글함.
crim·py [krímpi] adj. (crim·pi·er, crim·pi·est) 〔머리털이〕 곱슬곱슬한, 지진(curly, wavy).
‡**crim·son** [krímzn] n. 《U》 진홍색, 암료(染料).
— adj. 1 진홍색의. 2 피비린내나는(sanguinary). ¶ a crimson murder case 피비린내나는 살인 사건. — vt. …을 진홍색으로 하다[물들이다]; 〔얼굴〕을 발갛게 붉히다(blush). — vi. 진홍색이 되다; 〔얼굴이〕 새빨개지다.
crímson láke n. 진홍색 〔안료〕 (lake²).
cringe [krindʒ] vi. (cringed, cring·ing) 1 〔공포로 인하여〕 움츠리다, 위축되다. ¶ The dog cringed at the sight of a tiger. 그 개는 호랑이를 보고 움츠렸다. 2 굽실굽실하다; 아첨하다(fawn). ¶ (~+前+名) The beggar is cringing to passers-by. 걸인이 통행인에게 굽실거리고 있다. — n. 1 비굴, 위축. 2 비굴한 행위, 아첨; 비굴한 절. ¶ perform cringes 굽실굽실 머리를 숙이다.
cring·ing [kríndʒiŋ] adj. 1 〔공포로〕 움츠린, 위축된. 2 굽실굽실하는, 아첨하는, 비굴한.
crin·gle [kríŋgl] n. 《항해》 〔돛의 가장자리나 귀에 단 삭안(索眼), 밧줄 구멍.
cri·nite [kráinait] adj. 1 털의, 털이 있는(많은) (hairy); 털갈은. 2 〔식물·곤충〕 가느다란 털이 있는; 부드러운 털이 있는.
crin·kle [kríŋkl] v. (-kled, -kling) vt. …에 주름을 잡다(wrinkle). — vi. 1 주름지다, 오그라들다. 2 〔종이 따위가〕 버스럭 소리를 내다(rustle). — n. 1 굴곡, 주름. 2 버스럭거리는 소리.
crin·kly [kríŋkli] adj. (-kli·er, -kli·est) 1 주름진, 주름살이 있는, 오글오글한(wrinkled, wavy). 2 버스럭버스럭 소리를 내는.
crin·kum-cran·kum [kríŋkǝmkræŋkǝm] adj., n. 《고어》 꼬불꼬불한(것), 구불구불한(것); 복잡한(것).
cri·noid [kráinɔid, krín-] adj. 1 백합 같은(lilylike). 2 갯나리류(類)의. — n. 갯나리류의 극피 동물.
crin·o·lette [krìnǝlét] n. 〔스커트의 뒷자락을 퍼지게 하기 위한〕 테, 허리받이.
crin·o·line [krín(ǝ)lì(:)n] n. 1 크리놀린[옛날 여자의 스커트를 부풀리기 위해 입었던 페티 코트]. 2 크리놀린으로 볼록하게 한 스커트 (hoop skirt). 3 《U》 크리놀린에 쓰는 마미포(馬尾緞). 4 벽돌 쌓기에 보강용으로 쓰이는 강철지. 5 〔군함의〕 어뢰 방어망.

cripes [kraips], (**cripe** [kraip]) *interj.* 이 것 참 ! [Christ 보다는 완곡한 표현].

crip·ple [krípl] *n.* **1** 앉은뱅이, 절름발이, 보행 부자유자, 신체(정신) 장애자. **2** 《美방언》[관목 따위로 뒤덮인] 늪(땅), 소택지, 저습지(低濕地). **3** 《창문 청소 따위에 쓰는》 발판. — *v.*(**-pled, -pling**) *vt.* **1** …을 절름발이로 만들다, 병신으로 만들다. ¶ He was *crippled* by(or with) arthritis. 그는 관절염으로 다리를 절게 되었다. **2** …을 무력하게 만들다(disable); …을 해치다, 손상시키다, 활동 못하게 하다, 불통이 되게 하다. — *vi.* 절름거리다.

‡**cri·sis** [kráisis] *n.* (*pl.* **-ses** [-siːz]) **1** 위기; 결정적 단계, 중대 국면, 전환기. ⇨ EMERGENCY 類語 ¶ a financial *crisis* 재정상의 위기 / tide over a *crisis* 난국을 극복하다 / pass a *crisis* 위기를 넘기다 / bring... to a *crisis* …을 위기로 빠뜨리다. **2** [극·소설 따위에서 선과 악의 두 요소가 서로 팽팽히 맞서는] 긴박한 장면. **3** 《병리》[병의] 고비, 발증(發症). ◇ **crítical** *adj.*

crísis cénter *n.* **1** 위기 관리 센터, 긴급 대책 본부. **2** 《생사에 관한 중대 문제를 상의하는》 긴급 전화 문의소.

‡**crisp** [krisp] *adj.* **1** [단단하나] 부서지기(깨지기) 쉬운. **2** 《야채 잎 따위가》 단단하고 싱싱한; 《종이 따위가》 새롭고 빳빳한. ¶ a *crisp* note 빠닥빠닥한 새 지폐. **3** 《태도·말 따위가》 명쾌한, 또렷한(brisk); 《문체 따위가》 예리한, 간결한. **4** 기운찬, 활발한(lively); [표현 따위가] 기운찬, 활발한; 재치가 넘치는. **5** 서늘한, 기분을 상쾌하게 하는, 기운차게 하는. ¶ *crisp* air 상쾌한 공기. **6** 《피부 따위가》 주름살 진; 잔물결이는. **7** [머리가] 꼽슬꼽슬한(curly). — *vt.* **1** [토스트 따위] 를 바삭바삭하게 하다. **2** [머리를] 꼽슬꼽슬하게 하다. ¶ *crisp* one's hair 머리를 꼽슬꼽슬하게 지지다. **3** …에 잔물결을 일게 하다. ¶ The wind *crisped* the lake. 바람이 호수에 잔물결을 일으켰다.
— *vi.* 바삭바삭해지다; [잔물결이] 일다.
— *n.* **1** (보통 ~s)《주로 英》얇게 깎은 감자 튀김 (potato chips). **2** 단단하고 부서지기 쉬운 것, 바삭바삭한 것. ¶ to a *crisp* 바삭바삭하게 하다. **3** 《속어》 지폐 (bank note). ◇ **críspy** *adj.*

cris·pate [kríspeit], **-pat·ed** [-peitid] *adj.* **1** 오그라든. **2** 가장자리가 오글오글한《물결 모양의》.

cris·pa·tion [krispéi(ə)n] *n.* ⓊⒸ **1** 오그라들기, 꼽슬꼽슬하게 하기. **2** 오그라짐. **3** 잔물결 모양.

crisp·bread [kríspbrèd] *n.* 《英》 호밀이나 밀가루로 만든 얇고 바삭바삭한 빵.

Cris·pin [kríspin] *n.* **1 Saint** ∼ 로마의 전설적 순교자; 구두장이의 수호신. **2** (c-) 제화공, 구두장이 (shoemaker).

crisp·ly [kríspli] *adv.* **1** 곱슬곱슬하게, 주름잡혀서. **2** 바삭바삭하게. **3** 활발하게.

crisp·ness [kríspnis] *n.* Ⓤ **1** 곱슬곱슬함, 주름짐. **2** 바삭바삭함(빠닥빠닥함). **3** 상쾌함, 활발함.

crisp·y [kríspi] *adj.* (**crisp·i·er, crisp·i·est**) **1** 부서지기 쉬운. **2** [머리가] 곱슬곱슬한, 물결진(wavy). **3** 바삭바삭한(brisk). **4** 날카로운, 팔팔한(brisk).

criss·cross [krískrɔ̀ːs / -krɔ̀s] *n.* **1** 십자(十字), 십자형; [선의] 교차(intersection). **2** [일의]차질, 엇갈림 (disagreement). ¶ the *crisscross* of opinions 의견의 엇갈림. **3** =crisscross-row. **4** [석반(石盤)·종이 위에서 어린이들이 하는] 십자 놀이 (tick-tack-toe). — *adj.* **1** 십자의; 교차하는. **2** 엇갈린. **3** 성미 까다로운, 잘 내는(peevish). — *adv.* **1** 십자로 교차하여(crosswise), 엇갈리게, 십자로 갈려서. ¶ Everything went *crisscross*. 모든 일이 엇갈려버렸다.
— *vt.* …에 십자를 적다; …을 교차시키다. — *vi.* 교차하다.

criss-cross-row [krískrɔ̀ːsróu / -krɔ̀s-] *n.* [고어] 알파벳.

cris·tate [krísteit], (**cris·tat·ed** [-tid]) *adj.* **1** 《새·짐승이》 볏이 있는. **2** 볏 모양의.

crit. (略) critical, criticism, criticized.

*****crit·e·ri·on** [kraití(ː)riən / -tíəri-] *n.* (*pl.* **-ri·a** [-riə] *or* **-ri·ons**)[올바른 판단·비판의] 표준; [검사 따위에 위한] 기준, 규범. ⇨ STANDARD 類語

crith [kriθ] *n.* 크리스 〔1 기압, 0℃에서의 1 리터의 수소 중량; 기체 중량의 단위로 사용〕.

‡**crit·ic** [krítik] *n.* **1** [문예·미술의 직업적인] 비평가, 평론가, 감식가; [문예·미술·인생 문제 따위의] 비평가, 평론가. ¶ a dramatic *critic* 연극 비평가 / an impartial *critic* 공평한 비평가. **2** 혹평가, 흠잡는 사람.
◇ **crítical** *adj.*

‡**crit·i·cal** [krítik(ə)l] *adj.* **1** 비평의, 비평적인, 비판가의, 평론가의. ¶ a *critical* edition 원전(原典)의 비평 연구판(版), 비판판(版) / with a *critical* eye 비판적으로. **2** 흠잡기 좋아하는, 혹평을 좋아하는. ¶ be *critical* about …에 비판적인 말이 많다. **3** 비평력이 있는, 감식안이 있는, 판단이 확실한. **4** 위급한; 결정적인; [병자 등이] 위독한(dangerous). ¶ a *critical* moment 위기 / be in a *critical* condition 위기에 처해 [병자가]위독하다. **5** [식량 따위 필요한 것이] 부족한. **6** 《물리·수학》 임계(臨界)의. **~ness** *n.*

crítical ángle *n.* **1** 《光學》 임계각〔전반사(全反射)를 하는 최소의 입사각(入射角)〕. **2** 《항공》 임계각, 실속각 〔비행기 날개의 영각(迎角)이 이 각 이상이 되면 갑자기 상승력이 감소되고 항력이 증대해서 실속하는 각도〕.

*****crit·i·cal·ly** [krítikəli] *adv.* **1** 비평(비판)적으로; 혹평적으로. **2** 정밀하게. **3** 위험에 임하여; 위험을 내포하고.

crítical páth análysis *n.* 크리티컬 패스 분석〔어떤 계획의 최장 경로를 컴퓨터로 분석하여 가장 유효한 순서를 결정하는 방법〕.

crítical philósophy *n.* Ⓤ 《칸트의》 비판 철학.
crítical póint *n.* 《물리》 임계점.
crítical préssure *n.* Ⓤ 《물리》 임계 압력.
crítical témperature *n.* ⓊⒸ 《물리》 임계온도.
crit·i·cas·ter [krítikæstər] *n.* 엉터리 비평가.
crit·i·cise [krítisàiz] *v.* (**-cised, -cis·ing**) 《주로 英》 =criticize.

crit·i·cism [krítisìz(ə)m] *n.* **1** ⓊⒸ 비평, 비판; 〔특히 문학·미술 작품의〕 비평법, 비평술. ¶ higher *criticism* 〔성서의〕 고등 비평 / lower *criticism* 〔성서의〕 원문의 대조 비평 / be above (beyond) *criticism* 나무랄 데가 없다 / be beneath *criticism* 비판할 가치가 없다 / arouse *criticism* 물의를 빚다. **2** ⓊⒸ 혹평, 흠잡기(against...). ¶ *criticism* against politics 정치에 대한 비판. **3** 비평문, 평론문. **4** ⒸⓊ 본문 연구; [성서·고문서의] 원문 연구. ◇ **crìticize** *v.*, **crítical** *adj.*

crit·i·ciz·a·ble [krítisàizəbl] *adj.* 비평의 여지가 있는, 비평할만한.

‡**crit·i·cize** [krítisàiz] (*《英》에서는 **criticise** 로도 쓴다) *vt., vi.* (**-cized, -ciz·ing**) **1** […을] 비평하다, 비판하다, **2** […을] 혹평하다.
類語 **criticize** 결점을 찾아서 불리한 판단을 내리다: *criticize* a person's error 남의 과오를 비판하다. **blame** 잘못·과실 따위의 책임을 물어 책망하다: *blame* a person for an accident 남에게 사고의 책임을 묻다. **censure** blame 보다 강한 권한으로 criticize 하여 질책하다: *censure* a person for his neglect of duty 남을 직무 태만으로 심하게 비난하다. **condemn** 사법적 의미는 censure 보다는 더 강하다; 종종 유죄 판결을 내릴 때에 쓰인다: *condemn* cruelty to animals 동물 학대를 맹렬히 비난하다. **denounce** 공공연하게 비난하다: *denounce* the government's foreign policy 정부의 외교 정책을 비난하다.
◇ **crític, críticism** *n.*, **crítical** *adj.*

crit·i·ciz·er [krítisàizər] *n.* 비평가, 혹평가; 비난자.
crit·i·co- [krítikou] 《비평, critically 의 뜻의 연결형. 예: *critico*-historical(비판 역사적).

cri·tique [kritíːk] *n.* ⓊⒸ **1** [문학 작품 따위의] 비

평[문], 평론[문]. **2** 비평법, 비평술.

crit·ter, -tur [krítər] *n.* 《방언》 생물; 동물; 가축, [특히] 말, 소.

*__croak__ [krouk] *vi.* **1** [개구리·까마귀 따위가] 개굴개굴[까악까악] 울다. **2** 목쉰 소리로 말하다; 툴툴대다; 불평을 하다(grumble). **3** 불길한 예고를 하다(forebode evil). **4** 《속어》죽다(die). — *vt.* **1** …을 침울한 소리로 말하다. **2** 《속어》…을 죽이다(kill).
— *n.* **1** 원망하는 소리. **2** 목쉰 소리; 불평거리.

croak·er [króukər] *n.* **1** [개구리·까마귀 따위가 같이] 개굴개굴[까악까악] 우는 것; 불평가; 불길한 예언을 하는 사람. **2** 동갈민어과(科)의 바닷고기[미국 남부 대서양산으로 우는 소리를 낸다]. **3** 《속어》의사.

croak·y [króuki] *adj.* (**croak·i·er, croak·i·est**) 개굴개굴(까악까악) 우는, 목쉰, [목소리 따위가] 낮고 침울한.

Cro·at [króuæt, -ət] *n.* 크로아티아 사람(Croatian).

Cro·a·tia [kro(u)éiʃ(i)ə] *n.* 크로아티아[구 유고슬라비아 연방 공화국의 한 공화국이었으나 1991년 분리 독립; Serb 계와 Croat 계의 갈등으로 격심한 내전을 겪었다; 수도 Zagreb].

Cro·a·tian [kro(u)éiʃ(i)ən] *adj.* 크로아티아의; 크로아티아 사람(말)의. — *n.* **1** 크로아티아 사람(Croat). **2** ⓤ 크로아티아 말.

croc [krak / krɔk] *n.* 《구어》 = crocodile.

cro·chet [krouʃéi / ⏤, -ʃi] *n.* ⓤ 크로세 뜨개질[세공], 크로세 편물, 코바늘 뜨개질. — *v.* (**-cheted** [-ʃéid, -ʃid], **-chet·ing** [-ʃéiiŋ / -ʃeiiŋ, -ʃiiŋ]) *vt.* …을 크로세 뜨개질을 하다. *vi.* 크로세 뜨개질을 하다.
[< F *crochet* < *croc* hook]

crochet hòok *n.* 크로세 뜨개질의 코바늘.

cro·ci [króusai] *n.* crocus의 복수형의 하나.

cro·cid·o·lite [krousídəlàit] *n.* ⓤ 크로시돌라이트, 푸른 석면.

crock[1] [krak / krɔk] *n.* **1** 오지 그릇의 항아리, 병, 독. **2** 《방언》 쇠냄비(metal pot). **3** 오지 그릇의 깨어진 조각, 사금파리.

crock[2] [krak / krɔk] *n.* **1** 《스코》늙은 암양(年). **2** 늙어 못 쓰게 된 말, 늙은 말. **3** 《속어》 쓸모없는 늙은이; 쓸모없는 사람, 병약자. — *vt.* 《英속어》[사람·말]을 못 쓰게 만들다, 쓸모없게 하다; …을 폐인으로 만들다, (drunk).

crocked [krakt / krɔkt] *adj.* 《美 속 어》술에 취한.

crock·er·y [krákəri / krɔ́k-] *n.* ⓤ《집합적》도자기; 질그릇, 오지 그릇(earthenware).

crock·et [krákit / krɔ́kit] *n.* 《건축》당초 무늬돌의 돌을 새김 [고딕식 건축 장식의 하나].

Crock-Pot [krákpàt / krɔ́kpɔ̀t] *n.* 《상표명》[장시간 저온 가열에 적합한] 전기 냄비.

crock·y [kráki / krɔ́ki] *adj.* (**crock·i·er, crock·i·est**) 쓸모없는; 늙어빠진; 병약한.

*__croc·o·dile__ [krákədàil / krɔ́k-] *n.* **1** [아프리카·남아시아산(産)의] 악어, 크로코다일, [미국의 alligator, 인도의 gavial을 포함한] 일반적인 악어. **2** ⓤ [무두질한] 악어 가죽. **3** 악어 같이 눈물을 짓는 사람. **4** 《英속어》사람의 행렬, [특히] 여학생이 줄지어 가는 것.
◇ crocodílian *adj.*

crócodile bìrd *n.* 악어물떼새, 나일물떼새[악어등에 앉아 그 기생충을 잡아먹는다].

crócodile tèars *n. pl.* 거짓 눈물[악어는 잡는 놈을 잡아먹으면서 눈물을 흘린다는 옛 말에서].

croc·o·dil·i·an [krákədíliən / krɔ̀k-] *n.* 악어류(crocodile, alligator 따위 전부를 포함). — *adj.* **1** crocodile의. **2** 악어류의. **3** 위선적인(hypocritical).

*__cro·cus__ [króukəs] *n.* (*pl.* **-cus·es** *or* **-ci** [-sai]) **1** 크 로커스[사프란 따위로 이른 봄에 다섯가지의 꽃이 핀다, 관상용]. **2** ⓤ 꽃(구근). **2** ⓤ 진한 황색, 사프란색. **3** ⓒ 과산화 철[마분용(磨粉用)].

Croe·sus [krí:səs] *n.* (*pl.* **-sus·es** *or* **-si** [-sai]) *n.* **1**

크로이소스 (?-546 B.C.) [Lydia 의 왕; 큰 부자로서 유명]. ¶ **as rich as** *Croesus* [크로이소스와 같은] 큰 부자인. **2** 대부호.

croft [krɔːft / krɔft] *n.*《英》**1** [집에 딸린] 작은 농장, 작은 목초지. **2** [Scotland 에서 crofter 가 경작하는] 작은 농장.

croft·er [krɔ́ːftər / krɔ́ftə] *n.*《英》[스코틀랜드의 일부, 북부 잉글랜드의] 소작인.

crois·sant [krɑsɑ́ːnt / F krwɑsɑ̃] *n.* 크루와상, 초승달 모양의 롤빵. [<F *crescent*]

Croix de Guerre [F krwɑ də gɛːr] *n.* 《프랑스어》훈공 십자장(動功十字章). [<F *cross of war*]

cro·jack [krɑ́dʒik / krɔ́-] *n.* = crossjack.

Cro-Mag·non [kroumǽgnən / -mǽnjɔːŋ] *n.* 크로마뇽 [유럽 선사 시대에 생존; 현생의 여러 인종의 직계적 인종으로 간주된다]. — *adj.* 크로마뇽 인종의(Cro-Magnon race)의.

crom·lech [krámlek / krɔ́m-] *n.*《考古》**1** 크롬렉, 환상 열석(環狀列石)[무덤 둘레에 원형으로 세운 거대한 돌기둥]. **2** = dolmen.

Crom·wel·li·an [krɑmwéliən / krɔm-] *adj.* Cromwell 의; Cromwell [이 Protector 였던] 시대의.
— *n.* Cromwell 의 숭배자(지지자).
[< 《영국의 장군이며 호민관인 Oliver Cromwell (1599-1658)의 이름]

crone [kroun] *n.* 노파, [특히] 더러운 쪼그랑 할멈.

Cro·nus [króunəs] *n.* 《그리스 신화》 크로노스[거인의 한 사람으로 Uranus 와 Gaea 의 아들. 아버지의 왕위를 찬탈했다가, 아들인 Zeus 에 의해 왕위에서 쫓겨났다. 로마 신화의 Saturn 에 해당].

cro·ny [króuni] *n.* (*pl.* **-nies**) 친한 친구(intimate friend), 《속어》옛 친구(chum). ❋ FRIEND 類語

*__crook__ [kruk] *n.* **1** 굽은 것, 갈고리 모양의 것; 갈고리(hook); 갈고리형 부분. **2** [양치기가 사용하는] 손잡이가 구부러진 지팡이; [bishop, abbot 등이 소지하는] 주교의 홀장(笏杖)(crosier). **3** 《스코》[냄비 따위를 매다는] 만능 갈고리; 《英방언》말의 길마. **4** 굽이[시키기], 만곡(彎曲); [강·도로 따위의] 만곡[부]; 뒤틀림(twist). ¶ **have a** *crook* **in one's back** (backbone, nose) 등(등뼈, 코)이 굽어 있다 / **There are** *crooks* **in the road.** 도로에는 커브가 있다. **5** 《구어》부정직한 사람, 사기꾼(swindler); 도둑(thief); 악당, 깡패; 간교한 계략, [스코] 죄악. **6** 《음악》[취주 악기의 주관(主管)속에 넣어서 음을 조절하는 것].

***by hook or** [by] *crook* ⇒ HOOK.
a *crook* **in** *one's lot*《스코》불행, 재난.
on the *crook*《속어》부정직하게, 부정을 저질러.

— *vt.* **1** …을 구부리다, 만곡시키다 (bend, curve). ¶ *crook* **one's neck** 목을 굽히다. **2**《속어》…을 훔치다(steal), …을 사취하다(cheat); [남]을 속이다. ¶ *crook* **a friend** 친구를 속이다 // (~ +톙+전+명) *crook* **a thing** *from* **a person** 남에게서 물건을 속여서 훔치다.
— *vi.* 구부러지다, 만곡하다 (bend, curve). ¶ **The river** *crooks* **through a valley.** 그 강은 골짜기를 굽이굽이 돌며 흐른다.

***crook the elbow**《속어》술을 마시다.

crook·back [krúkbæk] *n.*《드물게》새우등[인 사람]; 꼽추(hunchback).

crook·backed [krúkbækt] *adj.* 새우등의; 꼽추의.

crook·ed [krúkid → 4] *adj.* **1** 굽은, 만곡한(bent, curved). **2** [사람이] 기형의(deformed). [사람의 얼굴·팔다리가] 비뚤어진(distorted). **3** 마음이 비뚤어진, 부정직한, 정직하지 못한(dishonest); 사악, 밀매(密賣)의. **4** [krúkt] [지팡이 따위가] T 자꼴의 손잡이가 있는. ~·**ly** *adv.* ~·**ness** *n.*

crook·neck [krúknèk] *n.* [목 부분이 구부러진] 호박의 일종.

croon [kruːn] *vi.* **1** [특히 감상적으로] 부드럽게 노래하다; 낮은 목소리로 노래하다; 흥얼거리다. ¶ **She is** *crooning* **to her baby.** 그녀는 아기에게 낮은 목소리로

노래를 불러 주고 있다. **2** 중얼거리듯 낮은 목소리를 내다. ¶ *croon* to oneself 낮은 소리로 혼잣말하다 // The wind is *crooning*. 바람이 낮게 웅웅 소리를 내고 있다. **3** (스코·北英) 짖다, 으르렁거리다(roar); 슬퍼하다(lament). — *vt*. [특히 감상적으로] 부드럽게(낮게) …을 노래하다. ¶ *croon* a song 부드럽게 노래를 부르다 // *croon* one's baby to sleep 아이에게 자장가를 불러 잠재우다. — *n*. 저음으로 노래하기; 저음의 노래 소리(humming).

croon·er [krúːnər] *n*. 낮은 목소리로 노래하는 사람; [낮은 소리로 부드럽게 노래하는] 유행 가수.

‡**crop** [krɑp / krɔp] *n*. **1** [농]작물. ¶ green *crops* 야채류 / white *crops* 곡류 / gather (or harvest) a *crop* 농작물을 거둬들이다 / plant a *crop* 농작물을 심다 / raise a *crop* 농작물을 기르다. **2** [한 지방·한 철의 농작물의] 산출고, 수확고, …작(作), 작황. ¶ an average *crop* 평년작 / a bad (or poor) *crop* 흉작/an abundant (or a bountiful, a good, a heavy, a large) *crop* 풍작 / a rice *crop* 쌀 농사; 쌀의 수확고 / The *crops* are promising. 농작물은 잘 될 것 같다.

[類語] *crop* 한번의 거둬들이기 또는 계절의 수확기; 농업·상업에서 보통 쓰는 말: the wheat *crop* of the year 그 해의 밀 수확고. **harvest** 수확·수확기·수확고; 다소 문어적인 말: the season of *harvest* 추수기, 수확기. **yield** 시간과 노력의 보답으로서의 수확이란 뜻을 강조하는 말: a heavy *yield* of potatoes 감자의 풍작.

3 [일시에 모이는 것의] 떼(group), 무리(collection); [골치 아픈 일의] 속출. ¶ Then I was suffering from a *crop* of troubles. 그 당시 나는 속출하는 문제거리로 고민하고 있었다.
4 채찍의 손잡이(stock); 승마용 짧은 채찍.
5 [무두질한] 한 장의 가죽. [리], 단발.
6 [미디털 따위의] 짧게 깎기, 5푼 실이도 깎기(깎은 머리)
7 [새의] 멀떠구니(craw), 모이주머니; [새 이외의 동물의] 소화 기관.
8 [광]露頭(광맥); [광산업의] 노두(露頭).
9 [나무·뾰족탑 따위의] 꼭대기; [건축의] 정화(頂華), [뾰족탑의] 꼭대기 널장식(finial).
10 표시[동물 따위의 귀를 잘라 표로 삼는 것].
in (or *under*) *crop* 농작물을 심고, 경작하고.
neck and crop ⇒ NECK.
out of crop 농작물을 심지 않고, 경작을 하지 않고.
— *v*. (**cropped, crop·ping**) *vt*. **1** [나뭇가지·머리칼 따위의] 꼭대기(끝)를 잘라내다(가위질하다). **2** [일반적으로, [물건]의 끝(일부)을 잘라내다. **3** …을 짧게 자르다, 짧게 깎다(cut short); [동물이] [풀 따위를] 뜯어먹다. **4** […의] (귀·머리털 따위를) 가위질하다; [표시로서 동물의, 또는 벌로 죄인의] 귀 따위의 끝을 잘라 내다. ¶ (~ + 目 + 副) *crop* one's hair close 머리털을 짧게 깎다. **5** …을 수확하다, 베어들이다; …을 거둬들이다(reap). **6** …에 심다, 가꾸다(*with*). ¶ (~ + 目 + 副 + 图) *crop* a field *with* barley 밭에 보리를 심다. — *vi*. **1** [농작물이] 잘되다, 열리다. ¶ The barley *cropped* well this year. 금년에는 보리가 잘 되었다. **2** [광맥 따위가] 노출되다; 갑자기 (불쑥) 나타나다, 돌발하다(*up, out*). ¶ (~ + 副) A bed of coal *cropped up* there. 석탄층이 갑자기 나타났다.

crop-dust [krɑ́pdʌ̀st / krɔ́p-] *vt*., *vi*. (보통 비행기로) …에 농약을 뿌리다.
cróp dùster *n*. 농약 살포[비행]기.
crop-dust·ing [krɑ́pdʌ̀stiŋ / krɔ́p-] *n*. ⓤ 농약 살포.
crop-eared [krɑ́piə̀rd / krɔ́p-] *adj*. **1** [벌주기 위해 사람의, 또는 표시로서 동물의] 귀를 짧게 자른. **2** [귀가 드러나도록] 머리를 짧게 깎은. * 특히 영국의 청교도에 대해서 쓰였던 말.
crop·land [krɑ́plæ̀nd / krɔ́p-] *n*. 농경지, 경작지, 농지.
crop·per [krɑ́pər / krɔ́p-] *n*. **1** 베는 (깎는) 사람; 수확하는 사람, 베어들이는 기계; [천 따위의] 끝 자르는 기

계. **2** 농작물을 경작하는 사람; 농작물을 심는 사람. **3** [수확의 일이] 풍작을 받을 수확기[의] 남의 땅을 경작하는 사람. **4** 추락; 전락(轉落); 실패(failure), [계획 따위의] 좌절. **5** 수확이 많은 (신통치 않은) 농작물. ¶ a good (a poor) *cropper* 수확이 많은 (신통치 않은) 농작물.
come (or *get*) *a cropper* (구어) ① [특히 말에서] 털썩 떨어지다, 굴러 떨어지다. ② 실패하다, 혼나다. [crappie.

crop·pie [krɑ́pi / krɔ́pi] *n*. (*pl*. **-pie** or **-pies**) ⇒
crop·py [krɑ́pi / krɔ́pi] *n*. (*pl*. **-pies**) **1** 까까머리(의 사람). **2** [역사] 1789년의 프랑스 혁명 때 동정의 표시로 머리를 짧게 깎은 아일랜드 반도(反徒)의 별명.

cróp rotátion *n*. ⓤ 윤작(輪作).
cro·quet [kroukéi /─ ─, -ki] *n*. 크로케 [일종의 야외 구기(球技)로서, 나무공을 나무망치(mallet)로 쳐서 6개의 철주문(鐵柱門) 안을 통과시켜서 승부를 겨룬다]; 그 타구. — *vt*. [크로케에서] [상대의 공]을 물리치다.
cro·quette [kro(u)két / krɔkét] *n*. [요리의] 크로켓. [< F]
crore [krɔːr / krɔː] *n*. (인도) 1천만(ten million); 100라크. ⇒ LAKH. ¶ a *crore* of rupees 1천만 루피.
cro·sier, -zier [króuʒər] *n*. **1** [bishop 이나 abbot의] 홀장(笏杖), 사교장(司敎杖). **2** [식물] [고사리 따위의] 끝이 말린 어린 잎.

‡**cross** [krɔːs / krɔs] *n*. **1** 십자가, 책형주(磔刑柱); (the C-) 그리스도가 못박힌 성 십자가[의 그림]; (기독교의 표상으로서의) 십자가(의 그림); [맹세·축복할 때의) 오른손으로 긋는 십자가(성호); 기독교(Christianity), 기독교도, 기독교의 나라(Christendom). ¶ the *Cross* versus the Crescent 기독교 대 회교 / a follower of the *Cross* 기독교도 / a soldier (or a warrior) of the *Cross* 십자가 용사; 기독교 전도의 투사 / make the sign of the *cross* 십자를 긋다 / die on the *cross* 십자가에 못박혀 죽다.
2 그리스도의 수난(의 상 또는 그림), 속죄; [그리스도의 죽음으로써 얻은] 속죄의 가르침; [그리스도를 위해 견디는] 고난; [일반적으로] 수난(affliction), 불행, [인생의] 시련(trial), 방해, 훼방. ¶ bear (or take up) one's *cross* 고난을 참다.
3 [문장(紋章)·미술 따위에 사용되는 기독교의 표상으로서의] 변형 십자가; 십자군의 기장(記章); 십자 훈장; [꼭대기에 십자가가 있는 또는 십자가형으로 세워진] 건조물(기념비), 십자표, 십자탑.
4 [두 줄의 교차선 × × 같은] 십자(형); [고어] 열 십자[문맹자가 서명 대신에 쓴다]; [archbishop의] 십자장(杖); [기계] 십자형 관; [측량] 직각기(直角器); [전화] 혼선; 네거리, 교차점; 횡단, 도항(渡航). ¶ make one's *cross* [문맹자가] 문맹자가 서명 대신에 십자를 쓰다.
5 [종족·동물·식물 따위의] 이종(異種) 교배; 혼혈, 잡종; [이종 교배로 생긴] 동식물, 품종; 중간물(crossbreed). ¶ A mule is a *cross* between a horse and a donkey. 노새는 말과 나귀의 잡종이다.
6 (속어) 부정, 속임수; 야바위, 서로 짠 승부. ¶ shake the *cross* 부정을 그만두다, 못된 길에서 빠져 나오다.
7 (the C-) [천문] 십자성. ¶ the Southern (the Northern) *Cross* 남 (북)십자성. *cf*. crux 4
on the cross ① 비스듬히, 엇걸리게. ② (속어) 부정을 저질러. ¶ be (or go) *on the cross* 부정을 저지르고 있다, 나쁜 길에 빠지다.
take [*up*] *the cross* ① [기독교 또는 다른 이상에 따르는] 고난을 감수하다, 참아내다. ② 십자군에 참가하다. ③ 고난을 참다.
— *vt*. **1** …에 십자가를 긋다; …에 십자표를 하다. ¶ *cross* oneself 십자를 긋다 [신에 대한 맹세 따위의 뜻으로 대개 이마에서 가슴까지 긋는다]. ¶ *Cross* my heart. 맹세하게, 정말이야.
2 [수표 따위에] 횡선을 긋다; [글자 따위에] 줄을 그어 지우다, …을 X자(선)로 지우다(*out, off*). ¶ *cross* a check 수표에 횡선을 긋다 // (~ + 目 + 副) *cross out* a wrong word 틀린 단어에 줄을 그어 지우다 / *cross off* accounts 계정을 말소하다.

3 …을 교차시키다, 서로 엇걸다, 교차시켜 놓다. ¶ *cross* one's arms (legs) 팔짱을 끼다(다리를 포개다; 책상다리로 앉다) / *cross* one's fingers 결과가 잘 되도록 빌다 [같은 손의 집게손가락이나 가운데손가락을 걸어 겹치면 소원이 성취된다는 미신] / *cross* knife and fork 나이프와 포크를 십자로 놓다 [아직 덜 끝났다는 표시].
4 [강·길 따위]를 넘다, 가로지르다, 건너다, 횡단하다. ¶ *cross* a bridge (a road) 다리(길)를 건너다 / *cross* one's mind 갑자기 생각나다, 마음에 떠오르다 / *cross* a person's path; *cross* the path of a person 남과 마주치다; 남의 가는 앞을 가로지르다; 남의 계획 따위를 방해하다 / *cross* the line [항해] 적도를 넘다.
5 [남]과 스쳐 지나가다 [(편지 등)이 엇갈리다. ¶ His letter *crossed* mine. 그의 편지는 내 것과 엇갈렸다.
6 …을 방해하다, 훼방놓다(oppose); …에 거역하다. ¶ (~+图/前+图) He is *crossed* in his plan (love). 그의 계획(사랑)에 장애물이 생겼다.
7 [우 따위]에 올라타다.
8 [항해] [활대 따위]을 돛대와 교차되게 내다.
9 […을 가로질러] …을 나르다.
10 [생물] …을 이화(異花) 수정시키다, [동·식물]을 교배시키다, [동·식물]의 잡종을 만들다. ¶ (~+图/前+图) *cross* A *with* B A를 B와 교배시키다 // A new plant is sometimes made by *crossing* two others. 두 식물을 교배시킴으로써 때로는 신종이 생긴다.
11 [복수의 과일]을 비교 검토하여 새 데이터를 얻다, 대비(對比)하다.
— *vi.* **1** [서로] 교차하다(intersect). **2** [길·강 따위를] 건너가다, [남이나 다른 쪽으로] 거너다, 도항하다(over). ¶ *cross* over to America 도미하다. **3** [두 편지가] 서로 엇갈리다; 마주 지나치다. **4** [동·식물]이 교배되다, 잡종이 되다(interbreed).

cross a person's *hand* (or *palm*) *with silver* (or *a piece of money*) 남에게 돈을 슬쩍 집어 주다; [특히 점쟁이에게 복채를 치를 때 동전으로 손바닥에 십자를 긋다.

cross one's *finger* = have one's finger *crossed* ⇒ FINGER.

cross one's *mind* 머리에 스쳐다다, 떠오르다.

cross swords with ⇒ SWORD.

dot the (or one's) *i*'s *and cross the* (or one's) *t*'s ⇒ DOT.

— *adj.* **1** 비스듬한, 가로의, 교차한, 엇걸리는, **2** 반대의(contrary), 반대쪽의(opposite), 거꾸로의(*to*...); 불리한(unfavorable); 불행한. ¶ an outcome *cross* to the purpose 목적에 어긋난 결과, **3** 시무룩한(illhumored); 신경질적인. His mother was very *cross with* him for staying out late. 그의 어머니는 그가 늦게까지 외출하고 있었기 때문에 심기가 좋지 않았다. **4** 이종 교배의(crossbred), 잡종의(hybrid). **5** [濠俗]에 부정한, 부정직한(dishonest). **6** 상호의(적인).
◇ cróssly, crósswise *adv.*

cross- cross 의 뜻의 연결형. 예: *cross*current, *cross*road; *cross*·examination.

cróss áction *n.* [법률] 반대 소송, 맞고소.
cross-armed [krɔ́ːsàːrmd / krɔ́s-] *adj.* 팔짱을 낀.
cross·bar [krɔ́ːsbàːr / krɔ́s-] *n.* **1** 가로장, 빗장. **2** [축구 따위의] goal post 사이의 가로장, [높이뛰기의] 가로대, 바. **3** 알파벳의 가로선. [(girder).
cross·beam [krɔ́ːsbìːm / krɔ́s-] *n.* 들보, 도리.
cross·bear·er [krɔ́ːsbɛ́(ː)rər / krɔ́sbɛ̀ːr-] *n.* [특히 종교적 행렬 따위에서] 십자가를 드는(지는) 사람.
cross·belt [krɔ́ːsbèlt / krɔ́s-] *n.* 십자탄띠(탄약대).
cross·bench [krɔ́ːsbèntʃ / krɔ́s-] *n.* 《英》하원의 중립(무소속) 의원석. — *adj.* 중립의(impartial).
cross·bench·er [krɔ́ːsbèntʃər / krɔ́s-] *n.* 《英》중립 의원, 무소속 의원.
cross·bill [krɔ́ːsbíl / krɔ́s-] *n.* 잣새[부리를 닫으면 끝이 엇물리는 새]. [고소장.
cross·bill [krɔ́ːsbíl / krɔ́s-] *n.* [법률] 반대 소장, 맞

cross·bones [krɔ́ːsbòunz / krɔ́s-] *n. pl.* 교차된 대퇴골[의 그림] [죽음의 상징]. ⇒ SKULL AND CROSSBONES.
cross·bow [krɔ́ːsbòu / krɔ́s-] *n.* 석궁(石弓) [중세의 무기].
cross·bow·man [krɔ́ːsbòumən / krɔ́s-] *n.* (*pl.* **-men** [-mən]) 석궁 사수(射手).

[crossbow]

cross·bred [krɔ́ːsbrèd, ∠∠ / krɔ́sbrèd] *adj.* 잡종의, 이종(異種) 교배의. — *n.* 잡종.
cross·breed *v.* [krɔ́ːsbrìːd, ∠∠ / krɔ́s-] *vt., vi.* (**-bred, -breed·ing**) …의 잡종을 만들다, 이종 교배하다. — *n.* 잡종.
cróss bún *n.* 《주로 英》[Good Friday 에 먹는 십자형 무늬가 있는] 과자빵(hot cross bun).
cross·bus·ing [krɔ́ːsbʌ̀siŋ / krɔ́s-] *n.* ⓤ 《美》 [흑백 통합을 위한] 강제 버스 통학. *cf.* busing
cross·but·tock [krɔ́ːsbʌ̀tək / krɔ́s-] *n.* [레슬링] 허리치기.
cross·chan·nel [krɔ́ːstʃǽn(ə)l / krɔ́s-] *adj.* 해협을 가로지르는, 해협 저편의 [특히 영국 해협의 경우].
cross-check [krɔ́ːstʃék / krɔ́s-] *vt.* [데이터 따위]를 갖가지 자료에 비추어 조사하다. — *n.* 크로스체크하기.
cróss cóunter *n.* [권투] 크로스 카운터.
cross·coun·try [krɔ́ːskʌ́ntri / krɔ́s-] *adj.* **1** 들판을 횡단하는. ¶ a *cross-country* race 크로스컨트리 레이스, 전야(田野) 횡단 경주. **2** 국토를 횡단하는, 전국의. ¶ a *cross-country* flight 횡단 비행. — *n.* ⓤ 크로스컨트리 경기.
cross-cul·tur·al [krɔ́ːskʌ́ltʃ(ə)rəl / krɔ́s-] *adj.* 서로 다른 문화 사이의; 비교 문화의. **-ly** *adv.*
cross-cur·rent [krɔ́ːskə́ːrənt / krɔ́skʌ̀rənt] *n.* 본류(本流)와 교차하는 흐름, 역류.
cross·cut [krɔ́ːskʌ́t / krɔ́s-] *adj.* **1** 가로 켜는. ¶ a *crosscut* saw 동가리톱. **2** 결을 가로(비스듬히) 벤. *crosscut* crepe 결을 가로 벤 크레이프. — *n.* **1** 지름길, 샛길(short cut); 횡단로(traverse cut). **2** 가로 켜기(켜는 톱), 가로 베기; [광산] 수진(竪進) [광상(鑛床)의 주향(走向)에 직각으로 굴진하는 갱도]. — *vt.* (**-cut, -cut·ting**) **1** …을 가로 베다(cut across), …을 가로지르다. **2** [TV] [필름]을 교차편집에 의해 편집하다.
cross-dis·ci·plin·ary [krɔ́ːsdísiplinèri / krɔ́sdísiplin(ə)ri] *adj.* 두 가지[이상]의 학문 분야에 걸치는 (interdisciplinary).
cross-dress [krɔ́ːsdrés / krɔ́s-] *vi.* 이성(異性)의 복장을 하다.
crosse [krɔːs / krɔs] *n.* 크로스[lacrosse 용 라켓].
crossed [krɔːst / krɔst] *adj.* **1** 열 십자의, 열 십자로 놓인, 교차한. **2** 십자로 줄을 그은, 횡선을 그은; × 자(선)로 지운. ¶ a *crossed* check 횡선 수표, **3** 방해된, 훼방을 받은. ¶ a *crossed* plan 방해받아 실패로 끝난 계획.
cross-ex·am·i·na·tion [krɔ́ːsigzæ̀minéi(ʃ)(ə)n / krɔ́s-] *n.* ⓤ [법률] 반문, 힐문. **2** [법률] 반대 심문[변호사가 상대방 증인에 대해서 하는 심문].
cross-ex·am·ine [krɔ́ːsigzǽmin / krɔ́s-] *vt.* (**-ined, -in·ing**) **1** [진위(眞僞)]를 확인하기 위해 […]을 질문으로 추궁하다, 준엄하게 힐문하다. **2** [법률] …에게 반대 심문하다. ¶ *cross-examine* a witness 증인에게 반대 심문하다.
cross-ex·am·in·er [krɔ́ːsigzǽminər / krɔ́s-] *n.* **1** 힐문자. **2** 반대 심문자.
cross-eye [krɔ́ːsài / krɔ́s-] *n.* [내]사시([內]斜視), 사팔눈(strabismus). [뜨기의.
cross-eyed [krɔ́ːsàid / krɔ́s-] *adj.* [내]사시의, 사팔
cross-fer·ti·li·za·tion [krɔ́ːsfə̀ːrt(i)lizéi(ʃ)(ə)n / krɔ́sfə̀ti-, -lai-] *n.* ⓤ **1** [동물] 교잡(交雜) 수정. **2** [식물] 이화(異花) (타가(他家)) 수정.
cross-fer·ti·lize [krɔ́ːsfə́ːrt(i)làiz / krɔ́s-] *vt.*

(-lized, -liz·ing) **1** 〖동물〗 …에 교잡 수정시키다. **2** 〖식물〗 …에 이화 수정시키다.

cross-file [krɔ́:sfáil / krɔ́s-] *vi., vt.* (-filed, -fil·ing) 《美》 두 정당 이상의 당 예선(primary election)에 입후보하다(시키다).

cróss fíre *n.* **1** 〖군사〗 십자 포화, 교차 사격. **2** 〖질문 따위의〗 일제 사격.

cross-gar·net [krɔ́:sgɑ̀:rnit / krɔ́s-] *n.* T 자형 경첩.

cróss gráin *n.* 엇결[나이테에 접선(切線) 방향으로 켠 재재(製材) 면에 나타나는 나뭇결]. *opp.* straight grain

cross-grained [krɔ́:sgréind / krɔ́s-] *adj.* **1** 〖목재의〗 결이 불규칙한, 엇결이 된. **2** 《비유적》 비뚤어진, 외고집의(perverse).

cróss háirs *n. pl.* 〖망원경 따위의 초점에 새겨진〗 십자선 〖시선을 모으는 데 유용하다〗.

cross-hatch [krɔ́:shǽtʃ / krɔ́s-] *vt.* 〖펜화 따위에서〗 〖화면에〗 망선(網線) 모양의 음영(陰影)을 넣다.

cross-head [krɔ́:shèd / krɔ́s-] *n.* **1** 〖신문 기사 따위에서〗 난(欄) 폭에 두루한 표제. **2** 〖기계〗 크로스헤드 〖피스톤 봉·(棒)의 꼭지〗.

cróss héading *n.* **1** =crosshead 1. **2** 〖광산의〗 통풍구멍과 연락되는 구멍.

cross-im·mu·ni·ty [krɔ́:simjú:niti / krɔ́s-] *n.* 〖U〗 〖의학〗교차 면역〖병원균과 그와 유사한 균에 의한 면역〗.

cróss índex *n.* 크로스 인덱스〖의 역할을 하는 기호〗.

cross-in·dex [krɔ́:síndeks / krɔ́s-] *vt.* …의 앞뒤 참조를 달다. — *vi.* 앞뒤 참조 역할을 하다.

‡**cross·ing** [krɔ́:siŋ / krɔ́s-] *n.* **1** 〖UC〗 가로지르기, 횡단, 교차. ¶ a railroad *crossing* 철도 건널목. **2** 〖거리의〗 교차점, 네거리, 횡단 보도, 〖강의〗 나루터, 〖선로 따위의〗 건널목. **3** 교회의 본당과 좌우의 익랑(翼廊)이 십자형으로 교차되는 곳. **4** 〖UC〗 빔에, 훼방, 반대. **5** 〖UC〗 〖수표 따위의〗 횡선 긋기. **6** 〖U〗 이종(異種) 교배; 이화(異花) 수정. **7** 〖U〗 십자가를 긋기.

cróssing óver *n.*〖유전〗〖염색체의〗 교차(交叉) 〖세포 분열 때 상동(相同) 염색체 간에 일어나는 유전자(DNA)의 부분적 교환〗.

cróssing swéeper *n.* 횡단 보도의 청소부.

cross·jack [krɔ́:sdʒæ̀k, krɑ́dʒik / krɔ́sdʒæ̀k] *n.* 〖항해〗 뒷돛대의 돛가름대에 다는 가로돛. ⇨ SAIL.

cróss kéys *n. pl.* 〖단수 취급〗십자로 맞대인 열쇠의 도형〖특히 교황의 문장(紋章)〗.

cross-leg·ged [krɔ́:slèg(i)d / krɔ́slégd] *adj.* 다리를 포갠. ¶ sit *cross-legged* 책상다리를 하고 앉다.

cross·let [krɔ́:slit / krɔ́s-] *n.* 〖주로 문장(紋章)의〗 작은 십자형.

cross-light [krɔ́:slàit / krɔ́s-] *n.* **1** 교차 광선, 십자광. **2** 〖한 문제에 대한〗 다른 견해.

cross-link [krɔ́:slíŋk / krɔ́s-] // — *v.t.* 교차 결합부〖특히 복합 분자 안에서 평행 연쇄를 결합시키는 원자〗. — *vt.* [krɔ́:slíŋk / krɔ́s-] …을 교차 결합하다.

cross-lots [krɔ́:slɑ̀ts / krɔ́slɔ̀ts] *adv.* 〖도로가 아니고〗 밭(들)을 지나서, 지름길을 지나서. ¶ cut *cross-lots* 지름길로 가다.

***cross·ly** [krɔ́:sli / krɔ́s-] *adv.* **1** 가로로, 비스듬히. **2** 심술궂게, 토라져서. **3** 거꾸로, 반대로.

cróss márriage *n.* 교차 결혼〖한 쌍의 형제 자매가 다른 형제 자매와 결혼하는 따위〗.

cross-mo·dal [krɔ́:smóudl / krɔ́s-] *adj.* 〖생물〗 두 감각을 통합하는.

cross·ness [krɔ́:snis / krɔ́s-] *n.* 〖U〗 **1** 심기가 나쁨, 심술궂음, 뿌루퉁함. **2** 〖드물게〗 횡단.

cross·o·ver [krɔ́:sòuvər / krɔ́s-] *n.* **1** 〖유전〗a) 〖염색체의〗 교차(交叉). b) 교차에 의해 생기는 유전형. **2** 〖철도〗 전철선(轉轍線). **3** 여성용 숄의 일종.

cróssover sýstem *n.* 〖영화〗〖특히 뉴스 영화의〗 동시 상영제.

cross·patch [krɔ́:spǽtʃ / krɔ́s-] *n.* 《구어》 성미 까다로운 사람, 심기 나쁜 사람.

cross·piece [krɔ́:spí:s / krɔ́s-] *n.* 가로대, 가로장.

cróss-plý tíre [krɔ́:splái- / krɔ́s-] *n.* 크로스플라이 타이어〖내부 섬유가 교차되도록 겹쳐서 만든 타이어〗.

cross-pol·li·nate [krɔ́:spɑ́linèit / krɔ́spɔ́l-], **-nize** [-nàiz] *vt.* (-nat·ed, -nat·ing; -nized, -niz·ing) 〖식물〗 …을 이화 수분(異花受粉)시키다(cross-fertilize). ¶ Buckwheat is *cross-pollinated* by bees. 메밀은 벌들에 의해 이화 수분된다.

cross-pol·li·na·tion [krɔ́:spɑ̀linéi(ə)n / krɔ́spɔ̀l-] *n.* 〖U〗〖식물〗 이화 수분.

cross-pur·pose [krɔ́:spə́:rpəs / krɔ́s-] *n.* **1** 반대의 목적(의향). **2** (~s) 〖단수 취급〗 문답서답식의 말놀이, 조리에 맞지 않는 엉뚱한 문답 놀이.

at cross-purposes 〖서로 오해하여〗 반대되는 행동을 하여, 서로 엇갈려. ¶ talk *at cross-purposes* 이야기가 엇갈리다.

cross-ques·tion [krɔ́:skwéstʃ(ə)n / krɔ́s-] *vt.* …에게 힐문하다; 반대 심문하다(cross-examine).
— *n.* 반문; 반대 심문.

cross-rail [krɔ́:sreil / krɔ́s-] *n.* 가로대, 가로장.

cróss ráte *n.* 크로스 레이트, 제3국 환시세〖우리나라에서 계산하는 미국·영국간의 환율 따위〗.

cróss recognítion *n.* 〖상반되는 정치 체제·적대 국가 등의〗 상호 승인(인정), 교차 승인.

cross-re·fer [krɔ́:srifə́:r / krɔ́s-] *vi., vt.* (-ferred, -fer·ring) 〖같은 책 속에서〗 다른 항을 참조하다(시키다). 〚참조.〛

cróss reference *n.* 〖책 속의〗 다른 항 참조, 상호

***cross·road** [krɔ́:sròud / krɔ́s-] *n.* **1** 교차 도로. **2** 샛길, 옆길(by-road). **3** (종종 ~s) 〖단·복수 양용〗 네거리, 십자로, 중대한 갈림길, 기로. ¶ He now stands at the *crossroads* of life. 그는 인생의 갈림길에 서 있다.

cross-ruff [krɔ́:srʌ̀f, ⁻⁻] *n.* 〖U〗〖카드놀이〗 자기 편끼리 서로 다른 으뜸패를 내는 휘스트(whist)의 일종.

cróss séa *n.* 〖항해〗 역파(逆波), 옆물결(choppy sea).

cróss séction *n.* **1** 횡단면. **2** 횡단(절단)된 조각. ¶ slice tomatoes for a salad by making a series of *cross sections* 샐러드를 만들기 위해 토마토를 얇게 저미다. **3** 가로자르기, 횡단하기. **4** 대표적인 면. ¶ a *cross section* of American society 미국·영국의 단면. **5** 〖측량〗 횡단면도, 단면도. 〚단면도.〛

cross-sec·tion·al [krɔ́:ssèktʃən(ə)l / krɔ́s-] *adj.* 횡

cróss-sèction páper [krɔ́:ssèktʃən- / krɔ́s-] *n.* 〖U〗 모눈 종이.

cross-sell·ing [krɔ́:ssèliŋ / krɔ́s-] *n.* 〖U〗 일괄(상호) 판매〖잘 팔리는 물건에 팔리지 않는 물건을 끼워서 파는 일〗.

cróss sígnal *n.* 〖항해〗 교차 신호.

cross-stitch [krɔ́:sstítʃ / krɔ́s-] *n.* 십자뜨기, 십자수, 크로스 스티치. — *vi., vt.* 십자뜨기를(로) 하다.

cróss strèet *n.* 교차 도로, 〖한길과 교차하는〗 골목길.

cróss tálk *n.* 〖U〗 **1** 〖전화·라디오 따위의〗 혼선. **2** 〖영국 하원에서 다른 당과의 의원간에 행해지는〗 논쟁. **3** 잡담(chatter). **4** 《英》 재치있는 경쾌한 회화. **5** 〖TV〗 〖뉴스 방송중의 아나운서끼리의〗 대화.

cross-tie [krɔ́:stài / krɔ́s-] *n.* 〖철도〗 침목.

cross-town [krɔ́:stàun / krɔ́s-] 《美》 *adj.* 도시를 횡단하여 달리는. ¶ a *crosstown* bus 시내 횡단 버스.
— *n.* 시내 횡단 버스(전차).

cross-tree [krɔ́:strí: / krɔ́s-] *n.* (보통 ~s) 〖항해〗 돛대 꼭대기의 가로장.

cross-vot·ing [krɔ́:svóutiŋ / krɔ́s-] *n.* 〖U〗 교차 투표 〖자기 당·다른 당의 구별 없이 자유롭게 찬부 투표할 수 있다〗.

cross·walk [krɔ́:swɔ̀:k / krɔ́s-] *n.* 횡단 보도.

cross·way [krɔ́ːswèi / krɔ́ːs-] n. (종종 ~s) =crossroad.

cross·ways [krɔ́ːswèiz / krɔ́ːs-] adv. =crosswise.

***cross wind** n. 옆바람[비행기·선박의 진로와 직각으로 부는 바람].

***cross·wise** [krɔ́ːswàiz / krɔ́ːs-] adv. **1** 옆으로, 가로로 (across); 가로질러 (transversely). **2** 열십자로. **3** 반대로, 거꾸로; 심술궂게. □ cross adj.

***cross·word** [**puzzle**] [krɔ́ːswə̀ːrd- / krɔ́s-] n. 크로스워드 퍼즐, 십자 말풀이.

crotch [krɑtʃ / krɔtʃ] n. **1** [인체의] 샅; [나무 따위의] 아귀, 갈래; [바지의] 가랑이. ¶ The nest was in the *crotch* of a tree. 둥지는 나무 갈래에 있었다. **2** Y 자형의 것; [항해] 까치발 모양의 기둥(crutch). **3** 《속어》 여자의 음부.

crotched [krɑtʃt / krɔ-] adj. 갈래가 진.

crotch·et [krɑ́tʃit / krɔ́tʃ-] n. **1** 작은 갈고리, 갈고리 모양의 장치 (부분); 외과의 갈고리(수술 기구). **2** 갈고리 모양의 기관. **3** 별난 (변덕스런) 생각, 기상 (奇想). **4** 《주로 英》 《음악》 4분 음표 (quarter note).

crotch·et·eer [krɑ̀tʃitíər / krɔ̀tʃ-] n. 변덕쟁이.

crotch·et·y [krɑ́tʃiti / krɔ́tʃ-] adj. 변덕스러운; 괴팍한; 별난 생각을 가지는. **-et·i·ness** n.

cro·ton [króut(ə)n] n. 파두, 크로톤 [대극과(科)의 열대 아시아 원산 관엽 (觀葉) 식물].

Croton bùg n. 노랑바퀴. [< Croton 강. 그 수로를 거쳐 이 곤충이 1842년 New York 시에 출현]

cróton òil n. ⓤ 파두유[파두씨에서 채취하는 강력한 하제 (下劑)].

***crouch** [kraut ʃ] vi. 쭈그리다, 웅크리다(stoop) (*down*); [출발점에] 몸을 낮추다; [동물 등이 덤비려는 자세로] 웅크리다, 도사리다. ¶ A *crouching* start 출발점에 쭈그려서 하는 스타트 / The cat *crouched* for a spring. 고양이는 덤벼들 자세로 몸을 웅크렸다. **2** [비굴하게] 허리를 낮추다, 굽실대다, [두려움으로] 움츠리다 (*to*...). ¶ (~ +前+图) He *crouched* to his master. 그는 주인에게 굽실거렸다. — vt. …을 낮추다. ¶ *crouch* one's head (knees) 머리 (무릎)를 낮추다. — n. ⓤ 웅크리기, 움츠리기.

croup[1] [kruːp] n. ⓤ 《병리》 크루프, 위막성후두염 (偽膜性喉頭炎) [어린이의 후두나 기관 (氣管)의 질환].

croup[2] [kruːp] (* 《英》에서는 **croupe**로도 쓴다) n. [말 따위의] 엉덩이 (rump).

crou·pi·er [krúːpiər] n. [노름판의] 물주 [연회의] 부(副)사회자, [< F servant, assistant]

croup·ous [krúːpəs] adj. 《병리》 크루프성의. *croupous* pneumonia 크루프성 폐렴.

croup·y [krúːpi] adj. (**croup·i·er, croup·i·est**) 《병리》 크루프성의, 크루프 비슷한; 크루프에 걸린.

crou·ton [krúːtɑn, -́ / krúːtɔn] n. 크루톤[굽거나 튀긴 빵의 작은 조각; 수프 따위에 사용]. [< F]

***crow**[1] [krou] n. **1** 까마귀 ¶ raven, rook, jackdaw, carrion crow 따위도 포함, 《英》에서는 보통 carrion crow를 가리킨다, 울음 소리는 caw]. ¶ as black as a *crow* 새까만 / a white *crow* 아주 드문 것, 진기한 것. **2** (the C-) 《천문》 까마귀좌(座) (Corvus). **3** 쇠지레 (crowbar).

as the crow flies; in a crow line 일직선으로 가면, 가장 가까운 직선 거리로. * 거리를 나타내는 경우에만 쓴다.

draw the crow (濠) 터무니없는 불행을 만나다.

eat [boiled] crow 《美구어》 마지못해 잘못을 인정하다, 사과하다 (apologize).

have a crow to pluck (or *pull, pick*) *with* a *person* 남에게 할 (반대할) 말이 있다, 남에게 따질 게 있다 (있다). [따지다].

pick a crow with a *person* 《美속어》 남에게 강경하다.

crow[2] [krou] n. 수탉의 울음 소리 (cf. cockcrow); 갓난 (어린애의) 환성. — vi. (crowed →1, crowed,

crow·ing) **1** (*past* 《특히 英》 **crew** [kruː]) [수탉이] 울다. **2** [아기 또는 일반적으로 사람이] 기뻐서 소리지르다. **3** [사람이] 기고 만장하다, 환성을 지르다(exult loudly); 승리의 함성을 지르다; 자랑하다(boast) (*over*...). ¶ (~ + 前+ 图) *crow over* one's enemy 적을 이겼다고 뽐내다.

Crow [krou] n. 크로 사람 [수족(Sioux)에 속하는 북미 인디언; 동부 Montana에 거주]; ⓤ 그 언어.

crow·bar [króubàːr] n. 쇠지레.

crow·ber·ry [króubèri / -b(ə)ri] n. (pl. **-ries**) 시로미 [북부 지방산 (産)의 상록 관목]; 그 열매 [식용].

‡**crowd**[1] [kraud] n. **1** 군중, 사람 무리; 많은 사람들, 잡답 (雜畓). ¶ a large *crowd* of people in the streets 길거리의 많은 사람들 (* 많은 수를 강조할 경우는 large *crowd*s of ... 처럼 복수형을 쓴다) / The *crowd* was (were) dispersing. 군중은 뿔뿔이 흩어지고 있었다. * *crowd*는 한 덩어리의 집합체로 볼 때에는 단수 동사, 집합체의 구성원을 생각할 때에는 복수 동사를 취한다.

類語 *crowd* 많은 사람이 밀집하여 한 무리의 구별이 되지 않는 무리: A *crowd* gathered around the actress. 군중이 여배우 둘레에 모였다. **throng** *crowd*와 같은 뜻; 밀집보다 서로 밀치면서 이동하는 뜻이 강할 경우가 있다: A *throng* followed the actress into the hotel lobby. 군중이 그 여배우를 따라서 호텔의 로비로 들어갔다. **horde, swarm** 둘 다 난폭 · 조야한 군중을 암시하는 경멸적인 뜻: a *horde* (=a *swarm*) of rowdy boys 난폭한 개구쟁이의 떼거리. **mob** 파괴적 행위를 하는 폭도의 무리: A *mob* set fire to the police box. 폭도들이 파출소에 불을 질렀다.

2 (the ~) 대중, 민중. ¶ appeal to the *crowd* 민중에 호소하다. **3** 다수, 많음. ¶ a *crowd* of books (birds) 많은 책(새). **4** 《구어》 동료들, 패거리 (company, group). ¶ a jolly *crowd* 명랑한 패거리 / the boy and his *crowd* 소년과 그 동아리. **5** 관객, 구경꾼. ¶ A first day draws a good *crowd*. 첫날에는 상당히 많은 관객이 온다.

in crowds 여럿이, 떼를 지어. ¶ gather *in crowds* 많은 사람이 모이다, 떼지어 모이다.

That may (or *might, would*) *pass in a crowd.* 《구어》 그것은 눈에 띄게 빠지지는 않을 것이다, 그저 수수할 것이다.

— vi. **1** 떼지어 모이다, 붐비다(*around, round*...). ¶ (~ + 前+ 图) They *crowded* around the woman. 그들은 그 여자 둘레에 모였다. **2** 밀어닥치다, 밀고 들어가다 (*into, through, to*...). ¶ (~ + 前+ 图) The boys *crowded into* the room. 소년들은 방에 서로 밀치며 들어갔다 / People *crowded through* the gate. 사람들은 서로 밀치며 대문을 빠져나갔다.

— vt. **1** [장소]에 꽉 차게 모이다(모이다). ¶ *crowd* a street 사람이 거리를 메우다 / The bus is *crowded*. 버스는 만원이다 / The store was *crowded* with shoppers. 그 가게는 손님들이 꽉 들어차 있었다 / The room is *crowded* to suffocation. 그 방은 숨이 막히도록 사람이 들어와 있다. **2** [사람·물건]을 [⋯에] 밀어 (쑤셔) 넣다. ¶ (~ + 前+ 图) *crowd books into a box*; *crowd* a *box with books* 책을 상자에 채우다 / Passengers are *crowded into* a train in the rush hour. 러시아워에는 승객들을 짐작 실듯 한다. **3** 《구어》 《남》에게 성가시게 조르다, 압력을 가하다, 청구하다. ¶ (~ + 前+ 图) *crowd* a *debtor for* immediate payment 채무자에게 당장 지불하라고 독촉하다.

crowd on (or, *upon, in upon*) 《생각 따위가》 …의 머리에 떠오르다, 쇄도하다. ¶ Memories *crowded in upon* her. 추억이 그녀의 마음에 잇따라 몰려왔다.

crowd out 만원 때문에, …을 밀어내다; …을 못 들어오게 하다. ¶ He tried to get in but was *crowded out*. 그는 들어가려고 했지만 만원이어서 밀려났다.

crowd [*a*] *sail* ⇔ SAIL.

crowd[2] [kraud] n. 크라우드 [바이올린 비슷한 고대 켈

crowd·ed [kráudid] *adj.* 혼잡한, 대만원인; [사건·경험이] 가득한. ¶ a *crowded* theater 만원을 이룬 극장.

crowd-pul·ler [kráudpùlər] *n.* 인기(관객)를 끄는 것(사람).

crow·foot [króufùt] *n.* (*pl.* -**feet** [-fì:t] →1) **1** (*pl.* -**foots**) 미나리아재비·젓가락나물 따위의 식물(깊이 갈라진 잎이 까마귀 발을 연상케 하는 데서). **2** (군사) =caltrop. **3** (항해) 차양 따위를 달아매는 밧줄(장치). **4** =crow's-foot.

crow·foot·ed [króufùtid] *adj.* 눈초리에 주름이 진.

Crow Jím *n.* 《美俗》[백인에 대한] 흑인의 인종차별[Jim Crow 를 거꾸로 한 것].

crów líne *n.* 일직선, 최단 거리(beeline).

crown [kraun] *n.* **1** 왕관, 보관(寶冠); (the ~, 종종 the C-) 왕위; 제왕의 신분; 군주; 주권, 국왕의 지배. ¶ an officer of the *crown* (英)관리 / succeed to (relinquish) the *crown* 왕위를 계승하다(버리다). **2** 화관 (승리의 상징), 영관, 최고의 광영(명예). ¶ a *crown* of thorns [그리스도에게 씌워진] 가시 면류관[고뇌의 상징. 〓마태 복음(Matt.)27 : 29] / a martyr's *crown* 순교자의 영예 / He took the *crown* in tennis. 그는 테니스에서 우승했다. **3** 왕관인(印), 왕관표지; [뒷면에 왕관이 새겨진] 크라운 화폐[영국의 5실링 은화]; (U) [왕관의 투명 무늬가 든] 크라운 인쇄 용지 [15×20인치]. **4** 산꼭대기; 머리; [새의] 볏; [모자의] 춤; 절정, 극치. ¶ the *crown* of the year 1년 중 가장 좋은 철 [the *crown* of manhood 남자의 한창때 / They broke his *crown*. 그들은 그의 정수리를 깼다 / The *crown* of literature is poetry. 문학의 극치는 시다. **5** [치과] 치관(齒冠); [식물] 부관(副冠)(corona), 수관(樹冠); [건축] 홍예머리(아치의 최상부); [항해] 묘정(錨頂); [닻채와 닻가지가 붙은 곳). **6** [병의] 마개.

crown and anchor 주사위 노름의 일종[루사쉬에 상관·닻의 표시가 있다].
wear a crown 왕위에 있다.

── *vt.* **1** (남)에게 왕관을 씌우다, (남)을 왕위에 앉히다. ¶ George VI was *crowned* in 1936. 조지 6세는 1936년에 즉위했다 // (~+图+補) The people *crowned* him king. 국민은 그를 왕위에 앉혔다. **2** …의 꼭대기에 얹다, 이게 하다, 쓰우다. ¶ (~+图+前+图) the peaks *crowned with* snow 눈덮인 산봉우리들 / *crown* a tooth with gold 이에 금을 씌우다 / *crown* a poet *with* a laurel 시인에게 월계관을 씌우다. **3** …에게 영예를 주다, 보답하다; …을 완성하다, …의 최후를 장식하다. ¶ Success has *crowned* his hard work. =His hard work has been *crowned* with success. 성공이 그의 노고를 보상했다. **4** 〔서양장기〕(말)을 왕이 되게 하다. **5** (속어) (남)의 정수리를 때리다.
to crown all 게다가, 결국에 가서는. ¶ *To crown all*, we all failed. 결국에는 우리 모두가 실패했다.

crówn cánopy *n.* [숲 따위의] 나무들의 꼭대기.
crówn cáp *n.* [병의] 마개.
crówn cólony *n.* 영국 직할 식민지.
Crówn Dérby *n.* (U) 더비 자기(磁器) [영국 Derby 산(産), 왕실 인가를 나타내는 왕관표가 붙어 있다).
crowned [kraund] *adj.* 왕관을 쓴, 왕위에 오른; 왕관 장식이 있는; 영예를 얻은. ¶ a *crowned* head 군주, 왕. **2** 《종종 복합어로》[모자의] 춤이 있는, 꼭대기 부분이 높은. *high-crowned* hat 춤이 높은 모자.
crown·er¹ [kráunər] *n.* 영예를 주는 사람(것); 최후를 장식하는 것(사건), 완성자.
crown·er² [kráunər] *n.* (英방언) 검시관(coroner).
crówn gláss *n.* (U) **1** 투명하고 굴절도가 낮은 광학 기계용 유리. **2** 원형의 강화(强化) 창유리.
crówn gréen *n.* (英) 좌우 양쪽보다 중앙부가 솟아 오른 잔디밭의 볼링 장소.
crown·ing [kráuniŋ] *adj.* 정상의; 완성의; 더할 나위 없는, 최고의(supreme).

crówn jéwels *n. pl.* [왕관·왕홀 등 왕위를 상징하는] 의식용 보석류; 즉위의 보기(寶器)(regalia).
crówn lánd *n.* **1** (U) (C) 왕령, 왕실 소유지. **2** 옛날의 오스트리아·헝가리 왕국의 주(州).
crown-land [kráunlænd] *n.* =crown land **2**.
crówn láw *n.* (U) (영국의) 형법(criminal law).
Crówn Óffice *n.* (영국) 고등 법원 내의 형사부; 대법 관청(Chancery)의 국새부(國璽部).
crown-piece [kráunpì:s] *n.* 크라운 화폐[영국의 5실링 은화].
crówn prínce *n.* 황태자. *영국의 황태자는 Prince of Wales 〔정상속인〕.
crówn princéss *n.* **1** 황태자비, 왕세자의 여성 추
crówn whéel *n.* [시계의] 크라운 톱니바퀴.
crown-work [kráunwə̀ːrk] *n.* (U) **1** (築城) 관채(冠砦) [보통 위험한 지점을 가리키기 위한 방어 보루). **2** (치과) 금관 기공(技工); 금관.
crów quíll *n.* [까마귀의 깃촉으로 만든] 깃펜; [제도용] 촉이 가는 펜.
crow's-bill [króuzbìl] *n.* [해부] 까마귀 부리 모양의 돌기.
crow's-foot [króuzfùt] *n.* (*pl.* -**feet** [-fìːt]; 보통 -**feet**) 눈초리의 주름살. **2** [재봉] [자수의] 세 가닥 뜨기. **3** (군사) =caltrop.
crow's-nest [króuznèst] *n.* **1** 까마귀 둥지, **2** [항해] 돛대의 감시소[꼭대기 가까이에 있다].
crow-step [króustèp] *n.* [박공 양쪽에 붙인] 층층대 [모양의 것](corbiestep).
crow-toe [króutòu] *n.* **1** 미나리냉이속(屬)의 식물(toothwort). **2** 노랑들콩(bird's-foot trefoil). **3** (英) 종 모양의 붉은 나리과의 초목 (wood hyacinth). **4** (英) 미나리아재비(buttercup).
croy·don [króidən] *n.* 크로이든형 마차[1두 2륜마차].
Croy·don [króidən] *n.* 영국 Greater London의 한 자치구.
cro·zier [króuʒər] *n.* =crosier.
CRP (略) Committee to *Re-elect the P*resident (미국 대통령 재선 위원회).
CRS (略) *C*omputer *R*eservation *S*ystem (컴퓨터 좌석 예약 시스템).
CRT (略) *c*athode-*r*ay *t*ube (브라운관).
cru·ces [krúːsiːz] *n.* crux 의 복수형의 하나.
*****cru·cial** [krúːʃ(ə)l / -ʃ(i)əl] *adj.* **1** 결정적인 (decisive), 아주 중대한(critical). ¶ a *crucial* experiment 결정적인(중대한) 실험. **2** 가혹한, 괴로운(severe, trying); 곤란한. ¶ a *crucial* period 고난의 시기 / a *crucial* problem 어려운 문제. **3** 십자 형의 (cross-shaped). ¶ a *crucial* incision (해부) 십자 절개. ~**ly** [-ʃ(ə)li / -ʃ(i)əli] *adv.*
cru·ci·ate [krúːʃiit, +美 -èit] *adj.* **1** 십자형의 (cross-shaped). **2** [식물] [꽃잎이] 십자형의, a *cruciate* flower 십자화(花 따위). **3** [곤충의 날개가] 비스듬히 교차하는.
cru·ci·ble [krúːsibl / krúsíbl] *n.* **1** 도가니. **2** [야금] [용광로 안에서 녹은 금속이] 괴는 곳. **3** 혹독한 시련.
crúcible stéel *n.* (U) 도가니 강철.
cru·ci·fer [krúːsifər] *n.* **1** [종교적 행렬 따위의] 십자가를 받들어 드는 사람(cross-bearer). **2** (식물) 십자화과(科) 식물.
cru·cif·er·ous [kruːsífərəs] *adj.* **1** 십자가를 진. **2** [식물] 십자화과(科) 식물의.
cru·ci·fix [krúːsifìks] *n.* **1** 그리스도의 십자가상. **2** (제조) 크루시픽스[링에서 팔을 수평으로 펴고 잠깐 정지하는 기술].
cru·ci·fix·ion [krùːsifíkʃ(ə)n] *n.* **1** (U) 십자가에 못박음(박형). **2** (C-) 십자가에서의 그리스도의 죽음. **3** 그리스도의 못박힌 상(그림), (U) (C) 괴로운 시련.
cru·ci·form [krúːsifɔ̀ːrm] *adj.* 십자형의, 십자가 모양의(cross-shaped). ~**ly** *adv.*
*****cru·ci·fy** [krúːsifài] *vt.* (-**fied, -fy·ing**) **1** (남)을 십

자가에 못박다. **2** [남]을 학대하다. **3** [욕정 따위를] 억제하이다(subdue). ◇ crucifíxion *n*.

crud [krʌd] *n*. **1** 《속어》싫은 녀석. **2** 《속어》엉긴 퇴적물. **3** (the ~) 《속어》부정 수소(不定愁訴), 몸의 불편. **4** 《방언》= curd.

‡crude [kruːd] *adj*. (**crud·er, crud·est**) **1** 천연 그대로의, 날것의; 가공하지 않은. ⇨ RAW 類語 ¶ a *crude* fact 있는 그대로의 사실 / *crude* sugar 조당(粗糖) / *crude* material[s] 원료. **2** 조야한, 무람없는; 교양없는. ¶ *crude* behavior 거친 태도 / *crude* manners 버릇없음. **3** 조잡한(rough), 미완성의, 투박한. ¶ a *crude* summary 대충의 요약. **4** 숨김없는, 노골적인(bare). ¶ a *crude* answer 버릇없는 대답. **5** [과일 따위가] 덜 익은; [병(病) 따위가] 초기의. **~·ly** *adv*. **~·ness** *n*. ◇ crúdity *n*.

crúde óil (**petróleum**) *n*. ⓤ 원유.

cru·di·ty [krúːditi] *n*. (*pl*. **-ties**) **1** ⓤ 날것 그대로의 상태. **2** ⓤ 조잡, 무람없음, 미숙. **3** 미숙한 것, 미완성품.

‡cru·el [krúːəl, kruəl] *adj*. (**-el·er, -el·est**; 《英》**-el·ler, -el·lest**) **1** 잔인한, 잔혹한, 가차없는, 매정한, 무자비한. ¶ a *cruel* master 잔인한 주인 // He is *cruel* to his students. 그는 학생들에 대해서 냉혹하다 // It's very *cruel* of you to do such a thing. 그런 짓을 하다니 당신은 잔인하군요.
類語 **cruel** 남의 괴로움에 무관심한, 예사롭게 고통을 주는: a *cruel* stepmother 잔인한 계모. **brutal** 짐승같이 잔인하고 폭력을 휘두르는: a *brutal* killer 잔인한 살인자. **pitiless** 자비심 없는: a *pitiless* sentence 비정한 판결. **ruthless** 목적 달성을 위해서 수단을 가리지 않고 예사롭게 cruel 한 짓을 하는: *ruthless* in collecting debts 빚의 수금에 무자비한. **savage** 사납게 brutal 한: a *savage* battle 잔혹한 전투.
2 비참한, 무참한(harsh); 지독한; [운명 따위의] 가혹한(distressing). ¶ a *cruel* sight (war) 참혹한 광경(비참한 전쟁) / a *cruel* fate 가혹한 운명.
— *adv*. 《방언》몹시, 지독히(cruelly). ¶ It's a *cruel* hard work. 그것은 몹시 어려운 일이다. **~·ness** *n*. ◇ crúelty *n*., crúelly *adv*.

cru·el·heart·ed [krúːəlhɑ̀ːrtid, krúəl-] *adj*. 무자비한, 냉혹한.

*cru·el·ly [krúːəli, krúəli] *adv*. **1** 잔혹하게, 무참하게. **2** 지독히, 몹시, 엄청나게(extremely).

‡cru·el·ty [krúːəlti, krúəl-] *n*. (*pl*. **-ties**) **1** ⓤ 잔혹, 무자비, 잔인성. ¶ the *cruelty* of fate 운명의 냉혹함. **2** ⓤ 무참함(harshness), 비참. ¶ the *cruelty* of a war 전쟁의 무참함. **3** 잔인한 행위, 만행. ¶ *cruelties* to animals 동물 학대. ◇ crúel *adj*.

cru·et [krúːit] *n*. **1** 양념병(소스·기름·후춧가루 따위를 넣어서 식탁에 내놓는 유리병), **2** 주수병(酒水瓶) [미사 등에 쓰는 포도주, 또는 물을 담는 작은 병]. ampulla

*cruise [kruːz] *v*. (**cruised, cruis·ing**) *vi*. **1** [여행·통상 따위를 위해] 항행하다; [경계를 위해] 순항(巡航)하다. ¶ a *cruising* range 항행 가능 한도. **2** [사람이] 어슬렁어슬렁 거닐다, 만유(漫遊)하다. **3** 《구어》이성을 찾아 밤거리 따위를] 돌아다니다; [택시가 손님을 찾아] 돌아다니다, [순찰차가 범인을 찾아] 순회하다. ¶ The police car is *cruising* in the park. 경찰차는 공원 안을 순회하고 있다. — *vt*. …을 항행(순회, 순양)하다. — *n*. 순항, 순양, 순회; 어슬렁어슬렁 거닐기. ⇨ TRIP 類語 ¶ be on a *cruise* 순항중이다 / go on (or for) a *cruise* 순항(만유)하다.

crúise cár *n*. = squad car.

crúise mìssile *n*. 《군사》순항(巡航) 미사일[미국의 전략·전술 핵무기].

*cruis·er [krúːzər] *n*. **1** 순회선, 순회자. **2** 순양함[전함보다 장비가 가볍고 속력이 빠르며 항행 범위가 넓은 군함]. ¶ an armored *cruiser* 장갑 순양함 / a converted *cruiser* 개장(改裝) 순양함. **3** [거실·조리실·오락실 따위를 완비한] 행락용 모터보트(cabin cruiser). **4** [경찰의] 순찰차(squad car). **5** 삼림 답사자; 순항중의 비행기; 빈 차로 다니는 택시. **6** 《속어》매춘부; 《구어》여행자. **7** 《권투》= cruiserweight.

crúis·er·wèight [krúːzərwèit] *n*. 《英》《권투》= light heavyweight.

crúis·ing rádius [krúːziŋ-] *n*. 항속(航續) 반경.

crúising spèed *n*. ⓤⓒ 순항 속도, 경제 속도.

crul·ler [krʌ́lər] *n*. 크러러[고리 모양·꽈배기 모양의 튀김 과자]. ¶ 《방언》도넛.

*crumb [krʌm] *n*. **1** (보통 ~s) [빵·과자 따위의] 부스러기, 작은 조각; 빵가루. ¶ *crumbs* of bread 빵부스러기. **2** ⓤ 빵의 속[부드러운 부분]. *cf*. crust **3** 조금, 소량(bit). ¶ a *crumb* of comfort 약간의 위로 / *crumbs* of information 약간의 지식. **4** 《속어》하찮은 녀석, 싫은 놈. — *vt*. **1** [빵·과자 따위를] 부스러기[가루]로 만들다. **2** [요리] …에 빵가루를 묻히다. **3** 《구어》…에서 빵가루를 없애다. ¶ *crumb* a table 식탁에서 부스러기를 없애다. ◇ crúmby *adj*. [솔.

crúmb brùsh *n*. [식탁용의] 빵 부스러기 터는

crúmb-clòth [krʌ́mklɔ̀ːθ, -klɔ̀(ː)θ] *n*. 빵 부스러기 받이[식탁 밑의 융단 위에 까는 천].

‡crum·ble [krʌ́mbl] *v*.(**-bled, -bling**) *vt*. …을 산산조각각나게 하다, 바수다. — *vi*. **1** 산산조각이 되다, 부서지다. ¶ a *crumbling* wall 허물어지다는 벽. **2** 멸망하다(perish), 붕괴하다(decay), 소실하다. ¶ (~+前+名) The temples *crumbled into* ruin. 신전은 허물어져 폐허가 되었다 / My hopes have *crumbled to* nothing. 내 희망은 깨어져 무(無)로 돌아갔다. ◇ crúmbly *adj*.

crum·bly [krʌ́mbli] *adj*. (**-bli·er, -bli·est**) 부서지기 쉬운, 무른. **-bli·ness** *n*.

crumbs [krʌmz] *interj*. 《英속어》= crikey.

crumb·y [krʌ́mi] *adj*. (**crumb·i·er, crumb·i·est**) **1** 빵부스러기투성이의. **2** [빵 속같이] 부드러운(soft).

crum·my [krʌ́mi] *adj*. (**-mi·er, -mi·est**) **1** 《속어》초라한(shabby), 누추한; 하찮은(worthless), 싸구려의(cheap). **3** 《英속어》[여자가] 토실토실하고 예쁜, 살진.

crump [krʌmp] *vt*. **1** …을 오도독오도독(아삭아삭) 씹다(crunch). **2** 《英구어》[크리켓 공을] 세게 치다. — *vi*. **1** [폭탄 따위가] 격렬한 소리를 내고 폭발하다. **2** [눈 위를 밟아] 자박자박 소리내다. — *n*. **1** 아삭아삭(자박자박) 하는 소리. **2** 《英구어》강타. **3** 내형 포탄, 폭탄; 그 폭발음.

crum·pet [krʌ́mpit] *n*. **1** 《주로 英》[석쇠 위에서 굽는] 핫케이크의 일종. **2** 《속어》성적 매력; 성적 매력이 있는 여자. **3** 《속어》머리(head).

*crum·ple [krʌ́mpl] *v*. (**-pled, -pling**) *vt*. **1** …을 구기다; [종이 따위를] 구깃구깃 뭉치다(...up). ¶ (~+目+名) He *crumpled* [*up*] a letter into a ball. 그는 편지를 구깃구깃 뭉쳤다. **2** [남]을 무찌르다, 압도하다(...up). ¶ They *crumpled* [*up*] the opposing army. 그들은 적군을 압도했다. — *vi*. **1** 구겨지다, 쭈글쭈글해지다. ¶ This cloth *crumples* easily. 이 천은 잘 구겨진다. **2** 무너지다, 허물어지다(*up*...). ¶ (~+前+名) *crumple* to dust 무너져서 먼지가 된다 / (~+副) He *crumpled up* under the news. 그 뉴스를 듣고 그는 축 늘어졌다. — *n*. 구김살.

crum·pled [krʌ́mpld] *adj*. **1** 쭈글쭈글해진. ¶ a *crumpled* pack of cigarettes 짜부라진 담배곽. **2** 뿔 따위가] 뒤틀린(curved).

crunch [krʌntʃ] *vt*. **1** …을 오도독(아삭아삭) 씹다(깨물다), ¶ The dog *crunched* the bone. 개는 뼈를 오도독 깨물었다. **2** [자갈길·눈길 따위를] 자박자박 밟다. — *vi*. **1** 오도독 소리내며 씹다. **2** 자박자박 소리내다; 자박자박 소리내며 나아가다(*along*, *through*...). ¶ The hard snow *crunched* under our feet. 딱딱한 눈이

우리 발에 밟혀 보드득보드득 소리를 냈다 / They *crunched through* the snow. 그들은 자박자박 눈을 밟으며 나아갔다. —— n. **1** 오도독 씹기(씹는 소리); 자박자박 나아가기(나아가는 소리). **2** 곤란, 곤경; 금융 핍박, 경제 위기; 전기(轉機), 위기.

crunch·y [krʌ́ntʃi] *adj.* (**crunch·i·er, crunch·i·est**) 오도독오도독 하는, [밟은 눈 따위가] 자박자박 하는.

cru·or [krúːɔːr] *n.* 《폐어》[굳은] 핏덩이.

crup·per [krʌ́pər] *n.* **1** 껑거리끈[말꼬리 밑을 지나서 안장에 매는 가죽끈]. **2** [말의] 엉덩이(rump).

cru·ral [krúːrəl / krúər-] *adj.* 다리의; [특히 동물] 각부(脚部)의.

crus [krʌs, krʌs] *n.* (*pl.* **cru·ra** [krúːrə / krúərə]) 《해부·동물》 다리, 하퇴(下腿) [허벅다리와 복사뼈와의 사이]. 〈L leg, shank〉

***cru·sade** [kruːséid] *n.* **1** (종종 C-) 《역사》 십자군. **2** 《교황이 인가한》 성전(聖戰). **3** 개혁(박멸) 운동. ¶ a *crusade against* tuberculosis 결핵 박멸 운동 / a temperance *crusade* 금주 운동 / a vice *crusade*; a *crusade against* vice 매춘 근절 운동. —— *vi.* (-sad·ed, -sad·ing) **1** 십자군에 참가하다. **2** 개혁(박멸) 운동에 참가하다(*against*...).

***cru·sad·er** [kruːséidər] *n.* **1** 십자군의 용사. **2** 개혁(박멸) 운동가.

cru·sa·do [kruːséidou, +美 -záː-] *n.* (*pl.* **-does** or **-dos**) 크루사도 화폐 [십자가가 새겨진 옛날 포르투갈 금화(은화)].

cruse [kruːz, kruːs] *n.* 《고어》 단지(earthen pot), 병. ¶ the widow's *cruse*《성서》과부의 단지; 화수분[← 열왕기(상) 1 (1 Kings) 17: 12-16].

***crush** [krʌʃ] *vt.* **1** …을 눌러 부수다, 밟아 으깨다. **BREAK** 類語 ¶ *crush* a beetle under(*or* with) the foot 풍뎅이를 밟아 뭉개다 / (~+目+前+名) My hat was *crushed* flat. 내 모자가 납작하게 찌푸러졌다 / (~+目+前+名) *crush* a person to death 사람을 압사시키다. **2** …을 밀어넣다, 밀치고 가다. ¶ (~+目+前+名) We were *crushed into* the room. 우리는 방 안으로 밀려 처박혔다 / He *crushed* his way through the crowd. 그는 군중 사이를 헤치고 나아갔다.

3 …을 가루로 만들다, 빻다. ¶ *crush* ores 광석을 부수다 / *crush* aspirin 아스피린을 가루로 만들다.

4 …을 압착(壓搾)하다, 으깨다, 짜다. ¶ *crush* nuts for oil 기름을 짜려고 열매를 압착하다 // (~+目+前+名) *crush* [*out*] the juice from grapes 포도에서 과즙을 짜다.

5 …을 구깃구깃 구기다 (…*up*); …을 꼭 껴안다. ¶ (~+目+副) I *crushed* [*up*] his letter in my hand. 그의 편지를 손안에서 구겨버렸다 / Take care not to *crush* [*up*] my cap. 모자를 찌그러뜨리지 않도록 조심해라 / (~+目+前+名) She *crushed* her child to her breast. 그녀는 아이를 가슴에 꼭 껴안았다.

6 …을 압도하다, 진압하다(overwhelm) (...*out*); [정신적으로] [남]을 좌절시키다(disconcert). ¶ My hopes were *crushed*. 내 희망은 산산조각이 났다 / He was *crushed* with grief. 그는 슬픔에 잠겼다 / (~+目+前+名) They *crushed* all their enemies *out of* existence. 그들은 적군을 전멸시켰다.

—— *vi.* **1** 으스러지다, 구겨지다. ¶ (~+副) Cotton *crushes* very *easily*. 무명은 잘 구겨진다. **2** [군중이] 서로 밀치며 들어가다(*into*...), 헤치며 가다(*through*...). ¶ (~+前+名) *crush into* a train 열차에 쇄도하다 / *crush through* a gate 서로 밀치면서 대문을 지나가다. *crush a cup of wine* (*or* *a pot of ale*) 한잔 한다. *crush a fly on the wheel* ⇒ WHEEL.

—— *n.* **1** 분쇄, 으깨기; 압도. **2** 군중, 혼잡; 《구어》 손님이 많은 모임 《특히 소녀가 소년에게 느끼는》 강한 연모; 그 상대자. ¶ She had (*or* got) her first *crush* on a handsome boy. 그녀는 멋진 소년에게 처음으로 딱 반했다.

crush bàr *n.*《英》 [막간에 손님이 이용하는] 극장내 음료 매점.

crush bàrrier *n.*《英》 군중을 가로막기 위한 철책.

crush·er [krʌ́ʃər] *n.* **1** 으깨는 것(사람), 분쇄기, 크러셔. **2** 통렬한 일격 (knockout); 남을 당황하게 만드는 (일).

crush hát *n.* **1** 오페라 해트 [접게 된 실크해트].

crush·ing [krʌ́ʃiŋ] *adj.* **1** 으깨는, 분쇄하는. **2** 압도적인 (overwhelming); 결정적인 (decisive). ¶ a *crushing* defeat 재기 불능의 참패. ~**·ly** *adv.*

crush-room *n.* [극장의] 휴게실, 로비.

Cru·soe [krúːsou] *n.* Robinson ~ Daniel Defoe 의 소설 *Robinson Crusoe*(1719) 의 주인공.

***crust** [krʌst] *n.* **1** 빵껍질. *cf.* crumb (a ~) 딱딱해진 빵조각, (one's ~)《비유적》생활의 양식. ¶ earn one's *crust* 밥벌이를 하다. **2** [파이의]껍질. **4** [물건의]딱딱한 표면, 외피(外被); [지질] 지각; [동물의]갑각(甲殼). ¶ *crust* movement 지각 운동 / a *crust* of snow 딱딱해진 눈의 표면. **5** [포도주 따위의] 버캐(scum). **6** 부스럼 딱지. **7** [사물의] 표면, 겉보기. **8** (~ 《속어》 철면피, 후안무치(gall). ¶ have the *crust* to do 뻔뻔스럽게도 …하다 / …을 외피[걸껍질]로 덮다; 에 딱지 [딱딱한 겉껍질]을 생기게 하다. —— *vi.* 겉껍질(외피)이 생기다; 딱딱한 껍질이 되다. ¶ By the next day the snow had *crusted* over. 이튿날에는 벌써 눈이 땅 위에 얼어붙어 있었다. ◇ **crústy** *adj.*

Crus·ta·ce·a [krʌstéiʃiə / -ʃjə] *n. pl.* 《동물》 갑각강(甲殼綱) 《게·새우 따위》.

crus·ta·cean [krʌstéiʃ(ə)n / -téiʃjən] 《동물》 *adj.* 갑각류의. —— *n.* 갑각류의 동물.

crus·ta·ceous [krʌstéiʃəs] *adj.* **1** 갑각의, 갑각 같은; 갑각이 있는, 딱지를 가진. **2** 갑각류의(crustacean), 갑각류 같은.

crust·ed [krʌ́stid] *adj.* **1** 걸껍질(외피)이 있는, 표면이 딱딱해진. **2** [포도주가 오래 묵어서 병에] 버캐가 생긴. **3** 에스러워진; [생각 따위가] 굳어버린, 융통성 없는.

crust·y [krʌ́sti] *adj.* (**crust·i·er, crust·i·est**) **1** 표면이 딱딱한, 딱지(딱딱한 껍질)가 있는. **2** 퉁명스러운; 심술궂은; 성마른. ¶ a *crusty* reply 퉁명스러운 대답. **crúst·i·ly** *adv.* **crúst·i·ness** *n.*

***crutch** [krʌtʃ] *n.* **1** 목발, 협장(脇杖). ¶ a pair of *crutches* 한 쌍의 목발 / on *crutches* 목발을 짚고, **2** [여성용 안장(sidesaddle)의] 등자. **3** [사람의] 샅(crotch). **4** 《항해》 고물의 팔꿈치 모양의 버팀나무(크러치)노받이. **5** 버팀, 받쳐주는 것. —— *vt.* …을 목발로 버티다; …을 버티다, …에 버팀나무를 괴다(prop, sustain).

crutch·ed *adj.* **1** 목발에 의지한, 버팀나무가 있는. **2** [krʌ́tʃid] 십자가 표가 있는, 십자가를 건.

Crútched Fríars *n. pl.* 《고어》 십자가회 수사 [영국으로 건너간 가톨릭 수도회의 하나. 지팡이나 어깨에 십자가를 달고 있었다 / 영국 London 의 십자가회 수도원 자리.

crux [krʌks] *n.* (*pl.* **crux·es** *or* **cru·ces**) **1** 요긴한 곳, 가장 중요한 점. **2** 십자가(cross). **3** 난처한 곳, 난점, 수수께끼. **4** (the C-) 《천문》 남십자성. *cf.* cross 7

crux an·sa·ta [~ ænséitə] *n. pl.* **cru·ces an·sa·tae** [krúːsiːz ænséitiː] 위쪽에 고리 모양의 손잡이가 달린 십자가. 〈L cross with handle, ansate cross 손잡이가 달린 십자가〉

cru·zei·ro [kruːzéirou] *n.* (*pl.* **-ros**) 크루제이로 [브라질의 통화 단위]; 크루제이로의 경화(硬貨).

‡**cry** [krai] *v.* (**cried, cry·ing**) *vi.* **1** [사람이] 슬픔·고통 따위 때문에 소리지르다, 외치다, 소리내어 울다, 울부짖다, 흐느껴 울다. ¶ (~+前+名) *cry with* pain 고통스러운 나머지 소리지르다 / The old lady *cried* for joy at the news. 그 노부인은 그 소식을 듣고 기뻐서 울었다 / He *cried over* his mother's remains. 그는 어머

crybaby

니의 시신을 붙들고 울었다 / *It is no use crying over spilt milk.* 《속담》 엎지른 우유가 아까와서 울어도 도움 없다, 엎지른 물은 다시 담을 수 없다 // (~+前) *cry out with pain* 아픈 나머지 소리지르다.
〖類語〗¹ **cry** '울다'라는 뜻의 가장 일반적인 말: *Babies can't talk; they only cry.* 갓난아기는 말을 하지 못하고 울 뿐이다. **weep** 눈물을 흘리며 울다: *weep for joy* 기뻐서 눈물을 흘리다. **sob** 소리 죽여 흐느껴 울다. **blubber** 응석을 부리듯 엉엉 울다. **wail** 높은 소리로 길게 슬프게 울다. **moan** 신음하듯이 낮은 소리로 슬프게 울다. **whimper** 낮고 애처로운 소리를 간간이 내며 울다.
2 소리쳐 부르다(call loudly), 부르다, 외치다, 고함치다(shout). ¶ (~+副) *I cried out* for my mother. 어머니를 소리쳐 불렀다 // (~+副+前+名) *He cried out to me for help* (or to help him). 그는 도와달라고 내게 소리쳤다 / *He cried after me to return.* 그는 내 등 뒤에서 돌아오라고 외쳤다.
〖類語〗 **cry** '외치다'라는 뜻의 가장 일반적인 말; 뜻있는 소리나 뜻없는 소리나 상관없다: *cry out in pain* 고통으로 소리지르다. **shout** 뜻을 알아들을 수 있는 말로 소리쳐 말하다: *shout to one's companion* 일행에게 큰 소리로 말하다. **exclaim** 흥분 상태에서 갑자기 소리지르다: *exclaim in protest* 무식코 항의의 소리를 지르다. **bellow** 〔소가 울듯이〕 크고 굵은 소리를 지르다. **roar** 노여움·흥분 따위로 귀가 멍해지도록 큰 소리를 지르다.
3 〔새·짐승이〕 울다, 짖다, 〔사냥개가 짐승을 보고〕 세차게 짖어대다.
─ *vt.* **1** …을 소리치다, 큰 소리로 말하다, 외치다 (call out, shout). ¶ *He cried* [*out*] *a good night.* 그는 큰소리로 잘 자라고 말했다 // (~+*that*副) *She cried* [*out*] *that she was happy.* 그녀는 기쁘다고 큰소리로 말했다. **2** 〔대중에게〕 큰 소리로 …을 알리다; 〔상품〕을 외치며 팔다. ¶ *He cried* the news all over the town. 그는 온 읍내에 그 뉴스를 소리쳐가며 알렸다 / *cry one's goods* 물건을 사라고 외치다. **3** 〔눈물〕을 흘리며, 울어서 …하다. ¶ *cry bitter tears* 피눈물을 흘리다, 통곡하다 // (~+目+前) *cry oneself blind* 울어서 눈이 통통 붓다 // (~+目+前+名) *cry a person into…* 울어서 남에게 …시키다 / *The little girl cried herself to sleep.* 소녀는 울다가 잠들었다. **4** …을 외치며 구하다, 애원하다(beg, plead for). ¶ *cry mercy* 자비를 바라다.
cry against …에 소리치며 반대하다, 항의하다.
cry back ① …을 되부르다(call back). ¶ *Cry back* the servant. 하인을 되불러라. ② 〔동물이〕 격세유전하다, 원종(原種)으로 되돌아가다.
cry down ① …을 비난하다. ¶ *The clergy will cry* this book *down*. 성직자는 이 책을 비난하리라. ② …을 깎아내리다.
cry one's eyes (*heart*) *out* 눈이 안 보이도록〔가슴이 미어지도록〕 울다, 통곡하다.
cry for ① …때문에 소리치다(울다). ─ *vi.* 1. ② 울며 …을 구하다, …을 간청하다(beg for). ─ *vt.* 4. ¶ *The boy was crying for* some more cake. 그 소년은 과자를 더 달라고 울고 있었다. ③ …을 필요로 하다. ¶ *The state of things cries for* reform. 사태는 개혁을 필요로 하고 있다.
cry for the moon ⇨ MOON.
cry off (*vi.*) ① 〔거래·계획 따위에서〕 손을 떼다 (*from* …). ¶ *He cried off from* the expedition. 그는 원정에서 손을 뗐다. ② 〔약속 따위를〕 취소하다. ¶ *I intended to go, but I cried off* before the day. 나는 갈 생각이었으나, 전날에 취소했다.
cry out 크게 소리치다, ¶ 크게 외치다.
cry out against …에 격렬히 반대하다(항의하다). ¶ *They cried out against* high prices of commodities. 그들은 물가고에 격렬히 항의했다.

cry to 외치며 …에 호소하다, …에 울며 매달리다. ¶ *cry to* God 신의 가호를 청하다 / *cry to oneself* 몰래 울다.
cry up …을 극구 칭찬하다. ¶ 눈물을 흘리다.
cry wolf ⇨ WOLF.
─ *n.* (*pl.* **cries**) **1** 〔슬픔·고통·기쁨의〕 외침, 고함, 환성. ¶ *a cry of joy* 기쁨의 환성 / *a cry of fire* 불이야 하는 외침 / *a cry for help* 도움을 청하는 외침 / *A cry of protest was raised against* his suggestion. 그의 제안에 반대하는 소리가 높았다. **2** 우는 소리, 소리내어 울기. ¶ *have a good cry* 실컷 울다 / *Let her have her cry out.* 그녀가 울고 싶은대로 울게 내버려두어라. **3** 탄원(entreaty), 갈망. ¶ *He is deaf to her cries.* 그는 그녀의 애원을 들어주려 하지 않는다. **4** 외치며 다니는 소리, 사라고 외치는 소리. **5** 소문, 세평, 풍문; 여론(public opinion). ¶ *a cry against* (*for*) the reform 그 개혁에 반대〔찬성〕하는 소리. **6** 합성 (outcry); 표어, 슬로건. ¶ *an election cry* 선거의 슬로건. **7** 〔새·짐승의〕 울음 소리, 〔개 따위의〕 짖는 소리; 사냥개의 짖음.
a far cry 먼 곳; 심한 격차(차이). ¶ *His income is a far cry from his father's.* 그의 수입은 아버지의 수입에는 크게 못 미친다.
a hue and cry ⇨ HUE.
follow in the cry 부화뇌동하다.
give (or *raise*) *a cry* 소리치다, 외치다.
in (or *at, with*) *full cry* 〔사냥개가〕 일제히 추적하여; 〔비유적〕 총동원하여, 일제히.
much cry and little wool; *all cry and no wool* 《속담》 헛소동; 태산명동(泰山鳴動)에 서일필(鼠一匹).
out of cry 소리〔손〕가 미치지 않는 곳에.
within cry of …에서 부르면 들리는 곳에. ¶ Each house was *within cry of* another. 각자의 집은 서로 부르면 들리는 곳에 있었다.
cry·ba·by [kráibèibi] *n.* (*pl.* **-bies**) 울보.
cry·ing [kráiiŋ] *adj.* **1** 외치는, 우는, 울부짖는, 시끄러운. **2** 목과할 수 없는, 긴급을 요하는. ¶ *a crying evil* 한시도 내버려둘 수 없는 악폐 / *a crying need* 긴급을 요하는 일, 절박한 필요, 급무.
cryo- icy, cold, frost 라는 뜻의 연결형. 예: *cryogen.*
cry·o·bi·ol·o·gy [kràio(u)baiɔ́lədʒi/ -51-] *n.* U 저온(低溫)생물학.
cry·o·gen [kráiədʒ(ə)n] *n.* 한제(寒劑) 〔저온을 만드는 물질〕.
cry·o·gen·ic [kràio(u)dʒénik] *adj.* 저온학의.
cry·o·gen·ics [kràio(u)dʒéniks] *n. pl.* 《단수 취급》 저온학(低溫學).
cry·o·lite [kráiəlàit] *n.* U 빙정석(氷晶石) 〔알루미늄의 야금용 융제(融劑)로서 사용〕.
cry·om·e·ter [kraiámitər / -ɔ́m-] *n.* 저온도계.
cry·on·ics [kraióniks] *n. pl.* 《단수 취급》 인간 냉동 보존술.
cry·o·probe [kráio(u)pròub] *n.* 《의학》 저온 탐침 (探針) 〔조직을 얼려서 제거할 때 사용하는 것〕.
cry·o·pro·tec·tive [kráio(u)prətéktiv] *adj.* 동결 방지용의; 부동의. ─ *n.* 항(抗)동결제.
cry·o·stat [kráiəstæt] *n.* 저온 유지 장치.
cry·o·sur·ger·y [kràiəsə́ːrdʒəri] *n.* U 저온 수술.
cry·o·tron [kráio(u)tràn / -trɔ̀n] *n.* 〔전자 공학〕 크라이오트론 〔자계(磁界)로 제어할 수 있는 초전도성(超電導性)의 소자(素子); 컴퓨터 연산(演算) 회로용〕.
cry·print [kráiprìnt] *n.* 젖먹이 울음 소리의 성문(聲紋) 〔소아과의 진단에 사용〕.
crypt [kript] *n.* **1** 교회당의 지하실〔교회에 봉사한 사람이나 성자의 묘소로서 사용〕. **2** 〔해부〕 선와(腺窩), 소낭선(小囊腺).
crypt- ⇨ CRYPTO-. 〔법〕
crypt·a·nal·y·sis [krìptənǽləsis] *n.* UC 암호 해독
cryp·tic [kríptik], (**cryp·ti·cal** [-k(ə)l]) *adj.* **1** 숨은 (hidden); 비밀의; 수수께끼 같은, 신비스러운(mys-

tical); 암호의. ¶ a *cryptic* remark 수수께끼 같은 말. 2 〔동물〕 몸을 숨기기에 알맞은. ¶ *cryptic* coloring 보호(은폐)색. 3 통명스러운, 간결한. —— *n.* 암호문 (cryptogram). **-ti·cal·ly [-tikəli] *adv.*

cryp·to [kríptou] *n.* (*pl.* **-tos**) 〔정당의〕 비밀 당원, 비밀 지지자(동조자).

crypto- secret, hidden의 뜻 연결형(* 모음 앞에서는 crypt-를 쓴다). 예: *crypto*graph, *crypto*nym, *crypt*ic.

cryp·to-Com·mu·nist[krìptə(u)kámjunist/-kɔ́m-] *n.* 공산당 비밀 동조자; 공산당 비밀 당원.

cryp·to·gam [krípto(u)gæ̀m] *n.* 은화(隱花) 식물〔고사리·이끼 등 꽃이 피지 않는 식물〕. *cf.* phanerogam

cryp·to·gam·ic [krìpto(u)gǽmik] *adj.* 은화 식물의.

cryp·to·gram [krípto(u)græ̀m] *n.* 암호문.

cryp·to·gram·mic [krìpto(u)grǽmik] *adj.* 암호문의, 암호의.

cryp·to·graph [krípto(u)græ̀f / -grɑ̀:f] *n.* 1 = cryptogram. 2 암호(cipher), 암호 표기법. 「자.

cryp·tog·ra·pher [kriptágrəfər / -tɔ́g-] *n.* 암호 사용

cryp·to·graph·ic [krìpto(u)grǽfik] *adj.* 암호의, 암호 표기법의. **-i·cal·ly** [-ikəli] *adv.*

cryp·tog·ra·phy [kriptágrəfi / -tɔ́g-] *n.* (*pl.* **-phi·es**) 1 Ⓤ 암호 표기〔법〕. 2 암호문.

cryp·tol·o·gy [kriptálədʒi / -tɔ́l-] *n.* Ⓤ 1 =cryptography. 2 암호 연구.

cryp·to·mer·i·a [krìptəmí(:)riə / -míər-] *n.* 일본 삼나무(Japan cedar).

cryp·to·nym [kríptənim] *n.* 익명.

cryp·to·phyte [kríptəfàit] *n.* 땅속 식물.

‡**crys·tal** [krístl] *n.* 1 Ⓤ 수정. 2 as clear as *crystal* 〔수정처럼〕 투명한. 2 Ⓤ 크리스털 글라스〔투명도가 높은 고급 유리〕; Ⓒ 크리스털 글라스 제품, 고급 유리 그릇, ¶ silver and *crystal* 은식기와 유리 식기. 3 수정 제품, 〔점(占)따위에 쓰는〕 수정구(球). 4 〔화학·광물〕 결정〔체〕. ¶ *crystals* of snow 눈의 결정. 5 〔시계 문자반 위의〕 유리(watch glass). 6 〔무선〕 검파(檢波)용 광석, 크리스털, 광석 검파기(crystal detector). —— *adj.* 1 수정의, 수정질의. 2 크리스털 글라스제의. 3 수정 같은, 투명한, 맑게 비치는(transparent, clear). 4 〔무선〕 광석 검파기의, 광석 검파기를 사용한. 5 〔결혼 기념일 따위의〕 15회째의.

◇ crýs·ta·lline *adj.,* crýs·ta·llize *v.*

crystal báll *n.* 〔수정점(占)에 쓰는〕 수정(유리) 구.

crys·tal-clear [krístlklíər] *adj.* 수정처럼 맑은; 아주 명백(명료)한.

crystal clóck *n.* =quartz clock.

crystal detéctor *n.* 〔무선〕 광석 검파기(檢波器).

crystal gázer *n.* 수정 점쟁이.

crystal gázing *n.* Ⓤ 수정점.

crystal gláss *n.* Ⓤ 크리스털 글라스.

crystall- ⇨ CRYSTALLO-.

*crys·tal·line [krístəlin, -tlàin / -təlàin] *adj.* 1 수정의, 수정 같은, 맑은(clear), 투명한(transparent). 2 결정체(질)의, 결정 상태의, 결정체로 된. 3 수정으로 이루어진. —— *n.* 결정체; 〔안구의〕 수정체.

◇ crýs·tal *n.,* crýs·ta·llize *v.*

crýstalline héaven (sphére) *n.* 〔고대 그리스의 프톨레마이오스(Ptolemy)의 천문학에서〕 하늘 외곽(外廓)과 항성계 사이에 있다고 상상된 두 구체(球體)중의 하나.

crýstalline léns *n.* 〔해부〕 〔안구의〕 수정체.

crys·tal·lise [krístəlàiz] *v.* (*-lised, -lis·ing*) 《英》 =crystallize.

crys·tal·liz·a·ble [krístəlàizəbl] *adj.* 정화(晶化)시킬 수 있는, 결정(結晶)할 수 있는.

crys·tal·li·za·tion [krìst(ə)lizéi(ə)n / -lai-] *n.* 1 Ⓤ 결정〔과정〕; 정화(晶化); 구체화. 2 결정체, 결정 조직.

crys·tal·lize [krístəlàiz] (《英》에서는 **crystallise** 로도 쓴다) *v.* (*-lized, -liz·ing*) *vt.* 1 …을 결정시키다, 정화(晶化)시키다. 2 〔사상·계획 따위〕를 구체화하다. 3 …을 설탕절임으로 하다, …에 설탕을 묻히다. ¶ *crystallized* fruits 설탕절임한 과일.

—— *vi.* 1 결정하다, 정화하다. ¶ (~+*to do*) Water *crystallizes to* form snow. 물이 결정하여 눈이 된다. 2 〔사상·계획 따위가〕 구체화하다. ¶ (~+*前*+*图*) Her vague fear *crystallized into* a reality. 그녀의 막연한 두려움이 현실이 되었다. ◇ crýs·tal *n.,* crýs·ta·lline *adj.*

crys·tal·lo- crystal의 뜻의 연결형(* 모음 앞에서는 crystall- 을 쓴다). 예: *crystallo*graphy. 「정학자.

crys·tal·log·ra·pher [krìstəlɔ́grəfər / -lɔ́g-] *n.* 결

crys·tal·lo·graph·ic [krìstəlo(u)grǽfik], **-i·cal** [-ikəl] *adj.* 결정학의, 결정학적인.

crys·tal·log·ra·phy [krìstəlɔ́grəfi / -lɔ́g-] *n.* Ⓤ 결정학.

crys·tal·loid [kríst(ə)lɔ̀id] *adj.* 결정상(狀)의, 정질(晶質)의. —— *n.* 1 정질. *cf.* colloid 2 〔식물〕 가정채(假晶體) 〔유성(油性) 종자 중의 극히 미세한 결정질의 함유물〕. 「의.

crys·tal·loi·dal [krìstəlɔ́idəl] *adj.* 정질의, 가정질

Crýs·tal Róses [krístəlòuz] *n.* 〔상표명〕 크리스털로즈〔가용성(可溶性) 사카린〕.

crystal píckùp *n.* 〔전축의〕 크리스털 픽업.

crys·tal·see·ing [krístlsì:iŋ] *n.* =crystal gazing.

crys·tal·seer [krístlsì(:)ər] *n.* =crystal gazer.

crystal sèt *n.* 〔무선〕 광석 검파(檢波) 수신기.

crýstal vísion *n.* 수정점(占) (crystal gazing)에서 점쟁이가 본다는 수정 구슬 안의 환상.

crýstal wédding *n.* 수정혼식〔결혼 15주년 기념〕.

Cs 〔화학〕 cesium의 원자 기호.

CS 《略》 최루 가스[의 군용 기호]. 〔<발견자인 미국의 화학자 Ben Corson과 Roger Stoughton 의 이름〕

cs. 《略》 case, cases.

c.s. 《略》 capital stock; civil service.

C.S. 《略》 Christian Science; civil service; Confederate States.

C/S 《略》 cycles per second.

C.S.A. 《略》 Confederate States of America.

csc 《略》 cosecant.

CSC 《略》 Civil Service Commission(국가 공무원 임용 위원회). 「장〕.

C.S.C. 《英》 Conspicuous Service Cross(수훈 십자 훈

CSCE 《略》 Conference on Security and Cooperation in Europe(유럽 안전 보장 협력 회의).

csch 《略》 〔수학〕 hyperbolic cosecant.

CS gas *n.* Ⓤ 최루 가스의 일종〔CS는 군용 기호〕.

csk 《略》 cask. 「기계선〕.

CSM 《略》 command and service module(지령(指令)

C.S.O. 《略》 chief signal officer (신호 사관장); chief staff officer (참모 부장).

CSOC 《略》 Consolidated Space Operations Center(통합 우주 작전 센터).

Ć spring *n.* 〔차체를 받치는〕 C자형 용수철.

CST 《略》 Central Standard Time(중앙 표준시).

CT 《略》 〔의학〕 Cell *t*herapy (세포 요법); *c*omputed (*c*omputerized) *t*omography (컴퓨터 단층 촬영).

ct. (《略》) *c*arat; *c*ent; *c*entum; *c*ertificate; *c*ounty;

Ct. 《略》 Connecticut; Count. 「*c*ourt.

CTBT 《略》 Comprehensive Test Ban Treaty (포괄 핵실험 금지 조약).

CTC 《略》 Citizens' Training Corps (시민 훈련대); *c*entralized *t*raffic *c*ontrol(열차 집중 제어 장치).

cteno- comb 의 뜻의 연결형(* 모음 앞에서는 cten- 을 쓴다). 예: *cteno*phore(빗해파리), *cten*oid.

cte·noid [tí:nɔid, téni-] *adj.* 〔동물〕 빗살 모양의; 〔물고기가〕 깔쭉깔쭉한 비늘이 있는.

cten·o·phore [ténəfɔ̀:r] *n.* 〔동물〕 즐수모류〔櫛水母類〕의 해파리(comb jelly).

ctf. (略) certificate.

C3, C-3 [síːθríː] *adj.* 1 (군대) 체격(건강)이 열등한. 2 (英구어) 3류의(third-rate), 열등한(inferior); 가치가 없는(worthless).

ctn. (略) carton.

CTOL [síːtɔ́l / síːtɔ́ːl] *n.* (항공) 통상적인 이·착륙 (기) (*c*onventional *t*ake-off and *l*anding). *cf.* STOL, VTOL

CTS (略) (인쇄) *c*omputer *t*ype-*s*etting system(컴퓨터 조판 방식); *c*rude oil *t*ran*s*shipment *s*tation(원유 비축 기지); *c*entral *t*erminal *s*ystem([원유의] 중앙 터미널식 중계 수송 방식).

cts. (略) centimes; cents; certificates.

CTT (略) (英) *c*apital *t*ransfer *t*ax.

Cu (화학) *c*opper 의 원자 기호. [<L *cuprum*]

CU (略) close-up.

cu. (略) cubic; cumulus.

*****cub** [kʌb] *n.* 1 (여우·곰·사자 따위의) 새끼. ⇨ BEAR². 2 서투른(버릇없는) 아이; (순진한) 젊은이, 계집애. ¶ an unlicked *cub* 경험 없는 젊은이. 3 수습생, (특히) 햇병아리 기자. 4 =cub scout. — *vi* (**cubbed, cub·bing**) (여우 따위가) 새끼를 낳다. ◇ **cúbbish** *adj.*

cub. (略) cubic.

*****Cu·ba** [kjúːbə] *n.* 쿠바(서인도 제도 중의 공화국; 수도 Havana). ◇ **Cúban** *adj., n.*

cub·age [kjúːbidʒ] *n.* 체적, 용적.

*****Cu·ban** [kjúːbən] *adj.* 쿠바(사람)의. — *n.* 쿠바 사람.

cu·ba·ture [kjúːbətʃər] *n.* 1 (수) 입체 구적법(求積法). 2 체적, 용적.

cub·bing [kʌ́biŋ] *n.* ⓤ (주로 英) 새끼 여우 사냥 (hunting).

cub·bish [kʌ́biʃ] *adj.* 새끼 짐승 같은; 버릇없는, 서투른; 단정치 못한.

cub·by [kʌ́bi] *n.* (*pl.* **-bies**) 아담하고 아늑한 곳.

cub·by·hole [kʌ́bihòul] *n.* =cubby.

*****cube** [kjuːb] *n.* 1 입방체, 정 6 면체; 입방체로 된 것. 2 ⓤ (수학) 3승(乘), 세제곱, 입방. ¶ four feet *cube* 4피트 입방 / The *cube* of four is sixty-four. 4의 세제곱은 64이다. 3 (속어) 주사위 (dice). 4 (냉장고에서 만드는) 각얼음 (ice cube). 5 (사진) =flashcube. — *vt.* (**cubed, cub·ing**) 1 …을 입방체로 하다, 입방으로 자르다, 깍둑썰기하다. 2 …에 벽돌 따위 네모진 포석을 깔다. 3 …의 체적(부피)을 구하다; …을 세제곱하다. ¶ *cube* a solid 입체의 체적을 구하다 / Five *cubed* is 125. 5의 세제곱은 125이다. ◇ **cúbic, cúbical** *adj.*

cu·beb [kjúːbeb] *n.* ⓤⓒ 쿠베바(동인도산(産) 자바 후추의 열매; 약용).

cúbe róot *n.* (수학) 입방근, 세제곱근.

cúbe súgar *n.* ⓤ 각설탕.

cub·hood [kʌ́bhùd] *n.* ⓤ 야수의 새끼 시절, 어릴 때 [의 상태]; (비유적) 초기.

cúb húnting *n.* =cubbing.

*****cu·bic** [kjúːbik] *adj.* 1 입방체의, 정6면체 의(cubical). ¶ a *cubic* box 입방체의 상자. 2 6 면체의, 세제곱의, 3 승(乘)의, 체적의. ¶ a *cubic* inch 1입방 인치 / the *cubic* contents of a box 상자의 체적(부피) / a *cubic* equation 3차 방정식. — *n.* (수학) 3차 방정식, 3차 곡선, 3차 함수. ◇ **cube** *n.*

cu·bi·cal [kjúːbik(ə)l] *adj.* 입방체의, 정6면체의.
~·ly [-kəli] *adv.*

cu·bi·cle [kjúːbikl] *n.* (영국 public school 의 기숙사 따위의) 작은 침실, 칸막이한 작은 방; (도서관의) 작은 (특별) 열람실 (carrel). [E]+-i-+FORM

cu·bi·form [kjúːbifɔ̀ːrm] *adj.* 입방형의. [<CUB

cub·ism [kjúːbiz(ə)m] *n.* ⓤ (미술) 입체파, 퀴비슴 (후기 인상파의 한 파).

cub·ist [kjúːbist] *n.* 입체파 미술가.

cu·bis·tic [kjuːbístik] *adj.* 입체파(풍)의.

cu·bit [kjúːbit] *n.* 큐빗, 완척(腕尺) (고대의 척도, 팔꿈치에서 가운뎃손가락 끝까지; 40-55센티미터).

cu·bi·tal [kjúːbitl] *adj.* (해부·동물) 팔꿈치의.

cu·bi·tus [kjúːbitəs] *n.* (*pl.* **-ti** [-tài]) (해부·동물) 전박(前膊), 팔꿈치.

cu·boid [kjúːbɔid] *adj.* 입방형의; (해부) 투자골의. ¶ the *cuboid* bone (해부) 투자골(骰子骨). — *n.* (수학) 직평행 6면체.

cu·boi·dal [kjuːbɔ́idl] *adj.* 입방형의, 주사위꼴의.

cúb repórter *n.* 햇병아리 기자.

cúb scóut *n.* (美) 보이스카우트의 유년 단원[8-11세] ((英)) wolf cub), ¶ (노래)의 일종.

cu·ca·ra·cha [kùːkərátʃə] *n.* (스페인) 멕시코의 춤

cúck·ing stóol [kʌ́kiŋ-] *n.* 징벌 의자.

cuck·old [kʌ́k(ə)ld, +英 kʌ́kould] *n.* 오쟁이진 남편. — *vt.* (남편)에게 오쟁이 지우다, 서방질하여 (남편)에게 망신을 주다.

cuck·old·ry [kʌ́k(ə)ldri, +英 kʌ́kould-] *n.* ⓤⓒ 아내의 불의(不義)로 욕을 보기; (여자의) 간통, 서방질 (adultery).

‡cuck·oo [kúːkuː / kúkuː] *n.* (*pl.* **-oos**) 1 뻐꾸기 (다른 새의 둥지에 알을 낳는다); 뻐꾸기 (울음)소리, 그 흉내. 2 (美속어) 바보, 얼간이 (fool, simpleton).
the cuckoo in the nest 가정에서 친가족을 내쫓는 사람; (어린이로부터 부모의 사랑을 빼앗아버리는) 사랑의 보급자의 침입자. — *vi.* (뻐꾸기가) 뻐꾹뻐꾹 울다, 뻐꾸기 소리를 흉내내다. — *vt.* …을 단조롭게 되풀이하다. — *adj.* (美속어) 정신이 이상한 (crazy); 얼빠진 (foolish), 잘못된 (wrong).

cúckoo clóck *n.* 뻐꾹 시계.

cúck·oo·flow·er [kúːkuːflàuər, +美 kúkuː-] *n.* 황새냉이 (lady's-smock), 동자꽃 (ragged robin) (봄에 뻐꾸기 (cuckoo)가 올 무렵에 피는 꽃).

cúck·oo·pint [kúkuːpìnt, +美 kúkuː-] *n.* 천남성 비슷한 식물.

Cúckoo Sóng *n.* 영국의 가장 오래 된 서정시.

cúck·oo·spit [kúːkuːspìt, +美 kúː kúː-] *n.* 1 ⓤ 거품벌레가 내는 거품. 2 거품벌레.

cúckoo spíttle *n.* =cuckoo-spit.

cu. cm. (略) *c*ubic *c*entimeter.

cu·cul·late [kjúːkəlèit, +美 kjuːkʌ́leit], (**cu·cul·lat·ed** [-lèitid]) *adj.* 1 고깔 (승모 (僧帽))을 쓴 (cowled), 두건을 쓴 (hooded). 2 (식물 따위가) 승모 (두건) 를 쓴 것 같은.

*****cu·cum·ber** [kjúːkəmbər] *n.* 오이 (열매).
(as) cool as a cucumber 냉정한, 차분한.

cúcumber trée *n.* (식물) (미국산 (産)) 목련과 (科) 식물. (인도산(産)) 양도속 (羊桃屬) 나무.

cu·cur·bit [kju(ː)kɔ́ːrbit] *n.* 1 호리병박 (gourd). 2 (화학) (예전에 쓴) 호리병 모양의 증류 (蒸溜)병. ⇨ ALEMBIC 그림.

cu·cur·bi·ta·ceous [kjuːkɔ̀ːrbitéiʃəs] *adj.* 박과의.

cud [kʌd] *n.* 새김질거리 (반추 동물이 입으로 되내보낸 음식).
chew the (or *one's*) *cud* ① (소 따위가) 새김질하다. ② 곰곰이 생각하다 (ponder).

cud·bear [kʌ́dbɛ̀ər] *n.* ⓤⓒ 커드베어 염료 (각종 이끼에서 채취하는 자주빛 염료).

*****cud·dle** [kʌ́dl] *v.* (**-dled, -dling**) *vt.* (다정스럽게) …을 껴안다 (hug). ¶ *cuddle* a doll 인형을 껴안다. — *vi.* 꼭 붙어서 자다, 바싹 다가붙다 (nestle). — *n.* 껴안기 (hug), 포옹 (embrace). ◇ **cúddly, cúddlesome** *adj.*

cud·dle·some [kʌ́dlsəm] *adj.* 껴안고 싶은.

cud·dly [kʌ́dli] *adj.* (**-dli·er, -dli·est**) =cuddlesome.

cud·dy¹ [kʌ́di] *n.* (*pl.* **-dies**) 1 배 (보트) 의 작은 방 (선실), 2 (소형 기선 따위의) 작은 식당 (pantry). 3 (일반적으로) 작은 방, 찬장 (cupboard).

cud·dy² [kʌ́di] *n.* (*pl.* **-dies**) (주로 스코) 1 당나귀 (donkey). 2 바보, 멍청이, 얼간이 (blockhead).

*****cudg·el** [kʌ́dʒ(ə)l] *n.* 곤봉 (옛날의 무기). *cf.* club

take up the cudgels for …을 강력히 변호하다, …을 원조하러 오다.
— vt. (-eled, -el·ing;《특히 英》-elled, -el·ling) …을 곤봉으로 때리다, 치다(beat).
cudgel one's brains 〖생각해내려고(이해하려고)〗노력하다, 머리(지혜)를 짜다.
cud·weed [kʌ́dwìːd] n. 떡쑥속(屬)의 식물.
*cue¹ [kjuː] n. 1 〖연극 따위에서 다음 연기의 신호가 되는〗실마리 대사, 신호; 〖음악〗〖오케스트라용〗연주 지시 악절(樂節). 2 암시(hint), 단서, 지시. ¶ take one's cue from a person 남에게서 지도받다, 남에게 배우다. 3 역할, 맡은 구실. 4 〖고어〗기분, 심기. ¶ be in cue for …할 마음이 있다 / Mother was in excellent (or good) cue. 어머니는 아주 기분이 좋으셨다. / **miss a cue** 〖구어〗요청을 놓치다.
— vt. (cued, cu·ing) 1 〖연극 따위에서〗…에게 신호를 하다. 2 〖악보에〗〖연주 지시 악절〗을 삽입하다, 〖시 나리오에〗 …을 끼워넣다(…in, into).
cue² [kjuː] n. 1 〖당구의〗큐, 당구채. 2 변발(辮髮), 땋아 늘어뜨린 머리. 3 〖차례를 기다리는 사람 등의〗줄 (queue).
cúe bàll n. 당구의 칠 공. cf. object ball
cúed spéech n. 〖농아자를 위한〗독순술(讀脣術)과 수화(手話)를 합친 의사 소통 방법.
cue·ist [kjúːist] n. 당구 치는 사람, 당구가.
cues·ta [kwéstə] n. 〖美〗케스타〖한쪽이 비교적 가파르고 다른 쪽이 완만한 대지(臺地)〗.
*cuff¹ [kʌf] n. 1 〖와이샤쓰 따위의〗소맷부리, 커프스. 2 〖바지 끝의〗접단《英》turn-up》. 3 (~s) 수갑(hand-cuffs).
off the cuff《속어》즉석에서, 즉흥적으로; 비공식으로.
on the cuff《美속어》신용으로, 외상으로; 공짜로.
— vt. 1 …에 커프스를 달다; …에 접단을 만들다. 2 …에 수갑을 채우다.
cuff² [kʌf] vt. …을 손바닥〖주먹〗으로 치다, 때리다.
— n. 손바닥으로 치기, 주먹질(buffet). ¶ cuffs and kicks 치고 차고 // be at cuffs with …과 서로 주먹다짐을 하다.
cúff bùtton n. 〖샤쓰의〗소맷부리의 단추.
cúff lìnk n. 커프스 단추〖특히 英〗sleeve link》.
Cu·fic [kjúːfik] adj., n. =Kufic.
CUFT (略)《美》Center for the Utilization of Federal Technology 〖연방 기술 이용화 센터〗.
cu. ft. (略) cubic foot(feet).
cu·i bo·no [kwíː bóunou, káiː- / kwíː bónou / L kwí bóno] (라틴) 1 누가 덕보는가?, 무슨 소용이 있는가?, 무슨 이익이 있는가?
cu. in. (略) cubic inch.
cui·rass [kwirǽs] n. 1 동체 갑옷〖가슴받이(breastplate)와 등받이(backplate)로 된 것〗. 2 〖배의〗장갑. 3 〖동물〗보호판, 방호판. — vt. …에 동체 갑옷을 입히다〖배 따위에〗장갑을 하다. [<F]
cui·rassed [kwirǽst] adj. 동체 갑옷(흉갑)을 입은; 장갑(裝甲)을 한.
cui·ras·sier [kwìrəsíər] n. 동체 갑옷을 입은 갑옷기병.
cuish [kwiʃ] n. =cuisse.
cui·sine [kwizíːn / kwiː(-)-] n. 1 〖U〗 요리법; 요리. 2 〖고어〗〖호텔 따위의〗주방, 조리실, 요리실. [<F kitchen, cooking].
cuisse [kwis] n. 〖갑옷의〗넓적다리 가리개.
culch, cultch [kʌltʃ] n. 〖U〗〖C〗 1 굴 양식장의 물밑에 까는 잡석〖알을 부착시킨다〗. 2 굴의 알. 3 〖방언〗찌꺼기, 잡동사니(rubbish), 쓰레기(refuse).
cul-de-sac [kʌ́ldəsæ̀k, kúl-/ kúldəsæ̀k, kʌ́ldəsæ̀k] n. (pl. ~s or **culs-de-sac**) 1 한쪽만 입이 열린 자루〖관〗; 맹관〖盲管〗(caecum). 2 막다른 골목, 막힌 길. 3 〖군사〗3방 포위, 궁지, 곤경.
[<F cul bottom + de of + sac sack]
-cule suf. 명사에 붙어서 지소적(指小的)인 뜻을 나타낸다. 예: animalcule, molecule. [의 모기.
cu·lex [kjúːleks] n. (pl. **-li·ces** [-lisìːz]) 홍모기속.
cu·li·nar·y [kʌ́linèri, kjúːli- / kʌ́linəri] adj. 주방의; 요리의, 요리에 쓰는. ¶ culinary art 요리법.
cull¹ [kʌl] vt. 1 …을 고르다(choose), 선택하다, 선발(select). ¶ (~+ 目 + 前 + 名) cull the choicest lines from poems 시에서 가장 훌륭한 행을 발췌하다. 2 〖꽃 따위〗를 따다(pick), 모으다(pluck). — n. (보통 ~s) 〖가축 때 따위에서〗열등하다고 해서 제거된 것; 찌꺼기.
cull² [kʌl] n. 〖英속어〗바보(fool), 얼간이.
cul·len·der [kʌ́lindər] n. = colander.
cul·ly [kʌ́li(ː)] n. (pl. **-lies**) 1 〖고어〗얼간이, 명청이(dupe). 2 〖속어〗남자, 녀석. 3 〖속어〗동료, 단짝. — vt. (-lied, -ly·ing) 〖고어〗…을 속이다, 사기치다 (trick, cheat).
culm¹ [kʌlm] n. 1 〖U〗 탄가루, 분탄(slack). 2 〖U〗치 무연탄. 3 (C-) 〖지질〗쿨름층〖하부 석탄계의 암층〗.
culm² [kʌlm] n. 〖대나무·벼 따위의〗마디가 있고 속이 빈 줄기, 간(稈), 풀줄기. — vi. 〖자라서〗간경 (稈莖)이 되다. [간이 있는.
cul·mif·er·ous [kʌlmífərəs] adj. 간(稈)이 생기는, **cul·mi·nant** [kʌ́lmənənt] adj. 1 정점에 있는, 절정에 있는, 가장 높은(topmost). 2 〖천문〗자오선상의.
*cul·mi·nate [kʌ́lmənèit] vi. (-nat·ed, -nat·ing) 1 정점〖최고조〗에 이르다, 전성을 극하다(in…). ¶ (~+ 前 + 名) culminate in amount 최고량에 달하다 / culminate in power 전성을 극하다. 2 〖결과로서〗…로 끝나다, 드디어 …이 되다(in…). 3 〖천문〗자오선에 이르다, 남중(南中)하다. ◇ culmination n.
cul·mi·nat·ing [kʌ́lmənèitiŋ] adj. 절정에 달한; 최후의.
cul·mi·na·tion [kʌ̀lmənéiʃ(ə)n] n. 〖U〗〖C〗 1 최고조에 달하기, 절정, 전성〖全盛〗, 극점, 극치, 최고조(climax, acme), 정상(summit). ¶ reach the culmination in …에서 최고조에 달하다. 3 〖천문〗자오선 통과, 남중.
cu·lottes [k(j)uːlɑ́ts / kjuːlɔ́ts] n. pl. 퀼로트〖여성의 바지식 스커트〗.
cul·pa·bil·i·ty [kʌ̀lpəbíləti] n. 〖U〗〖C〗 (pl. **-ties**) 문책받아야 함, 유죄(guilt).
cul·pa·ble [kʌ́lpəbl] adj. 비난할만한, 고약; 유죄의 (criminal). ¶ culpable negligence 태만죄 / hold a person culpable 남을 나쁘다고(괘씸하다고) 생각하다.
cul·pa·bly [kʌ́lpəbli] adv. 무도하게도, 괘씸하여서.
*cul·prit [kʌ́lprit] n. 1 범죄 용의자, 형사 피고; 미결수. 2 죄인(offender). [<AF cul prit [you are] guilty, I am] ready [to prove our case]: 기소장의 첫 글귀]
culs-de-sac [kʌ́lzdəsæ̀k, kúlz- / kúldəsæ̀k, kʌ́ldəsæ̀k] n. cul-de-sac 의 복수형의 하나.
*cult [kʌlt] n. 1 〖종교적〗의식, 제례(祭禮), 의식. 2 〖사람·물건·사상에 대한〗예찬, 숭배, 동경. ¶ a cult of Mao Tse-tung 모택동 숭배 / the cult of nature 자연의 숭배. 3 《美》the cult of the miniskirt 미니스커트의 유행. 4 숭배(동경)의 대상. 5 숭배자의 그룹〖특히 사이비(邪敎)의〗종파.
a cult of personality 개인 숭배.
cultch [kʌltʃ] n. =culch. [물.
cúlt fìgure n. 숭배의 대상, 교조적(敎祖的)인 인 **cult·ism** [kʌ́ltiz(ə)m] n. 〖U〗 열광, 헌신.
cult·ist [kʌ́ltist] n. 열광자, 광신자.
cul·ti·va·ble [kʌ́ltəvəbl] adj. 1 경작할 수 있는, 개척 가능한. 2 재배〖양식, 배양〗할 수 있는. 3 〖재능 따위〗를 계발할 수 있는.
cul·ti·vat·a·ble [kʌ́ltəvèitəbl] adj. = cultivable.
‡**cul·ti·vate** [kʌ́ltəvèit] vt. (-vat·ed, -vat·ing) 1 〖논밭〗을 갈다, 경작하다(till), 〖토지〗를 개간하다. ¶ cultivate fields (soil) 밭을 갈다. 2 …에 북주기〖사이갈이〗에 경운기를 사용하다. 3 …을 재배하다, 배양하다, 양식하다, 사육하다, 〖물질〗을 개량하다. ¶ cultivate oysters 굴을 양식하다 / cultivate roses 장미를 재배하

cul‧ti‧vat‧ed [kʌ́ltivèitid] *adj.* **1** 경작된, 개간된. *opp.* waste ¶ *cultivated* land 경작지. **2** 재배된, ¶ *cultivated* plants(flowers) 재배한 식물(꽃). **3** 교양있는(cultured); 세련된(refined).

‡**cul‧ti‧va‧tion** [kʌ̀ltivéiʃ(ə)n] *n.* ⓤ **1** 경작, 개간; 재배, 사육. ¶ under *cultivation* 경작되어. **2** 재배 상태, 경작 상태. **3** 교화, 양성, 수양; 세련(refinement). ◇ cúltivate *v.*

cul‧ti‧va‧tor [kʌ́ltivèitər] *n.* **1** 경작자, 재배자. **2** 양성자, 수양자. **3** 경운기.

cul‧trate [kʌ́ltreit], (**cul‧trat‧ed** [kʌ́ltreitid]) *adj.* 〖일〗 칼날처럼〗 끝이 뾰족한.

cul‧tur‧a‧ble [kʌ́ltʃ(ə)rəbl] *adj.* =cultivable.

‡**cul‧tur‧al** [kʌ́ltʃ(ə)rəl] *adj.* **1** 교양의, 수양의; 문화의. ¶ *cultural* studies 교양 과목. **2** 경작의, 재배의, 개간의. ◇ cúlture *n.*

cúltural crínge *n.* 〖濠〗 〖외국의 문화, 특히 영국문화에 대한〗 비굴한 추종.

cul‧tur‧al‧i‧za‧tion [kʌ̀ltʃ(ə)rəlizéiʃ(ə)n / -laiz-] *n.* ⓤ 〖어느 특정한 문화의 습성·관례 따위의〗 습득; 그 과정. *cf.* ACCULTURATION

cúltural lág *n.* 〖사회〗 문화〖적〗 지체(遲滯) 〖특히 물질적·기술적 측면과 비교해 볼 때 뒤늦은 비물질적 측면의 명칭〗.

*cul‧tur‧al‧ly [kʌ́ltʃ(ə)rəli] *adv.* **1** 교양으로서, 문화적으로. **2** 경작적으로, 재배적으로.

cúltural revolútion *n.* **1** 문화 혁명. **2** (C- R-) [1966년에 시작된 중공의] 문화 혁명.

cul‧tu‧ra‧ti [kʌ̀ltʃəráːti] *n. pl.* 교양 있는 계급, 문화인.

‡**cul‧ture** [kʌ́ltʃər] *n.* **1** ⓤ 교양, 세련(refinement). ¶ a man of *culture* 교양있는 사람.

2 ⓤⓒ 문화. ¶ primitive *culture* 원시 문화 / the two *cultures* 인문 사회 과학과 자연 과학.

[類語] **culture** 어떤 민족의 신앙·전통·습관 따위의 모든 생활 양식을 종합한다. 따라서 어떤 미개 민족에도 culture 는 있다. **civilization** 야만함을 벗어나 도덕·예술·과학·종교·정치가 발달한 상태. 흔히 물질적인 생활 발달을 암시.

3 ⓤ 교양, 교육(education). ¶ moral *culture* 도덕 교육, 덕육 / physical (intellectual) *culture* 체(지)육. **4** ⓤ 경작(tillage), 재배, 양식. ¶ intensive *culture* 촉성 재배 / the *culture* of cotton 목화 재배. **5** ⓤⓒ 〖생물〗 〖박테리아의〗 배양, 배양물.

— *vt.* (**-tured, -tur‧ing**) 〖주로 수동형으로〗 …을 문화하다(cultivate); …을 배양하다. ◇ cúltural *adj.*

cul‧tured [kʌ́ltʃərd] *adj.* **1** 경작된, 재배된, 양식된 (cultivated). **2** 계발된(enlightened); 고상한, 세련된 (refined). ¶ a *cultured* country 문화 국가.

cúltured péarl *n.* 양식 진주.

cúlture gáp *n.* 문화간의 격차. *cf.* communications [gap

cúlture héro *n.* 문화 영웅〖문화를 창시한, 또는 사회의 이상을 구현한 신화적·전설적 인물〗.

cúlture médium *n.* 〖세균〗 배양기(基), 배지.

cúlture mýth *n.* 민족 개화에 관한 신화.

cúlture shóck *n.* 문화 충격〖다른 문화에 처음 접했을 때의 당황〗.

cúlture vúlture *n.* 〖美俗〗 문화병자, 사이비 문화인.

cul‧tur‧ist [kʌ́ltʃərist] *n.* **1** 경작자, 재배자(cultivator). **2** 문화주의자, 문화의 옹호자; 교육자. ¶ an ethical *culturist* 윤리 교사.

cul‧tur‧ize [kʌ́ltʃəraiz] *vt.* 문명화하다. ¶ *culturize* a primitive tribe 원시 부족을 문명화하다.

cul‧tur‧ol‧o‧gy [kʌ̀ltʃərálədʒi / -rɔ́l-] *n.* ⓤ 문화학 〖인류학·민족학·사회학·언어학 따위를 포함한 인류 문화의 연구〗.

cul‧tus [kʌ́ltəs] *n.* (*pl.* **-tus‧es** or **-ti**) =cult.

cul‧ver [kʌ́lvər] *n.* 〖英방언〗 비둘기(dove, pigeon).

cul‧ver‧in [kʌ́lvərin] *n.* **1** 컬버린총〖중세의 musket 총〗. **2** 컬버린포〖16, 17세기에 사용된 가느다란 대포〗.

cul‧vert [kʌ́lvərt] *n.* 암거(暗渠), 지하 수로; 하수관 (sewer); 지하 케이블.

cum [kum, kʌm / kʌm] *prep.* 〖보통 복합어를 만들어〗 **1** …과 함께(with), …에 따른(together with); …을 포함하여 (including). ¶ a dwelling-*cum*-workshop 공장에 붙은 주택 / a track-*cum*-wheel tank 차바퀴와 무한 궤도의 양쪽을 갖춘 전차(戰車). **2** 〖英〗 밀접하게 관계한, 직결된.

cum. 〖略〗 cumulative.

Cumb. 〖略〗 Cumberland.

cum‧ber [kʌ́mbər] *vt.* **1** …을 방해하다, 훼방놓다 (hinder, hamper). **2** …에게 폐를 끼치다, 부담을 주다 (burden, overload), …을 괴롭히다 (trouble). ¶ *cumber* one's busy mother 바쁜 어머니를 괴롭히다 / be *cumbered* with cares 근심에 시달리다. — *n.* **1** 방해〖물〗, 장애〖물〗 (hindrance) **2** 〖고어〗 당황 (embarrassment), 곤란 (trouble).

cum‧ber‧some [kʌ́mbərsəm] *adj.* **1** 방해가 되는, 번거로운; 성가신. **2** 다루기 어려운, 주체스러운 (unwieldy); 어색한 (clumsy). **~ly** *adv.* **~ness** *n.*

Cum‧bri‧an [kʌ́mbriən] *adj.* **1** 〖英 옛 영국의〗 Cumbria (Cumbria) 왕국의. **2** 영국의 Cumberland (Cumbria) 주의. — *n.* Cumberland (Cumbria) 주(州) 사람.

cum‧brous [kʌ́mbrəs] *adj.* =cumbersome. **~ly** *adv.* **~ness** *n.*

cùm dívidend 〖증권〗 배당부(附) 〖略 cum. div.〗. *cf.* ex dividend (<L with dividend)

cu‧mec [kjúːmek] *n.* 큐멕 〖유량(流量)의 단위; 초당 1 입당 미터 상당〗. (<CU〖BIC〗+M〖ETER〗+PERS〗EC〖OND〗)

***cum grá‧no sá‧lis** [kʌm gréinou séilis] 〖라틴〗 (=with a grain of salt) 〖남의 말 따위를〗 조심스럽게, 줄잡아서, 에누리 기분으로 (not seriously). * 구어에서는 salis 가 생략되는 일이 많다. ¶ All he says must be received *cum grano* [*salis*]. 그가 말하는 것은 모두에 누리하여 들어야 된다. 〖용〗

cum‧in [kʌ́min] *n.* 커민; ⓤ 커민의 열매〖조미료·약용〗.

cum láu‧de [kʌm lɔ́ːdi, -láudə] 우등으로 (with honor). ¶ I graduate *cum laude* 우등으로 졸업하다. (<L with praise)

cum‧mer [kʌ́mər] *n.* 〖스코〗 **1** 대모(代母) (godmother), **2** 여자 친구, **3** 소녀, 아가씨 (girl); 여자, 여인.

cum‧mer‧bund [kʌ́mərbʌ̀nd] *n.* **1** 〖인도 등의〗 허리띠. **2** 턱시도를 입을 때에 속에 두르는 허리띠.

cum‧min [kʌ́min] *n.* =cumin.

cum néw [kʌm n(j)úː / -njúː] *adj.* 〖증권〗 신주(新株)의.

cum‧quat [kʌ́mkwɑt / -kwɔt] *n.* =kumquat.

cum‧shaw [kʌ́mʃɔː] *n.* 〖中〗 중국의 항구에서의 팁 (gratuity, tip); 〖거지에게 주는〗 돈〖물건〗.

cu‧mu‧late *vt.* [kjúːmjulèit → *adj.*] (**-lat‧ed, -lat‧ing**) …을 쌓아올리다 (heap up); …을 쌓다, 집적 (集積)하다 (amass). — *adj.* [kjúːmjulit, -lèit] 쌓아올린.

cu‧mu‧lat‧ed [kjúːmjulèitid] *adj.* 쌓아올린.

cu‧mu‧la‧tion [kjùːmjuléiʃ(ə)n] *n.* ⓤⓒ **1** 쌓기, 집적 (集積) (accumulation). **2** 쌓아올린 더미 (mass).

*cu‧mu‧la‧tive [kjúːmjulèitiv, -lə- / -lə-, -lèi-] *adj.* **1**

중적인, 누가적(累加的)인, 누적적인. ¶ *cumulative medicine* 점가제(漸加劑) / *cumulative* proposition [논리] 누가 명제. **2** [경제] 누증적인, 누적적인; [법률] 누적적인. ¶ *cumulative* dividend 누적 배당 / *cumulative* preference shares 누적 우선주 / *cumulative* offenses 반복 범죄, 누범. ~·ly *adv*. ~·ness *n*.

cú·mulative évidence *n*. ⓤ **1** 누적 증거. **2** [주로 법률] 중복 증거.

cú·mulative vóting *n*. ⓤ 누적 투표법 [후보자의 수와 동수의 투표권을 선거인이 가지고, 그것을 모두 한 사람의 후보자에게 투표할 수 있는 선거 제도].

cu·mu·li [kjúːmjulài] *n*. cumulus 의 복수형.

cu·mu·li·form [kjúːmjulifɔ̀ːrm] *adj*. 적운(積雲) 모양의.

cu·mu·lo·cir·rus [kjùːmjulo(u)sírəs] *n*. (*pl*. **-cir·ri** [-sfraɪ]) [기상] 권적운(卷積雲) (cirrocumulus).

cu·mu·lo·nim·bus [kjùːmjulo(u)nímbəs] *n*. (*pl*. **-bus·es** or **-bi** [-bai]) [기상] 적란운(積亂雲).

cu·mu·lo·stra·tus [kjùːmjulo(u)stréitəs] *n*. (*pl*. **-tus**) [기상] 층적운(層積雲) (stratocumulus).

cu·mu·lous [kjúːmjuləs] *adj*. **1** 적운의. **2** 겹겹이 쌓인.

cu·mu·lus [kjúːmjuləs] *n*. (*pl*. **-lus** *or* **-li** [-lai]) **1** 퇴적, 누적 (heap, pile). **2** [기상] 적운(積雲).

cu·ne·al [kjúːniəl] *adj*. 쐐기 같은, 쐐기 모양의 (wedge-shaped).

cu·ne·ate [kjúːniit, -èit] (**cu·ne·at·ed** [-èitid]) *adj*. **1** 쐐기 모양의 (wedge-shaped). **2** [풀잎의] 쐐기 모양의.

cu·ne·i·form [kjúːniifɔ̀ːrm, 美 kjuːníːi-] *adj*. **1** 쐐기 모양의 (wedge-shaped). ¶ *cuneiform* characters 설형(楔形) 문자. **2** 설형 문자의. **3** [해부] 설상골(楔狀骨)의. — *n*. **1** 설형 문자, 설형 서체(書體). **2** [해부] 설상골.

original pictograph	early Babylonian	Assyrian	meaning
			ox
			orchard
			to stand to go

[cuneiform 1]

cun·ner [kʌ́nər] *n*. 양놀래기과(科)의 식용 물고기.

cun·ni·lingue [kʌ́n(ə)liŋ] *vt., vi*. cunnilingus 를 하다. *cf*. fellate

cun·ni·lin·gus [kʌ̀n(ə)líŋgəs], **-linc·tus** [-líŋ(k)təs] *n*. 쿤닐링구스 [여성의 성기를 입술·혀로 자극하는 행위]. *cf*. fellatio

‡**cun·ning** [kʌ́niŋ] *n*. ⓤ **1** 교활, 간사, 악삭빠름. **2** 능력, 솜씨, 기량, 교묘함. ¶ My hand lost its *cunning*. 내 솜씨는 이제 둔해졌다. — *adj*. **1** 교활한, 간사한, 악삭빠른 (sly, crafty). ¶ Foxes are *cunning*. 여우는 교활하다. **2** 〈구어〉 귀여운. ¶ a *cunning* baby 귀여운 아기. **3** 〈드물게〉 솜씨있는, 숙달한. ~·ness *n*.

*****cun·ning·ly** [kʌ́niŋli] *adv*. **1** 교활하게, 간사하게, 악삭빠르게, 빈틈없이. **2** [고어] 교묘하게.

cunt [kʌnt] *n*. **1** 여성의 음부 [성기], **2** [성교 대상으로서의] 여자; [경멸적] 계집. **3** 성교, 섹스. **4** [경멸적] 비열한 놈, 구역질나는 놈.

‡**cup** [kʌp] *n*. **1** 커피·홍차용 손잡이가 붙은 찻잔, 찻종, 컵(* 우리말의 컵은 영어로는 glass). ¶ a tea *cup* 홍차잔 / a *cup* and saucer 받침접시가 있는 찻잔. **2** 찻잔 하나의 분량. ¶ half a *cup* 찻잔 반 잔분 / drink (*or* have, take) a *cup* of tea 차 를 한잔 마시다. **3** 우승배, 상배 (賞杯), 우승컵. ¶ a *cup* day 우승컵이 걸린 경기일 / a *cup* horse 우승컵을 바라보는 말 / the Davis *cup* 〈정구의〉 데이비스 컵. **4** 컵 [용량의 단위. 8액량 온스(240cc) 또는 테이블 스푼으로 16개의 양에 상당]. **5** 컵 [포도주·샴페인 따위에 향료·감미료 따위를 넣어 서 얼음으로 차갑게 한 청량 음료]. **6** [성찬식에서 쓰는] 성작(聖爵) (chalice); [성작에 담은] 포도주. **7** 운명 [의 잔]; [인생의] 경험. ¶ bitter *cup* 인생의 고배 / drain the *cup* of life to the bottom 인생의 쓴맛 단 맛을 다 맛보다 / drain the *cup* of humiliation 참을 수 모를 당하다 / The *cup* was full. 행복(비참함)은 그 극 에 달했다. **8** (보통 ~s 또는 the ~) 음주 (drinking), 술 (wine). ¶ be fond of the *cup* 술을 좋아하 다 / over one's *cups* 술을 마시면서 / in one's *cups* 술에 취하여 / the *cup* that cheers but not inebriate 취하기는 않고 기분이 명랑해지는 술 [홍차의 별칭]. **9** 찻잔 모양의 것; [해부] [뼈의] 배상와 (杯狀窩); [식 물] [꽃의] 꽃받침 (calyx), 도토리의 깍정이 (cupule). ¶ a *cup* and ball [장난감] 죽방울 / a *cup* head [볼트 위의] 둥그런 대가리 / a measuring *cup* 계량 컵 / an oil *cup* [기계에 치는] 기름통, 주유기 (注油器). **10** [골프] [홀 속의 공을 받는] 금속 통, 컵; 홀 (hole). **11** (the C-) [천문] 컴배 (Crater). **12** [의학] 흡각 (吸角), 부항 (附缸) (cupping glass). *be a cup too low* 기운이 없다, 풀이 죽어 있다. — *vt*. (**cupped, cup·ping**) **1** 을 찻잔으로 뜨다 (받다). ¶ (~+됨+뷔+ﾋ) *cup* water *from* a brook 시내에서 물을 뜨다. **2** [손바닥 따위를] 오목하게 하여 찻종 모양으로 하다. ¶ *cup* one's hands behind the ears [잘 들리도록] 양손을 귀에 갖다 대다. **3** [의학] …에 흡각 (부항)을 대다.

cup-bear·er [kʌ́pbɛ̀(ː)rər / -bɛ̀ərə] *n*. [궁정이나 연회석 따위에서] 술 따르는 (잔 드리는) 사람.

‡**cup·board** [kʌ́bərd] *n*. **1** 찬장, 식기장. **2** (주로 英) 붙박이장, 벽장, 반침. *cry cupboard* 시장하다, 배고프다고 말하다. *a skeleton in the cupboard* ⇒ SKELETON.

cúpboard lóve *n*. ⓤ 타산적인 애정 (사랑).

cup·board-size [kʌ́bərdsàiz] *adj*. 작은. ¶ a *cupboard-size* room 작은 방.

cup·cake [kʌ́pkèik] *n*. ⓤⓒ 컵케이크.

cu·pel [kjúːp(ə)l, -pel, 美 kjuːpél] *n*. 회분 접시 [금은을 납에서 분리하는 것]. — *vt*. (**-peled, -pelled; -pel·ing, -pel·ling**) [회분 접시로] …을 분리하다.

cu·pel·la·tion [kjùːpəléi(ə)n] *n*. ⓤ [야금] 회취법 (灰吹法) [골회 (骨灰) 접시를 사용하여 금·은과 납의 분리법].

cùp fínal *n*. **1** 결승전. **2** (the C- F-) 〈英〉 [시즌 중 최고의] 축구 결승 시합.

cup·ful [kʌ́pfùl] *n*. **1** 찻잔 한 잔분. **2** [요리] 계량컵 한 잔분, 반 파인트 [8액량 (液量) 온스에 해당].

cup·hold·er [kʌ́phòuldər] *n*. 우승자, 우승컵 보유자.

***Cu·pid** [kjúːpid] *n*. **1** [로마 신화] 큐피드 [Venus의 아들로 사랑의 신; 날개가 있고 활·화살을 가진다; 그리스 신화의 Eros에 해당]. **2** (c-) 사랑의 사자 (使者). **3** (c-) 미소년.

cu·pid·i·ty [kjuːpídəti] *n*. ⓤ [특히 소유에 대한] 강한 욕망 (avarice).

Cúpid's bów *n*. **1** 큐피드의 활. **2** 큐피드의 활 비슷한 것, [특히] 윗입술의 윤곽.

cup·like [kʌ́plàik] *adj*. 컵 모양의.

cup of téa [kʌ́p ə tíː] *n*. 〈구어〉 **1** [특정한 종류의] 사람 (것). ¶ a very capricious *cup of tea* 몹시 변덕스러운 사람. **2** (one's~) [자기의 취미·기호에 맞는] 일 (화제, 사람, 물건). **3** 〈英〉 [자기의] 숙명, 운명; 수상한 것 (사람); 운수.

cu·po·la [kjúːpələ] *n*. **1** [건축] **a)** 둥근 지붕 (dome), 둥근 천정 (vault). **b)** [지붕 위에 세워진] 작은 둥근 지붕, 작은 뾰족탑. **2** 둥근 지붕 모양의 것. **3** [야금] 큐폴라, 용선로 (溶銑爐).

cup·pa [kʌ́pə] *n*. 〈英구어〉 한 잔의 차.

cupped [kʌpt] *adj*. 커피된 모양의; 찻잔처럼 움푹한.

cup·per [kʌ́pər] *n.* 흡각(吸角) 시술자.
cup·ping [kʌ́piŋ] *n.* ⓤ〔의학〕 흡각 시술법.
cúpping gláss *n.* 〔의학〕 흡각.
cupr- ⇨ CUPRI-.
cu·pre·ous [k(j)úːpriəs / kjúː-] *adj.* **1** 적동색(赤銅色)의, 구릿빛의(copper-colored). **2** 구리의, 구리 같은, 구리를 함유한.
cupri- copper 의 뜻의 연결형(* 모음 앞에서는 cupr- 을 쓴다). 예: *cupri*ferous; *cupr*eous.
cu·pric [k(j)úːprik / kjúː-] *adj.* 〔화학〕 제 2 구리의. ¶ *cupric* oxide 산화 제 2 구리.
cu·prif·er·ous [k(j)uːprífərəs / kjuː-] *adj.* 구리를 함유한, 구리가 나는; 원자 기호 Cu).
cu·prite [k(j)úːprait / kjúː-] *n.* ⓤ〔광물〕 적동광(銅鑛).
cupro- =cupri-.
cu·pro·nick·el [k(j)úːprənìkəl / kjúː-] *n.* ⓤ〔야금〕 백동(白銅), 큐프로니켈〔니켈과 구리의 백색 합금〕.
— *adj.* 구리와 니켈을 함유한.
cu·prous [k(j)úːprəs / kjúː-] *adj.* 〔화학〕 제 1 구리의. ¶ *cuprous* oxide 산화 제 1 구리.
cu·prum [k(j)úːprəm / kjúː-] *n.* ⓤ〔화학〕 구리(copper)〔금속 원소의 하나; 원자 기호 Cu〕.
cup-tied [kʌ́ptàid] *adj.* 〔영〕 우승컵 쟁탈전에 출전한〔다른 시합에는 출전하지 못하는〕.
cu·pule [kjúːpjuːl] *n.* **1** 〔식물〕 깍정이〔도토리 따위에 붙은 쟁종 모양의 단단한 포피〕. **2**〔동물〕〔찻종 모양의〕 흡반(吸盤), 유사 모양의 기관(부분).
cur [kəːr] *n.* **1** 들개; 잡종개(mongrel); 질이 나쁜 개. **2** 망나니, 상놈; 놈, 자식, 비겁자.
cur. 〔略〕 currency, current.
cur·a·bil·i·ty [kjùə(ː)rəbíliti / kjùər-] *n.* ⓤ 치료 따위가 치유될 가능성, 치료할 수 있음.
***cur·a·ble** [kjúə(ː)rəbl / kjúər-] *adj.* 낫는, 치료할 수 있는. ~·**ness** *n.* **-bly** *adv.*
Cu·ra·cao [k(j)ùərəsóu, -sóu / k(j)ùərəsóu] *n.* **1** 서인도 제도의 네덜란드의 식민지〔주도(主都) Willemstad〕. **2** (c-) (=**cu·ra·çoa**) ⓤ 큐라소〔매우 쓴 Curaçao orange 의 껍질로 맛을 낸 리큐르 술〕. 〔<D〕
cu·ra·cy [kjúə(ː)rəsi / kjúərə-] *n.* (*pl.* **-cies**) 부사보(curate)의 직(지위), 임기).
cu·ra·re, -ri [kjuəráːri] *n.* **1** ⓤ 큐라레〔남미 원주민이 마전속(馬錢屬) 식물에서 채취하여 화살에 바른 독; 운동 신경을 마비시킨다〕. **2** 큐라레가 채취되는 열대성 식물.
cu·ra·rize [kjú(ː)rəràiz, kjuráː- / kjúərə-] *vt* (-**rized**, -**riz·ing**) 〔생체 해부 따위에서〕〔동물을〕 큐라레로 마비시키다.
cu·ras·sow [kjú(ː)rəsòu / kjúərə-] *n.* 큐라소새〔봉관조과(鳳冠鳥科)의 칠면조 비슷한 새, 중남미산(產)〕.
cu·rate [kjú(ː)rit / kjúər-] *n.* **1** 〔주로 英〕 부사보. ¶ a *curate* in charge 목사 대리 / a perpetual *curate*〔분교구의〕 목사. **2** 〔고어〕 성직자, 목사.
the curate's egg 〔英〕 부분적으로 좋은 것, 옥석혼효.
cur·a·tive [kjú(ː)rətiv / kjúər-] *adj.* 치료의, 병을 고치는〔힘이 있는〕, 치료 효과가 있는(remedial). ¶ be *curative* of disease 병 치료에 효험이 있다.
— *n.* 치료, 의료(remedy); 의약.
cu·ra·tor [kjuréitər / kju(ə)réi-// →3] *n.* **1** 〔박물관・도서관 따위의〕 관리자, 관장(custodian). **2** 감독, 관리인, 지배인(overseer). **3** [kjú(ː)rətər]〔법률〕 후견인, 보호자(guardian). **4** 〔英〕〔Oxford 대학 따위의〕 평의원, 간사(幹事).
cu·ra·to·ri·al [kjù(ː)rətɔ́ːriəl / kjùərətɔ́ːr-] *adj.* 관리자의; 후견인의; 대학 간사의.
cu·ra·tor·ship [kjuréitərʃip / kju(ə)réi-] *n.* ⓤ 관리자(curator)의 신분(지위).
***curb** [kəːrb] *n.* **1** 〔말의〕 고삐, 재갈. **2** 구속, 속박, 억제(restraint, check)(*to*...). ¶ a *curb* to violence 폭력에 대한 억제 / put (or take) a *curb* on a matter 일을 억제하다. **3**〔건축〕틀, 골격(framework); 가장자리 장식(border). **4**〔보도나 담 따위의 가장자리에 붙이는〕 연석(緣石) (〔英〕 kerb). **5** 〔우물〕 틀. **6** 〔증권 거래소 밖의〕 가두 증권 거래소. **7** 〔獸醫〕〔말 따위의 뒷다리 비절(飛節)의 뒷면 아래쪽에 생기는〕 비절후종(飛節後腫).
on the curb 〔英〕 장외에서, 거리에서.
— *vt.* **1** …을 구속하다, 억제하다. ⇨ CHECK 類語 ¶ *curb* one's desires 욕망을 억제하다. **2** 〔말〕에 고삐를 매다, 재갈을 물리다. **3** …에 연석을 붙이다, …을 가장자리 장식으로 꾸미다(〔英〕 kerb).
cúrb bít *n.* 재갈〔마구의 하나〕.
cúrb bróker(operàtor) *n.* 〔증권〕 장외 거래 중〔개인〕.
cúrb cháin *n.* 재갈 사슬〔마구〕.
curb·ing [kə́ːrbiŋ] *n.* ⓤ 보도(步道) 연석(curb)의 재료; 〔집합적〕 보도의 연석(〔英〕 kerbing).
cúrb márket *n.* 〔증권〕 장외(場外) 시장.
cúrb róof *n.* 〔건축〕 망사르드 지붕, 물매가 2 단으로 된 지붕.
cúrb sèrvice *n.* 〔길가에 주차중인 손님에게 음식을 날라주는〕 배달 서비스; 특별 봉사.
curb·side [kə́ːrbsàid] *n.* **1** 연석이 있는 보도 가장자리. **2** 보도(sidewalk); 가두(街頭).
curb·stone [kə́ːrbstòun] *n.* 〔보도 바깥쪽 가장자리에 깔아두는〕 연석(〔英〕 kerbstone).
cúrbstòne bróker(òperàtor) *n.* 〔美〕〔증권의〕 장외 중개인.
cúrbstòne opínion *n.* 항간의 여론.
cur·cu·li·o [kəːrkjúːliòu] *n.* (*pl.* **-os**) 바구미과(科)의 갑충. 〔식물〕
cur·cu·ma [kə́ːrkjumə] *n.* 〔식물〕 강황〔새앙과(科)의 다년초〕.
***curd** [kəːrd] *n.* **1** (종종 ~s) 응유(凝乳). **2** 유제품, 응유상 식품. ¶ bean *curd* 두부. **3** 식용꽃〔콜리플라워(cauliflower)・브로콜리(broccoli) 따위〕.
— *vt.* …을 응결시키다. — *vi.* 응결하다.
◇ **cúrdy** *adj.*, **cúrdle** *v.*
cúrd chèese *n.* ⓤ〔주로 英〕 커드 치즈〔우유에 소금을 약간 섞어서 만든 희고 부드러운 치즈〕(cottage cheese).
cúrd knífe *n.* 커드 나이프〔양조통에서 치즈의 응유를 떼어내는 데에 쓰는 한 벌의 칼〕.
cur·dle [kə́ːrdl] *v.* (**-dled, -dling**) *vi.* **1** 〔우유가〕 응유로 되다. **2** 〔피 따위가〕 굳어지다, 응고하다. — *vt.* **1** 〔우유〕를 응유로 만들다. **2** 〔피 따위〕를 응고시키다.
curdle the (or *a person's*) *blood* 〔공포 따위로〕〔사람〕의 간담을 서늘하게 하다, 오싹하게 하다.
cúrd sòap *n.* 수지(獸脂)・소다로 만든 흰 비누.
curd·y [kə́ːrdi] *adj.* (**curd·i·er, curd·i·est**) 응유 모양〔질〕의; 응고한, 응결된(coagulated).
***cure**[1] [kjuər] *n.* **1** 치료법, 치료, 의료. ¶ a radical *cure* 근치법 / a rest *cure* 안정 요법 / a *cure* for headache 두통 치료법 / undergo a *cure* 치료를 받다. **2** 치유, 완치. ¶ bring about a *cure* 치유시키다 / effect a permanent *cure* 근치시키다 / work *cures* with charms 주술로 병을 고치다. **3** 구제법, 교정법(矯正法), 특효약(remedy). ¶ a *cure* for despondency 절망의 해결책. **4**〔육류・어류의〕 보존(법), 저장(법). **5**〔교구민에 대한〕 신앙 감독, 목회, 사목(司牧).
— *vt.* (**cured, cur·ing**) **1** 〔건강〕을 회복시키다, 〔병・환자・상처 따위〕를 치료하다〔 of 〕// (~+ⓞ+前+名) He was *cured* of fever. 그의 열병은 나았다 / Time *cured* him of his grief. 시간이 그의 슬픔을 낫게 했다. **2**〔나쁜 버릇 따위〕를 교정하다, 없애다. ¶ *cure* social discontent 사회 불만을 제거하다 // (~+ⓞ+前+名) *cure* a person of bad habits 남의 나쁜 버릇을 고치다.
類語 *cure* 병・나쁜 버릇 따위를 고쳐서 전면적으로 건강・건전을 회복하게 하다: *cure* a disease (bad habit) 병(나쁜 버릇)을 고치다. *heal* 외상(外傷) 따위의 국부

적 장애를 고치다: *heal* a wound 상처를 낫게 하다. **remedy** cure 또는 heal 하기 위해서 여러 가지 수단을 다하다; 부정을 바루다: *remedy* social injustice 사회의 부정을 교정하다.
3 [말리거나 절하여][육류·어류]를 보존하다, 저장하다(preserve); [고무]를 경화시키다(vulcanize). ¶ a herring *cured* in smoke 훈제한 청어.
— vi. **1** 병을 고치다; 병이 낫다. **2** [식품 따위가] 보존되다, 오래 지탱하다. **3** [고무가] 경화하다.

cure² [kjuər] *n.* 《속어》 연인.

cu·ré [kjuréi, ́ - - / kjúərei] *n.* [프랑스의] 교구 사제.

cure-all [kjúərɔ̀ːl] *n.* 만능약, 만병 통치약(panacea).

cure·less [kjúərlis] *adj.* **1** 불치의, 치료할 수 없는(incurable), 치료법이 없는. **2** 교정할 수 없는, 구제할 수 없는.

cur·er [kjúərər] *n.* **1** 건어물 제조자, 훈제 식품 제조자. ¶ a salmon *curer* 훈제 연어 가공자. **2** 치료자, 치료기.

cu·ret·tage [kjùːrətɑ́ːʒ, kjuː(ː)rétidʒ / kjùərətɑ́ːʒ] *n.* 《의학》 큐렛으로 긁어냄; 소파술(搔爬術).

cu·rette [kjurét] *n.* 큐레트[날카로운 숟갈 모양의 외과 수술용 기구]. — *vt.* (**-ret·ted, -ret·ting**) …을 큐레트로 긁어내다.

cur·few [kə́ːrfjuː] *n.* **1** 만종(晩鐘), 저녁종. **2** [아이들에게 외출하지 않도록 알리는] 만종의 신호(명령). **3** [계엄령 시행 중의] 소등령(消燈令), 야간 통행 금지령(시간). **4** 만종이 울리는 시각. **5** 만종용 종.

cu·ri·a [kjú(ː)riə / kjúəri-] *n.* (*pl.* **-ri·ae** [-riː]) **1** 쿠리아 족구(族區) [고대 로마의 3 단체 씨족적 행정 구분의 하나]. **2** 쿠리아의 집회소. **3** 고대 로마의 원로원; 고대 이탈리아 각도시의 원로원(senate). **4** (때로 C-) 로마 교황청(Curia Romana). **5** [봉건 시대의] 교황청 법정. 《< L dīvīsīō of Rōmǎn tribe》

cu·ri·age [kjú(ː)riidʒ / kjúəri-] *n.* 《퀴리(curie)로 나타내는》 방사능의 강도.

cu·ri·al [kjú(ː)riəl / kjúər-] *adj.* [고대 로마의] 쿠리아 족구의; 쿠리아 집회소의. **2** 고대 로마 원로원의; 고대 이탈리아 각도시의 원로원의. **3** 로마 교황청의; 교황청 법정의.

Cú·ri·a Ro·má·na [-rouméinə] *n.* (the ~) 《가톨릭》 로마 교황청. 《< L Roman Curia》

cu·rie [kjú(ː)ri, kjurí; kjúəri / kjúəri] *n.* 《물리·화학》 퀴리《방사능 측정의 단위》. 《<라듐을 발견한 Marie Curie (1867-1934)의 이름》

cu·ri·o [kjú(ː)riou / kjúər-] *n.* (*pl.* **-os**) 골동품, 골동품으로서의 가치가 있는 미술품. 《< CURIO[SITY]》

cu·ri·o·sa [kjùː(ː)rióusə / kjùəri-] *n.* *pl.* 진본(珍本), 희구서(稀覯書), 춘본(春本).

‡**cu·ri·os·i·ty** [kjùː(ː)riɑ́siti / kjùəriɔ́s-] *n.* (*pl.* **-ties**) **1** [UC] (때로 a~) 호기심, 캐기 좋아함 (inquisitiveness). ¶ in *curiosity* 호기심에서 / out of (or from) *curiosity* 호기심에서 / arouse a *curiosity* 호기심을 불러일으키다 / excite the *curiosity* of the public 세상 사람의 호기심을 자극하다. **2** [U] 진기, 신기함. **3** 진품, 진기한 물건, 골동품(curio). ¶ a *curiosity* shop 골동품점.
◇ **cúrious** *adj.*

cu·ri·o·so [kjùː(ː)rióusou / kjùər-] *n.* (*pl.* **-si** [-sai] *or* **-sos**) [이탈리아] 미술품 애호(감식)가, 골동품 수집가; virtuoso.

‡**cu·ri·ous** [kjú(ː)riəs / kjúər-] *adj.* (드물게 **~er, ~est**) **1** (남의 일을) 알고 싶어하는, 호기심이 강한. ¶ a *curious* student 지식욕이 왕성한 학생 // He was *curious* [to know] what had become of her. 그는 그녀가 어떻게 되었는지 알고 싶어 했다.
2 호기심이 많은, 꼬치꼬치 캐는. ¶ *curious* eyes 호기심어린 구경꾼의 눈 // be *curious* about other people's business 남의 일을 알고 싶어하다.
3 호기심을 돋우는, 진기한, 신기한, 이상한, 별난.

STRANGE 類語》 ¶ a *curious* coincidence 이상한 일치 / a *curious* fellow 괴짜, 기인 / a *curious*-looking woman 색다른 모습의 여자.
4 [책이] 난잡한, 추잡한, 외설적인(indecent).
5 [고어] 정교한, 정교한. ¶ a *curious* design 정밀한 설계 / a thing of *curious* workmanship 정교한 솜씨의 물건.
6 《폐어》 꼼꼼한, 공들인, 세심한.
curious to say 기묘한 일이지만, 이상한 이야기이지만. ¶ *Curious to say*, the dead tree came into bloom. 이상하게도 그 마른 나무에 꽃이 피었다.
curiouser and curiouser 갈수록 신기해지는 [← Lewis Carrol 작 *Alice's Adventures in Wonderland*].
◇ curiósity, cúriousness *n.,* cúriously *adv.*

*‡**cu·ri·ous·ly** [kjú(ː)riəsli / kjúər-] *adv.* **1** 호기심을 갖고, 진기한 듯이, 이상한 듯이, 신기한 듯이. **2** 기묘하게, 이상하게(strangely). ¶ *curiously* enough 기묘하게도. **3** 《강조》 몹시, 지독하게도. ¶ a *curiously* arrogant fellow 몹시 거만한 녀석. **4** 《고어》 정교하게, 정밀하게. **5** 《폐어》 꼼꼼하게, 세심하게.

cu·ri·ous·ness [kjú(ː)riəsnis / kjúər-] *n.* [U] **1** 호기심 많음, 캐기 좋아함. **2** 기묘함, 진기함, 이상함. **3** 《고어》 정교, 정밀. **4** 《폐어》 꼼꼼함, 면밀함.

cu·ri·um [kjú(ː)riəm / kjúə-] *n.* [U] 《화학》 큐륨 《방사성 원소; 원자 기호 Cm》.

‡**curl** [kəːrl] *vt.* **1** [머리칼]을 컬하다, 고리 모양(ringlet)으로 하다. **2** …을 뒤틀다(twist), 비틀다, 꼬다, 사리꼴로 하다, 감다(coil). **3** [바람]이 [파도]를 일으키다, 물결치게 하다. ¶ A light breeze *curled* the waves. 미풍이 수면을 물결지게 했다. **4** 《폐어》 …을 컬로 꾸미다. — *vi.* **1** [머리칼이] 컬이 되다, 고리 모양이 되다. ¶ hair *curling* thick round the forehead 이마 언저리에 두껍게 컬한 머리. **2** [덩굴 따위가] 감기나, 휘기키나, [연기 따위가] 고늘돌이치며, [길이] 굽이치다; 웅크리다(*up*...) ; [공이] 커브하다 (curve). ¶ (~ + 前 + 图) Smoke *curled* out of the chimney. 연기가 굴뚝에서 원을 그리며 피어올랐다 // Paper *curls* when it burns. 종이는 타면 돌돌 말린다.
3 [수면이] 물결치다. **4** 컬링(curling) 경기를 하다.
curl one's lip (or *lips*) 입을 삐쭉 올리다 [경멸의 표정].
curl up ① (*vt.*) …을 말아 올리다. ② …을 둥글게 하다; (*vi.*) 몸을 둥글게 웅크리다. ¶ *curl* oneself *up* 몸을 웅크리다 / He was *curled up* in the chair with his back *curled up*. 그는 새우등처럼 웅크려 의자에 앉아 있었다 / The child *curled up* on the sofa. 아이는 소파 위에서 웅크렸다. ③ 《구어》 기운이 빠지다, 맥이 탁 풀리다. ④ 한가롭게 지내다, 빈둥거리다.
make a person's hair curl 《구어》 공포 따위로 남의 간담을 서늘하게 하다.
— *n.* **1** [머리의] 컬, 컬머리칼(ringlet); (~s) 컬머리. **2** [U] 컬로 된 상태, 컬하기. ¶ hair *in curl* 컬한 머리칼 / hair *out of curl* 컬이 풀린 머리칼. **3** 컬된 모양의 것, 소용돌이, 뒤틀림, 사리, 감은 것(coil). ¶ a *curl* of smoke 연기의 소용돌이. **4** [U] 《식물》 위축병. 《거리》
a curl of the lip (or *lips*) [경멸적으로] 입을 삐쭉 거리기.
go out of curl ① [머리칼의] 컬이 풀리다. ② 《구어》 기운을 잃다, 맥이 탁 풀리다.
◇ cúrly *adj.*

curled [kəːrld] *adj.* 컬이 된, 컬 모양의; 《식물》 위축병에 걸린. ¶ *curled* hair 컬 머리; [이불에 넣는] 털부스러기.

curl·er [kə́ːrlər] *n.* **1** 머리칼을 컬하는 사람; [모발용] 컬 클립(클), 컬러. **2** 컬링(curling)의 경기자.

cur·lew [kə́ːrluː / -ljuː] *n.* 마도요속(屬)의 새.

curl·i·cue [kə́ːrlikjùː] *n.* (curlycue) *n.* 소용돌이; [문자·서명 따위가] 소용돌이꼴의] 장식체(flourish).

curl·i·ness [kə́ːrlinis] *n.* [UC] 컬로 된 상태, 돌돌 말림; 소용돌이.

curl・ing [kə́ːrliŋ] *n.* **1** ⓤⓒ [머리칼의] 컬, 고리 모양으로 말림. **2** ⓤⓒ [잎 따위의] 똘똘 말림, [위축병에 의한] 위축; [모자 챙의] 말아 올림. **3** ⓤ 컬링[스코틀랜드의 빙상 돌 굴리기 놀이].

cúrling ìron [도･부용용] 컬 고데, 헤어아이론.

cúrling ìrons(tòngs) *n. pl.* =curling iron.

cúrling stòne *n.* curling 놀이용의 납작하고 둥근 돌(철제 공).

curl・pa・per [kə́ːrlpèipər] *n.* ⓤ [두발용] 컬페이퍼 [머리칼을 마는 데 쓴다].

*****curl・y** [kə́ːrli] *adj.* (**curl・i・er, curl・i・est**) **1** 소용돌이 꼴의; 똘똘 말린. **2** 컬머리의, 컬이 많은; 말기 쉬운.
◇ curl *n., v.*

curl・y・cue [kə́ːrlikjùː] *n.* =curlicue. [린 사람.

curl・y・pate [kə́ːrlipèit] *n.* [머리털이] 오글오글 말

cur・mudg・eon [kərmʌ́dʒ(ə)n] *n.* 심술궂은 구두쇠.

cur・mudg・eon・ly [kərmʌ́dʒənli] *adj.* 성마르고 인색한.

cur・rach, -ragh [kʌ́rək /-rə /Sc, Ir -rəx] *n.* 《스코・아일》 고리로 엮은 뼈대에 짐승 가죽을 입힌 작은 배(coracle).

cur・ragh [kʌ́rə /kʌ́rə] *n.* 《아일》 소택지, 늪. ¶ the *Curragh* Dublin 시 부근의 평야[연병장과 유명한 경마장이 있음].

cur・rant [kə́ːrənt /kʌ́r-] *n.* **1** 알이 작은 씨없는 건포도[주로 미국 California 및 동부 지중해 연안 Levant 지방산(產)]. *cf.* raisin **2** 《식물》 까치밥나무; 그 열매. *cf.* gooseberry

‡**cur・ren・cy** [kə́ːrənsi /kʌ́r-] *n.* (*pl.* **-cies**) **1** ⓤⓒ 통화(current money). ¶ gold *currency* 금화 / metallic *currency* 경화(硬貨) / paper *currency* 지폐 / foreign *currency* (or *currencies*) 외화. **2** ⓤ [화폐의] 통용, 유통(circulation); [사상・말・소문 따위의] 유포, 유행(prevalence). ¶ words in common *currency* 널리 통용되고 있는 말 / scientific terms that have an international *currency* 국제적으로 통용하는 과학 용어 / pass out of *currency* 통용되지(쓰이지) 않게 되다 / acquire (or attain, gain, obtain) *currency* 인폐・말・소문 따위가] 통용(유포)되다, 널리 퍼지다 / lose *currency* 통용(유포)되지 않게 되다 / give *currency* to …을 유포(유행)시키다. **3** ⓤ 세상의 평판, 성가(聲價)(general esteem). ¶ *currency* of thought 현재의 생각 / accept a person at his own *currency* 남을 그 자신이 말하는 대로 인정하다. ◇ cúrrent *adj.*

cúrrency prìnciple(dòctorine) *n.* 통화주의, 통화설[정화(正貨) 준비하에서만 은행권을 발행해야 한다는 학설].

‡**cur・rent** [kə́ːrənt /kʌ́r-] *adj.* **1** 현재의, 지금의(present). ¶ *current* news 시사 뉴스 / *current* topics 오늘의 화제 / *current* English 현대(시사)영어 / *current* thoughts 현대 사조 / the *current* week(year) 금주(년) / the *current* price 시가(時價) / the *current* issue (or number) of the magazine 잡지의 금월(금주)호.
2 [화폐가] 유통하고 있는(circulating); [사상・말 따위가] 통용하고 있는; [소문 따위가] 유포되고 있는; 유행의(in vogue, prevalent). ¶ *current* money 통화 / a *current* opinion 현재 통용하고 있는 의견 / *current* rumors(reports) 퍼진 소문(풍문) // Rumors were *current* about him. 그 사람에 대해서 여러 가지 소문이 나돌고 있었다.
類語 *current* 널리 통용(채용, 수용)되고 있는: *current* slang terms 현재 통용 중인 속어. **prevailing** 다른 것보다 우세한, 다른 것에 대신한: the *prevailing* course of typhoons 태풍이 가장 흔히 지나가는 진로. **prevalent** 널리 된, 흔히 볼 수 있는, 자주 일어나는: Influenza is *prevalent.* 독감이 돌고 있다.
3 《고어》 흐르는, 유동하는(flowing); 유창한(fluent); 흘려쓴(running). ¶ *current* handwriting 초서체.
go (or **pass, run**) **current** 일반적으로 통용되다, [널

— *n.* **1** 흐름, 유동; 흐르는 것[흐르는 물・조류・해류・기류 따위]. ⇒ FLOW 類語 ¶ a strong *current* in the river 강의 세찬 흐름 / a *current* of air; an air *current* 기류 / a tidal *current* 조류. **2** 《전기》 전류(electric current). ¶ an alternating *current* 교류 / a direct *current* 직류 / set up *currents* 전류를 일으키다. **3** [때・사상(事象)의] 흐름(course), 풍조, 경향, 추세(tendency, trend). ¶ the *current* of thought 사조(思潮) / the *current* of public opinion 여론의 동향(대세).
swim (or **go**) **with** (**against**) **the current of the times** 세상 풍조에 따르다(거스르다).
◇ cúrrency *n.*, cúrrently *adv.*

cúrrent accóunt *n.* 당좌계정. *cf.* deposit account

cúrrent ássets *n. pl.* 《상업》 유동 자산, 단기성 자산 [현금・투자금・미수금・완성품 재고 따위].

cúrrent dènsity *n.* ⓤ 《전기》 전류 밀도[도체(導體)의 단위 단면적(斷面積)에 흐르는 전류].

*****cur・rent・ly** [kə́ːrəntli /kʌ́r-] *adv.* **1** 현재는, 지금은(now). **2** 쉽게(easily), 물흐르듯이(smoothly). **3** 일반적으로, 널리(generally, commonly).

cúrrent mòney *n.* ⓤ 통화.

cur・ri・cle [kə́ːrikl /kʌ́r-] *n.* [옛날의] 쌍두 2륜 마차.

cur・ric・u・lar [kəríkjulər] *adj.* 교육(교과) 과정의; 이수(履修) 과정의.

‡**cur・ric・u・lum** [kəríkjuləm] *n.* (*pl.* **-lums** or **-la** [-lə]) **1** [학교의] 교육(교과) 과정, 커리큘럼. **2** [학위・자격 취득에 필요한] 이수 과정.

currículum vítae [-váiti:] *n.* (*pl.* **curricula v-**) **1** 이력서. **2** 이력(career). [<L course of life]

cur・rie [kə́ːri /kʌ́ri] *n.* =curry¹.

cur・ried [kə́ːrid /kʌ́r-] *adj.* 카레 가루로 요리(조미)한. ¶ *curried* rice 카레 라이스.

cur・ri・er [kə́ːriər /kʌ́r-] *n.* 무두질 직공, 제혁공(製).

cur・ri・er・y [kə́ːriəri /kʌ́r-] *n.* (*pl.* **-er・ies**) **1** 유피(鞣皮)제조업, 제혁업. **2** 제혁소.

cur・rish [kə́ːriʃ /kʌ́r-] *adj.* **1** 들개(cur) 같은. **2** 딱딱거리는, 툭하면 싸우는(quarrelsome). **3** 비열한, 야비한; 상스런(base). **—ly** *adv.* **—ness** *n.*

*****cur・ry**¹ [kə́ːri /kʌ́ri] *n.* (*pl.* **-ries**) **1** ⓤ 카레[가루]; 카레 소스. ¶ *curry* [and] rice 카레 라이스. **2** ⓤⓒ 카레 요리. — *vt.* (**-ried, -ry・ing**) …을 카레로 요리하다(맛내다).

cur・ry² [kə́ːri /kʌ́ri] *vt.* (**-ried, -ry・ing**) **1** [말 따위]에 빗질을 하다, 말을 빗기다. **2** [무두질 가죽]을 마무리하다. **3** [남]을 때리다(beat, thrash).

curry favor with *a person* 남의 비위를 맞추다, 남에게 알랑거리다.

cur・ry・comb [kə́ːrikòum /kʌ́r-] *n.* [철제의] 말빗.
— *vt.* …을 말빗으로 빗기다.

cúrry pàste *n.* =curry sauce.

cúrry pòwder *n.* ⓤ 카레 가루.

cúrry sàuce *n.* ⓤ 카레 소스.

‡**curse** [kəːrs] *n.* **1** 저주[의 말], 주문(呪文). *cf.* blessing ¶ be under a *curse* 저주받고 있다 / call down (or lay) a *curse upon* a person 남을 저주하다 / *Curses* [, like chickens,] come home to roost. 《속담》누워서 침 뱉기. **2** 《종교》 파문(excommunication). **3** **a**) 저주받은 것(*to*...). **b**) 재앙, 천벌, 벌(*to*...); 재앙의 원인, 해독. ¶ the *curse* of drink 술 해독 / Her beauty proved a *curse* to her. 그녀의 미모가 도리어 파멸의 원인이 되었다. **4** (the ~) 《속어》 월경[기간].
be not worth a curse 조금도 가치가 없다.
Curse upon it! Will!, 빌어먹을! (Curse it!)
do not care (or **give**) **a curse for** …에 조금도 개의치 않다.
the curse of Cain 가인이 받은 저주, 영원한 유랑[←창세기(Gen.) 4 : 11-12].

the curse of Scotland [카드놀이] 다이아몬드의 9.
— v. (**cursed** or **curst, curs·ing**) vt. 1 ···을 저주하다(execrate). cf. bless 2 [종교] [사람]을 파문하다. 3 ···에 악담하다, ···을 욕하다(swear at); ···에 불경한 말을 하다(blaspheme). 4 [보통 수동형으로] [신 등이] [사람]에게 벌을 주다; ···을 괴롭히다(afflict, torment): He is *cursed* with a bad temper. 그는 성미가 몹쓸하다 / He is *cursed* with heavy smog 심한 연무(煙霧)로 고통받다. — vi. 저주하다; 욕하다, 악담하다(swear); 불경한 말을 하다(blaspheme) (*at*...). ¶ (~ +图) *curse at* a person 남에게 욕지거리하다.
curse and swear 악담을 하다.
Curse it! 제기랄!, 빌어먹을! (Curse upon it!)

***curs·ed** [kə́ːrsid, 美 kə́ːrst] adj. 1 저주받은. 2 저주할(damnable), 지긋지긋한; 괘씸한(wicked). 3 《구어》지독한. 4 《주로 방언》심술궂은, 성미고약한(ill-tempered). — adv. 괘씸하게도, 지독하게.
~**ly** adv. ~**ness** n.

curs·ing [kə́ːrsiŋ] n. U 저주; 악담을 퍼붓기.
cur·sive [kə́ːrsiv] adj. 흘려 쓴, 초서체의. cf. uncial — n. U © 초서체[의 글자·활자·원고]. ~**ly** adv.
cur·sor [kə́ːrsər] n. 커서. 1 [계산자·측량기 등의] 눈금이 새겨진 투명한[활동부(滑動部)]. 2 [컴퓨터] 컴퓨터 등에 연결된 display 의 스크린상에서 여러가지 방향으로 이동 가능한 점(點).
cur·so·ri·al [kəːrsɔ́ːriəl / -sɔ́ː-] adj. [동물] 1 [다리가] 뛰어다니기에 알맞은. 2 뛰어다니기 알맞은 기관이 있는. ¶ *cursorial* birds 주금류(走禽類) / *cursorial* insects 주충류(走蟲類).
cur·so·ry [kə́ːrsəri] adj. 서두르는(hasty), 되는 대로의, 대강의(careless), 피상적인(superficial). -**ri·ly** adv. -**ri·ness** n.
curst [kəːrst] v. curse 의 과거·과거 분사의 하나.
curt [kəːrt] adj. 짧은(short), 간결한; 무뚝뚝한, 통명스러운. ☞ BLUNT [類語] ¶ a *curt* reply 통명스러운 대답 // be *curt* to a person 남에게 무뚝뚝하다.
~**ly** adv. ~**ness** n.

*cur·tail [kəːrtéil, 美 ʓ-] vt. 1 ···을 줄이다(cut short); ···을 생략하다. ⇒ SHORTEN [類語] ¶ *curtailed* words 단축어[예를 들면 photograph 의, bus 는 omnibus 의 단축어]. 2 [비용·예산 따위]를 삭감하다(reduce). 3 [권리 따위]를 박탈하다(deprive) (*of*). ¶ (~+图+㉠+㉑) *curtail* a person *of* his privileges 남의 권리를 박탈하다. ◇ cur·táil·ment n.
cur·tail·er [kəːrtéilər] n. 줄이는 사람[물건].
cur·tail·ment [kəːrtéilmənt] n. U © 단축, 삭감.

‡**cur·tain** [kə́ːrt(ə)n, -tin] n. 1 커튼, 휘장, 장막(veil). ¶ draw a *curtain* 커튼을 치다 / draw down a *curtain* 커튼을 내리다 / furl a *curtain* 커튼을 걷다. 2 [극장의] 막; [연극의] 개막, 종막; [일반적으로] 끝(end). ¶ *Curtain!* 여기서 막을 상상해 보시라; [관객의 주의를 끌기 위한 말] / call an actor before the *curtain* [막이 내린 뒤 관객이 박수를 쳐서] 출연자를 막 앞으로 불러 내다(cf. curtain call) / The *curtain* rises (falls) on a drama. 막이 열리고(닫히고) 연극이 시작된다(끝난다). 3 [막 모양의] 칸막이, 가리는 것. ¶ a *curtain* of smoke 연막 / a *curtain* of fire [군대] 탄막(彈幕) (curtain fire) / the iron *curtain* 철의 장막. 4 [건축] 칸막이 벽, 격벽(隔壁); [築城] 막벽(幕壁). 5 (~s) 《속어》 죽음, 최후, 종말. ¶ 은밀히 (in secret).
behind the curtain 배후(막후)에서; 비밀리에, 몰래
draw a (or **the**) *curtain on* (or **over**) ···을 커튼으로 가리다; [어떤 일에 대하여] 이야기를 끝내다.
lift the curtain ① 막을 올리다. ② 터놓고 말하다 (reveal).
ring up (**down**) *the curtain* 벨을 올려 막을 올리다(내리다); 개시[종말]를 알리다(*on*...).
take a curtain [출연자가] 관객의 박수에 응하여 막 앞에 나오다.
— vt. ···에 막(커튼)을 치다; ···을 휘장으로 장식하다; ···을 커튼으로 칸막이하다, 가리다(막다) (...*off*). ¶ a little hut *curtained off* from the public gaze 대중사람의 눈에 띄지 않는 오두막집.
cúrtain càll n. 커튼 콜[막이 내린 뒤 관객이 박수를 쳐서 출연자를 막 앞으로 불러내는 일].
cúrtain fàll n. 종막, 폐막; 종말, 대단원.
cúrtain fìre n. [군대] 탄막[포화] (barrage).
cúrtain lècture n. 베갯밑 설교[이부자리 속에서 아내가 하는 잔소리].
cúrtain ràiser n. 개막극; [리그전 따위의] 개막전.
cúrtain rìng n. 커튼용 쇠고리.
cúrtain ròd n. 커튼용 쇠막대.
cúrtain spèech n. [연극] [막 앞에서 하는] 폐막사.
cúrtain tìme n. [연극·연주회 등의] 개막 시간.
cúr·tain-úp [kəːrt(ə)nʌ̀p] n. U《英》 [연극의] 개막.
cúrtain wàll n. [건축] 칸막이 벽, 커튼 월.
cur·ta·na [kəːrtéinə, -táː-] n. 칼끝없는 검[영국왕의 대관식 때 인자(仁慈)의 상징으로 왕 앞에 받드는 검].
cur·te·sy [kə́ːrtisi] n. (pl. -sies) [법률] 환부산(寰夫産)[아내가 죽은 뒤 그 땅을 상속할 자격을 가진 남편이 그 땅에 대해 가지는 평생 권리; 1925년 폐지].
cur·ti·lage [kə́ːrtilidʒ] n. [법률] 주택에 딸린 땅; 택지, 대지.
***curt·sey** [kə́ːrtsi] n. (pl. -seys) [무릎을 굽히고 몸을 낮추는 여자의] 절, 인사. * 고귀한 사람에게 정식으로 할 때는 왼발을 뒤로 빼고 무릎을 굽히면서 머리를 숙인다. ¶ drop (or make) a *curtsey* [여자가] 절을 하다 / make one's *curtsey to* the queen [여자가] 여왕을 배알하다. — vi. (-**seyed, -sey·ing**) [여자가] 절하다 (*to*...).
curt·sy [kə́ːrtsi] n. (pl. -sies) = curtsey. — v. (-sied, -sy·ing) = curtsey.
cu·rule [kjú(ː)ruːl / kjúəruːl] adj. [고대 로마의] 고관의 의자에 앉을 자격이 있는, 고관 대접의. ¶ a *curule* chair *curule* 의자 / a *curule* office 고관직.
cur·va·ceous [kəːrvéi(ə)s] adj. 《구어》 [여자가] 곡선미가 있는, 몸매가 미끈한.
cur·va·ture [kə́ːrvətʃər, -tʃùər] n. U 1 구부림, 구부러짐(curving). 2 만곡(彎曲) [상태] ① 만곡 부분. 3 [의학] 이상 만곡, 굴곡. 4 [기하] 곡률(曲率), 곡도(曲度).

‡**curve** [kəːrv] n. 1 곡선. 2 굴곡, 만곡[부], 휨, 커브. ¶ a sharp *curve* in the road 도로의 급커브 / a *curve* in the course of a river 강줄기의 굽이. 3 [수학] 곡선; [통계] 곡선 도표, 그래프(graph). ¶ a hyperbolic *curve* 쌍곡선. 4 곡선자(curved ruler), 운형(雲形)자 (French curve). 5 [야구] 커브, 곡구. ¶ throw a *curve* 커브를 던지다. 6 사기, 속임. 7 《보통》 ~**s**) [여성의] 곡선[미], [곡선미의] 미인.
— v. (**curved, curv·ing**) vt. ···을 구부리다, 만곡시키다; [야구] [공]을 커브시키다. — vi. 구부러지다, 만곡하다; [야구에서] 커브하다. ¶ (~+图+㉠) The road *curves round* (or **around**) the gas station. 도로가 주유소 주위를 에워싸고 있다.
— adj. =curved.
cúrve báll n. 《美》 1 [야구] 커브. 2 책략(trick).
curved [kəːrvd] adj. 굽은, 만곡된, 곡선 모양의. ~**ly** [kə́ːrvidli] adv. ~**ness** [kə́ːrvidnis] n.
cur·vet [kə́ːrvit, kəːrvét / kəːrvét] n. 1 [馬術] 도약(跳躍), 쿠르벳[말이 앞다리를 들고, 그것이 땅에 닿기 전에 뒷다리로 도약하기]. ¶ cut a *curvet* 도약하다. 2 《고어》 뛰어 돌아다님, 까불음. — v. (-**vet·ted, -vet·ting**; **-vet·ed, -vet·ing**) vi. 1 [말이] 도약하다; 뛰어 돌아다니다, 뛰놀다. 2 [어린아이 등이] 뛰어 돌아다니다, 뛰놀다. — vt. [말]을 도약시키다.
cur·vi·lin·e·ar [kə̀ːrvəlíniər], (**cur·vi·lin·e·al** [-iəl]) adj. 곡선의, 곡선식(형)의. ¶ *curvilinear* style [건축] 곡선식. ~**ly** adv.
cu·sec [kjúːsek] n. 매초 1입방피트의 유수(流水) [수

Cush [kʌʃ] n. 《성서》 1 구스〚Ham 의 장남. ←창세기 (Gen.)10 : 6〛. 2 〚Cush 의 자손이 살았다고 하는〛에티오피아. 〔<Heb〕

cush·at [kʌ́ʃət, +美 kúʃət] n.《스코·英방언》〚유럽산 (產)의〛산비둘기(ringdove, wood pigeon).

‡**cush·ion** [kúʃ(ə)n] n. 1 쿠션, 방석, 〚의자의〛등받이 방석. 2 쿠션 모양의 것(등을 괴는); 받침 방석, 베개; [머리에 넣는]다리; [여자 스커트의]허리받이; 레이스 뜨는 대; 바늘겨레; 〚당구대의〛쿠션〚고무를 댄 탄력성 있는 가장자리〛; [피아노의]쿠션; 〚고무〛타이어의 부드러운 고무의 층. 3 〚격돌·진동·소음 따위를 막는〛완충물(장치); 〚기계〛공기(증기)의 쿠션. 4 〚해부·동물〛말굽 연골(軟骨); 〚소·돼지 따위의〛엉덩이의 연한 부분; 〚식물〛엽침(葉枕). 5 〚라디오·텔레비전의〛방송 대본에서 시간대로 끝내기 위해 임의로 길이를 조절할 수 있는 부분. 6 위안(물)(comfort); 호사, 사치(luxury). 7 악화를 막는 것; 경기 대책; 〚고통을 없애는〛약, 치료. 8 《美속어》〚야구의〛누(壘)(base).
hit the cushion 잘 해내다.
— vt. 1 a) …을 쿠션에 올려놓다. b) …에 쿠션을 붙이다; …을 쿠션으로 받치다(…up). b) …에 쿠션을 붙이다(대다). c) 〚쿠션으로〛…을 보호하다, 덮다. 2 〚기계〛〚피스톤 따위의 충격〛을 공기(증기)의 쿠션으로 줄이다. 3 〚불평·비탄 따위〛를 살짝 가라앉히다; 〚자극·충격·악영향 따위〛를 완화(약화)시키다.
◇ **cushiony** *adj*.

cush·ion·craft [kúʃ(ə)nkræft / -krɑ̀ːft] n. =hover **cúshion sòle** n. 탄력있는 고무 구두창. ⌈craft.
cúshion stàr n. 불가사리.
cúshion tìre n. 고무 조각을 넣은 자전거 타이어.
cush·ion·y [kúʃ(ə)ni] *adj*. 1 쿠션 같은, 푹신한. 2 쿠션이 있는. 3 쿠션으로 사용된.

Cush·it·ic [kəʃítik] n. U 쿠시트 말〚Somalia 및 Ethiopia 어느 부분에서 행(Hamitic)어족의 하나〛.
— *adj*. 쿠시트 말의.

cush·y [kúʃi] *adj*. (**cush·i·er, cush·i·est**) 《속어》〚일 따위가〛편한(easy); 즐거운. ¶ a *cushy* job 손쉬운 일.

cusk [kʌsk] n. (pl. **cusk** or **cusks**) 1 북대서양산 (產)의 대구 비슷한 식용어의 일종. 2 모캐[붕장어 비슷한 민물고기].

cusp [kʌsp] n. 1 뾰족한 끝, 〚해부·동·식물〛첨단(尖端); 〚치아·잎 따위의〛첨단, 돌기(부)(projection). 2 〚기하〛두 곡선이 만나는 첨점(尖點). 3 〚건축〛고딕 건축의 안쪽 두 곡선이 만나는 돌출점. 4 〚천문〛초승달의 끝, 첨단.

cusped [kʌspt] *adj*. 첨단이 있는, 끝이 뾰족한.
cus·pid [kʌ́spid] n. 〚사람의〛송곳니(canine tooth).
cus·pi·dal [kʌ́spid(ə)l] *adj*. 1 끝이 뾰족한. 2 〚기하〛첨점의.
cus·pi·date [kʌ́spidèit], **-dat·ed** [-dèitid] *adj*. 끝이 뾰족한, 돌기가 있는. ¶ *cuspidate* leaves 끝이 뾰족한 잎.
cus·pi·dor [kʌ́spidɔ̀ːr] n. 《美》 타구(spittoon).
cuss [kʌs] n.《美구어》 1 저주, 악담(curse). 2 놈, 녀석(fellow). ¶ a queer *cuss* 이상한 녀석.
— *vt., vi.* 〚…을〛저주하다, 〚…에게〛악담하다.
cuss·ed [kʌ́sid] *adj*.《美구어》 1 =cursed. 2 고집센, 완고한(obstinate). **~·ly** *adv*. **~·ness** n.
cuss·word [kʌ́swə̀ːrd] n.《美구어》저주의 말; 악담, 욕설.
cus·tard [kʌ́stərd] n. C|U 커스터드〚계란·우유·설탕 따위를 섞어 만든 식품〛.
cústard àpple n. 1 우심리(牛心梨)〚열대 아메리카산(產) 식물; 그 과실; 번여지(蕃荔枝)(sweetsop)〛. 2 〚북미산(產)〛 포포나무(pawpaw), 그 과실.
cus·tard-pie [kʌ́stərdpài] *adj*. 최하류(엉터리) 희극 (喜劇)의(slapstick).
cus·to·di·al [kʌstóudiəl, -djəl] *adj*. 보관의, 보호의; 관

리상의; 구류(拘留)의. — n. 성보(聖寶)(relics)를 넣는 그릇.
cus·to·di·an [kʌstóudiən / ·djən, -diən] n. 보관인, 관리인(keeper, guardian); 〚증권 따위의〛보관 은행; 수위(janitor).
cus·to·di·an·ship [kʌstóudiənʃìp] n. U custodian의 자격(직위, 임무).

*cus·to·dy** [kʌ́stədi] n. U 1 보관, 관리(keeping); 후견[의 의무](guardianship), 보호(protection). ¶ a charge for *custody* 보관료(custody-fee) / be in the *custody* of …에 보관(보호, 감독)되어 있다 / have the *custody* of …을 보관(보호)하다. 2 감금, 금고 (imprisonment), 구류(detention). ¶ in *custody* 구류되어, 감금되어 / keep a person in *custody* 남을 구류(감금)해 두다 / take a person into *custody* 남을 구속하다, 수감하다. ◇ **custódial** *adj*.

‡**cus·tom** [kʌ́stəm] n. 1 C|U 습관(habit), 관습(convention), 풍습, 관행, 관례(habitual practice). ¶ as one's *custom* 자기 버릇처럼 / make it a *custom* to do …하기로 하고 있다 / according to the *custom* 관습에 따라서 / against the *custom* 관습에 반하여 / conform to *custom* 관습을 따르다 / keep up (break) an old *custom* 낡은 관습을 지키다(어기다) / follow a European *custom* 유럽식으로 하다 / It is my *custom* to do so. 나는 늘 그렇게 하기로 하고 있다 / We have the (or a) *custom* of wearing uniforms. 우리는 제복을 입기로 되어 있다 / It is the *custom* with(or for, of) the Korean to behave in such a way. 그렇게 처신하는 것이 한국인의 관행입니다 / *Custom is* [a] *second nature*.《속담》관행은 제 2의 천성이다.
〚類語〛**custom** 오랫동안 정착되어온 사회적 관습·개인적 습관: marriage *customs* 결혼에 관한 관습. **habit** 자주 반복되었기 때문에 생긴 개인의 버릇·습관: the *habit* of smoking 흡연의 습관. **practice** 규칙적으로 자주 지향하여 하는 습관, 의례적인 방식: the *practice* of rising at sunrise 해돋이와 함께 일어나는 습관. **usage** 장기간 행하여지고 널리 인정된 탓으로 일을 할 때 지침이 되는 practice: the *usage* of having eggs for breakfast 조반에 계란을 먹는 습관. **manners** 어떤 민족·계급·시대 등에 지배적인 관습·생활 양식: the Victorian *manners* 빅토리아조(朝)의 관행.
2 U〚법률〛〚불문율로 여겨지는〛관습(법), 관례. ¶ a constitution rooted in *custom* 관습에 뿌리박고 있는(입각한) 헌법 / the *custom* of trade 상(商)의 관습(법).
3 〚U〛C 〚봉건 시대의〛공조(貢租)(tribute); C 사용료(세), 요금(toll), 세(duty).
4 (~s)〚관·복수 양용〛관세(import duties);《단수 취급》세관(custom house). ¶ the *custom*[s] service 관세 사무 / go through (or pass) the *customs* 세관을 통과하다.
5 U〚상점 따위의〛애호, 애고(愛顧)(patronage);《집합적》단골 손님, 고객(customers, patrons). ¶ draw *custom* to a shop 가게에 단골을 끌다 / give one's *custom* to a shop 가게를 단골로 삼다 / withdraw one's *custom* to a shop 단골 거래를 그만두다 / have a large *custom*; have plenty of *custom* 단골이 많다.
— *adj*.《한정 형용사》 1 주문의, 주문하여 만든, 마춤의(custom-made). 2 주문품을 만드는(파는).
◇ **cústomary** *adj*.
cus·tom·a·ble [kʌ́stəməbl] *adj*. (도물게) 관세가 붙 ⌈는.
‡**cus·tom·a·ry** [kʌ́stəmèri / -m(ə)ri] *adj*. 1 습관적인 (habitual), 관례의, 통례의, 통상적인(usual). ¶ a *customary* practice 습관 / ¶ It is *customary for* (or *with*) him to do so. 그렇게 하는 것이 그의 습관이다. 2 〚법률〛관례에 의한, 관습[법]상의. ¶ a *customary* law 관습법(cf. *pl. -ar·ies*)〚관습법에 의거한 관례집. **-ar·i·ly** *adv*. **-ar·i·ness** n. ◇ **cústom** n.
cus·tom-built [kʌ́stəmbíit] *adj*. 주문하여 만든.
‡**cus·tom·er** [kʌ́stəmər] n. 1 사는 사람(buyer), 고

객, 손님, 단골, 거래처(patron). **2** 《구어》 [상대하지 않을 수 없는] 성가신] 사람, 녀석, 놈(fellow).
cústomer's màn n. 《증권》 증권 회사의 고객 담당자.
cústom hóuse n. (pl. **-hous·es**) 세관.
cus·tom·ize [kʌ́stəmàiz] vt. (-ized, -iz·ing) …을 주문에 따라 만들다, 개인의 희망에 맞추다.
cus·tom-made [kʌ́stəmméid] adj. 《美》 주문의, 맞춤의, 주문받아 만든. opp. ready-made
cústom óffice n. 세관(custom house).
cústoms cléarance n. 통관(通關).
cústoms dúties n. pl. 관세.
cus·toms-free [kʌ́stəmzfríː] adj. 관세가 붙지 않는, 무관세의. ¶ a *customs-free* market 무관세 시장.
cústoms únion n. 관세 동맹.
cus·tom-tai·lor [kʌ́stəmtèilər] vt. …을 개인의 주문(필요)에 따라 다루다.
cústom táriff n. 관세표, 관세율.
cus·tos [kʌ́stəs / -təs] n. (pl. **cus·to·des** [-] 《라틴》 (=keeper of rolls); 관리인, 보관자(custodian).
Custos Ro·tu·lo·rum [-rətʃuló:rəm, -ròtjuló:-] n. (pl. **Cus·to·des R-**) 《라틴》 (=keeper of rolls) 《英법률》 수석 치안 판사 《county 의 수석 치안 판사로서, 기록을 보관하는 책임을 진다》.

‡**cut** [kʌt] v. (**cut, cut·ting**) vt. **1** 〔칼 따위로〕 …을 베다, 자르다, 상처내다. ¶ *cut* oneself 다치다 / *cut* one's throat 자기의 목을 베다, 자살하다 / (~+몸+튄) *cut* something open 어떤 것을 베다.
2 …을 절단하다, 잘라내다(…*away, off*); 〔칼 따위로〕 …을 분할하다(…*in, into*); 〔고기·과자 따위를〕 작게 (얇게) 썰다, 자르다. ¶ *cut* a joint of meat 고깃덩이를 썰다 // (~+몸+젼+명) *cut* a branch *off* a tree 나무에서 가지를 잘라내다 / *cut* an apple in half (or *into* halves) 사과를 반으로 자르다 / (~+몸+튄) = (~+몸+젼+명) Please *cut* me a slice of bread. = Please *cut* a slice of bread *for* me. 나에게 빵을 한 조각 썰어 주세요.
〖類語〗 **cut** 가장 넓은 뜻의 말: *cut* paper 종이를 자르다 / *cut* down a tree 나무를 베다. **chop** 도끼·식칼 따위를 쥐어진 것으로 여러 번 두드러서 자르다: *chop* wood for fuel 장작을 패다. **hew** 큰 물건을 무거운 날붙이로 힘주어 베다: *hew* down a tree 나무를 베다. **hack** 대충(난잡하게) 마구 자르다: *hack* something to pieces 토막토막 자르다.
3 〔풀 따위를〕 깎다(mow), 베어들이다(reap); 〔밀 따위를〕 거두어들이다, 수확하다(harvest); 〔꽃·열매 따위를〕 따다; 〔머리 따위를〕 깎다(trim); 〔정원수 가지 따위를〕 치다(trim); 〔나무를〕 벌채하다(hew)(…*down*). ¶ *cut* grains 곡식을 수확하다 / *cut* flowers (grapes) 꽃(포도)을 따다 / have one's hair *cut* 머리를 깎다 // (~+몸+튄) *cut* one's hair (nails) close 머리 (손톱)를 짧게 깎다.
4 〔옷〕을 마르다, 재단하다. ¶ *cut* a coat 저고리를 마르다.
5 〔물건〕을 잘라서 만들다, 〔나무·돌 따위에〕 〔상·글자 따위〕를 새기다, 파다(chisel, carve)(…*in, into*); 〔보석·유리 따위를〕 다듬다, 깎다, 커트하다. ¶ *cut* a diamond 다이아몬드를 커트하다 // (~+몸+젼+명) *cut* a thing *into* various forms 물건을 잘라 여러 가지 모양으로 만들다 / *cut* one's name *on* a tree 나무에 이름을 파다 / *cut* a figure *in* stone 돌에 새긴 상.
6 …을 파내다(hollow out), 파다(excavate, dig); 〔길 따위〕를 내다, 닦다; 〔파도 따위를〕 헤치고 나아가다(날다). ¶ *cut* a trench 도랑(참호)을 파다 // (~+몸+젼+명) *cut* a road *through* a hill 언덕에 길을 내다.
7 〔기사·영화 따위〕를 줄이다, 짧게 하다, 커트 (삭제)하다; 〔문장 따위〕를 짧게 줄이다, 생략하다, 〔비용-〕을 줄이다, 삭감하다(curtail); 〔값·급료〕를 내리다 (reduce) (…*down*); 〔음성〕을 낮추다(…*down*).
8 〔채찍 따위로〕 …을 세게 때리다; 〔찬바람 따위가〕

〔살〕을 에다(…*to*); 〔남〕에게 뼈에 사무치게 하다, 〔남〕의 감정을 몹시 해치다, 〔남〕에게 통감시키다(…*to*). ¶ (~+몸+젼+명) The icy wind *cut* me *to* the bone. 찬바람이 뼛속까지 스몄다.
9 〔엔진 따위〕를 멈추다, 〔수도 따위〕를 막다(stop) (…*off*); 〔구어〕 …을 그치다, 그만두다(cease) (…*out*). ⇒ *cut it* ②; *cut out* ⑥
10 〔구어〕 〔아는 사람 등〕을 무시하다, 짐짓 모르는 체 하다(⇒ *cut a person dead*); 〔관계〕를 끊다(…*with*).
11 〔구어〕 〔강의 따위〕를 빼먹다. ¶ *cut* a class 수업을 빼먹다.
12 〔강 따위가〕 …을 가로질러 흐르다; 〔수학〕 〔선이〕 〔다른 선〕과 교차하다(cross). ¶ A road *cut* the track at the point. 그 지점에서 도로가 선로를 가로지르고 있었다 / The brook *cuts* the paddy field. 논 가운데를 시냇물이 흐른다. 〔*with*〕
13 …을 녹이다(dissolve); …을 묽게 하다(dilute) (…
14 〔구어〕 …의 동작을 하다, …을 하다, 〔한 태도·모습〕을 보이다. ¶ *cut* a caper (or capers) 〔기쁨서〕 팔짝팔짝 뛰다, 까불어대다 / *cut* quite a figure 좋은 인상을 주다 / *cut* a joke 농담을 하다 / *cut* a poor figure 초라해 보이다 / *cut* a fine figure 남의 눈에 띄다 / *cut* an appearance 《美》 두각을 나타내다, 이채를 띠다.
15 〔이〕를 나게 하다. ¶ *cut* a tooth 이가 나다.
16 〔카드놀이〕 〔패〕를 떼다(shuffle); 〔패〕를 뽑다.
17 〔스포츠〕 〔정구·탁구·크리켓 따위에서〕 〔공〕을 깎아치다, 커트하다.
18 …을 거세(去勢)하다(castrate, geld).
19 …을 레코드화하다, 레코드(테이프)에 취입하다.
— vi. **1** 〔칼붙이로〕 자르다, 베다, 절단하다, 쪼개다; 날붙이를 쓰다.
2 〔칼 따위가〕 베어지다, 들다; 〔물건이〕 잘리다, 잘 베어지다. ¶ (~+튄) This knife *cuts* well. 이 칼은 잘 든다.
3 〔배·쟁기 따위가〕 가르고 나아가다, 헤치고 가다 (*through*…); 가로지르다, 〔가로질러서〕 지름길로 가다 (*across*…); 〔갑자기〕 방향 전환을 하다(*to*…). ¶ (~+젼+명) *cut through* woods 숲을 빠져 나가다 / *cut across* a yard 마당을 가로지르다.
4 〔채찍 따위로〕 세게 때리다; 〔베듯이〕 골수에 사무치다, 〔찬바람 따위가〕 살을 에다, 뼛속에 스며들다; 〔몹시〕 기분을 해치다. ¶ (~+튄) the criticism that *cuts* deep 충격적인 비평 / The wind *cut* bitterly. 바람이 살을 에는 듯 하였다 / The criticism *cut* at him. 그 비평이 그에게 타격을 주었다 / The wind *cut through* my thin clothes. 바람이 얇은 옷 사이로 스며들었다.
5 〔이〕가 나다.
6 〔카드놀이〕 패를 떼다.
7 〔구어〕 급히 떠나다, 달아나다. ¶ *Cut*! 떠나라! (⇒ *cut it* ②) / I must *cut*. 가야겠습니다.
8 말이 보행중에 발과 발이 부딪치다.
9 〔스포츠〕 〔정구·크리켓 따위에서〕 공을 깎아치다, 커트하다(*at*…).
10 〔그림·색깔 따위가〕 너무 두드러지다(돋보이다).
be cut out for 《美〈구어〉》 …에 안성맞춤이다. ¶ Do you think that she *is cut out for* teaching? 그녀가 교사로서 적격이라고 생각합니까?
cut a feather ⇒ FEATHER.
cut a loss (or *one's losses*) ⇒ LOSS.
cut across ① …을 질러가다. ② …에 관련되다, …에 영향을 끼치다, …을 포함하다. ③ …에 선행하다, …을 초월하다.
cut adrift ① (vi.) 헤어지다, 영원히 가버리다. ② (vt.) …을 끊고 방랑하다. ¶ *cut* oneself *adrift from* home 집을 떠나서 방랑하다. ③ (vt.) 〔배〕를 표류시키다, 흘러가게 하다.
cut after …을 급히 쫓다.
cut and carve 베어 나누다.
cut and come again 〔고기 따위를〕 먹고 싶은 대로 집

어 먹다. *cf.* cut-and-come-again
cut and contríve 적은 수입으로 살림을 잘 꾸려 나가다.
cut and rún 황급히 도망치다(달아나다).
cut át ① …을 칼로 내리치다. *cf. vi.* 1 ② [채찍으로] …을 호되게 치다. *cf. vi.* 4 ③ [구어] …에 [정신적으로] 타격을 주다; (희망 등)을 꺾다.
cut awáy ① [구어] 도망치다. ② [가지 따위]를 베어 버리다.
cut báck ① …을 되돌아 치다; (앞서 나왔던 화면으로) 되돌아가다(⇨ CUTBACK). ② [이야기 따위]가 앞으로 되돌아가다.
cut both wáys ⇨ WAY.
cut one's cóat according to one's (or the) clóth 뜻이 바뀌어 살림을 남기고 죽다.
cut a pérson déad ⇨ DEAD.
cut dówn ① [나무 따위]를 베어 넘어뜨리다; [비유적] [병 따위]가 …을 쓰러뜨리다. ② [비용 따위]를 줄이다, 삭감하다; [값]을 내리다; …을 바싹 줄이다. ③ …보다 낫다. ④ …을 달리다.
cut dówn on [美] [수량]을 줄이다.
cut one's éye ⇨ EYE.
cut fíne 아주 약간의 이익밖에 생기지 않다.
cut ín (or ínto) ① (*vi.*) 끼어들다, 간섭하다, [차 따위가] 갑자기 앞에 끼어들다, 새치기하다. ② (*vi.*) [남의 이야기]를 가로막다, 참견하다(interrupt). ③ (*vt.*) [美] [남의 이야기]를 전화로 도청하다. ④ (*vi.*) [댄스 중인 남자로부터] 춤 상대를 가로채다.
cut it ① [구어] 달리다, 떠나다, 내빼다. *cf. vi.* 7 ② [속어] 그만두다; [명령형으로] 그만둬!, 닥쳐!
cut it fíne [시간·돈 따위]를 바싹 줄이다; 아슬아슬한 짓을 하다. 닥쳐라!
cut it óut [구어] [명령형으로] 귀찮다!; 그만둬!, 닥쳐!
cut lóose ① (*vt.*) [밧줄을 잘라] [배 따위]를 풀어 놓다; …과의 관계를 끊다(…*from*). ¶ cut oneself loose from …의 속박을 떠나 자유의 몸이 되다. ② (*vi.*) 활동하기 시작하다, 일하기 시작하다. ③ (*vi.*) 거리낌없이 이야기하다; 들떠서 떠들다, 폭음하다. ④ (*vi.*) 마음껏 공격하다(upon…). ⑤ (*vi.*) 자유로워지다, 헤어나다.
cut no íce [with] ⇨ ICE.
cut óff ① …을 잘라내다, 절단하다; …을 삭제하다. ② [공급 따위]를 중단하다(discontinue), [가스·수도 따위]를 끊다 (stop), [적군 따위]를 가로막다, [관계 따위]를 끊다. ¶ cut off supplies [식량 따위의] 공급을 끊다. ③ …의 목숨을 끊다; [급한 병 따위]가 [남]을 쓰러뜨리다, 일찍 죽게 하다. [남의 입]을 막다, 침묵시키다. ④ …의 상속권을 빼앗다; …을 폐적(廢嫡)하다(disinherit). ⑥ (*vi.*) 급히 가다, 서두르다.
cut óff a córner ⇨ CORNER.
cut óff one's nóse to spíte one's fáce ⇨ NOSE.
cut ón ① 급히 나아가다. ② 살아가다.
cut óut ① …을 베어내다. ② [길]을 내다. ¶ cut out one's way 자기가 나아갈 길을 열다. ③ …을 잘라 내다, 절제하다(excise); …을 삭제하다, 생략하다(omit). ④ [쫓아내고] [남]을 대신하다, [남]의 대신으로 들어 앉다(supplant) [동물]을 무리에서 떼어놓는다, (*vi.*) [추월하기 위해] 자동차의 열을 벗어나다, [다른 차의 앞으로] 튀어나가다, [다른 자동차의] 방해를 하다. ¶ He is cutting me out with my girl friend. 그는 내 여자 친구를 가로채려 하고 있다. ⑤ …을 예정하다, 준비하다. ⑥《구어》…을 그만두다, 그치다, [엔진 따위]를 멈추다; [美] [속어] 급히 떠나다, 달아나다. ⑦ [의복]을 재단하다. ⑧ [적의 배]를 나포하다.
cut róund [구어] 뛰어 돌아다니다; 기운차게 하다, 자랑삼아 하다.
cut shórt ① …을 줄이다, 단축(생략)하다. ¶ to cut a long story short 요는, 간단히 말하면 / Cut it short! 간단히 말해라! ② [남의 말]을 가로막다(interrupt). ③ …을 갑자기 끝내다.
cut one's téeth on ⇨ TOOTH.
cut the cómedy ⇨ COMEDY.
cut the gróund from únder a pérson's féet ⇨ GROUND.
cut the thróat of ⇨ THROAT.
cut … to (or ín, ínto) píeces ① [물건]을 조각조각으로 자르다. ② [작품 따위]를 혹평하다. ③ [적]을 분쇄하다, 괴멸시키다.
cut a pérson to the héart (or to the quíck) 남의 가슴을 사무치게 하다, 남을 슬프게 하다, 남의 감정이 해치다.
cut únder [美] [남] 보다 싸게 팔다, …보다 할인하다.
cut úp ① …을 난도질하다, 잡아찢다(lacerate); 분할하다. ② [적군 따위]를 분쇄시키다, 괴멸시키다. ③ …을 부상시키다(wound). ④ …을 혹평하다, 호되게 깎아내리다. ⑤ [보통 수동형으로] …을 괴롭히다, 마음 아프게 하다(afflict), 몹시 슬퍼하게 하다(distress). ⑥ (*vi.*) [천이] 재단되다, 마름질되다, [고기 따위가] 잘리지다. ⑦ (*vi.*) [美구어] 잘난스럽게 굴다(show off). ⑧ (*vi.*) [구어] 농담을 하다, 익살떨다, 장난을 치다; 까불다. ⑨ [소란]을 일으키다(kick up).
cut up róugh (or sávage) 성내다, 발끈하다, 노하다.
cut up wéll [구어] [소·돼지 따위가] 도살한 양이 많다; (뜻이 바뀌어) 많은 유산을 남기고 죽다.
cut one's wísdom téeth (or éyeteeth) 사람나이 나다; 철들다.
— *adj.* 벤; 베어 낸, 잘라 낸, 자른, 깎은, 꺾은. ¶ cut flowers 자른 꽃. **2** 잘게 썬; 썰어서 만든, 절개한. ¶ cut sugar 각설탕. **3** [식물] [잎]의 끝이 갈라진, 쪼개진. **4** 재단한. **5** 깎아 다듬은, 새겨 넣은, 탁마(琢磨) 세공의. ¶ a cut stone 깎아 다듬은 돌. **6** 바싹 어인, 삭감한, 인하한. ¶ cut prices 할인 가격, 특가. **7** 거세한. **8**《속어》술취한(drunk).
— *n.* **1** 자르기, 베기; [날붙이·채찍·지팡이 따위의] 내리치기, 한 번 자르기, [일격, 한 대 치기(at, in…). **2** 잘라낸 한 조각, 베어낸 고깃점, [美] 크게 베낸 고깃덩이(joint). ¶ a cut of cake 케이크 한 조각. **3** 벤 자리, 칼자국, 새긴 금(notch), 벤 상처(in, on…); [잎] 갈라진(쪼개진) 틈; 개울, 도랑, 수로 (channel). ¶ a cut in a finger 손가락의 벤 상처. **4** [의복의] 재단, 마름질, 형; [머리 따위의] 깎는 법. ¶ the cut of his hair 그의 머리 형. **5** [일반적으로 사람 등의] 형(style), 타입, 종류, 방식. **6** 생략, 삭제, [영화 따위의] 커트; 삭제(생략)한 부분. **7** [경비 따위의] 삭감, 인하, 절하, 할인, 감가. ¶ get a cut in price 값을 깎다 / a cut in wages 임금 인하. **8** 횡단로, 지름길. ¶ a short cut 지름길. **9** [구어] [아는 사람 등을] 일부러 모른 체하기, 일부러 피하기; [교실] [수업 따위]를 빼먹기, 무단 결석. **10** [목재의] 벌채량, [양모 따위의] 깎아낸 양. ¶ last year's cut of wool 작년의 양모 수확고. **11** [남의] 감정을 해치는 행위, 냉혹한 처사, 비꼬는 말, 혹평(at…). ¶ This is a cut at her. 이것은 그녀를 비꼰 것이다. **12** 목판[화], 커트(woodcut), 삽화. **13** [스포츠] [테니스·탁구·크리켓 따위에서] 공을 깎기, 깎아 치기, 커트; [공의] 회전(spin). **14** [카드놀이] 패를 떼기; 떼는 차례; 떼어서 나온 패. ¶ It's your cut. 네가 뗄 차례다. **15 a)** [댄스] 커트. **b)** [말이] 보행중에 발을 맞부딪치기; 그 상처. **16** [제본뿐이]에 쓰는] 한 개의 지푸라기, 한 조각의 종이. ¶ draw cuts [길고 짧은 지푸라기로] 제비를 뽑다. **17** [속어] 몫(share), 할당, 배당. **18** [美] 가벼운 식사(snack). ¶ have (or take) a cut 간단한 식사를 들다.
a cút abóve [구어] …보다 나은, 한 수 위인; …을 하는 사람은 아니고. ¶ She is a cut above doing such a thing. 그녀는 그런 짓을 할 사람이 아니다.
cut and thrúst 격전, 백병전; 격투, 드잡이.
gíve a pérson the cut diréct [얼굴을 마주보고서도] 모른 체하다. ¶ They give each other the cut direct.

그들은 서로 모르는 체한다.
the cut of one's *rig* (or *jib*) 《구어》 풍채, 몸가짐.
◇ **cútty** *adj.*

cut-and-come-a·gain [kʌ́tən(d)kʌ́məgèn] *n.* ⓊⒸ《구어》《고기 따위를》 몇 번이고 먹고 싶은 만큼 가져다 먹기; 무진장, 풍부(abundance). ¶ Here is *cut-and-come-again*, Miss. 여기에는 얼마든지 있어요 (실컷 드세요), 아가씨. — *adj.* 실컷 먹을 만큼 있는, 풍부한.

cut-and-dried [kʌ́tən(d)dráid], (**cut-and-dry**) *adj.* 1 《말·사상·계획 따위가》 미리 준비된, 미리 결정되어 있는. 2 신선한 맛(생기)이 없는, 무미건조한 (dull); 틀에 박힌 (stereotyped), 평범한 (commonplace).

cut-and-thrust [kʌ́tən(d)θrʌ́st] *adj.* 《칼이》 자를 수도 찌를 수도 있는.

cut-and-try [kʌ́tən(d)trái] *adj.* 시행 착오에 의한, 반복 실험적인. ¶ *cut-and-try* methods 반복 실험 방법.

cu·ta·ne·ous [kju(ː)téiniəs] *adj.* 피부[상]의, 피부를 상하게 하는. ¶ a *cutaneous* disease 피부병.
~·ly *adv.*

cut·a·way [kʌ́təwèi] *adj.* 1 《상의의》 앞자락을 《허리 부분에서》 비스듬히 재단한. 2 《내부가 보이도록》 일부를 잘라낸. — *n.* 1 (= **cútaway cóat**) 앞자락을 비스듬히 재단한 옷 《모닝코트 따위》. 2 《영화》 동시에 벌어지는 장면을 번갈아 비추기, 장면 전환.

cut·back [kʌ́tbæ̀k] *n.* 1 《소설 등에서》 이야기가 앞으로 되돌아가기, 《영화》 커트백 《장면 전환을 한 뒤에 다시 본래의 장면으로 되돌리기; 관련된 두 화면 이상을 번갈아 대조시키는 장면 전환도 가리킨다. *cf.* flashback 2 《생산 따위의》 축소, 삭감(reduction). 3 《원예》 가지치기, 전정(剪定). 4 《미식축구》 커트백.

cut·cha [kʌ́tʃə] *adj.* 《인도》 빈약한, 임시 변통의 (*cf.* pucka); 《벽돌 따위》 햇볕에 말린.

cut·down [kʌ́tdàun] *n.* 1 삭감, 감소. 2 《외과》 《카테테르(catheter) 삽입을 위한》 정맥 절개.

*cute [kjuːt] *adj.* (**cut·er, cut·est**) 1 《주로 미국구어》 작고 예쁜, 귀여운; 멋진. ¶ a *cute* child 귀여운 아이 / a *cute* hat 귀여운 모자. 2 《구어》 앱쌉, 예민한 (keen), 영리한, 빈틈없는, 깜찍한 (shrewd). **~·ly** *adv.* **~·ness** *n.* [< ACUTE의 두음 (頭音) 소실형]

cute·sie, cute·sy [kjúːtsi] *adj.* 《미》 귀엽게 (귀엽게) 꾸민.

cut·ey [kjúːti] *n.* = cutie.

cút gláss *n.* Ⓤ 커트 글라스; 《집합적》 그 제품.

cut·grass [kʌ́tɡræ̀s] *n.* 《식》 잎 가장자리가 잔 톱니같이 된 풀, 《특히》 겨풀속(屬)의 무리.

cu·ti·cle [kjúːtikl] *n.* 1 표피 (表皮) (epidermis). 2 《손톱 뿌리를 덮은》 얇은 피부, 《식》 큐티클라, 각피 (角皮) 《생물의 체표 (體表)를 덮는 세포의 가장 외부를 이루는 얇고 얇은 막》.

cu·tic·u·lar [kjuːtíkjulər] *adj.* 1 표피의. 2 손톱 뿌리를 덮은 얇은 피부의. 3 《동·식물》 큐티클라(각피)의. ⇒ CUTICLE 3.

cut·ie [kjúːti] *n.* 1 《미구어》《종종 부르는 말로》 귀여운 여자 (소녀); 매력적이지만 이기적인 사람. ¶ Hi, *cutie* ! 여어, 귀여운 아가씨. 2 《속어》 빈틈없는 사람 (행동), 두뇌파, 두뇌적 행동.

cut-in [kʌ́tìn] *n.* 1 《영화》 커트인 《장면의 흐름 속에 어떤 화면을 클로즈업으로 삽입하는 것》. 2 《라디오·텔레비전 방송의》 도중에 들어가는 광고(소식), 코트인. 3 《인쇄》《조판의 표제나 삽화 따위의》 짜넣기. — *adj.* 커트인의, 삽입의, 짜넣는. ¶ a *cut-in* heading 삽입 표제.

cu·tin [kjúːtin] *n.* Ⓤ 《식물》 큐틴, 각피소 (角皮素), 각질 《큐티큘라(각피)의 주성분》. ⇒ CUTICLE 3.

cu·tin·ize [kjúːtinàiz] *vt., vi.* (**-ized, -iz·ing**) 《식물》 […을] 큐틴화하다.

cu·tis [kjúːtis] *n.* (*pl.* **-tes** [-tiːz] or **-tis·es**) 《해부》 진피 (真皮) 《척추 동물의 표피 아래에 있고, 표피와 결합하여 피부를 이루는 조직; < L true skin》

cut·lass [kʌ́tləs], (**cut·las**) *n.* 《옛날에 뱃사공이 쓰던》

칼몸이 휜 넓적한 단검.
cut·ler [kʌ́tlər] *n.* 칼 만드는 사람, 칼장수.
cut·ler·y [kʌ́tləri] *n.* Ⓤ 1 칼 제조업. 2 《집합적》 칼붙이, 《특히》 식탁용의 칼붙이 《나이프·포크 따위》.

*cut·let [kʌ́tlit] *n.* 1 커틀릿 《얇게 저민 고기를 굽거나 기름에 튀긴 것》; 《커틀릿용의》 얇게 저민 고기. ¶ a pork *cutlet* 포크 커틀릿 《돼지고기》 커틀릿. 2 《다진 고기 따위의》 커틀릿용 크로켓. (caption).

cut·line [kʌ́tlàin] *n.* 《저널리즘》《사진 따위의》 설명문.
cút móney *n.* Ⓤ 분할 화폐 《옛날에 잔돈 대용》.

cut·off [kʌ́tɔ̀ːf, -àf / -ɔ̀f] *n.* 1 잘라내기, 절단; 절단기. 2 지름길 (short cut). 《강굽이를 피하여 직선으로 낸》 지름길. 3 《기계》《증기 통과의》 차단 장치, 차단; 《일반적》 차단기, 《관련 따위를》 차단하는 것, 《총의》 안전 장치. 4 정지.

cut-out [kʌ́tàut] *n.* 1 잘라내기, 도려낸 그림; 《영화·각본 따위의》 커트(삭제)된 부분. 2 《기계》《내연 기관의》 배기관(瓣). 3 《전기》 안전기, 차단기.

cut·o·ver [kʌ́tòuvər] *adj.* 《삼림지의》 나무를 벌채한.
— *n.* 벌채된 삼림지.

cut·purse [kʌ́tpə̀ːrs] *n.* 소매치기 (pickpocket).

cút ráte *n.* 《미》 할인 가격 《운임, 요금》.
cut-rate [kʌ́tréit] *adj.* 《미》 할인한, 염가 판매의.

*cut·ter [kʌ́tər] *n.* 1 자르는 (베는) 사람, 《옷의》 재단사; 《영화》 필름 편집자. 2 자르는 도구, 커터; 재단기 《의 날》. 3 《항해》 커터, a) 외돛대의 소형 쾌속 범선. b) 《군함용 소형의》 소형(小艇). 4 《미》《경무장한》 연안 경비용 소형 감시선 (Coast Guard cutter), 순라선 (revenue cutter). 4 《말이 끄는 작은 썰매》.

cut·throat [kʌ́tθròut] *n.* 살인자 (murderer).
— *adj.* 1 살인 (자)의; 잔인무도한, 무자비한. 2 격렬한. 3 《카드놀이》 《브리지 따위의》 세 사람이 하는.

*cut·ting [kʌ́tiŋ] *n.* 1 ⓊⒸ 절단; 재단 (법); 베어내기; 벌목. 2 잘라 (오려) 낸 것; 자른 (벤) 부스러기, 자투리 (shred); 깎아낸 덩; 《원예》 접목용의 접지 (接枝); 《신문 따위의》 오려낸 것 《《미》 clipping》. 3 Ⓒ 《보석 따위의》 절단 가공; 《영화》 필름의 편집. 4 ⓊⒸ 《영》《철도·도로·운하 따위를 만들기 위한》 굴착 수로, 깎아낸 길 (excavation). 5 ⓊⒸ 《구어》 할인 《염가》 판매; 심한 경쟁. — *adj.* 1 《칼이》 잘 드는, 예리한 (sharp). 2 《바람 따위가》 살을 에는 듯한 (piercing). 3 《몸시》 남의 감정을 해치는, 통렬한, 신랄한 (sarcastic); 무정한 (harsh). 4 《시선 따위가》 날카로운. 5 《구어》《남보다》 싸게 파는, 할인의. **~·ly** *adv.*

cútting bóard *n.* 도마; 재단대(臺).
cútting édge *n.* 1 칼날, 에리함. 2 최첨단, 전위.
cutting-edge *adj.* 최첨단의, 전위의, 선도적인.
cut·tle [kʌ́tl] *n.* = cuttlefish.
cut·tle·bone [kʌ́tlbòun] *n.* 오징어 뼈.
cut·tle·fish [kʌ́tlfìʃ], (**cuttle**) *n.* (*pl.* **-fish** or **-fish·es**) 《동물》 오징어, 《일반적으로》 오징어류.

cut·ty [kʌ́ti] *adj.* 《주로 스코·北잉》 (**-ti·er, -ti·est**) 1 짧게 자른, 짧은 (short). 2 성을 잘 내는, 성급한 (short-tempered). — *n.* (*pl.* **-ties**) 1 짧은 스푼. 2 짧은 파이프. 3 《구어》 바람난 여자; 시시한 여자.

cútty stóol *n.* 1 낮은 걸상 (low stool). 2 《스코틀랜드의 교회에서 부정한 여자를 징계하는 데 쓰던》 걸상.

cut-up [kʌ́tʌ̀p] *n.* 《미구어》《남의 주의를 끌기 위해》 익살떠는 사람, 젠체하는 사람, 장난꾸러기.

cut·wa·ter [kʌ́twɔ̀ːtər] *n.* 1 《항해》 뱃머리의 물결 헤치는 부분. 2 《교각의》 물살이 갈려 흐르게 하는 가장자리.

cut·work [kʌ́twə̀ːrk] *n.* Ⓤ 커트워크 《바탕천을 무늬를 따라 오려내는 옛날 자수법》.

cut·worm [kʌ́twə̀ːrm] *n.* 뿌리 잘라 먹는 벌레, 《특히》 밤나방과(科)의 각종 나방 《묘포의 줄기를 끊어 먹는 해충》.

cu.yd. (略) cubic yard[s].
Cuz·co, Cus- [kúːskou] *n.* 쿠스코 《페루 남부의 도시; 12-16세기의 잉카 제국 수도》.

C.V. 《略》 Common Version; curriculum vitae.
CVA 〖의학〗 cerebrovascular accident (뇌졸중).
C.V.O. 《略》 Commander of the [Royal] Victorian Order(빅토리아 상급 훈작사(動爵士)).
CVR 《略》 〖항공〗 cockpit voice recorder ([조종실] 음성 기록 장치).
CVS 《略》 convenience store; computer-controlled vehicle system(컴퓨터 제어 무인 조종 교통 체계).
CVT 《略》 Continuously Variable Transmission(무(無)단계 변속기). 「warfare(화학전).
CW 《略》 〖무선〗 continuous wave(지속파); chemical
CWA 《略》 Civil Works Administration (토목 사업국); Communication Workers of America(미국 통신업 노동 조합). 「다 육군 부인 부대).
CWAC 《略》 Canadian Women's Army Corps (캐나
Cwlth. 《略》 Commonwealth.
cwm [kuːm] n. 〖지질〗 권곡(圈谷), 카르(cirque) [빙식(氷蝕) 작용으로 생긴 산꼭대기의 낮은 곳].
CWO 《略》 chief warrant officer(〖군대〗 상급 준위).
c.w.o. 《略》 cash with order(〖상업〗 현금불 주문).
CWS 《略》 Chemical Warfare Service(화학전 부대).
cwt. 《略》 hundredweight.
cy, cy. 《略》 〖컴퓨터〗 cycle(s).
cy. 《略》 capacity; currency.
-cy suf. state(상태), quality(성질), office(직분), rank(지위), position(신분) 따위를 뜻하는 추상 명사를 만든다. **1** -t, -te, -tic, -nt 따위로 끝나는 형용사의 어미와 바꿔 놓을 수 있다. 예: fluency, privacy. **2** -t 또는 -n으로 끝나는 명사에 붙인다. 예: bankruptcy.
cyan- ⇒ CYANO-. 「captaincy.
cy·an·a·mide [saiǽnəmàid, sàiənǽmaid, -mid] n. 〖화학〗 시아나미드.
cy·a·nate [sáiənèit] n. 〖화학〗 시안산염(酸鹽).
cy·an·ic [saiénik] adj. **1** 〖화학〗 시안의, 시안을 함유한. ¶ cyanic acid 시안산. **2** 〖꽃이〗 푸른색의(blue). cf. xanthic.
cy·a·nide [sáiənàid, +美-nid] n. 〖화학〗 시안화물[시안화 수소산(청산)의 염](특히) 청산칼리(potassium cyanide). ¶ mercury cyanide 시안화 수은.
— vt. (-nid·ed, -nid·ing) …을 시안으로 처리하다.
cýanide pròcess n. 〖채광〗 청화법(青化法) [시안화물로 광석에서 귀금속을 추출하는 방법].
cy·a·nine [sáiəniːn, -nin, -nàin] n. Ⓤ 〖화학〗 시아닌, 청색소(青色素).
cy·a·nite [sáiənàit] n. Ⓤ 〖광물〗 남정석(藍晶石).
cy·a·nize [sáiənàiz] vt. (-nized, -niz·ing) 〖공기 중의 질소〗를 시안화하다(고정시키다).
cyano- 연결형(* 모음 앞에서는 cyan-). **1** blue, dark-blue의 뜻. 예: cyanometer, cyanine. **2** 〖화학〗 **a)** cyanogen의 뜻. 예: cyanohydrin; cyanide. **b)** cyanogen group.
cy·a·no·a·cet·y·lene [sàiəno(u)əsétilìːn] n. Ⓤ 시아노아세틸렌[우주에서 발견된 유기 물질].
cy·an·o·gen [saiǽnədʒin] n. **1** Ⓤ 시안, 청소(青素) 〖무색의 가연성 유독 가스〗. **2** 〖시안화물을 이루는〗 시안 1가(價)의 기(基).
cy·a·nom·e·ter [sàiənámitər /-nɔ́m-] n. 시안계(計) 〖하늘 따위의 '푸른' 정도를 측정〗.
cy·a·no·sis [sàiənóusis] n. Ⓤ 〖병리〗 치아노제, 청색증(青色症).
cy·a·not·ic [sàiənátik /-nɔ́t-] adj. 〖병리〗 치아노제의, 청색증의.
cy·an·o·type [sáiənətàip] n. 청사진[법].
cyber- computer 라는 뜻의 연결형. **1** 컴퓨터의, 컴퓨터와 관련된. 예: cyberphobia. **2** 컴퓨터로 자동 제어되는. 예: cybersport.
cy·ber·ca·fé [sáibərkæfèi] n. 사이버카페, 인터넷 카페.
cy·ber·cash [sáibərkǽʃ] n. =cybermoney. 「카페.
cy·ber·cen·sor·ship [sáibərsènsərʃip] n. 컴퓨터 통신망(인터넷) 정보 검열.

cy·ber·chat [sáibərtʃǽt] n. Ⓤ 컴퓨터 통신(대화).
cy·ber·class [sáibərklǽs /-klɑ̀ːs] n. 인터넷 통신 대학 〖과정〗.
cy·ber·cop [sáibərkɑ̀p /-kɔ̀p] n. 《구어》 인터넷(컴퓨터) 경찰.
cy·ber·crime [sáibərkràim] n. 컴퓨터 범죄.
cy·ber·cul·ture [sáibərkʌ̀ltʃər] n. 인공 두뇌화 사회, 사이버 문화. **-cúl·tur·al** adj.
cy·ber·de·moc·ra·cy [sáibərdiməkrəsi /-mɔ̀k-] n. Ⓤ 사이버(컴퓨터) 민주주의. 「터통(通).
cy·ber·freak [sáibərfriːk] n. 컴퓨터 통신광; 컴퓨터광.
cy·ber·junk·ie [sáibərdʒʌ̀ŋki] n. 《구어》컴퓨터 광.
cy·ber·man·ner [sáibərmǽnər] n. (~s) 인터넷(컴퓨터 통신) 에티켓(netiquette).
cy·ber·mo·gul [sáibərmòugəl] n. 컴퓨터 통신(인터넷) 재벌(거물).
cy·ber·mon·ey [sáibərmʌ̀ni] n. Ⓤ Ⓒ 전자 화폐[컴퓨터 통신망상에서 유통되는 화폐]. (=**cyberbuck, cybercash**)
cy·ber·nate [sáibərneit] vt. …을 사이버네이션화하다, 컴퓨터로 자동 제어하다.
cy·ber·na·tion [sàibə(ː)rnéiʃ(ə)n] n. Ⓤ 사이버네이션〖컴퓨터와 자동 제어기기의 결합 방식〗.
cy·ber·net·ic [sàibə(ː)rnétik] adj. 인공 두뇌학의.
cy·ber·ne·ti·cian [sàibə(ː)rnitíʃ(ə)n] n. =cyberneticist.
cy·ber·net·i·cist [sàibə(ː)rnétisist] n. 인공 두뇌학자.
cy·ber·net·ics [sàibə(ː)rnétiks] n. pl. 〖단수 취급〗 인공 두뇌학, 사이버네틱스.
cy·ber·net·ist [sàibə(ː)rnétist] n. =cyberneticist.
cy·ber·phil·i·a [sàibərfíliə] n. 〖정신의학〗 컴퓨터광(狂)[증]. **-ic adj. -i·ac adj.**
cy·ber·pho·bi·a [sàibərfóubiə] n. 〖정신의학〗 컴퓨터 공포[증].
cy·ber·pi·ra·cy [sàibərpàiərəsi] n. 인터넷 상의 저작권 침해(표절 행위).
cy·ber·porn [sáibərpɔ̀ːrn] n. 《구어》 사이버 포르노, 인터넷 음란 외설물.
cy·ber·punk [sáibərpʌ́ŋk] n. 하이테크 공상 과학 소설; 컴퓨터 해커.
cy·ber·serv·ant [sáibərsə̀ːrvənt] n. 〖컴퓨터〗 사이버서번트, 자동 조작 소프트웨어.
cy·ber·sex [sáibərsèks] n. 인터넷을 통한 성적 행위의 전시·대화.
cy·ber·shop·ping [sáibərʃɑ̀piŋ /-ʃɔ̀p-] n. 사이버(전자) 쇼핑, 온라인(인터넷) 쇼핑.
cy·ber·sleuth [sáibərslúːθ] n. 사이버(전자) 탐정[컴퓨터 망을 이용해 해커를 추적·적발하는 사람].
cy·ber·so·ci·e·ty [sàibərsəsáiəti] n. 사이버 사회[컴퓨터로 메시지를 주고받는 회원들의 사회].
cy·ber·space [sáibərspèis] n. **1** 가상 현실, 사이버스페이스[컴퓨터 시스템을 활용해 연출해 내는 현실과 같은 상상의 3차원 세계]. **2** 가상 사회, 컴퓨터 통신망.
cy·ber·sport [sáibərspɔ̀ːrt /-spɔ̀ːt] n. 전자 게임, 비디오 게임, 컴퓨터 게임.
cy·ber·squat·ting [sáibərskwɑ̀tiŋ] n. 〖컴퓨터〗 domain name에서 남의 이름·상호를 무단으로 선점 사용하기. **-squàt·ter** n.
cy·ber·stalk·ing [sáibərstɔ̀ːkiŋ] n. Ⓤ 사이버(전자) 스토킹[전자 우편(E-mail)으로 특정인을 괴롭히는 것].
cy·ber·stu·dent [sáibərstjúːdnt /-stjùː-] n. 인터넷 통신 대학 학생(수강생).
cy·ber·ter·ror [sáibərtèrər] n. 사이버테러[인터넷·컴퓨터망을 통한 해킹·바이러스 유포 행위]. 「(犯).
cy·ber·ter·ror·ist [sáibərtèrərist] n. 사이버 테러범
cy·ber·thief [sáibərθíːf] n. 사이버 도둑, 컴퓨터 해커.
cýber univérsity n. 사이버 대학. 「커.
cy·ber·war [sáibərwɔ̀ːr] n. 컴퓨터 전쟁[적의 컴퓨터망 침투·파괴 전쟁]. (=**cýberwàrfare**)

cy·borg [sáibɔːrg] n. 사이보그, 인조 인간, 인공 인간.
cyc [saik] n. 《구어》=cyclorama.
cy·cad [sáikæd] n. 소철류(類)의 식물.
cycl- pref. =CYCLO-.
cy·cla·mate [síkləmeit / sái-] n. ⓤ 치클로[인공 감미료].
cy·cla·men [síkləmən, +美 sái-, -mèn] n. 시클라멘《앵초과(科)의 식물》.

‡**cy·cle** [sáikl] n. **1** 〖사건·현상 따위의〗순환, 반복, 한 바퀴; 주기, 순환기, 사이클. ¶ a cycle of alternating current 교류 사이클 / a business cycle 경기의 순환 / a cycle theory 경기 순환설 / a cycle of events 사건의 반복 / Business is on the cycle of recovery. 경기는 호전되고 있다. **2** 〖컴퓨터〗 사이클《같은 순서로 반복되는 일련의 연산(演算)》; 또는 일련의 명령을 실행하는 소요 시간》. **3** 긴 세월, 장기간, 《한 바퀴 도는 완전한》 일조(一組), 일군(一群); 일련의 시가(詩歌) 《사담(史談)》. ¶ the Trojan cycle 트로이 전쟁사(史) 시집(詩集). **5** 자전거(bicycle), 삼륜차(tricycle), 오토바이, **6** 〖전기〗 주파, 사이클; 〖수학〗 순회 치환(置換); 〖식물〗 윤(輪) 《윤생화를 구성하는 낱낱의 윤》. ⇒ CYCLIC 3. — vi. (**-cled, -cling**) **1** 순환하다, 윤전하다, 순회하다, 돌다. **2** 자전거(삼륜차, 오토바이)를 타다.
cy·cle·car [sáiklkɑːr] n. 사이클 카, 소형 자동차.
cy·cler [sáiklər] n. =cyclist.
cy·cle·ry [sáiklri] n. (pl. **-ries**) 자전거포(鋪).
cýcle tìme n. 〖컴퓨터〗 사이클 타임《기억 장치의 읽기·쓰기의 속도》.
cy·cle-track [sáikltræk] n. 《英》 자전거《전용》 도로.
cy·cle-way [sáiklwèi] n. =cycle-trace.
cy·clic [sáiklik, sík-], **-li·cal** [-klik(ə)l] adj. **1** 순환의, 주기적인. **2** 〖화학〗 환식(環式)〖화합물〗의. **3** 〖식물〗 〖꽃이〗 윤생(輪生)의, 윤생상의. ¶ a cyclic flower 윤생화, 윤생꽃. **4** 전설(사시(史詩))군의. 〖수사학〗 순회하는, 순회적인. **cli·cal·ly** [-klikəli] adv.
‡**cy·cling** [sáikliŋ] n. ⓤ 사이클링, 자전거 타기, 자전거 여행.
cýcling ròad n. 자전거 전용 도로.
*****cy·clist** [sáiklist] n. 자전거(삼륜차, 오토바이) 타는 사람; 자전거 여행자.
cyclo- cycle 의 뜻의 연결형 《* 모음 앞에서는 cycl-을 쓴다》. 예: cyclograph, cycloid.
cy·clo-cross [sáiklo(u)krɔ̀ːs / -krɔ̀s] n. 《英》 사이클로크로스 《크로스컨트리 사이클 경기》.
cy·clo·drome [sáiklo(u)dròum] n. 사이클 경기장.
cy·clo·graph [sáiklo(u)græf / -grɑ̀ːf] n. **1** 원호기 (圓弧器). **2** 〖사진〗 파노라마 사진기.
cy·clo·hex·ane [sáikloukhéksein] n. ⓤ 〖화학〗 시클로헥산 《용매제·유기 합성용》.
cy·cloid [sáikloid] n. **1** 원형의(circular). **2** 〖물고기의 비늘이〗 원린(圓鱗)의. **3** 〖정신병리〗 조울병형의, 순환병질의. — n. **1** 원시어. **2** 〖기하〗 사이클로이드.
cy·cloi·dal [saiklɔ́idəl] adj. **1** 원형의; 원린[어]의. **2** 〖정신병리〗 조울병형의. **3** 〖기하〗 사이클로이드의.
cy·clom·e·ter [saiklámitər / -klɔ́m-] n. **1** 원호 측정기. **2** 〖차륜의〗 회전 기록기, 주행 거리계.
cy·clone [sáikloun] n. **1** 〖기상〗 사이클론 〖인도양의 열대성 저기압〗. cf. hurricane, typhoon. 〖온대성〗 저기압. **2** 대폭풍, 대선풍(tornado). **3** 원심 분리기.
cý·clone cèllar n. 《美 남부 지방의》 대선풍 피난용 지하실, 안전 지대 (safety zone).
cy·clon·ic [saiklánik / -klɔ́n-], (**cy·clon·i·cal** [-k(ə)l]) adj. 〖기상〗 사이클론의(같은); 대선풍의.
cy·clo·nite [sáiklənàit, sík-] n. ⓤ 〖화학〗 〖폭탄용〗 강력 고성능 폭약 [RDX]. [cyclopedia.
cy·clo·pae·di·a [sàiklo(u)píːdiə / -djə, əsa] n. =
cy·clo·pae·dic [sàiklo(u)píːdik] adj. =cyclopedic.
Cy·clo·pe·an [sàiklo(u)píːən, +美 -klóupiən] adj. **1** 외눈의 거인 퀴클롭스(Cyclops)의. **2** 《때로 c-》 거대한. **3** 《보통 c-》 〖건축〗 퀴클롭스식의, 거석(巨石) 쌓는 식의. [사전. 〖<encyclopedia〗
cy·clo·pe·di·a [sàiklo(u)píːdiə / -djə, -diə] n. 백과사전.
cy·clo·pe·dic [sàiklo(u)píːdik] adj. 백과 사전 같은; 광범한, 다종 다양한.
cy·clo·pousse [sìːkloupúːs] n. 〖동남아에서〗 3륜 전거 택시.
Cy·clops [sáiklaps / -klɔps] n. (pl. **Cy·clo·pes** [saiklóupiːz]) **1** 〖그리스 신화〗 퀴클롭스 〖외눈박이의 거인〗. **2** (c-) 애꾸의 도깨비; 애꾸눈이. **3** (c-) 물벼룩 《외눈의 담수에 사는 작은 갑각 동물》.
cy·clo·ram·a [sàikləræmə / -rɑ́ːmə] n. **1** 원형 파노라마. **2** 〖연극〗 사이클로라마 〖하늘을 나타낸 배경막〗.
cy·clo·stome [sáiklastòum, sík-] adj. 둥근 입을 가진, 원구류(圓口類)의. — n. 〖어류〗 원구류의 물고기.
cy·clo·style [sáiklo(u)stàil, sík-] n. 〖작은 톱니바퀴가 달린 철필로 쓴 원지를 쓰는〗 등사기.
cy·clo·thy·mi·a [sàiklo(u)əθáimiə, sik-] n. ⓤ 〖정신병리〗 순환 기질. [론] 이온 가속기》.
cy·clo·tron [sáiklətràn / -trɔ̀n] n. 〖물리〗 사이클로트론 《입자 가속 장치의 하나》.
cy·der [sáidər] n. 《英》=cider.
cy·e·sis [saiíːsis] n. (pl. **-ses** [-siːz]) 임신, 회임.
cyg·net [sígnit] n. 백조(고니)의 새끼.
Cyg·nus [sígnəs] n. **1** 〖천문〗 백조자리. **2** 〖동물〗 백조속(屬).
cyl. 《略》 cylinder.
cyl·in·der [sílindər] n. **1** 〖기하〗 원주(圓柱). **2** 원통형의 물건, 원주(면); 〖엔진의〗 실린더, 〖회전식 인쇄기의〗 탄창; 〖펌프의〗 실린더의 몸통; 〖창고〗 〖메소포타미아에서 출토된〗 원통형 돌도장(도기). **3** 〖컴퓨터〗 실린더 〖자기(磁氣) 디스크의 한 평면상에서 등거리에 있는 모든 track 의 집합〗. — vt. …에 실린더를 달다. ◇ **cylíndrical** adj.
cyl·in·dered [sílindərd] adj. 〖종종 복합어를 만들어〗 실린더가 달린. ¶ a six-cylindered engine 6 기통 엔진.
cýlinder escápement n. 〖시계의〗 역회전 방지 장치(broad gauge).
cýlinder glàss n. 반원통 유리.
cýlinder prèss n. 〖인쇄〗 원통식 인쇄기.
cy·lin·dri·cal [silíndrik(ə)l], **-dric** [-drik] adj. **1** 원주의. **2** 원통형의. **-dri·cal·ly** [-kəli] adv.
cyl·in·droid [sílindrɔ̀id, -~~] n. 곡선주(柱), 타원주(楕圓柱). — adj. 원통 비슷한, 타원주의.
cy·ma [sáimə] n. (pl. **-mae** [-miː] or **-mas**) **1** 〖건축〗 반곡선 쇠시리, 사이마. **2** 〖식물〗 = cyme.
*****cym·bal** [símbəl] n. (보통 ~s) 〖음악〗 심벌즈.
cym·bal·ist [símb(ə)list] n. 심벌즈 연주자.
cym·ba·lo [símbəlou] n. 침발로(dulcimer 비슷한 옛 현악기의 일종》.
cym·ba·loid [símbəlɔ̀id] n. 〖보트 모양의.
cym·bi·form [símbifɔ̀ːrm] adj. 〖동·식물〗 배 모양의
cyme [saim] n. 〖식물〗 취산(聚繖) 꽃차례.
cymo- wave 의 뜻의 연결형. 예: cymograph.
cy·mo·graph [sáiməgræf / -grɑ̀ːf] n. =kymograph.
cy·mo·scope [sáiməskòup] n. 〖전기〗 검파기(檢波器).
cy·mose [sáimous, -~~ -], (**cy·mous** [sáiməs]) adj. 〖식물〗 취산 꽃차례의; 취산화 모양의.
Cym·ric [kímrik, sím- / kím-] adj. Cymry 의. — n. ⓤ 웨일스 말(Welsh).
Cym·ry [kímri, sím- / kím-] n. 《복수 취급》 웨일스 종족.
*****cyn·ic** [sínik] n. **1** 냉소적인 (비꼬는) 사람; 냉소가. **2** (C-) 퀴닉(퀴니코스)학파의 사람, 견유 학파(犬儒派)의 사람, 퀴닉 (견유) 학파 〖소크라테스의 제자 안티스테네스(Antisthenes)가 시조이며 금욕주의를 제창〗. — adj. =cynical. **2** (C-) 퀴닉(퀴니코스)학파의.
*****cyn·i·cal** [sínik(ə)l] adj. 냉소적인, 비꼬는; 까다로운, 남을 믿지 않는. **-ly** [-li] adv. **~·ness** n.
cyn·i·cism [sínisìz(ə)m] n. ⓤ **1** 비꼬는 버릇, 냉소 벽(癖). **2** 비꼬는 말. **3** (C-) 퀴닉 (퀴니코스)주의, 견유 철학.
cy·no·sure [sáinəʃùər, síːnə- / sínəʒùə, sái-] n. **1** 남의 이목을 끄는 것, 주목의 초점, 찬미의 대상. ¶ the

cynosure of all eyes 만인의 주목의 대상. **2** 이정표, 도표(道標); 지표, 목표. **3** (the C-) 《폐어》 《천문》 소웅좌(小熊座) (Ursa Minor, Little Bear); 북극성(Polaris, North Star, polestar).

Cyn·thi·a [sínθiə] *n*. **1** 달의 여신 [Artemis, Diana의 딴 이름]. **2** 《詩》 《의인화하여》 달.

CYO 《略》 Catholic Youth Organization (가톨릭 청년회)

cy·pher [sáifər] *n*., *v*. 《주로 英》 =cipher.   〔년회).

cy pres [síː préi] 《법률》 《유언 집행·자선 기부 따위》 실행 가능한 범위에서 되도록 가깝게, 가능적 근사하게; 가급적 근사의 법칙.

***cy·press¹** [sáipris] *n*. **1** 드린실편백속(屬) 〔의 삼나무〕; 〔애도의 상징으로서의〕 실편백 가지. **2** 그 종류의 식물.   〔급천).

cy·press² [sáipris] *n*. 《폐어》 사(紗)의 일종〔얇은 고

Cyp·ri·an [síprien] *adj*. **1** 키프로스(Cyprus) 섬의; 키프로스섬 사람(말)의(Cypriot). ¶ *the Cyprian* goddess 키프로스의 여신〔아프로디테(Aphrodite)가 근처 바다의 거품에서 생겨나 키프로스섬에서 자랐다는 전설에서 아프로디테를 가리킨다〕. **2** 음란한, 행실이 나쁜. — *n*. **1** 키프로스섬 사람(Cypriot). **2** 음란한 여자, 매춘부. **3** (the ~) 아프로디테. ⇒ *adj*. **1**.

cy·pri·nid [síprinid] *n*. =cyprinoid.

cyp·ri·noid [síprinɔid] *adj*. 잉어 비슷한, 잉어과(科)의. — *n*. 잉어과(科)의 물고기.

Cyp·ri·ot, -ote [sípriət, -英 -ɔt] *n*. 키프로스(Cyprus)섬 사람; Ⓤ 키프로스 말〔그리스어의 키프로스 방언〕. — *adj*. 키프로스섬의; 키프로스섬 사람(말)의.

cyp·ri·pe·di·um [sìpripíːdiəm] *n*. 개불알꽃   〔의.

Cy·prus [sáiprəs] *n*. 〔터키 남쪽에 있는 지중해상의 섬, 1960년 영국으로부터 독립한 공화국; 수도 Nicosia〕.

Cyr·e·na·ic [sìrənéiik, sàir-/sài(ə)r-] *adj*. **1** 키레네이카의, 〔그 수도〕 키레네의. **2** 키레네 학파의. — *n*. **1** 키레나이카 사람. **2** 키레네 학파의 사람〔쾌락주의를 제창한 그리스 철학의 파〕.

Cyr·e·na·i·ca [sìrənéiikə, sàir-/sài(ə)r-] *n*. 키레나이카〔고대 그리스의 식민지였던 북아프리카의 옛 지방〕.

Cy·re·ne [sairíːni] *n*. **1** 키레네〔아프리카 북부 지중해에 면한 고대 그리스의 식민 도시〕. **2** 〔그리스 신화〕 키레네〔Apollo가 사랑했던 물의 요정〕.

Cy·ril·lic [sirílik] *adj*. 시릴 문자의, 키릴 문자의. **2** 〔슬라브 문자를 창안한〕 그리스의 전도사 성(聖)퀴릴(St. Cyril)의. — *n*. 시릴 문자, 키릴 문자.

Cyríllic álphabet *n*. 시릴 문자, 키릴 문자〔St. Cyril이 창안했다고 전하여지는 고대 슬라브 문자로, 현재의 러시아 문자의 기초〕.

cyst [sist] *n*. **1** 〔병리〕 낭포(囊胞), 낭종(囊腫). **2** 〔해부〕 대상(袋狀) 조직, 낭〔특히 방광·담낭을 가리킨다〕. ¶ the urinary *cyst* 방광. **3** 〔동·식물〕 포낭.

cyst- ⇨ CYSTO-.

cysti- ⇨ CYSTO-.

cyst·ic [sístik] *adj*. **1** 〔병리〕 낭포성(囊胞性)의. ¶ *cystic* kidney 낭포신(腎). **2** 〔해부〕 방광의; 담낭의. **3** 〔동·식물〕 포낭의, 포낭상의.

cýstic fibrósis *n*. 〔병리〕 낭포성(囊胞性) 섬유증.

cys·ti·form [sístifɔ̀ːrm] *adj*. 포(胞) (주머니) 모양의.

cys·tine [sístiːn] *n*. Ⓤ 〔생화학〕 시스틴〔아미노산의 일종〕.   〔르.

cys·ti·tis [sistáitis] *n*. 〔병리〕 방광염, 방광 카타

cys·to-, cys·ti- cyst 의 뜻의 연결형 (* 모음 앞에서는 cyst-를 쓴다〕. 예: *cysto*scope, *cysti*form (낭상(囊狀)의); *cyst*ectomy (낭종 절제술(囊腫切除術)); 담낭 절제술; 담낭(膽囊) 절제술.

cys·to·cele [sístə(u)sìːl] *n*. 〔병리〕 방광 헤르니아.

cys·toid [sístɔid] 〔병리〕 *adj*. 포낭(胞囊) 모양의, 낭종(囊腫) 비슷한. — *n*. 〔진성(眞性) 낭종과 구별하여〕 낭종양 집괴(囊腫樣集塊).

cys·to·scope [sístəskòup] *n*. 〔의학〕 방광경(膀胱鏡).

cys·tos·co·py [sistáskəpi/-tɔ́s-] *n*. Ⓤ 〔의학〕 방광경검사法.

cys·tot·o·my [sistátəmi/-tɔ́t-] *n*. Ⓤ Ⓒ (*pl*. **-mies**) 〔외과〕 방광 절개(술〕.

cyt- ⇨ CYTO-.

-cyte ⇨ CYTO-.

Cyth·er·e·a [sìθəríːə] *n*. 〔그리스 신화〕 큐테레이아, 큐테라의 여신 〔사랑과 아름다움의 여신 Aphrodite의 딴 이름〕. ⇨ CYTHERA

cy·to- cell 의 뜻의 연결형 (* 모음 앞에서는 cyt-를 쓰며, 연결 어미로는 -cyte 를 쓴다). 예: *cyto*plasm; *cyt*aster(성상체(星狀體)).

cy·to·chrome [sáitəkròum] *n*. Ⓤ 〔생화학〕 시토크롬 〔동식물 세포 안에서 호흡의 촉매 작용을 하는 물질〕.

cy·to·col·o·gy [sàitə(u)ikálədʒi/-kɔ́l-] *n*. Ⓤ 〔생물〕 세포 생태학.

cy·to·gen·e·sis [sàitədʒénisis] *n*. 〔생물〕 세포 발생.

cy·to·ge·net·ics [sàito(u)dʒinétiks] *n*. *pl*. 《단수 취급》 세포 유전학.

cy·to·ki·nin [sàitə(u)káinin] *n*. 〔생화학〕 시토키닌 〔식물 성장 호르몬〕.

cy·tol·o·gist [saitálədʒist/-tɔ́l-] *n*. 세포학자.

cy·tol·o·gy [saitálədʒi/-tɔ́l-] *n*. Ⓤ 세포학.

cy·to·mor·phol·o·gy [sàitəmɔ̀ːrfálədʒi/-fɔ́l-] *n*. Ⓤ 〔생물〕 세포 형태학.

cy·to·plasm [sáito(u)plæ̀zm] *n*. 〔생물〕 세포질(細胞質).

cy·to·plas·mic [sàito(u)plǽzmik] *adj*. 〔생물〕 세포 질의.

cy·to·sine [sáitosìːn] *n*. Ⓤ 〔생화학〕 시토신 〔핵산(核酸)의 구성물질〕.

cy·to·tech·nol·o·gy [sàito(u)teknálədʒ] *n*. 〔의학〕 세포 검사(술).

C. Z. 《略》 Canal Zone.

***czar** [zaːr], (tsar, tzar) *n*. **1** 황제; (종종 C-) 전제 군주, 독재자. **2** 《종종 C-》 러시아 황제. ¶ *Czar* Nicholas II 황제 니콜라스 2세. **3** 《美구어》 제일인자, 권위, 대가. 〔< Russ〕

czar·das [tɕɑ́ːrdɑʃ/-dæʃ] *n*. (*pl*. **-das**) 차르다쉬 〔헝가리의 민속 무용〕; 그 무도곡. 〔< Hung *csárdás*〕

czar·dom [záːrdəm] *n*. **1** czar 의 영토. **2** Ⓤ czar의 권(위).

czar·e·vitch [záːrivitʃ] *n*. 〔특히 러시아 황제의〕 황태자. 〔< Russ. *tsarevich* son of a czar〕

czar·ev·na [zɑːrévnə] *n*. 〔특히 러시아 황제의〕 황녀(皇女); 〔특히 러시아의〕 황태자비. 〔< Russ. Czar's daughter〕

cza·ri·na [zɑːríːnə] *n*. 〔특히 러시아의〕 황후; 〔제정(帝政) 시대 러시아의〕 여자 황제.   〔정치.

czar·ism [záːriz(ə)m] *n*. Ⓤ 러시아 제정; 독재 (전제)

czar·ist [záːrist] *adj*. (=**czar·ist·ic** [zɑːrístik]) 〔러시아〕 황제의; 러시아 제정의; 독재적인. — *n*. 독재자 지지자; 제정 (전제 정치) 지지자.

cza·rit·za [zɑːrítsə] *n*. =czarina.

***Czech** [tʃek] *n*. **1** 체코 사람〔슬라브 계(系)〕; Ⓤ 체코 말. **2** =Czech Republic.
— *adj*. 체코슬로바키아의; 체코 사람(말)의.

Czech. 《略》 Czechoslovakia.

Czech·o·slo·vak, Czech·o·Slo- [tʃèko(u)slóuvɑːk/-væk] *adj*. 〔연방 공화국 이전의〕 체코슬로바키아의; 체코슬로바키아 사람의. — *n*. 체코슬로바키아 사람.

***Czech·o·slo·va·ki·a, Czech·o·Slo-** [tʃèko(u)slo-(u)váːkiə, -væk-] *n*. 체코슬로바키아 *cf*. Czech Republic.

Czech·o·slo·va·ki·an, Czech·o·Slo- [tʃèko(u)slo(u)váːkiən, -væk-] *adj*., *n*. =Czechoslovak.

Czech Repúblic *n*. 체코 공화국〔체코슬로바키아 연방 공화국(Czech and Slovak Federal Republic)의 해체와 함께 1993년 1월 독립; 수도는 프라하(Prague)〕.

D

D, d [di:] *n.* (*pl.* **D's** *or* **Ds; d's** *or* **ds**) **1** 영어 알파벳의 네째 자. ¶ *D* for David David 의 D[국제 전화 통화 용어]. **2** D(d)가 나타내는 소리. **3** [연속된 것 중의] 네번째 사람(물건). **4** 〖수학〗 제4의 기저수. **5** D 자형[의 물건]. **6** [로마 숫자의] 500.
D [di:] *n.* **1** [학업 성적의] D [C 의 이래이며 최하위의 합격점]. ¶ receive a *D* in Latin 라틴어[학과목]에서 D를 받다 / pass Latin with a *D* D의 성적으로 라틴어 시험에 급제하다. **2** [품질의] D 클라스, 불량품. **3** D 사이즈[구두폭이나 브래지어의 컵 사이즈; C 보다 크다]. **4** 〖음악〗라음, 라조(調).
d' [d(ə)] do 의 단축형.
'd [d] 《구어》대명사・의문사・there 의 뒤에 오는 had, would, should, did 의 단축형. ¶ What'*d* (= What did) they say? 그들은 뭐라고 했느냐?
d. 《略》 date; daughter; degree; delete; denarius (= penny) (* 1971년 이전의 pence, penny 의 약자); 〖물리〗 density; dialect; dialectal; diameter; died; dime; dividend; dollar, dollars; dose.
D 《略》 deuterium; didymium; Dutch.
D. 《略》 December; Democrat, Democratic; 〖물리〗 density; Deus; Dutch.
d — [di:, dæm] 《略》 damn.
da¹ [dɑː] *n.* 《속어》 =dad.
da² [dɑː] *n.* [모르스 부호의] 선(線) [-]에 해당하는 소리.
da [dɑː] 《러시아》 예(yes). ㄴ리. *cf.* dit
da. 《略》 daughter; day[s].
D/A 《略》 *d*eposit *a*ccount.
D.A. 《略》 *D*irect *A*ction (직접 행동); 《美》 *D*istrict *A*ttorney; *d*ocument for *a*cceptance(영수 증서).
dab¹ [dæb] *v.* (**dabbed, dab·bing**) *vt.* **1** [손으로] …을 가볍게 두드리다(pat); [부드러운 것 따위로] …에 가볍게 대다, 〜 에 살짝 갖다 대다; [새가 부리로] …을 가볍게 쪼다(peck). ¶ (〜+圖+图) *dab* one's eyes *with* a handkerchief 손수건을 가볍게 눈에 대다. **2** … 을 처덕처덕 바르다(...*on, over, onto*). ¶ (〜+圖+ 图) *dab* jam *over* the bread 빵에 잼을 처덕처덕 바르다. **3** …을 가볍게 누르다. **4** 《속어》 …의 지문을 채취하다. — *vi.* 가볍게 두드리다(닿다, 대다). ¶ (〜+ 前+图) *dab at* one's face with a puff 분첩으로 얼굴을 두드리다. — *n.* **1** 가볍게 두드리기(닿기, 대기) (*with...*). ¶ give one's eyes a few *dabs* with a handkerchief 손수건을 두세 번 가볍게 눈에 갖다 대다. **2** [페인트 따위의] 한 번 칠하기(칠하는 양); [일반적으로] 소량. ¶ a *dab* of mustard 소량의(한 번 칠함) 겨자. **3** 《속어》 지문(指紋).
dab² [dæb] *n.* 작은 가자미류(類).
dab³ [dæb] 《英구어》 달인, 명인, 명수 (expert, adept) (*at, in...*). ¶ I'll show you I'm a *dab* at cards. 내가 카드놀이의 대가라는 것을 보여주겠다.
DAB 《略》 *D*ictionary of *A*merican *B*iography.
dab·ber [dǽbər] *n.* **1** 가볍게 치는 사람(물건); [잉크 따위를] 바르는 사람. **2** 〖인쇄〗 판면(版面)에 잉크를 고르게 칠하기 위한 패드, 착육봉(着肉棒).
*****dab·ble** [dǽbl] *v.* (**-bled, -bling**) *vt.* **1** [물, 흙탕 따위를] …에게 튀기다, 튀겨서 적시다(splash)(*...with*). ¶ (〜+图+前+图) boots *dabbled with* mud 흙이 튀어서 묻은 구두. **2** [물 따위의 속에서] [손발을] 철버덕거리다. — *vi.* **1** [물 따위의 속에서] 손발을 철버덕거리며 놀다, 물을 튀기다. ¶ (〜+前+图) *dabble in* water 물장난을 치다. **2** [취미삼아] 잠깐 손을 대다, 조금 해보다, 조금 알다(*in, at...*). ¶ (〜+前+图) *dabble in* philosophy 철학에 조금 손을 대다.
dab·bler [dǽblər] *n.* **1** [일을] 취미삼아 하는 사람. **2** 물장난하는 사람.
dab·chick [dǽbtʃik] *n.* 농병아리(little grebe).
dab·ster [dǽbstər] *n.* **1** 《英방언》 명인, 숙련자(expert). **2** 《구어》 [일을] 장난삼아 하는 사람; 서투른 사람, 풋내기.
DAC 《略》 《美》 [the] *D*epartment of *A*rmy *C*ivilian (육군성 문관처); *D*evelopment *A*ssistance *C*ommittee(개발 원조 위원회); OECD 의 하부 기관)..
da ca·po [dɑː kάːpou] *adv.* 〖음악〗 처음부터 반복하여 [略 D.C.]. *cf.* dal segno (< It. [repeat] from the head]
Dac·ca [dǽkə, dάː-] *n.* 다카[방글라데시의 수도].
dace [deis] *n.* (*pl.* **dace** *or* **dac·es**) 황어[잉어과(科)에 속하는 통틀한 민물고기].
da·cha, dat- [dάːtʃə] *n.* [러시아의] 시골 저택, 별장.
da·chnik [dάːtʃnik] *n.* 별장족(族).
dachs·hund [dάːkshùnt, dǽkshùnd, dǽʃhùnd / dǽkshùnd] *n.* 닥스훈트[몸통이 길고 다리가 짧은 독일산(産) 사냥개]. (< G *dachs* badger + *hund* dog]
da·coit [dəkɔ́it] *n.* [인도 버마의] 군도(群盜), 비적 (匪賊).
da·coit·y [dəkɔ́iti] *n.* (*pl.* **-coit·ies**) dacoit 에 의한 집단 약탈, 강도 행위.
D/A converter *n.* 〖전자 공학〗 DA 변환기[디지털 신호를 아날로그 신호로 변환하는 전기적인 장치].
Da·cron [déikrɑn, -krɔn] *n.* 《상표명》 데이크론[폴리에스테르계(系) 합성 섬유]; 데이크론 천.
dac·tyl [dǽkt(i)l] *n.* 〖韻律〗 [고전시의] 장단단격(長短短格) [-⌣⌣]; [근대시의] 강약약격(强弱弱格) [⊥××].
dac·tyl·ic [dæktílik] *adj.* 〖韻律〗 강약약격의; 장단단격의. — *n.* 강약약(장단단격의) 시.
dactylo- finger, toe 의 뜻의 연결형 (* 모음 앞에서는 dactyl- 을 쓴다). 예: *dactylo*gram, *dactylo*graphy; *dactyl*ic. [(fingerprint).
dac·tyl·o·gram [dǽktiləu] græm] *n.* 지문 (指紋)
dac·ty·log·ra·phy [dæktilάgrəfi / -lɔ́g-] *n.* 〖U〗 지문학; 지문법. 「[話術] (법).
dac·ty·lol·o·gy [dæktilάlədʒi / -lɔ́l-] *n.* 〖U〗 지화술(指
*****dad** [dæd] *n.* **1** 《구어》 아버지, 아빠 (* 모르는 사람을 부르면서) 자네, 친구(fellow). **2** 《방언》 할아버지.
DAD *d*igital *a*udio *d*isc.
Da·da [dάːdɑː, -də], **Da·da·ism** [dάːdɑːìz(ə)m, dάː-] *n.* (때로 d-) 다다이즘[20세기 초기의 예술・문학상의 주의주의].
Da·da·ist [dάːdɑːist, dάːdə-] *n.* 다다이슴 파(派) (Dada, Dadaism)의 예술가, 다다이스트.
dad-blamed [dǽdblèimd], **-blast·ed** [-blǽstid / -blάːstid], **-burned** [bə:rnd] *adj., adv.* 《놀라운・분노・짜증을 나타낼 때의》 망할 놈의; 빌어먹게.
*****dad·dy** [dǽdi] *n.* (*pl.* **-dies**) dad 의 지소형 (指小形).
dad·dy-long·legs [dǽdilɔ́ːŋlègz / -lɔ̀ŋ-] *n. pl.* (단복수 양용)《美》장님거미; 《英속어》꾸정모기 (crane

D.A.D.M.S. 《略》 *Deputy Assistant Director of Medical Services*.

da·do [déidou] *n.* (*pl.* **-does** *or* **-dos**) 〔건축〕 **1** 징두리 벽판(벽면의 하부). **2** 기둥 뿌리(둥근 기둥 따위의 기대(基臺)와 두부(頭部) 사이의 부분).

da·do'd [déidoud] *adj.* 징두리(기둥 밑동)를 붙인.

DAE 《略》 *Dynamic Asia Economies*(OECD 가 NIES 에 말레이시아와 태국을 포함시킨 명칭. DNME 로 발전).

D.A.E., DAE 《略》 *Dictionary of American English* 〔영국인 Sir William A. Craigie(1867-1957) 등이 편찬〕.

dae·dal [díːd(ə)l] *adj.* (주로 詩) **1** 교묘한. **2** 가지각색의, 변화가 많은.

Dae·da·li·an, -le- [diːdéiliən] *adj.* 다이달로스 (Daedalus)의《세공과 같은》.

Daed·a·lus [déd(ə)ləs, díː-/díː-] *n.* 〔그리스 신화〕 다이달로스〔아테네(Athens)의 명공장 (名工匠). 크레타섬(Crete)에 미로(迷路)를 만들고, 도망용 비행날개를 만들어 자식인 Icarus 와 함께 하늘을 날았다〕.

dae·mon [díːmən] *n.* =demon.

dae·mon·ic [diːmánik /-mɔ́n-] *adj.* =demonic.

daff [dæf] *n.* (구어) =daffodil.

daf·fa·dil·ly, daf·fo- [dǽfədìli], **-fa·down·dil-, -fo·down·dil-** [dǽfidáundìli] *n.* (*pl.* **-lies**) =daffodil.

‡**daf·fo·dil** [dǽfədìl] *n.* **1** 나팔수선화, 황수선화. **2** (=**def·fo·dile**) (U) 선황색(鮮黃色), 카나리아색(canary yellow).

daff·y [dǽfi] *adj.* (**daff·i·er, daff·i·est**)《美구어·英방언》어리석은(silly), 우둔한, 멍청한; 미친(crazy).

daft [dæft / dɑːft] *adj.* **1** 미친, 광기 들린(insane, crazy). ¶ go *daft* 미치다. **2** 바보 같은, 얼간이 같은 (foolish, simple). **3** 〔스코〕들떠서 법석대는, 희롱거리는(*on*...). ~·**ly** *adv.* ~·**ness** *n.*

dag [dæg] *n.* 옷의 가선 장식. —— *vt.* (**dagged, dag·ging**) 〔옷 따위에〕가선 장식을 달다.

dag·ger [dǽgər] *n.* **1** 〔양날이 있는〕단도, 단검, 비수. **2** 〔인쇄〕대거, 칼표〔†〕.

at daggers [**drawn**] **at daggers drawing** 심한 적의를 품고, 서로 노려보는 상태로. ¶ They are *at daggers drawn*. 그들은 당장 싸울 듯이 하고 있다.

look daggers 〔성이 나서〕...을 노려보다(...*at*). ¶ They *looked daggers at* each other across the table. 두 사람은 테이블을 사이에 두고 험악한 얼굴로 노려보았다. 〔*to*〕.

speak daggers ...을 욕하다, ...에게 독설을 퍼붓다(...—— *vt.* **1** ...을 단도로 찌르다. **2** 〔인쇄〕에 칼표를 붙이다.

dag·gle [dǽgl] *vt., vi.* (**dag·gled, dag·gling**) 《고어》〔물이나 흙탕 따위의 속을〕질질 끌다, 〔옷 따위를〕질질 끌며 더럽히다.

da·go [déigou] *n.* (*pl.* **da·gos** *or* **da·goes**) (종종 D-) 《美속어》남유럽인〔스페인·포르투갈, 특히 이탈리아 태생의 사람을 경멸하여 부르는 말〕. 〔婆〕.

da·go·ba [dáːɡəbə] *n.* 사리탑(舍利塔); 솔도파(窣堵婆).

Da·gon [déigən / -ɡɔn] *n.* 다곤〔필리스틴 사람(Philistines)의 국신(國神)으로서 반인 반어(牛人牛魚)〕.

da·guerre·o·type [dəgéro(u)tàip, +美 -gé(:)riə- / -géro(u)-] *n.* 〔옛날의〕은판(銀版) 사진〔법〕. —— *vt.* (**-typed, -typ·ing**) ...을 은판 사진으로 찍다. 〔<프랑스의 사진법 발명가 L.J.M. Daguerre(1789-1851) 의 이름〕.

dah [dɑː] *n.* **1** 〔모르스 부호의〕장음(長音). *cf.* dit **2** 미얀마 사람의 작은 칼〔나이프 대용〕. 〔객선〕.

da·ha·be·ah [dàːhəbíːə] *n.* 나일강(Nile) 의 삼각돛 단 객선.

*__dahl·ia__ [dǽljə, dáːl-, déil- / déil-] *n.* **1** 달리아, 천축모란. **2** 달리아의 꽃 또는 그 괴경식(塊莖狀) 뿌리. **3** (U) 청홍색. 〔<스웨덴의 식물학자 A. Dahl 의 이름〕.

Da·ho·man [dəhóumən] *adj., n.* Dahomey 의 〔사람〕.

Da·ho·mey [dəhóumi, +美 -mei] *n.* 다오메이〔아프리카 서부의 공화국. 원래 프랑스의 식민지. 수도 Porto Novo〕.

Da·ho·mey·an, -me·an [dəhóumiən, +美 -meiən] *adj., n.* =Dahoman.

Dail Eir·eann [dɔ́ːl έ(ː)rən, dáil- / dail έər-] *n.* 아일랜드 공화국의 하원.

‡**dai·ly** [déili] *adj.* **1** 매일의. 나날의. ¶ *daily* happenings 나날의 사건 / *daily* labor to gain one's *daily* bread 나날의 양식을 얻기 위한 하루하루의 노동. **2** 일(日) 〔단위〕로 계산하는. ¶ *daily interest* 일변(日邊) / *daily wages* 일급(日給). —— *n.* (*pl.* **-lies**) **1** 〔종종 신문(daily newspaper); 일간 간행물, 일보(日報). **2** 〔英〕통근하는 하녀. **3** (종종 -lies) 〔영화의〕편집용 프린트, 러시(rush). —— *adv.* 매일, 날마다(every day), 끊임없이. ¶ day *in*

dáily bréad *n.* (U)(C) 나날의 양식, 생계. ¶ earn one's *daily bread* 생계를 유지하다. 〔muter〕.

dai·ly·bread·er [déilibrèdər] *n.* 《英》통근자(commuter).

dáily dóuble *n.* 2 연식(連式)의 내기; 《美속어》2 연승(連勝), 두번 계속되는 성공.

dáily dózen *n.* 〔구어〕매일의 준비 체조.

Daim·ler [dáimlər;déim-] *n.* 〔상표명〕다임러 [Daimler 사에서 만든 고급 자동차; Daimler 사는 현재 Benz 사와 합병〕.

Daim·ler-Benz [dáimlərbénz,-bénts] *n.* 다임러 벤츠사(社)〔Benz 系 메이커〕.

dai·mon [dáimoun] *n.* =demon.

‡**dain·ty** [déinti] *adj.* (**-ti·er, -ti·est**) **1** 고상한, 우아한, 섬세한. ⇨ DELICATE 〔類〕 **2** 맛있는, 풍미(風味) 좋은(delicious). ¶ *dainty* food 맛있는 음식. **3** 〔선택·취미에 있어서〕결벽한, 까다로운. ⇨ PARTICULAR 〔類〕 —— *n.* (*pl.* **-ties**) 맛있는 것, 진미(珍味). ¶ an expensive *dainty* 값비싼 진미. **-ti·ly** *adv.* **-ti·ness** *n.*

dai·qui·ri [dáikəri, dǽi-] *n.* (*pl.* **-ris**) 다이커리〔칵테일의 일종; 럼과 레몬(라임 과즙)과 설탕을 혼합한 술〕.

‡**dair·y** [dé(ː)ri / déəri] *n.* (*pl.* **dair·ies**) **1** 착유소(榨乳所); 버터·치즈 제조장. **2** 우유(버터) 판매점. **3** 낙농(업). **4** =dairy farm. **5**《집합적》낙농장의 젖소.

dáiry cáttle *n.* 《집합적》젖소. *cf.* beef cattle

dáiry fárm *n.* 낙농장. 〔낙농업.

dair·y·ing [dé(ː)riiŋ / déər-] *n.* (U) 낙농업(경영);

dáir·y·maid [dé(ː)rimèid / déər-] *n.* 낙농장에서 일하는 여자, 젖짜는 여자.

dáir·y·man [dé(ː)rimən / déər-] *n.* (*pl.* **-men** [-mən]) **1** 낙농장 주인, 낙농장 경영자. **2** 낙농장 노동자.

dáiry próducts *n.* 유제품(乳製品), 낙농 제품.

da·is [déiis / déi(i)s] *n.* 〔홀·식당 따위의 귀빈을 위해 마련된〕높은 자리; (강당의) 연단.

‡**dai·sy** [déizi] *n.* (*pl.* **-sies**) 〔英〕데이지〔〔美〕에서는 English daisy 라고도 한다〕;《美》프랑스 국화. **2** 《속어》훌륭한 물건(사람), 일품(逸品). ¶ She's a real *daisy*. 광장한 미인이다. **3** 《美》=daisy ham. **4** 원통형의 체다 치즈(Cheddar cheese).

push up [*the*] *daisies* (속어) 죽다, 죽어서 매장되다. ¶ Another year of this and I'll be *pushing up daisies*. 이런 짓을 1년 더 한다면 죽을 거야. 〔(die)〕.

turn up one's toes to [*the*] *daisies* 《속어》죽다

under the daisies (속어) 죽어서.

dáisy cháin *n.* **1** 데이지 화환〔목걸이〕. **2** 연결하는 것, 연쇄, 연속. ¶ a *daisy chain* of events 연속 사건.

dai·sy-cut·ter [déizikʌ̀tər] *n.* **1** (속어) 포복(匍匐)(trot)에서 발을 조금만 드는 말. **2** 〔스포츠〕(속어)지면을 스치듯이 날아가는 타구(打球). **3** 〔군대 속어〕파쇄성(破碎性) 폭탄.

dáisy hám *n.* (U)《美》뼈를 발라내고 훈제한 햄.

dak [dɔːk, dɑːk] *n.* ⓤⓒ **1** [특히 인도에서 사람·역마 따위에 의한] 역전(驛傳) 수송. **2** [그 방법에 의한] 우편.

Dak. (略) Dakota.

Da·kar [dɑːkáːr] *n.* 세네갈(Senegal) 공화국의 수도; [항구].

dák bùngalow *n.* (역참(驛站)의) 여인숙.

*Da·ko·ta [dəkóutə] *n.* **1** 미국 North Dakota 주와 South Dakota 주를 합친 지역의 구칭(舊稱). **2** [북미 인디언의] 수족(族)(Sioux Indian); ⓤ 수족어(族語).

dal [dɑːl] *n.* 달[렌즈콩과 향료를 사용한 인도 요리의 하나]. [<Hind]

dal. (略) decaliter.

Da·lai La·ma [dɑːlái lɑ́ːmə, ˏ-ˈ-/dəlái-, dáː-] *n.* 달라이 라마[티벳의 라마교 교주].

da·la·si [dɑːlɑ́ːsi] *n.* (*pl.* **-si, -sis**) *n.* 달라시[Gambia의 통화 단위; =100 bututs: 기호 D]. [vale, valley

dale [deil] *n.* 《주로 英》[넓은] 골짜기, 산골짜기.

dales·man [déilzmən] *n.* (*pl.* **-men** [-mən]) [특히 영국 북부 지방에 사는] 산골짜기의 사람(주민).

Dal·las [dǽləs] *n.* 미국 Texas 주 동북부에 있는 도시 [1963년 J.F. Kennedy 대통령이 암살된 곳].

dalles [dælz] *n. pl.* [양쪽이 절벽으로 된] 급류, 분류.

dal·li·ance [dǽliəns] *n.* ⓤ **1** 시간의 낭비, 빈둥거림. **2** [남녀의] 희롱, 농탕(flirtation).

dal·li·er [dǽliər] *n.* **1** 시간을 낭비하는 사람. **2** 농탕치는 사람.

dal·ly [dǽli] *v.* (**-lied, -ly·ing**) *vi.* **1** 시간을 헛되이 보내다, 우물쭈물하다, 꾸물거리다. ⇨ LOITER 類語 *cf.* dillydally ¶ Don't stand *dallying*. 빨리 빨리 해라 //(~+前+名) *dally over* one's work 시간만 걸리고 일은 진척되지 않다. **2** 가지고 놀다, 장난하다(trifle, toy), [주의력을 집중하지 않고] 이것저것 생각하다(*with*...), ¶ (~+前+名) *dally with* one's glass 유리잔을 가지고 놀다 / *dally with* death 죽음에 대하여 이것저것 만연히 생각하다. **3** [남녀 교제에서 반장난으로] 손을 대다, 농락하다(*with*...). ¶ (~+前+名) *dally with* a girl [경한할 생각도 없이] 여자에게 손을 대다. — *vt.* [시간 따위를] 낭비하다, 헛되이 하다(waste) (*...away*). ¶ (~+目+副) *dally away* one's chance 좋은 기회를 헛되이 놓치다. ◇ **dálliance** *n.*

Dal·ma·tia [dælméi(i)ə] *n.* 달마티아[유고슬라비아 서부의 아드리아해에 면한 해안 지방].

Dal·ma·tian [dælméi(i)ən] *adj.* 달마티아의, 달마티아 사람의. — *n.* **1** 달마티아 사람[특히 슬라브어계(語系)의 원주민]. **2** (=**Dalmátian dóg**) 달마티아 종(種)의 개[흰 바탕에 흑색 또는 진한 갈색 반점이 있는 포인터계의 비슷한 개].

dal·mat·ic [dælmǽtik] *n.* **1** (교회) 달마티카[부제용(副祭用)의 제복(祭服)]. **2** [영국왕의 대관식 때의] 예복.

dal se·gno [dɑːl séinjou/dæl-] *adv.* [음악] 기호가 있는 데서 되풀이하여[略 D.S.]. *cf.* da capo [< It. [go back to repeat] from the sign]

dal·ton·ism [dɔ́ːlt(ə)niz(ə)m] *n.* (때로는 D-) ⓤ [생리] 선천성 색맹(color blindness), [특히] 적록(赤綠) 색맹. [< J. DALTON + -ISM]

Dál·ton plàn [dɔ́ːlt(ə)n-] *n.* 돌턴식 교육법[미국 Massachusetts 주 Dalton 시에서 학생의 능력에 따라 진급시켜본 교수 방법].

‡dam[1] [dæm] *n.* **1** 둑; 댐. **2** 둑으로 막아 놓은 물, 댐의 물. **3** (비유적) 장애가 되는 것. — *vt.* (**dammed, dam·ming**) **1** …을 둑으로 막다, …에 독을 쌓다. ¶ (~+目+副) *dam up* a stream 개울을 둑으로 막다, 시내에 둑을 쌓다. **2** (비유적) …을 가로막다, 억누르다, 저지하다. ¶ (~+目+副) *dam up* the flow of rioters 폭도의 흐름을 저지하다 / *dam back* one's tears 눈물을 억누르다.

dam[2] [dæm] *n.* 어미 짐승. *cf.* sire **2** (경멸적) 아이를 가진 여자, 어미.

‡dam·age [dǽmidʒ] *n.* **1** ⓤ 손해, 손상(harm, injury). ¶ do (or cause) great *damage* to a thing 물건에 큰 손해를 입히다. **2** (종종 ~s) (구어) 비용, 대가(代價), 경비, 대금 (expense, cost). ¶ What's the *damage* (or What are the *damages*) for this? 비용은 얼마입니까? / I'll stand the *damage*. 대금은 내가 지불하겠다. **3** (~s) (법률) 손해 배상금. ¶ bring a suit for *damages* 손해 배상 청구소송을 하다.

— *v.* (**-aged, -ag·ing**) *vt.* **1** [물건]에 손해(를) 입히다, [물건]을 못 쓰게 만들다. ⇨ INJURE 類語 ¶ The truck collision *damaged* the cargo. 트럭의 충돌 사고로 짐이 손상을 입었다. **2** [체면·평판 따위]를 손상시키다, 훼손하다. ¶ His reputation as a novelist was badly *damaged* by this third book. 이 세 번째 책 때문에 작가로서의 그의 명성은 몹시 손상되었다.

— *vi.* 못 쓰게 되다, 상하다. ¶ This cloth does not *damage* easily. 이 옷감은 쉽게 해지지 않는다.

dam·age·a·ble [dǽmidʒəbl] *adj.* 손해를 입기 쉬운, 손상되기 쉬운.

dámage contròl *n.* [군사] 피해 대책[적의 공격, 천재(天災) 따위로부터의 피해를 최소한으로 줄이기 위한 각종 대책].

dam·ag·ing [dǽmidʒiŋ] *adj.* 손해를 끼치는, 해로운. ¶ a *damaging* statement 불리한 진술. **~·ly** *adv.*

Dam·a·scene [dǽməsìːn, ˏ--ˈ] *adj.* **1** 다마스커스 (Damascus) 시의. **2** (d-) [다마스커스의 칼처럼 칼날 위에] 물결 무늬가 있는. **3** (d-) 상감 세공(象嵌細工)의. — *n.* **1** 다마스커스 시민. **2** (d-) 물결 무늬; 상감 세공. — *vt.* (**-scened, -scen·ing**) (d-) **1** 물결 무늬를 넣다. **2** …을 상감(으로 장식)하다.

Da·mas·cus [dəmǽskəs/-máːs-] *n.* 다마스커스[시리아 아람 공화국의 수도; 세계최고(最古) 도시의 하나].

Damáscus (dámask) stéel *n.* ⓤ 다마스커스 강철(도검용(刀劍用))(watered steel).

dam·ask [dǽməsk] *n.* ⓤ **1** 단자(緞子), 다마스커스 직(織)(비단). **2** = damask steel. **3** 다마스커스 로스(damask rose)의 연분홍색, 담홍색. — *adj.* **1** 단자의, 무늬 놓아 짠. ¶ *damask* cloth 단자, 다마스커스 직, 문직(紋織). **2** 담홍색의. **3** 다마스커스 강철의. — *vt.* = damascene. **2** …을 정교한 무늬로 짜내다(꾸미다).

dam·a·skeen [dǽməskìːn] *vt.* = damascene.

dámask róse *n.* 다마스커스 로즈[장미의 일종]. 향기 높은 담홍색.

dámask stéel *n.* = Damascus steel.

dame [deim] *n.* **1** (고어) 귀부인 (lady); 주부(housewife); 부인 (mistress). **2** (D-) 《英》 **a)** (고어) 나이트작(knight)이나 준남작(baronet) 부인의 정식 존칭(* 오늘날에는 보통 Lady 라고 한다). **b)** knight 에 상당하는 위계를 받은 여자의 정식 존칭(* 남자의 Sir 와 대등한 것으로서 세례명 앞에 붙인다). **3** 노부인(matron). **4** (美속어) 여자, 부인. **5** (英고어) (dame school 의) 여교사.

dáme schòol *n.* (英고어) (여자가 경영하고 읽기·쓰기 따위의 기본을 가르치던 옛날의) 초급 학교, 사숙(私塾).

dam·fool [dǽmfúːl] *n.* (美구어) 지독한 바보. — *adj.* (=**dam·fool·ish**[-fúːliʃ]) 몹시 어리석은.

dam·mar [dǽmər] *n.* (수지(樹脂)) 다마르[말레이·수마트라 지방의 용뇌과(龍腦科) 나무에서 채취하는 것. 와니스·래커의 원료].

dam·mit [dǽmit] *interj.* 제기랄.

as near as dammit (英속어) 거의. [< damn it]

‡damn [dæm] *vt.* **1** …을 유죄[부도덕·불법·패섬]으로 판정하다, 비난하다, 책망하다(condemn). ¶ The book was *damned* for having a bad influence on children. 그 책은 아이들에게 나쁜 영향을 준다는 이유로 유해하다는 낙인이 찍혔다. **2** …을 못 쓰게 하다, 결단내다, 파멸시키다(ruin). *damn* a person's brilliant career 빛나는 경력에 먹칠하

다.
3 《구어·속어》[노여움·불만 따위 때문에] …을 저주하다. ¶ [May] God damn it! = Damn it [all]! 빌어먹을! / Damn this weather! 망할 놈의 날씨! (* 이 경우 직접적인 표현을 피해 종종 d—, d—n으로 쓴다). **4** [damn 이라고 말하며] …을 저주하다, …에게 욕설을 하다(swear at, curse). ¶ Don't damn your father this way. 아버지에게 그런 말을 쓰지 마라 / He never ceased to damn the difficult situation he was in. 그는 자기가 처해 있는 곤경을 계속 저주했다.
5 〔신학〕[신이] [사람을] 지옥에 떨어뜨리다, 영원한 벌을 내리다.
— vi. 저주하다, 욕설하다(swear, curse).
damn with faint praise [특히 문에 비평가가] 슬쩍 칭찬하는 척하면서 비난의 뜻을 나타내다.
I'll be (or **I'm**) **damned if**...《구어》《부정의 내용을 강조하여》절대(결코) …할 리가 없다(…하지 않는다). ¶ I'll be damned if it is raining. 비가 올 리가 없다.
Well, I'll be damned 《구어》저런, 어머나, 허(* 놀라움·초조·노여움 따위를 나타내는 감탄사). ¶ Well, I'll be damned, my watch has stopped again. 아이구 젠장, 시계가 또 섰군.
— n. **1** 저주, 매도, 욕지거리. **2** 《구어·속어》《부정 구문으로》조금도, 전혀(at all). ¶ not worth a damn 아무 가치도 없는(worthless) / I don't care (or give) a damn. 나는 조금도 개의치 않는다(전혀 상관없다) / That doesn't matter a damn. 그런 것은 전혀 문제가 되지 않는다.
— adv. 《구어·속어》《강조어로》몹시, 굉장히(very, extremely); 너무나…(too). ¶ Gee, it's damn hot. 아아, 지독히 덥구나 / You talk too damn much. 너는 너무 말이 많다.
— adj. 《구어·속어》《종종 강조어로》지긋지긋한, 밉살스러운, 지독한(damnable); 《강조어로》완전한(complete). ¶ It's none of your damn business. 네가 알 바가 아니다 / You're a damn fool. 지독한 바보야.
— interj. 《속어》젠장, 빌어먹을. ¶ Oh, damn! 젠장!
~ damnátion n. dámnatory adj.

dam·na·ble [dǽmnəbl] adj. **1** 영원히 벌받아야 할, 《속어》지옥에 떨어질, 저주받을만한. **2** 혐오스러운, 가증할, 지긋지긋한(detestable, abominable).
~ness n. -bly adv.

dam·na·tion [dæmnéiʃ(ə)n] n. ⓤ **1** 매도(罵倒), 비난; 저주; 매도(비난, 저주)의 원인(이유). **2** 〔신학〕 영원한 벌, 영원한 괴로움. — interj. 《속어》빌어먹을, 젠장.

dam·na·to·ry [dǽmnətɔ̀ːri / -təri] adj. 비난(매도)의 씨가 되는, 저주의, 파멸을 초래하는; 〔신학〕 저주를 초래하는.

*****damned** [dæmd, 聖 dǽmnid] adj. (**damned·er, damned·est** or **damnd·est**) **1** 불가(不可)의 판정되어 매장(된), 비난받은(condemned). ¶ a damned author (movie) 지독히 비방받는 작가(영화). **2** 《구어·속어》지긋지긋한, 천벌받을, 지독한(damnable, outrageous); 터무니없는(extraordinary), 정말로(* 종종 직접적인 표현을 피하여 d—d 로 쓴다). ¶ Damned nonsense! 바보 같은 소리(짓) 그만 둬! / He's the damnedest fool. 저런 바보는 없어. **3** 영원한 벌을 받은, 벌로써 지옥에 떨어진. the damned [souls] 지옥에 떨어져 영원히 구제받지 못할 망령들.
do one's damnedest 한껏 지독한 짓을 하다(do one's worst); [반 의 적] 전력(최선)을 다하다(do one's best).
— adv. 《구어·속어》《강조어로》지독하게, 터무니없이, 굉장히(very, extremely); 너무도…(too). ¶ Damned hot, isn't it? 지독히 덥지? / I'm damned tired to go. 너무 피곤해서 갈 수가 없어.

dam·ni·fi·ca·tion [dæ̀mnifikéiʃ(ə)n] n. ⓤ 〔법률〕 손해[행위], 손상[행위].

dam·ni·fy [dǽmnifài] vt. (**-fied, -fy·ing**) 〔법률〕 …을 손상하다, …에게 손해를 끼치다.

damn·ing [dǽmiŋ, dǽmniŋ] adj. 저주받을, 지옥에 떨어지게 될; 파멸되는.

Dam·o·cle·an [dæ̀məklíːən] adj. **1** 다모클레스의. **2** 절박하게 위험한(perilous).

Dam·o·cles [dǽməkliːz] n. 〔그리스 신화〕 다모클레스 [Dionysius 왕의 신하. 왕은 머리카락 하나로 머리 위에 칼을 매달아 놓은 연회석에 그를 앉혀, 권세 있는 자는 언제나 위험이 따른다는 것을 깨닫게 하였다]. ¶ the sword of Damocles; Damocles' sword 몸에 닥친 위험.

Damon and Pythias [déimən ən píθiəs / -æs] n. 〔그리스 전설〕데이먼과 피티어스, 〔전(轉)하여〕둘도 없는 친구[Damon은 사형을 선고받은 Pythias를 대신하여 사형당할 뻔하였다].

dam·o·sel, -zel [dǽməzèl] n. 《고어·詩》= damsel.

‡damp [dæmp] adj. **1** 습기를 띤, 습기찬, 축축한, 구중중한. ¶ a damp sponge (room) 축축한 해면(눅눅한 방) / damp weather 구중중한 날씨.
〔類語〕 damp 조금 wet 하여, 종종 불쾌함: a damp, cold day 구중중하고 추운 날. **wet** 〔젖은, 축축한〕을 뜻하는 넓은 뜻의 말; 보통 흠뻑 젖은, 표면이 젖은: wet clothes 젖은 옷. **humid** 불쾌할 정도로 공기 중에 무더운 습기가 있는 경우에 쓰는 말: the humid air 습도가 높고 무더운 대기. **moist** 자연히, 또는 적당히 습기를 띤; 불쾌함을 뜻하지 않는다: moist lips 물기가 촉촉한 입술. **dank** 건강을 해칠 정도로 습기가 많고 구중중하게 불쾌한: a dank storeroom 구중중한 저장실.
2 기운이 없는, 낙담한(depressed, dejected).
damp behind the ears 《구어》애송이의, 풋내기의.
— n. ⓤ **1** 습기, 물기(moisture, dampness). **2** 《종종 ~s》〔숍이 막힐 듯한〕 나쁜〔더러운〕공기; [특히 광산 따위에서 발생하는〕 유독 가스. **3** 《보통 a ~》 낙담, 실망 (dejection); 낙심(실망)시키는 것; 장해가 되는 것. ¶ cast (or throw) a damp over (or on, into) a person (a thing); give a damp to a person (a thing) 남의 기세를 꺾다(일을 좌절시키다). **4** 《고어》아지랑이, 안개, 증기.
— vt. **1** …에 습기를 주다, …을 촉촉하게 하다, 축이다(moisten). **2** 〔기력·활동·쾌감 따위의〕 끝내다, 무디게 하다, 약화시키다(depress). ¶ His appearance damped the pleasant atmosphere. 그가 나타나서 그 자리의 즐거웠던 분위기가 깨어졌다 / (~ +圈+圖) damp down an agitation 소동을 가라앉히다. **3** [더러운 공기나 유독 가스 따위로]…을 병들게 하다. **4** …을 숨막히게 하다(choke); [불을] 끄다(extinguish). **5** [음악] 〔현(絃)·북의 진동을〕 멈추게 하다. **6** 〔물리〕[전파]의 진폭을 감쇠시키다. — vi. **1** 습기를 띠다, 축축해지다. **2** 약해지다, 활발하지 않게 되다. **3** 〔물리〕[진폭이] 감쇠하다.
damp off [농학] [꽃 따위가] 노균병(露菌病)에 걸리다.
~ly adv. ◇ dámpen v.

dámp cöurse n. [건축] [벽 안의] 방습층(防濕層).

damp-dry [dǽmpdrái, -∠] vt. (**-dried, -dry·ing**) [빨래를] 설말리다. — adj. 설마른.

damp·en [dǽmpn] vt. **1** …을 축축하게 하다, 축이다(moisten). **2** …을 무디게 하다(dull), 약하게 하다(deaden); [기]를 꺾다(depress). ¶ He is dampened by his failure. 그는 실패하여 기가 죽어 있다.
— vi. **1** 축축해지다. **2** 약해지다, 무디어지다.

damp·en·er [dǽmpnər] n. 축이는 것; 무디게(약하게) 하는 사람(물건).

damp·er [dǽmpər] n. **1** 축축하게 하는(축이는) 사람(물건). **2** 의기(세력)를 꺾는 사람(물건), 흥을 깨는 사람(물건). ¶ cast (or put) a damper on …의 흥을

damping

깨다; …에게 트집을 잡다. **3** [난로 따위의] 바람문, 조절판(瓣). **4** [음악] [피아노의] 단음(斷音) 장치, 지음기(止音器); [금관 악기의] 약음기(弱音器). **5** [전기] [계기(計器)의] 댐퍼, 제동자(制動子).

damp·ing [dǽmpiŋ] *adj.* **1** 습기를 주는. ¶ a *damping* machine [천을 윤내는 데에 쓰는] 가습기(加濕機). **2** [전기] 제동(減幅)하는. — *n.* ⓤ [전기] 제동, [진동의] 감쇠.

damp·ing-off [dǽmpiŋɔ́ːf, -άf / -ɔ́(ː)f] *n.* ⓤ [식물] 노균병(露菌病).

damp·ness [dǽmpnis] *n.* ⓤ 습기. ¶ There was *dampness* in the air. 공기가 습기를 머금고 있었다.

damp-proof [dǽmprùːf] *adj.* 방습(防濕)의, 방습성의. — *vt.* …을 방습하다.

dámp squíb *n.* 《英속어》효과가 없는 것.

dam·sel [dǽmz(ə)l] *n.* **1** 소녀, 처녀(maiden). **2** 《고어·詩》신분이 높은 소녀(girl).

dam·sel·fly [dǽmz(ə)lflài] *n.* (*pl.* **-flies**) 실잠자리.

dam·site [dǽmsàit] *n.* 댐 건설용 부지.

dam·son [dǽmzn, +美 -sn] *n.* (=**dámson plúm**) 서양오얏; 그 나무. — *adj.* 서양오얏색의, 암자색(暗紫色)의.

dámson chéese *n.* ⓤ 서양오얏의 사탕절임.

dam·yan·kee [dǽmjæ̀ŋki], (**damn·yan·kee**) *n.* 《美구어·익살》북부 제주(諸州)의 주민.

Dan[1] [dæn] *n.* **1** [성서] 단 [야곱의 12 아들 중의 하나. ←창세기(Gen.) 30 : 6]. **2** [성서] 단족 [히브리 12 부족의 하나. ←여호수아서(書)(Josh.) 19 : 40]. **3** 단[팔레스티나 북쪽 끝의 도시].

from Dan to Beersheba 단에서부터 브엘세바까지, 도처에(everywhere) [←사무엘기(하)(2 Sam.) 24 : 2].

Dan[2] [dæn] *n.* 《고어》sir, master 에 해당하는 경칭.

Dan. (略) Daniel; Danish; Danzig.

Dan·a·ë [dǽniìː, +美 -nèi] *n.* [그리스 신화] 다나에 [Argos 왕 Acrisius의 딸; Perseus의 어머니].

Da·na·i·des [dənéiidìːz] *n. pl.* [그리스 신화] 다나이데스(Danaus의 50명의 딸들; 49명은 그녀를 죽인 죄로 지옥에 떨어져서, 밑없는 그릇에 물을 담는 고역의 형벌을 받았다].

Dan·a·us [dǽniəs] *n.* [그리스 신화] 다나오스 [Argos의 왕; 자기의 50명의 딸을 형 Aegyptus의 50명의 아들과 결혼시켜 첫날밤에 각자의 남편을 죽이라는 분부를 내렸다].

dan·ca·thon [dǽnkəθɑ̀n / dάːn-] *n.* 《美속어》장시간의 댄스 경기[회]. [<DANCE+[MAR]ATHON]

‡**dance** [dæns / dɑːns] *v.* (**danced, danc·ing**) *vi.* **1** 춤추다, 댄스를 하다. ¶ (~+뒝+명) I *danced* with her to the piano music. 피아노의 곡에 맞추어서 그녀와 춤추었다. **2** [흥분 따위로] 뛰어 돌아 다니다, 껑충껑충 뛰다(leap); [심장 따위가] 고동치다, 약동하다(throb). ¶ *dance* with rage 노하여뛰다 / My heart *danced* with happiness. 기뻐서 가슴이 뛰었다 // (~+뒝) *dance* about for joy 기뻐서 날뛰다. **3** [파도·그림자·나뭇잎 따위가] 흔들리다, 춤추다, 어른거리다. ¶ the *dancing* shadows of trees 어른거리는 나무 그림자 / leaves *dancing* in the wind 바람에 춤추는 나뭇잎. **4** 《구어》남의 생각(말)대로 하다, 시키는 대로 하다.

— *vt.* **1** …을 추다. ¶ *dance* a tango 탱고를 추다. **2** …을 춤추며 [댄스에서] 리드하다. ¶ You *danced* me so beautifully. 당신은 나를 아주 멋지게 리드하였다. **3** …을 춤추게 하여 …하게 만들다, [로 될 때까지]. ¶ (~+뒝+뒝) *dance* a person *weary* 남이 녹초가 될 때까지 춤상대를 시키다 // (~+뒝+뒝+명) *dance* a person *out of breath* 춤상대를 허덕거리게 만들다 / *dance* the new year *in*; *dance* in the new year 춤으로 새해를 맞이하다. **4** [높이 쳐들었다 내렸다 하여] [아이]를 어르다.

dance and pay the piper 남을 즐겁게 하기 위해 자기가 춤을 추고 게다가 피리를 분 사람에게 수고비까지 지불하다[←마태 복음(Matt.) 11 : 17].

dance attendance on (or **upon**) *a person* ⇒ ATTENDANCE.

dance off 《美》 죽다(die). [DANCE.

dance on (or **upon**) *air* (or *nothing, a rope*) ① 공중에서 허위허위거리다. ② [익살] 교수형을 당하다.

dance to another (or **a different**) **tune** 갑자기 태도(의견)를 바꾸다, 표변하다. ¶ Now that he is well-to-do, he *danced* to another tune. 그는 살만하니까 사고 방식이 달라졌다.

dance to (or **after**) *a person's piping* (or *pipe, tune, whistle*) 남이 시키는 대로 행동하다, 남의 장단에 춤추다.

— *n.* **1** 춤, 댄스. ¶ a social *dance* 사교 댄스 / May I have your next *dance*, please? [남성이 여성에게] 다음 춤을 함께 추어 주시겠습니까 ? **2** 댄스 파티, 무도회. ¶ go to a *dance* 댄스 파티에 가다 / give a *dance* 댄스 파티를 열다. **3** 댄스곡, 댄스용의 음악. **4** (the ~) 발레.

begin (or **lead**) **the dance** 앞에 서서 춤추다, 리드하다; [비유적] 앞장서다, 선창하다, 지휘하다.

lead *a person* **a dance** (or **a chase**) ⇒ CHASE[1].

the dance of joy 기쁨의 댄스 [미국의 포크 댄스의 일종; 5월 1일의 오월제(五月祭) (May Day) 따위에 추다].

dánce bánd *n.* 댄스 밴드.
dánce dráma *n.* 무용극.
dánce hàll *n.* 《美》 댄스 홀, 무도장.
dance-in [dǽnsìn / dάːns-] *n.* 집단 데모 춤.
dánce músic *n.* 무용곡.
dance of déath *n.* =danse macabre.
‡**danc·er** [dǽnsər / dάːnsə] *n.* **1** 춤추는 사람, 무용수. **2** [직업적인] 댄서, 무용가.
‡**danc·ing** [dǽnsiŋ / dάːns-] *n.* 춤, 댄스, 무도.
dáncing gìrl *n.* [직업적인] 댄서, [특히 아시아 여러 나라의] 여자 직업 댄서, 무희.
dáncing hàll *n.* = dance hall.
dáncing mània (**plàgue**) *n.* [의학] 무도병(舞蹈病).
dáncing stèp *n.* 댄스의 스텝.

D and C (略) dilatation *and* curettage (확장과 소파(搔爬), 인공 중절).

D & D[1] (略) death *and* dying (죽음과 임종).

D & D[2] *n.* 《美속어》음주 소란(난동) [경찰 용어로서 말썽을 부리는 사람을 체포할 때 흔히 덮어씌우는 용의]. ¶ Tom was arrested for being *D & D*. 톰은 음주 소란으로 체포되었다. [<drunk *and* disorderly]

D & D[3] *adj.* (略) 《속어》 deaf *and* dumb [경찰 등에서 목비권을 행사하여] 입을 다물고 있는. ¶ play *D & D* 입을 다물고 있다.

***dan·de·li·on** [dǽndilàiən] *n.* 민들레.

dándelion cóffee *n.* 말린 민들레 뿌리; 그것으로 만든 음료.

dan·der [dǽndər] *n.* ⓤ 《美구어》노여움, 화(anger), 뺏성(temper).

get *one's* **dander up** 화를 내다(over…).

dan·di·a·cal [dændáiək(ə)l] *adj.* 멋부린, 멋을 낸; 멋쟁이다운.

Dan·die Din·mont [dǽndi dínmənt / -mɔnt] *n.* 테리어종 개의 일종 [다리가 짧고 몸통이 길다].

dan·di·fi·ca·tion [dændifikéiʃ(ə)n] *n.* ⓤ 멋부림, 멋을 부린 몸차림.

dan·di·fied [dǽndifàid] *adj.* 멋부린.

dan·di·fy [dǽndifài] *vt.* (**-fied, -fy·ing**) …을 멋부리게 하다.

dan·dle [dǽndl] *vt.* (**-dled, -dl·ing**) **1** [갓난 아이들]을 어르다, 안아서 흔들다. ¶ *dandle* a child on one's knee 아이를 무릎에 올려놓고 어르다. **2** …을 귀여워하다, 응석받다(pet).

dan·druff [dǽndrəf] n. [U] [머리의] 비듬(scurf).

*__dan·dy__ [dǽndi] n. (pl. **-dies**) 1 맵시꾼, 멋쟁이, 쪽 빼입은 사람(fop). 2 《구어》 훌륭한 것(사람), 일품. ¶ The song was a *dandy.* 그 노래는 참 멋있었다. 3 《英》 댄디형 범선; [그 고물의] 작은 [삼각] 돛.
— adj. (보통 **-i·er, -i·est**) 1 멋쟁이의, 멋내는 (foppish). 2 《美구어》 일류의(first-rate), 근사한, 멋진(fine). ◇ **dándify** v. **-i·ly** adv.

dándy brúsh n. 말을 빗는 솔 [고래뼈로 만든다].
dándy cárt n. [용수철을 댄] 우유 배달차, 짐 나르는.
dándy féver n. [병리] =dengue. [는 손수레.
dándy hòrse n. 발로 땅을 차면서 달리는 초기의 자전거.
dan·dy·ish [dǽndiiʃ] adj. 멋쟁이의, 맵시꾼의, 멋 부리는.
dan·dy·ism [dǽndiiz(ə)m] n. [U] 멋부리기, 멋, 치레.
dándy ròll (ròller) n. [제지] 종이에 투명한 무늬를 넣는 롤러.

*__Dane__ [dein] n. 1 덴마크 사람; 덴마크계의 사람. 2 데인 사람[9-10세기경 영국에 침입한 북유럽인]. 3 = Great Dane. ◇ **Dánish** adj.

Dane·geld [déiŋgèld] n. 〔英俗사〕 데인세(稅) [중세의 영국에서 데인 사람(Dane)에게 공물을 바치기 위해 과하던 세금; 후에 노르만 사람(Normans)이 지조(地租)로써 계속 부과했다].

Dane·law [déinlɔ̀ː], **(Dane·lagh** [-lɔ̀ː]) n. 1 데인법(法) [9세기에 데인이 점령하고 있었던 잉글랜드의 동북지방에서 시행되던 법률]. 2 그 법의 시행 지역.

dang [dæŋ] vt., n. =damn(* 완곡한 표현). ¶ *Dang* me! 빌어먹을!

‡__dan·ger__ [déindʒər] n. 1 [U][C] 위험[에 처해 있는 일], 위난, 위험한 상태(peril, risk). *cf.* safety ¶ risk *danger* 위험을 무릅쓰다 / prevent a national *danger* 국가의 위험을 방지하다 / He is now out of *danger.* 그는 이제 안전하다 / He is in *danger* of death. = His life is in *danger.* 그는 생명을 잃을 우려가 있다(위험 상태에 있다) / He is through [many] *dangers.* 그는 많은 위험을 겪은 사내다 / *Danger* past, God forgotten. 《속담》 위험이 없어지면 신도 잊혀진다; 뚱누러 갈 적 마음 다르고 올 적 마음 다르다.

類語 **danger** 모든 종류의 「위험」을 의미하는 넓은 뜻의 말; be in *danger* of bankruptcy 파산할 위험에 처해 있다. **hazard** 예측할 수 있지만 회피할 수 없는 danger: a secret mission full of *hazards* 위험이 많은 비밀 사명. **jeopardy** 극도의 위험에 처하여 있음을 특히 강조하는 말; Academic freedom is in *jeopardy.* 학문의 자유가 위험에 처하여 있다. **peril** 임박한 큰 danger; be in *peril* of one's life 생명의 위험이 목전에 닥쳐 있다. **risk** 자발적으로 부딪히는 danger: run the *risk* of one's entire fortune 전재산을 잃는 위험을 무릅쓰다.

2 위험의 원인이 되는 것, 장해[가 되는 것], 위험 (menace) (**to**...). ¶ obviate the possible *dangers* to peace 평화를 위협할 염려가 있는 것을 제거하다. 3 [U] [신호의] 위험 표시. ¶ The signal is at *danger.* 위험 신호가 나와 있다.
◇ **dángerous** adj., **endánger** v.

dánger list n. 《구어》 [병원의] 입원 중환자 명부. ¶ be on *danger list* [입원 환자 등이] 위독하다.

dánger mòney n. 《英》 [임금에 가산되는] 위험 수당.

‡__dan·ger·ous__ [déindʒ(ə)rəs] adj. 위험한, 위태로운, 겁나는(perilous, unsafe). opp. safe ¶ *dangerous* for children 아이들에게 위험한 / *dangerous* to health 건강에 좋지 않은 // This river is *dangerous* to swim in. = It is *dangerous* to swim in this river. 이 강에서 헤엄치는 것은 위험하다. 《속담》 A little learning is a *dangerous* thing. 선무당이 사람잡는다 [← A. Pope *Essays on Criticism*]. ~**ness** n.

*__dan·ger·ous·ly__ [déindʒ(ə)rəsli] adv. 위험하게, 위태롭게, 위험을 무릅쓰고, 위험이 따를 정도까지.

dánger sìgnal n. 위험 신호.
dánger zòne n. 위험 지대.

*__dan·gle__ [dǽŋgl] v. (**-gled, -gling**) vi. 1 흔들흔들[주렁주렁]하다, 매달리다, 아래로 드리워지다 (loosely). ¶ (~+前+名) *dangle* from the ceiling 천장에 매달려 있다. 2 따라[붙어] 다니다(after, about, round...). ¶ (~+前+名) He spent his youth in *dangling after* the girls. 여자의 꽁무니를 쫓다가 그의 청춘은 끝나버렸다. — vt. 1 늘어뜨려 흔들다, 매달다; (비유적) [눈 앞에] [바램·유혹 따위]를 어른거리게 하다. 2 1 매달리기, 아래로 드리우기. 2 매달려 있는 물건, 매달린 물건, 흔들거리는 물건.

dan·gle-dol·ly [dǽŋgldàli / -dɔ̀li] n. 《英》 자동차의 창에 매다는 인형.

dan·gler [dǽŋglər] n. 1 매달리는 것, 흔들흔들하는 부분. 2 남을 따라다니는 사내, 여자의 꽁무니를 쫓아다니는 사내.

dángling párticiple n. [문법] 현수 분사(懸垂分詞) [주문(主文)의 주어와 문법적으로 결합되어 있지 않은 분사. 예: *Having* broken his leg, the bystanders sent him to hospital. 다리가 부러져서 구경꾼들이 그를 입원시켰다].

Dan·iel [dǽnjəl] n. 1 [성서] 다니엘 [히브리의 예언자]. 2 [구약 성서의] 다니엘서. 3 명재판관 [← Shakespeare 작 *The Merchant of Venice*].

da·ni·o [déiniou] n. (pl. **-os**) 다니오 [열대어의 일종].

*__Dan·ish__ [déiniʃ] adj. 덴마크 [사람·말]의; 데인 사람의. — n. [U] 덴마크 말. ◇ **Dane, Dénmark** n.

Dánish pástry n. [U] 데니시 페스트리 [건포도나 잣 따위를 넣은 파이 비슷한 과자빵].

Dánish Wèst Índies n. (the ~) 덴마크령(領) 서인도 제도(諸島) [그 일부를 1917년 미국이 매수하였으며, the Virgin Islands of the United States로 개칭].

dank [dæŋk] adj. 축축한, 구중중한. ⇒ DAMP [類語]

dan·ke schön [G dá:ŋkə ʃǿ:n] [독일] (= Thank you very much.) 대단히 고맙습니다.

Danl. (略) Daniel.

Dan·ne·brog [dǽnəbràg / -brɔ̀g] n. 1 [붉은 바탕에 흰색의 십자가 있는] 덴마크 국기. 2 [사각형의 붉은] 덴마크의 상선기(商船旗).

danse ma·ca·bre [dá:ns məká:bər] n. (pl. **danses macabres**) 죽음의 무도 [죽음의 신이 안무하는 것으로 인도하는 모양을 묘사한 무도; 중세의 회화·조각에서 흔히 볼 수 있는 주제]. [<F dance of death]

dan·seur [dɑːnsə́ːr] n. 《프랑스》 남자 발레 댄서.

dan·seuse [dɑːnsə́ːz] n. (pl. **-seuses** [-sə́ːziz]) 발레리나, 발레의 댄서. [<F *danseur* dancer의 여성형]

Dan·te·an [dǽntiən / dǽntíː-] adj. 1 단테의, 단테 작품의. 2 = Dantesque. — n. 단테 연구가. [< 이탈리아의 시인 Alighieri Dante (1265-1321)의 이름]

Dan·tesque [dæntésk] adj. 단테풍의, 장중한.

Dan·tist [dǽntist] n. 단테 연구가.

*__Dan·ube__ [dǽnjuːb] n. (G Donau [dóunau]) (the ~) 다뉴브강, 도나우강 [독일 서남부의 Baden 호에서 시작하여 흑해로 흐른다].

Dan·u·bi·an [dænjúːbiən] adj. 다뉴브강의.

Dan·zig [dǽnsig / G dáːntsiç] n. 단치히 [발트해(the Baltic Sea)에 임한 폴란드 북부의 해항(海港)].

Frée Cíty of Dánzig 단치히 자유시(市).

dap [dæp] v. (**dapped, dap·ping**) vi. 1 미끼를 살그머니 물 위에 떨어뜨리다 [떨어뜨려 고기를 낚다]. 2 《새가》 가볍게 물 속에 잠기다. 3 [돌멩이 따위가 수면을 스치며 튀다, 물수제비뜨다(skip), 튀다(bounce). — vt. [돌멩이 따위를] [수면에] 튀게 하다 (skip, bound), …을 물에 잠겼다 올렸다 하다. — n. 1 [불의] 튐, [돌멩이의] 물수제비뜨기.

Daph·ne [dǽfni] n. 1 [그리스 신화] 다프네 [월계수

daph·nia 로 변신하여 Apollo의 구애의 추적을 피한 요정]. **2** (d-) 월계수; 팥꽃나무.

daph·nia [dǽfniə] *n.* (*pl.* **-nia**) 〔동물〕물벼룩류, 새각류(鰓脚類).

Daph·nis [dǽfnis] *n.* 〔그리스 신화〕다프니스[Hermes와 요정 사이에 태어난 아들; 목가(牧歌)의 창시자라고 한다].

Dáphnis and Chlóe *n.* 다프니스와 클로에〔그리스의 시인 Longus 작이라고 하는 목가적 로맨스에 나오는 순진한 두 애인〕.

dap·per [dǽpər] *adj.* (때로 **-per·er, -per·est**) **1** 산뜻한, 깔끔한, 말쑥한(neat, trim). **2** 몸집이 작고 기민한, 활발한(brisk). **~·ly** *adv.* **~·ness** *n.*

dap·ple [dǽpl] *n.* **1** 얼룩, 반점(斑點). **2** 얼룩[무늬]가 있는 동물. ── *adj.* =dappled. ── *vt., vi.* (**-pled, -pling**) 얼룩지게 하다(되다).

dap·pled [dǽpld] *adj.* 얼룩진, 얼룩덜룩한(spotted).

dap·ple-gray, -grey [dǽplgréi] *adj.* 회색 바탕에 얼룩이 있는, 회색돈점박이의. ── *n.* (*pl.* **-grays; -greys**) 회색돈점박이 말.

D.A.Q.M.G. (略) *Deputy Assistant Quartermaster General.*

DAR (略) 〔美軍〕 *Defense Acquisition Regulation* (병기 조달 규정); *Defense Acquisition Radar* (방위용 목표 포착 레이다).

D.A.R. (略) *Daughters of the American Revolution* (독립 전쟁 참가자의 자손들로 조직된 미국의 부인 애국 단체).

darb [da:rb] *n.* 〔美속어〕굉장한 사람(것). 〔단체〕.

dar·bies [dá:rbiz] *n. pl.* 〔英속어〕수갑(handcuffs).

Dar·by and Joan [dá:rbi ən dʒóun] *n.* 금실 좋은 늙은 부부. 〔<1735년 *Gentleman's Magazine* 에 실렸던 시(詩) 속의 노부부 이름〕

DARCOM (略) 〔美〕 〔군 사〕 *Development and Readiness Command* (개발 및 대응군).

Dar·dan [dá:rdən] *adj.* =Trojan.

Dar·da·nelles [dà:rdənélz] *n.* (the ~) 〔복수 취급〕다다넬즈 해협〔에게해(the Aegean Sea)와 마르마라해(the Sea of Marmara)를 잇는다〕.

Dar·da·nus [dá:rdənəs] *n.* 〔그리스 신화〕〔전설상의〕트로이의 선조.

‡**dare** [dɛər] *vt.* (**dared** or 〔고 어〕 **durst** [də:rst]; **dared, da·ring**) **1** 두려워하지 않고(큰 마음먹고, 감히) …하다; …할 용기가 있다. ¶ (~+*to do*) Don't *dare to* do that again. 다시는 그런 일을 하지 마라 / He wanted to go, but he didn't *dare* [*to*]. 그는 가보고 싶었지만 갈 용기가 나지 않았다 / He *dares to* insult me. 그는 거리낌없이 나를 모욕한다 / I didn't *dare to* oppose him. 그에게 반대할 용기는 없었다 / She'll *dare to* keep her word. 그녀는 무슨 일이 있어도 약속한 것은 지킬 것이다 / She *dared to* go there all alone. 그녀는 대담하게도 혼자서 거기에 갔다 // How *dare* you say such a cruel thing? 감히 어떻게 그런 잔인한 소리를 할 수 있느냐 ? / He would have liked to protest, but he *dared* (or *dare*) not. 항의하고 싶었지만 그럴 용기가 없었다 / *Dare* he come without our invitation? / 초청을 받지 않았는데도 올 용기가 그에게 있을까? / I would do it if I *durst*. 할 수만 있다면 해보고 싶다.

── **Usage** (1) dare 가 원형 부정사와 함께 조동사적으로 쓰이는 것은 부정문과 의문문에 있어서이다. 이 경우는 3인칭 단수 현재일 때도 -s 는 붙지 않고, 조동사 do 도 필요없다. 부정문・의문문 이외에는 보통 dares 를 쓰며, to-부정사를 쓴다. 즉 조동사가 아니라 본동사로서의 구어에서는 본동사로 취급되는 경향이 짙다. (2) 과거라는 문맥이 분명하면 시제(時制)를 일치시킬 때에 dare 가 dared 가 되지 않고 시제의 표현으로 쓰는 일도 있다. (3) 과거형 durst 는 조건문・부정문 속에서는 현재에도 볼 수가 있다.

2 〔위험 따위를 무릅쓰고〕…을 해보다, …에 용감히 맞서다. ¶ The boy *dared* a jump into the water. 소년은 용감히 물 속에 뛰어들었다 / He'll *dare* any danger for her sake. 그는 그녀를 위해서라면 어떤 위험도 불사할 것이다 / I'd *dare* your anger and say you're in the wrong. 네가 화낼 것을 각오하고 말하지만 네가 잘못하고 있다.

3 〔할 수 있거든 해보라고〕 〔남〕에게 덤비다, 도전하다 (challenge). ¶ (~+圄+*to do*) I *dare* you to strike me. 때릴 테면 때려 봐라 // (~+圄+前+圄) He *dared* me to a fight. 그는 할 수 있으면 해보라고 나에게 싸움을 걸어왔다.

Don't [**you**] **dare...** 감히 …할 생각 마라, 멋대로 …하지 마라. ¶ *Don't you dare*! 그만 둬 !

How dare... 감히 …하다니. ¶ *How dare* you! 네가 감히 그러다니 !

I dare say 아마도 …일 것이다(probably, maybe). *cf.* daresay ¶ It's a mere fiction, *I dare say*. 아마 지어낸 이야기일 거야 / *I dare say* you thought I was older than Lynda. 내가 린다보다 나이가 많다고 생각했겠지.

I dare swear 반드시 …라고 확신한다. ¶ He will succeed, *I dare swear*. 그는 꼭 성공할 것이다. 「하다. **~** *n.* 도전(challenge). **give a** *dare* 도전 대들다, 도전

dare·dev·il [dɛ́ərdèvil] *adj.* 대담무쌍한, 물불을 가리지 않는, 생명을 돌보지 않는. ── *n.* 물불을 가리지 않는 사람(reckless person).

〔<[one ready to] dare [the] devil〕

dare·dev·il·try [dɛ́ərdèviltri], (**dare·dev·il·ry**[-ri]) *n.* ⓤ (*pl.* **-tries; -ries**) 무모[한 행위]; 가리지 않음(recklessness).

daren't [dɛərnt] dare not 의 단축형.

dare·say [dɛ́ərséi] *vi., vt.* (I 를 주어로 하여) 아마도 …일 것이다. ¶ She'll come, *I daresay.* = *I daresay* she'll come. 그녀는 아마 올 것이다.

darg [du:rg] *n.* **1** 〔스코〕하루의 일(a day's work). **2** 〔濠〕일정량의 일, 할당된 일.

‡**dar·ing** [dɛ́(:)riŋ / dɛ́ər-] *n.* ⓤ 대담무쌍, 호담(豪膽) (boldness). ── *adj.* 대담무쌍한(bold), 두려움을 모르는(intrepid), 모험을 좋아하는(adventurous). **~·ly** *adv.* **~·ness** *n.*

‡**dark** [da:rk] *adj.* **1** 캄캄한, 어두운, 어둑어둑한. *opp.* light ¶ a *dark* alley 어두운 뒷골목 / It was pitch *dark*. = It was [as] *dark* as pitch. 칠흑처럼 어두웠다 / It's getting *dark* every minute. 점점 어두워지고 있다. 〔類語〕 dark 빛이 없어서 물건이 전혀 보이지 않는 : a *dark* night 어두운 밤. dim 빛이 희미한; 물건이 불명료하게 보이는 : a *dim* figure 희미하게 보이는 사람 그림자. dusky 빛과 어둠의 중간으로 회색을 띤 : a *dusky* winter evening 어둑어둑한 겨울 저녁. gloomy 빛이 가리워져 어두워진 음산한 : a *gloomy* day 흐려서 음산한 날. murky 연기・안개・먼지 따위에 가리어져 침침하게 어두운 : the *murky* sky over Seoul 서울의 침침하게 어두운 하늘.

2 a) 〔얼굴・피부의 색이〕거무스름한, 거뭇한, 검은, 가무잡잡한(swarthy, dusky); 흑인의. ¶ a *dark*, sallow complexion 가무잡잡한, 혈색이 나쁜 안색. **b)** 〔사람의〕브루네트의, 〔눈・머리카락이〕다갈색의, 밤색의 (brunet[te]) ; 〔피부가〕갈색의, 가무잡잡한. *opp.* fair ¶ *dark* eyes 검은 눈, 검은 빛을 띤 눈, 다갈색의 눈. **c)** 〔색・색조가〕거무스름한, 검정에 가까운, 짙은 (somber, dusky, deep). *opp.* light, bright ¶ *dark* red 심홍색, 짙은 빨강 / a *dark* dress 검은(색을 띤)드레스. **d)** 〔커피 따위〕 크림 (우유)를 조금 탄.

3 음산한, 음울한, 음적한, 〔안색이〕어두운, 슬픈 듯한(gloomy, sad); 불 유 쾌한, 성 내 고 있 는(sullen, angry). ¶ the *dark* days of the war 전시하의 음울한 나날 / a *dark* humor 으뜸 같은 기 분 / look at (or on) the *dark* side of things 사물의 어두운 면을 보다, 비관만 하고 있다 / He was *dark* with anger. 그는 얼굴에 노기를 띠고 있었다 / The future looked *dark*. 전도는 암

4 [지적·도덕적] 깨이지 못한, 무지한, 미개한 (ignorant, unenlightened). ¶ in the *darkest* ignorance 무지몽매한 상태에서.
5 a) 애매한, 모호한(obscure). *opp.* clear ¶ The meaning is still *dark*. 그 뜻은 여전히 수수께끼이다. **b)** 신비스러운, 불가해한 (mysterious). **c)** 비밀의, 남에게 알려지지 않은(secret, hidden). **d)** 비밀주의의, 입다물고 있는(reticent). ¶ keep a matter *dark* 일을 비밀로 해두다(남에게 이야기하지 않다).
6 뱃속 검은, 비열한, 음산한(sinister, wicked). ¶ the *darkest* conspiracy 비열하기 짝이 없는 음모 / He was *dark* in character. 그는 음흉한 사내였다. 「안경.
7 빛을 차단하는, 광선을 피하는. ¶ *dark* glasses 색
8 〔음성〕〔l 음〕울림이 무거운, 탁한. *opp.* clear
dark and bloody ground 미국 Kentucky 주〔인디언과 백인의 격렬한 싸움이 있었던 데서 생긴 별명〕.

— *n.* ⓤ **1** (종종 the ~) 어둠, 캄캄함, 암흑. ¶ Don't get scared of the *dark*. 어둠을 무서워하지 마라 / "Pleasant dreams," she said in the *dark*. 「좋은 꿈 꾸세요」하고 그녀는 어둠 속에서 말했다. **2** 황혼, 땅거미. ¶ at *dark* 땅거미질 때에 / after (before) *dark* 어두워진 뒤(지기 전에). **3** 어두운 색, 짙은 색; [회화(繪畫)] 따위의] 음영(陰影). **4** (종종 the ~) 모호, 애매, 불분명; 비밀; 무지. ¶ I'm absolutely in the *dark* about his intentions. 그가 무엇을 의도하고 있는지 나는 전혀 알 수가 없다 / She kept him in the *dark*. 숨기지 말고 말해 버려라 / She kept her mother in the *dark* about him. 그녀는 그의 일을 어머니에게 비밀로 해두었다.
a leap in the dark ⇒ LEAP. 「동.
a stab in the dark 억측, 근거없는 추측에 의한 행
◇ dárken *v.*, dárkness *n.*, dárkly *adv.*

dárk adaptâtion *n.* ⓤ〔안과〕암순응(暗順應). *cf.* light adaptation 「의.
dark-adapt·ed [dɑ̀ːrkədǽptid] *adj.* 〔안과〕암순응
Dárk Áges *n.* (the ~) 〔중세 유럽의〕암흑시대〔서(西)로마 제국의 멸망(476)에서 기원 1000년경까지〕. **b)** 기원 476년경에서 르네상스 직전까지〕.
Dárk Cóntinent *n.* (the ~) 암흑 대륙〔미개 시대의 아프리카 대륙〕.
‡**dark·en** [dɑ́ːrkn] *vt.* **1** …을 어둡게(어두워지게) 하다; …을 검게 하다, 거무스름하게 하다. ¶ the skin *darkened* by the sun 햇볕에 검게 탄 피부 / *darken* a room 방을 어둡게 하다. **2** …을 음산(음울)하게 하다, 어…에 어두운 그림자를 던지다. ¶ *darken* a person's face 남의 안색을 흐리게 하다 / *darken* a person's prospects 남의 앞길에 어두운 그림자를 던지다. **3** 〔의미 따위를〕불명료하게 하다. **4** [남의 이해력 따위를] 흐리게 하다, 방해하다. **5** …을 보이지 않게 하다, …의 시력을 빼앗다.

— *vi.* **1** 어두워(어두워)지다; 검게(거무스름하게) 되다. **2** 음울하게 되다, 어두운 그림자가 드리워지다, 노기를 띠다. **3** 불명료하게 되다. **4** 시력을 빼앗기다.
darken counsel [쓸데없는 말을 하여] 더욱 더 혼란시키다.
do not darken a person's door (or *doors, doorway*); *do not darken the door* 《구어》남의 집에 발을 들여 놓지 않다, 남을 방문하지 않다 〔위협하는 데 쓰는 일이 많다〕. ¶ Get out and *never darken my door* again! 냉큼 나가서 다시는 내 집에 오지 마라 !
◇ dark *adj.*
dark·ey, dark·ie [dɑ́ːrki] *n.* (*pl.* **-keys; -ies**) = darky.
dárk·field mícroscôpe [dɑ́ːrkfìːld-] *n.* = ultramicroscope.
dárk glásses *n.* 색안경.
dárk hórse *n.* 다크 호스〔경마·경기·선거 등에서, 역량을 알 수 없고, 이길 가능성도 있는 경쟁 상대〕.
dark·ish [dɑ́ːrkiʃ] *adj.* 거무스름한; 어둑어둑한

(slightly dark). **~·ness** *n.* 「초롱.
dárk lántern *n.* [서터로 빛을 조절할 수 있는] 등.
dar·kle [dɑ́ːrkl] *vi.* (**-kled, -kling**) **1** 어두워지다, 희미하게 보이다. **2** [안색이] 흐려지다, 불쾌해지다.
dark·ling [dɑ́ːrkliŋ] 《주로 詩》*adv.* 어둠 속에, 어두컴컴한 데에서(in the dark). ¶ The candle went out and left us *darkling*. 촛불이 꺼져 우리는 어둠 속에 묻혔다.
— *adj.* 어둠의, 어두운, 몽롱한(obscure).
*****dark·ly** [dɑ́ːrkli] *adv.* **1** 어둡게, 검게. **2** 음산하게 (gloomily); 험악하게. **3** 애매하게, 불가해하게(mysteriously). **4** 희미하게, 어슴푸레하게(faintly). **5** 몰래, 가만히.
‡**dark·ness** [dɑ́ːrknis] *n.* ⓤ **1** 어둠, 암흑, 컴컴함; [색·색조가] 검음. ¶ in pitch (*or* dead) *darkness* 캄캄한 어둠 속에서 / as *darkness* gathers 어두워짐에 따라 / The cat can see in the *darkness*. 고양이는 어둠 속에서도 능히 본다. **2** 무지, 몽매(ignorance). ¶ live in *darkness* and superstition 무지와 미신 속에 살다. **3** 맹목, 실명(blindness). **4** 애매함, 불명료(obscurity); 비밀(secrecy). ¶ be kept in *darkness* 애매한 상태(비밀)로 되어 있다. **5** 속 검음, 엉큼함, 비열함, 사악 (wickedness). ¶ the Prince of *Darkness* 마왕(魔王), 사탄.
dárk ráys *n.* [자외선·적외선같이 보이지 않는] 암복사선(暗輻射線).
dárk·room [dɑ́ːrkrù(ː)m] *n.*〔사진〕암실.
dark·some [dɑ́ːrksəm] *adj.* 《詩》**1** 어스레한, 어둑 어둑한(dark). **2** 음울한(gloomy).
dárk·tôwn [dɑ́ːrktàun] *n.* 흑인 거주 구역.
dark·y [dɑ́ːrki], (**darkie, darkey**) *n.* (*pl.* **dark·ies**) 《구어》〔종종 경멸적〕흑인, 검둥이(Negro).
‡**dar·ling** [dɑ́ːrliŋ] *n.* **1** 가장 사랑하는 사람, 귀여운 사람; 마음에 드는 사람(것); 귀염둥이. ¶ the *darling* of fortune 운명의 총아(寵兒), 행운아 / She was the *darling* of her class. 그녀는 학급에서 인기있는 학생이었다. **2** 〔부부·애인 사이의 호칭으로서〕여보, 당신. ¶ Just tell me what's the matter, *darling*. 여보 무슨 일인지 말해 보아라. — *adj.* **1** 가장 사랑하는, 귀여운; 마음에 드는(favorite), 비장의. ¶ one's *darling* wife (pipe) 애처(愛妻) (애용하는 파이프). **2**《구어》 아주 훌륭한, 매력이 넘치는, 근사한(charming, cute).
darn¹ [dɑːrn] *vt.* …을 [짜]깁다, 꿰매다, 감치다.〔옷의 터진 데를〕꿰매다. ⇒ MEND 類語 — *n.* 짜기운 부분; 짜깁기, 감치기.
darn² [dɑːrn] *vt.* 《美구어》〔완곡〕…을 저주하다, 욕하다(damn). ¶ *Darn* it ! 지독히 긋해!, 젠장!, 빌어먹을! — *n.* (a ~) 〔부정문에서〕조금도. ¶ I don't give (*or* care) a *darn* what he says. 그가 뭐라고 하든 조금도 상관없다. — *adj., adv.* = darned.
darned [dɑːrnd] 《美구어》*adj.* 터무니없는, 지긋지긋한, 천벌받을(damned). ¶ He's a *darned* fool. 저 놈은 지긋지긋한 바보다. — *adv.* 지독하게, 지긋지긋하게, 가당치도 않게. ¶ a *darned* cold night 엄청나게 추운 밤.
dar·nel [dɑ́ːrnl] *n.* 독보리[보리와 비슷한 유독 식물].
darn·er [dɑ́ːrnər] *n.* **1** 짜깁는 사람, 짜깁기 바늘; 짜깁기 받침[도구]. **2** 잠자리(dragonfly).
darn·ing [dɑ́ːrniŋ] *n.* ⓤ **1** 짜깁기, 터진 자리를 꿰매기. **2** 꿰맨 자리. **3**〔집합적〕짜기운 것, 꿰맨 것.
dárning néedle *n.* **1** 짜깁기 바늘. **2**《美방언》잠자리(dragonfly).
dar·o·bok·ka [dæ̀rəbɑ́kə / -bɔ́k-] *n.* 〔북아프리카의〕손바닥으로 두드리는 원시적인 북.
DARPA 《略》*Defense Advanced Research Project Agency*([미 국방부] 고등 연구 기술처).
*****dart** [dɑːrt] *n.* **1** 〔화살던지기 놀이에 쓰는〕 던지는 화살, 〔가볍고 짧은〕투창(投槍). ¶ (~s)〔단수 취급〕화살던지기 놀이, 다트〔실내 유희의 일종〕. **3** 던지는 화살 모양의 것; 곤충의 침(바늘). **4** (비유적) 급격한 돌

dartboard 606 **dashy**

진; 남에게 고통을 주는 것. ¶ *darts* of sarcasm 빈정거림의 화살 / The cat made a *dart* at the mouse. 고양이는 재빨리 쥐에게 덤벼들었다. **5** 〖양재〗 다트〖양복이 몸에 착 붙도록 솔기를 차츰 좁게 하기〗.
— *vi.* 〖화살처럼〗 날아가다, 돌진하다. ¶ (~ +前+名) A bird *darted through* the air. 새가 공중을 화살처럼 날아갔다 // (~ +前) The deer saw us and *darted away*. 사슴은 우리를 보자 화살처럼 뛰어가버렸다.
— *vt.* 〖화살 따위〗 휙 던지다; 〖시선 따위〗를 던지다, 보내다. ¶ (~ +目+副) *dart* one's eyes *around* 휙 둘러보다 / (~ +目+前+名) *dart* an angry look *at* a person 성난 눈초리로 남을 흘끗 쏘아보다.

dart-board [dáːrtbɔ̀ːrd / -bɔ̀ːd] *n.* 다트판(盤), 화살 던지기의 과녁판.

dart-er [dáːrtər] *n.* **1** 화살을 던지는 사람; 화살처럼 날아가는(달리는, 움직이는, 돌진하는) 사람(물건). **2** 가마우지류(類)의 새 (snakebird). **3** 다터, 시어(矢魚) 〖북미산(產)의 민물고기〗.

dar-tle [dáːrtl] *vt., vi.* (-**tled**, -**tling**) …을 되풀이하여 던지다(쏘다), 몇번이고 날다(돌진하다).

Dart-moor [dáːrtmuər] *n.* **1** 영국 Devonshire 주의 고원 〖암석이 많은 황무지〗. **2** 다트무어 형무소〖그곳에 있는 기결수 형무소〗.

Dar·win·i·an [daːrwíniən] *adj.* Charles Darwin 의; 다윈설(說)의, 진화론의. ¶ the *Darwinian* theory 다윈설, 진화론 (Darwinism). — *n.* 다윈(진화론)의 신봉자. 〖<영국의 진화론 주창자 Charles[Robert] Darwin(1809-82)의 이름〗

Dar·win·ism [dáːrwinìz(ə)m] *n.* ⓤ 다윈설, 진화론.

Dar·win·ist [dáːrwinist] *n., adj.* =Darwinian.

DASD(略)〖컴퓨터〗 *d*irect *a*ccess *s*torage *d*evice(직접 액세스 기억 장치).

‡**dash** [dǽʃ] *vt.* **1** …을 때려 부수다. ¶ The wind and rain *dashed* the waves. 비바람이 파도를 부수었다. // (~ +目+前+名) *dash* a mirror *to* (or *in*) pieces 거울을 산산조각으로 부수다.
2 …을 내던지다, 부딪치게 하다〖…*to, at; ...away, down*〗. ¶ (~ +目+前+名) *dash* a glass *to* (or *on*) the floor 유리잔을 마룻바닥에 내던지다 / *dash* a stone *at* a person's head 남의 머리에 돌을 던지다 / He *dashed* his elbow *against* the door. 그는 팔꿈치를 문에 부딪쳤다 // (~ +目+副) He *dashed away* his tears. 그는 훌쩍 보는 바람에 당황했다.
3 〖물·흡탕물 따위〗를 끼얹다, 튀기다(splash); …을 마구 칠하다; 〖비유적〗〖명예 따위〗를 더럽히다〖…*in, on, over, with*〗. ¶ (~ +目+前+名) *dash* cold water *in* (or *into*) the face; *dash* the face *with* cold water 얼굴에 찬물을 끼얹다 / *dash* color *on* a canvas 캔버스에 물감을 마구 칠하다.
4 〖…의 소량을〗…에 섞다(mix) 〖…*with*〗. ¶ (~ +目+前+名) *dash* coffee *with* milk 커피에 밀크를 타다.
5 〖희망 따위〗를 꺾어버리다, 분쇄하다 (destroy); 〖남〗을 낙담시키다. ¶ His hope was *dashed*. 그의 희망은 꺾이고 말았다.
6 〖남〗을 당황하게 하다(confound), 무안케 하다, 낯을 붉히게 하다(abash). ¶ I was *dashed* by her glance. 나는 그녀가 훌끗 보는 바람에 당황했다.
7 …을 급히 쓰다, 단숨에 써버리다, 단숨에 해치우다. ⇨ *dash off*.
8 〖구어〗 =damn. * damn 을 생략하여 d-----로 쓰는 일이 있기 때문에, dash 를 대용하게 된 것으로, damn 보다 정도가 약하고 완곡한 말. ¶ *Dash* it! 제기랄!
9 …에 밑줄을 긋다(underline).
— *vi.* **1** 심하게 치다(부딪, 충돌하다) (*against, on, upon...*). ¶ (~ +前+名) The waves *dash against* the shore (*upon* the rock). 파도가 해변(바위)에 부딪친다. **2** 돌진하다. ⇨ HASTEN 類語. ¶ (~ +副) *dash up* 뛰어 올라가다 / *dash down* 뛰어내려가다 / *dash back* to one's house 쏜살같이 곧장 집으로 돌아가다 / *dash off* on an errand 심부름하러 뛰어나가다 / A motorcar *dashed by*. 대단한 기세로 자동차가 지나갔다 // (~ +前+名) *dash from* (or *out of*) a room 방에서 뛰어나가다 / *dash along* a street 거리를 달려가다 / The brave soldiers *dashed into* the midst of the enemy. 용감한 병사들은 적군의 한복판으로 돌진해 갔다.

dash down =*dash* ②.

dash off ① …을 급히 떠나다 (rush away). ② …을 급히(단숨에)쓰다. ¶ *dash off* a letter 급히 편지를 쓰다.

— *n.* **1** 〖파도나 물이〗 세차게 부딪치기; 좌와 부딪치는 소리. ¶ the *dashes* of waves on the rock 바위에 부딪치는 파도 〖소리〗.
2 소량(少量)의 가미(加味), 기미(touch). ¶ red with a *dash* of purple 자줏빛이 도는 빨강 / Put a *dash* of salt into the cup. 컵에 소금을 약간 넣어라.
3 일필휘지(一筆揮之); 필세(筆勢).
4 대시 기호〖구두점의 일종; 기호〗.
〖주의〗 대시의 주요한 용법 —— ⑴ 문장을 갑자기 중도에서 끊고 다른 요소를 삽입한다: Then he—would you believe it—sprang into the river. ⑵ 특히 회화체에서 그 다음 말을 잊어버린 경우: Then there appeared —I forgot the man's name. ⑶ 괄호 대신에: Those who were present—most of them quite uneducated —could not understand what I meant. ⑷ 이미 말한 것을 요약하거나 또는 강조할 경우: Character, incident, nature, fate and milieu—these are the five essential elements of a story. ⑸ 어구·문자·숫자의 생략을 나타내며, 사람·장소 따위의 이름을 덮어서 돌 경우: g—d (=god), d—n (=damn), 18—, Mr.—. * 대시는 대개의 경우 코머와 같은 구실을 하지만 코머보다 분단력(分斷力)이 강하다. 또오늘날에는 Dear Sir: —처럼 코머, 콜론, 세미콜론과 함께 대시를 쓰지 않는다.
5 돌진(rush), 돌격. ¶ at a (or one) *dash*; in first *dash* 단숨에 / make a bold *dash at* the enemy 적을 향하여 용감하게 돌진하다 / make a strong *dash for* social reform 사회 개혁을 목표로 강력히 매진하다.
6 단거리 경주. ¶ a hundred-yard *dash* 100 야드 경주.
7 ⓤ 활기, 원기, 위세. ¶ with great *dash* 위세당당히.
8 〖구어〗 허세 (display); 훌륭한 외관. ¶ cut a *dash* 허세를 부리다, 멋을 부리다. **9** =dashboard 1.
10 〖무선〗 〖모르스 부호의〗 긴 선, 장(長)부호. *cf.* dot **11** 장애(check), 〖기력을〗 꺾는 것. ¶ His death was a *dash* to my ambition. 그가 죽어서 나의 야망은 이룰 수 없게 되었다.
◇ **dáshy** *adj.*

DASH(略) *d*rone *a*nti-*s*ubmarine *h*elicopter (〖미해군 개발〗 대(對) 잠수함 무인 헬리콥터).

dash-and-dot [dǽʃ(ə)ndɑ́t / -dɔ́t] *adj.* =dot-and-dash.

dash·board [dǽʃbɔ̀ːrd / -bɔ̀ːd] *n.* **1** 〖자동차·비행기 따위의〗 대시보드, 계기반(計器盤). **2** 〖마차 따위의〗 흙받기, 〖뱃머리의〗 파도막이 판.

dashed [dǽʃt] *adj., adv.* 《주로 英구어》〖완곡적〗 =damned. ¶ She is *dashed* smart. 그녀는 얄미울 정도로 영리하다. 〖산〗.

da·sheen [dǽʃíːn] *n.* 타로 감자 (taro) 〖열대 아시아 원산〗.

dash-er [dǽʃər] *n.* **1** 돌진하는 사람(것). **2** 교반기(攪拌器), 교반봉(棒). **3** 〖구어〗 허세부리는 사람, 현대적으로 선드러진 사람 (smart fellow); 기운찬 사람, 씩씩한 사람.

da·shi·ki [dəʃíːki] *n.* 아프리카의 민족 의상.

*****dash·ing** [dǽʃiŋ] *adj.* **1** 분기하는, 위세 당당한, 기운찬, 활발한 (spirited). **2** 선드러진, 화려한, 세련된 (stylish). **-ly** *adv.*

dásh mán *n.* 단거리 선수 (sprinter).

dash·y [dǽʃi] *adj.* (**dash·i·er, dash·i·est**) =dashing 2.

das·n't, dass·n't [dǽsnt] 《美방언》 dare not 의 단축형.

das·tard [dǽstərd] n. 비열한(卑劣漢), 비겁자.

das·tard·ly [dǽstərdli] adj. 비열한, 소심한, 몰래하는, 용렬한. **-li·ness** n.

dasy- hairy, shaggy, dense 의 뜻의 연결형.

das·y·ure [dǽsijùər] n. 주머니 고양이[오스트레일리아·타스미니아 산(產)의 담비 비슷한 야행성 유대(有袋)동물].

dat. 《略》 dative.

DAT 《略》 differential aptitude test; digital audio tapereorder.

‡**da·ta** [déitə, dɑ́:tə, 美 dǽtə] n. pl. (sing. **datum**) 《종종 단수 취급》 데이터, 자료, 재료, [관찰에 의하여 얻은] 사실.
— **Usage** data 는 본래 datum 의 복수형이므로 these data are ... 처럼 복수 취급하는 것이 옳지만, 《美구어》에서는 this data is ... 와 같이 단수 취급하는 일도 있고, 또 미국의 사회학회에서는 불가산어로 취급하여 much (little) data 처럼도 쓰인다. * 단수형으로서는 one of the data 로 쓰는 것이 보통이며, datum 은 거의 쓰이지 않는다.

dáta bànk n. 《컴퓨터》 데이터 뱅크, 데이터 은행.

dáta bàse n. 《컴퓨터》 =data bank.

dat·a·ble [déitəbl] adj. 일시(연대)를 추정할 수 있는.

dáta bòok n. 참고 자료서.

dáta càrrier n. 《컴퓨터》 데이터 기억 매체.

dáta commùnicátion n. [U] 《컴퓨터》 데이터 통신.

dáta lìnk n. 《통신·컴퓨터》 데이터 링크[컴퓨터 등의 통신을 위해 설치된 통신선; 略 D/L].

da·tal·ler [déitlər] n. =daytal[l]er.

da·ta·ma·tion [dèitəméiʃ(ə)n] n. [U] 《컴퓨터》 **1** 자동 데이터 처리. **2** 데이터 처리 산업[제조·판매·서비스].

dat·a·phone [déitəfòun] n. 데이터폰[전화 회선을 사용하는 데이터 전송 장치].

dáta pròcessing n. [U] 데이터(정보) 처리.

‡**date¹** [deit] n. **1** [어떤 일이 일어난] 기일, 예정 날짜, 날짜를 정함; [일반적으로] 날, 날짜; [기록으로서 쓰이는] 날짜, 연월일. * 장소를 포함하는 경우도 있다. ¶ the date of birth 생년월일 / the date of (or for) arrival 도착예정일 / the date of this day 일자의 (* 숙어 중에서는 종종 무관사) / an inscription under date (or bearing the date) August 5, 1932 1932년 8월 5일의 날짜가 들어있는 명(銘) / put the date to papers 서류에 날짜를 기입하다 / What date is it today? = What's the date today? 오늘은 며칠이냐?
【注意】 날짜를 쓰는 법 —— (1) 초청장과 같은 격식을 차린 사교문에서는 June in the year 1975와 같이 쓴다. (2) 보통 《英》에서는 18th June, 1975; 《美》에서는 June 18, 1975로 쓴다. 《美》에서는 또한 군대의 슈판에 따라 日(日)을 월(月)의 앞에 내세우고 연(年)의 앞에서 콤마를 없애며 18 June 1975와 같이 쓰는 방법이 보급되어 있다. (3) 특히 《美》에서는 날짜의 1st, 2nd, 3rd, 4th 따위는 —st, —nd, —rd, —th 는 쓰이지 않게 되었다. (4) 4자 이상의 달 이름은 다음과 같이 생략할 수도 있다: Jan. / Feb. / Mar. / Apr. / Aug. / Sept. / Oct. / Nov. / Dec. (5) 《美》에서는 형식에 얽매이지 않는 문체에서는 월·일·연의 순으로 6 / 18 / 75 / (75=1975)와 같이 쓰기도 한다. 영국이나 북유럽에서는 일·월·연의 순으로 하고, 월은 로마자를 쓰는 경우도 있다: 18 / 6 / 75 또는 18 / VI / 75. (6) June 18을 June eighteen으로 읽는 사람도 있으나, 보통은 June eighteenth로 읽는 것이 무난.

2 [역사적으로 본] 시대, 연대(年代). ¶ sculpture of an early date 고대의 조각 / At that date there were no planes. 그 시대에는 아직 비행기가 없었다.

3 기간, 기한(duration). ¶ within a specified date 명시된 기간 (기한) 내에 / The short date of her youth expired. 그녀의 짧은 청춘은 끝났다.

4 《구어》 [날짜를 정한] 만날 약속 (appointment); [특히 이성과의] 데이트; [이의] 데이트의 상대. ¶ She's always without dates. 그녀에게는 늘 데이트 상대가 없다 // have a date with a person 남과 만날 약속이 있다.

5 [U] 금일, 오늘(today); 현재(present). ¶ for a period of six months from date 오늘 이후 6개월간 / the New York Times of date 오늘의 뉴욕 타임즈.

6 (~s) 생존 기간, 생몰년(生沒年). ¶ Shakespeare's dates are 1564 to 1616. 세익스피어의 생존 기간은 1564년부터 1616년까지이다.
[OUT-OF-DATE.
out of date 《서술용법》 구식의, 시대에 뒤떨어진. ⇨
to date 오늘(현재, 오늘날)까지(의). ¶ To date no further information has reached us. 현재까지로는 그이상의 것은 알려진 것이 없다.
up (or **down**) **to date** 《서술용법》 최신(식)의, 지금 유행하는. ⇨ UP-TO-DATE. ¶ The record is most up to date. 그 기록은 최신의 것이다.
without date ① 날짜가 없는; 날짜 없이. ¶ The document was dispatched intentionally without date. 그 문서는 고의로 일부(日附) 없이 발송되었다. ② 무기한으로(의). ¶ The meeting was adjourned without date. 회합은 무기 연기되었다.

— v. (**dat·ed, dat·ing**) vi. **1** [편지 따위에] 날짜(날짜와 발신지)가 적혀 있다. ¶ (~+前+名) the letter dating from 1698 1698년의 날짜가 찍힌 편지 / The report dates from New York on July 22. 그 보고서는 뉴욕에서 7월 22일자로 보낸 것이다. **2** [어느 연대로부터] 비롯되다, 시작되다, [어느 연대에] 속하다, 거슬러 올라가다《from, back to ...》. ¶ (~+前+名) a friendship dating from (or back to) their college days 대학 시절부터 맺어 온 우정 / The custom dates back to the 14th century. 그 관습의 기원은 14세기로 거슬러 올라간다. **3** 시대에 뒤떨어지다, 낡다, 묵다. ¶ The book has already begun to date. 그 책은 이미 시대에 뒤떨어진 것이 되고 있다. **4** 《구어》 데이트(의 약속)을 하다. ¶ I'm going to date this afternoon. 오늘 오후 데이트 가있다.

— vt. **1** ···에 날짜(날짜와 발신지)를 적다. ¶ (~+目+補) a Kennedy silver dated 1964 1964년의 각인(刻印)이 있는 케네디 은화 / The letter is dated 1973 at Calif. 그 편지에는 캘리포니아에서 1973년이라는 일부(日附)가 있다 / (~+目+目+名) The letter is dated from New York, May 2. 그 편지는 뉴욕발 5월 2일의 것이다.

2 ···의 연대(일시)를 추정하다. ¶ date the birth of Homer 호머의 생년(生年)을 추정하다 / a statue difficult to date 제작 연대를 추정키 어려운 조상(彫像). **3** [사람]의 나이를 나타내다; ···에 [···시대]의 특징을 부여하다. ¶ The wrinkles on his face date him. 얼굴의 주름을 보면 그의 나이를 알 수 있다.

4 《구어》 [남]과 데이트[의 약속]을 하다. ¶ When did you date her? 언제 그녀와 데이트 했느냐?

date² [deit] n. **1** 대추야자의 열매. **2** =date palm.

date·a·ble [déitəbl] adj. =datable.

date·book [déitbùk] n. [신문 편집자의] 예정 기사록 (記事錄).

dat·ed [déitid] adj. **1** 일부(日附)가 있는. **2** 시대에 뒤떨어진, 구식의(out-of-date).

date·less [déitlis] adj. **1** 일부(날짜) 없는(undated). **2** 무한한, 끝없는(endless). **3** 매우 오래된, 태고부터의. ¶ relics of dateless days 시대를 알 수 없을 정도의 옛 유물. **4** [시대를 가리지 않고] 언제나 흥미있는. **5** 《美구어》 데이트의 상대가 없는.

date·line [déitlàin] n. [신문·편지 따위의] 일부(발신지)를 나타내는 행(行). —— vt. (**-lined, -lin·ing**) [신문·편지 따위에] 일부(발신지)를 표시하다.

dáte lìne n. (보통 the ~) 일부 변경선[동경(東經) 또는 서경(西經) 180도의 자오선(子午線)에 해당하는 가상

date·mark [déitmɑ̀ːrk] n. 일부인(日附印) [특히 금·은제 식기류에 새긴 제조 연월일].

dáte pàlm n. 대추야자.

dáte ràpe n. 데이트 상대 강간.

dat·er [déitər] n. 날짜 찍는 기계, 일부 스탬프.

dáte slìp n. [도서관용] 도서 반납 기일(대출 날짜)표.

dáte stàmp n. [우편물 따위에 찍는] 날짜 찍는 기계, 일부 스탬프; [일부 스탬프로 찍힌] 일부인, 소인(消印).

date-stamp [déitstæ̀mp] vt. …에 일부인을 찍다.

dat·ing [déitiŋ] n. ⓤ 날짜 기입; 선일부.

dáting bàr n. 《美》 젊은 독신 남녀용의 데이트 바 [singles bar 라고도 한다].

Da·tism [déitiz(ə)m] n. [외국어의] 엉터리(부정확한) 사용. [< Gk]

da·ti·val [deitáivl] adj. [문법] 여격(與格)의. ⇒ DATIVE.

da·tive [déitiv] [문법] adj. 여격의. ¶ the *dative* case 여격 [명사·대명사가 간접 목적어로 되어 있을 때의 격] / the *dative* verb 여격 동사, 수여(授與) 동사 [give, buy 따위 이중 목적어를 취하는 타동사]. — n. 여격(dative case); 여격의 말. **~·ly** adv.

***da·tum** [déitəm, dá:-, -+美 dǽt-]. n. (pl. **data** → 3) **1** ⇒ DATA. **2** [논리] 기지(既知) (전제) 사항; [수학] 기지수(既知數); [철학] 소여(所與), 근거 소여 (sense datum) [인식 활동에 있어서 사고(思考)의 전제가 되는 것]. **3** (pl. **datums**) [측량의] 기준면(선, 점). [< L *datum* (something) given]

dátum plàne n. [측량의] 기준면.

da·tu·ra [dətjú(:)rə / -tjúərə] n. 흰독말풀[독초의 일종].

dau. (略) daughter.

daub [dɔːb] vt. **1** (벽 따위)에 칠하다(바르다) (...*with*), [도료 따위]를 칠하다(바르다) (...*on*). ¶ *daub* a wall with plaster = *daub* plaster on a wall 벽에 회반죽을 바르다. **2** …을 더럽히다(...*with*). ¶ *daub* one's hands *with* paint 그림 물감으로 손을 더럽히다. **3** [그림 물감 따위]를 마구 칠하다. — vi. **1** 도료 따위를 바르다. **2** 서투른 그림을 그리다, 그림 물감을 마구 칠하다. — n. **1** [싸구려의] 회반죽, 도료. **2** 칠[하기]; 발라 댐; 더러움(smear). **3** 서투른 그림.

daub·er [dɔ́ːbər] n. **1** 칠하는 사람, 미장이. **2** 칠하는 도구[솔·귀얄 따위]. **3** 서투른 그림쟁이.

daub·er·y [dɔ́ːbəri] n. ⓤⓒ (pl. **-er·ies**) 서투른 그림, 서투른 일.

daub·ry [dɔ́ːbri] n. (pl. **-ries**) = daubery.

daub·ster [dɔ́ːbstər] n. 서투른 그림쟁이 (dauber).

daub·y [dɔ́ːbi] adj. (보통 **daub·i·er, daub·i·est**) **1** 끈적끈적하는. **2** [그림이] 되지.

‡**daugh·ter** [dɔ́ːtər] n. **1** 딸, 여자 자손. cf. son ¶ a *daughter* of Abraham 아브라함의 딸[유대인 여성] / a *daughter* of Eve 이브의 딸[여성, 여자] / He married a woman young enough to be his *daughter*. 그는 자기 딸 같은 젊은 여자와 결혼했다. **2** 며느리(daughter-in-law); 의붓딸(stepdaughter). **3** [어느 나라·지방의 여자이는] 여성, 딸. ¶ the fellow *daughters* of our society 본회(本會)의 여성 회원들 / Joan of Arc was a faithful *daughter* of France. 잔 다르크는 성실한 프랑스의 딸이었다. **4** 딸에 비유된; 소산(所産), 결실. ¶ a *daughter* of civilization 문명의 소산 / fortune and its *daughter* confidence 행운과 거기에서 생긴 자신 / French is a *daughter* of Latin. 프랑스어는 라틴어의 파생 언어이다. ◇ **daughterly** adj.

dáughter élement n. [물리] 자원소(子元素) [방사성 원소의 붕괴로 생긴다].

daugh·ter·hood [dɔ́ːtərhùd] n. 처녀(소녀) 시절; 《집합적》 딸들.

daugh·ter-in-law [dɔ́ːtərinlɔ̀ː] n. (pl. **daughters-**) 며느리, 자부(son's wife).

daugh·ter·ly [dɔ́ːtərli] adj. 딸다운, 딸로서의.

***daunt** [dɔːnt] vt. **1** …을 위협하다, 으르대다(intimidate). **2** …을 겁이 나게 하다, 기를 죽이다, …의 기력(예기)을 꺾다.

nothing daunted 조금도 겁내지 않고. ¶ *Nothing daunted*, the boy continued to sit in the dark. 소년은 조금도 두려워하지 않고 어둠 속에 계속 앉아 있었다.

***daunt·less** [dɔ́ːntlis] adj. 기가 죽지 않는, 겁을 모르는, 불굴의, 용감한, 무적의(fearless).
~·ly adv. **~·ness** n.

dau·phin [dɔ́ːfin] n. (종종 D-) [왕조 시대 (1349-1830)의] 프랑스 황태자의 칭호.

dau·phin·ess [dɔ́ːfinis] n. (종종 D-) 프랑스 황태자비의 칭호. ⇒ DAUPHIN.

DAV, D.A.V. (略) *Disabled American Veterans* (미국 상이 군인회).

dav·en·port [dǽv(ə)npɔ̀ːrt / -pɔ̀ːt] n. **1** 《美》 대형의 긴 의자[침대 겸용으로 많다. **2** 《英》 [뚜껑을 열면 책상으로 쓰게 되어 있는] 개폐식 책상.

Da·vid [déivid] n. 다윗 (?-970? B.C.) [제2대 이스라엘왕 (1010?-970? B.C.); Solomon 왕의 아버지]. ¶ *David* and Jonathan 다윗과 요나단 [막역한 친구의 비유. ← 사무엘기(상) (1 Sam. 18 : 1)].

Dávis appàrátus [déivis-] n. 데이비스 장치[잠수함으로 부터의 탈출 장치]. [< 영국의 발명가 Sir. R. H. Davis]

Dávis Cùp n. (the ~) 데이비스 컵, 데이비스 배(杯) [1900년 미국인 Dwight F. Davis (1879-1945)가 국제 정구 선수권 시합의 우승배로서 기증한 큰은배.

dav·it [dǽvit, déivit] n. [항해] 대비트[보트·닻 따위를 오르내리는데 쓰이는 선측(船側)의 쇠기둥].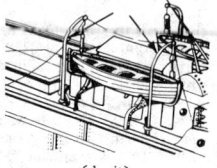

da·vy¹ [déivi] n. (pl. **-vies**) 《속어》 선서서(宣誓書) (affidavit). ¶ take one's *davy* 맹세하다(swear).

da·vy² [déivi] n. (pl. **-vies**) [davit] = Davy lamp.

Dávy Jónes n. 《항해 속어》 바다의 악령, 해마(海魔).

Dávy Jónes's lócker n. (보통 관사 없이) 해저(海底), 바다의 묘지. ¶ go (or be sent) to *Davy Jones's locker* 물고기의 밥이 되다, 익사하다.

Dávy làmp n. 데이비등(燈) [옛날의 탄갱용 안전등]. [< 발명자 Sir H. Davy]

daw [dɔː] n. = jackdaw.

daw·dle [dɔ́ːdl] v. (-**dled, -dling**) vi. 빈둥빈둥 시간을 보내다, 꾸물거리다. ⇒ LOITER [類語] ¶ *dawdle along* a street 어슬렁어슬렁 거닐다 / *dawdle over* one's (or a) meal 꾸물꾸물 식사를 하다. — vt. 빈둥거리며 [시간]을 낭비하다. ¶ (~+圄) *dawdle away* one's time 빈둥빈둥 시간을 보내다.

daw·dler [dɔ́ːdlər] n. 굼벵이, 굼뜬 사람; 게으름뱅이.

dawk¹ [dɔːk] n. = dak.

dawk² [dɔːk] n. 《美》 소극적 반전론자. [< D[OVE] + [H]AWK]

‡**dawn** [dɔːn] n. ⓤ **1** 새벽, 동틀녘, 여명(daybreak). ¶ at *dawn* 동틀녘에 / before *dawn* 날이 새기 전에 / from *dawn* till (or to) dusk 새벽부터 해질 때까지 / The *dawn* was just breaking. 날이 트려 하고 있었다. **2** [사물의] 처음, 시작, 단서, 발단. ¶ the *dawn* of a new era 새 시대의 서광 / before the *dawn* of history 유사 이전.

— vi. **1** [날이] 새다, 밝아지다. ¶ It (or The day,

The morning) *dawns*. 날이 샌다. **2** [재능·문화 따위가] 나타나기(싹트기) 시작하다, 발달하기 시작하다. ¶ Her genius for music *dawned*. 그녀의 음악 재질이 싹트기 시작했다. **3** …가 점점 분명해지다, 깨닫기 시작하다(*on*, *upon*). ¶ (~+前+&) It *dawned on him that* …. …라는 것을 그가 알게 되었다 / The truth gradually *dawned upon* my mind. 나는 진상을 점점 알게 되었다.

dawn·ing [dɔ́:niŋ] *n*. ⓤ **1** 새벽, 동틀녘. **2** [사물의] 시작(beginning), 단서, 출현. ¶ the *dawning* of the Space Age 우주 시대의 여명.

dáwn patròl *n*. 〖군사〗새벽 정찰 비행; 〖라디오·TV〗새벽 프로그램 담당자.

‡**day** [dei] *n*. **1** ⓤ 일출에서 일몰까지의 사이, 낮[동안](*cf*. night); 낮의 밝음, 일광(daylight). ¶ *day* and night; night and *day* 낮밤, 주야(* 대조적인 것에는 알파벳순으로 놓는 일이 많다) / before *day* 날이 새기 전에 / at *day*; at [the] break of *day* 동틀 녘에 / in broad *day* 한낮에, 백주에 / [as] clear as *day* 대낮같이 분명한, 아주 뚜렷한 / work during the *day*; work by *day* 낮[동안]에 일하다.

2 하루, 1주야. ¶ one *day* 〖과거의〗어느 날 / some *day* 언젠가는, 머지 않아 / one of these [fine] *days*; some *days* 근일(近日)중에 / the other *day* 요전날, 며칠 전 / after *day* 매일, 날이면 날마다 / *day* by *day* 날마다, 하루하루, 매일 / from *day* to *day* 나날이 / all *day* [long]; all the *day* 〖하루〗종일 / a few *days* earlier(later) 그 2, 3일 전(뒤) / every other *day*; every second *day* 하루 걸러 / [the] *day* after tomorrow 모레 / [the] *day* before yesterday 그저께(* 구어에서는 무관사) / this *day* week 지난 주(내주)의 오늘 / this *day* of all *days* 하필이면 오늘 / [up] to this *day* 오늘에 이르기까지 / for the first time in ten *days* 10일만에 / The work took thirteen full *days*. 그 일은 꼬박 13일 걸렸다. / 《속담》 *Rome was not built in a day*. 로마는 하루에 이루어지지 않았다.

[주의]¹ 하루 이틀 —— 보통 a day or two 라고 하며, one or two days라고 할 때도 있지만, one day or two라고는 하지 않는다. * a day or two는 단수 취급을 한다: *A day or two is enough for the work*.

3 근로(노동) 시간의 단위로서의 하루, 하루의 노동시간. ¶ an eight-hour *day* 8시간 노동일 / hire a person by the *day* 날 일급(日給)으로 고용하다 / His working *day* begins at nine. 그의 근무는 9시부터 시작된다.

4 특정한 날; 약속된 날, 〖정해진〗기일, 축제일. ⇨

[주의]² ¶ a high *day* 축제일, 성일(聖日) / a red-letter *day* 경축일 / an election *day* 선거일 / a sale *day* 염가 판매의 날 / Independence Day 〖미국〗독립기념일(* 축제일 이름으로 때에는 무관사(無冠詞) 단수) / First Day 〖퀘이커 교도의〗일요일 / without *day* 기한을 정하지 않고, 무기한으로 / keep one's *day* 기일을 지키다 / fix the *day* for the meeting. 회합 날짜를 정하다.

5 (종종 ~s) 시대, 시기; (the ~s) 현대, 당대. ¶ one's early (*or* youthful, young) *days* 젊은 시절 / one's last (*or* later) *days* 만년(晩年) / one's dark *days* 고난의 시절 / the good old *days* 좋았던 옛 시절 / men of the *day* 시대의 인물[당대의 중요 인물] / in these *days* of atomic energy 이 원자력 시대에 / at this *day*; at the present *day* 현재, 오늘 날 / in [the] *days* gone by(to come) 왕년(장래)에 / in *days* of old 옛날에 / in *days* of sailing ships 저 범선이 다니던 시절에.

[주의]² on those days 와 in those days —— (1) 예를 들면 「월, 화, 수요일에는 없다」와 같이 「특정한」날들에는」의 뜻으로는 on those days 를 쓴다. (2) in those days 는 「그 시절에는, 그 시대에는」의 뜻: *in those days as in these* 옛날이나 지금이나.

6 (the ~) 싸우는 날, 시합일; 싸움(contest); 승리(victory). ¶ win (*or* carry, gain) the *day* 싸움에 이기다 / lose the *day* 싸움에 지다 / The *day* is against us. 전황은 우리에게 불리하다 / How is the *day* going? 형세는 어떤 형편이냐? / The *day* will be ours. 승리는 우리의 것이 되리라.

7 (one's ~s) 생애(lifetime); (종종 one's ~s) 전성시대, 활동기, 호기(好機) (opportunity). ¶ the palmy *days* 전성 시대 / on one's *day* 〖구어〗한창〖신바람이 날〗때 / end one's *days* 일생을 마치다 / have one's *days* 번영하다, 때를 만나다 / Militarism has had its *days*. 군국주의 시대는 끝났다 / She was attractive in her *day*[s]. 그녀는 젊었을 때 매력적이었다 / He spent his *days* in study. 그는 일생을 학문에 바쳤다 / His *days* are numbered. 그는 죽을 때가 가까워졌다 / *Every dog has his day*. 《속담》 쥐구멍에도 볕들 날 있다 [← Shakespeare: *Hamlet* V.i. 315].

8 〖천문〗어느 천체가 한 번 자전(自轉)하는 데 드는 시간. ¶ a solar (a lunar) *day* 태양(태음)일.

any day ① 어떤 날에도, 오늘이라도. ② 어떤 경우에.

between two days 밤새도록 [all night].   도.

call it a day 〖구어〗[일 따위를] 마치다, 그만하다. ¶ Now we've finished this, let's *call it a day*. 이것을 끝냈으니 오늘은 그만하자.

day about 하루 걸러, 격일로.

the (*or* **a**) **day after the fair** 〖구어〗너무 늦어서, 때를 놓쳐(too late). ¶ Sorry, but you've come a *day after the fair*. 미안하지만 너무 늦었습니다.

day in, day out; day in and day out 날이면 날마다, 언제나(day after day).

one's day out 〖구어〗[스포츠 따위에서] 특별히 잘 되는 날, 컨디션이 좋은 날.

days of grace 〖상업〗[어음 따위의] 지불 유예 기간. ¶ They allowed me three *days of grace*. 나에게 사흘의 지불 유예 기간을 주었다.

for a rainy day ① 비오는 날을 위하여. ② 만일의 경우에 대비하여.

from day one 첫날부터, 처음부터.

have (take) a day (…days) off 휴가를 하루(…일) 얻어 쉬고 있다(얻다). ¶ He *had* a few *days off* to go and see his parents. 그는 이삼일 휴가를 얻어 부모를 만나러 갔다.

if a day 틀림없이 …은 넘는다, 적어도 …이다. ¶ She is thirty-five, *if a day*! 그녀는 아무리 보아도 35세는 넘는다.

late in the day ⇨ LATE.

pass the time of day 〖구어〗⇨ TIME.

That will be the day. 설마, 그럴 수가 있을까!

to a day [하루도 어김없이] 꼭(exactly). ¶ It's five years ago *to a day*. 꼭 5년 전이다.   〖◇ dáily *adj*.

Day·ak [dáiæk, -ɔk] *n*. **1** 다야크족[보르네오 원주민의 한 종족]. **2** ⓤ 다야크어(語).

dáy bèd *n*. 침대 겸용 소파.

dáy blíndness *n*. ⓤ 〖안과〗주맹증(晝盲症) [강한 빛에서는 시력이 약해지는 증상] (hemeralopia).

dáy bòarder *n*. 〖영〗〖기숙사에 들지 않고, 식사만 학교에서 하는〗통학생.

day-book [déibùk] *n*. **1** 〖簿記〗업무(거래) 일지. **2** 일기(diary).   〖통학생.

dáy bòy *n*. 《주로 英》〖기숙사가 있는 학교에서의〗남자

‡**day·break** [déibrèik] *n*. ⓤ 새벽, 동틀녘(dawn). ¶ at daybreak 새벽에.

day-by-day [déibaidéi] *adj*. 나날의, 매일의(daily).

dáy càmp *n*. 데이 캠프[평일의 주간에만 행하는 어린이를 위한 캠프].

dáy càre *n*. 데이 케어[미취학 아동·고령자·신체 장애자 등의 각 집단에 대해서 전문적인 훈련을 받은 직원이 가족 대신 낮에만 보살펴 주는 일].

day-care [déikèər] *adj*. 학령(學齡) 전의 아이를 맡는. ¶ a *day-care* center 탁아소.

dáy cènter *n*. 데이 센터[고령자·신체 장애자들을 위해 오락 등을 제공하는 복지 센터].

dáy còach n. 《美》[침대차 따위에 대하여] 보통 객차.

***dáy·dream** [déidrìːm] n. 백일몽; 즐겁지만 현실과는 동떨어진 생각(계획). — vi. 백일몽을 꾸다, 공상하다.

day·dream·er [déidrìːmər] n. 몽상가. [잠기다.

dáy fíghter n. 주간 전투기.

day·flow·er [déiflàuər] n. 피었다 그날로 시드는 꽃; [특히] 닭의장풀류(類).

day·fly [déiflài] n. (pl. -flies) 하루살이(mayfly).

dáy gírl n. 여자 통학생; 통근하는 가정부.

Day-Glo [déiglòu] n. 《상표명》 데이글로우[형광 안료의 일종].

day·glow [déiglòu] n. [기상] 주간 대기광(畫間大氣光)[초고층 대기중에서 빛을 발산하는 현상으로 낮에만 일어난다]. opp. airglow

dáy hóspital n. 주간(畫間)진료 병원, 외래 환자전용 병원.

dáy làbor (《英》 làbour) n. Ⓤ 1 [숙련을 필요로 하지 않는] 날품팔이 노동(일). 2 [집합적] 날품팔이꾼.

dáy làborer (《英》 làbourer) n. 날품팔이꾼.

dáy létter n. [보통 전보보다 늦지만 요금이 싼] 주간 전보.

:day·light [déilàit] n. Ⓤ 1 대낮의 햇빛, 일광; 낮, 주간(daytime). ¶ in broad(or full, open) daylight 대낮에, 백주에; 공공연히 / by daylight 밝을 때[어둡기 전에]. 2 공공연함, 공표(公表), 주지(周知), 널리 알려짐(publicity); 이해, 지식. ¶ bring a scandal into the daylight 추문을 세상에 드러내다. 3 새벽(daybreak). ¶ at daylight 새벽에 / before daylight 날새기 전에 / from daylight till dark 새벽부터 해질 때까지. 4 [본래는 붙어 있어야 할 곳의] 틈. ¶ No daylights! 자 가득 차게 부읍시다! [건배하기 전에 toastmaster 가 말한다]. 5 (보통 ~s) a) 《고어·속어》의식; 생명, 활동력; 분별. ¶ beat(frighten, scare) the [living] daylights out of a person 남을 때려(놀라게 하여, 위협하여) 의식을 잃게 하다. b) 《고어·속어》 눈, 시력.

burn daylight 대낮에 불을 켜다, 헛된 일을 하다.

let daylight into ① …을 공표하다. ② …에 구멍을 내다; 《구어》 칼 따위로 …을 찌르다, …을 쳐(쩔러)죽이다.

see daylight ① [일이] 납득되어 가다, …을 이해하다. ② 곤란을 극복하다, 전도가 보이다, 완성[해결·종결]에 가까워지다.

dáylight blúe n. Ⓤ 1 주광색(畫光色). 2 주광색의 그림 물감(안료).

dáylight lámp n. 주광등.

dáy·light-sàv·ing tíme [déilàitsèiviŋ-] n. Ⓤ 일광 절약 시간[보통 여름철에 시계의 바늘을 일정 시간 앞당겨 일광의 이용 시간을 늘리는 시간 제도]. cf. summer time

dáy líly n. 원추리류(산옥잠화류)의 식물[둘 다 하루만에 시드는 나리과(科)의 식물].

day·long [déilɔ́ːŋ / -lɔ̀ŋ] adj. 온종일의, 하루 걸리는 (lasting all day). — adv. 온종일, 하루 동안(all day).

dáy máid n. 통근 가정부, 파출부.

day·mark [déimàːrk] n. 주간용 항로 표지.

Dáy of Atónement n. [유대교] 속죄단식일(Yom Kippur).

dáy óff n. [일·수업 따위의] 휴일.

Dáy of Júdgment n. (the ~) 최후의 심판일.

dáy ówl n. 부엉이의 일종[낮에 활동한다].

dáy páck n. [당일치기 하이킹용 따위의] 소형 배낭.

dáy reléase n. 《英》 [기술 연수생에게 배푸는] 근무 면제[제도].

dáy retúrn n. 《英》 =day ticket.

dáy ròom n. [군사 기지·공공 시설 안의] 오락실.

days [deiz] adv. 《美구어》 낮에는[매일], 주간에는. cf. nights ¶ He works days and goes to school nights. 그는 낮에는 일하고 야간 학교에 간다.

dáy schólar n. =day student.

dáy schóol n. 1 [야간 학교(night school)에 대하여] 주간 학교. 2 [기숙 학교(boarding school)에 대하여] 사립 통학 학교. 3 [일요 학교(Sunday school)에 대하여] 주일(週日) 학교.

dáy's dúty n. Ⓤ 《항해》[선내(船內)] 24시간 근무.

dáy shíft n. [교대 근무의] 낮근무, 낮작업(cf. night shift); 낮근무[예정] 시간.

day·side [déisàid] n. 1 [신문사의] 낮 근무반. cf. nightside 2 [행성·달에서] 햇빛을 받는 측면.

days·man [déizmən] n. (pl. -men [-mən]) 《고어》 심판자(umpire), 조정자(mediator). [(dawn).

day·spring [déispriŋ] n. 《詩·고어》 동틀녘, 여명

day·star [déistàːr] n. (보통 the ~) 1 =morning star. 2 《詩·고어》 태양(the sun).

dáy stúdent n. 1 [자택에서 기숙 학교에 다니는, 또는 기숙생 이외의] 통학생. 2 주간 학교(대학)의 학생.

day·tal·er [déitələr] n. 《英》 [특히 탄광의] 날품팔이 인부(day laborer).

dáy tícket n. 《英》 발행 당일에 유효[왕복] 차표.

day·time [déitàim] n. (the ~) 일출에서 일몰까지의 사이, 낮, 주간. cf. nighttime ¶ in the daytime 주간에.

day-to-day [déitədéi] adj. 1 나날의(daily). 2 하루만의, 하루살이의. ¶ a hand-to-mouth and day-to-day life 그날 그날 벌어 그날 사는 생활.

daze [deiz] vt. (dazed, daz·ing) 1 [남]을 망연(茫然)케 하다, 당확하게 하다, 곤혹스럽게 하다, 멍하게 하다 (otun, otupefy, bowilder). ¶ be dazed by a blow 한 대 맞고 명해지다(실신하다). 2 [빛이] [눈]을 부시게 하다. — n. 멍한 상태, 망연[자실]; 눈이 부신 상태, 현혹. ¶ be in a daze 멍해 있다.

daz·ed·ly [déizidli] adv. 눈이 부셔, 멍하여.

da·zi·bao [dáːdziːbáu] n. 대자보(大字報), 벽신문. [<Chin dàzìbào>

***daz·zle** [dǽzl] v. (-zled, -zling) vt. 1 [빛으로] …의 눈을 부시게 하다. 2 [찬란·아름다움 따위로] …을 현혹시키다, 놀라게 하다. — vi. 1 번쩍번쩍 빛나다(반사하다). 2 [빛으로] 눈이 부시다. 3 [찬란·아름다움 따위에] 현혹되다, 놀라다, 혀를 내두르다. — n. Ⓒ 눈부시러함, 눈부심; 현혹; 눈부신 빛(glitter). ¶ the dazzle of the sea 해면의 눈부신 반사.

dázzle lámp(líght) n. [자동차의] 강한 헤드라이트.

dázzle páint n. 미채(迷彩), 위장.

***daz·zling** [dǽzliŋ] adj. 눈부신, 현혹시키는. ~ly

dB, db (略) decibel(s). [adv.

d.b. (略) daybook; double-breasted. [Book.

D.B. (略) Bachelor of Divinity(신학사); Domesday

dBa, dba (略) decibel A[소음 측정 단위].

dbl. (略) double.

DBMS (略) data base management system(데이터베이스 관리 시스템). cf. data base

DBS (略) direct broadcasting by satellite(직접 위성 방송); direct-broadcast satellite(직접 방송 위성).

D.C. (略) 1 [전기] direct current(직류) (DC, dc, d·c, D.C.). 2 District of Columbia([미국] 콜롬비아).

D.C. [음악] da capo 의 기호. [별구).

DCB (略) Defense Commission Board.

DCC (略) Digital Compact Cassette(디지털 컴팩트 카셋[digital taperecorder 의 일종]).

D.C.L. (略) Doctor of Civil Law([민]법학 박사).

D.C.M. (略) 《英》 [군 대] Distinguished Conduct Medal(수 훈 장); 《우주 공학》 displays and controls module(표시·제어 장치).

DCS 《略》《美》 *D*efense *C*ommunication *S*ystem(방위 통신 시스템); 《우주공학》 *d*isplay *c*ontrol *s*ystem (표시 콘트롤 시스템).

DD 《略》 *d*runk *d*river(음주 운전자); 《컴퓨터》 *d*ouble *d*ensity (배기록(倍記錄)밀도); 《산업》 *d*irect *d*eal (직거래).

dd., d / d, dd 《略》 delivered.

d.d. 《略》 *d*ays *a*fter *d*ate (delivery); *d*emand *d*raft (요구불(일람불) 환어음).

d-d [di:d, dæmd] 《略》 damned.

D.D. 《略》 **1** *D*octor of *D*ivinity (신학 박사). **2** *d*emand *d*raft (요구불 환어음).

D-day [díːdèi] *n.* **1** 《군대》 공격 개시일. *cf.* zero hour **2** 공격(작전)개시일[제 2 차 대전 중 연합군이 프랑스의 Cherbourg 부근에 상륙한 날(1944년 6월 6일)].

DDD 《略》 *d*ichloro-*d*iphenyl-*d*ichloroethane(살충제의 일종); 《美》 *d*irect *d*istance *d*ialing([구역의] 직통 다이얼 전화).

DDE 《略》 《화학》 *d*ichloro-*d*iphenyl-dichloro-*e*thylene (DDT 보다 독성이 적은 방역·살충제의 일종).

DDP 《略》 《컴퓨터》 *d*istributed *d*ata *p*rocessing (분산형 데이터 처리).

DDR, D.D.R. 《略》《독일》 *D*eutsche *D*emokratische *R*epublik (=German Democratic Republic). 〔사〕.

D.D.S. 《略》 *D*octor of *D*ental *S*urgery (치과 의학 박사).

DDT 《略》 *d*ichloro-*d*iphenyl-*t*richloro-ethane (방역·살충제의 일종); *d*ynamic *d*ebugging *t*ool ([컴퓨터에서] 디버그 작업에 쓰이는 프로그램); *d*on't *d*o *t*hat.

DDX 《컴퓨터》 *d*igital *d*ata *e*xchange (디지털 데이터 교환망).

de [də] *prep.* from, of 의 뜻. * 모음 앞에서는 d'를 쓴다 [프랑스 인명·스페인 인명에 많이 쓰이며, 원래는 출신지를 나타낸다]. 예: Jeanne d'Arc].

de [di:] *prep.* 《라틴》 of, from, down from, about, at, according to 따위의 뜻. 예: *de fide*(=of the faith) 신앙의.

DE 《略》 《美軍》 *d*estroyer *e*scort.

de- *pref.* **1** 분리(separation)의 뜻. 예: *de*throne, *de*train. **2** 취소·부정(negation)의 뜻. 예: *de*merit, *de*range. **3** 강하(descent)의 뜻. 예: *de*grade, *de*duce. **4** 역전(reversal)의 뜻. 예: *de*tract. **5** 센뜻, 강조 (intensity)의 뜻. 예: *de*compound.

DE 《略》 《美軍》 *d*estroyer *e*scort.

D.E. 《略》 *D*octor of *E*ngineering (공학 박사); *D*octor of *E*ntomology (곤충학 박사).

Dea. 《略》 Deacon.

DEA 《略》《美》 *D*rug *E*nforcement *A*dministration (마약 단속국).

de·ac·ces·sion [dìːækses(ə)n] *vt.* 《美》[박물관·미술관·도서관의 수집품을] 처분(양도)하다. ― *n.* [박물관·미술관·도서관 수집품의] 매각, 처분, 양도.

‡dea·con [díːk(ə)n] *n.* **1** 《성서》 집사[사도 또는 감독 밑에서 조수로서 교회의 예배 등 여러 가지 일에 봉사했다. ←디모데서(1 Tim.)3 : 8-13]. **2** 《교회》 부제(副祭), 보제(補祭)[가톨릭·영국 국교회·그리스 정교회에서 사제 다음의 교역자]; 집사[프로테스탄트·장로교회 등에서 정목사 밑에서 보조역을 하는, 교역자 또는 신도 중에서 선임된 교회 직원; 교회에 따라 직무나 지위가 다르다]. **3** 《스코》 《상공 조합의》 조합장. **4** 송아지; ⓤ 그 가죽(생피).
― *vt.* **1** 《과실·야채 따위를》 좋은 것을 위로 하고 짐을 꾸리다; …을 속이다. **2** 《미구어》 《찬송가를》 회중이 노래하기 전에 1절씩 낭독하다.

dea·con·ess [díːk(ə)nis] *n.* [프로테스탄트 교회의] 교화(敎化)·자선·사회 봉사 부인회(係) 여자 목사보, 여자 집사.

dea·con·ry [díːk(ə)nri] *n.* ⓤ **1** deacon 의 직. **2** 《집합적》 부제, 보제, 집사(deacons). 〔직〕.

dea·con·ship [díːk(ə)nʃip] *n.* ⓤ deacon 의 신분.

de·ac·ti·vate [dìːæktivèit] *v.* (**-vat·ed, -vat·ing**) *vt.* **1** …의 활동력을 잃게 하다. **2** 《군대》《연대》의 임무 (활동)을 해제하다, 〔연대〕를 해산하다(demobilize). **3** 〔폭발물〕을 불발케 하다. **4** 《화학》 〔촉매 따위〕를 불활성화하다. ― *vi.* 《물리·화학》 방사능을 잃다.

‡dead [ded] *adj.* **1** 죽은, 죽어 있는(*opp.* alive, living, animate); 〔식물이〕 말라(시들어) 죽은(withered); (the ~) 《명사적 용법》 《집합적》 사자들. ¶ a *dead* body 시체, 사체 / a *dead* tree 고목(枯木) / *dead* leaves 마른 잎, 고엽 / the *dead* offices 장의(葬儀) / the *dead* and the living 사자와 생자 / be more than half *dead* 빈사 상태에 있다 / shoot(strike, kick) a person *dead* 남을 쏘아(때려, 차) 죽이다 / *Dead* men tell no tales. 《속담》 죽은 자는 말이 없다.
[類語] **dead** 본래 가지고 있던 생명을 잃은: a *dead* man 죽어 있는 남자. **deceased** 죽은[사람]; 형식적인 말이며, 주로 법률 용어: the heir of the *deceased* 고인의 상속인. **departed** 종교상의 일 따위에 쓰는 완곡한 말: the soul of one's *departed* father 돌아가신 아버님의 영혼. **late** 고인의 성명·직함 앞에 붙이는 말: the *late* President 고대통령. **lifeless** 살아있는 조짐이 없음을 강조하는 말; 원래 생명이 있던 것에나 없던 것에나 두루 쓰인다: the *lifeless* body of the victim of a traffic accident 교통 사고 희생자의 시체. **inanimate** 원래 생명이 없는: an *inanimate* thing 무생물. **extinct** 그 종(種)에 속하는 것이 모두 멸종한: an *extinct* animal 절멸(絶滅)한 동물.

2 생명이 없는, 생명을 갖지 않은, 무생물의(inanimate). ¶ *dead* matter 무생물.

3 무신경한, 무감각한(insensible); 감각을 상실한, 마비된(numb); 반응이 없는(unresponsive); 의식을 잃은 (unconscious). ¶ fingers *dead* with cold 추위로 감각이 마비된 손가락 / be *dead* to reason 이치를 말해 주어도 통하지 않다, 도리를 모르다 / be *dead* with sleep; be in a *dead* sleep 잠에 곯아 떨어져 있다 / I'm *dead* in the nose with a cold. 감기로 냄새도 못 맡는다.

4 〔이미〕 생명(효력)이 없어진, 쓸모없는, 통용되지 않는, 쇠퇴한(obsolete), 무효의; 무의미한, 불필요한; 알맹이 없는, 빈(empty). ¶ a *dead* question 진부한 문제 / *dead* customs 소멸된 습관 / *dead* forms 허례 / a *dead* plan 중지된 계획 / *dead* affection 식어 버린 애정 / a *dead* bottle 빈병 / a *dead* well 마른 우물 / Latin is a *dead* language. 라틴어는 사어(死語)이다.

5 생기 없는(lifeless), 활기 없는, 무기력한, 지루한 (boring); 침체한, 불황의(inactive, dull). ¶ a *dead* description 생기없는 묘사 / a *dead* market 한산한 시장.

6 《죽은 듯이》 고요한, 조용한; 움직이지 않는(motionless); 〔공기 따위가〕 탁한, 침체한(stagnant); 답답한, 무거운(heavy); 탄력없는. ¶ a *dead* calm 죽은 듯한 고요 / a *dead* party 초상집 같은 파티 / the *dead* hours of the night 한밤중 / a *dead* tennis ball 튀지 않는 정구 공 / The air was at its *deadest*. 공기가 말할 수 없이 탁했다. * 최상급에 *deadest* 를 쓰는 경우는 드물다.

7 《구어》 지쳐빠진(very tired). ¶ After that I was completely *dead*. 그 후 나는 녹초가 되었다.

8 《법률》 시민권을 상실한; 〔특히〕 재산권을 잃은.

9 생산력이 없는(unproductive); 〔자본 따위가〕 놀고 있는, 사장되어 있는; 〔상품 따위가〕 안 팔리는; 〔토지가〕 불모의(infertile); 〔창문·문·통로 따위가〕 쓸모 없는, 기능이 정지된; 〔설비 따위가〕 가당이 없는. ¶ *dead* capital 놀고 있는(유휴) 자금 / *dead* land 불모의 땅 / a *dead* street 출구 없는(막다른) 거리.

10 불 꺼진; 〔음식물 따위가〕 신선미 없는, 김빠진. ¶ a *dead* cigar 불꺼진 여송연 / a *dead* beer 김빠진 맥주.

11 〔색이〕 흐릿한, 침침한, 칙칙한, 윤택없는; 〔소리가〕 울리지 않는, 반향없는, 둔탁한. ¶ *dead* silver 그을린(닦지 않은) 은(銀) / a *dead* floor 소리가 울리지 않는 마루.

12 〔죽음처럼〕 확실한, 정확한(sure); 절대적인, 완전

한(complete), 전적인(absolute); 불시의, 돌연한. ¶ a *dead* secret 극비 / a *dead* loss 전손(全損) / in *dead* earnest 매우 진지하게, 진정으로 / come to a *dead* stop 딱(완전히) 멈추다.

13 곧은(straight); 평평한(flat); 단조로운(monotonous). ¶ in a *dead* line 일직선으로.

14 [스포츠] 경기 정지의(out of play), 무효의; [선수가] 일시 출전을 정지당한, 아웃의. ¶ The ball is *dead*. 그 공은 시합 정지구(球)이다.

15 [골프] [공이] 홀 바로 옆에 있는.

16 [인쇄] [조판·활자가] 사용이 끝난, 조판하고 사용하지 않은. ¶ *dead* type 폐판(廢版).

17 [전기] 전류가 통하지 않는, 전원(電源)에 접속되어 있지 않은.

dead and gone 죽고 없는; 완전히 잊혀진(쇠퇴한); 전혀 중요하지 않은.

dead from the neck up; dead above ears 《속어》머리가 텅 빈, 얼간이인.

wait for dead men's shoes 유산을 노리고 남의 죽음을 기다리다.

— *adv.* **1** 완전히, 전적으로(completely), 절대적으로(absolutely), 매우. ¶ You are *dead* right. 당신이 전적으로 옳다 / He said he was *dead* sure that thieves would not return. 《美속어》도둑은 절대로 되돌아오지 않는다고 그는 말했다 / He's *dead* in love with her. 그녀에게 홀딱 반해 있다. **2** 딱, 정확하게 (exactly), 꼭바로, 갑자기. ¶ The car stopped *dead*. 차가 딱 멈추었다 / He was *dead* on time. 그는 꼭 정각에 왔다. **3** 똑바로, 곧장, 직접(directly). ¶ He ran *dead* away. 그는 쏜살같이 도망갔다 / The wind was *dead* against us. 바람이 정면으로 불어왔다.

cut a person dead [아는 사람을 보고도] 모른 체하다.

dead nuts on a person 《구어》 남에게 홀딱 빠져.

— *n.* **1** (the ~) 가장 생기 없는 때, 죽은 듯한 정적(靜寂). ¶ at (or in the) *dead* of night 한밤중에 / in the *dead* of winter 한겨울에. **2** 《美속어》 불능 우편물(dead letter). **3** 《美속어》게으름뱅이, 쓸모없는 사람(deadbeat).

~ness *n.* ◇ die, déaden *v.*, death *n.*, déadly *adj.*

déad áir *n.* **1** 갇힌(정체) 공기. **2** 방송이 없는 시간.

dead-a·live [dédəláiv], **(dead-and-a·live** [-ən(d)-əláiv] *adj.* 죽은 것이나 다름없는, 불활발한; 불경기의; 단조로운, 음울한.

déad ángle *n.* 사각(死角).

déad·beat [dédbíːt → n.] *adj.* **1** [기계·물리] 진동(振力) 없는; [전기] [계기의 지침이] 흔들리지 않고 바로 새 눈금을 딱 가리키는, 속지(速指)식의; [거래처로서] 신용이 없는, 무일푼. — *n.* [dédbíːt] 《구어》 **1** 빚을 갚지 않는 사람, 돈을 떼어먹는 사람. **2** 빈둥거리는 사람 (loafer); 식객(sponger).

déad beat *adj.* 《구어》 지쳐빠진 (exhausted).

dead-born [dédbɔːrn] *adj.* 사산(死産)의 (still-born).

déad cát *n.* 《美속어》 **1** [서커스에서 재주를 부리지 않고 구경거리일 뿐인] 사자(호랑이, 표범 따위). **2** 준엄한 비판, 냉소적 비평, 상스러운 비난.

déad cénter (《英》 **céntre**) *n.* **1** [크랭크의] 사점(死點) [피스톤 엔진의 연결봉과 크랭크가 일직선이 되어 크랭크가 회전할 수 없게 된 위치]. **2** [기계] [선반의] 멈춤 센터.

déad dróp *n.* [첩보용의] 무인 포스트, 연락용 정보 은닉 장소.

déad dúck *n.* 《美속어》 가망 없는 사람, 아무 쓸모 없는 장소.

déad·ee [dédíː] *n.* [사진에서 뜬] 고인의 초상화.

dead·en [dédn] *vt.* [감정·활기·기세 따위를] 꺾다, 죽이다, 약하게 하다, 둔하게키다. ¶ *deaden* the moral sense 도의심을 둔화(마비)시키다. **2** [소리·빛·광택·속도·고통 따위를] 약하게 하다, 줄이다; …의 속도를 떨어뜨리다. **3** [마루·벽 따위에] 방음 장치를 하다(make soundproof).

— *vi.* 죽다, 소멸하다, 약해지다, 둔해지다.

déad énd *n.* **1** [길·통로의] 막다른 곳, 막다른 골목, [관(管) 따위의] 막힌 쪽. **2** 《비유적》 막다름, 곤경, 궁지.

dead-end [dédend] *adj.* 막다른; 앞이 막힌. **2** 빈민가의, 뒷골목의. ¶ a *dead-end* kid 부랑아.

dead·en·er [dédnər] *n.* 둔하게 하는 사람(것), 약하게 하는 사람(것).

dead·en·ing [dédniŋ] *n.* ① **1** 방음 장치. **2** 광택을 없애는 도료.

déad·eye [dédài] *n.* **1** [항해] 세 구멍 도르래(활차). **2** 《속어》 사격의 명수.

déad·fall [dédfɔːl] *n.* **1** [위에서 무거운 것을 떨어뜨려 짐승을 잡는] 덫(trap). **2** 《총칭적》 《속어》 쓰러진 나무.

déad fíre *n.* =St. Elmo's fire.

déad gróund *n.* ① **1** =dead space 1. **2** [전기] 완전 접지(接地).

déad hánd *n.* [법률] =mortmain.

déad·head [dédhèd] (《구어》) *n.* **1** [초대권 따위를 지참한] 무료 입장자, 무료 승객. **2** 《속어》 무능한 사람. **3** 회송차, 빈차. — *vt.* [차량]을 회송하다. 《英》 [시든 꽃]을 떼어내다. — *vi.* 무료 입장(승차)하다; 회송하다. **2** 《英》 시든 꽃을 떼어내다. — *adv.* 회송(삯)하여, 회송 기항, 접수 마감.

déad héat *n.* [경주에서] 동시에 도착하기, 동착(同着).

déad·house [dédhàus] *n.* 임시 시체 안치소.

déad létter *n.* **1** 공문(空文), 사문(死文)[존재하나 시행되지 않는 법령]. **2** 배달 불능 우편물.

déad·light [dédlàit] *n.* **1** [항해] [현창(舷窓)의] 속 뚜껑. **2** [두꺼운 유리로 된] 채광창.

***dead·line** [dédlàin] *n.* **1** 넘을 수 없는 (경계) 선, 《美》 사선(死線) [교도소 주위에서 죄수(포로)가 넘으면 사살되는 경계선]. **2** [신문·잡지 따위의] 원고 마감 시간, [일반적으로] 최종 기한, 접수 마감.

déad lóad *n.* 사하중(死荷重), 정(靜)하중, 자중(自重) [구조물·차량 따위의 자체 중량].

***dead·lock** [dédlɑk / -lɔk] *n.* [교섭 따위의] 막다른 상태, 교착, 정체, 정돈(standstill). ¶ come to a *deadlock* 막다른 상태에 이르다 / be at a *deadlock* 교착 상태에 있다 / bring a *deadlock* to an end 정돈된 국면을 타개하다.

— *vt.* …을 막다르게 하다, 정체시키다, 정돈시키다.

— *vi.* 앞이 막히다, 꼼짝 못하게 되다.

déad lóss *n.* **1** 완전한 손실, 전손(全損). **2** 전혀 쓸모없음, 시간 낭비.

***dead·ly** [dédli] *adj.* (**-li·er, -li·est**) **1** 생명에 관계되는, 치명적인. ⇒ FATAL 類語. ¶ a *deadly* disease 생명에 관계되는 병 / a *deadly* poison 맹독. **2** [적 따위를] 살려 둘 수 없는; 집념이 강한. ¶ a *deadly* enemy 불구대천의 적 / a *deadly* hatred 뿌리깊은 증오. **3** 영혼의 파멸을 가져오는, 지옥에 떨어질. ⇒ DEADLY SINS. **4** 죽은 듯한, 죽은 사람 같은 (deathlike, deathly). ¶ a *deadly* stillness 죽음 같은 고요 (정적) / A *deadly* paleness spread over her face. 그녀의 얼굴이 송장처럼 새파랗게 질렸다. **5** 매우 심한 (extreme); 견딜 (참을) 수 없는 (unbearable). ¶ in *deadly* haste (or hurry) 몹시 서둘러, 황급히 / be perfectly *deadly* 아주 따분하다 / *deadly* dullness 견딜 수 없는 지루함. **6** 아주 정확한, 더없이 정확한.

— *adv.* 죽은 사람같이, 죽은 것같이. ¶ She was *deadly* pale. 그녀는 송장같이 새파랗게 질려 있었다. **2** 몹시, 지독하게, 매우. ¶ be *deadly* tired 몹시 지치다 / be *deadly* dull 몹시 지루하다. -li·ness *n.*

déadly níghtshàde *n.* =belladonna.

déadly síns *n. pl.* [지옥에 떨어질] 칠대 죄악[가만

(pride), 탐욕(covetousness), 정욕(lust), 노여움(anger), 대식(gluttony), 투기(envy), 나태(sloth)의 일곱 가지].

déad mán n. (pl. **dead men**) 보통 dead men **1** 《英구어》빈 술병(《美구어》dead soldier). **2** 《美구어·방언》허수아비. **3** 계의 호흡기 [먹지 못한다].

déad mán's adj. 《dead man's》손[발]을 때면 자동적으로 멈추는. ¶ a *dead man's* pedal 발을 때면 자동적으로 정지하는 페달.

déad-man's flóat [dédmænz-] n. 엎드려 뜨기(prone float) [초보자의 수영 지도에서 몸을 뜨게 하는 방법의 일종으로서 손발을 일직선으로 뻗어서 든다].

déad márch n. [특히 군대의] 장송 행진곡(funeral march).

dead-on-ar·ri·val [dédənərάiv(ə)l] n. **1** 시체가 되어 병원에 도착한 환자[略 DOA]. **2** 《美》처음 쓸 때부터 동작하지 않는 전자 회로.

déad pán n. 《속어》무표정한 얼굴.

déad·pan [dédpæn] vt., vi. (-panned, -pan·ning) 무표정한(덤덤한) 얼굴을 하다, 근엄(謹嚴)한(진지한) 얼굴을 하다. — adj. 무표정한, 근엄한(진지한) 얼굴의. — adv. 덤덤하게, 무표정한 얼굴로.

déad pígeon n. 《美속어》=dead duck.

déad póint n. =dead center 1.

déad réckoning n. [U] 《항해》추측 항법[선위(船位)를 추측하는 방법]. [《響室》].

déad róom n. [음파를 반사하지 않는] 무향실(無[響室]).

Déad Séa n. (the ~) 사해(死海) [이스라엘과 요르단 사이에 있는 염수호; 세계에서 가장 수면이 낮다].

Déad Séa ápple n. (=dead séa frúit) 소돔의 사과(apple of Sodom); 《비유적》실망의 씨, 겉모양만 좋은 것.

Déad Séa Scrólls n. pl. 사해(死海) 문서, 사해 사본[1947년 사해 서북안 쿰란(Qumrān) 동지의 동혈에서 발견된 히브리어의 구약 성서와 그밖의 두루마리].

déad sét n. **1** 사냥개가 사냥감을 가리키는 부동 자세. **2** 단호한 공격, 굳게 결심한 끈질긴 노력(at...). ¶ make a *dead set at* ⋯을 맹렬히 공격하다. — adj. [ː ː] 단호한(resolute). ¶ be *dead set against* ⋯에 단호히 반대하다.

dead-smooth [dédsmúːð] adj. 몹시 매끄러운, 매우

déad sóldier n. 《속어》맥주 따위의 빈병.

déad spáce n. **1** 사각(死角)[사격할 수 없는 지역](dead ground). **2** [기선·트럭 따위의] 이용할 수 없는 공간.

déad spót n. 《美》[라디오의] 난청 지대(blind spot).

déad stíck n. [엔진 정지로] 회전이 멈춘 비행기의 프로펠러. [⋯지 착륙.

déad-stíck lánding [dédstìk-] n. 《항공》엔진 정지

déad stóck n. [U] [C] **1** 팔다 남은 물건. **2** 농기구[류]. cf. livestock

déad wáll n. 창문(개구부(開口部)) 없는 벽.

déad wáter n. [U] **1** [물리·지리] [흐름의] 정체, 괸 물, 정지(靜止) 상태의 물. **2** 《항해》[고물에 생기는] 소용돌이, 선적 와류(船跡渦流).

déad wéight n. **1** [제힘으로 움직일 수 없을 정도의]무게, 중하(重荷); 《비유적》[큰 짐이 되는] 부담, 중압(heavy burden). **2** =dead load.

déadwèight capácity (tónnage) n. [U] 《항해》적재 중량 톤수.

déad·wood [dédwùd] n. [U] **1** 마른 가지, 고목(枯木). **2** 쓸모 없는 것(사람), 무용지물. **3** 《볼링》데드우드[레인 위에 넘어져 놓여 있는 핀]. **4** 《카드놀이》《포커에서》버린 패. **5** 〔선박〕역재(力材).

‡deaf [def] adj. (**deaf·er, deaf·est**) **1** 귀먹은, 귀머거리의; (the ~) 《명사적 용법》귀가 먼 사람들. ¶ be *deaf* and dumb 귀머거리에 벙어리이다, 농아이다 / be *deaf* as an adder (or a door, a doornail, a doorpost, a post, a stone) 귀가 완전히 먹다, 전혀 안 들리다 / be *deaf* of (or in) one ear 한쪽 귀가 먹다. **2** 들으려고 하지 않는, 귀를 기울이지 않는; 상대하지 않는; 무심한(inattentive). ¶ He is *deaf to* all advice. 그는 어떤 충고도 듣지 않는다 / She was *deaf to* her children's earnest requests. 그녀는 아이들의 진지한 요청에 귀를 기울이지 않았다(상대하지 않았다).

~**ly** adv. ~**ness** n. ◇ déafen n.

deaf-aid [défèid] n. =hearing aid.

deaf-and-dumb [défəndʌ́m] adj. 농아의. ¶ the *deaf-and-dumb* alphabet 지화(指話) 문자.

*deaf·en [déf(ə)n] vt. **1** [남]의 귀를 안 들리게 하다, ⋯을 귀머거리로 만들다. **2** [큰 소리로] [남]의 귀를 먹먹하게 하다. ¶ The machine *deafened* our ears with its din. 기계의 소음이 귀를 먹먹하게 했다. **3** [큰 소리로] [작은 소리를] 안 들리게 하다. ¶ The audience's uproar *deafened* his speech for a moment. 청중들의 함성으로 잠시 그의 연설이 들리지 않았다. **4** ⋯에 방음 장치를 하다(deaden). ◇ deaf n.

deaf·en·ing [déf(ə)niŋ] adj. 귀청이 떨어질 것 같은. — n. [U] 방음 장치(재료) (deadening).

deaf-mute [défmjùːt, -ˌ-] n. [특히 선천적인] 농아자. — adj. 농아의(deaf-and-dumb). [태, 농아증(症).

deaf-mut·ism [défmjùːtiz(ə)m, ˌ-ˌ-] n. [U] 농아 상

‡deal¹ [diːl] v. (**dealt, deal·ing**) ⋯ **1** 처리하다, 다루다(*with*...). ⇒ TREAT 頬語 ¶ (~+前+名) a problem easy (difficult) to *deal with* 처리하기 쉬운(어려운) 문제 / How best should we *deal with* the present situation? 어떻게 수습책을 강구하면 좋은가? / This book *deals* fully with inflation. 이 책은 인플레이션에 대해 상세히 논하고 있다.

2 종사하다, 관계하다(be engaged) (*in*, *with*...). ¶ (~+前+名) He *dealt in* the research project. 그는 그 연구 계획에 관계하고 있었다.

3 거래 관계가 있다, 거래하다; [상품]을 취급하다, 매매하다(trade, sell), [상점에서]물건을 사다(*with*, *in*, *at*...). ¶ (~+前+名) We *deal with* contractors in many cities. 우리는 많은 도시에서 계약업자와 거래 관계를 가지고 있습니다 / We want to *deal with* a reliable firm. 신용있는 회사와 거래를 하고 싶다 / They *deal in* gift articles. 거기서는 선물용품을 팔고 있다.

4 [사람에 대하여 ⋯하게] 행동하다, 대하다(*with*...). ¶ (~+副) She *deals fairly*. 그녀는 [누구한테나] 공정하게 대한다 / (~+前+名) *deal* well (badly) *with* a person 남을 우대(냉대)하다 / He's hard to *deal with*. 그는 다루기(사귀기) 어려운 사람이다.

5 [고의 밀약을 맺다, 비밀 거래를 하다(*with*...).

6 [카드놀이]의 패를 도르다. ¶ Whose turn to *deal*? 이번에는 누가 패를 도를 차례인가?

— vt. **1** ⋯을 나누어 주다, 분배하다 (distribute), 베풀다(...out). ¶ (~+目+前+名) *deal* [*out*] gifts *to* (or *among*) the poor 가난한 사람들에게 선물을 나누어 주다. **2** [카드놀이의 패]를 도르다, 나누어 주다 (distribute). ¶ Who *dealt* the cards? 누가 패를 돌렸나? **3** [타격·조치 따위]를 주다(deliver). ¶ (~+目+目) (~+目+前+名) *deal* a person a blow; *deal* a blow *at* (or *to*) a person 일격을 가하다.

— n. **1** 《주로 구어》거래, 장사, 매매(business transaction) (*with*...). ¶ do a *deal with* a person 남과 거래(장사)하다; 남과 타협하다 // Well, it's a *deal*. 자, 이것으로 거래가 성립되었습니다 / Then, it's no *deal*. 그렇다면 없던 일로 합시다. **2** (보통 D-) [정치·경제상의] 계획, 정책(policy). ¶ the New *Deal* 뉴딜 정책. **3** 《주로 구어》[상업·정치상의, 보통 비밀의] 협정(arrangement), 밀약. ¶ an underhand *deal* between the two 양자간의 밀약. **4** 《구어》처우, 대우(treatment). ¶ give a person a square (a raw) *deal* 《구어》남을 정당하게(부당하게) 처우하다. **5** 분배; [카드놀이의] 패 도르기; 도른 패; 패 도를 차례; [카드놀이의] 한판. ¶ play five continuous *deals* 연거푸 다섯 판

deal

을 치다.
It's no big deal ⇨ BIG DEAL.
make a big deal out of ⇨ BIG DEAL.
no deal 《美俗》(감탄사적으로) 안돼! 싫어!; (be 동사 뒤에서) 실패.
What's the big deal? ⇨ BIG DEAL.

‡**deal**² [di:l] *n.* **1** 불특정의 양(액), 불특정한 정도 (* 보통 great, good, vast 따위 형용사와 같이 쓰인다). ¶ a great *deal* of milk (money) 다량의 밀크(거액의 돈) / a good *deal* of work 많은 일 / eat a vast *deal* 엄청나게 많이 먹다 / This is a great *deal* cheaper than that. =This is cheaper than that by a great *deal*. 이것이 저것보다 훨씬 싸다(*전자는 부사적으로 쓰인 것) / He is not a great *deal* of a scholar. 그는 대단한 학자는 아니다 / Have you seen a good *deal* of him lately? 최근에 그를 자주 만납니까? **2** 《구어》 (a ~) [수·분량이] 많음, 다량(a great deal, very much). ¶ It'll save me a *deal* of trouble. 나는 많은 수고를 덜 어줄 것이다 / You look a *deal* better. 얼굴이 훨씬 좋아졌다(* 부사적으로 쓰인 것). ¶ (무) 재목.

deal³ [di:l] *n.* ⓤ 전나무(소나무) 널빤지; 전나무(소나...

‡**deal-er** [díːlər] *n.* **1** 상인, …상(merchant) (in ...). ¶ a retail *dealer* 소매상(retailer) / a wholesale *dealer* 도매상 / a *dealer* in tobacco 담배상. **2** [남에게] 어떤 특수한 행동을 하는 사람. ¶ a plain *dealer* 속임수 없는 사람 / a double *dealer* 언행에 표리가 있는 사람. **3** 〖카드놀이〗 (보통 the ~) 패를 도르는 사람.

deal-er-ship [díːlərʃìp] *n.* ⓤ 판매권(을 가진 업자).

‡**deal-ing** [díːliŋ] *n.* **1** (보통 ~s) 관계, 교제(relations), 거래(with...). ¶ business *dealings* 상거래 // I have no *dealings* with such a fellow. 그런 사람하고는 아무 관계도 없다. **2** ⓤ [남에 대한] 행동, 처사, 대우 (treatment).

‡**dealt** [delt] *v.* deal 의 과거·과거 분사.

de-am-bu-la-tion [diˌæmbjuléi(ʃ)ən] *n.* 보행(步行), 산책; [산책 따위의] 가벼운 운동.

de-am-bu-la-to-ry [diˈæmbjulətòːri | -t(ə)ri] *n.* (*pl.* -ries) =ambulatory.

de-A-mer-i-can-ize [diːəmérikənaiz] *vt.* 〜을 비(非)(탈(脫))미국화하다, …에 대한 미국의 관여를 줄이다.

*****dean** [diːn] *n.* **1** 〖대학의〗 학장, 학부장; 《美》학생부장 〖학생의 지도·조언 따위를 한다〗; 《英》학생감. ¶ the *dean* of politics 정치학 부장. **2** 〖교회〗 〖대성당 따위의〗 사제장; 〖美〗감독 사제장, 주로 지방 대리. **3** 〖단체의〗 장로, 최고참자. — *vi.* dean 노릇을 하다.

dean-er-y [díːnəri] *n.* (*pl.* -er-ies) **1** ⓤ dean 의 직위, ⓤ dean 의 관구. **2** dean 의 공관.

dean-ship [díːnʃip] *n.* ⓤ dean 의 직위(지위).

déan's líst *n.* 《美》〖대학의〗 성적 우수자 명단.

‡**dear** [diər] *adj.* (**dear-er**, **dear-est**) **1** 친애하는, 사랑하는, 귀여운, 사랑스러운(beloved, charming); 그리운. ¶ a *dear* friend of mine 나의 친한 친구 / hold a person *dear* 남을 사랑스럽게 여기다 / *Dear* (or My *dear*) Tom 아빠, 톰 (* 친구간의 호칭으로는 Dear 뒤에 Christian name 이 이어지는 것이 보통이다. 때로 비꼬는 뜻으로 쓰는 수도 있다) / My *dear* fellow! 여보게! / Our home town is always *dear* to us. 고향은 언제나 그리운 곳이다 / What a *dear* little child (or thing)! 참으로 귀여운 아이로구나! **2** 경애하는 〖편지의 허두〗 (highly esteemed). ¶ *Dear* sir, *Dear* (or My dear) Mr. Johnson 존슨씨 〖귀하〗.
— Usage *Dear* Mr. ...는 《英》에서는 형식적이지만 《美》에서는 친밀도가 강하고, My dear Mr. ...는 거꾸로 《英》에서는 친애감을 나타내고 《美》에서는 형식적. **3** 소중한, 귀중한, 귀한(precious); 충심의, 간절한 (earnest). ¶ one's *dearest* wish 간절한 소원 / my *dearest* foe 살려 둘 수 없는 적(* 오래된 반어적 표현) / for *dear* life 죽을 힘을 다하여, 결사적으로〖달리다, 도망가다 따위〗/ Life is *dear* to me. 나는 목숨이 소중하다(아깝다). **4** 값비싼, 고가의(valuable); 〖값이 품질에 비해〗비싼 (*opp.* cheap) (= EXPENSIVE 類語); 〖가게 따위가〗물건을 비싸게 파는. ¶ at the *dearest* [기껏] 비싸야 / Everything is getting *dear* nowadays. 요새는 모든 물가가 오르고 있다 / Sixpence is too *dear* for a pencil. 연필 자루에 6펜스는 너무 비싸다 / That's a *dear* shop. 저 가게는 비싸다. **5** (폐어) 구하기 어려운, 귀한, 〖갸냐〗비싼.

— *n.* **1** 친애하는 사람, 사랑하는 사람, 애인 (* 보통 부르는 말로 쓰인다). ¶ [My] *dear* (or *dearest*)! 여보, 당신 (*이 경우의 dearest 는 절대 최상급) / Come here, my *dear*. 아가야, 이리 온. **2** 귀여운 사람(것). ¶ There's (or That's) a *dear*. 착하지. 착하니까[…해 다오]. ¶ [참 잘했다] 착하구나.

— *adv.* **1** 애정 깊게, 사랑스럽게(dearly, fondly). **2** 비싸게, 고가로. ¶ pay *dear* for …을 비싸게 사다; …이 비싸게 치이다. …때문에 혼나다.

— *interj.* 아이구!, 어머나!, 저런! 〖놀람·곤혹·슬픔·동정·연민·경멸 따위를 나타낸다〗. ¶ *Dear*, *dear*!; *Dear* me!; Oh, *dear*! 저런 저런!, 어머나!, 아이구! / Oh, *dear*, no! 어이구 당치도 않지!

— **-ness** *n.* ◇ *dearly adv.*, *endear v.*

Déar Jóhn [léttər] *n.* 《美俗》〖남자 연인·약혼자에의〗절교장, 약혼 파기의 편지.

‡**dear-ly** [díərli] *adv.* **1** 애정을 가지고, 사랑스럽게 (fondly), 극진히 (very much). ¶ I love him *dearly*. 나는 그를 매우 사랑한다. **2** 값비싸게, 고가로 (expensively); 〖비유적〗 많은 희생을 치르고. ¶ We must safeguard our *dearly*-bought peace. 우리는 많은 희생을 치르고 얻은 평화를 지켜야 한다.

dear-ma-ment [diːɑ́ːrməmənt] *n.* 《美구어》군비 축소; 무장 해제(disarmament).

déar móney *n.* 〖금융〗고금리(高金利) 자금, 고리채.

‡**dearth** [dəːrθ] *n.* ⓤ (때로 a ~) **1** 결핍, 부족. ⇨ LACK 類語. ¶ a *dearth* of workers 노동자 부족. **2** 식량 부족, 기근 (famine). ¶ In time of *dearth* 기근시에 / Now there came a *dearth* over all the land of Egypt. 그때에 애굽 온 땅에 흉년이 들었다〖←사도 행전 (Acts) 7 : 11〗.

dear-y, -ie [díː(ə)ri | díəri] *n.* (*pl.* **dear-ies**) 《구어》사랑하는 이 (darling). * 보통 여자가 쓴다.

‡**death** [deθ] *n.* **1** ⓤⓒ 죽음, 사망; 죽는 모양. ¶ [as] sure as *death* 절대 확실한 / be at *death*'s door (or at the gate of *death*) 빈사 상태에 있다 / be beaten (burnt, starved) to *death* 맞아〖불에 타, 굶어〗죽다 / escape *death* by a miracle 기적적으로 죽음을 면하다 / choose *death* before dishonor 불명예보다는 차라리 죽음을 택하다 / die a violent (or an unnatural) *death* 변사(횡사) 하다 / He died a hero's *death*. 그는 영웅답게 죽었다.

2 (종종 D-) ⓤ 〖의인화된〗 죽음, 〖속어〗 사신 〖보통 해골이 낫을 든 모습으로 표현된다〗. ¶ escape the jaws of *death* 사지에서 벗어나다 / O Death, where is thy sting? 사망아, 너의 쏘는 것이 어디 있느냐? 〖←고린도 전서 (1 Cor.) 15 : 55〗.

3 ⓤ 죽은 상태, 죽어 있음. ¶ pale as *death* 〖송장처럼〗새파랗게 질려 / lie still in *death* 죽어서 조용히 누워있다.

4 (the ~) 사멸, 멸망, 종언(終焉). ¶ the *death* of one's ambition 야망의 끝장.

5 ⓤ 사기(死期). ¶ from birth to *death* 한평생, 일생 / She was near her *death*. 그녀는 죽음이 임박해 있다.

6 ⓤⓒ(법) =civil death. [으다.

7 ⓤ 정신적 생활의 상실, 영혼의 죽음 (spiritual *death*).

8 ⓤ 살인(murder), 유혈 (bloodshed). ¶ a man of *death* 살인자 / a field of *death* 전장, 싸움터.

9 (the ~) 사인(死因) 《고어》 〖특히〗 전염병. ¶ the

black *death* 흑사병, 페스트 / Her *death* is still unexplained. 그녀의 사인은 아직 밝혀지지 않고 있다 / Poverty was his *death*. 그의 죽음은 가난이 원인이었다 / The accident will be his *death*. 그 사고로 그는 죽게 될 것이다. **10** ⓤ 사형. ¶ be condemned to *death* 사형 선고를 받다 / inflict *death* on …을 사형에 처하다; 죽이다. **be death on** 《구어》 ① …을 몹시 싫어하다, …에 강력히 반대하다. ② …에 대하여 신사(숙녀)인 체하다. ③ …의 명수이다, …을 아주 잘하다, …의 솜씨가 대단하다, …을 아주 능히 처리하다. ¶ *be death on* curves 〔야구〕 커브를 잘 치다. ④ …을 아주 좋아하다. ¶ She *is death on* her aunt. 그녀는 숙모를 아주 좋아하다. ⑤ 〔약 따위〕 …에 아주 잘 듣다. **be in at the death** ① 〔여우 사냥에서〕 여우의 죽음을 지켜보다. ② 〔시합·연극·일 따위에〕 클라이맥스에 대어 가다. ③ 일의 결말을 끝까지 보다. **be the death of** ① …의 사인(死因)이 되다, …을 죽이다. ② …을 몹시 괴롭히다. ¶ You *are the death of* me! 네가 내 원수다(너 때문에 이 고생을 당한다)! **do ... to death** ① 남을 죽이다 (kill). ② 《구어》 …을 지나치게 쓰다, 못쓰게 만들다. ¶ The theme has been *done to death*. 그 주제는 〔여러 번 써먹어서〕 신선미가 없어졌다. **like grim death** 한사코, 악착같이. ⇨ GRIM. **put a person to death** 남을 죽이다(kill), 사형에 처하다. **take one's death upon** …에 목숨을 걸다. **to death** 극도로, 몹시, 진절머리나게. ¶ be tired *to death* 몹시 지쳐 있다, 녹초가 되다; 진절머리가 나 있다. **to the death** ① =to death. ② 죽을 때까지, 최후까지, 끝까지.
◇ die *v*., dead, déathly *adj*.

déath àdder *n.* 〔오스트레일리아산(産)의〕 독사.
déath àgony *n.* 죽음(단말마)의 고통
déath àsh *n.* 죽음의 재, 방사능 낙진.
death·bed [déθbèd] *n.* **1** 죽음의 자리. **2** 임종.
déath bèll *n.* 조종(弔鐘).
déath bènefit *n.* 〔보험〕 사망 지급금.
death·blow [déθblòu] *n.* 치명적 타격.
déath càmp *n.* 〔나치 독일의〕 죽음의 수용소, 집단 처형장.
déath cèll *n.* 사형수 독방.
déath certíficate *n.* 사망 진단서(확인서).
déath chàir *n.* 《미》 electric chair.
déath chàmber *n.* 시형실; 시람이 죽은 방.
déath cùp *n.* 광대버섯속(屬)의 독버섯.
death·day [déθdèi] *n.* 기일(忌日), 사망한 날.
déath dùty *n.* 《영법률》 유산 상속세.
déath educàtion *n.* 〔의학〕 죽음에 관한 교육〔죽음 및 빈사 상태에 빠진 중환자에 관한 여러 문제를 다루는 전문 교육〕.
déath fèud *n.* 〔생사로 결판내는〕 깊은 원한(deadly feud).
déath fìre *n.* 도깨비불(death light, corpse candle).
death·ful [déθfəl] *adj.* **1** 치명적인(fatal). **2** 죽음 같은.
déath hòuse *n.* 사형수의 감방.
déath ìnstinct *n.* (the ~) 〔심리〕 죽음의 본능.
déath knèll *n.* **1** 〔종말·파국·파멸의〕 전조. **2** =passing bell.
death·leap [déθlì:p] *n.* 투신 자살. ¶ *death-leap from an apartment window* 아파트 창에서의 투신 자살.
death·less [déθlis] *adj.* **1** 불사의(immortal). **2** 불후의, 불멸의(perpetual). ¶ *deathless poems* 불멸의 시.
death·like [déθlàik] *adj.* 죽음 같은, 죽은 것 같은.
death·ly [déθli] *adj.* **1** 치사(致死)의, 치명적인 (fatal). **2** 죽음 같은; 죽음의(deadly). — *adv.* **1** 죽음같이, 죽은 것처럼. ¶ *deathly* pale 송장처럼 새파란. **2** 극히, 몹시(very, utterly). ¶ be *deathly* afraid 몹시 무서워하고 있다.

déath màrch *n.* 죽음의 행진〔끌려가는 전쟁 포로들의 기나긴 도보 행군〕. [cast
déath màsk *n.* 데드 마스크, 사면(死面). *cf.* life
déath pènalty *n.* 사형(capital punishment).
death-place [déθplèis] *n.* 사망지, 숨진 곳. *opp.* birth-place
déath ràte *n.* ⓤⓒ 사망률(mortality).
déath ràttle *n.* 사전천명(死前喘鳴), 임종 때 목구멍에서 나는 가래 끓는 소리.
déath rày *n.* 살인 광선.
death-roll [déθròul] *n.* 사망자 명단.
déath ròw *n.* =death house.
déath sànd *n.* 《군사》 살인 모래〔방사능이 함유된 먼지·모래 따위〕, 〔방사능에 의한〕 죽음의 재.
déath sèat *n.* 《美구어·濠구어》 〔자동차의〕 조수석.
déath sèntence *n.* 사형 선고. [화상(畫像).
death's-head [déθshèd] *n.* 〔죽음의 상징인〕 해골〔의
déath squàd *n.* 암살단, 결사대.
déath tàx *n.* 《미》 유산 상속세.
déath thròe *n.* 죽음의 고통.
déath tòll *n.* 〔사고 따위로 인한〕 사망(희생)자 수.
death·trap [déθtræp] *n.* 재해가 일어나기 쉬운 장소 〔건물〕.
Déath Válley *n.* 죽음의 계곡〔미국 California 주와 Nevada 주에 걸치는 해면 아래 84m의 건조 분지〕.
déath wàrrant *n.* **1** 사형 집행 영장. **2** 〔희망·기대 따위를〕 무너뜨리는 치명적 타격.
death·watch [déθwòtʃ/-wɔ̀tʃ] *n.* **1** 〔초상집에서의〕 밤샘. **2** 사형수의 간수. **3** (=**déathwatch bèetle**) 살짝수염벌레〔나무를 먹는 소리가 죽음의 전조라고 생각되었다〕.
déath wìsh *n.* 〔남 또는 자기 자신의〕 죽음을 바라는 마음, 죽음에의 동경.
déath with dígnity *n.* 존엄사(尊嚴死)〔무리한 연명 치료를 그만두고 죽음에 이르게 하는 일; 안락사(euthanasia)와는 구별된다〕.

deb [deb] *n.* 《구어》 =debutante. **2** 《속어》 깡패 기둥서방이 붙어 있는 젊은 여자.
deb. (*略*) debenture.
de·ba·cle [deibá:kl, +美-bǽkl] *n.* **1** 와해; 패주, 패퇴. **2** 〔강의〕 얼음이 깨짐. **3** 대홍수, 사태, 산 사태.
de·bag [di:bǽg] *vt.* (**-bagged, -bag·ging**) 《속어이》 **1** 〔벌·장난으로 남의〕 〔바지〕를 벗기다. **2** 정체를 폭로하다.
de·bar [dibá:r] *vt.* (**-barred, -bar·ring**) **1** …을 제외하다, …를 들여놓지 않다(bar out) (...*from*). ¶ *debar* a person *from* a place 남을 어떤 장소(지위)에 들여놓지 않는다. **2** 《…이》 하는 것을 방해하다, 〔남〕에게 …을 금지하다(prevent) (...*from*). ¶ *debar* minors *from* voting at an election 미성년자의 선거 투표를 금지하다. [embark).
de·bark[1] [dibá:rk] *vt.*, *vi.* 상륙시키다(하다) (dis-
de·bark[2] [dibá:rk] *vt.* 〔나무〕의 껍질을 벗기다.
de·bar·ka·tion [dì:ba:rkéi(ə)n] *n.* ⓤ 상륙, 양륙.
de·bar·ment [dibá:rmənt] *n.* ⓤ **1** 제외, 들여놓지 않음. **2** 방지, 방해; 금지.
de·base [dibéis] *vt.* (**-based, -bas·ing**) **1** 〔인격·품성·위계(位階) 따위〕를 떨어뜨리다, 천하게 하다 (lower). ¶ *debase* oneself by cheating 사기를 하여 품위를 떨어뜨리다. **2** 〔품질·가치 따위〕를 떨어뜨리다, 내리다, 나쁘게 하다(adulterate). ¶ *debase* coin 화폐 품질을 저하시키다.
de·base·ment [dibéismənt] *n.* ⓤ 〔품질·가치·인격·품위의〕 저하, 타락. [자(變造者).
de·bas·er [dibéisər] *n.* 질을 떨어뜨리는 사람, 변조
de·bat·a·ble [dibéitəbl] *adj.* **1** 논쟁의 여지가 있는, 의논(異論)이 있는(doubtful). **2** 논쟁중의(in dispute).
‡de·bate [dibéit] *n.* **1** ⓤⓒ 토의, 토론. ⇨ ARGUMENT [題類] open (close) a *debate* 토의를 시작(종결)하다 // hold a *debate on* a subject 문제에 대해 토론하다.

2 ⓤ 숙고, 심사(deliberation). ¶ after much *debate* 많이 생각한 후에. **3** 토론회, 변론회.
— *v.* (-bat·ed, -bat·ing) *vi.* **1** 토론(토의)하다, 논의(심의)하다(*on, about*...). ¶ (~+圃+젭) *debate* hotly on (or *about*) a question 어떤 문제에 대해서 열띤 토론을 벌이다. **2** 숙고하다(consider). ¶ *debate* with oneself 혼자 생각에 잠기다. — *vt.* **1** (공적인 모임에서) 토론하다(discuss), 논의하다, **2** ···과(공식) 토의(논의)를 하다. ¶ He debated Smith on this issue. 그는 스미스와 이 문제에 대해 토의했다. **3** ···을 토론하다, 숙의하다(deliberate upon). ¶ (~+*wh.* 圃) I was debating *whether* to go out or to stay in. 나는 외출할까 집에 있을까를 곰곰 생각하고 있던 중이었다.

de·bat·er [dibéitər] *n.* 토론자, 논쟁자, 토의자.

de·bauch [dibɔ́:tʃ] *vt.* **1** ···을 (정욕적) 타락으로 이끌다, 유괴하다, 유혹하다, 꾀다(seduce). **2** ···을 타락시키다(deprave). **3** (고어) (의무·본분·충성 따위에서) ···을 벗어나게 하다, 배신케 하다. — *vi.* 관능적 쾌락에 빠지다, 주색에 빠지다, 방탕하다. — *n.* **1** 방탕, 난봉. **2** 방탕하는 기간, 방탕 시대.

de·bauched [dibɔ́:tʃt] *adj.* **1** 주색에 빠진 것이 나타나는. ¶ a *debauched* face 주색에 빠진 것이 나타나는 얼굴. **2** 타락한(corrupt).

deb·au·chee [dèbɔːtʃíː] *n.* 방탕자, 난봉꾼.

de·bauch·er·y [dibɔ́:tʃəri] *n.* (*pl.* -er·ies) **1** ⓤ 방탕, 난봉, 주색에 빠짐. **2** ⓤ (고어) (본분·본업으로부터) 꾀어냄, 유혹. **3** (-eries) 유흥, 흥청망청 떠들고 놀기.

de·bauch·ment [dibɔ́:tʃmənt] *n.* ⓤ 타락, 방탕.

de·ben·ture [dibéntʃər] *n.* 사채(社債)(권). ¶ a mortgage *debenture* 저당권 담보 사채 / a *debenture* holder 사채권 소유자. **?** (세관 발행의) 환세(還稅) 증서.

debénture bond *n.* 무담보 사채(권). [명서.

debénture stòck *n.* 《英》 사채(권) (상환기 불확정).

de·bil·i·tate [dibílitèit] *vt.* (-tat·ed, -tat·ing) ···을 약하게 하다, 쇠약하게 하다, 허약하게 하다(weaken, enfeeble).

de·bil·i·ta·tion [dibìlitéiʃ(ə)n] *n.* ⓤ 쇠약, 허약(化).

de·bil·i·ty [dibíləti] *n.* ⓤ 쇠약, 허약(weakness).

deb·it [débit] *n.* (簿記) 차변(借邊), 차변 항목(도). *cf.* credit ¶ enter on the *debit* side 차변에 기입하다 / What will be the amount to my *debit?* 나의 차변 총계가 얼마나 되니까? — *vt.* ···의 차변에 기입하다. ¶ *debit* a person (or his account) *with* a sum; *debit* a sum to (or *against*) a person 남의 차변에 ···원을 기입하다.

débit càrd *n.* (금융기관) 이 구좌 개설 고객에게 발행하는 직접 인출 가능한 캐시 카드.

deb·o·nair [dèbənέər], (**deb·o·naire**) *adj.* **1** 상냥한, 사근사근한; 공손한, 정중한(courteous). **2** 명랑한, 쾌활한(gay, sprightly). —**·ly** *adv.* —**·ness** *n.*

de·boost [dibúːst] *vt.* (우주선 따위)를 감속하다.
— *n.* (우주선 따위의) 감속.

Deb·o·rah [débərə] *n.* 데보라((이스라엘의 지도자의 한 사람으로서 여자 예언자로 불리었다) [← 사사기 (Judg.) 4:4].

de·bouch [dibúːʃ, -báutʃ] *vi.* **1** (군대 따위가 숲 따위의) 좁은 곳에서 넓은 장소로 진출하다(march out). **2** (강 따위가) 넓은 곳으로 흘러 나오다, 흘러들다(*into*...). **3** 나타나다. **3** (＜F)

dé·bou·ché [dèibuːʃéi] *n.* **1** (요새·보루 따위의) 진출구, 출구. **2** 출구. **3** (상품의) 판로. ¶ (＜F exit, outlet)

de·bouch·ment [dibúːʃmənt, -báutʃ-] *n.* ⓤ **1** (군대의) 진출; 진출한 곳. **2** (지질) 하구, 유출구; (강의) 유출구.

de·bride·ment [dibríːdmənt] *n.* ⓤ(의학) 회사(壞死) 조직 제거(수술) (상처에서 이물(異物) 이나 죽은 조직을 제거함).

de·brief [diːbríːf] *vt.* (임무에서 돌아온 사람)에게 보고를 요구하다, 보고하게 하다.

de·brief·ing [diːbríːfiŋ] *n.* (임무 완료 후의) 심문, 사문; 결과 보고.

de·bris [dəbríː, déibriː / déibriː, déb-] *n.* ⓤ **1** (파괴물의) 파편, 부스러기, 잔해(ruins). ¶ the *debris* of an ancient city 옛도시의 폐허. **2** (지질) 암설(岩屑).

‡**debt** [det] *n.* **1** ⓤⓒ 빚, 부채, 채무, ¶ *debt* of honor (특히 도박에서) 신용으로 꾼 빚돈 / a funded *debt* 자부 공채 / a floating *debt* 일시 차입금 / the national *debt* 국채 / fall (or get, run) into *debt* 빚을 지다 / owe a *debt* to ···에게 빚을 지다 / clear off (or discharge, pay off, pay back, wipe off) one's *debt* 빚을 깨끗이 갚다 (청산하다). ¶ He manages to keep out of *debt*. 그는 이럭저럭 빚 안 지고 살아가고 있다. **2** 빌려준 돈. ¶ a bad *debt* 회수할 가망이 없는 빚 / collect *debt* 빚을 거두다. **3** ⓒⓤ (갚아야 할) 은혜, 의리, 신세, 덕택 (obligation). **4** (종교) 씻어야 할 죄과, 죄(sin); 부채. ¶ a *debt* of gratitude 은혜, 은의(恩誼) / Forgive us our *debts*. 우리의 죄를 사하여 주옵소서[← 마태 복음 (Matt.) 6:12].

be in debt to *a person*; **be in** *a person's* **debt** ① 남에게 빚지고 있다. ② 남에게 은혜를 입고 있다.

be out of debt ① 빚이 없다. ② 신세진 바 없다.

pay one's **debt to Nature; pay the debt of Nature** ⇨ NATURE. [금 대행업자.

débt colléctor *n.* 《英》 빚 받아들이는 사람, 빚 수

débt crísis *n.* 누적 채무 위기 (개발 도상국의 선진국 정부 또는 은행으로부터 차입한 채무가 누적, 국제 경제 및 금융에까지 미치게 된 위기적 상황). [자본의 비율.

débt-éq·ui·ty rátio [détèkwəti-] *n.* 차입금과 자기

débt fi·nanc·ing [-fínænsiŋ, -fái-/ -fái-] *n.* (금융) 채권 금융(공채·사채 따위 채권자 발행에 의한 자금 조달).

débt límit *n.* (재정) (자치구·주·국가의) 법정 채무 한도액. [(debt).

débt of hónor *n.* 도박의 빚, 노름빚 (gambling

*****debt·or** [détər] *n.* **1** 채무자, 차주(借主). *cf.* creditor **2** (簿記) 차변(勘定). **3** (~s) 수취(受取) 계정 (receivables).

débtor nàtion *n.* 채무국.

débt sérvice *n.* 채무 원리금 변제액(辨濟額). ※ 채무국의 연간 원리금 지불액을 연간 수출액으로 나눈 것을 debt service ratio 라고 한다.

de·bug [diːbʌ́ɡ] *vt.* (-bugged, -bug·ging) (구어) **1** ···에서 해충을 제거하다. **2** ···에서 잘못(결함)을 제거하다; (컴퓨터) (프로그램)의 결함(오류)을 찾아서 제거하다. **3** ···에서 도청기를 제거하다.

de·bug·ging [diːbʌ́ɡiŋ] *n.* (컴퓨터) 디버깅(프로그램 중의 오류를 발견하여 제거하는 일).

de·bunk [diːbʌ́ŋk] *vt.* 《美(구어)》 ···의 허설·허론 따위를 깨뜨리다; ···의 정체를 폭로하다.

de·bunk·er [diːbʌ́ŋkər] *n.* 폭로자.

de·bus [diːbʌ́s] *vt., vi.* (-bused, -bus·ing; -bussed, -bus·sing) 버스에서 내리다.

*****de·but** [deibjúː, -- /́ --́] *n.* **1** 첫출연, 초연, 첫무대. **2** (여자가) 처음 공식으로 사교계에 나감. **3** (직업 경력 따위의) 최초.

make one's **debut** 데뷔하다, 첫무대에 서다; 처음으로 사교계에 나가다, 처음으로 ···하다. ¶ He *made* his *debut* as a man of letters. 그는 문단에 진출했다.
— *vi.* 데뷔하다, 첫무대에 서다; 처음으로 사교계에 나가다. — *vt.* (청중 앞에서) ···을 초연하다. (＜F)

deb·u·tant [débjutɑ̀ːnt, +美 ̀- ̀- ̀-/ dèbjutɑ̂ːnt] *n.* (사교계에 첫등장하는 사람; 첫무대의 배우. ¶ (＜F)

deb·u·tante [débjutɑ̀ːnt, +美 ̀- ̀- ̀-] *n.* **1** 처음으로 사교계에 나온 여자. **2** 첫출연의 여배우.

dec. (略) (라틴) *decàntà* (pour off 처방전에 따라 부어내라); deceased; decimeter; declaration; declension; decrease; (음악) decrescendo.

Dec. 《略》 December.
dec- ⇒ DECA-.
deca- ten, tenfold (10배)의 뜻의 연결형(* 모음 앞에서는 dec-를 쓴다. 미터법에 관한 말인 경우에는 dek-, deka-로도 쓴다). *ex: decapod; decare.*
dec·a·dal [dékəd(ə)l] *adj.* 10의; 10으로 된.
***dec·ade** [dékeid, 英 -´-, 英 -kəd] *n.* **1** 10년간. ¶ the two *decades* from 1931 to 1951 1931년에서 1951년까지의 20년간. **2** 10권, 10편, 10개 한 벌로 된 것.
◇ décadal *adj.*
dec·a·dence [dékəd(ə)ns, dikéidns] *n.* ⓤ **1** 쇠퇴, 타락, 퇴폐. ¶ moral *decadence* 도덕의 퇴폐 / The nation was in its *decadence*. 그 국민은 쇠퇴기에 있었다. **2** 《종종 D-》 〔문학이나 예술상의〕 데카당스〔19세기말 프랑스를 중심으로 한 퇴폐적 문화 활동〕. [<F]
dec·a·dent [dékəd(ə)nt, dikéid(ə)nt] *adj.* **1** 쇠퇴하는, 타락하는, 퇴폐적인. **2** 데카당 작가(파)의, 데카당적인; 〔문학·예술 따위의〕퇴폐적인. —— *n.* **1** 퇴폐적인 사람. **2** 《종종 D-》 데카당파의 사람. **~ly** *adv.*
de·caf [di:kǽf] *n.* 카페인을 제거한(줄인) 커피 〔콜라 따위〕.
de·caf·fein·ate [di:kǽfi:(i)nèit] *vt.* 〔커피 따위에서〕 카페인을 제거하다(줄이다).
dec·a·gon [dékəgàn / -gən] *n.* 〔기하〕 10 각형, 10 변형. 「(변)이 있는.
de·cag·o·nal [dikǽgən(ə)l] *adj.* 10 각형의, 10 각
dec·a·gram, 《英》 **-gramme** [dékəgræ̀m] *n.* 데카그램 [10그램]. 「체(面體)의, 10면이 있는.
dec·a·he·dral [dèkəhí:drəl / -héd-] *adj.* 〔수학〕 10면
dec·a·he·dron [dèkəhí:drən / -héd-] *n.* (*pl.* **-drons** or **-dra** [-drə]) 〔기하〕 10면체.
de·cal [dí:kæl, dikǽl] *n.* =decalcomania
de·cal·ci·fy [di:kǽlsifài] *vt.* (**-fied, -fy·ing**) 〔뼈 따위〕에서 석회질을 제거하다, 탈회(脫灰)하다.
de·cal·co·ma·ni·a [dikælkəméiniə] *n.* ⓤ 〔그림이나 무늬를 나무·금속·도자기·유리 따위에 옮기는〕 전사(轉寫)술. **2** 전사화; 전사된 그림(무늬)이 그려진 종이. 「[리터].
dec·a·li·ter, 《英》 **-tre** [dékəlì:tər] *n.* 데카리터[10
Dec·a·logue [dékəlɔ̀:g, -lɑ̀g / -lɔ̀g] *n.* 모세의 십계 (the Ten Commandments) 〔←출애굽기(Ex.)20: 2-17〕. [<Gk *dekalogos < deca-* + ten + *logos* word]
De·cam·er·on [dikǽmərən, de-] *n.* The ~ 데카메론〔Giovanni Boccaccio 작 단편 소설집(1353); 100가지 이야기로 되어 있으며, 「10일 이야기」라는 이름으로도 알려져 있다〕. [<It] 「[10미터].
dec·a·me·ter, 《英》 **-tre** [dékəmì:tər] *n.* 데카미터
de·camp [dikǽmp] *vi.* **1** 야영을 거두다, 진(陣)을 걷어치우다. **2** 급히 떠나다, 도망치다. ⇒ FLEE 類語
dec·a·nal [dékənl, dikéi-] *adj.* **1** 〔대성당의〕 사제장(dean)의. **2** 〔성당·교회당의 성가대 자리의〕 남쪽의.
de·cant [dikǽnt] *vt.* **1** 〔술 따위〕를 가만히 따르다 (pour off gently). **2** …을 다른 그릇에 옮겨 따르다.
de·can·ta·tion [dì:kæntéi(ə)n] *n.* ⓤ **1** 〔술 따위〕를 따르는 따름; 〔다른 그릇에〕 옮겨 따르기. **2** 〔화학〕 디캔테이션, 경사(傾瀉) 〔그릇을 기울여 웃물을 옮겨 받음〕.
de·cant·er [dikǽntər] *n.* **1** 〔화학〕 경사기(傾瀉器), 디캔터. **2** 〔식탁용〕 술병.
de·ca·pac·i·tate [dì:kəpǽsitèit] *vt.* (**-tat·ed, -tat·ing**) 〔정자의〕 수정(授精) 능력을 없애다.
de·ca·pac·i·ta·tion [dì:kəpæ̀sitéi(ə)n] *n.* ⓤ 정자 수정 능력 제거.
de·cap·i·tal·ize [di:kǽpitəlàiz] *vt.* **1** …의 자본을 박탈하다. **2** 〔대문자〕를 소〔decanter 2〕 문자로 바꾸다.
de·cap·i·tate [dikǽpitèit] *vt.* (**-tat·ed, -tat·ing**) **1** …의 목을 베다, …을 참수형에 처하다(behead). **2** 《美구어》 …을 해고하다.
de·cap·i·ta·tion [dikæ̀pitéi(ə)n] *n.* ⓤ **1** 참수, 목베기. **2** 《美구어》 〔갑작스러운〕 면직.
de·cap·i·ta·tor [dikǽpitèitər] *n.* **1** 목베는 사람, 참수인. **2** 《美구어》 해고하는 사람.
dec·a·pod [dékəpàd / -pɔ̀d] 〔동물〕 *n.* **1** 십 각류〔十 脚類〕〔게·새우 따위〕. *adj.* 십각류의.
de·car·bon·ate [di:ká:rbənèit] *vt.* (**-at·ed, -at·ing**) 〔화학〕 …에서 이산화 탄소를 제거하다.
de·car·bon·ize [di:ká:rbənàiz] 《*英*에서는 **de·car·bon·ise** 로도 쓴다》 *vt.* (**-ized, -iz·ing**) 〔화학〕 …에서 탄소를 제거하다.
de·car·bu·rize [di:ká:rbjuràiz] *vt.* (**-rized, -riz·ing**) =decarbonize.
de·care [díkeər / déka:] *n.* 데카르[10아르].
de·car·tel·i·za·tion [di:kà:rtilizéi(ə)n / -lai-] *n.* ⓤ 카르텔의 해체, 기업 집중 배제.
de·car·tel·ize [di:ká:rtilàiz] *vt.* (**-lized, -liz·ing**) 〔기업〕의 카르텔을 해체하다.
dec·a·stere [dékəstìər] *n.* 데카스테르[10 입방 미터].
de·cas·u·al·ize [di:kǽʒuəlàiz] 《*英*에서는 **de·cas·u·al·ise** 로도 쓴다》 *vt.* (**-ized, iz·ing**) 〔임시 노동자〕의 고용을 감축하다.
dec·a·syl·lab·ic [dèkəsilǽbik] *adj.* 10 음절의. ¶ a *decasyllabic* verse 10 음절시(詩). 「(行).
dec·a·syl·la·ble [dékəsìləbl] *n.* 10 음절어·시행(詩
dec·ath·lete [dikǽθli:t] *n.* 10 종 경기 선수.
dec·ath·lon [dikǽθlɑn, -lən / -lɔn] *n.* ⓤ 10 종 경기. *cf.* pentathlon
dec·a·tron [dékətràn / -trɔn] *n.* 〔물리〕 데카트론〔가스 방전을 이용한 십진법(十進法) 계산을 하는 전자관(管)〕.
‡de·cay [dikéi] *vi.* **1** 〔번영·건강 따위가〕 쇠퇴하다, 〔신체 따위가〕 쇠약해지다, 〔활력·아름다움 따위가〕 쇠하다(decline), 시들어 떨어지다, 퇴화하다(deteriorate), 타락하다. ¶ Our powers *decay* in old age. 나이가 들면 체력이 쇠해진다.
2 썩다, 부식하다(rot); 황폐하다.
類語 *decay* 자연적으로, 서서히 분해·악화되다: Teeth *decay* from lack of care. 이는 손질을 하지 않으면 충치가 된다. **rot** *decay* 보다 강한 말, 특히 식물질이 부패하다; 때로 동물질에도 쓰는 수도 있다: Fallen leaves *rot*. 낙엽은 썩는다. **spoil** 가정·시장에서 식료품이 부패하다: Foods *spoil* quickly in summer. 여름에는 음식물이 빨리 부패한다.
3 〔물리〕 〔방사성 물질이〕 붕괴하다. 「다.
—— *vt.* …을 쇠하게 하다; 부패하게 하다; 썩게 하
—— *n.* ⓤ **1** 쇠잔, 쇠퇴, 조락(凋落); 〔특히 힘·건강·지력 따위의〕 감퇴, 쇠약. ¶ national *decay* 국가의 쇠퇴 / Life is subject to *decay*. 생로병사(生老病死). **2** 부패(decomposition); 부패한 물질(조직); 황폐. **3** 〔물리〕 〔방사성 물질의〕 붕괴. 「잔패지다.
go to (or **fall into**) **decay** ① 썩다, 부패하다. ② 쇠
◇ décadence *n.,* décadent *adj.*
Dec·can [dékən] *n.* **1** 데칸 반도〔인도 Narbada 강이남의 땅〕. **2** 데칸 고원〔데칸 반도의 태반을 차지하는 고원〕.
de·cease [disí:s] *n.* ⓤ 《법률》 사망(death).
—— *vi.* (**-ceased, -ceas·ing**) 죽다, 사망하다.
***de·ceased** [disí:st] *adj.* **1** 죽은(dead); 작고한, 고(故)…(late). **2** 《名詞·통칭》 〔특정의〕 사자, 고인, 망인; 《집합적》 죽은 사람들. ¶ the family of the *deceased* 유족. ⇒ DEAD 類語
de·ce·dent [disí:d(ə)nt] *n.* 〔법률〕 망인, 고인, 사자.
‡de·ceit [disí:t] *n.* ⓤⓒ **1** 사기, 협잡. **2** 위계(僞計), 계교, 속임수. **3** 불성실, 기만, 허위.
◇ decéive *v.,* decéitful *adj.*

de·ceit·ful [disíːtfəl] *adj.* **1** 속이는, 거짓의. **2** 남을 기만하는, 사기의. **~ly** *adv.* **~ness** *n.* 〖운〗.

de·ceiv·a·ble [disíːvəbl] *adj.* 속일 수 있는, 속기 쉬.

‡**de·ceive** [disíːv] *v.* (**-ceived, -ceiv·ing**) *vt.* [거짓말·거짓처럼 하여] 을 속이는, 기만하다, ⇨ CHEAT 類語; 현혹시키다, 그르치다(delude, mislead), 〖희망 따위〗를 그르치다, 어긋나게 하다; 〖재귀용법〗 잘못하다, 잘못 생각하다. ¶ *deceive* another's hope 남의 희망을 어긋나게 하다 / I was *deceived* by the blue sky and brought no umbrella. 나는 하늘에 속아 우산을 안 가지고 나왔다[그랬더니 비가 왔다] // (~+圈+前+名) be *deceived in* …을 잘못 믿고(신용하고) 있다, 잘못 보고 있다 / He was *deceived into* buying such a thing. 그는 속아서 저런 물건을 샀다. —*vi.* 사기하다, 속임수쓰다, 남을 현혹시키는 짓을 하다(practice deceit).
◇ deceit *n.*, deception *n.*, deceptive *adj.*

de·ceiv·er [disíːvər] *n.* 사기꾼.

de·ceiv·ing·ly [disíːviŋli] *adv.* 속여서, 거짓으로.

de·cel·er·ate [diːséləreit] *vt., vi.* (**-at·ed, -at·ing**) 감속하는. *opp.* accelerate

de·cel·er·a·tion [diːsèləréiʃ(ə)n] *n.* 〖U〗 감속.

decèlerátion làne (《英》 **stríp**) *n.* 〖차도, 특히 고속도로의〗 감속 차선.

‡**De·cem·ber** [disémbər] *n.* 12월 [略 Dec.]. (<L *December* 10th month: 고대 로마력에서는 3월에 새해가 시작되었으므로, 10월에 해당)

de·cem·vir [disémvər] *n.* (*pl.* **-virs** *or* **-vi·ri** [-virai]) 【고대 로마의】 10대관(官)의 한 사람(특히 로마 최초의 법전 작성을 명령받은 10인 위원회의 회원). **2** 10인으로 구성된 무화의 한 사람. 〖원의〗.

de·cem·vi·ral [disémvirəl] *adj.* 10 대관의; 10인 위원회.

de·cem·vi·rate [disémvirit, -rèit] *n.* 〖U〗 10대관의직; 10두(頭) 정치.

*de·cen·cy** [díːsnsi] *n.* (*pl.* **-cies**) **1** 〖U〗 남부끄럽잖음; 체면; 체면을 유지함. ¶ They are man and wife for *decency's* sake. 그들은 체면(외관)상의 부부이다. **2** 〖U〗 예의바름, 예절에 맞음, 품위 있음. ¶ To spit in the car is an offense against public *decency.* 차 안에서 침을 뱉는 것은 공중 도덕을 무시한 행동이다 / He went to the party out of *decency.* 그는 체면 때문에 그 파티에 참석했다. **3** (**-cies**) 예절. ¶ observe the *decencies* 예절을 지키다. **4** 〖U〗(구어) 상냥함, 친절(kindness); 관대. **5** (**-cies**) 남부끄럽잖은 생활(행위)에 필요한 것.
◇ decent *adj.*

de·cen·na·ry [disénəri] *n.* (*pl.* **-ries**) 10년간(decennium), 10년간의(decennial).

de·cen·ni·ad [disénièd] *n.* =decennium.

de·cen·ni·al [di(ː)séniəl] *adj.* **1** 10년으로 된, 10년간 계속되는. **2** 10년마다의. —*n.* 10년제(祭) 〖의 사전〗. **-ly** [-əli] *adv.*

de·cen·ni·um [disénièm] *n.* (*pl.* **-ni·ums** *or* **-ni·a** [-niə]) 10년간(decade).

*de·cent** [díːsnt] *adj.* **1** 적당한, 알맞은, 어울리는, 기준에 맞는.
2 예의에 맞는, 품위있는(decorous), 난잡하지 않은. ¶ be *decent in* manner 태도가 단정하다 // It is not *decent* to laugh at a funeral. 장례식에서 웃는 것은 예의에 어긋난다.
3 존경할만한, 훌륭한, 지체있는(respectable, worthy). ¶ He comes of a *decent* family. 그는 명문 출신이다.
4 《주로 구어》 웬만한, 쓸만한, 괜찮은(passable, tolerable), 알맞는, 그런 듯한. ¶ a *decent* amount of money 상당한 액수의 돈 / a *decent* face 웬만큼 생긴 얼굴 / He speaks quite *decent* English. 그는 영어를 제법 한다.
5 친절한(kind), 관대한(generous), 이해심 있는, 까다롭지 않은(not censorious). ¶ be *decent to* a person 남에게 친절하다 // It's really *decent* of you to see me home. 저를 철저히 집까지 바래다 주셔서 감사합니다.
6 (구어) ○ décency *n.*, décently *adv.*
~ness *n.* ◇ décency *n.*, décently *adv.*

de·cent·ly [díːsntli] *adv.* **1** 남부끄럽잖게, 품위있게. ¶ be *decently* clothed 남부끄럽잖은(단정한) 옷차림을 하고 있다 / act *decently* 품위있게 행동하다. **2** 상당히, 제법, 패(considerably). ¶ be *decently* ill 병이 꽤 중하다. **3** 관대하면서, 친절하게, 인심좋게.

de·cen·tral·i·za·tion [diːsèntrəlizéiʃ(ə)n / -trəlai-] *n.* 〖U〗 분산, 집중 배제, 지방 분권.

de·cen·tral·ize [diːséntrəlaiz] (《英》**de·cen·tral·ise** 로도 쓴다) *vt.* 〖권력·조직 등〗을 분산시키다; …의 중앙 집권을 해제하다, …을 지방 분권으로 하다.

*de·cep·tion** [disépʃ(ə)n] *n.* 〖U〗 **1** 속임, 기만. ¶ Politicians often practice *deception* upon people. 정치가들은 종종 국민을 속인다. **2** 속은 상태, 기대에 어긋남. ¶ We are under *deception.* 우리는 속고 있다. **3** 사기, 속임수(fraud). ¶ There is no *deception.* 아무런 속임수도 없습니다. ◇ decéive *v.*, decéptive *adj.*

de·cep·tive [diséptiv] *adj.* 속이는, 사람을 현혹하는, 믿을 수 없는. ¶ Appearances are often *deceptive.* 사물(사람)은 겉보기와는 다르다. **~ly** *adv.* **~ness** *n.*

de·cer·ti·fy [diːsə́ːrtifài] *vt.* (**-fied, -fy·ing**) …의 인가를 취소하다.

de·chris·tian·ize [diːkrístʃənàiz / -tʃən-] (《英》에서는 **-christianise**로도 쓴다) *vt.* (**-ized, iz·ing**) …의 기독교 신앙을 잃게 하다, …을 비기독교로 하다.

deci- tenth(10분의 1)의 뜻의 연결형. 예: *deci*liter.

dec·i·are [désiɛər / -àː] *n.* 데시아르[10분의 1아르].

dec·i·bar [désibàr] *n.* 〖기상〗 데시바(1/10바).

dec·i·bel [désibèl] *n.* 〖물리〗 데시벨[10분의 1벨. 음압·전력의 감쇠(減衰)나 이득을 나타내는 단위; 음향 크기의 단위; 略 dB, db].

de·cid·a·ble [disáidəbl] *adj.* 결정할 수 있는.

‡**de·cide** [disáid] *v.* (**-cid·ed, -cid·ing**) *vt.* **1** 【문제·논쟁·투쟁 따위】를 해결하다, 재결(裁決)하다, 판결하다. ¶ *decide* a question (a quarrel) 문제(싸움)를 해결하다 // (~+圈+前+名) The court *decided* the case *against* the plaintiff. 법원은 원고에게 불리한 판결을 내렸다 / The lawsuit was *decided for* (or *in favor of*) him. 그 소송은 그에게 유리하게 결정(판결)되었다.
2 …을 결심하다, 결의하다. ¶ (~+*to* do) (~+*that* 節) She has *decided* to become a teacher. =She has *decided that* she will become a teacher. 그녀는 교사가 되기로 결심 했다 // (~+*wh.* to do) (~+*wh.* 節) He could not *decide which* to choose. =He could not *decide which* he should choose. 그는 어느 쪽을 선택해야 할 지를 결정할 수 없었다.
類語 decide 금후의 방침 따위에 대해 명확한 결론을 내리다: *decide* to start 출발하기로 결정하다. **determine** decide 한 다음 끝까지 목적·의도를 관철함이 있음을 암시하는 말: *determine* to win 반드시 이겨야 한다는 결의를 굳히다. **resolve** 확고한 목적을 적극적으로 명확히 표명하다: *resolve* to win 절대 승리한다는 결의를 표명하다.
3 …을 결심하게 하다. ¶ That *decides* me. 그것 때문에 결심하게 된다 // (~+圈+*to* do) His advice *decided* me *to* carry out my plan. 그의 충고로 나는 그 계획을 실천할 결심을 하게 됐다.
—*vi.* 결정하다. ¶ *decide* by ballot (or vote, poll) 투표로 결정하다 // (~+前+名) *decide on* a course of action 행동의 방침을 결정하다 / *decide on* adopting a new system 새 방식을 채택하기로 결정하다 / Let's *decide upon* what to do (or what we are to do). 어떻게 해야 할 지를 결정하자 / He *decided on* the matter. 그는 그 문제에 대해 결심했다 / They *decided against* going on a picnic. 그들은 소풍을 가지 않기로 결정했다 / They *decided for* it. 그들은 그것을 하기로

결정했다 / They had to *decide between* surrender and starvation. 그들은 항복할 것인가 아사할 것인가를 결정하지 않으면 안 되었다 / You have to *decide as to* who should be the leader. 누가 리더가 될 것인가를 결정해야 한다 / We have to *decide about* it. 그 일에 대한 결정을 해야 한다. **2** 판결(재결)을 내리다. ¶ (~+前+图) The judge *decided against* (*for* or *in favor of*) the defendant. 판사는 피고에게 불리(유리)한 판결을 내렸다. ◇ decísion *n.*, decísive *adj.*

‡**de‧cid‧ed** [disáidid] *adj.* **1** 의문의 여지 없는(unquestionable), 명확한, 명백한(clear). ¶ a *decided* success(failure) 누가 보아도 의심할 여지없는 성공(실패). **2** 단호한, 결연한, 확고한(resolute, determined). ¶ a *decided* refusal 단호한 거절 / a *decided* man 결단력 있는 사람 / in a *decided* tone (*or* voice) 단호한 어조로. ~‧ness *n.* ◇ decídedly *adv.*

*de‧cid‧ed‧ly [disáididli] *adv.* **1** 분명하게, 명확하게. **2** 확고하게, 단호하게.

de‧cid‧er [disáidər] *n.* **1** 결정자, 재결자. **2** 결승 경기.

de‧cid‧u‧ous [disídʒuəs / -djuəs] *adj.* **1** 낙엽성의. opp. evergreen, persistent ¶ *deciduous* broad-leaved trees 낙엽 활엽수. **2** 탈락성의, 새것으로 바뀌는. ¶ *deciduous* teeth 유치, 젖니(milk teeth). **3** 영속하지 않는, 단명의, 덧없는(transitory).

dec‧i‧gram,〔英〕**-gramme** [désigræm] *n.* 데시그램[10분의 1그램]. [의 1리터]

dec‧i‧li‧ter,〔英〕**-tre** [désilì:tər] *n.* 데시리터[10분

de‧cil‧lion [disíljən] *n.* 데실리온[미국·프랑스에서는 1,000의 11제곱수; 영국·독일에서는 100만의 10제곱수].

*dec‧i‧mal [désim(ə)l] *adj.* **1** 10진법의, 소수의. ¶ *decimal* numeration 10진법 / *decimal* number 10진수 / the third *decimal* place 소수 셋째자리(제 3위). ── *n.* 소수. ¶ a circulating (*or* a recurring) *decimal* 순환 소수 / an infinite (a finite) *decimal* 무한(유한) 소수. ~‧ly [-məli] *adv.* 소수로, 十 산술로.

décimal arithmetic *n.* 〔수학〕 10진법 산술(法).

décimal classification *n.* 〔도서의〕 10진 분류법.

décimal fraction *n.* 〔수학〕 소수. *cf.* common fraction

dec‧i‧mal‧ist [désiməlist] *n.* 10진법 주장자.

dec‧i‧mal‧i‧za‧tion [dèsiməlizéi(ə)n / -məlai-] *n.* U 10진법화.

dec‧i‧mal‧ize [désiməlàiz] *vt.* (-ized, -iz‧ing) …을 10진법화하다, 10진법으로 하다.

décimal notation *n.* 〔수학〕 10진 기수법(記數法).

décimal place *n.* 〔수학〕 소수자리.

décimal point *n.* 〔수학〕 소수점.

décimal system *n.* 10진법.

dec‧i‧mate [désimèit] *vt.* (-mat‧ed, -mat‧ing) **1** 〔고대 로마에서 반란죄의 형벌로서〕 …의 열사람 중 한사람을 제비뽑아 죽이다. **2** …의 많은 사람을 죽이다, 대폭 감소하다. ¶ The disease *decimated* the population of the country. 그 병으로 그 나라의 인구가 크게 감소되었다. 〔< L decimātus < decimāre take the tenth man: 고대 로마에서 상관에게 반항한 자 등을 처벌할 때 10사람 중에서 한 사람을 골라 처형한 데서〕

dec‧i‧ma‧tion [dèsiméi(ə)n] *n.* U **1** 다수인 살해. **2** 열 사람 중 한 사람을 처형하기.

dec‧i‧me‧ter,〔英〕**-tre** [désimì:tər] *n.* 데시미터[10분의 1미터].

de‧ci‧pher [disáifər] *vt.* **1** 〔암호문 따위를〕 해독하다, 번역하다. *opp.* cipher **2** 〔불명료·난해한 문자를〕 판독하다. ¶ *decipher* an old manuscript 고문서를 판독하다. ── *n.* U 〔암호문〕 번역, 해독; 번역.

de‧ci‧pher‧a‧ble [disáifərəbl] *adj.* 판독(해독)할 수 있는. [번역.

de‧ci‧pher‧ment [disáifərmənt] *n.* U 판독, 해독;

‡**de‧ci‧sion** [disíʒ(ə)n] *n.* U|C **1** 결정(determination); 해결. ¶ *decision* by majority 다수결 / arrive at (*or* come to, reach) a *decision* 해결되다 / make a *decision* 결정하다. **2** 판결, 재결(judgment). ¶ give a *decision* on a matter 사건에 판결을 내리다 / The judge postponed his *decision* on the case. 판사는 그 사건에 대한 판결을 연기했다. **3** 결의, 결심, 결단. ¶ by one's own *decision* 독단으로 / make a wise *decision* 현명한 결단을 내리다 / modify one's *decision* 고쳐 생각하다 // His *decision* to retire surprised me. 은퇴하기로 한 그의 결심에 나는 놀랐다. **4** U 결단력, 의연(毅然)〔한 성격〕. ¶ a man of *decision* 과단성 있는 사람 / with *decision* 결연하게 / He lacks *decision*. 그는 결단력이 없다. **5** 〔권투〕 판정승. ¶ win by *decision* 판정승하다. ── *vt.* 〔권투〕 …에게 판정승하다.
◇ decíde *v.*, decísive *adj.*

decísion táble *n.* 〔컴퓨터〕 〔모든 조건과 필요한 행동을 적은 의사 결정과 계획 작성을 위한〕 고려 조건 일람표, 의사결정표.

‡**de‧ci‧sive** [disáisiv] *adj.* **1** 결정적인(final), 결말짓는. ¶ a *decisive* battle 결전 / *decisive* evidence; a *decisive* proof 확증 // The incident will be *decisive* of the fate of the question. 그 사건이 이 문제의 운명을 결정하게 될 것이다 / The opinion is *decisive* on the matter. 그 의견은 그 문제에 관해 결정적이다. **2** 단호〔확고〕한, 명백한, 결연한(decided, resolute). ¶ *decisive* measures 단호한 조치 / a *decisive* character 과단성 있는 성격 / He gave a *decisive* answer. 그는 딱 부러지게 대답했다.
~‧ness *n.* ◇ decíde *v.*, decísion *n.*, decísively *adv.*

de‧ci‧sive‧ly [disáisivli] *adv.* 결정적으로; 단호하게.

de‧ci‧stere [désistìər] *n.* 데시스테르[10분의 1스테르, 10분의 1입방미터].

de‧civ‧i‧lize [di:sívəlàiz] (*〔英〕에서는 de‧civ‧i‧lise로도 쓴다) *vt.* (-lized, -liz‧ing) …의 문명을 빼앗다, …을 미개한 상태로 되돌리다.

‡**deck** [dek] *n.* **1** 〔항해〕 데크, 갑판. ¶ a boat *deck* 보트 갑판 / *deck* cargo 갑판 적하물 / a forecastle *deck* 전갑판 / a lower (an upper) *deck* 하(상)갑판 / a main *deck* 정(중)갑판 / a quarter *deck* 후갑판 / a shelter *deck* 차랑(遮浪) 갑판. **2** 〔객차의〕 지붕; 〔전차 따위의〕 바닥; 〔건물의〕 층, 물매 없는 지붕; 갑판 비슷한 것. ¶ the *deck* of an airplane 비행기의 날개면(面). **3** 〔주로 美〕 카드의 한 벌(pack).

clear the decks ① 〔군함에서〕 전투 준비를 하다. ② 활동 준비를 하다.

hit the deck 《속어》 ① 일어나다, 기상하다(get up). ② 전투 준비를 하다. ③ 마루에 넘어뜨려지다. ④ 〔공격을 피하여〕 마루에 엎드리다.

on deck ① 갑판에 나와. ¶ go *on deck* 갑판에 나오다. ② 〔구어〕 준비가 되어. ③ 〔구어〕 〔야구〕 다음 타자로. ¶ Robinson *on deck*. 로빈슨이 다음 타자로 대기하고 있다. 〔(전승)하다.

sweep the deck ① 〔파도가〕 갑판을 휩쓸다. ② 전승
── *vt.* **1** …에 […을] 입히다, …을[…으로] 꾸미다, 치장하다(adorn, decorate) (…*out*). ¶ (~+图+前+图) (~+图+圈) They *decked* themselves *for* festivity *in* red. 그들은 축제에 빨간 옷을 입었다 / The room was *decked with* flowers. 방은 꽃으로 장식되어 있었다 / The ship is *decked out* in all her canvas. 배는 모든 돛을 활짝 아름답게 올리고 있다 / She *decked* herself *out with* her jewels. 그녀는 보석으로 몸을 치장하고 있었다. **2** 〔항해〕 …에 갑판을 대다(…*in*, *over*). **3** 《구어》 …을 때려눕히다(knock down). 〔<Du〕

déck bóy *n.* 갑판 청소인.

déck brídge *n.* 상로교(上路橋), 노선교(路線橋) 〔횡목 따위가 통로 밑에 있는 다리〕.

déck cárgo *n.* 갑판에 실은 짐.

déck cháir *n.* 데크 체어〔접고 펼 수 있는 즈크

deck·el [dékl] *n.* =deckle.

deck·er [dékər] *n.* **1** 《종종 복합어로》 […층의] 갑판이 있는 배. ¶ a three-*decker* 3층 갑판선. **2** 《복합어를 만들어서》 …층이 있는 것. ¶ a double-*decker* bus (sandwich) 이층 버스(이중 샌드위치).

déck hánd *n.* 〔항해〕 갑판원, 갑판 선원, 평선원. **2** 〔연극〕 무대 담당자(stagehand) 〔도구 담당자·조명 담당자 등〕.

deck·house [dékhàus] *n.* (*pl.* **-hous·es** [-hàuziz]) 〔항해〕 갑판실.

deck·le [dékl] *n.* **1** 〔제지〕 정형기(定型器) 〔종이의 판형을 결정한다〕. **2** (=**déckle édge**) 〔손으로 뜬 종이의〕 갈쭉갈쭉한 가장자리.

deck·le-edged [dékléd3d] *adj.* 〔손으로 뜬 종이가〕 원지 그대로의, 도련하지 않은.

déck lóad *n.* 갑판 적재 화물.

déck lóg *n.* 〔항해〕 갑판 일지〔당직 선원이 기입한다〕.

deck·man [dékmən] *n.* (*pl.* **-men** [-mən]) 데크맨 〔원치 작업을 지휘하는 하역 작업원〕.

déck ófficer *n.* 〔항해〕 갑판부 사관.

déck pàssage *n.* 〔선실 없이 하는〕 갑판 항해.

déck pàssenger *n.* 〔선실에 들지 않은〕 갑판 승객.

deck·pipe [dékpàip] *n.* 〔항해〕 =spillpipe.

déck ténnis *n.* U 데크 테니스〔네트 너머로 고무 고리를 흔 손으로 던지고 받고 하는 선상 경기〕.

de·claim [dikléim] *vi.* **1** 〔미사여구를 써서〕 연설하다, 열변하다, 낭독[을 연습] 하다. **2** 통렬히 비난하다, 매도하다(inveigh) (*against*...). ¶ *declaim against* luxury 사치를 공격하다. ― *vt.* …을 낭랑하게 낭송하다.

de·claim·er [dikléimər] *n.* 연설자, 열변가.

dec·la·ma·tion [dèkləméi∫(ə)n] *n.* U C **1** 낭독〔법〕; 웅변(연벽)의 토학, **2** 〔감명을 주는〕 연설〔문〕. **3** 〔음악〕 음창조(吟唱調).

dec·lam·a·to·ry [diklǽmətɔ̀:ri / -t(ə)ri] *adj.* 연설투의; 수사적인, 수사에 그치는.

de·clar·a·ble [diklɛ́(:)rəbl, -klɛ́ər- / -klɛ́ər-] *adj.* **1** 선언(언명)할 수 있는. **2** 〔세관에서〕 신고해야 할.

de·clar·ant [diklɛ́(:)rənt / -klɛ́ər-] *n.* **1** 선언자. **2** 《美》〔법률〕 미국에의 귀화를 선서한 사람.

:dec·la·ra·tion [dèkləréi∫(ə)n] *n.* U C **1** 발표, 선언, 포고, 고백; 선언서(문), 성명서(문). ¶ a *declaration* of war 선전포고 / make a *declaration* of one's political views 정견을 발표하다 / draw up (issue) a *declaration* 성명서를 기초(발표) 하다. **2** 〔과세 따위의〕 신고〔서〕. **3** 〔법률〕 원고의 최초의 진술; 증인의 공술(供述), **4** 〔카드놀이〕 으뜸패 선언(bid).

the Declaration of Human Rights 세계 인권 선언 〔1948년 12월 제3회 유엔 총회에서 채택〕.

the Declaration of Independence 〔美역사〕 미합중국 독립 선언 〔1776년 7월 4일; Thomas Jefferson이 기초〕.

the Declaration of Rights 〔英역사〕 권리 선언(Bill of Rights) 〔1689년의 명예 혁명으로 의회가 낸 인민 권리 선언〕.

◇ **declare** *v.*, **declarative**, **declaratory** *adj.*

*****de·clar·a·tive** [diklǽrətiv] *adj.* 진술의; 선언의; 신고의. ¶ a *declarative* sentence 〔문법〕 평서문.

de·clar·a·to·ry [diklǽrətɔ̀:ri / -t(ə)ri] *adj.* = declarative.

:de·clare [diklɛ́ər] *v.* (**-clared, -clar·ing**) *vt.* **1** …을 발표하다, 언명하다, 공언하다, 성명하다, 선언하다. **2** …고 하다(proclaim), 단언하다; …을 밝히다, 나타내다(reveal), ⇨ AFFIRM ¶ *declare* one's position 입장을 밝히다 / Our teacher *declared* the results of the examination. 선생님이 시험 결과를 발표하셨다 // (~+目+補) *declare* oneself king 왕이라고 밝히다 / He *clared* himself satisfied. 그는 만족하다고 말했다(밝혔다) // (~+目+ [*to be*] 補) The accused was *declared* [*to be*] guilty. 피고는 유죄 선고를 받았다 // (~+目+前+名) *declare* war *against* (or *upon, on*) a country 어떤 나라에 대해 선전 포고를 하다 // (~+*that* 節) These footprints *declare that* somebody came here. 발자국이 있어 누군가가 여기에 왔었다는 것을 알 수 있다.

類語 **declare** 공공연하게〔보통 격식차린 형식으로〕 발표·선언하다. 때로 반대를 무릅쓰고 강행할 것을 암시: *declare* a state of emergency 비상 사태를 선언하다. **announce** 관심의 초점이 되어 있는 일을 〔특히 처음으로〕 발표하다: *announce* a cut in taxes 감세(減稅)를 발표하다. **proclaim** 사회적으로 중대한 일을 공식으로 널리 발표하다: *proclaim* a holiday 휴일을 포고하다. **publish** 보통 인쇄물로 발표하다: *publish* a reader's letter in the newspaper 독자의 편지를 신문에 발표한다.

2 〔소득액·과세품을〕 신고하다. ¶ I have nothing to *declare*. 신고할 만한 것이 아무 것도 없다. **3** 〔카드놀이〕〔가진 패를〕 알려주다, 〔어떤 패를〕 으뜸패라고 선언하다. ― *vi.* **1** 단언하다, 언명하다, 선언하다. ¶ (~+前+名) *declare against* (*for*) war 전쟁에 반대(찬성)임을 선언하다. **2** 〔크리켓〕〔중도에서〕 회(이닝)의 종료를 선언하다.

declare oneself ① 자기의 의견을 말하다, 자기의 입장을 밝히다. ② 자기의 존재(신분, 본성)를 밝히다. ③ 사랑을 고백하다. ④ 정당원으로서 등록하다, 당원이 되다.

declare off (*vt., vi.*) 〔약속·결정·경기 따위를〕 취소하다, 그만두다, 파기하다. ¶ She *declared off* the day before. 그녀는 그 전날에 와서 취소하였다.

I declare! 〔문장 끝에서 문장을 강조하여〕 …이고말고, 정말 …이다. 「설마.

Well, I declare! 이건 놀랐는데 !, 정말 놀랐는 걸 !, ◇ **declaration** *n.*, **declarative** *adj.*

de·clared [diklɛ́ərd] *adj.* **1** 공언(선언)한; 공표된, 공공연한(professed). **2** 신고한.

-clar·ed·ly [-klɛ́(:)ridli / -klɛ́ərid-] *adv.*

de·clar·er [diklɛ́(:)rər / -klɛ́ər-] *n.* **1** 선언자, 언명자. **2** 〔카드놀이〕 으뜸패의 선언자.

dé·clas·sé [dèikləséi] *adj.* (* 여성에 대해 말할 경우에는 **de·clas·sée** [-séi]도 쓴다) 사회적 지위를 잃은, 영락한, 하층 계급인. 〔< F declassed〕

de·classed [di:klǽst / -klɑ́:st] *adj.* = déclassé.

de·clas·si·fy [di:klǽsəfài] *vt.* (**-fied, -fy·ing**) 《美》〔정부·군대 등에서〕 〔서류·정보 따위를〕 기밀 문서 리스트에서 제외하다, …의 비밀 제한을 해제하다.

de·clen·sion [diklén∫(ə)n] *n.* U C 〔문법〕〔명사·대명사·형용사의〕 격변화, 어미 변화. *cf.* conjugation, inflection **2** U 기울기, 경사; C 내리막(bend, slope). ¶ a steep *declension* 가파른 내리막길. ¶ the *declension* of art 예술의 쇠퇴.

de·clin·a·ble [dikláinəbl] *adj.* 〔문법〕 어미 변화를 하는, 격변화가 있는.

dec·li·na·tion [dèklinéi∫(ə)n] *n.* U C **1** 〔아래 쪽으로〕 기울기, 경사. **2** 쇠잔, 타락. **3** 〔표준 따위에서〕 벗어남, 일탈(逸脫) (deviation). **4** 《美》사퇴, 사절. **5** 〔천문〕 적위(赤緯). **6** 〔물리〕 편각(지자기(地磁氣)의 자장(磁場)의 방위각].

dec·li·na·tion·al [dèklinéi∫(ə)nəl] *adj.* 아래로 기운, 하향(下傾)의; 편차의; 적위(赤緯)의.

de·clin·a·to·ry [dikláinətɔ̀:ri / -təri] *adj.* 사퇴의 뜻을 나타내는.

:de·cline [dikláin] *v.* (**-clined, -clin·ing**) *vt.* **1** …을 거절하다, 사절(사퇴) 하다(*opp.* accept). ⇨ REFUSE 類語 ¶ *decline* a gift with thanks 선물을 정중히 사절하다. **2** 〔종종 의뢰를 뜻이 내포되어 있다〕 〔…할 것을 do〕 (~+*ing*) He *declined* to explain. = He *declined* explaining. 그는 해명하기를 거절했다. * 목적어로서

는 (~+*to* do)형이 보통이다. **2** …을 기울이다, (고개)를 숙이다. **3** [문법] [명사·대명사·형용사]를 격변화(어미 변화)시키다; …의 변화형을 암창(暗唱)하다. *cf.* conjugate, inflect
— *vi*. **1** 정중하게 거절하다, 사절하다. ¶ *decline* with thanks 정중히 사퇴하다 (* 종종 비꼬는 뜻이 포함된다) / She was invited to a party, but *declined*. 그녀는 파티에 초대되었으나 사절했다. **2** 기울다, 경사지다, 아래로 향하다; [석양이] 지다, 기울다(sink). ¶ The sun *declines* westward. 해는 서쪽으로 기운다(진다) / The day *declines*. 해가 진다(날이 저문다). **3** 쇠하다, 쇠퇴하다. ¶ *declining* years 만년 / *declining* fortune 쇠운(衰運) / rise and *decline* 성쇠(盛衰) (부침 (浮沈))하다 / *decline* in popularity 인기가 떨어지다 / His health slowly *declined*. 그의 건강이 서서히 쇠약해졌다 / Prices began to *decline*. 물가가 내리기 시작했다. **4** [문법] 격변화(어미 변화)하다.
— *n*. **1** 경사, 내리막. **2** [힘·체력의] 감퇴, 쇠약; 쇠약병, [특히] 폐병. ¶ fall into a *decline* 쇠약해지다, 폐병에 걸리다 **3** [가격 따위의] 하락. ¶ a *decline in* prices (weight, business) 물가 (중량, 장사)의 하락(감소, 쇠퇴). **4** 해가 기움, 해가 짐, 일몰. **5** [인생의] 종말, 만년; [사물의] 최종 단계. ¶ in the *decline* of life 만년에,
on the decline 기울어서; 쇠퇴하여; 내리막에. ¶ His prosperity (The custom) is *on the decline*. 그의 운수는 내리막이다 (그 풍습은 쇠퇴해가고 있다).

de·clin·er [dikláinər] *n*. 사퇴자.
de·clin·ing [dikláiniŋ] *adj*. 기우는; 떨어지는; 쇠퇴하는. ¶ in one's *declining* years 만년에, 노후에 / the *declining* value of the dollar 달러 (가치)의 하락 / *clining* fortune 기우는 운세.
dec·li·nom·e·ter [dèklinámitər / -nɔ́m-] *n*. [물리] 방위각계(計), 편향계(偏向計). *cf.* declination
de·cliv·i·tous [dikláivitəs] *adj*. 폐 가파른, 내리막의.
de·cliv·i·ty [dikláviti] *n*. ⓤ ⓒ (*pl*. -**ties**) 하향 경사, 내리막. *opp.* acclivity
de·cli·vous [dikláivəs] *adj*. 아래로 기운, 내리막의.
de·clutch [diːklʌ́tʃ] *vi*. [자동차의] 클러치를 떼다.
de·coct [dikákt / -kɔ́kt] *vt*. …을 달이다, 달여내다.
de·coc·tion [dikákʃ(ə)n / -kɔ́k-] *n*. **1** 달임, 달여 냄. **2** 달인 즙, 달인 약.
de·code [diːkóud] *vt., vi*. (-**cod·ed, -cod·ing**) [암호문을] 번역하다, 해독하다. *opp.* encode
de·cod·er [diːkóudər] *n*. **1** 암호 해독자; 자동 암호 해독 장치. **2** [무선] 자기편 식별 장치. **3** [컴퓨터] 디코더, 해독기.
de·col·late [dikáleit / -kɔ́l-] *vt*. (-**lat·ed, -lat·ing**) …의 목을 베다, 참수형에 처하다.
de·col·la·tion [diːkəléiʃ(ə)n] *n*. ⓤ 목베기, 참수.
de·col·la·tor [díːkəleitər] *n*. 참수 집행인, 망나니.
dé·col·le·tage [dèikalɑːʒ / -- / deikɔltáːʒ, - -] *n*. 옷깃을 크게 하여 목·어깨를 드러냄; 옷깃을 크게 하게 된 옷. 〈<F〉
dé·col·le·té [deikalətéi / deikɔltéi], (**de·col·le·te**) *adj*. [여자 옷이] 옷깃을 크게 하여 목·어깨를 드러낸; 옷깃을 크게 한 옷을 입은. ¶ a robe *décolleté* 로브 데콜테 [여자용 이브닝 드레스]. 〈<F〉
de·col·o·nize [diːkálənaiz / -kɔ́l-] *vt*. (-**nized, -niz·ing**) [식민지]를 해산하다; …에 자치(독립)를 허락 하다.
de·col·or, (英) -our [diːkʌ́lər] *vt*. …의 색을 빼다, …을 탈색하다, 표백하다(bleach).
de·col·or·ant, (英) -our- [diːkʌ́lərənt] *adj*. 탈색(표백)성의. — *n*. 탈색(표백)제.
de·col·or·i·za·tion, (英) -our- [diːkʌ̀lərizéiʃ(ə)n / -raiz-] *n*. ⓤ 탈색, 표백.
de·col·or·ize, (英) -our- [diːkʌ́ləraiz] *vt*. (-**ized, -iz·ing**) =decolor.

de·com·mis·sion [dìːkəmíʃ(ə)n] *vt*. [배·비행기 따위]의 취역을 해제하다.
de·com·mu·nize [diːkámjunaiz / -kɔ́m-] *vt*. 비(非)공유화(공산화)하다.
de·com·pen·sa·tion [diːkàmpənséiʃ(ə)n / -kɔ̀m-pen-] *n*. ⓤ [의학] [심장의] 대상 부전(代償不全).
de·com·pos·a·ble [dìːkəmpóuzəbl] *adj*. 분해할 수 있는, 분석할 수 있는.

***de·com·pose** [dìːkəmpóuz] *v*. (-**posed, -pos·ing**) *vt*. **1** …을[성분·요소로] 분해하다; …을 분석하다. ¶ (~+몜+前+몜) The bacteria *decompose* the impurities *into* a gas and solids. 박테리아가 불순물을 기체와 고체로 분해한다. **2** …을 썩게 하다, 부패시키다. — *vi*. **1** 분해하다. **2** 썩다, 부패하다.
◇ decomposítion *n*., decompósite *adj*.
de·com·pos·ite [diːkəmpázit / -kɔ́mpə-] *adj*. 혼합품과 섞인, 복(複) 혼합의(decompound).
— *n*. =decompound.
***de·com·po·si·tion** [diːkɑ̀mpəzíʃ(ə)n / -kɔ̀m-] *n*. **1** 분해. ¶ *decomposition* voltage 분해 전압. **2** 부패.
◇ decompose *v*.
de·com·pound [dìːkəmpáund] *vt*. **1** …을 분해시키다(decompose). **2** [페어]…을 혼합품과 혼합하다, 중복 혼합하다. — *adj*. [식물] [잎이] 중복상(重複狀)의. **2** =decomposite. — *n*. 중복 혼합물; 복(複)합성어[newspaperdom 따위].
de·com·press [dìːkəmprés] *vt*. …의 압력을 감소시키다. — *vi*. 압력이 감소하다.
de·com·pres·sion [dìːkəmpréʃ(ə)n] *n*. ⓤ **1** 해압 (解壓), 감압(減壓). **2** [외과] [두개(頭蓋)·심장·눈구멍에 가해지는] 압력의 해압 처치.
dècompréssion chàmber *n*. 감압실, 기압 조정실.
dècompréssion sìckness *n*. ⓤ [병리] 잠함(潛函)병.
de·com·pres·sor [dìːkəmprésər] *n*. 해압 장치.
de·con·cen·trate [diːkánsəntreit / -kɔ́n-] *vt*. (-**trat·ed, -trat·ing**) …을 분산시키다; [경제력의] 집중을 배제하다.
de·con·cen·tra·tion [dìːkɑ̀nsəntréiʃ(ə)n / -kɔ̀n-] *n*. ⓤ 분산; [경제력의] 집중 배제.
de·con·ges·tant [dìːkəndʒéstənt] *n*. [의학] ⓤ ⓒ [점막(粘膜) 따위의] 충혈 완화제(제거제).
de·con·se·crate [diːkánsikreit / -kɔ́n-] *vt*. (-**crat·ed, -crat·ing**) [교회당 등]을 속된 용도에 쓰다, 속화(俗化)하다.
de·con·struct [dìːkənstrʌ́kt] *vt*. 분해(해체)하다.
de·con·struc·tion [dìːkənstrʌ́kʃ(ə)n] *n*. 해체비평.
de·con·tam·i·nant [dìːkəntǽminənt] *n*. 정화제, 제독제.
de·con·tam·i·nate [dìːkəntǽmineit] *vt*. (-**nat·ed, -nat·ing**) **1** …을 정화하다, 소독하다. **2** [물건·지역]에서 독가스·방사능 등 위험 물질을 제거하다.
de·con·tam·i·na·tion [dìːkəntæmínéiʃ(ə)n] *n*. ⓤ 정화; [독가스·방사능 따위의] 제거.
de·con·trol [dìːkəntróul] *vt*. (-**trolled, -trol·ling**) 통제(관리)를 해제하다. — *n*. ⓤ 통제(관리) 해제.
de·cor, décor [deikɔ́ːr, ⁻⁻] *n*. ⓤ **1** 장식, 장식물. **2** [연극] 무대 장치(장식), 배경. 〈<F〉
‡dec·o·rate [dékəreit] *vt*. (-**rat·ed, -rat·ing**) **1** …을 꾸미다, 장식하다, 채색하다, …에 채색을 더하다. ¶ These stamps will surely *decorate* the envelope. 이 우표들을 붙이면 틀림없이 봉투가 알록달록해질 것이다 // (~+몜+前+몜) She *decorated* the room *with* flowers. 그녀는 꽃으로 방을 장식했다 / The hall was *decorated for* the festival. 그 홀은 축제를 위해 장식되었다.

〖類語〗 *decorate* 단조·간소한 것을 아름다운 물건으로 아름답게 하다: *decorate* a room with furniture 방을 가구로 장식하다. *adorn* 아름다운 것을 첨가하여 본래의 아름다움을 더 높이다: An innocent smile *adorned* her face. 순진한 미소가 그녀의 얼굴을 더욱 아름답게 했

다. **ornament** 특히 장식으로 첨가한 것이 부차적인 부속물임을 강조하는 말: *ornament* a comb with pearls 빗을 진주로 장식하다.
2 〖집·방〗에 페인트를 칠하다; 벽지를 바르다.
3 …에게 훈장(메달)을 수여하다, …을 서훈(敍勳)하다. ¶ (~+图+囿+图) He was *decorated* [*with* a medal] *for* his distinguished service. 그는 그의 현저한 공적으로 훈장을 받았다.
◇ decoration *n.*, décorative *adj.*

dec·o·rat·ed [dékərèitid] *adj.* **1** 꾸며진, 장식된. **2** 훈장을 받은, 훈장을 단. **3** (D-) 장식식의.

Décoràted stýle *n.* (the ~) 〖건축〗장식식(式) [14세기경 영국의 고딕식 건축의 한 양식].

‡**dec·o·ra·tion** [dèkəréiʃ(ə)n] *n.* **1** ⓤ 장식; 실내 장식 (interior decoration); ⓒ 장식품. ¶ Christmas *decorations* 크리스마스 장식. **2** 훈장(badge, medal). ¶ a *decoration* for bravery 용감한 행위에 대한 훈장 / wear a *decoration* 훈장을 달다 / grant a *decoration* to a person 남에게 훈장을 수여하다.
◇ décorate *v.*

Decorátion Dày *n.* (美) =Memorial Day.

*****dec·o·ra·tive** [dékərèitiv, -rə-] *adj.* 장식이 되는, 장식적인. ¶ a *decorative* painting 장식화.
~ly *adv.* **~ness** *n.* ◇ décorate *v.*, decorátion *n.*

*****dec·o·ra·tor** [dékərèitə*r*] *n.* 장식자; 실내 장식가.

dec·o·rous [dékərəs, +美 dikɔ́:rəs] *adj.* 예의바른, 품위있는, 품행이 방정(단정)한. **~ly** *adv.* **~ness** *n.*

de·cor·ti·cate [di:kɔ́:rtikèit] *vt.* (-cat·ed, -cat·ing) **1** …의 껍질을 벗기다, 각피(따위)를 제거하다. **2** 〖외과〗〖조직〗에서 피(皮)를 제거하다, …의 외피를 제거하다.

de·co·rum [dikɔ́:rəm / -kɔ́:-] *n.* **1** 몸가짐이 단정함, 예의바름. ¶ Act with *decorum*. 예의바르게 행동하라. **2** 적당함, 알맞음, 어울림(fitness). **3** (종종 ~s) 〖상류 사회에서 필요한〗예절의 여러 가지, 에티켓. **4** 〖문학·연극〗주제와 문체의 일치.

de·cou·page [dèiku:pá:ʒ] *n.* **1** 종이 스크랩을 쓴 장식[법]. **2** 종이 스크랩으로 된 장식.

de·cou·ple [di:kʌ́pl] *vt.* (-pled, -pling) **1** 〖핵폭발 따위의〗충격을 흡수하다(완화시키다). **2** 자르다, 분단하다. **3** 〖컴퓨터〗결합도(度)를 줄이다.

*****de·coy** *n.* [dí:kɔi, dikɔ́i → *v.*] **1** 〖위험·술책 따위에 남을 꾀어들이는〗유혹, 유혹자; 미끼로 쓰는 새·짐승. **2** 〖물오리를〗유인하는 못, 유인 장소. **3** 〖레이다 탐지 방해용〗미끼. — *v.* [dikɔ́i] *vt.* …을 꾀어들이다, 유인하다, 끌어들이다. ⇨ TEMPT 頴語 ¶ (~+图+囿+图) *decoy* a person *out of* a place 남을 어떤 장소에서 꾀어내다 / *decoy* ducks *within* gunshot 물오리를 사정거리 내로 꾀어들이다. — *vi.* 미끼에 걸리다, 유혹당하다. ¶ Ducks *decoy* easily. 물오리는 쉽게 미끼에 걸린다.

de·coy-duck [dikɔ́idʌ̀k] *n.* 유인용 물오리; 미끼 노릇하는 것.

decóy shíp *n.* =Q-boat.

‡**de·crease** *v.* [dikrí:s / di(:)- → *n.*] (-creased, -creas·ing) (*opp.* increase) *vi.* 〖서서히〗감소하다, 줄다; 저하하다, 쇠하다. ¶ His influence slowly *decreased*. 그의 영향력은 서서히 쇠퇴했다 // (~+囿+图) *decrease* in value 가치가 떨어지다. — *vt.* 〖서서히〗…을 감소하다, 줄이다. ¶ *decrease* the amount of coal used 석탄 사용량을 줄이다.

頴語 **decrease, lessen** 차차 감소하다; 감소의 정도를 구체적으로 나타낼 때에는 decrease를 쓴다: The population *decreased* to a few thousands. 인구가 수천 명으로 감소했다/The population *lessened* gradually. 인구가 점점 줄어들었다. **diminish** 감소의 원인이 되는, 다른 데서 오는 힘을 강조하는 말: The war *diminished* our country's wealth. 전쟁으로 우리 나라의 부가 감소했다. **reduce** diminish 에 〖인하하다〗의 뜻이 더해진 말: *reduce* a price 값을 내리다.

dwindle 점차 감소하여 거의 눈에 띄지 않게 되다; 바람직하지 않은 감소에 쓰인다: *dwindle* away into nothing 점점 감소하여 없어지다.
— *n.* [dí:kri:s, dikrí:s] (*opp.* increase) **1** ⓤⓒ 감소, 감퇴. ¶ *decrease* in (or of) income 수입의 감소. **2** 감소량. ¶ The *decrease* in exports for the year was 15 percent. 그 해의 수출 감소액은 15%였다.
on the decrease 점점 감소하여. *opp.* on the increase

de·creas·ing [dikrí:siŋ / di(:)-] *adj.* 감소하는. ¶ a *decreasing* income 감소하는 수입. **~ly** *adv.*

‡**de·cree** [dikrí:] *n.* **1** 법령, 포고(ordinance, edict). ¶ issue a *decree* 법령을 공포하다. **2** 〖법률〗〖사법상의〗명령, 판결. ¶ the final *decree* 최종 판결 / a *decree* of divorce 이혼 판결. **3** 〖신학〗하늘의 뜻, 신려(神慮), 천명. ¶ God's *decree* 하늘이 정한 바.
— *v.* (-creed, -cree·ing) *vt.* …을 법령으로 정하다, 판결하다, 포고하다; 〖신·운명이〗…을 정하다(ordain). ¶ Fashion used to be *decreed* by Paris. 패션은 전에는 파리가 결정하는 것으로 되어 있었다. // (~+ *that* 節) Fate *decreed that*. …이라는 운명이었다. — *vi.* 법령을 정하다; 〖신·운명이〗명령하다.

decrée ní·si [-náisai] *n.* 〖법률〗〖이혼 등의〗가결.

dec·re·ment [dékrəmənt] *n.* ⓤⓒ **1** 점감(漸減), 감소, 2 감소고(量). **3** 〖수학〗감쇠율(減衰率).

dec·re·me·ter [dékrəmì:tə*r* / dikrémi-] *n.* 〖무선〗감복계(減輻計), 감쇠계(減衰計).

de·crep·it [dikrépit] *adj.* **1** 늙어빠진, 노쇠한. ⇨ WEAK 頴語 **2** 낡아서 덜컥거리는, 노후한. **~ly** *adv.*

de·crep·i·tate [dikrépitèit] *v.* (-tat·ed, -tat·ing) *vt.* 〖소금 따위를〗바싹바싹 굽다. — *vi.* 〖소금 따위가 탈 때〗바작바작 소리내다.

de·crep·i·ta·tion [dikrèpitéiʃ(ə)n] *n.* ⓤ 바작바작 구움; ⓒ〖이때에〗바작바작 나는 소리.

de·crep·i·tude [dikrépit(j)ù:d / -tjù:d] *n.* ⓤ 노쇠, 노후, 늙어빠짐.

de·cre·scen·do [dì:kriʃéndou, +美 dèi-] 〖음악〗*adj., adv.* 점점 약한(약하게) 〖기호는 >〗(diminuendo). *opp.* crescendo — *n.* (*pl.* **-dos**) 점약음(漸弱音); 점약 악절(樂節). [<It]

de·cres·cent [dikrésnt] *adj.* **1** 점점 줄어드는, 점감(漸減)적인. **2** 〖달 따위가〗이지러지는, 하현(下弦)의 (waning). *opp.* crescent

de·cre·tal [dikrí:t(ə)l] *adj.* 법령의, 법령적인.
— *n.* 로마 교황 교령서(敎令書); (D-s) 교황 교령집.

de·cre·tist [dikrí:tist] *n.* **1** 〖중세 대학의〗법학부 학생. **2** 교황 교령집 연구가.

de·cre·tive [dikrí:tiv] *adj.* 법령적인, 명령의.

de·cri·al [dikráiəl] *n.* ⓤⓒ 〖상스러운〗비난, 매도.

de·cri·er [dikráiə*r*] *n.* 비난하는(헐뜯는) 사람.

de·crim·i·nal·ize [di:krímin(ə)làiz] *vt.* (-ized, -iz·ing) **1** …을 비(非)범죄화하다, 해금(解禁)하다. **2** 〖사람·행위 등을〗처벌(기소)의 대상에서 제외하다. ¶ *decriminalize* marijuana 마리화나를 해금하다.

de·cruit·ment [dikrú:tmənt] *vt.* 《美》〖고령자·불필요한 인원의〗타사(他社)로의 전출, 〖책임이 가벼운 자리로의〗자리 바꿈. [<DE-+[RE]CRUITMENT]

de·cry [dikrái] *vt.* (-cried, -cry·ing) **1** …을 비난하다, 헐뜯다. **2** …의 가치를 깎아 내리다 (code).

de·crypt [dikrípt] *vt.* (美) 〖암호를〗해독하다 (decipher).

dec·u·man [dékjumən] *adj.* **1** 〖파도가〗큰, 거대한. **2** 열 번째마다의.

de·cum·ben·cy [dikʌ́mbənsi], (**de·cum·bence** [-bəns]) *n.* ⓤⓒ (*pl.* **-cies**) **1** 가로누움, 가로누운 자세. **2** 경복(傾伏).

de·cum·bent [dikʌ́mbənt] *adj.* **1** 가로누운. **2** 〖식물〗경복하는(의); 〖가지·가지 자체가 땅 위에 누워 있으면서 끝은 위를 향하고 있는〗. **~ly** *adv.*

dec·u·ple [dékjupl] *adj.* 10배의. — *n.* 10배, 10배의 양. — *vt.* (-pled, -pling) …을 10배로 하다, 10배

dec·u·plet [dékjuplit] n. [같은 종류의 것] 10개 한 벌.

de·cur·rent [dikə́ːrənt / -kʌ́r-] adj. {식물} 엽각(葉脚)이 아래로 길게 뻗어 줄기에 붙어 있는. ¶ a *decurrent* leaf 익상엽(翼狀葉).

de·cus·sate vt., vi. [dikʌ́seit, + 美 dékəsèit → adj.] (-sat·ed, -sat·ing) {식물} ···과 X 자형으로 교차하다. — adj. [dikʌ́sit] 1 X자형으로 교차한, 교차상(狀)의. 2 {식물} 십자 대생(十字對生)의. ¶ *decussate* leaves 십자 대생엽(葉).

de·cus·sa·tion [dèikəséi(ə)n] n. ⓊⒸ X 자 형(십자 모양) 교차.

ded (略) dedicated, dedication.

de·dal [díːd(ə)l] adj. =daedal.

de·da·li·an [di:déiliən] adj. =daedalian.

de·dans [dədάːŋ] n. (pl. -dans) 1 {정구의 일종 court tennis 에서, 선수측 뒤쪽의} 관람석. 2 [court tennis 경기의] 관람자. [< F inside]

‡**ded·i·cate** [dédikèit] vt. (-cat·ed, -cat·ing) 1 {신성한 목적에} ···을 바치다, 봉헌(奉獻)하다. ⇨ DEVOTE 類語 ¶ *dedicate* a new church building 새로운 교회당을 헌당(獻堂)하다 // (~+圄+前+名) Pantheon is a temple *dedicated to* all the gods. 판테온은 모든 신을 제사지내는 신전이다. 2 {어떤 목적을 위하여} {생애·시간}을 바치다. ¶ (~+圄+前+名) *dedicate* oneself *to* politics 일생을 정치에 바치다 / He *dedicated* his life *to* fighting corruption. 그는 일생을 도덕적 퇴폐와의 싸움에 바쳤다. / She *dedicates* her spare time *to* her children. 그녀는 여가를 자녀를 위한 일에 쓰고 있다. 3 {저서·작품 따위}를 헌정(獻呈)하다(inscribe). ¶ (~+圄+前+名) *dedicate* a book *to* a person 남에게 책을 바치다 / *Dedicated* to the reader [독자에게 바침] {헌정사(獻呈辭)}. 4 {공공의 건물}을 개소(개관)하다.
◇ dedication n., dedicative, dedicatory adj.

ded·i·cat·ed [dédikèitid] adj. 헌신적인, 전력(專念)하는, 몰두하는. [cator

ded·i·ca·tee [dèdikətíː] n. 헌정받는 사람. cf. dedi-

*‡**ded·i·ca·tion** [dèdikéi(ə)n] n. Ⓤ 1 바치기, 헌납, 봉헌. 2 헌신(獻身). 3 헌정; Ⓒ 헌정사. 4 {새 건조물의} 개관(開館); Ⓒ 개관식, {새 교회당의} 헌당식. ◇ dedicate v.

ded·i·ca·tive [dédikèitiv, -kə-] adj. =dedicatory.

ded·i·ca·tor [dédikèitər] n. 봉헌자; 헌정자; 헌신자(獻身者). cf. dedicatee [의; 헌정의.

ded·i·ca·to·ry [dédikətòːri / -təri] adj. 봉헌의; 헌납

*‡**de·duce** [didjúːs / -djúːs] vt. (-duced, -duc·ing) 1 {이미 아는 것·가정으로부터} {결론}을 끌어내다, 연역하다, 추론하다(infer) (...from). opp. induce ¶ (~+圄+前+名) *From* this we *deduce* a method for the construction. 이것을 바탕으로 하여 그 건조법이 도출된다 // (~+that 節) From his remarks we *deduced* that he didn't agree with us. 그의 말에 비추어 그는 우리와 의견을 달리하고 있는 것이라고 추론했다. 2 {유래를 따지다, {계통·경과·역사}를 더듬다, {···에서 ···까지} {기록}을 계속하다. ¶ *deduce* one's lineage 가계를 따지다 // (~+圄+前+名) *deduce* a record *from* (*to*) a particular period 어떤 시기부터 {까지} 기록을 계속하다. ◇ deduction n., deductive adj. [는.

de·duc·i·ble [didjúːsəbl / -djúːs-] adj. 추론할 수 있

*‡**de·duct** [didʌ́kt] vt. ···을 빼다, 공제하다(...from). ¶ (~+圄+前+名) *deduct* 5% *from* a person's salary 봉급에서 5%를 공제하다. ◇ deduction n.

de·duct·i·ble [didʌ́ktəbl] adj. 뺄 수 있는, 공제할 수 있는; {美} 세금 공제를 인정받을 수 있는. ¶ *deductible* expenses 공제 비목(控除費目).

*‡**de·duc·tion** [didʌ́k(ə)n] n. 1 Ⓤ 빼기, 공제. ¶ make a *deduction* of 10% 10% 공제하다. 2 뺀 액수, 공제액. 3 ⓊⒸ 추론; Ⓤ {논리} 연역법{일반 원리로부터 특수 사실을 추론하는 법}. opp. induction

◇ dedúct, dedúce v.

de·duc·tive [didʌ́ktiv] adj. 추론적인; {논리} 연역적인. ¶ *deductive* method 연역법 / *deductive* inference (or reasoning) 연역적 추리. **-ly** adv.

dee [di:] n. 1 D 자. 2 {마구(馬具)의 멈춤쇠에 달린} D 자형 쇠고리. 3 {물리} {사이클로트론의} 반원형 전극(電極). 11

‡**deed** [diːd] n. 1 행위, 행동. ⇨ ACT 類語 ¶ Do a good *deed* every day. 1일 1선(善)을 행하여라. 2 공적, 위업(exploit). ¶ *deeds* of arms 무공 / great men's *deeds* 위인의 공적. 3 ⓊⒸ {말에 대하여} 행동, 실행. ¶ in [very] *deed* 실제로, 실로 / in word and [in] *deed* 언행이 다같이 / all talk and no *deed* 그저 말뿐이다 / in *deed* and not in name 명목상이 아니라 실제로. 4 {법} {차용증 따위} 날인 증서. ¶ a title *deed* 부동산 권리 증서.
— vt. {美} {증서를 작성하여} {재산 따위}를 양도하다. ◇ do v.

deed poll n. (pl. deeds poll or deed polls) {법률} {부동산의 명의 변경 등에서 당사자의 한 쪽만이 작성하는} 단독 날인 증서.

dee·jay [díːdʒèi] n. {美속어} =disk jockey.

*‡**deem** [diːm] vi. 생각하다, 판단하다(of...). ¶ I *deem* highly (lightly) *of* ···을 존중(경시)하다 / I cannot *deem* otherwise *of* them. 그들에 대하여 그밖에 달리 생각할 길이 없다. — vt. ···이라 생각하다, 간주하다 (consider). ¶ (~+圄+[to be] 補)(~+that 節) I *deem* it good to do so. 그렇게 하는 것이 좋으리라고 나는 생각한다 / We *deem* him [to be] honest. =We *deem* that he is honest. 그는 정직하다고 생각한다.

de-em·pha·size [diːémfəsàiz] vt. (-sized, -siz·ing) 강조하지 않다, ···을 중시하지 않다.

deem·ster [díːmstər] n. {영국 the Isle of Man의} 재판관.

‡**deep** [diːp] adj. 1 {바닥이} 깊은(opp. shallow); 깊숙이 들어간; {폭이} 넓은; 깊이가 ···인; ···열로 늘어선. ¶ a *deep* well 깊은 우물 / a *deep* shelf 안이 깊은 선반 / *deep* borders of lace 레이스의 폭넓은 가두리 장식 / in *deep* array 두터운 대열을 이루다 / a lake six feet *deep* 깊이 6 피트의 호수 / knee-*deep* snow 무릎까지 빠지는 눈 / cars parked three-*deep* 3열로 늘어서 주차하고 있는 차.
2 깊은 곳에 있는, 깊이 파묻힌(*in*...). ¶ a lodge *deep in* the woods 깊은 숲속에 있는 오두막 / a village *deep in* peace 깊은 평화에 잠겨 있는 마을.
3 깊은 곳까지 미치는; 마음속에서 우러나오는. ¶ a *deep* pain 심부에 느끼는 고통 / give a *deep* sigh 한숨을 깊이 내쉬다 / take a *deep* breath 심호흡하다 / make a *deep* bow 깊숙이 허리굽혀 인사한다.
4 심원한, 어려운, 헤아릴 수 없는; 중대한(grave); 깊은 통찰력을 가진. ¶ *deep* secrets 불가해한 신비 / a *deep* thinker 사물을 깊이 생각하는 사람 / This book is a little too *deep* for me. 이 책은 나에게는 좀 너무 어렵다.
5 깊이 몰두하는, 젖어 있는(*in*...). ¶ *deep* study 여념(餘念) 없는 공부 / {뒤에 놓여} a man *deep in* his book 독서에 몰두해 있는 사나이 / be *deep in* debt 빚더미에 짓눌려 있는.
6 극도의, 강도의; {감정 따위가} 깊은, 마음속에서 우러나는. ¶ *deep* drinking 과음(過飮) / *deep* sleep 숙면 / *deep* sorrow 깊은 슬픔 / *deep* disgrace 큰 망신 / have a *deep* interest in ···에 대하여 깊은 흥미를 가진 / *deep* winter 한겨울.
7 {색깔이} 짙은; {음·목소리가} 굵고 낮은.
8 음흉한, 엉큼한. ¶ He's a *deep* one. {구어} 그는 엉큼한 녀석이다.

go [in] off the deep end ① 깊은 곳에 뛰어들다. ② {美구어} 무모하게 덤비다. ③ 신경질적으로 ···하다, 흥분하다, 화내다.

in deep water[s] ⇨ WATER.

deep-browed

— *adv.* **1** 깊게(깊이). ¶ cut *deep* 깊이 자르다 / walk *deep* into the woods 숲속 깊숙이 걸어 들어가다 / Still waters run *deep*. 《속담》 조용히 흐르는 물이 깊다, 현자과언(賢者寡言). **2** 늦게[까지], 앍까지. ¶ *deep* in the night 밤 늦게[까지] / *deep* into the future 먼 장래까지. **3** 깊이, 파고 들어가서.

— *n.* **1** (보통 ~s) [바다·호수·강 따위의] 깊은 곳; 해구(海溝). ¶ the Mindanao *Deep* 민다나오 해구. **2** (the ~) [공간·시간의] 퍼짐; [詩] 바다, 대해. **3** (the ~) 한가운데. ¶ in the *deep* of winter 한겨울에.

in deep 《구어》 깊이 빠져들어, 완전히 엉켜서.
loose (or *stir*) *the great deeps* 큰 소동을 일으키다.
~ness *n.* ◇ depth *n.*, deepen *v.*, deeply *adv.*

deep-browed [díːbráud] *adj.* 이마가 넓고 시원한 [슬기로움을 나타내는] 이마를 가리킨다].

deep-chest·ed [díːptʃéstid] *adj.* **1** 가슴이 두툼한. **2** [목소리 따위가] 깊은 가슴 속에서 나오는.

déep cóver *n.* **1** [비밀 첩보원 등의 신분·소재 따위의] 은폐, 위작, 은닉. **2** 비밀로 하기.

deep-drawn [díːpdrɔ́ːn] *adj.* [한숨을] 크게 들이쉰.

deep-dyed [díːpdáid] *adj.* 깊이 물든, 철저한, 골수의, 뿌리깊은. ¶ a *deep-dyed* rogue 속속들이 악에 젖은 악인, 골수 악당.

‡**deep·en** [díːpn] *vt.* …을 깊게 하다, [색]을 짙게 하다, [소리]를 낮추다. ¶ *deepen* a shallow pool 얕은 못을 깊게 하다 / *deepen* sorrow 슬픔을 더하다.
— *vi.* 깊어지다, 깊게 되다, 짙어지다. ¶ The water *deepened* at every step. 물은 한 발짝 내디딜 때마다 깊어졌다. ◇ deep *adj.*, depth *n.*

Deep-freeze [díːpfríːz] *n.* 《상표명》 디프 프리즈[식품 냉동 보존용 냉동기].

deep-freeze [díːpfríːz] *vt.* (-freezed or -froze, -freezed or -fro·zen, -freez·ing) [식품]을 냉동 보존하다, 꽁꽁 넣어 뛰기다.

deep-fry [díːpfrái] *vt.* (-fried, -fry·ing) …을 기름에 튀기다.

deep-laid [díːpléid] *adj.* 깊이 생각하여 꾸민, 은밀히 계획한. ¶ a *deep-laid* plot 술책을 다한 음모.

‡**deep·ly** [díːpli] *adv.* **1** 깊이. ¶ sink *deeply* into the mud 진흙속 깊이 가라앉다 / It is a tendency *deeply* seated in the mind of our age. 그것은 우리의 시대 정신 속에 깊이 뿌리박은 경향이다. **2** 철저하게(profoundly), 매우, 깊게(intensely). ¶ be *deeply* moved (offended) 크게 감동하다(화를내다) / be *deeply* versed in nuclear theory 원자력 이론에 깊이 통달해 있다. **3** [색이] 짙게, [소리가] 굵고 낮게. ¶ a *deeply* tanned face 까맣게 볕에 탄 얼굴 / hounds baying *deeply* 굵고 낮은 소리로 짖어대는 사냥개. **4** 교묘하게.
¶ The plot was *deeply* laid. 계획이 교묘하게 짜였다.

déep-mined cóal [díːpmáind-] *n.* 〔광산〕 깊이 파서 캐낸 석탄.

déep móurning *n.* ⓤ 정식 상복(喪服). ¶ be in *deep mourning* 정식 상복을 입고 있다.

deep-mouthed [díːpmáuðd, -máuθt] *adj.* [사냥개가] 소리가 낮고 굵은.

deep·ness [díːpnis] *n.* ⓤ **1** 깊이, 심도(深度) (depth). **2** 심원, 심오함 (profundity).

déep penetrátion *n.* 장기 잠행 (고정) 간첩.

deep-read [díːpréd] *adj.* 학식이 높은, 정통한(*in…*). *cf.* well-read

deep-root·ed [díːprúːtid, +美 -rʌ́t-] *adj.* 깊이 뿌리박은, [장점·편견 따위가] 뿌리깊은.

deep-sea [díːpsíː] *adj.* 심해의, 원양의. ¶ *deep-sea* fishery 심해(원양) 어업. 〔연(深海測鉛)〕

déep-séa léad [-léd] *n.* [해측용(海測用)의] 심해측

deep-seat·ed [díːpsíːtid] *adj.* 뿌리깊은. ¶ a *deep-seated* prejudice 뿌리깊은 편견.

deep-set [díːpsèt] *adj.* [눈 따위가] 움푹 들어간; 뿌리깊은.

deep-six [díːpsíks] *n.* 《美속어》 매장; 바다의 수장(水葬); 묘지; 버리는 곳. — *vt.* 배에서 바다로 버리다, 폐기하다. *cf.* six feet deep 무덤의 표준 깊이

Déep Sóuth *n.* (the ~) 《美》 미국 최남부 지방 [Georgia, Alabama, Mississippi, Louisiana 주(州) 등].

déep spáce *n.* ⓤ 태양계 밖의 우주(outer space).

déep strúcture *n.* 〔문법〕 심층 구조[변형 생성 문법 이론에서 어떤 표현을 밑받침하고 있는 내부적인 특성의 총칭].

déep thróat *n.* 《美·캐나다》 내부 고발자[정부내 또는 기업의 범죄 행위를 익명(匿名)으로 고발하는 인물].

deep-voiced [díːpvɔ́ist] *adj.* 목소리가 낮은, 걸걸한 목소리의. 〔심해의(deep-sea)

deep-wa·ter [díːpwɔ́ːtər, -wɑ́tər] *adj.* 깊은 물의,

‡**deer** [díər] *n.* (*pl.* **deer** or 《드물게》 **deers**) 사슴[사슴과(科)의 반추 동물]. *수사슴; stag, buck, hart; 암사슴; hind, roe, doe; 사슴새끼; calf, fawn.
small deer 《집합적》 ① 소동물. ② 하찮은 것, 쓸모없는 것[← Shakespeare 작 *King Lear* 3:4:144].

deer·hound [díərhàund] *n.* 사슴 사냥견.

déer lìck *n.* 《美》 사슴이 염분을 핥으러 오는 장소.

déer móuse *n.* [북미산(産)의] 흰발새앙쥐.

déer pàrk *n.* 사슴사육장.

deer·skin [díərskìn] *n.* ⓤ ⓒ 사슴 가죽, 녹비; 사슴 가죽의 옷. — *adj.* 사슴 가죽의.

deer·stalk·er [díərstɔ̀ːkər] *n.* **1** 사슴 사냥꾼. **2** 사냥 모자의 일종.

deer·stalk·ing [díərstɔ̀ːkiŋ] *n.* ⓤ 사슴 사냥.

de-es·ca·late [diːéskəlèit] *vt., vi.* (-**lat·ed, -lat·ing**) [강도·크기 따위를] 단계적으로 축소하다. *opp.* escalate
¶ *de-escalate* a war 전쟁을 축소하다.

de-es·ca·la·tion [diːèskəléi(ə)n] *n.* ⓤ ⓒ [강도·크기 따위의] 단계적 축소, 디에스컬레이션. *opp.* escalation

de-es·ca·la·to·ry [diːéskələtɔ̀ri / -tri] *adj.* [규모·범위 따위를] 단계적으로 축소하는; 축소 규모의.

deet [diːt] *n.* 《美》 살충제.

def [def] *adv.* 《美속어》 전혀.

def. 《略》 defective; defendant; deferred; defined, definite, definition.

de·face [diféis] *vt.* (-**faced, -fac·ing**) **1** …의 표면을 더럽히다, 외관을 손상하다. **2** [명각(銘刻)]을 마손하다, 읽기 어렵게 하다, 말소하다. ◇ defacement *n.*

de·face·ment [diféismənt] *n.* ⓤ **1** 파손, 마모. **2** [표면의] 상처.

de fac·to [diːfǽktou, +美 dei-] *adv.* 실제로, 사실상 (in fact, in reality). — *adj.* 실제로 존재하는, 사실상의. *cf.* de jure ¶ a *de facto* government 사실상의 정부. [<L from the fact, in fact]

de·fal·cate [difǽlkeit, -fɔ́ːl- / diːfǽlkèit, -́--] *vi.* (-**cat·ed, -cat·ing**) [법률] 위탁금을 유용하다.

de·fal·ca·tion [dìːfælkéi(ə)n, -fɔːl-] *n.* [법률] **1** ⓤ 유용, 위탁금 유용. **2** 위탁금 유용액, 부정 유용액.

de·fal·ca·tor [difǽlkeitər, -fɔːl- / diːfǽlkèitə, -́--] *n.* 위탁금 유용자.

def·a·ma·tion [dèfəméi(ə)n] *n.* ⓒ 명예 훼손, 중상, 비방 (slander, calumny). 〔상하는, 중상적인.

de·fam·a·to·ry [difǽmətɔ̀ːri / -təri] *adj.* 명예를 손

de·fame [diféim] *vt.* (-**famed, -fam·ing**) …의 명성 (명예)을 손상하다, 중상하다 (slander); 《古어》 모욕하다 (disgrace).

de·fam·er [diféimər] *n.* 헐뜯는 사람, 비방자.

de-fat·ted [diːfǽtid] *adj.* 지방을 제거한, 탈지(脫脂)

de·fault [difɔ́ːlt] *n.* ⓤ **1** [의무·채무의] 불이행, 태만, 체납. ¶ in *default* 의무 불이행으로. **2** [법률] [법정에의] 결석; [스포츠] [예정 시합에의] 결장(缺場). judgment by *default* 궐석 재판 / make *default* [재판

defaulter

에) 결석하다 / win (lose) a game by *default* 부전승 (부전패)하다. **3** 결핍, 부족(lack). ¶ owing to *default* to water 물 부족 때문에.

in default of …이 없을 때는. ¶ *in default of* paying the fine 벌금을 체납했을 경우에는.

— vi. **1** [의무를] 이행하지 않다, [채무의 판결을] 게을리하다. ¶ (~+图+*名*) *default on* a debt 빚을 갚지 않다 / *default in* one's payment[s] 지불을 태만히 하다. **2** [법률] [재판에] 결석하다. **3** [스포츠] 경기에 결장하다; 부전패가 되다.

— vt. **1** [의무·채무 따위]를 이행하지 않다. **2** [법률] [남]을 결석재판에 회부하다. **3** [스포츠] [경기]에 결장하다; [시합]을 부전패로 지다.

de·fault·er [difɔ́ːltər] *n.* **1** [특히 법률·재정적인] 의무를 태만히 하는 사람, [계약·채무의, 재판의] 결석자. **2** [英] 군기(軍紀) 위반자.

default válue *n.* [컴퓨터] 디폴트값, 생략치(値) [프로그램에서 지정하지 않았을 경우, 시스템이 자동적으로 취하는 미리 정해진 값].

DEFCON [défkàn / -kɔn] *n.* [美軍] 방위 준비 태세 [미국의 적당 적응 태세를 나타내는 기준]. [< DEF[ENSE] + CON[DITION]].

de·fea·sance [difíːz(ə)ns] *n.* [법률] **1** ⓤ [계약·증서 등을] 무효화하기, 파기. **2** 계약 소멸 조건 [기재 증서].

de·fea·si·bil·i·ty [difìːzibíliti] *n.* ⓤ 무효화할 수 있음.

de·fea·si·ble [difíːzəbl] *adj.* 무효로 할 수 있는, 취소할 수 있는, 폐기(파기) 가능한.

‡**de·feat** [difíːt] *vt.* **1** [전쟁·선거 따위에서] …을 지게 하다, …에 이기다. ¶ I *defeated* her at tennis. 나는 정구에서 그녀를 이겼다.

[類語] **defeat** 그저 「지게 하다」를 뜻하며 일시적인 승리·우세를 나타낸다: *defeat* the opponent team in the first set 첫 세트에서 상대방을 이기다. **beat** 상대를 최종적으로 이기다; 구어: *beat* the opponent and win the championship 상대방을 이기고 우승하다. **conquer** 전력을 기울여 defeat 해서 지배권을 얻다: The Normans *conquered* England. 노르만인은 영국을 정복했다. **overcome** 어려움을 이겨내고 적대자·장애 따위를 물리치다: *overcome* an obstacle 장애를 극복하다. **overthrow** defeat 하여 권좌에서 밀어내다: *overthrow* a dictator 독재자를 쓰러뜨리다. **subdue** 철저하게 conquer 하여 저항심을 꺾다: *subdue* a rebellion 반란을 진압하다. **vanquish** 위엄있는 행동으로 상대방을 압도하다: *vanquish* an opponent 상대방에게 압승하다.

2 (희망 따위)를 꺾다, 좌절시키다. ¶ *defeat* one's own object (*or* purpose, end) 스스로 실패를 초래하다 / Our hopes were *defeated*. 우리의 희망은 무너졌다 / They were *defeated* in their attempt to reach the top of the mountain. 그들의 등정 시도는 실패했다. **3** [법률] …을 무효로 하다(annul).

— *n.* ⓤⓒ **1** 타도, 타파; 패배. ¶ the *defeat* of another candidate in an election 선거에서 상대방 후보를 꺾기 / suffer (*or* meet, sustain) *defeat* 패배의 고배를 마시다 / inflict a *defeat* on a person 남을 좌절하게 하다. **2** [계획 따위의] 실패, 좌절. ¶ the *defeat* of a plan 계획의 좌절.

de·feat·ism [difíːtiz(ə)m] *n.* ⓤ 패배주의[적 언동].

de·feat·ist [difíːtist] *n.* 패배주의자.
— *adj.* 패배주의의.

de·fea·ture [difíːtʃər] *n.* ⓤ **1** [고어] 외관(미관)의 손상. **2** [폐어] = defeat. *vt.* …을 추하게 하다, …의 외관을 손상시키다.

def·e·cate [défikèit] *v.* (**-cat·ed, -cat·ing**) *vt.* [찌꺼기·오물]을 제거하다, 맑게(깨끗하게) 하다.
— *vi.* 배변하다; 맑아지다.

def·e·ca·tion [dèfikéi(ə)n] *n.* ⓤ 정화; 배변(排便).

def·e·ca·tor [défikèitər] *n.* 청정기; 배변기.

defense

‡**de·fect** *n.* [díːfekt, dífekt → *vi.*] **1** 결점, 단점, 결함, 흠(blemish). ¶ a moral *defect* in one's nature 성질의 도덕적 결함 / Every man has the *defects* of his own virtues.《속담》사람에게는 장점과 그에 따른 결점이 있다.

[類語] **defect** 유형·무형의「결함·결점」이라는 뜻의 넓은 뜻의 말: a *defect* in a steering device 조종 장치의 결함. **blemish** 외관을 손상하는 표면의 defect: A pimple or two are no *blemishes*. 여드름 한 두 개는 얼굴의 아름다움을 조금도 손상시키지 않는다. **flaw** 구조·조직·제작상의 원인에 의한 품질의 defect: a *flaw* in a diamond 다이아몬드의 흠.

2 ⓤⓒ 부족, 결핍(want).   「자랐다.

in defect 결핍하여. ¶ Water was *in defect*. 물이 모자라

in defect of …이 없어서, …이 없을 경우에는.

— *vi.* [dífekt] 변절(變節)하다, 도망하다(*to* …).
◇ deféctive *adj.*

de·fec·tion [dífékʃ(ə)n] *n.* ⓤⓒ **1** 이반(離反), 탈퇴, 탈당(*from*…); 배덕(背徳), 변절(apostasy); 태만. **2** 결함, 부족.

*****de·fec·tive** [dífektiv] *adj.* **1** 결함(결점)이 있는, 불완전한(imperfect); [심리] [지능이] 표준 이하인(subnormal). ¶ a *defective* car 결함이 있는 차. **2** […이] 모자라(in…). ¶ He is *defective* in good sense. 그는 분별이 모자란다. **3** [문법] [동사 활용이] 불완전한. *defective* verbs 결여 동사[will, can, may 따위]. — *n.* **1** [심신에] 결함이 있는 사람; 결함이 있는 것. **2** [문법] 결여어(defective word).

~ly *adv.* **~ness** *n.* ◇ deféct, deféction *n.*

de·fec·tor [dífektər] *n.* 탈당자, 변절자.

de·fence [dífens] *n.*《주로 英》= defense.   「ble.

de·fence·a·ble [difénsəbl] *adj.*《주로 英》= defensi·

de·fence·less [difénslis] *adj.*《주로 英》= defenseless. **~ly** *adv.* **~ness** *n.*

‡**de·fend** [dífend] *vt.* **1** …을 막다, 지키다, 방어(방위) 하다(protect) (...*from*, *against*). ¶ (~+图+*前*+*名*) *defend* a city *against* an attack 도시를 공격으로부터 지키다 / *defend* a child *from* harm (danger) 아이를 상해(위험)로부터 지키다.

[類語] **defend** 현실의 공격에 저항하여 몸을 지키다: *defend* one's country 나라를 방위하다. **guard** 주의 깊게 경계하여 안전을 도모하다: *guard* a gate 문을 지키다. **preserve** 위험 속에서 지켜내다: *preserve* the freedom of speech 언론의 자유를 수호하다. **protect** 방호물로 덮든가 하여 보호하다: *protect* a baby in a blanket 담요로 감싸서 어린애를 보호하다. **safeguard** 특히 미래에 일어날 수 있는 위험에 대하여 여러 방호책을 강구하다: *safeguard* children from accidents 어린애를 사고로부터 지킬 수단을 강구하다. **shield** 사실을 은폐하는 따위로 감싸고 보호하다: *shield* a murderer 살인자를 비호하다.

2 [언론 따위에서] …을 옹호하다, 정당화하다; [법률] …을 변호하다, 항변하다. ¶ *defend* a theory 어떤 이론을 옳은 것이라 변호하다 / *defend* a case 사건을 변호하다; 무죄를 주장하다 / *defend* oneself 자기 변호를 하다. **3** [고어] …을 금하다(forbid).

God defend ! [그런 일은] 결코 없다.
◇ defénse *n.*, defénsive *adj.*

*****de·fend·ant** [diféndənt] *n., adj.* [법률] 피고(의). *cf.* plaintiff

*****de·fend·er** [diféndər] *n.* 방어자, 옹호자; 선수권 보유자.

de·fen·es·tra·tion [diːfènistréi(ə)n] *n.* ⓤ [물건·사람을] 창밖으로 내던지기.

‡**de·fense** 《주로 英》**-fence** [dífens, +美 díːfens] *n.* **1** ⓤⓒ 방어, 방위, 수비(protection). *opp.* offense ¶ national *defense* 국방 / legal *defense* 정당 방위 / the science (*or* the art) of *defense* 호신술[복싱 또는 펜싱] / put oneself in the state of *defense* 방어 자세를 취하다 // a *defense against* an enemy 적에 대한 방비

// Offense is the best *defense*. 공격은 최선의 방어이다. **2** (~s) 방어물, 방어 시설, [특히] 요새. **3** ⓤ 변호, 옹호, 변명; ⓤ[ⓒ][법률]변호; 항변; 피고측(*cf*. prosecution). ¶ a *defense* attorney 피고측 변호사 / speak in *defense* of a person 남을 변호하다. **4** [경기] 수비[법]; 수비 선수(팀). ◇ defénd *v*., defénsive *adj*.

‡**de·fénse·less**, 《주로 英》 **-fénce-** [diféns/is] *adj.* 방비가 없는, 무방비의. ~**ly** *adv.* ~**ness** *n*.

defénse mèchanism(reàction) *n.* ⓤ [생리·심리] 방어 기제(防衛機制) [생리적·심리적으로 자기를 방어하려는 경향].

de·fen·si·bil·i·ty [dìfènsəbíləti] *n.* ⓤ 방어(변호)할 수 있음; 정당하다고 인정할 수 있음.

de·fen·si·ble [dífènsəbl] *adj.* 방어(변호)할 수 있는; 정당하다고 인정되는. ~**ness** *n*. **-bly** *adv*.

‡**de·fen·sive** [dífènsiv] *adj.* 방어(용)의, 방위(용)의; 수세의, 수동(受動)의. *opp.* offensive, aggressive ¶ a moat *defensive* to a castle 성의 수비에 도움이 되는 해자(垓字) / a *defensive* alliance (treaty) 방위 동맹(조약) / take *defensive* measures 방위책을 강구하다 / *defensive* war (or warfare) 방위전.
— *n.* (the ~) 방어, 수세. *opp.* offensive ¶ be (or stand, act) on the *defensive* 수세를 취하다.
~**ly** *adv.* ~**ness** *n.* ◇ defénd *v*., defénse *n*.

defénsive drìving *n.* 《美》 방어적 운전법[범인의 방해를 피하면서 추적 체포하는 운전법].

defénsive médicine *n.* 자기 방어적 의료 조치[의료 과오 소송에 대비하여 의사가 방어적 검사·진단을 지시하는 일].

defénsive tàctics *n. pl.* 《美》 [경찰] 호신술.

de·fen·so·ry [dífènsəri] *adj.* =defensive.

de·fer[1] [dífə́:r] *v.* (**-ferred**, **-fer·ring**) *vt.* **1** …을 연기하다, 미루다 (put off). ⇒ DELAY [類語] ¶ *defer* departure 출발을 연기하다 / *defer* payment 지불을 연기하다 (~+*ing*) *defer* going to the dentist 치과의에게 가는 것을 미루다. **2** 《美》(남)을 징병 유예하다.
— *vi.* 연장되다, 오래 끌다.

de·fer[2] [dífə́:r] *vi.* (**-ferred**, **-fer·ring**) [남의 의견에] 따르다, 경의를 표하다(*to*...). ¶ *defer* to one's parents 양친에게 복종하다.

de·fer·a·ble [dífə́:rəbl] *adj.* =deferrable.

‡**def·er·ence** [défərəns] *n.* ⓤ **1** 복종. ¶ blind *deference* 맹종. **2** 경의, 존경. ⇒ RESPECT [類語] ¶ pay (or show) *deference* to a person 남에게 경의를 표하다 / with all [due] *deference* to you 그 말씀에는 경의를 표합니다만, 외람된 말씀이지만. 《중비어》
in deference to…에게 경의를 표하여, 따라서;…을 존중해서.

def·er·ent[1] [défərənt] *adj.* 경의를 표하는(deferential).

def·er·ent[2] [défərənt] *adj.* 【해부】【혈액 따위의】수송의; 배설의, [수]정관 ([輸]精管)의. ¶ a *deferent* duct 수정관.

def·er·en·tial [dèfərén/(ə)l] *adj.* 경의를 표하는, 공손한, 은근한(respectful). ~**ly** [-/(ə)li] *adv*.

de·fer·ment [dífə́:rmənt] *n.* ⓤ 연기(의); 《美》 징병의 일시적 유예.

de·fer·ra·ble [dífə́:rəbl] *adj.* (=**deferable**) 연기할 수 있는; 《美》 징병 유예할 수 있는. — *n.* 《美》 징병 유예자.

de·fer·ral [dífə́:rəl] *n.* =deferment. [유예자.

de·ferred [dífə́:rd] *adj.* 연기된; 거치(据置)된; 《美》 징병이 유예된. ¶ *deferred* savings 거치 저금[据置貯金] / a *deferred* telegram 간송(間送) 전보.

defèrred ánnuity *n.* [보험] 거치 연금[据置年金].

defèrred páyment *n.* ⓤ 연불(延拂), 분할 지불.

defèrred séntence *n.* [법률] 선고 유예. *cf.* suspended sentence.

defèrred sháre (stòck) *n.* 《주로 英》 배당주(配當株).

de·feu·dal·i·za·tion [di:fjù:d(ə)lizéi∫(ə)n / -lai-] *n.* 봉건 제도 철폐.

‡**de·fi·ance** [dífáiəns] *n.* ⓤ **1** 도전 (challenge); [권력에 대한] 반항, 저항. ¶ a letter of *defiance* 도전장 / declare open *defiance* to the government 공공연히 정부에 대하여 반항을 선언하다. **2** 무시, 멸시 (disregard). ¶ in *defiance* of …을 무시하여, 무릎쓰고.
bid defiance to …을 무시하다; …에 도전하다.
set ... at defiance …을 무시하다, 멸시하다. ¶ The young tend to *set* old customs *at defiance*. 젊은이는 옛 관습을 무시하는 경향이 있다.
◇ defý *v*., defíant *adj*.

‡**de·fi·ant** [dífáiənt] *adj.* 반항적인, 도전적인; 교만한(of ...). ~**ly** *adv.* ◇ defý *v*., defíance *n*.

‡**de·fi·cien·cy** [díí∫ənsi] *n.* ⓒ (*pl.* **-cies**) **1** 부족, 결핍, 결함 (defect). ⇒ LACK [類語] ¶ fill up (or make up for) a *deficiency* in …의 결함을 보완하다. **2** 부족액(량). ◇ defícient *adj*.

deficiency disèase *n.* [병리] 비타민 결핍증.

de·fi·cient [díí∫(ə)nt] *adj.* [요소·특성이] 결핍되어 있는(defective), 부족된; 불충분한(insufficient) (*in*...). ¶ She is *deficient* in common sense. 그녀는 몰상식하다. ~**ly** *adv.* ◇ deficiency, déficit *n*.

‡**def·i·cit** [défəsit] *n.* 부족액, 적자. *cf.* surplus ¶ a *deficit* in revenue 세입 적자액.

déficit fináncing [-fínæ̀nsiŋ / -fài-] *n.* ⓤ [경제] 적자 재정.

de·fi·er [dífáiər] *n.* 반항자, 도전자.

def·i·lade [dèfiléid] *n.* 차폐(遮蔽) [공작]. — *vt.* (**-lad·ed**, **-lad·ing**) [성채]을 적의 사격으로부터 차폐하다(하도록 구축하다).

de·file[1] [dífáil] *vt.* (**-filed**, **-fil·ing**) **1** …을 더럽히다, 불결하게 하다. **2** …을 모독하다. **3** [성명 따위]를 더럽히다. ¶ *defile* a reputation 명성을 더럽히다.
◇ deflement *n*.

de·file[2] *n.* [dífáil, dí:fail → *v*.] [산골짜기의] 좁은 길, 협로, — *vi.* [dífáil, +美 dí:fail] (**-filed**, **-fil·ing**) 일렬로 줄지어 행진하다, 종대로 나아가다.

de·file·ment [dífáilmənt] *n.* **1** ⓤ 더럽힘; [정조·신성함·명성 따위의] 모욕, 모독. **2** 부정물(不淨物).

de·fil·er [dífáilər] *n.* 더럽히는 사람(것), 손상시키는 사람(것), 모독하는 사람. [수 있는.

de·fin·a·ble [dífáinəbl] *adj.* 정의할 수 있는; 한정할

‡**de·fine** [dífáin] *vt.* (**-fined**, **-fin·ing**) **1** …을 정의하다, [말]의 뜻을 분명하게 하다. ¶ *define* a word as... 말을 …이라 정의하다. **2** [성질·본질]을 분명히 하다; …을 특징지우다. ¶ *define* one's duties 임무를 분명하게 하다 / *define* one's position 입장을 분명히 하다. **3** [경제·범위]를 한정하다. ¶ *define* the borders of two countries 두 나라의 국경을 정하다. **4** …의 윤곽을 뚜렷하게 하다.
◇ definition *n*., définite *adj*.

defining móment *n.* 결정적 순간, 고비, [절대 절명의] 위기 (moment of truth).

‡**def·i·nite** [définit] *adj.* **1** 명확한(precise), 정확한(exact). ¶ a *definite* answer 명쾌한 대답. *cf.* definitive **2** 일정한, 한정된(fixed). *opp.* indefinite ¶ a *definite* area 한정 구역 / a *definite* period 일정기간. **3** 확실한(sure). ¶ It is *definite* that he will succeed. 그는 틀림없이 성공할 것이다. **4** [문법에서]한정하는. **5** [식물] [화서(花序)가] 유한한. ~**ness** *n*.
◇ defíne *v*., defínitude, defínitely *adv*.

‡**définite árticle** *n.* (the ~) [문법] 정관사 [the]. *cf.* indefinite article

‡**def·i·nite·ly** [définitli] *adv.* 명확히; 《구어》 분명히, 확실히; 『대답으로』 아무렴 (certainly).

‡**def·i·ni·tion** [dèfíní∫(ə)n] *n.* **1** ⓤ 정의[를 내리기], 명확히 하기, 한정. **2** ⓒ [단어·구 따위의] 정의, 석의(釋義). **3** [윤곽·경계 따위의] 명확함. **4** [光學] [렌즈에 의한 영상의] 명료도(明瞭度). **5** [라디오·텔레비

de·fin·i·tive [difínitiv] *adj.* **1** 결정적인, 최종적인 (final). ¶ a *definitive* answer 최종적 회답. cf. definite **2** [텍스트·연구 따위가] 가장 믿을 수 있는, 가장 권위 있는. ¶ a *definitive* biography of Shakespeare 셰익스피어의 가장 권위있는 전기. **3** 한정적인, 명확하게 하는. **4** [생리] 완전 형태를 가진.
— *n.* [문법] 한정사(限定詞) [the, this, all, no 따위]. ~**ly** *adv.* ~**ness** *n.*

de·fin·i·tude [difínit(j)uːd / -tjùːd] *n.* ⓤ 명확성, 정확.

def·la·grate [défləgrèit, diː-] *v.* (**-grat·ed**, **-grat·ing**) *vt.* …을 [급히, 세게] 연소시키다. — *vi.* 확 타오르다. [연(爆燃).

def·la·gra·tion [dèfləgréiʃ(ə)n, dìː-] *n.* ⓤ [화학] 폭

de·flate [di(ː)fléit] *v.* (**-flat·ed**, **-flat·ing**) *vt.* **1** [풍선 따위]로부터 공기(가스)를 빼다. **2** [팽창한 통화를] 수축시키다. opp. inflate **3** [자부심·희망]을 누르다. — *vi.* 오그라들다, 수축하다.

***de·fla·tion** [di(ː)fléiʃ(ə)n] *n.* ⓤ **1** 공기·가스를 빼기; [팽창물의] 수축. **2** 디플레이션; 통화 수축; 이상 물가 하락. opp. inflation. cf. reflation **3** 풍화(風化).
◇ **defláte** *v.*, **deflátionary** *adj.*

de·fla·tion·ary [di(ː)fléiʃənèri / -əri] *adj.* 디플레이션의, 통화 수축의.

de·fla·tion·ist [di(ː)fléiʃənist] *n.* 통화 수축(디플레이션) 론자(論者). — *adj.* 디플레이션적인 (deflationary).

de·flect [diflékt] *vt.* …을 비끼게 하다, 편향(偏向)시키다, 빗나가게 하다 (bend aside). ¶ *deflect* a ray from its straight course 광선을 편향시키다. — *vi.* 빗나가다, 비끼다. ¶ *deflect* from one's duties 임무를 게을리 하다.

de·flec·tion, 《英》 **-flex·ion** [diflékʃ(ə)n] *n.* ⓤⓒ **1** 비낌, 빗나가기, 비뚤어지기, 편향; 휘기, 왜곡. **2** [光學] [광선의] 굴절. **3** [물리] 편향.

de·flec·tive [difléktiv] *adj.* 빗나가게 하는, 비끼게 하는, 치우치는.

de·flec·tor [difléktər] *n.* **1** [나침반 자차 수정(自差修正)용] 편침의(偏針儀). **2** [공기·가스 따위의] 전향 장치(轉向裝置).

def·lo·ra·tion [dèflər(ə)réiʃ(ə)n / dìːflɔː-] *n.* ⓤ 꽃을 따기; 아름다움(신선함, 신선미 따위)을 잃기; 처녀성을 빼앗기.

de·flow·er [di(ː)fláuər] *vt.* **1** …의 꽃을 따다. **2** …의 처녀성을 빼앗다. **3** [아름다움·신선성 따위]을 잃다, 망치다.

de·fo·cus [di(ː)fóukəs] *v.* (**-cused** *or* **-cussed**, **-cus·ing** *or* **-cus·sing**) *vt., vi.* [빛·렌즈의] 초점을 흐리게 하다 (이 흐려지다). — *n.* 초점(화면)이 흐림; [영화 화면 따위의] 흐릿한 영상.

de·fog [diːfɔ́(ː)g, -fɑ́g / -fɔ́g] *vt.* (**-fogged**, **-fog·ging**) [차창 유리 따위]의 안개(미세한 물방울)를 제거하다.

de·fo·li·ant [di(ː)fóuliənt] *n.* 고엽제(枯葉劑) [베트남 전쟁에서 미국이 사용].

de·fo·li·ate [di(ː)fóulièit] *v.* (**-at·ed**, **-at·ing**) *vt.* …의 잎을 지게 하다, 잎이 시들게 하다. — *vi.* 잎을 잃다. — *adj.* 잎이 진. [엽지게 하기.

de·fo·li·a·tion [di(ː)fòuliéiʃ(ə)n] *n.* ⓤ 낙엽[기]; 하게

de·force [difɔ́ːrs / -fɔ́ːs] *vt.* (**-forced**, **-forc·ing**) [법률] [부동산 따위]를 불법으로 점유하다.

de·for·ciant [difɔ́ːrʃənt, -fɔ́ːr- / -fɔ́ːʃ-] *n.* [법률] 불법점유자. [수림]을 쳐내다.

de·for·est [diːfɔ́(ː)rist, -fɑ́r- / -fɔ́r-] *vt.* …의 숲(삼림·

de·for·es·ta·tion [diːfɔ̀(ː)ristéiʃ(ə)n, -fɑ̀r- / -fɔ̀r-] *n.* ⓤ 숲(삼림·수림)을 쳐내기.

de·form [difɔ́ːrm] *vt.* **1** …을 불구로 만들다, …의 모양을 훼손시키다. **2** …을 보기싫게 만들다. **3** …을 변형하다. — *vi.* 모양이 나빠지다 (변하다) (transform).

de·form·a·ble [difɔ́ːrməbl] *adj.* 변형할 수 있는.

***de·for·ma·tion** [dìːfɔːrméiʃ(ə)n, +美 dèf-] *n.* ⓤ **1** 모양(모습) 손상, 기형; 불구, 기형물. **2** 개악(改惡). **3** [기계] 변형, 뒤틀림. **4** [미술] 데포르마시옹 [변형에 의해서 특수한 예술적 효과를 얻는 일].

***de·formed** [difɔ́ːrmd] *adj.* **1** 흉하게 변형된; 불구의; 몰골사나운. **2** 혐오를 느끼게 하는, 불쾌한 (hateful, offensive). **-form·ed·ly** [-midli] *adv.*

de·form·i·ty [difɔ́ːrmiti] *n.* (*pl.* **-ties**) **1** ⓒ 기형. **2** [병리] 신체의 기형 부분. **3** 신체 장애자; 기형물. **4** ⓤ 추함; 불쾌함. **5** ⓤⓒ [인격 따위의] 결함.
◇ **defórm** *v.*

***de·fraud** [difrɔ́ːd] *vt.* [권리·재산 따위를] [남]에게서 속여 빼앗다 (…*of*); …을 속이다. ¶ (~ + 囲 + 前 + 名) *defraud* a boy *of* his money 소년에게서 돈을 속여 빼앗다. — *vi.* 사취하다.
◇ **defraudation**, **defráudment** *n.*

de·frau·da·tion [dìːfrɔːdéiʃ(ə)n] *n.* ⓤ 사취하기.

de·fraud·er [difrɔ́ːdər] *n.* 사취하는 사람.

de·fray [difréi] *vt.* [비용·경비]등을 지불하다 (pay).

de·fray·a·ble [difréiəbl] *adj.* 지불 가능한.

de·fray·al [difréiəl] *n.* ⓤ [비용·요금의] 지불.

de·fray·er [difréiər] *n.* 지불인.

de·fray·ment [difréimənt] *n.* = defrayal.

de·frock [di(ː)frɑ́k / -frɔ́k] *vt.* = unfrock.

de·frost [diːfrɔ́(ː)st, -frɑ́st / -frɔ́st] *vt.* …의 성에(얼음)를 제거하다, [냉동 식품 따위]의 얼음을 녹이다. — *vi.* [성에·얼음이] 녹다.

de·frost·er [diːfrɔ́(ː)stər, -frɑ́st- / -frɔ́stə] *n.* 제상(제빙) 장치; [자동차·항공기 따위의] 제상기 (除霜器).

deft [deft] *adj.* 교묘한 (skillful), 손재주(솜씨)가 좋은. ¶ a *deft* mechanic 숙련공. **~ly** *adv.* **~ness** *n.*

deft. (略) defendant.

de·funct [difʌ́ŋkt] *adj.* **1** 죽은, 고인이 된 (dead, deceased). ¶ a *defunct* tribe of Indians 멸망한 인디언 부족. **2** 현존하지 않는, 쓰이지 않게 된. ¶ a *defunct* law 폐법(廢法). **3** (the ~) 《명사적 용법》《단수 취급》 죽은이, 고인. **~ness** *n.*

de·fuse [diːfjúːz], (**de·fuze**) *vt.* (**-fused**, **-fus·ing**) **1** [폭탄·지뢰]로부터 신관(信管)을 뽑아내다. **2** …을 안전하게 하다. **2** …의 위기를 해소하다; 효과를 약화시키다.

‡**de·fy** *vt.* [difái → *n.*] (**-fied**, **-fy·ing**) **1** …에게 공공연히 반항하다, 감연히 도전하다. ¶ *defy* an enemy 적에 도전하다. **2** …을 무시하다, 문제시하지 않다. ¶ *defy* public opinion 여론을 무시하다. **3** [노력·해결 따위]를 거부하다, 저지하다, 물리치다 (resist, baffle). ¶ *defy* [all] description [도저히] 필설로 다할 수 없다 / *defy* comparison 비교가 되지 않다 / The problem *defies* solution. 그 문제는 해결 불능이다. **4** [어려운 일·위험 따위에] [남]에게 대들다 (dare, challenge). ¶ (~ + 囲 + *to do*) I *defy* you *to* prove that I have been cheated. 내가 속은 것이라면 그것을 입증해 보게. **5** [고어] …에 싸움을 걸다. — *n.* [+美 díːfai] (*pl.* **-fies**) 《미구어》 도전 (challenge, defiance).
◇ **defíance** *n.*, **defíant** *adj.*

deg. (略) degree[s].

dé·ga·gé [F degaʒe] *adj.* 《프랑스》 (=disengaged, released) [태도 따위가] 서글서글한, 느긋한, 거북하지 않은 (easy).

de·gas [diːgǽs / diː-] *vt.* (**-gassed**, **-gas·sing**) …에서 가스를 제거하다.

de Gaull·ist [də góulist] *n.* 드골파 사람 (Gaullist). [<프랑스의 정치가 Charles André Joseph Marie de Gaulle (1890-1970)의 이름]

de·gauss [diːgáus] *vt.* [특히 자기(磁氣) 기뢰를 피하기 위하여 선체의 자장을 없앨 목적으로] …에 배자(排磁) 장치를 하다. [퇴화.

de·gen·er·a·cy [didʒénərəsi] *n.* ⓤ 퇴폐, 타락; 쇠퇴;

***de·gen·er·ate** *vi.* [didʒénərèit → *adj., n.*] (**-at·ed**,

-at·ing) **1** 퇴화하다, 퇴보하다; 타락하다(deteriorate). ¶ Young men of his generation were *degenerating*. 그와 같은 세대의 젊은이들은 타락하고 있었다 // 〔~＋前＋名〕 *degenerate into* commonplace 평범한 경지에 떨어지다, 진부하게 되다. **2** 〔생물〕 퇴화하다. —— *adj*. [didʒénərit] **1** 퇴화(악화)한, 타락한(degraded). ¶ *degenerate* times 퇴폐의 시대, 말세. **2** 변질된.
—— *n*. [didʒénərit] 타락자; 성적 도착자(倒錯者). ~**·ly** [-ritli] *adv*. ~**·ness** [-ritnis] *n*.
◇ degeneration, degéneracy *n*., degénerative *adj*.

***de·gen·er·a·tion** [didʒènəréiʃ(ə)n] *n.* Ⓤ **1** 퇴보, 타락, 퇴폐. **2** 〔생물〕 퇴화. **3** 〔병리〕 〔조직의〕 변질.
◇ degénerate *v., adj.*; degénerative *adj.*

de·gen·er·a·tive [didʒénərèitiv, -rət-] *adj.* 퇴보(타락)한; 타락적 경향의; 퇴행성(退行性)의.

de-glitch [díglitʃ] *vt.* 〔컴퓨터·전자기기·로켓·우주선·인공 위성 따위의〕 돌발적 고장을 제거하다.

de·glu·ti·tion [diːgluːtíʃ(ə)n] *n.* Ⓤ 〔생리〕 삼키기, 연하(嚥下).

de·grad·a·ble [digréidəbl] *adj.* 〔화학〕 분해할 수 있는.

***deg·ra·da·tion** [dègrədéiʃ(ə)n] *n.* Ⓤ **1** 격하(格下), 강등, 좌천; 면직. **2** 저하, 타락. **3** 〔지질〕 〔땅의〕 침식 (erosion). **4** 〔화학〕 감성(減成) 〔유기 화합물을 변화시켜, 탄소 원자수가 적은 분자로 된 화합물을 얻는 일〕.
◇ degráde *v.*

***de·grade** [digréid] *v.* (**-grad·ed, -grad·ing**) *vt.* **1** …의 지위를 떨어뜨리다, …을 강등시키다, 좌천시키다; …을 해임하다, 면직하다(...*from, to*). ¶ *degrade* a captain *to* the ranks 대위를 병졸로 강등시키다 / He was *degraded from* priesthood for drunkenness. 그는 음주 때문에 성직에서 쫓겨났다. **2** …의 품위를 떨어뜨리다, …을 처하(타락)시키다 (debase), ¶ *Drinking degrades* a man. 술은 사람을 타락시킨다. **3** 평판을 떨어뜨리다. **4** 〔분량·정도·강도 따위〕를 줄이다. **5** 〔지질〕 …을 침식하다. **6** 〔화학〕 〔유기 화합물〕을 감성(減成)하다.
—— *vi.* 〔드물게〕 **1** 〔화학〕 〔유기 화합물〕이 감성을 받다. **2** 〔지위 따위가〕 떨어지다; 타락하다.
◇ degradátion *n.*

de·grad·ed [digréidid] *adj.* **1** 품질이 저하된; 품위가 떨어진; 타락한. **2** 지위가 강등된.

de·grad·er [digréidər] *n.* **1** 강등된 사람. **2** 〔질·격이〕 떨어진 것.

de·grad·ing [digréidiŋ] *adj.* 품위를 떨어뜨리는, 비열한, 불명예스러운. ~**·ly** *adv.*

‡**de·gree** [digríː] *n.* **1** ⓒⓊ 정도(extent). ¶ in a (or some) *degree* 조금은, 어느 정도/ to a certain *degree* 어느 정도 까지 / He showed a surprising *degree* of excitement. 그가 몹시 흥분하는데 놀랐다 / It's just a matter of *degree*. 그것은 정도 문제이다 / What *degree* should we cooperate in the work? 그 일에는 어느 정도까지 협력해야 하는가?
2 〔각도·경위도 (經緯度)·온도계 따위의〕 도(度). ¶ in 80 *degrees* and 7 minutes of east long 동경 80도 7분의 지점 에서 / There are 90 *degrees* in a right angle. ＝A right angle has 90 *degrees*. 직각은 90도이다 / The thermometer reads five *degrees* of frost. 온도계는 영하 5도를 가리키고 있다 / Water freezes at 32 *degrees* Fahrenheit. 물은 화씨 32도에서 언다.
3 Ⓤ 지위, 계급, 신분(rank, station); ⓒ 칭호, 학위. ¶ a person of high (low) *degree* 신분이 높은(낮은) 사람 / a doctor's (a master's, a bachelor's) *degree* 박사(석사, 학사) 학위 / He received his *degree* of M. A. in linguistics at (*or* from) the University of Michigan. 그는 미시간 대학에서 언어학 석사 학위를 받았다.
4 **a**) 〔법률〕 친등(親等), …촌. ¶ relatives within third *degree* 3친등 이내의 친족. **b**) 범죄 등급. ¶ murder in the second *degree* 제 2 급 살인.
5 〔의학〕 손상도. ¶ a third *degree* burn 제 3 도의 화상(火傷).
6 〔문법〕 〔형용사·부사의 비교의〕 급(級). ¶ the positive (the comparative, the superlative) *degree* 원(비교, 최상)급.
7 〔수학〕 차(次), 차수(次數). ¶ a term of the sixth *degree* 6차의 항.
8 〔음악〕 〔보표 음계상의〕 도(度).
by degrees 차츰, 단계적으로(gradually). ¶ She grew weaker *by degrees*. 그녀는 점점 쇠약해졌다.
in its degree 각각 정도에 따라서.
not in the slightest (or **the least, the smallest**) **degree** 조금도 … 않다(not at all).
to a degree 〔英구어〕 대단히, 매우(exceedingly); 《美》 다소간(somewhat), 약간(to a small extent).
to the last degree; to a high degree 극도로.

de·gree-day [digríːdèi] *n.* 〔물리〕 기온 편차일(偏差日)〔어느날 평균 기온의 표준치로부터의 편차(偏差); 略 dd〕. [체감, 누감(累減).
de·gres·sion [digréʃ(ə)n] *n.* Ⓤ **1** 하강. **2** 〔과세의〕
de·gres·sive [digrésiv] *adj.* 체감적인, 누감적인. ~**·ly** *adv.*

de gus·ti·bus non est dis·pu·tan·dum [di gÁstibəs nan est dispjutÁndəm / -non-] *n.* 〔라틴〕 (＝There is no disputing about tastes.) 취향(기호)에 관하여 다툴 것은 없다 〔좋을 대로 거꾸로 먹어도 좋다〕.

de haut en bas 〔F dəoːtɑ̃bɑ〕 〔프랑스〕 (＝from top to bottom) 위에서 아래까지〔뚫어지게〕, 무시하는 듯한 태도로, 거만한 태도로.

de-hire [diːháiər] *vt.* (**-hired, -hir·ing**) 《美》 …을 퇴직시키다.

de·hisce [dihís] *vi.* (**-hisced, -hisc·ing**) 〔초목의 종피(種皮) 따위가〕 열개(裂開)하다. [開].
de·his·cence [dihísns] *n.* Ⓤ 〔식물·생물〕 열개(裂
de·his·cent [dihísnt] *adj.* 열개성의.

de-horn [diːhɔ́ːrn] *vt.* **1** 〔소〕의 뿔을 잘라내다. **2** 〔군대 속어〕 〔폭탄 따위〕의 신관(信管)을 제거하다 (defuse). [(諫言).
de·hor·ta·tion [dìːhɔːrtéiʃ(ə)n / -hɔː-] *n.* 말림; 간언
de·hor·ta·tive [dihɔ́ːrtətiv], **-ta·to·ry** [-tətɔ̀ːri / -tətri] *adj.* 간(諫)하는(dissuasive). [언(諫言).
de·hu·man·i·za·tion [diːhjùːmənizéiʃ(ə)n / -mənai-] *n.* Ⓤ 인간성을 잃게 하기.

de·hu·man·ize [diːhjúːmənàiz] *vt.* (*《英》*에서는 **de·hu·man·ise**로도 쓴다) *vt.* (**-ized, -iz·ing**) …의 인간성을 잃게 하다.

de·hu·mid·i·fi·ca·tion [diːhju(ː)mìdifikéiʃ(ə)n] *n.* Ⓤ 습기를 제거하기, 제습.

de·hu·mid·i·fy [diːhju(ː)mídifài] *vt.* (**-fied, -fy·ing**) …의 습기를 없애다, …을 건조시키다.

de·hy·drate [diːháidreit] *vt.* (**-drat·ed, -drat·ing**) **1** …에서 수분을 빼다, …을 탈수하다. **2** 〔보존을 위해〕 〔야채·과일 따위〕를 건조시키다. ¶ *dehydrated* vegetables 건조 야채. —— *vi.* **1** 물기가 빠지다. **2** 건조하다.

de·hy·dra·tion [dìːhaidréiʃ(ə)n] *n.* Ⓤ 탈수; 건조.

de·hy·dro·freez·ing [dìːháidroufrìːziŋ] *n.* Ⓤ 건조 냉동법.

de·hy·dro·gen·ate [diːháidrədʒənèit] *vt.* (**-at·ed, -at·ing**) 〔화학〕 …에서 수소를 제거하다, …을 탈수소화하다.

de·hy·dro·gen·a·tion [diːhàidrədʒənéiʃ(ə)n] *n.* 〔화학〕 탈수소(脫水素) 반응.

de·hyp·no·tize [diːhípnətàiz / ⌐⌐⌐] (*《英》*에서는 **de·hyp·no·tise**로도 쓴다) *vt.* (**-tized, -tiz·ing**) …을 최면에서 깨어나게 하다, …에서 최면술을 풀다.

D.E.I. 《略》 *Dutch East Indies.*

de-ice [diːáis / ⌐⌐] *vt.* (**-iced, -ic·ing**) …의 방빙(防氷) (제빙)을 하다, 〔항공기의 날개 따위에〕 방빙(결빙 방지) 장치를 하다.

de·ic·er [diːáisər / ⌐-⌐] *n.* 방빙(결빙 방지) 장치. *cf.* anti-icer

de·i·cide [díːisaid] *n.* **1** ⓤ 신을 죽이기. **2** 신(神)을 죽이는 사람.

deic·tic [dáiktik] *adj.* **1** 〖논리〗 직증적(直證的)인. *opp.* elenctic **2** 〖문법〗 〖후방〗 지시적(指示的)인 (demonstrative). *cf.* anaphoric

de·if·ic [diːífik] *adj.* 《드물게》 신성하게 하는, 신격화 하는.

de·i·fi·ca·tion [diːifikéiʃ(ə)n] *n.* ⓤ 신으로 받들기 (받들린 상태), 신격화, 신성시. 배자.

de·i·fi·er [díːifàiər] *n.* **1** 《드물게》예배자(禮拜者), 숭 배자.

de·i·form [díːifɔːrm] *adj.* 신과 같은[모습의](god-like), 신성한.

de·i·fy [díːifài] *vt.* (**-fied, -fy·ing**) **1** …을 신으로 모시다. **2** …을 신격시(神格視)하다, 숭앙(숭배)하다.

deign [dein] *vi.* **1** 황공하옵게도 … 해 주시다(condescend). ¶ (~+ *to do*) *deign to* grant a private audience 비공식 알현을 윤허해 주시다. **2** 《주로 부정문에서》〖자존심을 버리고〗(~+ *to do*) He would not *deign* to listen to you. 그는 네 말 따위를 들으려 하지 않을 것이다. — *vt.* …을 하사하다, 내리다. ¶ (~+뫼+됨) She *deigns* us no attention. 그녀는 우리를 거들떠보지도 않는다.

Dei grátia [díːaigréiʃiə/-ʃiei] 《라틴》 (=by the grace of God) 신의 은총으로.

deil [diːl] *n.* 《스코》=devil.

de·in·dus·tri·al·i·za·tion [diːindʌstriəlàizéiʃ(ə)n/-laiz-] *n.* 〖산업 정책으로서의〗 비공업화; 《특히 패전국의》 산업 조직의 축소(파괴).

de·in·sti·tu·tion·al·ize [diːinstit(j)úːʃ(ə)nəlàiz/-tjuː-] *vt.* (**-ized, -iz·ing**) **1** 〖교회·학교·병원 등의 사회 시설에서〗 제도적·획일적인 성격을 없애다. **2** 〖수형자(受刑者)·입원 환자 등을〗 시설 밖에서 생활할 수 있게 하다.

de·in·te·grate [diːíntigrèit] *vt.* (**-grat·ed, -grat·ing**) 〖기업의〗 종합 경영 방식을 버리다.

de·in·te·gra·tion [diːintigréiʃ(ə)n] *n.* 비(非) 종합 기업화〖종합 경영을 폐지하고 분산 전문 경영화를 한다〗.

de·ion·ize [diːáiənaiz] *vt.* (**-ized, -iz·ing**) 《화학》 …을 탈(脱)이온화하다.

de·ism [díːiz(ə)m] *n.* ⓤ 이신론(理神論).

de·ist [díːist] *n.* 이신론자.

de·is·tic [diːístik], (**de·is·ti·cal** [-tik(ə)l]) *adj.* 이신론(적)적. **·ti·cal·ly** [-tikəli] *adv.*

***de·i·ty** [díːiti] *n.* (*pl.* **-ties**) **1** 신, 여신. **2** ⓤ 신성 (神性), 신격(神格) (divinity). **3** (the D-) 전지 전능한 신, 상제(上帝), 천제(天帝). **4** 신처럼 숭앙받는 사람(것). ¶ a world in which money is the *deity* 돈이 만능인 세계. ◇ **déify** *v.*

dé·jà vu [dèi(ː)ʒɑː vjúː] *n.* **1** 〖심리〗 기시 체험(既視體驗)〖경험이 없는 것을 이미 경험했던 것으로 느끼는 착각〗. 《F already seen》 **2** 이미 본 것, 진부한 것.

de·ject [didʒékt] *vt.* …을 낙담시키다, 실망하게 하다 (dispirit).

de·jec·ta [didʒéktə] *n. pl.* 배설물, 대소변.

***de·ject·ed** [didʒéktid] *adj.* 기가 죽은, 낙담한, 낙심한, 풀죽은. ⇒ SAD 〖類語〗 **~·ly** *adv.* **~·ness** *n.*

de·jec·tion [didʒékʃ(ə)n] *n.* **1** ⓤ 낙담, 실의, 의기소침. **2** ⓤⓒ《의학·생리》 a) 배설, 변통(便通). b) 배설물.

dé·jeu·ner [dèiʒənéi /⌐-⌐] *n.* 《프랑스》 (=break one's fast) 늦은 조반, 〖정식의〗 점심.

de jú·re [diː dʒúː(ə)ri/-dʒúəri] *adv.* 정당한 권리에 따라, 법률상으로는. — *adj.* 적법한, 합법적인(rightful). *cf.* de facto

deka-, dek- 《연결형》 ⇒ DECA-.

dek·ko [dékou] *n.* (*pl.* **-kos**) 《英俗語》일별(一瞥) 〖하기〗. ¶ Let's have a good *dekko* at it. 그것을 눈 여겨 살펴보자.

del. 《略》 delegate; delete; 《라틴》 *delineavit* (=he *(or* she) drew [this]) 〖회화에 관하여〗 …필(筆); deliver.

Del. 《略》 Delaware.

de·laine [diléin] *n.* **1** ⓤ 메런스, 모슬린〖얇은 모직물〗. **2** (D-) =Delaine Merino. 〖產〗

Deláine Meríno *n.* 메리노 양(羊)의 일종〖미국산〗

de·lam·i·nate [diːlǽmineit] *vi.* -**nat·ed, -nat·ing** 얇은 판(얇은 조각, 얇은 층)으로 갈라지다.

de·lam·i·na·tion [diːlæminéiʃ(ə)n] *n.* ⓤ **1** 얇은 층으로 갈라지기, **2** 〖발생〗 엽렬(葉裂).

de·late [diléit] *vt.* (**-lat·ed, -lat·ing**) **1** 《주로 스코》 …을 고소하다, 고발하다. **2** 《고어》 〖죄상 따위를〗 말하다(퍼뜨리다), 고지(告知)하다.

de·la·tion [diléiʃ(ə)n] *n.* ⓤ 고소, 고발.

de·la·tor [diléitər] *n.* 고소인, 고발인, 밀고인.

***Del·a·ware** [déləwèər] *n.* **1** 미국 동부, 대서양 연안의 주〖주도 Dover; 略 Del.〗. **2** (the ~) 델라웨어 강. **3** 델라웨어 포도. ◇ **Delawárean, Delawárian** *adj.*

Del·a·war·e·an, -i·an [dèləwé(ː)riən/-wéər-] *adj.* Delaware 주의. — *n.* Delaware 주 사람.

‡de·lay [diléi] *vt.* **1** …을 지연시키다. ¶ The train was *delayed* by heavy snow. 기차는 대설로 인해 연착했다 / Lack of enthusiasm *delays* progress. 열의 부족은 진보를 지연시킨다. **2** …를 뒤로 미루다, 연기하다. ¶ You'd better *delay* your departure. 출발을 연기하는 것이 좋겠다 / (~+ *-ing*) *delay* writing to a person 남에게 편지쓰기를 뒤로 미루다.

〖類語〗*delay* 어떤 사정으로 또는 꾸물거리다가 불특정 기간 동안에 *delay* starting 출발을 늦추다. **defer** 정세·형편 따위를 고려하여 연기하다: *defer* an invitation 초대를 뒤로 미루다. **postpone** 회합·행사 따위를 일정 시기까지 연기하다: *postpone* a picnic till next Sunday 피크닉을 다음 일요일로 연기하다.

— *vi.* 지체하다 (waste time), 꾸물거리다(linger), 지연하다. ¶ Don't *delay*! 꾸물거리지 마라!

— *n.* ⓤⓒ 지체, 지연, 유예(lingering). ¶ without [any] *delay* 지체없이, 곧바로(at once).

de·layed-ac·tion [diléidǽkʃ(ə)n] *adj.* 목표에 맞은 뒤 얼마 동안 있다가 폭발하는; 지발성(遲發性)의. ¶ a *delayed-action* bomb 지발성 폭탄.

de·láyed néutron [diléid-] *n.* 〖물리〗 지연 중성자.

de·láy·ing áction [diléiiŋ-] *n.* ⓤ 《군사》 지연 전술.

de·le [díːliː] *v.* (**-led, -le·ing**) 〖인쇄〗 〖지시한 부분을〗 없애라, 삭제하라〖교정 용어〗.

de·lec·ta·ble [diléktəb(ə)l] *adj.* 즐거운, 유쾌한(delightful). **~·ness** *n.* **·bly** *adv.*

de·lec·ta·tion [diːlektéiʃ(ə)n, 美 dilèk-] *n.* ⓤ 기쁨, 즐거움, 환희, 유쾌, 환락.

de·lec·tus [diléktəs] *n.* 〖교과서용의 그리스 문장 또는 라틴 문장〗 발췌서, 라틴(그리스)문 초본.

del·e·ga·cy [déligəsi] *n.* (*pl.* **-cies**) **1** ⓤ 대표자의 임무(지위). **2** ⓤ 대표자(대리위원)의 임명(파견). **3** 대표단, 위원단.

del·e·gal·ize [diːlíːgəlaiz] *vt.* (**-ized, -iz·ing**) …의 법적 허가를 취소하다, 비합법화하다.

***del·e·gate** *n.* [déligèit, -git + *v.*] **1** 대리자(deputy), 대표(representative), 사절. **2** send the U.S. *delegates* to the International Peace Conference 국제 평화 회의에 미국 대표를 파견하다. **3** 《美》 준주(準州)〖territory〗를 대표하는 하원 의원〖발언권은 있으나 의결권은 없다〗; Virginia, West Virginia, Maryland 주의 하원(the House of Delegates)의 의원.

— *vt.* [déligèit] (**-gat·ed, -gat·ing**) **1** …을 대리〖대표〗로 파견하다, 대표〖대리〗자로 임명하다. ¶ (~+뫼+ *to do*) *delegate* a person *to* attend a conference 남을 대표로서 회의에 참석시키다 / (~+뫼+〖前〗+뫼) *delegate* a person *to* a convention 남을 대표로서 파견하다. **2** 〖권한 따위를〗 위임하다. ¶ (~+뫼+〖前〗+

délegated legislátion [dèligéitid-] n. 위임법.

*del·e·ga·tion [dèligéi∫(ə)n] n. 1 ⓤ 대표(대리)로 임명(파견, 위임)하기(되기). 2 대표단, 대리 위원 일행. 3 《美》〔집회(회의)에 정당을 대표해서 참석하도록 선출된〕대표 위원단. ◇ délegate v.

de·lete [dilí:t] vt. (**-leted, -leting**) 〔쓰여진 것·인쇄된 것〕을 삭제하다, 지워 없애다, 지우다, 말살하다.

del·e·te·ri·ous [dèlití(:)riəs / -tíər-] adj. 해로운, 유독한. **~·ly** adv. **~·ness** n.

de·le·tion [di(:)lí:∫(ə)n] n. ⓤ 〔원고·인쇄물 따위의〕삭제, 말살, 지워 없애기. ⓒ 삭제 부분.

delft [delft], **(delf** [delf]) n. =delftware.

delft·ware [délftwὲər] n. ⓤ 1 델포 도기(陶器) 〔특히 청(青)의 아름다운 광택있는 도기〕. 2 이와 비슷한 도기. 〔이 도기의 산지인 네덜란드의 도시명 Delft에서〕

Del·hi [déli] n. 1 델리〔인도 북부의 주〕. 2 그 주의 수도〔옛 무갈 제국(Mogul Empire)의 수도; 원래 영국의 인도 정청 소재지〕.

del·i [déli] n. 《구어》=delicatessen.

Del·ia [dí:ljə] n.《때로 복수 취급》〔고대 그리스의 Delos에서 행해진〕아폴로의 축제.

*de·lib·er·ate adj. [dilíbərit → v.] 1 심사 숙고한 (carefully considered), 고의적인 (intentional). ¶ deliberate murder 〔그 결과까지 심사숙고한 끝에 행하는〕모살 (謀殺).

類語 **deliberate** 자기 언동의 뜻을 잘 알고, 영향 따위를 충분히 생각하는 것: a deliberate lie 이모저모 잘 생각한 끝에 하는 거짓말. **intentional** 우연이나 착오가 아니라 그럴 작정으로 행하는 것: an intentional lie 고의적인 거짓말. **premeditated** 미리 계획된; deliberate 만큼 충분한 계산을 뜻하지는 않는다: premeditated murder 〔결과까지는 고려하지 않고 행하는〕모살.

2 신중한, 사려 깊은, 꼼꼼한. ¶ He is deliberate in everything he does. 그는 무슨 일에나 신중하다. 3 느긋한, 느릿느릿한, 완만한(slow). ¶ He came along with deliberate steps. 그는 느릿느릿한 걸음걸이로 나왔다.
— v. [dilíbərèit] (**-at·ed, -at·ing**) vt. …을 숙고하다, 깊이 생각하다, …을 심의하다. ⇨ THINK 類語 ¶ deliberate a question 문제를 잘 생각하다 // (~+wh. to do) deliberate how to do it 그것을 어떻게 해나갈 건가를 숙고하다 // (~+wh. 節) They are deliberating what he said. 그들은 그가 한 말을 검토하고 있다. — vi. 숙고하다, 곰곰 생각하다; 심의하다, 검토하다. ¶ (~+젠+名) deliberate on what to do 무엇을 할 것인가를 곰곰 생각하다 / deliberate with a person on (or upon, over) the result 결과에 관하여서 남과 검토하다. **~·ness** [-ritnis] n. ◇ deliberátion n., delíberative adj.

*de·lib·er·ate·ly [dilíbəritli] adv. 1 심사 숙고하여, 고의적으로(intentionally). 2 신중하게, 조심성있게 (cautiously). 3 느긋하게, 느릿느릿하게, 완만하게 (slowly).

*de·lib·er·a·tion [dilìbəréi∫(ə)n] n. 1 ⓤ 숙고, 숙려; ⓤⓒ 검토, 토의, 심의. ¶ under deliberation 고려중; 심의중 / be taken into deliberation 심의되다. 2 ⓤ 《행동 따위의》신중함, 꼼꼼함; 느긋함. ¶ with deliberation 신중하게, 꼼꼼하게. ◇ delíberate v., adj.; delíberative adj.

de·lib·er·a·tive [dilíbərèitiv / -rətiv] adj. 1 심의의, 토의의, 심사(토의)하는. ¶ a deliberative body 심의회(기관). 2 깊이 생각하는, 신중한.
~·ly adv. **~·ness** n.

de·lib·er·a·tor [dilíbərèitər] n. 숙고하는 사람; 심의자.

*del·i·ca·cy [délikəsi] n. (pl. **-cies**) 1 ⓤ 정치(精緻)함, 미묘함, 정교함. ¶ the delicacy of a painter's stroke 화가의 필치의 정교함. 2 ⓤ 우미, 우아. ¶ the delicacy of fine lace 상질(上質)의 레이스가 갖는 우미함. 3 ⓤ〔감각·감정의〕섬세함, 섬세함, 민감함. 〔타인에 대한〕 자상한 배려. ¶ the delicacy of feelings 감정의 섬세함 / the delicacy of taste in art 예술에 대한 기호의 섬세함 / supersensitive delicacy 유별난 민감성 / the delicacy of his sense of right and wrong 그의 선악 식별 감각의 예민함 / give a proof of one's delicacy about (or in) …에게 동정심이 있음을 보이다.
4 ⓤ 취급에 세심한 주의를 요함, 미묘함. ¶ matters of great delicacy 매우 미묘한 일 / the delicacy of the international situation 국제 정세의 미묘함.
5 ⓤ 가냘픔, 연약; 부서지기 쉬움. ¶ The child's delicacy was a constant worry to his parents. 아이가 허약한 것이 양친에게는 늘 걱정이었다.
6 a~ 또는 -cies) 맛있는 것, 진미(dainty). ¶ He entertained me with all sorts of delicacies. 그는 나를 산해 진미로 대접했다 / He is used to delicacies. 그는 입이 고급이다. ◇ délicate, delícious adj.

*del·i·cate [délikit] adj. 1 정치(精緻)한, 섬세한, 우미한. ¶ the delicate works of a watch 시계의 정교한 만듦새.

類語 **delicate** 섬세하고 부서지기 쉬운 것을 연상시키는 우미함: a delicate lace 우미한 레이스. **dainty** 섬세하고 자그마한 아름다움: a dainty accessory 우미한 장신구. **exquisite** 아주 세련된 우미함: the exquisite charm of light and shade 빛과 그림자의 절묘한 매력.

2 〔음식 등이〕풍미가 좋은, 〔산뜻하고〕맛이 좋은 (dainty). ¶ delicate wine 미주(美酒) / a delicate odor 방향(芳香).
3 〔색 따위가〕부드러운(soft), 어렴풋한, 엷은(faint). ¶ a delicate shade of blue 엷은 청색.
4 〔인지가 불가능할만큼〕미미한, 미세한, 미묘한 (subtle). ¶ delicate differences in these theories 이들 이론의 미묘한 차이 / give a delicate hint 어렴풋이 암시하다.
5 부서지기 쉬운, 허약한, 가냘픈(fragile). ¶ a delicate hand 가냘픈 손 / a girl of delicate upbringing 곱게 자란 규수 / be in delicate health 체질이 허약하다.
6 신중한(세심한) 취급을 요하는, 다루기 힘든. ¶ a delicate diplomatic relation 미묘한 외교 관계 / a delicate operation 세심한 주의를 요하는 수술.
7 감도가 예민한. ¶ a highly delicate instrument 매우 감도 높은 기계.
8 품위있는, 얌전한, 사려가 깊은. ¶ delicate manner 정중한(얌전한) 태도.
9 〔감각·감정이〕자상한, 섬세한, 민감한(sensitive). ¶ delicate sensibility 섬세한 감각 / have a delicate ear for music 낚카로운 음악 감상력을 갖다.
1 0 〔폐어〕사치스러운(voluptuous).
~·ness n. ◇ délicacy n., délicately adv.

*del·i·cate·ly [délikitli] adv. 우미하게; 섬세하게; 미묘하게; 예민하게.

del·i·ca·tes·sen [dèlikətés(ə)n] n. 《美》 1 《집합적》조제 식품(調製食品)〔미리 조리된 고기·치즈·샐러드·소시지 따위〕. 2 그것을 파는 식품점. 3 《美속어》오피스, 사무실. 4 《美속어》탄환, 총탄(bullet). 〈<G〉

*de·li·cious [dilí∫əs] adj. 1 맛있는, 맛있는, 〔맛·냄새가〕맛깔스러운. 2 아주 즐거운(delightful).

類語 **delicious** 매우 맛좋은: delicious food 매우 맛있는 음식, **sweet** 달콤한: sweet candy 달콤한 캔디. **nice, tasty** 는 〔맛있는〕을 나타내는 구어적인 말. **luscious** 달콤하고 감칠맛이 있음을 나타낸다: luscious fruit 잘 익어서 맛이 좋은 과일.
— n. (D-) 딜리셔스〔사과의 일종〕; 그 나무.
~·ly adv. **~·ness** n.

de·lict [dilíkt / dí:likt] n. ⓤ 〔법률〕불법 행위, 비행. ¶ in flagrant delict 불법 행위를 저지르고 있는 현장에

de·light [diláit] *n.* **1** Ⓤ 기쁨, 즐거움, 환희, 유쾌함. ⇨ PLEASURE 類語 ¶ in (or with) *delight* 기꺼이 / to one's [great] *delight* 매우 기쁘게도 / sing with *delight* 즐거이 노래부르다 / take *delight* in …을 기뻐하다, 즐기다 / His review always gives me *delight*. 그의 평론을 읽으면 언제나 즐겁다. **2** 기쁨(즐거움)을 주는 것, 낙(樂). ¶ Nightcaps are my chief *delight*. 자기 전에 마시는 술이 나의 으뜸가는 낙이다 / It is simply a *delight* to hear from you regularly. 당신의 꼬박꼬박한 소식을 전해 주어 매우 기쁩니다. —— *vt.* …을 크게 기쁘게 하다, 즐겁게 하다. ¶ Her presence *delighted* everybody. 그녀가 참석했으므로 모두 크게 기뻐했다. —— *vi.* 기뻐하다, 즐거워하다(*in*…). ¶ (~+前+名) He *delights* in gardening. 그는 정원일을 즐긴다 // (~+to do) We *delight* to serve Jesus. 우리들은 예수님을 섬기는 일을 즐거움으로 삼고 있다.

*****de·light·ed** [diláitid] *adj.* 기뻐하는, 즐거워하는 (highly pleased). ⇨ GLAD 類語 ¶ *Delighted* to know you. 뵙게되어 반갑습니다 / He was *delighted* to hear the news. =He was *delighted* at the news. 그는 그 소식을 듣고 크게 기뻐했다 / be *delighted* with (or at) the result 결과에 기뻐하다 / She was *delighted* at receiving much fan mail. 그녀는 많은 팬 레터를 받고 기뻤다 // I am *delighted* that you have come home safely. 무사히 돌아오셔서 매우 기쁩니다.
~·ly *adv.* ~·ness *n.*

de·light·ful [diláitfəl] *adj.* 기쁨을 주는, 매우 반가운, 유쾌한, 즐거운. ¶ a charming and *delightful* book 사람을 매료하는 책. ※ *delighted* 는 기뻐하고 있다는 뜻, *delightful* 은 남을 기쁘게 한다는 뜻.
~·ly *adv.* ~·ness *n.*

de·light·some [diláitsəm] *adj.* =delightful.

De·li·lah [diláilə] *n.* **1** (성서) 델릴라[Samson 의 애인으로 그를 배신한 여자]. **2** 배신하는 여자.

de·lim·it [di(:)límit] *vt.* …의 한계(경계)를 정하다.

de·lim·i·tate [di(:)límiteit] *vt.* (-tat·ed, -tat·ing) =delimit.

de·lim·i·ta·tion [dilìmitéiʃ(ə)n] *n.* **1** Ⓤ 경계를 정하기. **2** ⓊⒸ 구획, 경계.

de·lim·it·er [di(:)límitər] *n.* (컴퓨터) 경계 기호.

de·lin·e·ate [dilínieit] *vt.* (-at·ed, -at·ing) **1** …의 윤곽을 그리다; …을 그리다(draw). **2** …을 서술하다 (describe).

de·lin·e·a·tion [dilìniéiʃ(ə)n] *n.* **1** Ⓤ 외형(윤곽)을 그리기, 스케치, 소묘(素描); 묘사. **2** 약도, 도형. **3** 기술, 서술.

de·lin·e·a·tive [dilínièitiv, -ətiv] *adj.* 소묘(묘사)적.

de·lin·e·a·tor [dilínièitər] *n.* **1** 묘사자, 기술자; 윤곽 표출자(描出器). **2** (양재의) 본(tailor's pattern).

de·li·ne·a·vit [dilíniéivit] (라틴) *n.* (=he (or she) drew [this]) 그(그녀)가 [이것을] 그렸다, …필(筆), … 화(畫) [略 del.].

de·lin·quen·cy [dilíŋkwənsi] *n.* (*pl.* -cies) **1** Ⓤ (의무·직무의) 태만(neglect); 과실. **2** ⓊⒸ 비행 (misdeed), 불법행위 (offense). ¶ juvenile *delinquency* 소년 범죄.

de·lin·quent [dilíŋkwənt] *adj.* **1** 의무(직무)를 게을리하는, 태만한. **2** (세금·차입금 등의) 미불의, 지불 기일이 넘은. **3** 범죄[인]의, 과실[자]의. —— *n.* 범죄인, 과실자. ¶ a juvenile *delinquent* 비행 소년.
~·ly *adv.*

del·i·quesce [dèlikwés] *vi.* (-quesced, -quesc·ing) **1** 녹다, 용해하다(melt away). **2** (화학) (소금 따위가) 조해(潮解)하다. **3** (생물) (버섯의 일부분이) 액화(液化)하다. **4** (식물) (엽맥이) 분기(分岐)하다.

del·i·ques·cence [dèlikwésns] *n.* Ⓤ **1** 용해성. **2** (화학 소금 따위의) 조해[고체가 공기중의 수분을 흡수하여 액화하는 것]. **3** 용해액.

del·i·ques·cent [dèlikwésnt] *adj.* 녹는, 용해성의; (화학) 조해성의.

de·li·ra·tion [dèliréiʃ(ə)n] *n.* Ⓤ (폐어) 정신 착란.

*****de·lir·i·ous** [dilíriəs] *adj.* **1** (병리) 정신이 착란한, 정신 착란에 의한. **2** 열광적인, 광란의 (*with*…).
~·ly *adv.* ~·ness *n.* ◇ delirium *n.*

de·lir·i·um [dilíriəm] *n.* Ⓤ (*pl.* -i·ums *or* -i·a [-iə]) **1** (병리) 일시적 정신 착란. **2** 열광, 무아경.

delírium trémens [-trí:mənz, -menz] *n.* Ⓤ (병리) (알코올 중독에 의한) 섬망증(譫妄症).
[<L trembling delirium]

de·list [di:líst] *vt.* …을 표(리스트)에서 빼다.

del·i·tes·cence [dèlitésns] *n.* Ⓤ **1** 잠복 상태. **2** (의학) (증상의) 돌연 소멸; (중독·병독의) 잠복기. [의.

del·i·tes·cent [dèlitésnt] *adj.* 잠복하고 있는, 잠복

*****de·liv·er** [dilívər] *vt.* **1** (편지·물품 따위를) 배달하다, (전언)을 전하다. ¶ He *delivers* letters and parcels. 그는 편지와 소포를 배달한다 / Did you *deliver* my message to your father? 아버지께 내 말을 전했느냐? **2** …을 인도하다, 명도하다, 넘겨주다, 양도하다(… *up*, *over*; … *to*, *into*); …을 교부하다. ¶ (~+名+副+前+名) *deliver* a city *up* 도시를 포기하다 // (~+名+前+名) *deliver* a castle [*up*] *to* an enemy 성을 적에게 넘겨주다 / *deliver* oneself [*up*] *to* the police 경찰에 자수하다.

3 (연설·설교)를 하다, (평결)을 내리다. ¶ *deliver* a speech 연설하다 / *deliver* a verdict 평결을 내리다.

4 (타격)을 가하다, (일격)을 가하다(strike); …을 던지다(throw). ¶ The pitcher *delivered* a fast ball. 투수는 속구를 던졌다 // (~+名+前+名) *deliver* an attack *against* (or *on*) an enemy 적에게 공격을 가하다 / *deliver* a telling blow at (or *against*) one's rival 상대방에게 통렬한 일격을 가하다.

5 …을 내다, 배출하다(give forth). ¶ *deliver* much oil 다량의 석유를 산출하다.

6 …을 해방하다, 석방하다(…*from*, *out of*). ⇨ SAVE 類語 ¶ (~+名+前+名) *deliver* a person *from* (or *out of*) danger 남을 위험에서 구해내다 / It *delivered* him *from* his anxiety. 그 때문에 그는 불안에서 해방되었다

7 (의사 등이) (여자)에게 분만시키다(… *of*); (의사 등이) (태아)를 분만시키다; (여자가) (아이)를 낳다(give birth to); (비유적) (남)에게 …을 낳게 하다. ¶ The doctor *delivered* triplets yesterday. 의사는 어제 세 쌍둥이를 받아냈다 / She *delivered* a healthy girl after a long labor. 오랜 진통 끝에 그녀는 튼튼한 여자 아이를 낳았다 // (~+名+前+名) The doctor *delivered* her of a girl. 의사는 그녀에게 여자 아이를 분만시켰다 / She was *delivered* of a boy. 그녀는 사내 아이를 낳았다 / He was *delivered* of a poem. 그는 시를 썼다.

8 (미구어) (특정 후보자를 지원하기 위하여) (표)를 모으다.

—— *vi.* **1** 분만하다, (아이를) 낳다. **2** (물품 따위를) 배달하다. **3** (미) 잘 해내다.

deliver a jail 죄수들을 (교도소에서) 법정으로 끌어내다, 죄수를 모두 법정으로 보내서 교도소를 비우다.

deliver oneself of (의견 따위)를 공표하다.

deliver the goods ⇨ GOOD.

Stand and deliver! [원래 노상 강도의 말에서] 그 자리에 서서 몸에 지닌 것을 모조리 내놓고 가거라 (Stop and hand over!).

◇ delíverance, delívery *n.*

de·liv·er·a·ble [dilívərəbl] *adj.* 인도 가능한, 교부 가능한. **2** 구술 가능한.

*****de·liv·er·ance** [dilívərəns] *n.* **1** Ⓤ 구출, 구조, 석방, 해방. **2** ⓊⒸ (의견의) 공표; (공표된) 의견, 판결. **3** 구제句, 악령 쫓아내기.

de·liv·ered [dilívərd] *adj.* (상업) …인도의. ¶ *delivered to order* 지정인(指定人) 인도 / *delivered* on rail 화차 적하(積荷) 인도 / *delivered* cost 인도 가격.

de·liv·er·er [dilívərər] *n.* **1** 인도인, 교부자. **2** 배달인. **3** 구조자.

‡**de·liv·er·y** [dilív(ə)ri] *n.* ⓤ ⓒ (*pl.* **-er·ies**) **1** [편지·물품 따위의] 배달, […] 편; 배달물. ¶ special (*or* express) *delivery* 속달 [편] / by the first *delivery* 첫 1편으로 / on *delivery* 배달시에 / a *delivery* area 배달 구역 / a *delivery* certificate 배달 증명서 / How many *deliveries* are there in this town every day? 이 도시에서는 매일 몇 차례 우편 배달이 있는가? **2** 인도, 양도(surrender); 포기, 넘겨줌; [법률] [증서에 의한] 정식 양도; 교부. ¶ a *delivery* order 하물 인도 지시서 (略 D.O.) / *delivery* on arrival 착하(着荷) 인도/ *delivery* on term 정기 인도 // *delivery* of a citadel 성채(城砦)의 명도 / take *delivery* of a goods 물품을 인수하다.
3 진술, 발언(utterance); 말솜씨, 연설 솜씨, 구변. ¶ a good (a poor) *delivery* 훌륭한(서툰) 말솜씨 / a telling *delivery* 듣는이의 마음에 호소하는 말솜씨 / Both the matter and the *delivery* were excellent. 논지와 말솜씨가 모두 훌륭했다 // The *delivery* of his address took 15 minutes. 그의 연설은 15분 걸렸다. ¶ (순산).
4 분만, 출산. ¶ a difficult (an easy) *delivery* 난산
5 투구(投球) [솜씨]; 사출 [솜씨]. ¶ the fine *delivery* [of a ball] [공 등의] 깨끗한 투구 폼.
6 석방, 해방(release); 구조, 구출(rescue). ¶ the *delivery* of a captive from a dungeon 지하 감옥에서 포로를 구출하기.
◇ delíver *v.*

delívery bòy *n.* [상점의] 배달원; 신문배달 소년.
de·liv·er·y·man [dilívə(ə)rimæn] *n.* (*pl.* **-men** [-mèn]) 《美》[상품의] 배달인.
delívery nòte *n.* 《주로 英》[물품 배달 때 주는 흔히 부본이 1통 붙은] 납품 인수서, [화물의] 인도 통지서.
delívery ròom *n.* **1** [병원의] 산실(產室), 분만실. **2** [도서관의] 도서 인도실(引渡室).
dell [del] *n.* 《美에서는 詩》골짜기, 협곡, 유곡(幽谷).
Dél·lin·ger phe·nóm·e·nòn [délindʒər-] *n.* [물리] 델린저 현상 [태양 흑점이 나타나면 생기는 통신 전파의 이상 감쇠(異常減衰) 현상].
de·lo·cal·i·za·tion [di:lòukəlizéiʃ(ə)n / -laiz-] *n.* ⓤ 지방성(地方性)의 제거; 비국지화(非局地化); 본래(고유)의 장소에서 옮기기.
de·lo·cal·ize [di:lóukəlàiz] *vt.* (-**ized**, -**iz·ing**) …의 지방성을 제거하다; …을 비국지화하다; …을 고유의 장소에서 옮기다.
de·louse [di:láus, -láuz / ⌒⌒] *vt.* (-**loused**, -**lous·ing**) …에서 이를 잡다.
Del·phi [délfai, +英 -fi] *n.* 델피 [Apollo 의 신전이 있던 고대 그리스의 도시]. [Delphi 의.
Del·phi·an [délfiən] *n.* Delphi 의 주민. — *adj.*
Del·phic [délfik] *adj.* **1** Delphi 의; Apollo[의 신전, 탁선(託宣)]의. **2** [Apollo 의 탁선처럼] 모호한, 의미가 불분명한. [스의 축제.
Del·phin·i·a [delfíniə] *n.* 아폴로를 찬양하던 고대 그리델·**phin·i·um** [delfíniəm] *n.* (*pl.* -**i·ums** *or* -**i·a** [-iə]) 참제비고깔.
Del·phi·nus [delfáinəs] *n.* [천문] 돌고래좌.
Del·phol·o·gy [delfálədʒi / -fɔ́l-] *n.* [특히 과학 기술 분야에서의] 미래학 방법론, 미래 예측 방법의 연구. [< DELPH[I]+ -OLOGY]
*****del·ta** [déltə] *n.* **1** 델타 [그리스 알파벳의 네째 글자 Δ, δ]. **2** Δ자형(3각형)의 것. **3** [하구의] 삼각주, 델타.
◇ deltáic *adj.* [< Gk] [부대].
Délta Fórce *n.* [美 군] 델터 부대 [테러 대책 특별]
del·ta·ic [deltéiik] *adj.* 델타(삼각) 형을 이루는, 삼각상(狀)의; 삼각주가 있는.
délta rày *n.* (~s) [물리] 델터선(線).
délta wàves *n. pl.* [뇌파의] 델터파(波) [깊은 수

délta wìng *n.* [제트기의] 3각 날개. [집.
del·ti·ol·o·gy [dèltiálədʒi / -ɔ́l-] *n.* ⓤ 우편 엽서 수
del·toid [déltɔid] *n.* [해부] 어깨의 3 각근(筋).
— *adj.* 3 각형의(triangular), 델터 모양의.
*****de·lude** [dilú:d] *vt.* (-**lud·ed**, -**lud·ing**) **1** …을 혼란(현혹)시키다, 속이다(mislead, deceive). ¶ *delude* oneself 자기를 속이다, 잘못 알다 / (~+目+前+名) His riches *deluded* her *to* folly (or *into* playing the fool). 그의 부(富)에 눈이 어두워 그녀는 어리석은 일을 저질렀다. **2** [폐어] …의 기대를 배반하다, …을 실망시키다; …에서 벗어나다(evade).
◇ delúsion *n.*, delúsive *adj.*
*****del·uge** [délju:dʒ] *n.* **1** 대홍수, 큰물 (⇒ FLOOD 類語); 출수(出水); 큰비, 호우(downpour); (the D-) [성서] 노아(Noah)의 대홍수 [Gen.) 7], ¶ After me (*or* us) *the deluge*! [나 없는 뒤에야] 홍수가 지든 말든 내 알 바 아니다. **2** [홍수처럼] 밀어닥치는 것; [편지·신청·문의 따위의] 쇄도, 범람, ¶ a *deluge* of rain (fire) 호우(불바다) / a *deluge* of tears 넘쳐흐르는 눈물 / a military *deluge* 물밀듯이 몰려오는 군세(軍勢) / a *deluge* of applications (letters) 쇄도하는 (편지). — *vt.* (-**uged**, -**ug·ing**) **1** …을 범람하게 하다(flood), 물에 잠기게 하다, 홍수로 잠기게 하다. **2** [홍수처럼] …에 쇄도하다, 떼지어 몰려오다, …을 압도하다(overrun, overwhelm) (...*with*). ¶ (~+目+前+名) He was *deluged* with requests for his autograph. 그는 맹렬한 사인 공세를 받았다.
*****de·lu·sion** [dilú:ʒ(ə)n] *n.* **1** ⓤ 현혹(혼란)시키기, 속이기, 협잡하기, 기만(deception). **2** ⓤⓒ 미망(迷妄), 미망(迷妄). **3** 착각, 잘못된 생각(false belief). ⇒ ILLUSION 類語 ¶ be under a *delusion* about (*or* as to) …에 관하여 착각하고 있다. ¶ [정신의학] *delusion* of grandeur (persecution) 과대(피해) 망상 / be obsessed by *delusions* 망상에 사로잡히다.
◇ delúde *v.*, delúsive *adj.*
de·lu·sion·al [dilú:ʒən(ə)l] *adj.* 망상적인.
de·lu·sive [dilú:siv] *adj.* 현혹시키는, 미혹케 하는, 기만적인, 오해를 일으키는, 알쏭달쏭한 (deceptive, misleading); 망상적인, 망상의(false, unreal). ¶ a *delusive* reply 알쏭달쏭한 대답.
-**ly** *adv.* -**ness** *n.* ◇ delúde *v.*
de·lu·so·ry [dilú:səri] *adj.* = delusive.
de luxe [diláks, -lúks], (**de luxe**) [디 럭스] 특등의, 사치스러운, 호화로운, 호사스러운. ¶ a *deluxe* edition [서적의] 디럭스판, 호화판 / a *deluxe* train, a train *deluxe* 디럭스 열차, 특별 열차. — *adv.* 사치스럽게, 호화롭게. ¶ travel *deluxe* 호화로운 여행을 하다.
[< F of luxury]
delve [delv] *v.* (**delved**, **delv·ing**) *vi.* **1** 탐구하다, 연구에 몰두하다(*into*...). ¶ *delve* deeper *into* …을 더 한 층 깊이 탐구하다 / *delve* deeply *into* things Korean 한국의 풍물에 관하여 깊이 연구하다. **2** [고어] 파다. ¶ *delve for* treasures 보물을 찾아서 파다.
— *vt.* [고어] …을 파다, 파내다.
dem [dem] *v.*, *n.* 《英속어》= damn.
Dem. 《略》Democrat, Democratic.
de·mag·net·i·za·tion [di:mæ̀gnitizéiʃ(ə)n / -tai-] *n.* ⓤ 자기(磁氣)를 잃게 하기; 멸자(滅磁), 소자(消磁).
de·mag·net·ize [di:mǽgnitàiz] *vt.* (*英》에서는 **de·mag·net·ise** 로도 쓴다) (-**ized**, -**iz·ing**) …에서 자기를 없애다, …을 멸자(滅磁)시키다.
dem·a·gog·ic [dèməgágik / -gɔ́dʒ-, -gɔ́dʒik], (**dem·a·gog·i·cal** [-ik(ə)l]) *adj.* 데마의, 선동적인.
-**i·cal·ly** [-ikəli] *adv.*
dem·a·gog·ism [déməgɔ̀giz(ə)m, -gàg- / -gɔ̀g-], (**dem·a·gogu·ism**) = demagoguery.
dem·a·gogue, -**gog** [déməgɔ̀:g, -gàg / -gɔ̀g] *n.* **1** 선동[정치]가. **2** [옛날의] 민중 지도자. — *vt.* [이야

dem·a·gogu·er·y [déməɡɒ̀ɡ(ə)ri, -ɡɑ̀ɡ- / -ɡɔ̀ɡ-] *n.* U 민중 선동[의 책동·주의].

dem·a·gogu·ism [déməɡòʊɡìz(ə)m, -ɡɑ̀ɡ- / -ɡɔ̀ɡ-] *n.* =demagoguery.

dem·a·go·gy [déməɡòʊdʒi, -ɡò:ɡi, -ɡɑ̀ɡi / -ɡɔ̀ɡi, -ɡɔ̀dʒi] *n.* 1 U 데마, 민중 선동[책]. 2 [집합적] 민중 선동가, 선동 정치가들.

‡**de·mand** [dimǽnd / -mάːnd] *vt.* 1 …을 요구하다, 강요하다, 청구하다 《…of, from》. ¶ The policeman *demanded* my name and address. 경관은 나의 성명과 주소를 대라고 요구했다 / The burglar *demanded* my wallet. 강도는 지갑을 내놓으라고 강요했다 // 《~+몸+젠+명》 They *demanded* the reason of (or from) me. 그들은 나에게 까닭을 캐물었다 // 《~+to do》 He *demanded* to be told everything. 그는 모든 것을 말해 달라고 요구했다 // 《~+that 젤》 He *demanded* that the house [should] be searched. 그는 가택 수색을 요구했다.

類語 **demand** 고자세로, 또는 명령적으로 강력히 요구하다: *demand* an answer 대답하라고 강요하다. **claim** 당연히 자기 권리로서 요구하다: *claim* the ownership of an article 어떤 물품의 소유권을 주장하다. **require** 어떤 사정 또는 법규·규준 따위에 의하여 필요로 하다: Driving *requires* caution. 운전에는 신중한 주의가 필요하다.

2 [사물이] …을 요하다(require). ¶ an operation *demanding* a great care 크나큰 주의를 요하는 수술 / This letter *demands* an immediate answer. 이 편지에는 곧바로 회신을 보내야 한다.

3 [법률] a) …을 신청하다, 요청하다. b) [법정에] …을 소환하다(summon).
— *vi.* 요구하다(make a demand), 심문하다(inquire).
— *n.* 1 요구, 청구[권], 요청《for …》; 요구물, 수요품. ¶ a *demand* for higher wages 임금 인상 요구 / meet (or satisfy) the *demand* of the age 시대의 요청에 순응하다 / I have a *demand* to make of you. 너에게 요구할 것이 있다. 2 필요, 강청, 강요《on, upon…》. ¶ There is a constant *demand* on (or *upon*) my money. 나에게는 끊임없이 돈이 들어간다 / There are many *demands* on (or *upon*) my time. 나는 여러 가지로 시간을 뺏기는 일이 많다. 3 캐물음, 심문(inquiry). 4 [법률] 청구, 신청(legal claim). 5 U [때로 a ~] [경제] 수요[량]《for …》. ¶ the law of supply and *demand* 수요 공급의 법칙 / The article is in poor (great) *demand*. 그 물품은 수요가 적다(많다) / He is in great *demand* as a detective story writer. 그는 탐정 소설 작가로서 작품이 잘 팔리고 있다 // There is a brisk (a dull) *demand* for (or of) typists. 타이피스트의 수요가 많다(적다).

on demand 요구(청구)가 있는 대로. ¶ show one's passport *on demand* 요구에 따라 패스포트를 제시하다 / This bill is payable *on demand*. 이 어음은 요구불이다.

de·mand·a·ble [dimǽndəbl / -mάːnd-] *adj.* 요구할 수 있는, 청구할 수 있는.

de·mand·ant [dimǽndənt / -mάːnd-] *n.* [법률] 요구자.

demánd bìll *n.* [경제] 요구불 어음.

demánd bùs *n.* 《미》 [일정 지역 내에서 이용자의 전화 또는 무선 연락으로] 다이얼 버스.

demánd depòsit *n.* 요구불 예금.

de·mand·er [dimǽndər / -mάːnd-] *n.* 요구자, 청구인.

demánd inflàtion *n.* U 디맨드 인플레, 수요 과잉 인플레.

demánd lòan *n.* =call loan.

demánd nòte *n.* 요구불 약속 어음.

de·mánd-pùll inflàtion [dimǽndpùl / -mάːnd-] *n.* U 디맨드 인플레(demand inflation).

de-Mao·i·za·tion [di:màuizéiʃ(ə)n] *n.* 모택동 격하 [운동].

de·mar·cate [dimάːrkeit, dìːmαːrkéit / díːmαː-] *vt.* (**-cat·ed, -cat·ing**) 1 …의 경계(한계)를 정하다, …을 칸막이하다. ¶ *demarcate* a frontier 국경선을 정하다 / *demarcate* a lot with fences 울타리로 땅을 구획 지우다. 2 [분명하게] …을 구별하다《… from》. ¶ *demarcate* reproduction *from* growth 생식과 생육을 구별하다.

de·mar·ca·tion [dìːmɑːrkéiʃ(ə)n], (**de·mar·ka·tion**) *n.* U 경계(한계) 설정. ¶ draw the line of *demarcation* between …의 사이에 경계선을 설정하다. 2 [분명한 경계에 의한] 구별, 구분.

dé·marche [deimάːrʃ/ -´ -] *n.* (*pl.* **-marches** [-mάːrʃ/ -mαːʃ] 《프랑스》 (=gait) 1 수단, 처치(處置). 2 [외교상 따위의] 전환책, [방책의] 변경. 《<F *de-* from+*marcher* march (*v.*)》

de·mar·ket·ing [diːmάːrkitiŋ] *n.* 기업이 자사(自社) 제품의 수요를 억제하는 역취판(逆販販) 활동.

de·mas·si·fi·ca·tion [diːmæsifikéiʃ(ə)n] *n.* 탈(脫)대중화.

de·ma·te·ri·al·ize [diːmətí(ː)riəlàiz / -tíər-] (*《영》*에서는 **de·ma·te·ri·al·ise** 로도 쓴다) *vt., vi.* (**-ized, -iz·ing**) 물질적 성질을 빼앗다 (잃다); 비물질화시키다 (하다).

deme [diːm] *n.* 1 [현대 그리스의] 지방 자치체(commune); [고대 그리스의] 도시 [시구(市區)]. 2 [생물] 덤 [개체군(個體群)의 단위].

de·mean[1] [dimíːn] *vt.* 《보통 재귀용법》 [품위·인격]을 떨어뜨리다. ¶ I would not *demean* myself to speak to him. 나는 그와 말을 건네는 그런 점잖지 못한 짓은 하지 않겠다 / The former mayor *demeaned* himself by accepting the bribe. 전 시장은 뇌물을 받음으로써 스스로 체면을 손상시켰다.

de·mean[2] [dimíːn] *vt.* 《재귀용법》거동하다, 처신하다, 행동하다 (behave, conduct). ¶ She *demeans* herself like a queen. 그녀는 여왕처럼 행세한다.

*****de·mean·or**, 《영》**-our** [dimíːnər] *n.* U 행세, 거동, 행동, 태도, 품행, 행장(conduct, behavior). ⇒ MANNER 類語

de·ment [dimént] *vt.* (폐어) …의 이성을 빼앗다, …을 미치게 하다(make mad).

de·ment·ed [diméntid] *adj.* 제정신을 잃은, 실성한, 발광한; 《美속어》 [프로그램이] 이상한, 쓸모 가 없는. ¶ MAD 類語 **~·ly** *adv.* **~·ness** *n.*

dé·men·ti [deimɑ̃ːntí] *n.* [풍설 따위에 대한 외교상의] 정식의(공식적인) 부인. 《<F 》

de·men·tia [dimén(ʃ)(i)ə] *n.* U [정신 의학] 치매(痴).

deméntia prǽ·cox [-príːkɑks / -kɔks] *n.* U [정신 의학] 정신 분열증.

dem·e·rár·a sùgar [dèməré(ː)rə- / -ŕεərə-] *n.* (보통 D-) 조당(粗糖).

de·merg·er [diːmə́ːrdʒər] *n.* [일시적으로 합병되었던 기업체의] 재분리.

de·mer·it [diːmérit] *n.* 1 결점; 과실, 실수. ¶ merits and *demerits* [diːmèrits] 장점과 단점, 공과(功過), 득실. 2 [과실·나쁜 품행 따위에 대한] 벌점. ¶ a *demerit* mark 벌점.

de·mesne [diméin, -míːn] *n.* 1 U [토지의] 소유. 2 소유지; 부동산. ¶ a *demesne* of the Crown 왕실 소유지 / a *demesne* of the state 국유지. 3 저택 부속지; 장원(莊園) (estate). 4 [국가의] 영토 (domain). 5 [활동의] 영역, 범위(region).

De·me·ter [dimíːtər] *n.* [그리스 신화] 데메테르[농업과 결혼의 여신. 로마 신화의 Ceres에 해당].

demi- *pref.* half, lesser의 뜻. 예: *demi*tasse, *demi*volt.

dem·i·god [démiɡɑ̀d / -ɡɔ̀d] *n.* 1 반신반인; 신인(神人). 2 신처럼 숭앙받는 사람.

dem·i·john [démidʒən / -dʒɔn] *n.* [채롱에 든] 목이 가는 큰 병.

de·mil·i·ta·ri·za·tion [di:mìlitərizéiʃ(ə)n / -rai-] *n.* U 비무장화, 군국주의 체제의 해제; 군(軍) 관리로부터 민(民) 관리로의 이관.

de·mil·i·ta·rize [di:mílitəràiz] (*《英》에서는 **de·mil·i·ta·rise**로도 쓴다) *vt.* (**-rized, -riz·ing**) **1** …을 비무장화하다. **2** …을 군정에서 민정으로 옮기다. [demijohn]

demílitarized zòne *n.* 비무장 지대 [略 DMZ].

dem·i·lune [démilù:n] *n.* **1** 반월 (crescent). **2** [築城] 반월보(半月堡). [<F half moon)

dem·i·min·i [démimíni] *adj.* 초미니의. — *n.* (*pl.* ~s [-z]) 초미니스커트(드레스).

dem·i·mon·daine [dèmimɑndéin / -mɔnd-] *n.* 화류계의 여자. — *adj.* 화류계 여자의.

dem·i·monde [démimɑ̀nd / -mɔ̀nd] *n.* (the ~) 화류계; 《집합적》 매춘부. ¶ the *demimonde* quarters 홍등가. [<F half-world (Alexandre Dumas fils 의 조어)]

de·min·er·al·ize [di:mín(ə)rəlàiz] *vt.* (**-ized, -iz·ing**) …의 광물질을 제거하다, 탈염(脫鹽)하다.

dem·i·of·fi·cial [dèmiəfíʃ(ə)l] *n.* (**demi-official letter**) 〔인도〕 공사(公事)에 관한 사한(私翰).

de·mi·pen·sion [dəmì:pɑːnsjɔ́ːŋ] *n.* 〔프랑스〕 〔하숙·호텔의〕 1박 2식(半board); (프) 반숙박.

dem·i·rep [démirèp] *n.* 소문이 나쁜 여자; 매춘부, 첩. [<DEMI-+REP[UTATION]]

de·mis·a·ble [dimáizəbl] *adj.* 양도할 수 있는.

de·mise [dimáiz] *n.* U C 1 사거, 서거(death). ¶ lament the *demise* of …의 죽음을 애도하다. **2** 폐지, 소멸 **3**〔법률〕 재산(권) 양도; 유양(遺讓). **4** 〔고어〕 〔왕위의〕 계승, 양위. ¶ the *demise* of the crown (or the Crown) 왕위의 계승. — *vt.* (**-mised, -mis·ing**) **1** 〔법률〕 …을 양도하다. **2** 〔정치〕 〔왕위〕를 물려주다. ¶ *demise* the crown (or the Crown) 왕위를 물려주다.

dem·i·sem·i [dèmisémi] *adj.* 반의 반의, 4분의 1의.

dem·i·sem·i·qua·ver [dèmisémikwèivər / -˒-˒-˒] *n.* 〔주로 英〕 〔음악〕 32분 음표(《美》 thirty-second note).

de·mis·sion [dimíʃ(ə)n] *n.* U 〔고어〕 사직, 퇴위.

de·mis·ter [di:místər] *n.* 〔자동차의〕 와이퍼; 서리 제거 장치.

de·mit [dimít] *v.* (**-mit·ted, -mit·ting**) 《주로 스코》 *vt.* **1** 〔직분·지위〕를 사퇴하다, 물러나다(resign). **2** 〔고어〕 …을 면직하다(dismiss). — *vi.* 사직하다, 사임하다.

dem·i·tasse [démitæ̀s, -tɑ̀ːs / -tɑ̀ːs] *n.* [주로 식후의 블랙 커피용의] 소형 커피 찻잔, 데미타스; 데미타스에 들어 있는 커피. [<F half cup]

dem·i·tint [démitìnt] *n.* 중간색, 바림.

dem·i·urge [démiə̀ːrdʒ / dí:mi-] *n.* 〔철학〕 **1** 플라톤 철학에서 유일 지상의 신보다는 못한 조물주. **2** 〔그노시스파〕 때때로 악인 것 같은 신의 뜻에 따라 천지를 창조한 다른 신[때로 악의 창시자로 간주된다].

dem·i·ur·gic [dèmiə́ːrdʒik / dí:mi-] *adj.* 신보다는 못한 조물주의.

dem·i·volt, -volte [démivòult / -vɔ̀lt] *n.* U 〔마술(馬術)〕의 앞다리를 든 채 회전하기.

dem·o¹ [démou] *n.* (*pl.* ~s) 〔구어〕 **1** 데모, 시위 운동(demonstration). **2** 레코드나 상품의 견본.

dem·o² [démou] *n.* (*pl.* ~s) 《美》 파괴(폭파) 작업 대원. [<DEMO[LITION]의 단축형]

Dem·o [démou] *n.* (*pl.* -os) 《美》 민주당원(Democrat).

demo- *pref.* 사람들·민중·서민·대중의 뜻. 예: *demo*cracy.

de·mob [di:mɑ́b / -mɔ́b] 《英 구어》 *n.* = demobilization. — *vt.* (**-mobbed, -mob·bing**) = demobilize.

de·mo·bi·li·za·tion [di:mòubilizéiʃ(ə)n / -lai-] *n.* U 동원 해제, 복원; 〔군대의〕 해체(disbandment).

de·mo·bi·lize [di:móubilàiz] (*《英》에서는 **de·mo·bi·lise**로도 쓴다) *vt.* (**-lized, -liz·ing**) …의 동원을 해제하다, …을 복원(제대)시키다 〔군대 따위〕를 해체하다.

Dem·o-Chris·tian [dèmoukrístʃ(ə)n/-tjən, -tʃ(-] *n., adj.* 〔유럽의〕 기독교 민주당원〔의〕.

‡**de·moc·ra·cy** [dimɑ́krəsi / -mɔ́k-] *n.* (*pl.* **-cies**) **1** U 민주주의, 민주 정치, 민주 정체. ¶ liberal(social) *democracy* 자유(사회) 민주주의. **2** 민주주의 국가, 민주 정치의; 〔좁은 뜻으로〕 직접 민주주의 국가; U 민주적 사회 상태. ¶ The United States is a *democracy*. 미국은 민주주의 국가이다. **3** U 정치적 사회적 평등, 민주적 정신(democratic spirit). **4** (the ~) 〔특권계급에 대하여〕 서민, 민중. **5** (D-) 《美》〔정치〕 **a)** 민주당의 강령. **b)** 민주당; 《집합적》 민주당원.

◇ **democrátic** *adj.*, **democratíze** *v.* 〔<Gk〕

****dem·o·crat** [déməkræ̀t] *n.* **1** 민주주의자, 민주 정체론자; 평등론자. **2** (D-) 《美》 민주당원.

‡**dem·o·crat·ic** [dèməkrǽtik], (**dem·o·crat·i·cal** [-ik(ə)l]) *adj.* **1** 민주주의(국가)의, 민주 정치의. **2** 민주적인; 서민적인. **3** (D-) 《美》〔정치〕 민주당의. **-i·cal·ly** [-ikəli] *adv.* ◇ **démocracy** *n.*

Democrátic párty *n.* (the ~) 《美》 민주당〔미국 2대 정당의 하나〕. *cf.* Republican party

Democrátic-Repúblican párty *n.* (the ~) 〔美역사〕 민주 공화당〔연방파(Federalist party)에 반대하고 Jefferson 의 주장에 찬동하는 사람들로 이루어진 정당; 주주의〕.

de·moc·ra·tism [dimɑ́krətìz(ə)m / -mɔ́k-] *n.* U 민주주의.

de·moc·ra·ti·za·tion [dimɑ̀krətizéiʃ(ə)n / -mɔ̀krətai-] *n.* U 민주화; 〔정치·사회적〕 평등화.

de·moc·ra·tize [dimɑ́krətàiz / -mɔ́k-] *v.* (**-tized, -tiz·ing**) *vt.* …을 민주화하다. — *vi.* 민주적으로 되다.

dé·mo·dé [dèimoudéi / -'-'-] *adj.* 〔프랑스〕 (= out-of-date) 유행에 뒤진(outmoded).

de·mod·ed [di:móudid] *adj.* = démodé.

de·mod·ern·ize [di:mɑ́dərnàiz / -mɔ́d-] *vt.* (**-ized, -iz·ing**) 을 비근대화하다, 옛날로 되돌리다.

de·mod·u·late [di:mɑ́dʒulèit / mɔ́dju-] *vt.* (**-lat·ed, -lat·ing**) 〔무선〕 = detect.

De·mo·gor·gon [dì:mougɔ́:rgən, +美 dèmə-] *n.* 〔고대 신화의〕 마신(魔神), 마왕. [학자.

de·mog·ra·pher [di:mɑ́grəfər / -mɔ́g-] *n.* 인구 통계

de·mo·graph·ic [dì:məgrǽfik] *adj.* 인구 통계학[상]의, 인구 통계학적인.

de·mog·ra·phy [dimɑ́grəfi / di:mɔ́g-] *n.* U 인구 통계학, 인구학.

dem·oi·selle [dèmwɑzél] *n.* **1** 〔미혼의〕 젊은 여자, 소녀, 아가씨(damsel). **2** 쇠재두루미. **3** 실잠자리. [<F]

****de·mol·ish** [dimɑ́liʃ / -mɔ́l-] *vt.* **1** 〔건물·계획·이론 따위〕을 파괴하다, 분쇄하다. ¶ The fire *demolished* seven shops. 불로 7채의 가게가 잿더미가 됐다. **2** 〔구어〕 …을 먹어치우다, 모조리 먹어버리다. ◇ **demolítion**, **demólishment** *n.*

de·mol·ish·er [dimɑ́liʃər / -mɔ́l-] *n.* 파괴자, 분쇄자.

de·mol·ish·ment [dimɑ́liʃmənt / -mɔ́l-] *n.* = demolition.

dem·o·li·tion [dèməlíʃ(ə)n, dì:m-] *n.* **1** U 파괴, 때려부수기; 폭파; (~s) 황폐, 폐허. ⇒ RUIN 類語 **2** (~s) = demolition bombs.

demolítion bòmb *n.* 〔군사〕 대형 파괴 폭탄.

demolítion dérby *n.* 《美》 자동차 파괴 경기〔중고차를 서로 충돌시켜 주행 가능한 마지막 1대가 우승을 차지한다〕.

****de·mon** [dí:mən], (**dae·mon**) *n.* **1** 악마(devil), 악

령(惡靈), 마신. ¶ the *demon* of jealousy 질투의 화신. **2** 극악 무도한 인간, 악마 같은 인간. **3** 초인적 정력가, 비범한 사람. ¶ a *demon* at golf 골프의 명수 / He is a *demon* for work. 그는 일의 화신이다. **4** [그리스 신화] 정령(精靈), 수호신(※ 이 경우, 보통 daemon 이라 쓴다). ◇ demóniac, demónic *adj*., démonize *v*.

de·mon- ⇨ DEMONO-.

de·mon·e·ti·za·tion [di:mànitizéiʃ(ə)n, -mɔ̀n- / -mànitai-, -mɔ̀n-] *n*. ⓤ 화폐[의 통용]폐지.

de·mon·e·tize [di:mánitàiz, -mɔ́n- / -mán-, -mɔ́n-] (※ 〔英〕에서는 **de·mon·e·tise**로도 쓴다) *vt*. (**-tized, -tiz·ing**) **1** [화폐]로부터 통화(본위 화폐)로서의 자격을 빼앗다(잃게 하다). **2** [통화 따위]의 유통(사용)을 중지하다.

de·mo·ni·ac [dimóuniæk] *adj*. (= **de·mo·ni·a·cal** [-k(ə)l]) **1** 악마의, 악마 같은. **2** 악마(악령)에 씐, 흉악한, 광폭한, 포악한. ── *n*. 악마(악령)에 씐 사람. **-a·cal·ly** 〈-kəli〕*adv*.

de·mon·ic [di:mánik / -mɔ́n-], (**dae·mon·ic**) *adj*. **1** 악마의, 악마 같은. **2** (보통 daemonic) 마력을 지닌; 초자연적인; 천재적인.

de·mon·ism [díːmənìz(ə)m] *n*. ⓤ **1** 악마(마신) 신앙; 악마(마신) 숭배. **2** 악마 연구, 마신학(demonology).

de·mon·ist [díːmənist] *n*. 악마(마신) 신앙(숭배)자.

de·mon·ize [díːmənàiz] (※〔英〕에서는 **de·mon·ise**로도 쓴다) *vt*. (**-ized, -iz·ing**) **1** …을 악마로 화하시다. **2** …을 악마에 씌게 하다.

demono- demon 의 뜻의 연결형(※ 모음 앞에서는 demon- 을 쓴다). 예: *demonology*.

de·mon·oc·ra·cy [diːmənákrəsi / -nɔ́k-] *n*. ⓤ 악마(귀신)의 지배; 지배하는 악마 집단.

de·mon·ol·a·try [diːmənálətri / -nɔ́l-] *n*. ⓤ 악마숭배(demonism) 〔자(론자)〕.

de·mon·ol·o·gist [diːmənálədʒist / -nɔ́l-] *n*. 마신학자.

de·mon·ol·o·gy [diːmənálədʒi / -nɔ́l-] *n*. ⓤ **1** 마신학(魔神學), 악마 연구, 악마 신앙의 연구. **2** 마신론.

de·mo·nop·o·lize [diːmənápəlàiz / -nɔ́p-] *vt*. (**-lized, -liz·ing**) 전매권을 해제하다.

demonst. (略)

de·mon·stra·bil·i·ty [demànstrəbíliti / -mɔ̀n-] *n*. ⓤ 논증(실증) 가능성.

de·mon·stra·ble [démənstrəbl, démən- / démən-, dimɔ́n-] *adj*. 논증(실증, 증명)할 수 있는. **~ness** *n*. **-bly** *adv*.

de·mon·strant [dímənstrənt / -mɔ́n-] *n*. 시위 운동자, 데모 참가자(demonstrator).

‡**dem·on·strate** [démənstrèit] *v*. (**-strat·ed, -strat·ing**) *vt*. **1** …을 논증(증명)하다; [자기의 증거(실증)가] 되다(prove); …을〔실험·실물 따위에 의해서〕설명(표시)하다. ⇨ SHOW 〔類語〕 ¶ (~+*that* 쩰) How can you *demonstrate* that the earth is round? 지구가 둥글다는 것을 어떻게 증명할 수 있느냐? **2** 〔상품〕을 실물로 설명하다; 〔기술〕을 실지로〔實地로〕연구하다. **3** 〔감정〕을 밖으로 드러내다. ── *vi*. **1** 시위 운동을 하다(에 참가하다); 감정(사상)을 밖으로 드러내다. ¶ (~+前+뎽) *demonstrate against* a racial prejudice 인종 차별에 항의하여 데모를 하다. **2** 〔군사〕 양동(견제) 작전을 하다. ◇ demonstrátion *n*., démonstrative *adj*.

‡**dem·on·stra·tion** [dèmənstréiʃ(ə)n] *n*. ⓤⓒ **1** 증명; 논증; 실증; 증거(proof). **2** 실물 설명, 실연; 공개 실험 수업; 실물 선전. **3** 〔감정〕의 표명(*of*...). ¶ The mother greeted her long lost son with every *demonstration* of joy. 어머니는 어쩔 줄을 모르게 기뻐하며 오랫동안 떨어져 있던 아들을 맞았다. **4** 데모, 시위 운동. ¶ an anti-war *demonstration* 반전 데모 / a *demonstration against* the Government 반정부 시위. **5** 〔군사〕 양동(견제) 작전.
to demonstration 결정적으로, 명확하게(conclusively).

◇ démonstrate *v*., demónstrative, demonstrátional *adj*.

dem·on·stra·tion·al [dèmənstréiʃən(ə)l] *adj*. 증명의, 논증상의; 실물 설명〔선전〕의; 시위 운동의〔에 관한〕.

dem·on·stra·tion·ist [dèmənstréiʃ(ə)nist] *n*. 시위 운동(참가)자, 데모 참가자.

*****de·mon·stra·tive** [dimánstrətiv / -mɔ́n-] *adj*. **1** 〔감정 따위를〕강하게 나타내는, 노골적인. ¶ a *demonstrative* person 감정을 노골적으로 드러내는 사람. **2** 논증(실증)적인, 예증적인(illustrative); 논증할 수 있는; 결정적인. ¶ be *demonstrative* of …을 증명하다, …을 명시하다. **3** 〔문법〕지시의, ¶ a *demonstrative* adjective (adverb, pronoun) 지시형용사(부사, 대명사). **4** 시위적인. ── *n*. 〔문법〕지시사(指示詞) 〔this, there 따위〕. **~ly** *adv*. **~ness** *n*.
◇ démonstrate *v*., demonstrátion *n*.

dem·on·stra·tor [démənstrèitər] *n*. **1** 논증(증명)자; 증거가 되는 것. **2** 시위 운동(데모) 참가자, 3 실물 선전을 하는 사람, 실연자; 실지 교수자; 〔자동차 따위〕실물 선전용 상품.

de·mor·al·i·za·tion [dimɔ̀ːrəlizéiʃ(ə)n, -màr- / -mɔ̀rəlaiz-] *n*. ⓤ **1** 풍속 문란, 타락, 퇴폐. **2** 사기 저하.

de·mor·al·ize [dimɔ́ːrəlàiz, -már- / -mɔ́r-] (※〔英〕에서는 **de·mor·al·ise**로도 쓴다) *vt*. (**-ized, -iz·ing**) **1** …의 사기를 꺾다. **2** …을 혼란시키다, 당황하게 하다(bewilder). **3** …의 풍기를 문란하게 하다, …을 타락시키다.

de·mos [díːmɑs / -mɔs] *n*. 〔때로 D-〕ⓤ **1** 〔고대 그리스의〕시민, 평민, **2** 인민, 민중, 일반 대중.〔<Gk *dêmos* deme, populace〕

De·mos·then·ic [dìːməsθénik, dèm- / dèm-] *adj*. Demosthenes 의 관한, Demosthenes 류의, 웅변가(eloquent). 〔<고대 아테네의 정치가·웅변가 Demosthenes(384 ? -322B.C.) 의 이름〕

de·mote [di(ː)móut] *vt*. (**-mot·ed, -mot·ing**) …을 강등시키다, …의 계급을(지위를) 낮추다. *opp*. promote

de·moth·ball [diːmɔ́ːθbɔ̀ːl / -mɔ́θ-] *vt*. 〔보존되어 있던 것〕을 다시 쓰기 시작하다.

de·mot·ic [di(ː)mátik / -mɔ́t-] *adj*. **1** 민중의, 일반 대중의(popular). **2** 〔고대 이집트의〕민용(民用) 문자의. *cf*. hieratic ── *n*. (D-) ⓤ 현대 그리스어(Romaic).

de·mot·ics [di(ː)mátiks / -mɔ́t-] *n*. *pl*. 〔단수 취급〕〔가장 넓은 뜻의〕사회학〔도서 분류상의 용어〕.

de·mo·tion [di(ː)móuʃ(ə)n] *n*. ⓤ 계급(지위)을 내리기, 강등, 강위(降位).

de·mount [diːmáunt] *vt*. **1** …을〔틀 따위에서〕들어내다, 떼어내다. ¶ *demount* a gun 대포를 포차에서 떼어내다. **2** …을 분해하다.

de·mount·a·ble [diːmáuntəbl] *adj*. 들어(떼어) 낼 수 있는, 분해할 수 있는. *n*. 진통제, 자극 완화제.

de·mul·cent [dimálsnt] *adj*. 부드럽게 하는, 진통시키는, 진통 작용이 있는. ── *n*. 진통제, 자극 완화제.

*****de·mur** [dimɔ́ːr] *vi*. (**-murred, -mur·ring**) **1** 반대하다, 이의를 제기하다(object) (*to*, *at*...). ¶ (~+前+뎽) *demur to* a suggestion 제안에 반대하다 / *demur at* working overtime 초과 근무에 반대하다. **2** 〔법률〕항변하다. ── *n*. ⓤ **1** 이의〔의 제기〕(신청), 반대〔행위〕. ¶ without *demur* 이의 없이 (※ 보통 이 형으로 쓴다). **2** 〔법률〕항변. ◇ demúrral *n*.

de·mure [dimjúər] *adj*. (**-mur·er, -mur·est**) **1** 품위 있는, 침착한. **2** 새침한, 점잔빼는, 얌전한 체하는. ⇨ SHY 〔類語〕 **3** 성실한, 착실한, 신중한. **~ly** *adv*. **~ness** *n*.

de·mur·ra·ble [dimɔ́ːrəbl / -már-] *adj*. 이의를 제기〔신청〕할 수 있는; 〔법률〕항변할 수 있는.

de·mur·rage [dimɔ́ːridʒ / -már-] *n*. **1** 초과 정박(停泊). **2** 철도 화물 초과 정차. **3** 체선료(滯船料), 화물 유치료.

de·mur·ral [dimɔ́ːrəl / -már-] *n*. ⓤ 이의, 이의 제기〔신청〕; 항변.

de·mur·rant [dimɔ́ːrənt / -már-] *n*. 〔법률〕이의 신

청인.

de·mur·rer [dimə́:rər / -mʌ́rə] n. **1** 항변자, 반대자. **2** 〖법률〗 방소항변(妨訴抗辯), 이의의 신청. ¶ a *demurrer* to evidence 증거 불충분의 이의의 신청. **3** 반대, 이의.

de·my [dimái] n. (pl. **-mies**) **1** [Oxford 대학 Magdalen 학료(學寮)의] 급비생. **2** 데마이판(版) 종이 [〖영〗에서는 인쇄용 17$\frac{1}{2}$×22$\frac{1}{2}$ 인치. 사자용(寫字用) 15 또는 15$\frac{1}{2}$×20 인치. 〖미〗에서는 16×21인치].

de·mys·ti·fy [di:místifai] vt. …을 계몽하다.

de·myth·i·cize [di:míθisàiz] vt., vi. (**-cized**, **-cizing**) =demythologize.

de·my·thol·o·gi·za·tion [di:miθàlədʒizéi(ə)n / -θɔ́l-] n. 〖신학〗 비신화화(非神話化).

de·my·thol·o·gize [di:miθálədʒàiz / -θɔ́l-] 〖미〗에서는 **de·my·thol·o·gise** 로도 쓴다) vt. (**-gized**, **-giz·ing**) [예술 작품·작가 등을 정확히 평가하기 위하여] …에서 신화적 요소를 제거하다; 〖성서〗를 비신화화하여 해석하다.

‡**den** [den] n. **1** 〖짐승이 사는〗 굴, 〖동물원의〗 우리. **2** 〖은둔자·악당 따위의〗 소굴, 사는 곳, 누추한 집. ¶ a *den* of misery 빈민굴. **3** 〖작고 아담한〗 사실(私室), 〖조용한〗 서재, 작업실. **4** 미국 보이스카우트 유년단의 한 부문. ── vi. (**denned**, **den·ning**) 굴(누추한 집)에 살다.

Den. (略) Denmark.

de·nar·i·us [diné(:)riəs / -néər-] n. (pl. **-nar·i·i** [-né(:)riài / -néəriài]) 고대 로마의 은화 (*〖영〗에서는 이 머리글자 d 를 1971년까지 pence, penny 의 약호로 쓰고 있었다). 〖<L *dēnārius* [coin] of ten [*asses*]〗

den·a·ry [dénəri, dí:- / dí:-] adj. **1** 10의, 10을 포함하는, 10배의. **2** 10진〖법〗의(decimal). cf. binary

de·na·tion·al·i·za·tion [di:næʃ(ə)nəlizéi(ə)n / -lai-] n. 〖Ū〗 **1** 비국유화. **2** 국적박탈. **3** 국가의 독립 폐지.

de·na·tion·al·ize [di:næʃ(ə)nəlàiz] (*〖영〗에서는 **de·na·tion·al·ise** 로도 쓴다) vt. (**-ized**, **-iz·ing**) **1** …의 국유〖화〗를 해제하다. **2** …의 국적(국민성)을 빼앗다. **3** …에게 독립국으로서의 자격을 박탈하다.

de·nat·u·ral·i·za·tion [di:nætʃ(ə)rəlizéi(ə)n / -lai-] n. **1** 변성(變性), 비자연(非自然)이 되기(으로 만들기). **2** 시민권(국적) 박탈.

de·nat·u·ral·ize [di:nǽtʃ(ə)rəlàiz] (*〖영〗에서는 **de·nat·u·ral·ise** 로도 쓴다) vt. (**-ized**, **-iz·ing**) **1** …의 본래의 성질(특성)을 빼앗다; …을 변성시키다 부자연스럽게 하다. **2** …에게서 시민권(국적)을 박탈하다.

de·na·tur·ant [di:néitʃərənt] n. 변성제(變性劑).

de·na·ture [di:néitʃər] vt. (**-tured**, **-tur·ing**) **1** …의 특성을 잃게 하다, …의 성질을 바꾸다; …을 변성시키다. ¶ *denatured* alcohol 변성 알코올.

de·na·zi·fi·ca·tion [di:nà:tsifikéi(ə)n, +美 -næ̀tsi-] n. 〖Ū〗 비(非)나치화.

de·na·zi·fy [di:ná:tsifài, +美 -nǽtsi-] vt. (**-fied**, **-fy·ing**) …을 비(非)나치화하다, …에서 나치주의〖의 영향〗을 몰아내다.

dendr- ⇨ DENDRO-.

dendri- ⇨ DENDRO-.

den·dri·form [déndrifɔ̀:rm] adj. 수목상(樹木狀)의.

den·drite [déndrait] n. **1** 〖광물〗 모수석(模樹石); 수지상(樹枝狀) 결정(結晶). **2** 〖해부〗 〖신경 세포의〗 수지상 돌기(突起), 덴드라이트.

den·drit·ic [déndrítik], **(den·drit·i·cal** [-k(ə)l]) adj. **1** 모수석과 같은〖무늬가 있는〗. **2** 수지상의.

dendro- tree 의 뜻의 연결형(*모음 앞에서는 dendr-, 라틴어 앞에서는 dendri- 를 쓴다). 예: *dendr*ite; *dendr*iform; *dendr*ology.

den·dro·chro·nol·o·gy [dèndro(u)krənɔ́lədʒi / -ɔ́l-] n. 〖Ū〗 연륜(年輪) 연대학.

den·droid [déndrɔid] adj. 수목상(樹木狀)의, 나뭇가지 모양의, 수지(樹枝)상의(arborescent).

den·drol·o·gy [dendrɔ́lədʒi / -drɔ́l-] n. 〖Ū〗 수목학(樹木學).

den·drom·e·ter [dendrámitər / -drɔ́m-] n. 수목 측정기.

den·dron [déndran / -drɔn] n. (pl. **-drons** or **-dra** [-drə]) 〖해부〗 =dendrite.

-dendron tree 의 뜻의 연결형. 예: rhodo*dendron*.

dene[1] [di:n] n. 〖영방언〗 수목이 우거진 깊은 골짜기.

dene[2] [di:n] n. 〖영〗 해안의 모래밭, 사장(砂場); 사구(砂丘).

Den·eb [déneb] n. 〖천문〗 데네브성〖星〗〖백조좌(白鳥座) (Cygnus)의 주성(主星)〗.

De·neb·o·la [denébələ] n. 〖천문〗 데네볼라성〖星〗〖사자좌(Leo)의 베타성(星)〗.

den·e·ga·tion [dèniɡéi(ə)n] n. 〖ŪC〗 부인, 부정.

de·ne·go·ti·ate [di:niɡóuʃièit] vt. (**-at·ed**, **-at·ing**) 〖조약의〗 파기 교섭을 하다.

de·neu·tral·ize [di:n(j)ú:trəlàiz / -nju:-] vt. (**-ized**, **-iz·ing**) 〖국가·영토 등〗을 비(非)중립화하다.

D. Eng. (略) Doctor of Engineering.

Deng·ism [dèŋiz(ə)m] n. 등소평(Deng Xiaoping)주의〖혁명 이론보다 근대화를 중시하는 실용주의〗. 〖<중국 최고의 실권자인 등소평(鄧小平)(1904-))의 성〗

den·gue [déŋgi, +美 -gei] n. (=**déngue fèver**) 〖병리〗 뎅그열(熱) 〖관절·근육의 격통을 일으키는 열대성 전염병〗.

de·ni·a·bil·i·ty [dinàiəbíləti] n. 〖미〗 부인권(否認權) 〖대통령등 정부 고관은 불법 활동과의 관계를 부인해도 된다는 것〗.

de·ni·a·ble [dináiəbl] adj. 부정할 수 있는, 거절할 수 있는.

*‎**de·ni·al** [dináiəl] n. 〖ŪC〗 **1** 부정, 부인. ¶ general (special) *denial* 전면적(부분적) 부인 / give a *denial* to; make a *denial* of …을 부정하다 / She smiled in *denial*. 그녀는 웃으며 그것을 부정했다. **2** 거부, 거절 (refusal); 극기. ¶ give a flat *denial* 단호히 거절하다 / take no *denial* 싫다는 말을 못하게 하다 / I got a *denial*. 나는 거절당했다. **3** 자제(自制), 극기(克己) (self-denial). ⇨ DENY

de·nic·o·tin·ize [di:níkətinàiz] vt. (**-ized**, **-iz·ing**) 〖담배〗에서 니코틴을 제거하다.

de·ni·er[1] [dináiər] n. 부정하는 사람, 부인자(否認者).

de·ni·er[2] [dínjər] n. **1** 데니르〖명주실 따위의 굵기의 단위〗. **2** 드니에화(貨) 〖프랑스의 옛 화폐〗. **3** 소액의 돈.

den·i·grate [dénigrèit] vt. (**-grat·ed**, **-grat·ing**) **1** 〖명예 따위〗를 손상시키다, 더럽히다, 훼손하다. ¶ *denigrate* another's reputation 남의 명예를 훼손하다. **2** …을 검게 하다(blacken). 〖훼손, 오욕〗

den·i·gra·tion [dènigréi(ə)n] n. 〖Ū〗 더럽히기, 명예훼손.

den·im [dénim] n. **1** 〖Ū〗 데님〖굵은 무명실로 짠 두꺼운 능직(綾織)〗, 데님 천. **2** (~s) 〖보통 푸른 데님 천의〗 작업복; 하의. 〖<F〗

den·i·trate [di:náitreit] vt. (**-trat·ed**, **-trat·ing**) …에서 질산(窒酸)〖염(鹽)〗을 제거하다, 탈질(脫窒)하다.

den·i·tri·fy [di:náitrifài] vt. (**-fied**, **fy·ing**) …에서 질소(질화물)를 제거하다, …을 탈질하다.

den·i·zen [dénizn] n. **1** 〖어떤 장소의〗 주민, 거주자 (inhabitant) (*of* …). ¶ a *denizen* of the woods 숲에 사는 것〖새·짐승〗. **2** 〖영〗 특별 귀화인, 거류민. **3** 외래의 동식물; 외래어. ── vt. …에게 귀화를 허가하다, 시민권을 주다.

den·i·zen·ship [dénizn̩ʃip] n. 〖Ū〗 공민(시민)권, 영주권.

*‎**Den·mark** [dénmɑːrk] n. 덴마크〖유럽 서북부의 왕국; 수도 Copenhagen〗. ⇨ Dánish cóupling.

dén mòther n. 보이 스카우트 유년단의 여성 지도자.

de·nom·i·nate [dinɑ́minèit/-nɔ́m-// +美] vt. (**-nat·ed**, **-nat·ing**) …에 명명하다(name); …이라 부르다, 칭하다(call). ¶(~+圖+圃) They did not *denominate* him a priest. 그들은 그를 목사라 부르지 않았다. ── adj. [dinɑ́minit, -nèit / -nit] …이라는 〖특정의〗 이

de·nom·i·na·tion [dinɑ̀minéiʃ(ə)n / -nɔ́m-] *n.* 1 ⓤ 명명; ⓒ 명칭, 호칭. 2 계급(class), 종류(kind). ¶ vessels of all *denominations* 모든 종류의 배. 3 종파, 교파(religious group). ¶ clergy of all *denominations* 모든 종류의 종교가 / the Methodist *denomination* 메더디스트파. 4 [도량형·금전의] 단위 명칭; [화폐·증권 따위의] 액면 금액. ¶ money (*or* coins) of small *denominations* 잔돈 / redesignation (*or* changing) of *denominations* 디노미네이션, 통화 호칭 단위의 변경 / Bonds were issued in *denominations* of 100 and 1,000 dollars. 100 달러와 1,000달러 액면의 공채가 발행되었다. ◇ denóminate *v.*, denóminative *adj.*

de·nom·i·na·tion·al [dinɑ̀minéiʃən(ə)l] *adj.* 명칭상의; 종파의; [학교 등이] 종파에 속하는.
~·ly [-nəli] *adv.*

de·nom·i·na·tion·al·ism [dinɑ̀minéiʃ(ə)nəlìz(ə)m / -nɔ̀m-] *n.* ⓤ 분파주의, 파벌주의, 종파주의.

de·nom·i·na·tive [dinɑ́minèitiv, -nə- / -nɔ́minə-] *adj.* 1 명칭을 주는, 이름을 붙이는. 2 [문법][특히 동사가] 명사 또는 형용사에서 나온. ¶ a *denominative* verb 명사(형용사)에서 나온 동사[man, center, cool 등]. —— *n.* [문법] 명사(형용사)에서 나온 말[특히 동사].

de·nom·i·na·tor [dinɑ́minèitər / -nɔ́m-] *n.* 1 [수학] 분모(divisor). *cf.* numerator 2 [고어] 명명자; 이름의 유래. 3 표준(standard).

de·not·a·ble [dinóutəbl] *adj.* 지시(표시)할 수 있는.

de·no·ta·tion [dìːnou téiʃ(ə)n] *n.* ⓤⓒ 1 [단어·어구의] 뜻, 의미. 2 지시, 표시(indication). 3 표, 표상, 상징(symbol); 명칭. 4 [논리] 외연(外延)(extension). *opp.* connotation

de·no·ta·tive [dinóutətiv, +美 dìːnou téitiv] *adj.* 1 지시(표시)하는, 지시적인. 2 [논리] 외연(外延)적인. *opp.* connotative ~**·ly** *adv.* ~**·ness** *n.*

*****de·note** [dinóut] *vt.* (**-not·ed, -not·ing**) 1 …의 표시 (상징)이다, …의 이름(명칭)이다. 2 …을 나타내다, 표시하다, 뜻하다, 나타내다(indicate). ¶ Her wide eyes *denote* fear. 그녀가 눈을 크게 뜨고 있는 것은 두려워하고 있는 증거이다. 3 [논리] …의 외연을 나타내다, 개술하다. *opp.* connote ◇ denotátion, denótement *n.*, denótative *adj.* [2 부호.

de·note·ment [dinóutmənt] *n.* ⓤⓒ 1 표시, 지시;

de·noue·ment [deinúːmɑːŋ, +美 ─ ─ ─ / *F* denumɑ́] *n.* 1 [극·소설 따위의] 대단원, 종국적 장면. 2 해결 (solution), 결말, 결과(outcome), [<*F*]

*****de·nounce** [dináuns] *vt.* (**-nounced, -nounc·ing**) 1 [공공연히…] 을 비난하다, 규탄하다, 공격하다. ⇒ CRITICIZE [類語] ¶ (~+⊕+⊕) *denounce* a person for neglect of duty 남을 의무 불이행이라 비난하다 // (~+⊕+*as*⊕) He was *denounced* as a coward. 그는 비겁자라고 비난받았다. 2 …을 밀고하다(accuse), 공 발하다, 밀고하다. ¶ (~+⊕+⊕+⊕) *denounce* a person to the authorities 남을 당국에 고발하다. 3 [조약 따위의] 폐기(종결)의 통고를 하다. 4 [고어][위협적인 말투로][나쁜 일]을 미리 선언(예언)하다(foretell). ¶ *denounce* punishment *upon* a person 남을 처벌하겠다 고 협박하다. ◇ denóuncement, denunciátion *n.*

de·nounce·ment [dináunsmənt] *n.* ⓤⓒ 비난, 탄핵, 고발, [조약의] 폐기 통고, [폐어] 선언.

de nou·veau [*F* d nuvo] (프랑스) = *de novo.*

de no·vo [diː nóuvou] (라틴) (=from that which is new) 처음부터, 새로이.

‡**dense** [dens] *adj.* (**dens·er, dens·est**) 1 빽빽한, 밀집한(*opp.* thin); 촘촘한; 농후한, 짙은; 깊은. ⇒ CLOSE² [類語] ¶ a *dense* forest 무성한 밀림 / a *dense* population 조밀한 인구 / *dense* smoke 자욱한 연기. 2 우둔한(slow-witted), 둔한(dull). ¶ *dense* understanding 이해가 더딤. 3 [사진][음화의] 명암의 도가 강한, 짙은. 4 거의 빛을 통하지 않는. 5 강렬한(intense).
~**·ly** *adv.* ~**·ness** *n.* ◇ dénsify *v.*, dénsity *n.*

Dénse Páck plàn *n.* (때로 d- p-) [군사] [MX 미사일의] 밀집 배치 방식.

den·si·fy [dénsifài] *vt.* (**-fied, -fy·ing**) …을 농후하게 하다; [목재]를 수지 가공해서 강화하다.

den·si·me·ter [densímitər] *n.* [화학·물리] 밀도(비중)계.

den·si·tom·e·ter [dènsitɑ́mitər / -tɔ́m-] *n.* 1 [사진] 사진 농도계. 2 =densimeter.

*****den·si·ty** [dénsiti] *n.* ⓤ 1 조밀, 밀집[도], 농도, 깊이. ¶ traffic *density* 교통량. 2 우둔. 3 [화학·물리] 밀도, 비중(specific gravity). 4 [전기] 밀도. 5 [사진][음화의] 농도. ◇ dense *adj.*, dénsify *v.*

*****dent¹** [dent] *n.* 움푹 들어간 곳, 맞은 자국. ¶ *dents* of bullets in a helmet 철모의 탄환 자국.
make a dent in ① …을 움푹 들어가게 하다. ② …에게 인상(감명)을 주다.
—— *vt.* 1 …을 움푹 들어가게 하다(indent). 2 [움푹 들어간 자리, 자국]을 내다(impress). —— *vi.* 움푹 들어가다(파지다) (become indented).

dent² [dent] *n.* [톱니 바퀴·빗 따위의] 이, 치상돌기 (齒狀突起).

dent- ⇒ DENTI-.

dent. (略) dental; dentist; dentistry.

*****den·tal** [déntl] *adj.* 1 이의, 치과[의술]의. 3 [음성] 치음(齒音)의. ¶ a *dental* sound 치음. —— *n.* 1 [음성] 치음(dental sound)[[t][d][θ][ð] 따위]. 2 =dentil.

déntal flòss *n.* [치과] 덴탈 플로스[치아 사이에 낀 불순물을 제거할 때 쓰는 명주실].

déntal hygíenist *n.* 치과 위생사(衛生士).

den·tal·ize [déntəlàiz] *vt.* (**-ized, -iz·ing**) [음성] …을 치음화하다.

den·tate [dénteit], **-tat·ed** [-teitid] *adj.* [식물] [잎 의 가장자리에] 톱니 모양이 있는; [동물] 치상(齒狀)돌기가 있는. **den·tate·ly** *adv.*

den·ta·tion [dentéiʃ(ə)n] *n.* ⓤⓒ [동·식물] 1 치상 (齒狀) 구조(dentate form). 2 치상돌기, [잎의 가장자리의] 톱니 모양.

denti- tooth 의 뜻의 연결형(* 모음 앞에서는 dent- 를 쓴다). 예: *denti*form, *denti*n.

den·ti·care [déntikɛ̀ər] *n.* [캐나다의] 아동을 위한 무료 치아 치료 계획.

den·ti·cle [déntikl] *n.* 1 작은 이, 작은 이 모양의 부분. 2 =denticule.

den·tic·u·lar [dentíkjulər] *adj.* 작은 이 모양의.

den·tic·u·late [dentíkjulit, +美 -lèit], **-lat·ed** [-lèitid] *adj.* 1 [동물] 작은 이 모양의 돌기가 있는; [식물] [잎의 가장자리에] 톱니 모양이 있는. 2 [건축] 톱니 무늬 장식이 있는.

den·tic·u·la·tion [dentìkjuléiʃ(ə)n] *n.* ⓤⓒ 1 작은 이 모양의 구조, 소치상(小齒狀). 2 작은 이, 작은 이 모양의 부분(denticule); 일련의 소치상 돌기가 있음.

den·ti·form [déntifɔ̀ːrm] *adj.* 이 모양의, 치아상(齒牙狀)의.

den·ti·frice [déntifris] *n.* ⓤ 치분, 치약. [의.

den·tig·er·ous [dentídʒərəs] *adj.* 이를 가진, 이 모양

den·til [déntil] *n.* [건축] 치상 장식(齒狀裝飾), 이 모양의 장식. [=dentil.

den·ti·la·bi·al [dèntiléibiəl] *adj., n.* [음성] =labio-

den·ti·lin·gual [dèntilíŋgwəl] *adj.* [음성] (이에 혀를 대고 발음하는, 치설음(齒舌音)의 [[θ], [ð] 따위].

den·tin [déntin], **-tine** [-tiːn] *n.* ⓤ [치과] 상아질 (象牙質) [에나멜질 밑에 있는 치질(齒質)].

‡**den·tist** [déntist] *n.* 치과 의사. ¶ *doctor* ¶ a *dentist* office 치과의원.

den·tist·ry [déntistri] *n.* ⓤ 치과 의술, 치과학.

den·ti·tion [dentíʃ(ə)n] *n.* ⓤⓒ 1 [전반적인]

의 상태, 치열. **2** 이의 발생. **3** 《집합적》《개인의》 이.
den·to- =denti-.
den·toid [déntɔid] *adj.* 치형(齒形)의, 이 모양의.
den·ture [déntʃər] *n.* 〖한 벌의〗 이; 의치, 한 벌의 의치.
de·nu·clea·ri·zá·tion zòne [di:n(j)ù:kliərizéi-ʃ(ə)n-/-njù:kliərai-] *n.* 핵 실험 금지 지역.
de·nu·cle·ar·ize [di:n(j)ú:kliəràiz/-njú:-] *vt.* (-ized, -iz·ing) …의 핵무장을 해제하다.
de·nu·cle·ate [di:n(j)ú:klièit/-njú:-] *vt.* (-at·ed, -at·ing) (원자 따위)에서 핵을 제거하다.
den·u·date [dénjudèit → *adj.*] (-dat·ed, -dat·ing) …을 벌거벗기다 (denude). — *adj.* [din(j)údeit, dén(j)udèit/dinjú:deit] 벌거벗은.
den·u·da·tion [dìn(j)u(:)déiʃ(ə)n, +美 dèn-] *n.* 〖U〗 **1** 벌거벗김, 나출(裸出). **2** 〖지질〗 삭박(削剝) 〖침식 따위에 의한 바위 표면의 노출〗.
de·nude [din(j)ú:d/-njú:d] *vt.* (-nud·ed, -nud·ing) **1** …을 벌거벗기다, …에게서 옷·덮개 따위를 벗기다(strip) (… *of*). ¶ (~+囯+前+名) denude a person *of* his clothing 남의 옷을 벗기다. **2** …에서 특성·소유물 따위를 빼앗다, 박탈하다(deprive); …에서 동식물을 절멸시키다 (…*of*…). ¶ (~+囯+前+名) His father's death *denuded* him of all his hopes for the future. 그는 아버지의 죽음으로 장래에 대한 희망을 모조리 잃고 말았다. **3** 〖지질〗〖침식 작용 따위로〗〖바위 표면 등〗을 노출시키다, 삭박(削剝)하다.
de·nun·ci·ate [dinʌ́nsièit, -ʃi-] *vt.* (-at·ed, -at·ing) …을 공공연히 비난하다 (denounce).
*****de·nun·ci·a·tion** [dinʌ̀nsiéiʃ(ə)n, -ʃi-] *n.* 〖U〗〖C〗 **1** 공공연한 비난. **2** 고발, 적발(accusation). **3** 〖조약 따위의〗 폐기 통고. **4** 위협적인 선언, 협박(threat).
de·nun·ci·a·tive [dinʌ́nsièitiv/-ətiv] *adj.* =denunciatory.
de·nun·ci·a·tor [dinʌ́nsièitər, -ʃi-] *n.* 규탄자, 비난자; 고발자; 협박자.
de·nun·ci·a·to·ry [dinʌ́nsiətò:ri, -ʃiə-/-t(ə)ri] *adj.* 비난하는(condemning); 위협적인, 협박적인.
Den·ver [dénvər] *n.* 미국 Colorado 주의 주도.
*****de·ny** [dinái] *vt.* (-nied, -ny·ing) **1** 〖진술 따위〗를 부정하다, 취소하다, 진실이 아니라고 말하다, 부인하다. *opp.* admit, affirm ¶ *deny* a rumor 풍문을 부인하다 // (~+-*ing*) He *denied* having said so. 그는 그런 말을 한 일이 없다고 말했다 // (~+*that*囯) I don't *deny* that you will succeed. 나는 네가 성공하지 못하리라고는 하지 않는 다 (~+囯+to be囲) He strongly *denied* himself *to be* a Jew. 그는 자기가 유대인이 아니라고 강경하게 부인했다.
2 〖가르침·가치·존재 따위〗를 부정하다, 받아들이지 않다, 인정하지 않다, 믿지 않다, 배척하다(reject). ¶ *deny* God(ghosts) 신(유령)의 존재를 부정하다 / *deny* militarism 군국주의를 부정하다(인정하지 않다) / *deny* smoking 흡연을 배척하다.
3 〖제의·요구 따위〗를 거절하다, 들어주지 않다, 받아들이지 않다, 각하하다. ¶ *deny* a beggar 거지에게 아무 것도 주지 않다 // (~+囯)(~+囯+前+名) She can *deny* her son nothing. =She can *deny* nothing to her son. 그녀는 자식의 요구라면 무엇이고 들어준다.
4 …을(모른다고) 부정하다, …과 관계가 없다고 말하다, 버리다, 죽이다 말하다. ¶ Peter *denied* Christ three times. 베드로는 예수를 세 번 부정했다.
5 〖방문객에게〗〖자기를〗만나게 해주지 않다, 〖사람이〗 없다고 말하다(…*to*); 〖남〗에게 면회를 거절하다. ¶ (~+囯+前+名) I told my wife to *deny* me *to* any caller. 나는 아내에게 면회 손님을 들이지 말라고 일렀다.
6 《재귀용법》〖자기〗의 욕망을 누르다, 참다, 자제하다. ¶ (~+囯+囯) He *denies* himself the pleasure of smoking. 그는 좋아하는 담배를 참고 있다.
◇ denial *n.*

de·o·dar [dí:ədɑ̀:r/díou(u)-] *n.* 히말라야 삼목(杉木) (Himalayan cedar).
de·o·dor·ant [di:óudər(ə)nt] *n.* 방취제(防臭劑); 디오도란트〖체취 방지용 화장품〗. — *adj.* 냄새를 없애는, 방취의.
de·o·dor·i·za·tion [di:òudərizéiʃ(ə)n/-raiz-] *n.* 〖U〗 방취, 탈취.
de·o·dor·ize [di:óudəràiz] *vt.* (-ized, -iz·ing) …에서 악취를 빼다, 탈취하다, …의 냄새를 막다.
de·o·dor·iz·er [di:óudəràizər] *n.* 방취제, 탈취제.
***Dé·o grá·ti·as** [dí:ou gréiʃiæ̀s] 《라틴》 (=thanks to God) 신에게 감사를, 하나님 은총으로.
de·on·tol·o·gist [dì:ɑntɑ́lədʒist/-ɔntɔ́l-] *n.* 〖윤리〗 의무론자.
de·on·tol·o·gy [dì:ɑntɑ́lədʒi/-ɔntɔ́l-] *n.* 〖U〗〖윤리〗 의무론〗 =deoxidize.
de·or·bit [di:ɔ́:rbit] *vt.* 〖우주선 따위〗를 궤도에서 벗어나게 하다. — *vi.* 궤도에서 벗어나게 하기.
***Dé·o vo·lén·te** [déiou vouléntei, dí:-] 《라틴》 (=God willing) 하나님의 뜻이라면.
de·ox·i·date [di:ɑ́ksidèit/-ɔ́k-] *v.* (-dat·ed, -dat·ing) 〖화학〗 =deoxidize.
de·ox·i·da·tion [di:ɑ̀ksidéiʃ(ə)n/-ɔ̀k-], **(de·ox·i·di·za·tion** [-ɑ̀ksidizéiʃ(ə)n/-ɔ̀ksidai-]) *n.* 〖U〗〖화학〗 탈산(脫酸).
de·ox·i·di·za·tion [di:ɑ̀ksidizéiʃ(ə)n/-ɔ̀ksidai-] *n.* 〖화학〗 〖U〗 산소 제거, 환원〖작용〗.
de·ox·i·dize [di:ɑ́ksidàiz/-ɔ́ks-] *vt.* (-dized, -diz·ing) …에서 산소를 제거하다, …을 탈산(脫酸)하다.
de·ox·i·diz·er [di:ɑ́ksidàizər/-ɔ́ks-] *n.* 탈산제.
de·ox·y·gen·ate [di:ɑ́ksidʒènèit/-ɔ́ks-] *vt.* (-at·ed, -at·ing) …에서 〖유리된〗 산소를 제거하다.
de·ox·y·ri·bo·nu·cle·ase [di:ɑ̀ksirɑ́ibounjù:kliéis/-ɔ̀ksirɑ́ibounjù-] 〖생화학〗 디옥시리보뉴클레아제, DNA 분해 효소.
de·ox·y·ri·bo·nu·clé·ic ácid [di:ɑ̀ksirɑ́ibounjù-kli:ik-/-ɔ̀ksirɑ́ibounjù:-] 〖생화학〗 디옥시리보핵산(核酸) 〖略 DNA〗.
dep. (略) departed; department; departure; deponent; deposit; depot; deputy.
***de·part** [dipɑ́:rt] *vi.* **1** 떠나다 (go away, leave), 작별 인사를 하다, 출발하다 (start) (*opp.* arrive). ¶ (~+前+名) They *departed for* (or *to*) America. 그들은 미국으로 출발했다 / The plane *departed from* Kimpo at 9 a.m. 비행기는 상오 9시 김포를 떠났다. **2** 〖상궤(常軌)·규칙·습관 따위〗에서 벗어나다, 빗나가다, 이탈하다, 일탈하다(*from*…). ⇒ DEVIATE 類語 ¶ *depart from* one's plan 계획을 바꾸다 / *depart from* one's word (or promise) 약속을 어기다. **3** 〖이 세상을〗뜨다 (pass away), 죽다 (die). — *vt.* …을 떠나다 (leave) (※ 다음 예 이외는 드물다). ¶ *depart* this life of 세상을 뜨다. — *n.* 〖U〗〖고어〗 출발(departure); 죽음 (death). ◇ departure *n.*
***de·part·ed** [dipɑ́:rtid] *adj.* **1** 죽은. ⇒ DEAD 類語 **2** 과거의. **3** (the ~) 《명사적 복수 용법》 고인(故人);《집합적》 죽은 사람들.
‡**de·part·ment** [dipɑ́:rtmənt] *n.* 〖복잡한 조직·통일체의〗 부문, 부분(division); 〖학문·행동 따위의〗 분야, 영역. ¶ the *departments* of an army 육군의 여러 부문 / a *department* of learning (thought) 학문(사고)의 한 영역. **2** (Department D-) 〖미국 정부의〗 부(部) (*cf.* ministry); 〖영국 정부의〗 국(局), 부(部), 과(《美》bureau). ¶ the *Department* of State (Defense) 국무(국방)부. **3** 〖관청·상사·백화점 따위의〗 부, 국, 과, 매장. ¶ the accountant's *department* 회계과 / the health *department* of a city 시의 보건(부) / the provisions *department* 식료품 매장. **4** 〖프랑스 등의〗 대행정구, 현(縣). **5** 〖대학 따위의〗 학부, 과. ¶ the literature *department* 문학부. **6** 〖군사〗 상설 군관구 (常設軍管區). ◇ departméntal *adj.*

de·part·men·tal [dipὰːrtméntl / dìːpɑːt-] *adj.* 각 부문의; 각 부(과, 국, 성)의, 각 매장의; 각 현의; 각 학부(과)의. ~**·ly** [-təli] *adv.*

de·part·men·tal·ism [dipὰːrtméntəlìz(ə)m / dìːpɑːt-] *n.* [U] 1 [관청·회사 따위의] 분과제(分科制), 부문주의(部門主義). 2 관료주의(bureaucracy)/(경멸적) 관료적(官僚的) 형식주의.

de·part·men·tal·ize [dipὰːrtméntəlàiz / dìːpɑːt-] (*英에서는 **de·part·men·tal·ise** 로도 쓴다) *vt.* (-ized, -iz·ing) 각 부문으로 나누다, 세분화하다.

depàrtméntal stòre *n.* 《英》 백화점.

Depártment D *n.* D 기관[허위 또는 날조된 정보로 타국의 정보 기관을 교란하는 구소련 첩보 기관 KGB의 일부문. (< Russ *dezinformatsiya*)]

‡**depártment stòre** *n.* 백화점.

‡**de·par·ture** [dipὰːrtʃər] *n.* [U] 1 출발, 떠남, 발족; [열차의] 발차. *opp.* arrival ¶ arrival and *departure* 발착 / a hasty *departure* 갑작스러운 출발 / take one's *departure* 출발하다. 2 [상궤·습관·규칙 등으로 부터의] 일탈(逸脫); 배반(背反) (deviation); 변경 (change) (*from*...). ¶ a *departure from* old ways 구습(舊習)을 버리기, 又(비유적) [생각·방침의] 출발, 시도, 새 방책, 신기축(新機軸). ¶ mark a new *departure* in ···에 신기축을 만들어내다. 4 [U](古어) 죽음 (death). 5 [U](항해) 동서 거리(東西距離) [배가 그 날로 여하에도 불구하고 그 출발점에서 보아 진동(眞東)또는 진서(眞西)로 항행한 거리]. ◇ depart *v.*

depárture plátform *n.* 발차 플랫폼.

depárture státement *n.* [정부의 수뇌 등이 외국 방문을 마치고 귀국길에 오를 때 발표되는] 출발(귀국) 성명. [[권]]

de·pas·tur·age [dipǽstjəridʒ / dìːpáːs-] *n.* [U] 방목

de·pas·ture [dipǽstʃər / dìːpáːs-] *v.* (-**tured**, -**tur·ing**) *vt.* 1 (古어) [땅]을 목양지로 하다. 2 [가축]에 목초를 먹이다, [가축]을 방목하다 (pasture); [가축]이 그 목초를 다 뜯어치우다. — *vi.* [가축]이 풀을 먹다 (graze).

de·pau·per·ate [dipɔ́ːpərèit →] *adj.; vt.* 1 [U](古어) 가난하게 하다 (impoverish) ‡을 약화시키다, 위축시키다(weaken). — *adj.* [dipɔ́ːpərit] (식물의) 발육 부전의.

de·pau·per·a·tion [dipɔ̀ːpəréiʃ(ə)n] *n.* [U] 1 (古어) 빈곤화, 빈민화. 2 (식물) 발육부전, 위축.

de·pau·per·ize [dipɔ́ːpəràiz / dìː-] (*英》에서는 **de·pau·per·ise** 로도 쓴다) *vt.* ···을 빈곤에서 구제하다.

‡**de·pend** [dipénd] *vi.* 1 (마음으로) 의지하다, 기대다, 믿다; 신뢰하다 (on, upon ...) ► RELY 類語. ¶ (~ +젠+名) I *depend on* your word. 나는 너의 말을 신뢰한다 / He can be safely *depended upon*. 그에게는 마음놓고 의지할 수 있다.

2 [원조·보호 등에] 의존하다, 기대다 (*on, upon*...). ¶ (~+젠+名) *depend upon* another for help 남의 원조에 기대다 / He *depended upon* his uncle for school expenses. 그는 학비를 숙부에게 의존했다.

3 [형편 따위에] 좌우되다, 여하에 따르다, ···에 따라 결정되다 (*on, upon* ...). ¶ (~+젠+名) Much *depends upon* you. 많은 일이 네 자신에 달려 있다 / That *depends* entirely *upon* circumstances. 그것은 완전히 때와 장소에 따른다.

4 [소송 따위가] 미결 상태로 있다, 계류(현안)중에 있다 (be undetermined). ¶ The suit is still *depending* in court. 그 소송은 아직 재판중이다.

5 (古어) 걸리다, 매달리다, 대롱거리다 (*from*...). ¶ (~+젠+名) a lamp *depending from* the ceiling 천장에 매달려 있는 램프.

6 (문법) 종속하다.

depend upon it (구어) (* 글머리 또는 글 끝에 붙여) 반드시, 분명히, 틀림없이. ¶ *Depend upon it*, we will win the game. 단연코 우리는 시합에 이길 것이다.

That (*It*) [*all*] *depends.* 그것은 때와 장소에 따른다. ◇ dependence, dependency *n.*; dependent *adj.*

de·pend·a·bil·i·ty [dipèndəbíliti] *n.* [U] 신뢰할 수 있음, 확실성.

‡**de·pend·a·ble** [dipéndəbl] *adj.* 신뢰할 수 있는, 의지할 수 있는. ~**·ness** *n.* **·bly** *adv.*

de·pend·an·cy [dipéndənsi] *n.* = dependency.

de·pend·ant [dipéndənt] *n.* = dependent.

‡**de·pend·ence, -ance** [dipéndəns] *n.* [U] 1 (남을) 의지하기, 의지, 의존 (상태); 기식 (寄食) (*on, upon*...). *opp.* independence ¶ the economic *dependence* of a wife *upon* her husband 아내의 남편에 대한 경제적 의존. 2 신뢰 (reliance, trust), ¶ place (*or* put) *dependence in*(*or on*) a person 남을 신뢰하다. 3 다른 것에 좌우되는 상태, 상관 관계, [인과(因果) 따위의] 의존 관계(*on, upon*...). ¶ the *dependence* of crops *on* the weather 농작물이 천후에 좌우됨. 4 종속 (從屬), 예속 (subordination) (*on, upon*...). ¶ the *dependence* of the church *upon* the state 교회의 국가에 대한 종속. 5 (소송 따위의) 미결(상태). 6 [C](드물게) 의지가 되는 것, 믿을 사람(것). ¶ He was his mother's sole *dependence*. 그는 어머니의 유일한 믿음이다. 7 [C](古어) 드리워져 있는 것, 매달려 있는 것.

◇ depend *v.*, dependent *adj.*

de·pend·en·cy [dipéndənsi] *n.* (*pl.* -**cies**) 1 [U] 의존 (상태), 의지. 2 의존물, 종속물. 3 속국 (屬國), 속령, 보호령.

de·pend·ent [dipéndənt] *adj.* 1 의지하고 있는, 의존하고 있는 (depending) (*on, upon*...). *opp.* independent ¶ be *dependent upon* one's parents 어버이에게 의지하다. 2 ···에 따른, ···에 좌우되는, ···여하에 따른 (contingent) (*on, upon*...). ¶ a conclusion that is *dependent* on a premise 전제 여하에 따라 달라지는 결론. 3 종속되어 있는, 속령의 (subordinate). ¶ a *dependent* country 속국. 4 (문법) 종속의 (subordinate). ¶ a *dependent* clause 종속절. 5 매달려 있는, 드리워져 있는 (*from*...). ¶ a lamp *dependent from* the ceiling 천장에 매달려 있는 램프.

— *n.* (= **de·pend·ant**) 1 남에게 의지해서 생활하는 사람, 부양 가족, 기식자; 종자 (從者), 가신, 부하. ¶ family *dependents* 부양 가족. 2 (古어) 의존물, 종속물 (dependency).

~**·ly** *adv.* ◇ depend *v.*, dependence, dependency *n.*

depéndent váriable *n.* (수학) 종속 변수 (從屬變數). *cf.* independent variable

de·peo·ple [diːpíːpl] *vt.* (-**pled**, -**pling**) = depopulate.

de·per·son·al·ize [diːpə́ːrs(ə)nəlàiz] (*英》에서는 **de·per·son·al·ise** 로도 쓴다) *vt.* (-**ized**, -**iz·ing**) ···에서 인격 (인간성)을 잃게 하다, ···에서 개성을 잃게 하다.

de·phos·phor·ize [diːfásfəràiz / -fɔ́s-] *vt.* (-**ized**, -**iz·ing**) (광석)에서 인 (燐)을 제거하다, 탈인 (脫燐) 하다.

‡**de·pict** [dipíkt] *vt.* 1 (회화 따위의) ···을 그리다, 묘사하다. ¶ *depict* a scene 어떤 장면을 그리다. 2 ···을 글로 (문장으로) 나타내다, 서술하다 (describe). ¶ a novel *depicting* a sea life 해상 생활을 그린 소설.

類語 *depict* 생생하게 묘사 (서술)하다: *depict* the confusion following the earthquake 지진 뒤의 혼란을 생생하게 그려내다. **portray** 충실하게 묘사 (서술)하다: *portray* a historical figure on the stage 역사상의 인물을 무대에서 재현하다. **sketch** (종종 모사 이르기 전의 준비 단계로서) 가장 두드러진 사실·특징의 개략을 묘사 (서술)하다: *sketch* plans for a tower 탑의 설계안을 몇가지 스케치하다. **represent** 현실 또는 상상에서의 유형·무형의 것을 구체적인 모습으로 그려 보이다: *represent* freedom as a goddess 자유를 여신의 모습으로 나타내다.

◇ depíction n., depíctive adj.
de·pict [dipík(ə)n] n. ⓤⓒ [회화 따위로] 그리기, 묘사; 서술.
de·pic·tive [dipíktiv] adj. 묘사적인; 서술적인.
de·pic·ture [dipíktʃər] vt. (-tured, -tur·ing) …을 그리다, 묘사하다(depict).
dep·i·late [dépilèit] vt. (-lat·ed, -lat·ing) …을 탈모시키다, …의 털을 제거하다.
dep·i·la·tion [dèpiléi(ə)n] n. ⓤⓒ 탈모.
de·pil·a·to·ry [dipílətò:ri / -t(ə)ri] adj. 탈모할 수 있는, 탈모의 효과가 있는. — n. (pl. -ries) 탈모제(脫毛劑). — [서 내리다. opp. enplane
de·plane [di:pléin] vi. (-planed, -plan·ing) 비행기에
de·plen·ish [diplénis] vt. …을 비우다(empty).
de·plete [diplí:t] vt. (-plet·ed, -plet·ing) **1** …을 감소시키다(decrease); …을 비우다(empty); …을 고갈(소모)케 하다. **2** [외과] …에서 방혈(放血)하다, 채액을 제거하다.
de·ple·tion [diplí:ʃ(ə)n] n. ⓤ **1** [자력 따위의] 감소, 고갈, 소모(exhaustion). **2** [외과] 방혈(放血), 배액법(排液法).
de·ple·tive [diplí:tiv] adj. **1** 고갈(소모)하게 하는. **2** [외과] 혈액을 줄이는, 배액(排液)의.
de·ple·to·ry [diplí:təri] adj. =depletive.
de·plor·a·bil·i·ty [diplò:rəbíliti / -plɔ̀:-] n. ⓤ 한탄스러움, 쓰라림, 처참함, 비참.
***de·plor·a·ble** [diplɔ́:rəbl / -plɔ́:-] adj. **1** 슬픈, 슬퍼할만한(lamentable). **2** 개탄스러운, 한탄할 만한, 처참한, 비참한(miserable). ¶ His room is in deplorable order. 그의 방은 한탄스러울 정도로 난잡하다.
~·ness n. **·bly** adv.
***de·plore** [diplɔ́:r / -plɔ́:] vt. (-plored, -plor·ing) …을 한탄하다, 슬퍼하다, 애통해하다(lament); …을 깊이 후회하다. ¶ The state of things should be deplored. 개탄할 사태이다.
de·ploy [diplɔ́i] vt., vi. [군대] [부대]를 전개하다, [부대] 전개하다(spread out); 배치하다. — n. ⓤ [부대의] 전개, 배치.
de·ploy·ment [diplɔ́imənt] n. **1** ⓤⓒ [군대] [부대]의 전개. **2** [우주] 페이 로드(payload) 배치.
de·plu·ma·tion [dì:plu:méiʃ(ə)n] n. **1** [] 깃털의 뽑아내기, 깃털의 제거. **2** [명예·부 따위의] 박탈.
de·plume [diplú:m] vt. (-plumed, -plum·ing) **1** …의 깃털을 뽑다. **2** [명예·부(富) 등]을 빼앗다.
de·po·lar·i·za·tion [di:pòulərizéiʃ(ə)n / -lɔ̀rai-] n. ⓤ **1** [자기(磁氣)의] 복극(復極), 소극 작용(消極作用). **2** 편광(偏光)의 소멸.
de·po·lar·ize [di:póuləràiz] (* [英]에서는 **de·po·lar·ise** 로도 쓴다) vt. (-ized, -iz·ing) **1** [자기(磁氣)의] 극성(極性)을 없애다, 복극(復極)하다, 소극(消極)하다. **2** [광선 따위의] 치우침을 없애다; …의 편광을 없애다. **3** [비유적] [확신 따위]를 뒤흔들다, 뒤집다.
de·po·lar·iz·er [di:póulərÀizər] n. 복극(소극)제.
de·po·lit·i·cize [dì:pəlítisàiz] vt. (-cized, -ciz·ing) [정부·산업에서] 정치성을 줄이다(없애다), 비정치화하다. [염을 제거하다.
de·pol·lute [dì:pəlú:t] vt. (-lut·ed, -lut·ing) …의 오
de·pol·lu·tion [dì:pəlú:ʃ(ə)n] n. ⓤ 오염 제거.
de·pone [dipóun] vt., vi. (-poned, -pon·ing) 선서하고 [유언서로] (depose).
de·po·nent [dipóunənt] adj. [그리스·라틴 문법] (동사가) 형은 수동형이나 뜻은 능동인, 이태(異態)인. ¶ a deponent verb 이태 동사(異態動詞). — n. **1** [법률] 선서 증인. **2** [그리스·라틴 문법] 이태 동사.
de·pop·u·late [di:pápjulèit / -pɔ́p-// → adj.] v. (-lat·ed, -lat·ing) …의 인구를 없애다, 인구를 줄이다. — vi. (드물게) 인구가 준다. — adj. [di:pápjulit / -pɔ́p-] (고어) 주민이 없어진, 인구가 줄어든.
de·pop·u·la·tion [di:pàpjuléiʃ(ə)n / -pɔ̀p-] n. ⓤ 주민 절멸(絶滅), 인구 감소.
de·pop·u·la·tor [di:pápjulèitər / -pɔ́p-] n. [전염병·폭동 따위로] 주민을 절멸케(줄게)하는 것.
de·port [dipɔ́:rt / -pɔ́:t] vt. **1** [국외로] [외국인]을 추방하다, [유형지로] …을 유배하다, 추방하다. ~ BANISH [類語] ¶ (~+圓+前+名) They deported the criminals from their country. 그들은 범죄자를 국외로 추방했다. **2** [재귀 용법] 처신하다, 행동하다(behave, conduct). [외] 추방.
de·por·ta·tion [dì:pɔ:rtéiʃ(ə)n] n. / -pɔ:t-] n. ⓤ [국
de·por·tee [dìpɔ:rtí: / -pɔ:t-] n. 국외로 추방되는 (추방된) 사람.
***de·port·ment** [dipɔ́:rtmənt / -pɔ́:t-] n. ⓤ 거동, 행동(behavior), 태도. ⇒ MANNER [類語]; 행실, 품행(conduct).
de·pos·a·ble [dipóuzəbl] adj. 면직할 수 있는, 폐위 (廢位)할 수 있는.
de·pos·al [dipóuz(ə)l] n. ⓤ 면직(免職); 폐위.
***de·pose** [dipóuz] v. (-posed, -pos·ing) vt. **1** [특히 고위직에서] …을 면직하다, [왕]을 퇴위시키다. ¶ The king was deposed by the revolution. 왕은 혁명으로 자리에서 쫓겨났다. **2** [법률] [보통 문서로, 특히 선서한 뒤] …을 증언하다(testify), 공술(供述)하다(declare).
¶ (~+that節) He deposed that he had seen the accused before. 그는 피고를 이전에 본 일이 있다고 증언했다. — vi. [특히 문서로] 증언하다, 선서 진술하다. ◇ deposítion n.
de·pos·er [dipóuzər] n. **1** 면직(퇴위)시키는 사람.
2 [선서] 증언자.
‡**de·pos·it** [dipázit / -pɔ́z-] vt. **1** [조심성있게 또는 정확하게] …을 놓다(두다) (put, place); [알]을 낳다 (lay). ¶ A crocodile deposits its eggs in the sand. 악어는 알을 모래 속에 낳는다.
2 …을 퇴적시키다, 침전시키다(precipitate). ¶ The Nile deposits a black and fertilizing mud on the land. 나일강은 육지에 검은 옥토를 퇴적시킨다. **3** …을 맡기다; …의 보관을 위탁하다; …을 공탁하다; …을 예금하다. ¶ (~+圓+前+名) deposit money in (or with) a bank 은행에 예금하다 / He deposited the book with me. 그는 그 책을 나에게 맡겼다. **4** [계약금·보증금으로서] …을 지불하다, [물건]을 담보로 잡히다. **5** [자동 판매기 따위에] [동전]을 넣다(insert).
— n. **1** 퇴적물, 침적물(沈積物), 침전물(sediment); [광산] 매장물. ¶ coal deposits 탄층 / oil deposits 석유 매장량 / the deposit of a river 강의 퇴적물. **2** 공탁(적립)금, 예치금(預置金), 보관금, 기탁(공탁)금; [상업] 보증금, 계약금, 착수금, 담보. ¶ a current (a fixed) deposit 당좌(정기) 예금 / a general (a special) deposit 보통(특별) 예금 / a trust deposit 신탁 예금 / draw one's bank deposit 은행 예금을 찾아내다 / make a deposit on a house 집의 계약금을 지불하다. **3** ⓤ 맡김, 보관, 기탁. **4** 보관소, 저장소, 창고 (depository). **5** [보통 전기 도금에 의한] 금속 피복.
on deposit 맡기고. ¶ I have placed money on deposit with the bank. 나는 그 은행에 예금했다.
depósit accóunt n. 《英》예금 계정 (《美》savings account). cf. current account
de·pos·i·tar·y [dipázitèri / -pɔ́zit(ə)ri] n. (pl. **-tar·ies**) **1** 맡는 사람, 보관인, 수탁자. **2** 보관소, 수탁소, 창고.
depósitary recéipt n. [금융] 예탁 증권.
dep·o·si·tion [dèpəzíʃ(ə)n, dì:p-] n. ⓤⓒ **1** 면직, 파면; 폐위. **2** 기탁[물], 공탁[물]. **3** 침적[물], 퇴적[물]. **4** 증언(testimony) ; [법률] 선서 증언; 증언(공술) 녹취서(錄取書) (cf. affidavit). **5** (D-) [미술] 십자가에서 내려지는 그리스도의 그림(조각).
depósit mòney n. ⓤ [금융] [수표 따위에 의해서 기업간의 거래에 지불되는] 예금 통화, 공탁금.

de·pos·i·tor [dipázitər / -póz-] *n.* **1** 예금자; 기탁자, 공탁인. **2** 침전기; 전기 도금기.

de·pos·i·to·ry [dipázitɔ̀ːri / -pózit(ə)ri] *n.* (*pl.* **-ries**) **1** 저장소, 창고(storehouse); 금고. **2** 보관인(trustee).

depósit recéipt *n.* 〖금융〗 예금 증서.

depósit sáfe *n.* 대여 금고.

*__de·pot__ [díːpou →2 / dépou] *n.* **1** 〖美〗정거장, 역(railroad station); 버스 정류소(bus station). **2** [dépou] 〖군사〗 보급소, 병참부, 연대 본부; 신병 보충부. **3** 〖주로 英〗 보관소, 저장소, 창고(storehouse).

dépot shíp *n.* 모함(母艦).

dep·ra·va·tion [dèprəvéiʃ(ə)n] *n.* ⓤ **1** 「품질의」 악화, 변질, 부패. **2** 〖정신의〗 타락, 퇴폐(moral corruption).

de·prave [dipréiv] *vt.* (**-praved**, **-prav·ing**) **1** 〖품질을〗 나쁘게 하다, 부패시키다(corrupt). **2** 〖품성을〗 타락시키다.

de·praved [dipréivd] *adj.* 〖특히 정신적으로〗 부패한, 타락한(corrupt); 사악한(wicked).

de·prav·i·ty [diprǽvəti] *n.* (*pl.* **-ties**) **1** ⓤ 타락, 부패; 사악(wickedness); 부패, 사악한 행위.

dep·re·cate [déprikèit] *vt.* (**-cat·ed**, **-cat·ing**) **1** …을 옳지 않다고 역설하다, …에 진심으로 불찬성을 표명하다; (기도·목적 따위에) 반대하다. ¶ He strongly *deprecated* such rash assumptions. 그는 그처럼 성급하게 추정을 내리는 데 강력히 반대했다 //(~+뫼+as) He *deprecated* extending a helping hand to lazy people. 그는 게으른 자에게 원조를 주는 것은 옳지 않다고 강력히 반대했다 // (~+뫼+as) He *deprecated* his son's premature attempt *as* improvident. 그는 아들의 성급한 시도를 경솔하다고 나무랐다. **2** …을 가벼이 보다(depreciate). **3** 〖고어〗 …이 없도록 빌다, 〖재난 따위〗 를 면할 수 있도록 빌다.

dep·re·cat·ing·ly [déprikèitiŋli] *adv.* 진지하게 (강력히) 반대하여; (어떻게 하든) 면하고자 하여, 애원하여.

dep·re·ca·tion [dèprikéiʃ(ə)n] *n.* ⓤⓒ **1** 불찬, 반대. **2** 탄원의 기원; 〖고어〗 〖재해를〗 면하고자 하는 기원, 애원.

dep·re·ca·tive [déprikèitiv] *adj.* =deprecatory.

dep·re·ca·to·ry [déprikətɔ̀ːri / -t(ə)ri, -kèit(ə)ri] *adj.* **1** 불찬의, 비난의, 반대를 주장하는. **2** 탄원적인, 변명의(apologetic). **-ri·ly** *adv.* **-ri·ness** *n.*

*__de·pre·ci·ate__ [diprí:ʃièit] *v.* (**-at·ed**, **-at·ing**) *vt.* **1** 〖화폐〗의 구매력(가치)을 저하시키다. *opp.* appreciate **2** 〖상품〗의 가치(값)을 감하다, 시장 가치를 떨어뜨리다. **3** …을 경시하다, 헐뜯다(belittle); 깔보다(disparage). **4** 〖美〗〖세금에서〗 …의 감가상각을 청구하다. — *vi.* 가치가 떨어지다. 〖산〗
◇ depreciation *n.*, depreciative, depreciatory *adj.*

de·pre·ci·at·ing·ly [diprí:ʃièitiŋli] *adv.* 경시하여, 깔보아서. ¶ speak *depreciatingly* of a person 남을 깎아내려서 말하다.

*__de·pre·ci·a·tion__ [diprì:ʃiéiʃ(ə)n] *n.* ⓤⓒ **1** 가치의 감소(저하). **2** 화폐 가치의 저하(下落). ¶ the *depreciation* of currency 통화 가치의 저락. **3** 〖美〗〖경영〗 감가 견적(減價見積)〖액〗; 감가 상각(減價償却額). **4** 경시, 얕봄. ◇ depreciate *v.*

deprèciátion accóunting *n.* ⓤ 감가 상각비 계
deprèciátion insúrance *n.* [보험] 감가 상각비 보험.
deprèciátion resérve *n.* [회계] 감가 상각 준비금.

de·pre·ci·a·tive [diprí:ʃièitiv] *adj.* =depreciatory.

de·pre·ci·a·to·ry [diprí:ʃiətɔ̀ːri / -ʃjət(ə)ri] *adj.* **1** 가치 저감의, 하락 경향의, 감가하는. **2** 경시하는, 깔보는.

dep·re·date [déprədèit] *vt.*, *vi.* (**-dat·ed**, **-dat·ing**) 강탈하다, 약탈하다(plunder).

dep·re·da·tion [dèprədéiʃ(ə)n] *n.* ⓤ **1** 약탈, 강탈(robbery). **2** 침식; (보통 ~s) 파괴(침식)의 흔적(ravages).

dep·re·da·tor [déprədèitər] *n.* 약탈자, 강탈자.

dep·re·da·to·ry [déprədətɔ̀ːri / déprədət(ə)ri] *adj.* 강탈적인, 강탈하는(plundering).

*__de·press__ [diprés] *vt.* **1** 〖남〗을 낙담시키다, 의기소침하게 하다, 기를 꺾다(dispirit, deject). ¶ The report *depressed* me. 그 소식에 나는 낙담했다. **2** …의 힘·활기·활동 따위를 약화시키다, …을 쇠퇴하게 하다. ⇒ OPPRESS 顆語 〖시황(市況) 따위〗를 부진하게 하다(make dull). ¶ Trade is *depressed*. 시황은 불경기이다. **3** …의 양·액수·가치를 떨어뜨리다, 하락시키다. **4** …을 눌러내리다(press down); 〖눈〗의 위치를 끌어내리다. ¶ *depress* one's eyes 눈을 내리깔다.
◇ depression *n.*, depressive *adj.*

de·pres·sant [diprés(ə)nt] *adj.* 〖의학〗 기능을 저하시키는, 진정(억제) 작용하는(sedative). — *n.* 〖의학〗 기능 저하제, 진정제(sedative).

*__de·pressed__ [diprést] *adj.* 낙담한, 의기소침한, 기가 죽은. ⇒ SAD 顆語 ¶ I feel much *depressed*. 맥이 탁 풀린다. **2** 억압된; 짓눌린(pressed down); 주위보다 낮아진, 움푹 들어간. **3** 힘 따위가 약해진, 〖가치 따위가〗 하락한; 불경기의, 부진한. ¶ a *depressed* market 침체된 시황 / a *depressed* area 빈곤 지역. **4** 〖동·식물〗 납작하게 눌려진; 납작한, 편평한.

depréssed clásses *n. pl.* 〖인도의〗 최하층 계급.

de·press·i·ble [diprésibl] *adj.* 저하되는, 짓누를 수가 있는, 눌러내릴 수 있는.

de·press·ing [diprésiŋ] *adj.* **1** 낙담하게 하는; 맥이 풀리는, 울적한, 음울한(gloomy). **2** 짓누르는, 억압적인. **~ly** *adv.*

*__de·pres·sion__ [dipréʃ(ə)n] *n.* ⓤⓒ **1** 내리밀림; 밀어 내려진 상태, 침하(沈下), 저하, 강하; 억압. ¶ a rapid *depression of* the mercury in a barometer 청우계의 수은주의 급격한 강하. **2** 움푹 파인 곳(땅), 움패기, 침하한 장소; ⓤⓒ 〖지반의〗 함몰. ¶ *depressions* in the ground 땅의 움푹 파인 곳. **3** ⓤ 의기소침(dejection), 우울(gloom); 〖정신 의학〗 우울증, 우울병. ¶ be in a state of *depression* 의기소침해 있다 / suffer from nervous *depression* 우울증에 걸리다. **4** ⓤ 쇠약, 감퇴; 〖생리〗 기능 저하. **5** ⓤⓒ 〖상업 따위의〗 부진, 불경기, 불황(dullness); (the [Great] D-) 〖미국 등에서 1929년부터 1930년대에 걸쳐 계속되었던〗 대공황, 대공황기 (시대). **6** 〖천문〗 〖수평〗 부각(俯角), 부고도(負高度) 〖천체가 수평선에서 밑으로 향하는 각거리(角距離)〗; 〖측량〗 수평 부각; 〖기상〗 저기압.
◇ depress *v.*, depressive *adj.*

de·pres·sive [diprésiv] *adj.* **1** 짓누르는 것 같은, 침하 (저하)시키는. **2** 〖정신을〗 억압하는 것 같은, 우울한. ¶ *depressive* sensations 우울한 느낌.
~ly *adv.* **~ness** *n.*

de·pres·sor [diprésər] *n.* **1** 억압자(물), 억제제. **2** 〖해부〗 하제근(下制筋), 억제근(抑制筋); 억제 신경. **3** 〖외과〗 압저기(壓抵器), 억압기, 압설기(壓舌器).

de·pres·sur·ize [diːpréʃəràiz] *vt.* (**-ized**, **-iz·ing**) …을 감압하다.

de·priv·a·ble [dipráivəbl] *adj.* 빼앗을 수 있는다.

de·priv·al [dipráiv(ə)l] *n.* ⓤⓒ 빼앗기, 박탈.

dep·ri·va·tion [dèprəvéiʃ(ə)n] *n.* ⓤⓒ **1** 〖관직·특권 따위의〗 박탈; 성직 박탈(정지); 파면. **2** 〖아까운 것의〗 상실, 상실(loss); 〖근친과의〗 사별(bereavement). ¶ His death was a great *deprivation*. 그의 죽음은 크나큰 손실이었다.

deprivátion stráin *n.* 한직(閑職) 스트레스, 한직 우려(중) 〖한직으로, 장래 출세의 전망이 희박하다는 데…〗

*__de·prive__ [dipráiv] *vt.* (**-prived**, **-priv·ing**) **1** 〖남〗에 게서 …을 빼앗다, 탈취하다, 박탈하다. ⇒ ROB 顆語 〖남〗에게 …시키지 않다, 허용치 않다(…of). ¶ (~+

deprived

貝+前+名 *deprive* a man *of* his property (life) 남에게서 재산(생명)을 빼앗다 / No citizen should be *deprived of* his rights. 시민은 누구나 그의 권리[의 행사]를 박탈당해서는 안 된다. **2** (남을) 면직하다, 파면하다, (목사의) 직위를 박탈하다. ¶ The bishop was *deprived* and put in jail. 그 주교는 파면되고 투옥되었다.
◇ deprivátion, deprível *n*.

de·prived [dipráivd] *adj*. 빈곤한, 풍족하지 못한; (the ~)《명사적 용법》가난한 사람들.

de pro·fun·dis [di: proufándis]《라틴》《=out of the depths》 *adv*. [슬픔・절망 따위의] 구렁텅이에서. — *n*. **1** (the D- P-)《성서》시편 제130편. * 이 편의 최초의 구절 De profundis clamavi ad te, Domine. = Out of the depths have I cried unto thee, O Lord. 「아아 여호와여, 내가 깊은 데서 주께 부르짖었나이다」에서. **2** (a ~) 슬픔(절망)의 구렁텅이로부터의 외침.

de·pro·gram, -gramme [di:próugræm, +sem-græm] *vt*. (**-gramed, -gram·ing; -gram·ming**) 탈(脫) 세뇌하다, 고정 관념(특히 신앙)을 버리도록 설득하다.

dept. (略) department; deponent; deputy.

‡**depth** [depθ] *n*. **1** [U][C] 깊이; 깊숙함, 안 길이. ¶ The *depth* of a river 강의 깊이 / a foot in *depth* 깊이[안 길이] 1피트 / Snow fell to a *depth* of five feet. 눈이 5피트 깊이나 내렸다. **2** [U][문제 따위의] 이해하기 어려움, 난해성(難解性)(obscurity), 복잡함, 심오성(complexity); [감정의] 깊이, 심원, 심각성, 중대성, 엄숙(gravity). ¶ A novel of unusual *depth* 매우 깊이 있는 소설 / the scope, power and *depth* of evil 악의 범위, 힘, 그리고 뿌리 깊음 / with a *depth* of one's feelings 깊은 감정을 지니고. **3** [U] [정적(靜寂)의] 깊이; [빛깔 따위의] 짙기, 농도 [음조의] 낮음; [밤・겨울 따위의] 한창, 한가운데. ¶ the *depth* of color(shade) 빛깔(그늘)의 농도 / the *depth* of a voice 소리의 낮음 / in the *depth* of night(winter) 한밤중에(한겨울에). **4** [U] [지식・지성・통찰력 따위의] 깊이, 심오, 심원(profundity). ¶ the *depth* of one's thought 사고의 깊이 / a mind of no great *depth* 깊이 없는 마음[을 가진 사람]. **5** (the ~ 또는 종종 the ~s) 깊은 곳, 심연. ¶ the *depths* of the ocean 대양의 깊은 곳. **6** (the ~) 한없이 깊은 곳, 심연(abyss); (the ~ 또는 때로 ~s) 가장 먼 (깊숙한) 곳, 오지(奧地), 안의 안. ¶ the *depth*[s] of one's heart 깊은 마음속 / the *depths* of despair 절망의 구렁텅이 / in the *depth*[s] of the forest 깊은 숲속에. **7** (보통 ~s)[지성・도덕성의] 낮음, 타락.
beyond (or *out of*) *one's depth* ① 키가 닿지 않는 곳에, 깊은 곳에 빠져서. ② 이해(능력)가 미치지 못하는[는 일].
in depth 깊이 파들어간, 철저하게(thoroughly)는.
◇ deep *adj*., deepen *v*.

dépth bòmb *n*. [특히 기상에서 투하하는 잠수함 폭뢰.
dépth chàrge *n*. [수중] 폭뢰.
dépth fìnder(sòunder) *n*. 수심 측정기.
dépth gàuge *n*. [구멍 따위의] 심도계.
dépth ìnterview *n*. 심층 면접, 여론 조사 인터뷰[정해진 많은 질문을 자세히 물어 본다].
dépth psychòlogy *n*. [U][심리] 심층 심리학.
dépth recòrder *n*. [항해] 자기 측심기(自記測深機).
dep·u·rant [dépjurənt] *adj*. 정화하는, 불순물을 제거하는. — *n*. [혈액의] 정화제, 청정제.
dep·u·rate [dépjureit] *vi., vt*. (**-rat·ed, -rat·ing**) 청정하게 하다(되다), 정화하다(되다)(purify). [-용].
dep·u·ra·tion [dèpjuréiʃ(ə)n] *n*. [U] 청정, 정화(하는 일)(purifying).
dep·u·ra·tive [dépjurèitiv] *adj*. 정화하는, 청정하게 하는(purifying). — *n*. 정화제, 청정제.
dep·u·ra·tor [dépjurèitər] *n*. 정화하는 사람; 정화기, 정화 장치; 배설 기관. **2** 정화제(depurative).

de·purge [di:pə́:rdʒ] *vt*. (**-purged, -purg·ing**) …의 추방을 해제하다.
de·pur·gee [dì:pə:rdʒí:] *n*. 추방이 해제된 사람.
dep·u·ta·tion [dèpjutéiʃ(ə)n] *n*. **1** [U] 대표자의 임명, 대리 위임. **2** 대표자, 대리, 대표단.
de·pute [dipjú:t] *vt*. (**-put·ed, -put·ing**) **1** …에게 대리를 명하다, …을 대리자(대표자, 대행자)로 삼다. ¶ (~+ 명+*to* do) I *deputed* him to take charge of the club while I was in America. 나의 미국 체재중의 클럽 책임자로서 그를 임명했다. **2** [일・권한 따위]를 대리인에게 맡기다(위임하다).
dep·u·tize [dépjutaiz] (*《英》에서는 **dep·u·tise**로도 쓴다) *v*. (**-tized, -tiz·ing**) *vt*. …에게 대리를 명하다, …을 대표자로 임명하다. — *vi*. 대리 근무를 하다(*for*…).
*****dep·u·ty** [dépjuti] *n*. (*pl*. **-ties**) **1** 대리[인], 대리역, 보좌관, 부관. …보(補); (美)보안관 대리(deputy sheriff). **2** 대표자.《프랑스 등의》국회 의원. ¶ the Chamber of *Deputies* 하원.
by deputy 대리로, 대리인(대표자)으로서.
— *adj*. 대리의, 부(副)의. ¶ a *deputy* chairman 의장 (회장) 대리, 부의장, 부회장 / a *deputy* chief 부주임 / a *deputy* governor 부지사(副知事) / a *deputy* mayor 부시장 / a *deputy* premier 부수상 / the *Deputy* Speaker [하원의] 부의장. ◇ depute, députize *v*.

députy sécretàry *n*. 《美》[연방 정부의] 부(副)장관. ¶ deputy assistant secretary 《美》부차관보.
députy shériff *n*. 부보안관.
der. (略) derivation, derivative, derive, derived.
de·rac·i·nate [dræsineit] *vt*. (**-nat·ed, -nat·ing**) …을 뿌리째 뽑아내다, 뿌리뽑다(uproot); …을 근절시키다(extirpate). **2** [습관・환경에서] …을 멀리하다.
de·rac·i·na·tion [dirræsinéiʃ(ə)n] *n*. [U] 뿌리뽑기; 고립.
dé·ra·ci·né [deirasi:néi] *adj*. 《프랑스》뿌리 없는 풀 같은, *n*. 실향민, 유랑자.
de·rad·i·cal·ize [dirǽdikəlaiz] *vt*. [정치면에서] 과격주의(사상)을 버리게 하다.
de·rail [di(:)réil] *vt*. (보통 수동형으로)[열차 따위]를 탈선시키다. ¶ The train was *derailed*. 열차가 탈선했다. — *vi*. [기차 따위가] 탈선하다. — *n*. [긴급] 탈선 장치.
de·rail·leur [di(:)réilər] *n*. [자전거의] 다단 변속 기어; 변속 장치가 달려 있는 자전거. [< F]
de·rail·ment [di(:)réilmənt] *n*. [U][C] 탈선.
de·range [diréindʒ] *vt*. (**-ranged, -rang·ing**) **1** …을 혼란시키다, 흐트러뜨리다. **2** …의 기능 따위를 어지럽히다, 방해하다(disturb). **2** [정신]을 미치게 하다, 혼란시키다.
de·ranged [diréindʒd] *adj*. **1** 혼란한, 흐트러진(disordered), **2** (정신이) 착란한, 미친. ⇒ MAD [類語]
de·range·ment [diréindʒmənt] *n*. **1** 흐트러뜨리기, 혼란, 교란(confusion, disorder). **2** 정신 착란.
de·rate [dìréit] *vt*. (**-rat·ed, -rat·ing**) …을 감세(減稅)하다, …의 세율을 가볍게 하다.
de·ra·tion [di:réiʃ(ə)n / -rǽ-] *vt*. (식료품 따위)를 배급의 대상에서 제외하다.
***Der·by** [dá:rbi / dá:-] *n*. (*pl*. **-bies**) **1** (the ~) 더비 경마《영국 London 근교의 Epsom Downs 에서 매년 개최되는 3살된 말의 대경마》. **2** [일반적으로] 더비 경마와 비슷한 대경마; [특히] 켄터키 더비(the Kentucky Derby). **3** (d-) 레이스, 경주, 경기. **4** (d-) 《美》 중산모(*《英》의 bowler 에 해당). [<발안자 제12대 Earl of Derby 의 이름]
dérby hát *n*. =Derby¹ 4.
de rè·gle [dréɡl]《프랑스》《=according to rule》 규칙(원칙, 법률)에 따라서.
de·reg·u·late [dìrégjuleit] *vt*. (**-lat·ed, -lat·ing**) [요금 따위의] 규제를 해제하다.
de·reg·u·la·tion [di:règjuléiʃ(ə)n] *n*. [정치] 인・허가 규제 철폐[정부의 규제 및 인・허가 권한을 최소화으로]

de·re·ism [diːríː(ː)izəm] *n.* ⓤ 〔심리〕 공상병벽(空想病癖). *cf.* autism

de·re·is·tic [dìːri(ː)ístik] *adj.* 〔심리〕 공상병벽의. **-ti·cal·ly** [-tikəli] *adv.*

der·e·lict [dérilikt] *adj.* **1** 유기된, 포기된, 버려진 (abandoned). ¶ *a derelict ship* 유기선. **2** 직무에 태만한(negligent). ━ *n.* **1** 유기물; 〔항해〕 유기선, 표류선; 〔사회에서 버림받은〕 사회적 낙오자. **2** 직무 태만자. **3** 〔법률〕 〔수위(水位) 저하에 따른〕 신생지(新生地).

der·e·lic·tion [dèriliḱʃ(ə)n] *n.* ⓤ ⓒ **1** 〔의무·직무의〕 태만, 불이행(delinquency). ¶ a *dereliction of* one's duty 의무 태만. **2** 유기, 포기; 유기(포기)된 상태. **3** 〔법률〕 〔수위 저하에 따른〕 새 육지의 발생, 신생지 획득.

de·re·press [diːriprés] *vt.* 〔유전〕 〔유전자〕를 활성화하다; 폐쇄 상태에서 해방시키다.

de·re·pres·sor [dìːriprésər] *n.* 〔유전〕 억제 해제 인자, 유도물, 유인(誘因).

de·req·ui·si·tion [diː(ː)rèkwiziʃ(ə)n] 《영》 *n.* 접수 해제. ━ *vt.*, *vi.* 〔…의〕 접수를 해제하다.

***de·ride** [diráid] *vt.* (**-rid·ed**, **-rid·ing**) …을 비웃다, 바보 취급하다(mock). ◇ **derí·sion** *n.*, **derí·sive** *adj.*

de·rid·er [diráidər] *adv.* 비웃는 사람.

de·rid·ing·ly [diráidiŋli] *adv.* 비웃듯이, 조소하듯.

de ri·gueur [də rigə́ːr] 〔프랑스〕 〔예절상〕 요구되는, 꼭 필요한(strictly required). ¶ *Evening dress is* de rigueur. 반드시 야회복을 착용하십시오.

de·ris·i·ble [diríz̥ibl] *adj.* 웃음거리가 되는.

***de·ri·sion** [diríʒ(ə)n] *n.* ⓤ 조소, 조롱, 비웃음 (mockery). ¶ with *derision* 비웃는 마음으로 / be in *derision* 조소를 받고 있다 / bring a person into *derision* 남을 웃음거리로 하다 / have (*or* hold) a person in *derision* 남을 우습게 보다 / in *derision* of …을 우습게 보고. **2** 웃음(조소) 거리. ◇ **deríde** *v.*, **derísive** *adj.*

de·ri·sive [diráisiv] *adj.* **1** 조소적인, 우롱하는 (mocking). ¶ *a derisive* laughter 조소. **2** 조소할만한, 조소를 받을. **~·ly** *adv.* **~·ness** *n.*

de·ri·so·ry [diráisəri] *adj.* = derisive.

deriv. 〔略〕 derivation; derivative; derived.

de·riv·a·ble [diráivəbl] *adj.* **1** 유도할 수 있는, 끌어낼 수 있는(deducible). **2** 〔유래 따위를〕 추론할 수 있는(traceable).

***der·i·va·tion** [dèrivéiʃ(ə)n] *n.* ⓤⓒ **1** 유도(誘導), 전도, **2** 기원(origin), **3** 〔수학〕 〔정리의〕 전개, 유도. **4** 파생, 파생물(derivative); 〔문법〕 〔말의〕 파생, **der·i·va·tion·al** [dèrivéiʃən(ə)l] *adj.* 유도의; 파생의.

***de·riv·a·tive** [dirívətiv] *adj.* **1** 유도적인, 끌어낸. **2** 유래된, 파생된(derived), 2차적인(secondary). ¶ **1** 파생물. **2** 〔문법〕 파생어〔act에서 나온 action 따위〕. **3** 〔화학〕 유도체. **4** 〔수학〕 도함수(導函數). **5** 〔음악〕 유도체 (誘導體). **~·ly** *adv.* **~·ness** *n.*

‡**de·rive** [diráiv] *v.* (**-rived**, **-riv·ing**) *vt.* **1** 〔본원·원천에서〕 …을 얻다(obtain), 끌어내다(receive) (〜 *from*). ¶ (〜 +圐+前+阁) He *derives* his character *from* his father. 그는 성격을 아버지에게서 이어받고 있다. **2** …의 기원(유래)을 더듬다(trace);《종종 수동형》 …에서 나오다, …에서 일어나다(*from*). ¶ (〜 +圐+前+阁) The belief is entirely *derived from* the wish for safety. 그 신앙은 모두 안전을 바라는 마음에서 나온 것이다. **3** 〔추리를 하여〕 …에 이르다, …을 연역적으로 추론하다(infer). **4** 〔화학〕 〔화합물〕을 유도하다. ━ *vi.* 유래하다, 나오다(originate), 파생하다 (*from*…). ¶ (〜 +前+阁) This slang word *derives* from a foreign word. 이 속어는 어떤 외국 단어에서 나온 것이다. ◇ **derivátion** *n.*, **derívative** *adj.*

derm [dəːrm] *n.* ⓤ 〔해부〕 피부(skin), 〔특히〕 진피(眞皮) (dermis).

derm-, **derma-** ⇒ DERMO-.

-derm skin의 뜻의 연결형.

der·ma [dəːrmə] *n.* 〔해부·동물〕 **1** =dermis. **2** ⓤ 〔일반적으로〕 피부. 〔< Gk *derma* skin〕

der·mal [dəːrm(ə)l] *adj.* 피부의(에 관한); 진피의.

dermat- ⇒ DERMATO-.

der·mat·ic [dəːrmǽtik] *adj.* 피부〔상〕의(dermal).

der·ma·ti·tis [dəːrmətáitis] *n.* ⓤ 〔병리〕 피부염.

dermato- skin의 뜻의 연결형(※ 모음 앞에서는 dermat-를 쓴다). 예: *dermato*logy, *dermat*itis.

der·ma·tol·o·gist [dəːrmətálədʒist / -tɔ́l-] *n.* 피부과학자, 피부병 전문의(醫).

der·ma·tol·o·gy [dəːrmətálədʒi / -tɔ́l-] *n.* ⓤ 피부과학, 피부병학.

der·ma·top·a·thi·a [dəːrməto(u)pǽθiə], (**der·ma·top·a·thy** [dəːrmətɔ́pəθi /-tɑ́p-]) *n.* ⓤ 〔의학〕 피부병.

der·ma·to·plas·ty [dəːrməto(u)plǽsti] *n.* 〔의학〕 〔식피(植皮) 등에 의한〕 피부 형성〔술〕.

der·mic [dəːrmik] *adj.* =dermal. 〔corium〕

der·mis [dəːrmis] *n.* ⓤ 〔해부·동물〕 진피(眞皮)

der·ni·er [dəːrniər] *adj.* 〔프랑스〕 (=last) 최후의; 최근의.

dernier res·sort [F dɛrnjɛ rəsɔːr] *n.*《프랑스》(= last resort) 최후의 수단.

de·ro [dérou] *n.* (*pl.* **-ros**) 〔濠속어〕 **1** 부랑자, 낙후자. **2** 〔익살〕 녀석, 사람(person). 〔<derelict의 단축형〕

der·o·gate [déro(u)gèit] *v.* (**-gat·ed**, **-gat·ing**) *vi.* **1** 〔권위·평판·가치 따위를〕 떨어뜨리다, 훼손하다 (*from*…). ¶ The charge cannot *derogate from* his honor. 그의 명성은 그러한 고발로 훼손되는 일은 없다. **2** 〔행실 따위가〕 탈선하다; 타락하다(*from*…). ━ *vt.* 〔고어〕 …을 빼앗다, 줄이다.

der·o·ga·tion [dèro(u)géiʃ(ə)n] *n.* ⓤ **1** 〔명예·위신·지위 등의〕 훼손, 저하, 하락(*from*, *of*…). ¶ *derogation from* one's character 명예 훼손. **2** 타락, 악화.

de·rog·a·tive [dirágətiv / -rɔ́g-] *adj.* 〔평판·권위 따위를〕 떨어뜨리는, 낮추는; 경멸적인(derogatory) (*of*, *to*…). **~·ly** *adv.*

de·rog·a·to·ry [dirágətɔ̀ːri / -rɔ́gətəri] *adj.* 〔권위·평판·가치·품격 따위를〕 떨어뜨리는. ¶ a *derogatory* remark 품위를 해치는 말 // conducts *derogatory from* (*or* to) one's honor 명예를 손상하는 행위. **2** 〔말의 뜻 따위〕 경멸적인(disparaging) (*from*, *to*…). **-ri·ly** *adv.* **-ri·ness** *n.*

der·rick [dérik] *n.* **1** 데릭〔배 따위의 짐을 끌어올리는 기중기〕. **2** 《미》 유정탑(油井塔). **3** 〔고어〕 교수대. 〔<17세기 초 London의 사형 집행인 Derrick〕

der·ri·ère [dèriéər / -riéə] *n.* 〔구어〕 엉덩이 (buttocks, rump, behind).

der·ring-do [dériŋdúː] *n.* (*pl.* **der·rings-**) 〔고어〕 대담한 행위, 불굴의 용기.

der·rin·ger [dériŋdʒər] *n.* 《미》 데린저 총〔총신이 짧고 구경이 큰 피스톨〕. 〔<발명자인 미국의 총기 기술자 Henry Derringer의 이름〕

der·ris [déris] *n.* 데리스〔동인도 제도산(產)의 콩과(科) 식물; 뿌리는 살충제 제조용.〕

der·ry[1] [déri] *n.* 〔濠·뉴질랜드〕 혐오, 악의, 편견. ¶ have a *derry* on …을 혐오하다, …에 편견을 갖다.

der·ry[2] [déri] *n.* (*pl.* **-ries**) 《속어》 폐옥(廢屋), 〔특히〕 부랑자나 마약 상습자들의 집합소. 〔<derelict의 단축형〕

de·rust [diːrʌ́st] *vt.* 녹을 제거하다.

derv [dəːrv] *n.* ⓤ 《영》 〔특히 자동차의〕 디젤 엔진용 중유.

der·vish [də́ːrviʃ] n. [회교의 금욕 고행파(苦行派) 의] 수도승, 탁발승. [<Turk]

DES (略) [전자공학] data encryption standard(데이터 암호화 기준).

de·sal·i·nate [diːsǽlinèit] vt. (-nat·ed, -nat·ing) = desalt.

de·sa·lin·ize [diːséilinaiz, -sǽl-] vt. (-ized, -iz·ing) = desalt.

de·salt [diːsɔ́ːlt] vt. (바닷물)의 염분을 빼다, …을 탈염하다, 담수화하다.

DESC (略) Defense Electronics Supply Center(방위 전자 장치 공급 센터).

de·scale [diːskéil] vt. (-scaled, -scal·ing) (보일러 따위)에서 물때를 벗겨내다.

des·cant n. [déskænt → vi.] 1 〔음악〕 a) 정선율(定旋律)에 대한 대위(對位) 성부. b) (다성곡(多聲曲)에 있어서의) 소프라노 성부(聲部). c) 가곡(melody, song). 2 〔주제의〕 주석(comment), 상설(詳說).
— vi. [deskǽnt, +美 ´-´] 1 〔음악〕 [정선율에 맞춰] 대위 선율을 부르다; 노래하다. 2 자세히 주석하다, 상술하다 (on, upon...).

‡**de·scend** [disénd] vi. 1 내리다, 하강하다. opp. ascend ¶ (~+前+名) descend from a tree 나무에서 내리다.
2 [길 따위가] 내리받이가 되다, 하강하다, 경사지다 (to...). ¶ (~+前+名) The hill gradually descends to the lake. 그 언덕은 호수쪽으로 차츰 내리막이 되어 있다.
3 [이야기 따위가] 개론에서 각론으로; (전의 일에서 최근의 일로, 중요한 데서 사소한 데로) 옮다, 들어가다; [수가] 적어지다; [음이] 내려가다. ¶ 75-50-25 form a series that descends. 75, 50, 25는 하강 수열을 이룬다 // (~+前+名) Let's descend to details. 세목으로 옮아가기로 하자.
4 [칭호·토지·성질 따위가] 전해지다; 《드물게》 [사람이 의] 계통을 잇다(from...). 보통 숙어 be descended from으로 쓰인다. ¶ (~+前+名) The estate descends from father to son. 그 땅은 아버지에게서 아들로 이어진다.
5 [비가] 내리다; [구름·안개 따위가] 끼다(settle).
6 [도덕적 표준 따위에서] 타락하다; 몸을 굽혀 …하다 (to...). ¶ (~+前+名) He would never descend to such a fraud. 그는 그런 사기 행위를 할 사람이 아니다.
7 습격하다; [불시에 또는 대거하여] 밀려오다; [격론 따위가] 갑자기 덮치다(on, upon...). ¶ (~+前+名) They descended upon the enemy soldiers. 그들은 적병을 급습했다 / Twenty-five guests descended upon us on Monday evening. 25명의 손님이 월요일 밤에 몰려왔다.
8 [천문] 남쪽으로 움직이다, 지평선 쪽으로 움직이다.
— vt. …을 내리다, 하강하다; …에서 내리받이가 되다. ¶ descend a mountain 산을 내려오다.
be descended from …의 자손이다, 피를 이어받다. ¶ He is descended from pioneers. 그는 개척자의 피를 이어받고 있다.
◇ descént, descéndant n.

de·scend·a·ble [diséndəbl] adj. =descendible.

‡**de·scend·ant** [diséndənt], (**de·scend·ent**) n. 자손, 후예. cf. ancestor ; 아들(offspring, child). opp. ascendant ¶ a direct descendant 직계 자손. — adj. 1 내려가는, 강하하는(descending). opp. ascendant 2 조상 전래의, 세습의; 파생하는, 자손의(from...).
◇ descénd v.

de·scend·ent [diséndənt] adj. =descendant.

de·scend·er [diséndər] n. 하강하는 사람(것).

de·scend·i·ble [diséndəbl] adj. [자손에게] 유증(遺贈)되는 (될 수 있는).

de·scend·ing [diséndiŋ] adj. 하강하는, 밑으로 향해 가는. opp. ascending ¶ a descending scale 〔음악〕 하행 음계(下行音階).

‡**de·scent** [disént] n. 1 ⓤⓒ 강하, 하강. opp. ascent 2 내리막길, 내리받이, 하향 경사. 3 ⓤ 출신, 계통, 혈통 (lineage); [어떤 계통 중의] 한 세대(generation). ¶ lineal descent 직계 비속 / a man of noble descent 고귀한 집안의 사람 // in direct descent from …에서 직계인 / boast one's descent from …의 후예임을 자랑하다. 4 ⓤⓒ 하락, 낙하, 타락, 전락(decline). 5 급습, 습격; [경찰 따위의] 돌연한 검색(수색). ¶ make a descent on a gambling house 도박장을 급습하다. 6 ⓤ [법률] 세습, 상속; 유전. ¶ by descent 상속에 의하여, 세습으로.
◇ descénd v.

de·school [diːskúːl] vt. [전통적] 학교 제도를 폐지하다; …에서 학교를 폐쇄하다.

de·school·er [diːskúːlər] n. 탈(脫)학교 론자[의 무교육을 폐지하고 자주적인 교육 기관의 설치를 주장].

de·scrib·a·ble [diskráibəbl] adj. 기술(서술)할 수 있는, 묘사할 수 있는, 형용할 수 있는.

‡**de·scribe** [diskráib] vt. (-scribed, -scrib·ing) 1 …을 서술하다 (tell), 기술하다; [말로] 묘사하다(depict). 〔類語〕 ¶ Can you describe the man to me? 그 사람에 관해서 나한테 말해 줄 수 있겠느냐? 2 …을 […이라고] 평하다, …을 […이라고] 말하다. ¶ (~+目+as) He described it as preposterous. 그는 그것을 상식 밖이라고 말했다. 3 [도형·유곽]을 그리다. ¶ The sun describes a circle. 태양은 원을 그리며 운행한다.
◇ descríption n., descríptive adj.

de·scrib·er [diskráibər] n. 기술(서술)자.

de·scri·er [diskráiər] n. 발견자.

‡**de·scrip·tion** [diskríp(ə)n] n. 1 ⓤⓒ 서술, 기술; [말에 의한] 묘사, 그려내기. ¶ I cannot give a full (brief) description of the matter. 그 문제를 자상히 (짧게) 설명할 수는 없다. 2 설명[서], 해설; 品目 파기(疤記). 3 종류(sort, kind), 품목(variety), 등급(class). ¶ I like food of every description. 음식이라고만 하면 무엇이고 좋아한다. 4 ⓤ [기하] 도형(윤곽)을 그리기, 작도(作圖).
beyond description 형용할 수 없을 만큼.
◇ descríbe v., descríptive adj.

*****de·scrip·tive** [diskríptiv] adj. 1 기술(記述)적인, 묘사적인. ¶ descriptive linguistics 기술 언어학 / a chapter descriptive of …을 묘사한 장(章). 2 [문법] 서술의; 비제한적인. ¶ a descriptive adjective 서술 형용사. **~·ly** adv. **~·ness** n.
◇ descríbe v., descríption n.

descríptive geómetry n. ⓤ 도형 기하학.

de·scrip·tor [diskríptər] n. [컴퓨터] 디스크립터[정보의 종류·색인에 쓰이는 어구].

de·scry [diskrái] vt. (-scried, -scry·ing) 1 [먼 곳에]서는] …을 찾아내다, 알아보다(discern). 2 …을 발견하다, 확인하다.

des·e·crate [désikrèit] vt. (-crat·ed, -crat·ing) …의 신성(神聖)을 모독하다; [신성한 것]을 부정(不淨)한 용도에 쓰다. opp. consecrate

des·e·crat·er, -cra·tor [désikrèitər] n. 신성 모독자.

des·e·cra·tion [dèsikréi(ə)n] n. ⓤ 신성 모독.

de·seg·re·gate [diːségrigèit] vt., vi. (-gat·ed, -gat·ing) 흑인에 대한[의] 인종 차별 대우를 폐지하다.

de·seg·re·ga·tion [diːsègrigéi(ə)n] n. ⓤ 흑인 차별 대우 폐지, 인종 차별 폐지.

de·se·lect [dìːsilékt] vt. 《美》 …을 훈련에서 해제하다.

de·sen·si·tize [diːsénsitàiz] vt. (-tized, -tiz·ing) 1 [생리] [어떤 항원(抗原)에 대하여] 민감성을 잃다. 2 [사진] [감광판·필름]의 감광도를 줄이다.

de·sen·si·tiz·er [diːsénsitàizər] n. [사진] 감감제(減感劑).

‡**des-ert**¹ [dézərt] *n.* **1** 사막; 광야; 황무지; 불모지. ¶ the Sahara *Desert*; the *Desert* of Sahara 사하라 사막.
類語 **desert** 물이 없어서 식물이 자라지 않는 지역. **waste** 자연 조건이 나쁘고 사람이 살거나 경작하기에 부적합한 지역: a *waste* of stony soil 자갈이 많은 황무지. **wilderness** 원야 또는 밀림 따위로서 통과할 수 없는 지역.
2 (비유적) 무미 건조한 제목(題目) (시대), 황무지. ¶ a cultural *desert* 문화적 불모지.
— *adj.* **1** 사막과 같은; 불모의(barren). **2** 사람이 살지 않는, 무인의(deserted); 황량한(desolate). ¶ a *desert* island 무인도.

*‡**des-ert**² [dizə́:rt] *vt.* **1** …을 버리다, 포기하다, 방치하다, 돌보지 않다. ⇒ ABANDON 類語 ¶ They *deserted* their fortress. 그들은 요새를 버렸다 / The streets were immediately *deserted*. 거리는 금방 인적이 끊겼다. **2** (허가 없이) (제자리를) 뜨다, 버리다; (병역·군무 따위를) 버리고 도망치다, 탈영(脫營)하다. ¶ *desert* one's post 부서를 이탈하다 / *desert* one's colors 탈영하다; 변절하다. **3** (자신·신념 따위가) (남)에게서 없어지다. ¶ All hope *deserted* him. 그는 모든 희망을 잃었다. — *vi.* 의무(직무, 제자리, 지위)를 버리다, 떠나다; (군대) 탈영(탈주)하다(*from, to*…). ¶ (~+前+名) *desert* from the barracks 탈영하다.
◇ desértion *n.*

de-sert³ [dizə́:rt] *n.* **1** (보통 ~s) 당연한 보답, 당연히 받아야 할 상(벌). ¶ above one's *deserts* 과분하게 / get (*or* obtain, meet with) one's [just] *deserts* 당연히 받을 상(벌)을 받다. **2** (종종 ~s) 상(벌)을 받을 가치(자격), 공과(功過), 공죄(功罪). **3** 공(功), 공적, 공로(merit); 미덕(virtue). ¶ according to one's *deserts* 공적에 준하여. ◇ desérve *v.*

*‡**de-sert-ed** [dizə́:rtid] *adj.* **1** 사람이 살지 않는, 황량한(desolate). ¶ a *deserted* village 무인촌. **2** 버림받은(abandoned). ¶ a *deserted* wife 남편에게 버림받은 여자.

de-sert-er [dizə́:rtər] *n.* 유기자; 도망자; (군대) 탈주병; 직장 포기자.

des-er-ti-fi-ca-tion [dèzə:rtifikéiʃ(ə)n] *n.* (주변 사막의 침입이나 개발에 의한) 사막화(沙漠化), 불모화.

*‡**de-ser-tion** [dizə́:rʃ(ə)n] *n.* U **1** 버리기, 유기 (abandonment). **2** 버려진 상태, 황폐. **3** (법률) 유기; (군대) 탈영, 탈주. ⇒ desert² *n.*

‡**de-serve** [dizə́:rv] *v.* (-served, -serv-ing) *vt.* …할 가치(자격)가 있다, …을 받을 만하다(be worthy of), …할(될) 가치가 있다(merit). ¶ *deserve* attention (death) 주목할 만하다(죽어 마땅하다) / *deserve* one's fate 당연한 운명이다 / He does not *deserve* it. 네게는 그럴 자격이 없다 / (~+to do)(~+ing)(~+that 節) The problem *deserves* solving. =The problem *deserves* to be solved. 그 문제는 풀어볼 만한 가치가 있다 / He *deserves* helping. =He *deserves* that we should help him. =He *deserves* to have us help him. 그는 도움을 받을 자격이 있다. 동명사가 뒤에 오면 수동의 뜻이 되고, 부정사가 뒤에 오면 능동의 뜻이 되는 것이 보통. that 절은 딱딱한 어법이므로 보통은 부정사를 쓴다.
— *vi.* 당연한 보답(상, 벌, 보상 따위)을 받을 만하다, (…할) 가치가 있다(be worthy), 상당하다(*of*…). ¶ recompense a person as he *deserves* 남에게 응분의 답례를 하다 // (~+前+名) efforts *deserving of* admiration 칭찬받을만한 노력.
deserve well (*ill*) *of* …에게서 우대(냉대)를 받아 마땅하다. ¶ They *deserve well of* their country. 그들은 나라에서 우대를 받을만하다. ◇ desért³ *n.*

de-served [dizə́:rvd] *adj.* 그만한 가치가 있는, 응분의, 당연한.
-serv-ed-ly [-vidli] *adv.* **-serv-ed-ness** [-vidnis] *n.*

de-serv-er [dizə́:rvər] *n.* 적격자.

de-serv-ing [dizə́:rviŋ] *adj.* 1 (…할) 가치가 있는, (당연히 …을) 받을만한(worthy) (*of*…); 공로(공적)가 있는. ¶ His conduct is *deserving* of the highest praise. 그의 행위는 높이 찬양할 만한 가치가 있다. **2** 당연한 자격을 갖춘; 도와 줄 가치가 있는. ¶ the *deserving* poor 도움을 받을만한 극빈자. ~**ly** *adv.* ~**ness** *n.*

de-sex [di:séks] *vt.* …의 성기(性器)를 제거하다, …을 거세하다(castrate); …의 성적인 능력(특징)을 없애다.

de-sex-u-al-ize [di:sékʃuəlàiz] *vt.* (-**ized**, -**iz-ing**) = desex.

des-ha-bille [dèzəbí:l, dèsə- / dèzæbí:l] *n.* =dishabille.

des-i [dézi(:)] *n.* (美) =designated hitter.

des-ic-cant [désikənt] *adj.* 건조시키는(drying). ¶ a *desiccant* agent 건조제. — *n.* 건조제.

des-ic-cate [désikèit] *v.* (-**cat-ed**, -**cat-ing**) *vt.* **1** …을 건조시키다. **2** (음식)을 건조시켜 보관하다 (dehydrate). ¶ *desiccated* milk 분말 우유. — *vi.* 건조하다, 마르다.

des-ic-ca-tion [dèsikéiʃ(ə)n] *n.* U 건조(작용), 탈수.

des-ic-ca-tive [désikèitiv, disíkə-] *adj.* 건조시키는 (desiccant). — *n.* (고어) 건조제(desiccant).

des-ic-ca-tor [désikèitər] *n.* 건조기.

de-sid-er-ate [disídərèit / -zíd-, -síd-] *vt.* (-**at-ed**, -**at-ing**) …을 탐내다; 갈망(열망)하다; …의 결핍을 느끼다.

de-sid-er-a-tion [disìdəréiʃ(ə)n / -zìd-, -sìd-] *n.* U 소망; 열망, 갈망.

de-sid-er-a-tive [disídərèitiv, -rə- / -zíd-, -síd-] (문법) *adj.* 소망의. — *n.* 소망을 나타내는 동사.

de-sid-er-a-tum [disìdəréitəm, -rá:- / -zìd-, -síd-] *n.* (*pl.* -**ta** [-tə]) 없어서 아쉬운 것, 꼭 필요한 것.

‡**de-sign** [dizáin] *vt.* **1** …의 구상(계획)을 세우다, 밑그림(구도, 도안)을 만들다, …을 설계하다, 기획하다 (plan); …을 점묘하다 (예술적으로) 디자인하다. ¶ *design* a building 건물을 설계하다 / *design* a dress 옷을 디자인하다. **2** (어떤 정해진 목적에) …을 예정하다 (…*for*). ⇒ INTEND 類語 ¶ (~+目+前+名)(~+目+*to be* 補) *design* one's son *for* a lawyer; *design* one's son *to be* a lawyer 장차 아들을 법률가로 만들고자 하다 / (~+目+*as* 補) *design* a room *as* a billiard-room 방을 당구실로 꾸밀 생각을 하다. **3** …을 계획하다(plan); …을 꾀하다, 기도하다, …할 의향이다(contrive), …을 목적으로 삼다, 뜻하다(purpose). ¶ *design* an attack 공격을 계획하다 // (~+*that* 節) He is *designing that* he will study abroad. 그는 유학갈 생각을 하고 있다. — *vi.* **1** 밑그림(의장, 도안)을 만들다; 디자인(설계)을 하다. **2** 뜻하다, (…으로) 향할 예정이 다(*for*…); (…에 대하여 어떤) 계책을 세우다(*on, upon*…). ¶ (~+前+名) He *designs for* law. 그는 법률을 공부할 생각이다 / He has *designed upon* me. 그는 내게 음모를 꾸미고 있다.
— *n.* **1** U 설계(plan); 의장, 디자인; C 밑그림, 스케치(sketch), 도안, 구도, 설계서; 모형, 무늬(pattern). ¶ an airplane *design* 비행기의 설계도 / a machine of excellent *design* 훌륭하게 설계된 기계 / a *design for* a machine 기계의 설계도.
2 U (예술 작품의) 테마, 구상, 줄거리(plot).
3 U 의장술(意匠術); C 예술 작품. ¶ arts of *design* 의장 예술.
4 계획(plan), 목적(purpose), 기도(project); (~s) 음모, 모의(plot) (*against, on, upon*…). ⇒ PLAN 類語 ¶ a *design for* saving money 저축 계획 / have (*or* cherish) *designs* on (*or upon*) a person's property 남의 재산을 노리다 / have (*or* harbor) *designs upon* (*or against*) a person 남에게 위해를 가하려 하다 // a *design to* hijack a plane 비행기 납치 계획.
by design 고의로, 계획적으로.

de-sign-a-ble [dizáinəbl] *adj.* 설계(입안)할 수 있는,

des·ig·nate vt. [dézignèit → adj.] (**-nat·ed, -nat·ing**) 1 …을 나타내다(show); 지시하다(point out), 표시하다(indicate), 명시하다(specify). ¶ (~+wh. 節) The cross on the map *designates* where the accident took place. 지도상의 +자 표시는 사고 현장을 나타낸다. 2 …을 […이라고] 이름짓다(name), 칭하다, 부르다. ¶ (~+图+補) Trees, moss and ferns are *designated* plants. 나무·이끼·양치류는 식물이라 불리운다. * 보어로서 쓰이는 말은 거의 명사. 3 …을 [임무·직무·목적에 따라] 지명하다 (nominate), 선정하다 (select), 임명하다 (appoint). ¶ (~+图+前+名) They *designated* him to (or for) the office. 그들은 그를 그 자리에 임명했다 // (~+图+as 名) The President *designated* him as the Secretary of State. 대통령은 그를 국무 장관으로 지명했다. ━ adj. [dézignit, ·nèit] 지명을 받은 (* 종종 명사 뒤에 놓인다). ¶ a President *designate* 대통령 당선자(지명자)
◇ designátion n., désignative adj.

des·ig·nat·ed [dézignèitid] adj. 지정된; 관선(官選)의.

désignated hítter n. [야구] 지명 타자[略 DH].

***des·ig·na·tion** [dèzignéiʃ(ə)n] n. 1 ⓤ 지시, 명시. 2 호칭, 명칭; 칭호(title). 3 ⓤ 지명, 임명(appointment).

des·ig·na·tive [dézignèitiv, -nə-] adj. 지시(지명)적인.
des·ig·na·tor [dézignèitər] n. 지명자.
de·signed [dizáind] adj. 고의적인, 계획적인(planned).
-sign·ed·ly [-záinidli] adv.
des·ig·nee [dèzigní:] n. 지명된 사람, 피지명인.
de·sign·er [dizáinər] n. 1 설계자, 고안자; 디자이너, 도안가. 2 책략가. 3 음모자.
de·sign·ing [dizáinin] adj. 1 음모적인, 교활한. 2 계획성이 있는, 선견지명이 있는. ━ n. ⓤ 1 [의상의] 디자이닝, 의장[술], 설계[술] 2 계획, 입안; 음모. **~·ly** adv.

de·sil·ver·ize [di:sílvəràiz] vt. (**-ized, -iz·ing**) …에서 은을 제거(추출)하다.

des·i·nence [désinəns] n. 1 [시의] 끝, 끝행. 2 [문법] 어미 (termination, ending); 접미사 (suffix).

de·sip·i·ence [disípiəns] n., (**de·sip·i·en·cy** [disípiənsi]) n. ⓤ 어처구니없음, 부질없음.

***de·sir·a·bil·i·ty** [dizàirəbíliti/-zàiərə-] n. (pl. **-ties**) ⓤⓒ 소망스러움, 바람직함.

***de·sir·a·ble** [dizáirəbl / -záiər-] adj. 있으면(했으면) 싶은, 소망스러운, 바람직한, 원할만한; 매력있는(attractive) (* 사람·물건 모두 수식 가능). ¶ ⑦ desirous ¶ a *desirable* law (habit) 매력있는 숙녀(바람직한 법률). ━ n. 바람직한 사람(것). **~·ness** n. **-bly** adv.

***de·sire** [dizáiər] vt. (**-sired, -sir·ing**) 1 …을 바라다, 원하다, 욕구하다(want), 희망하다(hope), 소망하다 (long for); ¶ like 보다 강하고 명확한 희망·소망을 나타낸다. 목적어로 -ing 은 안 쓴다. ⇨ WANT 類語 ¶ Your behavior leaves much (nothing) to be *desired*. 너의 행실은 유감스러운 점이 많다(나무랄 데가 없다) // (~+to do) I *desire* to remain aloof as far as possible. 나는 될 수 있는 대로 초연하려고 한다. 2 …을 요구하다, 요망하다, …이라 부탁하다, 희망을 말하다. ¶ (~+that 節) I *desire that* action [should] be postponed. 의결이 연기되기를 요망한다. // (~+图+前+名+that 節) She *desired* of him that he [should] return soon. 그녀는 그가 곧 돌아오도록 부탁했다 (* 요망을 생각하며 가정법 현재 쓰는 것은 주로 미어 용법) // (~+图+to do) I *desire* you to go at once. 네가 곧 가주길 바란다.
━ n. 1 욕망, 욕구, 소망. ¶ root out bad *desires* 못된 욕망을 뿌리뽑다 // have a keen *desire* for fame 강한 명예욕을 가지다 / have no *desire* to (to do) …할 생각이 없다, …하고 싶지 않다 // We have the *desire that* these bad customs [should] be done away with. 우리는 이같은 악습이 폐지되기를 바란다. 2 ⓤ 요망, 요구(request). ¶ at a person's *desire*; at the *desire* of a person 남의 요망대로, 남의 희망대로 / by [the] *desire* of …의 부탁으로. 3 바라는 것, 소망스러운 것. ¶ the *desire* of thine eyes 네 눈에 기뻐하는 것 [←에스겔(書) (Ezek.) 24:16] // I expressed my *desire that* ……이라는 내 희망을 말했다. 4 ⓤ 욕정, 성욕.

***de·sir·er** [dizáirər / -záiərə] n. 욕구자.

***de·sir·ous** [dizáirəs / -záiər-] adj. [서술 형용사] 바라는, 원하는, 소망하는(of…) (* 사람에 관해서만 쓴다). cf. desirable ¶ He is *desirous* of fame. 그는 명성을 바라고 있다 // He is *desirous* to know the truth about the affair. 그는 사건의 진상을 알고 싶어한다 // He is *desirous that* we all [should] be happy. 그는 우리가 모두 행복하기를 바란다 (* that clause 는 차츰 쓰이지 않는 추세에 있다. should 를 생략하고 가정법 현재를 쓰는 것은 주로 미어 용법). ◇ desíre v.

de·sist [dizíst] vi. 그만두다, 단념하다(*from*…). ¶ *desist from* making a fuss about nothing 사소한 일에 법석떠는 짓을 그만두다.

de·sist·ance [dizístəns] n. ⓤ 중지[행위], 단념.

***desk** [desk] n. 1 책상, 사무용(독서용) 책상(英)[문방구·편지 따위를 넣고 덮개로도 쓰이는] 문갑 (文匣). 2 성서대(聖書臺);(美) 설교단(pulpit) 3 악보대, 보면대 (譜面臺) (music stand). 4 (the ~) 사무직, 문필직; 목사직. 5 (美) [신문의] 편집부, 데스크. 6 [관현악 단원의] 좌석.
be (or *sit*) *at the* (or *one's*) *desk* ① 글을 쓰고 있다, 책상에 앉아 있다. ② 사무를 보다, 집무하다.
━ adj. 탁상용의; 책상의; 사무의; 책상 위의. ¶ a *desk* job 사무 / a *desk* clerk [호텔 따위의] 접수 담당, 안내 데스크 계원 / a *desk* dictionary (phone) 탁상 사전(전화).

desk·ful [déskfùl] n. 책상에 꽉 찬 것(일거리).
desk·man [déskmæn, -mən] n. (pl. **-men** [-mèn, -mən]) 1 편집부원, [특히] 부(부)편집, 차장 (subeditor). 2 사무원.
désk stúdy n. (英) [실험·조사가 뒤따르지 않는] 탁상 연구.
désk-tòp compúter [désktàp- / -tɔ̀p-] n. 탁상용 전자 계산기(desk-top electronic calculator).
désk wòrk n. ⓤ 사무; 문필업.

D. ès L. (略) [프랑스] *Docteur ès Lettres* (=Doctor of Letters 문학 박사).

des·man [désmən] n. (pl. **-mans**) 데스만[두더지 비슷한 수생 식충(食蟲) 포유 동물; 러시아 동남부산(產)과 피레네 산맥산(產)의 2종이 있다]. [주도.

Des Moines [di mɔ́in, -mɔ́inz] n. 미국 Iowa주의

***des·o·late** [désəlit → vt.] 1 황량한, 황폐한(waste); 사람이 살지 않는(uninhabited). ¶ a *desolate* house 폐옥 / *desolate* land 황폐한 땅 / a *desolate* street 인적이 끊긴 거리. 2 외로운, 고독한(solitary); [건물·가정 따위가] 쓸쓸한, 적막한. ¶ a *desolate* place 적막한 장소. 3 외로운, [사람이] 쓸쓸한; 음울한, 어두운. ¶ a *desolate* life 쓸쓸한 생활 / *desolate* prospects 어두운 전망. ━ vt. [désəlèit] (**-lat·ed, -lat·ing**) 1 …을 황폐(황량)하게 하다(devastate); …에서 사는 사람을 없어지게 하다. 2 (남)을 쓸쓸하게(외롭게) 하다. 3 (남)을 저버리다(forsake). **~·ly** [-litli] adv. **~·ness** [-litnis] n. desoláteness n.

des·o·lat·er, -la·tor [désəlèitər] n. 황폐하게 하는 사람.

***des·o·la·tion** [dèsəléiʃ(ə)n] n. ⓤ 1 황폐(황량)하게 하기. 2 황폐[한 상태], 황량. 3 ⓒ 황량한 장소, 폐허. 4 [사람의] 외로움, 쓸쓸함 (loneliness); 처량함 (misery); 슬픔 (sorrow). 고독감. ◇ désolate v.

de·sorb [di:sɔ́:rb, -zɔ́:rb] vt. [물리 화학] [흡수된 물질]을 다시 내보내어 없애다.

de·so·vi·et·ize [di:sóuviitàiz] vt., vi. (**-ized, -iz·ing**) 비(탈)소련화하다.

***de·spair** [dispéər] n. ⓤ 1 절망, 자포자기. ¶ *in de*-

spair 절망하여 / drive a person to *despair*; throw a person into *despair* 남을 절망(자포자기)으로 몰아넣다 / be driven to *despair* 절망하다, 자포자기하다 / He is in the depths of *despair*. 그는 절망의 구렁텅이에 빠져 있다. 類語 **despair** 완전히 희망을 잃고 의기소침한 상태: die in *despair* 절망 속에 죽다. **desperation** 절망 끝에 결과도 생각하지 않고 일을 저지르기: resist in *desperation* 될 대로 되라는 식의(필사적인) 저항을 하다. **despondency** 일시적으로 격심한 우울 · 낙심: over come one's *despondency* 낙심을 극복하다. **disappointment** 소망 · 기대가 충족되지 않음: His *disappointment* was great. 그의 실망은 컸다. **discouragement** 장애 · 좌절 따위로 일시적으로 용기 · 자신을 잃기: Failure will not bring *discouragement* to some people. 실패에 굴하지 않는 사람도 있다. **disheartenment** =discouragement: 특히 목적 달성의 의지를 잃는 것을 강조하는 말. **hopelessness** 완전히 희망을 잃고 노력을 그만둔 상태; 반드시 우울과 관련이 있는 것은 아니다.

2 절망케 하는 것, 절망의 원인; 전혀 가망이 없는 것(사람). ¶ He is the *despair* of his teacher. =He is his teacher's *despair*. 그에게는 선생도 희망을 버리는 있다 / Trying to keep this garden in order is the *despair* of my life. 이 정원을 제대로 정리해 두려고 하는 것은 완전히 절망적이다. —— *vi*. 절망하다, 단념하다(*of...*). ¶ (~+前+名) We *despaired* of success. 우리는 성공을 단념했다 / His life is *despaired* of. 그의 생명은 절망시되고 있다.

in despair of …할 가망성이 전혀 없이. ¶ He was *in despair of* ever being able to pay off his debts. 그가 빚을 갚을 수 있으리라는 가망성은 전혀 없었다.

◇ desperate *adj.*, desperation *n.*

de·spair·ing [dispέ(:)riŋ / -péər-] *adj*. 절망한, 단념한; 절망적인, 가망이 없는(hopeless). ¶ a *despairing* look 절망적인 양상; 절망적인 모습. **~·ly** *adv*.

des·patch [dispǽtʃ] *v*., *n*. =dispatch.

des·patch·er [dispǽtʃər] *n*. =dispatcher.

des·per·a·do [dèspəréidou / -ráː-, -péréi-] *n*. (*pl.* -does or -dos) 자포자기한 무법자, 겁없는 자, 죽음을 두려워하지 않는 가.

‡**des·per·ate** [désp(ə)rit] *adj*. **1** 자포자기의, 될 대로 되라는 식의(reckless), 무모한, 결사적인. ¶ a *desperate* criminal 자포자기가 된 범인 / make *desperate* efforts 필사적인 노력을 하다 / He was so *desperate* that he wished for death. 그는 자포자기하여 죽음을 바랐다. **2** 갖고 싶어 견딜 수 없는, 꼭 필요한. ¶ He was *desperate for* a job. 그는 기를 쓰고 일자리를 찾았다. **3** (좋아질) 가망성이 없는, 절망적인(hopeless). ¶ a *desperate* sickness 나을 가망이 없는 병 / a *desperate* situation 절망적인 상황. **4** 극단적인, 심한, 지나친(extreme). ¶ a *desperate* fool 구제할 수 없는 바보 / He takes *desperate* likes and dislikes. 그가 좋아하고 싫어하는 것은 극과 극이다. **~·ness** *n*.

◇ despair *v*., desperation *n*.

‡**des·per·ate·ly** [désp(ə)ritli] *adv*. **1** 절망적으로 (hopelessly). ¶ The patient is *desperately* ill. 환자는 위독하다. **2** 자포 자기가 되어; 필사적으로. **3** 심하게, 극도로(extremely).

*des·per·a·tion** [dèspəréiʃ(ə)n] *n*. U **1** 자포자기, 무모, 죽을 기를 쓰기(recklessness). (구어) 초조한(화가난) 상태. ¶ *in desperation* 절망하여, 자포자기하여 / drive a person to *desperation* 남을 자포자기가 되게 하다. **2** 절망. ⇒ DESPAIR 類語

◇ despair *v*., desperate *adj*.

des·pi·ca·ble [déspikəbl, dispíkə-] *adj*. 천한, 비루한, 비열한. **~·ness** *n*. **-bly** *adv*.

de·spin [diːspín] *vt*., *vi*. (-spun, -spin·ning) [인공위성 · 항공기 따위의] 회전을 정지시키다 (하다); 회전 속도를 늦추다.

‡**de·spise** [dispáiz] *vt*. (-spised, -spis·ing) …을 경멸하다, 깔보다, 얕보다; …을 몹시 싫어하다(loathe). 類語 **despise** 천하고 약하고 가치 없다고 여기고 무시하다: *despise* one's opponent 상대를 얕보다. **disdain** 우월감 · 자만심 · 혐오감을 걸으로 드러내어 경멸하다: *disdain* the poor 가난한 사람을 멸시하다. **scorn** 분노를 나타내며 또는 조소하는 투로 경멸하다: *scorn* liars 거짓말쟁이를 비웃다.

de·spis·er [dispáizər] *n*. 멸시하는 사람, 경멸하는 사람.

‡**de·spite** [dispáit] *prep*. …에도 불구하고 (in spite of). —— *n*. U **1** 모욕, 무례(insult). ¶ do *despite* to …을 모욕하다. **2** 《고어》 악의, 증오, 혐오(malice, hatred).

[in] despite of 《고어》 ① …에도 불구하고(in spite of). ② …을 무시하여.

—— *vt*. (**-spit·ed, -spit·ing**) 《폐어》 …을 경멸하다.

◇ despiteful, despiteous *adj*.

de·spite·ful [dispáitfəl] *adj*. **1** 악의에 찬, 심술궂은. **2** 《고어》 경멸적인. **~·ly** [-fəli] *adv*. **~·ness** *n*.

de·spoil [dispɔ́il] *vt*. …으로부터 빼앗다, 약탈하다, 강탈하다(plunder) (*...of*). ¶ *despoil* a person *of* his belongings (rights) 남의 소유물(권리)을 빼앗다.

de·spoil·er [dispɔ́ilər] *n*. 약탈자, 강탈자.

de·spoil·ment [dispɔ́ilmənt] *n*. U 약탈, 강탈.

de·spo·li·a·tion [dispòuliéiʃ(ə)n] *n*. U 약탈, 강탈.

de·spond [dispánd / -pɔ́nd] *vi*. 실망하다, 낙심하다 (*of...*). —— *n*. U 《고어》 실망, 낙심(despondency).

de·spond·ence [dispándəns / -spɔ́nd-] *n*. =despondency.

de·spond·en·cy [dispándənsi / -spɔ́nd-] *n*. U 낙심, 실망, 의기소침. ⇒ DESPAIR 類語

de·spond·ent [dispándənt / -spɔ́nd-] *adj*. 낙담한, 낙심한, 의기소침한. ¶ a *despondent* look 풀이 죽은 모습. **~·ly** *adv*.

de·spond·ing [dispándiŋ / -spɔ́nd-] *adj*. **1** =despondent. **2** 실망시키는, 낙담시키는. **~·ly** *adv*.

*'**des·pot** [déspət, -pat / -pɔt, -pət] *n*. **1** 절대(전제) 군주(autocrat). **2** 폭군, 독재자. **3** (역사) 비잔틴 황제 등의 존칭, 군(君), 대군(大君). ◇ despótic *adj*.

des·pot·ic [dispátik / despɔ́tik, dis-], **des·pot·i·cal** [dispátikəl / despɔ́t-, dis-] *adj*. 절대 군주의, 전제 정치의; 독재적인, 전제적인. **-i·cal·ly** [-ikəli] *adv*.

despótic mónarchy *n*. (정치) 전제 군주제 (국).

des·pot·ism [déspətìz(ə)m] *n*. **1** U 독재 정치, 전제 정치(autocracy). **2** U 전제, 독재, 압제, 횡포(tyranny). **3** 전제 군주국, 독재국.

des·pot·ist [déspətist] *n*. 전제주의자.

des·qua·mate [déskwəmèit] *vi*. (**-mat·ed, -mat·ing**) (병리) [비늘 같은 딱지가 앉아 표피가] 벗겨지다, 박리(剝離)하다.

des·qua·ma·tion [dèskwəméiʃ(ə)n] *n*. U (병리) 낙설(落屑), 박리.

‡**des·sert** [dizə́ːrt] *n*. U C 디저트, 후식(식사의 마지막 코스로 《美》에서는 파이, 푸딩, 케이크, 아이스크림 따위, 《英》에서는 과자류 다음에 나오는 과일 따위).

dessért fórk *n*. 디저트용 포크.

dessért knífe *n*. 디저트용 나이프.

dessért ráisin *n*. 디저트용의 고급 건포도.

des·sert·spoon [dizə́ːrtspùːn] *n*. 디저트용 스푼 (tablespoon과 teaspoon의 중간의 크기).

dessért wíne *n*. U [디저트와 함께, 또는 식사의 중간에 나오는] 단 포도주.

de·sta·bi·li·za·tion [diːstèibilizéiʃ(ə)n / -laiz-] *n*. 불안정화.

de·sta·bi·lize [diːstéibilàiz] *vt*. (**-lized, -liz·ing**) (정부 · 정권 따위를) 약체화시키다, 동요시키다.

de·Sta·lin·i·za·tion [diːstɑ̀ːlinizéiʃ(ə)n] *n*. U (공산주의 국가에 있어서 1956년 이래 추진된) 비(非)스탈

de·ster·i·lize [diːstérilàiz] *vt.* (**-lized, -liz·ing**) 《美》〔유휴 물자·자금〕을 이용하다, 활용하다; …의 봉쇄를 풀다.

‡**des·ti·na·tion** [dèstinéi∫(ə)n] *n.* 1 〔여행·항행 따위의〕목적지. 2 행선지, 보낼 곳. 3 ⓊⒸ 목적, 목표; 용도.

‡**des·tine** [déstin] *vt.* (**-tined, -tin·ing**) 1 〔어떤 목적이나 용도를 위해〕…을 미리 정해 두다, 따로 두다(set apart). ¶ (~+囲+前+名) destine the day *for* a reception 그 날을 환영회날로 정해 두다. 2 〔보통 수동형으로〕…의 운명을 정짓다; …의 장래를 정하다; …행(行)이다. ¶ (~+囲+前+名)(~+囲+to do) a ship *destined for* Hongkong 홍콩행의 배 / be *destined to* failure 실패할 운명이다 / be *destined for* the ministry; be *destined to* enter the ministry 성직에 종사할 운명이다 / We were *destined* never *to* meet again. 우리는 다시 만나지 못할 운명이었다. ◇ déstiny, destinátion *n.*

‡**des·ti·ny** [déstini] *n.* (*pl.* **-nies**) Ⓤ 운명(fate), 숙명(lot); Ⓒ 운명적으로 일어난 것으로 생각되는 일; 필연. ¶ work out one's own *destiny* 자신의 운명을 개척하다. 2 운명을 좌우하는 힘, 하늘의 뜻. 3 (D-) 운명의 여신; (the Destinies) 운명의 3 여신(the Fates).
◇ **déstine** *v.*

*‡**des·ti·tute** [déstit(j)uːt / -tjùːt] *adj.* 1 생활이 곤란한, 극빈의, 궁핍한; (the ~) 〔명사적 용법〕빈민. ⇨ POOR 類語 2 〔…이〕결핍한, …이 없는(*of*...). ¶ He is utterly *destitute* of shame. 그는 전혀 염치가 없다 / be *destitute of* children 자식이 없다. — *vt.* (드물게) (**-tut·ed, -tut·ing**) 1 …을 가난한 대로 버려두다. 2 …에서 빼앗다(…*of*).
◇ destitútion *n.*

des·ti·tu·tion [dèstit(j)úː∫(ə)n / -tjúː-] *n.* Ⓤ 빈곤, 극빈; 결핍. 〔horse〕.

des·tri·er [déstriər] *n.* 《고어》 군마(軍馬)(warhorse).

‡**de·stroy** [distrɔ́i] *vt.* 파괴하다, 파멸시키다 (ruin). *opp.* construct ¶ The fires *destroyed* hundreds of houses. 그 화재로 수백 채의 집이 타버렸다. 2 …을 멸하다, 박멸하다; 구제(驅除)하다, 죽이다(kill, slay), ¶ You have *destroyed* me. 너 때문에 나는 망했다 / He *destroyed* himself in despair. 그는 절망끝에 자살했다. 3 …을 무효로 하다, 쓸모없게 하다; 〔문서 따위〕를 파기하다. ¶ With that theory he *destroyed* established scientific concept. 그 이론으로 그는 기존의 과학 개념을 무용지물로 만들었다 / His dreams were all *destroyed*. 그의 꿈은 모두 사라졌다. — *vi.* 파괴 활동을 하다.
◇ destrúction *n.*, destrúctive *adj.*

de·stroy·a·ble [distrɔ́iəbl] *adj.* 파괴(괴멸, 박멸)할 수 있는; 무효로 할 수 있는.

*‡**de·stroy·er** [distrɔ́iər] *n.* 파괴자, 박멸자. 2 구축함(驅逐艦).

destróyer éscort *n.* 《美》 구잠함(驅潛艦).

de·struct [distrʌ́kt] *adj.* 파괴용의. — *n.* 〔고장난 로켓의〕지령 파괴(指令破壞). — *adj.* 파괴용의. — *vt.* 〔로켓〕을 파괴하다(destroy).

destrúct bùtton *n.* 〔미사일을 공중 폭발시키는〕파괴 단추. 〔고 가능성.

de·struc·ti·bil·i·ty [distrʌ̀ktibíliti] *n.* Ⓤ 피(被) 파

de·struc·ti·ble [distrʌ́ktəbl] *adj.* 파괴할 수 있는.

‡**de·struc·tion** [distrʌ́k∫(ə)n] *n.* Ⓤ 1 파괴. ⇨ RUIN 類語 *opp.* construction 2 박멸, 구제. 3 파멸, 멸망〔상태〕(ruin). 4 Ⓒ 파멸의 근원, 파괴자. ¶ Vanity was her *destruction*. 허영이 그녀의 파멸의 원인이었다. ◇ destrúctive *adj.*

de·struc·tion·ist [distrʌ́k∫(ə)nist] *n.* 1 파괴주의자〔현존 제도 따위의 파괴를 주장하는 사람〕. 2 파괴를 좋아하는 사람.

‡**de·struc·tive** [distrʌ́ktiv] *adj.* 1 파괴적인. 2 파멸을 초래하는, 해로운(*of, to*...). ¶ *destructive* insects 해충 // Heavy drinking is *destructive* of (or to) health. 폭음은 건강을 해친다. 3 부정적인(negative), 파괴주의적인. *opp.* constructive ¶ *destructive* criticism 파괴적 비평. **-ly** *adv.* **-ness** *n.*
◇ destróy *v.*, destrúction, destructívity *n.*

destrúctive distillátion *n.* 〔화학〕 건류(乾溜), 분해 증류.

destrúctive réading *n.* 〔컴퓨터〕 파괴 리딩〔데이 프를 읽은 후, 사용시 그 내용을 같은 기억 장소에 기억시키지 않으면 내용이 파괴(소멸)되는 리딩〕.

de·struc·tiv·i·ty [diːstrʌktívəti] *n.* Ⓤ 파괴적 경향.

de·struc·tor [distrʌ́ktər] *n.* 1 《英》〔폐물·오물의〕소각로(燒却爐). 2 〔미사일 폭파〕의 파괴 장치.

des·ue·tude [déswit(j)uːd / disjúː-it(j)uːd, déswi-] *n.* Ⓤ 폐지〔상태〕, 폐절(廢絶)(disuse). ¶ fall into *desuetude* 〔말·습관 따위가〕 폐지되다.

de·sul·fu·rize, 《英》 **-phu·-** [diːsʌ́lfəràiz, +美 -fjə-], (**de·sul·fur** [diːsʌ́lfər]) (*《英》에서는 **de·sul·phu·rise** 로도 쓴다) *vt.* (**-rized, -riz·ing**) …에서 유황분을 제거하다, …의 탈황(脫黃)을 하다.

des·ul·to·ry [dés(ə)ltɔ̀ːri / -t(ə)ri] *adj.* 1 종잡을 수 없는, 산만한, 변덕스러운, ⇨ RANDOM 類語 ¶ *desultory* conversation 잡담. 2 엉뚱한, 터무니없는. ¶ a *desultory* remark 엉뚱한 발언. **-ri·ly** *adv.* **-ri·ness** *n.*

DET 《略》 diethyltryptamine (속효성 환각제의 일종). *cf.* DMT, STP

det. 《略》 detachment.

*‡**de·tach** [ditǽt∫] *vt.* 1 …을 떼어놓다, 떼어내다, 분리시키다(separate) (...*from*). *opp.* attach ¶ (~+囲+前+名) *detach* a locomotive *from* a train 열차에서 기관차를 떼내다 / He could *detach* himself *from* the old-fashioned painting. 그는 구식 화법(畫法)에서 벗어날 수 있었다. 2 〔군사〕 〔군대·함선 등〕을 특별 임무로 분견(分遣)하다, 파견하다. ¶ Soldiers were *detached* to guard the visiting princess. 내방한 공주의 경비를 위해 병사가 파견되었다 // (~+囲+前+名) *detach* a ship *from* a fleet 함대에서 배 1척을 파견하다.
◇ detáchable *adj.* 〔는.

de·tach·a·ble [ditǽt∫əbl] *adj.* 분리(분견)할 수 있

*‡**de·tached** [ditǽt∫t] *adj.* 1 떨어져 있는, 독립된(separate). ¶ a *detached* palace 이궁(離宮). 2 공평한, 초연한. ⇨ INDIFFERENT 類語 ¶ a *detached* view 공정한 견해. 3 파견된. ¶ a *detached* force 파견대. **-tach·ed·ly** [-t∫ét(i)dli] *adv.* **-tach·ed·ness** [-t∫ét(i)dnis] *n.*

*‡**de·tach·ment** [ditǽt∫mənt] *n.* Ⓤ 1 분리; 이탈; 고립. 2 초연함; 냉담, 무관심. 3 편견에 사로잡히지 않음, 공평. 4 분견, 파견. ¶ a *detachment* 분견대(함대).

*‡**de·tail** [díːteil, ditéil] *n.* 1 세부, 세목(item). 2 Ⓤ 하나씩 다루기, 상세한 기술, 상설; (~s) 세부(particulars). ¶ in *detail* 상세히 / go (or enter) into *detail*[*s*] about …을 상세하게 기술하다 / give a full *detail* of the matter 그 일에 관하여 상세히 설명하다 / down to the last (or the smallest) *detail* 사소한 일까지 상세히. 3 Ⓤ Ⓒ a) 〔건축·미술·기계 등의〕 세부, 디테일. b) = detail drawing. 4 분견, 분견대, 특파 부대; 특수 임무. ¶ a kitchen *detail* 취사반.
but that is a detail 그러나 그것은 사소한 일이지요 〔이때far 비꼬는 뜻으로 오히려 중요한 것임을 강조〕.
— *vt.* 1 …을 상술하다, 상기(詳記)하다; …을 열거하다. ¶ a minutely *detailed* testimony 세부까지 자세히 진술하는 증언. 2 〔군사〕 〔군대〕를 분견(分遣)하다, 《美》 특수 임무를 맡기다. ¶ They were *detailed* to search the chapel. 그들은 예배당을 수색하도록 파견되었다 // (~+囲+前+名) *detail* a man *for* espionage duty 병사를 정찰 내보내다. 3 〔건축·미술〕…을 세부 묘사하다.

détail dràwing *n.* 〔건축물·기계 등의〕 세부 설계

*‡**de·tailed** [díːteild, ditéild] *adj.* 세부에 걸친, 자세한; 상세한(minute). ¶ a *detailed* problem 세부에 걸친 문

détail mán n. 《美》 의사용 약품 세일즈맨.

*de·tain [ditéin] vt. **1** …을 지체하게 하다, 기다리게 하다, 붙들어 두다. ¶ I was *detained* by rain (an accident). 나는 비(사고) 때문에 늦었다 / I'm sorry to have *detained* you so long. 오래 기다리게 해서 죄송합니다. **2** 〔법률〕 …을 구류하다, 유치하다, 감금하다 (confine). ¶ (~+囹+as 圃) The police *detained* him *as* a suspect. 경찰은 그를 용의자로 유치했다. **3** 〔고어〕 …을 보류하다(withhold). ◇ deténtion *n*. 〔구속자〕.

de·tain·ee [ditèiníː] *n*. 〔정치적 이유의 수감〕자.

de·tain·er [ditéinər] *n*. 〔[U][C]〕〔법률〕 **1** 〔남의 부동산의〕 불법 점유; 〔남의 동산의〕 불법 유치; 구금. **2** 구류 연장 영장(令狀).

de·tain·ment [ditéinmənt] *n*. =detention.

‡de·tect [ditékt] *vt.* **1** …의 비행 따위]을 찾아내다, …의 현장을 발견하다. ¶ (~+囹+-*ing*) I *detected* a young man [in the act of] *stealing* a watch. 젊은 사람이 시계를 훔치고 있는 것을 보았다. **2** …의 성격(본질, 본성)을 간파하다. ¶ *detect* a spy 스파이를 간파하다 / *detect* a person's lie 남의 거짓을 간파하다. **3** 〔…이 있다는 것〕을 눈치채다, …을 냄새맡다, 알아차리다. ¶ *detect* the odor of methane 메탄 가스의 냄새를 맡다 / *detect* a difference in color 빛깔의 차이를 알다. **4** 〔무선〕 …을 검파(檢波)하다. ◇ detéction *n.*, detéctive *n., adj.*

de·tect·a·ble [ditéktəbl] *adj*. 발견할 수 있는, 간파할 수 있는, 탐지할 수 있는, 검출할 수 있는.

de·tec·ta·phone [ditéktəfòun] *n*. 전화 도청기.

de·tec·tion [ditékʃən] *n*. 〔[U][C]〕 **1** 발견, 간파, 감지, 탐지. **2** 발각, 탄로. **3** 〔무선〕 검파; 정류(整流). **4** 〔화학〕 검출.

detéction státion *n*. 〔핵실험의〕 감시소.

‡de·tec·tive [ditéktiv] *n*. 탐정, 형사. ¶ a police *detective* 형사 / a private *detective* 사립 탐정. — *adj*. **1** 탐정의. ¶ a *detective* story (or fiction) 탐정 소설. **2** 탐지하는. ◇ detéct *v.*, detéction *n.*

*de·tec·tor [ditéktər] *n*. **1** 발견자; 탐지자(기). ¶ a lie *detector* 거짓말 탐지기. **2** 〔무선〕 검파기; 정류기 (rectifier). ¶ a crystal *detector* 광석 검파기. **3** 〔화학〕 검출기. **4** 〔기계〕 〔보일러의〕 수량계(水量計). **5** 〔전기〕 〔누전의〕 검전기(檢電器).

detéctor cár *n*. 〔철도〕 〔선로의 균열을 찾아내는〕 탐색차. 〔찾 돕니.〕

de·tent [ditént] *n*. 〔기계〕 멈춤쇠, 〔시계 나사의〕 덫.

dé·tente [deitáːnt] *n*. 〔특히 국제간의〕 긴장 완화, 데탕트. ¶ relaxing.

de·ten·tion [diténʃən] *n*. 〔[U]〕 **1** 억류; 지연, 지체 (delay). **2** 구류, 감금(confinement); 〔벌로서 방과 후에〕 학교에 남겨 두기. ¶ *detention* barracks 영창 / a *detention* camp 〔포로 등의〕 수용소 / a *detention* hospital 격리 병원 / a house of *detention* 미결감, 유치장 / under *detention* 구금되어 / keep a person in *detention* after school …을 방과 후 학교에 남겨두다. **3** 〔법률〕 불법 점유.

deténtion cénter(hóme) *n*. 소년원.

de·ter [ditə́ːr] *vt*. (-**terred, -ter·ring**) **1** 〔공포·의혹 따위로〕 …을 그만두게 하다, 단념하게 하다; 주저하게 하다(...*from*). ¶ Nothing can *deter* me *from* my determination. 어떤 일이 있어도 나는 내 결심에 따른다. **2** …을 방지하다, 방해하다. ¶ paint timber to *deter* rot 썩지 않게 하려고 목재에 페인트 칠을 하다.

de·terge [ditə́ːrdʒ] *vt*. **1** (-**terged, -terg·ing**) **1** …을 닦아내다, 일소하다. **2** 〔상처 따위〕를 씻어내다.

de·ter·gence [ditə́ːrdʒəns] *n*. =detergency.

de·ter·gen·cy [ditə́ːrdʒənsi] *n.* 〔[U]〕 정화력, 세척성 (洗滌性).

de·ter·gent [ditə́ːrdʒənt] *adj*. 깨끗하게 하는, 세척성의 (cleansing). — *n*. 세척제, 세제(洗劑). ¶ a synthetic *detergent* 합성 세제.

*de·te·ri·o·rate [ditíː(ː)riərèit -tíəri-] *v*. (-**rat·ed, -rat·ing**) *vt*. …을 나쁘게 하다, 타락시키다; 〔품질·가치 따위]를 저하시키다. — *vi*. 나빠지다, 타락하다, 〔품질·가치 따위〕 떨어지다.

◇ deterioration *n.*, deterioration *adj.*

de·te·ri·o·ra·tion [ditíː(ː)riəréi(ə)n / -tíəri-] *n*. 〔[U][C]〕 악화, 〔품질 따위의〕 저하, 〔가치 감소 (減損), 타락, 퇴화.

de·te·ri·o·ra·tive [ditíː(ː)riərèitiv / -tíəri-] *adj*. 악화하는, 개악적인, 타락(퇴폐)적인. 〔…물, 방해물.〕

de·tér·ment [ditə́ːrmənt] *n*. 〔[U]〕 제지(制止), 〔[C]〕 방해;

de·ter·mi·na·ble [ditə́ːrm(i)nəbl] *adj*. **1** 결정(확정)할 수 있는. **2** 〔법률〕 종지(終止) 〔폐지〕를 조건으로 한, 종결해야 할.

de·ter·mi·nant [ditə́ːrminənt] *n*. **1** 결정 요소, 결정자. **2** 〔수학〕 행렬식(行列式). **3** 〔생물〕 결정자(決定子), 유전자(遺傳子). — *adj*. 결정하는, 한정적인 (determinative).

de·ter·mi·nate [ditə́ːrm(i)nit] — *vt*. *adj*. **1** 한정된; 일정한, 명확한(definite). ¶ a *determinate* meaning 명확한 뜻. **2** 확정된(settled), 확정적인(positive). **3** 결정적인, 최종적인(final), 굳게 결심한, 확고(단호)한 (resolute). ¶ a *determinate* answer 확답. **4** 〔식물〕 유한(有限)의. ¶ *determinate* inflorescence 유한 화서 (花序). **5** 〔수학〕 기지수의. — *vt*. [ditə́ːrm(i)nèit] (-**nat·ed, -nat·ing**) …을 명확히 하다. ~·**ly** [-nitli] *adv*. ~·**ness** [-nitnis] *n*.

‡de·ter·mi·na·tion [ditə̀ːrminéi(ə)n] *n*. 〔[U]〕 **1** 〔때로 a ~〕 결심, 결단(력); 결의, 과단(性), 결의가 굳음. ¶ his *determination* to continue the investigation 끝까지 싸울 결심으로 // make a fresh *determination* 새로이 결심을 하다 / come to a *determination* 결심을 하다. **2** 〔양·한도·성질 따위의〕 측정(법), 감정(鑑定). ¶ the *determination* of the salt in sea water 바닷물 속의 염분의 측정. **3** 결정, 확정; 〔논리〕 한정. ¶ the *determination* of a name for a new product 신제품의 명칭의 결정. **4** 결정(결심, 확정)한 것(일). **5** 〔법률〕 쟁의 따위의 해결(settlement), 종결, 재산권 따위의 정지. ¶ the *determination* of a dispute 쟁의의 해결. **6** 경향, 편향(偏行). ◇ detérmine *v*., detérminate, detérminative *adj.*

de·ter·mi·na·tive [ditə́ːrminèitiv, -nətiv / -nətiv] *adj*. 결정하는; 한정하는. **2** 〔문법〕 한정사〔관사·지시 대명사 따위〕. ~·**ly** *adv*. ~·**ness** *n*.

‡de·ter·mine [ditə́ːrmin] *v*. (-**mined, -min·ing**) *vt*. **1** …을 결정하다, 결정(조건) 짓다, 확정하다; 〔일정 따위를〕 정확하게 미리 결정하다, 예정하다. ¶ Demand *determines* prices. 수요는 값을 결정한다 / Character is *determined* by early education. 성격은 초기 교육으로 결정된다. ¶ (~+*wh.* 혐) *determine* which is right 어느 쪽이 옳은지 결정하다. ¶ (~+*wh.* 협) (~+囹+圃+图) Let's *determine* when we are to go on the trip. = Let's *determine* the date for the trip. 여행 일정을 미리 정해 두자 // (~+*wh. to do*) We have not yet *determined* what to do. 우리는 무엇을 할 것인지 아직 결정하지 못했다.

2 …을 결심하다(decide), 결의하다(resolve). ⇒ DECIDE 類 〔(~+*to do*) He firmly *determined* to try again. 그는 다시 한 번 해보겠다고 굳게 결심했다 / (~+*that* 협) He *determined that* nobody should dissuade him from doing it. 그는 누가 무어라고 해도 그 일을 하기로 결심했다.

3 …을 결심(결의)시키다. ¶ (~+囹+*to do*) The accident *determined* him *to* be more careful. 그 사고로 그는 더욱 더 조심하기로 결심했다 / (~+囹+圃+图) The letter *determined* him *against* the plan. 그 편지를 읽고 그는 그 계획을 반대하기로 결심했다.

4 [논쟁·문제 따위]를 재결(재정(裁定))하다; 해결하다; [법률] …에 판결을 내리다; …을 종결시키다. ¶ The dispute has not yet been *determined*. 그 쟁의는 아직 해결되지 않았다.
5 [성분·내용 따위]를 측정(산정)하다. ¶ *determine* the salt in sea water 해수 중의 염분을 측정하다.
6 [논리] …을 한정하다; [기하] …의 위치를 결정하다. — *vi.* **1** 정하다, 결의하다, 결심하다 (decide) (*on, upon*…). ¶ (~+前+图) They *determined* on their course of future. 그들은 앞으로의 방침을 결정했다 / We *determined* on going at once. 우리는 당장 가기로 결정했다. **2** [법률] [효력 따위가] 끝나다, 종결되다.
◇ determinátion *n.*, detérminate, detérminative *adj.*

*de·ter·mined [ditə́:rmind] *adj.* **1** 굳게 결심(결의)한(resolved); 결연한; 단호한(resolute). ¶ a *determined* look 의연한 표정 / a very *determined* person 매우 과단성 있는 사람 // She was *determined* to make no mention of this. 그녀는 이 일을 입 밖에 내지 않으리라 결심했다 // He is *determined* on explaining the matter to them. 그는 그 일을 그들에게 설명하기로 결심하고 있다. **2** 결정한, 한정된. ~**ly** *adv.* ~**ness** *n.*

de·ter·min·er [ditə́:rminər] *n.* **1** 결정하는 사람(것). **2** [문법] 결정사, 한정사[a, the, this, your 따위]; …결정론.

de·ter·min·ism [ditə́:rminìz(ə)m] *n.* ⓤ [철학] 결정론의.

de·ter·min·ist [ditə́:rminist] *n.* 결정론자. — *adj.* 결정론의.

de·ter·min·is·tic [ditə̀:rminístik] *adj.* 결정론[자]의.

de·ter·rence [ditə́:rəns, -tér-/-tér-] *n.* ⓤ 저지, 제지(制止). **2** ⓒ 전쟁 억제. **3** 방지(제지)물.

de·ter·rent [ditə́:rənt, -tér-/-tér-] *adj.* 단념하게 하는, 방해하는(restraining). — *n.* **1** 단념하게 하는 것, 제지물 (*from*…); [전쟁에 대한] 억지력. **2** 《英》핵무기.

de·ter·sive [ditə́:rsiv] *adj.* 깨끗이 하는, 세척성(洗滌性)의 (detergent). — *n.* 세척제(detergent).

*de·test [ditést] *vt.* …을 몹시 싫어하다; …을 미워하다(hate); …이 못견디게 싫다(loathe). ¶ I *detest* dishonest people. 나는 부정직한 사람을 몹시 싫어한다. ¶ (~+-*ing*) I *detest* going on with this research. 이 연구를 계속하기가 몹시 싫다. * I *detest* to go on… 은 드물다. ◇ detestátion *n.*

de·test·a·ble [ditéstəbl] *adj.* 몹시 미운, 밉살스러운(hateful). ~**ness** *n.* **-bly** *adv.*

de·tes·ta·tion [dì:testéiʃ(ə)n] *n.* **1** ⓤ 증오, 혐오. **2** 몹시 싫은 것(사람), 증오의 대상. [다. *have* (or *hold*) … *in detestation* …을 몹시 싫어하.

de·test·er [ditéstər] *n.* 몹시 싫어하는 사람, 증오자.

de·throne [diθróun] *vt.* (-*throned*, -*thron·ing*) …을 왕위(제위)에서 물러나게 하다, 퇴위시키다; …의 지배권을 빼앗다; [높은 자리에서] …을 끌어내리다.

de·thron·er [diθróunər] *n.*

det·i·nue [détin(j)ù:/-njù:] *n.* ⓤ [법률] **1** [특히 동산(動産)의] 불법 점유. **2** [불법 점유] 동산 반환 청구 소송.

det·o·nate [déto(u)nèit, dí:t-] *v.* (-*nat·ed*, -*nat·ing*) *vi.* 터지다, 폭발하다(explode). — *vt.* …을 폭발시키다. ¶ a *detonating* cap 뇌관/*detonating* powder 폭약.

det·o·na·tion [dètə(u)néiʃ(ə)n, dì:-] *n.* ⓤ ⓒ 폭발, 작열; 폭음, 폭명(爆鳴).

det·o·na·tor [déto(u)nèitər, dí:-] *n.* **1** 기폭(起爆) 장치[뇌관·신관 따위], 기폭제. **2** 폭발 신호기[철도의 안개 경보기 따위].

de·tour [dí:tuər, ditúər, +英 déituə] *n.* 우회 도로, [특히 임시의] 우회로; 회피; 멀리 돌기. ¶ make a *detour* 우회하다. — *vi.* 우회하다, 돌아서 가다. — *vt.* …을 돌아서 가게 하다.

de·tox·i·cate [di:táksikèit/-tɔ́ks-] *vt.* (-*cat·ed*, -*cat·ing*) …에서 독을 없애다, …을 해독하다.

de·tox·i·ca·tion [di:tàksikéiʃ(ə)n/-tɔ̀ks-] *n.* ⓤ 해독.

de·tox·i·fy [di:táksifài/-tɔ́ks-] *vt.* (-*fied*, -*fy·ing*) …의 독성을 없애다.

de·tract [ditrǽkt] *vt.* **1** …을 빗나가게 하다, 돌리다 (divert), 딴 데로 쏠리게 하다(distract) (…*from*). ¶ They tried to *detract* my attention *from* it. 그들은 내 주의를 그것으로부터 돌리려고 했다. **2** [품질·가치·평판 따위]를 떨어뜨리다, 줄이다(…*from*). ¶ I assure you that this *detracts* nothing *from* its value. 이것으로 그 가치가 떨어지는 일이 없으리라고 보장한다. — *vi.* [가치·명성이] 줄다, 떨어지다(*from*…). ¶ This scandal will *detract* greatly *from* his honor. 이 추문으로 그의 명성은 크게 떨어질 것이다.

de·trac·tion [ditrǽkʃ(ə)n] *n.* ⓤ ⓒ **1** 욕설, 비난, 비방. **2** 감손(減損); 훼손(*from*…). ~**ly** *adv.*

de·trac·tive [ditrǽktiv] *adj.* 욕을 하는, 비난하는.

de·trac·tor [ditrǽktər] *n.* 중상자, 명예 훼손자.

de·trac·to·ry [ditrǽktəri] *adj.* =detractive.

de·train [di:tréin] (*opp.* entrain) *vi.* 열차에서 내리다. — *vt.* [군대·물자 따위]를 열차에서 내리다.

de·train·ment [di:tréinmənt] *n.* ⓤ 하차, 하차하기(시키기).

de·trib·al·ize [di:tráibəlàiz] *vt.* (-*ized*, -*iz·ing*) …에서 부족 고유의 풍습을 없애다.

det·ri·ment [détrimənt] *n.* ⓤ 손실(loss), 손해(damage), 상해(injury); ⓒ 손실(손해)을 가져오는 것. ¶ to the *detriment* of …에게 손해를 주고 // Few people can overwork without *detriment* to their health. 사람은 과로하면 반드시 건강을 해치게 된다.

det·ri·men·tal [dètriméntl] *adj.* 손해(손실)를 주는, 해로운(harmful); 불이익의(*to*…). — *n.* 해로운 사람(것); [英속어] [여성에게 마음에 안 드는] 구혼자. ~**ly** [-təli] *adv.*

de·tri·tion [ditríʃ(ə)n] *n.* ⓤ 마멸(작용), 소모.

de·tri·tus [ditráitəs] *n.* (*pl.* -**tus**) **1** 암설(岩屑), 쇄암(碎岩) [풍화·침식 작용 따위에 의한 것]. **2** [일반적] 파편[더미].

*De·troit [ditrɔ́it] *n.* 미국 Michigan 주 동남부 Detroit 강가의 도시[자동차 공업의 일대 중심지].

de trop [də tróu] *n.* 《프랑스》 **1** 지나치게 많은(too much, too many). **2** 여분의, 불필요한, 오히려 방해가 되는(not wanted).

de·trun·cate [ditrʌ́ŋkeit] *vt.* (-*cat·ed*, -*cat·ing*) [일부를 떼어] …을 줄이다, 삭감하다, 바짝 줄이다.

Deu·ca·li·on [d(j)u:kéiliən/dju:-] *n.* [그리스 신화] 듀칼리온[Prometheus 의 아들; 아내 Pyrrha 와 함께 Zeus 가 일으킨 대홍수에서 살아남아 인류의 조상이 되었다].

*deuce¹ [d(j)u:s/dju:s] *n.* **1** [트럼프의] 2의 패; [주사위의] 2의 눈, 2점. **2** [정구] 듀스[그 뒤 연속 득점을 하면 이긴다]. **3** 《美속어》 2달러; 《英속어》 2펜스.

deuce² [d(j)u:s/dju:s] *n.* 《구어》 **1** ⓤ 액운(bad luck); 재앙, 흉사(plague); 골칫거리(nuisance). **2** (the ~) 악마(devil); 제기랄. * devil 과 마찬가지로 가벼운 저주의 말. **3** (the ~) 《강조》 놀라움·의문·강한 부정 따위를 나타낸다 (* devil 의 대용이). ¶ The *deuce* it is! 그렇다니 놀라운걸(그건 패씸한다) / The *deuce* you are! 너라니 놀랐다! / What (Who, Where, Why) the *deuce*…? 도대체 …은 무엇 (누구, 어디, 어째서)이냐? / How the *deuce* am I to pay without any money? 한푼 없이 어떻게 지불한단 말이냐? / The *deuce* is in it if I cannot. 안 될 리가 없지 (반드시 된다) / The *deuce* he isn't. 그가 그렇지 않을쏘니.

[*the*] *deuce a bit* 전혀 …아니다(not at all). ¶ [*The*] *deuce a bit* I care. 무슨 상관이야.

Deuce knows ! 아무도 모른다.
a (or ***the***) ***deuce of a*** 지독한…. ¶ *a deuce of a* mess [*The*] *deuce take it!* 제기랄!, 다 글렀군!
the deuce to pay 《구어》후환, 무서운 결과. ¶ There will be *the deuce to pay.* 뒤가 무섭다.
go to the deuce 파멸하다;《명령문에서》꺼져, 돼져
like the deuce 무서운 기세로, 기를 쓰고. └라.
play the deuce with ⇨ PLAY.

deuce-ace [d(j)úːsèis / djúːs-] *n.* **1** [2개의 주사위를 던져서 나온] 2와 1의 눈[최악의 눈]. **2** 액운, 불운 (bad luck).

deuc·ed [d(j)úːsid, d(j)úːst / djúːst, djúːsid]《英구어》 *adj.* 참으로 지독한, 괘씸한, 터무니없는, 엄청난 (confounded). ¶ in a *deuced* hurry 아주 급히.
— *adv.* (=**deuc·ed·ly** [d(j)úːsidli / djúː-]) 엄청나게, 터무니없이; 매우, 극단적으로, 두드러지게. ¶ a *deuced* clever boy 매우 영특한 소년.

de·us ex ma·chi·na [déius éks mǽkinə] *n.* (라틴) (=god from a machine) 1 [고대 연극에서] 급할 때 나타나서 돕는 신. 2 [극·소설 따위에서] 갑자기 나타나 대본상의 부자연스러운 해결을 가져다 주는 사람(일).

deut- ⇨ DEUTO.

Deut. (略) Deuteronomy.

deu·ter·ag·o·nist [d(j)uːtərǽgənist / djùː-] *n.* [그리스 연극에서] 주역(protagonist) 다음 가는 배역, 조연자. *cf.* tritagonist

deu·te·ri·um [d(j)uːtí(ː)riəm / djuːtíəri-] *n.* ⓤ 〖화학〗중수소(heavy hydrogen).

deutérium óxide *n.* ⓤ 중수(heavy water).

deutero- second, later 라는 뜻의 연결형 (* 모음 앞에서는 deuter-를 쓴다). 예: *deutero*gamy.

deu·ter·og·a·my [d(j)ùːtərágəmi / djùːtərɔ́g-] *n.* ⓤ 재혼(second marriage).

deu·ter·on [d(j)úːtəràn / djúːtərɔ̀n] *n.* 〖물리〗중양자(重陽子) [양성자와 중성자로 되어 있다. deuterium의 원자핵].

Deu·ter·on·o·mist [d(j)ùːtərάnəmist / djùːtərɔ́n-] *n.* 신명기(申命記)의 작자(편자).

Deu·ter·on·o·my [d(j)ùːtərάnəmi / djùːtərɔ́n-] *n.* 〖성서〗신명기[구약 성서의 한 책; 略 Deut.].

deuto- =deutero- (* 모음 앞에서는 deut-를 쓴다).

deu·ton [d(j)úːtàn / djúːtɔ̀n] *n.* =deuteron.

Deut·sche mark [dɔ́itʃə maːrk / -mάːk], (**deut·sche·mark** [dɔ́itʃəmὰːrk]) *n.* 독일 마르크[略 DM].

Deutsches Reich [dɔ́itʃəs ráik] *n.* 독일 제국[제 2차 세계 대전 전 독일의 정식 명칭].

Deutsch·land [*G* dɔ́ytʃlant] *n.* Germany 의 독일명.

deut·zi·a [d(j)úːtsiə / djúːtsjə] *n.* 〖식물〗빈도리[범의귀속(屬)]. [<네덜란드의 식물학자 Jan Deutz]

deux-che·vaux [dǿːʃəvóu] *n.*《프랑스》**1** [2마력 정도의 낡아빠진 엔진을 가진] 소형 자동차. **2**《문어》두 필의 말.

de·va [déivə] *n.* **1** [인도 신화] 제파(提婆), 신(god), 선마(善魔). **2**《조로아스터교》악마. [<Skt god]

de·val·u·ate [diːvǽljuèit] *vt.* (**-at·ed, -at·ing**) =devalue.

de·val·u·a·tion [dìːvæljuéiʃ(ə)n] *n.* ⓤ **1** 가치 감소[액]. **2** 〖경제〗평가 절하.

de·val·ue [diːvǽljuː / dí:-] *vt.* (**-val·ued, -val·u·ing**) **1** …의 가치를 감소시키다. **2** 〖화폐〗의 평가를 절하하다.

De·va·na·ga·ri [dèivənάːgəriː] *n.* 데바나가리 문자 [Hindi어, Sanskrit어 따위를 표기하는 데 사용].

***devas·tate** [dévəstèit] *vt.* (**-tat·ed, -tat·ing**) **1** …을 유린하다, 황폐시키다(lay waste). **2** …을 꺾다, 압도하다(overwhelm). ◇ devastátion *n.*

dev·as·tat·ing [dévəstèitiŋ] *adj.* **1** 황폐시키는, 파괴하는(destructive). **2**《속어》무서운, 압도적인

(overwhelming), 지독한. **~·ly** *adv.*

dev·as·ta·tion [dèvəstéiʃ(ə)n] *n.* ⓤⓒ 파괴, 피폐(destruction); 황폐[상태] (desolation). └자.

dev·as·ta·tor [dévəstèitər] *n.* 파괴자, 유린자, 약탈

‡**de·vel·op** [divéləp], (**de·vel·ope**) *vt.* **1** …을 발달시키다, 발전시키다, 발육시키다; …을 계발(啓發)하다; [습관 따위]을 익히다; [의론 따위]을 전개하다. ¶ *develop* muscles 근육을 발달시키다 / *develop* one's business 사업을 확장하다 / *develop* an argument (a theory) 의론(이론)을 전개하다 / Art *develops* our sensibility. 예술은 감수성을 함양한다 / Studies *develop* the mind. 학문은 지성을 키운다 / You should *develop* a reading habit. 너는 독서하는 습관을 익혀야 한다 // (~+图+前+图) *develop* buds *into* flowers 꽃봉오리를 개화시키다.
2 [자원 따위]을 개발하다. ¶ *develop* natural resources 천연 자원을 개발하다.
3 [경향·소질 등]을 드러나게 하다; [정신적·물질적으로 잠재해 있던 것]을 나타내다; [비밀]을 밝히다 (reveal, disclose); [질병]을 발병시키다. ¶ *develop* symptoms of tuberculosis 결핵의 징후를 나타내다 (* He *developed* tuberculosis. 와 같은 표현으로 《美구어》에서는 쓰인다) / *develop* a tendency to disregard instructions 지시를 무시하는 경향을 나타내기 시작하다.
4 〖수학〗…을 전개하다; 〖음악〗(주제)를 전개하다.
5 〖사진〗…을 현상하다. ¶ *developing* solution 현상액 / *develop* a roll of film 필름 한 통을 현상하다.
6 〖군대〗…을 전개하다; [공격]을 개시하다. ¶ *develop* an attack 공격을 개시하다.
— *vi.* **1** 발육(발달)하다; 발전하다; 전개하다(*from, into*…). ¶ The situation *developed* rapidly. 사태는 급속히 진전했다 / (~+前+图) Plants *develop from* seeds. 식물은 씨앗으로부터 자란다 / His cold *developed into* pneumonia. 그는 감기가 더쳐서 폐렴이 되었
2 [사실 따위가] 밝혀지다; [숨었던 것이 밖으로] 나타나다; 우연히[…이] 알려지다; [사진의 상이] 나타나나다, 현상되다. ¶ It has *developed* that … …이라는 것이 밝 ◇ devélopment *n.* └혀졌다.

de·vel·op·a·ble [divéləpəbl] *adj.* 발달(발전)할 수 있는; 개발이 가능한.

de·vel·oped [divéləpt] *adj.* [경제·공업 기술 등이] 고도로 발전한, 공업화한, 선진의. ¶ a *developed* country 선진국.

de·vel·op·er [divéləpər] *n.* **1** 개발자, 계발자. **2** [택지 조성·주택 분양 따위를 업으로 하는] 부동산업자. **3** 〖사진〗현상액(液).

de·vel·op·ing [divéləpiŋ] *adj.* 개발 도상의 (* underdeveloped 대신에 쓰인다). ¶ *developing* countries (*or* nations) 개발 도상국.

‡**de·vel·op·ment** [divéləpmənt], (**de·vel·ope·ment**) *n.* ⓤ **1** 발달, 성장(growth); 발전, 진전(progress); [자원 따위의] 개발, 확장; 전개, 공업화. ¶ mental *development* 지능의 발달 / bring land under *development* 토지를 개척(개간)하다. **2** ⓒ 발전의 소산; 진전된 새 단계; 새로운 사태. **3** ⓒ [특히 부동산업자가 조성한] 단지. **4** 〖생물〗진화(evolution); 발생. **5** 〖수학〗전개; 〖음악〗전개, 전개식. **6** 〖사진〗현상.
◇ devélop v., developméntal *adj.*

de·vel·op·men·tal [divèləpmént(ə)l] *adj.* **1** 발전(발달)의, 개발의; 발육상의, 발생(상)의, 진화의 (evolutionary). ¶ *developmental* stages 발전(발달) 단계 / *developmental* diseases 〖병리〗발육병[발육기에 생긴다]. **2** 발전(발육, 성장)을 위한; 계발적인.
~·ly [-tali] *adv.*

devélopment àrea *n.*《英》산업 개발 지역.

Devélopment Lóan Fúnd *n.* 개발 차관 기금[미국의 대외 원조 기금으로 1958년에 발족; 略 D.L.F.].

De·vi [déivi:] *n.* [힌두교] 여신.

de·vi·ant [dí:viənt] *adj.* [표준에서] 벗어난, 상궤를 일탈한. — *n.* 비정상적인 사람, 괴짜; 변질자.

de·vi·ate [dí:vièit] *v.* (-at·ed, -at·ing) *vi.* [바른 길 등에서] 벗어나다, 빗나가다, 일탈(逸脫)하다(*from*...).

[類語] **deviate** 목표에 가장 가깝거나 바람직한 길에서 약간 빗나가다: *deviate* from the middle of the road 중도(中道)에서 벗어나다. **depart** 구식·인습적·전통적인 것, 또는 올바르거나 정상적인 것을 버리고 빗나가다: *depart* from superstitious conventions 미신적인 인습을 버리다. **digress** 이야기·주장의 본론에서 벗어나다: *digress* from the main theme 주제(主題)에서 빗나가다. **diverge** 둘 [이상]으로 갈라져서 서로 떨어져 나가다: The road *diverged* in the shape of a Y. 길은 Y 자 모양으로 갈라졌다. **swerve** 갑자기 어떤 선에서 빗나가다, 구부러지다: The road *swerves* to the right at that point. 길은 그 지점에서 갑자기 오른쪽으로 꺾인다.

— *vt.* ···을 빗나가게 하다, 벗어나게 하다.
— *n.* 비정상적인 사람(deviant); (美) 성적 도착자.

****de·vi·a·tion** [dì:viéi∫(ə)n] *n.* Ⓤ Ⓒ 1 [방침·기준·본궤도의] 벗어남·바른 길·이데올로기 따위에서] 벗어남, 일탈(*from*...); 일탈 행위. 2 치우침, 편의(偏倚); [배 안에 실린 철기류로 인해 발생하는 자침의] 자차(自差). 3 [통계] 편차. 4 [물리] [빛의] 편차, 굴절. 5 [해상 보험] [선박의] 항로 밖의 항로, 항로 이탈.

de·vi·a·tion·ism [dì:viéi∫ənìz(ə)m] *n.* Ⓤ [정당에서의] 당규 일탈, 편향.

de·vi·a·tion·ist [dì:viéi∫ənist] *n.* 일탈(편향)자.
— *adj.* 일탈(편향)의.

de·vi·a·tor [dí:vièitər] *n.* 일탈자; 벗어나(게 하)는 것.

‡**de·vice** [diváis] *n.* 1 궁리; 계획(plan), 방책(scheme). 2 (종종 ~s) 계략, 책략(crafty scheme, trick), 지혜. ¶ by some *device* or other 이런저런 꾀를 잘 써서. 3 고안물; [기계적] 장치(apparatus). ¶ rhetorical *devices* [예술적 효과를 높이기 위해] 수사적인 기교를 다한 문구(文句) / a safety *device* 안전 장치 // a *device* for lighting a gas stove 가스 스토브의 점화 장치. 4 [장식적] 도안(drawing), 의장(design); 문장(紋章); 제명(題銘), 명구(銘句)(motto). 5 (~s) 의지(will), 소망, 내킨 생각(fancy). 6 [고어] 발명의 재주.

leave *a person* **to** *his* **own devices** [조언도 도움도 주지 않은 채] 남에게 멋대로(제 마음대로) 하게 하다.
◇ **devíse** *v.*

‡**dev·il** [dévl] *n.* 1 악마, 악귀, 마귀(fiend, demon); (the D-) 마왕, 사탄(Satan). ¶ *Talk of the devil* [,] *and he will* (or *is sure to*) *appear*. 《속담》 호랑이도 제 말 하면 온다 / *Needs must when the devil drives*. 《속담》 악마가 몰아세울 때는 어쩔 수 없다; 사흘 굶어 아니 나는 생각 없다.
2 악당, 극악인; [악덕·투지 따위의] 화신; ···에 미친 사람, 광. ¶ the *devil* of vengeance (jealousy) 복수(질투)의 화신 // He is a *devil* for horse racing. 그는 경마광이다.
3 저돌적인 사람, 무모한 사람; 정력가. [너석.
4 가련한 사람, 처량한 너석. ¶ a poor *devil* 불쌍한
5 성가시(어려운) 일(것), 곤란한 일; 나쁜 물건, ¶ That's the *devil* [of it]. 그것이 어려운 점이다 / The *devil* of it was, he didn't say yes. 곤란하게도 그는 좋다고 말하지 않았다.
6 남을 위해 일하는 사람, 조수; 하청 문필업자, 대작자(代作者); [보통 무보수의] 변호사 조수; 인쇄소의 사환. ¶ serve a person as a *devil* 남의 조수 노릇(하청일)을 하다
7 [낭머 따위의] 절단기. [하다.
8 [요리] 맵게 양념한 불고기.
9 (the ~) 《구어》 [강조어로서 저주·놀라움·의문·부정 따위를 나타낸다] 제기랄, 설마 (* deuce²와 같은 뜻으로 쓰인다). ¶ The *Devil* ! 제기랄 ! 빌어먹을 !

체 ! / *devil* a man 한 사람도 [없다] / *devil* a one 단 하나도 [없다] / The *devil* I said ! 그런 말을 할 턱이 있나 ! / What (How, When, Where) the *devil*...? 도대체 무엇을 (어떻게, 언제, 어디서) ···이냐 ?
10 [기상] 회오리 바람; 모래 폭풍.
and the devil knows what 그 밖에 많이.
between the devil and the deep [**blue**] **sea** 진퇴양난에 빠져.
[**the**] **devil a bit** 조금도 ···이 아니다 (not at all).
the devil among the tailors 《英구어》 야단법석.
the devil and all 이것저것 몹땅; 나쁜 것은 모두.
a (or **the**) **devil of a** 《구어》 아주 싫은; 몹시 어려운.
¶ He is a *devil of a* fellow. 그는 정말 싫은 너석이다 / I had the *devil of a* time. 나는 단단히 혼줄이 났다.
the devil on two sticks = diabolo. [다.
[**The**] **devil take it !** 제기랄 ! , 빌어먹을 !
The devil take the hindmost ! 뒤진 놈은 악마에게 잡아먹혀라(될 대로 되라지), 빠른 놈이 이긴다.
the devil to pay 앞날의 큰 어려움, 앞으로 올 재난,
give the devil his due 어떤 사람에게도 공평하게 대하다. [려 ! , 돼져버려 !
go to the devil 파멸(몰락) 하다; 《명령형으로》 꺼져버
like the devil ⇨ LIKE¹.
the luck of the devil; the devil's own luck [상식을 넘어선] 굉장한 행운.
play the devil with ⇨ PLAY. [내라 (이겨라) !
Pull devil, pull baker ! [줄다리기에서] 양쪽 다 힘
raise the devil 《속어》 큰 소동을 벌이다. ⇨ RAISE.
see the devil 《속어》 잔뜩 취하다.
whip the devil round the post (or **the stump**) 《美》 그럴싸한 구실로 어려움을 용하게 빠져 나가다.

— *v.* (-iled, -il·ing; 《주로 英》 -illed, -il·ling) *vt.* 1 《美구어》 [남을] 괴롭히다, 못살게 굴다, 놀려 주다(annoy, bother, tease). ¶ Stop *deviling* me for money ! 그렇게 돈 달라고 사람을 들볶지 마라 ! 2 [닝거 따위]를 절단기로 자르다. 3 [요리] [고기 따위]를 격자(후추)로 맵게 양념하여 굽다. — *vi.* [변호사나 저술가 등의] 하청(조수) 일을 하다(*for*...).
◇ **devílish** *adj.*

dev·il-dodg·er [dévldàdʒər / -dɔ̀dʒə] *n.* 《구어》 [특히 군대 소속의] 설교사, 군목; 목사.

dévil dòg *n.* 《美》 미국 해병 대원의 별명.

dev·il·dom [dévldəm] *n.* Ⓤ Ⓒ 1 악마의 세계(왕국), 마계(魔界). 2 악마의 통치(지배), 악마의 권력, 악마의 영향. [한.

dev·iled, 《英》 **-illed** [dévld] *adj.* [요리] 맵게 양념

dev·il-fish [dévlfì∫] *n.* (*pl.* ~ or **-fish·es**) 1 쥐가오리 [미국 동남부 난해산 (鱝魚産)]. 2 낙지 (octopus).

dévil hóund *n.* = devil dog.

****dev·il·ish** [dévli∫] *adj.* 1 악마 같은, 악마적인; 극악무도한; 무모한 (reckless). 2 《구어》 심한, 도가 지나친 (excessive). — *adv.* 《구어》 심히, 극단으로 (very, extremely). ¶ be *devilish* proud of oneself 자만심이 대단하다. **~·ly** *adv.* **~·ness** *n.* ◇ **dévil** *n.*

dev·il·ism [dévlìz(ə)m] *n.* Ⓤ 1 악마성; 악마적 행위. 2 (종교) 악마 숭배.

dev·il·kin [dévlkin] *n.* 작은 악마, 꼬마 악귀 (imp).

dev·il-may-care [dévlmeikέər] *adj.* 저돌적인 (reckless), 무관심한 (careless), 무모한.

dev·il·ment [dévlmənt] *n.* Ⓤ Ⓒ 1 악마적 행위, 사악한 짓. 2 [심술궂은] 장난 (mischief); 무모한 행동.

dev·il·ry [dévlri], **-try** [-tri] *n.* Ⓤ Ⓒ (*pl.* **-ries**; **-tries**) 1 무모한 (고약한) 장난. 2 극악 무도한 소행 (cruelty). 3 악마의 소행, 마법, 요술. 4 악마학 (demonology). 5 [집합적] 악마 (devils).

dévil's ádvocate *n.* 1 남의 흠을 잡는 사람; 반대를 위해 [나쁘게 하기 위해] 시비를 거는 사람 (depreciator). 2 [가톨릭] 시성(諡聖) 조사역 [성렬에 올릴 후보자의 자격 심사에서 결점을 따지는 사람].

dévil's bónes *n. pl.* 《속어》주사위(dice).
dévil's bóoks *n. pl.* =devil's picture books.
dévil's dárning nèedle *n.* =dragonfly.
dévil's dózen *n.*《구어》13(thirteen), 13개.
dévil's-fóod càke [dévlzfù:d-] *n.* ⓤⓒ《美》[카스텔라 비슷한] 밀크와 초콜릿(코코아)이 든 케이크.
dévil's pícture bòoks *n. pl.* 카드패.
dévil's tattóo *n.* 손가락이나 발로 책상이나 바닥을 똑똑 두드리기.
Dévil's Tríangle *n.* (the ~) 마의 삼각 수역[북대서양의 Florida, Bermuda, Puerto Rico 를 잇는 삼각 수역]. *cf.* Bermuda Triangle
de·vi·ous [díːviəs, -vjəs] *adj.* **1** 직선로에서 벗어난, 에두르는(roundabout), 꾸불꾸불한(winding). **2** 상도(常道)를 벗어난; 도리에서 벗어난. **3** 마음이 비뚤어진(crooked). ~**·ly** *adv.* ~**·ness** *n.*
de·vis·a·ble [diváizəbl] *adj.* **1** 궁리할 수 있는, 안출(발명)이 가능한. **2** [법률] 유증(遺贈)할 수 있는.
de·vi·sal [diváiz(ə)l] *n.* ⓤ 궁리, 안출, 고안.
‡**de·vise** [diváiz] *v.* (**-vised, -vis·ing**) *vt.* **1** …을 생각해내다, 고안(안출)하다, 궁리(연구)하다; 계획하다(plan), 발명하다 ⇒ INVENT 類語 ¶ *devise* a plan 계획을 안출하다. **2** [법률] [부동산]을 유증하다. **3** 《고어》…을 상상하다(imagine).
— *vi.* 계획을 세우다, 궁리(연구)하다. — *n.* ⓤ [법률] [부동산의] 유증; 유증 재산; ⓒ [유언장의] 증여 조항. ◇ *devíce n.*
de·vi·see [diváizíː, dèvizíː] *n.* [법률] [특히 부동산의] 수증자(受贈者), 유산 수령자. *cf.* devisor
de·vis·er [diváizər] *n.* 고안(안출), 발명자, 계획자. [법률] =devisor.
de·vi·sor [diváizər, dèvizɔ́ːr / dèvizɔ́ː] *n.* [법률] 특히 부동산의] 유증자. *cf.* devisee
de·vi·tal·i·za·tion [diːvàit(ə)lizéi(ə)n / -laizéi-] *n.* ⓤ 생명력을 빼앗기.
de·vi·tal·ize [diːváit(ə)làiz] *vt.* (**-ized, -iz·ing**) …에서 활력(활기, 생명)을 빼앗다, …을 허약하게 하다, 죽이다.
de·vi·ta·min·ize [diːváitəminàiz] *vt.* (**-ized, -iz·ing**) [요리하여] [음식]에서 비타민을 없애다.
de·vit·ri·fi·ca·tion [diːvìtrifikéi(ə)n] *n.* ⓤ 유리질 (투명성) 제거, 실투(失透) [현상, 작용].
de·vit·ri·fy [diːvítrifài] *vt.* (**-fied, -fy·ing**) …에서 유리질(투명성)을 빼앗다, …을 불투명하게 하다.
de·vo·cal·ize [diːvóuk(ə)làiz] *vt.* (**-ized, -iz·ing**) [음성] [유성음]을 무성음화하다. *opp.* vocalize
*de·**void** [dəvɔ́id] *adj.* […이] 빠진, […이] 전혀 없는 (*of*…). ¶ He is *devoid* of musical sense. 그는 음악적 감각이 전혀 없다.
de·voir [dəvwɑ́ːr, 美 dévwɑːr] *n.* **1** (~s) 예의, 경의(respects), 공경(compliments). ¶ pay one's *devoirs* to a person 남에게 경의를 표하다. **2** 도리, 본분, 의무(duty). 〔<F〕
dev·o·lu·tion [dèvəlúː(ʃ)(ə)n / diːv-] *n.* ⓤ **1** [재산·권리·의무 등의] 이전, 양도, 이양; [관직·권력·권위 등의] 계승자에의 이전; [국회에서의] 위원회 회부. **2** [생물] 퇴화. *cf.* evolution ◇ *devólve v.*
de·volve [diválv / -vɔ́lv] *v.* (**-volved, -volv·ing**) *vt.* **1** [권리·의무·일 따위]를 양도하다, 넘겨주다(transfer) (…*on*, *upon*). ¶ *devolve* one's task *on* (*or upon*) a person 남에게 자기의 일을 넘겨주다. **2** 《고어》…을 굴리다. — *vi.* [의무·일·재산 따위가] 넘어가다(pass), 이전하다 (*on, upon*…). ¶ It doesn't *devolve upon* us to settle the matter. 그 문제를 해결하는 일은 우리 책임이 아니다.
Dev·on [dév(ə)n] *n.* **1** 대번종의 소[영국 Devonshire 원산; 젖소과 식육소]. **2** =Devonshire.
De·vo·ni·an [dəvóuniən / de-] *adj.* [지질] 데본기(紀)의. ¶ the *Devonian* period 데본기. **2** Devonshire 의.

n. **1** (the ~) 데본기. **2** Devonshire[잉글랜드 서남부의 주(州)]의 사람.
‡**de·vote** [divóut] *vt.* (**-vot·ed, -vot·ing**) **1** …을 바치다, 내맡기다, 충당하다, 돌리다(apply) (…*to*). ¶ (~+目+前+名) *devote* one's life to education 교육에 일생을 바치다 / He is *devoted* to study.=He is *devoting* himself to study. 그는 공부에 열중해 있다 / They are deeply *devoted* to each other. 그들은 서로 깊이 사랑하고 있다.
類語 **devote** 맹세를 하듯이 하여 어떤 목적을 위해 바치다: *devote* one's full time to his studies 모든 시간을 연구에 바치다. **dedicate** 중대하거나 신성한 목적을 위해 엄숙히 바치다: *dedicate* a memorial to the unknown soldiers 무명 용사에게 기념비를 바치다. **consecrate** 종교적인 목적을 위해 의식을 올리면서 바치다: *consecrate* a chapel 예배당을 봉납하다, 헌당(獻堂)하다.
2 …을 봉납하다, 헌납하다(dedicate). **3** 《고어》…을 나쁘게 운명짓다(doom); …을 저주하다(curse).
— *adj.* 《고어》=devoted. ◇ *devótion n.*
*de·**vot·ed** [divóutid] *adj.* **1** 헌신적인, 충실한(faithful); 열심인(zealous). ¶ a *devoted* friend 성실한 친구. **2** [신성한 목적에] 바쳐진, 봉납된(dedicated). **3** 《고어》나쁘게 운명 지워진; 저주받은.
~**·ly** *adv.* ~**·ness** *n.*
dev·o·tee [dèvo(u)tíː] *n.* 헌신하는 사람, 열중하는 사람; 열광적 신자(귀의자); 열광적 추종자(팬).
‡**de·vo·tion** [divóu(ʃ)(ə)n] *n.* ⓤ **1** 바치기, 봉헌, 헌납(dedication). **2** 헌신, 전념; 헌신적인 사랑, 뜨거운 사랑. ⇒ LOVE 類語 ¶ a scholar's *devotion* to study 학자의 학문에의 전념 / the *devotion* of Romeo *for* Juliet 줄리엣에 대한 로미오의 깊은 사랑. **3** 신앙심, 경건함. **4** (~s) 기도, [개인의] 예배. ¶ be at one's *devotions* 《속어》기도드리고 있다. ◇ *devóte v., devótional adj.*
de·vo·tion·al [divóu(ʃ)(ə)nl] *adj.* 신앙심의, 경건한, 독실한. ¶ lead a *devotional* life 신앙 생활을 보내다. ~**·ly** [-nəli] *adv.*
de·vo·tion·al·ism [divóu(ʃ)(ə)lìz(ə)m] *n.* ⓤ 경신[주의], 열광적 신앙.
de·vo·tion·al·ist [divóu(ʃ)(ə)list] *n.* [열광적 신자. 독실한 사람.
*de·**vour** [diváuər] *vt.* **1** …을 게걸스레 먹다, 아귀같이 먹다. ¶ *devour* one's lunch 점심을 아귀같이 먹어치우다. **2** [화재 따위가] [건물]을 완전히 태워버리다, 망치다(destroy); [바다·파도·어둠]을 …을 삼켜버리다. ¶ Fire *devoured* the building. 불이 건물을 몽땅 태워버렸다. **3** …을 탐하다; 뚫어지게 보다; 열심히 경청하다. ¶ He *devours* all the books he can lay his hands on. 그는 닥치는 대로 무슨 책이든 탐독한다. **4** (주의 등으로) …의 주의·마음 따위를 빼앗다, …을 사로잡다. ¶ He is *devoured* by (*or* with) anxiety. 그는 걱정에 사로잡혀 있다. **5** …을 집어삼키다.
devour the way (*or the road*) 길을 재촉하다.
de·vour·er [diváuərər / -váuərə] *n.* **1** 대식가, 게걸스레 먹는 사람. **2** 파괴자(destroyer). **3** 탐독하는 사람.
de·vour·ing·ly [diváuriŋli / -váuər-] *adv.* 집어삼킬 듯이, 뚫어지게.
*de·**vout** [diváut] *adj.* **1** 독실한, 경건한. ⇒ RELIGIOUS 類語 ¶ a *devout* follower of Buddha 독실한 불교도. **2** [기도·행실에] 신앙이 짙든, 신앙심에서 우러난. **3** 성의를 다한, 충심에서의(hearty), 헌신적인, 열렬한(earnest). ~**·ly** *adv.* ~**·ness** *n.* ◇ *devóte v.*
‡**dew** [d(j)uː / djuː] *n.* **1** 이슬. ¶ drops of *dew* 이슬 방울 / *Dew* falls. 이슬이 내린다. **2** [눈물·땀 따위 의] 방울. ¶ the *dew* of tears 눈물 방울 / the *dew* of sweat 땀방울. **3** [이슬 같은] 신선미, 상쾌함(freshness), 활력; 순수함(purity). ¶ the *dew* of youth 발랄한 청춘. — *vi.* 《it 를 주어로 하여》이슬이 내리다. ¶ It *dews*. 이슬이 내린다. — *vt.* 《詩》…을 [이슬로] 적

시다, 축이다, 축축하게 하다. ◇ déwy adj.
DEW [d(j)uː / djuː] 1 ⇒ DEW LINE. 2 (略) (군사) Directed Energy Weapon(에너지 지향형 무기).

de·wan [diwάːn, +美 -wɔ́ːn] n. 1 (인 도) 주(州)의 재무 장관. 2 인도 독립주의 총리. 3 (벵골 지방의 상관(商館) 따위의) 원주민 출신의 지배인.

de·wa·ter [diːwɔ́ːtər, +美 -wάt-] vt. 탈수(배수)하다 (dehydrate).

dew·ber·ry [d(j)úːˌberi / djúːb(ə)ri] n. (pl. -ries) 덩굴성 나무딸기의 일종; 그 열매.

dew·claw [d(j)úːklɔ̀ː / djúː-] n. [개 발의 안쪽에 있는] 땅에 닿지 않는 발톱; [사슴·소·돼지 따위의] 위체(僞蹄), 퇴화한 발굽.

dew·drop [d(j)úːdràp / djúːdrɔ̀p] n. 이슬 방울.

Déwey décimal clàssificátion [d(j)úː(ː)i- / djúː(ː)i-] n. [도서관학] 듀이식 10진 분류법[도서관학의 개혁자 Melvil Dewey(1851-1931)가 1876년에 창안].

dew·fall [d(j)úːfɔ̀ːl / djúː-] n. ⓤ ⓒ 1 이슬이 내림. 2 땅거미 질 때.

dew·lap [d(j)úːlæ̀p / djúː-] n. 1 (소 따위의) 목 밑에 처진 군살. ⇨ COW¹ 그림; [닭·칠면조의] 육수(肉垂). 2 (노인·살찐 사람 따위의) 군턱.

dew·lapped [d(j)úːlæ̀pt / djúː-] adj. 목 밑에 군살이 늘어진, 군턱이 있는.

DÉW line [d(j)uː- / djuː-] n. (美) 원거리 조기 경보선, 듀라인[미국·캐나다가 북극권 북부에 설치한 레이다에 의한 경보망]. [< distant early warning]

déw point n. 이슬점[수증기가 이슬로 맺히기 시작할 때의 온도].

déw pònd n. 이슬못[영국 남부의 평원 지방에 있는 이슬이나 비의 수분을 모아 두기 위한 인공의 못].

dew·ret [d(j)úːrèt / djúː-] vt. (-ret·ted, -ret·ting) (삼 따위를) 이슬비에 적시다.

DEWS [d(j)uːz / djuːz] (略) (美) Distant Early Warning System(원거리 조기 (무기) 경계망). cf. DEW, BMEWS

dew·y [d(j)úː(ː)i / djúː(ː)i] adj. (dew·i·er, dew·i·est) 1 이슬에 젖은, 이슬맺힌, 축축히 젖은. ¶ dewy eyes 이슬 맺힌 눈. 2 이슬의(같은). 3 [이슬처럼] 조용히 내리는; 상쾌한(refreshing). ¶ a dewy sleep 상쾌한 잠. dew·i·ly adv. dew·i·ness n. ⓤ

dex [deks] n. (속어) (약학) = dextroamphetamine.

dex·ter [dékstər] adj. 1 오른쪽의(right). 2 (紋章) [방패문장의] 오른쪽의[마주보아 왼쪽]. opp. sinister [< L on the right]

*****dex·ter·i·ty** [dekstérəti] n. ⓤ 1 손재주가 있음, 교묘함(adroitness). 2 기민함, 영리함, 빈틈없음. 3 오른손잡이. ◇ déxterous adj.

dex·ter·ous [dékst(ə)rəs], **-trous** [-trəs] adj. 1 손재주가 있는, 솜씨 좋은, 교묘한. ⇨ SKILLFUL 類語. ¶ be dexterous (in or at) doing card tricks 카드패의 속임수에 능하다. 2 머리 회전이 빠른, 영리한(clever), 빈틈없는. ¶ a dexterous manager 능란한 지배인. 3 교묘히 처리된. 4 오른손잡이의(right-handed). ~·ly adv. ~·ness n.

dex·tral [dékstrəl] adj. 1 오른쪽의, 오른손의. opp. sinistral 2 오른손잡이의(right-handed). 3 (나사조개가) 오른쪽으로 감긴. ~·ly [-rəli] adv.

dex·tran [dékstræn, -trən / -trən] n. ⓤ (화학·약학) 덱스트란[우유·당밀 따위에서 세균 작용에 의해 생기는 점착성의 탄수화물. 대용 혈장으로 쓰인다].

dex·trin [dékstrin], (**dex·trine** [-tri(ː)n]) n. ⓤ (화학) 덱스트린, 호정(糊精) [고무풀 따위의 대용품으로 쓴다].

dextro- right, turning clockwise (오른쪽으로 도는) 의 뜻의 연결형 (* 모음 앞에서는 dextr-를 쓴다). 예: dextrose, dextral.

dex·tro·am·phet·a·mine [dèkstrouæmfétəmìːn] n. (약학) 덱스트로암페타민[각성제, 중추(교감) 신경

홍분제].

dex·trorse [dékstrɔːrs, +美 -́] adj. (식물) (덩굴 따위가) 오른쪽으로 감는. opp. sinistrorse

dex·trose [dékstrous] n. ⓤ (화학) 우선당(右旋糖). 포도당.

dex·trous [dékstrəs] adj. =dexterous.

D.F. (略) 1 (라틴) Defensor Fidei (=Defender of the Faith) (영국왕의 칭호). 2 (스페인) Distrito Federal (=Federal District) (연방 지역). 3 Dean of the Faculty ((대학의) 학장). 4 direction finding (방향 탐지). [십자호장).

D.F.C. (略) Distinguished Flying Cross (공군 수훈).

DFDR (略) (항공) digital flight data recorder (디지털 비행 기록 장치).

D.F.M. (略) (英) Distinguished Flying Medal.

dft. (略) defendant; draft.

dg, dg. (略) decigram.

D.G. (略) (라틴) Dei gratia (=by the grace of God); Deo gratias (=thanks to God); Director General (행정부 장관); Dragon Guards (英) 근위 용기병).

DH (略) (야구) designated hitter.

DHA (略) docosahexaenoic acid(불포화 지방산의 하나로 인간 뇌의 주 구성물질. 등푸른 생선에 함유되어 있으며 두뇌 발육 촉진, 동맥 경화·치매·암 등의 예방에 효과가 있는 것으로 알려져 있다).

dhal [dɑːl] n. 달풀(동인도산(産)의 누런 콩. 식용).

dhar·ma [dάːrmə, +美 dɔ́ːr-] n. ⓤ (힌두교·불교) 1 (우주·인간 등의) 본질적 특성. 2 법, 율법, 종교적인 계율(religious law). 3 법의 준수; 바른 행위. 4 덕(virtue). [< Skt law]

DHHS (略) (美) Department of Health and Human Services (후생부).

dhole [doul] n. (인도 지방의 사나운) 들개.

dho·ti [dóuti], **dhoo·tie, dhu·ti** [dúːti] n. 인도 남자가 허리에 두르는 천.

dhow [dau], (**dow**) n. 다우[아라비아해·동아프리카 등지의 큰 삼각돛을 단 연안 항해용 범선].

D.H.Q. (略) Division Headquarters (사단 본부).

D. Hy. (略) Doctor of Hygiene.

di [diː] n. (음악) 디[do와 re 의 중간음; do 보다 반음 높다].

DI (略) (경제) diffusion index (경기 동향 지수); discomfort index (불쾌 지수); drill instructor (훈련 담당 하사관); Department of the Interior (미국 내무부); Defence Intelligence.

di-¹ two, twice, double 의 뜻의 연결형. 예: dicotyledon, dipolar. cf. mono-

di-² ⇨ DIS-.

di-³ ⇨ DIA-.

dia- through, thoroughly, apart, across, between 의 뜻의 연결형 (* 모음 앞에서는 di-를 쓴다). 예: diagnosis, diorama.

di·a·base [dáiəbèis] n. ⓤ (광물) 휘록암(輝綠岩).

di·a·be·tes [dàiəbíːtis, -tiːz / -tiːz] n. (병리) 당뇨병. [봉증(尿崩症)].

diabétes in·síp·i·dus [-insípidəs] n. ⓤ (병리) 요붕증(尿崩症)

diabétes mel·lí·tus [-məláitəs, -melάi-] n. ⓤ (병리) (진성) 당뇨병.

di·a·bet·ic [dàiəbétik, -bíːt-] adj. 당뇨병의, 당뇨병에 걸린. — n. 당뇨병 환자.

di·a·ble·rie [diάːbləri] n. 1 ⓒ 마술, 악마의 소행; 짓궂은 장난. 2 ⓤ 악마의 세계. 3 ⓤ 악마 연구, 요괴학. [< F]

di·a·bler·y [diάːbləri] n. (pl. -ries) = diablerie.

di·a·bol·ic [dàiəbάlik / -bɔ́l-], **-i·cal** [-ik(ə)l] adj. 1 악마의, 마성의. 2 악마적인, 사악한, 극악 무도한. **-i·cal·ly** [-ikəli] adv.

di·a·bol·ism [daiǽbəliz(ə)m] n. ⓤ 1 마술, 요술. 2 악마 숭배, 악마주의. 3 악마 같은(극악 무도한) 행

위, 마성. [연구가.
di·a·bo·list [daiǽbəlist] *n.* 악마주의(숭배)자,
di·a·bo·lize [daiǽbəlàiz] (*《英》에서는 **di·a·bo·lise** 로도 쓴다) *vt.* (-**lized**, -**liz·ing**) …을 악마화하다, 악마적으로 하다, …에게 마성을 갖게 하다; …에게 악마가 빙의(憑依)하게 (옮겨 붙게) 하다.
di·a·bo·lo [daiǽbəlòu, diɑ́ːb-/ diɑ́ːb-, diǽb-] *n.* Ⓤ 디아볼로, 공중 팽이(놀이의 일종).
di·a·chron·ic [dàiəkránik / -krɔ́n-], **di·a·chro·nis·tic** [dàiəkrənístik], **di·ach·ro·nous** [daiǽkrənəs] *adj.* [언어] 통시적(通時的)인 [언어 사실을 사적(史的)으로 연구하여 기술하는 태도]. *cf.* synchronic ¶ *diachronic* linguistics 통시(사적) 언어학.
-**i·cal·ly** [-ikəli] *adv.*
di·ach·y·lon [daiǽkilən/-lɔ̀n], (**di·ach·y·lum** [-ləm]) *n.* Ⓤ 반창고 단연 경고(單鉛硬膏).
di·ac·id [daiǽsid], **di·a·cid·ic** [-əsídik] *adj.* 〖화학〗 2 산[성]의. ¶ *diacid* base 2 산 염기.
di·ac·o·nal [daiǽkən(ə)l] *adj.* 〖가톨릭〗 부제(副祭)의, 〖성공회·개신교의〗 집사의. ⇨ DEACON.
di·ac·o·nate [daiǽkənèit, -nèit] *n.* Ⓤ Ⓒ 부제직, 집사직; 부제(집사)의 임기. ⇨ DEACON. **2** 〖집합적〗 부제, 집사, 부제(집사)직의 사람들.
di·a·crit·i·cal [dàiəkrítikəl] *adj.* (= **di·a·crit·i·cal** [-k(ə)l]) **1** 〖차이를〗 구분하기 위한, 구별을 나타내는; 구별되는, **2** =diagnostic. — *n.* (=**diacritical màrk**) 구분 발음 부호 〖동일 문자의 각종 발음을 표시하는 데 사용되는 ā, á, ă, à 따위〗.
-**i·cal·ly** [-ikəli] *adv.*
di·ac·tin·ic [dàiæktínik] *adj.* 〖물리〗 자외선을 투과하는.
di·a·dem [dáiədèm, +英 -dəm] *n.* **1** 왕관(crown). **2** 〖왕위를 상징하는〗 머리띠 장식. **3** (the ~) 왕위(royal dignity); 왕권, 통치권. — *vt.* …을 왕관(머리띠 장식)으로 꾸미다, …에게 왕관을 씌우다.
di·a·demed [dáiədèmd, +英 -dəmd] *adj.* 왕관을 쓴; 왕권을 부여받은.
di·aer·e·sis [daiérisis / daiə́r-], (**di·er·e·sis**) *n.* (*pl.* -**ses** [-sìːz]) 분음(分音); 분음 부호 〖나란히 놓인 두 모음이 따로따로 발음됨을 나타내는 부호. coöperate, naïve 의 ¨〗.
di·ag·nose [dàiəgnóus, -nóuz / dáiəgnòuz, ⌒⌒⌒] *vt.* (-**nosed**, **-nos·ing**) 〖병을〗 진단하다; 〖문제·사태를〗 분석하다. ¶ (~+目)+*as* 阃) The doctor *diagnosed* her case *as* tuberculosis. 의사는 그녀의 병을 결핵이라고 진단했다.
*‡**di·ag·no·sis** [dàiəgnóusis] *n.* Ⓒ Ⓤ (*pl.* -**ses** [-sìːz]) **1** 〖의학〗 진단, 진단법. ¶ an erroneous *diagnosis* 오진. **2** 〖생물〗 종류·특성의 과학적 분류. **3** 판단, 유별(類別), 식별. ¶ an economic *diagnosis* 경제적인 판단. ◇ diagnóse *v.*, diagnóstic *adj.* [<Gk]
di·ag·nos·tic [dàiəgnástik / -nɔ́s-] *adj.* 진단(상)의; 특징적인. — *n.* **1** 진단(diagnosis). **2** 병의 특징(징후)(symptom). -**ti·cal·ly** [-tikəli] *adv.*
di·ag·nos·ti·cian [dàiəgnɑstí(ʃ)ən / -nɔs-] *n.* 진단 전문 의사.
di·ag·nos·tics [dàiəgnástiks / -nɔ́s-] *n. pl.* 〖단수 취급〗 진단학, 진단법.
di·ag·o·nal [daiǽgən(ə)l] *adj.* **1** 〖수학〗 대각선의; 대각선적, ¶ a *diagonal* line 대각선 / a *diagonal* plane 대각면. **2** 비스듬한(oblique). **3** 〖직물의〗 능직의. ¶ *diagonal* cloth 능직. — *n.* **1** 〖수학〗 대각선(면). **2** 사선, 사행물(斜行物); 사선(virgule). **3** 능직.
-**ly** [-nəli] *adv.* [차를.
diágonal [párking] slòt *n.* 사선(斜線) 구획 주
*‡**di·a·gram** [dáiəgræm] *n.* **1** 그림, 도표, 도식; 일람도; 도해; 〖열차의〗 다이어; 운행표. ¶ draw a *diagram* 도표를 만들다. **2** 지도; 해도(chart); 〖수학〗 작도. — *vt.* (-**gramed**, -**gram·ing**) 《특히 英》 -**grammed**,

-**gram·ming**) …을 도표로 나타내다, 도해하다; …의 도표를 만들다. ◇ diagrammátic *adj.*, diagrámmatize *v.*
di·a·gram·mat·ic [dàiəgrəmǽtik], (**di·a·gram·mat·i·cal** [-ik(ə)l]) *adj.* **1** 도표로 나타낸, 도해적인; 도표의, 도식의. **2** 윤곽뿐인, 개략적인.
-**i·cal·ly** [-ikəli] *adv.*
di·a·gram·ma·tize [dàiəgrǽmətàiz] *vt.* (-**tized**, -**tiz·ing**) …을 도식으로 하다, 도표로 만들다, 도표로 나타내다.
di·a·graph [dáiəgræf / -grɑ̀ːf] *n.* **1** 확대 사도기(寫圖器). **2** 분도척(分度尺).
*‡**di·al** [dái(ə)l] *n.* **1** 〖시계의〗 문자판; 〖나침반·계량기의〗 눈금판. ¶ a *dial* scale 자동 저울. **2** 〖라디오·텔레비전·전화 따위의〗 다이얼. **3** 광산용 나침의(儀) 〖갱내의 측량·검분(檢分)용〗 (*dial* compass). **4** 해시계(sundial). **5** 《英속어》 〖사람의〗 얼굴. **6** 〖보석용〗 바이스. — *v.* (-**aled**, -**al·ing**; 《특히 英》 -**alled**, -**al·ling**) *vt.* **1** …을 다이얼로 측정(표시)하다. **2** 〖다이얼을 돌려〗 〖라디오 따위를〗 조정하다, 파장에 맞추다. **3** …에게 전화를 걸다. — *vi.* **1** 전화의 다이얼을 돌리다. **2** 〖라디오〗 조정하다.
dial. (略) dialect, dialectal; dialogue. [(ride).
di·al·a·bus [dái(ə)ləbə̀s] *n.* 전화 호출 버스(dial-a-
di·a·l·a·ride [dái(ə)ləràid] *n.* dial-a-bus.
*‡**di·a·lect** [dáiəlèkt] *n.* **1** 방언, 지방 사투리; 〖어떤 사회·계급·직업의〗 통용어, 특수한 언어. ¶ *dialect* geography 언어 지리학 / the Cockney (*or* the London) *dialect* 런던 사투리 / a social *dialect* 계급 방언 / in the Scottish *dialect* 스코틀랜드의 방언으로. **2** 〖언어〗 〖어족·어파의 일부로서의〗 어족. ¶ an Indo-European *dialect* 인도유럽 어족에 속하는 한 언어. ◇ dialéctal *adj.*
di·a·lec·tal [dàiəléktl] *adj.* 방언의; 통용어적인.
-**ly** [-təli] *adv.*
díalèct àtlas *n.* 〖언어〗 방언 지도(linguistic atlas).
di·a·lec·tic [dàiəléktik] *adj.* **1** =dialectical 1. **2** =dialectal. — *n.* **1** Ⓤ 〖철학〗 변증법; 논리적 논증. **2** (~s) 〖종종 단수 취급〗 논리〖학〗 (logic). **3** 논법.
di·a·lec·ti·cal [dàiəléktik(ə)l], (**di·a·lec·tic**) *adj.* **1** 변증〖법〗적인, 변증〖법〗의; 논증(변론)에 능한. **2** = dialectal. -**ly** [-kəli] *adv.*
dialéctical matérialism *n.* Ⓤ 변증법적 유물론.
di·a·lec·ti·cian [dàiəlektíʃ(ə)n] *n.* 변증가, 변증학자; 논리학자. **2** 방언학자.
di·a·lec·tol·o·gy [dàiəlektɑ́lədʒi / -tɔ́l-] *n.* Ⓤ 방언학, 방언 연구.
di·al·ing, -ling [dáiəliŋ] *n.* Ⓤ Ⓒ **1** 다이얼을 돌리기. **2** 해시계에 의한 시간 측정. **3** 광산용 나침의에 의한 측량.
díaling còde *n.* 〖전화의〗 국번, 지역 번호.
*‡**di·a·log** [dáiəlɔ̀ːg, -lɑ̀g / -lɔ̀g] *n., v.* 《美》 =dialogue.
di·a·log·ic [dàiəlɑ́dʒik / -lɔ́dʒ-], **-i·cal** [-ik(ə)l] *adj.* 대화체의, 문답의, 대화체의. ¶ a *dialogic* method 대화법. -**i·cal·ly** [-ikəli] *adv.* [가.
di·al·o·gist [daiǽlədʒist] *n.* **1** 대화자. **2** 대화극 작
di·al·o·gize [daiǽlədʒàiz] (*《英》에서는 **di·al·o·gise** 로도 쓴다) *vi.* (-**gized**, -**giz·ing**) 대화(대담, 회화) 하다.
*‡**di·a·logue** [dáiəlɔ̀ːg, -lɑ̀g / -lɔ̀g] *n.* **1** 문답, 대화. ¶ hold a *dialogue* together 서로 대화하다. **2** Ⓤ 〖소설·희곡 중의〗 대화 부분. **3** Ⓤ 대화체〖의 문장〗. ¶ write in *dialogue* 대화체로 쓰다. — *v.* (-**logued**, -**logu·ing**) *vi.* 대화하다, 회화에 참여하다. — *vt.* …을 대화체로 나타내다. ◇ dialógic *adj.*
Díalogue Máss *n.* 〖가톨릭〗 대화 미사 〖사제의 낭송(朗誦)에 회중이 응창하는 미사〗.
díal télephòne *n.* 다이얼식 자동 전화기.

dial tone *n.* 발신음[자동식 전화에서 수화기를 들었을 때 들리는 연속음; 통화 가능의 신호].

di・a・lyse [dáiəlàiz] *vt.* (**-lysed, -lys・ing**) 〖英〗= [dialyze.

di・al・y・sis [daiǽlisis] *n.* Ⓤ Ⓒ (*pl.* **-ses** [-sì:z]) **1** 〖물리・화학〗투석(透析)[반투막(半透膜)에 의한 용액의 분리법]. **2** 분리, 분해.

di・a・lyt・ic [dàiəlítik] *adj.* 〖물리・화학〗투석성의, 투석성이 있는, 투석적인. **-i・cal・ly** [-ikəli] *adv.*

di・a・lyze [dáiəlàiz] (*〖英〗에서는 **dialyse**로도 쓴다) *vt.* (**-lyzed, -lyz・ing**) 〖물리・화학〗…을 투석하다.

di・a・lyz・er, (英) **-lys・er** [dáiəlàizər] *n.* 〖물리・화학〗투석기.

diam. [略] diameter.

di・a・mag・net・ic [dàiəmægnétik, + 英 -məg-] 〖물리〗 *adj.* 반자성[체]의. ── *n.* 반자성체. **-i・cal・ly** [-ikəli] *adv.*

di・a・mag・net・ism [dàiəmǽgnitìz(ə)m] *n.* Ⓤ 〖물리〗 **1** 반자성(反磁性), 역자기(逆磁氣). **2** 반자성적 현상.

‡**di・am・e・ter** [daiǽmitər] *n.* **1** 〖원・구의〗직경, 지름, ◇ CIRCLE 그림. ¶ The circle is **5** feet in *diameter.* 그 원의 직경은 5피트이다. **2** …배[렌즈의 배율 단위]. ¶ a lens magnifying 10 *diameters* 배율 10 배의 렌즈. ◇ diámetral, diamétric *adj.*

di・am・e・tral [daiǽmitrəl] *adj.* 직경의; 직경을 이루는.

di・a・met・ric [dàiəmétrik], **-ri・cal** [-rikəl] *adj.* **1** 직경의(diametral). **2** 〖대립・차이 등이〗 완전한, 정반대의. ¶ *diametrical* opposites 정반대. **-ri・cal・ly** [-rikəli] *adv.*

‡**dia・mond** [dái(ə)mənd / dáiə-] *n.* **1** Ⓒ Ⓤ 다이아몬드, 금강석. **2** 유리 칼 (or glazier's diamond). **3** 다이아몬드꼴, 마름모꼴. **4** 〖카드놀이〗 다이아패; (~s) 다이아의 짝패. ¶ a small *diamond* 점수가 낮은 데이아이패. **5** 〖인쇄〗 다이아몬드체 활자 [4¹/₂ 포인트]. **6** 〖야구〗 내야(infield); 야구장(baseball field). ¶ *diamond cut diamond* 막상막하의 승부, 용호상박의 싸움. *a diamond in the rough* ① 가공하지 않은 다이아몬드. ② 세련되지 못했으나 훌륭한 소질이 있는 인물. ── *adj.* **1** 다이아몬드의(같은), 다이아몬드로 만든(을 박은). ¶ a *diamond* ring (necklace) 다이아 반지(목걸이). **2** 다이아몬드꼴의, 마름모꼴의. ¶ a *diamond* window 마름모꼴의 창문. ── *vt.* …을 다이아몬드[같은 것]으로 장식하다.

díamond ànnivérsary *n.* [즉위・결혼・정초(定礎) 등의] 75년 또는 60년 기념제.

dia・mond・back [dái(ə)məndbæ̀k / dáiə-] *n.* 등에 마름모꼴 무늬가 있는 동물[방울뱀・거북・나방 따위].

di・a・mond-cut [dái(ə)məndkʌ̀t / dáiə-] *adj.* 마름모꼴로 갈아낸(자른).

dia・mond-cut・ter [dái(ə)məndkʌ̀tər / dáiə-] *n.* 다이아몬드 연마공.

díamond drìll *n.* 〖광산용〗 다이아몬드 시추기.

díamond fìeld *n.* 다이아몬드 채굴지(산지).

dia・mon・dif・er・ous [dài(ə)məndífərəs / dàiə-] *adj.* 〖광산의〗 다이아몬드가 나오는.

díamond jùbilèe *n.* 75년 또는 60년 기념제. 〖칭〗

Díamond Státe *n.* (the ~) 미국 Delaware 주의 속칭.

díamond wédding *n.* 다이아몬드혼식〖결혼 후 75년 또는 60년 만에 행하는 기념식〗.

*****Di・an・a** [daiǽnə] *n.* **1** 〖로마 신화〗 다이아나[달의 여신으로서 처녀성과 사냥의 수호신; 그리스 신화의 Artemis에 해당]. **2** 독신을 지키는 여성. **3** 달.

di・a・net・ics [dàiənétiks] *n.* *pl.* 〖단수 취급〗 다이아네틱스[해로운 심상(心象)을 제거해 줌으로써 어떤 신체적인 증상을 치료하고자 하는 심리 요법].

di・an・thus [daiǽnθəs] *n.* 패랭이꽃속(屬)의 식물.

di・a・pa・son [dàiəpéizn, -sn] *n.* 〖음악〗 **1** 선율, 음률. **2** [음성・악기의] 성역, 음역(compass). **3** 기본적 조음(調音), 기음(基音). **4** 오르간의 음전. ¶ the open *diapason* 개음전 / the closed *diapason* 폐음전. **5** 음차(音叉).

dia・per [dái(ə)pər / dáiə-] *n.* **1** [젖먹이의] 기저귀. **2** Ⓤ 무늬를 짜넣은 천, [특히] 마름모꼴 무늬가 있는 천. **3** Ⓤ 〖장식・조각 따위에 쓰이는〗 마름모꼴 무늬의 분리법. ── *vt.* **1** [젖먹이]에게 기저귀를 채우다. **2** …을 마름모꼴 무늬로 꾸미다. 〖저지 피부염〗

díaper ràsh *n.* 〖美〗 기저귀 때문에 생기는 현 데(기).

di・aph・a・nous [daiǽfənəs] *adj.* 투과하는, 투명한. ¶ a *diaphanous* cloud 투명하다시피 엷은 구름. **~ly** *adv.* **~ness** *n.* 〖汗〗

di・a・pho・re・sis [dàiəfərí:sis] *n.* Ⓤ 〖의학〗 발한(發汗). ── *n.* 발한복.

di・a・pho・ret・ic [dàiəfərétik] 〖의 학〗 *adj.* 발 한 성 의. ── *n.* 발한제.

di・a・phragm [dáiəfræ̀m] *n.* **1** 〖해부〗 격막(隔膜), 횡격막. **2** 칸막이벽; 〖물리・화학〗 격막. **3** 〖전화기 따위의〗 진동판. **4** 〖光學〗 〖렌즈의〗 조리개. ── *vt.* **1** …에 격막(칸막이 판, 진동판, 조리개)을 달다. **2** 〖寫〗 〖조리개〗을 조르다.

di・a・phrag・mat・ic [dàiəfrægmǽtik, + 英 -frəg-] *adj.* **1** 〖해부〗 횡격막의, 격막의, 격막의. **2** 횡격막 모양의. **-i・cal・ly** [-ikəli] *adv.*

di・a・pos・i・tive [dài(ə) pázitiv / -póz-] *n.* 〖사진의〗 투명한 양화[슬라이드 따위].

di・ar・chi・al [daiá:rkiəl] *adj.* 양두(兩頭) 정치의.

di・ar・chy [dáiɑ:rki] *n.* (*pl.* **-chies**) = dyarchy.

di・ar・i・al [daié(:)riəl / -ɛər-] *adj.* 일기의, 일기체의.

di・a・rist [dáiərist] *n.* 일기 쓰는 사람, 일기 담당자.

di・a・ris・tic [dàiərístik] *adj.* 일기체의; 일기 담당의.

di・ar・rhe・a, -rhoe・a [dàiərí:ə / -ríə] *n.* Ⓤ Ⓒ 설사. ¶ have *diarrhea* 설사를 하다.

di・ar・rhe・al, 〖英〗 **-rhoe-** [dàiərí:əl / -ríəl] *adj.* 설사의, 설사성의.

‡**di・a・ry** [dáiəri] *n.* (*pl.* **-ies**) **1** 일기, 일지. ¶ keep a *diary* 일기를 쓰다. **2** 일기장. ◇ diárial *adj.*

Di・as・po・ra [daiǽspərə] *n.* (the ~) **1** 디아스포라 [바빌론 포수(捕囚) 후의 유대인들의 이산; 이산한 유대인들]. **2** 유대인들이 흩어져 간 곳; 기독교도가 적은 지방. **3** (d-) 〖집합적〗 팔레스타니아 이외에 거주했던 유대인들; 이국에 산재한 기독교도.

di・a・stase [dáiəstèis] *n.* Ⓤ 〖생화학〗 디아스타제[녹말 소화(당화) 효소].

di・a・stat・ic [dàiəstǽtik] *adj.* 〖생화학〗 디아스타제의, 디아스타제성의, 당화성의. ¶ *diastatic* action 당화 작용.

di・as・to・le [daiǽstəli / -li] *n.* Ⓤ **1** 〖생리〗 심장의 이완[기], 확장(기), *cf.* systole **2** 〖韻律〗 음절 연장.

di・as・tol・ic [dàiəstálik / -tɔ́l-] *adj.* **1** 〖생리〗 심장 이완[기]의, 심장 이완으로 생기는. **2** 〖韻律〗 음절 변조의. 〖각 변동〗

di・as・tro・phism [daiǽstrəfìz(ə)m] *n.* 〖지질〗 지각 변동.

di・a・tes・sa・ron [dàiətésərən / -rɑ̀n] *n.* (the D-) 공관(共觀) 복음서[네 가지 복음서를 통일하여 편집한 것].

di・a・ther・man・cy [dàiəθə́:rmənsi], **-ma・cy** [-məsi] *n.* (*pl.* **-cies**) 〖물리〗 투열성(透熱性).

di・a・ther・ma・nous [dàiəθə́:rmənəs] *adj.* 〖물리〗 투열성의, 열을 통과하는[성질을 가진].

di・a・ther・mic [dàiəθə́:rmik] *adj.* **1** 〖의학〗 디아테르미 (diathermy)의. **2** 〖물리〗 투열성의(diathermanous).

di・a・ther・my [dáiəθə̀:rmi] *n.* Ⓤ 〖의학〗 디아테르미 [고주파 전류를 이용한 투열 요법].

di・ath・e・sis [daiǽθəsis] *n.* Ⓤ (*pl.* **-ses** [-sì:z]) 〖병리〗 특이 체질[선천적으로 어떤 병에 걸리기 쉬운 소질].

di・a・thet・ic [dàiəθétik] *adj.* 〖병리〗 특이 체질의.

di・a・tom [dáiətəm] *n.* 〖식물〗 규조(硅藻), 규조류.

di・a・to・ma・ceous [dàiətəméi(ə)s] *adj.* 〖식물〗 규조의, 규조류의, 규조로 된; 규조토의.

di・a・tom・ic [dàiətámik / -tɔ́m-] *adj.* 〖화학〗 **1** 2원자

di·a·ton·ic [dàiətánik / -tɔ́n-] *adj.* 〖음악〗 전음계(全音階)의, 전음계적인. *cf.* chromatic ¶ a *diatonic* scale 전음계. **-i·cal·ly** [-ikəli] *adv.*

di·a·tribe [dáiətràib] *n.* Ⓤ Ⓒ 심한 매도, 통렬한 비난[의 말].

diaz- ⇨ DIAZO-.

di·az·e·pam [daiǽzəpæ̀m] *n.* Ⓤ 다이애저팸〖정신 안정제의 일종〗.

di·a·zine [dáiəzì:n, +美 daiǽzin] *n.* Ⓤ 〖화학〗 다이어진.

diazo- two nitrogen atoms 의 뜻의 연결형 (＊모음 앞에서는 diaz-를 쓴다). 예: *diazo*methane(다이조메탄); *diaz*ine.

dib¹ [dib] *vi.* (**dibbed, dib·bing**) 미끼를 수면에 가볍게 띄워 가면서 낚다.

dib² [dib] *n.* **1** (~s) 〖단수 취급〗〖英〗〖카드놀이의〗 재크놀이. **2** (보통 ~s) **a)** 〖놀이용〗 공기, 공기로 쓰이는 골편(骨片). **b)** 〖카드놀이 따위의〗 점수 세는 산가지. **3** (~s). ⇨ DIBS.

di·ba·sic [daibéisik] *adj.* 〖화학〗 2 염기(성)의. ¶ *dibasic* acid 2 염기산.

dib·ber [díbər] *n.* ＝dibble *n.*

dib·ble [dibl] *n.* 〖파종·구근 심기에 쓰는〗 구멍 파는 연장. ― *vt.* (**-bled, -bling**) 〖구멍 파는 연장으로〗〖땅〗에 구멍을 파다; 〖씨〗를 뿌리다, 〖구근〗을 심다.

dib·bler [díblər] *n.* **1** 구멍 파는 사람. **2** 구멍 파는 농기구(기계). **3** 얼룩주머니쥐〖오스트레일리아산(產)의 작은 유대류; 멸종된 것으로 알았으나 1967년에 재발견되었음〗.

[dibble]

di·bit [dáibit] *n.* 〖컴퓨터〗 쌍(雙) 비트.

dibs [dibz] *n. pl.* **1** 〖속어〗 잔돈, 돈(money). **2** 〖美 속어〗 요구, 청구권. ¶ I have *dibs* on that piece of cake. 그 과자는 내 것이야.

***dice** [dais] *n. pl.* (*sing.* **die**) **1** 주사위, 다이스. ¶ loaded *dice* 〖속에 납을 처넣어〗 가짜 주사위 / the *dice* 주사위 하나 (＊보통 두개를 한벌로 사용하기에 m a die 대신에 쓰인다) / throw (*or* cast) the *dice* 주사위를 던지다. **2**〖공작 취급〗 주사위 놀이, 도박. ¶ play at (*or* with) *dice* 주사위 놀이를 하다, 노름을 하다 / He lost his fortune at *dice*. 그는 노름으로 재산을 잃었다. **3** 주사위 꼴, 작은 입방체. ¶ cut potatoes into *dice* 감자를 깍둑꼴로 썰다(자르다).

load the dice 〖주사위를 조작한다는 뜻에서 남을〗 유리(불리)한 입장에 서게 하다.

no dice 〖속어〗 거부, 실패. ¶ He applied for a new position, but it was *no dice*. 그는 새 직장을 지원했으나 실패하고 말았다.

― *v.* (**diced, dic·ing**) *vt.* **1** 〖야채 따위〗를 주사위꼴로 썰다(자르다). **2** …의 주사위 무늬 (바둑판 무늬)를 넣다. ¶ *dice* carrots 당근을 깍둑꼴로 썰다(자르다). **3** 〖재산 따위〗를 노름으로 잃다. ¶ (~+圓+副) *dice away* one's fortune 노름으로 재산을 날려버리다. ― *vi.* 주사위 놀이를 하다, 노름을 하다.

dice·box [dáisbɑ̀ks/-bɔ̀ks] *n.* 〖주사위를 넣고 흔드는〗 주사위통.

di·ceph·a·lous [daiséfələs] *adj.* 머리가 둘 있는, 쌍두의, 양두(兩頭)의.

dice·play [dáisplèi] *n.* Ⓤ 주사위 놀이(노름); 노름.

dic·er [dáisər] *n.* 주사위 놀이꾼; 노름꾼.

dic·ey [dáisi] *adj.* 〖구어〗 위험한, 아슬아슬한.

dich- ⇨ DICHO-.

di·chlo·ride [daiklɔ́:raid, -rid / -klɔ́:-] *n.*〖화학〗2 염화물(bichloride).

dichloro- containing two atoms of chlorine 의 뜻의 연결형(＊모음 앞에서는 dichlor-를 쓴다). 예: *dichloro*-benzene (디클로르벤젠).

di·chlo·ro·phe·nòx·y·a·cé·tic ácid [daiklɔ́:rou(ə)finǽksiəsí:tik- / -klɔ̀:ro(u)finɔ̀k-] *n.* Ⓤ〖화학〗 디클로로페녹시 초산〖제초제(除草劑), 통칭 2, 4 -D〗.

dicho- in two parts, in pairs의 뜻의 연결형 (＊모음 앞에서는 dich-를 쓴다).

di·chog·a·my [daikɑ́gəmi, di- / -kɔ́g-] *n.* Ⓤ 〖식물〗 자웅이숙(雌雄異熟)〖양성화(兩性花)의 암술과 수술의 성숙기가 서로 수분을 할 수 없다〗. *cf.* homogamy

di·chot·o·mize [daikɑ́təmàiz / -kɔ́t-] (〖英〗에서는 **di·chot·o·mise** 로도 쓴다) *v.* (**-mized, -miz·ing**) *vt.* …을 2분하다. ― *vi.* 둘로 나누어지다.

di·chot·o·mous [daikɑ́təməs, di- / -kɔ́t-] *adj.* 양분한; 두 갈래의, 2분법의. ¶ a *dichotomous* branching 두 갈래로 가지나기. **-ly** *adv.*

di·chot·o·my [daikɑ́təmi, di-/-kɔ́t-] *n.* Ⓤ Ⓒ (*pl.* **-mies**) **1** 양분, 2분, 분기(分岐). **2** 〖논리〗 2분법. **3** 〖식물〗 세 갈래로 가지나기 (분지(分枝)), 쌍생(雙生). **4** 〖천문〗 상(하)현달, 반월.

di·chro·ism [dáikro(u)ìz(ə)m] *n.* Ⓤ **1** 〖結晶〗 2색성〖다색성의 하나, 방향에 따라 투과광(透過光)의 색을 달리하는 성질〗. **2** 〖화학〗 2색성〖용액이 그 농도에 따라 다른 색을 띠는 성질〗.

di·chro·mate [daikróumeit, dáikrəmèit/daikróumit] *n.* 〖화학〗 중크롬산염.

di·chro·mat·ic [dàikro(u)mǽtik] *adj.* **1** 2 색(성)의. **2** 〖안과〗 2색성 색각의. **3** 〖동물〗 2 변색성의.

di·chro·ma·tism [daikróumətìz(ə)m] *n.* Ⓤ **1** 2 색성. **2** 〖동물〗 변색성〖연령·계절·성별 따위에 관계없이 2가지 변색을 나타내는 성질〗. **3** 〖안과〗 2색성 색감, 부분 색신 이상(色神異常).

di·chro·mic [daikróumik] *adj.* 〖화학〗 중크롬산의; 중크롬산을 나타내는.

dic·ing [dáisiŋ] *n.* Ⓤ **1** 주사위놀이. **2** 마름모꼴 장식.

dick¹ [dik] *n.* **1** 〖속어〗 형사(detective), 탐정. **2** 〖英구어〗 사내, 녀석.

dick² [dik] *n.* 〖英속어〗 선언. ¶ take one's *dick* 선언하다, 맹세하다.

up to dick ① 교활한. ② 표준에 맞는.

dick·ens [díkinz] *n.* (보통 the ~) 〖구어〗 악마; 제기랄, 빌어먹을 (＊가벼운 저주·욕. devil, deuce 처럼 쓰인다). ¶ What the *dickens* does it mean? 도대체 그게 무슨 말이냐? / Why the *dickens* did you say so? 도대체 어째서 그때위 말을 했느냐? / The *dickens*! 뭐라고, 제기랄 〖놀람·덕목·불쾌를 나타내는 소리〗.

catch the dickens 되게 야단맞다, 벌받다.

Dick·en·si·an [dikénziən] *adj.* Dickens〖류〗, 풍의. 〖〈영국의 소설가 Charles Dickens(1812-70)의 이름〗

dick·er¹ [díkər] *vi.* **1** 작은 거래를 하다; 값을 흥정하다, 값을 깎다. **2** 물물 교환하다. **3** 〖조건을 서로 내놓으며〗 협상하다. ― *vt.* …을 거래하다. ― *n.* Ⓤ Ⓒ 〖美구어〗 작은 거래; 물물 교환. **2** 협상, 〖정치적인〗 타협.

dick·er² [díkər] *n.* 〖특히 가죽의〗 10개(장) 한 벌.

dick·ey [díki] *n.* **1** 〖떼었다 붙였다 하는〗 와이샤쓰의 가슴받이, 블라우스의 앞 장식; 〖떼었다 붙였다 하게 된〗 샤쓰의 칼라. **2** 턱받이(bib). **3** 작은 새 (dickybird). **4** 〖英〗 수탉나귀. **5** 〖英방언〗 〖마차의〗 마부석; 수종자용 뒷좌석, 외부 보조 자리. **6** 〖英〗 〖자동차의〗 보조 뒷좌석 (rumble seat).

dick·ey-bird, dick·y- [díkibə̀:rd] *n.* 작은 새.

[dickey 1]

dick·ie [díki] *n.* ＝dickey.

Dick tèst *n.* 〖의학〗 딕 시험〖성홍열의 피부 진단법〗.

dick·y [díki] *n.* (*pl.* **dick·ies**) ＝dickey.

di·cli·nous [daikláinəs, dáikli-] *adj.* 〖식물〗 **1** 〖같은 그루 또는 다른 그루로서〗 자웅이화(雌雄異花)의. **2** 〖꽃이〗 단성(單性)인(unisexual). *cf.* monoclinous

di·cot·y·le·don [dàikət(i)líːd(ə)n / dáikòti-] *n.* 쌍떡잎 식물. *cf.* monocotyledon

di·cot·y·le·don·ous [dàikət(i)líːdnəs / -kɔt-] *adj.* 떡잎이 두 장 있는; 쌍떡잎 식물의.

di·cou·ma·rin [daik(j)úːmərin], **-ma·rol** [-mərɔːl] *n.* ⓤ〔약〕 다이쿠머린〔혈전증(血栓症)〕치료에 쓰이는 혈액 응고 방지제.

dict. (略) dictation, dictator, dictated; dictionary.

dic·ta [díktə] *n.* dictum 의 복수형.

dic·ta·graph [díktəgræf / -grɑːf] *n.* =Dictograph.

Dic·ta·phone [díktəfòun] *n.* 《상표명》 속기용 구술 녹음기.

dic·ta·phon·ic [dìktəfɔ́unik] *adj.* 정확히 재생(복사)된.

‡**dic·tate** *v.* [díkteit, -´-/-´-//-n.] *vt.* **1** …을〔말한대로〕받아쓰게 하다, 구술하다. ¶ (~+목+전+명) *dictate* a letter *to* a secretary 비서에게 편지를 받아쓰게 하다 / *dictate* a message *into* a tape recorder 테이프 레코더에 전갈을 취입하다. **2** 〔권위를 갖고〕…을 명령하다, 지령하다 (command). ¶ His conduct is *dictated* by conscience. 그는 양심이 명하는 대로 행동한다. ¶ …에게 받아쓰기를 시키다, 구술해서 받아쓰게 하다. ¶ (~+전+명) *dictate* to a stenographer 속기사에게 구술해서 받아쓰게 하다. **2** 지휘하다, 명령하다. ¶ (~+전+명) *dictate* to a person 남에게 명령하다.
— *n.* [díkteit] (종종 ~s) 명령, 지시, 지령. ¶ the *dictates* of conscience (reason, common sense) 양심(이성, 상식)의 명령 / by the authorities' *dictates* 당국의 지시에 따라. ◇ dictátion *n.*, dictatórial *adj.*

dic·tat·ing machìne [díkteitiŋ-, diktéit- / díktéit-] *n.* 〔구술의〕받아쓰는 기계.

‡**dic·ta·tion** [diktéiʃ(ə)n] *n.* **1** ⓤ 구술, 받아쓰기; ⓒ 구술된(한) 말. ¶ do (or give) *dictation* 받아쓰기를 하다(시키다) / take a *dictation* 구술을 받아쓰다 / write from (or under) a person's *dictation* 남의 구술을 받아쓰다. **2** ⓤ 명령, 지령, 지시(command). ¶ at the *dictation* of a person; at a person's *dictation* 남의 지시로. ◇ díctate *v.*

‡**dic·ta·tor** [díkteitər, -´-- / -´--] *n.* **1** 명령자, 지휘자, 독재자, 최고 권력자. **2** 〔고대 로마의〕집정관. **3** 〔그 방면의〕권위자. **4** 받아쓰게 하는 사람, 구술자. ◇ dictatórial *adj.*

dic·ta·to·ri·al [dìktətɔ́ːriəl / -tɔ́r-] *adj.* **1** 독재자의, 집정관의; 독재적인. **2** 명령적인, 오만한, 거만한. ¶ a *dictatorial* tone 명령적인 말투.
~·ly [-əli] *adv.* ~·ness *n.*

dic·ta·tor·ship [díkteitərʃip, -´-- / -´--] *n.* ⓤ **1** 독재국(정권). **2** 독재권. **3** 집정관의 지위.

dic·ta·tress [díkteitris, -´--] *n.* dictator 의 여성형.

‡**dic·tion** [díkʃ(ə)n] *n.* ⓤ **1** 말씨, 말투; 어법, 용어〔의 선택〕, 문체. ¶ good *diction* 훌륭한 용어 / poetic *diction* 시어. **2** 《美》 발성법, 발음(enunciation).

‡**dic·tion·ar·y** [díkʃ(ə)nèri / -ʃ(ə)n(ə)ri] *n.* (*pl.* -ar·ies) 사전, 사서, 옥편(lexicon). ¶ *dictionary* English(style) 〔사전 식의〕 딱딱한 영어(문체) / an English-Korean *dictionary* 영한 사전 / a walking (or a living) *dictionary* 살아 있는 사전 / consult a *dictionary* 사전을 찾아보다 / look up a word *in* a *dictionary* 사전에서 한 단어를 찾다. **2** 용어집, 일람표. ¶ a biographical *dictionary* 인명 사전 / a *dictionary* catalog 장서 분류 목록.

díctionary càtalogue *n.* 〔저자·책이름 따위를 알파벳순으로 게재한〕종합 도서 목록.

Dictionàry of Américan Biógraphy *n.* 미국 인명 사전〔1928-37; 전 20권; 略 D.A.B.〕.

Dictionàry of Nátional Biógraphy *n.* 영국 인명 사전〔1882-1949; 전 26권; 略 D.N.B.〕.

Dic·to·graph [díktəgræf / -grɑːf] *n.* 《상표명》 축성기(蓄聲器) 〔고감도 송화기로서, 실내의 담화 따위를 비밀로 별실에서 청취해서 기록해 두는 장치〕.

dic·tum [díktəm] *n.* (*pl.* **-ta** [-tə] *or* **-tums**) **1** 〔권위있는〕 선언, 언명. **2** 격언, 금언(maxim). **3** 〔법률〕 =obiter dictum. 〔<L *dictum* thing said〕

dic·ty [díkti] *adj.* 《美俗語》 고급의(high-class); 훌륭한 (excellent).

Di·cu·ma·rol [daik(j)úːmərɔːl] *n.* 〔약학〕 디쿠마롤 〔dicoumarin 의 상표명〕.

‡**did** [did] *v.*, *auxil. v.* do 의 과거형. 〔지구〕.

DID (略) 〔지리〕 *d*ensely *i*nhabited *d*istrict 〔인구 집중지구〕.

di·dac·tic [daidǽktik / di-], (**di·dac·ti·cal** [-tik(ə)l]) *adj.* **1** 교훈적인 (instructive). ¶ *didactic* poetry 교훈시. **2** 훈시적인, 훈시하려고 하는. ¶ a *didactic* old lady 훈시하기 좋아하는 할머님. **-ti·cal·ly** [-tikəli] *adv.*

di·dac·ti·cism [daidǽktisìz(ə)m / di-] *n.* ⓤ 교훈주의; 교훈적인 경향, 교훈하는 버릇.

di·dac·tics [daidǽktiks / di-, dai-] *n. pl.* 〔단수 취급〕교육학(법), 교수법.

di·dap·per [dáidæpər] *n.* 《美방언》=dabchick.

did·dle[1] [dídl] *v.* (**-dled, -dling**) 《구어》 *vt.* 〔남〕을 속이다, 속임수에 걸다, 기만하다. ¶ *diddle* a person *out of* his money 남에게서 돈을 사취하다. — *vi.* 시간을 낭비하다.

did·dle[2] [dídl] *vt.*, *vi.* (**-dled, -dling**) 《구어》 급속히 〔알뒤(위아래)로〕 움직이다〔게 하다〕.

did·dler [dídlər] *n.* **1** 속이는 사람, 사기꾼. **2** 시간을 낭비하는 사람.

did·ger·i·doo, did·jer- [dìdʒəridúː] *n.* 디제리두〔오스트레일리아 북부 원주민의 대형 목관 악기〕.

di·die [dáidi] *n.* =didy.

did·n't [dídnt] *did* *not* 의 단축형.

di·do [dáidou] *n.* (*pl.* **-dos** *or* **-does**) 《구어》 〔보통 -dos *or* -does〕 짓궂은 희롱, 장난(prank), 익살맞은 짓 (antic). ¶ cut [up] *didos* 장난치다, 까불거리다.

Di·do [dáidou] *n.* 〔그리스·로마 신화〕 디도〔카르타고 (Carthage)를 창설한 여왕; 아에네아스(Aeneas)에게 버림받아 자살했다〕.

didst [didst] *v.* 《고어》 do 의 2인칭·단수·과거형. * 주어가 thou 일 때에 쓴다. 〔per〕.

di·dy, -die [dáidi] *n.* (*pl.* **-dies**) 《구어》 기저귀(diaper).

di·dym·i·um [daidímiəm / di-] *n.* ⓤ 〔화학〕 디디뮴 〔neodymium 과 praseodymium 의 혼합물; 예전에는 원소의 하나로 생각되었다〕.

‡**die**[1] [dai] *v.* (**died, dy·ing**) *vi.* **1** 죽다(pass away). ¶ (~+전+명) *die* by violence 횡사하다 / *die for* one's country 조국을 위해서 죽다 / *die from* wounds (weakness) 부상〔쇠약〕으로 죽다 / *die of* disease (hunger, old age) 병(굶주림, 노령)으로 죽다 / *die with* shame (grief) 창피한(슬픈) 나머지 죽다 / *die in* agony (peace) 고통스럽게(편안하게) 죽다 / *die through* neglect 태만해서 죽다 / *die at* one's post 순직하다 // (~+전) *die young* 젊어서 죽다, 요절하다 / *die* rich (poor) 유복(가난)한 환경에서 죽다 / *die* a beggar 거지처럼 죽다.

— **Usage** die of, from, with —— 죽음의 원인이 병·기아·노령 따위의 경우는 of 를, 쇠약·외상·부상 따위〔과실 따위〕의 경우는 from 을, 정신적인 원인〔분노·실연 따위〕의 경우는 with 를 쓰는데, from 을 써야 할 경우에 of 를 쓰는 일도 많다.

2 〔식물 따위가〕시들다, 말라죽다. ¶ The flower *died* at night. 그 꽃은 밤새 시들어 버렸다.

3 〔불·소리 따위가〕꺼지다, 사라지다; 희미해지다 (faint) (*away, down*...); 〔명성·제도·국가 등이〕소멸하다(*out*...), 〔음직임이〕 멈추다, 그치다(stop). ¶ the *dying* day 저물어가는 날 / The engine *died*. 엔진이 멈췄다 // (~+전) The wind slowly *died down*. 바람이 서서히 가라 앉았다 // (~+전+명) His secret *died* with him. 그는 비밀을 지키고 죽었다.

4 무관심이[무감각]해지다(*to*...). ¶ (~+전+명) *die* to shame 창피함을 잊다 / *die to* the world 세상을 버리다 /

You must *die to* the place. 너는 그곳의 일을 잊어버려야 한다.
5 〖신학〗 정신적으로 죽다.
6 《보통 현재 분사로 쓰여》 죽도록 괴로워 하다. ¶ (~+圃+阁) *die of* laughing 우스워 죽을 지경이다 / I'm *dying of* boredom. 지루해서 죽을 지경이다.
7 《보통 현재 분사형으로》《구어》 몹시 탐내다(하고 싶어하다). ¶ (~+圃+阁) He *is dying for* a bicycle. 그는 자전거를 몹시 탐내고 있다 // (~+*to* do) She *is dying to* read Hamlet. 그녀는 햄릿을 몹시 읽고 싶어한다.
— *vt.* 《동족목적어를 수반해서》 …한 죽음을 하다. ¶ *die* the death of a hero (or a hero's death) 영웅적인 죽음을 하다 / *die* a natural death 자연사하다 / *die* a dog's death 비참한 죽음을 하다.
〖주의〗 의미상으로는 *die* 를 i, a hero's death 를 동사의 내용을 기술 설명하는 부사적 수식어로 생각할 수도 있는데, 옛 영어에서는 동족 목적어는 부사적 성격을 나타내는 격변화를 했다.

die back 〖식물이〗 뿌리만 남기고 말라버리다, 가지에서부터 시들다.
die game ⇨ GAME¹. 어지지 않다.
die hard 여간해서 죽지 않다; 〖관습 따위가〗 쉽게 없
die in one's *bed* ⇨ BED.
die in one's *boots* (or *shoes*) ⇨ BOOT¹.
die in harness ⇨ HARNESS.
die in the last ditch ⇨ DITCH.
die on one's *feet* 급사하다.
die unto sin 죄를 면하다.
Never say die! 죽는 소리 하지 마라!, 기운을 내라 ! ◇ **dead** *adj.*, **death** *n*.

*****die**² [dai] *n.* (*pl.* **dice**) **1** 주사위. **2** 주사위꼴로 자른 것, 주사위꼴.
The die is cast. 주사위는 던져졌다; 운명은 이미 결정되었다.
upon the die of …의 운명에 처하여.

die³ [dai] *n.* (*pl.* **dies** [daiz]) **1** 〖기계〗 다이스, 압쇠대(壓碎臺) 〖수나사를 깎는〗 틀. **2** 철인주형(鐵印鑄型), 〖박아내는〗 금형. **3** 〖건축〗 원주 뿌리의 네모난 부분(dado).
[*as*] ***level*** (or ***straight***, ***true***) ***as a die*** 똑바른, 절대로 틀림이 없는.
— *vt.* (**died**, **die·ing**) …을 다이스로 깎다; 주형(거푸집)으로 만들다; 금형으로 박아내다.

die·a·way [dáiəwèi] *adj.* 기운 없는, 권태로운(languishing). ¶ a *die-away* look 초췌한 표정.
die-cast [dáikæst] *vt.* 〖야금〗 *die* casting 방법으로 주조(제조)하다. — *adj. die* casting 방법으로 주조(제조)된.
die cásting *n.* 〖야금〗 **1** Ⓤ 다이 캐스팅〖수압기를 사용한 금형 주조법〗. **2** 다이 캐스팅 제품.
di·e·cious [daiíːʃəs] *adj.* 〖생물〗 =dioecious.
die-hard, die·hard [dáihɑ̀ːrd] *n.* 최후까지 완강히 저항하는 사람, 끝까지 버티는 사람, 완고한 보수 정치가. ¶ The members of the party are all Fascist *die-hards*. 당원은 모두 완강한 국수주의자뿐이다.
— *adj.* 완강히 저항하는, 끝까지 버티는; 〖주의 따위가〗 완고하게 굳은.
die-in [dáiìn] *n.* 결사 항의 데모〖길거리 따위에서 죽은 듯이 드러누워 버티기〗.
diel·drin [díːldrin] *n.* Ⓤ 딜드린 〖살충제〗.
di·e·lec·tric [dàiilèktrik] 〖전기〗 *n.* **1** 절연체. **2** 유전체(誘電體), 전매질(電媒質). — *adj.* 절연체(성)의. **2** 유전체(성)의, 전매질의. **-tri·cal·ly** [-trikəli] *adv.*
Dien·bien·phu, Dien Bien Phu [djénbjénfúː] *n.* 월맹의 요새지〖인도지나 전쟁 때의 프랑스군 기지〗; 1954년 월맹(Viet Minh)에 의해 함락되었다. 〖멸종.
die-off [dáiɔ̀ːf / -ɔ̀f] *n.* 〖특정 지역에서의 동·식물의〗
di·er·e·sis [daiérisis / daiíər-] *n.* (*pl.* **-ses** [-sìːz])

diaeresis.
Die·sel [díːz(ə)l, 美 -s(ə)l] *n.* **1** Rudolf ~ (1858-1913) 독일의 기사〖디젤 엔진의 발명자〗. **2** (d-) 디젤 엔진(기관).
die·sel-e·lec·tric [díːz(ə)lilèktrik] *adj.* 〖기관차·선박·자동차 따위가〗 디젤 기관으로 움직이는 모터가 달
*****díesel éngine** *n.* 디젤 엔진, 디젤 기관. 린.
die·sel·ize [díːz(ə)làiz, 美 -s(ə)l-] *vt.* (**-ized**, **-iz·ing**) 〖배·기차 따위에〗 디젤 엔진을 달다; 〖철도 따위〗를 디젤화하다. 〖공.
die·sink·er [dáisìŋkər] *n.* 금형 조각자, 주형 조각
Di·es I·rae [díːeis íːrai / -eiz əˈrai] *n.* 〖라틴〗 (= day of wrath) 디에스 이레이, 「분노의 날」 이 구로 시작되는 라틴말 성가, 죽은 사람의 미사 때 속창(續唱) (sequence)에 썼다. [double dagger.
di·e·sis [dáiisis] *n.* (*pl.* **-ses** [-sìːz, -siz]) 〖인쇄〗 ‡
di·es non [dáiiːz nán / -nɔ́n] *n.* **1** 〖법률〗 휴정일(休廷日). **2** 휴업일. [< L *dies non* [*juridicus*] day on which [the law courts] do not sit]
die·so·hol [díːzəhɔ̀ːl] *n.* 디젤 엔진 오일로 쓰이는 경유와 에틸 알코올의 혼합액. *cf.* gasohol
[< DIES[EL] + [ALC]OHOL]

‡**di·et¹** [dáiət] *n.* **1** ⒞ⓊⒹ〖일상의〗 식품, 음식〖물〗; 평소의 음식. **2** 규정식; 식이 요법. ¶ a wholesome article of *diet* 건강에 좋은 음식. **2** 규정식; 식이 요법. ¶ a vegetable (a meat) *diet* 채식(육식) / a one-sided *diet* 편식 / be on a *diet* 식이 요법을 하고 있다 / put a patient on a special *diet* 환자에게 특별 식사를 들게 하다. **3** 규칙적으로 제공되는 것. ¶ a *diet* of quiz shows 늘 제공되는 퀴즈 프로.
— *vt.* **1** …의 식사를 지정하다, …에게 규정식을 먹게 하다. ¶ *diet* oneself *on* …으로 식이요법을 하다 / The doctor *dieted* him strictly. 의사는 그의 식사를 엄격히 정했다. **2** …에게 식사(사료)를 주다. — *vi.* **1** 식이 요법을 하다, 규정 식사를 하다. **2** 《고어》 식사하다. — *v.* **dietétic, díetary** *adj.*

‡**di·et²** [dáiət] *n.* **1** 정식 회의. **2** (the D-) 〖일본·덴마크 등의〗 국회, 의회. *cf.* Congress, Parliament ¶ The *Diet* is now sitting. 의회는 개회중이다.
di·e·tar·y [dáiətèri / -t(ə)ri] *adj.* **1** 식사의, 음식의. **2** 식이 조섭의, 규정식의. ¶ a *dietary* cure 식이 요법. — *n.* (*pl.* **-tar·ies**) 규정식; 음식 조절법.
di·et·er [dáiətər] *n.* 〖특히 살빼기 위한〗 식이요법자.
di·e·tet·ic [dàiitétik], (**di·e·tét·i·cal** [-ik(ə)l]) *adj.* 식사의, 규정식의, 식이 요법〖용〗의; 영양학의.
-i·cal·ly [-ikəli] *adv.* 〖영양학.
di·e·tet·ics [dàiitétiks] *n. pl.* 〖단수 취급〗 식이 요법,
di·e·ti·cian [dàiitíʃ(ə)n] *n.* =dietitian. 〖영양사.
di·e·ti·tian [dàiitíʃ(ə)n], (**di·e·ti·cian**) *n.* 영양학자;
díet kítchen *n.* 〖병원 따위의〗 조리실.
díet list *n.* 〖식이 요법용의〗 규정 식단.
Díet·man [dáiətmæ̀n] *n.* (*pl.* **-men** [-mèn]) 〖일본·덴마크의〗 국회 의원. 〖복합체〗
díet píll *n.* 《美》 살 빼는 약〖호르몬·이뇨제 따위의〗
Dieu et mon droit [djø e mɔ̃ drwa] 《프랑스》 (= God and my right) 신과 나의 권리 〖영국 왕실의 문장(紋章)에 새겨진 왕실의 motto〗.
dif- *pref.* ⇨ DIS-.
diff. (略) difference, different, differential.
‡**dif·fer** [dífər] *vi.* 다르다, 틀리다. ¶ Tastes *differ*. 취미는 사람마다 다르다. ¶ (~+圃+阁) French *differs from* English in many respects. 프랑스어는 많은 점에서 영어와 다르다. **2** 의견이 다르다, 맞지 않다 (disagree) (*with*, *from*…). * 이 뜻으로는 with 를 쓰는 편이 일반적. 때로 from 도 수반한다. ¶ agree to *differ* 의견 차이가 있음을 인정하고 단념하다 / I beg to *differ*. 실례지만 나의 의견은 다릅니다 // (~+圃+阁) I *differ*

entirely *with* (or *from*) him. 나는 그와는 의견이 전혀 다르다. **3** 《폐어》 말다툼하다(quarrel) (*with*...). ◇ dífference *n.*, dífferent *adj.*

‡**dif·fer·ence** [dífərəns] *n.* 〔Ｃ|Ｕ〕 **1** 다름, 차이, 상이(dissimilarity); 차이점; 차별(distinction). ¶ class *difference* 계급적 차별 / a distinction without a *difference* 부당한 차별 / distinguish *differences* 차이를 분간하다 / He is a scholar with a *difference*. 그는 좀 색다른 학자이다 // a *difference in* quality 성질의 차이 / a *difference between* two things (A and B) 양자 간(A와 B)의 차이 / the *difference* of gold *from* silver 금과 은의 차이.
2 견해 차이, 불화, 싸움(quarrel). ¶ settle the *difference* 조정하다 / They have had *differences*. 그들은 사이가 틀어졌다 // a *difference* of opinion 의견 차이 / *differences between* us 우리 사이의 불화(견해 차이) / a *difference with* one's superior 상사와의 불화.
3 차액; [특히 주가(株價) 등락 때문의] 차액; [수학] 차; [논리] 차이. ¶ an individual *difference* 개인차 / a specific *difference* 종차(種差) / meet (or pay) the *difference* 차액을 치르다 / a *difference* of two pounds 2 파운드의 차 / It makes no *difference*. = What's the *difference*? 《구어》마찬가지다.
make a difference ① 차별을 두다. ¶ It *makes* little *difference*. 큰 차가 없다. ② 차이를 낳다, 영향을 주다; 중요하다. ¶ One false step will *make a great difference*. 한 발 헛디디면(한번 실수하면) 큰일날 날이다.
split the difference 서로 양보하다, 타협하다; 차액의 반을 가지다.
What's the difference? 《구어》그것이 어쨌단 말인가?, 상관없지 않느냐? 〔차별짓다, 구별짓다〕
— *vt.* (-enced, -enc·ing) …에게 구별을 짓다; …을 ◇ díffer, differéntiate *v.*, dífferent, differéntial *adj.*

‡**dif·fer·ent** [dífə(ə)rənt] *adj.* **1** 다른, 틀린, 상이한 (dissimilar) / 별개의(distinct). ¶ *different* people with the same name 동명 이인 / The country air has a *different* feel. 시골 공기는 느낌이 다르다 / I felt quite a *different* man that time. 그때 나는 아주 딴 사람이 된 것 같은 기분이 들었다 / This is quite *different from* (or *than*) any other book of his. 이 책은 그가 쓴 다른 책과는 아주 딴판이다.
— **Usage** *different from*, than, to ―― *different* 의 뒤에서는 from이 옳다고 하나, 《미국어》에서는 than도 종종 볼 수 있으며, 또 *different to*는 《영국어》에서 흔히 쓰인다. 특히 다음 예문처럼 [절]이 뒤에 올 경우에는 *different than* 이 일반화되어 가고 있다: She was a great deal *different than* he remembered her. 또한 *different*는 보통 very 에 의해서 수식되나 문어에서는 much 에 의해 수식되기도 한다.
〔類語〕 **different**「다른」을 뜻하는 가장 일반적인 말: They go to *different* schools. 그들은 각각 다른 학교에 다닌다. **distinct** 차이를 분명히 구별할 수 있는: recognize two *distinct* objects in the distance 멀리 있는 서로 다른 두 물체를 알아보다. **divergent** 각각 다른 방향으로 나아가서 결국 만나지 않는: *divergent* opinions 의견의 일치를 보지 못하는 의견. **diverse** 두드러진 차이가 있고 뚜렷이 대조적인: two *diverse* approaches to a problem 문제에 대한 분명히 다른 두 가지 접근 방법. **separate** 각각 다르며 아무 관련도 없는: write two *separate* stories at a time 동시에 각기 다른 두 가지 이야기를 쓰다. **various** 종류가 여러 가지 다른 이 여러 가지 있는: *various* books 여러 가지 책.
2 《복수 명사를 수식하여》여러 가지의, 가지가지의 (various). ¶ *Different* people voiced *different* opinions. 온갖 사람이 가지각색의 의견을 말했다.
3 《미》색다른, 별난, 특별한, 특이한(unusual). ¶ I want something very *different*. 나는 무엇인가 아주 색다른 것을 갖고 싶다.

◇ díffer, differéntiate *v.*; dífference *n.*

dif·fer·en·ti·a [dìfərénʃiə] *n.* (*pl.* **-ti·ae** [-ʃiìː]) **1** 〔본질적인〕차이, 특이성. **2** 〔논리〕종차(種差).

‡**dif·fer·en·tial** [dìfərénʃ(ə)l] *adj.* **1** 차별적인. ¶ *differential* duties 차별 관세. **2** 특징 있는, 특이한(distinctive). **3** 〔물리·기계〕차동적(差動的)인. ¶ a *differential* gear 차동 장치 / a *differential* relay 차동 계전기(繼電器). **4** 〔수학〕 미분의. ¶ *differential* calculus 미분/a *differential* equation 미분 방정식 / *differential* gear 차동 기어 바퀴, 차동 톱니바퀴. **3** Ｕ〔수학〕미분. **4**〔경제〕 **a)** 차별적 관세. **b)** 협정 임금차. **~·ly** [-ʃəli] *adv.*

differéntial ánalyzer *n.* 〔전자공학〕 미분 해석기〔아날로그 계산기의 하나〕.

*****dif·fer·en·ti·ate** [dìfərénʃièit] *v.* (-at·ed, -at·ing) *vt.* **1** …을 차별하다, 구별하다, …을 구별을 짓다. ⇨ DISTINGUISH [類語] **2** …사이의 구별(차이)을 인정하다, …을 구별하다, 차별하다. ¶ (~+前+名) *differentiate* man *from* brutes 사람에서 짐승을 구별하다. **3** …을 분화(分化)하다. **4** …을 변경하다(alter). **5** 〔수학〕…을 미분하다. ― *vi.* **1** [딴 것과] 다르게 되다, 차이가 생기다. **2** 구별하다, 차별하다. **3** 〔생물〕 분화하다. ◇ differentiátion *n.*

dif·fer·en·ti·a·tion [dìfərenʃiéiʃ(ə)n] *n.* Ｕ|Ｃ **1** 구별, 차별, 식별, 분화. **2** 특수화, 분화. **3** 〔수학〕 미분. **4** 〔생물〕 분화.

*****dif·fer·ent·ly** [dífə(ə)rəntli] *adv.* 다르게, 차이나게; 같지 않게; 〔그렇지 않고〕달리.

dif·fi·cile [dìfisíːl / -´--] *adj.* 어려운, 다루기 어려운, 성미 까다로운. 〔<F *difficult*〕

‡**dif·fi·cult** [dífikʌlt, -kəlt / -kəlt] *adj.* **1**〔일 따위가〕easy ⇨ HARD [類語]² ¶ a *difficult* task 어려운 일 / be *difficult to* answer 답하기가 어렵다 / be *difficult of* access (explanation) 가까이(설명)하기가 어렵다. **2** 〔사람이〕까다로운, 다루기 힘든(hard), 완고한. ¶ She is my *difficult* person. 그녀는 매우 까다로운 사람이다. **3** 불리한; 괴로운(trying).
~·ly *adv.* dífficulty *n.*

‡**dif·fi·cul·ty** [dífikʌlti, -k(ə)l- / -k(ə)l-] *n.* (*pl.* **-ties**) **1** Ｕ 어려움, 곤란. ⇨ HARDSHIP [類語] ¶ a task of *difficulty* 어려운 일 / with *difficulty* 간신히, 어렵사리 / without [any] *difficulty* 〔아무〕어려움 없이, 쉽사리 / find *difficulty* in answering it 그것에 대답하기는 어렵다 / have *difficulty* with a person 남과 타협하기가 어렵다. **2** 어려운 일; 장애. ¶ put *difficulties* in the way 훼방놓다. **3** 〔보통 -ties〕곤경, 〔특히〕재정 곤란. ¶ get into *difficulties* 곤경에 빠지다 // be in *difficulties for* money 돈에 곤란받고 있다. **4** 불평, 이의(異議) (demur); 《미》 다툼, 논쟁. ¶ make (or raise) *difficulties* 불평하다; 말썽을 제기하다. ◇ dífficult *adj.*

*****dif·fi·dence** [dífid(ə)ns] *n.* Ｕ **1** 무기력함, 자신 없음. *cf.* confidence **2** 수줍음, 암띰, 겁많음, 소심 (timidity). ¶ with *diffidence* to young women 젊은 여인을 조심스럽게 하며. ◇ díffident *adj.*

*****dif·fi·dent** [dífid(ə)nt] *adj.* **1** 자신이 없는(*of...*). ¶ be *diffident of* success 성공을 자신 못하다. **2** 수줍어하는, 겁많은. ⇨ SHY [類語] **~·ly** *adv.* ◇ díffidence *n.*

dif·flu·ence [dífluːəns] *n.* Ｕ 유출, 유동〔성〕, 분류 (分流).

dif·flu·ent [dífluːənt] *adj.* 유출성의, 용해성의, 유해성의, 용융하는.

dif·fract [difrǽkt] *vt.* **1** 〔굴절로〕 …을 분산시키다, 분해하다. **2** 〔물리〕〔빛 따위〕을 회절(回折)하다.

dif·frac·tion [difrǽkʃ(ə)n] *n.* Ｕ〔물리〕〔광파·음파 따위의〕회절.

dif·frac·tive [difrǽktiv] *adj.* 〔물리〕회절[성]의. **~·ly** *adv.*

dif·fu·sate [difjúːzeit] *n.* 〔물리·화학〕 확산체〔擴散

dif·fuse v. [difjúːz → adj.] (-fused, -fus·ing) vt. **1** [빛·열·냄새 따위를] 발산하다, 방산(放散)하다. ¶ *diffuse* heat 열을 발산하다. **2** [지식·교리·명성 따위]를 퍼지게 하다, 보급시키다; [친절·행복 따위]를 널리 베풀다, 두루 미치게 하다. ⇨ SPREAD [類語] ¶ *diffuse* kindness 친절을 베풀다 // (~+目+前+名) His fame is *diffused throughout* the city. 그의 명성은 시중에 널리 퍼져 있다. **3** [물리] …을 확산(擴散)하다. — vi. **3** [물리] 확산하다. **3** [물리] 확산하다.
— adj. [difjúːs] **1** 퍼진 (widespread). **2** [문장·담화가] 장황한, 산만한 (loose); 말이 많은 (wordy). ¶ a *diffuse* writer 장황하게 쓰는 작가. **-ly** [-fjúːsli] adv. **-ness** [-fjúːsnis] n. ◇ diffúsion n., diffúsive adj.

dif·fused [difjúːzd] adj. 널리 퍼진; 보급된. ¶ *diffused* light 산광(散光) / *diffused* knowledge 보급된 지식. *cf.* alloyed junction

diffúsed júnction n. [반도체 접합의] 확산 접합.

dif·fus·er [difjúːzər] n. **1** 유포(보급)하는 사람. **2** [기계·광선·열 따위의] 확산기, 확산관, 살포기.

dif·fus·i·bil·i·ty [difjùːzibíləti] n. U **1** 전파력(傳播力), 분산력; 보급성. **2** [물리] 확산성.

dif·fus·i·ble [difjúːzəbl] adj. **1** 확산하는, 흩어질 수 있는. **2** [물리] 확산력(성)이 있는.

dif·fu·sion [difjúːʒ(ə)n] n. U **1** 발산, 살포; 유포, 보급. ¶ the *diffusion* of knowledge 지식의 보급. **2** [문체 따위의] 장황, 산만. **3** [물리] 확산 (작용). **4** [인류·사회] [이질 문화 사이의 문화의] 전파.
◇ diffúse v., diffúsive adj.

diffúsion índex n. [경제] 확산 지수, 경기 동향 지수.

diffúsion púmp n. 확산 진공 펌프 [가스의 확산을 이용해서 높은 진공도를 만든다].

dif·fu·sive [difjúːsiv] adj. **1** 퍼지는, 보급하기 쉬운. **2** 확산성의. ¶ the *diffusive* power of gas 기체의 확산력. **3** [말·문장 따위가] 쓸데없이 긴, 장황한, 산만한 (diffuse). **-ly** adv. **-ness** n.

dif·fu·sor [difjúːzər] n. = diffuser.

‡**dig** [dig] v. (**dug** or 〈고어〉 **digged**, **dig·ging**) vi. **1** [도구 따위로] 땅을 파다; …을 파내다[다, 파서 돌리다. ¶ *dig* deep 깊이 파다 // (~+前+名) *dig for* gold (treasure) 금(보물)을 찾아 땅을 파다 / *dig through* a mountain 산을 파서 뚫다. **2** 탐구하다, 연구하다; 깊이 이해하다 (for, into…). ¶ (~+前+名) *dig into* the etymology of words 어원을 깊이 파고 들다 [파들어가서 살펴보다] / *dig down into* a person's mind 남의 마음을 깊이 살피다. **3** 《미구어》열심히 공부하다(*at, in, into…*). ¶ (~+前+名) *dig at* chemistry 화학을 열심히 공부하다.
— vt. **1** [구멍 따위]를 파다(갈다), [광물 따위]를 파내다 ; [흙·밭 따위]를 일구다(갈다), [광물 따위]를 파내다. ¶ *dig* the ground 땅을 파다 / *dig* a hole (a well) 구멍(우물)을 파다 / *dig* potatoes 감자를 캐다 // (~+目+副) *dig* a grave *open* 무덤을 파헤치다 // (~+目+副) *dig* a field *up* 밭을 갈아 일구다 // (~+目+前+名) *dig* a tunnel *through* the hill 언덕에 터널을 파다.
2 …을 탐구하다; …을 찾아내다(…*out*). ¶ (~+目+副) *dig out* the truth 진실을 알아내다 / *dig out* a fox 땅을 파서 여우를 몰아내다 // (~+目+前+名) *dig* [*out*] facts *from* books 책에서 사실을 찾아내다.
3 〈구어〉[남 등]을 찌르다(poke), [칼·손가락 따위]를 찔러넣다(thrust)(…*in, into*). ¶ (~+目+前+名) *dig* a person *in* the ribs 남의 옆구리를 쿡 찌르다 / *dig* a fork *into* a pie 포크를 파이에 꽂다.
4 《미속어》…을 이해하다, …을 알다, …에 주목하다, 주의하다, …을 좋아하다. ¶ *Dig* it ? = Do you follow ? 알았나 ? / I *dig* jazz the most. 나는 재즈에 대해 잘 알고 있다.

dig dówn ① …을 파내려가다; …을 파서 넘어뜨리다. ⇨ vi. 2. ② 지갑을 털다, 돈을 내다.
dig ín ① 파서 [비료 따위]를 파묻다, 섞어넣다. ② 참호를 파다. ③ 《구어》열심히 일하다. ④ 《구어》식사를 시작하다.
dig onesélf ín ① 참호를 파서 몸을 보호한다. ② 《구어》확실하게 자리잡다.
dig ínto 《구어》맹렬히 공격하다; 열심히 공부하다.
dig óut ① …을 파내다; …을 찾아내다; 땅을 파서 [동물]을 몰아내다. ⇨ vt. 2. ② 《미속어》도망치다, 급히 떠나가다.
dig óver [땅]을 다시 파서 찾다. [떠나가다.
dig úp ① …을 파내다, 파서 일구다. ② 《구어》…을 조사해 내다, 발견하다, 밝히다. ③ 《미속어》 [별난 (불쾌한) 사람·것]을 우연히 만나다. ④ 《미속어》[명령으로] 잘 들어!
— n. **1** 한 번 파기; 찌르기, 쿡 찌르기. ¶ give a person a *dig in* the ribs 남의 옆구리를 쿡 찌르다. **2** 빈정대기, 비꼬기. ¶ have a *dig* at …에게 빈정대며 말하다 / That's a *dig* at him. 그것은 그를 비꼰 말이다. **3** 《미속어》 열심히 공부하는 사람. **4** (~s) 《주로 英구어》 하숙 (diggings, lodgings).

dig·a·mist [dígəmist] n. 재혼자.

di·gam·ma [daigǽmə] n. F 비슷한 초기 그리스 문자 [소리는 [w]와 비슷하다].

dig·a·mous [dígəməs] adj. 재혼의.

dig·a·my [dígəmi] n. U 재혼. *cf.* bigamy

di·gen·e·sis [daidʒénisis] n. U [동물] 세대 교번(世代交番), 세대 교체 (alternation of generations).

‡**di·gest** v. [didʒést, dai-] → n. vt. **1** [음식]을 소화하다; [약·포도주 따위]의 소화를 돕다(촉진하다). **2** [지식 따위]를 머리에 잘 넣다, 이해하다, 터득하다; …을 숙고하다. ¶ *digest* a plan 계획을 짜다. **3** …을 정리(분류)하다(classify). **4** …을 요약하다, 간략하게 하다, 요점을 추리다. **5** …을 참다, 견디다(endure). ¶ *digest* an insult 모욕을 참다. **6** [화학] …을 침적(浸漬) (온침(溫漬))하다, [일반적으로] 열을 쐬어 부드럽게 하다. — vi. **1** [음식이] 소화되다, 삭여지다. ¶ (~+副) This food *digests well* (*ill*). 이 음식은 소화가 잘 된다 (안 된다). **2** 음식을 소화하다.
— n. [dáidʒest] **1** 요약, 적요(摘要) (summary); [문학 작품 따위의] 개요, 다이제스트. **2** [법] 법률 요람, 법률집 [법규·판례·학설 따위를 사항별로 분류하고 체계적으로 편찬한 것]; [특허] 판결 요록(要錄); (the D-) 로마법 학설집.
◇ digéstion n., digéstive adj.

di·gest·ant [didʒéstənt] n. [의학] 소화(촉진)제.

di·gest·er [didʒéstər, dai-] n. **1** digest 편집자. **2** 소화제; 소화 촉진 음식. **3** [화학] 침지기, 온침기; 수프 냄비, 짐통. [圖].

di·gest·i·bil·i·ty [didʒèstəbíləti, dai-] n. U 소화성.

di·gest·i·ble [didʒéstəbl, dai-] adj. **1** 소화되는, 소화가 잘 되는. **2** 요약할 수 있는, 요약하기 쉬운. **-bly** adv.

*·**di·ges·tion** [didʒést(ə)n, dai-] n. UC **1** 소화[작용], 새김; 소화력 (기능). ¶ bad (or impaired) *digestion* 소화 불량 / easy(hard) of *digestion* 소화하기 쉬운 (어려운) / have a weak (a strong) *digestion* 위가 약하다 (튼튼하다). **2** [정신적인] 소화, 이해, 터득. **3** [화학] 침지(浸漬), 온침(溫漬). ◇ digést v.

*·**di·ges·tive** [didʒéstiv, dai-] adj. **1** 소화의, 소화력이 있는; 소화를 촉진하는. ¶ the *digestive* organ 소화 기관 / *digestive* juice(*or* fluid) 소화액 / the *digestive* system 소화 계통. **2** [화학] 침지(온침)의. — n. 소화제 (peptic). **-ly** adv. ◇ digéstion n., digestión n.

*·**dig·ger** [dígər] n. **1** 파는 사람(동물); [특히 금광의] 광부(gold digger). **2** ⇨ *digger wasp*. **3** 掘削機, 감자 캐는 기구. **4** (D-) 뿌리 캐는 인디언 [북속의 초목 뿌리를 주식으로 먹는 미국 서북부의 부족]. **5** [제1차 세계 대전의] 오스트레일리아 군인, 뉴질랜드 군인. **6** (D-s) 1600년대에 영국에서 공산적(共産的)인 농경에 종사한 사람들. **7** (D-) 음식물을 분배하는 등의 봉사를 하는 히피. [에 집을 만든다.

dígger wásp n. 나나니벌 [집단을 이루지 않고 땅속

dig·gings [dígiŋz] *n. pl.* **1** 발굴물, 채굴물. **2** 《보통 복수 취급》 발굴지, [특히] 금광(gold field). **3** 《주로 英 고어》《복수 취급》갱부용 캠프에서 전(轉)하여 숙소, 하숙(lodgings).

dight [dait] *vt.* (**dight** *or* **dight·ed, dight·ing**) 〈고어〉 **1** …을 갖추다, 설비하다(equip). **2** …을 치장하다, 장식하다(dress, adorn). **3** 《주로 스코》 …을 깨끗이 정돈하다(clean), 닦다, 홈치다.

dig·it [dídʒit] *n.* **1** 손(발)가락(finger, toe); [길이의 단위로서] 손가락 폭〔약 ¾ 인치〕. **2** 〔원래 손꼽아 아린 데서〕 0으로부터 9까지의 아라비아 숫자. ¶ add a few *digits* 숫자를 두세 자리 늘리다. **3** 〔천문〕 태양·달의 직경의 12분의 1〔일식·월식의 정도를 나타낸다〕.

dig·it·al [dídʒitl] *adj.* **1** 손가락의, 손가락 모양의. **2** 손가락이 있는, 손가락 모양의 부분이 있는. **3** 〔통신·신호·녹음〕 디지털식의. ¶ *digital* analogue=*n.* 1 〔건반악기의〕 건(鍵). **2** 〔악살〕 손가락. ~·**ly** [-təli] *adv.*

dígital clóck (wátch) *n.* 디지털 시계.

dígital compúter *n.* 계수형〔전자〕 계산기. *cf.* analog computer

dig·i·tal·is [dìdʒitǽlis / -téilis] *n.* **1** 〔식물〕 디기탈리스(foxglove) 〔현삼과(科)의 식물〕. **2** ⒰ⒸⒸ 디기탈리스의 마른 잎〔강심제〕, 디기탈리스 제제(製劑).

dig·i·tal·ize [dídʒitəlàiz] *vt.* (**-ized, -iz·ing**) **1** 〔의학〕 digitalis 로 치료하다. **2** =digitize.

dígital télephone *n.* 〔전화〕 디지털 전화〔부호화된 음성을 수신측에서 음성으로 재생함으로 하는 전화 방식〕.

dig·i·tate [dídʒitèit] *adj.* 손가락 모양의. **2** 〔동물〕 발가락이 있는. **3** 〔식물〕 손가락(손바닥) 모양의〔잎이 있는〕. ¶ a *digitate* leaf 장상엽(掌狀葉). ~·**ly** *adv.*

dig·i·tat·ed [dídʒitèitid] *adj.* =digitate.

dig·i·ta·tion [dìdʒitéiʃ(ə)n] *n.* ⒰ⒸⒸ 〔해부〕 **1** 지상(指狀). 〔장상(掌狀)〕 분열. **2** 지상 조직(돌기).

dig·i·tech [dídʒitèk] *n.* 〔전자 공학〕 디지털 기술〔디지털 신호를 다루는 기술〕. 〔＜DIG〔ITAL〕+TECH〔NOLOGY〕〕

digiti- finger 의 뜻의 연결형. 예: *digiti*grade, *digiti*form.

dig·i·ti·form [dídʒitifɔ̀ːrm] *adj.* 손가락 모양의(fingerlike).

dig·i·ti·grade [dídʒitigrèid] *adj.* 발가락으로 보행하는, 지행(趾行)의. *cf.* plantigrade — *n.* 지행 동물〔개·고양이 따위〕.

dig·i·tize [dídʒitàiz] 〔*vt.*〕 《英》 에서는 dig·i·tise 로도 쓴다〕 *vt.* (**-tized, -tiz·ing**) digital 화하다, 계수화하다. **2** 손가락으로 세다(다루다).

di·glot [dáiglɔt / -glɔt] *adj.* 2개 국어로 쓰인, 2개 국어를 말하는. — *n.* 2개 국어로 쓰인 책, 2개 국어판.

*****dig·ni·fied** [dígnifàid] *adj.* **1** 위엄 있는, 장엄한(majestic). **2** 고귀한, 품위있는(noble). ~·**ly** *adv.*

*****dig·ni·fy** [dígnifài] *vt.* (**-fied, -fy·ing**) …에 위엄을 갖추다; …을 고귀하게 하다(ennoble); …에게 영예를 주다(honor). **2** …을 그럴듯하게 칭하다. ¶ (~+ 目 + 箭+ 名) *dignify* cowardice *with* the name of prudence 겁 많음을 신중함이라고 그럴듯하게 칭하다. ◇ **dígnity** *n.*

dig·ni·tar·y [dígnitèri / -t(ə)ri] *n.* (*pl.* **-tar·ies**) 고위 인사, 고관, 〔특히〕 고위 성직자.

‡**dig·ni·ty** [dígniti] *n.* (*pl.* **-ties**) **1** ⒰ 존엄, 위엄; 고상함, 품위(nobility). ⇒ ELEGANCE 類語. 가치, 귀중함. ¶ mock *dignity* 허세 / With *dignity* 위엄을 갖추어, 위엄있게, 점잖게 / the *dignity* of labor 노동의 존엄성 / a man of *dignity* 관록이 있는 사람 lose one's *dignity* 체면을 잃다 / stand (or be) upon one's *dignity* 체면치레하다, 점잔 빼다, 거드름피우다 / It is beneath (*or* below) your *dignity* to say such a thing. 그런 말을 하면 당신의 품위가 이손상됩니다. **2** ⒰ 고위, 고관직. **3** a place of highest *dignity* 최고위의 지위. **3** 〔고어〕 고위 고관의 사람, 고위 성직자(dignitary); 〔집합적〕 고관. **4** 위계(位階), 작위(爵位). ¶ confer the *dignity* of a peerage 귀족의 지위를 수여하다. ◇ **dígnify** *v.*

di·graph [dáigræf / -grɑːf] *n.* 〔ch, th, ng, ea, ie 따위 2자로 한 음을 나타내는〕 이중자(二重字). *cf.* diphthong, ligature

di·gress [daigrés, di-] *vi.* 〔화제·논의 등이〕 본론에서 벗어나다, 옆길로 빗나가다, 탈선하다. ⇒DEVIATE 類語

di·gres·sion [daigréʃ(ə)n, di-] *n.* ⒰ⒸⒸ **1** 본론을 벗어남, 탈선; 여담. ¶ to return from the *digression* 본론으로 돌아가다. **2** 〔천문〕 이각(離角).

di·gres·sion·al [daigréʃ(ə)nl, di-] *adj.* 여담의, 탈선한, 지엽(枝葉)의.

di·gres·sive [daigrésiv, di-] *adj.* 여담으로 흐르기 쉬운, 주제에서 벗어나기 쉬운, 탈선하기 쉬운, 지엽적인. ~·**ly** *adv.* ~·**ness** *n.*

di·he·dral [daihíːdrəl] *adj.* **1** 두 평면의, 두 평면으로 된. **2** 2면각(面角)의. — *n.* **1** 2면각. **2** 〔항공〕 〔비행기 날개의〕 상반각(上反角).

dihédral ángle *n.* 2면각.

di·hy·dro- ◇ DIHYDRO-.

di·hy·dro- 「수소 2원자와의 화합물의, 2수화(水化)의」라는 뜻의 연결형(* 모음 앞에서는 dihydr-을 쓴다). 예: *dihydro*streptomycin.

di·hy·dro·strep·to·my·cin [daihàidroustrèpto(u)-máisin] *n.* ⒰ 〔약〕 디히드로스트렙토마이신〔결핵의 특효약〕.

dik-dik [díkdìk] *n.* 〔아프리카 동부·서남부 원산의〕 작은 영양(羚羊).

dike, dyke [daik] *n.* **1** 둑, 제방; 둑길(causeway). **2** 개천, 수로, 도랑. **3** 《英방언》 낮은 울타리(담). **4** 방벽, 방어물(barrier). **5** 〔지질〕 암맥(岩脈). **6** 《미속어》 레스비언. — *vt.* (**diked, dik·ing; dyked, dyk·ing**) **1** …에 개천〔수로〕을 만들어 배수하다. **2** …을 둑을 쌓다, …을 둑으로 둘러싸다(막다).

dik·tat [diktɑːt / -] *n.* (독일) 〔메모 D〕 〔주로 피(被) 정복민에 대한〕 강제적 명령.

dil. 〔略〕 dilute; diluted.

Di·lan·tin [dailǽntin] *n.* 〔상표명〕 〔약〕 다일란틴〔간질의 치료약〕.

di·lap·i·date [dilǽpidèit] *v.* (**-dat·ed, -dat·ing**) *vt.* **1** 〔건물·가구·의복 따위를〕 황폐케 하다, 망가뜨리다, 파손시키다. **2** 〔시간·돈 따위를〕 낭비하다. — *vi.* 헐어빠지다, 황폐하다.

di·lap·i·dat·ed [dilǽpidèitid] *adj.* 황폐한, 파손된, 헐어빠진, 낡아빠진.

di·lap·i·da·tion [dilæ̀pidéiʃ(ə)n] *n.* ⒰ⒸⒸ **1** 황폐, 파손. **2** 〔법률〕 〔임차인 (賃借人)의〕 수리 의무 위반. **3** 〔법률〕 〔특히 교회 재산의〕 낭비. **4** 벼랑의 사태, 축대가 무너짐.

di·lat·a·bil·i·ty [dailèitəbíliti, di-] *n.* ⒰ 팽창력〔성〕.

di·lat·a·ble [dailéitəbl, di-] *adj.* 부풀어오르는, 팽창성의.

di·lat·ant [diléit(ə)nt, dai-] *adj.* 부푸는, 팽창(확장)성의.

di·la·ta·tion [dìlətéiʃ(ə)n, dàil- / dàilei-] *n.* ⒰ **1** 팽창, 확장(expansion). **2** 팽창체(膨脹體). **3** 부연(敷衍)(amplification). **4** a) 〔병리〕 확장〔증〕. ¶ *dilatation* of the stomach 위확장. b) 〔의학〕 개장법. ¶ digital *dilatation* 용지(用指) 확장법.

*****di·late** [dailéit, di-] *v.* (**-lat·ed, -lat·ing**) *vt.* …을 크게 하다, 넓히다(enlarge), 팽창시키다(expand). ¶ with *dilated* eyes 눈을 크게 뜨고 / The air is *dilated* by the heat. 공기는 열로 인해 팽창된다. **2** 《고어》 …을 자세히 설명하다, 부연하다. — *vi.* **1** 넓어지다, 팽창하다. ⇒ EXPAND 類語. ¶ (~+箭+名) My heart *dilated* with inexpressible joy. 나의 가슴은 말할 수 없는 기쁨으로 부풀었다. **2** 자세히 설명하다, 부연하다. ¶ (~+箭+名) *dilate on (*or* upon*) one's view 의견을 자세히 말하다. ◇ **dilátation** *n.*, **dílative** *adj.*

di·la·tion [dailéiʃ(ə)n, di-] *n.* =dilatation.

di·la·tive [dailéitiv, di-] *adj.* 팽창성의, 부풀어오르는;

dil·a·tom·e·ter [dìlətάmitər/-tɔ́m-] *n.* 팽창계(計) 부연적인.

di·la·tor [dailéitər, di-] *n.* **1** 확장(팽창)시키는 사람 (것). **2** [해부] 확장근(筋). *cf.* constrictor **3** [외과] 확장기.

di·la·to·ry [dílətɔ̀ːri/-t(ə)ri] *adj.* **1** 꾸물거리는, 더딘, 지체하는, 느린. **2** [시간을 얻으려고] 지연하는. ¶ *a dilatory* strategy 지연 작전. **-ri·ly** *adv.* **-ri·ness** *n.*

dil·do [díldou] *n.* (*pl.* **-dos**) 《속어》 모조 남근, 남근 대용품.

‡**di·lem·ma** [dilémə] *n.* **1** 딜레마, 진퇴양난, 궁지. ⇨ PREDICAMENT [類語] ¶ be in an awkward *dilemma* 진퇴양난이다. **2** [논리] 양도논법(兩刀論法).
◇ **dilemmátic** *adj.* [<Gk]

dil·em·mat·ic [dìləmǽtik] *adj.* 딜레마의, 진퇴양난의; [논리] 양도논법적의.

dil·et·tan·te [dìlitάːnti, +美 -tάːnt] *n.* (*pl.* **-tan·tes** or **-tan·ti** [-tάːnti:]) **1** 딜레땅트, 아마추어 예술가[취미 위주의]예술 애호가, 호사가(*好事家*). **2** 예술[특히 미술]의 애호가. ― *adj.* 딜레탕트의, 예술을 애호하는, 취미나 도락으로 하는. [<It. delighting in]

dil·et·tant·ish [dìlitǽntiʃ, +美 -tάːn-], (**dil·et·tan·te·ish** [-tiiʃ]) *adj.* 딜레땅트식의, 도락 기분의, 예술을 애호하는.

dil·et·tant·ism [dìlitǽntiz(ə)m, +美 -tάːnt-], (**dil·et·tan·te·ism** [-tilz(ə)m]) *n.* [U] 도락적인 예술 취미, 아마추어 예술 애호, 어설픈[반거들충이] 지식.

‡**dil·i·gence**[1] [dílidʒ(ə)ns] *n.* [U] **1** 부지런함, 근면, 노력. **2** [폐어] 조심, 공들임(care). ◇ **díligent** *adj.*

dil·i·gence[2] [dílidʒ(ə)ns/dílidʒáːns] *n.* (*pl.* **-genc·es** [-si:z]) [특히 프랑스의] 역마차.

‡**dil·i·gent** [dílidʒ(ə)nt] *adj.* **1** 부지런한, 근면한. ¶ be *diligent* in study 열심히 공부하다.
[類語] **diligent** 어느 특정한 일에 열중하는; 하고 있는 일을 좋아한다든가 즐겁다는 것을 암시하는 말. a *diligent* student of mathematics 수학 공부에 열심인 학생. **industrious** 습관적 또는 성격적으로 부지런한: an *industrious* farmer 부지런한 농부.
2 애쓴, 공들인, 고심한(painstaking). ¶ a *diligent* search 정성들인 (애쓴) 조사. ◇ **díligence**[1] *n.*

‡**dil·i·gent·ly** [dílidʒ(ə)ntli] *adv.* 근면하게, 부지런히, 애써서, 공들여.

dill [dil] *n.* **1** 나도고수[미나리과(科)의 식물]. **2** 나도고수의 향미료가 되는 열매(잎) [향미료].

díll píckle [나도고수로 맛을 낸] 오이의 초절임.

dil·ly [díli] *n.* (*pl.* **-lies**) 《구어》 눈에 띄는 것, 비범한 것.

dílly bàg *n.* 《濠》 [보통 음식 따위를 나르는 데 쓰는] 망태기.

dil·ly·dal·ly [dílidæ̀li] *vi.* (**-lied, -ly·ing**) 결심·판단을 내리지 못하고 시간을 허비하다, 꾸물거리다, 우물거리다, 빈둥거리다(*with*...).

dil·u·ent [díljuənt] *adj.* 묽게 하는, 희석용(稀釋用)의. ― *n.* 희석액, 희석제[혈액 중의 수분을 늘리는 작용].

di·lute [dilúːt, dai-/-ljúːt] *v.* (**-lut·ed, -lut·ing**) *vt.*
1 …을 묽게 하다, 희석하다, 희박하게 하다. ¶ *dilute* whisky *with* water 위스키에 물을 타다. **2** [색 따위를] 연하게 하다; [다른 것을 섞어서] …을 약하게 하다 (weaken). ― *vi.* 묽어지다; [빛이] 엷어지다; 약해지다. ― *adj.* 물탄, 묽은, 희박한, 약한(weak); 묽은. ¶ *dilute* nitric (sulphuric) acid 묽은 질산(황산). **-ly** *adv.* **-ness** *n.*

dil·u·tee [dìluːtíː, dài-/-ljuː-] *n.* 희석공(稀釋工) [숙련공의 일을 임시로 하는 미숙련공].

di·lu·tion [dilúː(ː)ʃ(ə)n, dai-/-ljúː-] *n.* [U] **1** 묽게 하기, 희석. ¶ *dilution* of labor 노동의 희석 [미숙련공(dilutee)의 사용에 의한 능률의 저하]. **2** 희박화, 희석. **3** 묽게 한 것; 희석물(액). **4** 희석도.

di·lu·vi·al [dilúːviəl, dai-/-l(j)úːvjəl] *adj.* **1** 대홍수의, [특히] Noah 의 대 홍수의. **2** [지질] 홍적(洪積) [층]의 (diluvium)의. *cf.* alluvial ¶ the *diluvial* age 홍적기(期) / a *diluvial* formation 홍적층.

di·lu·vi·um [dilúːviəm, dai-/-l(j)úːvjəm] *n.* (*pl.* **-via** [-viə/-vjə] *or* **-vi·ums**) [지질] 홍적층(洪積層). *cf.* alluvium

‡**dim** [dim] *adj.* (**dim·mer, dim·mest**) *opp.* bright, clear
1 어둠침침한, 어둑한. ⇨ DARK [類語] ¶ a *dim* room 어둠침침한 방 / in a *dim* light 어둑한 빛으로. **2** 분명치 않은(indistinct), 어렴풋한(vague); 잘 보이지 않는, 흐릿한; 희미한. ¶ a *dim* memory 희미한 기억 / a *dim* sight 흐릿한 시력 / grow *dim* 흐릿해지다. **3** 광택이 없는, 칙칙한; 흐려진(dull, dusky). ¶ a *dim* color 칙칙한 색 / *dim* with tears [눈이] 눈물로 흐려져. **4** 《구어》 [이해력이] 둔한. **5** 불리해질 듯한, 잘될 것 같지 않은, 가망이 없는 것 같지 않은.
take a *dim* view of …을 회의적으로 생각하다.
― *v.* (**dimmed, dim·ming**) *vt.* …을 어둠침침하게 하다, 어슴푸레하게(흐릿하게) 하다; [자동차의 라이트를] 어둡게 하다. ¶ The sky was *dimmed* by clouds. 하늘은 구름으로 어두워졌다 / *Dim* the light. 헤드라이트의 조명을 낮추시오. ― *vi.* 어둠침침(어슴푸레)해지다, 흐릿해지다. ¶ (~+*前*+*图*) with one's eyes *dimmed with* tears 눈이 눈물로 흐려져.
dim out 《美》 전등을 어둑하게 하다.
― *n.* (~s)[자동차의] 약광선(弱光線)의 헤드라이트.
~ness *n.*

dim. (略) diminuendo; diminutive.

*****dime** [daim] *n.* 《美》 10센트 은화[¹⁄₁₀ 달러].
a dime a dozen 《속어》 한 무더기 얼마의, 싸구려의, 흔해빠진(common).
do not care a dime 조금도 개의치 않다.
on a dime 아주 좁은 장소에서.

díme muséum *n.* 《美》 간이 박물관; 싸구려 구경거리.

díme nóvel *n.* 《美》 10센트 소설, 값싸고 저속한 소설[멜로드라마풍의 소설] (《英》 shilling shocker, yellowback).

*****di·men·sion** [diménʃ(ə)n, +美 dai-] *n.* **1** [길이·폭·두께의] 치수. ¶ of three *dimensions* 입체의 / take the *dimension*[s] of …의 치수를 재다. **2** (보통 ~s) 용적, 크기, 부피(bulk); 넓이, 면적(extent, area); 규모(scale), 범위(scope); 중요성(importance). ¶ in *dimensions* [길이나 폭의] 크기는. **3** [수학] 차원(次元). ¶ the fourth *dimension* 제 4 차원. **4** 《美俗어》[여자의] 기슴·허리·히프의 사이즈.
◇ **diménsional** *adj.*

di·men·sion·al [diménʃən(ə)l] *adj.* 치수로 잴 수 있는, 치수의, …차원의. ¶ the four-*dimensional* space 4 차원의 공간. [점(點)의]

di·men·sion·less [diménʃ(ə)nlis] *adj.* 크기가 없는,

dim·er·ous [dímərəs] *adj.* **1** 두 부분(두 수)으로 이루어진, 두 부분으로 갈라진. **2** [식물] [꽃이] 2수성(數性)의, [꽃의 구성 요소가] 2의 배수로 된.

díme stòre *n.* **1** 《美》 10센트 스토어[싸구려를 파는 가게] (five-and-ten-cent store). **2** [볼링 속어] 5·10의 편이 남은 스플릿.

dim·e·ter [dímitər] *n.* [韻律] 이보격(二步格).

di·meth·yl·ni·tros·amine [daimèθilnaitróusəmìːn] *n.* 디메틸니트로자민[어떤 음식물이나 담배 연기 속에 들어가 있는 발암 물질].

di·mid·i·ate [dimídiéit →] *adj.* *vt.* (**-at·ed, -at·ing**) …을 둘로 나누다, 반분하다. ― *adj.* [dimídiit] 둘로 나뉜, 절반의.

dimin. (略) diminuendo; diminutive.

‡**di·min·ish** [dimíniʃ] *vt.* **1** …을 적게 하다, 줄이다, 축소하다(reduce); 〈권위·신용 따위를〉 떨어뜨리다. ⇨ DECREASE [類語] ¶ The war *diminished* the country's wealth. 전쟁으로 그 나라의 부는 줄었다. **2** [건축] …의 끝을 가늘게 하다. **3** [음악] 음정을 반음 내리거나

diminishable

올려) …을 반응 줄이다. —— vi. 작아지다, 감소(축소) 하다(decrease, dwindle); 끝이 가늘어지다(taper). ¶ (~+前+名) The country has *diminished in* population. 그 나라의 인구는 줄었다.

hide one's diminished head 맥없이 물러나다.
◇ diminution *n.*, diminutive *adj.*

di·min·ish·a·ble [dimíniʃəbl] *adj.* 축소할(줄일) 수 있는.

di·min·ished [dimíniʃt] *adj.* **1** 적어진; 감소된, 축소된(lessened, reduced). **2** 【음악】 반음 준.

diminished respònsibílity *n.* 【법률】 한정 책임 능력[감형(減刑)의 대상이 되는, 정신 장애 등으로 말미암아 선악 구별 능력이 감퇴된 상태].

di·min·u·en·do [dimínjuéndou] 【음악】 *adj., adv.* 점점 약하게(약해지는). —— *n.* (pl. **-dos**) 점점 약해지는 소리. [<It. lessening, diminishing]

***dim·i·nu·tion** [dìmən(j)úːʃ(ə)n / -njúː-] *n.* ⓤ **1** 감소, 축소, 삭감, 할인(reduction). **2** 【음악】 디미뉴션 [주제의 단축]. opp. augmentation **3** ⓒ 감소액. **4** [기둥 따위의] 끝이 차츰 가늘어지기.
◇ diminish *v.*, diminutive *adj.*

di·min·u·ti·val [dimìnjutáiv(ə)l] *adj.* 감소하는, 지소사(指小辭) (지소성(性))의. —— *n.* 지소형 어미(語尾).

***di·min·u·tive** [dimínjutiv] *adj.* 작은, 조그마한, 소형의, 아주 작은. ⇨ LITTLE 類語 **2** 【문법】 지소의. —— *n.* **1** 작은것(사람). **2** 【문법】 지소사(指小辭)(duckling, booklet의 -ling, -let나 Jackie, Tommy의 -ie, -y 따위); 지소어(語), 지소형, 애칭. opp. augmentative
~·ly *adv.* ~·ness *n.* ◇ diminish *v.*, diminution *n.*

dim·is·so·ry [dímisɔ́(ː)ri / -s(ə)ri] *adj.* 퇴거시키는; [다른 교구로] 전출을 허가하는, 전임(轉任)시키는.

dim·i·ty [dímiti] *n.* ⓤⓒ (pl. **-ties**) [능직 모양의] 돋을무늬 면포.

***dim·ly** [dímli] *adv.* 어둑하게; 흐릿하게, 희미하게.

dim·mer [dímər] *n.* **1** 어둑하게 하는 사람. **2** 제광 (制光) 장치, [무대 조명에 쓰는] 조광기(調光器).

dim·mish [dímiʃ] *adj.* [좀] 어둑한, 희미한.

di·mor·phic [daimɔ́ːrfik] *adj.* =dimorphous.

di·mor·phism [daimɔ́ːrfiz(ə)m] *n.* ⓤ **1** 【생물】 이형성(二形性) [동종의 생물에 두가지 형태 또는 성질이 있음]. **2** 【결晶】 동질이상(同質二像)[같은 화학 성분의 광물로 두 가지 결정이 있음].

di·mor·phous [daimɔ́ːrfəs] *adj.* **1** 【생물】 이형(성) 의. ¶ a *dimorphous* flower 이형(二形)의 꽃. **2** 【結晶】 동질이상(同質二像)의.

dim·out [dímàut] *n.* [도시·해안의] 등화를 어둠 침침하게 하기, 등화관제. cf. blackout

***dim·ple** [dímpl] *n.* **1** 보조개, [피부에 생기는] 움푹하게 들어간 곳. **2** 작게 패인 곳; [수면의] 작은 파문, 잔물결. —— *v.* (**-pled, -pling**) *vt.* ——에 보조개를 짓다, 움푹하게 하다, 잔물결을 일으키다. —— *vi.* 보조개가 생기다, 움푹해지다, 잔물결이 일다.

dim·pled [dímpld] *adj.* 보조개(잔물결)가 생긴.

dim·ply [dímpli] *adj.* (종종 **-pli·er, -pli·est**) 보조개 있는.

dim·sight·ed [dímsàitid] *adj.* 시력이 약한.

dim·wit [dímwìt] *n.* (俗어) 투미한 사람, 얼간이.

dim·wit·ted [dímwìtid] *adj.* 우둔한, 얼빠진.

***din** [din] *n.* ⓤⓒ 【쨍쨍·쾅쾅 하는】 시끄러운 소리, 소음. ⇨ NOISE 類語 ¶ make [a] *din* 시끄러운 소리를 내다, 큰 소란을 피우다. —— *v.* (**dinned, din·ning**) *vt.* **1** (귀를) 소음으로 들리지 않게 하다, …을 소음으로 괴롭히다. ¶ (~+目+前+名) *din* one's ears *with* cries 큰 소리를 내어 귀를 멍하게 하다. **2** …을 시끄럽게 말하다, 시끄럽게 되풀이하여 말하다. ¶ (~+目+前+名) *din* an idea *into* a person(*or* a person's ears) 어떤 생각을 남에게 시끄럽게 되풀이해서 말하다. —— *vi.* [귀가 멍하도록] 울리다.

DIN (略)(독일) *Deutsche Industrie Normen* (=German Industry Standard) (독일 공업품 표준 규격).

di·nar [diːnɑːr] *n.* **1** 디나르[이란·알제리·이라크·유고슬라비아 등의 통화 단위]. **2** 고대 아랍 여러 나라의 금화.

din·din [díndín] *n.* (어린이말) =dinner.

‡**dine** [dain] *v.* (**dined, din·ing**) *vi.* 정찬을 먹다, 만찬을 들다(have dinner); 식사하다. ¶ *dine* late 늦게 만찬을 들다 / Won't you come and *dine* with us? 식사에 참석해주시지 않겠습니까? // (~+前) *dine in* 집에서 식사하다 / *dine out* 밖에서 식사하다, 식사에 초대되다 // (~+前+名) *dine on* duck and green peas 오리 고기와 그린피스를 먹다 / *dine off* a leg of mutton 양의 다리 고기를 먹다. —— *vt.* **1** [남]에게 정찬을 대접하다, 정찬에 초대하다. ¶ *dine* a person handsomely 남에게 융숭한 식사를 대접하다. **2** [방·식탁 따위에] …명이 식사할 수 있는 설비(설비)가 있다. ¶ This table *dines* ten comfortably. 이 식탁에서는 편히 식사할 수 있다.

dine with Duke Humphrey 끼니를 거르다.
◇ dinner *n.*

din·er [dáinər] *n.* **1** 식사하는 사람, 정찬의 손님. **2** 식당차(dining car). **3** 간이 식당 식의 식당.

din·er-out [dáinəràut] *n.* (pl. **din·ers-out**) (자주 초대받아 밖에서 하는) 외식자.

Díner's Club *n.* 다이너스 클럽[국제적으로 지정망을 가지고 있는 미국의 신용 판매 회사; 크레디트 카드 발행].

di·nette [dainét / dai-, di-] *n.* **1** 작은 식당. **2** (작은 식당용) 작은 식탁 세트(dinette set).

di·neu·tron [dain(j)úːtrɑn / -njúːtrɔn] *n.* 【물리】 이 중성자(重中性子).

ding [diŋ] *vi., vt.* **1** (종처럼) 울리다(울리게 하다). **2** (구어) 되풀이하여 되풀이해서 말하다(들려주다). —— *n.* 종소리. cf. ding-dong

ding-a-ling [díŋəlìŋ] *n.* (美俗어) 괴짜, 미치광이.

***Ding an sich** [G díŋ ɑːn zíx] *n.* (pl. **dinge an sich** [díŋə ɑːn zíx])(독일)(철학) 물자체(物自體) (thing-in-itself).

ding·bat [díŋbæt] *n.* **1** (古어) [던지기 좋은] 돌, 막대. **2** (구어) =dingus. **3** (인쇄) 장식 문자.

ding-dong [díŋdɔ̀(ː)ŋ / -dɔ̀ŋ] *n.* 땡땡 (종소리). —— *adj.* 땡땡 울리는, **2** 격렬하게 싸우는, 격전의, 접전의. ¶ a *ding-dong* contest 막상막하의 경기, 격전. —— *adv.* 열심히, 부지런히. ¶ fall to work *ding-dong* 열심히 일하기 시작하다. cf. ding

dinge[1] [dindʒ] *n.* (美俗어) 흑인(negro).

dinge[2] [dindʒ] *n.* 움푹 패인 곳(것). —— *vt.* (**dinged, dinge·ing**) (英방언) …을 두드려서(쳐서) 움푹 들어가게 하다.

din·ger [díŋər] *n.* (야구) 본루타.

din·gey [díŋ(g)i] *n.* =dinghy.

din·ghy [díŋ(g)i] *n.* (pl. **-ghies**) 딩기. **1** [대형의 배·요트 따위에 딸려 끌려 가는 작은] 작은배 (보트). **2** 함재소정(艦載小艇). **3** [인도 연안에서 사람·짐 따위 위의 수송에 쓰이는] 작은 배, 오락용 보트.

din·gle [díŋgl] *n.* 협곡, 계곡, 골짜기.

din·go [díŋgou] *n.* (pl. **-goes**) 딩고 [오스트레일리아산 (産)의 들개].

ding·us [díŋ(ə)s] *n.* (구어) [확실히 기억이 나지 않거나 이름을 잊어버렸을 때 대용어로 사용해서] 거시키, 뭐라더라 그거(dingbat).

***din·gy**[1] [díndʒi] *adj.* (**-gi·er, -gi·est**) **1** 거무스름한, 거무칙칙한, 우중충한. **2** 음산한, 초라한.
-**gi·ly** *adv.* -**gi·ness** *n.*

din·gy[2] [díŋ(g)i] *n.* (pl. **-gies**) =dinghy.

díning càr *n.* 식당차.

díning hàll *n.* [정찬 때 사용하는] 큰 식당.

‡**díning ròom** *n.* 식당.

‡**díning tàble** *n.* 식탁.

dinitro- 【화학】 「두 개의 니트로기(基)를 지닌」의

di·ni·tro·ben·zene [daináitro(u)bénziːn, -ｰｰｰ-] *n.* ⓊⒸ 〔화학〕 디니트로벤젠〔염료 제조에 사용〕.

dink [diŋk] *n.* **1** 《卑語》 음경(陰莖). **2** 《美俗語》 배트남 사람. **3** =drop shot.

DINK [diŋk] *n.* 딩크족(族)〔의도적으로 자녀를 가지지 않는 맞벌이 부부〕. 〔<*d*ouble *i*ncome, *n*o *k*ids〕

din·key [díŋki] *n.* (*pl.* **-keys**) 작은 것; 〔특히〕 소형 기관차.

din·kum [díŋkəm] 《濠》 *adj.* 진짜의, 진실의(genuine, true); 정직한(honest); 공정한(fair). —— *adv.* 참으로, 정말로, 정직하게(truly). 〔진실(truth)〕.

dínkum óil *n.* Ⓤ《濠수어》 있는 그대로의 진상.

dink·y[^1] [díŋki] *adj.* (**dink·i·er, dink·i·est**) **1** 《구어》 작은, 소형의; 중요하지 않은, 사소한. **2** 《英구어》 청초한, 말쑥한, 멋있는, 날씬한, 사랑스러운. —— *n.* (*pl.* **dink·ies**) 소형 기관차(dinkey).

dink·y[^2] [díŋki] *n.* (*pl.* **dink·ies**) =dinghy.

dink·y-di [díŋkidái] *adj.* 《濠구어》 =typical.

‡**din·ner** [dínər] *n.* **1** Ⓤ Ⓒ 정찬(正餐) 〔하루 중에 가장 주요한 식사〕, 만찬, 오찬, 성찬. ¶ an early *dinner* 오찬 / a late *dinner* 만찬 / have *dinner* 정찬을 들다 / make good *dinner* 맛있는 성찬을 들다 / be at *dinner* 식사중이다 / She sat down to *dinner* dressed up. 그녀는 정장하고 만찬의 식탁에 앉았다.

〔注意〕 dinner 는 중류 이상의 가정에서 보통 5〜6가지 음식이 나온다. 정오에 드는 경우는 early dinner, 저녁에〔오후 7시경〕 드는 경우는 late dinner로 구별된다. 《英》에서는, 일요일에는 정오에, 그밖의 요일에는 저녁에 드는 것이 보통이다. 그리고 early dinner 를 드는 날의 저녁 식사는 supper 고, late dinner 를 드는 날의 점심은 lunch 라 한다.

2 〔美〕 오찬회, 만찬회, 연회, 축연; 향응, 향연. ¶ a bridal *dinner* 결혼 피로연 / ask a person to *dinner* 남을 만찬에 초대하다 / We gave a welcome-home *dinner* for him. 우리는 그를 위해 귀국 축하의 연회를 베풀었다. / A *dinner* was given in honor of the Ambassador. 그 대사를 주빈으로 맞아 만찬회가 열렸다.

3〔형용사적 용법〕 정찬〔용〕의, 디너〔용〕의; 오찬회〔용〕의, 만찬회〔용〕의. ¶ a *dinner* bell 식사를 알리는 종 / *dinner* claret(sherry) 정찬용의 적(백)포도주 / *dinner* hour (*or* time) 식사시간 / a *dinner* party 만찬회.

4 정식(table d'hôte). ¶ a *dinner* at five 5달러짜리 정식.

—— *Usage* dinncr 와 부정관사 ── 정기직·습관직으로 드는 dinner 에는 부정관사를 붙이지 않지만, 특히 그 종류를 말할 경우나 형용사구의 뜻으로 쓰이면 부정관사를 붙인다: *Dinner* will be ready soon. / They served us an elaborate *dinner*.

miss one's *dinner* 식사를 놓치다; 음식을 토하다. ◇ dine *v.*

dínner càll *n.* 식사의 알림; 〔만찬 초대에 대한〕 사례 방문.
dínner clòth *n.* Ⓤ 정찬용 테이블 클로스.
dínner clòthes *n. pl.* 〔정찬용의〕 정식 야회복.
dínner drèss *n.* 〔여성용의〕 약식 야회복.
dínner fòrk *n.* 식사용 포크.
dínner jàcket *n.* 《英》 **1** 약식 야회복의 상의, 턱시도(tuxedo). **2** 약식 야회복 한벌.
〔나이프〕.
dínner knìfe *n.* 디너 나이프, 식사의 메인 코스용
din·ner·less [dínərlis] *adj.* 정찬이 없는, 정찬을 뺀, 단식하는, 아무것도 먹지 않는(fasting).
dínner pàrty *n.* 만(오) 찬회, 축하연.
dínner plàte *n.* 식사의 메인 코스용 접시.
dínner sèrvice(sèt) *n.* 정찬용 식기류 한 벌.
dínner tàble *n.* 식탁.
dínner thèater *n.* 극장 식당〔식사를 하면서 쇼 따위를 구경하는 식당〕.   〔런〕 식품 운반차.
dínner wàgon *n.* 식사용 왜건, 〔다리에 바퀴가 달

din·ner·ware [dínərwɛ̀ər] *n.* Ⓤ 식기류; 식기 한벌 〔접시·찻잔·찻종·컵 따위〕(set of dishes).

dino- terrible 의 뜻의 연결형. 예: *dino*saur.

Di·noc·er·as [dainásərəs / -nɔ́s-] *n.* 공각수속(恐角獸屬).

*‡**di·no·saur** [dáinəsɔ̀ːr] *n.* 공룡 〔중생대의 거대한 파충류〕.

di·no·sau·ri·an [dàinəsɔ́ːriən] *adj.* 공룡의. —— *n.* 공룡(dinosaur).

di·no·there [dáinəθìər] *n.* 공수(恐獸)〔제3기(紀) 후기의 코끼리 비슷한 포유류〕.

DINS (略) *d*igital *i*nertial *n*avigation *s*ystem〔디지털 식 관성 항법 장치〕. *cf.* INS

*dint** [dint] *n.* Ⓤ 힘(force, power). * 현재는 주로 다음 숙어로 쓰인다. **2** 오목한 자국, 움푹 팬 곳, 두들긴 자국(dent). **3** 《古》 일격, 타격(blow).
by dint of ⋯의 힘으로, ⋯에 의해서(by means of). —— *vt.* ⋯을 움푹 파이게 하다, ⋯에 친 자국을 내다.

Dioc. Diocesan; Diocese.

di·oc·e·san [daiás(ə)n, dáiəsìː- / daiósi-] *adj.* 주교구의, 주교(감독)관구의. —— *n.* **1** diocese 의 주교(목사) 〔수도 대주교가 아닌〕. **2** diocese 의 주교(감독).

di·o·cese [dáiəsis, -sìːs] *n.* 주교구, 주교(감독)관구.

di·ode [dáioud] *n.* 〔전기〕 **1** 2극 진공관, 다이오드. **2** 반도체 정류기(整流器), 반도체 다이오드.

di·oe·cious [daiíːʃəs] *adj.* 〔생물〕 자웅이주(雌雄異株)의.

di·oe·cism [daiíːsizm] *n.* Ⓤ 〔생물〕 자웅이주(雌雄異株).

di·oi·cous [daióikəs] *adj.* 〔생물〕 =dioecious.

Di·o·me·des [dàiəmíːdiːz], **Di·o·mede** [dáiəmìːd] *n.* 〔그리스 신화〕 디오메데스〔트로이 전쟁의 용사〕.

Di·o·ny·si·a [dàiənísiə, -siə- / -zìə, -ziə] *n. pl.* 디오니소스 축제, 주신제(酒神祭). *cf.* Bacchanalia

Di·o·nys·i·ac [dàiənísiæ̀k / -zi-] *adj.* 디오니소스 축제의; 디오니소스(Dionysus) 〔바커스(Bacchus)〕의.

Di·o·ny·sian [dàiəníʃ(i)ən, -sìən / -zìən, -ʒìən] *adj.* **1** =Dionysiac. **2** 〔주신제(酒神祭)같이〕 마시고 떠드는, 흥청망청한, 제멋대로의.

Di·o·ny·sus, -sos [dàiənáisəs] *n.* 〔그리스 신화〕 디오니소스〔주신(酒神)〕; 로마 신화의 Bacchus에 해당.

di·op·side [daiɔ́psaid, -sid / -ɔ́psaid] *n.* Ⓤ〔광물〕 투휘석(透輝石).

di·op·ter, -tre [daiɔ́ptər / -ɔ́p-] *n.* 〔光學〕 디옵터, 디옵트리〔렌즈의 굴절력(굴절도의 세기)을 나타내는 단위〕.

di·op·tric [daiɔ́ptrik / -ɔ́p-], **di·op·tri·cal** [-trikəl] *adj.* **1** 〔光學〕 굴절 광학의. **2** 〔光學・안과〕 굴절 굴절의, 광선 굴절 응용의, 시력 교정의.
-**tri·cal·ly** [-trikəli] *adv.*   〔절 광학.
di·op·trics [daiɔ́ptriks / -ɔ́p-] *n.* 〔單 취급〕 굴

di·o·ra·ma [dàiərǽmə / -ráːmə] *n.* **1** 〔작은 입체 모형에 의한〕 실경(實景), 디오라마, 투시화(透視畵). **2** 디오라마관(館), 투시화관. **3** 〔영화 촬영에 쓰이는〕 디오라마 세트.

di·o·ram·ic [dàiərǽmik] *adj.* 디오라마의, 투시화(透視畵)의.

di·o·rite [dáiərait] *n.* Ⓤ 섬록암(閃綠岩).

Di·os·cu·ri [dàiəskjú(ː)rai / -kjúər-] *n. pl.* 〔그리스 신화〕 디오스쿠로이〔제우스의 쌍둥이 아들 Castor 와 Pollux〕.   〔물.

*‡**di·ox·ide** [daiáksaid, -sid / -ɔ́ksaid] *n.* 〔화학〕 이산화

di·ox·in [daiáksin / -ɔ́ks-] *n.* 〔화학〕 다옥신〔제초제에 들어있는 유독 물질〕.

‡**dip** [dip] *v.* (**dipped** *or* 《古》 **dipt, dip·ping**) *vt.* **1** ⋯을 살짝 담그다(적시다). ¶ (~+圄+前+圕) *dip* the bread *in*(*or into*)the milk 빵을 밀크에 살짝 적시다. 〔類語〕 **dip** 일부분 잠긴 액체에 담갔다가 꺼낸다: She *dipped* her hand into the water to test the temperature. 그녀는 손을 살짝 물속에 넣어 수온을 살폈다. **immerse** 가만히 넣어 완전히 액체 속에 잠기게 하다;

반드시 긴 시간일 필요는 없다: *immerse* vegetables in cleansing water 야채를 세척하는 물에 담그다. **soak** immerse 해서 수분을 흡수시키다: *soak* rice in water 쌀을 물에 담가놓다. **steep** immerse, soak 해서 엑스를 추출하다: *steep* tea in boiling water 뜨거운 물에 차를 넣다.

2 …을 퍼내다(퍼올리다), 떠내다, 길어올리다. ¶ (~+围+前+名) *dip* water *out of* a boat 보트에서 물을 퍼내다. **3** [깃발 따위를] 조금 낮추었다가 다시 올리다. ¶ *dip* a flag in salutation 경례의 표시로 깃발을 내렸다가 다시 올리다. **4** …을 침례(세례)하다. **5** (양초 따위를) 살충액에 적셔 씻다. **6** [녹인 밀랍에 심지를 적셔] (양초를) 만들다. **7** [돌에 담근 등이] …을 젖게 하다; …을 담그어 염색하다. **8** 《구어》《보통 수동태으로》 …에게 빚지게 하다. ¶ He was slightly *dipped*. 그는 약간의 빚이 있다.

— *vi.* **1** 잠깐 담그다(적시다, 잠기다). **2** [물을 퍼내거나 어떤 것을 끄집어내리고 손·국자를] 집어넣다 (*into*...). **3** [태양이] 지다, 가라앉다(sink). ¶ The sun *dips* below the horizon. 태양이 지평선 아래로 진다. **4** [아래로] 기울다, 경사지다; [자침·저울 따위의 한쪽이] 내려가다; [지질] [지층이] 경사(斜傾)를 이루다, 침하(沈下)하다; [주가가] 조금 내리다. ¶ The road *dips.* 길이 내리막이 된다. **5** 살짝 들여다보다, 좀 손을 대다(*into*). ¶ (~+前+名) *dip into* speculation 투기에 잠깐 손을 대다 / *dip into* astronomy 천문학을 약간 연구하다. **6** 대강 읽어보다, 대충 살펴보다 (*into*...).

dip into *one's purse* (or *pocket*) 돈을 마구 쓰다.

— *n.* **1** 담금질, 적시기, 한번 폐그기. ¶ have (or take) a *dip* in the sea 바닷물에 한바탕 들어갔다 나오다. 한번 퍼내기. ¶ a *dip* of soup [국자로] 한 번 퍼낸 수프. **2** [침액(浸液), 세암액(洗手液), 무딘에 치는 소스. **4** [망·도로의] 침하(沈下), 강하, 하락, 저하. ¶ a *dip* in prices 물가의 하락. **5** [아래로] 기울 임; 하강, 경사도, 하강도(下降度). **6** [전선(電線)의] 늘어짐; [땅의] 움푹 들어감. **7** [지질] [지층의] 경사. **8** [측량] 부각(俯角); [지평의 물체를 수평면에 맞대시선과 수평면이 이루는 각]; [자침(磁針)의] 수평 부각. **9** [비행기 따위의] 급강하. **10** 밀랍액에 거듭 담가서 만든 양초, 심지를 녹인 밀랍에 담가서 만든 양초. **11** [체조] [평행봉에서의] 팔의 굴신 운동. **12** 《美속어》소매치기.

Dip 《略》Diploma.

DIP 《略》dual in-line package(패키지 본체가 지네모양으로 리드선이 나와 있는 접적 회로 용기).

Dip. A.D. 《略》*Diploma in Art and Design*.

Dip. Ed. 《略》*Diploma in Education*.

*****diph·the·ri·a** [difθí(:)riə, dip-/-θíər-] *n.* ① 〖병리〗 디프테리아. **~ic** *adj.* [<Gk]

diph·ther·ic [difθérik, dip-] *adj.* =diphtheritic.

diph·the·rit·ic [dìfθiŕítik, dìp-] *adj.* 〖병리〗 디프테리아의, 디프테리아에 걸린.

diph·thong [dífθɔːŋ, dip-/-θɔŋ] *n.* **1** [음성] 이중모음[spoil 의 [ɔi], doubt 의 [au] 따위]. **2** [인쇄] 연자(連字)[æ, œ 따위]. <Gk

diph·thon·gal [difθɔ́ːŋ(g)əl, dip-/-θɔ́ŋ-] *adj.* **1** [음성] 이중모음의. **2** [인쇄] 연자(連字)의.

diph·thong·i·za·tion [dìfθɔːŋ(g)izéiʃən, dìp-/-θɔŋ(g)ai-] *n.* [단모음의] 이중모음화.

diph·thong·ize [dífθɔːŋ-àiz, díp-/-θɔŋ-] (* 《英》에서는 **diph·thong·ise** 로도 쓴다) *v.* (-**ized, -iz·ing**) [음성] *vt.* [단모음을] 이중모음으로 발음하다, 이중모음화하다. — *vi.* 이중모음이 되다.

dipl- → DIPLO-.

dipl. 《略》diplomat, diplomatic.

di·plex [dáipleks] *adj.* 이중 통신의.

diplo- two, double, twin 의 뜻의 연결형(* 모음 앞에서는 dipl- 을 쓴다). 예: *diplo*coccus.

dip·lo·coc·cus [dìploukákəs/-kɔ́k-] *n.* (*pl.* **-ci** [-sai]) 〖세균〗쌍구균(雙球菌).

dip·loid [díplɔid] *adj.* **1** 이중의, 두 가지 모양의, 두 배의(double). **2** 〖생물〗이배수의, 배수(倍數)의.
— *n.* **1** 〖생물〗이배체(二倍體), 배수(倍數) 염색체. **2** 〖결정〗편방(偏方) 24면체.

*****di·plo·ma** [diplóumə] *n.* (*pl.* **-mas** or 《드물게》 **-ma·ta** [-mətə]) **1** 졸업장(증서), 학위증명서; 면허장, 자격증, 상장, 감사장. ¶ a *diploma* of graduation 졸업장 / a *diploma* in education 교육학의 졸업증(증서). **2** 공문서; 특허장. **3** (~ s) 고(古)문서.
— *vt.* (**-maed, -ma·ing**) …에게 diploma 를 수여하다. [<L <Gk]

*****di·plo·ma·cy** [diplóuməsi] *n.* ① **1** 외교. ¶ armed *diplomacy* 무력 외교. **2** 외교책(술). **3** 외교적 수완, 사람 다루는 솜씨, 홍정의 술수(tact). ¶ use *diplomacy* 외교 수완을 발휘하다. ◇ *diplomat n.*, *diplomatic adj.*

dip·lo·ma·ism [diplóumə(ə)m] *n.* ① 학력[편중]주의.

diplóma mìll *n.* 《美구어》학위 남발 대학, 3류 대학.

*****dip·lo·mat** [dípləmæt] *n.* **1** 외교관 (《英》diplomatist). **2** 외교가, 외교 솜씨가 능숙한 사람, 요령이 좋은 사람.

diplóma tàx *n.* 이민 교육세[구소련에서 이민을 희망하는 시민에게 그 교육정도에 따라 부과하던 특별 이민세].

dip·lo·mate [dípləmèit] *n.* [위원회 등에서] diploma를 수여받은 자격 취득자, 전문가, 전문 의사 (specialist).

dip·lo·mat·ese [dìpləmətíːz] *n.* 외교 용어.

*****dip·lo·mat·ic** [dìpləmætik] *adj.* **1** 외교[상]의, 외교관에 관한. ¶ a *diplomatic* break 외교 단절 / the *diplomatic* service (corps) 외교관 근무(외교단). **2** 외교에 능란, 외교적 수완이 있는, 접촉을 잘 하는; 요령이 좋은(tactful). ¶ a *diplomatic* answer 요령있는 대답. **3** 고문서학의; 원문의. ¶ a *diplomatic* copy 원문 그대로의 필사본 / *diplomatic* evidence 문헌상의 증거. **-i·cal·ly** [-ikəli] *adv.*

diplomátic bág *n.* = diplomatic pouch.

diplomátic chánnel *n.* 외교 루트(들).

diplomátic immúnity *n.* ① 외교 특권, 외교관 면책 특권[관세·체포 따위에서 면제되는].

diplomátic míssion *n.* 외교 사절단(공관).

diplomátic póuch *n.* 외교 파우치[외교 문서용 우편 행낭].

diplomátic privileges *n.* = diplomatic immunity.

dip·lo·mat·ics [dìpləmætiks] *n. pl.* [단수 취급] 고문서학.

di·plo·ma·tist [diplóumətist] *n.* 《英》= diplomat.

di·plo·ma·tize [diplóumətàiz] (* 《英》에서는 **di·plo·ma·tise** 로도 쓴다) *vi.* (**-tized, -tiz·ing**) 외교적으로 절충하다; 외교적 수완을 발휘하다.

díp(dípping) nèedle *n.* 부각자침(俯角磁針), 부각계(計).

dip·no·an [dípnouən] *adj.* 페어류(肺魚類)의. — *n.* 페어.

di·po·lar [dáipóulər] *adj.* 쌍극(雙極)의.

di·pole [dáipóul] *n.* **1** [물리·전기·화학] 쌍극자(雙極子). **2** [라디오·TV] 2극(쌍극) 안테나.

*****dip·per** [dípər] *n.* **1** 담그는 (것), 퍼내는 도구, 건지는 물건, 국자. **3** (D-) [천문] 북두칠성(Big Dipper)[대웅좌(Ursa Major) 중의 국자 모양의 일곱 주성(主星)]. **2** 소(小)북두 칠성(Little Dipper)[소웅 좌(Ursa Minor) 중의 국자 모양의 일곱 주성(主星)]. **4** (D-) 침례 교도, 뱁티스트 교회원(Baptist). **5** [물까마귀 따위] 물속에 잠수하는 새. **6** [사진] 현상액조(現像液槽). [액(浸液).

dip·ping [dípiŋ] *n.* ① ⓒ [특히 염색액에] 담그기; 침

dip·py [dípi] *adj.* (**-pi·er, -pi·est**) 《속어》**1** 미친 (mad), 열중한, …에 반한(*about, with*...). **2** 어리석은, 이치에 맞지 않은(silly).

dip·so [dípsou] *n.* (*pl.* **-sos**) 《구어》 알코올 중독자. [<dipsomaniac의 단축형]
dip·so·ma·ni·a [dìpsə(u)méiniə] *n.* ⓤ 발작성 음주벽, 알코올 중독. [정뱅이.
dip·so·ma·ni·ac [dìpsə(u)méiniæk] *n.* 음주광, 주
dip·stick [dípstik] *n.* [자동차의 크랭크 케이스 (crankcase)나 유조(油槽) 안의 기름의 양을 재는] 계량봉(計量棒).
dip·switch [dípswìtʃ] *n.* 《英》 [자동차 헤드 라이트의] 감광(減光) 스위치, 디프스위치.
dip·sy·do, -doo [dípsidú:] *n.* 《美속어》 《야구》 변화구: 《요술사의》 속임수.
dip·sy-doo·dle [dípsidú:dl] *n.* 《美속어》 《야구》 변화구; 변화구에 능한 투수; 속임수를 쓰는 사람(것).
— *vt., vi.* 속이다.
dipt [dipt] *v.* 《고어》 dip의 과거・과거 분사의 하나.
Dip·ter·a [díptərə] *n. pl.* **1** 《곤충》 쌍시류(雙翅類). **2** (d-) dipteron의 복수형.
dip·ter·al [díptər(ə)l] *adj.* **1** 《건축》 《고대 신전(神殿)이》 이중 주랑(柱廊)으로 된. **2** 《생물》 =dipterous.
dip·ter·on [díptərən / -rɔn] *n.* (*pl.* **-ter·a** [-tərə]) 쌍시류(雙翅類)의 곤충; 파리(fly).
dip·ter·os [díptərəs / -ɔs] *n.* (*pl.* **-ter·oi** [-tɔrɔi]) 《건축》 이중 주랑(二重柱廊)식의 건축.
dip·ter·ous [díptərəs] *adj.* **1** 《곤충》 쌍시류의. **2** 《식물》 《종자・줄기 따위가》 쌍익(雙翼)의.
dip·tych [díptik] *n.* **1** 둘로 접는 소형 칠판 [고대 로마인은 그 안쪽에 초를 먹여 첨필(尖筆)(stylus)로 글을 썼다]. **2** 그림・조각을 새긴 두쪽으로 접는 판.
***dire** [daiər] *adj.* (**dir·er, dir·est**) **1** 무시무시한, 무서운(dreadful); 비참한; 처참한, 끔찍한. ¶ the *dire* sisters 복수의 3여신(the Furies). **2** 급박한, 긴급한 (urgent); 지독한. ¶ be in *dire* need of food 식급이 식량이 필요하다. **~·ly** *adv.* **~·ness** *n.*
‡**di·rect** [dirékt, dai-] *vt.* **1** …을 교도하다, 지도하다 (instruct); …을 관리하다, 지배하다, 통제하다(control). ¶ if properly *directed* 잘 지도한다면 / She *directs* her brother's homework. 그녀는 남동생의 숙제를 지도한다.
2 …에게 명하다, 명령하다; …을 지휘하다, 지시하다 (conduct); 《영화・연극 따위를》 감독하다. ☞ ORDER 類語 ¶ *direct* a play 연극을 감독하다 / as *directed* 지시받은 대로, 처방대로 // (~+目+*to do*) I *directed* him to study English every day. 나는 그에게 날마다 영어를 공부하도록 지시했다.
3 …에게 길을 가리키다(...*to*). ☞ GUIDE 類語 ¶ (~+目+前+名) Can you *direct* me to the library? 도서관으로 가는 길을 가리켜 주시겠습니까?
4 《눈・주의・노력・말・연설 따위》를 [어떤 방향으로] 돌리다, 향하게 하다(*against*, *at*, *to*, *toward*). ¶ (~+目+前+名) *direct* a gun *against* a castle 대포를 성으로 향하여 쏘다 / one's thought to the present situation of the world 세계의 현황에 생각을 쏟다 / We must *direct* our efforts *toward* the peace of the world. 우리는 세계 평화에 노력을 기울이지 않으면 안 된다 / His remarks were *directed at* you. 그는 너를 두고 그 말을 한 것이다.
5 《편지・소포 따위》에 겉봉을 쓰다(address)(*to*...). ¶ *direct* a letter 편지에 겉봉을 쓰다 // (~+目+前+名) *Direct* this letter to his business address. 이 편지의 주소는 그의 근무처로 써주십시오.
— *vi.* 지휘하다; 감독하다; 지도하다; 지시하다; 명령하다; 안내하게 말하다.
— *adj.* **1** 가장 가까운, 최단 거리의; 똑바른, 곧장 가는, 직행의. ¶ a *direct* line 일직선 / a *direct* route 가장 지름길.
2 직계의. ¶ a *direct* descendant 직계 자손.
3 《수학》 직…, 직접의. ¶ *direct* product 직적(直積) / *direct* proof 직접 증명법 / *direct* factor 직접 인자.

4 직접의, 직접적인. *opp.* indirect ¶ a *direct* hit 직격(直擊) / *direct* rays 직사 광선 / a *direct* tax 직접세 / *direct* evidence 직접 증거. *cf.* circumstantial evidence 類語 *direct* 직선으로 연결된; 떨어져 있는 경우도 있다: a *direct* result [간접적이 아닌] 직접적인 결과. **immediate** 중간에 개재되는 것이 없이 곧바로 이어지는: an *immediate* result 곧바로 나타나는 결과.
5 솔직한(frank); 노골적인, 단도직입적인. ¶ a *direct* question(answer) 솔직한 질문(대답) / *direct* words 직언(直言).
6 절대의, 전적인(absolute). ¶ the *direct* opposite (*or* contrary) 정반대.
7 《문법》 《인용・화법 등》 직접의. ¶ *direct* narration (*or* speech) 직접 화법 / a *direct* object 직접 목적어.
8 《정치》 《대표자를 개재시키지 않는 선거민의》 직접 투표의.
9 《전기》 직류의.
10 《천문》 천체가 지구의 공전과 같은 방향으로 운행하는, 순행(順行)의; 《서에서 동으로》 순행하는.
11 《염색》 매염제(媒染劑)를 쓰지 않은.
— *adv.* **1** 똑바로, 곧장, 직행으로. ¶ go *direct* to New York 뉴욕으로 직행하다. **2** 직접적으로. **3** 직접으로, 딴것(사람)을 개재시키지 않고. ¶ I want to communicate with him *direct*. [남을 개재시키지 않고] 그와 직접 접촉하고 싶다.
◇ diréction *n.*, diréctive *adj.*, directly *adv.*
diréct áction *n.* ⓤ 직접 행동[권리를 얻기 위한 파업・시위 행동 따위의]. *cf.* political action
diréct bróadcasting *n.* 직접 위성 방송(direct broadcasting by satellite. 略 DBS).
diréct cúrrent *n.* ⓤⓒ 《전기》 직류. *cf.* alternating current
diréct depósit *n.* 《급료의》 은행 자동 이체.
diréct díscourse *n.* ⓤ 《문법》 직접 화법. *cf.* indirect discourse
diréct dístance díaling *n.* 《美》 구역외(外) 직통 다이얼 전화[略 DDD].
diréct distribútion(sále) *n.* 직판(直販)[도매업자를 안거치고 소매업자에게 직접 판매하는 유통 과정].
di·rect·ed [diréktid, dai-] *adj.* **1** 방향있는; 지도・관리된. **2** 《수학》 《지시》에 따른. **3** 《수학》 유향(有向)의.
‡**di·rec·tion** [dirékʃ(ə)n, dai-] *n.* ⓤⓒ **1** 방향, 방위 (方位). ¶ They fled in all *directions*. 그들은 사방팔방으로 도주했다 / The car was traveling in the *direction* of London. 그 차는 런던을 향해 달리고 있었다.
2 방향; 범위. ¶ from all *directions* 각 방면으로부터.
3 경향, 방침. ☞ TENDENCY 類語 ¶ a new *direction* in school education 학교 교육의 새 경향.
4 ⓤⓒ 지도; 관리, 지배(control). ¶ personal *direction* 개별 지도.
5 (보통 ~s) 명령, 지령, 지휘, 지시; 사용법, 지시서, 지침서. ¶ according to a person's *directions* 남의 지시에 따라 / under the president's *directions* 사장의 지시 아래 / *directions* to students 학생들에게 주는 지침 / *directions* for use 사용법 / Can you give me *directions* how to act? 어떻게 행동하면 좋을지 가르쳐 주실까요?
6 ⓤ 《영화 따위의》 감독, 연출. ¶ the *direction* of a play(a movie) 극(영화)의 감독.
7 《음악》 템포・연주 양식 따위를 지시한》 보면상(譜面上)의 기호(지시).
8 《편지》 겉봉 주소(address).
9 =directorate.
◇ diréct *v.*, diréctional, diréctive *adj.*
di·rec·tion·al [dirékʃ(ə)n(ə)l, dai-] *adj.* **1** 방향의, 방위의. **2** 《무선》 지향성이 있는, 방향 탐지의. ¶ a *directional* antenna 지향성 안테나. [정기].
diréction fínder *n.* 《무선》 방향 탐지기, 방위 측정기.
diréction indicátor *n.* 《항공》 방향(방위) 지시기.
di·rec·tive [diréktiv, dai-] *adj.* **1** 지도(지시)하는, 지도(지시)적인; 지배하는. ¶ rules *directive* of our

action 우리의 행동을 지배하는 법칙. **2** 〔무선〕 지향성(식)의. ¶ *directive* wireless 지향식 무전. —— *n.* 지령, 지시; 〔군사〕 작전 명령.

‡**di·rect·ly** [diréktli, dai-] *adv.* **1** 똑바로, 일직선으로 (straight). ¶ go *directly* to the point 곧바로 본론에 들어가다. **2** 직접으로. ¶ *directly* concerned with the problem 그 문제와 직접적으로 관련이 있다. **3** 곧, 곧 내, 즉각. ⇒ INSTANTLY ¶ I'll be there *directly*. 곧 가겠습니다. **4** 전적으로, 바로(exactly). ¶ *directly* opposite the station 역의 바로 맞은편에. —— *conj.* 《구어》 …하자마자, …하는 즉시로(as soon as). ¶ I'll come *directly* I've finished the work. 일이 끝나는 즉시로 가겠습니다.

dirèct máil *n.* ⓤ 디렉트 메일〔직접 개인이나 가정으로 발송되는 광고 우편물〕.

dirèct méthod *n.* (the ~) 직접 교수법〔모국어를 사용하지 않고 외국어를 가르치는 방법〕.

dirèct narrátion *n.* 〔문법〕 =direct discourse.

di·rect·ness [diréktnis, dai-] *n.* ⓤ **1** 똑바름, 곧음. **2** 직접. **3** 솔직함(plainness).

dirèct óbject *n.* 〔문법〕 직접 목적어.

Di·rec·toire [dirèktwá:r / - - -] *n.* 〔프랑스 혁명 시대의〕 집정 내각(1795-99). —— *adj.* (보통 d-)〔가구 따위가〕 프랑스 혁명 시대풍의, (<F directory)

‡**di·rec·tor** [diréktər, dai-] *n.* **1** 지휘자, 지도자. **2** 〔단체·회사 따위의〕 이사, 임원; 〔고등 학교 따위의〕 교장, 주사(主事); 〔관청 따위의〕 장관, 국장. ¶ a managing *director* 전무이사 / a board of *directors* 이사회, 임원회. **3** 〔영화의〕 감독〔연극·텔레비전의〕 연출가; 〔음악〕 지휘자(conductor). **4** 〔군사〕 방위반(方位盤). **5** 〔프랑스 혁명 정부의〕 집정관, 행정 위원. **6** 〔기계〕 지도자〔指導子〕. **7** 〔의학〕 유구도자(有溝導子). ◇ directórial *adj.*

di·rec·to·rate [diréktərit, dai-] *n.* **1** ⓤ director의 직. **2** 중역회, 이사회.

diréctor géneral *n.* (*pl.* **directors general**) 〔독립 관청의〕 기관장, 청장.

di·rec·to·ri·al [dìrektɔ́:riəl, dàirek-/-tɔ́:r-] *adj.* **1** director의, **2** 임원회의, 이사회의. **3** (D-) 프랑스 집정 내각의.

diréctor's cháir *n.* 〔캔버스로 된〕 접는 의자. (<영화 감독이 쓰는 데서〕

di·rec·tor·ship [diréktərʃip, dai-] *n.* ⓤ director의 직〔임기〕.

*di·rec·to·ry** [diréktə(ə)ri, +英 dai-] *n.* (*pl.* **-ries**) **1** 주소성명록, 인명부. ¶ a telephone *directory* 전화번호부. **2** 〔빌딩의 세든 회사 따위의〕 층수·사무실 번호를 표시한 게시판. **3** 지령서, 훈령서; 〔교회의〕 예배규칙서; 〔목회(사)록상의〕 지침. **4** (the D-) 〔프랑스 역사〕 = Directoire. **5** 임원회, 이사회(directorate). —— *adj.* 지휘의, 지도적인, 지시적인(directive);〔법률〕 훈령적인.

diréct phóne(líne) *n.* 〔다이얼을 돌리지 않고 수화기만 들면 바로 상대방과 연결되는〕 직통 전화.

diréct prímary *n.* 〔미국정치〕 직접 예비 선거〔당원의 직접 투표에 의해 당의 후보자를 선정한다〕.

diréct propórtion *n.* ⓤ 〔수학〕 정비례. *cf.* inverse proportion

di·rec·tress [diréktris, dai-] *n.* director의 여성형.

di·rec·trix [diréktriks, dai-] *n.* (*pl.* **-trix·es** or **-tri·ces**) **1** 〔수학〕 지도선(指導線), 준선(準線). **2** =directress.

di·rect-sell·ing [diréktsèliŋ, dai-] *adj.* 직매의.

diréct spéech *n.* 〔문법〕 =direct discourse.

diréct táx *n.* ⓤⓒ 직접세.

dire·ful [dáiərfəl] *adj.* 무시무시한, 끔찍한; 비참한. ~**ly** *adv.* ~**ness** *n.*

di·ret·tis·si·ma [dìrətísimə] *n.* 〔등산〕〔암벽·빙벽 따위의〕 수직(垂直) 등반.

dirge [də:rdʒ] *n.* **1** 만가(輓歌), 비가, 장송가. **2** 〔교회〕 노래에 의한 장례식.

dir·i·gi·bil·i·ty [dìridʒəbíliti, dirídʒi-] *n.* ⓤ 조종 가능(성), 지도(유도)할 수 있음.

dir·i·gi·ble [dírədʒəbl, dirídʒə-] *n.* 비행선(airship). —— *adj.* 조종할 수 있는, 지도(유도)할 수 있는.

di·ri·gisme [dirìʒísm, -zm] *n.* 《프랑스》 통제 경제 정책.

di·ri·giste [dirìʒíst] *adj.* 통제 경제의(적).

dir·i·ment [dírimənt] *adj.* 〔법률〕 무효로 하는(nullifying).

díriment impédiment *n.* 〔법률〕〔혼인을 처음부터 무효로 하는〕 절대 장해.

dirk [də:rk] *n.* 단검(dagger). —— *vt.* …을 단검으로 찌르다.

dirn·dl [də́:rndl] *n.* 티롤 농민풍의 여성복〔꼭 끼는 조끼와 개더스커트로 된 것〕; 그 스커트.

‡**dirt** [də:rt] *n.* ⓤ **1** 먼지, 티끌(dust), 오물, 불결물, 쓰레기. ¶ a *dirt* wagon 쓰레기 운반차, 청소차 / wash *dirt* off 더럼을 씻어내다. **2** 흙(soil); 흩어진 흙(loose soil); 진흙(mud); 〔경멸적〕 토지(land). **3** 무가치한 것; 하찮은 것(나부랭이). ¶ be [as] cheap as *dirt* 싸구려다, 불품없다. **4** 불결〔한 상태〕. ¶ I live in poverty and *dirt* 빈곤과 불결 속에서 나날을 보내다. **5** 욕, 악담, 협담, 중상; 음담패설, 추잡한 언행, 도덕적 부패. ¶ spread *dirt* 나쁜 소문을 퍼뜨리다 / throw (or cast, fling) *dirt* at (or on) a person 남에게 욕설을 퍼붓다. **6** 〔광산〕 폐석, 버럭돌. **7** 《미속어》 돈(money). **cut one's** *dirt* 《미속어》 달리다, 도망치다, 급히 떠나가다. **do a person** *dirt* 《미속어·濠속어》 남을 속이다; …에게 비열한 짓을 하다. **eat** *dirt* 굴욕을 참고 견디다. **hit the** *dirt* 《미속어》〔야구〕 베이스에 미끄러져 들어오다. **yellow** *dirt* 《미속어》〔경멸적〕 돈. ◇ **dirty** *adj.*

dírt béd *n.* 〔지질〕 이토층(泥土層).

dirt-cheap [də́:rtʃíːp] *adj., adv.* 《미 구어》 너무나(이) 싼(싸게) (very cheap), 헐값의(에).

dirt-eat·ing [də́:rtìːtiŋ] *n.* ⓤ 〔야만인의〕 흙먹는 풍습; 〔아이의〕 식토증(食土症) (geophagy).

dírt fárm *n.* 《구어》〔대농장에 대해〕 보통 농장(밭).

dírt fármer *n.* 《구어》〔몸소 일하는〕 농부, 자작농. *cf.* gentleman-farmer

dirt·heap [də́:rthìːp] *n.* 쓰레기더미.

dírt póor *adj.* 아주 가난한, 극빈의(poverty-stricken).

dírt róad *n.* 비포장 도로.

dírt tráck *n.* 이토(泥土) 또는 석탄재를 깐 경주로.

dírt wàgon *n.* =dust cart.

‡**dirt·y** [də́:rti] *adj.* (**dirt·i·er, dirt·i·est**) **1** 더러운, 불결한, 더럽혀진(opp. clean); 질척질척한. ¶ a *dirty* face (hand) 더러운 얼굴(손) / *dirty* water 더러운 물. 類語 *dirty* 더러운 것을 뜻하는 일반적인 말: a *dirty* shirt 더러운 샤쓰. **filthy** 아주 더러워 불쾌한: a *filthy* pig 불결한 돼지. **foul** 아주 더러워서 썩은 냄새가 진동하는: *foul* garbage 썩어서 더러운 음식 찌꺼기. **nasty** 특히 청결함을 좋아하는 사람에게 불쾌감을 나타내는 주관적인 말: Don't you notice this *nasty* odor? 이 고약한 냄새를 못 맡으시나요? **squalid** *dirty*의 뜻에 덧붙여, 주거·환경 따위의 지저분함을 연상시키는 말: a *squalid* alley 지저분한 뒷골목.

2 비열한, 비천한(mean), 옳지 못한; 야비한, 상스러운, 외설적인(obscene), 추잡한. ¶ a *dirty* story 음담패설 / *dirty* money 부정한 돈. **3** 불쾌한, 지겨운, 지루한(tedious). **4** 〔경멸적〕, 모멸적인. **5** 〔날씨 따위가〕 거친, 험악한. ¶ a *dirty* night 날씨가 험한 밤 / *dirty* weather 험한 날씨. **6** 〔색깔 따위가〕 더러운, 칙칙한, 탁한. ¶ a *dirty* green 칙칙한 녹색. **7** 〔해무기가〕 방사성 낙진이 많은. **8** 마약을 쓰는.

do the dirty on 《구어》…에게 속임수를 쓰다; 치사한(비열한) 짓을 하다.

do a person's *dirty* **work for** him 남의 밑에서 허드렛일을 하다.

dirty book

— v. (dirt·ied, dirt·y·ing) vt. 1 [손·발 따위]를 더럽히다, 불결하게 하다. 2 [명성·인격 따위]를 더럽히다, 손상시키다.
— vi. 더러워지다, 더럽혀지다, 불결해지다.
dirt·i·ly adv. dirt·i·ness n. ◇ dirt n.
dírty bóok n. 외설 서적.
dírty flóat n. (경제) 정부가 개입하는 변동 시세제.
dírty línen n. 집안의 치부, 가족(사생활)의 남우세스러운 일. ¶ wash one's *dirty linen* in public 남 앞에서 집안 싸움을 하다(집안의 치부를 드러내다).
dir·ty·mind·ed [dɔ́ːrtimáindid] adj. 속 마음이 더러운, 치사한, 앙큼한.
dírty pláy n. (스포츠) 반칙.
dírty pòol n. 《미속어》 부정 행위; 더러운 행위.
dírty tríck n. 비겁한 속임수; (복수 취급) [선거 운동 방해 따위의] 부정 공작, 중상. ¶ (letter word).
dírty wórd n. 천한(상스러운) 말; 금기 어구(four-letter word).
dírty wòrk n. 1 더러운(궂은)일. 2 싫은 일. ¶ do one's *dirty work* for a person 남을 위해 궂은 일을 다하다. 3 (구어) 속임수, 협잡.
Dis [dis] n. (로마 신화) 1 디스(저승의 신; 그리스 신화의 Pluto에 해당). 2 지하계, 저승, 명부(冥府).
dis- pref. (∗ 자음 앞에서는 종종 di-를 쓰고, 특히 f 앞에서는 dif-를 쓴다) ① 동사에 붙어 그 반대의 동작을 나타내는 동사를 만든다. 예: disagree. ② 명사에 붙여 그 명사가 의미하는 것을 「제거하다」 「벗기다」 「분리하다」 라는 뜻의 동사를 만든다. 예: disarm. ③ 형용사에 붙어 그 성질을 상실케 하는 뜻의 동사를 만든다. 예: disable. ④ 명사·형용사에 붙여 「불(不)…」 「무(無)…」 「비(非)…」 의 뜻을 나타낸다. 예: dishonor; discomfortable. ⑤ 「전적으로」라는 뜻으로 부정을 강조한다. 예: disannul.
dis. (略) discharge; disciple; discipline; discount; distance; distribute.
*__dis·a·bil·i·ty__ [dìsəbíliti] n. ⓊⓒC (pl. -ties) 1 무능, 무력, 불구(不具). 2 (법률상의) 무능력, 무자격.
(類語) **disability** 병·사고·실격 따위로 어떤 일을 하는 능력을 상실함: a physical *disability* 육체적 결함. **inability** 지능·성격 또는 여의찮은 사정 때문에 어떤 일을 할 수 있는 능력이 없음: *inability* to learn quickly 어떤 일을 쉽사리 익히지 못함. 〔厚〕
disabílity lèave n. (美) (노동) 일시적 노동 불능.
*__dis·a·ble__ [diséibl] vt. (-bled, -bling) 1 …을 무능 (무력)하게 하다; …의 능력을 약화시키다. ¶ people *disabled* by age 나이가 들어 쓸모없게 된 사람들 ¶ (~+몸/前+勁) An accident *disabled* him *from* playing football. 그는 사고를 당해 축구를 못하게 되었다 / It *disabled* him *for* church service. 그는 그일 때문에 예배를 볼 수 없게 되었다. 2 …을 손상시키다, (사고 따위로) [손·발 따위]를 쓰지 못하게 되다(cripple). ¶ be *disabled* [손·발 따위]를 쓰지 못하게 되다, 불구가 되다. 3 (항해) [함선]의 전투력을 잃게 하다, 항행을 불가능하게 하다. 4 (법률) …을 무능력(무자격)하게 하다(disqualify). ◇ disablity, disáblement n.
dis·a·bled [diséibld] adj. 지체(肢體) 부자유한(crippled), 불구가 된; 무능력해진. ¶ a *disabled* soldier 상이 군인.
dis·a·ble·ment [diséiblmənt] n. Ⓤ 1 무력(무능)하게 하기. 2 무능력, 무자격, 불구, 불능.
dis·a·buse [dìsəbjúːz] vt. (-bused, -bus·ing) …의 미혹을 풀어주다, …에게 잘못을 깨우치다. ¶ (~+몸/前+勁) *disabuse* a person *of* foolish prejudices 남을 어리석은 편견에서 벗어나게 하다.
di·sac·cha·ride [daisǽkəràid, -rid] n. (생화학) 이당류〔자당·유당 따위〕.
dis·ac·cord [dìsəkɔ́ːrd] vi. 일치하지 않다, 화합하지 않다(disagree), 다투다(with…). — n. 불일치, 불화.
dis·ac·cus·tom [dìsəkʌ́stəm] vt. …에게 (…의) 습관을 버리게 하다. ¶ (~+몸/前+勁) *disaccustom* oneself *to* smoking 흡연의 습관을 버리다, 담배를 끊다.

disannul

dis·a·dapt [dìsədǽpt] vt. 적응 불능화하다.
*__dis·ad·van·tage__ [dìsədvǽntidʒ / -váːn-] n. 1 불리(익), 불편; 불리한 상황(입장). ¶ take a person at a *disadvantage* 남에게 불의의 일격을 가하다 / under great *disadvantages* 아주 불리한 조건으로. 2 Ⓤ 불이익, 손해, 손실(loss). ¶ sell [goods] to *disadvantage* [물건을] 손해보고 팔다. — vt. (-taged, -tag·ing) [남]을 불리하게 하다, 손실(손해)을 주다.
◇ disadvantágeous adj.
dis·ad·van·taged [dìsədvǽntidʒd / -váːn-] adj. 불리(불우)한 조건하에 놓인; 복받는. ¶ the *disadvantaged* 복받는 사람들.
dis·ad·van·ta·geous [dìsədvæntéidʒəs, dìsædvɑ́ːn-] adj. 불리한, 불편한, 형편이 좋지 않은(unfavorable). -ly adv. -ness n.
dis·af·fect [dìsəfékt] vt. …에게 불만을 품게 하다, …의 호의를 잃게 하다, 정나미가 떨어지게 하다, 배반하게 하다.
dis·af·fect·ed [dìsəféktid] adj. 불평(불만)을 품은, 싫증이 난, 정나미가 떨어진.
dis·af·fec·tion [dìsəfékʃ(ə)n] n. Ⓤ 소원(疏遠), (민심의) 이탈, 불충실(disloyalty); 불만, 불평.
dis·af·fil·i·ate [dìsəfílièit] v. (-at·ed, -at·ing) vt. (연맹 등에서) …을 제명하다. — vi. 관계를 끊다(with…).
dis·af·firm [dìsəfə́ːrm] vt. 1 …을 부정하다, 부인하다(deny). 2 (법률) [앞의 판결]을 취소하다(annul).
dis·af·fir·mance [dìsəfə́ːrməns] n. Ⓤ 부정, 부인. 2 (법률) 취소, 파기. firmance.
dis·af·fir·ma·tion [dìsæfərméiʃ(ə)n] n. = disaf-
dis·af·for·est [dìsəfɔ́ːrist, -fár- / -fɔ́r-] vt. 1 (英 법률) …의 삼림법의 적용을 해제하다, 보통의 토지로 하다. 2 …의 삼림을 벌채하다.
dis·af·for·es·ta·tion [dìsəfɔ̀ːristéiʃ(ə)n, -fàr- / -fɔ̀r-] n. Ⓤ 삼림법 해제; 삼림 개척, 삼림 벌채.
dis·ag·gre·gate vi., vt. [dìsǽgrigèit → adj.] (-gat·ed, -gat·ing) …을 분해하다(되다).
— adj. [dìsǽgrigit] 산산이 흩어진.
*__dis·a·gree__ [dìsəgríː] vi. 1 (-greed, -gree·ing) 1 […과] 일치하지 않다, 다르다(differ) (with, in…). ¶ (~+前+勁) Your theory *disagrees with* the facts. 귀하의 설은 사실과 일치하지 않습니다. 2 의견을 달리하다, 이론을 제기하다. ⇒ DISSENT (類語) ¶ (~+前+勁) *disagree to* something 어떤 일에 이의를 제기하다 / *disagree with* a person *about* …에 관해서 남과 의견이 맞지 않다. 3 싸우다, 다투다(quarrel). ¶ Whenever we meet, we *disagree*. 우리는 만나기만 하면 언제나 다툰다. 4 [음식·기후 따위가] 맞지 않다, 해롭다(with…). ¶ (~+前+勁) The oysters *disagreed with* me. 그 굴이 나한테 탈이 났다.
◇ disagréeable adj., disagréement n.
*__dis·a·gree·a·ble__ [dìsəgríːəbl / -gríə-] adj. 1 싫은, 불쾌한, 마음에 들지 않는. ¶ a *disagreeable* odor 불쾌한 냄새. 2 사귀기 힘든, 기분이 나쁜. — n. (~s)싫은 일, 불쾌한 일. ~·ness n. -bly adv.
◇ disagreeabílity n.
*__dis·a·gree·ment__ [dìsəgríːmənt] n. Ⓤ 1 불일치, 부적합, 부조화. ¶ *disagreement between* the two colors 두 색채의 부조화. 2 의견 차이, 불찬성. 2 ⒸⒸ 싸움, 다툼, 불화. ¶ He had a *disagreement with* his wife. 그는 아내와 다투었다. 4 [음식 따위가 체질에] 맞지 않음; [음식에] 체하기.
dis·al·low [dìsəláu] vt. …을 허가하지 않다; 인정치 않다, 부인하다, (요구 따위를) 물리치다, 각하(却下)하다(reject), …의 사용을 금하다.
dis·al·low·ance [dìsəláuəns] n. Ⓤ 인가하지 않음; 불허, 부인.
dis·am·big·u·ate [dìsæmbígjuèit] vt. (글·진술 따위)를 명확하게 하다.
*__dis·an·nul__ [dìsənʌ́l] vt. (-nulled, -nul·ling) …을 취소하다, 무효로 하다.

dis·an·nul·ment [dìsənʌ́lmənt] n. ⓤ 취소, 무효로 하기.

‡dis·ap·pear [dìsəpíər] vi. 1 보이지 않게 되다, 사라지다. ¶ (~+젠+몡) disappear in the crowd 군중 속으로 모습을 감추다.

[類語] disappear 「사라지다」라는 뜻의 가장 일반적인 말: turn a corner and disappear 모퉁이를 돌아서 보이지 않게 되다. fade 점차 흐려져 마침내 보이지 않게 되다: The airplane faded away. 비행기는 차츰 보이지 않게 되었다. vanish 갑자기 사라지다: The rainbow vanished in an instant. 무지개는 별안간 사라졌다.

2 [서서히] 없어지다, 소멸하다, 소실하다; 실종하다, 행방불명이 되다. ¶ (~+젠) The rumor disappeared before facts. 사실이 밝혀지자 그 풍문은 자연히 없어졌다. ◇ disappéarance n.

*dis·ap·pear·ance [dìsəpí(:)rəns / -ǝpíǝr-] n. 1 없어짐, 소멸, 소실. 2 [법률] 실종, 행방불명. ¶ disappearance from home 가출.

‡dis·ap·point [dìsəpɔ́int] vt. 1 …을 실망시키다, …의 기대에 어긋나다 (* 종종 수동형으로 형용사적으로 쓰인다). ¶ His speech disappointed us. 그의 연설은 우리들을 실망시켰다 / How much disappointed she will be! 그녀는 얼마나 낙심하겠는가 // be disappointed with the result of an examination 시험의 결과에 낙담하다 / be disappointed in a person (a thing) 어떤 사람(사물)에 실망하다 / I was disappointed at his failure. 그가 실패했다는 소식을 듣고 나는 실망했다 / ¶ (~+that 젤) She was deeply disappointed that he had gone out. 그녀는 그가 외출하여 없었기 때문에 크게 실망했다. 2 (희망·약속 따위)를 저버리다, (계획)을 깨다; …을 방해하다. ¶ be disappointed of one's expectation 기대가 어긋나다 // The bad weather disappointed their plan. 날씨가 나빠서 그들의 계획을 어긋나고 말았다. ◇ disappóintment n.

dis·ap·point·ed [dìsəpɔ́intid] adj. 실망한, 기대(희망)가 어긋난, 낙심한. ~·ly adv.

*dis·ap·point·ing [dìsəpɔ́intiŋ] adj. 실망시키는, 기대에 어긋나는, 헛된. ~·ly adv.

‡dis·ap·point·ment [dìsəpɔ́intmənt] n. 1 ⓤ 실망, 실의, 낙담, 실의(실망)의 상태, 기대가 어긋난 상태. ⇨ DESPAIR [類語] ¶ His kind words softened my disappointment. 그의 친절한 말에 나의 실망이 누그러졌다 / disappointment in love 실연. 2 실망 거리, 실망의 원인, 의외로 보잘것없는 것이나 사람. ¶ His new novel was a disappointment. 그의 새 소설은 실망을 안겨주었다. to one's disappointment 낙심천만하게도. to save disappointment 나중에 실망하지 않도록. ◇ disappóint v.

dis·ap·pro·ba·tion [dìsæpro(u)béi(ǝ)n] n. = disapproval.

dis·ap·pro·ba·tive [dìsǽpro(u)bèitiv] adj. = disapprobatory.

dis·ap·pro·ba·to·ry [dìsæpro(u)bətɔ̀:ri/-beit(ǝ)ri] adj. 불만의 뜻(비난)을 나타내는, 불찬성의, 비난의.

*dis·ap·prov·al [dìsəprú:v(ǝ)l] n. ⓤ 불찬성, 부동의 (不同意), 불만; 부인; 비난. ◇ disappróve v.

*dis·ap·prove [dìsəprú:v] v. (-proved, -prov·ing) vt. 1 …을 비난하다, 안좋다고 하다, …에 불만을 나타내다. ¶ They disapproved carelessness in him. 그들은 그의 부주의를 비난했다. 2 …을 인가하지 않다, 부인하다. ¶ The court disapproved the verdict. 법정은 그 평결을 부인했다. — vi. 불찬성을 제기하다, 찬성하지 않다, 안좋다고 하다. ¶ (~+젠+몡) Christian ethics disapprove of suicide. 기독교 도덕은 자살을 부정한다. ◇ disappróval n.

dis·ap·prov·ing·ly [dìsəprú:viŋli] adv. 불찬성의 뜻을 나타내어; 비난하여, 불만을 나타내어.

*dis·arm [disɑ́:rm, diz-] vt. 1 …의 무기를 빼앗다, 무장을 해제하다. ¶ (~+젠+젠+몡) disarm a person of …을 남에게서 빼앗다. 2 (적이·의문 따위)를 풀다, 누그러뜨리다; (위험 따위)를 제거하다, …을 해가 없도록 하다. ¶ His smile disarmed her. 그의 웃음을 보고 그녀의 기분이 풀어졌다. — vi. 무장을 해제하다, 군비를 축소하다. ◇ disármament n.

*dis·ar·ma·ment [disɑ́:rməmənt, diz-] n. ⓤ 무장해제; 군비 철폐, 군비 축소. ¶ a disarmament conference 군축(軍縮) 회의. 「위원회.

Dis·árm·a·ment Com·mìs·sion n. [UN의] 군축

dis·arm·ing [disɑ́:rmiŋ,diz-] adj. [상대의] 적의(敵意) (의혹)를 푸는. ~·ly adv.

dis·ar·range [dìsəréindʒ] vt. (-ranged, -rang·ing) …을 어지럽히다, 혼란시키다(disorder).

dis·ar·range·ment [dìsəréindʒmənt] n. ⓤ 난맥, 혼란, 무질서.

dis·ar·ray [dìsəréi] vt. 1 …을 어지럽히다, 난잡하게 하다, 혼란시키다. 2 …의 옷을 벗기다. — n. ⓤ 1 난맥, 혼잡, 무질서. ¶ in disarray 혼란해져, 어지럽게 되섞여. 2 초라하지 못한 복장.

dis·ar·tic·u·late [dìsɑ:rtíkjulèit / dìs-] vt., vi. (-lat·ed, -lat·ing) 분해하다; 탈구(脫臼)하다(시키다).

dis·ar·tic·u·la·tion [dìsɑ:rtìkjuléi(ǝ)n] n. ⓤ 1 분해. 2 [의학] 관절 탈구.

dis·as·sem·ble [dìsəsémbl] vt. (-bled, -bling) …을 분해하다, 해체하다, 뜯어내다.

dis·as·sem·bly [dìsəsémbli] n. ⓤ 분해(된 상태).

dis·as·so·ci·ate [dìsəsóuʃièit, -si-] vt. (-at·ed, -at·ing) =dissociate. 「ciation.

dis·as·so·ci·a·tion [dìsəsòuʃiéi(ǝ)n] n. = disso-

‡dis·as·ter [dizǽstər / -zɑ́:s-] n. ⓤ 1 천재(天災), 재앙, 재해. 2 불행, 재난, 참사(unfortunate event).

[類語] disaster 갑자기 닥쳐온 예기치 못한 재난·불행, 그릇되어 판단 또는 외적 요인으로 재산·생명·지위 따위를 잃게 하는 것: a natural disaster 천재. calamity 고통·슬픔을 강조하는 말: the calamity of losing one's child in an accident 사고로 자식을 잃게 된 재앙. catastrophe 아주 비극적인 결말; 회복이 불가능한 파멸·손실을 강조하는 말: the catastrophe of a defeat in war 패전의 비극.

3 ⓤ《페어》전체의 불길한 상(相). ◇ disástrous adj.

disáster àrea n. [홍수·지진 따위의] 피해 지역.

*dis·as·trous [dizǽstrəs / -ɑ́:s-] adj. 1 재해의, 비참한(calamitous); 파괴적인; 불행한. 2 [고어] 불길한, 흉조의. ~·ly adv. disáster n.

dis·a·vow [dìsəváu] vt. …을 부인하다, 거부하다 (deny); …을 모른다고 말하다.

dis·a·vow·al [dìsəváuəl] n. ⓤⓒ 부인, 거부(denial).

dis·band [disbǽnd] vt. 1 [조직]을 해산하다. 2 (군대)를 해체시키다. (군대)를 제대시키다. — vi. 해산하다, 제대하다. 「대.

dis·band·ment [disbǽndmənt] n. ⓤ 해산; 해체, 제

dis·bar [disbɑ́:r] vt. (-barred, -bar·ring) [법률] …에게서 변호사의 자격(특권)을 박탈하다.

dis·bar·ment [disbɑ́:rmənt] n. ⓤ 변호사의 자격(특권) 박탈.

*dis·be·lief [dìsbilí:f, +英ː-ː] n. ⓤ 1 불신, [교리 등에 대한] 의혹. 2 믿지 않음, 신앙의 거부. ¶ disbelief in God 신[의 존재]을 믿지 않음.

dis·be·lieve [dìsbilí:v] v. (-lieved, -liev·ing) vt. …을 믿지 않다, 의심하다. ¶ I disbelieve the news 그 뉴스를 믿지 않다. — vi. 신용하지 않다, 의심하다. ¶ disbelieve in ghosts 유령[의 존재]를 믿지 않다.

dis·be·liev·er [dìsbilí:vər] n. 믿지 않는 사람, 회의하는 사람; 신앙이 없는 사람.

dis·bench [disbéntʃ] vt. 《英》…에게서 법학원(Inn of Court) 이사의 자격을 박탈하다. 「는 일.

dis·ben·e·fit [disbénəfit] n. 은혜가 되지(덕 되지) 않

dis·bound [disbáund] adj. [책 따위가] 낱낱이 풀린.

dis·branch [disbrǽntʃ / -brá:ntʃ] vt. **1** …에서 가지를 치다, …의 가지를 치다. **2** …을 잘라내다, 치다, 깎다(cut off).

dis·bud [disbʌ́d] vt. (-bud·ded, -bud·ding) …에서 [여분의] 싹(눈)을 따다.

dis·bur·den [disbə́:rdn] vt. **1** …에서 짐을 내리다(unload). **2** [마음의 짐]을 덜다, (근심·고통 따위)를 없애다(relieve). ¶ *disburden* one's care 근심을 덜다 (벗다) // *disburden* a person of care 남의 근심거리를 없애주다 / *disburden* oneself of a secret 비밀을 털어놓다 / *disburden* one's anger upon another 남에게 화풀이 하다. — vi. 짐을 부리다; [마음의] 짐을 벗다, 안심하다. ¶ *disburden* of ornament 장식을 제거하다.

dis·burse [disbə́:rs] vt., vi. (-bursed, -burs·ing) 지불하다.

dis·burse·ment [disbə́:rsmənt] n. ⓤ 지불. **2** 지불금.

*****disc** [disk] n., vt. =disk.

disc- ⇒ DISCI-.

disc. 《略》 discount; discovered.

dis·cal [dískəl] adj. 원반의; 원반 모양의.

dis·calced [diskǽlst] adj. 신발을 신지 않은, 맨발의 (barefoot).

dis·cant [diskǽnt, ≠-] n., vi. =descant.

*****dis·card** [diskɑ́:rd → n.] vt. **1** [불필요한 것]을 버리다; (남)을 저버리다, 해고하다(dismiss). ¶ *discard* friends 친구를 저버리다 / *discard* prejudices 편견을 버리다 / *discard* money for name 돈을 버리고 명예를 취하다. **2** [카드놀이] [소용없는 패]를 버리다. — vi. [카드놀이] 소용없는 패를 버리다.
— n. [dískɑ:rd] **1** ⓤ 포기; 해고. ¶ be in the *discard* 버림받고 있다. **2** 버림받은 것(사람). ¶ go into the *discard* 스러지다 / throw… into the *discard* 《美》…을 포기하다. **3** ⓤ [카드놀이] 카드(패)를 버림; ⓒ 버린 패.

*****dis·cern** [dizə́:rn, disə́:rn] vt. **1** [눈·귀로] …을 분명히 인식하다, 구별(식별)하다, [뚜렷이] 분간하다. ¶ I instantly *discerned* her among the audience. 청중 속에 있는 그녀의 얼굴을 곧 알아볼 수 있었다. **2** …을 깨닫다, 판별하다, …을 확인하다; …을 구별하다, 식별하다(distinguish) (…*from*). ¶ *discern* a deep meaning of life 인생의 깊은 의미를 알아차리다 // (~+图+몝+圀) *discern* good *from* bad 선악을 판별하다. — vi. 차이를 알다(인정하다), 식별하다. ¶ (~+图+몝+圀) *discern* between the true and the false 참과 거짓을 식별하다. ◇ discérnment n.

dis·cern·i·ble [dizə́:rnəbl, -sə́:r-] adj. 분간할 수 있는, 구별(식별, 인식)할 수 있는. **-bly** adv.

dis·cern·ing [dizə́:rniŋ, -sə́:r-] adj. 통찰력이 있는, 식별력이 있는, 명민한, 분별있는. ¶ a *discerning* critic 식견이 날카로운 비평가. **~ly** adv.

dis·cern·ment [dizə́:rnmənt, -sə́:r-] n. ⓤ 식별, 인식, 분별. **2** 명민, 안식, 식별력.

dis·cerp·ti·ble [disə́:rptibl, -zə́:r-] adj. 분리(분열)할 수 있는.

‡**dis·charge** v. [distʃɑ́:rdʒ → n.] (-charged, -charg·ing) vt. **1** [배]에서 짐을 내리다, [뱃짐 따위]를 부리다(unload); [승객]을 하선시키다, 상륙시키다. ¶ (~+图+몝+圀) *discharge* a ship *of* its cargo 배에서 짐을 부리다.
2 …을 발사하다, 쏘다(shoot). ¶ *discharge* a missile 미사일을 발사하다.
3 [물 따위]를 배출하다(pour forth), 퍼내다, [연기 따위]를 뿜어내다. ¶ *discharge* polluted water 오수(汚水)를 배출하다 / *discharge* a volley of oaths 악담을 마구 퍼붓다 / The company *discharges* its wastes in the river. 그 회사는 폐기물을 강에 배출한다.
4 …을 해방시키다(relieve), …의 책임을 면하게 하다. ¶ (~+图+몝+圀) be *discharged of* one's suspicion 의혹이 풀리다 / *discharge* a person *from* a debt 부채를 면제하다.
5 [의무·약속·직무 따위]를 이행(수행)하다. ⇒ DO 類語 ¶
6 …을 해고하다, 면직시키다. ⇒ DISMISS 類語 ¶ *discharge* a housemaid 가정부를 해고하다.
7 …을 방면(放免)하다, 석방하다(release); 제대시키다, 퇴원시키다. ¶ (~+图+몝+圀) *discharge* a patient *from* hospital 환자를 퇴원시키다.
8 [빚 따위]를 갚다, 상환하다(pay).
9 [법률] …을 취소하다, 무효로 하다(cancel). ¶ *discharge* a court order 법정의 명령을 취소하다.
10 [전기] [전지 따위]를 [전기]를 방전하다.
11 [염색] …을 표백하다, [색]을 빼다.
12 [건축] [중력]을 균등하게 배분하다, [압력]을 덜어— vi. **1** 짐을 내리다(부리다), 양륙하다(unload). **2** 짐을 인도하다. **3** 배출하다, 유출하다(pour forth), [상처에서] 고름이 나오다, [강이] 흘러들다. **4** [잉크·색 따위]가 번지다(blur). **5** [총·대포 따위]가 발사하다. **6** [전기] 방전하다.
— n. [dístʃɑ:rdʒ] n. **1** ⓤ 짐부리기, 양륙(unloading). **2** 발포, 발사; 폭발(explosion). **3** 방출, 배출, 유출(emission). **4** 방출량(量). **5** 배설물, 유출물. **6** [법률] a) 면소(免訴); 면제. b) [법정 영장 따위의] 취소. c) 석방. **7** [의무·책무 따위의] 이행, 집행(performance). ¶ He did his best in the *discharge* of his duties. 그는 직무 완수에 최선을 다했다. **8** ⓤ [채무의] 상환, 결제(payment). **9** ⓤⓒ 해고(dismissal); 해임; 제대. **10** [의무 따위의] 소멸 증서; 석방 영장; 제대 증명서; 지불 증서. **11** ⓤ [전기] 방전. **12** [염색] 표백제.

dis·charge·a·ble [distʃɑ́:rdʒəbl] adj. **1** 짐을 부릴 수 있는, 양륙할 수 있는. **2** 발사할 수 있는. **3** 배출할 수 있는, 유출 가능한. **4** 해방시킬 수 있는. **5** 이행할 수 있는. **6** 해고할 수 있는. **7** [전기] 방전이 가능한.

dis·char·gee [distʃɑ:rdʒí:] n. 소집 해제자.

dis·charg·er [distʃɑ́:rdʒər] n. **1** 짐부리는 사람, 짐부리는 기계. **2** 발포자. **3** 배출 장치. **4** 이행자. **5** 해고(해제)하는 사람. **6** 제대 명령(증명)서. **7** [전기] 방전 장치; 방전자(放電子). **8** [염색] 표백제.

dísc hárrow n. 원판(圓板) 쟁기 [트랙터용 농기구].

dísc híller n. 원반형 북주는 기계 [작물의 뿌리에 북주기 위한 농기구].

disci [dísai / dískai] n. discus의 복수형의 하나.

disci-, disco- disk 라는 뜻의 연결형 (※ 모음 앞에서는 disc- 를 쓴다). 예: *disci*floral, *disc*oid.

*****dis·ci·ple** [disáipl] n. **1** [성서] 그리스도 제자의 한 사람; 그리스도 12사도의 한 사람. **2** 그리스도의 신자. **3** 제자, 문하생, 문인; 신봉자, 신도. ⇒ FOLLOWER 類語 — vt. (-pled, -pling) **1** [고어] …을 제자(신도)로 삼다. **2** [폐어] …에게 가르치다(teach); …을 훈련시키다(train); …을 벌하다(punish).

dis·ci·ple·ship [disáiplʃip] n. ⓤ 제자(문하생)로서의 신분(기간).

dis·ci·plin·a·ble [dísiplinəbl, +美 -≟- ≟] adj. **1** 가르칠 수 있는, 훈련시킬 수 있는. **2** 벌받아야 할.

dis·ci·pli·nar·i·an [dìsiplinέ(:)riən / -nέər-] n. 훈련주의자, 규율주의자, 규율에 엄한 사람, 엄격한 교사. — adj. =disciplinary.

dis·ci·pli·nar·y [dísiplinèri / -nəri] adj. **1** 훈련의, 훈련상의. **2** 규율의, 규율상의. **3** 징계의, 징벌의. ¶ *disciplinary* measures 징벌 수단.

‡**dis·ci·pline** [dísiplin] n. **1** ⓤ 훈련, 단련(training). ¶ They are in need of mental *discipline*. 그들에게는 지적 훈련이 필요하다. **2** ⓤ 규율, 훈육, 풍기; 자제, 제어. ¶ moral *discipline* 도덕적 훈육 / military *discipline* 군의 기율 / enforce *discipline* 규율을 지키게 하다 / keep one's passions under *discipline* 격정을 억제하다 / His men are under perfect *discipline*. 그의 부

하는 규율을 잘 지킨다. **3** ⓤ [훈육을 위한] 징벌, 제재 (punishment). ¶ *discipline* with the rod 매질에 의한 징계. **4** 훈련법, 수양법. **5** 종파(宗派), 계율. **6** 학과; 학문의 부문(분야). — *vt.* (**-plined, -plin·ing**) **1** …을 훈련(훈육)하다. **2** …을 징계하다. ¶ (~+图+前+名) *discipline* one's son *for* dishonesty 아들이 정직하지 않다고 벌주다. ◇ **dís·ciplinary** *adj.*

dísc jòckey *n.* =disc jockey.

dis·claim [diskléim] *vt.* **1** (책임 따위)를 부인(거부)하다, (권리 따위)를 부정하다(deny). ¶ *disclaim* participation in a plot 음모에 가담했다는 것을 부인하다. **2** [법률] (청구권 따위)를 포기하다. — *vi.* [법률] 청구권을 포기하다.

dis·claim·er [diskléimər] *n.* **1** 부인, 거부, 거절; 포기, 기권. **2** 포기자, 부인자. [포기.

dis·cla·ma·tion [dìskləméiʃ(ə)n] *n.* ⓤ 부인, 거부.

dis·cli·max [diskláimæks] *n.* ⓤ [생태] 방해 극상(妨害極相) [어떤 지역에 형성된 생물 사회의 안정 상태(climax)가 인간의 경작이나 방목 따위로 변화를 겪어 다시 생긴 별개의 안정 상태].

‡**dis·close** [disklóuz] *vt.* (**-closed, -clos·ing**) **1** (비밀 따위)를 폭로하다, 들추어내다, 적발하다, 밝혀내다. ⇨ REVEAL 類語. ¶ (~+图+前+名) He *disclosed* the secret *to* his friend. 그는 친구에게 비밀을 털어놓았다. **2** …의 덮개를 벗기다(uncover), (숨은 것)을 노출시키다, 들추어내다. **3** (페어) …을 열다.
◇ **disclósure** *n.*

dis·clos·er [disklóuzər] *n.* **1** 적발자, 폭로하는 사람.

*****dis·clo·sure** [disklóuʒər] *n.* ⓤ **1** 적발, 폭로, 발각, 탄로(revelation). ¶ the *disclosure* of a fraud 사기의 발각. **2** 폭로된 것, (털어놓는) 비밀 이야기. **3** 특허 출원시의 설명서.

make a disclosure of …을 폭로하다.

dis·co [dískou] *n.* =discothèque.

disco- =disci-.

dis·cob·o·lus [diskáb(ə)ləs / -kɔ́b-] *n.* (*pl.* **-li** [-lài]) **1** [고대의] 투원반 선수(discus thrower). **2** (D-) 그리스의 조각가 Myron 이 새긴 투원반 선수의 조상(彫像). [<L <Gk]

dis·coid [dískɔid] *adj.* **1** 원반 모양의. **2** [식물] 두상화(頭狀花)의] 화반(花盤)의. — *n.* 원반 모양의 물건.

dis·coi·dal [diskɔ́idəl] *adj.* =discoid. [건.

dísco jòckey *n.* 《美》 디스코 자키[디스코에서 음악을 트는 사회자].

dis·col·or, (英) -our [diskʎlər] *vt.* …을 변색시키다, …의 색을 더럽히다. — *vi.* 변색하다, 더럽혀지다, 퇴색하다.

dis·col·or·a·tion, (英) -our- [diskʎləréiʃ(ə)n] *n.* **1** ⓤ 변색, 퇴색. **2** ⓒ 얼룩, 오점(stain).

dis·col·or·ment, (英) -our- [diskʎlərmənt] *n.* = discoloration.

dis·com·bob·u·late [dìskəmbábjulèit / -bɔ́b-] *vt.* (**-lat·ed, -lat·ing**) 《美구어》 …을 혼란시키다, 당황시키다.

dis·com·fit [diskʎmfit] *vt.* **1** …을 타파하다, 패퇴시키다(rout). **2** …의 계획(희망)을 좌절시키다, …을 훼방하다, **3** …을 당황케 하다, 허둥거리게 하다. — *n.* ⓤⓒ (고어) 패배; 패주.

dis·com·fi·ture [diskʎmfitʃuər, -tʃər / -tʃə] *n.* ⓤⓒ **1** 패배(defeat), 패주(rout). **2** 계획(소망)의 좌절(실패). **3** 당황, 혼란(confusion).

*****dis·com·fort** [diskʎmfərt] *n.* **1** ⓤ 불쾌, 불안(uneasiness); 고통(pain). **2** ⓒ 불쾌한 점, 불편(inconvenience), 곤란. ¶ undergo many *discomforts* 갖가지 고란을 겪다. — *vt.* …의 행복(안락)을 방해하다; …을 불쾌 (불안)하게 하다.

discómfort índex *n.* (=**Témperature-humídity índex**) 불쾌 지수[略 DI].

dis·com·mode [dìskəmóud] *vt.* (**-mod·ed, -mod·ing**) …에게 불편을 끼치다; …을 괴롭히다, 난처하게 하다(trouble).

dis·com·mon [diskámən / -kɔ́m-] *vt.* **1** (Oxford, Cambridge 대학에서) (상인)에게 재학생과의 거래를 금지하다. **2** [법률] (공유지(公有地)]의 공유권(입회권)을 박탈하다.

dis·com·mons [diskámənz / -kɔ́m-] *vt.* 《英 대학》 **1** (학생)에게 공동 식탁에 앉을 권리를 박탈하다. **2** = discommon 1.

dis·com·poes [dìskəmpóuz] *vt.* (**-posed, -pos·ing**) **1** …의 질서(위치, 상태)를 흐트러뜨리다; …을 어지럽히다(disarrange). **2** …을 교란하다(agitate); …을 당황케 하다. ⇨ DISTURB 類語

dis·com·posed [dìskəmpóuzd] *adj.* 침착성을 잃은 (disordered), 마음이 뒤숭숭한.
-pos·ed·ly [-póuzidli] *adv.*

dis·com·pos·ing·ly [dìskəmpóuziŋli] *adv.* 침착성을 잃을 만큼, 마음이 뒤숭숭해지도록.

dis·com·po·sure [dìskəmpóuʒər] *n.* ⓤ 마음의 동요 (혼란), 불안, 당황, 곤혹.

*****dis·con·cert** [dìskənsə́:rt] *vt.* **1** …을 침착성을 잃게 하다; …을 당황하게 하다, 절절매게 하다. ⇨ EMBARRASS 類語 **2** …을 혼란시키다, 어지럽히다(confuse). **3** (계획 따위)를 뒤집어서 엎다(upset). ◇ **disconcértment** *n.*

dis·con·cert·ed [dìskənsə́:rtid] *adj.* 당황한(confused), 혼란한, 불안한(uneasy). **~·ly** *adv.*

dis·con·cert·ing·ly [dìskənsə́:rtiŋli] *adv.* 당황하도록, 혼란을 일으키도록. [안, 좌절.

dis·con·cer·tion [dìskənsə́:rʃən] *n.* 마음의 동요, 불

dis·con·cert·ment [dìskənsə́:rtmənt] *n.* ⓤ **1** 당황, 혼란, 곤혹, 불안, 심란. **2** 교란, 좌절.

dis·con·form·i·ty [dìskənfɔ́:rmiti] *n.* **1** ⓤ (고어) 불일치, 부순종(*to, with*…). **2** [지질] 평행 부정합(不 [付不整合).

dis·con·nect [dìskənékt] *vt.* …의 연락(접속)을 끊다, …을 차단하다, 분리시키다(detach). ¶ *disconnect* an appliance *from* the source of power 장치의 동력원을 끊다 / *disconnect* oneself *from* …과의 관계를 끊다. — *vi.* 멀리하다, 손을 떼다, 물러서다.

dis·con·nect·ed [dìskənéktid] *adj.* **1** 따로따로 떨어진, 접속이 끊어진, 분리된. **2** 지리멸렬이 된, 뒤죽박죽의(incoherent). **~·ly** *adv.* **~·ness** *n.*

dis·con·nec·tion [dìskənékʃ(ə)n] *n.* (* (英)에서는 보통 **dis·con·nex·ion** 으로 쓴다) *n.* ⓤ **1** 절단, 차단, 분리. **2** 지리멸렬, 앞뒤가 맞지 않음.

dis·con·so·late [diskánsəlit / -kɔ́n-] *adj.* **1** (마음의) 위안이 없는; 불행한; 적적한(forlorn), 마음 둘 곳 없는. **2** (장소·사물 따위가) 불쾌한; 즐거움이 없는; 음산한(gloomy). **~·ly** *adv.* **~·ness** *n.*

*****dis·con·tent** [dìskəntént] *adj.* 불만인, 불만스러운 (discontented) (*with*…). — *n.* **1** ⓤ불만, 불평; ⓒ 불만(불평)의 원인. ⇨ DISSATISFACTION 類語 ¶ popular *discontent* 민중의 불만[거리]. **2** 불만을 품은 사람, 불평하는 사람. — *vt.* …에 불만을 품게 (느끼게) 하다, …의 비위를 거슬리게 하다(*with*).
◇ **discontént·ment** *n.*

*****dis·con·tent·ed** [dìskənténtid] *adj.* 불만인, 불평을 품은, 불만(불평)이 있는(*with*…). ¶ be *discontented with* …에 불만을 품고 있다. **~·ly** *adv.* **~·ness** *n.* [평.

dis·con·tent·ment [dìskənténtmənt] *n.* ⓤ 불만, 불

dis·con·tig·u·ous [dìskəntígjuəs] *adj.* 접촉(인접)해 있지 않은.

dis·con·tin·u·ance [dìskəntínjuəns] *n.* **1** ⓤ 중단, 중절(中絶); 중지, 정지, 단절(cessation); 폐지. **2** [법률] 소송(점유)의 취하. [continuance.

dis·con·tin·u·a·tion [dìskəntìnjuéiʃ(ə)n] *n.* = dis-

*****dis·con·tin·ue** [dìskəntínju:] *v.* (**-tin·ued, -tin·u·ing**) *vt.* **1** (계속하고 있는 것)을 중지(정지)하다, 그 만두다; …을 중단하다. ⇨ STOP 類語 ¶ *discontinue*

discontinuity / **discredit**

smoking 담배를 끊다. **2** 〔신문 따위〕를 계속해서 구독하는 것을 중단하다. ¶ *discontinue* a newspaper 신문의 구독을 중단하다. **3** 〔법률〕〔소송 따위〕를 취하하다 (terminate). — *vi.* 중단되다, 중지되다.
◇ discontínuance, discontinuátion, discontinúity *n.*, discontínuous *adj.*

*dis·con·ti·nu·i·ty [dìskəntin(j)ú:iti, -----/diskɔ̀ntinjú:-] *n.* (*pl.* **-ties**) **1** ⓤ 불연속[성], 중단, 단절. **2** 끊어짐. **3** ⓤ〔수학〕단속 함수.

dis·con·tin·u·ous [dìskəntínjuəs] *adj.* 불연속의, 중단된(interrupted); 단속성(斷續性)의.
~·ly *adv.* **~·ness** *n.*

dis·co·phile [dískəfàil] *n.* 레코드 애호가(phonophile); 레코드 수집가(연구가).

*dis·cord *n.* [dískɔːrd → *v.*] **1** ⓤ 부조화, 불일치, 불화, 알력, 내분(disagreement). *cf.* harmony ¶ international *discord* 국제적 불화 // *discord between* (among) …간의 알력(불화) / The eldest son is in *discord with* his parents. 장남은 양친과 사이가 나쁘다. **2** ⓤⓒ 의견의 불일치(차이); 다툼, 논쟁(conflict). **3** ⓤⓒ〔음악〕불협화, 불협화음(dissonance). *opp.* concord **4** ⓤ 소음, 귀에 거슬리는 소리.
the apple of discord ⇨ APPLE.
— *vi.* 조화되다, -/-·-] **1** 조화되지 않다, 사이가 좋지 않다, 상위하다(*with, from*...). **2** 〔음악〕협화하지 않다. **3** 〔소리가〕귀에 거슬리다.
◇ discórdance, discórdancy *n.*, discórdant *adj.*

dis·cord·ance [diskɔ́ːrdns] *n.* ⓤ **1** 부조화, 불일치, 불화. **2** 〔음악〕불협화[음]. **3** 〔지질〕지층의 부정합(不整合).

dis·cord·an·cy [diskɔ́ːrdnsi] *n.* =discordance.

dis·cord·ant [diskɔ́ːrdnt] *adj.* **1** 일치하지 않는, 조화되지 않는; 〔의견 따위가〕맞지 않는, 충돌하는; 사이가 좋지 않은(disagreeing). ¶ *discordant* opinions 여러 다른 의견. **2** 〔소리가〕귀에 거슬리는(harsh). **3** 〔음악〕불협화음의. ¶ a *discordant* note 불협화음. **4** 〔지질〕부정합(不整合)의. **~·ly** *adv.*

dis·co·thèque [dískətèk] *n.* 디스코테크〔레코드에 맞추어 춤을 추는 나이트 클럽〕.

‡**dis·count** [dískaunt, -́ →] *n., vt.* **1** 〔일정액〕을 감하다, 할인하다. **2** …을 할인 가격으로 팔다. **3** …을 줄잡아 듣다(생각하다); …을 고려에 넣지 않다, 도외시하다, 무시하다(disregard). ¶ I *discount* a great deal of this story. 나는 이 이야기를 별로 믿지 않는다. **4** …의 가치(효과)를 잃다(감하다). **5** 〔어음 따위를 담보로〕…에게 선이자를 떼고 돈을 대부하다; 〔어음 따위를〕(이자 공제로) 사다(팔다). ¶ *discount* a bill for early payment 조기 지불의 어음을 할인하다.
— *vi.* 이자를 할인해서 대부하다.
— *n.* [dískaunt] ⓤⓒ **1** 할인; 할인액, 이자액; 이자율. ¶ sell at 20% *discount* 2할 할인으로 팔다 // allow (or make) a *discount* of 10% *off* (or on) the fixed prices 정가에서 10% 할인하다. **2** 〔비유적〕참작, 줄여잡기(에누리하기). **3** 〔액면 가치의〕감소; 〔대부금의〕선이자. **4** 〔당구〕할인 접수.
at a discount ① 〔상업〕〔액면 이하로〕할인하여. ② 중요시되지 않는, 인기가 떨어져, 평판이 나쁜. ¶ Cameras of this type are *at a discount*. 이 종류의 카메라는 평판이 나쁘다. ③ 수요율이 낮아 쉽게 구할 수 있는. ④ 〔과장·편견 따위로 인해〕액면대로 받아들여지지 않아, 줄잡아, 에누리해서. ¶ Her account was taken *at a discount* by her friends. 친구들은 그녀의 이야기를 에누리해서 들었다. 〔있는.

dis·count·a·ble [dískauntəbl, -́---] *adj.* 할인할 수

díscount bànk *n.* 〔어음 따위를 할인을 주요 업무로 하는〕할인 은행.

díscount bròker *n.* 어음 할인 중개인.

díscount còmpany *n.* 《미구어》 채권 결제을 할인 하는 회사.

dis·coun·te·nance [diskáuntinəns] *vt.* (**-nanced, -nanc·ing**) **1** …을 당황하게 하다, 무안하게 하다 (disconcert); …에게 창피를 주다(abash). **2** …에 찬성하지 않다, 반대하다, 못마땅한 얼굴을 하다 (disapprove). — *n.* ⓤ 불찬성, 반대(disapproval).

dis·count·er [dískauntər, -́---] *n.* 할인 판매점(discount house)의 경영자.

díscount hòuse *n.* 할인 상점, 염가 판매점.

díscount màrket *n.* 할인 시장 〔어음 할인으로 단기 융자를 하는 금융 시장〕.

díscount ràte *n.* 〔재정〕어음 할인율; 〔경제〕〔중앙 은행의〕재할인율.

díscount stòre *n.* 할인(염가) 판매점.

‡**dis·cour·age** [diskə́ːridʒ /-kʌ́r-] *vt.* (**-aged, -ag·ing**) **1** …의 용기를 잃게 하다; …을 낙담시키다 (dishearten). *opp.* encourage ¶ be *discouraged* at the news 그 소식을 듣고 낙담하다 / Don't be *discouraged*. 낙담하지 마라. **2** 〔계획·사업 따위〕를 못하게 말리다; …을 방해하다, 훼방하다(prevent). ¶ *discourage* all attempts at study 공부하려는 모든 계획을 방해하다 // (~+㉠+㈀+㉠) *discourage* a person *from* doing …하지 말도록 남을 말리다. **3** …에 불찬성의 뜻을 나타내다. ◇ discóuragement *n.*

*dis·cour·age·ment [diskə́ːridʒmənt /-kʌ́r-] *n.* ⓤ **1** 낙담시키기; 〔못하게〕말리기, 만류. **2** 의기소침, 낙담, 실망, 실의. =DESPAIR 〔類語〕 to one's *discouragement* 낙심스럽게도. **3** ⓒ 기를 꺾는 것; 지장, 방해, 장애.

dis·cour·ag·ing [diskə́ːridʒiŋ /-kʌ́r-] *adj.* 낙담시키는; 비관적이는, 기를 꺾는, 가망이 희박한. **~·ly** *adv.*

*dis·course [dískɔːrs, -́ -/diskɔ́ːs, -́ - //→ *v.*] *n.* **1** ⓤ 이야기, 담화. **2** 강연(lecture), 설교; 논설, 논문 (*on, upon*...). ¶ a *discourse on* modern Korean literature 현대 한국 문학에 관한 강연(논문). **3** ⓤ〔문법〕화법(narration); ⓤⓒ〔언어〕담화(utterance 담화)의 연속체〕. — *v.* [diskɔ́ːrs /-kɔ́ːs] (**-coursed, -cours·ing**) *vi.* **1** 이야기하다, 담화하다(talk). **2** 강연 (설교)하다; 논술하다(*on, upon, of*...). ¶ (~+㉠+㈀) *discourse upon* international affairs 국제 문제에 대하여 강연(논술)하다. — *vt.* 〔음악〕을 연주하다.

dis·cour·te·ous [diskə́ːrtiəs, +英 -kɔ́ː-] *adj.* 실례의, 무례한; 버릇없는. ⇨ RUDE 〔類語〕
~·ly *adv.* **~·ness** *n.*

dis·cour·te·sy [diskə́ːrtisi, +英 -kɔ́ː-] *n.* (*pl.* **-sies**) **1** ⓤ 무례, 실례, 버릇없음. *opp.* courtesy **2** 무례한 언행.

‡**dis·cov·er** [diskʌ́vər] *vt.* **1** …을 발견하다; …을 깨닫다, 알다(realize). ¶ *discover* radium 라듐을 발견하다 / *discover* a plot 음모를 알아 내다 // (~+㉠+*to be*) His love was *discovered to be* false. 그의 사랑은 거짓이었음을 알았다 // (~+〔*that*〕 節) He *discovered* 〔*that*〕 he was late. 그는 늦었다는 것을 알아차렸다 // (~+*wh.* 節) I never *discovered where* he had died. 그가 어디서 죽었는지는 결코 알아 내지 못했다. **2** 《고어》 〔속성·감정 따위〕를 나타내다(disclose). ◇ discóvery *n.*

dis·cov·er·a·ble [diskʌ́vərəbl] *adj.* 발견할 수 있는, 알아차릴 수 있는; 〔효과 따위가〕인정될 수 있는.

*dis·cov·er·er [diskʌ́vərər] *n.* 발견자.

dis·cov·ert [diskʌ́vərt] *adj.* 《법률》 남편이 없는. * 미혼 여성·미망인·이혼녀 등에 쓰인다.

‡**dis·cov·er·y** [diskʌ́vəri] *n.* (*pl.* **-er·ies**) **1** ⓤ 발견; ⓒ 발견물. *cf.* invention ¶ make a new *discovery* 새로운 발견을 하다. **2** ⓤ《고어》탄로, 폭로(disclosure). **3** ⓤ〔법률〕〔진실·문서의〕강제 발표. **4** ⓤ〔극·시 따위의〕줄거리(구상) 전개(unfolding).
◇ discóver *v.*

Discóvery Dày *n.* 《美》=Columbus Day.

*dis·cred·it [diskrédit] *vt.* **1** …의 신용(평판)을 떨어

뜨리다, 신용(명성)에 손상을 입히다(disgrace). ¶ (~+圓+前+名) The divorce *discredited* them *with* the public. 그들은 이혼으로 말미암아 사회적으로 신용이 떨어졌다. **2** …을 믿지 않게 하다, …의 신빙성(진실성)을 상실하게 하다. **3** …을 믿지(신용하지) 않다(disbelieve), 의심하다(doubt).

— n. [U] **1** 불신(용), 불신임, 의심(doubt). ¶ suffer *discredit* 의혹을 받다 / This fact brought his story into *discredit*. 이 사실 때문에 그의 이야기는 믿을 수 없게 되었다 ¶ throw (or cast) *discredit* on(or upon) …에 의혹을 품다. **2** 명성의 실추, 악평, 좋지 않은 평판, 인기없음. ¶ fall into *discredit* 평판이 떨어지다 // bring *discredit* on oneself 좋지 않은 평판을 초래하다. **3** 불명예, 면목없음, 망신(disgrace); [C] 악평을 초래하는 원인. ¶ He is a *discredit* to his family. 그는 자기 집안의 망신거리다.

dis·cred·it·a·ble [diskréditəbl] *adj.* 신용을 해칠만한, 나쁜 평판을 들을; 불명예스러운; 체면이 서지 않는, 면목이 없는. **-bly** *adv.*

***dis·creet** [diskríːt] *adj.* [사람이] 사려깊은, 분별이 있는(judicious); 신중한, 조심성 있는. ⇒ CAREFUL 類語 ¶ be *discreet* in word[s] 말을 삼가다. **~·ly** *adv.* **~·ness** *n.* ◇ discrétion *n.*

dis·crep·an·cy [diskrépənsi] *n.* [U][C] (*pl.* **-cies**) (진술·계산 따위의) 차이, 불일치(*in…*); 모순, 앞뒤의 어긋남(*between…*). ¶ *discrepancies* between one's words and action 언행의 불일치.

dis·crep·ant [diskrépənt] *adj.* 차이 있는, 일치하지 않는(*from…*); 앞뒤가 맞지 않는, 모순되는, 서로 어긋나는. ¶ be *discrepant from* …과 모순되다, 어긋나다. **~·ly** *adv.*

dis·crete [diskríːt] *adj.* **1** 분리된, 갈라져 있는(separate); 따로따로의(distinct). **2** 낱낱의 부분으로 된; [수학] 불연속적인(discontinuous). **3** [설학] 추상적인(abstract). **4** [의학] 분리성의. **~·ly** *adv.* **~·ness** *n.*

***dis·cre·tion** [diskré(ə)n] *n.* [U] **1** 판단(선택)의 자유, 자유 재량; 자기 판단력. ¶ in (or within) one's *discretion* 자신의 판단으로(판단에 맡겨져) / exercise (or use) one's own *discretion* 자신의 판단에 따라 적절한 조치를 취하다 / leave something to the *discretion* of …의 판단에 맡기다(일임하다). **2** 사려분별, 신중. ⇒ PRUDENCE 類語 ¶ a man of *discretion* 사려깊은 사람. ¶ [英] years (or the age) of *discretion* 분별 연령[英]에서는 법적으로 14세] / forget one's *discretion* 분별을 잃다 / act with *discretion* 신중하게 행동하다 / *Discretion* is the better part of valor. (속담) 신중은 용기의 대반이다; 군자는 위험한 일에 가까이 가지 않는다.

at discretion 임의로, 마음대로; 무조건. ¶ surrender *at discretion* 무조건 항복하다.

at the discretion of ; at one's discretion …의 소망대로, 좋을대로. ¶ He was given power to distribute the money *at his discretion*. 그는 자신의 재량으로 그 돈을 분배할 권한을 받았다.
◇ discréet *adj.*

dis·cre·tion·al [diskréʃən(ə)l] *adj.* =discretionary.
dis·cre·tion·ar·y [diskréʃənèri / -nəri] *adj.* 자유재량의; 임의의.

discrétionàry fúnd *n.* 특정인이 자기 재량으로 쓸 수 있는 기밀 자금[회사의 정치 헌금 따위의 자금].

discrétionàry íncome *n.* [경제] 재량 소득(가분 가능 소득에서 기초적 생활비를 공제한 잔액). **2** [마케팅] 자유 재량 소득, 지출 가능 소득.

dis·crim·i·nant [diskríminənt] *adj.* =discriminating. — *n.* [수학] 판별식(判別式).

***dis·crim·i·nate** [diskrímineit → *adj.*] *v.* (**-nat·ed, -nat·ing**) *vi.* **1** 차별 대우하다, 다르게 취급하다(treat differently). ¶ (~+前+名) *discriminate* in favor of …을 우대하다 / *discriminate* against a person 남을 냉대하다(차별 대우하다). **2** 구별을 인정하다, 분간하다, 식별(판별)하다. ⇒ DISTINGUISH 類語 ¶ (~+前+名) *discriminate* between right and wrong 옳고 그름을 구별하다 / *discriminate* among synonyms 동의어를 구별하다. — *vt.* **1** …을 구별하다, …의 구별(차이)을 인정하다, …을 식별하다, 분간하다(distinguish) (*…from*). ¶ (~+圓+前+名) *discriminate* one thing from another 갑과 을을 구별하다. — *adj.* [diskríminit] **1** [구별이] 명확한; 식별된. **2** 차별적인.

~·ly [-nitli] *adv.* ◇ discrimínátion *n.*, discríminative, discríminatory *adj.*

dis·crim·i·nat·ing [diskrímineitiŋ] *adj.* **1** 구별하는, 차별하는(differentiating); 분석적인(analytical). **2** 차별(구별)할 수 있는(distinguishing); 식별력이 있는(discerning), 판단력(감식력)이 뛰어난, 예리한. ¶ a *discriminating* taste in painting 그림에 대한 예리한 감식력. **~·ly** *adv.*

***dis·crim·i·na·tion** [diskrìminéi(ə)n] *n.* [U] **1** 구별, 식별, 판별, 분간. ¶ make a *discrimination* between right and wrong 옳고 그름을 구별하다. **2** 차별 대우. ¶ racial *discrimination* 인종적 차별. **3** 식별력, 판별력, 안식, 안목(discernment) (*in…*). **4** [C] 식별에 도움이 되는 것. ◇ discríminate *v.*, discríminative, discríminatory *adj.*

dis·crim·i·na·tive [diskrímineitiv, -nətiv] *adj.* **1** [물건의] 특성을 나타내는(distinctive), 특수한(characteristic). ¶ the *discriminative* features of men 십인십색(十人十色). **2** [사람이] 구별하는, 식별하는; 식별력(판별력)이 있는; 예민한(discerning). **3** 차별적인(differential). **~·ly** *adv.*

dis·crim·i·na·tor [diskrímineitər] *n.* **1** 차별(식별)하는 사람. **2** [전자공학] 판별 장치[주파수·위상 따위의 변화에 맞추어 진폭을 바꾸는 장치].

dis·crim·i·na·to·ry [diskrímin(ə)tò(ː)ri /-təri] *adj.* =discriminative.
=discriminative. 「되위키시다.

dis·crown [diskráun] *vt.* …의 왕관을 빼앗다; …을 **disct.** (略) discount.

dis·cur·sive [diskə́ːrsiv] *adj.* **1** [화제 따위가] 산만한, 두서 없는(digressive). **2** [철학] 추리(추론)적인. *opp.* intuitive. **~·ly** *adv.* **~·ness** *n.*

dis·cus [dískəs] *n.* (*pl.* **dis·cus·es** or **dis·ci**) **1** (경기용의) 원반. **2** (the ~) 원반 던지기, 투원반(discus throw).

‡**dis·cuss** [diskʌ́s] *vt.* **1** …을 검토하다, 심의하다; …을 토론하다(debate); …을 논의하다. ¶ measures *discussed* by the Cabinet 내각에서 토의된 안건들 // (~+圓+前+名) I *discussed* politics *with* them. 그들과 정치에 관해서 토론했다 // (~+*wh.* to do) *discuss* how to do it 그것을 어떻게 할 것인지 검토하다 // (~+*wh.* 節) We *discussed* what we should do after graduation. 우리는 졸업 후에 무엇을 할 것인지에 대해서 논의했다. **2** (고어·구어) [음식·음료]을 맛보다, 상미(賞味)하다. **3** (폐어) …을 밝히다(reveal). ◇ discússion *n.*

dis·cus·sant [diskʌ́snt] *n.* (심포지움 등의) 토론자.
dis·cuss·er [diskʌ́sər] *n.* 토의(토론)자, 검토자.
dis·cuss·i·ble [diskʌ́səbl] *adj.* 논의(토론)할 수 있는.

‡**dis·cus·sion** [diskʌ́(ə)n] *n.* **1** [U][C] 토의, 검토, 토론, 심의. ⇒ ARGUMENT 類語 ¶ a fruitless *discussion* 무익한 논쟁, 결말이 나지 않는 논의 / a hot *discussion* 열띤 토론 / a problem under *discussion* 심의 중인 문제 / invite *discussion* 토의해 주기를 청하다 / avoid further *discussion* 그 이상의 논의를 피하다 / be down for *discussion* 토의되고 있다. **2** 논문, 논고. **3** [U](구어) 상미(賞味).

díscus thròw *n.* (the ~) 원반 던지기, 투원반.
díscus thròwer *n.* 원반 던지기(투원반) 선수.

***dis·dain** [disdéin, diz-] *vt.* **1** …을 경멸하다, 멸시하다, 업신여기다. ⇒ DESPISE 類語 ¶ *disdain* flattery 아첨

disdainful 을 경멸하다. **2** …할 가치가 없다고 생각하다, …하는 것을 떳떳치 않게 여기다. ¶ (~ + to do) *disdain to* notice an insult 모욕 당하고도 괘념치 않다 // (~ + *ing*) They *disdained* shooting the unarmed fleeing men. 그들은 무기도 없이 도망치는 사나이들을 쏘는 일을 떳떳치 않게 여겼다. — *n.* ⓤ 경멸, 모멸(scorn); 경멸하는 빛, 거만(오만)한 태도. ¶ *disdain of* riches 부를 경멸하는 태도. ◇ *disdáinful adj.*

dis-dain-ful [disdéinfəl, diz-] *adj.* 경멸적인, 오만한. ¶ be *disdainful of* …을 경멸하다. ~**·ly** [-fəli] *adv.*

‡**dis·ease** [dizíːz] *n.* **1** ⓤⓒ [인간·동식물의] 병, 질병. ⇒ ILLNESS 類語 ¶ an acute (a chronic) *disease* 급성(만성)병/a family (*or* a hereditary) *disease* 유전병/catch a *disease* 병에 걸리다 / suffer from a *disease* 병들어 있다. **2** ⓤ [정신·도덕·사회 제도 따위의] 불건전한 상태, 퇴폐, 타락; 악폐. ¶ a social *disease* 사회적 결함, 사회악. — *vt.* (-eased, -eas·ing) …을 병에 걸리게 하다; …을 어지럽히다.

*****dis·eased** [dizíːzd] *adj.* **1** 병에 걸린, 병든. ¶ a *diseased* part 환부. **2** 병적인(abnormal).

diséase gérm *n.* 병원균(病原菌).

dis·e·con·o·my [dìsikánəmi / -kɔ́n-] *n.* (*pl.* -**mies**) 비경제, 불경제(弊濟).

dis·edge [dìsédʒ] *vt.* (-**edged, -edg·ing**) …의 모서리를 없애다; …을 무디게 하다(blunt).

dis·em·bar·go [dìsembáːrgou] *vt.* [선박의] 구류를 해제하다; 출(입)항 금지를 해제하다; 통상을 재개하다.

dis·em·bark [dìsembáːrk] *vt.* …을 양륙하다, 상륙시키다. — *vi.* 상륙하다(land). [륙; 상륙.

dis·em·bar·ka·tion [dìsembɑːrkéiʃən] *n.* 양륙;

dis·em·bar·rass [dìsembǽrəs] *vt.* [곤혹·걱정·부담 따위로부터] …을 해방시키다; [위험·궁지·고통 따위로부터] …을 구해내다, 한숨돌리다, 안심시키다(relieve). ¶ *disembarrass* a person *of* his trouble 남을 고통에서 벗어나게 하다.

dis·em·bar·rass·ment [dìsembǽrəsmənt] *n.* ⓤ 해방, 구출, 이탈.

dis·em·bod·i·ment [dìsembádimənt / -bɔ́d-] *n.* **1** [영혼 따위의] 육체로부터의 이탈. **2** [고어] 군대의 해산.

dis·em·bod·y [dìsembádi, -im- / -bɔ́di] *vt.* (-**bod·ied, -body·ing**) **1** [영혼 따위]를 육체로부터 분리시키다. ¶ a *disembodied* spirit 육체에서 분리된 영혼. **2** [고어] (군대)를 해산하다.

dis·em·bogue [dìsembóug] *v.* (-**bogued, -bogu·ing**) *vi.* [강 따위가 바다나 호수로] 흘러들다, 유출하다 (debouch) (*into*…). — *vt.* [강 따위가] [물]을 흘려보내다, 흘러 들어가게 하다(discharge) (…*into*).

dis·em·bogue·ment [dìsembóugmənt] *n.* 유출, 흘러듦.

dis·em·bos·om [dìsembúzəm, +美-búːz-] *vt.* **1** …을 밝히다, 누설하다(reveal). **2** [재귀용법] [비밀 따위]를 털어놓다 (…*of*). ¶ *disembosom* oneself *of* a secret 비밀을 털어놓다.

dis·em·bow·el [dìsembáuəl] *vt.* (-**eled, -el·ing**; 《英》-**elled, -el·ling**) …의 창자를 꺼내다(제거하다).

dis·em·bow·el·ment [dìsembáuəlmənt] *n.* ⓤ 내장 제거, 할복.

dis·em·broil [dìsembrɔ́il] *vt.* …의 얽힌 것을 풀다; …을 혼란에서 해방시키다(disentangle).

dis·em·ploy [dìsemplɔ́i] *vt.* …을 해고(해직)하다.

dis·en·a·ble [dìsenéibl] *vt.* (-**bled, -bling**) …을 무능하게 하다, 불능케 하다(disable); …의 자격을 빼앗다 (disqualify).

dis·en·chant [dìsentʃǽnt / -tʃɑ́ːnt] *vt.* **1** …의 마법을 풀다. **2** …의 미몽에서 깨어나게 하다(disillusion) (…*of*).

dis·en·chant·ment [dìsentʃǽntmənt / -tʃɑ́ːnt-] *n.* 마법을 풀기, 미몽에서 깨어나기; 각성.

dis·en·cum·ber [dìsinkʌ́mbər] *vt.* …을 방해물 따위로부터 해방시키다 (…*from, of*).

dis·en·dow [dìsindáu] *vt.* [교회·학교 등]의 기부 재산(기금)을 몰수하다.

dis·en·dow·ment [dìsindáumənt] *n.* ⓤ 기부 재산(기금) 몰수.

dis·en·fran·chise [dìsinfrǽntʃaiz] *vt.* (-**chised, -chis·ing**) =disfranchise.

dis·en·fran·chise·ment [dìsinfrǽntʃaizmənt] *n.* = disfranchisement.

dis·en·gage [dìsingéidʒ] *v.* (-**gaged, -gag·ing**) *vt.* **1** …을 풀다, 놓아주다(…*from*). ¶ She *disengaged* herself *from* his arms. 그녀는 그의 팔에서 몸을 뺐다. **2** [약속·서약·의무 따위로부터] …을 해방시키다(…*from*). ¶ *disengage* a person *from* an appointment 남을 약속으로부터 해방시키다 **3** [군사] [적]과의 전투를 중지하다. — *vi.* 관계를 끊다, 떨어지다.

dis·en·gaged [dìsingéidʒd] *adj.* **1** 풀린, 떨어져 있는. **2** 약속이 없는, 한가한. **3** [장소 따위가] 비어 있는(vacant).

dis·en·gage·ment [dìsingéidʒmənt] *n.* ⓤ **1** 해방, 이탈; 해약, 약혼의 취소. **2** 자유로움, 한가함(leisure).

dis·en·plane [dìsinpléin], -**em·plane** [-im-] *vi.* (-**planed, -plan·ing**) =deplane.

dis·en·tail [dìsintéil] *vt.* [법률] [재산]의 한사(限嗣) (한정) 상속을 해제하다.

dis·en·tan·gle [dìsintǽŋgl] *v.* (-**gled, -gling**) *vt.* [얽힌 것]을 풀다, [얽힘·혼란 따위로부터] …을 해방시키다(…*from*). ¶ *disentangle* a person *from* perplexity 남을 난처한 입장에서 구해내다. — *vi.* [얽힘·혼란 따위로부터] 해방되다, 풀리다. [해방.

dis·en·tan·gle·ment [dìsintǽŋglmənt] *n.* ⓤ 풀기;

dis·en·thral [dìsinθrɔ́ːl, -in-] *vt.* (-**thraled, -thral·ling**) =disenthrall.

dis·en·thrall [dìsinθrɔ́ːl], (**disenthral**) *vt.* (-**thralled, -thral·ling**) …의 속박을 풀다; [노예 상태로부터] …을 해방시키다(set free) (…*from*).

dis·en·thrall·ment [dìsinθrɔ́ːlmənt], (**dis·en·thral·ment**) *n.* [노예 상태·속박으로부터의] 해방.

dis·en·throne [dìsinθróun] *vt.* (-**throned, -thron·ing**) =dethrone.

dis·en·ti·tle [dìsintáitl] *vt.* (-**tled, -tling**) …으로부터 자격(권리)을 빼앗다.

dis·en·tomb [dìsintúːm] *vt.* …을 무덤에서 파내다; …을 발굴하다.

dis·en·tomb·ment [dìsintúːmmənt] *n.* ⓤ [무덤에서] 파내기; 발굴.

dis·en·trance [dìsintrǽns / -trɑ́ːns] *vt.* (-**tranced, -tranc·ing**) …을 황홀(환상) 상태에서 깨어나게 하다.

dis·en·trance·ment [dìsintrǽnsmənt / -trɑ́ːns-] *n.* ⓤ [황홀(환상) 상태로부터의] 각성.

dis·en·twine [dìsentwáin] *v.* (-**twined, -twin·ing**) *vt.* [얽힌 것 따위]를 풀다. — *vi.* 풀리다.

dis·e·qui·lib·ri·um [dìsːkwilíbriəm] *n.* ⓤⓒ (*pl.* -**ri·ums** *or* -**ri·a** [-riə]) [경제학의] 불균형.

dis·es·tab·lish [dìsistǽbliʃ] *vt.* **1** [기존의 것]을 폐지하다. **2** [교회]의 국교제를 폐지하다. **3** [남]을 직장에서 면직시키다.

dis·es·tab·lish·ment [dìsistǽbliʃmənt] *n.* ⓤ **1** 기존의 것의 폐지; 체제 폐지, [교회의] 국교제 폐지. **2** 면직, 해직.

dis·es·teem [dìsistíːm] *vt.* …을 얕보다(slight), 경멸하다. — *n.* ⓤ 경시, 경멸, 시들함(disfavor).

di·seuse [dizɔ́ːz] *n.* (*pl.* -**seuses**[-ziːz]) 여성 화술가, 여성 낭독가(朗讀家).

dis·fa·vor, 《英》-**vour** [disféivər] *n.* ⓤ **1** 냉대, 학감정; 혐오(dislike); 불찬성(disapproval). ¶ regard (*or* look upon) a person with *disfavor* 남에게 호의를

보이지 않다. **2** 호감을 가질 수 없는 상태; 인기(인망)가 없음. ¶ be (or live) in *disfavor* 인기가 없다 / incur a person's *disfavor*; incur the *disfavor* of; in(or to) a person's *disfavor* …에게 불리하게도 // come (or fall) into *disfavor* with a person 남에게 인기가 없어지다, 남의 비위를 거스르다. **3** ⓒ 무시(혐오)하는 듯한 행위, 불친절한 행위. — *vt.* …에 호의를 보이지 않다, 쌀쌀한 태도를 취하다.

dis·fea·ture [disfíːtʃər] *vt.* (**-tured, -tur·ing**) …의 형태를 손상시키다; …의 가치를 떨어뜨리다(disfigure).

dis·fig·ur·a·tion [disfìɡjuréi(ə)n] *n.* =disfigurement.

***dis·fig·ure** [disfíɡjər / -fíɡə-] *vt.* (**-ured, -ur·ing**) **1** …의 형태(외관)를 망가뜨리다, 보기 흉하게 하다, 훼손시키다(deform). **2** …의 가치(장점)를 손상시키다. ◇ **disfígurement** *n.*

dis·fig·ure·ment [disfíɡjərmənt / -fíɡə-] *n.* Ⓤ Ⓒ **1** 형태를 손상시키기, **2** 손상, 흠; 결점(defect).

dis·for·est [disfɔ́ːrist, -fɑ́r- / -fɔ́r-] *vt.* 〖법률〗 = disafforest.

dis·fran·chise [disfræntʃaiz] *vt.* (**-chised, -chis·ing**) **1** …으로부터 시민(선거)권을 박탈하다. **2** …으로부터 특권을 박탈하다.

dis·fran·chise·ment [disfræntʃaizmənt] *n.* Ⓤ 시민(선거)권의 박탈; 특권의 박탈.

dis·frock [disfrɑ́k / -frɔ́k] *vt.* …으로부터 성직을 박탈하다.

dis·gorge [disɡɔ́ːrdʒ] *v.* (**-gorged, -gorg·ing**) *vt.* **1** …을 토하다, 게우다(vomit); …을 방출하다, (속에 든 것)을 세차게 내뿜다, 〖화산이〗 …을 분출하다, 〖강이〗 …을 쏟아내다. ¶ The college building *disgorged* a stream of students 대학의 건물에서 학생들이 우르르 몰려나왔다. **2** (부정 소득 따위를) 마지못해 내놓다. ¶ *disgorge* ill-gotten gains 부정 소득을 토해내다. — *vi.* 토하다; (강 따위가) 흘러들다; 부정 소득을 마지못해 내뱉어 해내다. ¶ *disgorge* into a lake 호수로 흘러들다.

‡**dis·grace** [disɡréis] *n.* Ⓤ 불명예, 체면 손상; 망신, 치욕. ¶ bear *disgrace* 치욕을 참다 / bring *disgrace* on one's country 조국에 치욕을 가져오다.

〖類語〗 **disgrace** 자기 자신 또는 관계자의 행위로 남의 호감·존경심을 잃고 비난받는 일: fall into *disgrace* with one's friends 친구들 사이에 체면을 잃다. **dishonor** 보통 자기 자신의 창피스러운 행위로 인하여 남들로부터 받고 있던 깊은 존경 또는 자존심을 잃는 일: prefer poverty to *dishonor* 불명예보다 가난을 택하다. **shame** 위의 두 말보다 뜻이 강하며, 비참한 치욕을 강조하는 말: blush with *shame* 창피해서 얼굴을 붉히다. **ignominy** 심한 모멸을 초래하는 불명예: the *ignominy* of public indecency 대중 앞에서의 외설죄라는 망신. **infamy** 불명예스러운 일로 이름이 세상에 알려지는 일: suffer *infamy* 악명을 얻다.

2 불명예(망신, 치욕)가 되는 것(사람)(*to...*). ¶ a national *disgrace* 국치(國恥) / wipe off a *disgrace* 치욕을 깨끗이 씻다 / a *disgrace* to one's family 집안의 망신. **3** Ⓤ 인기가 없음, 불신임. ¶ be in *disgrace* with a person 남의 미움을 사고 있다/He was in *disgrace* after his ungentlemanly behavior. 그는 비신사적인 행위를 한 이후 인기를 잃었다.

— *vt.* (**-graced, -grac·ing**) **1** …에게 불명예(치욕, 비난)를 초래하다. ¶ *disgrace* one's name(one's school) 이름을 더럽히다(학교의 치욕이 되다) / He *disgraced* himself by his conduct. 그는 품행이 좋지 못하여 명성을 잃었다. **2** (남)에게 인기를 잃게 하다, 실각시키다, (관직 따위로부터) (남)을 물러나게 하다, 냉대하다. ◇ **disgráceful** *adj.*

*****dis·grace·ful** [disɡréisfəl] *adj.* 창피한, 남부끄러운 (shameful); 불명예(망신)스러운. ¶ It is *disgraceful* of him to act in that way. 그가 그런 행동을 하다니 창피한 일이다. ~·ly [-fəli] *adv.* ~·ness *n.*

dis·grun·tle [disɡrʌ́ntl] *vt.* (**-tled, -tling**) (주로 수동형) …을 언짢게 하다, …에 불평(불만)을 품게 하다. ¶ be *disgruntled* at …에 대하여 불만을 품고 있다.

dis·grun·tled [disɡrʌ́ntld] *adj.* 불만을 품은; 통한, 시무룩한(moody). 〚만, 언짢음.〛

dis·grun·tle·ment [disɡrʌ́ntlmənt] *n.* Ⓤ 불평, 불

‡**dis·guise** [disɡáiz] *vt.* (**-guised, -guis·ing**) **1** …을 변장시키다, 가장하다. ¶ (~+图+前+图) *disguise* oneself *with* a wig 가발을 써서 변장하다/She was *disguised in* a man's clothes. 그녀는 남장을 하고 있었다 // (~+图+*as* 圖) *disguise* oneself (or be *disguised*) *as* a beggar 거지로 변장하다 / *disguise* him *as* a policeman 그를 경찰관으로 변장시키다. **2** (정체·본성)을 숨기다, 속이다. ¶ *disguise* one's voice 목소리를 꾸미다 // (~+图+前+图) *disguise* one's sorrow *beneath* a careless manner 아무렇지 않다는 태도로 슬픔을 감추다 // (~+图+*as* 圖) horseflesh *disguised as* beef 쇠고기로 둔갑시킨 말고기.

disguised in (or *with*) *drink* (or *liquor*) 술김에, 술의 힘을 빌어.

— *n.* Ⓤ Ⓒ 변장, 위장, 가장; 남의 눈을 속이는 태도(상태, 표정); [연예인의] 분장, 가면, 메이크업(makeup). **2** 속이기, 걸꾸미기.

in disguise 변장하고(한). ¶ a blessing *in disguise* 모습을 바꾼 괴로운(불행한) 행복 / a king *in disguise* 변장한 왕.

in (or *under*) *the disguise of* ① …으로 분장하고, ② …을 빙자하여.

throw off one's disguise 변장을 벗다, 가면을 벗어버리다; 정체(본성)를 드러내다.

without disguise 숨김없이, 있는 그대로.

dis·guised [disɡáizd] *adj.* **1** 변장한, 속임수의, 겉을 꾸민. ¶ a *disguised* voice 꾸민 목소리. **2** 술취한; 기뻐서 어쩔 줄 모르는. ~·ly [-zidli] *adv.*

‡**dis·gust** [disɡʌ́st] *vt.* …을 욕지기나게 하다, 메스껍게 하다. ¶ The smell of gasoline always *disgusts* me. 휘발유 냄새를 맡으면 나는 언제나 메스꺼워진다. **2** …에게 반감(혐오감)을 갖게 하다, 싫증나게 하다, …을 넌더리나게 하다. ¶ be *disgusted with* (or *at, by*) a person (a person's manner) 남에게(남의 태도에) 정나미 떨어지다, 넌더리나다.

— *n.* Ⓤ **1** 메스꺼운 정도의 싫은 느낌(loathing). **2** 반감, 혐오감, 정나미 떨어지기, 넌더리나기(*at, for, towards, against...*). ⇒ AVERSION 〖類語〗 ¶ in *disgust* 싫증나서, 넌더리나서 / to one's *disgust* 정나미 떨어지게도 / feel *disgust for* (or *at, towards, against*) a person (a thing) 남에게 (어떤 물건에) 싫증이 나다 / She expressed her *disgust at* his cowardice. 그녀는 겁 많은 그에게 정나미가 떨어진 표정을 짓고 있었다.

fall into disgust of …이 아주 싫어지다.

◇ **disgústful**, **disgústing** *adj.*

dis·gust·ed [disɡʌ́stid] *adj.* 싫증이 난, 넌더리나는, 정나미가 떨어진. ~·ly *adv.*

dis·gust·ful [disɡʌ́stfəl] *adj.* 가슴에 메스꺼워지는, 아주 싫은, 넌더리나는, 정나미가 떨어질 정도의. ~·ly [-fəli] *adv.*

‡**dis·gust·ing** [disɡʌ́stiŋ] *adj.* 욕지기나는, 메스꺼워지는; 아주 싫은, 정나미가 떨어지는. ~·ly *adv.*

‡**dish** [diʃ] *n.* **1** 큰 접시, 접시, 움푹한 접시, 사발. ¶ a meat *dish* 고기 접시 / a vegetable *dish* 야채 접시. **2** a) (~es) (일반적으로) 접시류, 식기. b) (고어) 찻잔(cup). ¶ clear (or put) away *dishes* 설거지하다 / do the *dishes* 설거지하다.

3 [접시에 담은] 요리. ¶ a cold *dish* 찬 요리/made *dishes* [여러 가지 재료를 섞어 만든] 모듬 요리 / a standing *dish* 늘 똑같은 요리 / serve Eastern *dishes* 동양요리를 대접하다. 〚의 생선(콩).〛

4 한 접시(dishful). ¶ a *dish of* fish (beans) 한 접시

5 접시(사발, 주발) 모양의 것, 접시 같은 구실을 하는 것. **6** 오목함. ¶ the *dish* of a wheel 차바퀴 측면의 오목. **7** 《美俗어》 사람의 취미(능력)에 꼭 맞는 것. **8** 《美俗어》 예쁜 소녀, 성적 매력이 있는 여성. ¶ She is a real *dish*. 그녀는 정말 미인이다. **9** 패러볼러 안테나. **10** 《美俗어》 〔야구의〕 본루.
a dish of gossip 잡담, 한담.
— *vt.* **1** …을 접시에 담다. **2** …을 접시 모양으로 하다, 오목하게 하다. **3** 《속어》 …을 해치우다, 좌절시키다, 앞지르다. ¶ *dish* one's opponents 상대방을 해치우다 / I was *dished* out of it. 나는 그것을 사취당했다.
— *vi.* 오목해지다, 움푹 들어가다.
dish it out 《美俗어》 잔소리하다, 야단치다; 크게 칭찬하다, 열렬히 찬성하다. ¶ She *dished it out* to her naughty son. 그녀는 개구쟁이 아들을 야단쳤다.
dish out 〔보통 많은 사람에게〕 〔요리〕를 덜어 주다; 《구어》 〔일방적으로〕 …을 분배하다; 〔뉴스・정보 따위〕를 제공하다. ② 《속어》 …을 주절주절 지껄여대다.
dish up ① …을 요리하여 내놓다. ② 《구어》 …을 재미있게 이야기하다. ③ 《구어》 …을 해치우다, 못쓰게 만들다. ¶ I am *dished up*. 나는 이제 틀렸다.

dis·ha·bille, des- [dìsəbíːl / dìsæ-] *n.* ⓤ **1** 정장(正裝)을 하지 않은 상태, 평상복(허드레옷) 차림. ¶ in *dishabille* 평상복(허드레옷) 차림으로. **2** 평상복, 허드레옷; 잠옷. **3** 어수선한(해이한) 정신 상태. 〔< F〕

dis·ha·bit·u·ate [dìshəbítʃuèit /-tju-] *vt.* (-at·ed, -at·ing) 〔남〕에게 습관을 버리게 하다. ¶ *dishabituate* a person *for* 남에게 …의 습관을 버리게 하다.

dis·hal·lu·ci·na·tion [dìshəlùːsinéiʃ(ə)n] *n.* ⓤ 착각 파괴, 환멸(disillusionment).

dísh anténna *n.* 접시 모양 안테나〔정찰 비행기의 레이더 안테나, 또는 통신 위성의 원형 안테나〕.

dis·har·mo·ni·ous [dìshɑːrmóuniəs] *adj.* 조화(일치, 화합)되지 않은, 불협화적인(discordant).

dis·har·mo·nize [dìshɑ́ːrmənàiz] (※《英》에서는 dis-har-mo-nise 로도 쓴다) *v.* (-nized, -niz·ing) *vt.* …을 조화되지 않게 하다, …의 조화를 깨뜨리다. — *vi.* 조화가 깨지다.

dis·har·mo·ny [dishɑ́ːrməni] *n.* ⓤⓒ (*pl.* -nies) **1** 부조화, 불화합; 불협화(discord). **2** 조화되지 않는 것; 불협화음.

dish·cloth [díʃklɔ̀(ː)θ /-klɑ̀(ː)θ] *n.* (*pl.* -cloths [-klɔ̀(ː)ðz, -klɔ̀(ː)θs /-klɑ̀(ː)θs, -klɑ̀(ː)ðz]) 〔설거지용〕 행주 《英》 dishclout).

díshclòth góurd *n.* 수세미외.

dish·cov·er [díʃkʌ̀vər] *n.* 접시 덮개, 접시 뚜껑〔금속제 또는 도자기제로 보온용〕.

*****dis·heart·en** [dishɑ́ːrtn] *vt.* 〔남〕을 의기소침하게 하다, 낙심시키다(discourage). ¶ be *disheartened at* …을 듣고(보고) 낙심하다.

dis·heart·en·ing·ly [dishɑ́ːrtniŋli] *adv.* 의기소침(낙심)하게끔.

dis·heart·en·ment [dishɑ́ːrtnmənt] *n.* ⓤ 의기소침, 낙심. ⇒ DESPAIR 類語

dished [diʃt] *adj.* **1** 오목한, 움푹 파인. ¶ a *dished* face 주걱턱의 얼굴. **2** 한 쌍의 바퀴 사이의 간격이 앞쪽보다 위쪽이 더 벌어진. **3** 《속어》 지친, 몹시 피곤한.

di·shev·el [diʃévl] *vt.* (-eled, -el·ing 《英》 -elled, -el·ling) 〔머리 따위〕를 헝클어뜨리다; 〔옷〕을 단정치 못하게 입다, 〔남〕의 머리(옷차림)를 헝클어놓다.

di·shev·eled, 《英》 **-elled** [diʃévld] *adj.* **1** 〔머리가〕 헝클어진, 텁수룩한. **2** 〔복장 따위가〕 단정치 못한; 어수선한.

di·shev·el·ment [diʃévlmənt] *n.* ⓤ 〔머리・옷을〕 클어뜨리기, 어수선한 상태.

dish·ful [díʃfùl] *n.* 한 접시 가득, 한 접시의 분량.

‡dis·hon·est [disɑ́nist /-ɔ́n-] *adj.* **1** 부정직한, 불성실한, 착실치 못한. **2** 부정의, 속임수의, 사기적인 (fraudulent). ~ly *adv.* ◇ **dishónesty** *n.*

*****dis·hon·es·ty** [disɑ́nisti /-ɔ́n-] *n.* (*pl.* -ties) **1** ⓤ 부정직, 불성실. **2** 부정직한 행위, 거짓말(lie); 부정 행위, 사기(fraud), 속임수. ◇ **dishónest** *adj.*

‡dis·hon·or, 《英》 **-our** [disɑ́nər /-ɔ́nə] *n.* **1** ⓤ 명예 실추(잃음), 망신, 치욕(shame). ⇒ DISGRACE 類語 ¶ death before *dishonor* 명예를 지키기 전에 죽음 / bring *dishonor* to one's family 집안 망신을 시키다. **2** 경멸, 모욕, 무례. ¶ do a person a *dishonor* 남을 모욕하다. **3** 불명예(망신, 치욕)가 되는 사람(것) (*to*…). ¶ a *dishonor to* one's family 집안의 망신거리. **4** 〔상업〕 〔수표・어음의〕 부도. — *vt.* **1** …의 명예(체면)를 잃게 하다(손상시키다); …을 망신시키다. **2** …의 정조를 더럽히다. **3** 〔상업〕 〔수표・어음〕을 부도내다 하다; …의 이행을 거부하다. ¶ a *dishonored* bill(check) 부도 어음(수표) / *dishonor* one's word 약속을 어기다.

dis·hon·or·a·ble, 《英》 **-our-** [disɑ́nərəbl /-ɔ́n-] *adj.* **1** 불명예스러운, 창피한(shameful). **2** 평판이 나쁜, 비열한, 도의에 어긋나는, 발칙한. ~ness *n.*

dis·hon·or·a·bly, 《英》 **-our-** [disɑ́nərəbli /-ɔ́n-] *adv.* 불명예(망신)스럽게도; 비열하게도, 도의에 어긋나게.

dis·horn [dishɔ́ːrn] *vt.* 〔동물〕의 뿔을 자르다.

dis·house [disháuz] *vt.* (-housed, -hous·ing) 〔남〕을 집에서 몰아내다.

dish·pan [díʃpæ̀n] *n.* 접시 씻는 통, 개수통.

dish·rag [díʃræ̀g] *n.* =dishcloth.

dish·tow·el [díʃtàuəl] *n.* 〔접시의 물기를 닦는〕 마른 행주.

dish·ware [díʃwɛ̀ər] *n.* 〔집합적〕 그릇류.

dish·wash [díʃwɔ̀(ː)ʃ, -wɑ̀ʃ /-wɔ̀ʃ] *n.* =dishwater.

dish·wash·er [díʃwɔ̀(ː)ʃər, -wɑ̀ʃ- /-wɔ̀ʃə] *n.* **1** 접시 닦는 사람. **2** 〔자동〕 접시 세척기.

dish·wa·ter [díʃwɔ̀(ː)tər, + 美 -wɑ̀t-] *n.* ⓤ **1** 〔식기를 씻은〕 개숫물; 식기를 씻은 물. **2** 《속어》 맛없는 수프, 묽은 커피 따위.
dull as dishwater 지겹도록 지루한.

dish·y [díʃi] *adj.* (**dish·i·er, dish·i·est**) 《속어》 〔여자가〕 예쁜, 매력적인.

*****dis·il·lu·sion** [dìsilúːʒ(ə)n] *vt.* 〔남〕을 미몽(환상)에서 깨어나게 하다; 〔남〕에게 환멸을 느끼게 하다(disenchant). ¶ be *disillusioned* of …을 보고(듣고) 환멸을 느끼다. — *n.* ⓤⓒ 미몽에서 깨어나게 하기, 미몽에서 깨어나기, 각성, 환멸(감). ◇ **disillúsion** *n.*, **disillúsioning** *v.*, **disillúsive** *adj.*

dis·il·lu·sion·ize [dìsilúːʒənàiz] (※《英》에서는 dis-il-lu-sion-ise 로도 쓴다) *vt.* (-ized, -iz·ing) =disillusion.

dis·il·lu·sion·ment [dìsilúːʒ(ə)nmənt] *n.* ⓤ 각성, 환멸.

dis·il·lu·sive [dìsilúːsiv] *adj.* 미몽(환상)에서 깨어나게 하는, 각성적인; 환멸적인.

dis·im·pas·sioned [dìsimpǽʃ(ə)nd] *adj.* 감정에 좌우되지 않는, 냉정한, 침착한.

dis·im·pris·on [dìsimprízn] *vt.* 〔감금으로부터〕 〔남〕을 석방하다, 출옥시키다.

dis·im·pris·on·ment [dìsimprízn̩mənt] *n.* ⓤ 석방, 출옥.

dis·in·cen·tive [dìsinséntiv] *adj., n.* 행동(의욕, 〔특히 경제적〕 발전)을 저해하는(것).

dis·in·cli·na·tion [dìsinklinéiʃ(ə)n, - - - -́ -] *n.* (a ~) 싫어 내키지 않음 (*for*…). ¶ I have a *disinclination for* work (*to go out*) 일할(외출할) 마음이 나지 않다.

dis·in·cline [dìsinkláin] *v.* (-clined, -clin·ing) *vt.* …에게 마음을 잃게 하다, 싫증나게 하다(…*for*). ¶ *disincline* a person *from* doing 남이 …하기 싫어하도록 하다. — *vi.* 마음이 내키지 않다; …할 마음이 없다.

dis·in·clined [dìsinkláind] *adj.* 마음내키지 않는, 마지못한. ⇒ RELUCTANT 類語 ¶ I'm *disinclined to*

study. 공부할 마음이 나지 않는다/He was *disinclined to* accept it. 그는 그것을 받고 싶지 않았다.
dis·in·cor·po·rate [dìsinkɔ́ːrpərèit] vt. (**-rat·ed, -rat·ing**) [법인 조직을] 해체하다, [단체 조직을] 해산하다.
dis·in·fect [dìsinfékt] vt. …을 소독하다, 살균하다.
dis·in·fect·ant [dìsinféktənt] n. 소독제(약), 살균제(약). — adj. 소독(살균)성의, 소독(살균)용의.
dis·in·fec·tion [dìsinfékʃ(ə)n] n. ⓤ 소독, 살균.
dis·in·fec·tor [dìsinféktər] n. 소독(살균)하는 사람; 소독기.
dis·in·fest [dìsinfést] vt. [집]에서 해충을 제거하다.
dis·in·fes·ta·tion [dìsinfestéiʃ(ə)n, -ːː-ː-] n. ⓤ 해충 구제.
dis·in·fla·tion [dìsinfléiʃ(ə)n] n. ⓤ《경제》디스인플레이션[인플레이션의 완화].
dis·in·fla·tion·a·ry [dìsinfléiʃənèri / -nəri] adj. 디스인플레이션의, 인플레이션 완화에 도움이 되는.
dis·in·for·ma·tion [dìsinfərméiʃ(ə)n] n. ⓤ 잘못된 정보[특히 적의 간첩을 속이기 위한 것].
dis·in·gen·u·ous [dìsindʒénjuəs] adj. 부정직한, 불성실한; 솔직하지 않은; 음흉한, 엉큼한. ~**ly** adv. ~**ness** n.
dis·in·her·it [dìsinhérit] vt. 1 [법률] …을 폐적(廢嫡)하다, …으로부터 상속권을 빼앗다. 2 …으로부터 권리를 박탈하다.
dis·in·her·it·ance [dìsinhéritəns] n. ⓤ 폐적(廢嫡), 상속권의 박탈; 권리의 박탈.
dis·in·te·gra·ble [disíntigrəbl] adj. 분해(붕괴, 분열)시킬 수 있는.
dis·in·te·grant [disíntigrənt] n. 정제(錠劑) 분해물질; [화학] 해해(解解) 분해 (물) 제(劑).
dis·in·te·grate [disíntigrèit] v. (**-grat·ed, -grat·ing**) vt. …을 산산조각을 내다, 붕괴(분열)시키다; …을 (구성 요소로) 분해하다. ¶ *disintegrate* a social structure 사회 조직을 붕괴시키다 / My house was *disintegrated* by a bomb explosion. 우리 집은 폭탄의 폭발로 박살이 났다. — vi. 산산조각이 나다, 백살나다, 붕괴(분열)하다; [구성 요소로] 분해되다; [물리] 붕괴하다.
dis·in·te·gra·tion [dìsintigréiʃ(ə)n] n. ⓤⓒ 1 분해, 붕괴, 분열. 2 [물리] [방사성 원소의] 붕괴. 3 [지질] 풍화 작용.
dis·in·te·gra·tor [disíntigrèitər] n. 분해(붕괴)시키는 것, 분해기.
dis·in·ter [dìsintə́ːr] vt. (**-terred, -ter·ring**) 1 …을 [땅속·무덤에서] 파내다. 2 …을 세상에 알리다, 빛을 보게 하다.
dis·in·ter·est [disínt(ə)rèst, -rèst] n. ⓤ 이해 관계가 없음; 공평무사, 무관심 (indifference). — vt. …에 이해 관계가 없어지게 하다; …을 공평무사해지게 하다; …을 무관심하게 만들다. ¶ *disinterest* oneself *from* …에서 손을 떼다, …과의 관계를 끊다.
***dis·in·ter·est·ed** [disínt(ə)ristid, -rèst-] adj. 1 공평무사한. ⇨ FAIR 類語 ¶ *disinterested* judgment 공정한 판단. 2 《미구어》무관심한, 냉담한. ⇨ INDIFFERENT 類語 ~**ly** adv. ~**ness** n.
dis·in·ter·me·di·a·tion [dìsintərmìːdiéiʃ(ə)n] n. ⓤ《미》[증권 시장에 직접 투자하기 위한] 은행 예금의 대량 인출; 금융 기관 중개 배제.
dis·in·ter·ment [dìsintə́ːrmənt] n. ⓤⓒ 1 발굴[물]. 2 적발물.
dis·in·tox·i·cate [dìsintáksikèit / -tɔ́ks-] vt. (**-cat·ed, -cat·ing**) 술을 깨게 하다; [마약(알코올) 중독자의] 중독 증상을 고치다, 의존 상태에서 벗어나게 하다.
dis·in·tox·i·ca·tion [dìsintàksikéiʃ(ə)n / -tɔ̀ks-] n. ⓤⓒ 마약(알코올) 중독자 치료.
dis·in·vest [dìsinvést] vt., vi. 《경제》[…으로부터] 해외 투자 따위를 철수(회수)하다.

dis·in·vest·ment [dìsinvéstmənt] n. ⓤ《경제》해외 투자의 철수(회수). — [다(scatter).
dis·ject [disdʒékt] vt. …을 흩어지게 하다, 이산시키
***dis·jec·ta mem·bra** [disdʒéktə mémbrə] n. pl. 《라틴》(= disjected members) [흩어진] 조각, 단편(斷片) (scattered parts); 단편적인 인용[구].
dis·join [disdʒɔ́in] vt. …을 떼어놓다, 갈라놓다, 분리시키다. — vi. 떨어지다, 분리되다.
dis·joint [disdʒɔ́int] vt. 1 …의 관절을 빼게 하다, 탈구시키다 (dislocate); …을 해체(분해)하다. 2 [질서 따위]를 어지럽히다; …을 지리멸렬하게 만들다. ¶ *disjoint* the solidarity of a nation 국가의 결속을 어지럽히다. — vi. 관절이 풀어지다, 탈구(脫臼)하다; 해체(분해)되다.
dis·joint·ed [disdʒɔ́intid] adj. 1 관절이 탈구한; 해체된. 2 [생각·이야기 따위가] 지리멸렬한. 3 [곤충] = disjunct 3. ~**ly** adv. ~**ness** n.
dis·junct [disdʒʎŋkt] adj. 1 분리된, 분열된. 2 [음악] 도약의, 3,5 도 이상 상행(하행)하는. ¶ *disjunct motion* 도약 진행. 3 [곤충] [머리·가슴·배가 잘록하게] 분리된.
dis·junc·tion [disdʒʎŋkʃ(ə)n] n. ⓤⓒ 1 분열, 분리. 2 [논리] 선언(選言), 이접(離接)[명제].
dis·junc·tive [disdʒʎŋktiv] adj. 1 분리성의. 2 [문법] 이접적인. ¶ *disjunctive conjunctions* 이접 접속사 [but, or 따위]. 3 [논리] 선언(이접)적인. ¶ a *disjunctive proposition* 선언 명제. ~**ly** adv. [속사. 2 [논리] 선언(이접) 명제. ~**ly** adv.
***disk, disc** [disk] n. 1 얇은 원반. 2 납작한 원형의 면. ¶ the sun's *disk* 태양의 표면. 3 [축음기의] 음반, 레코드. 4 [동물] 추간(椎間)[원] 반; [식물] 반(盤), 화반. 5 [고어] [경기용] 원반(discus). 6 [컴퓨터] 자기(磁氣) 디스크 기억 장치. — vt. …을 원반에 녹음하다. 2 …을 원반 쟁기 (disk harrow)로 갈다. ◇ discal, disklike adj.
dísk bràke n. [자동차의] 디스크 브레이크, 원판 브레이크.
dis·kette [dísket, diskét] n. [컴퓨터] = floppy disk.
dísk flòwer n. [식물] 중심화(中心花) [나].
dísk hàrrow n. 원반 쟁기[트랙터용 농기구의 하
dísk jóckey n. 《미》디스크 자키[갖가지 화제와 상업 광고를 섞어가며 레코드 음악 프로를 진행하는 사람].
disk·like [dísklàik] adj. [얇은] 원반 모양의.
dísk òperáting sỳstem n. [컴퓨터] = DOS.
dísk pàck n. [컴퓨터] 디스크 팩[삽입·분리가 자유로운 자기(磁氣) 디스크의 기억 매체].
dis·lik·a·ble, -lik·e·a- [disláikəbl] adj. 싫은.
***dis·like** [disláik] vt. (**-liked, -lik·ing**) …을 싫어하다, 좋아하지 않다. ¶ I *dislike* this kind of book. 이런 종류의 책은 싫다 // (~ + *ing*) I *dislike* [his] *doing* it. 나는 [그가] 그것을 하는 것이 싫다 // (~ + 圄 + *to* do) I *dislike* him *to* drink so much. 그가 술을 그렇게 많이 마시지 않았으면 한다.
— n. ⓤⓒ 싫음, 혐오감, 반감 (aversion). ¶ one's likes and *dislikes* 호불호(好不好) (* 이 경우는 [díslaiks]로 발음한다) // I have (or take) a *dislike to* (or of, for) apples. 나는 사과를 싫어한다 / I felt a growing *dislike to* living on credit. 외상으로 살아가는 것이 점점 싫어졌다.
— Usage have a *dislike* to, for, of — 명사로서의 *dislike* 뒤에는 like의 유추로 to를 쓴다고 하지만 to 나 of를 쓰는 일도 있으며, 특히 《미》에서는 of보다 for를 많이 쓴다.
dis·lik·ing [disláikiŋ] n. (a ~) 싫음, 반감 (dislike). ¶ take a *disliking to* …을 싫어하다.
dis·lo·cate [dísloukèit, -ːːːː] vt. (**-cat·ed, -cat·ing**) 1 …의 위치를 옮기다 (displace). 2 [외과] …의 관절이 풀어지다, 탈구하다. ¶ *dislocate one's knee* 무릎의 관절을 탈구시키다. 3 …을 혼란시키다,

dis·lo·ca·tion [dìslo(u)kéi(ə)n] n. ⓊⒸ 이동, 전위(轉位); 탈구; 혼란; 〖지질〗 〖結晶〗 전위선[결정내에서 원자의 배열이 변위한 부분을 연결한 선], 전위[결정내의 전위선을 따라 일어난 원자의 변위].
◇ díslocate v.

dis·lodge [dislάdʒ / -lɔ́dʒ] v. (**-lodged, -lodg·ing**) vt. …을 이전시키다; [은신처 따위에서] …을 쫓아내다, 격퇴하다, 퇴거시키다(...from). ¶ (~+圄+前+图) dislodge a stone from a building 건물에서 석재를 하나 빼내다 / They dislodged the enemy from the hill. 그들은 적을 언덕에서 격퇴시켰다. — vi. 숙소에서 나오다, 이전하다; 야영지에서 떠나다.

dis·lodg·ment, -lodge- [dislάdʒmənt / -lɔ́dʒ-] n. Ⓤ 이전; 축출, 퇴거, 격퇴.

dis·loy·al [dislɔ́iəl / ⌐ ⌐ ⌐] adj. 불충한, 불충실한, 배신적인, 불의(不義)의. ¶ be disloyal to one's master 주인에게 불충실하다. ~**·ly** [-əli] adv. ◇ dislóyalty n.

dis·loy·al·ist [dislɔ́iəlist / ⌐ ⌐ ⌐ ⌐] n. 불충[실]한 사람, 배신자.

dis·loy·al·ty [dislɔ́iəlti / ⌐ ⌐ ⌐ ⌐] n. ⓊⒸ (pl. **-ties**) 불충[실], 배신 행위.
〖類語〗 **disloyalty** 생각이나 행동에 있어서 의당 해야 할 성실·충성을 다하지 않음: *disloyalty* to one's friend (country) 친구에 대한 불성실성(국가에 대한 불충). **perfidy** 남이 믿고 있는 맹세나 약속을 고의로 지키지 않음; 강한 경멸감이 깃든 말: *perfidy* to helpless people 무력한 사람들에 대한 배신. **treachery** 표면은 성실한 체하면서 뒤에서 불신·배반을 꾀하는 일: deceive a friend by *treachery* 뒤에서 배반하여 친구를 속이다. **treason** 국가·원수에 해를 가하려고 하는 이적 행위: be executed for *treason* 반역죄로 처형되다.

dis·mal [dízm(ə)l] adj. **1** 음산한, 음침한, 어두운(gloomy), 쓸쓸한, 구슬픈, 우울한. ¶ *dismal* weather 음산한 날씨 / a *dismal* face 우울한 얼굴 / a *dismal* room 음침한 방. **2** 무서운, 무시무시한, 오싹해지는(dreary). **3** 비참한, 참담한. ¶ a *dismal* failure 참담한 실패. — n. 1 the (~s) [구어] 우울, 침울. ¶ be in the *dismals* 우울하다, 침울하다. **2** 음산[음침]한 것. **3** [美南部] [연안 지방의] 습지.
~**·ly** [-məli] adv. ~**·ness** n.

dísmal science n. (the~) [음침한 학문이란 뜻으로] 경제학(political economy, economics).
[<Thomas Carlyle이 비난하여 붙인 〈고어〉=unmask.

Dís·mal Swámp [dízml swάmp / -swɔ́mp] n. 미국 Virginia 주(州) 동남부와 North Carolina 주 동북부에 걸쳐 있는 광대한 습지대.

dis·man·tle [dismǽntl] vt. (**-tled, -tling**) **1** [기구·가구·설비 따위를] …에서 제거하다, 철거하다; …을 무장해제하다(...*of*). ¶ *dismantle* a fortress 요새의 방어시설을 철거하다 / *dismantle* a ship 배의 의장(艤裝)을 제거하다 / *dismantle* a house of its furniture 집에서 가구를 들어내다. **2** …을 부수다, 분해하다, 해체하다(disassemble). ¶ *dismantle* military factories 군수 공장을 해체하다. **3** [옷·덮개 따위]를 벗기다.

dis·man·tle·ment [dismǽntlmənt] n. Ⓤ 가구 따위의 철거, 방어 설비의 해체; [배의] 의장(艤裝) 제거.

dis·mask [dismǽsk / -mάːsk] vt. [고어] =unmask.

dis·mast [dismǽst / -mάːst] vt. [폭풍 따위가] [배]의 돛대를 부러뜨리다(파괴하다).

‡**dis·may** [disméi] vt. [갑작스런 공포·걱정·곤혹 따위가] [남]의 용기, 평정을 잃게 하다, …을 당황하게 하다, 경악시키다. ⇒ EMBARRASS 〖類語〗 ¶ She was *dismayed at* (or *to* hear) the news. 그 소식을 듣고 그녀는 당황했다.
— n. Ⓤ 용기(평정)을 잃기, 낙담, 당황, 겁을 먹기; 걱정, 놀람, 두려움. ¶ *to* one's *dismay* 놀랍게도/be

dislocation 679 **disobey**

struck (*or* filled) with *dismay* 평정을 잃다, 몹시 걱정이 되다 / He gave up the attempt in *dismay*. 그는 아주 낙심하여 그 기회를 그만두었다.

dis·mem·ber [disémbər] vt. **1** …의 사지(四肢)를 절단하다, [사지]를 각(脚) 뜨다. **2** …을 분할하다, 분해하다.

dis·mem·ber·ment [disémbərmənt] n. Ⓤ **1** 사지(四肢) 절단. **2** 분할; 해체.

‡**dis·miss** [dismís] vt. **1** [모인 사람 등]을 해산시키다, 산회시키다(disperse). ¶ *dismiss* an assembly 집회를 해산시키다 / *Dismiss*! [군대] 《구령》해산! 「다. **2** …을 가게 하다, 떠나게 하다, …에게 허락하다 **3** …을 해고하다, 해임하다, 추방하다, 퇴학시키다(...*from*); [아내]와 이혼하다. ¶ (~+圄+前+图) *dismiss* oneself *from* …으로부터 손을 떼다 / *dismiss* a person *from* school 남을 퇴학시키다 / He was *dismissed for* drunkenness. 그는 주정이 심해서 해고당했다.
〖類語〗 **dismiss** [해임·해고하다]의 뜻의 비교적 온건한 말: be forced to *dismiss* some employees by a business slump 사업의 부진으로 종업원을 얼마간 해고하지 않을 수 없게 되다. **discharge** dismiss 와 비슷한 뜻이나 어조가 강하며, 실수 따위가 해고의 원인임을 암시: *discharge* an employee for embezzlement 종업원을 횡령죄로 해고하다. **drop** dismiss의 구어적인 말. **fire** 갑자기 불문곡직하고 해고하다; 구어적인 말: *fire* a maid without reason 가정부를 이유도 없이 해고하다. **sack** 내쫓듯이 해고하다; 구어적인 말: be *sacked* after years of service 몇 년이나 근무한 끝에 내쫓기다.
4 [마음먹었던] …을 포기하다, 제거하다, 잊어버리다(...*from*). ¶ (~+圄+前+图) *dismiss* an idea *from* one's mind 어떤 생각을 버리다. **5** [토론 따위]를 얼른 종결짓다. ¶ The proposal was *dismissed* as inadequate. 그 제안은 부적당하다 하여 폐기되었다. **6** [법률] …을 기각하다, 각하하다(reject). ¶ *dismiss* an appeal 공소를 기각하다.
— vi. 해산하다, 분산하다(disperse).
◇ dismíssal, dismíssion n.

*dis·miss·al [dismís(ə)l] n. Ⓤ **1** 해산, 퇴거. **2** 해고, 면직, 해임, 퇴학; 이혼. **3** [법률] 기각, 각하. **4** 해고(해임, 퇴교, 제대) 통지. ◇ dismíss v.

dis·miss·i·ble [dismísibl] adj. 해고(면직, 해임)시킬 수 있는(되어야 할).

dis·mis·sion [dismí(ə)n] n. =dismissal.

dis·mis·sive [dismísiv] adj. 오만한(haughty), 경멸적인(contemptuous), 상대하지 않는, 무시하는, 통명스러운.

*dis·mount [dismáunt / ⌐ ⌐] vi. [말·자전거 따위에서] 내리다(*from*...). — vt. [말 따위에서] [남]을 내려주다; …을 낙마시키다; [말]에서 내리다. ¶ *dismount* a horse 말에서 내리다 / The horse *dismounted* its rider. 말이 기수를 낙마시켰다. **2** 《을대(臺) 따위에서》내리다. **3** [기계]를 철거하다; 분해하다. — n. ⓊⒸ **1** 내리기, 하차, 하마 [下馬]; 낙마. **2** 철거; 분해.

Dis·ney·land [díznilænd] n. **1** 미국 Los Angeles 근교의 유원지. **2** 공상적인 장소, 동화의 세계. [<미국의 만화 영화 제작자인 Walt[er E.] Disney(1901-66) 이름]

Dís·ney Wórld [díznì-] n. 디즈니 월드[1971년 미국 Florida 주(州) Orland 시에 세워진 대유원지로서 디즈니랜드의 제2유원지].

*dis·o·be·di·ence [dìsəbíːdiəns, +英 -djəns] n. 불순종, 불복종. **2** [법률·규칙 따위의] 위반(*to*...).
◇ disobéy v., disobédient adj.

*dis·o·be·di·ent [dìsəbíːdiənt, +英 -djənt] adj. **1** 순종하지 않는, 말을 듣지 않는, 반항적인. **2** [법률 따위를] 위반하는(*to*...). ~**·ly** adv.
◇ disobéy v., disobédience n.

*dis·o·bey [dìsəbéi] vt. [명령자 등]에 따르지 않다, …

을 어기다, (규칙)을 위반하다; …에 순종하지 않다. ¶ *disobey* the laws of God 신의 계율을 어기다. — *vi.* 따르지 않다, 어기다.
◇ **disobédient** *adj.*, **disobédience** *n.*

dis·o·blige [dìsəbláidʒ] *vt.* (**-blíged**, **-blíg·ing**) **1** …의 소망대로 해주지 않다, 뜻을 거스르다, …에게 불친절하게 하다. ¶ I'm sorry to *disoblige* you. 원하시는 대로 해드리지 못해서 죄송합니다. **2** …을 화나게 하다 (offend), …에게 폐(불편)를 끼치다.

dis·o·blig·ing [dìsəbláidʒiŋ] *adj.* **1** 불친절한, 인정머리 없는. **2** 화가 나는. **3** 폐를 끼치는. ~**·ly** *adv.*

dis·op·er·a·tion [dìsɑpəréiʃ(ə)n / -ɔp-] *n.* [C] [U] (생태)상해(相害) 작용[일정한 지역내의 생물 상호간의 불리한 영향. 이산화 탄소·독소·배출물·사체의 분해물에 의한 유해 작용 따위].

‡**dis·or·der** [disɔ́:rdər, +英 diz-] *n.* [U] [C] **1** 무질서, 난잡, 혼란, 난맥. ⇨ CONFUSION [類語] ¶ be in *disorder* 난잡해져 있다. ¶ check the *disorder* among the crowd 군중을 규제하려 질서를 지키다 / throw (fall) into *disorder* 혼란에 빠뜨리다(빠지다), 질서를 어지럽히다(질서가 무너지다).

[類語] *disorder* 도시나 국가, 개인이나 집단 사이의 혼란된 상태: a country *disordered* by war 전쟁으로 혼란에 빠진 나라. **disturbance** 많은 사람에게 불안·불편을 주는 disorder: repress a public *disturbance* 소란을 진압하다. **brawl** 몇 사람이 벌이는 꼴사나운 싸움: a *brawl* between drunkards 술주정뱅이들의 싸움판. **riot** 집단 또는 많은 인원에 의한 대규모의 격렬한 소동: a campus *riot* 학원의 소요. **uproar** 많은 사람이 큰소리를 지르며 지속적으로 소동을 피우는 일: an *uproar* of demonstrators 데모대의 소동.

3 [심신 기능의] 부조(不調), 병. ⇨ ILLNESS [類語] ¶ a mental *disorder* 정신 질환.
— *vt.* …의 질서를 어지럽히다, …을 혼란시키다. **2** [심신]에 이상을 일으키게 하다, …을 병나게 하다.
◇ **disórderly** *adj.*

dis·or·dered [disɔ́:rdərd, +英 diz-] *adj.* **1** 혼란된, 난잡한, 어질러진. **2** 몸의 상태가 좋지 못한, 병든; 정신이 착란한. ¶ *disordered* digestion 소화 불량 / a *disordered* mind 정신 착란.

*dis·or·der·ly [disɔ́:rdərli, +英 diz-] *adj.* **1** 무질서한, 정리(정돈)되지 않은, 난잡한, 어질러진, 혼란한 (confused). **2** 규칙 따위에 따르지 않는, 무법의, 소란스러운; 난폭한. **3** [법률] 위법의, 치안 방해의; 풍기를 문란케 하는. ¶ *disorderly* conduct [법률] 치안 문란 행위, 경범죄. — *adv.* 무질서하게, 난잡하게, 혼란되어, 무법하여, 소란하여. **-li·ness** *n.* 〔方〕.

disórderly hóuse *n.* 매춘굴, 창녀집. **2** 도박장.

dis·or·gan·i·za·tion [disɔ̀:rɡənizéiʃ(ə)n / -naiz-] *n.* [U] **1** 질서(조직)의 파괴, 해체, 분열. **2** 무조직, 무질서, 혼란.

dis·or·gan·ize [disɔ́:rɡənàiz] (* 《英》에서는 **dis·or·gan·ise** 로도 쓴다) *vt.* …의 조직(질서, 체제)을 파괴하다; …을 혼란에 빠뜨리다, 무질서하게 만들다.

dis·o·ri·ent [disɔ́:riənt, -ent / -ʃ:riənt] *vt.* **1** …으로 하여금 방향을 잃게 하다; …을 어리둥절케 하다, 혼란시키다. ¶ a postwar society *disoriented* by new values 새로운 가치관의 등장으로 혼란 상태를 보이는 전후의 사회. **2** 〔정신 의학〕 …의 방위(方位) 의식을 잃게 하다. **3** (특히 교회의 제단)을 동쪽 끝 아닌 곳에 설치하다, 동향이 안 되도록 짓다.

dis·o·ri·en·tate [disɔ́:riəntèit / -ɔ́:rien-] *vt.* (**-tat·ed**, **-tat·ing**) =disorient.

dis·o·ri·en·ta·tion [disɔ̀:riəntéiʃ(ə)n / -ɔ́:rien-] *n.* [U] **1** 방향을 잃게 함, 어리둥절케 함. **2** 동향이 안 되게 함. **3** [정신 의학] 방위 감각 상실 [장소·시간 따위의 인식이 혼란에 빠지는 일].

dis·own [disóun] *vt.* …을 자기 것이 아니라고 하다,

[소유권·책임·관계 따위]를 부인하다; …을 포기하다. ¶ *disown* one's son 아들과의 의절하다.

dis·par·age [dispǽridʒ] *vt.* (**-aged**, **-ag·ing**) **1** …의 신용(명성)을 손상시키다, 명성을 더럽히다. ¶ *disparage* one's family 집안을 망신시키다. **2** …을 얕보다(belittle), 헐뜯다.

dis·par·age·ment [dispǽridʒmənt] *n.* [U] **1** 불명예, 오명. **2** 경시, 멸시.

dis·par·ag·ing [dispǽridʒiŋ] *adj.* 얕보는, 헐뜯는. ~**·ly** *adv.*

dis·pa·rate [díspərit, dispǽ- / díspərit, -reit] *adj.* 이(異種)의, 본질적으로 다른, 전혀 별개의, 공통점이 없는; 부동(不等)의. — *n.* (보통 ~s) 본질적으로 다른 것. ~**·ly** *adv.* ~**·ness** *n.*

dis·par·i·ty [dispǽriti] *n.* [U] [C] (*pl.* **-ties**) 공통점(성)의 결여; 상이(相異); 부동(不等) (inequality); 불균형. ¶ *disparity* in social position 신분의 차이.

dis·park [dispɑ́:rk] *vt.* (개인의 정원·사냥터)를 개방하다.

dis·part [dispɑ́:rt] *vt.* …을 분리시키다, 나누다 (separate). — *vi.* 나뉘다, 쪼개지다.

dis·pas·sion [dispǽʃ(ə)n] *n.* [U] 냉정, 무감동; 공정.

dis·pas·sion·ate [dispǽʃ(ə)nit] *adj.* 냉정한, 감정에 지배되지 않는(calm); 공정한(impartial). ~**·ly** *adv.*

‡**dis·patch, des-** [dispǽtʃ] *vt.* **1** …을 파견하다, 급파하다; …을 급송하다. ¶ *dispatch* a messenger 사자를 급파하다 / *dispatch* a telegram 급전을 치다. **2** …을 죽이다, 해치우다. ⇨ KILL [類語] **3** [일 따위]를 재빨리 해치우다, 신속히 처리하다; [식사]를 재빨리 마치다. **4** …을 얼른 내보내다. — *vi.* (고어) 서두르다(hasten). — *n.* **1** [U] 발송, 급송; 파견, 급파. ¶ the *dispatch* of a fleet 함대의 급파. **2** [U] [C] 살해. ¶ a happy *dispatch* 할복 자살, 깨끗한 자살. **3** [U] [일 따위의] 재빠른 처리, 신속함. ¶ with all possible *dispatch* 가능한 한 빨리 / require *dispatch* 지급을 요하다 / show ability in the *dispatch* of business 일을 척척 해치우다. **4** 지급편, 급보; 급송 공문서; 전보; [신문의] 지급 보도. **5** [속달 화물] 운송료.

be mentioned in dispatches 《英》[용감한 행동으로 해서] 정식 군사 문서에 이름이 오르다, 수훈 보고서에 이름이 오르다.

dispátch bàg *n.* 속달 행낭(行囊).
dispátch bòat *n.* 공문서 송달용의 쾌속선.
dispátch bòx (càse) *n.* **1** 공문서 송달함. **2** 서류함 (attaché case).

dis·patch·er, des- [dispǽtʃər] *n.* **1** 송달인(물); 급송자. **2** 발송(발신)계원. **3** 발차(발진) 담당자. **4** (~s (속어)) 협잡 장치가 되어 있는 한 벌의 주사위 (loaded dice).

dispátch mòney *n.* 〔해운〕에누리한 돈, 선적 기간 단축 환불금[계약 기간을 단축하여 선적(양륙)을 완료했을 때, 계약 조건으로 명시한 내용에 따라 선주가 용선주에게 지불하는 환급금]. 〔리포〕

dispátch nòte *n.* [국제 우편의 소화물에 붙이는] 꼬리표.

dispátch rìder *n.* 〔군사〕[보통 오토바이·말 따위를 이용하는] 전령, 급사(急使).

dispátch tùbe *n.* [압축 공기관으로 서신·소포 따위를 급히 보내는] 기송관(氣送管).

*****dis·pel** [dispél] *vt.* (**-pelled**, **-pel·ling**) …을 쫓아버리다, 사방으로 흩어지게 하다; [공포·불안 따위]를 떨쳐버리다, [의심]을 풀다.

dis·pen·sa·bil·i·ty [dispènsəbíliti] *n.* [U] **1** 없어도 됨, 그다지 중요하지 않음. **2** [가톨릭] 특면(特免) 가능성.

dis·pen·sa·ble [dispénsəbl] *adj.* **1** 없어도 되는; 그다지 중요(필요)하지 않은. **2** 〔가톨릭〕 교회법상의 장애·적용 면제가 특면될 수 있는.

dis·pen·sa·ry [dispénsəri] *n.* (*pl.* **-ries**) **1** 약국, 시약소(施藥所), 진료소.

dis·pen·sa·tion [dìspənséi(ə)n, -pen-] n. ⓊⒸ **1** 분배, 나누어줌. **2** 분배물, 하늘이 베풀어 주는 것. **3** (특정한) 질서, 제도; 지배, 통치, 관리(rule). ¶ England under the *dispensation* of Elizabeth I 엘리자베스 1세 치하의 영국. **4** a) 하늘의 뜻, 신의 섭리. b) 천명, 운명. c) 신의 섭리에 의한 질서(제도). ¶ [교회법상의] 장애·적용으로부터의) 면제, 특면; 특면장. **5** 없이 견디기.

dis·pen·sa·tion·al [dìspənséiʃənl, -pen-] adj. 분배의; 하늘이 베풀어 주는; 신의 섭리의; 특면의.

dis·pen·sa·tor [díspənsèitər, -pen-/-pen-] n.《고어》(성서) 분배자(distributor); 시행(집행)자.

dis·pen·sa·to·ry [dispénsətɔ̀:ri / -təri] n. (pl. **-ries**) **1** 약전(藥典) 해설서, 「비공식의」처방서. **2** 약국.

*****dis·pense** [dispéns] v. (**-pensed, -pens·ing**) vt. **1** …을 분배하다, 나누어 주다(distribute), 베풀다. ¶ (~+图/+前+名) *dispense* food and clothing *to* the poor 빈민에게 음식과 옷을 나누어 주다. **2** …을 시행하다, 집행하다(administer). ¶ *dispense* justice 법을 집행하다, 재판하다. **3** (약)을 처방에 따라 조제하다. **4** (의무 따위)를 특별히 면제하다; (가톨릭) …을 특면(特免)하다(…*from*).
— vi. (가톨릭) 면제하다; 특면하다.
dispense with ① …없이 지내다(do without). ¶ I can *dispense* with your advice. 너의 충고 없이도 해나갈 수 있다. ② …을 배제하다, 생략하다. ¶ *dispense* with ceremony 격식을 차리지 않고 하다 / *dispense* with a person's service 남을 해고하다. ③ [법률·의무·약속 따위]를 면제하다, 특면하다.
◇ dispensátion n.

dis·pens·er [dispénsər] n. **1** 나누어 주는 사람, 베푸는 사람. **2** 약사(藥師). **3** 특면하는 사람. **4** (휴지·면도날 따위의) 용기. **5** 자동 판매기.

dis·peo·ple [dispí:pl /´-´-] vt. (-**pled, -pling**) …의 주민을 절멸시키다(떠나게 하다), …의 인구를 감소시키다(depopulate).

dis·per·sal [dispə́:rs(ə)l] n. Ⓤ 산란, 이산, 살포, 분산(散亂).

*****dis·perse** [dispə́:rs] v. (**-persed, -pers·ing**) vt. **1** …을 흩어지게 하다, 산산이 되다, 살포하다, 산개시키다. ¶ *disperse* the crowd 군중을 흩어지게 하다. **2** …을 퍼뜨리다(spread abroad), 보급시키다. ¶ *disperse* knowledge 지식을 보급시키다. **3** …을 쫓아 버리다, 사라지게 하다(dispel). ¶ *disperse* phantoms 환영(幻影)을 쫓아버리다 / The wind *dispersed* the clouds. 바람이 구름을 흩날려 버렸다. **4** (물리)(빛·파동)을 분산시키다.
— vi. **1** 산란(散亂)하다, 이산하다. ¶ The crowd soon *dispersed*. 군중은 곧 사방으로 흩어졌다. **2** (안개 따위가) 사라지다(vanish). ¶ The fog *dispersed*. 안개가 걷혔다. ◇ dispérsal, dispérsion n., dispérsive adj.

dis·persed·ly [dispə́:rsidli] adv. 흩어져서, 사방으로.

dis·pers·er [dispə́:rsər] n. 흩어지게 (사라지게) 하는 사람(것).

dis·pers·i·ble [dispə́:rsəbl] adj. 흩어지게 (사라지게) 할 수 있는.

dis·per·sion [dispə́:rʒ(ə)n, -ʃ(ə)n/-ʃ(ə)n] n. Ⓤ **1** 산란, 유포, 이산. **2** (光學) 분산, 분광. **3** (의학)(염증 따위의) 소산(消散). **4** (통계) 산포도(散布度). **5** (the D-) = Diaspora 1.

dis·per·sive [dispə́:rsiv] adj. 분산(이산)시키는; 분산적인, 분산(전파)성의. ~·**ly** adv. ~·**ness** n.

dis·pir·it [dispírit] vt. …의 기력을 빼앗다, …을 의기소침하게 하다, 낙심시키다(dishearten).

dis·pir·it·ed [dispíritid] adj. 기력을 잃은, 의기 소침한, 낙심한. ~·**ly** adv.

dis·pit·e·ous [dispítiəs] adj.《고어》악의 있는(malicious), 잔인한(cruel), 무자비한(pitiless).

*****dis·place** [displéis] vt. (**-placed, -plac·ing**) **1** …을 (평소 있던 장소에서) 옮기다, 옮겨놓다; (집·국가에서) 쫓아내다, 추방하다(…*from*). ¶ *displace* a fence 울타리를 옮기다. **2** …과 교체하다, …대신 들어서다(⇒ REPLACE 類語). (화학) …과 치환하다. ¶ The automobile has *displaced* the carriage. 자동차가 마차를 밀어내고 대신 들어섰다 / He *displaced* me in her affections. 그가 나를 밀어내고 그녀의 사랑을 차지했다. **3** …을 면직하다, 해고(해임)하다(discharge). **4** (항해)(함선이) …을 배수하다. ¶ The ship *displaces* 20,000 tons. 그 배의 배수량은 2만톤이다.
◇ displácement n.

dis·placed hómemaker [displéist-] n.(사회) 붕괴된 가정의 주부(남편과 헤어져서 직업 없이 방황하는 여성). *cf.* shopping bag lady

displaced pérson n. (전쟁 따위로 인해서 고국을 잃어버린) 난민 (略 D.P.), 실향민.

*****dis·place·ment** [displéismənt] n. Ⓤ **1** 전치(轉置), 옮겨 놓기; 대체. **2** 해고, 면직. **3** (항해) 배수량; (기계) 배기량(piston displacement). **4** (화학) 치환; (물리) 변위. **5** (지질)(단층의) 전위(轉位), 변위. **6** (심리) 감정 전이(轉移).

dis·plac·er [displéisər] n. 바꾸어 놓는 사람(것).

‡**dis·play** [displéi] vt. **1** …을 보여주다(show); …을 진열하다, 전시하다(exhibit); …을 ⇒ SHOW 類語 / *display* the national flag 국기를 게양하다 / The stores are *displaying* new spring clothes. 가게에는 새로운 봄옷이 진열되어 있다. **2** (감정)을 나타내다; (능력)을 발휘하다(reveal); …을 노출시키다. ¶ *display* bravery 용기를 보이다 / *display* one's ignorance 무식함을 드러내다. **3** …을 펼치다(unfold). ¶ *display* a newspaper (a sail) 신문(돛)을 펴다. **4** …을 자랑해 보이다, 과시하다(flaunt). ¶ *display* a new sports car 새 스포츠카를 자랑해 보이다. **5** (인쇄)(특수 활자를 사용하거나 배열을 연구하거나 하여) …을 눈에 띄게 하다. **6** (컴퓨터)…을 (화면에) 표시(출력)하다, 디스플레이하다.
— n. ⓊⒸ **1** 보여주기; 전시, 진열(exhibition); 표시(manifestation); 진열품. ¶ a *display* of courage (skill) 용기(솜씨)의 표시 / be on *display* 진열되어 있다. **2** 자랑해 보이기, 과시(ostentation). ¶ out of *display* 여봐란 듯이 / be fond of *display* 겉치레를 좋아하다 / make a great *display* of affection 애정을 야단스럽게 나타내다. **3** (인쇄) 눈에 띄는 조판법. **4** (컴퓨터) 디스플레이(출력표시 장치). **5** (국기 따위를) 펼침, 게양.

displáy ád n.《구어》= display advertising

displáy àdvertising n.(집합적)(신문·잡지의) 대형 광고. *cf.* classified advertisement

displáy ártist n. 장식창이나 점포내의 진열·광고를 하는 사람.

dis·played [displéid] adj. (紋章)(새가) 날개와 다리를 벌린.

displáy kèy n. 디스플레이 키(호텔 따위에서 사용되는 객실용 열쇠).

dis·play·man [displéimən, -mæ̀n] n. (pl. **-men** [-mən, -mèn]) display artist.

displáy stóre n. 홈쇼핑 전시장.

displáy týpe n. Ⓤ (인쇄)(표제어·광고용의) 대형 활자. *cf.* body type

displáy wìndow n. 진열창.

‡**dis·please** [displí:z] vt.《종종 수동형으로》…을 불쾌하게 하다, 화나게 하다(offend), 초조하게 하다. ¶ His arrogant manner *displeased* me. 그의 거만한 태도가 불쾌했다 / I'm *displeased* at his way of talking. 그의 말하는 태도가 못 마땅하다 / I am *displeased* about the whole affair. 내게는 모든 것이 마음에 들지 않는다. — vi. 불쾌하다, 기분이 상하다. ◇ displéasure n.

dis·pleas·ing [displí:ziŋ] adj. 불쾌한, 싫은, 마음에 안드는. ~·**ly** adv.

*****dis·pleas·ure** [displéʒər] n. **1** Ⓤ 불만, 불쾌; 화남, 노여움. ⇒ DISSATISFACTION 類語 ¶ with *displeasure* 불

displume

만스럽게 / manifest (or show) *displeasure* 불쾌감을 나타내다 / take [a] *displeasure* 불쾌하게 생각하다 / He incurred his father's *displeasure*. 그는 아버지의 미움을 거슬렀다. **2** ⓤ《고어》불유쾌(discomfort), 불안(uneasiness). **3** 《고어》고민거리, 노여움의 원인.
— *vt.* (**-ured, -ur·ing**) 《고어》 =displease.

dis·plume [displú:m] *vt.* (**-plumed, -plum·ing**) 《詩》 깃털을 뽑다; 허식(명예)을 박탈하다.

dis·port [dispɔ́:rt / -pɔ́:t] *vt.* 《보통 재귀용법》…을 즐겁게 하다, 위안하다; …을 장난치며 놀게 하다. ¶ *disport* oneself 즐기다, 장난치며 놀다. — *vi.* 즐기다, 장난치다. — *n.* ⓤⓒ 즐거움, 위안, 놀이; 장난.

dis·pos·a·ble [dispóuzəbl] *adj.* 처분(처치)할 수 있는; 마음대로 되는, 마음대로 쓸 수 있는(available). — *n.* 사용 후에 폐기 처분할 수 있는 것, 사용 후에 버리는 것.

disposable íncome *n.* 가처분소득, [세금을 뺀] 순수입.

‡**dis·pos·al** [dispóuz(ə)l] *n.* ⓤ **1** 배치, 배열(arrangement). **2** 처분, 처리, 처치, 매각, 양도, 정리. ¶ divine *disposal* 신의 섭리 / *disposal* of property 재산 처분. **3** 처분권, 처분의 자유, 지배권. ¶ He has a limited period at (or in) his *disposal*. 그에게는 자유로운 시간이 한정되어 있다 / The comfortable room was placed at the *disposal* of the visitors. 방문자에게 쾌적한 방이 준비되어 있었다 / I am entirely at your *disposal*. =My services are always at your *disposal*. 무슨 일이든 말씀만 해주십시오. **4** ⓒ 디스포저(disposer). ◇ dispose *v.*

dispósal bág *n.* [비행기내·호텔 등지에 비치된] 오물(생리용품) 처리 주머니.

‡**dis·pose** [dispóuz] *v.* (**-posed, -pos·ing**) *vt.* **1** …을 배치하다, 배열하다(arrange); …을 알맞은 곳에 두다. ¶ *dispose* troops 부대를 배치하다. **2** …을 처분하다. ¶ God *disposes* all things according to His will. 신은 스스로의 의사로 모든 일을 처리한다. **3** …을 [특정한 심리 상태로] 만들다, …할 마음이 내키게 하다, …하고 싶도록 만들다. ¶ (~+目+ *to* do) His account *disposed* her *to* believe him. 그의 설명으로 그녀는 그를 믿고 싶은 마음이 생겼다. **4** 《고어》…을 준비시키다, …을 준비하다. — *vi.* 사물의 행방(성패)을 정하다, [적절히] 처리하다(*of*..). ¶ Man proposes, God disposes. 《속담》모사(謀事)는 재인(在人)이요, 성사는 재천이라.

dispose of ① …을 가지런히 늘어놓다, 배열하다; 할당하다. ② …을 처리하다, …의 결말을 짓다. ¶ *dispose of* an argument 토론의 결말을 짓다 / *dispose of* one's daughter in marriage 딸을 시집보내다. ③ …을 처분하다, 양도하다, 매각하다. ¶ *dispose of* property 재산을 처분하다. ④ …을 제거하다, 버리다; 죽이다. ¶ We will have to *dispose of* the mice in our attic. 다락방의 쥐를 잡아야 한다. ⑤ 《구어》…을 먹어 버리다, 다 마셔버리다. ¶ He quickly *disposed of* the meal. 그는 재빨리 식사를 마쳤다.
◇ dispósal, disposítion *n.*

*****dis·posed** [dispóuzd] *adj.* **1** [마음이] …으로 쏠리고 있는, …할 마음이 있는, …의 경향이 있는(inclined) (*to*...). ¶ a man *disposed to* get married 결혼할 생각이 있는 남자 / I am *disposed to* think …이라고 생각하고 싶다 / Do you feel *disposed for* a picnic? 피크닉에 가고 싶니? **2** 《복합어를 만들어》성질이 … 한 (*toward*...). ¶ well-*disposed* (ill-*disposed*) 마음씨가 고운(고약한), 호의(악의)를 가지고 있는.

dis·pos·er [dispóuzər] *n.* **1** 《고어》배치자, 처리하는 사람(?). **2** 디스포저(싱크대(sink)의 쓰레기를 분쇄하여 처리하는 기계).

‡**dis·po·si·tion** [dìspəzíʃ(ə)n] *n.* ⓒⓤ **1** 기질, 성질, 성벽; 정신적 경향, 일어하고 싶은 마음(inclination). ¶ a mild *disposition* 얌전한 성질 / a man of good *disposition* 마음씨가 고운 사람 / He is rather reserved in *disposition*. 그에게는 좀 도사리는 성질이 있다 // feel (show) a *disposition to* do …하려는 생각이 있다(생각을 나타내다).

類語 **disposition** 사람이 날 때부터 지니고 있는 주된 성질로서 행동이나 남과의 관계에서 나타나는 것: a cheerful *disposition* 쾌활한 기질. **temper** 경험에 의해서 얻은, 또는 과도적인 성격: a hot (or a quick) *temper* 발끈하는 성질. **temperament** 사람의 그때 그때의 기분을 만들어 내는 근원이 되는 정서의 미묘한 균형: an artistic *temperament* 예술가 기질.

2 자연적인 경향, 체질. ¶ a *disposition* in flowers to turn to the sun 꽃의 향일성(向日性). **3** 배치, 배열(arrangement). ¶ the *disposition* of trees [정원 따위의] 수목의 배치. **4** 처리, 결정; 신의 섭리. **5** 처분, 매각, 양도; 처분권, 지배권. ¶ I have property in (or at) my *disposition*. 내게는 마음대로 처분할 수 있는 재산이 있다. ◇ dispose *v.*

dis·pos·sess [dìspəzés] *vt.* [부동산 따위를] [남]에게서 빼앗다, 박탈하다; [남]을 쫓아내다(...*of*). ¶ *dispossess* a farmer of his land for not paying his rent 지대를 내지 않아 농부로부터 땅을 빼앗다.

dis·pos·ses·sion [dìspəzéʃ(ə)n] *n.* ⓤ [재산·토지 따위의] 강탈, 박탈; 축출.

dis·pos·ses·sor [dìspəzésər] *n.* [토지] 강탈자.

dis·praise [dispréiz] *vt.* (**-praised, -prais·ing**) …을 헐뜯다, 비난하다. — *n.* ⓤⓒ 헐뜯기, 비난. ¶ speak in *dispraise* of …을 비난하다(헐뜯다).

dis·prod·uct [disprádəkt, -dʌkt / -prɔ́d-] *n.* 유해 제품, 불량품.

dis·proof [disprú:f] *n.* ⓤⓒ 반증[물건], 반론, 반박.

dis·pro·por·tion [dìsprəpɔ́:rʃ(ə)n / -pɔ́:-] *n.* 불균형, 부조화, 어울리지 않음. ¶ *disproportion* between A and B AB 사이의 물균형 / *disproportion* in size 치수가 맞지 않음. **2** 어울리지 않는 것, 불균형(부조화) 한 것. — *vt.* …을 어울리지 않게(균형 잡히지 않게) 하다, …의 균형을 깨뜨리다. ¶ be *disproportioned to* …과 어울리지 않다.

dis·pro·por·tion·al [dìsprəpɔ́:rʃən(ə)l / -pɔ́:-] *adj.* =disproportionate. **~ly** [-nəli] *adv.*

dis·pro·por·tion·ate [dìsprəpɔ́:rʃənit / -pɔ́:-] *adj.* 어울리지 않는, 조화되지 않는, 불균형한. **~ly** *adv.* **~ness** *n.*

dis·prov·a·ble [disprú:vəbl] *adj.* 논박(반증)할 수 있는.

dis·prove [disprú:v / ´-´] *vt.* (**-proved, -prov·ing**) …이 잘못됨을 증명하다, …의 반증을 들다, …을 논박하다.

dis·put·a·bil·i·ty [dispjù:təbíliti] *n.* ⓤ 토의되어야 할 논쟁의 여지가 있음, 확실하지 않음.

dis·put·a·ble [dispjú:təbl] *adj.* 논의되어야 할, 논쟁의 여지가 있는, 의심스러운. **~ness** *n.* **-bly** *adv.*

dis·pu·tant [dispjú:t(ə)nt] *adj.* 논의(논쟁)하고 있는, 논의(논쟁)의. — *n.* 논의자, 논쟁자, 토론자(debater).

dis·pu·ta·tion [dìspjutéiʃ(ə)n] *n.* ⓤⓒ 논의, 토론(discussion, debate); 논쟁(controversy).

dis·pu·ta·tious [dìspjutéiʃəs] *adj.* 논쟁적인, 논쟁의, 논쟁을 좋아하는. **~ly** *adv.* **~ness** *n.*

dis·pu·ta·tive [dispjú:tətiv] *adj.* =disputatious.

‡**dis·pute** [dispjú:t] *v.* (**-put·ed, -put·ing**) *vi.* **1** 논의하다, 논쟁하다. ¶ (~+前+名) *dispute with* (or *against*) a person *about* (or *upon, over*) a matter 어떤 문제에 대해서 남과 논쟁하다. **2** 말다툼하다, 싸우다(quarrel).
— *vt.* **1** …을 논하다, …에 대하여 논의(토의, 심의)하다(discuss). ¶ *dispute* the case 그 건에 대해서 논하다 // (~+*wh.* 節) We *disputed whether* we would adopt the proposal. 우리는 그 제안의 채택 여부를 놓고 논의했다. **2** …에 이의를 제기하다, …을 의심하다(doubt); …을 논박하다. ¶ *dispute* [the authenticity

dis·put·er [dispjúːtər] *n.* 논쟁자, 토론자.

dis·qual·i·fi·ca·tion [diskwòlifikéi(ə)n / -kwɔ̀l-] *n.* **1** 자격 박탈. **2** 무자격, 실격, 적임이 아님. **3** 실격 사유, 실격 조항.

dis·qual·i·fied [diskwɔ́lifàid / -kwɔ́l-] *adj.* 자격을 잃은, 실격(결격)이 된다.

dis·qual·i·fy [diskwɔ́lifài / -kwɔ́l-] *vt.* (**-fied, -fy·ing**) **1** …의 자격을 빼앗다; …을 부적격자로 간주하다; (스포츠) …으로 부터 (경기의) 출전 자격을 박탈하다. ¶ a *disqualified* person 실격자 // *disqualify* a person *for* public employment 남의 공직 취임 자격을 박탈하다 / be *disqualified from* voting 투표할 자격이 없다. **2** (병 따위가) …을 불능케 하다(incapacitate). ¶ I'm *disqualified* by my weak heart *from* serving in the army. 나는 심장이 약해서 병역에 복무하는 것은 불가능하다.

dis·qui·et [diskwáiət] *vt.* …의 안정(평화, 평온)을 어지럽히다; …을 불안하게 하다(make uneasy). ¶ His strange actions *disquieted* her 그녀의 별난 행동이 그녀를 불안하게 만들었다 / My heart is *disquieted*. 신경이 쓰인다. —*n.* Ⓤ 불안, 걱정, 불온, 동요. ~**ly** *adv.* ~**ness** *n.*

dis·qui·et·ing [diskwáiətiŋ] *adj.* 불안하게 하는, 마음을 어지럽히는(disturbing). **-ly** *adv.*

dis·qui·e·tude [diskwáiit(j)ùːd / -tjùːd] *n.* Ⓤ 불안(한 상태), 불온(restlessness); 걱정(uneasiness).

dis·qui·si·tion [dìskwizíʃ(ə)n] *n.* (조직적이며 면밀한) 논설, 논문(treatise).

dis·rate [disréit] *vt.* (**-rat·ed, -rat·ing**) (사람·배 등)의 계급(지위)을 낮추다.

*****dis·re·gard** [dìsrigáːrd] *vt.* …을 무시(경시)하다, 등한히(소홀히) 하다. ⇨ NEGLECT 類語 — *n.* Ⓤ Ⓒ 무시(neglect); 경시, 무관심(indifference). ¶ *disregard* of law 법률의 무시 / have a *disregard* for (of) …을 무시하다. ◇ **dis·re·gárd·ful** *adj.*

dis·re·gard·ful [dìsrigáːrdfəl] *adj.* 무시하는, 경시하는, 무관심한, 신경을 쓰지 않는(neglectful).

dis·rel·ish [disréliʃ] *vt.* …을 싫어하다, 좋아하지 않다(dislike). — *n.* Ⓤ (때로 a~) 싫음, 혐오(distaste) (*for* …). ¶ a *disrelish* for some kind of food 어떤 음식을 싫어함.

dis·re·mem·ber [dìsrimémbər] *vt.* (주로 美남부) …을 생각해 내지 못하다, 잊어버리다(forget).

dis·re·pair [dìsripéər] *n.* Ⓤ 파손 상태, 황폐함. ¶ be in *disrepair* 황폐되어(파손되어) 있다 / fall (or get, go) into *disrepair* 황폐하다.

dis·rep·u·ta·bil·i·ty [disrèpjutəbíliti] *n.* Ⓤ 나쁜 소문, 악평, 불명예.

dis·rep·u·ta·ble [disrépjutəbl] *adj.* 평판이 나쁜, 불명예스러운, 창피한; 꼴사나운, 초라한(dirty, shabby). — *n.* 평판이 나쁜 사람. ~**ness** *n.* **-bly** *adv.*

dis·re·pute [dìsripjúːt] *n.* Ⓤ 평판이 나쁨, 악평; 불명예. ¶ fall (or get) into *disrepute* 평판이 나빠지다.

dis·re·spect [dìsrispékt] *n.* Ⓤ Ⓒ 무례, 실례, 버릇없음(rudeness). ¶ show *disrespect* to …에게 경의를 표하지 않다. — *vt.* …에게 경의를 표하지 않다, 무례한 (실례되는) 짓을 하다, …을 경멸하다.

dis·re·spect·a·ble [dìsrispéktəbl] *adj.* 존경할 가치가 없는, 훌륭치 않은.

dis·re·spect·ful [dìsrispéktfəl] *adj.* 무례한, 실례되는, 무엄한. ~**ly** [-fəli] *adv.* ~**ness** *n.*

dis·robe [disróub / ⁄ ⁄] *v.* (**-robed, -rob·ing**) *vt.* …의 옷을 벗기다(undress); …의 *of*), *disrobe* oneself 옷을 벗다, 발가벗다 // A wintry blast *disrobes* trees of their leaves. 겨울 바람이 나뭇잎을 지게 한다. — *vi.* 옷을 벗다, 발가벗다.

dis·root [disrúːt, +美 -rʌ́t] *vt.* …을 뿌리째 뽑다 (uproot); (특별한 장소로부터) …을 옮기다, 제거하다 (dislodge).

*****dis·rupt** [disrʌ́pt] *vt.* **1** (사회·회의 따위)를 혼란에 빠뜨리다. **2** …을 붕괴시키다, 파열시키다, 분쇄하다. ¶ Slavery seemed likely to *disrupt* the Union. 노예 제도가 합중국을 분열시키는 것처럼 생각되었다. **3** …을 잡아찢다(break apart).
— *adj.* 붕괴된, 분열된, 분쇄된.

*****dis·rup·tion** [disrʌ́p(ə)n] *n.* Ⓤ **1** 분쇄; 붕괴(분열) 시키기. **2** 교회·국가 따위의 붕괴, 분열(상태. ¶ The family is in *disruption*. 그 집안은 파멸 상태에 있다. **3** (the D-) 1843년의 스코틀랜드 교회의 분열. **4** 환경 파괴.

dis·rup·tive [disrʌ́ptiv] *adj.* 분열(붕괴)시키는; 분열로 생긴, 분열성의.

*****dis·sat·is·fac·tion** [di(s)sætisfǽk(ə)n / di(s)sæt-] *n.* Ⓤ 불만, 불평; Ⓒ 불만(불평)의 원인. ¶ express *dissatisfaction with* …에 대한 불만을 나타내다.
類語 **dissatisfaction** 소원·기대가 이루어지지 않았기 때문에 생기는 일시적 불만: *dissatisfaction* with one's scores in golf 골프의 스코어에 대한 불만. **discontent** 자기 생활·환경 따위에 대한 일반적인 불만: *discontent* with one's position 자기 지위에 대한 불만. **displeasure** 분노가 섞인 강한 불만.
◇ **dis·sát·is·fy** *v.*, **dis·sat·is·fác·to·ry** *adj.*

dis·sat·is·fac·to·ry [di(s)sætisfǽkt(ə)ri / di(s)sǽt-] *adj.* 불만스러운(unsatisfactory), 불만의 원인이 되는(*to* …).

dis·sat·is·fied [di(s)sǽtisfàid / di(s)sǽt-] *adj.* 만족하지 못한(둔한). ¶ a *dissatisfied* look 불만스런 표정.

*****dis·sat·is·fy** [di(s)sǽtisfài / di(s)sǽt-] *vt.* (**-fied, -fy·ing**) (보통 수동형으로) …에게 불만(불평)을 품게 하다(discontent), …을 언짢게 하다. ¶ I'm *dissatisfied* with (or at) your treatment of us. 우리에 대한 당신의 조처가 못마땅하다.
◇ **dis·sat·is·fác·tion** *n.*, **dis·sat·is·fác·to·ry** *adj.*

dis·save [dìsséiv] *vi.* (**-saved, -sav·ing**) 저축한 돈을 쓰다.

dis·seat [dissíːt] *vt.* (고어) = unseat.

*****dis·sect** [disékt] *vt.* **1** (동·식물 따위)를 해부하다, 절개하다. **2** …을 분석하다, 세밀히 조사하다(analyze). ◇ **dis·séc·tion** *n.*

dis·sect·ed [diséktid] *adj.* **1** 절개(해부)된. **2** (식물) (잎 따위가) 깊이 째진, 전열(全裂)의. **3** (지질) 개석(開析)된. ¶ a *dissected* plateau 개석 대지.

dis·sec·tion [disékʃ(ə)n] *n.* **1** Ⓤ 절개, 해부, 해체. **2** 해부체(모형). **3** Ⓤ 면밀한 조사, 분석. **4** (지

dis‧sec‧tor [diséktər] *n.* **1** 해부[학]자. **2** 해부 기구.

dis‧seize [disíːz / ⌐⌐] (*(英)에서는 **dis‧seise**로도 쓴다) *vt.* (**-seized, -seiz‧ing**) [법률] [남]으로부터 [부동산의 점유를] 불법적으로 빼앗다, 침탈(侵奪)하다 (… *of*). ¶ *disseize* a person *of* real estate 남에게서 부동산의 점유를 빼앗다.

dis‧sei‧zin, 《英》-sin [dissíːzin / ⌐⌐-] *n.* ⓤ[법률] 부동산 점유 침탈(侵奪).

dis‧sem‧blance[1] [disémbləns] *n.* ⓤⓒ 닮지 않음 (unlikeness), 상이(相異) (dissimilarity).

dis‧sem‧blance[2] [disémbləns] *n.* ⓤ 시치미 떼기, 위장, 가장.

dis‧sem‧ble [disémbl] *v.* (**-bled, -bling**) *vt.* **1** [성격·행위·의도·감정 등]을 숨기다, 가장하다; [외관]을 꾸미다, …인 체하다. ¶ *dissemble* one's sorrow with a smile (*or* by smiling) 미소로 슬픔을 감추다 / He *dissembled* happiness. 그는 행복한 체하고 있었다. **2** [고어] …을 보고도 못 본 체하다, 무시하다. —— *vi.* 시치미떼다, 속이다; 위선적으로 행동하다.

dis‧sem‧bler [disémblər] *n.* 시치미떼는 사람, 위선자.

dis‧sem‧i‧nate [disémineit] *vt.* (**-nat‧ed, -nat‧ing**) **1** [씨 따위]를 흩뿌리다, 살포하다(scatter, disperse). **2** [지식·보도·교리 따위]를 퍼뜨리다, 유포시키다. ⇨ SPREAD 類語

dis‧sem‧i‧na‧tion [disèminéiʃ(ə)n] *n.* ⓤ **1** 씨뿌리기, 살포. **2** 유포(spread), 보급(diffusion).

dis‧sem‧i‧na‧tor [disémineitər] *n.* **1** 씨뿌리는 사람, 살포기. **2** 유포자, 전도자.

***dis‧sen‧sion** [dénʃ(ə)n] *n.* ⓤⓒ **1** [의견 따위의] 충돌, 불화, 알력(discord); 싸움(quarrel). ¶ family *dissension* 내분. **2** [감정·의견의] 상이, 불일치(disagreement), 상이(相異).

***dis‧sent** [disént] *vi.* **1** 의견을 달리하다, 동의하지 않다(*from*…). *opp.* consent. ¶ (~+[前]+[名]) *dissent from* the opinion 그 의견에 불찬성이다.

類語 **dissent** 보통, 다수의 의견에 찬성하지 않다, 또는 찬성을 보류하다: *dissent* from the prevailing fashion 유행을 따르지 않다. **disagree** 모든 점에서의 의견이 일치·조화되지 않아 마찰이 생기다: *disagree* with one's partner 동업자와 의견이 맞지 않다.

2 종교상의 의견을 달리하다; [영국 국교회의 교리 등]에 반대하다. —— *n.* ⓤ **1** 의견의 상이, 이의(異議), 불찬성(*from*…). ¶ express (*or* show) *dissent* 이의를 제기하다. **2** 국교 반대(nonconformity); [특히] 영국 국교회로부터의 분리.
◇ dis‧sén‧sion *n.*, dis‧sén‧tient *adj.*, *n.*

dis‧sent‧er [diséntər] *n.* **1** [체제적인 것에 대한] 반대자, 불찬성자. **2** (보통 D-) 영국 국교회 반대자, 비국교도(Nonconformist).

dis‧sen‧tient [disénʃ(ə)nt / -ʃiənt] *adj.* [특히 다수의 의견에] 이의를 제기하는, 반대하는. —— *n.* 이의를 제기하는 사람, 불찬성자, 반대자(dissenter).

dis‧sent‧ing [diséntiŋ] *adj.* **1** 의견을 달리하는, 이의를 제기하는, 반대하는. ¶ *dissenting* views 반대 의견. **2** 국교에 반대하는(nonconforming), 비국교도의. ~‧ly *adv.*

dis‧sep‧i‧ment [disépimənt] *n.* [동·식물] 격막, 격벽(partition, septum); [식물] 자방(子房) 격막.

dis‧ser‧tate, dis‧sert [dísərtèit], [disə́ːrt] *vi.* (**-tat‧ed, -tat‧ing**) 논하다, 논설하다(discourse), 논문(논설)을 쓰다.

dis‧ser‧ta‧tion [dìsərtéiʃ(ə)n] *n.* **1** 논문(thesis), 논설, [특히] 박사 논문. **2** [구술·문장에 의한] 논설, 논술.

dis‧ser‧ta‧tor [dísərtèitər] *n.* 논자, 논설자, 논문 작성자.

dis‧serve [di(s)sə́ːrv] *vt.* (**-served, -serv‧ing**) (드물게) …에게 몹쓸짓을 하다, …을 학대하다, …에게 위해를 가하다.

dis‧ser‧vice [di(s)sə́ːrvis] *n.* ⓤ (종종 a~) 해 (harm, injury), 불친절한 행위, 냉대, 구박(ill turn). ¶ do a person a *disservice* 남에게 몹쓸 짓을 하다.

dis‧sev‧er [di(s)sévər] *vt.* …을 잘라내다, 분리시키다(separate); 분할하다(divide). —— *vi.* 갈라지다, 분리되다.

dis‧sev‧er‧ance [di(s)sév(ə)rəns] *n.* ⓤ 분리; 분할.
dis‧sev‧er‧a‧tion [di(s)sèv(ə)réiʃ(ə)n] *n.* = dis‧severance.

dis‧si‧dence [dísidəns] *n.* ⓤ [의견·성격 따위의] 불일치(disagreement), 상이(相異) (difference).

dis‧si‧dent [dísid(ə)nt] *adj.* 의견을 달리하는, 반대하는, 동의하지 않는(disagreeing, dissenting) (*from*…). —— *n.* 의견을 달리하는 사람, 반대자(dissenter).

dis‧sim‧i‧lar [di(s)símilər] *adj.* 닮지 않은, 다른(*to*…). ~‧ly *adv.*

dis‧sim‧i‧lar‧i‧ty [dìsìmilǽriti] *n.* (*pl.* **-ties**) ⓤ 닮지 않음, 부동(不同), 상이(difference); ⓒ 상이점.

dis‧sim‧i‧late [disíməleit] *v.* (**-lat‧ed, -lat‧ing**) [음성]…을 이화(異化)하다. *cf.* assimilate.

dis‧sim‧i‧la‧tion [dìsiməléiʃ(ə)n] *n.* (*cf.* assimilation) ⓤⓒ **1** 이화, 부동화(不同化). **2** [음성] 이화[작용]. **3** [생물] 이화[작용] (catabolism) 의.

dis‧sim‧i‧la‧tive [disíməlèitiv] *adj.* 이화하는, 이화의.

dis‧si‧mil‧i‧tude [dì(s)simílit(j)ùːd / -tjùːd] *n.* **1** ⓤ 부동, 같지 않음(unlikeness); 상이(difference). **2** 상이점.

dis‧sim‧u‧late [disímjuleit] *v.* (**-lat‧ed, -lat‧ing**) *vt.* [감정·의사 등]을 숨기다, 속이다(dissemble). —— *vi.* 겉꾸미다, 시치미 떼다, 알고도 모른 체하다.

dis‧sim‧u‧la‧tion [dìsìmjuléiʃ(ə)n] *n.* ⓤⓒ **1** [감정·의사 등]을 숨기기, 가장, 시치미 떼기, 알고도 모르는 체하기(hypocrisy). **2** [정신 병리] 가장 [정신이상자가 보통 사람처럼 가장하는 일].

dis‧sim‧u‧la‧tor [disímjulèitər] *n.* 시치미 떼는 사람, 가장자, 위선자(hypocrite).

***dis‧si‧pate** [dísipeit] *v.* (**-pat‧ed, -pat‧ing**) *vt.* **1** [구름·안개 따위]를 흩어지게 하다, [슬픔·우울 따위]를 가시게 하다(dispel). **2** [시간·정력·돈 따위]를 낭비하다(waste). —— *vi.* **1** [구름 따위가] 흩어져 사라지다; [슬픔 따위가] 가시다. **2** 주색에 빠지다, 난봉부리다. ◇ dis‧si‧pá‧tion *n.*, díss‧i‧pa‧tive *adj.*

dis‧si‧pat‧ed [dísipèitid] *adj.* **1** 주색에 빠진, 방탕한. ¶ fall into a *dissipated* life 방탕한 생활에 빠지다. **2** 낭비된 (wasted). **3** 흩어져 사라진. ~‧ly *adv.* ~‧ness *n.*

dis‧si‧pat‧er, -pa‧tor [dísipèitər] *n.* **1** 흩어 지게 하는 사람; [슬픔 따위를] 가시게 하는 사람. **2** 난봉꾼, 탕아; 낭비가.

dis‧si‧pa‧tion [dìsipéiʃ(ə)n] *n.* ⓤ **1** 흩어져 사라짐, 소실 (dispersion). *opp.* conservation. **2** 낭비. **3** 기분 전환. **4** 무절제, 방탕, 유흥. **5** [물리] 흩어지기.

dis‧si‧pa‧tive [dísipèitiv] *adj.* 흩어져 사라지는; 낭비하는; 주색에 빠진, 방탕한.

dis‧so‧ci‧a‧ble [disóuʃiəbl / -ʃjə- →2] *adj.* **1** 분리할 수 있는 (separable). **2** [disóuʃəbl] 비사교적인, 무뚝뚝한 (unsociable). **3** 조화되지 않는, 어울리지 않는 (ill-matched).

dis‧so‧cial [disóuʃ(ə)l] *adj.* **1** 반사회적인, 비사회적인 (unsocial). **2** 교제를 싫어하는, 비사교적인 (unsociable).

dis‧so‧cial‧ize [disóuʃəlàiz] (*(英)에서는 **dis‧so‧cial‧ise**로도 쓴다) *vt.* (**-ized, -iz‧ing**) …을 교제를 싫어하게 하다, 비사교적으로 하다.

dis‧so‧ci‧ate [disóuʃièit, -si-] *v.* (**-at‧ed, -at‧ing**) *vt.* **1** …사이의 관계 (관계)를 끊다, …을 분리시키다, 분리시켜 생각하다, 떼어 놓다(*from*…). ¶ *dissociate* two things 두 물건을 떼어 놓다 // *dissociate* oneself *from* a person 남과의 관계를 끊다 / It is difficult to *dissociate*

dis·so·ci·a·tion [disòusiéi∫(ə)n, -∫i-] *n.* ⓤ **1** 분리. **2** 〖물리화학〗 해리. **3** 〖심리〗 분리〖정상적인 의식에서 분리된 정신 작용을 나타내는 정신 이상〗.

dis·so·ci·a·tive [disóu∫ièitiv, -∫iə-] *adj.* 분리〖성〗의; 〖물리화학〗 해리의.

dis·sol·u·bil·i·ty [disàljubíliti / -sɔ̀l-] *n.* ⓤ **1** 용해성, 분해성, 가용성. **2** 해산(해제, 해소)의 가능성.

dis·sol·u·ble [disáljubl / -sɔ́l-] *adj.* **1** 분해할 수 있는; 용해할 수 있는, 가용성의. **2** 해산(해제)할 수 있는. ¶ No engagement is *dissoluble*. 약혼은 파기할 수 없다. **~ness** *n.*

dis·so·lute [dísəlùːt] *adj.* 무절제한, 방종한; 방탕한. **~ly** *adv.* **~ness** *n.*

*__dis·so·lu·tion__ [dìsəlúː∫(ə)n] *n.* ⓤⓒ **1** 용해; 분해; 분리(disintegration). **2** 〖의회·단체 등의〗 해산 (dismissal). **3** 종국, 파멸; 죽음(death). **4** 〖효력·계약 따위의〗 해소, 해약. ¶ obtain the *dissolution* of one's marriage with …과의 결혼 생활을 청산하다. **5** 〖화학〗 용해. ◇ dissólve *n.*

dis·solv·a·ble [dizálvəbl / -zɔ́lv-] *adj.* **1** 용해할 수 있는, 가용성의; 분해(분리)할 수 있는. **2** 해산(해소)할 수 있는.

‡**dis·solve** [dizálv / -zɔ́lv] *v.* (**-solved, -solv·ing**) *vt.* **1** …을 〖액체에〗 녹이다, 용해시키다(liquefy, melt); …을 분해하다, 분리시키다. ¶ (~+⊕+前+图) *dissolve* sugar *in* water 설탕을 물에 녹이다 / *dissolve* water *into* hydrogen and oxygen 물을 수소와 산소로 분해하다. **2** 〖의회·조직〗을 해산시키다; 〖결혼·계약 따위〗를 해소(解消)하다. ¶ *dissolve* Parliament (a trade union) 의회(조합)를 해산하다. **3** 〖마력·영향〗을 풀다, 사라지게 하다. **4** 〖영화·TV〗 〖화면〗을 디졸브로 하다, 오버랩시키다〖앞의 화면이 페이드 아웃(fade out)으로 사라지면서 동시에 다음 화면이 겹쳐서 페이드 인(fade in)으로 서서히 나타난다〗.
— *vi.* **1** 녹다, 용해되다(*in, into*...). ➪ MELT 類語 ¶ (~+前+图) Sugar *dissolves in* water. 설탕은 물에 녹는다 / Snow *dissolves into* water. 눈이 녹으면 물이 된다. **2** 해산되다. **3** 〖마력·효력이〗 사라지다. **4** 〖안개 따위가〗 흩어지다, 차차 엷어지다. **5** 〖영화·TV〗 〖화면이〗 디졸브로 되다, 오버랩하다. ¶ (~+劆) *dissolve in* (*out*) 〖화면이〗 차차 밝아지다〖어두워지다〗.

dissolve (or *be dissolved*) *in* (or *into*) *tears* 하염없이 울다.

dissolve itself into ① 저절로 녹아서 …이 되다. ② 결국 …이 되다(에 귀착하다).
— *n.* ⓤ 〖영화·TV〗 디졸브. ➪ *vt.* 4.
◇ dissolútion *n.*, díssolvent *adj.*

dis·sólved gás 가용성(油溶性) 가스〖원유에 용해되어 있는〗 천연 가스.

dis·sol·vent [dizálvənt / -zɔ́l-] *adj.* 용해력이 있는.
— *n.* 용제(溶劑) (solvent).

dis·so·nance [dísənəns] *n.* ⓤⓒ (*pl.* **-nanc·es**) **1** 부조화음(discord), 귀에 거슬리는 소리; 〖음악〗 불협화음, *opp.* consonance **2** 불일치, 부조화(incongruity); 불화.

dis·so·nan·cy [dísənənsi] *n.* (*pl.* **-cies**) = dissonance.

dis·so·nant [dísənənt] *adj.* (*opp.* consonant) **1** 〖음악〗 조화되지 않는(discordant), 귀에 거슬리는; 〖음악〗 불협화음의. **2** 〖의견·성질 따위가〗 서로 조화되지 않는, 불화의(incompatible); 일치하지 않는, 조화되지 않는 (incongruous). **~ly** *adv.*

dis·suade [diswéid] *vt.* (**-suad·ed, -suad·ing**) 〖충고하여 …을〗 그만두게 하다, 〖…하지 않도록〗 권하다(...*from*). *cf.* persuade ¶ I could not *dissuade* him *from* running away from home. 그에게 가출을 그만두도록 설득했으나 성공하지 못했다 / I was *dissuaded from* the action. 나는 남의 충고를 듣고 그 행동을 그만두었다.

dis·suad·er [diswéidər] *n.* 설득하여 그만두게 하는 사람.

dis·sua·sion [diswéiʒ(ə)n] *n.* ⓤ 설득하여 그만두게 하기, 충고하여 말리기.

dis·sua·sive [diswéisiv] *adj.* ⓤ 그만두라고 설득하는, 말리는.

dis·syl·la·bi [disíləbl] *n.* = disyllable.

dis·sym·met·ri·cal [dìsimétrik(ə)l], (**dis·sym·met·ric** [-rik]) *adj.* 비대칭(非對稱)의, 균형이 안잡힌, 불균형의. **2** 〖생물〗 〖사람의 손처럼〗 반대 대칭의. **-ri·cal·ly** [-rikəli] *adv.*

dis·sym·me·try [disímitri / --] *n.* ⓤ (*pl.* **-tries**) **1** 비대칭, 불균형. **2** 〖생물〗 반대 대칭〖사람의 좌우의 손 따위〗 (biradial symmetry).

dist. (略) distance; distinguish [ed]; district.

dis·taff [dístæf / -tɑ́ːf] *n.* **1** 실패 〖옛날에 기막대기에 양털·아마 따위를 감고 손으로 실을 자았다〗; 〖물레의〗 가락. **2** (the ~) 여성의 일(분야); 〖집합적〗 여성, — *adj.* 여성의 (female), 〖특히〗 모계(母系)의.

dístaff síde *n.* (the ~) 모계. *cf.* spear side

[distaff 1]
1 distaff 실패
2 spindle 물레가락

dis·tain [distéin] *vt.* 〖古어〗 **1** …을 변색시키다, 더럽히다. **2** 〖古어〗 치욕을 안겨주다, 명예를 더럽히다.

dis·tal [díst(ə)l] *adj.* 〖해부〗 중심에서 먼, 말초의, 말초단의. *opp.* proximal

‡**dis·tance** [díst(ə)ns] *n.* ⓤⓒ **1** 〖두 점 사이의〗 거리, 간격; 노정(路程). ¶ the *distance* between Seoul and Pusan 서울·부산간의 거리 / a great *distance* off (or away) 아주 멀리 떨어져서 / at some *distance* 얼마간 떨어져서 / at a *distance* of 100 meters 100미터의 거리에 / within a calling (walking) *distance* 부르면 들리는(걸어서 갈 수 있는) 곳에 / ride a long *distance* 말을 타고 멀리 나가다 / What is the *distance* from here to town? 여기서 읍까지는 〖거리가〗 얼마나 됩니까?
2 상당한 거리, 원거리; 먼 곳; 떨어져 있음(있는 상태). ¶ guests 〖coming〗 from a *distance* 멀리서 온 손님 / The bird flew away into the *distance*. 새는 멀리 날아갔다.
3 〖시간의〗 간격(interval); 상당한 기간. ¶ at this *distance* of time 세월이 흐른 오늘날에는 / look back over a *distance* of 30 years 지나간 30년의 세월을 돌아보다.
4 〖일반적으로〗 간격, 차이; 〖관계·촌수가〗 멂; 〖신분따위의〗 격차; 〖어느 정도의〗 진보, 전진한 발자취. ¶ know one's *distance* 분수를 알다 / You've come a considerable *distance* since last year. 자네는 작년보다 상당히 진보했네. 〖走程〗 거리.
5 〖그림〗 〖풍경화 따위의〗 원경; 〖경마〗 〖예선의〗 주정
6 삼가기, 어려워함(reserve); 소원(疏遠); 경원; 냉담. ¶ keep one's *distance*; keep at a *distance* 쌀쌀히 가까이 하지 않다, 삼가다 / keep a person at a *distance* 남을 멀리하다, 남에게 쌀쌀하게 대하다.
7 〖음악〗 음정(interval).

at a distance 좀 떨어져서. ¶ The picture looks to advantage *at a distance*. 그 그림은 좀 떨어져서 보는 편이 좋다.

go the distance 끝까지 해내다, 〖야구〗 완투하다, 〖권투〗 마지막 라운드까지 싸우다.

in the distance 먼 곳에.

take distance 《美구어》 멀리 떠나다.
— *vt.* (**-tanced, -tanc·ing**) **1** 〖경주 따위에서〗 …을 멀리 떼어놓다, …에 이기다, 우세하다. **2** …을 먼 곳에

두다; …을 멀리 있는 것처럼 보이게 하다. ◇ **dístant** *adj.*
dístance méasuring equípment *n.* 〖항공〗[항공기의] 자동 거리 측정기〖略 DME〗.
dístance nùmber *n.* 중·장거리 선수.
dístance pòst *n.* 〖경마〗주정표(走程標).
‡**dis·tant** [dístənt] *adj.* **1** [거리적으로] 떨어진, 먼, 멀리 있는; 먼 곳으로부터의, 먼 곳으로의(*from* …). ¶ a *distant* voyage 원양 항해 / The town is five miles *distant* (or *distant* five miles) from here. 그 읍은 여기서 5마일 떨어진 곳에 있다. **2** [시대·시간이] 지난, 먼, ¶ *distant* ages 먼 옛날 / at no *distant* date 일간에.
〖類語〗 **distant** 장단을 불문하고 거리·시간 따위의 길이라는 뜻이 강하며, 명사를 직접 수식하는 경우는 현저하게 길다는 것을 의미한다: a *distant* country 먼 나라 / two objects three feet *distant* from each other 서로 3피트 떨어진 두 물체. **far** 시간·거리 따위가 막연히 멀리 떨어진; 단, 부사적 관념이 강하며, 한정 형용사로는 일반적으로 distant가 쓰인다. **faraway, far-off** far 의 강조어: a *faraway* (or a *far-off*) mountain 저 멀리 있는 산. **remote** 시간·장소에 다 쓰이지만「도달하는 데 곤란·불편한 외진 곳」이라는 암시가 있다: the *remote* islands in the South Seas 남양의 먼 섬들.
3 [관계가] 먼; [유사성이] 아주 적은. ¶ a *distant* relative 촌수가 먼 친척 / a play far *distant* from the one he first wrote 초고와는 상당히 달라진 희곡. **4** 경원한(reserved), 소원한, [태도가] 쌀쌀한. ¶ She had a *distant* attitude toward him. 그녀는 그에게 쌀쌀한 태도를 취했다. ◇ **dístance** *n.*, **dístantly** *adv.*
Dístant Éarly Wárning lìne *n.* = DEW line.
dis·tant·ly [dístəntli] *adv.* **1** [거] 멀리에, 멀리 떨어져서 **2** 냉랭하게, **3** [관계 따위가] 멀리, 촌수가 멀어.
*** dis·taste** [distéist] *n.* ⓤ 싫음, 혐오(dislike) (*for*…). ¶ have a *distaste for* lessons (vegetable) 공부(채소)을 싫어하다. ── *vt.* (-**tast·ed, -tast·ing**) 〈고어〉 …을 싫어하다. ◇ **distásteful** *adj.*
dis·taste·ful [distéistfəl] *adj.* 싫은, 마음에 들지 않는 (*to* …); 맛없는. ¶ Languages are *distasteful* to me. 나는 어학이 싫다. ── **-ly** [-fəli] *adv.* ── **-ness** *n.*
Dist. Atty. 〈略〉 district attorney(지방 검사).
dis·tem·per[1] [distémpər] *n.* 〖獸醫〗디스템퍼[개의 급성 전염병; 여우·늑대·말 따위에] 디스템퍼. **2** [심신의] 이상, **3** 혼란, 소란; 사회 불안. ── *vt.* 〈심신〉의 이상을 가져오다, …에 탈이 나게 하다(* 보통 과거분사로 형용사적으로 쓴다). ¶ a *distempered* mind 정신 이상.
dis·tem·per[2] [distémpər] *n.* ⓤ 디스템퍼[안료를 물과 계란 노른자 또는 와니스·아교 따위에 풀어 만든 것; 속건성(速乾性)이며, 무대의 배경이나 천장·벽 따위에 칠하는 데 쓰인다]; 디스템퍼 화법, ⓒ 디스템퍼 그림. ── *vt.* (안료)를 물·계란 노른자·아교 따위에 풀다; …을 디스템퍼로 그리다, …에 디스템퍼 칠을 하다.
dis·tem·per·a·ture [distémp(ə)rit∫ər] *n.* 〖심신의〗비정상 상태; 〈고어〉절도(중용)의 결여.
dis·tend [disténd] *vt.* …을 넓히다, 부풀게 하다, 팽창시키다. ── *vi.* 넓어지다, 팽창하다. ⇒ EXPAND 類語
dis·ten·si·bil·i·ty [distènsəbíləti] *n.* ⓤ 팽창[성].
dis·ten·si·ble [disténsəbl] *adj.* 팽창하는, 팽창성의.
dis·ten·sion, -tion [disténʃ(ə)n] *n.* ⓤ 팽창.
dis·tich [dístik] *n.* 〖韻律〗2행 연구(聯句), 〖압운(押韻)〗대구(對句).
dis·ti·chous [dístikəs] *adj.* 〖식물〗2행 대생(對性).
***dis·till**, 〈英〉 **-til** [distíl] *vt.* **1** …을 증류(蒸溜)하다; 증류하여 …을 만들다(정제하다). ¶ *distilled* water 증류수 // (~+뫼+젠+图) *distill* fresh water *from* sea water; *distill* sea water *into* fresh water 바닷물을 증류해서 단물로 만들다. **2** …을 증류한 [잘못] 제거

하다. ¶ (~+뫼+閉) *distill out* (or *off*) impurities 증류해서 불순물을 제거하다. **3** 〖액체〗를 적히 (滴下)하다. **4** 〖비유적〗…의 정수(精粹)를 뽑다, …을 세련되게 하다. ── *vi.* **1** 증류되다, 〖증류 작용으로〗농축(濃縮)되다. **2** 방울져 떨어지다(drip); 스며 나오다.
◇ **distillátion, dístillate** *n.*, **distíllatory** *adj.*
dis·til·late [díst(i)lit, -lèit, distíl / distílit, -lèit] *n.* 〖증류로써 생긴〗증류액, 증류물, 〖화학〗유출물(溜出物); 〖비유적〗추출물, 정수(essence).
dis·til·la·tion [dìst(i)léiʃ(ə)n] *n.* **1** ⓤ 증류; 증류법. **2** ⓤⓒ 증류액, 증류물, 추출물, 정수(distillate).
dis·til·la·to·ry [distílətɔ̀ːri / -t(ə)ri] *adj.* 증류[용]의. ── *n.* 증류장치. 〖주류(酒類)〗.
dis·tilled [distíld] *adj.* 증류한. ¶ *distilled* liquors 증류주(酒).
dis·till·er [distílər] *n.* 증류기(자); 증류주 제조업자.
dis·till·er·y [distíləri] *n.* (*pl.* **-er·ies**) 증류소, 〖특히〗위스키·브랜디 따위의 증류주 제조장.
***dis·tinct** [distíŋkt] *adj.* (때로 **-tinct·er, -tinct·est**) (*opp.* indistinct) **1** [성질·종류가] 다른; 별개의, 독특한(individual); 〖일반적으로〗 같지 않은(*from* …). ⇒ DIFFERENT 類語 ¶ keep things *distinct* 사물을 구별하다, 혼동하지 않다 // Welsh is *distinct from* English. 웨일즈어는 영어와는 별개의 것이다. **2** 확실한, 뚜렷한, 분명한; 명확한; 두드러진. ⇒ CLEAR 類語 ¶ a *distinct* change 뚜렷한 변화. **3** 드문, 희귀한 것. **4** 〖詩〗장식된(decorated). ~**ness** *n.*
◇ **distínction** *n.*, **distínguish** *v.*, **distínctly** *adv.*
***dis·tinc·tion** [distíŋkʃ(ə)n] *n.* **1** ⓤ 구별, 차별(discrimination); ⓒ 구체적인 하나(의) 구별, 구별짓기, 판별, 차이(difference) (*between* …). ¶ without *distinction* of rank 신분의 구별없이 // make (or draw) a clear *distinction between* two cases 두 경우를 명백히 구별하다 / He makes no *distinction*[*s*] *of* his pupils. 그는 학생들을 차별하지 않는다 / They are very cheerful in *distinction from* (or *to*) the others. 그들은 다른 사람들과 달리 매우 쾌활하다.
2 ⓤ〖구별되는〗특징, 특색; 〖문체 등의〗특징적인 장점, 높은 기품; 〖외관상의〗두드러짐, 훌륭함, 고상함.
3 ⓤⓒ 〖명예스러운〗특별 대우, 우대, 예우; 영예, 명예(honor); 저명, 명성(fame). ¶ a man of *distinction* 유명인사 / gain (or obtain, win) *distinction* 명성을 얻다.
4 ⓤ 중중, 탁월, 비범(eminence), 우수[성] (excellence); 공적, 수훈, 공훈. ¶ serve with *distinction* 수훈을 세우다 / pass an examination with *distinction* 우수한 성적으로 시험에 합격하다.
5 ⓤ 〖TV〗 선명도.
◇ **distínct, distínctive** *adj.*, **distínguish** *v.*
***dis·tinc·tive** [distíŋktiv] *adj.* **1** 〖다른 것·사람과〗구별하는, 구별짓는, 구별이 있는. **2** 독특한, 특유한, 특색있는. ── ~**ness** *n.*
***dis·tinc·tive·ly** [distíŋktivli] *adv.* 구별하여; 남(딴것)과 명백히 달라서, 독특하게, 특유하게, 특색적으로.
‡**dis·tinct·ly** [distíŋktli] *adv.* **1** 뚜렷이, 명백히, 똑똑히, 명확히 (clearly, definitely). **2** 확실히, 틀림없이 (unmistakably). ¶ His remark was *distinctly* amusing. 그의 의견은 확실히 재미있는 것이었다.
dis·tin·gué [distæŋgéi, -́-́] *adj.* 〖태도·용모 등이〗고귀한, 훌륭한, 뛰어난. 〈< F distinguished〉
‡**dis·tin·guish** [distíŋgwiʃ] *vt.* **1** …을 구별하다; …을 분간하다, 식별하다, …에서(*from* …). *cf.* confuse ¶ *distinguish* a person at a distance 먼데 있는 사람을 분간하다 // (~+뫼+閉+图) *distinguish* right *from* wrong 옳고 그름을 분간하다.
〖類語〗 **distinguish** 어떤 것의 특색을 인식하여 다른 것과 분간하는 가장 일반적인 말: *distinguish* colors 색깔을 식별하다, **differentiate** 헷갈리기 쉬운 것들의 차이를 정확·상세히 분간하다: *differentiate* a rabbit from a

hare 집토끼와 산토끼를 분간하다. **discriminate** 어떤 것과 다른 것과의 미묘한 차이를 지적 노력으로 정확히 살펴 가치 따위를 비교 판단하다: *discriminate* reliable from unreliable evidence 믿을만한 증거와 믿을 수 없는 증거를 분간하다. * 이상의 3단어는 전치사로서 *vt.* is from, *vi.* is between을 쓴다.
2 …을 특징짓다, [특징이] …의 구별로 되다, …을 분간하다(...*from*). ¶ His style is *distinguished* by verbiage. 장황함이 그의 문체의 특징이다 // (~+囵+쪤+쮜) Speech *distinguishes* man *from* animals. 말이란 것이 사람과 동물을 구별한다.
3 〖보통 재귀용법 또는 수동형으로〗 …을 두드러지게 하다, 저명하게 하다(... *by, in, for*). ¶ (~+囵+쪤+쮜) *distinguish* oneself *in* literature 문학에서 이름을 떨치다 / *distinguish* oneself *by* bravery 용맹(勇名)을 떨치다.
4 …을 분류하다(classify) (...*into*). ¶ (~+囵+쪤+쮜) *distinguish* mankind *into* races 인류를 인종으로 분류하다. — *vi.* 구별하다; 분간하다, 식별하다 (*between, among* ...). ¶ (~+쪤+쮜) *distinguish between* good and evil 선악을 분간하다.
◇ distínct, distínctive *adj.*, distínction *n.*
dis‧tin‧guish‧a‧ble [distíŋgwiʃəbl] *adj.* 구별할 수 있는, 분간(식별)할 수 있는. ~**ness** *n.* **-bly** *adv.*
‡**dis‧tin‧guished** [distíŋgwiʃt] *adj.* 1 유명한, 저명한; 두드러진, 현저한(marked); 특히 뛰어난, 우수한. ⇒ FAMOUS 類語 ¶ a *distinguished* family 명문 / a *distinguished* career 빛나는 경력. **2** [태도 · 용모 따위가] 고귀한, 고상한(distingué).
Distínguished Sérvice Órder *n.* [英軍] 수훈장 (殊勳章) [略 D.S.O.].
dis‧tin‧guish‧ing [distíŋgwiʃiŋ] *adj.* 남(딴것)과 구분하는, [뚜렷이] 구별이 있는(distinctive); 독특한, 특유의, 특색있는.
dis‧tome [dístoum], **dis‧to‧ma** [dístəmə] *n.* 디스토마(사람이나 말 따위의 간장 · 폐장에 기생하여 병을 일으키는 기생충).
*****dis‧tort** [distɔ́ːrt] *vt.* **1** 〔원형 · 자연의 형상을〕 일그러지게 하다, 뒤틀다, 비틀다(twist). ¶ His face was *distorted* with (*or* by) pain. 그의 얼굴은 고통으로 일그러졌다. **2** 〔사실 따위를〕 왜곡하다, (말)을 곡해하다 (pervert), 잘못 전하다. ¶ He *distorted* my intention. 그는 나의 뜻을 곡해했다. **3** 〔전자 공학〕 〔전파·음파 등〕을 일그러지게 하다. ◇ distórtion *n.*
dis‧tort‧ed [distɔ́ːrtid] *adj.* 일그러진, 비틀린; 곡해된, 왜곡된. ¶ a *distorted* view 편견 / *distorted* vision 난시(亂視). ~**ly** *adv.* ~**ness** *n.* 〔것〕, 곡해.
dis‧tort‧er [distɔ́ːrtər] *n.* 일그러지게 하는 사람
dis‧tor‧tion [distɔ́ːrʃ(ə)n] *n.* ⓤⓒ **1** 일그러지게 하기; 일그러진 상태(것), 비틀림, 뒤틀림; 〔의학〕 만곡 (彎曲); 〔영상의〕 일그러짐, 〔음의〕 일그러짐. **2** 〔사실 · 진리의〕 곡해, 견강부회, 왜곡. 〔의〕.
dis‧tor‧tion‧al [distɔ́ːrʃ(ə)n(ə)l] *adj.* 일그러진, 변형
dis‧tor‧tion‧ist [distɔ́ːrʃ(ə)nist] *n.* 풍자화가, 만화가(caricaturist); 곡예사(acrobat).
distr. (略) distribute, distribution, distributor.
*****dis‧tract** [distrǽkt] *vt.* **1** (마음 · 주의)를 딴데로 돌리다, 흩어지게 하다(divert) (... *from*); 〔기분〕을 달래다, …에게 기분 전환이 되게 하다, …을 즐겁게 하다, 위안을 주다. ¶ (~+囵+쪤+쮜) Their chatter *distracts* me *from* studying. 그들의 수다로 정신이 산만해져서 공부가 되지 않는다 / He *distracted* himself (*or* his mind) *by* reading. 그는 독서로 마음을 달랬다. **2** 〔보통 수동형으로〕 혼란케 하다, 어지럽히다, …을 괴롭히다; …을 혼란시키다. ¶ Her mind was *distracted* by (*or* with) grief. 그녀는 슬픔으로 미칠 지경이었다 / (~+囵+쪤+쮜) He was *distracted between* duty and humanity. 그는 직무와 인정 사이에서 마음이 헛갈려 갈피를 잡지 못하였다. **3** 〔의견의 차이 · 다툼이〕 …을 분열시키다(divide).
◇ distráction *n.*, distráctive *adj.*
dis‧tract‧ed [distrǽktid] *adj.* 정신(주의)이 산만해진; 심란한, 미친 듯한. ~**ly** *adv.* ~**ness** *n.*
dis‧tract‧er [distrǽktər], (**dis‧trac‧tor**) *n.* 〔선다형 설문 중의〕 틀린 선택지(肢).
dis‧tract‧ing‧ly [distrǽktiŋli] *adv.* 주의(정신)을 딴데로 돌리도록; 심란하게, 미칠 것만 같이.
*****dis‧trac‧tion** [distrǽkʃ(ə)n] *n.* **1** ⓤ 정신 산란, 주의 산만, 건성; ⓒ 마음을 산란하게 하는 것. **2** ⓤ 기분풀이(기분전환)하기; ⓒ 기분풀이, 위락, 오락. ¶ a *distraction* after study 공부 뒤의 기분풀이. **3** ⓤ 심란, 고민하기; 당혹; 미침, 광기(狂氣). ¶ drive a person to *distraction* 남을 미치게 하다. **4** ⓤ 〔의견 차이 따위에 의한〕 분열, 혼란. ◇ distráct *v.*
dis‧trac‧tive [distrǽktiv] *adj.* 주의를 산만하게 하는; 심란케 하는, 당혹시키는; 미치게 하는. ~**ly** *adv.*
dis‧train [distréin] *vt., vi.* 〔법률〕 〔동산을〕 압류하다. ¶ *distrain* on (*or* *upon*) a person's goods and chattels 남의 가재도구를 압류하다.
dis‧train‧a‧ble [distréinəbl] *adj.* 압류 가능한.
dis‧train‧ee [distreiníː] *n.* 〔법률〕 피압류인.
dis‧train‧er, -or [distréinər] *n.* 〔법률〕 압류인.
dis‧train‧ment [distréinmənt] *n.* ⓤ 〔법률〕 동산 압류.
dis‧traint [distréint] *n.* ⓤ 〔법률〕 압류, 차압.
dis‧trait [distréi] *adj.* 얼빠진, 멍한, 방심 상태인 (absent-minded). 〈F〉
dis‧traught [distrɔ́ːt] *adj.* 흩뜨린(distracted); 미친, 발광한(crazed).
‡**dis‧tress** [distrés] *n.* ⓤ **1** 고민, 비탄; 〔심신의〕 고통, 피로; ⓒ 고민거리. ¶ suffer *distress* 비탄에 잠기다 // His behavior is a *distress* to his family. 그의 행동은 가족의 고민거리다.
類語 *distress* 육체적인 고통이나 공포 · 근심 · 치욕 따위의 정신적 고통, 회복될 가망도 암시한다: the *distress* of recalling follies of one's youth 젊은 시절의 어리석은 짓을 상기하며 고민하기, *suffering* 육체적 · 정신적인 괴로움을 현재 견디고 있음을 강조하는 말: the *suffering* of displaced persons 고국을 추방당한 난민의 고난. *misery* 완전히 의기 소침할 정도로 큰 distress, suffering; 주로 감정에 대해서 하는 말: the *misery* of not being loved by anyone 아무에게도 사랑받지 못하는 비참함.
2 고난, 곤란; 곤궁, 빈궁. ¶ economic *distress* 생활고. 〔호포〕.
3 재난; 〔배의〕 조난. ¶ a *distress* gun 〔항해〕 조난 신
4 〔법률〕 동산 압류; 압류 물건.
in distress 괴로와서; 곤궁하여, 조난하여. ¶ a ship *in distress* 조난선.
— *vt.* 〖종종 재귀용법 또는 수동형으로〗 …을 괴롭히다(pain), 슬프게 하다, 난처하게 하다(trouble), 근심케 하다, 고민하게 하다(worry). ¶ Don't *distress* yourself. 걱정하지 마라 / I am *distressed* at (*or* to hear) the news. =The news *distresses* me. 그 소식을 들으니 슬픔을 가눌 수가 없다. **2** 〖종종 수동형으로〗 〔남〕을 지치게 하다(exhaust). ¶ be *distressed* by excessive work 과로로 지치다 // (~+囵+쪤+쮜) He is *distressed for* money. 돈에 쪼들리고 있다. **3** 〔남〕을 압박하다; 〔압박해서〕 〔남〕을 …에 몰아넣다. 〔괴롭혀서〕 〔남〕에게 …하게 하다(... *into*). ¶ (~+囵+쪤+쮜) *distress* a person *into* submission 남을 강제적으로 복종시키다 / His poverty *distressed* him *into* committing theft. 가난에 쪼들려 그는 도둑질을 저질렀다. **4** 〔법률〕 〔동산〕을 압류하다.
◇ distréssful *adj.*
distréss càll *n.* =distress signal.
dis‧tressed [distrést] *adj.* 괴로와하는, 고민하는, 곤궁한. ¶ a *distressed* area 〔태풍 · 홍수 등에 의한〕 피해지역; 〔실업자가 많은〕 빈민지역(depressed area).

distréss flág *n.* 조난 신호기(旗) [마스트 중간에 걸거나 거꾸로 단다].
dis·tréss·ful [distrésfəl] *adj.* 고민이 많은, 괴로운, 비참한. **~·ly** [-fəli] *adv.* **~·ness** *n.*
distréss gùn *n.* 조난 신호포.
dis·tréss·ing [distrésiŋ] *adj.* 괴롭히는, 고통을 주는; 비참한. **~·ly** *adv.*
distréss mèrchandise *n.* [상업] 투매(投賣)(덤핑) 상품[정가 이하로 판매한다]. **2** [제 값을 다 받고 파는] 조악품(粗惡品).
distréss rócket *n.* 조난 신호 불꽃.
distréss sèlling *n.* ⓤ 출혈 투매.
distréss sìgnal *n.* 조난 신호[SOS 따위].
distréss wàrrant *n.* 압류 영장.
dis·tríb·ut·a·ble [distríbjutəbl] *adj.* **1** 분배(배급, 배포, 배달) 가능한. **2** 구분 분류가 가능한.
dis·tríb·u·tar·y [distríbjuteri / -t(ə)ri] *n.* (*pl.* **-tar·ies**) 지류(支流), 분류. *cf.* tributary
‡**dis·tríb·ute** [distríbju(ː)t] *vt.* (**-ut·ed, -ut·ing**) **1** …을 나누어주다, 도르다, 분배하다, 배급하다, 배포하다(allot)(… *to, among*); [편지 따위]를 배달하다(deliver)(… *to*). ❡(~+图+前+名) *distribute* clothes *to* (or *among*) the sufferers 이재민에게 의류를 나누어주다.
[類語] **distribute** 종종 수량에 제한이 있는 것을 일정한 계획에 따라 할당해서 분배하다; 이 경우 남에게 모두 주어 버리고 자신이 자신은 전혀 그 혜택을 받지 않는다: *distribute* one's possessions among one's children 재산을 자식들에게 분배하다. **dispense** 권위있는 기관 따위가 주의깊게 계산해서 분배하다: *dispense* food to the victims of a fire 화재를 만난 사람들에게 식량을 배급하다. **divide** 어떤 전체를 부분으로 [특기하지 않은 밑은 부분으로] 나누는 것을 강조하는 말: *divide* profits among one's partners 이익을 공동 경영자에게 고루 나누다.
2 [온 면에 넓게] …을 살포하다, 뿌리다;《보통 수동형으로》[동·식물을] 분포시키다(… *over, through*). ❡(~+图+前+名) *distribute* ashes over a field 온 밭에 재를 뿌리다. **3** …을 구분하다, 분류하다(… *into*). ❡ The plants are *distributed* into 30 classes. 그 식물은 30종류로 분류된다. **4** [논리] 주연(周延)(확장)하다. **5** [법률] [재산·유산]을 분배하다. **6** [인쇄] …을 해판하다.
◇ distríbutive *adj.*, distríbutively *adv.*
dis·trib·u·tee [distribjuː(ː)tíː] *n.* [법률] [유언 없이 사망한 사람의] 유산 상속권자.
‡**dis·tri·bu·tion** [dìstrəbjúː(ʃ)(ə)n] *n.* ⓤ **1** 분배, 배급, 배포; 배달; ⓒ 배급품, 배당, 몫. ❡ the *distribution* of wealth (a profit) 부(이익)의 분배. **2** 구분, 분할, 분류. **3** [동식물의] 분포 [상태]; ⓒ 분포 지역. ❡ a *distribution* chart 분포도. **4** 배열; 배치 [상태]. **5** [법률] [재산의] 분배, 유산 분배. **6** [경제] [총수익의 생산 각부문에의] 분배; 유통. ❡ a *distribution* effect 분배 효과 / the *distribution* structure 유통 기구. **7** [통계] 분포. **8** [논리] 확충, 주연(周延). **9** [언어] 분포. **10** [인쇄] 해판. **11** [전기] 배전.
◇ distríbute *v.*, distríbutive *adj.*
dis·tri·bu·tion·al [dìstrəbjúː(ʃ)ən(ə)l] *adj.* [동·식물] 분포상의.
distribútion chánnel *n.* [마케팅] 유통 경로.
distribútion cúrve *n.* [통계] 분포 곡선.
distribútion fúnction *n.* [통계] 분포 함수(函數).
distribútion sàtellite *n.* 배급 위성[지상(地上)국]에 신호를 다시 보내기 위한 소형 통신 위성].
dis·tríb·u·tive [distríbjutiv] *adj.* **1** 분배의, 분배(배급, 배포)하는; 배분적인. **2** [문법] 배분적인, 개별적인. ❡ *distributive* adjectives 배분 형용사 [each, every 따위]. **3** [논리] 주연(확충)적인. **4** [수학] 분배의. ❡ a *distributive* law 분배 법칙 [a(b+c)=ab+ac 따위]. ⎯ *n.* 배분사(配分詞) [each, either, neither, every 따위]. **~·ly** *adv.* **~·ness** *n.*
dis·tríb·u·tive (**dìs·tri·bú·tion**) **ed·u·cá·tion** *n.* (종종 D- E-) 직업 실습 교육[학생이 수업과 기업체의 직업 실습 교육을 함께 받도록 되어 있는 교육 제도]; 산학 협동 교육[略 D & E].
*dis·tríb·u·tor [distríbju(ː)tər], (dis·tríb·ut·er) *n.* **1** 분배(배급, 배포)자; 영화의 배급업자. **2** [경제] [상품의] 배급자, 판매자; 판매 대리점, 도매업자. **3** [전기] 배전기. **4** [하수 처리의] 산수(撒水) 장치.
dis·tríb·u·tor·ship [distríbju(ː)tərʃip] *n.* 독점 판매권[을 갖는 상사(영업소)].
‡**dis·trict** [dístrikt] *n.* **1** [행정·사법·선거 따위를 위해서 구분된] 구역, 지역, 관할 구역. ❡ an election (police) *district* 선거 구(경찰 관할 구) / the *district* office 《美》 군청; 지방 지점. **2** [일반적으로] 지역, 지방, 지대. ❡ an agricultural *district* 농업 지대 / the Lake District [영국 서북부의] 호수 지방 / live in a rural *district* 시골에 살다.
[類語] **district** 행정·선거 따위의 목적으로 명확히 구분된 지역; 주민을 주체로 하는 말: a school *district* 학군. **region** 어떤 특색이 있어 다른 데와 명확히 구별할 수 있는 지역; 특히 기후 기타 자연적인 조건에 따라 나누어지는 지역: an arid *region* 건조 지역. **province** 캐나다 행정 단위의 「주(州)」;《英》에서는 복수형으로 London에 대한 「지방」을 뜻한다. **area** 어떤 경계로써 다른데 구별된 지역: a grassy *area* 풀이 돋아난 한 구역. **tract** 광활하게 이어진 지역: a *tract* of grassy land 광활한 초지. **zone** 지도상에서 띠모양으로 또는 고리 모양으로 이루는 지역; 어떤 특색이 있는 띠 모양의 지역: the temperate *zone* 온대(溫帶). **belt** 지역·식물 따위의 어떤 자연의 특색이 있는 지역; zone 보다 좁은 것이 보통: the cotton *belt* 면화 지대.
3 《英》 교구(parish)내의 한 구역[교회·예배당이 있고 목사가 있다]; 주(county)안의 한 구, 군[District Council이 있다]. ⎯ *vt.* …을 구역으로 나누다.
dístrict attórney *n.* 《美》 지방 검사 [略 D.A.].
dístrict chéck *n.* [스코틀랜드풍의] 격자 무늬 [의 직물].
Dístrict Cóuncil *n.* 《英》 군의회(郡議會).
dístrict cóurt *n.* 《美》 [법률] 지방 법원. **a)** 미국 본토를 사법상 84개의 지방으로 나누며 그 각 지방과 Washington, D.C.에 있는 연방 제1심 법원. **b)** 미국 제주(諸州)의 하급 재판소.
district héating *n.* ⓤ 지역 난방.
district júdge *n.* 《美》 지방 법원 판사.
district léader *n.* 《美》 [정당의] 지방 지부장.
district núrse *n.* 《英》 보건원(community nurse) [지역내 보건 지도의 책임을 지는 간호사].
District of Colúmbia *n.* (the ~) 컬럼비아 특별구 [미국 연방 정부 소재지; 수도 Washington은 이 지역; 略 D.C.].
dístrict sùperinténdent *n.* [감리교 감독파 교회의] 「지역」 장로.
dístrict vísitor *n.* 《英》 교구를 보살피는 여성 [교구 목사의 보좌역].
*dis·trúst [distrʌ́st] *vt.* …을 믿지 않다, 신용하지 않다; …을 의심하다, 수상쩍게 여기다. ❡ *distrust* one's own eyes 자기의 눈을 의심하다.
⎯ *n.* ⓤ《종종 a ~》불신; 의혹, 의심. ⇨ DOUBT [類語]
❡ look at a person with *distrust* 남을 의심하는 눈으로 보다 / have a *distrust* of a person 남에 대해서 불신감을 품다. ◇ distrústful *adj.*
dis·trúst·ful [distrʌ́stfəl] *adj.* 신용하지 않는, 의심많는, 수상쩍어하는. **~·ly** [-fəli] *adv.*
‡**dis·turb** [distə́ːrb] *vt.* **1** [평화·평온 등]을 흩뜨리다, 깨뜨리다. ❡ *disturb* the peace 치안을 어지럽히다. **2** [남]의 마음(감정)의 평안을 어지럽히다, [남]을 불

disturbance

안하게 하다, 걱정끼치다. ¶ be *disturbed* to hear the news 그 소식을 듣고 불안해지다.
[類語] **disturb** 정신의 평온·집중을 방해하다; 반드시 겉으로 나타나는 것은 아니다: be *disturbed* by worry 근심으로 심란해지다. **perturb** disturb에 강한 마음의 동요·놀람의 뜻이 추가된다: be *perturbed* by a threat 협박에 당황하다. **agitate** 냉정·자제심을 잃게 함을 강조하나; 대개 진장·흥분이 뒤따라 나타난다: be *agitated* by the possibility of failure 실패할 가능성이 보여 몹시 동요하다. **discompose** 감정을 흐트러뜨리고 자제심·자신감을 잃게 하다: be *discomposed* by a sinister question 악의있는 질문에 침착성을 잃다.
3 …을 방해하다, 훼방놓다(interrupt). ¶ *disturb* a sleeping baby 잠자는 아기를 깨우다 / (~+圖+前+名) *disturb* a person *in* his work (sleep) 남의 일 (잠)을 방해하다. **4** (남)에게 폐를 끼치다(inconvenience). ¶ Don't *disturb* yourself to see us off. 일부러 전송 나오실 것까지는 없겠습니다. **5** …을 흐트러지게 하다. ¶ Don't *disturb* the papers on my desk. 책상 위의 서류는 흐트러지지 않도록 해주세요.
— *vi.* 어지럽히다; [휴식·수면 따위를] 방해하다. ¶ Don't *disturb.* 《게시문》 출입을 금함, 면회 사절; [취침 중이니] 깨우지 마시오. ◇ disturbance *n.*
‡**dis·turb·ance** [distə́ːrbəns] *n.* ⓤⓒ **1** 어지럽히기, 소란; 훼방, 방해; [법률] [권리의] 침해, [치안의] 방해; ⓒ 어지럽히는 것, 방해물. ¶ *disturbance* of public peace 치안의 방해. **2** 어지럽힌 상태; 마음의 동요, 당황, 불안, 근심. ⇒ AGITATION [類語] ¶ be in *disturbance* 동요하고 있다. **3** [사회·정치상의] 불안, 혼란, 동란; 소요, 폭동. ⇒ DISORDER [類語] ¶ cause (*or* raise) a *disturbance* 소요를 일으키다. **4** [지질] 요란(擾亂) [지층 따위에 변형을 가져오는 운동]. **5** [기상] 요란, 작은 저기압. ◇ distúrb *v.*
dis·turbed [distə́ːrbd] *adj.* **1** 정신(정서) 장애[자]의 신경증의 징후가 보이는. **2** 불안(걱정)스러운; [마음따위가] 동요한, 소연(騷然)한, 뒤숭숭한. ¶ a *disturbed* personality 신경질적인 성격.   [(침해)자.
dis·turb·er [distə́ːrbər] *n.* 어지럽히는 사람, 방해자.
dis·turb·ing [distə́ːrbiŋ] *adj.* 불온하게 하는, 교란적인, 불안하게 하는, 근심케 하는, **~·ly** *adv.*
di·sul·fide, (英) -phide [daisʌ́lfaid] *n.* [화학] 2황화물(黃化物).
dis·un·ion [disjúːnjən, +英 ーーー] *n.* ⓤⓒ **1** 분리, 분열(separation). **2** 불통일; 불화, 알력(dissension).
dis·un·ion·ism [disjúːnjənìzm / ーーーー] *n.* **1** 분리주의. **2** [美사] [남북 전쟁 당시의] 합중국 분리주의.
dis·un·ion·ist [disjúːnjənist / ーーーー] *n.* **1** 분리주의자. **2** [美사] [남북 전쟁 당시의] 합중국 분리주의자.
dis·u·nite [dìsjuːnáit] *vt., vi.* (**-nit·ed, -nit·ing**) **1** 분리하다(되다), 분열시키다(하다). **2** 불화하게 하다, 불화하다.
dis·u·ni·ty [disjúːniti] *n.* ⓤ 불통일; 분리, 불화.
***dis·use** *n.* [disjúːs, +英 ーー] // → *v.* ⓤ 불사용, 불용; 폐지, 폐기. ¶ fall (*or* come) into *disuse* 사용치 않게 되다. — *vt.* [disjúːz, +英 ーー] (**-used, -us·ing**) …을 사용하지 않게 되다; …을 폐기하다; [습관 따위]를 그만두다.
dis·u·til·i·ty [dìsjuːtíliti] *n.* ⓤ 비효용, 무익; 유해.
di·syl·lab·ic [dàisilǽbik, dìsi-] *adj.* 2음절[어]의.
di·syl·la·ble [daisíləbl, dis-] *n.* 2음절[어]. *cf.* monosyllable, polysyllable
dit [dit] *n.* [모르스 통신의] 돈 [짧은·]. ⇒ DA².
‡**ditch** [ditʃ] *n.* **1** 도랑, 개골창, 배수로; 해자(垓字), 배수구(溝). ¶ the Big *Ditch* 《美구어》 파나마 운하. **2** (the D-) 《英공군 속어》 북해, 영국 해협.
be driven to the last ditch 막다른 골로 몰리다.
die in a ditch 도랑에 빠져 죽다, 길가에서 죽다.
die in the last ditch 끝까지 싸우다 죽다.
— *vt.* **1** …에 도랑을 파다; …을 해자로 두르다.
(~+圖+副) *ditch* a city *around* (*or about*) 도시를 해자로 두르다. **2** [자동차 따위]를 도랑에 빠지게 하다; [항공] [육상 비행기]를 불시 착수(着水)시키다. **3** 《美속어》 …을 버리다, 처분하다; [책임 따위]를 벗어나다.
— *vi.* **1** 도랑을 파다. **2** 도랑에 빠지다. **3** [비행기가] 불시 착수하다.
ditch·dig·ger [dítʃdìgər] *n.* **1** 도랑 파는 사람, 도랑 파는 기계(ditcher). **2** 육체 노동자.
ditch·er [dítʃər] *n.* 도랑 파는 사람(인부); 도랑 파는 기계.
ditch·wa·ter [dítʃwɔ̀ːtər, +美 -wɑ̀t-] *n.* ⓤ 도랑에 괸 물. ¶ as dull as *ditchwater* 아주 침체해서.
di·the·ism [dáiθiːìz(ə)m] *n.* ⓤ [종교] 이신론(二神論), 선악 이신의 신앙.
dith·er [díðər] *n.* **1** 떨림, 진동; 몸의 떨림, 몸서리, 전율. — ¶ all of a *dither* 몸을 떨며. **2** 《구어》 착란 상태. — *vi.* [흥분·공포 따위로] 떨리다, 몸서리치다, 전율하다.
dith·y·ramb [díθiræ̀m, -ræ̀mb] *n.* **1** [고대 그리스의] 주신(酒神) Dionysus 의 찬가 [열광적인 합창가]. **2** [일반적으로] 열광적 시가(詩歌) (연설, 문장).
dith·y·ram·bic [dìθirǽmbik] *adj.* 주신 찬가의; 열광적인.
dit·ta·ny [dítəni] *n.* (*pl.* **-nies**) 산박하의 일종.
dit·tied [dítid] *adj.* 소곡가(ditty)으로 작곡된, 소곡으로 노래되는.
dit·to [dítou] *n.* (*pl.* **-tos** *or* **-toes**) **1** 위와(앞과) 같음 [略 do., d̊; 부호. ″]. **2** 《구어》 복제(복사)물, 베낀 것; 꼭 닮은 것, 판박이; 같은 것 (일). **3** (~s) 《英》 위아래 한벌의 옷(suit).
say ditto to …에 동의하다, …과 같은 말을 하다.
— *adv.* 앞서 말한 바와 같이.   [다.
— *vt.* **1** …을 복제하다, 복사하다. **2** …을 반복하다.
dit·to·graph [díto(u)græ̀f / -grɑ̀ːf] *n.* [잘못된] 중복 문자(文字)의.   [[문자]의.
dit·to·graph·ic [dìtəgrǽfik] *adj.* 중복 오사(誤寫)
dit·tog·ra·phy [ditɑ́grəfi / -tɔ́g-] *n.* ⓤⓒ 중복 오사
dítto machíne *n.* 복사기.   [[문자, 어].
dítto màrk *n.* (종종 ~s) 중복 부호 [″].
dit·ty [díti] *n.* (*pl.* **-ties**) [가사로 씌어진] 소시(小詩), 소가.
dítty bàg *n.* [선원이] 잡물을 넣어두는 잡낭.
dítty bòx *n.* [선원이] 잡물을 넣어두는 작은 상자.
di·u·re·sis [dàiju(ː)ríːsis / -juər-] *n.* ⓤ [병리] 배뇨(排尿) 과다증.
di·u·ret·ic [dàijuríːtik / -juər-] *adj.* [의학] 배뇨 촉진하는, 이뇨성(利尿性)의. — *n.* 이뇨제.
di·ur·nal [daió:rn(ə)l] *adj.* **1** 매일의, 날마다의. ¶ the earth's *diurnal* motion 지구의 일주(日周) 운동. **2** 낮동안의, 주간의; [식물] [꽃 따위가] 주간에 피는; [동물] 주간에 활동하는. *opp.* nocturnal ¶ *diurnal* animals 주간(畫行) 동물. **2** [교회] [주간에 상용하는] 성무(聖務) 일과의 발췌서. **2** 《고어》 일기; 일간지. **~·ly** [-nəli] *adv.*
div. (略) divergence; divide, divided; dividend; divine; division; divisor; divorce.
Div. (略) divine, divinity.   [가수.
di·va [díːvə] *n.* (*pl.* **-vas** *or* **-ve**) [가극의] 주역 여성
DIV AD [dívæ̀d] *n.* 《美》 [군사] 대공 자주포(對空自走砲). < DIV[ISIONAL] + A[IR] + D[EFENSE]]
di·va·gate [dáivəgèit] *vi.* (**-gat·ed, -gat·ing**) **1** 헤매다, 방황하다. **2** [이야기가] 지엽으로 흐르다, 옆길로 새다.
di·va·ga·tion [dàivəgéiʃ(ə)n] *n.* ⓤ **1** 방황. **2** [이야기가] 본론에서 벗어남, 지엽으로 흐름.
di·va·lence [daivéiləns, ーーー] *n.* ⓤ [화학] 2가(價).
di·va·lent [daivéilənt, ーーー] *adj.* [화학] 2가의.
di·van [daivǽn, divǽn →1] *n.* **1** [dáivæn] [벽에 붙여 놓는 등받이 없는] 긴의자; [일반적으로] 침대 의자, 소

파(sofa). **2** (=diwan) [중근동 제국의] 국정(國政) 회의; [일반적으로] 회의; [중근동 제국의] 회의실, 알현실. **3** (=diwan) [담배가게에 붙은] 꺾연실 (smoking room). **4** (=diwan) [아라비아·페르시아의] 시인의 작품집. [<Arab, Pers *dīwān* long seat]

di·var·i·cate v. [daivǽrikèit, di-] → *adj.* **(-cat·ed, -cat·ing)** vi. 두 갈래로 갈라지다(fork). — vt. …을 펴다, 펼치다. — *adj.* [daivǽrikit, di-, +美 -kèit] [동·식물] 분기(分岐)한. ~·ly *adv.*

di·var·i·ca·tion [daivæ̀rikéiʃ(ə)n, di-] n. ⓤⓒ **1** [동·식물] 분기. **2** 의견의 불일치.

di·ve[1] [díːve] n. diva의 복수형의 하나.

‡**dive**[2] [daiv] v. **(dived** or **dove, dived, div·ing)** vi. **1** [물속으로] 뛰어들다, 다이빙하다. ⇨ PLUNGE [類語]; 잠수하다(submerge); [곡예 따위에서] 높은 곳에서 뛰어내리다. ¶ (~+前+㊂) *dive* into a river 강에 뛰어들다 / *dive* beneath the water for pearls 진주를 캐려 물밑으로 잠수하다. **2** [숨기 위해서 급히] 뛰어들다; 돌진하다(dart). ¶ (~+前+㊂) *dive* into bushes 덤불 속으로 기어들어가다. **3** 급히 내려가다, [항공] [비행기가] 급강하하다. **4** 손을 찔러 넣다(*into*...). ¶ (~+前+㊂) *dive* into a bag 주머니에 손을 집어넣다. **5** 깊이 몰두하다(*into*...). ¶ (~+前+㊂) *dive* into politics 정치에 몰두하다. — vt. [손 따위를] 찔러 넣다; [잠수함 따위를] 급히 잠수시키다; [비행기 따위를] 급강하시키다. — n. **1** 뛰어들기; 잠수. ¶ make a *dive* for pearls 진주를 캐러 잠수하다. **2** 몰두, 전력, 탐구. ¶ take a *dive* into the subject 그 문제에 몰두하다. **3** 급히 하강하기; [항공] 급강하. ¶ go into a *dive* 급강하하다. **4** 돌진 (dash). ¶ make a *dive* for a ball [경기에서] 공을 잡으러 돌진하다. **5** [英] [일품 요리의] 지하 식당; [美 구어] [주로 지하에 있는] 싸구려 술집; 도박장; 나이트 클럽.

dive-bomb [dáivbàm / -bɔ̀m] vt., vi. 급강하 폭격하다.

dive bomber n. 급강하 폭격기.

dive bomb·ing [-bàmiŋ / -bɔ̀m-] n. ⓤ 급강하 폭격.

div·er [dáivər] n. **1** 물에 뛰어드는 사람. **2** 잠수부, 해녀, 잠수업자. **3** 잠수함. **4** [英] 아비·논병아리 따위 잠수하는 물새(loon).

***di·verge** [divə́ːrdʒ, dai-] v. **(-verged, -verg·ing)** (*opp.* converge) vi. **1** [선로 따위가] 갈라지다, 분기하다(branch off). **2** [의견 등이] 다르다, 갈라지다 (*from*...). **3** 동궤(常軌)에서 벗어나다, 빗나가다 (*from*...). ⇨ DEVIATE [類語] **4** [수학] [급수 따위가] 발산하다. *opp.* converge. — vt. …을 벗어나게 하다(deflect). ◇ divérgence *n.*, divérgent *adj.*

di·ver·gence [divə́ːrdʒ(ə)ns, dai-] n. ⓤⓒ **1** 분기. **2** [의견의] 불일치, 차이. **3** [상궤에서의] 일탈. **4** [수학] 발산.

di·ver·gen·cy [divə́ːrdʒənsi, dai-] n. (*pl.* **-cies**) = divergence.

di·ver·gent [divə́ːrdʒənt, dai-] *adj.* **1** 갈라지는, 분기하는; [한 점에서] 발산하는. *opp.* convergent **2** [사상 따위가] 다른, ⇨ DIFFERENT [類語] **3** [상궤(常軌)에서] 벗어난, 이탈하는. **4** [수학] 발산하는. *opp.* convergent. ~·ly *adv.*

di·ver·ger [divə́ːrdʒər, dai-] n. 상상력이 풍부한 사람.

di·verg·ing lens [divə́ːrdʒiŋ-] n. [光學] 발산 렌즈. *opp.* converging lens

***di·vers** [dáivərz] *adj.* **1** 두서너 개의, 약간의 (several), 여러 가지의(various), 잡다한. **2** [고어] =diverse. — *pron.* [복수 취급] 몇 사람, 몇 개 (가지), ¶ *divers* of the children 그 아이들 중의 몇몇.

***di·verse** [divə́ːrs, dai-, dáivəːrs / daivə́ːrs, ←-] *adj.* **1** 가지가지의; 다양한 (varied). **2** [종류·성질이] 다른, 별개의. ⇨ DIFFERENT [類語] ~·ly *adv.* ~·ness *n.*

◇ divérsity *n.*

di·ver·si·fi·ca·tion [divə̀ːrsifikéiʃ(ə)n, dai- / dai-] n. **1** ⓤ 각양 각색, 다양[화], 잡다한 상태. **2** ⓤⓒ 변화, 변형; 다각 경영.

di·ver·si·fied [divə́ːrsifàid, dai- / dai-] *adj.* 각양 각색의, 다양한, 변화가 풍부한. ¶ [지 모양의]

di·ver·si·form [divə́ːrsifɔ̀ːrm, dai- / dai-] *adj.* 갖가지 모양의, 다양한, 변화가 풍부한.

di·ver·si·fy [divə́ːrsifài, dai- / dai-] vt. **(-fied, -fy·ing)** **1** [모양·성질을] 달리하다; …에 변화를 주다; …을 다양하게 하다. **2** [기업이] [활동 분야·투자의] 대상을 넓히다.

***di·ver·sion** [divə́ːrʒ(ə)n, dai- / -ʃ(ə)n] n. ⓤⓒ **1** 다른 데로 돌리기, 주의를 딴 데로 돌리기, 전환. **2** [자금의] 유용. **3** ⓒ 기분 전환, 기분풀이, 위락, 오락. ⇨ RECREATION [類語] ¶ Sports are good for *diversion*. 스포츠는 기분 전환에 좋다. **4** [軍] 견제 [작전]. ¶ make a *diversion* 견제하다. **5** [英] 우회하기, 우회로 (detour). ◇ divért *v.*, divérsionary *adj.*

di·ver·sion·ar·y [divə́ːrʒənèri, dai- / -ʃənəri] *adj.* 옆으로 새게 하는; 주의를 딴 데로 돌리는, [軍] 견제적인. ¶ *diversionary* tactics 양동(陽動) 작전.

di·ver·sion·ism [divə́ːrʒənìz(ə)m, dai- / -ʃən-] n. ⓤ [정치적] 편향.

***di·ver·si·ty** [divə́ːrsiti, dai-] n. (*pl.* **-ties**) **1** ⓤ 차이(difference), 부동(不同); ⓒ 차이점. **2** ⓤⓒ 변화, 다양[성] (variety). ◇ divérse *adj.*, divérsify *v.*

***di·vert** [divə́ːrt, dai-] vt. **1** …을 딴 데로 돌리다, 전환하다 (turn aside) (*from, into*). ¶ *divert* the course of a river; *divert* a river *from* its course 강의 물줄기를 바꾸다. **2** [남의 기분을 전환케 하다, 주의를 딴 데로 돌리다(distract); [흥미 따위를] 딴 데로 돌리다(*...from, to*); [남을] 즐겁게 해주다. ⇨ AMUSE [類語] ¶ (~+㊂+前+㊂) *divert* a person *from* his cares 남의 근심을 달래주다 / *divert* oneself *in* walking 산책으로 기분 전환을 하다. ◇ divérsion *n.*

di·ver·ti·men·to [divə̀ːrtiméntou, ←-] n. (*pl.* **-men·ti** [-ménti]) [음악] 희유곡(嬉遊曲) [18세기에 유행한 경쾌한 기악곡의 일종]. [<It]

di·vert·ing [daivə́ːrtiŋ, di-] *adj.* 기분 전환의, 유쾌한. ~·ly *adv.*

di·ver·tisse·ment [divə̀ːrtísmənt / diːvætíːsmaːŋ] n. **1** 기분 전환, 오락. **2** 막간의 여흥;[짧은 무용 위]. [<F]

Dives [dáiviːz] n. [성서] 부자[←누가 복음(Luke) 16:19-31]; [일반적으로] 부자, 부호.

di·vest [divést, dai-] vt. **1** [남에게 벗게 하다(*...of*), *opp.* invest. ¶ (~+㊂+前+㊂) *divest* a person *of* his suit 남의 옷을 벗기다. **2** [남에게서 빼앗다, 박탈하다 (deprive) (*...of*) (*[법률]에서는 보통 devest를 씀). ¶ (~+㊂+前+㊂) He was *divested* of his title. 그는 칭호를 박탈당했다 // The policeman *divested* him everything he had. 경관은 그가 갖고 있던 것을 모두 빼앗아버렸다.

di·ves·ti·ture [divéstitʃər, dai-] n. ⓤ 박탈; 탈의.

di·vest·ment [divéstmənt, dai-] n. =divestiture.

div·i [dívi] n. ⓤ [英] [협동 조합에서의] 배당금. *cf.* divvy

‡**di·vide** [diváid] v. **(-vid·ed, -vid·ing)** vt. **1** …을 분할하다, 나누다, 쪼개다(*...into*). ¶ (~+㊂+前+㊂) *divide* a pie into two 파이를 둘로 쪼개다.

2 …을 분리하다(classify) (*...into*). ⇨ SEPARATE [類語] ¶ (~+㊂+前+㊂) The subject may be *divided* into two branches. 문제는 두 갈래로 나눌 수 있을 것이다.

3 …을 갈라놓다(cleave), 구별하다(*...from*). ¶ (~+㊂+前+㊂) *divide* the sick *from* the others 병자를 격리하다.

4 …을 나누어주다, 분배하다(apportion) (*...among, between*); …을 남과 나누어 갖다, 분담하다(*...with*). ¶

divided 691 **divisive**

(~+⃞+⃞+⃞) divide profits *with* workmen 이익을 노동자와 나누어 갖다 / He *divided* his property *among* (or *between*) his four sons. 그는 재산을 4명의 아들에게 나누어 주었다.
5 〔의견을〕갈라지게 하다; …을 불화하게 하다, 분열시키다. ¶ (~+⃞+⃞+⃞) Opinions were *divided* on the issue. 그 문제에 대해서는 여러 갈래로 의견이 갈렸다 / They were *divided* in opinion. 그들은 의견을 달리했다 / The committee was *divided against* itself. 위원회는 내분이 일어났다.
6 〔수학〕…을 나누다; …으로 나누어 떨어지다. ¶ 2 *divides* 10. =10 is *divided* by 2. 10은 2로 나누어진다 // (~+⃞+⃞+⃞) Divide 20 by 5 (*Divide* 5 *into* 20) and you get 4. 20을 5로(5로 20을) 나누면 4가 된다.
7 〔영국 의회에서〕…을 두 파로 나누어 찬반을 묻다
8 〔주로 기계〕…에 눈금을 매기다. ¶(...*on*).
── *vi.* **1** 분리하다(*from*...). **2** 〔의견·이해(利害) 등이〕 엇갈리다, 분열하다; 〔강·도로 따위가〕갈라지다, 분기하다(fork)(*into*...). ¶ (~+⃞+⃞) The students *divided* [*up*] *into* small groups. 학생들은 작은 그룹으로 갈라졌다. **2** 나누어 갖다, 자기 몫을 받다(share). **3** 〔수학〕나누어 떨어지다(*by*...). ¶ 12 *divides* by 3. 12는 3으로 나누어진다. **4** 〔영국 의회에서〕찬반 두 파로 갈라서 채결(採決)하다(*on*...).
── *n.* **1** 분배, 고루 나누기; 분할, 분열. **2** 《美》분수계, 분수령(watershed); 《비유적》경계선. ¶ the Great Divide 〔특히 로키 산맥 중의〕대분수령.
cross (or *go over*) *the* [*great*] *divide* 《美구어》 죽다.
◇ division *n.*, dividual *adj.*

di·vid·ed [diváidid] *adj.* **1** 갈라진, 분할된; 분리된; 분열된. ¶ *divided* payment 분할불, 분납. **2** 〔식물〕 〔잎 따위가〕 깊이 갈라진.

divided híghway *n.* 중앙 분리대가 있는 고속도로.

divíded pítch *n.* 〔기계〕 복식 나선형 나사의 피치.

divíded skírt *n.* 바지처럼 갈라진 치마〔주로 승마용〕.

*div·i·dend** [dívidènd, -dənd] *n.* **1** 〔수학〕피제수(被除數), 나눗수. *cf.* divisor **2** 〔주식의〕 배당〔금〕. ¶ *dividend on* 《美》배당 붙은((英) cum *dividend*) / *dividend off* 《美》배당 없는((英) ex *dividend*) / pass a *dividend* 《美》무배당으로 하다. **3** 〔보험〕 회사에서 계약자에게 주는 이익 배당((英) bonus). **4** 《기대 이상의》 여분의 것, 번 것; 덤.

dívidend accóunt *n.* 〔보험〕 배당금 계정(計定).
dívidend chéck (《英》 **chéque**) *n.* 〔보험〕 배당 수표, 배당권.
dívidend wárrant *n.* 배당금 지불증.
di·vid·er [diváidər] *n.* **1** 분할자(물); 분배자. **2** (보통 a pair of ~s) 디바이더, 분할 컴퍼스. **3** 〔방 따위의〕 칸막이, 가리개(screen).
di·vid·ing [diváidiŋ] *adj.* 나누는, 구분(분할)하는.
div·i·div·i [dívidìvi] *n.* (*pl.* **-dis** or **-di·i**) 디비디비〔열대 아메리카산(產) 콩과(科) 식물〕; 그 꼬투리〔타닌 무두질용〕.
di·vid·u·al [divídʒuəl, -dju-] *adj.* 분할할 수 있는, 분리된.
Di·vi·na Com·me·dia [It divíːna komméːdja] *n.* 《이탈리아》(=Divine Comedy) Dante 작의 장편 서사시(敍事詩) 「신곡(神曲)」(1307-21).
div·i·na·tion [dìvinéiʃ(ə)n] *n.* **1** Ⓤ 점(占). **2** Ⓤ Ⓒ 《종종 ~s》 전조(前兆); 예언, 예측, 선지; 예감.
di·vin·a·to·ry [divínətɔ̀ːri / -t(ə)ri] *adj.* 점의, 예언적인.
*di·vine** [diváin] *adj.* **1** 신(神)의, 신성의. ¶ *divine* punishment 천벌 / the *Divine* Being (Father) 하나님, 신. **2** 신에게 바치는, 신성한, 종교적인. ⇒ HOLY ⦅類⦆ ¶ a *divine* song 성가. **3** 신이 주신. ¶ the *divine* right of a king 왕권 신수설(神授說). **4** 신 같은, 거룩한; 초인적인. **5** 《구어》 아주 훌륭한, 멋진, 굉장히 좋

은. ── *n.* **1** 신학자; 성직자, 목사. **2** (the D-) 신, 〔인간의〕 신성. ── *vt., vi.* (**-vined, -vin·ing**) **1** 점치다; 선지하다, 예언하다(prophesy). **2** 꿰뚫어보다, 추측하다. ~·ly *adv.* ~·ness *n.* divínity, divinátion *n.*, divínatory *adj.*

Divíne Cómedy *n.* ⇨ DIVINA COMMEDIA.
di·vin·er [diváinər] *n.* **1** 점쟁이; 예언자; 추측자. **2** 〔점치는 막대를 써서 찾아 내는〕 수맥(水脈) 탐지자.
divíne ríght of kíngs *n.* 〔왕권 신수설〕 제왕의 신권(神權), 신수 왕권(神授王權) 〔군주가 백성의 동의에 의하지 않고 신으로부터 바로 받은 권력〕. **2** 《英역사》 왕권 신수설.
divíne sérvice *n.* Ⓤ Ⓒ 〔종교〕 예배〔식〕, 제례(祭).
‡**div·ing** [dáiviŋ] *adj.* 잠수〔용〕의. ── *n.* Ⓤ **1** 잠수, 잠수업. **2** 〔수영의〕 뛰어들기, 다이빙.
díving bèll *n.* 종 모양의 잠수기〔수중 작업용〕.
díving bóard *n.* 〔수영장 따위의〕 뜀틀, 다이빙대(판).
díving hélmet *n.* 잠수 헬멧.
díving súit(**drèss**) *n.* 잠수복.

〔diving bell〕

divíning ród *n.* 점치는 막대〔개암나무의 나뭇가지로 지하자원·광맥·수맥 따위를 찾는 데 썼다〕.
1 air tube 2 window 3 seats

*di·vin·i·ty** [divíniti] *n.* (*pl.* **-ties**) **1** Ⓤ 신성, 신의 권위, 신의 힘; 초인적인 힘. **2** (the D-) 〔우주 창조자로서의〕 신 (the Deity, God). **3** 〔이교(異敎)의〕 신. **4** 《속어》 하늘에 계시는 분, 거룩한 사람. **5** Ⓤ 신학, 〔대학의〕 신학 대학. ¶ a Doctor of *Divinity* 신학 박사〔略 D.D.〕. **6** (= **divinity fúdge**) 크림 과자의 일종.
◇ divine *adj.*
divínity cálf *n.* Ⓤ 흑갈색의 송아지 가죽〔신학 서적 표지용〕.
divínity schóol *n.* 신학교.
di·vis·i·bil·i·ty [divìzibíliti] *n.* Ⓤ **1** 분할 가능함, 가분성(可分性). **2** 〔수학〕 나누어 떨어짐, 정제성.
di·vis·i·ble [divízibl] *adj.* **1** 나눌 수 있는. **2** 〔수학〕 나누어 떨어지는, 정제할 수 있는(*by*...). **-bly** *adv.*
‡**di·vi·sion** [divíʒ(ə)n] *n.* **1** Ⓤ 분할, 분배. ¶ *division* of labor 분업 / make a *division* of one's property 재산을 분배하다. **2** Ⓤ 〔Ⓒ〕 〔수학〕 나눗셈, 제법(除法). *opp.* multiplication ¶ long (short) *division* 장(단) 제법〔13이상(12이하)으로 나누다〕. **3** 칸막이; 경계, 경계선. ¶ the *division* between his garden and mine 그 집 뜰과 내 집 뜰의 경계. **4** 〔분할된〕 부분, 구획, 분절(分節); 눈금. **5** Ⓤ Ⓒ 〔의견·감정의〕 차이; 분열; 불화. **6** 〔정치〕 〔의회의〕 표결. ¶ go to a *division* 표결에 들어가다 / take a *division* on a question 문제에 대해서 표결하다. **7** 정치구(區), 군사구; 지구, 관구; 국, 부, 과; 학부. ¶ administrative (railway) *divisions* 행정구(철도 관구). **8** 〔육군〕 사단. ⇨ ARMY; 〔해군〕 분함대(分艦隊) 〔보통 4척의 군함으로 편성〕. **9** 〔생물〕 〔분류상의〕 문(門). ⇨ CLASSIFICATION ⦅注意⦆ **10** Ⓤ Ⓒ 〔원예〕 포기 나누기, 분주(分株). **11** 〔논리〕 분해, 분류. **12** 〔스포츠〕 지구, 지역; 리그, 연맹. ◇ divide *v.*, divísional *adj.*
di·vi·sion·al [divíʒən(ə)l] *adj.* **1** 분할하는, 구분적인. **2** 부분의, 부분적인. **3** 사단의. ¶ a *divisional* commander 사단장. **4** 〔수학〕 제법의, 나눗셈의. ~**·ly** [-nəli] *adv.*
divísion bèll *n.* 《英》 〔의회에서 표결 개시를 알리는〕 투표 실시 벨.
divísion lóbby *n.* 《英의회》 투표 대기 복도〔표결 때 찬성파·반대파가 따로따로 모이는 복도〕.
divísion sígn *n.* 〔수학〕 나눗셈의 기호(÷).
di·vi·sive [diváisiv] *adj.* 구분하는; 불화가 생기는.

di·vi·sor [diváizər] *n.* 〖수학〗 제수, 나눗수, 약수(約數). *cf.* dividend ¶ a common *divisor* 공약수.

‡**di·vorce** [divɔ́ːrs / -vɔ́ːs] *n.* **1** ⓤⓒ〖법률〗이혼 (absolute divorce); 부부 별거(limited divorce). ¶ a *divorce* suit 이혼 소송. **2** 분리, 절연(絕緣)(*between*, *from*...). ¶ suffer *divorce* between soul and body 심신의 상극에 괴로와하다. — *v.* (-vorced, -vorc·ing) *vt.* **1** …과 이혼하다; [법원이] [부부]를 이혼시키다. ¶ He *divorced* his wife. 그는 아내와 이혼했다 // (~+圖+前+图) *divorce* oneself *from* one's wife; be *divorced from* one's wife 아내와 이혼하다. **2** …을 분리하다(...*from*). ¶ (~+图+前+图) *divorce* education *from* religion 교육과 종교를 분리하다. — *vi.* 이혼하다. ◇ divórcement *n.*

di·vor·cé [divɔ̀ːrséi, -‑‑ / -vɔ́ːsei] *n.* 이혼한(당한) 남자. [<F divorced man]

di·vor·cee [divɔ̀ːrséi, -‑‑ / -vɔ̀ːsíː], (**di·vor·cée**) *n.* 이혼한(당한) 여자. [<F divorced woman]

di·vorce·ment [divɔ́ːrsmənt / -vɔ́ːs-] *n.* =divorce.

div·ot [dívət] *n.* **1** 〖골프〗〖공을 칠 때 클럽에 의해〗 뜯겨진 잔디의 한 조각. **2** 〖스코·북잉〗〖한 조각의〗 디(turf).

di·vul·gate [divʌ́lgeit] *vt.* (-gat·ed, -gat·ing) 〖고어〗 〖비밀 따위를〗 누설하다, 입밖에 내다; …을 폭로하다; …을 공표하다.

di·vul·ga·tion [dìvəlgéiʃ(ə)n / dài-] *n.* ⓤ 〖비밀의〗 누설, 폭로, 공표.

di·vulge [divʌ́ldʒ / dai-, di-] *vt.* (-vulged, -vulg·ing) **1** 〖비밀 따위를〗 누설하다; [나쁜 짓 따위를] 적발하다. ≒ REVEAL 〖類語〗 **2** 〖고어〗 …을 공표하다. ◇ -gence.

di·vulge·ment [divʌ́ldʒmənt / dai-, di-] *n.* =divulgence.

di·vul·gence [divʌ́ldʒ(ə)ns / dai-, di-] *n.* ⓤ 〖비밀 따위의〗 누설, 폭로, 입밖에 냄; 공표. 〖사람〗

di·vulg·er [divʌ́ldʒər / dai-, di-] *n.* 비밀을 누설하는 사람.

di·vul·sion [divʌ́lʃ(ə)n / dai-, di-] *n.* ⓤ 잡아째기.

div·vy [dívi] 〖美속어〗 *n.* (*pl.* -vies) 배당, 몫. — *vt., vi.* (-vied, -vy·ing) 나누다, 분배하다(...*up*).

di·wan [diwáːn, +美 -wɔ́ːn] *n.* =divan 2, 3, 4.

Dix·i·can [díksikən] *n.* 〖美〗 남부 출신 공화당원. [<DIXI〖E〗+REPUBLIC〖AN〗]

dix·ie, dix·y [díksi] *n.* (*pl.* -ies) 〖병사들의 캠프용〗 큰 쇠냄비.

Dix·ie [díksi] *n.* **1** (=Díxie Lánd, Dixieland) 미국 남부 제주(諸州)의 별명. **2** [남북 전쟁 당시] 미국 남부에서 애창된 노래. — *adj.* 미국 남부 제주의.

Dix·ie·crat [díksikræt] *n.* 〖1948년의 대통령 선거에서의〗 미국 남부 제주의 민주당 탈당파[의 사람].

Díxie Cùp *n.* 〖상표명〗 종이컵.

Díxie Lánd *n.* = Dixie 1.

Dix·ie·land [díksilænd] *n.* **1** ⓤ 딕실랜드 재즈[활발한 재즈음악의 한 형식]. **2** =Dixie 1.

dix·y [díksi] *n.* (*pl.* dix·ies) =dixie.

D.I.Y (略) 〖英〗 *do-it-yourself*.

diz·en [dáizn, +美 dízn] *vt.* 〖고어〗 …을 잔뜩 꾸미다, 장식하다, 치장시키다.

****diz·zy** [dízi] *adj.* (-zi·er, -zi·est) **1** 머리가 어찔어찔해서 넘어질 듯한, 현기증나는, 눈이 핑핑 도는(giddy). ¶ feel *dizzy* 현기증이 나다. **2** 당황한, 혼란된(bewildered, confused). **3** 아찔한, 어지러운, 현기증을 일으키는. ¶ a *dizzy* height 아찔해지는 높이. **4** 〖구어〗 얼빠진, 어리석은(foolish, stupid); 지각 없는, 경솔한(thoughtless). — *vt.* (-zied, -zy·ing) …의 눈을 돌게 하다, …에게 현기증나게 하다. 을 당황하게 하다.
-zi·ly *adv.* -zi·ness *n.*

D.J. (略) *disk jockey*; *district judge*; 〖라틴〗 *Doctor Juris*(=Doctor of Law) (법학 박사).

Dja·kar·ta, Ja·kar·ta [dʒəkáːrtə] *n.* 자카르타〖인도네시아의 수도; 구칭 Batavia〗.

Dji·bou·ti [dʒibúːti] *n.* 지부티 공화국(Republic of Djibouti) 〖아프리카 동북부, 아든 만(灣)에 면한 공화국; 1977년 6월 27일 프랑스로부터 독립; 수도 Djibouti〗.

djin[n] [dʒin] *n.* =genie.

dk. (略) *d*ark; *d*eck; *d*ock.

D.K. (略) *don't-know*(모른다고 대답하는 사람).

dl. (略) *d*eciliter.

D.L. (略) 〖英〗 *d*eputy *l*ieutenant (부지사).

D/L (略) *d*emand *l*oan; *d*ata *l*ink.

D̀ lầyer *n.* D층〖지상 수십 킬로의 높이에 있는 전리층 (電離層)의 최하층〗.

D.L.F. (略) 〖美〗 *D*evelopment *L*oan *F*und.

D. Lit. (略) 〖라틴〗 *Doctor Literarum* (=Doctor of Literature) (문학 박사).

D. Litt. (略) 〖라틴〗 *Doctor Litterarum* (=Doctor of Letters) (문학 박사).

D.L.O. (略) *D*ead *L*etter *O*ffice. ⇨ DEAD LETTER.

dm. (略) *d*ecameter; *d*ecimeter; *d*elta *m*etal.

DM (略) *D*eutsche *m*ark(도이체 마르크); *d*irect *m*ail.

D.M. (略) *D*aily *M*ail; *D*octor of *M*athematics; *D*octor of *M*edicine.

DMA (略) 〖컴퓨터〗 *d*irect *m*emory *a*ccess(직접 메모리 액세스); *d*octor of *m*usical *a*rts.

D.M.D. (略) 〖라틴〗 *Dentariae Medicinae Doctor*(=Doctor of Dental Medicine).

DME (略) *d*istance *m*easuring *e*quipment (〖항공기와 지상 사이의〗 거리 측정 장치).

D.M.S. (略) *D*octor of *M*edical *S*cience. 〖통제〗

DMSO (略) *d*imethyl *s*ulf*o*xide(용제(溶劑), …이용 진

DMT (略) *d*imethyl*t*ryptamine(환각제).

D. Mus. (略) *D*octor of *Mus*ic.

DMZ (略) *d*e*m*ilitarized *z*one(비무장 지대).

d—n [dæm, diːn] (略) *d*am*n*.

DN. (略) *d*ebit *n*ote(차변표(借邊票)).

D.N. (略) *D*aily *N*ews.

DNA (略) *d*eoxyribo*n*ucleic *a*cid.

D.N.B. (略) 〖英〗 *D*ictionary of *N*ational *B*iography; 〖독일〗 *D*eutsches *N*achrichten*b*üro (=Information Bureau of Germany) (데·엔·베 통신사).

DNC (略) 〖컴퓨터〗 *d*irect *n*umerical *c*ontrol(직접 수치 제어); 〖美〗 *D*emocratic *N*ational *C*ommittee(민주당 전국 위원회).

D̀ Nótice *n.* 〖英〗 D 통고〖기밀 보전을 위해 정부가 보도 기관에 특정 정보의 기사화 금지를 요청하는 통고; D=Defence〗.

‡**do¹** [강 duː, 약 du, də] *v.* (**did** or 〖고어〗 2인칭 단수 **didst**, **done**, **do·ing**; 〖고어〗 2인칭 단수 현재 **do·est**, 3인칭 단수 현재 **does** or 〖고어〗 **do·eth**) * 고어형의 동사·조동사의 용법 구별은 19세기 이후의 일이다.

— *vt.* **1** 〖일·행위 따위를〗 하다, 행하다(execute), 〖임무·고행(苦行) 따위를〗 행하다(perform), 수행(이행)하다. ¶ *do* one's work 일을 하다 / *do* a job 〖英속어〗 범죄를 저지르다 / *do* a good deed 선행을 하다, 친절을 다하다 / *do* one's duty 의무를 다하다 / *do* repairs 수리를 하다 / *do* a smoke 담배를 한 모금 피우다 / *do* battle 전쟁을 하다 / *do* a bunk 〖英속어〗 도망치다, 내빼다 / *do* a moonlight flit 〖英구어〗 야반도주하다 / *do* a weep 〖英구어〗 한바탕 울다 / *do* a person's bidding 남의 명령대로 하다 / You mustn't *do* things by halves. 매사를 어중간하게 해서는 안 된다 / *Do* it yourself. 그것은 당신이 직접 하세요. / He *did* the talking and I listened. 이야기는 그가 하고 나는 듣기만 했다.

〖類語〗 **do** 「하다, 행하다」의 뜻의 가장 일반적인 말: *do* a task 일을 하다. **achieve** 어려움을 극복해서 중요·위대한 일을 해내다: *achieve* a great task 위대한 일을 이룩하다. **accomplish** 노력·숙련 등으로 목적을 완수하다: *accomplish* a difficult task 힘든 일을 완수하다. **discharge** 의무·직무 등을 수행하다: *discharge* a commission 사명을 다하다. **execute** 계획·의도·명령을 강행하다: *execute* a sentence 판결을 집행하다. **fulfill** 약속·책임 등을 완수하다: *fulfill* a promise 약속을 이행하다. **perform** do의 격식차린 말; 행위 그 자체보다도 시간이 걸리고 어려운 과정에 대해서 쓰는 경우가 많다: *perform* an operation 수술을 하다. **transact** 상업상의 업무를 처리하다.

2 …을 해치우다, …을 끝내다(finish) (* 보통 have done, [be] done 의 형태로 쓰인다). ¶ His work will never be *done*. 그의 일은 언제까지나 가도 끝나지 않을 것이다 // (~ +*-ing*) When she had *done* writing, it was evening. 그녀가 다 쓰고 났을 때는 저녁이 되었다 // What is *done* can not be *undone*. 《속담》 이미 끝난 일은 되돌릴 수 없다.

3 〔힘 등〕을 다하다, 기울이다, 행사하다(exert). ¶ *do* one's best 최선을 다하다 / *do* one's endeavors 노력을 기울이다 / *do* one's damnedest 《英속어》 최선의 노력을 하다 / Let him *do* his worst. 그에게 바보 같은 짓하라고 내버려둬, 저런 자식 마음대로 하라지.

4 …을 일으키다(bring about), 가져오다, 초래하다 (effect). ¶ (~ +图)(~ +图+前+图) *do* a person good (harm); *do* good (harm) *to* a person 남의 이익이 (해가) 되다 / That will *do* him credit. 그것은 그를 명예롭게 할 것이다.

5 〔정의(正義)·공정 등〕을 행하다, 〔봉사 등〕을 하다 (render), 〔경의(敬意) 등〕을 표하다(pay). ¶ (~ + 图)(~ +图+前+图) *do* worship (thanks) *to* a person 남을 존경(남에게 감사)하다 / Pilgrims *did* their homage *to* the tomb. 순례자들은 그 무덤에 참배하였다 / Justice ought to be *done* to him. = We ought to *do* him justice. 그는 마땅히 정당한 대우를 받아야 한다 / The portrait *does* her injustice. 그 초상화는 그녀의 제 모습을 묘사하지 못하고 있다 / I will *do* my service *to* my country. 나 나름대로 나라에 봉사할 생각이다 / Will you *do* me a favor? 청이 하나 있습니다만.

6 …을 만들다, 〔예술 작품 등〕을 제작하다(produce), 〔책〕을 쓰다. ¶ The painter *did* an oil portrait of the king. 그 화가는 유화로 왕의 초상화를 그렸다 / I have *done* six copies. 복사를 6부 만들었다 / (~ +图+前+图) *do* an article *on* a person 남에 대해서 논설을 쓰다.

7 …을 처리하다, 수리하다(repair), 정리하다, 장식하다. ¶ *do* one's correspondence 편지 답장을 쓰다 / *do* a parlor 거실을 청소하다 / *do* flowers 꽃을 꽂다 / *do* one's hair 머리를 잘 다듬다 / *do* one's nails 손톱을 곱게 하다 / *do* the dishes 접시를 닦다 / *do* the room in blue 방을 푸른 색조로 장식하다 / *do* one's face 화장을 하다 / *do* a beer (a drink) 《英구어》 맥주(술)를 한잔 마시다 / *do* a meal 《英구어》 식사를 하다 / *do* a bit 《英구어》 음식을 먹다.

8 〔음식〕을 조리(준비)하다, 요리하다(cook), 익히다, 지지다, 굽다(roast) (* done의 형태로 흔히 쓰인다). *cf.* **done** ¶ Mother will *do* the omelet. 어머니가 오믈렛을 만들어 주실 것이다 / The meat is *done* brown(to a turn). 고기는 잘(살짝) 구워져 있다 / I like my steak well *done*. 나는 잘 구운 스테이크를 좋아합니다.

9 …을 공부하다(study), 〔문제〕를 풀다(solve), …을 계산하다, 〔…을 번역(번안) 하다(translate) (...*into*). ¶ Have you *done* your English yet? 벌써 영어는 다 끝내 버렸느냐 / He *did* a rapid sum in his head. 그는 머리 속에서 재빨리 계산(합산)했다 // (~ +图+前+图) *do* Latin *into* English 라틴어를 영어로 옮기다 / The book was *done* into a movie. 그 책은 영화화되었다.

10 〔연극 등〕을 상연하다(produce). ¶ They were *doing* a musical program. 뮤지컬을 상연하고 있었다.

11 …의 역을 하다; 역할을 하다. ¶ *do* the host 주인역을 하다 / I *did* Polonius. 나는 폴로니우스역을 했다 / He *did* the part of Hamlet. 그는 햄릿 역을 했다.

12 〔어떤 거리〕를 가다, 지나쳐 가다, 답파하다(cover), …의 속도로 가다. ¶ The car can *do* 20 miles on a (or to the) gallon of gasoline. 그 자동차는 휘발유 1갤론으로 20마일을 주행할 수 있다 / I've *done* a hundred and five on this road. 나는 이 도로에서 105마일의 속도로 달린 적이 있다.

13 …의 도움이 되다, 쓸모있다, 쓸 만하다, …하는 데 충분하다(suffice for). ¶ It will *do* me (*or* my turn) very well. 저에게 크게 도움이 될 것입니다.

14 《구어》 〔명소〕를 구경하다(see, visit), 〔관광으로서〕 구경하며 다니다, 여행하다(tour). ¶ *do* the sights [of a place] 〔어떤 곳의〕 관광을 하다 / He *did* the museum. 그는 박물관을 견학했다 / We are going to *do* Europe in three weeks. 우리는 3주일간에 유럽을 관광 여행할 생각이다.

15 《구어》 〔the + 형용사를 수반하여〕 …〔한 사람〕 답게 행동하다, …같은 짓을 하다(*cf. vt.* 11). ¶ *do* the amiable to children 애들에게 정답게 하다 / *do* the graceful (the polite) 품위 있게(예의 바르게) 행동하다 / *do* the handsome by (towards) a person 남을 후대하다(매우 친절하게 하다).

16 《속어》 …을 속이다(deceive), 사기치다, …의 약점을 이용하다, …을 기회로 삼다(take advantage of). ¶ He has *done* me. 그는 나를 속였다 ¶ (~ +图+前+图) He has *done* me *over* the sale of it. 그는 그것을 팔면서 나를 속였다 / The rogue *did* him *out of* (or *for*) $1,000. 그 악한은 그를 속여 천 달러를 빼앗았다. ⇒ *do... out of*.

17 《美구어》 …을 혼내주다, 골려주다(attack). ¶ They *did* him every chance they got. 그들은 기회 있을 때마다 그를 혼내주었다.

18 〔형〕형기〕를 복역(服役)하다(serve). ¶ (~ + 图+前+图) He *did* five years *for* robbery. 그는 강도죄로 5년 동안 콩밥을 먹었다. * 《美》에서는 다른 「임기」에 대해서도 do를 쓴다: He is *doing* another year as chairman. 다시 1년간 의장직을 맡고 있다.

19 《英속어》 《보통 well을 수반하여》 〔음식 따위로〕 〔남〕을 대접하다(entertain), 〔물질적인 욕망〕을 채워주다(cater to). ¶ (~ +图+副) *do* oneself *well* 사치스런 생활(식사)을 하다 / I *did* him very *well*. 그를 잘 대접했다.

20 《구어》 〔종종 up을 수반하여〕 …을 지치게 하다 (tire out), 기진맥진케 하다(exhaust). ¶ That last round *did* me. 마지막 라운드에서 나는 기진맥진이 되었다 / I'm *done*, I can go no farther. 나는 지쳐버려서 한 발짝도 더는 걸을 수 없다.

21 《美속어》 〔성행위〕를 하다, 〔마약〕을 사용하다.

22 《濠속어》 …을 소비하다(spend), 써 없애다(lose), 잃다. ¶ *do* one's money 돈을 써 없애다 / *do* one's luck 운이 다되다(떨어지다).

— *vi.* **1** 〔어떤 일을〕 하다, 행하다, 행동하다(act), 일하다(work). ¶ *Do* as I tell you. 내가 말하는 대로 하세요 / You would *do* wisely to refuse his offer. 그의 제의는 거절하는 편이 현명할 것이다 / Let us be up and *doing*. 자, 정신차려서 일을 합시다 / Let us *do* or die. 목숨을 걸고 합시다 / Well *done*! 잘한다!, 잘했다.

2 행동하다(behave), 처신하다. ¶ She *did* like a lady. 그녀는 숙녀답게 행동했다 / *Do in* Rome as the Romans *do*. 《속담》 로마에 가면 로마인의 풍습을 따르라, 입향 순속 (入鄉循俗).

3 살아가다, 지내다, 해나가다(manage); 〔사태가 잘 (잘못)〕 돼가다; 〔사람이〕 잘하다; 건강하다, 차도가 있다; 〔식물이〕 자라다 (* 종종 well, badly 따위의 부사를 수반). ¶ (~ +副) *do* well 잘하다 / How will you *do* for money? 돈은 어떻게 마련하겠습니까? / How *did* you *do* in the examination? 시험은 잘 쳤어요? / He *did* quite *well* out of the sale of his house. 그는 집을 팔아서 크게 재미를 보았다 / The firm has *done* badly this year. 금년에는 회사의 실적이 나빴다 / How are the crops *doing*? 작황은 어떻습니까? / Rye *does* well here. 여기서는 호밀이 잘 자란다 / How do you *do*? 안녕하십니까?, 처음 뵙겠습니다(* 격식 차리지 않는 인사말) / The patient is *doing* well. 환자는 차도를 보이고 있다 // (~+匭+图) *do without* an automobile 자동차 없이 해나가다. ⇨ *do without*.

4《구어》[사전·사태가] 일어나다(happen). ¶ What's *doing* in the political world? 정계에서 무슨 일이 일어나고 있을까?

5(have done의 형태로) 마치다, 끝내다(finish). ¶ *Have done* [crying]! [우는 것은] 그만 그쳐라. ⇨ *have done with*.

6 쓸 만하다, 도움이 되다(serve), 충분하다, 족하다(be satisfactory), 적당하다, 괜찮다(be advisable) (*for...*). ¶ Any time will *do*. 언제라도 좋습니다 / I think that will *do* as a translation. 그것이면 번역으로서 쓸 만하다고 생각한다 / Will it *do* if I pay at the end of the week? 주말에 지불해도 괜찮겠습니까? / That will *do*, Joe! 조, 이제 그만 / (~+匭+图) This bag won't *do* for traveling abroad. 이 가방은 해외 여행에는 적당치 않다 / Those scraps will *do for* the dog. 먹다 남은 그 음식은 개한테 주어도 괜찮을 것입니다. ⇨ *do for*.

——(대동사)[보통 du:] **1**《반복을 피하기 위해 선행하는 동사의 대용을 한다》¶ He paid double the price [that] I formerly *did* (=paid). 그는 내가 이전에 치른 값의 갑절을 치렀다 / She loves me as I *do* (=love) her. 내가 그녀를 사랑하듯 그녀도 나를 사랑한다.

2《선행하는 서술(敍述)의 대용》(* 이 경우의 do는 조동사로도 해석된다. 또한 do it, do so 등 뒤에서는 do를 쓰나, 그 경우는 각각 vt. 1, vi. 1의 do로도 해석된다) ¶ Did you see him?—Yes, I *did*. 그를 만났습니까?—예, 만났습니다 / I'll call on you later again. ——Please, *do*. 또 후일에 찾아뵙겠습니다——그렇게 해주세요 / People who once deceived us are likely to *do so* again. 우리들을 한번 속인 사람은 언제 또 그렇지도 모른다 / If you want to surrender, *do it* quickly. 항복하려거든 빨리 해라. (* do so (=act thus)와 do it (=perform this act)는, 전자가 동류의 부정(不定)의 행위를 나타내고, 후자는 선행한 행위를 가리키는 점에서 구별할 수가 있다) / You promised to write to me every week.—So I *did*. 당신은 매주 저에게 편지를 쓰겠다고 약속해요—아, 그랬지 (* so I *did*와 so did I (=I did it too)의 차이에 대해서는 so 를 참조: You do a lot of work.—So I *do*. 일을 많이 하시네요—그렇습니다 / He does a lot of work and so I do. 그는 일을 많이 하는데 나도 그렇다.

be done with ⇨ *have done with*.

do away with ① …을 없애다, 폐지하다(abolish), 치우다(get rid of) (* 옛날에는 with 없이도 쓰였다). ¶ Let us *do away with* a superstition like this. 이런 미신은 버립시다 / It's about time all these old things were *done away with*. 이런 낡은 것들은 이제 모두 버려도 좋을 시기다. ②《구어》…을 죽이다. ¶ Several people were *done away with* in the gang war. 폭력단의 세력 다툼에서 몇 사람이 살해되었다 / He *did away with* himself. 그는 자살했다.

do one's block《濠속어》이성을 잃다, 발끈하다.

do a person brown ⇨ BROWN.

do by [남]을 대우하다, [남]에 대해서 처우하다. ¶ The firm *did* well (badly) *by* all its employees. 회사는 종업원 전원을 우대(냉대)했다.

do a person down《英구어》[남]을 속이다; [속여서]지게 하다(이기다). ¶ Do not think I am *doing you down* over selling the house. 집을 팔면서 내가 당신을 속이려 한다는 것을 생각지 말아 주십시오.

do for ① …의 도움이 되다. ②…의 대역(代役)을 하다;《英구어》…을 위해서 주부를 대신하다, [가사 따위의] 시중을 들다. ¶ *do for* lodgers 하숙인의 시중을 들다 / I've *done for* Mrs. Smith for ten years. 10년 동안 스미스씨 댁에서 시중을 들어 왔습니다. ③ …을 해치우다, 지게 하다; 《구어》 망치다, 멸망시키다(ruin, destroy); 《구어》 죽이다. ¶ That evidence *did for* him. 그 증거로 그는 꼼짝 못하게 되었다(꼭소리 못하게 되었다) / The gale *did for* the hut. 강풍 때문에 오두막집은 완전히 부서졌다 / I'm *done for*. 당했다, 이제 끝장이다(* 이 뜻으로는 종종 수동형이 사용된다).

do in ① 《속어》…을 죽이다. ¶ He'll *do* somebody *in*. 그는 누군가를 죽일 것이다. ②《속어》…을 기진맥진하게 하다(* 종종 과거 분사로 쓰인다). ¶ The repair work *did* them *in*. 복구 공사 때문에 그들은 지쳐버렸다 / I was [all] *done in*. 나는 지쳐버렸다. ③《濠속어》[돈 따위]를 소비하다(spend). ④《美속어》…을 때려 눕히다; 해치우다.

do a person in the eye ⇨ EYE.

do off ①《美구어》…을 화려하게 꾸미다. ②…을 칸막이하다, 구획짓다(partition off). ③《고어》…을 벗다(doff).

do out《구어》청소하다.

do a person out of《속어》남을 속여서 …을 뺏다(cheat). ¶ He has *done* her *out of* her hundred dollars 그는 그녀로부터 100달러를 속여서 빼앗았다.

do over ①…을 다시하다. ¶ *Do* that exercise *over*. 그 연습 문제를 다시 하시오. ②《구어》…을 개장(改裝)하다. ¶ *do* a room *over* 방을 다시 꾸미다. ③《英구어》…을 지게 하다, 속이다.

do one's [own] thing《美속어》자기 마음에 꼭 드는 일을 하다.

do a person proud ⇨ PROUD.

do a thing right《美구어》…을 적절히 처리하다.

do to (or 《고어》*unto*) ①…을 대접(향응)하다(do by), …을 대우하다. ②…에게 [나쁜 일을] 당하게 하다. ¶ What will he be *done to*? 그는 어떤 꼴을 당할까?

do...to death ⇨ DEATH.

do up《구어》《물품 따위》를 포장하다. ¶ The parcel was carefully *done up* in paper. 그 소포는 종이로 야무지게 포장이 되어 있었다. ②…을 손질하다(repair), …을 꾸미다, 매만지다. ¶ The house needs *doing up*. 그 집은 손질할 필요가 있다. ③ 몸가짐을 단정하게 하다, [머리]를 땋다(다듬다);《보통 수동형으로》차려 입다. ¶ *do up* one's hair 머리를 꾸미다(땋다) // They were all *done up* for the party. 그들은 모두 파티용 웃차림을 하고 있었다. ④…을 갱신하다; …을 세탁하다. ⑤《구어》를 [녹초가 되도록] 지치게 하다(⇨DO vt. 20) (* 종종 be done up의 형태로 쓰인다). ⑥《美구어》…을 대강 시찰하다. ¶ *do up* the whole country 그 지방 전체를 대충 돌아보다.

do up brown《美》⇨ BROWN.

do with ①…을 처리(처치)하다(deal with). ¶ What did you *do with* that camera? 저 카메라는 어떻게 [처리] 하셨습니까? ②…으로 해나가다, 참다; 만족하다. ¶ Could you *do with* a few pounds of plums? 2, 3 파운드의 오얏이면 족하겠습니까? / I have *done with* very little sugar. 설탕은 거의 쓰지 않고 지냈습니다. ③(can, could와 함께 써서)《구어》…을 바라다, 필요로 하다. ¶ I could *do with* a cup of coffee. 커피를 한잔 하고 싶습니다 / Your raincoat could *do with* a wash. 당신의 레인코트는 한번 빨 필요가 있을 것 같아요.

do without ①…없이 지내다(해나가다), 견디다(forgo). ¶ Man can not *do without* water. 인간은 물 없이는 살아갈 수가 없다 / We had to *do without* luxuries. 우리는 사치 없이 지내야 했다. ②《구어》(can과 함께 써서) …은 없어도 좋다 (무방하다), 필요 없다, 바라지 않다. ¶ I can *do without* your advice. 자네의 충고 따위는 필요없다.

have done with ① …을 끝내다, 마치다. ¶ I *have done with* this book. 이 책을 다 읽었다. ②…과 손을

끊다, 관계를 끊다, 절교하다; …을 없애다(rid oneself of). ¶ I *have done with* him. 그와 절교했다 / Let's *have done with* that business. 그런 일과는 관계를 끊읍시다.
have…to do with …과 관계(관련)가 있다. *cf. to do with* ¶ I *have* something (nothing) *to do with* it. 그것과는 관계가 약간 있다(전혀 없다) / What *has* that *to do with* me? 그것이 나와 무슨 상관입니까?
it isn't done 무례하다, 실례하다, 버릇없다. ¶ In those days *it wasn't done* for a young lady to go to a theater alone. 그 당시는 젊은 여인이 혼자서 극장에 가는 것은 법절에 어긋나는 일이었다.
make do ⇒ MAKE.
nothing doing ⇒ NOTHING.
Now you've done it! 거봐 일 저질렀구나!, 혼날 거야[남의 실패 따위를 보고 하는 말]. 때로 쓰는
That did it! 너 했어! [상대에게 분개했을 때에 쓰는
to do with …과 관계가 있는, …에 관한. ¶ I think it's something *to do with* an airplane. 그것은 비행기와 관계가 있는 것으로 생각한다 / The letter is *to do with* the church bazaar. 그 편지는 교회의 바자에 관한 것이다.
[**what** …] **be doing with** …(구어) [왜] …을 갖고 있다. ¶ What are you *doing with* that gun? 당신은 왜 저 총을 가지고 있습니까?
── *auxil. v.* [du, də] (고어) 2 인칭 단수 현재 **dost**, 3 인칭 단수 현재 **does** *or* (고어) **doth**; 과거 **did**)
[주의] 어형 변화는 일반 동사와 같으나 부정사·현재 분사·과거분사는 없다. 단축형 **d'** (예: *d'ye* know = do you know); 부정 단축형 **don't**(=do not), **doesn't** (=does not), **didn't**(=did not).
1 《의문》 ¶ *Do* you know? 알고 있습니까? / Where *does* he live? 그는 어디 삽니까? / How *did* they find it? 그들은 그것을 어떻게 찾아냈을까? / You don't want to start at once, *do* you? 당신은 지금 당장 출발하고 싶지는 않지요.
── **Usage** do 는 조동사·be 동사 이외의 일반 동사에 대해서 쓰인다. 또한 동사 have 의 의문문에서 《美》에서는 보통 do 를 사용하는 데, 《英》에서도 do 를 쓰는 일이 있다. ⇒ HAVE(Usage).
2 《부정》 ¶ I *don't* know. 모른다 / She *doesn't* seem to know. 그녀는 모르는 것 같다 / They *didn't* notice it. 그들은 그것을 알아차리지 못했다 / You went to see him, *didn't* you? 당신은 그를 만나러 갔지요.
── **Usage² do** not(don't) 의 용법 ── (1) 조동사 및 be 동사 이외의 서술 동사에 대해서, not(n't)로 부정문을 만들 경우에는 don't, doesn't, didn't 를 쓴다. (2) have 의 경우, 《美》에서는 do 에 의한 부정문이 쓰이는데, 《英》에서도 뜻에 따라서는 do 를 쓰는 경우가 있다. ⇒ HAVE. (3) 부정의 명령문에는 언제나 don't 를 쓴다: *Don't* do such a thing. 그런 일은 하지 마라 / *Don't* be too confident. 너무 뻔뻔스럽게 굴지 마라. *이 경우에* Be not too confident. 라고 하는 것은 문어체이다. (4) 가정법 현재의 be 의 부정은 don't be 로 되는 수가 있다: If you *don't be* quick, you will miss the train. 서두르지 않으면 기차를 놓치겠다.
3 《긍정문에서의 강조》 ¶ I *do* hate him. 나는 아무리 해도 그가 싫다 / *Do* sit down. 어서 앉으세요 / He worked well whenever he *did* work. 그는 일할 때는 언제나 아주 잘했다.
[주의] 이런 경우의 do 에서는 강세가 있다. 또한 부정사가 문두에 놓일 경우에도 do 를 쓰나, 이것은 대동사로도 해석할 수 있다: How it faded no one knew, but fade it *did*. 그것이 어떻게 사라졌는지 아무도 몰랐으나 아무튼 사라져 버렸다.
4 《부사 [구] 따위가 문두에 나옴으로써 어순이 전도되는 경우》 ¶ Well *do* I remember him. 나는 그를 잘 기억하고 있다 / Little *did* I dream of meeting you. 자네를 만나리라고는 꿈에도 생각하지 못했다 / Not only *did*

they break into his office and steal his books, but they also tore up his manuscript. 그들은 그의 사무실에 침입해서 책을 훔쳤을 뿐 아니라, 그의 원고를 찢어버렸던 것이다.
── *n.* (*pl.* **dos** or **do's**) **1** ⓤ《방언》 행동, 소동(commotion). **2** 《英구어》 축연(祝宴), 잔치, 흥청망청 떠들기(jollity), 파티. **3** 《英속어》 속임수, 사기(swindle). **4** (보통 ~s, ~'s) 할 것, 요청. *보통 don't*s 와 나란히 놓인다. ¶ the *dos* and don'ts of manners 예절의 규칙. **5** (~s, ~'s) 《英속어》 몫(share). ¶ Fair *do's*! 공평하게 나누어라! **6** 《英속어·濠속어》 성공(success). ¶ make a *do* of it 그것을 잘하다.
do one's **do** 해야 할 일을 훌륭하게 하다.
◇ **deed** *n.*
do² [dou] *n.* (*pl.* **dos**) 〔음악〕 도[전음계의 제1음(주음)을 나타내는 음명]. *cf.* re, mi, fa, etc.
do. (略) ditto.
DO (略) *d*issolved *o*xygen (용존 산소(溶存酸素)).
D/O, d.o. (略) *d*elivery *o*rder.
D.O.A. (略) *d*ead *o*n *a*rrival (도착시에 이미 사망).
* 의사의 용어.
do·a·ble [dúːəbl] *adj.* 할(행할) 수 있는.
do-all [dúːɔ̀ːl] *n.* 잡일꾼, 허드렛일꾼(factotum).
doat [dout] *vi.* = DOTE.
DOB, d.o.b. (略) *d*ate *o*f *b*irth.
dob·ber [dɑ́bər/dɔ́bə] *n.* 《美방언》 [낚싯줄에 매다는] 낚시찌(bob).
dob·bin [dɑ́bin/dɔ́b-] *n.* 말[특히 농가용의 끄는 말], 농마차, 복마(卜馬).
Do·ber·man pin·scher [dóubərmən pínʃər] *n.* 도베르만[매끈하고 짧은 털을 가진 테리어개의 일종].
Do·bro [dóubrou] *n.* 〔상표명〕 도브로 기타[금속제 반향판이 부착된 기타].
dob·son [dɑ́bsn/dɔ́b-] **1** = dobsonfly. **2** = hellgrammite.
dob·son·fly [dɑ́bsnflài/dɔ́b-] *n.* (*pl.* **-flies**) 뱀잠자리과(科)의 곤충[유충은 hellgrammite 라고 한다].
doc [dɑk/dɔk] *n.* 《美구어》 (부르는 말로)=doctor.
doc. (略) (*pl.* **docs.**) document.
do·cent [dóus(ə)nt/do(u)sént] *n.* 《美》 (대 학의) 비상근 강사, 시간 강사.
do·cent·ship [dóus(ə)ntʃìp/do(u)sént-] *n.* ⓤ (대학의) 강사임, 대학 강사의 자격(직무).
***doc·ile** [dɑ́s(i)l/dóusail, dɔ́s-] *adj.* **1** 가르치기 쉬운, 지도하기 쉬운(teachable). ¶ an intelligent and *docile* pupil 총기 있고 가르치기 쉬운 학생. **2** 다루기 (제어하기) 쉬운, 순한 ⇒ OBEDIENT [類語] ¶ a *docile* child 순직한 애. **~·ly** *adv.* [<F<L]
do·cil·i·ty [do(u)sílití, +美 dɑ-] *n.* ⓤ 가르치기 쉬움, 순종, 다루기 쉬움.
‡dock¹ [dɑk/dɔk] *n.* **1** 《美》 부두, 선창(wharf, pier), 도크(船渠) [해안이나 하안(河岸)에서 만든 배의 수리·청소·건조용 건조물]. ¶ a dry (*or* a graving) *dock* 건(乾)선거 / a floating *dock* 부(浮)선거 / a wet *dock* 습선거. **3** (보통 ~s) 선착부·하역 설비·창고 따위의) 항만 시설 전체; 그런 항만 시설이 있는 구역 일대, 도크 지대. **4** 격납고(hangar) [비행기의 수리·정비 따위를 하는 장소]. **5** 〔철도〕 화물의 적하장, 화물의 적하용 플랫폼. **6** [무대 아래에 는] 도구(무대장치) 창고 (scence dock).
in dock [배가] 도크에 들어와서; 《해군 속어》 입원하여 (in hospital).
in dry dock [구어] 실직하여.
── *vt.* **1** [배]를 도크에 넣다; [비행기]를 수리장에 넣다; [화차]를 적하장에 넣다. **2** (어떤 장소)에 도크를 설치하다, **3** (우주선)을 결합시키다, 도킹시키다.
── *vi.* **1** 도크에 들어가다. **2** (우주선이) 결합하다, 도킹하다.
dock² [dɑk/dɔk] *n.* **1** 동물 꼬리의 딱딱한 힘줄(근

dock³ [dak / dɔk] *n.* [법정내의] 피고석.
be in the dock 법정에서 조사받고 있다, 심문받고 있다.
dock⁴ [dak / dɔk] *n.* 마디풀과(科) Rumex 속의 식물 [수영·참소리쟁이 따위의 길고 곧은 뿌리를 가진 잡초].
dock·age¹ [dákidʒ / dɔ́k-] *n.* ⓤ 1 도크 사용료. 2 도크 시설. 3 배를 도크로 넣기, 입거(入渠).
dock·age² [dákidʒ / dɔ́k-] *n.* ⓤ 1 바짝 줄임, [임금 따위의] 삭감, 공제(deduction). 2 밀과 기타 곡식 속의 반가루.
dock·er [dákər / dɔ́kə] *n.* 도크 작업원, 항만 노동자 (longshoreman).
dock·et [dákit / dɔ́k-] *n.* 1 《법률》 [법원의] 소송 사건 일람표. [미결의] 소송 사건 당사자(원고 또는 피고) 성명 일람표, 소송 사건 공판 일정표. 2 《英》 《법률》 [소송 사건의] 사건 요록, 판결 요록, 재판 경과 기록. 4 《美》 [법정·회의의] 처리 예정 사항표, 해결(협의) 사항표. 4 [편지·서류의] 내용 적요, 비망록; 부전, [소포 따위의] 꼬리표.
on the docket 《美俗어》 고려중인; 수행중인.
— *vt.* 1 《법률》 …을 소송 사건 일람표에 기입하다; …의 판결 요록을 작성하다. 2 [서류]에 적요서(부전) 를 덧붙이다; [소포]에 꼬리표를 달다.
dóck glàss *n.* 술 맛을 보는 큰 글라스.
dock·ing [dákiŋ / dɔ́k-] *n.* ⓤ, *adj.* 1 입거(入渠) [의]. 2 [우주선의] 도킹[의].
dócking adàpter(tùnnel) *n.* 〖로켓 공학〗 도킹 통로[도킹하는 두 우주선의 연락 통로].
dock·ize [dákaiz / dɔ́k-] *vt.* (-ized, -iz·ing) [강 따위]에 도크를 설치하다.
dock·mas·ter [dákmæ̀stər / dɔ́kmà:s-] *n.* 《해 군》 도크의 현장 주임.
dock·side [dáksàid / dɔ́k-] *n.* 선창, 부두[근처].
— *adj.* 부두의; 부두[가까이]에 있는.
dock-tailed [dáktèild / dɔ́k-] *adj.* 자른 꼬리의.
dock-wal·lop·er [dákwàləpər / dɔ́kwɔ̀ləpə] *n.* 《속 어》 부두 부랑자; 부두의 노동자, 막노동자.
dock·yard [dákjà:rd / dɔ́k-] *n.* 1 조선소, 선박 수 리소 [도크·작업장·창고를 포함]. 2 《英》 해군 공창 (工廠) (《美》 navy yard).
‡**doc·tor** [dáktər / dɔ́ktə] *n.* 1 의사(physician); 《의사에 대한 호칭으로서》 선생님 (*《美》에서는 surgeon(외과 의사), dentist(치과 의사), veterinarian(수의사)에도 사용). ¶ consult (*or* see) *a doctor* 의사의 진찰을 받다, 의사에게 보이다 / send for a *doctor* 의사를 부르다. 2 박사; 박사의 자격[칭호], D., Dr.]. ¶ *Doctor* of Laws (Medicine) 법학(의학)박사. 3 응급 처리용의 기구(도구), 조절기, 보정기. 4 《구어》 수리하는 사람. ¶ a chair *doctor* 의자 수리업자. 5 《속어》 [배의] 쿡, 요리사(cook). 6 [고기잡이용] 제물낚시. ¶ a silver *doctor* 은빛 제물 낚시. 7 《古어》 학자; 선생 (teacher). 8 주술사(呪術師), 마법사. 9 《古어》 부정(납을 채운) 주사위(loaded dice).
the Doctor of the Church 교회 박사[신학적인 공헌에 대하여 사후 교회에서 수여하는 칭호].
put the doctor upon *a person* 남을 속이다.
— *vt.* 1 치료하다. ¶ (~ +圖+圖) We'll *doctor* him *up.* 그의 치료를 마치리다. 2 《구어》 [기계 따위]를 수리하다(repair). 3 《구어》 [문서 따위]에 부정한 변경을 가하다, 조작을 하다; [문서 따위]를 위조하다; …을 속이다(falsify). ¶ *doctor* accounts 계산을 속이다. 4 [음식물]에 섞음질을 하다(adulterate) (...*up*). ¶ *doctor* food *up* with seasoning 음식에 조미료를 치다. — *vi.* 1 의사 일을 하다, 의원을 개업하다. 2 약을 마시다; 치료를 받다.
doc·tor·al [dáktərəl / dɔ́k-], (**doc·to·ri·al** [daktɔ́:riəl / dɔk-]) *adj.* 1 박사의, 박사의, 학자의. ¶ a *doctoral* dissertation 박사 논문. 2 박사호를 가진. [학위.
doc·tor·ate [dáktərit / dɔ́k-] *n.* 박사호, [박사의]
Dóctor bòok *n.* 가정용 의학서.
Dóctor of Philósophy *n.* 1 박사호[略 Ph. D., D. Phil.]. 2 박사. 3 = doctor's degree.
dóctor's degrèe *n.* 박사호(doctorate).
doc·tor·ship [dáktərʃip / dɔ́k-] *n.* ⓤ 1 박사호(doctorate). 2 《古어》 doctor 임; doctor 의 지위(자격).
dóctor tèst *n.* 휘발유 정제 용해 테스트.
doc·tress [dáktris / dɔ́k-] *n.* 《드물게》 여의사.
doc·tri·naire [dàktrinɛ́ər / dɔ̀k-] *n.* 순 이론가, 공론가(空論家). — *adj.* 비현실적인; 이론(원리)만 고집하는; 공론[가]의.
doc·tri·nair·ism [dàktrinɛ́(:)riəʒm / dɔ̀ktrinɛ́ər-]. *n.* ⓤ 공리공론(空理空論).
doc·tri·nal [dáktrinəl / dɔktrái-, dɔ́ktri-] *adj.* 교리(교의)의, 교의(교리)에 관련한. **~·ly** [-nəli] *adv.*
doc·tri·nar·i·an [dàktrinɛ́(:)riən / dɔ̀ktrinɛ́ər-] *n.* = doctrinaire.
‡**doc·trine** [dáktrin / dɔ́k-] *n.* ⓤⓒ 1 주의, 원리, 학설(theory). ¶ the Monroe *Doctrine* 먼로주의 / the *doctrine* of gravitation 중력(인력)의 원리. 2 교의, 교리. ¶ the Christian (Buddhist) *doctrine* 기독교(불교)의 교의. 3 《古어》 [특히 종교적 지식의] 가르침, 교훈. ◇ dóctrinal *adj.*
doc·tri·nism [dáktrinìz(ə)m / dɔ́k-] *n.* ⓤ 교리 지상주의, 교조주의.
doc·u·dra·ma [dákjudrà:mə, +美 -dræ̀mə / dɔ́k-] *n.* [방송의] 도큐멘터리 드라마.
[<DOCU[MENTARY]+DRAMA]
‡**doc·u·ment** *n.* [dákjumənt / dɔ́k- // →*v.*] 1 문서, 서류; 증서; 법률 서류, 공문서; 기록[서적·편지 따위도 포함], 자료. ¶ an official *document* 공문서 / human *documents* 인간 기록[인간성의 기록이 되는 묘사·기록 따위] / shipping *documents* 선적 서류. 2 증거[가 되는 것] (evidence, proof).
— *vt.* [dákjumènt / dɔ́k-] 1 …에 문서(증거, 필요한 서류)를 첨부하다, 증서(증권)를 교부하다. 2 …을 증거 [서류]로 입증하다. ¶ It's well *documented* with the literature available on this subject. 그것은 이 문제에 관해서 수집할 수 있었던 문헌으로써 충분히 입증된다. ◇ dócumentary *adj.*, documentátion *n.*
doc·u·men·tal [dàkjuméntl / dɔ̀k-] *adj.* = documentary.
doc·u·men·tar·i·an [dàkjumentɛ́(:)riən / dɔ̀kjumentɛ́ər-] *n.* [영화·사진·텔레비전 따위의] 기록적 수법 주창자.
*:**doc·u·men·ta·ry** [dàkjumént(ə)ri / dɔ̀k-] *adj.* 1 문서(서류, 증서)의, 문서(서류)에 의한. ¶ *documentary* evidence (*or* proof) 증거 서류. 2 《속어》 기록(서류) 적 성질의; 서류(기록)로 증명된. 3 [영화·소설 따위] 사실의 기록[주의]의. ¶ a *documentary* film 기록 영화. — *n.* (*pl.* **-ries**) [영화·TV] 도큐멘터리, 기록물. ◇ dócument *n.*
doc·u·men·ta·tion [dàkjumentéiʃ(ə)n / dɔ̀k-] *n.* ⓤ 1 [서류(문서)]에 의한 고증, 방증; 증거, 증서, 문헌, 증서. 2 문서(증거 서류, 증서, 문헌)의 사용. 3 서류(증서)의 교부. 4 정보 관리, 문헌학.
dócumentless óffice *n.* [전자공학] =paperless office.
DOD (略) Department of Defense (미국 국방성).
do·dad [dú:dæ̀d] *n.* = doodad.
dod·der¹ [dádər / dɔ́də] *vi.* [병약·노령으로] 비틀거리다; 흔들리다; 떨리다.

dod·der[2] [dάdər / dɔ́də] n. 새삼속(屬)의 식물.
dod·dered [dάdərd / dɔ́d-] adj. (나무 따위가) 썩어 문드러진; 노쇠한.
dod·der·ing [dάdəriŋ / dɔ́d-] adj. 비틀거리는, (노령 때문에) 휘청거리는; 흔들리는(shaking); 비트적거리는(tottering). [떡먹기.
dod·dle [dάdl / dɔ́dl] n. 《英口語》 수월한 일, 누워서
dodeca- twelve의 뜻의 연결형(* 모음 앞에서는 dodec-을 쓴다). 예: *dodeca*gon.
do·dec·a·gon [doudékəgàn / -gən] n. 〖幾〗 12각형, 12변형(邊形).
do·de·cag·o·nal [dòudikǽgən(ə)l] adj. 12각형의, 12변형의.
do·dec·a·he·dron [dòudekəhí:drən / dóudekǽhéd-] n. (pl. **-drons** or **-dra** [-rə]) 〖幾〗 12면체(面體).
do·dec·a·phon·ic [dòudekəfάnik / dòudekəfɔ́n-] adj. 〖음악〗 12음[기법]의(twelve-tone).
do·dec·a·pho·ny [doudékəfòuni, dòudəkǽfə-/dékəfòu-] n. Ⓤ 12음 음악[기법].
do·dec·a·syl·la·ble [dòudekəsíləbl] n. 〖韻律〗 12음절구(句).
***dodge** [dάdʒ / dɔ́dʒ] v. (**dodged, dodg·ing**) vi. **1** 잽싸게 몸을 비키다(move aside), 휙 몸을 피하다(change position), 급히 몸을 뒤로 빼다. ¶ (~+前+名) *dodge behind* a tree 나무 뒤로 날쌔게 몸을 숨기다 // (~+副) He went *dodging* about. 그는 가볍게 (이리저리) 몸을 피해 가며 나아갔다. **2** 얼버무리다, 발뺌하다. ─ vt. **1** (공격 따위를) 날쌔게 피하다. ¶ *dodge* a blow 교묘하게 타격을 피하다. **2** (곤란 따위를) 피하다, (질문 따위를) 교묘히 받아넘기다, ~을 둘러대어 발뺌하다(evade). ¶ *dodge* pursuit (a question) 추적을 따돌리다 (질문을 잘 넘기다).
── n. **1** 몸을 피함. ¶ make a *dodge* 요리조리 둘러대어 발뺌하다. **2** 《口語》 발뺌, 속임수(의 계략) (shifty trick). ¶ work a *dodge* on ~을 속이다. **3** 《口語》 그럴듯한 수단, 묘안, 교묘한 궁리(고안) (for ...). ¶ a *dodge* for catching rats 그럴듯한 쥐잡기 방법.
on the dodge 《口語》 속임수로, 부정한 수를 써서.
◇ **dódgy** adj.
dódge bàll n. Ⓤ 도지볼〔어린이 공놀이의 일종〕.
dódge chàin n. 강삭(鋼索) 쇠사슬〔쇠사슬 사이에 분리할 수 있는 베어링 블록이 끼워진 것〕.
dodg·em [dάdʒəm / dɔ́dʒəm] n. 소형 자동차를 부딪치며 노는 시설〔유원지 따위에서 볼 수 있다〕. [< dodge 'em].
dodg·er [dάdʒər / dɔ́dʒ-] n. 몸을 피하는 사람, **2** 속임수(발뺌)를 잘하는 사람(tricky fellow). **3** 《美》 작은 삐라(광고). **4** 《美남부》 옥수수빵의 일종(corn dodger).
dodg·y [dάdʒi / dɔ́dʒi] adj. (**dodg·i·er, dodg·i·est**) 교묘하게 몸을 피하는; 둘러대어 발뺌 잘하는; 교활한, 교묘한(tricky).
do-do [dóudou] n. (pl. **-dos** or **-does**) **1** 도도새〔칠면조 정도의 크기 날지 못하는 새, 인도양 Mauritius 섬 등지에 있던 절멸종(絕滅種)〕. **2** 《속어》시대에 뒤떨어진 사람, 케케묵은 사람, 아둔패기.
Do·do·na [dou\dóunə] n. 도도나〔그리스 서북부 Epirus의 고도(古都); Zeus의 신탁소(神託所)가 있던 곳〕.
doe [dou] n. (pl. **does** or **doe**) 〔사슴·영양·염소·토끼 따위의〕 암컷. cf. **buck**.
Doe [dou] n. = John Doe.
DOE 《略》《美》 Department of Energy (에너지부); 《英》 Department of the Environment (환경청).
d.o.e. 《略》 depends (or depending) on experience (경력에 따라 결정 〔모집광고에서 급료 수준을 말할 때 사용〕).
***do·er** [dú:ər] n. 행하는 사람, 행위자(actor, for-

mer), 실행가. ¶ He is a *doer*, not a talker. 그는 말만 하는 사람이 아니고 실행하는 사람이다.
‡**does** [dʌz] vt., vi., auxil. v. do의 3인칭 단수 현재형.
doe·skin [dóuskìn] n. Ⓤ Ⓒ **1** 암사슴의 가죽〔무두질한 가죽〕. **2** (~s) 양가죽의 장갑. **3** 〔암사슴 가죽처럼 보이게 한〕 촘촘하고 매끈매끈한 나사〔천〕, 도스킨.
‡**does·n't** [dʌ́znt] does not의 단축형.
do·est [dú(:)ist] vt., vi. 《古》 do[1]의 2인칭 단수 현재형. * 주어가 thou인 경우에 본동사로만 쓴다.
do·eth [dú(:)iθ] vt., vi. 《古》 do[1]의 3인칭 단수 현재형. * 본동사로만 쓴다.
doff [dɑf, dɔ:f / dɔf] vt. **1** 〔외투 따위를〕 벗다(take off) (opp. **don**[2]); 〔인사로써〕 〔모자〕를 벗다. ¶ *doff* the hat 모자를 벗고 가볍게 인사하다. **2** 〔습관·태도 따위를〕 버리다, 그만두다 (lay aside, throw off). ¶ *doff* one's grand airs 도도하게 굴던 자세를 그만두다. [< do off]
do·fun·ny, doo- [dú:fʌ̀ni] n. 《美속어》 하찮은 장식물, 부속품; 장치, 고안물(doodad, gadget).

‡**dog** [dɔ(:)g / dɔg] n. **1** 개. ¶ an army *dog* 군용견 / a collie *dog* 콜리개 / a watch *dog* 망보는 개 / treat a person like (or worse than) a *dog* 남을 개같이 취급하다 (지독한 대우를 하다) / A living *dog* is better than a dead lion. 산 개가 죽은 사자보다 나음이니라〔←전도서 (Eccl.) 9:4〕 / *Barking dogs seldom bite*. 《속담》 짖는 개는 좀처럼 물지 않는다 / *Every dog has his day*. 《속담》 개똥밭에도 이슬 내릴 날 있다 / *Let sleeping dogs lie*. 《속담》 긁어 부스럼 만들지 마라 / *Love me, love my dog*. 《속담》 나를 사랑하거든 내 개도 사랑하라〔아내가 귀여우면 처가집 말뚝 보고도 절을 한다〕.

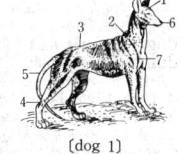

[dog 1]
1 forehead 이마 2 withers 기갑 3 loins 허리 4 hock 비절 5 tail 꼬리 6 muzzle 주둥이 7 brisket 흉부

2 개과(科)의 동물〔늑대·승냥이·여우 따위〕.
3 수캐 (cf. **bitch**); 개과(科) 동물의 수컷.
4 개 비슷한 동물[prairie dog 따위].
5 비열한(시시한) 녀석; 《美속어》 싫은 여자.
6 《口語》《한정 형용사와 함께》 녀석, 사내, 그놈. ¶ a gay *dog* 명랑한 사내 / a dirty *dog* 비열한 녀석.
7 《속어》 보잘것없는 일; 실패, 실수(flop).
8 《口語》 겉치레, 허세, 겉모양; 외관.
9 (~s) 《속어》 발(feet).
10 (the D-) 〔천문〕 〔Orion 가까이에 있는〕 대견좌(大犬座) (Canis Major, Great Dog) 나 소견좌(小犬座) (Canis Minor, Little Dog).
11 〖기상〗 **a)** 환일(幻日) (parhelion). **b)** 안개가 개기 시작할 때 지평선상에 때때로 나타나는 강하게 빛나는 점 (fogdog).
12 〖기계〗 무집게, 쇠갈고리[sling dogs 따위].
13 장작 받침대.
14 《美속어》 핫도그.
15 (the ~s) 《英口語》 그레이하운드의 개 경주.

a dead dog 아무짝에도 못 쓰는 사람(것).
die a dog's death 비참한 죽음을 하다.
dog eat dog 동족상잔(同族相殘), 한패끼리의 싸움.
a dog in the manger 심술쟁이 [개 (Aesop) 이야기 중 여물통에 빠진 개가 소를 괴롭힌 에서서].
the dogs of war 전쟁의 참화.
a dog's age 《美俗》 오랜 세월.
a dog's chance 가냘픈 희망.
give...to the dogs = *throw...to the dogs*.
go to the dogs 《口語》 황폐하다, 파멸하다; 타락하다; 실패하다.
a hair of the dog [*that bit a person*] ⇨ **HAIR**.
help a lame dog over a stile 남의 어려운 처지를 구

하다. [하다.
lead a dog's life 비참한(근심이 그치지 않는) 생활을 하다.
put on the dog 《구어》 고상한 티를 내다, 빼기다, 허세를 부리다.
teach an old dog new tricks 고루한 생각에 굳어버린 사람에게 새로운 것을 가르치다.
throw (or **give**) **… to the dogs** …을 내던지다.
— vt. (**dogged, dog·ging**) **1** …의 뒤를 밟다, 미행하다(follow). ¶ The spy *dogged* his steps. 첩자가 그를 미행했다. **2** 《기계》 …을 쇠갈고리로 걸다, 〔집게 도구가〕 …을 붙잡다.
◇ dóggish, dóggy *adj.* [(baboon)

dóg ápe *n.* 개코원숭이〔아프리카·아라비아산(産)
dóg·bane [dɔ́ːbèin / dɔ́g-] *n.* 개정향풀속(屬)의 식물〔매운 유상액(乳狀液)이 나오는 협죽도과(科)의 다년초; 의약용〕.
dóg (**dóg's**) **bént** *n.* 겨이삭속(屬)의 잡초.
dog·ber·ry [dɔ́ːgbèri / dɔ́g-, -bəri] *n.* (*pl.* **-ries**) **1** 층층나무·마가목 따위의 열매. **2** 그 나무.
Dog·ber·ry [dɔ́ːgbèri / dɔ́g-, -bəri] *n.* Shakespeare의 극 *Much Ado About Nothing* 속의 경찰관〔말의 오용(誤用)으로 유명〕. [용〕 건빵.
dóg bíscuit *n.* **1** 개먹이 비스켓. **2** 《속어》 야전
dog·bolt [dɔ́ːbòult / dɔ́g-] *n.* 도그볼트〔두 개의 기재(機材)를 직각으로 고정시킨다〕.
dog·cart [dɔ́ːkɑ̀ːrt / dɔ́g-] *n.* **1** 한 마리가 끄는 2륜 마차〔등을 맞대고 2차석이 있으며, 좌석은 상자 모양으로 본래는 사냥개를 넣었다〕. **2** 개가 끄는 수레.
dog·catch·er [dɔ́ːkæ̀tʃər / dɔ́g-] *n.* 들개를 포획하는 사람.
dog-cheap [dɔ́ːgtʃíːp / dɔ́g-] *adj., adv.* 《구어》 터무니없이 싼(싸게), 개값인(으로).
dóg clútch *n.* 《기계》 맞물리는 클러치.
dóg dáys *n.* 개목걸이. **2** 〔옥이 넓고 꼭 깎은〕 여자 목걸이. **3** 《속어》 〔목사 따위〕 높고 빳빳한 칼라.
dóg dáys *n. pl.* 복중, 삼복 더위〔Dog Star가 해와 함께 뜨고, 7월 3일부터 8월 11일까지〕.
doge [doudʒ] *n.* 옛날 Venice 공화국·Genoa 공화국의 총독.
dog·ear [dɔ́ːgiər / dɔ́g-], (**dog's-ear**) *n.* 책장 모서리의 접힌 귀. — vt. 〔책장〕의 모서리를 접다.
dog-eared [dɔ́ːgiərd / dɔ́g-], (**dog's-eared**) *adj.* 〔책장의〕 모서리가 접힌.
dog-eat-dog [dɔ́ːgiːtdɔ́ːg / dɔ́giːtdɔ́g] *adj.* 냉혹하여 사리사욕을 추구하는, 아귀다툼하는; 자제력(도의심)을 잃은. — *n.* (= **dóg eat dóg**) 냉혹한 사리사욕 추구, 아귀다툼, 철저하게 이기적인 행동.
doge·ship [dóudʒʃìp] *n.* ⓤ doge의, doge의 지위(신
dog·face [dɔ́ːgfèis / dɔ́g-] *n.* 《美속어》 육군 병사, 〔특히 제 2차 대전 때의〕 보병.
dog·fall [dɔ́ːgfɔ̀ːl / dɔ́g-] *n.* 〔레슬링에서〕 비기는 방향으로 가져 가기, 무승부(draw).
dóg fáncier *n.* **1** 애견가; 개 전문가(감정사). **2** 개장수.
dóg fénnel *n.* 국화과(科)에 속하는 식물의 일종 (mayweed).
dog·fight [dɔ́ːgfàit / dɔ́g-] *n.* **1** 개의 싸움. **2** 〔군대〕 전투기의 공중(접근)전. **3** 혼전, 난투.
— *vi., vt.* (-**fought**, -**fight·ing**) 혼전을 벌이다.
dog·fish [dɔ́ːgfìʃ / dɔ́g-] *n.* (*pl.* **~fish** or **~fish·es**) 작은 상어류〔곱상어 따위〕.
dog·foot [dɔ́ːgfùt / dɔ́g-] *n.* **1** 오리 새 (orchard grass). **2** 《美軍 속어》 보병.
dóg fóx *n.* 수여우.
*dog·ged [dɔ́ːgid / dɔ́gid] *adj.* 고집센, 완고한. ⇒ STUBBORN 類語〕 끈질긴. ¶ *It's dogged* [*that*] *does it.* 《속담》 지성이면 감천이라. **~·ly** *adv.* **~·ness** *n.*
dog·ger[1] [dɔ́ːgər / dɔ́gər] *n.* 〔옛날의〕 쌍돛대의 네덜란드 어선.

dog·ger[2] [dɔ́ːgər / dɔ́gər] *n.* 《濠》 들개(dingo) 사냥꾼.
dog·ger·el [dɔ́ːg(ə)rəl / dɔ́g-], (**dog·grel** [dɔ́ːgrəl / dɔ́g-]) *adj.* 〔시의〕 운율이 고르지 않은; 날림인; 서투른 (poor). — *n.* 운율이 엉망인 엉터리 시.
dog·ger·y [dɔ́ːgəri / dɔ́g-] *n.* (*pl.* -**ger·ies**) ⓤ **1** 개 같은 짓; 비열한 행위. **2** 〔집합적〕 개(dogs). **3** 하층민(rabble). **4** 《ⓒ》 《美속어》 저급한 술집.
dog·gie [dɔ́ːgi / dɔ́g-] *n.* = doggy.
dóggie bàg *n.* = doggy bag.
dog·gi·ness [dɔ́ːginis / dɔ́g-] *n.* ⓤ **1** 개 같음; 개를 좋아함. **2** 개 냄새.
dog·gish [dɔ́ːgiʃ / dɔ́g-] *adj.* **1** 개(같은) (canine). **2** 심술궂은; 무뚝뚝한. **3** 《구어》 사치하게 모양을 내는(showy). **~·ly** *adv.* **~·ness** *n.*
dog·go [dɔ́ːgou / dɔ́g-] *adv.* 《속어》 보이지 않도록, 숨어서 (out of sight). ¶ lie *doggo* 살짝 숨어 있다.
dog·gone [dɔ́ːgɔ́ːn / dɔ́gɔ́n] *interj.* 쳇!, 아차!, 분기랄! 〔노여움·놀라움을 나타낸다〕. — *adj.* 《속어》(= **dog-goned** [dɔ́ːgɔ́ːnd / dɔ́gɔ́nd]) 저주받을, 빌어먹을(damned). — *vt.* 《속어》 (-**goned**, -**gon·ing**) …을 저주하다(damn). 〔God damn의 완곡한 표현〕
dóg gráss *n.* ⓤ 개밀.
dog·gy [dɔ́ːgi / dɔ́gi] *adj.* (-**gi·er**, -**gi·est**) **1** 개의, 개 같은. **2** 개를 좋아하는; 개에 관해 밝은. **3** 《구어》 화려한 (dashing). — *n.* (= **dog·gie**) (*pl.* -**gies**) **1** 강아지 (puppy). **2** 《개의 애칭으로서》 멍멍, 워리. **3** 고관(장성)의 수행원.
dóggy bàg *n.* 〔식당에서 손님에게 주는〕 먹다 남은 음식을 넣는 종이 봉지. 〔 <개에게 갖다 준다는 뜻에서〕
dog·hole [dɔ́ːghòul / dɔ́g-] *n.* **1** 개집. **2** 좁고 누추한 곳. **3** 안전 대책이 나쁜 소규모 탄광.
dog·house [dɔ́ːghàus / dɔ́g-] *n.* (*pl.* -**hous·es** [-hàuziz]) 개집(kennel).
in the doghouse 《속어》 면목을 잃어, 인기를 잃어.
dog·hutch [dɔ́ːghʌ̀tʃ / dɔ́g-] *n.* 개집(= doghole).
do·gie [dóugi], (**do·gy**) *n.* 《美서부》 〔소매 중에〕 어미가 없는 영양 상태가 나쁜 송아지.
dóg íron *n.* 《英중·남부》 〔난로의〕 장작 받침대. **2**
dóg kíller *n.* 미친개 잡는 사람. [매다는 걸쇠.
dóg Látin *n.* 변칙적인 (파격적인) 라틴어.
dog·leg [dɔ́ːglèg / dɔ́g-] *n.* 개의 뒷발처럼 굽은 것.
— *adj.* (= **dog-leg·ged** [-lèg(i)d / -lègd]) 〔계단·선로 등이〕 개의 뒷발처럼 굽은, 구부러진. — *vi.* (-**legged**, -**leg·ging**) 개의 뒷발처럼 굽다.
dóg létter *n.* = dog's letter.
dog·like [dɔ́ːglàik / dɔ́g-] *adj.* 개 같은; 〔개처럼〕 충실한.
dóg lóuse *n.* 개이〔개에 기생하는 이〕.
*dog·ma [dɔ́ːgmə, dɑ́g- / dɔ́g-] *n.* ⓤⓒ (*pl.* -**mas** or -**ma·ta**) **1** 《때로 집합적》 〔교회의〕 교의(教義), 교리, 신조(doctrine). **2** 정설(settled opinion), 학설, 정리, 지론. ¶ a philosophic *dogma* 철학적 정설. **3** 독단론, 독단적인 견해. ◇ **dogmátic** *adj.*, **dógmatize** *v.* 〔< Gk *dogma* opinion〕
dog·man [dɔ́ːgmən / dɔ́g-] *n.* (*pl.* -**men** [-mən]) **1** 개장수, 애견가; 개 연구가; 개집지기. **2** 《濠》 기중기 작업의 현장 감독.
*dog·mat·ic [dɔ́ːgmǽtik, dɑ́g- / dɔ́g-], (**dog·mat·i·cal** [-ik(ə)l]) *adj.* **1** 독단적인, 〔주장 따위〕 뒷받침이 없는. ¶ a *dogmatic* person 자기 주장을 양보하지 않는 사람. **2** 교의〔상〕의, 교리〔신조〕에 관한.
-i·cal·ly [-ikəli] *adv.* **-i·cal·ness** *n.*
◇ dógma, dogmátiness *n.*, dógmatize *v.*
dog·mat·ics [dɔ́ːgmǽtiks, dɑ́g- / dɔ́g-] *n. pl.* 《단수 취급》 교의학(教義學), 〔특히 기독교의〕 교리 신학.
*dog·ma·tism [dɔ́ːgmət(ə)m, dɑ́g- / dɔ́g-] *n.* 독단성, 독단적인 주장(태도); 교조(教條) 주의.
dog·ma·tist [dɔ́ːgmətist, dɑ́g- / dɔ́g-] *n.* **1** 독단론자. **2** 교의학자.
dog·ma·ti·za·tion [dɔ́ːgmətizéiʃən, dɑ́g- / dɔ́gmətai-]

dog·ma·tize [dɔ́:gmətàiz, dɑ́g-/dɔ́g-] (*《英》에서는 **dog·ma·tise** 로도 쓴다》 v. (**-tized, -tiz·ing**) vi. 독단적으로 주장하다(말하다, 쓰다). —— vt. …을 독단적으로 말하다(주장하다); …의 교리를 확립하다.

dog·ma·tiz·er [dɔ́:gmətàizər, dɑ́g-/dɔ́g-] n. **1** 독단론자. **2** 교의학자.

dog·nap [dɔ́:gnæp/dɔ́g-] vt. (**-naped** or **-napped, -nap·ing** or **-nap·ping**) 《美속어》[의학 연구실 따위에 팔기 위해] (개를) 훔치다. —— n. 풋잠, 구벅구벅 졸기.

do-good [dúːgùd], **-good·ing** [-gùdiŋ] adj. 공상적 사회 개량을 지향하는.

do-good·er [dúːgúdər] n. 《구어》《경멸적》 공상적 사회 개량론자.

do-good·ism [dúːgùdiz(ə)m] n. Ⓤ《구어》《경멸적》 공상적 개량주의, 공연한 참견.

dóg páddle n. (the ~) 개헤엄.

dog-poor [dɔ́:gpùər/dɔ́g-] adj. 몹시 가난한.

dóg róse n. 찔레[들장미의 일종].

dóg's áge n. (a ~) 《구어》 오랫 동안. cf. donkey's years

dóg sálmon n. [가장 흔한] 연어.

dogs-and-cats [dɔ́:gzəndkǽts/dɔ́gz-] n. pl. 〔유럽산(産)〕 클로버의 일종(rabbitfoot clover).

dóg's bént n. = dog bent.

dóg's bód·y [dɔ́:gzbɑ̀di/dɔ́gzbɔ̀di] n. 《해군 속어》 송사리, 말단 사람; 힘드는 일을 하는 부서. [ner].

dóg's bréakfast n. 《구어》 엉망진창(dog's dinner). **dóg's chánce** n. 〈부정〉 으로) 아주 희박한 가망성. ¶ not have (stand) a dog's chance 가망이 거의 없다.

dóg's dínner n. 《구어》 **1** 먹다 남은 밥(음식), 음식찌꺼기. **2** 엉망진창(mess). ¶ like a dog's dinner 화려하게, 훌륭하게. ¶ be dressed like a dog's dinner 화려하게 차려 입고 있다.

dóg's-ear [dɔ́:gzìər/dɔ́gz-] n., vt. = dog-ear.

dóg's-eared [dɔ́:gzìərd/dɔ́gz-] adj. = dog-eared.

dóg's gráss n. = dog grass.

dog·shore [dɔ́:gʃɔ̀:r/dɔ́gʃɔ̀:-] n. 〔造船〕 버팀 기둥 [진수할 때까지 배가 미끄러지지 않도록 떠받치는 받침목].

dog-sick [dɔ́:gsík/dɔ́g-] adj. 〔병이 나서〕 몹시 언짢은(very sick).

dog-skin [dɔ́:gskìn/dɔ́g-] n. Ⓤ Ⓒ 개가죽; 무두질한 [개가죽].

dóg sléd(slédge) n. 개썰매.

dóg sléep n. Ⓤ Ⓒ 선잠; 꾀잠.

dóg's létter n. 〔전음(顫音)〕을 나타내는〕 r 자〔r를 말하서 내는 r의 발음이 개의 으르렁거리는 소리와 비슷하기 때문에〕.

dóg's lífe n. 비참한(따분한) 생활. ¶ lead a dog's life 비참한 생활을 하다.

dóg's méat n. Ⓤ **1** 개에게 먹이는 말고기, 부스러기 고기. **2** 맛없는 음식.

dóg's nóse n. Ⓤ 맥주와 진의 혼합주.

dóg sóldier n. 고참병; 산전 수전 다 겪은 사람.

dóg's-tail [dɔ́:gztèil/dɔ́gz-] n. (= **dógs-tàil gráss**) 빗살풀(屬)의 초본.

Dóg Stár n. (the ~) **1** Sirius 성 〔대견좌(大犬座)(Canis Major)의 1등성〕. **2** Procyon 성〔소견좌(小犬座)(Canis Minor)의 1등성〕.

dóg's-tongue [dɔ́:gztʌ̀ŋ/dɔ́gz-] n. = hound's-tongue.

dóg tág n. **1** 〔개의 목에 거는〕 개패. **2** 〈군대 속어〉인식표.

dog·tail [dɔ́:gtèil/dɔ́g-] n. (= **dógtàil tròwel**) 주형(鑄型) 제조공의 작은 인두〔보통 심장형으로 손잡이가 구부러진 것〕.

dóg tíck n. 개진드기.

dog-tired [dɔ́:gtáiərd/dɔ́g-] adj. 《구어》 기진맥진[한].

dog·tooth [dɔ́:gtùːθ/dɔ́g-] n. (pl. **-teeth** [-tìːθ]) **1** 송곳니(canine tooth). **2** 〔건축〕 송곳니 장식.

dógtòoth víolet n. 얼레지속(屬)의 식물. cf. sweet violet

dóg tóur n. 〔연극〕 지방 순회 공연.

dog-trot [dɔ́:gtrɑ̀t/dɔ́gtrɔ̀t] n. **1** 〔개가 뛰듯 하는 말의〕 종종 걸음. **2** 《美》 지붕이 있는 통로.

dóg víolet n. 〔식물〕 〔향기가 없는〕 들〔야생〕제비꽃.

dóg wálker n. 개를 산책시키는 사람.

dog-watch [dɔ́:gwɑ̀tʃ/dɔ́gwɔ̀tʃ] n. 〔항해〕 절반(折半) 당직〔두 시간 교대의 당직; 오후 4–6시, 6–8시〕.

dog-wea·ry [dɔ́:gwì(ː)ri/dɔ́gwìəri] adj. 몹시 지친(very weary).

dóg whístle n. 개를 부르는 호각.

dog·wood [dɔ́:gwùd/dɔ́g-] n. 산딸나무류의 나무; 그 [목재].

do·gy [dóugi] n. (pl. **-gies**) = dogie.

doi·ly [dɔ́ili] n. (pl. **-lies**) **1** 《고어》 장식이 달린 작은 냅킨. **2** 도일리〔식탁의 꽃병 따위의 밑에 까는 레이스 장식이 있는 깔개〕. 〔< 창시자인 17세기 영국 London의 포목상의 이름〕

*do·ing [dúːiŋ] n. Ⓤ **1** 하기, 행하기(action); 실행, 수행(performance). ¶ From saying to doing is a long step. 《속담》말하기는 쉬우나 행하기는 어렵다. **2** (~s) 행동(deeds), 행위; 행실(behavior); 활동, 활약(activities). ¶ The just reward of one's doings 평소의 행실에 대한 정당한 보답. **3** (~s) 《美구어》 음식(food). **4** (the ~s) 〔당장〕 필요한 것.

doit [dɔit] n. **1** 옛날 네덜란드의 작은 동전; 극히 적은 금액. **2** 조금(bit). [망한.

doit·ed [dɔ́itid] adj. 《스코》〔노인이 되어〕 멍청한, 노

do-it-your·self [dùːitjuərsélf, -itjɔ:r/-itjɔ:-] adj. 손수 하는. ¶ The English are do-it-yourself people. 영국인은 손수 물건 만들기를 좋아하는 국민이다. —— n. Ⓤ 〔수리 따위를 남에게 부탁하지 않고〕 손수 하기.

do-it-your·self·er [dùːitjuərsélfər, -itjɔ:r/-itjɔ:-] n. 〔집안의 목수일 따위를 쉬는 날에〕 손수 하는 사람.

do-it-your·self·ism [dùːitjuərsélfiz(ə)m, -itjɔ:r/-itjɔ:-] n. Ⓤ 〔수리 따위를 남에게 부탁하지 않고 본인이 직접 하는〕 자체 해결주의; 손수 하기.

dol. (略) dolce; dollar.

Dol·by [dɔ́(ː)lbi, dóul-] n. 《상표명》 돌비 방식(녹음의). ¶ the Dolby sound 돌비 사운드, 돌비방식에 의한 재생음. —— n. 《구어》 = Dolby System.

Dol·by·ized [dɔ́(ː)lbiàizd, dóul-] adj. 돌비 방식의(으로 녹음한).

Dólby Sýstem n. 《상표명》 돌비방식〔테이프레코더로 재생할 때 높은 주파수의 잡음 요소를 되도록 줄이는 방식〕.

dol·ce [dóultʃei, dóltʃi] adj. 〔음악〕 감미로운(sweet), 부드러운(soft). 〔<It〕

dól·ce fár nién·te [dóultʃei fɑ:r niénti/dɔ́ltʃi-] n. 〔이탈리아〕(=sweet to do nothing) 하는 일 없이 지내는 즐거움, 안일.

dól·ce ví·ta [dóultʃei víːtə] n. 〔이탈리아〕(=sweet life) 방종과 안일에 빠진 달콤한 생활.

dol·drums [dáldrəmz, dóul-/dɔ́l-] n. pl. **1** 침체(기), 정체(기); 우울, 침울. **2** (the ~) 〔적도 부근의〕 무풍대(無風帶); 무풍 수역의 날씨, 무풍 상태. ¶ be in the doldrums ① 〔배가〕 무풍대에 있다, 무풍 상태에서 멈추어 있다. ② 침울해 있다.

*dole[1] [doul] n. **1** 시주, 보시(布施); 의연품(義捐品). **2** (the ~) 《英구어》 실업 수당. ¶ be (go) on the dole 실업 수당을 받고 있다(가다). **3** 얼마 안 되는 양, 소량의 자선. **4** 〔고어〕 운명(fate). ¶ Happy man be his dole ! 그에게 행복이 있기를 ! 〔← Shakespeare 작 Henry IV〕. —— vt. (**doled, dol·ing**) **1** …을 나누어 주다, 베풀다. **2** …을 인색하게 (조금씩) 나누어 주다(~ out). ¶ (~ + 目 + 副) The small meal was doled out to the hungry crew. 얼마 안 되는 식사가 배고픈 승무

dole² [doul] n. (U)(고어) 슬픔, 비탄(grief).

dole-draw·er [dóuldrɔ̀:ər] n. 실업 수당을 받는 사람.

***dole·ful** [dóulfəl] adj. (-ful·er, -ful·est) 슬픔에 잠긴; 음울한. **~·ly** adv. **~·ness** n. ◇ dole² n.

dol·er·ite [dálərait / dɔ́l-] n. (U)(광물) 조립(粗粒)현무암; 휘록암(輝綠岩).

dol·er·it·ic [dàlərítik / dɔ̀l-] adj. 조립 현무암의 (같은); 휘록암의 (같은).

doles·man [dóulzmən] n. (pl. **-men** [-mən]) 보시 받는 사람.

dole·some [dóulsəm] adj. (문어) =doleful.

dol·i·cho·ce·phal·ic [dàlikousefǽlik / dɔ̀l-] adj. 장두(長頭)의.

do·li·ne [dəlí:nə], (**do·li·na**) n. (지질) 돌리네(석회암 지대의 땅의 옴폭 팬 곳).

dol·lit·tle [dú:lìtl] n. 게으름쟁이, 놈팡이(idler).

doll [dal, dɔ:l / dɔl] n. **1** (장난감) 인형. 인형 놀이를 하다. **2** 아름다우나 어리석은 여자. ¶ a doll's face 아름답지만 표정이 없는 얼굴. **3** 귀여운 아이. **4** (속어) (특히 매력적인) 젊은 여자(아가씨); 호감이 가는 사람. ── vt. (속어) …을 화려하게 차려 입다 (...up). ── vi. (속어) 잘똑 치장하다(up). ◇ **dóllish** adj.

‡**dol·lar** [dálər / dɔ́lə] n. 달러(미국의 화폐 단위; 100센트(cent), 기호 $, $); 달러화, 달러 지폐. **2** 달러(캐나다·오스트레일리아·에티오피아·말레이시아·홍콩 등의 화폐 단위). **3** (英속어) 5실링 은화 ◇ ALMIGHTY. **the almighty dollar** ◇ ALMIGHTY. *(crown).* **as sound as a dollar** (美) 아주 건전한(quite sound). **bet** *one's* **bottom dollar** (美속어) ① 가진 돈(전재산)을 몽땅 걸다. ② …을 믿어 의심치 않다, 확신하다. **dollars to doughnuts** (or **buttons**) 거의 확실한. **earn an honest dollar** 정직하게 벌다. **feel (look) like a million dollars** (美속어) 몸의 상태가 매우 좋다(좋은 듯하다). **in dollars and cents** (美) 돈으로 쳐서.

dóllar àrea n. (경제) 달러(유통) 지역.

dóllar diplòmacy n. (U) 달러 외교.

dol·lar·fish [dálərfìʃ / dɔ́l-] n. (pl. **-fish** or **-fish·es**) 샛돔과(科)의 비늘이 진득진득한 물고기(butterfish).

dóllar gàp (shòrtage) n. (경제) 달러 부족(결핍).

dol·lars-and-cents [dálərzən(d)sénts / dɔ́l-] adj. 금전만을 고려한. ¶ a dollars-and-cents question 돈 문제.

dóllar sìgn n. 달러 기호 ($ 또는 $).

dol·lar·watch·er [dálərwɑ̀tʃər,-wɔ̀:tʃ-/dɔ́ləwɔ̀tʃ-] n. 절약가, 절약주의자.

dol·lar·wise [dáləwàiz / dɔ́l-] adv. 달러로 따져, 달러로 환산하여. **2** 재정적으로(보아서); 금전적으로.

dóll bàby n. **1** 장난감 인형. **2** 아름다우나 어리석은 여자.

dóll càrriage(bùggy) n. 인형의 탈것.

dóll·house [dálhàus, dɔ́:l- / dɔ́l-], (英) **dóll's hòuse** n. (pl. **-hous·es** [-hàuziz]) 인형의 집, 작은 집.

doll·ish [dáliʃ, dɔ́:l- / dɔ́l-] adj. 인형 같은; 아름답지만 비어있는.

dol·lop [dáləp / dɔ́l-] n. (구어) (페인트·버터 따위의 말랑말랑한) 덩어리(lump); (美속어) 소량.

***doll·y** [dáli, dɔ́:li / dɔ́li] n. (pl. **doll·ies**) **1** (어린이 말) 인형, 각시님. **2** 작은 손수레; (철도 부설 공사 따위에 쓰는) 소형 기관차. **3** 이음 말뚝. **4** (英) 휘젓는 빨랫방이. **5** (영화·TV) 이동식 카메라대(臺). **6** (D-) 복돌이(半) 돌리(1997년 영국에서 성공). ── v. (**doll·ied**, **doll·y·ing**) vt. (카메라) 이동대로 옮기다. ── vi. 이동식 카메라를 앞뒤로 이동하다.
── adj. 매력적인, 맵시있는.

dólly bìrd n. (英속어) 매력적인 젊은 여성.

dólly shòt n. (영화·TV 의) 이동식 카메라에 의한 촬영.

Doll·y Var·den [dáli vɑ́:rdn] n. **1** 돌리 바든(꽃무늬가 있는 사라사의 겉 스커트와 꽃 장식이 달린 모자 따위로 된 여성 복장). **2** 꽃 장식이 달린 챙이 넓은 여성 모자. **3** 곤들매기. [<Dickens작 *Barnaby Rudge* (1841)에 나오는 아름다운 아가씨의 이름]

dol·man [dálmən / dɔ́l-] n. (pl. **-mans**) **1** (케이프식 소매가 달린) 여성용 망토. **2** (터키인의) 긴 외투. **3** 경기병용의 짧은 상의.

dólman sléeve n. 돌먼 소매(어깻 죽지는 넓고, 통이 팔꿈치로 가면서 차차 좁아지는 여성복 소매).

dol·men [dálmən, dóulmen / dɔ́lmen]. (考古) 고인돌, 돌멘(선사 시대의 무덤). [(운석(白堊石)].

Do·lo·mite [dáləmàit, dóulə- / dɔ́l-] n. (U)(광물) 백운석질의.

dol·o·mit·ic [dàləmítik / dɔ̀l-] adj. 백운석질의.

do·lor, (英) -lour [dóulər] n. (U)(詩) 슬픔, 비탄 (grief). [(學), 동통학(疼痛學)].

do·lo·rol·o·gy [dòuləráləʤi / dɔ̀lərɔ́l-] n. 통각학(痛覺

do·lor·ous [dálərəs, dóulə- / dɔ́l-] adj. (시·아어) 슬픔, 슬픔에 가득 찬; 괴로운. **~·ly** adv. **~·ness** n.

***dol·phin** [dálfin / dɔ́l-] n. **1** 돌고래. **2** 줄만내기. **3** (항해) 계선주(繋船柱), 계선 부표, 계선 말뚝. **4** (D-) (천문) 돌고래자리. [<L<Gk]

dol·phi·nar·i·um [dàlfináriəm / dɔ̀lfinɛ́əriəm] n. 돌고래 수족관, 돌고래 쇼 관람장.

dólphin stríker n. (항해) 돌핀 스트라이커(배의 이물에 장착한 창 모양의 둥근 재목).

dolt [doult] n. 얼간이, 바보(blockhead).

dolt·ish [dóultiʃ] adj. 얼빠진, 멍청한.
~·ly adv. **~·ness** n.

dom [dam / dɔm] n. (때로 D-) **1** (교회) (베네딕트회 따위의) 수도 사제의 존칭. **2** 경(卿)(포르투갈·브라질에서의 귀인의 존칭). [<Port<L]

DOM¹ [dam / dɔm] n. LSD 비슷한 환각제(STP). [<Dimethoxy+methyl]

DOM² (略) (자동차 국적 표시로) Dominican Republic.

-dom *suf*. 「세력 범위·계급·신분·상태·[…의]전체」따위의 뜻의 명사 어미. 예: Christen*dom*, king*dom*, free*dom*, official*dom*.

dom. domestic; dominion.

***do·main** [do(u)méin] n. **1** 영토, 영지(territory, dominion)(개인의) 소유지, 토지. **2** (법률) (토지의 절대적) 소유권. ¶ a public *domain* 공유지. **3** (학문·예술·사상 따위의) 영역, 범위, …계. ¶ in the *domain* of English literature 영문학계에 있어서 / be out of one's *domain* 전문 밖이다. **4** (수학) 변역(變域), 영역(물리) 자구(磁區)(자극계(磁極界)의 한 영역). **5** (컴퓨터) 도메인. ◇ **domáinal** adj. [<F<L] **be out of** *one's* **domain** 전문(분야) 밖이다, 전문 분야가 다르다.

in the domain of …분야(세(界))에서.

in the public domain (저작권·특허권이) 권리 소멸된.

domáin àddress n. (컴퓨터) 도메인 주소[E 메일 교환시 기호로 구성된 주소].

domáin nàme [컴퓨터] 도메인명(이름)[인터넷 주소에서 www나 E메일 주소의 @ 다음에 나오는 호스트(시스템) 소속 기관명].

do·ma·ni·al [do(u)méiniəl] adj. 영토상의; 소유지의.

‡**dome** [doum] n. **1** 둥근 지붕, 둥근 천장. **2** 둥근 천장 같은 것, 하늘; (언덕 따위의) 둥근 꼭대기, 돔형의 산정. **3** (詩) 웅장한 건물, 가람(伽藍). **4** (속어) 머리(head). **5** (객차의) 유리를 댄 둥근 천장. **6** 둥근 모양의 기관실; (結晶) 비면(庇面). ── v. (**domed, dom·ing**) vt. …에 둥근 지붕을 올리다, …을 둥근 지붕 모양으로 만들다. ── vi. 둥근 모양으로 되다(부풀다, 솟아오른다). ◇ **dómy** adj.

[dome 1]
1 lantern 정탑
2 dome 돔
3 drum 드럼

dóme càr n. (돔식 지붕이 있는 철도의) 전망차, 돔카.

domed [doumd] *adj.* **1** 둥근 지붕(천장)의 (이 있는). **2** 돔 모양의.

dóme líght *n.* [자동차의] 차내등, 룸 라이트.

Dómes·day Bóok [dúːmzdèi-] *n.* 〖英역사〗 [William 1세가 1086년에 만들게 한 England 전역의] 토지 조사 대장.

‡**do·mes·tic** [do(u)méstik] *adj.* **1** 가정[내]의; 가사 [상]의(household). ¶ *domestic* industry 가내공업 / *domestic* troubles 집안의 말썽. **2** 가사에 열심인, 살림꾼인; 나돌기 싫어하는. ¶ a *domestic* woman 가정적인 여자. **3** [동물의] 집에서 기르는, 길든(domesticated, tame). *opp.* wild ¶ *domestic* animals 가축. **4** 자국의, 국내의; [타국과 구별하여] 어떤 특정한 나라의. *opp.* foreign ¶ *domestic* and foreign policies 내외 정책 / *domestic* mail 국내 우편 / a *domestic* market 국내 시장 / *domestic* postage 국내 우편료. **5** 국산의; 자기 집에서 만든(homemade). ¶ *domestic* goods (*or* products) 국산품. — *n.* **1** 하인, 하녀, 종. **2** (~s) 국산품. **-ti·cal·ly** [-tikəli] *adv.*
◇ domestícity *n.*, domésticate *v.*

do·mes·ti·ca·ble [do(u)méstikəbl] *adj.* 길들이기 쉬운; 가정에 정들기 쉬운.

*****do·mes·ti·cate** [do(u)méstikèit] *v.* (-cat·ed, -cat·ing) *vt.* **1** [동물을] 길들이다(tame). ¶ *domesticated* animals 가축. **2** [사람을] 가정에 정들게 하다, 가정적으로 하다. **3** [이주민·식물 따위를] 풍토에 익숙하게 하다; …을 [가정·국가에] 받아들이다. **4** [야만인 등을] 교화(敎化)하다. — *vi.* 가정에 익숙해지다. ◇ doméstic *adj.*, domesticátion *n.*

do·mes·ti·ca·tion [do(u)mèstikéiʃən] *n.* Ⓤ **1** 길들이기; 정듦, 익숙해지기. **2** [야만인 등의] 교화.

doméstic demánd *n.* 〖경제〗 내수(內需).

doméstic ecónomy *n.* 가정(家政), 가정 관리.

doméstic fówl *n.* 가금(家禽)(poultry), [특히] 닭.

do·mes·tic·i·ty [dòumestísiti] *n.* Ⓤ Ⓒ (*pl.* **-ties**) **1** 가정 생활. **2** 가정적임, 가정적인 성격, 나돌기를 싫어함. **3** (-ties) 가사(household affairs).

doméstic reláttions cóurt *n.* 가정 법원.

doméstic scíence *n.* Ⓤ 가정학(家政學).

doméstic sýstem *n.* 가내 공업 제도. *cf.* factory system

dom·ey [dóumi] *adj.* =domy.

dom·ic [dóumik], **-i·cal** [-ik(ə)l] *adj.* **1** 둥근 지붕식(모양)의. **2** 둥근 지붕(천장)이 있는.

dom·i·cile [dámisàil, -sil, +美 dóum-] *n.* **1** 주소; 거처. **2** 〖법률〗 주소. ¶ one's permanent *domicile* 원적지, 본적지. **3** 〖상업〗 어음 지불 장소. — *vt.* (-ciled, -cil·ing) **1** …의 주소를 정하다, …을 정주시키다.

dom·i·ciled [dámisàild, -sild, +美 dóum-] *adj.* **1** 주하는(at, in …). **2** 〖상업〗 [어음 따위] 지불 장소가 지정된.

dom·i·cil·i·ar·y [dàmisílìəri / dòmisíljəri] *adj.* 주거(주소)의. ¶ a *domiciliary* visit 〖법률〗 가택 수색.

dom·i·cil·i·ate [dàmisílièit, dòum- / dòm-] *v.* (-at·ed, -at·ing) *vt.* …의 주소를 정하다, …을 정주시키다(domicile). — *vi.* 주소를 정하다, 정주하다(reside). 〔주.〕

dom·i·cil·i·a·tion [dàmisìliéiʃ(ə)n / dòm-] *n.* Ⓤ 정주.

dom·i·nance [dámənəns / dóm-], **-nan·cy** [-nənsi] *n.* Ⓤ **1** 지배, 권세; 우세, 탁월(성). **2** 〖유전〗 우성(優性).

*****dom·i·nant** [dámənənt / dóm-] *adj.* **1** 지배하는(ruling), 우세한, 유력한. ¶ the *dominant* party 제1당. 〖類語〗 **dominant** 영향력·중요성이 가장 큰: the *dominant* races of China 중국의 유력한 인종. **predominant** dominant 보다 더 강조적이며 다른 모든 것에 비배적인 우세·영향력을 가지는: the *predominant* race of China 중국에서 가장 우세한 인종. **paramount** 지위·순서·중요성 따위가 제 1 위의: of *paramount* importance 가장 중요한. **preeminent** 빼어나게 우수한. **2** [위치가] 우뚝 솟은, [다른 것보다 뛰어나게] 높은. ¶ *dominant* peaks 최고봉. **3** 주요한(main). **4** 〖유전〗 우성의. *opp.* recessive ¶ a *dominant* character 우성 형질(形質). **5** 〖음악〗 [음계 가운데] 제 5 음의, 속음 (屬音)의.
— *n.* **1** 우세(주요)한 것. **2** 〖유전〗 우성 유전성; 우성 형질. **3** 〖생물〗 우점종(優占種) [생물 군집 전체의 성격을 결정 짓고, 그 군집의 대표가 되는 종류]. **4** 〖음악〗 [음계의] 제 5 음, 속음. **~·ly** *adv.*
◇ dóminate *v.*, dóminance, dóminancy *n.*

*****dom·i·nate** [dámənèit / dóm-] *v.* (-nat·ed, -nat·ing) *vt.* **1** …을 지배하다(govern, rule over), …을 좌우하다. **2** [격정 따위가] [마음]을 꽉 채우다, 빼앗다; [격정 따위를] 억누르다(restrain). ¶ *dominate* one's passions 격정을 억누르다 / Two rival passions *dominated* his mind. 그의 마음 속에서는 두 가지 격한 감정이 싸우고 있었다. **3** …의 위로 우뚝 솟다(tower over), …을 내려다보다; 위압하다. ¶ The lighthouse *dominates* the sea for several miles. 그 등대는 해상 수 마일을 내려다보는 위치에 있다. **4** …보다 우세하다(predominate). — *vi.* **1** 지배하다, 위압하다; 우세하다, 우위를 차지하다(over …). ¶ (~+前+图) those who *dominate over* the world today 오늘의 세계를 지배하는 사람들. **2** 우뚝 솟다, 현저하다; 탁월하다(over …). ◇ dóminant *adj.*, dominátion, dómination, dóminancy *n.*

*****dom·i·na·tion** [dàmənéiʃ(ə)n / dòm-] *n.* Ⓤ 지배, 통치(rule); 탁월; 우세(ascendancy). ¶ be under the *domination* of …의 지배하에 있다. **2** (~s) 〖신학〗 주 (主) 천사[천사의 제 4 계급]. ⇨ ANGEL 〖참고〗
◇ dóminate *v.*

dom·i·na·tive [dámənèitiv / dóm-] *adj.* 지배하는.

dom·i·na·tor [dámənèitər / dóm-] *n.* 지배자.

dom·i·neer [dàməníər / dòm-] *vi.* 권세를 부리다, 뻐기다(tyrannize); 우뚝 솟다(*over* …). — *vt.* …에게 뽐내다; …을 내려다보다.

dom·i·neer·ing [dàməní(ː)riŋ / dòməníər-] *adj.* 횡포한; 거만한(arrogant). **~·ly** *adv.* **~·ness** *n.*

Dom·i·ni·ca [dàməníːkə, dəmíːnikə / dòminíːkə] *n.* 도미니카섬[서인도 제도 중의 하나].

do·min·i·cal [dəmínik(ə)l] *adj.* **1** 주이신 그리스도의(Lord's). ¶ the *dominical* day 주일, 일요일 / the *dominical* year 그리스도 기원, 서기. **2** 주일의, 일요일의.

domínical létter *n.* 주일 문자[교회 만년력에서 주일(일요일)을 표시하는 A∼G 문자].

Do·min·i·can [dəmínikən] *adj.* **1** 도미니크회의 창설자인 스페인의 수도사 St. Dominic 의, 도미니크회의. **2** 도미니카 공화국의. — *n.* **1** 도미니크회의 수도사(black friar). **2** 도미니카 공화국 사람.

Domínican Repúblic *n.* (the ~) 도미니카 공화국[서인도 제도 Hispaniola 섬의 동부를 차지하는 공화국; 수도 Santo Domingo].

Dom·i·nie [dámini ~2 / dɔ́m-] *n.* **1** 〖스코〗 교사 (schoolmaster). **2** [+美 dóum-] 〖네덜란드 개혁파 교회의〗 목사. **3** 〖美방언〗 〖일반적으로〗 목사(pastor).

*****do·min·ion** [dəmínjən] *n.* **1** 주권, 통치권, 지배권; 〖법률〗 소유권, 영유권(*over* …). ¶ exercise (*or* hold, have) *dominion over* …을 지배하다. **2** Ⓤ Ⓒ 통치, 지배(rule). ¶ be under the *dominion* of …의 지배하에 있다. **3** (종종 ~s) 영지, 영토(territory). ¶ the *dominions* of a king 왕의 영지 / the Old *Dominion* 〖美〗 Virginia 주의 통칭. **4** 자치령 (the D-) 〖영국방의〗 자치령. ¶ the *Dominion* [of Canada] 캐나다 자치령. **5** (~s) 〖신학〗 주천사(主天使) (dominations) [천사의 제 4 계급]. ⇨ ANGEL 〖참고〗

Domínion Dày n. 캐나다 자치[령 성립] 기념일 [1867년 7월 1일의 자치령 성립을 기념하는 캐나다의 공휴일]. [한 품종.
Dom·i·nique [dɑ̀miníːk / dɔ̀m-] n. 미국산(産) 닭의
***dom·i·no¹** [dɑ́minòu / dɔ́m-] n. (pl. **-nos** or **-noes**) 도미노 가면[얼굴의 위쪽 반을 가린다] (half mask); 가면 무도회에서 쓰는 작은 가면과 두건이 달린 겉옷; 그 의상(가면)을 한 사람. [<Sp]
dom·i·no² [dɑ́minòu / dɔ́m-] n. (pl. **-noes**) 1 (~es)[단수 취급] 도미노 놀이. ¶ *Dominoes is amusing*. 도미노 놀이는 재미있다. **2** 도미노 놀이의 패. **3** 《속어》마지막 행위(순간). **4** (~es)《미속어》각사탕.
it's domino with 《속어》…은 이제 끝장이다, 이제 다 틀렸다.
dómino efféct n. 도미노 효과[한 가지 일이 발생하면 똑같은 일이 연쇄적으로 일어나는 누적적 효과].
dómino théory n. 도미노 이론[한 나라가 공산화되면 연속적으로 그 이웃 나라도 공산화된다는 설].
Dom·sat [dɑ́(u)msæ̀t] n. (때로 d-) [로켓] 국내 통신[용] 인공 위성. [<DOM[ESTIC]+SAT[ELLITE]]
dom·y, dom·ey [dóumi] adj. 둥근 지붕의; 둥근 지붕 모양의.
don¹ [dɑn / dɔn] n. **1** (D-)…님[영어의 Mr., Sir 에 해당하는 스페인의 경칭으로서 세례명 앞에 붙인다]. **2** (보통 ~s) 스페인 귀족; 스페인 신사; [일반적으로] 스페인 사람, **3** 거물, 큰 인물. **4** 《구어》 [영국의 대학, 특히 Oxford, Cambridge 두 대학의 college의] 학감(學監), 지도 교수(tutor), 특별 연구원(fellow). **5** 《구어》명인, 명수(adept) (at...). [<Sp]
don² [dɑn / dɔn] vt. (**donned, don·ning**) …을 입다, 쓰다(put on). opp. doff [<DO¹+ON]
Don [dɑn / dɔn] n. 돈강(the ~) [소련의 중앙부에서 비롯되어 Azov해로 흘러드는 강].
do·na [dóunə] n. **1** 포르투갈의 [귀] 부인. **2** (D-) 영어의 Madame 에 해당하는 포르투갈의 경칭.
do·ña [dóunjə / -njə] n. **1** 스페인의 [귀] 부인. **2** (D-) 영어의 Madam 에 해당하는 스페인의 경칭. [<Sp mistress]
do·na, -nah [dóunə] n. 《영속어》 여자; 애인; 정부.
Dónald Dúck n. 도널드 덕 [Walt Disney의 만화 영화에 나오는 오리].
do·nate [dóuneit, do(u)néit / do(u)néit] v. (**-nat-ed, -nat·ing**) vt. 《주로 美》 **1** 자선 단체 따위에] 기부(기증)하다, 기부하다(contribute). — vi. 기부(기증)하다.
***do·na·tion** [do(u)néi∫(ə)n] n. **1** Ⓤ 기증, 기부. ¶ *make a donation of* …을 기증(기부)하다. **2** 기증품, 기부금. [<PRESENT 類語]
◇ donate v., dónative adj., n.
don·a·tive [dóunətiv, +美 dánə-] n. 기증품, 기부금. — adj. 기증의, 기부의.
do·na·tor [dóuneitər, do(u)néi- / do(u)néi-] n. 기증자, 기부자.
do·na·to·ry [dóunətɔ̀ːri, dán- / dóunətəri, dɑ́n-] n. (pl. **-ries**) [스코 법률] [기증·기부의] 수령자(donee).
Dón Cóssack n. 소련의 Don강 중·하류 지방에 사는 동부계 코삭 사람.
‡done [dʌn] v. do¹의 과거 분사. — adj. **1** 완료된, 끝난(finished). **2** 익은, 구워진, 삶아진. ✽종종 복합어의 일부로서 쓰인다. cf. overdone, underdone, well-done **3** 《구어》 지쳐 빠진; 당진한. **4** 《구어》 습관(유행·예절 따위)에 맞는; 고상한. **5** 《구어》 속은. **6** 실패(패배)한; 죽은.
be done brown ⇨ BROWN.
be done for 《구어》 ① 몹시 지쳐 있다. ② 탕진된 상태이다, 파멸해 있다, 끝이 나다. ③ 죽어 있다.

죽어가다. cf. do for
be done in 《속어》 지쳐 있다. cf. do in
be done up 《구어》 지쳐 있다. cf. do up
do·nee [do(u)níː] n. 기증을 받는 사람, 기부를 받는 사람, 기부받는 사람. cf. donor
done·ness [dʌ́nnis] n. Ⓤ 음식이 알맞게 요리된 상태; [요리의] 만듦새, 조리도(調理度).
dong¹ [dɔ(ː)ŋ / dɔŋ] n. 댕[큰 종이 울리는 소리].
dong² [dɔ(ː)ŋ / dɔŋ] n. 《卑語》 **1** 음경(penis). **2** 똥.
don·ga [dɑ́ŋgə, dɔ́ːŋ- / dɔ́ŋ-] n. [남아프리카 초원 지대의] 협곡. [(성(姓)의] 내
don·jon [dʌ́ndʒən, dɑ́n- / dɔ́n-, dʌ́n-] n. 성각루의 탑, 내
Don Ju·an [dɑn dʒúːən / dɔn dʒúː(ə)n] n. **1** 돈환[스페인의 전설적인 방탕한 귀족]. **2** 난봉꾼, 방탕아, 색골. [<Sp Don Mr.+Juan John]
***don·key** [dɑ́ŋki, dɔ́ːŋ-, dʌ́ŋ- / dɔ́ŋ-] n. **1** 당나귀, ✽be as stupid as a donkey 당나귀처럼 미련하다 / The donkey means one thing and the driver another. 《속담》 사람이 다르면 견해도 다르다. **2** 얼간이; 고집통이. **3** =donkey engine. **4** 《美》미국 민주당의 상징. cf. elephant
talk the hind leg off a donkey 쓸 새 없이 마구 지껄여대다.
dónkey bóiler n. [기계] [선박 기관의] 보조 보일러.
dónkey éngine n. [기계] 작은 보조 증기 기관.
dónkey jácket n. 《英》 [노동자가 입는 어깨·방수 처리된] 두터운 자켓 [어깨 부분에 가죽이 덧붙여져 있다].
dónkey's yéars n. pl. 《속어》 오랜 동안.
dónkey vóte n. 《濠구어》 순위를 가리기 위한 연기(連記)명 표식 투표.
dónkey wórk n. Ⓤ 지루하고 고달픈 일.
don·na [dɑ́nə / dɔ́nə] n. (pl. **-ne** [It -nε]) **1** 이탈리아의 [귀] 부인. **2** (D-) 영어의 Madam 에 해당하는 이탈리아의 경칭. [<It mistress, lady]
don·nish [dɑ́ni∫ / dɔ́n-] adj. [영국 대학의] 학감(學監) 같은(다운); 격식을 차린; 학자티를 내는.
~·ly adv. **~·ness** n.
Dón·ny·bròok Fáir [dɑ́nibrùk- / dɔ́n-] n. **1** (= **Don·ny·brook**) 도니브룩 싸움판. **2** 도니브룩 장[아일랜드의 Donnybrook 마을에서 섰던 난장판으로 유명한 장].
do·nor [dóunər] n. **1** 기증자, 기부자, 증여자. cf. donee **2** [혈액·조직의] 제공자.
dónor cárd n. [의학] 도너 카드 [장기(臟器)등의 사후 제공의사를 밝힌 사람임을 나타내는 카드].
do·noth·ing [dúːnʌ̀θiŋ] adj. 아무 일도 안하는, 게으른(idle). — n. 게으름뱅이, 무위 도식자(idler).
do·noth·ing·ism [dúːnʌ̀θiŋiz(ə)m] n. Ⓤ 무위 무책주의(無爲無策主義).
Don Quix·o·te [dɑn kihóuti, -kwíksət / dɔn kwíksət, -sout / Sp don kixóte] n. **1** 동 키 호 테 [Cervantes 작의 풍자 소설(1605, 1615); 또는 그 주인공, 비현실적인 이상·공상을 좇는 인물].
‡don't [dount] **1** do not 의 단축형. **2** 《誤用》 does not 의 단축형. — n. 《구어》 (~s) 해서는 안 되는 것, 금지 사항. cf. DO¹ n. 4.
don't-know [dóuntnóu] n. 모른다고 대답하는 사람, 태도 보류자.
do·nut [dóunʌ̀t] n. 《구어》 =doughnut.
doo·dad [dúːdæ̀d], (**do·dad**) n. 《美구어》 **1** 싸구려 장식; 잡동사니. **2** 거시키 [이름이 확실하지 않을 때의 용어].
doo·dah [dúːdə / -dɑː] n. 《속어》 흥분, 당혹. *all of a doodah* 당혹하여, 허둥지둥.
doo·dle [dúːdl] vi., vt. (**-dled, -dling**) 우두커니 낙서를 하다; 목적도 없이 시간을 보내다. 《방언》 속이다; [남]을 업신여기다. — n. [생각에 잠긴 채 하는] 낙서.

doo·dle·bug [dú:dlbʌ̀g] *n.* **1** 《美방언》 개미 지옥(antlion). **2** 비과학적인 광맥·유전 탐지기, 점(占)막대기. **3** 《英구어》 [제2차 대전중 독일군이 쓴] 폭명탄(爆鳴彈)(buzz bomb). **4** 《美구어》 소형 자동차(비행기); 근거리 왕복 전차(電車).

doo·dler [dú:dlər] *n.* 우두커니 낙서하는 사람; 허송세월하는 사람.

doo·fun·ny [dú:fʌ̀ni] *n.* 《美속어》=dofunny.

doo·hick·ey [dú:hìki] *n.* 《美구어》 뭐라고 하는 것, 거시키 [깜빡 잊었을 때에 쓰는 대용어].

doo·lie¹ [dú:li] *n.* 《美구어》 공군 사관 학교의 1년생.

doo·lie², **doo·ly** [dú:li] *n.* (*pl.* **doo·lies**) [인도의] 가마, 군용 들것.

‡doom [du:m] *n.* ⓤ **1** [보통 나쁜] 운명(fate), 비운(ill fate). ¶ The general's *doom* is sealed. 그 장군의 운명은 정해졌다. **2** 멸망, 파멸(ruin); 죽음, 최후(death). ¶ send a person to his *doom* 남을 망하게 하다/go to (*or* fall to, meet) one's *doom* 망하다, 죽다. **3** 유죄 판결, 단죄(condemnation). ¶ pronounce *doom* upon a criminal 죄인에게 판결을 내리다. **4** [역사] 조례, 법령, 포고(ordinance, decree). **5** [신의] 최후의 심판(the Last Judgment). ¶ the day of *doom* 최후의 심판일, 세상의 마지막 날(doomsday) / the crack of *doom* 마지막 심판을 고하는 천둥 소리. —— *vt.* **1** [주로 수동형으로] …을 운명짓다, …의 운명을 정하다(… *to*). ¶ (~+图+囷+囵) Our hopes were *doomed* to disappointment. 우리의 희망은 깨어질 운명이었다. **2** …을 단죄하다, …의 형벌을 선고하다(… *to*). ¶ (~+图+囷+囵+*to* do) *doom* a person *to* death; *doom* a person *to* die 사형을 선고하다. **3** … 에 [운명이나 벌 따위를] 정하다, 명하다(fix, ordain) (… *to*). ¶ (~+图+囷+囵) a decree which *doomed* the whole city *to* destruction 온 도시를 파괴한다는 취지의 포고.

doomed [du:md] *adj.* 운이 다한, 불운한.

doom palm *n.* 이집트 종려(棕櫚).

doom·say·er [dú:msèiər] *n.* 재앙을 예언하는 사람.

dooms·day [dú:mzdèi] *n.* **1** 최후의 심판일, 세상의 마지막 날. ¶ from now till *doomsday* 영구히, 마지막 날까지. **2** 판결[선고]의 날, 운명이 결판나는 날.

Dóomsdày Bòok *n.* =Domesday Book.

dooms·day·er [dú:mzdèiər] *n.* =doomsayer.

Dóomsdày Machìne *n.* 인류를 파멸시키는 흉기[핵에 의한 파괴를 가져오는 가상의 장치). Herman Kahn의 *On Thermonuclear War* (1960)에 나온다].

dóomsdày scenário *n.* 《군사》 지구 최후의 날의 시나리오 [미·소 양국 군사 혁신쟁이 발생했을 때를 가상하여 만든 핵전쟁 계획].

doom·ster·ing [dú:mstəriŋ] *n.* ⓤ 비관적 예언.

doom·watch·er [dú:mwàtʃər /-wɔ́tʃ-] *n.* 이 세상의 현재나 미래를 비관하는 사람(doomsayer).

‡door [do:r / dɔ:] *n.* **1** 문, 문짝, 도어. ¶ knock at (*or* on) the *door* 문을 노크하다/throw open the *door* [to] 문을 확 열다; […에게] 길을 열다 / answer (*or* go to) the *door* 찾아온 손님을 맞으러 나가다/see a person to the *door* 남을 문까지 배웅하다/put a person to the *door* 남을 내쫓다/Close the *door* behind you. 들어오면[나가면] 문을 닫으시오. **2** 문간, 대문간, [문을 여닫는] 출입구(doorway). ¶ go through the *door* 문간으로 들어가다 / Wait a minute at the front *door.* 문간에서 잠간 기다려 주세요. / There is someone at the *door.* 누군가 문간에 와 있다. **3** 한 채, 한 집, 한 방. ¶ next *door* 옆집(옆방)에 / next *door* but one; two *doors* off 한 집 건너 옆집, 두 집 건너에 / He lives four *doors* off (*or* away). 그는 네 집 건너에 살고 있다. / He lives four *doors* from my house. 그는 우리 집에서 네 집 건너에 살고 있다. **4** [비유적으로] 문호, …으로의 길(access), 관문(*to*…). ¶ a *door* to success 성공으로의 길.

be at death's door 빈사 상태에 빠져 있다.

be at a person's door 남에게 다가와 있다.

behind closed doors 비밀리에, 비공개로. ¶ The meeting was held *behind closed doors.* 회의는 비공개로 열렸다.

close (*or* *shut*) *the door upon* 문을 닫고 …을 들이지 않다, …에 대하여 문호를 폐쇄하다. ¶ The event *closed the door upon* his success. 그 사건으로 그의 성공의 길은 막혔다.

darken a person's door[*s*] (* 보통 부정어와 함께 써서 주로 비난·협박 따위의 뜻의 표현) 남의 집을 방문하다, 남의 집 문턱을 넘다. ¶ Never *darken my door* again. 두 번 다시 우리 집 문턱을 넘지 마라.

deaf as a door 완전한 귀머거리인.

from door to door 집집마다, 가가호호(家家戶戶); 출발에서 도착까지.

in doors 집 안에서, 옥내에서.

knock at an open door ⇨ KNOCK.

lay … at the door of a person; lay … at a person's door …을 남의 탓으로 돌리다. ¶ He *laid* the failure *at my door.* 그는 실패를 내 탓으로 돌렸다.

lie at the door of a person; lie at a person's door 남에게 책임이 있다.

next door to ① …의 이웃에. ¶ He lives *next door to* me. 그는 우리 집 옆에 살고 있다. ② …에 몹시 가까운. ¶ That's *next door to* a riot. 그것은 폭동이라 해도 좋을 만하다.

open a (*or* *the*) *door to* (*or* *for*) …으로의 길을 열다; …을 가능하게 하다.

out of doors 집 밖에서, 옥외에서.

show a person the door 남에게 문을 가리키며 가라고 하다. ¶ We *showed* him *the door.* 우리는 그를 쫓아 보냈다.

shut the door in a person's face 남의 면전에서 문을 닫다, 남을 쫓아버리다.

shut the door upon =*close the door upon.*

with (*or* *within*) *closed doors* =*behind closed doors.*

with (*or* *within*) *open doors* 공공연히, 공개적으로.

within (*without*) *doors* 옥내(옥외)에서(에, 으로).

dóor alàrm *n.* 대문에 단 경종. [벨].

*door·bell [dɔ́:rbèl / dɔ́:-] *n.* [현관·문간의] 초인종.

dóorbell pùsher *n.* 《속어》 [선거 따위의] 운동원.

door·case [dɔ́:rkèis / dɔ́:-] *n.* [문을 다는] 문틀, 문얼굴.

dóor chàin *n.* [문단속용으로] 문에 단 쇠사슬.

dóor chèck(clòser) *n.* 도어 첵[문이 서서히 닫히도록 하는 장치].

do-or-die [dú:ərdái] *adj.* 필사적인; 이판사판의.

door·frame [dɔ́:rfrèim / dɔ́:-] *n.* 문틀.

dóor hàndle *n.* 《주로 英》 =doorknob. [문설주.

door·jamb [dɔ́:rdʒæ̀m / dɔ́:-] *n.* [문의 근] 양옆 기둥,

door·keep·er [dɔ́:rkì:pər / dɔ́:-] *n.* 문지기, 수위.

dóor-kèy chìld [dɔ́:rkì: / dɔ́:-] *n.* 열쇠 아이[아파트 따위의 열쇠를 차고 다니는 맞벌이 부부의 아이].

door·knob [dɔ́:rnɑ̀b / dɔ́:nɔ̀b] *n.* 문의 손잡이.

door·knock·er [dɔ́:rnɑ̀kər / dɔ́:nɔ̀kə] *n.* 문 두드리는 쇠, 노커(knocker).

door·less [dɔ́:rlis / dɔ́:-] *adj.* 문이 없는.

door·man [dɔ́:rmæ̀n, -mən / dɔ́:-] *n.* (*pl.* -**men** [-mən, -mèn]) [호텔·공공 건축물 따위의] 문지기, 도어맨.

door·mat [dɔ́:rmæ̀t / dɔ́:-] *n.* **1** [현관의] 구두 흙터는 매트. **2** 《구어》 학대받아도 가만히 있는 사람.

dóor mòney *n.* ⓤ 입장료.

door·nail [dɔ́:rnèil / dɔ́:-] *n.* [옛날 장식용·보강용으로 문에 박은] 징 모양의 못.

[*as*] *dead as a doornail* 완전히 죽은.

dóor òpener *n.* **1** 잠긴 문을 여는 기구. **2** 호별로

방문하는 외판원이 집 안에 들어가기 위해 쓰는 설문.
door·plate [dɔ́:rplèit / dɔ́:-] n. 문패.
door·post [dɔ́:rpòust / dɔ́:-] n. =doorjamb.
[*as*] **deaf as a doorpost** 아주 귀가 먹은.
dóor prìze n. 참석자의 일부가 추첨으로 타는 상.
door·pull [dɔ́:rpùl / dɔ́:pùl] n. [문의] 손잡이, 문고리.
dóor ròller n. 미닫이식 문의 바퀴.
door·scrap·er [dɔ́:rskrèipər / dɔ́:-] n. 문간의 구두 흙털개, 구두닦개.
door·sill [dɔ́:rsìl / dɔ́:-] n. [문간의] 문지방.
dóor stàrter n. [유개 화차의] 도어 시동 장치.
***dóor·stèp** [dɔ́:rstèp / dɔ́:-] n. [현관 따위] 문 앞의 층계.
door·stone [dɔ́:rstòun / dɔ́:-] n. [문간의] 섬돌.
door·stop [dɔ́:rstàp / dɔ́:stɔ̀p] n. [문이 흔들리지 않게 하는] 문걸이 장치.
door-to-door [dɔ́:rtədɔ̀:r / dɔ́:tədɔ̀:] adj. 호별 방문의, 집집마다의(house-to-house); 호별 배달의.
dóor tràck n. 미닫이의 레일.
dóor tràp n. [조수(鳥獸) 생포용의] 폐쇄문이 달린 덫.
***door·way** [dɔ́:rwèi / dɔ́:-] n. 대문간, 출입구(portal); (비유적으로) 문호, 입구.
door·yard [dɔ́:rjɑ̀:rd / dɔ́:-] n. 《美》 현관 앞 마당.
dooz·er [dú:zər] n. 《美속어》 =doozy.
doo·zy [dú:zi] adj. 《美속어》 으뜸가는. ── n. (pl. -zies) 특출한 것. (지).
D.O.P. (略) [사진] developing-out paper (현상 인화지).
do·pa [dóupə, -pɑ:] n. [생화학] 도파 [아미노산의 하나].
do·pa·mine [dóupəmì:n] n. U 도파민 [부신(副腎)에서 만들어지는 뇌에 필요한 호르몬].
dop·ant [dóupənt] n. 반도체에 쓰는 소량의 불순물.
dope [doup] n. U 1 도프 [윤활제·흡착제용의 끈끈하고 풀 같은 액체]; 도프 도료 [항공기의 날개천 따위에 칠하는 방수·강화용의 와니스류]. 2 《속어》 마취약, 마약, 수면제; [경마용 말 따위에 먹이는] 홍분제. 3 C 《美속어》 마약 상용자; 열간이, 바보. 4 《美속어》 경마 정보; [일반적으로] 정보, 내보(內報). ¶ spill the *dope* 정보를 누설하다.
── v. (**doped, dóp·ing**) vt. 1 …을 도프로 처리하다, …에 도프 도료를 칠하다. 2 《속어》 …에게 마취약(마약)을 주다, 마취시키다; [경마용 말]에 홍분제를 먹이다. 3 《美속어》 [그럴싸한 예상으로] …을 속이다; …을 예상하다(*… out*). ── vi. 마약을 상용하다.
dope off (vi.) ① 실수를 하다, 허가 없이 담당 구역을 떠나다. ② 마약을 복용한 것처럼 명해 있다. ③ 낮잠 자다.
dope out 《속어》 (vt.) ① [정보 따위로] [스포츠의 경과 도박]을 추론하다, 생각해 내다; …을 이해하다 (understand); …을 발견하다 (find out). ¶ *dope out* a plan 계획을 생각해 내다 / *dope out* a solution to a problem 문제의 해결책을 찾다. ② …의 계획을 세우다, …을 미리 조정해 두다. ¶ *dope out* a full year's schedule 꼬박 1년간의 예정을 미리 짜두다.
dópe chèck n. [운동 선수에게] 홍분제 [사용 여부] 검사.
dópe fìend n. 《美속어》 마약 상용자. [부] 검사.
dópe pùsher n. 《美속어》 마약 밀매인.
dope·sheet n. 《美속어》 《英속어》 경마 신문, [출전마를 소개하는] 경마 일람표. [의] 예상가.
dópe·ster [dóupstər] n. 《구어》 [스포츠·선거 따위]
dópe stòry n. =think piece.
dop·ey [dóupi], **(dop·y)** adj. **(dop·i·er, dop·i·est)** 《구어》 1 《마약·알코올에》 중독된; 명한. 2 어리석은, 명청한.
dop·ing [dóupiŋ] n. 1 [스포츠] 도핑, 약물 사용. 2 [전자 공학] 확산법·이온 주입법 따위로 반도체 재료층에 소량의 불순물을 첨가하는 것.
dóping tèst n. =dope check.
Dop·pel·gäng·er [dáp(ə)lgæ̀ŋər / dɔ́p-] n. (= **double-walker**) 살아 있는 사람의 유령. [<G]

Dóp·pler effèct [dáplər / dɔ́p-] n. 《물리》 도플러 효과 [파동원 (波動源)과 관측자가 상대적으로 운동하고 있을 경우 진동수가 정지해 있을 때와는 달리 관측되는 현상]. [<발견자인 오스트리아 물리학자·수학자 Christian J. Doppler (1803-53)의 이름]
Dóppler shìft n. 《물리》 도플러 편이(偏移) [도플러 효과에 의해 생긴 진동수 또는 파장의 변화의 크기].
dor [dɔ:r], **dor·bee·tle** [dɔ́:rbì:tl] n. [인축의 동에 꾀는] 풍뎅이의 일종.
D.O.R.A. (略) the *Defense of the Realm Act* ([1914년의] 영국 국방령).
do·ra·do [dərá:dou] n. 1 (pl. **-dos** or **-do**) [어류] 만새기. 2 (D-) [천문] 기어좌 (旗魚座).
Dor·cas [dɔ́:rkəs] n. 《성서》 도르가 [가난한 사람에게 옷을 만들어 준 독실한 여성. ←사도 행전 (Acts) 9: 36-41].
Dórcas socìety n. 도르가회(會) [빈민 구조 활동을 하는 교회의 여성 단체].
do-re-mi [dóurèimí:] n. 《속어》 금전, 돈(dough).
Do·ri·an [dɔ́:riən / dɔ́:-] adj. [고대 그리스의] 도리스의, 도리아 사람의. ── n. 도리아 사람.
Dor·ic [dɔ́:rik, dɑ́r- / dɔ́r-] adj. 1 [고대 그리스의] 도리스 (Doris) 지방의, 도리아 사람 (Dorian)의. 2 [말씨가] 촌스러운 (rustic). 3 [건축] 도리스식의, 도리아식의. ¶ the *Doric* order 도리스 양식. ── n. U 1 도리스 방언. 2 [영어의] 시골 사투리, 방언. ¶ in broad *Doric* 순 시골사투리로. 3 [건축] 도리아 양식. ⇒ CAPITAL⁰ 그림.
Dór·king [dɔ́:rkiŋ] n. 도킹 [식용용 닭의 한 품종].
dorm [dɔ:rm] n. 《美구어》 =dormitory.
dor·man·cy [dɔ́:rmənsi] n. U 수면 상태; 휴지 (休止) (휴면) 상태.
***dor·mant** [dɔ́:rmənt] adj. 1 잠자는 (sleeping); 활동하지 않는, 쉬고 있는; [화산이] 활동하지 않고 있는. ⇒ INACTIVE 類語; 【식물】 휴면중의, 【동물】 동면 (하면) 중의. ¶ a *dormant* volcano 휴화산. 2 [권리 따위가] 행사되고 있지 않는, [계획 따위가] 실시되고 있지 않는 (inoperated); [능력 따위가] 잠재해 있는; [자금 따위가] 놀고 있는. ¶ *dormant* passions 속에 감춘 정열. 3 《紋》 [동물이] 휴면 자세의. 4 고정된 (fixed), 부동의.
lie dormant ① 잠자고 있다; 동면 (하면) 중이다. ② [권리 따위가] 행사되고 있지 않다.
dor·mer [dɔ́:rmər] n. (=**dórmer wìndow**) 지붕창 [지붕창이 있는] 지붕의 돌출부.
dor·mice [dɔ́:rmàis] n. dormouse의 복수형.
dor·mie, -my [dɔ́:rmi] adj. [골프] 남은 홀의 수만큼 이기고 있는.
***dor·mi·to·ry** [dɔ́:rmitɔ̀:ri/-tri] n. (pl. **-ries**) 1 《美》 기숙사, 합숙소; [학교·수도원 따위의] 공동 침실. 2 《英》 교외 주택지.

[dormer]

dórmitory càr n. 승무원용의 침대가 있는 객차.
dórmitory shìp n. [세계 일주 여행을 하는 학생을 위한] 숙박 시설이 있는 배.
dórmitory sùburb n. 교외 주택지, 베드 타운 [낮에 대도시로 출근하는 사람이 많기 때문에 밤 인구가 많아지는 중소 도시].
dórmitory tòwn n. 주택 도시 [대도시로 출근하는 사람이 많이 사는 중소 도시].
dor·mouse [dɔ́:rmàus] n. (pl. **-mice**) 다람쥐 비슷한 쥐의 일종.
dor·my [dɔ́:rmi] adj. [골프] =dormie.
do·ron [dɔ́:rɑn / -rɔn] n. 유리 섬유제 방탄복.
Dór·o·thy bàg [dɑ́rəθi-, dɔ́:r- / dɔ́r-] n. 《英》 [고리를 손목에 거는] 여성용 손가방.
dorp [dɔ:rp] n. [남아프리카의] 마을, 작은 촌락.
dors-, dorsi-, dorso- 《동물》 back의 뜻의 연결

dor·sal [dɔ́ːrsəl] adj. 〖동물〗등의, 〖기관(器官) 따위가〗등에 있는. ¶ a dorsal fin 등지느러미.
~·ly [-səli] adv.

d'órsay [púmp] [dɔ́ːrsei, -zei] n. (때로 D'O-)도르세이[발바닥의 오목한 부분을 낮게 깎은 구두·슬리퍼].

dorsi-

dorso- ⇒ DORS-.

dor·sum [dɔ́ːrsəm] n. (pl. **-sa** [-sə]) 1 〖해부·동물〗배부(背部), 등, 〖기관 따위의〗배면, 등쪽. 2 〖음성〗혀의 등[쪽], 후설면(後舌面). 3 〖교회 제단의 뒷쪽에 치는〗막(幕), 휘장.

dor·ter, -tour [dɔ́ːrtər] n. 〖특히 수도원의〗숙사.

do·ry¹ [dɔ́ːri / -] n. (pl. **-ries**) 《美》일종의 평저선(底船).

do·ry² [dɔ́ːri / -] n. (pl. **-ries**) 달고기류의 식용어 (John Dory).

do's [duːz] n. do¹의 복수형의 하나.

DOS (略) 〖컴퓨터〗 disk operating system([tape를 사용하는 TOS에 대해] disk를 사용하는 오퍼레이팅 시스템).

dos-à-dos adv. [dóuzədóu → n.] 〖고어〗등을 맞대고. — n. [-z, dóusiːdóu, -ziː] (pl. **dos-à-dos** [-dóuz]) 《美》스퀘어댄스에서 전진하여 등을 맞대고 선회하는 움직임의 일종. [<F back to back]

dos·age [dóusidʒ] n. 1 U 투약, 2 U C 〖1회분의〗투약량. 〖물리〗[엑스선이나 라듐 따위의] 방사선의 조사(照射) 적량.

dós and dón'ts n. 관례, 규칙, 준칙. ¶ the dos and don'ts of polite manners 예절법.

__dose__ [dous] n. 1 〖약〗1회의 복용량, 일복(一服). ¶ take three doses a day 약을 하루에 세 번 먹다/in large (poisonous) doses 다량(과량)으로. 2 〖비유적〗쓴 약, 도움이 되는 약; 〖충고·아첨 따위의〗한 마디. ¶ give a person a dose of admonition (flattery) 남에게 한마디 충고(아첨)하다. 3 〖샴페인 제조중에 타는 설탕·당밀 따위의〗혼합물. 4 〖물리〗[엑스선이나 라듐 따위의 방사선의] 선량(線量). 5 〖속〗임질의 감염. 6 《英속》형기(刑期).

give a person a dose of his own medicine ⇒ MEDICINE.

go through ... like a dose of salts 《속》① …을 참패시키다. ② …을 급히 찾다.

have a regular dose of …을 지나치게 먹다; …에 지나치게 차다.

— v. (**dosed, dos·ing**) vt. 1 〖약〗을 복용시키다(...to), [에]게 약을 먹이다(...with); 〖비유적〗〖충고 따위〗를 주다. ¶ (~+圖+前+名) dose pyridine to a person; dose a person with pyridine 남에게 피리딘을 먹이다 / dose oneself with …을 복용하다 // (~+圖+前+名) dose up a person 남에게 여러 가지 약을 먹이다. 2 〖약〗을 조제하다, 1회분씩 나누어 조제하다. 3 〖샴페인〗에 첨가물을 섞다(...with). ¶ (~+圖+前+名) dose champagne with sugar 샴페인에 설탕을 타다. — vi. 약을 먹다.

do·sim·e·ter [dousímitər] n. 1 몰약 계량기, 약량계(藥量計). 2 〖물리〗[방사선량을 측정하는] 선량계(線量計).

do·sim·e·try [dousímitri] n. U 복약량 측정[법], 약량학(藥量學); 〖물리〗[방사선량을 측정하는] 선량 측정[법].

doss [dɔs / dɔs] n. 《英속》 1 싸구려 여인숙의 잠자리, 잠. — vi. 〖여인숙에서〗숙박하다; 〖아무데서나〗자다(down...).

dos·sal, -sel [dɔ́s(ə)l / dɔ́s-] n. 〖제단 또는 강단 뒤에 치는〗휘장, 장막.

dos·ser [dɔ́sər / dɔ́sə] n. 1 짊어지는 바구니; 〖말의 등에 다는〗짐바구니. 2 〖좌석·옥좌의 등에 거는〗휘장. 3 = dossal.

dóss hòuse n. 《英속》싸구려 숙박소, 여인숙.

dos·si·er [dásiei, dɔ́ː- / dɔ́siei] n. 〖어떤 사람 또는 사전 따위의〗일건 서류. [<F bundle of papers]

dos·sy [dási / dɔ́si] adj. (**-si·er, -si·est**) 《주로 英》 멋진, 맵시있는.

dost [dʌst, dəst] v. 〖고어〗do¹의 2인칭·단수·직설법·현재형. * 주어는 thou.

*__dot__*¹ [dat / dɔt] n. 1 점, 반점, 얼룩(speck). 2 작은 점(point); i, j의 점; 종지부; 발음 부호의 점. 3 〖점 같은〗작은 것, 작은 알갱이; 〖비유〗 a mere dot of a child 꼬마. 4 〖음악〗[음표 또는 쉼표 오른편에 찍어 그 길이를 1/2만큼 더 길게 하는 것을 나타내는] 부점(附點); [음표의 위 또는 밑에 찍어서 스타카토로 연주할 것을 나타내는] 부점. 5 〖무선〗[모르스 부호의] 도트, 점. cf. dash

in the year dot 《英古》서기 0년에, 먼 옛날에.

off one's dot 《英속》미친; 얼빠진.

on the dot 《구어》꼭 제시간에(punctually); 꼭 제장소에. We arrived on the dot. 꼭 시간대로 도착했다.

put dots on a person 《英속》남을 지루하게 하다.

to a dot 《美》정확히, 완전히(perfectly).

to the dot of an i 아주 완전히.

— v. (**dot·ted, dot·ting**) vt. 1 …에 점을 찍다, 점선을 긋다; …에 점으로 나타내다. 2 …을 적어 두다(...down). ¶ (~+圖+副) He dotted down what I said. 그는 내 말을 적어 두었다. 3 〖종종 수동형으로〗…을 점재(點在)(산재)시키다. ¶ The lawn is dotted with the evergreens. = The evergreens are dotted over the lawn. 잔디밭에는 상록수가 군데군데 있다. 4 《英속》…을 치다, 때리다(punch), 《美》a dot on a person 아무 남의 눈을 때리다. — vi. 점을 찍다.

dot and carry one ① 《구어》[덧셈에서 10이 되면] 점을 찍고 한 자리 올려 보내다. ② 《구어》신중히 한 걸음씩 나아가다. ③ 《구어》절름거리다;《구 전체를 명사로 하여》절름발이, 아장아장 걷는 아기.

dot and go one 《고어》절름거리며 걷다, 목발을 짚고 걷다, 《구 전체를 명사로 하여》절름발이.

dot the (one's) i's [and cross the (or one's) t's] [i에 점을 찍고 t에 가로선을 긋듯이] 자세히 적다, 명확히 설명하다; 꼼꼼히 살피다.

◇ **dótal** adj. [<D dot little lump] 〖재산(dowry)〗

dot² [dat / dɔt] n. 〖법률〗아내의 지참금(물), 아내의

dot³ [dat / dɔt] n. 1 〖服飾〗도트, 물방울 무늬[물방울이 아주 작은 것은 pin dot, 중간 정도는 polka dot, 큰 것은 coin dot, 아주 큰 것은 spot]. 2 (보통 ~s)《속어》= microdot.

DOT (略) Department of Transportation (미국 운수성).

dot·age [dóutidʒ] n. U 1 망령, 노망. ¶ in one's dotage 노망하여. 2 맹목적인 사랑, 익애(溺愛).

dot-and-dash [dát(ə)ndǽʃ / dɔ́t-] adj. 모르스 전신 부호의.

do·tard [dóutərd] n. 노망한(망령든) 사람.

__dote__ [dout], (**doat**) vi. (**dot·ed, dot·ing**) 1 맹목적으로 사랑하다(on, upon...). ¶ (~+前+名) dote on one's children 아이를 몹시 사랑하다. 2 노망하다.

◇ **dótage** n. 〖람〗

dot·er [dóutər] n. 1 망령든 사람. 2 사랑에 빠진 사람

__doth__ [dʌθ, dəθ] v. 〖고어〗do¹의 3인칭·단수·직설법·현재형.

dot·ing [dóutiŋ] adj. 1 사랑에 빠진. ¶ doting parents 자식을 끔찍이 사랑하는 부모. 2 망령들어 나약해진. ~·ly adv.

dót printer n. 〖컴퓨터〗도트 프린터[문자나 도형을 점으로 인자(印字), 인화(印畵)하는 인쇄기]. 마이크로컴퓨터의 프린터로서 사용되는 일이 많다.

dot·ted [dátid / dɔ́t-] adj. 점으로 된; 점재된; 점을 친. ¶ a dotted line 점선 / a dotted quaver 부점 8분음표. ⇒ DOT n. 4.

sign on the dotted line 전면적으로(덮어놓고) 찬성

dótted líne [dátin] 점선[…]; (the ~) [서명 장소를 나타내는] 점선. *cf.* broken line ¶ sign on the *dotted line* 문서에 서명하다; [서명하여] 정식으로 승인하다; 지시를 따르다. **2** (the ~) 예정 코스.

dót·tel [dátl / dɔ́tl] *n.* =dottle. [기.

dót·ter [dátər / dɔ́t-] *n.* 점을 찍는 사람(도구); 점자

dot·te·rel [dátər)l / dɔ́t-], **-trel** [-tr(ə)l] *n.* **1** 물 떼새의 일종[우둔해서 쉽게 잡히는 새]. **2** 《방언》 바보, [쉽게 속는] 봉, 얼간이.

dot·tle [dátl / dɔ́tl], (**dot·tel**) *n.* 파이프에 남은 타다 남은 담배 찌꺼.

dot·ty[1] [dáti / dɔ́ti] *adj.* (-**ti·er**, -**ti·est**) 《구어》 **1** 머리가 좀 돈, 미친. **2** 다리가 휘청거리는. [같은.

dot·ty[2] [dáti / dɔ́ti] *adj.* (-**ti·er**, -**ti·est**) 점점하는; 점

dót whèel *n.* [점선을 그리는] 점륜(點輪).

dot·y [dóuti] *adj.* (-**i·er**, -**i·est**) **1** [나무가] 썩기 시작하는. **2** 《美남부》 [사람이] 노쇠한.

douane [F dwan] *n.* (*pl.* **douanes** [F dwan]) 《프랑스》 (=customs) 세관.

Dóu·ay Bíble (Vérsion) [dúːei] *n.* 〖가톨릭〗 드웨 성서 [라틴어역 성서(Latin Vulgate) 에서의 영역 성서; 구약은 프랑스의 Douay(Douai)에서 1609-10년에, 신약은 Rheims에서 1582년에 발행].

‡**dou·ble** [dʌ́bl] *adj.* **1** 갑절의, 두 배의. ¶ a *double* share 배의 몫 / *double* width 배의 폭 / do *double* work 두 배의 일을 하다 / pay *double* the price 배액을 지불하다 (* 이 double은 원래 명사로서 다음의 of가 생략된 형태. 또 부사로도 간주된다). **2** 이중의, 두 겹의, 두 가지의; 쌍으로 된; 둘로 접은 (*cf.* single); 두 역을 맡은. ¶ a *double* edge 쌍날 / a *double* suicide 정사(情死). **3** [뜻 따위가] 두 가지로 해석되는, 애매한 (ambiguous). **4** [언행 따위가] 기만적인, 엉큼한, 두 마음 (표리) 이 있는. ¶ a *double* personality (character) 이중 인격(성격) / a *double* tongue 일구이언 / wear a *double* face 연행에 표리가 있다. *cf.* double-faced **5** 〖식물〗 [꽃이] 겹으로 된, 중판(重瓣)의. **6** 〖음악〗 [악기가] 더블의, 1옥타브 낮은 음을 내는; 2박자의.

work double tides ⇒ TIDE.

— *adv.* **1** 갑절로, 두 배만큼 (twice). ¶ pay *double* 배액을 치르다. **2** 이중으로, 두 가지로. ¶ play *double* 어느 쪽에도 다 충실한 체하다 / see *double* [취해서] 물건이 둘로 보이다. **3** 한쌍이 되어, 함께. ¶ ride *double* (두 사람이) 함께 타다.

— *n.* **1** 곱, 배, 두 배, 두 배의 크기(수량, 가치) [가 있는 것]. ¶ the *double* of the amount 두 배의 양. **2** 흡사한 것(사람) (duplicate); 산 사람의 유령.
3 대역 배우(가수); 〖연극〗 1인 2역의 배우; 〖영화〗 대역, 대연자(代演者) (stand-in).
4 (=**dóuble ròom**) 《구어》 2인용의 방, 호텔 따위의 더블 베드가 있는 방.
5 접음, 겹치기; 접기; 주름 (fold).
6 [쫓기는 여우 따위가 추격자를 피하기 위한] 급회전, 방향을 바꾸기; [추궁을 벗어나기 위한] 책략, 계략. ¶ make a *double* 갑자기 반대방향으로 나아가다 / give the *double* to a person 책략으로 교묘히 남을 피하다 / put the *double* on a person 남을 계략으로 속이다.
7 (the ~) 〖군대〗 구보(double time, double-quick). ¶ on (*or* at) the *double* 《구어》 구보로; 빨리, 서둘러서.
8 [야구] 2루타 (two-base hit). **9** [한 번의 타격으로 잡는] 두 마리의 새.
9 (~s) 《단수 취급》 〖정구 따위의〗 복식 경기. ¶ a mixed *doubles* 남녀 혼합 복식 경기.
10 [카드놀이] [브리지에서 상대방이 부른 내기에 갑절로 응하기, 더블을 부를 만한 패; 상대방이 부른 값의 두 배로 부르다.
11 〖폐어〗 〖가톨릭〗 복창(復唱)의 축제일 [옛날 공송(交誦)이 복창된 중요한 축제일] (duplex).
12 〖경마·도그 레이스〗 복식.
13 〖볼링〗 2회 연속된 스트라이크, 더블.

double or nothing (*or* *quits*) 두 배로 받느냐 아니면 몽땅 잃느냐의 승부.

— *vt.* (-**bled**, -**bling**) **1** …을 두 배로 하다, 갑절로 하다; …의 두 배이다 / a *double* itself 배가 되다 / *double* one's stakes 내기에 건 돈을 두 배로 늘리다/Our force *doubles* that of the enemy. 우리 병력은 적의 두 배다. **2** …을 둘로 접다(… over, up). ¶ (~+围+图)I *doubled* over a leaf. 나는 책장을 접었다. **3** [주먹을] 단단히 쥐다, 꽉 쥐다 (clench). ¶ He *doubled* (up) his fists. 그는 주먹을 꽉 쥐었다. **4** [항해] [갑(岬) 따위]을 돌다, **5** [배우가] 1인 2역을 하다. ¶ *double* the parts of …이라는 두 가지 역을 혼자서 하다; …의 대역을 하다, 대역이 되다(repeat), ¶ *double* a blow 연거푸 두 번 때리다. **7** [정구 따위에서] …에게 짝을 지게 하다. **8** 〖음악〗 …을 1옥타브 높게 (낮게) 연주하다. **9** [카드놀이] [브리지에서] [상대가 부른 값]의 득점(실점) 수를 배로 하다; [상대의 부른 값에 도전하다. **10** [야구] [주자]를 2루타로 진루시키다.

— *vi.* **1** 배로 되다, 배가(배증)하다. **2** 둘로 접어지다; [고통 따위로] 몸을 구부리다 (fold) (*over, up*). ¶ (~+圖)He *doubled* over with pain. 그는 아파서 몸을 구부렸다. **3** [추적을 피하여] 급회전하다, 갑자기 되돌아서다. ¶ (~+圓+图) *double* *upon* one's steps 지나온 방향으로 되돌아서다 / (~+圓)The fox *doubled* back. 여우는 급회전했다. **4** 〖군대〗 구보로 행진하다, 서두르다 (*up*). *cf.* double-time **5** [배우가] 1인 2역을 하다. **6** [악단에서] 혼자서 두 가지 악기를 연주하다 (*on*…); [일반적으로] 일을 겸하다. **6** [카드놀이] [브리지에서] 상대가 부른 값을 두 배로 하다. **7** [야구] 2루타를 치다.

double and twist 요리조리 발뺌을 하다, 여러 가지 수단을 부려서 피하려고 하다 [사냥개에게 쫓기는 토끼에서 온 표현].

double back on [앞서의 말]을 취소하다; [온 길]을 되돌아가다.

double in [안쪽으로] …을 접어넣다; 〖야구〗 [주자]를 2루타로 홈인시키다, 2루타로 득점시키다.

double in brass 《美속어》 [재즈에서] 전공 악기 이외에도 다른 악기를 연주할 수 있다; 본업도 하면서 다른 일도 하다.

double up ① (*vt.*) …을 동거시키다, 같은 방을 쓰게 하다(… *with*); (*vi.*) 동거하다, 같은 방을 쓰다. ② (*vi.*) [아픔·폭소 따위로] 몸을 굽히다. ⇨ *vi.* 2. ③ (*vt.*, *vi.*) 접다, [깔개 따위를] 접히다. ¶ *double up* the fist 주먹을 쥐다. ④ 〖야구〗 [주자]를 병살(倂殺)하다. ⑤ 〖군대〗 〖명령형으로〗 뛰어라, 빨리 하라. ¶ *Double up*. 어서 하라.

dou·ble-act·ing [dʌ́blǽktiŋ] *adj.* 〖기계〗 [피스톤이] 복동(複動)의. ¶ a *double-acting* engine 복동식 엔진. *cf.* single-acting

dóuble ágent *n.* 이중 간첩, 역(逆) 스파이.

dóuble áx *n.* 양날 도끼.

dou·ble-banked [dʌ́blbǽŋkt] *adj.* [보트가] 쌍좌(雙座)의, 한 좌석에 둘이 앉아 두 줄로 한쪽 현씩 노를 젓는. ¶ a *double-banked* boat 쌍좌 보트.

dóuble bár *n.* 〖음악〗 [악보의] 이중 종선(縱線).

dou·ble-bar·rel [dʌ́blbǽrəl] *n.* 2연발총.

dou·ble-bar·reled, -relled [dʌ́blbǽrəld] *adj.* **1** [산탄총처럼] 두 총신이 있는, 2연발의. **2** 이중 목적에 쓸 수 있는, 이중 목적을 가진, 두 부분 (면)이 있는 (twofold); 애매한 (ambiguous). **3** [성(姓)이] 두 말로 된.

dóuble báss [-béis] *n.* 〖음악〗 더블 베이스, 콘트라베이스 (contrabass) [현악기 중 제일 크고 최저음인 것; bass fiddle, bass viol, string bass 라고도 한다].

dóuble bassóon *n.* 〖음악〗 더블 바순, 콘트라바순 (contrabassoon) [오보에속(屬)의 관악기 중 가장 크고 최저음인 것].

dóuble béd *n.* 더블 베드, 2인용 침대.

dou·ble-bed·ded [dáblbédid] *adj.* 침대가 둘 있는; 2인용 침대가 있는. ¶ *a double-bedded* room 더블 베드의 방.

dóuble bíll *n.* [영화 등의] 두 편 동시 상연.

dou·ble-blind [dáblbláind] *adj.* (의학) [약의 효과를 판정하는 방법으로서] 이중 맹검(盲檢)의.

dóuble bóiler *n.* 이중 냄비(솥).

dóuble bónd *n.* (화학) 이중 결합.

dou·ble-book [dáblbùk] *vt.* [여관·호텔 따위에 해약에 대비하여 한 방에] 이중 예약을 접수하다.

dóuble bóttom *n.* [상자·선박의] 이중 밑창.

dou·ble-breast·ed [dáblbréstid] *adj.* [상의의] 두 줄의 단추가 달린, 더블의.

dóuble cháracter *n.* 이중 인격. ¶ *a man with a double character* 이중 인격자.

dou·ble-check [dábltʃék] *vt., vi.* 재검사(재확인)하다(recheck). — *n.* 재검사, 재확인.

dóuble chín *n.* 군턱, 이중턱.

dou·ble-chinned [dábltʃínd] *adj.* 군턱이 있는.

dóuble clóth *n.* (U) 겹으로 짠 피륙, 이중직(織).

dou·ble-clutch [dáblklʌ́tʃ] *vi.* (美) [자동차에서] 더블클러치를 밟다, 클러치를 두번 밟다((英) doubledeclutch).

dou·ble-cov·er [dáblkʌ́vər] *vt.* [미식 축구·농구 따위에서 동시에 2명의 선수가 상대편 선수 1명의] 이중 방어하다.

dóuble créam *n.* (U)(英) 유지방 농도가 높은 크림.

dou·ble-crop [dáblkrʌ́p / -krɔ́p] *vt.* (-**cropped**, -**cropping**) 이모작하다, 양모작(兩毛作)을 하다.

dóuble cróss *n.* 1 (구어) 내기에서 지겠다고 약속하고 이기기, 배신. 2 [생물] 복교잡(複交雑), 이계(二系) 교잡, 이중 교잡.

dou·ble-cross [dáblkrɔ́:s, -krʌ́s / -krɔ́s] *vt.* …을 배신하다, 속이다(betray). — [배신자.

dou·ble-cross·er [dáblkrɔ́:sər, -krʌ́s- / -krɔ́sə] *n.*

dóuble dágger *n.* (인쇄) 이중 검표(劒標)[‡] (diesis).

dóuble dáte *n.* (구어) 두 쌍의 남녀가 만나기, 더블 데이트.

dou·ble-deal [dábldí:l] *vi.* (-**dealt** [-délt]) 속이다.

dou·ble-deal·er [dábldí:lər] *n.* 언행에 표리가 있는 사람, 사기꾼(trickster).

dou·ble-deal·ing [dábldí:liŋ] *n.* (U)(C) 표리가 있는 (기만적인) 언행, 일구이언(duplicity); 사기, 속임수 (deception). — *adj.* 표리가 있는, 언행에 양면이 있는, 일구이언하는, 기만적인.

dou·ble-deck [dábldék], **-decked** [-dékt] *adj.* 2층 갑판의; 이층이 있는. ¶ *a double-deck* bed 이단 베드.

dou·ble-deck·er [dábldékər] *n.* 1 이층 갑판의 배; 이층 전차(버스); 이단 베드. 2 (美구어) 두 겹 샌드위치.

dou·ble-di·git [dábldídʒit] *adj.* 두 자릿수의. ¶ *double-digit* inflation 두 자리 숫자의 인플레이션.

dou·ble-dip·per [dábldípər] *n.* (美속어) 급여와 연금의 동시 취득자 [예비역 군인이나 퇴직 공무원으로서 다른 정부 기관에 취업하여 연금과 급료를 동시에 받는 사람].

dóuble dóme *n.* (속어) 지식인, 인텔리(egghead).

dóuble dóor *n.* 양쪽으로 (좌우로) 여닫는 문.

dóuble Dútch *n.* 통 알아들을 수 없는 말.

dóuble dúty *n.* [사람·사물이 동시에 겸하는] 두 가지 구실(기능).

dou·ble-dyed [dábldáid] *adj.* 1 두 번 염색된; 완전히(진하게) 염색한. 2 [의견·습관 따위가] 확고한, 뿌리깊은(confirmed); 철저한(thorough). ¶ *a double-dyed* villain 철저한 악당.

dóuble éagle *n.* 1 (紋章) 쌍두의 독수리. 2 (美) 20달러 금화(쌍두의 독수리의 무늬가 있으며, 1849년에서 1933년까지 발행). 3 (골프) 더블 이글(기준 타수보다 3타 적게 1홀을 끝내기).

dou·ble-edged [dábledʒd] *adj.* 1 (칼 따위가) 쌍날의, 양쪽에 날이 선. 2 (의론 따위가) 두 가지 뜻으로 해석되는, 애매한.

dóuble énder *n.* 앞뒤가 머리로 되어 있는 것[선수·선미가 동형인 배, 어느 쪽으로도 달리는 전차 따위].

double en·ten·dre [dú:bl ɑ:ntá:ndrə, dÁbl-] *n.* (C) (pl. **d- en·ten·dres**) 이중의 의미(뜻); 두 가지로 해석되는 말[한 가지는 상스러운 뜻]. (F)

dóuble éntry *n.* (U) (簿記) 복식 기장법(記帳法). cf. single entry

dóuble expósure *n.* 1 (U) (사진) 이중 노출. 2 이중 노출로 찍은 사진.

dou·ble-faced [dáblféist] *adj.* 1 양면이 있는. 2 (언행에) 표리가 있는, 불성실한; 위선적인.

dóuble féature *n.* 두 편 동시 상영(흥행).

dóuble fírst *n.* [영국 대학의 졸업 시험에서] 두 과목 최우등(생].

dou·ble-gang·er [dáblgæ̀ŋər] *n.* =Doppelgänger.

dóuble hárness *n.* (U) 말 두 필용의 마구; (하여) *in double harness* (구어) 결혼해서; 맞벌이로, 협력으로.

dou·ble-head·er [dáblhédər] *n.* 1 (야구) 더블 헤더. 2 (美) 기관차 두 대를 연결한 열차.

dou·ble-heart·ed [dáblhɑ́:rtid] *adj.* 겉다르고 속다른, 표리부동의; 본심을 속이고, 시치미 떼는.

dóu·ble-hél·i·cal strúcture [dáblhélik(ə)l-] *n.* =double helix.

dóuble hélix *n.* (생화학) [DNA (디옥시리보 핵산)의] 이중 나선 구조.

dóuble insúrance *n.* (U) 중복 보험.

dou·ble-joint·ed [dábldʒɔ́intid] *adj.* [손발이 전후 좌우로 자유로이 움직이는] 이중 관절이 있는.

dou·ble-knit [dáblnít] *n.* 겹으로 짠 천.

dóuble láne *n.* 한쪽이 각각 1차선인 도로(two lane).

dou·ble-lead·ed [dábllédid] *adj.* (인쇄) 주의를 끌도록 행(行) 사이를 두 배로 넓힌.

dou·ble-lock [dábllák / -lɔ́k] *vt.* 1 …에 이중으로(열쇠를 두번 돌려서) 자물쇠를 걸다. 2 …의 문단속을 엄중히 하다.

dóuble méaning *n.* 이중의 뜻, 양의(兩義).

dou·ble-mind·ed [dáblmáindid] *adj.* 1 결단을 못 내리는(undecided), 망설이는(wavering). 2 딴 마음을 먹은.

dóuble négative *n.* (문법) 이중 부정.

— **Usage** (1) 단일 부정을 하는 데 같은 절에 2개의 부정어가 쓰이는 문장 구조: He won't do *nothing* about it. 이 글에서 not 와 nothing 은 서로 부정하지 않는다. 오늘날에는 방언이나 무식자의 용법. (2) 부정이 겹쳐져 긍정을 나타내는 경우; 한쪽의 부정이 접두사로 나와 있는 것은 완곡한 긍정을 뜻한다: *not impossible* 불가능한 것은 아닌.

dou·ble·ness [dáblnis] *n.* (U) 1 두 배, 이중, 두 가지; 이중(중복성). 2 언행의 표리, 불성실(duplicity).

dóuble níckel *n.* (美속어) 시속 55마일 [1973년부터 전국에서 실시하고 있는 간선 도로의 제한 속도].

dóuble nóte *n.* (음악) 배전음표(倍全음符).

dou·ble-o, -O [dáblóu] *n.* (pl. **-os**) (속어) 엄밀한 조사; 시찰 여행. — *vt.* 엄밀한 조사를 하다.

dou·ble-packed [dáblpǽkt] *adj.* (식품) 이중 포장된. ¶ *double-packed* food 이중 포장 식품.

dou·ble-page [dáblpèidʒ] *adj.* 두 페이지 크기의. ¶ *double-page* spread 두 페이지 크기의 펼침(지면).

dou·ble-park [dáblpɑ́:rk] *vt., vi.* 인도를 따라 이미 주차해 있는 자동차 옆에 나란히 주차하다.

dóuble pláy *n.* (야구) 병살(倂殺), 더블 플레이. cf. triple play

dóuble posséssive *n.* (문법) 이중 소유격[a friend

of father's 의 of father's 따위].
dóuble precísion *n.* 〖컴퓨터〗 [2]배 정도(精度) [하나의 수를 기억시킬 때 기존의 1 WORD 보다 두 배로 확장시키는 것].
dou·ble-quick [dʌ́blkwík] *adj.* 구보의, 다급한 (very quick). — *adv.* 구보로, 매우 서둘러서. — *n.* =double time. — *vt., vi.* =double-time.
dóuble quótes *n. pl.* 이중 인용 부호, 큰 따옴표 [" "].
dou·ble-reed [dʌ́blríːd] *adj.* 〖음악〗 [오보에 따위 악기에] 허(reed)가 두 개 있는, 이중 리드의.
dou·ble-re·fine [dʌ́blrifáin] *vt.* (-**fined**, -**fin·ing**) 두 번 정련(精鍊)하다.
dóuble refráction *n.* Ⓤ 〖光學〗 [방해석(方解石) 따위를 통과하는 빛의] 복굴절(複屈折).
dóuble rhýme *n.* 〖韻律〗 이중 압운(押韻) 〖행끝의 두 음절이 압운되는 일. *another* 과 *brother*, *inviting* 과 *exciting* 따위〗.
dóuble rhýthm *n.* 〖韻律〗 이중 박자 〖음보를 이루는 리듬(굽은)의 약음부(thesis)가 강음부(arsis)의 두 배의 길이를 가진 운율〗.
dóuble rífle *n.* 복식 라이플총.
double-rip·per [dʌ́blrípər] *n.* 〖두 대의 썰매를 연결한〗 이런(二連) 썰매(bobsled).
dóuble róom *n.* 〖호텔의〗 더블 베드가 있는 2인용 방.
dou·ble-run·ner [dʌ́blrʌ́nər] *n.* =double-ripper.
dou·ble-seat·er [dʌ́blsíːtər] *n.* 〖항공〗 2인승 비행기.
dóuble shárp *n.* 〖음악〗 겹올림표, 중영(重嬰) 기호 [× 또는 ※].
dou·ble-shift [dʌ́blʃíft] *adj.* 〖학교·공장 등〗 2부제의, 2교대제의. ¶ *double-shift* classes 2부제 학급.
dou·ble-space [dʌ́blspéis] *vt., vi.* (-**spaced**, -**spac·ing**)한 행씩 떼어 타자하다.
dou·ble-speak [dʌ́blspìːk] *n.* 애매한 말, 표리가 있는 말.
dóuble spý *n.* 이중 간첩.
dóuble stándard *n.* **1** 〖경제〗 복본위 제도, 양본위 제도〖금과 은의 양쪽을 본위 화폐로 삼는 화폐 제도〗. **2** 이중 표준〖여성보다 남성에 대해 관대하게 만들어진 성도덕의 기준〗.
dóuble stár *n.* 〖천문〗 이중성, 연성(連星).
dóuble stém *n.* 〖스키〗 속도가 줄도록 스키의 양쪽 뒤를 벌리는 자세.
dou·ble-stop [dʌ́blstáp / -stɔ́p] *v.* (-**stopped**, -**stop·ping**) 〖음악〗 *vi.* 〖현악기 따위에서〗동시에 2음 이상을 내다, 중음(重音)을 내다(연주하다). — *vt.* 〖현악기〗로 2음 이상(중음)을 내다.
dou·blet [dʌ́blit] *n.* **1** 더블릿〖르네상스 당시 유행한 허리가 잘록한 남자 상의〗. **2** 갑옷 밑에 받쳐 입는 것. **3** 〖비슷한 것의〗 한 쌍, 한 벌(pair, couple); 그 한쪽. **4** 자매어〖어원이 같은 말〗. **5** 〖인쇄〗 같은 말·구가 중복된 오식(誤植). **6** (~s) 〖동시에 던져서〗 같은 수가 나온 두 개의 주사위. **7** 맞붙이(가공) 보석. **8** 〖光學〗 〖얇은 렌즈를 겹친〗이중 렌즈.
[<F *doublet* something folded]
dóuble táke *n.* 〖구어〗 남의 말이나 상황을 조금 지나서 깨닫고 뒤늦게 놀라는 동작. * do a ~ 의 형태로 쓴다.
dou·ble-talk [dʌ́bltɔ̀ːk] *n.* Ⓤ **1** 애매한(앞뒤가 맞지 않는) 말. **2** 꾸민 말.
dóuble tápe *n.* 양면 녹음 테이프.
Dóuble Tén(Ténth) *n.* (the ~)쌍십절[10월 10일. 중국의 혁명 기념일].
dou·ble-think [dʌ́blθìŋk] *n.* 모순되는 두 사상 따위를 동시에 용인하는 것. — *vi.* (-**thought**, -**think·ing**) 〖상반되는 일 등을〗이중으로(동시에) 사고하다.
dóuble tíme *n.* Ⓤ **1** 〖군대〗 구보〖군대의 행진에서 run 다음의 속도; 1분간 180보의 속도〗. **2** 보통 때의 두 배가 되는 시간과 근무 급여율(給與率).

double-time [dʌ́bltàim] *vt., vi.* (-**timed**, -**tim·ing**) 구보로 행진시키다(하다).
dou·ble-ton [dʌ́blt(ə)n] *n.* 〖카드놀이〗 〖브리지에서〗 손에 쥔 패 중 두 장만이 짝이 맞는 패.
dou·ble-tongue [dʌ́bltʌ́ŋ] *vi.* (-**tongued**, -**tongu·ing**) 〖취주 악기를 연주할 때〗 혀를 번갈아 이와 입천장에 가져다가 명료한 단음(斷音)을 내다.
dou·ble-tongued [dʌ́bltʌ́ŋd] *adj.* 일구이언의, 기만적인.
dóuble tráck *n.* **1** 〖철도〗 복선. **2** 〖항공〗 한 노선에 복수의 항공 회사가 경합하여 운항하는 일.
dou·ble-tree [dʌ́bltrìː] *n.* 〖마차 따위에〗 말 두 필을 맬 때의 가로장〖그 양 끝에 singletree 를 부착〗.
dóuble trúck *n.* 〖특히 신문의〗좌우 양면에 펼쳐서 계속되는 기사(광고).
dou·bling [dʌ́bliŋ] *n.* ⓊⒸ **1** 배가, 배증(倍增). **2** 이중으로 하기; 겹치기, 접어서 겹치기; 이중으로 치기; 주름, 접은 자국. **3** 급전회(急轉回); 회항(回航). **4** 재증류(한 것). **5** 화.
dou·bloon [dʌblúːn] *n.* 〖옛날 스페인의〗 더블론 금화.
***dou·bly** [dʌ́bli] *adv.* **1** 두 배로; 배나; 이중으로; 두 가지로; 두 겹으로. ¶ *doubly* wise 배나 현명한. **2** 《페어》 두 마음을 품고, 기만(사기)적으로.
‡**doubt** [daut] *vt.* **1** …을 의심하다, 믿지 않다, 미심쩍게 여기다, …에 의혹을 품다. ¶ I *doubt* her honesty. 그녀가 정직한지 어떤지 의심스럽다 // (~+*wh.* 節) We *doubt whether* (or *if*) he deserves the prize. 그가 그 상을 받을만한지 어떤지 의심이 간다 // (~+*that* 節) I don't *doubt* [but] that he will pass. 그가 꼭 합격할 것으로 생각한다 // (~+*-ing*) We don't *doubt* its *being* true. 그것이 사실임을 믿어 의심치 않는다. **2** (고어·방언) …을 두려워하다; 걱정하다; …이 아닐까 하고 생각하다.
── **Usage** doubt 의 목적어가 되는 절을 이끄는 접속사는, (1) 긍정문에서는 whether, if. (2) 부정문·의문문에서는 that, but that, 구어에서는 but what, 드물게는 but.
── *vi.* 의심하다, 있을 수 없다고 생각하다, 의혹을 품다(*about*, *of*…). (* *of* 는 보통 미래의 일이나 문제시될 때에 쓰인다). ¶ (~+前+图) I don't *doubt of* your success. 나는 네가 꼭 성공하리라고 확신한다 / He *doubts about* everything. 그는 무엇이나 의심하거든.
── *n.* **1** ⒸⓊ 의심, 의혹, 의문점; 불확실함, 미심쩍음(*about*, *of*…). ¶ a matter of *doubt* 의심스러운 일 / throw (or cast) [a] *doubt* on …을 의심하다 / ¶ There is no *doubt* about it. 그것은 확실하다 // There is no *doubt* [but] *that* he is ill. 그가 아프다는 것은 확실하다 // They made some *doubt whether* the project would be feasible. 그들은 그 계획이 실행될 수 있는지 다소 의문을 품고 있었다.
〖類語〗 *doubt* 충분한 증거가 없어 그 확실성은 없음: have *doubt* about a report 보고에 의심을 품다. **suspicion** 확증은 없으나 사람이나 사물이 옳지 않고 해를 끼칠 것이라는 느낌: *suspicion* of a crime 범죄의 혐의. **mistrust** suspicion 에 사로잡힌 두려움·경계. **distrust** 남의 정당성을 믿지 않을 뿐만 아니라 죄가 있거나 배신하리라는 확신.
2 ⒸⓊ 〖폐어〗 두려움(dread).
beyond [*a*] *doubt*; *beyond the shadow of a doubt*; *out of doubt*; *without* [*a*] *doubt* 의심할 여지 없이, 반드시. ¶ I believe *beyond doubt* that he is innocent (guilty). 나는 그가 절대로 무죄(유죄)라고 생각한다 / *Vanity Fair* is, *without doubt*, the greatest of Thackeray's novels. 〖허영의 시장〗이 새커리의 작품 중 최대 걸작임은 의심할 여지가 없다 *without* [*a*] *doubt* 는 삽입구로서 쓰이는 것이 보통).
give a person the benefit of the doubt ⇨ BENEFIT.
in doubt 의심을 품고, 주저하며, 불확실하여. ¶ The result is still *in doubt*. 결과는 아직 불확실하다 / If you

doubtful

are *in doubt*, take his advice. 망설여진다면 그의 조언을 구하세요.
make (or ***have***) ***no doubt*** ① …을 확신하다. ¶ She *made no doubt* of his coming. =She *made no doubt* that he would come. 그녀는 그가 오리라고 믿어 의심치 않았다. ② 틀림없이 …하다. ¶ *Make no doubt* that this work will be completed by tomorrow. 이 일을 틀림없이 내일까지 끝내 주십시오.
no doubt 확실히; 아마, 의심할 바 없이. ¶ He will *no doubt* succeed. 그는 꼭 성공할 것이다.

‡**doubt·ful** [dáutfəl] *adj.* **1** 의심스러운, 불확실한(uncertain), 분명하지 않은, 애매한(ambiguous). ¶ a *doubtful case* 분명치 않은 사건 / a *doubtful* phrase 애매한 말투 // It's *doubtful whether* he will succeed [or not]. 그가 성공할지 어떨지는 아직 잘 모른다.
[類語] **doubtful** 확실하거나 옳다고 믿기에는 증거가 불충분한: *doubtful news* 의심스러운 뉴스 / be *doubtful about* a person's faithfulness 남의 성실성을 의심하다. **dubious** 의혹·망설임을 나타내는; doubtful 보다 의혹의 근거가 박약함을 암시하는 말: a *dubious* smile 애매한 웃음 / be *dubious* about one's future 자신의 미래에 대해 막연한 의문이 들다. **questionable** 의심할 만한 이유가 있는; 부정의 암시가 강한 말: a man of *questionable* repute 수상쩍은 소문이 난 사람. **skeptical** 일반적으로 의심 많은 기질의: a *skeptical* mind 의심 많은 마음. **suspicious** 확증은 없으나 부정·죄의 혐의가 있는: be *suspicious* of a person's guilt 남의 유죄가 아닐까 하고 의심하다.
2 어떻게 될지 모르는, 정해져 있지 않은, [앞날이] 불안한(unsettled). ¶ a *doubtful* blessing 장차 어떻게 될지 모르는 행복. **3** [인물·언행·장소 따위가]수상한, 의심쩍은(suspicious). ¶ a *doubtful* character (reputation) 수상쩍은 인물(평판). **4** [사람이] 의심하고 있는, 믿지 못하고 있는, 망설이고 있는(undecided) (*about*, *of...*). ¶ I am *doubtful about* (or *of*) his ability. 그의 수완은 믿을 수 없다고 생각한다. ~**ness** *n.*

****doubt·ful·ly** [dáutfəli] *adv.* 미심쩍게, 불확실하게, 애매하게.

doubt·ing [dáutiŋ] *adj.* 의혹을 품고 있는, 불안한.
doubt·ing·ly [dáutiŋli] *adv.* 의심하여; 망설여서.
Dóubting Thómas *n.* 증거 없이는 믿으려고 하지 않는 사람, 의심 많은 사람(skeptic) [그리스도의 12사도의 한 사람으로 그리스도의 부활을 증거 없이는 믿지 않았던 Thomas; 신약 복음(John) 20 : 24-29].

‡**doubt·less** [dáutlis] *adj.* 의심 없는, 물론, 확실히, 과연(unquestionably). * 종종 문두에 놓는다. ¶ *Doubtless* you know best. 물론 네가 제일 잘 알고 있다. **2** (다소 약한 뜻으로) 필시, 아마도, 다분히 (probably). — *adj.* 의심할 여지없는, 확실한(certain). ~**ness** *n.*
doubt·less·ly [dáutlisli] *adv.* 의심할 것도 없이, 확실히.

douce [du:s] *adj.* 《스코·北英》조용한, 잔잔한(quiet), 차분한, 진실한, 겸허한(modest).
dou·ceur [du:sə́:r] *n.* **1** 행하(行下), 팁 (tip). **2** 뇌물(bribe). **3** [고어] 감미로움(sweetness), 유쾌함, 기분 좋음. [< F sweetness, favor]
douche [du:ʃ] *n.* **1** [의료에서 몸의 한 부분에 끼얹는] 물의 방사, 관수(灌水); 관주법(灌注法). **2** 관주기, 관주욕. — *v.* (**douched, douch·ing**) *vt.* …에 관주하다, 물을 끼얹다(douse). — *vi.* 관주를 받다. [< F]

****dough** [dou] *n.* **1** 가루 반죽; 굽기 전의 빵. **2** (가루 반죽 같은) 말랑말랑한 덩어리. **3** 《속어》돈 (money).
dough·boy [dóubɔ̀i] *n.* **1** 《美구어》보병(infantryman). **2** 찐 만두, 삶은 경단.
dough·face *n.* 《美역사》남북 전쟁 때 남부에 찬성하는 북부인[특히 국회 의원].
dough-faced [dóufèist] *adj.* 《美구어》**1** [빵 반죽처럼] 창백한 얼굴의, 푸르퉁퉁한. **2** 마음 약한, 줏대없는.

dove's-foot

는.
dough·foot [dóufùt] *n.* (*pl.* **-foots** or **-feet** [-fí:t])《美軍 속어》보병(infantryman).

****dough·nut** [dóunət, -nʌ̀t / -nʌ̀t] *n.* 도넛, 도넛형(고리 모양)의 것. [< DOUGH+NUT: 모양이 비슷한 데서]
dough·ty [dáuti] *adj.* (**-ti·er, -ti·est**) 강한, 대담한 (bold), 용감한(courageous). **-ti·ly** *adv.* **-ti·ness** *n.*
dough·y [dóui] *adj.* (**dough·i·er, dough·i·est**) **1** 가루반죽의(같은); [빵 따위가] 설구워진(half-baked); 말랑말랑하고 무거운. **2** 창백한(pallid); 푸르퉁퉁한; 기력이 없는.
Dóug·las fír(·píne, ·sprúce) [dʌ́gləs-] *n.* 더글러스 전나무 [북미 서부산(産)의 소나무과(科)의 큰 나무]. [<스코틀랜드 태생의 미국의 식물학자 David Douglas의 이름]
Dou·kho·bor, Du- [dú:ko(u)bɔ̀:r] *n.* **-bors** or **Du·kho·bor·tsy** [dù:kəbɔ́:rtsi]) 18세기에 러시아에서 시작된 독립 교회의 일원[전통적인 교회나 국가 등에 반대].
dou·ma [dú:mə] *n.* =duma.
doum pálm [dú:m-] *n.* =doom palm.
dour [duər, +美 dauər, dú:ər] *adj.* **1** 씨무룩한, 뚱한, 뽀로퉁한, 기분이 언짢은(sullen). ¶ a *dour* look 언짢은 얼굴. **2** 엄한, 가혹한(severe). **3** 《스코》[땅이] 불모의(barren), 메마른. ~**ly** *adv.* ~**ness** *n.*
douse [daus], (**dowse**) *v.* (**doused, dous·ing**) *vt.* …을 물에 처넣다. **2** …에[물을] 끼얹다(... *with*). ¶ *douse* fire *with* water 불에 물을 끼얹다. **3** (구어) [등불을] 끄다(put out). ¶ *douse* a candle flame with one's fingertips 손가락 끝으로 촛불을 끄다. **4** (구어) [모자 따위]를 벗다(doff). **5** [항해] (돛)을 급히 내리다(늦추다), [선창]을 닫다. — *vi.* [물 따위에] 뛰어들다, 잠기다; 젖다. — *n.* 《英방언》 **1** 일격, 한 대 치기(blow, stroke). **2** 억수(downpour).

‡**dove**[1] [dʌv] *n.* **1** 비둘기 [* pigeon에 비하여 작고, 땅에 사는 비둘기(ground dove)를 가리키는 일이 많다]; [천진] 난만·온순·유화·평화의 상징으로서의 비둘기. **2** (D-) 성령(聖靈) (the Holy Ghost) [←마태 복음 (Matt.) 3 : 16]. **3** 천진난만한 사람, 온순한 사람 [* 종종 애칭으로서 부르는 말로 쓰인다]. **4** (D-) [정치] 비둘기파. **5** 비둘기파[의 사람], 온건 평화주의자. *cf.* hawk.
dove[2] [douv] *vi.* 《美구어·英방언》dive 의 과거형의 하나.
dóve cólor [《英》**cólour**] [dʌv-] *n.* ⓤⓒ 비둘기색 [옅은 자색 또는 담홍색을 띤 회색].
dove-col·ored [《英》**-oured**] [dʌ́vkʌ̀lərd] *adj.* 비둘기색의.
dove·cot [dʌ́vkɑ̀t / -kɔ̀t], **-cote** [-kòut] *n.* 비둘기장.
a flutter in the dovecotes 평온 무사한 사람 사이에서 일어난 사건.
flutter the dovecotes 평화로운 고장에 소란을 일으키다, 평지 풍파를 일으키다.
dove-eyed [dʌ́vàid] *adj.* [비둘기처럼] 부드러운(온화한) 눈매를 가진, 눈매가 온순한.
dove·house [dʌ́vhàus] *n.* (*pl.* **-hous·es** [-hàuziz]) =dovecot.
dove·ish [dʌ́viʃ] *adj.* =dovish.
dove·let [dʌ́vlit] *n.* 작은 비둘기, 새끼 비둘기.
dove·like [dʌ́vlàik] *adj.* 비둘기 같은, 비둘기 비슷한; 유순한(gentle), 순결한.
****Do·ver** [dóuvər] *n.* **1** 영국 남동부 Kent 주의 항구 [프랑스에 가장 가깝다]. **2 the Strait[s] of ~** 도버 해협 [영국과 프랑스 사이에 있는 가장 좁은 수역]. **3** 미국 Delaware 주의 주도(州都).
Dóver pówder *n.* ⓤ [약] 아편 토근산(吐根散) [토근(ipecac)·아편(opium)을 함유하는 진통제·발한제]. [<영국의 의사 T. Dover(1660-1742)의 이름]
dove's-foot [dʌ́vzfùt] *n.* (*pl.* **-foots**) 쥐손이풀 류(類)의 식물 [그 잎이 새발 모양].

dove·tail [dʌ́vtèil] *n.* 〖건축〗 열장장부촉 이음[나무를 이을 때 두 판자에 요철(凹凸)을 만들어 끼우는 방식]. — *vt., vi.* **1** 〖건축〗 열장장부촉 이음으로 잇다. **2** 긴밀히 연결하다(되다), 꼭 들어맞다.

dov·ish [dʌ́viʃ] *adj.* 비둘기파 같은, 온건한.

dov·ish·ness [dʌ́viʃnis] *n.* 평화 애호성, 화평파(和平派) 성향.

dow [dau] *n.* =DHOW.

Dow. (略) dowager.

dow·a·ger [dáuədʒər] *n.* **1** 〖특히 망부(亡夫)의 작위(爵位)나 재산을 승계받은〗미망인, 과부. ∗ 망부의 맏며느리와 구별하기 위하여 쓰인다. ¶ a *dowager* duchess 공작 미망인 / a queen *dowager* 〖영국 등지의〗황태후. **2** 〖신분이 높고〗위엄이 있는 나이 지긋한 부인.

dow·dy [dáudi] *adj.* (**-di·er, -di·est**) **1** 〖옷차림이〗단정치 못한, 촌스러운, 모양없는(ill-dressed); 시대에 뒤진(old-fashioned). — *n.* (*pl.* **-dies**) **1** 〖옷차림이〗단정치 못한 여자. **2** =PANDOWDY. **-di·ly** *adv.* **-di·ness** *n.*

dow·dy·ish [dáudiiʃ] *adj.* 〖옷차림이〗단정치 못한 (somewhat dowdy), 촌스러운.

dow·el [dáuəl] *n.* 〖목공〗맞춤못, 장부촉, 나무못; 지벨 [목재 접합용의 쇠붙이]. — *vt.* (**-eled, -el·ing;** (英) **-elled, -el·ling**) …을 맞춤못으로 접합하다(맞추다).

dow·er [dáuər] *n.* 〖U C〗 **1** 〖법률〗과부산(寡婦産) [과부산 중에서 과부가 받는 몫]. **2** 신부지참금(물, 재산). **3** 천부의 재능, 자질. — *vt.* **1** …에게 과부산(지참금)을 주다. **2** …에게 재능을 부여하다.

dow·er·y [dáu(ə)ri] *n.* (*pl.* **-er·ies**) =DOWER.

dow·itch·er [dáuitʃər] *n.* 〖새〗〖북미 동해안산(産)의〗도요새 비슷한 새.

Dów-Jónes & Cómpany Inc. [dáudʒóunz-] *n.* 다우 존스 주식 회사[*Wall Street Journal*을 발행하는 경제 통신사].

Dów-Jónes àverage(index) *n.* 다우존즈식 평균 주가(지수).

dow·las [dáuləs] *n.* 〖U〗올이 굵은 린네르 또는 무명 천.

‡**down**¹ [daun] *adv.* (*opp.* up) **1** 아래로(에), 낮은 곳으로(에), 지상으로; 내리어; 〖바람·흐름 따위가〗아래쪽으로(에). ¶ come *down* 〖위층에서〗내려오다 / fall *down* 떨어지다, 쓰러지다 / get *down* 〖탈것에서〗내리다 / glance *down* 흘긋 내려다보다 / go *down* 〖높은 곳에서〗내려오다; 〖해·달 따위가〗지다 / sit *down* 앉다 / knock *down* …을 때려눕히다 / put *down* …을 아래에 놓다 / sink *down* 〖해·배 따위가〗가라앉다 / The climbers are *down*. 등산자들이 산에서 내려왔다./ The sun is *down*. 해가 졌다. **2** 〖도시에서 시골로〗내려가; 〖지도상으로〗아래로, 남쪽으로; 도심으로, 번화가로; (英) 〖대학을〗떠나서 ¶ go *down* to Florida 〖뉴욕 등지에서〗플로리다로 내려가다 / live *down* in Texas 텍사스에서 살다 / *down* town 도심지(번화가). ⇒ DOWNTOWN / go *down* from a university 대학을 떠나다.

3 〖상위에서〗하위로, 〖정도·신분·서열 따위가〗떨어져, 낮아져, 〖품질이〗나빠져, 〖값이〗떨어져; 나쁜 상태로, 영락(零落)하여. ¶ from the King *down* to the cobbler 위로는 국왕으로부터 아래로는 구두 수선공에 이르기까지 / be *down* in the world 영락해 있다 / Bread is *down*. 빵값이 내렸다 / The birth rate is going *down*. 출산율이 떨어지고 있다.

4 〖시간적으로〗나중에; 〖시대가〗내려와; 죽 …까지. ¶ be handed *down* from father to son 아버지에게서 아들로 전해지다 / *down* to the present day 현재에 이르기까지 / I have read this book from the beginning *down* to the end 이 책을 처음부터 끝까지 죽 읽었다.

5 완전히, 충분히, 모조리. ¶ break *down* 때려 부수다 / boil *down* 졸이다 / track (*or* run) *down* 몰아 붙이다 / The hotel was burned *down*. 호텔은 전소됐다.

6 〖적당한 지위·상태에〗안정하여, 정지(靜止)하여, 잠자코. ¶ calm *down* a patient 환자를 달래다 / settle *down* to work 차분하게 일을 시작하다 / shout a person *down* 소리쳐서 남을 잠자코 있게 하다 / walk one's troubled spirit *down* 어수선한 마음을 산책으로 가라앉히다.

7 필기하여, 쓰여져. ¶ This event will go *down* in history. 이 사건은 역사에 남을 것이다 / Take *down* what I say. 내 말을 받아쓰시오.

8 현금으로, 맞돈으로(in cash); 당장. ¶ pay $50 *down* 맞돈으로 50달러를 지불하다.

9 〖병으로〗드러누워, 쓰러져. ¶ He is *down* with fever (a cold). 그는 열이 나서(감기에 걸려서) 누워 있다 / hit a man when he is *down* 넘어진 사람을 때리다, 비겁하다.

10 (구어) 의기소침하여, 풀이 죽어. ¶ let a person *down* 〖방해하여〗남을 낙담시키다(실망시키다).

11 〖경기에서〗패하여(져서). **12** 〖야구〗아웃되어.

be down on a person (구어) 남을 미워하다, 싫어하다; 남을 못살게 굴다, 남을 학대하다(에게 덤벼들다.

down and dirty 속임수에 걸려서, 감쪽같이 당하여.

down and out ① 《구어》〖친구·돈·희망 따위로부터〗버림받아; 몰락하여, 궁지에 몰려. ② 〖권투〗완전히 때려 눕혀져, 녹 아웃되어.

down at [the] heel[s] ⇒ HEEL.

down in the dumps 우울해져, 풀이 죽어. ¶ He is feeling *down in the dumps* about his failure to get the job. 그 일을 맡으려다가 실패하여 그는 우울해 있다.

down in the mouth ⇒ MOUTH.

down on one's **luck** ⇒ LUCK.

down on the nail ⇒ NAIL.

down to the ground 아주, 완전히, 철저히. ¶ That hat suits you *down to the ground*. 그 모자는 당신에게 꼭 어울린다.

down under 〖지구의〗반대쪽에, 뒤쪽에; 오스트레일리아(뉴질랜드)쪽에(으로).

down with 〖감탄사적으로 써서〗① …을 그만두다 (cease), 배제하다, 타도하다. ¶ *Down with* the dictatorship! 독재주의를 타도하라! ② 내려놓다. ¶ *Down with* your money! 돈 내라.

run a person **down** 〖제삼자에 대하여〗남의 명예를 실추시키다.

up and down ① 여기저기에. ② 아래위로.

— *prep.* **1** …의 아래쪽으(로), 아래로(에); …을 따라. ¶ go *down* the hill 언덕을 내려가다 / fall *down* the stairs 계단에서 굴러떨어지다 / look *down* a hole 구멍을 들여다보다 / *down* [the] wind (stream) 바람이 불어가는(물이 흘러가는) 쪽으로 / go *down* the street 거리를 따라가다 / He finished writing half-way *down* the page. 그는 그 페이지의 반 정도까지 써내려 갔다. **2** …의 아래로(에서), 끝으로. ¶ live further *down* the river 강의 훨씬 아래쪽에 살고 있다. **3** …이래 죽. ¶ *down* the ages (*or* years) 옛날부터 죽.

— *adj.* **1** 아래로의, 아래로 향한; 낮은 곳의, 내려간 (downward). ¶ a *down* grade 내리받이 물매; 퇴보, 악화 / a *down* pipe 〖아래쪽으로 물건을 나르는〗관(管). **2** 낙심한, 풀이 죽은(dejected). **3** 〖철도 따위가〗하행의; 〖도심에서〗떨어진, 벗어남, 상가 지역으로 향하는. ¶ a *down* line 하행선 / a *down* platform (train) 하행선의 플랫폼(하행 열차) / the *down* town 번화가(상가). ⇒ DOWNTOWN. **4** 〖계약금으로서〗현금으로의. **5** 〖경기에서〗패한, 진, 〖상대보다〗득점이 적은. **6** 〖기계 따위가〗고장 난(out of order). ¶ My computer is *down* again. 내 컴퓨터가 또 고장났다. **7** 〖야구〗아웃의; 〖미식축구〗〖공이〗다운의.

— n. 1 하강, 내려감, 하행. 2 (~s) 역경, 불운 (reverse). ¶ the ups and downs of fortune 인생의 부침(浮沈), 영고 성쇠. 3 [미식축구] 다운. 4 [구어] 적의, 혐오(dislike), 원한, 앙심. 5 《美속어》 진정제, 실망시키는 것. — 미워하는. have a down on 《구어》…에게 적의를 품다, …을 — vt. 1 …을 내리다, 내려놓다. 2 …을 굴복시키다, 쓰러뜨리다. ¶ down one's opponents 상대를 굴복시키다. 3《英구어》…을 삼키다(swallow). ¶ down medicine at one swallow 약을 단숨에 삼키다. 4 [비행기 따위]를 격추시키다. 5《美속어》…을 헐뜯다, 욕하다. — vi.《구어》내리다(come down).
down tools 일을 그만두다; 파업에 들어가다.
down² [daun] n. ⓤ 1 [새의] 솜털, 깃털 [새끼의] 배냇털, 부드러운 털. ¶ a bed of down 깃털 침대; 안락한 생활. 2 [갓난아기 등의] 배냇털, [솜털과 같은] 부드러운 털. 3 [식물] [복숭아 따위의] 솜털, [민들레 따위의] 관모(冠毛).
down³ [daun] n. 1 (英) [남해안 지방의] 사구(砂丘) (sand hill, dune). 2 (보통 ~s) [특히 영국 남부의] 언덕진 초원지, 약간 높은 목초지. 3 (D-) 다운종(種)의 양(羊).
down-and-out [dáunəndáut] adj. 1 빈곤한, 무일푼의, 영락한. 2 [신체가] 쇠약한, 스태미나가 없는. 3 [권투에서] 녹다운된. — n. (=down-and-outer [-áutər]) 1 영락한 사람, 무일푼의 사람. 2 녹다운된 권투 선수.
down-at-the-heel [dáunətðə híːl] adj. (종종 down-at-the-heels, 《美》 down-at-heel) 1 [구두의] 뒤축이 다 닳은. 2《구어》허술한, 초라한, 가난한; [권투에서] 녹다운된. — n. 아주 몰락한 사람.
down-beat [dáunbìːt] n. [음악] 강박(强拍), 하박 (下拍) [지휘봉을 아래로 휘둘러 강박을 지시한다]. opp. upbeat — adj.《美구어》우울한, 불행한, 비관적인 (pessimistic).
***down-cast** [dáunkæ̀st / -kàːst] adj. 1 의기 소침한, 풀이 죽은. 2 [눈 따위가] 아래로 뜬, 고개를 숙인, 눈을 내리깐. — n. ⓤⓒ 1 파멸, 멸망. 2 눈을 내리깔기; 우울한 표정(안색). 3 ⓒ [광산 따위의] 통풍갱(坑), 환기공. opp. upcast
down-draft, -draught [dáundrǽft / -drɑ̀ːft] n. 1 [굴뚝·갱 따위의] 하향 통풍 [下向通風], 급격한 하강 기류. 2 [경기 (景氣) 따위의] 퇴조, 급히 떨어짐.
dówn Éast adj., adv. 1 New England 의 (로). 2 [특히] Maine 주의(로).
down-east·er [dáuníːstər] n. 1 뉴잉글랜드 사람; [특히] Maine 주의 주민. 2 [항해] 전장 범선 (全裝帆船) [19세기에 New England 지방에서 건조된 목조 쾌속 범선].
down-er [dáunər] n.《美속어》진정제, 실망하는 사람(물건).
***down-fall** [dáunfɔ̀ːl] n. ⓤⓒ 1 낙하, 전락, 타락, 파멸, 멸망, 함락. ¶ the downfall of the Roman Empire 로마제국의 멸망. 2 타락(파멸, 전락)의 원인. ¶ Liquor was his downfall. 술이 그의 몸을 망쳤다. 3 [비·눈 따위의] 낙하, [특히] 많이 내림. 4 [위에서 무거운 돌 따위가] 떨어지게 만든 함정. — [함락한].
down-fall·en [dáunfɔ̀ː(l)ən] adj. 파멸한, 멸망한.
down-grade [dáungrèid] (opp. upgrade) n. 내리받이, 내리받이 길; [운세·장사 따위의] 내리막길.
on the downgrade 몰락해가는, 망해가는.
— adj., adv. 내리받이(의 로), 하향(으로). — vt. (-grad-ed, -grad·ing) 1 …의 등급을 낮게 하다, 2 [서류·정보 따위의] 기밀 순위를 내리다.
down-haul [dáunhɔ̀ːl] n. [항해] [돛의] 내림밧줄.
down-heart·ed [dáunhɑ́ːrtid] adj. 기가 죽은, 낙담한, 용기를 잃은, 우울한. ¶ Are we downhearted! 기운을 잃었단 말인가! [용기를 내자!]. — ly adv. ~ness n.
***down-hill** [dáunhìl, ≠≠] n. 1 내리막길. 2 악화, 쇠퇴; 내리막. 3 [스키] 활강[경기]. — adv. 1 내리받이에, [언덕(비탈)을] 내려가서; 아래쪽으로. ¶ go downhill 언덕을 내려가다; [운세·건강 따위가] 내리막이 되다, 쇠퇴 가운 (家運) 따위가) 내리막에; 나빠져, 쇠퇴하여(downward). — adj. 1 내리막의. 2 나빠지는, 쇠퇴하는. 3 [스키] 활강의. [수]
down-hill·er [dáunhìlər] n. [스키의] 활강 경기 선수.
down-hold [dáunhóuld] v. (-held, -held·ing) vt. 억제(제한)하다. — n.《美》엄격한 제한(억제). ¶ a downhold on expenses 경비의 엄격한 제한.
dówn hóme n.《美구어》미국 남부; 시골.
down-home [dáunhóum] adj.《美구어》 1 남부[특유]의, 남부적인. 2 촌티나는, 소박한, 싹싹한.
Dówn·ing Strèet [dáuniŋ-] n. 1 다우닝가[영국 London의 관청가; 10번지의 수상 관저를 비롯하여 주요한 관공서·관저가 있다]. 2 영국 정부, 영국 내각.
dówn jàcket n. 다운 재킷 [오리털 따위 부드러운 깃털을 안에 넣은 재킷].
down-land [dáunlænd] n.《英》경사진 목초지, [특히 오스트레일리아·뉴질랜드 등지의] 기복이 있는 초원.
down-lead [dáunlìːd] n. [통신] 안테나의 인입선 (도입선).
down-link [dáunlìŋk] n. [로켓] [우주선이나 위성에서] 지상으로 보내는 데이터 송신.
down-load [dáunlòud] vt. [컴퓨터] 상위의 컴퓨터에서 하위의 컴퓨터로 데이터를 전송하다. [금].
dówn páyment n. ⓤⓒ [할부의] 첫 지불금 (계약금).
down-pipe [dáunpàip] n.《英》=downspout.
down-play [dáunplèi] vt. …을 중시하지 않다, 얕보다.
down-pour [dáunpɔ̀ːr / -pɔ̀ː] n. 억수, 호우. [다].
down-range [dáunréindʒ] adv., adj. [로켓 공학] 사정(射程)을 따라(따른).
down-rate [dáunrèit] vt. (-rated, -rating) …을 중시하지 않다, 낮게 평가하다.
***down-right** [dáunràit, ≠≠] adj. 1 철저한, 완전한, 순전한. ¶ downright nonsense 완전한 헛소리 / a downright lie 새빨간 거짓말 / a downright thief 틀림없는 도둑. 2 솔직한, 노골적인. ¶ a downright answer 솔직한 대답. 3 [고어] 바로 아래를 향한, 바로 위로부터의. ¶ a downright blow 바로 위로부터의 일격. — adv. 철저히, 완전히. — ly adv. ~ness n.
down-scale [dáunskèil] vt. (-scaled, -scal·ing) …의 규모를 축소하다.
down-shift [dáunʃìft] vt., vi., n. [자동차] 운전에서 저속 기어로 변환하다(하기).
down-side [dáunsàid] n., adj. 아래쪽(의), 하락세 (의). ¶ downside up 역전되어, 거꾸로 되어.
down-size [dáunsàiz] vt. 1 [규모, 기구, 인원 따위] 를 줄이다, 감량하다. 2 [자동차]를 소형화하다. — n., adj. [자동차] 소형 [인]. ¶ a downsize microwave oven 소형 전자 렌지.
down-siz·ing [dáunsàiziŋ] n. 기구 축소, 인원 감량.
down-slide [dáunslàid] n. 저하, 하락.
dówn Sóuth (sòuth) adj., adv.《美》남부 [여러 주(州)]의 (로).
down-spout [dáunspàut] n.《美》[지붕과 지면의 도랑을 연결하는] 수직으로의 홈통.
Dówn's sýndrome n. 다운씨 증후군 (症候群), 몽고증 (mongolism). [<영국의 의사 John L.H. Down (1828-96)의 이름]
down-stage [dáunstèidʒ] [연극] adv. 무대 앞쪽에 [서]. — adj., n. 무대 앞의.
down-stair [dáunstɛ̀ər] adj. = downstairs.
‡down-stairs [dáunstɛ̀ərz] adv. 계단 아래에 (로), 아래층으로(에). ¶ come downstairs 계단 아래로 내려 오다 / He is waiting downstairs. 그는 아래층에서 기다리고 있다. — adj. 아래층의(에 있는). ¶ a downstairs room 아래층의 방. — n. pl. [단수 취급] 1 아래층 [의 방]. 2 아래층 사람들.

down·state [dáunstéit] *n.* 주(州)의 남부. — *adv.* 주의 남부에. — *adj.* 주의 남부의.

*****down·stream** [dáunstríːm] *adv.* 흐름을 따라, 하류로, 강 아래쪽으로.

down·stroke [dáunstròuk] *n.* **1** [피스톤 따위의] 하향 행정(行程). **2** [서예의] 아래로 내려 긋기.

down·sweep [dáunswíːp] *vt., vi.* (**-swept, -sweeping**) …을(이) 아래쪽으로 구부러디다(구부러지다). 휘다 (휘어지다). — *n.* 구부러지기(휘기).

down·swing [dáunswìŋ] *n.* 경기 하강; [골프 따위의] 다운 스윙.

down-the-line [dáunðəláin] *adj.* 무조건의, 충실한, 성심성의의. ¶ a *down-the-line* union man 충실한 조합원. — *adv.* 충실히, 성심성의껏. ¶ support the party's platform *down-the-line* 정당의 강령을 충심으로 지지하다.

down·throw [dáunθròu] *n.* **1** 투하, 낙하, 전락; 전복. ¶ the *downthrow* of the government 정부의 전복. **2** [지질] 지반(地盤)의 강하.

down·tick [dáuntìk] *n.* [증권] 전회의 시세보다 내린 시세. *opp.* uptick

down·time [dáuntàim] *n.* [U] [기계의 수리·정비·장전 따위를 위한 공장의] 작업 중단 시간, 기계가 멈춘 시간.

down-to-earth [dáuntuá:rθ] *adj.* (美) 현실적인 (realistic), 실제적인(practical).

‡**down·town** [dáuntáun] *adv.* 상업 지구에(로, 에서), [도시의] 중심가에(로, 에서). ¶ live *downtown* 중심가에 살다 / She went shopping *downtown*. 그녀는 상가로 물건을 사러 갔다. — *adj.* 상업지구의(에 있는). ¶ a *downtown* theater 도심지의 극장. — *n.* 중심가, 상업지구.

down·train [dáuntrèin] *n.* 하행 열차.

down·trend [dáuntrènd] *n.* [경제] [경기 따위의] 하락세, 하향 추세(변화).

down·trod·den [dáuntrádn / -trɔ́dn] *adj.* **1** [폭정 따위로] 학대받는, **2** 짓밟힌, 유린된.

down·turn [dáuntə̀:rn] *n.* **1** [경기의] 하강, 침체. **2** 감소(decrease), 하락.

dówn únder *n., adj., adv.* (때로 D-U-) (구어) [구어] [지구의 반대편에서 보아] 오스트레일리아(뉴질랜드) [의, 에서, 로]; 지구의 반대편(the antipodes) [의, 에서, 으로]. 〈지도상으로 적도 밑에 위치하고 있는 데서〉

‡**down·ward** [dáunwərd] *adv.* (=**down·wards** [-wərdz]) **1** 아래쪽으로, 아래를 향하여. ¶ look *downward* 아래쪽을 내려다보다, **2** 하향하여, 쇠퇴하여. **3** …이래, 이후. ¶ from the Reformation *downward* 종교 개혁 이래. — *adj.* **1** 하향의, 내려가는, 내리받이의. ¶ a *downward* slope 내리막 언덕. **2** 악화하는, 쇠퇴하는, [경기 따위가] 내림세의. **3** …이래의, 이후의. ¶ the *downward* path 내리막길의 사람. ¶ …이래의, 이후의.

down·wash [dáunwɔ̀ʃ, -wɔ̀ʃ / -wɔ́ʃ] *n.* [항공] 세류(洗流) [비행중인 비행기의 날개 뒤쪽에 생기는 하향 기류].

down·wind [dáunwìnd] *adv.* 바람 부는 방향으로, 순풍으로; 바람 불어가는 쪽을 향하여. ¶ sail *downwind* 바람 불어가는 쪽으로 배를 달리다. — *adj.* **1** 바람 불어가는 쪽의, 순풍의. **2** 바람을 등에 진. *cf.* upwind

*****down·y** [dáuni] *adj.* (**down·i·er, down·i·est**) **1** 솜털의, 솜털 같은(fluffy). **2** 솜털로 만든. **3** 솜털로 덮인, 배냇털이 난. **4** 부드러운, 폭신폭신한. ¶ a *downy* touch of a baby's cheek 갓난아기의 볼의 보드라운 촉감. **down·i·ness** *n.*

dówny míldew *n.* [식물병리] 노균병(露菌病) [균].

dow·ry [dáuri / dáu(ə)ri] *n.* (*pl.* **-ries**) =dower.

dowse¹ [daus] *vt., vi.* (**dowsed, dows·ing**) *n.* = douse.

dowse² [dauz] *vi.* (**dowsed, dows·ing**) 점치광이 (dowsing rod)로 지하의 수맥(광맥)을 찾다.

dows·er [dáuzər] *n.* **1** =dowsing rod. **2** dowsing rod로 점치는 사람.

dóws·ing ròd [dáuziŋ-] *n.* 점치광이(divining rod).

dox·ol·o·gy [daksálədʒi / dɔksɔ́l-] *n.* (*pl.* **-gies**) [가톨릭에서] 영광의 찬가, [정교회에서] 영송(詠頌), [영국 국교회에서] 송영(頌榮) [미사나 예배에서 신에게 영광을 돌리는 짧은 노래나 기도문].

dox·y¹ [dáksi / dɔ́ksi] *n.* (*pl.* **dox·ies**) **1** 학설, 설, 의견. **2** 종교적 견해; 교리.

dox·y² [dáksi / dɔ́ksi] *n.* (*pl.* **dox·ies**) (속어) **1** 정부, 첩. **2** 매춘부.

doy·en [dɔ́iən] *n.* [단체 따위의] 고참자, 원로. ¶ the *doyen* of American critics 미국 비평계의 원로. 〔<F dean〕

doy·enne [dɔiién / dɔ́iən] *n.* doyen의 여성형. 〔<F〕

doy·ley, d'oy- [dɔ́ili] *n.* =doily.

doz. (略) dozen, dozens.

*****doze** [douz] *v.* (**dozed, doz·ing**) *vi.* 졸다, 선잠(풋잠) 자다. ¶ (~+副) *doze off* 꾸벅꾸벅 졸다 // (~+副+图) *doze over* one's work 일을 하면서 깜빡 졸다. — *vt.* 졸면서 [시간을] 보내다, 세월을 허송하다(…away). ¶ (~+图+副) *doze away* one's time; *doze* one's time *away* 졸면서 시간을 보내다. — *n.* 졸기, 선잠, 풋잠. ¶ fall into a *doze* 잠깐 졸다.

‡**doz·en** [dʌ́zn] *n.* (*pl.* **doz·ens** *or* (수사 뒤에서) **doz·en**) **1** [같은 종류의 것] 1다스, 12개. ¶ a *dozen* eggs 달걀 1다스 / sell eggs by the *dozen* 달걀을 1다스 단위로 팔다 / Six of one and half a *dozen* of the *other*. (속담) 오십보 백보. **2** (~s) [불특정의 다수를 나타내어] 수십, 다수. ¶ some *dozens* of people 수십 명의 사람들 / *dozens* of times 수십회나.
— **Usage** (1) 1다스의 달걀은 원래 a *dozen of* eggs 라고 말했지만, 현재는 of를 생략하고 형용사적으로 쓰는 것이 보통. 다만 단체 종의 1다스를 나타낼 때는 a *dozen of* these eggs 처럼 of를 넣는다. (2) many, several 의 뒤에서「수십의」처럼 불특정의 다수를 나타낼 경우는 dozens 처럼 -s 를 붙인다. ⇒ *n.* 2. (3) 다음 구별에 주의: *some dozens of* people 수십 명의 사람들 / *some dozen* of people 12명 가량의 사람들.

by [**the**] **dozens** 수십 개씩.

give *a person* **two dozens** (속어) 남을 채찍질하다.

talk nineteen (or **thirteen**) **to the dozen** (英구어) 마구 지껄여대다, 쉴 새 없이 지껄이다.

doz·enth [dʌ́znθ] *adj.* 열 두 번째의(twelfth).

doz·er¹ [dóuzər] *n.* 조는 사람.

doz·er² [dóuzər] *n.* =bulldozer.

doz·y [dóuzi] *adj.* (**doz·i·er, doz·i·est**) **1** 졸리는, 졸음이 오는. **2** (재목이) 썩어가는.

DP (略) *d*ata *p*rocessing; *d*ynamic *p*rogramming (동태(動態) 계획); *d*ouble *p*lay (병살); *d*urable *p*ress.

D.P., DP (略) (라틴) *dīrēctiōne Prō*-*priā* (=with proper direction); *d*isplaced *p*erson.

D.P., D/P (略) (상업) *d*ocuments *a*gainst (for) *p*ayment.

D.P.E. (略) (사진) *d*eveloping, *p*rinting and *e*nlargement.

D. Ph., D. Phil. (略) *D*octor of *Phil*osophy.

D.P.H. (略) *D*octor of *P*ublic *H*ealth.

dpt. (略) *d*epartment; *d*eponent.

D.P.W. (略) *D*epartment of *P*ublic *W*orks.

dr. (略) *d*ebit, *d*ebtor; *d*rachma; *d*ram, *d*rams; *d*rawer; *d*octor. ┗ *dr*um.

‡**Dr, Dr** [dáktər / dɔ́k-] (略) *D*octor.

Dr. drive (도로명으로 쓰인다).

D.R. *D*aughters of the [American] *R*evolution; *D*utch *R*eformed.

D.R., D/R, d.r. (略) [항해] *d*ead *r*eckoning (추측 항법); *d*eposit *r*eceipt.

drab¹ [dræb] *n.* [U] **1** 충충한 회색, 담갈색. **2** 담갈

drab 색의 직물[특히 나사(羅紗)]. —— *adj.* (**drab·ber, drab·best**) **1** 충충한 회색의, 담갈색의. **2** 기운없는, 생기없는; 시시한, 단조로운. ~**ly** *adv.* ~**ness** *n.*

drab² [dræb] *n.* **1** 추접스러운(단정치 못한) 여자 (slattern). **2** 매춘부. —— *vi.* (**drabbed, drab·bing**) [매춘부 상대로] 오입질하다.

drab·bet [dræbit] *n.* 갈색의 즈크[천] [작업복용].

drab·ble [drǽbl] *vt., vi.* (**-bled, -bling**) [옷자락 따위를] 질질 끌어 더럽히다(draggle), 흙투성이로 만들다(되다).

dra·cae·na [drəsíːnə] *n.* 드라세나[백합과(科)의 열대산(産) 관목].

drachm¹ [dræm] *n.* 《英》=dram.

drachm² [dræm] *n.* =drachma.

drach·ma [drǽkmə] *n.* (*pl.* **-mas** *or* **-mae** [-miː]) **1** 그리스의 화폐[단위]. **2** [고대 그리스]의 은화; 중량

Dra·co¹ [dréikou] *n.* [천문] 용좌. [의 단위]

Dra·co² [dréikou] *n.* 드라콘(Dracon) [기원전 7세기의 아테네의 집정관; 아테네 최초의 성문법을 만들었으며, 그 내용이 엄격한 것으로 유명].

Dra·co·ni·an [dreikóuniən] *adj.* **1** 드라콘의(과 같은). **2** [법률이] 엄격한, 가혹한.

Dra·co·ni·an·ism [dreikóuniənìz(ə)m] *n.* Ⓤ 엄격 주의, 엄벌주의.

dra·con·ic [dreikánik / -kɔ́n-] *adj.* 용의, 용과 같은.

Dra·con·ic [dreikánik / -kɔ́n-] *adj.* (때로 d-) = Draconian.

Drac·u·la [drǽkjələ] *n.* 드라큘라[B. Stoker 의 동명 소설의 주인공; 백작으로서 흡혈귀].

draff [dræf] *n.* 폐물, 쓰레기, 찌꺼기; [특히 맥주의] 지게미; [부엌의] 찌꺼기, 돼지의 먹이.

‡**draft, draught** [dræft / drɑːft] *n.* **1** 설계도, 초안, 밑그림, 초고; 설계도[초안] 작성(delineation). ¶ a *draft* for a machine 기계의 설계도 / a *draft* of a picture 초벌 그림 / a *draft* for a speech 연설의 초고 / make a *draft* of a treaty 조약을 기초하다.

2 [방 따위의] 통풍; [스토브 따위의] 통풍 조절 장치; 틈으로 들어오는 바람, 외풍이 들어오는 것. ¶ a natural *draft* 자연 통풍 / draw a *draft* 바람이 들어오다 / You'll catch a cold if you sleep in a *draft*. 바람이 들어오는 곳에서 자면 감기에 걸린다.

3 [수레·쟁기 따위를] 끌기, 견인(牽引); 견인력; 견인

4 짐수레를 끄는 짐승[말·소 따위]. [량.

5 [그물을] 한번 당겨 올리기; 한 그물[의 어획량]. * 이 의미로는 보통 draught 를 쓴다.

6 《美》[병사의] 징모, 징집병, 소집병; [스포츠] 드래프트 제. ¶ avoid the *draft* 징병을 기피하다.

7 선발; 선발대; 파견대. ¶ He accepted his *draft* as candidate. 그는 후보로 뽑힌 것을 수락했다.

8 [상업] 지불 통지(명령)서, 환어음; [어음 따위에 의한] 돈의 인출. ¶ a bank *draft* 은행 어음 / pay by *draft* 어음으로 지불하다.

9 [비유적] 강요, [어음으로] 지불하다.

10 《폐어》=draft allowance.

11 한번 마시기, 빨아들이기; [액체의 한 모금; 약의 1 회 복용량. ¶ drink a glass of beer at one (*or* a) *draft* 한 잔의 맥주를 단숨에 마시다 / a *draft* of beer 한 모금의 맥주.

12 Ⓤ [액체를 통 따위에서] 용기에 따르기, 따라붓기. ¶ cologne [sold] on *draft* 따라서 파는 콜로뉴수(水) / beer on *draft* 생맥주.

13 Ⓤ|Ⓒ《항해》흘수(吃水) (* 이 의미로는 보통 draught 를 쓴다). ¶ a ship with a *draught* of 10 feet 흘수 10피트의 배.

14 (~s) 《단수 취급》체커; 체커의 말. [있다. **feel the draft** 《美구어》돈이 궁하다, 주머니가 비어 **make a draft on** (or **upon**) ① …에서 돈을 인출하다. ② 앞으로 어음을 발행하다. ¶ make a *draft* on a person for 1000 dollars through a bank 은행을 통해서 남에게 1000달러의 어음을 발행하다. ③ 《비유적》…을 강요하다.

—— *vt.* **1** …을 설계하다, 기초하다; [초벌 그림]을 그리다. ¶ *draft* a plan 계획을 세우다 / *draft* a speech 강연 초안을 만들다. **2** …을 뽑다, 선발하다(select); 《美》…을 징모하다, 징병하다(conscript). ¶ (~+圓+前+ 阁) *draft* a person *to* a post 남을 어떤 지위에 발탁하다 / *draft* young men *for* war 전쟁을 위하여 젊은이들을 징모하다.

—— *adj.* **1** 하역용의. **2** [맥주 따위가] 통에서 따라 낸. ¶ *draft* beer 생맥주. **3** 기초된.

draft allówance *n.* 감량 공제[운반 중에 흘리거나 말라서 줄어든 중량에 대한 공제].

draft bóard *n.* 《美》징병 위원회.

draft cárd *n.* 《美》징병 카드.

draft cháir *n.* 안락 의자[등뒤의 바람을 막도록 설계된 의자] (wing chair).

draft dódger *n.* 《美》징병 기피자.

draft·ee [dræftíː / drɑːftíː] *n.* 징병된 사람, 징모된 사람. *cf.* enlistee

draft éngine *n.* 배수(排水) 기관.

draft·er [dræ̌ftər / drɑ́ːftə] *n.* **1** 초고자, 입안자. **2** 벌 그림 그리는 사람. **3** 짐수레 끄는 말(draft horse).

draft fúrnace *n.* 통풍로(通風爐).

draft géar *n.* [차량의] 연결기.

draft hórse *n.* 짐수레용 말.

draft·ing [dræftiŋ / drɑ́ːftiŋ] *n.* **1** Ⓤ|Ⓒ [문서·의안의] 기초[방법]. ¶ a *drafting* committee 기초 위원회. **2** Ⓤ 제도(製圖). **3** Ⓤ 《美》징집.

drafting róom *n.* 《美》제도실 (《英》drawing room).

draft nét *n.* 예망(曳網).

drafts·man [dræ̌ftsmən / drɑ́ːfts-] *n.* (*pl.* **-men** [-mən]) **1** 초벌 그림을 그리는 사람, 설계도 작성자. **2** 제도공. **3** 기초자, 입안자. **4** =draughtsman².

drafts·man·ship [dræ̌ftsmənʃìp / drɑ́ːfts-] *n.* Ⓤ 기초자(제도공)의 솜씨(기량); 제도술.

draft·y [dræfti / drɑ́ːfti] *adj.* (**draft·i·er, draft·i·est**) 통풍이 되는, 외풍이 있는. ¶ a *drafty* room 외풍이 있는 방. **draft·i·ly** *adv.* **draft·i·ness** *n.*

‡**drag** [dræg] *v.* (**dragged, drag·ging**) *vt.* **1** [무거운 물건]을 끌다; [무거운 듯이 천천히] …을 질질 끌고가다. ⇒ DRAW 〔類語〕 ¶ The ship *drags* her anchor. 닻을 끌고가다[배가 닻을 내린 채 물살에 밀려가다]. **2** [그물·닻으로] [물밑]을 뒤지다, 훑다. ¶ (~+圓+前+阁) *drag* a pond *for* fish 물고기를 잡으려고 못을 훑다. **3** [쟁기 따위로] [땅]을 고르다, 갈다. ¶ *drag* a field 밭을 정지하다. **4** [바퀴]에 받침을 괴다. **5** 《구어》[엉뚱한 문제·일]을 들고 나오다, 꺼내다(…in). ¶ (~+圓+前) Whatever we are talking about, you *drag in* the subject. 무슨 이야기를 우리가 하고 있건 자네는 그 이야기를 끌고나온다. **6** [긴 시간 따위]를 질질 끌다(…*on, out*). ¶ (~+圓+前) His stubbornness *dragged* the discussion *out* for hours. 그의 고집 때문에 토론이 여러 시간 걸렸다. **7** [담배]를 깊이 들이마시다. **8** 《속어》…을 싫증나게 하다.

—— *vi.* **1** 끌리다; 끌려 가다. **2** [땅에] 질질 끌다. ¶ walk with *dragging* feet 발을 질질 끌면서 걷다. **3** 천천히 움직이다, 무거운 듯이 움직이다; 힘들여 행동하다. ¶ (~+前+阁) *drag through* one's work 겨우 일을 마치다. **4** 질질 오래 끌다. ¶ [시간 따위가] 천천히 지나가다(pass slowly). ¶ Time *drags* when you have nothing to do. 아무것도 할 일이 없을 때는 시간이 더디 간다. **5** [그물·닻 따위로] 물밑을 뒤지다, 훑다(dredge).

drag **oneself along** 발을 질질 끌며 간다.

drag **behind** 낙오되다, 뒤지다.

drag **one's feet** (or **heels**) ① 발을 질질 끌다. ② 《구어》일부러 꾸물거리다; 열심히 하지 않다.

drag **up** 《구어》[아이]을 되는 대로 키우다.

—— *n.* **1** 《항해》 저예망(底曳網); 후릿그물(dragnet); [수중 수색 따위에 쓰는] 그물, 네 가닥 닻.

2 [농업] 큰 써레(heavy harrow). **3** 《속어》 [상대해서] 따분한 사람, 싫증나는 물건. **4** [무거운 돌 따위를 나르는] 썰매, 큰 썰매(sledge). **5** [옥상에도 좌석이 있는] 네 필이 끄는 4륜 마차(특히 자가용)/4두 마차. **6** [비탈에서 수레 바퀴를 멈추는] 제동자(制動子), 브레이크. **7** 장애물, 방해물(hindrance); 무거운 짐(burden). ¶ a drag on one's career 출세의 장애물 / His business is a drag to him. 그의 사업은 그에게는 무거운 짐이다. **8** 지체, 지연, 지지부진한 진행(retardation). ¶ There is no drag about this book. 이 책은 막히는 데가 없다. **9** 끌기, 질질 끌기. **10** [항공] 항력(抗力) [전진을 방해하는 힘]. **11** [사냥] 냄새 자국; [사냥개 훈련 따위에 쓰이는] 인공적으로 낸 짐승 냄새. [시중이 옆으로 끌리기. **12** [낚시의] 릴 제동 장치(brake); 물의 흐름으로 낚 **13** 《속어》 영향력(influence); 편들어(favor); 연고, 친분(with...). ¶ have a drag with one's employer 고용주의 마음에 들어 있다, 주인에게 영향력이 있다. **14** 담배를 깊이 들이마시기; 한 모금. **15** 《속어》 데이트 상대의 여성. **16** 《속어》 따분한 사람, 따분한 것(장소). **17** 《속어》 댄스 파티. **18** 《속어》 [동성 연애자의] 여장(女裝). **19** 《속어》 =drag race.

dráǵ ánchor n. 부묘(浮錨).
drag-bar [drǽgbɑ̀ːr] n. =drawbar.
dráǵ búnt n. [야구] 드래그번트[치는 순간 배트를 당겨서 가볍게 치는 번트].
dráǵ cháin n. **1** [차량의] 연결 사슬. **2** [가솔린 운반차 따위의] 정전기 방전용 사슬.
dra-gée [drəʒéi/drɑ̀ː, -ː] n. **1** 당과(糖菓) [과실·액체 따위를 초콜릿으로 싼 것]. **2** [케이크 따위의 장식에 쓰는] 은빛 알갱이. **3** 당의정(糖衣錠). [<F sweetmeat]
drag-gle [drǽgl] v. (-gled, -gling) vt. …을 질질 끌어 흠뻑적이어 만들다, 더럽히다. — vi. **1** 질질 끌다; 질질 끌어 더러워지다. **2** 느릿느릿(질질) 나아가다.
drag-gle-tail [drǽgltèil] n. **1** 더러운 사람, 단정치 못한 사람. **2** 단정치 못한 여자, 품행이 나쁜 여자.
drag-gle-tailed [drǽgltèild] adj. **1** 지저분한, 더러운. **2** 행실이 단정치 못한, 채신없는, 품행이 나쁜. **3** [여자가] 옷자락을 질질 끄는.
drag-gy [drǽgi] adj. (-gi-er, -gi-est) **1** 느릿느릿한, 지루한. **2** 《속어》 활기가 없는, 싫증나는; 불쾌한.
dráǵ húnt n. 사냥개가 인공적인 냄새 자국을 쫓아가서 하는 사냥.
drag-net [drǽgnèt] n. **1** 저예망(底曳網); [새잡이용의] 그물. **2** [경찰의] 수사망, 포위망.
drag-o-man [drǽgəmən] n. (pl. -mans or -men [-mən]) 아라비아·터키 등지의 통역, 안내인.
‡drag-on [drǽgən] n. **1** 용[전설·신화상의 괴물]. **2** [고어] 큰 뱀. **3** [성서] 괴물[큰 뱀이나 악어로 상징]. **4** (the D-) 마왕(Satan). **5** 무서운 사람, 난폭한 사람. **6** [용이 보물의 파수꾼이었다는 전설에서] 엄격한 감시인, [젊은 여자의] 시중드는 노부인. **7** 날도마뱀(flying lizard). **8** 천남성과의 식물. **9** 용기총(龍騎銃); 용기병(dragoon). **10** 《군사》 《속어》 탱크 운반차. **11** (the D-) 《천문》 용좌(Draco¹).
sow dragon's teeth 싸움(분쟁)의 씨를 뿌리다.
drag-on-et [drǽgənèt, +美 drǽgnèt] n. **1** 작은 용, 용의 새끼. **2** 동갈양태과(科)의 물고기.
***drag-on-fly** [drǽgənflài] n. (pl. -flies) 잠자리. cf. damselfly
drag-on-nade [drǽgənéid] n. **1** [프랑스 역사] (보통 ~s) [루이 14세가 용기병의 신교도의 거주지에 주둔시켜서 행한] 박해, 2 무력 박해(탄압).
drágon's blóod n. Ⓤ 기린갈(麒麟竭)[야자과(科)의 식물 열매에서 채취한 적색 수지; 지혈제, 도료, 방식

제(防蝕劑)].
drágon's téeth n. **1** 분쟁(내분)의 원인. ¶ sow dragon's teeth 분쟁의 씨를 뿌리다. **2** [쐐기형 콘크리트의] 대(對) 전차 장애물(방어 시설).
drágon trée n. 〔식물〕 용혈수(龍血樹) [매우 큰 나무].
dra-goon [drəgúːn] n. **1** 기병 연대의 병사. **2** 〔역사〕 용기병[용기총(dragon)을 가진 기병]. **3** 사나운 사람, 난폭한 사람. — vt. **1** …을 용기병으로 공격하다. **2** …을 힘으로 박해하다; …을 압박하다. ¶ (~+国+前+名) The authorities dragooned the people into leaving their lots. 당국은 강제로 사람들을 그들의 땅에서 떠나게 했다. [하산.
drág párachute n. [비행기·로켓의] 감속(減速)
drág párty n. 《美속어》 이성(異性)의 복장을 하고 모이는 파티; 동성 연애자들의 파티.
drág ráce n. 《美속어》 자동차의 가속 경주.
drag-rope [drǽgròup] n. [포차(砲車)·기구(氣球) 따위의] 끄는 줄, 유도삭(誘導索). [동차.
drag-ster [drǽgstər] n. 《美속어》 드래그레이스용 자
drág stríp n. 드래그 레이스용의 경주장.
drags-ville [drǽgzvil] n. Ⓤ 《속어》 지루한(따분한) 것, -ville dullsville
drail [dreil] n. [낚시 바늘의 곧은 부분(shank)에 납을 씌운] 낚시 바늘[트롤 낚시용].
‡drain [drein] vt. **1** [액체]를 서서히 배출하다, …의 물이 잘 빠지게 하다; [도시·집 따위]에 배수 설비를 하다; …을 말리다; 간척하다. ¶ drain a house 집에 배수 설비를 하다 / be well(badly) drained 배수 설비가 좋다 (나쁘다) / drain a marsh 늪을 마르게 하다. **2** …을 서서히 써없애다(재산 따위)]를 써서 없애다(exhaust); [자원]을 고갈시키다. ¶ (~+国+前+名) drain a country of men and treasure 나라의 인력과 부를 고갈시키다 / He was drained of all his energies. 그의 정력이 몽땅 소모됐다. **3** [잔]을 비우다, [술]을 쭉 들이켜다. ¶ (~+国) be drained dry 마셔 없어지다 // (~+国+前+名) drain a glass of its contents 컵에 든 것을 다 비우다. **4** [부스럼·상처 따위]에서 고름을 뽑다.
— vi. **1** 서서히 흘러나가다, [액체가] 줄줄 흘러나오다, 뚝뚝 떨어지다. ¶ (~+前+名) The water drained through a small hole. 물이 작은 구멍으로부터 줄줄 흘러나왔다 // (~+国) The water will soon drain away. 물은 곧 빠질 것이다. **2** [토지 따위의] 물이 빠지다, 말라버리다, 물기가 빠지다. ¶ (~+国) This field drains quickly. 이 땅은 배수가 잘 된다.
***drain to the dregs** ⇒ DREG.
— n. **1** 방수로(放水路), 하수구; (~s) 하수 시설. ¶ disinfect the drains 하수 시설을 소독하다. **2** [외과] 배농관(排膿管). **3** [공공식의] 유출, 지출(expenditure); 소실(消失); 부담(burden); [재원·정력 따위의] 소진(消盡), 고갈. ¶ the drain of gold 금의 국외 유출 / a drain on one's energy 정력의 소모 / an enormous drain on the domestic economy 국내 경제에 대한 막대한 부담. **4** 배수. **5** 《구어》 한모금(small drink).
go down the drain 점점 나빠지다, 못쓰게 되다; 없어지다. ¶ All his efforts went down the drain. 그의 노력은 모두 헛수고였다.
***drain-age** [dréinidʒ] n. Ⓤ 배수[법], 방수. ¶ a drainage pump 배수 펌프. **2** 배수 장치, 배수 기구(계통), 하수도. **3** 배수 구역, 유역(drainage basin). **4** Ⓤ 방뇨되는 물, 하수, 오수(汚水). **5** Ⓤ 〔외과〕 배농법(排膿法).
dráinage área n. =drainage basin.
dráinage básin n. [하천의] 배수 구역, 유역.
dráinage túbe n. [의학] [담즙·오줌 따위의] 배액관(排液管).
drain-er [dréinər] n. **1** 하수도 인부(ditcher). **2** [가정에서 씻은 물건의] 물기 빼는 기구. **3** 하수관, 배

drain·less [dréinlis] *adj.*《문어》무진장의.
drain·pipe [dréinpàip] *n.* 배수관, 하수관.
dráinpìpe tróusers *n. pl.* 발목께가 홀쭉한 바지.
drake[1] [dreik] *n.* 수오리, 집오리의 수컷(male duck).
drake[2] [dreik] *n.* **1** =drake fly. **2** 드레이크 포[17, 18세기에 쓰인 소형 대포]. **3**《폐어》용(龍).
dráke flỳ *n.* 하루살이[강낚시의 미끼] (May fly).
dram [dræm] *n.* **1** 드램〔약국용 도량형에서는 1/8 약용 온스(3.888그램), 상용 도량형에서는 1/16상용 온스 (1.772그램)〕. **2** 〔액량(液量)〕드램[1/8 액량 온스 (0.0037리터)〕. **3** 〔액체, 특히 술의〕한 모금. ¶ a *dram* drinker 술을 찔끔찔끔 마시는 사람 / a *dram* of whisky 위스키 한 모금 / be fond of a *dram* 술을 좋아하다. **4** 소량(small amount). ¶ a *dram* of poison 소량의 독 / He has not one *dram* of courtesy. 그는 예절이라곤 전혀 없다.
DRAM [díːræm] *n.*〔컴퓨터〕다이나믹 램(RAM). *cf.* RAM (<dynamic *r*andom *a*ccess *m*emory)
‡**dra·ma** [dráːmə, +美 dræmə] *n.* **1** 각본, 대본; 희곡. ¶ the *drama* of Hamlet 햄릿의 대본. **2** Ⓤ《종종 the ~》〔시·산문 따위에 대하여〕극문학; 연극. ¶ the Elizabethan *drama* 엘리자베스조(朝)의 연극 / the musical *drama* 극음악. **3** 극적인 사건. **4** Ⓤ 극적 성질, 극적인 효과. ◇ drámátic *adj.*, drámatize *v.*
Dram·a·mine [dræməmìːn] *n.*《상표명》드라마민〔항히스타민제·차(배)멀미 예방약〕.
‡**dra·mat·ic** [drəmætik] *adj.* **1** 연극의; 각본의, 희곡의; 극문학의. ¶ *dramatic* art 극예술 / *dramatic* performances 연예(演藝). **2** 연극조의, 연극같은(theatrical). ¶ a *dramatic* orator 연극조의 연설가. **3** 극적인, 인상적인. ¶ a *dramatic* event 극적인 사건 / The scene was really *dramatic*. 그 광경은 참으로 극적이었다. ◇ dráma *n.*
*****dra·mat·i·cal·ly** [drəmætikəli] *adv.* **1** 극적으로, 연극처럼. **2** 연극조로.
dramátic mónologue *n.* 극적 독백(dramatic lyric)〔극중에서 한 사람의 대사만으로 줄거리를 설명하는 연극적 기법〕.
dra·mat·ics [drəmætiks] *n. pl.* **1**《단·복수 양용》〔극의〕연출법, 〔배우의〕연기. **2** 소인극(素人劇). **3** 연극조의 행동(·표정).
dram·a·tis per·so·nae [drǽmətis pərsóuniː / dræmətis pəːsóunai, -ni] *n.* **1**〔극의〕등장 인물(characters). **2**《단수 취급》배역표(配役表).
〔<L persons of the drama〕〔wright〕.
*****dram·a·tist** [dræmətist] *n.* 극작가, 희곡 작가(play-
*****dram·a·ti·za·tion** [dræmətizéi(ə)n / -taiz-] *n.* **1** Ⓤ 극화(劇化), 희곡화, 각색. **2**〔문학 작품·역사적 사실 따위의〕희곡화된 것, 각색 작품.
*****dram·a·tize** [dræmətàiz] (*《英》에서는 dram·a·tise 로도 쓴다) *v.* (-tized, -tiz·ing) *vt.* **1**〔소설 따위를〕극화하다, 각색하다. **2** …을 극적으로 표현하다, 생생하게 표현하다; …을 과장하여 표현하다. ¶ *dramatize* one's sorrow 슬픔을 과장하다. — *vi.* **1**〔소설 따위가〕희곡이 되다, 각색되다.
dram·a·turge [dræmətəːrdʒ] *n.* 극작가(dramatist).
dram·a·tur·gic [drǽmətəːrdʒik], **-gi·cal** [-dʒi-k(ə)l] *adj.* 극작의, 극작법의, 연출상의.
-**gi·cal·ly** *adv.* 극작의, 극작법적으로, 연출상으로.
dram·a·tur·gy [dræmətəːrdʒi] *n.* Ⓤ 극작법(법), 연출법(dramatic art).
dram·shop [dræm(ə)p / -ʃɔp] *n.*《고어》술집, 선술집.
‡**drank** [dræŋk] *v.* drink의 과거형.
*****drape** [dreip] *v.* **(draped, drap·ing)** *vt.* **1** …에 우아한 주름을 붙이다, …을 장식천으로 꾸미다;〔휘장·의복 따위로〕우아하게 드리우다. ¶ *drape* oneself 옷[천]을 걸치다.《구어》〔여자가〕술 취한 체하고 슬쩍 기대다 // (~+図+前+图) *drape* a robe *around* a person's shoulders

걸옷을 남의 어깨에 걸쳐 주다. **2** …을 싸다(enfold). ¶ (~+図+前+图) *drape* oneself *in* profound thought 심원한 사상을 몸에 지니다.
— *vi.*〔휘장 따위가〕헐렁하게 드리워지다.
— *n.* **1** (보통 ~s) 휘장, 드리워진 천, 커튼. **2** Ⓤ (또는 a ~)〔스커트·블라우스의〕걸친(늘어뜨린) 맵시.
drap·er [dréipər] *n.*《英》포목상, 직물상. ¶ a *draper's* store 포목점《((美)) dry-goods store》.
*****dra·per·y** [dréipəri] *n.* (*pl.* -**er·ies**) **1** ⓒⓊ (보통 ~s)〔헐렁하고 예쁜 주름이 있는〕휘장, 덮개, 긴 커튼; 옷, 의복. **2** Ⓤ (또는 ·ies) 커튼·휘장 따위의 우아한 주름. **3** Ⓤ《미술》드레이퍼리〔조각·그림에 나타나 있는 휘장·의복의 주름〕. **4** Ⓤ ⓒ《집합적》피륙, 천 (cloths), 직물류, 포목류(《美》dry-goods). **5**《英》직물업, 포목상; ⓒ 포목점.
drápe sùit *n.*《속어》〔남성용의〕긴 웃옷과 홀태 바지의 수트.
*****dras·tic** [dræstik] *adj.* 강렬한, 맹렬한, 대담한, 철저한. ¶ *drastic* reform 근본적 개혁 / *drastic* remedies 거친 치료법 / take *drastic* measures 비상 수단을 취하다.
*****dras·ti·cal·ly** [dræstikəli] *adv.* 맹렬히, 철저히.
drat [dræt] *vt.* **(drat·ted, drat·ting)**《속어》…을 저주하다, 욕하다(damn). ¶ *Drat* it! 제기랄!, 지겹다! / *Drat* you! 요 녀석아!, 귀찮다! — *interj.*〔가벼운 불쾌감·실망을 나타내어〕체!, 제기랄!
D rátion *n.*《美육군》〔긴급용〕D호 휴대 식량.
drat·ted [drætid] *adj.*《구어》괘씸한, 보기싫은. ¶ That *dratted* child! 저런 괘씸한 녀석!
*****draught** [dræft / drɑːft] *n., v., adj.*《주로 英》= draft.
draught·board [dræftbɔːrd / drɑ́ːftbɔ̀ːd] *n.*《英》서양 장기(체커)판(checkerboard).
draughts·man[1] [dræftsmən / drɑ́ːfts-] *n.* (*pl.* -**men** [-mən]) =draftsman.
draughts·man[2] [dræftsmən / drɑ́ːftsmæn, -mən] *n.* (*pl.* -**men** [-mən / -mèn, -mən])《英》서양장기(체커)의 말(《美》checker).
draught·y [dræfti / drɑ́ːfti] *adj.* (**draught·i·er, draught·i·est**)《주로 英》=drafty. **draught·i·ly** *adv.* **draught·i·ness** *n.*
Dra·vid·i·an [drəvídiən] *n.* 드라비다 사람〔인도남 등지에 사는 비(非)아리안족의 종족〕; Ⓤ 드라비다 말.
— *adj.* (=**Dra·vid·ic**) 드라비다 사람(말)의.
‡**draw** [drɔː] *v.* (**drew, drawn**) **draw·ing**) *vt.* **1** …을 끌다, 잡아끌다, 끌어당기다; 활을 당기다. ¶ a cart *drawn* by a horse 말이 끄는 집수레 // (~+図+前) *draw* a belt *tight* 벨트를 세게 죄다 / *draw* a boat *ashore* 보트를 해안으로 끌어올리다 / *draw* a person *aside* 남을 옆으로 끌고 가다 / *draw* them *apart* 그들을 떼어놓다 / (~+図+前+图) *draw* a conversation *to* a *close* 대화를 끝내 가다 / *draw* a curtain *over* a window 창에 커튼을 치다.
〔類〕 매우 느린 속도로 천천히 매끄럽게 끌다: *draw* a cart 집수레를 끌다. **pull** 필요한 만큼 강하게 끌다: *pull* a rope 밧줄을 당기다. **drag** 무거운 물건을 천천히 끌다: *drag* a heavy desk 무거운 책상을 끌어가다. **haul** 무거운 물건을 힘을 들여 끌다, 끌고 가다: *haul* a person aside 남을 억지로 곁으로 끌다. **tow** 스스로 움직이지 못하는 물건을 밧줄·쇠사슬 따위로 끌다: *tow* a wrecked car 사고차를 끌다. **trail** 뒤로 끌다: *trail* one's skirt 옷자락을 질질 끌다. **tug** 힘을 들여 책 당기다; 대상물이 움직이지 않는 수도 있다: *tug* at a person's hand 남의 손을 책 당기다.
2 …을 꺼내다(take out); 〔물〕을 퍼올리다(내다); 〔이 따위〕를 뽑다; 〔칼·총 따위〕를 빼내다; 〔카드의 패·제비 따위〕를 뽑다(pull out); 〔어떤 패〕를 내게 하다 (~ out); 〔피 따위〕를 흘리게 하다. ¶ *draw* blood 피를 흘리게 하다 / *draw* lots 제비를 뽑다 / *draw* a sword 칼을 빼다 / (~+図+前+图) *draw* a cork *from* the bottle 병의 코르크 마개를 뽑다.

3 [남의 마음]을 끌다, 매혹하다(attract); …을 유치하다; (손님)을 끌다; [인기]를 끌다; [자석이] 끌어당기다. ¶ *draw* an audience 청중을 끌다 // (~+圄+圙+囵) feel *drawn* to …에 마음이 끌리다 / *draw* a person's attention to …에게 남의 주의를 쏠리게 하다 // (~+圄+*to* do) endeavor to *draw* one's child *to* study 아이에게 공부를 시키려고 노력하다.
4 [펜·연필·크레용 따위로] …을 그리다, 묘사하다, [선]을 긋다; [말로] …을 서술하다(depict). ¶ (~+圄+圙+囵) *draw* animals *from* life 동물을 사생하다.
5 [문서]를 작성하다(write) (... *out*), …을 기초하다, 입안(立案)하다; [어음 따위]를 발행하다(draft) (...*on*, *up*). ¶ *draw* a bill of exchange 환어음을 발행하다 // (~+圄+圙+囵) *draw* a bill *on* a person 남에게 어음을 발행하다.
6 [구별]을 짓다, [구획선]을 긋다(formulate). ¶ *draw* a distinction 구별하다 // (~+圄+圙+囵) *draw* a comparison *between* A and B A와 B를 비교하다.
7 …을 들이쉬다(inhale); [한숨]을 쉬다. ¶ *draw* a draft [방 따위에] 바람을 통하게 하다 / *draw* a long (or deep) breath 심호흡하다 / *draw* a long sigh 긴 한숨을 쉬다.
8 [결론 따위]를 끌어내다(deduce); (구어) [남]에게서 정보를 끌어내려 하다; [돈 따위]를 받아내다; …을 선발하다, 채용하다; (군사) (美) [의복·장비 따위]의 지급을 받다. ¶ *draw* a conclusion 결론을 끌어내다 / *draw* one's wages 급료를 받다 // (~+圄+圙+囵) *draw* money *from* a bank 은행에서 돈을 찾다.
9 …을 가져오다(bring in), 낳다(produce); 몰려 들게 하다. ¶ *draw* one's own ruin 스스로 파멸을 초래하다 / be *drawn* into the vortex 소용돌이 속에 말려들다 / *draw* fires (군사) 사격을 유발하다 / The small deposit has *drawn* some interest. 소액의 예금인데도 이자가 조금 붙었다.
10 …의 창자를 들어내다(disembowel). ¶ *draw* a chicken 닭의 창자를 들어내다.
11 [실 따위]를 팽팽하게 하다, 가늘게 잡아늘이다(stretch); [금속봉을 잡아늘여서(압연하여)] [철사 따위]를 만들다; …을 오래 끌게 하다(...*out*). ¶ long-*drawn* [out] agony 오랜 고민 / *draw* wire 철사를 만들다.
12 …을 오그라들게 하다, [주름]을 만들다; [얼굴]을 찡그리다(distort). ¶ a *drawn* look 찡그린 얼굴 / a face *drawn* with pain 고통으로 일그러진 얼굴.
13 (항해) 흘수(吃水)가 …의 깊이이다. ¶ This ship *draws* two meters deep. 이 배는 흘수가 2미터이다.
14 [승부·시합]을 비기게 하다. ¶ The game was *drawn*. 그 시합은 비겼다.
15 (주로 英) [사냥감]을 찾다(search), 몰아내다. ¶ *draw* a pond [그물을 당겨서] 못의 물고기를 잡다 / *draw* a covert for a fox 덤불에서 여우를 몰아 내다.
16 [뜨거운 물로] [차맛]을 내다. ¶ *draw* tea 차를 달이다.
17 (의학) [고약 따위가] [피·고름 따위]를 빨아내다, 화농(化膿)을 촉진시키다.
18 [골프] [공]을 [오른손잡이가] 왼쪽으로 치우치게 치다; [크리켓] [타구]를 왼쪽으로 빗날리다; [당구] [치는 공]을 끌다; [컬링(curling)에서] [돌]을 살며시 던지다.
— *vi.* **1** 끌다, 끌어당기다(pull). ¶ (~+圙) This horse *draws* well. 이 말은 [짐을] 잘 끈다.
2 끌리다; [때가] 다가오다. ¶ (~+圙) *draw* together 모여들다, [서로] 가까이 다가오다 / Christmas is *drawing* near. 크리스마스가 다가오고 있다 / The cart *draws* well. 그 수레는 끌기 쉽다 // (~+圙+囵) Like *draws* to like. (속담) 유유상종(類類相從).
3 [권총·칼·제비]를 빼다, 뽑다; 제비를 뽑다; [이가] 빠지다. ¶ (~+圄+囵) Let's *draw* for partners. 상대를 제비뽑기로 정하자 // Draw! 준비, 조준!

4 선을 긋다; 그리다, 제도(製圖)하다.
5 오그라들다(shrink), 죄어지다; [밧줄 따위가] 팽팽해지다; [고무 따위가] 늘어나다; (항해) [바람에 돛이] 팽팽해지다.
6 남의 이목을 끌다, 인기를 끌다. ¶ (~+圙) The show *draws* well. 그 쇼는 인기가 있다.
7 강요하다; [돈 따위]를 기대하다(rely); [어음]을 발행하다(draft) (*on*, *upon*...). ¶ *draw* for advance 가불하다 // (~+圙+囵) *draw* on a person's help 남의 원조를 기대하다 / *draw* on one's credit 신용 대부를 받다 / *draw* on one's imagination 상상력에 따르다.
8 [차가] 우러나다. ¶ (~+圙) This tea *draws* well.
9 [의학] [고약 따위가] 자극제로 작용하다, [고름 따위를] 빨아내다.
10 [파이프·굴뚝·방 따위가] 바람을 통하다; [담배의] 연기가 통하다. ¶ (~+圙) The chimney *draws* well. 그 굴뚝은 연기가 잘 빠진다.
11 [경기] 비기다.
12 (사냥) [사냥개가] 조심스럽게 사냥감을 향하여 다가가다, 냄새를 따라 찾아가다.
13 (항해) 흘수가 …이다.

draw a bead on …을 겨누다, 과녁으로 삼다.
draw a veil over ⇒ VEIL.
draw amiss 엉뚱한 방향으로 가다(빗나가다).
draw and quarter 죄인의 사지(四肢)를 각각 다른 말에 매어놓고 말을 사방으로 몰아서 처형하다.
draw away from (경주 따위에서) (상대)를 떼어놓다.
draw back (*vi.*) ① 뒷걸음질치다; (군사) 철수하다. ② 망설이다. ③ [사업 따위에서] 손을 떼다. ④ [돈 따위를] 되돌려받다, 환급받다. ⑤ (*vt.*) (쳤던 막 따위를) 열다.
draw [a] blank ⇨ BLANK.
draw down [커튼·막 따위]를 끌어내리다. ¶ *draw down* a blind 블라인드를 내리다. ② [노여움·실패 따위]를 초래하다.
draw in ① [날이] 저물다, [해가] 짧아지다. ¶ Days are *drawing in*. 해가 점점 짧아진다. ② 끌어들이다; 불러들이다. ③ 빨아들이다. ④ (*vt.*, *vi.*) [지출·비용]을 줄이다; 오그라들게 하다, 축소하다. ⑤ …을 유혹하다. ⑥ [열차가] 역에 도착하다; [자동차 따위가] 길가에 서다. ¶ The train *drew in* at 8 : 30 — five minutes late. 열차는 5분 연착하여 8시 30분에 들어왔다 (*美에서는 흔히 pull in을 쓴다).
draw in one's horns ⇒ HORN.
draw it fine (구어) 꼼꼼하게 구별하다, 까다롭게 따지다.
draw it mild (주로 英) (보통 명령형으로) 온건하게 말하다, 과장하지 않고 말하다.
draw it strong 허풍을 떨다.
draw level with a person [경쟁에서] 남과 동점이 되다; 대등하게 되다.
draw off ① …을 배수(排水)하다. ② (*vi.*) 선발하다. ③ (군대 따위)를 철수시키다. ④ (주의)를 다른 대로 돌리다.
draw on ① [장갑·신발·옷 따위]를 끼다, 신다, 걸치다. ② [시간 따위가] 다가오다; …에 도착하다. ③ …을 꾀다, 끌어들이다. ④ (구좌에서) 돈을 인출하다.
draw out ① 뽑아내다, 제거하다. ¶ *draw out* a tooth 이를 뽑다. ② (구어) …을 꾀어 말하게 하다; 제멋대로 지껄이게 하다, 오래 끌게 하다, 오래 끌다. ¶ The speech *drew out* interminably. 그 연설은 끝없이 오래 끌었다. ③ [돈]을 은행 따위에서 찾다. ④ [해가] 길어지다. ⑤ 고르다. ⑥ [열차가] 플랫폼을 떠나다; [자동차 따위가] 움직이기 시작하다. ⑦ [문서]를 작성하다.
draw round …을 둘러싸다. ¶ *draw round* a fire 난로 둘레에 모이다.
draw a person's teeth ⇒ TOOTH.
draw the cork 코피를 나게 하다.
draw the curtain ⇒ CURTAIN.

draw the King's (or **Queen's**) **picture** 위폐를 만들다.
draw the (or **a**) **line at** ⇒ LINE.
draw the (or **one's**) **pen** (or **quill**) **against** ⇒ PEN.
draw the sword ⇒ SWORD.
draw one's time [임금을 받고] 일을 그만두다, 퇴직하다.
draw to a head ⇒ HEAD.
draw together 한데 모으다, 한데 모이다.
draw up ① …을 끌어당기다; …을 끌어올리다. ② [차 따위] 멈추게 하다, 서다. ③ [군대 따위] 정렬시키다 (하다). ④ 《재귀용법》 바로 앉다, 벌떡 일어서다 [보통 위엄이나 노여움을 나타내는 행동]. ¶ He *drew* himself *up* for a fight. 그는 싸울 자세를 갖추었다. ⑤ …에 다가가다, …에 바짝 따라붙다 (*to, with*…). ⑥ 오그라들다, 수축하다. ⑦ [문서를] 작성하다. ¶ *draw up* a contract 계약서를 작성하다.
— *n*. **1** 끌어 (잡아) 당기기 (pull); 잡아뽑기; 권총을 holster 에서 뽑기; 활을 잡아당기기. ¶ be quick on the *draw* [권총 따위를] 뽑는 솜씨가 빠르다. **2** [사람을] 끌어들이는 것, 인기 거리, 매력 (attraction). ¶ The new play proved a great *draw*. 그 새 연극은 큰 인기를 끌었다. **3** 끄는 것; 끌리는 것, 《美》 도개교 (跳開橋) (drawbridge) 의 개폐부 (開閉部). ¶ a *draw* line 낚시산의 당김줄. **4** [경기] 비김, 무승부, 동점. ¶ The boat race was a *draw*. 보트 레이스는 무승부였다. **5** 《구어》 제비뽑기, 추첨 (drawing). **6** [지질] 깊은 계곡 사이의 저절로 생긴 배수로, 계곡 (valley); 마른 계곡. **7** [차의] 달인 물. **8** 《방언》 [장농 따위의] 서랍 (drawer).
beat a person to the draw 남을 앞지르다, 기선을 제하다, 선수를 치다.

***draw·back** [drɔ́ːbæ̀k] *n*. **1** 장애, 방해, 지장; 불리 (disadvantage), 결점 (shortcoming). ¶ remedy a *drawback* to …에 대한 장애를 없애다 / Everyone has his own *drawbacks*. 누구나 결점은 있다. **2** [U;C] [상업] 환물 [금]; [수입품의 재수출 따위에 지급되는] 관세 환급 [금]; 공제. **3** 철수.

draw·bar [drɔ́ːbɑ̀ːr] *n*. [기관차·차량의] 연결봉; 견인용 철봉.

draw·bridge [drɔ́ːbrìdʒ] *n*. 가동교 (可動橋), 도개교; [성 둘레의 해자 (垓字) 에 걸친] 들어올리는 다리.

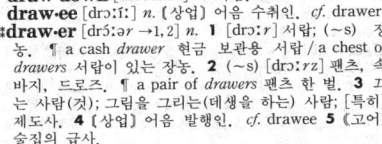
[drawbridge]

Draw·can·sir [drɔ́ːkæ̀nsər] *n*. 적이나 동지간에 모두 무서워하는 인물; 매우 으스대는 사람.

draw·down [drɔ́ːdàun] *n*. 삭감.
draw·ee [drɔːíː] *n*. [상업] 어음 수취인. *cf*. drawer
***draw·er** [drɔ́ːər 1, 2] *n*. [상업] 서랍; (~s) 장농. ¶ a cash *drawer* 현금 보관용 서랍 / a chest of *drawers* 서랍이 있는 장농. **2** (~s) [drɔ́ːrz] 속 바지, 드로즈, 드레스; ¶ a pair of *drawers* 팬츠 한 벌. **3** 끄는 사람 (것); 그림을 그리는 (데생을 하는) 사람; [특히] 제도사, **4** [상업] 어음 발행인. *cf*. drawee **5** 《고어》 술집의 급사.
out of the top drawer 상류 계급 출신의, 명문 출신의 [장농의 맨 윗칸의 서랍에서 값진 물건을 넣어다는 데서].

‡**draw·ing** [drɔ́ːiŋ] *n*. **1** [U] 끌어내기, 잡아당기기; 끌어당기기; [문서 따위의] 작성하기. **2** [U] [연필·펜·숯·크레용 따위의] 선을 긋기; 그림을 그리기; 데생을 하기; [그림·도안의] 선묘; 제도 (製圖) **3** [U] 그림, 도화, 선화 (線畫), 데생. ¶ *drawing* instruments 제도 용구 / charcoal *drawing* 목탄화 / make (or produce) a *drawing* 그림 (데생) 을 그리다, 도면을 그리다. **3** [U] [설비뽑기, 추첨. **6** [U] 찻 따위에 달여내기.
in drawing ① 정확히 그려져 (그려진). ② 선화 (데생, 도면) 에서 (의).
out of drawing ① 부정확하게 그려져 (그려진). ②

균형이 잡히지 못한 (못하여), [주위와] 조화를 이루지 못한 (못하여).

dráwing accòunt *n*. 인출금 계정 [외판원의 경비·급료 따위의 가불 금액을 기장 (記帳); 기업주의 가계에서 인출액을 기장].
[케트 북.
dráwing blòck *n*. [떼어쓰게 된] 도화지 첩 (帖), 스
dráwing bòard *n*. 제도판, 화판.
on the drawing board 계획중인.
dráwing càrd *n*. [만원 입장이 확실한] 연예인, 상연물, 인기 프로; 인기 흥행물, 어트랙션.
dráwing knìfe *n*. =drawknife.
dráwing pàper *n*. [U] 도화지; 제도 용지.
dráwing pèn *n*. [제도용] 오구 (烏口).
dráwing pìn *n*. 《英》 제도용 핀 (《美》 thumbtack).
dráwing ríght *n*. 인출권.
‡**dráwing ròom** *n*. **1** 객실, 응접실 (parlor). **2** 《美》 [열차의] 특별 전용 응실. **3** 《英》 [특히 궁정에서의] 접견, 공식 초대 (formal reception). ¶ The queen holds a *drawing room* today. 오늘 여왕의 접견이 있다. **4** [집합적] 손님들. **5** [drɔ́ːiŋ rúː(ː)m/ --] 《英》 제도실 (《美》 drafting room).

draw·ing-room [drɔ́ːiŋrùː(ː)m] *adj*. 객실의; 객실다운, 객실에 알맞는.

dráwing strìng *n*. =drawstring.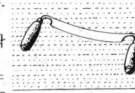
dráwing tàble *n*. 제도용 탁자.

draw·knife [drɔ́ːnàif], (= **drawing knife**) *n*. (*pl*. **-knives** [-nàivz]) [목공] 양끝에 손잡이가 달린 당겨 깎는 칼.
[drawknife]

drawl [drɔːl] *vi*. [보통 모음을] 길게 늘여서 발음하다, 귀찮은 듯이 (젠체하며) 천천히 말하다. ¶ *drawl* [out] a reply 귀찮은 듯이 천천히 대답하다. — *vt*. …을 느리게 말하다. — *n*. 느린 말투. ¶ the Southern *drawl* 《美》 남부인 특유의 느린 말투.

drawl·er [drɔ́ːlər] *n*. 느릿느릿 말하는 사람.
drawl·ing [drɔ́ːliŋ] *adj*. [말투가] 느릿느릿한, 점잔 빼는. **~·ly** *adv*.

draw·man [drɔ́ːmən] *n*. (*pl*. **-men** [-mən]) 플라스틱 성형 조립공.

‡**drawn** [drɔːn] *v*. draw 의 과거 분사.
— *adj*. **1** [밧줄 따위가] 팽팽하게 처진, [신경 따위가] 긴장한; 일그러진, 찡그린, 여윈, **2** [선 따위가] 그어진. **3** [요리에서] 내장을 뺀, ¶ a *drawn* fowl 내장을 뺀 닭. **4** [칼집에서] 빼낸. **5** 비긴, 무승부의. ¶ a *drawn* game 비긴 게임.

dráwn bútter *n*. [U] 녹인 버터 [밀가루·레몬즙 따위를 섞어 소스를 만든다], 그 소스.
dráwn nèt *n*. 저예망 (底曳網) (dragnet); [등성등성한] 새망이 그물, 새그물.
dráwn gláss *n*. [U] [녹은 상태에서] 압연 공정 (壓延工程) 으로 만든 유리.
drawn-thread [drɔ́ːnθrèd] *adj*. 올을 뽑아 만드는. ¶ *drawn-thread* work 드론 워크 (drawn work) [레이스의 일종. 천에서 올을 뽑아 무늬나 장식을 만드는 일, 그 물건].
dráwn wòrk *n*. [U] 올을 뽑아 엮어 만드는 세공 [레이스의 일종.
[판].
draw·plate [drɔ́ːplèit] *n*. [철사 제조용] 정선판 (整線 **dráw pòker** *n*. [카드놀이] 포커의 일종 [게임을 시작하기 전에 수중의 패 5 장 중 3 장까지 바꿀 수 있다].
draw·shave [drɔ́ːʃèiv] *n*. =drawknife.
draw·string [drɔ́ːstrìŋ] *n*. [자루·옷 따위에 꿰어 있는] 졸라매는 끈 (drawing string).
dráw wèll *n*. 두레우물.
dray [drei] *n*. **1** [무거운 짐을 나르는 4 륜의] 큰 짐마차, 화물 자동차. **2** 썰매 (sledge). — *vt., vi*. [짐을] dray 로 나르다.
dray·age [dréiidʒ] *n*. [U] 짐마차 (트럭) 운반; 운반료.

dráy hòrse n. 복마(卜馬) [짐마차 끄는 말]. [꾼.
dray-man [dréimən] n. (pl. **-men** [-mən]) 짐마차
‡**dread** [dred] vt. **1** …을 매우 두려워하며, 몹시 무서워하다; …을 걱정하다. ¶ He *dreads* visits to the dentist. 그는 치과에 가는 것을 무척 겁낸다 / A burnt child *dreads* the fire. 《속담》불에 덴 아이는 불을 무서워한다, 쓰라린 경험은 언제까지나 잊혀지지 않는다 // (~ + to do) *dread* to go 가기를 몹시 겁내다 // (~ + ing) She *dreads* going out at night. 그녀는 밤에 외출하는 것을 대단히 싫어한다 // (~ + that 節) They *dread* that the volcano may erupt again. 그들은 화산이 다시 폭발하지 않을까 걱정하고 있다. **2** [고어] …을 경외(敬畏)하다. — vi. 두려워하다(feel dread). — n. **1** 공포. ⇒ FEAR [類語]; 근심, 걱정, 불안(apprehension) (of…). ¶ be (or live) in *dread* of …을 늘 두려워하고 있다 / have a *dread* of …을 몹시 두려워하다. **2** 무서운 것; 공포의 대상. **3** ⓤ [고어] 경외(awe). — adj. **1** 무서운, 두려운(dreadful, terrible). **2** 황공한.
◇ **dréadful** adj.
‡**dread-ful** [drédfəl] adj. **1** 무서운, 두려운(terrible). ¶ a *dreadful* monster 무서운 괴물. **2** 황공한(venerable). **3** 지독한, 몹시 불쾌한. ¶ a *dreadful* bore 몹시 따분한 사람. — n. 《英》 저속한 선정 소설(통속 잡지). ¶ penny *dreadfuls* 선정적인 싸구려 소설.
~**ness** n. [엄청나게.
dread-ful-ly [drédfəli] adv. 《구어》 몹시, 지독하게.
dread-nought [drédnɔ:t], (**dread-naught**) n. **1** 노급(弩級) 전함[20세기 초기의 최대 최강의 전함으로 거포(巨砲)를 갖춤]. **2** 【방한용의】 두꺼운 외투; 그 옷감. **3** 용감한 사람.
‡**dream** [dri:m] n. **1** 꿈; 【꿈길을 더듬는】 잠, 꿈길. ¶ the land of *dreams* 꿈 나라 / 잠 / awake from a *dream* 꿈에서 깨다 / have (or dream) a happy *dream* 즐거운 꿈을 꾸다.
2 몽상, 망상; 백일몽, 공상(reverie). ¶ a waking *dream* 백일몽 / a vain *dream* 공상.
3 【장래에 대한】 꿈, 희망. ¶ the *dreams* of youth 청춘의 꿈 / realize one's *dreams* 꿈을 실현시키다 / My *dream* has come true. 나의 꿈이 이루어졌다 / It has long been my *dream* to study abroad. 유학 가는 것이 나의 오랜 꿈이었다 / I have a *dream* of becoming a doctor. 나는 의사가 되겠다는 꿈이 있다.
4 【꿈처럼】 멋진 것(일). ¶ My life with her was simply a *dream* of delight. 그녀와의 생활이 더할 나위 없는 기쁨이었다 / Miss Smith was really a perfect *dream*. 스미스양은 정말 눈이 번쩍 드는 미인이었다.
— v. (**dreamed** [dri:md, +英 dremt] or **dreamt** [dremt], **dream-ing**) vi. **1** 꿈을 꾸다, 꿈에 보다(of…). ¶ (~ + 前 + 名) I *dreamed* of my friend last night. 어젯밤 친구의 꿈을 꾸었다.
2 《부정문으로》 꿈에도 생각하지 않다. ¶ (~ + 前 + 名) I never *dreamed* of meeting you there. 거기서 너와 만나리라고는 꿈에도 생각지 못했다 / I shouldn't *dream* of (doing) such a thing. 그런 일을[을 하겠다고는] 꿈에도 생각하지 않는다.
3 몽상하다, 몽상에 빠지다; 【가망없는 소망 따위를】 꿈꾸다(of…). ¶ (~ + 前 + 名) *dream* of honors 영달(榮達)을 꿈꾸다 / *dream* of one's future 장래를 공상하다.
— vt. **1** …의 꿈을 꾸다. ¶ *dream* a funny *dream* 우스꽝스러운 꿈을 꾸다. **2** …을 공상하다, 꿈꾸다(fancy); 상상하다(suppose). ¶ (~ + that 節) He always *dreams* that he will be a statesman. 그는 언제나 정치가가 되겠다고 꿈꾸고 있다. **3** 【시간 따위를】 꿈같이 보내다(…away). ¶ (~ + 目 + 副) *dream* away one's time (life) 엄벙덤벙 시간(생애)을 보내다, 허송세월하다.

dream up 《구어》 …을 문득 생각해내다, 창작하다; 번뜩 생각하다(think of). ¶ I wonder who *dreamed up* the idea. 도대체 누가 그런 아이디어를 생각해냈을까?

dréam análysis n. 【정신분석】 【잠재(무)의식의 연구 방법으로서의】 꿈 분석. [꾸는 듯한 연인.
dréam-boat [drí:mbòut] n. 《속어》 멋진 사람(것), 이
***dréam-er** [drí:mər] n. 꿈꾸는 사람; 공상(몽상)가.
dréam fáctory n. 영화 촬영소; 영화 산업.
dream-ful [drí:mfəl] adj. 꿈이 많은, 공상적인 (dreamy). [면.
dream-land [drí:mlænd] n. ⓤⓒ 꿈나라; 동화의 나
dream-less [drí:mlis] adj. 꿈이 없는, 꿈꾸지 않는, 안면(安眠)의. ¶ a *dreamless* sleep 안면.
dream-like [drí:mlàik] adj. 꿈 같은, 몽롱한, 환상적인.
dréam machíne n. 텔레비전 산업(업계).
dreamt [dremt] v. dream의 과거·과거 분사의 하나.
dream-world [drí:mwə̀ːrld] n. 꿈의 세계, 공상(환상)의 세계.
*__dream-y__ [drí:mi] adj. (**dream-i-er, dream-i-est**) **1** 꿈 많은, 꿈으로 가득찬(full of dreams). ¶ a *dreamy* sleep 꿈을 많이 꾸는 잠. **2** 꿈꿈은, 공상적인. ¶ a *dreamy* person 공상가. **3** 꿈꾸는 듯한(visionary); 졸린 듯한, 희미한, 어렴풋한(vague). ¶ *dreamy* eyes 꿈꾸는 듯한 눈 / a *dreamy* recollection 어렴풋한 추억. **4** 달래는(soothing), 조용한(restful). ¶ *dreamy* music 조용한 음악. **5** 《구어》 이상한, 놀라운(wonderful). **dream-i-ly** adv. **dream-i-ness** n.
drear [driər] adj. 《문어》 =dreary.
drear-i-some [drí(:)risəm / drí(ə)r-] adj. 《고어》 쓸쓸한; 지루한, 따분한.
‡**drear-y** [drí(:)ri / dríəri] adj. (**drear-i-er, drear-i-est**) **1** 쓸쓸한, 음울한, 황량한(gloomy). **2** 따분한, 지루한(boring). ¶ a *dreary* mind 따분한 마음. **3** 서글픈(sorrowful, sad). — n. (pl. **drear-ies**) 따분한 사람 [작가·역사상의 인물 등].
drear-i-ly adv. **drear-i-ness** n.
dreck [drek] n. 《속어》 허접스레기, 집동사니.
dredge[1] [dredʒ] n. **1** 준설기(선). **2** 저예망(底曳網)(dragnet) 【굴(oyster) 따위를 딸 때에 쓰는 그물】.
— v. (**dredged, dredg-ing**) vt. **1** 【강바다 따위를】 긁어내다, 준설하다. **2** …을 저예망으로 모으다(훑다) (…up). — vi. 물바닥을 긁어내다; 저예망으로 잡다(for…).
dredge[2] [dredʒ] vt. (**dredged, dredg-ing**) 【요리】 …에 밀가루 따위를 뿌리다(sprinkle), 【가루 따위를】 묻히다.
dredg-er[1] [drédʒər] n. **1** 《英》 준설선, 준설기. **2** 준설 인부. **3** 저예망 어부, 채취선. [구.
dredg-er[2] [drédʒər] n. 밀가루(설탕 따위) 뿌리는 기
drédging machíne n. =dredge[1].
dree [dri:] adj. 《스코·北英》 따분한, 지루한. — vt. (**dreed, dree-ing**) …에 견디다, …을 참다. ¶ *dree* one's weird 운명을 달게 받다.
dreep [dri:p] n. 《구어》 쓸모없는 사람, 호리호리한(시원찮은) 녀석(drip).
dreg [dreg] n. 《보통 ~s》 **1** 【음료 따위의 그릇 바닥에 남는】 찌끼기, 앙금. **2** 《비유적》 쓰레기 같은 사람, 보잘것없는 것(사람). ¶ the *dregs* of society 사회의 쓰레기.
__drain__ (or __drink__) *something __to the dregs__* ① …을 한 방울도 남기지 않고 모두 마시다. ② 【인생의 쓴맛·단맛 따위를】 다 맛보다. ¶ *drain* the cup of sorrow *to the dregs* 슬픔의 극(極)을 맛보다.
__not a dreg__ 조금도 ―없다. ¶ He left *not a dreg* in the cup. 그는 컵에 한 방울도 남김이 다 마셨다.
dreg-gy [drégi] adj. (**-gi-er, -gi-est**) 찌꺼기가 많은; 탁한, 더러운.
‡**drench** [drentʃ] vt. **1** …을 흠뻑 젖게 하다, 물에 담그다(soak). ¶ be *drenched* to the skin 흠뻑 젖다. **2** 《獸醫》 【억지로】 【동물】에게 물약을 먹이다. ¶ *drench* a cow 소에게 물약을 먹이다. — n. **1** 흠뻑 젖기, 흠뻑 젖게 하는 것; 물에 잠기기. ¶ a *drench* of rain 큰 비, 억수같은 비. **2** 【무두질할 가죽을 담그는】 화학 용액;

[마소용의] 물약. **3** 단숨에 들이마시기.
drench·er [dréntʃər] n. **1** 흠뻑 젖게 하는 것, 억수, 호우. **2** [마소용의] 물약 투여기.
Drés·den chína(wàre) [drézdən-] n. ⓤ 드레스덴 도자기[독일 Dresden 부근에서 만드는 정교한 도자기].
‡**dress** [dres] n. **1** [원피스의] 부인복, 드레스; 아동복. ¶ lace up a *dress* 드레스에 레이스를 달다 / She is wonderful in that *dress*. 그녀는 그 드레스를 입으면 근사하다. **2** ⓤ 의복, 옷(clothing); 복장, 의상. ¶ morning *dress* 보통 예복; [부인용의] 고급 실내복 / evening *dress* 야회복 / change one's *dress* 옷을 갈아입다 / in Korean *dress* 한복으로 / He is extravagant in *dress*. 그는 옷치레를 한다. **3** ⓤ 정복, 정장, 예복 (formal clothes). ¶ in full *dress* 정장으로 / No *dress*. 정장하실 필요는 없습니다(* 초청장 따위에 쓴다). **4** ⓤⓒ [새의] 바깥쪽의 털, [수목 따위의] 차림. ¶ Trees put on their spring *dress*. 나무들은 봄단장을 했다. **5** ⓤⓒ 외관, 외견.
— *adj.* **1** 의복의, 옷의. **2** 정장의, 예복의. ¶ a *dress* suit 예복.
— *v.* (**dressed** [drest] *or* 〔고어〕 **drest, dress·ing**) *vt.* **1** …에게 옷을 입히다, …의 옷차림을 하다; …에게 옷을 만들어주다. ¶ *dress* a child 아이에게 옷을 입히다 / *dress* one's daughter on 100 dollars a month 달에 100 달러어치로 옷을 딸에게 입혀서 주다 // (～＋目＋前＋名) be *dressed in* white 흰 옷을 입다 / *dress* oneself *for* a ride 승마복을 입다.
2 …에게 예복(정복)을 입히다, 정장시키다; …에게 나들이옷을 입히다; …을 차려입다(…*up, out*). ⇒ *dress up* ①
3 …을 장식하다, 꾸미다(adorn, ornament) (…*up*). [배・마을]을 깃발로 장식하다. ¶ *dress up* a shopwindow 가게의 진열장을 [상품으로] 꾸미다 / (～＋目＋前＋名) *dress* one's hair *with* flowers 머리에 꽃으로 장식하다.
4 [직물・목재・석재 따위]를 마무르다, 정돈하다; [가죽]을 무두질하다; [요리] [털이나 내장을 빼내서] [새・짐승]을 요리 준비를 하다. ¶ *dress* leather 가죽을 무두질하다 / (～＋目＋前＋名) *dress* food for the table 식탁에 내도록 음식을 조리하다.
5 [머리]를 빗다(comb out); [머리]를 매만지다(do up); [말털]을 빗질하다(curry). ¶ *dress* one's hair 머리를 매만지다.
6 [토지]를 경작하다(cultivate); [식물・정원수 따위]를 가지치다. ¶ *dress* a garden 화단을 손질하다.
7 [광석]을 선별하다.
8 [상처・종기]를 치료하나, [상처에] 붕대를 감다(treat). ¶ *dress* a wound 상처를 치료하다.
9 …을 똑바로 하다; [군대] [병사]를 정렬시키다. ¶ *dress* the ranks 병사를 정렬시키다 / *dress* a course of bricks 벽돌을 가지런히 하다.
10 〔구어〕 …을 꾸짖다(scold); …을 [매로] 때리다 (thrash) (…*down*).
be dressed to kill (or **death**)**; be dressed up to the nines** (or **the knocker**) 〔구어〕 예쁘게 차려 입고 있다, 아주 멋진(세련된) 복장을 하다.
— *vi.* **1** [특히 예복・야회복]을 입다, 정장하다. ¶ (～＋副) *dress* well (badly) 복장(옷차림)이 좋다(나쁘다) // (～＋前＋名) She *dressed* for dinner. 그녀는 만찬회를 위하여 야회복을 입었다. **2** 나들이옷을 입다, 성장(盛裝)하다; 분장스럽게 차려 입다 (*up*). ¶ She *dressed* very much. 그녀는 한껏 차려 입고 있었다. **3** [군대] 정렬하다 (come into line). ¶ *dress* to (or by) the left 좌로 나란히 정렬하다 / Halt, *dress*! 〔구령〕 제자리에 서!, 정렬! / Right, *dress*! 〔구령〕 우로 나란히!
dress up ① 성장하다, 정장하다. ¶ She was all *dressed up* in her new mink coat. 그녀는 새 밍크 코트를 쪽 빼 입고 있었다. ② [군대]를 정렬시키다.

dréss affàir n. 예복 착용이 필요한 회(식).
dres·sage [drəsáːʒ, dres-] n. ⓤ 〔말의〕 조교(調敎), 조마(調馬).
dréss càp n. 〔군대〕 정장용 군모(軍帽).
dréss círcle n. 극장의 특별석[2층 정면의 특별석; 원래는 야회복을 입는 것이 관례].
dréss còat n. 연미복(tail coat); [남자의] 예복.
dress-down [drésdàun] n. 질책, 심한 꾸중, 채찍질.
*dress·er¹ [drésər] n. **1** [진열장 따위의] 장식자, 장식 담당원; 옷을 입히는 사람, [극장・텔레비전 스튜디오 따위의] 의상 담당자, 분장 담당자. **2** 〔英〕 붕대 [처치] 담당자; 외과 수술 조수. **3** 독특한 옷차림을 하는 사람. ¶ a careful (careless) *dresser* 옷맵시가 깔끔한(단정치 못한) 사람. **4** 마무르는 직공, 마무리용 도구.
dress·er² [drésər] n. **1** 〔美〕 화장대, 경대(〔英〕 dressing table). **2** 찬장. **3** 조리대(調理臺).
drésser sèt n. 〔빗・솔・거울 따위〕 화장 도구 한 벌.
dréss fòrm n. 〔양재용〕 인체 모형.
dréss gòods n. pl. 〔때로 단수 취급〕 옷감, 복지(服地).
dréss gùard n. 〔여자용 자전거 따위의〕 의복 보호.
dréss impròver n. ＝bustle².
dress·i·ness [drésinis] n. ⓤ 옷차림; [복장의] 맵시 있음, 화려함.
*dress·ing [drésiŋ] n. **1** ⓤ 치장, 옷차림, 옷 매무새. **2** ⓤⓒ 장식; 마무리[재료], 손질. **3** ⓤ 의상, 옷. **4** ⓤⓒ 〔요리〕 드레싱〔샐러드・육류・생선 따위에 치는 일종의 소스〕. ¶ salad *dressing* 샐러드 드레싱. **5** ⓤⓒ 〔새 요리용의〕 속(stuffing). **6** ⓤⓒ 〔상처 따위의〕 치료용품, 붕대(bandages). **7** ⓤ 비료(manure). **8** ⓤ 〔광산〕 선광(選鑛). **9** 〔구어〕 꾸지람, 구타.
dréssing càse n. 〔여행용〕 화장품갑.
dress·ing-down [drésiŋdáun] n. 〔구어〕 엄한 꾸지람, 야단치기; 구타. ¶ give a person a good *dressing-down* for … 의 일로 남을 마구 야단치다.
dréssing gòwn n. 화장옷, 실내복.
dréssing jàcket n. 〔英〕 ＝dressing sack.
dréssing ròom n. **1** 〔극장의〕 분장실. **2** 화장실 〔보통 침실 옆에 있다〕.
dréssing sàck(sàcque) n. 〔美〕 〔여성용의〕 짧은 화장옷.
dréssing stàtion n. 〔군대〕 야전 응급 치료소.
dréssing tàble n. 〔英〕 경대, 화장대.
*dress·mak·er [drésmèikər] n. 〔여성복의〕 재봉사, 드레스 메이커. *cf.* tailor [옷의] 여성복 같은, 장식이 많은, 여성다운. *cf.* tailor-made 〔양재[업]〕.
*dress·mak·ing [drésmèikiŋ] n. ⓤ 여성복제조〔업〕.
dréss paràde n. 〔군대〕 정장 열병식(正裝閱兵式).
dréss presérver n. ＝dress shield.
dréss rehéarsal n. 〔연극〕 〔무대 의상을 입고 조명・도구를 사용하여 행하는〕 총연습, 마지막 무대 연습.
dréss shíeld n. 〔여자의 속옷 겨드랑이의〕 땀받이.
dréss shírt n. 〔보통 French cuffs 가 달린〕 예복용 와이샤쓰.
dréss shòes n. pl. 예복용 구두.
dréss sùit n. 〔남자용 야회복〕, 예복.
dréss swòrd n. 예복용 패검(佩劍).
dréss úniform n. 〔美〕 〔군대〕 정장용 제복. *cf.* service uniform
dress-up [drésʌp] adj. 때・장소 따위가 정장할 필요가 있는, 예복을 입어야 하는. ¶ the first *dress-up* dinner of this year 올들어 처음 열리는 정장 만찬회.
dress·y [drési] adj. (**dress·i·er, dress·i·est**) 〔구어〕 〔복장이〕 멋있는, 맵시한 것(stylish, smart), 화려한 (showy), 정성들여 만든(elaborate). **2** 〔정장용의〕 정장을 입어야 하는. **3** 복장에 신경을 쓰는, 옷치장을 좋아하는, 옷치레의.
drest [drest] *v.* 〔고어〕 dress 의 과거・과거 분사의 하.
‡**drew** [druː] *v.* draw 의 과거형.
drey [drei] *n.* 다람쥐의 집.

Dr. Féelgood [-fíːlgud] *n.* [예능인 등 유명인 환자에게] 마약이나 각성제를 정기적으로 처방하여 환자를 기분좋은 상태로 만들어주는 의사.

drib [drib] *n.* 1 《방언》한 방울. 2 소량, 조금.
dribs and drabs 《구어》소량.

drib·ble [drɪ́bl] *v.* (**-bled, -bling**) *vi.* 1 [물이] 똑똑[방울져] 떨어지다(trickle), 줄줄 흐르다. ¶ *dribble from the eaves* 처마에서 똑똑 떨어지다. 2 침을 흘리다(drivel). 3 [스포츠] 공을 드리블하다. 4 [당구] [공이] 포켓에 들어가지 않고 굴러들어가다. — *vt.* 1 [물방울 따위]를 똑똑[방울방울] 떨어뜨리다. 2 [스포츠] [공을] 드리블하다. 3 [당구] [공]을 포켓 속으로 굴려 넣다.
— *n.* 1 방울(drop), 소량. 2 [스포츠] 드리블. 3 《스코》안개비, 가랑비(drizzle); 《당구》포켓 옆굴치기.

drib·bler [drɪ́blər] *n.* 드리블하는 사람(선수).

drib·let [drɪ́blit], (**drib·blet**) *n.* 1 소량, 조금, 소액. ¶ *pay off one's debt by* (or *in*) *driblets* 빌린 돈을 조금씩 갚다. 2 작은[물]방울(small drop).

‡**dried** [draid] *v.* dry의 과거·과거 분사.
— *adj.* 건조한. ¶ a *dried* bonito 말린 가다랑이 / *dried* cuttlefish 건오징어 / *dried* fish 말린 물고기 / *dried* goods 〔특히〕건어물 / a *dried* persimmon 곶감(乾枾), 곶감 / a *dried* shrimp 말린 새우.

dried béef *n.* ⓤ 1 말린 쇠고기. 2 《美》 케케묵은 것.

dried mílk *n.* =dry milk.

*drier [dráiər], (drý·er) *n.* 1 말리는 사람(것). 2 페인트나 니스 따위를 빨리 말리기 위한 건조 첨가제. 3 드라이어, 건조기(장치). ¶ a hair *drier* 헤어 드라이어.

‡**drift** [drift] *n.* 1 ⓤ ⓒ 떠내려가기, 표류(drifting). 2 [바람 때문에 일어나는 해류의] 완만한 흐름, 완류(緩流). 3 ⓤ ⓒ 《항해》해류 속도. ¶ the *drift* of the current 조류의 유속(流速); 《항공》 편류(偏流) [각] 【얼마만큼 본 위로 항로를 벗어나는 일】; 《항해》유각(流落), 풍락(風落) [조류나 바람 따위로 침로에서 벗어나는 일]; 표류 거리; [조류·기류의] 이동거리; [나선형으로 돌아가는 탄환의] 정편차(定偏差).
4 ⓤ 일반적인 경향, 추세, 동향, 풍조. ⇒ TENDENCY 類語 ¶ the *drift* of public opinion 여론의 대세 / a *drift* toward nationalism 국가주의로의 경향. [ing).
5 ⓤ 취지(gist), 주의(主意) (tenor), 의미(meaning).
6 **a)** 표류물. ¶ a *drift* of ice 유빙(流氷). **b)** [바람에 불리어 쌓인] 퇴적[물], 바람에 불려 쌓인 눈·나뭇잎. ¶ a *drift* of snow 바람으로 생긴 눈더미. **c)** [지질] [강·빙하 등에 의해 운반된 모래·자갈·찰흙 따위의] 표적물(漂積物) (deposit). ¶ *drift* clay 수성(水成) 점토.
7 ⓤ 될 대로 내버려 두기. ¶ a policy of *drift* 대세에 따라가는 정책.
8 ⓤ 몰아치기, 몰아치는 힘; ⓒ 충동(impulse), 자극, 격기(impetus); ⓤ 압력(pressure). ¶ under the *drift* of passion 정열에 휩쓸려.
9 [기계] 드리프트 [금속에 낸 구멍을 넓히는 도구].
10 [토목] [터널 따위의] 수평 갱도; 【광산】광맥.
11 [아프리카의 하천의] 여울. [1 도랑, 개천; *on the drift* ① 표류하여. ② 《美서부》 [일자리를 찾아] 방랑하여.
— *vi.* 1 [바람이나 흐름에] 밀려가다, 표류하다; [기류 따위에] 밀려 흐르다. ¶ (~ + 副) *drift about* at the mercy of the wind 바람 부는 대로 이리저리 표류하다 / *drift out* to sea 앞바다로 떠내려가다 / (~ + 前 + 图) *drift down the river* 강을 따라 흘러내리다 / *drift with* the current 흐르는 대로 떠돌다 / *drifting* clouds 뜬 구름. 2 날려서 쌓이다, *drifting* snow 바람에 불려서 쌓인 눈. 3 헤매다, 방황하다 (wander aimlessly); 정처없이 나아가다; 부지중에 ⋯에 빠지다(*into*, *toward*...). ¶ be merely *drifting* 그냥 살아가다 // (~ + 前 + 图) *drift into* war 부지중에 전쟁에 말려들다 / *drift toward* ruin 서서히 파멸로 향하다. — *vt.* 1 [조류 따위가] ⋯을 떠내려 보내다, 표류시키다; [기류 따위가] ⋯을 불어 보내다(carry along) (...*away*, *in*, *out*). ¶ (~ + 图 + 前 + 图) be *drifted into* war 전쟁에 휘말려 들다 / (~ + 图 + 副) *The boat was drifted away.* 보트는 떠내려 가버렸다 / *The current drifted* the raft *out* to the ocean. 조류 때문에 뗏목은 먼바다로 흘러가 버렸다. 2 [눈·모래]를 휘몰아치다, 불어서 쌓이게 하다; [바람에 날린 눈 따위가] [길 따위]를 메우다. ¶ (~ + 图 + 前 + 图) the back garden *drifted with* fallen leaves 낙엽이 휘날려 쌓인 뒤뜰 / *The wind has drifted* a mass of snow *against* the house. 바람이 많은 눈을 집안으로 휘몰아 부쳤다. 3 [구멍]을 크게 하다, 곧게 하다. [지다.
drift apart ① 표류하여 뿔뿔이 흩어지다. ② 소원해 **drift off** 《美속어》 차츰 사라지다; 잠들다 (fall asleep).
let things drift 일을 될 대로 내버려두다.

drift·age [drɪ́ftidʒ] *n.* ⓤ 1 표류(drifting). 2 ⓒ 표류물, 표적물(漂積物). 3 [항해] 유정(流程) [배가 떠나려간 거리]. 4 [항공] [바람에 의한 탄환의] 편차(windage).

drift ánchor *n.* 해묘(海錨) (sea anchor).

drift ángle *n.* 【항공】편류각(偏流角) [비행기의 앞 뒤 축과 비행 방향이 이루는 각]; 【항해】풍락차(風落差), 유락차 [조류나 바람에 의해 벗어나는 각도].

drift bóttle *n.* 방류병(放流甁) [해류의 상태를 조사하기 위하여 또는 조난자가 통신문을 넣어서 띄워 보내는 병].

drift·er [drɪ́ftər] *n.* 1 표류자(물). 2 유망(流網) 어선; [유망을 장치한] 소해정(掃海艇). 3 떠돌이 노동자(hobo), 부랑자, 떠돌이.

drift íce *n.* ⓤ 유빙(流氷).

drift méter(indicator) *n.* 【항공】 편류계(計), 항로 편류 측정기.

drift nét *n.* 유망(流網).

drift sánd *n.* ⓤ 표사(漂砂); 사구(砂丘)의 모래.

drift·weed [drɪ́ftwiːd] *n.* 표류 해초. [木].

drift·wood [drɪ́ftwùd] *n.* ⓤ 유목(流木), 부목(浮

drift·y [drɪ́fti] *adj.* (**drift·i·er; drift·i·est**) 표류성의; 표류물의; 바람불리어 쌓인; 표적물의.

‡**drill**[1] [dril] *n.* 1 ⓒ ⓤ 송곳, 드릴, 천공기(穿孔機), 착암기(鑿岩機). 2 ⓤ ⓒ 《군대》교련, 훈련. ¶ soldiers at *drill* 훈련중인 병사 / receive a daily *drill* 일과의 교련을 받다. 3 ⓤ ⓒ [반복적인] 훈련, 연습(*in*...). ⇒ EXERCISE 類語 ¶ a *drill in* mathematics 수학의 연습.
4 《英》 교련교관(drillmaster). 5 (the ~) 효과적인 방법, 좋은 방법. ¶ *know the drill.* 좋은 방법을 알고 있어. 6 두드럭고둥의 일종 [굴의 껍질에 구멍을 뚫어서 속살을 파먹어 해를 미치는 고둥].
— *vt.* 1 [송곳 따위로] ⋯을 뚫다, ⋯에 구멍을 뚫다. ¶ *drill* a hole 구멍을 뚫다 / *drill* a tree 나무에 구멍을 뚫다. 2 [군대] ⋯을 교련하다, 훈련하다. ¶ *drill* troops 부대를 훈련하다. 3 ⋯을 되풀이하여 가르치다, 주입시키다 (...*in*, *into*). ¶ (~ + 图 + 前 + 图) *drill* a boy *in* French 소년에게 불어를 가르치다.
— *vi.* 1 송곳 따위로 구멍을 뚫다(*through*...). 2 교련을 받다, 훈련하다; 연습하다.

drill[2] [dril] *n.* 1 [씨를 뿌리기 위한] 작은 두렁 (도랑). *cf.* trench, ridge 2 조파기(條播機). 3 [이랑에 뿌린] 씨앗(작물)의 줄. — *vt.* 1 [씨]을 조파하다, ⋯을 조파하여 재배하다; 한 줄로 심다. — *vi.* 씨를 조파하다.

drill[3] [dril] *n.* ⓤ 능직 린네르, 굵은 능직 무명.

drill[4] [dril] *n.* 얼굴이 검은 성성(猩猩)이(baboon) [서아프리카산(産)].

dríll bòok *n.* 《군대》훈련 교본.

dríll còrps(tèam) *n.* 《군대》시범 부대.

drill·er[1] [drɪ́lər] *n.* 1 구멍을 뚫는 사람, 천공기. 2 《군대》교련관(drillmaster).

drill·er[2] [drɪ́lər] *n.* 조파(條播) [재배]하는 사람.

dríll gròund *n.* 연병장.

drill·ing[1] [drɪ́liŋ] *n.* ⓤ 1 교련; 훈련, 연습. 2 구

drilling 뚫기, (~s) 송곳밥.

drill·ing² [drílɪŋ] n. ⓤ 조파법.

drill·ing³ [drílɪŋ] n. ⓤ 능직(drill).

dril·lion [dríljən] n., adj. 《美속어》 막대한 수[의] [zillion, jillion이 같은 뜻으로 쓰이인다]. ¶ I've got a *drillion* things to do. 해야 할 일들이 엄청나게 많다.

drill·mas·ter [drílmæstər / -mɑ́ːs-] n. **1** [특히 형식적인 것에 까다로운] 훈련 교사, 교관. **2** 《군대》

drill press n. 《기계》 보르반(盤). ㅣ교련 교관.

drill sergeant n. 훈련 담당 하사관.

drill·ship [dríl ʃip] n. [유전 탐사·개발용의]해저 디추 (보링)선.

***dri·ly, dry·ly** [dráili] adv. 건조하여; 매정하게, 냉담하게; 무미건조하게.

‡**drink** [drɪŋk] v. (**drank** or 《고어》 **drunk**, **drunk** or 《종종》 **drank** or 《詩》 **drunk·en**, **drink·ing**) vi. **1** 음료를 마시다. ¶ eat and *drink* 먹고 마시다 // (~+前+名) *drink from* a stream (a fountain) 냇물(샘물)을 마시다 / *drink out of* a jug 물주전자에서 물을 마시다. **2** [상습적으로·과도하게] 술을 마시다, 술에 빠지다 (tipple). ¶ (~+副) *drink heavily* 술을 고래로 마시다 // Don't *drink* and drive. 《표어》음주 운전 금지 / I'm sure he *drinks*. 그는 틀림없이 술을 마신다.
3 건배하다, 축배를 들다(to...). ¶ (~+前+名) Let's *drink* to his success (health). 그의 성공(건강)을 위하여 건배합시다.
4 마시면 ~의 맛이 나다(taste). ¶ (~+補) This wine *drinks* flat. 이 포도주는 김이 빠졌다(싱겁다) // (~+補) This cocktail *drinks* sweet. 이 칵테일은 달콤하다.
— vt. **1** [마실 것을] 마시다; [잔]을 비우다. ¶ *drink* a glass of milk 우유를 한잔 마시다 / *drink* the cup of joy (sorrow) 기쁨(슬픔)의 잔을 마시다 / Give me something to *drink*. 무엇인가 마실 것을 주십시오. // (~+名+前+名) *drink* wine *out of* a glass 잔에서 포도주를 마시다.
2 [급료 따위]를 마셔 없애다, 술에다 소비하다. ⇒ *drink away*. ¶ He *drinks* all his earnings. 그는 번 돈을 몽땅 마셔 버린다.
3 《주로 재귀용법》 마셔서 …에 이르게 하다. ¶ (~+ 目+補) *drink* oneself drunk 술을 마셔 취하다 / *drink* a cup dry 잔을 마셔 비우다 / I could *drink* the sea dry. 《구어》 목이 말라 죽겠다 // (~+目+前+名) *drink* oneself *out of* a situation 술 때문에 일자리를 잃다 / *drink* oneself *to* death 과음으로 죽다.
4 [수분]을 흡수하다(absorb), 빨아올리다; [숨 따위]를 깊이 들이쉬다(...in, up). ¶ A sponge *drinks* water. 스펀지는 물을 흡수한다 // (~+目+副) Plants *drink up* water. 식물은 물을 빨아올린다.
5 …을 위하여 축배를 들다(...to), ⇒ *drink the health of* …의 건강을 위하여 건배하다 / *drink* the toast of "The King!" "국왕 만세"를 부르고 건배하다 / *drink* the President 대통령에게 건배하다 // (~+目+ 前+名) *drink* success (long life) *to* …의 성공(장수)을 빌며 건배하다.

drink away 술을 마셔 …을 잃다(시간을 보내다). ¶ *drink away* one's fortune 재산을 술로 탕진하다 / *drink* the night *away* 술로 밤을 새우다.

drink down 《美속어》 단숨에 들이키다. ¶ He *drank down* a glass of water after another. 그는 물을 몇 잔이나 마셨다.

drink in ① …을 들이마시다, 흡수하다. *cf.* vt. 4 ② …에 도취하다, 넋을 잃고 듣다(보다).

drink it 《속어》 실컷 마시다.

drink like a fish ⇒ FISH.

drink of …을 조금 마시다.

drink off …을 단숨에 마셔버리다. ㅣ어지게 하다.

drink a person under the table 남을 취해서 끊아 떨

drink up …을 마셔버리다; …을 흡수하다, 빨아올리다. ⇒ vt. 4.

— n. **1** ⓤⓒ 음료, 마실 것(beverage). ¶ food and *drink* 음식물 / strong *drink* 알코올성 음료; 독한 술 / soft *drink* 소프트 드링크, 비알코올성 음료 / a cold (hot) *drink* 찬(뜨거운) 음료. **2** ⓤ 술; [과도한] 음주, 폭음(intemperance); 곤드레만드레 취함. ¶ a slave to *drink* 술의 노예 / be fond of *drink* 술을 좋아하다 / take to *drink* 술을 좋아하게 되다, 술마시는 버릇이 생기다. **3** [음료의] 한모금, 한잔(draft, potion). ¶ have a *drink* 술을 한잔 하다 / take a *drink* from a stream 냇물을 한잔 마시다 / Give me a *drink* of water. 물 한 잔 주세요. **4** (종종 the ~) 《美구어》 호수, 바다, 강 [따위].

be in drink 취해 있다.

be meat and drink to a person ⇒ MEAT.

be on the drink 늘 술에 취해 있다.

drink·a·ble [dríŋkəbl] adj. 마실 수 있는, 마시기 알맞은, 음용의(飮用의). — n. (보통 ~s) 음료, 마실 것.

***drink·er** [dríŋkər] n. **1** 마시는 사람. **2** [특히 상습적인] 술꾼, 술고래. ¶ a heavy *drinker* 술고래 / be a little (or small) *drinker* 술을 조금밖에 마시지 못한다.

‡**drink·ing** [dríŋkɪŋ] adj. 마시기에 알맞은, 음용의; 음주의. ¶ *drinking* water 마실 수 있는 물 / a *drinking* party 술잔치. — n. ⓤ **1** [액체를] 마시기. **2** [특히 상습적 또는 과도한] 음주. ¶ excessive *drinking* 과음 / give up *drinking* 술을 끊다 / take to *drinking* 술꾼이 되다. ㅣ 탕으로 마시기.

drinking bout n. 주연(酒宴); 술 마시기 내기, 진

drinking fountain n. 《공원 따위의》 분수식의 물

drinking horn n. 뿔로 만든 술잔. ㅣ마시는 곳.

drinking song n. 주연(酒宴)의 노래, 주석에서 부르는 노래.

drink money n. ⓤ 술값. ㅣ는 노래.

drink offering n. ⓤⓒ [신에게 바치는] 제주(祭酒).

*drip [drip] v. (**dripped** or **dript, drip·ping**) vi. **1** 물방울이 듣다, 《액체가》 뚝뚝 떨어지다(from, with...). ¶ The tap is *dripping*. 통의 마개에서 [술 따위가] 뚝뚝 떨어지고 있다. **2** [젖어서] 물방울이 떨어지다, 흠뻑 젖다. ¶ (~+前+名) Your hat is *dripping with* rain. 너의 모자는 비로 흠뻑 젖었다.
— vt. [물방울]을 듣게 하다, 뚝뚝 떨어지게 하다. ¶ The trees *dripped* rain. 나무에서 빗방울이 뚝뚝 떨어지고 있었다.

drip with wet 흠뻑 젖다.

— n. **1** 방울져 떨어지기, 적하(滴下). ¶ in a *drip* 방울져서, 젖어서. **2** (종종 ~s) 물방울. ¶ *drips* of rain from the eaves 처마에서 떨어지는 빗방울. **3** 물방울 떨어지는 소리. **4** 《건축》 =dripstone. **5** 《속어》 따분한 사람, 바보, 얼간이. **6** 《英》 점적(點滴).

drip coffee n. ⓤ 드립식[드립식 커피 끓이는 주전자(dripolator) 따위]로 끓인 커피. ㅣ울, 빗방울.

drip-drip [drípdrìp] n. 《계속》 똑똑 떨어지기; 물방

drip-dry [drípdrái, ´-´ / ´-`] 《화학 섬유 따위》 젖은 채로 널어 두면 구김살없이 마르는. — vi., vt. [drípdrái, ´-´ / ´-`] (**-dried, -dry·ing**) 젖은 채로 널어서 말리다(말리다).

drip-feed [drípfìːd] n., adj. 《英》 점적(點滴)[의].

drip grind n. ⓤ [드립 커피용의] 보드랍게 간 커피.

drip irrigation n. 적수 관개(滴水灌漑) 《파이프 조직을 통해 식물의 뿌리 부분에 간헐적으로 물을 주는 방법》.

drip·o·la·tor [drípəlèitər] n. 드립식 커피 주전자. *cf.* percolator

drip painting n. ⓤⓒ 그림 물감을 떨어뜨리거나 뿌려서 그리는 그림 《행동 회화의 일종》.

drip pan n. **1** 버리는 액체(기름) 받는 접시. **2** =dripping pan.

***drip·ping** [drípɪŋ] n. ⓤ **1** 적하(滴下), 방울져 떨어지기. **2** (종종 ~s) **a)** 물방울, 방울(drops). **b)** [불고기의] 떨어지는 국물; [기계의] 떨어지는 기름. — adj.

dripping pan

1 방울져 떨어지는. ¶ a *dripping* umbrella 물방울이 떨어지는 우산. **2** 〔부사적으로 써서〕 get *dripping* wet 흠뻑 젖다. 〔용 냄비〕
drípping pàn *n.* 〔불고기용〕 국물받이 접시; 불고기
drip·py [drípi] *adj.* (**-pi·er, -pi·est**) **1** 방울져 떨어지는(dripping). **2** 비 오는(rainy), 이슬비가 오는(drizzly). **3** 〔구어〕 눈물이 헤픈, 감상적인.
drip-stone [drípstòun] *n.* ⓤ **1** 〔건축〕 빗물받이 돌, 비흘림돌. **2** 탄산 칼슘.
dript [dript] *v.* drip 의 과거·과거 분사의 하나.
‡drive [draiv] *v.* (**drove** or 《고어》 **drave, driv·en, driv·ing**) *vt.* **1** 〔소·말 따위를〕 몰다; …을 몰아대다, 몰아내다, 쫓아내다, 밀어내다; 〔바람이〕…을 휘몰아치다, 〔물을〕 흘러내보내다(send by compulsion) (* 보통 away, back, forward, in, out 따위의 부사, against, from, into, out of, through, to 따위의 전치사를 수반. ⇨ *drive back.* ¶ Clouds are *driven* by the wind. 구름이 바람에 흩날린다 // (~＋⽬＋⼞＋⼞) *drive* a person *out of* a country 남을 국외로 추방하다 / The wind *drove* the rain violently *against* the windowpanes. 바람이 비를 세차게 유리창에 부딪치게 했다 // (~＋⼞) *drive away* the enemy 적을 쫓아버리다 / *drive out* a beggar 거지를 내쫓다.
2 〔지나치게〕 …을 혹사하다(overwork). ¶ (~＋⽬＋⼞) *drive* a person *hard* 남을 혹사하다.
3 **a)** 〔마차 따위를〕 몰다; 〔차 따위를〕 운전하다; 〔말 따위를〕 부리다. ¶ *drive* a car 차를 운전하다 / *drive* a plough 〔소·말을 써서〕 쟁기를 끌게 하다. **b)** 〔펜을〕 구사하다. ¶ *drive* a pen (*or* a quill) 펜을 구사하다. *cf.* quill driver
4 〔차로〕 〔사람을〕 보내다. ¶ (~＋⽬＋⼞) *drive* a person *home* 차로 남을 집까지 태워다 주다 // (~＋⽬＋⼞＋⼞) They *drove* the injured people to the hospital. 그들은 부상자들을 병원까지 차로 운반했다.
5 〔보통 수동형으로〕 〔증기·전기 따위가〕…을 움직이다, 추진하다. ¶ an engine *driven* by steam 증기로 움직이는 기관.
6 〔남을 몰아대어 …한 상태로 하다; 강제로 …하게 하다(impel, compel) (…*to, into*). ¶ (~＋⽬＋⼞) *drive* a person *angry* 남을 화나게 하다 // (~＋⽬＋⼞＋⼞) *drive* a person *to* despair 남을 절망케 하다 / *drive* a person *out of* his senses 남을 광란 상태로 빠뜨리다 / She always *drives* me crazy. 그녀는 항상 날 미치게 만든다 / The oppression *drove* them into rebellion. 압정에 시달리다 못해 그들은 반란을 일으켰다 / (~＋⽬＋to do) He was *driven* to steal by hunger. 그는 배고픈 나머지 도둑질을 하게 되었다.
7 〔말뚝 따위를〕 때려 박다; 〔머리 속에〕 〔사항을〕 집어넣다(…*into*), 〔겨냥하여〕 〔돌·화살 따위〕를 던지다. ¶ (~＋⽬＋⼞＋⼞) *drive* a nail *into* wood 나무에 못을 박다 / *drive* the meaning of a word *into* a person's head 단어의 뜻을 남의 머리에 주입하다 / *drive* a stone *at* a dog 개한테 돌을 던지다 / *drive* one's head *against* the wall 벽에 머리를 부딪다.
8 〔장사 따위를〕 경영하다(conduct); 〔거래 따위를〕 하다(perform). ¶ *drive* a brisk export trade 수출업을 활발하게 하다 / *drive* a good bargain 유리한 거래를 하다, 물건을 싸게 사다.
9 〔땅굴·터널 따위를〕 파다(bore); 〔철도〕를 부설하다. ¶ (~＋⽬＋⼞＋⼞) *drive* a tunnel *through* a hill 산에 터널을 파다 / *drive* a railroad *through* the desert 사막에 철도를 깔다.
10 〔공〕을 쳐넘기다; 〔정구〕 〔공〕에 드라이브를 걸다; 〔야구〕 〔직구〕를 던지다; 〔골프〕 〔공〕을 드라이버로 치다. ¶ (~＋⽬＋⼞＋⼞) The batter *drove* the ball *into* the bleachers. 타자는 공을 외야석까지 날려보냈다.
11 〔사냥〕 〔짐승〕을 몰다(chase), 몰아내다; 〔그물·덫으로〕 몰아넣다; 〔사냥감을 찾아〕 〔사냥〕을 뒤지다(beat). ¶ *drive* a wildcat with hounds 사냥개로 삵쾡

이를 몰다.
12 〔인쇄〕 〔단어·행〕을 넘기다(…*out, over*). ¶ (~＋⽬＋⼞＋⼞) *drive* a line *over* to the next page 다음 페이지로 1행을 넘기다.
13 〔시간을〕 연장하다(defer), 연기하다(postpone). ¶ (~＋⽬＋⼞＋⼞) *drive* the departure *to* the last moment 출발을 마지막 순간까지 늦추다.
— *vi.* **1** 세차게 나아가다, 질주하다; 돌진하다(rush *or* dash violently). ¶ (~＋⼞＋⼞) a meteor *driving toward* the earth 지구를 향해서 돌진해오는 유성(流星) / The wind *drove against* the door. 바람이 세차게 문에 부딪쳤다 / Clouds *drove across* the sky. 구름이 하늘을 날아갔다 / The sailboat *drove before* the wind. 돛단배가 뒷바람을 받고 질주하고 있었다.
2 몰다, 운전하다, 조종하다. ¶ learn [how] to *drive* 운전을 배우다 / She can *drive*. 그녀는 운전을 할 수 있다.
3 차(마차)로 가다, 드라이브하다. ¶ Will you walk or *drive* ? 걸어가겠어요, 아니면 타고 가겠어요? // (~＋⼞＋⼞) *drive* in a taxi 택시로 가다 / *drive through* a park 공원을 차를 타고 지나가다 / We *drove to* the lake. 우리는 호수까지 드라이브했다.
4 공을 치다, 투구하다; 〔골프〕 공을 드라이버로 치다.
Drive ahead! 전진!, 앞으로 가!
drive at ① …을 겨누다. ② …을 의도하다. ¶ What is he *driving at* next, I wonder? 그가 다음에 노리는 것은 무엇일까?
drive away (*vt.*) …을 쫓아버리다. *cf. vt.* 1 ② (*vi.*) 차로 가버리다. *cf. vi.* 3 ③ (*vi.*) 〔일 따위에〕 부지런히 힘쓰다. ¶ *drive away* at one's work 부지런히 일하다.
drive back ① (*vt.*) …을 물리치다; 〔차〕를 후진시키다. ② (*vi.*) 차로 돌아오다.
drive … home ① 〔못〕을 때려 박다. ¶ *drive* a nail *home* 못을 때려 박다. ② 〔사실 따위〕를 완쾌시키다, 철저히 납득시키다. ¶ *drive* a fact *home* 사실을 잘 인식시키다.
drive in ① …을 몰아넣다, 때려 박다. ② 〔야구〕 〔안타를 쳐서〕 〔주자〕를 불러들이다.
drive out ① (*vt.*) …을 추방하다. ② (*vi.*) 차로 외출하다, 드라이브하러 나가다.
drive a person ***to the wall*** (or ***into a corner***) ① 남을 궁지에 몰아넣다. ② 《미구어》 남을 완패시키다.
let drive at ① …에 때리면서 덤비다. ② 겨누어 …에 던지다. ¶ The boy *let drive at* a dog with a stone. 소년은 개를 보고 돌을 던졌다. ③ …을 야단치다.
— *n.* **1** ⓤ 몰기, 몰이, 몰아내기. **2** **a)** 운전, 조종. **b)** 드라이브, 자동차(마차) 여행. ¶ go for a *drive* 드라이브하러 나가다 / take a person for a *drive* 드라이브하러 데리고 가다 / take (*or* have) a *drive* 드라이브하다. **c)** 〔드라이브 따위의〕 거리, 도정(道程). ¶ two hours' *drive* 차로 2시간 걸리는 거리.
3 〔한 방향으로 소·말 따위를〕 몰기, 〔사냥감의〕 몰이.
4 〔가축 따위〕 몰리는 것, 가축떼(drove), 사냥감(game); 〔떼내려 보내는〕 목재. ¶ a cattle *drive* 〔몰리는〕 소 떼 / a *drive* of logs 떠내려가는 통나무.
5 ⓤⓒ 추진력, 기력, 정력(energy), 압력(pressure); 〔심리〕 심리적 유인(誘因), 충동, 동인(動因). ¶ sexual *drive* 성적 충동 / a man with initiative and *drive* 스스로 추진하고 행하는 사람 / His speech has *drive*. 그의 연설에는 박력이 있다 // a *drive to* action 행동을 일으키는 동인.
6 〔정구·크리켓·골프〕 강타, 드라이브, 〔야구〕 속구, 라이너.
7 대규모의 운동, 모금 운동(campaign); 대선전; 〔군대의〕 대공세. ¶ a Red Cross *drive* 적십자 모금 운동 // have a *drive to* raise funds 기금 모집 운동을 하다 // a *drive* for world peace 세계 평화를 위한 운동.
8 〔속어〕 〔상업〕 투매.
9 드라이브웨이, 차도, 〔저택 안의〕 차도 (⇨ DRIVEWAY); 〔공원·삼림 안을 달리는〕 차도.

drive-in

10 ⓤ〔기계〕전동(傳動); 구동(驅動); 구동 장치. ¶ gear (belt, chain) *drive* 톱니바퀴(벨트, 사슬) 전동 / front (rear) *drive* 전륜(후륜) 구동 / four-wheel *drive* 4륜 구동.
11 ⓤ〔시류 따위의〕흐름(drift), 경향(tendency).
full drive 전속력으로(at full speed).
make a [great] drive to do …하려고 [크게] 분발하
drive-in [dráivìn] *n.* 드라이브인〔자동차를 타고 들어가서, 차에 탄 채 이용할 수 있는 영화관·은행·백화점·식당 따위〕. — *adj.* 차를 탄 채로의, 드라이브인의. ¶ *a drive-in theater* 드라이브인 극장 / *a drive-in restaurant* 드라이브인 식당.
driv·el [drív(ə)l] *v.* (**-eled, -el·ing**;《특히 英》**-elled, -el·ling**) *vi.* **1** 침을 흘리다(slaver); 콧물을 흘리다. **2** 철없는 소리를 하다(talk childishly). ¶ *a driveling idiot* 천치. — *vt.* **1**〔철없이〕…을 말하다. **2**〔시간 따위를〕낭비하다(...*away*). ¶ *drivel away* one's time 시간을 낭비하다. — *n.* ⓤ **1** 푸념, 허튼 소리 (nonsense). **2**〔흐르는〕침, 콧물.
driv·el·er,《英》**-el·ler** [drív(ə)lər] *n.* 침을 흘리는 사람; 철없는 소리를 하는 사람, 바보.
‡**driv·en** [drív(ə)n] *v.* drive 의 과거 분사.
drive-on [dráivàn, -ɔ̀ːn/-ɔ̀n] *adj.*〔배가〕자동차 수송이 가능한. ¶ *a drive-on* ferry 차량 수송용 나룻배.
‡**driv·er** [dráivər] *n.* **1** 모는 사람; [노예 등의] 감독, 우두머리. **2** 소몰이꾼, 말몰이꾼, 가축 상인(drover). **3** 마부(coachman). **4**〔자동차 따위의〕운전수. **4**《英》[열차의] 기관사(locomotive engineer). **5**〔기계〕[도로 등 위의] 동물(動物); 동력 전동부(傳動部). **6**〔골프〕드라이버, 1번 우드[타구부가 목제(木製)인 장타용 클럽]. **7**〔말뚝 따위〕박는 기계, 메, 망치, 드라이버, 나사 돌리개.
driver ant *n.* 쏘는 개미〔아프리카·열대 아메리카산 (產)〕; 병정개미(*cf.* army ant).
driver's license *n.*《美》자동차 운전 면허증(* 《英》에서는 driving license).
driver's seat *n.* **1** 운전석. **2** 권좌(權座), 지배적 위치.
in the driver's seat 지배적 입장에 있는, 권좌에 있는.
drive shaft *n.*〔기계〕구동(원동)축.
drive-through [dráivθrùː] *n.*《美》드라이브 스루〔차를 탄 채 물건을 주문하고 구경도 하는 식당·세탁소·동물원 따위〕. — *adj.* 드라이브 스루식의. ¶ *a drive-through zoo* 드라이브 스루식 동물원. *cf.* drive-in
drive-up [dráivʌ̀p] *adj.*《美》〔창구 따위가〕차를 탄 채 용무를 볼 수 있는.
drive-up window *n.*〔은행·가게 따위의〕차를 탄 채로 용무를 볼 수 있는 창구.
drive·way [dráivwèi] *n.*《주로 美》**1** 저택내의 차도. **2** 가축을 모는 길(driftway).
‡**driv·ing** [dráiviŋ] *adj.* **1** 사람을 혹사하는. **2** 정력적인(vigorous). ¶ *a driving* salesman 정력적인 세일즈맨. **3**〔바람 따위가〕휘몰아치는; 〔바람에 날려〕질주하는. ¶ *driving* rain (snow) 휘몰아치는 비(눈보라). **4** 추진하는, 구동(驅動)의, 동력을 전달하는. *driving* force 추진력. **5** 운전용의, 조종용의. — *n.* ⓤ **1** 몰기; 몰이. **2**〔자동차〕운전. ¶ *driving* under the influence 취중 운전 [略 DUI]. **3** 추진, 구동; 〔차바퀴의〕전동력(傳動力). **4**〔말뚝 따위의〕때려 박기. **5**〔골프〕장타(長打).
driving axle *n.*〔기관차의〕구동차축(驅動車軸).
driving band(belt) *n.*〔자동차 따위의〕동력 전달 벨트; 〔기계〕동 축충환(函).
driving box *n.* 마부석(席), 운전대; 〔기계〕구동 (경륜기) 장치.
driving clock *n.* **1** 적도의(赤道儀) 장치. **2** 경선의(經緯儀) 장치.
driving gear *n.*〔기계〕운전 장치.
driving iron *n.*〔골프〕〔장타용의〕타구부가 철제인 클럽, 1번 아이언.

driving license *n.*《英》자동차 운전 면허증.
driving range *n.*〔골프〕골프 연습장.
driving school *n.* 자동차 운전 교습소.
driving shaft *n.*〔기계·자동차 따위의〕구동축(驅動軸), 운전축.
driving test *n.* 운전 면허 시험.
driving wheel *n.* **1**〔기계〕동륜(動輪). **2**〔기관차·자동차 등의〕구동륜(驅動輪)(driver).
driz·zle [drízl] *v.* (**-zled, -zling**) *vi.*《종종 비인칭의 it 를 주어로 하여〕이슬비가 내리다. ¶ It *drizzles.* 이슬비가 내리고 있다. — *vt.* …을 이슬비처럼 뿌리다, …에 뿌리다. — *n.* ⓤ 이슬비, 보슬비(mizzle).
driz·zly [drízli] *adj.* 이슬비(보슬비)가 내리는, 가랑비 모양의.
dro·gher [dróuɡər] *n.* 드로거 선〔서인도 제도에서 연안 항해에 쓰는 작은 범선〕.
drogue [droug] *n.* **1** 양동이(캔버스 자루)형 바다닻. **2**〔포경용〕작살줄에 단 부표. **3**〔비행기〕풍향 지시 원통. **4**〔공중 급유 모기(母機)의〕급유 파이프받이. **5**〔비행기의 대공 사격 연습용〕기류(旗旒).
droit [droit] *n.* **1**〔법률상의〕권리. **2**〔법률〕습득물. **3** 세금. 〔<F law〕
droit du sei·gneur [F drwɑ dyː sɛnœːr] *n.*《프랑스》〔가신(家臣)의 신부에 대한〕군주의 초야권; 강력한 군주(主權) 권력.
droll [droul] *adj.* 우스운, 우스꽝스러운(comical), 익살맞은. — *n.* 익살맞은 사람, 어릿광대. — *vi.*〔고어〕익살떨다(*at, on, with...*).
drol·ly [dróuli] *adv.* — **ness** *n.*
droll·er·y [dróuləri] *n.* ⓤⓒ (*pl.* **-er·ies**) **1** 익살맞은 이야기; 농담, 익살. **2** 익살맞은 짓, 어릿광대짓. **3** 우스움.
drome [droum] *n.*《英口語》비행장(airport).
-drome running course, racecourse 의 뜻의 연결형. 예: air*drome*, hippo*drome*, motor*drome*.
drom·e·dar·y [drámədèri, drʌ́m-/drʌ́məd(ə)ri, drɔ́m-] *n.* (*pl.* **-dar·ies**) 단봉낙타〔아라비아·북아프리카산(產)〕. *cf.* Bactrian camel
drom·ond [drámənd, drʌ́m-/drɔ́m-] *n.* 돛과 노로 달렸던 중세의 대형 쾌속선.
-dromous -drome 으로 끝나는 명사에서 running 의 뜻의 형용사를 만드는 연결형. 예: ana*dromous*, cata*dromous*.
drone¹ [droun] *n.* **1** 꿀벌의 수벌〔생식에만 관여하고 꿀은 모으지 않는다〕. **2** 게으름뱅이(idler), 농뗑이 (sluggard). **3** 무선 조종 무인기(無人機)(선박).
drone² [droun] *n.* (**droned, dron·ing**) *vi.* **1**〔벌·기계 따위가〕윙윙거리다(hum, buzz). **2** 단조롭게 이야기하다(노래하다). **3** 무위도식하다, 빈둥빈둥 살아가다. — *vt.* **1**〔낮고 단조로운 소리로〕…을 이야기하다, 말하다(...*out*). ¶ *drone* [*out*] the Psalms 단조로운 음으로 시편을 읽다. **2** …을 빈둥빈둥 보내다(idle)(... *away*). — *n.* **1**〔음악〕단조로운 저음; 풍적(風笛) (bagpipe), 그 저음관, 단조롭게 이야기하는 사람. **3**〔벌 따위의〕윙윙거리는 소리.
dron·ing·ly [dróuniŋli] *adv.* **1** 윙윙, 붕붕. **2** 단조롭게, 지루빈둥.
droob [druːb] *n.*《濠속어》애처로운(가련한) 녀석.
drool [druːl] *vi., n.*《주로 美》= drivel.
drool·y [drúːli] *adj.* (**-i·er, -i·est**) **1** 침을 흘리는, 침투성이의. **2**《속어》매우 근사한, 멋있는, 인기있는. **3** 멋(있어)부리는 남자 [10대 젊은이 용어].
‡**droop** [druːp] *vi.* **1** 늘어지다, 수그러지다(hang down); 눈을 내리깔다. ¶ Her head *drooped* dejectedly. 그녀의 머리는 힘없이 수그러졌다. **2**〔詩〕〔배 따위가〕지다(sink), 〔해가〕기울다. **3**〔신체·기력이〕약해지다(fail); 〔초목이〕시들다, 〔나뭇가지가〕축 처지다; 〔의기가〕소침하다(lose spirit). ¶ (~ +前+名) *droop with* sorrow 슬픔으로 풀이 죽다 / Plants *droop from*

drooping

drought. 식물이 가뭄으로 시든다. — vt. [고개 따위]를 숙이다; [눈]을 내리깔다. — n. 1 숙임, 수그러짐; 풀이 죽음, 의기소침. 2 [가지 따위의] 늘어짐. 3 [컨디션의] 하강, 처짐(fall).

droop·ing [drúːpiŋ] adj. 1 늘어진; 고개를 숙인; 눈을 내리까는. 2 풀이 죽은, 의기소침한. ~·ly adv.

dróop nòse(snòot) n. (구어) [초음속 여객기 Concorde 따위의 착륙 때 시야를 넓히기 위한] 구부러진 기수(機首).

droop·y [drúːpi] adj. (droop·i·er, droop·i·est) 늘어진; 고개 숙인; 풀죽은, 의기소침한(drooping); 의기소침한 듯한.

‡drop [drap / drɔp] n. 1 방울, 물방울. ¶ a drop of rain 빗방울 / drops of perspiration 땀방울.
2 소량, 미량; 한방울; 소량의 술; [물약의] 점적(點滴) (보통~s) 점적약. ¶ a drop of brandy 소량의 브랜디 / drop by drop 한 방울씩, 조금씩 / do not have a drop of sympathy with a person 남에게 조금도 동정심이 없다.
3 물방울 모양의 것; 드롭(과자); 귀걸이(eardrop); 늘어뜨리는 장식(pendant). ¶ fruit drops 과일 드롭스.
4 뚝뚝 떨어짐, 적하(滴下); 낙하(fall); [지면의]함몰; [온도의] 강하; [물가 따위의] 하락, 급락(in...); [사람의] 영락; 낙하 거리. ¶ a drop in prices 가격 하락 / a drop of ten feet from the roof to the ground 지붕에서 지면까지의 낙하 거리 10피트.
5 떨어지는 장치; [무대의]현수막(drop curtain); [교수대의] 발판, 교수대; [우체통의] 투입구.
6 [항해] 가로돛의 세로 길이.
7 [야구] 드롭; [축구] 드롭 킥(drop kick).
8 낙하산으로 투하하기, 공중 투하(airdrop).
9 (속어) [스파이)의 비밀 통신 [따위] 중계 장소.
at the drop of a hat ① 신호와 동시에, 즉시 (at once). ② 기다렸다는 듯이, 지체없이.
a drop in the bucket (or **the ocean**) 바다의 물 한 방울, 구우일모(九牛一毛); 무시해도 좋을만큼 조금.
get (or **have**) **a drop in** one's (or **the**) **eye** 눈에 술기가 돌다, 얼근히 취해 있다.
get (or **have**) **the drop on** a person 《미구어》 ① 남보다 먼저 권총을 들이대다. ② 남의 기선을 제하다, [적]보다 우위에 서다.
take a drop ① 술을 마시다. ②(가격이) 내리다. ¶ Stocks took a small drop. 주가가 약간 떨어졌다.
— v. (**dropped** or **dropt, drop·ping**) vi. 1 뚝뚝 떨어지다, 방울져 떨어지다(fall in drops). ¶ (~+匣+名) Tears dropped from her eyes. 그녀의 눈에서 눈물이 떨어졌다.
2 (갑자기)떨어지다, 낙하하다(fall); [꽃이 지다. ¶ (~+匣+名) The book dropped from his hand. 그의 손에서 책이 떨어졌다.
3 [지쳐서·부상하여·죽어서] 쓰러지다, [의자 따위에] 앉다; 죽다(die). ¶ drop dead 급사하다; [속어] 뒈져 버려, 꺼져 버려! // (~+匣+名) drop into a chair 의자에 털썩 앉다 / drop on (or to) one's knees 무릎을 꿇다 / drop with fatigue 지쳐서 쓰러지다.
4 [일이]중단되다, 끝나다; [편지 왕래 따위가]끊어지다(cease). ¶ The matter has dropped. 사건은 그대로 끝나버렸다.
5 보이지 않게 되다(disappear). ¶ (~+匣+名) She has dropped out of (or from) our sight. 그녀는 시야에서 사라졌다.
6 [컨디션·상태 따위가]떨어지다, [가격이]내리다(fall lower), [바람이]가라앉다, 자다. ¶ Prices dropped sharply. 물가가 폭락 했다 / The wind (The storm) dropped. 바람(폭풍)이 가라앉았다 / The voice dorps. 목소리가 작아진다.
7 [저절로 어떤 상태에]빠지다, 되다(into...). ¶ (~+匣) drop asleep; drop off to sleep 잠들다 / drop short

drop

of money 돈이 부족해지다 // (~+匣+名) He dropped into the habit of smoking. 그는 담배 피우는 버릇이 생겼다.
8 불쑥 들르다(by, in, over...); 우연히 마주치다(across...). ⇒ drop in, drop into, drop across. ¶ (~+匣+名) drop by at one's office 사무실에 들르다.
9 [사람이]가볍게 내리다, [손에서]〔강 따위를〕내려가다. ¶ (~+匣+名) drop down the river 강을 내려가다 / drop from a window sill into the garden 창턱에서 정원으로 뛰어내리다.
10 낙오하다, 뒤지다. ¶ (~+匣) drop behind 낙오하다 / drop out of the line 전열에서 낙오하다.
11 [사냥개 따위가 사냥감을 보고] 엎드리다, 웅크리다.
12 [동물의 새끼가] 태어나다.
13 [말 따위가]무심코 나오다(from...). ¶ (~+匣+名) A sigh dropped from his lips. 그의 입에서 무심결에 한숨이 새어나왔다.
— vt. 1 ···을 한방울씩 떨어뜨리다, 흘리다. ¶ drop sweat 땀을 흘리다 / drop one's head 고개를 떨어뜨리다 // (~+匣+名) drop tears over a matter 어떤 일에 눈물 흘리다.
2 ···을 떨어뜨리다, [손에서]떨어뜨리다(let fall); [속어] [노름 따위에서] [돈]을 없애다; [시합]을 포기하다; [닻·낚싯줄·막 따위]를 드리우다, 내리다. ¶ drop a ball 공을 떨어뜨리다 / drop anchor 닻을 내리다 / drop a line 낚싯줄을 드리우다 / drop the curtain 막을 내리다 // (~+匣+匣+名) drop money over a transaction 거래에서 손해를 보다 / Drop your gun! (가지고 있는) 총을 버려!
3 [말 따위]를 무심코 입밖에 내다(utter casually); ···을 암시하다. ¶ drop [a person] a hint (or a remark) 넌지시 비치다, 넌지시 말하다 / drop a sigh 한숨을 쉬다.
4 [동물이] [새끼]를 낳다(give birth to).
5 [편지]를 투함하다; [짧은 편지 따위]를 써보내다. ¶ (~+匣+匣+名) (~+匣+前+名) Drop a line to me. 소식 좀 보내주시오 / drop a letter into a mailbox 편지를 투함하다.
6 ···을 때려누이다, 쏘아 떨어뜨리다, 죽이다(kill). ¶ drop a person with a blow 남을 쳐서 쓰러뜨리다 / drop a bird 새를 쏘아 떨어뜨리다.
7 [도중에 탈것에서] [사람·짐]을 내리다, [도중에서] [남]과 헤어지다, [물건]을 보내주다. ¶ (~+匣+名) Drop me at the next stop, please. 다음 정거장에서 내려주세요.
8 [철자·글자 따위]를 빠뜨리다, 생략하다, [바늘코 따위]를 빠뜨리다(omit). ¶ He dropped his h's. 그는 h 음을 빠뜨리고 발음했다.
9 [목소리]를 낮추다; [눈]을 내리깔다. ¶ drop one's eyes 눈을 내리깔다 / drop one's voice at the end of a sentence 문장 끝에서 목소리를 낮추다.
10 [습관·계략 따위]를 [그만]두다(give up); [남]과 교제를 끊다; [이야기·하던 일 따위]를 중단하다(discontinue). ¶ drop [the habit of] smoking 담배[피우는 습관]을 끊다 / drop one's friends 친구와 절교하다 / drop a subject 화제를 중단하다 / Drop it! 그만둬!
11 (美) ···을 해고하다, 퇴학(제명)시키다(...from). ⇒ DISMISS 類語. ¶ (~+匣+前+名) He'll be dropped from the club. 그는 클럽에서 쫓겨날 것이다.
12 [축구] [공]을 드롭킥하다; [드롭킥으로] [점수]를 얻다, 득점하다.
13 [병사·식량 따위]를 낙하산으로 투하하다, 공중투하하다.
14 [항해] ···을 앞지르다, 떼어놓다.
15 [요리] [달걀]을 끓는 물에 떨어뜨려 삶다, 수란 뜨다(poach).
16 (美속어) [마약]을 복용하다.
drop across ① [남]을 우연히 만나다, [남]을 우연히 발견하다. ② [남]을 야단치다, 벌주다(drop on).
drop away ① [어느덧] 보이지 않게 되다, [한사람씩] 가버리다. ② 한방울씩 떨어지다.
drop in ① 잠깐 들르다(on, at...). ¶ drop in on a

drop-by person 남에게 잠깐 들르다 / *drop in* at a person's house 남의 집에 잠깐 들르다. ② 우연히 마주치다 (*with*...). ¶ *drop in* with a friend 우연히 친구와 만나다. ③ 〔한 사람씩〕 들어가다.

drop into ① …에 들르다, 기항(寄港)하다. ② 〔습관 따위에〕 빠지다. *cf.* vi. 7 ③ 〔남을〕 야단치다.

drop off ① 줄다(decrease); 〔수효〕없어지다(disappear). ¶ Bankruptcies have *dropped off* recently. 파산은 요즘 감소했다. ② 잠들다(fall asleep) (*cf.* vi. 7); 죽다(die).

drop on (or **upon**) …을 호되게 꾸짖다(drop across).

drop out ① 낙제하다, 중도 퇴학하다; 낙오하다; 탈퇴하다; 〔사회 체제에서〕 이탈하다, 〔경기에서〕 빠지다. ② 〔이빨 따위가〕 빠지다. ③ 없어지다, 사라지다. ④ 〔럭비〕 드롭아웃하다.

drop through 아주 못쓰게 되다.

drop to ① …에 빠지다. ② 〔구어〕…을 우연히 알게 되다.

let drop ① …을 떨어뜨리다. ② …을 누설하다. ③ …에 대해서 말하기를 그만두다, 중단하다.

drop-by [drápbài / dróp-] *n.* 《美》〔정치가, 의원 등을 초청하는〕 초대회.

drop cookie *n.* 번철에 떨어뜨려 굽는 쿠키.

dróp cúrtain *n.* 〔연극〕 현수막.

dróp fòrge *n.* 〔기계〕 드롭해머, 낙하 망치.

drop-forge [drápfɔ̀ːrdʒ / drɔ́pfɔ̀ːdʒ] *vt.* (**-forged, -forg‧ing**) 〔기계〕 …을 낙하 단조(落下鍛造)하다, 드롭해머로 내리쳐 만들다.

dróp fòrging *n.* Ⓤ 〔기계〕 낙하 단조, 드롭 단조법; Ⓒ 그 방법에 의한 제품.

dróp frònt *n.* 여닫게 된 책장 앞판자〔책장 덮개인데 내려뜨려 책상 위판으로 겸용〕.

dróp gòal *n.* 〔미식축구〕 드롭골.

dróp hàmmer *n.* 〔기계〕 =drop forge. *cf.* triphammer

dróp hèad coupé *n.* 《英》 개폐식(접는) 지붕이 있고 문이 둘인 4인승 쿠페.

drop-in [drápìn / dróp-] *n.* 1 불쑥 들르는 사람. 2 잠깐 들르는 곳. ― *adj.* 삽입식의.

dróp kíck *n.* 〔미식축구〕 드롭킥〔공을 땅에 떨어뜨리고 튀어오르는 순간에 차기〕. *cf.* place kick, punt

drop-kick [drápkìk / dróp-] 〔미식축구〕 *vt.* 1 드롭킥으로 〔득점〕을 얻다. 2 〔공〕을 드롭킥하다. ― *vi.* 드롭킥하다.

drop-kick‧er [drápkìkər / dróp-] *n.* 드롭킥하는 사람.

dróp lèaf *n.* 〔필요할 때 쓰려고 테이블에 경첩으로 달아놓은〕 현수막.

drop‧let [dráplit / drɔ́p-] *n.* 작은 방울(little drop).

dróp lètter *n.* 《美》 접수국 구역내 배달 우편물.

drop‧light [dráplàit / drɔ́p-] *n.* 〔아무 데나 매달 수 있는〕 이동식 램프.

drop-off [drápɔ̀ːf / drɔ́pɔ̀(ː)f] *n.* 1 깎아지른〔몹시 가파른〕 내리받이(하강), 낭떠러지. 2 감소(decrease), 쇠퇴, 하락(decline). 3 = dropout 1.

drop‧out [drápàut / drɔ́p-] *n.* 1 〔럭비〕 드롭아웃〔방어쪽이 25야드선에서 하는 드롭킥〕. 2 〔구어〕〔수업을〕 까먹기, 빼먹기; 수업 도중에 빠져나가는 학생. 3 낙제〔생〕, 중도 퇴학자; 낙오자, 탈락자. 4 체제 사회에서의 이탈〔자〕. 〔컴퓨터〕 자기(磁氣) 테이프의 데이터 소실부(消失部).

drópped sèat [drápt- / drɔ́pt-] *n.* 〔앉는 자리가 낮은〕 오목한 의자.

drópped shóulder *n.* 드롭 숄더〔어깨 선을 팔꿈치로 낮춘 소매 스타일〕.

drop‧per [drápər / drɔ́pə] *n.* 1 떨어뜨리는 사람(것). 2 〔안약 따위의〕 점적기(點滴器). 3 불쑥 들르는 사람.

drop‧per-in [drápərìn / dróp-] *n.* 잠깐 들르는 사람.

drop‧ping [drápiŋ / drɔ́p-] *n.* Ⓤ Ⓒ 낙하; 적하(滴下), 똑똑 떨어짐. 2 낙하(적하)물, 방울. 3 (~s) 〔새·짐승의〕 똥; 〔양의〕 빠진 털.

drópping bòttle *n.* 〔적하 조정이 되는〕 점적병(點滴瓶).

dróp prèss *n.* =drop forge.

dróp scène *n.* 〔연극〕 1 〔그림이 그려진〕 현수막 (drop curtain). 2 〔어떤 막이나 극의〕 마지막 막〔면〕; 《비유적》 인생에 있어서의 마지막 장면.

dróp shòt *n.* 〔정구·배드민턴〕 드롭 쇼트〔네트(net)가에 떨어지게 치는 공·셔틀〕.

dróp shùtter *n.* 〔사진〕 초기의 카메라 셔터.

drop‧si‧cal [drápsik(ə)l / drɔ́p-] *adj.* 수종(水腫)〔중〕의, 수종증의; 수종 비슷한. **~‧ly** [-kəli] *adv.*

drop‧sied [drápsid / drɔ́p-] *adj.* 수종에 걸린.

drop‧sonde [drápsànd / drɔ́psɔ̀nd] *n.* 〔기상〕 투하 존데〔비행기에서 투하하는 낙하산 달린 라디오존데〕. [< DROP + [RADIO]SONDE]

drop‧sy [drápsi / drɔ́p-] *n.* Ⓤ 〔병리〕 수종증(水腫症), 수종(水症).

dropt [drapt / drɔpt] *v.* 《고어》 drop 의 과거·과거분사.

drop-test [dráptèst / dróp-] *vt.* 투(낙)하 시험을 하다.

dróp tìn *n.* 〔녹여서 물에 떨어뜨린〕 입자 모양의 주석.

drop‧wort [drápwəːrt / dróp-] *n.* 1 서양터리풀〔류〕. 2 미나리〔류〕.

drosh‧ky [dráʃki, dɾɔ́ʃ- / dróʃ-], **dros‧ky** [dráski / drɔ́s-] *n.* (*pl.* **-kies**) 1 〔러시아의 지붕 없는〕 드로스키 4륜마차. 2 주로 러시아에서 사용되는 각종 마차. [< Russ *drozhki*]

dro‧soph‧i‧la [drou(ə)sáfilə / -sɔ́f-] *n.* (*pl.* **-las** or **-lae** [-lìː]) 초파리.

dross [drɔːs, drɑs / drɔs] *n.* Ⓤ 1 〔녹은 금속의〕 불순물, 뜬 찌끼(scum, slug). 2 《비유적》 가치없는 것, 쓰레기.

dross‧y [drɔ́ːsi, drási / drɔ́si] *adj.* (**dross‧i‧er, dross‧i‧est**) 1 쇠똥의(이 많은); 불순한. 2 하찮은, 가치 없는.

***drought** [draut], (**drouth** [drauθ]) *n.* Ⓒ Ⓤ 1 가뭄, 한발; 《고어》 〔대기·땅의〕 건조. ¶ a serious *drought* 심한 가뭄. 2 부족, 결핍(scarcity). 3 《고어·방언》 갈증(thirst).

drought‧y [dráuti], **drouth‧y** [dráuθi] *adj.* 1 건조한, 가뭄이 계속되는. 2 《고어·방언》 갈증나는 (thirsty). **-i‧ness** *n.*

drove[1] [drouv] *v.* drive 의 과거형의 하나.

drove[2] [drouv] *n.* 1 〔몰려가는〕 가축, 〔소·양·돼지의〕 떼. ⇒ FLOCK 類語 2 〔움직이는 사람의〕 무리, 떼. ¶ *in droves* 떼지어 몰려서. 3 a) (= **dróve chísel**) 〔석수의〕 건목치는 정. b) (= **dróve wòrk**) 〔돌의〕건목친 면. ― *vi.* (**droved, drov‧ing**) 《英》 〔가축 떼〕를 몰고 가다. 2 건목치우다〔돌 따위를〕 다듬다.

dro‧ver [dróuvər] *n.* 1 가축 떼를 시장으로 몰고 가는 사람. 2 가축 상인.

dróve ròad *n.* 《주로 Scot》 가축을 모는 길, 〔보통 자동차는〕 지나가지 못하는 가축 전용 도로.

***drown** [draun] *vi.* 물에 빠지다, 익사하다. ¶ A *drowning* man will catch at a straw. 《속담》 물에 빠진 사람은 지푸라기라도 잡는다. ― *vt.* 1 〔보통 재귀용법 또는 수동형으로〕 …을 물에 빠뜨리다. ¶ a *drowned* body 익사체 // (~+目+前+图) be *drowned* to death 익사하다 / *drown* oneself *in* a river 강에 몸을 던지다. 2 〔걱정 따위〕를 달래다, 잊다(get rid of). ¶ (~+目+前+图) *drown* oneself *in* drink 술에 빠지다 / He tried to *drown* his troubles in drink. 그는 자기의 시름을 술로 달래려고 했다. 3 …을 물에 잠기게 하다 (flood), 흠뻑 젖게 하다(drench). ¶ (~+目+前+图) eyes *drowned* in tears 눈물 젖은 눈. 4 〔소리〕〔작은 소리〕를 지우다, 들리지 않게 하다. ¶ His voice was *drowned* by the applause of the audience. 그의 목소리는 청중의 갈채로 들리지 않았다.

drown out ① …을 물에 잠기게 하여 쫓아내다. ② 〔소음이]…을 들리지 않게 하다. ¶ His voice was *drowned out* by the roar of the waves. 그의 목소리는 파도 소리에 들리지 않았다.

drown·proof·ing [dráunprùːfiŋ] *n*. ⓤ [부력·특별 호흡 따위를 이용하여 되도록 물에 오래 머 있는] 익사 방지법.

drowse [drauz] *v*. (**drowsed, drows·ing**) *vi*. 1 졸리다(be sleepy); 꾸벅꾸벅 졸다; 선잠자다 (be half asleep). 2 멍하니 있다, 게을러지다. — *vt*. 1 …을 졸리게 하다, 꾸벅꾸벅 졸게 하다. 2 (때)를 선잠(doze), 게으로 보내다, 꾸벅꾸벅 졸며 보내다(...*away*). ¶ She *drowsed* the day *away*. 그녀는 꾸벅꾸벅 졸면서 그 날을 보냈다. — *n*. ⓤ (또는 a~) 졸음, 선잠(doze), 졸음.

drow·si·head [dráuzihèd] *n*. 〈고어〉 졸음, 나른함 (drowsiness).

*****drow·sy** [dráuzi] *adj*. (**-si·er, -si·est**) 1 졸리는 (sleepy), 졸리는 듯한, 꾸벅꾸벅 조는, ¶ feel *drowsy* 졸리다. 2 나른한(dull). 3 졸리게 하는(lulling). **-si·ly** *adv*. **-si·ness** *n*.

Dr. Strange·love [-stréindʒlʌv] *n*. 1 핵전쟁 밖에 생각하지 않는 광신적 전략가. 2 대규모의 핵전쟁[파괴]을 주장하는 국군주의자, 인텔리 광인(狂人).

drub [drʌb] *vt*. (**drubbed, drub·bing**) 1 …을 몽둥이로 세게 치다, 때리다; [마루 따위]을 쾅쾅 굴려 밟다 (stamp). 2 〈생각 따위〉를 주입하다. ¶ *drub* something *into* (*out of*) a person 남의 머리에 어떤 것을 주입하다 (머리에서 짜내다). 3 〈싸움·경기 따위에서〉 …을 결정적으로 패배시키다 (defeat decisively). — *n*. 몽둥이로 치기.

drub·ber [drʌ́bər] *n*. 몽둥이로 〈채찍〉질하는 사람.

drub·bing [drʌ́biŋ] *n*. ⓤⓒ 1 몽둥이로 세게 치기 (beating), 세게 채찍질하기. 2 결정적인 승리(타파).

drudge [drʌdʒ] *n* [고되고 단조로운 일을] 억착스럽게 하는 사람, 꾸준히 일하는 사람. — *vt*. (**drudged, drudg·ing**) 억착스럽게 일하다(toil); [고된 일]을 꾸준히 하다(*at*...). ¶ He was *drudging* at tedious work. 그는 지루한 일을 꾸준히 하고 있었다.

drudg·er·y [drʌ́dʒəri] *n*. ⓤ 지루한, 따분한 일, 고된 일, 싫은 일, 고역.

drudg·ing·ly [drʌ́dʒiŋli] *adv*. 애써서 (laboriously), 억착스럽게, 꾸준히.

‡**drug** [drʌg] *n*. 1 약, 약품, 약제, [조제하지 않은] 약종 (藥種). ¶ a narcotic *drug* 마취제 / a poisonous *drug* 독약. 2 마취제(narcotic), 마약. ¶ *drug* addiction among juveniles 젊은이들의 마약 상용.

a drug on (or *in*) *the market* 시장의 체화(滯貨), [남아돌아서] 팔리지 않는 상품.

— *vt*. (**drugged, drug·ging**) 1 …에 [특히 마취제·독약 따위]의 약을 섞다. 2 [마약으로] 마취시키다. 3 …에게 독약을 먹이다, 구역질나는 것을 주다. 4 …을 진저리나게 하다.

drúg àddict (**fiend**) *n*. 마약 상용자.

drug·ger [drʌ́gər] *n*. 약제사, 약사.

drug·get [drʌ́git] *n*. 1 한쪽 양모에 면·황마를 섞어서 짠 인도산 융단. 2 〈폐어〉〈옛날 옷감으로 쓰인〉 일종의 나사 (羅紗).

*****drug·gist** [drʌ́gist] *n*. 〈미·스코〉약종상 (藥種商), 약제사 (pharmacist).

drug·gy [drʌ́gi] *n*. 〈미어〉 마약 환자.

drúg hàbit *n*. 마약 상용 습관.

drug·o·la [drʌgóulə] *n*. 〈미어〉 마약 밀매자가 단속반원에게 주는 뇌물.

drug·push·er [drʌ́gpùʃər] *n*. 〈구어〉 마약 밀매인 (pusher).

‡**drug·store** [drʌ́gstɔ̀ːr/-stɔ̀ː] *n*. 〈미〉 드러그스토어 [본래는 〈영〉 chemist's shop에 가깝고, 약(drug)이외에 화장품 (cosmetics)의 조제·판매, 병실 용품을 판매하는 가게였는데 거기에 담배·문방구·주간잡지·장난감 등 최신 복식품 따위도 갖추어, 간이 식당을 겸한 곳이 많다].

종의 사교장이 되었다].

Dru·id [drúːid] *n*. (* 여성형은 **Dru·id·ess** [drúːidis]) 〈종종 d-〉 드루이드교의 승려 [고대 Celt 족 사이의 종교, 예배는 숲속에서 보며 참나무를 신목(神木)으로 숭배].

dru·id·ic [druːídik], **-id·i·cal** [-ídik(ə)l] *adj*. 〈종종 D-〉 드루이드교의 [식 따위].

dru·id·ism [drúːidìz(ə)m] *n*. ⓤ 드루이드교의 의식.

‡**drum**[1] [drʌm] *n*. 1 북, 드럼; (the ~s) 〈관현악 따위의〉 드럼부(部). ¶ *beat a drum* 북을 치다 / a side *drum* 작은 북 / a double *drum* 양면 북. 2 북소리; 북소리 비슷한 소리. 3 북 모양의 것; 원통형의 용기, 드럼통; 〈동물〉 북 모양의 기관(器管), 〈해부〉 중이(中耳) (middle ear), 고실(鼓室) (tympanum), 고막 (tympanic membrane). 4 〈기계〉 원통형부(部), 고동(鼓胴), 고형 활차 (鼓形滑車); 〈건축〉 [돌기둥의 일부를 이루는] 북 모양 석재; 돔(dome)을 버티는 원통형의 벽체 (壁體). ⇒ DOME 그림. 5 =drumfish. 6 〈폐어〉[18세기에서 19세기 초에 걸쳐 유행한] 야회(夜會); [그후 유행한] 오후의 다과회.

beat the drum 〈구어〉 …을 위해 북을 치다; …을 크게 선전하다; 마구 지껄여대다.

with drums beating and colors flying 북치고 깃발을 휘날리며, 요란하게 선전하며.

— *v*. (**drummed, drum·ming**) *vi*. 1 북(드럼)을 치다; [북을 치듯이] 둥둥 울리다, 쿵쿵 두드리다 (beat, thump). ¶ (~+前+名) *drum* on a table with one's fingers 손가락으로 테이블을 똑똑 두드리다. 2 [나는 새·곤충, 비행기 따위가] 북치는 듯한 소리를 내다 (울리다). ¶ A plane *drums* in the sky. 비행기가 하늘에서 붕 소리내며 간다. 3 북을 치며 돌아다니다, 요란하게 선전하다; 〈주로 美〉 흥미를 일으키다, 선전하다, 권유하며 다니다 (*for*...). ¶ (~+前+名) *drum for* a new model 신제품을 선전하다 / *drum for* new subscribers 신규 구독자를 권유하러 다니다.

— *vt*. 1 〈북·드럼으로〉[곡]을 연주하다, [리듬]을 잡다. 2 [북을 치듯이] …을 쿵쿵 두드리다. ¶ *drum* a desk with a pencil 연필로 책상을 똑똑 두드리다. 3 [북을 치면서] …을 불러 모으다, 모집하다 (...*up*). ⇒ **drum up**. 4 …을 시끄럽게 되풀이하다, 주입하다, 강요하다. ¶ (~+前+名) *drum* an idea into a person 자꾸 되풀이하여 남에게 어떤 사상을 심어 주다.

drum down …을 침묵시키다. ¶ *drum* a person *down* 남을 침묵시키다.

drum a person out of …에서 남을 추방(제명)하다; 〈군대〉에서 북을 쳐서 남을 추방하다. ¶ The beggar was *drummed out of* the town. 거지는 읍내에서 쫓겨났다.

drum up 〈美구어〉 …을 선전하다, 권유하며 다니다. ¶ *drum up* votes 표를 모으다 / Our department store is offering reductions in an effort to *drum up* business. 고객을 끌기 위해 우리 백화점에서는 가격 할인을 하고 있습니다.

drum[2] [drʌm] *n*. 〈스코·아일〉 폭이 좁은 길쭉한 언덕.

drum·beat [drʌ́mbìːt] *n*. 북 소리.

drum·beat·er [drʌ́mbìːtər] *n*. 광고〈선전〉자; 광고를 읽는 아나운서; [아이디어·주의·정책 따위]를 크게 선전하는 사람.

drúm còrps *n*. 고수대 (鼓手隊), 군악대.

drum·fire [drʌ́mfàiər] *n*. ⓤ 격렬한 연속적 포화.

drum·fish [drʌ́mfìʃ] *n*. (*pl*. **-fish** or **-fish·es**) 북소리 같은 소리를 내는 민어과의 물고기.

drum·head [drʌ́mhèd] *n*. 1 북가죽. 2 〈해부〉 고막. 3 〈밧줄·닻줄 따위의〉 권양기 (捲揚機) (capstan)의 꼭대기.

drúmhead cóurt-màrtial *n*. 임시 군법 회의, 전투시 군법 회의 [북을 테이블 대신하여 둘러앉은 데서].

drum·lin [drʌ́mlin] *n*. 〈지질〉 빙퇴구 (氷堆丘), 드럼린 [빙하의 침적물로써 형성된 타원형 언덕].

drúm májor *n.* (악대의) 고수장, 악대장.
drúm májorètte *n.* 여자 악대장; 배턴 걸. *cf.* baton twirler
*__drum·mer__ [drʌ́mər] *n.* **1** 고수(鼓手), 드러머. **2** 《美》출장 판매인, 외판원(traveling salesman).
drum-stick [drʌ́mstìk] *n.* **1** 북채. **2** 〔요리한〕닭·칠면조 따위의 다리.
drúm táble *n.* 〔회전식의〕 서랍 달린 둥근 테이블.
‡**drunk** [drʌŋk] *v.* drink의 과거 분사.
— *adj.* **1** 술취한 (intoxicated). ¶ get *drunk* 술취하다 / be dead (or blind, beastly) *drunk* 곤드레만드레 취해 있다. **2** 《비유적》취한 듯한, 도취된 (with...). ¶ be *drunk with* happiness 행복에 취해 있다. **3** 〔구어〕취중의, 술이 원인인. ¶ *drunk* driving 취중 운전.
drunk as a fish (or *a lord, a fiddler*) 곤드레만드레 취한.
— *n.* 〔구어〕**1** 술취한 사람(drunken person). **2** 떠들썩한 주연(spree). **3** 취기, 취한 상태.
*__drunk·ard__ [drʌ́ŋkərd] *n.* 대주가, 술꾼, 주정뱅이.
drúnk dríver tráp *n.* 음주 운전[자] 검문소.
drúnk dríving *n.* 〔법률〕음주 운전.
*__drunk·en__ [drʌ́ŋk(ə)n] *adj.* 〔보통 한정용법〕**1** 술취한(intoxicated); 술고래의. ¶ a *drunken* fellow 술취한 사람. **2** 취중의, 술김의. ¶ a *drunken* brawl 술김의 큰 싸움. ~**·ly** *adv.*
*__drunk·en·ness__ [drʌ́ŋk(ə)nnis] *n.* [U] 취기, 취한 상태; 주취(酒醉) (intoxication); 술에 빠짐.
drunk·om·e·ter [drʌŋkámitər / -kɔ́m-] *n.* 취도(醉度) 측정기, [~인즈] 주정꾼 수용소.
drúnk tánk *n.* 《美속어》〔술이 깰 때까지 가두어 두는 유치장〕.
dru·pa·ceous [druːpéiʃəs] *adj.* 〔식물〕핵과성의, 석과성의, 핵과가 생기는.
drupe [druːp] *n.* 〔식물〕매실·버찌·복숭아 따위의 핵과(核果), 석과(石果), 다육 과(多肉果).
drupe·let [drúːplit] *n.* 〔식물〕〔나무딸기 따위의〕작은 핵과, 작은 석과.
Druse [druːz] *n.* 드루즈파의 사람 〔시리아·레바논의 산속에 사는 호전적인 광신자〕.
druth·ers [drʌ́ðərz] *n.* 《美방언·구어》기호, 좋아하는 것. 〔< I'd rather〕
‡**dry** [drai] *adj.* (**drí·er, drí·est**) **1** 마른, 건조한; 시든 (withered); 탈수한. ¶ a *dry* shirt 마른 셔츠 / *dry* meat 마른 고기, 건육 / To be kept *dry*. 습기 엄금.
類語 *dry* 수분·습기가 없는: *dry* land (clothes) 마른 땅(옷). *arid* 어떤 지역이 완전히 하고 초목이 자라지 않는: an *arid* tract of land 건조한 넓은 불모지.
2 비가 적은(오지 않는), 건조성의. ¶ a *dry* spell 건조기, 가뭄 / a *dry* climate 건조성 기후 / It's been *dry* for a week. 1주일 동안 비가 오지 않는다.
3 〔우물 따위가〕물이 마른; 눈물이 마른; 〔소가〕젖이 안 나오는; 〔기침이〕담이 안 나오는; 〔고어〕피를 흘리지 않는. ¶ a *dry* cow 젖이 마른 젖소 / a *dry* cough 마른 기침 / a *dry* fight 피를 안 흘리는 싸움 / with *dry* eyes 눈물 한방울 흘리지 않고 / die a *dry* death 〔익사도 아니고 피도 흘리지 않고〕정상적으로 죽다.
4 〔구어〕목이 마른(thirsty); 갈증나는. ¶ *dry* work 갈증나는 작업 / feel *dry* 갈증을 느끼다.
5 물 속에 잠기지 않은, 물에 들어가 있지 않은. ¶ be high and *dry* 배가 기슭에 올라가 있다.
6 《美구어》금주의, 금주법 실시의(*opp.* wet); 주류 없는. ¶ a *dry* State 금주법 시행 주(州) / a *dry* party 술을 안 마시는 파티 / go *dry* 금주하다; 금주법을 시행하다.
7 감정을 나타내지 않는, 무관심한, 냉랭한 (unemotional, indifferent); 아무렇지도 않게 말하는. ¶ a *dry* answer 냉랭한(통명스러운) 대답 / *dry* thanks 말뿐인 감사 / *dry* humor 아무렇지도 않게 말하는 빈정대는 유머.
8 있는 그대로의, 적나라한(plain); 편견없는(impartial). ¶ a *dry* fact 있는 그대로의 사실 / the mind of *dry* simplicity 꾸밈없는 소박한 마음의 소유자.
9 지루한, 무미 건조한(dull, uninteresting). ¶ a very *dry* lecture 지루한 강연.
10 〔포도주·칵테일·과자 등이〕단맛이 없는, 맛이 담백한, 쌉쌀한. *opp.* sweet ¶ *dry* wine 단맛이 없는 포도주.
11 〔보통 토스트에〕 버터(잼 따위)를 바르지 않은. ¶ *dry* toast 버터를 바르지 않은 토스트. 〔없는.
12 〔미술〕〔선·색채가〕딱딱한 느낌의, 따뜻하 기미가
13 〔소리·목소리가〕부드러운 맛이 없는, 귀에 거슬리는. ¶ a *dry* unmusical sound 귀에 거슬리는 소리.
14 고체의(solid). *opp.* liquid ¶ *dry* groceries (or provisions) 고형 식품류.
15 〔군사〕연습의, 모의(模擬)의. ¶ *dry* firing 공포 사격〔훈련〕.
16 효과없는, 결실이 없는, 불모의(unproductive).
[*as*] *dry as a bone* ⇒ BONE.
make dry bones alive 못 쓰게 된 것을 되살리다.
not dry behind the ears 《구어》풋내기의, 경험없는, 세상 모르는(inexperienced, unworldly).
— *v.* (**dried, drý·ing**) *vt.* **1** ...을 말리다, 건조시키다, 탈수하다(make dry, desiccate). ¶ *dry* fish 생선을 말리다.
2 ...을 닦다, 훔치다, ...의 물기를 닦아내다 (wipe). ¶ *dry* one's eyes 눈물을 닦다 / *dry* oneself 몸을 닦다.
— *vi.* 마르다, 건조하다, 시들다(become dry). ¶ be quick to *dry* 빨리 마르다.
drý óff 《英》...을 말리다.
drý óut 《美》...을 말리다; 마르다.
drý úp ① (*vt.*) ...을 바싹 말리다, 말라붙게 하다, ...의 물기를 없애다; (*vi.*) 마르다, 말라붙다. ¶ The conversation *dried up* so soon. 화제가 곧 바닥나버렸다. ③ (*구어*) (*vi.*) 이야기를 그만두다, 입을 다물다; (*vt.*) ...을 침묵시키다. ④ (*vi.*) 〔구어〕말하고자 하는 말을 잊다; 〔배우가〕대사를 잊어버리다.
— *n.* ① (*pl.* **drys**) 《美구어》금주주의〔찬성〕자, 금주법 찬성론자 (prohibitionist). *cf.* wet **2** (*pl.* **dries**) (the ~) 건조 상태, 가뭄, 한발(drought); 건조기; 건조한 곳, 건조 지대.
~**·ness** *n.*
dry·ad [dráiəd, -æd] *n.* (*pl.* ~**s** *or* ~**es** [-ədìːz]) (종종 D-) 〔그리스 신화〕드라이어드〔나무·숲의 요정〕.
dry-as-dust [dráiəzdʌ̀st] *n.* 지나치게 학구적이고 재미없는 사람; 무미 건조한 사람. 〔<Sir Walter Scott가 창조한 가공 인물 Dr. Dryasdust〕
dry-as-dust [dráiəzdʌ̀st] *adj.* 무미 건조한.
drý báttery *n.* 건전지〔보통 2개 이상의 dry cell〕.
drý bób *n.* 《英속어》〔Eton 학교의〕크리켓(럭비) 부원. 〔진.
dry-boned [dráibóund] *adj.* 뼈와 가죽 뿐인, 말라빠
dry-bones [dráibòunz] *n. pl.* 빼빼마른 사람.
drý-búlb thermómeter [dráibʌ̀lb-] *n.* 〔건습수도계의〕건구(乾球) 온도계. *cf.* wet-bulb thermom-
drý céll *n.* 건전지. 〔eter
dry-clean [dráikliːn] *vt.* ...을 드라이클리닝하다.
drý cléaner *n.* **1** 드라이클리닝 업자. **2** 드라이클리닝 용제.
drý cléaning *n.* [U] 드라이클리닝, 건식(乾式) 세탁
dry-cleanse [dráiklenz] *vt.* (-**cleansed, -cleans·ing**) =dry-clean.
dry-cure [dráikjúər] *vt.* (-**cured, -cur·ing**) 〔고기·생선 따위를〕 소금에 절여 말리다, 포(脯)로 만들다.
drý dóck *n.* 드라이 도크, 건선거(乾船渠) 〔배의 수리·칠 따위에 사용〕.
dry-dock [dráidàk / -dɔ̀k] *vt.* 〔배를〕드라이도크에 넣다. — *vi.* 〔배가〕드라이도크에 들어가다.

dry・er [dráiər] n. =drier. 〖~less〗.
dry-eyed [dráiáid] adj. 눈물을 흘리지 않는 (tearless).
dry-farm [dráifɑ̀ːrm] vt. …을 건지(乾地) 농법으로 경작하다. — vi. 건지 농법을 쓰다.
drý fármer n. 건지 농법을 쓰는 농부(농가).
drý fárming n. 〖U〗 건조 농법.
drý flý n. 〖낚시〗 물위에 띄워서 하는 파리 낚시. — vi. 드라이 플라이로 낚시질하다.
drý fóg n. 〖기상〗 건무(乾霧) 〖낮은 기온에서 먼지와 연기로 생기는 안개〗.
dry-foot [dráifùt] adv. 발을 적시지 않은.
drý góods n. pl. 〖때로 단수 취급〗 **1** 〖美〗 〖식품·철물 등과 구별하여〗 직물류, 포목류. **2** 〖英〗 곡물; 건물류.
dry-house [dráihàus] n. (pl. **-hous・es** [-háuziz]) **1** 〖작업원의〗 탈의실. **2** 〖공장 등의〗 건조실 (drying room).
Drý Íce n. 〖상표명〗 드라이 아이스.
dry・ing [dráiiŋ] adj. 건조하는, 건조성의; 건조시키는, 건조용의. ¶ a drying machine 건조기 / a drying room (chamber) 건조실 / a drying house 건조소 / drying oil 건조유.
dry・ish [dráiiʃ] adj. 약간 마른, 거덕거덕 〖구덕구덕〗.
drý kíln n. 건조 가마 〖목재·판자 따위의 건조용〗.
drý lánd n. 〖바다에 대하여〗 육지.
drý láw n. 〖美〗 금주법.
drý lódging n. 〖U〗 식사 없는 하숙. cf. boarding house.
dry・ly [dráili] adv. drily.
drý méasure n. 건량(乾量) 〖곡물·야채·과일 따위의 계량 단위〗.
drý mílk n. 〖U〗 드라이 밀크, 분유 (dried milk).
drý móp n. 〖마루 닦는〗 자루 걸레.
drý núrse n. **1** 〖젖을 먹이지 않는〗 보모. cf. wet nurse **2** 〖무능하고 경험 없는 상관의〗 보좌역〖관〗.
dry-nurse [dráinə̀ːrs] vt. (**dry-nursed, dry-nursing**) **1** 〖아기를 보모(dry nurse)로서 돌보다(키우다). **2** 〖무능한(경험 부족의) 상관〗을 보좌(보필) 하다.
drý pláte n. 〖사진〗 건판.
dry-point [dráipòint] n. 드라이포인트〖부식제를 쓰지 않는 동판 조각용 침〗; 드라이포인트 동판화; 〖U〗 드라이포인트법. 〖드라이 리허설〗.
drý rehéarsal n. 〖TV〗 카메라 없이 하는 총연습.
drý rót n. 〖U〗 **1** 〖식물〗 〖목재·야채의〗 건조 부패 〖균류로 인해 생긴다〗. **2** 〖내부에서의 사회·도덕적〗 부패, 퇴폐.
drý rún n. 〖속어〗 **1** 〖군사〗 공포(空砲) 사격 연습. **2** 연습(rehearsal); 시운전. **3** 건본. 〖말리다.〗
dry-salt [dráisɔ̀ːlt] vt. 〖물고기 따위〗를 소금에 절여
dry-salt-er [dráisɔ̀ːltər] n. 〖英〗 **1** 간물·건어물 판매상. **2** 〖구어〗 화학 약품·염료 판매상.
dry-salt-er・y [dráisɔ̀ːltəri] n. 〖U〗〖C〗〖英〗 **1** 간물·건어물 판매업(점); 간물류. **2** 화학 약품·염료 판매업(점).
dry-shod [dráiʃɑ̀d, -ʃɔ̀d] adj. 구두(발)를 적시지 않은. ¶ go dry-shod 발을 적시지 않고 가다.
drý stóve n. 〖건조 식물을 위해 낮은 습도를 유지하는〗 건조 온실.
drý wáll n. 〖시멘트·모르타르를 쓰지 않고 보통 자연석으로 만든〗 돌벽, 건식 벽체. 〖을 하지 않은 것〗.
drý wàsh n. 〖U〗 빨아서 말린 빨래감 〖아직 다리미질
DS (略) dental surgeon; 〖증권〗 depositary sares(예탁 주식).
d.s. (略) daylight saving 〖서머타임에 의한〗 일광 절약); 〖상업〗 days after sight 〖어음 따위〗 일람후 … 일 지급.
D.S. 〖음악〗 dal segno의 기호.
D.S. Doctor of Science (이학 박사).
D.Sc. (略) Doctor of Science (이학 박사).
D.S.C. (略) Distinguished Service Cross.

DSCS (略) 〖美 군사〗 Defense Satellite Communications System(방위 위성 통신 시스템).
D.S.M. (略) Distinguished Service Medal.
D.S.O. (略) Distinguished Service Order.
DSRV (略) deep submergence rescue vehicle(심해 구조정).
DSS (略) decision support system(〖컴퓨터에 의한 경영의〗 의사 결정 지원 시스템).
'dst [dst] wouldst, hadst 의 단축형.
DST, D.S.T. (略) Daylight Saving Time; Doctor of Sacred Theology.
D.T. the Daily Telegraph 〖1855년 London 에서 창간된 영국의 신문명〗.
DTE (略) data terminal equipment(데이터 단말 장치). 〖박사〗.
D. Th., D. Theol. (略) Doctor of Theology(신학
D.T.'s, d.t. (略) delirium tremens.
Du. (略) Duke; Dutch.
du・ad [d(j)úːæd / djúːæd] n. 한 쌍(pair), 두 개의 벌.
***du・al** [d(j)úːəl / djú(ː)əl] adj. **1** 둘의, 둘을 나타내는. **2** 두 개의, 이중의, 이중성의, 두 부분으로 된 (double, twofold); 〖철학〗 이원적(二元的)인, 〖U〗 ¶ dual flying 동승(同乘) 비행 / dual ownership 공유 / dual personality 이중 인격 / a dual pump 복식 펌프. **3** 〖문법〗 양수(兩數)의, 양수형의. — n. 〖문법〗 양수, 양수형〖고대 영어·아라비아어 등에서 「둘, 한 쌍」을 나타내는 말〗. **-ly** [-əli] adv.
dúal cárriagewày n. 〖英〗 〖화단 따위의 중앙 분리대가 있는〗 분리(고속) 도로.
du・al・in [d(j)úːəlin / djúː-] n. 〖화학〗 듀얼린〖초석(硝石)·니트로 글리세린·톱밥을 섞어서 만든 다이너마이트의 일종〗.
du・al・ism [d(j)úːəlìz(ə)m / djú(ː)-] n. **1** 이원성, 이중성(duality). **2** 〖철학〗 이원론; 〖종교〗 이원교, 이원성. cf. monism, pluralism ¶ the dualism of mind and matter 정신과 물질과의 이원론.
du・al・ist [d(j)úːəlist / djú(ː)-] n. 이원론자.
du・al・is・tic [d(j)ùːəlístik / djù(ː)ə-] adj. 이원 적인; 이원론적의, 이중성의. **-ti・cal・ly** [-tikəli] adv.
du・al・i・ty [d(j)uːǽliti / djuː(ː)-] n. 〖U〗〖C〗 이원성(二元性), 이중성.
du・al・ize [d(j)úːəlàiz / djú(ː)ə-] vt. 이중으로 하다, 이원적(二元的)으로 간주하다.
dúal nationálity (cítizenship) n. 이중 국적(시민권).
dúal prícing n. 이중 가격 표시.
du・al-pur・pose [d(j)ùːəlpə́ːrpəs / djù(ː)ə-] adj. **1** 두 가지 목적의, 두 가지 용도가 있는. **2** 〖농업〗 〖특히 가축이 육용(肉用)·유용(乳用)을 겸하는 것 같은〗 이중 역할을 하는.
dub¹ [dʌb] vt. (**dubbed, dub・bing**) **1** 〖knight 작위수여식에서〗 …의 어깨를 검으로 두드려 나이트로 하다. 〖~+目+補〗 The King dubbed his son a Knight. 국왕은 그의 아들에게 나이트 작위를 주었다. **2** …에게 별명(호칭)을 붙이다(nickname), …을 〖…이라고〗 부르다. ¶ dub a person a liar 남을 거짓말쟁이라고 부르다. **3** 〖가죽·목재〗를 매끈하게 하다, 마무르다; 〖파리〗의 깃털을 끝손질하다. **4** 〖양계〗 …의 볏을 자르다.
dub out …을 평평하게 하다.
dub² [dʌb] n. 〖美속어〗 서투른 사람, 솜씨없는 사람.
dub³ [dʌb] n., vi. (**dubbed, dub・bing**) **1** 찌르다 (thrust), 쑤시다(poke). **2** 〖북을〗 둥둥 치다.
— n. **1** 찌르기(thrust). **2** 〖북을〗 둥둥 치는 소리.
dub⁴ [dʌb] vt. (**dubbed, dub・bing**) 〖방송〗 〖필름〗을 번역 녹음하다; 〖필름·테이프〗에 대사(음악)를 넣다, 음향 효과를 넣다(…in); 〖녹음한 것〗을 〖다른 테이프나 음반 따위에〗 다시 녹음하다. — n. 새로 추가된 음향 효과음, 재녹음한 소리.
dub⁵ [dʌb] n. 〖스코·北英〗 응덩이(puddle).

dub-a-dub [dʌ́bədʌ̀b, ─ ─ ─ / ─ ─ ─] n. 둥둥 울리는 북소리.

dub·bin [dʌ́bin] n. ⓤ 피혁용 방수 기름[특히 구두·각반의 손질용].

dub·bing¹ [dʌ́biŋ] n. ⓤ **1** 나이트(knight) 작위 수여. **2** 파리 낚시 재료용의 털. **3** =dubbin. [녹음].

dub·bing² [dʌ́biŋ] n. ⓤ 〖방송〗더빙, 필름에의 재

du·bi·e·ty [d(j)u(ː)báiəti / djuː-] n. (pl. **-ties**) **1** ⓤ 의심[스러움], 미심쩍음(doubtfulness, doubt). **2** 의심스러운 일(것).

du·bi·os·i·ty [d(j)ùːbiásiti / djùːbiɔ́s-] n. (pl. **-ties**) =dubiety.

*****du·bi·ous** [d(j)úːbiəs / djúː-] adj. 《서술용법》[사람이 어떤 일에 대하여] 의심스럽다고 생각하는, 의심하는(about, of..). ⇨ DOUBTFUL 類語. ¶ be dubious of a man's honesty 남의 정직성을 의심하다 / I am little dubious about going there. 나는 거기 가는 것을 조금도 의심치 않는다 / be dubious [about, as to] what to do 어찌 할지 모르다. **2** [인물·성질의] 수상한, 의심스러운. ¶ a dubious friend 믿지 못할 친구 / a dubious reputation 좋지 않은 평판. **3** 모호한, 분명치 않은 (ambiguous). ¶ a dubious answer 애매한 대답 / a dubious remark 뜻이 분명치 않은 말 / a dubious compliment 진의를 알 수 없는 아첨. **4** 결과를 알 수 없는, 이도저도 아닌. ¶ a dubious battle 〔승패가〕 어찌될지 모르는 전투. **~·ly** adv. **~·ness** n.

du·bi·ta·ble [d(j)úːbitəbl / djúː-] adj. 의심스러운, 불확실한, 불확정의(doubtful); [doubt].

du·bi·ta·tion [d(j)ùːbitéiʃ(ə)n / djùː-] n. ⓤⓒ 의심

du·bi·ta·tive [d(j)úːbitèitiv / djúːbitətiv, -tèitiv] adj. 의심하는(doubtful). 의심을 나타내는, 의심스러워하는.

*****Dub·lin** [dʌ́blin] n. 아일랜드 공화국의 수도.

Du·bon·net [d(j)ùːbənéi] n. **1** 《상표명》 뒤보네 〔프랑스산(産)의 달콤한 적(백) 포도주〕. **2** (d-) 짙은 자주색.

du·cal [d(j)úːk(ə)l / djúː-] adj. 공작(duke)의, 공작다운; 공작령의. **-·ly** adv.

duc·at [dʌ́kət] n. **1** 〔옛날 유럽에서 널리 사용된〕 더컷 금화(은화). **2** (~s) 《속어》 돈, 현금(cash). **3** 《속어》 표, 입장권(ticket).

du·ce [dúːtʃei -tʃi / It dúːtʃe] n. **1** 수령, 지도자 (leader). **2** (il D-) 이탈리아의 파시스트 당수 Benito Mussolini 의 칭호. [< It leader]

Du·chenne dystrophy [duːʃén-] n. ⓤ 뒤센형(型) 근(筋) 위축증.

duch·ess [dʌ́tʃis] n. **1** 공작 부인(미망인). **2** 여자공작.

duch·esse potatoes n. pl. 달걀과 섞어 으깨어 구운(튀긴) 감자 요리.

duch·y [dʌ́tʃi] n. (pl. **duch·ies**) 공국(公國), 공작령 [duke 또는 duchess 의 영지] (dukedom).

‡**duck**¹ [dʌ́k] n. **1** 오리, 집오리. ¶ a domestic duck 집오리 / a wild duck 들오리, 물오리 / a mandarin duck 원앙새. **2** 〔특히 수컷(drake)과 구별하여〕 암오리 (집오리). **3** 〔집오리의〕 고기〔식용〕. **4** 〔종종 ~s〕 《단수 취급》 《英구어》 귀여운 사람, 애인(darling). **5** 〔정신적·신체적으로 특징이 있는〕 사람, 녀석.

duck[s] and drake[s] 물수제비뜨기.

a duck on a rock (or on rocks) 돌 떨어뜨리기 〔바위 위에 있는 상대방의 돌을 쳐서 떨어뜨리는 놀이〕.

a fine day for young ducks 비오는 날.

in two shakes of a duck's tail 순식간에.

like a duck in a thunderstorm 몹시 백산하여.

like water off a duck's back 아무 영향도 끼치지 못하고, 마이동풍으로.

make ducks and drakes of money ; play [at] duck[s] and drake[s] with money 돈을 물쓰듯 낭비하다.

take to... like a duck to water 〔오리가 물을 좋아하듯이〕 …을 좋아하다, 아주 자연스럽게 …을 좋아하게 되다.

duck² [dʌ́k] vi. **1** 〔쑥〕 물속에 잠기다, 물속에 머리를 넣었다가 쑥 내밀다. **2** 갑자기 몸을 굽히다, 굴실하고 절을 하다(bob). **3** 몸을 피하다. 〔타격·작업 따위를〕 피하다(avoid). ¶ duck out of a blow 타격을 슬쩍 피하다. — vt. **1** (남) 물속에 쑥 처박다. ¶ They ducked John twice in the pond. 그들은 존의 머리를 두번 못 속에 처박았다. **2** 〔머리 따위를〕 쾍 숙이다. **3** 〔타격·위험 따위를〕 피하다. — n. **1** 물속에 쑥 잠기기. **2** 쾍 고개를 숙이기, 쾍 몸을 굽히기. **3** 슬쩍 몸을 피하기.

duck³ [dʌ́k] n. **1** ⓤ 즈크〔자루·돛·선원용 의복감에 사용〕. **2** (~s) 즈크제 바지. [<D dock cloth] [럭.

duck⁴ [dʌ́k] n. 《美軍》 〔제2차 대전중의〕 수륙 양용 트

dúck àss(àrse), dúck's àss(àrse) n. 《속어》 뒤쪽 오리 꽁지 모양의 머리.

duck·bill [dʌ́kbìl] n. **1** 오리 너구리 [Australia 및 Tasmania 산(産)의 강에 살며 알을 낳는 포유 동물; 오리 같은 부리가 있다]. **2** 붉은 밀. [를 가진.

duck-billed [dʌ́kbìld] adj. (집오리) 같은 부리

duck·board [dʌ́kbɔ̀ːrd / -bɔ̀ːd] n. (보통 ~s) 사람이 밟고 지나가게 참호·진창 따위에 깐 건널판, 깔개.

dúck égg n. **1** 〔집오리의〕 알. **2** 《英》 《크리켓》 영점(zero). ★ 같은 뜻으로 goose egg 라고도 한다.

duck·er [dʌ́kər] n. **1** 오리 사육자, 오리 사냥꾼. **2** 물에 잠기는 사람, 잠수부; 물에 잠기는 새, 〔특히〕 농병아리.

dúck hòok n. 〖골프〗 더크 훅〔코스에서 크게 벗어나는 훅〕.

duck·ing [dʌ́kiŋ] n. **1** ⓤ 오리 사냥. **2** ⓤⓒ 물속에 처박기, 흠뻑 젖음. ¶ get a good ducking 흠뻑 젖다. **3** ⓤⓒ 〖권투〗 더킹〔머리·몸을 갑자기 숙이기〕.

dúcking stòol n. 〔옛날 처벌용〕 사람을 앉혀 물속에 처박는 의자.

duck-leg·ged [dʌ́klégid / -légd] adj. 다리가 짧은(short-legged); 아장아장 걷는.

duck·ling [dʌ́kliŋ] n. 새끼 오리, 어린 오리, 오리 새끼.

[ducking stool]

duck·mole [dʌ́kmòul] n. 오리너구리(duckbill).

duck·pin [dʌ́kpìn] n. **1** 십주회(十柱戱)〔볼링〕(tenpins)에 쓰는 굵직한 작은 기둥(pin). **2** (~s) 《단수 취급》 십주회.

dúck's égg n. =duck egg.

dúck shòt n. ⓤ 오리사냥용 총탄. [일.

dúck sòup n. ⓤ 《美속어》 누워서 떡 먹기, 수월한

duck·tail [dʌ́ktèil] n. 덕테일〔머리의 양옆을 길게 길러 뒤에서 합치듯이 빗질하는 소년의 머리 모양〕.

duck·weed [dʌ́kwìːd] n. 좀개구리밥속(屬)의 수초.

duck·y¹ [dʌ́ki] adj. (**duck·i·er, duck·i·est**) 《美구어》 **1** 사랑스러운, 사랑하는(dear, darling). **2** 멋진(fine), 아름다운.

duck·y² [dʌ́ki] n. (pl. **duck·ies**) 《英구어》 〔보통 부르는 말로〕 사랑하는 사람, 귀여운 사람(darling).

duct [dʌ́kt] n. **1** 도관(導管), 송수관, 통기관(通氣管) (tube, pipe). **2** 〔해부〕 도관, 수송관〔각종의 분비액을 보내는 관〕. ¶ a biliary duct 담관(膽管) / an ejaculatory duct 사정관(射精管) / a lymphatic duct 임파관. **3** 〔식물〕 도관, 맥관. **4** 〔전기〕 선거(線渠)〔전선 따위가 지나가는 지하의 관(管路)〕.

-duct [-dʌ̀kt] suf. 「…관(管)」의 뜻의 연결형. 예: aqueduct, viaduct.

duc·tile [dʌ́kt(i)l / -tail] adj. **1** 〔금속이〕 두들겨 펼 수 있는, 연성(延性)이 있는. **2** 〔찰흙 따위가〕 어떤 모양으로도 되는(plastic); 유순한, 가르치기〔지도하기〕 쉬운.

duc·til·i·ty [dʌktíliti] n. ⓤ **1** 잡아(두들겨) 늘일 수 있음, 연성(延性). **2** 유연성(flexibility). **3** 유순한 성질(docility).
duct·less [dʌ́ktlis] adj. 도관(導管)이 없는.
dúctless glánd n. =endocrine gland.
dud [dʌd] n. 《구어》 **1** 실패; 쓸모없는 사람(것); 〔군사〕 불발탄(폭탄). **2** (~s)옷; [낡은] 누더기 옷; 가지 것 (belongings).
dude [d(j)u:d / djuːd] n. **1** 젠체하는 사람, 멋쟁이, 맵시꾼(dandy). **2** 《속어》〔특히 미국 동부의〕도회지 사람. **3** 《美서부》휴가로 서부의 목장에 놀러 오는 동부 사람.
dúde ránch n. 관광 목장. ⸺ 부 사람.
dudg·eon [dʌ́dʒ(ə)n] n. ⓤ 화, 분노(anger). ¶ in high (or deep) *dudgeon* 몹시 화나서.
dud·ish [d(j)úːdiʃ / djúː-] adj. **1** 젠체하는, 맵시내는. **2** 도시에서 자란.
‡**due** [d(j)uː / djuː] adj. **1** 마땅히 처러야 할, 권리로서 지급받아야 할, ¶ credit where the credit's *due* 평가할 것을 평가하다 / Money is *due* [to] him for his work. 그의 일에 대해 마땅히 돈이 지불되어야 한다. **2** 지급 기일이 된, 만기가 된. ¶ The bill is *due*. 어음은 지금 기일이 되어 있다. **3** 정당한, 당연한, 상응하는, 마땅한(proper), 옳은. ¶ a *due* reward for the work 그 일에 대한 당연한 보수. **4** 적당한, 충분한(adequate). ¶ a *due* margin for delay 늦을 것을 참작한 충분한 여유 / after *due* consideration 충분히 생각하고 나서 / in *due* form 정식으로, 늘 하던 대로. **5** …할 예정인, …하게 되어 있는(expected); 도착할 예정인. ¶ He is *due* to speak here. 그는 이곳에서 강연 할 예정이다 / The mail is *due* tomorrow. 우편은 내일 도착하게 되어 있다.[구·미 따위가 어디에(몇시에) 도착 예정이다(be to arrive)의 뜻이에 구어에서는 be due at(or in)을 흔히 쓴다: The train is *due* in Seoul at 5. 30 p.m.)
become (or **fall**) **due** [어음 따위가] 지급 기일이 되 **due** to 《구어》…에게 돌려야 할, …에 기인하는, …때문의(caused by). ¶ The accident was *due to* his carelessness. 그 사고는 그의 부주의가 원인이었다 / The delay was *due to* the bad weather. 늦은 것은 날씨가 나빴기 때문이다.
in due course ⇨ COURSE.
in due time 그러는 동안에 때가 되어, 머지 않아.
⸺ n. **1** 당연히 치러져야(받아야) 하는 것. ¶ Respect and homage are a sovereign's *due*. 존경과 충성은 군주가 당연히 받아야 하는 것이다. **2** (주로 ~s) 세금, 요금, 회비, 수수료, 부과금. ¶ club *dues* 클럽의 회비 / harbor *dues* 입항세.
for a full due ⓤ 항해〕 완전히, 충분히.
give a person **his due** 남을 공평하게 다루다.
⸺ adv. **1** [방향이] 바로, 정(正) ……으로 **2** [고어] (exactly). ¶ a *due* east course 정동의 진로 / The ship sailed *due* north. 배는 정북으로 나아갔다. **2** [고어] =duly.
dúe bíll n. 차용 증서, 외상 청구서.
dúe dáte n. [어음의]지급 기일, 만기일.
*‎**du·el** [d(j)úːəl / djú(ː)əl] n. **1** 결투. ¶ He was killed in a *duel*. 그는 결투를 하다 죽었다. **2** [일반적으로 양자간의] 싸움, 승부(contest). ¶ a *duel* of wits 재치 겨루기. ⸺ vi., vt. (-eled, -el·ing; -elled, -el·ling) 결투하다.
du·el·er, -el·ler [d(j)úːələr / djúː-] n. =duelist.
du·el·ing, -el·ling [d(j)úːəliŋ / djúː(ː)-] n. ⓤ 결투(술).
du·el·ist, -el·list [d(j)úːəlist / djúː(ː)-] n. 결투자.
du·en·de [duéndei] n. ⓤ 불가사의한 힘, 마력. 〔Sp.〕
du·en·na [d(j)uénə / djú(ː)-] n. **1** 소녀 감독 부인 〔스페인·포르투갈에서 소녀를 감독하는 나이 지긋한 여성〕. **2** 여자 가정교사(governess). 〔사교계에서 소녀의 시중드는 여성(chaperon). 〔< Sp mistress〕

*‎**du·et** [d(j)uːét / djuːét] n. **1** 《음악》 듀엣, 이중주, 이중창(cf. solo, trio); 이중 무곡. **2** 〔둘만의〕대화. ¶ a passionate *duet* between the lovers 연인끼리의 뜨거운 대화. 〔<It〕
du·et·tist [d(j)uːétist / djuː(ː)-] n. 이중주 (이중창)자.
du·et·to [d(j)uːétou / djú(ː)-] n. (pl. **-tos** or **-ti** [-tiː]) 《이탈리아》 =duet.
duff¹ [dʌf] n. **1** 일종의 만두〔건포도·향신료·시트론 따위로 맛들인 것〕. **2** 《美속어》 엉덩이(buttocks).
duff² [dʌf] vt. **1** 《속어》…을 …(속이)다(cheat); [가공하여] …의 외관을 눈가림하다(fake), …을 새것(진짜)처럼 보이게 하다. **2** [濠] [소나 말 따위를] 훔치다; [홈 소] 에 다른 낙인을 찍다. **3** 〔英〕 [골프] [공]을 헛치다.
duf·fel, -fle [dʌ́f(ə)l] n. **1** 《美》캠프 용품, 캠프 용의 류. **2** 더플〔보풀이 덮고 성긴 모직물의 일종〕. 〔<벨기에의 Antwerp 근처의 도시 Duffel의 이름〕
dúffel bàg n. 〔군용품〕즈크 잡낭(자루).
dúffel còat n. 더플 코트〔모자가 달린 짧은 코트〕.
duff·er [dʌ́fər] n. **1** 《구어》 멍텅구리, 쓸모없는 사람, 바보, 멍청이, 등신. **2** 《속어》 가짜, 위조품. **3** 《속어》 《싸구려 물건을 비싸게 파는》 협잡꾼.
*‎**dug¹** [dʌɡ] v. dig 의 과거·과거 분사.
dug² [dʌɡ] n. 〔암짐승의〕 젖통(mamma), 젖꼭지(nipple).
du·gong [dúːɡɔn, -ɡɔːn/d(j)úːɡɔn] n. 듀공〔돌고래 비슷한 《물 포유 동물; 열대 지방의 바다에 서식〕.
*‎**dug·out** [dʌ́ɡàut] n. **1** a) 방공호, 대피호. b) 〔태고적의〕 땅굴, 세로굴. **2** 통나무 배. **3** 〔야구〕 〔구장의 한 구석에 있는〕 선수 대기소, 덕아웃.
dui·ker [dáikər] n. 다이커영양(羚羊) 〔아프리카산(産)의 작은 영양〕.
dui·ker·bok, -bok [dáikərbàk / -bɔk] n. =duiker.
*‎**duke** [d(j)uːk / djuːk] n. **1** 〔유럽의 공국(公國) (duchy)의〕 군주, 공(公), 대공(大公); 〔영국 이외의〕 귀족의 하나, 공작; (pl.) duchess ⇨ BARON 〔표 의〕 **3** (~s) 《속어》 손(hands), 주먹(fists).
duke·dom [d(j)úːkdəm / djúːk-] n. **1** 공국(duchy), 공작령. **2** ⓤ 공작의 지위.
Du·kho·bor [dúːkə(u)bɔ̀ːr] n. =Doukhobor.
dukw, DUKW [dʌk] n. 〔美軍〕 수륙 양용 트럭(duck⁴).
dul·cet [dʌ́lsit] adj. **1** [눈·귀에] 즐거운, 달콤한 (sweet, pleasing); [듣기] 듣기에〕감미로운(melodious); 마음을 포근하게 하는(soothing). **2** 〔고어〕맛좋은, 감미로운 향기의. ⸺ n. 오르간의 음전(organ stop)의 일종, 덜시.
dul·ci·fi·ca·tion [dʌ̀lsifikéiʃ(ə)n] n. ⓤ **1** 즐겁게(단 란하게) 하기, 부드럽게 하기, 달래기. **2** 〔맛을〕감미롭게 하기.
dul·ci·fy [dʌ́lsifài] vt. (-fied, -fy·ing) **1** 〔기분〕을 즐겁게 하다, 누그러뜨리다(mollify), 달래다(appease). **2** 〔맛〕을 달게 하다(sweeten).
dul·ci·mer [dʌ́lsimər] n. 〔음악〕 덜시머. a) zither 비슷한 사각형의 현악기), b)기타 비슷한 근대의 민속악기.
Dul·cin [dʌ́lsin] n. 《상표명》 둘신〔인공 감미료〕.
dul·cin·e·a [dʌ̀lsiníːə, ---] n. 사모하는 사람, 연인 (sweetheart). 〔<Cervantes 작 *Don Quixote* 중에서 주인공이 사모한 시골 처녀 Dulcinea의 이름〕
dul·ci·tol [dʌ́lsitòul] n. ⓤ 둘시톨〔인공 감미료〕.
‡**dull** [dʌl] adj. **1** 머리가 둔한; 어리석은, 우둔한. ⇨ FOOLISH 〔類〕 **2** 〔감각이〕 무딘, 둔한; 무감동의(unfeeling). ¶ a *dull* sight 나쁜 시력 / be *dull* of hearing 귀가 좀 멀다. **3** 〔고통 따위가〕무던, 무지근하게 느껴지는. ¶ a *dull* pain 둔통. **4** 〔동작이〕느린(sluggish); 〔장사 따위가〕활발치 못한. ¶ Trade is *dull*. 장사가 부진하다. **5** 권태로운(listless), 기운 없는(spiritless). **6** 단조로운, 지루한(tedious), 재미없는(uninteresting). ¶ a *dull* sermon 지루한 설교. **7** 〔나이프 따위가〕무딘, 예리하지 못한(blunt). opp. sharp **8** 〔색·빛이〕깊이 없

dullard

는, 산뜻하지 않은; 밝지 않은, 강하지 않은; 흐린 (cloudy), 희미한(dim). ¶ a *dull* light 흐릿한 빛 / a *dull* day 흐린 날.
— *vt.* 1 [칼날 따위]를 무디게 하다(blunt). ¶ *dull* a razor's edge 면도날을 무디게 하다. 2 [고통]을 완화시키다(mitigate). ¶ Sorrow is *dulled* by the passage of time. 슬픔은 때가 지남에 따라 수그러진다. 3 [감각·지능]을 둔하게 하다. ¶ His sight was *dulled* by overstrain. 그의 시력은 과로 때문에 나빠졌다. 4 …을 흐리게(흐릿하게) 하다. ¶ *dull* the surface of a mirror 거울 면을 흐리게 하다.
— *vi.* 둔해지다. ¶ This knife *dulls* quickly. 이 주머니칼은 금새 무디어진다 / Wit *dulls* when unused. 재치는 써먹지 않으면 둔해진다.
dull the edge of …의 날을 무디게 하다; …의 흥미를 …의 예리함을 녹이다.

dull·ard [dʌ́lərd] *n.* 얼간이, 바보(dull person).
dull-brained [dʌ́lbrèind] *adj.* 우둔한, 머리가 둔한.
dull-eyed [dʌ́làid] *adj.* [눈이] 정기가 없는, 흐릿한.
dull·ish [dʌ́liʃ] *adj.* 좀 둔한, 우둔한, 침체 경향의.
***dull·ness, dul-** [dʌ́lnis] *n.* ⓤ 1 둔함, 둔감, 우둔, 굼뜸. 2 [감각의] 부진, 불경기. 3 [이야기의] 단조로움, 지루함. 4 [기분의] 울적함, 답답함, 개운치 못함. 5 [색채·음색의] 산뜻하지 못함, 침침함, 흐릿함.

dulls·ville [dʌ́lzvil] *n.* ⓤ《美속어》몹시 지루한.
— *adj.* 몹시 지루한.
dull-wit·ted [-] *adj.* =DULL-BRAINED.
***dul·ly** [dʌ́li] *adv.* 둔하게, 흐릿하게; 우둔하게; 활발치 못하게, 느릿느릿.
dulse [dʌls] *n.* 덜스[해초의 일종; 식용].
du·ly [d(j)úːli / djúː-] *adv.* 1 바르게, 정당하게 (rightfully), 적절히(properly), 어울리게(fitly). ¶ his honor *duly* won 정당히 얻은 그의 명예. 2 마침 알맞게; 시간대로(punctually). 3 충분히(adequately). ¶ a *duly* considered plan 충분히 생각된 계획.
be duly to hand [상업] 틀림없이 입수하고 있다. ¶ Your letter *is duly to hand*. 귀하의 서신은 틀림없이 받았습니다. ◇ due *adj.*

Du·ma [dúːmɑː/djúːmə] *n.* 1 [러시아 연방 국회의] 하원. 2 [제정 시대의] 러시아 의회; (d-) 의회.

‡**dumb** [dʌm] *adj.* 1 벙어리의, 벙어리로의(mute), 입다문. ¶ a *dumb* man 벙어리 / *dumb* animals 말 못하는 짐승 / the *dumb* millions [정치에 발언권이 없는]무언의 대중. 2 [놀람 따위로] 말이 막힌, 아연한(with...). ¶ strike a person *dumb* 남을 놀라게 하여 말이 나오지 않게 하다 / in *dumb* despair 말을 못할만큼 절망하여 / He was *dumb* with astonishment. 그는 놀라서 말이 나오지 않았다.
類語 **dumb** 선천적으로 말할 능력이 없는; 큰 놀람 따위로 한때 말할 힘이 없어지는: a *dumb* beast 말못하는 짐승 / be *dumb* with amazement 놀라서 말을 하지 못하다. **mute** 잠재적으로 말할 능력이 있으나, 어려서 말을 배우지 못한; 어떤 이유로 침묵을 지키는: a *mute* child 벙어리 아이 / be *mute* with terror 공포로 말을 못하다. **speechless** 일시적으로 말하는 능력을 빼앗긴; be so surprised as to be *speechless* 너무 놀라서 말을 못하다. **voiceless** 선천적으로 발성 능력이 없는: Fishes are *voiceless*. 어류는 목소리를 내지 못한다. 3 입을 다문, 잠자코 있는(silent), 말수 적은(taciturn). ¶ remain *dumb* 잠자코 있다 / be [as] *dumb* as an oyster 굳게 입을 다물고 있다. 4 [항해] 발동기(등)가 없는. ¶ a *dumb* barge(*or* craft) 무동력선, 돛 없는 배. 5 《美속어》 멍청한, 어리석은(stupid). ¶ This dog is too *dumb* to learn tricks. 이 개는 멍청해서 재주를 못 배운다. 6 소리가 안 나는. ¶ This piano has several *dumb* notes. 이 피아노에는 소리가 안 나는 키가 몇 개 있다. 7 당연히 있어야 할(성질이) 빠진. ~·ly *adv.* ~·ness *n.*
dúmb bárge *n.* [돛이나 발동기를 쓰지 않고] 조류를

이용하여 운항하는 배, 무동력선.
dumb·bell [dʌ́mbèl] *n.* 1 아령[체조 기구의 일종]. ¶ a pair of *dumbbells* 아령 한쌍. 2 《美속어》얼간이.
dúmb blónde *n.* 백치 미인, 멍청한 미인.
dumb·found, dum- [dʌmfáund] *vt.* …을 아연하게 하다, 기막히게 하다, 얼떨떨하게 하다. ¶ He stood *dumbfounded* with astonishment. 그는 놀라서 말문이 막혀서 있었다.
dúmb·head [dʌ́mhèd] *n.* 《속어》우둔한 사람, 멍청이.
dúmb íron *n.* [자동차의] 스프링 받침.
Dum·bo [dʌ́mbou] *n.* 1 《美軍속어》구명(수색)기 [특히 비행정]. 2 《美속어》어린 코끼리; 귀가 큰 사람 [Walt Disney의 만화영화에서 유래].
dúmb piáno *n.*[운지(運指) 연습용》소리 없는 피아노.
dúmb shów *n.* 1 무언극. 2 ⓤ 무언의 몸짓.
dumb·struck [dʌ́mstrʌ̀k], **-strick·en** [-strìk(ə)n] *adj.* (=dumfounded) 놀라서 말이 안 나오는.
dumb·wait·er [dʌ́mwèitər] *n.* 1 《英》자동 회전 식품대. 2 [음식을 오르내리는] 소형 엘리베이터.
dum-dum [dʌ́mdʌ̀m] *n.* 1 덤덤탄(彈) [명중하면 파열하여 상처 구멍을 크게 한다]. (이 탄환이 처음 제조된 인도의 Calcutta 부근의 군수 공장명 Dum Dum) 2 《美속어》 멍청이.

‡**dum·my** [dʌ́mi] *n.* (*pl.* **-mies**) 1 [실물 대용이 되는] 견본, 모형, 모조품. 2 [양복점 따위의]장식용 인형, 마네킹; [권투·사격 따위의] 연습용 인형, 표적 인형. 3 《美구어》바보, 멍청이. 4 명색뿐인 사람, 꼭두각시; 앞잡이. 5 벙어리(dumb). 6 [카드놀이] [브리지 같은 4명이 하는 놀이를 3명이 할 때의] 빈 자리. 7 진짜같이 만든 것, 가짜; 임시의 것; 모조 젖꼭지. 8 [인쇄] [책의] 부피 견본. 9 [컴퓨터] 더미.
— *adj.* 1 명색뿐인. 2 모형의, 모조의; 가짜의, 조품의. ¶ a *dummy* bomb 모의 폭탄. — *vt.* (-**mied**, -**my·ing**) [인쇄] [책]의 부피 견본을 만들다.
dúmmy héad *n.* 더미헤드[사람의 머리 모양의 헬멧, 두 귀 부분에 마이크를 단 녹음 장치].
dúmmy-héad torpédo [dʌ́mihèd-] *n.* [폭약이 없는] 연습용 어뢰.   연습.
dúmmy rún *n.* 공격(상륙) 연습; 시행(試行), 예행.
dúmmy stòck *n.* 명의주(名義株) [서류(명의) 상의 주식].

*****dump**[1] [dʌmp] *vt.* 1 [짐 따위]를 털썩 내려놓다 (unload); [기울이거나 뒤집어 엎거나 하여] [자동차·용기]를 비우다(empty out); …을 쓰레기로 버리다(...*out, down*). ¶ (~+됨+전] *dump out* the gravel 자갈을 쏟아 비우다 // (~+됨+전] The truck *dumped* the coal on the sidewalk. 트럭이 석탄을 보도 위에 털썩 내려놓았다. 2 [상업] [일반적으로] [상품]을 투매하다, 덤핑하다, [해외 시장에] [상품]을 투매하다. ⇨ DUMPING 2. ¶ *dump* surplus goods 잉여 상품을 투매하다. 3 [과잉 인구 등]을 해외로 내보내다. 4 …을 해고하다. [애인]을 버리다; [계약]을 해지하다. ¶ She *dumped* me once. 나는 그녀에게 한 번 버림받았다. 5 [책임·문제 따위]를 떠넘기다, 전가하다 (*on*). 6 [컴퓨터] 덤프하다, 써 내다. — *vi.* 털썩 떨어지다, 짐을 내리다 (unload); 투매하다, 덤핑하다.
— *n.* 1 [쓰레기 따위] 쏟아놓는 것, 쓰레기 더미; 쓰레기 버리는 곳, 하치장; 《美속어》초라한 장소. 2 [군사] [무기·탄약 따위] 임시 집적장. 3 털썩하는 소리. 4 [컴퓨터]덤프, 써내기[검사를 위해 기억 장치의 전부 또는 일부를 출력 장치로 전사(轉寫)하기].

dump[2] [dʌmp] *n.* (~s)《구어》우울(low spirits). *주로 다음 句에 쓴다.
[*down*] *in the dumps* ⇨ DOWN.

dump[3] [dʌmp] *n.* 1《英》[어린이가 놀이에 쓰는] 납으로 만든 산가지. 2 새끼로 던지는 고리. 3 옛 오스트레일리아 화폐. 《속어》잔돈. ¶ *not worth a dump* 한푼의 값어치도 없는. 4 《英》굵고 짧은 것; 땅딸막한 사람.

dúmp bòdy n. 덤프카(덤프트레일러)의 차체.

dúmp càr n. [철도의] 덤프 화차.

dump-cart [dʌ́mpkàːrt] n. 〔손으로 미는〕쓰레기 버리는 손수레.

dump·er [dʌ́mpər] n. **1** 짐을 내리는(쓰레기를 버리는) 사람. **2** = [dumpcart] dumpcart, dump truck.

dump·ing [dʌ́mpiŋ] n. ⓤ **1** 〔쓰레기 따위를〕내버리기, 내리쏟음, 〔짐 따위를〕내려놓기. ¶ a *dumping* ground 쓰레기 버리는 곳. **2** 〔상업〕투매, 덤핑; 〔특히〕해외 시장에의 덤핑, 국내 시장 가격보다 싼 가격으로 해외 시장에 팔기.

dump·ish [dʌ́mpiʃ] adj. 우울한, 슬픈(depressed, sad). **~ly** adv. **~ness** n.

dump·ling [dʌ́mpliŋ] n. **1** 〔가루 반죽을 찐〕경단. **2** 〔과일이 든〕푸딩. **3** 《구어》 땅딸막한 사람(동물).

dúmp trùck n. 덤프 트럭 〔짐판을 뒤로 기울일 수 있는 덤프카〕.

dump·y¹ [dʌ́mpi] adj. (**dump·i·er, dump·i·est**) 우울한(dumpish); 침울해하는 (dejected); 언짢은.

dump·y² [dʌ́mpi] adj. (**dump·i·er, dump·i·est**) 굵고 짧은; 땅딸막한(squat). ¶ a *dumpy* woman 땅딸막한 여자. **―** n. (pl. **dump·ies**) 다리 짧은 닭〔스코틀랜드산(産)〕. **dump·i·ly** adv. **dump·i·ness** n.

dúmpy lèvel n. 〔측량〕 망원경 달린 수준기. cf. Y level

dun¹ [dʌn] vt. (**dunned, dun·ning**) …에게 〔특히 빚의〕지불을 귀찮게 재촉하다. **―** n. 심하게 빚 독촉하는 사람; 재촉; 독촉장.

dun² [dʌn] adj. **1** 회갈색의, 암갈색의. **2** 어둠침침한, 음침한. **―** n. ⓤ **1** 회갈색, 암갈색. **2** 〔갈기와 꼬리가 검은〕 암갈색의 말. **3** = dun fly. **4** 하루살이(may fly).

dun-bird [dʌ́nbə̀ːrd] n. 《英》 바다오리의 일종(pochard); 《美》 홍오리(ruddy duck).

***dunce** [dʌns] n. 바보, 멍청이; 공부 못하는 학생.

dúnce(dúnce's) càp n. 바보 모자〔예전에 학교에서 공부를 못하거나 게으른 학생에게 벌로 씌운 원추형 긴 이 모자〕.

dun-der-head [dʌ́ndərhèd] n. 바보, 멍청이.

dun-der-head-ed [dʌ́ndərhèdid] adj. 우둔한, 머리가 둔한.

dune [d(j)uːn / djuːn] n. 〔해변의〕사구(砂丘), 모래 언덕.

dúne bùggy n. 사구나 백사장을 달리게 설계된 소형 자동차.

dún flỳ n. 〔낚시용〕고동색의 파리낚시.

dung [dʌŋ] n. ⓤ 〔동물의〕 똥(excrement); 거름(manure). **―** vt. 〔땅〕에 시비하다, 거름을 주다.

dun-ga-ree [dʌ̀ŋgərí:] n. **1** ⓤ 덩가리 천〔인도산(産) 굵은 무명〕. **2** (~s) 덩가리 천으로 만든 옷(작업복).

dúng bèetle(chàfer) n. 말똥풍뎅이〔소·말의 똥에 모이는 곤충〕.

***dun-geon** [dʌ́ndʒən] n. **1** 토굴 감옥, 지하 감옥. **2** 〔성의〕아성(牙城), 내성(donjon).

dúng flỳ n. 똥파리〔소·말의 똥에 발생하는 파리〕.

dung·hill [dʌ́ŋhil] n. 똥〔거름〕더미; 지저분한 곳. ¶ a cock on its(or his) own *dunghill* 위세 당당한 두목; 골목 대장 / die *dunghill* 불명예스럽게 죽다.

dung·y [dʌ́ŋi] adj. 똥의, 똥투성이의; 불결한.

dun-ie-was·sal, -sel [dúːniwàs(ə)l / -wʃs-] n. 〔스코틀랜드 고지의〕 젊은 신사; 명문에서 분가한 자제.

dunk [dʌŋk] vt. 〔빵·도넛 따위를〕 커피·밀크 따위에 적시다.

dúnk shòt n. 〔농구〕 덩크 슛〔점프하여 공을 네트 위로부터 집어 넣는 슛〕.

dun·lin [dʌ́nlin] n. (pl. **-lins** or **-lin**) 민물도요.

dun·nage [dʌ́nidʒ] n. ⓤ **1** 수하물, 소지품, 휴대품. **2** 짐 깔개〔적하(積荷)의 파손을 막기 위해 사이에 끼우는 거적·나뭇조각 따위〕.

dun·ner [dʌ́nər] n. 빚쟁이, 채귀(債鬼) (dun¹).

dun·no [dənóu] vi., vt. 《구어》《시각 방언》 = [I] don't know. 〔sparrow〕.

dun·nock [dʌ́nək] n. 《英방언》 바위종다리 (hedge

dun·ny [dʌ́ni] n. (pl. **-nies**) (濠 속어·뉴질랜드 속어) 옥외 변소; 《스코》 〔낡은 아파트의〕 지하 통로, 지하실.

dunt [dʌnt] 《스코》 n. **1** 〔쾅 하고〕 세게 치기, **2** 〔쾅 하고〕 얻어맞은 상처. **―** vt. …을 〔쾅 하고〕치다. **―** vi. 〔쾅 하고〕 부딪치다.

du·o [d(j)úːou / djú(ː)-] n. (pl. **du·os**) **1** 〔음악〕이중창, 이중주(duet). **2** 〔연예인 등의〕 2인조. ¶ a comedy *duo* 2인조 코메디언.

duo- two 라는 뜻의 연결형, 예: *duo*logue.

du·o·dec·i·mal [d(j)ùː(o)u désim(ə)l / djùː-] adj. **1** 12의, 12개(명) 한 조의. **2** 12진〔법〕의. ¶ the *duodecimal* system 12진법. **―** n. **1** 12진법. **2** 12분의 1.

du·o·dec·i·mo [d(j)ùː(o)u désimou / djùː-] n. (pl. **-mos**) **1** 12절판, 사륙판(四六判) 〔약 13×20㎝, 기호 12mo 또는 12°〕. **2** 12절(사륙)판의 책. 〔略〕 adj. 12절(사륙)판의.

du·o·de·nal [d(j)ùː(o)u díːn(ə)l, d(j)uːádn(ə)l / djùːo(u)díː-] adj. 십이지장의(에 관한). ¶ *duodenal* ulcer 십이지장 궤양.

du·o·den·a·ry [d(j)uː(o)u dénəri, -díːn- / djùːo(u)díːn-] adj. =duodecimal.

du·o·de·ni·tis [d(j)ùː(o)u(d)ínaitis / djùː-] n: ⓤ〔병리〕십이지장염.

du·o·de·num [d(j)ùː(o)u díːnəm, d(j)uːádnəm / djùːo(u)díː-] n. (pl. **-na** [-nə]) 〔해부〕 십이지장. ⇒ ABDOMEN 그림.

du·o·graph [d(j)úːəgræf / djúːəgràːf] n. =duotone.

du·o·logue [d(j)úːəlɔ̀(ː)g, -làg / djúː(ː)ːlɔ̀g] n. **1** 특히 연극 따위에서 둘만의 대화(dialogue). **2** 대화극.

duo·mo [dwóumou] n. (pl. **-mos** or **-mi** [-miː]) 《이탈리아》 (=dome) 주교좌 성당, 대성당(cathedral).

du·o·rail [d(j)úː(ou)rèil] n. 이궤(二軌) 철도〔모노레일에 대하여 보통 철도를 가리킨다〕.

du·o·tone [d(j)úːətòun / djúː-] n. 〔인쇄〕 단일색(동계색)의 농담이 다른 이중의 그라비아 인쇄.

dup. 〔略〕 duplicate.

dup·a·ble [d(j)úːpəbl / djúː-] adj. 속기 쉬운.

dupe [d(j)uːp / djuːp] n. 속기 쉬운 사람, 봉, 호인, 잘 뜨기, 얼간이. **―** vt. (**duped, dup·ing**) 〔사람〕을 속이다.

dup·er·y [d(j)úːpəri / djúː-] n. ⓤⓒ (pl. **-er·ies**) **1** 속임수, 사기〔행위〕. **2** 속아 넘어가기.

du·ple [d(j)úːpl / djúː-] adj. **1** 두 배의(double), 이중의(twofold). ¶ *duple* ratio 2 : 1 의 비. **2** 〔음악〕 두 박자의.

dúple tìme n. ⓤ 〔음악〕 두 박자.

du·plex [d(j)úːpleks / djúː-] adj. **1** 두 겹의(twofold), 두 배의(double). ¶ the *duplex* printing 양면 날 염. **2** 이중의, 〔기계 구조가〕 복식의. ¶ a *duplex* lamp 이중심(二重心)램프 / *duplex* telegraphy 이중 전신〔전선 한 줄로 양쪽에서 동시에 송·수신 가능〕. **―** n. **1** = duplex apartment. **2** = duplex house.

dúplex apártment n. 복식 아파트〔상하층에 방이 이어진 아파트〕. 〔대용 연립 주택〕.

dúplex hóuse n. 《美》〔가운데 벽을 공유하는〕 두 세대용 주택.

***du·pli·cate** [d(j)úːplikit / djúː-] adj. **1** 아주 똑 같은(exactly like). ¶ *duplicate* keys for the door 그 문에 맞는 같은 열쇠. **2** 중복의, 이중의(double); 쌍의, 쌍을 이룬. ¶ *duplicate* ratio 2승비(乘比), 제곱비. **3** 사본의, 부본의(副本)의, 복사의. ¶ *duplicate* copies 부본. **4** 〔카드놀이〕 듀플리킷식의. **―** n. **1** 사본; 등본; 복제품, 복제, 복제〔품〕. ⇒ FACSIMILE 類語. ¶ a *duplicate* of letter 편지의 사본 / in *duplicate* 정부(正副) 두 통으로. **2** 부표(副票), 전당표. **3** 동의

어(synonym). **4** [카드놀이] 듀플리킷[브리지 따위에서 점수를 따져 보려고 먼저하던 패를 가지고 다른 사람이 게임을 해보는 것].
— v. [d(j)ú:plikèit / djú:-] (-cat·ed, -cat·ing) vt. **1** …의 사본을 만들다, …을 복제하다(reproduce); …을 정부 두 통으로 작성하다. ¶ *duplicate* a manuscript 부본을 만들다. **2** …을 되풀이하다, …을 다시 하다. ¶ He *duplicated* the same failure. 그는 같은 실수를 되풀이했다. **3** …을 두 배로 하다(double).
dú·pli·cāt·ing machīne [d(j)ú:plikèitiŋ- / djú:-] n. 복사기(duplicator).
*du·pli·ca·tion [d(j)ù:plikéiʃ(ə)n / djù:-] n. U **1** 이중, 중복. **2** 복사, 복제; C 복제품(duplicate). **3** 겹침(folding).
du·pli·ca·tive [d(j)ú:plikèitiv / djú:-] adj. 이중의; 복제의.
du·pli·ca·tor [d(j)ú:plikèitər / djú:-] n. 복사기; 복제자.
du·plic·i·ty [d(j)u:plísiti / dju:-] n. U **1** 표리가 있음, 걸과 속이 다름(double-dealing). **2** 이중성, 중복.
du·ra [d(j)ú(:)rə / djúə-] n. =dura mater.
du·ra·bil·i·ty [d(j)ù(:)rəbíliti / djùərə-] n. U 내구력, 내구성, 지구력이 있음.
*du·ra·ble [d(j)ú(:)rəbl / djúər-] adj. **1** 질긴, 튼튼한, 오래 가는, 내구력이 있는. ¶ *durable* goods 내구성 소비재 / *durable* color 바래지 않는 색. **2** 영속성 있는(enduring). ¶ *durable* friendship 항구적인 우정. ~ness n. -bly adv.
dúrable préss n. U 내구(耐久) 프레스[화학 약품으로 의류의 주름 펴짐을 영구히 하는 방법]; (膜)의.
du·ral [d(j)ú(:)rəl / djúər-] adj. [해부] 경뇌막(硬腦膜).
du·ral·u·min [d(j)uəˈljumin / djuər-] n. U 듀랄루민[알루미늄 합금].
dúra máter n. [해부] 경뇌막(硬腦膜).
[< L hard mother]
du·ra·men [d(j)uəréimin / djuə-] n. U [식물] 심재(心材), 적목질(赤木質) (heart wood).
dur·ance [d(j)ú(:)rəns / djúər-] n. U **1** 감금, 구금. ¶ in *durance* vile 불법 감금되어. **2** [고어] 계속, 지속.
*du·ra·tion [d(j)u(:)réiʃ(ə)n / djúər-] n. U **1** 계속, 지속, 내구(耐久). **2** 지속(계속) 기간, 존속 시간. ¶ the *duration* of flight [항공기의] 체공 시간 / of short *duration* 단기간의.
for the duration [미] [제2차 대전중에] 전쟁이 끝날 때까지는; 전쟁중에는. **2** [일반적으로 언제 끝날지 모르는] 장기간에 걸쳐, 언제까지나.
du·ra·tive [d(j)úərətiv / djúər-] adj. [문법] [특히 러시아어에서 동사가] 계속상(相)의, 동작의 계속을 나타내는.
dur·bar [də́:rbɑːr] n. [인도] **1** 인도 토후(土侯)의 궁정. **2** [인도 토후·영국 총독 등이 베푸는] 알현, 공식 접견. **3** 접견실, 알현실.
du·ress [d(j)u(:)rés, d(j)ú:ris / dju(ə)rés, djúəres] n. U **1** 구속, 감금. ¶ be held in *duress* 감금되어 있다. **2** [법률] 협박, 강제.
Dur·ham [də́:rəm / dʌ́r-] n. **1** 영국 동북부의 주; 그 주의 주도(州都). **2** 그 주 원산의 뿔이 짧은 우수.
du·ri·an [dú(:)riən / dúə-], (du·ri·on) n. 두리안[동남아시아 원산의 과수]; 그 과일[가시가 많은 껍질에 싸여 독특한 향기가 있다]. [< Mal]
‡dur·ing [d(j)ú(:)riŋ / djúər-] prep. **1** …동안(내내), …동안을 통하여, …중(all through). ¶ *during* the past one month 지난 한 달 동안 / She kept silence *during* the meal. 그녀는 식사를 하는 내내 아무 말도 안했다. **2** …사이에, …중에. ¶ He left *during* the lecture. 그는 그 강연 도중에 자리를 떠났다 / I invited him to dinner *during* his stay here. 그가 이곳에 체류중에 나는 그를 만찬에 초대했다.
durn [də:rn] n. [英구어] **1** 대문 기둥. **2** [나무의]

짠] 문틀.
Du·roc [d(j)ú(:)rɑk / djúərɔk], (Du-roc-Jer·sey [-dʒə́:rzi] n. 미국산(產)의 붉은 돼지[튼튼하고 성장이 빠르다].
dur·ra [dú(:)rə / dú(ə)rə] n. 끝수수[아시아산(產)의 줄기가 가는 옥수수의 일종].
durst [də:rst] v. dare의 과거형의 하나.
dú·rum [wheat] [d(j)ú(:)rəm- / djúər-] n. U 마카로니밀[마카로니·스파게티 따위를 만드는 단단한 밀].

*dusk [dʌsk] n. U **1** 어스름, 박명(twilight, gloom). ¶ in the *dusk* of the evening 저녁 어스름때에. **2** 땅거미질 때, 황혼. ¶ at *dusk* 땅거미질 때에 / from dawn till *dusk* 새벽부터 저녁까지 / thick with *dusk* 어둠이 짙어져.
— adj. (詩) 어둑한, 저물어가는(dusky).
— vt., vi. (詩) 어둑하게 하다(되다). ◇ dúsky adj.
dusk·ish [dʌ́skiʃ] adj. 좀 어둑한, 약간 거무스름한.
*dusk·y [dʌ́ski] adj. (dusk·i·er, dusk·i·est) **1** 거무스름한, [피부 등이] 거무칙칙한(dark-colored, darkish). ¶ a *dusky* bride 살결이 거무스름한 신부. **2** 어스레한(dim). ⇨ DARK [類] **3** 음울한(gloomy). ¶ a *dusky* frown 침울한 우거지상. dusk·i·ly adv. dusk·i·ness n.
‡dust [dʌst] n. U **1** (종종 the ~, a ~) 먼지, 티끌; 사진(砂塵), 흙먼지. ¶ a cloud of *dust* 자욱한 흙먼지 / *Dust* lay thick on the road. 도로에는 흙먼지가 두껍게 깔려 있었다 / *Dust* thou art, and unto dust shalt thou return. 너는 흙이니 흙으로 돌아갈 것이니라 [←창세기] (Gen.) 3 : 19]. **2** 가루, 분말; 꽃가루(pollen); 사금. ¶ gold *dust* 사금. **3** (the ~) 시체, 유골. **4** 지면(地面), 땅(ground). **5** 《英》 재(ashes), 찌꺼기, 쓰레기(refuse). **6** 천한 신분, 낮은 지위. **7** 하찮은 것. **8** 굴욕(humiliation). ¶ I humbled *in* (or *to*) the *dust* 굴욕을 받고. **9** (속어) 돈(money), 현금(cash). ¶ be out for the *dust* (美구어) 돈벌이에 열심이다 / Down with the *dust*! (속어) 돈 내놔! **10** (때로 a~) 소동, 난리(disturbance). ¶ make (or raise) a *dust* 소동을 일으키다.
bite (eat, kiss) the dust ① 쓰러지다, 패배당하다, 죽음을 당하다. ② 굴욕을 당하다.
in the dust ① 죽어서. ② 굴욕을 당하여.
lick the dust ① 엎드리다. ② =bite the dust.
make the dust fly ① 힘차게 활동하다. ② 재빨리 을.
out of dust 먼지 속에서; 굴욕의 처지에서. ¶ 직이다.
shake off the dust of one's feet 자리를 박차고[분연히] 떠나다; 발의 먼지를 떨어 버리다[←마태 복음 (Matt.) 10 : 14].
throw dust in a person's eyes 남의 눈을 현혹하다, — vt. **1** …의 먼지를 털다(닦아내다) (...off). **2** (~+圖+剾) *dust* [off] a table 테이블의 먼지를 털다. **2** …에 [가루 따위]를 뿌리다(sprinkle); 살포하다. ¶ (~+圖+前+图) *dust* plants *with* insecticide 식물에 살충제를 뿌리다 / *dust* powder *on* a plant 식물에 살충제 가루를 뿌리다. **3** [먼지나 쓰레기]를 …에 더럽히다 (...*with*). — vi. **1** [가구·방의] 먼지를 털다, 먼지를 닦아내다. ¶ *dust* and clean 먼지를 털고 깨끗이 하다. **2** [식물 따위가] …에 [가루]를 뿌리다; [새가] 사욕(砂浴)을 한다(*with*...). ¶ (~+圖+前+图) *dust with* insecticide 살충제를 뿌리다. **3** 먼지(쓰레기)투성이가 되다. **4** 《속어》 서두르다. ¶ get up and *dust* 일어나서 서두르다.
dust a child's pants (or *trousers*) (美속어) 아이의 볼기를 치다, 아이를 벌주다.
dust the eyes of a person 남을 속이다.
dust the floor with a person 남을 호되게 혼내주다, 가차없이 다루다.
dust a person's jacket 남을 때리다.
dust off ① 먼지를 털어 깨끗이 하다. ¶ Before we sat down, she hurried and *dusted off* each of the chairs.

우리가 앉기 전에, 그녀는 급히 가서 의자의 먼지를 털었다. ② 《속어》(사람을) 때리다; 〔야구〕〔타자의〕 몸에 닿을락말락하는 공을 던지다.
◇ dústy adj.
dúst bàg n. [전기 청소기의] 먼지 주머니.
dúst bàth n. [새의] 모래 목욕.
dúst bìn n. 《英》쓰레기통(《美》ash can).
dúst bòwl n. 모래 폭풍이 부는 지역, 황진(黃塵) 지대; [특히] 미국 서부의 대평원 지방.
dúst bòx n. 쓰레기통. [(病) (smut).
dust·brand [dÁstbræ̀nd] n. [보리의] 흑수병
dúst càp n. [망원경·카메라 따위의] 렌즈 뚜껑.
dúst càrt n. 《英》쓰레기 수거차, 청소차.
dúst chàmber n. 집진기(集塵器).
dúst chìldren n. 동남아에서 현지 여성과 백인 병사 사이에 태어난 혼혈아.
dúst chùte n. 쓰레기 투하 장치.
dust-cloth [dÁstklɔ̀:θ/ -klɔ̀(:)θ] n. (pl. **-cloths** [-klɔ̀ðs, -klɔ̀:ðz]) 1 [가구 따위의] 먼지떨이 천. 2 걸레.
dúst clòud n. [천문] 우주진운(宇宙塵雲).
dúst còat n. 《英》먼지막이 외투, 더스트 코트(《美》 duster).
dúst còlor n. 탁하고 바랜 갈색. [duster).
dúst còunter n. 계진기(計塵器) [공중의 먼지의 양이나 크기를 재는 기구]. [dust jacket.
dúst còver n. 1 [가구 따위의] 먼지막이 천. 2
dúst dèvil n. 흙먼지 회오리바람 [흙먼지를 일으키는 소규모 선풍].
dúst disèase n. [U] 《구어》 규폐증(硅肺症) (pneumoconiosis).
dust·er [dÁstə] n. 1 먼지를 터는 사람(것), 청소부. 2 먼지 터는 솔, 총채; 걸레. 3 [소금·후추 따위의] 뿌리는 기구; [살충제 따위의] 살포기. 4 《美》더스터 코트 (= ~ cóat), (dust coat), 혀셋이 기점에서 입는 짧고 헐렁한 옷. 5 《속어》《야구》 = bean ball. 6 건정(乾井) [기름이 나타나지 않는 유정].
dúst guàrd n. [기계·자전거 따위의] 흙받이.
dust·ing [dÁstiŋ] n. 1 [U] 먼지 털기, 먼지 청소. 2 [U] [가루 따위의] 살짝 뿌리기, 살포. 3 《속어》구타(beating); 물리치기(defeat). ¶ give a person a good *dusting* 남을 호되게 혼내주다. 4 [U][C]《속어》[항공] 폭풍우 속에서의 배의 동요; 사나운 날씨.
dúst jàcket n. 책 커버(book jacket).
dúst·less [dÁstlis] adj. 먼지 없는, 먼지가 일지 않는.
dust·man [dÁstmən] n. (pl. **-men** [-mən]) 1《英》청소부, 쓰레기 수거인. 2《구어》잠의 요정(cf. sandman); 졸음(sleepiness).
dust-off [dÁstɔ̀:f/ -ɔ̀f] n. 《美軍속어》일선에서의 사상자 운반용 헬리콥터.
du·stoor, -stour [dəstúər] n. [인도] 1 관례, 습관. 2 [알선인 등의 일정한] 수수료.
dust·pan [dÁstpæ̀n] n. 쓰레받기.
dúst·proof [dÁstprù:f] adj. 먼지를 막는, 먼지가 들어가지 않는.
dúst shòt n. 가장 작은 산탄(散彈).
dúst stòrm n. 황진(黃塵), 흙먼지 폭풍[건조기의 농장 지대에서 일어나는 흙먼지를 일으키는 회오리 바람]. cf. sandstorm
dust-up [dÁstÀp] n. 《속어》소동, 싸움, 논쟁.
‡dust·y [dÁsti] adj. (**dust·i·er, dust·i·est**) 1 먼지(투성이)의, 먼지가 많은, 먼지(쓰레기)가 쌓인. 2 먼지 같은, 가루 모양의(powdery). 3 회색의(gray). 4 재미없는(uninteresting), 무미건조한; 모호한(vague). ¶ a *dusty* answer 애매한 대답. [(bad).
not so dusty 그다지 나쁘지 않은 (not so
dust·i·ly adv. **dust·i·ness** n. ◇ **dust.** n.
dústy míller n. [식물] 수레국화의 일종.
dutch [dÁtʃ] n. 《英속어》[특히] 외치고 다니는 행상인의 아내.
‡Dutch [dÁtʃ] adj. 1 네덜란드의, 네덜란드 사람(말)의; 네덜란드풍의, 네덜란드제(製)의. 2 《고어·美속

어》독일의(German, Teutonic).
go Dutch 《구어》[비용을] 각자 부담하다.
— n. 1 [U] 네덜란드 말. 2 (the~) 《집합적》네덜란드인; 《고어·美속어》독일인. 3 [U] 《역사》독일어.
beat the Dutch 《구어》남을 깜짝 놀라게 하다. ¶ *beats the Dutch* how he managed to escape from the enemy. 그가 어떻게 적의 손에서 도망쳐 왔는지 정말 놀라운 일이다.
in Dutch 《美구어》곤경에 빠져; 미움받고 있는. ¶ I really get *in Dutch*. 나는 정말 난처하게 되었다.
Dútch áct n. [U] (the~)《美속어》자살[행위]. ¶ do the *Dutch act* 자살하다. [경매.
Dútch áuction n. [U][C] 값을 깎아 내려가는 경매, 역
Dútch bárgain n. 술자리에서 맺는 매매 계약.
Dútch chéese n. [U] 네덜란드 치즈[최고 부드러운 치즈의 일종] (cottage cheese).
Dútch clóver n. 토끼풀, 클로버.
Dútch cóurage n. 《구어》술김에 부리는 용기, 허세.
Dútch dáting n.《구어》비용 분담 데이트.
Dútch dóor n. 아래위 2단으로 된
Dútch Éast Índies n. (the~) 네덜란드령 동인도 [인도네시아 공화국의 구칭] (the Netherland Indies).
Dútch élm disèase n. [식물] 느릅나무 잎고병(立枯病). [Dutch door]
Dútch lúnch n. 각자 부담의 점심.
‡Dutch·man [dÁtʃmən] n. (pl. **-men** [-mən]) 1 네덜란드 사람(Hollander). 2《속어》독일인. 3 [건축] 틈 메우는 나뭇조각. 4 네덜란드 배. ¶ Flying *Dutch·man* 유령선(船) cf. FLYING DUTCHMAN. *I'm a Dutchman.* 《구어》[단언을 강조하는 상투구] ¶ *I'm a Dutchman,* if I do so. 내가 그런 짓을 한다면 성을 갈겠다.
Dútch·man's-bréech·es [dÁtʃmənzbrítʃiz] n. (pl. **-breech·es**) 금낭화 비슷한 초본[미국 동부산(産)].
Dútch óven n. 1 압력 냄비 [냄비 구이나 스튜를 만드는 데 사용]. 2 불고기 그릇 [앞쪽이 열려 있다]. 3 벽돌제 가마 [먼저 벽돌벽을 가열하고 불을 빼고 나서 그 위에서 요리].
Dútch rúsh n. 속새(scouring rush).
Dútch tréat n.《美구어》각자 부담의 회식.
Dútch úncle n.《구어》사정없이 (엄하게) 비판(忠告)하는 사람. ¶ talk like a *Dutch uncle* 심한 말로 타이르다.
Dútch wífe n. 죽부인(竹夫人) [열대 지방에서 시원하게 잠자리를, 팔다리를 올려놓는 등나무 바구니].
du·te·ous [d(j)ú:tiəs / djú:tjəs] adj. 본분을 지키는; 순종하는(dutiful). **~ly** adv. **~ness** n.
du·ti·a·ble [d(j)ú:tiəbl / djú:] adj. 《수입품 따위가》관세를 부과할 수 있는. *opp.* **duty-free** ¶ *dutiable* goods 과세품.
du·ti·ful [d(j)ú:tifəl / djú:-] adj. 1 의무에 충실한, 순종하는(obedient). ¶ a *dutiful* child 말을 잘 듣는 아이. 2 책임있는, 의무감에서 하는, 충실한. 3 예의 바른, 공손한. **~ly** [-fəli] adv. **~ness** n.
‡du·ty [d(j)ú:ti / djú:-] n. (pl. **-ties**) 1 [U] 의무, 본분, [바른 길이 가지는] 도덕적 강제력, 의무감. ¶ a sense of *duty* 의무감 / a *duty* call 의무적 방문 / do one's *duty* to God 신에 대한 의무를 다하다.
類語 **duty** 양심·도덕·법률 따위에 따라서 해야 할 일: one's *duty* as a parent 어버이로서의 의무. **obligation** *duty* 보다 뜻이 좁고 특정한 약속·계약·관습 따위에 의해 해야 할 일: the *obligation* to pay a debt 빚을 갚을 의무.
2 [U][C] 《종종 -ties》직무, 임무(function). ¶ the *duties* of a soldier 군인의 임무 / hours of *duty* 근무 시간 /

duty-free

night(day) *duty* 밤(낮) 근무 / public *duties* 공무 / take a person's *duty* 남의 일을 대신 해주다. **3** [U][교회의] 종무(宗務), 예배식의 근행(勤行). **4** U[윗사람에 대한] 존경, 경의(respect). ¶ pay one's *duty* to …에게 경의를 표하다. **5** (종종 -ties) [상업] 과세(tax), 관세(customs). ¶ export (import) *duties* 수출(수입)세 / custom *duties* 관세 / free of *duties* 면세의. **6** U[기계][연료의 단위 소비량에 대한] 기관의 작업량, [기관·기계의] 효율. **7** U[농업] 관개율(灌漑率)[1에이커의 농지의 관개에 필요한 물의 양].
do duty for (or *as*) …의 역을 하다, 대신하다.
off duty 비번인, 근무 시간 외에.
on duty 당번인, 근무 시간중에.
◇ dútiful *adj.*

du·ty-free [d(j)úːtifríː / djúː-] *adj.* 관세가 붙지 않는, 면세의. *opp.* dutiable 「절차를 마친.

du·ty-paid [d(j)úːtipéid / djúː-] *adj.* 납세필의, 수입

du·um·vir [d(j)uːʌ́mvər / djuː-] *n.* (*pl.* **-virs** or **-vi·ri** [-virài, +英 duːúmvirì:]) [로마 역사] 연대(連帶)로 같은 관직을 맡았던 두 관리 중의 한 사람.

du·um·vi·rate [d(j)uːʌ́mvirit / djuː-] *n.* **1** [고대 로마의] 2인(二人) 연대직. **2** 2인 통치, 이두 정치.

du·vay [duːvéi] *n.* [英] 새털을 넣은 가벼운 이불.

du·ve·tyn [dúːvitìːn], (**du·be·tyne**) *n.* 듀베틴[양모·면·명주 따위를 섞어서 우단처럼 짠 천].

D.V. (略) (라틴) *Deo volente*(=God willing); *Douay Version* [of the Bible]. 「DOUAY BIBLE

DVM (略) *digital voltmeter*(바늘이 아닌 숫자에 의해서 표시되는 전압계).

D.V.M. (略) *Doctor of Veterinary Medicine*.

D.W., d.w. (略) *deadweight; delayed weather; distilled water; dust wrapper*.

‡**dwarf** [dwɔːrf] *n.* **1** 난쟁이.
類語 **dwarf** 성장이 방해되어 보통보다 작은 사람, 그밖의 생물을 뜻하는 말; 일반적으로 머리만 크다든지 하는 기형을 볼 수 있다. **midget** 몸의 각 부분은 균형이 잡히고 기능도 정상이지만 전체로서 작은 사람. **pygmy** 원래는 아프리카의 소인족을 뜻하나 dwarf 또는 midget의 뜻으로도 쓰인다.
2 [같은 종류의 정상적인 것보다] 작은 동·식물. **3** [신화·전설에 나오는 금속 세공을 잘하는] 난쟁이. **4** [천문] 왜성(矮星) (dwarf star).
— *adj.* [한정용법] 왜소한, 소형의.
— *vt.* **1** …을 작게 하다, 위축시키다; …의 발육을 저지하다. ¶ The drought *dwarfed* the crops. 가뭄 때문에 작물의 성장이 멎다. **2** [대조적으로] …을 작아 보이게 하다. ¶ That tall building *dwarfs* the others. 저 높은 건물 때문에 다른 건물들이 작게 보인다.
— *vi.* 위축되다, 왜소해지다. ◇ dwárfish *adj.*

dwarf·ish [dwɔ́ːrfiʃ] *adj.* 난쟁이 같은, 작은; 왜소한. ~**ly** *adv.* ~**ness** *n.*

dwarf·ism [dwɔ́ːrfìzəm] *n.* U [의학] 왜소 발육

dwarf·ness [dwɔ́ːrfnis] *n.* U 왜소. 「증.

‡**dwell** [dwel] *v.* (**dwelt** or **dwelled, dwell·ing**) **1** 살다, 거주하다. ⇨ LIVE 類語 ¶ (~+前+名) *dwell at home* 국내에 거주하다 / *dwell in* a city 도시에 살다. **2** 잠깐 계속되다, 남다(remain). ¶ (~+前+名) *dwell* in one's mind 마음속에 남다.
3 [말이 장애물 따위의 앞에서] 멈춰서다.
dwell on (or *upon*) ① …을 곰곰 생각하다, 숙고하다(ponder). ¶ *dwell on* old wrongs 옛날에 저지른 잘못을 자꾸 생각하다. ② …을 자세히 설명하다(이야기하다, 쓰다), 강조하다. ¶ The Prime Minister *dwelt upon* the financial crisis. 총리는 재정적 위기에 대해서 자세히 설명했다. ③ …에 꾸물거리다, 오래 끌다(linger over), 잠깐 쉬다(pause). ¶ Don't *dwell* so much *on* your stroke. 노젓기를 그렇게 멈추지 마라. ④ [발음 따위]를 길게 빼다. ¶ *dwell on* a note 한 음표를 길게 빼다.

— *n.* **1** [기계] 잠깐의 휴지(休止). **2** [말의 장애물 앞에서의] 멈섬임.

*****dwell·er** [dwélər] *n.* **1** 거주자(inhabitant). ¶ a town *dweller* 도시의 주민. **2** [점포·사무실과 구별하여] 맛설이는 말. 「U 거주.

‡**dwell·ing** [dwéliŋ] *n.* **1** 주소, 주거. ⇨ HOUSE 類語 **2**
dwélling hòuse *n.* [점포·사무실과 구별하여] 주거.
dwélling plàce *n.* 주소, 거처. 「택, 살림집.

‡**dwelt** [dwelt] *v.* dwell의 과거·과거 분사의 하나.

D.W.I. (略) *driving while intoxicated* (취중 운전).

*****dwin·dle** [dwíndl] *v.* (**-dled, -dling**) — *vi.* **1** 차츰 작아지다; 줄다; 감소되다 (*away, down*…). ⇨ DECREASE
類語 ¶ The population of this district is rapidly *dwindling*. 이 지방의 인구는 급속히 감소하고 있다 // (~+前+名) The airplane *dwindled* to a speck. 비행기는 점점 작아져서 드디어 하나의 점이 되었다. **2** [품질이] 저하되다; 타락하다(degenerate); 야위다, 쇠퇴하다.
— *vt.* …을 작게 하다, 적게 하다, 줄이다, 감소시키다. ¶ (~+目+前+名) The failure *dwindled* his reputation *to* nothing. 그 실패로 그의 명성은 무로 돌아가 버렸다. 「(동물).

dwin·dler [dwíndlər] *n.* 위축된(발육이 나쁜) 사람

dwt. (略) *denarius weight*. [<L pennyweight]

DWT (略) *deadweight tonnage*.

DX, D.X. (略) [무선] *distance, distant*.

DXer [díːeksər] *n.* 해외 방송을 수신하는 사람, 해외

Dy [화학] *dysprosium*의 원자 기호. 「방송 애호가.

d'ya [djə] [시각 방언] (구어) =do you.

dy·ad [dáiæd] *n.* **1** 두 개의 벌, 한 쌍. **2** [생물] 2분자; 2분 염색체. **3** [수학] 다이애드[두 벡터 a,b를 ab로 나란히 쓴 것]. **4** [화학] 2가(價) 원소.
— *adj.* =dyadic.

dy·ad·ic [daiǽdik] *adj.* **1** 두 개의, 한 쌍의. **2** [생물] 2분자의. **3** [화학] 2가 원소의.

dy·ar·chy [dáiɑːrki], (**diarchy**) *n.* U|C (*pl.* **-chies**) 양두(兩頭) 정치(정권). *cf.* monarchy

‡**dye** [dai] *n.* U|C **1** 염료, 물감, 염색액. ¶ basic *dyes* 염기성 염료 / synthetic *dyes* 합성 염료. **2** 물든 색, 색조(hue).
of the deepest (or *the blackest*) *dye* ① 극악무도의. ¶ He is a scoundrel of the deepest *dye*. 그는 극악무도한 악당이다. ② 가장 두드러진.
— *v.* (**dyed, dye·ing**) *vt.* …을 물들이다, 염색하다, …에 착색하다. ¶ I have a cloth *dyed* 천을 물들게 하다 // (~+目+前+名) *dye* a green *over* a white 흰 바탕에 녹색을 물들이다 / The murderer *dyed* his hands *with* the blood. 살인범은 두 손을 피로 물들였다 // (~+目+補) *dye* a cloth red 천을 붉게 염색하다.
— *vi.* 염색되다. ¶ (~+副) This dyestuff *dyes* well. 이 염료는 물이 잘 든다. **2** 물들다, 염색되다. ¶ (~+副) Silk *dyes* well with acid dyes. 명주는 산성 염료에 염색이 잘된다.
dye in grain; dye in the wool ① (*vi.*) [직조 전에] 염색하다. ② (*vi.*) [사상 따위]에 깊이 물들이다.

dye·bath [dáibæ̀θ / -bàːθ] *n.* 염색통 안의 용액.

dyed [daid] *adj.* 물들인, 염색한.

dyed-in-the-wool [dáidinðəwúl] *adj.* **1** [직조 전에] 실을 물들인. **2** [사상 따위가] 철저한(thoroughgoing). ¶ a *dyed-in-the-wool* Republican 철두철미한 공화당원.

dye·house [dáihàus] *n.* (*pl.* **-hous·es** [-háuziz]) 염색소.

dye·ing [dáiiŋ] *n.* U 염색, 염색법; 염색업.

dy·er [dáiər] *n.* 염색공, 염색업자.

dy·er's-weed [dáiərzwìːd] *n.* 염료가 되는 식물.

dye·stuff [dáistʌ̀f] *n.* 염료, 물감.

dye·wood [dáiwùd] *n.* U 염료를 채취하는 각종 목재.

‡**dy·ing** [dáiiŋ] *adj.* **1** 죽어 가는, 빈사의. ¶ a *dying* swan 빈사의 백조. *cf.* swan song **2** 임종의; 임종 때 말하는. ¶ a *dying* hour 임종 때 / *dying* words 임종의 말.

3 끝나 가는, 저물어 가는, 멸망해 가는. ¶ the *dying year* 저무는 해. **4** 죽어야 할(mortal), 멸망해야 할. **5** 《속어》 몹시 …하고 싶어 하는(*for…, to do*). ¶ be *dying for* a smoke 한 대 피우고 싶어서 못견디다 // They are *dying to* see each other. 그들은 서로 몹시 보고 싶어한다. —— *n.* ⓤ 죽음(death).
dyke [daik] *n., v.* (**dyked, dyk·ing**) =dike.
dyn. 《略》 dynamics.
dy·na·graph [dáinəgræf / -grɑ̀ːf] *n.* 〖철도〗 궤도(軌道) 시험기.
dy·na·me·ter [dainǽmitər] *n.* 〖光學〗 망원경의 확도계(廣度計).
*dy·nam·ic [dainǽmik], (dy·nam·i·cal [-ik(ə)l]) *adj.* **1** 동적(動的)인. *opp.* static ¶ *dynamic* electricity 동전기(動電機). **2** 〖물리〗 역학적인, 동력학의. ¶ *dynamic* engineering 기계 공학. **3** 활력있는, 에너지를 발생하는, 발동적인; 정력적인(energetic), 강력한. ¶ a *dynamic* statesman 정력적인 정치가 / a *dynamic* economy 활발한 경제. **4** 〖의학〗 기능의, 기능적인. **5** 〖철학〗 역본설(力本說)의. **-i·cal·ly** [-ikəli] *adv.*
*dy·nam·ics [dainǽmiks] *n. pl.* **1** 〔단수 취급〕 역학; 동력학. *cf.* statics **2** 동력, 원동력. **3** 〖음악〗 강약법.
dy·na·mism [dáinəmìz(ə)m] *n.* ⓤ 〖철학〗 동력론, 역본설(力本說) 〔자연 현상을 힘의 작용으로 설명하려고 하는 설〕.
dy·na·mi·tard [dáinəmitɑ̀ːrd] *n.* 〔특히 혁명 목적을 위한〕 다이너마이트 사용자.
*dy·na·mite [dáinəmàit] *n.* ⓤ 다이너마이트. —— *vt.* (**-mit·ed, -mit·ing**) …을 다이너마이트로 폭파하다; …에 다이너마이트를 장치하다.
dy·na·mit·er [dáinəmàitər] *n.* 다이너마이트 사용자.
dy·na·mit·ic [dàinəmítik] *adj.* 다이너마이트의.
dy·na·mit·ism [dáinəmàitiz(ə)m] *n.* 〔범죄·혁명 따위로 폭발물을 사용하는〕 급진적 혁명주의.
dy·na·mo [dáinəmòu] *n.* (*pl.* **-mos**) **1** 발전기, 다이나모(generator). **2** 《구어》 정력가.
[<DYNAMO[·ELECTRIC MACHINE]]
dynamo- power 의 뜻의 연결형(* 모음 앞에서는 dynam-을 쓴다). 예: *dynam*ism, *dynamo*metry.
DYNAMO [dáinəmòu] *n.* 〔컴퓨터〕 다이나모〔시뮬레이터의 일종〕. [< *dyn*amic *mo*dels]
dy·na·mo·e·lec·tric [dàinəmouiléktrik] *adj.* 기계 에너지를 전기 에너지로 바꾸는, 전기 에너지를 기계 에너지로 바꾸는.
dy·nam·o·graph [dainǽməgræ̀f / -grɑ̀ːf] *n.* 동력기록기, 자기(自記) 동력계.
dy·na·mom·e·ter [dàinəmámitər / -mɔ́m-] *n.* **1** 〔기계의〕 힘을 재는 기계, 검력기(檢力器), 〔기관 따위의〕 동력계; 악력계(握力計). **2** 〖망원경의〗 배율계.
dy·na·mo·met·ric [dàinəmou(ə)métrik], **-ri·cal** [-rik(ə)l] *adj.* 동력계의, 동력 측정[법]의.
dy·na·mom·e·try [dàinəmámitri / -mɔ́m-] *n.* ⓤ 동력 측정[법].
dy·na·mo·tor [dáinəmòutər] *n.* 발전동기〔발전기와 전동기의 겸용 것〕.
dy·nap·o·lis [dàinǽpəlis] *n.* 다이나폴리스, 기능 도시〔간선 도로 연변에 질서있는 발전을 하도록 계획된 도시〕.

dy·nast [dáinæst, -nəst / dínəst, -næst] *n.* 왕조의 군주, 통치자(ruler), 세습 군주.
dy·nas·tic [dainǽstik, di- / di-], (**dy·nas·ti·cal** [-ik(ə)l]) *adj.* 왕조의, 왕가의. **-ti·cal·ly** [-tikəli] *adv.*
*dy·nas·ty [dáinəsti / dín-] *n.* (*pl.* **-ties**) **1** 〔역대〕 왕조. ¶ the Ching *dynasty* 청조(淸朝). **2** 왕조의 지배(통치).
dy·na·tron [dáinətràn / -trɔ̀n] *n.* 〔전자 공학〕 다이너트론[4극 진공관; 라디오의 발진기(發振器)로 사용].
dyne [dain] *n.* 〖물리〗 다인 〔힘의 단위. 질량1g의 물체에 매초 1 cm의 가속도를 생기게 하는 힘〕.
dy·nel [dainél] *n.* ⓤ 다이넬〔털 같은 화학 섬유〕.
d'you [dʒu] 《시각 방언》 =do you.
dys- *pref.* 〔주로 의학〕 difficult, ill, bad, poor 의 뜻을 나타냄. 예: *dys*pepsia.
dys·bar·ism [dísbɛ(:)rìz(ə)m / -bɛər-] *n.* ⓤ 〖의학〗 감압증(減壓症) 〔기압의 변화로 인한 인체의 증상〕.
dys·en·ter·ic [dìs(ə)ntérik] *adj.* 이질(적리)의.
dys·en·ter·y [dís(ə)ntèri / -tri] *n.* ⓤ 〖병리〗 이질, 적리.
dys·func·tion [disfʌ́n(k)ʃ(ə)n] *n.* ⓤⓒ 〖의학〗 기능 장애. *cf.* function 기능에 장애가 있다.
dys·gen·ic [disdʒénik] *adj.* 〔유전적으로〕 자손에 나쁜 영향을 끼치는, 비우생학적인.
dys·gen·ics [disdʒéniks] *n. pl.* 〔단수 취급〕 〖생물〗 열생학(劣生學) 〔자손의 퇴화를 일으키는 인자의 작용을 연구하는 학문〕. *cf.* eugenics
dys·lex·i·a [disléksiə] *n.* ⓤ 〖의학〗 난독증(難讀症).
dys·lo·gis·tic [dìslədʒístik] *adj.* 비난의, 선의가 없는, 나쁘게 말하는. *opp.* eulogistic 〔장애.
dys·men·or·rhe·a [dìsmeno(u)ríːə] *n.* 〖의학〗 월경
dys·pep·sia [dispépʃə, -siə / -siə] *n.* ⓤ 〖병리〗 소화불량〔증〕(indigestion) *opp* eupepsia
dys·pep·sy [dispépsi] *n.* 《주로 방언》 =dyspepsia.
dys·pep·tic [dispéptik], (**dys·pep·ti·cal** [-tik(ə)l]) *adj.* 소화 불량의. **2** 병적으로 침울한; 기운 없는. —— *n.* 소화불량인 사람, 위장이 약한 사람.
dys·phe·mism [dísfimìz(ə)m] *n.* 헐뜯는 말, 노골적인 말. *cf.* euphemism
dys·pho·ni·a [disfóuniə] *n.* ⓤ 발음 장애, 발성 곤란.
dysp·ne·a [dis(p)níːə], (**dysp·noe·a**) *n.* ⓤ 〖병리〗 호흡 곤란.
dysp·ne·ic, -noe- [dis(p)níːik] *adj.* 호흡 곤란인.
dys·pro·si·um [dispróusiəm, -ziəm, -ʃiəm] *n.* ⓤ 〖화학〗 디스프로슘〔희토류(稀土類) 원소의 하나; 원자 기호 Dy〕. 〔려운 곳.
dys·to·pi·a [distóupiə] *n.* 《속어》 결함 사회, 살기 어려운 곳의.
dys·to·pi·an [distóupiən] *adj.* 결함 사회의, 살기 어려운 곳의.
dys·tro·phi·ca·tion [dìstrəfikéiʃ(ə)n / -trɔ̀f-] *n.* ⓤⓒ 〖생태〗 〔강·호수 따위의〕 부영양화(富榮養化), 영양 오염.
dys·tro·phy [dístrəfi], (**dys·tro·phi·a** [dìstróufiə]) *n.* ⓤ 〖의학〗 영양 실조(증), 이(異)영양(증). **2** = muscular dystrophy.
dys·u·ri·a [disjú(ː)riə / -júər-] *n.* ⓤ 〖병리〗 배뇨(排尿) 곤란.
dz. 《略》 dozen[s].

E

E, e [iː] *n.* (*pl.* **E's** *or* **Es; e's** *or* **es**) **1** 영어 알파벳의 다섯째 자. ¶ *E* for Edward Edward 의 E 〖국제 전화 통화 용어〗. **2** E(e)가 나타내는 소리. **3** 〖연속된 것중의〗 다섯 번째의 사람(물건). **4** E(e)자형〖의 물건〗; 〖스탬프 따위의〗 E(e)자. **5** 〖논리〗 전칭(全稱) 부정(universal negative). **6** 제2등급〖영국 로이드 선급 협회의 선박 등록부에 의한 등급〗. **7** 〖로마 숫자의〗 250.

E [iː] *n.* **1** 〖미〗〖학업 성적의〗 제 5위, 〖조건부〗 보류. **2** 〖음악〗 마음, 마 조. **3** 〖물리·전기〗전계 강도(電界强度); 〖물리〗 에너지; 〖전기〗 기 전계 (起電界) (electromotive force).

E 《略》 English; excellent; Earth; 〖성 서〗 Elohistic Source(엘로힘 자료, E 자료) 〖모세 5서를 구성하는 자료의 하나. 신을 '엘로힘'이라 부른다〗.

E, E., e, e. 《略》 east, eastern.

e- *pref.* ⇨ EX-¹.

e. 《略》 eldest; end; engineer; entrance; 〖야구〗 error[s].

E. 《略》 earl; Earth; Easter; engineer; English.

ea. 《略》 each.

EA, E.A. 《略》 educational age(교육 연령). 〖법〗.

EAA 《略》《美》 Export Administration Act(수출 관리법).

EAB 《略》《美》 Ethics Advisory Board (윤리 권고 위원회).

EAC《略》 East African Community (동아프리카 공동체).

‡**each** [iːtʃ] *adj.* 각각의, 각자의, 각기의, 개개의, 각···. ¶ *each* one 각자 / on *each* side of the street 거리의 양쪽에 / on *each* occasion 어느 경우에나; 그때마다 / There are plenty of exercises at the end of *each* lesson. 각 과의 끝에는 많은 연습 문제가 있다 / *Each* dog has a name. 개마다 이름이 있다.

each time 그때마다; 《접속사적 용법》…할 때마다. ¶ *Each time* I see her, I like her more and more. 그녀와 만날 때마다 나는 점점 더 그녀가 좋아진다.

— *pron.* 각각, 각자, 각기(each one), 제각기. ¶ *Each* must do his own duty. 각자는 제각기 자기 임무를 다해야 한다 / *Each* of them wanted to try. 그들은 각자 해 보고 싶어 했다 / *Each* of the boys has received two cents. = The boys have *each* received two cents. 소년들은 각각 2센트씩 받았다 / We *each* have our own opinion. 우리는 제각기 자기 의견이 있다 / We are *each* right. 우리는 각자가 옳다 / We have *each* done our duty. 우리는 제각기 자기 의무를 다했다 / We have tried, *each* in a different way. 우리는 제각기 다른 방법으로 해보았다.

— **Usage**¹ (1) 'Each of + 복수형'은 복수 취급이 되기도 한다: *Each of* the members have an opinion of their own. 회원 각자에게 의견이 있다. (2) each 는 동사의 부정형과 같이 쓰이지 않는다. each 대신에 neither, no one, not every one 따위를 쓴다.

be equal each to each 각각 서로 같다.

each and all 각자 모두, 각각 다.

each other 서로. ¶ They love *each other*. 그들은 서로 사랑한다.

— **Usage**² *each other* 와 *one another* 는 (1) *each other* 는 두 사람에, *one another* 는 세 사람 이상에 쓴다고는 하지만, 실제로는 그렇게 엄밀히 구별되지 않는다. (2) each other 도 one another 도 주어로는 쓰이지 않는다. 따라서 다음과 같이 쓴다. They stared at *each other*. 그들은 서로 빤히 바라보았다. (3) each

other, one another 의 소유격은 each other's, one another's: *each other's* face.

— *adv.* 각자에게, 각각 〖에게〗, 한 사람(개)에 대해 (apiece). ¶ These pencils are 10 cents *each*. 이 연필들은 한 자루에 10센트이다 / I gave them two apples *each*. 나는 그들에게 각각 사과를 두 개씩 주었다 / She poured them *each* a glass of sherry. 그녀는 그들에게 셰리주를 한 잔씩 따랐다.

EAEC 《略》 East Asia Economic Caucus(동아시아경제 협의체(회의)); European Atomic Energy Community(유럽 원자력 공동체(Euratom)); East African Economic Community(동아프리카 경제 공동체).

‡**ea·ger** [íːɡər] *adj.* **1** 열망(갈망)하여(*about*, *for*, *after* ‥), 간절히 ‥하고싶어하는(impatient) (*to do*). ¶ He is *eager for* (or *after*) success. 그는 간절히 성공을 바라고 있다 / I am *eager about*(or *for*) it. 나는 그것을 갈망한다 / He is *eager* to learn how to drive a car. 그는 자동차 운전을 몹시 배우고 싶어하고 있다 / I am *eager* for him *to* get going. 나는 그가 떠나기를 간절히 바란다. **2** 열심인(*in*…). ¶ an *eager* glance 열렬한 눈길 / in *eager* pursuit 열심히 추구하여 // She is *eager in* her studies. 그녀는 공부에 열심이다.

類語 eager 매우 열의에 넘쳐서 때로는 조바심하는: be *eager* to go abroad 해외에 나가고 싶어하다. **anxious** 희망이 성취되지 않을지도 모른다고 걱정하면서 갈망하는: be *anxious* to see one's mother 어머니를 만나기를 갈망하다. **keen** 관심이 깊어서 즉시 행동으로 옮기는: be *keen* on one's work 일에 열심이다. **intent** 대상에 모든 주의를 기울인: be *intent* on gain 이득에 여념없다. **ardent** 불타는 듯한 격렬한 열의를 가진: *ardent* love 불타는 사랑. **fervent** 착실하고 조용하게 타는 열의를 가진: a *fervent* prayer 열렬한 기도. **enthusiastic** 대상을 높이 평가·찬미하여 열의를 가진: be *enthusiastic* about sports 운동에 열심이다. **zealous** 절열한 열정을 가지고 정력적으로 활동하는: *zealous* efforts 열성스런 노력.

éager béaver *n.* 《속어》 일벌레, 지나치게 열심인 사람.

ea·ger·ly [íːɡərli] *adv.* 간절히; 열심히.

éa·ger·ness [íːɡərnis] *n.* U 열심; 열망.

‡**ea·gle** [íːɡl] *n.* **1** 수리. **2** 〖기·문장(紋章) 따위의〗 수리표, 수리표의 기(旗); 〖고대 로마 제국의 군기〗; 미국의 국장(國章) (national emblem). **3** 〖1933년까지의 미국의〗 10달러 금화. **4** (~s) 〖미국의〗 육군(해군·공군) 대령의 계급장. **5** (the E-) 〖천문〗 독수리좌 (Aquila). **6** 〖골프〗 이글 〖규준 타수보다 2타 적은 홀인〗.

— *vt.* 〖골프〗 〈홀을〉 이글로 오르다.

éagle bóat *n.* 《대》 장수함 소형정(艇).

ea·gle-eyed [íːɡláid] *adj.* 눈이 날카로운, 형안의; 시력이 뛰어난.

éagle háwk *n.* 수리매 〖남미산(産)의 큰 매〗.

éagle ówl *n.* 수리부엉이 〖유럽산(産)〗.

Éagle Scóut *n.* 《美》 최상위의 보이 스카웃.

ea·glet [íːɡlit] *n.* 수리의 새끼, 새끼수리.

ea·gre [íːɡər, éi-] *n.* 《주로 英》 〖특히 영국 Humber, Trent, Severn 강 어귀의〗 해소(海嘯), 고조(高潮).

EAL 《略》《美》 Eastern Air Lines.

EAN《略》 European article number (〖유럽에서 통용

E. & O.E. 《略》errors and omissions excepted(오류와 누락은 제외).

E. and P. 《略》extraordinary and plenipotentiary

‡ear¹ [iər] n. 1 귀; 외이(外耳). ¶ The external (internal, the middle) ear 외이(내이, 중이) / ring in one's ears 귀에 남다 / close one's ears to …을 듣기를 거부하다 / A word in your ear. 귀 좀 빌립시다 / My ears are humming. 《속어》귀청이 터질 것 같다 / It may sound strange to American ears. 미국 사람들의 귀에는 이상하게 들릴지도 모른다 / He pulled me by the ear. 그는 내 귀를 잡아당겼다 / Are your ears burning? 누군가가 네 얘기를 하고 있다고 생각지 않니?(* 남이 내 얘기를 하면 귀가 뜨거워진다고 한다)/ Walls have ears. 《속담》벽에도 귀가 있다. **2** 청각, 청력; 소리를 분간하는 힘(for …). ¶ sing (play) by ears 귀동냥으로 노래하다(연주하다) // have an ear for music 음악을 알다. **3** 경청, 주의(attention). ¶ lend an attentive ear to …을 경청하다. **4** 귀 모양의 것, [주전자의] 손잡이, 종의 꼭지; [건축] 까치발, 선반받이; [신문] [1면의 신문 이름 양편의] 토막 기사. ¶ the ear of a coffee cup 커피잔의 손잡이.

about one's ears [적(敵) 등이] 자기 주위에, 둘레에.

be all ears 열심히 귀를 기울이다, 경청하다. ¶ She was all ears in the class. 그녀는 수업을 열심히 듣고 있었다.

be by the ears 사이가 나쁘다, 불화(不和)하다.

bend a person's ear 《속어》지껄여대어 남을 넌더리나게 하다.

bow down (or **incline**) one's ears to …에 귀를 기울이다.

bring a hornets' nest about one's ears ⇒ HORNET.

catch(or **fall on, come to**) one's ears 귀에 들어오다, 들리다.

fall on deaf ears [부탁 등이] 받아들여지지 않다, 주의를 끌지 못하다.

fall together by the ears 싸움을 시작하다.

give ear to; lend one's ears (or **an ear**) to …에 귀를 기울이다, …을 경청하다.

give one's **ears** (…을 위해서는) 어떤 희생이라도 치르다(for…); 무슨 일이 있어도 …하고 싶다(to do).

go in [at] one ear and out [at] the other 한쪽 귀로 들어가서 한쪽 귀로 나오다, 조금도 기억에 남지 않다.

have (or **hold, keep**) **an ear to the ground** 여론의 동향에 주의를 쏟다, 여론에 귀를 기울이다.

have itching ears [소문·신기한 이야기 따위]를 듣고 싶어하다.

have (or **gain, win**) a person's **ear; have the ear of** 남에게 듣게 하다, …에게 안면이 통하다, 주의를 끌다.

incline one's **ear to** ① …에게 귀를 기울이다. ② …에게 호의를 가지다.

over head and ears; head over ears ① [빚으로] 옴짝달싹 못하게 되어(in…). ¶ He was over head and ears in debt. 그는 빚에 몰려 옴짝달싹할 수 없었다. ② 열중하여, 골몰(몰두)하여(in…). ¶ He is over head and ears in love with her. 그는 그녀에게 홀딱 빠져 있다.

pin a person's **ears back** 《속어》남에게 호된 타격을 가하다, 남을 완전히 손들게 하다.

play it by ear 《구어》임기응변으로 행동하다.

prick up one's **ears to** …에게 귀를 기울이다, 주의를 기울이다.

set persons by the ears 남들에게 싸움을 시키다.

sleep upon both ears 푹 자다, 안면하다.

tickle a person's **ears** 남에게 아첨하다, 남의 마음에 드는 말을 하여 기쁘게 해주다.

turn a deaf ear to …을 통 들으려 하지 않다. ¶ He turns a deaf ear to my earnest request. 그는 내가 아무리 간청해도 들어주지 않는다.

up to the ears = over head and ears.

*ear² [iər] n. [보리 따위의] 이삭; [옥수수의] 열매. ¶ be in [the] ear 이삭이 패어 있다 / come into ear 이삭이 패다, 이삭을 내밀다. — vi. 이삭이 패다, 이삭이 나오다.

ear-ache [íərèik] n. ⓤ ⓒ 귀앓이, 이통(耳痛).

ear-bash [íərbæ̀ʃ] vt. 《남》에게 종알종알 지껄여대다.

ear-catch-er [íərkæ̀tʃər] n. 1 귀가 솔깃해지는 것. **2** 외기 쉬운 노래(가사).

ear-drop [íərdrɑ̀p / -drɔ̀p] n. 1 귀엣고리, 귀고리 (earring). **2** 푸크시아(fuchsia)의 꽃. **3** (~s) [단·복수 양용] [액체 상태의] 귀약.

ear-drum [íərdrʌ̀m] n. 1 중이(中耳)(tympanum). **2** 고막(tympanic membrane).

eared¹ [iərd] adj. 귀가 있는, 귀가 달린; [복합어를 만들어] 『…한 귀의 』. ¶ an eared owl 수리부엉이 / an eared seal 물개 / long-eared 귀가 긴.

eared² [iərd] adj. 이삭이 있는, 이삭이 팬.

ear-flap [íərflæ̀p] n. [방한모의] 귀덮개, 귀싸개.

ear-ful [íərfùl] n. 《美구어》 1 듣기에 신물나는 이야기, 횐소리. ¶ I got an earful of that. 그런 이야기는 신물난다. **2** 놀라운 소식(소문), 중대한 뉴스. **3** 잔소리(scolding). 「듣다(overhear).

ear-hole [íərhòul] vt. …을 듣다 (listen), 멈춰 서서 엿

ear-ing [í(ː)riŋ / íər-] n. [항해] 돛 윗귀를 활대에 잡아매는 가는 밧줄.

*earl [əːrl] n. [영국의] 백작 [marquis 다음으로, 유럽 각국의 count에 해당; 그 부인은 countess]. ⇒ BARON 주의.

ear-lap [íərlæ̀p] n. 1 귀덮개, 귀싸개(earflap). **2** 귓불(earlobe). **3** 귓바퀴, 외이(external ear).

earl-dom [ə́ːrldəm] n. 1 ⓤ 백작의 지위(신분, 칭호). **2** [때어] 백작령.

ear-less¹ [íərlis] adj. 귀가 없는.

ear-less² [íərlis] adj. 이삭이 없는.

ear-li-ness [ə́ːrliːnis] n. ⓤ 빠름, 이름.

Earl Márshal n. 《英》문장원(紋章院) 총재 [현재는 Norfolk 공작가(家)의 세습적 지위].

ear-lobe [íərlòub] n. 귓불.

*ear-ly [ə́ːrli] adj. (**-li-er, -li-est**) 1 이른, 빠른. ¶ an early breakfast 이른 조반 / an early riser 일찍 일어나는 사람 / at an early hour 아침 일찍 / in the early morning 오전의 이른 시간에 / die an early death 요절하다 / The early bird catches the worm. 《속담》새도 일찍 일어나야 벌레를 잡는다. **2** 올되는, 맏물의. ¶ early fruits 맏물 과일. **3** 초기의, 옛시절의; 옛날의(ancient). ¶ from early years 어린 시절부터 / in one's early days (or years) 젊은 시절에 / early Christians 초기의 기독 교도 / from the earliest times 먼 옛날부터. **4** 가까운 장래의. ¶ on an early day 근일에, 가까운 시일안에 / at an early date 근일 중에 / at your earliest convenience 형편닿는 대로, 되도록 일찍.

at the earliest 빨라도, 일러도 빨라야.

— adv. 1 일찍이, 일찍부터, 일찍감치; 초기에. ¶ early in June 6월 초순에 / early in the year 연초 무렵에 / as early as possible 되도록 일찍이 / rise(or get up) early 일찍 일어나다 / Snow fell early this winter. 금년 겨울에는 눈이 일찍 내렸다 / Early to bed and early to rise makes a man healthy, wealthy and wise. 《속담》일찍 자고 일찍 일어나는 것은 건강·부·지혜의 근본이다. **2** 어린 시절에(부터), 옛날에. ¶ early in life 어려 서(부터).

earlier on 미리, 일찍부터, 사전에.

early and late 아침 일찍부터 밤 늦게까지, 조석으로, 밤낮. 「(later).

early or late 늦건 이르건 간에, 조만간 (sooner or

éarly bírd n. 《구어》일찍 일어나는 사람; 정각보다

빨리 오는 사람.
Early English [Stýle] *n.* 초기 영국 건축 양식 [1189-1272년의 초기 고딕 양식].
ear·ly-Vic·to·ri·an [ɔ́ːrliviktɔ́ːriən / -tɔ́ːr-] *adj.* **1** 빅토리아 조(朝) 초기의, **2** 구식의, 시대에 뒤떨어진.
éarly wárning *n.* 〔방공 따위의〕 조기 경보《경
éarly wárning sýstem *n.* 〔군사〕 〔방공 따위를 위한〕 조기 경보(경계) 체계.
ear·mark [íərmɑ̀ːrk] *n.* **1** 귀표〔가축의 귀에 표시하여 임자를 나타낸다〕. **2** 안표(眼標), 기호; 특징. — *vt.* **1** 〔가축〕에 귀표를 하다. **2** 〔특정 목적을 위해〕…을 따로 제쳐놓다(set aside), 지정하다(…*for*). ¶ *earmark* goods *for* export 상품을 수출용으로 제쳐두다. **3** …에 표시(안표)를 하다, 표하다.
ear·mind·ed [íərmàindid] *adj.* 청각형의. *cf.* eye-minded — **ness** *n.*
ear·muff [íərmʌ̀f] *n.* (보통 ~s) 《美》 방한용 귀싸개.
‡**earn** [ɔːrn] *vt.* **1** 〔금전 따위〕을 일해서 얻다, 벌다, 벌이하다. ⇨ GET 類語 ¶ *earn* twenty dollars a day 하루에 20달러 벌다. **2** 〔감사·보수 등〕을 받을 만하다, …을 받을 만한 값어치가 있다(deserve). ¶ *earn* praise 칭찬받을 만하다 / He is paid more than he really *earns*. 그는 실제 능력 이상의 보수를 받고 있다. **3** 〔명성 등〕을 획득하다, 〔평판〕을 얻다, 〔지위 따위〕를 차지하다 (...*for*). ¶ *earn* fame 명성을 얻다 // (~+圖+前+图) *earn* a reputation *for* honesty 정직하다는 소문이 나다. **4** 〔이익 따위〕를 낳다, 가져오다(bring). ¶ Money well invested *earns* good interest. 잘 투자된 돈은 충분한 이익을 낳는다 // (~+圖+图)(~+圖+前+图) His painting *earned* him (or *for* him) the praise of every-one. 그는 그림으로 모두의 칭찬을 받았다. — *vi.* 수입을 낳다.
éarned íncome [ɔ́ːrnd-] *n.* 〔U〕〔C〕 근로 소득.
éarned rún *n.* 〔야구〕 자책점 〔야수(野手)의 실책에 의한 것이 아닌, 투수가 준 득점〕.
éarned rún áverage *n.* 〔야구〕 〔투수의〕 방어율 〔略 ERA, era〕.
‡**ear·nest¹** [ɔ́ːrnist] *adj.* **1** 성실한, 열심인, 진지한, 착실한. ¶ an *earnest* worker 열심히 일하는 사람 / an *earnest* consideration 진지한 고려 // be *earnest* about one's studies (*in* one's endeavors) 열심히 공부(노력)하다 / be *earnest* over a person's education 남을 교육하는 데 열심이다. **2** 중대한(important).
類語 **earnest** 성실하고 진지한 열의가 있는: *earnest* efforts 진지한 노력. **serious** 경박한 장난끼가 아니라 진정으로 중요한 일에 관심을 가지는: a *serious* attitude toward life 인생에 대한 진지한 태도. **sincere** 위선·가식이 없이 진심에서의: a *sincere* pledge 진정한 맹세.
— *n.* 〔U〕 진지, 진심〔* 다음 숙어로만 쓰이다〕.
in earnest 진지하게, 진심으로; 본격적으로. ¶ I am perfectly *in earnest* in what I say. 나는 오로지 진정으로 말하고 있다 / He began studying law *in earnest*. 그는 법률을 본격적으로 공부하기 시작했다.
in sober (or *good, real, dead*) *earnest* 진지하게, 성실하게.
ear·nest² [ɔ́ːrnist] *n.* **1** 계약금, 약조금, 보증금, 증거금. **2** 전조, 조짐(token).
‡**ear·nest·ly** [ɔ́ːrnistli] *adv.* 진지하게, 열심히, 진실으로.
éarnest móney *n.* 〔U〕 〔법률〕 계약금, 약조금, 보증
ear·nest·ness [ɔ́ːrnistnis] *n.* 〔U〕 진지함, 열심, 진실.
earn·ing [ɔ́ːrniŋ] *n.* **1** (~) 벌기, 일하여 얻음, 벌이함. **2** (~s) 소득, 벌이, 임금(wages).
EAROM 〔略〕 〔전자 공학〕 *e*lectrically *a*lterable *r*ead *o*nly *m*emory 〔말소 재(再)〕 기입 ROM〕.
ear·phone [íərfòun] *n.* 귀에 대고 쓰는 수신기〔수
ear·pick [íərpìk] *n.* 귀이개.

ear·piece [íərpìːs] *n.* **1** 귀싸개, 귀덮개. **2** 수화기, 이어폰. ¶ ~에 거슬리는.
ear·pierc·ing [íərpìərsiŋ] *adj.* 귀청이 찢어질 듯한.
ear·plug [íərplʌ̀g] *n.* 귀마개.
ear·reach [íərrìːtʃ] *n.* =earshot.
ear·ring [íəriŋ] *n.* 귀고리, 이어링.
éar shèll(snàil) *n.* 전복(abalone).
ear·shot [íərʃɑ̀t / -ʃɔ̀t] *n.* 〔U〕 〔부르는〕 들리는 곳, 음성이 이르는 거리. ¶ out of (within) *earshot* 들리지 않는 (들리는) 곳에.
ear·spe·cial·ist [íərspéʃəlist] *n.* 이과(耳科) 전문의사.
ear·split·ting [íərsplìtiŋ] *adj.* 귀청이 찢어질 듯한.
‡**earth** [ɔːrθ] *n.* (*pl.* **earths** [ɔːrθs, +英 ɔːðz]) **1** (the ~, the E-) 지구(* 고유 명사적으로 관사 없이 Earth 로도 쓴다). ¶ the face of the *earth* 지구의 표면 / The *earth* revolves on its axis. 지구는 그 지축을 중심으로 자전한다.
2 (the ~) 지구상의 주민, 온 세계의 사람들. ¶ the whole (or all the) *earth* 온세계의 사람들.
3 〔천국·지옥에 대하여〕 이 세상, 이승, 현세, 속세 (this world); 〔U〕 〔영적인 것에 대하여〕 속사(俗事), 세사, 속계(worldly matters). ¶ heaven and *earth* 천국과 현세.
類語 **earth** 천체로서의 「지구」; 천국·지옥에 대한 「이 세상」: The *earth* goes around the sun. 지구는 태양을 돈다. **globe** earth 가 구형(球形)임을 강조하는 말; world 와 같은 뜻으로 쓰는 수가 많다. **world** 인간과 그 활동 전부에 대해서의 earth: *world* peace 세계 평화.
4 (the ~) 〔하늘에 대하여〕 대지(ground); 〔바다에 대하여〕 육지(land). ¶ fall to the *earth* 땅에 떨어지다, 넘어지다 / where the *earth* ends and the sea begins 육지가 끝나고 바다가 시작되는 곳에.
5 〔U〕 〔암석에 대하여〕 토양, 흙(soil); (~s) 각종 토양. ¶ sandy *earth* 모래땅 / fill a pit with *earth* 흙으로 구멍을 메우다.
6 〔詩〕 인체(human body).
7 〔U〕 〔英〕 〔여우 따위의〕 굴. ¶ go to (or take) *earth* 굴속으로 도망치다.
8 〔C〕〔U〕 〔전기〕 어스, 접지(接地) (ground).
9 (~s) 〔화학〕 토류(土類). ¶ alkaline *earths* 알칼리 토류. 〔ments〕의 하나.
1 0 〔U〕 〔고대 철학에서의〕 지(地) 〔사대(四大) (four ele-*come back* (or *down*) *to earth* 현실로 돌아오다, 정신이 들다. 〔히, 철저하게.
down to earth ① 현실적인, 실제적인. ② 아주, 완전 *go the way of all the earth* 〔성서〕 죽다.
move heaven and earth 백방으로 노력하다.
of the earth, earthy ① 〔성서〕 땅에서 나서 흙에 속하여 〔←고린도 전서 (1 Cor.) 15 : 47〕. ② 〔속어〕 세속적인 냄새가 코를 찌르.
on earth ① 지상에(서); 〔최상급을 강조하여〕 이 세상에서. ¶ while he was *on earth* 그가 살아 있던 동안은 / He was the happiest man *on earth*. 그는 이 세상에서 가장 행복하였다 ② 〔의문사를 강조하여〕 도대체, 대체. ¶ What *on earth* was I to do? 도대체 나는 어떻게 해야 옳았단 말인가? ③ 〔부정을 강조하여〕 전혀, 조금도. ¶ No use *on earth* ! 도무지 쓸모가 없다.
run to earth ① (*vt.*) 〔여우 따위가〕 굴로 도망치는; (*vi.*) 〔여우 따위가〕 굴로 도망하여 들어가다. ② …을 몰아세우다, 추궁하다; …을 조사하다; 〔사물의〕 근원까지 캐다 (밝혀내다). 〔막다.
stop an earth 〔돌아가지 못하도록 여우 따위의〕 굴을
— *vt.* **1** …을 흙 속에 묻다, 〔뿌리 따위에〕 흙을 덮다. ¶ (~+圖+前+图) *earth up* potatoes 감자에 흙을 덮다. **2** 〔여우 따위〕를 굴로 몰아넣다. **3** 〔전기〕 …을 접지하다, 어스하다. — *vi.* 〔여우 따위〕 굴로 도망쳐 들어가다. ◇ éarthen, éarthly, éarthy *adj.*

earth antènna n. 접지(接地) 안테나.
earth·born [ə́ːrθbɔ̀ːrn] adj. 1 땅(흙)에서 태어난. 2 인간으로 태어난. ¶ *earthborn* creatures 인간. 3 이 세상(현세)의, 세속적인.
earth·bound [ə́ːrθbàund] adj. 1 땅에 고착해 있는. 2 세속사에 집착하는. 3 지구로 향하는. [(vulgar).
earth·bred [ə́ːrθbrèd] adj. 지상에서 자란; 비속한
éarth clóset n. 《주로 英》 〖야전용〗 토사(土砂) 살포식 변소.
éarth cùrrent n. 〖전기〗 지전류(地電流).
Éarth Dày n. 지구의 날〖환경 보호의 날. 4월 22일〗.
earth·day [ə́ːrθdèi] n. 지구일(地球日) [다른 천체에서의 시간을 환산하는 데 쓴다].
*earth·en [ə́ːrθ(ə)n] adj. 1 흙으로 만든. 2 오지의, 도제(陶製)의. 3 세속의(earthly). ◇ earth n.
*earth·en·ware [ə́ːrθ(ə)nwɛ̀ər] n. Ⓤ 1 토기, 질그릇; 도기. 2 토기(도기)의 원료, 도토(陶土). [신.
earth·god [ə́ːrθgɑ̀d / -gɔ̀d] n. 식물과 비옥(肥沃)의
earth·god·dess [ə́ːrθgɑ̀dis / -gɔ̀d-] n. 식물과 비옥
éarth hòuse n. 흙집, 땅 속의 주거. [의 여신.
earth·i·an [ə́ːrθiən] n. (종종 E-) 지구인.
earth·i·ness [ə́ːrθinis] n. Ⓤ 1 흙의 성질, 토질 (earthy nature). 2 세속적임, 속악함(earthliness).
earth·light [ə́ːrθlàit] n. 〖천문〗 =earthshine.
earth·li·ness [ə́ːrθlinis] n. Ⓤ 1 [heavenliness에 대하여] 지상의 것으로서의 성질, 현세적임. 2 천박함, 세속적임.
earth·ling [ə́ːrθliŋ] n. 1 인간(mortal); 지구인. 2 세속사에 매인 사람, 속인.
*earth·ly [ə́ːrθli] adj. (-li·er, -li·est) 1 지구의, 지상의. 2 이 세상의, 이승의, 세속적인; 육욕의 (carnal). ¶ *earthly* existence 현세 / *earthly* passions 육욕.
〖類語〗 **earthly** heavenly (천국의)에 대하여 「이승의」: an *earthly* paradise 이승의 천국. **worldly** spiritual (정신적인)에 대하여 「세속적인」을 나타내며, 정신적인 것을 제쳐놓고 현세적인 쾌락·이득·허영 따위만을 추구하는 것을 의미한다: *worldly* fame 세속적인 명성. **terrestrial** celestial (천공(天空)의)에 대하여 「행성으로서의 지구에 관한」: the *terrestrial* surface 지표. **mundane** worldly 와 같은 뜻이지만 특히 영원한 값을 갖지 않은 덧없음을 강조하는 말: *mundane* affairs 세속적인 일.
3 〖구어〗 (의문·부정을 강조하여〗 이 세상에 있을 수 있는, 도대체, 조금도(on earth); 전혀, 조금도(at all). ¶ What *earthly* use can it be? 그것이 도대체 무슨 쓸모가 있는가? / He has no (or 《英속어》 not an) *earthly* chance of recovery. 그는 회복될 가망이 전혀 없다 / It will be of no *earthly* use. 그것은 조금도 쓸모가 없을 것이다. ◇ earth n.
earth·ly-mind·ed [ə́ːrθlimáindid] adj. 세속적인, 세속사에 마음을 뺏긴(worldly-minded).
earth·man [ə́ːrθmæ̀n, -mən] n. (pl. -men [-mèn, -mən]) 지구의 주민, 지구인.
éarth mòther n. 1 (때로 E- M-) 〖만물의 생명·풍요의 근원으로서의〗 성스러운 대지. 2 〖구어〗 육감적인 여성; 다산(多産)의 여자.
earth·mov·er [ə́ːrθmùːvər] n. 땅 고르는 기계, 토공(土工) 기계〖불도저 따위〗.
earth·nut [ə́ːrθnʌ̀t] n. 1 땅속에 생기는 과실. 2 낙화생, 땅콩(peanut).
éarth-òrbiting spáce stàtion [ə́ːrθɔ̀ːrbitiŋ-] n. 〖우주공학〗 지구 궤도 우주 스테이션.
éarth píllar n. 〖지질〗 〖둘레의 흙이 침식되어 생기는〗 흙기둥.
*earth·quake [ə́ːrθkwèik] n. 1 지진. 2 《비유적》 〖사회적·정치적〗 큰 변동, 대동란.
éarthquake insùrance n. Ⓤ 지진 보험.
éarthquake líght n. 〖지구 과학〗 지진 발광(發光) 현상〖지진 발생과 동시 또는 직전에 하늘이 밝게 빛나는 것〗.
éarth·quake-proof [ə́ːrθkweikprùːf] adj. 내진성
éarthquàke séa wàve n. 해일. [성.
éarth resóurces sàtellite n. 지구 자원 탐사 위
earth·rise [ə́ːrθràiz] n. 〖달에서 본〗 지구돋이, 지구뜸. [(moon).
éarth sàtellite n. 1 지구 인공 위성. 2 = earth·scape [ə́ːrθskèip] n. 《美》 〖우주선 따위에서 본〗 지구의 모습(경치).
éarth scíence n. 지구 과학〖지질학·지리학·지형학·지구 물리학·기상학 따위〗.
earth·shak·ing [ə́ːrθʃèikiŋ] adj. 위험한; 근본부터 뒤흔드는, 매우 중요한(momentous).
earth·shine [ə́ːrθʃàin] n. Ⓤ 〖천문〗 〖초승달의 어두운 부분을 희미하게 비추는〗 지구의 반사광(反射光).
éarth sóunds n. pl. 땅울림. [satcom
éarth stàtion n. 〖위성·우주 통신용〗 지상국. cf.
éarth tàble n. 〖건축〗 근석(根石).
éarth tíme n. 〖천문〗 지구시〖지구의 자전 주기를 계측 기준으로 하는 시간; 천체 현상을 지구상에서 관측하기 위해 쓴다〗.
earth·ward [ə́ːrθwərd] adv. 지면(지구) 쪽으로.
— adj. 지면(지구) 쪽을 향한. cf. heavenward
earth·wards [ə́ːrθwərdz] adv. = earthward.
Éarth Wèek n. 지구(환경 보호) 주간〖공해 추방 운동을 위한 1971년의 성명을 추도한 4월의 한 주〗.
earth·work [ə́ːrθwə̀ːrk] n. 1 Ⓤ 토목(기초) 공사. 2 〖군대〗 토루(土壘) 〖흙으로 만든 보루〗. 3 (~ s) 대지 예술〖돌·돌·모래·얼음 따위의 자연물이 소재〗.
*earth·worm [ə́ːrθwə̀ːrm] n. 1 지렁이. 2 〖고어〗 비열한 사람.
earth·y [ə́ːrθi] adj. (earth·i·er, earth·i·est) 1 흙의, 토양의, 토질의; 흙냄새 나는. ¶ *earthy* matter 토질의 것 / an *earthy* smell 흙 내. 2 지상(세계)의 (cf. heavenly); 세속적인(worldly). 3 저속한, 속악한, 야비한(coarse, unrefined). 4 〖화학〗 토류(土類)의.
*of the earth, earthy ⇒ EARTH.
éar trùmpet n. 〖나팔형〗 보청기.
ear·wax [íərwæ̀ks] n. Ⓤ 귀에지(cerumen).
ear·wig [íərwìg] n. 1 집게벌레. 2 《英속어》 캐으기 좋아하는 사람. — vt. (-wigged, -wig·ging) 〖남〗에게 살짝 귀띔하여 환심을 사다, 꾀(책략)를 일러주다.
†**ease** [iːz] n. Ⓤ 1 〖몸의〗 안락, 편안; 〖고통의〗 경감 (relief); 〖의복 따위의〗 넉넉함, 여유. ¶ *ease* from pain 아픔의 완화. 2 안심, 마음 편함; 〖태도·모습 따위의〗 편안함, 서글서글함, 여유. ¶ an *ease* of manner 느긋한(여유 작작한)태도. 3 〖생활의〗 안락, 경제적으로 편안함. ¶ a life of *ease* 안락한 생활. 4 〖일을 할 때의〗 쉬움, 쉬움, 평이. ¶ with *ease* 용이하게, 쉽게, 손쉽게.
〖類語〗 **ease** 노력·긴장·피로움 따위로부터 완전히 풀리어 편안한 상태: be at *ease* 태평스럽게 있다. **comfort** 정신적 또는 물질적으로 쾌적하면서 만족한 상태.
at [one's] **ease** 마음편히, 느긋하게; 안심하고. ¶ be (or feel) *at ease* 안심하다, 마음놓다 / live *at ease* 안락하게 살다 / put a person *at his ease* 남을 마음 편하게 해주다 / He set her heart (or mind) *at ease*. 그는 그녀를 안심시켰다. [다.
be (or **feel**) **ill at ease** 편하지 못하다, 안절부절 못하
stand at ease 〖군대〗 쉬어의 자세로 있다.
take one's **ease** 쉬다, 몸을 편안히 하다, 휴식하다.
well at ease 마음 편하게, 느긋하게, 마음 편하게.
— v. (eased, eas·ing) vt. 1 〖심신의 피로움·긴장 따위〗를 완화하다, 가볍게 하다; 〖남〗을 안심시키다. ¶ *ease* a person's anxiety 남의 걱정을 덜어주다 / Music *eased* my mind. 음악이 내 마음을 편안케 해주었다 // (~+图 +名) *ease* a person *of* [his] pain (a burden) 남의

고통(짐)을 덜어 주다. **2** (익살) 〔남〕에게서 뺏다 (... *of*). ¶ (~+閏+前+名) *ease* a person of his wallet 남의 지갑을 뺏다. **3** 〔죄는 옷 따위를〕 늦추다, 헐겁게 하다(loosen); 〔속도 따위를〕 늦추다. ¶ (~+閏+前+名) *ease down* the speed of a car 차의 속력을 떨어뜨리다. **4** …을 신중하게 천천히 움직이다. ¶ (~+閏+前+名) They *eased* the piano *into* the room. 그들은 피아노를 조심조심 움직여서 방에 넣었다. **5** 〔造船〕 〔船體〕를 깎아서 매끄럽게 하다. **6** 〔航海〕 〔돛·밧줄 따위를〕 늦추다, 〔뱃머리를〕 바람 불어오는 쪽으로 돌리다, 〔키〕를 되돌리다, …의 속력을 떨어뜨리다. ¶ *Ease* her! 속도를 낮추라 / *Ease* the helm 키를 〔중앙으로〕 되돌리다.
— *vi.* **1** 〔아픔 따위가〕 가벼워지다, 풀리다, 편하여지다. ¶ (~+閏) The pain has *eased off*. 아픔이 가라앉았다. **2** 천천히 움직이다.
ease oneself ① 안심하다, 마음을 놓다. ② 기분(분잡)을 풀다. ③ 배변(排便)하다.
ease away (or *off*) …을 늦추다, 가볍게 하다.
ease out …을 시작시키다, 추방하다.
ease up 〔고통·걱정 등〕을 제거하다; 속도를 줄이다.
◇ *éasy adj.*
ease·ful [íːzfəl] *adj.* **1** 편안한; 태평스러운. **2** 안일한, 나태한. **~·ly** [-fəli] *adv.* **~·ness** *n.*
*ea·sel [íːzl] *n.* 화가(畫架), 이젤; 칠판걸이.
ease·less [íːzlis] *adj.* 불안한, 심신이 안정되지 않은.
ease·ment [íːzmənt] *n.* **1** ⓤⓒ 〔고통 따위의〕 완화, 경감, 위안(relief), 안도. **2** 위안을 주는 것; 편리한 것, 편리, 편의(convenience). **3** 〔법률〕 지역권(地役權) 〔통행·채광 따위를 위해 남의 땅을 이용하는 권리〕. **4** 〔건축〕 완화 곡선재(曲線材).
*eas·i·ly [íːz(i)li / -zi-] *adv.* **1** 용이하게, 쉽사리, 손쉽게. ¶ I let a person off *easily* 〔별다른 벌도 가하지 않고〕 남을 쉽게 용서하다. **2** 마음 편하게, 안락하게. **3** 확실히, 물론. **4** 아마(probably). ¶ It may *easily* snow tonight. 오늘 밤에는 아마 눈이 내릴 것이다.
◇ *éasy adj.*
eas·i·ness [íːzinis] *n.* ⓤ **1** 용이함, 쉬움. **2** 안락, 편안, 마음 놓임. **3** 소탈함, 싹싹함. **4** 〔글 따위가〕 까다롭지 않음, 평이함.
‡east [iːst] *n.* (보통 the ~) **1** 동쪽, 동방, 동부. ¶ *east* by north 동미북(東微北) 〔略 EbN〕 / *east* by south 동미남(東微南) 〔略 EbS〕 / The sun rises in the *east*. 태양은 동쪽에서 뜬다 / Korea is in the *east* of Asia. 한국은 아시아의 동부에 있다 / Seoul is on the *east* of Inchon. 서울은 인천의 동쪽에 접해 있다 / Korea is to the *east* of China. 한국은 중국의 동쪽에 있다. **2** (the ~) **a)** 동양. ¶ the Far *East* 극동 / the Middle *East* 중동 / the Near *East* 근동. **b)** 〔미국의 동부지방 〔Mississippi 강의 동쪽 지방〕. **c)** 〔역사〕 동로마 제국. **3** 〔교회당의 동쪽〔끝〕, 제단 쪽. **4** 〔詩〕 동풍(east wind). — *adj.* **1** 동쪽의, 동쪽으로의; 동쪽으로부터의. ¶ an *east* wind 동풍 / the *east* gate 동문. **2** 동부의. ¶ *East* Africa 동아프리카 / the *east* side of the street 길의 동쪽편. **3** 〔교회〕 제단 쪽의. — *adv.* **1** 동쪽에(으로); 동쪽으로부터. ¶ He went *east*. 그는 동쪽으로 갔다 / Korea is *east* of China. 한국은 중국의 동쪽에 있다 / The town lies ten miles *east* of Inchon. 그 도시는 인천에서 10마일 동쪽에 있다.
due east 정동(正東).
◇ *éastern adj., éastward[s] adv., éasterly adj., adv.*
east·bound [íːstbàund] *adj.* 동쪽으로 가는, 동행(東行)의.
East Chína Séa *n.* (the ~) 동지나해(東支那海).
East Énd *n.* (the ~) 영국 London 동부의 옛 빈민가.
‡East·er [íːstər] *n.* 부활절〔예수의 부활을 기념하는 축제일; 3월 21일 이후의 만월 다음의 일요일〕. ¶

Easter week 부활절로부터 시작되는 1주일간. **2** 부활절(Easter Day, Easter Sunday).
Éaster cándle *n.* 부활초 〔부활절 전야제에 축복하며, 부활절 동안에 켜는 큰 초〕 (paschal candle).
Éaster égg *n.* 채색 달걀〔부활절 선물·장식용〕.
Éaster líly *n.* 〔부활절에 장식하는 측성 재배한〕 백합.
east·er·ling [íːstərliŋ] *n.* 동쪽에 위치한 나라의 주민.
east·er·ly [íːstərli] *adj.* **1** 동쪽에 있는, 동쪽을 향한, 동쪽의. **2** 〔바람이〕 동쪽으로부터의. — *adv.* **1** 동쪽에〔으로〕. **2** 〔바람이〕 동쪽으로부터(from the east). — *n.* 동풍.
Éaster Mónday *n.* 부활절(Easter Sunday) 다음날.
‡east·ern [íːstərn] *adj.* **1** 동〔쪽〕에 있는, 동〔쪽〕의. **2** 동향의, 동으로 가는. **3** 〔바람이〕 동〔쪽〕으로부터 불어오는. **4** (종종 E-) 동방의, 동양의 〔미국〕 동부 지방의. ¶ *Eastern* States 〔미국의〕 동부 제주(州). **5** (보통 E-) 동양의(Oriental), 동양풍의. ◇ *east n.*
Éastern Chúrch *n.* (the ~) 동방 교회〔주로 그리스정교회(Greek Orthodox Church) 따위〕.
east·ern·er [íːstərnər] *n.* (종종 E-) 〔미국〕 동부 지방의 주민, 동양인.
Éastern Hémisphère *n.* (the ~) 동반구(東半球).
east·ern·most [íːstərnmòust, -məst] *adj.* 가장 동쪽의.
Éastern Órthodox Chúrch *n.* = Orthodox Church.
Éastern Róman Émpire *n.* (the ~) 동로마 제국〔서력 395년에 로마 제국이 동서로 양분되었을 때, Constantinople을 도읍으로 하여 성립, 1453년 오스만 투르크에 의해 멸망함〕.
Éastern Stándard Tíme *n.* 《美》 동부 표준시. ⇒ STANDARD TIME
Éaster Súnday *n.* =Easter.
Éaster térm *n.* **1** 〔英〕 〔법률〕 4월 15일부터 5월 8일까지의 법정 개정기(法廷開延期). **2** 〔英〕 〔대학〕 부활절 후 약 6주일 간의 학기; ون 학기.
East·er·tide [íːstərtàid] *n.* **1** 부활절 계절〔부활 주일부터 성신 강림절(Whitsuntide)까지의 50일간〕. **2** 부활절부터 시작되는 1주일, 부활 주간(Easter week).
Éast Germánic *n.* ⓤ 동부 게르만어〔Gothic 및 절멸된 Burgundian 및 Vandal어를 포함〕.
Éast Gérmany *n.* 〔통일 이전의〕 동독.
Éast Índia Cómpany *n.* (the ~) 동인도 회사.
Éast Índian *adj.* 동인도의. — *n.* 동인도의 주민, 동인도인.
Éast Índies *n. pl.* (the ~) **1** 동인도〔태국·인도·인도차이나·미얀마·말레이 제도·말레이 반도 등의 총칭〕. **2** 말레이 제도.
east·ing [íːstiŋ] *n.* ⓤⓒ **1** 〔항해〕 동행 항정(東行航程), 동향(偏東) 항행, 동항(東航) 〔동쪽으로 항행하기〕. **2** 〔측량〕 편동. **3** 〔풍향 따위〕 동방위, 동향.
east-north-east [íːstnɔ̀ːrθíːst] *n.* 동북동(東北東) 〔略 ENE〕. — *adj.* **1** 동북동의〔으로의〕. **2** 동북동으로부터의. — *adv.* **1** 동북동으로. **2** 동북동에서, 동북동으로부터.
east-south-east [íːstsàuθíːst] *n.* 동남동 〔略 ESE〕. — *adj.* **1** 동남동의〔으로의〕. **2** 동남동으로부터의. **3** 동남동으로부터.
*east·ward [íːstwərd] *adv.* 동〔쪽〕으로〔에〕, 동방으로〔에〕 (toward the east). — *adj.* **1** 동쪽의〔으로의〕, 동향의. **2** 제단(祭壇)에 면한. — *n.* (the ~) 동부, 동쪽.
east·ward·ly [íːstwərdli] *adj.* **1** 동쪽의, 동쪽으로의. **2** 동쪽에서 오는. — *adv.* **1** 동쪽으로, 동쪽을 향하여. **2** 동쪽으로부터.
east·wards [íːstwərdz] *adv.* = eastward.
‡eas·y [íːzi] *adj.* (**eas·i·er**; **eas·i·est**) **1** 쉬운, 용이한, 평이한. *opp.* difficult, hard ¶ an *easy* task 손쉬운 일 // be *easy* to read 읽기 쉽다 / That is an *easy* ques-

tion to answer. 그것은 대답하기 쉬운 질문이다 // He is easy of access. 그는 접근하기 쉬운 사람이다.
2 안락한, 편안한, 안심하는(at ease). opp. uneasy ⇒ COMFORTABLE 類語 ¶ lead an easy life 안락한 생활을 하다 / feel easy 안심하다 / be easy in one's mind 마음이 편안하다 / Please make yourself easy about it. 그 일에 대해서는 아무쪼록 안심해 주십시오.
3 [옷 따위가] 낙낙한. ¶ an easy coat 품이 낙낙한 코트
4 안일에 빠진, 흘게 늦은, 태평스러운. ¶ a woman of easy virtue 행실이 나쁜 여자 / He is easy in his morals. 그는 품행이 방종하다.
5 [태도 따위가] 느긋한, 딱딱하지 않은; [담화·문체 따위가] 매끄러운, 줄줄 나가는. ¶ an easy manner 느긋한 태도 / an easy way of speaking 딱딱하지 않은 말투 // be easy in one's behavior 태도가 느긋하다.
6 다루기 쉬운, 다정한(tractable), 만만한, 사람좋은.
7 [속도 따위가] 느릿한(moderate). ¶ an easy pace 느릿한 걸음걸이.
8 엄하지 않은, 너그러운, 관대한(lenient). ¶ an easy master 관대한 주인 / on easy terms 너그러운 조건으로; [물품 선도(先渡)의] 월부로 / be easy with a person 남에 대하여 관대하다, 미온적이다.
9 [상업] [물자 공급이] 풍부한, [가격이] 약세(弱勢)인; [시장·상품 거래가] 완만한. opp. tight ¶ an easy market 완만한 시장.
10 [항해] [선복(船腹)이] 완만한 곡선의, [배의 통로가] 평탄하게 경사진.
Be easy! 안심하시오!, 걱정 마라!(Take it easy!).
easy on the eye [구어] 보기에 좋은, 매력적인.
free and easy 구애받지 않는, 대범한, 소탈한.
on easy street [美속어] 주머니 사정이 좋은, 넉넉한.
── adv. 쉽게 [구어] 수월하게, 손쉽게, 편안하게, 느긋하게. ¶ *Easy come, easy go.* [속담] 얻기 쉬운 것은 잃기도 쉽다, 쉽게 번 돈 쉽게 나간다 / [*It is*] *Easier said than done.* [속담] 말하기는 쉬워도 실행하기는 어렵다, 말보다 행동.
Easy does it! [美] 서둘지 마라!, 침착하라!
go easy [*on*] [美구어] …을 마음 편히 하다, 적당히 하다.
Stand easy! [구령] 쉬어.
take it (or *things*) *easy.* 서두르지 않다, 덤비지(무리하지) 않고 느긋하게 하다; 화내지 않다, 개의치 않다; [명령형으로 써서] 서두르지(덤비지) 마라; 안녕.
── n. [구어] 휴식, 잠시 쉼; [항해] [노젓기 따위의] 잠깐 쉼. ¶ take an easy 휴식하다 / without an easy 쉬지 않고 / *Easy all!* [항해] 노젓기 그만!, 노 올려!
◇ *easily adv., ease, easiness n.*
éasy cháir n. 안락 의자.
easy-does-it [í:zidʌzit] adj. 서두르지 않는, 느긋한, 태평한.
éas·y·gó·ing [í:zigóuiŋ] adj. **1** 태평한(unworried), 마음 편한; 유장한, 느긋한(careless), 게으른(indolent).
2 [말 등이] 느린 걸음의(going easily). ~ness n.
eas·y·like [í:zilàik] adv., adj. 점잖게, 신중히.
éasy márk n. **1** 쉽게 맞힐 수 있는 과녁. **2** [美구어] 잘 속는 사람, 봉(dupe). [람, 쉬운 일.]
éasy méat n. [英속어] 쉽게 밥이 되는(만만한) 사)
éasy móney n. U **1** 쉽게 얻은 돈. **2** 부정하게 얻은 돈, 부당 이득, 악전(惡錢).
easy money policy n. 저금리 정책.
easy terms n. 할부제. ¶ on easy terms 할부로.
éat¹ [i:t] v. (ate or [古어] eat [et, i:t], eat·en or [古어] eat [et, i:t], eat·ing) vt. **1** …을 먹다 (수프를 [스푼으로]) 마시다, [죽 따위를] 훌쩍훌쩍 먹다. ¶ eat a piece of bread 빵을 먹다 / one's dinner 식사를 하다 // (~+图+前+名) eat soup from a plate 접시의 수프를 [스푼으로] 마시다 / What did you eat for lunch? 점심에 무엇을 드셨읍니까? / (~+图) eat fish raw 생선을 날로 먹다 / It is eaten hot with butter. 그것은 버터를 발라 뜨거울 때 먹는다.
2 …을 침식하다, 부식(腐蝕)하다; [해충 따위가] …을 먹어치우다(… *away, out, up*). ¶ Acids *eat* metals. 산은 금속을 부식한다 / The grasshoppers *ate* the grass clean. 메뚜기가 풀을 깨끗이 먹어 치웠다 // (~+图+副) be *eaten away* with rust 녹으로 잔뜩 부식되어 있다.
3 [병·걱정 따위가] …을 서서히 좀먹다, 침범하다, 소모하다. ¶ What's *eating* you? 무엇 때문에 속을 태우고 있느냐?
4 [속어] …을 골탕먹이다. ¶ Well, don't *eat* me! (익살) 부드럽게 대해 주세요.
5 (卑語) …에게 오럴 섹스를 하다.
── vi. **1** 음식을 먹다; 식사를 하다. ¶ *eat* well 잘 먹다 / *eat* too much 과식하다 / He is too ill to *eat*. 그는 병이 심해서 음식을 먹지 못한다. **2** 먹어들어가다, 침식하다, 좀먹다, 부식하다(*into*…). ¶ (~+前+名) The termites have *eaten into* the wood. 흰개미가 나무에 구멍을 냈다 / The sea has *eaten into* the north shore. 바다가 북쪽 해안을 침식했다. **3** [美구어] 먹을 수 있다; […의] 맛이 나다. ¶ This fruit *eats* like a tomato. 이 과일은 토마토 맛이 난다 // (~+副) This fish *eats* well. 이 생선은 맛이 좋다 // (~+補) This cake *eats* short and crisp. 이 과자는 파삭파삭하다.
eat [*boiled*] *crow* ⇒ CROW.
eat one's head off ⇒ HEAD.
eat one's heart out ⇒ HEART.
eat of …의 일부를 먹다; [음식 대접]을 받다.
eat off …을 물어 뜯다; 먹어치우다.
eat out ① …을 다 먹어버리다(eat up). ② …을 부식하다. ③ [美] 외식하다, 밖에서 식사하다.
eat out of a person's hand ⇒ HAND.
eat a person out of house and home [익살] 남의 재산 따위를 먹어 없애다. ¶ Those children of mine have an appetite; they *eat* me *out of house and home*. 내 아이들은 대식가들이어서 집을 먹어버릴 것 같다.
eat oneself sick (or *ill*) 너무 먹어서 병이 나다.
eat one's terms (or *dinners*) [英] 변호사가 될 수업을 하다.
eat up ① …을 먹어 없애다; …을 소비하다. ② …을 열중케 하다. ¶ be *eaten up* with pride 자만심에 차 있다. ③ [길·거리(距離)]를 마구 달려 [단숨에] 나아가다.
eat one's words 일구이언하다, 식언하다. [다.]
I'll eat my hat (or *hands, boots*) *if …* 〈구어〉 만일 …이라면 손에 장을 지지겠다.
── n. (~s) [美구어] 음식(food), 식사(meal), [관광 협회.] Let's have some *eats*. 식사 좀 합시다.]
EATA (略) *E*ast *A*sia *T*ravel *A*ssociation (동아시아)
eat·a·ble [í:təbl] adj. 먹을 수 있는(edible). ── n. (보통 ~s) 식료품.
eat·er [í:tər] n. **1** 먹는 사람. **2** 부식(腐蝕)하는 물건. **3** 먹을 수 있는 과실.
eat·er·y [í:təri] n. (pl. -er·ies) (속어) **1** 간이 식당 (lunchroom). **2** 요리점(restaurant).
eat·ing [í:tiŋ] n. **1** 먹음. **2** [맛·품질에서 본] 음식, 식품. ¶ be good (bad) *eating* 맛있는(맛없는) 음식이다. ── adj. **1** [내부로] 먹어들어가는, 좀먹는, 부식성의. **2** 식용의; [특히] 날로 먹을 수 있는. cf. cooking ¶ *eating* fish 식용 물고기.
éating hòuse n. 음식점, 식당.
eau [ou] n. (pl. *eaux* [ou]) (프랑스) (=water) 물.
èau de Cológne n. (때로 E-) U 오드콜로뉴 [독일라인강 연안의 Cologne (쾰른) 원산의 향수].
[<F water of Cologne]
èau de Javél/Javélle n. =Javel water.
[<F water of Javel]
èau de Níle [-ní:l] n. U [Nile강의 물빛과 비슷한] 녹색으로는 빛깔, 푸르스름한(노르스름한) 엷은 녹색.
[<F water of the Nile]
eau de vie [òu də ví:] n. (프랑스) (=water of life) 브랜디(brandy).
eau su·crée [òu su(:)kréi] n. (프랑스) (=sweet-

ened water) 설탕물.
*eaves [í:vz] n. pl. [집의] 처마.
eaves·drop [í:vzdrɑp / -drɔp] vi., vt. (-dropped, -drop·ping) [비밀 따위를] 엿듣다(listen secretly), 도청(盜聽)하다. ~ (=eaves-drip [-dríp]) [처마에서 떨어지는] 낙숫물; [처마 밑의] 낙숫물 자국.
eaves·drop·per [í:vzdrɑpər / -drɔp-] n. 엿듣는 사람, 도청자.
eaves·drop·ping [í:vzdrɑpiŋ / -drɔp-] n. 엿듣기, 도청. ¶ an *eavesdropping* device 도청 장치.
E.B. (略) *E*ncyclopaedia *B*ritannica.
*ebb [eb] n. 1 썰물, 간조. opp. flow ¶ The tide is now at (or on) the lowest *ebb*. 지금이 조수가 가장 많이 빠진 때이다. 2 감퇴, 쇠퇴; 쇠퇴기. ¶ the *ebb* of market values 시장 가치의 하락 / Her popularity is at (or on) the *ebb*. 그녀의 인기는 대리막길에 있다. *the ebb and flow* [조수의] 간만; 성쇠. ¶ the *ebb and flow* of life 인생의 성쇠.
— vi. 1 [조수가] 빠다, 써다. opp. flow 2 [힘 따위가] 쇠해지다, 줄다, [재산 따위가] 기울다(decline). ¶ (~+囲) His life was slowly *ebbing* away. 그의 생명은 서서히 쇠해가고 있었다. 3 소생하다, 되돌아오다.
ébb tíde n. 썰물, 간조; 쇠퇴(기).
EBCDIC [épsidik, éb-] n. [컴퓨터] 확장 2진화(二進化) 10진(十進)코드. [< *e*xtended *b*inary *c*oded *d*ecimal *i*nterchange *c*ode] [해법].
EBM (略) [금속] *e*lectron *b*eam *m*elting(전자 빔 용해).
EbN *e*ast *b*y *n*orth(동미북(東微北)).
E-boat [í:bòut] n. [英] E 보트[독일의 고속 어뢰정].
eb·on [éb(ə)n] a. [詩] = ebony. — n. = ebony.
eb·on·ite [ébənàit] n. ⓤ 에보나이트, 경화 고무(vulcanite).
eb·on·ize [ébənàiz] vt. (-ized, -iz·ing) …을 흑단색으로 하다, 혹단 비슷한 색깔로 칠하다.
*eb·on·y [ébəni] n. (pl. -on·ies) ⓤ 흑단(黑檀) 재목; ⓒ 흑단나무. ¶ as black as *ebony* 새까만. — adj. 흑단[제]의; 흑단빛의; 새까만. ⓢ ébonize v.
EBR (略) *E*xperimental *B*reeder *R*eactor(실험용 증식로(增殖爐).
EBRD (略) *E*uropean *B*ank for *R*econstruction and *D*evelopment(유럽 부흥 개발 은행: 본부 London).
e·bri·e·ty [i(:)bráiəti] n. ⓤ 술에 취함, 명정(酩酊).
EbS *e*ast *b*y *s*outh(동미남(東微南)).
e·bul·lience [ibúljəns, -bʌ́l- /-bʌ́l-] n. ⓤ 1 비등. 2 [감정·기운 따위의] 용솟음, 넘침; 넘치는 기쁨.
e·bul·lien·cy [ibúljənsi, -bʌ́l- /-bʌ́l-] n. = ebullience.
e·bul·lient [ibúljənt, -bʌ́l- /-bʌ́l-] adj. 1 끓는, 용솟음 따위가] 용솟음치는, 넘쳐나는, 열광적인(*with* ...). 2 비등하는, 끓어오르는(boiling up). ~·ly adv.
eb·ul·lism [éb(j)əlìz(ə)m] n. [급속한 기압 강하에 의한] 체액 비등(體液沸騰).
eb·ul·li·tion [èbəlíʃ(ə)n] n. ⓤⓒ 1 [감정·정열 따위의] 복받침, 용솟음(outburst) [전쟁 따위의] 발발. 2 비등; 끓어 넘치는 상태; [물·용암 따위의] 분출.
e·busi·ness [íːbìznis] n. [인터넷 따위를 이용하는] 전자 상거래. (=E-business, e-commerce)
EBV (略) *E*pstein-*B*arr *v*irus.
EC (略) *E*uropean *C*ommissions (유럽 위원회); *E*uropean *C*ommunity (유럽 공동체. EU 의 전신).
ec [ek] n. ⓤ [구어] 경제학. [< EC[ONOMICS]]
ec- pref. ⇒ EX-[1].
E.C. (略) *E*ast *C*entral (런던의 우편구); *e*ducation[al] committee; *e*lectricity council; *e*ngineer *c*aptain; *E*ngineering *C*orps; *E*piscopal (*E*stablished) *C*hurch; *e*xecutive *c*ommittee.
ECA (略) *E*conomic *C*ooperation *A*dministration (미 경제 협력국 [MSA 의 전신]); *E*conomic *C*ommission for *A*frica ([유엔] 아프리카 경제 위원회).
ECAFE [ekǽfei / ekɑ́ː-] *E*conomic *C*ommission for *A*sia and the *F*ar *E*ast (에카페; [유엔]

아시아 극동 경제 위원회[ESCAP 의 구칭]). ⇨ ESCAP.
é·car·té [éika:rtéi / - ´- -] n. ⓤ [카드놀이] 에카르테 [32장을 가지고 두 사람이 한다].
ECAT (略) *E*mergency *C*ommittee for *A*merican *T*rade (미국 무역 비상 대책 위원회).
ec·ce ho·mo [éksi hóumou, -米 éksei-] n. (라틴) 1 [성서] (=Behold the man!) 「보라, 이 사람이로다」의 뜻 [빌라도가 가시 면류관을 쓴 예수를 가리켜 한 말] [←요한 복음(John) 19: 5]. 2 [미술] 가시 면류관을 쓴 예수의 [화]상(像).
*ec·cen·tric [ikséntrik] adj. 1 [행위 따위가] 상도를 벗어난, [사람이] 괴상한, 이상한. ⇨ STRANGE 類語 ¶ an *eccentric* person 기인, 괴짜. 2 (기계) [원이 다른 원과] 중심을 달리하는. 3 (기계) 중심을 벗어난, 편심(偏心)의; (천문) (궤도가) 타원형을 이루는, 이심(離心)적인, 편심된. ¶ an *eccentric* orbit 이심 궤도. — n. 1 기인, 괴짜. 2 (기계) 편심륜, 이심기(器); (수학) 이심원. -tri·cal·ly [-trikəli] adv.
*ec·cen·tric·i·ty [èksentrísəti] n. (pl. -ties) 1 ⓤ [행동·복장 따위의] 이상함, 야릇한(oddity), 엉뚱함; 이상한 정도; ⓒ [행동] (기행), 기벽. 2 편심성; (수학·천문) 이심률; (기계) 편심 반경.
eccl., eccles. (略) *eccl*esiastical.
Eccl. (略) *Eccl*esiastes.
ec·cle·si·a [iklíːziə / -zjə] n. (pl. -si·ae [-ʒiː:]) 1 [특히 고대 아테네의] 시민 회의. 2 [교회의] 회중(會衆)(congregation), 교회[당] (church).
ec·cle·si·al [iklíːʒiəl / -ʒjəl] adj. = ecclesiastical.
Ec·cle·si·as·tes [iklìːziǽstiːz] n. [성서] 전도서 [구약 성서 중의 한 서(書); Solomon 이 썼다고 전해진다].
ec·cle·si·as·tic [iklìːziǽstik] n. [교회의] 성직자, 교역자, 목사. — adj. = ecclesiastical.
*ec·cle·si·as·ti·cal [iklìːziǽstik(ə)l], -tic [-tik] adj. 교회의, 성직의, 교역(敎役)의(clerical), 종교의. ¶ an *Ecclesiastical* Court 교회 재판소. -ti·cal·ly [-tikəli] adv.
ec·cle·si·as·ti·cism [iklìːziǽstisìz(ə)m] n. ⓤ 교회주의 [기독교 교회의 원칙·관행·정신 등]; 교회 만능주의(敎敎).
Ec·cle·si·as·ti·cus [iklìːziǽstikəs] n. 구약 성서의 경외 성서(Apocrypha) 중의 한 서(書) [The Wisdom of Jesus, the Son of Sirach 라고도 한다].
ec·cle·si·ol·o·gist [iklìːziɑ́lədʒist / -ɔ́l-] n. 교회학자; 교회 건축학자.
ec·cle·si·ol·o·gy [iklìːziɑ́lədʒi / -ɔ́l-] n. 1 ⓤ 교회학. 2 교회 건축(장식)학.
Ecclus. (略) *Eccl*esiasticus.
ec·cri·nol·o·gy [èkrinɑ́lədʒi / -nɔ́l-] n. ⓤ 분비 배설학, 분비선학(分泌腺學).
ec·dys·i·ast [ekdíziæst] n. [美] 스트립쇼 댄서, 스트립 댄서 [리퍼].
ec·dy·sis [ékdisis] n. (pl. -ses [-siːz]) [동물] [뱀·갑각류 따위의] 탈피, 허물벗기, 허물.
ec·dy·sone [ékdəsòun] n. [곤충 따위의] 탈피 호르몬.
ECE (略) *E*conomic *C*ommission for *E*urope ([유엔] 유럽 경제 위원회).
ECG (略) *e*lectro*c*ardio*g*ram.
ech·e·lon [éʃəlɑ̀n / -lɔ̀n] n. 1 [군함·군대·비행기 등의] 제형(梯形) 편성, 제대(梯隊), 제진(梯陣); 제형 배치의 군대. ¶ *echelon* formation 제형(梯形) 편대. 2 [지휘·명령 계통 따위의] 계층, 계급. ¶ in the higher *echelons* 상급 기관에. — vt., vi. 제형으로 배치하다, 제진을 짓다, 제대가 되다. [< F]
e·chid·na [ikídnə] n. [동물] (spiny, prickly).
echin- ⇨ ECHINO-.
ech·i·nate [ékinèit, -nit] adj. 가시가 있는, 바늘이 있는
echino- prickly, spiny 의 뜻의 연결형 (* 모음 앞에서는 echin-을 쓴다). 예: *echinoiden*, *echinate*.
e·chi·no·derm [ikáinədə̀ːrm, ékinə-] n. 극피 동물 [성게·해삼·불가사리 따위의].
e·chi·noid [ikáinɔid, ékinɔid] adj. 성게류의 (에 속하

echinus 744 **economical**

는), 성게(sea urchin) 비슷한. —— *n*. 성게[류의 동물].
e·chi·nus [ikáinəs / e-] *n*. (*pl*. **-ni** [-nai]) **1** 성게(sea urchin). **2** 〖건축〗 만두형[도리아식 원주 머리 부분의 관판(冠板)을 받치는 쇠시리]. ⇨ CAPITAL² 그림.
‡**ech·o** [ékou] *n*. (*pl*. **-oes**) **1** 메아리, 산울림. ¶ an *echo* among the hills 산울림. **2** 되풀이, 반복, 흉내, 모방; [사상 따위의] 부화 뇌동자, 모방자. ¶ an *echo from* French literature 프랑스 문학의 모방. **3** [여론 따위의] 반향(反響), 공명. ¶ political *echoes* 정치적 반향. **4** (E-) 〖그리스 신화〗 숲의 요정[Narcissus를 사모했으나 받아 주지 않아서 여위어 목소리만 남았다〗. **5** [음악] 에코, [오르간의] 반향 음전(音栓); [무전] 반사 전파, 에코.
applaud (or *cheer*) ... *to the echo* …에게 대갈채를 보내다.
find an echo in a person's heart 남의 공명을 얻다.
—— *v*. (**ech·oed, ech·o·ing**) *vi*. 반향하다, 울려 퍼지다. ¶ (~+뛩) The sound of the cannon *echoed* around. 대포 소리가 사방으로 울려 퍼졌다 // (~+뛩+뛩) The hills *echoed* with the roll of thunder. 산들은 천둥 소리로 크게 울렸다 / His voice *echoed* through the hall. 그의 목소리가 홀 안에 울려 퍼졌다. —— *vt*. **1** [소리]를 반향시키다. ¶ (~+뛩+뛩) *echo* back a noise 소리를 반향시키다. **2** [남의 말·의견]을 되풀이하다, 흉내내다, [남의 말]을 반영하다. [보내다.
◇ echóic *adj*.
ech·o·car·di·o·gram [èkouká:rdiəgræm] *n*. 〖의학〗 초음파 심음도.
ech·o·en·ceph·a·log·ra·phy [èkouensèfəlágrəfi / -lɔ́g-] *n*. ⓤ 초음파 뇌검진.
ech·o·gram [ékougræm] *n*. 〖항해〗 음향 측심(測深) 도표; 〖의학〗 초음파 종양 탐지 도표.
e·cho·ic [ikóuik] *adj*. **1** 메아리 같은, 되울리는. **2** 의성어적인(onomatopoeic).
ech·o·ism [ékouʒ(ə)m] *n*. =onomatopoeia.
ech·o·la·li·a [èkouléiliə /-ljə] *n*. **1** 〖정신 의학〗 반향 언어중[남의 말을 앵무새처럼 흉내내는 행동〗. **2** 유아기에 나타나는 남의 말 흉내내기.
ech·o·lo·cate [èkoulóukèit] *vt*. …의 위치를 음향 탐지하다. —— *vi*. 음향 탐지 기능을 가지다.
ech·o·lo·ca·tion [èkoulou(u)kéiʃ(ə)n] *n*. 〖전자 공학〗 반향 위치 탐지법.
écho sóunder *n*. 〖항해〗 음향 측심기.
écho sóunding *n*. ⓤ 〖항해〗 음향 측심.
ech·o·vi·rus [ékouvàirəs /-vàiərəs] *n*. 에코바이러스 [각종 질병을 일으키는 일단의 장관(腸管) 바이러스].
ECLA Economic Commission for Latin America 〖유엔〗 라틴 아메리카 경제 위원회.
é·clair [eikléər, ik-, éikleər] *n*. 에클레어[안에 크림 넣고 설탕을 뿌린 과자]. [< F *lightning*]
é·clair·cisse·ment [F eklɛrsismɑ̃] *n*. 〖프랑스〗 (=clarification) 〖불분명한 점 따위의〗 해명, [사정 따위의] 설명 (explanation).
ec·lamp·si·a [iklǽmpsiə] *n*. ⓤ 〖병리〗 **1** 자간(子癎), **2** 어린아이의 경기(驚氣).
é·clat [eiklɑ́:, i-/ éiklɑ:] *n*. ⓤ **1** 대성공, 대갈채. [< F
ec·lec·tic [ikléktik] *adj*. **1** 〖여러 가지 재료에서〗 취사선택하는, 취사선택하여 만들어진(편집한); 〖의견·사람 가〗 절충적인, 치우치지 않는. ¶ an *eclectic* method 절충적인 방법 / an *eclectic* mind 넓은 마음. **2** 〖철학·미술·의학〗 절충주의의, 절충학파의. —— *n*. 절충주의의 철학자(화가, 의사), 절충학자. **-ti·cal·ly** *adv*.
ec·lec·ti·cism [ikléktisìz(ə)m] *n*. ⓤ 절충법의 사용; 절충주의, 절충설; 절충파 의학.
*****e·clipse** [iklíps] *n*. **1** 〖천문〗 〖해·달의〗 식(蝕); [별의] 엄폐(掩蔽). ¶ a lunar (a solar) *eclipse* 월식 (일식) / a partial (a total) *eclipse* 부분(개기)식. **2** 빛이 어두워짐, 빛의 상실(소멸), 차폐; [명성·세력·영광 따위의] 실추.
in eclipse ① 일식(월식)이 되어. ¶ The sun is *in eclipse*. 해는 지금 일식중이다. ② 광채를 잃고.

—— *vt*. (**e·clipsed, e·clips·ing**) **1** [천체가] …을 가리다; …에 그림자를 던지다, …을 숨기다, [빛]을 가리어 막다. ¶ The moon *eclipses* the sun. 달은 일식을 일으킨다. **2** [비교에 의해서] …의 광채를 뺏다, 무색케 하다, 무색하게 하다(surpass). ◇ eclíptic, eclíptical *adj*.
e·clip·tic [iklíptik] 〖천문〗 *n*. 황도(黃道). —— *adj*.
1 식(蝕)의, 일식(월식)의. **2** 황도의.
e·clip·ti·cal [iklíptik(ə)l] *adj*. =ecliptic.
ec·logue [éklɔ:g / -lɔg] *n*. 〖대화체의〗 목가, 전원시.
ECNR (略) *E*uropean *C*ouncil of *N*uclear *R*esearch (=CERN).
eco- ecology의 뜻의 연결형. [가.
ec·o·ac·tiv·ist [ì:kəæktivist, èkə-] *n*. 환경 운동
ec·o·ac·tiv·i·ty [ì:kəæktiviti, èkə-] *n*. ⓤ 환경 보호 운동(environmentalism).
ec·o·ca·tas·tro·phe [ì:kəkətǽstrəfi, èkə-] *n*. 〖공해로 인한〗 세계적인(대규모의) 생태계 이변(異變).
ec·o·cide [í:kousàid, ékou-] *n*. ⓤ 환경 파괴.
ec·o·freak [í:kəfrí:k, èkə-] *n*. 《美 속어》 극성스런 환경 보호론자.
ec·o·friend·ly [í:kəfrèndli, èkə-] *adj*. 환경 친화적인, 환경 보존을 배려한, 환경을 해치지 않는.
é·cole [eikɔ́:l] *n*. 《프랑스》 (=school) 학교, 학파.
ec·o·log·i·cal [èkəládʒik(ə)l, ì:kə-/ -lɔ́dʒ-], (**ec·o·log·ic** [-ládʒik / -lɔ́dʒik]) *adj*. **1** 생태학의, **2** 환경의, 환경 보호의(environmental). **-i·cal·ly** [-ikəli] *adv*.
ecológical állergy *n*. 〖생물〗 [화학 물질 등 유기물이 원인이 되는] 생태학적 알레르기.
ecológical árt *n*. 환경 예술, 생태학적 예술.
ecológical efficiency *n*. 〖생물〗 생태 효력, 생태적 효율(생태계의 물질이나 에너지의 전이(轉移) 효율].
ecológical márketing *n*. 환경 친화적 마케팅.
ecológical níche *n*. 〖생물〗 생태학적 지위[생태계에서 개체가 점하는 위치나 기능].
ecológical pýramid *n*. 〖생태〗 생태 피라미드.
ecológical succéssion *n*. 생태 천이(遷移).
ecológical térrorism *n*. =ecoterrorism.
ecológical tóur *n*. =ecotourism.
E-COM [í:kɑm / -kɔm] *n*. 《美》 전자 우편 서비스 (*e*lectronic *c*omputer-*o*riginated *m*ail).
ec·o·mall [èkoumɔ́:l, ì:k-] *n*. 환경 친화적 쇼핑 센터.
ec·o·man·age·ment [èkoumǽnidʒmənt, ì:k-] *n*. 생태계 관리, 자연 환경 관리.
ec·o·mark [ékoumɑ́:rk, ì:k-] *n*. 에코마크, 환경보호 (안전)[제품의] 마크(ecological mark).
e·com·merce [ìkɑ́mərs /-kɔ́m-] *n*. 전자(온라인) 상거래(electronic commerce). (=e-trade).
ec·o·mone [ékoumòun, ék-] *n*. 생태[환경] 호르몬. [< *eco*logical+*hormone*]
e·col·o·gist [i(:)kɑ́lədʒist / -kɔ́l-] *n*. **1** 생태학자. **2** 환경 보호론자, 환경 운동가.
e·col·o·gy [i:kɑ́lədʒi / -kɔ́l-], (**oecology**) *n*. **1** ⓤ 생태[학]. **2** ⓤⓒ 환경; 환경 보호주의 [운동].
econ. (略) economic[s]; economical; economy.
e·con·o·met·rics [i(:) kɑ̀nəmétriks / ikɔ̀n-] *n*. *pl*. 〖단수 취급〗 계량 경제학, 경제 측정학(測定學).
‡**ec·o·nom·ic** [ì:kənámik, èk-] *adj*. **1** 경제의, 경제상의; 경제학상의. ¶ *Economic* and Social Council 〖유엔〗 경제 사회 이사회 / an *economic* blockade 경제 봉쇄 / *economic* circles 경제계 / *economic* fluctuations 경제 변동 / *economic* growth 경제 성장. **2** 〖생산 과정 따위가〗 낭비 없는, 합리적인. **3** 실용적인 (practical), 실리적인 (utilitarian). ¶ *economic* entomology 실용 곤충학. **4** 《속어》 경제적인, 실속있는, 덕용(德用)인.
‡**e·co·nom·i·cal** [ì:kənámik(ə)l, èk-/ -nɔ́m-] *adj*. **1** [사람이] 낭비하지 않는, 검소한(*of* ...). ¶ She is *economical of* her time. 그녀는 시간을 절약한다 / He is *economical of* his complaint. 그는 좀처럼 불평을 하

類語 **economical** 신중하게 계획하여 낭비를 피하고 가장 유리하게 금품을 쓰는: *economical housekeeping* 경제적인 살림살이. **thrifty** 검소·근면한데다 금품의 사용이 현명해서 유복해지는: *a thrifty housewife* 알뜰한 주부. **frugal** 의식주를 [때로는 지나치게] 절약하여 전혀 낭비를 하지 않는는: *be frugal*, *not to say stingy* 인색하다고 해도 좋을 정도로 살림을 줄이다. **sparing** 금품 사용을 억제하다.

2 [물건이] 경제적인, 절약되는. ¶ *an economical refrigerator* 경제적인 냉장고. **3** 경제 상의(economic). ◇ ecónomy *n*.

*e·co·nom·i·cal·ly [i:kənámikəli, èkə-/-nɔ́m-] *adv*. **1** 절약하여, 경제적으로. **2** 경제상[의 견지에서].

ècońomic blockàde *n*. 경제 봉쇄.

ècońomic críme *n*. 경제 범죄[특히 공산권내 제3 세계에서 공급 횡령·뇌물 수수·부정 축재·밀수 따위].

ècońomic índicator *n*. [경제] 경제 지표, [위].

ècońomic módel *n*. [경제] 경제 모델[수학 방정식 따위로 경제 현상을 단순화시켜 재구성한 모형].

*e·co·nom·ics [i:kənámiks, èkə-/-nɔ́m-] *n. pl*. **1** [단수 취급] 경제학. **2** 재정적 고려(financial considerations). [한 나라의] 경제 상태. ◇ economic *adj*.

ècońomic sánction *n. pl*. [남의 나라에 대한] 경제 제재.

ècońomic zòne(wàters) *n*. 경제 수역[연안국이 배타적으로 관할권을 가지는 200해리 수역] (exclusive economic zone [略 EEZ]).

e·con·o·mism [ikánəmìz(ə)m / -kɔ́n-] *n*. [U] 경제주의.

*e·con·o·mist [ikánəmist / -kɔ́n-] *n*. **1** 경제 학자. **2** [고어] 절약가, 검약가(*of*..).

e·con·o·mi·za·tion [ikànəmizéiʃ(ə)n / -mai-] *n*. [U] [금전·시간·노력 등의] 절약, 경제적 이용.

*e·con·o·mize [ikánəmàiz / -kɔ́n-] (※[英]에서는 economise 로도 쓴다) *vt*., *vi* (-mized, -miz-ing) 경제적으로 쓰다(다루다); 절약하다; 가장 잘 이용하다, 낭비하지 않는다. ◇ ecónomy *n.*, economizátion *n*.

*e·con·o·miz·er [ikánəmàizər / -kɔ́n-] *n*. **1** 절약가. **2** [열·연료 따위의] 절약 장치. ¶ *a fuel economizer* 연료 절감기. **3** 수열기(收熱器).

‡e·con·o·my [ikánəmi / -kɔ́n-] *n*. (*pl*. -mies) **1** [U] 경제. ¶ *national economy* 국가 경제 / *domestic economy* 가정 경제, 가정(家政) / *political economy* 정치 경제학, 경제학(economics), **2** [경기(景氣) (business). **3** 경제 기구(체제); 유기적 조직(organic system). ¶ the *economy* of the human body 인체의 조직. **4** [U] 절약, 아껴 씀, 절용(frugality); (-mies) 절약의 예. ¶ *economy* of time and labor 시간과 수고의 절약/*some little economies* 몇 가지의 사소한 절약/*a man of economy* 검약가/*with economy* 경제적으로/It is wise (poor) *economy*. 그것은 경제적 (비경제적)이다. **5** [U] [신학] [하나님의] 구원의 계획(economy of salvation), 경륜(經綸); [하늘의] 섭리, 신려(神慮).

the economy of truth 진리를 손질함, 진실을 숨김.

practice (or *use*) *economy* 절약하다, 아껴 쓰다. ◇ económic, económical *adj*., económize *v*.

ecónomy cláss *n*. [열차·비행기 따위의] 이코노미 클래스, 보통석.

ecónomy of scále *n*. 규모의 경제[대량 생산에 의한 경비 절감].

e·con·o·my-size [i(:)kánəmisàiz / -kɔ́n-] *adj*. [포장품이] 경제적 크기의, 표준 상품보다 크고 값이 싼.

ECOSOC (略) [United Nations] *E*conomic and *So*cial *C*ouncil [유엔] 경제사회이사회.

ec·o·spe·cies [í:kəspìːʃiːz, ékə-] *n*. (*pl*. -cies) [생물] 생태종(生態種).

ec·o·sphere [í:kəsfìər, ékə-] *n*. [우주의] 생물 생존권(圈)[특히 지구상의] 생태권, 생물권.

ec·o·sys·tem [í:kəsìstəm, ékə-] *n*. [생물] 생태계.

ec·o·tage [í:kətàːdʒ, -tìdʒ, ekə-] *n*. 환경 파괴 활동.

ec·o·ter·ror·ism [í:kətèrəriz(ə)m, ékə-] *n*. 환경테러, 환경 파괴 행위.

ec·o·tone [í:kətòun, ékə-] *n*. [생물] 추이대(推移帶).

ec·o·tour·ism [í:kətù(:)rizm, ékə-/-tùər-] *n*. 환경(보호) 지향의 관광.

ec·o·type [í:kətàip, ékə-] *n*. [생물] 생태형[型].

ECOWAS [ekóuəs] (略) *E*conomic *C*ommunity of *W*est *A*frican *S*tates(서아프리카 국가 공동체).

ECPNL (略) *e*quivalent *c*ontinuous *p*erceived *n*oise *l*evel(등가 평균 소음 레벨; 영국의 NNI와 ICAO(국제 민간 항공 기구)에서 제창한 항공기 소음 평가 방법).

ECR (略) *e*lectronic *c*ash *r*egister(전자 금전 등록기).

é·cran [eikrɑ́ːŋ] *n*. 《프랑스》영사막(screen). [<F]

ec·ru [ékruː, éi-/éikruː] *adj*. 누른기가 도는 담갈색의, 아마(亞麻) 색깔의. —— *n*. [U] 담갈색, 아마색. [<F unbleached]

ECSC (略) *E*uropean *C*oal and *S*teel *C*ommunity.

ec·sta·size [ékstəsàiz] (※[英]에서는 ec·sta·sise 로도 쓴다) *vt*., *vi*. (-sized, -siz·ing) 황홀하게 하다(되다), 무아지경에 이르게 하다(되다), 기뻐 어쩔 줄 모르게 하다(되다).

*ec·sta·sy [ékstəsi] *n*. (*pl*. -sies) **1** 무아의 경지, 황홀경; 도취, 환회의 절정. ¶ in an *ecstasy* 무아경이 되어 / in an *ecstasy* of terror 무서워 어쩔 줄 몰라 / in an *ecstasy* of joy; in *ecstasies* of joy 미칠 듯이 기뻐하여. **2** [시인·예언자 등의] 몰아(沒我), 법열. **3** [심리] 황홀 상태, 엑스터시.

類語 **ecstasy** 대단히 큰 기쁨에 제정신을 잃을 만큼 황홀한 상태. **rapture** 대단히 기쁜 상태; 반드시 ecstasy 정도는 아니다.

be in ecstasies over …에 정신이 팔려(도취되어) 있다. ¶ He *is in ecstasies over* the new work. 그는 새 일에 정신이 팔려 있다.

go (or *be thrown*) *into ecstasies over* …에 정신이 팔리다, 황홀해지다.

◇ ecstatic, ecstatical *adj*.

ec·stat·ic [ekstǽtik] *adj*. **1** 무아지경의, 도취의, 황홀한. **2** 열광의. —— *n*. **1** 도취하는 사람. **2** (~s) 무아경, 황홀상태. -i·cal·ly [-ikəli] *adv*.

◇ écstasy *n*.

ect-, ⇒ ECTO-.

ECT, E.C.T. (略) *e*lectro*c*onvulsive *t*herapy(전기 충격 요법).

ecto- outside, outer, external의 뜻의 연결형(※ 모음 앞에서는 ect-를 쓴다). 예: *ecto*derm, *ecto*plasm, *ect*al (바깥면의).

ec·to·blast [éktou blǽst / -blàːst] *n*. [생물] 외배엽.

ec·to·derm [éktou dɑ̀ːrm] *n*. [생물] **1** [무장(無腸) 동물 따위의] 외(外) 세포층. **2** 외배엽.

ec·to·hor·mone [èktəhɔ́ːrmoun] *n*. = pheromone.

ec·to·morph [éktəmɔ̀ːrf] *n*. 여윈 체형의 사람.

ec·to·mor·phic [èktəmɔ́ːrfik] *adj*. 여윈 체형의, 호리호리한 체격의.

-ectomy "…절제 수술"의 뜻의 연결형. 예: append*ectomy*, tonsill*ectomy*.

ec·to·par·a·site [èktoupǽrəsàit] *n*. [생물] 외부 기생충[진드기·벼룩 따위]; 외부 기생 식물.

ec·top·ic [ektápik / -tɔ́p-] *adj*. [병리] 정상적인 장소에 있지 않은, 전위(轉位)의.

ec·to·plasm [éktou plǽz(ə)m] *n*. **1** [생물] 외(부원)형질 외[原]原]形質], 외질[層]; [外膜[層]; [식물 세포의 원형질의 외층). **2** [심령술] [영매(靈媒)의 몸에서 발산된다는] 발산 물질, 영기(靈氣).

ec·type [éktàip] *n*. 채생(寫本], 모형, 복사(模寫)한 것.

ECU European *C*learing *U*nion; *E*uropean *C*urrency *U*nit. (略).

E.C.U. (略) *E*nglish *C*hurch *U*nion(영국 교회 동맹).

Ec·ua·dor [ékwədɔ̀ːr /╴╴╴, ╴╴╴] *n*. 에콰도르[남아메리카 서북부의 공화국; 수도 Quito].

Ec·ua·do·ri·an [èkwədɔ́:riən] *adj.* 에콰도르의, 에콰도르인의. — *n.* 에콰도르인.

ec·u·men·ic [èkjuménik / ì:k-] *adj.* =ecumenical.

ec·u·men·i·cal [èkjuménik(ə) l / ì:k-], (**oecumenical**) *adj.* **1** 전반적인(general), 보편적인(universal), 세계적인. **2** 전기독교 교회의(을 대표하는). * 오늘날에는 Roman Catholic Church 에만 쓴다. ¶ an *ecumenical* council 〔교황이 소집해서 열리는 정교회의〕 공회 / *ecumenical* patriarch 총주교〔콘스탄티노플의 대주교로서 그리스 정교회의 최고 주교〕. **3** 에큐메니컬한, 〔교파를 초월한〕 세계 교회적. ¶ *ecumenical* movement 에큐메니컬 운동, 세계 교회 운동.

ec·u·men·ism [ékjumənìz(ə) m / ì:k-] *n.* ⓤ 에큐메니즘, 〔교파를 초월한〕 세계 교회주의.

ec·u·me·nop·o·lis [èkjumənápəlis, -nɔ́p-] *n.* 세계도시.

ECWA〔略〕〔경제〕*E*conomic *C*ommission for *W*estern *A*sia〔유엔 서아시아 경제 위원회; 유엔 경제 사회 이사회의 〔의 한 기관〕.

ec·ze·ma [éksimə, 美 égzi-, igzí:mə] *n.* ⓤ 〔병리〕 습진.

ED〔略〕*e*nvironmental *d*isruption〔환경 파괴〕; *e*ffective *d*ose〔〔약의〕 유효량〕.

-ed¹ (* 발음은 [d] 이외의 유성음 뒤에서 [d]; [t] 이외의 무성음 뒤에서 [t]; [d], [t] 뒤에서는 [id], [əd]) *suf.* **1** 규칙동사의 과거 · 과거 분사를 만든다. 예: learn*ed*, play*ed*, cross*ed*, talk*ed*, end*ed*, want*ed*. **2** 동사가 뜻하는 행위에서 생기는 상태나 특질을 나타내는 분사 형용사(participial adjective)를 만든다. 예: illuminat*ed* windows〔등불이 비치는 창문〕, increas*ed* wages〔오른 노임〕, a limit*ed* express 〔美〕 특급 열차, the revis*ed* version〔개정판〕 / a retir*ed* life〔은거 생활〕.

-ed² (* 발음은 [d], [t] 이외의 소리 뒤에서는 [id], [əd] 로 되는 일이 있다) *suf.* 명사에 붙여서 「…을 가진」, 「…을 붙인」, 「…의 특성이 있는」 따위의 뜻의 형용사를 만든다. 예: kind-heart*ed*〔마음씨 착한〕, the pock-mark*ed* lunar surface〔얽은 월면(月面)〕, a forest*ed* area〔삼림 지대〕, a learn*ed*[lə́:rnid] man〔학자〕, an ag*ed*[éidʒid] gentleman〔노신사〕.

ed.〔略〕*ed*ited, *ed*ition; (*pl.* **eds.**) *ed*itor; *ed*ucated.

e·da·cious [idéiʃəs] *adj.* 게걸스럽게 먹는(devouring), 식욕이 왕성한, 대식하는(voracious).

e·dac·i·ty [idǽsiti] *n.* ⓤ 대식, 탐식(voraciousness).

E·dam chēese [í:dəm, -dæm- / -dæm-] *n.* ⓤ 에담 치즈〔빨간 칠을 한 네덜란드산(產)〕. 〔< 네덜란드의 Amsterdam 부근의 지명 Edam〕

Ed. B.〔略〕*B*achelor of *Ed*ucation〔교육 학사〕.

ed-biz [édbìz] *n.* 《美 속어》교육 산업(education business).

EDC〔略〕*E*uropean *D*efense *C*ommunity〔유럽 방위 공동체〕. 〔embarkation〕

E/**D c**́**ard** *n.* 출입국 카드.〔< *e*mbarkation and *d*is-〕

Ed. D.〔略〕*D*octor of *Ed*ucation〔교육학 박사〕.

Ed·da [édə] *n.* **1** (= **the Elder Edda, the Poetic Edda**)〔古〕 에다〔1250년경에 생긴 고대 아이슬란드 어로 쓰인 시집. 북유럽의 신화 · 영웅 전설 따위를 읊고 있다〕. **2** (= **the Younger Edda, the Prose Edda**) 신(新) 에다〔아이슬란드의 역사가 · 시인인 Snorri Sturluson(1179-1241)이 편집한 고대 북유럽 신화 · 전설 · 작시법〕. 〔주의〕 1, 2 를 종합하여 the Eddas 라 한다.

***ed·dy** [édi] *n.* (*pl.* **-dies**) **1** 〔물 · 기류 · 먼지 따위의〕 소용돌이, 회오리바람, 선풍. **2** 〔비유적〕〔사건 따위의〕 소용돌이. — *vi.*, *vt.* (**-died, -dy·ing**) 소용돌이치다(치게 하다), 회오리치다(치게 하다).

e·del·weiss [éidlvàis, 美 -wàis] *n.* 에델바이스; 왜솜다리의 일종〔알프스산(產)의 고산 식물〕.

e·de·ma [i:dí:mə], (**oedema**) *n.* ⓤⓒ (*pl.* **-ma·ta** [-mətə])〔병리〕부종(浮腫), 수종.

***E·den** [í:dn] *n.* **1**〔성서〕에덴 동산 (Garden of Eden). **2** 낙토, 낙원, 극락 (paradise).

e·den·tate [i:dénteit] *adj.* **1**〔동물〕 빈치류(貧齒類)의. **2** 이가 없는(toothless). — *n.* 빈치류 동물〔앞니와 송곳니가 없는 원시적 포유 동물. 중남미에만 있다. 개미핥기 · 나무늘보 · 아르마딜로 따위〕.

EDF〔略〕*e*mergency *d*econtamination *f*acility〔특히 방사능에 대한〕 긴급 정화 시설〕.

***edge** [edʒ] *n.* **1**〔날붙이의〕날. ¶ the *edge* of a knife 나이프의 날 / This sword has no *edge*. 이 칼은 안 든다 / This razor has a keen (or a sharp) *edge*. 이 면도칼은 잘 든다. **2** 끝머리, 끝; 테두리, 가장자리, 모서리, 전; 〔봉우리 · 지붕 따위의〕 마루[터기] (crest). ¶ the horizon's *edge* 지평선의 끝 / the *edge* of a lake 호수가 / sit on the *edge* of a chair 의자 모서리에 앉다 / the *edge* of a roof (a mountain) 용마루(산등성이, 산마루).

〔類語〕 **edge** 두 면이 마주치는 날카로운 끝: the *edge* of a desk 책상 모서리. **border** 어느 것이 시작되는(끝나는) 경계선, 또는 경계선 바로 안쪽의 가늘고 긴 부분: the *border* of a forest 숲의 변두리. **brim** 그릇의 위쪽 끝의 안쪽(가), 또는 하천 · 호수 따위의 가장자리: a glass full to the *brim* 가장자리까지 가득한 컵. **rim** 둥근 것의 가장자리, 테: the *rims* of glasses 안경테. **brink** 가파른(위험한) 것의 가장자리: the *brink* of war (a cliff) 전쟁의 일보 직전(벼랑의 가). **margin** 어떤 면의 주변에 있는 가늘고 긴 공백 부분; 물가: the *margin* of a page (a lake) 페이지 둘레의 여백(호수의 가). **verge** 어떤 물건의 극한; 극한에 접근하는 움직임도 암시하는 말: be on the *verge* of ruin 파멸 직전에 다다라 있다.

3〔욕망 · 말 따위의〕 날카로움. ¶ the keen *edge* of desire 격렬한 욕망. **4**〔구어〕 거나함, 얼근함. ¶ with an *edge* on 얼근한 기분으로. **5**〔美구어〕 강점, 우세 (advantage). ¶ You have the *edge* on me. 내가 우세하다.

be all on edge to do …하고 싶어서 못 견디다.
be on edge〔美〕 조바심하고 있다, 흥분하다.
by the edge of the sword 칼을 들이대고, 강제적으로.
do the inside (**the outside**) **edge** 〔스케이트〕 스케이트의 안쪽(바깥쪽) 날로 지치다.
give an edge to ① …에 날을 세우다. ② 〔식욕 따위〕를 돋구다.
give the edge of one's **tongue to** …을 호되게 꾸짖다.
have an (or **the**) **edge on** ① 〔남〕보다 낫다, 우세하다. ② 거나(얼근)하다. ¶ ..., 자면서.
not to put too fine an edge upon it 솔직하게 말하면.
on the edge of ① …의 가장자리(모서리)에. ¶ a house *on the edge of* the park 공원 모서리에 있는 집. ② 막 …하려는 참에. ¶ be *on the edge of* dying 죽어가고 있 있다.
put an edge on 〔칼 따위〕를 갈다.
put a person to the edge of the sword 남을 칼로 찔러 죽이다, 살해하다.
set an edge on (or **to**) 〔식욕 따위〕를 돋구다.
set something on edge ① 〔물건〕을 세워 놓다. ¶ *set* a book *on edge* 책을 세워놓다. ② 날카롭게 하다, 안달나게 하다. ¶ *set* a person's nerves *on edge* 남의 신경을 날카롭게 하다 / *set* a person's teeth *on edge* 〔불쾌한 소리 등이〕 진저리나게 하다.
take the edge off 〔날붙이의 날〕을 무디게 만들다; 〔식욕 · 토론력 따위〕를 죽이다, …의 기세를 꺾다.

— *n.* (**edged, edg·ing**) *vt.* **1** …에 날을 세우다, …을 날카롭게 하다(sharpen). ¶ (~+圖+图) *edge* a knife sharp 칼을 날카롭게 갈다. **2** …의 테두리(가장자리)를 치다, …에 테를 가두르다. ¶ Hills *edge* the village. 마을은 언덕에 둘러싸여 있다 // (~+圖+前+图) *edge* a road with trees 길을 따라 나무를 심다. **3** …을 천천히 움직이다, 비스듬히 전진시키다. ¶ (~+圖+前+图) He *edge*d his way

through the crowd. 그는 군중 속을 헤치고 나아갔다 // (~+圖+圖) I *edged* my chair *nearer to* the fire. 나는 불 결으로 의자를 조금씩 당겨 갔다. **4** 《구어》…을 적은 차로 이기다. **5** [스키] [스키]의 에징을 하다. ── *vi.* [몸을 옆으로 하고] 비스듬히 나아가다, 서서히 나아가다. ¶ (~+圖) *edge along* a cliff 벼랑을 따라 천천히 나아가다.
edge away (or *off*) 서서히 떨어지다(멀어지다).
edge down upon; *edge in with* …에 조금씩 접근하다
edge in [말 따위를] 끼어 넣다, 참견하다.   다.
edge oneself into …에 비집고 끼어 들다.
edge out [조심하여] 천천히(점차로) 나오다; 《美》적은 차로 이기다.
edge up …에 조금씩 다가가다; [실력 따위가] …에 접근하다.
◇ édgy *adj.*, édgeways *adv.*

edge·bone [édʒbòun] *n.* =aitchbone.
edged [edʒd] *adj.* **1** 날이 있는, 날을 세운; 가장자리 (테)를 붙인. ¶ an *edged* tool 날붙이 / double-*edged* 양 날의 / sharp-*edged* 날카로운. **2** [칼날 따위가] 날카로운; [풍자 따위가] 통렬한. ¶ an *edged* knife 잘 드는 칼 / an *edged* remark 통렬한 비평.

edge·less [édʒlis] *adj.* **1** 모서리(테) 없는, 가장자리가 없는. **2** 날이 없는, 날이 무딘(blunt).

edg·er [édʒər] *n.* **1** [앙복 따위의] 모서리를 완성하는 사람(기계). **2** [재목의] 가장자리를 베는 사람(기계), 테두리(모서리) 치는 톱; [잔디밭 등의] 가를 베는 기계.

édge tòol *n.* 날붙이. ¶ play with *edge tools* 날붙이를 가지고 놀다; 위험한 짓을 하다.

edge·ways [édʒwèiz]**, -wise** *adv.* **1** 날(모서리, 가)을 밖으로 하고. **2** 가(모서리)를 따라, 비스듬히(sideways), 옆으로부터. **3** [두 물건이] 끝과 끝을 맞대고.
get a word in edgeways 말참견하다.

edg·ing [édʒiŋ] *n.* **1** Ⓤ 테두름, 가선두름, 가두리침; 날을 세움. **2** 가장자리의 (가선) 장식(fringe); [화단의] 가두리(border). **3** Ⓤ [스키]의 에징.   [위.

édging shèars *n. pl.* 전지용(剪枝用) 가위, 전정 가

edg·y [édʒi] *adj.* (**edg·i·er, edg·i·est**) **1** 날이 날카로운(sharp-edged), 끝이 뾰족한. **2** [그림 따위가] 윤곽이 뚜렷한(선명한). ¶ *edgy* outlines 또렷한 윤곽. **3** 짜증나는, 안달스런(irritable), 신랄한, 가시돋친.

edh, eth [eð] *n.* 고대 영어의 알파벳의 한 자 [현재 음표 문자로서 쓰이고 있는 [ð]의 명칭].

ed·i·bil·i·ty [èdəbíləti] *n.* Ⓤ 식용으로 알맞음, 먹을 수 있음.

*****ed·i·ble** [édibl] *adj.* 식용이 되는, 먹을 수 있는 (eatable). ¶ *edible* frogs 식용 개구리 / *edible* fungi 식용 버섯. ── *n.* (보통 ~s) 식용품. **~·ness** *n.*
◇ edibílity *n.*

e·dict [íːdikt] *n.* 칙령, 칙명(勅命); 포고; [정부 등의] 명령(command). ¶ a Royal(or an Imperial) *edict* 칙령, 칙명 / the *Edict* of Milan 밀라노 칙령 / the *Edict* of Nantes 낭트 칙령.

ed·ic·tal [iːdíkt(ə)l] *adj.* 칙령의, 포고의.

ed·i·fi·ca·tion [èdifikéiʃ(ə)n] *n.* Ⓤ **1** 교화(敎化), 교도, 계발, 교훈. **2** [정신·덕성 등의] 향상, 고양(uplift); 덕성(신앙심)의 함양.

*****ed·i·fice** [édifis] *n.* **1** [신전·궁전 같은] 으리으리한 대건축물, [개인의] 대저택. ⇨ BUILDING 類圖 ¶ a spacious *edifice* of brick 장대한 벽돌 건물. **2** [심중에] 구성된 것, 조직, 체계.

édifice còmplex *n.* 《美》[행정 계획이나 건축가의] 구상 따위의) 거대 건축 편향(巨大建築偏向).

ed·i·fy [édifài] *vt.* (**-fied, -fy·ing**) …의 신념(덕성)을 기르다, …을 교화(교도)하다, 훈도하다, 사상을 선도하다. * 종종 반어적으로 쓴다.

ed·i·fy·ing·ly [édifàiiŋli] *adv.* 교훈적으로, 교화하여, 선도하여.

e·dile [íːdail] *n.* (로마 역사) =aedile.

*****Ed·in·burgh** [éd(i)nbə̀ːrou, -bə̀ːrə / éd(i)nb(ə)rə] *n.* 에딘버러 [Scotland의 수도].

*****ed·it¹** [édit] *vt.* **1** [신문·서적·잡지·영화 따위를] 편집하다. ¶ *edit* a newspaper 신문을 편집하다. **2** [원고]를 손질하다, …을 교정(校訂)하다. **3** 《美》…을 삭제하다, 생략하다(… *out*) (omit, eliminate).
◇ edítion, edítor *n.*

ed·it² [édit] *n.* 《구어》 **1** 필름의 편집(editing). **2** 사설(editorial).

edit. (略) edited, edition, editor.

éd·it·ing tèrminal [éditiŋ-] *n.* 편집 단말(端末) 장치 [text 편집에 사용되는 컴퓨터의 입출력 장치].

‡**e·di·tion** [idíʃ(ə)n] *n.* **1** 간행본(刊行本); [제1판·제2판·보급판·한정판 따위의] 판; [특수한 편집자·발행자 등에 의한] 판. * 개정·증보 없이 증쇄(增刷)되는 경우에는 impression을 쓴다. ¶ the first (the second) *edition* 초판(재판) / the September *edition* of the magazine 그 잡지의 9월호 / a cheap (a deluxe, an enlarged, a limited, a pocket, a popular, a revised) *edition* 염가(호화, 증보, 한정, 포켓, 보급, 개정)판 / the Skeat *edition* of Chaucer [스키트가 편집한] 초서의 스키트판 / Oxford *edition* 옥스퍼드판. **2** 《비유적》 복제(複製).
go through editions 판을 거듭하다. ¶ *go through five editions* 5판을 거듭하다(reach a fifth edition).
◇ édit *v.*

é·di·tion de luxe [idíʃən də lúks, -lʎks] *n.* 《프랑스》 (=edition of luxury) 호화판, 특제판.

e·di·ti·o prin·ceps [idíʃiou prínseps, + ∼ -keps] *n.* (라틴) (=first edition) [서적의] 초판, 제1판.

‡**ed·i·tor** [éditər] *n.* **1** [서적·잡지 따위의] 편집자, 교정자, 감수자. ¶ advisory *editors* 편집 고문. **2** [신문·잡지의] 편집자(supervising editor), 편집 주간 (managing editor), 주필; [특정한 부(部)의] 주임 기자. ¶ a financial *editor* 경제부장 / a general *editor* 편집장 / city editor 사회 부장, 《英》 경제 부장. **3** 논설위원, 사설 담당 기자(editorial writer, 《英》 leader writer).
editor in chief 편집장, 주필(chief editor). * 복수형은 *editors in chief*.
◇ édit *v.*, editórial *n.*, *adj.*

‡**ed·i·to·ri·al** [èditɔ́ːriəl / -tɔ́ːr-] *n.* 《美》 [신문·잡지의] 사설, 논설(《英》) leading article, leader). ¶ a strong *editorial* in The Times 타임즈지의 강경한 사설. ── *adj.* 편집자의, 편집상(주임)의, 주필의, 논설의. ¶ an *editorial* chair 편집장의 직(職). **2** 편집의, 편집상의. ¶ the *editorial* staff 편집부 / an *editorial* staff member 편집부원. **3** 《美》 사설의, 논설의. ¶ an *editorial* article 사설(《英》) leading article) / the *editorial* page 사설난 / an *editorial* paragraph [신문의] 단평 / *editorial* "we" [신문의 논설 따위에서 필자를 가리키는 데 쓰이는] 우리 / an *editorial* writer 사설 기자(《英》) leader writer).
◇ éditor *n.*, editórialize *v.*, editórially *adv.*

editórial àdvertising *n.* =advertorial.

ed·i·to·ri·al·ist [èditɔ́ːriəlist / -tɔ́ːr-] *n.* 《美》 [신문의] 논설 위원(editorial writer).

ed·i·to·ri·al·ize [èditɔ́ːriəlàiz / -tɔ́ːr-] *vt., vi.* (**-ized, -iz·ing**) 《美》 사설로 쓰다(다루다); 사설식으로 쓰다, 보도에 개인적인 견해를 삽입하다.

ed·i·to·ri·al·ly [èditɔ́ːriəli / -tɔ́ːr-] *adv.* 주필로서; 편집상, 편집적으로; 사설로서, 사설에서(로).

ed·i·tor·ship [éditərʃìp] *n.* Ⓤ **1** 편집자(주필)의 지위(직, 권한); 편집상의 방침(지시). **2** 편집, 교정.

ed·i·tress [éditris] *n.* editor의 여성형.

-ed·ly, -ed·ness *suf.* -ed로 끝나는 낱말의 부사(명사) 어미. * -ed 를 [d] [t]로 발음하는 낱말에 -ly, -ness를 붙였을 경우 그 앞 음절에 강세가 있을 때는 대개 [-id]로 발음한다. 예: deserv*edly* [dizə́ːrvidli], hurri*edly*.

Ed. M. 《略》 Master of Education(교육학 석사).

E·dom·ite [íːdəmàit] *n.* 《성서》에돔(Edom)의 자손; Edom 왕국의 주민[←민수기(Num.) 20:14–21].

EDP 《略》 electronic data processing.

EDPM 《略》 《컴 퓨 터》 electronic data processing machine(전자 정보 처리 기계).

EDPS 《略》 electronic data processing system (전자 정보 처리 시스템[컴퓨터화된 사무·관리·경영 정보 처리 시스템]).

EDR 《略》 European Depository Receipt (유럽 예탁 증권).

eds. 《略》 editors. 「여름 시간」

EDT, E.D.T. 《略》 《美》 Eastern daylight time (동부 여름 시간).

educ. 《略》 education, educational, educator.

ed·u·ca·bil·i·ty [èdʒukəbíliti / èdju(ː)-] *n.* Ⓤ 교육할 수 있음, 교육의 가능성. 「육 가능한.

ed·u·ca·ble [édʒukəbl / édju-] *adj.* 교육을 할 수 있는, 교

*****ed·u·cate** [édʒukèit / édju(ː)-, édʒu(ː)-] *vt.* (**-cat·ed, -cat·ing**) **1** ···을 교육하다, 훈육하다, 도야(陶冶)하다. ⇒ TEACH 類題 ¶ educate oneself 수양하다; 독학하다 / (~+目+*to* do) educate a person to do a thing 남이 어떤 일을 하도록 교육하다 // (~+目+前+名) educate a person *for* a thing 남을 어떤 일을 할 수 있도록 교육하다. **2** ···을 학교에 보내다, ···에게 교육을 시키다. ¶ (~+目+前+名) He is educated *in* law. 그는 법을 교육을 받고 있다. **3** (귀·눈 따위)를 훈련하다(train), [예능적 능력·취미 따위]를 기르다...*in, to*). ¶ (~+目+前+名) educate a person *in* art 남을 훈련하여 예술적 재능을 키우다 / educate the eye *in* painting 회화를 보는 눈을 기르다. **4** [동물]을 길들이다, 가르치다. ◇ education *v.*, educational *adj.*

ed·u·cat·ed [édʒukèitid / édju(ː)-, édʒu(ː)-] *adj.* **1** 교육 받은, 교양 있는. ¶ an educated lady 교양 있는 부인. **2** 지식·경험 따위에 기초를 둔 [근거한], ¶ an educated guess 경험에서 우러난 추측.

‡ed·u·ca·tion [èdʒukéiʃ(ə)n / èdju(ː)-, èdʒu(ː)-] *n.* Ⓤ **1** 교육, 훈육 [조직적인], 《일반》 [지식·기능의] 교수, 학교 교육; Ⓒ 학교 교육의 단계. ¶ commercial education 상업 교육 / elementary education 초등 교육 / compulsory education 의무 교육 / moral (intellectual, physical) education 덕육(지육, 체육) / a university education 대학 교육 / the Ministry of Education 문교부 / get (or acquire, receive) education 교육을 받다. **2** [교육을 받고 얻은] 교양, 학문, 소양. ¶ extend and deepen one's education 교양을 넓히고 또한 심화시키다. **3** 교육학(pedagogics), 교수법. **4** [어린애의]양육, [꿀벌·누에 따위의] 사양(飼養); [동물의] 길들이기. ◇ educate *v.*, educational *adj.*

‡ed·u·ca·tion·al [èdʒukéiʃ(ə)l / èdju(ː)-, èdʒu(ː)-] *adj.* **1** 교육(상)의. ¶ educational expenses 교육비, 학비 / an educational system 교육 제도 / educational institutions 교육 기관. **2** 교육적인. ¶ an educational program 교육 프로그램. **~·ly** [-nəli] *adv.*

ed·u·ca·tion·al-in·dus·tri·al complex [èdʒukéiʃ(ə)lindʎstriəl- / èdju(ː)-, èdʒu(ː)-] *n.* 산학(産學) 협동.

ed·u·ca·tion·al·ist [èdʒukéiʃ(ə)nəlist / èdju(ː)-, èdʒu(ː)-] *n.* 《주로 英》=educationist.

educátional párk *n.* [계획적인] 교육 지구, 교육 단지.

educátional télevìsion *n.* 교육 텔레비전 [프로] (public television).

ed·u·ca·tion·ese [èdʒukéiʃəníːz / èdju(ː)-, èdʒu(ː)-] *n.* 교육 전문어(용어).

ed·u·ca·tion·ist [èdʒukéiʃ(ə)nist / èdju(ː)-, èdʒu(ː)-] *n.* 교육가, 교육 학자. 「육 공학.

educátion technólogy, educátional- *n.* Ⓤ 교

ed·u·ca·tive [édʒukèitiv / édju(ː)kə-, -kèit-] *adj.* 교육에 유익한, 교육적인, 교육(educational).

*****ed·u·ca·tor** [édʒukèitər / édju(ː)-, édʒu(ː)-] *n.* 교육자; 교육가, 교육 전문가.

ed·u·ca·to·ry [édʒukətɔːri / édju(ː)kətɔri, édʒu(ː)-] *adj.* 교육에 도움이 되는, 교육적인(educative).

e·duce [idjúːs / iːdjúːs] *vt.* (**-duced, -duc·ing**) **1** 〔잠재해 있는 성격이나 능력 따위〕를 끌어내다. ⇒ EXTRACT 類題 ¶ ···을 환기시키다. **2** ···을 추단(推斷)하다, 연역하다(deduce) (...*from*). **3** 《化》 [화합물에서] ···을 추출(추단)하다.

e·duc·i·ble [idjúːsəbl / iːdjúːs-] *adj.* **1** 끌어낼 수 있는, 추출할 수 있는. **2** 추단(연역)할 수 있는.

ed·u·crat [édʒukræt / édju(ː)-, / édʒu(ː)-] *n.* 《美》교육 관료, 교육 행정가. 「출물.

e·duct [íːdʌkt] *n.* **1** 추론의 결과. **2** 《化》유리물, 추

e·duc·tion [i(ː)dʎkʃ(ə)n] *n.* Ⓤ **1** 끌어내기, 추출. **2** 추출물(educt); 연역(排氣), 배출. 「출물.

e·duc·tive [i(ː)dʎktiv] *adj.* 끌어내는, 추론(추단)하

e·dul·co·rate [idʎlkərèit] *vt.* (**-rat·ed, -rat·ing**) **1** 《化學》[불순물 따위]를 씻어 내다. **2** ···에서 신맛(쓴 맛)을 없애다.

Ed·ward·i·an [edwáːrdiən / -wɔ́ːd-] *adj.* **1** 【영국 역대의】 Edward 왕 시대의. **2** Edward 7세 시대의 [당시의 문학·예술 등에 대해서 말한다]. **3** Edward 1세 시대의 [당시의 성의 건축 양식에 대해서 말한다]. — *n.* Edward 왕 시대의 사람.

Édwards Áir Fórce Báse [édwərdz-] *n.* 《美》에드워즈 공군 기지[캘리포니아주에 소재하며, 항공 테스트 센터가 있다]. (<시험비행중 사망한 Glen W. Edwards의 이름).

-ee *suf.* 명사 어미. **1** -or로 끝나는 명사가 「행위자」를 나타낸는 데 대해, 그 행위를 「당하는 사람」의 뜻을 가진다. 예: appointee. **2** 어떤 특정 상태에 있는 사람의 뜻. 예: absentee. **3** 어떤 사람(물건)에 어떤 관계가 있는 사람(물건)의 뜻. 예: bargee.

e.e. 《略》errors excepted (잘못은 별도로 치고).

E.E. 《略》Early English; electrical engineer, electrical engineering; electric eye.

EEA 《略》European Economic Area(유럽 경제 지역 [EC와 EFTA와의 통합; 1993년 발족]).

E.E. & M.P. 《略》Envoy Extraordinary and Minister Plenipotentiary (특명 전권 공사).

EEC 《略》European Economic Community (유럽 경제 공동체).

EECO 《略》European Economic Cooperation Organization(유럽 경제 협력 기구).

EEG 《略》electroencephalogram.

eek [iːk] *interj., n.* 이크!, 아이쿠! [하는 소리].

*****eel** [iːl] *n.* (*pl.* **eel** or **eels**) **1** 뱀장어; 칠성장어 (lamprey). ¶ as slippery as an eel 「뱀장어처럼」 미끈한; 잘 빠져나가 붙잡기 어려운. **2** =eelworm. **3** 《美속어》빈틈없는 (잘 빠져나가는) 사람; 매끄러운(반질거리는) 물건. 「(pot 냄비).

éel búck *n.* 《英》뱀장어 잡는 상자 모양의 통발(通발)《美》

éel-gràss [íːlgræs / -grɑs] *n.* **1** 거머리말류(類) [미국 대서양 연안에 많은 해조의 일종]. **2** 나사말류(類) (tape grass). 「발.

éel·pot [íːlpɑt / -pɔt] *n.* [상자 모양의] 뱀장어잡이 통

éel·pout [íːlpàut] *n.* **1** 등가시치科(科)의 바닷물고기 (식용). **2** =burbot.

éel·spear [íːlspìər] *n.* 뱀장어 작살.

éel·worm [íːlwàːrm] *n.* 선충(線蟲) [류의 벌레].

eel·y [íːli] *adj.* (**eel·i·er, eel·i·est**) 뱀장어 같은, 미끈미끈한.

e'en [iːn] *adv.* 《주로 문어》=even¹.

ee·nie-mee·nie, mi·nie, moe [íːniːmíːniːmáiniːmóu] 어느 것으로 할까 하나님의 말씀대로.

EEOC 《略》《美》Equal Employment Opportunity Commission (공정 고용 기회 위원회).

EEPROM 《略》Electrically Erasable and Programmable ROM (전기적 말소 가능 ROM).

e'er [εər] *adv.* 《주로 문어》=ever.

-eer *suf.* 1「…관계자」「…취급자」;「…을 쓰는 사람」「…제작자」라는 뜻의 명사 어미. 예: engin*eer*, pamphlet*eer*, sonnet*eer*. 2 명사에 붙어「…에 관계하다」라는 뜻의 동사를 만든다. 예: election*eer*.

EER (略) *e*nergy *e*fficiency *r*atio (에너지 효율비).

ee·rie [í(:)ri / íəri], **(ee·ry)** *adj.* (**-ri·er, -ri·est**) 1 무시무시한, 섬뜩한, 오싹하는, 기분 나쁜. ⇨ WEIRD (類語) 2 [미신 따위를] 두려워하는, 겁먹고 있는.
ee·ri·ly *adv.* **ee·ri·ness** *n.*

EEZ (略) *e*xclusive *e*conomic *z*one (배타적 경제 수역(水域).

ef- *pref.* ⇨ EX-¹.

ef·fa·ble [éfəbl] *adj.* 말할 수 있는, 말로 표현할 수 있는.

****ef·face** [iféis] *vt.* (**-faced, -fac·ing**) 1 (글자·윤곽·자국 따위를) 지우다, 삭제하다; (기억 따위를) 지워 없애다(…*from*). ¶ (~+图+젠+图) *efface* some lines *from* a book 책에서 몇 행을 삭제하다 / The very memory of her was *effaced from* his mind. 그녀의 기억조차 그의 마음에서 지워졌다. 2 …을 눈에 띄지 않게 하다, …의 존재를 희미하게 만들다; …을 무색케 하다. ¶ *efface* oneself 눈에 띄지 않게 하다.

ef·face·a·ble [iféisəbl] *adj.* 지울 수 있는, 지워 없앨 수 있는.

ef·face·ment [iféismənt] *n.* ⓤ 말소, 소멸, 망각.

ef·fac·er [iféisər] *n.* 지우는 사람(물건).

*‡***ef·fect** [ifékt] *n.* 1 ⓤⓒ (원인·작용의) 결과; 영향. opp. cause. ¶ cause and *effect* 원인과 결과 / the disastrous *effects* of war 전쟁의 (이) 끼친) 비참한 결과 / the *effect* of light upon the eye 눈에 미치는 빛의 영향.

(類語) **effect** 어떤 원인에 의해 필연적·직접적으로 생기는 상태: the *effect* of hard training 맹연습의 결과. **consequence** 원인과의 관계가 직접적이면서도 *effect* 만큼 긴밀하고 가깝지는 않다: the *consequences* of surrender 항복의 결과로 생긴 사태. **result** 최종적인 결과: the *result* of the examination 시험의 결과. **issue** 어떤 문제의 해결·결말에 의한 result: the *issue* of a war 전쟁의 결말. **outcome** result, issue 와 대체로 같은 뜻이지만, issue 보다「최종적」이라는 의미가 약하다: the *outcome* of an election 선거의 결과.

2 ⓤ 효력, 힘(force); 효과, 효능(efficacy); 유효. ¶ with *effect* 유효하게, 효과적으로, 강력하게 / without *effect*; to no *effect* 아무런 효과도 없이, 무익하게 / be of no *effect* 아무 효과도 없다 / The medicine had an immediate *effect*. 그 약은 곧 효능이 있었다.

3 ⓤ 활동(operation), 발효, 실시, 실행, 수행(fulfillment). ¶ carry it into *effect*; bring it to *effect* 그것을 실행하다 / come (or go) into *effect* 실시되다, 발효하다 / put … into *effect*; give *effect* to … 을 실행하다.

4 ⓤⓒ [그림·색채·풍경·무대·이야기 따위가 사람의 눈에 주는] 효과, 인상(impression). ¶ for *effect* [남의 눈·귀에 대한] 효과를 노리고, 겉모양을 위해 / love of *effect* 외양을 꾸미기 좋아함 / heighten the dramatic *effect* by contrast 대조에 의해 극적 효과를 높이다 / produce an *effect* on a person's imagination 남의 상상력에 깊은 감명(감명)을 주다.

5 ⓤ 취지, 요지(gist), 대의(大意), 의도, 의미(meaning). ¶ the *effect* of this paragraph 이 항의 대의 / to this (that, the same) *effect* 이런, 같은) 취지의(로) / to the *effect* that …이라는 취지의(로).

6 (~s) 동산(movables), 재산(property); 물건(goods). ¶ ⓤ POSSESSION ¶ household *effects* 가재(家財) / no *effects* 예금 없음, 무재산(無財産) [* 은행에서 부도 수표에 적는 말; 약호 N/E] / personal *effects* 휴대품, 사물.

in effect ① 사실상, 실제로는; 실제에 있어서; 실질적으로는. ¶ *In effect* the situation is this. 요컨대 정세는 이러하다. ② [법률이] 유효하여, 실시되어. ¶ The law is still *in effect*. 그 법률은 여전히 실시되고 있다 (효력을 가진다).

take effect ① 효과가 나타나다. ② [법률이] 실시(시행) 되다. ¶ The law will *take effect* on and after June 1, 1972. 그 법률은 1972년 6월 1일 이후 실시된다(발효한다).

— *vt.* 1 결과(효과)로서 …을 가져오다, …을 초래하다. ⇨ AFFECT (類語) ¶ *effect* a change 변화를 가져오다 / *effect* a cure 병을 고치다. 2 [목적 따위를] 성취하다, 수행하다(accomplish). ¶ *effect* a sale 매각하다 / *effect* an insurance 보험에 들다 / They sailed away without *effecting* their purpose. 그들은 목적을 이루지 못하고 출범하였다. 3 …을 만들다(make), 건설하다, 행하다. ◇ efféctive, effèctual, effícient *adj.*

*‡***ef·fec·tive** [iféktiv] *adj.* 1 유효한, 효력이 있는. ¶ the *effective* range [군대] 유효 사정(射程) / take *effective* measures 유효한 수단을 취하다. 2 효과적인, 인상적인, 눈에 띄는, 유능한(competent). ¶ an *effective* assistant 유능한 조수 / an *effective* costume 인상적인(눈에 띄는) 의상.

(類語) **effective** 어떤 효과를 낳는 [힘을 가진]: an *effective* action 효과적인 행동. **effectual** 희망·의도 대로의 효과·결정적 결과를 낳은: an *effectual* measure 효과적이었던 조치. **efficacious** 어떤 목적을 달성하는 [잠재적인] 힘을 가진: an *efficacious* medicine 잘 듣는 약. **efficient** 낭비·손실을 줄이고 최소의 노력으로 희망한 대로의 결과를 낳는: an *efficient* system of production 능률적인 생산 방식.

3 실제의, 사실상의. opp. nominal ¶ *effective* demand 유효 수요 / *effective* money (or coin) 경화(硬貨) / *effective* horsepower 유효 마력. 4 [법률] 실시되고 있는, 유효한. ¶ become *effective* [법령 따위가] 실시되다, 효력을 발생하다, 발효하다. 5 [군대] 실전에 쓸모 있는, 실전용의, 동원 가능한.

— *n.* 1 (~s) [군대] 동원 가능한 병력; 전투원; 정예. 2 [집합적] 실(實)병력, 총병력. 3 [경제] 경화 (*effective* money).

◇ *effect n.*

*‡***ef·fec·tive·ly** [iféktivli] *adv.* 효과적으로, 유효하게; 실제로.

ef·fec·tive·ness [iféktivnis] *n.* ⓤ 유효성, 효과적임.

ef·fec·tor [iféktər] *n.* 1 영향을 주는 사람(물건). 2 [생리] 작동체(作動體), 효과기(器) [근육 따위에 있는 신경 종말 기관].

*‡***ef·fec·tu·al** [ifékt∫uəl] *adj.* 1 (충분히) 효과적인; [결정적으로] 유효한, 충분한. ⇨ EFFECTIVE (類語) 2 [협정·증서·법률 등이] 유효한. **-ness** *n.* ◇ *effect n.*

ef·fec·tu·al·i·ty [ifèkt∫uǽliti / -tju-, -t∫u-] *n.* ⓤ 효과적임, 유효함.

*‡***ef·fec·tu·al·ly** [ifékt∫uəli] *adv.* 효과적으로(effectively), 완전하게; 실제로.

ef·fec·tu·ate [iféktjuèit / -t∫u-, -tju-] *vt.* (**-at·ed, -at·ing**) 1 [목적·희망 등]을 이루다, 달성하다(effect). 2 [법률 등]을 발효시키다, 실시하다; …을 유효하게 하다.

ef·fec·tu·a·tion [ifèkt∫uéi∫(ə)n / -tju-, -t∫u-] *n.* ⓤ 수행, 성취; 실시, 발효.

ef·fem·i·na·cy [ifémɪnəsi] *n.* ⓤ 연약, 여자 같음.

*‡***ef·fem·i·nate** *adj.* [ifémɪnɪt +v.] [성질·취미·습관 따위가] 사내답지 못한, 연약한, 여자 같은; 약한, 나약한. ⇨ FEMALE (類語) —— *vi., vt.* (**-nat·ed, nat·ing**) 연약(나약)해지다; …을 나약하게 하다.
-ly [-nɪtli] *adv.* **-ness** [-nɪtnɪs] *n.*

ef·fen·di [eféndi] *n.* 1 각하, 선생(Sir, Master) [터키에서 관리·학자 등에 쓰이던 옛날의 존칭]. 2 [동(東)지중해 연안 제국에서] 지식 계급의 사람, 상류 계급의 사람.

ef·fer·ent [éfər(ə)nt] *adj.* [해부·생리] [도관(導管)이나 혈관]이 수출하는 (도출하는) 성의, 배출하는, [신경이] 원심성(遠心性)의. opp. afferent ¶ *efferent* nerve 원심성 신경. —— *n.* 1 [해부·생리] 수출관; 원심성 신경. 2 연못·호수 따위에서 흘러 나오는 물줄기.

ef·fer·vesce [èfərvés] *vi.* (**-vesced, -vesc·ing**) **1** [탄산수·맥주·비등하는 액체 등이] 거품이 일다, 비등하다; 거품이 되어 나오다. **2** [사람이] 흥분하다, 활기 띠다.
ef·fer·ves·cence [èfərvésns] *n.* ⓤ **1** 거품이 임, 비등 작용(상태). **2** 흥분, 활기.
ef·fer·ves·cen·cy [èfərvésnsi] *n.* =effervescence.
ef·fer·ves·cent [èfərvésnt] *adj.* **1** 거품이 이는(나는)(foaming), 비등하는. **2** 활기찬, 흥분한. **~·ly** *adv.*
ef·fete [efí:t] *adj.* **1** 무력해진, 지친(exhausted); 쇠퇴한. **2** 생산력이 없어진, [토지 따위가] 불모의, [과수가] 열매를 맺지 않는, [동물이] 새끼를 낳지 않는. **~·ly** *adv.* **~·ness** *n.*
ef·fi·ca·cious [èfikéiʃəs] *adj.* 효과(효력)가 있는, 효능있는, 유효한. ⇨ EFFECTIVE 類語 **~·ly** *adv.* **~·ness** *n.*
◇ 효력이 있는.
***ef·fi·ca·cy** [éfikəsi] *n.* ⓤ 효력, 효능, 효험; 유효[성], 효능. **2** [기계·물리] 효율, 능률.
◇ effcient adj.
efficiency apártment *n.* 《美》 방 하나에 부엌·식당이 딸린 아파트, 간이 아파트.
efficiency engineer (**éxpert**) *n.* 《美》 능률 전문가, 경영 콘설턴트.
***ef·fi·cient** [ifíʃ(ə)nt] *adj.* **1** 유능한, 적임의. ¶ an *efficient* worker 유능한 노동자. **2** 능률적인, 효과있는 ⇨ EFFECTIVE 類語 **3** 효과가 있는, 유효한(effective), [직접] 결과를 내는. ◇ efficiency *n.*, efficiently *adv.*
ef·fi·cient·ly [ifíʃ(ə)ntli] *adv.* 유능하게, 유효하게, 능률적으로.
ef·fi·gy [éfidʒi] *n.* (*pl.* **-gies**) **1** 초상, 상(像)(image). **2** [저주하고 미워하는 사람의 모습과 비슷하게 만든] 우상, 인형.
burn (hang) *a person in effigy* 님의 상을 만들어서 불태우다 (교수형으로 하다).
efflor. 《略》 efflorescent.
ef·flo·resce [èflo(u)rés / -lɔ:-] *vi.* (**-resced, -resc·ing**) **1** 개화하다, 꽃이 피다(blossom); [문명 따위가] 꽃피다, 번영하다. **2** 《화학》 **a)** 풍해(風解)하다. **b)** 정화(晶化)하다, [벽 표면 따위에] 염분이 생기다.
ef·flo·res·cence [èflo(u)résns / -lɔ:-] *n.* ⓤ **1** 개화, 개화기; [사람·예술 등의] 융성기. **2** 《화학》 풍해[작용]. **3** [병리] 발진(發疹)(rash).
ef·flo·res·cent [èflo(u)résnt / -lɔ:-] *adj.* **1** 개화하고 있는. **2** 《화학》 풍해하고 있는. **3** 《의학》 발진하고 있는.
ef·flu·ence [éfluəns] *n.* **1** ⓤ [액체·광선·전기 따위의] 유출, 발출, 방출(outflow). **2** 발출물, 유출물.
ef·flu·ent [éfluənt] *adj.* 유출하는, 방출하는.
— *n.* **1** [공장·하수 처리장 따위에서의] 유출수, 폐수. **2** [강·호수 따위에서의] 방류, 수류, 방수로(路).
ef·flu·vi·um [eflú:viəm, +英 -vjəm] *n.* (*pl.* **-vi·a** [-vjə] *or* **-vi·ums**) 불쾌·유해한 발산기(氣), 취기(臭氣), 악취.
ef·flux [éflʌks] *n.* ⓤⓒ **1** [액체·공기·가스 따위의] 유출(outflow), 발산, 발출. **2** 유출물. **3** [시간의] 경과, 만기, 종료.
ef·flux·ion [eflʌ́kʃ(ə)n] *n.* 《드물게》 =efflux.
‡**ef·fort** [éfərt] *n.* ⓤⓒ 노력, 수고, 진력; 분투. ¶ by [continued] *effort* 계속적인 노력으로 / with [an] *effort* 애써서, 간신히 / with little *effort* 거의 노력하지 않고 / make an *effort* (or *efforts*) 노력하다, 애쓰다 // in an *effort* to do ···해보려는 노력으로 / make every *effort* to do ···하려고 온갖 노력을 다 하다 // Nothing can be obtained without any *effort.* 노력하지 않고는 아무 것도 얻을 수 없다 / He has made a fortune through his own *efforts.* 그는 자기 스스로 노력해서 재산을 모았다.
類語 **effort** 어떤 목적을 달성하려고 의식적으로 정력을 사용하기. **endeavor** 종종 훌륭한 또는 어려운 목적을 달성하기 위한 계속적인 노력: an earnest *endeavor* to master English 영어를 정복하려는 진지한 노력. **application** 주의 깊은 계속적인 노력; constant *application* to one's studies 연구에 마음을 쏟는 노력. **exertion** 세차게 힘을 발휘하기, 애 이 드는 노력: use *exertions* 분투 노력하다.
2 《구어》 노력의 성과(achievement), [문학·예술 따위의] 노작, 역작; 훌륭한 연설. ¶ a fine literary *effort* 훌륭한 문학 작품 / His performance was a pretty good *effort.* 그의 연주는 꽤 훌륭한 편이었다.
3 [기계] 작력(作力) [반작용(reaction)에 대한 작용]
4 《주로 英》 [모금 따위의] 운동(drive). [힘].
ef·fort·ful [éfərtfəl] *adj.* 《행》이 애를 써야 하는; [웃음 따위] 억지로 꾸민. **~·ly** *adv.*
ef·fort·less [éfərtlis] *adj.* **1** [사람이] 노력하지 않는, 소극적인(passive), [행위·일이] 쉽게 되는, 용이한(easy). **~·ly** *adv.* **~·ness** *n.*
ef·fron·ter·y [ifrʌ́ntəri] *n.* ⓤⓒ(*pl.* **-ter·ies**) 뻔뻔스러움, 몰염치, 철면피, 방약무인(傍若無人). ¶ I have the *effrontery to* do 뻔뻔스럽게도 ···하다.
ef·fulge [ifʌ́ldʒ] *v.* (**-fulged, -fulg·ing**) *vi.* 눈부시게 빛나다(shine). — *vt.* [불·빛 따위를] 번쩍이게 하다.
ef·ful·gence [ifʌ́ldʒəns] *n.* ⓤ 광휘, 광채(radiance).
ef·ful·gent [ifʌ́ldʒənt] *adj.* 눈부시게 빛나는, 찬란한(radiant), **~·ly** *adv.*
ef·fuse *v.* [ifjú:z] — *adj.* (**-fused, -fus·ing**) *vt.* [빛·액체 따위를] 방출하다, 발산하다; [비유적] [심정]을 토로하다. — *vi.* 스며나오다, 방출하다, [물리] [가스가] 흘러 나오다(exude). — *adj.* [ifjú:s] [식물] 성기게 퍼진; [동물] [조개 껍질이] 홈이 있는.
ef·fu·sion [ifjú:ʒ(ə)n] *n.* **1** [액체가] 흐름, 유출, [물리] [가스의] 유출; 유출물. **2** [감성·언어·시문(詩文) 따위의] 발로, 표현; ⓒ 《종종 경멸적》 토로한 시문(말). ¶ talk with an *effusion* of heart 흉금을 털어 놓고 이야기하다. **3** [병리] 삼출(滲出), 스며나온 것, 삼출물(액).
ef·fu·sive [ifjú:siv] *adj.* **1** 심정을 토로하는, [감정 따위가] 넘쳐 흐르는(overflowing). **2** [지질] 분출(화산)성의. **3** 유출[성]의. **~·ly** *adv.* **~·ness** *n.*
EFL 《略》 English as a *f*oreign *l*anguage (외국어로서의 영어). *cf.* ESOL
eft[1] [eft] *n.* 영원(蠑螈)(newt).
eft[2] [eft] *adv.* 《고어》 다시(again); 나중에, 후에.
EFTA, Efta 《略》 *E*uropean *F*ree *T*rade *A*ssociation (유럽 자유 무역 연합).
EFTS 《略》 [컴퓨터] *e*lectronic *f*unds *t*ransfer *s*ystem (전자식 자금 이동 시스템)[보통 on-line-network가 사용된다].
eft·soons [eft·súːnz], (**eft·soon** [-súːn]) *adv.* 《고어》 **1** 머지 않아, 곧. **2** 다시(again). **3** 때때로, 종종.
e.g. [í:dʒí:, egzémplai gréiʃiə, ɪəregzæmpl / -egzáːmpl] 《略》 《라틴》 *exempli gratia* (=for example).
Eg. 《略》 Egypt, Egyptian.
e·gad [igǽd] *interj.* 야!, 이런!, 어머!, 어허 참, 정말, 제기랄! 《조금도 신앙심 깊지 않은 저주》. ¶ *Egad*, that's true. 어허, 그게 사실이라니까!
e·gal·i·tar·i·an [i(ː)gælitɛ́(ː)riən / -tɛ́ər-] *adj.* 평등주의의. — *n.* 평등주의자.
e·gal·i·tar·i·an·ism [i(ː)gælitɛ́(ː)riənìzm / -tɛ́ər-] *n.* ⓤ 평등주의.
é·ga·li·té [F egalite] *n.* 《프랑스》 (=equality) 평등.
e·gest [iːdʒést] *vt.* ···을 배설(배출)하다(discharge).
opp. ingest.
e·ges·tive [i(ː)dʒéstiv] *adj.* 배설(배출)하는.
‡**egg**[1] [eg] *n.* **1** [조류·어류·파충류 따위의] 알; 달걀(hen's egg). ¶ a duck's *egg* 오리의 알 / *eggs* and

bacon; bacon and *eggs* 베이컨 에그 / a soft-boiled *egg* 반숙 달걀 / the shell (white, yolk) of an *egg* 달걀의 껍질(흰자위, 노른자위) / lay (*or* hatch) *eggs* 알을 낳다 (부화하다). **2** 〖생물〗 = EGG CELL. **3** 달걀 모양의 것; 〖속어〗 폭탄, 수류탄, 지뢰. ¶ an Easter *egg* 부활절에 선물하는 채색 달걀 또는 모조 달걀. **4** 〖속어〗 놈, 녀석(guy), 남자, 인간. ¶ an odd *egg* 괴짜. **5** 〖英〗〖경멸적〗 애송이, 풋내기.

as full as an egg of …이 꽉 찬.
as sure as eggs is (or *are, be*) *eggs*〖英〗아주 확실히, 틀림없이. ┐쇄하다.
break the egg in the pocket of …의 기도(企圖)를 분 *egg and dart; egg and tongue; egg and anchor* 〖건축〗장식 쇠시리, 난축(卵蹴) 장식〖달걀 모양과 살촉 모양 또는 닻 모양과 혀 모양이 번갈아 있는 쇠시리〗.
have (or *put*) *all one's eggs in one basket* 한 사업에 전 재산을 걸다, 한 시도에 모든 것을 걸다.
have an egg from the oofbird 〖英〗유산을 상속하다.
have eggs on the spits 일에 바빠서 틈이 나지 않다.
in the egg 미연에, 초기에.   ┐다.
lay an egg 〖속어〗〖익살·연기 따위가〗완전히 실패하 *teach one's grandmother to suck eggs* 부처에게 설법하다.
tread upon eggs 살얼음을 밟는 느낌이다.   ┐내다.
— *vt.* **1** …에 달걀을 풀다(섞다). **2** 〖구어〗〖남〗에게 날계란을 던지다, 〖남〗을 야유하다. — *vi.* 들새의 알을 채집하다.

egg² [eg] *vt.* …을 선동하다, 부추기다, 격려하다 (... *on*). ¶ She *egged* him *on* to write the letter. 그녀는 그를 부추겨서 편지를 쓰게 했다.

égg and spóon ràce *n.* 스푼 경주〖달걀을 숟갈에 올려 놓고 달리기〗.
égg ápple *n.* 가지나무(eggplant).
egg-beat-er [égbì:tər] *n.* **1** 달걀을 풀어 거품이 일게 하는 기구. **2** 〖美속어〗헬리콥터.
égg cèll *n.* 〖생리〗난자(卵子), 난세포.
égg cózy *n.* 〖보온용의〗삶은 달걀 덮개.
égg crèam *n.* 밀크·향료·시럽·소다 따위로 만든 음료.
egg-cup [égkʌ̀p] *n.* 삶은 달걀을 넣는 컵.
égg cústard *n.* 달걀·설탕·우유를 섞어서 만든 커스터드 과자. cf. CUSTARD
égg dánce *n.* **1** 에그 댄스〖흩어 놓은 달걀 사이에서 눈을 가리고 추는 옛날의 영국의 춤〗. **2** 〖비유적〗매우 어려운 일.
egg-er [égər] *n.* 〖곤충〗솔나방.
égg flíp *n.* 〖U〗〖C〗달걀술(eggnog), 달걀을 넣은 플립.
égg foo yóng(**young**) [ég fù: jʌ́ŋ] *n.* 〖중국 요리식의〗오믈렛.   ┐(lectual).
egg-head [éghèd] *n.* 〖美속어〗〖경멸적〗인텔리(intel-
egg-nog [égnɑ̀g, -nɔ́:g / -nɔ́g] *n.* 〖U〗〖C〗에그노그〖달걀에 설탕과 우유, 때로는 브랜디 따위를 넣은 음료〗.
egg-plant [égplæ̀nt / -plɑ̀:nt] *n.* 가지나무.
égg ròll *n.*〖중국 요리의〗야채·고기의 달걀 말이, 춘권채(春卷菜).
egg-shaped [égʃèipt] *adj.* 달걀 모양의(oval).
egg-shell [égʃèl] *n.* 달걀 껍질; 깨지기 쉬운 것.
—— *adj.* 달걀 껍질처럼 엷은, 깨지기 쉬운(fragile).
égg tìmer *n.* 달걀 삶는 시간 측정용 시계〖대개 3분용〗.
égg tránsfer *n.* 〖의학〗난자 이식 수술.
égg whìsk(whíp) *n.* = eggbeater.
égg whíte *n.* 〖특히 요리용의〗달걀 흰자위. cf. YOLK
e-gis [í:dʒis] *n.* = aegis.
eg-lan-tine [égləǹtàin, +美 -tì:n] *n.* = sweetbrier.
e-go [í:gou / égou] *n.* 〖C〗 (*pl.* -**gos**) **1** 〖철학·심리〗자아(自我), 에고. **2** 〖자신〗(self). **3** 〖구어〗자만, 자부(自負). [< L *ego* I]
e-go-cen-tric [ì:gouséntrik / ègou-] *adj.* 자기 중심의(self-centered). —— *n.* 자기 중심주의자.

e-go-ism [í:gouìz(ə)m, égou- / égou-] *n.* 〖U〗 **1** 이기주의, 이기적임. **2** 자기 중심, 자기 본위. **2** 자만, 자부심. **3** 〖윤리〗이기설(說). ⇨ EGOTISM 類語
e-go-ist [í:gouist / égou-] *n.* **1** 자기 본위의 사람, 제멋대로 하는 사람. **2** 자부심이 강한 사람. **3** 〖윤리〗이기주의자, 유아론자(唯我論者).
e-go-is-tic [ì:gouístik / ègou-], (**e-go-is-ti-cal** [-k(ə)l]) *adj.* **1** 이기(주의자)적인, 자기 본위의. **2** 자만하는. -**ti-cal-ly** [-tikəli] *adv.*
e-go-ma-ni-a [ì:gouméiniə / ègou-] *n.* 〖U〗이상(異常)자기 중심(벽(癖)); 이상 자만, 병적 자부심.
e-go-ma-ni-ac [ì:gouméiniæ̀k / ègou-] *n.* 병적으로 자기 중심적이 사람; 병적인 자부심을 가진 사람.
e-go-tism [í:gotìz(ə)m, égou-) / égou-] *n.* 〖U〗 **1** 자기 중심 벽(癖)〖자기 일만 생각하거나 이야기하기〗; I, my, me 따위를 지나치게 사용하기〗. **2** 자만, 자부(self-conceit). **3** 이기적임, 제멋대로 굶(selfishness). 類語 egotism 자기의 일만 주장하는 태도; 항상 나쁜 뜻. egoism 철학·윤리학에서 인간의 행동 동기는 자기 이익을 추구하는 것이라는 설; 반드시 나쁜 뜻은 아니나 egotism 의 뜻으로 쓰이는 수도 있다.
e-go-tist [í:gou)tist, égou(u)- / égou(u)-] *n.* 자기 본위인 사람, 자기 일만 말하는 사람; 자만심이 강한 사람, 이기주의자(egoist).
e-go-tis-tic [ì:gou(u)tístik, égou(u)- / ègou(u)-], -**ti-cal** [-k(ə)l] *adj.* **1** 자기의 일만 말하는, 자만심이 강한. **2** 이기적인, 자기 중심의, 자만하는. -**ti-cal-ly** [-tikali] *adv.*
e-go-tize [í:gou)tàiz / égou(u)-] *vi.* (-**tized, -tiz-ing**) 〖드물게〗자기 일만 이야기하다, 자만하다, 뽐내다.
égo tríp *n.* 자만, 자기 도취; 자기 중심적 행위.
ego-trip [í:go(u)trìp / égo(u)-] *vi.* (-**tripped, -trip-ping**) 제멋대로〖자기 중심적으로〗행동하다.
e-gre-gious [igrí:dʒəs, +美 -dʒiəs] *adj.* **1** 지독한, 소문난, 언어 도단의, 터무니없는. **2** 〖고어〗발군의, 뛰어난. ~**ly** *adv.* ~**ness** *n.*
e-gress [í:gres, -grəs] // — *v.* **1** 〖U〗〖올 안 따위에서〗밖으로 나가기. opp. INGRESS **2** 출구. **3** 외출권(權). **4**〖천문〗출리(出離). —— *vi.* 〖(i(:)grés〗 밖으로 나가다 (go out), 〖…에서〗나오다.   ┐(기).
e-gres-sion [i(:)gréʃ(ə)n] *n.* 〖U〗밖으로 나가기(나오
e-gret [í:grit, ég-/í:gret, ég-] *n.* **1** 백로(類). **2** 백로의 깃털, 〖모자 따위의〗깃털 장식. **3** 〖민들레 따위의〗관모(冠毛).
✦**E-gypt** [í:dʒipt] *n.* 이집트〖정식 명칭은 이집트 아랍 공화국(Arab Republic of Egypt); 수도 Cairo〗.
◇ **E-gyp-tian** *adj.*
◆**E-gyp-tian** [idʒípʃ(ə)n] *adj.* 이집트의; 이집트 사람(말)의. — *n.* **1** 이집트 사람. **2** 〖U〗이집트말〖고대 이집트의 행어(語)〗. **3** 《폐어》집시(Gypsy).
◇ **Egypt** *n.*
E-gyp-tian-i-za-tion [idʒìpʃənizéiʃ(ə)n / -naiz-] *n.* 이집트 화(化).
E-gyp-tian-ize [idʒípʃənàiz] *v.* (-**ized, -iz-ing**) *vt.* …을 이집트화하다. *vi.* 이집트풍으로 되다.
E-gyp-tol-o-gist [ì:dʒiptɑ́lədʒist / -tɔ́l-] *n.* 이집트 학자.
E-gyp-tol-o-gy [ì:dʒiptɑ́lədʒi / -tɔ́l-] *n.* 〖U〗이집트 학.
eh [ei] *interj.* 에, 뭐, 뭐라고 (* 놀람·의심·질문 따위를 나타내거나 동의를 촉구할 때 사용〗. ¶ Wasn't it lucky, *eh?* 행운이 아니었던가, *eh*?
EHF 〖略〗 *extremely high frequency* (마이크로파
EHP, e.h.p. 〖略〗 *electric horsepower* (전기 마력); *effective horsepower*(유효 마력).
EHV 〖略〗 *extra high voltage*.
E.I. 〖略〗 *East Indian*; *East Indies*.
EIB 〖略〗 *European Investment Bank* (유럽 투자 은행〖).   ┐ton〗.
EIB[**W**] 〖略〗 *Export-Import Bank* [of *Washing-
ei-der [áidər] *n.* **1** (*pl.* -**ders** *or* -**der**) 솜털오리〖북

유럽 연안에 서식하는 대형 바다오리) (eider duck).
2 =eiderdown 1.

ei·der·down [áidərdàun] *n.* **1** 솜털오리의 암컷의 솜털(가슴에서 아래의 부드러운 털). **2** [그것을 넣은] 깃털 이불.

ei·det·ic [aidétik] *adj.* (심리) 시각상(視覺像)으로 직관(直觀)하는.

ei·do·graph [áido(u)græf /-grà:f] *n.* 신축 사도기(伸縮寫圖器) (원도(原圖)를 임의로 확대·축소해서 베끼는 기계; pantograph의 일종).

ei·do·lon [aidóulən /-lon] *n.* (*pl.* **-la** [-lə] *or* **-lons**) **1** 환상(phantom), 유령, 환영(幻影). **2** 《美》이상적인 사람(물건).

Éif·fel Tówer [áifl- / F efél-] *n.* (the ~) 에펠탑 [Paris의 Seine 강가에 있는 철탑; 높이 약 320m; 1889년 만국 박람회를 위해서 완성]. (<건설자인 프랑스의 기사 A.G. Eiffel(1832-1923)의 이름))

‡**eight** [eit] *adj.* 8의, 8명의, 8개의.
— *n.* **1** 8명, 8개. ¶ *Eight* [of them] are here. [그들 중] 여덟 사람은 이곳에 있다. **2** 8시; 여덟살. ¶ at *eight* p.m. 오후 8시에 / My daughter is *eight* next month. 내 딸은 다음 달이면 여덟살이 된다. **3** [일련의] 여덟번째의 것(사람); (카드놀이) 8의 패. ¶ the *eight* of spades 스페이드의 8. **4** 8, 8의 문자 [8, viii, VIII]. ¶ the figure of *eight* [피겨 스케이트의] 8자형 활주. **5** 8인(8개) 한 조(組); 8인승 노(8개 달린)보트; 8명의 보트 선수; (the E-s) Oxford 대학과 Cambridge 대학 대항 보트 경주; (~s) (韻律) 8음절 시행(詩行)).
have one over the eight 《속어》 조금 취해 있다. * 군대에서 8잔까지 음주가 허용되고 있었던 데서.

eight·ball [éitbɔ:l] *n.* **1** 《美》(당구) 8이라고 쓴 검정공, 에이트볼(당구 게임의 하나). **2** 《속어》 바보. **3** (-에) (전직 공항) 무지향성(無指向性) 마이크.
behind the eightball 《美속어》 불리한 입장에(서).

‡**eight·een** [éití:n] *adj.* 18의, 18개의, 18명의. ¶ the *eighteen*-sixties 1860년대에. — *n.* **1** 18명, 18개. **2** 18, 18의 문자 [18, XVIII 따위].

eight·een·mo [èití:nmòu] *adj.*, *n.* (*pl.* **-mos**) (제본) =octodecimo.

‡**eight·eenth** [éití:nθ] *adj.* **1** 제18의, 열 여덟 번째의. **2** 18분의 1의. — *n.* **1** 제18, 열 여덟 번째의 것, 달의 18일. ¶ on the *eighteenth* of this month 이 달 18일에. **2** 18분의 1.

eight·fold [éitfòuld] *adj.* 8배의, 8겹의. — *adv.* 8배로, 8겹으로.

eight-four [éitfɔ:r /-fɔ:] *adj.* (美교육) (초등 교육 8년, 중등 교육 4년의) 8-4학제의.

‡**eighth** [eitθ] *adj.* **1** 제8의, 여덟 번째의, 제8일의. **2** 8분의 1의. — *n.* **1** 제8, 여덟 번째, (달의) 8일. **2** 8분의 1. **3** (음악) 1옥타브(octave)의 음정, 8도.

800 númber *n.*《美》800번, 수신자 요금 부담 전화(번호)(앞에 800이 붙은 전화 번호로 요금은 수신자 부담이며 기업이 고객 서비스용으로 활용함.)

eight·i·eth [éitiiθ] *adj.* **1** 제80의, 여든 번째의. **2** 80분의 1의. — *n.* **1** 제80, 여든 번째의 것. **2** 80분의 1.

eight·some [éitsəm] *n.*《스코》 8명이 추는 춤.

eight-track [éittrǽk] *n.* 8트랙의 녹음 테이프.

‡**eight·y** [éiti] *adj.* 80의, 80개의, 80명의. — *n.* (*pl.* **eight·ies**) **1** 80명, 80개. **2** (*-ies*) 80년대의 80년대. ¶ the *eighties* of the last century 지난 세기의 80년대. **3** 80, 80의 문자 [80, LXXX 따위].

eight·y-six, 86 [éitisíks] *vt.*《美속어》 (요리점, 술집 따위에서 손님에게) 식사·음료의 제공을 거절하다, 서비스하지 않다.

ei·kon [áikən / -kon] *n.* =icon.

E. Ind. (略) *East Indian.*

Ein·stein·i·an [ainstáiniən] *adj.* **1** 아인슈타인의. **2** 상대성 원리의. (<상대성 원리의 창시자인 독일계 태생의 미국 물리학자 Albert Einstein(1879-1955)의 이름))

ein·stein·i·um [ainstáiniəm] *n.* ⓤ (화학) 아인슈타이늄[초(超)우라늄 원소의 하나; 원자 기호 Es).

Éin·stein théory [áinstain-] *n.* 아인슈타인의 상대성 원리 (Einstein's theory of relativity).

Eir·e [ɛ́(:)rə / ɛ́ərə] *n.* 에이레(아일랜드 공화국 (Republic of Ireland)의 별칭·구칭).

ei·ren·i·con [airénikən /-rí:nikɔn], (**i·ren·i·con**) 평화 제의, (특히 종교적 분쟁 따위의) 중재 제안.

eis·tedd·fod [eistéðvəd, ais- / áistéðvɔd] *n.* (*pl.* or **-fod·au** [èistəðvádai, àis- / àistèðvɔ́dai]) (영국 Wales에서 매년 개최되는) 시인 대회.

‡**ei·ther** [í:ðər, áiðər / ái-, í:-] *adj.* **1** (둘 가운데) 어느 한 편의, 어느 쪽의; (긍정문에서) 어느 쪽도 …의; (의문·조건문에서) 어느 쪽이든 …의; (부정문에서) 어느 쪽도 …않다. ¶ *Either* hat is becoming. 어느 쪽 모자라도 어울린다 / You may go by *either* road. 어느 쪽 길로 가도 좋다 / She did not take *either* side in the dispute. 그녀는 그 논쟁에서 어느 쪽에도 편들지 않았다. **2** [둘 가운데] 어느 쪽의 …도, 양쪽의(both); 각각의 (each of two). ¶ in *either* case 어느 쪽의 경우에도 / There were many stores on *either* side of the street. 거리의 어느 쪽 편에도 많은 상점들이 있었다.
— **Usage**[1] 이 뜻의 either는 조금 문어적이며, side, end, cheek, hand 따위처럼 짝을 이루는 것에 쓰는 것이 보통. 그밖의 경우에는 뜻의 애매함을 피하기 위해서, 'each+단수 명사'나 'both+복수 명사' 쪽을 많이 쓴다.
— *pron.* (둘 가운데) 어느 한편, 어느 쪽이나. ¶ *Either* will do. 어느 쪽이라도 좋다 / Take *either*. 어느 것이든 하나를 가져라 / *Either* of you must do it. 너희들 (두 사람) 중 어느 한 사람이 그것을 하지 않으면 된다.
— **Usage**[2] either, neither 와 동사의 관계는 either, neither는 단수 취급하는 것이 옳다고 하나, 실제로는, 특히 구어에서는 복수 취급이 되는 수도 많다: *Either is* (or *are*) *correct.* / *Neither of us is* (or *are*) *married.*
— *conj.* (either … or ~의 형으로) …이든 또는 ~이든. ¶ *Either* you *or* I am in the wrong. 너든 나든 어느 한쪽이 잘못이다(* 동사에 주의) / *Either* come *or* write. 오든지 아니면 편지를 보내라 / He is not wise *or* handsome *either*. 그는 현명하지도 않고 미남도 아니다. **2** (부정의 종속절 뒤에 쓰여서) …도 또한. ¶ If you do not come, he will not come *either*. 네가 오지 않으면 그도 오지 않을 것이다. **3** (부정의 뜻을 강조하여) 전연, 더구나(moreover). ¶ You told him the secret. I didn't *either*! 네가 그에게 그 비밀을 말했 겠지 — 내가 아냐 / I took the risk, and not reluctantly, *either*. 나는 그 위험을 무릅쓰며, 더구나 마지못해서 한 것이 아니었다 / I've finished all my homework; no, I haven't, *either*. 나는 숙제를 다 마쳤어; 아냐 사실은 안했어.

ei·ther-or [í:ðərɔ̀:r / áiðərɔ̀:] *adj.* 양자 택일의.

EJ (略)《美》 *electronic journalism* (*journalist*) (전파 저널리즘 (기자)).

e·jac·u·late [idʒǽkjulèit] *v.* (*-lat·ed, -lat·ing*) *vt.* **1** …을 격하게 말하다(부르다), 갑자기 외치다(exclaim). **2** (액체를) 사출하다, 분출하다(discharge). — *vi.* 사정(射精)하다.

e·jac·u·la·tion [idʒæ̀kjuléiʃ(ə)n] *n.* ⓤⓒ **1** 갑작스러운 외침, 절규. ¶ an *ejaculation* of surprise 놀람의

ejaculator 외침. **2** 무심코 소리 지르기. **3** [정액 따위의] 사출; 사정.

e·jac·u·la·tor [idʒǽkjuleitər] n. **1** 불시에 말하는 사람. **2** 사출하는 것(사람); [생리] 사출근(筋).

e·jac·u·la·to·ry [idʒǽkjulətɔ̀ːri / -lət(ə)ri] adj. **1** 절규의, 절규하는 듯한. ¶ *ejaculatory* words 절규하는 듯한 말. **2** [생리] 사정의.

e·ject [idʒékt] vt. **1** [장소 따위에서] …을 쫓아내다, 추방하다(expel), [토지·가옥에서] …을 퇴거시키다(evict) (*...from*); [직위에서] …을 물러나게 하다, 면직하다(dismiss) (*...om*). **2** [연기 따위]를 내뿜다, 분출하다, 배출하다(emit).

e·jec·ta [idʒéktə] n. pl. [화산 따위의] 분출물, 배출물.

e·jec·tion [idʒékʃ(ə)n] n. **1** ⓤ 쫓아냄, 추방. **2** ⓤ 분출, 배출. **3** ⓤⓒ 분출물, 배출물. [젤du.

ejéction cápsule n. [비행기·우주 로켓의] 분출좌석.

ejéction sèat n. 사출 좌석[비상시에 조종사를 앉은 채로 비행기 밖으로 튕겨내어 낙하산으로 낙하하게 되어 있는 조종석].

e·jec·tive [idʒéktiv] adj. **1** 배출의, 방출적인. **2** [음성] 방출음의. **3** 내쫓는, 추방의. ── n. [음성]방출음.

e·ject·ment [idʒéktmənt] n. ⓤ **1** 방출, 분출. **2** 추방, 내쫓음. **3** [법률] 부동산 회복 소송.

e·jec·tor [idʒéktər] n. 내쫓는 사람, 추방자. **2** 방출기, 방사기(器); 발사 장치.

ejéctor sèat n. =ejection seat.

eka- [미지의 원소 이름에 붙여] '주기율표의 동족란에서 ─아래의 공란에 둘 원소'라는 뜻의 연결형. 예: *eka*hafnium(104번 원소).

eke[1] [iːk] vt. (**eked, ek·ing**) (고어) …을 늘리다, 크게 하다.

eke out …의 부족을 메우다(supplement). ② [생계]를 이어 나가다. ¶ He *ekes out* his small salary by doing odd jobs. 그는 부업을 해서 얼마 안되는 봉급에 보태고 있다.

eke[2] [iːk] adv. (고어) 또, 또한(also).

EKG (略) electrocardiogram. * ECG 로도 줄여 쓴다.

e·kis·tics [ikístiks] n. pl. (단수 취급) 생활 도시 계획학.

el[1] [el] n. (美구어) 고가 철도(elevated railroad).

el[2] [el] n. =ell[1].

-el suf. ⇨ -le.

EL (略) electronic learning (전자 학습); [전기·물리] electro luminescence (전계(電界) 발광).

‡e·lab·o·rate adj. [ilǽbərit ⇨ v.] 정성들인, 공들인, 잔손질이 많이 간, 정교한. ¶ *elaborate* preparations 정성들인 준비.

[類語] **elaborate** 미세한 점까지 대단한(때로는 과다한) 주의를 쏟은: an *elaborate* schedule 공들인 스케줄. **labored** 과도의, 종종 장시간의 노력을 기울인-: a *labored* choice of words 무리하게 애쓴 어구 선택. **studied** 미리 결과를 생각하여 의도한: a *studied* smile [효과를 계산한] 거짓 웃음.

── v. [ilǽbərèit] (**-rat·ed, -rat·ing**) vt. **1** 공들여 만들다, 정성들여 끝내다, 정밀하게 고안(작성)하다, …을 한층 더 다듬다; [문장 따위]를 퇴고(推敲)하다, 상세하게 하다. ¶ *elaborate* a theory 이론을 정밀하게 마무르다. **2** …을 고심(노력)해서 만들다, 부지런히(힘들여) 만들어 내다. ── vi. 다듬다; 상세하게 설명하다. ¶ (~ +前+名) *elaborate on* (or *upon*) an idea 어떤 생각을 상세하게 설명하다. **~·ness** [-ritnis] n.

‡e·lab·o·rate·ly [ilǽbəritli] adv. 공들여서, 정성들여서, 고심해서, 정밀하게.

e·lab·o·ra·tion [ilæ̀bəréiʃ(ə)n] n. **1** ⓤ 공들여 만듦, 정성들임, 면밀한 마무리; [이야기·문장 따위의] 한층 더 다듬음, 퇴고, 퇴고(推敲). **2** 애쓴 작품, 역작, 노작(勞作).

e·lab·o·ra·tive [ilǽbərèitiv, -rət-] adj. 정성들인, 공들인.

e·lab·o·ra·tor [ilǽbərèitər] n. 공(정성)들여 만드는 사람, 애써 만드는 사람, 퇴고하는 사람.

el·ae·om·e·ter [èliːámitər / -ɔ́m-] n. 지방(脂肪) 비중계, 올리브유계.

El Al, Ísrael Áirlines n. 이스라엘 항공.

E·lam [íːləm] n. 엘람 [Babylonia 의 동쪽, Persia 만의 북쪽에 있었던 고대 왕국; 수도 Susa].

E·lam·ite [íːləmàit] n. 엘람 사람; ⓤ 엘람 말 (Elamitic). ── adj. 엘람의; 엘람 사람(말)의.

é·lan [eiláːn / -lɑ́ːŋ] n. ⓤ 기력, 예기(銳氣); [군대의] 돌진(dash). [<F force]

e·land [íːlənd] n. (pl. **e·land** or **e·lands**) [아프리카산 (産)의] 큰 영양(羚羊).

élan vi·tal [-viːtɑ́ːl] n. ⓤ 생명의 비약, 생의 약진 [특히 베르그송 철학의 용어]. [<F vital force]

‡e·lapse [ilǽps] vi. (**-lapsed, -laps·ing**) [시간이] 경과하다, 지나가다(pass away). ¶ Hours *elapsed* while he slept like a log. 그가 세상 모르고 자는 동안에 몇 시간이 지나갔다. ── n. 시간의 경과.

e·las·mo·branch [ilǽsməbræ̀ŋk, +美 ilǽz-] adj. 판새류(板鰓類)의. ── n. 판새류의 물고기 [상어·가오리 따위의 연골어].

‡e·las·tic [ilǽstik] adj. **1** 탄성(彈性)있는, 탄력 있는, 신축 자재의; [책책 따위가] 낭창낭창한. ⇨FLEXIBLE [類語] ¶ *elastic* force 탄력 / *elastic* limit 탄성 한계. **2** 융통성 있는, 순응(적응)성 있는(adaptable). ¶ an *elastic* rule 융통성 있는 규칙. **3** [불행·실망 따위에서] 쉽게 회복하는, 쾌활한(buoyant). ¶ an *elastic* mind 슬픈 일을 당해도 곧 회복하는 마음. ── n. **1** 고무끈, 고무줄, 둥근 고무줄; 양말 대님(garter). **2** [服飾] 자유 자재로 신축하는 소재. **-ti·cal·ly** [-tikəli] adv.

e·las·tic·i·ty [ilæ̀stísiti, ìːlæs- / èlæs-] n. ⓤ **1** 탄성, 탄력, 신축 자재, 융통성, 순응성, 적응성 (flexibility). **2** 융통성이 있음. **3** [불행·실망 따위에서] 곧 회복하는 힘, 반발력, 쾌활함(buoyancy).

elástic sídes n. [고무 화에] 양쪽에 댄 고무천; 고무 장화. [데인의 일종].

e·las·tin [ilǽstin] n. [생화학] 탄력소(彈力素) [프로틴의 일종].

e·las·to·hy·dro·dy·nam·ics [ilæ̀stou(u)hàidro(u)dainǽmiks] n. pl. 유체(流體) 탄성 역학.

e·las·to·mer [ilǽstəmər] n. 엘라스토머, 탄성중합체(重合體) [실리콘 고무와 같은 합성 고무 따위의].

e·las·tom·e·ter [ilæ̀stámitər / -ɔ́m-] n. 탄력계.

E·las·to·plast [ilǽstəplæ̀st / -plɑ̀ːst] n. (상표명) (英) 신축성이 있는 반창고의 일종. *cf.* Band-Aid

e·late [iléit] vt. (**-lat·ed, -lat·ing**) …에게 기운을 돋우어 주다, …을 의기양양하게 하다, 즐겁게 하다. ¶ He is *elated* with (or by) success. 그는 성공해서 의기양양하다 / She is much *elated* over that. 그녀는 그것을 매우 기뻐한다. ── adj. (주로 문어) =elated.

e·lat·ed [iléitid] adj. 의기양양한, 득의 만면의, 우쭐한, 매우 기뻐하는. **~·ly** adv. **~·ness** n.

e·la·ter [éləɹər] n. **1** [식물] 탄사(彈絲) [이끼·쇠뜨기 따위의 포자낭(胞子囊) 속에 있는 섬유 모양의 세포이며 포자를 튀겨낸다]. **2** 방아벌레(elaterid).

e·la·tion [iléiʃ(ə)n] n. ⓤ 의기양양(high spirits), 신남, 득의 만면, 매우 기뻐함.

É láyer n. E층 [지상 80-150 킬로미터의 하층 전리층(電離層); 중파·장파를 반사한다].

‡el·bow [élbou] n. **1** 팔꿈치; [의복의] 팔꿈치 부분. ¶ raise oneself upon an *elbow* 한쪽 팔꿈치로 몸을 일으키다 / spread out one's *elbows* 양팔꿈치를 펴다 / rest one's *elbow* on the table 팔꿈치를 괴다. **2** 팔꿈치형(L자형)의 것; 팔꿈치 모양의 굴곡; [관(管)의] 팔꿈치관, 팔꿈치형의 이음관, 엘보; [의자의] 팔걸이; [도로·강 따위의] 급격한 굴곡, 만곡(彎曲).

at one's elbow 가까이에, 바로 곁에. ¶ keep a book *at one's elbow* 책을 가까이 두다.

lift (or *bend, crook*) *an elbow* (속어) 술을 [과도하게] 마시다.

out at [***the***] ***elbows*** ① [옷의] 팔꿈치 부분이 해져서. ② 초라한 복장으로; 가난하여. ¶ He is *out at* [*the*] *elbows*. 그는 초라한 옷차림을 하고 있다.
raise (or ***lift***) ***the elbow*** 《구어》 술을 즐기다. ¶ I'm afraid he's rather given to *raising the elbow*. 그는 술이 과한 것 같다.
rub elbows with 《유명 인사 등》과 접촉하다, 교제하다.
up to one's (or ***the***) ***elbows*** 몰두하여, 매우 분주하여 (*in*...). ¶ He is *up to the elbows in* his work. 그는 일에 몰두하고 있다.
— *vt.* …을 팔꿈치로 밀다(밀어 제치다); …을 팔꿈치로 밀어 헤치고 나아가다. ¶ (~+目+副) *elbow* a person *aside* 남을 팔꿈치로 밀어 제치다 / *elbow* a person *off* 남을 팔꿈치로 밀어내다(밀어 제치다) / *elbow* oneself *in* 남을 밀어제치고 들어가다 / (~+目+前+名) *elbow* oneself *into* a crowded train 남들을 밀어헤치고 붐비는 전차를 타다 / *elbow* a person *out of* the way 방해가 되지 않도록 남을 밀어내다 / *elbow* one's way *through* the crowd 군중을 밀어헤치고 지나가다. — *vi.* 팔꿈치로 밀어제치고 나아가다.
élbow bòard(**ràil**) *n.* [팔꿈치를 올려놓을만한] 창문턱, 창틀 받침대.
élbow chàir *n.* =armchair.
élbow grèase *n.* ⓤ《구어》힘드는 일(hard work).
élbow ràil *n.* =elbow board.
élbow rèst *n.* [객차 따위의] 팔꿈치 받침; [경주의] 팔꿈치받침.
elbow-room [élbouru(ː)m] *n.* ⓤ 활동할 수 있는 여유, 여지; 자유 행동 범위. ¶ have no *elbowroom* 움직일 여지가 없다.
eld [eld] *n.* ⓤ《고어》 **1** 연령(age). **2** 노년(old age). **3** 옛날(antiquity).
eld. eldest.
†**eld·er**[éldər] *adj.* (old의 비교급) **1** 손위의, 연상의, 연장의. ⇨ OLD (Usage). ¶ an *elder* brother 형. *opp.* a younger brother / an *elder* sister 언니. **2** 선배의, 고참의, 연배의 (senior). ¶ an *elder* officer 상관, 상사. **3** 옛날의, 초기의 (earlier). ¶ in *elder* times 옛날에. — *n.* 연장자 (older person), 노인, 늙은이 (aged person); (~s) 선배, 고참. ¶ obey one's *elders* 연장자에게 복종하다 / He is my *elder*. 그는 나보다 연상이다 / Respect your *elders*. 손위 사람을 존경해라. **2** 조상(forefather, ancestor). **3** [종족·사회의] 장로, 원로, 족장(族長) (chief); [역사] 원로원 의원. **4** [교회] [장로파 교회 등에서 쓰는] 장로의 통칭.
eld·er² [éldər] *n.* 딱총나무[인동덩굴과(科)의 관목].
el·der·ber·ry [éldərbèri] *n.* (*pl.* **-ries**) **1** 딱총나무의 열매. **2** =elder².
el·der·care [éldərkɛ̀ər] *n.* ⓤ《美》노인 의료 계획; [민영의] 노인 의료 보험 제도.
Élder Édda *n.* the ~ 고(古) 에다. ⇨ EDDA.
eld·er·li·ness [éldərlinis] *n.* ⓤ 상당한 연배, 초로.
*†**eld·er·ly*** [éldərli] *adj.* 나이가 지긋한, 상당히 나이가 든, 상당한 연배의, 초로의. ⇨ OLD 類語. ¶ *elderly* citizens 노인. — *n.* [집합적] 장로.
élder státesman *n.* **1** 원로. **2** [일반적으로 정계 등의]
†**eld·est** [éldist] *adj.* (old의 최상급) 제일 연상의, 장남(장녀)의. ¶ the *eldest* brother (sister) 맏형(큰누이) / one's *eldest* son (daughter) 장남(장녀).
ELDO, E.L.D.O., El·do [éldou] 《略》 *E*uropean *L*auncher *D*evelopment *O*rganization (유럽 우주 로켓 개발 기구).
El Do·ra·do [èl dərάːdou] *n.* **1** [스페인 사람들이 남미 아마존 강가에 있다고 상상한] 황금향 (黃金鄕), 황금의 도시 (나라), 엘도라도. **2** 이상의 황금향, 보물섬. [<Sp *el* the+*dorado* gilded)
el·dritch [éldritʃ] *adj.* 무시무시한, 으스스한 (weird); 이 세상의 것 같지 않은 (unearthly).
El·e·at·ic [èliǽtik] *adj.* **1** 엘레아(Elea)의. **2** 엘레아 학파의, 엘레아파 철학의. ¶ the *Eleatic* school of philosophy 엘레아파 철학. — *n.* 엘레아파 철학자; (the ~s) 엘레아 학파의 사람들.
El·e·a·zar [èliéizαr] *n.* 《성서》엘르아살[이스라엘의 제사장 아론의 아들. ←민수기(Num.) 20 : 28].
ELEC 《略》 *E*nglish *L*anguage *E*ducation *C*ouncil, Inc.(영어 교육 협의회).
elec., elect. 《略》 electric, electrical, electrician, electricity.
el·e·cam·pane [èlikæmpéin] *n.* 목향류(木香類)[국화(科) 식물].
*†**e·lect*** [ilékt] *vt.* **1** …을 선출하다, 선거하다, 선임하다. ⇨ CHOOSE 類語. ¶ (~+目+*to be*) 補 *elect* a person [*to be*] president 남을 대통령으로 뽑다 (* 보어가 한 사람에게 차지하게 되는 계급·지위를 나타내는 명사인 경우에는 무관사). ¶ (~+目+*as* 補) *elect* a person *as* chairman 남을 의장으로 뽑다 / (~+目+前+名) He was *elected for* (or *to*) Congress in 1970. 그는 1970년에 국회 의원으로 선출되었다.
— ***Usage*** elect a person [*to be*] ..., as ..., for ..., to ... —예를 들면 They elected him [*to be*] chairman. 은 him과 chairman과의 관계가 매우 긴밀함을 나타내는 표현이다. 뽑힌 직위 쪽에 중점을 두어 「…의 자격이 있는 자로서의」의 느낌이 들 경우에는 as를, 「…으로서 근무를 주기 위하여」의 느낌이 들 경우에는 for를, 도달한 지위에 중점을 둘 경우에는 to를 쓴다.
2 —[하기]를 선택(선정)하다, 결심하다 (choose, decide). ¶ *elect* suicide 자살을 택하다 / (~+*to do*) He *elected* to remain at home. 그는 집에 있기로 결심했다. **3** 《美》《과목》을 택하다. 선택하다. **4** 《신학》《하나님이》을 선택하다, 소명(召命)을 받다.
— *vi.* [투표 따위로] 뽑다, 선거하다.
— *adj.* 1 (보통 -elect의 형태로 복합어를 만들어) (아직 취임은 하지 않았으나) 당선된, 선출된. ¶ the mayor-*elect* 시장 당선자. **2** 뽑힌, 선출된 (chosen) ¶ the bride-*elect* 약혼녀. **3** 정선한, 골라낸. **4** 《신학》하나님에게 선택된, 소명을 받은.
— *n.* **1** (the ~) 뽑힌 사람들. **2** (the ~) 《신학》하나님의 선민 (選民), [유대교에서 기독교로] 뽑힌 사람; [칼빈 신학에서] 구원이 예정된 사람.
◇ **elect., elec.** 《略》 electric[al]; electricity.
e·lec·tee [ilèktíː] *n.* 선출된(뽑힌) 사람.
†**e·lec·tion** [ilékʃ(ə)n] *n.* **1** 뽑음, 선택. ⇨ CHOICE 類語 **2** 선거, 선임. ¶ an honest(or a clean) *election* 공정한 선거 / a preliminary *election* 예비 선거 / a local *election* 지방 선거 / a general *election* 총선거 / an *election* address 선거 연설 / an *election* campaign 선거전 / an *election* committee 선거 위원회 / a special *election* 《美》 보궐 선거 (《英》by-election) / canvass for an *election* 선거 운동을 하다 / carry (or win) an *election* 당선되다 / run (or 《英》stand) for *election* 입후보하다. **3** 표결, 투표. **4** ⓤ 《신학》하나님의 선택, 소명 (召命).
◇ **elect** *v.*, **elèctive** *adj.*
Eléction Dày *n.* **1** 《美》선거일 [대통령·부통령의 선거인이 선거되는 날. 4로 나누어지는 해의 11월 첫 월요일의 다음 화요일]. ⇨ ELECTOR 2. **2** (종종 e- d-) [일반적으로] 선거일.
eléction dìstrict *n.* 선거구.
e·lec·tion·eer [ilèkʃəníər] *vi.* 선거 운동을 하다, 선거로 동분서주하다. — *n.* =electioneerer. [동자.
e·lec·tion·eer·er [ilèkʃəníː)rər / -níərə] *n.* 선거 운동
e·lec·tion·eer·ing [ilèkʃəníː(ː)riŋ / -níərə] *n., adj.* 선거 운동[의].
*†**e·lec·tive*** [iléktiv] *adj.* **1** 선거의, 선거에 관한; 선거에 의한. *opp.* appointive ¶ *elective* monarchy 선거 군주 정체 / an *elective* office 선거에 의한 공직. **2** 선거권을 가진. ¶ an *elective* body 선거 모체(母體). **3** 《美》선택성의, 수의(隨意) 선택의 (optional). *opp.* compul-

sory ¶ *elective* subjects 선택 과목 / an *elective* system 선택 과목제. **4** 〔화학〕 선택의(selective). — *n.* 《美》 선택 과목. ¶ English is an *elective*. 영어는 선택 과목이다. ~**ly** *adv.* ~**ness** *n.*

e·lec·tor [iléktər] *n.* **1** 선거인, 유권자. **2** 《美》 [electoral college의 멤버인] 대통령·부통령 선거인. **3** (보통 E-) 선거후(侯) [신성 로마 제국에서 황제 선거권을 가졌던 제후].

e·lec·tor·al [iléktərəl] *adj.* **1** 선거의; 선거인의, 유권자의. ¶ an *electoral* district 선거구. **2** 선거인으로 이루어진.

eléctoral cóllege *n.* 《美》[대통령·부통령을 선거하기 위해서 각 주에서 선출된 electors로 구성되는] 선거 위원회.

e·lec·tor·ate [iléktərit] *n.* **1** 〔집합적〕 선거민, 유권자. **2** [신성 로마 제국의] 선거후(侯)의 지위(영토).

electr- (略) electric[al]; electrician; electricity.

E·lec·tra [iléktrə] *n.* [그리스 신화] 엘렉트라 [Agamemnon과 Clytemnestra의 딸. 동생 Orestes를 설득해서 어머니와 그 정부를 살해케 하여 아버지 Agamemnon의 원수를 갚았다]. [<Gk shining one]

Eléctra cómplex *n.* (the ~) 〔정신 분석〕 엘렉트라 콤플렉스 [딸이 아버지에게 품는 무의식적인 사모].

e·lec·tress [iléktris] *n.* **1** 여자 선거인, 여자 유권자. **2** (보통 E-) [신성 로마 제국의] 선거후(侯) 부인(미망인).

‡**e·lec·tric** [iléktrik] *adj.* **1** 전기의, 전기성(性)의; 전기를 일으키는(전도하는); 전기 작용의, 전기 장치의. ¶ *electric* appliances (or apparatus) 전기 기구 / an *electric* bell 전기 벨, 전령(電鈴) / an *electric* car 전차 / an *electric* circuit 전류 회로 / an *electric* clock 전기 시계 / *electric* conductivity 전기의 전도성 / *electric* current 전류 / an *electric* discharge 방전(放電) / an *electric* fan 선풍기 / an *electric* heater 전열기 / an *electric* iron 전기 다리미 / an *electric* lamp 전등, 전구 / *electric* light 전광; 전등; 전기 / an *electric* motor 전동기 / *electric* power 전력 / an *electric* railroad (or railway) 전기 철도 / an *electric* sign 전광 간판 / *electric* waves 전파 / an *electric* wire 전선. **2** 전기적으로 영향을 변화시키다. **3** 전기와 같은; 격전적인, 두근거리게 하는(thrilling), 자극시키는, 감동시키는. ¶ an *electric* speech 감동적인 연설.
— *n.* **1** (고어) 기전(起電) 물체[호박(琥珀)·유리 따위]. **2** 《속어》 전차, 전기 자동차.

e·lec·tri·cal [iléktrikəl] *adj.* **1** 전기의. ¶ an *electrical* engineer 전기 기사 / *electrical* equipment 전기 설비 / *electrical* transmission [사진의] 전송. **2** 전기와 같은, 전격적인.
~**ly** [-kəli] *adv.*

eléctrical transcríption *n.* 녹음 방송; 방송 녹음판; ⓤⓒ 녹음.

eléctric cháir *n.* **1** 〔사형용〕 전기 의자. **2** (the ~) 전기 사형(electrocution). ¶ get the *electric chair* 전기 사형을 받다 / send a person to the *electric chair* 남을 전기 의자에 보내다, 남을 전기 사형에 처하다.

eléctric chárge *n.* ⓤ〔물리〕 전하(電荷), 하전(荷電).

eléctric éel *n.* 전기 뱀장어〔남미산(產)〕.

eléctric éye *n.* 광전지(光電池) (photoelectric cell).

eléctric guitár *n.* 전기 기타.

e·lec·tri·cian [ilèktríʃ(ə)n, ìːlek-/ ilèk-] *n.* 《美》 전기 기술자; 전기공, 전공; 전기 담당원.

‡**e·lec·tric·i·ty** [ilèktrísiti, ìːlek-/ ilèk-] *n.* ⓤ **1** 전기, ¶ atmospheric *electricity* 공중 전기 / dynamic *electricity* 동(動)전기 / static *electricity* 정(靜)전기 / frictional *electricity* 마찰 전기 / galvanic *electricity* 유(流)전기 / magnetic *electricity* 자(磁)전기 / negative (or resinous) *electricity* 음전기 / positive *electricity* 양전기 / thermal *electricity* 열전기 / generate *electricity* 전기를 일으키다 / No *electricity* on. 정전입니다. **2** 전기학. ¶ theoretical and practical *electricity* 이론 및 응용 전기. **3** 전류(electric current). ¶ a machine run by *electricity* 전동 기계. **4** 극도의 긴장, 흥분.

eléctric poténtial *n.* ⓤ〔물리〕 전위(電位).

eléctric ráy *n.* 시끈가오리〔강한 방전력을 가진 물고기〕.

eléctric stéel *n.* ⓤ 전로강(電爐鋼).

eléctric stórm *n.* 뇌우(thunderstorm).

eléctric tórch *n.* 《英》[막대 모양의] 회중 전등 (《美》 flash light).

eléctric tówel *n.* 전기 타월〔젖은 손·얼굴 따위를 말리는 전기 온풍기〕.

e·lec·tri·fi·ca·tion [ilèktrifikéiʃ(ə)n] *n.* ⓤ **1** 대전(帶電), 충전. **2** 전력의 사용; 전화(電化).

e·lec·tri·fi·er [iléktrifàiər] *n.* 대전(충전)하는 물건.

*****e·lec·tri·fy** [iléktrifài] *vt.* (**-fied, -fy·ing**) **1** …에 전기를 흐르게 하다, …를 대전시키다, …에 충전하다. ¶ *electrify* a wire 철사에 전기가 흐르게 하다 / a positively (negatively) *electrified* body 양성(음성) 대전체(帶電體). **2** …을 전화(電化)하다. ¶ *electrify* a railroad 철도를 전화하다. **3** …을 깜짝 놀라게 하다, 흥분시키다(excite), 감동시키다, 설레게 하다(thrill). ¶ His speech *electrified* the audience. 그의 연설은 청중을 감동시켰다. [<ELECTR[IC]+-IFY]

e·lec·tri·za·tion [ilèktrizéiʃ(ə)n / -rai-] *n.* = electrification.

e·lec·trize [iléktraiz] (*《英》에서는 **e·lec·trise** 로도 쓴다) *vt.* (**-trized, -triz·ing**) = electrify.

e·lec·tro [iléktrou] *n.* (*pl.* **-tros**) **1** = electrotype. **2** = electroplate.

electro- electric, electricity 의 뜻의 연결형 (*모음 앞에서는 electr-를 쓴다). 예: *electro*magnet, *electro*type, *electro*chemistry.

e·lec·tro·a·cous·tic [ilèktro(u)əkúːstik], **-ti·cal** [-tik(ə)l] *adj.* 전기 음향[학]의. ¶ an *electroacoustic* transducer 전기 음향 변환기.

e·lec·tro·ac·u·punc·ture [ilèktroækjuːpʌ́ŋktʃər] *n.* 전기침(鍼) 요법[전기침을 인체의 급소에다 찔러 치료하는 중국의 독자적 의료법].

e·lec·tro·a·nal·y·sis [ilèktro(u)ənǽləsis] *n.* 〔화학〕 전기 분해, 전해(電解).

e·lec·tro·bath [ilèktro(u)bæθ / -bàːθ] *n.* 전기 도금액(鍍金液); 전해조(電解槽).

e·lec·tro·car·di·o·gram [ilèktro(u)káːrdio(u)grǽm] *n.* 〔의학〕 심전도(心電圖)〔略 ECG, EKG〕.

e·lec·tro·car·di·o·graph [ilèktro(u)káːrdio(u)grǽf / -gràːf] *n.* 〔의학〕 심전계(心電計).

e·lec·tro·chem·i·cal [ilèktro(u)kémik(ə)l] *adj.* 전기 화학의. ~**ly** [-kəli] *adv.*

e·lec·tro·chem·ist [ilèktro(u)kémist] *n.* 전기 화학자.

e·lec·tro·chem·is·try [ilèktro(u)kémistri] *n.* ⓤ 전기 화학.

e·lec·tro·chron·o·graph [ilèktro(u)kránəgræf / -krɔ́nəgràːf] *n.* 전기 기록 시계.

e·lec·tro·cool·ing [ilèktro(u)kúːliŋ] *n.* 전자(電子) 냉방.

e·lec·tro·cor·ti·co·gram [ilèktro(u) kɔ́ːrtiko(u)grǽm] *n.* 〔의학〕 뇌파(腦波)〔도(圖)〕 (electroencephalogram).

e·lec·tro·cute [iléktrəkjùːt] *vt.* (**-cut·ed, -cut·ing**) **1** …을 전기로 죽이다, 감전사시키다. **2** 〔전기 의자로〕 …을 사형시키다. ¶ The murderer was *electrocuted*. 살인범은 전기 사형에 처해졌다. [<ELECTRO-+[EXE]CUTE]

e·lec·tro·cu·tion [ilèktrəkjúːʃ(ə)n] *n.* ⓤ **1** 전기로 죽이기, 감전사. **2** 전기 사형.

e·lec·trode [iléktroud] *n.* 〔전기〕 전극(電極).

e·lec·tro·del·ic [ilèktro(u)délik] *adj.* 전기 조명으로 환각(사이키델릭) 효과를 내는.

e·lec·tro·de·pos·it [ilèktro(u)dipázit / -pɔ́z-] 〔물리·화학〕 *vt.* 〔전기 분해로〕 〔금속〕 을 전착(電着) 시키

다, 전극에 부착시키다. — n. 전착물 [금속의 경우가 많다]. 〖U〗 전착.

e·lec·tro·de·po·si·tion [ilèktro(u) dèpəzíʃ(ə) n] n.

e·lec·tro·dy·nam·ic [ilèktro(u) dainǽmik], (**e·lec·tro·dy·nam·i·cal** [-ik(ə)l]) adj. 전기 역학의; 동태(動態)에 있는] 전기력의.

e·lec·tro·dy·nam·ics [ilèktro(u)dainǽmiks] n. pl. 《단수 취급》 전기 역학.

e·lec·tro·dy·na·mom·e·ter [ilèktro(u)dàinəmámitər / -mɔ́m-] n. 전류력계(計).

e·lec·tro·en·ceph·a·lo·gram [ilèktro (u) inséfələgræ̀m] n. 〖의학〗 뇌파(腦波), 뇌전도(腦電圖).

e·lec·tro·en·ceph·a·lo·graph [ilèktro(u)inséfələgræ̀f / -grà:f] n. 〖의학〗 뇌파 기록 장치.

e·lec·tro·fish·ing [iléktro(u)fíʃiŋ] n. 〖U〗 전기 어법(漁法)〖물 속에 직류 전원을 놓아두고 그 집어(集漁) 효과를 이용한다〗.

e·lec·tro·form [iléktrəfɔ̀ːrm] vt. …을 전기 주조(鑄造)하다.

e·lec·tro·gas·dy·nam·ics [ilèktro (u) gæ̀sdainǽmiks] n. pl. 《단수 취급》 1 전기 유체 역학. 2 가스류(流) 발전〖고압 대전 가스의 운동 에너지를 전기 에너지로 바꾼다〗.

e·lec·tro·gen·e·sis [ilèktrədʒénisis] n. 전기 발생〖생체 조직 안에서의 전기 발생〗.

e·lec·tro·gen·ic [ilèktrədʒénik] adj. 전기 발생의.

e·lec·tro·graph [ilèktro(u)græ̀f / -grà:f] n. 1 전위(電位) 기록[기]; 전기 기록도(圖), (심`(心) · 위(胃) 전도(電圖). 2 전기판(版) 조각기. 3 사진 전송장치. 4 〖의학〗 뢴트겐 사진.

e·lec·trog·ra·phy [ilèktrágrəfi / -tró-] n. 〖U〗 전위 기록술; 전기판 조각술; 사진 전송술; 뢴트겐 사진 촬영술(法).

e·lec·tro·hy·drau·lics [ilèktro(u)haidrɔ́:liks] n. pl. 《단수 취급》 전기 수력학적(水力學的)인 충석파를 이용한 전기 에너지의 전환.

e·lec·tro·ki·net·ic [ilèktro(u)kinétik / -kai-] adj. 동(動)전기의; 동전학(動電學)의.

e·lec·tro·ki·net·ics [ilèktro(u)kinétiks / -kai-] n. pl. 《단수 취급》 동전학. cf. electrostatics

e·lec·tro·ky·mo·graph, -cy·mo- [ilèktro(u)káimo(u)græ̀f / -grà:f] n. 〖심장〗 동태(動態) 촬영 장치.

e·lec·tro·lier [ilèktro(u)líər] n. 〖전기〗 샹들리에. [< ELECTRO-+[CHANDE]LIER]

e·lec·tro·lu·mi·nes·cence [ilèktro(u)lù:minésns] n. 〖U〗 전장발광(電界)(發光).

e·lec·tro·lyse [iléktro(u)làiz] vt. (-lysed, -lys·ing) 《英》 =electrolyze.

e·lec·trol·y·sis [ilèktrálisis, ì:lek-/-tról-] n. 〖U〗 1 〖화학〗 전기 분해, 전해(電解). 2 〖의학〗 전기 분해 요법.

e·lec·tro·lyte [iléktro(u)làit] n. 〖화학〗 전기 분해액(液), [전해질, 전해물.

e·lec·tro·lyt·ic [ilèktro(u)lítik] adj. 〖화학〗 전기 분해의; 전해질의. **-i·cal·ly** [-ikəli] adv.

e·lec·tro·ly·za·tion [ilèktro(u)lizéi(ə)n / -laiz-] n. 〖U〗〖화학〗 전기 분해, 전해.

e·lec·tro·lyze [iléktro(u)làiz] (* 《英》에서는 **electrolyse** 로도 쓴다) vt. (-lyzed, -lyz·ing) …을 전기 분해하다, 전해하다.

e·lec·tro·lyz·er [iléktro(u)làizər] n. 전해조(槽).

e·lec·tro·mag·net [ilèktro(u)mǽgnit] n. 전자석 (電磁石).

e·lec·tro·mag·net·ic [ilèktro(u)mægnétik], (**e·lec·tro·mag·net·i·cal** [-ik(ə)l]) adj. 전자석의; 전자기(電磁氣)의. ¶ *electromagnetic* induction 전자기 감응 / *electromagnetic* waves 전자파. **-i·cal·ly** [-ikəli] adv.

e·lec·tro·mag·net·ics [ilèktro(u)mægnétiks] n. pl. 《단수 취급》 전자기학.

e·lec·tro·mag·net·ism [ilèktro(u) mǽgnitìz (ə) m] n. 〖U〗 전자기[학].

e·lec·tro·met·al·lur·gy [ilèktro(u) mét(ə)lə̀ːrdʒi, -mətǽlər-/-metǽl-] n. 〖U〗 전기 야금(冶金)[술], 전기 야금학. [(電位計).

e·lec·trom·e·ter [ilèktrámitər / -tróm-] n. 전위계

e·lec·tro·mo·tive [ilèktro (u) móutiv] adj. 기전 (起電)의, 전동(電動)의. ¶ *electromotive* force 기전력. cf. locomotive

e·lec·tro·mo·tor [ilèktro(u)móutər] n. 전기 발동기, 전동기, 전기 모터(electric motor).

e·lec·tro·my·o·gram [ilèktro(u) máiəgræ̀m] n. 근전도(筋電圖).

***e·lec·tron** [iléktran / -trɔn] n. 〖물리·화학〗 전자, 일렉트론. ¶ *electron* emission 전자 방출 / the *electron* theory 전자설.

e·lec·tro·nar·co·sis [ilèktro(u)na:rkóusis] n. 〖의학〗 전기 마취 요법.

e·lec·tro·neg·a·tive [ilèktro(u)négətiv] adj. 〖화학〗 (opp. electropositive) 1 음전기의, 부(負)전기의, 전기 음성(陰性)의. 2 산성(酸性)의(acid). 3 비금속의 (nonmetallic). [법 발사부].

eléctron gún n. 〖TV〗 전자총〖브라운 관의 전자선

e·lec·tron·ic [ilèktránik/-trɔ́n-] adj. 1 전자 공학의; 전자의, 전자 작용의. ¶ *electronic* engineering 전자 공학. 2 컴퓨터로 제어되는, 컴퓨터와 관련된.

eléctronic árt n. 전자 예술〖조명 장치 따위에 전자 공학을 응용한다〗. cf. luminal art

eléctronic bráin n. 전자 두뇌, 전자 계산기 (electronic computer).

eléctronic cóuntermèasure n. 〖적 미사일에 대한〗 유도 방향 전환 전자 장치〖略 ECM〗.

eléctronic dáta prócessing n. 〖U〗전자 정보 처리.

eléctronic éye n. 전자 눈〖빛의 반사를 전기적으로 검출해 내는 전자 검출 장치〗.

eléctronic máil n. 전자 우편, 컴퓨터 우편〖컴퓨터를 통한 메시지 교환 시스템, 略 E-mail〗.

eléctronic méeting n. 전자 회의〖음성 통신 회의 · 텔레비전 회의 등 teleconferencing(원격지간 회의)〗.

eléctronic músic n.〖U〗전자 음악.

eléctronic órgan n. 전자 오르간.

***e·lec·tron·ics** [ilèktrániks / -trɔ́n-] n. pl. 《단수 취급》 전자 공학.

eléctronic smóg n. 전파 스모그〖환경 오염을 초래하고 인체에 해를 주는 라디오 · 텔레비전 따위에서 발생하는 전자파〗.

eléctronic survéillance n. 〖전화 도청 따위〗 전자 감시(정보 수집) 〖전자 기기를 이용해 수집한다〗.

eléctronic tówn méeting n.〖美〗TV 중계 시민 (국민)과의 대화.

eléctronic wárfare n. 〖군사〗 〖전자 병기에 의한〗 전자 전쟁, 전자전.

eléctron léns n. 전자 렌즈.

eléctron mícroscope n. 전자 현미경. [사진.

e·lec·tro·no·graph [iléktrənəgræ̀f / -grà:f] n. 전자

eléctron óptics n. pl. 《단수 취급》전자 광학.

eléctron túbe n. 전자관, 진공관(vacuum tube).

e·lec·tron-volt [iléktranvòult / -trɔn-] n. 〖물리〗 전자 볼트〖이온 · 소립자 따위의 에너지를 나타내는 단위〗略 EV, ev〗.

e·lec·tro·oc·u·lo·gram [ilèktro(u)ákjulagræ̀m / -5k-] n. 전기 안구도(眼球圖), 안전도(眼電圖).

e·lec·tro·phone [iléktro(u)fòun] n. 1 전기 보청기. 2 전기 악기.

e·lec·tro·phon·ic [ilèktro(u)fánik, -fóun- / -fóun-, -fɔ́n-] adj. 〖악기가〗 전기 발성의.

e·lec·tro·pho·re·sis [ilèktro(u)fərí:sis] n. 〖U〗〖물리·화학〗 전기 영동(泳動).

e·lec·troph·o·rus [ilèktráfərəs / -tróf-] n. (pl. **-ri** [-rài]) 전기 쟁반, 기전반(起電盤).

e·lec·tro·pho·tog·ra·phy [ilèktrou)fətágrəfi / -tɔ́g-] n. ⓤ 전자 사진술.

e·lèc·tro·phrén·ic respirátion [ilèktro(u)frénik-] n. ⓤ 〖의학〗 전기 인공 호흡[법] 〖횡경막 신경에 전기 자극을 준다〗.

e·lec·tro·plate [ilèktro(u)plèit] vt. (-plat·ed, -plat·ing) …에 전기 도금하다. — n. 전기 도금물(제품).

e·lec·tro·plat·ing [ilèktrəplèitiŋ] n. ⓤ 전기 도금[법].

e·lec·tro·pos·i·tive [ilèktro(u)pázitiv / -pɔ́z-] adj. 〖화학〗(opp. electronegative) 1 양전기의, 정(正)전기의, 양전성(陽電性)의. 2 염기성(塩基性)의(basic). 3 금속의(metallic).

e·lec·tro·pult [ilèktro(u)pʌ̀lt] n. 〖항공〗 전기 캐터펄트〖짧은 활주로에서 비행기를 이륙 가능 속도로 가속하는 폐치도〗.

e·lec·tro·ret·i·no·graph [ilèktro(u)rétnəgræf / -grɑ̀ːf] n. 망막 전기 측정기〖빛에 대한 망막의 전기적 반응을 기록한다〗.

e·lec·tro·scope [ilèktrəskòup] n. 검전기(檢電器).

e·lec·tro·scop·ic [ilèktrəskápik / -skɔ́p-] adj. 검전기의.

e·lec·tro·sen·si·tive [ilèktro(u)sénsitiv] adj. 전기 감광성(感光性)의.

e·lec·tro·shock [ilèktro(u)ʃɑ̀k / -ʃɔ̀k] n. ⓤⓒ〖정신병 치료에 쓰는〗 전기 충격 요법; 전기 충격 요법에 의한 쇼크 상태.

e·lec·tro·sleep [ilèktro(u)slìːp] n. ⓤ 전기 수면〖머리에 약한 전류를 흘려 잠을 유도한다〗.

e·lec·tro·stat·ic [ilèktro(u)stǽtik] adj. 〖전기〗 정(靜)전기[학]의. ¶ electrostatic capacity 정전 용량 / electrostatic field 정전장(靜電場).

e·lec·tro·stat·ics [ilèktro(u)stǽtiks] n. pl. 《단수 취급》 정전[기]학. cf. electrokinetics

e·lec·tro·tech·nics [ilèktro(u)tékniks] n. pl. 《단수 취급》 전기 공학, 전기 공학론.

e·lec·tro·tech·nol·o·gy [ilèktro(u)teknɑ́lədʒi / -nɔ́l-] n. 〖응용〗 전기 공학.

e·lec·tro·ther·a·peu·tic [ilèktro(u)θèrəpjúːtik], (e·lec·tro·ther·a·peu·ti·cal [-tik(ə)l]) adj. 전기 요법의.

e·lec·tro·ther·a·peu·tics [ilèktro(u)θèrəpjúːtiks] n. pl. 《단수 취급》 전기 요법(electrotherapy).

e·lec·tro·ther·a·pist [ilèktro(u)θérəpist] n. 전기 요법 의사.

e·lec·tro·ther·a·py [ilèktro(u)θérəpi] n. ⓤ 전기 요법(electrotherapeutics).

e·lec·tro·ther·mal [ilèktro(u)θɔ́ːrm(ə)l] adj. 전열의.

e·lec·tro·tome [ilèktro(u)tòum] n. 자동 차단기.

e·lec·trot·o·nus [ilèktrátənəs / -trɔ́t-] n. ⓤ 〖생리〗 전기 긴장[전류를 통했을 때 일어나는 신경·근육의 생리적 긴장〗.

e·lec·tro·type [ilèktro(u)tàip] n. 1 전기판(版). 2 전기판 제작법, 전기 제판(製版)(electrotypy). — vt. (-typed, -typ·ing) …을 전기 제판하다.

e·lec·tro·typ·er [ilèktro(u)tàipər] n. 전기 제판공.

e·lec·tro·typ·ic [ilèktro(u)típik] adj. 전기판의, 전기판을 쓴; 전기 제판의. —법, 전기 제판.

e·lec·tro·typ·y [ilèktro(u)tàipi] n. ⓤ 전기판 제판, 전기 제판.

e·lec·tro·va·lence [ilèktro(u)véiləns] n. 〖물리·화학〗 이온 원자가(原子價).

e·lec·trum [iléktrəm] n. ⓤ 1 호박금(琥珀金)〖고대 그리스에서 화폐로 쓴 호박색의 금은 합금〗. 2 양은(nickel silver).

e·lec·tu·ar·y [iléktʃuèri / -tʃuəri] n. (pl. -ar·ies) 〖약학醫〗〖가루약에 시럽·벌꿀을 섞은〗 연약(煉藥).

el·ee·mos·y·nar·y [èliməsínèri, èli(ː)ə- / èli(ː)mɔ́sinəri] adj. 1 자선의(charitable). ¶ an eleemosynary organization 자선 단체 / eleemosynary relief 자선적 구조. 2 자선에 의지하는.

*el·e·gance [éligəns] n. 1 ⓤ 우아, 단정, 고상, 기품. 類語 elegance 세련된 취미를 뒷받침으로 하여 사치스러우나 화려하지 않은 완벽한 아름다움: the elegance of dress 의복의 우아함. grace 화려하게 장식된 것이 아니라 내면에서 자연히 우러나는 고상한 아름다움: the grace of movement 동작의 고상함. dignity 당당해서 경의를 표하지 않을 수 없는 기품: the dignity of an aged judge 노판사의 위엄. 2 우아한 일(물건), 품위 있는 말(태도). 3 ⓤ 〖과학적인〗 정밀함.

el·e·gan·cy [éligənsi] n. (pl. -cies) = elegance.

‡el·e·gant [éligənt] adj. 1 〖복장·예절 따위〗 고상한, 우아한. ¶ elegant furnishings (dress) 고상한 복식품(服飾品) (옷) / She is elegant in her manner. 그녀는 태도가 고상하다. 2 〖취미·습관·문체 따위〗 기품 있는, 고상한, 우아한. ¶ elegant society 상류 사회 / an elegant style 격조 높은 문체. 3 〖과학적으로〗 정밀한, 정연한. 4 《구어》 훌륭한, 멋진(nice). ¶ an elegant hat 멋진 모자. —·ly adv.

el·e·gi·ac [èlidʒáiək, +美 ilíːdʒiæ̀k], (el·e·gi·a·cal [-k(ə)l]) adj. 1 〖韻律〗 애가체(哀歌體)의, 만가체(挽歌體)의. ¶ an elegiac couplet 애가조(調)의 대구(對句) / the elegiac meter 애가체. 2 애조를 띤, 애가조의. ¶ elegiac strains 애조. — n. (~s) 애가체의 시, 만가체의 시.

el·e·gist [élidʒist] n. 애가조 시인, 애가의 작자.

el·e·gize [élidʒàiz] v. (-gized, -giz·ing) vt. …을 애가를 지어 애도하다. — vi. 애가를 짓다.

*el·e·gy [élidʒi] n. (pl. -gies) 1 〖남의 죽음을 애도하는〗 애가, 만가; 〖일반적으로〗 비가(悲歌), 엘레지. ¶ an elegy on her father 그녀의 아버지를 애도하는 노래. 2 애가체의 시.

elem. (略) elementary; element[s].

‡el·e·ment [éləmənt] n. 1 요소, 성분, 〖구성〗 분자. ¶ The Republican element 공화당 분자 / an important element of nylon 나일론의 중요 성분 / the elements of spoken language 구어(口語)의 요소 / Sensations are elements of consciousness. 감각은 의식의 요소이다 / There is an element of truth in this claim. 이 주장에는 약간의 진리가 있다.
類語 element 「요소」를 뜻하는 가장 일반적인 말; 종종 그 이상 세분할 수 없는 최종적 요소를 암시: French elements in the English language 영어 속에 프랑스말의 요소. component, constituent 둘 다 복합체·화합물의 구성 분자를 뜻하며 교환 가능하지만, constituent는 특히 본질적으로 중요한 구성 분자임을 강조한다: the components of a machine 기계의 부품 / the constituents of water 물의 성분. ingredient 혼합물의 성분으로 추가나 제거가 가능한 것: the ingredients of a cocktail 칵테일의 성분. factor 어떤 결과를 낳는 원인이 되는 요소: factors of Korea's economic growth 한국 경제의 성장 요인.
2 (~s) 〖학문의 기본적〗 원리, 원칙, 초보. ¶ Euclid's Elements 유클리드 기하학 원리 / the elements of grammar 문법 요강(要綱).
3 〖철학〗〖옛날 자연계의 기본적 구성 요소로 생각됐던〗 4대 요소(earth, water, air, fire 〖흙·물·바람·불〗)의 하나. ¶ the devouring element 〖모든 것을 태워 없애는〗 맹렬한 불 / the four elements 4대〖요소〗.
4 〖생물의〗 본래 사는 장소, 고유 영역; 〖사람의〗 본령(本領), 본래의 활동 영역. ¶ be in (out of) one's element 뜻대로 할 수 있는(없는) 처지에 있다 / Water is a fish's element. 물은 물고기의 활동 영역이다 / Economics is his elements. 경제학은 그의 자신 있는 분야이다.
5 (the ~s) 〖날씨에 나타나는〗 자연의 힘, 폭풍우. ¶ the fury of the elements 자연력의 맹위 / be exposed to the elements 비바람에 노출되어 있다.
6 〖화학〗 원소. ¶ a chemical element 화학 원소.

7 {수학} 원(元); 요소. **8** {전기} {전자} 전국(電極)의 하나; {무선} {진공관} **9** (~s) {신학} 미사(성찬)에 쓰는 빵과 포도주. **10** {군대} 소부대, 분대; {전투기의} 소편대. ◇ eleméntal, eleméntary adj.

*el·e·men·tal [èliméntl] adj. **1** 요소의, 기본적인, 원리적인(elementary). **3** 근원적인, 단순하고 힘찬. ¶ an *elemental* style 소박하고 힘찬 문체. **4** {철학} 4대(四大) 요소의. ⇒ ELEMENT 3. ¶ *elemental* spirits 4대의 정령(精靈). **5** 자연력의, 자연 현상의; {힘이} 엄청난. ¶ *elemental* forces 자연력 / *elemental* gods {하늘·땅·바람·번개 따위의} 자연의 신(神)들 / *elemental* grandeur 자연의 웅대함 / *elemental* tumults 폭풍우 / *elemental* worship 자연력 숭배. **6** {화학} 원소의, 원소로 이루어지는.
~·ly [-təli] adv. ◇ élement n.

eleméntal área n. {전자공학·TV} 화소(畵素) {텔레비전 화면상의 장방형 구역}.

‡el·e·men·ta·ry [èlimént(ə)ri] adj. **1** 초등의, 초보의, 입문의. ¶ an *elementary* book 입문서 / an *elementary* knowledge of chemistry 화학의 초보적 지식 / *elementary* and secondary education 초등 및 중등 교육 / *elementary* training 기본 훈련.
{類語} *elementary* 나중의 복잡·고급 부분의 기초가 되는 최초의 용어·단순한: *elementary* mathematics 초등 수학, *primary* elementary 와 거의 같은 뜻이나 특히 순서가 최초임을 강조하는 말: *primary* school 국민 학교. *rudimentary* 미발달·불완전을 강조하는 말: a *rudimentary* form of representative government 대의(代議) 정치의 초보적 형태.
2 기본의, 기본(요소)적 성질의; 단원적인(simple); 합성이 아닌(uncompound). **3** {철학} 4대(四大) 요소의 (→ ELEMENT 3); 기(氣)력적인(elemental). ¶ *elementary* war 자연력의 투쟁(폭풍우 따위). **4** {화학} 원소의, 원소로 이루어지는.
-ri·ly [-tərili] adv. -ri·ness [-tərinis] n. ◇ élement n.

eleméntary párticle n. {물리} 소입자(素粒子).

eleméntary schóol n. 초등 학교 (primary school).

el·e·mi [élimi] n. {약} 엘레미{열대 지방산(産)의 수지(樹脂)}.

e·len·chus [ilénkəs] n. (pl. -chi [-kai]) {논리} **1** 반대 논증(論證); 논박 (refutation). **2** 기만적 논박; 궤변적 논의 (sophistical argument).

e·lenc·tic [ilénktik] adj. **1** {논리} 반대 논증의; 논박의. opp. deictic **2** 궤변적 논의의.

*el·e·phant [éləfənt] n. (pl. -phants or -phant) **1** 코끼리. **2** {美} 공화당(the Republican Party)의 상징. cf. donkey **3** {주로 英} 엘리펀트형(型) {도화지의 크기. 71×58센티미터}.

see the elephant; show (or *get*) *a look at the elephant* {美구어} 인생 경험을 쌓다, 세상 물정을 알다.

élephant bírd n. 에피오르니스속(屬)의 날지 못하는 새로 신장이 3m에 달하고 타조와 유사. madagascar 섬에 서식했으나 지금은 멸종.

el·e·phan·ti·a·sis [èləfəntáiəsis] n. [U] {병리} 상피병(象皮病).

el·e·phan·tine [èləfænti:n, -tain, -tin / -tain] adj. **1** 코끼리의. **2** 코끼리 같은, 거대한(huge); {걸음이} 느릿느릿한(slow); 꼴사나운(clumsy). ¶ an *elephantine* task 매우 힘드는 일 / an *elephantine* tread 느릿느릿한 걸음걸이. **3** {Begonia}의 식물.

el·e·phant's-ear [éləfəntsìər] n. 추해당 (秋海棠).

El·eu·sin·i·an [èlju(:)síniən] adj. {고대 그리스의 도시} 엘레우시스(Eleusis)의; 엘레우시스 제전의. — n. 엘레우시스의 주민.

Eleusínian mýsteries n. pl. 엘레우시스의 제전 {곡물의 신 데메테르(Demeter)에게 제사 지낸다}.

*el·e·vate [éləvèit] vt. (-vat·ed, -vat·ing) **1** 을 올리다 (raise); …을 들어올리다 (lift up) {*일반적으로는 put up, lift, raise를 쓰는 편이 좋다*}. ¶ *elevate* one's eyes (voice) 올려다보다 (목소리를 높이다). **2** …을 승진시키다, 등용하다. ¶ (~+圓+前+밥) *elevate* a person *to* the section chief 남을 과장으로 승진시키다. **3** {마음·사상 따위를} 향상시키다; …을 의기양양하게 하다(elate). ¶ *elevate* one's mind 마음을 고상하게 하다 / *elevate* one's standards of musical taste 음악의 취미를 높이다. **4** {남}을 쾌활하게 하다 (exhilarate), 기분을 북돋우다. ◇ elevátion n.

*el·e·vat·ed [éləvèitid] adj. **1** 높아진, {美} 고가(高架)의. ¶ *elevated* ground 약간 높은 장소. **2** {사상 따위가} 고상한, 숭고한, 고결한. ¶ an *elevated* style 기품 있는 문체. **3** 매우 기분 좋은, 쾌활한(joyful); {구어} 거나하게 취한. — n. {美} =elevated railway.

élevated ráilwày (ráilròad) n. {美} 고가 철도.

*el·e·va·tion [èləvéiʃ(ə)n] n. **1** 약간 높은 곳, 고지(高地) (eminence). ¶ a rocky *elevation* 암석이 많은 고지. **2** 높이기, 고도; 해발. ¶ {HEIGHT 類語} ¶ attain (or reach) an *elevation* of …의 높이에 달하다 / The peak has an *elevation* of 777 feet. 그 봉우리의 고도는 777 피트이다. **3** [U] 숭고함(loftiness), 고상(dignity); 고상함(nobleness). **4** [U] 올리기, 들어올리기; 승진, 등용. ¶ the *elevation* of the masses in education 대중의 교육 수준을 높이기 / the *elevation* to the peerage 귀족으로의 승서(陞敍). **5** {건축} {설계의} 입면도(立面圖), 정면도(正面圖). **6** {측량} 앙각(仰角). **7** {발레나 피겨 스케이팅의} 공중 비약. **8** {군대} {포의} 조각각, 사각(射角). **9** (the E-) {교회} 거양 성체 (擧揚聖體). ◇ élevate v.

*el·e·va·tor [éləvèitər] n. **1** 들어올리는 사람(물건). **2** {美} 승강기, 엘리베이터 ({英} lift). ¶ a freight *elevator* 화물 전용 엘리베이터 / an *elevator* shaft 승강기 통로 {수직 공간} / operate an *elevator* 엘리베이터를 운전 (조작)하다. **3** {美국방} 양곡기(揚穀機). **4** {美} {양곡기가 있는} 큰 곡물 창고. **5** {항공} 승강타(舵).

el·e·va·to·ry [éləvèitɔ:ri/-t(ə)ri] adj. 올리는, 높이는.

e·lev·en [ilév(ə)n] adj. **1** 11의, 11명의, 11개의. — n. **1** 11명(개), 11개의 것. **2** 11시; 11세. **3** {일련의} 열 한 번째의 것(사람). **4** 11; 11의 문자(11, XI). **5** 11명 1조(組) {특히} 축구(크리켓) 팀. ¶ be in the *eleven* 축구(크리켓) 선수이다. **6** (the E-) {12사도에서 유다 (Judas)를 제외한} 그리스도의 11사도. **7** (~s) {英구어} =elevenses.

e·lev·en-plus [ilév(ə)nplʌ́s] n. (the ~) {英} 중등 교육 진학 선발 시험 {11세 이상 어린이가 본다}.

e·lev·en·ses [ilév(ə)nziz] n. pl. {英구어} {오전 11시경 먹는} 가벼운 음식물, 다과.

‡e·lev·enth [ilév(ə)nθ] adj. **1** 제11의, 열 한 번째의, 제11일의. **2** 11분의 1의. **3** (비에, 막판에.
at the eleventh hour 마지막 기회에, 아슬아슬한 고비에. — n. **1** {달의} 11일. **2** 11분의 1.

el·e·von [éləvàn / -vɔ̀n] n. {항공} 엘리본 {승강타(舵)와 보조 날개의 역할을 한다}.

*elf [elf] n. (pl. elves) **1** 작은 요정(꼬마) 요정(妖精). **2** 작은 사람, 난쟁이(dwarf); 작은 아이. **3** 장난꾸러기, 개구쟁이. ¶ play the *elf* 못된 장난을 하다. ◇ élfin, élfish adj.

elf, Elf, ELF(略) {통신·군사} extremely low frequency (극極) 초 저주파}.

élf chíld n. = changeling.

élf fíre n. = ignis fatuus.

elf·in [élfin] adj. 꼬마 요정의, 꼬마 요정 같은. — n. **1** {民話} 꼬마 요정 (elf). **2** {비유적} 꼬마 난쟁이; {작은} 장난꾸러기.

elf·ish [élfiʃ] adj. 꼬마 요정의(elfin), 꼬마 요정 같은; 작은 장난꾸러기인. ~·ly adv. ~·ness n.

elf·land [élflænd] n. [U][C] 요정의 나라 (fairyland).

elf·lock [élflòk / -lɔ̀k] n. 헝클어진 머리카락.

Elgin marbles [élgin-] *n. pl.* 대영 박물관 소장의 고대 그리스의 대리석 조상(彫像) [영국의 Lord Elgin (1766-1841)이 그리스 아테네의 고대 유적에서 발굴한 것을 모은 것].

el-hi [élhài] *adj.* 미국 학교에서 고등 학교까지의. [<*el*ementary school+*hi*gh school]

e-lic-it [ilísit] *vt.* **1** …을 끌어내다; [진리 따위]를 끌어내다, 분명히 하다. ⇨ EXTRACT [類語] ¶ *elicit* the truth by discussion 논의를 해서 사실을 밝히다. **2** [남으로부터] [대답·웃음 따위]를 이끌어내다(… *from*). ¶ *elicit* applause 갈채를 얻어내다 / *elicit* a reply 쬐어서 대답하게 하다 // *elicit* a confession *from* a person 남에게서 고백을 유도해 내다.

e-lic-i-ta-tion [ilìsitéi(ə)n] *n.* ⓤ 끌어내기, 쬐어내기. ¶ the *elicitation* of the true facts 진상을 알아내기.

e-lide [iláid] *vt.* (**e-lid-ed, e-lid-ing**) **1** [보통 어미의] [모음·음절]의 발음을 생략하다[예: th' olden time=the olden time]. **2** …을 돌보지 않다, 무시하다(ignore), 생략하다(omit). **3** [법률]…을 무효로 하다, 취소하다(annul).

el-i-gi-bil-i-ty [èlidʒəbíliti] *n.* ⓤ **1** 피선거 자격; 입회 자격. ¶ the *eligibility* of a candidate 후보자의 피선거 자격, 피선거권. **2** 적임, 적격성(fitness).

*****el-i-gi-ble** [élidʒəbl] *adj.* **1** 적임의, 적당한; 바람직한(desirable). ¶ an *eligible* young man [특히 남편으로서] 적당한 청년 / a woman of *eligible* age 묘령의 여성. **2** 뽑힐 자격이 있는, 적격의; 입회 자격이 있는(*for*…). ¶ an *eligible* candidate 적격인 후보자 // be *eligible for* membership (office) 입회할(공직에 취임할) 자격이 있다 / be *eligible for* election 피선거권이 있다. —— *n.* 적격자(물), 적당한 사람. **-bly** *adv.*

E-li-jah [iláidʒə] *n.* 〔성서〕엘리야 [기원전 9세기의 히브리의 예언자].

e-lim-i-na-ble [ilímənəbl] *adj.* **1** 제거할 수 있는, 배제할 수 있는. **2** [수학] 소거(消去)할 수 있는.

e-lim-i-nant [ilímənənt] *n.* 〔수학〕 소거식(式).

‡**e-lim-i-nate** [ilímənèit] *v.* (**-nat-ed, -nat-ing**) *vt.* **1** [유해한 또는 여분의 것]을 제거하다, 삭제하다(… *from*). ¶ (~+圐+圀+圀) She *eliminated* all errors *from* the typescript. 그녀는 타이프 원고에서 틀린 것을 모조리 없앴다. **2** …을 제외하다, 무시하다. **3** [생리]…을 배출(배설)하다(excrete)(… *from*). ¶ (~+圐+圀+圀) *eliminate* waste matter *from* the system 노폐물을 몸에서 배출하다. **4** [수학]…을 소거(消去)하다, ◇ eliminátion *n.*, elíminative, elíminatory *adj.*

*****e-lim-i-na-tion** [ilìmənéi(ə)n] *n.* ⓤ **1** 제거, 삭제, 제외, 배제, 배출 **2** [스포츠] 예선. ¶ an *elimination* contest (*or* match, race) 예선 시합. **3** [수학] 소거[법].

e-lim-i-na-tive [ilímənèitiv / -nətiv] *adj.* 제거(배제)하는(할 수 있는); [수학] 소거할 수 있는.

e-lim-i-na-tor [ilímənèitər] *n.* **1** 제거하는 사람; 배제기(器). **2** 일리미네이터[전지를 쓰지 않고 전력을 전등 전류에서 정류(整流)·평활(平滑)하게 해서 직류 전원으로 하는 장치].

e-lim-i-na-to-ry [ilímənətɔ̀ːri / -t(ə)ri] *adj.* = eliminative.

ELINT, el-int [élint] *n.* ⓤ 전자 정보. [<*el*ectronic *int*elligence]

E-lis-a-beth [ilízəbəθ] *n.* 〔성서〕세례 요한(John the Baptist)의 어머니[← 누가 복음(Luke) 1 : 5-25].

E-li-sha [iláiʃə] *n.* 〔성서〕엘리사 [기원전 9세기의 히브리의 예언자, 엘리야(Elijah)의 후계자].

e-li-sion [ilíʒ(ə)n] *n.* ⓤⓒ **1** 모음·음절의 발음 생략[예: bread and butter [brédnbʌ́tər]]. **2** [시] [b 날 말]로 끝으로 시작할 때의 어미의 모음 생략 [예: th' Orient=the Orient].

*****e-lite** [ilíːt, eilíːt] *n.* 〔집합적〕〔종종 복수 취급〕 선발된 사람들(the pick), 엘리트; [사회의] 중추, 정예. ¶ the *elite* of society 명사들. **2** ⓤ 〔타이프라이터의〕 엘리트 활자[10 포인트에 해당]. —— *adj.* 뽑힌, 선발된, 정예의. [<F]

Elite Guard *n.* 나치스 친위대(Schutzstaffel).

e-lit-ism [eilíːtiz(ə)m] *n.* ⓤ 엘리트주의, 정예주의.

e-lit-ist [eilíːtist] *n.* 엘리트의 한 사람.

e-lix-ir [ilíksər] *n.* **1** 연금 약액(鍊金藥液) [옛날 금술사가 비(卑)금속을 금으로 만들기 위해 조합(調合)한 가상적 약액]. ¶ the *elixir* of life 불로 장생의 영약. *cf.* philosopher's stone **2** 만능약(cureall). **3** 〔드물게〕 정수(精髓), 진수(quintessence). **4** [약] 몇 가지 주약(主藥)을 조합한 정기(丁幾); [방향(芳香)·감미가 있는 알코올성 강장제(음료)].

*****E-liz-a-be-than** [ilìzəbíːθ(ə)n, -béθ-] *adj.* 엘리자베스1세(朝)의, 엘리자베스 1세 시대의. ¶ *Elizabethan* architecture 엘리자베스 1세 시대의 건축 / *Elizabethan* literature 엘리자베스 1세 시대의 문학 / the glory of the *Elizabethan* age 엘리자베스 1세 시대의 영화. —— *n.* 엘리자베스 1세 시대의 사람[특히 시인·극작가·학자들]. [<영국 여왕 Elizabeth I (1533-1603)의 이름]

Elizabéthan sónnet *n.* [Shakespeare 등의] 엘리자베스 1세 시대의 시인이 쓴 소네트 (English sonnet).

elk [elk] *n.* (*pl.* **elk** *or* **elks**) **1** [북유럽·아시아산(産)의] 큰 사슴. *cf.* moose **2** 《北美·캐나다》= wapiti. **3** [스포츠화를 만드는] 무두질한 가죽. **4** (E-) 〔美〕〔우애(友愛) 단체인〕엘크스회의 일원.

elk-hound [élkhàund] *n.* [스칸디나비아 원산의] 사슴 사냥개 [일명 Norwegian elkhound; 쫑긋한 귀와 말린 꼬리가 특징].

ell[1] [el] *n.* **1** 엘(L, l)자(el). **2** L 자형(직각)으로 된 증축(增築)부분; L 자 모양의 것 (el). **3** [건물의] 퇴, 물림.

ell[2] [el] *n.* 엘 [영국에서 쓰였던 피륙 따위의 길이의 단위; 45 인치에 해당]. ¶ *If you give him an inch, he'll take an ell.* 《속담》 한 치를 주니 한 자를 달란다; 봉당을 빌려주니 안방까지 달란다.

el-lipse [ilíps] *n.* 〔기하〕 타원[형], 장원(長圓). *cf.* parabola, hyperbola

*****el-lip-sis** [ilípsis] *n.* ⓤⓒ (*pl.* **-ses** [-siːz]) 〔문법〕 생략[법]. [He used to go there when [he was] a boy. 에서 he was 의 생략 따위]. **2** 〔인쇄〕 생략 부호 [—, ⋯ 따위].

el-lip-so-graph [ilípsəgræ̀f / -grὰːf] *n.* 타원자.

el-lip-soid [ilípsɔ̀id] *n.* 〔기하〕 타원체(면).

el-lip-soi-dal [èlipsɔ́idl, ilips-] *adj.* 타원체의.

el-lip-tic [ilíptik], **-ti-cal** [-tik(ə)l] *adj.* **1** 타원[형]의, 장원(長圓)의. **2** 생략법의, 생략적인. ¶ an *elliptical* construction 생략 구문. **-ti-cal-ly** [-tikəli] *adv.*

el-lip-tic-i-ty [ìlìptísiti, èliptís-] *n.* ⓤⓒ **1** 타원형, 장원형. **2** 타원율(率), 장원율.

*****elm** [elm] *n.* **1** 느릅나무. **2** ⓤ 느릅나무 재목.

elm-y [élmi] *adj.* (**elm-i-er, elm-i-est**) 느릅나무가 많은(무성한).

*****el-o-cu-tion** [èləkjúː(ə)n] *n.* ⓤⓒ **1** 연설 태도, 낭독 태도. ¶ a bad (an impressive) *elocution* 서투른(감명적인) 연설 태도 / theatrical *elocution* 무대 발성법. **2** 연설법, 웅변술, 낭독법.

el-o-cu-tion-ar-y [èləkjúː(ə)nèri / -nəri] *adj.* 연설법의, 낭독법의, 웅변술의.

el-o-cu-tion-ist [èləkjúː(ə)nist] *n.* 웅변가, 낭독가; 〔연설(낭독)법 교사〕.

é-loge [eilóuʒ] *n.* 〔프랑스〕 찬사; [특히 프랑스 학사원 회원의] 조사(弔辭). [(God).

E-lo-him [elóuhim] *n.* 엘로히스트[구약 성서에서 신을 Yahweh라고 부르지 않고 Elohim이라고 부른 E 자료(資料) (Elohistic Source)의 저자]. *cf.* Yahwist

E. long. 《略》*E*ast *long*itude.

e·lon·gate [i(:)lɔ́ːŋgeit / íːlɔŋgèit] v. (**-gat·ed**, **-gat·ing**) vt. …을 잡아늘이다(extend), 연장하다(prolong). ¶ elongate a line 선을 연장하다. ── vi. 늘어나다. ¶ A rubber band *elongates* easily. 고무줄은 쉽게 늘어난다. ── adj. 가느다랗게 늘어난.

e·lon·ga·tion [iː(ː)lɔːŋgéiʃ(ə)n / ìːlɔŋ-] n. ⓤ ⓒ **1** 늘어남, 신장(伸長), 연장; 늘어난 상태, **2** 연장선(부); 신장도(度). **3** 〔천문〕 이각(離角) 〔지구에서 관측되는 한 천체에서 또 다른 천체까지의 각(角)거리〕.

e·lope [ilóup] vi. (**e·loped**, **e·lop·ing**) **1** 〔남녀가〕 눈이 맞아 함께 달아나다(*with…*). **2** 도망가다, 달아나다 (run away).

e·lope·ment [ilóupmənt] n. ⓤⓒ 〔남녀가〕 눈이 맞아 함께 달아남, 도망. ¶ make an *elopement* with a person 남과 함께 가출하다. ── 〔달아나는 사람.

e·lop·er [ilóupər] n. 사랑의 도피자, 가출인; 도망자,

‡**el·o·quence** [éləkwəns] n. ⓤ **1** 웅변법, 수사법. **2** 웅변, 능변, 말재주. ¶ fiery *eloquence* 열변 / the *eloquence* of Demosthenes 데모스테네스의 웅변 / a flow of *eloquence* 도도한(유창한) 웅변 / with *eloquence* 웅변으로,

‡**el·o·quent** [éləkwənt] adj. **1** 말 잘하는, 능변인. ⇨ FLUENT 類語. ¶ an *eloquent* speaker 웅변가. **2** 남의 마음을 움직이는(persuasive); 〔표현이〕 감명적인, 표현(표정)이 풍부한; […을] 잘 나타내는(*of…*). ¶ *eloquent* looks (gestures) 표정이 풍부한 얼굴(몸짓) // Those humble shacks are *eloquent* of poverty. 그 초라한 집들은 빈곤을 잘 나타내고 있다. ── **·ly** adv.

ELS English Language Services 〔외국인을 위한 영어 교수 방법의 연구 및 교재 개발을 전문으로 하는 미국의 영어 교육·연구 기관〕.

El Sal·va·dor [el sǽlvədɔ̀ːr] n. 엘 살바도르 〔중앙아메리카의 공화국; 수도 San Salvador〕.

‡**else** [els] adv. **1** 〔부정 대명사·의문 대명사·부사에 수반하여〕 그밖에, 달리, 이외에; 따로, …대신에, 대신으로서 (instead). ¶ somebody *else* 어떤 다른 사람 / somebody *else's* book 어떤 다른 사람의 책 / no one *else* but him 그 사람 이외에는 아무도 …않다 / nobody *else's* business 딴 사람에게는 관계없는 일 / Did you see anyone (or anybody) *else* near him? 그 사람 가까이에 누군가 딴 사람을 보았습니까? / Is anyone (or anybody) *else* coming? 그밖에 누가 또 오는가? / Don't take anyone *else's* place. 딴 사람의 자리를 차지하지 마라 / You may go anywhere *else* you like. 다른 곳이라면 어디든지 좋은 대로 가도 좋다 / Will somebody *else* speak? 그밖에 누가 말하겠는가? / What *else* shall I do? 달리 어떻게 할까요? / What *else* could I say? / 그밖에 할 말이 있을 수 있을(있었을)까? / Where *else* can I go? 그밖에 어디로 갈 수 있겠는가? / How *else* can I do it? 달리 그것을 할 수 있는 방법이 있을까?

── Usage ── *else*의 소유격 ── *else* 는 본래 부사이기 때문에 부정 대명사가 선행하는 경우 그 소유격은 이전에는 예를 들어 anyone's *else* 가 보통이었으나, 현재는 전체가 합성어처럼 취급되어 anyone *else's* 가 표준적 어법. 의문 대명사와의 결합도 낮으나 구어에서는 Who *else's* should it be? 처럼 말한다.

2 〔보통 or 가 앞에 와서 접속사적으로〕 그렇지 않으면, …이 아니면. ¶ Take care, 〔or〕 *else* you will fall. 주의하시오. 그렇지 않으면 떨어집니다.

‡**else·where** [éls(h)wɛ̀ər/-̀-] adv. 다른 곳에(에서, 으로), 어떤 딴 곳에(에서, 으로). ¶ as *elsewhere* 다른 장소와 같이 / He lived *elsewhere*. 그는 어딘가 다른 곳에서 살았다. 〔에 (로).

else·whith·er [éls(h)wìðər] adv. 어딘가 다른 곳

ELS Lánguage Cènter [éːéls-] n. ELS 가 직영하는 English as a Second Language 의 교육 기관 〔22개의 미국내 centers 와 8개 해외 분교가 있다〕.

ELSS(略) 〔우주공학〕 extravehicular *l*ife *s*upport *s*ystem 〔선외(船外)〕 생명 유지 장치.

ELT (略) 〔항공〕 *e*mergency *l*anding *t*ransmitter (불시착 발신 장치); English Language Teaching (영어 교수 법, 영어 교육(교재)).

e·lu·ci·date [ilúːsidèit] vt. (**-dat·ed**, **-dat·ing**) 〔사실·기술 따위〕를 밝히다(make clear), 설명하다. ⇨ EXPLAIN 類語. ¶ *elucidate* the point 요점을 밝히다.

e·lu·ci·da·tion [ilùːsidéiʃ(ə)n] n. ⓤ 명시, 설명. ¶ in *elucidation* of his theory 그의 이론의 설명으로서,

e·lu·ci·da·tive [ilúːsidèitiv / -dətiv] adj. 밝히는, 설명적인(explanatory).

e·lu·ci·da·tor [ilúːsidèitər] n. 설명자, 해설자.

e·lu·ci·da·to·ry [ilúːsidətɔ̀ːri / -dèitəri] adj. = elucidative.

*e·lude [ilúːd] vt. (**e·lud·ed**, **e·lud·ing**) **1** …에서 피하다. ⇨ ESCAPE 類語. ¶ *elude* a blow 몸을 살짝 비켜 타격을 피하다 / *elude* pursuit (one's pursuers) 추격을 피하다(추적자로부터 벗어나다). **2** 〔남의 눈〕을 속이다, 〔법률·의무 따위〕를 회피하다. ¶ *elude* vigilance 경계하는 눈을 피하다 / *elude* the law 법망을 피하다(벗어나가다) / *elude* one's obligations 책임을 회피하다. **3** 〔사물이 관찰·이해 따위〕…에서 숨기다, …에게 시키지 않다; (이름 따위가) …생각나지 않다. ¶ The idea (meaning) *eludes* me. 나는 그 생각(뜻)을 알 수 없다 / Sorry, your name *eludes* me. 죄송합니다만, 당신의 이름이 생각나지 않는군요. ◇ elúsion n., elúsive adj.

e·lu·sion [ilúːʒ(ə)n] n. ⓤ 피하기, 회피, 도피 (evasion).

e·lu·sive [ilúːsiv] adj. **1** 붙잡기(파악하기) 어려운; 이해하기 어려운; 〔기억하기〕 약한. ¶ an *elusive* argument 요령 부득한 논의 / an *elusive* meaning 알기 어려운 의미 / an *elusive* word 기억하기 어려운 말. **2** 〔교묘히〕 도피하는, 달아나기 쉬운; 포착하기 어려운. ¶ an *elusive* enemy 잡기 어려운 적 / the *elusive* dream of wealth 언간해서 실현되지 않는 부(富)의 꿈.
── **·ly** adv. ── **·ness** n. 〔없는, 회피적인 (elusive).

e·lu·so·ry [ilúːsəri] adj. 포착하기 어려운, 붙잡을 데

e·lu·tri·ate [ilúːtrièit] vt. (**-at·ed**, **-at·ing**) **1** …을 씻어 깨끗이 하다. **2** …을 씻어서 무거운 것과 가벼운 것으로 나누다.

el·van [élvən] n. 〔광물〕 **1** 맥반암(脈斑岩) 〔영국 Cornwall 산〕; 그 큰 암맥. **2** 화강 반암(花崗斑岩).

el·ver [élvər] n. 〔특히 바다에서 강으로 올라온〕 뱀장어 새끼.

elv·ish [élviʃ] adj. = elfish.

É·ly·sée [eiliːzéi] n. 엘리제궁 〔파리의 궁전. 프랑스 대통령 관저〕; 프랑스 정부.

É·ly·sée-watch·er [eiliːzéiwɑ̀tʃər / -wɔ̀tʃ-] n. 프랑스 정치 연구가, 프랑스 통.

E·ly·sian [ilíʒ(i)ən / -ziən] adj. **1** Elysium 의 (같은). ¶ the *Elysian* fields 극락 정토(淨土). **2** 지복(至福)의, 더할 나위 없이 즐거운.

E·ly·si·um [ilíʒiəm, -ʒəm / -ziəm] n. **1** 〔그리스·로마 신화〕 극락, 천당. **2** 낙토, 낙원, 이상향.

el·y·tron [élitràn / -trɔ̀n], **-trum** [-trəm] n. (pl. **-tra** [-trə]) 〔갑충류의〕 겉날개, 시초(翅鞘).

El·ze·vir [élzəvìər] adj. 네덜란드의 출판업자 엘지비어 (Elzevir) 가(家)의; 엘지비어 판(활자)의. ── n. 엘지비어판의 책; 엘지비어 활자.

em [em] n. M, m 의 음가. **2** 〔인쇄〕 전각(全角) 〔영문 활자체 M 자 크기의 사각형〕. ── adj. 〔인쇄〕 전각의, ¶ an *em* dash 전각 대시.

EM (略) *e*nlisted *m*an (men). cf. EW; *e*lectronic *m*ail(전자 우편); 〔컴퓨터〕 *e*nd of *m*edium (매체 종단(終端)). 〔*M*ines.

E.M. (略) *E*arl *M*arshal; *e*lectromotive; *E*ngineer of

'em [(ə)m] pron. 《구어》 = them.

em-¹ pref. ⇨ EN-¹.

em-² pref. ⇨ EN-². 〔화 협정〕.

EMA (略) *E*uropean *M*onetary *A*greement(유럽 통

e·ma·ci·ate [iméiʃièit] vt. (**-at·ed**, **-at·ing**) …을 여위

e·ma·ci·at·ed [iméiʃièitid] *adj.* 쇠약한, 여윈; [토지가] 메마른. ¶ be weak and *emaciated* 쇠약하고 여위어 있다. ── [인한] 쇠약, 수척함, 여윔.

e·ma·ci·a·tion [imèiʃiéiʃ(ə)n, -si-] *n.* ⓤ [병 따위로] 게 하다, 쇠약하게 하다; [토지]를 메마르게 하다.

E-mail, e-mail [íːmèil] *n.* = electronic mail.

em·a·nate [émənèit] *v.* (**-nat·ed, -nat·ing**) *vi.* [빛·열·향기·소리·사상·영향 따위가] 발산하다, 유출하다, 방사하다(emit); 퍼지다. ¶ Fragrance *emanates* from flowers. 향기가 꽃에서 발산한다. ── *vt.* 《드물게》 …을 발산(유출, 방사)하다.

em·a·na·tion [èmənéiʃ(ə)n] *n.* 1 ⓤ 유출, 발산, 방사. 2 발산(방사)된 것. ¶ *emanations from* the sun 태양부터의 방사물[빛·열 따위]. 3 ⓤ[물리 화학]으 머네이션 [방사성 기체].

em·a·na·tive [émənèitiv] *adj.* 1 유출적인, 방사성의, 발산하는. 2 발산의, 방사의.

e·man·ci·pate [imǽnsipèit] *vt.* (**-pat·ed, -pat·ing**) 1 [속박·구속에서] …을 자유롭게 하다 (...*from*) ⇨ FREE 類語 ¶ *emancipate* women 여성을 해방하다 // *emancipate* oneself *in* debt 빚에서 벗어나다 / *emancipate* a person *from* superstition 남을 미신에서 해방하다. 2 [로마 법률] [아이]를 후견(後見)(부권(父權))에서 해방하다.

e·man·ci·pa·tion [imæ̀nsipéiʃ(ə)n] *n.* ⓤⓒ 1 해방, 자유, 이탈. 2 [로마 법률] [아이]의 부권에서의 해방. ◇ emáncipate *v.*, emáncipatory *adj.*

e·man·ci·pa·tion·ist [imæ̀nsipéiʃ(ə)nist] *n.* [노예] 해방론자.

Emàncipátion Pròclamátion *n.* 《美역사》노예 해방령[1863년 1월 1일 Lincoln 대통령이 발포].

e·man·ci·pa·tor [imǽnsipèitər] *n.* 해방자. the Great *Emancipator* 대해방자[Lincoln 대통령의 별명].

e·man·ci·pa·to·ry [imǽnsipətɔ̀ːri / -pèit(ə)ri] *adj.* 해방의, 해방에 도움이 되는, 해방을 의도하는, 석방의.

e·mar·gi·nate [imáːrdʒənèit] *adj.* 1 [식물] [꽃] 잎 끝이 오목하게 팬. 2 그 가장 자리에 벤 자리가 있는.

e·mas·cu·late [imǽskjulèit → -lət·ing] *vt.* (**-lat·ed, -lat·ing**) 1 …을 거세하다(castrate). 2 …의 기력(기세)을 없애다, …을 약하게 하다, 연약하게 하다; [문세(文勢)]를 약하게 하다 [작품의 박력(알맹이)]을 없애다. ¶ A novel *emasculated* by censorship 검열로 알맹이가 빠진 소설. ── *adj.* [imǽskjulit, +美 -lèit] 거세된, 무기력한, 가냘픈(effeminate).

e·mas·cu·la·tion [imæ̀skjuléiʃ(ə)n] *n.* ⓤ 1 거세(castration), 무력화, 연약화, 알맹이 빼기(뺀 상태).

e·mas·cu·la·tive [imǽskjulèitiv] *adj.* 거세하는; 알맹이를 빼는, 무력화하는; 연약하게 하는.

e·mas·cu·la·tor [imǽskjulèitər] *n.* 거세하는 사람(물건), 무력화하는 사람(물건).

e·mas·cu·la·to·ry [imǽskjulətɔ̀ːri / -lèit(ə)ri] *adj.* = emasculative.

em·balm [imbáːm] *vt.* 1 [향유·향료·약품 따위로] [시체]를 방부 처치하다; …을 미라로 만들다. 2 《비유적》…을 오래 기억에 남기다. 3 …을 보존하다. 4 …에 향기를 채우다(perfume).

em·balm·ment [imbáːmmənt] *n.* ⓤ [시체의]방부 보존[법], [시체]를 향유·약품 따위로 미이라로 만들기.

em·bank [imbǽŋk] *vt.* …을 둑(제방)으로 둘러싸다, [하천]에 제방을 쌓다.

em·bank·ment [imbǽŋkmənt] *n.* 1 제방, 둑, ⓤ 제방(둑)을 쌓기, 축제(築堤). [tion.

em·bar·ka·tion [èmbɑːrkéiʃ(ə)n] *n.* = embarka-

em·bar·go [imbáːrgou] *n.* (*pl.* **-goes**) 1 [상선의] 출항(입항) 금지(명령). 2 [시설 부족·채무(債負) 따위로 어떤] 화물 적재 금지 명령, 3 [어떤 특정 상품의] 통상 정지, 수출 금지. ¶ an *embargo* on [the export of] gold; a gold *embargo* 금 수출 금지. 4 [일반적으로] 금지(prohibition), 제한, 저해.

lay (or *place, put*) *an embargo on* ① [선박]에게 출항 정지를 명하다. ② …의 통상을 금지하다. ③ …을 금지(저해)하다.

lift (or *take off, remove, take off*) *an embargo on* ① [선박]의 출항 정지를 해제하다. ② …의 통상 정지를 해제하다. ③ …을 해금하다.

under an embargo ① [선박이] 출항 정지중인. ② [통상이] 정지되어서. ¶ Rice is *under an embargo*. 쌀은 수출이 금지되어 있다.
── *vt.* 1 [선박]에 대해 출항(입항) 금지를 명하다. 2 [어떤 종류의 상품]의 통상을 금지(정지)하다. 3 [선박·화물]을 몰수(징발)하다.

*****em·bark** [imbáːrk] *vt.* 1 …을 [배·비행기 따위에] 태우다, 싣다, 적재하다, 승선시키다, 탑승시키다. ¶ *embark* cargo 뱃짐을 싣다. 2 [남]을 사업에 끌어 넣다; [기업에] 투자하다, 투입하다. [...+圄+젼+찡] *embark* much money *in* trade 장사에 많은 돈을 들이다 / *embark* oneself *in* …. 나서다. ── *vi.* 1 승선하다, 탑승하다; […을 향하여] 출항하다. ¶ (~+쬠+ 찡)*embark at* New York 뉴욕에서 승선하다 / *embark in* (or *on*) a boat 배를 타다 / *embark for* France by a steamer 기선을 타고 프랑스로 향하다 / *embark with* a person *in* the same boat 남하고 같은 배를 타다. 2 [사업에] 나서다, 착수하다; [장사를] 시작하다, 종사하다. ¶ (~+쬠+찡)*embark in* matrimony 결혼 생활을 시작하다 / *embark upon* a business 실업계에 들어가다.

*****em·bar·ka·tion** [èmbɑːrkéiʃ(ə)n] *n.* ⓤ 1 승선, 탑승, 적재. 2 승선자, 적재물.

em·bark·ment [imbáːrkmənt] *n.* = embarkation.

‡**em·bar·rass** [imbǽrəs] *vt.* 1 …을 난처하게 하다, 당혹(당황)케 하다, 쩔쩔매게 하다(perplex). ¶ (~+圄+젼+찡)*embarrass* a person with questions 질문을 해서 남을 난처하게 하다 / be (or feel) *embarrassed in* (or *by*) the presence of strangers 낯선 사람들을 앞에서 당황하다 / be *embarrassed with* responsibility 책임을 지게 되어 쩔쩔매다.

類語 *embarrass* 뜻밖의 일 따위로 평정(平靜)을 잃게 하고 불안·어색함이 생기게 하다: be *embarrassed* by a sudden happening 갑작스러운 사건으로 갈팡질팡하다. **bewilder** 대상이 복잡해서 완전한 사고·이해를 불가능하게 하다: be *bewildered* over a complex situation 복잡한 사태로 당황하다. **confuse** 매우 강하게 embarrass 또는 bewilder 하다: be *confused* by contradictory directions 모순되는 지시 때문에 어리둥절해지다. **disconcert** 급히 또는 심하게 마음을 혼란시켜 순식간에 생각을 집중할 수 없게 되다: be *disconcerted* by a big noise 큰 소음으로 당황하다. **dismay** 곤란·위험 따위가 내다보이거나 사태 처리가 어려워 의기소침해 하다: be *dismayed* at an unexpected refusal 예상외의 거절로 당황하다. **puzzle** 매우 복잡해서 이해·해결을 곤란하게 하다: be *puzzled* over a difficult problem 난문제에 당황하다. **perplex** puzzle 해서 걱정·불안으로 빠트리다.

2 [문제 따위]를 뒤얽히게 하다, 복잡하게 하다(complicate). ¶ Affairs are *embarrassed*. 사태가 복잡해지고 있다. 3 …을 훼방놓다, …을 방해하다(impede). ¶ *embarrass* a person's movements 남의 행동을 방해하다. 《보통 수동형으로》[금전적으로] …을 어렵게 하다, 곤궁하게 하다. ¶ (~+圄+젼+찡) They are *embarrassed* in their affairs. 그들은 재정난에 빠져 있다. ◇ embárrassment *n.*

em·bar·rass·ing [imbǽrəsiŋ] *adj.* 난처하게 하는, 얼떨은, 곤란한, 귀찮은.

em·bar·rass·ing·ly [imbǽrəsiŋli] *adv.* 당황하도록, 난처하도록, 어리둥절하게.

*****em·bar·rass·ment** [imbǽrəsmənt] *n.* ⓤ 1 당황, 당혹, 곤혹, 주눅, 어리둥절함, 거북함, 어색함 (perplexity). 2 당황하게 하는 것. 3 방해, 장해, 4 《보통 ~s》재정난. 5 과다함, 과잉. ◇ embárrass *v.*

em·bas·sa·dor [imbǽsədər] *n.* =ambassador.

*em·bas·sy [émbəsi] *n.* (*pl.* **-sies**) **1** 대사관원 전원. *cf.* legation **2** 대사관. ¶ The British *Embassy* in Seoul 서울 주재 영국 대사관. **3** 대사의 임무(직, 사명). **4** 사절단, 대사의 파견. ¶ go on an *embassy* 사절로서 가다. **5** 중요 사명(공무).

em·bat·tle[1] [imbǽtl] *vt.* (**-tled, -tling**) **1** (군대)의 진용을 갖추다, 전쟁 준비를 갖추다. **2** (도시 따위)를 요새화하다.

em·bat·tle[2] [imbǽtl] *vt.* (**-tled, -tling**) (성벽 따위에) 총안(銃眼)이 있는 흉벽(胸壁)을 만들다.

em·bat·tled [imbǽtld] *adj.* (紋章)흉벽 모양의 요철(凹凸)이 있는.

em·bat·tle·ment [imbǽtlmənt] *n.* =battlement.

em·bay [imbéi] *vt.* **1** (배)를 만(灣) 안에 들이다. **2** …을 만 모양으로 둘러싸다, 포위하다. **3** (해안 따위)를 만 모양으로 하다.

em·bay·ment [imbéimənt] *n.* **1** 만, 만 모양의 것. **2** (지리) 만입(灣入), 만 형성.

em·bed [imbéd], **im-** [im-] *vt.* (**-bed·ded, -bed·ding**) **1** …을 꽂아 넣다, 묻다(…*in*). ¶ an *embedded* pot 묻힌 단지. **2** (마음·기억)에 …을 깊이 새겨두다 (…*in*). ¶ It lies *embedded in* my memory. 그 일은 나의 기억에 깊이 새겨져 있다.

em·bel·lish [imbéliʃ] *vt.* **1** …을 아름답게 하다 (beautify), 장식하다(adorn). ¶ *embellish* the room with new rugs 방을 새 융단으로 아름답게 하다. **2** (이야기 따위)를 윤색하다; 수식하다. ¶ *embellish* the old stories 옛 이야기를 윤색하다.

em·bel·lish·ment [imbéliʃmənt] *n.* ⓤⓒ **1** 꾸미기, 장식, 수식; (이야기의) 꾸밈, 짜임. **3** (음악) 장식음(ornament).

*em·ber [émbər] *n.* **1** 빨갛게 타다 남은 것(잔재), **2** (~s) 타다 남은 불, 잔화(殘火), 여신(餘燼).

Ém·ber dày *n.* (교회) 사계 재일(四季齋日) (1년에 4회 3일간에 걸쳐 있는 단식과 기도의 날) (間.

Ém·ber wèek *n.* 사계 재일(Ember days) 이 있는 주

em·bez·zle [imbézl] *vt.* (**-zled, -zling**) (위탁된 금품 따위)를 횡령하다, 착복하다, 가로채다. ¶ *embezzle* $10,000 *from* the bank 은행에서 1만 달러를 횡령하다.

em·bez·zle·ment [imbézlmənt] *n.* ⓤ 착복, 횡령죄.

em·bez·zler [imbézlər] *n.* 횡령자, 착복자, 도용자.

em·bit·ter [imbítər] *vt.* **1** …을 쓰게 하다. **2** …을 쓰리게 하다, 괴롭히다. **3** …을 분격시키다. **4** …을 한층 더 나쁘게(심하게)하다(make worse).

em·bit·ter·ment [imbítərmənt] *n.* ⓤ 쓰게 함, 쓰라림, 괴로움; 격화, 분격.

em·bla·zon [imbléiz(ə)n] *vt.* **1** (방패)를 문장(紋章)으로 장식하다. **2** …을 (화려한 색채로)장식하다. **3** …을 높이 칭찬하다, 격찬하다(praise).

em·bla·zon·er [imbléiz(ə)nər] *n.* (방패를) 문장으로 장식하는 사람, 문장사(師).

em·bla·zon·ment [imbléiz(ə)nmənt] *n.* ⓤ **1** 문장으로 장식하기; 장식. **2** 칭찬, 찬양. **3** (보통 ~s)문장.

em·bla·zon·ry [imbléiz(ə)nri] *n.* (*pl.* **-ries**) **1** 문장 장식; 문장 묘화(描畵) [술]; 《집합적》 문장. **2** 화려한 장식.

*em·blem [émbləm] *n.* **1** 상징, 표상(symbol). ¶ a national *emblem* 국민의 상징 / An eagle is the American *emblem*. 독수리는 미국의 상징이다. **2** 표상적 그림, 표장(標章), 기장(記章) (badge), 문장. **3** 우의화(寓意畵). **4** (성질 따위의) 전형(典型) (type). ── *vt.* …을 표장으로 나타내다, 상징하다(symbolize).

◇ emblemátic *adj.*, emblematize *v.*

em·blem·at·ic [èmbləmǽtik], (**em·blem·at·i·cal** [-ik(ə)l])*adj.* 상징의, 상징적인, (…을) 표상하는, 전형적인(*of*…). ¶ Free discussion is *emblematic of* democracy. 자유 토론은 민주주의를 상징하는 것이다.

-i·cal·ly [·ikəli] *adv.*

em·blem·a·tist [emblémətist] *n.* 표장(標章) 고안(제작)자; 우화(寓話) 작가.

em·blem·a·tize [emblémətàiz] (※ (英)에서는 **em·blem·a·tise** 로도 쓴다) *vt.* (**-tized, -tiz·ing**) …을 상징하다(symbolize); 표장으로 나타내다.

em·ble·ments [émbləmənts] *n. pl.* (법률) 인공 경작물; 그 수익.

em·bod·i·ment [imbádimənt / -bɔ́di-] *n.* **1** ⓤ 구체화(하기), 구상(具象), 구현, 체현(體現). **2** 구체물, 화신, 권화(權化) (incarnation). ¶ the *embodiment* of virtue 미덕의 권화.

*em·body [imbádi / -bɔ́di] *vt.* (**-bod·ied, -body·ing**) **1** (정신)에 형체와 (육체)를 주다(incarnate) ; …을 구체화하다. ¶ an *embodied* spirit 영혼을 구현화한 것. **2** (작품·말 따위)를 구체적으로 나타내다(…*in*). **3** (~+圓+前+名)*embody* democratic ideas in the speech 민주주의 사상(관념)을 연설에서 구체적으로 표명하다. **3** …을 통합하다(incorporate), 포함하다 (include), 수록하다, 편입(편성)하다.

em·bog [imbág / -bɔ́g] *vt.* (**-bogged, -bog·ging**) **1** …을 수렁에 빠져들게 하다(mire). **2** …을 궁지에 빠뜨리다.

em·bold·en [imbóuld(ə)n] *vt.* **1** …에게 용기를 주다 (encourage), **2** …을 대담하게 하다(make bold).

em·bol·ic [embálik / -bɔ́l-] *adj.* (병리) 색전 (성)의. (발생) 함입(陷入)의.

em·bol·ism [émbəlìz(ə)m] *n.* ⓤ **1** (달력에) 윤(閏)을 더하기; 그 날, 그 해 **2** (주력도문(主歷曆)에 덧붙이는 기원, 후문(後文). **3** (병리) 색전증(塞栓症) (혈관이 폐색되는 병증).

em·bo·lus [émbələs] *n.* (*pl.* **-li** [-lai]) (병리) 색전물, 전자(栓子).

em·bon·point [F ābɔpwɛ̃] *n.* 《프랑스》 (특히 여성의) 비만. 〈F〉

em·bos·om [imbú(:)zəm / -búz-] *vt.* 《종종 수동형으로》 …을 안다, 둘러싸다; (나무 따위가) …을 둘러싸다. ¶ a temple *embosomed* in a grove 숲에 둘러싸인 성당. **2** …을 품에 껴안다. **3** …을 소중히 하다; 귀여워하다 (cherish).

*em·boss [imbɔ́:s, -bás / -bɔ́s] *vt.* **1** …을 돋을새김(양각)으로 장식하다; (무늬 따위)를 도드라지게 새기다; (도안·무늬 따위)를 …에 도드라지게 하다(돋보이게 하다). **2** (~+圓+前+名) The gold cup is *embossed with* a design of flowers. 황금 잔에는 꽃무늬가 양각으로 새겨져 있다 / A floral design was *embossed on* the letter case. 문갑의 표면에는 꽃무늬가 도드라지게 새겨져 있었다. **2** …을 부풀리다 (inflate); 융기시키다, 돋아나게 하다. ◇ embóssment *n.*

em·bossed [imbɔ́:st, -bást / -bɔ́st] *adj.* 양각으로 한, 도드라지게 한, 볼록 나오게 한(bossed). ¶ *embossed* leather 눌러서 도드라지게 한 가죽 / *embossed* printing 눌러서 도드라지게 한 인쇄.

em·boss·ment [imbɔ́:smənt, -bás- / -bɔ́s-] *n.* **1** ⓤ 돋을새김하기. **2** 돋을새김 세공, 도드라진 무늬 장식.

em·bou·chure [ɑ̀ːmbuʃúər / ɔ́m-] *n.* **1** 강어귀. **2** 골짜기의 어귀. **3** *a*) (취주 관악기의) 취관(吹管), 주둥이. *b*) 취관에 입술 대는 방법. 〈F〉

em·bow·el [imbáuəl] *vt.* (**-eled, -el·ing**; 《특히 英》 **-elled, -el·ling**) =disembowel.

em·bow·er [imbáuər] *vt.* …을 나뭇가지로 가리다, 나무로 둘러싸다. ¶ a house *embowered* with trees 나무로 둘러싸인 집.

*em·brace[1] [imbréis] *v.* (**-braced, -brac·ing**) *vt.* **1** 껴안다, 포옹하다. ⇔ HUG (類語) ¶ Father *embraced* me. 아버지가 나를 껴안았다. **2** (사상 따위)를 받아들이다 (accept). ¶ *embrace* liberal views 자유주

embrace 763 **emergency**

의적 사상을 받아들이다. **3** 〔기회〕를 포착하다; 이용하다. ¶ *embrace* an opportunity 기회를 붙잡다. **4** 〔의견·신앙 등〕을 신봉하다, 채택하다(adopt); 〔직업〕을 가지다, 〔생활 따위〕에 들어가다. ¶ *embrace* Christianity 기독교를 신봉하다 / *embrace* a new profession (life) 새 직업을 가지다(새 생활에 들어가다). **5** …을 알아채다, 깨닫다. **6** …을 둘러싸다, 에워싸다(encircle). ¶ The hills *embrace* the town. 언덕이 그 마을을 에워싸고 있다. **7** …을 포용하다, 포함하다(include); 〔넓은 범위〕에 걸치다. ⇨ CONTAIN 類語 ¶ His work *embraces* the whole field of ancient Roman history. 그의 저작은 고대 로마사의 전 분야에 걸치고 있다. — *vi.* 서로 껴안다. — *n.* **1** 포옹. **2** 〔완곡적〕 성교. ◇ embrácement *n.*

em·brace[2] [imbréis] *vt.* (-braced, -brac·ing) 〔법률〕 〔재판관·배심원 등〕을 모매수하다, 매수하다.

em·brace·ment [imbréismənt] *n.* ⓤ **1** 포옹. **2** 〔사상·의견 등의〕 수락, 감수.

em·brace·or [imbréisər] *n.* 〔법률〕 재판관(배심원 등)을 모매수하는 사람, 매수자. [embraceor.

em·brac·er [imbréisər] *n.* **1** 포옹하는 사람. **2** =

em·brac·er·y [imbréisəri] *n.* (*pl.* -er·ies) 〔법률〕 재판관(배심원 등)의 매수.

em·branch·ment [imbrǽntʃmənt / -brάːntʃ-] *n.* ⓤ ⓒ 〔나뭇가지·하천 등의〕 분기, 분지(分枝), 분류(branch).

em·bran·gle [imbrǽŋgl] *vt.* (-gled, -gling) …을 혼란시키다, 헝클어지게 하다.

em·bra·sure [imbréiʒər] *n.* **1** 〔성·요새 따위의 안쪽이 바깥쪽보다 좁은〕 흉벽(胸壁) 총안. ⇨ BASTION 그림. **2** 〔건축〕 〔창 등의〕 나팔꽃 모양, 나팔꽃 모양의 구멍.

em·bro·cate [émbro(u)kèit] *vt.* (-cat·ed, -cat·ing) 〔바르는 약을〕…에 바르다(도포하다), …에 약액(물약)을 바르다.

em·bro·ca·tion [èmbro(u)kéiʃ(ə)n] *n.* **1** ⓤ 약액의 도포. **2** 바르는 약, 도찰제(塗擦劑). [glio.

em·bro·glio [imbróuljou] *n.* (*pl.* -glios) =imbro-

***em·broi·der** [imbrɔ́idər] *vt.* …에 수놓다, 자수하다. ¶ (~+目+前+名) a scarf *embroidered in* red thread 붉은 실로 자수한 스카프 / *embroider* flowers *on* her dress; *embroider* her dress *with* flowers 그녀의 옷에 꽃무늬를 수놓다. **2** 〔이야기 따위〕를 윤색하다, 과장하다(exaggerate). ¶ A number of war novels are more or less *embroidered*. 많은 전쟁 소설은 다소간에 그 내용이 과장되어 있다. — *vi.* **1** 수놓다, 자수하다. **2** 과장하다. ◇ embróidery *n.*

em·broi·der·er [imbrɔ́idərər] *n.* 수놓는(자수하는) 사람.

***em·broi·der·y** [imbrɔ́idəri] *n.* (*pl.* -der·ies) **1** ⓤ 수놓기, 자수〔법〕. **2** 자수품. **3** ⓤⓒ 윤색(embellishment), 장식, 과장. ◇ embróider *v.*

em·broil [imbrɔ́il] *vt.* **1** 〔분쟁·전쟁 따위에〕…을 끌어들이다, 휩쓸어 넣다(involve)(…*in*). ¶ become *embroiled in* a dispute 분쟁에 휩쓸려 들어가다. **2** 〔사건·사태 따위〕를 혼란시키다(confuse); 복잡하게 하다, 분규시키다. ¶ *embroil* th with another 그것을 다른 것과 혼동하다.

em·broil·ment [imbrɔ́ilmənt] *n.* ⓤⓒ **1** 혼란시킴. **2** 분규, 소동, 다툼(quarrel).

em·brown [imbráun] *vt., vi.* 갈색(다색)으로 하다(되다); 거무스름하게 하다(되다).

em·brue [imbrúː] *v.* (-brued, -bru·ing) =imbrue.

em·brute [imbrúːt] *vt., vi.* (-brut·ed, -brut·ing) =

em·bry- ⇨ EMBRYO. [imbrute.

***em·bry·o** [émbriòu] *n.* (*pl.* -os) **1** 〔발생〕 a) 배(胚) 〔발생 초기의 태아(인간의 경우는 보통 임신 8주일까지)〕. **2** 〔식물〕 배. **3** 〔일반적으로〕 싹, 시발(beginning); 〔발달의〕 초기. ¶ in *embryo* 미발달로, 초기 상태(단계)로, 〔계획이〕 무르익지 않은.

— *adj.* =embryonic. ◇ embryónic *adj.*

embryo- embryo 의 뜻의 연결형(* 모음 앞에서는 embry-를 쓴다). 예: *embryo*logy.

em·bry·oid [émbriɔ̀id] *adj.* 배(胚)〔모양〕의. — *n.* 〔동식물〕 배양체(胚樣體).

em·bry·o·log·ic [èmbrio(u)ládʒik / -lɔ́dʒ-], **-i·cal** [-ik(ə)l] *adj.* 발생학(상)의, 태생(학)〔상〕의.

em·bry·ol·o·gist [èmbriάlədʒist / -ɔ́l-] *n.* 발생학자, 태생학자.

em·bry·ol·o·gy [èmbriάlədʒi / -ɔ́l-] *n.* ⓤ 발생학, 태생학.

em·bry·on·ic [èmbriάnik / -ɔ́n-] *adj.* **1** 배에 관한; 태아의, 태생의. **2** 발아기(發芽期)의; 미발달의; 미숙의.

émbryò sàc *n.* 〔식물〕 배낭(胚囊). [한.

em·bus [imbʌ́s] *vt., vi.* (-bussed, -bus·sing) 버스에 태우다(타다).

em·cee [émsíː] 《미구어》 *n.* 〔파티나 만찬회 따위의 여흥의〕 사회자. — *v.* (-ceed, -cee·ing) *vt.* …을 사회하다. ¶ *emcee* a variety show 버라이어티 쇼를 사회하다. — *vi.* 사회를 보다. [<M.C.<*M*aster of *C*eremonies]

EMCF(略) *E*uropean *M*onetary *C*ooperation *F*und 〔유럽 통화 협력 기금〕.

e·meer [imíər] *n.* =emir.

e·mend [iménd] *vt.* **1** 〔문서·원문 따위〕를 교정하다, 수정하다(edit). **2** 〔잘못·결점 따위〕를 바로잡다, 정정하다(correct).

e·mend·a·ble [iméndəbl] *adj.* **1** 정정할 수 있는, 교정할 수 있는. **2** 금품으로 갚을 수 있는.

e·men·date [íːmendèit, -美 mən-, iméndeit] *vt.* (-dat·ed, -dat·ing) 〔본문〕을 교정하다.

e·men·da·tion [ìːmendéiʃ(ə)n, -美 èmən-] *n.* ⓤⓒ 교정; 수정(correction).

e·men·da·tor [íːmendèitər, -美 -mən-, iméndeit-] *n.* 교정자, 개정자, 수정자. [수정의.

e·men·da·to·ry [iméndətɔ̀ːri / -t(ə)ri] *adj.* 교정의,

***em·er·ald** [ém(ə)rəld] *n.* **1** 에메랄드, 녹옥석. **2** ⓤ 에메랄드색, 선녹색. **3** ⓤ 《영》〔인쇄〕 에메랄드 활자〔약 6.5 포인트의 크기〕. — *adj.* 에메랄드색의, 선녹색의. ¶ *emerald* green 에메랄드 그린, 선녹색.

Émerald Ísle *n.* (the ~) 아일랜드의 별명〔푸른 초목이 무성한 데서〕.

‡**e·merge** [imə́ːrdʒ] *vi.* (e·merged, e·merg·ing) **1** 〔물속·어둠속 따위에서〕 나오다, 나타나다, 출현하다(appear). ¶ As the clouds drifted away the sun *emerged*. 구름이 흘러가자 태양이 나왔다 // (~+前+名) The full moon will soon *emerge from* behind the clouds. 보름달이 곧 구름 뒤편에서 모습을 나타낼 것이다. **2** 〔빈곤·무명의 처지 따위에서〕 벗어나다, 일어서다, 부상하다. ¶ (~+前+名) *emerge from* poverty (difficulty) 가난을 딛고 일어서다(곤란을 타개하다). **3** 〔문제·곤란 따위가〕 생기다; 〔새로운 사실 따위가〕 분명해지다. ¶ A touchy question *emerged*. 골치 아픈 문제가 일어났다 / The truth will finally *emerge*. 진실은 결국 밝혀질 것이다. ◇ emérgence *n.*, emérgent *adj.*

e·mer·gence [imə́ːrdʒəns] *n.* ⓤ **1** 출현; 〔문제 등의〕 발생. **2** 〔위기·역경 따위로부터의〕 탈출. **3** ⓒ 〔가시 따위와 같이〕 기관(器官) 표면에 생기는 것, 모상체(毛狀體). **4** 〔생물·철학〕 창발(創發)〔예기치 않았던 새로운 특성이 발전·진화의 도상에 나타남〕.

‡**e·mer·gen·cy** [imə́ːrdʒənsi] *n.* ⓤⓒ (*pl.* -cies) 돌발 사태, 돌발 사건, 비상(긴급) 사태. ¶ a national *emergency* 국가의 비상시 / *emergency* call 비상 소집 / an *emergency* case (or box) 구급 상자 / an *emergency* door (or exit) 비상구 / an *emergency* fund 〔상업〕 비상시 준비금 / an *emergency* man 임시 고용; 보결 선수 / *emergency* landing 불시착〔륙〕 / an *emergency* measure 응급 조치 / for *emergency* use; for use in 〔an〕 *emergency* 비상용의(으로) / face an *emergency* 긴급 사태에 직면하다 / be ready for all *emergencies* 모든 사태

emergency brake 764 **Emmentaler**

에 대한 준비가 되어 있다 / A sudden *emergency* arose (*or* occurred). 긴급 사태가 일어났다.
類語 **emergency** 즉각적인 행동을 필요로 하는 사태: be ready for an *emergency* 긴급 사태에 대비하고 있다. **crisis** 생사·성패를 좌우하는 중대 전기: the *crisis* of a country 나라의 중대 위기. **exigency** 사태에서 생긴 긴급의 필요성을 강조하는 말: the *exigency* of a patient who needs a transfusion 수혈이 필요한 환자의 긴급 상태. **pinch** 주로 개인의 긴급 사태; 위의 3개어보다는 뜻이 약하다: financial *pinch* 재정난. **straits** 사람이 쉽게 벗어날 수 없는 긴급한 곤경: be in bad *straits* for lack of money 돈이 없어 곤경에 있다.
in an emergency; in case of emergency 비상시에.
emérgency bràke n. [기차 따위의] 비상 제동기.
emérgency lánding fìeld n. 불시 착륙장.
e·mer·gent [imə́ːrdʒənt] *adj.* **1** 나타나는, 출현하는. **2** 명백해지는, 눈에 보이게 되는. **3** 신생의; 새로 독립한. ¶ the *emergent* nations of Central Africa 중앙 아프리카의 신생 독립국. **4** 불시에 나타나는, 불의의; 비상의, 긴급의(urgent). **5** [생물·철학] 창발(創發)적인. ― *n.* [생태] 수면상에 줄기·잎 따위를 뻗고 있는 수생 식물, 추수(抽水) 식물 [연꽃·부들 따위].
e·mer·i·tus [iméritəs] *n.* (*pl.* **-ti** [-tài]) 명예직에 있는 사람; 명예 교수. ― *adj.* 명예 퇴직의, 전관(전직) 예우의. ¶ an *emeritus* professor; a professor *emeritus* 명예 교수. (<L *ēmeritus* having served one's time)
e·mersed [iməːrst] *adj.* **1** [식물] [수초의 잎 따위가] 수면위에 나타나 있는. **2** 나타난, 떠오른.
e·mer·sion [i(ː)mə́ːrʒ(ə)n, -ʃ(ə)n / -ʃ(ə)n] *n.* ⓤⓒ **1** [천문] [엄폐(掩蔽), 또는 식(蝕)] (eclipse) 다음의 태양이나 달의 재현. **2** 재현, 출현.
Em·er·so·ni·an [èmərsóuniən] *adj.* [미국의 사상가] 에머슨의, 에머슨적(식)인; 에머슨에 관한. ― *n.* 에머슨 숭배자.
Em·er·so·ni·an·ism [èmərsóuniənìz(ə)m] *n.* [에머슨식의]초절주의(transcendentalism); 에머슨주의.
em·er·y [éməri] *n.* ⓤ 금강사[연마용], 에머리.
émery bàg n. 바늘 연마대[금강사 주머니].
émery bòard n. [판지 따위에 금강사를 바른] 매니큐어용 손톱 줄.
émery clòth n. ⓤ 사포[연마용].
émery pàper n. ⓤ 금강사로 만든 사지(砂紙).
émery pòwder n. 금강사(金剛砂); 석류석 가루.
émery whèel n. 회전식 [금강사] 숫돌 (grinding wheel).
E-me·ter [íːmìːtər] *n.* (=**electrometer**) 전위계(電位計) [피부에 나타나는 전기 저항 변동을 측정하며 거짓말 탐지기로 이용된다].
e·met·ic [imétik] *adj.* 구역질나게 하는, 구토를 일으키는. ― *n.* 구토제.
e·meu [íːmjuː] *n.* =emu.
e·meute [F émœt] *n.* [프랑스] (=riot) 폭동.
emf, e.m.f., E.M.F., EMF 〚略〛 *electromotive force*(기전력); *European Monetary Fund*(유럽 통화 기금).
EMI 〚略〛 *Electrical and Musical Industries*; [전기] *electromagnetic interference*(전자 방해).
-emia, -aemia [의학] 혈액 상태의 뜻의 연결형(* p, t, k 의 뒤에서는 -hemia, -haemia 를 쓴다): hyper*emia*, septic*emia*.
e·mic [íːmik] *adj.* [언어·기타 인간 행동을 분석·기술하는 데 있어서] 기능면을 중시하는. *cf.* etic
*****em·i·grant** [émigrənt] (*cf.* immigrant) *n.* [자국외로의] 이민, 외국으로 돈벌이 하는 사람, 이주자. ¶ *emigrants for* (or *to*) America 미국에의 이민들 / *emigrants from* Korea *to* Brazil 한국에서 브라질로 가는 이민들. ― *adj.* [국외로] 이민가는; 돈벌이 가는, 이주하는.
*****em·i·grate** [émigrèit] *v.* (**-grat·ed, -grat·ing**) (*cf.* immigrate) *vi.* [타국에] 이주하다, 이민가다; [다른 주(州) 따위에] 이사하다. ⇒ MIGRATE 類語 ¶ (~+前+名) *emigrate* from Korea to (or into) Hawaii 한국에서 하와이로 이주하다. ― *vt.* …을 이주시키다.
em·i·gra·tion [èmigréiʃ(ə)n] *n.* (*cf.* immigration) ⓤ **1** [자국에서 타국으로의] 이민, 이주; [외국으로] 돈벌이 하러 가기; 이사. **2** [집합적] 이민단, 이주자. ¶ *emigration* policy 이민 정책.
em·i·gra·to·ry [émigrətɔ̀ːri / -grətəri] *adj.* 이주의, 이주하는; [특히 새들의] 이주성의, 이동하는(migratory).
é·mi·gré [émigrèi, èimgréi] *n.* **1** [정치적] 망명자. **2** [1789년의 프랑스 혁명 후의] 망명 왕당원. **3** [1918년의 혁명 후의] 망명[백계] 러시아인. (<F *emigrant*)
*****em·i·nence** [émin(ə)ns] *n.* **1** ⓤ [지위·신분·명성 따위가] 높음, 고위, 고귀, 고명; 탁월. ¶ a man of *eminence* 명사 / rise to social *eminence* 사회적으로 유명해지다. **2** 높은 곳, 고대(高臺), 고지(height). **3** (His E―, Your E―) 전하 [가톨릭] cardinal (추기경)의 존칭. **4** [해부] [뼈 따위의] 돌출, 융기.
achieve (or *attain*) *eminence in* …에 뛰어나다.
reach eminence as …으로서 유명해지다.
◇ éminent *adj.*
é·mi·nence grise [F eminãːs griːz] *n.* (*pl.* **é·mi·nences grises**) [프랑스] (=gray eminence) **1** 밀사, 첨보원. **2** 흑막(적인 인물). 〘<프랑스의 정치가 Richelieu 의 심복이었던 Père Joseph 의 별명〙
em·i·nen·cy [émin(ə)nsi] *n.* (*pl.* **-cies**) 《드물게》 =eminence.
†em·i·nent [émin(ə)nt] *adj.* **1** 신분이 높은, 고위의; 저명한(*for*…). ⇒ FAMOUS 類語 ¶ an *eminent* professor 저명한 교수 / a president *eminent* both as general and as statesman 장군으로서도 유명한 대통령 // a man *eminent for* his justice 공정하기로 유명한 사나이. **2** 우수한, 탁월한, 뛰어난; 주목할 만한(*in*…). ¶ a man of *eminent* service 뛰어난 공적이 있는 사람 / a man *eminent in* painting (learning) 그림(학문)에 뛰어난 사람. **3** 돌출한, 뛰어나온(projecting), 높은. ¶ an *eminent* nose 우뚝한 코. ~**·ly** *adv.* ◇ éminence *n.*
éminent domáin n. ⓤ [법률] 토지 수용권.
e·mir, a·mir [əmíər], (**ameer, emeer**) *n.* **1** [아라비아의] 태수(太守), 토후(土侯), 족장. **2** 마호메트의 자손의 존칭. **3** 터키 귀인의 존칭. 〘<Arab *amīr* ruler〙
e·mir·ate, a·mir·ate [əmí(ː)rit / imírit] *n.* emir 의 관할권; 토후국.
em·is·sar·y [émisèri / -səri] *n.* (*pl.* **-sar·ies**) **1** 사절(messenger); 특사. **2** 밀사, 간첩(spy). ― *adj.* **1** 사절(밀정)로서 파견된. **2** 사절의, 밀정의.
*****e·mis·sion** [imíʃ(ə)n] *n.* ⓤⓒ **1** [액체·빛·열·향기 따위의] 방사, 발산. **2** 방사(발출)물. **3** [지폐·증권따위의] 발행(액). **4** [전자 공학] [일렉트론의] 방출. **5** [교리] 누정(漏精), 배설(泄). **6** 배기(排氣).
e·mis·sive [imísiv] *adj.* **1** 방사[성]의. **2** 방사력이 있는.
*****e·mit** [imít] *vt.* (**e·mit·ted, e·mit·ting**) **1** [액체·빛·열·소리 따위를] 내뿜다, 발하다(discharge). **2** [법령따위를] 발포하다(issue). **3** [지폐 따위를] 발행하다. **4** [의견 따위를] 토로하다, 말하다.
e·mit·ter [imítər] *n.* 방사체; [법령 따위의] 발포자; [지폐 따위의] 발행인; [전자 공학] 에미터.
EML 〚略〛 〘군사〙 *electromagnetic launcher*(전자 사출(射出) 장치).
Em·man·u·el [imǽnjuəl] *n.* =Immanuel.
em·men·a·gogue [iménəgɔ̀ːg, -gɑ̀g, imíːn- / iménəgɔg] *n.* [의학] 월경 촉진제. ― *adj.* 월경 촉진의.
Em·men·ta·ler, -tha·ler [émənt̀aːlər] *n.* =Swiss

em·me·tro·pi·a [èmitróupiə] *n.* ⓤ 〔안과〕 정시안〔正視眼〕.

em·me·tro·pi·a [èmitróupiə] *n.* ⓤ 〔안과〕 정시안.

Ém·my Awárd [émi-] *n.* 에미상 〔미국의 텔레비전 우수 프로·연기자·기술자에게 매년 한번씩 수여되는 상〕.

e·mol·lient [imáljənt, -liənt / imɔ́l-] *adj.* 〔특히 피부를〕 부드럽게 하는 힘이 있는. — *n.* 〔약학〕 〔피부〕연화제, 진통제.

e·mol·u·ment [imáljumənt / imɔ́l-] *n.* (보통 ~s) 〔직무 따위에서 생기는〕 이득, 수입, 보수, 사례; 급료(salary).

e·mote [imóut] *vi.* (**e·mot·ed, e·mot·ing**) **1** 〔美구어〕 과장되어 감정을 나타내다; 감정을 꾸미다. **2** 〔연극 등에서 어떤 역을〕 연기하다.

‡e·mo·tion [imóuʃ(ə)n] *n.* **1** ⓤ 감격, 감동. ¶ agitated by *emotion* 감동으로 마음이 흔들려서 / kindle a person's *emotion* 남을 감동시키다 / betray (or display) one's *emotion* 무의식중에 감정을 얼굴에 나타내다 / He heard the news without *emotion*. 그는 그 소식을 듣고도 감동하지 않았다 / My breast was filled with *emotion*. 감동으로 나는 가슴이 벅찼다. **2** ⓤⓒ 〔희로애락의〕 정, 감정, 정서. ⇒ FEELING 類語〕 *sentimental emotion* 감상적인 감정 / a man of strong *emotion* 격정적인 사람 / appeal to the *emotions* 감정에 호소하다 / control one's *emotion* 감정을 억누르다.

◇ emóte *v.*, emótional *adj.*

***e·mo·tion·al** [imóuʃ(ə)nəl] *adj.* **1** 감정의, 정서의. **2** 감동하기 쉬운, 정에 약한. ¶ an *emotional* nature 감동하기 쉬운 성질. **3** 정서적인, 감정에 호소하는; 감동적인. ¶ an *emotional* actor 감정 표현을 잘하는 배우 / *emotional* music 정서적인 음악 / an *emotional* speech 감동적인 연설. **4** 감정적인. ¶ an *emotional* person 감정가 / an *emotional* quarrel 감정적인 싸움.

emótional consúmption *n.* 〔마케팅〕 감성(感性) 소비.

e·mo·tion·al·ism [imóuʃ(ə)nəlìz(ə)m] *n.* ⓤ 정서성, 감동하기 쉬운 성질, 감정 표출(表出), 주정론(主情論) (주의).

e·mo·tion·al·ist [imóuʃ(ə)nəlist] *n.* 감정가; 정서적인 사람; 〔철학·윤리〕 주정론(주의)자.

e·mo·tion·al·i·ty [imòuʃ(ə)nǽliti] *n.* ⓤ 정서성.

e·mo·tion·al·ize [imóuʃ(ə)nəlàiz] (*英〕에서는 **e·mo·tion·al·ise**로도 쓴다〕 *vt.* (**-ized, -iz·ing**) …을 감정(정서) 적인 것으로 다루다, 감정적에서 다루다.

***e·mo·tion·al·ly** [imóuʃ(ə)nəli] *adv.* 정서적으로, 감정적으로. ¶ ~ *dead* 정의, 애정이 없는.

e·mo·tion·less [imóuʃ(ə)nlis] *adj.* 감동이 없는, 무표정의.

e·mo·tive [imóutiv] *adj.* 감정의, 감정적인, 주정적인, 감정의, 감동시키는. ¶ *emotive* eloquence 감동적인 웅변. ~·**ly** *adv.* ~·**ness** *n.*

e·mo·tiv·i·ty [ìːm(ou)tíviti] *n.* ⓤ 정서성, 감동을 일으키게 하는 힘(성질).

Emp. (略) Emperor; Empire; Empress.

EMP (略) *e*lectro*m*agnetic *p*ulse 〔전자(電磁) 펄스〔핵폭발에 의해 발생하며, 컴퓨터 등의 자기(磁氣)기억을 소멸시킨다〕.

em·pan·el [impǽn(ə)l] *vt.* (**-eled, -el·ing**; 〔英〕 **-elled, -el·ling**) = impanel.

em·path·ic [empǽθik] *adj.* 〔심리〕 감정 이입(移入)의. -**i·cal·ly** *adv.*

em·pa·thize [émpəθàiz] *vi.* (**-thized, -thiz·ing**) 감정 이입(移入)을 하다.

em·pa·thy [émpəθi] *n.* ⓤ 〔심리〕 감정 이입.

em·pen·nage [ɑ̃ːmpɒnǽːʒ, èm-] *n.* 〔항공〕 〔비행기・비행선의〕 꼬리 부분, 보조익. [<F *feathering*]

‡em·per·or [émp(ə)rər] *n.* **1** 황제, 제왕. ¶ the Roman *Emperor* 신성 로마 황제 / the *Emperor* of Ethiopia 에티오피아 황제 / His Majesty (or H.M.) the *Emperor* 황제 폐하. **2** 〔대형〕 나비. ¶ an *emperor* butterfly 네발나비류의 일종 〔공작나비·신부나비 등〕 / a purple *emperor* 오색나비〔네발나비과(科)의 나비의 일종〕 / an *emperor* moth 천잠(天蠶)나비. **3** 《주로 英》 엠퍼러 사이즈〔48인치×72인치 크기〕의 그림용지·필기 용지.

em·per·y [émpəri] *n.* (*pl.* **-per·ies**) **1** ⓤ 절대 지배권, **2** 〔고어〕 황제의 영토, 제국.

‡em·pha·sis [émfəsis] *n.* ⓤⓒ (*pl.* **-ses** [-sìːz]) **1** 강조〔하기〕; 역점, 중점〔을 둠〕. ¶ with *emphasis* 강조하여 / lay (or place, put) great *emphasis* on (or upon) …에 중점(역점)을 두다, …을 크게 강조하다 / It deserves (or merits) special *emphasis*. 그것은 특별히 강조할 가치가 있다. **2** 〔修辭〕 〔단어·발음의〕 강세; 〔단어의 위치 전도·반복에 의한〕 강조, 어세(語勢), 문세. **3** 〔음악〕 강세(强勢); 〔미술〕 〔윤곽·색채 따위의〕 강조. **4** 〔사상·감정의 표현이나 행동 따위의〕 명찰, 박력, 열렬함. ¶ Sincerity gives *emphasis* to his contention. 성실성이 그의 주장을 힘차게 하고 있다.

◇ émphasize *v.*, empháctic *adj.*

‡em·pha·size [émfəsàiz] (*英》에서는 **em·pha·sise**로도 쓴다〕 *vt.* (**-sized, -siz·ing**) **1** 〔중요성 따위를〕 강조하다(stress). ¶ *emphasize* the point 중점을 역설하다 // (~ + *that* 節) Parents *emphasize that* children should be independent. 부모는 아이들이 독립심을 가져야 한다고 강조한다. **2** 〔말 따위에〕 강세를 두다, …을 세게 발음하다(stress). **3** 〔미술〕 〔색채·윤곽 따위의〕 …을 강조하다; 〔음악〕 〔음이〕 강약·박자의 완급 따위의 …을 강조하다. ◇ émphasis *n.* [<EMPHAS[IS]+-IZE]

***em·phat·ic** [imfǽtik] *adj.* **1** 〔말 따위에〕 강세가 있는, 어세가 강한. ¶ *emphatic* words 강세어. **2** 〔언어·행동에〕 힘을 준; 절대적인. ¶ an *emphatic* opinion (or denial) 단호한 의견 (거부) / His speech was very *emphatic*. 그의 연설은 대단히 힘찬 것이었다. **3** 현저한, 두드러진, 눈에 띄는(striking), 명확한. ¶ an *emphatic* success 대성공. — *n.* 〔음성〕 강(세) 자음.

***em·phat·i·cal·ly** [imfǽtikəli] *adv.* 〔말에〕 강세를 두고, 어세를 강하게 하여; 단호하게(positively), 힘주어서(forcibly).

em·phy·se·ma [èmfisíːmə] *n.* 〔병리〕 기종(氣腫).

‡em·pire [émpaiər] *n.* **1** 제국 (* 보통 kingdom(왕국)보다 범위가 넓고 많은 민족을 포함하는 넓은 국토를 총괄적으로 말한다〕. ¶ the Roman *Empire* 로마 제국. **2** ⓤ 황제의 권한, 절대 지배력. **3** ⓤ 절대 지배 〔권〕, 통할. **4** (종종 E-) ⓤ 제정, 제정기. **5** (the E-) 대영제국(the British Empire); 신성 로마 제국(the Holy Roman Empire); 〔나폴레옹 치하의〕 제1차 프랑스 제국 〔1804-15〕. — *adj.* (E-) 〔가구·장식·복장 따위에 있어서〕 제1차 제국(나폴레옹 치하) 풍의.

émpire búilder *n.* 제국 건설자; 자기의 세력 범위 (영토) 확장을 꾀하는 사람.

Émpire Cíty *n.* (the ~) New York City 의 속칭.

Émpire Dáy *n.* =Commonwealth Day. 〔명.

Émpire Státe *n.* (the ~) 미국 New York 주의 별

Émpire Státe Búilding *n.* (the ~) 미국 New York 시에 있는 102층의 유명한 고층 빌딩.

em·pir·ic [impírik] *n.* **1** 경험주의자. **2** 〔고어〕 엉터리 의사, 돌팔이 의사(quack), 〔경험주의의 구식〕의사. — *adj.* =empirical.

em·pir·i·cal [impírik(ə)l], **em·pir·ic** [impírik] *adj.* **1** 경험〔주의〕적인, 실험〔경험〕에 근거를 둔. ¶ *empirical* criticism 경험적 비판론 / *empirical* idealism 경험적 관념론 / *empirical* philosophy 경험 철학 / *empirical* knowledge 경험적 지식. **2** 〔논리를 무시하고〕 경험만을 내세우는, 경험주의의; 돌팔이 의사 같은. -**i·cal·ly** [-ikəli] *adv.*

em·pir·i·cism [impírisìz(ə)m] *n.* ⓤ **1** 경험주의. **2** 〔철학〕 경험론. *cf.* rationalism **3** 경험주의적 방법; 비과학적 요법(quackery). **4** 경험적 추단(推斷).

em·pir·i·cist [impírisist] n. 1 경험주의자. 2 돌팔이 의사. 3 〖철학〗 경험론자. — adj. =empirical.
em·place [impléis] v. (-placed, -plac·ing) vt. 〖포상(砲林) 따위〗를 설치하다. — vi. 〖지질〗〖화성암 따위가〗관입(貫入)하다; 〖광상(鑛床)이〗나타나다.
em·place·ment [impléismənt] n. 1 (군사) 포상, 총좌. 2 ⓤ 설치, 장치. 3 ⓤ 〖화성암의 관입.
em·plane [impléin] v. (-planed, -plan·ing) =enplane.
‡**em·ploy** [implɔ́i] vt. 1 〖남〗을 고용하다, 사용하다; …의 품이 들다. ¶ employ one's time (money) 시간(돈)을 소비하다 / employ a lawyer to draw up one's will 유서 작성을 위하여 변호사를 고용하다 / The work will employ a lot of people. 그 일에는 많은 일손이 필요할 것이다 // (~+圓+as 圈) He is employed as a clerk.= They employ him as a clerk. 그는 사무원으로서 일하고 있다 // (~+圓+前+名) men employed by the railroads 철도 종업원 / He was employed in a trading company. 그는 상사에 근무하고 있다.
類語 **employ** 남에게 일을 제공하고 급료를 주다: This company employs thousands of people. 이 회사는 수천명을 고용하고 있다. **hire** 대가를 지불하고 사람이나 물건을 사용하는 것이라는 뜻의 일반적인 말: hire a nurse for a child 아이를 위해 유모를 고용하다. **engage** 돈을 지불하고 노동을 의무화하다: engage a typist 타이피스트를 고용하다.
2 (보통 수동형 또는 재귀용법) …에 종사하다, …에 힘쓰다(occupy, devote). ¶ (~+圓+前+名) He was employed in clipping the hedge. = He employed himself in clipping the hedge. 그는 산울타리 깎는 일을 했다. 3 〖물건·수단〗을 사용하다, 쓰다. ⇨ USE 類語 ¶ (~+圓+as 圈) employ alcohol as a solvent 알코올을 용제로 사용하다 / employ petrol to remove spots from clothes 옷의 얼룩을 빼기 위해서 휘발유를 사용하다. 4 〖시간·정력 따위〗를 소비하다. ¶ employ one's energies to advantage 정력을 유효하게 사용하다.
— n. ⓤ 고용, 사용(employment); 직(職), 근무, 일 (service).
be in the employ of; be in a person's employ …에게 고용되어 있다. ¶ an agent in the employ of a foreign power 외국의 앞잡이 / be in Government employ 공무원이다 / He is no longer in our employ. 그는 이제 우리의 고용인이 아니다.
enter the employ of …에 고용되다. ¶ enter the employ of a foreign firm 외국 상사에 근무하다.
in (out of) employ 취직(실직)하고 [있는].
take a person into one's employ 남을 고용하다.
◇ emplóyment n. 〖할 수 있는.
em·ploy·a·ble [implɔ́iəbl] adj. 사용할 수 있는, 고용
em·ploy·é [implɔ́ii: / ɔmplɔ́iei] n. 〖프랑스〗 =employee.
‡**em·ploy·ee, -ploy·e** [implɔ́ii:, èmplɔii: / èmplɔ́ii:] n. 고용인, 종업원. cf. employer [<F employed]
‡**em·ploy·er** [implɔ́iər] n. 고용주, 주인, 사용자. cf. employee
‡**em·ploy·ment** [implɔ́imənt] n. ⓤ 1 〖사람·물건·시간 따위를〗사용하기, 사용; 이용, 고용, 채용, 사역. ¶ employment by the Government 정부 고용 / full employment 완전 고용 / employment of capital 자본의 운용 / employment of good workmen 숙련공의 채용 / employment of labor 노동력의 사용 / employment of one's time 시간의 소비. 2 근무, 집무(service). ¶ hours of employment 근무 시간. 3 직업, 직; 일(job); 장사. ⇨ OCCUPATION 類語 ¶ in (out of) employment 재직(실직)하고 [있는] / agricultural employment 농사 / population in employment 취업 인구 / get(lose) employment 취직(실직)하다 / exercise one's employment 장사를 하다 / give employment to a person 남에게 일자리를 주다 / secure well-paid employment 급료가

많은 일자리를 얻다 / seek employment 일자리를 구하다.
in the employment of …에 고용되어, 근무하여.
take a person into employment 남을 고용하다.
◇ emplóy v. 〖직업 안정소.
emplóyment àgency (òffice) n. 직업 소개소.
emplóyment bùreau n. 1 =employment agency. 2 〖학교의〗취업(직) 알선 부서. 〖change.
emplóyment exchànge n. (英) =Labour Ex-
em·poi·son [impɔ́iz(ə)n] vt. 1 …을 타락시키다. 2 〖마음〗을 상하게 하다, …에게 나쁜 감정을 하다, …을 화내게 하다(…against). 3 (고어) …을 독살하다 (poison).
em·po·ri·um [impɔ́:riəm / -pɔ́:r-] n. (pl. -po·ri·ums or -po·ria [-pɔ́:riə / -pɔ́:-]) 1 상업 중심지; 무역 중심지; 시장. 2 백화점, 대규모 상점.
*em·pow·er [impáuər] vt. 1 〖법률상〗…에게 권력을 부여하다, 권력을 위임하다. ¶ (~+圓+to do) The president is empowered to veto a bill which has passed through the Congress. 대통령은 의회를 통과한 법안을 거부하는 권한을 부여받고 있다. 2 …에게 허용(허가)하다; …에게 …하는 능력(이) 부여하다. ¶ (~+圓+to do) Science empowers men to control natural forces. 과학은 인간에게 자연의 힘을 제어하는 능력을 준다.
em·press [émpris] n. (emperor의 여성형) 1 여제 (女帝); 황후. ¶ Her Majesty (or H.M.) the Empress 황후 폐하. 2 막강한 권력(영향력)을 가진 여성.
em·pres·se·ment [F ɑ̃presmɑ̃] n. 〖프랑스〗 (=cordiality) 성실, 친절.
em·prise [empráiz] n. ⓒⓤ (고어) 장한 기도, 모험적인 기도; 모험, 2 용기, 대담; 용감, 용맹.
‡**emp·ty** [ém(p)ti] adj. (-ti·er, -ti·est) 1 빈, 비어 있는, 든 것이 없는. ¶ an empty box 빈 상자.
2 사람이 없는, 아무도 없는; 사람이 살지 않는. ¶ an empty hall 텅 빈 홀 / an empty street 사람의 왕래가 없는 거리.
類語 **empty** 속이 빈: an empty house 빈 집, 인기척 없는 집. **vacant** 본래 점유되어 있어야 할 것이 일시 비어있는: a vacant house 빈 집. **blank** 어떤 면에 표시·문자 따위가 전연 없는, 기입할 자리가 비어 있는: a blank form 아무것도 기입되지 않은 용지. **void** 감각으로 확인할 수 있는 한 완전히 empty한: a void space 텅 빈 장소. **vacuous** 진공의: a vacuous flask 진공의 플라스크.
3 아무것도 싣지 않은. ¶ an empty car 빈 차.
4 …이 결여된, …이 없는(of…). ¶ a life empty of happiness 행복이 없는 생활 / His mind seemed completely empty of ideas. 그의 머릿속에는 아무런 생각도 떠오르지 않는 듯했다.
5 무의미한; 이름뿐인, 공허한(hollow); 무가치한. ¶ empty labor 헛수고 / empty pleasure 허무한 쾌락 / empty promise 말뿐인 약속 / empty threat 엄포.
6 (구어) 공복의, 배고픈(hungry). ¶ feel empty 공복을 느끼다 / I found myself empty. 나는 시장기를 느꼈다.
7 어리석은, 실없는, 보잘것없는(frivolous). ¶ an empty fop 어리석은 맵시꾼 / an empty project 어리석은 계획.
have an empty sound 무의미하게 들리다.
on an empty stomach 공복으로, 배가 고파. ¶ This medicine should be taken on an empty stomach. 이 약은 공복시에 복용해야 한다.
— v. (-tied, -ty·ing) vt. 1 〖속〗을 비우다; …을 마셔 비우다; …을 없애다, 없어지게 하다. ¶ empty a bucket 양동이를 비우다 / The rain soon emptied the street. 비때문에 거리에는 사람의 왕래가 금새 끊어졌다 // (~+圓+前+名) empty a box of its contents 상자에서 내용물을 꺼내다. 2 〖재귀용법〗〖강 따위가〗…에 흘러 들다

empty-handed / **en brochette**

(...into). ¶ The Mississippi *empties* itself *into* the Gulf of Mexico. 미시시피강은 멕시코 만으로 흘러 들어간다. **3** ...을 [다른 용기에] 옮기다. ¶ (~+目+前+名) *empty* grain *from* a sack *into* a box 곡물을 자루에서 상자로 옮기다 / *empty* water *into* a bucket 물을 양동이에 쏟다. — *vi.* **1** 비다. **2** 물 따위가 쏟아내리다; [강 따위가] 흘러 들다. ¶ (~+前+名) The Han River *empties* into the Yellow Sea. 한강은 황해로 흘러 들어 간다. — *n.* (*pl.* -ties) 《구어》 빈 차, 빈 상자, 빈 병, 빈 것. **-ti·ly** *adv.* **-ti·ness** *n.*

emp·ty-hand·ed [ém(p)tihǽndid] *adj.* 맨손의, 빈손의, 아무것도 가지지 않은.

emp·ty-head·ed [ém(p)tihédid] *adj.* 머리가 텅 빈, 바보스런, 어리숙한, 무식한. **~ness** *n.*

émpty nést sýndrome *n.* 공소(空巢) 증후군 [자녀의 독립·결혼 후 어머니가 느끼는 우울 증세].

émpty néster *n.* 《미구어》 아이가 없는 사람(부부) [아이들이 출가하여 내외만이 사는 부부].

émpty sét *n.* 【수학】 공집합(空集合), 영집합(零集合) (null set).

em·pur·ple [impə́ːrpl] *vt.* (**-pled**, **-pling**) ...을 자줏빛으로 물들이다, 자줏빛으로 하다.

em·py·re·al [empírial, èmpirí:əl, èmpaiərí:əl] *adj.* **1** 최고천의, 천상의(天上)의 (empyrean). **2** 하늘의, 천공의(celestial). **3** 정화(淨火)로 이루어진.

em·py·re·an [èmpirí:ən, -pai-, empaiərí:ən] *n.* **1** 최고천(最高天) [고대인들이 오천(五天) 중의 최고위로서 정화의 세계라고 믿었다]. **2** 하늘, 천공.
— *adj.* = empyreal. 「한 지진아).

EMR (略) educable mentally retarded (교육이 가능

EMS (略) European Monetary System.

EMT (略) emergency medical technician (구급 의료 기사); equivalent *mega*tonnage (등가(等價) 메가톤 무기의 폭발력을 TNT 화약 폭발력으로 나타내는 일).

e·mu [í:mju:] *n.* 에뮤 [타조 비슷한 오스트레일리아산(産)의 날지 못하는 큰 새].

EMU (略) extravehicular mobility unit (우주선 밖 활동용 우주복).

EMU, e.m.u., emu (略) 【전기】 electromagnetic unit (전자(電磁) 단위).

em·u·late *vt.* [émjulèit → *adj.*] (**-lat·ed**, **-lat·ing**) **1** ...과 경쟁하다, 겨루다 (rival); ...을 본뜨다 (imitate). **2** ...에 필적하다. **3** 〖컴퓨터〗 에뮬레이트하다.

em·u·la·tion [èmjuléiʃən] *n.* U **1** 경쟁[심], 대항[심], 겨룸; 본뜸. ¶ a spirit of *emulation* 경쟁심. **2** 〖컴퓨터〗 에뮬레이션 [상이한 컴퓨터의 기계어 명령을 그대로 실행하는 기능].

em·u·la·tive [émjulèitiv / -lətiv] *adj.* 경쟁의, 지기 싫어하는. **~ly** *adv.*

em·u·la·tor [émjulèitər] *n.* **1** 경쟁자, 겨루는 사람. **2** 〖컴퓨터〗 에뮬레이터. 「맥의.

em·u·lgent [imʌ́ldʒ(ə)nt] *adj.* 짜내는 듯한; 신장[정]

em·u·lous [émjuləs] *adj.* **1** 경쟁심에 찬, 지지 않으려고 하는 (of). ¶ be *emulous* of another's valor 다른 사람의 용기에 뒤떨어지지 않으려 하다 // They are *emulous* for the first place. 일등이 되려고 경합하다. **2** 〖경쟁적인 뜻을 포함하지 않고〗 열망하고 있는 (of...). ¶ be *emulous* of success 성공을 열망하고 있다. **3** 〖고어〗 시기(질투)하는 (jealous). **~ly** *adv.* **~ness** *n.*

e·mul·si·fi·ca·tion [imʌ̀lsifikéiʃ(ə)n] *n.* U 유화(乳化), 유상화(乳狀化).

e·mul·si·fi·er [imʌ́lsifàiər] *n.* 유화제 (劑); 유화기.

e·mul·si·fy [imʌ́lsifài] *vt.* (**-fied**, **-fy·ing**) ...을 유상(乳狀)으로 만들다, 유화(유상화)하다, 유제화하다.

e·mul·sion [imʌ́lʃ(ə)n] *n.* U C **1** 유상액. **2** 〖물·화학〗 유제, 유탁액. ¶ gelatin *emulsion* 젤라틴 유제. **3** 〖약학〗 유제. **4** 〖사진〗 감광 유제.

e·mul·sive [imʌ́lsiv] *adj.* 유화(유제)성의, 유탁성의, 유상화할 수 있는.

e·munc·to·ry [imʌ́ŋktəri] *n.* (*pl.* -ries) 배설 기관 [피부·신장·장·폐 따위].
— *adj.* 배설의.

en [en] *n.* **1** N, n 자. **2** 〖인쇄〗 반각 [전각 M의 절반], 2분. — *adj.* 반각의. *cf.* em

en-¹ *pref.* (* b,m,p 앞에서는 em-을 쓴다) **1** 명사에 붙여서 「...의 속에 넣다, 위에 두다」라는 뜻의 동사를 만든다. 예: *en*gulf. **2** 명사·형용사에 붙여서 「...으로 만들다」라는 뜻의 동사를 만든다. 예: *en*dear. **3** 동사에 붙여서 「...속에, 안에」의 뜻을 더한다. 예: *en*fold.

en-² *pref.* 그리스어의 접두사로서 en-¹에 상당하며, 성어(成語)가 된 말에 많이 쓰인다 (* b, m, p 앞에서는 em- 을 쓴다). 예: *en*ergy, *en*thusiasm, *em*phasis.

-en¹ *suf.* 형용사·명사에 붙여서 「...이게 하다」, 「...으로 되다」라는 뜻의 동사를 만든다. 예: dark*en*, height*en*.

-en² *suf.* 물질 명사 따위에 붙여서 「...의 성질을 가진, ...으로 만든」의 뜻의 형용사를 만든다. 예: gold*en*, wood*en*.

-en³ *suf.* 불규칙 동사에 붙여서 과거 분사를 만든다. 예: ris*en* (<rise), tak*en* (<take), writt*en* (<write).

-en⁴ *suf.* 어떤 종류의 명사에 붙여서 복수 명사를 만든다. 예: childr*en*, ox*en*, ey*en* eyes의 고어).

-en⁵ *suf.* 지소(指小) 명사 접미사. 예: chick*en*, kitt*en*.

‡en·a·ble [inéibl] *vt.* (**-bled**, **-bling**) 〖남〗에게 「...하는 것을」 가능(용이)하게 하다, ...에게 힘(수단, 권한)을 주다 (authorize). ¶ (~+目+to do) Endurance *enabled* him *to* win the race. 그는 인내한 덕으로 경주에 이길 수 있었다 // It *enables* income tax evasion. 이것으로 소득세를 면할 수 있다.

En·a·bling Àct [inéibliŋ-] *n.* 권능 부여 조례(條例) (Enabling Statute).

*****en·act** [inǽkt] *vt.* **1** ...을 법률로 만들다, 법률화하다. ¶ *enact* a bill 법안을 법률화하다. **2** 〖법령〗을 발하다, 제정하다, 규정하다. ¶ It is *enacted* in the Laws of Venice. 그것은 베니스의 법률로 정해져 있다. **3** ...을 상연하다, ...의 역을 맡아 하다. ¶ *enact* a play 극을 상연하다. **4** (보통 수동형으로) ...을 하다, 행하다; 수행하다. ¶ the place where the murder was *enacted* 살인이 행하여진 장소. ◇ *en*active *adj.*, *en*actment *n.*

en·ac·tion [inǽk(ʃ)ən] *n.* = enactment.

en·ac·tive [inǽktiv] *adj.* 입법[제정]권이 있는.

en·act·ment [inǽktmənt] *n.* U 입법, 〖법의〗 제정; C 법률, 법령, 조례, 법규; 〖법률의〗 조항.

*****en·am·el** [inǽm(ə)l] *n.* U C **1** 에나멜, 법랑(琺瑯), 〖오지 그릇의〗 오짓물, 유약. **2** 법랑 그릇 (enamelware); 법랑 미술품 〖칠보 따위). **3** U 〖이 따위의〗 에나멜 〖법랑질. **4** 〖매니큐어용〗 광택제. **5** 광택이 있는 에나멜과 같은 표면. — *vt.* (**-eled**, **-el·ing**; 《英》 **-elled**, **-el·ling**) **1** ...에 에나멜을 칠하다, 유약을 입히다, ...에 오짓물을 바르다. **2** ...에 에나멜과 같은 광택을 내게 하다. **3** ...을 법랑으로 상감(채색)하다. **4** 《詩》 ...을 채색하다.

e·nam·el·ware [inǽm(ə)lwɛ̀ər] *n.* U〖집합적〗 요리용 법랑 그릇; 법랑 그릇.

en·am·or, 《英》 **-our** [inǽmər] *vt.* 《주로 수동형으로》 ...의 마음을 사로잡다(빼앗다), ...에 반하게 (열중케) 하다, 매혹하다 (of, with...). ¶ (~+目+前+名) The parents are *enamored* of their youngest daughter. 부모님은 막내 딸에게 홀딱 빠져 있다 / He is *enamored with* foreign films. 그는 서양 영화에 열중하고 있다.

en·arch [ená:rk], **-ar·chist** [-á:rkist] *n.* 〖프랑스의〗 국립 행정 학원(ENA) 우등 졸업생 [출신의 고급 관료]. [<F *énarque* ENA (École Nationale d'Administration의 머리 글자) + *-arque* -arch 지도자].

en·ar·thro·sis [èna:rθróusis] *n.* (*pl.* **-ses** [-si:z]) 〖해부·수의(獸醫)〗 관절, 구상(球狀) 관절〖어깨·팔등〗.

en bloc [anblák, en- / -blɔ́k] 《프랑스》 (=in a block) 일괄하여, 전체적으로, 총괄적으로.

en bro·chette [F ɑ̃ brɔʃεt] 《프랑스》 (=on a small

enc. 768 **encode**

spit) 작은 꼬치에 꿰어서 [구운]. *cf.* brochette
enc.(略) enclosed; enclosure.
en·cae·ni·a [ensí:niə, -njə] *n.* 1 《복수 취급》[도시의] 창립 기념제, 《교회·사원의》헌당 《개산(開山)》기념제. 2 (E-) 《종종 단수 취급》Oxford 대학 창립 기념제.
en·cage [inkéidʒ] *vt.* (**-caged, -cag·ing**) …을 동우리 (우리)에 넣다; …을 가두다. ¶ an *encaged* bird 동우리에 갇힌 새.
***en·camp** [inkǽmp] *vi.* 《군사》야영하다, 노영(露營)하다 — *vt.* 《군대》를 야영(노영)시키다, …에 야숙의 진영을 치게 하다. [**2** 야영지.
en·camp·ment [inkǽmpmənt] *n.* 1 ⓤ 야영, 노영.
en·cap·su·late [inkǽps(j)ulèit / -sju:-] *v.* (**-lat·ed, -lat·ing**) *vt.* …을 캡슐에 넣다. — *vi.* 캡슐로 보호하다.
en·cap·su·la·tion [inkæps(j)uléiʃ(ə)n / -sju:-] ⓤ 캡슐에 넣음, 캡슐로 쌈.
en·case [inkéis], (**incase**) *vt.* (**-cased, -cas·ing**) 〔상자 따위의 용기에〕…을 넣다; …을 싸다.
en·cash [inkǽʃ] *vt.* 《英》〔어음 따위〕를 현찰로 바꾸다, 현금화하다; 현금으로 받다.
en cas·se·role [en kǽsəròul] 《프랑스》(= in a saucepan) 찜냄비로 요리한. *cf.* casserole
en·caus·tic [inkɔ́:stik] *adj.* 달구어 붙인, 납화(蠟畵)의. ¶ *encaustic* tiles (bricks) 채색 타일(벽돌) / *encaustic* painting 납화(법). — *n.* 납화, 달구어 넣은 그림; ⓤ 납화법.
-ence *suf.* 형용사 어미 -ent 에 대응하는 명사 어미로서, -ance 와 같은 뜻. 사실·상태·결과·정도를 나타낸다. 예: difference.
en·ceinte[1] [ensέ̃nt, ɑːn- / ɑːnsǽnt] *adj.* 임신중의, 임신하고 있는 (pregnant). [<F]
en·ceinte[2] [ensέ̃nt, ɑːn- / ɑːnsǽnt] *n.* (*pl.* **-ceintes** [-séints / -sǽnts]) 《성 따위의》위곽(圍廓), 본곽(本廓), 곽(內), 구내, 구(區).
encephal- ⇒ ENCEPHALO-. [의.
en·ce·phal·ic [ènsifǽlik, +英 -ke-] *adj.* 뇌의, 뇌수
en·ceph·a·lit·ic [ensèfəlítik, ènsef-, +英 -kef-] *adj.* 《병리》뇌염의.
en·ceph·a·li·tis [ensèfəláitis, ensèf-, +英 enkèf-] *n.* ⓤ 《병리》뇌염. ¶ *encephalitis* epidemia 유행성 뇌염.
èncephalítis lethár·gi·ca [-liθɑ́ːrdʒikə] *n.* 《병리》기면(嗜眠)성 뇌염.
encephalo- brain 의 뜻의 연결형 (* 모음 앞에서는 encephal- 을 쓴다). 예: *encephal*itic, *encephal*ic.
en·ceph·a·log·ra·phy [insèfəlɔ́grəfi / -lɔ́g-] *n.* ⓤ 뇌사(腦寫) 사진법.
en·ceph·a·lo·my·e·li·tis [insèfəlo(u)màiəláitis] *n.* ⓤ 《병리》뇌척수염. [-la] 뇌수.
en·ceph·a·lon [insèfəlɔ̀n / enkèfəlɔ̀n, -sèf-] *n.* (*pl.*
en·chain [intʃéin] *vt.* 1 …을 사슬로 매다; …을 속박하다 (fetter). ¶ an *enchained* prisoner 사슬에 묶인 죄수. 2 〔남의 마음·감정·주의 따위〕를 붙잡다, 사로잡다, 끌어당기다.
en·chain·ment [intʃéinmənt] *n.* ⓤ 사슬로 맴, 속박, 〔남의 감정 따위〕를 강하게 사로잡음, 끌어당김.
‡**en·chant** [intʃǽnt / -tʃɑ́:nt] *vt.* 1 …에게 마법을 걸다 (bewitch). 2 …을 매혹하다, 마음을 호리다, 황홀하게 하다 (... with, by). ⇒ ATTRACT 類語 ¶ Lorelei on the rock *enchanted* the boatmen with her fascinating melodies. 바위 위의 로렐라이는 매혹적인 노랫소리로 뱃사람들을 황홀케 하였다 / He was *enchanted* by her radiant beauty. 그는 그녀의 눈부신 아름다움에 매혹되었다.
◇ enchántment *n.*
en·chant·er [intʃǽntər / -tʃɑ́ːntə] *n.* 1 매혹하는 사람, 황홀하게 하는 사람. 2 마법사(magician). [ly *adv.*
***en·chant·ing** [intʃǽntiŋ / -tʃɑ́ːnt-] *adj.* 매혹적인. ~
***en·chant·ment** [intʃǽntmənt / -tʃɑ́ːnt-] *n.* 1 ⓤ 매혹, 매력(charm). 2 마법, 마술, 요술(magic). 3

ⓤ 마법에 걸린 상태, 황홀. 4 매혹하는 것, 황홀케 하는 것. ◇ enchánt *v.*
en·chant·ress [intʃǽntris / -tʃɑ́ːnt-] *n.* 1 여자 마법사. 2 매혹적인 여자, 요염한 여자.
en·chase [intʃéis] *vt.* (**-chased, -chas·ing**) 1 〔보석 따위〕를 박다, 박아넣다, 상감(象嵌)하다; 〔귀금속 따위로〕 〔보석 가장자리에〕를 장식하다. ¶ *enchase* a gem *with* gold 보석 가장자리의 금으로 장식하다 / *enchase* a jewel *in* a setting 보석을 대(臺)에 박아넣다. 2 …에 돋을새김(조각)을 하다. ¶ *enchase* a watchcase 시계의 케이스에 상감을 하다.
en·chi·la·da [èntʃilɑ́ːdə, -lǽdə] *n.* 〔멕시코 요리〕 엔칠라다 〔옥수수 가루로 만든 파이의 하나〕.
en·chi·rid·i·on [ènkairídiən, -ki-/ènkai(ə)ríd-] *n.* (*pl.* **-rid·i·ons** or **-rid·i·a** [-rídiə]) 입문서, 안내서, 편람. [나무의 일종.
en·ci·na [insí:nə] *n.* 《식물》북미 서남부산(産) 참
en·ci·pher [insáifər] *vt.* …을 암호화하다, 암호로 바꾸다.
***en·cir·cle** [insə́ːrkl] *vt.* (**-cled, -cling**) 1 …을 〔둥글게〕둘러싸다, 에워싸다 (surround). ¶ England is *encircled* by the sea. 영국은 바다에 둘러싸여 있다 / *encircle* the waist *with* a belt 허리에 허리띠를 두르다. 2 …을 일주하다, 돌다. ¶ The moon *encircles* the earth. 달은 지구를 돈다.
en·cir·cle·ment [insə́ːrklmənt] *n.* ⓤ 둘러 쌈; 〔외교〕둘러싸는 것은 여러 나라에 의한 국가의 고립화.
en clair [F ɑ̃ klɛːr] 《프랑스》(= in clear) 〔특히 외교문서의 전신에 관해서 암호문이 아닌〕보통문으로.
en·clasp [inklǽsp / -klɑ́ːsp] *vt.* …을 잡다, 움켜잡다; …을 껴안다.
en·clave [énkleiv] *n.* 1 타국 영토내의 자국 영토 〔타국 입장에서 일컫는 말〕. *cf.* exclave 2 고립된 장소. 3 언어도(言語島) (linguistic island) 〔그 지역에서 사용되고 있는 〔방언〕가 주위의 언어〔방언〕과 연관성을 갖지 못한 고립지〕. 4 《의학》포입물(包入物), 봉입(封入) 조직. 5 《식물》대군락(大群落) 가운데의 고립된 식물 군락.
en·clit·ic [inklítik] 《문법》*adj.* 전접(前接)적인 〔자체에는 악센트가 없고 바로 앞 말의 일부분처럼 발음된다〕. *cf.* proclitic — *n.* 전접어〔That's 의 's (= is), can't 의 't (= not) 따위〕. **-i·cal·ly** [-ikəli] *adv.*
‡**en·close** [inklóuz], **in-** [in-] *vt.* (**-closed, -clos·ing**) 1 …을 에워싸다, 둘러싸다, 〔울타리 따위로〕두르다. ¶ (~+目+前+名) *enclose* a dot *with* a circle 점에 동그라미를 치다 / *enclose* a garden *with* a fence 정원을 울타리로 둘러싸다 / The castle was *enclosed* by tall mountains. 성은 높은 산들로 둘러싸여 있었다. 2 …을 〔상자 따위에〕넣다. ¶ (~+目+前+名) *enclose* a jewel *in* a casket 보석을 작은 함에 넣다. 3 〔편지 따위에〕…을 동봉하다, 봉해 넣다. ¶ *Enclosed* please find a P.O.(postal order) for 50,400 won. 5만원의 우편환을 동봉하여 받아 주십시오 // (~+目+前+名) *enclose* a check *with* a letter 편지에 수표를 동봉하다. 4 〔사유 대농지로 만들기 위하여〕〔작은 농지·공유지 따위〕를 울타리로 둘러막다. * 이런 경우에는 주로 inclose 를 사용한다. ◇ enclósure *n.*
***en·clo·sure** [inklóuʒər], **in-** [in-] *n.* 1 ⓤ 둘러 쌈, 포위. 2 울로 둘러 막은 땅, 구내. ¶ within the *enclosure* of …의 구내에서. 3 둘러싸는 것, 담, 울. 4 동봉된 것, 봉입물. 5 ⓤ 《英역사》〔양을 치려고 공유지·미개간지〕를 사유지화한) 엔클로저. ◇ enclóse *v.*
Enclósure Act *n.* 《英역사》엔클로저 조례 (條例) 〔공유지의 사유지화를 허가한 법령〕.
en·clothe [inklóuð] *vt.* (**-clothed, -cloth·ing**) …에게 옷을 입히다 (clothe). [becloud
en·cloud [inkláud] *vt.* 구름으로 싸다 (덮다).
en·code [inkóud] *vt., vi.* (**-cod·ed, -cod·ing**) 〔정보 자료〕를 암호문으로 바꾸어 쓰다, 암호화하다. *opp.*

decode [(coder).
en·cod·er [inkóudər] n. 암호기; 〔컴퓨터〕 부호기
en·co·mi·ast [enkóumiæst] n. 칭찬하는 사람, 찬사를 보내는 사람(eulogist); 아첨하는 사람(flatterer).
en·co·mi·as·tic [enkòumiæstik], (**en·co·mi·as·ti·cal** [-tik(ə)l]) adj. 칭찬의, 칭찬하는(praising).
en·co·mi·um [enkóumiəm] n. (pl. -mi·ums or -mi·a) 칭찬, 칭찬하는 시(말)(eulogy).
en·com·pass [inkʌ́mpəs] vt. 1 …을 에워싸다, 둘러싸다, 포위하다, 둘러막다(surround) (with …). ¶ be encompassed with walls(perils) 벽(위기)에 에워싸이다. 2 …을 싸다; 내포하다, 포함하다.
en·com·pass·ment [inkʌ́mpəsmənt] n. Ⓤ 포위, 둘러쌓음.
en·core [ɑ́ŋkoːr, ɑŋkóːr / ɔŋkɔ́ː] interj. 앙코르, 재청. * 이 의미로서 프랑스어로는 'bis'라고 외친다. ⇨ BIS. ¶ 1 앙코르, 재연주 요구의 소리(박수). ¶ get an encore 재연을 요청받다. 2 〔앙코르에 답하는〕 노래, 연주, 출연. ¶ sing another encore 또다시 앙코르에 응하여 노래하다. —— vt. (-cored, -cor·ing) 〔곡·노래 따위〕의 앙코르를 요망하다; 〔연주가〕에 앙코르를 요청하다. ¶ encore a song 노래의 앙코르를 요청하다. [<F]
‡**en·coun·ter** [inkáuntər] vt. 1 …과 우연히 만나다, 조우하다, 마주치다. ¶ encounter an old friend on the train 기차 안에서 옛 친구를 우연히 만나다. 2 〔곤란·반대 따위〕에 부닥치다, 직면하다, 조우하다. 3 〔적〕과 교전하다, 〔적〕과 대립하다. —— vi. 〔우연히〕 만나다, 마주치다; 조우하다 (with …). ¶ (~+匣+前+名) encounter with danger 위험을 만나다. —— n. 1 뜻밖의 만남, 마주침, 해후(邂逅), 조우. 2 조우전, 교전, 전투(battle); 〔의견의〕 대립, 충돌. ¶ a bloody encounter 피비린내 나는 조우전. 3 〔폐어〕 거동, 태도(behavior). 4 (美) 사람과 사람의 마음의 마주침(합치, 연결).
encóunter gròup n. 집단 감수성 훈련 그룹(sensitivity group).
‡**en·cour·age** [inkə́ːridʒ / -kʌ́r-] vt. (-aged, -ag·ing) 1 …에게 용기를 북돋우다, 기운을 내게 하다, …을 격려하다, …에게 자신을 갖게 하다. opp. discourage ¶ encourage a person with (or by) friendly advice 우호적인 충고로 남을 격려하다 / Your success encouraged me very much. 너의 성공으로 나는 크게 용기를 얻었다 // (~+匣+to do) encourage a person to try again 남을 고무하여 다시 한번 하게 하다 // (~+匣+前+名) encourage a person in doing his hardest 남을 격려하여 사력을 다 하도록 하다. 2 …을 조성하다, 조장하다, 장려하다, 원조하다. ¶ encourage local manufacture 지방 산업을 조성하다. ◇ cóurage n.
*‡**en·cour·age·ment** [inkə́ːridʒmənt / -kʌ́r-] n. Ⓤ 1 격려, 장려, 고무. ¶ encouragement of industry 공업의 장려 / grants for the encouragement of research 연구 장려금. 2 격려(장려)가 되는 것; 원조, 지지; 자극. ¶ give encouragement to able but poor students 유능하지만 가난한 학생에게 원조를 제공하다.
en·cour·ag·ing [inkə́ːridʒiŋ / -kʌ́r-] adj. 신나는, 용기(기운)를 북돋우는, 유망한, 격려(장려)하는. ¶ an encouraging news 신나는 소식.
en·cour·ag·ing·ly [inkə́ːridʒiŋli / -kʌ́r-] adv. 격려(장려)하며 (하듯이).
en·crim·son [inkrímzn] vt. …을 심홍색으로 하다, 새빨갛게 물들이다.
en·cri·nite [énkrinàit] n. 갯나리; 갯나리의 화석.
en·croach [inkróutʃ] vi. 1 〔서서히〕 침입하다, 침식(잠식)하다(on, upon, …). ⇨ TRESPASS 類語 ¶ (~+前+名) encroach upon another's land 남의 토지에 침입하다 / The ocean has encroached on the shore at many points. 그 해안은 많은 지점이 해수로 침식되어 있다. 2 〔남의 재산·권리 따위〕를 침해하다, 〔남의 시간을〕 빼앗다(on, upon …). ¶ (~+前+名) encroach on anoth-

er's rights 남의 권리를 침해하다 / encroach on the province of …의 영역을 침해하다 / I am afraid I've encroached upon your time. 많은 시간을 빼앗아 죄송합니다.
en·croach·er [inkróutʃər] n. 침입자, 침해자.
en·croach·ment [inkróutʃmənt] n. 1 Ⓤ Ⓒ 침입, 침해; 침식, 잠식. 2 침해된 권리; 침입지, 침식지.
en·crust [inkrʌ́st] vt. = incrust.
en·crypt [inkrípt] vt., vi. = encode.
en·cryp·tion [inkríp(ə)n] n. 암호화 〔미사일 따위로 정보를 전달·지령할 때 이용된다〕.
en·cul·tu·ra·tion [inkʌ̀ltʃəréiʃ(ə)n] n. Ⓤ 문화화〔전통적인 교양을 함양하고 문화의 정도를 높여가기〕.
*‡**en·cum·ber** [inkʌ́mbər] vt. 1 …을 방해하다, 훼방놓다, 귀찮게 굴다, …의 짐이 되다 (hamper). ¶ Heavy armor encumbered him in the water. 물속에서는 중장비가 그에게 거추장스러웠다 / (~+匣+前+名) a mind encumbered with useless learning 쓸모없는 학문으로 지장을 받은 마음 / be encumbered with cares (doubts) 근심(의혹)에 시달리다. 2 〔장소〕를 차지하다, 막다. ¶ (~+匣+前+名) a passage encumbered with furniture 가구로 가득차서 지나다닐 수 없는 복도, ¶ …를 지우다 (burden). ¶ (~+匣+前+名) encumber an estate with mortgages 토지를 저당하다 / be encumbered with debt 빚을 지고 있다. ◇ encúmbrance n.
en·cum·brance [inkʌ́mbrəns] n. 1 거추장스러운 것, 방해물, 귀찮은 것, 걸리는 것, 두통거리 (hindrance, burden). ¶ A raincoat is an encumbrance in fine weather. 좋은 날씨에는 우의가 거추장스럽다. 2 계루 (係累), 짐이 되는 존재 (* 특히 어린아이를 말할 때가 많다). ¶ I want a woman without encumbrance for domestic service 어린아이가 없는 여성을 가정부로 구함. 3 (=in·cum·brance) 〔법률〕 재산상의 부담 〔저당권 따위〕. ◇ encúmber v.
-ency suf. quality, state의 뜻. 명사에 붙어서 추상명사를 만든다. 예: consistency, emergency, efficiency.
ency., encyc. (略) encyclopedia.
en·cyc·li·cal [insíklik(ə)l, +美 -sáik-], (**en·cyc·lic** [-lik]) n. 〔로마 교황의〕 회칙(回勅). —— adj. 회칙의; 널리 읽히는.
‡**en·cy·clo·pe·di·a** [ensàiklou(u)píːdiə], (**en·cy·clo·pae·di·a**) n. 1 백과 사전, 전문 사전. 2 (the E-) 프랑스 백과 전서 〔Diderot, D'Alembert의 공저(1751–80)〕.
en·cy·clo·pe·dic [ensàiklou(u)píːdik], **en·cy·clo·pae·dic, en·cy·clo·pe·di·cal, pae-** [-k(ə)l]) adj. 백과 사전(전서)에 관한; 백과 사전적인; 박식한, 박학(博學)의, 무엇이든지 잘 알고 있는(comprehensive).
en·cy·clo·pe·dist [ensàiklou(u)píːdist], (**en·cy·clo·pae·dist**) n. 1 백과 사전 편집자(집필자). 2 (E-) 〔프랑스의〕 백과 전서파.
en·cyst [insíst] vt., vi. 〔생물〕 포낭(胞囊)에 싸다(싸이다).
en·cyst·ment [insístmənt] n. Ⓤ 〔생물〕 포낭 형성, 피포(胞) 작용.
‡**end** [end] n. 1. 끝, 선단, 말단; 먼 끝, 멀리 떨어진 장소. ¶ the end of a line (a rod) 줄(막대기)의 끝 / from end to end 끝에서 끝까지 / be sharp at the end 끝이 예리하다 / live at the end of the street 그 거리의 끝에 살고 있다 / I'll go with him to the ends of the world. 그와 함께라면 지구 끝까지라도 가겠다.
類語 end 거의 모든 것에 대해서 「끝남」을 뜻하는 가장 일반적인 말: the end of a day (war) 하루(전쟁)의 끝(끝남). ending 일정 기한이 있을 경우 또는 완성·무역 따위의 이유로 종결 지을 필요가 있을 때 사용되는 말: a talk with no ending 끝없이 계속되는 말. close 진행되어 온 일의 계획적인 종결: the close of a ceremony 의식의 종료. conclusion 어떤 결정·합의 후의 종결: the happy conclusion of a novel 소설의 원만한 종결. finish 착수·개시된 일의 완결·완성: fight to the finish 최후까지 싸우다. termination =

ending: the *termination* of hostilities 전투 행위의 종결. **terminus** 운동·전진의 종점: the *terminus* of one's journey 여행의 종점.
2 [힘·수량 따위의] 한계, 한도(limit, bounds). ¶ without *end* 끝없이 / There is no *end* to her talk. 그녀의 이야기는 끝이 없다.
3 종료, 종극, 종결, 결말, 종국(conclusion). ¶ one's journey's *end* 여로의 끝, 여행의 목적지 / the *end* of a story 이야기의 대단원 / the *end* of the 19th century 19세기 말 / the *end* of a campaign 운동의 막바지 단계 / come to an *end* 끝나다, 다 되다.
4 목적, 목표. ⇒ PURPOSE [類語] ¶ answer the *end* 목적에 부합되다 / gain(or accomplish, achieve, attain) one's *end* 목적을 달성하다 / For this *end* I called on you. 이 때문에 당신을 방문한 것입니다 / The *end* does not justify the means. 목적이 수단을 정당화하지는 않는다 / The *end* of society is the common welfare. 사회의 존재 목적은 공공의 복지에 있다.
5 결과(result). ¶ a happy *end* 기쁜 결말, 해피 엔드 / foresee the *end* 결과를 예상하다.
6 죽음, 최후(death), 멸망, 파멸, 말로(ruin); 사망(멸망)의 원인. ¶ the *end* of a kingdom 왕국의 말로 / be near one's *end* 죽을 때가 가깝다 / hasten one's *end* 죽음을 재촉하다 / come to an untimely *end* 요절(夭折)하다 / His recklessness will be the *end* of him. 무모한 것을 보니 그는 오래가지 못할 것 같다.
7 (~s) 나부랭이, 동강이, 쪼가리. ¶ cigarette *ends* 담배 꽁초 / candle *ends* 잠동사니.
8 《축구의 전위 양단의》 엔드, 윙.
9 《美속어》 《장물 따위의》 배당, 몫.
10 《美속어》 참을 수 있는 최후의 선.
all ends up 철저히.
at a loose end, at loose ends ① 일정한 직업 없이, 별로 하는 일 없이, 빈둥빈둥. ¶ Having done all my work, I am rather *at a loose end*. 일을 전부 끝마쳤으므로 나는 하는 일이 없다. ② 혼란하여(confused); 당황하여. ¶ Everything is *at loose ends*. 모든 것이 엉망이다.
at the end 마지막에는, 종말에는, 결국에는.
at the end of one's tether ⇒ TETHER.
at one's wit's (or *wits'*) *end* 어찌할 바를 몰라. ¶ I was at my *wit's end* to find a way. 길을 몰라 어찌해야 할지 난감했다.
be at an end 없어지다, 다하다; 끝나다.
begin (or *start*) *at the wrong end* 첫머리부터 잘못하다, 시작을 잘못하다.
bring a thing to an end ⋯을 마치다, 끝내다. ¶ His death *brought* the expedition *to an end*. 그가 죽음으로써 원정은 중지되었다.
end for end 역으로, 거꾸로, 반대로. ¶ Turn it *end for end*. 그것을 뒤집어 엎어라 / The boat went *end for end*. 보트가 전복했다.
end it all 《구어》 자살하다.
end on 끝을 앞으로 하고, 정면으로, 앞을 향하고.
end to end 〔세로로〕 끝과 끝을 매어. ¶ join the rods *end to end* 장대를 연결시키다.
end up 한 끝을 위로 하여, 바로 세워서. 〖오해하다.
get (or *have*) *hold of the wrong end of the stick get the better end of* 의 우위에 서다. ¶ I *got the better end of* the bargain. 나는 유리하게 거래했다.
give a touch of rope's end 채찍으로 치다; 벌하다.
go [*in*] *off the deep end* 《구어》 ① 극단으로 흐르다. ② 자제력을 잃다, 노하다, 격분하다. ¶ It's no use *going off the deep end* over a trifle. 사소한 일에 화내는 것은 부질없는 일이다.
have an end in view 계략을 품다.
have something at one's fingers' ends ⇒ FINGER.
in the end 마침내, 결국 (after all). *cf.* in the beginning ¶ Everything will turn out all right *in the*

end. 결국에는 모든 일이 잘 될 것이다.
keep one's end up 〖곤란에 직면해도〗 버티어 나가다, 꺾이지 않다. ¶ However hard the struggle is, he'll *keep* his *end up* somehow. 그 투쟁이 아무리 힘들어도 그는 어떻게든지 해낼 것이다. 〖(to).
make an end of ⋯을 그만두다, 끝내다
make both ends meet 빚 안 지고 살아가다, 수입내에서 꾸려나가다.
meet one's end 최후를 마치다, 숨을 거두다.
no end 《구어》 몹시, 대단히(very much).
no end of 《구어》 ① 굉장한, 훌륭한; 끝없는, 대단한. ¶ He thinks himself *no end of* a fine fellow. 그는 자신이 매우 훌륭하다고 생각하고 있다. ② 많은, 한없는. ¶ We had *no end of* trouble. 우리는 몹시 곤경에.
on end ① 똑바로 서서, 곧추서서(upright). ¶ stand a pencil *on end* 연필을 세우다. ② 〖시간 따위가〗 계속하여, 연달아. ¶ I worked twelve hours *on end*. 나는 12시간을 계속해서 일했다.
put an end to ⋯을 끝내다, 그만두게 하다. ¶ We *put an end to* that noise. 우리는 그 소음을 멈추게 했다.
right (or *straight*) *on end* 잇따라, 곧바로.
to no end 무익하게, 헛되이. ¶ work *to no end* 헛수고를 하다.
to the bitter (or *the very*) *end* 최후까지, 끝까지.
to the end of the chapter 《구어》 최후까지, 끝까지, 철저히. ¶ He'll go on drinking *to the end of the chapter*. 그는 끝까지 마셔댈 것이다. 〖(that).
to the end that ⋯하기 위하여, ⋯하도록 (in order
— *vt.* **1** ⋯을 마치다, 끝내다, 결말을 내다(conclude). ¶ *end* a lesson with the bell 종이 울림과 동시에 수업을 마치다 / *end* one's days (or life) in an asylum for the aged 양로원에서 생애를 마치다 / He *ended* his speech with a famous proverb. 그는 유명한 속담을 인용함으로써 연설을 끝냈다. **2** ⋯을 죽이다(kill), ⋯의 사인이 되다; 파멸시키다. ¶ Poison *ended* him. 그는 독약으로 사망했다. **3** ⋯의 끝 부분을 이루다, 끝에 있다. ¶ This stake *ends* the fence. 이 말뚝이 울타리의 끝이다. **4** ⋯을 웃돌다, ⋯을 능가하다. ¶ a novel to *end* all novels 모든 소설을 능가하는 소설.
— *vi.* **1** 끝나다, 마치다, 종말을 고하다, 결말이 나다. ¶ Here our journey *ends*. 여기가 우리들의 여행목적지 / His life *ended* nobly. 그의 생애는 훌륭한 종말을 고했다 // (~+前+名) The day *ended with* a storm. 그날은 폭풍우로 저물었다. **2** ⋯으로 끝나다, 결국 ⋯으로 되다(끝나다) (*in* ...). ¶ Even the most expensive cars *end* as scrap metal. 어떠한 고급차도 결국은 고철이 된다 // (~+前+名) The match *ended in* a victory for our opponents. 시합은 결국 상대방의 승리로 끝났다 / The novel *ends in* catastrophe. 그 소설은 비극적 결말로 끝난다.
—— **Usage** end in, by, with —— end in 은 「⋯과 같은 결과」의 뜻, end by 는 뒤에 동명사를 수반하여 「최후에는(궁극적으로는) ⋯하다」의 뜻, end with 는 끝마무리가 된 것(수단)을 나타내어 「⋯으로 끝나다」의 뜻: He will *end by* marrying her. / The speech *ended with* these words. 〖(die).
3 이야기를 끝내다, 끝으로 말하다. **4** 《드물게》 죽다
end up (or *off*) 〔*with*〕 ① 종료하다, 끝마치다. ¶ play 'God save the Queen' to *end up with* 끝으로 영국 국가를 연주하다. ② 《卑語》 죽다. ③ 결국 ⋯이 되다.
end- *pref.* ⇒ ENDO-. 〖기 완전 철폐 운동〗.
END 《略》 *E*uropean *N*uclear *D*isarmament(유럽 핵
end-all [éndɔ́ːl] *n.* 〖the ~〗 대단원, 모든 것의 끝남.
en·dam·age [indǽmidʒ] *vt.* (**-aged, -ag·ing**) ⋯에 손해를 주다, ⋯에 손상을 주다.
en·da·moe·ba [èndəmíːbə] *n.* (*pl.* **-bae** [-biː] *or* **-bas**) 엔드아메바〖인체 내부에 기생하여 이질을 일으키는 아메바〗.
*en·dan·ger [indéindʒər] *vt.* ⋯을 위험에 빠뜨리다, 위

태롭게 하다(imperil).
en·dan·gered [indéindʒərd] *adj.* [동식물이] 절멸 위기에 처한. [뜨ёй(빠짐).
en·dan·ger·ment [indéindʒərmənt] *n.* [U] 위험에 빠짐.
énd aróund *n.* [미식축구] 엔드 어라운드 [공격팀 최전방의 엔드가 일단 후방으로 물러나 쿼터백으로부터 공을 패스받아 윙사이드로 공격하는 플레이].
énd árticle *n.* 최종 제품 [사용 목적을 위해 당장 쓸 수 있는 완성품; 배·전차·비행기 따위].
end-con·sum·er [éndkənsù:mər / -s(j)ù:mə] *n.* [제품의] 최종 소비자.
*en·dear [indíər] *vt.* 1 …을 사랑받게 하다, 따르게 하다, 사모하게 하다. ¶ (~+囷+前+명) He *endeared* himself *to* the children by his kindness. 그는 친절하였으므로 아이들이 따랐다 / The sweet temper of the child *endeared* him *to* all. 그 아이는 기질이 고와서 모두에게 사랑을 받았다. 2 [폐어] …의 값을 높이다(올리다). ◇ **dear** *adj.*
en·dear·ing [indí(:)riŋ / -díər-] *adj.* 귀여운, 친밀감이 있는, 마음을 끌어당기는. **~·ly** *adv.*
en·dear·ment [indíərmənt] *n.* [U] 사랑받음, 친애, 사모 받음. 2 사랑의 말; 애무.
‡en·deav·or, (英) -our [indévər] *vi.* 1 노력하다 (strive). ¶ Anyhow, he is *endeavoring*. 어쨌든 그는 노력하고 있다 // (~+前+명) *endeavor after* happiness 행복을 추구하여 노력하다. 2 시도하다(try). — *vt.* …을 하려고 노력하다. ⇒ TRY 類語 ¶ (~+*to* do) *endeavor to* do one's duty 의무를 다하려고 노력하다 / *endeavor to* soothe her 그녀를 달래려고 해보다. — *n.* 노력; 시도(attempt), 진력. ⇒ EFFORT 類語 ¶ do (or make) every *endeavor*; do (or make) one's best *endeavors* 갖은 노력을 다하다 / All his *endeavors* were [in] vain. 그의 노력은 모두 수포로 돌아갔다.
en·dem·ic [indémik], **(en·dem·i·cal** [-ik(ə)l]) *adj.* 어떤 지방[의 사람들] 특유의, 고유의. ¶ an *endemic* disease 풍토병 / *endemic* species 고유종(토종) // folkways *endemic* to a region 어떤 지방 특유의 풍습. — *n.* 지방병, 풍토병. **-i·cal·ly** [-ikəli] *adv.* [특유성].
en·de·mic·i·ty [èndimísiti] *n.* [U] 풍토성, 한 지방의.
en·der·mic [endə́:rmik] *adj.* [의학] 경피(經皮) 흡수의, [약 따위가] 피부에 침투하여 작용하는; 피부에 바르는.
***en désha·bil·lé** [F dezabije] 《프랑스》 (=in dishabille) 약장(略裝)으로, 평복으로.
énd gáme *n.* [브리지, 서양 장기 따위의] 종반(終盤); 시합의 마지막 판.
énd·gate [éndgèit] *n.* [트럭 적재함의] 뒷문.
‡end·ing [éndiŋ] *n.* 끝남, 종결; 결말; 말미; 끝 부분(conclusion). ⇒ END 類語 2 죽음(death); 멸망(destruction). 3 [문법] 어미, [특히] 활용 어미.
en·dive [éndaiv, á:ndi:v / éndiv] *n.* [식물] 꽃상치, 네들.
énd léaf *n.* = end paper. [랜드 상처[샐러드] 용].
‡end·less [éndlis] *adj.* 끝없는, 무한한; 영원한; 끝없이 이긴. ⇒ ETERNAL 類語 ¶ an *endless* argument (speech) 지루하게 긴 논쟁(연설) / an *endless* journey 끝없는 여행 / *endless* bliss 무한한 환희. 2 부단한, 끊임없는. ¶ *endless* orders 끊임없는 주문. 3 [벨트 따위가] 고리 모양으로 이어져 있는, 환상(環狀)의. ¶ an *endless* belt 환상 벨트 / an *endless* chain [자전거 따위의] 순환 체인. **~·ly** *adv.* **~·ness** *n.*
énd líne *n.* 말단(경계, 한계)을 나타내는 선; [구기장(球技場)의] 엔드 라인; [역, 곰추서의 on end].
end·long [éndlɔ̀ːŋ / -lɔ̀ŋ] *adv.* [고어] 세로로, 직립하여.
énd mán *n.* 1 열(줄)의 맨끝의 사람. 2 희극악단의 연주자의 열 양쪽 끝에 있는 사람 [어릿광대역].
énd mátter *n.* = back matter.
énd·most [én(d)mòust] *adj.* 맨끝의, 말단의.
endo- within, inner 라는 뜻의 연결형 (* 모음 앞에서는

end-를 쓴다). 예: *end*amoeba, *endo*crine, *endo*derm. [<Gk *endon* within]
en·do·blast [éndo(u)blæ̀st / -blɑ̀:st] *n.* [발생] 내배엽(내胚葉) (endoderm).
en·do·car·di·al [èndo(u)ká:rdiəl] *adj.* 1 심장내의 (intracardiac). 2 심내 막(心內膜)(endocardium)에 관한. [내막염(炎).
en·do·car·di·tis [èndo(u)ka:rdáitis] *n.* [병리] 심내막.
en·do·car·di·um [èndo(u)ká:rdiəm] *n.* (*pl.* **-di·a** [-diə]) [해부] 심내막.
en·do·carp [éndo(u)kɑ̀:rp] *n.* [식물] 내과피(內果皮). *cf.* epicarp, pericarp
en·do·cen·tric [èndo(u)séntrik] *adj.* [언어] 내심적인. *opp.* exocentric ¶ an *endocentric* construction 내심 구조 [어떤 어군이 그 속의 주요어와 대략 같은 기능을 갖는 구조; fresh milk, small boy 따위].
en·do·crine [éndo(u)kràin, +美 -krì(:)n] *n.* (= **en·do·crin** [-krin]) [해부·생리] 1 내분비선. 2 내분비물, 호르몬. — *adj.* 내분비[선, 물]의.
éndocrine glànd *n.* 내분비선(ductless gland).
en·do·cri·nic [èndo(u)krínik] *adj.* = endocrine.
en·do·cri·nol·o·gy [èndo(u)krainálədʒi, -kri- / -nɔ́l-] *n.* [U] 내분비학. [crine.
en·do·cri·nous [endákrinəs / -d5k-] *adj.* = endo-.
en·do·cyt·ic [èndo(u)sítik, -sái-], **(en·do·cy·tot·ic** [-sàitátik]) *adj.* [세포의] 식(食) 작용의; 식균 작용의.
en·do·cy·to·sis [èndo(u)saitóusis] *n.* (*pl.* **-ses** [-si:z]) [생리] 세포막의 함입(陷入)에 의한 외부 물질 의식(흡수) 작용; 식균 작용.
en·do·derm [éndo(u)də̀:rm] *n.* [발생] 내배엽.
en·do·der·mis [èndo(u)də́:rmis] *n.* [식물] 내피.
énd-of-dáy gláss [èndədvéi-] *n.* 온갖 색깔이 섞인 유리 [장식용으로 쓴다].
en·do·gam·ic [èndougǽmik] *adj.* = endogamous.
en·dog·a·mous [endágəməs / -dɔ́g-] *adj.* 1 동족 결혼에 의한. 2 동족 결혼에 관한.
en·dog·a·my [endágəmi / -dɔ́g-] *n.* [U] 동족 결혼. *opp.* exogamy [(monocotyledon).
en·do·gen [éndədʒən] *n.* [폐어] 단자엽(單子葉) 식물.
en·dog·e·nous [endádʒinəs / -dɔ́dʒ-] *adj.* 1 [생물] 내부로부터 생기는, 내생(内生)의. 2 [생리·생화학] 내인성(內因性)의. **~·ly** *adv.*
en·dog·e·ny [endádʒini / -dɔ́dʒ-] *n.* [U] [생물] 내생, 내부로부터 발달하기.
en·do·lymph [éndo(u)lìmf] *n.* [해부] 내(內)림프액 [귀의 막상 미로(膜狀迷路) 안의 액].
en·do·me·tri·tis [èndo(u)mitráitis] *n.* [U] [병리] 자궁 내막염.
en·do·mi·to·sis [èndo(u)maitóusis] *n.* [U][C] [생물] 핵내 유사분열(核内有絲分裂).
en·do·morph [éndəmɔ̀:rf] *n.* 1 [광물] 내포(内包) 광물. 2 땅딸막한 사람.
en·do·mor·phic [èndəmɔ́:rfik] *adj.* 1 [광물] 내포 광물의, 다른 광물 안에 포함되어 산출되는. 2 내배형의. 3 [배가 나온] 땅딸막한 체격의.
en·do·mor·phism [èndo(u)mɔ́:rfiz(ə)m] *n.* 1 [광물] 혼성[작용], [관입 화성암 안에서 발생하는] 엔도모르피즘, 내변(内變). 2 [수학] 자기 준동형(自己準同形).
en·do·par·a·site [èndo(u)pǽrəsàit] *n.* 내부 기생물, 체내 기생충[숙주(宿主)의 체내 기생; 촌충 따위]. *opp.* ectoparasite [관이 있는.
en·do·phil·ic [èndəfílik] *adj.* [생태] 인간(환경)과의
en·do·plasm [éndo(u)plæ̀z(ə)m] *n.* [U] [생물] 내부 원형질, 내영질(内形質), [원생(原生) 동물의] 내질(内質) (endosarc).
en·do·plas·mic [èndo(u)plǽzmik] *adj.* 내부 원형질의, 내영질의, 내질의. [단)기.
énd órgan *n.* [생리] [신경의] 종말 기관; 단말(말

en・dor・phin [endɔ́ːrfin] *n.* 엔도르핀 [침을 맞았을 때 뇌에서 생성되는 강력 진통 물질].

***en・dorse** [indɔ́ːrs], **in-** [in-] *vt.* (**-dorsed, -dorsing**) **1** …을 시인(승인)하다, 지지하다; 확인하다. ⇨ APPROVE [類語] ¶ *endorse* an opinion 의견을 지지하다 / *endorse* everything that a speaker has said 연설자가 한 말을 전부 옳다고 보다. **2** [주의・내용의 설명 따위로] 서류 이면에 기입하다. **3** [어음 따위]에 배서(背書)하다, 이서(裏書)하다. **4** [TV 나 신문에서 유명 인사가 어떤 상품을] 보증 선전하다.

en・dor・see [indɔ̀ːrsíː, èndɔ̀ːr-/èndɔ̀ː-] *n.* 피배서인, 양수인(讓受人).

en・dorse・ment [indɔ́ːrsmənt] *n.* **1** U 시인(approval), 확인. **2** 배서, 이서; 어음 배서; [TV 등에서 하는 유명 인사의] 보증 선전.

en・dors・er [indɔ́ːrsər] *n.* 배서인, 양도인.

en・do・sarc [éndo(u)sàːrk] *n.* U《생물》내질, 〔원생 동물의〕 내부 원형질(endoplasm).

en・do・scope [éndəskòup] *n.* 《의학》 직달 경(直達鏡), 내시경[내장이나 내강(內腔)기관을 직접 시진(視診)하는데 쓰이는 관(管) 모양의 기구]. [法].

en・dos・co・py [endɑ́skəpi/-dɔ́s-] *n.* U 내시경 검사.

en・do・skel・e・ton [èndo(u)skélitn] *n.* 《동물》 내골격. *opp.* exoskeleton

en・dos・mo・sis [èndɑsmóusis, -daz-/-dɔz-] *n.* U《물리 화학》〔외부에서 내부로의〕 침투, 침입. *cf.* osmosis

en・do・sperm [éndo(u)spə̀ːrm] *n.* 《식물》 내배유(內胚乳), 내유(內乳).

en・dos・te・um [endɑ́stiəm/-dɔ́stjəm] *n.* (*pl.* **-te・a** [-tiə/-tjə]) 《해부》 골내막(骨內膜).

en・do・the・li・um [èndo(u)θíːliəm] *n.* (*pl.* **-li・a** [-liə]) 《해부》 내피(內皮) 세포〔혈관・림프관 따위의 내면을 덮는 얇은 조직〕.

en・do・ther・mic [èndo(u)θə́ːrmik], **-mal** [-m(ə)l] *adj.* 《물리 화학》 흡열(吸熱)[성]의, 흡열[반응]이 따르는.

en・do・tox・in [èndoutáksin/-tɔ́k-] *n.* 《생화학》 균체 내(菌體內) 독소, 내독소〔세균의 체내에 존재하며 균체의 파괴에 따라서 나오는 독소; 콜레라균・이질균 따위의 독소〕. *opp.* exotoxin

‡en・dow [indáu] *vt.* **1** 〔공공 단체 등에〕 영구적인 재원을 기부하다; …에 기금을 기부하다; …에 유증(遺贈)하다. ¶ *endow* a college (hospital) 대학(병원)에 재산을 기부하다. **2** 〔능력・자질 따위〕를 …에게 주다, 부여 하다 (equip) (...*with*). ¶ (~+图+前+名) His daughters are all *endowed* with remarkable beauty and grace. 그의 딸들은 모두 대단한 아름다움과 우아함을 타고났다 / Nature had *endowed* her *with* wit and intelligence. 하늘은 그녀에게 기지와 지성을 내리었다. **3** 〔고어〕 …에게 과부산(寡婦産) (dower)을 주다.

***en・dow・ment** [indáumənt] *n.* **1** U 기부, 기증, 재산 부여. **2** 기금, 기본 재산. **3** (보통 ~s) 천부의 재능.

endówment insùrance 〔英〕 **assùrance** [-.] U양로 보험.

énd pàper *n.* U〔책의〕 면지(面紙).

énd pòint *n.* **1** 《수학》〔선분이나 선(線狀)의 〕 끝단, 종점. **2** 종료점, 종점. **3** 《화학》 〔적정(滴定)의〕 종점.

énd pròduct *n.* 최종 제품; 〔일련의 변화・반응・과정 따위의〕 최종 결과; 〔방사성 원소의 붕괴 후 최종적으로 생기는 비방사성 원소〕.

énd rhỳme *n.* 《韻律》 각운(脚韻).

en・drin [éndrin] *n.* U 엔드린〔살충제〕.

énd stòp *n.* 마침표〔종지부・의문부・감탄부 따위〕.

énd-stopped [éndstɑ́pt/-stɔ́pt] *adj.* **1** 《韻律》 그 행으로 완결된, 행 끝이 쉼 부 구두점이 있는. **2** 《운동・댄스 등의 동작의 마지막으로 포즈로 인상깊게 하는, 〔동작의〕 끝난.

Ends・ville [éndzvil] *adj.*, *n.*《미속어》최고의[것].

énd tàble *n.* 〔소파나 의자 따위의 곁에 붙여 놓는〕 작은 탁자.

end-to-end [éndtuénd] *adj.* 〔나라의〕 끝에서 끝까지

en・due [ind(j)úː/-djúː], **in-** [in-] *vt.* (**-dued, -duing**) **1** 《보통 수동형으로》〔재능・자질 따위를〕 …에게 주다, 부여하다 (...*with*). ¶ (~+图+前+名) a man *endued with* inventive genius 발명의 재능을 타고난 사람 / be *endued with* perfect wisdom 완벽한 지혜를 갖추고 있는 사람 / *endue* a person *with* wit 남에게 기지를 부여하다. **2** …을 입다, 착용하다(put on). **3** 〔남〕에게 〔옷 따위〕를 입히다(clothe). ¶ (~+图+前+名) *endue* a person with the short robe 남에게 군복을 입히다.

en・dur・a・ble [ind(j)ú(ː)rəbl/-djúər-] *adj.* 견딜 수 있는, 참을 수 있는. **-bly** *adv.*

***en・dur・ance** [ind(j)ú(ː)rəns/-djúər-] *n.* U **1** 인내[력]; 참을성. ⇨ PATIENCE [類語] **2** 지구력, 내구력(性). **beyond** (or **past**) *endurance* 참을 수 없을 만큼.
◇ *endúre v.*

endúrance tèst *n.* 내구 시험.

‡en・dure [ind(j)úər/-djúər] *v.* (**-dured, -dur・ing**) *vt.* **1** 〔물건이〕 …을 견디어내다, 지탱하다(sustain). ¶ That dike will not *endure* the rising water. 저 제방은 불어나는 물을 견디내지 못할 것이다. **2** 〔사람이〕 〔곤란・고통〕을 견디다, 감당하다. 《주로 부정문으로》을 참다(tolerate). ⇨ BEAR [類語] ¶ *endure* great hardships 큰 곤란을 견디내다 / *endure* pain 고통을 참다 / I can't *endure* your wording. 나는 당신의 말투를 참을 수 없다 // (~+to do) (~+-ing) I can't *endure* to hear about it.=I can't *endure* hearing about it. 그런 것은 듣기도 싫다. — *vi.* **1** 계속되다, 지속되다. [類語] CONTINUE ¶ as long as life *endures* 목숨이 있는 한. **2** 인내하다, 참다, 견디다. ¶ *endure* to the last 최후까지 버티다. ◇ *endúrance n.*

***en・dur・ing** [ind(j)ú(ː)riŋ/-djúər-] *adj.* **1** 인내심이 강한, 참을성 있는(patient). **2** 지속하는, 영속적인 (lasting); 영원의(permanent). ¶ *enduring* fame 불후의 명성 / *enduring* peace 항구적인 평화. **~・ly** *adv.* **~・ness** *n.*

en・du・ro [ind(j)ú(ː)rou/indjúərou] *n.* (*pl.* **-os**) 《美》〔자동차 따위의〕 장거리 내구 경주〔24시간에 달릴 수 있는 거리를 겨룬다〕.

énd ùse *n.* U C 〔생산물의〕 최종 용도.

énd-ùs・er [ind(j)úːzər] *n.* 말단(末端) 사용자, 최종 사용자, 일반 사용자.

énd・wàys [éndwèiz] *adv.* **1** 세워서, 똑바로 세워서 (on end). **2** 끝을 위로(앞으로) 하여 (end on, end up). **3** 끝쪽을 향해서; 길게, 세로로. **4** 두 끝을 맞대고, 한 줄로 이어서 (end to end).

énd・wìse [éndwàiz] *adv.* =endways.

En・dym・i・on [endímiən] *n.* 《그리스 신화》 엔디미온〔달의 여신 Selene 의 사랑을 받은 양치기 미소년〕.

énd zòne *n.* 《미식축구》 엔드존〔경기장 양끝의 골라인과 엔드 라인 사이의 구역; 여기에 공을 가지고 들어가면 터치다운이 된다〕.

-ene 《화학》 unsaturated hydrocarbons (불포화 탄화수소)라는 뜻의 연결형. 예: acetyl*ene*, anthrac*ene*, benz*ene*.

ENE, E.N.E., e.n.e. (略) east-northeast (동북동).

en・e・ma [énimə] *n.* (*pl.* **-mas** or **-ma・ta** [enéməta]) 《의학》 관장(灌腸). **2** 관장액(액), 관장기(器).

‡en・e・my [énimi] *n.* (*pl.* **-mies**) **1** 적, 적대자, 원수, 경쟁 상대. ¶ *political enemies* 정치 상의 적수 / 불구대천의 원수 / a natural *enemy* 천적 / If I say that, I shall make an *enemy* of him. 내가 그런 말을 하면 그를 적으로 만들게 될 것이다 / His heroic deed won the admiration of his friends and *enemies* alike. 그의 영웅적 행위에는 그의 친구들과 적들이 다 같이 감탄하였다 // I am no *enemy* to whisky. 나는 위스키가 싫지

는 않다.
[類語] **enemy** 적의・악의를 품는 자: a man with many *enemies* 적이 많은 사람. **foe** enemy의 문어(文語). **opponent** 논쟁・선거・경기 따위에서 대립하는 상대; 적의를 뜻하지 않는 말: one's *opponent* in a game 게임의 상대. **adversary** 단순한 대립에서 뚜렷한 적의까지를 포함하는 넓은 의미의 말: *adversaries* in world politics 세계 정치의 장에서 대항하는 나라들. **antagonist** 우월・지배를 다투어 심하게 대립하는 자. **2** 적병, 적함; (the ~) 《집합적》 《단・복수 양용》 적군, 적 함대. ¶ attack (defeat) the *enemy* 적을 공격(격퇴)하다 / go over to the *enemy* 적 편이 되다, 항복하다 / The *enemy* were in great force. 적은 대병력이었다. **3** 적국, 적국인. **4** 해로운 것, …을 해치는 것, 《비유적》적. ¶ the *enemy* of health 건강에 해로운 것 / He is his own *enemy*. 그는 자기 자신을 망치고 있다 // Jealousy is an *enemy* to friendship. 시기는 우정의 적이다. **5** (the E-) 악마(the Devil). ¶ the Old Enemy 대마왕.
— *adj.* 적군(적국)에 속하는; 적대하는(inimical).
How goes the enemy?《구어》지금 몇 시입니까?

***en·er·get·ic** [ènərdʒétik] *adj.* **1** 정력적인, 활동적인, 활기 있는, ⇨ ACTIVE [類語] **2** 효과적인(effective), 강력한. ¶ an *energetic* reply 강력한 답장. ◇ énergy n.
en·er·get·i·cal·ly [-ikəli] *adv.*
en·er·get·i·cal [ènərdʒétik(ə)l] *adj.* =energetic.
en·er·get·ics [ènərdʒétiks] *n. pl.*《단수 취급》에너지론.
en·er·gism [énərdʒiz(ə)m] *n.* U 《윤리》에너지즘 〔자기 능력의 완성을 가장 중시하는 주의〕.
en·er·gize [énərdʒàiz] (*《英》*에서는 **en·er·gise** 로도 쓴다) *v.* (**-gized, -giz·ing**) …에게 정력을 주다, 활기있게 하다. — *vi.* 정력을 발휘하다, [정력적으로] 활동하다. (사람).
en·er·giz·er [énərdʒàizər] *n.* 정력(활력)을 주는 것.
en·er·gu·men [ènərgjúːmən / -mən] *n.* **1** 악마에 홀린 사람, 귀신 들린 사람(demoniac). **2** 광신자.
†**en·er·gy** [énərdʒi] *n.* (*pl.* **-gies**) U **1** 정력, 원기, 활력, 활기, 기세. ⇨ POWER [類語] ¶ physical (spiritual) *energy* 체력(기력) / a man of *energy* 정력가 / waste one's *energy* 정력을 낭비하다. **2**《종종 -gies》행동력, 활동력, 능력. ¶ mental *energy* 지적 능력 / apply one's *energies* to the purpose 목적을 향해서 심혈을 기울이다. **3** [표현 따위의]힘참. ¶ *energy* of words (style) 말(문체)의 힘참. **4** [물리]. ¶ kinetic (or active, motive) *energy* 운동 에너지 / latent (or potential) *energy* 잠재 에너지 / principle of conservation of *energy* 에너지 보존의 법칙.
◇ energétic *adj.*
énergy bùdget *n.*《생태》에너지 수지[량].
énergy crísis *n.* 에너지 위기.
en·er·gy-in·ten·sive [énərdʒiintènsiv] *adj.* [생산 수단의] 에너지 집약적인.
énergy lével *n.* 에너지 준위(準位).
énergy párk *n.*《美》에너지 단지[에너지 절감을 위해 에너지 생산 설비를 한 곳에 집결시킨 일종의 에너지 공동 이용 콤비나트].
en·er·gy-sav·ing [énərdʒisèiviŋ] *adj.* 에너지 절약의.
en·er·vate *vt.* [énərvèit → *adj.*] (**-vat·ed, -vat·ing**) …의 기력을 빼앗다, 힘을 약하게 하다, …을 무기력하게 하다(weaken). ¶ an *enervated* style 힘없는 문체 / A hot climate *enervates* people. 더운 기후는 사람을 무기력하게 한다. — *adj.* [inə́ːrvit] 힘이 빠진, 무력한, 박약한, 무기력한.
en·er·va·tion [ènə(ː)rvéi∫(ə)n] *n.* U 기력을 상실함, 무기력, 쇠약.
en·face [inféis] *vt.* (**-faced, -fac·ing**) [어음・서류 따위]의 표면에 기입(인쇄)하다.
en fa·mille [F ɑ̃ famij] *adv.*《프랑스》온 식구가 모여, 식구끼리 오붓하게; 편안하게, 거리낌없이.

en·fant ché·ri [F ɑ̃fɑ̃ ∫eri] *n.*《프랑스》《비유적》총아(寵兒).
en·fant ter·ri·ble [F ɑ̃fɑ̃teribl] *n.* (*pl.* **en·fants ter·ri·bles** [ɑ̃fɑ̃teribl])《프랑스》(=terrible child) **1** 무서운 아이, 깜찍한 아이. **2** 남이 난처해질 언행을 함부로 하는 사람.
en·fee·ble [infíːbl] *vt.* (**-bled, -bling**) …을 약하게 하다, 허약하게 하다. [쇠약.
en·fee·ble·ment [infíːblmənt] *n.* U 약하게 함(됨).
en·feoff [inféf, -fíːf] *vt.* …에게 봉토(封土)를 주다.
en·feoff·ment [inféfmənt, -fíːf-] *n.* U C **1** 봉토(식읍(食邑))의 하사. **2** 봉토(식읍)의 하사장(狀). **3** 봉토(封土), 식읍.
en·fet·ter [infétər] *vt.* **1** …에게 족쇄를 채우다. **2** …을 속박하다, 구속하다.
en·fi·lade [ènfiléid, +美 ‑‑‑́] 《군사》*n.* **1** 종사(縱射) 받을 위치. **2** 종사. — *vt.* (**-lad·ed, -lad·ing**) …에 종사를 퍼붓다, 종사하다.
en·fold [infóuld] *vt.* **1** …을 싸다, 감싸다 (… in, with). **2** …을 안다, 껴안다(embrace). **3** …을 접다, 접어 개다; …에 주름을 잡다.

†**en·force** [infɔ́ːrs / -fɔ́ːs] *vt.* (**-forced, -forc·ing**) **1** [법률 따위]를 시행하다, 실시하다, 집행하다. ¶ *enforce* a law 법률을 시행하다. **2** …을 강요(강제)하다, 억지로 시키다. **3** …을 강행하다. ¶ *enforce* obedience to one's demand by threats 협박하여 요구에의 복종을 강요하다 / *enforce* one's authority 권위를 내세우다 / *enforce* a blockade 봉쇄를 강행하다 // (~ +目+前+ [名] *enforce* peace *on* the defeated 패자에게 강화를 강요하다 / *enforce* one's opinion *on* one's child 자기의 의견을 아이들에게 강요하다. **3**(의견 따위)를 강경하게 주장하다, 강조하다, 역설하다. ¶ *enforce* one's argument by analogy 유추(類推)에 의하여 자기 주장을 강경하게 밀고 나가다.
en·force·a·bil·i·ty [infɔ̀ːrsəbíliti / -fɔ̀ːs-] *n.* U 시행(실시)할 수 있음; 강제할 수 있음.
en·force·a·ble [infɔ́ːrsəbl / -fɔ́ːs-] *adj.* 시행 가능한, 실시할 수 있는; 강제할 수 있는.
en·forced [infɔ́ːrst / -fɔ́ːst] *adj.* 강제적인. ¶ *enforced* insurance 강제 보험 / *enforced* education 의무 교육. — **-forc·ed·ly** [-sidli] *adv.*
***en·force·ment** [infɔ́ːrsmənt / -fɔ́ːs-] *n.* U C 시행, 실행, 실시; 강제; 《고어》강제하는 것.
en·frame [inféim] *vt.* (**-framed, -fram·ing**) …을 틀에 넣다(끼우다), …을 액자로 넣다.
en·fran·chise [infrǽnt∫aiz] *vt.* (**-chised, -chis·ing**) **1** …에게 참정권(선거권)을 주다. **2** [노예 등]을 해방하다(set free). **3** [도시]에 자치권을 주다.
en·fran·chise·ment [infrǽnt∫aizmənt] *n.* U **1** 참정권(선거권)을 줌. **2** 해방, 석방.
Eng.《略》England, English. [engraver, engraving.
eng.《略》engine, engineer, engineering; engraved,
***en·gage** [ingéidʒ] *v.* (**-gaged, -gag·ing**) *vt.* **1**(보통 재귀용법 또는 수동형으로)[자기]를 […에] 종사시키다, […에] 종사하게 하다. ¶ (~ +目+前+ [名]) He *engages* himself *in* politics. 그는 정치에 관여하고 있다 / He is *engaged in* foreign trade. 그는 해외 무역에 종사하고 있다.
2 [시간 따위]를 차게 하다, 차지하다; …을 바쁘게 하다. ¶ have one's time fully *engaged* 시간이 꽉 차 있다. ¶ Letter writing *engages* much of her time. 편지 쓰기에 그녀의 시간이 많이 소비되고 있다 // (~ +目+前+ [名]) be *engaged in* (on) 에는 「…에 착수하고 있다」라는 뜻이 있으므로 주의할 것. 예: He is *engaged on* a new work. **3** …을 고용하다, 세내다. ⇨ EMPLOY [類語] ¶ *engage* a servant 하인을 고용하다 / *engage* a carriage 마차를 세내다 / (~ +目+ *as* [補]) *engage* a person *as* a secretary 남을 비서로 고용하다.

4 …을 끌어들이다. [주의 따위]를 끌다. ¶ engage a person's attention 남의 주의를 끌다. **5** …을 약속(계약)으로 속박하다; …을 약속하다; …을 보증하다, PROMISE 類語 ¶ engage two seats at a theater 극장 좌석을 둘 예약하다 / This seat is engaged. 이 좌석은 예약되어 있습니다 // (~+图+to do) He engaged himself to do the job. 그는 그 일을 하기로 약속했다. **6** 《보통 수동형으로》…을 약혼시키다(betroth). ¶ We became engaged this month. 우리는 이 달에 약혼했다 // (~+图+前+名) I am engaged to Nancy. 나는 낸시와 약혼중이다. **7** …을 교전시키다; …과 교전하다. ¶ engage the enemy 적과 교전하다. **8** [톱니바퀴 따위]를 맞물리게 하다. **9** 《口》…에 끌어넣다(involve). **1 0** [건축] …을 붙이다.
── vi. **1** 종사하다, 관계하다, 근무하다(in...). ¶ (~+前+名) engage in business (politics) 상업(정치)에 종사(관계)하다 / engage in fruitless effort 헛된 노력을 하다 / engage for the season 계절 노동자로서 일하다. **2** 맹세하다, 약속하다, 보증하다. ¶ (~+前+名) I can't engage for such a thing. 나는 그런 것을 약속할 수 없다 // (~+that) I'll engage that what he says may be true. 그가 하는 말이 진실임을 내가 보증하겠다 // (~+to do) He engaged to do the work by himself. 그 일을 혼자서 하겠다고 그는 맹세했다. **3** 교전하다 (with...). ¶ (~+前+名) engage with the enemy 적과 교전하다. **4** [톱니바퀴 따위가] 맞물다.
engage oneself to ① …에 약혼하다. …와 약혼하다. ¶ He engaged himself to my cousin. 그는 나의 사촌과 약혼했다. ② …에게 고용되다. ¶ I engaged myself to the merchant. 나는 그 상인에게 고용되었다.
◇ engagément n.

en·ga·gé [F ɑ̃gaʒe] adj. 《프랑스》 [정치(사회) 문제 따위에] 적극적으로 관여하는, 참여의, 앙가쥬망의.

*en·gaged [ingéidʒd] adj. **1** 바쁜(busy); [전화기가] 사용중인. ¶ I am engaged every evening. 나는 저녁이면 언제나 [약속이 있어] 바쁘다 / Number's engaged. 《英》 [전화가] 통화중입니다. **2** 약속(계약, 예약)된. **3** 약혼중의 (betrothed). ¶ an engaged couple (or pair) 약혼중의 남녀. **4** 교전중인. **5** [톱니바퀴 따위가] 맞물린. **6** [건축] [기둥 따위가] 불박이의.

en·gage·ment [ingéidʒmənt] n. **1** 서약, 약속, 예약, 계약. ¶ make (or enter into) an engagement with a person 남과 계약(약속)을 하다 / A previous engagement prevents my attendance. 선약이 있어 참석을 못합니다. **2** 약혼(betrothal). ¶ an engagement of a young couple 젊은 남녀의 약혼 / Her engagement has been broken off. 그녀의 약혼은 파혼되었다. **3** ⓤ 고용, 초빙; 고용 기간. ¶ a post of engagement 일자리. **4** ⓤ 상용; 용무. ¶ owing to pressing engagements 긴급한 용건 때문에. **5** 교전, 회전(會戰). ⇨ BATTLE 類語 ¶ a naval (a land) engagement 해전(육전) // have an engagement with the enemy 적과 교전하다. **6** ⓤ [톱니바퀴 따위의] 맞물림; 연결. **7** (~s) [상업] 채무, 금전상의 약속. ¶ meet one's engagements 채무를 갚다.
◇ engáge v.

engágement rìng n. 약혼 반지.

en·gag·ing [ingéidʒiŋ] adj. 매력적인, 애교 있는, 상냥한, 기분 좋은. ¶ She smiled an engaging smile. 그녀는 상냥한 미소를 지었다. ~·ly adv. ~·ness n.

en gàrde [ɑːngɑ́ːrd] 《펜싱》 준비 자세(on guard).
[<F] 다.

en·gar·land [ingɑ́ːrlənd] vt. …을 화환으로 장식하다.

Eng. D. 《略》 Doctor of Engineering.

Én·gel's láw [éŋglz-] n. [경제] 엥겔의 법칙 [Ernst Engel이 발견한 소비 생활의 일반 법칙; 특히 가계중에서 식비 지출이 총지출 중에서 차지하는 비율은 수입 증가에 따라 점차로 감소한다는 법칙]. [<독일의 통계학자 Ernst Engel(1821-96)의 이름]

en·gen·der [indʒéndər] vt. …을 낳다, 일으키다. ¶ Pity often engenders love. 동정에서 흔히 사랑이 싹튼다. ── vi. 태어나다, 일어나다. [기.

en·gen·der·ment [indʒéndərmənt] n. ⓤ 초래, 일으킴.

en·gild [ingíld] vt. …에 도금을 하다; …을 닦다.

engin. 《略》 engineer, engineering.

‡**en·gine** [éndʒin] n. **1** 엔진, 기관, 발동기. ¶ a steam engine 증기 기관 / an internal combustion engine 내연 기관. **2** 기관차(locomotive). **3** 기계 장치, 기계(器械), 기구. ¶ a dental engine 치과 의료 기계 / a door engine [전차 따위의] 자동 개폐 장치 / a fire engine 소방 펌프; 소방 자동차. **4** 병기. ── vt. (-gined, -gin·ing) …에 [증기] 기관을 갖추다, 엔진을 장치하다.

éngine depártment n. [선박의] 기관실.

éngine driver n. 《英》 [기관차의] 운전사; 기관사 《美》 engineer).

‡**en·gi·neer** [èndʒiníər] n. **1** 기사(技師), 공학자. ¶ a chief engineer 기사장 / a civil engineer 토목 기사 / a mechanical (a mining, a sanitary) engineer 기계(광산, 위생) 기사 / a military engineer 기술 장교, 기술관. **2** [기선 따위의] 《美》 [기관차의] 운전사, 기관사(《英》 engine driver). **3** 《육군》 공병; 《해군》 기관 장교. ¶ engineer corps 공병대 / Royal Engineers 영국 공병대. **4** 《구어》 능란한 지도자; 모사(謀士), 공작원. ── vt. **1** [기사로서] [공사]의 감독(설계, 건조)을 맡다. ¶ engineer an aqueduct 도수관 공사의 설계를 하다. **2** …을 능숙하게 처리하다; …을 계획하다; ¶ engineer a plot 계략을 짜다 // (~+图+前+名) engineer a bill through Congress 교묘하게 법안의 의회 통과를 계획하다. ── vi. 기사로서 일하다.

en·gi·neered fòod [èndʒiníərd-] n. 가공 보존 식료품 《과학적으로 처리되고 영양·장기 보존을 꾀한 기존 식료품의 대체 식품》.

en·gi·neer·ese [èndʒiníː(ː)riːz-níər-] n. 기술자 투의 문체; 기술자 전문어, 기술 용어.

‡**en·gi·neer·ing** [èndʒiníərɪŋ-níər-] n. ⓤ **1** 공학, 기관학. ¶ electrical (mechanical, aeronautical) engineering 전기(기계, 항공) 공학. **2** 기사 활동; 토목 공사. ¶ an engineering bureau 토목국 / an engineering work 토목 공사. **3** 교묘한 처리(공작); 계책, 획책, 책동.

engineering plàstics n. pl. 산업(공업)용 수지(樹脂) 《주로 부품 재료로 사용되는 특수 플라스틱》.

enginèer's degrèe n. 《美》 [교육] [몇몇 유명 대학에서 대학원 수료자에게 주는] 공학계 준박사 학위의 하나.

éngine hòuse n. **1** 소방 펌프 두는 곳. **2** 기관고.

en·gine·man [éndʒinmæn, -mən] n.(pl. -men [-mèn, -mən]) [기관차의] 승무원; 기관사.

éngine rùom n. [배 따위의] 기관실.

en·gin·ery [éndʒinri] n. ⓤ 《집합적》 기계류(machinery). **2** 《집합적》 병기. **3** 술책, 책략.

éngine shèd n. 기관차고(庫).

éngine tùrning n. ⓤ 로제트 무늬 [시계의 케이스 따위에 가는 선으로 새기는 장식 무늬].

en·gird [ingɔ́ːrd] vt. (-girt or -gird·ed, -gird·ing) …을 두르다, 두르게 하다, 에워싸다 (encircle).

en·gir·dle [ingɔ́ːrdl] vt. (-dled, -dling) = engird.

‡**Eng·land** [íŋglənd] n. **1** 잉글랜드 [그레이트 브리튼 섬 (Great Britain)의 Scotland 및 Wales 지방을 제외한 지방]. **2** 영국(Great Britain).
注意 식민지(colonies), 보호국(protectorates), 속령(dependencies), 위임 통치국(mandates)을 포함한 가장 넓은 명칭은 「영 연방(英聯邦)」(the Commonwealth of Nations)이며, 본국은 「연합 왕국」(the United Kingdom, 略 U.K.)이라고 한다.

Englander

◇ Énglish *adj.*
Eng·land·er [íŋgləndər] *n.* 《드물게》잉글랜드 사람; 영국인(Englishman). *cf.* Little Englander
‡**Eng·lish** [íŋgliʃ] *adj.* **1** 잉글랜드의; 영국의. ¶ the *English* Church 영국 국교회 / the *English* language 영어 → *n*. **2** / an *English* setter 영국종의 세터[엽견] / an *English* sonnet 엘리자베스 1세 시대의 소네트(Elizabethan sonnet). **2** 잉글랜드 사람의; 영국인의. ¶ He is very *English*. 그는 정말 영국인답다. **3** 영어의.
— *n.* **1** (the ~)《집합적》영국인; [특히 Scotsman, Welshman, Irishman과 구별하여] 잉글랜드 사람. ¶ The *English* are a peace-loving people. 영국인은 평화를 사랑하는 국민이다. **2** ⓤ 영어[게르만 어족에 속하며 Old English(Anglo-Saxon)(450-1150년경), Middle English(1150-1500년경), Modern English(대체로 1500년 이후-)의 3기로 나누어진다] (the English language).
¶ Black *English* 흑인 영어 / Early Transition *English* [고대 영어에서 중세 영어로 옮아가는] 전(前) 과도기 영어 / Late Transition *English* [중세 영어에서 근대 영어로 옮아가는] 후(後) 과도기 영어 / present-day *English* 현대 영어 / American *English* 미어 / Queen's(King's) *English* 여왕(국왕) 영어, 순수(표준)영어 / Shakespearian *English* 셰익스피어 영어 / spoken *English* 구어 영어 / standard *English* 표준 영어 / speak in *English* 영어로 말하다 / translate (*or* put) Korean into *English* 한국어를 영어로 번역하다. **3**《때로 e-》《美》《당구·볼링》비틀어 치기, 곡구(曲球)(《英》side). **4**《(인쇄》 잉글리시 활자[14포인트 활자].
[*to talk*] *in plain English* 알기 쉽게 말하여.
— *vt.* **1**《때로 e-》 …을 영역하다. **2** (외국어의 발음 따위를) 영어화하다, 영국풍으로 하다(Anglicize). **3**《때로 e-》《美》《당구·볼링》(공)을 비틀어 치다.
◇ England *n.*
English breakfast *n.* 영국식 조반[계란·소시지 따위를 곁들인 푸짐한 조반].
English Canádian *n.* **1** 영국계 캐나다 사람. **2** 영어를 사용하는 캐나다 사람.　　　　　　　　[협.
English Chánnel *n.* (the ~) 영국 해협, 영불 해
English dáisy *n.*《英》데이지.
English disése (sickness) *n.* (the ~) 영국병 [노동자의 태업에 따른 생산성 저하 따위의 현상].
English Énglish *n.* ⓤ 영국 영어 (British English).
Eng·lish·er [íŋgliʃər] *n.* **1** 영국 국민. **2** 외국어를 영어로 번역하는 사람.
English flúte *n.* =recorder 4.　　　　　　　　[기].
English hórn *n.*《음악》잉글리시 호른 [목관 악
Eng·lish·ism [íŋgliʃ(ə)m] *n.* ⓤ **1** [미어에 대하여] 영국 본국 영어 용법. **2** 영국풍, 영국 취미.
English ívy *n.* =ivy.
Eng·lish·ize [íŋgliʃàiz] *vt.* (-ized, -iz·ing) …을 영국풍으로 하다(Anglicize).
‡**Eng·lish·man** [íŋgliʃmən] *n.* (*pl.* **-men** [-mən]) **1** 영국인. **2** 영국선(English ship).　　　　　　　[역, 영역본.
Eng·lish·ment [íŋgliʃmənt] *n.*〖외국 저작물의〗영어
English Revolútion *n.* (the ~)《英역사》영국 혁명, 명예 혁명[James 2세를 몰아내고, William 3세를 왕으로 맞아들인 혁명(1688-89)].
Eng·lish·ry [íŋgliʃri] *n.* ⓤ **1** 영국 국민. **2**《집합적》《특히 아일랜드 거주의》영국계 사람.
English-speak·ing [íŋgliʃspìːkiŋ] *adj.* 영어를 사용하는. ¶ an *English-speaking* people 영어 국민.
English wálnut *n.*〖식물〗페르시아 호두나무; 그 열매.
*****Eng·lish·wom·an** [íŋgliʃwùmən] *n.* (*pl.* **-wom·en** [-wìmin]) 영국 여성.
en·gorge [ingɔ́ːrdʒ] *vt.* (**-gorged, -gorg·ing**) **1** … 게걸스럽게 먹다, 벌떡벌떡 마시다. **2**〖병리〗…을 충혈(울혈)시키다.
en·gorge·ment [ingɔ́ːrdʒmənt] *n.* ⓤ **1** 게걸스럽게

enigmatic

먹기, 벌떡벌떡 마시기. **2**〖병리〗충혈, 울혈; [분비액 따위의] 울적.
engr.《略》engineer; engraved, engraver, engraving.
en·graft [ingrǽft / -gráːft], (**ingraft**) *vt.* **1** …을 접목하다, 접붙이다(…*into*, *upon*, *on*). ¶ (~+国+圃+图) *engraft* a peach *on* a plum 자두나무에 복숭아를 접붙이다. **2**〖사상·주의·미덕 따위를〗불어(심어)넣다, 주입시키다(…*into*). ¶ (~+国+圃+图) *engraft* patriotism *into* a person's soul 남에게 애국심을 불어넣다. **3** …을 혼입하다, 융합하다(incorporate).
en·grail [ingréil] *vt.*〖화폐 따위의 가장자리를〗깔쭉쭉하게 하다;〖윤곽 따위〗톱니무늬로 장식하다.
en·grain [ingréin] *vt.*, *adj.* =ingrain.
en·grained [ingréind] *adj.* =ingrained.
en·gram [éngræm] *n.* **1**〖심리〗기억 심상(心像). **2**〖생물〗엔그램[세포 안에 형성되는 것으로 생각되는 기억의 흔적].
*****en·grave** [ingréiv] *vt.* (**-graved, -grav·ing**) **1**〖금속·돌 따위에〗〖문자·도안 따위〗…을 새겨넣다, 파서 조각하다;〖문자·도안 따위〗새겨서 …을 장식하다, …에 조각을 하다. ¶ (~+国+圃+图) *engrave* an inscription *on* a tablet; *engrave* a tablet *with* an inscription 명판(銘板)에 명(銘)을 새겨넣다. **2**〖널빤지 따위에 새겨넣은 문자·도안 따위를〗인쇄하다. **3** …에 게 강한 인상을 주다, …을 마음에 새기다(infix). ¶ (~+国+圃+图) His mother's face is *engraved on* his memory. 어머니의 얼굴이 그의 기억 속에 새겨져 있다.
en·grav·er [ingréivər] *n.* 조각사; 조판물(彫版物).
*****en·grav·ing** [ingréiviŋ] *n.* **1** ⓤ 조각[법]; 조판(彫版). **2**〖동판·목판·사진 따위의〗제판법. **3**〖판 (版)으로 된〗도안, 문자. **4** 판목(版木), 판(版).
*****en·gross** [ingróus] *vt.* **1**〖주의·시간 따위를〗…에 모조리 쏠리게 하다, …에 열중하게 하다, 몰두시키다 (absorb). ¶ This business *engrosses* my whole time and attention. 이 일에 나는 시간과 주의력을 모조리 쏟고 있다 // (~+国+圃+图) He was *engrossed in* the subject. 그는 그 문제에 몰두하고 있었다. **2** …을 크고 똑똑하게 쓰다(베끼다);〖공문서·법률 서류 따위를〗정식으로 써내다. **3**〖물가 인상의 목적으로〗〖상품〗을 매점하다;〖권력 따위〗를 독점하다(monopolize).
◇ engróssment *n.*
en·gross·er [ingróusər] *n.* 매점(독점)하는 사람.
en·gross·ing [ingróusiŋ] *adj.* **1** 열중하게 하는. **2** 독점하고 있는. **~·ly** *adv.*
en·gross·ment [ingróusmənt] *n.* ⓤ **1** 열중, 전념, 몰두. **2** 크고 똑똑하게 쓰기(베끼기); [문서 따위의] 정서; ⓒ 정서한 것. **3** 매점; 독점.
en·gulf [ingʌ́lf] *vt.*〖심연 따위에〗…을 빨아들이다, 빠져들게 하다(submerge). ¶ A number of swimmers have been *engulfed into* the great whirlpools. 헤엄치고 있던 많은 사람들이 큰 소용돌이 속으로 빨려들어갔다.　　　　　　　　　　　　　　　　　　　[들기.
en·gulf·ment [ingʌ́lfmənt] *n.* ⓤ 끌려들어가기; 말려
*****en·hance** [inhǽns / -háːns] *vt.* (**-hanced, -hanc·ing**) **1** [정도]를 올리다, 높이다, 강화하다(intensify, magnify). **2**〖가치·가격 따위〗를 올리다, 인상하다.
enhánced radiátion *n.*〖물리〗고방사능(高放射能), 강한 방사선.
en·hance·ment [inhǽnsmənt / -háːns-] *n.* ⓤⓒ 증대, 강화, 〖가치 따위의〗인상.
en·har·mon·ic [ènhɑːrmánik / -mɔ́n-] *adj.*〖음악〗 **1** 4분음의, 전음(全音)의 $^{1}/_{4}$의 음정의. **2** 이명(異名) 동음적인.
ENIAC [éniæk] *n.*《상표명》에니악[컴퓨터의 일종]. (<*E*lectronic *N*umerical *I*ntegrator *a*nd *C*omputer)
e·nig·ma [inígmə] *n.* (*pl.* **-mas** *or* **-ma·ta** [-mətə]) **1** 불가해한 것; 수수께끼의 인물. **2** 겉과 다른 뜻을 가진 말(그림); 수수께끼. ⇨ PUZZLE 類語
en·ig·mat·ic [ènigmǽtik, +美 iː-], **·en·ig·mát·i·cal**

[-ík(ə)l]) *adj.* 수수께끼 같은, 불가해한, 정체를 알 수 없는. **-i‧cal‧ly** *adv.*

e‧nig‧ma‧tize [inígmətàiz] *v.* (**-tized, -tiz‧ing**) *vi.* 수수께끼 같은 말을 하다. — *vt.* …을 수수께끼처럼 하다, 불가해하게 하다.

en‧isle [ináil] *vt.* (**-isled, -isl‧ing**) **1** …을 섬으로 만들다. **2** …을 섬에 두다; …을 격리하다, 고립시키다.

En‧i‧we‧tok [èniwíːtɑk / -tɔk] *n.* 에니웨톡 환초(環礁)〖태평양 Marshall 제도 안의 환초〗.

en‧jail [indʒéil] *vt.*〖드물게〗감금하다(imprison).

en‧jamb‧ment, -jambe- [indʒǽmmənt, + 美 -dʒémb-] *n.* ⓤ〖韻律〗뜻이 다음 행 또는 연구(聯句)로 이어지기.

*__en‧join__ [indʒɔ́in] *vt.* **1**〖의무로서〗…을 과하다 (… *upon*, *on*);〖권위를 가지고〗…을 명하다, 이르다. ⇨ ORDER〖類語〗¶ (~ + 目 + 前 + 名) enjoin *silence on* the class. 선생은 학급 학생들에게 조용히 하라고 명령했다 // (~ + 目 + *to do*) He *enjoined* his son *to* be diligent in his studies. 그는 아들에게 공부를 열심히 하라고 타일렀다. **2**〖법률〗〖특히 금지 명령으로〗…에게 금지하다. ¶ (~ + 目 + 前 + 名) *enjoin* a company *from* using the dazzling advertisements 회사에 대해 과대 광고를 금지하다.

‡**en‧joy** [indʒɔ́i] *vt.* **1** …을 즐기다, 즐겁게 …을 경험하다. ¶ *enjoy* a book 책을 즐겁게 읽다 / *enjoy* life 생활을 즐기다 / *enjoy* a feast 성찬을 즐기다 / How did you *enjoy* your trip? 여행은 얼마나 즐거웠느냐? / (~ + -ing) *enjoy* reading (walking) 독서(산책)를 즐기다 / We have *enjoyed* talking over our school days. 우리는 즐겁게 학창 시절의 이야기를 나누었다. ＊enjoy 는 보통 부정사를 목적어로 취하지 않으나,〖구어·속어〗에서는 취하는 수도 있다.
2〖좋은 상태〗를 지니고 있다, …을 누리다, …을 향유 (향수)하다. ¶ *enjoy* a large fortune 큰 자산을 지니고 있다 / *enjoy* good health 건강을 누리다 / *enjoy* a good reputation 명성을 누리다 / *enjoy* a ten percent rise in sales 매상이 10% 늘다.
3〖재귀용법〗즐겁게 지내다. ¶ *enjoy* oneself over wine 술을 마시며 즐겁게 지내다 / Did you *enjoy* yourself at the party? 파티는 즐거웠었니?
◇ *enjoyment n.*

en‧joy‧a‧ble [indʒɔ́iəbl] *adj.* 유쾌한, 즐거운, 기분좋은. ~**ness** *n.* **-bly** *adv.*

*__en‧joy‧ment__ [indʒɔ́imənt] *n.* **1** ⓤ〖만족·기쁨을 주〗(향유)함, 향락, 즐김. ¶ the *enjoyment* of health 건강의 향유. **2** ⓤⓒ 기쁨, 즐거움; 유쾌하게 해주는 것, 낙, 즐거움거리(*in* …). ⇨ PLEASURE ¶ He takes *enjoyment* in fishing. 그는 낚시질이 낙이다 / Life has many *enjoyments*. 인생에는 많은 즐거움이 있다. **3** ⓤ 〖법률〗〖권리의〗보유, 향유. ¶ the *enjoyment* of an estate 재산의 보유. ◇ *enjoy v.*

en‧kin‧dle [inkíndl] *vt.* (**-dled, -dling**) **1** …에 불을 붙이다, …을 태우다. **2**〖감정·정염〗을 부채질하다, 타오르게 하다

en‧lace [inléis] *vt.* (**-laced, -lac‧ing**) **1** 레이스나 끈으로 …을 휘감다, …을 둘러싸다. **2** …을 꼬아 합치다, 얽다.

en‧lace‧ment [inléismənt] *n.* ⓤⓒ **1** 휘감기; 둘러 싸기; 얽기. **2** 레이스 장식.

‡**en‧large** [inláːrdʒ] *v.* (**-larged, -larg‧ing**) *vt.* **1** …을 크게 하다, 확대(확장)시키다〖대〗, 〖책〗을 증보하다. ⇨ INCREASE〖類語〗¶ a revised and *enlarged* edition 증보 개정판 / *enlarge* a magazine in the number of pages 잡지의 페이지 수를 늘리다 / We *enlarged* our house to the present size two years ago. 2년 전에 우리 집을 지금의 크기로 증축했다. **2**〖내용·범위 따위〗를 넓히다, 넓 히다(expand). ¶ *enlarge* a business (a company) 사업(회사)을 확장하다 / *enlarge* one's views by reading 독서로 식견을 넓히다. **3**〖사진〗…을 확대하다. ¶ an *enlarged* picture 확대된 사진 / *enlarge* a picture 사진을 확대하다. — *vi.* **1** 넓어지다, 커지다. ¶ The balloon *enlarged* in size. 기구가 커졌다. **2** 상세하게 진술하다(*on*, *upon* …). ¶ (~ + 前 + 名) *enlarge on* one's favorite subject 자기가 좋아하는 문제에 대해 여 상술하다 / I need not *enlarge upon* this point. 이 점에 관하여는 상세히 말할 필요가 없다.
◇ *enlárgement n.*

*__en‧large‧ment__ [inláːrdʒmənt] *n.* ⓤ **1** 크게 하기 (되기); 확대, 확장; 〖마음·식견 따위가〗넓어짐. **2** ⓒ 확대된 것, 확대된 사진. ¶ make an *enlargement* of …의 확대 사진을 만들다. **3** 증가, 증보, 증축물. **4** 상술(詳述).

en‧larg‧er [inláːrdʒər] *n.* **1** 증대(확대, 확장)하는 사람(것). **2**〖사진의〗확대기.

‡**en‧light‧en** [inláitn] *vt.* **1** …을 계발하다, 교화(教化)하다; …에게 가르치다(instruct)(… *on*). ¶ *enlighten* ignorant inhabitants 무식한 주민들을 계발하다 // (~ + 目 + 前 + 名) Please *enlighten* me *on* this point. 이 점에 관하여 설명해 주십시오. **2**〖고어·詩〗…을 비추다. ◇ *enlíghtenment n.*

en‧light‧ened [inláitnd] *adj.* **1** 계발된; 문명 화된, 개화된. **2** 정통하고 있는(*upon* …). ¶ thoroughly *enlightened upon* the question 그 문제에 대해 훤히 알고 있는.

en‧light‧en‧ing [inláitniŋ] *adj.* 계발적인; 명백하게

*__en‧light‧en‧ment__ [inláitnmənt] *n.* ⓤ **1** 계몽, 계발, 교화. **2** 인지의 진보; 문명, 개화. ¶ the age of *enlightenment* 계몽 시대. **3** (the E-)〖18세기 유럽의〗계몽사조, 계몽 운동.

en‧link [inlíŋk] *vt.* …을 결합하다, 연결하다.

*__en‧list__ [inlíst] *vi.* **1** 징병에 응하다 (*in*, *for* …). ¶ (~ + 前 + 名) *enlist in* the army 육군에 들어가다 / *enlist for* a soldier 한 군인으로서 징병에 응하다 / *enlist in* the navy as a volunteer 지원병으로서 해군에 입대하다. **2**〖사업·운동 따위에〗참가하다, 협력하다. ¶ (~ + 前 + 名) *enlist in* the cause of charity 자선 사업에 협력하다 / *enlist under* the banner of …의 깃발 아래 모이다.
— *vt.* **1** …을 병적에 넣다(*for*, *in*), 징모하다. ¶ *enlist* a recruit 신병을 징모하다 / (~ + 目 + 前 + 名) *enlist* a person *for* military service 남을 병적에 넣다 / *enlist* a person *in* the army 남을 육군의 병적에 넣다. **2**〖사업·운동에의〗〖협력·지지〗를 얻다(… *in*). ¶ (~ + 目 + 前 + 名) *enlist* a person's aid (sympathy) *in* a cause 운동에 남의 원조(찬동)를 얻다 / *enlist* a person *in* an enterprise 남을 사업에 끌어넣다.
◇ *list*, *enlístment n.*

en‧líst‧ed mán [inlístid-] *n.*〖美〗사병, 지원병〖略 EM〗.
en‧list‧ee [inlìstíː] *n.* 징모병, 지원병.
en‧list‧er [inlístər] *n.* **1** 징병자. **2**〖고어〗입대자, 신병(enlistee). **3** 협력자, 지지자. 〖병; 입대.
en‧list‧ment [inlístmənt] *n.* ⓤ 군대 재적 [기간]; 모

*__en‧liv‧en__ [inláiv(ə)n] *vt.* **1** …을 활기띠게 하다, 생기를 돋우다, 유쾌(쾌활)하게 하다. ¶ Spring *enlivens* all nature. 봄은 만물에 생기를 불어넣는다 / The party was *enlivened* with songs. 파티는 노래로 활기를 띠었다. **2**〖장사 등〗을 경기있게 하다, …에 활황(活況)을 띠게 하다.

en‧liv‧en‧ment [inláiv(ə)nmənt] *n.* ⓤ 활기(생기)를 띠게 하기, 북돋우기, 유쾌하게 하기; 활황.

en masse [en mǽs, ɑːŋ mɑ́ːs/ɑːŋ mǽs] *adv.* 한 무더기로, 한 무리가 되어, 모두 함께. [<F in a mass]

en‧mesh [inméʃ], (**inmesh, immesh**) *vt.* **1** …을 그물로 잡다. **2** …을 끌어넣다, 말려들게 하다, 빠뜨리다 (entangle). ¶ be *enmeshed* in difficulties 어려운 일에 말려들다.

en‧mesh‧ment [inméʃmənt] *n.* ⓤ **1** 그물에 걸기(얽기). **2** 곤란에 끌어넣기.

en·mi·ty [énmiti] *n.* ⓤⓒ (*pl.* **-ties**) 적의; 앙심, 증오; 적대. ¶ **at enmity with** …과 적대(반목)하여 / **have enmity against** (or **toward**) …에 대해서 적의를 품다.

en·ne·ad [éniæd] *n.* **1** 9개 한 조의 것, 9인조, 9부(部)로 된 것[책·논문·시 등]. **2** (E-)이집트 종교의 9신(神).

en·ne·a·gon [éniəgàn/-gɔ̀n] *n.* 9각(변) 형(nonagon). [<Gk *ennéa* nine+-GON]

en·ne·a·he·dron [èniəhíːdrən / -héd-] *n.* 〖기하〗 9면체.

en·no·ble [inóubl] *vt.* (**-bled, -bling**) **1** …을 고상하게 하다, 고귀하게 하다, …의 품위를 높이다(dignify). ¶ A good deed *ennobles* the person who does it. 선행은 그 행하는 사람의 품위를 높여준다. **2** …에게 작위를 수여하다, …을 귀족에 봉하다.

en·no·ble·ment [inóublmənt] *n.* ⓤ 고상하게 하기; 작위 수여.

en·nui [ɑ́ːnwiː / -´-] *n.* ⓤ 지루함, 권태(boredom). [<F *anoi* <L *in odiō* in dislike]

en·nuy·é [F ɑ̃nɥije] 《프랑스》 (=wearied) *adj.* [사람에] 따분해 하는. — *n.* (*pl.* **-nuy·és** [ɑ̃nɥije]) 따분해 하는 사람.

E·noch [íːnək / -nɔk] *n.* 〖성서〗 **1** Methuselah 의 아버지[←창세기(Gen.)5 : 18-24]. **2** Cain 의 장남[←창세기(Gen.) 4 : 17-18].

e·nor·mi·ty [inɔ́ːrmiti] *n.* (*pl.* **-ties**) **1** ⓤ 무법, 극악 무도, 흉악성. **2** 무도한 행위, 불법 행위; 극악(흉악) 범죄. **3** ⓤ 〖크기·정도 따위의〗 대단함.

e·nor·mous [inɔ́ːrməs] *adj.* **1** 거대한(huge), 막대한(immense), 심한, 엄청난. ⇒ HUGE 〖類語〗 ¶ an *enormous* difference 극심한 차이. **2** 극악한, 흉악한, 무도한, 무법적인. ¶ an *enormous* criminal 흉악범. ~**ness** *n.* ◇

*****e·nor·mous·ly** [inɔ́ːrməsli] *adv.* **1** 거대하게, 막대하게, 극심히. **2** 무도하게, 극악하게. [5: 6].

E·nos [íːnɑs] *n.* 〖성서〗 Seth의 아들[←창세기(Gen.)]

en·o·sis [inóusis] *n.* (때로 E-) 《그리스》 (=union) 병합 〖특히 그리스·키프로스 병합 운동에 관하여 말하다〗.

‡**e·nough** [inʌ́f] *adj.* 충분한, […하기에] 족한 (sufficient), …할 만큼의(*for, to do* …). ¶ *enough* food (or food *enough*) *for* a picnic 피크닉에 충분한 음식 // *enough* food to save the people in Bangladesh 방글라데시 사람들을 구하기에 충분한 식량 / No growing child has *enough* time to play. 성장기의 아이들에겐 아무리 놀아도 놀 시간이 모자란다.

〖類語〗 **enough** 어떤 목적·욕구를 충족하기에 충분한: *enough* gas to drive down to Wyoming 와이오밍까지 드라이브하기에 족한 휘발유. **sufficient** *enough* 보다는 좀 격식이 갖춰진 말: *sufficient* funds for an enterprise 사업을 시작하기에 충분한 자금. **adequate** 표준에 대체로(또는 그 최저한도로) 합치하는 것: *adequate* grounds for suspicion 의심하기에 충분한 근거.

— **Usage** 형용사로서의 *enough* 는 명사 앞에 두는 경우가 강조적. ※ 다음처럼 명사가 형용사적으로 쓰인 경우에는 *enough* 는 뒤로 온다. 무관사인데 주의: I am *fool* (=foolish) *enough* to love her.

enough and to spare 풍족한[←누가 복음(Luke) 15 : 17]. ¶ She has *enough* money *and to spare*. 그녀에게는 주체 못할 정도로 돈이 있다.

— *n.* ⓤ 충분한 양(수)(plenty); 충분, 많음, 풍족 (sufficiency) (※ 갑남사로는 쓰이는 수도 있다). ¶ I have had quite *enough*. 충분히 먹었습니다, 이제 됐습니다 / *Enough* of that! 이제 그만, 제발 그만두게! / *Enough* of this folly! 이런 바보짓은 이제 그만두게! / You have done more than *enough* for him. 당신은 그에게 해줄 만큼 해주었다 / I can't earn *enough* for the two of us. 우리 두 사람이 살아갈 수 있을 만큼 벌지 못한다 / He had *enough* to do. 그에게는 일이 잔뜩 있었다 / *Enough is as good as a feast*. 《속담》 배부름은 만반 진수나 진배 없다.

cry enough 「손들었다」고 말하다, 패배를 자인하다. *Enough is enough*! 《구어》 이제 됐다!; 그쯤 해둬. *That's enough*. =Enough is enough.

have enough to do to do …하는 것이 고작이다, …하기도 겁겹다. ¶ I *have enough to do to* pay my own debts. 나로서는 빚을 갚기도 벅차다.

have had (*quite*) *enough of* …으로 족하다, …는 더이상 못 참다. ¶ I *have had quite enough of* your impudence. 너의 뻔뻔스러움에는 더이상 못 참겠다.

— *adv.* (※ 수식을 형용사, 부사, 동사 뒤에 둔다) **1** 충분히, […하기에] 필요한 만큼, 족할 만큼. ¶ Are you warm *enough*? 춥지는 않니? / It is long *enough*. 길이는 충분하다 / The house is large *enough* for all of us. 그 집은 우리 식구가 모두 살기에 충분하리만큼 크다 / Be good *enough* to do so. 제발 그렇게 해주시오 / He was kind *enough* to help me. 그는 친절하게도 나를 도와주었다 / I was old *enough* to vote. 나는 투표할 수 있는 연령이었다 / I didn't get up early *enough* to take my breakfast. 조반을 들 수 있을 만큼 빨리 일어나지 못했다 / Have you played *enough*? 놀 만큼 놀았니? / Your argument does not go far *enough*. 너의 주장은 그리 철저하지 않다.

2 모조리, 완전히(fully, quite), 매우(very). ¶ He is glad *enough* to go, you may be sure. 틀림없이 그는 기꺼이 갈 것이지 / He is ready *enough* to accept the offer. 그는 전적으로 그 제의를 받아들일 태세이다.

3 어느 정도(tolerably), 그런대로 (※ 보통 경멸적인 뜻을 함축한다). ¶ He does well *enough*. 그는 제법 하는데 / He is an honest fellow *enough*. 그는 그런 대로 정직한 친구야.

cannot (or *can never*) *do enough* 아무리 …해도 모자라다. ¶ I *cannot* thank you *enough*. 어떻게 감사드려야 할지 모르겠습니다.

oddly enough; *strangely enough*; *curiously enough* 아주 묘한 이야기이지만, 아주 묘하게도.

sure enough 과연, 아니나 다를까, 틀림없이. ¶ She said she would come home, and *sure enough* here she is. 그녀는 꼭 돌아오겠다고 말했는데 과연 돌아왔다.

e·nounce [ináuns] *vt.* (**e·nounced, e·nounc·ing**) **1** …을 선언하다(announce), 공포하다. **2** 〖제안 따위〗를 명확히 설명하다. **3** 〖말 따위〗를 입밖에 내어 말하다(utter), 발음하다.

e·nounce·ment [ináunsmənt] *n.* ⓤ 선언, 성명, 발언.

e·now [ináu] *adj., adv.* 《고어》 =enough.

en pas·sant [ɑ̃ː pɑːsɑ́ːnt, ɑːn pǽsɑːŋ] *adv.* 말이 났으니 말이지, 그런데; …하는 김에. [<F *in passing*]

en·plane [inpléin], **em·plane** [im-] *vi.* (**-planed, -plan·ing**) 비행기에 올라타다.

en·quête [ɑ̃ŋkɛ́t / F ɑ̃ket] *n.* 《프랑스》 앙케트, [소규모의] 여론 조사. [<F *inquest*]

*****en·quire** [inkwáiər] *v.* (**-quired, -quir·ing**) =inquire.

*****en·rage** [inréidʒ] *vt.* (**-raged, -rag·ing**) …을 격분하게 하다, 화나게 하다, 분개하게 하다. ¶ He was *enraged* at her word(*with* her), 그는 (그녀)의 말(그녀)에 대하여 격분했다. ◇ rage, **enrâgement** *n.* 「분노.

en·rage·ment [inréidʒmənt] *n.* ⓤ 격분, 격노, 분격.

en·rail [inréil] *vt.* **1** 궤도 위에 놓다. **2** 난간을 두르다; 에워싸다.

en rap·port [F ɑ̃ rapɔːr] 《프랑스》 (=in rapport) 일치하여, 의기투합하여, 조화되어.

en·rapt [inrǽpt] *adj.* 넋을 잃은, 황홀해진, 기뻐서 어쩔 줄 모르는.

en·rap·ture [inrǽptʃər] *vt.* (**-tured, -tur·ing**) …을 황홀하게 하다, …에 넋을 잃게 하다; …을 기뻐 날뛰게 하다. ¶ *enrapture* a person *with* (or *over*) something …로 크게 기쁘게 하다 / be *enraptured with* …로 기뻐 날뛰다.

en·rav·ish [inrǽviʃ] *vt.* =enrapture.

en·reg·i·ment [inrédʒəmənt] *vt.* **1** …을 연대로 편성

en règle [F ā regl] 《프랑스》 (= in order) 규칙대
‡en·rich [inríʧ] vt. **1** …을 부유하게 하다, 부자로 만들다 (make rich). ¶ enrich a nation by trade 무역으로 나라를 부유하게 하다. **2** …을 풍요롭게 하다. ¶ Music enriches our life. 음악은 우리 생활을 풍요롭게 한다. **3** 〔내용·질·품미 따위〕를 높이다, …을 농후하게 하다. ¶ (+图+胛+名) enrich a book with notes 주석으로 책의 내용을 높이다 / enrich a library with gifts 도서관에 책을 기증하다 / enrich soil [with phosphate] 〔인산 비료로〕 땅을 비옥하게 하다 / enrich food with cream or butter 크림이나 버터로 음식 맛을 진하게 하다. **4** …을 장식하다 (adorn). ◇ enríchment n., rich adj.
en·ríched fóod [inríʧt-] n. ⓤ 〔비타민〕 강화식(強化食).
enríched ísotòpe n. 〔화학〕 농축 아이소토프(동위원소).
en·rich·ment [inríʧmənt] n. **1** ⓤ 부유하게 함, 가치〔질〕를 높이기. **2** ⓤ 부유, 질의 향상. **3** 부유하게 하는 것, 질을 높이는 것; 호화로운 장식.
en·robe [inróub] vt. (-robed, -rob·ing) …에게 의복을 입히다 (dress).
***en·roll, -rol** [inróul] vt. (-rolled, -roll·ing) **1** …을 명부에 올리다, 〔학교·단체에〕 …을 넣다, 등록하다 (register). ¶ enroll a voter 투표자를 등록하다 // (~+图+胛+名) enroll a student in a college 학생을 대학의 학적에 올리다 / enroll children in an elementary school 아이를 국민 학교에 입학시키다 / enroll a person on the list of… 의 명부에 올리다. **2** …을 병적에 넣다(enlist). ¶ enroll oneself 병적에 넣다 // (~+图+胛+名) enroll men for the army 남자들을 병적에 올리게 하다. **3** …을 기록하다, 기재하다(record). **4** …을 싸다(wrap up), 말다, 감다(roll up). ¶ (~+图+胛+名) enroll an apple in paper 통이로 사과를 싸다.
— vi. 입학(입회) 절차를 밟다.
◇ roll, enróllment n.
en·roll·ee [inròulíː] n. 입회자.
***en·roll·ment, -rol—** [inróulmənt] n. ⓤ ⓒ **1** 등록; 기재; 가입; 입학; 임대. **2** 등록자 수; 입학자 수.
en route [ɑːn rúːt] 도중에, ⟨F on the way⟩
ens [enz] n. (pl. en·tia) 〔철학〕 존재자, 실재물; 〔가개념적인 뜻에서의〕 존재.
Ens. 〔略〕 ensign. [ple.
en·sam·ple [insǽmpl /-sáːm-] n. 〔고어〕=example.
en·san·guine [insǽŋgwin] vt. (-guined, -guin·ing) …을 피투성이가 되게 하다.
en·sconce [inskɑ́ns /-skɔ́ns] vt. (-sconced, -sconc·ing) **1** …을 안전하게 숨기다(hide). ¶ ensconce oneself behind a door 문짝 뒤에 몸을 숨기다, 숨다. **2** …을 안치하다, 〔몸을〕 안정시키다. ¶ ensconce oneself in a chair 의자에 편안하게 앉다.
***en·sem·ble** [ɑːnsɑ́ːmbl] n. **1** 총체적인 효과(취지). **2** 〔색채·천 따위가 조화된〕 여성복의 한벌, 앙상블. **3** 〔음악〕 합창, 합주; 합창단, 합주단. ¶ a string ensemble 현악 합주단. **4** 〔연극〕 공연자 〔전원〕, 〔극장에서의〕 총출연. — adv. 함께; 일시에, 일제히, 동시에. ⟨F together⟩
enséemble ácting n. ⓤ 〔연극〕 앙상블 연출〔스타 중심이 아니라 전 출연자의 연기를 통일적으로 처리하는 연출 방법〕.
***en·shrine** [inʃráin] vt. (-shrined, -shrin·ing) **1** 〔종교〕…을 모당에 모시다, 사당에 모시다. ¶ enshrine a divinity in a temple 성체(聖體)를 신전에 모시다. **2** …을 소중히 하다; …을 간직하다. ¶ The memory of my first love is enshrined in my heart. 나의 첫사랑의 추억은 내 가슴속 깊이 간직되어 있다. 〔기〕; 비장.
en·shrine·ment [inʃráinmənt] n. ⓤ 신전에 모시기.
en·shroud [inʃráud] vt. **1** 〔사자(死者)에〕 수의를 감다, 수의를 입히다. **2** …을 덮어 가리다, 싸다(veil).

en·si·form [énsəfɔ̀ːrm] adj. 〔생물〕 검상(劍狀)의.
†en·sign [énsain, 군대 énsn] n. **1** 기(flag, banner), 국기; 군기, 해군기. **2** 《英》 한쪽 구석에 Union Jack이 있는 적(백, 청)색의 기. ¶ the blue ensign 해군 예비함기 / the red ensign 상선기 / the white ensign 해군기. **3** 〔관직·권위를 나타내는〕 기장(badge); 표장(標章) (emblem), 표시(token). **4** 《美》 해군 소위; 《英》 기수(旗手).
en·sign·cy [énsainsi] n. ⓤ 기수의 역할(지위).
en·sign·ship [énsainʃip] n. =ensigncy.
en·si·lage [éns(i)lidʒ /-si-] n. ⓤ **1** 〔생목초 따위의〕 신선(新鮮) 보존법. **2** 신선하게 보존된 사료(야채). — v. (-laged, -lag·ing) =ensile.
en·sile [insáil, +美 ensáil] vt. (-siled, -sil·ing) 〔생목초〕를 사일로에 저장하다.
***en·slave** [insléiv] vt. (-slaved, -slav·ing) **1** …을 노예로 만들다. **2** 〔비유적〕 …을 포로로 하다. ¶ be enslaved by passions 격정의 노예가 되다 // (~+图+胛+名) enslave a person to superstition 남을 미신의 노예로 만들다 / be enslaved to a bad habit 나쁜 습관의 노예가 되다. ◇ slave, enslávement n.
en·slave·ment [insléivmənt] n. ⓤ 노예로 만들기, 포로로 만들기; 노예 상태.
en·slav·er [insléivər] n. **1** 노예로 만드는 사람. **2** 남자를 사로잡는 여자.
en·snare [insnéər] vt. (-snared, -snar·ing) **1** …을 함정에 빠뜨리다, 덫으로 잡다(entrap). **2** 〔계략을 써서〕 …을 잡다; …을 유혹하다, 빠뜨리다.
en·snare·ment [insnéərmənt] n. ⓤ 함정에 빠뜨리기; …에 넣다. 〔어 넣다.
en·soul [insóul] vt. …에게 영혼을 부여하다, 혼을 불어넣다.
en·sphere [insfíər] vt. (-sphered, -spher·ing) …을 구(球) 안에 가두다(encircle), 〔둥글게〕 둘러싸다.
***en·sue** [insúː /-sjúː] v. (-sued, -su·ing) vi. **1** 계속되다, 잇따라 일어나다. ¶ No applause ensued. 박수는 뒤따르지 않았다. **2** 〔결과로서〕 생기다, 일어나다. ⇒ FOLLOW 〔類語〕 ¶ Heated discussions ensued. 격론이 일어났다 // (~+胛+名) What do you think will ensue on (or from) this? 이 결과로 무슨 일이 생기리라고 생각하는가? — vt. 〔성서〕 …을 찾다 (seek after).
en suite [F ɑ̃ sɥit] 《프랑스》 (= in suite) 계속하여, 잇따라(in succession), 한데 이어져서(in series), 한 벌로 되어.
***en·sure** [inʃúər] vt. (-sured, -sur·ing) **1** …을 책임지다(secure), 보증하다(guarantee), 확실하게 하다 (make certain). ¶ ensure the freedom of the press 출판의 자유를 보장하다 / The measures ensure the success of your enterprise. 그런 조치를 취하면 당신 기업의 성공은 틀림없이 성공합니다 // (~+图+胛+名, ~+图+胛+名) ensure a person a post; ensure a post for (or to) a person 남에게 지위를 보증하다 / ensure a person an income; ensure an income to a person 남에게 수입을 보증하다 / This letter ensures you an interview. 이 편지를 가지고 가면 너는 틀림없이 면회할 수 있다 // (~+that 图) I can not ensure that he will keep his word. 그가 약속을 지킬 것인지 그 여부는 장담할 수 없다. **2** …을 안전하게 하다 (make safe), 지키다 (guard) (… from, against). ¶ (~+图+胛+名) ensure a person against danger 위험에서 남을 지키다 / ensure oneself from harm 위해로부터 자기를 지키다. ◇ sure adj.
en·swathe [inswéiδ, +美 -swɔ́δ] vt. (-swathed, -swath·ing) …을 붕대 따위로 감다, 싸다.
ENT [iːèntíː, ent] 〔略〕 ear, nose, and throat(이비인후(과)).
-ent suf. **1** 동사를 형용사로 만든다 〔현재 분사와 같은 뜻이 된다〕. 예: different 〔동사를 「행위자(물)」를 나타내는 명사로 만든다. 예: superintendent.
en·tab·la·ture [intǽblətʃər, -tʃùər] n. 〔건축〕 엔태블러처 〔그리스의 신전 건축에서, 기둥이 떠받치는 수평

부분; architrave, cornice, frieze로 이루어진다].
en·ta·ble·ment [intéiblmənt] n. 【건축】 1 상 대(像臺) [dado의 위에 있으며 입상(立像)을 떠받치는 대좌]. 2 《드물게》=entablature.

***en·tail** [intéil] vt. 1 【필연적인 결과로서】 …을 일으키다(cause), 수반하다(involve). ¶ (~+图+쩐+图) The loss *entailed* no regret *on* (or *upon*) him. 그는 손실을 후회하지 않았다. 2 …을 필요로 하다(require); …을 부과하다(impose). ¶ His way of living *entails* great expense. 그의 생활 양식은 엄청난 비용이 따른다. 3 【법률】【부동산】의 상속인을 한정하다. ¶ (~+图+쩐+图) *entail* one's property *on* one's eldest son 장남을 재산 상속인으로 삼다.
— n. ⓤ 【법률】 한사 상속(限嗣相續); 한사 부동산. ¶ dock the *entail* 【법률】 한사 상속권을 폐지하다.
◇ entailment n.
en·tail·ment [intéilmənt] n. 【법률】ⓤ【부동산 보유권】의 상속인 한정; ⓒ 한사 상속 부동산.

***en·tan·gle** [intǽŋgl] vt. (-gled, -gling) 1 …을 얽히게 하다; …을 걸리게 하다(catch). ¶ A long thread is easily *entangled*. 긴 실은 얽히기 쉽다 // (~+图+쩐+图) He *entangled* his feet in creepers. 그는 덩굴에 발이 얽혔다 / The fishing line got *entangled* in bushes. 덤불에 낚시줄이 걸렸다. 2 【문제 따위】에 분규를 일으키게 하다, 혼란하게 하다(confuse). ▶ INVOLVE 類語 ¶ The question is *entangled*. 그 문제는 분규를 일으키고 있다. 3 …을 관계하게 하다, 말려들게 하다, 〔함정·곤란 따위에〕 …을 빠지게 하다(entrap)(...*in, with*). ¶ He is easily *entangled* by insincere praise. 그는 거짓 칭찬에 쉽게 넘어 간다 // (~+图+쩐+图) *entangle* a person *in* a conspiracy 남을 음모에 끌어넣다 / *entangle* oneself *in* debt 빚을 지게 되다, 빚장이 신세가 되다 / become *entangled with* a bad person 나쁜 사람과 관련을 가지게 되다. ◇ tángle n., v., entánglement n.
en·tan·gle·ment [intǽŋglmənt] n. 1 ⓤ 얽힘, 얽히게 함, 말려들게 함; 분규; 곤혹, 궁색. 2 함정, 덫(snare). 3 (~s) 【군대】 철조망.

en·ta·sis [éntəsis] n. ⓤ ⓒ (pl. **-ses** [-siːz]) 【건축】 엔타시스 〔원기둥의 중간부의 불룩함〕.

entd. (略) entered.
en·tel·lus [entéləs] n. 인도산 긴꼬리 원숭이.
en·tente [ɑːntɑ́ːnt] n. 1 【국가간 등의】 상호 이해, 합의, 협상, 협약. cf. alliance 2 【협상·협약】의 당사국, 협상국. (< F understood)
entente cor·diale [-kɔːrdjɑ́ːl] n. 1 【특히 2국간의】 우호적인 상호 이해, 화친 협약(협상). 2 (the E-) 친목 협상 〔1905년 영불 양국간에 체결된 협상〕.
‡**en·ter** [éntər] vi. 1 들어가다. ¶ May I *enter*? 들어가도 될까요? // (~+쩐+图) *enter at* the front gate 정문으로 들어가다 / *enter by* a secret door 비밀 문으로 들어가다. 2 【연극】【무대에】 등장하다 〔무대상의 동작의 지시〕 (* 3인칭 명령형을 쓴다). opp. exit[2] ¶ *Enter* Macbeth. 맥베드 등장. 3 【경기대회 따위】에 가입하다, 참가하다(join) (*for, in...*). ¶ (~+쩐+图) *enter for* an examination 시험에 응시하다 / *enter in* a race 레이스에 참가하다 // Some contestants *entered*. 몇몇 기자가 참가 신청을 했다. 4 시작하다(start), 착수하다 (*on, upon...*); 〔동작·상태 따위에〕 들어가다(engage) (*into ...*).
— vt. 1 …에 들어가다. ¶ *enter* a room (a tunnel) 방(터널)에 들어가다. 2 【탄환 따위가】 …에 박히다(penetrate); …을 박다, 박아넣다(insert). ¶ The bullets *entered* the wall. 총탄이 벽에 박혔다 // (~+图+쩐+图) *enter* a nail in a pillar 기둥에 못을 박아넣다. 3 〔생각 따위가〕 【머리】에 떠오르다. ¶ A good idea *entered* his head. 명안이 그의 머리에 떠올랐다. 4 …에 참가하다(join), 입학(입회)하다. ¶ *enter* a college (a school, a club) 대학(학교, 클럽)에 들어가다. 5 …을 입학(입회)시키다, 참가시키다(...*for, in*). ¶ (~+图+쩐+图) *enter* a horse *in* (or *for*) a race 말을 경주에 참가시키다 / *enter* a person *for* a competition 남을 시합에 내보내다 / *enter* oneself *for* an examination 시험을 치다. 6 【새 생활·새 직업 따위】에 들어가다, …을 시작하다(start), …에 착수하다. ¶ *enter* commercial life (the medical profession) 상업계에 몸을 담다(의사가 되다) / *enter* the church (the army) 성직자 (군인)가 되다. 7 …을 〔직각적으로〕 이해하다(understand), 〔뜻·감정 따위를〕 알아차리다. ¶ It is hard to *enter* the feelings of another. 남의 기분은 알기 어렵다. 8 〔이름·날짜·세부 따위를〕 써넣다; …을 기록(등록)하다(record, register). ¶ *enter* a name (a date) 이름(날짜)을 적어 넣다 // (~+图+쩐+图) *enter* the sum *in* a ledger 대장에 그 금액을 적어 넣다. 9 【법률】 a) …을 정식으로 제기하다. ¶ *enter* a plea 청원하다 / *enter* an action *against* a person 남을 고소하다. b) 〔땅〕을 점유하다(occupy). c) 〔공유지〕의 자작권 신청을 하다. 10 〔세관에〕 〔적하의 수량·배의 출입항 따위를〕 신고하다. 11 〔개·말 따위를〕 훈련시키다(train). 하다.

enter into ① …에 참가하다(take part in); …을 하다(engage in); …을 시작하다(start). ¶ *enter into* a conversation 대화에 끼어들다 / *enter into* conversation with … 과 대화를 시작하다 / *enter into* business 사업을 시작하다. ② 〔세부〕를 생각하다 (consider), …을 조사하다(investigate). ¶ *enter into* another matter 다른 문제를 조사하다 / *enter into* details 세목을 살피다. ③ …에게 동정하다(sympathize with), …을 고려하다. ¶ *enter into* a person's feelings (views) 남의 감정(의견)을 헤아려 주다. ④ …의 성분이 되다. ¶ The factor *enters into* the situation. 그 요소는 그 사태의 구성요소로 되어 있다. ⑤ 〔조약 따위〕를 맺다. ¶ *enter into* a treaty (a league) 조약(동맹)을 맺다.

enter up ① …을 전부 써넣다(record completely). ¶ *enter up* payment 지불을 모두 기록하다. ② …을 정식으로 기록하다; 〔법률〕 〔재판〕을 기록에 남기다.

enter upon (*on*) …을 시작하다(start), …에 착수하다, 〔새 시대 따위〕로 접어들다. ¶ *enter upon* a new life 새 생활로 접어들다 / *enter upon* negotiations 교섭을 시작하다. ¶ …의 소유권을 얻다(take possession of). ¶ *enter upon* an inheritance 상속인이 되다.
◇ éntrance, éntry n.

enter- ⇒ ENTERO-.
en·ter·ic [entérik] adj. 장(腸)의. ¶ *enteric* fever 장티푸스(typhoid fever).
en·ter·i·tis [èntəráitis] n. ⓤ 【병리】 장염(腸炎).
entero- intestine의 뜻의 연결형 (* 모음 앞에서는 enter-를 쓴다). ex. *entero*kinase.
en·ter·o·ki·nase [èntəro(u)káineis, -kíneis] n. ⓤ 【생화학】 엔테로키나제〔장내 효소의 일종〕.
en·ter·on [éntərɑ̀n/-ɔ̀n] n. (pl. **-ter·a** [-tərə]) 【해부·동물】 소화관(消化管) (alimentary canal), 장(腸).
en·ter·op·a·thy [èntərɑ́pəθi /-ɔ́p-] n. 장질환.
en·ter·o·vi·rus [èntəro(u)váirəs /-váiər-] n. 【세균】 장내(腸內) 바이러스〔소화 기관내에서 감염·증식되는 바이러스〕.

‡**en·ter·prise** [éntərpràiz] n. 1 기도(project), 계획(plan), 〔특히〕 큰 계획, 대담한(모험적인) 계획. 2 ⓤ ⓒ사업, 기업. ¶ a government (a private) *enterprise* 정부(민간)사업. 3 ⓤ 기업심, 진취적 정신; 모험심. ¶ a spirit of *enterprise* 진취적 기상 / a man of *enterprise* 진취적 기상이 넘치는 사람.
en·ter·pris·er [éntərpràizər] n. 기업가, 사업가.
énterprise únion n. 기업별〔노동〕 조합.
énterprise zòne n. 【행정】 사업 구역, 기획 사업 지

enterprising [éntərpràiziŋ] *adj.* 기업심이 왕성한, 모험심이 많은; 진취적인. ¶ an *enterprising* merchant 기업심이 왕성한 상인. ~**ly** *adv.*

en·ter·tain [èntərtéin] *vt.* **1** …을 재미나게 하다; …을 즐겁게 해주다, 위로하다(divert) (…*with*). ⇒ AMUSE 類語 ¶ The movie will *entertain* you very much. 그 영화는 매우 재미있을 것입니다 // (~+目+前+名) *entertain* the company *with* (or *by*) tricks 마술로 일동을 즐겁게 하다. **2** …을 대접하다, 환대하다(…*with, at*). ¶ (~+目+前+名) *entertain* one's friends *at* (or *to*) a garden party 가든 파티에 친구들을 초청해서 환대하다 / *entertain* guests *with* all kinds of delicacies 갖가지 진미로 손님을 대접하다. **3** [마음속에] [희망·의견·감정 따위]를 품다, …을 생각하다(consider). ¶ *entertain* an idea 어떤 생각을 품다 / *entertain* a hope of success 성공의 희망을 품다 / *entertain* a doubt 의심을 품다. **4** [제의 따위]를 호의를 갖고 받아들이다. — *vi.* 손님을 대접하다, 환대하다. ¶ She likes to *entertain* extensively. 그녀는 많은 손님을 초대해서 환대하기를 좋아한다. ◇ entertáinment *n.*

*__en·ter·tain·er__ [èntərtéinər] *n.* **1** 환대하는 사람; 즐겁게 해주는 사람. **2** [여흥 따위의] 예능인.

en·ter·tain·ing [èntərtéiniŋ] *adj.* 흥겨운, 재미있는, 유쾌한. ~**ly** *adv.*

‡**en·ter·tain·ment** [èntərtéinmənt] *n.* **1** ⓊⒸ 대접, 환대, 접대. ⇒ RECREATION 類語 ¶ give an *entertainment* to one's friends 친구들을 초청하다(접대하다). **2** 환영회, 연회, 파티. **3** Ⓤ 오락(amusement); 기분 전환. ¶ much to one's *entertainment* 매우 흥미롭게도 / find *entertainment* in reading 독서에 낙을 붙이다. **4** 오락물; 여예, 흥행, 쇼. ¶ a musical *entertainment* 음악회 / an *entertainment* tax (英) 흥행세. **5** Ⓤ 마음에 품기. ¶ *a house* (or *a place*) *of entertainment* 여관, 목로 술집. ◇ entertáin *v.* ¶ *용* 컴퓨터.

entertáinment compúter *n.* 오락(비디오 게임)

en·thrall [inθr5:l], (*en-thral*) *vt.* (-*thralled*, -*thralling*) **1** [마음]을 사로잡다(captivate); …을 매혹하다(charm). **2** …을 노예로 삼다(만들다)(enslave).

en·thrall·ment [inθr5:lmənt], (**en-thral·ment**) *n.* Ⓤ 매혹, 노예로 삼기; 노예의 처지(신세).

*__en·throne__ [inθróun] *vt.* (-*throned*, -*thron·ing*) **1** …을 왕좌에 앉히다, **2** [교회] 을 주교(主教) (bishop)의 자리에 앉히다(취임시키다). **3** …을 존경하다, …을 숭배하다. ¶ (~+目+前+名) Washington was *enthroned* in the hearts of his countrymen. 워싱턴은 국민의 가슴 속에 높이 받들어져 있었다. ◇ throne, enthrónement *n.*

en·throne·ment [inθróunmənt] *n.* ⓊⒸ **1** 즉위(식). **2** 주교(bishop)의 취임(식). **3** 숭배.

en·thron·i·za·tion [enθròunizéi(ə)n / -naiz-] *n.* = enthronement.

en·thuse [inθú:z] *vi.* (-*thused*, -*thus·ing*) [구어] *vi.* 열중하다(열광하다). — *vt.* **1** …을 열중(열광)시키다. **2** [의견 따위]를 열중해서 말하다.

‡**en·thu·si·asm** [inθú:ziæ̀zm / -θjú:-] *n.* Ⓤ 열중, 열광(zeal); 열정, 열성(*for* …). ¶ with *enthusiasm* 열심히, 열중하여 // *enthusiasm for* the king 왕에 대한 열정 / inspire a person with *enthusiasm* for … …에 열을 불어넣다. **2** 열중시키는 것, 열렬해지는 대상. **3** Ⓤ [고어] 종교적 열광, 광신. ◇ enthusiástic *adj.*, enthúse *v.*

en·thu·si·ast [inθú:ziæ̀st / -θjú:-] *n.* **1** 열중하는 사람, …광, 팬(*for, about*…). ¶ an *enthusiast* for music 음악광. **2** 광신자(fanatic).

‡**en·thu·si·as·tic** [inθù:ziǽstik / -θjù:-] *adj.* **1** 열광적인, 열심인, 열렬한(ardent) (*for, about*…). ⇒ EAGER 類語 ¶ an *enthusiastic* welcome 열광적 환영 // The boy is *enthusiastic over* jazz. 그 소년은 재즈광이다. **2** [고어] 광신적인. ◇ enthúsiasm *n.*, enthúse *v.*

en·thu·si·as·ti·cal [inθù:ziǽstik(ə)l / -θ(j)ù:-] *adj.* (고어) = enthusiastic.

en·thu·si·as·ti·cal·ly [inθù:ziǽstikəli / -θ(j)ù:-] *adv.* 열심히, 열광하여, 열중하여; 광신적으로.

en·thy·meme [énθimì:m] *n.* Ⓤ [논리] 생략 3단 논법, 생략 추리법 [3단 논법의 전제를 하나 생략한 것].

en·ti·a [én(j)ə] *n.* ens의 복수형.

*__en·tice__ [intáis] *vt.* (-*ticed*, -*tic·ing*) [남 등]을 꾀다, 꼬드기다(allure); …을 속이다, 유인하다, 유혹하다. ⇒ TEMPT 類語 ¶ He was *enticed* by dreams of success. 그는 성공의 꿈에 끌려들었다 // (~+目+前+名) He *enticed* me *into* a trap. 그는 나를 꾀어 함정에 빠뜨렸다 / They *enticed* him *into* drinking. 그들은 그를 꼬드겨 술을 마시게 했다 // (~+目+前+名) He *enticed* a girl *away* from home. 그는 소녀를 집으로부터 유괴했다 // (~+目+*to* do) He was *enticed to* steal the money. 그는 그 돈을 훔치도록 사주를 받았다. ◇ entícement *n.*

en·tice·ment [intáismənt] *n.* **1** Ⓤ [특히 나쁜 일에의] 유혹(temptation); 유괴. **2** 유혹하는 것.

en·tic·ing [intáisiŋ] *adj.* 마음을 끄는(꾀는), 유혹적인 (tempting). ~**ly** *adv.*

‡**en·tire** [intáiər] *adj.* **1** 전체의(whole), [한 세트로 되어 있는 것이] 모두 갖추어진; 흠이 없는(intact). ⇒ WHOLE 類語 ¶ The *entire* group was found safe. 그룹 전원이 안전하다는 것을 알게되었다. **2** 온전한, 완전한. ⇒ COMPLETE 類語 ¶ *entire* freedom 완전한 자유 / *entire* ignorance 일자무식 / *entire* confidence 전폭적인 신뢰. **3** [동물에] 거세되지 않은. **4** [식물] [잎이] 전연(全緣)의, 가장자리에 톱니꼴이 없는. — *n.* **1** Ⓤ 전체, 완전(entirety). **2** Ⓤ 거세되지 않은 말. **3** ⓊⒸ (英) 흑맥주(porter)의 일종. **~ness** *n.* ◇ entírety *n.*

en·tire·ly [intáiərli] *adv.* 완전히, 전적으로(completely), 모조리, 통틀; 주로, 오로지, 한결같이.

en·tire·ty [intáiərti] *n.* (*pl.* -**ties**) **1** 완전 무결, 통틀, 전부. ¶ possession *by entireties* [법률] 불가분적 소유 / You must copy the letter *in its entirety*. 너는 그 편지를 그대로 모두 베껴야 한다. **2** (the ~) 전체; 전액.

‡**en·ti·tle** [intáitl] *vt.* (-*tled*, -*tling*) **1** [남 등]에 …에 권리(자격) 를 부여하다. ¶ (~+目+前+名) The achievement *entitles* him *to* a place among the great scientists. 그 업적으로 그는 대과학자의 한 사람으로 손꼽히고 있다 / He is *entitled to* a pension. 그는 연금을 받을 자격이 있다 // (~+目+*to* do) At the age of 20 we are *entitled to* vote. 20세가 되면 우리는 투표권이 주어진다. **2** [남에게] 칭호를 주다; [책 따위]에 표제를 달다. ¶ (~+目+補) They *entitled* him Sultan. 그들은 그에게 술탄의 칭호를 바쳤다. ◇ títle *n.*

en·ti·tle·ment [intáitlmənt] *n.* **1** 권리(부여), 자격(부여), **2** [법률, 계약 등으로 규정된 급부, 혜택 따위의] 수급권, 수혜권.

en·ti·ty [éntiti] *n.* (*pl.* -**ties**) **1** Ⓤ 실재, 존재(being). **2** Ⓤ [속성(屬性)에 대하여] 본질, 실질. **3** 실재물(thing). ¶ *endo-*

ento- within, inner의 뜻의 연결형. 예: *ento*derm. cf.

en·to·derm [éntou(ou)dà:rm] *n.* = endoderm.

entom. (略) entomology.

en·tomb [intú:m] *vt.* **1** …을 무덤에 넣다, 매장하다 (bury); 매몰시키다, 생매장하다. **2** …의 무덤이 되다.

en·tomb·ment [intú:mmənt] *n.* Ⓤ 매장.

entomo- insect 의 뜻의 연결형(* 모음 앞에서는 entom-을 쓴다). 예: *entom*ology.

en·to·mo·log·i·cal [èntəmɑ́lədʒik(ə)l / -lɔ́dʒ-], (**en·to·mo·log·ic** [-dʒik]) *adj.* 곤충학의.

-i·cal·ly [-ikəli] *adv.* [자.

en·to·mol·o·gist [èntəmɑ́lədʒist / -mɔ́l-] *n.* 곤충학

en·to·mol·o·gize [èntəmálədʒàiz / -mɔ́l-] vi. (**-gized**, **-giz·ing**) 1 곤충학을 연구하다. 2 곤충을 채집(관찰)하다.

en·to·mol·o·gy [èntəmálədʒi / -mɔ́l-] n. ⓤ 곤충학.

en·to·moph·i·lous [èntəmáfiləs / -mɔ́f-] adj. 〔식물〕 충매(蟲媒)의. cf. anemophilous ¶ an *entomophilous* flower 충매화.

en·tou·rage [à:ntuɾá:ʒ / ɔ̀ntu-] n. 1 수행자 일행, 측근자들(attendants). 2 환경, 주위(surroundings).

en-tout-cas [F ɑ̃tuka] n. 《프랑스》(=in any case) 1 청우(晴雨) 겸용 양산. 2 앙투카〔벽돌을 가공하여 인공 흙을 깐 배수가 잘 되는 경기장·정구 코트 따위〕.

en·to·zo·a [èntəzóuə] n. pl. (sing. **-zo·on** [-zóuɑn, -ɔn]) 〔생물〕(종속 E-) 〔집합적〕 내부 기생 동물, 〔특히〕 내부 기생충.

en·tr'acte [ɑ:ntrǽkt, -́- / ɔ̀ntrǽkt] n. 1 〔연극·가극 따위의〕 막간. 2 막간의 여흥; 간주곡(間奏曲). 〔<F between acts〕

en·trails [éntreilz, -trəlz] n. pl. 1 내장, 창자. 2 장(bowels). 3 〔일반적으로〕 내부.

en·train [intréin] vt. …을 기차에 태우다. ── vi. 〔집단이〕 기차에 타다. opp. detrain

en·train·ment [intréinmənt] n. ⓤ 〔기차에의〕 승차.

en·tram·mel [intrǽməl] vt. (**-meled**, **-mel·ing**;《英》**-melled**, **-mel·ling**) 1 …에 그물을 씌우다. 2 …을 속박하다.

en·trance¹ [éntrəns] n. 1 ⓤⓒ 들어가기, 입장. ¶ an *entrance* fee 입장료, 입회료 / No *Entrance*. 입장사절 // The burglar forced an *entrance* into the house. 강도가 집에 침입했다. 2 ⓤⓒ 〔단체 따위의〕 들어가기, 가입, 입학, 입회, 입사; 〔새 생활 따위에〕 들어가기, 시작하기; 〔직업·임무에〕 들어앉기, 취임(*into*…). ¶ an *entrance* examination 입학 시험 // *entrance into* college 대학 입학 / He made his *entrance into* (or *upon*) office one month after the election. 그는 선거 1개월 후에 취임했다.

類語 entrance 「들어가기」를 뜻하는 가장 보편적인 말; 허가·감시 없이 자유로이 들어갈 수 있음을 암시, admittance 들어감을 허가하는; give *admittance* 입장을 허가하다. admission 허가·특권·입장권 따위로 들어가기: *admission* to a ball game 야구 시합에의 입장.

3 입구, 문간, 출입구(doorway). cf. exit¹ ¶ the main *entrance* to the building 그 건물의 정문. 4 ⓤⓒ 입장권, 입장 허가(admission); 입장료, 입회료; 〔세관〕 입항절차. ¶ have free *entrance* to …〔장소〕에 자유로이 출입할 수 있다 / obtain (or gain) *entrance into* …에 들어가다. 5 ⓤⓒ 〔배우·가수 등의〕 등장(*on*, *to*…). opp. exit¹ ◇ **énter** v.

en·trance² [intrǽns / -trɑ́:ns] vt. (**-tranced**, **-tranc·ing**) 1 〔남〕을 넋을 잃게 하다, 황홀하게 하다, 매료하다. ¶ The beauty of the girl *entranced* him. 그 소녀의 아름다움이 그를 황홀하게 했다 // I was *entranced with* his eloquence. 나는 그의 웅변에 매료되었다. 2 〔남〕을 무아의 경지로 끌어넣다; 〔남〕을 실신시키다. ◇ **trance** n.

en·trance·ment [intrǽnsmənt / -trɑ́:ns-] n. ⓤⓒ 무아의 경지; 광희(狂喜); 실신 상태; 넋을 잃게 (황홀하게) 하는 것.

en·trance·way [éntrənswèi] n. =entryway.

en·tranc·ing [intrǽnsiŋ / -trɑ́:ns-] adj. 넋을 잃게 하는, 매혹적인. **~·ly** adv.

en·trant [éntrənt] n. 1 들어가는 사람; 신입자, 신입생. 2 〔경기 따위의〕 참가자.

en·trap [intrǽp] vt. (**-trapped**, **-trap·ping**) 1 〔동물 따위〕를 함정에 빠뜨리다, 덫으로 잡다 (ensnare). 2 〔남〕을 〔곤란·위험 따위에〕 빠뜨리다. ¶(~+囲+嗰+名) *entrap* a person *to* destruction 남을 함정에 빠뜨려 파멸로 이끌다. 3 〔남〕을 속이다, 속여서 …하게 하다.

¶(~+囲+嗰+名) He *entrapped* her *into* making confession. 그는 그녀를 유도해 자백하게 했다.

en·trap·ment [intrǽpmənt] n. ⓤ 함정에 빠뜨리기; 〔위험·모숨 따위에〕 빠뜨리기.

en·treat [intrí:t] vt. 1 〔남〕에게 간청하다, 탄원하다. ⇒ BEG 類語 ¶(~+囲+嗰+名) He *entreated* the king for mercy. 그는 왕에게 간절히 자비를 구했다 / (~+囲+to do) I *entreat* you to let me go. 제발 보내주십시오. 2 〔자비·허가 등〕을 간청하다, …해 달라고 부탁하다, 빌다. ¶ He *entreated* help in his homework. 그는 숙제를 거들어 달라고 부탁했다 // (~+囲+嗰+名) I must *entreat* the patience *of* the reader. 독자에게 참아주시기를 당부하지 않을 수 없다. 3 〔고어〕 …을 다루다(treat). ── vi. 간청하다, 탄원하다.

◇ **entréaty**, **entréatment** n.

en·treat·ing·ly [intrí:tiŋli] adv. 간청(탄원)하듯이.

en·treat·y [intrí:ti] n. ⓤⓒ (pl. **-treat·ies**) 간청, 탄원. ◇ **entreat** v.

en·tre·chat [ɑ̀:ntrəʃɑ́:] n. ⓤⓒ 〔발레〕 앙트르샤〔뛰어오르고 있는 동안에 발꿈치를 맞부딪치거나 교차시키거나 하는 동작〕.

en·tre·côte [ɑ̀:ntrəkóut / ɔ̀ntrəkóut] n. 갈비뼈 사이의 스테이크용 살코기. 〔<F between the ribs〕

en·trée [ɑ́:ntrei, -́- / ɔ́n-] n. 1 ⓤⓒ 입장할 권리(허가, 자유); 들어갈 수단. ¶ have the *entrée* of a club 클럽에 자유로이 출입할 수 있다. 2 〔요리〕《美》 생선과 불고기를 제외한 주요 요리 (main course);《英》 전채(前菜)와 불고기 사이에 나오는 요리;《프랑스》 앙트레〔물고기와 고기 사이에 나오는 요리〕. 3 〔음악〕 서주곡(序奏曲) (prelude). 〔<F entry〕

en·tre·mets [ɑ́:ntrəmèi / ɔ́n-] n. (pl. **-mets** [-meiz]) 〔요리〕 앙트르메〔주요 요리 또는 불고기와 함께 곁들여 내는 요리〕. 〔<F between-dish〕

en·trench [intréntʃ], **in-** [in-] vt. 1 〔진지 따위〕를 참호로 둘러싸다, 참호로 방비하다. 2 〔…을〕 견고히 지키다; 〔풍습 따위〕를 확립하다(establish firmly). ¶ an *entrenched* habit 뿌리뽑을 수 없는 습관 / *entrench* oneself within 〔의 속으로〕…〔보루 따위의〕를 지키다. ── vi. 1 참호를 파다. 2 침입하다, 침해하다(trespass) (*on*, *upon*…). ¶ *entrench on* a person's rights 남의 권리를 침해하다. ◇ **trench** n.

en·trench·ment [intréntʃmənt] n. 1 ⓤ 참호 파기 (구축). 2 〔보통 ~s〕 〔포화를 막는 성채, 호(壕), 참호를 둘러 친 진지. 3 ⓤ 〔권리 따위의〕 침해, 침식.

en·tre nous [ɑ̀:ntrə nú:] adv. 비밀(우리끼리의) 이야기지만, 〔<between ourselves〕

en·tre·pot [ɑ́:ntrəpòu / ɔ́n-] n. 1 창고. 2 〔물자의〕 집산지, 중앙 시장. 〔<F〕

en·tre·pre·neur [ɑ̀:ntrəprənə́:r / ɔ̀n-] n. 1 청부업자. 2 〔일반적으로〕 기업가. 3 흥행주. 〔<F contractor, undertaker〕

en·tre·pre·neur·ship [ɑ̀:ntrəprənə́:rʃip / ɔ̀n-] n. ⓤ 기업가 정신·흥행주의 임무(직무).

en·tre·sol [éntərsɔ̀l, á:ntrə / ɔ́ntrəsɔ̀l] n. 〔건축〕 중 2층(mezzanine). 〔<F between-floor〕

en·tro·py [éntrəpi] n. ⓤ 1 〔물리〕 엔트로피〔물질의 열적(熱的)인 상태를 나타내는 물리량의 하나〕. 2 동질화, 일양성(一樣性).

***en·trust** [intrʌ́st], **in-** [in-] vt. 1 〔남〕에게 위임하다, 맡기다. ¶(~+囲+嗰+名) I *entrusted* him *with* all my money. 나는 그에게 내 돈 전부를 맡겼다. 2 〔물건·일 따위〕를 맡기다, 위탁하다. ¶(~+囲+嗰+名) She *entrusted* her money *to* the bank. 그녀는 은행에 맡겼다 / She *entrusted* the care of her child *to* the maid. 그녀는 아이 돌보는 일을 가정부에게 맡겼다.

◇ **trust** n.

***en·try** [éntri] n. (pl. **-tries**) 1 들어가기, 입장, 입회, 참가(entrance); 등장. ¶ make an *entry into* …에 입장하다, 들어가다 / force an *entry into* …에 밀고 들

어가다. **2** 입구, 들어가는 길, 통로(approach), 현관 (vestibule); [하천의] 어귀, 하구(河口). **3** ⓒ Ⓤ 기입, 기재, 등기, 등록(registration); 기입(기재) 사항; [사서의] 표제어. ¶ double (single) *entry* 〔簿記〕복식(단식) 부기 / sign and make an *entry* 기입 등록하다 // make an *entry* in the family register 입적 / make an *entry* of ... ...에 기입하다. **4** [경기 따위의] 참가자, 참가자 명부. **5** Ⓤ Ⓒ [법률] 가택 침입, 토지 점유. **6** Ⓤ Ⓒ [세관] 통관 절차, 통관 신고[서]. ¶ a port of *entry* 통관항(通關港) [통관 절차를 밟는 항구]. ◇ énter v.

éntry vísa n. 입국 사증.
éntry・way [éntriwei] n. 입구의 통로.
éntry wórd n. [사전의] 표제어; [장서의] 색인어.
ent. Sta. Hall 《略》*ent*ered at *Sta*tioners' *Hall*.
en・twine [intwáin], **(intwine)** v. (-**twined**, -**twining**) vt. **1** ...을 휘감기게 하다; ...을 얽히게(뒤엉키게) 하다; ...을 꼬아 만들다. ¶ pillars *entwined* with ivy 담쟁이 덩굴이 휘감긴 기둥 / She *entwined* a garland *about* (or *round*) her arms. 그녀는 두 팔에 화환을 휘감았다. **2** [생각 따위]를 혼란시키다, 착잡하게 하다. ── vi. 휘감기다, 엉켜붙다; 뒤엉키다.
en・twist [intwíst], **(intwist)** vt. ...을 꼬다, 꼬아붙이다.
e・nu・cle・ate [in(j)ú:klièit / injú:-] vt. (-**at・ed**, -**at・ing**) **1** [생물] ...의 핵(nucleus)을 제거하다. **2** [종양・연구 따위]를 떼어내다. **3** [고어] ...을 밝히다.
e・nu・cle・a・tion [in(j)ù:klíéi∫(ə)n / injù:-] n. Ⓤ 핵을 제거하기; 적출; 설명, 해명.
***e・nu・mer・ate** [in(j)ú:mərèit / injú:-] vt. (-**at・ed**, -**at・ing**) **1** ...을 열거하다, 매거(枚擧)하다, 늘어놓다. ¶ He *enumerated* the necessary qualities of a good teacher. 그는 훌륭한 교사가 되기에 필요한 자질을 열거했다. **2** ...의 수를 헤아리다, 세다. ⇨ COUNT [類語] ¶ The company *enumerates* 52 branches. 그 회사에는 52개의 지사가 있다. ◇ enumerátion n., enúmerative adj.
e・nu・mer・a・tion [in(j)ù:məréi∫(ə)n / injù:-] n. **1** 열거, 매거, 계산, 목록 ; 표(list).
e・nu・mer・a・tive [in(j)ú:mərèitiv, -rət- / injú:-] adj. 계산상의, 열거적인.
e・nu・mer・a・tor [in(j)ú:mərèitər / injú:-] n. 계수원.
e・nun・ci・ate [inʌ́nsièit, -∫i-] vt. (-**at・ed**, -**at・ing**) **1** [말・문장 따위]를 입밖에 내다(utter); ...을 발음하다 (pronounce). ¶ *enunciate* one's words distinctly 분명하게 말을 하다. **2** [학설 따위]를 공표하다, 발표하다 (announce); ...을 선언하다(proclaim). ── vi. [특히 분명히] 발음하다; [명확하게] 진술하다.
e・nun・ci・a・tion [inʌ̀nsiéi∫(ə)n, +美 -∫i-] n. Ⓤ Ⓒ **1** 발음(발언)법. **2** 발언; 발음. **3** 발표, 고지 (announcement); 선언, 성명(statement).
e・nun・ci・a・tive [inʌ́nsièitiv, -∫i-] adj. **1** 발음[상]의 (declarative). **2** 성명의, 선언적인. ── -**ly** adv.
e・nun・ci・a・tor [inʌ́nsièitər, -∫i-] n. **1** 발음자. **2** 선언자.
en・ure [injúər] v. (-**ured**, -**ur・ing**) = inure. [언자.
en・u・re・sis [ènjurí:sis] n. Ⓤ [의학] 야뇨증(遺尿症).
env. (略) envelope; envoy. [요실금(尿失禁).
***en・vel・op** [invéləp] vt. (-**oped**, -**op・ing**) **1** ...을 싸다, 감싸다(wrap); ...을 봉해 넣다, 싸넣다; ...을 덮어 씌우다(conceal). ¶ The long cape *enveloped* the baby completely. 길다란 케이프가 아기를 몽땅 감싸고 있었다 // (~+目+前+图) Mountains are *enveloped* in a blue haze. 산들이 푸르스름한 안개에 싸여 있다. **2** ...의 피막(被膜) (외피, 꼬투리)이 되다. **3** (군사) [적]을 포위하다(surround). ── n. =envelope.
‡**en・ve・lope** [énviloup, ɑ́:n- / én-, ɔ́n-], **(envelop)** n. **1** 봉투. **2** 싸는 것, 포장지(wrapper); 덮개. **3** [식물] [싹 따위의] 외피(外皮). **4** [기하] 포락선(包絡線) (면). **5** [경기구・비행선의] 기낭. **6** [천문] 혜성을 둘

러싸고 있는 가스체. ◇ envélop v.
en・vel・op・ment [invéləpmənt] n. **1** Ⓤ 싸기, 포장, 봉입(封入); 포위. **2** 싸는 것, 싸는 종이, 포장지 (wrapper), 덮개.
en・ven・om [invénəm] vt. **1** ...에 독을 넣다, 유독하게 하다(poison). **2** ...을 악의(미움)로 채우다(embitter). ¶ *envenomed* feelings 미워하는 감정.
Env. Extr. 《略》*Env*oy *Extr*aordinary.
en・vi・a・ble [énviəbl] adj. 부러운, 샘나는. ¶ an *enviable* position 부러운 지위. ── -**ness** n. -**bly** adv.
en・vi・ous [énviəs] adj. [남 등을] 부러워하는, 샘내는; 부러워하는 것 같은, 샘내는 듯한. ¶ an *envious* look 부러운 듯한 표정 // be *envious* of another's luck 남의 행운을 부러워하다. ── -**ly** adv. ~**ness** n. ◇ énvy n.
***en・vi・ron** [inváirən / -váiər-] vt. ...을 둘러싸다, 에워 싸다(surround), 포위하다(envelop) (*...with, by*). ¶ The village *environed* by the mountains 산에 둘러싸인 마을. ◇ envíronment, envírons n.
‡**en・vi・ron・ment** [inváirənmənt / -váiər-] n. **1** Ⓤ 주위(의계)의 정황; 외계, 환경. ¶ social (moral) *environment* 사회적(도덕적) 환경. **2** Ⓤ Ⓒ 둘러싸기, 포위. **3** Ⓤ Ⓒ [생물] 환경. **4** 환경 예술의 작품. ◇ envíron v., environméntal adj.
en・vi・ron・men・tal [invàirənméntl / -váiər-] adj. **1** 주위의, 환경의. **2** 환경 보호의. **3** 환경 예술의.
environméntal árt n. Ⓤ 환경 예술[관객을 포함한 종합적 예술].
environméntal asséssment n. [공해] 환경 사전 조사, 환경 영향 평가.
environméntal biólogy n. **1** [환경] 환경 생물학[생물과 환경의 상호 관계를 연구하는 생물학의 한 분야]. **2** 생태학(ecology).
environméntal desígn n. Ⓤ Ⓒ 환경 디자인.
environméntal disrúption n. Ⓤ 환경 파괴.
environméntal enginéering n. Ⓤ 환경 공학.
environméntal ímpact státement n. [도시계획 등의] 환경 영향 보고.
en・vi・ron・men・tal・ism [invàirənméntl(ə)m / -váiər-] n. Ⓤ **1** 환경 보호(보전) 주의. **2** [사회학] 환경 결정론.
en・vi・ron・men・tal・ist [invàirənméntl(ə)list / -váiər-] n. **1** 환경 [보호] 론자, 환경 전문가. **2** 환경 예술가.
en・vi・ron・men・tal・ly [-təli] adv. 환경 보호에 관한; 환경 보호의 입장에서 보면. ¶ *environmentally* friendly 환경친화적인.
environméntal pollútion n. 환경 오염.
en・vi・ron・men・tol・o・gy [invàirənməntɔ́lədʒi / -váiərənmənt5l-] n. 환경[위생]학, 환경 문제 연구.
en・vi・rons [inváirənz / énvirənz, invái(ə)rənz] n. pl. [도시 따위의] 주위의 지역, 근교, 교외(suburbs). ¶ in Paris and its *environs* 파리와 그 주변에.
en・vis・age [invízidʒ] vt. (-**aged**, -**ag・ing**) **1** ...을 마음에 그리다(visualize), 상상하다; ...에 착상하다; 꾀하다. ¶ We cannot *envisage* the atrocity. 우리는 그 잔학 행위를 상상할 수 없다. **2** [고어] ...을 직시하다; ...에 직면하다. ¶ *envisage* realities 현실을 직시하다 / *envisage* dangers 위험에 직면하다.
en・vis・age・ment [invízidʒmənt] n. Ⓤ **1** 상상, 직각; 고찰. **2** 직면, 직시.
en・vi・sion [invíʒ(ə)n] vt. [장래의 일 따위]를 마음에 그리다; ...을 상상하다, 이리저리 생각하다.
***en・voy**[1] [énvɔi] n. **1** 공사(公使); [특히] 전권 공사. ¶ an *envoy* extraordinary and minister plenipotentiary 특명 전권 공사. **2** 사절, 사자, 대표. ¶ an Imperial *envoy* 칙사.
en・voy[2] [énvɔi] n. **1** [ballade 따위의] 결구(結句). **2** [문예 작품의] 후기(後記).
‡**en・vy** [énvi] n. (pl. -**vies**) **1** Ⓤ 시샘, 시기, 질투; 부러움, 선망 (*at, of ...*). ¶ arouse (or raise) *envy* 질투

심을 일으키게 하다 // He said such things out of envy. 그는 부러운 나머지 그런 말을 했다 / I feel no envy at his riches. 나는 그가 부자라 해서 조금도 부러워 하지 않는 다 / They had a great envy of his success. 그들은 그의 성공을 크게 부러워했다 / I am in envy of his good luck. 나는 그의 행운이 샘난다. **2** 질투심이 나게 하는 것, 선망의 대상. ¶ His brand-new car is the envy of all his friends. 그의 새 차는 그의 친구들 모두의 선망의 대상이다. ―― vt. (-vied, -vy·ing) …을 시샘하다, 질투하다; …을 부러워하다, 부럽게 생각하다. ¶ How I envy you! 네가 정말 부럽군! // (~ + 目 + 目) + (~ + 目 + 전+ 图) I envy him [for] his good fortune. 그의 행운이 부럽다. ◇ énviable, énvious adj.
en·weave [ìnwíːv] vt. =inweave.
en·wind [ìnwáind], **(inwind)** vt. (-wound -wáund], -wind·ing) …에 감기다, 휘감기다; 달라붙다.
en·womb [ìnwúːm] vt. …을 태내에 배다; …을 [구멍 따위에] 깊이 숨기다(hide), 파묻다; …을 싸다.
en·wrap [ìnrǽp], **(inwrap)** vt. (-wrapped, -wrap·ping) **1** …을 싸다, 감싸다. **2** …을 끌어넣다; …을 [생각 따위에] 잠기게 하다, …의 마음을 빼앗다(…in). ¶ He was enwrapped in a peaceful slumber. 그는 평안한 잠에 끌려 들었다.
en·wreathe [ìnríːð] vt. (-wreathed, -wreath·ing) …을 화환으로 둘러싸다 [감다]; …을 화환처럼 둘러치다.
En·zed [énzéd] n. 〔濠·뉴질랜드〕 뉴질랜드 (인).
en·zo·ot·ic [ènzouátik/ -ɔ́t-] 〔動〕 adj. 지방병의, 풍토병의. cf. endemic ―― n. 지방병.
en·zy·mat·ic [ènzimǽtik, -zai-], **-zy·mic** [-záimik, -zí-] adj. 효소의.
en·zyme [énzaim] n. 〔생화학〕 효소(酵素).
énzyme enginèering 1 〔공학〕 효소(酵素) 공학, 효소 이용 공학. **2** 〔농·공업에서〕 효소를 이용한 처리 기술.
en·zy·mol·o·gy [ènzimɑ́lədʒi, -zaim-/ -mɔ́l-] n. 〔U〕 효소학.
eo- early, primeval의 뜻의 연결형. 예: Eocene, eolith.
E·o·cene [íːəsìːn] 〔地質〕 adj. 〔제3기(紀)의〕 시신세(始新世)(통)의. ¶ the Eocene epoch 시신세. ―― n. (보통 the ~) 시신세〔제3기층의 제2기 층〕 시대.
EOD 〔略〕 Explosive Ordnance Disposal 〔軍사〕 폭발물 처리.
EOF 〔略〕 〔컴퓨터〕 end of file(파일 끝 마크).
e·o·hip·pus [ìːouhípəs] n. 에오히푸스〔미국 서부에서 발굴된 시신세 시대의 화석 말〕.
E·o·li·an [i(ː)óuliən], **(Aeolian)** adj. **1** =Aeolian². **2** (e-) 〔地質〕 바람의 퇴적 작용의(에 의한). ¶ eolian soil 풍적토 / eolian rock 풍성암(風成岩).
e·o·lith [íːəlìθ] n. 〔考古〕 원석기(原石器) 〔인류가 만든 가장 오래된 석기〕.
e·o·lith·ic [ìːəlíθik] adj. 〔考古〕 원시 석기 시대의.
e.o.m., EOM 〔略〕 〔상업〕 end of the month.
e·on [íːən] n. =aeon.
E·o·ni·an [i(ː)óuniən] adj. =aeonian.
EOR 〔軍사〕 explosive ordnance reconnaissance (폭발물 수색).
E·os [íːɑs/ -ɔs] n. 〔그리스 신화〕 에오스〔새벽의 여신; 로마 신화의 아우로라(Aurora)에 상당한다〕.
e·o·sin [íːəsin], **-sine** [-sin, -sìːn] n. 〔U〕 〔화학〕 에오신〔선홍색의 염료〕.
-eous suf. -ous의 변형, 「…의 성질을 가진」의 뜻의 형용사를 만든다. 예: duteous.
E·o·zo·ic [ìːo(u)zóuik] n., adj. 〔地質〕 상시원대의(上始原代)〔의〕 〔Precambrian의 구칭〕.
ep- ⇒ EPI-.
EP [íːpíː] n. 이피(EP)판 레코드〔1분간에 45회전 하는 레코드〕. [<extended play]
Ep. 〔略〕 Epistle.
EPA 〔略〕 Environmental Protection Agency (미국 환경 보호국).
e·pact [íːpækt] n. **1** 태양력의 1년이 태음력의 1년을 초과하는 일수〔약 11일〕. **2** 1월 1일의 월령(月齡).
ep·arch [épɑːrk] n. **1** 〔근대 그리스의〕 현(縣)지사; 〔고대 그리스의〕 주(州)장관. **2** 〔교회〕 그리스 정교의 주교(主敎).
ep·ar·chy [épɑːrki] n. (pl. **-chies**) **1** 〔근대 그리스의〕 군, 현; 〔고대 그리스의〕 주(州) (province). **2** 〔그리스 정교의〕 주교구, 주교 관구(管區) (diocese).
ep·au·let[épəulèt, -lət], **(ep·au·lette)** n. 〔軍사〕 〔장교 군복의〕 견장. ¶ win one's epaulets 장교로 승진하다.
EPB 〔略〕 Environmental Protection Board (영국 환경 보호국).
E.P.B. 〔略〕 Economic Planning Board (경제 기획원; 〔英〕 경제 기획국).
EP·COT [épkɑt/-kɔt] 〔略〕 Experimental Prototype Community of Tomorrow (실험 미래 도시 〔Florida 주 Disney World의 완전 컴퓨터화된 유원지〕).
E.P.D. 〔略〕 excess profits duty (초과 이득세).
é·pée [eipéi, +美 épei] n. 〔F épée〕 〔펜싱〕 에페〔끝이 뾰족한 시합용의 검〕. [<F sword] 〔사람(경기자)〕.
é·pée·ist [eipéiist, +美 épeist] n. 〔펜싱〕 에페를 쓰는 사람(경기자).
é·pergne [ipə́ːrn, eipə́ːrn] n. 식탁 중앙에 놓는 장식 접시〔과일·꽃 따위를 넣는다〕.
eph- ⇒ EPI-.
Eph. 〔略〕 Ephesians.
e·phah [íːfə], **(e·pha)** n. 〔성서〕 에파〔곡물 등을 계량하는 히브리의 용량 단위; 약 1부셀〕.
e·phed·rine [ifédrin, éfidrìːn], **(e·phed·rin** [eféldrin]) n. 〔U〕 〔藥〕 에페드린〔주로 천식 따위의 기침용〕.
e·phem·er·a¹ [iféməra] n. (pl. **~, -er·ae** [-riː], or **-as**) **1** 하루살이〔류〕. **2** 지극히 단명인 것; 순식간에 끝장나는 것.
e·phem·er·a² [iféməra] n. ephemeron의 복수형.
e·phem·er·al [iféməral] adj. **1** 〔벌레·꽃의 목숨 따위가〕 하루뿐인, 단명한. **2** 순식간의, 덧없는 (transitory). **3** 지극히 단명한 것 〔곤충 따위〕. ~·ly [-rəli] adv. ~·ness n.
e·phem·er·al·i·ty [iféməræliti] n. (pl. **-ties**) **1** 〔U〕 덧없음, 단명. **2** (보통 -ties) 덧없는 사물.
e·phem·er·id [ifémərid] n. 하루살이 (Mayfly).
e·phem·er·is [ifémərìs] n. (pl. **e·phem·er·i·des** [èfəmérìdiːz]) 〔天문〕 **1** 천문역표(天文曆表). **2** 〔天체의〕 위치 추산표(력).
e·phem·er·on [ifémərɑn, -rɔn] n. (pl. **-er·a** or **-er·ons**) **1** 하루살이(ephemerid). **2** 단명한 것 (ephemeral).
E·phe·sian [ifíːʒ(ə)n / ifíːʒ(i)ən] adj. 〔소아시아의 옛 도읍〕 에베소(Ephesus)의. ―― n. **1** 에베소 (Ephesus)의. **2** (the ~) 〔단수 취급〕 〔성서〕 〔신약성서의〕 에베소인들에게 보낸 편지. 〔法찻〕, 에포데.
eph·od [éfɑd, íː- /-bɔd] n. 〔유대교〕 〔제사장의〕 법의.
eph·or [éfɔːr, +美 əfɔːr] n. (pl. **-ors** or **-ori** [-rài]) **1** 〔고대 그리스의 스파르타 (Sparta)의〕 5명의 민선 감독관의 한 사람. **2** 〔근대 그리스의〕 정부 관리 (overseer).
ÉP hórmone n. EP 호르몬 〔에스트로겐과 프로게스타겐으로 된 경구 피임약; 가장 많이 사용〕. [< estrogen + progestagen + hormone]
E·phra·im [íːfriəm, +英 -freiìm] n. **1** 〔성서〕 에브라임 〔Joseph의 둘째 아들〕 ←창세기(Gen.) 41:52〕. **2** 이스라엘 왕국.
epi- pref. upon, on, over, near, before, at, after 따위의 뜻(e-, ep-는 모음(氣音音)(h) 앞에서는 음을 쓴다). 예: epiblast, epicalyx, epizoon, epode, ephemera.
ep·i·blast [épiblæst / -blɑːst] n. 〔胎生〕 외배엽 (外葉) (ectoderm).
***ep·ic** [épik], **(ep·i·cal** [épik(ə)l]) adj. **1** 서사시의. **2** 서사시적인, 영웅적인 (heroic), 웅대한. ¶ an epic poem 서사시. **3** 〔크기·범위가〕 웅대한, 비상한. ―― n. **1** 서사시; 사시(史詩). ¶ a national epic 국민

사시 / a literary *epic* 문예사시. **2** 서사시적 작품. **3** 서사시의 주제가 되는 것. ¶ Helen's life was a Christian *epic*. 헬렌의 생애는 그리스도 교인의 서사시라 할만한 것이었다. **4** (E-) [*Iliad*, *Odyssey* 에서 볼 수 있는] 그리스어의 방언(Old Ionic). ~·i·cal·ly [-ikəli] *adv*.

ep·i·ca·lyx [èpikéiliks, -kǽl-] *n*. (*pl.* **-lyx·es** or **-ly·ces** [-síːz]) [식물] 악상 총포(萼狀總苞).

ep·i·car·di·um [èpikάːrdiəm] *n*. (*pl.* **-di·a** [-diə]) [해부] 심외막(心外膜).

ep·i·carp [épikὰːrp] *n*. [식물] 외과피(外果皮).

épic dráma n. 에픽 드라마, [주로 사회 문제에 관한] 서사극(epic theater)

ep·i·ce·di·um [èpisíːdiəm, -sədái-] *n*. (*pl.* **-di·a** [-diə]) 장송가, 애도가, 만가(dirge).

ep·i·cene [épisìːn] *adj*. **1** 양성 공통의; 남녀 양성을 가진, 연약한(flaccid), 가냘픈(feeble). **3** 남자답지 않은, 여성적인(effeminate). **4** [문법] [그리스·라틴어의 명사가] 양성 공통인.
— **n**. **1** [문법] 통성어(通性語). **2** 남녀 양성을 가진 사람, 남녀추니, 어지자지.

ep·i·cen·ter, 《英》 -tre [épisèntər] *n*. **1** [지질] 진앙(震央) [지진의 진원의 바로위 지점], 진원지(震源地). **2** 《美》 중심점(center).

ep·i·cen·tral [èpiséntrəl] *adj*. [지질] 진앙(震央)의; 진원지의; 《美》 중심점의.

ep·i·cen·trum [èpiséntrəm] *n*. (*pl.* **-trums** or **-tra** [-trə]) = epicenter 1.

ep·i·cle·sis [èpiklíːsis] *n*. [신학] 에피클레시스, [새크라멘트의 식문(式文)중에 있는] 성령(聖靈)의 내리심을 비는 기도.

ep·i·crit·ic [èpikrítik] *adj*. [생리] 미세한 자극을 예민하게 식별하는, 식별의.

ep·i·cure [épikjuər] *n*. **1** 쾌락주의(의) 기(Epicurist). **2** 식도락가, 미식가; [예술 따위에] 세련된 취미를 가진 사람(connoisseur).

ep·i·cu·re·an [èpikjuríːən, -美-kjú(ː)ri-] *adj*. **1** 미식가 취향의, 쾌락주의의, 미식의, 식도락의. **2** (E-) 에피쿠로스[파(派)]의. **3** (e-) 쾌락주의의; 미식가(epicure). **4** (E-) 에피쿠로스(Epicurus)설 신봉자.

Ep·i·cu·re·an·ism [èpikjuríːənìz(ə)m, +美-kjú(ː)r-] *n*. [U] **1** [철학] 에피쿠로스주의 [인생의 최고 선은 쾌락이라 한다]. **2** (e-) 쾌락주의; 미식주의, 식도락. [<그리스의 철학자 Epicurus(342 ?-270B.C.)가 제창]

ep·i·cy·cle [épisàikl] *n*. [천문·수학] [대원 (大圓)의 원주 위에 중심을 두고 운동하는] 소원(小圓), 주전원(周轉圓).

ep·i·cy·clic [èpisáiklik, -sík-] *adj*. 주전원의, 소원의.

ep·i·cy·cloid [èpisáikloid] *n*. [기 하] 외(外) 파로이드, 외파선(外擺線) [일정한 원의 원주 위를 미끄러짐이 없이 다른 원의 원주 위로 굴러 그리는 곡선].

ep·i·cy·cloi·dal [èpisaiklóidl] *adj*. 외사이클로이드의.

***ep·i·dem·ic** [èpidémik], (**ep·i·dem·i·cal** [-ik(ə)l]) *adj*. **1** [병이] 유행성의. ¶ an *epidemic* disease 유행병. **2** [사상·풍습 따위가] 유행하는, 널리 퍼져 있는(prevalent). ¶ an *epidemic* evil 나쁜 유행. — *n*. **1** 유행병. **2** [병·사상·풍속 따위의] 유행, 널리 퍼짐; [사람들 사이에] 퍼져 가는 것. ¶ an *epidemic* of terror (despair) 사람들 사이에 널리 퍼진 공포(절망감).
~·i·cal·ly [-ikəli] *adv*.

ep·i·de·mi·ol·o·gy [èpidìːmiάlədʒi / -ɔ́l-] *n*. [U] 유행병학, 역학(疫學).

ep·i·der·mal [èpidə́ːrm(ə)l], (**ep·i·der·mic** [-mik]) *adj*. 표피의(상피의). ¶ *epidermal* tissue 표피 조직.

ep·i·der·mis [èpidə́ːrmis] *n*. [해부·동·식물] 표피, 상피.

ep·i·der·moid [èpidə́ːrmɔid], (**ep·i·der·moi·dal** [èpidərmɔ́idl]) *adj*. 표피의, 상피성의, 표피세포의.

ep·i·di·a·scope [èpidáiəskòup] *n*. 에피디아스콥, 실물 환등기 [불투명체를 막 위에 비추는 장치].

ep·i·gas·tric [èpigǽstrik] *adj*. [해부] 상복부(上腹部)의.

ep·i·gas·tri·um [èpigǽstriəm] *n*. (*pl.* **-tri·a** [-triə]) [해부] 상복부 [위의 윗부분], 심와부(心窩部).

ep·i·gen·e·sis [èpidʒénisis] *n*. [U] **1** [생물] 후성설 (後成說), 점성설(漸成說) [생물이 개체 발생의 진행과 함께 점차 각 기관을 가지게 된다는 설]. **2** [지질] 후성(後成) [모암(母岩)의 생성후에 광상(鑛床)이 생기는 일].

ep·i·ge·nous [ipídʒənəs] *adj*. [식물] 표면에 생기는, [특히] 잎의 표면에 생성되는(자라는).

ep·i·glot·tic [èpiglάtik, -glɔ́t-] *adj*. [해부] 회염 연골 (會厭軟骨)의.

ep·i·glot·tis [èpiglάtis, -glɔ́t-] *n*. (*pl.* **-tis·es** or **-ti·des** [-tidìːz]) [해부] 회염 연골, 후두개(喉頭蓋).

ep·i·gone [épigòun], (**ep·i·gon** [-gὰn / -gɔ́n]) *n*. **1** [조상보다 못한] 자손. **2** [열등한] 후계자; 아류(亞流), 모방자.

E·pig·o·ni [epígənai] *n*. *pl*. (*sing*. **-o·nus** [-ənəs]) **1** [그리스 신화] 테베를 공격한 7용사(the Seven against Thebes)의 자식들. **2** (e-) [위대한 시대의 뒤를 물려받은] 후계자 (추종자)들, 아류.

***ep·i·gram** [épigrǽm] *n*. **1** 경구(警句). ¶ discharge a significant *epigram* 뜻깊은 경구를 쏟아놓다. **2** 경구적인 표현. **3** [짧은] 풍자시.
◇ epigrammátic *adj*., epigrámmatize *v*.

ep·i·gram·mat·ic [èpigrəmǽtik], (**ep·i·gram·mat·i·cal** [-k(ə)l]) *adj*. **1** 경구의, 경구적인; 기지에 넘치는 (witty), 신랄한(pointed); 경구에 넘치는. **2** 즐겨 경구를 만드는.

ep·i·gram·ma·tist [èpigrǽmətist] *n*. 경구 작가, 풍자시인.

ep·i·gram·ma·tize [èpigrǽmətàiz] *v*. (**-tized, -tiz·ing**) *vt*. …을 경구풍으로 표현하다. — *vi*. 경구(풍자시)를 만들다.

ep·i·graph [épigrǽf / -grὰːf] *n*. **1** [건물·기념비 따위의] 제명(題銘), 비명, 비문(inscription). **2** [권두(卷頭)·장(章)의 첫머리 따위에 싣는] 제사(題辭), 인용구. **3** [고전의 작품, 음악의 곡(曲) 등의] 모토(motto).

ep·i·graph·ic [èpigrǽfik], (**ep·i·graph·i·cal** [-ik(ə)l]) *adj*. **1** 제명(비명)의; 권두 인용문(제사)의, 명문적인. **2** 금석학(金石文學)(epigraphy)의.

e·pig·ra·phist [ipígrəfist] *n*. 묘비명학자, 금석 문학자.

e·pig·ra·phy [ipígrəfi] *n*. [U] **1** 묘비명학(墓碑銘學), 금석 문학. **2** [집합적] 제명, 비명, 비문(inscription); 금언(motto).

e·pig·y·nous [ipídʒənəs] *adj*. [식물] 꽃이에 씨방 상생(上生)의, 씨방 하위(下位)의.

epil. (略) epilogue.

ep·i·lep·sy [épilèpsi] *n*. [U] [병리] 간질. ¶ a fit of *epilepsy* 간질의 발작.

ep·i·lep·tic [èpiléptik] *adj*. **1** [병리] 간질[성]의. ¶ an *epileptic* fit 간질의 발작. **2** 간질병이 있는. — *n*. 간질병 환자. **-ti·cal·ly** [-tikəli] *adv*.

ep·i·log [épilɔ̀ːg, -lὰg / -lɔ̀g] *n*. =epilogue.

e·pil·o·gist [ipílədʒist] *n*. [연극의] 에필로그 작자, 에필로그를 말하는 배우.

***ep·i·logue** [épilɔ̀ːg, -lὰg / -lɔ̀g], (**epilog**) *n*. (*opp*. pro-logue) **1** 에필로그 [연극의 마지막 무렵에 배우중의 한 사람이 말하는 종결부]. **2** 에필로그를 말하는 배우. **3** [문예 작품, 특히 운문(韻文)·소설의] 끝맺음[말], 결어(結語). — *vt*. (**-logued, -logu·ing**) …에 에필로그(결어)를 붙이다.

E·pi·me·the·us [èpimíːθiəs, -θju(ː)s] *n*. [그리스 신화] 에피메테우스[Prometheus의 아우로 Pandora의 남편].

ep·i·neph·rine [èpinéfrin, -riːn] *n*. [U] **1** [생화학] 에피네프린, 아드레날린 [부신에서 분비되는 호르몬].

Epiphany

2 〖약〗 〖양·소의 부신(副腎)에서 추출한〗 아드레날린 제(劑).

E·piph·a·ny [ipífəni] n. (pl. **-nies**) 1 예수 공현 축일〖그리스도 탄생 때 동방의 3박사(Magi)가 찾아간 날을 축하하는 1월 6일 또는 1월 2일 뒤의 일요일〗. 2 (e-) 〖신 등의〗 출현(theophany), 현현(顯現)(manifestation). 3 (e-) a) 〖사실이나 참된 뜻의〗 직각, 통찰. b) 〖계시나 통찰의 순간을 상징적으로 나타내는〗 문학 작품.

ep·i·phe·nom·e·non [èpifinámənàn / -nɔ́minən] n. (pl. **-na** [-nə]) 1 〖병리〗 여병(餘病), 병발증. 2 부수(부) 현상.

ep·i·phyte [épifàit] n. 〖식물〗 착생(기착) 식물〖다른 식물이나 암석 따위에 부착하여 양분을 공중에서 취하는 식물; 난과(蘭科) 식물·양치류·지의류 따위〗.

ep·i·phyt·ic [èpifítik] adj. 〖식물〗 착생하는, 기착하는. **-i·cal·ly** [-ikəli] adv. 〖생병학.

ep·i·phy·tol·o·gy [èpifaitálədʒi / -tɔ́l-] n. 〖U〗식물 기

Epis. 〖略〗 Episcopal, Episcopalian; Epistle.

Episc. 〖略〗 Episcopal, Episcopalian.

e·pis·co·pa·cy [ipískəpəsi] n. (pl. **-cies**) 1 〖U〗 감독(주교) 제도; 교회 관리 제도〖bishop, presbyter, deacon 의 3 계급이 있다〗. 2 감독(주교)의 직(지위, 임기). 3 (the ~) 〖집합적〗 감독(주교)단 (episcopate).

*****e·pis·co·pal** [ipískəp(ə)l] adj. 1 감독(주교)의. 2 감독(주교)제의. 3 (E-) 감독파(영국 국교회)의. ¶ the *Episcopal* Church 영국 성공회 (聖公會) / the Protestant *Episcopal* Church 미국 성공회. — n. (E-) (구어) 감독 교회원(Episcopalian). **~·ly** [-pəli] adv. ◇ **episcopálian** adj.

E·pis·co·pa·lian [ipìskəpéiljən, -liən] adj. 1 감독(주교) 교회의, 감독(주교) 교회 소속의. 2 (e-) 감독(주교) 교회의, 감독(주교) 제도를 고집하는, 감독제 지상주의의. — n. 1 감독(주교) 교회원. 2 (e-) 감독(주교)제주의자, 감독제 지상주의자.

E·pis·co·pa·lian·ism [ipìskəpéiljənìz(ə)m, -liən-] n. 〖U〗 〖교회 행정의〗 감독(주교)제주의, 감독제 지상주의.

e·pis·co·pate [ipískəpit, -pèit] n. 1 감독(주교)의 직(지위, 임기, 관구) (bishopric). 2 《집합적》 감독(주교)단; 감독(주교)계급.

ep·i·scope [épiskòup] n. 반사 투영기(反射投映機)〖불투명체의 화상(畵像)을 스크린에 영사하는 환등 장치〗.

ep·i·se·meme [èpisímiːm] n. 문법 의미소(意味素).

‡**ep·i·sode** [épəsòud, -美 -zòud] n. 1 〖소설·연극 따위의〗 삽화(揷話). 2 〖인생 경험에서의〗 삽화적인 사건, 에피소드. ⇒ EVENT 〖同〗¶ an *episode* in one's life 인생의 한 에피소드〖적인 사건〗. 3 〖그리스 연극〗 〖두 합창을 잇는〗 대화 장면(※ 오늘날의 「막」(act)에 상당〗. 4 〖음악〗 삽입 악장, 삽구(揷句). 5 〖영화·TV·라디오〗 연속 제작물 중의 한 작품.

ep·i·sod·ic [èpisádik / -sɔ́d-], (**ep·i·sod·i·cal** [-ik(ə)l]) adj. 1 삽화적인, 삽화풍의, 에피소드풍의. 2 삽화로 나누어진. 3 우연적인 (incidental).

-i·cal·ly [-ikəli] adv. 〖副體〗.

e·pi·some [épisoum] n. 〖생물〗 에피솜; 유전자 부체

ep·i·spas·tic [èpispǽstik] adj. 빨아내는, 인적성(引赤性)의, 발포성의. — n. 빨아내는 약, 인적약, 발포제.

ep·i·stax·is [èpistǽksis] n. 〖U〗〖병리〗 비혈(鼻血), 코피(nosebleed).

e·pis·te·mo·log·i·cal [ipìstəmələdʒik(ə)l / -lɔ́dʒ-] adj. 인식론적인, 인식론상의. **~·ly** [-kəli] adv.

e·pis·te·mol·o·gist [ipìstəmálədʒist / -mɔ́l-] n. 인식론자.

e·pis·te·mol·o·gy [ipìstəmálədʒi / -mɔ́l-] n. 〖U〗 인식론〖지식의 기원·성질·방법·한계 따위를 탐구하는 철학의 한 부문〗.

*****e·pis·tle** [ipísl] n. 1 〖의례적이고 교훈적인〗 서한(書翰), 편지, 신서(信書) (※ 현재는 익살). 2 서간체의 시문. 3 (보통 E-) a) 〖신약 성서 중의〗 사도의 서한. b) 사도 서한의 발췌. ◇ **epístolary** adj.

e·pis·tler [ipíslər] n. =epistoler.

epístle síde n. 제단의 남쪽, 제단을 향해서 우측. cf. gospel side

e·pis·to·lar·y [ipístəlèri / -ləri] adj. 1 서한에 쓰인; 편지에 의한. 2 서한의, 서간체의. ¶ an *epistolary* novel 서간체 소설.

e·pis·to·ler [ipístələr] n. 1 서한의 필자; 〖성서〗 사도 서한의 필자. 2 〖미사 등에서의〗 사도서한(使徒書) 낭독자.

e·pis·tro·phe [ipístrəfi] n. 1 〖修辭〗 결구 반복(結句反復) 〖시행(詩行)·절(節)·문장의 끝에서 하는 같은 말의 반복〗. cf. anaphora 2 〖음악〗 반복(refrain). 3 〖신플라톤파 철학〗 식자에 의한 신철학의 실현.

e·pi·style [épistàil] n. 〖건축〗 〖고전적 성당의〗 평방(平枋) (architrave).

*****ep·i·taph** [épitæf / -tà:f] n. 1 묘비명(墓碑銘), 비문. 2 비문풍의 단시(문장). — vt. …을 비명(비문 시)으로 기념하다.

ep·i·tha·la·mi·on [èpiθəléimiən] n. (pl. **-mi·a** [-miə]) =epithalamium.

ep·i·tha·la·mi·um [èpiθəléimiəm] n. (pl. **-mi·ums** or **-mi·a** [-miə]) 축혼가(祝婚歌).

ep·i·the·li·al [èpiθíːliəl] adj. 상피(上皮)의, 상피〖세포〗에 관한. ¶ *epithelial* tissue 상피 조직, 피막조직.

ep·i·the·li·oid [èpiθíːlioid] adj. 상피(上皮)〖조직〗 비슷한, 유상피(類上皮)의.

ep·i·the·li·um [èpiθíːliəm] n. (pl. **-li·ums** or **-li·a** [-liə]) 〖생물〗 상피, 표피〖新皮〗, 피막(皮膜) 조직. ¶ a cubic (a flat) *epithelium* 입방(편평) 상피.

*****ep·i·thet** [épiθet, -θit] n. 1 〖사람 또는 물건의 속성·성질을 나타내는〗 형용사구〖예컨대 Richard, *the Lion-Hearted*의 the Lion-Hearted와 같은 어구〗. 2 통칭, 별칭, 별명. 3 남을 모욕하는 어구, 〖경멸적〗 별명, 욕설. ¶ apply an abusive *epithet* to a person 입정사나운 형용사구를 적용하다; 남에게 욕설을 퍼붓다, 남을 깎아내리다.

ep·i·thet·ic [èpiθétik], **-i·cal** [-ik(ə)l] adj. 1 형용어구의(를 쓴). 2 별칭(별명)의, 통칭의.

-i·cal·ly [-ikəli] adv.

e·pit·o·me [ipítəmi] n. 1 〖특히 문학 작품 따위의〗 줄거리, 발췌, 요약, 개요, 대의(summary). 2 《비유적》 축도(縮圖); 화신, 권화.

e·pit·o·mist [ipítəmist] n. 요약하는 사람, 발췌 작성자.

e·pit·o·mize [ipítəmàiz] vt. (**-mized, -miz·ing**) 1 …을 요약하다, 축소하다 (abridge, summarize). 2 …을 축도적으로 나타내다, 집약하다. ¶ The city is Paris *epitomized*. 그 도시는 파리의 축도다.

ep·i·tope [épitòup] n. 〖생화학〗 항원(抗原) 요소〖특정의 항체에 대하여 반응하는 항원 항체 반응 요소〗.

ep·i·zo·ic [èpizóuik] adj. 〖동물〗 체외(體外)기생〖충〗의.

ep·i·zo·on [èpizóuɑn, -ən / -ɔn] n. (pl. **-zo·a**) 체외기생충 (ectozoon), 체표 착생 (體表着生)동물.

ep·i·zo·ot·ic [èpizouátik / -ɔ́t-] adj. 〖병이〗 동물간 유행성의. cf. epidemic — n. 동물간 유행병, 가축 유행병.

e plu·ri·bus u·num [iː plúː(ː)ribəs úːnəm / -plúər-, -jú:nəm] 〖라틴〗 (= one out of many) 다수의 통일, 다수로써 하나를 이루다〖미국의 표어〗.

EPNdB 〖略〗 effective *p*erceived *n*oise *d*eci*b*els 〖감각 소음 효과 데시벨〖소음의 불쾌도 표시 단위〗.

EPNL 《略》 〖항공〗 effective *p*erceived *n*oise *l*evel 〖감각 소음 효과 레벨〖인간에게 영향을 주는 소음의 측정 방법〗.

‡**ep·och** [épək / íːpɔk] n. 1 〖획기적인〗 시대. ⇒ PERIOD

epochal ¶ an *epoch* of social revolution 사회 개혁의 시대 / the *epoch* of the Reformation 종교 개혁의 시대. **2** 신기원, 신세기; 획기적인 사건 (*in...*). ¶ an *epoch* in biology 생물학상의 신기원 / mark (*or* form, make) an *epoch* in …에 신기원을 열다(획한다). **3** [특별한] 때, 순간. ¶ It was an *epoch* never to be forgotten in her life. 그것은 그녀가 평생 잊을 수 없는 순간이었다. **4** 〖지질〗세(世), 기(期). ¶ the Eocene *epoch* 시세세(始新世). **5** 〖천문〗원기(元期). ◇ épochal *adj*.

ep·och·al [épək(ə)l / épɔk-] *adj*. **1** 신시대의, 신기원의. **2** 신시대적인. **3** 획기적인(epoch-making), 유례 없는. ~**·ly** [-kəli] *adv*.

*****ep·och-mak·ing** [épəkmèikiŋ / íːpɔk-] *adj*. 획기적인, 신시대를 획하는, 신기원을 여는. ¶ an *epoch-making* discovery 획기적일 발견.

ep·ode [époud] *n*. **1** 〖장단의 행이 교호하는〗고대서정시형[Horace 등이 썼다]. **2** 〖그리스의 chorus 나 ode 따위의 서정시로서 strophe 와 antistrophe 에 이어지는〗종결부, 에포데.

ep·o·nym [épə(u)nìm] *n*. 이름의 원조(元祖)〖인종 · 토지 · 건물 · 시대 · 운동 · 이론 따위의 이름의 근원이 되었던 인물; 예컨대 Elizabethan era 에 있어서의 Elizabeth 등〗. ¶ Romulus is the *eponym* of Rome. Romulus 의 이름을 따서 Rome 의 이름이 생겼다.

ep·on·y·mous [ipánǝmǝs / ipɔ́n-] *adj*. 이름 원조의; 이름 원조의 이름이 붙은. ¶ an *eponymous* founder 이름 원조의 설립자.

ep·o·pee [épǝpìː, ˌ-ˈ-] *n*. **1** 서사시. **2** 사시(史詩).

ep·os [épas / épɔs] *n*. **1** 서사시. **2** 〖원시 시대의〗구두 전승적 서사시. **3** 서사시적인 일련의 사건.

ep·ox·y [epáksi / epɔ́k-] *adj*. 〖화학〗에폭시의, 다른 2개 원자와 결합한 1개 산소 원자를 함유한 상태의. ── *n*. (*pl*. **ox·ies**) =epoxy resin.

epóxy rèsin *n*. 〖화학〗에폭시 수지(樹脂).

EPROM 〖略〗〖컴퓨터〗erasable programmable read only memory 〖말소 프로그램 가능 ROM〗.

ep·si·lon [épsəlàn, -lən / epsáilən] *n*. **1** 입실론〖그리스 알파벳의 다섯째 자 E, ε. 영어의 단음의 E, e 에 상당〗. **2** 이 문자가 나타내는 소리. **3** 〖수학〗입실론〖정(正)의 값의 임의의 미소량을 나타낸다〗.

Ép·som sált [épsǝm-] *n*. U 〖종종 ~s〗〖화학 · 약〗엡솜염(鹽), 사리염(瀉利鹽)〖종이의 충전제, 매염제, 토사제 등〗.

Ép·stein-Bárr vírus [épstainbáːr-] *n*. 포 진(疱疹) 바이러스의 일종〖암과 관계가 있다고 한다〗.

EPT 〖略〗excess-profits tax.

E.P.T. 〖略〗〖상표명〗Early Pregnancy Test 〖가정용 조기 임신 테스트 키트〗.   〖濟〗동맹〗.

E.P.U. 〖略〗European Payment Union 〖유럽 결제(決

EPZ 〖略〗export processing zone 〖수출 자유 지역〗.

EQ 〖略〗educational quotient 〖교육 지수〗.

eq. 〖略〗equal; equation; equator; equivalent.

eq·ua·bil·i·ty [èkwəbíliti, ìː k-] *n*. U©(*pl*. **-ties**) 한결같음, 균등성; 〖기분의〗평정함.

eq·ua·ble [ékwəbl, ìː k-] *adj*. **1** 〖운동 · 온도 따위가〗 한결 같은, 변화가 없는(steady, uniform). ¶ an *equable* climate 변화가 없는 기후. **2** 〖법률 따위가〗균등하게 작용하는, 균등한 효과를 가져다 주는. **3** 〖마음 따위가〗섭실리 움직여지지 않는; 평정한, 잔잔한(tranquil), ¶ an *equable* disposition 차분한 기질. ~**·ness** *n*. **-bly** *adv*.

‡**e·qual** [íː kwəl] *adj*. **1** 〖수량 · 정도 · 가치가〗똑같은; …에 상당하는(equivalent) (*to, with...*). § SAME 類語 ¶ two things of *equal* weight 무게가 같은 2개의 물건 / He speaks English and French with *equal* fluency. 그는 영어와 프랑스어를 똑같이 유창하게 말한다 / Ten times five is *equal to* fifty. 10×5는 50.
2 〖지위 · 능력 따위가〗평등한, 균등한, 대등한; 〖효과가〗평등한, 균등한. ¶ an *equal* contest 대등한 승부 /

equal laws 평등하게 적용되는 법률 / on *equal* terms [with] …과 동등한 조건으로, 대등하게 / All men are created *equal*. 사람은 태어나면서부터 평등하다 // I am *equal with* (or to) 他과 동등한. 기술로는 그와 동등하다. **3** …에 필적하는; 충분한(adequate); 〖임무 따위에〗견딜 수 있는 (*to...*). ¶ The production was *equal to* the consumption. 생산은 소비를 충분히 충족시킨다 / He was *equal to* the occasion. 그는 그 사태에 대처할 수가 있었다 / I'm not *equal to* (or to doing) the task. 그 일을 감당할 만한 기량이 없다 (＊ 또 부정사가 따르지 않는다는 데 주의). **4** 평평한, 평탄한. ¶ an *equal* plain 평원. **5** 〖고어〗〖마음이〗평정한, 차분한 (tranquil). **6** 〖고어〗공평한, 공정한(impartial).
other things being equal ⇒ OTHER.
── *n*. 동등자[물]; 동배의 사람(것), 동배(同輩); 필적하는 사람(것); 똑같은 수량. ¶ without [an] *equal* 필적하는 것(자) 없이 / one's *equals* and superiors 동배 및 손위 사람 / He has no *equal* in tennis. 정구에서는 그를 당할 사람이 없다.
── *vt*. (**e·qualed, e·qual·ing**; 〖英〗**e·qualled, e·qual·ling**) **1** …과 같다; …에 필적하다(match). ¶ Four times six *equals* twenty-four. 4×6은 24 // (~＋图＋前＋图) *equal* an elephant in size 크기로는 코끼리와 같다. **2** …과 대등한 일을 해내다. ¶ I can't possibly *equal* his achievements. 나로서는 아무래도 그의 업적을 따라갈 수가 없다 / I'm sure you can *equal* his record. 너라면 그와 동등한 기록을 낼 수 있을 것이다. **3** 〖고어〗…에 충분히 보답하다. ¶ His ability *equaled* his opportunity. 그의 재능은 호기를 십분 살렸다. **4** 〖고어〗…을 동등하게 하다(equalize).
◇ equálity *n*., équalize *v*.   〖등적(等積)인.

e·qual·ar·e·a [íː kwəlɛəríə / -ɛəriə] *adj*. 〖지도〗

e·qual·i·tar·i·an [i(ː)kwɑ̀liteə(ː)riǝn / i(ː)kwɔ̀litɛə-] *adj*. 평등주의의; 평등주의를 주장하는. ── *n*. 평등론자, 평등주의자(egalitarian).

*****e·qual·i·ty** [iː(ː)kwɑ́liti / -kwɔ́l-] *n*. U© (*pl*. **-ties**) **1** 같기, 동등; 대등; 평등; 〖수학〗상등(相等). ¶ racial *equality* 인종적 평등 / the sign of *equality*; *equality* sign 등호(等號). 이럴 기호 〖=〗 // *equality* in size 크기가 같기 / *equality* of weight 중량이 같기 / *equality* between the sexes 남녀 평등. **2** 〖운동 · 표면 따위의〗균일성, 등질성.
on an equality with …과 대등하게, 동등하게.
◇ équal *adj*.

Equálity Státe *n*. 미국 Wyoming 주의 속칭〖여성 참정권을 최초로 인정했음〗.

e·qual·i·za·tion [ìː kwəlizéiʃ(ə)n / -lai-] *n*. U 평등.

e·qual·ize [íː kwəlàiz] (＊〖英〗에서는 **e·qual·ise** 로도 쓴다) *vt*. (**-ized, -iz·ing**) **1** …을 똑같게 하다, 대등하게 하다(make equal) (*... to, with*). ¶ *equalize* the distances 거리를 똑같게 하다. **2** …을 일정하게 하다, 균일화하다.

e·qual·iz·er [íː kwəlàizǝr] *n*. **1** 평등(동등, 균일)하게 하는 사람(것). **2** 〖음력(應力) · 압력 따위의〗등화(等化) 장치. **3** 〖전기〗균압화(均壓環), 균압 모선(母線), 등화기[器]. **4** 〖항공〗[비행기의 보조날개의] 안정 장치, 평형 장치. **5** 〖속어〗〖권총 따위의〗알.

‡**e·qual·ly** [íː kwəli] *adv*. 똑같게, 동등하게, 동분으로, 한결같이, 같은 정도로(uniformly); 평등하게, 공평하게 (impartially). ¶ I distribute the heat *equally* through the room 방을 골고루 따뜻하게 하다 / He is respected *equally* by young and old. 그는 노소를 막론하고 똑같이 존경을 받고 있다.

── **Usage** equally as ── 이 어법은 〖美〗에서는 어느 정도 인정되고 있으나, 보통은 유어(類語) 반복 (tautology) 이라 하여 비난받고 있으며, 글 안에서는 비교가 명시되어 있을 경우에는 as 만을, 그렇지 않을 경우에는 *equally* 만을 쓰는 편이 낫다: This is *as* important as that. / This is *equally* important. 또

He feels it *equally as* you do.와 같은 글은 He feels it *as much as*(or *no less than*) you do. 와 같이 표현을 바꾸는 것이 좋다.

équal opportúnity *n.* [고용에 있어서의] 기회 균등.

Équal Ríghts Améndment *n.* 《美》 남녀 평등 헌법 수정안 [略 ERA].

équal tíme *n.* ⓤ **1** 평등한 방송 시간 할당[반대파에게도 동등한 시간을 할애한다]. **2** 평등하게 발언할 기회.

e·qua·nim·i·ty [ì:kwənímiti, èkwə-] *n.* ⓤ 평정, 침착, 차분함, 냉정(calmness, composure). ¶ *with equanimity* 차분하게.

e·quan·i·mous [i(:)kwǽnimǝs] *adj.* 평정한, 냉정한, 차분한.

e·quate [i(:)kwéit] *vt.* (**e-quat·ed, e-quat·ing**) **1** [다른 수치 따위와] ⋯을 동등한 것으로 나타내다, 등식화하다(...*to, with*). **2** ⋯을 평균화하다, 균등하게 하다. **3** [다른 것과] ⋯을 동일시하다, 동등하게 다루다(...*to, with*). ¶ (~+뫼+쩐+뫼) He *equated* the possession of wealth *to* (or *with*) happiness. 그는 부의 소유를 행복과 동등하게 생각하고 있었다.
◇ equátion *n.*

***e·qua·tion** [i(:)kwéiʒ(ə)n, -ʃ(ə)n] *n.* **1** ⓤ 똑같게 하기, 균등화, 동일화, 균분[법]. ¶ the *equation* of imports and exports 수출입의 균형화. **2** ⓤ 평형 상태(equilibrium). **3** 〔수학〕 등식; 방정식. ¶ a simple (a quadratic, a cubic, a biquadratic) *equation* 1(2, 3, 4)차 방정식 / solve an *equation* 방정식을 풀다. **4** 〔화학〕 반응식; 방정식. ¶ a chemical *equation* 화학 방정식. **5** 〔천문〕 균차(均差). ¶ a personal *equation* [천체 관측 따위의] 개인 오차 / the *equation* of time 시차율.
◇ equáte *v.*, equátional *adj.*

e·qua·tion·al [i(:)kwéiʒən(ə)l, -ʃən(ə)l] *adj.* **1** 균등한, 균분의. **2** 방정식의. **3** 〔생물〕 2차 세포 분열의. **4** 〔문법〕 등식 관계의, 주어와 보어로 된.
~**ly** [-nəli] *adv.*

***e·qua·tor** [i(:)kwéitər] *n.* (the ~) **1** 천구(天球) 적도, 주야 평분선(平分線)(celestial equator). **2** [지구의] 적도. ⇒ ZONE 그림. **3** [적도를 닮은] 균분원(均分圓). ◇ equatórial *adj.*

***e·qua·to·ri·al** [èkwǝtɔ́:rial, i:k-/-tɔ́:r-] *adj.* **1** 적도[상]의, 적도선에 가까운. **2** 적도 지대의(와 같은). ¶ *equatorial* heat(climate) 적도 지대와 같은 더위(기후) / *equatorial* vegetation 적도 지대의 식물. —— *n.* 적도의 (赤道儀). ~**ly** [-əli] *adv.* equátor *n.*

Equatórial Guínea *n.* 적도 기니[적도 아프리카 서단의 공화국; 수도는 Malabo].

eq·uer·ry [ékwəri] *n.* (*pl.* **-ries**) **1** [왕 · 귀족의] 말 관리 책임자. **2** [영국 왕실의] 시종(侍從).

e·ques·tri·an [ikwéstriən] *adj.* **1** 기수의; 마술의. ¶ *equestrian* exercises 마술의 연습 / *equestrian* games 마술 경기 / *equestrian* skill 마술. **2** 말에 올라 탄, 마상의. ¶ an *equestrian* statue 승마상 / an *equestrian* traveler 마상의 나그네. **3** [고대 로마의] 기사단의(에 관한). **4** 기사의, 기사로 이루어진. ¶ the *equestrian class* in England 영국의 기사 계급. —— *n.* 말탄 사람, 기수(horseman); 마술가; 곡마사.

e·ques·tri·an·ism [ikwéstriənìz(ə)m] *n.* ⓤ 마술(horsemanship), 곡마술; 승마 연습.

e·ques·tri·enne [ikwèstrién] *n.* 여성 기수(female rider); 여성 곡마사(曲馬師).

equi- equal 의 뜻의 연결형. 예: *equi*distance, *equi*poise, *equi*valent.

e·qui·an·gu·lar [ì:kwiǽŋgjulər] *adj.* 등각(等角)의.

e·qui·dis·tance [ì:kwidístəns] *n.* ⓤ 등거리.

e·qui·dis·tant [ì:kwidístənt] *adj.* 등거리의.
~**ly** *adv.*

èquidístant díplomacy *n.* 등거리 외교.

e·qui·grav·i·sphere [ì:kwigrǽvisfìər] *n.* 〔우주〕

등중력권(等重力圈) [중력이 달과 지구사이의 지점].

e·qui·lat·er·al [ì:kwilǽt(ə)rəl] *adj.* 등변의. ¶ an *equilateral* triangle 등변 3각형 / an *equilateral* hyperbola 등변 쌍곡선. —— *n.* **1** 등변형. **2** [다른 변의 대한] 등변. ~**ly** [-əli] *adv.*

e·quil·i·brant [ì:kwílibrənt] *n.* 〔물리〕 평형력 (counterbalancing force).

e·quil·i·brate [ì:kwílibreit/ì:kwiláibreit] *v.* (**-brat·ed, -brat·ing**) *vt.* **1** ⋯을 균형잡히게 하다, 평형시키다 (balance), 평형을 유지하다. ¶ *equilibrate* supply *with* demand 공급을 수요와 균형맞게 하다. **2** [다른 것]과 평형하다, 균형잡히다(counterpoise).
—— *vi.* 평형하다, 균형잡히다(balance).

e·quil·i·bra·tion [ì:kwìlibréi∫(ə)n, ìkwìli-/ì:kwilai-] *n.* 평형, 균형.

e·quil·i·bra·tor [ì:kwiláibreitər, ikwílibrèi-/-] *n.* 균형을 유지하는 것; 평형 장치; 〔항공〕 [비행기의] 안정 장치.

e·qui·li·brist [ikwílibrist] *n.* 줄타기 곡예사(ropedancer); 곡예사(acrobat).

***e·qui·lib·ri·um** [ì:kwilíbriəm] *n.* ⓤⓒ (*pl.* **-ri·ums** or **-ri·a** [-riə]) **1** 평형, 균형. ¶ stable(unstable, neutral) *equilibrium* 안정(불안정, 중립) 평형 / a political *equilibrium* 정치적 균형 / the *equilibrium* of demand and supply 수요와 공급의 균형. **2** [마음의] 평형 상태; 평정, 차분함(equanimity). **3** 〔화학〕 평형.

e·qui·mul·ti·ple [ì:kwimʌ́ltipl] *n.* (보통 ~s) 등배수(等倍數); 등배량.

e·quine [í:kwain, ék-] *adj.* 말의; 말을 닮은; 말에 관한. ¶ an *equine* face 마상(馬相). —— *n.* 말(horse).

e·qui·noc·tial [ì:kwinɑ́k∫əl /-nɔ́k-] *adj.* **1** 주야 평분(平分) [시]의, 균분(춘분)의, 주야 등분의. ¶ the *equinoctial* week 춘분 · 추분의 전후 7일간. **2** 춘 · 추분 전후7일간에 일어나는. ¶ an *equinoctial* storm 춘 · 추분 때의 모진 바람. **3** 〔천구〕 적도의, 적도 부근의 (equatorial). ¶ *equinoctial* heat 적도 지대의 더위. **4** 〔식물〕 [꽃이] 일정한 시간에 피는.
—— *n.* **1** (the ~) 주야 평분선, 천구 적도(celestial equator). **2** 춘 · 추분 때의 모진 바람. [도.

èquinóctial líne *n.* (the ~) 주야 평분선, 천구 적도.

èquinóctial póint *n.* (the ~) 분점, 주야 평분점. ¶ the autumnal (the vernal) *equinoctial point* 추분(춘분)점.

***e·qui·nox** [í:kwinɑ̀ks /-nɔ̀ks] *n.* **1** 주야 평분시. **2** 분점, 주야 평분점.
the autumnal equinox 추분; 추분점.
the vernal (or **the spring**) **equinox** 춘분; 춘분점.

‡e·quip [ikwíp] *vt.* (**e-quipped, e-quip·ping**) **1** ⋯에 [필요물을] 갖추다(...*with*), ⋯에 설비하다, 장비하다(fit out), [배]를 의장(艤裝)하다. ⇒ PROVIDE 題語 ¶ *equip* an army 군대에 장비를 갖추다 / (~+뫼+쩐+뫼) *equip* a fort *with* guns 요새에 대포를 장비하다 / a car *equipped with* air conditioning 냉난방 설비가 달린 차 / a laboratory *equipped for* atomic research 원자핵 연구의 설비를 갖춘 실험실 / (~+뫼+*as* 꾸) a building *equipped as* a hospital 병원으로서의 시설을 갖춘 건물.
2 ⋯을 차려 입게 하다, 치장하게 하다(dress out, array); ⋯에게 채비를 갖추게 하다(...*in, for*). ¶ (~+ 뫼+쩐+뫼) *equip* oneself *for* a journey 여행의 몸차림을 하다 / *equip* oneself *in* all one's finery 훌륭하게 차려입다, 성장하다.
3 ⋯에게 [학문 · 지식 · 소양 · 기능을] 주다, 익히게 하다(... *with, for*). ¶ (~+뫼+쩐+뫼) *equip* one's son *with* higher education 아들에게 고등 교육을 시키다 / He was fully *equipped for* the job. 그는 그 일에 필요한 지식(기능)을 완전히 익히고 있었다 // (~+뫼+*to* do) Experience has *equipped* him *to* deal with the task. 그 일을 처리해낼만한 경험이 그에게 있다.

◇ equípment n.
eq·ui·page [ékwipidʒ] n. **1** 〔4륜〕 마차(carriage). **2** 〔말·마부·시종등으로 완전히 장비된〕 마차. **3** 〔배·군대 따위의〕 장비, 장구(equipment). ¶ a camp equipage 야영 용구. **4** 〔사기 그릇 따위〕 가정 용품의 한 벌. ¶ a tea equipage 다기 한 벌. **5** 장신구 한 벌; 〔개인의〕 필수품 한 벌; 〔장신구용〕 케이스. ¶ a dressing equipage 화장 용품 세트.

e·quip·ment [ikwípmənt] n. Ⓤ Ⓒ (* 불가산(不可算)의 용법이 보통) **1** 〔집합적〕 설비, 비품, 장치, 용구, 장구(裝具); Ⓒ 개개의 장치. ¶ heating equipment 난방 설비 / camping equipment 캠프 용구 / laboratory equipment 실험실의 비품. **2** 설비된 상태, 장비, 의장. **3** 갖추기, 차리기, 채비하기, 준비. ¶ The law requires the equipment of all bicycles with lights. 법률에 따라 모든 자전거는 라이트를 장비하도록 정해져 있다. **4** 〔필요한〕 지식, 기술, 능력, 소양; Ⓒ 개개의 소양. ¶ linguistic equipment 어학의 소양. **5** 〔철도의〕 차량.

e·qui·poise [ékwipɔ̀iz, íː-] n. Ⓤ **1** 평형, 균형, 균세(均勢)(equilibrium, even balance). **2** 평형력, 균세력; Ⓒ 평형추(counterpoise). — vt. (-poised, -poising) …의 평형을 잡다, 균형을 유지하다; 〔기분〕을 이도저도 아닌 상태에 두다, 불안정하게 하다.

e·qui·pol·lence [ìːkwipάləns / -pɔ́l-], **(e·qui·pol·len·cy** [-lənsi]) n. Ⓤ 평형, 동등, 등가; 동의(同義); 〔논리의〕 등치(等値).

e·qui·pol·lent [ìːkwipάlənt / -pɔ́l-] adj. **1** 힘·효력 따위가 같은, 동등한(equivalent). **2** 같은 뜻의;〔논리의〕〔서로 추론할 수 있는 두 명제에 관하여 말한다〕. — n. 동등물, 등가치물, 동의어(equivalent).

e·qui·pon·der·ance [ìːkwipάnd(ə)rəns / -pɔ́n-], **(e·qui·pon·der·an·cy** [-ənsi]) n. Ⓤ 평형, 균형.

e·qui·pon·der·ant [ìːkwipάnd(ə)rənt / -pɔ́n-] adj. 평형된, 균형이 잡힌.

e·qui·pon·der·ate [ìːkwipάndərèit / -pɔ́n-] vt. (-at·ed, -at·ing) 〔무게·힘·중요성 등〕을 평형시키다, 균형잡히게 하다, 균등하게 하다(counterbalance).

e·qui·po·ten·tial [ìːkwipətén̩ʃ(ə)l] adj. 〔물리〕 등위(等位)의, 등전위(等電位)의. ¶ equipotential space 등위 공간 / an equipotential surface 등전위면(等電位面).

e·qui·se·tum [èkwisíːtəm] n. (pl. -tums or -ta [-tə]) 속새속(屬)의 식물 〔속새·쇠뜨기 따위〕.

eq·ui·ta·ble [ékwitəbl] adj. **1** 모든 행위나 그 결과가 공평한, 공정한(fair); 옳은, 정당한; 이치에 맞는, 합리적인(reasonable). **2** 〔법〕 〔보통 법(common law)에 대하여〕 형평법(衡平法)(equity)상의; 형평법상 유효한. ¶ equitable assets 형평법상의 유산. ~·ness n.

eq·ui·ta·bly [ékwitəbli] adv. 공평하게, 공정하게, 정당하게.

eq·ui·ta·tion [èkwitéiʃ(ə)n] n. Ⓤ 마술; 승마.

eq·ui·tes [ékwitìːz] n. pl. **1** 〔로마 역사〕 기병대. **2** 기사 계급〔귀족과 평민의 중간 계급〕.

éq·ui·tìme póint [ékwitàim-] n. 〔항공〕 행동 한계점, 진출 한계점.

*‍**eq·ui·ty** [ékwiti] n. (pl. -ties) **1** Ⓤ 공평, 공정, 공명정대(impartiality, fairness); 정의(justice). **2** 공평하고 올바른 것, 공명 정대한 처사. **3** 〔법률〕 **a**) 〔정의의 관념에 입각하여 법을 보정(補正)하거나 재정을 내리는〕 형평법. **b**) 〔보통법 (common law)에 대하여〕 형평법, 〔 ¶ 형평법상의 권리. **4** 재산 물건의 순가(純價); 저당 물건의 순수 가격〔제경비를 뺀 것〕. **5** (E-) 배우 조합(Actors' Equity Association). **6** 〔증권〕 보통 주주권; (-ties) 보통주.

équity càpital n. 〔경제〕 납입 자본(venture capital).

equiv. 《略》 equivalent.

e·quiv·a·lence [ikwívələns →3] n. **1** Ⓤ 〔가치·의의·힘 따위가〕 같기, 동등, 동가치, 동가(同價). **2** 동가치의 것, 동의의의 것. **3** 〔ìːkwivéiləns〕 〔화학〕〔원자가의〕 등가(等價). **4** Ⓤ 〔기하〕 등적(等積).

*‍**e·quiv·a·lent** [ikwívələnt →3] adj. **1** 같은(equal), 동등한, 동가치의, 동의(同義)의. ⇒ SAME 類語; 상당하는(corresponding) (to, in...). ¶ equivalent to an affront 모욕에 가까운 / Giving no refusal is equivalent to acceptance. 거부하지 않는 것은 용인한 것과 같다 / They are equivalent in meaning. 그들은 동의이다. **2** 〔기하〕 등적(等積)의; 〔수학〕 동치의. **3** 〔ìːkwivéilənt〕 〔화학〕 당량(當量)의, 등가(同價)의.
— n. **1** 같은 것, 동등물, 같은 가치의 것; 동의어; 상당물, 대응물(for, in...). ¶ an English equivalent for the word 그 말에 상당하는 영어 / I promised him three pounds, or its equivalent in books. 나는 그에게 3파운드 또는 그 금액에 상당하는 책을 보내겠다고 약속했다. **2** 〔기하〕 등적(等積)의; 〔수학〕 동치(同値); 〔화학〕 당량(當量); 〔문법〕 상당 어구.
~·ly adv. ◇ equivalence n.

e·quiv·o·cal [ikwívək(ə)l] adj. **1** 〔태도가〕 분명하지 않은, 미심쩍은, 불안정한, 결정적이 아닌, 불확실한. ¶ an equivocal attitude 미적지근한 태도. **2** 의심스러운, 수상한(questionable). **3** 〔말이〕 두 가지 뜻으로 해석되는, 다의성(多義性)의, 이도저도 아닌, 애매한. ⇒ AMBIGUOUS 類語. ¶ use an equivocal expression 애매한 말을 쓰다. ~·ly [-kəli] adv. ~·ness n.

e·quiv·o·cal·i·ty [ikwìvəkǽliti] n. Ⓤ Ⓒ **1** 〔태도가〕 분명하지 않음, 애매한 성질, 수상함. **2** 애매한 말씨; 다의성, 신소리, 결말(equivoque).

e·quiv·o·cate [ikwívəkèit] vi. (-cat·ed, -cat·ing) 〔남을 속이기 위하여〕 애매한 말을 쓰다, 말끝을 흐리다, 얼버무리다(prevaricate).

e·quiv·o·ca·tion [ikwìvəkéiʃ(ə)n] n. Ⓤ Ⓒ **1** 애매한 말씨, 말끝을 흐림. **2** 애매한 말(표현). **3** 〔논리〕 다의(多義)의 허위, 다의 개념(명사)의 허위.

e·quiv·o·ca·tor [ikwívəkèitər] n. 애매한 말을 쓰는 사람, 말끝을 흐리는 사람.

eq·ui·voque [ékwivòuk], **(eq·ui·voke)** n. Ⓤ Ⓒ **1** 애매한 말, 모호한 말씨. **2** 다의(多義), 양의(兩義); 신소리, 결말(pun); 뜻의 애매함(ambiguity).

*‍**er** [əː, ɑː] interj. 에!, 아!, 어!, 으음! 〔말이 막혔을 때 따위에 발하는 애매한 소리〕.

-er¹ suf. **1** 동사로부터 동작의 주체를 나타내는 명사〔동작주 명사〕를 만든다. 예: driver, ruler, sweeper. **2** 명사에 붙어 「…을 전문으로 하는 사람, …상(商), …가」를 뜻한다. 예: farmer, hatter, geographer. **3** 출신지·거주지로부터 「…지방의 사람, …거주자」를 뜻한다. 예: Englander, New Yorker, cottager. **4** 특질·정세 따위로부터 「…의 성질을 가진 사람·것」을 뜻한다. 예: three-master, tenner (10파운드 지폐). **5** 원어에 붙어 관련을 가진 동작·물건·사람을 뜻한다. 예: diner, officer. **6** 명사의 간략형을 만든다. 예: footer <football.

-er² suf. **1** 형용사의 비교급을 만든다. 예: poorer, stronger, drier <dry, finer <fine, freer <free, hotter <hot, wealthier <wealthy. **2** -ly로 끝나지 않은 1음절 또는 2음절의 부사의 비교급을 만든다. 예: faster, hader.

-er³ suf. 반복 동사를 만든다. 예: flicker, flutter, glimmer.

Er 〔화학〕 erbium의 원자 기호.

ER 〔略〕 earned run.

*‍**e·ra** [í(ː)rə, érə / íərə] n. **1** 〔역사적 의의 또는 연대 사건에 의해서 구분된〕 시대. ⇒ PERIOD 類語. ¶ early in the Shilla era 신라 시대 초기에. **2** 〔어떤 특징을 가진〕 시기, 시대, 연대. ¶ an era of miniskirts 미니스커트 시대. **3** 기원(紀元). ¶ the Christian era 그리스도 기원, 서력(西曆). **4** 대사건, 획기적인 사건. ¶ mark a

new era in …에 새시대의 한 획을 긋다. **5** 〖지질〗 대(代). ¶ the Paleozoic era 고생대(古生代).

ERA 《略》 *e*arned *r*un *a*verage ([투수의] 방어율); *E*mergency *R*elief *A*dministration(비상 구호국(局)); *E*qual *R*ights *A*mendment (남녀 평등 헌법 수정 조항).

e·ra·di·ate [iréidièit] *v.* (**-at·ed, -at·ing**) *vt.* [빛·열]을 발하다, 방사하다(radiate). —— *vi.* 빛(열)을 발하다, 빛나다.

e·ra·di·a·tion [irèidiéi(ə)n] *n.* Ⓤ 빛·열 따위의 방사(radiation).

e·rad·i·ca·ble [irǽdikəbl] *adj.* 근절할 수 있는, 절멸시킬 수 있는.

e·rad·i·cant [irǽdikənt] *adj.* 근절의(역할을 하는). —— *n.* 〖기생충을 구제하기 위한〗 근절제.

***e·rad·i·cate** [irǽdikèit] *vt.* (**-cat·ed, -cat·ing**) **1** …을 근절하다, 박멸하다, 절멸시키다. **2** 〖잡초 따위]을 뿌리째 뽑아내다, …을 뿌리뽑다. ¶ eradicate weeds from a garden 정원의 잡초를 뿌리뽑다. **3** 〖문지르거나 화학 요소로서〗 [때·얼룩]을 지우다.

e·rad·i·ca·tion [irædikéi(ə)n] *n.* Ⓤ 전멸, 절멸, 근절; 뿌리뽑기.

e·rad·i·ca·tive [irǽdikèitiv /-kə-] *adj.* 근절시킬 힘이 있는, 절멸적인, 근절적인; 절멸시키는 데 도움이 되는.

e·rad·i·ca·tor [irǽdikèitər] *n.* 근절(절멸)시키는 사람(것), 제초기; [때·얼룩 따위] 소거제(消去劑).

ERAM 《略》《군사》 *E*xtended *R*ange *A*nti-*T*ank *M*ine (원거리 대전차 지뢰).

e·ras·a·ble [iréisəbl / iréiz-] *adj.* 지울 수 있는, 말할 수 있는.

erásable stòrage *n.* 〖컴퓨터〗 말소 가능 기억 장치.

***e·rase** [iréis / iréiz] *vt.* (**e·rased, e·ras·ing**) **1** [문자 따위]를 **1** …을 문질러 [비벼] 없애다 (rub out), 닦아내다, 말소하다, 삭제하다(efface) 〖자기 테이프의 녹음〗을 지우다(…from). ¶ erase a line 선을 지우다 // (~+目+前+名) erase a problem from the blackboard 칠판의 문제를 지우다 / His name was erased from the document. 그의 이름은 서류에서 삭제되었다. **2** 〖마음에서부터〗 …을 지워 없애다, 잊다(…from). ¶ (~+目+前+名) erase a hope from one's mind 희망을 버리다. **3** 〖속어〗 …을 죽이다, 지우다, 없애다(kill).
◇ eráser, erásure *n.*

e·rased [iréist / iréizd] *adj.* [문자 등이] 지워진; [성명 등이] 말소된; [기억 등이] 잊혀진, 삭제된.

‡**e·ras·er** [iréisər /-zə] *n.* **1** 문자 따위를 지우는 것, 칠판 지우개, 석판(石板) 지우개, 잉크 지우개, 고무 지우개. **2** 지우는 사람, 삭제자, 말소자.

e·ra·sion [iréi(ə)n] *n.* Ⓤ **1** 지움, 삭제, 말소. **2** 〖외과〗 [환부(患部) 조직의] 절단; [소파에 의한 태아의] 제거.

E·ras·mi·an [irǽzmiən] *adj.* Erasmus의; Erasmus 식의. —— *n.* Erasmus의 추종자(신봉자).
〖< 네덜란드의 인문주의자·신학자 Desiderius Erasmus (1466?-1536)의 이름〗

E·ras·tian [irǽstiən /-tiən] *adj.* Erastus 설(說)의. —— *n.* Erastus 설(주의) 지지자.

E·ras·tian·ism [irǽst(ə)niz(ə)m /-tiən-] *n.* Ⓤ 에라스투스주의〖교회보다 국가 권력이 우선한다고 하는 국가권력 지상주의〗.〖< 제창자인 스위스의 신학자 Thomas Erastus (1524-83)의 이름〗

e·ra·sure [iréi(ə)r /-zə-] *n.* **1** 지우기, 말살, 삭제. **2** 지워진 부분, 삭제 부분, 말살 부분; 지워진 것, 삭제 어구.

E·ra·to [érətòu] *n.* 〖그리스 신화〗 에라토〖연애시를 관장하는 여신; Muse 중 하나〗.

er·bi·um [ə́:rbiəm] *n.* Ⓤ 〖화학〗 에르븀〖희토류(稀土類) 원소의 하나; 원자 기호 Er〗.

ere [ɛər] 《詩·古語》 *prep.* 이전에(before). ¶ ere long 이윽고, 머지않아 / ere daybreak 날새기 전에. —— *conj.* **1** …보다 이전에, …하기 전에 (before). ¶ ere the fifteenth century ends 15세기가 끝나기 전에. **2** …보다는 오히려(차라리) (sooner than, rather than).

Er·e·bus [érib əs] *n.* 〖그리스 신화〗 에레보스, 암흑계〖이승과 지옥 사이의 땅속에 있는 영원히 어두운 곳〗. ¶ dark as Erebus 깜깜한.

‡**e·rect** [irékt] *adj.* **1** 직립한, 곧추서 있는. ⇒ UPRIGHT 類語 ¶ stand erect 똑바로 서다, 직립하다 / hold a banner erect 기를 똑바로 세워 잡다. **2** [식물] [잎 따위가] 직립한. ¶ an erect stem (leaf) 직립경(莖) (엽). **3** [머리털 따위가] 곤두세운, [귀 따위를] 쫑긋 세운. ¶ with every hair erect 머리를 곤두세우고 / a dog with ears erect 귀를 쫑긋 세운 개 / with head erect 머리를 똑바로 하고. **4** 〖光學〗[상(像)의] 정립(正立)의. —— *vt.* **1** …을 세우다, 건설하다. ⇒ BUILD 類語 ¶ erect a church (a monument) 교회 (기념비)를 세우다. **2** …을 세우다(raise), 직립 시키다(set upright); …을 곤두세우다, 쫑긋 세우다. ¶ erect a telegraph pole 전주를 세우다. **3** 〖기계〗를 조립하다 (assemble). **4** …을 승격시키다(…into). ¶ (~+目+前+名) erect a territory into a state 준주 (準州)를 주로 승격시키다. **5** 〖기하〗 [기선 (基線)] 위에] [선이나 도형]을 그리다, 작도하다. **6** 〖光學〗 [도립상 (倒立像)]을 정립시키다. **7** 〖고어〗 …을 설립하다 (establish), 창설하다 (found). —— *vi.* 서다, 건설되다; …이 서다, 직립하다, ~·**ly** *adv.*, ~·**ness** *n.*
◇ eréction *n.,* eréctile *adj.*

e·rec·tile [irékt(i)l /-tail] *adj.* **1** 직립시킬 수 있는, 직립성의. **2** 〖해부〗 발기[기립(起立)]성의.

e·rec·til·i·ty [irèktíliti, i:rek-] *n.* Ⓤ 발기성(력).

***e·rec·tion** [irék(ə)n] *n.* Ⓤ **1** 직립, 기립; 직립 상태. **2** 건축, 건설; 설립, 창설, 수립. **3** ⓒ 건축물, 건설물 (building, structure). ¶ ancient erections 고대의 건축물. **4** 〖생리〗 발기. ◇ erect *v.,* eréctive, eréctile *adj.*

e·rec·tive [iréktiv] *adj.* 직립하기 있는, 직립성의.

e·rec·tor [iréktər] *n.* **1** 건립자, 건설자; 설립자, 창설자, 수립자; 조립공, 조립하는 사람. **2** 〖해부〗 기립 근.

-erel 《接尾》 →REL. 〖근 (起立筋), 발기근.

ere·long [ɛərlɔ́:ŋ /-lɔ́ŋ] *adv.* 〖고어〗 오래지 않아, 멀지 않아, 이윽고, 곧 (before long, soon).

er·e·mite [érimàit] *n.* [종교적인] 은자(隱者), 은둔자, 은둔 수도사, 세상을 버린 사람 (hermit).

er·e·mit·ic [èrimítik], **-i·cal** [-ik(ə)l] *adj.* 은자(隱者)의, 은둔자, 은둔자에 관한, 은둔자의, 은둔 수도사의.

er·e·mit·ism [érimaitìz(ə)m] *n.* Ⓤ 은둔 생활, 은둔 수도 생활.

er·e·thism [éɾəθìz(ə)m] *n.* Ⓤ〖생리〗 [자극에 대한 기관·조직의] 과민증 (過敏症).

ere·while [ɛər(h)wáil] *adv.* 《고어》 얼마 전에(a while before), 이전에, 예전에는 (formerly).

erg [ə:rg] *n.* 〖물리〗 에르그〖에너지의 cgs 단위〗.

erg- ⇒ ERGO-.

er·gate [ə́:rgeit] *n.* 일개미 (worker ant). 〖정치.

er·ga·toc·ra·cy [ə̀:rgətɔ́krəsi /-tɔ́k-] *n.* Ⓤ 노동자 〖< L *ergō* therefore〗

er·go [ə́:rgou] *conj., adv.* 《보통 익살적》 까닭에, 따라서, 그래서 (therefore). 〖< L *ergō* therefore〗

ergo- 에르고의 뜻의 연결형 (* 모음 앞에서는 erg-를 쓴다). 예: ergograph, ergate.

er·go·graph [ə́:rgo(u)grǽf /-grà:f] *n.* 에르고그래프〖피로도·근육 활동량을 측정·기록하는 기계〗.

er·gom·e·ter [ə:rgɔ́mitər /-gɔ́m-] *n.* 〖물리〗 에르그 미터, 〖근력계의 의한〗.

er·go·met·ric [ə̀:rgəmétrik] *adj.* 노동력 측정계의, 〖< Gk *ergon* work〗

er·gon [ə́:rgan /-gɔn] *n.* 〖물리〗 열의 일 당량 (當量).

er·go·nom·ics [ə̀:rgənámiks /-nɔ́m-] *n.* *pl.* 《단·복수 양용》 인간 공학.

èrgonómic desìgn *n.* Ⓤ Ⓒ 에르고노믹스 디자인,

인간 공학적 설계[전투기의 조종석, 의자 따위].

er·go·sphere [ə́:rgəsfìər] n. 〔천문〕 작용권(作用圈) [블랙 홀을 둘러싼 가상(假想)의 경역(境域)].

er·gos·ter·ol [ə:rgástəròul / -gɔ́s-] n. ⓤ 〘생화학〙 에르고스테롤[자외선 조사(照射)에 의해 비타민 D로 변화된다].

er·got [ə́:rgət] n. ⓤ 1 〘식물〙 맥각병(麥角病) [맥각균에 의한 라이보리 및 그밖의 곡물병]; 맥각균의 균핵(菌核); 맥각균. 2 〘약〙 맥각[지혈제·자궁 수축제].

er·got·ism [ə́:rgətìz(ə)m] n. ⓤ 〘병리〙 맥각 중독.

ERIC 《略》 Educational Resources Information Center([National Institute of Education이 작성한] 교육 관계 데이터 베이스).

er·i·ca [érikə] n. 에리카[히스(heath)의 일종].

er·i·ca·ceous [èrikéiʃəs] adj. 석남과(石南科)의(에 속하는).

Er·ics·son method [ériks(ə)n-] n. (the ∼) 에릭슨 법[정액에서 Y 유전자만을 분리해서 배란기의 자궁내에 주입시키는 인공 수정법의 일종].

Er·in [é(:)rin, í(:)r- / íər-] n. 《詩》 아일랜드(Ireland). ¶ a son of Erin 아일랜드인.

E·rin·ys [irínis, irái-] n. (pl. -y·es [-níi:z]) 〔그리스 신화〕 에리니에스[복수의 3 여신 (Furies)의 하나].

E·ris [í(:)ris, éris / íəris] n. 〔그리스 신화〕 에리스 [분쟁의 여신].

er·is·tic [irístik] adj. (=**er·is·ti·cal** [-tik(ə)l]) 논쟁의, 토론의, 토론(논쟁)을 좋아하는(argumentative, controversial). — n. 1 토론가, 논쟁자(disputant). 2 ⓤ 논쟁(술).

Er·i·tre·a [èritríə / -tré(i)ə] n. 에리트리아[아프리카 동북부, 홍해에 면한 옛 이탈리아의 식민지; 1952년에 디오피아의 자치령, 1993. 5. 23. 독립. 수도 Asmara].

erk [ə:rk] n. 1 〔英공군 속어〕 신병, 하급병[최하급의 병사]. 2 《속어》 굼벵이, 느림보, 모자라는 사람 (jerk).

erl·king [ə́:rlkìŋ] n. 〘독일·북유럽 전설〙 소용정(小妖精)의 왕[숲을 돌아다니다가 특히 어린애를 유괴해서 죽인다고 한다].

ERM 《略》 exchange-rate mechanism(EC 환율 조정 기구). cf. EMS

er·mine [ə́:rmin] n. (pl. **-mines** or **-mine**) 1 어민, 산족제비[유럽 북국산(產)의 족제비; 털이 여름에는 적갈색, 겨울에는 꼬리끝만 검고 온몸이 순백이 된다]. 2 〘美〙〘일반적으로〙 겨울에 털이 희게 변색하는 족제비. 3 ⓤ 어민의 흰색 모피. 4 (the ∼) 재판관의 지위(직) [어민의 흰색 모피 코트를 입었던 데서]. 5 (∼s) 〔紋〕 흰 바탕에 어민의 꼬리의 검은 점을 배합한 문장.

er·mined [ə́:rmind] adj. 어민의 털가죽으로 장식한, 어민 털가죽 옷을 입은; 판사로 취임한.

-ern suf. 방위를 나타내는 명사에 붙여 형용사를 만든다. 예: eastern, northern.

erne, ern [ə:rn] n. 흰꼬리수리(sea eagle).

Er·nie [ə́:rni] n. 《英구어》 채권 항증당 당첨 번호 추첨기. [< electronic random number indicator equipment]

e·rode [iróud] v. (**e·rod·ed, e·rod·ing**) vt. 1 ···을 서서히 파괴하다; [산(酸) 따위가] ···을 부식하다; [병 따위가] ···을 좀먹다; [일반적으로] [토지 따위]를 침식하다(eat out). ¶ Acid erodes metal. 산은 금속을 부식시킨다. 2 [특히 자연의 힘에 의한 침식으로] ···을 형성하다. ¶ The running water eroded a gully. 흐르는 물이 협곡을 형성했다. — vi. 좀먹히다; 부식되다; 침식되다.

e·rog·e·nous [irádʒinəs / irɔ́dʒ-], (**er·o·gen·ic** [èrədʒénik]) adj. 성욕을 일으키게 하는, 성감의.

E·ros [í(:)ras, éras / íəras, érəs] n. 〔그리스 신화〕 에로스[Aphrodite의 아들로 사랑의 신; 로마 신화의 Cupid에 해당한다]. 2 (때로 e-) 성적 욕구, 성애(性愛); 성충동.

EROS 《略》 earth resources observation satellite(지구 자원 관측 위성).

e·rose [iróus] adj. 1 [부식된 것처럼] 울퉁불퉁한 (uneven). 2 〘식물〙 고르지 않은 치아 모양의, [잎 따위가] 톱니꼴이 되어 있는.

*e·ro·sion [iróuʒ(ə)n] n. ⓤⓒ 1 부식, [병 따위의] 좀먹음. 2 [바람·비·파도 따위에 의한 땅의] 침식(작용). ¶ coast erosion 해안의 침식. ◇ eróde v.

e·ro·sive [iróusiv] adj. 침식성의, 침식적인; 부식성의; 미란성(糜爛性)의.

*e·rot·ic [irátik / irɔ́t-], (**e·rot·i·cal** [-ik(ə)l]) adj. 성애 (性愛)의, 성애를 다룬(amatory); 육욕적인, 성욕을 극자극하는; [사람이] 호색적인; 연애의. ¶ erotic literature 호색 문학. — n. 1 성애시(詩). 2 호색가.
  -i·cal·ly [-ikəli] adv.

e·rot·i·ca [irátikə / irɔ́t-] n. pl. 성애를 다룬 문학(예술 작품); 에로책, 춘화(春畫).

e·rot·i·cism [irátisìz(ə)m / irɔ́t-], (**er·o·tism** [érətìz(ə)m]) n. ⓤ 1 호색, 에로티시즘, 색정적 경향. 2 이상 성욕; 성적 흥분.

e·ro·to·gen·ic [èrətədʒénik] adj. =erogenous.

e·ro·tol·o·gy [èrətálədʒi / -tɔ́l-] n. ⓤ 호색 문학(예술).

e·ro·to·ma·ni·a [iròutəméiniə, +美 irátə-] n. ⓤ 〔정신 병리〕 음란광(淫亂狂); 이상 성욕.

ERP, E.R.P. 《略》 European Recovery Program.

‡**err** [ə:r] vi. 1 틀리다, 잘못하다. ¶ My aim cannot err. 나의 겨냥은 틀릴 수가 없다 // (∼+前+名) err in one's judgement 판단을 그르치다. 2 [도덕적으로] 죄를 범하다, 잘못을 저지르다(sin) (from...). ¶ (∼+前+名) err from the right path 정도를 벗어나다 // To err is human, to forgive divine. 잘못은 인간의 상사요, 용서는 신의 일이다.— A. Pope 저 An Essay on Criticism].
  err in good company ◇ COMPANY.
  err on the side of ···에 치우치다. ¶ He erred on the side of mercy (severity). 그는 지나치게 관대(엄격)했다.
  ◇ érror n., erróneous adj.

er·ran·cy [érənsi, +美 ə́:rən-] n. (pl. -**cies**) 틀림, 잘못; 틀리기 쉬운 경향.

‡**er·rand** [érənd] n. 1 심부름, 잔심부름. ¶ go on an errand 심부름가다 / send a boy on an errand 소년을 심부름보내다. 2 용건, 볼일, 목적(purpose); [특수한] 사명(mission). ¶ on a political errand 정치적 사명을 띠고 / tell one's errand 용무를 말하다 / come on an errand of ···의 사명을 띠고 오다; ···의 용전으로 오다 / I have an errand to do in town. 나는 시내에 볼일이 있다. —치다.
  go on a fool's errand 헛일을 하고 다니다, 헛걸음질하다.
  go on (or **run**) **errands** 심부름가다(for...). ¶ He used to go on errands. 그는 심부름을 다니곤 했다 / A messenger boy usually runs errands for pay. 메신저보이는 보통 보수를 받고 심부름한다.

érrand bòy n. 심부름하는 소년; 자발적으로 일하지 않는 사람.

er·rant [érənt] adj. 1 [모험을 찾아서] 편력하는, 무술 수업의. ¶ an errant knight 무술 수업자. 2 잘못되어선, 잘못된, 틀린; [행동 따위가] 정도에서 벗어난 (wrong, erring).

er·rant·ry [érəntri] n. ⓤⓒ 무술 수업, 각국 편력.

er·ra·ta [erátə, -réi-] n. pl. erratum의 복수형.

er·rat·ic [irátik], (**er·rat·i·cal** [-ik(ə)l]) adj. 1 별난, 괴짜의, 상례를 벗어난, 색다른, 이상한(eccentric, odd, queer). ¶ erratic behavior 영뚱한 행동. 2 정해진 목적을 가지지 않은; 변하기 쉬운; 변덕스러운; [별 따위가] 일정한 궤도를 가지지 않은(wandering). 3 〔지질〕 표이성(漂移性)의. ¶ erratic boulders (or blocks) 표석(漂石). — n. 1 괴짜, 기인. 2 변덕쟁이. 3 〔지질〕 표석. **-i·cal·ly** [-ikəli] adv.

er·rat·i·cism [irætisìz(ə)m] *n.* ⓤ 상궤(常軌)를 일탈하는 경향.

er·ra·tum [erάːtəm, -réi-] *n.* (*pl.* **-ta**) **1** 오자, 오식. ¶ a list (*or* a table) of *errata* 정오표. **2** (-ta) 《단수 취급》정오표.

err·ing [ə́ːriŋ] *adj.* **1** 틀린, 잘못을 저지르고 있는, 정도(正道)에서 벗어난(wrong). **2** 죄많은, 과오를 범한(sinning, sinful). ~**ly** *adv.*

*****er·ro·ne·ous** [iróuniəs] *adj.* **1** 잘못이 있는, 잘못에 기인한; 잘못된, 틀린. ¶ *erroneous* belief (opinions) 그릇된 신념(의견). **2** 《폐어·고어》정도에서 벗어난. ~**ly** *adv.* ~**ness** *n.* ◇ *err v.*, **érror** *n.*

‡**er·ror** [érər] *n.* **1** 그릇됨, 잘못. ⇨MISTAKE 類語 / a clerical *error* 오기(誤記), 잘못 적음 / a nature's *error* 천지 조화의 실수, 불구 / a printer's *error* 오식 / commit (*or* make) an *error* 잘못을 저지르다 / admit (correct) an *error* 잘못을 시인하다(고치다) // admit *error* in calculation 계산 착오 / an *error* in spelling 철자의 잘못 / an *error* of judgement 판단의 착오. **2** ⓤ 생각의 잘못(착오), 오신(誤信), 오해. ¶ lead a person into *error* 남을 오신하게 하다. **3** 〖도덕상의〗잘못, 과실, 죄(sin). **4** 〖수학〗오차; 〖야구〗에러, 실책; 〖법률〗〖소송 절차·판결·집행에 관한〗오류, 하자(瑕疵), 그것을 이유로 한 복부 신청.

and no error 확실히, 틀림없이.

in error ① 〖형용사구〗잘못해서(mistaken). ¶ If you realize you are *in error*, you should admit it. 자기가 잘못이라는 것을 알았을 때에는 그것을 시인해야 한다. ② 〖부사구〗잘못하여, 틀려서(mistakenly). ¶ The letter was sent to you *in error*. 그 편지는 잘못되어 너에게 전해진 것이다.

◇ *erróneous adj.*, *err v.* 〖없는.

ér·ror·less [érərlis] *adj.* 틀림없는; 실수없는, 오차가

er·satz [éərzɑːts, ɔ́ːr-/ éazæts] *adj.* 대용의. ¶ *ersatz* coffee 대용 커피. — *n.* 대용품(substitute). 〖<G〗

Erse [əːrs] *n.* ⓤ 어스어(語) 〖스코틀랜드 고지의 게일어(語); 때로는 아일랜드의 게일어를 가리킬 경우도 있다〗. 〖ly〗.

erst [əːrst] *adv.* 《고어》이전에는; 예전에는(formerly).

erst·while [ə́ːrst(h)wàil] *adj.* 옛날의, 이전의, 지난날의(former). ¶ my *erstwhile* friend (position) 나의 지난날의 친구(지위). — *adv.* 《고어》옛날에는, 이전에(erst, formerly).

ERTS [əːrts] 《略》*E*arth *R*esources *T*echnology *S*atellites〖지구 자원 기술 위성〖계획〗〗.

er·u·bes·cence [èru(ː)bésns], **-cen·cy** [-snsi] *n.* ⓤ 붉어짐, 붉은 기를 띰, 홍조(紅潮).

er·u·bes·cent [èru(ː)bésnt] *adj.* 붉어지는, 붉은 기를 띠는, 홍조를 띠는.

e·ruct [irʌ́kt] *vt.* **1** 〖트림〗을 하다. **2** 〖화산 따위가〗 〖용암·연기〗를 분출하다, 뿜어내다. — *vi.* 트림을 하다; 토해내다.

e·ruc·tate [irʌ́kteit] *v.* (-**tat·ed, -tat·ing**) =eruct.

e·ruc·ta·tion [ìrʌktéiʃ(ə)n] *n.* ⓤ **1** 트림 하기; 〖화산의〗분출. 〖출혈(의)에 관한〗

e·ruc·ta·tive [irʌ́ktətiv] *adj.* 트림하는 버릇 있는; 〖화산의〗분출할.

er·u·dite [ér(j)u(ː)dàit] *adj.* 학식이 있는, 박학한, 박식한(learned), 학문적인, 학자적인(scholarly). ¶ an *erudite* professor 박식한 교수 / *erudite* accomplishments 학문적인 업적. ~**ly** *adv.* ~**ness** *n.*

er·u·di·tion [èr(j)u(ː)díʃ(ə)n] *n.* ⓤ 특히 문학·어학·역사 방면의〗박식, 박학, 학식. ⇨ INFORMATION 類語

e·rupt [irʌ́pt] *vi.* **1** 〖화산 따위가〗폭발하다, 분화하다. **2** 〖화산재·간헐천(間歇泉) 따위가〗뿜어져 오르다, 분출하다. **3** 〖눌렸던 감정 따위가〗폭발하다; 〖전쟁 따위가〗발발하다. **4** 〖발진(發疹) 따위가〗돋다, 돋아나다, 발진하다. **5** 〖이가〗나다. — *vt.* **1** 〖눌려 있던 감정 따위〗를 폭발시키다, 분출시키다. **2** 〖화산 따위가〗〖용암·물 따위〗를 뿜어올리다, 분출하다(eject).

*****e·rup·tion** [irʌ́pʃ(ə)n] *n.* **1** ⓤⓒ 〖화산의〗폭발, 분화; 〖용암·물 따위의〗분출. ¶ a volcano in violent *eruption* 심하게 분화하고 있는 화산. **2** 분출물. **3** ⓒ 〖감정의〗폭발; 〖질병·화재 따위의〗발생; 〖전쟁 따위의〗발발. ¶ an *eruption* of rage 분노의 폭발 / *eruptions* of national hatred 국가적 증오의 폭발. **4** ⓤⓒ 〖병리〗돋아난 것, 발진. **5** ⓤ 〖치아의〗발생.

burst into eruption 갑자기 폭발하다.

◇ *erúpt v.*, *erúptive adj.*

e·rup·tion·al [irʌ́pʃən(ə)l] *adj.* 분화의, 폭발의.

e·rup·tive [irʌ́ptiv] *adj.* 분화의; 폭발성의. **2** 〖지질〗화성 (火成)의. ¶ *eruptive* rocks 화성암. **3** 〖병리〗발진(發疹)성의. ¶ an *eruptive* fever 발진티푸스. — *n.* 화성암. ~**ly** *adv.*

E.R.V. 《略》*E*nglish *R*evised *V*ersion.

ERW 《略》〖군사〗*e*nhanced *r*adiation *w*eapon(방사선 강화 무기).

-ery *suf.* 다음 뜻의 명사를 만든다. **1** 〖성질·행위·습관·상태〗를 나타낸다. 예: fool*ery*, snobb*ery*, slav*ery*. **2** 〖업(業)···상(商)·기술〗을 나타낸다. 예: fish*ery*, pott*ery*. **3** 〖제조의 장소·가게〗를 나타낸다. 예: bak*ery*, groc*ery*. **4** 〖···류(類)〗를 나타낸다. 예: machin*ery*.

er·y·sip·e·las [èrisíp(i)ləs, +美 ì(ː)r-] *n.* ⓤ 〖병리〗단독(丹毒).

er·y·the·ma [èriθíːmə] *n.* ⓤ 〖병리〗홍반(紅斑), 홍진(紅疹).

erythro- red의 뜻의 연결형. 예: *erythro*cyte.

e·ryth·ro·cyte [iríθrou(ə)sàit] *n.* 〖해부〗적혈구.

e·ryth·ro·my·cin [iríθrəmáisin] *n.* 〖약〗에리스로마이신 〖항생 물질〗. 〖증 (赤面恐怖症).

e·ryth·ro·pho·bi·a [iríθrəfóubiə] *n.* ⓤ 적면 공포

Es 〖화학〗einsteinium의 원자 기호.

es- *pref.* ex-의 변형. 예: *es*cape, *es*cheat. ⇨ EX-.

-es[1] *suf.* 어떤 명사의 복수형을 만든다. 예: class*es*, dish*es*.

-es[2] *suf.* 어떤 동사의 제3인칭·단수·현재형을 만든다. 예: catch*es*, do*es*, go*es*.

ESA 《略》*E*uropean *S*pace *A*gency(유럽 우주 기관).

E·sau [íːsɔː] *n.* 〖성서〗에서 〖Isaac과 Rebecca의 아들로 Jacob의 형. ←창세기(Gen.) 25 : 21-25〗.

ESB 《생리》*e*lectrical *s*timulation of the *b*rain (뇌전기 자극).

es·bat [ésbət] *n.* 마녀의 회합.

ESC 《略》[*U*nited *N*ations] *E*conomic and *S*ocial *C*ouncil(〖유엔〗경제·사회 이사회); 〖컴퓨터〗*esc*ape character(확장 문자).

es·ca·drille [éskədril] *n.* **1** 비행대 〖보통 6기 편성〗. **2** 《폐어》소함대 (小艦隊) 〖보통 8척으로 이루어진다〗.

es·ca·lade [èskəléid, ↗-↘-/ `-↙-] *n.* ⓤ 〖공성(攻城) 따위에서〗사다리를 타고 올라가기. — *vt.* (-**lad·ed, -lad·ing**) ···을 사다리로 오르다, 사다리를 사용해서 쳐들어가다.

*****es·ca·late** [éskəlèit] *vt., vi.* (-**lat·ed, -lat·ing**) 단계적으로 확대하다, 점증하다, *opp.* de-escalate ¶ *escalate* a war 전쟁을 확대하다. 〖de-escalation

es·ca·la·tion [èskəléiʃ(ə)n] *n.* ⓤ 단계적 확대, *opp.*

es·ca·la·tor [éskəlèitər] *n.* **1** 에스컬레이터, 자동 계단(moving staircase). **2** 증감의 수단. **3** =escalator clause. 〖< 상표명 <ESCALA[DE] + [ELEVA]TOR〗

éscalátor cláuse *n.* 〖경제〗에스컬레이터 조항(條項) 〖주로 물가의 변동에 따라 임금을 증감하도록 규정한 노동 협약 중의 한 항목〗.

es·cal·lop [iskάləp, -kɔ́l-/ -kɔ́l-] *n., v.* =scallop.

es·ca·lope [éskəloup] *n.* 〖요리〗돼지·소, 특히 송아지의 얇은 살코기.

ESCAP [éskæp] 《略》*E*conomic and *S*ocial *C*ommission for *A*sia and the *P*acific(에스캅; 〖유엔〗아시아 태평양 경제 사회 위원회). 〖수 있는,

es·cap·a·ble [iskéipəbl] *adj.* 도망할 수 있는; 피할 수

es·ca·pade [éskəpèid, ⹀⹀⹀/⹀⹀⹀] *n.* ⓤⓒ **1** 분방한 행위; 엉뚱한 장난. **2** 도피, 탈출.

‡es·cape [iskéip] *v.* (-caped, -cap·ing) *vi.* **1** 달아나다, 도망하다, 탈출하다 ▷ FLEE 類語 ¶ (~+囲+名) *escape from* [a] *prison* 탈옥하다 // Two were killed, but he *escaped*. 두 사람은 살해되었으나 그는 탈출했다. **2** 【위험 따위로부터】 벗어나다, 살아나다. **3** 【액체·가스 따위가】 새다(leak), 흘러나오다(issue). ¶ (~+囲+名) Gas is *escaping from* the burner. 가스가 버너에서 새어나오고 있다. **4** 【기억 따위가】 희미해지다(fade). **5** 【식물】 【재배 식물 따위가】 야생(野生)으로 되돌아가다.
— *vt.* **1** …을 벗어나다, 피하다, 면하다. ¶ *escape death* 죽음을 면하다 / *escape* punishment 처벌을 모면하다 // (~+-*ing*) He *escaped* being hurt. 그는 부상을 면했다 (* *escape* from (*vi.*)는 이미 위험 속에 빠져 있는 상태로부터 「벗어나다」는 것이고, *escape* (*vt.*)는 그와 같은 상태에 빠지는 것을 「모면하다」는 것임).
類語 **escape** 현실적으로 위험·추적·속박 따위에 부닥치지만 그로부터 벗어나다: *escape* suspicion 혐의를 면하다. **avoid** 위험이나 소망스럽지 않은 일에 처음부터 접근하지 않도록 피하다: *avoid* suspicion 혐의를 받지 않도록 조심하다. **elude** 경계하여 (교묘히) 그물을 빠져나가듯 모면하다: *elude* one's obligation 의무를 교묘히 면하다. **evade** 주의를 다른 데로 돌리도록 교한 책략을 써서 면하다: *evade* a question by pretending not to hear 못 들은 척하고 질문을 피하다. **shun** 아주 싫어서 avoid 하다.
2 【주의 따위】에서 벗어나다; 깨닫지 못하다, 생각해내지 못하다. ¶ Nothing *escapes* his notice. 그의 입에서 새어나왔다. ¶ Her name *escapes* me entirely. 그녀의 이름이 전혀 생각나지 않는다.
3 【무정ㆍ수돈에 써서】 …을 피하다, 회피하다 ¶ I am unable to *escape* the conviction that the boy is concealing. 그 소년이 진상을 숨기고 있다고 생각하지 않을 수 없다.
4 【한숨·소리 등이】 …에서 새다. ¶ A dreadful oath *escaped* him. 심한 욕설이 그의 입에서 새어나왔다.
— *n.* **1** ⓒⓤ 벗어나기, 모면하기, 도망, 탈출. ¶ a narrow (*or* a hairbreadth) *escape* 구사일생, 가까스로 모면하기 / make [good] one's *escape* 「무사히」 도망하다 // I had a lucky *escape from* death. 나는 다행히 죽음을 면했다. **2** 도망 수단, 피할 길, 피난 장치; 배기관, 배출로. ¶ a fire *escape* 화재 피난 장치 / have one's *escape* cut out 도피로를 차단당하다. **3** ⓒⓤ 【현실로부터의】 도피. ¶ literature of *escape* 현실 도피 소설 / find *escape* in detective stories 탐정 소설을 읽고 현실을 잊다. **4** 【액체·가스 따위가】 누출(漏出)(leakage), 유출. ¶ an *escape* of gas 가스 누출. **5** 【식물】 야생화한 재배 식물, 일출(逸出) 식물.
— *adj.* **1** 현실 도피의. ¶ an *escape* novel (movie) 도피 소설(영화). **2** 면책(免責)의.
◇ **escapement** *n.*

escápe àrtist *n.* **1** 포승 푸는(상자를 빠져나오는) 곡예사. **2** 탈옥의 명수.

escápe cláuse *n.* 면책 조항, 면제 조항.

es·cap·ee [èskəpíː] *n.* 도피자, 도망자; 탈옥자.

escápe hátch *n.* **1** 【비행기 따위의】 피난용 비상구. **2** 【곤란한 사태 따위로부터의】 도피구.

escápe líterature *n.* ⓤ 도피 문학.

escápe mèchanìsm *n.* 【심리】 도피 기제(機制).

es·cape·ment [iskéipmənt] *n.* **1** 【시계의】 탈진기(脫進機). **2** 【타이프라이터의】 문자 이동 장치. **3** 【피아노의】 현(絃)을 친 직후에 해머를 원래 위치로 되돌리는 장치. **4** 【고어】 **a)** 도망. **b)** 도피구, 출구(outlet), 배출구.

[escapement 1]

escápe rámp (**róad, róute**) *n.* 피난 도로.

escápe válve *n.* 【기계】 안전 밸브【일종의 압력 조절 밸브】.

escápe velócity *n.* ⓤⓒ 탈출 속도【로켓 따위가 행성 의 중력장으로부터 탈출하기 위한 최저 속도】.

escápe whéel *n.* 【시계 기어의】 방탈(防脫) 장치 (scape wheel).

es·cap·ism [iskéipiz(ə)m] *n.* ⓤ 현실 도피【행위】.

es·cap·ist [iskéipist] *adj.* 현실 도피적인.
— *n.* 현실 도피자.

es·ca·pol·o·gy [èskeipálədʒi / -pɔ́l-] *n.* ⓤ 도피술.

es·car·got [èskɑːrgóu] *n.* (*pl.* -**gots** [-góu]) 《프랑스》 식용 달팽이(edible snail).

es·ca·role [éskəròul] *n.* 꽃상치, 네덜란드상치【샐러드용】.

es·carp [iskɑ́ːrp] *n.* 【성루 밖 해자의】 내안(內岸); 급경사면.
— *vt.* …에 내안을 쌓다; …을 급경사면으로 하다.

es·carp·ment [iskɑ́ːrpmənt] *n.* **1** 지층의 주향(走向)에 따른 급경사면, 【지질】 단층애(斷層崖). **2** 【성루 내안의】 급경사면.

-esce *suf.* 「…하기 시작하다」 「…을 하다」 「…이 되다」 「약간 …이다」 따위의 뜻, 예: convalesce.

-escence *suf.* -esce로 끝나는 동사, -escent로 끝나는 형용사로부터 「작용」 「과정」 「변화」 「상태」 등을 나타내는 명사를 만든다. 예: convalescence, deliquescence, obsolescence.

-escent *suf.* 종종 -esce로 끝나는 동사, -escence로 끝나는 명사로부터 「…하기 시작한」 「약간 …되기 시작한」 「…성(性)의」 뜻의 형용사를 만든다. 예: convalescent, obsolescent, recrudescent.

esch·a·lot [éʃəlɑ̀t / -lɔ̀t] *n.* = shallot.

es·cha·to·log·i·cal [èskətəlɑ́dʒik(ə)l / -lɔ́dʒ-] *adj.* 【신학】 종말론의.
—*ly* [-kəli] *adv.*

es·cha·tol·o·gy [èskətɑ́lədʒi / -tɔ́l-] *n.* ⓤ 【신학】 종말론【죽음·재림·심판·세상의 종말 등 하나님의 나라의 완성에 관한 학문】.

es·cheat [istʃíːt] *n.* 【법률】 **1** ⓤ 【토지의】 몰수, 복귀, 귀속【법률적인 상속인이 없을 경우에 토지가 국가(국왕, 영주)로 귀속하기】. **2** 몰수지(沒收地), 복귀 토지. **3** ⓤ 몰수권, 복귀권.
— *vi.* 【토지가 국가 등에】 복귀하다, 귀속하다.
— *vt.* 【토지를】 몰수하다(confiscate).

es·cheat·a·ble [istʃíːtəbl] *adj.* 몰수할 수 있는, 복귀시킬 수 있는.

es·cheat·age [istʃíːtidʒ] *n.* ⓤ 몰수(복귀)지 상속권.

es·cheat·or [istʃíːtər] *n.* 몰수(복귀)지 관리관.

es·chew [istʃúː] *vt.* …을 피하다, 멀리하다(avoid); …을 삼가다.

es·chew·al [istʃúːəl] *n.* 피하기, 삼가기.

Es·co·ri·al [eskɔ́ːriəl / -kɔ́ːr-] *n.* 스페인의 Madrid 서북쪽에 있는 유명한 건물【수도원·궁전·교회·왕묘의 표지 등이 있다】.

*es·cort [éskɔːrt] — *v.* *n.* **1** 경호원(대), 호송원; 수행원, 【특히 공식 석상에서 여자를 돌보는】 에스코트【남자】; 호위병; 의장대(艦)(병). **2** ⓤ 호위, 호송. ¶ under the *escort* of …의 호위하에, …에게 호송되어.
— *vt.* [iskɔ́ːrt] …을 호위하다, 호송하다(convoy); …을 에스코트하다, 바래다주다. ▷ ACCOMPANY
類語 ¶ (~+囲+前+名) He *escorted* her to the station. 그는 그녀를 역까지 바래다 주었다.

e·scribe [iskráib] *vt.* (-**scribed**, -**scrib·ing**) 【기하】 【원】을 방접(傍接)시키다.

es·cri·toire [èskritwɑ́ːr] *n.* 책상(writing desk). 〈<F〉

es·crow [éskrou / iskróu] *n.* 【법률】 미완 날인 증서 【未完捺印證書】【일정한 조건이 성립된 경우에 비로소 상대방에게 건네주다는 합의하에 제3자에게 인도되는 날인 증서】.

es·cu·do [eskúːdou] *n.* (*pl.* -**dos**) **1** 에스쿠도【포르투

갈의 통화 단위]. **2** 칠레의 지폐·통화 단위. **3** 스페인·칠레·포르투갈 식민지의 각종 옛 금화(은화).

es·cu·lent [éskjulənt] *adj.* 식용에 알맞는, 먹을 수 있는(edible). — *n.* 식용품, [특히] 야채.

es·cutch·eon [iskʌ́tʃ(ə)n] *n.* **1** [문장(紋章)] 그려진 방패, 방패꼴의 문장 바탕. **2** [방패꼴의 열쇠 구멍 가리개; 선형 금구(盾形 金具). **3** [항해] 고물의 선명판(船名板).
a blot (or *taint*) *on the* (or *one's*) *escutcheon* 오명, 불명예.

Es·dras [ézdrəs] *n.* 〖성서〗 외경(外經)(Apocrypha) 2 주의 하나 〖구약 외경과 신약 외경 중의 하나〗. **2** 구약 성서의 에스라(Ezra)와 느헤미야(Nehemiah)중의 하나.

ESE, E.S.E., e.s.e. 〖略〗 *east-southeast.*

-ese *suf.* **1** 국명·지명에 붙여서 「그 나라·지방의」라는 뜻의 형용사, 또는 그 나라의 국어·방언·국민·주민을 나타내는 명사를 만든다. 예: Chin*ese,* Japan*ese,* Javan*ese.* **2** 인명 따위에 붙여서 특유한 문체, 또는 「…풍의」의 뜻의 명사 또는 형용사를 만든다. 예: Canton*ese,* Carlyl*ese.*

‡**Es·ki·mo** [éskimòu] *n.* (*pl.* **-mos** or **-mo**) 에스키모인; 에스키모어. ◇ Eskimóan *adj.*

Es·ki·mo·an [èskimóuən] *adj.* 에스키모인의; 에스키모어의.

Éskimo dòg *n.* 에스키모 개.

ESL [ésəl, í:ésél] *n.* 영어가 모국어가 아닌 사람들을 위한 제 2언어로서의 영어. [<*E*nglish as a *S*econd *L*anguage]

ESOL [ésəl/ésɔl] 〖略〗《특히 美·캐나다》*E*nglish for *S*peakers of *O*ther *L*anguages(외국어로서의 영어어). *cf.* EFL

ESOP 〖略〗 *E*mployee *S*tock *O*wnership *P*lan (종업원 지주제(持株制)).

e·soph·a·ge·al [isɑ̀fədʒí:əl, i:səfǽdʒiəl/i(:)sɔ̀fədʒí(:)əl], (**oe·soph·a·ge·al**) *adj.* [해부] 식도의.

e·soph·a·gus [isɑ́fəɡəs/i(:)sɔ́f-], (**oe·soph·a·gus**) *n.* (*pl.* **-gi** [-dʒai]) [해부] 식도(食道)(gullet). ➪ ALIMENTARY 그림.

es·o·ter·ic [èso(u)térik] *adj.* **1** 심원한(profound), 난해한. **2** 비결의, 비전(祕傳)의. **3** 비밀의, 내밀한 (secret). **4** 비교(祕教) 적인, 비전적인. *opp.* exoteric — *n.* 비결(비전)을 전수받는 사람. **2** 비교(祕教), 비전. **-i·cal·ly** [-ikəli] *adv.*

ESP 〖略〗 *e*xtrasensory *p*erception(제 6감의 인식).

esp. 〖略〗 *esp*ecially.

es·pa·drille [éspədril] *n.* 에스파드리유[프랑스의 목 타웅을 갖는 신발].

es·pal·ier [ispǽljər] *n.* **1** 과수를 받치는 선반(시렁). **2** 과수 시렁에서 재배되는 과수(식물). — *vt.* …을 과수 시렁에서 재배하다. …에 과수 시렁을 만들다.

Es·pa·ña [espá:nja:] *n.* Spain의 스페인어 명칭.

es·par·to [espá:rtou] *n.* (*pl.* **-tos**) 아프리카 나래새 (esparto grass)〖종이·바구니·새끼 따위를 만드는 데 쓰인다〗.

‡**es·pe·cial** [ispéʃ(ə)l] *adj.* 특별한, 각별한; 두드러진; 특히 …의. ➪ SPECIAL 類語 ¶ an *especial* reason 특별한 이유. **2** [특정의 사람·물건에 대해] 특별한, 특수한. ¶ *for your espe*cial *benefit* 특히 그대를 위해.
in especial 유난히, 특히(especially).
◇ *especially adv.*

‡**es·pe·cial·ly** [ispéʃəli] *adv.* 특히, 특별히, 유난히 (particularly). ¶ *unless you are especially* watchful 특히 네가 조심하지 않고서는 / *This is especially worthy of notice.* 이것은 특히 주목할 만하다.

Es·pe·ran·tist [èspərɑ́ntist, -rǽn-] *n.* 에스페란토어를 말하는 사람, 에스페란토 학자.

Es·pe·ran·to [èspərɑ́ntou, -rǽn-] *n.* Ⓤ 에스페란토어〖폴란드의 안과 의사 Dr. Zamenhof(1859-1917)가 1887년에 발표한 국제어〗. *cf.* Volapük 〖<Esperanto의 페네임으로 one who hopes라는 뜻의 에스페란토어〗.

es·pi·al [ispái(ə)l] *n.* Ⓤ **1** 탐정 행위, 정찰. **2** 감시.

es·piè·gle·rie [F ɛspjɛɡləri] *n.* (*pl.* **-ries** [-rí:z/F -ri]) 《프랑스》(= *roguish* or *playful trick*) 장난.

es·pi·o·nage [éspianɑ̀:ʒ, espáiə-, éspianidʒ/éspiənɑ̀:ʒ] *n.* Ⓤ **1** 탐보, 정찰. **2** 스파이 조직, 스파이 행위; 정보 조직.

es·pla·nade [éspləneid, -nɑ́:d, ⸺⸺] *n.* **1** [특히 해안 따위의] 유보도(遊步道), 산보길; 드라이브길. **2** [군사] [요새와 도시 사이의] 빈터, 광장.

ESPN 〖略〗 *E*ntertainment and *S*ports *P*rogramming *N*etwork 〖미국의〗 오락·스포츠 프로그램 TV 방송망.

es·pous·al [ispáuz(ə)l] *n.* **1** Ⓤ 〖주의(主義) 따위의〗 채택, 지지(*of*…). **2** (보통 ~s) 혼례, 결혼식; 약혼(betrothal).

es·pouse [ispáuz] *vt.* (**-poused, -pous·ing**) **1** 〖주의 따위를〗 받아들이다, 채택하다(adopt); …을 지지하다, 신봉하다. **2** 〖특히 남자가〗 …과 결혼하다, …을 맞아들이다(marry). **3** …을 시집보내다(… *to*).
◇ espóusal *n.*

es·pous·er [ispáuzər] *n.* 〖주의 따위의〗 지지자, 신봉자.

es·pres·so [esprésou] *n.* (*pl.* **-sos**) Ⓤ 에스프레소〖뽑아서 빼는 커피에 증기를 쐬어 만드는 진한 커피, 또는 그 장치〗. **2** 에스프레소 커피점(店).
〖<It. pressed-out [coffee]〗

es·prit [isprí:/éspri] *n.* Ⓤ 재기, 기지(wit); 활기, 쾌활(sprightliness). 〖<F spirit〗

ESPRIT [esprí:] 〖略〗 *E*uropean *S*trategic *P*rogram for *R*esearch and Development in *I*nformation *T*echnology(유럽 정보 기술 연구 개발 전략 계획[EC의 컴퓨터 개발 공동 연구 계획]).

esprit de corps [isprí: də kɔ́:r/éspri: də kɔ́:] *n.* 〖단체 정신, 단결심. ¶ *esprit de corps* of the Korean 한국인의 단결심. 〖<F spirit of corps〗

esprit fort [isprí: fɔ́:r] *n.* 의지가 강한 사람; 자유 사상가. 〖<F〗

*es·py [ispái] *vt.* (**-pied, -py·ing**) [숨겨진 것을] 찾아내다, 알아보다, 분간하다(discern); [남의 결점 따위를] 찾아내다(detect).

Esq., Esqr. 〖略〗 *Esq*uire.

-esque *suf.* 다음 뜻의 형용사를 만든다. **1** 양식이나 문체를 나타낸다. 「…양식의」·「풍의」를 뜻한다. 예: Roman*esque,* Dant*esque* (* 주로 명사에 쓰이는 것). **2** 특질·상사(相似)를 나타낸다 「…과 같은」「…비슷한」을 뜻한다. 예: pictur*esque,* statu*esque.*

Es·qui·mau [éskimòu] *n.* (*pl.* **-maux** [-mòuz]) *adj.* =Eskimo.

*es·quire [iskwáiər] *n.* **1** 《英》…님, …귀하.
주의 Mr., Dr.를 쓰지 않고 성명의 끝에 붙이는 경칭으로, 공식 문서나 격식을 갖춘 편지 따위에 쓰인다. 공식 문서 이외에서는 보통 Esq. 또는 Esqr.로 줄여 쓴다. 《美》에서는 변호사 등 이외에는 쓰지 않는다: Henry Smith, *Esq.*
2 [중세의] 기사의 종자(從者). **3** 향사(鄕士)〖knight 다음의 신사 계급에 속하는 사람〗. **4** 〖고어〗 〖영국의〗 지주(squire).

ESRO [ésrou] 〖略〗 *E*uropean *S*pace *R*esearch *O*rganization (유럽 우주 연구 기구). 〖ESSES.

ess [es] *n.* (*pl.* **ess·es** [ésiz]) S(s)자; S 자 형의 것. ➪

ESS 〖略〗 *E*nglish *S*peaking *S*ociety(영어 회화 클럽).

-ess *suf.* 여성 명사를 만든다. 예: count*ess,* lion*ess* (*작위 명사중 -tor, -ter로 끝나는 것은 보통 모음을 생략하여 -ess를 붙인다. 예: actor → actr*ess.*). *cf.* mayor*ess* **2** 형용사로부터 추상 명사를 만든다. 예: larg*ess.*

ESSA [ésə] 〖略〗 *E*nvironmental *S*cience *S*ervices

es·say [ései → 2 // ─ v.] n. **1** 수필, 에세이; 소론(小論), 시론(試論) (on, upon...). ¶ an *essay* on friendship 우정론. **2** [+美-된] 시도, 기도(attempt) (at...). ¶ my second *essay* at authorship 작가가 되고자 하는 나의 두번째 시도. ─ vt. [eséi] **1** …을 시도하다, 해보다(attempt, try). ¶ He *essayed* a high jump. 그는 높이뛰기를 해보았다 // (~ + to do) *essay* to trace the history of Buddhism in Korea 한국 불교사의 발자취를 더듬으려 시도하다. **2** …을 시험하다. ¶ *essay* one's power 가가 힘을 시험하다.

es·say·ist [éseiist] n. **1** 수필가; 소논문을 쓰는 사람. **2** 《드물게》 시도하는 사람, 시험하는 사람(essayer).

es·say·is·tic [èseiístik] adj. 에세이의; 수필풍(조)의; 형식을 도외시한; 개인적인 색채가 짙은.

es·se [ési] n. 《라틴》 (=be) 존재(being); 실재(very existence); 본질(essence).

in esse 실재(實在)하여.

es·sence [ésns] n. **1** ① 본질; 근저, 기초; 진수, 정수. ¶ the *essence* of religion 종교의 본질 / It is the *essence* of nonsense. 그것은 완전한 넌센스다. **2** ①© 정(精), 엑스(extract); 정유; 향수(perfume). ¶ the *essence* of lemon 레몬 엑스. **3** ① 〖철학〗 실체, 본체, 실재(true substance).

in essence 본질에 있어서, 본질적으로(essentially).

be of the essence of …에 꼭 있어야 하다.

◇ *essential* adj.

Es·sene [ésiːn, ─ ─] n. 《유대교》 에세네파(派)의 사람 〖그리스도 시대의 유대인의 한파〗.

es·sen·tial [isénʃ(ə)l] adj. **1** 필수의, 없어서는 안될 (indispensable), 필내로 필요한 (lo...). → NECESSARY. 顯語 ¶ Good health is *essential* to success in life. 건강은 인생의 성공에 불가결하다. **2** 본질적인, 근본적인. ¶ an *essential* difference 본질적인 차이. 顯語 *essential* 어떤 것의 본질적 요소로서 구성상 없어서는 안될: the *essential* qualities of a scientist 과학자로서의 특질. *inherent* 사람이나 물건에 처음부터 항구적 특성으로서 구비된: *inherent* properties of gold 금의 본질적 특성. *intrinsic* 외부의 영향력과의 관계없이 그 사물 자체에 갖춰져 있는: Money has no *intrinsic* value. 돈에는 본질적 가치가 없다. **3** 정수를 모은, 요점의. **4** 절대적인, 완전한(perfect). ¶ *essential* happiness 무상의 행복. **5** 〖수학〗 진성(眞性)의. ¶ *essential* singularity 진성 특이점. ─ n. (보통 ~s) 본질적 요소, 불가결물, 요점, 필수 사항(fundamentals). ¶ *essentials* of physics 물리학의 요점 / be the same in *essentials* 주요한 점은 같다.

◇ *essence*, *essentiality* n.

essential amíno ácid n. 〖화학〗 필수 아미노산.

es·sen·ti·al·i·ty [isènʃiǽləti] n. ①© (pl. **-ties**) **1** 본질[적]임, 본성(本性). **2** 요점.

*es·sen·tial·ly [isénʃəli] adv. 본질적으로(in essence), 본질에 있어서는, 근본적으로(fundamentally); 원래.

essential óil n. ① 정유, 방향유(芳香油) 〖휘발성 오일〗.

es·sen·tic [iséntik] adj. 감정을 내색하는. ─ 〖물유〗

es·ses [ésiz] n.pl. ess의 복수형; SS의 연자(連字). ¶ the Collar of *esses* (=SS) S 자형을 연결한 수장(首章) 〖고등 법원장·London 시장 등이 착용〗.

est [est] n. 에어하르트식 세미나 훈련 〖자기 발견과 자기 실현을 위한 체계적 방법〗.

[<*Erhard Seminar Training*]

EST, E.S.T. (略) *Eastern Standard Time* (美).

-est¹ suf. 형용사·부사의 최상급을 만드는. 보통 1음절에 또는 2음절어에 붙인다. 예: cold*est*, fast*est*.

-est², -st suf. 〖고어·詩〗 동사의 2인칭·단수·직설법·현재의 어미. 예: Thou go*est*.

est. (略) established; estate; estimated; estuary.

es·tab·lish [istǽbliʃ] vt. **1** …을 설립하다, 설치하다, 창설하다(found, institute); …을 제정하다, 실시하다. ¶ *establish* a business 사업을 시작하다 / *establish* a law 법률을 제정하다 / *establish* a school 학교를 창립하다. **2** [지위·직업 따위에] …을 앉히다(install), 자리잡게 하다. ¶ (~ +圄+쩐+명) He *established* his eldest son *in* business. 그는 장남더러 사업을 하도록 했다 / *establish* oneself *in* the country 시골에 눌러앉다 // (~ +圄+as 圄) *establish* a person *as* governor 남을 지사에 취임시키다 / *establish* oneself *as* a tailor 양복점을 개업하다. **3** …을 확립하다, 시인하게 하다, 정착시키다. ¶ *establish* order 질서를 확립하다 / *establish* one's credit 신용을 쌓다. **4** …을 입증하다, 확증하다 (prove). ¶ *establish* a theory 이론을 입증[확립]하다 / *establish* one's innocence 무죄를 입증하다. **5** (교회)를 국교회로 하다. **6** (카드놀이) (짝패)를 꼭 점수를 따게 하다. ◇ *establishment* n.

es·tab·lished [istǽbliʃt] adj. **1** 확립된, 기정의. ¶ a firmly *established* scheme 확정된 계획 / a person of *established* reputation 정평있는 인물. **2** 상비의, 상용(常備)의. **3** 국교(國教)의.

estáblished chúrch n. 국교회(國敎會) (state church); (the E- C-) 영국 국교회.

es·tab·lish·ment [istǽbliʃmənt] n. **1** ① 설립, 창설, 확립, 입증; 제정 (of…). ¶ the *establishment* of a doctrine 학설의 확립. **2** 제도, 규제. **3** (the E-) 기성의 권력 기구; 체제, 기성 사회; [학교·학회·협회 따위의] 당국자, 지도자 계급 (의 사상). **4** 가정, 세대 (household); 주택. ¶ keep (or have) a second (or separate) *establishment* 딴 살림을 갖다, (완곡적) 첩살림을 내다. **5** 회사, 상회, 영업소, 점포. ¶ an old *establishment* 오래된 점포 / a printing *establishment* 인쇄소. **6** ① 상비 병력, 설비. ¶ the Civil Service *Establishment* 문관 상설 편제 (문관 정원) / the Military (the Naval) *Establishment* 육군 (해군) 상비 병력 / peace (war) *establishment* (전시) 편제, 평시 (전시) 병력. **7** 공공 시설, 단체, 기관. **8** ① (교회)를 국교로서 승인하기, 국립으로 하기; (the E-) 국교회, (특히) 영국 국교회 (the Church of England). **9** 〖고어〗 고정 수입(fixed income). ◇ *establish* v.

es·tab·lish·men·tar·i·an [istæbliʃməntɛ́(:)riən, -tɛ́ər-] adj. **1** (주로 英) 국교회의, 국교 신봉(주의)의. **2** 체제 지지의. ─ n. **1** (주로 英) 국교 신봉(주의)자. **2** 체제인(體制人), 체제 지지자.

es·ta·mi·net [estæminéi] n. (pl. **-nets** [-néi]) 《프랑스》 (=small café) 작은 식당(술집) (bistro), 작은 커피점.

es·tate [istéit] n. **1** (넓은) 토지, 땅; (광대한) 사유지 〖특히 저택이 있는〗부지; 대농장(원). ¶ an Imperial *estate* 어용지(御用地). He has an *estate* in the country. 그는 시골에 큰 땅을 가지고 있다. **2** ① 【법】 a) 재산. ¶ personal *estate* (동산 (movables) / real *estate* 부동산(immovables). b) (종종 one ~) 재산권, 부동산권. ¶ an *estate* in fee 세습 상속 부동산권 / an *estate* in fee tail 한사 상속(限嗣相續) 부동산권. c) (사망자나 파산자의) 재산, 유산. ◇ POSSESSION. **3** (英) 공영 주택, 단지. 顯語 **4** ① [인생의] 기간; (생활의) 상태, 경우(condition). ¶ reach (or arrive at, attain to) man's (woman's) *estate* 남자(여자)의 성년에 달하다. **5** (정치·사회상의) 계급. ¶ the three *estates* of the realm (옛날의) 성직자·귀족·평민의 3계급 〖나중에 영국에서는) 상원의 고위 성직자 (Lords Spiritual), 귀족 의원 (Lords Temporal), 하원 의원 (Commons)의 3계급 / the fourth *estate* (익살) 언론계, 신문 기자. **6** ① 살림 형편, 처지; 사회적 지위(신분). ¶ suffer in one's *estate* 살림 형편이 좋지 않다. **7** 《英》 = estate car.

estáte ágent n. 《英》 땅의 관리인; 부동산 중개업,

토지 브로커(realtor).
estáte cǎr (wǎgon) *n.* 《英》 =station wagon.
es·tat·ed [istéitid] *adj.* 재산이 있는.
Estátes Général *n.* 〖역사〗혁명 전의 프랑스 의회, 3부회(States General) 〖성직자·귀족·평민의 3계급으로 이루어진다〗.
‡**es·teem** [istíːm] *vt.* **1** …을 중히 여기다, 존중하다, 존경하다(respect). ¶ I *esteem* your advice highly. 나는 귀하의 충고를 크게 존중합니다 // (~+몸+前+名) I *esteem* him *for* his diligence. 나는 그의 근면함을 존경한다. **2** …을 [:…이라고] 생각하다, 여기다(consider, regard). ¶ (~+몸+[as] 補) I shall *esteem* it [*as*] a favor. 고맙게 생각합니다. **3** 〖고어〗 평가하다 (appraise). —— *n.* ⓤ (때로 an~) 호경; 존경, 탄복. ⇒ RESPECT 類語 ¶ gain (*or* get) high *esteem* 크게 존경받다 / earn (lose, merit) the *esteem* of the public 일반 사람들의 존경을 받다(잃다, 받을 만하다) / I hold him in high *esteem*. 나는 그를 크게 존경한다 / I have a great *esteem for* his ability. 나는 그의 수완에 크게 탄복하고 있다. **2** 〖고어〗 평가. ¶ in my *esteem* 내가 보는 바로는. ◇ éstimable *adj.*
es·ter [éstər] *n.* ⓤ 〖화학〗 에스테르.
Esth. 〖略〗 Esther; Esthonia.
Es·ther [éstər] *n.* **1** 〖성서〗 에스더[페르시아왕 아하수에로(Ahasuerus)의 아내로 유대인; 하만(Haman)에게 살해될 뻔한 유대인을 구했다]. **2** 〖구약 성서의〗 에스더기(記).
es·the·sia [esθíːʒ(i)ə / iːsθíːʒjə, -ziə] *n.* ⓤ 감수성.
Es·tho·ni·a [estóuniə] *n.* =Estonia.
Es·tho·ni·an [estóuniən] *adj., n.* =Estonian.
es·ti·ma·ble [éstiməbl] *adj.* **1** 존중(존경)할 만한; 존중(존경)받을 만한. **2** 평가할 수 있는.
~·**ness** *n.* ~·**bly** *adv.*
‡**es·ti·mate** [éstimèit → *n.*] *v.* (-**mat·ed, -mat·ing**) *vt.* **1** …을 어림하다, 견적하다, 평가하다, 개산(槪算)하다. ⇨ COMPUTE 類語 ¶ an *estimated* sum (cost) 견적액 (비용) // (~+that 節) I *estimate that* it would take two weeks to finish this work. 나는 이 일을 끝내는데 2주일은 걸릴 거라고 어림잡고 있다 // (~+몸+前+名) I *estimate* my loss *at* a thousand pounds. 나는 손해액을 천 파운드로 보고 있다.
類語 *estimate* 수량·가치 따위의 대강을 어림하다; 개인적·주관적 평가를 암시; *estimate* the population of a city at one million 어느 도시의 인구를 백만으로 어림잡다. **appraise** 전문가로서 어떤 물건의 금전적 가치를 판단·결정하다; *appraise* a flood loss 홍수로 인한 손해를 사정(查定)하다. **evaluate** 어떤 것의 금전상 이외의 가치를 옳게 판단·결정하다; *evaluate* a student's performance 학생의 성적을 평가하다.
2 〖인물·능력 따위〗를 평가하다, 판단하다(judge). ¶ (~+몸+前) *estimate* a man's character (intellect) very highly 사람의 인격(지성)을 매우 높이 평가하다.
—— *vi.* 어림잡다, 견적하다, 견적서를 작성하다. ¶ (~+前+名) *estimate for* repairing expenses 수리비를 견적하다. —— *n.* [éstimit] **1** 개산(槪算), 어림, 평가; 《英》 (the E-s) 〖나라의〗세출 세입 예산. ¶ a written *estimate* 견적서 / at a conservative (or low, moderate) *estimate* 낮춰잡아, 줄잡아 / at a rough *estimate* 대충 견적해서 / by *estimate* 개산으로 / form an *estimate* of the crops 수확량을 어림하다. ¶ an *estimate* of Pope's place as a poet 시인으로서의 포프의 지위 평가. **3** 〖비용 따위의〗견적서, 개산서(槪算書).
◇ estimátion *n.*, éstimative *adj.*
es·ti·mat·ed [éstimèitid] *adj.* 어림의, 추측의, 예상의. ¶ an *estimated* sum 견적 고(액) / the *estimated* crop for this year 금년도의 예상 수확고.
*es·ti·ma·tion** [èstiméiʃ(ə)n] *n.* **1** ⓤ 평가, 판단 (judgment); 의견(opinion). ¶ in my *estimation* 내가

보기에는, 내 판단으로는 / in popular *estimation* 대중이 보는 바로는. **2** ⓤ 존중, 존경, 경의(esteem, respect). ¶ win a person's *estimation* 남의 존경을 얻다 / be in *estimation* 존중되고 있다 / hold (*or* have) a person (*or* a thing) in high *estimation* 남(사물)을 매우 존중하다 / stand high in public *estimation* 세평이 높다 / rise (fall) in the *estimation* of the public 세인의 평판이 좋아(나빠)지다. **3** 어림, 견적(見積), 개산(槪算) (estimate). ¶ by *estimation* 대충, 개산으로 / make an *estimation* of land 땅의 견적을 내다.
◇ éstimate *v.*, éstimative *adj.*
es·ti·ma·tive [éstimèitiv / -mət-] *adj.* **1** 평가력이 있는. **2** 평가의, 견적의.
es·ti·ma·tor [éstimèitər] *n.* 어림하는 사람, 견적하는 사람, 평가인, 개산하는 사람.
e·stip·u·late [iːstípjulèit] *adj.* 〖식물〗 탁엽(托葉)이 없는(exstipulate).
es·ti·val [éstiv(ə)l, estáiv(ə)l / iːstáiv(ə)l] *adj.* = aestival.
Es·to·ni·a [estóuniə], **(Esthonia)** *n.* 에스토니아 [발트해(the Baltic Sea)에 면한 구소련 내의 공화국; 1991년 9월 독립, 수도 Tallinn. 정식 명칭 Republic of Estonia].
Es·to·ni·an [estóuniən], **(Esthonian)** *adj.* 에스토니아(인)의. —— *n.* **1** 에스토니아인. **2** ⓤ 에스토니아어.
es·top [estáp / -tɔ́p] *vt.* (**-topped, -top·ping**) **1** 〖법률〗 …을 금반언(estoppel)으로 금하다 (…*from*). ¶ be *estopped from* alleging that… …이라 주장하는 것을 금반언으로 금지당하다. **2** 《고어》 …을 그만두다(stop).
es·top·page [estápidʒ / -tɔ́p-] *n.* =estoppel.
es·top·pel [estáp(ə)l / -tɔ́p-] *n.* 〖법률〗 금반언(禁反言) [사람이 앞서의 말에 반대되는 주장을 하는 것을 금지하기].
es·to·vers [estóuvərz] *n. pl.* 〖법률〗 **1** 채목권(採木權) [차지인이 연료·가옥 수리용으로 벌채하는 목재에 대한 권리]. **2** 〖별거·이혼한 아내에의〗 부조료.
es·trade [estráːd] *n.* ⓒ 〖建〗(방의), 교단(dais).
es·trange [istréindʒ] *vt.* (**-tranged, -trang·ing**) [남]의 기분·애정을 멀어지게 하다; [남]의 사이를 가르다, 소원하게 하다(alienate); …을 멀리하다 (…*from*). ¶ His impolite behavior *estranged* his friends. 그의 무례한 행동 때문에 그의 친구들은 그로부터 멀어져버렸다 // (~+몸+前+名) become *estranged from* …에게 소외당하다, …과 소원해지다, 사이가 나빠지다 / *estrange* oneself *from* …에서 멀어지다.
◇ estrángement *n.*
es·trange·ment [istréindʒmənt] *n.* ⓤⓒ 소원, 이간, 반목, 불화.
es·trang·er [istréindʒər] *n.* 이간질하는 사람(것).
es·tray [istréi] *n.* **1** 방황하고 있는 사람(것). **2** 〖법률〗 사육주 불명의 가축. —— *vi.* 방황하다, 헤매다, (무리에서) 벗어나다(stray).
es·treat [istríːt] 〖英법률〗 *n.* 기록 등본 [재판 기록 중의 서약·벌금 따위에 관한 진정(眞正) 등본]. —— *vt.* …의 기록 등본을 작성하다.
es·tri·ol [éstraiòul, +美 -ɔ́ːl] *n.* ⓤ 〖생화학〗 에스트리올 〖발정 호르몬의 일종〗.
es·tro·gen [éstrədʒən], **(oestrogen)** *n.* ⓤ 〖생화학〗 발정 호르몬 물질, 에스트로겐 〖발정 호르몬의 작용을 가진 물질의 총칭〗.
es·tro·gen·ic [èstrədʒénik] *adj.* 〖생화학〗 발정을 촉진하는, 발정성의, 발정의. ¶ *estrogenic* hormone 발정(織) 사(絲).
Es·tron [estrán / -trɔ́n] *n.* 《상품명》 에세테이트 〖직물〗.
es·trone [éstroun], **(oestrone)** *n.* ⓤ 〖생화학〗 에스트론 〖발정 호르몬의 일종〗.
es·trous, oes- [éstrəs] *adj.* 발정(기)의, 발정을 가져오는.
es·trus, oes- [éstrəs], **(estrum, oes-** [-trəm]) *n.* ⓤ

estuary

〔동물〕〔수컷 동물의〕 발정, 암내; 발정기. *cf.* rut

es·tu·ar·y [éstʃuèri / -tjuəri] *n.* (*pl.* **-ar·ies**) **1** 〔조수의 간만이 있는 큰 강의〕 강구. **2** 만, 후미.

E.S.U. (略) *e*lectro*s*tatic *u*nits (정전(靜電) 단위).

e·su·ri·ence [isú(ː)riəns / isjúəri-], (**e·su·ri·en·cy** [-ənsi]) *n.* ⓤ 허기; 걸신들림, 탐욕.

e·su·ri·ent [isú(ː)riənt / isjúər-] *adj.* 굶주린, 허기진; 걸신들린, 게걸스레 먹는, 탐욕스러운(greedy). ~**·ly** *adv.*

ESV (略) *E*xperimental *S*afety *V*ehicle (안전 실험차).

Et (略) ethyl.

ET (略) *e*lapsed *t*ime; 〔우주〕 *e*xternal *t*ank (외부 연료 탱크).

-et *suf.* 명사에 붙여서 「작은」의 뜻을 나타낸다. 예: isl*et*, rivul*et* (※ 오늘날에는 대체로 「작은」의 뜻을 잃고 있다. 예: bull*et*, hatch*et*, pock*et*).

E.T. [íːtíː] *n.* 우주인, 외계인, 이티. [<*E*xtra *T*errestrial; 그 영화 이름]

E.T. (略) *E*astern *T*ime (미국 동부 표준시).

e·ta [éitə, íːtə / íːtə] *n.* 그리스어 알파벳의 일곱째자. [H, η. 영어의 E, e 에 상당한다].

ETA (略) *e*stimated *t*ime of *a*rrival (도착 예정 시간).

et al. [etǽl, -áːl, -íːl] **1** and elsewhere. [<L *et alibi*] **2** and others. [<L *et alii*]

‡**etc.** (略) *et cetera*.

ETC (略) *E*uropean *T*ravel *C*ommission (유럽 여행 위원회); *e*xport *t*rading *c*ompany (수출 상사).

*****et cet·er·a** [et sét(ə)rə / it sétrə] 기타, ··· 등 (and others, and so forth, and so on) [略 etc., &c.]. [<L *and the rest*]

et·cet·er·a [etsét(ə)rə / itsétərə] *n.* **1** 기타 여러 가지 것 (*sundries*). **2** (~s) 여러 가지 잡다한 것 (sundries).

etch [etʃ] *vt.* **1** 〔금속판〕에 에칭하다, ··· 을 식각 (蝕刻)하다. ¶ *etched* glass 식각 (蝕刻) 유리. **2** 〔그림 따위〕를 에칭 (식각) 하다, 〔산 (酸)〕따위로 부식하여 〔선화 (線畫)〕를 만들다. **3** ··· 을 뚜렷이 묘사하다; ··· 을 마음에 아로새기다. ── *vi.* 에칭 (식각) 술을 쓰다.

etch·er [étʃər] *n.* 에칭사, 식각사 (師).

etch·ing [étʃiŋ] *n.* **1** ⓤ 에칭술, 부식 (식각) 법. **2** ⓒ 에칭, 부식 동판, 부식 동판화 (銅版畫).

étching nèedle (pòint) *n.* 에칭용 조각침.

ETD (略) *e*stimated *t*ime of *d*eparture (출발 예정 시각).

E·te·o·cles [itíːəklíːz] *n.* 〔그리스 신화〕 에테오클레스 [Oedipus의 아들로 Polynices의 형].

‡**e·ter·nal** [itə́ːrn(ə)l] *adj.* **1** 영원의, 영구의. *opp.* temporary / *eternal* death 영원히 구원 없는 사멸 / *eternal* life 〔하나님의 축복을 받은〕영원한 생명. **2** 간단없는, 끊임없는, 같은늘. ¶ *eternal* quarreling 끊임없는 싸움 (다툼) / *eternal* chatter 끝없는 잡담 / an *eternal* triangle 남녀의 삼각 관계. **3** 영속적인, 항구적인 (enduring); 불변의, 부동의 (immutable). ¶ *eternal* principles (truth) 불변의 원리 (진리). **4** 〔형이상학〕 영원한, 초시간적인. ¶ *eternal* recurrence 영겁 회귀 (永劫回歸).

類語 **eternal** 시간을 초월하여 처음도 끝도 없는; endless 의 뜻을 강조하여 이 말을 쓰는 수도 많다: *eternal* love 영원 불멸의 사랑. **endless** 시간·형상 따위가 끝이 없는: an *endless* talk 끝없는 이야기. **lasting, everlasting** 오래 계속되어 당분간 대를 잇을 수 있는: *lasting* (or *everlasting*) peace 영원한 평화. **permanent** 일시적이 아닌, 불변의: a *permanent* resident 영구 거주자. **perpetual** 휴식을 가져올 요인이 없는, 끝없이 계속되는: a *perpetual* stream of visitors 한없이 줄을 잇는 방문자.

── *n.* **1** (종종 ~s) 영원한 것. **2** (the E-) 하나님, 신 (God). ~·**ness** *n.* ◇ **etérnity** *n.*, **étern·ize** *v.*

Etérnal Cíty *n.* (the ~) 영원한 도시 [Rome의 별칭].

e·ter·nal·ize [itə́ːrnəlàiz] *vt.* = eternize.

*****e·ter·nal·ly** [itə́ːrnəli] *adv.* 영원히, 영구히; 끊임없이; 항구적으로, 《구어》 계속, 늘, 자주, 흔히.

*****e·ter·ni·ty** [itə́ːrniti] *n.* (*pl.* **-ties**) **1** ⓤ 영원, 영구, 무궁. ¶ through all *eternity* 영원히. **2** ⓤⓒ 영원한 존재, 불멸, 불후 (不朽). **3** ⓤ 〔사후의〕 영원한 미래, 내세. ¶ pass through nature to *eternity* 이승을 거쳐 내세로 가다 / pass (or launch) into *eternity* 죽다. **4** ⓤ 〔한없는 것으로 생각되는〕 오랜 기간. ¶ He faced an *eternity* of regret. 그는 끝없는 회한에 직면했다 / The sermon seemed to last an *eternity*. 설교는 언제 그칠지 몰랐다. **5** (-ties) 영원한 것, 영원한 진리 (실재). ¶ get some glimpse into the *eternities* 영원한 진리를 얼핏 보다. ◇ **etérnal** *adj.*, **etérnize** *v.*

e·ter·ni·za·tion [iːtə̀ːrnizéiʃ(ə)n / -nai-] *n.* ⓤ 영존시키기, 영원화.

e·ter·nize [itə́ːrnaiz] *vt.* (**-nized**, **-niz·ing**) **1** ··· 에 영원성을 부여하다; ··· 을 영존시키다 (perpetuate). **2** ··· 에 불후의 명성을 부여하다, ··· 을 불후 (불멸) 화하다 (immortalize).

e·te·sian [itíːʒən / -ʒ(j)ən] *adj.* 매년 일어나는 (부는), 예년의, 계절적인. ¶ *etesian* winds 계절풍, 정기풍 [에게해 지방에서 매년 여름철에 부는 서북풍].

eth [eθ] *n.* = edh.

-eth¹, -th *suf.* 《고어》 동사의 3인칭·단수·현재·직설법의 어미 [지금은 장중한 문장이나 시어 (詩語)에서 볼 수 있으며, 현대 영어의 -s, -es 에 상당한다. 예: ask*eth*, bring*eth*, do*th* or do*eth*, ha*th*].

-eth² *suf.* -y로 끝나는 기수사 (基數詞) 로부터 서수사 (序數詞)를 만든다. 예: twent*ieth*, thirt*ieth*. → TH.

Eth. (略) *E*thiopia; *E*thiopian; *E*thiopic.

e·tham·bu·tol [eθǽmbjutɔ̀ːl] *n.* ⓤ 에삼부톨 [결핵 치료제].

eth·ane [éθein] *n.* 〔화학〕 에탄.

eth·a·nol [éθənòul, -nɔ̀ːl] *n.* 〔화학〕 = ethyl alcohol.

eth·ene [éθiːn] *n.* 〔화학〕 = ethylene

*****e·ther** [íːθər] *n.* ⓤ **1** 〔화학〕 에테르 [정확히는 ethyl ether 라는 무색 휘발성의 가연 액체]. **2** 〔물리〕 에테르 〔빛의 탄성 파동설이 가정하던 빛이나 열의 전도 매질 (媒質)〕. **3** 하늘, 천공 (heavens). **4** 〔고대인이 상상한 천공의〕 영기 (靈氣), 정기 (精氣).

◇ **ethéreal** *adj.*, **étherify**, **étherize** *v.*

e·the·re·al [iθí(ː)riəl / iθíə-] *adj.* **1** 가벼운 (light), 공기 같은 (airly), 희박한. **2** 영묘한, 우아한. ¶ *ethereal* beauty 영묘한 아름다움 / *ethereal* purity 천사와 같은 맑음. **3** 하늘의, 천상의 (heavenly). ¶ *ethereal* messengers 천사 / an *ethereal* message 하늘 사람. **4** 〔화학〕 에틸 에테르를 함유한, 에테르상의. ~·**ly** [-əli] *adv.* ~·**ness** *n.* ◇ **éther**, **ethereálity** *n.*, **ethereálize** *v.*

ethéreal bódy *n.* 에테르체 (體) 〔단순한 물질적 형태로서의 육체에 생명을 부여하는 영자 (靈姿)·생명체〕.

e·the·re·al·i·ty [iθí(ː)riǽliti / iθíə-] *n.* 영성 (靈性), 영묘.

e·the·re·al·i·za·tion [iθí(ː)riəlizéiʃ(ə)n / iθíəriəlai-] *n.* ⓤ 영화 (靈化), 영묘하게 하기.

e·the·re·al·ize [iθí(ː)riəlàiz / iθíə-] *vt.* (**-ized**, **-iz·ing**) ··· 을 영화하다, 영묘하게 하다.

ethéreal óil *n.* ⓤ 방유 (essential oil).

e·the·ri·al [iθí(ː)riəl / iθíə-] *adj.* = ethereal.

e·ther·i·fi·ca·tion [iːθèrifikéiʃ(ə)n] *n.* ⓤ 에테르화.

e·ther·i·fy [íːθərifài, 美 íːθər-] *v.* (**-fied**, **-fy·ing**) 〔화학〕 ··· 을 에테르화하다.

e·ther·i·za·tion [íːθərizéiʃ(ə)n / -rai-] *n.* ⓤ **1** 에테르로 마취시키기 (마취된 상태). **2** 에테르화.

e·ther·ize [íːθəràiz] (* 《英》 에서는 **e·ther·ise** 로도 쓴다) *vt.* (**-ized**, **-iz·ing**) **1** 〔의학〕 ··· 을 에테르로 마취시키다. **2** 〔화학〕 = etherify.

e·ther·iz·er [íːθəràizər] *n.* 에테르 마취 장치.

eth·ic [éθik] *adj.* = ethical. ── *n.* = ethics.

eth·i·cal [éθik(ə)l], **eth·i·c** [éθik] *adj.* **1** 도덕의, 윤리학상의, 윤리 문제를 다루는 [행위의] 선악에 관한. ⇨ MORAL 類語 ¶ the American *Ethical* Union 미국 윤리 교화(敎化) 연맹 / *ethical* culture 윤리 교화 / the *ethical* movement 윤리 교화 운동. **2** [사회·직업상] 도의에 위배되지 않는, 옳은. **3** [약품의] 인정 기준에 맞는. ~**·ly** *adv.* ~**·ness** *n.* ◇ éthics *n.*

eth·ics [éθiks] *n. pl.* 《단·복수 양용》 **1** 윤리학, 도덕론; [특히 아리스토텔레스의]윤리학서. **2** 도의, 도덕 (morals), 윤리, 예법. ¶ Christian *ethics* 기독교 윤리 / business *ethics* 상업 도덕 / the *ethics* of dining 식사의 예법. **3** [개인의]도덕 원리(moral principles). [pian.

E·thi·op [íːθiəp / -ɔp], **-ope** [-òup] *adj., n.* = Ethio-

E·thi·o·pi·a [ìːθióupiə, +英 -pjə] *n.* 에티오피아[아프리카 동북부의 나라. 옛이름 Abyssinia; 수도 Addis Ababa]. ◇ Ethiópian, Ethiópic *adj.*

E·thi·o·pi·an [ìːθióupiən, +英 -pjən] *adj.* **1** 에티오피아의; 에티오피아인의. **2** 아프리카 흑인의(Negro). **3** 적도 이남의 아프리카의(에 속하는). —— *n.* **1** 에티오피아인. **2** 아프리카 흑인(Negro).

E·thi·op·ic [ìːθiópik / -ɔp-] *adj.* = Ethiopian. —— *n.* ⓤ [셈어계(語系)의] 고대 에티오피아어.

eth·moid [éθmɔid], **-moi·dal** [eθmɔ́id(ə)l] [해부] *adj.* 사골(篩骨)의. [지도자.

eth·narch [éθnɑːrk] *n.* [주민·국가·부족의] 지배자.

eth·nic [éθnik] *adj.* **1** 민족의, 인종의, 민족[인종] 특유의. ¶ an *ethnic* religion 종족 종교. **2** 《美》 소수 민족의; ¶ *ethnic* Koreans in Los Angeles 로스앤젤레스의 한국계 소수 민족. **3** 인종학상의. **4** [유대교도 쪽에서 보아] 이교도의. —— *n.* **1** 소수 민족에 속하는 사람. **2** (~s) 민족적 배경.
-ni·cal·ly [-nikəli] *adv.*

eth·ni·cal [éθnik(ə)l] *adj.* = ethnic 1, 2.

éthnic cléansing *n.* 민족 정화(ethnic purification); 인종 청소, [조직적일] 소수 민족 박해 추방.

éthnic gróup *n.* 소수 민족 집단.

eth·ni·cism [éθnisiz(ə)m, -nikiz-] *n.* **1** 민족적 요소를 강조하는 것, 민족주의적 신념. **2** 민족 분리(주의).

eth·nic·i·ty [eθnísəti] *n.* 민족성, 민족적 배경, 민족적 충성심, 민족적 결합;민족[인종] 집단.

eth·ni·con [éθnikən / -kɔn] *n.* (*pl.* **-ca** [-kə]) 종족[종족적 집단·민족·국민]의 명칭[Hopi, Ethiopian 등].

ethno- race, culture, people 의 뜻의 연결형. 예: *ethno*logy.

eth·no·cen·tric [èθnouséntrik] *adj.* [사회] 자기 민족 중심주의의, 자기 민족을 가장 우수하게 여기는.

eth·no·cen·trism [èθnouséntriz(ə)m] *n.* ⓤ [사회] 민족 중심주의, 자민족 우월 사상.

eth·no·cide [éθnousàid] *n.* 민족 문화의 말살(파괴).

eth·nog·e·ny [eθnádʒini / -nɔ́dʒ-] *n.* ⓤ 인종(민족) 기원학.

eth·nog·ra·pher [eθnágrəfər / -nɔ́g-] *n.* 민족지학자.

eth·no·graph·ic [èθnou(ju)grǽfik], **-i·cal** [-ik(ə)l] *adj.* 민족지의. **-i·cal·ly** [-ikəli] *adv.*

eth·nog·ra·phy [eθnágrəfi / -nɔ́g-] *n.* **1** 민족지. **2** ⓤ [특히 기술적(記述的)] 민족지학(民族誌學).

ethnol. (略) ethnological, ethnology.

eth·no·lin·guis·tics [èθnou(ju)liŋgwístiks] *n. pl.* 《단수 취급》 민족 언어학.

eth·no·log·ic [èθnouládʒik / -lɔ́dʒ-], **-i·cal** [-ik(ə)l] *adj.* 민족학의. **-i·cal·ly** [-ikəli] *adv.*

eth·nol·o·gist [eθnálədʒist / -nɔ́l-] *n.* 민족학자.

eth·nol·o·gy [eθnálədʒi / -nɔ́l-] *n.* ⓤ 민족(인종)학.

eth·no·mu·si·col·o·gy [èθnou(ju)mjùːzikálədʒi / -kɔ́l-] *n.* ⓤ 민족 음악학.

eth·no·psy·chol·o·gy [èθnousaikálədʒi / -kɔ́l-] *n.* ⓤ 민족 심리학.

eth·nos [éθnɑs / -nɔs] *n.* 민족[인종·문화·역사적 전통에서 하나의 집단으로 인정되는 것] (ethnic group).

eth·no·sci·ence [èθnousàiəns] *n.* 민족 과학, 민족지학(民族誌學).

e·thol·o·gy [iθálədʒi / iθɔ́l-] *n.* ⓤ 동물 행동학.

e·thos [íːθɑs / -θɔs] *n.* **1** (사회) 한 문화의 본질적인 정신적 특성; 기풍, 관습, 사회(민족) 정신. **2** [예술 작품의] 기품, 윤리성, 에토스, *cf.* pathos **3** 성격(character), 기질 (disposition).

eth·yl [éθil, +英 íːθail] *n.* ⓤ **1** [화학] 에틸. **2** 에틸액(液) [안티녹성 액체의 일종]. **3** (E-) 《상표명》 에틸액 혼입 휘발유. [<ETH[ER]+-YL]

éthyl álcohòl *n.* [화학] 에틸 알코올. *cf.* alcohol

eth·yl·ene [éθilìːn] *n.* ⓤ [화학] 에틸렌.

éthylene glýcol *n.* = glycol.

e·thyl·ic [eθílik] *adj.* [화학] 에틸의.

et·ic [étik] *adj.* 《언어》 에틱적인, [언어와 기타 인간 활동을 분석 기술하는 데 있어서] 기능면을 문제로 삼지 않는. *cf.* emic

e·ti·o·late [íːtiəlèit] *v.* (**-lat·ed, -lat·ing**) *vt.* **1** [식물을] [일광에 쬐지 않고] 백화(白化)시키다, 암중(暗中) 퇴색시키다. **2** [안색을] 창백하게 하다. —— *vi.* [식물이] 백화하다, 암중 퇴색하다.

e·ti·o·lat·ed [íːtiəlèitid] *adj.* 창백해진, 퇴색한.

e·ti·o·la·tion [ìːtiəléiʃ(ə)n] *n.* ⓤ [식물의] 백화 현상, 암중 퇴색. **2** 창백해짐.

e·ti·o·log·ic [ìːtiəládʒik / -lɔ́dʒ-], **-i·cal** [-ik(ə)l] *adj.* 병인학(病因學)의; 원인론의, 원인을 거시(示)하는. **-i·cal·ly** [-ikəli] *adv.*

e·ti·ol·o·gy [ìːtiálədʒi / -ɔ́l-] *n.* ⓤⓒ **1** 병인학; 병인. **2** 원인론(학); 원인의 거시(assignment of a cause).

e·ti·o·path·o·gen·e·sis [ìːtioupæθədʒénisis] *n.* (의학) 원인 병리론.

‡**et·i·quette** [étikət +美 -kit, +英 ètikét] *n.* ⓤ **1** 에티켓, 예의, 예법; 법도. ¶ a breach of *etiquette* 예법에 어긋남 / *etiquette* of visiting 방문상의 예법 / Belching while eating is against *etiquette*. 식사중에 트림을 하는 것은 예법에 어긋난다. **2** [직업상의] 관례, 관습. ¶ legal (medical) *etiquette* 변호사(의사) 사이의 관례. **3** 의례(儀禮), 예식.

et·na [étnə] *n.* 알코올로 물을 끓이는 기구.

*E**·ton** [íːtn] *n.* **1** 영국 London의 서쪽 Thames 강변의 도시. **2** 이튼 학교(Eton College). **3** (~s) 이튼 학교의 제복. ◇ Etónian *adj.*

Éton blúe *n.* (총종~) ⓤ (때로 an ~) 녹색을 띤 청색[Eton 학교의 교색(校色)]. [라.

Éton cóllar *n.* 이튼 학교 제복에 다는 폭넓은 칼

Éton Cóllege *n.* 이튼 학교[영국 Eton 에 있는 public school; Henry 6세가 1440년에 창설].

Éton cróp *n.* 올려 깎은 단발의 여자 머리형.

E·to·ni·an [iːtóuniən] *n.* 이튼 학교 학생, 이튼 학교 졸업생. ¶ an old *Etonian* 이튼교(校) 출신자. —— *adj.* 이튼 학교의.

Éton jácket(cóat) *n.* **1** 이튼 학교 제복의 상의. **2** 이와 비슷한 짧은 여자 상의.

*é**·tran·ger** [eitrɑːŋʒéi] *n.* 《프랑스》 외국인, 이방인; 타인, 모르는 사람.

E·tru·ri·an [itrúriən / itrúər-] *n., adj.* = Etruscan.

E·trus·can [itráskən] *adj.* 에트루리아의; 에트루리아 문명(미술)의. **2** 에트루리아 사람(어(語))의. —— *n.* **1** 에트루리아 사람. **2** ⓤ 에트루리아어(語) (*) 지금은 사어(死語)로 되었다).

ETS, E.T.S. 《略》 *E*ducational *T*esting *S*ervice(미국의 대학 입학 시험으로 가장 많이 사용되고 있는 SAT (진학 적성 테스트)의 실시 기관. 1947년 12월 창설]; environmental *t*obacco *s*moke([다른 사람이 피우는 담배의] 자연 흡연, 간접 흡연); 《美軍》 *e*stimated *t*ime of *s*eparation (제대 예정일), expiration of *t*erm of *s*ervice(만기 제대).

***et se·quen·tes** [et sikwéntiːz], **-ti·a** [-ʃiə] 《라틴》 (=and those that follow) 및 그 다음에 계속되는 것

[말·페이지 따위]; 略 et seqq., et sqq].
-ette *suf*. -et 의 여성형. **1** 지소형(指小形)을 만든다. 예: cigar*ette*, din*ette*. **2** 여성형을 만든다. 예: coqu*ette*, farmer*ette*. **3** 대용품·모조품임을 나타내는 상품명을 만든다. 예: leather*ette*.
é·tude [eit(j)úːd, ⹀ ⹀ / eitjúːd] *n*. **1** [음악] 연습곡, 에뛰드. ¶ the *études* of Chopin 쇼팽 작곡의 에튀드. **2** [문학·미술 따위의] 습작. (< F study)
e·tui [e(i)twíː, étwiː], (**e·twee**) *n*. 작은 상자, [바늘·화장품 따위를 넣는] 작은 함(그릇). (< F case, box)
ETV 《略》 *e*ducational *t*ele*v*ision (교육용 텔레비전 방송).
ETX 《略》 [컴퓨터] *e*nd of *t*ext ([데이터 전송에서] 텍스트의 종결).
etym., etymol. 《略》 *etym*ology, *etymol*ogical.
et·y·mo·log·i·cal [ètiməládʒik(ə)l / -lɔ́dʒ-], (**et·y·mo·log·ic** [-ik]) *adj*. 어원(語源)의, 어원적[인]; 어원학상의, 어원학에 따른. **-i·cal·ly** [-ikəli] *adv*.
et·y·mol·o·gist [ètimálədʒist / -mɔ́l-] *n*. 어원 연구자, 어원학자.
et·y·mol·o·gize [ètiməládʒàiz / -mɔ́l-] (*《英》*에서는 **et·y·mol·o·gise** 로도 쓴다) *v*. (**-gized, -giz·ing**) *vt*. …(말)의 어원을 찾다(조사하다). — *vi*. **1** 어원을 연구하다. **2** 어원을 나타내다.
*et·y·mol·o·gy** [ètimálədʒi / -mɔ́l-] *n*. (*pl*. **-gies**) **1** ⓤ 어원 연구; 어원학. **2** [특정 낱말의] 어원 설명. ¶ folk (*or* popular) *etymology* 통속 어원설[devil 의 어원을 do+evil 로 하는 따위]. **3** 어원.
◇ etymológical *adj*., étymologìze *v*.
et·y·mon [étimɑn / -mɔn] *n*. (*pl*. **-mons** *or* **-ma** [-mə]) 낱말의 원형, 어근(語根)[파생어의 기본이 된다].
EU 《略》 *E*uropean *U*nion (유럽 연합[European Community 의 후신으로 1994년 발족]). *cf*. Maastricht Treaty
eu- *pref*. good, well 의 뜻. 예: *eu*logy, *eu*genic.
eu·caine [juːkéin] *n*. ⓤ 《약》 유케인 [국부 마취제]. [< EU-+[CO]CAINE]
eu·ca·lyp·tus [jùːkəlíptəs] *n*. (*pl*. **-ti** [-tai] *or* **-tus·es**) 유칼립투스 나무 [오스트레일리아 원산의 상록교목]. ¶ *eucalyptus* oil 유칼립투스유(油) [유칼립투스의 잎에서 채취한다. 방부·살균제용].
eu·cary·ote [juːkǽriout] *n*. 〖생물〗 유핵(有核) 세.
Eu·cha·rist [júːkərist] *n*. (the ~) **1** 감사의 미사, 성찬, 성찬식(聖體式) [미사에서 성별(聖別)된 빵과 포도주, 특히 빵을 말한다]. ¶ receive the *Eucharist* 성체를 받다. **3** (e-) 감사의 기도, 감사.
Eu·cha·ris·tic [jùːkərístik] *adj*. 감사 미사의, 성체의; 감사의. ¶ *Eucharistic* prayer [감사 미사의] 봉헌문(奉獻文).
eu·chlo·rine, -rin [juːklɔ́ːrin / klɔ́r-] *n*. ⓤ 《화학》 염소(鹽素) 가스.
eu·chre [júːkər] *n*. ⓤ [카드놀이] 유커 [2-4명이 행하는 게임]. —— *vt*. (**-chred, -chring**) **1** [유커에서] …에게 이기다. **2** 《美俗》 …을 앞지르다, 꼼짝 못하게 하다(*out*).
*Eu·clid** [júːklid] *n*. **1** 유클리드 [기원전 300년경의 그리스의 기하학자]. **2** ⓤ 유클리드 기하학 《속어》 기하학 (geometry). ◇ Euclídean *adj*.
Eu·clid·e·an [juːklídiən], (**Eu·clid·i·an**) *adj*. 유클리드[기하학]의, 유클리드의 공리(公理)를 따르는. ¶ *Euclidean* geometry 유클리드 기하학.
eu·dae·mo·ni·a, -de- [jùːdimóuniə] *n*. ⓤ **1** 행복 (happiness), 복리(福利) (welfare). **2** [아리스토텔레스 철학에서 이성의 통제 하에서 적극적으로 생활한 결과 얻어지는] 행복.
eu·dae·mon·ics, -de- [jùːdimániks / -mɔ́n-] *n. pl*. 《단·복수 양용》 **1** 행복론; 행복에 도달하는 수단. **2** 행복설.
eu·dae·mon·ism, -de- [juːdíːmənìz(ə)m] *n*. ⓤ 행복설 [도덕적 의무의 기초를 그것이 행복을 가져오느냐 아니냐에 두는 윤리적 체계].
eu·di·om·e·ter [jùːdiámitər / -ɔ́m-] *n*. 《화학》 유디오미터, 수전량계(水電量計) [전기량을 측정한다].
eu·gen·ic [juː(ː)dʒénik], (**eu·gen·i·cal** [-ik(ə)l]) *adj*. **1** 종족(種屬) 개량의(을 초래하는), 우생학상의. **2** 좋은 형질을 이어받은. **-i·cal·ly** [-ikəli] *adv*.
eu·gen·i·cist [juː(ː)dʒénisist] *n*. 우생학자.
eu·gen·ics [juː(ː)dʒéniks] *n. pl*. 《단수 취급》 우생학. *cf*. dysgenics
eu·ge·nist [júːdʒinist] *n*. =eugenicist.
eu·gle·na [juːglíːnə] *n*. 유글레나, 미앙충(美顔蟲).
eu·lo·gi·a [juː(ː)lóudʒiə] *n*. eulogium 의 복수형의 하나.
eu·lo·gist [júːlədʒist] *n*. 칭찬자, 찬미자.
eu·lo·gis·tic [jùːlədʒístik] *adj*. 찬사의, 찬사를 포함하는; 찬미의, 칭찬하는. *opp*. dyslogistic
-ti·cal·ly [-tikəli] *adv*. [=eulogy.
eu·lo·gi·um [juː(ː)lóudʒiəm] *n*. (*pl*. **-gi·ums** *or* **-gi·a**)
eu·lo·gize [júːlədʒàiz] (*《英》*에서는 **eu·lo·gise** 로도 쓴다) *vt*. (**-gized, -giz·ing**) …을 칭찬하다, …에 찬사를 보내다.
eu·lo·giz·er [júːlədʒàizər] *n*. 칭찬(찬미)자.
eu·lo·gy [júːlədʒi] *n*. (*pl*. **-gies**) **1** 찬사, 찬양(칭찬) 하는 말; [고인을] 기리는(칭송하는) 연설. ¶ chant the *eulogy* of … 을 칭송하다 // win the *eulogy* of … 의 찬사를 받다 // pronounce a *eulogy* upon (*or on*) the dead 고인에게 찬사를 바치다. **2** ⓤ 칭찬(high praise), 찬양. ¶ an address in *eulogy* of … 을 칭찬하는 찬사. [수의 3여신(Furies)
Eu·men·i·des [juːménidìːz] *n. pl*. [그리스 신화] 복
EUNC 《略》 *E*ritrean *U*nited *N*ational *C*ouncil (에리트리아 통일 민족 평의회 [이슬람 교도 주체의 에리트리아 해방 그리스도 통합기구]).
eu·nuch [júːnək] *n*. **1** 거세(去勢)된 남자. **2** 환관(宦官). **3** 허약한 사람, 무기력한 사내.
eu·pep·sia [juː(ː)pépsiə, -ʃə] *n*. 《의학》 소화 양호. *opp*. dyspepsia [소화를 잘 하는.
eu·pep·tic [juː(ː)péptik] *adj*. 건전한 소화력을 가진;
euphem 《略》 *euphem*ism; *euphem*istic[ally].
eu·phe·mism [júːfimìz(ə)m] *n*. 《修辭》 **1** ⓤ 완곡어법(婉曲語法). **2** 완곡적인 말, 넌지시 둘러 말하는 (점잖은) 말. ¶ Dysphemism of "Remains" is a *euphemism* for "corpse." 「유해(遺骸)」는 「시체」의 완곡적인 표현이다. [람.
eu·phe·mist [júːfimist] *n*. 완곡한 말을 [잘] 쓰는 사
eu·phe·mis·tic [jùːfimístik], (**eu·phe·mis·ti·cal** [-tik(ə)l]) *adj*. 완곡어법의; 점잖은; 완곡어를 포함하는. **-ti·cal·ly** [-tikəli] *adv*.
eu·phe·mize [júːfimàiz] *v*. (**-mized, -miz·ing**) *vt*. …을 에둘러 (완곡하게) 말하다. — *vi*. 완곡어법을 말씨를 쓰다, 완곡어법을 사용하다. [학.
eu·phen·ics [juːfíːniks] *n. pl*. 《단수 취급》 인간 개조
eu·phon·ic [juːfánik / -fɔ́n-] *adj*. 음조가 좋은, 듣기 좋은; 발음 편의상의, 좋은 음조에 관한.
-i·cal·ly [-ikəli] *adv*. [euphonic.
eu·phon·i·cal [juːfánik(ə)l / -fɔ́n-] *adj*. 《고어》 =
eu·pho·ni·ous [juːfóuniəs] *adj*. 음조가 좋은, 듣기 좋은 (well-sounding); 조화된 음의. **~·ly** *adv*. **~·ness** *n*.
eu·pho·ni·um [juːfóuniəm] *n*. 《음악》 유포늄 [취주악에 사용하는 저음의 금관 악기].
eu·pho·nize [júːfənàiz] *vt*. (**-nized, -niz·ing**) …의 음조(어감)를 좋게 하다, 어조를 맞추다.
eu·pho·ny [júːfəni] *n*. ⓤ **1** 듣기 좋은 음조, 어조(어감)가 좋음. **2** [음성] 발음하기 쉬운 다른 음으로 변경하는 경향).
eu·phor·bi·a [juːfɔ́ːrbiə] *n*. 등대풀속(屬)의 식물).
eu·pho·ri·a [juːfɔ́ːriə / -fɔ́r-] *n*. ⓤ 《심리》 행복감, 다행증(多幸症), 병적 쾌감 [감정 장애의 일종].
eu·phor·i·ant [juːfɔ́ːriənt / -fɔ́r-] *n., adj*. 도취약 [특히 마리화나] [의], 도취[증] [의].

eu·phor·ic [ju:fɔ́:rik / -fɔ́r-] *adj.* [병적] 행복감의.
eu·pho·ry [júːfəri] *n.* =euphoria.
eu·phra·sy [júːfrəsi] *n.* (*pl.* **-sies**) 좁쌀풀[유럽 원산].
*****Eu·phra·tes** [juːfréitiːz] *n.* (the ~) 유프라테스강 [터키 동쪽에서 발원하여, 터키・이라크를 걸쳐 페르시아만으로 흘러간다; 유럽 古代 문명의 발상지].
Eu·phros·y·ne [juːfrásiniː / -frɔ́zi-] *n.* 〖그리스 신화〗 유프로시네[기쁨의 여신; 미의 3 여신(the Graces)의 하나].
eu·phu·ism [júːfjuː(ː)iz(ə)m] *n.* ⓤ [16 세기 말경 영국에서 유행했던 John Lyly 식의] 멋부린 기교적인 문체, 미사어구(美辭麗句).
eu·phu·ist [júːfjuː(ː)ist] *n.* 미사여구를 늘어놓는 사람, 미사여구를 쓰는 작가.
eu·phu·is·tic [jùːfjuː(ː)ístik], **-ti·cal** [-tik(ə)l] *adj.* John Lyly 식의; [글이나 문체가] 과식적(誇飾的)인; 미사여구를 늘어놓는. **-ti·cal·ly** [-tikəli] *adv.*
Eur. 《略》 Europe, European.
Eur·af·ri·can [jùː(ː)ræfrikən / jùər-] *adj.* 유럽과 아프리카의.
Eur·ail·pass [júːrèilpæs / -pɑːs] *n.* 유레일패스[유럽의 모든 철도를 탈 수 있는 할인 정기 승차권].
Eur·a·mer·i·can [jùː(ː)rəmérikən / jùərə-], **Eu·ro-A·mer-** [jùː(ː)rou-] *adj.* 구미(歐美)의.
*****Eur·a·sia** [juː(ː)réiʒ(i)ə, -ʃə / juəréiʒjə] *n.* 유라시아, 구아(歐亞) [유럽과 아시아를 일체로 본 명칭].
[<EUR[OPE]+ASIA]
Eur·a·sian [juréiʒ(i)ən, -ʃən / juəréiʒjən] *adj.* **1** 유라시아의. ¶ the *Eurasian* Continent 유라시아 대륙. **2** 구아 혼혈의. — *n.* 구아 혼혈아.
Eur·at·om [jú(ː)rətəm / jùərə-] *n.* 유럽 원자력 협동체. [<*Eur*opean *At*omic Energy *Com*munity]
Eur·co [júərkòu] *n.* 유르코[새 유럽 통화 단위]. [<*Eur*opean *Co*mposite Unit]
eu·re·ka [juːríː(ː)kə / juərí-] *interj.* 알았다!, 바로 이거다!, 됐다![무엇인가를 발견했을 때 지르는 기쁨 소리, Archimedes 가 왕관의 순금도를 알아내는 방법을 발견했을 때의 외침]. [<Gk *heurēka* I have found]
Eu·re·ka [juː(ː)ríː(ː)kə/juərí-] *n.* 프랑스가 제창한[유럽 첨단 기술 공동 개발 계획[영문 표기 European Research Coordination Action].
eu·rhyth·mics [juː(ː)ríðmiks] *n. pl.* 《단수 취급》 = eurythmics.
eu·rhyth·my [juː(ː)ríðmi] *n.* ⓤ 율동적인 움직임(배치), 조화, 균형.
Eu·rip·i·de·an [juː(ː)rìpidíːən / juər-] *adj.* Euripides 의.
EURIT 《略》 *Eur*opean *I*nvestment *T*rust[유럽 투자 신탁 기관].
Eu·ro [jú(ː)rou] *adj.* 유럽의, 유로…(European).
— *n.* 유로[유럽 통일 통화; 아직 실현되지 않고 있다].
Eu·ro-A·mer·i·can [jùː(ː)rouəmérikən / jùə-] *adj.* =Euramerican.
Eu·ro·bank [jú(ː)roubæ̀ŋk / júər-] *n.* 유럽 은행, 유러뱅크[유럽 공동 시장(Euromarket)에서 하는 국제 은행].
Eu·ro·bond [jú(ː) rəbànd / júərəbɔ̀nd] *n.* 유럽 債(債).
Euro CDs *n.* 《경제》 유로 CD[유럽 공동시장에서 발행되는 양도성 정기 예금 증서].
Eu·ro·cheque [jú(ː)routʃek / júər-] *n.* 《英》 유럽 각국에서 사용할 수 있는 크레디트 카드.
Eu·roc·ly·don [juərɔ́klidən / ju(ə)rɔ́klidən] *n.* [지중해에 발생되는] 동북의 폭풍.
Eu·ro·com·mu·nism [jùː(ː)rəkámjunìz(ə)m / jùərəkɔ́m-] *n.* 유로코뮤니즘[유럽 공산당의 탈소련 독립・자유・민주 노선].
Eu·roc·ra·cy [juː(ː)rákrəsi / juər5k-] *n.* 유럽 공동체의 관료 조직.
Eu·ro·crat [jú(ː)rəkræ̀t] *n.* 유럽 연합의 관료.
Eu·ro·cur·ren·cy [jú(ː)rəkə̀ːrənsi / júərəkÀr-] *n.* 유럽 통화[유럽 시장에서 사용되는 각국의 통화].
Eu·ro·dol·lar [jú(ː)rədɑ̀lər / júərədɔ̀lə] *n.* 유럽달러 [유럽의 은행에 예금되어 유럽 시장에서 쓰이는 달러].
Eu·ro·mar·ket [jù(ː)rəmɑ́ːrkit / jùərə-] *n.* 유럽 공동 시장.
Eu·ro·mart [jú(ː)rəmɑ̀ːrt / júərə-] *n.* 유럽 공동 시장.
Eu·ro·mon·ey [jú(ː)rəmÀni / júərə-] *n.* ⓤ 유럽 통화.
Eu·ro·net [jú(ː)rənèt/júərə-] *n.* 유로네트[EEC 에 의해 운영되는 과학 기술 정보 통신망].
Eu·ro·pa [ju(ə)róupə/juər-] *n.* 〖그리스 신화〗 유로파 [Zeus 의 사랑을 받은 Phoenicia 의 왕녀].
Eu·ro·par·lia·ment [jù(ː)rəpɑ́ːrləmənt / jùərə-] *n.* 유럽 의회[European Parliament].
✽**Eu·rope** [jú(ː)rəp / júər-] *n.* 유럽, 구주(歐洲).
✽**Eu·ro·pe·an** [jù(ː)rəpí(ː)ən / jùərə-] *adj.* **1** 유럽[식]의; 유럽 사람의; 전(全)유럽적인. ¶ have a *European* fame 유럽에 그 이름이 잘 알려져 있다. **2** 유럽식의, 서양식에서 나온. **3** 유럽 주의의. — *n.* 유럽 사람; 유럽계(系)의 사람. ¶ Continental *Europeans* [특히 영국인에 대해] 대륙의 유럽 사람. ◇ *Europe. n.*
European Community *n.* 유럽 공동체[略 EC; EU 의 전신].
European Council *n.* 〖경제〗 유럽 이사회[EU 가맹국 수뇌 회의].
European Economic Community *n.* 유럽 경제 공동체[Common Market 의 정식 명칭; 略 EEC].
Eu·ro·pe·an·ism [jù(ː)rəpíːənìz(ə)m / jùərə-] *n.* **1** 유럽적 특색 (기풍(氣風)), 유럽 정신. **2** 유럽주의.
Eu·ro·pe·an·i·za·tion [jù(ː)rəpì:ənizéiʃ(ə)n / jùərəpìːənaiz-] *n.* ⓤ 유럽화(化), 구화(歐化).
Eu·ro·pe·an·ize [jù(ː)rəpíː(ː)ənàiz / jùərə-] *vt.* (-ized, -iz·ing) …을 유럽식(풍)으로 하다, 유럽화 하다.
European Monetary System *n.* 유럽 통화 제도[略 EMS].
European Parliament *n.* 유럽 의회[유럽 공동체 의회(Assembly of the European Union).
European plan *n.* (the ~) 《美》 [호텔의] 유럽 방식[호텔 요금에 방값과 서비스 요금만을 포함시키고 식사대는 별도로 받는다]. *cf.* American plan
European Recovery Program *n.* 유럽 부흥 계획[1947년, 당시의 미국 국무 장관 George C. Marshall 이 제안한 광대한 유럽 경제 부흥 계획, 통칭 Marshall Plan; 略 ERP, E.R.P.].
European Union *n.* 유럽 연합[略 EU]. *cf.* Maastricht Treaty
eu·ro·pi·um [ju(ː)róupiəm / juəróu-] *n.* ⓤ 〖화학〗 유로륨[회토류(稀土類) 금속 원소의 하나; 원자 기호 Eu].
Eu·ro·po·cen·tric [jù(ː)rəpo(u)séntrik / jùərə-] *adj.* 유럽 중심의; 유럽 중심주의의.
Eu·ro·port [jú(ː)rəpɔ̀ːrt / júərəpɔ̀ːt] *n.* 유로포트 [유럽 연합의 수출입항; 네덜란드의 암스테르담 따위].
Eu·ro·ra·dio [jú(ː)rərèidiou / júərə-] *n.* 유럽 라디오[유럽 각국의 공동 경영에 의한 라디오 방송국].
Eu·ro·sat [jú(ː)rəsæ̀t / júərə-] *n.* 유로샛[유럽 통신 위성 회사].
Eu·ro·so·cial·ism [jù(ː)rəsóuʃəlìz(ə)m / jùərə-] *n.* 유럽 사회주의.
Eu·ro·space [jú(ː)rəspèis / júərə-] *n.* 유로스페이스 [유럽 우주 산업 연합회].
Eu·ro·tun·nel [jú(ː)rətÀn(ə)l] *n.* 유로터널 [영・불 해협 터널].
Eu·ro·vi·sion [jú(ː)rəvìʒ(ə)n / júərə-] *n.* 유로비전 [서유럽 텔레비전 방송망].
Eu·rus [jú(ː)rəs] *n.* **1** 〖그리스 신화〗 동풍(동남풍)의 신. **2** 동풍, 동남풍.
eury- broad, wide 의 뜻의 연결형. 예: *eury*pterid(광익류(廣翼類)의 동물).
Eu·ryd·i·ce [jurídisìː / ju(ə)r-] *n.* 〖그리스 신화〗 유

리디케[Orpheus의 처].

eu·ryth·mic, -ryth- [ju(ː)ríðmik], **(eu·ryth·mi·cal** [-ik(ə)l]) *adj.* 경쾌한 리듬의, 리듬이 잘 잡힌(조화된).

eu·ryth·mics [ju(ː)ríðmiks], **(eu·rhyth·mics)** *n. pl.* 《단수 취급》리듬 체조.

eu·sol [júːsɔːl, +英 -sɔl] *n.* ⓤ 《약》유솔[영화 석회와 붕산으로 만든】. 외상(外傷)의 소독 · 방부용].

Eu·sta·chi·an tube[juːstéi(i)ən-, -kiən-] *n.* 〔해부〕유스타키이(에우스타키)관, 구씨관(歐氏管), 이관(耳管) 〔중이(中耳)에서 인후로 통하는 관〕. 〔<이탈리아의 해부학자 B. Eustachio(1520-74)의 이름〕

eu·tec·tic [juːtéktik] 〔물리·화학〕 *adj.* 1 〔같은 성분의 합금이나 혼합물 중에서〕 최저 온도에서 용해하는; 공융(共融)의. ¶ *a eutectic* alloy 공융 합금 / *a eutectic* mixture 공융 혼합물의. 2 공융 혼합물의. ¶ *a eutectic* melting point 공융점(共融點). —*n.* 공융 물질, 공융 혼합물, 공정(共晶).

Eu·ter·pe [juːtɚ́rpi] *n.* 〔그리스 신화〕유테르페〔음악과 서정시를 관장하는 여신(Muse)〕. *cf.* Muse

Eu·ter·pe·an [juːtɚ́rpiən] *adj.* 유테르페 여신의; 음악의.

eu·tha·na·sia [jùːθənéiʒə / -zjə] *n.* ⓤ 1 편안한 죽음, 극락 왕생. 2 〔불치의 환자 등을〕 편히 죽게 하기, 안락사〔술〕.

eu·then·ics [juːθéniks] *n. pl.* 《단·복수 양용》《美》 환경 우생학[인종 개량을 위해 환경·생활 상태의 개선을 목적으로 하는 학문]. (富營養)

eu·troph·ic [juːtráfik / -trɔ́f-] *adj.* 〔호수의〕 부영양

eu·troph·i·ca·tion [juːtràfikéiʃ(ə)n / -trɔ̀f-] *n.* ⓤ 〔호수의〕부영양화(富營養化).

eu·tro·phy [júːtrəfi] *n.* ⓤ 〔호수의〕부영양 상태.

EV, ev 《略》*e*lectron *v*olt〔전자 볼트〕.

E.V. 《略》*E*nglish *V*ersion (of the Bible).

EVA 《略》*e*xtra*v*ehicular *a*ctivity〔[우주]선 외 활동].

evac. 《略》evacuation.

e·vac·u·ant [ivǽkjuənt] 〔의학〕 *adj.* 배설하는 (evacuating); 배설을 촉진하는. —*n.* 배설 촉진제, 하제(下劑).

*****e·vac·u·ate** [ivǽkjuèit] *v.* (-at·ed, -at·ing) *vt.* 1 〔집따위]를 비우다, 명도(明渡)하다(vacate). ¶ *evacuate* a house 집을 비우다. 2 〔군사〕〔부상병 등]을 후송하다, 〔위험 지역에서〕〔주민 등]을 옮기다, 소개(疏開)시키다(*...from, to*). b) …을 철수하다, …에서 철퇴하다. ¶ *evacuate* the wounded 부상병을 후송하다. 3 〔생리〕…을 배설하다; 〔장(腸) 따위]를 비우다. 4 …에서 앗아 다(deprive) (*...of*). ¶ The rapture of love *evacuated* his mind of reason. 사랑에 빠진 나머지 그는 이성을 잃었다. —*vi.* 소개(疏開)하다, 철퇴하다, 〔위험 지구에서〕 물러서다. ¶ *evacuate into* the country 시골로 소개하다.

*****e·vac·u·a·tion** [ivæ̀kjuéiʃ(ə)n] *n.* ⓤ|ⓒ 1 〔그릇 따위를〕 비움. 2 비워진 상태. 3 〔생리〕 배설, 배변. 4 배설물. 5 〔군사〕 a) 명도(明渡), 퇴각. b) 철퇴, 철수, 후송.

e·vac·u·a·tor [ivǽkjuèitɚr] *n.* 비우는(비게 하는) 사람, 제거자, 철퇴자; 방광(膀胱)을 비우는 의료 기구.

e·vac·u·ee [ivæ̀kjuíː, +美 - - -] *n.* 〔위험 지역 등에서의〕소개자(疏開者), 피난민; 강제된 대피자, 공습 피난민.

e·vad·a·ble [ivéidəbl] *adj.* 피할 수 있는, 회피할 수

*****e·vade** [ivéid] *v.* (-vad·ed, -vad·ing) *vt.* 1 …을 잘 빠져나가다; …을 피하다, …에서 도피하다. ⇒ ESCAPE 類語. ¶ *evade* him at a party 파티에서 교묘히 그를 피하다 / *evade* confrontation 대결을 피하다. 2 〔법망 따위]를 빠져나가다, 허점을 이용하다. ¶ *evade* the payment of 〔의무의 이행 따위]를 회피하다, 태만히 하다. 3 (~+*ing*) *evade* 〔*paying*〕 a tax 납세를 회피하다, 탈세하다. 4 〔질문 따위]를 적당히 넘기다, 얼버무리다. ¶ *evade* a question 질문을 얼버무리다. 5 〔노력 따위]를 헛되이 하다; …이 감당못하게 하다. ¶ *evade* one's power 감당할 수 없다 / a word that *evades* definition 정의를 내리기 곤란한 말. —*vi.* 〔…으로부터〕교묘히 도망치다, 회피하다(*from...*).

*****e·val·u·ate** [ivǽljuèit] *vt.* (-at·ed, -at·ing) 1 …의 가치(양)를 검토(검정)하다; …을 평가하다. ⇒ ESTIMATE

*****e·val·u·a·tion** [ivæ̀ljuéiʃ(ə)n] *n.* ⓤ 평가; 〔수학〕수치를 구하기.

ev·a·nesce [èvənés, +英 ìːvə-] *vi.* (-nesced, -nesc·ing) 서서히 사라지다(disappear gradually).

ev·a·nes·cence [èvənésns, +英 ìːvə-] *n.* ⓤ 소산(消散); 소멸; 덧없이 쉬움; 덧없음(transitoriness).

ev·a·nes·cent [èvənésnt, +英 ìːvə-] *adj.* 1 사라져가는(vanishing); 쉬 사라지는; 덧없는, 무상한(fleeting). 2 감지(感知)할 수 없게 되는, 미미한. 3 〔수학〕 무한소(無限小)의. 4 〔식물〕 곧 시들어 떨어지는.
~·ly *adv.*

evang. 《略》evangelical.

e·van·gel[1] [ivǽndʒ(ə)l / -dʒel, -dʒ(ə)l] *n.* 1 《고어》 〔그리스도의〕 복음(gospel). 2 《보통 E-》 복음서. ¶ the *Evangels* 4복음서(four Gospels). 3 지도 원리, 주요 원칙. 4 길보(吉報), 기쁜 소식.

e·van·gel[2] [ivǽndʒ(ə)l / -dʒel, -dʒ(ə)l] *n.* =evangelist.

e·van·gel·ic [ìːvændʒélik, èvən-] *adj.* =evangelical.

e·van·gel·i·cal [ìːvændʒélik(ə)l, èvən-] *adj.* 1 복음의, 복음서의 가르침에 따르는, 복음주의의; 복음 교회파의. ¶ the *Evangelical* Alliance 복음 동맹. 3 복음운동의[18-19세기의 신교파의(新教派)의 운동]. 4 복음전도자의(evangelistic). —*n.* 복음주의자, 복음 교회파의 사람. ~·ly [-kəli] *adv.*

e·van·gel·i·cal·ism [ìːvændʒélik(ə)lìz(ə)m, èvən-] *n.* ⓤ 복음주의, 복음교의 교리. 2 복음주의 신앙, 복음파로의 귀의(歸依).

E·van·ge·line [ivǽndʒilìːn, +美 -làin] *n.* Longfellow 작 서사시 *Evangeline*의 여자 주인공.

e·van·ge·lism [ivǽndʒəlìz(ə)m] *n.* ⓤ 1 복음의 전도, 복음 포교. 2 복음주의(evangelicalism).

e·van·ge·list [ivǽndʒəlist] *n.* 1 (E-) 복음서 저자[즉 Matthew, Mark, Luke, John]. 2 복음 전도자. 3 〔초기 기독교회에서〕 사도·예언자 다음가는 전도자. 4 신앙부흥 운동자(revivalist). 5 순회 전도(설교)자. 6 (E-) 《모르몬 교회》 〔교회의 축복을 선언하는〕 통일 사교(司教)(patriarch).

e·van·ge·lis·tic [ivæ̀ndʒəlístik] *adj.* 1 《종종 E-》 복음서 저자의. 2 전도에 알맞은. 3 복음 전도자의, 복음파(派)의(evangelical). -ti·cal·ly [-tikəli] *adv.*

e·van·ge·li·za·tion [ivæ̀ndʒəlizéiʃ(ə)n / -laiz-] *n.* ⓤ 복음 전도; 기독교로 개종시키기(당하기).

e·van·ge·lize [ivǽndʒəlàiz] (*《英》에서는 **evan·ge·lise* 로도 쓴다) *v.* (-lized, -liz·ing) *vt.* 1 …에 복음을 설교하다, 복음을 전도하다. 2 …을 기독교로 개종시키다. —*vi.* 복음을 전도하다.

e·van·ish [ivǽniʃ] *vi.* 《詩》사라지다, 소멸(소실)하다(vanish). 〔멸.

e·van·ish·ment [ivǽniʃmənt] *n.* ⓤ 소멸; 소실, 사

e·vap·o·ra·ble [ivǽpərəbl] *adj.* 증발시킬 수 있는, 기화(氣化)되는, 증발성의.

*****e·vap·o·rate** [ivǽpərèit] *v.* (-rat·ed, -rat·ing) *vi.* 1 증발하다, 기화(氣化)하다; 증기가 되다. 2 〔수분이〕 수분이 빠지다, 수분을 발산하다. 3 〔증기처럼〕 사라져 없어지다(disappear, vanish, fade). 4 《익살》〔사람이〕 죽다(die); 도망치다, 사라지다. —*vt.* 1 …을 증발시키다, 기화시키다, …을 증기로 만들어 소멸시키다. ¶ *evaporate* water 물을 증발시키다. 2 …의 수분을 빼다, 증발 건조시키다, 바짝 조리다, 농축하다. ¶ *evaporate* apples 사과의 수분을 말리다 / *evaporated* milk 농축 우유, 무가당 연유.

◇ evásion *n.*, evásive *adj.*

◇ evaporátion n., evaporative adj.
e·vap·o·rat·ing [ivǽpərèitiŋ] adj. 증발용의. ¶ an evaporating dish (basin) 증발 접시.

*e·vap·o·ra·tion [ivæ̀pəréiʃ(ə)n] n. ① C 1 증발[상태], 증발 작용; 수분의 제거, 탈수, 증발 농축. 2 증발기(氣), 증발량(量). 3 「희망 따위의」소멸.
◇ evapórate v.

e·vap·o·ra·tive [ivǽpərèitiv / -rətiv] adj. 증발의, 탈수의; 증발시키는, 수분을 빼는.

e·vap·o·ra·tor [ivǽpərèitər] n. 증발시키는 것(사람), 수분을 빼는 것(사람); 증발 농축기, 증발기, 증발 건조기.

e·vap·o·rim·e·ter [ivæ̀pərímitər] n. 증발계[액체의 증발량을 시험기].

e·vap·o·rite [ivǽpəràit] n. 〔지질〕 증발 잔류암[해수의 증발로 인해 형성된 퇴적암〕.

e·va·sion [ivéiʒ(ə)n] n. ① C 1 달아나기, 도망. 2 (책임 · 의무로부터의) 도피, 회피, 면함. 3 〔의론 · 비난으로부터의〕 교묘한 회피, 발뺌, 둘러대기.

e·va·sive [ivéisiv] adj. 1 도피적인, 회피적인; 그럴 듯하게 얼버무리는, 애매한. ¶ an evasive answer 애매적인 답변 // terms evasive of their real meanings 진짜의 뜻이 애매한 어구. 2 포착(捕捉)하기 어려운, 종잡을 수 없는(elusive); 덧없는(evanescent).
take evasive action 〔위험 따위를 피하기 위해〕 〔항공기 · 선박 따위가〕 대피하다.
~**ly** adv. ~**ness** n.

‡**eve** [iːv] n. 1 (교회 축제일의) 전야(前夜), 철야제(徹夜祭); (일반적으로) 전날 밤, 전야제. ¶ Christmas (Easter) Eve 크리스마스 (부활절) 전야 / on New Year's Eve 섣달 그믐날. 2 〔사전의〕 직전. ¶ on the eve of an election 선거 직전에 / The patient was on the eve of death. 그 환자는 죽음에 임박해 있었다. 3 〔詩〕 저녁, 밤(evening).

***Eve** [iːv] n. 〔성서〕 하와, 이브〔인류의 시조 아담(Adam)의 처. ←창세기(Gen.) 3 : 20〕. ¶ daughters of Eve 〔이브의 호기심을 이어받았다고 일컬어지는〕 여자들(women).

e·vec·tion [ivékʃ(ə)n] n. ① 〔천문〕 출차(出差) 〔태양의 인력으로 일어나는 달 운행의 불규칙〕.

e·vec·tion·al [ivékʃ(ə)n(ə)l] adj. 출차의.

‡**e·ven**¹ [íːv(ə)n] adj. 1 평평한, 평면의, 평탄한 ⇒ LEVEL 〔類語〕, 반드러운. ¶ even ground 평평한 지면.
2 같은 높이의(on the same level), 동일 평면상의(on the same plane), 일직선상의(in line), 평행의(parallel), 수평의(with ...). ¶ The flood was even with the floor. 홍수로 물이 마루 높이까지 올라왔다.
3 규칙적인, 고른(regular), 한결같은; 단조로운, 변화가 없는(monotonous), 평탄한. ¶ an even motion (tempo) 규칙적인 움직임〔한결같이 고른 속도〕 / an even tenor of life 단조로운 삶.
4 균일한, 똑같은, 한결같은, 고른(uniform). ¶ an even texture (tint) 〔면이〕 한결같이 고른 천(색조).
5 〔수량 · 거리 · 높이 따위가〕 똑같은, 같음의(equal), 동일한(same). ¶ of even date 〔법률 · 상업〕 〔편지 따위가〕 같은 날짜의 / break even 〔구어〕 득실(손득)이 없게 하다, 반반이고 끝나다 / They divided the money in even share. 그들은 그 돈을 균등하게 나눴다.
6 둘로 나누어지는, 짝수의(opp. odd), 짝수번째의. ¶ even numbers 짝(우)수 / even pages 짝수쪽.
7 우수리 〔과부족〕가 없는, 꼭 ...의. ¶ an even dozen (yard) 〔꼭 1 다스 (1 야드) / an even ten (hundred) 우수리 없는 10 (100).
8 대차(貸借)가 없는; 청산이 끝난. ¶ be even 대차가 없다, 지불이 끝나 있다.
9 대등한, 호각(互角)의, 우열이 없는.
10 균형이 잡힌, 평형(平衡)을 이룬. ¶ on even ground 대등하여 / have an even chance 반반의 가망이 있다, 대등한 승부이다 / be even with a person 남과 맞먹는다 (호각을 이루다) / They stand even. 그들은 서로 맞먹는다 / The odds are even. 승산은 반반이다 / The two scales hang even. 두 저울 접시는 평형을 이루고 있다.
11 침착한, 차분한, 고요한, 움직이지 않는(calm, placid). ¶ an even disposition 침착한 성격.
12 공평한(impartial, fair). ¶ an even bargain 공평한 거래. 「위 노름, 도박.
even and (or **or**) **odd; odd and** (or **or**) **even** 주사**get even with** ...에게 대갚음하다. ¶ I'll get even with him for his insulting remarks. 그의 모욕적인 언동에 대하여는 대갚음을 해주겠다.

— adv. 1 〔강조〕 ...조차도, ...이라도, ...까지도. ¶ Even now it is not too late. 지금이라도 그리 늦지는 않다 / Even then he would not believe it. 그때까지도 그는 그것을 믿으려 하지 않았다 / She never even glanced at him. 그녀는 그에게 단 한 번의 눈길도 주지 않았다 / Even Homer sometimes nods. 〔속담〕 호머조차도 때로는 졸 때가 있다, 원숭이도 나무에서 떨어진다.

— **Usage** even 의 위치 — even 은 강조하는 낱말 앞에 온다. 그러므로 even 의 위치에 따라 문장 뜻의 뉘앙스가 달라지게 된다: Even I did not see him on Monday. 〔다른 누구보다도 그와 만나게 되어 있던〕 나조차도... / I did not even see him on Monday. 〔이야기는커녕〕 만나기조차... / I did not see even him on Monday. 〔당연히 만날 수 있으리라 여겼던〕 그조차도... / I did not see him even on Monday. 〔당연히 만날 수 있는 날이라고 여겼던〕 월요일에도....

2 〔비교급을 강조하여〕 더욱, 한층 〔더〕, 그 위에(still, yet). ¶ even worse 더욱 더 나쁜, 한층 더 고약한 / You can do even better if you try. 네가 하려고 마음만 먹는다면 더욱 잘 할 수 있다.
3 평평하게, 고르게, 똑같게, 평등하게, 균등하게, 어슷비슷하게, 공평하게(evenly). ¶ The two horses ran even. 두 필의 말은 〔어슷비슷하게〕 나란히 달렸다.
4 꼭(just), 바로. ¶ even now 바로 지금 / It has turned out even as I expected. 〔사태는〕 바로 내가 예측한 그대로 되었다.
5 완전히, 아주(fully, quite). ¶ He was faithful even to death. 그는 죽음에 이르기까지 아주 충실했다.
6 실제로, 확실히, 정말로. ¶ He is ready, even eager, to go. 그는 갈 준비는 말할 것도 없고, 정말로 가고 싶어한다.
7 〔고어〕 바로, 정확히. ¶ It is even so. 바로 그대로.
8 〔고어〕 즉, 곧. ¶ One there was, even John. 한 사람, 즉 존이 거기에 있었다.

even if 비록 ...일지라도, 설사 ...이라고 할지라도. ¶ Even if you don't like her, you have to help her. 설사 그녀를 좋아하지 않는다고 할지라도 너는 그녀를 도와주어야 한다. ✻ even 은 종종 생략된다.

even so ① 비록(정확히) ② 그렇다 하더라도, 그렇다는 치더라도. ¶ But even so, I can't believe it. 그러나, 설사 그렇다 하더라도 나는 그것을 믿을 수 없다.

even though 비록 ...일지라도, 설사 ...이라고 할지라도. ✻ even if 보다도 더 뜻이 강하다.

— vt. 1 ...을 판판하게 하다, 평평하게 하다, 고르게 하다(smooth). 2 ...을 어슷비슷하게 하다, 균등하게 하다; ...을 평형시키다, 평등하게 하다, 청산하다(balance). ¶ even [up] accounts 셈을 청산하다.
— vi. 같아지다, 균형이 잡히다.
even up on (or **with**) 《美》 ...에게 보답하다, ...에게 보복하다.
~**ness** n. ◇ évenly adv.

e·ven² [íːv(ə)n] n. 〔고어〕 저녁〔때〕, 해질녘, 밤(evening). 「전.
événe·ment [evénmã] n. 《프랑스》 일어난 일, 사
e·ven·fall [íːv(ə)nfɔ̀ːl] n. ① 해질녘, 황혼, 초저녁.
e·ven·hand·ed [íːv(ə)nhǽndid] adj. 공평한, 공명정

대한(impartial). ~ly adv. ~ness n.

‡eve·ning [íːvniŋ] n. ⓒⓤ **1** 저녁, 초저녁, 해질녘, 해거름. ¶ toward evening 해질 무렵에, 초저녁에. **2** 밤[일몰부터 잘 때까지]. ¶ every evening 매일 밤 / Good evening. 안녕하세요[저녁 인사] / the other evening 지난 밤 / this evening 오늘 밤 / tomorrow evening 내일 밤 / yesterday evening 어젯 밤 / from evening to midnight 저녁부터 밤중까지 / in the evening 저녁에, 밤에(*《美구어》에서는 on the evening 이라고도 한다) / of an evening 흔히 밤에, 종종(자주) 밤에 / on [a] Sunday evening 일요일 저녁(밤)에 / on a summer evening 여름 밤(저녁)에 / on the evening of the 10th 10일 저녁(밤)에 / pass (or spend) a merry evening with one's friends 친구들과 함께 하룻밤을 즐겁게 보내다 / wish a person a good evening 남에게 「안녕하세요」라고 저녁 인사를 하다 / The evening is still young. 아직 초저녁이다(밤은 아직도 멀었다).

【주의】 evening과 night ── evening은 일몰(sunset)로부터 취침 시간(bedtime)까지를 말한다. 또 우리말의 「밤」에 해당되는 경우도 있다. night는 일몰부터 일출까지의 시간을 뜻하는지만, 주로 낮(day)에 상대되는 해가 없는 시간을 말한다. 해질 무렵에 대해서는 evening 이라고 하는 것이 보통이다.

3《美남부》 오후[정오부터 일몰까지]. **4** 만년(晩年), 말기, 쇠퇴기. ¶ in the evening of one's life 만년에 / devote one's evenings to the study of philosophy 만년을 철학 연구에 바치다. **5** 야회(夜會), […의] 저녁, 밤. ¶ a musical evening 음악의 밤 / weekly evenings 매주 개최되는 야회.
── adj. 밤의, 해질녘의, 저녁의; 밤에 생기는(볼 수 있는). ¶ evening classes 야간 수업 / an evening paper 석간 신문 / an evening party 야회(夜會).

évening dréss n. 야회복.
évening gówn n. 여성용 야회복.
Évening Práyer n. **1** 《영국 국교회》 저녁의 기도 (evensong), [성공회의] 저녁 기도, [로마 가톨릭의] 만과(晚課). **2** (e- p-) 밤(저녁)의 기도.
évening prímrose n. 금달맞이꽃.
eve·nings [íːvniŋz] adv.《美》[어김없이] 저녁에, 저녁에는 꼭.
évening schóol n. 야간 학교(night school).
évening stár n. 태백성[금성(Venus)을 일컬음].
évening stúdent n. 야간 학교 학생.
*even·ly [íːv(ə)nli] adv. 평평(판판)하게; 균등히; 공평히(justly).
e·ven-mind·ed [íːv(ə)nmáindid] adj. 사물에 동요되지 않는, 편견에 사로잡히지 않는; 마음이 차분한, 평온한(calm).
éven móney n. ⓤ 대등한(같은 액수의) 내기돈.
e·vens [íːv(ə)nz] n. pl.《단수 취급》 = even money.
e·ven·song [íːvnsɔ̀ːŋ / -sɔ̀ŋ] n. (종종 E-) ⓒⓤ **1**《영국 국교회》 저녁 기도 **2** 저녁의 근행(勤行), 저녁 예배, 만과(晩課) (vespers). **3**《고어》 저녁, 초저녁 (evening).
e·ven-ste·ven [íːv(ə)nstíːv(ə)n] adj.《구어》 동점인, 비긴.
‡e·vent [ivént] n. **1** 일어난 일, 사건, 행사; 대사건, 사변. ¶ an annual event 연중 행사 / chief events of the year 그 해의 중요한 사건 / coming events 예상되는 사건, 예정중의 행사 / the course of events 사건의 경과, 사건의 결과 / It is quite an event. 그것 참 큰일이로군 / Marriage is one of the biggest events in a person's life. 결혼은 인생에서 가장 큰 행사 중의 하나이다 / Coming events cast their shadows before.《속담》 일이 일어나려면 반드시 그 조짐이 있기 마련이다[일엽지추(一葉知秋)].

【語源】 event 이전의 상태로부터 생겨나는 비교적 중요한 사건: the ten most important events of the year 그 해의 10대 사건. **incident** 중요한 것에 부수하여 일어나는 비교적 작은 사건: an ordinary incident of daily life 일상 생활에서 일어나는 보통의 사건. **happening** 모든 사건; 우연성을 암시하는 말: an unexpected happening 뜻밖의 사건. **occurrence** 구체적인 사건을 뜻하는 일반적인 말: an unhappy occurrence 불행한 사건. **accident** 우발적이고 바람직하지 않은 사건. **episode** 본 줄거리에서 이탈하여 그 자체로서 결말이 나는 사건: interesting episodes in one's life 한 생중의 재미있는 삽화적인 사건들.

2 [무언가가] 일어난다는 사실, 만일의 경우. ¶ in that event 그 경우에는 / In the event of fire, ring the alarm bell. 화재의 경우에는 종종 울리도록 해라. **3** (the ~) 결과, 성과(outcome, issue, result). ¶ the event of an enterprise 사업의 성과 / In the event his decision proved to be advantageous to us. 결과에 있어서 그의 결심은 우리들에게 유리하다는 것이 판명되었다 / Fools are wise after the event.《속담》바보는 때늦게 꾀가 나는 법이다.
4 [철학] 사상(事象) [특정 시간내에 일정 장소에서 일어나는 사항].
5 [스포츠] [경기 순서 중의] 한 시합, 한 게임; 종목. ¶ a main event 주요한 시합 / sporting events 경기 종목.
6 [원자 물리] 다른 물질을 충돌시켜 핵물질을 만들어 내는 것.
7 [원자력 발전소의] 돌발 사고, 우발적 고장.
at all events; in any event 아뭏든, 좌우간, 여하튼. ¶ She may not be very pretty, but at all events she makes a good appearance. 그녀는 대단히 아름답다고는 할 수 없지만, 아뭏든 보기에 좋다.
in either event 어느 쪽이든, 여하튼간에.
◇ evéntful, evéntual adj.

e·ven-tem·pered [iːvṇtémpərd] adj. 사물에 동요되지 않는(even-minded); 침착한, 차분한(calm).
e·vent·ful [ivéntfəl] adj. **1** 사건이 많은, 다사(多事)한. ¶ an eventful year 파란 많은 해. **2** 중대한 결과를 가져오는; 중대한(momentous).
~·ly [-fəli] adv. ~·ness n.
evént horízon n. [천문] 사상(事象)의 지평선, 인과(因果)의 지평(地平) [black hole의 이론적 반경].
e·ven·tide [íːvntàid] n. ⓤ《고어·詩》 초저녁, 저녁 때; 밤.
e·vent·less [ivéntlis] adj. 사건이 없는, 단조로운, 평범한(monotonous).
evént trée n. 사고 발생 계통수(樹) [시스템의 사고, 고장의 원인과 결과를 나무줄기와 가지의 형태로 도해한 사고 처치도].
eventu- event의 뜻의 연결형. 예: eventuate.
*e·ven·tu·al [ivéntʃuəl] adj. **1** 결과의, 결과인, 결과로서 일어나는(consequent); 최종적인, 궁극의(ultimate). **2**《고어》 경우에 따라서는 일어날지도 모르는, 우발적인(contingent).
e·ven·tu·al·i·ty [ivèntʃuǽliti / -tju-] n. (pl. -ties) 일어날지도 모르는 사건(사태), 우발 사건(contingent event); 일어날지도 모르는 상태; 우발성.
‡e·ven·tu·al·ly [ivéntʃuəli] adv. 마침내[는], 최후에는, 결국(finally, ultimately).
e·ven·tu·ate [ivéntʃuèit / -tju-] vi. (-at·ed, -at·ing) **1** 귀착하다, …한 결과가 되다(…으로 끝나다) (result (in...). ¶ eventuate in a failure (a compromise) 실패로 끝나다(화해에 이르다) / eventuate well (ill) 좋은 (나쁜) 결과로 끝나다. **2** 결과로써 생기다; 일어나다 (come about). ¶ eventuate from …에서 일어나다.

‡ev·er [évər] adv. **1**《긍정문에서》 언제나, 항상, 영구히(at all times); 쭉, 내내, 줄곧, 끊임없이(always), 되풀이해서. ¶ for ever; ever afterward 그 후 내내 (줄곧) / ever since I was a child 내가 어린 시절부터 쭉[계속해서] / God is ever existent. 신은 영구히 존재한다 / Men were deceivers ever. 남자는 언제나 거짓말쟁이.

2 《의문·부정·조건문 따위에서》 언젠가, 여태껏, 지금까지. ¶ if I *ever* catch him 언제든 그를 잡기만 하면 / Nothing *ever* happens in this remote place. 이렇게 외진 곳에서는 아무 일도 일어나지 않는다 / Have you *ever* seen a panda? (=Did you *ever* see a panda?) 팬더를 본 적이 있느냐? (* Have you ever...나 Did you ever...는 거의 같은 뜻으로 쓰이지만, 과거 시제의 절 따위에서 제한을 받는 구문에서는 Have you ever...라고는 하지 않는다) / Come to see me if you should *ever* come this way. 이곳으로 오시는 경우에는 들러 주십시오.
3 《강조를 위한 관용적 구문이나 관용구에 사용되어》 도대체 (at all); 어떻든, 여하튼 (by any chance). **a)** 《as...as, so, such 등의 강조하여》 ¶ as much (little) as *ever* I can 가능한 한 많이(조금) / *ever* such a nice man 참으로 좋은 사람 / if I were *ever* so rich 아무리 부자라도 / Be as quick as *ever* you can. 가능한 한 빨리 하여라 / He is as great a dramatist as *ever* lived. 이제까지 그만한 극작가는 없다 / It is *ever* so much easier. 그것은 너무나 쉽다. **b)** 《비교급·최상급을 강조하여》 ¶ the best thing I *ever* heard 여태껏 들어보지 못한 가장 좋은 이야기 / the greatest man that *ever* lived 고금을 통해 보기 드문 위인 / It's raining harder than *ever*. 일찍이 없었던 폭우가 내리고 있다 / This year's show will be the biggest *ever*. 금년의 쇼는 일찍이 없었던 대규모의 것이 될 것이다. * 《英》에서는 최상급 바로 뒤에 ever를 놓아 강조하는 것은 바람직하지 않으며, ...the biggest there has *ever* been 또는 ...the biggest *ever* seen처럼 하는 것이 바람직하다고 한다. **c)** 《의문사를 강조하여》 ¶ When (Where, How) *ever* did I drop it? 도대체 언제 (어디서, 어떻게) 그것을 떨어뜨렸을까? / What *ever* can it be? 대체 그것은 무엇이란 말인가? / Why *ever* didn't you say so? 대체 왜 그렇게 말하지 않았느냐?

as ever 변함(다름) 없이, 언제나와 같이.
As if... ever 《놀람이나 믿어지지 않는 일을 나타낸다》 절대로(결코) ... 않다. ¶ As if I should *ever* make such a mistake! 설마 내가 그런 잘못을 저지르는 일은 없을 테지!
Did you ever? 정말, 이거 놀랐는데? (* Did you ever see or hear the like ?의 생략형).
ever (or ***now***) ***and again*** (or 《고어》 ***anon***) 이따금, 때때로.
ever more 늘, 항상.
Ever yours; Yours ever ⇨ YOURS.
for ever 《英》=forever. * 《美》에서는 forever처럼 하나의 낱말로 쓴다. 또 《美》에서는 always, at all times의 뜻에서 하나의 낱말로 쓰는 경우가 있다.
for ever and a day; for ever and ever 영구히.
hardly (or ***scarcely***) ***ever*** 거의 ...않다. * hardly, scarcely의 강조. ¶ He *hardly ever* goes to the movies. 그는 거의 영화를 보러 가지 않는다.
if ever 설사 ... 하는 일이 있다고 해도. ¶ He seldom, if *ever*, goes there. 그가 설사 그곳에 가는 일이 있다고 해도 아주 드물다.

ev・er・chang・ing [évərtʃéindʒiŋ] *adj.* 끊임없이 변하는.
***Ev・er・est** [év(ə)rist] *n.* Mount ~ 에베레스트산 《히말라야 산맥 (Himalayas)에 있는 세계 최고의 산; 8,848 m》.
ev・er・ett [évərit] *n.* 【美】의 실내화. [m].
ev・er・glade [évərgleid] *n.* **1** 《美남부》 저습지, 소택지. **2** (the E-s) 미국 Florida 주의 대소택지.
Éverglade Státe *n.* (the~) 미국 Florida 주의 속칭.
***ev・er・green** [évərgriːn] *adj.* 상록의, 상록의 잎을 가진. *opp.* deciduous. ¶ an *evergreen* tree 상록수, 늘푸른 나무. — *n.* **1** 상록수, 상록목. **2** (~s) 상록수의 가지 《장식에 사용한다》.
Évergréen Státe *n.* (the~) 미국 Washington 주의 속칭.
ev・er・last・ing [èvərlǽstiŋ / -lɑ́ːst-] *adj.* **1** 불후 (不朽)의, 영구히 계속되는 (lasting forever); 영원한. ⇨ ETERNAL [類語] ¶ *everlasting* fame 불후의 명성. **2** 영속성이 있는, 내구성의 (durable). ¶ *everlasting* colors 오래도록 변하지 않는 빛깔. **3** 끊임없는, 끊일 사이 없는, 변함 없는 (incessant). ¶ *everlasting* arguments 끝이지 않는 의논. **4** 지겨운, 지루한 (wearisome). ¶ his *everlasting* jokes 그의 지루한 농담. — *n.* **1** ⓤ 영구, 영원 (eternity). **2** (the E-) 【영원한】 신 (God). **3** 말라도 형태나 빛깔이 변하지 않는 꽃이 피는 식물 《보리짚국화·떡쑥 따위》; 그 꽃. **~・ly** *adv.* **~・ness** *n.*
ev・er・more [èvərmɔ́ːr / -mɔ́ː] *adv.* **1** 항상, 언제나 (always). **2** 《고어·詩》 영구히 (forever). ¶ for *evermore* 영구히.
e・ver・si・ble [ivə́ːrsibl] *adj.* 뒤집을 수 있는.
e・ver・sion [ivə́ːrʃ(ə)n, +美 -ʒ(ə)n] *n.* ⓤ 〔눈까풀 따위의〕 뒤집기; 뒤집음; 외반(外反), 외전(外轉).
e・vert [i(ː)və́ːrt] *vt.* 〔눈까풀 따위를〕 뒤집다 (turn inside out). ¶ *everted* lips 밖으로 젖혀진 입술 / *evert* an eyelid 눈꺼풀을 뒤집다.

‡**eve・ry** [évri] *adj.* **1** 〔한 무리·집단의〕 모든, 모두의, 하나(한 사람)도 남기지 않는, 어느 ...도, 다(each of all). ¶ *every* man 모든 사람 / almost *every* one of us 우리들의 거의 모두 / *every* inch of space 비어 있는 곳은 어디나 / in *every* way 아주, 어느 모로나, 모든 면에서, 온갖 방법을 다하여 / This seems to me in *every* respect inferior to that. 이것은 모든 면에서 저것보다 열등한 것으로 보인다 / Every dog has his day. 《속담》 쥐구멍에도 볕들 날이 있다.
2 온갖, 가능한 한의 (all possible). ¶ *every* prospect of success 성공할 수 있는 모든 가능성 / show a person *every* consideration 남에게 할 수 있는 모든 배려를 하다 / He used *every* means to complete it. 그것을 완성시키기 위해 그는 온갖 수단을 다 썼다 / He made *every* effort to support his large family. 그는 많은 가족을 부양하기 위해 가능한 모든 노력을 했다 / I wish you *every* success. 당신의 성공을 빕니다 / I have *every* reason to believe that ... ...이라고 믿을 충분한 이유가 있다.
3 전적인 (complete). ¶ I have *every* confidence in her. 나는 그녀를 전적으로 신뢰한다.
4 매 (毎) ...; ...마다. ¶ *every* day (week, year) 매일 (매주, 매년) / *every* morning (evening, night) 매일 아침 (저녁, 밤) / *every* day (week, year) or two 1-2일 (주, 년)마다 / *every* other (or second) day 하루 걸러, 격일 (隔日) [로] / *every* third day; *every* three days 3일에 한 번 (間을 걸러) / visit a person *every* few days (years) 며칠 (수 년)에 한번씩 남을 방문하다 / at *every* step 걸음마다 / I expect him *every* minute (or moment). 이제나 저제나 하고 그를 기다리고 있다 / Every fifth man has a car. 다섯 사람에 한 사람꼴로 차를 가지고 있다 / The pay was three dollars for *every* hour I worked. 급료는 근무 1시간당 3달러였다.
5 《not와 함께 부분 부정으로서》 모두가 (누구나가) ... 인 것은 아니다. ¶ *Every* man cannot be a poet. 누구나가 다 시인이 될 수 있는 것은 아니다 / I do not meet him *every* day. 매일 그와 만나는 것은 아니다.
every bit ⇨ BIT.
every inch 철두 철미, 완전히. ¶ I know *every inch* of the town. 나는 이 도시를 샅샅이 알고 있다 / She is *every inch* a queen. 그녀는 더할 나위 없는 여왕이다.
every man Jack 누구나 (어느 것이나) 할 것 없이 모두, 한 사람도 빠짐없이.
every mother's son ⇨ MOTHER¹.
every now and then (or ***again***); ***every once in a while*** 때때로, 가끔. ¶ The conversation was interrupted *every now and then*. 대화는 때때로 중단되었다.
every so often 《美구어》 때때로, 가끔.
every time ① 을 때마다. ¶ *Every time* I see Betty, I remember her father. 나는 베티를 만날 때마다 그녀의 아버지를 생각하게 된다. ② 《구어》 언제나, 예외없이,

every way ① 어디로 보나. ② 모든 방면에서.
every which way 《美구어》 사방팔방으로; 난잡하게.
‡**eve·ry·bod·y** [évribɑ̀di, -bʌ̀di / -bɔ̀di] *pron.* 누구나, 누구든지, 각자[모두], 모든 사람(every person). ¶ He is known to *everybody*. 그는 모두에게 알려져 있다 / Not *everybody* can be an artist. 누구나가 다 예술가가 될 수 있는 것은 아니다 / *Everybody's* business is nobody's business. 《속담》 누구에게나 책임이 돌려지는 일은 아무도 열심히 하지 않는다[공동 책임은 무책임].
— Usage everyone 보다 구어적. 문법적으로는 단수 취급이지만, 구어에서는 복수 대명사로 받는 경우가 있다. 그러나 동사는 단수형으로 호응하는 것이 보통이다: *Everybody* has a way of *their* own. 사람은 누구나 독특한 버릇을 가지고 있다.
‡**eve·ry·day** [évridèi] *adj.* 《한정 형용사》 **1** 매일의, 날마다(나날)의, 매일 정해진(daily). ¶ his *everyday* routine 그의 일과. **2** 평소의, 일상의(ordinary, usual). ¶ *everyday* clothes 평상복 / *everyday* English 일상(생활) 영어. **3** 《매일 경험하는 것 같은》예사로운, 흔한(ordinary), 평범한(common). ¶ *everyday* affairs 일상의 흔한 일 / an *everyday* scene 흔히 보는 광경.
Eve·ry·man [évrimæ̀n] *n.* **1** 네덜란드의 극 Elkerlijk에서 번역한 15세기 영국의 권선 징악극(勸善懲惡劇) (morality play)의 제목 및 주인공. **2** (e-) (*pl.* -men [-mèn]) 보통 사람, 평범한 사람.
‡**eve·ry·one** [évriwʌ̀n, +美 -wən] *pron.* 누구든지, 모두, 각자, 사람은 누구나(everybody, every person). ⇒ EVERYBODY. ¶ *Everyone* has been very kind to me. 모두 다 나에게 매우 친절했다.
— Usage everyone 앞을 받는 대명사는 단수형을 써야 하는데, 뜻에 이끌려 복수형을 쓰는 경우가 많다. 특히 법률 문서 따위에서는 he or she 등으로 받아야 할 경우 이외에는, 남녀를 포함하는 점에서 복수형을 쓰는 것이 일반적이다. 단, 동사는 단수형으로 호응하는 것이 보통이다: *Everyone* in the house *was* in *their* beds.
eve·ry·place [évriplèis] *adv.* 《美》= everywhere.
‡**eve·ry·thing** [évriθìŋ] *pron.* **1** 모든 것, 무엇이든지 모두, 만사. ¶ *Everything* interests me. 무엇이든지 나에게는 재미있다 / I will do *everything* in my power to help you. 나의 힘이 미치는 데까지 당신의 힘이 되어드리겠습니다. **2** 가장 소중한 것. ¶ You mean *everything* to me. 당신은 나의 전부입니다 / Wealth is not *everything*. 부(富)가 전부는 아니다.
above everything [else] 우선 첫번째로, 무엇보다도
and everything 《구어》《문미에 쓰여》…등 이것저것, 여러 가지.
before everything [else] ⇒ BEFORE.
have everything 《구어》 모든 것(바람직한 자질)을 갖추다.
How's everything (going)? 별일 없어?
like everything 《美구어》 전력으로, 열심히, 맹렬히 ¶ I ran *like everything*. 나는 전력을 다해 달렸다.
eve·ry·way [évriwèi] *adv.* 어디로 보나, 어느 점(방면)으로 보나. ¶ [all times].
eve·ry·when [évri(h)wèn] *adv.* 언제든지, 항상(at
‡**eve·ry·where** [évri(h)wɛ̀ər] *adv.* **1** 어디든지, 어디나, 도처에. **2** 《접속사적으로 쓰여》…하는 곳은 어디나, 어디로(에서) …하여도 (wherever). ¶ *Everywhere* you go, you will find the same thing. 어디로 가든 사정은 똑같다.
Eve·ry·wom·an [évriwùmən] *n.* (*pl.* -wom·en [-wìmin]) 전형적인 여성, 여성의 본보기(모범).
e·vict [ivíkt] *vt.* **1** 《차지인(借地人)을》 법적으로 퇴거시키다, 쫓아내다(expel) (... *from*). **2** 《토지 따위를》 되찾다(recover) (... *from, of*), ¶ *evict* the property from (or *of*) a person 남에게서 재산을 되찾다. [찾음.
e·vic·tion [ivíkʃ(ə)n] *n.* [U][C] **1** 쫓아냄, 퇴거. **2** 되
e·vic·tor [ivíktər] *n.* **1** 쫓아내는 사람. **2** 회복자.

‡**ev·i·dence** [évid(ə)ns] *n.* **1** [U] 증거(proof) (*of, for* ...). ¶ *evidence* of (or *for*) a person's ability 능력의 증명 // There is no *evidence that* she is innocent. = There is no *evidence of* her being innocent. 그녀가 결백하다는 증거는 없다 // There is little *evidence* to prove his guilt. 그의 유죄를 입증할 증거는 거의 없다. **2** 형적(形跡), 징표(sign); 징후(*of* ...). ¶ *evidences of* prosperity 번영의 징표 / *evidences of* a person's spending a night at a place 어떤 한 사람이 어떤 장소에서 하룻밤을 보내고 남긴 형적 / give (or bear, show) *evidence*[s] *of* …의 형적을 나타내다.
3 [U]《법》증언(testimony); 증거[물건]; 증인. ¶ documentary *evidence* 증거 서류 / verbal *evidence* 증언 / gather *evidence* 증거를 수집하다(굳혀나가다) / give *evidence* 증거 사실을 진술하다; 증언하다.
4 [U] 명확함, 명백한 것(clearness), 명료함.
[類語] **evidence** 어떤 주장을 지지하기 위한 증거: circumstantial *evidence* 상황(狀況) 증거. **proof** 어떤 것을 의문의 여지없이 입증하는 완전한 evidence: the *proof* of a suspect's guilt 용의자의 유죄를 결정적으로 뒷받침하는 증거. **exhibit** evidence 로서 법정에 제출하는 문서 또는 물건: submit a rifle as an *exhibit* 라이플총을 증거 물건으로 제출하기. **testimony** 증인 또는 감정인이 선서를 하고 진술하기.
in evidence ① 두드러지게 보이, 눈에 띄게. ¶ be fond of being *in evidence* 남의 눈에 띄는 것을 좋아하다. ② 증거로서; 증인으로서. ¶ call a person *in evidence* 남을 증인으로 소환하다.
on evidence 증거가 있어서, 증거에 근거하여서.
take evidence 증언을 듣다; 증인 조사를 하다, 증거를 수집하다.
— *vt.* (**-denced, -denc·ing**) **1** …을 명시하다(manifest). ¶ Her smile *evidenced* her joy. 그녀의 미소로 그녀가 기뻐하고 있음이 확실했다. **2** …의 증거가 되다 (prove).
◇ **evident, evidential** *adj.*
‡**ev·i·dent** [évid(ə)nt, +美 -dènt] *adj.* 명백한, 분명한. ⇒ CLEAR [類語] ¶ with *evident* pride 사뭇 자랑스러운 듯이 / as is *evident* from his manner 그의 태도에서 분명히 알 수 있듯이 / It is *evident* to any one. 그것은 누구에게나 분명한 일이다.
~·ness *n.* ◇ évidence *n.,* évidently *adv.*
ev·i·den·tial [èvidénʃəl] *adj.* **1** 증거(상)의, 증거에 의거한. **2** 증거가 되는, 입증하는(*of* ...).
~·ly [-ʃəli] *adv.*
ev·i·den·tia·ry [èvidénʃəri] *adj.* = evidential.
‡**ev·i·dent·ly** [évid(ə)ntli, èvidént·, +美 -dént-] *adv.* 분명히, 명백히 (clearly).
‡**e·vil** [íːv(ə)l] *adj.* (때로 **~·[l]er, ~·[l]est**) **1 a)** 나쁜, 사악한. ⇒ BAD [類語] *opp.* good ¶ *evil* deeds 악행, 나쁜 행위 / an *evil* disposition 나쁜 기질 / an *evil* practice 악습 / an *evil* tongue 독설; 중상자(中傷者) / the Evil One 악마(Satan) / a man of *evil* reputation 평판이 나쁜 사람. **b)** 유해한(harmful). **2** 불길한 (unlucky); 불은의. ¶ an *evil* sign 불길한 징후 / *evil* tidings 흉보.
fall on evil days 불운을 만나다.
in an evil hour ⇒ HOUR.
— *n.* **1** [U] 악(惡), 사악(邪惡) (wickedness); 악의, 악행(惡行) (sin). ¶ do *evil* 악을 행하다 / return *evil* for good 은혜를 원수로 갚다. **2** [U] 해(害)(harm); 위해, 재난(mischief); 불행(misfortune); 재해 (disaster); 나쁜 병. **3** 해악, 해독, 악폐. ¶ the social *evil* 사회악; 매춘 / the *evils* of war 전쟁의 해악.
— *adv.* 《드물게》 나쁘게(ill).
speak evil of …을 나쁘게 말하다, 비방하다.
~·ly [íːvəli] *adv.* ~·ness *n.*
e·vil-dis·posed [íːv(ə)ldispóuzd] *adj.* 악한 기질을 가진, 질이 나쁜.

e・vil・do・er [íːv(ə)ldùː)ər /ˌ-ˈ-ˈ-] n. 나쁜 짓을 하는 사람, 악인. 〔행(惡行)〕
e・vil・do・ing [íːv(ə)ldùː)iŋ /ˌ-ˈ-ˈ-] n. ⓤ 나쁜 짓, 악행(惡行).
évil éye n. (the ~) 흉안(凶眼), 악마의 눈을 가진 사람〔이런 사람으로부터 응시당하면 재앙을 만난다는 미신〕; 기분 나쁜(악의에 찬) 눈초리.
e・vil-eyed [íːvláid] adj. 악마의 눈을 한, 적의(敵意) (증오, 질투)를 담은 눈초리의, 눈매(눈초리)가 좋지 않은.
e・vil-look・ing [íːv(ə)llúkiŋ] adj. 험상궂게 생긴.
e・vil-mind・ed [íːvlmáindid] adj. 악의가 있는; 심술 궂은, 마음이 검은(wicked); 호색한.
~**ly** adv. ~**ness** n.
e・vil-starred [íːv(ə)lstáːrd] adj. =ill-starred.
e・vince [ivíns] vt. (**e・vinced, e・vinc・ing**) **1**〔감정 따위〕를 분명히 나타내다, 명시하다. ⇨ SHOW 類語 ¶ *evince* anger 노여움을 그대로 나타내다. **2** …을 나타내다(show); …을 증명하다. ¶ His speech *evinced* his great learning. 그의 연설로 그의 학식이 깊다는 것이 판명되었다.
e・vin・ci・ble [ivínsəbl] adj. 표명(증명)할 수 있는.
e・vin・cive [ivínsiv] adj. 표시하는; 증명하는(*of*…).
e・vi・rate [évirèit, íːvi-] vt. (**-rat・ed, -rat・ing**) …을 거세하다(castrate); …을 연약하게 하다.
e・vis・cer・ate [ivísərèit] vt. (**-at・ed, -at・ing**) **1** …의 내장(장)을 제거하다(gut). **2**〔의론 따위〕의 골자를 빼내다. ¶ *eviscerate* a book *of* its piquancy 신랄함을 제거하여 책을 시시하게 만들다.
e・vis・cer・a・tion [ivìsəréiʃ(ə)n] n. ⓤ **1** 내장 적출(摘出). **2**〔책 내용 따위〕를 시시하게 만들기.
ev・it・a・ble [évitəbl] adj. 피할 수 있는(avoidable).
ev・o・ca・tion [èvo(u)kéiʃ(ə)n, ìːv-] n. ⓤⓒ **1** 영혼 따위의 불러냄, 초혼(招魂); 〔잠정・기억 따위의〕환기(喚起). **2**〔법률〕[상급 법원으로의] 소송 이송.
e・voc・a・tive [iváklkətiv, ivóuk-/ivɔ́k-] adj.〔감정・기억 따위를〕불러일으키는, 환기하는(*of*…).
~**ly** adv. ~**ness** n.
ev・o・ca・tor [évəkèitər] n. 〔영혼・기억 따위를〕불러 일으키는 사람.
***e・voke** [ivóuk] vt. (**e・voked, e・vok・ing**) **1 a)**〔기억 따위〕를 되살려내다, 환기(喚起)하다. ¶ *evoke* a person's image in one's mind 마음속에 남의 모습을 떠올리다. **b)**〔웃음 따위〕를 자아내다. ⇨ EXTRACT 類語 ¶ *evoke* admiration 칭찬을 받다. **2**〔영혼 따위〕를 불러내다(… from). ¶ *evoke* a person's ghost *from* the other world 남의 망령을 저 세상으로부터 불러내다. **3**〔상급 법원으로〕〔소송 사건〕을 이송하다.
e・vóked poténtial [ivóukt-] n. 〔생리〕〔감각 기관으로부터의 자극에 의해 뇌의 피질에 발생하는〕전기적 유발(誘發).
ev・o・lute [évəlùːt / íːv-, év-] n. 〔기하〕축폐선(縮幅線). *cf.* involute ── adj. **1** 축폐의. ¶ an *evolute* curve 축폐선. **2**〔식물〕뒤쪽으로 젖혀진, 벌어진.
‡**ev・o・lu・tion** [èvəlúː(ʃ(ə)n / ìːvəl(j)úː:-, èv-] n. **1** ⓤ 전개(展開); 〔사건 따위의〕발전, 진전. ¶ the *evolution* of a drama 연극의 전개 / *evolution from* the primitive *to* the modern type 원시형으로부터 근대형으로의 발전. **2** 발전(진화)의 산물(product). **3** ⓤ〔생물〕〔종 (種)・기관 따위의〕진화(*cf.* devolution); 진화론(*cf.* creationism, Darwinism). ¶ the *evolution* of man 인류의 진화 / the theory of *evolution* 진화론. **4**〔군대〕 전개; 기동 연습. **5**〔기계의〕선회, 회전; 〔춤 따위의〕 선회. **6** ⓤ〔가스・열 따위의〕발생, 방출. **7**〔수학〕 개방(開方). *cf.* involution
◇ evólve *v.*, evolutional, evolutionary, évolutive *adj.*
ev・o・lu・tion・al [èvəlúːʃən(ə)l / ìːvəl(j)úː:-, èv-] adj. evolutionary. ~**ly** [-nəli] adv.
***e・vo・lu・tion・ar・y** [èvəlúːʃənèri / ìːvəl(j)úːʃ(ə)nəri, èv-] adj. **1** 발달(발전)의, 진화; 전개의. **2** 진화론[적]의. **-ar・i・ly** adv.

e・vo・lu・tion・ism [èvəlúːʃ(ə)nìz(ə)m / ìːvəl(j)úː:-, èv-] n. ⓤ 진화론(theory of evolution). *cf.* creationism
e・vo・lu・tion・ist [èvəlúːʃ(ə)nist / ìːvəl(j)úː:-, èv-] n. 진화론자.
e・vo・lu・tion・is・tic [èvəlúːʃ(ə)nístik / ìːvəl(j)úː:-, èv-] adj. 진화론자의; 진화론적인.
e・vo・lu・tive [évəlùtiv / ìːvəl(j)úː:-, év-] adj. 진화의 〔경향〕이 있는, 진전의. 〔있는.
***e・volv・a・ble** [iválvəbl / ivólv-] adj. 진전(전개)할 수
***e・volve** [iválv / ivólv] v. (**e・volved, e・volv・ing**) vt. **1** 〔이론 따위〕를 전개하다, 발전시키다. **2**〔물이〕…을 발전시키다. 계획을 발전시키다. **2**〔생물〕…을 진화시키다, 발달시키다. **3**〔가스・증기 따위〕를 방출하다(emit). ── vi. 전개하다(develop); 〔연극 따위의 줄거리〕가 진전하다; 진화하다. ¶ (~+團+图) *evolve into* …으로 진화하다 / *evolve out of* …에서 진화(발달)하다.
◇ evólution, evólvement n.
e・volve・ment [iválvmənt / ivólv-] n. ⓤ 전개, 진전; 진화; 진화(발전)의 산물; 발생.
EVP《略》 executive vice president〔[회사의] 전무 이사; 때로는 상무 이사).
EVR《略》 electronic video recorder (전자식 녹화 장치).〔잡어뽑기.
e・vul・sion [iválʃ(ə)n] n. ⓤ〔치아 따위의〕뽑아내기,
EW《略》 enlisted woman〔여자 지원병〕. *cf.* EM; electronic warfare(전자전); emergency ward(응급 치료실).
ewe [juː] n. 암양(羊). *cf.* ram, sheep
éwe lámb n. 새끼 암양. ¶ one's *ewe lamb*〔가난한 사람의〕가장 귀중한 것〔←사무엘기(하)(2 Sam.) 12 : 3〕.
ewe-necked [júːnèkt] adj. 〔말 따위가〕목이 가늘고 빈약한.
ew・er [júː)ər] n. 〔세면용〕주둥이가 넓은 물병아리. ¶ a *ewer* and basin 물병아리와 세면기의 용도를 겸한 용기〔구식의 침실용〕.
ewig・keit [évɪçkaɪt] n. 영원. * 다음 숙어로 쓴다.
into (*in*) *the ewigkeit*〔익살〕흔적도 없이, 허공으로〔<G *eternity*〕.〔로.
ex¹ [eks] prep. **1**〔재정〕…없음, …락(落)(without). ¶ *ex* bonus 특별 배당락(落) / *ex* interest 이자락 / *ex* dividend 배당락. **2**〔상업〕…인도(引渡). ¶ *ex* pier 부두 인도 / *ex* rail 철도 인도 / *ex* ship 본선(선측) 인도. **3**《美》…년도~년도 클라스의〔단, 졸업하지 않은〕. ¶ *ex* 1975 1975년도 클라스의.
〔<L *out of, from*〕
ex² [eks] n. **1** X, x 의 문자; X 모양〔의 것〕. **2**《美구어》전 남편, 전처.
ex-¹ pref. **1 a)** forth, from, out of 의 뜻. 예: *ex*pel(쫓아내다), exempt. **b)** beyond of 의 뜻. 예: *ex*cess(과다). **c)** away from, out of 의 뜻. 예: *ex*patriate(국외로 추방하다). **d)** thoroughly of 뜻. 예: *ex*terminate. **e)** upward 의 뜻. 예: *ex*alt(높이다). **f)** without of 뜻. 예: *ex*animate(생명을 잃은).
── **Usage** **1** 모음과 c, p, q, t 로 시작되는 낱말의 앞에서는 ex-이지만, f 앞에서는 ef-; b, d, g, h, l, m, n, r, v 앞에서는 e-; c, s 앞에서는 종종 ec-가 된다: *ef*face, educe, egress, emit, eccentric, ecstasy. (2) 프랑스어 계통의 낱말에서는 종종 es-가 된다: *es*cape. **2** 계급・지위・직업 등을 나타내는 명사에 붙어서 쓰며, former of 뜻. 예: *ex*-president, *ex*-member(전회원). **3** 그리스어 계통의 낱말의 모음 앞에서 쓰며, out, away of 뜻. 예: *ex*arch, *ex*egesis.
ex-² ⇨ EXO-.
ex.《略》examination, examined; example; except, exception; exchange; excursion; executed, executive.
Ex.《略》Exodus.
ex・ac・er・bate [igzǽsərbèit, eksǽs- / eksǽs-] vt. (**-bat・ed, -bat・ing**) **1**〔병 따위〕를 한층 악화시키다

(aggravate). ¶ *exacerbate* a quarrel 불화를 더욱 악화시키다. **2** [감정 따위]를 한층 격화시키다; [남]을 노하게 하다(provoke), 짜증나게 하다(irritate).

ex·ac·er·ba·tion [igzæ̀sərbéi(ə)n, eksæ̀s- / eksæ̀s-] *n.* Ⓤ **1** [감정 따위의] 격화; [증상 따위의] 악화. **2** 격분, 분격.

‡**ex·act** [igzǽkt] *adj.* **1** 정확한, 틀림없는. ⇨ CORRECT [類語] ¶ an *exact* copy (amount) 정확한 복사(양) / *exact* to the letter 매우 정확한 / *exact* to the life 실물 그대로의 / He is *exact* in his statement. 그의 말은 정확하다. **2** 딱 들어맞는, 꼭 맞는(*to, in* ...). **3** [법률·규율 따위가] 엄격한, 엄중(엄정)한(strict). **4** 정밀한, 면밀한, 정확한(precise). ¶ *exact* instruments 정밀한 기계 / an *exact* thinker 면밀히 생각하는 사람. **5** 꼼꼼한, 엄격한(strict) (*in* ...). ¶ be *exact* in one's work 일이 매우 꼼꼼하다 / be *exact* in keeping appointments 약속을 꼭 지키다.
to be [*more*] *exact* [보다] 엄밀히 말하면.
— *vt.* **1** …을 요구하다, 필요로 하다(demand); …을 강제하다, 강요하다 (insist on). ¶ (~+圄+쩐+젱) *exact* obedience *from* (or *of*) a person 남을 강제로 복종시키다 / *exact* payment *of* a person 남에게 지불을 강요하다. **2** [세금 따위]를 엄하게 거두어 들이다(extort); 강탈하다(... *from, of*). ¶ (~+圄+쩐+젱) exact money *from* (or *of*) a person 남에게서 돈을 받아내다.
~·ness *n.* ◇ exáctitude, exáction *n.*

ex·act·a [igzǽktə] *n.* 《美》 경마의 1·2착을 도착 순서대로 맞히는 내기.

ex·act·a·ble [igzǽktəbl] *adj.* 강요(강제, 강제 징수)할 수 있는.

ex·act·ing [igzǽktiŋ] *adj.* **1** [요구 따위가] 엄한(severe), 혹독한; 횡포한. ¶ an *exacting* employer 엄한 고용주 / an *exacting* disposition 가혹한 성품. **2** 몹시 힘드는(arduous), 고된. ¶ *exacting* work 매우 힘든 일. **3** 징수가 엄한. **~·ly** *adv.* **~·ness** *n.*

ex·ac·tion [igzǽk(ə)n] *n.* **1** Ⓤ 강요, 강제 징수(*of* ...); 부당한 요구; 고통스러움. **2** 강제 징수한 돈(물건), 가혹한 세금.

ex·ac·ti·tude [igzǽktit(j)ùːd / -tjùːd] *n.* ⓤⒸ 정확, 정밀; 엄격.

‡**ex·act·ly** [igzǽktli] *adv.* **1** 정확히, 엄밀히(accurately). **2** as *exactly* as I can 가능한 한 정확히. **2** 틀림없이, 어김없이(strictly); 꼭, 바로(just). ¶ *exactly* at seven o'clock 7시 정각에 / This city looks *exactly* like Kyongju. 이 도시는 경주와 꼭 같다. **3** 《대답에서 yes 대용으로》 바로 그렇습니다, 바로 말씀하신 그대로입니다 (quite so).
not exactly 반드시 …하지는 않다(…이 아니다). ¶ That is *not exactly* what he said. 그것은 그가 말한 바로 그대로는 아니다.

ex·ac·tor [igzǽktər] *n.* 강요자, 수세리(收稅吏), 강제 징수자.

exact **science** *n.* 정밀 과학[수학·물리학 따위].

‡**ex·ag·ger·ate** [igzǽdʒərèit] *v.* (*-at·ed, -at·ing*) *vt.* **1** …을 과대시하다, 과대하게 생각하다. ¶ *exaggerate* one's own importance 자만하다, 만심(慢心)을 가지다. **2** …을 과장해서 말하다, 허풍떨다(overstate); …을 지나치게 강조하다. ¶ *exaggerate* one's unhappiness 불행을 과장해서 말하다. **3** 《보통 수동형으로》 [기관(器官) 따위]를 병적으로 확장시키다, [병 따위]를 악화시키다. ¶ one's heart that is greatly *exaggerated* by disease 병으로 인해 지나치게 비대해진 심장. — *vi.* 과장하여 말하다, 허풍치다; 과대시하다. ¶ Don't *exaggerate*. 허풍 떨지 (과장하지) 마라.
◇ exaggerátion *n.*, exággerative *adj.*

***ex·ag·ger·at·ed** [igzǽdʒərèitid] *adj.* **1** 과장된, 허풍을 떠는, 과대한. ¶ have an *exaggerated* opinion of oneself 지나치게 자만하고 있다. **2** [기관(器官) 따위가] 비정상적으로 발달한. **~·ly** *adv.*

***ex·ag·ger·a·tion** [igzæ̀dʒəréi(ə)n] *n.* Ⓤ 과장(의

대시. ¶ without *exaggeration* 과장 없이/It is no *exaggeration* to say that... …라고 말하여도 지나친 말이 아니다 // make an *exaggeration* of …을 과장하다. **2** 과장된 표현; 과장법.
◇ exággerate *v.*, exággerative *adj.*

ex·ag·ger·a·tor [igzǽdʒərèitər] *n.* 과장하는(허풍 치는) 사람.

ex·alt [igzɔ́ːlt] *vt.* **1** [지위·명예·권력·품위 따위]를 높이다 (raise); …을 승진시키다 (elevate). ¶ (~+囯+쩐+젱) *exalt* a person to a high office 남을 높은 관직으로 승진시키다. **2** …을 칭찬하다 (praise), 찬미하다 (glorify). **3** [상상 따위]를 자극하다(stimulate). **4** [색조·소리 따위]를 세게 하다 (intensify). **5** [자랑·기쁨 따위로] …을 의기양양하게 하다(elate). *exalt* a person *to the skies* 남을 극구 칭찬하다.
◇ exaltátion *n.*

ex·al·ta·tion [ègzɔːltéi(ə)n] *n.* Ⓤ **1** 높이기, 올리기, 고양(高揚) (elation). **2** 승진 (promotion). **3** 기고만장, 의기충천, 의기양양. **4** [기관(器官)의] 기능 따위의] 비정상적 항진(亢進).

***ex·alt·ed** [igzɔ́ːltid] *adj.* **1** 고귀한, 신분이 높은. ¶ an *exalted* personage 귀인(貴人). **2** 고상한, 숭고한. **3** 기고만장한, 의기양양한. **~·ly** *adv.*

ex·am [igzǽm] *n.* 《구어》 시험. [< EXAM[INATION]]

exam. 《略》 examination, examined, examinee, examiner. [원.

ex·am·i·nant [igzǽminənt] *n.* 시험관, 심사(조사)원.

‡**ex·am·i·na·tion** [igzæ̀minéi(ə)n] *n.* **1** ⓤⒸ 검사, 심사, 조사. ¶ make an *examination* of …의 검사를 하다. [類語] **examination** 어떤 사물의 성질·품질·효력·진위(眞僞) 따위를 알기 위한 주의깊은·정밀한·검토: a physical *examination* 신체 검사. **scrutiny** 매우 세밀한 examination. **inspection** 특히 결점·결함의 유무를 조사하는 공식의 examination: a regular auto *inspection* 정기적인 자동차 검사. **inquiry** 질문 또는 입수 가능한 증거에 의한 조사: an *inquiry* into a homicide case 살인 사건에 대한 조사. **investigation** 복잡한 또는 숨겨진 것에 관한 조직적이고 철저한[종종 공식적인] 수사: an *investigation* of narcotic traffic 마약 거래에 대한 수사. **research** 과학적인 조사·연구: market *research* 시장 조사.

2 Ⓤ Ⓒ **a)** [환자의] 진찰. ¶ the *examination* of a patient 환자의 진찰 / undergo a medical *examination* 진찰을 받다. **b)** [학설·문제 따위의] 검토, 고찰.

3 a) 시험, 고사 (test). ¶ a college entrance *examination* 대학 입학 시험 / an oral *examination* 구두 시험 / *examination* papers 시험 문제, 답안 / cheat in an *examination* 시험에서 커닝을 하다 / One's *pupils* an *examination* in history 학생에게 역사 시험을 치르게 하다 / take (or sit for, go in for) an *examination* 시험을 치르다 / pass an *examination* 시험에 합격하다. **b)** 시험 문제; 시험 답안.

4 Ⓒ Ⓤ [법률] [증인] 심문(尋問), 심문(審問). ¶ the *examination* of a witness 증인의 심문.
on examination 조사한 후에, 조사해 보니.
under examination 조사(검사)중.
◇ exámine *v.*, examinatórial *adj.*

ex·am·i·na·to·ri·al [igzæ̀minətɔ́ːriəl / -tɔ́ːri-] *adj.* 시험(검사)의; 시험관의, 심사원의.

‡**ex·am·ine** [igzǽmin] *v.* (*-ined, -in·ing*) *vt.* **1** …을 조사(검토)하다 (investigate); 검사(심사)하다, 검열하다 (inspect). ¶ *examine* a proposal 제안을 검토하다 / *examine* oneself 반성하다 // (~+wh. 웹) He *examined* by touch *whether* the kettle was hot or not. 그는 주전자가 뜨거운지 어떤지 만져보았다. **2** …을 시험하다 (test) (... *in, on, upon*). ¶ (~+囯+쩐+젱) *examine* the students *in* English 학생들에게 영어 시험을 보이

다 / *examine* a person *on* (or *upon*) the knowledge of physics 남에게 물리에 관해 시험하다. **3** 〔증인 등을〕심문하다. **4** …을 진찰하다. ¶ have one's health *examined* 건강 진단을 받다. — *vi.* 조사(심리)하다 (*into* …). ¶ (~+전+명) *examine into* details 상세한 것을 조사하다. ◇ examinátion *n*.

ex·am·i·nee [igzǽminíː] *n.* 수험자; 심리받는 사람.

ex·am·ine-in-chief [igzǽminintʃíːf] *vt.* 〔법률〕〔증인〕을 직접 심문하다.

*****ex·am·in·er** [igzǽminər] *n.* 시험관, 시험 위원; 검사원, 조사원; 증인 심문관.

‡**ex·am·ple** [igzǽmpl / -záːm-] *n.* **1** 예, 보기, 실례, 구체적인 예, 예증(例證) [수학 따위의] 예제. ¶ an *example* of a busy seaport 번화한 항구의 구체적인 예 / as an *example*; by way of *example* 한 예로써 / give an *example* 예를 들다 / *Example* is better than precept.《속담》교훈보다 실례.

〔類語〕**example** 어떤 종류 전체에 적용되는 법칙·표준을 설명하는 가장 대표적인 예: an *example* of Korean landscape gardening 한국의 조원법(造園法)을 나타내는 예. **instance** 일반적인 개념을 설명하는, 또는 어떤 종류의 성질을 나타내는 예: an *instance* of kindness 친절의 실례. **case** 어떤 일의 발생·존재의 보기가 되는 생위·상황·사건 따위: a *case* of bribery 증수회의 실례. **illustration** 어떤 이론·원리 따위를 분명하게 하기 위해 인용하는 예: an *illustration* of the use of a word 낱말의 용법을 나타내는 예문. **sample** 어떤 종류 전체의 성질·경향 따위를 알기 위해 임의로 선정되는 한 부분: a *sample* of whiskey 위스키의 견본. **specimen** 과학적·기술적 목적을 위한 sample: a *specimen* of a tropical butterfly 열대의 나비 표본. **model** 어떤 물건의 구조·외관을 나타내는 〔종종 소형(小型)의〕견본: a *model* of a steamer 기선의 작은 모형. **pattern** 특히 복지(服地) 등의 작게 잘라낸 견본.

2 본, 표준, 전형(典型), 모범 (model). ¶ after the *example* of …의 본(보기)에 따라 / follow the *example* of a person; follow a person's *example* 남을 본보기로 하다 / set (or give) a good *example* to others 다른 사람에게 모범을 보이다 / take *example* by a person 남을 모범으로 삼다. **3** 견본(sample), 〔작은〕모형; 표본 (specimen). **4** 교훈, 본보기, 경고(warning). ¶ make an *example* of …을 본보기로 하다. **5** 선례, 전례(precedent), 유례(類例) (parallel case). ¶ an action without (or beyond) *example* in history 역사상 유례가 없는 행위.

for example 예를 들면. * 일상적인 말로는 for instance 가 더 혼히 쓰인다.

— *vt.* (**-pled**, **-pling**)《수동형 이외는 드물게》…의 실례가 되다 〔를 보이다〕.

ex·an·i·mate [egzǽnimeit, -mit / -mit] *adj.* **1** 죽어있는(dead), 생명이 없는. **2** 원기〔활기〕가 없는.

ex a·ni·mo [eks ǽnimou] 《라틴》 (=from the soul) 충심으로부터〔의〕; 성심성의〔의〕 (sincerely).

ex·an·the·ma [èksænθíːmə] *n.* (*pl.* **-the·ma·ta** [-θémətə, -θíː·mə-] *or* **-the·mas**) 〔병리〕발진(發疹), 피진(皮疹); 발진성 열병.

ex·arch [éksɑːrk] *n.* **1** 〔그리스 정교회〕총주교 대리. **2** 〔비잔틴 제국의〕총독.

ex·ar·chate [éksɑːrkèit, +美 -ˊ-] *n.* ⓤⓒ exarch 의 직(권한, 관구(管區)).

*****ex·as·per·ate** [igzǽspəreit / -záː·s-] *vt.* (**-at·ed**, **-at·ing**) …을 안달나게 〔약오르게〕하다 (⇒ IRRITATE 〔類語〕); …을 노하게 하다 (provoke), 격노시키다 (... *against*, *at*, *by*). ¶ (~+전+명) be *exasperated against* a person 남의 행동에 성내다 / be *exasperated at* (or *by*) a person's conduct 남의 행동에 대해 화를 내다. **2** 〔병 따위〕를 악화시키다 (aggravate); 〔나쁜 감정 따위〕를 부추기다, 격화시키다. **3** 〔남〕을 성나게 하여 …시키다 (provoke) (... *to*). ¶ (~+전+명) *exasperate* a person *to* theft 남을 화나게 하여 도둑질을 시키다 / (~+전+*to* do) *exasperate* the workers *to go* on strike 근로자들을 노하게 하여 파업을 일으키게 하다. ◇ exasperátion *n*.

ex·as·per·at·ed·ly [igzǽspəreitidli / -záː·s-] *adv.* 화가 나서, 노하여, 황김에.

ex·as·per·at·er, -or [igzǽspəreitər / -záː·s-] *n.* 노하게 하는 사람, 애타게 하는 사람.

ex·as·per·at·ing [igzǽspəreitiŋ / -záː·s-] *adj.* 애태우는; 약오르게 하는, 화나는. ~**ly** *adv.*

ex·as·per·a·tion [igzæspəréiʃ(ə)n / -záː·s-] *n.* ⓤ 안달, 분개, 격노; 〔병 따위의〕악화. ¶ in *exasperation* 화가 나서.

exc. 〔略〕 except, exception; excursion.

Exc. 〔略〕 Excellency.

Ex·cal·i·bur [ekskǽlibər] *n.* 아서왕(King Arthur)의 마법의 칼.

ex ca·the·dra [eks kəθíːdrə, -kǽθidrə] 《라틴》 (= from the chair) 권위를 가지고, 권좌로부터.

ex·ca·the·dra [èkskəθíːdrə, -kǽθidrə] *adj.* 권위있는.

ex·ca·vate [ékskəvèit] *vt.* (**-vat·ed**, **-vat·ing**) 〔구멍〕을 파다; …을 파서 뚫다; …을 동굴로 만들다 (hollow out); 〔터널 따위〕을 굴착하다 〔뚫다〕. ¶ *excavate* a hill 산을 뚫어 구멍을 내다. **2** 〔매몰된 것〕을 발굴하다 (dig up), 굴토하다. ¶ *excavate* an ancient city 고대 도시를 발굴하다.

*****ex·ca·va·tion** [èkskəvéiʃ(ə)n] *n.* **1** ⓤ 구멍파기, 굴착; 발굴. **2** 〔굴착된〕 구멍, 공동(空洞) (⇒ HOLE 〔類語〕); 〔산·언덕을〕 절단해서 낸 길 (수로). **3** 발굴물, 유적. ◇ excaváte *v*.

ex·ca·va·tor [ékskəvèitər] *n.* **1** 굴착자, 발굴자. **2** 굴착기; 굴착용 천공기〔치아 속을 파내는 기구〕.

‡**ex·ceed** [iksíːd] *vt.* **1** 〔범위·한도〕를 넘다 (go beyond). ⇒ EXCEL 〔類語〕 ¶ *exceed* one's rights 월권하다. **2** 〔능력이나 정도 따위〕를 초과하다. ¶ The task *exceeds* his ability. 그 일은 그의 능력으로는 할 수 없다. **3** …보다 크다, …을 능가하다, 웃돌다(excel). ¶ The imports *exceed* the exports in this country. 이 나라는 수입이 수출을 웃돈다 // (~+전+명) Gold *exceeds* silver *in* value. 금은 은보다 가치가 더 있다. — *vi.* **1** 도(度)를 지나치다, 한도를 넘다 (*in* ...). ¶ (~+전+명) *exceed in* eating 과식하다. **2** 〔다른 것을〕 능가하다, 우세하다, 뛰어나다 (*in* ...). ¶ (~+전+명) *exceed in* strength 힘이 우세하다. ◇ excéss *n.*, excéssive *adj.*

*****ex·ceed·ing** [iksíːdiŋ] *adj.* 과도한, 대단한, 굉장한. — *adv.* 〔고어〕=exceedingly.

‡**ex·ceed·ing·ly** [iksíːdiŋli] *adv.* 대단히, 매우, 몹시.

‡**ex·cel** [iksél] *v.* (**-celled**, **-cel·ling**) *vt.* 〔남을〕 능가하다, 〔남보다〕 뛰어나다 (낫다), 탁월하다 (surpass) (... *in*, *at*). ¶ (~+전+명) He *excels* others *in* character (*at* sports). 그는 인격〔스포츠〕이 남보다 뛰어나다. — *vi.* 뛰어나다, 탁월하다 (surpass) (*in*, *at* ...). ¶ (~+전+명) *excel in* biology (*at* chess) 생물학〔체스〕에 뛰어나다 // (~+*as* 보) *excel as* a painter 화가로서 탁월하다.

〔類語〕**excel** 좋은 또 바람직한 성질·업적·기량 따위가 남보다 뛰어나다: *excel* one's classmates in mathematics 수학을 다른 급우들보다 잘하다. **exceed** 어느 한도·표준 따위를 넘다: *exceed* the allotted time by one minute 할당된 시간을 1분 초과하다. **surpass** = excel. **outdo** 이전 또는 남의 기록을 상회하다. * 위 낱말들은 보다 약간 격식을 갖춘 말이다.

◇ éxcellence, éxcellency *n.*, éxcellent *adj.*

*****ex·cel·lence** [éks(ə)ləns] *n.* **1** ⓤ 탁월, 우월, 우수 (*in*, *at* ...). ¶ *excellence* of workmanship 제작의 우수성 / win a prize for *excellence* in English 영어를 뛰어나게 해서 상을 받다. **2** 장점, 미점. ¶ a moral *excellence* 도덕상의 미점 / his *excellence* as a rider 기

수로서 그가 뛰어난 점. ◇ excél v., éxcellent adj.

ex‧cel‧len‧cy [éks(ə)lənsi] n. (pl. **-cies**) **1** (보통 E-) 각하[장관·대사·총독 등에 사용되는 존칭]. ¶ Your Excellency 《직접 부르는 말로》 각하[부인] / His (Her) Excellency 《간접적으로》 각하 (각 부인) / Your (Their) Excellencies 《복수일 때》 각하[부인]. **2** (보통 E-) Excellency 의 존칭으로 불리는 사람. **3** =excellence.

‡**ex‧cel‧lent** [éks(ə)lənt] adj. **1** 뛰어난, 우수한(in...). ¶ He is excellent in mathematics. 그는 수학이 우수하다. **2** 《응답에서》좋아, 잘했어(good).
~**ly** adv. ◇ excél v., éxcellence n.

ex‧cel‧si‧or [iksélsiər] interj. 보다 높게! (higher) [미국 New York 주(州)의 표어]. ── n. ① **1** 《원래 美》《상자 속에 포장용으로 넣는 가늘고 긴 양질의》대팻밥. **2** (보통 E-) 《주로 美》《인쇄》 3포인트 활자.
Excélsior Státe n. (the~) 미국 New York 주의 속칭.

‡**ex‧cept** [iksépt] prep. ···이외는, ···을 제외하고는. ¶ Everyone is ready except him. 그를 제외하고는 모두 준비가 되어 있다 / 《*부사구》《절》을 수반하여》 That bookstore is open except on Wednesday. 저 서점은 수요일 이외는 영업을 한다.
[類語] except 특히 제외의 뜻을 강조하는 낱말: Tell anything except a lie. 무슨 말을 해도 좋지만 거짓말만은 안 된다. **but** 단순히 포함되어 있지 않음을 나타내는 말: Tell anything but a lie. 거짓말이 아니면 무슨 말을 해도 좋다. **save** 「···을 제외하고」란 뜻의 문어.
── Usage¹ (1) except 와 부정사 ── 주문(主文) 안에 do 가 있는 경우는 except 다음에 원형 부정사가, 기타의 경우는 to-부정사가 오는 경우가 많다: She did nothing except weep. cf. It had no effect except to make him angry. (2) except 의 부정 ── except 를 not, without 로 부정하는 경우는 대개 excepting 의 형을 쓴다: Everyone must observe the rule not excepting the king. * 명사 뒤에 오는 경우는 not excepted 라고 하며, 위의 예문 후반은 ... the king not excepted 가 된다. 또 문두(文頭)나 always 의 다음에도 excepting 이 일반적이다.

except for ···이 없으면, ···을 제외하고는(but for). ¶ Except for your help, I would have failed. 당신의 도움이 없었더라면, 나는 실패했을 것이다.
except that ... ···이라는 것 이외는, ···이라는 것을 제외하면. ¶ It will be perfect except that it is too long. 그것은 너무 길다는 점을 빼놓고는 나무랄 데가 없을 것입니다.
── Usage² (1) except 는 「···을 빼놓고는《제외하고는》」처럼 예외적인 것을 말하는 데 사용된다. 이에 대해 except for 는 「···이 있기(있었기) 때문에 ···이지만 (이었지만), 만일 그것이 없다면(없었다면)」처럼, 이미 있는 (있었던) 것을 전제로 하여, 그 반대의 경우를 가정하여 말할 때에 쓰인다. * except for ... 에 선행하는 주문(主文)은 보통 긍정문이 된다. (2) 뒤에 명사[구] 가 따르는 경우는 except for 를, 절이 오는 경우는 except that 이 쓰인다. (3) but for 보다 except for 가 제외의 뜻이 더 강하다. 또 but for 는 가정법의 동사와 함께 쓰이는 경우가 많다. ⇨ BUT. * save for 는 문어체, only for 는 고어적인 어법이고 오늘날의 구어체에 아직 남아 있다.
── conj. **1** 《고어》···하지 않으면, ···이 아니면(unless). **2** 《美구어》···이지만(유감스럽게도), 단(但)(only) (* 때로 that 을 수반》. ¶ I would go except it's too far. 가고 싶지만《유감스럽게도》너무 멀다.
── vt. ···을 제외하다(exclude); ···을 빼다(...from). ¶ I except foreigners. 외국인은 예외입니다 // 《~+目+前+名》 except a person's name from a list 남의 이름을 명단에서 빼다.

── vi. [···에] 반대하다 《object》 《against, to ...》. ¶ 《~+前+名》 except against a matter 일에 반대하다.

ex‧cept‧ing [ikséptiŋ] prep. 《* except 와 같은 뜻이지만 주로 문두(文頭), 또는 not, without, always 뒤에 쓰인다》 ···을 빼놓고는, ···을 제외하여(excluding). ¶ Excepting the mayor, all were present. 시장 이외는 모두 출석했다 / Everyone must be patient, not excepting me. 누구나가 참고 견디지 않으면 안 된다, 나도 마찬가지다. ── conj. 《고어》 ···을 제외하고(except).

‡**ex‧cep‧tion** [iksépʃ(ə)n] n. ① **1** 예외(로 취급하기); 제외(하기) (exclusion). **2** ⓒ 제외된 예, 예외, 예외의 인물(사물, 경우). ¶ an exception to a rule 규칙의 예외 / with the exception of (or that ...) ···을 제외하고, ···이외는 / make an exception of ···을 예외로 하다, 특별 취급하다 // without exception 예외없이, 남김없이 / The exception proves the rule. 예외가 있다는 것은 원칙이 있다는 증거이다 / He is no exception. 그도 예외가 아니다. **3 a)** 이의(異議), 이론(異論)(objection); 반대. ¶ be liable (or subject) to exception 이의를 제기할 여지가 있다, 이론(異論)이 나올 것 같다. **b)** 〔법률〕 이의신청(異議申請).
take exception ① 이의를 신청하다《to, against ...》. ② 성내다, 화를 내다《at ...》.
◇ excépt v., excéptional adj.

ex‧cep‧tion‧a‧ble [iksépʃ(ə)nəbl] adj. 반대할만한 (objectionable), 이의를 말할 수 있는, 비난할만한.
ex‧cep‧tion‧a‧bly [iksépʃ(ə)nəbli] adv. 부적당하게.

‡**ex‧cep‧tion‧al** [iksépʃ(ə)n(ə)l] adj. **1** 예외의, 이례적인. ⇨ IRREGULAR [類語] ¶ an exceptional case 예외적인 사례. **2** 정상이 아닌, 각별한(unusual); 보통이 아닌, 드문(rare). ¶ an exceptional opportunity 특별한 기회. ~**ness** n.

‡**ex‧cep‧tion‧al‧ly** [iksépʃ(ə)nəli] adv. 예외적으로, 비정상적으로; 유별나게, 대단히.

ex‧cep‧tion‧less [iksépʃ(ə)nlis] adj. 예외(例外)《없는.
ex‧cep‧tive [ikséptiv] adj. **1** 예외의, 예외적인; 제외의, 각별한; 예외를 나타내는. ¶ an exceptive clause 제외 조항. **2** 이의를 제기하고 싶어하는, 허물잡기 좋아하는.

*‡**ex‧cerpt** n. [éksə:rpt → v.] (pl. **-cerpts** or **-cerp‧ta** [iksə́:rptə]) 《책 따위로부터의》발췌, 초록(抄錄); 인용(구)《from ...》. ── vt. [iksə́:rpt] ···을 발췌(초록)하다; ···을 인용하다 (quote).
ex‧cerpt‧i‧ble [iksə́:rptibl] adj. 발췌(초록)할 수 있는.
ex‧cerp‧tion [iksə́:rpʃ(ə)n] n. ① 발췌, 초록.

‡**ex‧cess** [iksés → adj.] **1** ① 《종종 단수형으로만》 초과, 과잉(過剩) (surplus), 과다, 과도. ¶ excess of authority 월권 / have an excess of energy 정력이 넘쳐 흐르고 있다. **2** 초과량(액) (opp. lack), 잉여분(分). ¶ an excess of exports over imports 수출 초과액. **3** ①〔행동이〕도를 지나침; 불근신(不謹愼); 부절제(不節制) (in ...); 《~es》폭음 폭식; 《보통 ~es》 난폭. ¶ His excesses shortened his life. 폭음 폭식은 그의 생명을 단축했다.
in (or **to**) **excess** 극도로. ¶ drink to excess 과음하다 / go (or run) to excess 극단으로 흐르다 / carry something to excess 어느 일을 도가 지나치게 하다.
in excess of ···을 초과하여, ···이상의《(으)로》(more than).
── adj. 〔+名 éksés〕제한 밖의; 여분의(extra); 잉여 (과잉)의 (surplus). ¶ excess baggage (or 《英》luggage) 〔무임 수송 중량 외의 수하물〕초과 수하물 / an excess fare 〔철도의〕 초과 승차 추가 요금; 〔상등칸으로 바꿔 탈 때의〕 할증금 / excess issue 〔화폐의〕 제한 초과 발행.
◇ excéed v., excéssive adj.

ex‧cess-de‧mand inflátion [iksésdimǽnd-/-má:nd-] n. ① 수요(需要) 인플레.

‡**ex‧ces‧sive** [iksésiv] adj. 과도의(cf. moderate); 과다한(too much); 터무니없는; 극단적인(extreme). ¶

excessive charges (joy) 과도한 요금(기쁨).
類語 excessive 수량·정도가 너무 지나쳐서 타당·인내의 범위를 넘는: *excessive* heat 지나친 더위. **immoderate** 억제심이 없어서 excessive 한: *immoderate* drinking 절제하지 않은 과음. **extravagant** 타당·관습적인 한계를 난폭·무법·어리석음 따위로 상규(常規)를 벗어난: an *extravagant* claim 터무니없는 요구. **exorbitant** 관습적 또는 기정(旣定)의 한계를 이탈하여 남을 괴롭히는: an *exorbitant* price 터무니없는 값. **inordinate** 권위·양식이 명하는 한도를 넘어선: an *inordinate* amount of supply 과도한 공급량.
~**ly** *adv.* ~**ness** *n.* ◇ **excéed** *v.*, **excéss** *n.*
éx·cess-próf·its tàx [éksesprɑ́fits-/-prɔ́f-] *n.* 초과 이득세.
exch· (略) exchange; exchequer. [과 이득세.
‡**ex·change** [ikstʃéindʒ] *v.* (**-changed, -chang·ing**) *vt.* **1 a**) …을 교환하다, 교체하다, 환전하다 (*for*).
¶ *exchange* a thing goods 물건을 교환하다 // (~+目+前+名) *exchange* pounds *for* dollars 파운드를 달러로 환전하다. **b**) …을 교역하다(barter) (*...with*). ¶ (~+目+前+名) *exchange* goods *with* foreign countries 외국과 상품을 교역하다.
2 …을 주고 받다, 서로 교환하다(interchange) (*...with*). ¶ *exchange* gifts 선물을 서로 교환하다 // (~+目+前+名) *exchange* glances *with* a person 남과 서로 시선을 교환하다 / *exchange* seats *with* a person 남과 좌석을 바꾸다.
類語 exchange ① 어떤 물건을 다른 것과 교환하다: *exchange* a flat tire 빵꾸난 타이어를 교환하다. ② 동종·동형(同型)의 물건을 서로 주고받다: *exchange* views 서로 의견을 교환하다. **interchange** =*exchange*: *interchange* gifts 선물을 서로 교환하다.
3 …을 버리다, …을 버리고[…을]취하다(*...for*). ¶ (~+目+前+名) *exchange* honor *for* wealth 명예를 버리고 부를 취하다.
4 [서양장기에] [체스에서 교환으로] [적의 말을] 잡다.
— *vi.* 교환하다, 교환되다, 환전되다. ¶ Nowadays American money does not *exchange* as well as it used to do. 요즘의 미화(美貨)는 이전처럼 환전할 수 없다 // (~+目+前+名) The honey *exchanged for* a bag of corn. 벌꿀은 강냉이 한 포대와 교환되었다.
— *n.* **1** ⓊⒸ 교환, 대체(代替); 주고받기, 맞바꾸기; 교역(barter) (*for*, *with...*). ¶ *exchange* of money *for* goods 돈을 물품과 교환하는(돈을 주고 물품을 손에 넣는)일 / make an *exchange with* …과 교환을 하다 // an *exchange* of gifts 선물 주고 받기 / *Exchange* is no robbery. 교환은 강탈이 아니다〔불공평한 교환을 정당화할 때의 변명〕. **2** 대체(물)(交換)品, ¶ a good *exchange* 이득이 있는 교환물. **3** 거래소. ¶ a stock *exchange* 증권 거래소. **4** 〔전화의〕교환국. ¶ a telephone *exchange* 전화 교환국. **5** Ⓤ **a**) 환(換) 〔시세〕; 환전. ¶ foreign *exchange* 외국환(換) / an *exchange* bank 환은행 / the par of *exchange* 법정 평가(法定平價) // at the *exchange* of 890 won *for* one *to* the dollar 1달러에 대한 890원의 환시세로. **b**) 〔정산·환전의〕수수료. **c**) (~s) 어음 교환고. **6** 《英》 직업(노동) 소개소 (labor exchange).
in exchange for (or *of*) …과 교환으로, …의 대신으로. ¶ What will you give me *in exchange for* the dictionary? 사전 대신으로 무엇을 주시겠습니까?
ex·change·a·bil·i·ty [ikstʃèindʒəbíləti] *n.* Ⓤ 교환(교역)할 수 있음; 교환 가치.
ex·change·a·ble [ikstʃéindʒəbl] *adj.* 교환(교역)할 수 있는(*for ...*).
exchánge contról *n.* Ⓤ 환(換) 관리.
exchánge fórce *n.* 〔물리〕 〔소입자간의〕 교환력.
exchánge márket *n.* 외〔국〕환 시장.
exchánge proféssor *n.* 교환 교수 (학생).
exchánge ráte *n.* 외국환 시세.
exchánge stúdent *n.* 교환 학생.

exchánge tícket *n.* 상품권, 상품 수표.
ex·cheq·uer [ikstʃékər, 美 éks-] *n.* **1** 국고 (national treasury). **2** (종종 E-) 《英》 재무성. ¶ the Chancellor of the *Exchequer* 《英》 재무장관(상). **3** (E-) 《英》 재무 재판소. **4** Ⓤ〔口語〕〔개인·법인 등의〕 재정, 자력(資力), 재원.
exchéquer bíll *n.* 《英》 재무성 증권.
exchéquer bónd *n.* 《英》 국고 채권.
ex·cis·a·ble[1] [iksáizəbl] *adj.* 과세할 수 있는.
ex·cis·a·ble[2] [iksáizəbl] *adj.* 절제(삭제)할 수 있는.
ex·cise[1] [éksaiz, -sais —] *n.* **1 a**) 물품세, 국내 소비세. ¶ [an] *excise on* tobacco 담배 / 《소비세》collect *excises* 물품세를 징수하다. **b**) 면허세. **2** (the E-) 《英》 간접 세무국〔현재는 Bureau of Customs and Excise〕.— [iksáiz] *vt.* (**-cised, -cis·ing**) …에 물품(소비)세를 매기다, 과세하다, …에 중세를 과하다.
ex·cise[2] [iksáiz] *vt.* (**-cised, -cis·ing**) **1** 〔구·문장 단위〕를 삭제하다. **2** …을 절개하다, 잘라내다.
éxcise láws *n.* (the~) 《美》 주류 제조 판매 규제법.
ex·cise·man [éksaizmən] *n.* (*pl.* **-men** [-mən]) 《英》 간접(소비)세 징수관.
ex·ci·sion [eksíʒ(ə)n] *n.* Ⓤ **1** 삭제; 절제(切除). **2** 〔종교〕 파문.
ex·cit·a·bil·i·ty [iksàitəbíləti] *n.* Ⓤ 발끈하기 쉬운 (흥분을 잘 하는) 성질; 〔생리〕 자극에 대한 기관 따위의 흥분성.
*ex·cit·a·ble [iksáitəbl] *adj.* 격하기 쉬운, 흥분을 잘 하는(는, impassive). 자극에 민감한.
~**ness** *n.* **-bly** *adv.*
ex·cit·ant [iksáitənt, éksitənt] *adj.* 흥분시키는, 자극성의. — *n.* 자극물; 흥분제. ⇨ STIMULUS 類語
ex·ci·ta·tion [èksaitéiʃ(ə)n / èksi-] *n.* Ⓤ **1** 자극, 흥분; 흥분 상태. **2** 〔전기〕 여자(勵磁). **3** 〔물리〕 여기 (勵起), 여진(勵振).〔발적인.
ex·cit·a·tive [iksáitətiv] *adj.* 흥분성의, 자극성의; 도
ex·cit·a·to·ry [iksáitətɔ̀:ri / -t(ə)ri] *adj.* =excitative.
‡**ex·cite** [iksáit] *vt.* (**-cit·ed, -cit·ing**) **1** 〔남〕을 자극하다, 흥분시키다; 〔남〕을 부추겨 …시키다〔* 종종 과거 분사형을 만들어 형용사적으로 쓴다〕 ⇨ PROVOKE 類語
¶ *excite* oneself 흥분하다 // (~+目+前+名) *excite* a person to anger 남을 화나게 하다 / be (or get) *excited about* something (*at* disclosure, *by* him, *over* the news) 어떤 일에(폭로된 일에, 그에 대해, 그 소식을 듣고) 흥분하다.
2 〔흥미 따위〕를 일으키다(arouse), 〔주의〕를 환기시키다(*...to, in*). ¶ *excite* attention 주의를 환기시키다 / *excite* curiosity 호기심을 자극하다 // (~+目+前+名) The news *excited* envy *in* him. =The news *excited* him to envy. 그 소식을 듣고 그는 부러움을 느꼈다.
3 〔사람 등〕에 자극을 주다, 분발시키다(stir up); …을 야기하다(bring about); 선동하여 〔폭동 따위〕를 일으키다, 격발시키다(provoke). ¶ *excite* a dog 개를 흥분시키다 / *excite* a riot 폭동을 일으키다.
4 〔생리〕 〔기관·조직〕에 자극을 주다.
5 a) 〔전기〕 …에 전기를 이르키다, 자장(磁場)을 생기게 하다. **b**) 〔물리〕 〔원자·분자〕를 여기(勵起)시키다.
Don't excite! 〔口語〕 침착해라! [Don't excite yourself의 생략 어법].
◇ **excítement** *n.* ㄴself의 생략 어법.
*ex·cit·ed [iksáitid] *adj.* **1** 흥분한. ⇨ EXCITE 1. *opp.* calm **2** 〔장사 따위가〕 활발한(brisk). **3** 〔물리〕 여기된.
*ex·cit·ed·ly [iksáitidli] *adv.* 흥분하여. ㄴ상태의.
‡**ex·cite·ment** [iksáitmənt] *n.* Ⓤ **1** 흥분, 격앙; 자극. ¶ in *excitement* 흥분하여 격앙하여. **2** Ⓤ Ⓒ 〔경사(慶事)의〕 야단법석; 〔인심〕의 동요. ⇨ AGITATION 類語 ¶ cause great *excitement* 큰 소동을 벌이다. **3** 자극하는 것.
ex·cit·er [iksáitər] *n.* **1** 자극하는 사람(것). **2** 〔전기〕 여자기 (勵磁機). **3** 〔의학〕 흥분(자극)제 (stimu-

lant).
ex·cit·ing [iksáitiŋ] *adj.* 자극적인, 흥분시키는(stirring), 손에 땀을 쥐게 하는(thrilling), 재미있는, 즐거운. ¶ an *exciting* game 재미있는 시합. ~**ly** *adv.*
ex·ci·ton [éksətɑn, -sai- / -tɔ̀n] *n.* [물리] 여기자(勵起子).
excl. (略) exclamation; excluding; exclusive.
ex·claim [ikskléim] *vi.* [감동하여] 외치다, 소리치다(cry out); [격하게] 말하다. ⇒ CRY [類語]². ¶ (~+前+名) *exclaim against* interference 간섭에 대하여 큰 소리로 반대하다. —— *vt.* …이라고 큰 소리로 말하다, ¶ "You fool!" he *exclaimed.* '바보!'라고 그는 소리쳤다 // (~+that 節) He *exclaimed* that he would rather die. 차라리 죽어버리겠다고 그는 소리쳤다.
◇ exclamátion *n.*, exclámatory *adj.*
exclam. (略) exclamation; exclamatory.
ex·cla·ma·tion [èksklǝméiʃ(ǝ)n] *n.* **1** ⓤ 외침, 절규; ⓒ 외치는 소리. ¶ He gave an *exclamation* of joy. 그는 너무나 기뻐서 소리를 질렀다. **2** ⓤ 감탄. **3** [문법] 감탄문; 감탄사, 간투사. ¶ an *exclamation* mark (or point); a note (or a point) of *exclamation* 감탄 부호[!].
—— **Usage** 감탄 부호의 주요 용법 —— (1) 보통 감탄사나 how, what으로 시작되고 주어+동사의 어순이 되는 감탄문의 마지막에 붙인다: Oh! / Dear me! / How long the bridge is! cf. How long is the bridge? * 감탄사는 독립적이 약한 경우는 문장의 아무데도 올 수 있다: Oh, you are here at last! (2) 불완전한 문장에 붙이는 일이 많다: How strange! / If only I could! / He married! (3) 평서문·의문문에 붙이는 일도 있다: You are here! / Is he here! * That's a lie. 처럼 문장의 뜻에 강한 감정이 분명히 나타나 있는 평서문·의문문에 감탄 부호를 붙이는 것은 삼가는 것이 좋다.
◇ excláim *v.*, exclámatory *adj.*
***ex·clam·a·to·ry** [iksklǽmǝtɔ̀ːri / -t(ǝ)ri] *adj.* 감탄하는, 영탄적(詠嘆的)인, 영탄조의. ¶ an *exclamatory* sermon 영탄조의 설교 / an *exclamatory* sentence 감탄문.
ex·clave [ékskleiv] *n.* 고립 영토[본국에서 떨어져서 다른 나라의 영토에 둘러싸인 영토]. *cf.* enclave
ex·clo·sure [ikskló(u)ʒǝr] *n.* [동물이나 해충 따위의 침입을 방비하는 설비가 있는] 울을 두른 곳, 방어 구역.
ex·clude [iksklúːd] *vt.* (**-clud·ed, -clud·ing**) **1** …을 들이지 않다, 차단하다; …을 제외하다(shut out), 배제하다(… *from*). *opp.* include ¶ Shutters *exclude* light. 셔터는 빛을 차단한다 // (~+名+前+名) *exclude* foreign ships *from* a port 외국 선박을 항구에 들이지 않다 / *exclude* the subject *from* consideration 그 제목을 고려에서 제외하다. **2** …을 쫓아내다, 추방하다(expel). ¶ (~+名+前+名) *exclude* a person *out of* (or *from*) a club 클럽에서 남을 추방하다. **3** (가망·여지·의심 따위를) 전혀 허용치 않다(forbid).
◇ exclúsion *n.*, exclúsive *adj.*
***ex·clu·sion** [ikskluː3(ǝ)n] *n.* ⓤⓒ **1** 제외, 배제; 추방, 배척; 이민의 입국 금지. **2** [생리] 제외; 공치술(空置術) [내강(內腔)을 차단하고 행하는 수술].
to the exclusion of …을 제외하여고.
ex·clu·sion·ar·y [iksklúː3ǝnèri / -nǝri] *adj.* 제외적인, 배타적인.
ex·clu·sion·ism [iksklúː3ǝnìz(ǝ)m] *n.* ⓤ 배타주의.
ex·clu·sion·ist [iksklúː3ǝnist] *n.* 배타주의자.
***ex·clu·sive** [iksklúːsiv] *adj.* **1** 배타적인, 남을 용납치 않는. ¶ mutually *exclusive* qualities 서로 용납지 않는 성질 / an *exclusive* social circle 배타적인 사교계. **2** 유일한 (sole); 독점적인; 전문적인. ¶ *exclusive* privileges 독점권 / an *exclusive* sales agency 독점 판매 대리점. **3** [상류 계급 따위] 특정 계급의 사람들을 대상으로 하는, 고급의(high-class). ¶ an *exclusive* shop 고급 점포. **4** [논리] 배타적인. ¶ an *exclusive* proposition 배타적 명제. **5** …을 제외하고, 계산에 넣지 않고(*of* …). *opp.* inclusive ¶ from 10 to 31 *exclusive* 10에서 31까지 [단 10과 31은 제외한다] (* 이 경우 *exclusive*는 부사적 용법) // *exclusive of* taxes 세금을 계산에 넣지 않고 / The price is *exclusive of* postage. 그 가격에는 송료가 별도로 붙는다. —— *n.* [저널리즘] 독점 기사. ~**ness** *n.* ◇ exclúde *v.*, exclúsion *n.* ~**ly** *adv.*
exclúsive económic zòne *n.* 전관 경제 수역 (economic zone).
exclúsive físhing zòne *n.* 어로 전관 수역.
exclúsive ínterview *n.* 단독 회견.
***ex·clu·sive·ly** [iksklúːsivli] *adv.* 배타적으로, 서로 용납치 않고, 독점적으로, 전문적으로; 주로.
ex·clu·siv·ism [iksklúːsìviz(ǝ)m] *n.* ⓤ 배타주의, 독점주의.
ex·cog·i·tate [ekskɑ́dʒitèit / -kɔ́dʒ-] *vt.* (**-tat·ed, -tat·ing**) …을 생각하여 내다(think out), 고안해 내다(devise).
ex·cog·i·ta·tion [ekskɑ̀dʒitéiʃ(ǝ)n / -kɔ̀dʒ-] *n.* 고안[물].
ex·com·mu·ni·cate *vt.* [èkskǝmjúːnikèit → *n., adj.*] (**-cat·ed, -cat·ing**) [특히 로마 교회가] …을 파문하다. —— *adj.* [èkskǝmjúːnikit] 파문(추방)당한. —— *n.* [동] 파문당한 [사람].
ex·com·mu·ni·ca·tion [èkskǝmjùːnikéiʃ(ǝ)n] *n.* ⓒ **1** 파문; 파문 선언. **2** 제명, 추방.
ex·com·mu·ni·ca·tive [èkskǝmjúːnikèitiv / -kǝtiv] *adj.* 파문의; 파문 선고의.
ex·com·mu·ni·ca·tor [èkskǝmjúːnikèitǝr] *n.* 파문시키는 사람; 파문 선고자.
ex·com·mu·ni·ca·to·ry [èkskǝmjúːnikɑtɔ̀ːri / -keit(ǝ)ri, -kǝt(ǝ)ri] *adj.* 파문의, 파문 선고의; 파문의 원인이 되는.
ex·con·vict [èkskɑ́nvikt / -kɔ́n-] *n.* 전과자.
ex·co·ri·ate [ikskɔ́ːrièit / -kɔ́r-] *vt.* (**-at·ed, -at·ing**) …의 껍질(피부)을 벗기다, …을 까다. **2** …을 몹시 비난하다(… *for*).
ex·co·ri·a·tion [ikskɔ̀ːriéiʃ(ǝ)n / -kɔ̀ː-] *n.* ⓤ [피부의] 까짐; ⓒ 피부의 까진 곳. **2** ⓤ 심한 비난.
ex·cre·ment [ékskrimǝnt] *n.* ⓤ 배설물; (종종 ~s) 대변(feces).
ex·cre·men·ti·tious [èkskrimentíʃǝs], (**ex·cre·men·tal** [-méntl]) *adj.* 대변의, 대변 같은.
ex·cres·cence [ikskrés(ǝ)ns] *n.* **1** 이상 발생물[사마귀·혹 따위]. **2** 자연 발생물[머리털·손톱 따위]. **3** 무용지물.
ex·cres·cen·cy [ikskrés(ǝ)nsi] *n.* (*pl.* **-cies**) 이상 증식; 이상 증식물[혹·사마귀 따위].
ex·cres·cent [ikskrés(ǝ)nt] *adj.* **1** [비정상적으로] 성장(증)한; 군더더기의. **2** [음성] 잉음(剩音)의. ¶ an *excrescent* letter 잉음 문자 [발음의 편의상 덧붙인 문자로 어원적으로는 여분의 것].
ex·cre·ta [ikskríːtǝ] *n. pl.* 배설물, 선(腺) 분비물, 대변(excretions).
ex·crete [ikskríːt] *vt.* (**-cret·ed, -cret·ing**) …을 배설하다, 분비하다.
ex·cre·tion [ikskríːʃ(ǝ)n] *n.* ⓤⓒ **1** 배설[작용]. **2** 배설물[소변·대변·땀 따위].
ex·cre·tive [ikskríːtiv] *adj.* 배설을 촉진시키는; 배설 작용을 하는.
ex·cre·to·ry [ékskrǝtɔ̀ːri / -t(ǝ)ri] *adj.* 배설의, 분비의. ¶ an *excretory* organ 배설 기관.
ex·cru·ci·ate [ikskrúːʃièit] *vt.* (**-at·ed, -at·ing**) …을 고문하다(torture), 괴롭히다(torment), 고민케 하다.
ex·cru·ci·at·ing [ikskrúːʃièitiŋ] *adj.* 몹시 괴로운, 심한 고통을 주는(torturing). ~**ly** *adv.*
ex·cru·ci·a·tion [ikskrùːʃiéiʃ(ǝ)n] *n.* ⓤ 고문; [극도의] 고통(torture); 고민(anguish).
ex·cul·pate [ékskʌlpèit, + 美 ikskʌ́lpeit] *vt.* (**-pat·**

ex·cul·pa·tion [èkskʌlpéi(ə)n] *n.* ⓤ 1 무죄의 해명, 변호(excuse).

ex·cul·pa·to·ry [ekskʌ́lpətɔ̀:ri/-t(ə)ri] *adj.* 해명의, 변명의. ¶ *exculpatory* evidence 해명이 되는 증거.

ex·cur·rent [ekskə́:rant/-kʌ́r-] *adj.* 1 흘러나오는. 2 〔동물〕 유출구가 되는(있는). 3 〔식물〕 연정적(延頂的)인 〔나무 줄기의 끝이 돌출하여 꼭대기를 이루고 있는〕, 연축적(軟出的)인 〔일의 주맥(主脈)이 가장자리로 나 뾰족하게 튀어나온〕.

ex·curse [ikskə́:rs] *vi.* (-**cursed, -curs·ing**) 〔드물게〕 1 옆길로 새다(digress); 배회하다(ramble). 2 여행하다, 통과하다.

ex·cur·sion [ikskə́:rʒ(ə)n/-ʃ(ə)n] *n.* 1 짧은 여행, 유람 여행, 소풍. ⇒ TRIP 類語 ¶ a pleasure *excursion* 유람 여행 / a school *excursion* 학교의 소풍 / go on an *excursion* 소풍 가다 / make(*or* take) an *excursion* to (*or* into) …으로 소풍 가다. 2 유람 여행 단체, 소풍 단체. 3 〔이야기 따위의〕 탈선, 본체에서 벗어나기 (deviation). 4 〔물리〕 〔물체의〕 편의(偏倚), 운동. 5 〔기계〕 행정(行程). 6 〔페어〕 출격, 습격(raid). ― *vi.* 소풍(여행) 가다. ― *adj.* 유람의, 주유(周遊)의. ¶ *excursion* rates 유람 할인 요금. 2 여행자, 유람객.

ex·cur·sion·ist [ikskə́:rʒ(ə)nist/-ʃ(ə)n-] *n.* 소풍객, 여행자, 유람객.

excúrsion tícket *n.* 할인 유람표.

excúrsion tráin *n.* 유람 열차.

ex·cur·sive [ikskə́:rsiv] *adj.* 1 배회하는, 방랑적인. 2 종잡을는, 산만한. 3 〔이야기 따위에서〕 벗어난, 지엽적인(digressive). **~·ly** *adv.* **~·ness** *n.*

ex·cur·sus [ikskə́:rsəs] *n.* (*pl.* **-sus·es** *or* **-sus**) 1 〔권말의 본문〕 부기(附記), 추기, 주달.

ex·cus·a·ble [ikskjú:zəbl] *adj.* 용서할 수 있는, 용서해도 좋은, 변명이 되는. **-bly** *adv.*

ex·cus·a·to·ry [ikskjú:zətɔ̀:ri/-t(ə)ri] *adj.* 변명의, 해명의(apologetic).

‡**ex·cuse** *vt.* [ikskjú:z → *n.*] (-**cused, -cus·ing**) 1 …을 용서하다. ¶ *excuse* a fault 잘못을 용서하다 / *Excuse* me. 미안합니다, 실례합니다 / *Excuse*, please.=*Excuse* me? 뭐라고 하셨죠? / *Excuse* me, but... 실례입니다만 … // (～+图+前+名) *excuse* a person for his fault 남의 잘못을 용서하다 / *Excuse* me for interrupting you, but I beg a favor of you. 말씀 도중에 죄송합니다만 부탁이 하나 있습니다.

類語 **excuse** 사소한 실수 따위를 너그럽게 봐주다. **forgive** 해를 끼친 사람을 용서하고, 그것에 원한을 품지 않고 잊어버리다: *forgive* and forget 용서하고 잊어버리다. **pardon** 중대한 잘못·죄에 대하여 공무원·상급자가 관용을 베풀고 벌을 감면해 주다: *pardon* a war criminal 전쟁 범죄자를 용서하다. **condone** 도덕이나 법에 위배되는 행위를 사정에 따라 너그럽게 봐주다: *condone* certain forms of gambling 어떤 종류의 도박을 허락하다.

2 …에 대하여 변명하다, …을 해명하다(apologize for); 〔사정 따위〕…의 변명이 되다(justify). ¶ He *excused* his delay as due to the weather. 그는 늦어진 것을 날씨 탓으로 돌렸다. 3 〔의무·계약 따위에〕 〔남〕을 면제해 주다, 해제하다(release). ¶ (～+图+前+名) We will *excuse* you *from* the test. 너의 시험을 면제해 주겠다 / *Excuse* me *from* work tomorrow. 내일은 쉬게 해주십시오 〔고용인이 쓰는 말〕. 4 《美》 자리를 뜨는 것을 허가하다. ¶ Can I be *excused* ? 이만 가도 됩니까? / May I be *excused* ? 잠깐 갔다와도 되겠습니까? *excuse oneself* ① 변명하다 (apologize); 사과하다(*for* ...). ¶ *excuse* oneself *for* one's conduct 자기 행위를 변명하다. ② 사퇴하다(*from* ...). ¶ I want to *excuse* myself *from* coming. 가는 것을 사절하고 싶다. ③ 도중에 자리를 뜨다.
 ― *n.* [ikskjú:s] ⓒ ⓤ 1 변명(apology); 해명 (*for* ...). ¶ his *excuse* for being late 늦은 데 대한 그의 변명 / make an *excuse* for …을 변명하다 / invent an *excuse* 변명할 궁리를 하다 / No *excuse*! 변명하지 마라! 2 〔잘못 따위의〕 이유(justification), 변명. ¶ without *excuse* 이유 없이. 3 핑계, 구실(pretext). ¶ on the *excuse* of …을 핑계삼아. 4 명색뿐인 것; 빈약한 것 (*for* ...). ¶ a poor *excuse for* a yacht 요트라고는 명색뿐인 형편없는 것. 5 용서.
in excuse 변명으로. ¶ I don't have a word to say *in excuse*. 변명할 여지가 없습니다.
in excuse of …의 변명(핑계)으로써. ¶ plead ignorance *in excuse of* being lazy 게으름에 대한 핑계로써 몰랐었다고 변명하다.
◇ excúsatory *adj.*

ex·cus·er [ikskjú:zər] *n.* 용서하는 사람; 변명하는 사람.

ex·di·rec·to·ry [èksdirékt(ə)ri, -dai-] *adj.* 《英》 전화 번호부에 실려 있지 않은(unlisted).

èx dívidend 〔증권〕 배당락(落) 〔略 ex div.〕. *cf.* cum dividend

ex·e·at [éksiæt] *n.* 1 〔수도원장이 수사에게 주는〕 외박 허가. 2 《英》 대학생에게 주는 공식 휴가 허가, 외박 허가. 〔< L let [him] go out〕

ex·ec [igzék] *n.* 《구어》 간부.

exec. (略) executive; executor.

ex·e·cra·ble [éksikrəbl] *adj.* 저주할, 밉살스러운. 2 형편없는(very bad), 열등한. **~·ness** *n.* **-bly** *adv.*

ex·e·crate [éksikrèit] *vt.* (**-crat·ed, -crat·ing**) 1 …을 몹시 싫어하다(미워하다)(detest). 2 …을 저주하다(curse). ― *vi.* 저주하는 말을 하다(utter curses).

ex·e·cra·tion [èksikréi(ə)n] *n.* 1 ⓤ 저주하기, 몹시 싫어하기. 2 저주의 말(curse). 3 저주의 대상, 저주받는 사람(것).

ex·e·cra·tive [éksikrèitiv] *adj.* =execratory.

ex·e·cra·to·ry [éksikrətɔ̀:ri/-krèit(ə)ri] *adj.* 저주의; 저주를 내포한.

ex·e·cut·a·ble [éksikjù:təbl] *adj.* 실행(수행, 집행) 할 수 있는.

ex·e·cu·tant [igzékjutənt] *n.* 실행자; 연주자. ― *adj.* 연주자의; 공연의, 연주하는.

‡**ex·e·cute** [éksikjù:t] *vt.* (-**cut·ed, -cut·ing**) 1 〔계획·명령·일 따위〕을 실행하다(carry out), 실시하다(accomplish); 〔약속 따위〕를 이행하다. ⇒ DO 類語 ¶ *execute* one's promise 약속을 이행하다 / *execute* one's plan 계획을 실행하다. 2 〔예술품〕을 제작(창작)하다 (produce), ¶ *execute* a painting 그림을 제작하다. 3 〔곡〕을 연주하다(perform); 〔배역〕을 연기하다(play). ¶ *execute* a sonata 소나타를 연주하다. 4 〔법률〕 〔법률·명령·재판 처분 따위〕를 시행하다; 〔계약〕을 이행하다; 〔계약서 따위〕를 작성하다; 〔유언〕을 집행하다. 5 …을 사형에 처하다. ⇒ KILL 類語 ¶ The murderer was *executed* with fire. 그 살인자는 화형에 처해졌다.
◇ execútion *n.,* execútive *adj.*

*ex·e·cu·tion [èksikjú:(ə)n] *n.* ⓤ 1 〔계획·명령·일 따위의〕 실행, 실시, 수행(accomplishment). ¶ carry (*or* put) a plan in (*or* into) *execution* 계획을 실행에 옮기다. 2 〔예술 작품 등의〕 제작; 연주(performance); 〔제작·연주의〕 기법, 기술(skill), 솜씨. ¶ the *execution* of a piece of music 악곡의 연주. 3 〔특히 무기 따위의〕 효과; 파괴력 (* 보통 do의 목적어로 쓰인다). ¶ do *execution* 위력을 발휘하다. 4 〔법률〕 〔판결·유언 따위의〕 집행; 사형 집행; ⓒ 강제 집행 영장(writ of execution). 5 〔계약 따위의〕 증서 작성.
◇ execúte *v.,* execútive *adj.*

ex·e·cu·tion·er [èksikjú:(ə)nər] *n.* 1 실행자, 수행자. 2 형의 집행관; 사형 집행인(hangman).

‡**ex·ec·u·tive** [igzékjutiv] *n.* 1 (the ～) 〔정부의〕 행정부; 집행 위원회, 집행부. 2 행정관, 행정적 수완가,

executive clemency (the E-) 행정 장관[대통령·각주지사 등]. **3** 지배인, 경영 간부, 이사(manager). — *adj.* **1** 실행상의; 실행력이 있는. ¶ *executive* talent 실행력. **2** 법을 집행하는; 행정상의, 행정부의. ¶ *executive* power 행정권 / an *executive* committee 집행 위원회. ~**ly** *adv.*
◇ éxecute *v.*, execútion *n.*

exécutive clémency *n.* 《美》 [법률] [대통령·주지사 등에 의한] 감형, 특별 사면.

Exécutive Mánsion *n.* (the ~) 《美》 **1** 대통령 관저(the White House). **2** 주지사 관저.

exécutive ófficer *n.* 행정관, 집행관; [군부대의] 정·부함장; [기업의] 경영자, 간부

exécutive órder *n.* 《美》 대통령령.

executive privilege *n.* 《美》 행정 특권.

exécutive séssion *n.* [정치] [수뇌부 따위의] 비밀 회의.

ex·ec·u·tor [éksikjùtər → 2] *n.* **1** 실행자, 집행자. **2** [igzékjutər] [법률] 유언 집행자.

ex·ec·u·to·ri·al [igzèkjutó:riəl / -tó:r-] *adj.* 실행자의, 집행자의. [자격(직무)].

ex·ec·u·tor·ship [igzékjutərʃìp] *n.* ⓤ 유언 집행자의 [지위(직무)].

ex·ec·u·to·ry [igzékjutò:ri / -t(ə)ri] *adj.* **1** 실행상의, 실행력 있는; 법을 집행하는, 행정상의(executive). **2** [법률] [계약·유언 등이] 아직 이행되지 않은, 미확정의, 장차 효력이 발생하는.

ex·ec·u·trix [igzékjutriks] *n.* (*pl.* **-trix·es** or **-tri·ces** [igzèkjutráisi:z]) [법률] [여자] 유언 집행자.

ex·e·ge·sis [èksidʒí:sis] *n.* (*pl.* **-ses** [-si:z]) [성서의] 해석, 해설, 주석. ¶ Biblical *exegesis* 성서 해석, 주해.

ex·e·gete [éksidʒi:t] *n.* 해의(解義)학자; 성경 해석학

ex·e·get·ic [èksidʒétik], **-i·cal** [-ik(ə)l] *adj.* [성서의] 해석(해설, 주석)의. [석학; 해석적 신학.

ex·e·get·ics [èksidʒétiks] *n. pl.* (단수 취급) 성서 해

ex·em·plar [igzémplər] *n.* **1** 본보기, 모범(Ideal model). **2** 보기, 예(instance). **3** 전형(type), 원형. **4** 사본.

ex·em·pla·ry [igzémpləri] *adj.* **1** 모범적인, 훌륭한. ¶ her *exemplary* behavior (*or* conduct) 그녀의 훌륭한 행동. **2** 경고가 되는(monitory). **3** 전형적인, 좋은 예가 되는. ¶ an *exemplary* passage 전형적인 한 구절. **-ri·ly** *adv.* **-ri·ness** *n.*

ex·em·pli·fi·ca·tion [igzèmplifikéiʃ(ə)n] *n.* **1** ⓤⓒ 예증, 예시; 좋은 예. **2** [법률] 증명된 사본.

***ex·em·pli·fy** [igzémplifài] *vt.* (**-fied**, **-fy·ing**) **1** …을 예증하다, …의 좋은 예가 되다. **3** [법률] …을 복사하다, …의 인증(認證) 등본을 작성하다.

ex·em·pli grá·ti·a [igzémplai gréiʃiə, -zémpli grá:tia:] [라틴] 예를 들면 (for example) [略 e.g.].

ex·em·plum [igzémpləm] *n.* (*pl.* **-pla**) **1** 인용예, 실례(example). **2** [중세의 설교 중] 도덕적 이야기.

***ex·empt** [igzém(p)t] *vt.* …을 면제하다. ¶ (~+웝+웹+웹) *exempt* a person *from* military service 남의 병역을 면제하다. — *adj.* 면제된 (*from* …). ¶ goods *exempt from* taxes 면세품. — *n.* **1** 의무 면제자; 면세자. **2** (드물게) 친위병의 하사. ~ exémption *n.*

ex·empt·i·ble [igzém(p)təbl] *adj.* [의무·이행·고통 따위를] 면제할 수 있는.

***ex·emp·tion** [igzém(p)ʃ(ə)n] *n.* **1** ⓤⓒ 《美》 [소득세 신고서에 기재하는] 공제 대상 항목(부양 가족 따위]; 면세품. **2** ⓤ 면제(immunity), 해제. ¶ *exemption from* punishment (taxation) 형의 면제(면세).

ex·e·qua·tur [èksikwéitər, -kwá:-] *n.* **1** 인가장 [외국의 영사 또는 상무관에게 업무 집행의 권한을 인정하여, 주재국 정부가 내준다]. **2** [교황 교서 출판 따위에 관한] (군왕의 허가.

ex·e·quy [éksikwi] *n.* (*pl.* **-quies**) **1** (보통 **-quies**) 장례식 (funeral rite). **2** 장례 행렬. [있는.

ex·er·cis·a·ble [éksərsàizəbl] *adj.* 운용(행사)할 수

‡**ex·er·cise** [éksərsàiz] *n.* **1** ⓤ [신체의] 운동; ⓒ 체

조. ¶ outdoor *exercises* 옥외 운동 / lack (*or* want) of *exercise* 운동 부족 / gymnastic *exercises* 체조, 체육 / practice light *exercises* in the morning 아침에 간단한 체조를 하다. **2** 연습, 실습(practice). ¶ *exercises* for the piano 피아노 연습. **3** ⓤ [정신·육체 따위의] 활동시키기; 사용(employment); 실천, [권리 따위의] 행사. ¶ *Exercise* of the mental faculties is just as important as *exercise* of the body. 정신력을 활동시키는 것은 육체를 활동시키는 것과 마찬가지로 중요하다. **4** 학과; 연습 문제(과제); 수업 과정. ¶ *exercises* in grammar 문법 연습 문제 / do one's *exercise* 학과를 공부하다. **5** (종종 ~s) 《美》 식, 의식(ceremony); 종교 의식, 예배. ¶ the commencement *exercises* of a college 대학의 졸업식 / *exercises* of devotions 기도식. **6** (보통 ~s) [군대의] 연습, 훈련. ¶ military *exercises* 군사 훈련.

【類語】 *exercise* 이미 가지고 있는 능력을 강화하기 위해서 반복적으로 행하는 활동: *exercises* at the end of a lesson 과(課) 끝에 있는 연습 문제. *drill* 어떤 일을 습관적으로 하도록 하기 위해 보통 지도자 밑에서 반복적으로 행하는 훈련: *drills* in pronunciation 발음 훈련. *practice* 어떤 기술의 완성을 목적으로 반복해서 행하는 조직적인 연습: daily *practice* on the piano 매일 하는 피아노 연습.

— *v.* (**-cised**, **-cis·ing**) *vt.* **1** …을 훈련하다, …에게 연습시키다; …에게 운동시키다. ¶ *exercise* troops 군대를 훈련하다 / (~+图+鑣+囹) *exercise* a person *in* swimming 남에게 수영 연습을 시키다 / *exercise* oneself *in* fencing 펜싱 연습을 하다. **2** [기능이나 권리]를 행사하다. ¶ *exercise* one's rights 권리를 행사하다. **3** [인내력·주의력·판단력]을 활동시키다, 사용하다. ¶ *exercise* patience (caution, judgment) 인내력(주의력, 판단력)을 발휘하다. **4** [특권·힘 따위]를 발휘한다, 휘두르다; [직무 따위]를 수행하다, 완수하다. ¶ *exercise* one's constitutional rights 헌법이 보장하는 권리를 행사하다. **5** [영향·감화 따위]를 미치다. ¶ (~+ 囹+鑣+囹) *exercise* great influence *on* a person 남에게 커다란 영향을 미치다. **6** 을 번거롭게 하다, 괴롭히다 (worry). ¶ (~+囹+鑣+囹) be much *exercised about* one's health 건강을 몹시 걱정하다 / Do not *exercise* yourself *over* the affair. 그 일로 골치를 썩이지 마라.

— *vi.* 연습하다; 운동하다(take exercise).

éxercise bòok *n.* (특히 英) 연습장, 공책.

ex·er·cis·er [éksərsàizər] *n.* **1** 연습(실행)하는 사람. **2** 운동 기구. **3** [말의] 조교사(調敎師).

ex·er·ci·ta·tion [igzə̀:sitéiʃ(ə)n] *n.* ⓤ(고어) **1** 능력·힘 따위]를 발휘하기, 발휘. ¶ an *exercitation* of one's imagination 상상력을 발휘하기. **2** 연습, 실습. **3** 실행, 이행. **4** 예배, 근행(勤行). **5** 논문; 논의 (discourse).

Ex·er·cy·cle [éksərsàikl] *n.* (상표명) 엑서사이클(페달을 밟기만 하는 실내 운동 기구).

ex·ergue [igzə́:rg, éksə:rg / eksə́:g, -´-] *n.* (화폐·메달 따위의] 의장(意匠)의 하부와 가장자리와의 사이[연월일·제작자의 이름 등이 새겨진 곳], 그 각명(刻銘).

‡**ex·ert** [igzə́:rt] *vt.* **1** [힘·지식 따위]를 쓰다, 발휘하다; [재귀용법] 노력하다 (*...for*). ¶ *exert* intelligence 지식을 발휘하다 / (~+囹+to do) He *exerted* himself to finish the work. 그는 그 일을 끝내기 위해 노력했다. **2** [감화]를 주다, [위력·압력]을 가하다. ¶ (~+囹+ 鑣+囹) *exert* a favorable influence *on* a person 남에게 좋은 영향을 미치다. ◇ exértion *n.*, exértive *adj.*

‡**ex·er·tion** [igzə́:rʃ(ə)n] *vt.* **1** ⓤ 힘을 내기, [권력·능력의] 쓰기, 행사. ¶ mental *exertion* 정신력의 발휘 / *exertion* of authority 권력의 행사. **2** 노력, 진력, 애씀. ¶ in spite of all his *exertions* 그의 온갖 노력에도 불구하고. ◇ exért *v.*

ex·er·tive [igzə́:rtiv] *adj.* 노력하는(할 수 있는), 힘을

ex·es [éksiz] *n. pl.* (구어) 비용, 출비(expenses).

ex·e·unt [éksiənt, +美 -ʌnt] vi. [각본의 연기 지시에서] 퇴장하다. cf. exit² [<L they go out]

éxeunt ómnes [-ámni:z / -5m-] [각본의 연기 지시에서] 일동 퇴장. [<L all go out]

ex·fil·trate [eksfíltreit] vi., vt. (-trat·ed, -trat·ing) 〖美軍〗[적의 전선으로부터] 천천히(조금씩) 탈출하다.

ex·fo·li·ate [eksfóulièit] v. (-at·ed, -at·ing) vt. …을 벗겨내다(strip off). —— vi. **1** [나무 껍질이 얇은 조각이 되어] 벗겨지다. **2** [지질] [가열된 광물이나 풍화된 암석이] 얇은 조각이 되어 떨어지다. **3** [외과] 피부 따위가 박리(剝離)하다. ~·tion [eksfòuliéi(ə)n] n. **1** ⓤ 박리(작용), 박락(剝落). **2** 박리된 것.

ex grá·ti·a [eks gréi(i)ə] adj., adv. 호의로써(의), 친절에서 우러나(우러난). [<L from favor]

ex·ha·la·tion [èks(h)əléi(ə)n, ègzəl-] n. **1** ⓤ [숨을] 토해내기, 증발, 발산. **2** ⓤⓒ 호기(呼氣), 증발기(vapor), [향기·악취 따위의] 발산하는 것.

***ex·hale** [ekshéil, igzéil] v. (-haled, -hal·ing) vi. **1** 발산하다, 증발하다(evaporate), 소산하다. **2** 숨을 토해내다. opp. inhale —— vt. **1** [숨·공기·증기·소리 따위를] 토해내다. ¶ exhale a sigh 한숨을 쉬다. **2** …을 발산하다, 증발시키다. ◇ exhalátion n.

‡ex·haust [igzɔ́:st] vt. **1** [그릇을] 비우다(empty), 진공으로 만들다. ¶ (~+圓+前+图) exhaust a cask of liquor 술통을 비우다. **2** [물 따위]를 배출하다. ¶ exhaust the water of a pond 연못의 물을 빼다. **3** [체력·인내력 따위]를 다 써버리다, 기진맥진하게 하다, 소모시키다. ¶ exhaust one's patience 더 이상 참을 수 없게 되다 / be exhausted from work(with toil, by war) 일로(고된 일로, 전쟁으로) 녹초가 되다 / I have exhausted myself swimming. 수영을 해서 지쳤다. **4** [국력·자원 따위]를 고갈시키다, 다 써버리다, 피폐시키다. ¶ The war exhausted the resources of the country. 전쟁으로 그 나라의 자원은 고갈되었다 / The stock is nearly exhausted. 재고가 바닥이 나 간다. **5** …을 낱낱이 연구하다, 철저히 논술하다; …을 망라하다. **6** 증류를 써서 [약 따위의 성분]을 모조리 추출하다. —— vi. 배기하다, [증기 따위가] 방출되다, 배출되다. —— n. ⓤ ⓒ [기계] [에너지를 잃은 가스 따위의] 배출(물), 배기 가스, 폐기(물); 배출 장치. ◇ exháustion n., exháustive adj.

ex·haust·ed [igzɔ́:stid] adj. **1** 다 퍼내버린, 물이 마른, 다 써버린, 고갈된. **2** 지친, 기진맥진한. ¶ be exhausted 다하다; 기진맥진하다 / feel quite exhausted 몹시 지치다.

exháust fàn n. 환기 팬.

exháust fùmes n. pl. 배기 가스.

ex·haust·i·bil·i·ty [igzɔ̀:stibíliti] n. ⓤ 완전히 쓸 수 있음, 피(被) 소비성.

ex·haust·i·ble [igzɔ́:stəbl] adj. 완전히 쓸 수 있는.

ex·haust·ing [igzɔ́:stiŋ] adj. 피로(소모)하게 하는, 정력을 고갈시킬 정도의; 철저히 파헤친. **~·ly** adv.

***ex·haus·tion** [igzɔ́:stʃ(ə)n] n. ⓤ **1** 배출, **2** 소모, 고갈, 다 써버리기(of …). **3** 극도의 피로, 기진맥진. ¶ nervous exhaustion 신경 피로. **4** [문제 따위의] 철저한 연구(해설). ◇ exháust v., exháustive adj.

***ex·haus·tive** [igzɔ́:stiv] adj. **1** 철저한, 남김없는(thorough). **2** [자원·힘 따위]를 고갈시키는, 소모하는. **~·ly** adv. **~·ness** n. ◇ exháust v., exháustion n.

ex·haust·less [igzɔ́:stlis] adj. 다하는 일이 없는, 무진장의(inexhaustible). **~·ly** adv. **~·ness** n.

exhbn. (略) exhibition.

‡ex·hib·it [igzíbit] vt. **1** …을 출품(진열, 전시, 공개)하다. ⇒ SHOW〖類語〗¶ exhibit paintings 그림을 전시하다. **2** …을 나타내다(manifest), 보이다, 표시하다(show). ¶ exhibit anger 분노를 나타내다 / The building exhibited signs of decay. 그 건물은 황폐해질 징조를 보이고 있었다. **3** [법률] 증거 물건으로서 법원에 [문서]를 제시하다(submit); [탄원서 따위]를 제출하다. **4** (페어)(의학) (약)을 복용시키다, 투여하다; [의료]를 베풀다. —— vi. 전람회를 개최하다; 출품하다, 전시하다. —— n. **1** 출품, 전시(display), 공시(exhibition), **2** 출품물, 진열품, **3** [법률] [법정에 제출된] 증거 물건(서류). ⇒ EVIDENCE〖類語〗◇ exhibítion n.

‡ex·hi·bi·tion [èksibí(ə)n] n. **1** ⓤⓒ 보이기, 명시(明示)(showing), 표시, 발휘, 공시; [예술품·제품의] 진열, 전시, 전람(display). ¶ an exhibition of bad manners 좋지 않은 태도를 보이기 / put something on exhibition 물건을 전시하다. **2** 출품된 것, 진열품(exhibit). **3** 전람회, 품평회(show); 《美》 학예회. ¶ hold (or give) an art exhibition 미술 전람회를 열다. **4** (주로 英) 박람회(exposition). **5** 《英》 장학금(scholarship). **6** ⓤ [의학] 투약, 시약; 치료(施療).

make an exhibition (or *a regular exhibition*) *of oneself* [바보 같은 짓을 하여] 웃음거리가 되다, 망신하다. ◇ exhíbit v.

ex·hi·bi·tion·er [èksibí(ə)nər] n. 《英》 장학생.

ex·hi·bi·tion·ism [èksibí(ə)nìz(ə)m] n. ⓤ **1** 과시벽(誇示癖), 자기 선전벽, **2** [정신 의학] 노출증.

ex·hi·bi·tion·ist [èksibí(ə)nist] n. **1** 과시벽이 있는 사람, 자기 선전가. **2** [정신 의학] 노출증 환자.

ex·hib·i·tive [igzíbitiv] adj. 전시하는, 전시하기에 맞는; 나타내는, 과시하는. ¶ be exhibitive of …을 나타내다. **~·ly** adv.

ex·hib·i·tor [igzíbitər], (**exhibiter**) n. **1** [전람회 따위의] 출품자, 참가자. **2** 영화 흥행주. **3** [법률] [증거 따위의] 제출자.

ex·hil·a·rant [igzílərənt] adj. 명랑하게 하는, 기분을 북돋우는, 기운나게 하는. —— n. 기분을 상쾌하게 하는 음료, 흥분제.

ex·hil·a·rate [igzílərèit] vt. (-rat·ed, -rat·ing) …을 명랑하게 하다, …의 기분을 북돋우다.

ex·hil·a·rat·ed [igzílərèitid] adj. 유쾌한, 열근한.

ex·hil·a·rat·ing [igzílərèitiŋ] adj. 명랑하게 하는, 기분을 북돋우는. **~·ly** adv.

ex·hil·a·ra·tion [igzìləréi(ə)n] n. ⓤ **1** 기분을 북돋우기, **2** 상쾌, 유쾌, 명랑.

ex·hil·a·ra·tive [igzílərèitiv / -rə-] adj. 기분을 북돋우는, 명랑한.

***ex·hort** [igzɔ́:rt] vt. …에게 열심히 권하다 (설득하다), …에게 훈계하다. ⇒ URGE〖類語〗¶ (~+圓+to do) exhort a person to repent 남에게 회개하도록 설득하다 // (~+圓+前+图) exhort a person to good deeds 남에게 선행을 권하다. —— vi. 훈계하다. ◇ exhortátion n., exhórtative, exhórtatory adj.

***ex·hor·ta·tion** [ègzɔ:rtéi(ə)n, èksər-] n. ⓤ 권고, 장려, 훈계; ⓒ 권유하는 말. ¶ an exhortation to peace 평화에의 권고. ◇ exhórt v., exhórtatory adj.

ex·hor·ta·tive [igzɔ́:rtətiv] adj. = exhortatory.

ex·hor·ta·to·ry [igzɔ́:rtətɔ̀:ri / -t(ə)ri] adj. 권고의, 충고의.

ex·hort·er [igzɔ́:rtər] n. 권고하는 사람, 훈계자.

ex·hu·ma·tion [èks(h)ju:méi(ə)n, ègz(ə)u:- / èks(h)ju:-] n. ⓤⓒ 발굴, [특히] 시체 (무덤) 파냄.

ex·hume [igz(j)ú:m, eks- / ekshjú:m, igzjú:m] vt. (-humed, -hum·ing) …을 발굴하다; [특히] [시체·무덤 등]을 파내다; [비유적] …을 공개하다. ¶ exhume old letters 고문서를 발굴하다.

ex·i·gence [éksidʒ(ə)ns] n. = exigency.

ex·i·gen·cy [éksidʒ(ə)nsi] n. ⓤⓒ (pl. **-cies**) **1** 위급, 절박, 긴급. ⇒ EMERGENCY〖類語〗**2** (보통 -cies) 절박한 사정, 긴급 상황; 급선무.

ex·i·gent [éksidʒ(ə)nt] adj. **1** 절박한, 긴급한(urgent); 다급하게 요구하는(of …). **2** 각박한, 괴로운.

ex·i·gi·ble [éksidʒəbl] *adj.* 강요할 수 있는, 요구할 수 있는 (requirable) (*against, from* ...).

ex·i·gu·i·ty [èksigjúːiti] *n.* ⓤ 조금, 근소.

ex·ig·u·ous [egzígjuəs, iksíg-] *adj.* 근소한, 얼마 안 되는; 작은(small). ~·**ness** *n.*

***ex·ile** [égzail, éks-] *n.* **1** ⓤ 망명, 유랑; 귀양, 유형; 국외 추방. ¶ Napoleon's *exile* to Elba 나폴레옹의 엘바섬의 유형 / He is now in *exile* in Mexico. 그는 멕시코에 망명중이다. **2** 망명자, 유랑자; 귀양간 죄수, 유형자; 추방된 자. ¶ a political *exile* 망명 정치가. **3** (the E-) [기원전 6세기에 일어난 유대인의] 바빌론의 포수(捕囚) (the Captivity).
condemn a person to exile 남을 귀양보내다.
go into exile 추방당하다, 떠도는 신세가 되다.
— *vt.* (**-iled, -il·ing**) 추방하다, 유형에 처하다.
⇨ BANISH 類語 ¶ *exile* oneself 유랑하다 // (~ +閉 +名) *exile* a person from his country 남을 고국에서 추방하다. ◇ **exílic** *adj.*

ex·il·i·an [egzílien, eks-] *adj.* = exilic.

ex·il·ic [egzílik, eks-] *adj.* [바빌론에 포수되었던 유대인처럼] 추방중인, 유랑의.

ex·il·i·ty [egzíliti, eks-] *n.* ⓤ [폐어] 근소, 빈약; 가늘음.

Ex·im·bank [éksimbæŋk] *n.* 수출입 은행 (Export-Import Bank).

†**ex·ist** [igzíst] *vi.* **1** 존재하다, 있다(be). ¶ God *exists*. 신은 존재한다. **2** [특별한 장소·상태에] 있다, 존재하다. ¶ (~ + 閉 + 名) Salt *exists* in the sea. 소금은 바닷물 속에 있다. **3** 살아 있다(live); 생존하다, 살아가다, 존속하다. ¶ (~ + 閉 + 名) *exist* on a meager salary 박봉으로 살아 가다 / Man cannot *exist* without air. 사람은 공기가 없으면 살지 못한다. **4** [철학] 실존하다. ◇ **exístence** *n.,* **exístent** *adj.*

†**ex·ist·ence** [igzíst(ə)ns] *n.* **1** ⓤ 존재, 실재, 현존(being). ¶ call (*or* bring) something into *existence* 어떤 것을 생기게 하다, 성립시키다 / come into *existence* 생기다, 성립되다 / go out of *existence* 소멸하다, 멸망하다 / ruins in *existence* 현존하는 유적 / put something out of *existence* 어떤 것을 절멸시키다(죽이다). **2** ⓤ 생존, 생활(life); 생활(생존) 양식. ¶ a hand-to-mouth *existence* 하루 벌어 하루 사는 생활 / a struggle for *existence* 생존 경쟁 / lead a dangerous *existence* 위태로운 생활을 하다. **3** 모든 존재물, 생존물, 실재물. **4** ⓤ [철학] 실존.
◇ **exíst** *v.,* **exístent** *adj.*

***ex·ist·ent** [igzíst(ə)nt] *adj.* **1** 현존하는, 존재하고 있는 (existing). **2** 목하의, 현행의(present). — *n.* 현존재하는 사람(것), 생존하는 사람(것); [철학] 실존자.

ex·is·ten·tial [ègzisténʃ(ə)l, +美 èks-] *adj.* **1** 존재의(에 관한). **2** [논리] 실체론상의. **3** 실존주의의.

ex·is·ten·tial·ism [ègzisténʃ(ə)lìz(ə)m, +美 èks-] *n.* ⓤ[철학] 실존주의.

ex·is·ten·tial·ist [ègzisténʃ(ə)list, +美 èks-] *n.* 실존주의자. — *adj.* 실존주의의.

ex·ist·ing [igzístiŋ] *adj.* 현존(존재, 생존)하는, 지금의. ¶ the *existing* law 현행법 / under the *existing* conditions 현재 사정으로는.

***ex·it**[1] [égzit, éksit] *n.* **1** 출구. ¶ an emergency *exit* 비상구. **2** 나가기, 퇴거, 외출[의 자유]; [배우의] 퇴장. ¶ of entrance ¶ make one's *exit* 퇴장하다. **3** 사망(death). — *vi.* 외출하다, 퇴거하다; 죽다(die).

ex·it[2] [égzit, éksit] *vi.* [각본의 연기 지시로서] 퇴장하다. *cf.* exeunt ¶ *Exit* Othello. 오셀로 퇴장.

éxit pèrmit *n.* 출국 허가[증].

éxit pòll *n.* 출구 조사[선거 결과 예측을 위해 투표소에서 나온 투표자에 대하여 실시하는 앙케트 조사].

éxit vìsa *n.* 출국 사증(비자).

ex lí·bris [eks láibris, +美 -líː-] ···의 장서에서 [표지 안쪽에 쓰는 소유주 이름 앞에 쓴다]. ¶ *ex libris* E. Brown E. 브라운 장서. — *n.* (*pl.* **-bris**) 장서표

(bookplate). [< L *from the books or library* [of]]

ex·li·brist [ekslái̇́brist, +美 -líː-] *n.* 장서표 수집가.

Ex·moor [éksmuər] *n.* 영국의 서남부 Somersetshire 와 Devonshire 의 고원 지방.

exo- outside, outer 의 뜻의 연결형 (* 모음 앞에서는 ex-를 쓴다). 예: *exo*skeleton.

ex·o·at·mos·phere [èksouǽtməsfiər] *n.* 외 기 권 (exosphere). [물학.

ex·o·bi·ol·o·gist [èksoubaiάlədʒist, / -51-] *n.* 우주 생

ex·o·bi·ol·o·gy [èksoubaiάlədʒi / -51-] *n.* 우주생물학. [(epicarp).

ex·o·carp [ékso(u)kàːrp] *n.* [식물] 외과피(外果皮)

ex·o·cen·tric [èkso(u)séntrik] *adj.* [문법] 외심적(外心的)인. *cf.* endocentric ¶ an *exocentric* construction 외심 구조.

ex·o·crine [éksokràin, +美 -kríːn] *adj.* 외분비[성]의. ¶ *exocrine* gland 외분비선. *cf.* endocrine
— *n.* 외분비물(선).

ex·o·cri·nol·o·gy [èksokrainάlədʒi, -kri- / -51-] *n.* [생물] 외분비학(外分泌學).

Exod. (*略*) Exodus. [치출.

ex·o·don·tia [èksədánʃ(i)ə / -dɔ́n-] *n.* ⓤ [치과의] 발

ex·o·dus [éksədəs] *n.* **1** [많은 사람이] 나가기, 출발; [이민단 따위의] 출국, 이주. ¶ Every summer there is a mass (*or* a large) *exodus* from the city to the country. 해마다 여름이 되면 많은 사람이 도시에서 시골로 간다. **2** (the E-) [모세에게 인도된 이스라엘인의] 이집트 출국. **3** [성서] (E-) 출애굽기[구약 성서의 제 2 서; *略* Exod.]

ex of·fi·ci·o [èks əfíʃioù /-ʃioù] 직무상[의 자격으로]. [< L *from office*]

ex·o·ga·mous [eksάgəməs, -sɔ́g-] , **ex·o·gam·ic** [èkso(u)gǽmik] *adj.* 이족(異族) (종족 외) 결혼의.

ex·og·a·my [eksάgəmi, -sɔ́g-] *n.* ⓤ 이족 결혼. *cf.* endogamy ¶ [생물] 이계(異系) 교배.

ex·o·gen [éksədʒən] *n.* [식물] 외장경(外莖莖) 식물 [쌍자엽 식물의 구칭].

ex·og·e·nous [eksάdʒinəs, -sɔ́dʒ-] *adj.* **1** [식물] 외생(外生)의. **2** [생리·생화학] 외인성(外因性)의.
~·**ly** *adv.*

ex·on·er·ate [igzάnəreit / -zɔ́n-] *vt.* (**-at·ed, -at·ing**) **1** [죄의 혐의 따위를] 풀다, [자신의 무고함을 입증하다] (exculpate), ···을 무죄로 하다. ¶ We *exonerated* him *from* (*or of*) an accusation. 우리는 그의 무고함을 입증했다. **2** [의무·임무·일 따위를] 면제하다, 해제하다 (*...from*). ¶ He was *exonerated from* payment. 그는 지불을 면제 받았다.

ex·on·er·a·tion [igzὰnəréiʃ(ə)n / -zɔ̀n-] *n.* ⓤ 면죄, 의무의 면제, 면책.

ex·on·er·a·tive [igzάnərèitiv, -nərət- / -zɔ́n-] *adj.* 면죄의; 의무 면제의.

ex·o·nu·mi·a [èksən(j)úːmiə] *n.* [수집가가 모으는] 화폐 이외의 기념품·메달 따위 수집품; ⓤ 그 연구.

ex·oph·thal·mi·a [èksɑfθǽlmiə / -ɔf-] *n.* [병리] = exophthalmos.

ex·oph·thal·mos [èksɑfθǽlməs, -mɑs / èksɔfθǽl-], **ex·oph·thal·mus** [-məs] *n.* ⓤ [병리] 안구 돌출.

exor. (*略*) executor. [출.

ex·o·ra·ble [éksərəbl] *adj.* ⓤ [고어] 설득하기 쉬운, 사정을 하면 통하는, 탄원에 마음이 움직이는. [함.

ex·or·bi·tance [igzɔ́ːrbit(ə)ns] *n.* ⓤ 엄청남, 과도

ex·or·bi·tan·cy [igzɔ́ːrbit(ə)nsi] *n.* = exorbitance.

ex·or·bi·tant [igzɔ́ːrbit(ə)nt] *adj.* 엄청난, 터무니 없는. ⇨ EXCESSIVE 類語 ~·**ly** *adv.*

ex·or·cise [éksɔːrsàiz] , (**ex·or·cize**) *vt.* (**-cised, -cis·ing**) **1** [주문(呪文)·의식 따위에 의해서] [귀신·마귀]를 쫓아버리다. **2** [사람·장소 따위]에 액막이를 하다, ···에서 귀신을 몰아내다.

ex・or・cism [éksɔːrsìz(ə)m] *n.* **1** ⓤ 귀신을 쫓아내기, 액막이. **2** 액막이의 의식(주문), 귀신 쫓는 의식(주문).
ex・or・cist [éksɔːrsist] *n.* 귀신을 몰아내는 기도자, 무당.
ex・or・di・al [egzɔːrdiəl, eksɔːr-] / [eksɔːː-, egzɔː-] *adj.* [연설・논문 따위의] 머리말의, 서문의, 서론의.
ex・or・di・um [egzɔːrdiəm, eksɔːr-] *n.* (*pl.* **-di・ums** *or* **-di・a** [-diə]) [일의] 시작; [연설・논문 따위의] 머리말, 서문, 서론.
ex・o・skel・e・ton [èksoʊskéleɪtn] *n.* 〔동물〕 외골격. *opp.* endoskeleton
ex・o・sphere [éksoʊsfìər] *n.* 〔우주 개발〕 외기권 〔지구 대기의 최고층〕.
ex・o・ter・ic [èksoʊtérik], (**ex・o・ter・i・cal** [-ik(ə)l]) *adj.* **1** 〔교리・학설 따위의〕 대중도 이해할 수 있는, 대중 상대의, 공개적인, 공교적(公敎的)인. *opp.* esoteric **2** 통속적인(popular), 평범한(simple), 일반적인.
-i・cal・ly [-ikəli] *adv.* 〔…적〕으로.
ex・o・ther・mic [èksoʊθɔːrmik] *adj.* 〔화학〕 발열〔성〕.
***ex・ot・ic** [igzátik / -zɔ́t-, eksɔ́t-] *adj.* **1** 외래의, 외국산의; 이국풍의, 엑조틱한. ¶ *exotic* ideas 외래 사상. **2** 〔구어〕 별난, 색다른(strange); 눈에 띄는, 남의 이목을 끄는. **3** 스트립쇼의. ― *n.* 외래물; 외래종; 외래어; 외국 취미. **-i・cal・ly** [-ikəli] *adv.* 엑조틱하게. ♢ exóticism *n.*
exótic dáncer *n.* 〔美〕 벨리 댄스의 무희, 스트리퍼.
ex・ot・i・cism [igzátisìz(ə)m / igzɔ́t-, eksɔ́t-] *n.* ⓤ 이국풍, 이국 정서. **2** 이국 취미, **3** 외래어〔법〕.
ex・o・tox・in [èksoʊtáksɪn / -tɔ́k-] *n.* 〔생화학〕 균체외(菌體外) 독소(true toxin). *opp.* endotoxin
exp. (略) expenses; expired; exponential; export, exportation, exported, exporter; express.
‡**ex・pand** [ikspǽnd] *vt.* **1** 〔범위・크기〕를 확장하다(extend); [날개 따위]를 펼치다.
〔類語〕 **expand** '부풀게 하다'라는 뜻의 가장 일반적인 말: Heat *expands* metal. 열은 금속을 팽창시킨다. **swell** 보통의 크기 이상으로 [때로는 파열 직전까지] expand 하다: The spring sun *swells* buds. 봄의 햇빛은 봉오리를 부풀게 한다. **dilate** 둥근 것의 지름을 늘리다: eyes *dilated* with fear 공포로 크게 벌어진 눈. **distend** 부드러운 것 따위가 내부로부터의 압력으로 [때로는 가득 차도록] expand 하다: *distended* arteries 극도로 팽창한 동맥. **inflate** 인위적으로 distend 시키다: *inflate* a balloon 기구(풍선)를 부풀게 하다.
2 〔줄어든 것〕을 펴다, 펼치다(spread out, unfold). **3** 〔화제 따위〕를 발전시키다(develop); 〔의미〕를 확충하다, 부연하다. **4** 〔이야기〕를 넓게 하다, 크게 하다. ¶ *expand* a child's mind by education 교육으로 아이의 마음을 넓게 만들다. **5** 〔수학〕 〔방정식〕을 전개하다.
― *vi.* **1** 〔범위・한도〕가 커지다, 확대되다 ; 〔분량・부피〕 늘다, 부풀다, 팽창하다. ¶ A tire *expands* when you pump air into it. 펌프로 공기를 넣으면 타이어는 팽창한다. **2** 〔줄어든 것이〕 퍼지다, 넓어지다; 〔꽃봉오리〕 부풀다, 〔꽃이〕 피다; 〔얼굴이〕 희색을 띠다. **3** 〔화제 따위〕가 발전하다, 〔사업 따위가〕 발전하다, 성장하다(*into* …). **4** 〔마음이〕 부풀다, 넓어지다, 커지다.
♢ expánsion, expánse *n.*, expánsive *adj.*
ex・pand・a・ble [ikspǽndəbl] *adj.* = expansible.
*****ex・pand・ed** [ikspǽndɪd] *adj.* **1** 확대(확장, 팽창)한. **2** 〔인쇄〕 〔구문(歐文) 활자가〕 평체(平體)의. *cf.* con-
expánded cínema *n.* = mixed media.
expánded métal *n.* ⓤ 〔기계〕 익스팬디드 메탈〔그물 모양의 강한 금속판; 모르타르벽의 밑바탕에 쓴다〕.
ex・pand・er [ikspǽndər] *n.* 확대시키는 사람, 넓히는 것; 〔전자 공학〕 신장기, 익스팬더.
***ex・panse** [ikspǽns] *n.* **1** 〔넓게〕 펼쳐짐. ¶ a vast *expanse* of water 망망한 대해. **2** 확장, 팽창.
ex・pan・si・bil・i・ty [ikspǽnsəbílɪti] *n.* ⓤ 신장, 확장〔성〕; 팽창력; 〔국가 발전〕의 발전성(력).

ex・pan・si・ble [ikspǽnsəbl] *adj.* 신장할 수 있는, 신장성의; 팽창할 수 있는; 발전성 있는.
ex・pan・sile [ikspǽns(ə)l / -sail] *adj.* 확장(신, 팽창)하는; 신장(팽창)성의.
‡**ex・pan・sion** [ikspǽnʃ(ə)n] *n.* **1** ⓤ 팽창, 확장, 확대, 신장, 넓리 퍼짐; 발전. ¶ territorial *expansion* 영토 확장 / the *expansion* of armaments 군비 확장 / the *expansion* of currency 통화 팽창. **2** ⓤⓒ 팽창량(도). **3** 〔물건의〕 팽창(확대, 신장)부. ¶ the rate of *expansion* 팽창률. **4** 확장된 것. **5** 넓은 표면. **6** 〔수학〕 전개, 전개식. ♢ expánd *v.*, expánsive *adj.*
ex・pan・sion・a・ry [ikspǽnʃ(ə)nèri / -nəri] *adj.* 확장성의, 팽창적인; 통화 팽창적인. ¶ an *expansionary* economy 팽창 경제.
ex・pan・sion・ism [ikspǽnʃ(ə)nìz(ə)m] *n.* ⓤ 영토 확장수의(정책); 통화 팽창론(정책).
ex・pan・sion・ist [ikspǽnʃ(ə)nist] *n.* 영토 확장주의자; 통화 팽창론자. ― *adj.* 확장주의의.
ex・pan・sive [ikspǽnsɪv] *adj.* **1** 팽창의, 팽창력이 있는; 확장성의, 발전적인. ¶ *expansive* force 팽창력. **2** 넓디 넓은, 광대한; 광범위한, 포괄적 있는(extensive). **3** 활달한(effusive), 도량이 넓은(broad-minded); 〔이야기가〕 꾸밈 없는, 솔직한, 마음을 터놓는. ¶ an *expansive* person 개방적인 사람. **4** 〔정신 분석〕 과대 망상적인.
~・ly *adv.* **~・ness** *n.* ♢ expánd *v.*
ex parte [eks páːrti, +英 ⠤ ⠤] *adv., adj.* 〔논쟁의〕 일 방면의, 한쪽에 치우쳐서; 일방적으로(인).
[<L from one side]
ex・pa・ti・ate [ikspéiʃièit] *vi.* (**-at・ed, -at・ing**) **1** 장황하게 이야기하다(말하다), 상술하다(*on, upon* ...). ¶ *expatiate upon* a theme 어떤 논제를 장황하게 논하다. **2** 〔드물게〕 어슬렁거리다.
ex・pa・ti・a・tion [ikspèiʃiéi(ə)n] *n.* ⓤⓒ 상술.
ex・pa・ti・a・tor [ikspéiʃièitər] *n.* 상술하는 사람, 장황하게 늘어놓는 사람.
ex・pa・ti・a・to・ry [ikspéiʃiətɔːri / -t(ə)ri] *adj.* 상술적인, 장황하게 늘어놓는.
ex・pa・tri・ate *vt.* [ekspéitrièit / -pǽt-, -péi-// ― *adj., n.*] **1** ―를 국외로 추방하다. **2** 〔재귀용법〕 고국을 떠나다, 국적을 버리다. ― *adj.*, [ekspéitriət, +英-triət] 국외로 추방된 〔사람〕, 국외로 이주한 〔사람〕, 국적을 이탈한 〔사람〕.
ex・pa・tri・a・tion [ekspèitriéiʃ(ə)n / -pæt-, -pèi-] *n.* ⓤⓒ 국외 추방; 본국 퇴거, 국적 이탈, 국외 이주.
‡**ex・pect** [ikspékt] *vt.* **1** 〔일이 일어나는 것〕을 예기하다, 예상하다, 기대하다; [오는 것]을 기대하다, 기다리다; [⋯게] 작정하다, 〔…하는 것〕을 기대하다. ¶ I *expected* you yesterday. 어제는 와주시리라 생각하고 기다렸습니다 / I was *expecting* a thunderbolt at any moment. 금방이라도 벼락이 치지나 않을까 생각하고 있었다 // (~ + *to do*) I *expect* to do it. 그것을 할 작정이다 // (~ + 目 + *to do*) (~) he *expect* him to come. 나는 그가 올 것을 기대하고 있다 // I *expected* that he would come. 그가 오리라고 기다리고 있었다.
〔類語〕 **expect** 어떤 일이 일어날 것을 상당한 근거를 가지고 믿고 있다: *expect* a visitor at one's office 회사에서 방문객이 오기를 기다리다. **anticipate** 어떤 일이 일어나는 장면을 마음속에 그리며 대응책을 생각하다: *anticipate* meeting one's mother 어머니와 만날 일을 기대하다 / *anticipate* an ambush 매복에 선수를 치다. **hope** 어떤 일이 일어나기를 바라고 일어나리라고 믿다: *hope* for success 성공을 바라다.
2 〔당연히 일로서〕 ―을 요구하다, 기대하다, …에 기대를 걸다, 바라다(look for). ¶ as is naturally *expected* 당연히 기대되는 바와 같이 / as one might *expect* 누구나 다 기대하는 듯이 / (~ + 目 + *to do*) We cannot *expect* you *to* obey. =We cannot *expect* your obedience. 우리는 너의 복종을 믿고 의지할 수가 없다 // (~ + 目 + 前 + 名) I *expect* nothing *from* such people. 그런 사람

들에게는 아무것도 기대하지 않는다 / I did not *expect* such a thing *of* (or *from*) you. 너에게 그런 일을 해달라고 생각했던 것은 아니다 / Some parents *expect* too much *from* (or *of*) their children. 부모들 중에는 아이들에게 지나치게 기대를 거는 사람이 있다 / It is not to be *expected in* him. 그런 일은 그의 격에 맞지 않는다.
3 《구어》…이라고 생각하다(think), 추측하다(surmise). ¶ (~+[*that*] 〖節〗 Who ate all the cakes?— Oh, I *expect* [*that*] Tom did. 누가 케이크를 다 먹어버렸지?—톰이라고 생각해.
4 《폐어》…을 기다리다(wait [for]).
— *vi.* 《구어》(진행형으로) 임신하고 있다(be pregnant). ¶ His wife is *expecting*. 그의 아내는 임신하고 있다.
◇ expectátion *n.*, expéctant *adj.*

ex·pect·ance [ikspékt(ə)ns] *n.* = expectancy.

*****ex·pect·an·cy** [ikspékt(ə)nsi] *n.* ⓤ ⓒ (*pl.* -an·cies) 1 가망, 예기. ¶ life *expectancy* 〖생명 보험〗 평균 여명(餘命). 2 기대, 대망, 〖장차 얻을 수 있다는〗 확신; 기대되는 것.

*****ex·pect·ant** [ikspékt(ə)nt] *adj.* 1 …을 기대(예기)하고 있는, 기다리고 있는(*of*…). ¶ They were *expectant of* the king's arrival. 그들은 왕의 도착을 기다리고 있었다. 2 결과를 기다리는, 형세를 관망하는. ¶ an *expectant* policy 기회주의 정책. 3 유산을 상속할 가망이 있는. ¶ an *expectant* heir 〖법률〗 추정 상속인. ¶ 임신중인(pregnant). ¶ an *expectant* mother 임신부.
— *n.* 기대(예기)하는 사람; 채용 예정자; 〖법률〗 추정 상속인. ~·ly *adv.*

‡**ex·pec·ta·tion** [èkspektéiʃ(ə)n] *n.* 1 ⓤ 《종종 ~s》 예상, 예기; 기대. ¶ according to *expectation* 예상했던 대로 / beyond (below) *expectation* 기대 이상(이하)로 / against (or contrary to) *expectation* 기대에 어긋나서 / in *expectation* [of] […을] 기대(예기)하고 / answer (or come up to, meet) a person's *expectations* 남의 기대에 부응하다 / fall short of one's *expectations* 예상했던 정도는 아니다 / The results exceeded *expectation*. 결과는 기대 이상이었다.
2 기대(대망)되는 것.
3 《종종 ~s》 《앞날의》 유망한 가망; 《특히》 유산 상속의 가망(*from*…). ¶ have brilliant *expectations* 양양한 앞날이 있다 // He has *expectations from* his uncle. 그는 숙부에게서 재산을 받을 가망이 있다.
4 ⓤ 〖일이 일어날〗 가능성, 가망(probability); 〖수학〗 〖확률론의〗 기대값.
◇ expectátive *adj.*

expectátion of lífe *n.* = life expectancy.

ex·pect·a·tive [ikspéktətiv] *adj.* 기대의, 예기의, 대망의.

ex·pec·to·rant [ikspéktərənt] *adj.* 〖의학〗 담을 나오게 하는. — *n.* 거담제(去痰劑).

ex·pec·to·rate [ikspéktərèit] *v.* (-rat·ed, -rat·ing) *vt.* 〖기침을 하여〗 〖담, 피, 침〗을 뱉다. — *vi.* 담(피, 침)을 뱉다.

ex·pec·to·ra·tion [ikspèktəréiʃ(ə)n] *n.* 1 담 뱉기; 담을 뱉기. 2 뱉은 것, 담, 침.

ex·pe·di·ence [ikspíːdiəns] *n.* = expediency.

ex·pe·di·en·cy [ikspíːdiənsi] *n.* ⓤ ⓒ (*pl.* -en·cies) 1 형편이 좋음, 유리함, 상책(advantageousness). 2 방편, 편법, 편의. 3 편의주의.

*****ex·pe·di·ent** [ikspíːdiənt] *adj.* 1 형편이 좋은, 합당한, 시기 적절한. ¶ He will find it *expedient* to follow your advice on this occasion. 이 경우 너의 충고에 따르는 것이 상책이라는 것을 그가 알게 될 것이다. 2 〖수단 따위가〗 편의적인; 〖사람이〗 자기 형편에 따라 하는, 편의주의적인. — *n.* 수단(means), 방편, 편법, 임시 변통의 수단(방법). ¶ a temporary *expedient* 임시 방편 / resort to *expedients* to achieve one's purpose 목적을 달성하기 위해서 여러 가지 방편을 강구하다.
~·ly *adv.* ◇ expédience *n.*, expediéntial *adj.*

ex·pe·di·en·tial [ikspìːdiénʃ(ə)l] *adj.* 편의상의, 편법의, 편의주의적인.

ex·pe·dite [ékspidàit] *vt.* (-dit·ed, -dit·ing) 1 …을 진척시키다, 촉진시키다(hasten). 2 〖사무 따위〗를 재빨리 해치우다(dispatch). 3 〖공문서·편지·짐 따위〗를 발송하다; 〖심부름꾼 등〗을 급파하다. — *adj.* 지장이 없는, 급속한.

éxpedite bággage *n.* = rush baggage.

ex·pe·dit·er [ékspidàitər] *n.* 〖사무·공사 따위의〗 촉진 담당자.

‡**ex·pe·di·tion** [èkspidíʃ(ə)n] *n.* 1 〖군대·조사단 따위의〗원정, 탐험. ¶ an exploring *expedition* 탐험 여행 / go on an *expedition* 원정(탐험)에 나서다 // an *expedition* to (or into) the North Pole 북극 탐험. 2 원정대, 탐험대, 원정 함대. ¶ send an *expedition* to (or into) …에 원정대(탐험대)를 보내다. 3 ⓤ 신속함, 급속함(haste). ¶ with *expedition* 급히, 서둘러서.
◇ éxpedite *v.*, expedítionary, expedítious *adj.*

ex·pe·di·tion·ar·y [èkspidíʃ(ə)nèri / -ʃ(ə)nəri] *adj.* 원정의, 토벌의; 탐험의. ¶ an *expeditionary* force 원정군.

ex·pe·di·tious [èkspidíʃəs] *adj.* 신속한, 급속한. ¶ an *expeditious* messenger 급사(急使).
~·ly *adv.* ~·ness *n.*

*****ex·pel** [ikspél] *vt.* (-pelled, -pel·ling) 1 …을 내쫓다. 쫓아버리다; 〖침입자 따위〗를 격퇴하다; 〖해충 따위〗를 구제(驅除)하다(…*from*). ¶ (~+〖目〗+〖前〗+〖名〗) *expel* invaders *from* one's country 자기 나라에서 침입자를 격퇴하다. 2 …을 추방하다; 〖회원 따위〗를 면직시키다, 제명하다(…*from*). ¶ (~+〖目〗+〖前〗+〖名〗) He was *expelled from* the school. 그는 퇴학 당했다. 3 〖그릇 따위로부터〗 …을 방출하다; 〖탄환〗을 발사하다(discharge) (…*from*). ◇ expúlsion *n.*, expúlsive *adj.*

ex·pel·lant, -lent [ikspélənt] *adj.* 쫓아내는(구제하는) 힘을 가진. — *n.* 구제약.

ex·pel·lee [ikspelíː] *n.* 국외 추방자.

*****ex·pend** [ikspénd] *vt.* 1 〖시간·노력 따위〗를 들이다, 소비하다(…*on, upon*). ⇨ SPEND〖類語〗 ¶ (~+〖目〗+〖前〗+〖名〗) *expend* time and energy *on* something 어떤 일에 시간과 정력을 소비하다 / *expend* one's energy *in* doing it 그것을 하는 데 정력을 소비하다. 2 〖금전〗을 써버리다. * 이 뜻일 때는 spend가 보통. — *vi.* 《드물게》 돈을 쓰다(spend money).
◇ expénditure, expénse *n.*, expénsive *adj.*

ex·pend·a·ble [ikspéndəbl] *adj.* 소모할 수 있는, 소모되는; 〖군대〗 소모용의. — *n.* (보통 ~s) 〖군대〗 소모품〖작전상 시간을 벌기 위해 희생되는 병력·물자〗.

‡**ex·pend·i·ture** [ikspénditʃər] *n.* ⓤ ⓒ 1 지출; 소비(consumption). 2 경비, 비용, 소비(지출)액(expense). ¶ annual *expenditure* 세출, 세비(歲費) / current *expenditure* 경상비 / extraordinary *expenditure* 임시비 / revenue and *expenditure* 수지 / *expenditure on* armaments 군사비. ◇ expénd *v.*

‡**ex·pense** [ikspéns] *n.* 1 비용(cost), 출비, 지출(charge); 지출의 원인. ¶ at an *expense* of one million won 백만원을 들여서 / at the public *expense* 관비로, 공적 비용으로 / A car is a great *expense*. 자동차는 돈이 많이 든다. 2 (~s) 제 경비, 지출금; 수당. ¶ school *expenses* 학비 / traveling *expenses* 여비 / miscellaneous (or sundry, incidental) *expenses* 잡비 / running (or current) *expenses* 경상비 / cut down one's *expenses* 비용을 절감하다. 3 ⓤ ⓒ 손실, 폐; 희생(sacrifice).

at an expense 비용(손실)을 들여서. ¶ We maintained the position *at an* immense *expense*. 우리는 많은 희생을 치르고 진지를 고수했다.

at any expense ① 비용이 아무리 들어도. ② 어떤 희생을 치르고라도.

at *a person's* **expense** ① 남의 비용으로; 남에게 손해(폐)를 끼치고. ② 남을 희생시켜서.
at *one's* **[own] expense** ① 자비(自費)로. ② 자신을 희생시켜서.
at the expense of ① …의 비용을 부담하여. ② …을 희생시켜서. ¶ He performed his duty *at the expense of* his time. 그는 자신의 시간을 희생시켜 가면서 의무를 다했다.
go to the expense of …에 돈을 들이다, 돈을 들여서 (큰 마음 먹고) …하다. ¶ *go to the expense of* employing a chauffeur 큰 마음먹고 전용 운전사를 고용하다. …에게 비용을 부담시키다.
put *a person* **to expense** 남에게 돈을 쓰게 하다, 남 ◇ expénd *v.*, expénsive *adj.*
expénse accóunt *n.* 회사 교제비. [*opp.* cheap
ex·pen·sive [ikspénsiv] *adj.* 값비싼; 비경제적인.
[類語] **expensive** 물건의 값어치 또는 사는 사람의 재력으로 보아 값비싼: an *expensive* dress 비싼 드레스. **costly** 호화 · 진귀 · 정교함 따위로 인해서 값비싼: a *costly* jewel 값비싼 보석. **dear** (英), **high-priced** (美) 적정 가격보다 비싼: buy cheap and sell *dear* 싸게 사고 비싸게 팔다 / a *high-priced* car 가격이 비싼 자동차.
~**·ly** *adv.* ~**·ness** *n.* ◇ expénd *v.*, expénse *n.*
ex·pe·ri·ence [ikspí(:)riəns / -píər-] *n.* **1** ⓤ [개인·인간의] 경험, 체험; 견문, 숙련; 이력 (*of*, *for*, *in* …). ¶ learn by (or from) *experience* 경험을 통해 배우다 / a man of *experience* 경험이 많은 사람, 견문이 넓은 사람 / gain one's *experience* 경험을 쌓다 / have the necessary *experience* for a post 어떤 지위에 필요한 경험이 있다 / *experience* in teaching; teaching *experience* 교직의 경험 // *experience* preferable (required) [구인광고] 경력자 우대 (경험자에 한함). **2** 체험, 경험 [한 일]. ¶ a strange *experience* 이상한 경험 / have a pleasant *experience* 유쾌한 경험을 하다 // She has no *experience* in love. 그녀는 아직 연애 경험이 없다. **3** ⓤ 〖철학〗 경험[넓은 뜻으로는 의식된 지각(知覺); 좁은 뜻으로는 체험 · 실험으로부터 지식을 얻는 일]. **4** (~s) 경험담.
— *vt.* (**-enced**, **-enc·ing**) …을 경험(체험)하다, …한 일을 맛보다. ¶ *experience* difficulties 곤란한 일을 당하다.
[類語] **experience** 「경험하다」를 뜻하는 가장 보통의 말: *experience* great joy 대단한 기쁨을 맛보다. **undergo** 곤란 · 위험 · 가혹한 일을 참고 견디다: *undergo* hardships 곤란을 겪다. **sustain** 저항 · 인내의 뜻으로 쓰고, 단지 곤란 · 위험 · 재해를 경험하다: *sustain* a loss in business 장사에서 손해를 보다. **suffer** sustain 보다 심한 손해를 암시하는 말: *suffer* severe damage 심한 피해를 입다. 〖회상하다〗
experience religion 《美구어》 신앙 생활을 시작하다.
◇ experiéntial *adj.*
*****ex·pe·ri·enced** [ikspí(:)riənst / -píər-] *adj.* 경험이 있는, 경험을 통해서 배운, 경험을 쌓은, 노련한. ¶ an *experienced* teacher (general) 노련한 선생(백전 연마의 장군) // be *experienced in* …에 경험이 있다. [대표용.]
expérience táble *n.* 〖생명 보험 회사가 만든〗 사망률.
ex·pe·ri·en·tial [ikspì(:)riénʃ(ə)l / -pìər-] *adj.* 〖상〗의, 경험을 통해 얻은, 경험에 바탕을 둔; 경험적인.
¶ *experiential* philosophy 경험 철학. ~**·ly** [-ʃəli] *adv.*
ex·pe·ri·en·tial·ism [ikspì(:)riénʃ(ə)lìz(ə)m / -pìər-] *n.* 〖철학〗 경험주의.
‡**ex·per·i·ment** *n.* [ikspérimənt] *vi.* **1** 시도, 시험 (⇒ TRIAL [類語]); 실험 작업; 실험법 (experimentation). ¶ a chemical *experiment* 화학 실험 // an *experiment* in biology 생물학 실험 / make (or carry out) *experiments on* living animals 동물의 생체 실험을 하다. **2** 실험 장치. **3** ⦅폐어⦆ =experience.
— *vi.* [ikspérimènt] 실험을 하다; 시험하다 (*in*, *on*, *with* …). ¶ (~ + 前 + 图) *experiment on* animals 동물로 실험하다 / *experiment with* medicine in order to find a cure for a certain disease 어떤 병의 치료법을 발견하기 위해 약품으로 시험하다. ◇ experiméntal *adj.*

*****ex·per·i·men·tal** [ikspèriméntl] *adj.* **1** 실험의, 실험에 관한, 실험에 입각한. ¶ an *experimental* room 실험실 / *experimental* psychology 실험 심리학. **2** 경험에 바탕을 둔, 경험을 통해서 얻은. ¶ *experimental* religion 경험 종교. **3** 시험적인(tentative). ¶ an *experimental* farm 실험 농사 시험장. ~**·ly** [-təli] *adv.*
◇ expériment *n.*, experiméntalize *v.*

ex·per·i·men·tal·ism [ikspèriméntəlìz(ə)m] *n.* ⓤ 실험주의, 경험주의.
ex·per·i·men·tal·ist [ikspèriméntəlist] *n.* 실험주의자, 경험주의자.
ex·per·i·men·tal·ize [ikspèriméntəlàiz] *vi.* (**-ized**, **-iz·ing**) 실험을 하다, 실험적으로 해보다.
*****ex·per·i·men·ta·tion** [ikspèriméntéiʃ(ə)n] *n.* ⓤ 실험, 실험 작업; 실험법.
ex·per·i·ment·er [ikspériməntər] *n.* 실험자; [실험 심리학에서] 실험하는 사람.
‡**ex·pert** *n.* [ékspə:rt] — *adj.* 숙련자; 전문가, 명인(名人)(specialist), 대가, 권위자(authority) (*in*, *at*, *on*, *with* …). ¶ a chemical *expert* 화학 전문가 / the Regional Meeting of *Experts* on English Teaching in Asia 아시아 지역 영어 교육 전문가 회의 // an *expert* on mining 채광의 전문가 / an *expert* with a revolver 권총의 명수. — *adj.* [ikspə́:rt, éks-] **1** 숙달한, 노련한, 능숙한 (*in*, *at* …). ⇒ SKILLFUL [類語] ¶ an *expert* driver 능숙한 운전사 // He is *expert* in (or at) driving. 그는 운전이 능숙하다. **2** [제품 따위가] 정교한, 정교하게 만들어진. **3** 전문가의, 전문적인, 명인의. ¶ an *expert* work 전문가의 작품 / an *expert* evidence [전문가의] 감정 / an *expert* witness [재판상의] 감정인, 전문가 중인. ~**·ly** *adv.* ~**·ness** *n.*
ex·pert·ise [èkspə(:)rtíːz] *n.* ⓤ 전문가적 의견(기술, 지식). 〖지식〗.
ex·pert·ism [ékspə(:)rtìz(ə)m] *n.* ⓤ 전문가적 기술.
ex·pi·a·ble [ékspiəbl] *adj.* 죄 등을 보상할 수 있는.
ex·pi·ate [ékspièit] *vt.* (**-at·ed**, **-at·ing**) …을 보상하다, [죄]의 갚음을 하다. ¶ *expiate* oneself 속죄하다.
ex·pi·a·tion [èkspiéiʃ(ə)n] *n.* ⓤ 속죄; 보상. ¶ in *expiation of* …의 속죄로.
ex·pi·a·tor [ékspièitər] *n.* 속죄하는 사람.
ex·pi·a·to·ry [ékspiətɔ̀:ri / -t(ə)ri] *adj.* 속죄할 수 있는; 속죄를 위한.
ex·pi·ra·tion [èkspəréiʃ(ə)n / -pai(ə)r-, -piər-] *n.* ⓤ **1** [기한의] 만료, 종료, 만기(termination). ¶ the *expiration* of a lease 차지 계약의 기한 만료. **2** 숨을 내쉬기, 호기(呼氣). *opp.* inspiration **3** ⦅고어⦆ 사망 (death).
ex·pi·ra·to·ry [ikspáirətɔ̀:ri / -páirət(ə)ri] *adj.* 호기의, 숨을 내쉬는.
*****ex·pire** [ikspáiər] *v.* (**-pired**, **-pir·ing**) *vi.* **1** [기한이] 만기가 되다, 만료되다, 끝나다(terminate). **2** [불 · 등불 따위가] 꺼지다(die out). **3** 숨을 거두다, 죽다(die). **4** 숨을 내쉬다. *opp.* inspire — *vt.* [숨]을 내쉬다; …을 배출하다. ◇ expirátion *n.*, expíratory *adj.*
ex·pi·ry [ikspáiri, ékspəri / ikspáiəri] *n.* ⓤ **1** [기한의] 만료, 〖계약 따위의〗 기한 만료(close). **2** ⦅고어⦆ 사망(death).
‡**ex·plain** [ikspléin] *vt.* **1** …을 명확하게 하다, 알기 쉽게 하다. **2** [상세히] …을 설명하다; …을 해명하다, 변명하다. ¶ *explain* a process of making paper 종이의 제조법을 설명하다 // (~ + 图 + 前 + 图) *explain* one's conduct *to* others 남에게 자기의 행위를 해명하다 // (~ + *wh. to* do) *explain where to* begin and *how to* do something 어떤 일을 어디서 시작하고 어떻게 하는지 설

명하다 // (~ +*that* 節) He *explained* to me *that* they should go right away. 그들은 곧 가야 한다고 그는 내게 설명했다.

類語 **explain** 미지의, 또는 이해할 수 없는 일을 명확히 밝힌다는 뜻의 가장 일반적인 말: *explain* the use of a word 어떤 단어의 용법을 설명하다. **expound** 성서·교리 따위를 이론 정연하여 상세히 학문적으로 *explain* 하다: *expound* the theory of relativity 상대성 이론을 설명하다. **explicate** 고도의 상세한 분석을 가하여 expound 하다, 학문적인 느낌이 강한 말: *explicate* lines from Dante 단테의 몇 행을 설명하다. **elucidate** 명확한 해설을 하거나 예를 들어 분명치 않은 일을 밝히다: *elucidate* an obscure passage 난해한 한 절의 뜻을 밝히다.
3 …의 의미를 부여하다, …을 해석하다(interpret). ¶ A dictionary *explains* the meanings of words. 사전에는 단어의 의미가 설명되어 있다.
explain away …을 교묘히 둘러대어 모면하다. ¶ You cannot *explain away* your error. 네 잘못을 변명하여 피할 수는 없을 것이다.
explain oneself ① 자기의 심중을 털어놓다. ② 자기의 입장을 해명하다.
◇ explanátion n., explánatory adj.

ex·plain·a·ble [ikspléinəbl] adj. 설명(해명)할 수 있는

ex·plain·er [ikspléinər] n. 설명(변명)하는 사람.

‡**ex·pla·na·tion** [èksplənéi∫(ə)n] n. ① ⓤ 설명(하기); 해명, 변명, ① by way of *explanation* 설명으로서, 변명삼아 / in *explanation* of …의 설명으로서, 변명으로서. ① It needs no *explanation*. 그것은 설명이 필요 없다 / I would like to have *explanation*. 해명을 듣고 싶소. **2** 설명(해명)이 되는 것; 해명으로서의 진술(성명); 해설. ¶ news *explanations* 시사 해설 / an *explanation* for one's behavior 사기시킨 행동에 대한 설명 / make an *explanation* 설명을 하다 / demand a convincing *explanation* 납득이 갈 만한 설명을 요구하다. **3** 의미(meaning); 해석. ¶ We found the *explanation* of the mystery. 그 비밀이 풀렸다. **4** (대화에 의한)양해, 화해. ◇ explain vt., explánatory adj.

ex·plan·a·tive [ikspl rativ] adj. =explanatory.

*ex·plan·a·to·ry [ikspl nətɔːri / -t(ə)ri] adj. 설명하는, 설명적인, 해명의, 해명적인. ¶ *explanatory* remarks (or notes) 주석(註釋). **-to·ri·ly** adv.

ex·ple·tive [éksplitiv / ikspliːt] adj. [문장·행 따위의 빈 곳을 메우거나 강세를 주기 위한] 보충적인, 덧붙인, 무의미한. —n. 조사(助辭), 허사(虛辭) [It is fine.의 It 따위]; 무의미한 감탄사; [강세뿐이고 거의 무의미한] 욕설[Damn 따위].

expletive deléted n. (美) 야비하고 외설스런 말 삭제, 문구 삭제, 복자(伏字)부분[외설어귀(猥褻語句)를 숨겼음을 표시한 말].

ex·plic·i·tive [éksplitiv / -t(ə)ri] adj. =expletive.

ex·pli·ca·ble [éksplikəbl, - - -] adj. 설명할 수 있는, 납득이 가는.

ex·pli·cate [éksplikèit] vt. (-cat·ed, -cat·ing) **1** [논지·원리·주의 따위를] 전개하여 명백히 하다. **2** …을 설명하다. ⇨ EXPLAIN 類語

ex·pli·ca·tion [èksplikéi∫(ə)n] n. ⓤⓒ [원리·주의·논지 따위의] 해명; 설명, 해설(explanation).

ex·pli·ca·tive [éksplikèitiv, eksplíkətiv] adj. 설명이 되는, 해설적인.

ex·pli·ca·to·ry [éksplikətɔ̀ːri, - - - -/eksplíkət(ə)ri] adj. =explicative.

*ex·plic·it [iksplísit] adj. (opp. implicit) **1** 명백한, 명확한. ¶ an *explicit* statement (instruction) 명확한 진술(잘 알수 있는 교수법). **2** 충분히 해명된, 계통이 선. ¶ *explicit* faith (or belief) 교리를 분명히 이해하고 믿는 [맹신적이 아닌] 신앙. **3** 숨김없는, 솔직한 (in …). ¶ Be *explicit*! 솔직히 말해 주게 / He was quite *explicit* on that point. 그는 그 점에 대해서 조금도 숨김이 없었다. ~**ly** adv. ~**ness** n.

ex·pli·cit [éksplisit] (라틴) (=Here ends.) 끝[옛날 책의 권말에 쓰던 말].

‡**ex·plode** [iksplóud] v. (-plod·ed, -plod·ing) vi. **1** [화약 따위가] 폭발하다; [보일러 따위가] 파열하다. *cf.* implode. ¶ The defective boiler *exploded*. 결함이 있는 보일러가 파열했다. **2** [감정이] 격발하다 (burst forth) (with …). ¶ (~+前+名) *explode with* rage 격노하다. **3** [음성] 파열음 자음이) 파열음으로서 발음되다[cat [kæt]의 [t] 따위]. —vt. **1** [화약·보일러 따위를] 폭파시키다. **2** [평판·명성]을 뒤엎다; [미신 따위]를 타파하다; …을 논파하다. ¶ an *exploded* theory 논파당한 이론. **3** [음성] …을 파열음으로 마치다(발음하다). ¶ He usually *explodes* the t of "cat." 그는 언제나 cat의 [t]을 파열음으로 발음한다.
◇ explósion n., explósive adj.

ex·plód·ed víew [ikspláudid-] n. 분해[조립]도.

ex·plod·er [iksplóudər] n. 폭발 장치, 뇌관.

*ex·ploit[1] [éksploit, + 美 iksplɔ́it] n. 위업, 공훈; 아슬아슬한 짓.

*ex·ploit[2] [iksplɔ́it] vt. **1** [삼림·들 따위를] 개척하다, [자원]을 개발하다, …을 이용하다; [판매 따위]를 촉진시키다(promote). ¶ *exploit* a mine 광산을 개발하다. **2** [남]을 자기에게 유리하도록 이용하다; [노동력]을 착취하다. ¶ *exploit* one's subordinates 자기 부하를 이용하다. ◇ exploitátion n.

ex·ploit·a·ble [iksplɔ́itəbl] adj. 개발(이용)할 수 있는

ex·ploit·age [iksplɔ́itidʒ] n. =exploitation.

‡**ex·ploi·ta·tion** [èksplɔitéi∫(ə)n] n. ⓤⓒ **1** [산야·삼림·광산 따위의] 개척, 개발; 이용; [시장의] 개척, [판매의] 촉진. **2** [남을] 이용해 먹기; [노동력의] 착취.

ex·ploit·a·tive [iksplɔ́itətiv] adj. 개발의, 이용의; 착취적인, 남을 이용해 먹는.

ex·ploit·er [iksplɔ́itər] n. 개발자, 이용자; 착취자.

ex·ploi·tive [iksplɔ́itiv] adj. =exploitative.

‡**ex·plo·ra·tion** [èksplɔréi∫(ə)n / -plɔː-] n. ⓤⓒ **1** 실지 답사, 탐험(search). **2** [문제 따위의] 탐구, 천착, 조사. ◇ explóre v., explorátory, explórative adj.

ex·plor·a·tive [iksplɔ́ːrətiv / -plɔ́ːr-] adj. =exploratory.

ex·plor·a·to·ry [iksplɔ́ːrətɔ̀ːri / -plɔ́ːrət(ə)ri] adj. **1** 실지 답사(탐험)의; 탐험을 좋아하는. **2** 탐구적인.

‡**ex·plore** [iksplɔ́ːr / -plɔ́ːr] v. (-plored, -plor·ing) vt. **1** …을 탐험하다, [미지의 지역 따위]를 답사하다 (search). ¶ *explore* the source of a river 강의 수원지를 답사하다. **2** [문제 따위]를 상세히 조사하다, 연구하다(investigate), 탐구하다, 천착하다(examine). ¶ *explore* a question 문제를 조사하다. **3** [의학] [상처 따위]를 탐색하다. **4** [폐어] …을 찾다, 찾아내다. —vi. 탐험하다; 탐사하다. ¶ an *exploring* party 탐험대. ◇ explorátion n., explórative adj.

‡**ex·plor·er** [iksplɔ́ːrər / -plɔ́ːrə] n. **1** 탐험자, 탐사자. **2** [상처·이에 난 구멍 따위의] 탐침(探針). **3** 탐색용 도구. **4** (E-) [1958년부터 미국이 쏘아올린] 우주 공간 탐사용 인공 위성.

‡**ex·plo·sion** [iksplóuʒ(ə)n] n. ⓤⓒ **1** [화약·보일러 따위의] 폭발(cf. implosion); 폭발음; [폭발적인 급증]. ¶ population *explosion* 인구의 급증. **2** [감정 따위의] 폭발, 격발. ¶ [사전의] 발발. **4** [내연 기관내의] 연소. **5** [음성] [폐쇄 자음의] 파열. ◇ explóde v., explósive adj.

*ex·plo·sive [iksplóusiv] adj. **1** 폭발성의, 폭발을 일으키는. ¶ an *explosive* substance 폭발성 물질. **2** 격정적인; 감정을 몹시 뒤흔드는. ¶ an *explosive* person 격정적인 사람. **3** [음성] [폐쇄 자음이] 파열로 끝나는 (plosive). ¶ an *explosive* consonant 파열 자음. —n. ⓤⓒ **1** 폭약; 폭발물. ¶ an initial *explosive* 기폭제. **2** [음성] 파열음. ~**ly** adv. ~**ness** n. ◇ explóde v.,

explosive bolt *n.* 폭발 볼트[우주선의 분리 부분 따위에 사용한다].

explósive evolútion *n.* 〔생물〕 폭발적 진화[어떤 종류의 생물에서 단기간에 폭발적으로 다수의 종류가 발생하는 진화 현상].

ex·po, Ex·po [ékspou] *n.* 박람회. [<expo[sition]]

ex·po·nent [ikspóunənt] *n.* **1** [원리·방법 따위의] 설명(해설)자; [음악의] 해설자. **2** [주의 따위의] 대표자, 대표적 인물; 형, 타입. ¶ the *exponent* of Republican principles 공화주의의 전형적 인물. **3** [수학] 멱지수 (冪指數) [X^3에서의 3 따위].

ex·po·nen·tial [èkspo(u)nén∫(ə)l] *adj.* 〔수학〕 지수의. ¶ an *exponential* function 지수 함수.

‡**ex·port** (*opp.* import) *vt.* [ikspɔ́ːrt, éks‑ / ikspɔ́ːt, éks‑ // → *n.*, *adj.*] 〔상품 따위를〕 수출하다. —— *n.* [ékspɔːrt/‑pɔːt] Ⓤ 수출; ⓒ (보통 ~s) 수출품, 수출액. ¶ the *exports* of Korea to America 한국에서 미국으로의 수출량 / balance of imports and *exports* 수출입의 균형. —— *adj.* [ékspɔːrt / ‑pɔːt] 수출의, 수출품에 관한. ¶ an *export* agent 수출 대리점 / an *export* bounty 수출 보조금 / an *export* bill 수출 어음 / *export* duty 수출세.
◇ exportátion *n*.   「는, 수출용의.
ex·port·a·ble [ikspɔ́ːrtəbl / ‑pɔ́ːt‑] *adj.* 수출할 수 있
ex·por·ta·tion [èkspo(ː)rtéi∫(ə)n / ‑pɔːt‑] *n.* (*opp.* importation) **1** Ⓤ 수출. **2** 수출품.   「업자.
ex·port·er [ikspɔ́ːrtər, éks‑ / ikspɔ́ːtə, éks‑] *n.* 수출
‡**ex·pose** [ikspóuz] *vt.* (**-posed, -pos·ing**) **1** [위험·공격·위해 따위에] …을 드러내다, [위험·추위 따위에] …을 드러내다, 노출시키다(...*to*). ¶ (~+目+前+名) *expose* a person to danger 남에게 위험한 일을 당하게 하다 / *expose* oneself to misunderstanding 오해를 사다 / *expose* one's head to the rain 머리가 비에 젖게 내버려 두다. **2** …을 보여주다, 진열하다(exhibit), 〔상품 따위를〕 늘어놓다(display). ¶ *expose* goods for sale in a store 가게에 상품을 진열하다. **3** 〔계획·비밀 따위를〕 알리다, 폭로하다 ⇨ REVEAL [類語]; 〔죄·사기 따위를〕 들추어 내다, 적발하다(unmask). ¶ *expose* a plot 계획을 폭로하다. **4** 〔잘못·어리석은 행동·바보 따위를〕 세상의 웃음거리로 만들다, 비난의 대상이 되게 하다(…*to*). ¶ (~+目+前+名) His foolish action *exposed* him to ridicule. 그의 어리석은 행동은 세상의 웃음거리가 되었다. **5** 〔어린애 등을〕 버리다. **6** 〔사진〕 〔건판·필름 따위를〕 노출시키다. **7** [수동형으로] [어떤 방향으로] 향하고 있다(be open)(...*to*).
◇ expositíon *n*., exposúre *n*.

ex·po·sé [èkspouzéi / ‑ː‑ː‑] *n.* 추문 따위의 폭로, 적발, 들추어내기. [<F exposed]

*****ex·posed** [ikspóuzd] *adj.* **1** 방어물이 없는, [위험 따위에] 드러나 있는. **2** 노출된(unconcealed).

ex·po·si·tion [èkspəzí∫(ə)n] *n.* **1** Ⓤ 설명, 해설, 주해(註解) (explanation). **2** ⓒ 전람회, 박람회; Ⓤ 제시, 개진(開陳). **3** 〔이 등을〕 버리기, 내다 버림. **4** 〔연극〕 서설적(序說的) 설명부. **5** 〔음악〕 소나타·푸가 따위의 주제 제시부. ◇ expósitory, expósitive *adj*.

ex·pos·i·tive [ikspázitiv / ‑pɔ́z‑] *adj.* = EXPOSITORY.
ex·pos·i·tor [ikspázitər / ‑pɔ́z‑] *n.* 설명자, 해설자.
ex·pos·i·to·ry [ikspázitɔ̀ːri / ‑pɔ́zit(ə)ri] *adj.* 설명적인, 해설적인.

ex post fac·to [éks pòust fǽktou] *adj., adv.* 사후 (事後)의 [에서], 사후(에), 과거로 거슬러 올라가는 (올라가서). [<L from what is done afterwards]

ex·pos·tu·late [ikspást∫uleit / ‑pɔ́stju‑] *vi.* (**-lat·ed, -lat·ing**) 타이르다, 〔충고하여〕 충고하다(*with*...). ¶ (~+前+名) *expostulate with* a person *on* (or *about*) his dishonesty 남의 부정직을 간하다.

ex·pos·tu·la·tion [ikspàst∫uléi∫(ə)n / ‑pɔ̀stju‑] *n.* **1** Ⓤ 충고, 타이르기. **2** (종종 ~s) 충고의 말, 간언.

ex·pos·tu·la·tor [ikspást∫uleitər / ‑pɔ́stju‑] *n.* 충고하는 사람.

ex·pos·tu·la·to·ry [ikspást∫ulətɔ̀ːri / ‑t(ə)ri] *adj.* 충고의, 훈계의.

‡**ex·po·sure** [ikspóuʒər] *n.* **1** Ⓤ [비밀·나쁜 짓의]폭로, 적발, 발각(unmasking), 탄로(*of*...). ¶ the *exposure* of a crime 범죄의 탄로. **2** Ⓤ [계획 따위의] 발표, 제시. **3** Ⓤ 〔상품 따위의〕진열. **4** Ⓤ 노출되어 있음(있는 상태); [바람·비 따위를] 맞기, 맞히기, [위험·비웃음 따위를] 당하기, 당하게 하기, [위험 따위에] 직면해 있기(*to*...). ¶ *exposure* to the air 대기에 드러나 있음 / *exposure* to the weather 비바람을 맞기 / *exposure* to ridicule 비웃음을 사기. **5** Ⓤ 〔사진 필름·감광지 따위를 광선에〕 노출시키기, 노출; 노출 시간. **6** Ⓤ [어린애 등을]버리기, 유기(abandoning). **7** [햇빛·바람에 대한] 위치, [집·방 따위의] 향(aspect). ¶ a house with a southern *exposure* 남향집. **8** 노출면; Ⓤ [카드놀이에서] 패를 보이기. ◇ expóse *v*.

expósure índex *n.* 〔사진〕 노출 지수.
expósure méter *n.* 〔사진〕 노출계.

*****ex·pound** [ikspáund] *vt.* **1** [이론·주의·의견 따위를] 명확하고도 상세히 설명하다, 상설하다. ⇨ EXPLAIN [類語] **2** 〔성전(聖典) 등을〕 해석하다.

ex·pound·er [ikspáundər] *n.* 해설자, 해설가.

ex·pres·i·dent [èkspréz(i)d(ə)nt / ‑zid‑] *n.* 전(前)대통령.

‡**ex·press** [iksprés] *vt.* **1** 〔사상·생각〕을 말로 표현하다(state), 말로 나타내다(represent). ¶ *express* one's opinions clearly 의견을 명확히 말하다 / *express* oneself 자기의 생각을 말하다 // (~+wh. 節) I cannot *express how* happy I was then. 내가 그때 얼마나 행복했는지는 말로 표현할 수 없다. **2** 〔감정 따위〕를 나타내다, 밖에 드러내다(reveal). ¶ *express* one's feelings 감정을 나타내다 / His face *expressed* sorrow. 그의 얼굴에는 슬픔이 나타나 있었다. **3** 〔기호·숫자 따위로〕 …을 나타내다, 상징하다(represent, symbolize). ¶ The sign + *expresses* addition. +의 기호는 덧셈을 나타낸다 / (~+目+*as* 補) *express* water *as* H_2O 물을 H_2O로 나타내다. **4** 〔원래 美〕 …을 속달(지급)편으로 보내다. **5** …을 내리누르다, 짜다(press), 〔액체〕를 짜내 다(squeeze out). ¶ (~+目+前+名) *express* the juice *from* (or *out of*) oranges 오렌지의 즙을 짜내다 / *express* grapes *for* juice 주스를 만들기 위해 포도를 짜다. **6** 〔냄새 따위〕를 발산하다.
—— *adj.* **1** 명시된, 명백한(clear); 명확한(definite), 숨김 없는(explicit). ¶ one's *express* will 명확한 의지. **2** 특별한(special). ¶ an *express* purpose 특별한 목적. **3** 정확히 성형된(표현된); 꼭 닮은(exact). ¶ The girl was the *express* image of her mother. 그 소녀는 어머니를 꼭 닮았다. **4** 속달편의, 특별히 마련한; 《美》 운송편의. ¶ an *express* agency 운송 대리점 / an *express* messenger 특사 / *express* post 속달편. **5** 〔열차 따위가〕 급행의, [가로 따위가] 직선의. ¶ an *express* ticket 급행권 / an *express* train 급행 열차 / an *express* highway 고속 도로(expressway).
—— *adv.* **1** 급행으로; 속달(지급)편으로. ¶ travel *express* 급행으로 여행하다. **2** 특별히(especially); 특별한 목적을 위하여.
—— *n.* **1** 급행 열차; [버스·엘리베이터 따위의] 급행. **2** 《英》 특사, 급사(急使). ⓒ 속달편. ¶ send a package by *express* 소포를 속달로 보내다. **3** 《주로 美》 운송 회사; Ⓤ 운송편; 운송 화물.
◇ expréssion *n*., expréssive *adj*.

ex·press·age [iksprésidʒ] *n.* Ⓤ 《美》 **1** [소포·금전의] 속달 운송 업무. **2** 속달 운송 요금, 속달 요금.

expréss delívery *n.* Ⓤ《英》 속달편(《美》 special delivery).

ex·press·i·ble [iksprésəbl] *adj.* [말로] 표현할 수 있는; 짜낼 수 있는.

‡**ex·pres·sion** [iksprέʃ(ə)n] n. **1** ⓤ [사상·감정 따위의] 표현, 표시. ¶ verbal *expression* 말에 의한 표현 / find *expression* in …에 나타나다 / give *expression* to … 을 표현하다 / beyond (or past) *expression* 형언할 수 없는(없을 정도로) / Writing is the *expression* of sounds by graphic symbols. 쓴다는 것은 문자에 의한 음의 표현이다.
2 특별한 어구(어법), 말투; 표현법. ¶ a happy *expression* 멋진 표현, 능란한 말솜씨 / a clumsy *expression* 서투른 말솜씨 / use a vulgar *expression* 야비한 말투를 쓰다.
3 ⓤⓒ [감정·성격 등을 얼굴·목소리 등에] 나타내기; [그러한 것이] 나타남, 표정; [목소리의] 음조(tone); [연극상의] 표정. ¶ a sad *expression* 슬픈 듯한 표정 / a facial *expression* 얼굴 표정 / a face that lacks *expression* 표정이 없는 얼굴 / Laughter is often the *expression* of joy. 웃음은 흔히 기쁨의 표현이다 / She reads with *expression*. 그녀는 풍부한 표정으로 읽는다(낭독한다).
4 [수학] 식. ¶ a binomial *expression* 2 항식 / a polynomial *expression* 다항식.
5 [유전] [형질] 발현(發現); 유전자 단백질 합성[과정].
6 ⓤ 쥐어짜기, [액체를] 짜내기.
Pardon the expression (구어) 이런 말을 해서 죄송합니다(* 심한 말이나 상스런 말을 했을 때 쓴다).
◇ *express* v., expressive adj.
ex·pres·sion·al [ikspréʃ(ə)l] adj. 표현 상(표정)의.
ex·pres·sion·ism [ikspréʃ(ə)nìz(ə)m] n. ⓤ [미술] 표현주의, 표현파.
ex·pres·sion·ist [ikspréʃ(ə)nist] n. 표현주의자.
ex·pres·sion·is·tic [ikspréʃ(ə)nístik] adj. 표현주의적인, 표현주의자의.
ex·pres·sion·less [ikspréʃ(ə)nlis] adj. 표정이 없는, 무표정한.
***ex·pres·sive** [iksprésiv] adj. **1** [의미·감정 따위를] 표현하는, 표현적인(*of*…). ¶ a look *expressive* of sorrow 슬픔을 나타내는 얼굴. **2** [얼굴·말·목소리 따위가]의미 심장한, 의미 있는(meaningful), 표정이 풍부한. ¶ an *expressive* smile 의미 있는 듯한 미소. **3** 표현의, 표현에 관한. ¶ a highly *expressive* art 고도로 표현된 예술. **-ly** adv. **~ness** n. ◇ expréss n., expréssion n.
ex·pres·siv·i·ty [èkspresíviti] n. ⓤ **1** [유전] [유전자의] 발현도(發現度). **2** 표현성(표정, 감정 표출, 의미)의 풍부함.
ex·press·ly [iksprésli] adv. **1** 명백한 말투로; 명확히(definitely). **2** 특히; 일부러.
ex·press·man [iksprésmæn, -mən] n. (pl. **-men** [-mèn, -mən]) (美) 운송업자, 급행편 트럭의 운전사.
expréss rífle n. 속사총[근거리용 엽총의 일종].
expréss wágon ((英) **wággon**) n. 지급편 운송용의 왜건.
ex·press·way [ikspréswèi] n. (美) 고속 도로.
ex·pro·bra·tion [èkstproubréiʃ(ə)n] n. ⓤⓒ 비난, 책망.
ex·pro·pri·ate [ekspróuprièit] vt. (**-at·ed, -at·ing**)
1 [토지·재산 등]을 수용(收用)하다, [공공의 목적으로] 징발하다. **2** [남]으로부터 [재산 등]을 수용하다, 빼앗다(…*from*). ¶ *expropriate* a person *from* his estate 아무에게서 토지를 수용하다.
ex·pro·pri·a·tion [eksproupriéiʃ(ə)n] n. ⓤⓒ [토지·재산의] 수용; 공공 목적을 위한 징발; [남의 소유권의] 박탈.
ex·pro·pri·a·tor [eksproupriètər] n. [토지·재산 따위의] 몰수자, 박탈자.
***ex·pul·sion** [ikspʌ́lʃ(ə)n] n. ⓤⓒ **1** 배제, 구축 (expelling). ¶ the *expulsion* of air *from* the lungs 폐로부터의 배기. **2** 추방, 축출 (dismissal). ¶ the *expulsion* of a student *from* a school 학생의 퇴학.
expúlsion órder n. [외국인에 대한] 국외 퇴거 명령.

ex·pul·sive [ikspʌ́lsiv] adj. 배제(구축)적인; 배제(구축)력이 있는.
ex·punc·tion [ikspʌ́ŋkʃ(ə)n] n. ⓤ 말소, 삭제.
ex·punge [ikspʌ́ndʒ] vt. (**-punged, -pung·ing**) **1** …을 지우다, 말살(말소)하다(…*from*). ¶ *expunge* a name *from* a list 명단에서 이름을 삭제하다. **2** …을 닦아내다, 없애다; 멸종시키다.
ex·pur·gate [ékspə(ː)rgèit, +美 ikspə́ːrgeit] vt. (**-gat·ed, -gat·ing**) **1** …을 삭제하다, [책]에서 불온(추잡)한 대목을 삭제하다. ¶ *expurgate* a book 책의 불온한 부분을 삭제하다. **2** …을 깨끗이 하다, 정화하다, 청결하게 하다(cleanse). [화.
ex·pur·ga·tion [èkspə(ː)rgéiʃ(ə)n] n. ⓤⓒ 삭제; 정
ex·pur·ga·tor [ékspə(ː)rgèitər] n. 삭제자; 정화하는 사람.
ex·pur·ga·to·ri·al [ikspə̀ːrgətɔ́ːriəl / -tɔ́ːr-] adj. 삭제[자]의; 정화[자]의.
ex·pur·ga·to·ry [ikspə́ːrgətɔ̀ːri / -t(ə)ri] adj. 삭제적인, 삭제하는; 정화적인, 정화하는.
exp[w]y. [略] expressway.
‡**ex·qui·site** [ékskwizit, - - -] adj. **1** 매우 아름다운; 절묘한; 훌륭한, 말할 나위 없는(excellent). **2** [즐거움] 깊은, 강렬한(intense); [아픔이] 격심한, 날카로운(acute). **3** 예민한, 민감한(sensitive). ¶ an *exquisite* ear for music 음악에 예민한 귀. **4** 정교한, 공들인. **5** [취미·태도가] 고상한, 섬세한. ⇨ DELICATE [類語] ¶ She has *exquisite* taste. 그녀는 취미가 고상하다. **6** [페어] 엄선(정선)된(chosen). **—** n. 멋부리는 사람, 멋쟁이. **~ly** adv. **~ness** n.
exr. [略] executor.
exrx. [略] executrix.
ex·san·gui·nate [ekssǽŋgwinèit] vt. (**-nat·ed, nat·ing**) …에서 피를 뽑다, 빈혈이 되게 하다.
ex·san·guine [ekssǽŋgwin] adj. 핏기 없는, 창백한 (bloodless), 빈혈의(anemic). [mia].
ex·san·guin·i·ty [èkssæŋgwíniti] n. ⓤ 빈혈 (ane-
ex·scind [eksínd] vt. …을 잘라내다(cut out), 절단하다(cut off); …을 근절시키다(extirpate).
ex·sect [eksékt] vt. …을 절단하다(cut off).
ex·sec·tion [eksékʃ(ə)n] n. ⓤ 절단, 절제.
ex·sert [eksə́ːrt] vt. …을 내밀다; …을 돌출시키다. **—** adj. 돌출하고 있는, 드러나 있는.
ex·ser·tile [eksə́ːrt(i)l] adj. 돌출시킬 수 있는, 뻗칠 수 있는.
ex·ser·tion [eksə́ːrʃ(ə)n] n. ⓤ 돌출시키기; 뻗치기.
ex·ser·vice [èkssə́ːrvis] adj. (英) (군인이) 제대한.
ex·ser·vice·man [èkssə́ːrvismæn] n. (pl. **-men** [-mèn]) (英) 제대(퇴역) 군인(((美) veteran).
éx shíp [상업] 선측(船側) 인도(의), 수입항 본선 인도로(의).
ex·sic·cate [éksikèit] v. (**-cat·ed, -cat·ing**) vt. …을 말리다, 건조시키다. **—** vi. 건조되다(dry up).
ex·sic·ca·tive [éksikèitiv] adj. 건조하는, 건조력이 있는. [(托葉)이 없는.
ex·stip·u·late [eksstípjulit, -lèit] adj. [식물] 탁엽
éx stóre [상업] 점두(店頭) 인도로(의).
ext. [略] extension; external; extinct; extra.
ex·tant [ekstǽnt, ékstənt] adj. **1** 현존(잔존)하고 있는. **2** [고어] 돌출해 있는.
ex·tem·po·ral [ikstémp(ə)rəl] adj. (고어) =extemporaneous, extempore.
ex·tem·po·ra·ne·ous [ikstèmpəréiniəs, +美 -njəs] adj. **1** [연설 따위를] 준비없이 하는, 즉석의, 즉흥적으로의. ¶ an *extemporaneous* piece of verse 즉흥시. **2** [피난소 따위를] 임시 변통의, 급조의.
~ly adv. **~ness** n.
ex·tem·po·rar·y [ikstémp(ə)rèri / -rəri] adj. 즉석의, 즉흥적인, 임시의. **-rar·i·ly** adv. **-rar·i·ness** n.
ex·tem·po·re [ikstémpəri] adv. **1** 그 자리에서, 준비

extemporization

없이, 즉석에서; 원고(메모) 없이(offhand). ¶ speak *extempore* 즉석에서 이야기하다. **2** [연주가] 즉흥적으로. —— *adj.* 즉석의, 즉흥적인; 임시 변통의, 급조한.

ex·tem·po·ri·za·tion [ikstèmpəraizéiʃ(ə)n / -rai-] *n.* **1** ⓤ 즉흥적으로 만들기. **2** 즉석 작품, 즉석 연설, 즉흥적 작곡(연주).

ex·tem·po·rize [ikstémpəràiz] (＊《英》에서는 **ex·tem·po·rise** 로도 쓴다) *v.* (-rized, -riz·ing) *vi.* **1** [원고·메모 없이] 즉석에서 이야기하다. **2** [연주가] 즉흥적으로 노래하다(만들다, 작곡하다); 작곡하면서 즉석에서 연주하다(improvise). —— *vt.* **1** [당장을 위해서] ···을 만들다, 급조하다. **2** ···을 즉석에서 작곡하다, 즉흥적으로 연주하다(improvise).

ex·ten·ci·sor [ekstɛ́nsàizər] *n.* [스포츠] 손가락과 손목 기구, 악력(握力)기.

‡**ex·tend** [iksténd] *vt.* **1** (물건을) 잡아늘이다(stretch out), (콤파스 따위를) 벌리다.
2 (밧줄 따위를) 두 점에 치다, (군대 등의) 대열을 산개(散開)시키다. ¶ (~+目+前+名) *extend* a wire *between* two posts 두 기둥 사이에 철사를 치다. **3** (몸·손발을) 뻗다. ¶ *extend* one's arms 팔을 뻗다. **4** (거리·기간·기한 따위를) 늘이다, 연장하다(...to). ⇒ LENGTHEN [類語] ¶ *extend* one's visit for two more days 방문을 2 일간 더 연장하다 ¶ (~+目+前+名) *extend* a road *to* the next city 다음 도시까지 도로를 연장하다.
5 (범위·영토를) 확장하다(enlarge); (금속 따위를) 늘이다(expand). ¶ *extend* a school building 교사(校舍)를 확장하다.
6 (세력·활동 범위 등을) 뻗치다, 넓히다(spread); (의미를) 확대하여 해석하다, 부여하다(broaden). ¶ *extend* one's influence(or power) 자기의 세력을 뻗치다 / *extend* one's business 사업을 넓히다.
7 (은혜·원조 등을) 베풀다(bestow); (친절한 행위를) 하다(...to). ¶ (~+目+前+名) *extend* sympathy (a warm welcome) *to* a person 남을 동정하다(따뜻이 맞이하다).
8 (축사를) 말하다; (초대장을) 보내다(...to). ¶ (~+目+前+名) *extend* congratulations *to* a person 남에게 축사를 말하다.
9 (빚의) 상환 기간을 연기하다.
10 [상업] (송장(送狀) 따위의) 숫자를 다음 란으로 넘기다.
11 [법률] ···을 평가하다, 사정(査定)하다(assess); (토지를) 압류하다(seize); (빚에) ···을 압수하다, 몰수하다.
12 (빚에) ···을 과장하다(exaggerate).
13 (보통 수동형으로) (경마에서) (말에게) 전속력으로 달리게 하다.
—— *vi.* **1** 늘어나다, 넓어지다, 연장되다. **2** (거리·기간·범위 따위가) ···에 이르다, 계속되다(to, into...). ¶ (~+前+名) His absence *extends* to five days. 그의 결석은 5 일에 이른다 / The conference *extended* into Saturday. 회의는 토요일까지 연장되었다.
◇ exténsion, extént *n.*, exténsive, exténsile *adj.*

＊**ex·tend·ed** [iksténdid] *adj.* **1** 잡아늘인, 넓어진. **2** 장기간에 걸친, 오래 끈. **3** 광범한, 널리 퍼진. **4** (의미 따위가) 확대 해석된, (세력이) 증대한. **5** (인쇄) (활자가) 평체(平體)인(expanded).
~·ly *adv.* ~·ness *n.*

exténded cóverage *n.* [보험] 확장 담보 [보험 계약의 담보 범위를 확장하는 추가 약관(約款)].

exténded fámily *n.* 확대 가족 [핵가족과 근친으로 이루어진 대가족]. *cf.* nuclear family [略 EP].

exténded pláy *n.* EP 판 [1분에 45회전하는 음반].

exténded precísion *n.* [컴퓨터] 확장 정도(精度) [컴퓨터가 원래 취급 가능한 자릿수의 2배 이상을 취급하는 것].

ex·tend·er [iksténdər] *n.* **1** 신장하는 것(사람). **2** (농도를 묽게 하기 위한) 안료(顔料). **3** 《英》 (대학 공개 강좌의) 교사.

ex·tend·i·ble [iksténdibl] *adj.* =extensible.

ex·ten·si·bil·i·ty [ikstènsəbíliti] *n.* ⓤ 신장성(伸張性), 연장성; 전개성. ¶ [~·ness *n.*]

ex·ten·si·ble [ksténsəbl] *adj.* 신장(연장)할 수 있는.

ex·ten·sile [iksténs(i)l / -sail] *adj.* [동물·해부] 신장할 수 있는, 신장하기 알맞은; 신장(전개)성의; 돌출해 있는.

ex·ten·sim·e·ter [èkstensímitər] *n.* = extensometer.

‡**ex·ten·sion** [iksténʃ(ə)n] *n.* **1** ⓤ 신장, 확대 (enlargement, expansion). ¶ *extension* works 확장 공사 / the *extension* of an arm 팔을 뻗기 / the *extension* of knowledge 지식의 확대. **2** (연장 부분, 이어댄 부분 (prolongation); 증축 부분(annex); [철도의] 연장선; [전화의] 내선. ¶ build an *extension on* one's house 집을 증축하다 / Call me at the office, *extention* four -two. 회사의 내선 42번으로 전화해 주시오. **3** ⓤ (넓이, 범위(range). **4** (기일 따위의) 연장, 연기, 계속 (continuation). ¶ grant an *extension* until the end of next month 내달 말까지의 연기를 승인하다. **5** ⓤ (어구의 의미 해석, 문의 확장. **6** ⓤ [상업] 상환 연기 승인서. **7** ⓤ [물리] 전충성(填充性) [물체가 공간을 차지하는 성질]. **8** ⓤ [해부] 손발을 똑바로 뻗기, 신전(伸展). ¶ *extension* of one's influence. **9** ⓤ (손발의 원위치; [의학] 탈구(脫臼) 교정. **9** ⓤ [논리의] 외연(外延)(denotation). *opp.* intension ◇ exténd *v.*, exténsive *adj.*

ex·ten·sion·al [iksténʃ(ə)nəl] *adj.* **1** 확장의. **2** [논리] 외연의.

exténsion cóurses *n. pl.* 대학 공개 강좌. *cf.* university extension

exténsion ládder *n.* [소방용] 고가 신축(伸縮) 사다리차.

exténsion táble *n.* 신축 자재 테이블.

ex·ten·si·ty [iksténsiti] *n.* **1** ⓤ 신장(확장)성. **2** [심리] 신장성.

‡**ex·ten·sive** [iksténsiv] *adj.* **1** 광범위한, 넓은, 광대한(wide). ¶ an *extensive* area 광대한 지역. **2** 광범위에 걸친(far-reaching), 포괄적인, 광범위한(comprehensive). ¶ *extensive* inquiries 다방면에 걸친 조사 / *extensive* business 폭넓은 장사 / *extensive* reading 다독(多讀). **3** 조방(粗放) 농업의. *opp.* intensive ¶ *extensive* agriculture 조방 농업. **4** [논리] 외연적인. *opp.* intensive ~·ness *n.* ◇ exténd *v.*, exténsion *n.*

＊**ex·ten·sive·ly** [iksténsivli] *adv.* 널리, 광범하게.

ex·ten·som·e·ter [èkstensɑ́mitər / -sɔ́m-], (exten-simeter) *n.* [기계] 신장계(伸張計), 정밀 신축계(伸縮計). [flexor

ex·ten·sor [iksténsər] *n.* [해부] 신근(伸筋). *cf.*

‡**ex·tent** [ikstént] *n.* **1** ⓤ (물체의) 넓이; (물체의 의) 정도(degree), 한계, 한도(limits), 범위; 길이(length), 면적(area), 양(volume). ¶ in *extent* 크기(넓이)는 / to a certain *extent* 얼마간, 어느 정도까지, 다소 / to a great *extent* 대부분, 크게 / to the utmost(or the full) *extent* of ···이 미치는 한 / the *extent* of a line 선의 길이 / the *extent* of a park 공원의 넓이 / the *extent* of one's effort 노력의 한도 / This is the *extent* of my ability. 힘껏 했습니다 / To what *extent* is he right? 그의 말은 어느 정도나 옳은가? **2** 신장(확대)된 것, 넓어진 장소. ¶ the vast *extent* of a prairie 광활한 대초원. **3** [美법률] 압류 영장(writ of extent). **4** ⓤ [英법률] (토지 따위의) 압류 (英令서) (토지의) 평가 (assessment). **6** ⓤ [논리] 외연(extension).
◇ exténd *v.*

ex·ten·u·ate [iksténjuèit] *vt.* (-at·ed, -at·ing) **1** (결점·벌 등을) 가볍게 하다, 정상을 참작하다, 완화하다, 늦추다. ¶ *extenuate* a crime 죄를 가볍게 하다.
2 (일이) (결점·죄 따위를) 참작하는 데 도움이 되다, (일이) (결점·죄 따위의) 변명이 되다(palliate). ¶ Nothing can *extenuate* his guilt. 그의 죄과에는 정상을 참작할 여지가 없다.
—— **Usage** extenuate 는 crime, guilt, cruelty 와 같은

그 자체에 나쁜 뜻을 내포하는 말을 목적어로 취한다. conduct, behavior 처럼 선악의 어느 쪽에나 쓰는 말은 문맥상 나쁜 뜻을 내포하는 것이 명백한 경우에만 extenuate 의 목적어가 될 수 있다. 그러나 사람은 목적어가 될 수 없으며, 이 경우는 excuse 를 쓴다.
3 …을 얕보다, 경시하다.
4 〈고어〉 …을 닮게 하다; …을 야위게 하다.
ex·ten·u·at·ing [iksténjuèitiŋ] *adj.* 〔죄 따위를〕 가볍게 할 수 있는, 정상을 참작할 수 있는. ¶ *extenuating* circumstances 참작해야 할 사정.
ex·ten·u·a·tion [iksténjuéi∫(ə)n] *n.* **1** ⓤ 〔결점·죄 따위의〕 경감, 정상 참작. ¶ in *extenuation* of …을 정상 참작하여. **2** 〔죄를〕 경감시키는 것, 참작의 대상이 되는 사정.
ex·ten·u·a·tor [iksténjuèitər] *n.* 〔죄의〕 참작자, 경감자.
ex·ten·u·a·to·ry [iksténjuətɔ̀:ri / -t(ə)ri] *adj.* 〔죄·벌을〕 경감시키는, 정상 참작할 만한.
*ex·te·ri·or [ikstí(:)riər / -tíər-] *adj.* **1** 밖의, 외부의, 외관상의. ⇨ OUTSIDE 類語 *opp.* interior ¶ the *exterior* surface 바깥면. **2** 외부로부터 오는, 대외적인. ¶ an *exterior* policy 대외 정책 / an *exterior* influence 외부로부터의 영향. **3** 외부에 있는, 동떨어진, 별개의(to…). — *n.* **1** 〔물체의〕 외부, 바깥면, 바깥쪽(outside). ¶ It is covered on the *exterior* with red paper. 그것은 바깥쪽이 빨간 종이로 싸여 있다. **2** 〔사물의〕 형식; (~s) 겉보기, 외관. ¶ the *exteriors* of religion 종교의 의형 / misleading *exteriors* 사람들을 오해하게 하는 외관. **3** 〔그림·무대면 따위의〕 옥외 풍경. — *ly adv.* ◇ exteriority *n.*, extériorize *v.*
extérior ángle *n.* 〔기하〕 외각. *cf.* interior angle
ex·te·ri·or·i·ty [ikstì(:)riáriti / -tìəriɔ́ri-] *n.* = externality.
ex·te·ri·or·ize [ikstí(:)riəràiz / -tíər-] (* 〈英〉에서는 **ex·te·ri·or·ise** 로도 쓴다) *vt.* (**-ized, -iz·ing**) **1** …을 externalize. **2** 〔외과〕 〔수술 따위를 위해〕 〔내장〕을 몸 밖에 내놓다.
ex·ter·mi·na·ble [ikstə́:rminəbl] *adj.* 근절할 수 있는.
ex·ter·mi·nate [ikstə́:rmineit] *vt.* (**-nat·ed, -nat·ing**) …을 멸종시키다, 박멸하다, 근절하다, 전멸시키다.
ex·ter·mi·na·tion [ikstə̀:rminéi∫(ə)n] *n.* ⓤⓒ 근절, 박멸, 전멸, 구제.
ex·ter·mi·na·tor [ikstə́:rminèitər] *n.* **1** 박멸하는 사람. **2** 해충 구제업자.
ex·ter·mi·na·to·ry [ikstə́:rminətɔ̀:ri / -təri] *adj.* 근절〔박멸〕적인.
ex·tern [ékstə:rn — *adj.*] *n.* 통학생, 〔병원의〕 통근 의사, 통근 의학 연구생. *cf.* intern — *adj.* [ikstə́:rn] 〈고어〉 외부의, 바깥의.
*ex·ter·nal [ikstə́:rn(ə)l] *adj.* **1** 외부의, 바깥쪽의, 바깥쪽을 향한. ⇨ OUTSIDE 類語 *opp.* internal ¶ the *external* husks of a fruit 과실의 외피. **2** 〔약제가〕 외용의, 외부에 사용하는. ¶ *external* remedies 외용약. **3** 〔물체가〕 외부에 있는(to…); 외부로부터 오는, 객관적. ¶ *external* force 외력. **4** 외면적인, 형식적인; 외관의. ¶ an *external* act of worship 전례(典禮)의 외면적인 예배 행위. **5** 대외적인, 외국에 관한. ¶ *external* commerce 외국 무역. **6** 〔동물·해부〕 바깥쪽의. ¶ the *external* ear 외이(外耳). **7** 피상적인(superficial). **8** 〔철학〕 〔지각(知覺) 세계와 독립해 있다고 생각되는〕 외계의, 객관적인. — *n.* **1** ⓤ 바깥쪽, 바깥면. **2** 보이는 것; (~s) 외모, 외형, 외관 형식.
~·ly [-nəli] *adv.* ◇ externálity *n.*, éxternalize *v.*
ex·ter·nal-com·bus·tion [ikstə́:rn(ə)ləkəmbʌ́st∫(ə)n] *adj.* 외연(外燃)의.
Extérnal Degrée *n.* 〈英〉 교외(校外) 학위 〔대학에서 인정하는 다른 기관에서 학습한 학생에게 그 대학으로부터 주어지는 학위〕.
extérnal éar *n.* 외이(外耳).

extérnal fèrtilizátion *n.* 체외 수정(in vitro fertilization).
ex·ter·nal·ism [ikstə́:rn(ə)lìz(ə)m] *n.* ⓤ **1** 형식주의, 특히 종교의〕 극단적인 형식 존중주의. **2** 현상론(現象論).
ex·ter·nal·ist [ikstə́:rn(ə)list] *n.* 형식주의자; 현상론자.
ex·ter·nal·i·ty [ikstə̀:rnǽliti] *n.* ⓒ ⓤ (*pl.* **-ties**) **1** 밖에 있음, 외부에 나타남; 피상성. **2** 외계의 사물, 외형, 외모, 외관. **3** 형식주의.
ex·ter·nal·i·za·tion [ekstə̀:rn(ə)lizéi∫(ə)n / -laiz-] *n.* ⓤ 구체화, 객관화.
ex·ter·nal·ize [ekstə́:rnəlàiz] (* 〈英〉에서는 **ex·ter·nal·ise** 로도 쓴다) *vt.* (**-ized, -iz·ing**) **1** 〔내부적인 것〕을 객관화하다. 〔사상 따위〕에 형체를 부여하다, 객관성을 주다. **2** …의 외형만을 생각하다 (존중하다).
extérnal stórage *n.* 〔컴퓨터〕 외부 기억 장치.
ex·ter·o·cep·tor [èkstərəséptər] *n.* 〔생리〕 〔눈·귀·코·피부 따위의〕 외계 감각 수용기(受容器), 외부 수용기.
ex·ter·ri·to·ri·al [èkstèritɔ́:riəl / -tɔ́r:-] *adj.* = extraterritorial.
ex·ter·ri·to·ri·al·i·ty [ekstèritɔ̀:riǽliti / èksterìtɔ̀:r:-] *n.* = extraterritoriality.
*ex·tinct [ikstíŋkt] *adj.* **1** 〔불·빛 따위가〕 꺼진, 〔화산 따위가〕 활동을 그친. ¶ an *extinct* volcano 사화산. **2** 〔생명력·희망 따위가〕 끊어진, 사라진. **3** 〔관직·제도 따위가〕 폐지된, 쇠퇴한. ¶ an *extinct* language 사어(死語). **4** 〔가계(家系)·종족·종 따위가〕 절멸된, 단절된, 사멸한. ⇨ DEAD 類語 ¶ A fossil of an *extinct* species 절멸종의 화석.
◇ extínction *n.*, extínctive *adj.*
*ex·tinc·tion [ikstíŋk∫(ə)n] *n.* ⓤⓒ **1** 끄기, 꺼지기, 소화(消火), 소등. ¶ the *extinction* of a lamp 램프의 소등. **2** 〔종족·생물 등의〕 사멸, 절멸. **3** 〔가계(家系)의〕 단절. **4** 〔관직·제도 등의〕 폐지. **5** 〔희망·생명력 등의〕 소멸. ¶ the *extinction* of hopes 희망의 사라짐. **6** 〔광학〕 빛의 흡수, 흡광.
◇ extínct, extínctive *adj.*
ex·tinc·tive [ikstíŋktiv] *adj.* 소멸적인, 소멸성의.
*ex·tin·guish [ikstíŋgwi∫] *vt.* **1** 〔불·등불 따위〕를 끄다. ¶ *extinguish* a fire 화재를 진화하다. **2** 〔정열·희망 등〕을 잃게 하다, 소멸시키다, 끊다. ¶ One failure after another *extinguished* her hope. 실패가 거듭되자 그녀는 희망을 잃었다. **3** …의 빛을 잃게 하다, …을 무색하게 만들다. **4** 〔법률〕 〔부채·권리 등〕을 소멸시키다. **5** 〔종족·생물 등〕을 절멸시키다. **6** 〔가계(家系)〕 …을. ◇ extínguishment *n.*
ex·tin·guish·a·ble [ikstíŋgwi∫əbl] *adj.* 끌 수 있는, 소멸시킬 수 있는.
ex·tin·guish·ant [ikstíŋgwi∫(ə)nt] *n.* 소화물〔물·소화제 따위〕.
ex·tin·guish·er [ikstíŋgwi∫ər] *n.* **1** 끄는 사람〔것〕. **2** 촛불 끄는 도구; 소등기, 소화기. ¶ a chemical *extinguisher* 화학 소화기. **3** 〔남을 우울하게 만드는〕 음침한 사람.
ex·tin·guish·ment [ikstíŋgwi∫mənt] *n.* ⓤ 소화; 소멸, 절멸; 〔법률〕 〔권리·부채 따위의〕 소멸.
ex·tir·pate [éksta(:)rpèit, + 〈美〉 ekstə́:rpeit] *vt.* (**-pat·ed, -pat·ing**) **1** 〔식물 따위〕를 뿌리째 뽑다. ¶ *extirpate* weeds 잡초를 뿌리째 뽑다. **2** 〔종족 등〕을 절멸시키다. **3** 〔나쁜 습관 따위〕를 근절하다. ¶ *extirpate* a social evil 사회악을 근절하다. **4** 〔의학〕 …을 적출하다, 제거하다. ¶ *extirpate* a tumor 종기를 제거하다.
ex·tir·pa·tion [èkstə(:)rpéi∫(ə)n] *n.* ⓤⓒ 근절, 절멸; 적출.
ex·tir·pa·tive [ékstə:rpèitiv] *adj.* 근절하는〔힘이 있는〕.
ex·tir·pa·tor [ékstə:rpèitər] *n.* 근절〔박멸〕하는 사람.
*ex·tol [ikstóul], (**ex·toll**) *vt.* (**-tolled, -toll·ing**) …을 칭찬하다, 격찬하다, 찬양하다(praise highly). ¶ *extol* a person to the skies 남을 극구 칭찬하다.

ex·tol·ler [ikstóulər] *n.* 칭찬(찬양)하는 사람.
ex·tol·ment [ikstóulmənt] *n.* ⓤ《고어》칭찬, 찬양.
ex·tort [ikstɔ́ːrt] *vt.* **1**〔법률〕〔금전·재물 따위〕를 강탈하다, 우려내다, 착취하다. ⇨ EXTRACT 類語 ¶ *extort* money by threats 협박해서 돈을 우려내다, 강요하다. **2**〔정보·자백 따위〕를 억지로 얻어내다, 강요하다. ¶ *extort* a confession(a promise) *from* a person 남에게 자백(약속)을 강요하다. **3** 〔지나친 〔터무니없는〕 요금〕을 요구하다. **4** 〔의미 따위〕를 억지로 끌어내다〔갖다 붙이다〕, 억지로 꾸며내다.
ex·tort·er [ikstɔ́ːrtər] *n.* 강요자, 강탈자.
ex·tor·tion [ikstɔ́ːrʃ(ə)n] *n.* ⓤⓒ **1** 강탈; 공갈; 착취. **2**〔법률〕〔공무원의 직권 남용에 의한〕 재물 강요죄. **3** 터무니없는 요금. **4** 강탈물, 강요품.
ex·tor·tion·ar·y [ikstɔ́ːrʃ(ə)nèri / -əri] *adj.* 강탈하는, 강요하는.
ex·tor·tion·ate [ikstɔ́ːrʃ(ə)nit] *adj.* **1**〔요구 등이〕 터무니없는, 〔대가 등이〕 터무니없이 비싼. **2** 강요하는, 공갈하는. 〜·**ly** *adv.* 〜·**ness** *n.* 〔착취자.
ex·tor·tion·er [ikstɔ́ːrʃ(ə)nər] *n.* 공갈자, 강탈자.〕
ex·tor·tion·ist [ikstɔ́ːrʃ(ə)nist] *n.* =extortioner.
ex·tor·tive [ikstɔ́ːrtiv] *adj.* 강요(강탈)하는; 착취하는.
▶**ex·tra** [ékstrə] *adj.* **1** 여분의, 가외의; 특별한; 할증의; 임시 의 (*to*...). ¶ something *extra* 특히 가외의 것 / *extra* effort 가외의 노력 / an *extra* allowance 임시 수당 / an *extra* edition(or issue, number) 호외판, 임시 증간호 / *extra* news 호외 / *extra* workers(or hands) 임시 고용인 / the *extra* innings of a game 〔야구의〕연장전 / Extra work demands *extra* pay. 가외의 일에는 가외의 수당이 필요하다 / What he collected in tips was *extra to* his monthly wages. 팁으로 받은 돈은 월급 이외의 여분의 수입이 되었다. **2** 〔품질 따위가〕 특별히 고급인, 각별히 우수한, ¶ an *extra* binding 특별 장정(裝幀), 특제본 / *extra* precision 말할 수 없이 꼼꼼함 / *extra* grace 각별한 우아함.
— *n.* **1** 여분의 것, 특별한 것; 경품; 과외 수업; 〔무도회의〕특별 프로. **2** 별도 계산, 추가 요금, 가외의 수당. ¶ a few pence *extra* 몇 펜스의 할증금 / pay an *extra* to a waiter 웨이터에게 가외의 수당을 지불하다. **3** 〔신문의〕 호외, 〔잡지의〕특별호, 임시 증간호. ¶ an *extra to The Times* 타임즈의 호외. **4** 특별 우량품(물). **5** 임시 고용의 노동자; 〔영화〕엑스트라, 임시 고용의 배우. **6** (〜s) 〔크리켓〕타구 이외에서 얻은 득점.
— *adv.* **1** 여분으로, 가외로, 부가적으로, ¶ pay (work) *extra* 가외로 지불하다(일하다). **2** 특별히, 각별히, 예외적으로. ¶ *extra* long 특별히 긴 / *extra* good food 특별 고급 요리 / an *extra* special edition 석간의 최종판.
extra- *pref.* outside, beyond, besides 의 뜻. 예: *extra*judicial, *extra*territorial, *extra*atmospheric, *extra*mundane. 〔3·루타·홈런〕.
éx·tra-báse hít [ékstrəbéis-] *n.* 〔야구〕장타〔2루〕
ex·tra·chro·mo·som·al [èkstrəkròuməsóuməl, -zóu-] *n.* 〔유전〕염색체 외의, 비염색체의.
▶**ex·tract** *vt.* [ikstrǽkt → *n.*] **1**〔이·마개 따위〕를 뽑다. ¶ *extract* a tooth 이를 빼다 // (〜+目+前+名) *extract* the cork *from* a bottle 병의 마개를 뽑다 / The surgeon *extracted* the bullets *from* the wounded. 군의관은 부상자로부터 탄환을 뽑아냈다.
2〔학설·이론 따위〕를 끌어내다, 추론하다. ¶ (〜+目+前+名) *extract* some moral lessons *from* religious formularies 종교의 의식서에서 몇 가지 도덕적 교훈을 끌어내다.
3〔쾌락·위안 등〕을 얻다. ¶ (〜+目+前+名) *extract* pleasure *from* toil 고생 속에서 즐거움을 얻다.
4〔서적·문장 따위로부터〕…을 발췌하다, 〔절·구〕를 끌어 내다. ¶ (〜+目+前+名) *extract* an adequate passage *from* a book 책에서 적절한 절을 발췌하다.

5〔정보·돈 따위〕를 억지로 얻어내다, 우려내다. ¶ *extract* a confession 자백을 강요하다 // (〜+目+前+名) I *extracted* a promise *from* him. 나는 그로부터 약속을 얻었다.
類語 *extract* 잘 나오지 않는 것을 힘을 써서 끌어내다: *extract* information from a captured enemy 포로가 된 적병으로부터 정보를 얻어내다. **educe** 잠재되어 있는 또는 미발달인 것을 끌어내어 발달시키다: *educe* one's pupils' potential abilities 학생의 잠재 능력을 끌어내다. **elicit** 노력·기교를 써서 저항을 배제하고 끌어내다: *elicit* one's father's permission 애를 써서 (교묘하게) 아버지의 허가를 얻어내다. **evoke** 감정·흥미·기억 따위를 끌어내다: have one's interest in music *evoked* 음악에 대한 관심이 환기되다. **extort** 승낙하지 않거나 저항하는 자로부터 억지로 빼앗다: *extort* money by intimidation 협박을 해서 돈을 빼앗다.
6 …을 짜내다, 추출하다. ¶ (〜+目+前+名) *extract* the juice *from* a fruit 과일에서 즙을 짜내다.
7〔수학〕〔근〕을 구하다.
— *n.* [ékstrækt] **1** ⓤⓒ 추출물, **2**〔책 따위로부터의〕 발췌어〔절〕, 초록(抄錄), 인용 어구(quotation). ¶ make *extracts from* Shakespeare 셰익스피어로부터 발췌하다. **3** ⓤ〔약·식물 따위의〕 달인 즙, 정제, 용액; 엑스(essence). ¶ *extract* of peppermint 페퍼민트 엑스.
◇ extráction *n.*, extráctive *adj.*
ex·tract·a·ble [ikstrǽktəbl], (**ex·tract·i·ble**) *adj.* **1** 뽑아낼 수 있는, 추출할 수 있는. **2**〔수학〕〔근〕을 구할 수 있는. 〔(溶劑)〕
ex·tract·ant [ikstrǽktənt] *n.* 〔화학〕 추출용 용제
*ex·trac·tion [ikstrǽkʃ(ə)n] *n.* ⓤⓒ **1** 뽑아냄, 빼내기, 적출. ¶ the *extraction* of a tooth 발치(拔齒). **2** 추출, 짜내기, 달여내기; 추출물, 엑스, **3**〔책·문서 따위로 부터의〕발췌〔어구〕, 인용〔어구〕, 초록(essence). **4** 계통, 혈통(descent, lineage). ¶ a man of German *extraction* 독일계 사람.
ex·trac·tive [ikstrǽktiv] *adj.* **1** 뽑아내는, 발췌성의; 추출(발췌)할 수 있는.
— *n.* 추출물; 발췌(extract); 엑스(essence).
ex·trac·tor [ikstrǽktər] *n.* **1** 추출(발췌)하는 사람. **2** 착출기, 추출 분리기. **3** 〔외과〕 적출기; 겸자(鉗子). **4** 총포 따위의 약협(藥莢) 빼내는 놀이쇠.
ex·tra·cur·ric·u·lar [èkstrəkəríkjulər] *adj.* 정식 학과 이외의, 과외의. ¶ *extracurricular* activities 과외 활동.
ex·tra·dit·a·ble [ékstrədàitəbl] *adj.* 〔도망 범죄인으로서〕 인도되어야 할; 〔죄 따위가〕 인도 처분을 해야 할.
ex·tra·dite [ékstrədàit] *vt.* (**-dit·ed, -dit·ing**) **1**〔국외 도망자 또는 범인〕을 〔본국 관헌에게〕 인도하다. **2** …의 인도를 받다.
ex·tra·di·tion [èkstrədíʃ(ə)n] *n.* ⓤ〔국외 도망자 또는 범인의 본국으로의〕인도, 망명자 송환.
ex·tra·dos [ékstrədɔ̀s, -dɔ̀s, ekstréidɑs / ekstréidɔs] *n.* 〔건축〕아치 또는 둥근 천장면의 외호면(外弧面). ⇨ ARCH¹ 그림.
éxtra drý *adj.* 〔샴페인 따위가〕 아주 쌉쌀한.
ex·tra·es·sen·tial [èkstrəisénʃ(ə)l] *adj.* 본질 외의; 주요하지 않은. 〔계 외의.〕
ex·tra·ga·lac·tic [èkstrəgəlǽktik] *adj.* 〔천문〕은하
ex·tra·ju·di·cial [èkstrədʒu(ː)díʃ(ə)l] *adj.* 재판권 외의; 법정 밖의. 〜·**ly** [-ʃəli] *adv.*
ex·tra·le·gal [èkstrəlíːg(ə)l] *adj.* 법률의 범위를 벗어난, 법제 외의. 〜·**ly** [-g(ə)li] *adv.*
ex·tra·lit·er·ar·y [èkstrəlítərèri / -rəri] *adj.* 문학 외적인.
ex·tral·i·ty [ekstrǽliti] *n.* =extraterritoriality.
ex·tra·mar·i·tal [èkstrəmǽrit(ə)l] *adj.* 혼외(婚外) 교섭의, 간통에의, 불륜의 (adulterous).

ex·tra·mun·dane [èkstrəmʌ́ndein] *adj.* 지구 이외의, 물질세계 밖의.

ex·tra·mu·ral [èkstrəmjú(:)r(ə)l / -mjúər-] *adj.* **1** [도시의] 성벽 밖의, 교외의. **2** [대학의] 관학 이외에 있지 않은.

ex·tra·ne·ous [ekstréiniəs / -njəs, -niəs] *adj.* **1** 외래의(foreign); 외부로부터 오는, 외생(外生)의. **2** 이질적인; 관계가 없는(unrelated). ¶ wash *extraneous* matter away from gold 금에서 부착물을 씻어내다.
~·ly *adv.* ~·ness *n.*

ex·tra·nu·cle·ar [èkstrən(j)ú:kliər / -njú:-] *adj.* 원자핵 밖의.

***ex·traor·di·nar·i·ly** [ikstrɔ́:dinǽrili, èkstrɔ́:dənéri- / ikstrɔ́:dnri-] *adv.* 비상하게, 별나게; 터무니없이, 엄청나게.

***ex·traor·di·nar·y** [ikstrɔ́:rd(i)nèri, èkstrə-/ ikstrɔ́:dnri, èkstrə-] *adj.* **1** 비상하게, 보통이 아닌, 이상한(not ordinary). ¶ *extraordinary* power 비상한 힘 / an *extraordinary* genius 보기 드문 천재. **2** 터무니없는(exceptional), 엄청난, 별난, 엉뚱한(eccentric). ¶ an *extraordinary* man 별난 사람 / an *extraordinary* appearance 기발한 풍채 / *extraordinary* weather 계절답지 않은 이상 기후. **3** 특별한, 임시의(additional), 특명의. ¶ an *extraordinary* general meeting 임시 총회 / an *extraordinary* session of the National Assembly 임시 국회 / an ambassador *extraordinary* 특명 대사.
— *n.* (보통 -naries)《英口語》〖군인에 대한〗특별 수당. **-nar·i·ness** *n.*

extraórdinàry ràý *n.* [光學·結晶] 이상 광선.

ex·trap·o·la·bil·i·ty [ikstræpəlɔbíliti] *n.* [U] [미지의 사실에 대한 자료를 통한] 추정(예측) 능력.

ex·trap·o·late [ikstrǽpo(u)lèit] *vt., vi.* (-lat·ed, -lat·ing)〖통계〗보외(補外)하다, 외삽(外揷)하다.

ex·trap·o·la·tion [ikstræpəléiʃ(ə)n] *n.*〖통계〗보외법, 외삽법.

ex·tra·po·si·tion [èkstrəpəzíʃən, ek-] *n.* [언어] 외치(外置) 변형 [복문(複文)을 문말(文末)에 이동시켜 그 자리를 대명사로 메꾸는 것. 예: That John is a thief is likely. → It is likely that John is a thief.]

ex·tra·sen·so·ry [èkstrəsénsəri] *adj.* 정상 감각 외의, 초감각의. ¶ *extrasensory* perception 초감각적 지각 [略 ESP].

ex·tra·ter·res·tri·al [èkstrətiréstriəl] *adj.* 지구 밖의, 대기권 밖의.

ex·tra·ter·ri·to·ri·al [èkstrətèritɔ́:riəl / -tɔ́r-] *adj.* 치외법권의. **-ly** [-əli] *adv.*

ex·tra·ter·ri·to·ri·al·i·ty [èkstrətèritɔ̀:riǽliti / -tɔ̀r-] *n.* [U] 치외법권.

ex·tra·u·ter·ine [èkstrəjú:tərin, -ràin] *adj.* 자궁(uterus)밖의. ¶ *extrauterine* pregnancy 자궁외 임신.

***ex·trav·a·gance** [ikstrǽvigəns] *n.* **1** [U][C] 사치, 낭비[성]; 방종, 무절제(in...). ¶ cut out all one's *extravagances* 모든 낭비를 없애다. **2** [U] [행동·의견 따위의] 엉뚱함, 터무니없음; [C] 엉뚱한 생각(언행). ¶ commit an *extravagance* 엉뚱한 짓을 하다.
◇ extrávagant *adj.* [extravagance.]

ex·trav·a·gan·cy [ikstrǽvigənsi] *n.* (*pl.* -cies) =

***ex·trav·a·gant** [ikstrǽvigənt] *adj.* **1** 낭비하는, 사치스러운(in...). ⇨ LAVISH 類語 ¶ an *extravagant* man 돈을 헤프게 쓰는 사람 / be *extravagant* in expenditure 씀씀이가 헤프다. **2** [비용·요구·행동·의견 따위] 터무니없는, 엄청난, 엉뚱한. ⇨ EXCESSIVE 類語 ¶ *extravagant* expenses 엄청난 비용 / an *extravagant* behavior 엉뚱한 행동. **-ly** *adv.* ◇ extrávagance *n.*

ex·trav·a·gan·za [ikstræ̀vəgǽnzə] *n.* [U][C] **1** 광상곡, 광시, 광상풍의 음악극. **2** 미치광이 같은 짓, 광태.

ex·trav·a·gate [ikstrǽvəgèit] *vi.* (-gat·ed, -gat·ing)《古語》**1** 정처없이 헤매다. **2** 엉뚱한(터무니없는) 짓을 하다.

ex·trav·a·sate [ikstrǽvəsèit] *v.* (-sat·ed, -sat·ing) *vt.* **1** [병리] [혈액·림프액 따위]를 맥관 밖으로 넘치게 하다, 일혈(溢血)시키다. **2** [지질] [용암 따위]를 분출하다. — *vi.* **1** [병리] 일혈하다, 내출혈하다. **2** [지질] [용암 따위가]분출되다. — *n.* [병리] 일혈, 삼출물.

ex·trav·a·sa·tion [ikstrævəséiʃ(ə)n] *n.* [U][C] **1** [병리] [혈액·림프액 따위의 맥관 밖으로의] 삼출(물), 일혈, 내출혈. **2** [지질] [용암 따위의] 분출[물].

ex·tra·ve·hic·u·lar [èkstrəvihíkjulər] *adj.* 우주선 밖의.

éxtravehícular actívity *n.* [우주인의] 우주 유영; 선외(船外)활동; [특히] 월면(月面)활동 [略 EVA].

éxtravehícular mobílity únit *n.* [우주선] (선외)활동용 우주복 [생명 유지 시스템을 완비한 우주 비행사용 작업복 略 EMU].

ex·tra·ver·sion [èkstrəvə́:rʒ(ə)n / -ʃ(ə)n] *n.* [병리·심리] = extroversion.

ex·tra·vert [èkstrəvə̀:rt] *n., adj., v.* [심리] = extro-[vert.

***ex·treme** [ikstrí:m] *adj.* (때로 -trem·er, -trem·est) **1** [성질·상태·정도가] 극도의, 극심한. ¶ *extreme* patience 극도의 인내. **2** [행동·습관·의지 따위가] 극단적인, 과격한, 가혹한. ¶ the *extreme* Left (Right) 극좌(극우)파 / *extreme* measures 극단적인 수단 / the *extreme* penalty 극형 / hold *extreme* views 극단적인 의견을 가지다. **3** [중심에서] 가장 멀리 떨어진, 가장 바깥쪽의, 앞(끝)끝의. ¶ the *extreme* end of a line 선의 최선단. **4** 최후의, 최종의(last, final). ¶ the *extreme* hour of life 임종 / in one's *extreme* moments 임종시에.
— *n.* **1** 극도, 극단, 끝(에 있는 것); 〈~s〉양극단. ¶ the *extremes* of joy and grief 기쁨과 슬픔의 양극단 / experience the *extremes* of fortune 기구한 운명을 겪다; 인생의 영고 성쇠를 맛보다 / *Extremes* meet.《속담》극단과 극단은 일치한다. **2** 극단적인 수단, 마지막 수단. ¶ They went to the *extreme* of lockout. 그들은 공장 폐쇄라는 극단적 수단에 호소했다. **3** (보통 ~s) 곤경, 위기. ¶ be in *extremes* 곤경에 빠져 있다. **4** [수학] [비례·비 또는 급수의] 외항(外項).
go to extremes; run to an extreme ① 극단으로 흐르다. ② 마지막 수단을 쓰다.
in the extreme 극히, 극도로. ¶ I consider such conduct despicable *in the extreme.* 이런 행위는 극히 비열하다고 나는 생각한다.
~·ness *n.* ◇ extrémity *n.*, extrémely *adv.*

‡ex·treme·ly [ikstrí:mli] *adv.* 극단적으로, 극도로; 대단히, 참으로, 몹시.

extrémely hígh fréquency *n.* [통신] 극고주파(極高周波), 밀리미터파 [30-300 gigahertz; 略 EHF].

extréme únction *n.* [U]《가톨릭》병자 성사, 종부(終傅) 성사 [중환자나 임종을 맞은 사람에게 신부가 성유를 발라주는 의식].

ex·trem·ism [ikstrí:miz(ə)m] *n.* [U] 극단으로 흐르는 경향(성질); 극단론, 과격주의.

ex·trem·ist [ikstrí:mist] *n.* [특히 정치면에서] 극단으로 흐르는 사람, 과격파; 과격론자. — *adj.* 과격론자의.

***ex·trem·i·ty** [ikstrémiti] *n.* (*pl.* -ties) **1** 끝, 선단, 말단, 맨끝. ¶ at the northern *extremity* of the island 그 섬의 북쪽 끝에. **2** (보통 -ties) 사지, 손발. **3** (때로 -ties) 궁지, 곤경, 난국. ¶ drive (or reduce) a person to [the last] *extremity* (or *extremities*) 남을 궁지에 몰아넣다 / ask for help in an *extremity* 곤경에 빠져 도움을 청하다. **4** 극도, 극단적임, 과격. ¶ the *extremity* of joy 기쁨의 절정. **5** (보통 -ties) 극단적인 수단, 과격한 방책, 비상 수단. ¶ be forced to *extremities* 어쩔 수 없이 극단적인 수단을 취하다 / proceed (or resort) to *extremities* 극단적인 수단에 호소하다. **6**《古語》임종, 최후의 순간.
to the last extremity 최후까지, 죽을 때까지.

ex·tri·ca·ble [ékstrikəbl] *adj.* 이탈(해방)시킬 수 있는, 구해낼 수 있는.

ex·tri·cate [ékstrikèit] *v.* (**-cat·ed, -cat·ing**) *vt.* 1 [위기·곤란 따위로부터]…을 구해내다, 해방시키다, 이탈시키다(disengage) (..*from*). ¶ *extricate* a friend *from* (or *out of*) debt 친구의 부채를 해결해 주다 / I have *extricated* myself *from* the temporary difficulty. 나는 당장의 곤경을 모면했다. 2 〖화학〗 …을 유리(遊離)시키다. ◇ **extrication** *n.*

ex·tri·ca·tion [èkstrikéiʃ(ə)n] *n.* ⓤ 1 구출, 해방, 이탈. 2 〖화학〗 유리.

ex·trin·sic [ekstrínsik, +美 -zik] *adj.* 1 고유의 것이 아닌, 비본질적인, 부대적인(accessory) (*to*...). ¶ *extrinsic* value 부대적 가치 / The small incident is *extrinsic* to the pending problem. 이 사소한 문제는 현안중의 문제와 본질적으로는 관계가 없다. 2 외부의, 바깥면의(external); 외부에서 나온 *app.* intrinsic ¶ an *extrinsic* influence (aid) 외부로부터의 영향(원조). **-si·cal·ly** [-sikəli] *adv.*

ex·trin·si·cal [ekstrínsik(ə)l] *adj.* 〖고어〗 =extrinsic.

extro- *pref.* extra-의 변형. 예: *extro*vert.

ex·trorse [ekstrɔ́ːrs] *adj.* 〖식물〗 〖꽃밥 따위가〗 바깥쪽을 향한. *opp.* introrse ~**ly** *adv.*

ex·tro·ver·sion [èkstro(u)vɔ́ːrʒ(ə)n, -ʃ(ə)n/ -s(ə)n] *n.* ⓤ 〖병리〗 〖눈꺼풀 따위의〗 방루 따위의 외전(外轉), 외번(外翻); 〖심리〗 외향성. *cf.* introversion

ex·tro·vert [ékstro(u)vɔ̀ːrt] *n.* 〖심리〗 1 외향성 성격의 사람, 외향자, introvert 2 〖구어〗 명랑한 사람. ― *adj.* 외향성의. ― *vt.* 〖마음·흥미 따위〗를 밖으로 돌리다.

***ex·trude** [ikstrúːd] *v.* (**-trud·ed, -trud·ing**) *vt.* 1 …을 밀어내다, 쫓아내다, 추방하다(expel) (..*from*). ¶ *extrude* a rascal *from* the society 불량배를 사회에서 쫓아내다. 2 〖금속 따위〗를 틀에서 밀어내다. ― *vi.* 돌출하다, 밀려 나오다.

ex·tru·sion [ikstrúːʒ(ə)n] *n.* ⓤ 밀어내기, 내밀기, 쫓아내기; 돌출.

ex·tru·sive [ikstrúːsiv] *adj.* 1 내미는, 돌출성의; 밀어내는, 2 〖지질〗 〖암석이〗 용암의 분출로 생긴.

ex·u·ber·ance [igzúːb(ə)rəns /-zjúː-] *n.* ⓤ (종종 an ~) 충만, 풍부. ¶ an *exuberance* of joy 넘칠 듯한 기쁨. [berance.

ex·u·ber·an·cy [igzúːb(ə)rənsi /-zjúː-] *n.* =exu-

ex·u·ber·ant [igzúːb(ə)rənt /-zjúː-] *adj.* 1 다작(多作)의; 무성한(luxuriant) 〖자질 따위가〗 풍부한 ¶ *exuberant* imagination 풍부한 상상력 / *exuberant* soil 비옥한 땅. 2 넘칠 듯한, 생기에 가득 찬. ¶ *exuberant* joy 넘칠 듯한 기쁨 / *exuberant* spirits 넘쳐 흐를 듯한 기운. 3 〖문체·언어〗가 화려한. ~**ly** *adv.* ◇ **exūberance** *n.*

ex·u·ber·ate [igzúːbərèit /-z(j)úː-] *vi.* (**-at·ed, -at·ing**) 풍부하다, 넘쳐흐르다(*in*...), 넘쳐흘러서 …으로 되다(*in*...) (overflow); …에 빠지다(탐닉하다) (*in*...).

ex·u·date [éksjudèit] *n.* 삼출물(滲出物).

ex·u·da·tion [èks(j)udéiʃ(ə)n / èksju-, èɡzju-] *n.* 1 ⓤ 삼출시키기(하기), 분비. 2 삼출물, 분비물, 땀.

ex·ude [igzúːd, iksúːd / igzúːd] *v.* (**-ud·ed, -ud·ing**) *vi.* 〖땀처럼〗스며(배어) 나오다(*from, through*...). ― *vt.* 〖땀 따위〗를 스며(배어) 나오게 하다.

***ex·ult** [igzʌ́lt] *vi.* 크게 기뻐하다, 환희하다; 이겨 뽐내다, 기뻐 날뛰다(triumph) (*in, at, over*...). 〖~+쮍+셈〗 *exult at* (or *in*) one's victory 승리에 기뻐 날뛰다 / *exult at* one's good fortune 자기의 행운을 크게 기뻐하다 / *exult over* one's success 성공을 뽐내다 / (~+*to do*) *exult to* find that … 을 알고 크게 기뻐하다. 2 〖폐어〗 〖기뻐서〗 깡총깡총 뛰다. ◇ **exultátion** *n.*

ex·ult·ance [igzʌ́lt(ə)ns], **-an·cy** [-(ə)nsi] *n.* (*pl.* **-anc·es; -an·cies**) =exultation.

ex·ult·ant [igzʌ́lt(ə)nt] *adj.* 크게 기뻐하는, 환희하는; 승리에 도취한(triumphant). ~**ly** *adv.*

***ex·ul·ta·tion** [èɡzʌltéiʃ(ə)n, èksəl-, -zʌl-, -sʌl-] *n.* ⓤ 크게 기뻐함, 기뻐 날뜀, 환희; 이겨서 뽐냄. ◇ **exúlt** *v.*, **exúltant** *adj.* [양하게.

ex·ult·ing·ly [igzʌ́ltinli] *adv.* 크게 기뻐하여; 의기양

ex·urb [éksəːrb, éɡz-] *n.* 준교외〖도시 교외의 더 바깥쪽에 있는 지역〗. [<EX-+[SUB]URB]

ex·ur·ban·ite [eksɔ́ːrbənàit] *n.* 준교외 지역 거주자.

ex·ur·bi·a [eksɔ́ːrbiə] *n.* ⓤ〖집합적〗 준교외 지역.

ex·u·vi·ae [iɡzúːviːˌ -z(j)úːˌ-] *n. pl.* 〖뱀·갑각류·동물·곤충 따위의〗 허물, 탈피각(脫皮殼).

ex·u·vi·al [iɡzúːviəl /-z(j)úːˌ-] *adj.* 허물의.

ex·u·vi·ate [iɡzúːvièit /-z(j)úːˌ-] *vi.*, *vt.* (**-at·ed, -at·ing**) 〖동물이〗 껍질 따위를 벗다; 탈피하다, 탈각(脫殼)하다. [하기〗, 탈각.

ex·u·vi·a·tion [iɡzùːviéiʃ(ə)n /-z(j)úːˌ-] *n.* ⓤ 허물〖벗

***ex vo·to** [eks vóutou] 〖라틴〗 (=according to a vow) *adv.* 맹세에 따라, 맹세한 대로. ― *n.* 헌납물(獻納物).

exx. (略) examples.

EX·XON [éksɑn, -sɔn] *n.* 엑손〖미국의 대 석유 회사; 일명 ESSO〗.

-ey *suf.* =-Y.

ey·as [áiəs] *n.* 갓깬 새 새끼(nestling); 〖매사냥〗 둥지에서 갓 잡아온 매의 새끼.

***eye** [ai] *n.* (*pl.* **eyes** or 〖고어〗 **ey·en**) 1 눈, 안구(eyeball); 눈 같은 것, 〖특히 휴채의 빛깔을 강조한〗 눈, (종종 ~s) 눈언저리, 눈매. ¶ blue *eyes* 파란 눈동자 / brown *eyes* 갈색 눈동자 / the naked *eye* 육안 / a compound *eye* 복안, 겹눈 / lovely *eyes* 고운 눈매 / a black *eye* 〖맞아서〗 멍이 든 눈언저리 / put one's *eyes* together 잠자다.

1 eyebrow 눈썹
2 eyelid 눈까풀
3 nictitating membrane
4 eyelash 속눈썹

2 눈의 작용, 시각, 시력. ¶ long-sighted (near-sighted) *eyes* 원시(근시)안 / an eagle *eye* 독수리의 눈; 날카로운 시력 / have sharp (weak) *eyes* 눈이 좋다(나쁘다) / lose an *eye* 한쪽 눈이 멀다 / have but half an *eye* 시력이 거의 없다 / see with one's own *eyes* 자기 눈으로 보다 / turn (or apply) the blind *eye* 보고도 못 본 체하다; 사정을 보아 눈감아 주다 / believe one's own *eyes* 자기 눈을 믿다 / feast one's *eye* on …을 보고 즐기다 / Where are your *eyes*? 〖중요한 것을 간과하여〗 네 눈은 도대체 어디 붙어 있지?

3 보고 분간하는 힘, 감식(감별)력, 안식(*for*...). ¶ with the *eye* of a poet 시인의 눈으로 / have the *eye* of a painter 화가 같은 감식안을 가지다 / have an *eye* in one's head 안식이 있다; 빈틈이 없다 / a good *eye* for distance 뛰어난 거리감 / have an *eye* for business 장사에 대하여 안목이 높다.

4 (~s) 눈길, 눈빛, 눈의 표정; 일별, 응시. ¶ angry (contemptuous) *eyes* 화가 난(경멸하는 듯한) 눈빛 / the glad *eye* 《속어》 추파 / a green (or a jealous) *eye* 질투의 눈초리 / heavy *eyes* 졸린 눈 / a single *eye* 순진한 눈빛 / in the public *eye* 대중 앞에서; 널리 알려져(알려진); 세상 사람들이 보는 데서 / before a person's [very] *eyes* 남의 목전에서(에서), 공공연히 / cast down one's *eyes* 눈을 내리뜨다 / set one's *eyes* on 보다, 바라보다 / …으로 눈길을 돌리다 / fix one's *eyes* upon …을 눈여겨보다, 주시하다 / turn one's *eyes* another way 눈을 딴 데로 돌리다 / never take one's *eyes* off …에서 눈을 떼지 않다 / view with a friendly *eye* 친밀한 눈빛으로 보다 / catch (or strike, take) one's (or the) *eye* 〖물건이〗 눈에 띄다 / pass one's *eyes* over …을 훑어보다/*Eyes* front (right)! 〖군대〗 바로(우로 봐)!

5 (종종 ~s) 주의, 주시, 주목(attention); 관찰, 감시(observation). ¶ *eyes* and no *eyes* 관찰력이 날카로운 사람과 그렇지 못한 사람 / if you had half an *eye* 좀더 주의했더라면 / You must give an *eye* to the children playing on the street. 거리에서 놀고 있는 아이들에게 주의를 기울여야 한다.
6 의향, 유의, 관심, 목적; (종종 ~s) 견지, 견해, 관점. ¶ in the *eyes* of logic (the law) 논리(법률)적 견지에서 보면 / look with another *eye* upon …에 대하여 다른 견해를 가지다.
7 [빛·지식·영향 따위의] 중심, 안목. ¶ Athens, the *eye* of Greece 아테네, 즉 그리스의 중심.
8 눈 모양의 것; 감자 따위의 눈; 표적의 중심; 공작새 꼬리의 반점; 바늘귀, 구멍, 밧줄을 꿰는 쇠고리, 후크단추의 후크가 걸리는 쪽, 안경의 알. ¶ the *eye* of a needle 바늘귀 / a hook and *eye* 후크 단추.
9 [기상] 태풍의 눈.
10 [바람이] 불어오는 방향, 정면. ¶ in the wind's *eye* 바람이 불어오는 방향에, 바람을 정면으로 받아 / into the wind's *eye* 바람 불어오는 방향으로.
11 《美속어》 탐정(detective).
all [*in*] *my eye* [*and Betty Martin*] 《英속어》 어리석은 짓, 허튼 소리. ¶ That's *all my eye* [*and Betty Martin*]! 바보 같은 소리!, 거짓말이다!
be a sheet in the wind's eye 좀 취해 있다.
be all eyes 주의력을 집중하고 있다, 열심히 주시하고 있다.
by the (or *one's*) *eye* 눈대중으로, 목측으로. ¶ estimate *by the eye* 눈대중으로 재다.
cast sheep's eyes at …에게 추파를 던지다.
clap eyes on (보통 부정문에서) …을 보다, 눈에 띄다, 우연히 만나다. ¶ I have never *clapped eyes on* her lately. 최근에 그녀를 전혀 보지 못했다.
cry one's eyes out 눈이 붓도록 울다, 엉엉 울다.
cut the eye (or, *one's eye*) 《美》 ① 흘끗 보다. ② 서로 눈길을 주고받다.
do a person in the eye 《구어》 남을 속이다.
[*an*] *eye for* [*an*] *eye* 눈에는 눈, 입은 피해와 똑같은 보복(벌) [←출애굽기(Exod.) 21 : 24]. ¶ *an eye for an eye* and a tooth for a tooth 눈에는 눈, 이에는 이 [←마태 복음(Matt.) 5 : 38].
Eyes only 《美》 [관청의 문서에서] 극비(極秘) 표시.
the eye of day (or *heaven*) 《詩》 태양.
One's eyes are bigger than his belly. 《卑語》 [사람이] 다 먹지도 못하면서 욕심을 내다, 식탐이다.
the eyes of night (or *heaven*) 《詩》 별.
for the fair eyes of …을 위하여.
give a person the eye [특히 마음을 끌려고] 남을 보다, 홀린 듯이 보다, 남에게 추파를 던지다.
have an eye on (or *upon*) ① …을 눈을 떼지 않고 감시하다. ② …에 눈독을 들이고 있다, 탐하고 있다.
have an eye to ① …에 눈독을 들이고 있다, …에 열심이 있다. ¶ *have an eye to* business 일에 야심이 있다. ② …에 주의하다, …와 관계가 있다.
have an eye to the main chance 자기의 이익을 도모하다, 사리(私利)에 빈틈이 없다.
have eyes at (or *in*) *the back of one's head* 경계하고 있다, 빈틈이 없다.
have eyes for 《美語》 ① …을 탐내다. ② …에 감탄하다, …을 얻으려고 하다.
in a pig's eye ⇒ PIG.   [*let* I.ii. 185].
in one's mind's eye 마음 속으로, 상상으로 [← *Ham-in* [*the*] *eye* (or *eyes*) *of* …의 눈으로 보면.
in the public eye 세간에서 주목받는; 널리 알려진.
keep an eye on (or *upon*) …을 감시하다, …에 유의하다.
keep an eye out for …을 감시하고 있다.   └하다.
keep both eyes wide open 경계하다.
keep one's eyes peeled (*skinned*) 눈을 부릅뜨고 경계하다, 방심하지 않다.

lay eyes on 《英구어》 …을 처음 보다, 눈길을 주다.
make eyes at …에게 추파를 던지다.
Mind your eye! 《구어》 조심해!, 주의해라!
My eye[*s*]*!*; *Oh, my eye!* 《속어》 저런!, 어머나!
open a person's eyes to …에 눈을 뜨게 하다, 남을 계발하다. ¶ That book *opened* my *eyes to* the true character of classical literature. 이 책을 읽고 나는 고전 문학에 대해서 눈을 떴다.
pipe one's eye 《구어》 울다, 눈물을 흘리다.
put a person's finger in one's eye 《구어》 울다.
run one's eyes through (or *over*) …을 쭉 훑어보다.
see eye to eye with a person ① 남과 직접 대면하다. ② 남과 의견이 완전히 일치하다.
shut (or *close*) *one's eyes to* …을 보지 않으려고 하다, 보고도 못본 체하다, …에 눈을 감다.   [지다.
throw dust (*in the eye*) *at* 《주로 澳》 …에 추파를 던*under the* [*very*] *eyes of* …이 보고 있는 데서.
up to the (or *one's*) *eyes* ① 몰두하여, 열중하여 (*in*…). ② 깊이 빠져들어(*in*…). ¶ You are *up to* your *eyes* in debt, aren't you? 너는 빚 때문에 꼼짝 못 하지?
wipe a person's eye 남이 놓친 사냥감을 잡는 데 성공하다; 남을 앞지르다, 패배시키다.
with an eye to …에 주의하여, …을 목적으로 하여.
with dry eyes ① 눈물도 흘리지 않고, ② 공공연히.
with half an eye 일별하여, 쉽사리.
—— *vt.* (*eyed, ey·ing* or *ey·ing*) **1** …을 눈여겨보다, 주시하다, 보다; …을 흘끔흘끔 보다. ¶ *eye* the solution askance 그 해결책을 의심하는 눈으로 보다 / *eye* a person jealously 남을 질투 어린 눈으로 보다 / The man was rude enough to *eye* her from head to foot. 그 사나이는 무례하게도 그녀의 위아래를 훑어보았다. **2** …에 구멍을 내다, [감자의] 눈을 따다. ¶ *eye* a needle 바늘귀를 내다.

eye appeal *n.* 《구어》 남의 이목을 끌기, 매력, 아름다움.
eye-ap·peal·ing [áiəpíːliŋ, +美 ‐ ‐ ‐] *adj.* 남의 눈을 끄는, 매력적인, 훌륭한.
eye·ball [áibɔ̀ːl] *n.* 눈알, 안구.
eyeball to eyeball 《구어》 얼굴을 맞대고 (face to face).
éye bànk *n.* 안구 은행, 아이 뱅크.
éye bàth *n.* 세안(洗眼) 컵 (eyecup).
eye·beam [áibìːm] *n.* 흘긋 보기, 일별(glance).
eye·black [áiblæ̀k] *n.* = mascara.
eye-bolt [áibòult] *n.* 아이볼트 [머리 부분에 밧줄·후크 따위를 거는 볼트].
eye·bright [áibràit] *n.* **1** 좁쌀풀속(屬)의 식물 [옛날에는 눈의 치료에 썼다]. **2** 뚜껑별꽃.
***eye·brow** [áibràu] *n.* **1** 눈썹. ¶ raise an *eyebrow* (or one's *eyebrows*) [놀람·의심의 표정으로서] 눈썹을 치켜 올리다. **2** [지붕의] 내닫이창.
knit one's eyebrows 눈살을 찌푸리다.
eye-catch·er [áikæ̀tʃər] *n.* 《美구어》 아름다운 것, [특히] 미인; 남의 이목을 끄는 것.
eye-catch·ing [áikæ̀tʃiŋ] *adj.* 《美구어》 남의 이목을 끄는.
eye-cup [áikʌ̀p] *n.* 세안 컵.
eyed [aid] *adj.* **1** 눈이 있는, 구멍이 있는; 눈 모양의 반점이 있는. ¶ an *eyed* needle 귀가 있는 바늘. **2** (복합어를 만들어) …한 눈을 가진. ¶ blue-*eyed* 파란 눈의.
éye dīalect *n.* 시각 방언(視覺方言) [단어를 발음 그대로 적은 것. 문학 작품 따위에서 등장 인물의 무식함이나 사투리 따위를 나타낸다. 예: says 대신 *sez*, women 대신 *wimmin*, old 대신 *ould* 따위].
éye dòctor *n.* 안과 의사 (oculist); 검안사(檢眼士).
eye·drop·per [áidrɑ̀pər, -drɔ̀pə] *n.* 점안기 (눈약 뿌리개).
éye dròps *n. pl.* 안약.
eye-fill·ing [áifìliŋ] *adj.* 《美구어》 눈이 휘둥그래질 만큼, 굉장히 아름다운.
eye·ful [áifùl] *n.* **1** 눈에 들어갈 정도의 분량. **2** 실

컷 보고 싶은 것. **3** 《속어》 훌륭한 것; [특히] 미인. ¶ a blond *eyeful* 금발 미인.
get (or *have*) *an eyeful* ① [보고 싶은 것을] 실컷 보다. ② 눈에 들어가다. ¶ The cap of the bottle *popped off and she got an eyeful* of seltzer. 병마개가 평 하고 열리면서 그녀의 눈에 탄산수가 들어갔다.

eye·glass [áiglæ̀s / -glɑ̀:s] *n.* **1** (~ es) [코] 안경. *cf.* spectacles **2** 외알 안경(monocle), 단안경; 안경의 알. **3** [광학 기계의] 접안 렌즈(eyepiece). **4** 세안 컵 (eyecup).

eye·hole [áihòul] *n.* **1** 눈구멍, 안와(眼窩)(eye socket). **2** 들여다보는 구멍; [핀 등의] 구멍, 바늘귀.

eye·lash [áilæ̀ʃ] *n.* 속눈썹;《집합적》속눈썹[전체].

eye·less [áilis] *adj.* **1** 눈이 없는. **2** 장님의(blind).

éyeless síght *n.* 촉시력(觸視力) [피부, 특히 손가락 끝으로 물체의 색을 지각(知覺) 하거나 인쇄된 문자를 읽을 수 있는 능력].

eye·let [áilit] *n.* **1** [천·가죽에 뚫은] 끈을 꿰는 구멍, 장식용 구멍; 들여다보는 구멍; 총안(銃眼). — *vt.* …에 장식용 구멍을 내다; …에 끈 꿰는 구멍을 내다.

eye·let·eer [àilitíər] *n.* 끈 꿰는 구멍을 뚫는 송곳.

***eye·lid** [áilid] *n.* 눈꺼풀. ¶ the lower (the upper) *eyelid* 아랫(윗) 눈까풀 / a double-edged (a single-edged) *eyelid* 쌍(홑) 눈까풀.
hang [*on*] *by the eyelids* 위태롭게 달라붙어 있다, 위험한 처지에 있다.

éye lìner *n.* [U] 아이 라이너 [속눈썹 끝에 줄을 긋는 화장품].

eye·mind·ed [áimáindid] *adj.* 《심리》 시각형의 [사고 활동에서 시각 심상(心象)을 이용하는 경향이 있는]. *cf.* ear-minded.

eye-o·pen·er [áiòup(ə)nər] *n.* **1** 괄목할 만한(놀랄 만한) 것(событие), 발견. ¶ The report was an *eye-opener* to the public. 그 보도를 듣고 사람들은 모두 놀랐다. **2** 《美구어》 해장술.

eye-o·pen·ing [áiòup(ə)niŋ] *adj.* 《美》 괄목할 만한, 훌륭한; 계발적인(enlightening).

eye·piece [áipì:s] *n.* [광학 기계의] 접안 렌즈, 접안경.

eye·pit [áipit] *n.* 안와(眼窩)(eye socket); 눈의 움푹 꺼진 곳.

eye-pop·per [áipɑ̀pər / -pɔ̀pə] *n.* 《美구어》 깜짝 놀랄 만한 것(eye-opener).

eye-pop·ping [áipɑ̀piŋ / -pɔ̀p-] *adj.* 《美속어》 깜짝 놀랄만한.

éye rhỳme *n.* 시각운(視覺韻) [보기에는 운을 밟고 있으나 발음이 다른 것. 예: brow, glow; war, car].

eye·serv·ant [áisə̀ːrv(ə)nt] *n.* 《고어》 주인이 보고 있을 때만 일하는 고용인, 표리가 부동한 고용인.

eye·serv·ice [áisə̀ːrvis] *n.* [U] 《고어》 **1** 주인이 보고 있을 때만 일하는 근무 태도. **2** 칭찬하는 눈초리.

eye·shade [áiʃèid] *n.* 보안용 챙 [스포츠 따위를 할 때 눈에 직사 광선이 들어오는 것을 막기 위해 쓴다].

éye shàdow *n.* [U] 아이섀도 [화장품의 일종].

eye·shot [áiʃɑ̀t / -ʃɔ̀t] *n.* [U] 눈길이 닿는 범위, 시계, 시야(view). ¶ in (or within) *eyeshot* of …의 눈길이 닿는 곳에 / The tanker passed out of *eyeshot*. 유조선은 시야에서 사라졌다.

eye·sight [áisàit] *n.* [U] **1** 시력, 시각. ¶ have bad (good) *eyesight* 눈이 나쁘다(좋다) / lose one's *eyesight* 실명하다. **2** 시야, 시계.

éye sòcket *n.* 안와(眼窩).

eye·some [áisəm] *adj.* 보기 좋은, 아름다운.

eyes-on·ly [áizòunli] *adj.* 《美》 [정보·문서의 기록 따위가 허용되지 않는] 최고 기밀의.

eye·sore [áisɔ̀ːr / -sɔ̀-] *n.* 눈에 거슬리는 것, 보기 흉한 것.

éye splìce *n.* 삭안(素眼) [밧줄끝을 고리처럼 만든 것].

eye·spot [áispɑ̀t / -spɔ̀t] *n.* **1** 안점(眼點) [하등 동물의 감광(感光) 기관]. **2** [공작새 꼬리 따위의] 눈 모양의 반점.

eye·stalk [áistɔ̀:k] *n.* 《동물》 눈자루, 안병(眼柄) [새우·게 따위의 눈을 받치는 부분].

eye·strain [áistrèin] *n.* [U] 눈의 피로.

eye·strings [áistrìŋz] *n. pl.* 눈을 움직이는 근육.

eye·tooth [áitùːθ] *n.* (*pl.* **-teeth** [-tíːθ]) 송곳니, 견치, [특히] 위턱의 송곳니.
cut one's eyeteeth 세상 물정을 알게 되다, 철이 들다.
give one's eyeteeth 소중한 것을 바치다, 어떤 대가도 치르다. [름의 벽(wall cloud).

eye·wall [áiwɔ̀:l] *n.* 《기상》 태풍의 눈 주위에 있는 구

eye·wash [áiwɑ̀ʃ, -wɔ̀ːʃ / -wɔ̀ʃ] *n.* **1** 세안액, 안약 (eye lotion). **2** 《속어》 속임수(pretence), 엉터리; 아첨.

eye·wa·ter [áiwɔ̀ːtər, + 美 -wɑ̀t-] *n.* [U] 《고어》 **1** 눈물(tears). **2** 안약. **3** 눈의 수양액(水樣液).

eye·wink [áiwìŋk] *n.* **1** 눈을 깜박거리는, 눈짓. **2** 《폐어》 힐끗 보기, 일별(glance).

eye·wink·er [áiwìŋkər] *n.* **1** 속눈썹(eyelash). **2** 눈에 들어간 이물질.

eye·wit·ness [áiwìtnis, ⌐-] *n.* 목격자, 현장 증인.

ey·ot [éiət, eit] *n.* 《英방언》 [호수·강 가운데의] 작은 섬(ait).

eyre [ɛər] *n.* [U] **1** 순회. **2** 《古英 법률》 재판관의 순회; 순회 법정. ¶ justices in *eyre* 순회 재판관.

ey·rie [ɛ́(ː)ri, í(ː)ri / áiəri, ɛ́əri] *n.* = aerie.

ey·rir [éiriər] *n.* (*pl.* **au·rar** [áurə:r]) 에이리어 화(貨) [아이슬란드의 화폐 단위; krona의 100분의 1].

ey·ry [ɛ́(ː)ri, í(ː)ri / áiəri, ɛ́əri] *n.* (*pl.* **-ries**) 《고어》 = aerie.

Ez. 《略》 Ezra.

Ezek. 《略》 Ezekiel.

E·ze·ki·el [izíːkiəl, -kjəl] *n.* 《성서》 에스겔 [기원전 6세기의 히브리의 대예언자의 한 사람]; 에스겔 [구약 성서 중의 한 서(書); 略 Ezek.].

Ezr. 《略》 Ezra.

Ez·ra [ézrə] *n.* 《성서》 에스라 [기원전 5세기 히브리의 학자·예언자]; 에스라 [구약 성서 중의 짧은 한 서(書). 연대기 속에 포함된다]. (< Heb. help)

F

F, f [ef] *n.* (*pl.* **F's** *or* **Fs; f's** *or* **fs**) **1** 영어 알파벳의 여섯째 자. ¶ F for Frank Frank 의 F〔국제 전화 통화용어〕. **2** F(f)가 나타내는 소리. **3** 〔연속된 것 중의〕 여섯째〔의 물건〕. **4** F(f)자 〔형의 물건〕. **5** 중세 로마 숫자의 40. **6** 〔사진〕 렌즈의 밝기를 나타내는 기호. **7** 연필의 세서움 (細書用)의 기호(fine).

F [ef] *n.* **1** 〔음악〕 바음〔도레미파 창법의 파음〕; 바조; 바음 기호. ¶ F major 바장조 / F sharp 올림 바음. **2** 〔학업 성적의〕 낙제(failure).

F 《略》 Fahrenheit; 〔전기〕 farad; fighter(전투기).

F 〔화학〕 fluorine 의 원자 기호.

f. 《略》《라틴》〔처방전에서〕 *fac* (= make 조제하라); 〔전기〕 farad; farthing; father; fathom; feet; female; feminine; filly; fine; fluid; folio; following; foot; form; 〔음악〕 forte; franc; from; 〔수학〕 function; 〔네덜란드〕 gulden(=florin).   〔French; Friday.

°F. 《略》 February; Fellow; festivi; franc; France;

fa [fɑː] *n.* 〔음악〕 파〔도레미파 창법의 넷째 음〕.

FA 《略》 *f*actory *a*utomation; 〔군사〕 *f*ield *a*rtillery.

FAA 《略》 *F*ederal *A*viation *A*gency(미국 연방 항공국).

F.A.A.A.S. 《略》 *F*ellow of the *A*merican *A*cademy of *A*rts and *S*cience(미국 예술 과학 협회 회원); *F*ellow of the *A*merican *A*ssociation for the *A*dvancement of *S*cience(미국 과학 진흥회 회원). 〔lous〕.

fab [fæb] *adj.* 《英속어》 멋지지 않는, 멋진(fabu-

Fa·bi·an [féibiən] *adj.* **1** Fabius 식의, 싸움을 피하는, 지연 전술의. **2** 페이비언 협회의. ── *n.* 페이비언 협회원. 〔<L *Fabiānus* <카르타고의 Hannibal 을 괴롭힌 로마의 장군 Quintus Fabius Maximus Verrucosus (?-203 B.C.)의 이름]

Fa·bi·an·ism [féibiənìz(ə)m] *n.* ⓤ 페이비언주의.

Fa·bi·an·ist [féibiənist] *n.* 페이비언주의자.

Fábian Socíety *n.* 페이비언 협회〔1884년 G.B. Shaw 와 S.J. Webb 등이 설립한 영국의 점진적 사회주의 단체].

‡**fa·ble** [féibl] *n.* **1** 우화(寓話) 〔교훈을 내포한 짧은 예화〕. ¶ Aesop's *Fables* 이솝 우화집. **2** 지어낸 이야기; 거짓말, 것. ¶ a mere *fable* 단순히 지어낸 이야기. **3** ⓤⓒ 전설, 신화. ¶ Muhammadan *fables* 마호메트에 관한 전설. **4** 〔고어〕 〔서사시나 극의〕 줄거리(plot). **5** 〔고어〕 잡담, 객설. ── *v.* (*-bled, -bling*) *vi.* **1** 우화를 이야기하다(쓰다). **2** 거짓말하다. ── *vt.* 그럴 듯하게 말하다. ◇ **fábulous** *adj.*

fa·bled [féibld] *adj.* 우화로 유명한; 신화상의, 전설적인; 가공의(fictitious).

fa·bler [féiblər] *n.* 우화 작가; 거짓말쟁이.

fab·li·au [fǽbliòu] *n.* (*pl.* **-aux** [-òuz]) 우화시(寓話詩) 〔중세 프랑스의 익살맞고 풍자적인 시〕.

‡**fab·ric** [fǽbrik] *n.* ⓒⓤ **1** 피륙, 직물; 옷감; 짜는 법. ¶ cotton *fabric* 면직물 / cloths of different *fabric* 딸린 여러 가지 천. **2** 구조, 조직, 기구(structure). **3** 〔the financial *fabric* of a bank 은행의 금융 조직. **3** 건축물, 구조물; 건축법. ▷ **fábricate** *v.*

fab·ri·cate [fǽbrikèit] *vt.* (*-cat·ed, -cat·ing*) **1** …을 만들어내다 (제작하다); …을 건조하다. **2** 〔부분품등을〕 짜맞추다. ▷ MAKE 類語 **3** 〔이야기·거짓말 따위를〕 지어내다; 〔문서 따위를〕 위조하다(forge).

fab·ri·cat·ed fóod [fǽbrikèitid-n] 합성 가공 식품

〔고기·우유·계란 대신에 야채 섬유질 따위의 값싼 대체 재료를 혼입한 가공 식품〕.

fab·ri·ca·tion [fæ̀brikéi(ə)n] *n.* **1** ⓤ 제조(manufacture), 조립; 위조. **2** 위조물; 허구, 지어낸 이야기, 거짓말.   〔이; 위조자.

fab·ri·ca·tor [fǽbrikèitər] *n.* 제조자. **2** 거짓말쟁

fábric scúlpture *n.* 섬유 조각 〔다양한 천조각을 소재로 한 입체(공간) 예술〕.

Fab·ri·koid [fǽbrikɔ̀id] *n.* 《상표명》〔가구·의자용의〕 일종의 방수포(防水布).

fab·u·list [fǽbjulist] *n.* 우화 작가; 거짓말쟁이. ¶공성.

fab·u·los·i·ty [fæ̀bjulásiti / -lɔ́s-] *n.* ⓤ 전설적임, 허

‡**fab·u·lous** [fǽbjuləs] *adj.* **1** 믿어지지 않는(incredible); 엄청난, 막대한. ¶ *fabulous* wealth 엄청난 부 (富). **2** 아주 멋진(marvelous). ¶ You're *fabulous*, Jane. 제인, 당신은 최고야. **3** 우화로서 유명한, 가공의, 전설 [상]의. ¶ a *fabulous* hero 전설상의 영웅. **~·ly** *adv.* **~·ness** *n.*

FAC 《略》〔군사〕 *f*orward *a*ir *c*ontroller (전방〔저공〕 *fac.* 《略》 *fac*simile; *fac*tor; *fac*tory.   〔정찰기〕.

fa·çade [fəsɑ́ːd] *n.* **1** 〔건축〕 〔건물의〕 정면, 파사드. **2** 〔사물의〕 외관, 겉보기, 허울.   〔<F

‡**face** [feis] *n.* **1** 얼굴, 안면, 표정, 안색. ¶ a cheerful (a straight) *face* 유쾌한(진지한) 얼굴 / before the *face* of …의 앞에 / fall (*or* lie) on one's *face* 엎드리다 / look a person in the *face* 남의 얼굴을 빤히 바라보다/meet something in the *face* …에 직면하다.

類語 **face** 「얼굴」을 뜻하는 가장 일반적인 말: a lovely *face* 예쁜 얼굴. **countenance** 심리 상태를 나타내는 것으로서의 얼굴; 격식을 차린 말: a sad *countenance* 슬픈 듯한 얼굴. **visage** 어떤 각도에서 본 얼굴; 가장 격식을 차린 말: an austere *visage* 엄숙한 얼굴.

2 (종종 ~s) 찌푸린 얼굴(grimace), 찡그린 얼굴, 비웃는 얼굴. ¶ make (*or* pull) a *face* (*or faces*) 얼굴을 찌푸리다; 침울한 표정을 짓다. **3** ⓤ 〔보통 the ~〕 《구어》 뻔뻔스러움, 몰염치(impudence). ¶ have the *face* to do 뻔뻔스럽게도 …하다. **4** 외견, 외관, 외모; 보기(appearance). ¶ adopt a *face* of …의 외양을 꾸미다, …인 체하다. **5** ⓤ 체면, 면목. ¶ lose (save) one's *face* 체면을 깎이다(체면이 서다). **6** 액면; 말 그대로의 뜻. ¶ on (*or* upon) the *face* of a document 문자 그대로. **7** 〔토지의〕 지형; 표면(surface). ¶ the *face* of the waters 해면. **8** 〔이면에 대하여〕 겉, 정면; 〔기구 따위의〕 쓰는 면(쪽). ¶ the right (the wrong) *face* 걸 (뒷)면 / the *face* of a card 카드 의 표면 / the *face* of a clock 시계의 문자판 / the *face* of a knife 나이프의 날 쪽. **9** 화장품(cosmetics); ⓤ 화장(make-up). ¶ get one's *face* on 화장하다. **10** (기하) (입체의) 면. **11** 〔광산〕 채벽(採壁) 〔광산의 채광 현장〕. **12** 〔인쇄〕 **a)** 〔활자의〕 자면(字面). **b)** 자체(字體). **13** 〔築城〕 능보 (稜堡)의 앞 비탈. **14** 〔군사〕 〔대형(隊形)의〕 면.

at (*or* **in, on**) **the first face** 얼른 보기에는.

before (*or* **in**) **the face of** 남의 면전에서, 공공연히.

face down 얼굴을 숙이고; 겉을 아래로 하여.

face to face 마주 대하여, 마주보고. *cf.* nose to nose; 가까이에. ¶ come *face to face* with a catastrophe 파국에 직면하다.

face up 얼굴을 들고; 겉을 위로 하여.

fly in the face of 〔공공연히〕 …에 반대하다, …에 맹

have two faces [태도에] 표리가 있다; [말이]] 두 가지 로 해석되다.
in *a person's* **face** 남의 면전에서, 공공연히.
in *one's* **face** 정면으로. ¶ We had the wind *in* our *face*. 우리는 정면으로 바람을 받았다.
in [**the**] **face of** ① …의 면전에서. ② …을 마주보고, …에 직면하여. ③ 거리낌없이, …에도 불구하고 (despite). ¶ He succeeded *in the face of* difficulties. 그는 많은 곤란에도 불구하고 성공했다.
Let's face it. 사실을 직시하자, 터놓고 보자.
on *one's* **face** 엎드려서.
on the face of …을 얼핏 보기에는.
open (**shut**) *one's* **face** 《미어》 입을 열다 (다물다).
pull (or **make, wear**) **a long face** 침울한 (진지한, 슬픈) 얼굴을 하다.
put a bold face on …에 태연한 체하다, 허세를 부리다. ¶ He *put a bold face on* the matter. 그는 그 일에 대해 아무렇지도 않은 체했다.
put a good face on …의 겉(거죽)을 보기좋게 꾸미다.
put a new face on …의 국면을 일신하다.
set (or **put**) *one's* **face against** …에 반대(적대)하다.
set *one's* **face to** (or **toward**) …① …에 면하여 얼굴을 돌리다. ② …에 착수하다, …을 하고자 하다.
show *one's* **face** 얼굴을 내밀다, 나타나다 (appear).
to *a person's* **face** 맞대놓고, 공공연히, 노골적으로.
turn face about 뒤돌아보다; [형세가] 역전하다.
— *v.* (**faced, facing**) *vt.* **1** …의 쪽을 향하다, 마주 대하다(면하다). ¶ the man *facing* me 내 쪽을 향하고 있는 사람 / The window *faces* the street. 그 창은 거리를 향해 있다. **2** [위험 따위에] 직면하다, 대담하게 맞서다;[싫은 일을] 직시하다, 용감히 견디다(*down, out*). ¶ *face* danger; be *faced with* danger 위험에 직면하다 / *face faces* 사실을 직시하다 / *face* an opponent boldly 대담하게 상대에 맞서다 / *face* the disgrace of failure 실패라는 치욕에 견디다. **3** [위험 따위가] 몸에 닥치다, 나타나다. ¶ The difficult problem that *faces* us 우리들을 앞을 가로막는 어려운 문제. **4** …의 표면에 걸치를 하다; [돌 따위의] 표면을 마무리하다(매끄럽게 하다). ¶ (~+回+嗣+名) The wall is *faced with* tiles. 벽 표면은 타일로 되어 있다. **5** [의복]에 가장자리 [단]를 대다. ¶ (~+回+嗣+名) The tailor *faced* a uniform *with* gold braid. 그 재봉사는 제복에 금물의 가장자리를 댔다. **6** [병사]에게 방향 전환을 시키다. **7** [술·차 따위에] 착색하다. **8** [카드프]의 겉을 내보이다. — *vi.* **1** 향하다, 얼굴을 돌리다, 면하다(*on, to, toward* …). ¶ (~+嗣+名) *face* to one's right (left) 오른(왼) 쪽으로 돌리다 / *Face toward* the camera. 카메라 쪽을 향하시오 / My house *faces* [*to*] the north. 우리 집은 북향이다. **2** 방향을 바꾸다(*to, toward* …). ¶ Right *face*! 우향 우! / About *face*! 뒤로 돌아!   [우향우)!
***About* (**Left**, **Right**) *face*!** 《구령》 뒤로 돌아 (좌향좌, **face a person down** 남을 으르다, 위압하다.
face it out 시치미떼다, 대담하게 밀고 나아가다; 끝까지 해내다.   [결하다.
face off ① [아이스하키] 시합이 개시되다. ② 《미》 대**face the music** ⇒ MUSIC.
face up to ① …에 대담하게 맞서다; …을 직시하다. ② …을 인정하다(admit).
Let's face it. 사실을 직시하자, 터놓고 보자.
◇ **fácial** *adj*.

face-ache [féisèik] *n.*《英》안면 신경통(facial neuralgia)《英속어》시무룩한 사람; 《구어》몹시 보기 싫은 용모, 얼굴이 못생긴 사람.   [전향(向).
face-a-round [féisəràund] *n.* [방향] 전환; [태도의]
face càrd *n.* [트럼프의] 그림 카드[king, queen, jack].   [는 천; 수건.
face-cloth [féisklɔ̀(ː)θ/-klɔ̀(ː)θ] *n.* 세수할 때 얼굴을 닦
face crèam *n.* ⓤ 얼굴 화장용 크림.

faced [feist] *adj.*《복합어를 만들어》 …한 얼굴(표정) 의. ¶ a round-*faced* boy 얼굴이 둥근 소년.
face-down [féisdáun] *adv.* 고개를 숙이고, 엎드려서.
— *n.* 대결.   [파리의 일종.
fáce flỳ *n.* [곤충] 《가축의 면상에 귀찮게 달라붙는》
face-fun-gus [féisfλŋgəs] *n.*《구어》수염, 《특히》턱수염(beard, mustache).
fáce guàrd *n.* [펜싱용] 얼굴 가리개.
face-hard-en [féishàːrdn] *vt.* [담금질되어 식혀진 데로] 〔금속〕의 표면을 단단하게 하다.
face-less [féislis] *adj.* **1** 얼굴이 없는; 정체 불명의, 익명의. ¶ a *faceless* contributor 익명의 투서가. **2** 개성(주체성)이 없는. **3** [화폐의] 표면이 마멸된. **~ness** *n.*
face-lift [féislift] *n.* = face lifting. — *vt.* **1** …의 얼굴의 주름을 없애다, 안면 성형 수술을 하다. **2** [건물 따위]를 개조하다, [자동차의] 디자인을 신식화하다.
fáce lìfting *n.* ⓒⓤ **1** 얼굴의 주름을 없애는 성형 수술. **2** 개수, 개축(改築); 신형화.   [마사지.
face-mas-sage [féismɔsɔ̀ːʒ/-mæsɑ̀ːʒ] *n.* ⓒⓤ 얼굴
face-off [féisɔ̀ːf/-ɔ̀f] *n.* **1** [아이스하키] [서로 마주 보고 하는] 시합 개시. **2** 대결.
fáce-pàck [féispæk] *n.* 화장용 팩.
face-plate [féisplèit] *n.* **1** [기계][선반의] 면판(面 板). **2** [기계] 정반(定盤); 페이스플레이트[브라운관의 앞부분]. **3** [잠수부 따위의 얼굴을 보호하는] 금속(유리) 판; [스위치 따위의] 표면 보호판.
fáce pówder *n.* ⓤ 분.
fac-er [féisər] *n.* **1** 표면 마무리를 하는 사람(것). **2** 《구어》안면에 대한 가격(加擊); 《英구어》불의의 공격, 갑작스러운 곤경(곤란·난제).
face-sav-er [féissèivər] *n.* 체면을 세워주는 일(것).
face-sav-ing [féissèiviŋ] *adj.* 체면을 세우는, 얼굴이 서는. — *n.* ⓤ 체면 (위신)을 세우려는 행위.
fac-et [fæsit] *n.* **1** [보석·커트글라스의] 자른 면; [건축] [다각형의 기둥의] 면. **2** [사람·사물의] 일면, 국면의 일면. ¶ every *facet* of his personality 그의 인품의 모든 면. ⇒ SIDE [同] **3** [동물] [절족(節足) 동물의 복안(複眼)을] 이루는 개안 (個眼). — *vt.* (-**et·ed, -et·ing**; 《英》 -**et·ted, -et·ting**) [보석 따위]에 작은 면을 내다.
fa-ce-ti-ae [fəsíːʃiìː] *n. pl.* **1** 익살(스러운 글). **2** 천하게 익살스러운 책(의 수집).
fa-ce-tious [fəsíːʃəs] *adj.* 농담의, 익살스러운, 재미있는, 우스운. ⇒ HUMOROUS [類語] **~ly** *adv.* **~ness** *n.*
face-to-face [féistəfèis] *adj.* 얼굴을 마주하는. 정면으로 대하는. — *adj.* 정면의(으로 마주 대하는).
fáce tòwel *n.* [얼굴을 닦는] 작은 수건.
face-up [féisʌ̀p] *adj.* 위로 향한.
fáce vàlue *n.* ⓤ **1** 액면(가격). **2** 문자 그대로의 의미, 액면 그대로의 가치.
fáce wàll *n.* = breast wall.
face-work-er [féiswə̀ːrkər] *n.*《英》[광산의] 막장 (광부).
fa-cia [féiʃiə/-ʃə] *n.* = fascia.   [일굴(광부).
***fa-cial** [féiʃ(ə)l] *adj.* 얼굴의; 얼굴에 사용하는. ¶ a *facial* contour 얼굴의 윤곽 / a *facial* cream 얼굴에 바르는 화장 크림. — *n.* ⓤⓒ 얼굴 마사지, 미얼술(美顔術). **~ly** [-ʃ(ə)li] *adv.* ◇ **face** *n.*
fácial àngle *n.* 안면각.
fácial índex *n.* 안면 계수 [안면의 폭과 높이의 비(比)].   [경.
fácial nèrve *n.* [해부] 안면 신
fácial neurálgia *n.* ⓤ [병리] 안면 신경통.
fácial tíssue *n.* ⓒⓤ 고급 화장지.
-facient 「…으로 하는」「을 일으키는」의 뜻의 연결 형. 예: liq·ue*facient*.
fa-ci-es [féiʃiìːz] *n. (pl. -ci·es)* **1** 외관, 외견. **2** [지질] 상(相) [퇴적층의 전체적 특색]. **3** [의학] 어떤 병 특유의 얼굴 표정. [< L *face*]

[facial angle]
AB axis of face
CD axis of skull

fac·ile [fǽsil / fǽsail] *adj.* **1** 술술 움직이는, 경쾌한, 유창한. ¶ a *facile* style 유창한 문체 / a *facile* movement 경쾌한 움직임 / have a *facile* tongue 입이 가볍다 // He is *facile* in device. 그는 책략이 뛰어나다. **2** (보통 나쁜 뜻으로) 쉬운, 쉽게 얻을 수 있는; 간편한, 손쉬운. ¶ a *facile* method 손쉬운 방법. **3** 편안한; (문장 따위가) 평이한, 친근감을 주는; 유순한, 상냥한.
~·ly [-aili] *adv.* ~·ness *n.* ◇ facílitate *v.*, facílity *n.*

fa·ci·le prin·ceps [fǽsili prínseps] (라틴)(=easily first or pre-eminent) 쉽게 제1위가 되는.

*fa·cil·i·tate [fəsílitèit] *vt.* (-tat·ed, -tat·ing) …을 용이하게 하다; …을 촉진하다, 조장하다; (남)의 일 따위를 돕다. ¶ *facilitate* a conversation 대화를 끊기지 않도록 하다. ◇ fácile *adj.*, facílity, facilitátion *n.*

fa·cil·i·ta·tion [fəsìlitéiʃ(ə)n] *n.* [U] **1** 용이하게 하기; 촉진, 조장. **2** (생리) 조통, 촉진(하나의 자극이 후속하는 자극에 의한 신경 반응을 조장하는 일).

fa·cil·i·ta·tor [fəsílitèitər] *n.* 용이하게 하는 사람 (것), 촉진하는 것(물).

*fa·cil·i·ty [fəsíliti] *n.* [U][C] (*pl.* -ties) **1** 편익, 편리; (보통 -ties) [편의를 위한] 설비, 시설(*for* …). ¶ educational *facilities* 교육 시설 / *facilities* of civilization 문명의 이기 // *facilities* for communication, communication *facilities* 통신 기관 / give (*or* afford) a person *facilities* for study research 남에게 연구의 편의를 제공하다. **2** 용이함, 손쉬움(easiness). **3** 능란한 솜씨(dexterity), 유창, 재능, 솜씨. ¶ *facility* of speech 말솜씨, 말재간 / read with *facility* (책 따위를) 술술 읽다 // have great *facility* for learning languages 어학의 재능이 비범하다. **4** 유순, 고분고분함(compliance). ◇ fácile *adj.*, facílitate *v.*

*fac·ing [féisiŋ] *n.* **1** 겉칠, (타일 따위의) 겉에 입히기; 표면 단장. ¶ a wall with an ashlar *facing* 네모난 다듬한 돌을 입힌 벽. **2** [U] (의복의) 가장자리 단을 달기, **3** (~s) (군복의) 다른 부분과 빛깔이 다른 깃·소매 (표지). **4** (군대) 방향 전환(구령 및 동작).
go through one's *facings* 기량을 시험받다.
put a person through his *facings* 남의 기량을 시험하다.

fac·sim·i·le [fæksíməli] *n.* **1** [책·그림·필적 따위의] 정확한 복사(모사). **2** 사진 전송(법); 전송 사진, 팩시밀리.
in *facsimile* 실물 그대로, 원본대로.
[類語] *facsimile* 축척(縮尺)은 달라도 정확한 복사·모사: a photographed *facsimile* 사진 복사. copy 「사본」의 일반적인 말. 원물에 거의 비슷하게 만든 것. reproduction 재료·크기·품질 따위가 원물과 같거나 차이가 나도 원물에 아주 비슷한 것: a *reproduction* of a painting 그림의 복제. duplicate 원물과 동일 또는 같은 방식으로 만든 아주 똑같은 것. replica 예술품의 정확한 복제로서 원작자의 손에 의한 것.
—— *vt.* (-led, -le·ing) …을 정확하게 복사하다.

facsímile bróadcasting *n.* 팩시밀리 방송 [문자·도형·사진 등의 신호를 방송용 전파로 보내고, 수신측에서는 이것을 팩시밀리 수신기로 종이에 기록·보존하도록 하는 방송].

facsímile télegraph *n.* 사진 전송 장치.

‡fact [fækt] *n.* **1** [U] [이론·허구에 대하여] 실제, 현실, 진상, 실태. ¶ the *fact* of the matter 일의 진상 / the *fact* of life 피할 수 없는 현실 / a novel founded on *fact* 실화 소설 / distinguish *fact* from fiction 실제와 허구를 구별하다 / *Fact* is stranger than fiction. 사실은 소설보다 더 기이하다 / The *fact* is that she can't speak English. 실은 그녀는 영어를 할 줄 모른다.
2 (개개의) 사실. ¶ solid *facts* 확실한 사실 / a physical *fact* 물리적 사실 / the *fact* of my having seen him 내가 그를 만났다는 사실 / the *fact* that the earth turns around the sun 지구가 태양 주위를 돈다는 사실 / for a *fact* 사실로서.
3 주장하는 사실. ¶ I can dispute all your *facts*. 네가 말하는 사실을 나는 다 반박할 수 있다.

4 (종종 ~s) (법률) **a)** [법정에서 진술된] 사실. **b)** 범행. ¶ before (after) the *fact* 범행 전(후) / confess the *fact* 범행을 자백하다 / He was caught in the *fact*. 그는 현행범으로 체포됐다.
as a matter of *fact* 사실은, 실은. [성지식.
the *facts* of life [완곡하게] 인간의 생식에 관한 지식,
in [point of] *fact* 실은, 사실상; 요는, 결국. ¶ Great Britain is a republic in *fact*, but not in form. 대영 제국은 사실상은 공화국이지만 형식상은 그렇지 않다.
◇ fáctual *adj.*

fáct fínder *n.* 실정(진상) 조사원. [사)의.
fact-find·ing [fǽktfàindiŋ] *adj.*, *n.* [U] 실정(진상) 조

*fac·tion [fǽkʃ(ə)n] *n.* **1** [U] (내부의) 소수 그룹, 당파, 파벌, 도당. **2** [U] 파벌 다툼, 내분; 당파심.
◇ fáctious *adj.*

-faction *suf.* -fy 로 끝나는 동사에서 그 작용을 나타내는 명사를 만든다. 예: satis*faction*, stupe*faction*, petri*faction*.

fac·tion·al [fǽkʃən(ə)l] *adj.* 파벌의, 당파심이 강한.
fac·tion·al·ism [fǽkʃənəlìz(ə)m] *n.* [U] 당파심, 파벌주의; 당내 분쟁.
fac·tion·al·ist [fǽkʃənəlist] *n.* 파벌(당파)주의자.
fac·tious [fǽkʃəs] *adj.* 당파 본위의, 당파심에서 나온, 당파적인. ~·ly *adv.* ~·ness *n.*
fac·ti·tious [fæktíʃəs] *adj.* 인위적인; 자연스럽지 못한; 인공적인, 모조의. ¶ *factitious* laughter 부자연스러운 웃음. ~·ly *adv.* ~·ness *n.*

fac·ti·tive [fǽktitiv] *adj.* (문법) 작위(作爲)의. ¶ a *factitive* verb 작위 동사 (1) (「…을 어떤 상태로 하다」를 뜻하는 동사로 목적어와 목적 보어를 취한다. 예: elect, make, name 따위. 예: *call* the man Tom; *elect* him captain of the team. (2) =causative verb.).

fac·toid [fǽktɔid] *n.* 유의 사실 (인쇄·발간되어 근거가 없다고 일반에게 사실처럼 인정되고 있는 기사).

*fac·tor [fǽktər] *n.* **1** (어떤 결과를 낳는) 요인, 요소, 원인. ⇒ ELEMENT [類語] ¶ a basic *factor* 근본 요인 / Strictness is an important *factor* of successful education. 엄격함이 성공적 교육의 중요한 요인이다. **2** (수학) 인자, 인수(因子). ¶ a common *factor* 공인수, 공통 인자 / resolution into *factors* 인수 분해. **3** (기계) 계수, 율. ¶ the *factor* of safety 안전계수, 안전율. **4** (생물) 유전자, 유전 인자. **5** (주로 英) 중매인(仲買人), 대리인, 위탁 판매인; 수금 대리인. **6** (美법률) (어떤 주에서) 제3의 토지 관리인, 마름. —— *vt.* (수·식)을 인수로 분해하다; …을 요소로 넣다(로 나누다). —— *vi.* 외상 판매 채권(債權)을 매수(買受)하다. ◇ fáctorial *adj.*, fáctorize *v.*

fac·tor·age [fǽktəridʒ] *n.* [U] **1** 대리 판매업, 도매업. **2** 대리 판매업의 수수료, 도매상의 구전.

fac·to·ri·al [fæktɔ́ːriəl / -tɔ́ː-] *n.* (수학) 계승(階乘). —— *adj.* **1** (수학) 인수의; 계승의. **2** 대리업(도매업)의; 공장의.

fac·tor·ing [fǽktəriŋ] *n.* **1** (수학) 인수 분해. **2** (상업) 수금 대리업, 채권 매수업(債權買受業).

fac·tor·i·za·tion [fæktərizéiʃ(ə)n / -tərai-] *n.* [U] (수학) 인수 분해.

fac·tor·ize [fǽktəràiz] *vt.* (-ized, -iz·ing) **1** (수학) …을 인수로 분해하다, 요소로 나누다. **2** (법률) (채무자)에게 채권 차압의 통고를 하다(garnish).

fac·tor·ship [fǽktərʃìp] *n.* [U] 대리업, 도매업.

*fac·to·ry [fǽktəri] *n.* (*pl.* -ries) **1** 공장, 제조소. ¶ a *factory* girl 여직공 / a glass *factory* 유리 공장. **2** (구어) 정기 규격품을 만들어내는 곳. **3** [옛날의] 재외 상관(商館), 해외 출장소.

fáctory automátion *n.* 공장 자동화 (略 FA).
fáctory shíp *n.* (고래·게 따위의) 가공 선박.
fáctory sýstem *n.* (산업 혁명 이후의) 공장 제도.
fac·to·tum [fæktóutəm] *n.* 잡역부, 막일하는 사람.
*fac·tu·al [fǽktʃu(ə)l] *adj.* 실제의, 사실상의; 사실에

fac·tu·al·i·ty [fæktʃuǽliti] *n.* ⓤ 진실성, 진실임.

fac·tum [fǽktəm] *n.* 〔라틴〕(= fact) (*pl.* -ta or -tums) 〔법률〕사실, 사건, 사실의 진술〔서〕; 유언의 작성.

fac·ture [fǽktʃər] *n.* ⓤ 제작〔법〕; ⓒ 제작물. 〔성.

fac·u·la [fǽkjulə] *n.* (*pl.* -lae [-liː]) 〔천문〕태양 광구면(光球面)의 흰 반점.

fac·ul·ta·tive [fǽk(ə)ltèitiv / -tətiv, -tèitiv] *adj.* 1 권능을 주는, 허가하는. 2 임의의, 수의의(optional). ¶ *facultative* studies 선택 과목. 3 우발적의. 4 〔생물〕다른 환경에서 생활할 수 있는. ¶ a *facultative* parasite 임의 기생균.

‡**fac·ul·ty** [fǽk(ə)lti] *n.*(*pl.* **-ties**) 1 ⓒⓤ 재능, 능력, 재간 (*for*...). ⇨ ABILITY 類語 ¶ a critical *faculty* 비평력 / the *faculty* of (or for) making friends 친구를 사귀는 재능. 2 〔정신적·신체적〕기능. ¶ the *faculty* of speech 언어 능력 / the *faculty* of sight (hearing) 시각(청각) / mental *faculties* 정신 기능, 지능 / lose one's *faculties* 정신 기능을 잃다, 머리가 돌아가지 않게 되다. 3 《美》뛰어난 재능(솜씨, 수완). 4 〔교육〕**a)** 〔드물게〕〔대학의〕학부, 분과. ¶ the *faculty* of law 법학부. **b)** 《美》〔학부의〕교수단, (때로는 학생도 포함된) 학부 전체; 〔대학·고교의〕전교직원(* 교사뿐만 아니라 직원을 포함하는 일도 있다. ¶ a *faculty* meeting 교수회. 5 〔지적인 직업의〕동업자, 단체; (the F-) 의사회. ¶ the medical *faculty* 의사단. 6 〔법률 따위에 의하여 부여된〕권능, 특권; 〔교회〕면허, 허가.
◇ fácultative *adj.*

*****fad** [fæd] *n.* 일시적 유행(열중). ⇨ FASHION 類語 ¶ have a *fad* for ...에 열중하고 있다, 미쳐 있다.
fad·dish [fǽdiʃ] *adj.* 일시적으로 유행(열중)하는. ~**ly** *adv.* ~**ness** *n.*
fad·dism [fǽdiz(ə)m] *n.* ⓤ 일시적 열중(유행).
fad·dist [fǽdist] *n.* 일시적 열광자.
fad·dy [fǽdi] *adj.* (**-di·er, -di·est**) =faddish.
‡**fade** [feid] *v.* (**fad·ed, fad·ing**) *vi.* 1 시들다; 〔힘이나 아름다움 따위가〕약해지다, 쇠퇴하다. ¶ joys that never *fade* 결코 사라지지 않을 기쁨 / The flowers have *faded*. 꽃은 시들어 버렸다. 2 〔색깔이〕바래다, 〔빛 따위가〕희미해지다; This color *fades* fast. 이 색은 곧 바랜다 / The light has *faded*. 빛은 사라져 버렸다 / The outline has *faded*. 윤곽이 희미해졌다. 3 〔소리·기억·인상 따위가〕사라지다, 없어지다 (*away, out*...). ⇨ DISAPPEAR 類語 ¶ (~+劃)(~+前+囵) The idea has *faded* [*away*] *from* my memory. 그 생각은 내 기억에서 서서히 사라져버렸다 / The sound *faded* [*away*] little by little. 그 소리는 조금씩조금씩 사라졌다. —— *vt.* ...을 시들게 하다, 바래게 하다, 희미해지게 하다, 쇠퇴하게 하다, 서서히 없애다. ¶ The strong sunlight *faded* new curtains. 강한 햇빛 때문에 새 커튼의 색이 바랬다.
fade in 〔영화·TV·라디오〕차차 밝아지다, 용명(溶明)하다. ⇨ FADE-IN. 〔(溶暗)하다. ⇨ FADE-OUT.
fade out 〔영화·TV·라디오〕차차 어두워지다, 용암
fade·a·way [féidəwèi] *n.* ⓤ ⓒ 1 차차 사라짐, 소실(消失). 2 〔야구〕**a)** =screwball. **b)** 〔터치를 피하기 위한 주자의〕미끄러져 닿기.
fad·ed [féidid] *adj.* 시든, 색이 바랜; 쇠퇴한. ¶ *faded* youth 시든 청춘. ~**ly** *adv.* ~**ness** *n.*
fade-in [féidín] *n.* ⓤⓒ〔영화·TV〕페이드 인, 용명(화면이 차차 밝아져 오는 일); 〔방송·녹음〕페이드 인〔음이 차차 분명해지는 일〕.
fade·less [féidlis] *adj.* 시들지 않는, 색깔이 바래지 않는, 사라지지 않는, 쇠퇴하지 않는. ¶ *fadeless* glory 불멸의 영광. ~**ly** *adv.*
fade-out [féidàut] *n.* ⓤⓒ 1 〔영화·TV〕페이드 아웃, 용암〔화면이 차차 어두워져서 깜깜해지는 일〕; 〔방송·녹음〕페이드 아웃〔음(音)이 차차 사라지는 일〕. 2 서서히 사라짐.

fad·er [féidər] *n.* 1 사라져 가는 사람(것). 2 〔방송·녹음〕음량 조절기.
fad·ing [féidiŋ] *n.* ⓤ〔무선〕페이딩〔수신 전파의 강도가 시간적으로 변동하는 현상〕.
FAdm 《略》Fleet *Adm*iral. 〔용〕.
fa·do [fάːduː] *n.* 파도〔포르투갈의 대표적인 민요·무
FAE 《略》*f*uel *a*ir *e*xplosive.
fae·cal [fíːk(ə)l] *adj.* =fecal.
fae·ces [fíːsiːz] *n. pl.* =feces.
fa·er·ie, fa·er·y [féiəri / féiəri, féəri], (**fa·er·y**) *n.* (*pl.* **-ies**) 1 요정(妖精)의 나라, 동화의 나라(fairyland). 2 〔고어〕요정(fairy). —— *adj.* 요정의(같은). 〔

F.A.F., f.a.f. 《略》〔상업〕*f*ree *a*t *f*actory (공장도 조건).
faff [fæf] *vi.*, *n.* 《英구어》헛소동을 피우다(피우기); 빈둥빈둥 지내다(지내기), 두서없는 짓을 하다(하기).
Faf·nir[fάːvniər, fɔ́ːv-/fάːf-] *n.*〔북유럽 신화〕파브니르[Nibelung의 보물을 지킨 용. Siegfried 에게 죽는다〕.
fag [fæg] *v.* (**fagged, fag·ging**) *vt.* 1 〔사람을〕지치게 하다 (*...out*). ¶ Hard training *fagged* me *out*. 심한 훈련으로 지쳐버렸다. 2 《英구어》〔public school 에서〕상급생이 〔하급생〕에게 잔심부름을 시키다.
—— *vi.* 1 《주로 英》지칠 때까지 일하다; 열심히 하다. ¶ *fag away* at English 영어 공부를 열심히 하다. 2 《英구어》〔public school 에서 하급생이〕상급생의 잔심부름을 하다.
fag out 〔크리켓에서〕외야수를 맡아보다.
—— *n.* 1 《주로 英》⒰ 피로, 단조롭고 힘드는 일 (toil). ¶ What a *fag*! 참 싫다! / It's too much [of a] *fag*. 정말 힘든 일이야. 2 싫은 (단조로운) 일을 하는 사람(drudge). 3 《英구어》〔public school 에서〕상급생의 잔심부름을 하는 하급생. 4 《속어》궐련. 5 =fag end. 6 《美속어》남자의 동성 연애자.
fa·ga·ceous [fəɡéiʃəs] *adj.* 너도밤나무과(科)의.
fag end *n.* 1 〔사물의〕끄트머리, 끝, 말단; 찌끼. 2 〔천의〕토끝; 〔밧줄의〕풀린 끝.
fag·got[fǽɡət] *n.* 《英》=fagot.
fag·got² [fǽɡət] *n.* 《속어》남자의 동성 연애자.
fággot vòte 《英역사》금서 모은 투표〔재산 소유자만 투표권이 있었던 때의 일시적 재산 명의의 변경에 의해 투표권을 얻은 유권자의 투표〕.
fag·got·y [fǽɡəti], **fag·gy** [fǽɡi] *adj.* 《속어》남자 동성애의, 호모의. *opp.* lesbian; 암띤.
Fa·gin [féiɡin] *n.* 어린이를 앞잡이로 부려먹는 소매치기 두목, 어린이에게 도둑질을 가르치는 늙은 두목. 〔<Dickens 의 *Oliver Twist* 에 나오는 인물〕.
fag·ot, 《英》**fag·got** [fǽɡət] *n.* 1 나뭇단, 장작 다발. 2 다발, 꾸러미. 3 〔강철봉을 만들기 위한〕철봉(강철봉)의 다발. 4 《英》푸주에서 파는 일종의 간(肝) 요리. —— *vt.* 1 ...을 다발짓다. 2 〔피륙을〕fagoting 으로 장식하다.
fag·ot·ing, 《英》**fag·got-** [fǽɡətiŋ] *n.* ⓤⓒ 1 패거팅〔양쪽 가의 실 이스의 씨실을 빼고 날실을 다발지어 꿰맨 장식〕. 2 두 장의 천을 사이를 두고 실로 이어붙이는 장식이음.
fa·got·to [fəɡátou / -ɡɔ́t-] *n.* (*pl.* **-got·ti** [-ɡάti / -ɡɔ́ti]) 파고토; 버순. ⇨ BASSOON. 〔< It. bundle〕

(fagoting 2)

Fahr. 《略》Fahrenheit [thermometer].
Fahr·en·heit [fǽrənhàit, 獨 fάːr-] *n.* 화 씨 온도계. —— *adj.* 화씨(온도계)의〔기호 F〕. *cf.* centigrade ¶ a *Fahrenheit* thermometer 화씨 온도계〔빙점 32도, 비등점 212도〕. 〔<발명자인 독일 물리학자 Gabriel Daniel Fahrenheit (1686-1736) 의 이름〕.
FAI 《略》*F*édération *A*éronautique *I*nternationale (국제 항공 연맹).

fa·ïence, -ience [faiáːns, fei-] n. ⓤⓒ 파양스 도자기 [유약으로 아름답게 착색한 도자기]. 〈F〉

‡fail [feil] vi **1** 실패하다; 못쓰게 되다; 【교육】【시험에】떨어지다, 낙제하다, 합격점을 못 따다(in ...); 《to- 부정사와 함께》…하지 못하다, …할 수 없다. ¶ The scheme *failed*. 계획은 실패했다 // (~+前+图) *fail in* an examination 시험에 낙제하다 (*ǃ이 의미로는 생략한 타동사 용법도 있다) // (~+to do) I *failed to* go. 나는 가지 못했다 / She never *fails to* be here. 그녀는 틀림없이 이리 온다 / Don't *fail to* let me know. 잊지 말고 반드시 알려 주시오.

── **Usage** fail+to- 부정사와 cannot ── (1) fail to do와 cannot do는 같은 뜻이나 전자는 문어적이고 후자는 구어적: He *failed to* (or *could not*) pass the examination. (2) fail 다음에 동명사를 쓰는 것은 옛 어법.

2 부족되다, 결핍되다(in...); 【목표에】미치지 못하다(of...); 【작물에】제대로 되지 않다, 흉작이 되다; 【공급이】다되다, 떨어지다; 【전기 따위가】멎다, 정지되다. ¶ The potato crop has *failed* this year. 금년에는 감자가 흉작이다 / Our food and water supply will soon *fail*. 식량과 물은 곧 다 떨어질 것이다 // (~+前+图) *fail in* beauty 아름다움이 부족되다 / *fail of* success 성공하지 못하다 / *fail of* one's object 목표에 미치지 못하다 / He *fails* greatly *in* the respect due to his elders. 그는 손윗사람에 대한 존경심이 크게 모자란다.

3 【체력·기력·미모·폭풍우 따위가】약해지다, 줄다; 소멸하다, 죽다. ¶ The wind *failed*. 바람이 약해졌다 // (~+前+图) He is very old and *failing* rapidly [in the sense of hearing]. 그는 아주 늙어서 급속히 [청각이] 약해지고 있다.

4 약속을 지키지 못하게 되다; 지불 불능이 되다, 파산하다. ── vt. **1** 〖남〗의 기대를 저버리다, 〖남〗을 실망시키다, 〖남〗에게 쓸모가 없다. ¶ *fail* a friend in need 어려울 때 친구의 도움이 되지 못하다 / His courage (heart) *failed* him. 그는 용기가 꺾였다 / His eyesight *failed* him. 그의 시력이 못쓰게 되었다 / Words *failed* me. 말이 나오지 않았다 / Time would *fail* me to finish the work. 그 일을 마치기에는 시간이 불충분하다. **2** 【교육】〖남〗에게 낙제점을 매기다, …에 떨어뜨리다, …을 실패케 하다. ¶ The professor *failed* half the students in French. 그 교수는 프랑스어에서 학생을 반(半)에게 낙제점을 매겼다 / He *failed* his examination again. 그는 시험에 또 떨어졌다.

── n. ⓤ불이행, 실패, 낙제. ¶ a *fail* in math 수학에서의 낙제.

without fail 어김없이, 꼭. ◇ **fáilure** n.

*****fail·ing** [féiliŋ] n. ⓤⓒ 실패(failure); 낙제; 불이행. **2** 결점, 단점, 약점. ♠ FAULT 類語. ── prep. …이 없을 경우에는; …이 없어서. ¶ *Failing* an answer to my letter, I will telegraph. 답장이 오지 않으면 전보를 치겠다.

fail·ing·ly [féiliŋli] adv. 실패(잘못)하여; 부족하여.

faille [fail, feil / fail / F faːj] n. ⓤⓒ 파이유(가로로 이랑진 비단·인조견 따위). 〈F〉

fáil sáfe n. (때로 F-S-) 〖비상 경보로 출격한 핵폭격기가 별도 확인 없이는 넘을 수 없는 공격 명령 재확인 지점; 이 지점을 설정하는 미국 SAC의 안전 조치.

fail-safe [féilséif] adj., n. 절대로 안전한 [장치], 이중으로 안전하게 한. ── vi., vt. 비상 (이중) 안전 장치를 설치하다, 이중 안전 장치가 작동하다.

fáil sóft n. 〖컴퓨터〗페일 소프트[일부 기능에 고장이 났을지라도 시스템 전부를 정지시키지 않고 가능한 한의 시스템을 사용하여 피해를 최소화하는 일].

‡fail·ure [féiljər] n. ⓤⓒ 실패, 실수, 낙제, 〖교육〗낙제(자, 점); 성공하지 못한 것(사람) (in ...). ¶ a heavy *failure* 큰 실패 / end in *failure* 실패로 끝나다 // He was a *failure* in business. 그는 사업에 실패했다 / Mr. Gray was a *failure* as a professor. 그레이씨는 교수로서는 실패자였다. **2** 〖해야 할 일의〗태만, 소홀, 불이행(*in ...*). ¶ a *failure in* duty 의무 태만 / a *failure to* keep one's promise 약속을 지키지 못함. **3** ⓤⓒ 부족, 결핍. ¶ the *failure* of the water supply 물 부족 / in case of the *failure* of issue 후사(後嗣)가 없을 경우는. **4** ⓤⓒ 〖주요 기능의〗쇠약, 감퇴; 기능 정지, 고장. ¶ an engine *failure* 엔진 고장 / a power *failure* 정전 / a *failure* of sight (memory) 시력 (기억력)의 감퇴 / heart *failure* 심장 마비. **5** ⓤⓒ 파산〖상태〗. ¶ the *failure* of a bank 은행의 파산.

make a failure of it 실수를 하다. ◇ fail v.

fain¹ [fein] 《고어》 adv. 《would와 함께 써서》 기꺼이, 쾌히(gladly). ¶ I *fain* would be with you. 기꺼이 당신 곁에 있겠소. ── adj. 《서술 형용사》 **1** 만족한, 기꺼이 …하는(willing). **2** 어쩔 수 없이 …하는(obliged). ¶ He was *fain* to apologize. 그는 어쩔 수 없이 사과했다. **3** 열심인, …하고 싶어하는(eager, desirous). ¶ He is *fain* to know the truth. 그는 진상을 알고 싶어한다.

fain² [fein], **fains** [feinz] vt. 《영속어》(보통 Fain[s] I ...의 형으로》…은 싫다. ¶ *Fain[s]* I baby-sitting. 애보기는 싫다.

fai·né·ant [féiniənt] adj. 아무 일도 하지 않는, 게으른(idle). ── n. 게으름쟁이(idler). 〈F〉

‡faint [feint] adj. **1** 희미한(slight), 어렴풋한, 엷은; 흐릿한. ¶ a *faint* resemblance 희미한 유사점 / a *faint* sound 희미하게 들리는 소리 / *faint* lines 〖장부 따위의〗엷은 괘선 / I hadn't the *faintest* idea what was meant. 무슨 뜻인지 도무지 알 수가 없었다 / How long does it take to finish the work? ── I don't have the *faintest*. 그 일을 마치는 데 얼마나 걸리겠느냐? ── 전혀 모르겠다. * the faintest 는 the faintest idea 를 줄인 말로 주로 회화에서 쓴다.

2 가냘픈, 미약한; 마음 내키지 않는, 마음에서 우러나지 않은. ¶ a *faint* praise 마음에 없는 칭찬 / make a *faint* struggle 내키지 않는 노력을 하다 / His breathing be came *fainter*. 그의 호흡은 차츰 미약해졌다.

3 〖굶주림·병·통증 따위로〗기절할 듯한, 정신이 아찔한, 어질어질한. ¶ feel *faint*; grow *faint* 현기증이 나다 / He was *faint* with the bruises. 그는 그 타박상으로 정신이 아찔했다.

4 마음 약한, 소심한(timorous). * 주로 faint heart 로 쓰인다. ¶ *Faint* heart never won fair lady. 《속담》 소심한 사람이 미인을 손에 넣은 예는 없다.

── vi. **1** 졸도하다, 기절하다. **2** 〖고어〗희미해지다, 어렴풋해지다. **3** 〖고어〗약해지다; 소심하여지다.

── n. 기절, 실신, 졸도(swoon). ¶ fall into a [dead] *faint* 졸도하다 / go off in a *faint* 기절하다. **~ness** n.

faint-heart [féinthὰːrt] n. 겁쟁이.

faint-heart·ed [féinthάːrtid] adj. 용기 없는, 겁 많은, 심약한(cowardly). **~ly** adv. **~ness** n.

faint·ing [féintiŋ] n. ⓤ 실신, 졸도, 기절.

fáinting fit (spéll) n. 실신, 기절.

faint·ish [féintiʃ] adj. 기절할 것 같은; 희미한.

‡faint·ly [féintli] adv. **1** 희미하게(slightly), 어렴풋이. **2** 힘없이, 심약하게, 머뭇머뭇.

faint-ruled [féintrúːld] adj. 〖편지지 따위가〗엷은 괘선이 쳐 있는.

faints [feints] n. pl. 〖위스키를 증류할 때 처음 또는 마지막에 나오는〗불순한 알코올(feints).

‡fair¹ [fɛər] adj. **1** 공평한, 공정한, 정당한, 합법적인, 편견 없는. ¶ a *fair* decision 공정한 판단 / a *fair* field and no favor 공평한 조건 / a *fair* distribution of one's estate 재산의 공평한 분배 / by *fair* means 공정한 수단으로 / by *fair* means or foul 수단을 가리지 않고 // a man *fair in* his dealings 공평한 조치를 취하는 사람 / be *fair with* (or to) a person 남에게 공평하다 / *All's fair in love and war*. 《속담》 사랑과 전쟁에는 〖목적을 위해서는〗 수단을 가리지 않는다.

類語 fair 공평을 의미하는 일반적인 말. **just** 자기나 다른 관계자의 이해에 좌우되지 않고 올바른 기준을 지키는: a *just* sheriff 공정한 보안관. **impartial** 어느 쪽에도 치우치지 않고 공평한; 특히 재판에 관하여 많이 쓰는 말: an *impartial* judge 공평한 재판관. **disinterested** 사리·사욕이 없이 공평한: a *disinterested* motive 사리사욕이 없는 동기. **unbiased, unprejudiced** 편견이 없고 공평한: an *unprejudiced* opinion 편견 없는 의견.

2 꽤 좋은, 상당한; 중간 정도의, 평균의(average). ¶ a *fair* fortune (income) 상당한 재산(수입) / a *fair* amount of money 상당한 액수의 돈 / I've got a *fair* idea of who did it. 누가 했는지 대충은 알고 있어 / Her performance was merely *fair*. 그녀의 연기는 그저 그만했다.
3 유망한(promising); [항해] [바람·조류가] 순조로운, 알맞은. ¶ a *fair* chance of success 유망한 성공의 기회 / a *fair* wind 순풍.
4 [기상] 갠, 맑은, 좋은. ¶ *fair* weather 갠 날씨 / *fair* or foul weather 청우(晴雨)에 관계 없이.
5 완만한. ¶ a *fair* curve 완만한 곡선.
6 흠없는, 더럽지 않은(unblemished), 깨끗한(clear). ¶ *fair* water 깨끗한 물 / *fair* reputation 흠 없는 평판.
7 선명한; 읽기 쉬운. ¶ *fair* handwriting 읽기 쉬운 필적.
8 살결이 흰; 금발의. opp. dark ¶ *fair* skin 흰 살결 / **9** 예쁜, 아름다운, 매력적인, ⇒ BEAUTIFUL [類語] ¶ a *fair* lady 미인 / *fair* as an angel 천사처럼 아름다운.
10 그럴 듯한, 정당 같은; 공손한, 정중한(courteous). ¶ a *fair* promise 말뿐인 약속 / *fair* words 교언(巧言).
11 [고어] 장애물이 없는, 트인. ¶ a *fair* view of the ocean 탁 트인 바다의 전망 / a *fair* road 탁 트인 도로.
be in a fair way to *do* …할 가망이 충분히 있다. ¶ He is *in a fair way to* succeed. 그는 성공할 가망이 충분히 있다.
fair and square [구어] 공정한, 아주 정직한.
fair to middling [美구어] 그저 그만한, 수수한 (so-so). ¶ How are you feeling today? — *Fair to middling*. 오늘은 기분이 어떠냐? — 그저 그만하다.
— *adv.* **1** 공평하게, 공명정대하게. ¶ play *fair* 공명정대하게 승부하다(처신하다). **2** 똑바로, 정면으로 (straight); 꽝 하고, ¶ be struck *fair* in the face 얼굴을 정면으로 얻어맞다 / fall *fair* 꽝 하고 쓰러지다. **3** 유망하게, 순조롭게, 좋게(favorably). **4** 아름답게; 얌전히, 친절하게, ¶ *fair* and softly 그다지 서두르지 않고 / speak *fair* 공손하게 말하다 / copy (*or* write out) *fair* 정서(淨書)하다. **5** [英구어·濠] 아주(quite), 완전히, **bid fair to** *do* ⇒ BID. [(justly).
fair and square [구어] 정직하거나, 공명 정대하게 — *n.* [고어] 여성; 애인; 좋은 것, 아름다운 것.
for fair [美속어] 아주, 정말로.
— *vt.* **1** [造船] [재목 따위를] 반반하게 다듬다. **2** [페어] …을 깨끗이 함; …을 정서(淨書)하다.
— *vi.* [방언] [하늘이] 개다.
◇ *fáirly adv.*, *fáirish adj.*, *fáirness n.*

‡**fair**² [fɛər] *n.* **1** [농산물·가축 따위의] 공진회(共進會), 품평회; 박람회. ¶ an agricultural *fair* 농산물 공진회 / a World's *Fair* 만국 박람회, **2** [주로 英] 정기적으로 서는 장. ¶ a summer *fair* 여름 장. **3** 자선시(慈善市), 바자회. ¶ a church *fair* 교회 바자회.
a day for the fair 사후 약방문, 실기(失期).
fáir báll *n.* [야구] 페어볼. *cf.* foul ball
fáir cátch *n.* [미식 축구] 페어 캐치[공 받는 사람이 태클당하지 않기 위해 전진하지 않겠다는 의사 표시를 하고 킥된 공을 잡는 일].
fáir cópy *n.* 정서; 정확한 사본.
fáir emplóyment *n.* ① [종교·인종 따위에 따라 차별을 하지 않는] 공평 고용.
fair-faced [fɛərféist] *adj.* **1** 얼굴이 흰, 미모의. **2** [英] [벽돌벽이] 회반죽을 칠하지 않은.
fáir gáme *n.* ①[집합적] 잡아도 괜찮은 사냥감; [공격의] 좋은 목표.
fáir gréen *n.* [페어] = fairway.
fair-ground [fɛərgràund] *n.* [종종 ~s로 때로는 단수 취급] 장터, 박람회장.
fair-haired [fɛərhɛ́ərd] *adj.* **1** 금발의. **2** [구어] [상관이] 마음에 드는(favorite). * 주로 fair-haired boy로 쓰이다. [(gracefully).
fair·i·ly [fɛ́(ː)rili / fɛ́ər-] *adv.* 요정처럼; 우아하게
fair·ing¹ [fɛ́(ː)riŋ / fɛ́ər-] *n.* [항공] 정형(整形) [비행기 따위를 공기 저항을 덜 받도록 모양을 다듬는 일]; ⓒ 유선형의 덮개. [물.
fair·ing² [fɛ́(ː)riŋ / fɛ́ər-] *n.* [英] 장(fair)에서 산 선물
fair·ish [fɛ́(ː)riʃ / fɛ́ər-] *adj.* **1** 무던한, 상당한. **2** 꽤 살결이 흰.
fair·lead [fɛ́ərliːd] *n.* (= **fairleader**) 페어 리더, 도삭기(導索器) [선박·크레인 따위의 밧줄 엉킴·마모 방지를 위한 도삭 쇠물이 장치].
fair·light [fɛ́ərlàit] *n.* [美] = transom window.
‡**fair·ly** [fɛ́ərli] *adv.* **1** 공평(공정)하게, 올바르게. ¶ treat a person *fairly* 남을 공평하게 대하다 / It may *fairly* be said that …이라고 말해도 괜찮을 것이다. **2** 꽤, 상당히(moderately). ¶ *fairly* good 꽤 좋은 / She sings *fairly* well. 그녀는 노래를 꽤 잘한다. **3** 완전히, 아주, 충분히(completely); 정말로(actually). ¶ He is *fairly* beside himself with anger. 그는 화가 나서 정말로 제정신이 아니다 / I'm *fairly* worn out. 나는 아주 지쳤다 / You were *fairly* in the trap. 너는 완전히 함정에 빠졌었다. ¶ *fairly* [美, 멋지게(handsomely), 적당히(properly). ¶ It cannot be *fairly* described. 그것은 잘 표현할 수가 없다. **5** 명백히, 분명히(clearly).
fair-mind·ed [fɛ́ərmáindid] *adj.* 공평한, 공정한, 편견이 없는(unprejudiced). ~**ness** *n.* [ity).
*****fair·ness** [fɛ́ərnis] *n.* ① 공정, 공평정대(impartial-
fáirness dóctrine *n.* [美] 〔라디오·텔레비전 토론에서 한쪽의 견해를 들은 뒤 다른 쪽에 반론의 기회를 주는〕 공정의 원리.
*****fáir pláy** *n.* ① 정정당당한 시합 태도; 공명정대한 행동(조치). *cf.* foul play
fáir séx *n.* (the ~) [집합적] 부인, 여성.
fáir sháke *n.* [美구어] 공평[한 조치].
fair-spo·ken [fɛ́ərspóukən] *adj.* [말씨가] 공손한, 상냥한; 구변 좋은.
fáir tráde *n.* ① 공정 무역(거래), 호혜 통상. ¶ the *Fair Trade* Commission 공정 거래 위원회.
fair-trade [fɛ́ərtréid] *vt.* **-trad·ed, -trad·ing** [상품]을 공정 거래 협정하에서 팔다. — *adj.* 공정 거래의, 공정 거래 협정[가격]의. [[역] 협정.
fáir-tráde agréement *n.* [美] 공정가격(호혜무
Fáir Tráde Commission *n.* 공정 거래 위원회 [略 FTC].
fair·way [fɛ́ərwèi] *n.* **1** 장애물이 없는 통로. **2** [골프] 페어웨이[tee와 putting green 사이를 깎아 손질한 잔디밭]. **3** [항해] [강·항구 따위의] 가항 수로(可航水路) [부분].
fair-weath·er [fɛ́ərwèðər] *adj.* 좋은 날씨에만 적합한; 태평시에는 믿지 못할. ¶ *fair-weather* friends 정작 곤란할 때 도움이 안 되는 친구.
‡**fair·y** [fɛ́(ː)ri / fɛ́əri] *n.* (*pl.* **fair·ies**) **1** 요정(妖精) [종고 나쁜 인간사에 관여하는 신비적인 마력을 소유함]. **2** [구어] 동성애하는 남자. — *adj.* **1** 요정의. **2** 요정 같은; 우아한(graceful). ¶ a *fairy* form 우아한 자태. **3** 가공의, 상상상의(imaginary). ◇ *fáirily adv.*
fáiry círcle *n.* = fairy ring.
fair·y·dom [fɛ́(ː)ridəm / fɛ́ər-] *n.* = fairyland.
fáiry gódmother *n.* 아주 친절한 사람, 독지가(ben-

efactor); 뜻하지 않을(난처한) 때 도와주는 사람. [< Cinderella 이야기 중의 fairy godmother (요정)의 이름]

fair·y·hood [fέərihùd / féər-] n. ① 1 요정임; 마성(魔性). 2 《집합적》 요정.

fáiry lámp(líght) n. [장식·옥외 조명용의] 빛깔이 있는 작은 전등.

* **fáir·y·land** [fέə(:)rilænd / féər-] n. 1 요정의 나라, 동화의 나라. 2 선경(仙境), 즐겁고 경치 좋은 곳, 도원경.

fair·y·like [fέ(:)rilàik / féər-] adj. 요정 같은.

fáiry mòney n. 요정한테서 얻은 돈; 주운 돈.

fáiry ríng n. 요정의 고리 [잔디밭 위에 균이 검푸르게 고리 모양으로 난 곳; 요정들이 춤을 춘 자리라고 믿었다].

‡**fáiry tále story** n. 1 동화. 2 가공의 이야기, 꾸민 이야기, 거짓말(lie).

fait ac·com·pli [fεtækɔ:mplí:] n. (pl. **faits ac·com·plis** [-plí:(z)]) 《프랑스》(=accomplished fact) 기정 사실.

‡**faith** [feiθ] n. ① 1 신용, 신뢰(confidence) (in ...). ⇒ BELIEF 類語 ¶ put faith in …을 신뢰하다 / I have lost faith in science. 이제 과학을 신용하지 않게 됐다 / He has no faith in his own ability. 그는 자신의 능력을 믿지 않고 있다. 2 [확증이 없는 것에 대한] 신념, 확신(in ...). ¶ with unshaken faith 흔들리지 않는 신념을 갖고 // lack faith in education 교육에 대한 신념이 없다. 3 신앙, 믿음(in ...); 신앙심. ¶ have faith in God 하나님을 믿다. 4 ⓒ 신조, 교리; 종교; (the ~ or the F-) 진정한 종교, 기독교. ¶ the Christian (the Jewish, the Mohammedan) faith 기독(유대, 마호메트)교. 5 지켜야 할 의무; 약속, 서약. ¶ engage (or give, pledge, plight) one's faith 약속(서약)하다 / break (or violate) one's faith with …과의 맹세 (약속)를 어기다 / keep one's faith with …과의 약속을 지키다. 6 신의, 충성, 성실. ¶ bad faith 불성실, 배신 / in good faith 성의있게, 성실히.

by (or *on*) *one's faith* 맹세코, 틀림없이.
in faith 참으로, 실로(indeed).
on the faith of …을 신용하여; …의 보증으로.
pin one's faith on (or *to*) …을 굳게 믿다. ¶ He pinned his faith on Eddie to win. 그는 에디가 이긴다고 믿고 있었다.

◇ **faithful** adj.

fáith cùre n. [신앙과 기도에 의한] 신앙 요법; 종교

‡**faith·ful** [féiθfəl] adj. 1 [의무 따위에] 충실한; 성실한, 정숙한; 신의있는, 약속을 지키는. ¶ a faithful public official 의무에 충실한 공무원 // be faithful to one's promise 약속에 충실하다 / She is faithful to her husband. 그녀는 남편에게 정숙하다.
類語 faithful 약속·맹세·책임 따위로 맺어진 상대에게 충실한: be faithful to one's duty 의무에 충실하다. constant 애정·신념 따위가 언제까지나 변함없는: a constant wife 항상 정숙한 아내. loyal 주인·국가·소속 단체·주의 따위에 충실하여 이에 배반시키려고 하는 자에게 저항하는: be loyal to one's country 국가에 충성을 지키다.
2 신뢰할만한(reliable); 사실 그대로의, 정확한(accurate). ¶ a faithful copy 원본 그대로의 사본 / a faithful translation 충실(정확)한 번역. 3 《폐어》신앙심이 두터운, 독실한. — n. 1 (보통 the ~) (총칭적) [특히] 기독교·회교의 충실한 신자들. 2 충실한 회원(신자), 신봉자. ~·**ness** n.

‡**faith·ful·ly** [féiθfəli] adv. 1 충실하게, 성실히. ¶ deal faithfully with …을 성실히 다루다; …에게 거침없이 말하다. 2 정확히. 3 [구어] 굳게[보증하여]. ¶ promise faithfully 굳게 약속하다.
Yours faithfully 재배(再拜) [편지의 끝맺음 말].

fáith héaler n. [기도에 의한] 신앙 요법사(療法師) (치료사).

fáith héaling n. ① 신앙 치료(faith cure).

* **faith·less** [féiθlis] adj. 1 신의없는, 불성실한(to...). 2 믿지 못할(unreliable). 3 《드물게》 신앙 없는.
~·**ly** adv. ~·**ness** n.

faits di·vers [fe di:vέr] n. pl. 《프랑스》(=miscellaneous news) 하찮은 일.

* **fake**[1] [feik] v. (**faked, fak·ing**) vt. 1 [허울만 좋은 것·가짜 따위를] 날조하다, 모조하다. ¶ (~+목+부) fake [up] news 기사를 날조하다. 2 [결점]을 숨기다, …에 손질하다. 3 …인 체하다(pretend), …처럼 보이게 하다. ¶ fake illness 아픈 체하다. 4 …을 속이다; 〔스포츠〕…에게 속이는 동작을 쓰다(...out). 5 〔재즈〕…을 즉흥적으로 연주하다. — vi. 1 …을 날조하다. 2 〔스포츠〕 속이는 동작을 하다. — n. 1 모조품, 가짜; 거짓 정보(이야기). 2 사기꾼. — adj. 가짜의, 위조의(counterfeit).

fake[2] [feik], **flake** [fleik] 〔항해〕 n. [둘둘 만 밧줄의] 한 사리. — vt. (**faked, flaked; flak·ing**) [밧줄을] 사리다, 둘둘 말다(...down).

fáke bóok n. 《미》〔재즈〕판권을 설정하지 않은 간이

fa·keer [fəkíər] n. =fakir. [악보집.

fáke·ment [féikmənt] n. 〔구어〕 모조품, 날조물; 사기, 속임수; 책략.

fak·er [féikər] n. 〔구어〕 1 날조자; 사기꾼, 협잡꾼 (swindler). 2 〔믿지 못할 물건을 파는〕 노점 상인, 도붓장수. [품].

fak·er·y [féikəri] n. (pl. **-er·ies**) 속임수, 협잡, 위조

fa·kir [fəkíər / féikər, fǽkiə] n. 〔회교·힌두교의〕 고행자; 탁발승.

Fa·lange [féilændʒ, fɑ:lɑ́:nhei / Sp fɑlǽnxe] n. 팔랑헤당(스페인 내란 후 정권을 잡은 파시스트 당).

Fa·lan·gist [féilændʒist] n. 팔랑헤 당원.

fal·ba·la [fǽlbələ] n. 17세기경의 여성복의 옷자락 장식. [많이.

fal·cate [fǽlkeit] adj. 갈고리 모양의(hooked), 낫모

fal·chion [fɔ́:lt∫(ə)n, -∫(ə)n] n. 1 〔언월도(偃月刀)와 비슷하면서 끝이 넓고 날이 뒤로 젖혀진 칼. 2 〔詩〕 칼, 검.

fal·ci·form [fǽlsifɔ̀:rm] adj. 갈고리(낫) 모양의.

* **fal·con** [fǽlkən, fɔ́:l-; fɔ́:k- / fɔ́:l-, fɔ́:k-] n. 1 매(과)의 새. 2 〔매사냥 용의〕매, 암매. cf. tercel

fal·con·er [fǽlkənər / fɔ́:(l)kənər] n. 매부리는 사람.

fal·co·net[1] [fǽlkənit, fɔ́:l-; fɔ́:k- / fɔ́:lkənit] n. 작은 매 〔새 이름〕.

fal·co·net[2] [fǽlkənit, fɔ́:l-; fɔ́:k- / fɔ́:lkənit] n. [15-17세기의] 경포(輕砲)의 일종.

fal·con·ry [fǽlkənri, fɔ́:l-; fɔ́:k- / fɔ́:lkənri] n. ① 1 매 길들이는 법. 2 매사냥(hawking).

fal·de·ral [fǽldərǽl] n. =folderol.

fald·stool [fɔ́:ldstù:l] n. 1 [사제(司祭)의 등 없는] 접는 의자. 2 [영국 교회에서 쓰는] 연도대(連禱臺) (litany stool).

Fa·ler·ni·an [fəlɔ́:rniən] n. ① 팔레르노산(産) 백포도주〔이탈리아의 Campania 지방산으로 고대 로마인에

‡**fall** [fɔ:l] vi. (**fell, fall·en, fall·ing**) 1 떨어지다, 낙하하다, 추락하다; [비·눈·서리·이슬이] 내리다; 〔잎·꽃이〕지다, 〔머리카락이〕 빠지다; 〔알·과실이 나무에서 떨어지다〕. ¶ Rain is falling. 비가 내리고 있다 / Her hairs have fallen. 그녀의 머리카락은 다 빠졌다 / (~+젂+명) Ripe apples fell off the tree. 익은 사과가 나무에서 떨어졌다 / The water falls over the cliff. 물이 벼랑 위에서 흘러 떨어진다.

2 쓰러지다, 넘어지다, 엎드리다. ¶ The old man stumbled and fell. 그 노인은 비틀하고 넘어졌다 // (~+젂+명) fall on one's knees (face) 무릎꿇다(엎드리다) / fall at a person's feet 남의 발밑에 엎드리다.

3 [머리 따위가] 늘어지다. ¶ (~+젂+명) Her hair falls loosely to her shoulders. 그녀의 머리는 어깨까지 축 늘어져 있다.

4 [눈 따위가] 아래로 향하다. ¶ Her eyes *fell*. 그녀는 눈을 내리떴다.
5 [값·가치 따위가] 떨어지다, 하락하다. [온도 따위가] 낮아지다. *opp.* rise; 감소하다; [불이] 약해지다; [물·조수가] 빠지다; [바람 따위가] 약해지다, 자다; [목소리가] 낮아지다; [대화 따위가] 그치다. ¶ Prices are *falling*. 물가가 떨어지고 있다 / His temperature *fell*. 그의 체온이 내려갔다 / The wind has *fallen*. 바람이 그쳤다.
6 [안색 따위가] 잃다, 풀이 죽다, 낙심하다. ¶ Her face *fell*. 그녀의 얼굴이 침울해졌다 / My spirits *fell* at the news of the disaster. 그 재난의 소식을 듣고 내 마음은 침통해졌다.
7 유혹에 지다; 타락하다, 정조를 잃다. ¶ The serpent tempted Eve and she *fell*. 뱀이 이브를 유혹하고 그녀는 거기에 졌다 // (~+前+名) *fall into* temptation 유혹에 지다.
8 실각하다; [내각 따위가] 쓰러지다; [품위 따위가] 떨어지다, 실추되다. ¶ The statesman *fell*. 그 정치가는 실각했다 / The government *fell* after only two months in office. 그 정부는 집권한 지 불과 두 달만에 쓰러졌다 // (~+前+名) The president *fell from* the people's favor. 대통령은 인기가 떨어졌다.
9 [적의 손에] 떨어지다, 함락되다, 공격에 굴복하다. ¶ (~+前+名) The city *fell to* the enemy after a siege of many months. 그 도시는 여러 달 포위된 끝에 적의 수중에 떨어졌다.
10 [상처입고] 쓰러지다, [특히 싸움터 따위에서] 죽다. ¶ *fall* in battle 전사하다 // (~+前) The horse *fell* dead. 그 말은 쓰러져 죽었다.
11 [어떤 관계·상태로] 되다, 빠지다. ¶ (~+前) *fall asleep* 잠들다 / *fall astern* 다른 배에 뒤지다 / *fall abreast* of …과 나란히 가다 // (~+前) *fall prey* (victim) to …의 미끼(희생)가 되다 / *fall due* 지불 기일이 되다, 만기가 되다 / *fall heir* to an estate 재산 상속인이 되다 / *fall short of* …에 미치지 못하다, 부족하다 / *fall ill* 병에 걸리다 // (~+前+名) *fall into* a bad habit 나쁜 버릇이 생기다 / *fall into* one's hand 손에 들어오다 / *fall in* love with …에게 반하다, 과 사랑에 빠지다 / He *fell into* a heavy slumber. 그는 깊은 잠에 빠졌다.
12 [어둠 따위가 떨어지듯이] 다가오다, [좋은 따위가] 오다. ¶ Evening is *falling* fast. 밤이 급속히 다가오고 있다 // (~+前+名) Darkness *fell upon* the village. 어둠이 그 마을을 덮었다 / Sleep (Fear) *fell* suddenly *upon* them. 졸음(공포)이 갑자기 그들에게 찾아왔다.
13 [운 좋게, 운 나쁘게, 우연히] 오다, [사건 따위가] 일어나다, …이라는 운명이 되다, [특정의 위치로 우연히] 들어가다, [어떤 일시에] 해당되다, [올바른 위치로서 …에] 있다, [어떤 장소에] 오다; [당연히 …한] 것이 되다; [부담·의무가 …의] 어깨에 걸리다. ¶ (~+前+名) The traveler *fell among* thieves on a mountain path. 나그네는 산길에서 도둑들에 둘러싸였다 / The expenses *fell on* (or *to*) me. 경비는 내가 부담하게 됐다 / Heavy responsibility *fell on* me. 무거운 책임을 내가 걸머졌다 / The property *fell on* (or *to*) his daughter. 재산은 그의 딸의 것이 되었다 / Suspicion *fell on* him. 혐의는 그에게 떨어졌다 / My birthday *falls* on a Sunday this year. 내 생일은 금년에 일요일이 된다 / The accent of this word *falls on* the first syllable. 이 단어의 악센트는 첫음절에 있다.
14 [자연히] 나뉘다, 분할되다(*into*…). ¶ (~+前+名) The plays of Shakespeare *fall* distinctly *into* four periods. 셰익스피어의 극은 뚜렷이 4기로 나뉜다.
15 [땅이 아래로] 경사지다(slope), 내려앉다; [강이] 흘러들다(*into*…). ¶ (~+前+名) The river *falls into* the sea. 그 강은 바다로 흘러든다 / The land *falls* to the river. 그 토지는 강쪽으로 경사져 있다.
16 [광선·시선 따위가 …으로] 향하다, 떨어지다; [소리가] 들리다. ¶ (~+前+名) A ray of light *fell on* the floor. 한 줄기 빛이 마루에 비쳤다.
17 [건물 따위가] 무너지다, 붕괴하다 (collapse). ¶ (~+前+名) *fall to* pieces 산산이 부서지다 // (~+前) The building *fell asunder*. 그 건물은 산산이 의지하다.
18 [목소리·말이] 새어나오다, 말하여지다. ¶ (~+前+名) Not a word *fell from* his lips. 그의 입에서는 한마디도 나오지 않았다.
19 [짐승 새끼, 특히 양 새끼가] 태어나다(be born).
fall a-doing 《고어》…하기 시작하다. ¶ *fall a-crying* 울기 시작하다.
fall aboard [다른 배의] 뱃전에 부딪치다.
fall across …과 우연히 만나다. ⇨13.
fall away ① 저버리다, 이탈하다; 주의(신앙 따위)를 버리다, 변절하다(*from*…). ② 쇠퇴하다, 줄다, 멸망하다. ③ 야위다, 약해지다. ④ (treat).
fall back 물러나다, 뒷걸음질 치다, 퇴각하다(retreat).
fall back on (or *upon*) ① [군대가] …으로(까지) 후퇴하다, 철퇴하다. ② [저축·원조 등]에 의지하다.
fall behind ① 진도가 뒤떨어지다. ② [지불·일 따위]가 늦어지다. ¶ *fall behind* in tax payments 납세가 늦어지다.
fall by the way [일 따위를] 도중에 내팽개치다.
fall down ① 쓰러지다; 엎드리다; 병상에 눕다. ⇨2. ② (구어) 실패하다(*on*…). ¶ *fall down on* one's job 일에 실패하다.
fall flat ⇨ FLAT.
fall for 《구어》① …에게 속다. ② …에게 반하다, …을 좋아하게(사랑하게) 되다(fall in love with).
fall foul of ⇨ FOUL.
fall in 내려앉다, 꺼지다, 안쪽으로 무너지다, 무너져 …이 되다. ⇨17. ¶ *fall in* two 떨어져서 둘로 갈라지다 / The explosion caused the walls to *fall in*. 폭발로 벽이 무너졌다. ② [군대] [병사가] 정렬하다; (vt.) [병사를] 정렬시키다. ¶ *fall in* the rear 대열의 후미에 붙다. ③ 마주치다. ¶ *fall in with*. ④ 일치하다, 동조하다. ¶ *fall in with*. ⑤ [빚의] 차용 기한이 다 되다; [자금이] 없게 되다; [토지·집의] 차용 기간이 다 되어 소유자의 자유로 된다.
fall in for …에 끼이다; [몫]을 받다.
fall in with ① …과 우연히 마주치다; …과 함께가 되다. ② …에 동조하다, 일치하다. ③ …과 조화하다.
fall into ① …에 빠지다, [어떤 상태]로 되다. ⇨11. ② …으로 나뉘다. ⇨14. ③ [양 따위]가 …으로 흘러들다. ⇨15. ④ [자기의 장소]에 서다. ¶ *fall into* one's place 자기 위치에 서다. ⑤ …에 종사하다, [이야기 따위]를 …하기 시작하다. ¶ *fall into* conversation with …과 이야기를 하기 시작하다 / *fall into* a difficult problem 곤란한 문제를 토의하기 시작하다.
fall off ① [분리되어] 떨어지다. ⇨1. ② 분리하다, 이탈하다. ③ 소원해지다; 변절하다. ④ 작아(적어)지다, [수량·강도]가 줄다, 감소하다, [기운·흥미 따위가] 없어지다, [체력·기력 따위가] 쇠퇴하다. ⑤ [질이] 저하되다, [장사가] 불황이 되다. ⑥ [항해] 침로에서 벗어나다, 바람 불어가는 쪽으로 밀리다. ⑦ [해안선이] 굴곡하다.
fall on (or *upon*) ① …위에 떨어지다, 쓰러지다; …으로 돌려지다, 쏠리다. ⇨1, 2, 16. ② [밤이] …에 닥쳐오다, [좋은 따위가] …을 엄습하다. ⇨12. ③ [추첨 따위가] …에 당첨되다; [부담이] …에게 떨어지다; [어떤 날이] …에 해당되다. ⇨13. ④ …을 습격(공격)하다 (attack). ⑤ …에 마주치다, …을 경험하다 (*보통 바람직하지 못한 일에 쓰인다). ⑥ …과 우연히 마주치다, …에 문득 생각이 미치다. ¶ *fall upon* an idea 어떤 생각이 문득 떠오르다.
fall on (or *upon*) one's feet ⇨ FOOT.
fall out ① [병사 등이] 대열에서 이탈하다, 낙오하다. ② 일치하지 않다, 사이가 나쁘다, 싸우다(*with*…). ③ 결과가 …으로 되다(turn out), 일어나다. ¶ It may

never *fall out* that we meet again. 다시 만나는 일은 없을 것이다.
fall over oneself 《보통 비난의 뜻을 담아》 무리를 하다, 극단에 흐르다.
fall over one another (or *each other*) 《구어》 서로 겨루다, 경쟁하다.
fall through 수포로 돌아가다, 실패하다(fail). ¶ The scheme *fell through*. 계획은 실패했다.
fall to ① …으로 떨어지다, 쓰러지다, 내리다, 늘어지다. ⇨1, 2, 3, 5. ② 〔토지가〕 …쪽으로 하향 경사지다. ⇨15. ③ 〔…의 공격에〕 굽히다, 함락되다. ⇨9. ④ …의 것이 되다. ⇨13. ⑤ 〔특히〕 〔일·싸움 따위〕를 시작하다; …에 종사하다. ¶ *fall to* work 일에 착수하다 / *fall to* blows 치고 받기 시작하다. ⑥ 먹기 시작하다.
fall to pieces ⇨ PIECES.
fall under ① …의 영향을 받다; …의 책임이다. ② …의 범위(부류)에 들어가다.
—— *n.* ¶ 떨어짐, 낙하, 추락, 강하. ¶ a *fall* of leaves 낙엽 / the *fall* of teeth (hair) 이(머리칼)가 빠지기 // a *fall from* one's horse 낙마.
2 강우(강설) 〔량〕. ¶ a heavy *fall* of rain 호우 / a six-inch *fall* of snow 6인치의 강설. ¶ 〔년의〕 가을.
3 《주로 美》 가을. ⇨ AUTUMN. ¶ the *fall* of 1987 1987
4 〔물가·가치 따위의〕 하락, 저하, 감소; 〔명성·지위 따위의〕 실추. ¶ the *fall* of the wind 바람이 잠 // a *fall in* prices 물가의 하락 / a *fall in* temperature 온도의 강하.
5 낙하(강하) 거리, 낙차. ¶ The stream has a *fall* of three feet. 그 흐름은 낙차가 3피트이다. ¶ 〔폭포.
6 《보통 ~s》 the 》 ¶ 〔the〕 Niagara *Falls* 나이애가라 —— **Usage** 폭포 이름과 정관사 —— 《英》에서는 보통은 를 붙이지만 《美》에서는 Niagara Falls처럼 널리 알려진 것에는 무관사. 또 the Kuryong Falls(구룡 폭포)처럼 미국인이 잘 모르는 것은 the를 붙인다. 단 폭포명이 그곳 지명과 일치할 때는 그것과 구별하기 위해 the Niagara Falls라고 하는 일도 있다. 또 Niagara Falls 따위, 무관사의 특정의 폭포명은 단수 동사로 받는다.
7 내리받이, 내리막길, 구배 (slope); 〔만 (灣)으로의〕 유입(流入). ¶ a conduit with a sharp *fall* 가파른 기울기를 이룬 도관(導管) // the *fall* of the Mississippi *into* the Gulf of Mexico 미시시피강의 멕시코만으로의 유입.
8 넘어짐, 전도(顛倒); 붕괴, 도괴. ¶ the *fall* of a church tower 교회 탑의 도괴 / I had a bad (or a severe) *fall*. 나는 심하게 넘어졌다.
9 〔수목의〕 벌채〔량〕.
10 늘어짐, 늘어진 것, 늘어진 주름 장식; 〔여자 모자의 뒤로 늘어진〕 베일; 〔테리어개 얼굴 위의〕 늘어진 머리.
11 유혹에 지기, 타락; (the F-, 때로 the f-) 〔신학〕 원죄에 의한 인류의 타락.
12 〔도시 등의〕 함락; 멸망, 몰락. ¶ the *fall* of Berlin 베를린 함락 / the rise and *fall* of the Roman Empire
13 〈俗에서〉 체포(arrest). 〔로마제국의 흥망.
14 〔악센트 따위의〕 올바른 위치. ¶ the *fall* of an accent 악센트의 바른 위치.
15 〔레슬링〕폴, 한판〔두 어깨가 동시에 매트에 대게 하는 일〕; 1시합, 1승부. ¶ try a *fall* with a person 남과 승부를 겨루다, 한판 해보다.
16 〔기계〕 〔권양기(捲揚機)의〕 밧줄, 도르랫줄.
17 (~s) 〔항해〕 〔보트나 뱃짐을 부리거나 올리는〕 밧
18 〔짐승의〕 출산; 한배의 새끼의 수.   〔줄.
19 〔사냥〕 함정(deadfall).
ride for a fall 〔낙마할 듯이〕 무모하게 말을 몰다; 위험한(무모한) 짓을 하다.
—— *adj.* 가을의, 가을용의, 가을에 씨뿌리는 (무는). ¶ a *fall* apple 가을 사과 / the *fall* term 가을 학기 / a *fall* overcoat 가을 외투 / *fall* wheat 가을에 씨뿌리는 밀.

fal·la·cious [fəléiʃəs] *adj.* 1 그릇된, 불합리한. 2 남을 현혹시키는(deceptive); 믿을 수 없는.
~·ly *adv.* ~·ness *n.*
fal·la·cy [fǽləsi] *n.* U © (*pl.* -cies) 1 그릇된 생각 〔믿음〕; 잘못. ⇨ MISTAKE 〔類語〕 2 그릇된(불합리한) 논법, 오류. 3 기만성; 《폐어》 허위(deception).
fal·lal [fǽllǽl] *n.* (주로 ~s) 화려한 〔번들거리는〕 장신구, 걸치레뿐의 싸구려.
fal·lal·er·y [fǽllǽləri] *n.* U 〔집합적〕 화려한(걸치레뿐인) 장식품, 번지르르한 싸구려.
fall·back [fɔ́ːlbæk] *n.* 1 후퇴(retreat). 2 의지〔가되는 것〕, 저축, 예비〔물〕.
‡**fall·en** [fɔ́ːl(ə)n] *v.* *fall*의 과거 분사.
—— *adj.* 1 떨어진, 낙하(강하)한; 쓰러진. ¶ *fallen* leaves 낙엽. 2 엎드러진(prostrate). 3 타락한; 〔여성이〕 정조를 잃은. ¶ a *fallen* angel 〔천국에서 추방되〕 타락한 천사. 4 붕괴한, 파멸한, 멸망한. 5 죽은(dead). ¶ *fallen* in battle 전사한. 6 (the ~) 《명사적 용법》 전사자들.
fáll gúy *n.* 《美俗》잘 속는 사람; 남의 죄를 뒤집어쓰는 사람, 희생양(scapegoat).
fal·li·bil·i·ty [fæ̀ləbíləti] *n.* U 틀리기 쉬움.
fal·li·ble [fǽləbl] *adj.* 1 〔사람이〕 속기 쉬운; 틀리기 쉬운. 2 오류(잘못)가 있는, 부정확한.
~·ness *n.* -bly *adv.*   〔방사성 폐기물.
fall·in [fɔ́ːlìn] *n.* 〔원자력 평화 이용의 결과로 생기는〕
fall·ing [fɔ́ːliŋ] *n.* U 1 낙하, 추락, 강하(降下). 2 전도(顛倒); 함락, 〔암석의〕 붕괴. 3 타락. —— *adj.* 1 떨어지는; 내리는. ¶ a *falling* body 낙하물 / a *falling* leaf 〔항공〕 나뭇잎 떨어지는 듯이 하는 비행술 / *falling* market 시세가 떨어지는 시장 경기 / a *falling* tide (water) 썰물. 2 《美방언》 〔날씨가 금방이라도〕 비(눈)가 내릴 듯한.
falling away 배반, 배교(背敎), 탈당, 변절 (apos-
falling in 함몰, 내려앉음.   〔tasy〕.
falling off 쇠퇴, 퇴폐; 〔매상 따위의〕 감소.
falling sluice 자동 수문(水門).
falling stone 운석(隕石).
fálling dóor *n.* 내리닫이〔문〕 (flap door).
fall·ing-out [fɔ́ːliŋàut] *n.* (*pl.* **fall·ings-** or **-outs**) 싸움, 불화, 다툼(quarrel).
fálling síckness *n.* U 《고어》 간질, 지랄병 (epi-
fálling stár *n.* 유성 (shooting star).   〔lepsy).
fáll líne *n.* 1 폭포선 〔고원(高原)의 시작을 나타내는 선〕. 2 (the F- L-) 미국 동남부의 Piedmont 평원과 해안 평야와의 경계선. 3 〔스키〕 〔경사 부분의〕 낙하선.
fall-off [fɔ́ːlɔ̀(ː)f /-ɔ̀f] *n.* 저하, 감소.   〔하 코스.
Fáll of Mán *n.* (the ~) 〔신학〕 인간의 원죄.
Fal·lo·pi·an tùbe [fəlóupiən-, 〜美 fæl-] *n.* (때로 f-) 〔해부·동물〕 팔로피오관〔수란관(輸卵管)·나팔관〕. 〔<이탈리아의 해부학자 Gabriello Fallopio (?-1562)의 이름〕
fall·out [fɔ́ːlàut] *n.* U © 1 〔핵 폭발에 의한〕 방사능 낙진, 방사회(灰). ¶ *fallout* shelter 방사능 낙진 대피소. 2 뜻밖의 부산물; 부수적인 결과, 부차적인 사물.
*****fal·low[1]** [fǽlou] *adj.* 〔밭·토지가〕 놀고 있는, 휴한 (休閑)중인. ¶ lie *fallow* 〔밭이〕 묵히고 있다. —— *n.* U 1 휴한지, 휴작지(休作地). 2 휴작, 휴한. ¶ land 〔밭. 《밭을 묵히다, 휴한시키다.
fal·low[2] [fǽlou] *adj.* 담황〔갈〕색의(brownish-yellow); 진한 갈색의. —— *n.* U 담황〔갈〕색, 진한 갈색.
fállow déer *n.* 노란 사슴〔유럽산(産)으로 흰 반점이 있다〕.
fáll-trap [fɔ́ːltræ̀p] *n.* 함정.

‡**false** [fɔːls] *adj.* (**fals·er, fals·est**) 1 옳지 못한, 틀린, 그릇된. ¶ a *false* accusation 그릇된 비난 / *false* concord 〔문법〕 〔수·격 따위의〕 불일치 / make a *false* start 시작〔제1보〕을 그르치다. 2 거짓〔말〕의, 허위의. ¶ a *false* witness 거짓말하는 증인 / a *false* charge 〔법

물】 무고 / a false statement 허위 진술 / bear false witness 위증하다. **3** 불성실한, 신용할 수 없는. ¶ a false friend 믿지 못할 친구 / be fa'e of heart 성실치 못하다, 성의가 없다 / be false to …을 배반하다, …에 불성실하다. **4** 가짜의, 그릇된. ¶ give a false impression 그릇된 인상을 주다. **5** 진짜가 아닌, 가짜의, 위조의(counterfeit); 대용의; 인공의. ¶ false modesty 거짓 겸손 / a false bank note 위조 지폐 / a false signature 가짜 서명 / false diamonds 가짜(모조) 다이아몬드 / false hair 가발 / false tears 거짓 눈물 / false teeth 의치 / a false attack 《군사》 양동(陽動)(위장) 공격 / under a false name 가명으로. **6** 보조의, 부(副)의; 임시의, 일시적인(temporary). ¶ a false deck 보조 갑판. **7** 《생물》 의사(擬似)의. ¶ false cholera 의사 콜레라. **8** 〔계량기 따위〕 부정확한, 틀리는(inaccurate), 〔말 따위가〕 가락이 맞지 않는. ¶ a false balance 부정확한 저울 / a false note 가락이 맞지 않는 음. —— adv. 불성실하게; 《고어》 틀리게. * 보통 다음 숙어로만 쓴다. ¶ 하다, 배신하다.
play a person false 《고어·페어》 남을 속이다, 기만하다. ~ly adv. ~ness n. ◇ fálsehood, fálsity n., fálsify v.
fálse acácia n. 의사아카시아(locust).
fálse ádd n. 〔컴퓨터〕 의사가산(擬加算) 〔자리올림이 없는 가산, 예를 들면, 1586+9237=713으로 하는 따위〕.
fálse alárm n. **1** 거짓 화재 · 도적 등의 경보 / 터무니없는 조바심(기대)을 갖게 하는 것, 잘못된(허위) 경보(보).
fálse arrést n. 《법률》 불법 체포(구류).
fálse bóttom n. 〔상자 · 그릇 따위의〕 이중 바닥.
fálse cólor n. 적외선 컬러 사진(촬영), 유사 색채법 〔야진 군사용 · 우주 과학 따위에 이용되는 적외선 필름사진〕.
fálse cólors n.pl. 가짜 국기, 정체를 속이는 것, 위장한 것.
sail under false colors 〔배가〕 가짜 국기를 달고(국적을 속이고) 항행하다; 정체를 속이다; 위장하다.
fálse fáce n. 가면(mask).
false-héart·ed [fɔ́ːlshɑ́ːrtid] adj. 불성실한, 사기의(deceitful). ~ly adv. ~ness n.
*fálse·hood [fɔ́ːlshùd] n. **1** ⓤ 거짓, 허위, 진실이 아님. **2** 그릇된 생각(신념·학설 따위). **3** 거짓말(lie); ⓤ 거짓말 하기. ⇨ LIE¹ 〔類語〕 ¶ tell a falsehood 거짓말 하다. ◇ false adj.
fálse imprísonment n. ⓤ 《법률》 불법 감금.
fálse kéy n. 맞쇠.
fálse preténses n. pl. 《법률》 사기(罪).
fálse quántity n. 《韻律》 모음의 장단이 그릇됨.
fálse ríb n. 〔해부〕 가늑골(假肋骨) 〔양 끝이 흉골에 붙어 있지 않은 늑골〕.
fálse stép n. 헛디딤(stumble); 실수, 실책. ¶ make (or take) a false step 발을 헛디디다; 실수하다.
fal·sét·to [fɔːlsétou] n. (pl. -tos) **1** 〔특히 남성의〕 가성(假聲). **2** 가성 가수. —— adj. 가성의, 가성으로 노래하는. —— adv. 가성으로, 꾸민 목소리로.
fálse·wòrk [fɔ́ːlswə̀ːrk] n. ⓤ〔토목〕 비계, 발판.
fals·ie [fɔ́ːlsi] n. (보통 ~s) 〔구어〕 유방 패드〔가슴이 풍만해 보이도록 브래지어 안쪽에 넣는다〕.
fal·si·fi·cá·tion [fɔ̀ːlsifikéiʃ(ə)n] n. ⓤⓒ **1** 위조, 변조. **2** 〔사실의〕 오전(誤傳); 곡해. **3** 허위 입증, 반증; 반박.
fal·si·fi·er [fɔ́ːlsifàiər] n. **1** 위조자. **2** 거짓말쟁이; 곡해기, 속이는 자.
fal·si·fy [fɔ́ːlsifài] v. (-fied, -fy·ing) vt. **1** …을 속이다, 〔진실〕을 왜곡하다, 그릇되게 전하다. **2** 〔서류 따위〕를 위조(변조)하다. **3** …이 잘못임을 입증하다, 반증을 들다. ¶ The facts of history *falsify* this theory. 역사상의 사실이 이 학설의 잘못을 입증하고 있다. **4** 〔기대 따위〕를 어긋나게 하다(disappoint). —— vi. 거짓말하다, 그릇되게 전하다.
fal·si·ty [fɔ́ːlsiti] n. ⓤⓒ (pl. -ties) **1** 잘못, 부정

확. **2** 허위, 기만성; 부정직, 불성실(disloyalty). **3** 거짓말.
Fal·staff·i·an [fɔːlstǽfiən / -stáːf-] adj. Falstaff 의 (같은) 〔명랑하고 기지가 풍부하며 허풍선이로서 뻔뻔스러운).
fált·boat [fáːltbòut] n. 접는 보트(foldboat) 〔kayak 비슷한 운반이 간편한 보트〕.
*fál·ter [fɔ́ːltər] vi. **1** 움찔하다, 뒷걸음치다; 망설이다. ⇨ HESITATE 〔類語〕 ¶ (~+前+名) Never *falter* in doing good. 선행을 하는 데 망설이지 마라 / He *faltered* at the suggestion of legal action. 소송하겠다는 암시에 그는 움찔했다. **2** 말을 더듬다, 우물거리다(stammer). **3** 비틀거리다(stumble). —— vt. …을 더듬거리며 말하다. ¶ (~+圓+圖) *falter out* an excuse 더듬더듬 변명하다. —— n. **1** 움찔하기, 망설임. **2** 말더듬기. **3** 〔거리며, 망설이며.
fal·ter·ing·ly [fɔ́ːltəriŋli] adv. 말을 더듬으며, 비틀거리며.
FAM 《略》 *f*oreign *a*irmail.
fam. 〔略〕 familiar; family.
F. A. M. 《略》 *F*ree and *A*ccepted *M*asons(프리 메이슨단) 〔비밀 결사의 하나〕. ⇨ FREEMASON.
‡**fame** [feim] n. ⓤ **1** 명성, 고명, 명망(renown). ¶ Picasso of abstract art *fame* 추상 예술로 유명한 피카소 / world-wide *fame* 세계적 명성 / make one's *fame* in …으로 명성을 떨치다 / come to (or win) *fame* 유명해지다. **2** 평판, 세평, 풍설(reputation). ¶ good *fame* 호평 / ill *fame* 오명.
a house of ill fame 매춘굴.
a woman of ill fame 매춘부(prostitute).
—— vt. (famed, fam·ing) 〔주로 수동형으로〕 …을 유명하게 하다, …이라고 소문나게 하다, …의 명성을 떨치다. ¶ a place *famed* throughout the world 세계적으로 유명한 곳. ◇ fámous adj.
FAME 《略》 *F*orecasts and *A*ppraisals for *M*anagement *E*valuation(경영 평가 예측 사정(査定) 시스템).
*famed [feimd] adj. 유명한, 이름난(for...). ⇨ FAMOUS ¶ Liverpool is *famed* for its docks. 리버풀은 도크로 유명하다.
fa·mil·ial [fəmíljəl, -liəl] adj. 가족의; 〔유전적으로〕 동족의, 혈통적인.
‡**fa·mil·iar** [fəmíljər] adj. **1** 잘 알려진, 늘 보아온(늘 어온), 흔한, 보통의(common). ¶ a *familiar* sight 늘 보아온 광경 / It's too *familiar* for explanation. 그것은 너무나 친숙해서 설명할 필요도 없다.
2 잘 알고 있는, 정통하고 있는(to, with...). ¶ be *familiar* to a person 남에게 잘 알려져 있다 / I'm not *familiar* with this part of the subject. 문제의 이 부분은 잘 모르겠다.
3 격식을 차리지 않는(informal). ¶ a *familiar* conversation 화기애애한 대화 / write in a *familiar* style 딱딱하지 않은 문체로 쓰다.
4 친한, 친밀한, 허물없는(friendly). ¶ a *familiar* friend 친구 / be on *familiar* terms with a person 남과 친한 사이다.
〔類語〕 **familiar** 알게 된 지 오래 되어 친숙한 사이의: *familiar* people at home 고향의 친한 사람들.
intimate 몹시 친숙하게 마음속까지 서로 터놓는; 애정·혈연·공통의 이해 따위가 바탕을 이루고 있는: an *intimate* business relation 사업상의 친밀한 관계.
close=intimate; 남의 개입을 허용치 않음을 암시하는: *close* friends 친한 친구들. **confidential** 깊이 신뢰하여 개인적인 문제·비밀 따위도 터놓는: a *confidential* secretary 심복 비서.
5 〔도를 넘치게〕 허물없이 구는, 뻔뻔스러운. ¶ His manner was ill-bred and *familiar*. 그의 태도는 무례하고 너무 뻔뻔스러웠다.
6 〔동물이〕 길들인, 길든(domesticated).
7 〔성적인〕 관계가 있는(with...).
—— n. **1** 친구. **2** =familiar spirit. **3** 〔가톨릭〕〔교

~ly *adv.* **~ness** *n.* ◇ famíliarity *n.*, famíliarize *v.*

*fa·mil·i·ar·i·ty [fəmìljǽriti, -liǽr-/-liǽr-] *n.* (*pl.* **-ties**) **1** 친밀, 친근(intimacy); 무간. ¶ with *familiarity* with a person 남과 친한 사이에. **2** 잘 앎, 정통, 훤히 알고 있음. ¶ *familiarity with* music 음악통. **3** 허물없음, 뻔뻔스러움; (종종 -ties) 허물없는 언행(행위). ¶ *Familiarity breeds contempt.* 《속담》 친분이 지나치면 경멸을 사게 된다. **4** [성적인] 관계. ◇ famíliar *adj.*

fa·mil·iar·i·za·tion [fəmìljərizéiʃ(ə)n/-raiz-] *n.* [U] 친하게 하기, 정통하게 함; 일반화, 통속화.

fa·mil·iar·ize [fəmíljəràiz] (《英》 또는 **fa·mil·iar·ise** 로도 쓴다) *vt.* (-ized, -iz·ing) **1** [사물에] (사람을) 친숙하게(익숙하게) 하다, 정통하게 하다(... *with*). ¶ (~+目+前+名) *familiarize* a person *with* a job (the manners of society) 남을 일 (사교)에 익숙하게 하다 / He *familiarizes* himself *with* several foreign languages. 그는 수개 국어에 정통하다. **2** [사람·사물에] (사물을) 잘 알게 하다, 친해지게 하다, 일반화하다, 널리 알리다(...*to*). ¶ (~+目+前+名) Radio has *familiarized* the song *to* the general public. 라디오가 그 노래를 세상에 퍼뜨렸다.

famíliar spírit *n.* 시중드는 요정(妖精)《옛날 요양이·개·인간 따위의 모습으로 나타나 사람을 섬기다고 믿었던 요정으로 마녀의 부하》.

fam·i·lism [fǽm(i)lìz(ə)m] *n.* [U] 가족주의.

‡fam·i·ly [fǽm(i)li] *n.* (*pl.* **-lies**) **1** [집합적] 가족, 가정. ¶ a *family* of four 4인 가족 / My *family* are all at home. 우리 가족은 모두 집에 있다 / How's your *family*? —— They are all well, thank you. 가족들은 별고 없습니까? —— 고맙습니다, 모두 건강합니다.

—— **Usage** 집합 명사와 수 —— (1) family, committee 따위처럼 「한계가 꽤 뚜렷한 집단」을 이루고 있는 것에는 복수형이 있다. 구문상으로는, 전체를 하나로 볼 때는 단수 취급, 구성원을 개별적으로 생각할 때는 복수 취급한다: The *family* consists of five persons. / The *family* are all early risers. (2) people 「국민」「민족」의 뜻일 때는 별도, cattle 처럼 「한계가 막연한 것」은 복수형이 없고 구문상으로는 항상 복수 취급한다: twenty *people* / Many *people* do not like it. (3) furniture, land 따위를 세는 경우는 적당한 단위를 나타내는 말을 쓴다: a few *articles* of *furniture*. (4) fish 에 대하여는. ⇨ FISH.

2 [집합적] 가정의 아이들, 자녀. ¶ The eldest of a *family* [한 가족의] 맏아이 / He has a large *family*. 그는 식구가 많다. **3** 식솔, 식솔〔부부·자식·하인·동거인을 포함〕. ¶ Five *families* live in the building. 다섯 세대가 그 건물에 살고 있다. **4** 친족, 친척(숙부·숙모·사촌을 포함한 친척자의 일단), 일문, 일가. ¶ a royal *family* 왕실 / the *Family* of York 요크 가(家) / There was little blondness in either *family*. 어느 혈통에도 블론드는 거의 없다. **5** [U](주로 《英》) 가문; [특히] 좋은 가문, 명문. ¶ a man of [good] *family* 가문이 좋은 사람. **6** 종족, 민족, 인종; [언어] [분류상의] 어족. ¶ the Teutonic *family* 튜튼 민족 / English is of the Indo-European *family*. 영어는 인도 유럽어족에 속한다. **7** [생물] 과(科) [생물 분류에서 order(목)과 genus (속)의 사이〕, *cf.* classification **8** [같은 종류의] 집단, …군(群). ¶ a *family* of nations 국가군. **9** 《美》[마피아 따위의] *family*, 가족, 단, 10 〔수학〕 족(族). 11 〔형용사적으로 써서〕 가족의, 일가의, 일족(의); 가정에 드나드는; 가족(가정)용의. ¶ a *family* council (conference) 친족(가족) 회의 / a *family* failing 일족에 특유한 결점 / *family* troubles 집안 분규 / a *family* pride 집안의 자랑 / a *family* Estate 선조 대대의 부동산 / one's *family* doctor 가정의(家庭醫) / a *family* hotel 가족용 호텔 / *family* bottles 가정용 병.

in a family way 가족적으로, 허물없이;

in the (or *a*) *family way* 《英》 임신하여(pregnant).

fámily allówance *n.* 가족 수당; 《英》 둘째 아이 이상에게 나오는 정부의 지급금.

fámily Bíble *n.* 가정용 성서〔집안 사람들의 탄생·사망·결혼 등을 기록한 여백이 있는 대형 성서〕.

fámily círcle *n.* **1** 한집안 식구, 밀접한 관계를 가진 일단의 사람들. **2** 〔극장의〕 가족석.

fámily cóurt *n.* 가정법원(court of domestic relations).

fámily màn *n.* **1** 가족을 거느린 남자. **2** 가정적인 [남자].

*fámily náme *n.* 성(姓). 《⇒ CHRISTIAN NAME 参고》

fámily plánning *n.* [U] 가족 계획.

fámily practítioner *n.* [전문의에 대해서] 일반 개업의. *cf.* general practitioner

fámily ròom *n.* 《美》〔가족의〕오락실, 거실. 「밀.

fámily skéleton *n.* 집안을 꺼리는 집안의 비

fámily stýle *n., adj.* **1** [각자 퍼 먹는] 큰 접시[의]. **2** 온 가족 대상[의].

fámily trèe *n.* 가계도(家系圖), 족보[나뭇가지 모양으로 표시된 족보].

fámily válue *n.* 〔전통적인〕 가족관, 가정관.

fámily víewing tìme *n.* 《美》 가족 시청 시간[미국 방송업계에서 설정한 시간대(오후 7-9시)]; *略* FVT].

‡fam·ine [fǽmin] *n.* [U][C] **1** 기근. ¶ *famine* prices 기근 시세 [품귀로 인한 높은 시세]. **2** [물자의] 대부족, 결핍. ¶ a house *famine* 주택의 부족. **3** 굶주림, 기아 (starvation). ¶ a *famine* of water 물 부족. ◇ fámish *v.*

*fam·ish [fǽmiʃ] *vt.* (보통 수동형으로) 을 굶주리게 하다, 굶겨 죽이다. ¶ be *famished* to death 굶어 죽다. — *vi.* 굶주리다; 몹시 굶주리다. ¶ I am *famishing*. 《구어》 몹시 시장하는다. ◇ fámine *n.*

fam·ished [fǽmiʃt] *adj.* 굶주린. ⇨ HUNGRY 類語

‡fa·mous [féiməs] *adj.* **1** 유명한, 이름난, 잘 알려진. ¶ a once *famous* poet 한때 유명했던 시인 / Paul Bunyan's *famous* strength 폴 버니언의 유명한 힘 / become nationally *famous* 전국적으로 유명해지다 / The city is *famous* for its historic sites. 그 도시는 사적(史蹟)으로 유명하다 // The island is *famous* as a winter resort. 그 섬은 겨울 휴양지로 유명하다.

類語 *famous* 좋은 의미로 유명한; 일반적인 말. *famed* = famous; 주로 격식을 차린 말. *renowned* = very famous; 위의 두 말보다 오래 가는 명성을 암시. *celebrated* 세상의 칭찬·명예를 받은; 단지 종종 세상의 화제에 오름은 뜻도 많다: the *celebrated* case of corruption 그 유명한 독직 사건. *distinguished* 뛰어난 업적·학식 등으로 남보다 뛰어나기 때문에 유명: a *distinguished* scientist 유명한 과학자. *eminent* distinguished 보다 더욱 탁월하다는 의미가 강한 말: an *eminent* lawyer 고명한 변호사. *illustrious* = renowned; an *illustrious* deed 세상에 이름난 훌륭한 행위. *noted* 어떤 일로 세상의 주목을 받은; 나쁜 뜻에나 일시적인 평판에도 쓰인다. *well-known* 좋고 나쁜 성질과는 관계없이 단지 「세상에 널리 알려진」. *notorious* 나쁜 의미로 유명한: a *notorious* killer 악명 높은 살인자.

2 《구어》 훌륭한, 멋진(excellent). ¶ give a *famous* dinner 멋진 만찬을 베풀다. **3** [폐어] 악명높은 (notorious). ◇ fame *n.*, *famously* *adv.* 「훌륭하게.

fa·mous·ly [féiməsli] *adv.* 유명하게; 《구어》 멋지게.

fam·u·lus [fǽmjuləs] *n.* (*pl.* **-li** [-lài]) [특히 학자·마술사의] 제자, 조수, 수행원. 《< L servant》

*fan¹ [fæn] *n.* **1** 송풍기, 선풍기. ¶ an electric *fan* [전기] 선풍기 / a ventilating *fan* 환기용 팬. **2** 부채. ¶ a folding *fan* 접는 부채 / have a *fan* to and fro 부채를 부치다. **3** 부채 모양의 것 [새 꽁지 따위]; [프로펠러·풍차 등의] 부채형 날개. **4** 키(winnowing fan).

—— *v.* (**fanned, fan·ning**) *vt.* **1** (공기를) 부채로 (따위) 로 움직이다, (바람을) 일으키다; (부채로) …을 부치다, …에 바람을 보내다. ¶ (~+目+前+名) *fan* one's face

fan *with* a notebook 공책으로 얼굴을 부치다. **2** [불 따위] 를 부치다, [감정]을 부채질하다, 선동하다. ¶ (~+圉+圃+名) Bad treatment *fanned* their dislike *into* hate. 대우가 나빠서 그들의 혐오감은 증오심으로 바뀌었다. **3** [바람이] …에 솔솔 불다. ¶ The breeze *fanned* her hair. 산들바람이 그녀의 머리를 매만졌다. **4** [파리 따위]를 부채로 쫓다(…*away*). ¶ (~+圉+圃) She *fanned* away a mosquito from the sleeping child. 그녀는 잠자는 아이에게서 부채로 모기를 쫓았다. **5** [날개 따위]를 부채 모양으로 펼치다(… *out*). ¶ (~+圉+圃) He *fanned* out the cards on the table. 그는 카드를 탁자위에 부채 모양으로 펼쳤다. **6** [곡식]을 [키 따위로] 까불러 고르다. **7** [야구] [타자]를 삼진시키다. ━ *vi.* **1** [부채를 부칠 때처럼] 파닥거리다. **2** 부채꼴로 펼쳐지다(*out*…). **3** [야구] 삼진당하다.

‡**fan**² [fæn] *n.* (구어) [야구·배우 등의] 열성적인 애호자(지지자), 팬. ¶ a baseball *fan* 야구팬 / a movie *fan* 영화팬 / camera *fans* 카메라 애호가.
[< FAN[ATIC]]

***fa·nat·ic** [fənǽtik] *n.* 열광적인 애호자(지지자), 광신자. ━ *adj.* = fanatical. ◇ **fanáticize** *v.*

***fa·nat·i·cal** [fənǽtik(ə)l], **-nat·ic** [-nǽtik] *adj.* **1** 열광적인, 광신적인. ¶ *fanatical* devotion to a cause 어떤 주의에 대한 열광적 헌신. **2** 열광자의, 광신자의. ~·**ly** [-kəli] *adv.*

fa·nat·i·cism [fənǽtisìz(ə)m] *n.* [U] 열광, 광신. **2** 열광적(광신적)인 행위.

fa·nat·i·cize [fənǽtisàiz] *vt., vi.* (-cized, -ciz·ing) 열광시키다(하다), 광신적으로 만들다(되다).

fan·back [fǽnbæ̀k] *n.* [의자가] 부채꼴의 등이 있는.

***fan·cied** [fǽnsid] *adj.* **1** 상상(상)의, 가공의(imaginary). **2** 마음에 드는. **3** (고어) 기발한(fanciful).

fan·ci·er [fǽnsiər] *n.* **1** 공상(광(狂)) **2** [동·식물 따위의] 애호가; [장삿속으로 새·개 따위를] 사육하는 사람. ¶ a dog *fancier* 개 애호가, 애견가; 개장수. **3** 공상가, 몽상가(dreamer).

***fan·ci·ful** [fǽnsifəl] *adj.* **1** 기발한, 별난. **2** 상상상의, 공상상의(imaginary), 비현실적인(unreal). ¶ a *fanciful* tale 가공의 이야기. **3** 공상에 잠기는, 공상적인; 변덕스러운(whimsical). ~·**ly** [-fəli] *adv.* ~·**ness** *n.*

◇ **fáncy** *n.*

fan·ci·less [fǽnsilis] *adj.* 공상(력)이 없는.

‡**fan·cy** [fǽnsi] *n.* (*pl.* -**cies**) **1** [U,C] [변덕스럽고 종잡을 없는] 공상, 상상. ¶ a strange *fancy* 기묘한 공상. **2** [U] [예술 제작에 있어서의] 공상력, 상상력. **3** [공상으로 생긴] 생각, 상상(心像); 환각; 문득 떠오른 생각, 변덕[스러운 생각] (caprice, whim). ¶ I had a *fancy* that the prince would fall in love with her. 나는 그 왕자가 그녀와 사랑에 빠질 것 같은 생각이 들었다 / These are mere *fancies*, not convictions based upon reason. 이것은 문득 떠오른 생각이지 마음속에서 우러나온 신념은 아니다. **4** [일시적인] 기호, 애호; 도락. ¶ the Korean *fancy* 한국인의 기호에 꼭 맞다 / How did it catch(or strike, take) your *fancy*? 어째서 그것이 너의 마음에 들었을까? / The *fancy* seized me. 나는 마음이 내켰다 // have a *fancy for* … 을 좋아하다 / The children took a *fancy to*(or *for*) their teacher. 아이들은 그들의 선생을 좋아하게 되었다. **5** [U] 비평안, 감상안, 안식, 취미. ¶ a young man of refined *fancy* 취미가 고상한 청년. **6** [품종 개량을 위한] 동물 사육, 진종(珍種) 사육. **7** (the ~) [집합적] 호사가들, [특히] 복싱 애호가들.

after (or *to*) *a person's fáncy* 남의 마음에 드는. ¶ He found a room *after his fancy*. 그는 자기 마음에 드는 방을 찾았다.

━ *adj.* (-ci·er, -ci·est) (한정 형용사) **1** 기호(취미)에 맞는; 아주 썩 좋은, 특급(특선(特選))의. ¶ *fancy* fruits 최급급의 과일. **2** 의장(意匠)에 공들인, 장식적인. ¶ a *fancy* button 장식 단추 / a *fancy* necktie 무늬 가 별난 넥타이. **3** 잡화(장신구)를 파는(다루는). ¶ a *fancy* shop 장신구 가게. **4** 공상(상상)에 입각하는, 공상(상)의, 상상(상)의; 변덕스러운(whimsical). ¶ a *fancy* portrait 상상으로 그린 초상화. **5** [값이] 터무니없이 엄청난. ¶ a *fancy* price 터무니없는 가격. **6** 수련을 요하는, 복잡한; 곡예의. ¶ *fancy* diving [수영] 곡예 다이빙, 다이빙[경기] / *fancy* flying 곡예 비행 / *fancy* skating 곡예 스케이팅, **7** [동물에서] 특수한 형으로 사육된, 진종(珍種)의; [꽃 따위가] 여러 가지 빛깔의. ¶ *fancy* dogs 진종의 개 / a *fancy* carnation 잡색의 카네이션.

━ *vt.* (-cied, -cy·ing) **1** a) …을 공상하다, 상상하다, 마음속에 상상해 보다 // (~+圉+*to be*) 圃 She *fancied* herself [*to be*] still young. 그녀는 아직도 젊다는 생각이었다 // (~+圉+*as*) 圃 I can't *fancy* him *as* a priest. 그가 목사라고는 상상할 수가 없다. b) [명령형으로] …을 상상해 봐라 (*놀람을 나타내거나 주의를 촉구하는 감탄사로 쓰인다). ¶ Just *fancy* that! 정말 놀랍군! / (~+圉+*-ing*) *Fancy* her *driving* a car; I should never have believed it. 생각 좀 해봐라, 그녀가 차를 운전하다니 도저히 믿지 못하겠다. **2** [어련지] …이라고 생각하다(믿다), …이라는 생각이 들다. ¶ (~+*that* 圃) I rather *fancy* [*that*] he is about forty. 그는 마흔 살쯤 된 것 같은 느낌이 든다. **3** …을 좋아하다(like), 마음에 들다. ¶ I don't *fancy* this room at all. 이 방은 전혀 마음에 들지 않는다. **4** [구어] [재귀용법] [자기 자신을 […이라고] 자부하다. ¶ (~+圉+*to be*) 圃 She *fancies* herself [*to be*] beautiful. 그녀는 미인이라고 자부하다 // (~+圉+*as*) 圃 He *fancies* himself *as* a golfer. 그는 자기가 골퍼라고 자부한다. **5** [동·식물의 진종]을 길러내다, 재배한다.

◇ **fánciful** *adj.*

fáncy báll *n.* 가장 무도회.

fáncy cút *n.* 다이아몬드 커트의 일종(삼각형·성(星) 형 등 둥근 모양 이외의 커트).

fáncy dán [-dǽn] *n.* (美속어) **1** 멋쟁이(fop). **2** 헛세를 부리는 권투(운동) 선수.

fáncy dréss *n.* [가장 무도회] 기발한 가장복.

fáncy-dréss báll *n.* 가장 무도회. [전시(慈善市).

fáncy fáir *n.* (英) 장신구·수예품 등의 특매를 파는]

fan·cy-free [fǽnsifrìː] *adj.* 연애를 모르는, 순진한.

fáncy góods *n. pl.* **1** 특선품. **2** 장신구류, 잡화류.

fáncy mán *n.* 애인; [창녀의] 애인, 정부, 기둥서방.

fan·cy-pants [fǽnsipǽnts] *n.* 《美속어》 멋쟁이 (dandy); 나약한 사내아이.

fáncy píece *n.* (구어) [아내 이외의] 여자, 정부(情婦), 애인.

fan·cy·sick [fǽnsisìk] *adj.* 사랑에 고민하는.

fáncy wòman(**gírl, lády**) *n.* **1** 정부(情婦), 첩 (mistress). **2** 매춘부(prostitute). [롤.

fan·cy·work [fǽnsiwə̀ːrk] *n.* [U] 수예품, 자수, 편

fán dànce *n.* [혼자서 추는] 선정적인 누드 부채춤.

fan·dan·gle [fændǽŋgl] *n.* **1** 기발한 장식. **2** 하찮은 일, 터무니없는 일(nonsense).

fan·dan·go [fændǽŋgou] *n.* (*pl.* -**gos** *or* -**goes**) **1** 판당고[3 박자의 경쾌한 스페인 무용]; 그 춤곡. **2** (특히 美 서남부) 무도회(ball). [가구).

F and F (略) *furniture and fixtures*(비품과 불박이

fan·dom [fǽndəm] *n.* [집합적] [영화·스포츠 따위의] 모든 팬, 팬 전체. [(church).

fane [fein] *n.* (고어·詩) 신전, 사원(temple); 교회

fan·fare [fǽnfɛ̀ər] *n.* [U] **1** 팡파르[화려한 트럼펫의 취주]. **2** 화려한 과시. **3** (구어) 광고(advertising).

fan·fa·ron·ade [fænfərənéid, -rəːn-] *n.* [U,C] 호언 장담, 허세(bravado); 위협(bluster).

fang [fæŋ] *n.* **1** (뱀의) 독아(毒牙). **2** [육식 동물의] 엄니; 송곳니(canine tooth). **3** 치근(齒根). **4** [엄

fanged [fæŋd] *a.* 독아(엄니)가 있는.
fan‧gle [fǽŋgl] *n.* 유행(fashion).
fán héater *n.* 송풍식 전기 난로.
fán jèt [fǽn-] *n.* 팬제트 엔진; 팬 제트기.
fán lètter *n.* 팬 레터(fan mail).
fan‧light [fǽnlàit] *n.* [[건]] [창·문 위의] 부채꼴 채광창 [봉창].
fan‧like [fǽnlàik] *adj.* 부채꼴의.
fán magazìne *n.* [스포츠·영화 따위의] 대중 오락 잡지. (fanlight)
fán màil *n.* [U] 팬 레터(fan letters).
fán màrker *n.* [[항공]] 부채꼴 위치 표지 [공항 근처에 배치되어 전파로 비행기를 유도].
fan‧ner [fǽnər] *n.* **1** 부치는 사람, 부채질하는 사람. **2** 키, 풍구. **3** 송풍기, 선풍기.
Fánnie Máe(Máy) *n.* [미국] 연방 저당권 협회[정식 명칭 Federal National Mortgage Association].
fan‧ny [fǽni] *n.* (*pl.* **-nies**) **1** (영구어) [완곡적] 엉덩이(buttocks). **2** 여성의 성기(vagina).
fan‧on [fǽnən] *n.* [[교회]] **1** 교황이 장엄 미사 때 흰 앨브(alb) 위에 착용하는 어깨걸이. **2** (폐어) 미사 때 사제가 왼팔에 거는 수대(手帶)(maniple).
fan‧out [fǽnàut] *n.* [군대] 전개, 산개(散開).
fán pàlm *n.* 넓은 부채꼴의 잎이 나는 야자수(talipot 따위).
fan‧tad [fǽntæd] *n.* =fantod.
fan‧tail [fǽntèil] *n.* **1** 부채꼴의 꼬리; 부채꼴 꼬리. **2** 공작 비둘기; [남아시아산] 휘파람새 비슷한 작은 새. **3** 공작꼬리[금붕어의 일종]; [미국산] 농어과의 담수어. **4** (영) 부채꼴 모자[선원이 서탄 적재 때, 또는 궂은 날씨에 쓴다] (sou'wester). **5** (미) [항해] [오리 꼬리 모양의] 선미 돌출부.
fan‧tan [fǽntæn] *n.* [U] **1** 카드놀이의 일종[7자를 중심으로 좌우로 차례대로 카드를 늘어놓는 놀이]. **2** 팬탠 [종지 밑에 동전을 넣고 그 수를 4로 나눈 나머지가 몇이냐에 거는 중국 도박의 일종].
fan‧ta‧sia [fæntéiʒ(i)ə, -téiziə/-téiziə] *n.* **1** [[음악]] 환상곡; [잘 알려진 선율을 짜맞춘] 접속곡. **2** 환상적 문예 작품. [<It]
fan‧ta‧sist [fǽntəsist, -zist] *n.* **1** 공상적(환상적) 작품의 작가; 환상곡의 작곡가. **2** =fantast.
fan‧ta‧size [fǽntəsàiz] *v.* (*-sized, -siz‧ing*) *vt.* 꿈에 그리다. — *vi.* 몽상하다, 공상을 펼치다.
fan‧tasm [fǽntæz(ə)m] *n.* =phantasm.
fan‧tast, phan- [fǽntæst] *n.* 몽상가, 환상가.
‡**fan‧tas‧tic** [fæntǽstik], **(fan‧tas‧ti‧cal** [-tik(ə)l]) *adj.* **1** [생각·디자인·성격·움직임 따위가] 별난, 이상한, 기괴한(odd). ¶ *a fantastic* hat 이상한 모자. **2** 공상적인, 변덕스러운(fanciful). **3** 상상상의(imaginary); 근거없는, 비현실적인(unreal). ¶ *fantastic* fears 까닭없는 두려움. **4** (구어) 아주 멋진(extraordinarily good). **-ti‧cal‧ly** [-tikəli] *adv.* **~ness** *n.*
◇ **fántasy** *n.*
fan‧tas‧ti‧cal‧i‧ty [fæntæstikǽləti] *n.* (*pl.* **-ties**) [U] 환상성, 기괴성.
fan‧tas‧ti‧cism [fæntǽstisìz(ə)m] *n.* [U] [문학·예술에서의] 기괴성 추구, 기괴주의.
***fan‧ta‧sy, phan-** [fǽntəsi, -zi] *n.* (*pl.* **-sies**) **1** [U]
[C] 상상, 공상, 환상, 환각; 변덕, 괴벽(whim). **2** 공상의 산물, 환상적인 생각, 백일몽. **3** [[문학]] 환상적인 작품. ¶ *fantasies* of horror 공포의 공상 작품. **4** [[음악]] 환상곡(fantasia). **5** [실제 통용을 목적으로 하지 않고 수집가용으로 발행되는] 화폐(硬貨). — *vt., vi.* (*-sied, -sy‧ing*) 공상하다, 상상하다; 환상곡을 연주하다. ◇ **fantástic** *adj.*
fan‧ta‧sy‧land [fǽntəsilænd, -zi-] *n.* =dreamland.
Fan‧ti, Fan‧te [fǽnti, fáːn-] *n.* **1** [아프리카의 가나 지방에 사는] 팬티족(族). **2** [U] 팬티어(語).
fan‧toc‧ci‧ni [fæntətʃíːniː] *n. pl.* (이탈리아) 꼭두
각시; 인형극.
fan‧tod [fǽntɑd / -tɔd], **(fantad)** *n.* (보통 **~s**) 조바심하는, 초조, 안달; 심한 걱정, 불안.
fan‧tom [fǽntəm] *n.* =phantom.
fan‧wise [fǽnwàiz] *adv.* 부채꼴로, 부채를 펼친 것처럼.
fan‧zine [fǽnzìːn] *n.* [특히 공상 과학 소설의] 팬 잡지. [<FAN² + [MAGA]ZINE]
FAO (略) *Food and Agriculture Organization*([유엔] 식량·농업 기구).
F.A.P. (略) *first aid post*.
FAQ (略) *fair average quality* ([상품의] 중급품).
fa‧quir [fəkíər, féikər / fǽkiə] *n.* =fakir.
‡**far** [fɑːr] *adv.* **(far‧ther, far‧thest; fur‧ther, fur‧thest)** **1** [거리] 멀리[에], 멀리 떨어져서, 아득히. ¶ *far* ahead 멀리 앞쪽에 / *far* apart 멀리 떨어져서 / *far* away (*or* off) 훨씬 멀리에 / wander *far* 멀리 방랑하다 / How *far* is it from here to Seoul? 여기서 서울까지 얼마나 됩니까?
— **Usage¹** far 와 a long way — 거리를 나타내는 far는 의문문·부정문에 쓰이는 것이 보통이며 긍정문에서는 a long way 를 흔히 쓴다: How *far* is it? / It is not *far* from here / It is *a long way* to London. 마찬가지로 의문문·부정문에는 far off, far away, far back 을, 긍정문에는 a long way off, a long way away, a long way back 을 흔히 쓴다.
2 [시간] 멀리, 오래, 훨씬. ¶ *far* back in the past 훨씬 전에 / look *far* into the future 먼 장래의 일을 생각하다 / We sat talking *far* into the night. 우리들은 밤이 이슥하도록 앉아서 이야기했다.
3 [정도] 나아가서, 현격하게; [종종 비교급·최상급의 말을 수식하여] 훨씬, 몹시. ¶ He drove a stake *far* into the ground. 그는 말뚝을 땅속 깊이 박았다 / I don't know how *far* to trust the lawyer. 어느 정도까지 변호사를 신용해야 할지 모르겠다 / This book is *far* better than that. 이 책은 지것보다 훨씬 좋다 / She spoke English *far* better than he. 그녀는 그보다 영어를 훨씬 잘 했다.
— **Usage²** 비교급·최상급을 강조하는 far 와 by far — 보통 far 는 비교급을, by far 는 최상급 또는 the 가 붙은 비교급을 강조한다: This is *far* better [than that]. / This is *by far* the best [of all]. / This is *by far* the better [of the two]. *the 가 붙지 않은 비교급을 강조할 때도 far 를 뒤에 놓을 때는 by far 로 쓰는 것이 보통: This is better *by far*. *최상급을 강조할 때 far and away 라고 말하는 일도 있다.
as far as [거리·범위·정도가] …까지; …하는 한. ¶ *as far as* I know (can) 내가 아는 한(내가 알 수 있는 한) / I'll go with you *as far as* London. 런던까지는 함께 가겠소. ⇨ *so far as* (Usage).
— **Usage³** as far as 와 to — to 가 from 과 대응하여 도착 지점을 나타내는 데 비해, as far as 는 「…까지 [는]」이라고 거리에 대한 한계 의식이 강하다: We went together *as far as* Pusan, where we parted. 부산까지[는] 함께 가고 거기서 헤어졌다. *cf.* We went to Pusan by train. 기차로 부산까지 갔다. * as far as 는 반드시 「멀다」는 것을 뜻하지는 않는다.
far and away 훨씬, 사뭇, 단연; 틀림없이. ¶ He is *far and away* the best player on the team. 그는 단연 팀 제 1의 선수다.
far and near; far and wide 널리, 멀리. ¶ He travels *far and wide* in search of his missing son. 그는 행방 불명된 아이를 찾아 온갖 곳을 여행하고 다닌다.
far be it from me to do …할 생각은 추호도 없다. ¶ *Far be it from me to* pass judgment on his work, but … 그의 일에 대하여 판단을 내리려고는 생각도 않습니다만….
far from …이기는커녕, …과는 거리가 멀게. ¶ *Far from it!* 그런 일은 결코 없다, 그런 것이 전혀 아니다 /

He is not a fool ─ *far from* it. 바보이기는 커녕 그는 아주 똑똑하다 / She is *far from* blaming him. 그녀는 결코 그를 나무라지는 않는다.

far gone [병세 따위가] 꽤 진전하여, 아주 위험한 상태에.
far out [속어] 아주 훌륭한 이상한(offbeat). **2** 극단적인(extreme). **3** 심원한, 난해한(recondite).
go far ① 상당한 성과를 올리다, 성공하다. ¶ I have gone *far* with my work. 일이 매우 진척되었다. **2** 오래 계속되다. **3** 멀리까지 가다.
so far ① 지금까지[는]. ¶ *So far*, it is only talk. 지금까지는 이야기뿐이다. ② 이 점(정도)까지[는], 그 점(정도)까지[는].
so far as; in so far as …하는 한, 거기(그 점)까지.
── **Usage⁴** *so far as* 는 *as far as* 와 대체로 같은 뜻으로 쓰이지만, 다음에 오는 기술을 강조하거나 또는 앞에 부정어가 있을 때는 *so far as* 를 쓰는 일이 많다: Some *go so far as* to say that a man who cannot use the telephone is not entitled to be a civilized man. 전화를 쓰지 못하는 인간은 문명인의 자격이 없다고까지 극언하는 사람도 있다 / He is not concerned in the affair *so far as* I know. 내가 아는 한 그는 그 일에 관계가 없다.
so far so good 지금까지는 이것으로 좋은(무난히 이겨 내온).
this far; thus far 여기까지는, 이점까지는, 지금까지.
── *adj.* (**far·ther, far·thest; fur·ther, fur·thest**) **1** [거리적·시간적으로] 먼, 아득한; 장도의. ¶ DISTANT [類語]. ¶ a *far* country 먼 나라 / a *far* traveler 멀리 여행하는 사람 / in the *far* distance 아주 멀리에 / to the *far* North 먼 북쪽에 / in the *far* past 먼 옛날에. **2** [두 개 중에서] 보다 먼, 먼쪽의, 저쪽의. ¶ the *far* side of a stage 무대의 안쪽. **3** [성질이] 몹시 다른, [관계가] 먼, 현격한. **4** [나이가] 많이 든, 늙은. ¶ be *far* in years 나이가 많이 들었다.
a far cry from ①···에서 먼 거리에 있는. ¶ It is a *far cry from* Seoul to Mokpo. 서울에서 목포까지는 먼 거리다. ②···과는 전혀 다른(판이한), ···에서 아주 동떨어진. ¶ Reading is *a far cry from* speaking. 읽는 것과 말하는 것은 전혀 다르다.
[**few and**] **far between** ⇨ FEW.
── *n.* ⓤ **1** 먼 곳. ¶ People came to see the fair from *far* and near. 사람들이 먼 곳에서도 가까운 곳에서도 박람회를 구경하러 왔다. **2** 높은 정도.
by far 훨씬, 단연(very much) (⇨ Usage²); 분명히 (obviously). ¶ This is *by far* the best way. 이것이 분명히 제일 좋은 방법이다.
◇ **afar** *adv.*

FAR(略) (美) *F*ederal *A*viation *R*egulation(연방 항공 규칙).
F.A.R. (略) *F*ederation of *A*rab *R*epublics.
far·ad [færəd, +美 .æd] *n.* [전기] 패러드[전기 용량의 단위]. [＜영국의 물리·화학자인 Michael Faraday (1791-1867)의 이름]
Far·a·day [færədèi, -di / -di] *n.* 패러데이[전기 분해에 쓰이는 전기량의 단위].
fa·rad·ic [fərǽdik] *adj.* [전기] 유도 [전류]의, 감응 [전류]의.
far·a·dism [fǽrədìz(ə)m] *n.* ⓤ [의학] 감응 전류, 요법.
far·a·di·za·tion [fǽrədizéi(ə)n / -dai-] *n.* ⓤ [의학] 감응 전류로 자극·치료하기, 감응 전류 요법을 하기.
far·a·dize [fǽrədàiz] *vt.* (**-dized, -diz·ing**) [의학] [근육·신경]을 감응 전류로 자극·치료하다.
*****far·a·way** [fɑ́ːrəwèi] *adj.* **1** 먼, 아득한. ⇨ DISTANT [類語]; [시간·관계가] 먼. **2** [얼굴·눈 따위가] 멀한, 꿈꾸는 듯한(dreamy). ¶ a *faraway* look 멍한 표정.
far·be·tween [fɑ́ːrbitwíːn] *adj.* 극히 드문; [사이가] 멀리 떨어진.
*****farce** [fɑːrs] *n.* **1** ⓤ ⓒ 소극(笑劇), 광대극. **2** ⓤ [광대극 따위에서 나타나는] 우스움, 익살. **3** 어리석은 짓, 웃음거리. **4** [요리] [통구이 따위로 할 때 속에 넣

는] 속, 속감. ── *vt.* (**farced, farc·ing**) **1** [연설·글 따위]에 우스운 말(유머)을 가미하다. ¶ (~＋圓＋圃＋圀) *farce* a speech *with* wit 연설에 위트를 가미하다. **2** (페어) [통구이 따위]에 속을 넣다(...with).
◇ **fárcical** *adj.*
far·ceur [fɑːrsɔ́ːr] *n.* 《프랑스》(=joker) **1** 소극 작가; 광대극 배우. **2** 광대, 익살꾸러기.
far·ci·cal [fɑ́ːrsik(ə)l] *adj.* **1** 소극(풍)의. ¶ a *farcical* play 소극. **2** 익살맞은, 웃기는(absurd).
~ **·ly** [-kəli] *adv.* ~**·ness** *n.*
far·ci·cal·i·ty [fɑ̀ːrsikǽləti] *n.* ⓤ 익살맞음, 터무니없음.
far·cy [fɑ́ːrsi] *n.* ⓤ [獸醫] [말 따위의] 피저증(皮疽症).
far·del [fɑ́ːrd(ə)l] *n.* (古어) 다발(bundle); 무거운 짐(burden).
fare [fɛər] *n.* **1** [배·기차·버스 따위의] 요금, 운임, 삯. ⇨ PRICE [類語]. ¶ a railroad *fare* 철도 운임 / a reduced *fare* 할인 운임 / a single (a double) *fare* 편도 (왕복) 운임 / a uniform *fare* of 60 won 60원 균일 요금 / at half *fare* 반액으로 / raise *fares* 운임을 올리다. **2** 승객(passenger). **3** ⓤ 음식물. ⇨ FOOD [類語]. ¶ dainty *fare* 맛있는 음식 / a bill of *fare* 차림표, 메뉴. **4** [연극·문예 작품의] 상연물, 오락.
── *vi.* (**fared, far·ing**) **1** [특히 음식물로] 대접받다; 음식을 먹다. **2** [사람이] [잘·신통찮게] 살아가다, 지내다. ¶ (~＋圃) He *fares* well in his new position. 그는 새 자리에서 잘하고 있다 / You may go farther and *fare* worse. (속담) 지나치면 곧 화를 탈난다. **3** [비인칭의 it를 주어로 하여] [일이] 되어가다, 일어나다. ¶ (~＋圃) How *fares* it with you? 어떻게 지내십니까? **4** (詩) 가다(go), 여행하다(travel). ¶ (~＋圃) *Fare forth* 떠나다 / *Fare* you (or thee) *well*! 안녕!
Fár East *n.* (the~) 극동[아시아 동부 여러 나라].
far·er [fɛ́(ː)rər / fɛ́ərə] *n.* (주로 복합어를 만들어) 가는 이. ¶ a way*farer* 나그네 / a sea*farer* 선원.
fare-thee-well [fɛ́ːrðiːwél], **fare-you-well** [-jù:-], (**fare-ye-well** [-jə-]) *n.* (a~) 완전한 상태, 완벽; 최고의 효과(성과). ¶ to a *fare-thee-well* 완벽하게; 최고로.
‡**fare·well** [fɛ̀ərwél → *adj.* *interj.*] 안녕!, 잘 가시오!
── *n.* **1** 작별 인사, 고별사. ¶ make one's *farewells* 작별 인사를 하다 / say (or bid) *farewell* to a person; bid a person *farewell* 남에게 작별을 고하다 / exchange a *farewell* with a teacher 선생님과 작별 인사를 주고받다. **2** 작별, 고별, 출발(departure). ¶ *A Farewell to Arms*. 무기여 잘 있거라 [Hemingway의 소설명] / his *farewell* to life 그의 삶과의 결별. ── *adj.* [fɛ́ərwèl] 고별의, 작별의, 마지막의. ¶ a *farewell* party 송별회 / a *farewell* performance 고별 공연 / a *farewell* speech 고별사. ── *interj.* 안녕, 잘 있어(Good-by).
far-famed [fɑ́ːrféimd] *adj.* 널리 알려진.
far-fetched [fɑ́ːrfétʃt] *adj.* 억지의, 억설의, 무리한(forced). ¶ a *far-fetched* joke 억지 농담.
far-flung [fɑ́ːrflʌ́ŋ] *adj.* 널리 퍼진, 광범위한.
far-gone [fɑ́ːrɡɔ́ːn / -gɔ́n] *adj.* **1** 먼, 멀리 떨어진(remote). **2** [병세 따위가] 많이 악화된, 심해진; 지쳐빠진; [신 따위가] 신어서 낡은.
fa·ri·na [fərí:nə / -rái-] *n.* ⓤ **1** 가루, 곡식가루. **2** (주로 英) [감자 따위의] 녹말, 전분. **3** (英) [식물] 꽃가루(pollen).
far·i·na·ceous [færinéiʃəs] *adj.* **1** [음식물이] 가루로 만든. **2** [종자가] 전분을 포함한(내는). **3** 전분질의; 가루 같은.
far·i·nose [færinòus] *adj.* 가루가 생기는, 흰 가루로 덮여 있는; 가루 모양의; 가루 투성이의.
far·kle·ber·ry [fɑ́ːrklbèri /-b(ə)ri] *n.* (*pl.* **-ries**) 물옥도나무(屬)의 작은 관목[미국 남부산, 검은 열매].
Fár Léft *n.* (the~) 극좌(極左). [가 잔뜩 열린다.
farl, farle [fɑːrl] *n.* [밀가루 또는 호밀 가루로 만든] 살짝 구운 둥근 케이크.

‡**farm** [fɑːrm] *n.* **1** 농장, 농원, 농지. ¶ a mixed *farm* 다각 경영 농장 / work on a wheat *farm* [고용되어] 밀밭에서 일하다 / run a fruit *farm* 과수원을 경영하다. **2** 사육장, 양식장. ¶ a chicken *farm* 양계장 / a fish *farm* 양어장. **3** ⓒ 조세 징수 청부 제도[가 실시되는 지역]; [징수 청부인이 내는] 상납금. **4** ⓤ 《英역사》 소작료, 지대(地代); 차용료; 소작; ⓒ 차지(借地); ⓒ 차용 계약. **5** 농장의 가옥, 농가(farmhouse). **6** 탁아소 (baby farm). **7** 《美》《야구》 [규모가 큰 팀의] 2군.
— *vt.* **1** [토지]를 경작하다. **2** [요금·세금 따위의] 징수를 청부하게 하다(*...out*). 청부맡다. **3** [일정한 요금으로] [사람·시설 등의 보호·관리를 위탁하다, …을 맡기다(*...out*), 맡다; [일반적으로] [일]을 맡기다 주다. ¶ *farm* a baby 갓난아기를 맡다 //(~+图+圖) *farm out* children to …에게 아이를 맡기다. **4** 《美》《야구》[선수]를 2군에 넣어 소속시키다(*...out*).
— *vi.* 경작하다; 농장(사육장)을 경영하다.

fárm bèlt *n.* 곡창 지대, 대농업 지대; (F-B-) 미국 중서부 지방의 농업 지대.

fárm blòc *n.* 《美》농촌 선출 의원 연맹[당파를 초월하여 미국 하원에서 농민의 이익을 옹호하는 의원 연맹].

‡**farm·er** [fɑ́ːrmər] *n.* **1** 농장 경영자, 농업자. *cf.* peasant ¶ a landed (a tenant) *farmer* 자작(소작)농. **2** [돈을 받고] 유아를 맡아 보는 사람. **3** 조세 징수 청부인.

fármer chéese *n.* ⓤ 파머 치즈(farm cheese) [전유(全乳) 또는 일부 탈지유의 고형 치즈].

farm·er·ette [fɑ̀ːrmərét] *n.* 《구어》농사짓는(농장에서 일하는) 여자.

Fárm·er-Lá·bor Párty [fɑ́ːrmərléibər-] *n.* 노동당[농민·노동자의 이익을 옹호하려는 정당; 1920년 미국 Minnesota 주에서 창당, 1944년 민주당에 합병].

fármers coóperative *n.* 농업 협동 조합.

fárm hánd *n.* **1** 농장 노동자, 머슴. **2** 《美》《야구》 신인 선수. [농장에 딸린 집, 농가.

****fárm·house** [fɑ́ːrmhàus] *n.* (*pl.* **-hous·es** [-hàuziz]) **fárm·ing** [fɑ́ːrmiŋ] *n.* ⓤ **1** 농업, 농장 경영, 농사. **2** [세금·요금 따위의] 징수 청부.

fárm làborer *n.* = farm hand 1.

****farm·land** [fɑ́ːrmlæ̀nd] *n.* ⓤ 농지, 농토.

far·most [fɑ́ːrmòust] *adj.* 가장 먼(farthest).

fárm prodùce *n.* 농산물. [농장.

farm·stead [fɑ́ːrmstèd] *n.* [부속 건물도 포함하여]

fárm sùrplus *n.* *pl.* 잉여 농산물.

fárm sỳstem *n.* 《美》《야구》제2군 리그 합동 운영 제. *cf.* farm *n.* 7.

fárm tèam *n.* 《주로 야구》 = farm *n.* 7.

farm·yard [fɑ́ːrmjɑ̀ːrd] *n.* 농가의 안뜰.

far·o [fɛ́(:)rou/ fɛ́ːr-] *n.* ⓤ 《카드놀이》 은행(물주가 은행이 되는 노름의 일종). [Faeroe Islands.

Fár·oe Íslands [fɛ́(:)rou-/ fɛ́ər-] *n. pl.* (the ~) =

****far-off** [fɑ́ːrɔ́(:)f/ -ɔ́f] *adj.* 〔장소·시간이〕 멀리 떨어진, 아득한. ⇨ DISTANT 類語

fa·rouche [fərúːʃ/ F faruʃ] *adj.* 《프랑스》(=sullen) **1** 격렬한(fierce). **2** 사교를 싫어하는, 내성적인; 무뚝뚝한, 퉁명한.

far-out [fɑ́ːráut] *adj.* **1** 훨씬 앞으로 나온. **2** 《美속어》참신한, 기발한, 최신의; 멋진. [람.

far-out·er [fɑ́ːráutər] *n.* 《구어》틀에 박히지 않은 사

far·rag·i·nous [fərǽdʒinəs/ -réidʒi-] *adj.* 이리 저리 긁어 모은, 뒤섞은, 잡다한.

far·ra·go [fəréigou, -rɑ́ː-] *n.* (*pl.* **-goes**) 이것저것 섞어모은 것, 잡동사니(medley).

****far-reach·ing** [fɑ́ːríːtʃiŋ] *adj.* 〔효과·영향 따위가〕 멀리까지 미치는, 광범위한. ¶ a *far-reaching* influence 광범위한 영향.

far·ri·er [fǽriər] *n.* (주로 英) **1** 제철공(蹄鐵工). **2** 수의사(veterinarian) ; 〔특히〕 말의 의사. **3** 《군사》 〔기병대의〕 말 담당 하사관.

far·ri·er·y [fǽriəri] *n.* (*pl.* **-er·ies**) **1** ⓤ 말굽 제작술; ⓒ 말굽 만드는 대장간. **2** ⓤ《고어》 수의술 (veterinary surgery).

Fár Ríght *n.* (the~) 극우, 극단적인 보수주의.

far·row [fǽrou] *n.* **1** 한 배의 새끼 돼지. **2** ⓤ 〔돼지의〕 분만. — *vi., vt.* 〔돼지〕 새끼를 낳다.

far-see·ing [fɑ́ːrsíːiŋ] *adj.* **1** 선견지명이 있는, 현명한(sagacious). **2** 먼 데를 잘 보는, 원시안의(far-sighted).

far-sight·ed [fɑ́ːrsáitid] *adj.* **1** 먼 데를 잘 보는. **2** 원시안의. **3** 선견지명이 있는(far-seeing).
~**ly** *adv.* ~**ness** *n.*

‡**far·ther** [fɑ́ːrðər] 〔far 의 비교급〕 (⇨ FURTHER (Usage)) *adv.* **1** 〔거리·시간 상으로〕 더 멀리(에). **2** 〔정도·성질·한계가〕 훨씬 더, 보다 더 많이; 더 나아가서. ¶ I can suffer no *farther*. 이젠 더 이상 견딜 수 없다. **3** 게다가 더, 더욱 더(moreover). * 현재는 보통 further 를 쓴다. 〔그는 더 저쪽에 살고 있다.
farther on 더 저쪽에; 나중에. ¶ He lives *farther on*. *go farther and fare worse* 지나치게 하여 도리어 혼
No farther! 이제 그만!
— *adj.* **1** 〔거리·시간상으로〕 더 먼, 더 저쪽의. ¶ the *farther* side of the bay 만 저 쪽 / in the *farther* future 먼 장래에. **2** 더 앞선, 더 뒤의. ¶ a *farther* stage of development 더 발달된 단계. **3** 더 위의, 그 이상의. * 지금은 보통 further 를 쓴다. ¶ Have you anything *farther* to say? 더 이상 말할 것이 있습니까? / I'll make no *farther* objection. 이상은 반대하지 않겠다.

far·ther·most [fɑ́ːrðərmòust] *adj.* 가장 먼(farthest).

‡**far·thest** [fɑ́ːrðist] (far 의 최상급) *adj.* **1** 가장 먼 (most distant). **2** 가장 긴(longest). ¶ the *farthest* way 가장 멀리 도는 길. — *adv.* **1** 가장 멀리(에). **2** 최고로, 가장(most).
at [*the*] *farthest* ① 멀어도. ② 늦어도. ¶ I will return in a week *at* [*the*] *farthest*. 아무리 늦어도 1주일 안에 돌아오겠다. ③ 기껏해야.

****far·thing** [fɑ́ːrðiŋ] *n.* **1** 파딩동화(銅貨) 〔영국의 최소액의 청동화; ¼ penny; 1961년에 폐지〕. **2** 가치없는 것; 〔부정 구문〕 조금도[…않다]. ¶ be not worth a *farthing* 한푼의 값어치도 없다 / I don't care a *farthing*. 나는 조금도 개의치 않는다.

far·thin·gale [fɑ́ːrðiŋgèil] *n.* 파딩게일[16, 17세기경에 스커트를 퍼지게 하려고 넣은 버팀살]. **2** 버팀살로퍼지게한스커트.

Fár Wést *n.* (the~) 극서부 지방 〔미국의 록키 산맥 지방에서 태평양 연안의 일대〕.

FAS (略)〔컴퓨터〕 *f*actory *a*utomation *s*ystem; *f*lexible *a*ssembling *s*ystem (플렉시블 조립 시스템); 〔의학〕 *f*etal *a*lcohol *s*yndrome (태아기 알코올 증후군); *F*ederation of *A*merican *S*cientists (미국 과학자 연맹); *F*ederation of *A*tomic *S*cientists.

F.A.S., f.a.s. (略) *f*ree *a*longside [farthingale 2] *s*hip 〔화물의〕 선측도(船側渡).

fas·ces [fǽsiːz] *n. pl.* (*sing.* -**cis** [-sis]) 〔보통 단수 취급〕 속간(束桿) 〔옛 로마에서 도끼에 다발로 묶은 막대를 도끼에 붙인 것으로서 집정관의 권위를 표시〕.

fas·ci·a, fa·ci·a [fǽʃiə / féiʃə] *n.* (*pl.* **-ci·ae** [-ʃiìː]) **1** 〔머리를 묶는〕 띠, 끈(band, fillet). **2** 〔외과〕 붕대. **3** 〔건축〕 지붕끝의 처마, 처마도리에 댄 판자; [이오니아·코린트식 원주 윗부분의] 띠모양의 면(面面). **4** [해부·동물] 근막(筋膜) [근 표면을 싸고 있는 결체(結締) 조직성의 막]; 근막 모양의 조직.
[fasces]

5 [동물] 색대(色帶). [<L band]
fas·ci·al [fǽʃiəl] *adj.* fascia 의.
fas·ci·ate [fǽʃieit], **-at·ed** [-èitid] *adj.* **1** 끈·띠 따위로 묶은, 다발 지은. **2** [식물] [줄기 따위가 이상 발육으로] 납작한 띠 모양으로 된, 대화(帶化)의. **3** [동물] 색대가 있는, 줄무늬가 있는.
fas·ci·a·tion [fæ̀ʃiéiʃ(ə)n] *n.* ⓤ **1** 묶기, 동여맴, 묶인 상태; 붕대감기. **2** [식물] [줄기 따위의 이상 발육에 의한] 대화(帶化) [현상], 대상 합생(帶狀合生).
fas·ci·cle [fǽsikl] *n.* **1** 작은 다발. **2** [분할 간행되는 책의] 한 권, 분책(分冊). **3** [식물] 밀산화서(密繖花序); [꽃·잎 따위의] 총생(叢生). **4** [해부] [중추신경계의] 섬유속(纖維束).
fas·cic·u·lar [fəsíkjulər] *adj.* [식물] 총생의; [해부] 유관속(維管束)의. ¶ *fascicular* cambium [식물] 유관속 형성층.
fas·cic·u·late [fəsíkjulit, +美 -lèit], **-lat·ed** [-lèitid] *adj.* =FASCICULAR.
fas·ci·cule [fǽsikjùːl] *n.* =fascicle 2. [2,4.
fas·cic·u·lus [fəsíkjuləs] *n.* (*pl.* **-li** [-lài]) = fascicle
***fas·ci·nate** [fǽsinèit] *v.* (**-nat·ed, -nat·ing**) *vt.* **1** …을 홀리다, 매혹하다, 황홀하게 하다 (⇨ ATTRACT 類語); …의 흥미를 끌다. ¶ Her beauty *fascinated* everyone. 그녀의 아름다움은 모두를 매혹했다 / I was *fascinated* by the sight. 그 광경에 황홀해졌다. **2** [공포로] …을 꼼짝 못하게 하다. ¶ The snake *fascinated* its victim. 그 뱀은 자기 먹이를 꼼짝 못하게 했다. — *vi.* 흥미(주의)를 끌다. ◇ fascinátion *n.*
***fas·ci·nat·ing** [fǽsinèitiŋ] *adj.* 매혹적인, 매료하는, 황홀케 하는(charming). ¶ a *fascinating* poem 황홀한 시. ~·**ly** *adv.*
***fas·ci·na·tion** [fæ̀sinéiʃ(ə)n] *n.* **1** ⓤ 매혹 [하기], [뱀의] 호리려고 노려보기. **2** ⓤ 황홀한 상태. **3** 매력, 매혹하는 힘, 요염. ◇ fáscinate *v.*
fas·ci·na·tor [fǽsinèitər] *n.* **1** 매혹하는 사람; 매혹물. **2** [레이스 따위로 짠] 여성용 스카프.
fas·cine [fæsíːn, fəs-] *n.* **1** 섶나뭇단, 장작단 (fagot). **2** [축성] [참호의 측벽이나 성벽 강화용의] 길쭉한 섶나뭇다발.
fas·cism [fǽʃiz(ə)m] *n.* ⓤ **1** (종종 F-) 파시즘[이탈리아의 Mussolini 가 현실화하던 독재적 국가 사회주의]. **2** (F-) [특히 이탈리아의] 파시스트 운동.
fas·cist [fǽʃist] *n.* **1** 파시즘(fascism) 신봉자. **2** (F-) [이탈리아의] 파시스트 당원. **3** 독재자. — *adj.* (=**fa·scis·tic** [fəʃístik]) 파시즘의(같은), 파시스트 당원의(fascistic).
Fa·scis·ta [fəʃístə] *n.* (*pl.* **-ti** [-ti]) 이탈리아 국수당(國粹黨) 당원, 파시스트 당원(Fascist). [<It]
fa·scis·ti·za·tion [fəʃìstizéiʃ(ə)n / -tai-] *n.* 파쇼화(化).
fa·scis·tize [fəʃístaiz] *vt.* (**-tized, -tiz·ing**) …을 파쇼화하다.
fash [fæʃ] (스코) *vt.* …을 괴롭히다, 성가시게 굴다, 못살게 굴다(worry). ¶ *fash* oneself 고민하다. — *n.* ⓤ 괴로움, 고민, 걱정(trouble).
‡**fash·ion** [fǽʃ(ə)n] *n.* **1** ⓒⓤ 유행, 패션. ¶ the latest (*or* the newest) *fashion* in hairdressing 최신 유행의 머리 스타일 / a building in a Romanesque *fashion* 로마네스크 양식의 건물 / follow the *fashion* 유행에 따르다 / lead the *fashion* 유행의 첨단을 걷다 / set the (*or* a) *fashion* 유행을 만들어내다 / take up a new *fashion* 신형을 채택하다 / come into *fashion* 유행하기 시작하다 / go (*or* get) out *fashion* 유행하지 않게 되다 / be in *fashion* 유행하고 있다 / be out of *fashion* 유행하고 있지 않다.
類語 **fashion** 특정의 시기·장소·집단에 특이한 의복·습관·말씨 등의 형: the *fashions* of the 18th century 18세기의 유행. **style** 유행에 맞춘 것: be in *style* 유행에 맞다. **mode** 어떤 시기의 fashion 의 최첨단: the latest Italian *mode* 최신의 이탈리아 유행. **vogue** 어떤 시기에 널리 인기가 일고 있는 fashion: the colors in *vogue* 유행색. **fad** 갑자기 생겼다가 사라지는 변덕스러움을 강조하는 말: a schoolboys' *fad* 학생들간의 일시적 유행. **craze, rage** 잠깐 동안의 일시적 열광으로서, 어리석은 뜻을 뜻하는 경우가 많다: a moon travel *craze* 달 여행열.

2 ⓤⓒ [특히 상류 사회의] 인습적인 풍습(관습). **3** (the ~) 《집합적》 상류 사회의 사람들(fashionable people). ¶ All the *fashion* of the city gave a fancy ball. 그 도시의 상류 사회 전체가 가면 무도회를 개최했다. **4** ⓤⓒ 방법, 방식, [부사적으로 쓰이는 복합어를 만들어] …식. ⇨ METHOD 類語 ¶ after (*or* in) the *fashion* of …식(풍)으로 / He plays the piano after (*or* in) his [own] *fashion*. 그는 자기 식으로 피아노를 친다 / in European *fashion* 유럽식으로 / in the traditional *fashion* 전통적인 방식으로 / in this *fashion* 이런 식으로 / walk in a peculiar *fashion* 특이하게 걷다 / swim dog-*fashion* 개헤엄을 치다 / walk crab-*fashion* 게처럼 옆으로 걷다. **5** [물건의] 만듦새, 구조, 양식, 형, 스타일. **6** 종류, 타이프. ¶ men of all *fashions* 온갖 종류의 사람들. **7** (the ~) 인기인, 유행하는 것. ¶ He is the *fashion*. 그는 인기인이다. **8** ⓤ 《폐어》 솜씨. **9** ⓤ 《폐어》 제작[과정].

after a** (*or* **some**) ***fashion; ***in a** (*or* **some**) ***fashion*** 어느 정도, 얼마간; 어떤 의미에서는. ¶ She cannot prepare elaborate meals, but she cooks *after a fashion*. 그녀는 고급 요리는 만들지 못하지만 어느 정도는 요리를 한다.

— *vt.* **1** …을 만들다 (⇨ MAKE 類語); …으로 만들다. ¶ (~+목+전+명) *fashion* a vase *from* clay; *fashion* clay *into* a vase 진흙으로 꽃병을 만들다 / *fashion* a whistle *out of* a piece of wood 나뭇조각으로 호각을 만들다. **2** …에 알맞게 하다, 맞추다(…*to*) (accommodate). ¶ (~+목+전+명) *fashion* a theory *to* general understanding 모두가 이해하도록 이론을 펴다. **3** 《폐어》 …을 고안하다, 처리하다.
‡**fash·ion·a·ble** [fǽʃ(ə)nəbl] *adj.* **1** 유행하는, 유행에 맞는, 시속(時俗)의. ¶ a *fashionable* dress; *fashionable* clothes 유행하는 옷 / *fashionable* goods 유행품. **2** 유행에 따르는; 유행계의. **3** 상류 사회의, 사교계의; 사교계에 출입하기를 좋아하는. ¶ the *fashionable* world 상류 사교계 / a *fashionable* lady 상류 사회의 부인 / a *fashionable* dressmaker (tailor) 상류 사회의 사람들이 잘 다니는 양재사(양복점). — *n.* 유행을 좇는 사람; 상류 사회의 사람.
~·**ness** *n.* ~·**ably** *adv.*
fash·ion·a·bly [fǽʃ(ə)nəbli] *adv.* 유행을 따라서, 당세풍으로. ¶ be *fashionably* dressed 유행에 맞는 옷을 입고 있다.
fáshion bòok *n.* 새 유행 의상을 소개하는 책자.
fáshion desígner *n.* 유행 의상 디자이너.
fásh·ioned [fǽʃ(ə)nd] *adj.* [복합어를 만들어] **1** …식(풍)의, …형의. *old-fashioned* ideas 구식 생각. **2** 형의, …의 모양으로 된.
fash·ion·mon·ger [fǽʃ(ə)nmʌ̀ŋgər] *n.* 유행 연구가; 유행을 좇는 사람, 멋쟁이(dandy).
fáshion pláte *n.* **1** 신형 복장도(圖), 최신 복장도. **2** 최신 유행의 옷을 입은 사람.
fáshion shòw *n.* 패션 쇼, 유행 전시회.
‡**fast**[1] [fæst / fɑːst] *adj.* **1** 급속히 움직이는, 빠른. ⇨ QUICK 類語 ¶ a *fast* runner 빨리 달리는 사람 / a *fast* bus 급행 버스. **2** [동작 따위가] 날랜; 민첩한; [일 따위가] 빨리 끝나는, 그 *fast* race 단거리 경주 / *fast* reading 속독 / *fast* work 빨리 끝나는 일. **3** [시계가] 더 가는, 빠른. ¶ My watch is two minutes *fast*. 내 시계는 2분 더 간다. **4** 급속한 운동에 알맞은; [당구대·라켓·코트 따위가] 공이 잘 튀는. ¶ a *fast* highway 고속 도로 / a *fast* tennis court 공이 알맞게 튀는 테니스 코트. **5** 방탕한, 행실이 좋지 않은. ¶ lead a *fast* life 방

탄한 생활을 하다. **6** [장소에] 꽉 붙은, 고착한, 간단히 움직일 수 없는 (⇒ FIRM 類語); 확립한, 확고한. **7** 도망칠 수 없는, 빠져나올 수 없는. ¶ a car *fast* in the mud 진흙에 빠진 자동차. **8** [매듭 따위가] 굳게 맨, 단단한, 굳은. ¶ a *fast* grip 단단한 쥐기 / Their chains were *fast*. 그들의 사슬은 굳게 묶여 있었다. **9** [문 따위가] 굳게 닫힌. ¶ make a door *fast* 문단속하다 / The door is *fast*. 문이 꽉 닫혀 있다. **10** 꽉 쥐는. ¶ take *fast* hold of a thing 물건을 꽉 쥐다. **11** 마음이 변치 않는, 충실한(loyal). ¶ *fast* friends 우정이 변치 않는 친구. **12** [색 따위가] 불변의, 영속하는 (lasting). ¶ a *fast* color (dye) 바래지 않는 색(염료). **13** [잠이] 깊은(sound). ¶ a *fast* sleep 숙면. **14** 저항하는, 《복합어를 만들어》 …에 견디는, 내(耐) …의; [세균] 저항력(耐性力)의. ¶ acid-*fast* 내산(耐酸) [성]의. **15** [사진] [필름이] 고감도의; [렌즈가] 고속 셔터를 누르기에 알맞은. ¶ a *fast* film 고감도 필름. 〔다. *pull a fast one* 《미속어》 속여 넘기다, 속임수로 이기〕
— *adv.* **1** 꽉, 단단히, 굳게(firmly). ¶ be *fast bound* by the feet 발이 꽉 묶여 있다 / hold *fast* to (or by) a pillar 기둥을 꽉 붙잡다 / stand *fast* 꿋꿋이 서다, 움직이지 않다; 고수하다 / with doors *fast* locked 문을 단단히 잠그고. **2** [잠이] 깊게, 푹(soundly). ¶ be *fast* asleep 깊이 잠들어 있다 / sleep *fast* 푹 자다. **3** 빨리, 급속히(quickly). ¶ speak *fast* 빨리 말하다 / Light travels *faster* than sound. 빛은 소리보다 빨리 간다. **4** 끊임없이, 연달아. ¶ Her tears fell *fast*. 그녀는 눈물이 하염없이 흘렀다. **5** 방탕하여, 난봉피우며. ¶ live *fast* 방탕한 생활을 하다.
lay a person fast 남을 속박하다.
◇ **fásten** *v.*, **fástness** *n.*

*****fast**² [fæst / fɑːst] *vi.* **1** 단식하다, 절식하다. ¶ *fast from* wine 술을 끊다. **2** [특히 종교적 행사로서] 어떤 음식 이외에는 먹지 않다, 음식을 가려서 먹다, 생식(精進)하다. ¶ *fast* on bread and water 빵과 물만으로 정진하다. — *vt.* …에게 단식시키다. (병을 끊어) 고치다. ¶ *fast* an illness *off* 단식으로 병을 고치다.
— *n.* **1** 단식, 절식; 정진. ¶ He performed a *fast* to resist the legislation. 그는 그 입법에 반대하여 단식했다. **2** [단식 기간; 단식일, 정진일, [가톨릭] 재일(齋日). ¶ observe a *fast* 재일을 지키다.
break one's fast 단식 후 처음 음식을 먹다; 조반을 들다
fast-back [fǽstbæk / fɑ́ːst-] *n.* 유선형의 등 [의 자동차]. 〔트레이너〕
fást báll *n.* 《야구》 전혀 변화가 없는 직구, 속구, 스
fást báller [-blər] *n.* 《야구》 속구(速球) 투수.
fást brééder *n.* 〖물리〗 고속 증식로(增殖爐).
fást búck *n.* 《미속어》 쉽게 번 돈, 불로 소득; 쉬운 돈벌이.
fást-bùrn bóoster [fǽstbə̀ːrn- / fɑ́ːst-] *n.* 《군사》 고속 단단 (短段)식 연소형 부스터 [탄도 미사일의 상승 가속을 위해 사용되는 부스터].
fást dáy *n.* 단식일, 정진일, 재일.

‡fas·ten [fǽsn / fɑ́ːsn] *vt.* **1** …을 단단히 고정시키다, 동여 얽어매다(동여매다). ¶ *fasten* shoelaces 구두끈을 꽉 매다 / *fasten* a lock (a bolt) 자물쇠(빗장)를 걸다 // (~ + 图 + 嚻 + 㓊) *fasten* a boat to a tree by a rope 밧줄로 배를 나무에 잡아매다 / *fasten* an idea *in* one's mind 어떤 생각을 마음에 명심하다. **2** [단추 따위로] [옷]을 채우다, 잠그다, 걸다. ¶ (~ + 图 + 嚻 + 㓊) *fasten* a badge *with* a pin 핀으로 배지를 달다 / *fasten* a door *with* a bolt 문에 빗장을 걸다 // (~ + 图 + 嚻) *fasten down* lifeboats *on* deck 구명 보트를 갑판에 고정시키다. **3** [사람·동물 따위]를 매어 가두어넣다(…*in, up*), (~ + 图 + 嚻 + 㓊) *fasten* a dog *in* 개를 우리에 넣다. **4** [별명 따위]를 붙이다; [죄 따위]를 돌리다, 덮어씌우다(…*on, upon*). ¶ (~ + 图 + 嚻 + 㓊) *fasten* a nickname *on* a person 남에게 별명을 붙이다. **5** [눈·주의 따위]를 돌리다, 고정시키다, [희망 따위]를 걸다(…*on, upon*). — *vi.* **1** 고착 (정착)하다; [문 따위가] 닫히다. ¶ This door will not *fasten*. 이 문이 잘 닫히지 않는다. **2** 꽉 붙들다, 달라붙다, 매달리다(…*on, upon…*), ¶ (~ + 嚻 + 㓊) She *fastened on* my arm. 그녀는 내 팔에 매달렸다. **3** 주의를 집중하다(…*on, upon…*). ◇ **fast** *adj., adv.*

fas·ten·er [fǽsnər / fɑ́ːs-] *n.* **1** 잠그는 사람. **2** 잠그는 기구 [볼트·빗장·자물쇠 따위], 척(zipper), 클립, 스냅. **3** 빛깔이 바래지 않게 하는 약.

fas·ten·ing [fǽsniŋ / fɑ́ːs-] *n.* **1** ⓤ 잠금, 걸어맴, 고착. **2** 잠그는 기구[볼트·버클·자물쇠·단추 따위].

fást fóod *n.* 금방 나오는 간이 식품 [서서 먹거나 들고가기 좋은 햄버거·치킨 따위].

fast-food [fǽstfùːd / fɑ́ːst-] *adj.* 《미》 속성 (즉석) 식품을 전문으로 하는.

fas·tid·i·ous [fæstídiəs, fəs- / fæs-, fæs-] *adj.* 꾀까다로운, 결벽한, 꼼꼼한. ⇒ PARTICULAR 類語 ¶ be *fastidious* in dress 옷에 까다롭다. **-ly** *adv.* **-ness** *n.*

fas·tig·i·ate [fæstídʒiit], **-at·ed** [-èitid] *adj.* **1** 원추처럼 끝이 뾰족한. **2** [동물] 원추 다발 모양의. **3** [식물] [나뭇가지가] 평행으로 꿋꿋이 선; [빗자루처럼] 가지가 원추 모양으로 직립한.

fast·ing [fǽstiŋ / fɑ́ːst-] *n.* ⓤ 단식. — *adj.* 단식의. ¶ a *fasting* day 단식일 (fast day).

fast·ish [fǽsti] / fɑ́ːst-] *adj.* **1** 꽤 빠른(fairly fast). **2** 방탕적인. ¶ a *fastish* young man 다소 방탕한 젊은이.

fást láne *n.* **1** 추월 차선, 고속 차선. **2** [슈퍼마켓 따위 구입 물품수가 적은 손님 전용의] 계산대 (cash register).

fást mótion *n.* [영화] 저속 촬영에 의한 움직임 [실제보다 빠르다]. ¶ 빠르다.

fast·ness [fǽstnis / fɑ́ːst-] *n.* ⓤ **1** ⓒ 요새, 성채. **2** 고착; 정착. **3** 빠름, 신속. **4** 방탕.

fást néutron *n.* [원자물리] 고속 중성자 [특히 감속재(減速材)에 의해 감속되지 않는 고에너지 중성자].

fást reátor *n.* 고속 중성자로, 고속로.

fast-talk [fǽstːk / fɑ́ːst-] *vt.* 《미구어》 …을 유창한 말솜씨로 솔깃하게 하다. — *n.* [남의 마음을 솔깃하게 만드는] 유창한 말솜씨(구변).

fást tíme *n.* 《미》 = daylight-saving time.

fást tráck *n.* **1** [미국 실업가의] 출세 가도 **2** 《미》 [경제] [통상법 (通商法) 상의] 무수정 (無修正) 일괄 승인.

‡fat [fæt] *adj.* **(fat·ter, fat·test)** **1** 뚱뚱한, 살찐, 비만한. *opp.* lean, thin ¶ a *fat* man 뚱뚱보 / *fat* cheeks 살이 찐 볼 / A *fat* chicken makes a lean will. (속담) 입이 사치해지면 의지가 약해진다.

〔類語〕 **fat** 살찐; 보통은 느낌이 좋지 않은 말: a *fat* woman 뚱뚱한 여자. **fleshy** 살찌고 뚱뚱한: a *fleshy* wrestler 뚱뚱한 레슬러. **stout** 체격이 큰; 종종 fat를 완곡하게 나타내는 말: a *stout* lady 뚱뚱한 숙녀. **plump** 토실토실하게 보기좋게 살찌다는 말: a *plump* girl 토실토실한 소녀. **chubby** 아이가 토실토실 살찌고 귀여운: a *chubby* baby 토실토실한 갓난아기. **portly** 체구가 당당하고 살찐: a *portly* gentleman 체구가 당당한 신사. **rotund** 키가 작고 뚱뚱한. **corpulent, obese** 보기 흉하게 뚱뚱한: an *obese* child 비만아.

2 지방 (脂肪) [질]의, 비계의, 지방분이 많은; 기름기 많은; [그림 물감이] 기름기 많은. ¶ *fat* meat 비계, 지방 / *fat* soup 기름기 많은 수프.

3 기름 기가 풍부성이 풍부한. ¶ a *fat* pine 송진이 많은 소나무 / *fat* coal 휘발분이 많은 석탄.

4 [전시용·식용으로] 특히 살찌게 한. ¶ a *fat* ox 식용소.

5 [토지가] 기름진, 비옥한(fertile); 작황이 좋은. ¶ a *fat* field 비옥한 토지 / *fat* soil 옥토 / a *fat* year 풍년.

6 부유한, 유복한(rich); [일 따위] 수익(수입)이 좋은.

¶ a *fat* job 수입이 많은 일 / a *fat* office 수입이 많은 자리.
7 두꺼운(thick), 넓은(broad), 널리 퍼진; 굵은; [활자가] 획이 굵은. ¶ *fat* fingers 굵은 손가락 / a *fat* type 획이 굵은 활자.
8 풍부한, 윤택한(plentiful). ¶ a *fat* feast 풍부한 성찬 / a *fat* larder 가득 찬 식료품실.
9 공급이 풍부한; 통통한, 가득 찬. ¶ a *fat* purse 돈이 잔뜩 든 지갑 / get *fat* 통통해지다.
10 둔한, 우둔한(dull, stupid). ¶ a *fat* smile 얼빠진 웃음.
cut it [too] fat 자랑삼아 보이다.
cut up fat 많은 유산을 남기고 죽다.
a fat chance 《속어》① 많은 기회, ②《반어적》매우 희박한 가망. ¶ have a *fat* chance of …의 가망이 거의 없다.
a fat lot 《속어》① 잔뜩, 듬뿍이. ②《반어적》조금도 …않다.
get fat on 〔구어〕…으로 유복하게(편안히) 살다. ∗ 보통 부정문에 쓰인다.
grow fat ① 살찌다, 똥똥해지다. ② 유복해지다. ¶ *Laugh and grow fat.* 《속담》웃으면 복이 온다.
— *n*. [U] **1** (∗ 종류를 나타낼 때는 [C]) 지방[질]; 〔동물〕 지방 조직, 비계, 기름기 많은 살. ¶ the *fat* of meat 고기의 지방. **2** 비만. **3** 〔물건이〕 가장 좋은 부분, 영양가 있는 부분; 비옥한 토지. **4** 〔특별히〕 수입이 많은 일(일자리), 수지맞는 일. ¶ a bit of *fat* 《속어》 벌이가 좋은 일. **5** 〔배우가 자기의 재능을 보일 수 있는〕 알맞은 역(대사). **6** 과잉(superfluity), 과잉 물자.
chew the fat ⇨ RAG.
The fat is in the fire. 큰 실수를 저질렀다; 돌이킬 수 없다; 위기가 닥쳐왔다.
the fat of the land 얻을 수 있는 최상의 것, 최고의 호강. ¶ They seem to live on the *fat* of the land. 그들은 아주 호화롭게 살고 있는 것 같다.
live on one's own fat 〔경제적·지적〕 자본을 소비하다.
— *v*. (*fat·ted, fat·ting*) *vt*. …을 살찌게 하다.
— *vi*. 살찌다, 똥똥해지다.
fat off 〔식용·시장용으로〕 〔동물〕을 살찌게 하다.
◇ *fátten v*.
Fa·tah [fáːtɑː] *n*. ⇨ AL FATAH.
fa·tal [féitl] *adj*. **1** 치명적인, 생명에 관계되는. ¶ a *fatal* wound 치명상 // The accident proved *fatal* to her health. 그 사고가 그녀의 건강에의 치명적이었다.
類語 **fatal** 죽음을 초래하는[것 같은]; 피할 수 없음을 강조하는 말: His injury proved *fatal*. 그의 상처는 치명적이었다 / The wound will be *fatal*. 그 부상은 치명적일 것이다. **deadly** 죽음을 초래할 것 같은: a *deadly* poison 극약. **mortal** 현실적으로 죽음의 원인이 되는: The fall over the cliff was *mortal*. 벼랑에서 떨어진 것이 죽음을 가져왔다. **lethal** 본래의 성질상 틀림없이 죽음을 가져오는, 또는 죽이는 것이 목적인: *lethal* gas 치사성(致死性) 가스.
2 파멸적인, 파멸의 원인이 되는. ¶ a *fatal* blunder 돌이킬 수 없는 큰 실수 / a *fatal* error 중대한 잘못 / an action that is *fatal* to the success of a project 어떤 계획의 성공을 망쳐놓는 행위. **3** 운명을 결정하는, 결정적인; 숙명적인, 피할 수 없는(inevitable). ¶ The *fatal* day finally arrived. 운명의 날이 마침내 왔다. **4** 운명에 관한. ¶ the *fatal* thread 〔사람의〕 명, 수명 / the *Fatal* Sisters 운명의 3 여신(the Fates).
~*ness n*. **fa·tal·ly** *adv*., *fátally adv*.
fa·tal·ism [féitəlìz(ə)m] *n*. [U] 〔철학〕 운명론, 숙명론. **2** 운명관, 숙명관, [모든 것이 운명이라 생각하는] 마음.
fa·tal·ist [féitəlist] *n*. 운명론자, 숙명론자.
fa·tal·is·tic [fèitəlístik] *adj*. 운명론의, 숙명론적인; 운명관의. **-ti·cal·ly** [-tikəli] *adv*.
*****fa·tal·i·ty** [feitǽləti, fə-] *n*. [U][C] (*pl.* **-ties**) **1** 생명에 관계되는 재난; 불행한 일, 재앙(misfortune) [재난에 의한] 죽음; 사망자〔수〕. ¶ Traffic accidents cause thousands of *fatalities* every year. 자동차 사고에 의한 사망자 수는 매년 몇천 명에 달한다. **2** 치명적임, 생명에 관계됨. **3** 〔불가피하게〕 재난에 빠지기 쉬움. **4** 운명적〔숙명적〕임; 운명, 숙명(destiny); 인연, 연분. ¶ by a strange *fatality* 이상한 운명으로.
*****fa·tal·ly** [féitəli] *adv*. **1** 치명적으로, 비참하게. ¶ He was *fatally* wounded. 그는 치명상을 입었다. **2** 운명적으로, 불가피하게.
Fa·ta Mor·ga·na [fáːtə mɔːrgáːnə] **1** 신기루(蜃氣樓) 〔특히 Messina 해협에 나타나는 것〕 = Morgan le Fay. [< It *Morgan le Fay* Fairy Morgan: 중세 전설의 Arthur 왕의 누이동생으로 신기루를 만든다고 상상되었다〕
fát cát *n*. 《美속어》 많은 정치 자금을 내는 부자; 높은 사람, 세력가, 유명인, 돈 많은 특권층의 사람.
‡fate [feit] *n*. 〔단수형만 있고 때로 the ~, one's ~〕 **1** 운명, 숙명. **1** decide (*or* fix, seal) one's *fate* 운명을 결정하다 / submit to *fate* 운명을 감수하다 / the irony of *fate* 운명의 아이러니, 이상한 운명. **2** 예언; 신의 섭리. **3** 피할 수 없는 것, 죽음; 파멸, 비운. ¶ go to one's *fate* 파멸하다. **4** (the F-s) 〔그리스 신화〕 운명의 [as] sure as *fate* 틀림없이, 반드시. 〔3여신.
meet one's fate ① 죽다. ② 장래 자기 아내가 될 여자를 만나다.
— *vt*. (*fat·ed, fat·ing*) 《수동형으로》 …을 운명짓다. ¶ (~+[동]+to do) be *fated* to be a poet 시인이 될 운명이다 / (~+that) It was *fated* that she should remain a spinster. 언제까지나 노처녀로 있는 것이 그녀의 운명이었다.
◇ *fátal, fáteful adj*. 〔다 된.
fat·ed [féitid] *adj*. 운명이 정해진; [···할] 운명의; 운이
fate·ful [féitfəl] *adj*. **1** 운명을 결정하는, 결정적인. **2** 치명적인(fatal). **3** 숙명적인. **4** 예언적인, 불길한. **~·ly** [-fəli] *adv*. **~·ness** *n*.
fát fàrm *n*. 《美속어》 살빼기 위한 체육관(도장).
fath. (略) fathom.
fat·head [fǽthèd] *n*. 〔구어〕 바보, 얼간이, 천치.
fat·head·ed [fǽthèdid] *adj*. 어리석은, 바보 같은.
‡fa·ther [fáːðər] *n*. **1** 아버지, 부친. ¶ *Father* (*or* My *father*) gave me this book. 아버지가 이 책을 주셨다. ∗ 「우리 아버지」라고 말하는 경우 문장 중에서도 관사없이 Father로 하는 일이 있다 / Like *father*, like son. 《속담》 그 아비에 그 아들 / The wish is *father* to the thought. 《속담》 사람은 바라는 일을 사실처럼 믿고 싶어 한다 / The child is *father* of (or to) the man. 《속담》 어린이는 어른의 아버지.
2 장인, 시아버지(father-in-law); 계부(stepfather); 양부(adoptive father).
3 아버지처럼 숭배받는 사람; 아버지처럼 돌봐주는 사람. ¶ a *father* to the oppressed 학대받는 사람들의 아버지.
4 (보통 ~s) 조상, 선조(forefather).
5 시조, 창시자, 창립자(founder); 〔美〕 (the F-s) 미국 헌법 제정자. ¶ the *Father* of English poetry 영시의 아버지 [Chaucer 를 지칭] / the *Father* of lies 악마(Satan), 마왕.
6 (the F-) 신, 조물주(God). ¶ O *Father* in heaven, we pray thee … 〔기도의 상용 문구〕 하늘에 계신 하나님 아버지, 바라옵건대…. ∗ 남을 부를 때는 the 를 붙이지 않는다.
7 〔존칭〕 신부; 수도원장; 사부(師父); …대사(大師); 청죄사(聽罪師). ¶ the Holy *Father* 로마 교황 / Most Reverend *Father* in God 대주교(archbishop)에 대한 존칭 / Right Reverend *Father* in God 주교 (bishop)의 존칭.
8 (종종 F-s) 교부(敎父) 〔기독교 초기부터 중세에 걸친 교회의 위대한 저작가〕; 공(公)회의에 참가하는 사교(司教).
9 (~s) 〔시·읍·면·의회 등의〕 장로, 원로; 〔로마 역사〕 원로원 의원(conscript fathers).

Father Christmas 846 **fault**

be gathered to one's fathers 죽다(die).
lie(or *sleep*) *with one's fathers* 지하에 잠들어 있다 (be dead).
— *vt.* **1** …의 아버지가 되다; [아버지로서] …을 낳다; 부친으로서 …을 기르다; …에게 아버지처럼 대하다. **2** …을 만들다, 창시하다, 시작하다. ¶ He *fathered* many inventions. 그는 많은 발명을 했다. **3** …의 아버지(작자)라 칭하다, …의 아버지(작자)임을 확인하다(… *on, upon*). ¶ (~+目+前+名) *father* the child *on* him 그를 그의 아버지라고 하다. **4** …의 책임을 지우다.
◇ **fátherly** *adj.*

Fáther Chrístmas *n.* 《英》=Santa Claus.
fáther conféssor *n.* 〔교회〕고해(告解)를 듣는 신부; 청죄사(聽罪師).
fáther fígure(ímage) *n.* 부친으로서의 이상적인 상(像).
fa・ther・hood [fɑ́:ðərhùd] *n.* 〖U〗 **1** 아버지임; 아버지로서의 자격, 부권(父權). **2**《집합적》아버지.
fa・ther-in-law [fɑ́:ðərinlɔ̀:] *n.* (*pl.* **fathers**-) 1 장인, 시아버지. 2《英구어》계부, 의붓아버지(stepfather).
fa・ther・land [fɑ́:ðərlæ̀nd] *n.* 조국; 부조(父祖)의 땅.
fa・ther・less [fɑ́:ðərlis] *adj.* **1** 아버지 없는; 아버지를 모르는. **2** 작자 미상(未詳)의.
fa・ther・like [fɑ́:ðərlàik] *adj.* 아버지 같은, 아버지다운.
fa・ther・ly [fɑ́:ðərli] *adj.* 아버지의; 아버지같은; 자부(慈父)와 같은. — *adv.* 부친처럼, 아버지답게. **-li・ness** *n.*
Fáther's Dày *n.*《美》아버지의 날〔6월 셋째 일요일〕.
fa・ther・ship [fɑ́:ðərʃìp] *n.* 〖U〗 아버지임; 아버지로서의 자격.
Fáther Tíme *n.* 〔존경심을 갖고 의인화하여〕시간, 시간의 아버지〔큰 낫과 모래 시계를 갖고 있다〕.
fath・om [fǽðəm] *n.* (*pl.* **oms** *or* **-om**) **1** 길〔본래의 두 팔을 벌린 길이; 주로 수심을 재는 데 쓰는 단위; 6 피트〕. ¶ five *fathom*[s] deep 수심 다섯 길(* 이 경우《美》에서는 s를 붙이고《英》에서는 붙이지 않는다). **2**《英》〔절단면 6평방 피트의〕재목의 양. **3** 〔지력(知力)따위의〕심도, 깊이. ¶ a subject beyond his *fathom* 그에게는 헤아릴 수 없는 문제. — *vt.* 〔측연(測鉛)따위로〕〔수심〕을 재다(sound); 〔남의 마음〕을 헤아리다, 추측하다. ¶ *fathom* a person's secret 남의 비밀을 알아채다.
fath・om・a・ble [fǽðəməbl] *adj.* 잴 수 있는, 헤아릴 〔있는.
Fa・thom・e・ter [fæðɑ́mitər / -ɔ́mitə] *n.* 〔상표명〕음파 측심기.
fath・om・less [fǽðəmlis] *adj.* **1** 깊이를 잴 수 없는, 굉장히 깊은. **2** 이해할 수 없는, 헤아릴 수 없는. **~ly** *adv.*
fa・tid・ic [feitídik, +美 fə-], **-i・cal** [-ik(ə)l] *adj.* 예언의, 예언적인 (prophetic).
fat・i・ga・ble [fǽtigəbl] *adj.* 피로하기 쉬운.
fa・tigue [fətí:g] *n.* 〖U〗 **1** 심신의 피로, 피곤. ¶ break the *fatigue* of a long journey 오랜 여행의 피로를 풀다. **2** 피로의 원인이 되는 것, 노역(勞役), 노고(toil). ¶ one of the day's *fatigues* 하루의 일 중의 하나. **3** 〖U〗〔기계〕〔금속・목재 따위의〕약화, 약해짐. **4**〔군사〕잡역(雜役); 작업반; (~s)작업복(fatigue clothes). *on fatigue* 잡역 복무중의.
— *vt.* (**-tigued**, **-tigu・ing**) **1** …을 지치게 하다. ¶ I was *fatigued* with work. 나는 그 일로 지쳐 있었다. **2** 〔기계〕〔금속 따위〕를 약화시키다.
fatígue clóthes *n. pl.*〔군사〕작업복.
fa・tigued [fətí:gd] *adj.* 지친, 피로한 頬語 TIRED.
fa・tigue・less [fətí:glis] *adj.* 지치지 않는, 피로하지 않는.
fatígue párty *n.*〔군사〕작업반, 사역반. 〔르는.
fa・ti・gu・ing [fətí:giŋ] *adj.* 피로하게 하는; 고된.
fat・ling [fǽtliŋ] *n.* 식용을 가축〔특히 살지게 기른 송아지・새끼양・돼지 새끼 따위〕.
fat・ly [fǽtli] *adv.* **1** 둥둥하게. **2** 서투르게. **3** 매우, 풍부하게 (richly).
fat・ness [fǽtnis] *n.* 〖U〗 **1** 비만. **2** 기름기가 많음. **3** 비옥 (fertility), 풍부.
fat・so [fǽtsou] *n.* (*pl.* **-sos** *or* **-soes**)《종종 경멸적으로 부르는 말》뚱뚱보 (fat person).
fát súcking *n.* 〔의학〕지방 흡인〔미국 등지에서 턱・배 따위에 가느다란 흡입관을 삽입하여 지방을 흡수하는 비만 수술법〕.
***fat・ten** [fǽtn] *vt.* **1** …을 살찌게 하다; 〔식용으로〕〔가축 따위〕를 비육(肥育)하다. **2**〔토지 따위〕를 비옥하게 하다; …을 풍부하게 하다 (enrich). — *vi.* 살찌다, 뚱뚱해지다. ◇ **fat** *n.*
fat・tish [fǽtiʃ] *adj.* 다소 살찐, 좀 비만한.
fat・ty [fǽti] *adj.* (**-ti・er, -ti・est**) **1** 지방(질)의, 지방을 함유하는. ¶ *fatty* tissue 지방 조직. **2**〔병리〕지방성의, 지방 과다〔성〕의. — *n.* (*pl.* **-ties**)〔구어〕뚱뚱보〔특히 어린 아이〕, 똥보. **-ti・ness** *n.*
fátty ácid *n.* 〔화학〕지방산 (脂肪酸). 〔빠진.
fátty líver *n.*〔의학〕지방간 (肝).
fa・tu・i・tous [fət(j)ú:itəs / -tjú:-] *adj.* 어리석은, 얼
fa・tu・i・ty [fət(j)ú:iti / -tjú:i-] *n.* (*pl.* **-ties**) **1** 어리석음, 우둔 (foolishness). **2** 어리석은〔얼빠진〕것〔특히 말이 따위〕.
fat・u・ous [fǽtʃuəs -tju-] *adj.* **1** 어리석은, 얼빠진. ⇨ FOOLISH 頬語 **2** 비현실의 (unreal), 환상의, 허깨비의 (illusory). **~ly** *adv.* **~ness** *n.*
fat-wit・ted [fǽtwítid] *adj.* 우둔한, 둔한, 어리석은.
fau・bourg [foubúər, fóubuərg / fóubuəg] *n.* 〔도시의〕교외 (suburb), 근교; 〔본래는 성벽 밖이었던〕도시의 지구.
fau・cal [fɔ́:k(ə)l] *adj.* **1** 인두 (咽頭) (fauces)의. **2** 〔음성〕후음 (喉音)의; 후두음의.
fau・ces [fɔ́:si:z] *n. pl.* 〔보통 단수 취급〕〔해부〕인두 (咽頭). 〔< L. throat〕
fau・cet [fɔ́:sit] *n.*〔물통・수도 따위의〕물꼭지, 물주둥이, 마개, 코크 (tap, cock).
fau・cial [fɔ́:ʃəl] *adj.* 〔해부〕인두 (fauces)의.
faugh [fɔ:] *interj.* 피이!, 쳇!〔혐오・경멸 따위를 나타내는 소리〕.
‡**fault** [fɔ:lt] *n.* **1** 결점, 단점, 흠 (defect, flaw). ¶ a *fault* in a glass 글라스의 흠 / He has many *faults*. 그에게는 결점이 많다 / Forgetfulness is a *fault*. 건망증도 한 가지 결점이다.
  頬語 fault 「사람의 결점」의 뜻의 가장 일반적인 말; 반드시 중대한 결점을 뜻하지는 않는다. **failing** 사람에게 흔히 있는, fault 보다 더 관대히 볼 수 있는 결점: Jealousy is a very common *failing*. 질투는 아주 흔한 결점이다. **foible** 무해하고 때로는 귀여운 결점: the *foibles* of an eccentric artist 괴짜 화가의 귀여운 결점. **weakness** 어떤 충동을 자제할 수 없는 결점: a *weakness* for liquor 술이라면 사족을 못쓰는 결점. **shortcoming** 완전의 표준에서 보아 부족한 점; fault 를 우회적으로 나타내는 말: Your *shortcomings* are venial. 당신의 결점은 용서받을 수 있는 것입니다. **vice** fault 나 failing 보다 더 도덕적으로 나쁜 결점: Vanity is her *vice*. 허영이 그녀의 결점이다.

2 잘못, 과실, 과오 (error, mistake); 허물 (misdeed). ¶ a grave (*or* a gross) *fault* 중대한 과실 / There are a lot of *faults* in your paper. 너의 답안에는 틀린 데가 많다 / I acknowledged my *faults*. 나는 내 허물을 인정했다.
3 〔과실의〕책임 (responsibility); 죄 (blame). ¶ It was her *fault* that they were delayed. 그들이 늦은 것은 그녀의 책임이었다 / The *fault* lies with you. 그 죄는 너에게 있다.
4 〔지질〕단층 (斷層); 〔전기〕고장, 누전 (leakage).
5 〔스포츠〕〔테니스 따위의〕폴트〔서브의 실패〕.
6 〖U〗〔사냥〕냄새 자취를 잃기.
be at fault ① 〔사냥개가〕냄새 자취를 잃다. ⇨ 6. ②

당황하고 있다. ③ 잘못되어 있다(be mistaken); 죄가 있다 (be in fault).
be in fáult 죄가 있다, 잘못되어 있다. ¶ Who *is in fault?* 누가 나쁘냐?
find fáult with …의 흠을 찾다, …을 나무라다, 비난하다. ¶ He *finds fault with* everything I do. 그는 내가 하는 일은 무엇이나 흠을 잡는다.
to a fáult 지나치게, 극단적으로 (too much, excessively). ¶ He is generous *to a fault.* 그는 지나치게 관대하다.
with áll fáults 〔상업〕 일체 사는 사람의 책임으로.
without fáult 틀림없이 (without fail).
— *vt.* **1** 〔보통 수동형으로〕〔지질〕…에 단층을 일으키다. **2** …의 흠을 찾다; …을 비난하다. — *vi* **1**〔지질〕단층을 일으키다. **2** 과오를 범하다(err).
◇ fáulty *adj.* 〔잠오리꾼.
fault·find·er [fɔ́ːltfàindər] *n.* 남의 흠만 잡는 사람,
fault·find·ing [fɔ́ːltfàindiŋ] *n.* ⓤ 흠잡기, 책망.
— *adj.* 남의 흠만 찾는, 잔소리하는, 책망하는.
*fáult·less [fɔ́ːltlis] *adj.* 결점(과실) 없는; 완전 무결한. ~**·ly** *adv.* ~**·ness** *n.*
fáult tòlerance *n.* 〔컴퓨터〕내(耐) 고장성〔오퍼레이터에게 자동 전달되어 작동중에 부분 교환이 가능한 성질〕.
fáult-tòlerant compùter [fɔ́ːltɑ̀lərənt-/-tɔ́l-] *n.* 내(耐)고장성 컴퓨터〔MTBF(평균 고장 간격)가 아주 긴 것〕.
fáult trèe *n.* 과실 계통도(系統圖) 〔핵처리 장치 등 모든 산업 설비의 사고・과실이 가져올 사태를 명시한 계통도〕.
*fault·y [fɔ́ːlti] *adj.* (**fault·i·er, fault·i·est**) **1** 결점이 있는, 불완전한. **2** 〔도덕상〕 비난받을.
fault·i·ly *adv.* **fault·i·ness** *n.*
faun [fɔːn] *n.* 〔로마 신화〕 반인반양(半人半羊)인 숲의 신. *cf.* satyr
fau·na [fɔ́ːnə] *n.* (*pl.* **-nas** or **-nae** [-niː]) **1** (보통 the ~) 〔총칭적〕〔한 지역 또는 한 시대의〕 동물군, 동물상(相), 동물 구계(區系). *cf.* flora ¶ the *fauna* of Australia 오스트레일리아의 동물상. **2** 동물지(誌).
fau·nal [fɔ́ːn(ə)l] *adj.* 한 지방(시대)의 동물의.
fau·nist [fɔ́ːnist] *n.* 동물학자.
fau·nis·tic [fɔːnístik], **-ti·cal** [-tik(ə)l] *adj.* 동물상(지)의; 동물상 연구자의.
Faust [faust] *n.* 파우스트〔16세기 독일의 전설상의 인물, 천지 전능을 바라고 악마 Mephistopheles 에게 영혼을 팔아 넘겼다; 이 전설을 소재로 한 괴테(Goethe)작의 비극, 구노(Gounod)작의 가극이 있다〕.
Fáust slìpper *n.* 실내용 슬리퍼〔앞이 V 자형으로 갈라져 있는 것〕.
faute de mieux [F fot də mjǿ]《프랑스》(=for want of better) 따로 더 좋은 것이 없어서, 할 수 없이.
fau·teuil [fóutil /-tɔːi] *n.* **1** 안락 의자; 팔걸이 의자. **2** 《英》〔극장의〕 1층 정면의 1등석. [< F stall]
Fau·vism [fóuvìz(ə)m] *n.* (때로 f-) ⓤ 야수(野獸)주의, 포비슴〔20세기 초엽의 예술 운동. Matisse, Derain, Vlaminck 등이 주창〕.
Fau·vist [fóuvist] *n.* 야수파의 화가.
faux-na·ïf [F fonaif] *adj., n.* 《프랑스》(=false-naive) 순진한〔약전한〕 체하는(사람), 소박성을 내세우는〔작품〕.
faux pas [fou pɑ́ː] *n.*(*pl.* **faux pas** [-pɑ́ːz]) 과실, 실수, 무례; 〔특히 여자의〕 부정(不貞). [< F]
fave [feiv] *n.* 《美속어》마음에 드는 사람〔배우 등〕.
fa·ve·la [fɑːvélɑ] *n.* 〔포르투갈〕〔브라질에서 도시의〕빈민가, 판자촌.
fa·ve·la·do [fɑːvelɑ́ːdou] *n.* 〔포르투갈〕 빈민가의 빈민.
fáve ràve *n.* 〔구어〕인기 탤런트(가수), 대중의 우상; 좋아하는 것〔영화, 노래 따위〕.
fa·vor,《英》**-vour** [féivər] *n.* **1** ⓤ 호의, 친절. ¶

treat a person with *favor* 남을 호의적으로 다루다 / look with *favor* on a person 남을 호의적으로 보다.
|類語| **favor** 호의적 감정: look with *favor* on a proposition 제안을 호의적으로 생각하다. **goodwill** 호의적 감정을 적극적으로 표현함을 뜻하며 국제 관계에 많이 쓰이는 말: a *goodwill* tour 친선 여행.
2 친절한 행위; 은혜; 청(請). ¶ ask the *favor* of a reply 답장을 부탁하다 / May I ask a *favor* of you? = Will you do me a *favor?* 한가지 청이 있는데요? **3** ⓤ 편애(偏愛), 편벽된 사랑, 정실(partiality); 총애. ¶ show undue *favor* to a person 남에게 지나치게 호의를 보이다 / win a person's *favor* 남의 사랑을 받다 / show great *favor* to a person 남을 크게 봐주다 / curry *favor* with a person 남의 비위를 맞추다, 남에게 알랑거리다. **4** 〔호의・애정을 나타내는〕 선물; 기념장(記念章), 회원장. **5** ⓤ 〔특히 여자의〕 정조의 승낙. **6** 〔상업〕 편지, 서간(書簡) (letter). ¶ your *favor* dated the 5th of this month 이 달 5일자의 혜한(惠翰). **7** (~s)〔여자의〕 정교(情交)의 승낙. ¶ bestow one's *favors* on one's lover 〔여자가〕애인에게 몸을 맡기다. **8** ⓤ〔고어〕용모, 얼굴.
by (**or with**) **favor of** …의 호의로; …편에〔편지 겉봉에 쓰는 말〕. 〔다만,
by your favor 귀하의 허락으로, 실례지만, 외람되지만
find favor with (**or in the eyes of**) *a person* 남의 눈에 들다, 남의 총애를 얻다.
in (**out of**) **favor** 마음에 들어(미움을 받고) (*with …*).
in a person's favor ① 남의 마음에 들어. ② 남을 위해서, 남에게 유리하도록.
in favor of ① …에 찬성하여. ¶ He spoke *in favor* of the motion. 그는 그 동의에 찬성 발언을 했다. ② …의 이익이 되도록, …을 위하여. ¶ He pleaded eloquently *in favor* of the defendant. 그는 피고를 위해서 유창하게 변호했다. ③ 〔상업〕〔수표 따위〕…앞으로 발행된.
stand (or **be high in**) *a person's* **favor** 남의 총애를 많이 받고 있다.
under favor = by your favor.
under [**the**] **favor of** …을 이용하여, …을 틈타서. ¶ *under favor of* the night 야음을 타고.
without fear or favor; without favor or fear 공평하게, 편벽이는 법 없이.
— *vt.* **1** …에 호의를 보이다, 찬성하다; …에 은혜를 베풀다 ◇ OBLIGE |類語|; …에게 주다(…*with*). ¶ *favor* a proposal 제안에 찬성하다 // (~+⽬+前+⼆) *favor* a person *with* an interview 남에게 면회를 허락하다 / Will you *favor* me *with* a song? 내게 노래를 하나 들려 주시겠소? / He was *favored with* great intelligence. 그에게는 훌륭한 지성이 있었다 / The sports meeting was *favored with* good weather. 운동회는 좋은 날씨의 덕을 보았다. **2** …을 편애하다, …에 편들다. **3** …을 돕다(aid); …에게 편들다. ¶ *Fortune favors* the brave. 《속담》행운은 용기있는 자에게 편든다. **4** 〔날씨・사정 따위가〕…에 유리하다, …에 알맞다. ¶ The weather *favored* my tour. 날씨는 나의 여행에 좋았다. **5** …을 소중히 다루다(spare). ¶ *favor* one's injured foot 다친 다리를 살살 다루다. **6** 《구어》…을 닮다 (resemble). ¶ She *favors* her mother. 그녀는 어머니를 닮았다.
◇ fávorable, fávorite *adj.*
‡fa·vor·a·ble,《英》**-vour-** [féiv(ə)rəbl] *adj.* **1** 호의적인, 승낙의, 찬성하는(*to* …). ¶ a *favorable* answer 호의적인 대답 / a *favorable* comment 호평 // He is *favorable* to the project. 그는 그 계획에 찬성이다. **2** 유망한(promising); 유리한(advantageous), 순조로운, 형편이 좋은(*to, for* …). ¶ a *favorable* opportunity 좋은 기회 / a *favorable* wind 순풍 // The climate is *favorable for* oranges. 그 기후는 오렌지에 좋다 / The sentence was *favorable to* the defendant. 판결은 피고

favorably 에게 유리했다. ◇ fávor *n.*, fávorably *adv.*

*fa·vor·a·bly, 《英》**-vour-** [féiv(ə)rəbli] *adv.* **1** 편리하게, 유망하게, 유리하게. ¶ be *favorably* impressed by a person 남에게서 좋은 인상을 받다. **2** 호의적으로, 친절하게. ¶ speak *favorably* of a person 남을 좋게 말하다.

*fa·vored, 《英》**-voured** [féivərd] *adj.* **1** 호의(호감)를 사고 있는. **2** 특별한 편의를 누리고 있는. ¶ a *favored* mortal 행복한 녀석 / the most-*favored*-nation clause 【법률】 최혜국 조관(最惠國條款). **3** 《보통 복합어를 만들어》 용모가 …한. ¶ well-(ill-) *favored* 얼굴이 잘생긴(못생긴).

fa·vor·er, 《英》**-vour-** [féivərər] *n.* 편들어 주는 사람; 보호자; 찬성자.

fa·vor·ing·ly, 《英》**-vour-** [féivəriŋli] *adv.* 편리하게, 순조롭게.

‡fa·vor·ite, 《英》**-vour-** [féiv(ə)rit] *n.* **1** 마음에 드는 사람, 인기있는 사람, 총아; 총신(寵臣). ¶ a fortune's *favorite* 행운아 / She is a popular *favorite* as a singer. 그녀는 가수로서 대중에게 인기가 있다 / The dog was a great *favorite* with his uncle(*or* of his uncle's). 그 개는 삼촌을 아주 좋아했다. **2** 특히 좋아하는 것. ¶ This novel is my *favorite*. 이 소설은 내가 아주 좋아한다. **3** 〖경마의〗 인기말; 〖경기의〗 인기선수. — *adj.* **1** 마음에 드는, 아주 좋아하는, 총애하는. ¶ one's *favorite* child 사랑하는 자식 / one's *favorite* book (song) 애독서(애창가). **2** 특히 잘하는, 특기의. ¶ his *favorite* excuse 그가 늘 써먹는 핑계.
◇ fávor *n.*

fávorite són *n.* 《美》 대통령 지명 대회에서 자기 출신주 대의원의 지지를 받는 인기 후보자.

fa·vor·it·ism, 《英》**-vour-** [féiv(ə)ritìz(ə)m] *n.* ⓤ 편듦; 편애, 정실, 편파색임. **2** 비뚤애 있는.

fav·o·site [févəsait] *n.* 산호의 일종(fossil coral).

*fa·vour [féivər] *n.*, *vt.* 《英》 = favor.

fa·vus [féivəs] *n.* 〖병리〗 황선(黃癬); 백선(白癬).

fawn¹ [fɔːn] *n.* **1** 어린 사슴, (특히 한 살 미만의) 새끼 사슴. ¶ in *fawn* 〖사슴이〗 새끼를 배어. **2** ⓤ 엷은 황갈색. — *adj.* 엷은 황갈색의. — *vi.* 〖사슴이〗 새끼를 낳다.

fawn² [fɔːn] *vi.* **1** 〖야비한 짓을 해가며〗 알랑거리다, 아첨하다(*on, upon* …). **2** 〖개가〗 아양을 떨다 (*on, upon*…).

fawn·er [fɔ́ːnər] *n.* 아첨꾼, 알랑쇠.

fawn·ing [fɔ́ːniŋ] *adj.* 알랑거리는; 아양 떠는. ~·ly *adv.*

fax [fæks] *n.* = facsimile.

fay [fei] *n.* 요정(妖精), 선녀(fairy).

FAZ 《略》 *f*oreign *a*ccess *z*one (수입 촉진 지역).

faze [feiz] *vt.* **(fazed, faz·ing)** 《美구어》 〖부정문에서〗 …을 당황하게 하다, 겁먹게 하다(daunt).

f.b. 《略》 *f*ull*b*ack; *f*reight *b*ill (운임 청구서).

F.B.A. 《略》 *F*ellow of the *B*ritish *A*cademy (영국 학사원 회원).

F.B.E. 《略》 *f*oreign *b*ill of *e*xchange (외국환어음).

FBI, F.B.I. 《略》 *F*ederal *B*ureau of *I*nvestigation ([미국] 연방 수사국).

FBM 《略》 *F*leet *B*allistic *M*issile (함대형 탄도 미사일).

FBR 《略》 *f*ast *b*reeder *r*eactor (고속 증식로(爐)).

FBS 《略》 〖의학〗 *f*asting *b*lood *s*ugar (공복시 혈당; 아침 식사 전의 혈당치(당뇨병의 지표)); 〖군사〗 *f*orward-*b*ased *s*ystem (전진 기지 방어 체제).

F.C. 《略》 *f*ootball *c*lub; *f*oot-*c*andle (푸트 촉광); *f*ree *c*hurch.

FCA, F.C.A. 《略》《美》 *F*arm *C*redit *A*dministration (농업 금융국 (局)).

FCC 《略》 *F*ederal *C*ommunications *C*ommission (미국 연방 통신 위원회).

F clef *n.* 〖음악〗 바음(音) 기호, 저음 기호(bass clef).

fcp. 《略》 foolscap.

FCS 《略》 〖군사〗 *f*ire *c*ontrol *s*ystem.

F.D. 《略》 *F*idei *D*efensor (=Defender of the Faith); *f*ire *d*epartment; *f*ocal *d*istance (초점 거리).

FDA 《略》 *F*ood and *D*rug *A*dministration (《美》 식품 의약품국).

F.D.C. 《略》 *f*irst-*d*ay *c*over.

FDD 《略》 *f*loppy *d*isk *d*river (플로피 디스크 회전 장치).

FDF 《略》 〖우주〗 *f*light *d*ata *f*ile.

FDIC 《略》 *F*ederal *D*eposit *I*nsurance *C*orporation (연방 예금 보험 공사).

FDM 《略》 〖전자 공학〗 *F*requency-*D*ivision *M*ultiplexing (주파수 분할 다중 방식).

FDMA 《略》 〖통신〗 *f*requency *d*ivision *m*ultiple *a*ccess (주파수 분할 다중 액세스).

FDR 《略》 *F*ranklin *D*elano *R*oosevelt.

Fe 〖화학〗 iron의 원자 기호. 〖< L *ferrum*〗

FE 《略》 *f*light *e*ngineer (항공 기 기관사); 〖컴퓨터〗 *f*ormat *e*ffector.

FEAF [ff:f] 《略》 *F*ar *E*astern *A*ir *F*orce. 〖운.

feal [fi:l, fi:əl] *adj.* (고어) 성실한 (faithful); 충성스러운

fe·al·ty [fí:(ə)lti] *n.* ⓤ **1** 〖역사〗 군주에 대한 신하의 충성, 충성의 맹세. **2** 충실 (fidelity), 성실.

‡fear [fiər] *n.* **1** ⓤ 두려움, 무서움, 공포(terror); ⓒ 두려운 이유. ¶ He did this out of *fear*. 그는 무서워서 이것을 했다 // The *fear* of death is upon him. 그는 죽음의 공포에 사로잡혀 있다. **2** ⓤ 불안, 걱정, 근심, 염려(anxiety); ⓒ 걱정거리. ¶ There is no *fear*. 걱정없다 / I have a *fear* that we shall be late. 늦지 않을까 걱정이다 / I entertained grave *fears* for your safety. 나는 너의 안전에 대해 크게 걱정했다 / I have a *fear* of failing. 나는 실패하지 않을까 걱정이다 / Is there any *fear* of that happening? 그런 일이 일어날 염려가 있습니까? **3** ⓤ 〖특히 신에 대한〗 두려움, 외경 (畏敬). ¶ the *fear* of God 하나님을 두려워하는 마음, 켕기는 마음.

〖類語〗 *fear* 「근심·공포」라는 뜻의 가장 일반적이고 넓은 뜻의 말. *dread* 위험(불쾌)한 일을 예상할 때 느끼는 불안·두려움: have a *dread* of meeting strangers 낯선 사람들을 만날까 두려워하다. *fright* 갑작스럽고 순간적인 공포: take *fright* at a roll of thunder 천둥 소리에 깜짝 놀라다. *terror* 증체로 사라지지 않는 아주 커다란 공포: be frozen with *terror* 무서워서 몸이 오싹해지다. *horror* 오싹하는 불쾌감·혐오감이 섞인 terror: shut one's eyes in *horror* 무서워서 눈을 감다. *panic* 종종 근거없이 많은 사람들에게 덮쳐서 미친 듯한 행동을 하는 오래가는 공포: The whole city was in a *panic*. 온 도시가 공포에 빠져 있었다.

for fear of …을 두려워하여, …하면 안 되니까, …이 없도록. ¶ run away *for fear of* being arrested 체포되는 것이 두려워서 도망치다.

for fear [that] … …하지 않을까 두려워서, …할까봐. ¶ He is working hard *for fear [that]* he should fail. 그는 낙제할까 열심히 공부하고 있다.

in (or *with*) *fear* 두려워하며.

in fear of ① …을 걱정하여, …할까보아. ¶ They live *in* constant *fear* of attack by the enemy. 그들은 적의 공격을 받을까 늘 두려워하며 살고 있다. ② …을 두려워하여, 무서워하여.

no fear 《구어》 걱정할 것 없다! ¶ You will not fail, *no fear*. 괜찮아, 넌 실패하지 않는다.

— *vt.* **1** …을 무서워하다, 두려워하다. ¶ *fear* the unknown 미지의 것을 두려워하다 // (~ + *to do*) Man *fears* to die. 인간은 죽는 것을 두려워한다 //(~ + *ing*) I *fear* doing it. 나는 그것을 하는 것이 두렵다.
2 …을 걱정하다, 염려하다, …이 아닌가 생각하다. *cf.* hope 《~ + [*that*] 절》 ¶ I *fear* [*that*] he will not come. 그가 오지 않을까봐 걱정이다 / We *feared* lest he should fail. 그가 실패하지 않을까 걱정했다 / You need not *fear but that* he will get well. 그가 병이 나으리라

는 것은 걱정할 필요가 없다 // Will he get well soon? ── I fear not. 그가 곧 나을까. ── 낫지 않을 거야 / He will fail again, I fear. 그가 아무래도 또 실패할 것 같다.

── **Usage** do not fear but that ── fear 의 부정형·의문형 뒤에서 that 대신에 문어체로 but that 를 쓰는 일이 있다. fear 가 명사인 경우도 같다: You need *not fear but that* he will succeed. / There is *no fear but that* he will succeed. * 고문체에서는 but that 를 that ... not 의 의미로 쓰는 일이 있다: There is *no fear but that* he will come(=*that* he will *not* come). 그가 오지 않을 염려는 없다(그는 꼭 온다).

3〔during〕을 두려워하다. ¶ There are none but *fear* God. 신을 두려워하지 않는 사람은 없다.
── *vi.* 걱정하다, 염려하다(be afraid). ¶ Never *fear* ! 걱정 말아라!, 괜찮다! // (~+圈+名) I *feared* for your safety. 네 안전을 염려했었다.
◇ féarful, féarsome *adj.*

‡**fear·ful** [fíərfəl] *adj.* **1** 무서운, 무시무시한(terrible). ¶ a *fearful* sight (accident) 무서운 광경(사고). **2** 두려워〔무서워〕하는; 걱정하는 (afraid). ¶ She was *fearful* of the consequences (*for* her safety). 그녀는 결과를 걱정하고 있었다(안전을 염려했다) / He was *fearful* of failing in the examination. 그는 시험에 떨어지지 않을까 걱정했다 / He was *fearful that* (or *lest*) he should make an error. 그는 실수를 하지 않을까 걱정했다. ¶ I am *fearful* to hurt his feelings. 그의 기분을 해치지 않을까 걱정이다. **3** 신을 두려워하는, 경건한. ¶ be *fearful* of God 신에게 경건하다. **4** 근심스러운; 염려스러운. **5** 대단한, 지독한, 굉장한. ¶ a *fearful* mess 대단한 혼란. ~·ness *n.* féarfully *adv.*

***fear·ful·ly** [fíərfəli] *adv.* 몹시, 굉장히. ¶ a *fearfully* hot day 굉장히 더운 날.

‡**fear·less** [fíərlis] *adj.* 무서움을 모르는, 겁내지 않는, 대담무쌍한, 용감한. ⇨ BRAVE 類語 ¶ be *fearless* of …을 두려워하지 않다. ~·ly *adv.* ~·ness *n.*

fear·nought [fíərnɔːt], (**fear·naught**) *n.* 回 두껍고 질긴 모직물;ⓒ 그것으로 만든 상의(외투).

fear·some [fíərsəm] *adj.* **1** 무서운, 무시무시한. **2** 겁이 많은, 소심한 (timid). ~·ly *adv.* ~·ness *n.*

fea·sance [fíːz(ə)ns] *n.* 回〖법률〗〔약정·의무 등의〕 이행.

fea·si·bil·i·ty [fìːzəbíliti] *n.* 回 **1** 실행할 수 있음, 가능성. **2** 편리, 유용함, 있을 적함.

fèasibílity stùdy *n.* [개발 계획 따위의] 타당성 조사.

*‡**fea·si·ble** [fíːzəbl] *adj.* **1** 실행할 수 있는 (practicable), 가능성 있는. ⇨ POSSIBLE 類語 ¶ a *feasible* plan 실행할 수 있는 계획. **2** 그럴 듯한, 있을 직한 (likely). ¶ a *feasible* story 있음직한 이야기. **3** 적당한 (suitable). ¶ land *feasible for* cultivation 경작에 알맞은 토지. ~·ness *n.* -bly *adv.*

‡**feast** [fíːst] *n.* **1** 〔종교상의〕 축제, 축일, 제일, 제례 (祭禮). ¶ a movable *feast* 부정기 축제일[Easter 따위] / an immovable *feast* 정기 축제일[Christmas 따위] / the *feasts* of the church 교회의 축제일. **2** 향연, 축하연, 연회; 성찬. ¶ give (or make) a *feast* 잔치를 벌이다, 성찬을 베풀다.
類語 **feast** 많은 사람들이 모여 진탕 먹고 마시며 즐기는 일: a birthday *feast* 생일 잔치. **banquet** 호화롭게 차린 공식적인 feast: a *banquet* in honor of a state guest 국빈을 위한 연회.
3 〔이목 (耳目)을〕 즐겁게 하는 것, 즐거움. ¶ a *feast* for eyes 눈요기 / Good music is a *feast* to the ears. 좋은 음악은 듣고만 있어도 즐겁다.
── *vi.* **1** 잔치에 참석하다, 성찬을 대접받다. **2** 즐겁게 보다〔듣다〕 (on ...). ¶ (~+圈+名) *feast on* a novel 소설을 읽으며 즐기다.
── *vt.* **1** …에게 성찬을 대접하다 (...*on*). ¶ (~+ 圈+ 名) *feast* a person *on* duck 남에게 오리 요리를 대접하다. **2** 잔치를 벌이며 〔때〕를 보내다. ¶ (~+ 圈+ 副) *feast away* a night 잔치로 밤을 새우다. **3** 〔눈·귀〕 를 즐겁게 하다 (...*on*). ¶ (~+ 圈+ 前+ 名) *feast* one's eyes *on* a landscape 경치를 보며 즐기다 / *feast* one's ears *with* music 음악을 들으며 즐기다.
◇ féstal *adj.*

féast dày *n.* 축일, [특히 교회의] 축제일; 잔칫날.

*‡**feat**[1] [fíːt] *n.* ⓒ 〔눈부신〕 위업; 공적, 공훈 (exploit), 묘기, 뛰어난 솜씨. ¶ a *feat* of agility 날랜 재주 / a *feat* of strength 힘 재주.

feat[2] [fíːt] *adj.* 〔고어·英방언〕 **1** 솜씨있는, 교묘한. **2** 적절한; 알맞은. **3** 말쑥한, 산뜻한 (neat).

‡**feath·er** [féðər] *n.* **1** a) 〔한개의〕 깃(plume); 〔집합적〕 깃털 (plumage). ¶ as light as a *feather* 아주 가벼운 / Fine *feathers* make fine birds. 《속담》 옷이 날개. b) 종 (species, kind), 〖Birds of a feather flock together. 《속담》 유유상종 (類類相從). **2** 回 〔집합적〕 깃 (birds), 엽조류 (獵鳥類). ¶ fur and *feather* 조수 (鳥獸). **3** 깃털 같은 것; 〔모자 따위의〕 깃털 장식. **4** 〔보석·유리 따위의〕 새깃 모양의 흠. **5** 깃털처럼 가벼운 〔하찮은, 약한〕 것; (a ~) 〔부정문에서〕 조금도 …않다. ¶ do not care a *feather* 조금도 개의치 않다. **6** 回〔건강·기분의〕상태. **7** 回〔보트〕페더〔노를 수평으로 젖히기〕. **8**〔弓術〕화살깃. **9**〔널빤지를 이어붙이는〕혀, 딴혀.
crop a person's **feathers** 남에게 무안을 주다, 콧대를 꺾다.
cut a **feather**〔배가〕물보라를 일으키며 나아가다.
a **feather** *in* one's *cap* (or *hat*) 명예가 되는 것, 자랑거리.
in fine (or *good, grand, high*) **feather** 기분이 좋아서, 신바람이 나서. ¶ wake up *in good feather* 기분 좋게 잠이 깨다.
in full **feather** ①〔새새끼가〕깃털이 다 난. ②《구어》차려 입고, 성장 (盛裝)하여. ③《구어》주머니가 두둑한.
ruffle a person's **feather** 남을 괴롭히다, 성가시게 하다.
ruffle up the **feathers**〔새가〕화가 나서 깃을 세우다; 《비유적》〔사람이〕성내다.
show the white **feather** 겁을 내다, 비겁하게 굴다.
smooth one's *ruffled* (or *rumpled*) **feathers** 다시 침착해지다, 흥분을 가라앉히다.
── *vt.* **1** …을 깃털로 덮다. **2**〔모자 따위에〕깃털 장식을 달다.〔화살〕에 깃을 달다.〔보트〕〔노〕를 수평으로 젖히다. **4**〔사냥〕…의 깃을 쏘아 떨어뜨리다.
── *vi.* **1** 깃털이 나다. **2** 깃 모양이 되다; 깃처럼 움직이다 (퍼지다). ¶ (~+前+名) the wave of barley *feathering* to a gentle breeze 산들바람에 깃처럼 흔들리는 보리 이삭의 물결. **3**〔보트〕노 를 수평으로 젖히다. **4**〔사냥〕〔사냥개가 냄새 자국을 찾으며〕털을 곤두세우고 몸을 부르르 떨다.
feather one's nest ⇨ NEST.
◇ féathery *adj.*

féather béd *n.* **1** 깃털 매트리스. **2** 안락한 처지.

feath·er·bed [féðərbèd] *adj.* 과잉 고용의.
── *v.* (-**bed·ded, -bed·ding**) *vi.* 〔노조가〕 과잉 고용을 요구하다. ── *vt.* 〔일〕을 과잉 고용을 하여 행하다.

feath·er·bed·ding [féðərbèdiŋ] *n.* 回 페더베딩〔노동조합이 실업 방지책의 일환으로 요구하는 과잉 고용이나 생산 제한〕.

féather bóa *n.* = boa 2.

feath·er·bone [féðərbòun] *n.* 우골 (羽骨) 〔새의 날개 깃으로 만드는 고래뼈 대용품〕.

feath·er·brain [féðərbrèin] *n.* = featherhead.

feath·er·brained [féðərbrèind] *adj.* = featherheaded.

feath·er·cut [féðərkʌ̀t] *n.* 페더커트〔깃털 모양으로 다듬는 머리형〕.

féather dúster *n.* 깃털로 만든 브러시 (총채).

feath·ered [féðərd] *adj.* **1** 깃털이 난; 깃털로 덮인; 깃털 장식이 있는. **2** 날개가 있는; 빠른. **3** 깃털(깃) 같은.

feath·er-edge [féðərèdʒ] *n.* 깃털처럼 얇아지는 끝; 쐐기 모양의 널빤지의 얇은 끝. — *vt.* (**-edged, -edg·ing**) …의 끝을 얇게 깎다.

feath·er-edged [féðərèdʒd] *adj.* 한쪽 끝이 얇은(얇게 깎은).

feath·er-foot·ed [féðərfútid] *adj.* [깃털처럼] 가볍게 움직이는.

feath·er·head [féðərhèd] *n.* **1** 경솔한 사람; 멍청이. **2** 멍청함, 저능.

feath·er·head·ed [féðərhèdid] *adj.* 경솔한; 저능의.

feath·er·ing [féðəriŋ] *n.* ⓤ **1** 〔집합적〕 깃털, (plumage). **2** 복슬복슬한 털; 화살깃; 잉크의 번짐. **3** 〔음악〕 바이올린의 활을 경묘하게 쓰기. **4** 〔건축〕〔장식창의〕 두 호가 이루는 뾰족한 끝.

féather mérchant *n.*《미속어》 책임 회피자(slacker), 게으름쟁이(loafer).

féather pálm 잎이 깃털 모양의 야자수.

feath·er·pate [féðərpèit] *n.* = featherhead.

feath·er·pat·ed [féðərpèitid] *adj.* = featherheaded.

feath·er-stitch [féðərstìtʃ] *n.* 페더스티치〔깃 모양의 뜨개법〕. — *vt.* …을 깃 모양으로 뜨다, 페더스티치로 수놓다.

feath·er·weight [féðərwèit] *n.* **1** [복싱·레슬링 따위] 페더급 선수. **2** 하찮은 사람(물건). — *adj.* **1** 페더급의. **2** 하찮으리만큼, 하찮은.

feath·er·y [féðəri] *adj.* (종종 **-er·i·er, -er·i·est**) **1** 깃으로 덮인, 깃이 난. **2** 깃털 같은; 가벼운. **3** 경박한, 하찮은. ~**-er·i·ness** *n.*

feat·ly [fíːtli] *adv.* **1** 적당히. **2** 솜씨 있게, 능숙하게 (skillfully); 기민하게. **3** 말쑥하게, 단정하게(neatly).

‡**fea·ture** [fíːtʃər] *n.* **1** 얼굴의 일부분[눈·귀·코·입·이마·턱 따위]. ¶ Her mouth is her best *feature.* 그녀는 입이 제일 잘 생겼다. **2** (~s) 얼굴 생김, 용모, 이목구비(countenance). ¶ melancholy *features* 우울한 얼굴 / a girl of fine *features* 이목구비가 단정한 소녀. **3** 〔산천의〕 지세, 지형. ¶ the geographical *features* of Korea 한국의 지세. **4** 특징, 특색, 요점. ¶ a *feature* of English grammar 영문법의 특징 / the main *feature* of the treaty 그 조약의 주안점. 〔類語〕 **feature** 남의 주의를 끄는 두드러진 점: Columns are the architectural *feature* of the temple. 기둥이 그 사원의 건축상의 특징이다. **characteristic** 어떤 사람·사물과 항상 결부시켜 생각하면 그것이 있음으로써 그 사람·물건다워지는 항상적 성질: Self-help is his *characteristic.* 자조(自助)의 정신이 그의 특징이다. **peculiarity** 특히 다른 사물과 뚜렷이 구별시켜주는 독특한 characteristic: The long trunk is a *peculiarity* of the elephant. 긴 코가 코끼리의 특징이다. **trait** 특히 사람·국민 등의 두드러진 characteristic: the Korean *traits* 한국인의 국민성. **5** 〔영화·쇼 따위의〕 인기거리, 특색; 〔신문·잡지 따위의〕 특집 기사, 특종; 〔영화의〕 특작, 장편. ¶ a three-*feature* program 세 편으로 이루어진 영화·TV의 특집 프로, 스페셜. **6** 〔언어〕 소성(素性). — *vt.* (**-tured, -tur·ing**) **1** …의 특징을 그리다; …의 특색을 이루다. **2** 〔Political radicalism *featured* the period. 정치적 급진주의가 그 시기의 특징이었다.〕 …을 특별 인기거리로 하다; 〔신문 따위가〕 …을 특종으로 하다, 대서 특필하다; 〔배우〕를 주연시키다. ¶ The newspaper *featured* the story of the earthquake. 신문은 그 지진에 대한 이야기를 크게 다루었다 / This film *features* a famous actress. 이 영화는 유명한 여배우가 주연한다. **3**〔주로 방언〕〔용모 따위가〕 …과 비슷하다(resemble). **4**《미구어》…을 상상하다(imagine).

fea·tured [fíːtʃərd] *adj.* **1** 특종[기사]의, 대서 특필된; 특색으로 한. **2**《보통 복합어를 만들어》용모가 …한. ¶ a sharp-*featured* woman 용모가 날카로운 여성.

féature fílm *n.* 장편(극) 영화, 특작 영화.

fea·ture-length [fíːtʃərlèŋ(k)θ] *adj.* 〔영화·잡지 기사 따위의〕 장편의(full-length).

fea·ture·less [fíːtʃərlis] *adj.* 특색(특징)이 없는; 재미 없는; 신기함이 없는.

féature síze *n.* 〔전자공학〕 [LSI (대규모 집적 회로)의〕 최소 배선폭(配線幅).

féature stóry *n.* 〔신문·잡지 따위의〕 특별 기사, 읽을거리.

fea·tur·ette [fíːtʃərét] *n.* 특작 단편 영화.

feaze¹ [fiːz] *vt., vi.* (**feazed, feaz·ing**) 〔海事〕〔밧줄의 끝〕을 풀다; 풀리다.

feaze² [fiːz, feiz] *vt.* (**feazed, feaz·ing**) = feeze.

Feb. (略) February.

FEBA [fíːba] (略)《군사》 *f*orward *e*dge of the *b*attle *a*rea (최전선).

febri- fever 의 뜻의 연결형. 예: *febri*fuge.

fe·bric·i·ty [fibrísiti] *n.* ⓤ 열이 있음. [〔性〕의.

fe·brif·u·gal [fibrífjug(ə)l, fèbrifjúːg(ə)l] *adj.* 해열

feb·ri·fuge [fébrifjùːdʒ] *n.* 해열제. **2** 청량 음료(cooling drink).

fe·brile [fíːbrəl, féb-, fíːbrail] *adj.* 열이 나는(feverish); 열병의. 〔verishness〕.

fe·bril·i·ty [fi(ː)bríliti] *n.* ⓤ 발열(發熱) 〔상태〕(fe-

‡**Feb·ru·ar·y** [fébruèri, fébr(j)u-/fébruəri] *n.* 2월〔略 Feb.〕. ¶ *February* has 29 days in a leap year. 윤년에는 2월이 29일이다.

fec. (略) *fecit*.

fe·cal [fíːk(ə)l] *adj.* 배설물(분변)의; 찌끼의.

fe·ces [fíːsiːz] *n. pl.* 배설물, 분변, 똥(excrement). **2** 〔밑에 침전하는〕 찌꺼기(dregs); 침전물.

fe·cit [fíːsit / L féikit] *v.*〔라틴〕(= he (or she) made [it])〔작자의 서명과 함께 써서〕…작, …서(書) 〔略 fec.〕.

feck·less [féklis] *adj.* **1** 효과 없는, 무능한(ineffective). **2** 무기력한, 무책임한. ~**·ly** *adv.* ~**·ness** *n.*

fec·u·lence [fékjuləns] *n.* ⓤ 불결, 더러움; 오물.

fec·u·lent [fékjulənt] *adj.* 오물이 많이 들어 있는; 불결한(foul), 더러워진.

fe·cund [fíːkənd, fék-] *adj.* **1** 〔동물의〕 다산(多産)의 (prolific); 〔토지가〕 비옥한(fertile); 열매가 많이 여는 (fruitful). **2** 창조력(발명의 재간)이 풍부한.

fe·cun·date [fíːkəndèit, fék-] *vt.* (**-dat·ed, -dat·ing**) **1** …을 다산(비옥)하게 하다; …을 잘 여물게 하다. **2** 〔생물〕 …에 수정(受精)(수태)시키다(impregnate).

fe·cun·da·tion [fìːkəndéi(ʃ)n, fèk-] *n.* ⓤ 수태(수정)〔작용〕(impregnation).

fe·cun·di·ty [fi(ː)kʌ́nditi] *n.* ⓤ **1** 〔특히 동물 암컷의〕 다산〔성〕; 생식력. **2** 비옥. **3** 풍부, 무진장함. ¶ *fecundity* of fancy 풍부한 공상력.

‡**fed** [fed] *v.* feed 의 과거·과거 분사.

Fed [fed] *n.* **1**《미속어》연방 정부의 관리; 연방 정부. **2** (the ~) 연방 준비 제도(Federal Reserve System).

Fed. (略) Federal.

fed·a·yee, -i [fèdɑːjíː] *n.* ⇒ FADAYEEN.

fe·da·yeen [fèdɑːjíːn], (**fe·da·yin**) *n. pl.* 아랍 게릴라 대〔그 대원은 fedayee〕. 〔federacy〕.

fed·er·a·cy [fédərəsi] *n.* (*pl.* **-cies**) 동맹, 연합(con-

‡**fed·er·al** [féd(ə)rəl] *adj.* **1** 연합의, 연맹의, 동맹의; 연방의, 연방제의, 연방 정부의. ¶ a *federal* law 연방법 / a *federal* government 연방 정부 / the *federal* organization of labor unions 노동 조합의 연합 조직. **2** (보통 F-) 합중국의, 미국의, 연방정부의. ¶ the *Federal* City 워싱턴시 / the *Federal* Constitution 미국 헌법 / the *Federal* Government 연방(중앙) 정부. ✻ 각 주의 정부는 State Government 라 한다 / the *Federal* Bureau of Investigation 연방 수사국〔略 FBI, F.B.I.〕.

3 (F-) [美역사] [남북 전쟁 시대의] 북부 연방 동맹.
cf. Confederate ¶ the *Federal* army 북군 / the *Federal* States 북부 연방 제주. — *n.* **1** 연방주의자 (federalist). **2** (F-) [美역사] [남북 전쟁 당시의] 북부 연방 지지자, 북군 병사. **~·ly** [-rəli] *adv.*
◇ féderacy *n.*, féderalize *v.*

Féderal Dístrict *n.* 연방 직할지[미국에서는 연방 정부 소재지인 District of Columbia 를 가리킨다]. *cf.* Washington, D.C.

Féderal Eléction Commíssion *n.* 《美》 (the ~) 연방 선거 위원회[略 FEC].

féderal fúnds *n. pl.* 《美》 연방 준비 은행 준비금.

féd·er·al·ism [féd(ə)rəlìz(ə)m] *n.* ⓤ **1** 연방제 (제도). **2** (F-) [美역사] 연방당(Federalist party) 의 주의(주장).

féd·er·al·ist [féd(ə)rəlist] *n.* **1** 연방주의자. **2** (F-) [美역사] 연방 당원, 연방당 지지자. — *adj.* (= **fed·er·al·is·tic** [fèd(ə)rəlístik]) 연방 제도(주의)의; 연방당의, 연방주의자의.

Féderalist pàrty *n.* (the~) [美역사] 연방당.

féd·er·al·i·za·tion [fèd(ə)rəlizéiʃ(ə)n / -lai-] *n.* ⓤ 연방화.

féd·er·al·ize [féd(ə)rəlàiz] (*《英》에서는 **féd·er·al·ise** 로도 쓴다) *vt.* (**-ized, -iz·ing**) …을 연방화하다, 연합[시]키다.

Féderal Mediátion and Conciliátion Sèrvice *n.* (the~) 《美》 연방 조정 중재원[민간 기업의 노사 분쟁을 조정하는 정부 기관].

Féderal Repúblic of Gérmany *n.* (the~) 독일 연방 공화국[통일 이전에는 통칭 West Germany].

Féderal Resérve Bànk *n.* (the~)《美》연방 준비 은행.

Féderal Resérve Bòard *n.* (the~)《美》연방 준비국.

Féderal Resérve Sỳstem *n.* (the~)《美》연방 준비 제도.

féd·er·ate [fédərèit — *adj.*] *v.* (**-at·ed, -at·ing**) *vt.* [독립한 여러 주]를 [중앙 정부하에] 연합[시]키다, …에 연방제를 실시하다. — *vi.* 연합하다, 연방화하다. — *adj.* [fédərit] 연합한, 연방제의. ¶ *federate* nations 연방 국가.

***féd·er·a·tion** [fèdəréiʃ(ə)n] *n.* ⓤⓒ **1** 연합, 동맹, 연방화. ¶ the *federation* of labor unions 노동 조합 연합. **2** 연방, 연방 제도(정부). ◇ féderate *v., adj.*

Federátion Cùp *n.* (the~) 세계 여자 테니스 단체전 [1963년에 시작].

féd·er·a·tion·ist [fèdəréiʃ(ə)nist] *n.* 연합(연방)주의자.

féd·er·a·tive [fédərèitiv, -ətiv] *adj.* 연합(동맹)의, 연방의. **~·ly** *adv.*

fe·do·ra [fidóːrə / -dóːr-] *n.* [챙이 잦혀진] 중절모. [<프랑스의 V. Sardou(1831-1908) 작의 극 *Fédora* 의 여주인공의 이름].

‡fee [fiː] *n.* **1** [의사·변호사 등에게 주는] 보수, 사례. ⇒ PRICE [類語] ¶ a doctor's *fee* for a visit 왕진료. **2** 수업료, 입장료, 입회료, 입학금; 수수료. ¶ an entrance *fee* 입학금, 입회금 / an admission *fee* 입장료. **3** 팁, 행하. **4** ⓒⓤ 영지(領地); [法律] 상속지(권), 상속 재산(fief). — *vt.* (**feed** *or* **fee'd, fee·ing**) **1** …에게 보수(요금)를 치르다, …에 납입금을 내다, …에게 팁을 주다. **2** 《주로 스코》 …을 고용하다.

feeb [fiːb] *n.* 《美속어》 정신 박약자, 바보.

Fee·bie [fíːbiː] *n.* 《美속어》 연방 수사국원. *cf.* FBI

***fee·ble** [fíːbl] *a.* (**-bler, -blest**) **1** [신체적으로] 약한, 가냘픈, 연약한, 무기력한, 저능의. ¶ be *feeble* in mind 정신 박약이다. **2** [음·빛·음성·발기 따위가] 약한, 미 약한, 가냘픈, 희미한; [효과·힘 따위가] 약한.
~·ness *n.* ◇ féebly *adv.*

fee·ble-mind·ed [fíːblmáindid] *adj.* **1** 정신 박약의, 지능이 약한. **2** 의지가 약한. **~·ly** *adv.* **~·ness** *n.*

fee·blish [fíːbliʃ] *adj.* 약한 듯한, 좀 약한.
***fee·bly** [fíːbli] *adv.* 약하게, 무기력하게; 미약하게.

‡feed [fiːd] *v.* (**fed, feed·ing**) *vt.* **1** …에게 먹을 것을 주다, 둘[먹이]을 주다 주다(suckle); [아이·환자 등]에게 먹이다; …을 기르다, 키우다, 사육하다; [먹을 것으로서] …을 주다; [토지 따위가] …의 먹을 것(먹이)이 산출하다. ¶ *feed* a baby 아기에게 젖을 먹이다 / *feed* a horse 말에게 사료를 주다 / *feed* a family 가족을 먹여 살리다 / be well (poorly) *fed* 영양이 좋다(나쁘다) / They have had a hundred head of horses. 이 토지에서는 말 백 두는 키울 수 있을 것이다 / *Well* fed, *well* bred. 《속담》 의식이 족해야 예절을 안다 / *Feed* a cold and starve a fever. 《속담》 감기에는 많이 먹고, 열병에는 굶어야 // (~+囿+前+图) *feed* a kitten *on* (or *with*) cow's milk 새끼 고양이를 우유로 기르다 / He *feeds* corn and beans to his horse. 그는 말에게 보리와 콩을 먹인다 // (~+囿+囿) *Feed* the chickens this grain. 이 곡식을 닭에게 주어라(* 주로 미국에서 사용).
2 [램프]에 기름을 넣다; [난로]에 석탄(장작)을 지피다; [연료 따위]를 공급하다; [보일러]에 급수하다; [기계]에 원료를 공급하다; [강]이 …에 흘러들다; [전력·연료·물·재료 따위]를 보내다, 공급하다. ¶ *feed* a stove 난로에 연료를 넣다 / The river is *fed* by four tributaries. 그 강에는 네 개의 지류가 흘러든다 // (~+囿+囿+图) *feed* a stove *with* coal; *feed* coal *into* (or *to*) a stove 난로에 석탄을 지피다 / *feed* a machine *with* material; *feed* material *into* a machine 기계에 원료를 공급하다.
3 [컴퓨터] [데이터]를 입력하다. ¶ *feed* data into a computer 컴퓨터에 자료를 입력하다.
4 [눈·귀 따위]를 즐겁게 하다; [허영심 따위]를 만족시키다(gratify); [질투 따위]를 부추기다. ¶ *feed* the eyes 눈요기하다 / *feed* one's vanity 허영심을 만족시키다 // (~+囿+前+图) She *fed* her anger *with* thoughts of revenge. 그녀는 복수하겠다는 생각으로 분노를 더욱 타오르게 했다.
5 [연극] [배우]에게 대사의 단서를 주다.
6 [미식축구] …에게 패스하다.
— *vi.* **1** [가축 따위가] 먹다; [사람이] 식사하다. ¶ The horse is *feeding* in the pasture. 말이 목장에서 풀을 먹고 있다 / What time do you *feed*? 몇 시에 식사합니까? **2** [동물이] …을 먹이로 하다, 상식하다 (*on* ...).
be fed up with 《구어》…에 물리다, 싫증나다. ¶ I am *fed up with* your grumbling. 나는 네 불평엔 이젠 넌더리가 난다. 「《美食》하다.
feed at the high table; feed high (or *well*) 미식
feed back [정보 따위]를 …에 되돌리다(*to, into*...); [컴퓨터] [출력]을 전단계로 돌려놓다.
feed the fishes ⇒ FISH. 「하다.
feed up […에게 맛있는 것을 실컷 먹이다; …을 살찌게
— *n.* **1** [가축 따위의] 사료, 꼴, 여물(fodder); ⓒ [1회 분의] 사료. ¶ at one *feed* 한 끼에 / chicken *feed* 병아리 모이 / give a horse a *feed* of hay 말에게 건초를 사료로 주다. **2** 사료 공급, 사육, 사양(飼養). **3** [구어] 식사(meal), [특히] 맛있는 음식. ¶ have a good *feed* 맛있는 것을 배불리 먹다. **4** [기계] [기계로의] 재료 공급, 급수; 공급 재료; 급송(給送) [장치]. **5** [연극] [배우에게] 대사의 실마리를 주는 사람.
off one's feed 《속어》 ① 식욕이 없는. ② 풀이 죽은 (dejected). ③ 병난(ill).
on the feed [물고기가] 입질하는.
out at feed 목장에 나와 풀을 뜯는.

***feed·back** [fíːdbæ̀k] *n.* ⓤⓒ **1** [전자 공학] 피드백, 출력 조정; 자동 제어; 반환 출력. **2** [심리·생물·사회] 피드백[결과에 따른 원인의 수정]. **3** 《구어》 정보, [이용자 따위의] 반응.

féedbàck inhibítion *n.* [생화학] 피드백 제어[생체 반응의 자동 제어 체제].

féed bàg *n.* [말의 목에 거는] 사료 자루.

feed·er [fí:dər] n. **1** 먹을 것(먹이)을 주는 사람; 사육자; 여물통, 구유, 미끼통, 젖병. **2** 먹는 사람(동물). ¶ a large *feeder* 대식가 / a coarse *feeder* 조식가(粗食家). **3** 비육용(肥育用)의 가축. **4** 〖원료 따위를 기계에〗 보내는 사람, 공급자; 공급 장치〖급광기(給鑛機)·급수기 따위〗. **5** 〖주류에 합류하는〗 지류(支流); 〖철도의〗 지선(支線); 항공 지선. **6** 〖전기〗 배전선(配電線). **7** 〖英〗 턱받이(bib).

féeder líne n. 〖항공로·철도의〗지선.

féeder róad n. 〖간선 도로에 연결되는〗 지선 도로.

feed·for·ward [fí:dfɔ̀:rwərd] n. 피드포워드〖실행에 옮기기 전에 결함을 예측하고 실시하는 피드백 과정의 제어〗.

feed-in [fí:dìn] n. 무료 급식을 받기 위한 모임.

feed·ing [fí:diŋ] n. Ⓤ **1** 급식, 사육. **2** 〖기계〗급송(給送), 급수, 배전. **3** 목초지.

féeding bòttle n. 젖병, 포유병.

feed·lot [fí:dlàt / -lɔ̀t] n. 〖도살 전〗 가축을 살찌우는 비육장(肥肉場).

féed pìpe (pùmp) n. 급수관(펌프).

feed·stock [fí:dstàk / -stɔ̀k] n. 공급 재료〖제품을 제조 과정에서 필요로 하는 직접 원료〗.

feed·store [fí:dstɔ̀:r / -stɔ̀:] n. 사료 가게.

feed·stuff [fí:dstʌ̀f] n. 사료.

féed tànk (tròugh) n. 〖기관차·보일러 따위의〗 급수 탱크, 음료용 저수조.

fee-faw-fum [fí:fɔ́:fʌ́m], **-fo-** [-fóu-] interj. 으르렁!, 야옹!, 잡아먹는다 ! 〖사람 잡아먹는 귀신, 도깨비; 아이들을 놀라게 하는〗 의미 없는 위협 문구. 〖< 동화 *Jack the Giant-Killer* 의 거인이 내는 무서운 외침 소리〗

‡**feel** [fí:l] v. (**felt, feel·ing**) vt. **1** …을 만져보다(touch); …을 찾다, 살피다(search); …을 더듬어 찾다(grope); 〖적정(敵情) 따위를〗 떠보다 ¶ feel one's pulse 맥을 짚어 보다 / *feel* the edge of a knife 칼날을 만져 보다 / *feel* the enemy 적정을 살피다 // (~ +*wh*.節) Just *feel* how cold my hands are. 내 손이 얼마나 찬지 만져 보아라 / *Feel* whether the water is deep or shallow. 물이 깊은지 얕은지 살펴보아라.

2 〖신체적으로〗 …을 느끼다, 감지하다. ¶ *feel* pain (hunger) 아픔(공복)을 느끼다 / *feel* the heat 더위를 느끼다 / The earthquake was *felt* most severely on the western coast. 그 지진은 서해안에서 가장 강하게 느껴졌다 // (~ +目+*do*) He *felt* his face flush. 그는 얼굴이 달아오르는 것을 느꼈다 / I *felt* my pulse beat quickly. 나는 맥이 빨리 뛰는 것을 느꼈다 // (~ +目+*ing*) We *felt* the ground sinking. 우리는 지면이 내려앉는 것을 느꼈다 // (~ +目+*done*) I *felt* myself lifted up. 몸이 들리는 것을 느꼈다.

3 〖정신적으로〗 …을 느끼다; 통절히 느끼다, …에 감동하다. ¶ *feel* anger(fear, joy, sorrow) 분노(공포, 기쁨, 슬픔)를 느끼다 / *feel* an insult 모욕을 느끼다 / *feel* music 음악에 감동하다 / *feel* pity for a person 남을 불쌍히 여기다 / *feel* a craving for pleasure 쾌락을 갈망하다.

4 …이라고 깨닫다, …이라고 느끼다, 어쩐지 …이라 생각하다, …이라는 느낌이 들다. ¶ (~ +目+*前*+图) What do you *feel* about his suggestion? 그의 제안에 대해 어떻게 생각합니까 // (~ +目+*to be*綴) We *felt* his suggestion *to be* unwise. 그의 제안이 현명하지 않다고 생각했다 / She *felt* it her duty to help him. 그 녀는 그를 돕는 것이 의무라고 생각하고 있었다 // (~ +目+*done*) *feel* oneself *praised* 칭찬받았다고 생각하다 // (~ +*that*) I *feel that* I ought to say no more at present. 지금은 이 이상 말하지 않아야 한다고 생각한다 / I *feel that* I am right. 내가 옳다고 생각한다.

5 〖무생물이〗 …의 작용을 받다, …을 느끼는 듯이 움직이다. ¶ *feel* the helm 〖배가〗 키에 따라 움직이다. 키가 든다 / This ship does not *feel* these small waves. 이 배는 이런 작은 파도에는 영향받지 않는다.

— vi. **1** 느낌이 있다, 감각이 있다. ¶ The dead cannot *feel*. 죽은 사람은 감각이 없다.

2 찾다, 손으로 더듬다(grope) (*after, for...*). ¶ (~ +*前*+图) He was *feeling* about in the dark *for* (or *after*) a light switch. 그는 어둠속에서 전등 스위치를 더듬으며 찾았다.

3 […이라고] 느끼다(생각하다); […의] 느낌이 들다, 기분이 되다. ¶ (~ +補) *feel* cold (hot) 춥다(덥다)고 느끼다 / *feel* angry (happy) 노엽게(행복하게) 느끼다 / *feel* blue 우울한 기분이 되다 / *feel* depressed 풀이 죽다 / I *feel* sorry for you. 안됐습니다 / I *feel* certain that he will come. 그가 오리라고 확신한다 / I always *felt* sure that he had an ambition. 그에게 야심이 있다고 늘 확신하고 있었다 / Are you *feeling* any better today? — Much better, thanks. 오늘은 기분이 좀 나은가? — 덕택에 훨씬 좋아졌어〖이 뜻으로는 진행형으로만 쓰이는 일이 많다〗 / *feel* at home 마음이 편안하다.

4 《무생물이 주어가 되어》 느낌(촉감)이 …하다, […한] 느낌이 있다. ¶ (~ +補) *feel* rough (soft) 촉감이 거칠다(부드럽다) / Silk *feels* smooth. 비단은 촉감이 매끄럽다 / Ice *feels* hard and cold. 얼음은 딱딱하고 차갑게 느껴진다.

5 동정 (공감) 하다(*with...*); 가엾게 여기다(*for...*). ¶ (~ +*前*+图) I *feel with* you. 당신에게는 동정합니다 / I *feel* deeply *for* you. 정말 동정합니다.

feel one's legs (or *feet*) ⇒ LEG.

feel like ① …의 느낌이 있다. ¶ It *feels like* satin. 촉감이 공단 같다. ② …같은 생각이 들다. — *vi*. **3**. ¶ When I realized what a stupid mistake I had made, I *felt like* a fool. 터무니없는 실수를 저질렀다는 것을 알고 나는 내가 바보 같다는 생각이 들었다. ③ 아무래도 …할 것 같다. ¶ It *feels like* rain. 아무래도 비가 올 것 같다. ④ 《구어》〖종종 *doing* 과 함께〗…하고 싶은 생각이 나다. ¶ I *felt like* talking to somebody. 누구한테 이야기를 하고 싶은 생각이 들었다 / I don't *feel like* anything. 아무것도 하고 싶은 생각이 없다 / Do you *feel like* a cup of coffee? 커피 한 잔 드시겠어요?

feel [*like*]*oneself* 기분이 좋다. ¶ I'm not *feeling* myself today. 오늘은 아무래도 기분이 좋지 않다.

feel out 《구어》① 〖남〗의 의향을 넌지시 떠보다. ② 〖실행할 수 있을지〗〖계획 따위〗를 신중히 검토해 보다.

feel up to 《구어》〖일 따위〗를 해낼 만하다고 생각하다.

— n. (단수형으로만 써서) **1** 감촉, 촉감, 《구어》만져보기. ¶ by the *feel* 손으로 만져서 / have a soft *feel* 촉감이 부드럽다 / This cloth is soft to the *feel*. 이 천은 촉감이 부드럽다 / Let me have a *feel*. 좀 만져봅시다. **2** 느낌, 기분, 분위기. ¶ a queer *feel* 묘한 기분 / the *feel* of winter 겨울의 느낌. **3** 감지력, 감. ¶ He has a *feel for* classical music. 그는 고전 음악을 안다.

feel·er [fí:lər] n. **1** 만져보는 사람; 떠보는(탐지하는) 사람. **2** 탐지, 염탐〖상대방의 의향을 떠보기 위한 질문 따위〗. ¶ put (or throw) out a *feeler* 떠보다, 타진(염탐)하다. **3** 〖동물〗 더듬이, 촉각, 촉모, 촉수(觸手), 촉수(觸鬚). **4** 〖군제〗 척후(scout).

feel·ie [fí:li] n. 감촉 예술 작품(매체) 〖보고 듣고 맡을 수 있는 느낌 의 예술 작품〗.

‡**feel·ing** [fí:liŋ] n. **1** ⓊⒸ 촉감, 감각, 지각. ¶ a *feeling* of a glassy surface 유리의 표면 같은 촉감 / a *feeling* of cold (pain) 추위(아픔)의 감각 / lose all *feeling* from a severe blow 강타로 모든 감각을 잃다.

2 ⓊⒸ 〖개개의〗 느낌, 기분; […이라는〗 막연한 의식. ¶ a *feeling* of strain 긴장감 / a *feeling* of inferiority 열등감 / good (ill) *feeling* 호감(반감, 악감) / create a *feeling* of anger (joy) 노여운(기쁜) 감정을 일으키다 // He had a *feeling that* something would happen. 어떤

fee sim·ple n. ⓤ 무조건 토지 상속ټ(封).
3 의견, 생각(opinion). ¶ express one's *feeling about* pacifism 평화주의에 관한 의견을 말하다.
4 (종종 ~s) [이성(理性)에 대해] 감정, 정. ¶ hurt a person's *feelings* 남의 감정을 해치다 / swallow one's *feelings* 감정을 참다(억누르다).

類語 feeling [이성」(reason)에 대해 주관적인 심리의 반응으로서의 「감정」; 가장 흔한 말: be guided by *feeling* rather than by reason 이성보다는 감정으로 움직이다 / a *feeling* of happiness 행복감. **emotion** 흥분된 강한 feeling: an *emotion* of love 연애 감정. **passion** 이성을 지배해 버리는 격렬한 emotion: a *passion* of anger 분노의 격정. **sentiment** 어떤 이성적 사고(思考)로 일어나는 세련되고 부드러운 emotion: my socialistic *sentiment* 나의 사회주의적 심정. **sense** 어떤 자극을 받아 마음 속에 일어나는 반응·감수성: a sense of frustration 좌절감. **sensation** sense 보다 육체적·객관적인 느낌: a *sensation* of pain 아프다는 느낌.

5 ⓤ 동정, 연민. ¶ He does not show any *feeling for* the sick. 그는 병자에 대한 동정심이 없다.
6 ⓤ 흥분, 감동, 격정. ¶ speak with *feeling* 감동하여 말하다 / There is a great deal of *feeling* over the election. 선거 기분이 크게 고조되고 있다.
7 ⓤ 감수성(sensibility); 감상력; [예술 작품의] 정조(情調), 감관적(感官的) 감정. ¶ a man of fine *feeling* 감수성 뛰어난 사람 / a Baroque *feeling* 바로크조(調).
— adj. **1** 감각이 있는; 감동되기 쉬운. ¶ a *feeling* heart 다감한 마음. **2** 인정 어린, 마음으로부터의; 동정심이 있는. ¶ a *feeling* story 인정 어린 이야기 / in a *feeling* way 감동적으로. **~·ly** *adv*.
fée símple n. ⓤ 무조건 토지 상속권, 단순 봉토권 [土權].
fee-split·ting [fíːsplìtiŋ] n. ⓤ《美》전문의가 환자를 보내준 일반의에게 나누어주는 진찰·치료비의 배분.
†feet [fiːt] n. foot 의 복수형.
fée táil n. ⓤ 한사(限嗣) 토지 상속권, 한사 봉토권.
féet pèople n. 도보 난민(難民) [캄보디아에서 태국으로 걸어오는 난민, 또는 중미의 엘살바도르 및 니카라과 난민].
fee-TV [fíːtìːvíː] n. 유료 텔레비전. [피난민].
feeze [fiːz, feiz] n. **1**《방언》괴로움, 초조, 안달; 당황. **2**《주로 방언》돌진; 격동. — vt. (**feezed, féez·ing**)《방언》…을 어지럽히다(disturb).
*****feign** [fein] vt. **1** 가장하다, …인 체하다. ⇒ PRETEND 類語 ¶ *feign* indifference 무관심을 가장하다 / *feign* sickness 꾀병을 부리다 // (~ + to do) *feign to be* sick 아픈 체하다 / (~ + that 飽) (~ + 目 + [to be] 飽) He *feigned* that he was mad. = He *feigned* himself [*to be*] mad. 그는 미친 체했다. **2** [구실 따위를] 꾸며대다. ¶ *feign* an excuse 구실을 꾸미다(만들다). **3** [남을 속이려고] [목소리 따위를] 흉내내다. ¶ *feign* a person's voice 남의 목소리를 흉내내다. — vi. 속이다; 가장하다. ◆ feint n.
feigned [feind] adj. **1** 겉치레의, 가짜의(sham); 거짓의(assumed). ¶ a *feigned* name 가짜 이름. **2** 꾸민, 흉내낸(disguised). ¶ a *feigned* voice [남의 음색을 흉내낸] 거짓 목소리. **3** 가공의. ¶ a *feigned* tale 꾸민 이야기. **féign·ed·ly** [féinidli] *adv*.
feint¹ [feint] n. **1** 가장, 시늉(pretense). ¶ in *feint* 가장하여 / He often makes a *feint* of studying. 그는 종종 공부하는 시늉을 한다. **2** [스포츠] 속임수 동작, 견제 동작; (軍) 양동 작전(陽動作戰)《*against, at, upon...*》. — vi. 치는 체하다; 속이다.
feint² [feint] adj. (인도) 엷은, 희미한. ⇒ FAINT adj. ¶ *feint* lines 희미한 줄. / ruled *feint* 엷게 줄 친.
feist [faist] n.《美 방언》강아지. [레지스터].
FEL [fel] (略)《군사》free electron laser (자유 전자
feld·spar [féld(d)spɑ̀ːr] (《주로 英》 **fel-** [fél-] n. ⓤ ⓒ 광물》장석(長石).

feld·spath·ic [fel(d)spǽθik],《주로 英》 **fel-** [fél-] adj. 【광물】장석으로 된; 장석을 함유하는, 장석 비슷한.
feld·spath·ose [fél(d)spǽθous],《주로 英》 **fel-** [fél-] adj. 【광물】= feldspathic.
fe·lic·i·tate [filísitèit] vt. (**-tat·ed, -tat·ing**) **1** …을 축하하다, 경하하다(congratulate)(...*on*). ¶ felicitate a friend *on* his good fortune 친구의 행운을 축하하다. **2**《고어》…을 행복하게 하다.
fe·lic·i·ta·tion [filìsitéiʃ(ə)n] n. ⓤ (보통 ~s) 축하, 경하, 축사. ¶ offer one's *felicitations* 축하의 말을 하다, 축사를 하다. [하는 사람.
fe·lic·i·ta·tor [filísitèitər] n. 축하하는 사람, 축사를
fe·lic·i·tous [filísitəs] adj. [행동·방식·표현이] 적절한, 알맞은, 멋들어진. ⇒ FIT 類語 ¶ a *felicitous* phrase 적절한(멋들어진) 표현. **~·ly** *adv*. **~·ness** n.
***fe·lic·i·ty** [filísəti] n. ⓤ ⓒ (pl. -ties) **1** 더할 수 없는 행복, 지복(至福)(bliss), 하나님의 은총. ⇒ HAPPINESS 類語 **2** [표현·방법 따위의] 적절함, 교묘함 (적절한) 표현, 명문구. ¶ He handled the subject with much *felicity*. 그는 그 문제를 멋들어지게 처리했다. **3**《드물게》행운(good fortune).
◇ felicitate v., felicitous adj.
fe·lid [fíːlid] n. 고양이과(科)에 속하는 동물[고양이·사자·범·표범·삵쾡이·재규어 따위].
fe·line [fíːlain] adj. **1** 고양이과(科)의. **2** 고양이 같은(catlike). ¶ *feline* softness of step 고양이같이 사뿐사뿐한 걸음걸이. **3** 교활한, 음흉한(sly), 남몰래 하는(stealthy). ¶ 고양이과(科)의 동물.
~·ly *adv*. **~·ness** n. [음흉함.
fe·lin·i·ty [fi(ː)líniti] n. ⓤ 고양이와 비슷한; 교활한;
†**fell**¹ [fel] v. fall 의 과거형.
fell² [fel] vt. **1** [남]을 때려눕히다(knock down). **2** [나무]를 베어 넘어뜨리다, 벌채하다. **3** …을 접어 감치다. — n. **1** [한 철의] 벌채량. **2** 감치기[양쪽 천의 가장자리를 접어 꿰매 나가는 방법].
fell³ [fel] adj. **1** 맹렬한, 사나운(fierce); 잔인한(cruel); 무시무시한(dreadful). **2** 치명적인(deadly). ¶ a *fell* poison 맹독. **~·ness** n.
fell⁴ [fel] n. **1** 짐승 가죽(hide), 모피(pelt). **2** 사람의 피부. **3** 머리털, [특히] 터부룩한(헝클어진) 머리털. ¶ a *fell* of hair 터부룩한 머리털.
fell⁵ [fel] n.《스코·北英》 **1** 바위산; 황무지. **2** …산(Mt.). ¶ Bow Fell Bow 산.
fell·a·ble [félǎbl] adj. 벌채할 수 있는, 벌채하기 알맞은.
fel·lah [félǎ] n. (pl. **fel·lahs** or **fel·la·heen** [félǎhíːn, -´´]) [이집트·시리아 등지의] 농부(peasant), 인부(laborer).
fel·late [fəléit / féleit] vt., vi. (**-lat·ed, -lat·ing**) […에게] 펠라티오(fellation)를 하다.
fel·la·ti·o [fəléiʃiòu, fe-] n. ⓤ 구음(口淫), 펠라티오 [음경을 입으로 자극하기]. cf. cunnilingus
fell·er¹ [félər] n. **1** 나무꾼, 벌채자(기(機)). **2** [재봉틀의] 접어 감치기 부속기; 접어 감치는 사람.
fell·er² [félər] n.《방언》= fellow.
fell·mon·ger [félmʌ̀ŋgər] n. 짐승 가죽(모피) 상인, [특히] 양피 상인.
fel·loe [félou] n. = felly¹.
***fel·low** [félou, → n. 1] n. **1** [+félə]《종종 친근하게 부르는 말로 써서》남자, 사나이(man, boy, chap); (the ~)《경멸적》놈, 녀석, (구어)《일반적으로는》사람(one, person); 나, 자기. ¶ a good (a clever) *fellow* 좋은 (영리한) 사람 / a good-for-nothing *fellow* 쓸모없는 남자 / my dear (or good, old) *fellow* 여보게[친근한 표현] / Poor *fellow*! 가엾어라! / There's a good *fellow*. 착하지 [어린이를 타이를 때의 말] / The *fellow* is drunk. 녀석, 취했군 / A *fellow* must eat. 사람은 먹어야 한다, 금강산도 식후경 / What can a *fellow* do? 내가 무엇을 할 수 있겠느냐?
2 친구(companion), 동지, 동배, 동료(comrade).《고

어)[나쁜 일의] 한패, 한통속(accomplice). ¶ *a fellow in crime* 공범자 / *a fellow in* suffering 고뇌를 나누는 친구 / *fellows at* school 동창생 / *fellows in* arms 전우. **3** 〔지위 등이〕 동등한 사람(equal); 동시대의 사람(contemporary). ¶ the *fellows* of Milton 밀턴과 동시대의 사람들.
4 〔경쟁 따위의〕 상대자(방); 맞수, 필적자; 〔짝(쌍)이 된 것의〕 한 쪽(짝). ¶ He has no *fellow* in this line. 이 방면에서는 그와 맞설 사람이 없다 / Where is the *fellow* of this glove? 이 장갑의 한 짝은 어디 있을까?
5 〔구어〕 미남자(beau), 애인, 연인(lover).
6 〔대학〕 특별 연구원〔대학 졸업생 중에서 뽑혀, fellowship을 급부받으며 특별 연구에 종사하는〕; 〔대학의〕 평의원(評議員); 〔학술 단체의〕 특별 회원.
7 〔형용사적으로 써서〕 친구의, 동료의, 동업의. ¶ *a fellow* countryman 같은 나라 사람 / *a fellow* student 학우 / *a fellow* worker 직장 동료 / My *fellow* citizens! 국민 여러분〔* 미대통령이 대국민 연설에서 자주 사용〕.
féllow créature *n.* 같은 인간, 동포.
féllow féeling *n.* ⓤ **1** 동정, 공감(sympathy). **2** 상호 이해(mutual understanding); 동료 의식.
*__fel·low-man__ [félouǽn] *n.* (*pl.* __-men__ [-mén]) 같은 인간, 동포.
*__fel·low·ship__ [félouʃìp] *n.* **1** ⓤ 〔같은〕 친구임(companionship); 교제, 친교, 친목. ¶ enjoy good *fellowship* with one's friends 친구들과 친교를 계속하다. **2** ⓤ 공동, 제휴; 함께 함, 나눔(sharing). ¶ *fellowship in* misfortune 불행을 함께 함. **3** 단체, 조합, 회, 모임. ¶ admit a person to a *fellowship* 남을 입회시키다. **4** 〔대학〕 특별 연구원의 지위, 연구원 장학금; 대학 평의원의 지위; 특별 회원의 지위.
give a person the right hand of fellowship 남을 친구(동료)로 맞아들이다, 우의를 맺다.
── *v.* (**-shiped, -ship·ing**)(《특히 英》 **-shipped, -ship·ping**)《주로 美》 *vt.* …을〔특히 종교 단체의〕 회원으로 하다. ── *vi.* 회원이 되다.
féllow tráveler *n.* **1** 길동무. **2** 정치상의, 특히 공산당의(의) 동조자, 동조자. [(felloe)]
fel·ly[¹] [féli] *n.* (*pl.* **-lies**) 〔차바퀴의〕 큰 바퀴테, 겉테.
fel·ly[²] [féli] *adv.* 〔고어〕 격렬하게; 맹렬하게; 잔인하게, 매정하게.
fe·lo-de-se [fí:loudi(:)sí:, +美 fél-, -séi] *n.* (*pl.* **fe·los-nes-** [fí:louz-]) 자살자. **2** ⓒ 자살(suicide). [<L]
fel·on[¹] [félən] *n.* 〔법률〕 중죄인, 〔페어〕 악인.
── *adj.* 〔고어〕 흉악한, 잔인한; 악의가 있는.
fel·on[²] [félən] *n.* ⓤ〔의학〕 표저(瘭疽) 〔손가락 끝의 급성 화농성 염증〕.
fe·lo·ni·ous [filóuniəs] *adj.* **1** 〔법률〕 중죄의; 흉악한. ¶ *felonious* homicide 살인죄. **2** 〔고어〕 사악한(wicked). ~**·ly** *adv.* ~**·ness** *n.*
fel·on·ry [félənri] *n.* ⓤ〔집합적〕 중죄인; 〔유형지의〕 죄수단.
fel·o·ny [féləni] *n.* ⓤⓒ (*pl.* **-nies**) 〔법률〕 중죄. *cf.* misdemeanor
fel·site [félsait] *n.* 〔광물〕 규장암(珪長岩).
fel·spar [félspɑːr] *n.* 〔주로 英〕 =feldspar.
fel·spath·ic [felspǽθik] *adj.* 〔주로 英〕 =feldspathic.
fel·stone [félstòun] *n.* 〔英〕 =felsite.
*__felt__[¹] [felt] *v.* feel의 과거 · 과거 분사.
*__felt__[²] [felt] *n.* **1** ⓤ 펠트. **2** 펠트 제품, 〔특히〕 펠트 모자. **3** 〔형용사적으로 써서〕 펠트〔제〕의. ¶ *a felt* carpet 펠트제의 융단 / *a felt* hat 펠트 모자. ── *vt.* …을 펠트로 하다, …을 펠트로 덮다. ── *vi.* 펠트〔천〕이 되다, 〔양털처럼〕 엉클어지다.
felt·ing [féltiŋ] *n.* ⓤ **1** 펠트천, 펠트류, 펠트 제품. **2** 펠트 제조 공정. **3** 펠트 원료.
fe·luc·ca [fəlúkə / felʌ́kə] *n.* 펠러커선(船) 〔지중해 연안에서 사용; 삼각돛 또는 노를 이용하는 돛대 3개의 길쭉한 배〕.

fem. (**略**) female; feminine.
FEMA (**略**)(美) *F*ederal *E*mergency *M*anagement *A*gency (연방 긴급시 관리국).
‡**fe·male** [fíːmeil] (*opp.* male) *n.* **1** 여성, 여자 (woman, girl) 〔* 통계 · 과학상 성별을 나타내는 용어로서 쓴다〕. **2** 〔경멸적〕 여자, 계집. **3** 〔동물의〕 암컷. **3** 〔식물〕 암 식물, 암 포기. ── *adj.* **1** 여성의, 여자의(feminine); 여자(여성)다운, 여성적인. ¶ *a female* child 계집애, 여자 아이 / *female* education 여성 교육 / the *female* sex 여성 / a chorus of *female* voices 여성 합창. **2** 〔동물〕 암컷의, 〔식물〕 암의, 자성(雌性)의, 암술만 있는; 〔기계〕 암의. ¶ *a female* flower 암꽃 / *a female* screw 암나사. **3** 〔페어〕 여자 같은, 연약한. [類語] **female** 동식물 이외에 사람에게도 쓰며, 성이 여성 · 암컷임을 나타내는 말: a *female* dog 암캐.
feminine 여성다운 부드럽고 섬세한 성질을 나타내는 말: *feminine* features 여자다운 이목구비. **effeminate** 남자답지 않은 유약함 · 연약함 · 사치스러움을 강조하는 말: an *effeminate* taste 여자 같은 취미. **womanlike** 여자에게 따르기 쉬운 결점 · 약점을 나타내는 말: *womanlike* ignorance of technical work 기술적인 일에 대한 여자 같은 무지(無知). **womanly** 제대로 성숙한 여성다운 부드러움 · 동정 · 분별 등 좋은 성질을 나타내는 말: *womanly* modesty 여성다운 겸손. **womanish** 특히 남자가 여성적 연약함을 경멸하는 말: a *womanish* man 여자 같은 남자.
fémale cháuvinist *n.* 〔광신적〕 여성 중심(우월)론자.
fémale impérsonator *n.* 여장(女裝)의 남성 배우.
fem·cee [fémsíː] *n.* 〔라디오 · 텔레비전의〕 여성 사회자. 〔<FEM[ALE]+[EM]CEE〕 [(wife).
feme [fem/fíːm] *n.* 〔법률〕 여자(woman), 처, 아내
féme cóvert *n.* (*pl.* **femes-**) 〔법률〕 기혼 여성(부인), 유부녀(married woman).
féme sóle *n.* (*pl.* **femes-**) 〔법률〕 **1** 독신 여성〔미혼 여성, 과부, 이혼한 여성〕. **2** 기혼 여성〔법률상 남편으로부터 독립된 재산을 가진 여성〕. [질.
fem·i·na·cy [fémənəsi] *n.* 《드물게》 여자다운 성
fem·i·nal·i·ty [fèmənǽləti] *n.* (*pl.* **-ties**) **1** ⓤ 여성적인 특성, 여자다움. **2** 〔여성용〕 장신구. [움.
fem·i·ne·i·ty [fèmənéiəti] *n.* ⓤ 여성적 특성; 여자다
*__fem·i·nine__ [fémənin] *adj.* (*opp.* masculine) **1** 여자 (여성)의; 여자다운(womanly), 부드러운, 상냥한. ≡ FEMALE [類語] **2** 〔남자가〕 여자 같은, 연약한, 나약한 (effeminate). ¶ *a feminine* wording 여자 같은 말씨 / a *feminine* man 여자 같은 남자. **3** 〔문법〕 여성의. ¶ the *feminine* gender 여성 / *a feminine* noun 여성 명사. ── *n.* 〔문법〕 (the~) 여성; 여성형〔princess, she 따위〕. ── **·ly** *adv.* ~·**ness** *n.* ◇ **feminéity, femínfnity** *n.*, **féminize** *v.*
féminine énding *n.* 〔韻律〕 여성 행말(行末) 〔시행의 마지막 강음절 다음에 여분의 약음절이 와서 끝나기〕. *opp.* masculine ending **2** 〔문법〕 여성 어미〔hostess, heroine, comedienne 따위〕.
féminine rhýme *n.* 〔韻律〕 여성운〔악센트가 있는 음절 다음에 악센트가 없는 1음절 또는 2음절로 끝나는 압운(押韻): passion, fashion(2 중운); haziness, laziness (3 중운)〕.
fem·i·nin·i·ty [fèmənínəti] *n.* ⓤ **1** 여자다움(womanliness). **2** 〔집합적〕 여성, 여자(womankind). **3** 〔남자의〕 연약함, 나약함(effeminacy).
fem·i·nism [fémənìzəm] *n.* **1** 남녀 동권론〔운동〕; 〔때로 F-〕 여성 해방〔여권 신장〕 운동. **2** 〔남성의〕 여자 같음.
fem·i·nist [fémənist] *n.* 남녀 동권론자; 여성 해방〔여권 신장〕론자, 여권주의자. ── *adj.* 남녀 동권론〔자〕의. [해방론〔자〕의.
fem·i·nis·tic [fèmənístik] *adj.* 남녀 동권〔자〕의; 여성
fe·min·i·ty [fəmínəti] *n.* =femininity.

feminity contról *n.* [스포츠] [여자 선수의] 성(性)검사[gender verification 의 구칭].

fem·i·ni·za·tion [fèminizéiʃ(ə)n / -naiz-] *n.* ⓤ 여성화; [생물] 자성화(雌性化).

fem·i·nize [féminàiz] (*《英》에서는 **fem·i·nise** 로도 쓴다) *vt., vi.* (-nized, -niz·ing) **1** 여성화하다; 여자답게 하다(되다). *opp.* masculinize **2** [생물] 자성화하다.

Fem Lib [fém líb] *n.* =women's lib.

femme [fem / fæm] *n.* 《프랑스》(=woman) 《속어》여자(woman); 아내(wife).

femme de cham·bre [F fam də ʃɑ̃:br] *n.* 《프랑스》(=chambermaid) (*pl.* **femmes-** [-fam-]) 하녀, 시녀(lady's maid); [호텔·여관의] 객실 담당 여성.

femme fa·tale [F fam fatal] *n.* 《프랑스》(=fatal woman) (*pl.* **femmes fatales** [F fam fatal]) [남자를 유혹하는] 요부.

fem·o·ral [fémərəl] *adj.* 대퇴[골]의, 넓적다리의.

femto- 「1,000조(quadrillion) 분의 1」의 뜻의 연결형. 예: *femto*gram, *femto*second.

fe·mur [fíːmər] *n.* (*pl.* **fe·murs** or **fem·o·ra** [fémərə]) **1** [해부] 대퇴골(thighbone), 대퇴부, 넓적다리. **2** [곤충] 퇴절(腿節).

fen [fen] *n.* **1** 《英》늪[지대], 소택지(marsh). **2** (the F-s) 영국 동부 Wash 만의 서·남부의 소택지 지대.

FEN, F.E.N. [éfi:én, fen] (*略*) *Far East Network* [미군의] 극동 방송망.

‡**fence** [fens] *n.* **1** 울, 울타리, 담장, 담(wall). ¶ a board(stone, wire) *fence* 판자울(돌담, 철사 울타리) / a snow *fence* 눈막이 울타리 / They put *fences* around the farm. 농장 둘레에 울타리를 쳤다. **2** 《口》검술, 펜싱; 《비유적》변론의 능숙(교묘)함. ¶ a master of *fence* 검술의 대가; 토론의 명수, 논객. **3** 장물아비, 장물 매입처. **4** 《기계》유도 장치(guide), 보호재(材). **5** 《고어》 방어[물], 방벽(防壁).

come down (or *descend*) *on the right side of the fence* 우세(유리)한 편에 가세(가담)하다.

look after (or *mend*) *one's fences* 《국회 의원이》자기 지반을 다지다.

on the other side of the fence 반대쪽에(에서), 반대편에.

sit (or *be, stand*) *on the fence* 형세를 관망하다, [유리한 편에 붙으려고] 기회를 살피다.

— *v.* (**fenced, fenc·ing**) *vt.* **1** …에 울(울타리, 담)을 치다, 두르다. ¶ *fence* the place 그 장소에 울을 치다 / *fence* the nursery 모판 주위에 울타리를 두르다 // (~+囲+翻) The mountains *fence in* the valley. 산들이 그 골짜기를 둘러싸고 있다 / The farmer *fenced off* his garden from the children. 농부는 아이들이 못 들어가도록 마당을 울로 막았다 // (~+囲+翻+图) keep a garden *from* children 아이들이 못 들어가도록 마당에 울타리를 치다 / The garden is *fenced with* stones. 뜰은 돌담으로 싸여 있다. **2** …을 막다, 방어하다, 지키다, 방호하다(defend, protect). ¶ (~+囲+翻+图) *fence* one's house *from* the north wind 집을 북풍으로부터 막다. **3** [장물]을 고매(故買)하다. — *vi.* **1** 검술(펜싱)을 하다. ¶ *fence* with a person 남과 검술을 하다. **2** [질문 따위를] 교묘하게 받아넘기다, 막아내다. ¶ (~+前+图) *fence with* a question 질문을 받아넘기다(둘러대다). **3** [말 따위가] 울타리를 뛰어넘다. **4** 고매하다. ◊ *fend* 参. *fencing n.* [<[DE]FENCE]

fénce bùster *n.* 《야구》장타를 치는 사람(power hitter).

fence·less [fénslis] *adj.* 울타리가 없는; 《고어》무방비의. ~**ness** *n.*

fence-mend·ing [fénsmèndiŋ] *n.* ⓤ [의원의] 지반(기반) 다지기.

fénce mónth (**sèason, tìme**) *n.* 《英》금렵기 (禁獵期).

fenc·er [fénsər] *n.* **1** [울타리 따위의] 장애물을 뛰어넘도록 훈련받은 말. **2** 검사, 검객(swordsman). **3** 울타리(담)를 만드는(수리하는) 사람.

fence-sit·ter [fénssìtər] *n.* 중립자, [형세] 관망자,

기회주의자.

fence-sit·ting [fénssìtiŋ] *n.* ⓤ 형세 관망, 기회 엿보기.

fence-strad·dler [fénsstrædlər] *n.* 《美구어》 = fence-sitter.

fen·ci·ble [fénsəbl] *n.* 《고어》국방병. — *adj.* 《스코》방어(방어)할 수 있는.

‡**fenc·ing** [fénsiŋ] *n.* ⓤ **1** 펜싱, 검술. **2** [토론·질문 따위를] 교묘하게 받아넘기기. **3** 울(담 따위)의 재료; [집합적] 울, 울타리, 담.

fend [fend] *vt.* **1** [칼 따위]를 받아넘기다(... *off*). ¶ *fend off* blows 타격을 받아넘기다. **2** 《고어》…을 막다, 지키다(defend). — *vi.* **1** 막다; 저항하다(resist). **2** 받아넘기다. **3** 이럭저럭 꾸려 나가다(shift) (*for*...). ¶ *fend for* oneself 자활하다, 독력으로 꾸려 나가다. — *n.* 《주로 스코》자주 독행(獨行)의 노력.

fend·er [féndər] *n.* **1** [자동차·마차 따위의] 흙받이, 펜더, 완충 장치; [기관차·전차 따위의 앞쪽에 다는] 배장기(排障器); [항해] 방현물(防舷物), 방현재(材). **2** 《美》흙받이. **3** [벽난로 앞에 놓는] 난로망(철사망). [<[DE]FEND+-ER²]

fénder béam *n.* [뱃전에 단 얼음막이의] 방현재; [선로 발단에 있는] 차를 정지시키는 완충재.

fen·es·tel·la [fènistélə] *n.* (*pl.* **-tel·lae** [-téli:]) [건축] **1** 작은 창 모양의 구멍. **2** 제단의 남쪽에 있는 작은 창 모양의 벽감(壁龕).

fe·nes·tra [finéstrə] *n.* (*pl.* **-trae** [-tri:]) **1** [해부] 천공. **2** [곤충의 날개 따위의] 투명한 반점.

fe·nes·trate [fínestreit] *adj.* =fenestrated 2.

fe·nes·trat·ed [fínestreitid] *adj.* **1** 창문이 있는; 창문에 특색이 있는. **2** [동·식물] 천공(구멍, 투명한 반점)이 있는.

fen·es·tra·tion [fènistréiʃ(ə)n] *n.* ⓤ **1** [건물의] 창문의 설계(배치, 디자인). **2** [외과] [내이(內耳) 따위의] 천공[수]술.

fén fìre *n.* 도깨비불(will-o'-the-wisp).

feng·shui [fʌŋwéi, -wí:] *n.* 《중국》풍수(風水). (=feng-shui)

Fe·ni·an [fíːniən, -njən] *n.* **1** [아일랜드의 독립을 목적으로 하여 미국 New York 에서 1858년에 결성된] 페니어 결사의 비밀 회원. **2** [아일 역사] 애국 기사(로마의 지배에 반항하여 2,3세기에 아일랜드에서 활동한). [아일랜드 전설의] 떠돌이 기사. [주의(운동)]

Fe·ni·an·ism [fíːniənìz(ə)m, -njən-] *n.* ⓤ 페니어회의 주의, 찌기.

fenks [feŋks] *n. pl.* 고래 기름의 찌기.

fen·land [fénlænd] *n.* ⓤ(ⓒ) 《英》[특히 동부의] 습지, 소택지.

fen·man [fénmən] *n.* (*pl.* **-men** [-mən]) 《英》[동부의] 소택 지방 주민.

fen·nec [fénik] *n.* 페넥, 아프리카어[북북아프리카산] (産)의 귀가 크고 꽤죽한 얇은 황갈색 여우.

fen·nel [fén(ə)l] *n.* [식물] 회향풀[의 열매].

fen·nel-flow·er [fén(ə)lflàuər] *n.* 검은씨풀[그 씨는 향신료로 약용]; 그 꽃.

fen·ny [féni] *adj.* **1** 소택성의; 늪이 많은(marshy). **2** [동·식물] 늪에서 나는; 소택산(産)의.

fén rèeve *n.* 《英》소택지 감독관.

fén rùnners *n. pl.* 《英》[늪지용] 스케트.

fen·u·greek [fénjugrì:k] *n.* ⓒ 호로파(葫蘆巴) [콩과 식물이며 가축의 사료. 그 씨는 약용 및 향신료].

feod [fjuːd] *n.* [역어] =fief.

feoff [fef, fiːf] *vt.* …에게 영지를 주다, 봉하다(enfeoff). — *n.* =fief.

feoff·ee [fefíː, fiːfíː] *n.* 영지 수령자; 공공 부동산 관리인.

feoff·er, feoff·or [féfər, fíːfər] *n.* 영지 수여자.

feoff·ment [féfmənt, fíːf-] *n.* ⓤ 영지 수여, 토지 부동산의 증여.

FEP (*略*) *Fair Employment Practices*.

FEPC, F.E.P.C. (*略*) *Fair Employment Practices Committee* (공정 고용 위원회).

-fer *suf.* *bearing, producing* 의 뜻의 명사를 만든다. 예:

conifer (구과(毬果)식물).

FERA, F.E.R.A.(略) Federal Emergency Relief Administration.

fe·rae na·tu·rae [fí(ː)riː nətjúː/iː / fíəriː nətjúəriː] adj.《서술용법 또는 명사 뒤에 써서》〔법률〕[동물이] 야생의, 야생 상태의. ¶ animals ferae naturae 야생 동물.

fe·ral [fí(ː)rəl / fíərəl] adj. 1 [동·식물이] 야생의 (wild); 야생[상태]로 돌아간. ¶ become feral 야생으로 돌아가다. 2 [사람이] 야만적인(barbarous), 흉포한.

fer·ber·ite [fáːrbəràit] n. ⓤ〔광물〕철중석(鐵重石) [텅스텐 광석].

FERC(略)《美》 Federal Energy Regulatory Commission.

fer-de-lance [fɛ̀ərdəlǽns / -láːns] n. [아메리카 대륙 열대 지방산(産)의] 삼각형 머리의 큰 독사. [<F iron tip of a lance: 머리가 창끝같이 삼각형으로 된 것]

fer·e·to·ry [férətɔ̀ːri / -t(ə)ri] n. 1 [성인의 유해·유골을 안치하는] 성해(聖骨) 안치함. 2 [옛 교회 안의] 유골당, 유물당.

fe·ri·a [fí(ː)riə / fíər-] n. (pl. -ri·ae [-riː] or -ri·as) 1 [고대 로마의] 종교적 휴일. 2 [교회] 평일.

fe·ri·al [fí(ː)riəl / fíər-] adj. 1 휴일의. ¶ a ferial day 휴일. 2 [교회] 평일의.

fe·rine [fí(ː)rain / fíər-] adj. =feral.

Fe·rin·ghee, -gi [fərÍŋgi] n. [인도]《보통 경멸적으로》1 유럽인; 유럽·아시아 혼혈아(Eurasian), [특히] 포르투갈인과 인도인의 혼혈아. 2 인도 태생의 포르투갈인.

***fer·ment** n. [fəːrment → v.] 1 효소(enzyme). 2 발효. 3 큰 소동(tumult), 난리, 흥분. ¶ in a ferment 소동이 벌어져 / cause a social ferment 사회를 소란케 하다. ── v. [fə(ː)rmént] vt. 1 …을 발효시키다. 2 …을 뒤끓게 하다, 부쳐질하다, 자극하다(excite). ── vi. 1 발효하다. ¶ Fruit juices are apt to ferment in summer. 여름에는 과즙이 발효하기 쉽다. 2 뒤끓다, 끓어오르다, 흥분하다, 난동부리다. ◇ fermentation n.

fer·ment·a·ble [fə(ː)rméntəbl] adj. 발효성의, 발효시킬 수 있는. * 특히 알코올을 발효에 대해서 말하다.

***fer·men·ta·tion** [fə̀ːrmentéi(ʃ)ən, -mən-] n. ⓤ 1 발효 작용, 발효. 2 소동, 소란, 동요; 흥분.

fer·ment·a·tive [fə(ː)rméntətiv] adj. 발효성의; 발효에 의한, 발효[작용]의, 발효력이 있는.

fer·mi [fɛ́ərmi] n. [물리] 페르미 [10조분의 1인치].

fer·mi·on [fəːr-/-ɔn] n. [물리] 페르미 입자[spin 이 반기수(半奇數)인 소립자·복합 입자]. [<이탈리아 태생의 미국의 원자물리학자 Enrico Fermi (1901-54)의 이름]

fer·mi·um [fɛ́ərmiəm, fɔ́ːr-] n. ⓤ[화학] 페르뮴 [방사성 원소; 원자 기호 Fm].

***fern** [fəːrn] n. ⓤⓒ 양치, 양치류의 식물. ¶ flowering (or royal) fern 고비. ◇ fernlike, férny adj.

fern·brake [fə́ːrnbrèik] n. 양치(fern)의 덤불.

fern·er·y [fə́ːrnəri] n. (pl. -er·ies) 양치 재배소, [장식용의] 양치류 재배 용기; [수집의] 양치 식물.

fern·like [fə́ːrnláik] adj. 양치 같은.

fern ówl n. 쏙독새(nightjar) [쏙독새과(科)의 총칭].

fern seed n. 양치류의 포자(胞子) [옛날에는 이것을 가지면 모습이 안 보이게 된다고 믿었다].

fern·y [fəːrni] adj. (fern·i·er, fern·i·est) 1 양치의; 양치 같은(fernlike). 2 양치가 우거진.

***fe·ro·cious** [fəróuʃəs] adj. 1 흉포한, 사나운, 잔인한. ⓢ FIERCE 類語 2 엄청난, 대단한. ¶ a ferocious appetite 굉장한 식욕. ~·ly adv. ~·ness n. ◇ ferócity n.

***fe·roc·i·ty** [fərásiti / -rɔ́s-] n. ⓤ 흉포성, 야만(savagery), 사나움; 잔인[성] (cruelty). ◇ feróciuos adj.

-ferous bearing, producing, containing 따위의 뜻의 연결형. 예: coniferous.

fer·ox [férɑks / -ɔks] n. 《英》[스코틀랜드 호수산(産)의] 큰 연어.

fer·rate [féreit] n. ⓒⓤ[화학] 철산염(鐵酸鹽).

fer·rel [férəl] n. (고어) =ferrule.

fer·re·ous [fíriəs] adj. 1 철의, 철을 함유하는; 철제의. 2 철 같은.

fer·ret¹ [férit] n. 1 흰담비[유럽에서는 토끼·쥐 따위를 굴·구멍에서 몰아내는 데 이용]; [미국 서부산(産)의] 황화한 검은발담비(black-footed ferret). 2 탐색자, 탐정(detective). ── vt. 1 …을 흰담비로 사냥하다(잡다). ¶ ferret rabbits 흰담비로 토끼를 사냥하다. 2 [범인 등을] 찾아내다, 탐색하다(... out). ¶ (~+圄+劃) ferret out a criminal 범인을 찾아내다 / ferret out all information 모든 정보를 캐내다. 3 …을 괴롭히다. ── vi. 1 흰담비를 써서 사냥하다. ¶ go ferreting [흰담비를 데리고]사냥하러 가다. 2 찾아다니다, 뒤지다 (about ...). ¶ (~+劃) ferret about in the drawers 서랍 속을 뒤지다 / ferret about among old magazines 헌 잡지들을 뒤지다.

fer·ret² [férit], (fer·ret·ing [-ritiŋ]) n. [무명·명주 따위의] 리본, 테이프; 가는 끈.

Fer·ret [férit] n. 〔군사〕 페렛 위성[전자파 정보 수집용 군사 정찰 위성의 총칭].

fer·ret·y [fériti] adj. 흰담비 같은.

ferri- [화학] 「철의」, 「제2철로서의 철을 함유하는」이라는 뜻의 연결형. cf. ferro- 예: ferriferous.

fer·ri·age [fériidʒ] n. 1 나룻질, 도선(渡船) [업]; 나룻배편. 2 나룻배 삯, 도선료.

fer·ric [férik] adj. 1 철의, 철을 함유하는. 2 〔화학〕 제2철의, 철을 함유하는. ¶ ferric chloride(oxide) 염화(산화) 제2철.

fer·rif·er·ous [fərífərəs, fer-] adj. 철을 함유하는, 철이 나는.

Férris whèel [féris-] n. [유원지 등에서의 회전하는] 페리스 관람차[미국인 기사 G.W.G. Ferris (1859-96)가 발명].

[Ferris wheel]

ferro- [화학] 「철의」, 「제1철로서의 철을 함유하는」이라는 뜻의 연결형. cf. ferri-

fer·ro·cal·cite [fèro(u)kǽlsait] n. ⓤ[광물] 철방해석(鐵方解石).

fer·ro·chrome [féro(u)kròum] n. ⓤ 크롬철[철과 크롬의 합금].

fer·ro·con·crete [fèro(u)kánkriːt / -kɔ́n-] n. ⓤ 철근 콘크리트(reinforced concrete).

fer·ro·mag·ne·sian [fèro(u)mægníːʃən, +美 -ʒən] adj. [광물] 철과 마그네슘을 함유하는.

fer·ro·mag·net·ic [fèro(u)mægnétik] adj. [물리] 강자성(強磁性)의.

fer·ro·mag·net·ism [fèro(u)mǽgnitìz(ə)m] n. ⓤ [물리] 강자성.

fer·ro·man·ga·nese [fèro(u)mǽŋgəniːz, -nìːs] n. ⓤ 망간철[망간을 90% 이상 함유].

fer·ro·tung·sten [fèro(u)tʌ́ŋgstən] n. ⓤ 텅스텐철 [텅스텐을 80% 이상 함유].

fer·ro·type [féro(u)tàip] 〔사진〕 vt. (-typed, -typ·ing) …을 페로타이프하다, 페로트 슬쩍다. ── n. 페로타이프[인화의 윤택용]; 철판(鐵板) 사진[법].

fer·rous [férəs] adj. 1 철의, 철을 함유하는; 철에서 얻은, 철의 / 제1철을 함유하는. ¶ ferrous sulphate 황산 제1철.

fer·ru·gi·nous [fərúːdʒinəs, fer-] adj. 1 철의, 철을 함유하는. ¶ ferruginous quartz [광물] 철석영(鐵石英). 2 쇠녹빛의, 홍갈색의(reddish-brown).

fer·rule [férəl, férul / féruːl] n. 1 [접합부를 보강하는] 쇠테, 쇠둘레, 쇠고리. 2 [지팡이 등의] 물미; [보

ferry [féri] *n.* (*pl.* **-ries**) **1** 나루터, 도선장, 선착장. ¶ cross the *ferry* 도선장을 건너다. **2** 페리, 도선(ferryboat), 연락선. ¶ board the *ferry* for Pusan 연락선을 타고 부산으로 향하다. **3** ⓤ 도선 영업권. **4** 공수(空輸), [새로 제작된 비행기의] 자력(自力) 현지 수송. — *v.* (**-ried, -ry·ing**) *vt.* **1** …을 나룻배로 건네다(나르다); [강 따위]를 나룻배로 건너다. ¶ *ferry* people across a river 사람들을 나룻배에 태워 강을 건너다. **2** [비행기]를 목적지(공장에서 현지)로 보내다. ¶ *ferry* large planes to an overseas base 대형 비행기를 해외 기지로 공수하다. **3** [군대 따위]를 공수(해상 수송)하다. — *vi.* 나룻배로 건너다(*over, across…*).

****fer·ry·boat** [féribòut] *n.* 나룻배, 연락선, 페리보트.
ferry bridge *n.* **1** 열차 운반용 도선. **2** 도선 잔교(棧橋). ¶ 사공, 도선업자.
fer·ry·man [férimən] *n.* (*pl.* **-men** [-mən]) 나룻배
fer·ry·mas·ter [férimæ̀stər / -màːs-] *n.* 연락선의 선장(ferryman). ¶ 종사.
ferry pilot *n.* [새로 제작된 비행기의] 현지 수송 조
ferry range *n.* [항공]페리 항속 거리[하중(payload) 이 일정 때의 최대 안전 항속 거리].
ferry steamer *n.* 연락[기]선.
*‡***fer·tile** [fə́ːrt(ə)l / fə́ːtail] *adj.* **1** [많이] 기름진, 비옥한; 많이 산출하는(*of, in…*). opp. sterile ¶ *fertile* land (soil) 기름진 땅(토양) // *fertile* wheat field 밀을 많이 산출하는 밭. **2** [사람(동물)이] 자식(새끼)을 많이 낳는, 다산의(prolific). **3** 상상력(창의력)이 풍부한(*of, in…*). ¶ a *fertile* imagination 풍부한 상상력 // be *fertile* in (of) invention 발명의 재간이 풍부하다. **4** 풍작을 가져오는. ¶ *fertile* rains 풍작의 비, 자우(慈雨). **5** [생물] 번식력이 있는; 수정된. ¶ *fertile* eggs 수정란(受精卵). **6** [물리] 핵분열 물질로 바뀔 수 있는, 핵연료의 원료로 쓸 수 있는. ¶ *fertile* material 핵연료의 원료 물질. **~·ly** [-t(·)l(i)l / -tailli] *adv.* **~·ness** *n.* ◇ fertílity *n.*, fértilize *v.*
Fértile Créscent *n.* (the~) 기름진 초승달 지대[고대 동방의 중심이던 나일강과 티그리스강 그리고 페르시아 만을 잇는 농업 지대].
****fer·til·i·ty** [fəːrtíləti] *n.* ⓤ **1** 비옥; 다산. **2** 풍요; [상상력 따위가] 풍부함(abundance). ¶ the *fertility* of fancy 공상[력]의 풍부함. **3** [생물] 생식력, 번식력. **4** [많이의] 생산력. ◇ fértile *adj.*
fertílity clòck *n.* 피임 시계[여성의 신체 리듬을 측정하여 임신 또는 불임 기간을 알리는 컴퓨터 측정기].
fertílity drùg *n.* 임신 촉진제.
fertílity pìll *n.* 배란 유발형(誘發型) 피임정(錠)[배란일을 조절한다].
fer·ti·liz·a·ble [fə́ːrtləlàizəbl / -ti-] *adj.* [땅]을 기름지게 할 수 있는; 수정(수태)시킬 수 있는.
fer·ti·li·za·tion [fə̀ːrtləzéiʃ(ə)n / -tilai-] *n.* ⓤ **1** [땅]을 기름지게 함; 풍부하게 함. **2** [생물] 수정(수태) 작용.
****fer·ti·lize** [fə́ːrt(i)làiz / -tilàiz] (* 【英】 에서는 **fer·ti·lise** 로도 쓴다) *vt.* (**-lized, -liz·ing**) **1** [땅]을 기름지게 (비옥하게) 하다(enrich); …을 다산으로 하다. ¶ *fertilizing* effect 비료로서의 효과. **2** …을 풍부하게 하다. ¶ *fertilize* the mind 마음을 풍요롭게 하다. **3** [식물] [난자 따위]를 수정(受精)시키다. [꽃]을 수분(受粉)시키다; [동물]에 …을 수태시키다. ¶ Bees *fertilize* flowers. 꿀벌이 꽃을 수분케 한다. ◇ fertilizátion *n.*
****fer·ti·liz·er** [fə́ːrt(i)làizər / -tilài-] *n.* ⓤⓒ **1** 비료 (manure), 화학 비료. **2** 수정(수분) 매개자(벌 따위).
fer·u·la [fér(j)ulə] *n.* **(** **-las** or **-lae** [-liː]**)** **1** 미나리과 아위속(屬)의 식물[약용 식물]. **2** = ferule¹.
fer·ule¹ [férəl, féruːl] *n.* **1** [체벌용의] 채찍, 매(rod, cane), 주걱막대. **2** [비유적] 엄한 학교 훈육(체벌); under the *ferule* 학교에서 엄하게 훈육받고 있다. — *vt.* (**-uled, -ul·ing**) …을 매질(채찍질)하다; …을 주걱매로 징계하다.
fer·ule² [férəl, féruːl] *n., v.* (**-uled, -ul·ing**) = ferule.
fer·ven·cy [fə́ːrv(ə)nsi] *n.* ⓤ 열렬; 열성, 열정.
****fer·vent** [fə́ːrv(ə)nt] *adj.* **1** 열렬한, ⇒ EAGER 類語. 강렬한, [감정 따위가] 격한(intense). ¶ a *fervent* desire 열망. **2** 뜨거운, 타는 듯한, 백열의(glowing). **~·ly** *adv.* **~·ness** *n.* ◇ férvor *n.*
fer·vid [fə́ːrvid] *adj.* **1** 열렬한, 열정적인. ¶ *fervid* loyalty 열렬한 충성심. **2** 타는 듯한; 백열의, 뜨거운 (hot). **~·ly** *adv.* **~·ness** *n.*
fer·vid·i·ty [fəːrvídəti] *n.* ⓤ 열렬, 열심.
****fer·vor**, (英) **-vour** [fə́ːrvər] *n.* ⓤ **1** 열렬; 열정 (passion), 열성. **2** 백열, 혹서, 염열(炎熱) (intense heat).
◇ férvent, férvid *adj.*
fes·cue [féskjuː] *n.* **1** (= **féscue gràss**) 김의털 [목초용]. **2** [교사가 읽기를 가르칠 때 쓰는] 글자 짚는 막대, 지적 막대.
fess¹ [fes], (**fesse**) *n.* [紋章] 중앙 띠 [방패꼴 문장의 한가운데를 가로지르는 굵은 선]. [다 (*up*).
fess² [fes] *vi., vt.* (구어) [간단히] 실토하다, 고백하
-fest 북적거리는 「축제」「콘테스트」의 뜻의 연결형. 예: songfest, slugfest.
fes·tal [fést(ə)l] *adj.* 축제의, 축제다운; 즐거운, 흥겨운(joyous). ¶ a *festal* day 축제일. **~·ly** [-t(ə)li] *adv.*
fes·ter [féstər] *vi.* **1** [상처 따위가] 곪다, 짓무르다; 쑤시다, 아프다. ¶ a *festering* wound 곪은 상처. **2** 괴로와하다; [마음이] 몹시 아프다. — *vt.* **1** [상처]를 곪게 하다; 진무르게 하다. **2** [마음]을 아프게 하다, 괴롭히다. *n.* 궤양, 농포(膿疱); 곪음.
*‡***fes·ti·val** [féstivəl] *n.* ⓒⓤ축제, 제례(祭禮). ¶ the ski *festival* in Colorado 콜로라도의 스키제 / the New Year's *festival* 정월의 축제. **2** 축제일, 축일. ¶ the spring *festival* of the church 교회의 봄 축제. **3** 향연, 잔치. ¶ hold (or keep, make) a *festival* 잔치를 벌이다. **4** 정기적인 행사, …제. ¶ a music *festival* 음악제. — *adj.* 축제의, 제례의, 축일의; 축제 기분의, 즐거운(festal). ◇ féstive *adj.*
****fes·tive** [féstiv] *adj.* 축제의, 축제일 같은; 흥겨운, 명석대는(jovial); 즐거운. ¶ a *festive* mood 축제 기분. **~·ly** *adv.* **~·ness** *n.* ◇ féstival, festívity *n.*
****fes·tiv·i·ty** [festívəti] *n.* (*pl.* **-ties**) **1** ⓒⓤ 제례, 축전, 제전. **2** (**-ties**) 축하 행사, 축제 소동. **3** ⓤ 유쾌함, 흥겨움(gaiety), 들뜬 기분; 환희, 명석댐.
fes·ti·vous [féstivəs] *adj.* (드물게) = festive.
fes·toon [festúːn] *n.* **1** 꽃줄[꽃·잎·색종이 따위로 만든 줄모양의 장식]. ¶ The flags were hung on the wall in colorful *festoons*. 기들이 다채로운 꽃줄 모양으로 벽에 매달려 있었다. **2** [건축] 꽃줄 장식.
— *vt.* …을 꽃줄로 장식하다(up). ¶ (~+圓+圓+ 圓+图) *festoon* a Christmas tree *with* tinsel 크리스마스 트리를 금실·은실로 장식하다. **2** …을 꽃줄로 만들다. ¶ *festoon* flowers and leaves 꽃과 잎으로 꽃줄을 만들다.
fes·toon·er·y [festúːnəri] *n.* ⓤⓒ (*pl.* **-er·ies**) **1** 꽃줄 장식. **2** (집합적) 꽃줄(festoons).
Fest·schrift [féstʃrift] *n.* (*pl.* **-schrift·en** [-ən] or **-schrifts**) (때로 f-) [동료·제자·학자에게 헌정하는] 기념 논문집. [< G *festival writing*]
FET (略) [전자공학] *f*ield *e*ffect *t*ransistor (전계(電界) 효과 트랜지스터). [씨).
F.E.T. (略) (美) *F*ederal *E*xcise *T*ax (연방 소비
fe·tal [fíːtl], (**foetal**) *adj.* 태아의, 배(胚)의.
fétal álcohòl sýndrome *n.* 태아 [胎兒] 태아 (胎兒) 성 알코올 중후군[임신부의 알코올 과다 섭취로 인한 신생아의 기형이나 기능 장애].
fétal súrgery *n.* [의학] 태아 수술[모체내 태아의

fe·ta·tion [fiːtéi(ə)n], **(foetation)** *n.* ⓤ 임신(pregnancy), 수태.

‡fetch[1] [fetʃ] *vt.* **1** …을 [가서] 가지고 오다; 데리고 오다. ¶ BRING 類語 ¶ *Fetch* a policeman. 경관을 불러 오너라 // (~+囹+囹)(~+囹+勳+囹) *fetch* a book *from* another room 다른 방에서 책을 가지고 오다 / *Fetch* me my umbrella. 내 우산을 가져다 주세요 / I'll *fetch* you the letter. =I'll *fetch* the letter *for* you. 편지를 가져다 드리겠어요.
2 [피·눈물 따위]를 나오게(하다); …을 꺼내다, 이끌어내다. ¶ *fetch* tears 눈물을 흘리다 / *fetch* a pump 펌프에 마중물을 부어 물이 나오게 하다.
3 [한숨]을 쉬다, [호흡]을 하다, [숨]을 쉬다, [신음 소리·외침 소리]를 내다, 발하다(utter). ¶ *fetch* a deep sigh 깊은 한숨을 쉬다 / *fetch* a groan 신음 소리를 내다.
4 [상품]이 …의 값에 팔리다, [값]을 부르다. ¶ *fetch* a good price 좋은 값에 팔리다 // (~+囹+囹) This will *fetch* you much. 이것은 비싼 값에 팔릴 것이다.
5 《구어》…에게 [일격]을 가하다(strike). ¶ (~+囹+囹) I *fetched* him a blow (*or* box) on the head (nose). 그 자의 머리(코)에 한 대 먹였다.
6 《구어》…을 매혹(매료)하다(charm), [남의 마음]을 사로잡다(captivate). ¶ This garden will *fetch* her imagination. 이 정원은 그녀의 흥미를 돋울 것이다.
7 ¶ *fetch* a leap 한번 껑충 뛰다.
8 [주로 방언] …에 도착하다, 닿다(reach). ¶ *fetch* a harbor 항구에 도착하다.
9 〖사냥〗[사냥개가] [불치 따위]를 찾아서 가져오다 (retrieve).
10 《속어》…을 죽이나 (kill). ¶ *fetch* a person 남을 — *vi.* **1** 가서 물건을 가져오다. **2** 〖항해〗[배가] 침로를 잡다, 진항(進航)하다; 침로를 바꾸다(veer). ¶ *fetch* headway (sternway) 〖배가〗 전진 (후퇴)을 시작하다. **3** 〖사냥〗[사냥개가] 불치를 가져오다 (* 주로 명령형으로 쓴다). ¶ Go *fetch*! [사냥개에게 명령하여] 가지고 와! **4** [길]을 돌아서 가다, 우회하다 (*around, about ...*).
fetch along ① …을 가지고 오다. ② …을 잘하다.
fetch and carry 바쁘 심부름 따위를 하다, 노예같이 천한 일을 하다 (* 보통 부정사 또는 -ing 형으로 쓴다). ¶ Her whole morning was spent *fetching and carrying*. 그녀는 아침 내내 허드렛일을 했다.
fetch a person *around* (*or round*) ①《美구어》 남을 납득시키다. ②《방언》 남을 소생시키다.
fetch away (*or way*) 〖항해〗 [배가 흔들려 뱃짐이] 이동하다, 흔들려 움직이다.
fetch down ① …을 쏘아 떨어뜨리다, 쳐 쓰러뜨리다. ② [물가 하락시키다.
fetch in …을 둘러싸다; 가지고 들어가다; 끌어들이다.
fetch out …을 끌어내다, 꺼내다; [색·을 등]을 내다.
fetch up ① …을 토하다, 게우다 (vomit). ② [늦은 것]을 회복하다; …을 상기하다 (recall). ¶ *fetch up* a memory 기억을 되살리다. ③《주로 방언》[아이]를 기르다. ④ (*vi.*) 〖항해〗 도착하다 (reach). ⑤ (*vi.*) 딱 (자기) 멈추다.
— *n.* **1** ⓤ 가져오기, 데리고 오기, 초래하기. **2** 술책, 책략 (trick). ¶ cast a *fetch* 술책을 부리다. **3** 〖항해〗 대안(對岸) 거리, 바람으로 파도가 이는 지역. **4** [사물이 미치는] 범위; 《고어》 상상력의 범위. ¶ a *fetch* of imagination 상상력의 범위.
fetch[2] [fetʃ] *n.* [사람이 죽기 직전에 먼 곳의 친척이나 친구 앞에 나타난다는] 생령 (wraith).
fetch·er [fétʃər] *n.* 가져오는 사람, 초래하는 사람.
fetch·ing [fétʃiŋ] *adj.*《구어》마음을 사로잡는, 넋을 잃게 하는, 이목을 끄는, 매력있는 (attractive). ~**ly** *adv.*
fete, fête [feit] *n.* **1** [종교상의] 축제, 축전, 제례

(festival); 영명(靈名) 축일 (name day). **2** 축일, 축제 (festal day), 휴일 (holiday). ¶ a national *fête* 국경일. **3** 향연, 향연, 잔치. — *vt.* (**fet·ed**, **fet·ing**) [잔치를 벌여] …을 축하하다 (celebrate). ¶ The president was *feted* following his inauguration. 대통령은 취임식 후에 축하를 받았다. [<F *festival*]
fête cham·pê·tre [fet ʃɑ̃pétr] *n.* (*pl.* **fêtes cham·pêtres** [fet ʃɑ̃pétr])《프랑스》(=*outdoor festival*) 야외대원유회.
fête day *n.* 축일, 축제일 (festival day).
fe·tial [fíːʃəl] *adj.* **1** 고대 로마 사제단의. **2** 국제 문제를 다루는, 선전 포고(강화)에 관한; 외교의.
fet·ich [fétiʃ] *n.* =fetish.
fet·ich·ist [fétiʃist] *n.* =fetishist.   [태.
fe·ti·cide [fíːtisaid], **(foeticide)** *n.* ⓤ 태아 살해, 낙
fet·id [fétid] *adj.* 고약한 냄새가 나는, 악취를 풍기는 (stinking). ~**ly** *adv.* ~**ness** *n.*
fet·ish [fétiʃ], **(fetich)** *n.* **1** 물신(物神)〖야만인이 신으로서 존경하는 나뭇조각·돌조각 따위〗. **2** 맹목적 숭배의 대상; 미신의 대상. ¶ make a *fetish* of … 을 맹목적으로 숭배하다. **3** 〖심리〗 페티시즘의 대상물 [이성의 머리털·발·옷 따위].
fet·ish·ism [fétiʃiz(ə)m, fíːt-] *n.* ⓤ **1** 물신 (物神) 숭배. **2** 〖심리〗 페티시즘 [이성의 몸의 일부나 옷 따위로 성적 만족을 얻는 변태 심리]. **3** 맹목적 숭배.
fet·ish·ist [fétiʃist, fíːt-], **(fetichist)** *n.* **1** 물신 숭배자. **2** 페티시즘 신봉자(偏執者).
fet·ish·is·tic [fètiʃístik, fìːt-] *adj.* **1** 물신 숭배의, 미신적인 (superstitious). **2** 페티시즘의.
fet·lock [fétlɑk / -lɔk] *n.* **1** [말의] 거모 (距毛) 〖발굽 위 뒤쪽에 난 덥수룩한 털〗. **2** 구절(球節) 〖거모가 나는 부분〗.
fe·tol·o·gy [fiːtɑ́lədʒi / -tɔ́l-] *n.* ⓤ 태아학 (胎兒學).
fe·tor [fíːtər, ·tɔːr] *n.* 지독한 악취 (stench).
fe·to·scope [fíːtəskòup] *n.* 〖의학〗 태아경 (胎兒鏡) 〖자궁 안의 태아를 직접 관찰하는 광학 장치로서 광섬유를 사용〗.
***fet·ter** [fétər] *n.* **1** (주로 ~s) 차꼬 (shackle), 족쇄. ¶ The cow has *fetters* on. 그 소는 차꼬가 채워져 있다. **2** (보통 ~s) 구속, 속박 (restraint).   [되어.
in fetters ① 차꼬가 채워져, 사로잡혀. ② 구속(속박)
— *vt.* **1** …에 차꼬를 채우다. **2** …을 구속(속박)하다. ¶ They are *fettered* by tradition. 그들은 인습에 사로잡혀 있다.
fet·ter·lock [fétərlɑ̀k / -lɔ̀k] *n.* =fetlock.
fet·tle [fétl] *n.* ⓤ **1** [심신의] 상태, 컨디션 (condition). ¶ in good (*or* fine) *fettle* 아주 좋은 (건강한) 상태로, 원기 왕성하여. **2** 페틀링 (fettling) [노상(爐床)용의 내화재]. — *vt.* (*-tled*, *-tling*) 〖窯業〗 …에서 자국을 없애다; 〖鑄造〗[주물]에서 모래를 제거하다.
fet·tu·ci·ni [fètətʃíːni] *n.* 이탈리아 요리에 쓰이는 가 끈 모양의 스파게티.
fe·tus [fíːtəs] *n.* [胎生] 태아, 배 (胚).
feu [fjuː] *n.* ⓤ〖스코 법률〗 토지 보유, 영대 조차권 (永代租借權); 영대 조차지 (租借地). — *vt.* [토지]의 영대 조차를 허가하다. *cf.* fee
***feud**[1] [fjuːd] *n.* ⓤⓒ **1** [여러 대에 걸친 가족·종족간의] 격심한 반목, 적의 (hostilities), 불화. ¶ blood *feud* 살인으로 인한 원한. **2** 싸움, 다툼; 쟁의. ¶ QUARREL 類語
be at feud with …과 반목하고 있다, 다투고 있다.
— *vi.* 사이가 나빠지다, 다투다, 반목하다.
feud[2] [fjuːd] *n.* 〖법률〗 봉토 (封土), 배령지 (拜領地) (fief), 영지.
***feu·dal** [fjúːdl] *adj.* **1** 영대지의, 봉토의. **2** ¶ *feudal estates* 봉토. **3** 봉건 제도의, 봉건적인; 봉건 시대의. **3** 중세 (Middle Ages)의. ~**ly** [-dəli] *adv.*
◇ feud[2], feudálity *n.*, féudalize *v.*
feu·dal·ism [fjúːdəlìz(ə)m] *n.* ⓤ 봉건 제도.

feu·dal·ist [fjúːdəlist] *n.* 봉건 제도 옹호자; 봉건 제도 연구자. [[주)의]적인.
feu·dal·is·tic [fjùːdəlístik] *adj.* 봉건 제도의, 봉건
feu·dal·i·ty [fjuːdǽliti] *n.* (*pl.* **-ties**) **1** ⓤ 봉건제, 봉건주의. **2** 봉토 (fief), 영지.
feu·dal·i·za·tion [fjùːd(ə)lizéi(ə)n / -laiz-] *n.* ⓤ 봉건 제도화.
feu·dal·ize [fjúːd(ə)làiz] *vt.* (**-ized**, **-iz·ing**) …을 봉건제로 하다, …에 봉건 제도를 실시하다.
féudal lòrd *n.* 영주, 봉건 군주.
féudal sỳstem *n.* 봉건 제도(제제).
feu·da·to·ry [fjúːdətɔ̀ːri / -t(ə)ri] *n.* (*pl.* **-ries**) **1** [봉건 사회의] 가신(家臣). **2** 영지, 봉토. ── *adj.* **1** 봉토를 받고 있는, […을] 섬기는(*to* ...). **2** [봉건가] 영주의 지배하에 있는.
feu de joie [fə̀ː də ʒwɑ́ː] *n.* (*pl.* **feux d-** [fə̀ː-]) (프랑스) (=fire of joy) 축포(祝砲), 축화(祝火).
feud·ist[1] [fjúːdist] *n.* 여러 대에 걸쳐서 서로 반목하는 사람.
feud·ist[2] [fjúːdist] *n.* 봉건법 학자.
feuil·le·ton [fɔ́iitn, fɔ̀ːlitɔ̃ː / fɔ́ːitɔ́ːŋ / F fœjtɔ̃] *n.* **1** [신문의] 문예란, 소설란, 비평란. **2** 문예란의 기사 [가벼운 소설·평론 등]. 〈F serial story〉
Féul·gen reáction [fɔ́ilgən-] *n.* (the ~) [생화학] 포일겐 반응 [DNA 검출 반응]. 〈독일의 생화학자 Robert Feulgen 의 이름〉
‡**fe·ver** [fíːvər] *n.* **1** ⓤⓒ 열, 발열. **2** ⓐ high (slight) *fever* 고열(미열) / have a *fever* 열이 있다. **2** ⓤ 병열. ¶ intermittent *fever* 간헐열(間歇熱) / scarlet *fever* 성홍열 / typhoid *fever* 장티푸스 / yellow *fever* 황열병. **3** 열광(*for*...); 흥분 [상태]. ¶ a racing (war) *fever* 경마(전쟁)열. **4** (보통 a~) 굉장히 빠름. ¶ work at a *fever* pitch 굉장한 속도로 일하다.
in a fever ① 열에 들떠서. ② 열광하여. ¶ The whole country was *in a fever* of excitement. 온 나라 안이 흥분의 도가니였다.
── *vt.* …을 열나게(발열케) 하다. **2** …을 열광시키다. ── *vi.* **1** 발열하다. **2** 들뜬 것처럼 되다, 열광적으로 활동하다.
◇ féverish *adj.*
féver blìster *n.* =cold sore.
fe·vered [fíːvərd] *adj.* **1** [병적인] 열이 나는; 열병에 걸린. **2** 열띤. **3** 매우 흥분한. ¶ a *fevered* imagination 망상.
fe·ver·few [fíːvərfjùː] *n.* 화란국화 [국화과의 다년생 식물]. [적인 흥분.
féver hèat *n.* ⓤ **1** [섭씨 37도를 넘는 열]. **2** 열광
***fe·ver·ish** [fíːv(ə)riʃ] *adj.* **1** 흥분하고 있는 (excited), 안절부절 못하는(restless); 열광적인. **2** 열이 있는, [특히] 미열이 있는. ¶ *feverish* hands 열이 있는 손. **3** 열병의, 열성병의; [장소 따위가] 열병이 유행하고 있는, 열병이 많은. **4** 발열성의.
~·ly *adv.* ~·ness *n.* ◇ féver *n.*
fe·ver·less [fíːvərlis] *adj.* [병적인] 열이 없는.
fe·ver·ous [fíːv(ə)rəs] *adj.* =feverish.
féver pítch *n.* ⓤ 병적 흥분, 열광.
fe·ver·root [fíːvərùːt] *n.* 쇠뚜러풀[인동과. 북미산 (屬)]. * horse gentian, tinker's root 라고도 한다.
féver sòre *n.* =cold sore.
féver thèrapy *n.* ⓤ[의학] 발열 요법.
‡**few** [fjuː] *adj.* (「a 가 없는 부정적 용법」) 조금 밖에 없는, 소수의, 거의 없는, 근소한. *opp.* many ¶ a man of *few* words 말수가 적은 사람 / a man of *few* habits 별다른 버릇이 없는 사람 / *Few* people are able to understand this poem. 이 시를 이해할 수 있는 사람은 적다 / I have *few* friends here. 이 곳에는 친구가 거의 없다 / There were *fewer* than thirty left. 남은 사람은 30명이 되었다 / They had *few* or no opportunities. 그들에게는 기회가 거의 없었다 / I made the *fewest* mistakes. 나는 틀린 데가 가장 적었다.
2 (「a를 붙인 긍정적 용법」) 조금은 있는, 다소의, 약간의(some). ¶ in a *few* days 2, 3일 후에 / A *few* people were present. 몇몇 사람이 출석하고 있었다 / I have a *few* friends. 친구가 다소는 있다. * a *few* years 는 「2, 3년」으로 새기는 것이 보통이지만 실제로는 2년부터 8, 9년까지를 의미하기도 한다.
at [the] fewest 적어도.
but few 아주 근소한. ¶ You have *but few* chances of success. 너는 성공할 가망이 거의 없다.
few and far between 좀처럼 없는, 극히 드문. ¶ Recently fine days have been *few and far between*. 요즈음은 화창한 날씨가 좀처럼 없었다.
no fewer than …[만큼]이나와(as many as). ¶ There were *no fewer than* sixty present. 60명이나 출석하고 있었다.
not a few 적지 않은, 꽤 많은. [있었다.
only a few 몇 안 되는, 극소수의.
quite a few 〈구어〉 꽤 많은, 상당수의.
── *pron.* (복수 취급) **1** (「a 가 없는 부정적 용법」) 소수의 사람(물건). ¶ *Few* are capable of such an achievement. 이와 같은 공적을 올릴 수 있는 사람은 적다. **2** (「a를 붙인 긍정적 용법」) 소수의 사람(물건). ¶ Give me a *few*, please. 조금 주세요 / I know a *few* of the boys. 나는 그 소년들 중의 몇몇은 알고 있다 / A faithful *few* remained. 충실한 사람들이 몇몇 남았다.
── *n.* (the ~) [다수에 대한] 소수(the minority); 뽑힌 사람들(the elect).
a good few [*of*] 〈구어〉 꽤 많은 수 [의].
in few 〈고어〉 몇 마디로, 짤막하게 (in few words).
some few 소수의 사람(것).
that few 그 소수의 사람들은 (* 드물게 those few 대신에 쓰인다). ¶ A few men studied and *that few* succeeded in the examination. 소수의 사람이 공부하고, 그 소수의 사람들이 시험에 합격했다.
few·ness [fjúːnis] *n.* 〈F fewest〉
fey [fei] *adj.* **1** 〈영방언〉 죽어야 할 운명의(doomed), 빈사의(dying). **2** 〈주로 스코〉 주문에 걸린 듯한. **3** [옛날에 죽는 전조로 믿어졌던 것처럼] 묘하게 흥분한. **4** 초자연적인(supernatural).
fez [fez] *n.* (*pl.* **fez·zes**) 터키 모자 [보통 붉은 원추형이며 검은 술이 달려 있다].
ff. (略) folios; following [pages, verses, etc.]; [음악] fortissimo.
F.F.A. (略) [항해] free from alongside [ship] (선수도(船側渡)).
FFC (略) Foreign Funds Control (외 [fez] 자 통제).
f.g. (略) *f*ully *g*ood.
F.G. (略) *F*oot *G*uards.
F.G.A. (略) [해상보험] *f*ree of *g*eneral *a*verage (공동 해손 불담보).
FGM (略) *f*ield *g*uided *m*issile (야전 유도 미사일).
F.H. (略) *f*ire *h*ydrant (소화전).
FHA (略) *F*ederal *H*ousing *A*dministration (연방
f.i. (略) *f*or *i*nstance. [주택 관리국).
FI (略) *F*amily *I*dentity (가족의 독자성 추구).
FIA (略) *F*édération *I*nternationale de l'*A*utomobile (국제 자동차 연맹).
fi·an·cé [fìːɑːnséi / fiɑ́ːnsei] *n.* 약혼중인 남성, 약혼자 [남성]. 〈F betrothed〉
fi·an·cée [fìːɑːnséi / fiɑ́ːnsei] *n.* 약혼중인 여성, 약혼자[여성], 약혼녀. 〈F betrothed〉
fi·as·co [fiǽskou] *n.* (*pl.* **-cos** or **-coes**) **1** 대실패, 완패. ¶ end in a *fiasco* 대실패로 끝나다. **2** [포도주용의] 바닥이 둥근 유리 그릇. 〈It〉
fi·at [fáiət, -æt] *n.* **1** 법령, 명령, 엄명; 인가 (sanction). **2** ⓤ [소송 절차 따위의] 인허(認許).
Fi·at [fíːæt] *n.* (略) 피아트 [이탈리아제 자동차의 일종].

fiat money — **fiddle**

fi·at [fíət] *n.* ⓤ〔美〕 법정 불환(不換) 지폐.
fib[1] [fib] *n.* 사소한(악의 없는) 거짓말. ― ⓥ LIE[類語].
― *vi.* (fibbed, fib·bing) 사소한 거짓말을 하다.
fib[2] [fib] *vt.* (fibbed, fib·bing)〔英〕[권투 따위에서] …을 치다, 때리다(strike, beat). ― *n.* 일격(blow), 난타.
FIBA (略) 〔프랑스〕 *Fédération Internationale de Basketball Amateur* (국제 아마추어 농구 연맹).
fib·ber [fíbər] *n.* [사소한, 악의 없는] 거짓말쟁이.
‡**fi·ber**, 〔英〕 **-bre** [fáibər] *n.* 1 ⓤ [面·식물·유리 따위의] 섬유; 섬유질, 섬유 조직; [집합적] 단(單)섬유(filaments). ¶ staple *fiber* 인조 섬유. 2 ⓤ 성격(character), 기질; 본질. ¶ a man of fine (coarse) *fiber* 섬세한(거친) 성격의 사람 / a man of real *fiber* 실력 있는(틀림없는, 믿음직한) 사람. 3 ⓤ 강도(強度)(strength), 내구성. 4 ⓤ〔美〕[식물] 인피(靭皮) 섬유; [풀 따위의] 수염뿌리. 5 ⓤ [동물·해부] 신경·근육 따위의 섬유.
fi·ber·board, 〔英〕 **-bre-** [fáibərbɔ̀ːrd / -bɔ̀ːd] *n.* 압착 섬유로 만든 판자 비슷한 건축 재료; 섬유판.
fi·bered, 〔英〕 **-bred** [fáibərd] *a.* 섬유를 가진, 섬유질의; [복합어를 만들어] …의 섬유로 된.
fi·ber·fill, 〔英〕 **-bre-** [fáibərfìl] *n.* ⓤ 쿠션 속 따위로 쓰이는 인조 섬유.
Fi·ber·glas [fáibərglæs / -glɑ́ːs] *n.* 〔상표명〕 섬유 유리.
fi·ber·glass, 〔英〕 **-bre-** [fáibərglæ̀s / -glɑ́ːs], **fíber glàss** *n.* ⓤ [절연체 따위로 쓰이는]섬유 유리.〔<상표명〕
fi·ber·less, 〔英〕 **-bre-** [fáibərlis] *a.* 1 섬유가 없는. 2 [성격이] 줏대없는, 심약한.
fíber óptics *n. pl.* [단수취급] 유리 섬유에 의한 빛의 굴절 전달 장치(방법).
fíber plánt *n.* 섬유 작물[목화·삼 따위].
fi·ber·scope, 〔英〕 **-bre-** [fáibərskòup] *n.* [光學] 파이버스코프〔유리 섬유를 사용하는 내시경(內視鏡)〕.
fibr- ⇨ FIBRO-.
fi·bre [fáibər] *n.* 〔英〕 =fiber.
fi·bri·form [fáibrəfɔ̀ːrm] *a.* 섬유 모양의.
fi·bril [fáibril, +美 ffb-] *n.* 1 소(小)섬유. 2 〔식물〕 모근(毛根). 3 〔생물〕 원(原)섬유.
fi·bril·lar [fáibrələr] *a.* 소섬유의; 〔식물〕 모근의.
fi·bril·late [fáibrəlèit] *v.* (-lat·ed, -lat·ing) *vi.* 1 〔병리〕 섬유성 연축을 앓다. 2 [미소(微小)로] 잘게 갈라지다. ― *vt.* [미소]섬유로 만들다.
fi·bril·la·tion [fàibriléi∫(ə)n] *n.* ⓤ 1 미소(微小)섬유(毛根)의 형성. 2 〔병리〕 [심장 질환에 의한] 근육성 진통, 섬유성 연축(攣縮).
fi·brin [fáibrin] *n.* ⓤⓒ 1 〔생화학〕 섬유소(素), 피브린 [혈액이 응고할 때 생기는 섬유 모양의 단백질]. 2 〔식물〕 부질(麩質).
fibrino- fibrin 이라는 뜻의 연결형. 예: *fibrin*olysis (섬유소 분해).
fi·brin·o·gen [faibrínədʒ(ə)n] *n.* ⓤ〔생화학〕섬유소원(原), 피브리노겐.
fi·brin·ous [fáibrinəs] *a.* 섬유소로 된, 섬유질의.
fi·bro- fiber 라는 뜻의 연결형 (＊모음 앞에서는 fibr-을 쓴다). 예: *fibro*ma.
fi·bro·gen·e·sis [fàibrodʒénisis] *n.* 〔병리〕 [생체 기관 내의] 섬유 조직의 발생 및 증식.
fi·broid [fáibrɔid] *a.* 1 섬유상(질)의. 2 〔종기 따위〕 섬유양(樣)의. ― *n.* 〔병리〕 유섬유종(類纖維腫).
fi·bro·in [fáibrouin] *n.* ⓤ〔생화학〕 피브로인〔거미줄이나 명주의 주요 성분을 이루는 불소한 단백질〕.
fi·bro·ma [faibróumə] *n.* (*pl.* **-ma·ta** [-mətə] *or* **-mas**) 〔병리〕 섬유종.
fi·bro·sis [faibróusis] *n.* ⓤ〔병리〕 섬유증(症) [섬유 조직의 과다 증식].
fi·bro·si·tis [fàibro(u)sáitis] *n.* 〔병리〕 류머티즘(성) 섬유 조직염(炎).

fi·brous [fáibrəs] *a.* 섬유의, 섬유로 된, 섬유 모양의. ¶ a *fibrous* root 섬유근.
fi·bro·vas·cu·lar [fàibro(u)væ̀skjulər] *a.* 〔식물〕 목질 섬유와 유관속(維管束)으로 된. ¶ a *fibrovascular bundle* 섬유유속(섬유 관속).
fib·ster [fíbstər] *n.* 〔口語〕 사소한(악의 없는) 거짓말을 하는 사람.
fib·u·la [fíbjulə] *n.* (*pl.* **-lae** [-lì(ː)] *or* **-las**) 1 [해부·동물] 비골(腓骨), 종아리뼈. 2 〔考古〕 [보통 장식이 있는] 걸쇠(clasp), 브로치.
fib·u·lar [fíbjulər] *a.* 〔해부·동물〕 비골의.
-fic *suf.* making, producing, causing 의 뜻을 나타내는 형용사적 접미어. 예: colori*fic*, horri*fic*, paci*fic*, proli*fic*, sopori*fic*.
-fication *suf.* -fy 로 끝나는 동사로부터 그 동사가 뜻하는 행동·상태를 나타내는 명사를 만든다. 예: modi*fication*, paci*fication*.
fiche [fiː∫] *n.* [마이크로] 피시[정보 정리용의 마이크로카드 필름팔].
fi·chu [fí∫uː / fí:∫uː] *n.* [여성용 모슬린·레이스 따위의] 삼각형 어깨걸이(숄). 〈F〉
*****fick·le** [fíkl] (때로 **-ler**, **-lest**) *adj.* 1 변하기 쉬운(changeable); 불안정한(unstable). ¶ *fickle* weather 변하기 쉬운 날씨. 2 마음이 잘 변하는, 변덕스러운.
fic·tile [fíktl / -tail] *adj.* 1 소조(塑造)할 수 있는, 가소성(可塑性)의. 2 소조된. 3 도토(陶土)의, 도기의, 도제(陶製)의. ¶ *fictile ware* 도기. 4 [사람이] 다루기 쉬운.
‡**fic·tion** [fík∫(ə)n] *n.* ⓤ 1 ⓤ 소설[문학]. *cf.* drama, poetry ¶ Fact is stranger than *fiction*. 사실은 소설보다 기이하다. 2 소설(작품), 이야기. ⇨ NOVEL [類語] ¶ a detective *fiction* 탐정소설 / a supernatural *fiction* 초자연적 소설. 3 지어낸 일, 허구, 가작(假作), 꾸며낸 이야기 (made-up story). *cf.* figment ¶ a libelous *fiction* 비방(중상)하려고 지어낸 일 / the *fictions* on a medicine bottle 약병에 적힌 엉터리 효능서. 4 ⓤ 상상, 허구. 5 〔법률〕 의제(擬制).
◇ fíctional, fictítious, fíctive *adj.*
*****fic·tion·al** [fík∫(ə)n(ə)l] *adj.* 허구의, 지어낸 일의; 꾸며낸 이야기 같은, 소설적인. ~**·ly** [-nəli] *adv.*
fic·tion·al·ize [fík∫(ə)nəlàiz] *vt.* (-ized, -iz·ing) …을 소설화하다.
fic·tion·eer [fìk∫əníər] *n.* 다작(多作) 작가, 대중 작가.
fic·tion·ist [fík∫(ə)nist] *n.* 소설가.
fic·tion·ize [fík∫(ə)nàiz] *v.* (-ized, -iz·ing) *vi.* 소설을 쓰다. ― *vt.* = fictionalize.
fic·ti·tious [fikti∫əs] *adj.* 1 위조의, 거짓의, 가짜의 (false), 진짜가 아닌(not genuine). ¶ a *fictitious name* 가명. 2 상상의, 가공의(imaginary), 소설적인. ¶ Characters in novels are usually *fictitious*. 소설의 인물들은 보통 가공의 것이다. 3 〔상업〕 의제(擬制)의. ¶ a *fictitious* bill 공수표 / *fictitious* transactions 공거래. ~**·ly** *adv.* ~**·ness** *n.* ◇ fíction *n.*
fictítious pérson *n.* [법률] 법인.
fic·tive [fíktiv] *adj.* 1 거짓의, 허구적(fictitious). 2 상상의, 가공의(imaginary). 3 소설의.
fid [fid] *n.* 1 [항해] 돛대 버팀마개, 고정재(材). 2 쐐기, 마개. 3 [밧줄의 가닥 따위를 푸는 데 쓰는] 목제(금속제) 핀.
-fid divided, lobed 라는 뜻의 연결형. 예: bi*fid*, tri*fid*, multi*fid*, pinnati*fid*.
fi·del·i·ty [fidéləti] *n.* 충실; 성실; fiduciary.
*****fid·dle** [fídl] *n.* 1 〔口語〕 바이올린. 2 〔항해〕[악천후 때 식탁에서 식기류가 굴러 떨어지는 것을 막음] 테. 3 〔俗語〕 협잡, 속임수, 사기.

[as] **fit as a fiddle** 매우 건강하여(in perfect health). 그만두다.
hang up one's **fiddle** 업무에서 은퇴하다, 사업 따위에서는 명랑하다, 집안에서는 침울하다.
hang up one's **fiddle when one comes home** 밖에서는 명랑하다, 집안에서는 침울하다.
have a face as long as a fiddle 매우 침울한 얼굴을 하고 있다.
play first (second) fiddle 주역(단역)을 맡아 하다.
— v. (-dled, -dling) vt. **1** 〖구어〗 〖곡〗을 바이올린으로 켜다(연주하다). ¶ *fiddle* a tune 바이올린으로 한 곡 켜다. **2** 〖시간〗을 낭비하다; …을 만지작거리다. ¶(~+閨+副) *fiddle* the day *away* 하루를 빈들빈들 허비하다. **3** 〖속어〗 …을 속이다(cheat). — vi. **1** 〖구어〗 바이올린을 켜다. **2** 〖성급하게〗 만지작거리다(*with*...). ¶(~+前+名) *fiddle with* a knife 나이프를 만지작거리다. **3** 빈둥거리다, 빈둥거리다(idle)(*around*...). ¶(~+副) *fiddle around* 빈둥거리다 //(~+前+名) *fiddle* over one's work 놀아가면서 일하다. — interj. 시시해!, 말도 안 돼!(fiddlesticks).

fid·dle·back [fídlbæ̀k] n. 바이올린 모양의 것.
— adj. **1** 바이올린 모양의. **2** 〖합판의 무늬가〗 가느다란 줄무늬로 된.
fiddle bow n. 바이올린의 활.
fiddle case n. 바이올린 케이스.
fiddle crab n. =fiddler crab.
fid·dle-de-dee [fídldidíː] interj. 엉터리다!, 시시하다! — n. 〖U〗 시시한 일, 허튼 소리(nonsense). — adj. 하찮은, 시시한.
fid·dle-fad·dle [fídlfæ̀dl] 〖구어〗 n. 〖U〗 엉터리 같은 짓(nonsense), 쓸데없는(시시한) 일. — vi. (-dled, -dling) 시시한 일로 공연한 소동을 벌이다(*with*...).
fid·dle·head [fídlhèd] n. 〖항해〗 이물의 소용돌이 모양의 장식(배의 윗부분과 비슷한 데서). *cf.* figurehead
fiddle pattern n. 〖포크나 스푼 따위의 자루 끝의〗 바이올린 모양의 장식.
fid·dler [fídlər] n. **1** 바이올리니스트, 제금가(violinist). **2** 까불이. **3** =fiddler crab.
fiddler crab n. 꽃발게의 일종.
Fiddler's Green n. 〖여자와 술과 노래가 있는〗 뱃사람의 낙원〖뱃사람이나 기병이 죽은 뒤에 간다고 생각되었다〗.
fid·dle·stick [fídlstìk] n. **1** 바이올린의 활(fiddle bow). **2** 시시한 일(것), 매우 사소한 일. ¶ Don't care a *fiddlestick* for that. 그런 것은 조금도 개의치 말게.
fid·dle·sticks [fídlstìks] interj. 에이 엉터리다!, 싱겁다!
fiddle string n. 바이올린의 줄(현).
fid·dle·wood [fídlwùd] n. 〖U〗 서인도 제도산(產)의 무겁고 단단한 목재. — adj. (petty).
fid·dling [fídliŋ] adj. 하찮은(trifling), 사소한, 시시한.
Fi·de·i De·fen·sor [fáidiài difénsɔːr] n. 〖라틴〗 (=Defender of the Faith) 신앙의 수호자〖영국 국왕의 존칭의 하나〗; 略 F.D., Fid. Def.〗. (영 국왕).
Fi·del·is·mo [fiːdelíːzmou] n. 〖U〗 Fidel Castro 주의
*fi·del·i·ty [fidéləti, fai-] n. (pl. **-ties**) **1** 충실, 성실, 충성(loyalty); 정절; 〖약속·의무 따위의〗 엄수. ⇒ LOYALTY 類語. ¶ *fidelity* to one's principles 자기의 원칙에 충실하다 / *fidelity* of a servant to his master 주인에 대한 하인의 충실성. **2** 진짜 그대로임(accuracy); 박진성, 정확도. ¶ report the news with *fidelity* 뉴스를 정확하게 전하다 / *fidelity* to fact 사실에의 충실성. **3** 〖무선〗 충실도. ¶ a high-*fidelity* radio 고성능(하이파이) 라디오.
fidelity insurance n. 〖보험〗 성실 보험〖고용주가 종업원으로부터 받는 손해에 대해 거는 보험〗.
fidg·et [fídʒit] vi. 안절부절 못하다, 주저주저하다 (*about*...); 〖안절부절 못하며〗 만지작거리다(*with*...). ¶(~+副) Don't *fidget* [*about*]. 침착해라 //(~+前+名) *fidget* with one's hat 모자를 만지다 / She *fidg*-

eted about the room. 그녀는 방안을 초조하게 걸어다녔다. — vt. …을 안절부절 못하게 하다, 안달나게 하다(worry). ¶(~+閨+副+名) He *fidgeted* himself *into* a fever. 그는 속이 타서 열이 났다.
— n. **1** (종종 ~s) 안절부절 못함, 허겁지겁함, 침착하지 못한 기분. ¶ give a person the *fidgets* 남을 안절부절 못하게 하다 / have the *fidgets* 안절부절 못하다, 주저주저하다 / He is always in a *fidget*. 그는 항상 안절부절 못한다. **2** 안절부절 못하는(침착하지 못한) 사람.
fidg·et·y [fídʒiti] adj. 안절부절 못하는, 침착하지 못한, 불안한(uneasy). -**et·i·ness** n. 〖종이, 점화지.
fid·i·bus [fídibəs] n. 〖U〗 〖英〗 〖살담배용의〗 불붙이는 종이.
fi·do [fáidou] n. (pl. **-dos**) 제조상의 흠이 있는 경화(硬貨). 〖<*f*reaks, *i*rregulars, *d*efects, *o*ddities〗
Fi·do [fáidou] n. 〖美〗 개 이름. 〖구어〗 멍텅개.
FIDO [fáidou] 〖略〗 *f*og *i*nvestigation *d*ispersal *o*perations 〖안개 없애는 장치〗; 비행장에서 휘발유 따위를 태워 활주로상의 안개를 없애는 장치).
FIDO, Fi·do [fáidou] n. 〖우주〗 우주선 조종 기사(비행사). 〖<F[L][I]GHT]+D[YNAMICS]+O[FFICER]〗
fi·du·cial [fid(j)úːʃəl / -djúːʃ(i)əl] adj. **1** 〖물리〗 기준의. ¶ a *fiducial* point 기준점. **2** 신념에 입각한, 깊이 신뢰하는. **3** 신탁(信託)의(fiduciary).
fi·du·ci·ar·y [fid(j)úːʃièri / -djúːʃiəri] adj. 〖법률〗 신용이 있는, 신탁의, 수탁자의. ¶ *fiduciary* contract 신용 계약 / a *fiduciary* loan 신용 대부금 / a *fiduciary* institution 신용 기관 〖은행·신탁 회사 따위〗 / a *fiduciary* capacity 수탁자의 자격. **2** 〖불환 지폐 따위가〗 신용 발행의. ¶ *fiduciary* issue 〖무보증·무담보가〗 신용 발행 / *fiduciary* notes (or paper currency) 〖무준비 발행의〗 신용 지폐(fiat money). **3** 〖폐어〗 신용의, 의존의. — n. (pl. **-ar·ies**) 〖법률〗 수탁자, 피신탁자(trustee).
fi·dus A·cha·tes [fáidəs əkéitiːz] n. 〖라틴〗 (= faithful Achates) 〖英〗 트로이 전쟁의 용사 Aeneas의 친구 Achates와 같이〗 충실하고 신의가 두터운 친구.
fie [fai] interj. 이런!, 저런!, 쨍장!, 체!〖불쾌·혐오·불찬성 따위의 소리〗. ¶ *Fie* upon you! 너는 싫어! / *Fie, for shame*! 아이들을 꾸짖을 때〗 이런, 창피하지도 않다!
fief [fiːf] n. **1** 〖봉건 시대의〗 봉토(封土), 영지(fee, feud). **2** 장토내의 땅. 〖(proper)〗.
fie-fie [fáifái] adj. 형편없는, 괘씸한, 언어 도단의(improper).
FIEJ 〖略〗 〖프랑스〗 *F*édération *i*nternationale des *é*diteurs de *j*ournaux et publications〖국제 신문 발행인 협회〗.
*field [fiːld] n. **1** 들, 들판, 벌(판), 원야. ¶ beasts of the *field* 야수 / flowers of the *field* 들꽃.
2 광막하게 퍼진 곳, 벌판. ¶ an ice *field*; a *field* of ice 빙원(氷原) / a snow *field* 설원 / a *field* of sea 대해.
3 〖산울타리·둑·도랑 따위로 구획된〗 밭, 전답, 경작지, 목초지; 〖the ~s〗 전야(田野). ¶ a corn *field* 〖美〗 옥수수밭; 〖英〗 보리밭 / a *field* of wheat 밀밭 / a rice *field* 논 / She is working in the *fields*. 그녀는 밭에서 일하고 있다.
4 〖어떤 용도에 충당된〗 지면, 터, 광장. ¶ a flying *field* 비행장 / a fuller's *field* 〖모직물 따위를〗 빨아서 너는 터.
5 〖광물의〗 매장지, 산지. ¶ a gold *field* 금 산지 / an oil (a coal) *field* 유전(탄전).
6 싸움터, 전장(battlefield); 싸움(battle); 〖구어〗 〖미육군에서〗 Washington, D.C. 이외의 주둔지. ¶ a hard-fought *field* 격전〖지〗 / a single *field* 1대 1의 싸움 / a stricken *field* 고전 / fall in the *field* 전사하다 / lose (win) the *field* 싸움에 지다(이기다).
7 범위, 분야, 영역(scope). ¶ a *field* of research 연구 분야 / in the *field* of industry 공업계에서 / in one's own *field* 전문 분야에 있어서 / go into the *field* of medicine 의학계에 들어가다 / cover a wide *field* of

field allowance   862   **field trial**

inquiry 광범위한 연구를 하다.
8 [빌딩 건축·도로 공사 따위의] 현장; [상거래·연구 활동 따위의] 실지, 현지.
9 [카메라·망원경·현미경 따위의] 시야, 시역(視域); [텔레비전의] 영상면. ¶ the *field* of vision 시야 / the *field* of a telescope 망원경의 시역.
10 [깃발·그림·화폐·방패 따위의] 바탕(groundwork), [紋章] 문장 바탕. ¶ on a white *field* 흰 바탕에 / His coat of arms has a lion rampant on a *field* of purple. 그의 문장은 자줏빛 바탕에 사자가 뒷다리로 일어서 있는 것이다.
11 [스포츠] [트랙내의] 경기장, [육상 경기의] 필드 (cf. track); 《집합적》 필드 경기; [야구·축구 따위의] 구장(球場); [야구] [넓은 뜻에서] 내외야, [좁은 뜻에서] 외야. ¶ an athletic *field* 운동장 / a baseball *field* 야구장 / a football *field* 축구장.
12 (the ~) 모든 경기자; [크리켓·야구의] 수비측, 야수(fieldsman); 외야수; [사냥] 사냥 참가자; [경마] [인기 말 이외의] 모든 출전 말. ¶ lead the *field* 사냥터에서 앞장서다 / bet on the *field* in a horse race 경마에서 인기 말 이외의 모든 출전 말에 걸다.
13 [물리] [전기·자기(磁氣) 따위의] 장(場). ¶ the magnetic *field* 자장 / the *field* of force 힘의 작용이 미치는 장.
14 [수학] 체(體); 장. ¶ the *field* of rational numbers 유리수체(有理數體) / vector *field* 벡터장.
be in the field ① 전투(종군)중이다. ② 경기에 참가하고 있다. ③ 실용되고 있다.
be late in the field 경쟁 장소에 늦게 참가하다.
a fair field and no favor 공평무사, 공정.
have a field day 《美》 대성공을 거두다.
hold the field 진지를 유지하다; 한 걸음도 물러서지 않다.
keep (or **maintain**) **the field** 진지를 유시하다; 전투를 계속하다.
play the field ① 인기 말 이외의 모든 말에 걸다. ② 널리 활동하다. 《美구어》 여러 이성과 교제하다.
take (**leave**) **the field** ① 출진(퇴진)하다, 전투를 시작하다(마치다). ② [야구·축구 따위의] 경기를 시작하다(마치다).
── adj. **1** 들의, 야외의, 야생의. ¶ *field* flowers 야생화. **2** 실지의, 현장의. ¶ a *field* survey 현장 조사 / a *field* test 실지 시험 / *field* description 현지 기록. **3** [스포츠] 필드(경기)의, cf. track **4** [군대] 야전의, 제1선의. ¶ a *field* post 야전 우체국.
── vt. **1** [야구·크리켓] [공]을 처리하다; [선수]를 수비에 세우다. **2** [팀]을 시합시키다.
── vi. **1** [야수로서] 수비하다; 공을 처리하다. **2** 인기 말 이외의 말에 걸다.
◇ afeeld adv.
field allowance n. [군대] 전투 수당.
field ambulance n. [군대] 이동 야전 병원.
field army n. [군대] 야전군.
field artillery n. [군대] **1** U 《집합적》 야포, 야전포병. **2** (F· A·) 미국 야전 포병대 [현재는 포병대의 일부].
field bag n. = musette.
field battery n. [군대] 야포대, 야전 포병 중대.
field book n. [측량자·조사자의] 야장(野帳) 수첩; 채집 수첩.
field captain n. [미식축구] 주장 선수.
field club n. [생물] 야외 연구 클럽, 박물학 동호회.
field coil n. [전기] [계자(界磁)] 코일 [자계(磁界)를 만들기 위해 철심(鐵心)에 감은 코일].
field colors (《英》 **colours**) n. [대대·중대 본부 따위의 위치를 표시하는] 야영기(野營旗).
field core n. [전기] 계자 철심(界磁鐵心).
field corn n. U 《美》가축의 사료용으로 재배한 옥수수.
field court n. 약식 군법 회의.
field day n. **1** 야외 운동(경기)일. **2** 야외 집회, 피크닉. **3** [생물학자 등의] 야외 연구일. **4** [군대] 야외 연습일. **5** 신나는 행사(일)가 있는 날, 크게 성공한 날.
field dog n. 사냥개.
field dressing n. [전투중의] 응급 치료, [관리].
field driver n. 《美》 소유자 불명의 가축을 몰수하는 관리.
field effect transistor n. [전자공학] 전기장(電氣場) (전계) 효과 트랜지스터 [출력 전류를 전장에 의해 제어하는]; 略 FET].
*field-er [fíːldər] n. **1** [크리켓] 야수(fieldsman). **2** [야구] 야수, [특히] 외야수.
fielder's choice n. [야구] 필더즈 초이스, 야수 선택 [야수가 타구의 송구 방향을 잘못 선택하여 타자와 주자를 모두 살려버리기].
field event n. 필드 경기.
field exercise n. [군대] 기동 연습. [일종.
field·fare [fíːldfɛ̀ər] n. [새] [유럽산(産)] 티티새의
field glass n. (보통 ~es) 쌍안경.
field goal n. **1** [미식축구] 필드에서 킥하여 얻은 득점 [3점]. **2** [농구] 필드에서 슛하여 얻은 골.
field grade n. [군대] 영관급, cf. field officer
field gray n. U (때로 a ~) 어두운 회색 (dark gray) [제1차 대전 당시의 독일군의 군복 색].
field gun n. [군대] 야포, 야전포.
field hand n. 농장 노동자 (farm laborer).
field hockey n. U필드(육상) 하키. cf. ice hockey
field horsetail n. 쇠뜨기.
field hospital n. [군대] 야전 병원.
field house n. **1** [경기장 등의] 부속 건물 [탈의실·창고 따위]. **2** 실내(옥내) 경기장.
field ice n. U 얼음 벌판, 빙원(氷原).
field·ing [fíːldiŋ] n. [야구] 수비, 필딩.
fielding average n. [야구] 수비율 [실책 횟수를 공의 처리수로 나눈 것].
fíeld-ĭon mícroscope [fíːldáiɑn] n. [전기 공학] 전계(電界) 이온 현미경, 이온 방사 현미경.
field kitchen n. [군대] 야전 반합, 야전(야외) 취사장.
field length n. 이착륙 활주 거리. [장.
field lens n. [光學] [망원경·현미경의] 시계(視界) 렌즈, 대물(對物) 렌즈.
field magnet n. 장자석(場磁石), 계자(界磁).
field marshal n. [군대] [영국이나 그 외 나라의] 육군 원수.
field mouse n. 들쥐.
field music n. U [군대] **1** 군악대 [나팔수·고수(鼓手) 등으로 편성]. **2** [군악대용의] 행진곡.
field officer n. [군대] [육군의] 영관급 장교 [colonel, lieutenant colonel, major; 略 F.O., f.o.].
field of force n. [물리] = field n. 13.
field of vision n. 시계(視界), 시야.
field-piece [fíːldpìːs] n. [군대] 야포 (field gun).
field punishment n. [군대] 야전 형벌(처벌).
field rank n. [군대] 영관급 (field officer).
field ration n. 《美육군》 야전용 휴대 식량.
field recording n. [연주 등의] 현지 녹음.
field secretary n. 《美》 외근 직원, 지방 연락원.
field service n. [군대] 야전 근무.
fields·man [fíːldzmən] n. (pl. **-men** [-mən]) [크리켓] 야수(fielder).
field sports n. pl. **1** 야외 운동 [특히 수렵·총사냥·낚시질 따위]. **2** [트랙 경기에 대한] 필드 경기.
field·stone [fíːldstòun] n. U C 미가공의 천연석 자연석.
field-strip [fíːldstrìp] vt. (**-stripped** or 드물게) **-stript**, **-strip·ping**) [총포]를 검사를 위해 분해하다.
field study n. [사회학 등의] 현지(실지) 조사, 야외조사.
field-test [fíːldtèst] vt. …을 실지 시험하다.
field theory n. **1** [물리] 장(場)의 이론. **2** [심리] 장이론(場理論). [用).
field trial n. [사냥개 따위의] 야외 실지 시험 (시용 (試

field trip *n.* [학생 등의 공장·농장·박물관 따위로의] 실지 견학(연구) 여행.
field·ward [fíːldwərd], (**fieldwards**) *adv.* 들 쪽으로.
field·work [fíːldwə̀ːrk] *n.* **1** (보통 ~s) [군대] [임시의] 야전 진지, 토루(土壘). **2** [측량사·지질학자 등의] 야외 작업, [생물학자 등의] 야외 연구(조사); [사회 사업단 단원 등의] 현장 방문.
field-work·er [fíːldwə̀ːrkər] *n.* 야외 작업자, 야외 연구(조사)자.
*****fiend** [fíːnd] *n.* **1** 악마, 악귀, 악령(devil, demon); (the F-) 마왕(the Devil, Satan). **2** 극히 잔인한 사람. **3** (구어) [남을] 괴롭히는 사람(사물). ¶ My second child is a little *fiend*. 내 둘째 놈은 엄청난 개구쟁이야. **4** (구어) …광, 중독자; 한 가지 일에 열중(집착)하는 사람; 명수(at...). ¶ a cigarette *fiend* 지독한 골초(애연가) / a golf *fiend* 골프광 / an opium *fiend* 아편 중독자 / She is a *fiend* at tennis. 그녀는 정구의 명수다. ◇ **fiendish** *adj.*
fiend·ish [fíːndiʃ] *adj.* **1** 악마 같은, 마귀 같은. **2** 잔인한(cruel). ¶ *fiendish* tortures 잔인무도한 고문. **3** (날씨 따위가) 몹시 혐악한. ~·ly *adv.* ~·ness *n.*
*****fierce** [fíərs] *adj.* (**fiérc·er, fiérc·est**) **1** [성미·태도·표정·행동 따위가] 사나운, 거친(wild, savage); 무시무시한, 잔인한(cruel). ¶ a *fierce* dog 사나운 개 / *fierce* animals 맹수 / *fierce* looks 무시무시한 표정.
類語 **fierce** 사람이나 동물의 성질·행동·노여움 따위가 공포심을 일으키는 것: a *fierce* attack 맹렬한 공격. **ferocious** *fierce* 에다가 피에 굶주린 듯한 잔인함의 뜻이 더해진 말: a *ferocious* brute 사나운 짐승. **truculent** 사람에 쓰며, 공포심을 가지게 하는 의도를 강조한다: a *truculent* schoolboy 난폭한 학생.
2 [비·바람·추위·더위 따위가] 격심한(raging, violent). ¶ a *fierce* wind 폭풍 / a *fierce* storm 맹렬한 폭풍우. **3** 격렬한, 열렬한(intense, ardent). ¶ a *fierce* competition 격렬한 경쟁. **4** (구어) 지독한; 몹시 불쾌한, 고약한. ¶ a *fierce* cold 지독한 감기.
‡fierce·ly [fíərsli] *adv.* 사납게, 맹렬하게, 격렬하게.
*****fierce·ness** [fíərsnis] *n.* ⓤ 사나움, 맹렬, 격렬.
fi·e·ri fa·ci·as [fáiərai féiʃiæ̀s] *n.* (英) [법률] 강제 집행 영장(略 fi. fa.). [<L cause it to be done]
*****fi·er·y** [fái(ə)ri fáiəri] *adj.* (**fi·er·i·er, fi·er·i·est**) **1** 불의, 화염의, 열화의. ¶ a *fiery* furnace 활활 불타는 난로 / a *fiery* discharge 화염의 분출 / strike sparks from *fiery* iron 불 같은 쇠를 두들겨 불똥이 튀게 하다. **2** 불 같은; 타는 듯한; 불같이 빨간. ¶ a *fiery* heat 타는 듯한 더위 / a *fiery* red 불같이 빨간 색 / a *fiery* sunset 타는 듯한 해넘이 / *fiery* eyes 이글거리는 눈. **3** 불같이 격렬한; 열정적인; 열정적인; 성급한(hasty). ¶ a *fiery* disposition 격렬한 기질 / a *fiery* nature 격한 성미. **4** [가스 따위가] 인화하기 쉬운(inflammable). **5** [종기 따위가] 염증을 일으키는(inflamed). **6** [맛 따위가] 매운, 얼얼한, 화끈한. ¶ a *fiery* taste 화끈한 맛.
fi·er·i·ly [-ərili] *adv.* 불길하게 **fi·er·i·ness** [-ərinis] *n.* ◇ **fire** *n.*
fiery cróss *n.* **1** 불의 십자가[Ku Klux Klan의 표장(標示)으로서 유명]. **2** 혈화(血火)의 십자가[옛 스코틀랜드에서 전쟁 개시를 알리고 군사 모집을 위하여 마을에 돌린 십자가].
fi·es·ta [fiéstə] *n.* **1** [스페인·라틴아메리카에서의 종교상의] 축제일, 성일, 성인의 기념일(축일) (saint's day). **2** 축제, 제례. [<Sp feast]
fi. fa. 《略》 *fieri facias*.
FIFA [fíːfə] 《略》 *Fédération Internationale de Football Association*(=International Football Federation) (국제 축구 연맹).
fife [faif] *n.* [플루트 비슷하고 고음을 내는] 횡적(橫笛). ¶ a drum and *fife* band 고적대(鼓笛隊). — *v.* (**fifed, fif·ing**) *vi.* 횡적(횡피리)을 불다. — *vt.* (곡)을 횡적으로 불다.

fíf·er [fáifər] *n.* 횡적을 부는 사람.
fífe ràil *n.* [항해] 돛대 밑에 밧줄을 매는 난간.
fi·fo [fáifou] *n.* ⓤ [회계 따위의] 선입 선출법(先入先出法). [<first-in-first-out]
*****fif·teen** [fíftíːn] *adj.* 15의, 15명의, 15개의. — *n.* **1** 15명, 15개. **2** 15세. **3** 15번째의 것; [옷이] 15번 사이즈의 것. **4** 15를 나타내는 기호 [15, xv, XV]. **5** (정구) 피프틴[정식 정구에서 최초의 1포인트를 얻었을 때의 호칭; 15점. 2포인트째는 thirty, 30점, 3포인트째는 forty, 40점]. **6** 15개(인) 15(개)가 되는 것; [럭비] [15명으로 된] 1팀. **7** (the F-) [英역사] 15년의 난(亂) [1715년 자코뱅당의 반란].
*****fif·teenth** [fíftíːnθ] *adj.* **1** 제 15의, 15번째의. **2** 15분의 1의. — *n.* **1** (보통 the ~) 15번째, 15번째의 것, [한 달의] 15일. **2** (보통 the ~) [음악] 15도 음정. **3** 15분의 1.
*****fifth** [fifθ] *adj.* **1** 제5의, 5번째의. **2** 5분의 1의. — *n.* **1** (보통 the ~) 5번째, 5번째의 것, [한 달의] 5일. **2** (보통 the ~) [음악] 제5도, 5도 음정; 5도 음정의 조화적 결합. **3** 5분의 1(fifth part). **4** (美) 피프스[1갤론의 5분의 1]. 피프스(들이) 병.
take the Fifth 《美구어》 ① [법정에서] 미국 헌법 수정 제5조에 의하여 자기에게 불리한 증언을 거부하다. ② (f-) [일반적으로] 답변을 거부하다.
Fífth Améndment *n.* (the ~) 미국 헌법 제5 수정 조항[피고인에게 자신의 불리한 증언의 거부권을 부여].
fífth cólumn *n.* **1** 제5부대, 제5열[적국 내에 잠입하여 갖가지 편의를 제공하고 적군의 공격에 호응하는 사람들]. **2** 스페인 내란 때 Madrid에 있던 프랑코 장군의 동조자들.
fífth cólumnist *n.* 제5열, 제5부대원.
fífth estáte *n.* (the~, 때로는 the F- E-) 제 5계급[노동조합].
fífth generátion compùter *n.* (the ~) [컴퓨터] 제 5세대 컴퓨터 [현재 사용되는 제4세대(초 LSI 소자)의 후속으로 예상되는 컴퓨터].
fífth·ly [fífθli] *adv.* 다섯 번째로, 제 5 위로, 제 5 로.
Fífth Mónarchy *n.* (the ~) 제5왕국[앗시리아·페르시아·그리스·로마 다음에 그리스도가 통일하여 건설한다고 Daniel이 예언한 영원한 나라. ←다니엘서(Dan.) 2:44].
Fífth Repúblic *n.* (the ~) 제 5공화국[1958년 드골의 정계 복귀와 국민 투표에 의한 새 헌법으로 출발한 현 프랑스 정체].
fífth whéel *n.* **1** 전향륜(轉向輪)[4륜마차의 차대(車臺) 밑 앞 차축의 상부에 있다]. **2** [4륜마차의] 예비 바퀴. **3** 여분의 것(사람), 쓸데없는 것(사람); 무용지물, 밥벌레.
*****fif·ti·eth** [fíftiiθ] *adj.* **1** 제50의, 50번째의. **2** 50분의 1의. — *n.* **1** (보통 the~) 50번째. **2** 50분의 1.
*****fif·ty** [fífti] *adj.* **1** 50의, 50명의, 50개의. **2** 많은, 다수의. ¶ I have been there *fifty* times. 나는 여러 차례 거기에 갔다왔다. — *n.* (*pl.* **-ties**) **1** 50명, 50개. **2** 50세; (the -ties) [연령의] 50세대, [세기의] 50년대. ¶ be over (under) *fifty* 50세 넘었다(전이다). **3** 50번째의 것(사람); [옷이] 50번 사이즈의 것. **4** 50, 50을 나타내는 기호 [50, L, l]. **5** 50개(50개)으로 1조(한 벌)가 되는 것. **6** 50달러(파운드) 지폐.
fif·ty-fif·ty [fíftifífti] 《구어》 *adj.* 반반의, 등분의, 50대 50의, 동등한 ¶ on a *fifty-fifty* basis 똑같은 조건으로 / a *fifty-fifty* chance 성패가 반반씩 인 기회. — *adv.* 균등(동등)하게(equally), 반반씩(으로), 절반씩(으로).
go fifty-fifty [이익 따위를] 절반씩 나누다, [부담을] 절반씩 지다.
*****fig[¹]** [fig] *n.* **1** 무화과, 무화과나무(열매). **2** green *figs* 싱싱한 무화과[말리지 않은 것] / pulled *figs* [터키산(產)의] 말린 무화과. **2** 아주 조금, 근소; 하찮은(무가치한) 것; (a를 붙이고 부사적으로) 조금도 …아니다. ¶ not worth a *fig* 아무런 가치도 없는 / not care (or

give) a *fig* (or *fig's*) end) for … 을 전혀 문제시하지 않다. **3** 피코(fico) [엄지손가락을 집게손가락과 가운뎃손가락 사이에 내미는 상스럽고 경멸적인 짓].
A fig for …! 따위가 뭐냐, …따위는 아무것도 아니다.

fig² [fig] *vt.* (**figged, fig∙ging**) **1** …을 성장(盛裝)시키다, 치장하다(…*out*, *up*). **2** …을 닦다(furbish) (…*up*). **3** [말]에게 기운나게 하다. — *n.* ⓤ **1** 복장, 의복(dress). ¶ in full *fig* 성장하여, 잔뜩 치장하고. **2** 모양, [건강]상태(condition). ¶ in good *fig* 매우 건강하여, 팔팔하여.

fig. 《略》 figurative, figuratively, figure[s].

fig∙eat∙er [fígì:tər] *n.* 풍뎅이의 일종[미국 남부산].

‡fight [fait] *n.* **1** 싸움, 전투, 회전(battle); 격투(⇒ BATTLE 類語); 다툼, 논쟁 (⇒ QUARREL 類語). ¶ *fights* by land and sea 육지와 바다의 싸움 / a running *fight* 여러 날 계속되는 전투 / a free *fight* 난투 / a sham *fight* 모의전 / a stand-up *fight* 정정당당한 싸움 / a dog *fight* 개 싸움 / give (or make) a *fight* 한바탕 싸우다 / put up a good *fight* 선전하다. **2** [일반적으로]싸움, [목적 달성을 위한] 분투, 노력 (struggle). ¶ the *fight against* disease 투병 / a *fight* for higher wages 임금 인상 투쟁. **3** [우열을 다투는]경쟁, 승부. **4** ⓤ 전투력(능력), 투쟁심, 전의(戰意), 투지, 파이트. ¶ be full of *fight* 투지만만하다 / show *fight* 굽히지 않고 전의를 나타내다, 저항하다 / He has plenty of *fight* in him. 그는 투지만만하다 / There was no *fight* left in him. 그에게는 더 이상 전의가 없었다.
— *v.* (**fought, fight∙ing**) *vi.* **1** 싸우다, 다투다, 전투하다, 맞붙어 싸우다 / [상대를] 굴복시키려고 하다, 타파하려고 하다 (*with, against* …); [토론·논쟁 따위로] 다투다 (*with* (or *against*) an enemy 적군과 싸우다.
— **Usage** 「적과 싸우다」는 *fight with an enemy* 가 가장 흔한 표현이지만, *fight*를 타동사로 써서 *fight* an enemy 라고 하기도 한다. *fight against*는 특히 강력한 [승산이 없는] 전투나 싸우는 경우에 쓰이지만 엄밀한 구별이 있는 것은 아니다. * *fight with*가 다음 예처럼 「…과 함께 싸우다」의 뜻이 될 경우가 있다: England *fought with* France *against* Germany.
2 [어떤 일의 실현을 위해] 노력하다, 분투하다(strive)(*for, against* …). ¶ (~+前+名) *fight for* fame 명성을 얻으려고 노력 [분투] 하다 / We have *fought* for liberty. 우리는 자유를 위해 싸워 왔다. **3** [유혹 등에] 지지 않으려고 싸우다(*against* …). ¶ (~+前+名) *fight against* temptation 유혹과 싸우다.
— *vt.* **1** …와 싸우다, [무기로] 싸우다; [토론 따위로] …와 싸우다, 격투하다, 서로 싸우다. ¶ *fight* a battle 전투하다 / *fight* a fire 진화 작업을 하다 / *fight* cancer 암과 투병하다 / You can't *fight* City Hall. 관청과 싸워봤자 소용없어 / *fight* a question 문제점을 논쟁하다 / *fight* an opposition candidate 반대당 후보와 싸우다. **2** [주의·주장·논쟁 따위를] 싸워서 지지하다, [소송을] 끝까지 다투다. ¶ *fight* a case at a court 법정에서 사건을 다투다. **3** [군함·포격 따위를] 지휘하다, 연습(演習)시키다. ¶ *fight* a gun 포격을 지휘하다. **4** [투견·투계 따위를] 싸우게 하다. ¶ *fight* cocks 닭싸움을 시키다.

fight back 싸워서 저지하다; 저항하다.
fight down …을 압도하다.
fight it out 끝까지 싸우다; 결말이 날 때까지 싸우다.
fight off (*vt.*) 분투하여 …을 격퇴하다; (*vi.*) 손을 떼려고 하다.
fight one's way 분투하여 나아가다, 곤란을 무릅쓰고 나아가다. ¶ *fight one's way* in life 일생을 분투하면서.
fight shy of ⇒ SHY¹.
fight tooth and nail 철저히 싸우다.
fight up against [강력한 상대]와 역전 분투하다.
fight windmills ⇒ WINDMILL.

fight∙back [fáitbæk] *n.* 《英》 반격.
*****fight∙er** [fáitər] *n.* **1** 싸우는 사람, 투사, 전사. **2** 복서, 직업 권투 선수. **3** 싸움을 좋아하는 사람; 호전가; 호전적인 동물[투견·싸움닭 따위]. **4** 〔군사〕 전투기(fighter plane).

fight∙er-bomb∙er [fáitərbámər/-bɔ́mə] *n.* 〔군사〕 전투 폭격기.

fight∙er-in∙ter∙cep∙tor [fáitərìntərséptər] *n.* 〔군사〕 전투 요격기.

fighter plane *n.* 〔군사〕 전투기.

‡fight∙ing [fáitiŋ] *adj.* 《한정 형용사》 싸우는, 전쟁의, 전투용의; 전투적인(militant), 호전적인(warlike). ¶ *fighting* forces 전투 부대, 군대 / *fighting* men 전사, 전투원, 군인 / a *fighting* spirit 투지, 투쟁심 / *fighting* power (or strength) 전투력 / a *fighting* field 싸움터 / a *fighting* tribe 호전적이고 부족의 무족(民). — *n.* ⓤⓒ 싸움, 전투, 교전; 격투; 투쟁. ¶ street *fighting* 시가전.

fighting chánce *n.* 노력 여하로 실현할 수 있는 성공의 가능성(가망, 기회), 적은 가능성.

fighting cóck *n.* **1** 투계, 싸움닭(gamecock). **2** (구어) 싸움을 좋아하는 사람.
live like a fighting cock [싸움닭처럼] 맛있는 것만 먹고 사치스럽게 살다.

fighting tóp *n.* 〔군함의〕 전투 장루(檣樓).

fighting wórds *n. pl.* 도전적인 말.

fíg léaf *n.* **1** 무화과 잎; 무화과 잎 모양의 가리개. **2** [특히 남자 조각상의] 치부 가리개 [Adam and Eve 가 무화과잎으로 치부를 가린 데서 ← 창세기 (Gen.) 3 : 7]. **3** [불명예·꼴불견의 것을 서투르게] 은폐하는 것, [뻔히 들여다보이는] 겉꾸림, 얼버무림.

fig∙ment [fígmənt] *n.* **1** 꾸며낸[지어낸] 일, 허구. **2** 꾸며낸 이야기, 가공의 설(invented story). *cf.*

fíg trée *n.* 무화과나무. ¶ fiction
dwell under one's vine and fig tree ⇒ VINE.

fig∙u∙ral [fígjurəl] *adj.* [사람이나 동물이] 모양(상, 형)상으로 된.

fig∙u∙rant [fígjurənt/-rənt] *n.* (*여성형은* figurante) **1** [발레에서 군무나 피겨 때에만 다른 사람들과 춤추는] 댄서[남성]. **2** [연극 따위에서 대사 없는] 단역(端役).

fig∙u∙ra∙tion [fìgjuréiʃ(ə)n] *n.* ⓤⓒ **1** 형상화, 정형(定形) 부여. **2** 형상, 형태(figure, shape), 외형(outline). **3** 비유적 표현[물]. **4** [도안 따위의] 장식. **5** [음악] [음·선율의] 수식; [저음]의 수식.

*****fig∙u∙ra∙tive** [fígjurətiv, +英 fígər-] *adj.* **1** 비유적인, 은유(隱喩)의(metaphorical). ¶ *figurative* expression 비유적 표현 / in a *figurative* sense 비유적 의미로. **2** [문장·작가에] 비유가 많은, 수식 어구가 많은; 화려한, *figurative* style 화려한 문체. **3** [그림·조각 이] 형상(形象)적인, 형상 묘사의. ¶ *figurative* arts 조형 미술. **4** 상징적인, 표상적인. ¶ a *figurative* design 상징적 디자인. ~**∙ly** *adv.* ~**∙ness** *n.*
◇ figuration, figure *n.*

‡fig∙ure [fígjər / fígə] *n.* **1** [주로 선으로 나타낸 문자 이외의] 모양, 형태, 형체, 형상. ⇒ FORM 類語. ¶ be square in *figure* 모양이 사각형이다.
2 사람의 모양, [사람의] 모습. ¶ see the *figure* of a man in the dark 어두운 곳에서 사람의 모습을 보다. **3** 모습, 풍채, 외관(appearance); 이채로운(눈에 띄는) 모습, [당당한 또는] [특별한 모양을 한] 인물, 사람; 색다른(별난) 사람. ¶ a handsome *figure* 잘생긴 모습 / a *figure* of fun 풍채가 우스운 사람; 괴짜 / a fine *figure* of a man 당당한 사나이 / make an imposing *figure* 위풍당당한 허우대를 하고 있다 / A tall *figure* stood in my way. 키 큰 사람이 내 길을 가로막고 섰다.
4 [세상에서] 이채를 띠는 사람, 명사, 거물, [역사상의] 인물; [사회적] 중요성, 저명. ¶ a prominent *figure* 거물 / a man of *figure* 명사 / an excellent *figure* in

music 대작곡가 / Roosevelt was one of the greatest figures of his time. 루즈벨트는 당시의 가장 위대한 인물 중의 한 사람이었다.
5 [그림·조각 따위의] 인물, 조상(彫像), 초상, 화상(畫像) (image), [미술] 여성의] 반신상. ¶ a *figure* in bronze 동상 / a *figure* of an angel 천사의 상 / a *figure* picture 초상화.
6 그림, 도해, 삽화[略 fig.]; 도안, 무늬, 의장(意匠) (design, pattern). ¶ a curtain ornamented with *figures* of flowers 꽃 무늬로 장식된 커튼.
7 표상(表象), 상징(emblem). ¶ The dove is a *figure* of peace. 비둘기는 평화의 상징이다.
8 [기하] 도형. ¶ a rectangular *figure* 장방형 / geometrical *figures* 기하학적 도형.
9 수, 숫자[특히 아라비아 숫자]; [숫자의] 자리; 합계수; 가격(price); 합계 액; (~s) 숫자 계산, 산술(arithmetic). ¶ the *figure* 8 [숫자의] 8 / double (three, four) *figures* 두 자리(세 자리, 네 자리) 수 / a man of *figures* 계산을 잘 하는 사람 / get at a low (a high) *figure* 염가(고가)로 입수하다 / do *figures* 계산하다 / be good(poor) at *figures* 계산을 잘하다(못하다) / six (seven) *figures* 《미구어》 10만(100만) 달러.
10 [수사] 문체(文體), 사조(詞藻), (figure of speech) [과장·비유·중단법 따위].
11 [문법] 수사(修辭)상의 피격.
12 [음악] 음형(音型) [하나의 통일된 느낌을 주는 짧은 계속음]; 기악 저음부 남자(譜表)에 적히는 숫자.
13 [춤·스케이트] 피겨[일련의 선회 운동]. ¶ a *figure* of eight 8 자형 활주.   [(scope).
14 [점성] 천상도(天象圖), 12궁도 (宮圖) (horo-
15 [논리] 격(格) [삼단 논법에서, 매개념(媒槪念) (middle term)의 위치에 따라 정해지는 삼단 논법의 형식].   [채를 이루다.
cut (or *make*) *a* [*fine*] *figure* 두각을 나타내다, 이
cut (or *make*) *a sorry* (or *a poor*) *figure* 비참하게 (초라해) 보이다.
cut no figure 《미》 대단한 것이 못되다. ¶ *cut no figure* in the world 세상에 이름이 드러나지 않다, 세상에서 문제시되지 않다 / The price *cuts no figure*. 가격은 문제가 아니다.
a figure of speech ① [수사] =figure 10; 비유 [표현], 과장. ② 《익살》 거짓말.   [다.
go (or *come*) *the big figure* 《미속어》 크게 이목을 끌
go the whole figure 《미구어》 철저히 하다, 열심히 행
keep one's figure 몸매가 날씬하다.   [동하다.
miss a figure [주로] 큰 실수를 하다, 잘치나.
on the big figure 《미속어》 대규모로, 과장하여.
— *v.* (-ured, -ur-ing) *vt.* **1** …을 형태로 나타내다, 그림(도표)으로 나타내다; …을 묘사하다(depict).
2 …을 마음속에 그리다, 상상하다(imagine). ¶ the most beautiful scene my imagination has *figured* 내 상상이 그려낸 가장 아름다운 경치 // (~+图+前+图) *figure* something to oneself …을 마음속에 그리다.
3 …을 무늬로 장식하다, [모양을 그려] 장식하다, 꾸
4 …을 표상하다, 상징하다(symbolize); …을 비유로 나타내다. ¶ A dove *figures* peace. 비둘기는 평화를 상징한다.
5 …을 계산하다(calculate), 숫자로 나타내다; …을 어림잡다(estimate) 《美 COMPUTE 預語》 (~ +图+副) *figure up* a sum 총계를 내다.
6 《미구어》 …을 [이라고] 생각하다(think), 여기다. ¶ I *figure* it like this. 나는 이렇게 생각한다 // (~ +图+[*to be*] 圃)(~ +[*that*] 圃) *figure* oneself a hero 자신을 영웅으로 여기다 / I *figured* him *to* be about fifty. 나는 그를 50세 가량이라고 생각했다 / I *figured* she was jealous. 나는 그녀가 질투하고 있는 것으로 생각했다.
7 …의 태도를 취하다, …처럼 행동하다. ¶ He *figured* a philanthropist. 그는 자선가처럼 굴었다.
8 [음악] [숫자 기호로] …의 반주 화음을 나타내다.
9 [춤·스케이트] …에 피겨를 그리다.
— *vi.* **1** [어떤 사람으로서] 나타나다, 통하다; …의 역을 맡아 하다(perform) (play a part). ¶ (~+as 圃) He *figured* as a king in the play. 그 연극에서 그는 왕으로서 나타났다. **2** a) 이채를 띠다, 두각을 나타내다, 유명해지다. ¶ The names of great leaders *figure* in the history of human progress. 위대한 지도자들이 인류 발전의 역사 속에서 이채를 띠고 있다. b) 일당이다. ¶ persons who *figure* in a robbery 강도의 패거리. **3** 계산하다; 《미구어》 연구하다, 고안하다 (*for*…). **4** 《美》 기대하다, 믿다, 작정하다 (*count on, upon*…). ¶ (~+前+图) He *figures* on marrying her. 그는 그녀와 결혼할 작정이다. **5** 《미구어》 [행위 따위가] 납득이 가다, 이해가 되다, 당연해 보이다 (*out*). ¶ It (That) *figures*. 그건 당연하다, 생각한 대로이다. **6** [춤·스케이트] 피겨를 하다.

figure out (美) ① …을 계산하다 (calculate). ¶ Will you *figure out* my income tax? 내 소득세를 계산해 주시겠소? ② …을 생각해내다 (reason out); 발견하다 (discover). ¶ Just *figure* it *out* yourself. 스스로 생각해서 내시오. ③ …을 이해하다 (understand). ¶ I can't *figure out* why she went to Chicago.
◇ figurative *adj.*, figuration *n.*

* **fig·ured** [fígjərd / fígəd] *adj.* **1** 형성된, 모양을 이룬 (formed, shaped). **2** [그림 또는 조상(彫像)으로] 표현 (묘사)된. **3** 무늬가 있는, 문직(紋織)의. ¶ *figured* silk 문직 비단 / *figured* wallpaper 무늬 있는 벽지. **4** [음악] 화려한, 현란한 (florid); 저음부에 숫자를 단, 단. [문장 따위가] 수식이 많은, 형용이 풍부한 (figurative).

figure éight *n.* 8자 모양[의 도형]; [항공] 8자형 비행; [피겨 스케이트의] 8자형 선회; [로프의] 8자형 매듭.
fig·ure·head [fígjərhèd / fígə-] *n.* **1** 명목상의 우두머리, 표면상의 대표. **2** [항해] 선수상 (船首像). **3** 《익살》 [사람의] 얼굴, 상판.
figure of spéech *n.* **1** [수사] 비유적 표현, 문채 (文彩) (simile, metaphor 따위). **2** 문장의 수식. **3**
figure páinting *n.* 초상화[법].   [과장.
figure pícture *n.* 초상화.
fig·ur·er [fígjərər / fígərə] *n.* **1** [본을 떠서 도자기에] 도안을 넣는 사람. **2** 피겨 스케이팅을 하는 사람.
figure skáte *n.* 피겨 스케이팅화 (靴).
fig·ure-skate [fígjərskèit / fígə-] *vi.* (-skat-ed, -skat-ing) 피겨 스케이팅을 하다.
fig·ure-skat·er [fígjərskèitər / fígə-] *n.* 피겨 스케이팅을 하는 사람.
figure skáting *n.* ⓤ 피겨 스케이팅.
fig·u·rine [fígjurí:n / --́] *n.* [금속·도토(陶土)로 만든] 작은 입상(立像).
fig·wort [fígwə̀:rt] *n.* 현삼속(玄蔘屬)의 식물.
Fi·ji [fí:dʒi: / -́-] *n.* 피지 [남태평양의 섬나라; 수도 Suva].
Fi·ji·an [fí:dʒi:ən / -́--] *adj.* 피지 [제도]의.
— *n.* 피지 사람; 피지 말(語).   [filigree.
fil·a·gree [fíləgrì:] *n., adj., v.* (-greed, -gree-ing) =
* **fil·a·ment** [fíləmənt] *n.* **1** 가는 실, 섬유 (fiber); [방직 섬유의] 단(單) 섬유. **2** [식물] 수술의 화사 (花絲); [균류·해초 따위의] 섬유 세포. **3** [새] 솜털의 깃가지. **4** [전기] [전구·진공관 안의] 필라멘트. **5** [병리] [오줌·염증액 속의] 사상체 (絲狀體).
◇ filaméntary, filaméntous *adj.*
fil·a·men·ta·ry [fìləméntəri] *adj.* 섬유(실)의, 섬유 모양의; [식물] 화사의.
fil·a·ment·ed [fíləméntid] *adj.* 섬유가 있는.
fil·a·men·tous [fìləméntəs] *adj.* 섬유의, 섬유로 된; 실 같은.
fi·lar [fáilər] *adj.* 실[모양]의; 실[모양]의 물질로 있는.
fi·lar·i·a [filé(:)riə/-léər-] *n.* (*pl.* -lar·i·ae[-lé(:)rií:]).

fi·lar·i·al [filéə(ː)riəl / -léər-] adj. 〖병리〗 필라리아 〔병〕의.
fil·a·ri·a·sis [filəráiəsis] n. ⓤ (pl. **-ses** [-siːz]) 〖병리〗 필라리아병.
fil·a·ture [fílətʃər] n. 1 ⓤ 제사(製絲), 〔고치에서 실을 뽑는〕 물레질, 실 뽑기(잣기). 2 실 뽑는(잣는) 기계, 물레, 제사기; 제사 공장.
fil·bert [fílbərt] n. 〔유럽산의〕개암나무; 개암〔열매〕.
filch [filtʃ] vt. (대단치 않은 것을) 훔치다, 좀도둑질하다
filch·er [fíltʃər] n. 좀도둑, (petty thief). ┗(pilfer).
‡**file**[1] [fail] n. 1 서류철, 편지꽂이; 신문철, 공문서철; 서류 정리함(장)；철하는 판(板)(쇠불이). ¶ *a file of papers* 신문철. 2 목록, 명부(list, roll). 3 세로줄, 열, 행; 〔군대〕 오(伍), 종렬(cf. rank). ¶ *a blank file* 〔군대〕 결오(缺伍). 6 〔체스판의〕세로줄. 5 〔컴퓨터〕 파일(정보의 모임).
file by file 줄줄이; 잇따라, 속속.
in file 2열 종대로; 잇따라, 계속하여.
in single (or *Indian*) *file* 1열 종대로.
keep (or *place*) *on* [*a*] *file* 철하여 두다.
on file ① 철하여, 정리(기록)되어(in a file). ②〔…에〕제출되어(*with*...).
━ v. (**filed, fil·ing**) vt. 1 〔서류〕를 철하다, 정리하다 (...*away*). ¶ (~+뫽+튀) *file letters away* 편지를 정리 보존하다. 2 〔서류 따위〕를 제출하다; 〔고소 따위〕를 제기하다, 신청하다 ¶ *file a suit* (*charge*) 고소하다 // (~+뫽+젤+영) *file a protest against* …에 대해 항의하다 / *file a complaint with* …에 불평을 제기하다. 3 열을 지어 …을 행진시키다(…*off*). ¶ (~+뫽+튀) *file the soldiers off* 병사들을 1열 종대로 행진시키다. 4 〔신문〕〔전송(電送)하기 위해〕〔원고〕를 정리하다; 〔기사〕를 전송하다. ━ vi. 1 열을 지어 행진하다, 줄을 지어〔인물 따위에〕들어가다(*away, in, off, out, out of* ...). ¶ *File left!* 좌열로! 좌로〔갓〕! // (~+튀) *file away* (*off*) 분열 행진하다 / *They filed in.* 그들은 줄지어 왔다 // (~+젤+영) *file out of* a building 줄지어 건물에서 나가다. 2 신청하다, …소(訴)를 제기하다(*for*...). ¶ *file for* divorce 이혼 소송을 내다.
file[2] [fail] n. 1 줄, 손톱줄. 2 손질, 끝손질, 마무리, 〔문장 따위의〕 퇴고(推敲). ¶ *It needs the file.* 그것은 손질이 필요하다. 3 〔英속어〕 빈틈없는(교활한) 사람. ¶ *a close file* 구두쇠 / *an old* (or *a deep*) *file* 약아빠른 사람.
bite (or *gnaw*) *a file* 손톱도 안 들어가다, 헛수고하다.
━ vt. (**filed, fil·ing**) 1 …을 줄로 자르다(갈다, 쓸다), …에 줄질하다(... *in, down, off, away*). ¶ (~+뫽+젤+영) *file something in two* …을 줄로 두 토막내다 // (~+뫽+튀) *file something down* …을 줄로 갈아 없애다 / *file away* (or *off*) *rust* 줄로 녹을 밀어 없애다 // (~+뫽+튀) *file something smooth* 줄질하여 …을 매끈하게 하다. 2 〔문장 따위〕를 다듬다, 퇴고하다.
file[3] [fail] vt. (**filed, fil·ing**) 〖고어·방언〗 …을 더럽히다, 〔신성〕을 모독하다, 더럽히다(defile).
file clerk 〔사무실의〕문서철 담당원. 〖치.
file-fish [fáilfìʃ] n. (pl. **-fish** or **-fish·es**) 〔어류〕 쥐
file-punch [fáilpʌ̀ntʃ] n. 서류철 편치, 〔철할 때〕 종이에 구멍 뚫는 기구.
fil·er [fáilər] n. 1 문서철 담당원. 2 줄질하는 사람.
fi·let [filéi, -`-] n. 1 망사 레이스. 2 〖요리〗 = fillet n. 2. ━ vt. = fillet v. 2.
filét láce n. ⓤ 〔네모난〕 망사 레이스
filét mi·gnon [-miːnjɑ́n / -njɔ́n] n. (pl. **filets mi·gnons** [filéi miːnjɑ́nz / -njɔ́nz]) 둥글고 두껍게 자른 필레 쇠고기.
*****fil·i·al** [fíliəl, -ljəl] adj. 1 자식의, 자식다운. ¶ *filial duty* (or *piety*) 자식〔으로서〕의 본분, 효도. 2 〖유전〗 부모로부터 …세대의〔略 F〕. ¶ *first filial* 잡종 제 1 대 [F₁]의. **~·ly** [-əli] adv. ◇ fíliate v., filiátion n.

fil·i·ate [fílièit] vt. (**-at·ed, -at·ing**) 〖법률〗 〔사생아〕의 아버지를 …으로 정하다.
fil·i·a·tion [filièiʃ(ə)n] n. 1 ⓤ 자식임, 〔자식 쪽에서 본〕부모 자식 관계. 2 계통, 유래(descent). 3 〔언어의〕 파생(offshoot), 기원, 유래(*from* ...). ¶ *the filiation* of a language 언어의 파생. 4 〖법률〗 사생아 인지(認知). 5 〔회·단체 따위의〕 분파.
fil·i·beg [fíliběg] n. = fillebeg.
fil·i·bus·ter [fíli bʌ̀stər] n. 1 ⓤⓒ 《美》〔긴 연설 따위에 의한 소수파의〕의사 진행 방해; 의사 진행 방해자. 2 〔본국의 명령을 어기고 외국을 침범하는〕 불법 투사; 해적. ━ vi. 1 《美》〔소수파가 긴 연설 따위로〕 의사 진행을 방해하다. 2 약탈하다, 해적 행위를 하다. 3 〔외국에〕함부로 침입하다. ┗〔해〕〔연설〕자.
fil·i·bus·ter·er [fíli bʌ̀stərər] n. 《美》 의사 진행 방해자. ┗〔연설〕.
fil·i·bus·ter·ism [fíli bʌ̀stərìz(ə)m] n. ⓤⓒ 《美》 〖살해자〗(법).
fil·i·cide [fílisàid] n. ⓤ 〔어버이의〕 자식 살해; ⓒ 자식 살해자.
fil·ic·i·form [fílisifɔ̀ːrm] adj. 양치 모양의.
fil·i·cite [fílisàit] n. 양치류의 화석.
fil·i·coid [fílikɔ̀id] adj. 양치 모양의. ━ n. 양치류 비슷한 식물.
fil·i·form [fíliɔ̀ːrm, 美 fáil-] adj. 실 (섬유) 모양의
fil·i·gree [fíligriː], (**filagree**) n. 1 〔금·은 등 따위의〕 선(線)세공. 2 매우 섬세한 것, 파손되기 쉬운 장식물. ━ adj. 선세공의(을 한). ¶ *filigree work* 금은 세공. 금은 선세공으로 장식하다. ━ vt. (**-greed, -gree·ing**) …을 선세공으로 장식하다.
fil·ing[1] [fáiliŋ] n. ⓤⓒ 서류의 철 정리〔법〕.
fil·ing[2] [fáiliŋ] n. 〔흔히 pl.〕 줄 마무리; (~s) 줄밥.
fíling càbinet n. 〔서류 정리용〕 파일 캐비닛.
Fil·i·pine [fíli pìːn] adj. = Philippine.
Fil·l·pi·no [fíli píːnou] n. 필리핀 사람〔특히 기독교도의〕. ━ adj. = Philippine. [< Sp Philippine]
‡**fill** [fil] vt. 1 …을 가득하게 하다, 채우다; …에 채워 넣다. ¶ *The audience filled the hall.* 청중이 회관을 메웠다 // (~+뫽+젤+영) *fill a glass with water* 잔 가득히 물을 따르다 / *fill a box with books* 상자에 책을 채워 넣다.
2 〔마음〕을 채우다. ¶ (~+뫽+젤+영) be *filled with* joy 기쁨으로 가슴이 뿌듯하다 / *The news filled* his heart *with* hope. 그 소식을 듣자 그는 희망으로 가슴이 부풀었다.
3 …을 배부르게 하다, 만족시키다(satisfy). ¶ *a meal that fills* a person 남을 배부르게 하는 식사.
4 …에 충만하다; …에 가득 있다. ¶ *Smoke filled* the room. 연기가 방에 가득 찼다 / *Fish filled* the river. 고기가 강에 우글거렸다.
5 〔빈 자리〕를 차지하다(occupy), 〔빈 자리〕를 보충하다; 〔구멍·공백 따위〕를 메우다, 막다; 〔치아〕를 충전(充填)하다, 봉박다. ¶ *fill* a tooth 치아에 봉박다 / *fill* a vacant position 공석을 메우다 // (~+뫽+젤+영) *fill* an ear *with* cotton 귀를 솜으로 틀어막다.
6 〔직무·약속 따위〕를 수행하다, 이행하다. ¶ *fill* one's office satisfactorily 직무를 훌륭히 수행하다.
7 〔수요 따위〕에 응하다, 〔요구〕를 채워주다, 충족시키다. ¶ *fill* an order 주문에 응하다.
8 〔처방 따위〕를 조제하다.
9 〔항해〕〔바람이〕〔돛〕을 부풀리다. ┗ 탄 우유.
10 …에 섞음질하다. ¶ *milk filled with* water 물을
11 〔건축〕…에 흙을 돋구다, 성토(盛土)하다(*with*...).
━ vi. 가득 차다, 충만하다; 〔돛이〕 바람을 안다, 부풀다; 곧 만원이 되었다 // (~+뫽+젤+영) *Her eyes filled with* tears. 그녀의 눈은 눈물이 그렁그렁했다 / *The sails filled with* wind. 돛은 바람을 안고 부풀었다.
fill and stand on 〖항해〗 = fill away.
fill away 〖항해〗 〔바람을 충분히 받도록〕 〖활대〗를 돌리다.

fill the bill ⇒ BILL¹.
fíll ín ①…을 메우다; [서류에] 적어 넣다. ¶ *fill in a blank space* 빈자리를 메우다. ② (*vt., vi.*) (substitute). ¶ [사람에게] 알리다, 설명하다(*on*...). ¶ He *filled* me *in on* the latest gossip. 그가 최근의 고십을 자세히 알려 주었다. ③ (*vi.*) 대리를 하다(substitute). ¶ *fill in for a friend who is ill* 앓고 있는 친구의 대리를 하다.
fíll óut ①…을 부풀리다, 둥글게 하다, 커지게 하다. ② [술 따위를] 가득 따르다. ③ [빈 자리를 메우다, …에 기입하다. ¶ *fill out an application* 원서에 필요 사항을 기입하다. ④ (*vi.*) 커지다, 부풀다, 살찌다. ⑤ **fíll** *a person's* **shóes** ⇒ SHOE. 기입하다.
fíll úp ①…을 채우다, …의 빈자리를 메우다. ¶ *Fill it up,* please. [휘발유를] 가득히 채워주세요. ② (*vi.*) 메워지다, 얕아지다(*with*...). ③ 만원이 되다.
—— *n.* 1 용기 가득[한 양]. 2 (one's ~) 그득함, 충분, 만족. ¶ drink (eat, have) one's *fill* 양껏 마시다(먹다)/grumble one's *fill* 잔뜩 불평하다 / have one's *fill of sorrow* 슬픔을 충분히 맛보다 / take one's *fill of rest* 충분히 쉬다 / weep one's *fill* 실컷 울다. 3 [건축] 성토.
◇ **fúll** *adj.*
fill-dike [fíldàik] *n.* 눈 녹는 무렵, 눈 녹는 달 (특히 2월) (February filldike).
fille [fiːjə / F fij] *n.* (*pl.* **filles** [F fij]) 《프랑스》(=daughter) 1 딸; 소녀. 2 독신 여성. 3 매춘부.
fil·le·beg [fílibèg], (**fíl·i-beg**) *n.* =kilt *n.* 1.
fílle de jóie [fíːl də ʒwáː / F -də ʒwa] *n.* (*pl.* **filles d-** [F fij-]) 《프랑스》(=daughter of joy) 매춘부(prostitute).
fílled mílk *n.* Ⓤ 식물성 기름을 섞은 탈지유.
fill·er [fílər] *n.* 1 채우는 사람(것); 주입기, [만년필의] 스포이트; 깔때기. 2 메우는 물건, 충전물; [열권련의 내용물, 속; [잡지 따위의] 여백 기사; [판자 구멍 따위의] 메움 나무, 충전재; [시간을 때우는] 단편 영화; [분량 따위를 늘리기 위한] 혼합물; [구두의] 골; 바닥을 채우는 물건.
***fil·let** [fílit *→*2, *vt.*2] *n.* 1 [머리용의] 가는 끈, 헤어밴드(headband), 리본(ribbon); [끈 모양의] 띠; [목재·금속 따위의] 가는 조각. 2 《美 보통 filéi, -́-》 [요리] 필레 살코기[소·돼지의 늑골과 허리뼈 사이의 최고급 살코기]; ⇒ BEEF[그림]; [목 뒷부분의] 살이 적인 부분. 3 [제본] 표지의 윤곽선; 윤곽선 찍어내는 기구; [기계] 나사(螺絲). 4 [건축] 두 쇠시리 사이의 평면(平緣), 막면(幕面). 5 [해부] [신경] 섬유속(纖維束); 융대(絨帶); (~s) [말 따위의] 허리; [포구(砲口) 따위의] 고리 모양의 띠. —— *vt.* 1 [머리를 리본으로 묶다. 2 《美 보통 filéi, -́-》 [요리] [생선을 뼈[가시] 없이 저며내다; …의 필레 살코기를 떼어내다. 3 [제본] …에 윤곽선을 넣다.
fil·li·beg, -le- [fílibèg] *n.* =kilt *n.* 1.
fill-in [fílìn] *n.* 1 보충자(물), 보결; 빈 곳을 메우는 것. 2 개요[설명] (*on*...). 3 빈 칸 메우는 퀴즈, 크로스워드 퍼즐.
***fill·ing** [fíliŋ] *n.* ⓊⒸ 1 채우는 것, 충전함; [치과] 충전재(材); 봉. 2 채워넣기, 충전. 3 [직물의] 씨실, 횡사(橫絲).
fílling státion *n.* 주유소, 가솔린 스탠드.
fil·lip [fílip], (**fil-ip**) (*vt.*) 1 …을 손가락으로 튀기다, 튀겨 날리다. ¶ *fillip dust from one's clothes* 옷에서 먼지를 손가락으로 튀겨 털다. 2 …을 찰싹 때리다. 3 …을 자극하다, 활발하게 하다, 자극하다(stimulate). ¶ *fillip a memory* 기억을 환기시키다. —— *vi.* 손가락으로 튀기다. —— *n.* 1 손가락(손톱) 튀기기. 2 [가벼운] 자극(stimulus). ¶ give a *fillip* to ambition 야심을 자극하다. 3 하찮은 것, 사소한 일. ¶ It isn't worth a *fillip.* 그것은 전혀 가치가 없다.
fil·lis·ter [fílistər] *n.* 1 [건축] [창문틀의 유리를 끼우는] 홈. 2 홈 파는 대패, 개탑 대패.
fil·ly [fíli] *n.* (*pl.* **-lies**) 1 암망아지. *cf.* colt 2 《구

어》 말괄량이, 발랄한 계집아이.
‡**film** [film] *n.* 1 엷은 껍질, 엷은 막, 엷은 층. ¶ a *film of dust* 먼지의 엷은 층 / a *film of oil* 기름의 엷은 층. 2 [눈의] 흐림; 엷은 안개, 아지랑이(haze). ¶ a *film over the eyes* 눈의 흐림. 3 ⓊⒸ 감광막, 필름. 4 [한 편의] 영화(motion picture); (the ~s) 《집합적》 (movies), 영화 산업. ¶ a *film* actor (star, fan) 영화배우(스타, 팬) / a *film* studio 영화 촬영소 / a silent (a talking) *film* 무성(토키) 영화 / go to the *films* 영화 보러 가다 / act (or play) in a *film* 영화에 출연하다. 5 가는 실[로 만든 그물].
—— *vt.* 1 …을 엷은 껍질(막)로 덮다. 2 …을 필름에 찍다; …을 [영화로] 촬영하다; …을 영화화하다. ¶ *film a novel* 소설을 영화화하다. —— *vi.* 1 엷은 껍질(막)로 덮이다; […으로] 흐리다, 온통 흐려지다 (*with*...). (~+[副]+[名]) Her eyes *filmed with* tears. 그녀의 눈은 눈물로 흐려졌다 / The sky *filmed* over. 하늘이 온통 흐려져 있었다. 2 영화에 맞추다; 영화를 제작하다. ¶ This story won't *film* well. 이 이야기는 영화 제작에는 맞지 않을 것이다. ◇ **fílmy** *adj.*
fílm·card [fílmkàːrd] *n.* = fiche.
fílm clíp *n.* [TV] 필름 클립, [특히 생방송 사이에 삽입되는] 방송용 영화 필름.
film·dom [fílmdəm] *n.* Ⓤ 영화계(cinema world).
film·go·er [fílmgòuər] *n.* 영화팬.
film·ize [fílmaiz] *vt.* (-**ized, -iz·ing**) …을 영화화하다.
film·let [fílmlit] *n.* 단편 영화; [8밀리 따위의] 미니 영화.
fílm líbrary *n.* 영화 도서관, 필름 빌려주는 곳.
film·mak·er [fílmmèikər] *n.* 영화 제작자, 영화 회사; [사진용] 필름 제조자.
film·mak·ing [fílmmèikiŋ] *n.* Ⓤ 영화 제작.
fil·mog·ra·phy [filmágrəfi/-mɔ́g-] *n.* ⓊⒸ 영화 관계 문헌, 영화 작품 해설.
fílm páck *n.* 통에 든 필름, 필름 팩.
fílm premíère *n.* [신작 영화의] 개봉 상영.
fílm projéctor *n.* 영사기.
fílm ráting *n.* 영화 관객의 연령 제한[표시] (X, R, PG, G 따위).
film·set [fílmsèt] *n.* 영화 촬영용 세트. —— *vt.* (-**set, -set·ting**) = photocompose. —— *adj.* 사진 식자의.
film·slide [fílmslàid] *n.* [환등용].
fílm stár *n.* 영화 스타(《美》 movie star).
fílm stóck *n.* 미개봉 영화, 미사용 영화 필름.
film·strip [fílmstrìp] *n.* [긴 35밀리] 영사 슬라이드.
fílm stúdio *n.* 영화 촬영소.
fílm tést *n.* [영화 배우 지망자의] 카메라 테스트.
film·y [fílmi] *adj.* (**film·i·er, film·i·est**) 1 엷은 껍질(막) 모양의. 2 흐릿한, 몽롱한.
film·i·ly *adv.* **film·i·ness** *n.*
fi·lose [fáiloues] *adj.* 1 실 모양의. 2 끝이 실 모양으로 된.
fil·o·selle [filo(u)sél / F filozɛl] *n.* ⓊⒸ 풀솜.
fils [fiːs] *n.* (*pl.* **fils**) 《프랑스》(= son) 아들[같은 이름의 부자를 구별하기 위하여 아들의 성 뒤에 쓴다]. *cf.* père ¶ Dumas *fils* 소(小) 뒤마.
***fil·ter** [fíltər] *n.* 1 여과기[장치]. 2 [사진] 필터, 여과기; [물리] 여과기(濾波器). 3 필터 담배. 4 여과용 물질 [천·숯·모래·종이 따위]. —— *vt.* …을 여과하다(strain); 여과하여 …을 제거하다 (… *off, out*). ¶ *filter water* 물을 여과하다 / (~+[目]+[副]) *filter off impurities* 여과하여 불순물을 제거하다. —— *vi.* 여과되다(*through*...); 침투하다(*through, into*...), 스며나오다; [소문 따위가] 새어나오다 (*into*...). ¶ (~+[副]+[名]) Water *filters through* the sandy soil. 물은 모래땅에 스며든다 / The secret *filtered into* the town. 그 비밀이 온 동네에 새어나갔다.
◇ **filtrate** *v.,* **filtration** *n.*
fil·ter² [fíltər] *n., vt.* = philter.

fil·ter·a·ble [fíltərəbl] *adj.* 여과할 수 있는; [세균] 여과성의. ¶ *filterable* viruses 여과성 바이러스.
~·ness *n.*
fílter bèd *n.* 여과용 못, 여과 탱크.
fílter cènter((英) **cèntre**) *n.* [군대] 대공(對空) 정보 본부, 적기 심사부.
fílter pàper *n.* ⓤ 여과지(紙).
fílter prèss *n.* 압착식 여과기; 어유(魚油) 착유기.
fílter tìp *n.* 필터 [달린 담배].
fil·ter-tipped [fíltərtìpt] *adj.* [담배가] 필터가 있는.
*‡**filth** [filθ] *n.* ⓤ **1** 오물, 불결한 것; 불결, 부정(不淨). **2** 상스러움; 음탕 [한 말·생각]. **3** 타락, 추행.
◇ **fílthy** *adj.*
*‡**filth·y** [fílθi] *adj.* (**filth·i·er, filth·i·est**) **1** 불결한, 더러운. ⇒ DIRTY [類語] **2** 상스러운; 외설스러운, 음란한 (obscene). ¶ a *filthy* joke 음란한 농담. **3** 타락한; 추악한. **4** 《美俗》 남아 돌아가는(*with* ...). ¶ He is *filthy with* money. 그는 돈이 남아 돌아간다.
filth·i·ly *adv.* **filth·i·ness** *n.* ◇ **filth** *n.*
fílthy lúcre *n.* ⓤ 《익살》 돈(money); 부정 소득; 악전(惡錢).
fil·tra·ble [fíltrəbl] *adj.* =filterable.
fil·trate [fíltret] *vi.* (**-trat·ed, -trat·ing**) 여과하다(filter). —— *n.* [-trit, +美 -treit] 여과액(수).
fil·tra·tion [filtréi(ə)n] *n.* ⓤ 여과[작용]; 침투.
filtrátion plànt *n.* 정수장(淨水場). [일].
FIM (略) field interceptor missile (야전용 대공 미사일).
fim·bri·ate [fímbrièit, -brit] *adj.* **1** [동·식물] 술이 달린, 가장자리가 깔쭉깔쭉한. **2** [紋章] [다른 색의] 좁은 띠 모양의 선으로 두른.
fim·bri·at·ed [fímbrièitid] *adj.* =fimbriate.
FIMS (略) 〔프랑스〕 *Fédération Internationale de Médecine Sportive* (국제 스포츠 의학 연맹).
*‡**fin** [fin] *n.* **1** [물고기의] 지느러미, [바다표범·펭귄 따위의] 지느러미 모양의 기관. ¶ a caudal *fin* 꼬리 지느러미. **2** (~s) [잠수구의] 지느러미 발(flipper); [항해] 수평키; [항공] 수직 안정판; [기계의] 지느러미 비슷한 부분. **3** 《속어》 팔(arm), 손(hand). ¶ Tip (*or* Give) us your *fin.* 악수합시다. **4** 《총칭적》 어류, 어족. **5** 《美俗》 5달러 지폐.
fin, fur and feather[s] 어류·수류(獸類) 및 조류. —— *v.* (**finned, fin·ning**) *vt.* …의 지느러미를 잘라내다. —— *vi.* 지느러미를 움직이다; 지느러미로 물을 치다; 헤엄치다. ◇ **fínny** *adj.*
fin. (略) financial; finance; finished; finis.
Fin. (略) Finland; Finnish.
F.I.N.A. (略) 〔프랑스〕 *Fédération Internationale de Natation Amateur* (국제 아마추어 수영 연맹).
fin·a·ble, fine·a- [fáinəbl] *adj.* 벌금을 물려야 할, 과료(科料)에 처할 수 있는.
fi·na·gle [finéigl], (**fe·na·gle**) *v.* (**-gled, -gling**) 《구어》 *vi.* 사기치다. —— *vt.* …을 속이다(cheat); …을 속여서 (남의 것에서) 빼앗다 (*...out of*).
*‡**fi·nal** [fáin(ə)l] *adj.* **1** 최후의, ⇒ LAST [類語] *cf.* initial ¶ the *final* round [경기의] 최종회. **2** 궁극의 (ultimate), 종국의, ¶ the *final* goal 궁극의 목표, 결승점 / the *final* aim 궁극의 목적 / the *final* cause [철학] 목적인. **3** 최종적인, 결정적인(conclusive). ¶ the *final* ballot 결선 투표 / My decision is *final.* 내 결정은 최종적이다. **4** [법률] 최종의, 종결의. ¶ the *final* judgment 최종 판결. **5** [문법] 목적을 나타내는; [음성] 최종 음절의. ¶ a *final* clause 목적절 [that, in order that, lest 따위로 유도되는 종속절]. —— *n.* **1** 최후의 것. **2** (종종 ~s) 〔경기〕 결승 [전]; [대학 따위의] 최종 시험. ¶ run (*or* play) in the *finals* 결승전에서 뛰다 [경기 하다]; 결승전에 나가다 / take the *finals* 마지막 시험을 치르다. **3** [신문의 그날의] 최종판.
◇ **fináli·ty** *n.*, **fínal·ly** *adv.* **fínal·ize** *v.*
fínal drìve *n.* [자동차의] 최종 구동 장치.

*‡**fi·na·le** [finá:li, +美 -næli] *n.* **1** [음악] 종막장, 종곡 (終曲), 피날레; [연극의] 최후의 막. **2** 종국, 대단원. [< It *finale* finish]
fi·nal·ist [fáinəlist] *n.* 결승전 출전 선수.
fi·nal·i·ty [fainéliti, +美 fi-] *n.* (*pl.* **-ties**) **1** 종국, 결말, 최후; 종말; 재결학. **2** ⓤⓒ 결정적인 언동, 최종적인 것. ¶ in a tone of *finality* 단호하게 / speak with *finality* 단언하다. **3** ⓤ [철학] 궁극 목적설(론), 궁극성. ◇ **fínal** *adj.*
fi·nal·ize [fáin(ə)làiz] *v.* (**-ized, -iz·ing**) *vt.* …을 완성하다, 마무리짓다, 완결시키다. —— *vi.* 결론을 내리다; 협정을 보다.
*‡**fi·nal·ly** [fáinəli] *adv.* **1** 최후로, 마지막으로; 마침내, 결국(ultimately). ¶ *Finally* justice triumphed. 드디어 정의가 이겼다. **2** 결정(최종)적으로(decisively). ¶ settle a matter *finally* 사건을 완전히 해결하다.
fínal solútion *n.* **1** 최종의 해결. **2** (종종 F- S-) 나치스 독일에 의한 유대인의 계획적 말살.
*‡**fi·nance** [finǽns, fáinæns / finǽns, fi-] *n.* **1** ⓤ 재정, 재무; 재정학. ¶ public (*or* national) *finance* 국가 재정 / the skill in *finance* 재정의 수완 / the Minister (the Ministry) of *Finance* 재무 장관(재무부) / understand *finance* well 재정을 잘 알다. **2** (~s) 세입 (revenue), 수입; 재원, 재력. ¶ household (*or* family) *finances* 가계 / the *finances* of a country 한 나라의 재정 / adjust (*or* order) *finances* 재정을 관리하다.
—— *v.* (**-nanced, -nanc·ing**) *vt.* **1** …에 융자하다, 자본을 제공하다. ¶ 대형 프로젝트에 쓰이다. ¶ *finance* a railroad 철도에 융자하다. **2** [재정적으로] …을 처리하다, [돈]을 대주다. ¶ (~+圓+前+名) *finance* a daughter *through* college 딸의 대학 학비를 마련해 주다.
—— *vi.* 재정을 처리(관리)하다. ◇ **fináncial** *adj.*
fínance bìll *n.* 제무 법안; 《美》 금융 어음.
fínance còmpany *n.* 금융 회사; 《英》 할부 금융 회사.
fínance sèrvice *n.* 시장 조사 기관. [사.
*‡**fi·nan·cial** [finǽn(ə)l, fai-] *adj.* **1** 재정[상]의, 재무의; 금융상의. ¶ *financial* ability 재력 / *financial* affairs 재정(금융) 사정 / The city is in *financial* difficulties (*or* trouble). 그 도시는 재정적으로 어려움에 처해 있다.
[類語] **financial** 금전·재정의, 특히 막대한 금액을 다루는 일에 관한: *financial* aid to a developing country 개발 도상국에 대한 재정 원조. **fiscal** 국가 또는 단체의 수지에 관한: a *fiscal* year 회계 연도. **monetary** 통화의 제조·유통·가치 따위에 관한: the *monetary* system of a country 국가의 통화 제도. **pecuniary** 개인적인 또는 비교적 소액의 금액에 관한: a *pecuniary* reward 금전상의 보수.
2 재계(인)의. ¶ *financial* circles; the *financial* world 재계, 금융계.
*‡**fi·nan·cial·ly** [finǽn(ə)li, fai-] *adv.* 재정적으로, 재정상.
fináncial sèrvice *n.* 투자정보 서비스 기관.
fináncial státements *n.* 재무 제표(財務諸表).
fináncial yéar *n.* 회계(재정) 연도 (《美》 fiscal year).
*‡**fin·an·cier** [finənsíər, fài- / fainǽnsiə, fi-] *n.* **1** 재정가, 재무관. **2** 금융업자, 자본가(capitalist). ¶ He is one of the *financiers* for the project. 그는 이 계획에 대한 자본주의 아래 사람이다. —— *vt.* …에게 융자하다 (finance); 《美》 [돈]을 속여 빼앗다(swindle). —— *vi.* [보통 경멸적] 재정을 처리하다.
fin·back [fínbæk] *n.* 긴수염고래(finback whale).
finch [fint(] *n.* 참새과(科)의 작은 새.
*‡**find** [faind] *v.* (**found, find·ing**) *vt.* **1** …이 뜻밖에 눈에 띄다; 우연히 …을 만나다(come upon). ¶ *find* a coin on the street 길에서 동전을 줍다 // (~+圓+圓) He was *found* dead. 그는 죽어 있었다 // (~+圓+*done*) The boy was *found* seriously *wounded*. 소년은 중상을

입고 있었다 // (~+圓+ -ing) I found him *dozing*. 그가 졸고 있는 것을 발견했다.
── **Usage** 우리말에는 보통 주어가 되지 않는 것, 특히 때를 나타내는 말이 find 의 주어가 되는 일이 있다: *The next morning found* him on the summit of the mountain. 이튿날 아침 그는 정상에 도달했다.
2 a) [찾아서] …을 발견해 내다; [노력하여] …을 얻다 (gain). ¶ *find* the lost key 잃어버린 열쇠를 찾아내다 // (~+圓) (~+圓+前+名) *find* favor *with* a person 남의 호의를 얻다 // (~+圓+圓) (~+圓+前+名) Will you *find* me a good one ? = Will you *find* a good one for me ? 좋은 것 하나 찾아 주겠소? **b)** …을 발견하다 (discover). ¶ *find* a new star 새 별을 발견하다. **c)** …이 있다, 볼 수 있다. ¶ *Kind* persons are *found* everywhere. 친절한 사람은 어디에나 있다 / The camera was *found* on the thief. 카메라는 그 도둑이 가지고 있었다 // (~+圓+補) She was *found* alone. 그녀는 혼자 있었다.
3 …에 도달하다, 닿다 (reach). ¶ The blow *found* his chin. 그 주먹이 그의 턱에 맞았다 / The anchor *found* [the] bottom. 닻이 밑바닥에 닿았다.
4 …이 쓸 수 있게 되다. ¶ *find* one's tongue (*or* voice) 목소리가 나오게 되다, 말을 할 수 있게 되다 / *find* one's legs (*or* feet) 서서 걸을 수 있게 되다; 자립하게 되다 / *find* one's head 침착해지다.
5 [경험으로] …을 알다, 깨닫다 (know); …임을 알아채다 (perceive). ¶ (~+圓+[*to be*] 補) I *find* them [*to be*] foolish. 그들이 어리석다고 나는 생각한다 // (~+圓+補) I *found* it easy to explain. 설명하기 쉽다는 것을 알았다 / I *found* him out. 그는 외출하고 없었다 // (~+圓+*done*) I *found* my purse gone. 지갑이 없어진 것을 깨달았다 // (~+圓+*to* do) She *found* the box *to* contain nothing. 그녀가 열어 보니까 상자 속에는 아무것도 없었다 // (~+*that* 節) They *found* the business *pay*. 그들은 그 장사가 수지맞는다는 것을 알게 되었다 // (~+*that* 節) He *found that* he was mistaken. 그는 자기가 잘못했음을 깨달았다 // (~+*wh*. to do) Will you *find how to* get there? 거기에 어떻게 가면 되는지 아십니까? // (~+*wh*. 節) Can you *find where* he has gone? 그가 어디에 갔는지 알 수 있습니까? // (~+圓+前+名) I *found* a warm cooperator *in* him. 그가 친절한 협력자임을 알았다 // How are you *finding* London? = How do you *find* London?《구어》런던의 인상이 어떻습니까?
6 [연구 따위로] …을 확인하다 (ascertain). ¶ *find* the cube root of 125 125의 입방근을 구하다.
7 [의식(衣食) 따위를] 공급하다, 주다 (supply); 제공하다(…*for*, *in*, *with*). ¶ The hotel does not *find* breakfast. 그 호텔에서는 아침 식사는 제공하지 않는다 / Wages twelve pounds a week, with board and lodging *found*. 주급 12 파운드에 숙식 제공 // (~+圓+前+名) *find* food *for* workmen 근로자에게 식사를 제공하다 / *find* one's son *with* money 아들에게 돈을 주다 / *find* soldiers in uniform 병사들에게 군복을 지급하다.
8 [법률] …을 판결(평결)하다. ¶ *find* a verdict of guilty 유죄 판결을 내리다 // (~+圓+補) He was *found* guilty. 그는 유죄 판결을 받았다 // (~+*that* 節) The jury *found that* the man was innocent. 배심부는 그 사나이가 무죄라고 판정하였다. ── *vi*. **1** [법률] [배심이] 평결(판결)을 내리다 (*for*, *against*…). ¶ (~+前+名) The jury *found* for (*against*) the plaintiff. 배심부는 원고에게 유리(불리)한 평결을 내렸다. **2** [사냥] [사냥개가] 사냥감을 발견하다.
all found [하인 등의] 의식 일체를 지급받는.
be well found in 을 …의 설비(교양)가 충분하다.
find one's (*no*) *account in* ⇒ ACCOUNT.
find Christ 그리스도 [교의 진리]를 발견하다.
find fault with ⇒ FAULT.
find for oneself 자기 스스로 의식주를 마련하다.
find it [경마에서] 이기는 말에 걸다.

find it in one's *heart to* do ⇒ HEART¹.
find oneself ① 자기의 천분을 깨닫다, 적소(適所)를 얻다. ¶ After trying various jobs, he finally *found* himself and became a successful cook. 여러 가지 직업을 경험한 후 그는 마침내 천분을 깨닫고 요리사로서 성공했다. ② […한] 기분이다. ③ [깨닫고 보니] …에 있다. ④ 의식을 스스로 변동하다.
find out ① [(범인 따위)를] 발견하다, 찾아내다 (discover). ¶ I have *found out* who broke the window. 누가 유리를 깼는지 알아냈다. ② [(문제 따위)를] 풀다, 해결하다 (solve). ③ [본성 따위]를 알다, 이해하다. ¶ We *found* her *out*. 그녀의 의도(정체)를 알아냈다. ④ [(죄 따위)를] 간파하다. ⑤ …을 고안해 내다. ⑥ …을 찾아내다; 방문하다. ¶ This damp weather *finds out* my rheumatism. 이런 습기찬 날씨에는 내 관절염이 도지기 쉽다.
find up …을 찾아내다.
find one's *way* ① 길을 찾아가다, 도달하다 (reach), 애써 나아가다(*to*, *into*, *through*...). ¶ *find* one's *way through* a dense forest 밀림 속을 고생하며 헤쳐 나아가다. ② 결국 …에 도달하다.
── *n*. **1** 발견(discovery). **2** 발견물; 횡재물; 습득물. ¶ have (or make) a great *find* 뜻밖에 좋은 것을 입수하다. **3** [사냥] [여우의] 발견.
find·a·ble [fáindəbl] *adj*. 발견할 수 있는, 찾아낼 수 있는.
find·er [fáindər] *n*. **1** 발견자, 주운 사람. **2** [카메라 · 망원경의] 파인더.
finder's fee *n*. [상거래 및 자금 융자 따위의 알선자에게 지불하는] 구전, 수수료.
fin de siè·cle [F fɛ̃ də sjɛkl] *n*.《프랑스》(=end of the century) 세기말[특히 문학적으로 퇴폐적 경향이 나타난 19세기말]. ── *adj*. 세기말적인, 퇴폐적인; [19 세기말]의 경향을 좋아하는.
‡**find·ing** [fáindiŋ] *n*. ⓤⓒ **1** 찾아내기, 발견; (종종 ~s) 발견(습득)물. **2** [법률] [판사의] 판결, 판정; [배심의] 평결(verdict); (~s) [위원회 따위의] 조사 결과, 답신(答申). **3** (~s)《美》[직공용] 도구류나 재료; 부속품. ¶ dressmaker's *findings* 양재사의 재료 [옷감은 제외].
find·spot [fáindspɑt, -spɔ̀t] *n*. 고고학상의 유물 발견지(발굴지).
‡**fine**¹ [fain] *adj*. (**fin·er, fin·est**) **1 a)** 품질이 좋은, 상등의. ¶ a *fine* tobacco 고급 담배. **b)** [산물이] 아주 좋은, 훌륭한, 우수한 (excellent). ¶ *fine* workmanship 훌륭한 솜씨 / a *fine* play 훌륭한 연기, 미기(美技). **c)** [사람이] 뛰어난, 훌륭한; 기술이 뛰어난, 숙련된 (skilled). ¶ a *fine* poet 뛰어난 시인 / a *fine* athlete 뛰어난 경기자.
2 a) 미세한 (minute); [기체 등이] 희박한 (rare); 가는, 가느다란 (slender); 엷은 (thin). ¶ a *fine* powder (sand) 고운 가루(모래) / *fine* rain (snow) 가랑비(눈) / *fine* thread 가는 실 / *fine* paper 얇은 종이. **b)** [올 따위가] 가는 (delicate) (*opp*. coarse); [세공 따위가] 정교한, *fine* lace 올이 가는 레이스 / *fine* skin 고운 살결 / a *fine* design 정밀한 설계.
3 a) [칼날 따위가] 날카로운, 예리한 (sharp). ¶ a *fine* edge 예리한 칼날 / a *fine* pen 잔글씨용 펜. **b)** [감각 따위가] 예민한, 섬세한 (keen); [구별 따위가] 미묘한 (delicate). ¶ a *fine* sense of humor 유머를 이해하는 섬세한 감각 / *fine* distinctions in meaning 의미상의 미묘한 차이.
4 [날씨가] 갠, 쾌청한 (clear). ¶ *fine* weather 맑은 날씨.
5 a) [공기 따위가] 상쾌한, 기분 좋은 (pleasant); 건강에 좋은. ¶ *fine* air 상쾌한 공기 / one *fine* day (morning) 어느 날(아침) (* 이 때의 fine 에는 의미가 없다). **b)** [몸 상태가] 건강한 (well). ¶ How are you ? ── *Fine*, thank you. 안녕하십니까? ── 건강합니다, 감사합니다.
6 [체격 따위가] 당당한 (imposing), 몸집이 큰; 발육이

fine 870 **finger**

좋은. ¶ a *fine* child for his age 나이에 비해 몸집이 큰 아이 / *fine* shoulders 잘 발달된 어깨 / a *fine* cedar 잘 자란 삼나무.
7 《구어》 좋은, 훌륭한(satisfactory); 즐거운; 《종종 비꼬거나 반어적으로》 멋지게 보내다 / That's a *fine* excuse! 거 참 멋진 핑계다!
8 a) [세련된(refined), 더할 나위 없는(perfect); 품위 있는; 고상한 체하는. 고상한, 정교한, 교묘하게, 미묘하게. ¶ *fine* manners 세련된 매너 / *fine* tastes 고상한 취미 / She is too much of a *fine* lady. 그녀는 지나치게 고상한 체한다. **b)** [도덕적으로] 고상한. ¶ a *fine* character 고상한 인물.
9 [문장 따위가] 화려한, 수식이 많은(rhetorical); 비위 맞추는; [의복 따위가] 화려한(showy); 옷차림이 훌륭한. ¶ *fine* writing 미문(美文) / call things by *fine* name 수식하여 말하다 / say *fine* things 좋게 말하다 / *Fine* feathers make fine birds. 《속담》 옷이 날개.
10 [사람·물건이] 아름다운(handsome), [풍채 따위가] 훌륭한. ¶ a *fine* baby 예쁜 아기.
11 웅대한, 광대한, 널따란(extensive). ¶ a *fine* expansion of ocean 망망대해.
12 [금·은 따위가] 순도 높은, 순도 …의; 정제한. ¶ *fine* gold 순금 / gold 18 carats *fine* 18금.
all very fine and large ① 《구어》 정말 같은, 그럴듯한. ② 《비꼬아서》 그건 참 잘됐다.
be fine with (or **by**) 《구어》 …에게는 괜찮다, …은 좋다. ¶ That's *fine* with me. [제안에 대해] 좋습니다.
fine and (후속하는 형용사를 강조하여) 아주, 매우, 더할 나위 없이.
fine and dandy 《속어》 훌륭한, 멋진.
not to put too fine a point upon it 노골적으로 말하자면.
one of these fine days 《구어》 일간, 언제든 한번 (*이 경우의 *fine* 에는 의미가 없다).
— *adv.* **1** 《구어》 훌륭히, 잘(very well), 훌륭히. ¶ That will suit me *fine*. 나에게는 십상이다. **2** 훌륭하게(finely), 우아하게, 고상하게. ¶ talk *fine* 고상한 말씨를 쓰다; 그럴듯하게 말하다. **3** 섬세하게, 미묘하게(subtly).
run (or **cut**) **it fine** ① 아슬아슬한 짓을 하다. ② [시간·돈 따위를] 바싹 줄이다.
— *v.* (**fined, fin·ing**) *vi.* [액체가] 맑아지다(*down*), 순화하다; 잘게 되다(*away, off*); 개다, 맑아지다. — *vt.* [술 따위를] 맑게 하다 (… *down, away*); …을 잘게 하다; …을 정제(순화)하다.
— *n.* **1** (the ~) 개인 날, 맑은 날씨, 쾌청. ¶ in the *fine* 갠 사이에. **2** (~s) 정제광(鑛).
rain or fine 개든 흐리든, 날씨에 관계 없이.
◇ fineness, finery *n.*, fínical *adj.*

‡**fine²** [fain] *n.* **1** 벌금, 과료. ¶ a parking *fine* 주차 위반 벌금. **2** 봉건적 토지 보유권 갱신에 내는 돈. **3** [U] 결말(end) (* 다음 숙어로만 쓴다).
in fine 결국; 요는(in short).
— *vt.* (**fined, fin·ing**) …에게 벌금을 과하다, …을 과료에 처하다. ¶ (~+目+目) He was *fined* 100 dollars for a parking fine. 그는 주차 위반으로 100달러의 벌금을 부과받았다.

fi·ne³ [fí:nei] *n.* [음악] [악곡의] 끝, 종지. 〈It〉
fíne árts *n. pl.* (the ~) 미술(특히 회화·조각·건축).
fíne cerámics *n. pl.* 고품질 세라믹스[첨단 기술 제품에 사용되는 소성(燒成) 소재].
Fíne Champágne [F fin ʃɑ̃paɲ] *n.* [U] [단맛이 나는] 리큐르 브랜디. 〈F fine champagne〉
fíne chémical *n.* 정제(精製) 약품, 정밀 화학 제품.
fine-cut [fáinkʌt] *adj.* 잘게 썬. *opp.* rough-cut
¶ *fine-cut* tobacco 잘게 썬 [파이프용] 담배.
fine-draw [fáindrɔ́ː] *vt.* (**-drew, -drawn, -drawing**) **1** [재봉] [솔기가 보이지 않도록] …을 감쪽같이 꿰매다. **2** [철사 따위를] 가늘게 잡아늘이다. **3** [논의 따위를] 미세한 데까지 끌고 가다.

fine-drawn [fáindrɔ́ːn] *adj.* **1** [해진 곳 따위를] 감쪽같이 꿰맨. **2** [철사 따위가] 아주 가늘게 뽑은. **3** [논의 따위가] 지나치게 미세한, 너무 세세하여 요점을 잃기 힘드는.
fíne fóod *n.* [마케팅] 정밀 식품, 고부가 가치 식품.
fine-grained [fáingréind] *adj.* 결이 고운.
*****fine·ly** [fáinli] *adv.* **1** 훌륭하게, 아름답게, 멋지게. **2** 잘게, 가늘게, 정교하게, 교묘하게, 미묘하게.
fine·ness [fáinnis] *n.* [U] **1** 훌륭함, 아름다움, [품질의] 우량, 품격(elegance). **2** 미세함, 가늚, 정교. **3** [합금 따위의] 순도(purity); 분말도(粉末度). **4** (때로 a ~) [정신·감각 따위의] 예민, 정밀, 섬세(subtlety), 정확. ¶ He has a *fineness* of perception. 그는 예민한 감각을 가지고 있다.
fíne prínt *n.* **1** [U] 매우 작은 활자체. **2** (the ~) [계약서 따위의] 세목[의도적으로 작은 활자로 인쇄되어 있다]. **3** 《비유적》 [계약서 따위의 숨겨진] 불리한 조건.
fin·er·y¹ [fáinəri] *n.* (*pl.* **-er·ies**) [U][C] **1** 화려한 옷, 아름다운 장식품. **2** [페어] 화려. ◇ fine¹ *adj.* [爐]
fin·er·y² [fáinəri] *n.* (*pl.* **-er·ies**) [야금] 정제로(精製爐)
fine-spun [fáinspʌ́n] *adj.* **1** [실 따위] 아주 가늘게 자은. **2** [논의 따위가] 지나치게 세밀한, 너무 정밀하여 실제적이 아닌.
fi·nesse [finés] *n.* [U][C] **1** 교묘한 처리, 기교(skill); 수완. **2** 술책, 책략(artifice). ¶ the *finesse* of love 사랑의 술수. **3** [카드놀이] 피네스[낮은 점수의 패를 내고 판에 있는 패를 떠러 놓기]. — *v.* (**-nessed, -ness·ing**) *vi.* **1** 수완을 부리다; 술책을 쓰다. **2** [카드놀이] 피네스를 쓰다. — *vt.* **1** …을 술책을 써서 하다. **2** [카드놀이] [어떤 패를] 피네스로 쓰다. 〈F〉
fíne strúcture *n.* **1** [물리] 전자의 상호 작용 결과 원자 스펙트럼선에 생기는 다중선(多重線). **2** [생물] [생물세포] 미세 구조.
fine-toothed (**fine-tooth**) **cómb** [fáintú:θ(t)-] *n.* 빗살이 가는 빗.
go over (or **through**) **with a fine-toothed comb** 세밀하게 뒤지다 (탐색) 하다. **2** …을 세밀히 조정하다.
fine-tune [fáinttjú:n・-tjú:n] *vt.* (**-tuned, -tun·ing**)
‡**fin·ger** [fíŋgər] *n.* **1** 손가락[보통 엄지손가락 (thumb)을 제외]; *cf.* toe / the index *finger* 집게손가락, 인지 / the middle *finger* 가운뎃손가락, 중지 / the ring *finger* 무명지, 약손가락 / the little (or the small, the fourth) *finger* 새끼손가락[다섯으로 셀 수 있을 정도밖에 없다 / Her *fingers* are all thumbs. 그녀는 손재주가 없다. **2** [장갑의] 손가락. **3** 중지의 길이[약 $4^1/_2$인치]; 손가락의 폭[약 $^3/_4$인치] (digit). **4** 손가락 모양의 것; [시계·계기류의] 지침, 바늘(*cf.* hand); 지시물; 손가락 과자; [기계의] 손가락 모양 돌기(運指)의 표. **6** 《속어》 밀고자, 스파이.
burn one's fingers [참견했다가] 혼나다.
by a finger's breadth 가까스로, 간신히.
One's fingers itch [**for, to do**]. …하고 싶어 못견디다. ¶ My *fingers itch* to do it. 그것이 하고 싶어 못견디겠다.
cross one's finger 행운을 빌다.
have a finger in the pie 관여하다. ¶ He can't plan a thing without his wife's *having a finger in the pie.* 그는 아내의 관여 없이는 아무 계획도 못 세운다.
have a thing at one's fingers' ends (**or finger ends**) …을 잘 알고 있다, …에 정통하다.
keep (or **have**) **one's fingers crossed** [중지를 인지에 포개고] 기도하다, 좋은 결과(행운)를 빌다.
lay a finger on …에 상처 주다, 때리다, 학대하다. ¶ *lay a finger on* a child 아이를 학대하다.
lay (or **put**) **one's finger on** ① …을 정확하게 지적하다. ② 소재를 알아내다(discover).
let *a thing* **slip through** *one's* **fingers** …을 손에서 떨

finger alphabet / **finisher**

어뜨리다(lose hold of), 놓치다.
lift (or **throw, turn up**) **the little finger** 술을 몹시 마시다.
look through one's **fingers at** …을 보고도 못 본 체 하다; 몰래 보다.
not lift (or **raise, stir**) **a finger** 사소한 수고도 아끼다, 손 하나 까딱하지 않다.
point the (or **a**) **finger at** …을 비난(비방)하다, 책 망하다(accuse). ¶ You have no right to *point the finger* at me. 너는 나를 책망할 자격이 없다.
pull (or **take**) one's **finger out** ⟨속어⟩ 일을 시작하다.
put the finger on ⟨속어⟩ (경찰에) 밀고하다; 〔범행할 장소 또는 사람을〕 선정하다.
snap one's **fingers** [**at**] […을] 경멸하다.
stick to *a person's* **fingers** [돈이] 남에게 착복되다.
turn (or **twist**) *a person* **round** one's [**little**] **finger** 남을 마음대로 조종하다, 농락하다.
with a wet finger 아주 쉽게, 힘 안 들이고.
── vt. **1** …에 손가락을 대다; …을 손가락으로 만지작거리다. ¶ *finger* papers 서류를 만지작거리다. **2** …을 슬쩍 훔치다(pilfer); 〔뇌물 따위에〕 손을 내밀다. ¶ *finger* a bribe 뇌물을 받다. **3** 〔…을〕 (악기를) 탄주하다, …에 운지표(運指表)를 붙이다, 〔어떤 운지법으로〕 연주하다. **4** ⟨美속어⟩ …을 경찰에 밀고하다. ── vi. **1** 손가락으로 만지다, 손끝으로 만지작거리다(**with** …). **2** (음악) (악기가) 손가락으로 연주되다, […의] 운지법으로 연주되다(하다). ¶ It *fingers* like a cornet. 그것은 코넷 같은 운지법으로 연주된다.
finger álphabèt *n.* 〔농아자용〕 지문자(指文字).
finger bòard *n.* 건반; 〔첼로 따위의〕 지판(指板).
finger bòwl(glàss) *n.* 식후의 손가락 씻는 그릇.
fin·ger·breadth [fíŋgərbrèdθ, -brèɪθ] *n.* 손가락 폭(약 ³/₄인치).
fin·gered [fíŋgərd] *adj.* **1** (복합어를 만들어) …손가락의, 손가락이 …한. ¶ two-*fingered* 두 손가락의 / light-*fingered* 손재주가 있는. **2** (상품 따위) 손때가 묻은. **3** ⟨동·식물⟩ 손가락 모양의. **4** ⟨음악⟩ 지주(指奏)의.
fin·ger·fish [fíŋgərfìʃ] *n.* 불가사리(starfish) [위].
finger fóod *n.* 손으로 집어 먹는 음식〔마른 안주 따위〕.
finger hòle *n.* (관악기·전화 다이얼·볼링 공 따위에 뚫린) 손가락 구멍.
fin·ger·ing [fíŋgəriŋ] *n.* ⓤ **1** 손가락으로 만지작거리기, 손장난. **2** ⟨음악⟩ 운지법; ⓒ 운지 기호.
finger lànguage *n.* **1** ⟨농아자의〕 지화(指話) (수화). **2** = finger alphabet.
fin·ger·ling [fíŋgərliŋ] *n.* 작은 고기; 〔특히〕 연어·송어 새끼; 매우 작은 것.
finger màn *n.* ⟨美속어⟩ 밀고자.
finger màrk *n.* 지문, 〔때묻은〕 손가락 자국, 손때.
fin·ger·nail [fíŋgərnèil] *n.* **1** 손톱. **2** (인쇄 속어) 동근 괄호(( )). 〔한.
to the fingernails 완전히, 철저히(completely); 순수
finger nùt *n.* 집게 너트(wing nut) 〔그림 물감.
finger páint *n.* 손가락으로 눌러 칠하는 젤리 모양의
finger páinting *n.* ⓤⓒ 〔주로 아동의〕 지두화(指頭畫)〔법〕.
finger plàte *n.* 〔문의 손잡이 따위에 대는〕 (손때) 받이판(指板).
fin·ger·point·ing [fíŋgərpɔ́intiŋ] *n.* ⟨美구어⟩ (부당한) 고발, 손가락질, 지탄, 힐난.
finger pòst *n.* 〔손가락 모양의〕 길 안내 표지(guidepost).
fin·ger·print [fíŋgərprìnt] *n.*
1 지문. ── vt. **1** …의 지문을 채취하다. **2** 〔지문이나 어떤 특징으로〕 …의 신원을 알아내다.
finger rèading *n.* ⓤ 점자(點字) 독법.
finger rìng *n.* 반지.

[finger post]

finger ròll *n.* 〔이탈리아식〕 길쭉한 롤빵.
fin·ger-shaped [fíŋgərʃèipt] *adj.* 손가락 모양의.
finger shìeld *n.* 골무.
fin·ger·stall [fíŋgərstɔ̀ːl] *n.* 손가락 끼우개, 골무.
fin·ger·tip [fíŋgərtìp] *n.* **1** 손가락 끝. **2** 골무 (finger shield). ─ 는, 정통한.
at one's **fingertips** ① 곧 쓸 수 있는. ② 잘 알고 있
to one's **fingertips** 완전히(perfectly). ¶ He is a gentleman *to his fingertips*. 그는 완벽한 신사다.
── *adj.* **1** (의복이) 어깨에서 넓적다리 중간까지 닿는. **2** 접근하기 쉬운, 입수하기 쉬운. 〔발 (整髮)〕
finger wàve *n.* 손가락 웨이브〔손가락으로 하는 정
fin·i·al [fíniəl/fáin-] *n.* ⟨건축⟩ 〔용마루·첨탑 따위의〕 꼭대기 장식. 〔n.
fin·i·cal [fínik(ə)l] *adj.* = finicky. ~**·ly** *adv.* ~**·ness**
fin·ick·ing [fínikiŋ], **fin·i·kin** [fínikin] *adj.* = finicky.
fin·icky [fíniki] *adj.* (때로 **-ick·i·er, -ick·i·est**) **1** 지나치게 까다로운, 너무 꼼꼼한(fussy); 지나치게 마음을 쓰는. ¶ be *finicky* about food 음식에 까다롭다. **2** (고어)(물건이) 지나치게 공들인.
fi·nis [fíməs, fáinis] *n.* ⓤⓒ **1** 끝(end); 〔책·영화 따위의〕 끝. **2** 종결, 종말, 죽음.
‡**fin·ish¹** [fíniʃ] *vt.* **1 a)** …을 끝내다, 끝마치다, 완료하다(complete). ¶ *finish* one's work 일을 끝내다 // (~ + -*ing*) *finish* writing a letter 편지를 다 쓰다 // (~ + 囲 +圓) *finish up* the work 일을 끝마치다. **b)** …을 종결하다; (최후를) 장식하다. ¶ *finish* one's life 일생을 마치다. **c)** 〔과정 따위를〕 마치다; …을 졸업(수료)하다. **2** 〔음식물을〕 먹어치우다; …을 읽기(끝내기)를 끝내다; …을 다 써버리다. ¶ *finish* all the meat 고기를 깨끗이 먹어치우다 / *finish* a book 책을 다 읽다〔쓰다〕. **3** …을 끝장내다(finish off), 없애다(destroy), 죽이다(kill) (… off). ¶ *finish* a wounded animal 상처 입은 동물의 숨통을 끊다 / My answer *finished* him. 내 대답에 그는 말하지 못했 다 // (~ + 囲 +圓) The heat *finished* her off. 그녀는 더위에 완전히 지쳐버렸다. **4 a)** …을 끝마무리하다, 끝손질하다(… off). ¶ *finish* a picture finely 그림을 훌륭히 끝마무리하다 // (~ + 囲 + 圓 + 囵) *finish* wood with varnish 나무를 와니스로 마무리하다. **b)** 〔사람에게〕 마무리 교육을 하다.
── *vi.* **1** 끝나다(in …), 끝마치다; 끝장내다(end) (**with, by** …). ¶ I *finished* before he did. 나는 그보다 먼저 끝냈다 / I think I'm *finished*. 나는 이제 끝장난 것 같아 // (~ + 囲 +囵) Let's *finish* with (or by) singing this song. 이 노래를 부르고 끝내자. **2** 〔경기에서〕 결승점에 닿다(*up* …), […등에] 닿다 // (~ + 囲) He *finished* second in the race. 그는 경주에서 2등을 했다. **3** (폐의).
finish with ① …을 끝내다(end); …으로 끝마치다. ⇒ *vi.* 1. ② …과 절교하다, 인연을 끊다. ¶ I have *finished* with him. 그 사람과 절교한다.
── *n.* **1 a)** 끝, 종결(⇒ END類語); (경기·여우 사냥 따위의〕 최후의 장면. ¶ fight to a *finish* 끝까지 싸우다 / The work has come to the *finish*. 일이 끝났다. **b)** 결승, 피니시. ¶ a hot *finish* 손에 땀을 쥐게 하는 결승전. **c)** 최후; 몰락(의 원인). **2** 끝마무리, 끝손질; 〔인격적으로〕 완성(perfection), 세련(polish). ¶ an artistic *finish* 예술적인 끝마무리. **3** 마무리 칠, 결칠; 마무리 재료; 〔건물의〕 내부 마무리.
be in at the finish 〔여우 사냥 따위에서〕 최후의 장면에 참가하다; ⟨비유적⟩ 마지막 장면에 입회하다.
fínite *adj.*
‡**fin·ished** [fíniʃt] *adj.* **1** 끝마친, 완료한(ended); 완성된, 마무리된. ¶ Are you *finished*? 다 끝났습니까? **2** 연마된, 완전한. ¶ a *finished* poem 훌륭한 시. **3** 〔사람이〕 세련된; 더할 나위 없는. ¶ a *finished* gentleman 세련된 신사. **4** 못쓰게 된, 없어져가는.
fin·ish·er [fíniʃər] *n.* **1** 완성자, 끝마무리 직공(기

제). **2** 치명적 일격(한마디).

fin·ish·ing [fíniʃiŋ] *adj.* 최후의(last), 끝마무리의. ¶ give the *finishing* touches 마지막 손질을 하다. —— *n.* **1** ⓤ [최후의] 마무리. **2** (~ s) [건축] [조명 따위의] 고정 설비.

finishing còat *n.* 겉칠, 마무리칠.

finishing schòol *n.* 교양(신부) 학교 [젊은 여성이 사회에 나갈 준비로서의 최종 교육이 목표].

finish line *n.* 결승선.

*fi·nite [fáinait] *adj.* **1** 유한(有限)의, 제한(한정)된. *opp.* infinite ¶ one's *finite* intelligence 한정된 지력. **2** [수학] 유한의; [문법] [동사가] 정형(定形)의. *cf.* infinitive ¶ a *finite* verb 정동사, 정형 동사. ~·**ly** *adv.* ~·**ness** *n.*

fínite vérb *n.* 정동사, 정형 동사 [수·인칭·시제·서법 따위에 의해 한정된 동사]. *cf.* infinitive verb

fin·i·tude [fínit(j)ùːd, fáin-/fáinitjùːd] *n.* ⓤ 유한, 한정.

fink [fiŋk] *n.* 《美속어》 **1** 파업 파괴자(strike-breaker); [노동 조합을 염탐하는] 첩자(labor spy); 밀고자. **2** 싫은 녀석. —— *vi.* **1** 경찰에 알리다, 밀고하다. **2** 파업을 파괴하다.
fink out (美속어) 배신하다(cop out).

fín kèel (~ 항해) [요트의] 용골.

fink-out [fíŋkaut] *n.* 배반, 꽁무니 빼기.

***Fin·land** [fínlənd] *n.* 핀란드[북유럽의 공화국; 수도 Helsinki].

Fin·land·er [fínləndər] *n.* 핀란드 사람.

Fin·land·i·za·tion [fìnləndizéiʃ(ə)n /-dai-] *n.* ⓤ [정치] 핀란드화(化) [주변 유럽국의 이외의 유럽 각국이 독자적 체제를 유지하며 외교상 대소(對蘇) 우호 정책을 취하는 경향].

Finn [fin] *n.* **1** 핀란드 사람. **2** 핀 사람 [소련·미국에 살면서 핀란드 말을 쓴다]; (~s) 핀족(族).

fín·nan hád·die (háddock) [fínən-] *n.* 훈제(燻製) 대구.

finned [find] *adj.* 지느러미가 있는; [복합어를 만들어] 지느러미가 …인. ¶ long-*finned* 지느러미가 긴.

fin·ner [fínər] *n.* 긴수염고래(finback).

Finn·ic [fínik] *adj.* 핀족의; 핀말의.

Finn·ish [fíniʃ] *adj.* 핀란드의; 핀란드 말(사람)의. —— *n.* ⓤ 핀란드말.

Finno- Finnish 의 뜻의 연결형. 예: *Finno*-Ugric.

Fin·no-U·gri·an [fíno(u)júːgriən/-júː-] *adj.* = Finno-Ugric.
—— *n.* = Finno-Ugric.

Fin·no-U·gric [fíno(u)júːgrik/-júː-] *n.* 핀우그릭 어족 [우랄어족의 한 지족(支族)]. —— *adj.* 핀우그릭 족의.

fin·ny [fíni] *adj.* (-ni·er, -ni·est) **1** 지느러미가 있는 (finned), 지느러미 같은(finlike). **2** 물고기의; 물고기가 많은.

fín ràay *n.* 지느러미 가시.

Fin·sen lìght [fíns(ə)n-] *n.* 핀센 광(램프) [피부병 치료용](Finsen lamp). [<덴마크의 의사 Niels Finsen 의 이름]

F.I.O (略) Free *in* and *out* (하역비 선주 무부담 으로).

fiord [fjoːrd / fjɔːd] *n.* = fjord.

fip·pence [fíp(ə)ns] *n.* (英) = fivepence.

fip·ple [fípl] *n.* [음악] [관악기의 주둥이 끝을 좁히는] 마개.

***fir** [fəːr] *n.* **1** [식물] 전나무. **2** ⓤ 전나무 재목.
◇ fírry *adj.*

FIR (略) [항공] *f*light *i*nformation *r*egion (비행 정보 구역).

***fire** [faiər] *n.* **1** ⓤ 불; [고대 철학] [우주의 4원소, 땅·물·불·바람의] 불. ¶ catch (*or* take) *fire* 불이 붙다 / *Fire* burns. 불은 탄다 / There is no smoke without *fire*. 《속담》 아니 땐 굴뚝에 연기 날까.
2 [요리·난방용 따위의] 불, 숯불, 화롯불, 모닥불, 벽 톳불; [특히 英] 가스 난로, 전기 난로. ¶ make (*or* start) a *fire* in the stove 난로에 불을 피우다 / feed the *fire* with fuel 불에 장작을 지피다 / put a pan on the *fire* 남비를 불에 올려 놓다 / stir (*or* poke) a *fire* 불을 쑤셔 일어나게 하다 / urge a *fire* 불을 붙이다 / Warm yourself by the *fire*. 불을 쬐시오.
3 ⓒⓤ 불, 화재. ¶ a big (*or* great) *fire* 큰 불, 큰 화재 / an accidental *fire* 실화(失火) / an incendiary *fire* 방화 / insure a building against *fire* 건물을 화재 보험에 들다 / *Fire*! 불이야! / *Fire* broke out. 불이 났다 / A *fire* occurred (*or* started) in his house. 그의 집에 불이 났다 / He perished in the *fire*. 그는 불에 타 죽었다 / The post office took *fire* last night. 어젯밤에 우체국이 불탔다.
4 ⓤ 소이제(燒夷劑), 연소물; 연료(fuel); 화약(powder); 불꽃(fireworks). ¶ red *fire* 신호용 적색 불꽃 / a *fire* bomb 소이탄.
5 번쩍이는 빛, 번쩍임, 광채; [보석 따위의] 광휘(brilliance). ¶ the *fire* of lightning 번갯불의 번쩍임 / a *fire* in (*or* on) a diamond 다이아몬드의 광채 / There was an insane *fire* in his eyes. 그의 눈이 미친 사람같이 번득였다.
6 ⓤ 열정(passion); 열렬함, 열광(ardor); 활기(liveliness). ¶ the *fire* of love (hatred) 불 같은 사랑(증오) / the *fire* of patriotism 애국의 열정 / full of *fire* 활기에 찬 / His soul was on *fire* to teach. 그는 가르치려는 정열에 불타고 있었다.
7 ⓤ 생생한 상상력; 시적(詩的) 영감.
8 ⓤ [육체를 불사르는 듯한] 열(fever); 열병, 염증(inflammation). ¶ the *fire* of a wound 상처의 염증.
9 ⓤ 고난, 시련. ¶ the *fires* of persecution 가혹한 박해 / go through *fire* 시련을 당하다.
10 (보통 the ~) 불 고문, 화형(火刑).
11 ⓤ [주류 따위의] 화끈함, 몸을 덥게 하는 힘; 화주(liquor).
12 ⓒⓤ 불꽃, 섬광(spark). ¶ strike *fire* with a flint 부싯돌로 불을 일으키다.
13 ⓤⓒ [총·포·화기의] 발사, 발포, 점화; 총화, 포화. ¶ random *fire* 난사(亂射) / a heavy (*or* a fierce) *fire* 맹사(猛射) / cease *fire* 사격(전투)을 중지하다 / cross *fire* 십자 포화 / concentrate *fire* 포화를 집중하다 / open *fire* [on] […에] 포화를 열다; 공격을 개시하다.
14 ⓤⓒ [고어] 번갯불(lightning), 천둥과 번개.
15 [詩] [별 따위] 반짝이는 것. ¶ heavenly *fires*; *fires* of heaven 별자리, 성좌.
between two fires 앞뒤에서 적의 포화를 받고, 양면으로 협공당하여.
fire and sword 포화와 검, 전화(戰禍).
go through fire and water 물불을 가리지 않다, 온갖 위험을 무릅쓰다.
hang fire ① [총포가] 늦게 발사되다. ② 결단을 못 내리다, 머뭇거리다, 꾸물대다; [사업 따위가] 더 이상 성장하지 않다. [행동하게 하다.
have a fire under …을 부추기다, …에게 자극을 주어
lay a fire [불을 때기 위해] 장작을 쌓다.
like fire; *like a house on fire* 《속어》 급속하, 빨리.
miss fire ① [총포가] 불발이 되다. ② 성공 못하다, 실패로 끝나다.
on fire ① 불타고, 불이 나서(burning). ② 열망하여, 열중하여, [이상 따위의] 더 타올라(eager, ardent).
play with fire 《비유적》 불장난하다, 위험한 일에 손 대다.
pour (*or* *throw*) *oil on the fire* 《비유적》 불에 기름 을 붓다, 일을 더욱 크게 만들다.
set fire to; *set … on fire* ① …을 태우다, …에 불지르다, ¶ He *set fire to* his own residence. 그는 자기 집에 불을 질렀다. ② …을 흥분시키다, 부추기다.
set the Thames (*or* *the world*) *on fire* ⇒ THAMES.
under fire ① 포화를 받고. ② 비난(공격)을 받고.

— v. (fired, fir·ing) vt. **1** …에 불을 지르다, 방화하다(set fire to). ⇨ KINDLE 類語 ¶ *fire* a house 집에 불지르다.
2 〔노(爐)·기관 따위〕의 불을 때다(지피다), …에 연료를 공급하다. ¶ He *fired* the furnace. 그는 노에 불을 땠다.
3 …을 불에 올려 놓다, 불에 쬐다(굽다, 데우다), …에 불기운을 넣다. ¶ *fire* tea 차를 뽑다.
4 〔가마 속에서〕〔도자기·벽돌 따위〕를 굽다. ¶ *fire* pottery (porcelain, bricks) 도기(자기, 벽돌)를 굽다.
5 〔감정·정열 따위〕를 타오르게 하다. ¶ The book *fired* his imagination. 그 책은 그의 상상력에 불을 붙었다 // (~+图+圃+图)*fire* a person *with* indignation 남을 격분케 하다.
6 〔남〕을 분기시키다, 고무하다(inspire). 〔light up〕
7 〔불 붙은 것처럼〕 …을 시뻘겋게 하다, 빛나게 하다
8 〔총포〕를 쏘다, 〔화기〕를 발사하다(discharge); 〔탄환·로켓 따위〕를 발사하다(…*off, at*); 〔질문·비난 따위〕를 퍼붓다(…*off*). ¶ *fire* a salute (a blank shot) 예포(공포)를 쏘다 // (~+图+圃+图) The hunter *fired* small shot *at* the birds. 사냥꾼이 새에게 산탄을 쏘았다.
9 〔지뢰 따위〕를 폭발시키다; …을 폭파하다(explode).
10 〔구어〕 …을 내던지다(hurl, throw).
11 〔美속어〕〔강제적·일방적으로〕 …을 추방하다, 내쫓다(drive); 〔남〕을 해고하다(... *out, from*). ⇨ DISMISS 類語 ¶ *fire* a drunkard 술 취한 사람을 내쫓다 / You're *fired*. 당신 해고야 / I get *fired* today. 나는 오늘 해고 됐어 // (~+图+圃+图) He was *fired from* his job. 그는 직장에서 쫓겨났다.
— vi. **1** 불이 붙다(take fire). **2** 〔불 붙은 것처럼〕 빨개지다, 빛나다, 번쩍이다(glow). **3** 흥분하다, 〔정열 따위〕에 타오르다(become excited). **4** 〔총포 따위가〕 불을 뿜다, 발사되다(go off). ¶ The gun *fired*. 총이 불을 뿜었다(발사되었다). **5** 〔사람이〕 발포하다, 사격하다 (*at, on, upon* …), 탄환·로켓 따위를 발사하다. ¶ *fire* at random 난사(亂射)하다 // (~+圃+图) The soldiers *fired* at the fleeing enemy. 병사들은 도망가는 적에게 발포했다. **6** 〔구어〕 〔돌·창·화살 따위〕를 던지다. **7** 〔식물의 잎·곡물이〕 일찍 시들다, 노랗게 되다.
fire away 〔구어〕 ① 〔이야기·일 따위〕를 시작하다. ② 〔명령형으로〕 지체 말고 해라, 덤벼라. ③ 〔탄환〕을 다 쏘아버리다. ¶ *fire away* ammunition 탄약을 다 쏘아 버리다.
fire up ① 〔아궁이 따위〕에 불을 때다(start a fire). ② 발끈하다, 격분(격앙)하다.
◇ fíery *adj.*, afíre *adv.*
fire alàrm *n.* 화재 경보; 화재 경보기. 〔한 벌씩〕
fíre and brímstone *n.* 지옥의 고통(시련); 가혹
***fíre·arm** [fáiəɹrm] *n.* (보통 ~ s) 화기, 〔특히 소총·권총 따위의〕 소기(小火器)
fíre·back [fáiəbæk] *n.* **1** 〔불기운을 실내에 반사시키기 위한〕 벽난로의 뒷벽. **2** 꿩의 일종 〔남아시아산 (産)〕; 등이 빨간 꿩.
fíre·ball [̶] *n.* **1** 〔옛〕 탄환, 소이탄. **2** 불덩어리(ball of fire); 〔詩〕 태양(sun). **3** 유성 화구(火球) 〔광도가 강한 유성〕; 번개. **4** 〔美구어〕 정력가.
fíre ballóon *n.* **1** 〔화력으로 내부의 공기를 뜨겁게 하여 상승시키는 풍선〕. **2** 기구 꽃불〔일정한 높이에서 자연 발화하는〕.
fíre·base [fáiəbéis] *n.* 발사 기지, 포격 진지.
fíre básket *n.* 〔모닥불을 피우는〕 쇠바구니.
fíre bèlt *n.* 방화대(帶) 〔방화 예방〕 (firebreak).
fíre·bird [fáiəbɜ̀ːrd] *n.* 〔美방언〕 아메리카꾀꼬리의 일종 (Baltimore oriole).
fíre blàst *n.* ⓤ 〔식물〕 〔홉(hop) 따위의〕 고축병(枯縮病) 〔엽병〕.
fíre blìght *n.* ⓤ 〔식물〕 고사병 〔사과·배 따위의 전염병〕.
fíre·boat [fáiəbòut] *n.* **1** 소방선. **2** 화선(火船) 〔적의 배를 불 태우기 위한 배〕.
fíre bòmb *n.* 소이탄(incendiary bomb).
fíre-bomb [fáiərbɔ̀m / -bɔ̀m] *vt.* …을 소이탄으로 태우다.
fíre·box [fáiəbɑ̀ks / -bɔ̀ks] *n.* 〔보일러·기관차 따위의〕 화실(火室).
fíre·brand [fáiəbrǽnd] *n.* **1** 불붙은 나무 토막, 횃불. **2** 〔분쟁·반항 따위의〕 선동자. **3** 정열가, 정력가.
fíre·break [fáiəbrèik] *n.* 〔美〕 〔삼림·초원 따위의〕 방화대(帶)(선), **2** 〔군사〕 핵무기 억제.
fíre·brick [fáiəbrìk] *n.* 내화(耐火) 벽돌(fireproof brick).
fíre brigàde *n.* **1** 소방단. **2** 〔英〕 소방서(fire department). **3** 美軍 속어〕 긴급 출동 부대.
fíre bùcket *n.* **1** 비상용 소화(消火) 물통. **2** 〔불 쬐는〕 화로.
fíre·bug [fáiəbʌ̀g] *n.* **1** 〔美〕 개똥벌레(firefly). **2** 〔구어〕 방화 범인(arsonist), 방화광(pyromaniac).
fíre chíef *n.* 〔美〕 소방서장, 소방부장.
fíre cláy *n.* ⓤ 〔내화 벽돌용〕 내화 점토. 〔사.
fíre còmpany *n.* **1** 소방대. **2** 〔英〕 화재 보험 회
fíre contról *n.* ⓤ 〔군사〕 〔군함 따위의〕 사격 지휘.
fíre·crack·er [fáiəɹkrækəɾ] *n.* 폭죽.
fíre cróss *n.* = fiery cross. 〔스.
fíre·damp [fáiəɹdæ̀mp] *n.* ⓤ 〔탄갱 내의〕 폭발성 가
fíre depàrtment *n.* **1** 소방서, 〔시청 따위의〕 소방부. **2** 〔집합적〕 소방대원(부)원.
fíre·dog [fáiəɹdɔ̀ːɡ / -dɔ̀ɡ] *n.* = andiron.
fíre dòor *n.* 방화문.
fíre·drake [fáiəɹdrèik] *n.* 〔북유럽 신화의〕 화룡(火龍). 〔련.
fíre drìll *n.* **1** 방화 연습(훈련). **2** 〔화재 때의〕 피난 훈
fíre-eat·er [fáiəɹiːtər] *n.* **1** 불을 먹는 마술사. **2** 툭하면 싸우는 사람, 성미가 급한 사람.
fíre-eat·ing [fáiəɹiːtiŋ] *n.* 불을 먹는 요술. ― *adj.* 〔성질·정책 따위〕 격렬한, 적극적인; 호전적인.
‡**fíre èngine** *n.* **1** 소방 펌프. **2** 소방 자동차.
fíre escàpe *n.* 화재 피난 장치, 피난 사다리, 비상 계단.
fíre extínguisher *n.* 소화기.
fíre-eyed [fáiəɹáid] *adj.* 〔詩〕 눈이 번쩍 번쩍 빛나는.
fíre fíght *n.* 〔군대〕 화전(火戰), 포격전, 사격전.
fíre fíghter *n.* 소방대원(fireman).
fíre fíghting *n.* ⓤ 소화 활동.
***fíre·fly** [fáiəɹflài] *n.* (*pl.* **-flies**) 개똥벌레. *cf.* glow-
fíre gràte *n.* 난로의 쇠살대. 〔worm
fíre·guard [fáiəɹɡɑ̀ːrd] *n.* **1** = fire screen. **2** = firebreak.
fíre hóok *n.* 쇠갈고리 〔소방 용구의 하나〕.
fíre hóse *n.* 소방용 호스.
fíre·house [fáiəɹhàus] *n.* (*pl.* **-hous·es** [-hàuziz]) = fire station.
fíre hùnt *n.* 〔美〕 밤에 등불을 써서 하는 사냥.
fíre hýdrant *n.* 〔英〕 소화전(〔美〕 fire plug).
fíre insúrance *n.* ⓤ 화재 보험.
fíre ìrons *n. pl.* 〔부젓가락·부지깽이 따위의〕 벽난로용 기구.
fíre làdder *n.* 비상용(소방용) 사다리.
fíre·less [fáiərlis] *adj.* **1** 불 없는, 불기 없는. **2** 생기(활기) 없는.
fíreless cóoker *n.* 축열(蓄熱) 요리기.
fíre lìght *n.* ⓤ 〔벽난로의 불빛, 불빛.
fíre·light·er [fáiəɹlàitəɾ] *n.* 불쏘시개.
fíre lìne *n.* **1** 〔삼림·초원 따위의〕 방화선(防火線) (firebreak). **2** 〔보통 ~ s〕 소방 비상선.
fíre·lock [fáiəɹlɑ̀k / -lɔ̀k] *n.* 화승총.
‡**fíre·man** [fáiəɹmən] *n.* (*pl.* **-men** [-mən]) **1** 소방수, 소방대원. **2** 〔노(爐)·기관 따위의〕 화부(火夫); 〔철

도} 기관 조수; (美해군) 기관병. **3** (英) [채광] 화기(갱내) 감시원(fire boss). **4** (야구 속어) 구원 투수(relief pitcher).
fire márshal n. [시·주의] 소방서(부)장.
fire-new [fáiərnjúː] adj. = brand-new.
fire-of·fice [fáiərɔ̀fis, -ɑ̀fis / -ɔ̀fis] n. (英) 화재 보험 회사(사무소).
fíre ópal n. 화단백석(火蛋白石), 멕시코산(産)의 빨간 오팔(girasol).
fíre pàn n. (英) 부삽; 화로 (brazier).
‡**fire·place** [fáiərplèis] n. 벽난로; 벽난로 바닥(hearth).
fire-plug [fáiərplʌ̀g] n. 소화전(栓).
fíre pòint n. [물리] (the~) 연소점(burning point).
fire-pol·i·cy [fáiərpɑ̀lisi / -pɔ̀l-] n. (pl. -cies) 화재 보험 증서.
fíre pòt n. **1** [난로] 화실(火室). **2** 도가니(crucible).
fíre pòwer n. ⓤ [군사] 화력 [한 부대 또는 어떤 병기에 의해 1분간에 발사되는 탄환의 수량].
__fire·proof__ [fáiərprúːf] adj. 내화(耐火)의, 타지 않는, 방화의. ¶ a *fireproof* construction 내화 건축. ━ vt. …을 내화성으로 하다.
fire-proof·ing [fáiərprúːfiŋ] n. **1** 내화성화(化), 내화 장치를 하기). **2** 내화(방화) 재료.
fir·er [fáirər/fáiərə] n. **1** 불 붙이는 사람, 방화자; 발포자. **2** 점화물(복합어를 만들어): ~s, pl. firer(fire-arm). ¶ a single-(six-) *firer* 단발(6연발)의 총 / a rapid-firer 속사포.
fire-rais·ing [fáiərèiziŋ] n. ⓤ (英) 방화(arson).
fíre rèel n. [캐나다] 소방 자동차.
fíre resístance n. 내화력(耐火力), 내화성.
fíre retárdant n. 방화 재료.
fire-re·tard·ed [fáiəritɑ̀ːrdid] adj. = fireproof.
fíre rìsk n. 발화 위험물(원인)이라고 생각되는 것 [휴지, 집안의 가솔린 따위].
fíre sàle n. 불타다 남은 물건의 특매.
fíre scrèen n. [난로 따위의] 열(방화용) 가리개 (fireguard).
Fíre Sèrvice n. (英) 소방서(fire station).
fíre shìp n. 화선(火船) [적의 배·다리 따위를 불태우기 위해 폭발물을 실어 떠내려 보내는 것).
__fire·side__ [fáiərsàid] n. **1** 노변, 난롯가. **2** 가정(home); 가정의 화목(단란), 가정 생활(home life). ━ adj. 노변의, 가정(생활)의.
fire·spot·ter [fáiərspɑ̀tər/-spɔ̀tə] n. (英) [공습때의] 화재 감시원(firewatcher).
fíre stàtion n. 소방서(firehouse).
fíre stèp n. (군대) 발사 발판 [참호 안에서 발포할 때 병사가 올라서는 발판).
fíre stìck n. **1** 불붙은 나무, 관솔. **2** (원시인의) 부싯막대. **3** 부지깽이. (~s) 부엌가구.
fíre·stone [fáiərstòun] n. ⓤⓒ **1** [난로·화덕 따위를 만드는] 내화석. **2** 부싯돌(flint). **3** 황철광(黄鐵鑛).
fíre stòrm n. 큰 화재나 폭발물 투하 뒤에 생기는 폭풍.
fíre tòwer n. 화재 감시탑.
fire-trap [fáiərtræ̀p] n. [건축 연수·재료·구조 따위로 볼 때] 화재 때 빠져나갈 곳이 없는 위험한 건물.
fíre trúck n. = fire engine.
fire-walk·ing [fáiərwɔ̀ːkiŋ] n. ⓤ 불에 달군 돌 위를 맨발로 걷기 [종교적 의식 또는 재판].
fíre wàll n. **1** 방화벽. **2** [항공] 기관부 격벽(隔壁).
fire-ward·en [fáiərwɔ̀ːrdn] n. [도시·삼림지·캠프의] 소방 감독관, 방화 담당자.
fire·watch·er [fáiərwɑ̀tʃər/-wɔ̀tʃə] n. (英) [공습 때의] 화재 경보원.

fire·wa·ter [fáiərwɔ̀ːtər, + 美 -wɑ̀tər] n. ⓤ (구어) 화주(火酒) [위스키·브랜디·진·럼 따위의 독한 술].
fire·weed [fáiərwìːd] n. 불탄 자리에 자라는 잡초.
fíre window n. 내화창.
fire·wom·an [fáiərwùmən] n. (pl. -women[-wìmin]) 여자 소방수.
__fire·wood__ [fáiərwùd] n. ⓤ 장작, 땔나무.
__fire·work__ [fáiərwɔ̀ːrk] n. **1** (종종 ~s) 꽃불, 발광(발연(發煙))물, 봉화; (~s) [쏘아올린) 꽃불. ¶ let off *fireworks* 꽃불을 쏘아올리다. **2** (~s) 분노 따위의 폭발, 기지의 번뜩임.
fíre wórship n. ⓤ (종교) 배화(拜火); 배화교.
fíre wórshiper n. (종교) 배화(火神) 숭배자, 배화교 신자.
fir·ing [fáiəriŋ/fáiər-] n. ⓤⓒ **1** (총포의) 발사, 발포, 사격; (지뢰 따위의) 폭발; 점화, (아궁이 따위에) 불을 때기. ¶ a *firing* mechanism 폭발(발화)장치. **2** 연료, 땔감(fuel). **3** 불을 쬐기, 굽기, (차를) 뇌기, [도자기 따위의] 구워 만들기.
fíring bàttery n. (군대) 야포대, 사격 중대.
fíring chàrge n. [총 따위의] 장약(裝藥), 발사약.
fíring ìron n. [수의용은(獸醫用)] 인두, 낙철(烙鐵).
fíring lìne n. **1** (군사) 화선(火線), 사격선(공격의 최전선); 화선 부대, 최전선 부대. **2** (비유적) 제1선 (forefront). ¶ on the *firing line* 제1선에서.
fíring òrder n. [다(多)기통 내연 기관의 각 기통의] 점화 순서.
fíring pàrty n. = firing squad.
fíring pìn n. [총포의] 격침[뇌관을 발화시키는 폭발 장치].
fíring pòint n. **1** 발화점. **2** (군대) 발사점, 발사 지점.
fíring squàd n. [군대장(葬)의] 조총(弔銃) 사격대; [총살형 집행 때의] 총살대, 사격대(firing party).
fíring stèp n. = fire step.
fir·kin [fɔ́ːrkin] n. **1** [¼ barrel 에 상당하는 영국의] 용량 단위. **2** [버터·라드 따위를 넣는] 작은 나무통.
‡**firm**¹ [fɔːrm] adj. **1** 굳은, 견고한, 튼튼한. ⇒ HARD 類語. ¶ *firm* wood 단단한 재목 / *firm* muscles 튼튼한 근육 / be on *firm* ground 대지에 서다; 튼튼한 기초 위에 서다.
2 [사물의 안정도에 대하여] 단단한, 고정된. ¶ be as *firm* as a rock 반석 같다 / be *firm* on one's legs [자기 발로] 굳게 서다.
類語 *firm* 고정되어 결코 움직이지 않는, 흔들리지 않는. **fast** 단단히 부착·고정되어 쉽게 움직이지 않는: roots *fast* in the ground 대지에 튼튼히 내린 뿌리. **steady** 위치·평형·움직임 따위가 안정되어 흔들리지 않는: a *steady* ladder 안정된 사다리다. **stable** 쉽게 넘어지거나 무너질 것 같지 않은: a *stable* foundation 튼튼한 토대.
3 [태도·행동이] 굳은, 단호한, 확고한(resolute); [용모·목소리·동작이] 단호해 보이는, 결연한. ¶ *firm* treatment of children 어린이를 엄하게 다루기 / *firm* measures 단호한 조치 / a *firm* glance (voice, steps) 단호한 눈길(목소리, 걸음걸이).
4 [사상·신념 따위가] 변하지 않는, 확고한(fixed); [주의·인격 따위가] 굳은 같은, 견실한(steadfast). ¶ a *firm* conviction 굳은 확신 / a *firm* friend 한결같은 친구.
5 (상업) [물가·경기가] 변동하지 않는, 안정된. ¶ be *firm* in price 시세가 견실하다(안정되어 있다).
━ adv. 굳게, 견고하게, 확고하게. * 다음의 숙어 외에는 부사로서는 주로 firmly 를 쓴다.
hold fírm to …을 고수하다; …을 꽉 잡다.
stand fírm 꿋꿋이 서다; 단호한 태도를 보이다.
━ vt. …을 굳게 하다, 단단하게 하다.
━ vi. 굳어지다, 단단해지다.
◇ **fírmly** adv., **fírmness** n.

‡**firm**² [fəːrm] *n.* [두 사람 이상의 합자에 의한] 상회, 상사, 회사.
fir·ma·ment [fə́ːrməmənt] *n.* (보통 the ~)《詩》하늘, 창공(sky); 천계(天界) (heavens).
fir·ma·men·tal [fə̀ːrməméntəl] *adj.* 하늘의, 창공의.
fir·man [fə́ːrmən, fəːrmάːn / fəːmάːn] *n.* [동양의 군주가 내린] 칙령(勅令)(edict), 칙허(grant).
‡**firm·ly** [fə́ːrmli] *adv.* 굳게, 단단히; 확고하게, 단호히.
*****firm·ness** [fə́ːrmnis] *n.* 견고, 견실, 단단함; 확고[단호]함.
firm órder *n.* [상업] 확정 주문, 정식 발주.
firm·ware [fə́ːrmwɛ̀ər] *n.* [U][컴퓨터] 펌웨어《hardware도 software도 아닌 자료 보존 부분 따위》.
firn [fiərn] *n.* [U] [빙하·높은 산의] 만년설, 알갱이 모양의 눈(névé).
fír néedle *n.* 전나무 잎.
fir·ry [fə́ːri] *adj.* 1 전나무의, 전나무가 많은. 2 전나무 재목의.

‡**first** [fəːrst] *adj.* **1** 제1의, 첫[번]째의, 최초의. ¶ the *first* anniversary 1주년 기념일 / the *first* experience 첫 경험 / the *first* volume 제1권 / the *first* flowers of the spring 봄에 맨 처음 피는 꽃 / the *first* snow of the season 첫눈 / on the *first* fine day 날씨가 개는 대로 / take the *first* opportunity to do a thing 기회가 나는 대로 일을 하다 / He talked about his *first* impression of Korea. 그는 한국의 첫인상에 대해 말했다 / I want you to do the *first* six problems. 처음 여섯 문제를 해주기 바란다 / That's the *first* time he met her. 그는 그때 그녀를 처음 만났다.
2 [계급·지위·명예·기능 따위가] 첫째의, 1위의, 일류의, 수위의; 가장 중요한. ¶ the *first* men in the country 그 나라의 지도자들 / the *first* American actor of our day 오늘날 미국에서 으뜸가는 배우 / the *first* scholar of the day 당시의 일류 학자 / a matter of the *first* importance 가장 중요한 문제 / John is *first* in his class. 존은 학급에서 1등이다.
3《자동차》1단 기어의, 최저속 전동(傳動)의(low).
4《음악》[각 음성부·각 악기군에서] 수석의; 최고음의. ¶ the *first* violin 제 1 바이올린.
5《부정문중에 써서》아주 조금의, 극히 초보의. ¶ I don't have the *first* idea of what you mean. 무슨 말씀이신지 전혀 모르겠습니다 / I do not know the *first* thing about golf. 골프에 대하여는 아무것도 모른다.
at **first hánd** → HAND.
at **first síght** (or **blúsh, víew**) 첫눈에, 언뜻 보아. ¶ He loved her *at first sight*. 그는 한 눈에 그녀에게 반했다.
cast the **first** *stóne* ⇒ STONE.
[*the*] **fírst thíng**《구어》《부사적으로 써서》무엇보다도 먼저, 맨 먼저(처음에). ¶ I'll do it *the first thing* tomorrow. 내일은 무엇보다도 먼저 그것을 해야겠다.
[*the*] **fírst tíme**《접속사적으로 써서》처음 …했을 때, …하자마자 바로. ¶ *The first time* we met she told me that he was seriously ill. 만나자마자 그녀는 나에게 그가 중병이라고 말했다.
for the **fírst tíme** 처음으로.
in the **fírst pláce** (or **ínstance**) [우선] 첫째로(*to begin with*).
— *adv.* **1** 첫째로, 최초로, 무엇보다도 먼저; 제 1 위로, 선두로 (* 몇 가지 항목을 열거할 경우 first ..., secondly ..., and lastly ... 처럼 말하는 일이 많다). ¶ rank *first* 제1위이다 / Safety first. 안전 제일 / *First* come, *first* served.《속담》먼저 온 사람이 먼저 대접받는다 / I'll smoke *first*. 우선 담배부터 대 피우자 / Which horse came in *first*? 어느 말이 1등을 했나?
2 처음으로(for the first time). ¶ We *first* met ten years ago. 우리는 10년 전에 처음으로 만났다 / When did you visit Italy *first*? 처음 이탈리아 간 것이 언제였습니까?
3 […할 바에는] 우선[…하다], 차라리 […하는 낫

다] (*sooner*). ¶ Surrender? We will die *first*. 항복하라고? 차라리 죽는 게 낫다 / I'll see you damned (or hanged) *first*. 누가 그런 짓을 한단 말인가 [단호한 거절을 나타내는 상투적인 말].
first and foremost 무엇보다도 먼저, 맨 먼저 (first of all).
first and last 전후를 통하여, 통틀어, 전체로 보아.
first, last, and all the time《美》시종일관하여.
first off《美구어》첫째로, 곧, 바로 (immediately).
first or last《고어》조만간 (sooner or later).
— *n.* **1** (보통 the ~) 첫번째의 것, 첫째; [달의] 첫째날; 제1호, 제1부, 제1판, 제1위, 제1급; 최초임. ¶ May [the] *first*; the *first* of May 5월 1일 / He wrote the *first* of his stories in London. 그는 그의 최초의 소설을 런던에서 썼다 / The *first* I knew, the fire had spread to the bedroom. 맨 처음 내가 안 것은 불이 이미 침실에까지 번져 있었다는 것이다 / Joe was the *first* to speak. 조가 맨 먼저 이야기를 했다 / He was among the *first* to arrive at the scene. 그는 맨 먼저 현장에 도착한 사람들 중의 하나였다. **2** (보통 the ~) 처음, 시작(beginning). ¶ about the *first* of the year 연초[무렵]. **3** [U]《자동차》제1속, 1단 기어, 최저속 전동(low gear). **4** (보통 무관사)《야구》1루(first base). **5** [음악] 최고음부. **6** (보통 ~s)[상품의] 1급품, 최상품. **7**《英》[대학에서 시험의] 제1급(first class), 최우수 성적; 최우수 성적의 학생. ¶ He took a *first* in classics. 그는 고전에서 최우수 성적을 얻었다.
at [*the*] **fírst** 맨 처음에는, 최초에는. ¶ *At first* I didn't know what it was. 처음에는 그것이 무엇인지 몰랐었다.
from first to last 처음부터 끝까지, 시종.
from the [*very*] *first* 처음부터.
◇ **fírstly** *adv.*

fírst áid *n.* [U] 응급 처치, 구급 요법. ¶ He applied *first aid* to the patient. 그는 그 환자에게 응급 처치를 하였다.
fírst báse *n.* (보통 무관사)《야구》1루.
get to first base [U]《야구》1루에 이르다. ②《구어》《보통 부정문에서》조금 진보하다; [사업 따위의] 첫걸음을 내딛다.
fírst báseman *n.*《야구》1루수.
fírst blóod *n.* **1** [권투 시합 따위에서] 최초로 상대방에게 출혈시킴. **2** 초반의 우세.
fírst-bórn [fə́ːrstbɔ́ːrn] *adj.* 맨 먼저 태어난, 맏이의, 장자의(eldest). — *n.* **1** 장자 (first-born child). **2** 최초의 결과(산물).
fírst cáll *n.* **1** [주식 시장의] 전장(前場). **2** 제1회 불입.
fírst cáuse *n.* **1** [철학] 제1 원인. **2** (the F·C·) 신(God), 조물주(the Creator). **3** 원동력.
first-chop [fə́ːrs(t)tʃάp / -tʃɔ́p] *adj.*《인도》= firstclass.
fírst cláss *n.* **1** 최고급, 일류, 최고위. **2** [기차·배·비행기 따위의] 1등. **3**《美》《우편 제도에서》제1종. **4**《英》[대학의] 제1급, 최우수 학급, 최우수 학급의 학생. — *adv.* = first-class.
*****first-class** [fə́ːrs(t)klǽs / -klάːs] *adj.* **1** 제1급의, 최고급의, 일류의, 최고위의. ¶ a *first-class* power 1등국 / The weather was *first-class*. 날씨는 최고였다. **2** [기차·배·비행기 따위의] 1등의. ¶ a *first-class* coach (berth, ticket) 1등차 (침대, 차표). **3**《우편 따위의》제1종의. ¶ the *first-class* mail 제 1종 우편. — *adv.* **1** [기차·배·비행기 따위의] 1등으로. ¶ We traveled to Europe *first-class*. 우리는 1등으로 유럽 여행을 했다. **2** 제 1종 우편으로. **3**《구어》최고로, 훌륭하게 (splendidly). ¶ I feel *first-class* 기분이 최고다, [몸의 상태가] 쾌조이다 / He plays *first-class*. 그는 훌륭한 연주[연기]를 한다.
fírst cóat *n.* [벽·페인트 따위의] 초벌칠, 애벌칠.

first-come-first-served basis [fə́ːrstkʌmfə́ːrstsə̀ːrvd-] *cf.* first *adv.*
first-com·er [fə́ːrstkʌmər] *n.* 선착자, 최초의 손님.
First Cómmoner *n.* 《英》 제1 평민[1919년 까지는 하원 의장의 the Speaker), 지금은 추밀원 의장(Lord President of the Council)].
first commúnion *n.* 〔가톨릭〕 첫번째 성체 배령(拜領).
first cóst *n.* 구입 원가.
first cóusin *n.* ⇒cousin 1.
First dáy *n.* 《보통 무관사 단수》 〔퀘이커 교도 사이에서〕 일요일(Sunday).
first-day cóver [fə́ːrstdèi-] *n.* 초일 커버[우표에 발행 첫날의 소인(消印)을 찍은 것].
first-de·gree [fə́ːrstdigríː] *adj.* 〔좋고 나쁜 정도지〕 제1급의, ¶ *first-degree* murder 〔법률〕 제1급 모살(謀殺)
First Émpire *n.* (the ~) 프랑스 제1제국 [Napoleon 1세 치하의 프랑스(1804-14)].
first fámily *n.* 《美》 대통령·주지사의 가족; 미대륙에 맨 처음 이주한 사람들의 자손.
first fínger *n.* 집게 손가락(forefinger).
first flóor *n.* 1 《美》 1층《英》 ground floor). 2 《英》 2층.
first-foot [fə́ːrstfút], (**first-foot·er** [-tər]) *n.* 〈스코〉 1 설날의 첫손님. 2 〔기념일 따위에〕 외출하여 맨 처음 만난 사람.
first frúits *n. pl.* 1 〔과실 따위의〕 만물, 햇것; 〔옛날 신에게 바친〕 첫 이삭. 2 〔노동·노력 등의〕 최초의 성과(결과).
first-gen·er·a·tion [fə́ːrstdʒènəréiʃ(ə)n] *adj.* 1 〔진공관식 컴퓨터의〕 제1세대의. 2 〔이민의〕 1세의.
first hálf *n.* 〔일년을 둘로 나눈〕 상반기, 전반기.
***first-hand** [fə́ːrsthǽnd] *adv.* 직접, — *adj.* 직접의(direct); 직접 얻은, 직접 사들인, ¶ *first-hand* information 직접 입수한 정보 / *first-hand* vegetables 직접 사들인 야채.
First Internátional *n.* 제1인터내셔널(1864-76). *cf.* international n. 1
first lády *n.* 1 《종종 F- L-》《美》 대통령 부인, 주지사 부인. 2 국가 원수의 부인. 3 〔예술·직업 따위에 있어서〕 일류의, 제1선에서 활약하고 있는 여성.
first lieuténant *n.* 《美육·공군》 중위.
first-line [fə́ːrstláin] *adj.* 1 제1선의, 최전선의. 2 최우량의, 최고급의.
first·ling [fə́ːrstliŋ] *n.* 《보통 ~s》 1 만물, 햇것, 첫 수확. 2 첫 성과(결과)(first fruits). 3 〔가축의〕 첫 배 새끼.
First Lórd *n.* 《英》 제1경(卿), 장관, 대신, 총재. ¶ the *First Lord* of Admiralty 해군 책임경.
first·ly [fə́ːrstli] *adv.* 첫째로(in the first place).
first máte *n.* 〔海事〕〔선장 다음의〕 1등 항해사.
first mórtgage *n.* 제1 저당, 제1 순위 저당.
***first náme** *n.* 〔성에 대하여〕 이름, 세례명(given name). ⇒ CHRISTIAN NAME.
first-name [fə́ːrstnèim] *adj.* 세례명의; 친한(familiar).
first-name básis *n.* 절친한 사이, 터놓고 이름을 부르는 사이.
first níght *n.* 〔연극의〕 첫날, 초일.
first-night·er [fə́ːrstnáitər] *n.* 〔연극·오페라 따위의〕 초일 공연의 단골 손님.
first offénder *n.* 〔법률〕 초범자.
first ófficer *n.* 1 〔항해〕 〔상선의〕 1등 항해사(chief mate). 2 =copilot.
first pápers *n. pl.* 《美》 제1차 서류 〔외국인이 미국으로 귀화할 때 최초로 제출하는 서류〕. *cf.* second papers
first pérson *n.* (the ~) 〔문법〕 제1인칭 [I, we].
first quárter *n.* 〔천문〕 〔달의〕 상현(上弦); 상현기간.

first-rate [fə́ːrstréit] *adj.* 제1급의, 일류의; 《구어》 우수한, 훌륭한(excellent). — *adv.* 《구어》 훌륭하게, 멋지게.
first-rat·er [fə́ːrstréitər] *n.* 《美》 제1급의 사람(것).
first réading *n.* 〔의회〕 제1 독회.
first rún *n.* 《美》 〔영화의〕 개봉(release).
first-run [fə́ːrstrʌ́n] *adj.* 〔영화의〕 개봉의.
first sérgeant *n.* 〔美육군〕 상사, 고참 중사.
first stóry 《英》 **stórey** *n.* =first floor.
first-strike [fə́ːrststràik] *adj.* 〔핵공격에서〕 선제(先制)의, 제1격의.
first-string [fə́ːrststríŋ] *adj.* 1 뛰어난(superior), 제1급의, 일류의. 2 〔경기〕 정(正)선수의(regular), 1군의.
first wáter *n.* 1 보석류의 최우량질. *cf.* water *n.* 2 〔일반적으로〕 최우수, 제1급[의 인물].
First Wórld *n.* (the ~) 제1세계, 선진 공업국.
firth [fəːrθ] *n.*《주로 스코》〔육지로 깊이 들어간〕 후미, 만, 강어귀. 〔'키 연맥〕.
FIS 《略》 Fédération Internationale de Ski 국제 스키 연맹.
fisc [fisk] *n.* 1 〔고대 로마의〕 국고(國庫), 《로마 황제의》 내탕금(內帑金). 2 (=fisk) 〈스코〉〔법률〕 국고. ¶ to the *fisc* 국고에 관하여. (<F)
***fis·cal** [fískəl] *adj.* 1 국고의, 국고 수입의. 2 재정[상]의, 재무의, 회계의; ⇒ FINANCIAL 〔類語〕 — *n.* 1 〔스코틀랜드 등지의〕 검찰관(procurator-fiscal); 〔이탈리아·스페인·포르투갈 등지의〕 검찰 총장. 2 수입 인지. ~·ly [-kəli] *adv.*
fiscal drág *n.* 〔재정〕 재정적 제동(制動) 〔정부의 흑자 예산이 경제 성장률에 주는 억제 효과〕.
fiscal stámp *n.* 수입 인지.
fiscal yéar *n.* 회계 연도〔영국에서는 4월 1일부터 다음해 3월 31일, 미국에서는 7월 1일부터 다음해 6월 30일까지〕.

‡**fish** [fiʃ] *n.* (*pl.* **fish** or **fish·es**) 1 물고기; 어류, 어족. ¶ a saltwater *fish* 바닷물고기 / a freshwater *fish* 담수어, 민물고기 / take *fish* in a net 그물로 물고기를 잡다 / This river is rich in *fish.* =This river teems with *fish.* 이 강에는 물고기가 많다 / I caught three big *fish.* 큰 물고기를 세 마리 잡았다 / *All's fish that comes to the* (or *his*) *net.* 〔속담〕 무엇이든 걸리면 그러런다, 넘어져도 그냥 일어나는 법이 없다 / *Teach fish how to swim.* 〔속담〕 공자 앞에서 문자 쓴다.

2 ⓤ 생선, 어육(魚肉). ¶ dried *fish* 건어(乾魚) / fresh (salted) *fish* 생선(절인 고기) / eat raw *fish* 고기〔생선회〕를 먹다 / fry *fish* in oil 생선을 기름에 튀기다.

— **Usage** fish 와 fishes —— fish 가 「생선의 살」의 뜻으로는 물질 명사(불가산어)이며, 한 마리, 두 마리하고 세는 「물고기」의 뜻으로는 단수·복수 동형의 가산어인데, 《美》에서는 three fishes 와 같이 붙는 복수형을 쓰는 일이 있다. 또 《英》《美》 모두 종류를 나타내는 경우는 fishes를 쓴다: I don't like *fish.* 생선은 싫다 / a school of *fish* 물고기 떼 / How many *fish* did you catch last Sunday?

3 《shellfish, jellyfish, starfish 처럼 복합어를 만들어》 수산 동물, 어패류. 4 《구어》 《형용사를 앞에 붙여서》 〔특수한〕 사람, 〔별난〕 녀석; 잘 속는 사람, 봉. ¶ an odd (or a queer) *fish* 별난 녀석, 괴짜 / a dull *fish* 얼간이 / a cool *fish* 뻔뻔스러운 녀석, 얌체 / The poor *fish* was taken in easily. 저 녀석은 불쌍하게도 간단히 속아 넘어갔다. 5 (the Fish[es]) 〔천문〕 물고기자리, 쌍어궁(雙魚宮)(Pisces). 6 a) 〔항해〕 닻 올리는 장치, 〔돛대 따위의〕 받침널. b) 〔철도〕 철로의 이음 철판(fishplate). c) 〔상아 따위로 만든〕 노름용 산가지. d) 《속어》〔해군〕 어뢰. 7 《美속어》 달러(dollar).
cry stinking fish 〔고어〕 자기 자신[의 일]을 스스로 헐뜯다, 자조(自嘲)하다.

drink like a fish 술을 많이 마시다.
drunk as a fish ⇨ DRUNK.
feed the fishes ① 뱃멀미하여 토하다. ② 물고기 밥이 되다, 익사하다.
a fish out of water 물을 떠난 물고기, 뭍에 오른 물고기[환경이 달라 자기의 실력을 발휘할 수 없는 사람].
have other fish to fry 따로 해야 할 더 중대한 일이 있다. [에 넣다.
land one's fish 잡은 물고기를 끌어올리다; 목적물을 손
make fish of one and flesh (or *fowl*) *of another* 차별 대우하다.
neither fish, flesh, nor fowl; neither fish, flesh, fowl nor good red herring 정체를 알 수 없는; 이도 저도 아닌. [규.
a pretty (or *a nice*) *kettle of fish* 대혼잡, 혼란, 분
── *vi.* **1** 물고기를 잡다, 낚시질하다, 고기잡이하다. ¶ *go* [*out*] *fishing* 낚시질하러 가다 // (~+閒+图) *fish in the river* 강에서 낚시질하다 / *fish for cod* 대구를 낚다 / *fish with a rod and line* 낚싯대로 물고기를 낚다 / *fish from a boat* 배에서 낚시질하다. **2** [물 속·진흙 속·호주머니 속 따위에서] 찾다, 뒤지다, ¶ (~+閒+图) *fish for pearls* 진주를 찾다. **3** [넌지시 또는 술책을 써서] 낚아내다, 알아내려고 하다(*for* ...). ¶ (~+閒+图) *fish for information* 정보를 얻어내려고 하다 / *fish for praise* 칭찬의 말이 나오도록 만들다. **4** [강 따위에] 물고기가 낚이다. ¶ (~+閒) *This stream fishes well.* 이 내에서는 물고기가 잘 낚인다.
── *vt.* **1** (물고기)를 잡다, 낚다; (산호 따위)를 따다, 채취하다(collect). ¶ *fish salmon* 연어를 낚다 / *fish coral* 산호를 채취하다. **2** (바다·강 따위)에서 낚시질하다, 고기잡이하다. ¶ *We fished the stream yesterday.* 우리는 어제 그 내에서 낚시질을 했다. **3** (물 속·호주머니 속에서) …을 꺼내다, 끌어올리다; …을 찾아내다, 알아내다(...*up, out*; ...*from, out of*). ¶ (~+閒+副) *They fished up the dead man from the water.* 그들은 물 속에서 죽은 사람을 끌어올렸다 // (~+閒+副+图) *He fished some cigarettes out of his shirt pocket.* 그는 샤쓰 주머니에서 담배를 몇 개 꺼냈다. **4** [항해] **a)** (닻)의 갈고리(fluke)를 뱃전에 끌어당기다. **b)** (돛대나 활대)를 받침널로 보강하다.
fish in troubled waters 혼란을 틈타서 이득을 취하다, 불난 틈에 도둑질하다.
fish or cut bait 태도를 분명히 하다, 어느 쪽인지 정하다.
fish out ① (못 따위)에서 물고기를 다 잡아버리다. ② …을 꺼내다. ── *vt.* 3.
◇ *físhy adj.*

fish·a·ble [fíʃəbl] *adj.* 물고기가 잡히는(낚이는).
fish-and-chips [fíʃ(ə)ntʃíps] *n. pl.* 《주로 英》 생선 프라이에 포테이토 칩을 곁들인 것.
fish báll *n.* 피시 볼, 생선 완자[잘인 대구 따위의 생선 살에 감자를 으깨어 튀긴 것].
fish bóat *n.* 어선.
fish·bolt [fíʃbòult] *n.* 《주로 英》 [철로의 이음 철판 (fishplate)을 죄는] 이음매 볼트.
fish·bowl [fíʃbòul] *n.* 어항.
fish cáke *n.* = fish ball.
fish cúlture *n.* ⓤ 양어, 양어법(pisciculture).
fish dávit *n.* 〔항해〕 닻걸이 기둥.
fish dáy *n.* 〔종교〕 육식(肉食) 금지일.
fish éater *n.* (~s) 《英》 생선용 나이프와 포크.
***fish·er** [fíʃər] *n.* 1 어부(fisherman), 어선. 2 어식 (魚食) 동물 (담비·족제비 따위). 3 담비의 일종(북미 북부산의 여우 비슷한 암갈색의 담비); ⓤ 그 모피.
‡**fish·er·man** [fíʃərmən] *n.* (*pl.* -**men** [-mən]) **1** 어부; 낚시꾼(angler). **2** 낚싯배, 어선.
***fish·er·y** [fíʃəri] *n.* (*pl.* -**er·ies**) **1** ⓤ (종종 -eries) 어업, 수산업. **2** *coast* (or *inshore*) *fisheries* 연안 어업. **3** 수산 회사. **4** ⓤ 〔법률〕 어업권.
fishery zòne *n.* 어업 전관(專管) 수역.
fish-eye [fíʃài] *n.* **1** 어안(魚眼). ¶ *a fisheye lens* 어안 렌즈. **2** 월장석(月長石). **3** [회반죽 공사에서] 표면에 생긴 반점(흠). **4** 차가운(의심하는) 눈초리. ¶ *I saw them giving me the fisheye.* 그들이 나를 차가운(의심하는) 눈으로 보고 있는 것을 보았다.
fish fárm *n.* 양어장.
fish-fàrm·ing [fíʃfɑ̀:rmiŋ] *n.* ⓤ 양어(법).
fish·fìnd·er [fíʃfàindər] *n.* 어군 탐지기.
fish fínger(stìck) *n.* 《주로 英》 가느다란 생선 토막에 빵가루를 묻혀 튀긴 것.
fish flóur *n.* ⓤ 식용 정제 어분(魚粉).
fish fórk *n.* 생선용 식탁 포크.
fish glúe *n.* ⓤ 부레풀, 어교(魚膠) [생선뼈 따위에서 채취하는 점착성 물질].
fish háwk *n.* = osprey.
fish·hook [fíʃhùk] *n.* **1** 낚시. **2** [항해] 닻걸이 갈고리.
fish·i·fy [fíʃifài] *vt.* (**-fied, -fy·ing**) **1** …을 물고기로 만들다. **2** …에 생선을 공급하다; [연못 따위에] 물고기를 방생하다.
‡**fish·ing** [fíʃiŋ] *n.* **1** 낚시질, 고기잡이, 어업. **2** 낚시터, 어장. **3** ⓤ 〔법률〕 어업권, 어획권. ¶ *He owns the fishing in this lake.* 그는 이 호수의 어업권을 가지고 있다.
fishing bànks (**gròunds**) *n. pl.* 어장[바다의 비교적 얕은 지역].
fishing ròd *n.* 낚싯대(fishing pole).
fishing smáck *n.* 어선.
fishing tàckle *n.* 낚시 도구.
fishing wórm *n.* [미끼로 쓰는] 지렁이.
fish jóint *n.* 첨접(添接) [이음 철판(fishplate)에 의한 레일 따위의 접합]. [병.
fish·kill [fíʃkìl] *n.* [수질 오염에 의한] 어류의 떼죽음.
fish knífe *n.* 생선용 식탁 나이프.
fish ládder *n.* 물고기 사닥다리[물고기가 폭포나 댐 따위를 거슬러 올라갈 수 있게 층계 모양으로 만든 것].
fish·like [fíʃlàik] *adj.* **1** 물고기 같은, 비린내 나는(fishy). **2** [사람의] 냉담한, 냉혈의.
fish·line [fíʃlàin] *n.* 낚싯줄.
fish méal *n.* ⓤ 어분(魚粉)[물고기를 말려 가루로 한 비료·사료].
fish·mon·ger [fíʃmʌ̀ŋɡər] *n.* 《주로 英》 생선 장수(fish dealer).
fish óil *n.* ⓤ 어유(魚油).
fish·paste [fíʃpèist] *n.* ⓤ 어묵.
fish·plate [fíʃplèit] *n.* 레일 따위의 이음 철판. [fishplate]
fish póle *n.* = fishing rod.
fish·pond [fíʃpànd / -pɔ̀nd] *n.* 양어지(池).
fish pót *n.* [새우·장어 등을 잡는] 바구니 모양의 통발.
fish·pound [fíʃpàund] *n.* 《美》 어살[물 속에 장치하는 물고기 잡는 기구] (weir).
fish slíce *n.* **1** 생선 튀김 뒤집개[요리용 뒤집개로 얄팍한 주걱]. **2** 《주로 英》 생선 요리용 식탁 나이프.
fish stíck *n.* = fish finger.
fish stóry *n.* 《구어》 허풍, 터무니없는 이야기.
fish·tail [fíʃtèil] *n.* [비행기가 착륙 전에] 《미》 (尾翼)을 좌우로 흔들어 속력을 떨어뜨리다. ── *n.* **1** 물고기의 꼬리. **2** [비행기의] 미익을 좌우로 흔들어 속력을 떨어뜨리는 조종법. **3** 가스 버너. **4** 보석의 거미발. ── *adj.* 물고기 꼬리 모양의. ¶ *a fishtail burner* 물고기 꼬리 모양의 가스 버너.
fishtail wínd *n.* 물고기 꼬리 바람 [사격을 할 때 탄

fish trap *n.* 물고기 잡는 장치 [통발 따위].
fish warden *n.* 어업(어장) 감독관.
fish-way [fíʃwèi] *n.* [폭포·댐 따위의] 어로(魚路), 물고기 사다리(fish ladder).
fish·weir [fíʃwìər] *n.* 어살(fishpound).
fish·wife [fíʃwàif] *n.* (*pl.* *-wives* [wàivz]) **1** 여자 생선 장수. **2** 입이 험한 여자.
fish·worm [fíʃwə̀ːrm] *n.* 지렁이(earthworm).
fish·y [fíʃi] *adj.* (*fish·i·er, fish·i·est*) **1** [모양·냄새·맛 따위가] 물고기 같은, 비린내나는(fishlike); 생선으로 만든 / a *fishy* diet 생선으로 만든 음식 / a *fishy* lake 물고기가 많은 호수. **2** 《구어》 의심스러운 (questionable), 믿어지지 않는(incredible). ¶ a *fishy* statement 믿기 어려운 말 / a *fishy* story 허풍떠는 이야기. **3** [물고기 눈알처럼] 흐리멍덩한. ¶ *fishy* eyes 흐리멍덩한 눈 / a *fishy* stare 멍하니 바라보기.
fish-i-ly *adv.* **fish-i-ness** *n.*
fisk [fisk] *n.* =fisc 2.
fis-sile [fís(i)l / físail] *adj.* **1** 갈라지기 쉬운, 분열되는(easily cleft, cleavable). **2** =fissionable.
fis-sil-i-ty [fisfliti] *n.* ⓤ 갈라지기 쉬움(쉬운 성질), 분열성.
fis-sion [fíʃ(ə)n] *n.* ⓤⓒ **1** 분열, 열개(裂開). **2** 〖생물〗 분열, 분체(分體). **3** 〖물리〗〖원자력〗 핵분열. ¶ atomic *fission* 원자핵 분열
fis-sion-a-ble [fíʃ(ə)nəbl] *adj.* 〖물리〗 핵분열하는, 분열하기 쉬운, 핵분열성의.
fission bomb *n.* 원자 폭탄(atomic bomb).
fis-sion-track dating [fíʃ(ə)ntræ̀k-] *n.* [지구과학] 핵분열 연대 측정법 [지층의 형성 연대가 지층에 포함된 우라늄 235의 분열 정도로 그 연대를 측정하는 방법].
fis-sure [fíʃər] *n.* **1** 갈라진 곳, 틈, 금, 균열(cleft). ¶ a *fissure* in a rock 바위틈. **2** 틈(금) 쨈, 쨈(裂開) (cleavage). **3** [해부] [뇌·간장 따위의] 열구(裂溝). — *v.* (*-sured, -sur-ing*) *vt.* ···에 틈(금)을 내다, ···을 쪼개다, 쨀다(split). — *vi.* 틈(금)이 생기다, 갈라지다, 째지다.
‡**fist** [fist] *n.* **1** 주먹. ¶ strike one's *fist* on the table 주먹으로 탁자를 치다 / clench (*or* double) one's *fist* 주먹을 쥐다 / Give us your *fist*. 악수합시다. **2** 《구어》 손(hand), ¶ shake one's *fist* at ···에게 주먹을 휘두르다 / Give us your *fist*. 악수합시다. **3** 《구어》 필적 (handwriting). ¶ write a good (an ugly) *fist* 필적이 훌륭하다(서투르다). **4** [인쇄] 손표, 지표(index sign) [☞]. — *vt.* 〖주먹으로〗 ···을 때리다(치다); ···을 쥐다(grasp); 〖항해〗 [돛·활대 따위]를 다루다, 조종하다(handle).
fist·ed [fístid] *adj.* 주먹을 쥔;《복합어를 만들어》 주먹···의 ¶ close-*fisted* 주먹을 꼭 쥔; 구두쇠의, 인색한 / hard-*fisted* 주먹을 꽉 쥔; 인색한.
fist-fight [fístfàit] *n.* 주먹 싸움, 싸움.
fist-ful [fístfùl] *n.* 한 손 가득, 한줌, 한움큼(handful); 소량, 소수(*of*...).
fist·ic [fístik] *adj.* 권투의, 주먹 싸움의(pugilistic).
fist·i·cuff [fístikʌ̀f] *n.* **1** 주먹으로 치고 받기(boxing). **2** (~s) 《보통 단수 취급》 주먹싸움, 주먹다짐(brawl); 권투(boxing match). ¶ come to *fisticuffs* 주먹싸움이 되다. — *vt., vi.* [주먹으로] ···을 때리다; 주먹으로 치고 덤비다.
fist·i·cuff·er [fístikʌ̀fər] *n.* 주먹으로 때리는 사람, 주먹질(싸움)하는 사람(boxer).
fis-tu-la [fístjulə/-tju-] *n.* (*pl.* *-las* *or* *-lae* [-lìː]) **1** 〖병리〗 누(瘻), 누관 〖궤양·상처 따위 때문에 생긴 구멍〗. **2** 〖수의〗 누(fistulous withers); 〖곤충이나 동물의〗 관상(管狀) 기관. **3** 〖폐어〗 관(管)(pipe, tube). [<L pipe]
fis-tu-lar [fístjulər/-tju-] *adj.* =fistulous.
fis-tu-lous [fístjuləs/-tju-] *adj.* **1** 〖병리〗 누(瘻)성의, 누(의). **2** 관 모양의(tubular), 통 모양의

fit[1] [fit] *adj.* (*fit-ter, fit-test*) **1** 적당한, [···에] 알맞은(adapted, suited) (*for*...). ¶ a *fit* place 적당한 장소 // It is not *fit* for my purpose. 그것은 나의 목적에 맞지 않는다 / The grass is a *fit* food *for* cows. 그 풀은 젖소에 적합한 먹이다 // The meat is *fit* to be eaten. 그 고기는 식용이 된다. **2** ···에 어울리는, 적절한 (proper, becoming) (*for*...); 온당한. ¶ *fit* behavior 적절한 행동 / It is not *fit* that you should do such a thing. 네가 그런 짓을 하다니 좋지 않다 // *fit* for a king 왕에게 어울리는 / There are many books not *fit* for young people to read. 젊은이들이 읽기에 적합하지 않은 책이 많다 / It is not *fit* for us to let out business secrets. 직업상의 비밀을 누설하는 것은 좋지 않다.
[類語] **fit** 목적·용도·일 따위에 어울리는; 때로 적절한 자격·유능함을 암시: a girl *fit* to be a teacher 교사가 되기에 적합한 소녀. **fitting** 특히 어떤 정신·기분·목적 따위와 조화되는: a TV program *fitting* to the home atmosphere 가정 분위기에 알맞은 텔레비전 프로. **suitable** 어떤 요건에 합치한, 상황에 알맞은: behavior *suitable* to a gentleman 신사에 어울리는 행동. **proper** 정당한 이유·관습·본래의 성질 따위로 보아 당연히 어울린다고 생각되는: a *proper* price 적정한 가격. **appropriate** 매우 fit 또는 suitable 한: a speech *appropriate* to the occasion 그 자리에 안성맞춤의 연설. **apt** 어떤 목적에 딱 알맞은, 목표로하는 결과를 가져오는: an *apt* remark 적절한 의견. **happy** 말·행동·생각 따위가 특히 apt하고 효과적인: a *happy* phrase 적절한 어구. **felicitous** 매우 happy 한: a *felicitous* expression 매우 유효 적절한 표현.
3 [직무 따위에] 적합한, 적임의(qualified, competent) (*for*...). ¶ a *fit* chairman 유능한 의장 / a man *fit* to command 지휘 능력이 있는 사람 / He is *fit* for that position. 그는 그 지위에 적임이다.
4 ···의 가치가 있는, ···할 만한(worthy, deserving) (*for*...). ¶ This picture is not *fit* for sale. = This picture is not *fit* to be sold. 이 그림은 팔 만한 것이 못된다 / All the news that's *fit* to point. 보도할 가치가 있는 뉴스는 모두 다룬다 [미국 *New York Times* 지의 표어].
5 ···할 준비가 되어 있는(prepared, ready); 당장 ···할 것 같은(*for*...). ¶ The ship is now *fit* for service. 그 배는 이제 취항할 준비가 다 되어 있다 // She cried *fit* to burst herself. 그녀는 가슴이 터질 듯이 울었다.
6 〖경기자·경마 따위가〗 상태(컨디션)가 좋은; 《구어》 건강한(in good health). ¶ I feel quite *fit* today. 오늘은 아주 컨디션이 좋다 // He is now *fit* for work (*to* travel). 그는 이제 건강하여 일(여행)을 할 수 있다.
as fit as a fiddle ⇨ FIDDLE.
fit for nothing 아무 쓸모없다.
fit to be tied 몹시 화나, 잔뜩 골이 난.
fit to drop 《구어》 [지쳐서] 쓰러질 정도의.
fit to kill 《구어》 극도로, 몹시. ¶ She was dressed up *fit to kill*. 그녀는 극도로 모양을 내었다.
not fit to hold a candle to ···과 비교도 안 되는, ···의 발밑에도 못 미치는 ··· 하다.
think (or *see*) *fit to do* ···하는 것을 적당하다고 생각하다.
— *v.* (*fit-ted* *or* *fit, fit-ting*) *vt.* **1** ···에 들어맞다, 적합하다; ···에 알맞다, 어울리다(적수·모양 따위가); ···에 꼭 맞다. ¶ The dress *fits* her perfectly. 그 드레스는 그녀에게 딱 맞는다 / The example *fits* the case. 그것은 한 좋은 예이다 / The words fit the occasion. 그 말은 그 경우에 적합하다 / The punishment *fits* the crime. 그 벌은 그 죄에 알맞다.
2 ···에 알맞게 하다, 맞추다(...*to*). ¶ (~+圓+前+名) *fit* a ring *to* the finger 반지를 손가락에 맞추다 / I tried to *fit* my expense *to* my income. 나는 지출을 수입에 맞추려고 했다 / (~+圓+*to do*) You should *fit* your plan *to* suit others. 너는 너의 계획을 다른 사람들에게

fit

3 [조정하여] …을 꼭 맞게 하다(끼우다) (… *in, into*). ¶ (~+띪+쪤+졈) He *fitted* the key *in* the lock. 그는 자물쇠에 열쇠를 꽂았다 / He *fitted* the medal *into* the keyholder. 그는 메달을 키홀더에 꼭 끼웠다.
4 [남]을 [직무 따위에] 적응시키다, [남]에게 자격(능력)을 갖게 하다, 준비시키다(…*for*). ¶ (~+띪+쩜+졈) qualities that *fit* a person *for* leadership 지도자가 되기에 적합한 소질 / Education *fits* a man *for* social life. 교육은 사람을 사회 생활에 적응시킨다 / This school *fits* students *for* college. 이 학교는 대학 진학을 위한 준비 교육을 한다 // (~+띪+ *to do*) The training *fitted* us *to* swim across the river. 그 훈련 덕택에 강을 헤엄쳐 건널 수 있게 되었다.
5 [적합한 것을] 설치하다, 공급하다(equip) (…*with, to*), ¶ (~+띪+쩜+졈) *fit* the ship *with* new engines 배에 새 엔진을 달다.
— *vi.* 1 적합하다, 알맞다, 어울리다; [치수·모양 따위가] 꼭맞다 (*in, into, with* …). ¶ (~+쩜) Your new dress *fits* well. 당신의 새 드레스는 몸에 잘 맞습니다 / The door *fits* badly. 그 문은 잘 맞지 않는다 // (~+쩜+졈) They *fitted into* the new life without giving up the old ways. 그들은 오랜 풍습을 버리지 않은 채 새로운 생활에 적응하였다. 2 《美》 수험 준비를 하다(*for* …).
fit in 조화하다, 적합하다(*with* …). ¶ His plans *fit in* very nicely *with* mine. 그의 계획은 내것과 잘 맞는다.
fit like a glove 꼭 맞다.
fit on ① (옷 따위를) 맞는지 입어보다. ② [뚜껑 따위] 잘 맞다(끼우다).
fit out …을 장비하다; …에 필요한 물건을 갖추어 주다 (…*with*).
fit the cap on ⇨ CAP¹.
fit to a T (구어) 꼭 맞다 [건축용자에서].
fit up =*fit out*.
— *n.* [Ⓤ|Ⓒ]적합, 적합성, 적합도. ¶ The *fit* of the dress is snug. 그 드레스는 편안하게 잘 맞는다. 2 꼭 맞는 것, 몸에 맞는 의복. ¶ The jeans are a perfect *fit*. 그 블루 진은 꼭 맞는다. 3《美》 수험 준비 (preparation). ◇ *fitly adv.*

fit² [fit] *n.* 1 [병의] 발작(paroxysm); 쥐; 경련. ¶ a fainting *fit* 기절, 졸도 / He had a *fit* of coughing. 그는 한바탕 기침을 하였다. 2 [감정의]복받침, 격발 (outburst) 일시적 흥분, 변덕(caprice), 일시적 기분 (mood); ¶ in a *fit* of rage (passion, jealousy) 홧김에 (홍분하여, 질투가 난 나머지) / burst into a *fit* of laughter (weeping) 갑자기 웃기(울기) 시작하다 / He writes verses when the *fit* is on him. 그는 기분이 내키면 시를 쓴다.
beat (or *knock*) *a person into fits* 남을 철저히 때려눕히다.
by fits [*and starts*] 발작적으로, 때때로 생각난듯이.
give a person a fit《구어》남을 움찔하게 하다, 겁이 덜컥나게 하다.
give a person fits《구어》사람을 철저히 해치우다; 호되게 꾸짖다.
send a person into fits ① 남에게 발작을 일으키게 하다. ② 남을 깜짝 놀라게 하다, 발끈하게 하다.
throw a fit《구어》격분하다.
throw a person into fits《구어》남을 겁먹게(깜짝 놀라게)하다.
◇ *fitfully adv.*

fit³ [fit] *n.* (고어) 노래·시가 (詩歌)의 1절(canto).
fitch [fitʃ], **fitch·ew** [fítʃuː] *n.* 족제비의 일종(polecat) (유럽산(産), 지독한 방어를 위해 고약한 냄새를 풍긴다); [그것의 털로 만든] 붓, 화필; ¶ 그 모피.
fit·ful [fítfəl] *adj.* 변하기 쉬운, 단속적인, 변덕스러운, 발작적인, ¶ a *fitful* breeze 변덕스러운 미풍 / a *fitful* worker 변덕스럽게 일하는 사람.
~*ly* [-fəli] *adv.* ~*ness n.*
fit·ly [fítli] *adv.* 1 적당하게, 적절하게, 어울리게, (suitably). 2 적시에.

fit·ment [fítmənt] *n.* 1 Ⓤ 가구, 비품(equipment). 2 (~s) 설비, 건구(建具) (fittings).
***fit·ness** [fítnis] *n.* Ⓤ 1 적당, 적합, 적절. 2 적합성, 목적성, [언행 따위의] 타당성, 온당(propriety) (*for* …). ¶ the (eternal) *fitness* of things 사물 본래의 합목적성, 사물의 합리성. 3 건강(운동, 몸매 가꾸기. ¶ *fitness* club 헬스 클럽 / *fitness* industry 헬스 산업.
fit-out [fítàut] *n.*《英구어》[여행 따위의] 준비, 여장 (equipment) (*to*…).
fit·ted [fítid] *adj.* …에 적합한, 알맞은(suitable)(*for*, …).
fit·ter [fítər] *n.* 1 적합한 사람(것). 2 [가봉 따위의] 가봉 보는 사람. 3 [기계·비품 따위의] 조립공, [설비·가구류의] 설비공. 4 [필요한 것을] 갖춘 사람.
***fit·ting** [fítiŋ] *adj.* 1 적합한, 적당한, 적절한, 알맞은, 어울리는; ⇨ FIT¹ 쯩쯩 ¶ *fitting* terms 어울리는 말 / It is *fitting* that he should take the post. 그가 그 자리에 앉는 것은 적절하다. 2 [옷 따위가] 꼭 맞는.
— *n.* 1 적합, 맞추어 보기. 2 [가봉의] 입혀보기, 가봉. ¶ go to the tailor for a *fitting* of one's coat 양복점에 웃옷 가봉하러 가다. 3 (보통 ~s)가구, 설비, 건구류, 비품, 부속품, 부속 기구, 부품. ¶ gas *fittings* 가스 기구. 4 (英) [양말 따위의] 형(型), 사이즈.
~*ly adv.* ~*ness n.*
fitting school *n.* 《美》 예비 학교.
fitting shop *n.* [기계의] 조립 공장.
fit-up [fítʌp] *n.* 1 《속어》 휴대용 무대[장치]. 2 (= fít-úp cómpany) 순회 극단.
Fitz- [fits-] *pref.* 「…의 아들」(the son of). *cf.* Mac-, O' 예: FitzGerald, Fitzroy.
five [faiv] *adj.* 다섯의, 다섯 개의, 다섯 사람의. ¶ the *five* senses 오감(五感). — *n.* 1 다섯 개, 다섯 사람. 2 다섯 이, 다섯 살. ¶ a child of *five* 다섯 살 난 아이. 3 [연속된 것의] 다섯 번째의 (사람); [트럼프의] 5패; [도미노의] 5의 패; [주사위의] 5의 눈; [크리켓] 5점타. 4: 5의 문자 [5, V]. 5 다섯 개(사람)의 한 조; 농구팀. ¶ They are arranged by *fives*. 다섯 개씩 놓여 있다. 6 (~s) 다섯 손가락, 주먹. ¶ Give me (Gimme) *five.* 《美속어》 악수합시다. 7 (~s) [장갑·구두 따위] 5호 사이즈[의 것]. 8 (英) 5파운드 지폐; 《美》 옛 5달러 지폐.
take five (구어) 잠깐 쉬다 [특히 5분간의 짧은 휴식].
five-and-dime [fáiv(ə)ndáim] *n.* 《美》 =five-and-ten.
five-and-ten [fáiv(ə)ntén] *n.* 《美》 싸구려 잡화점.
five-and-ten-cent store [fáiv(ə)nténsènt-] *n.* 《美》 =five-and-ten.
five-by-five [fáivbaifáiv] *adj.* 키가 작고 뚱뚱한.
five-day week [fáivdèi-] *n.* 1주 5일 노동제.
five-fin·ger [fáivfiŋgər] *n.* 1 잎이 다섯 손가락 모양으로 갈라진 식물[가랑지나물류(類)의 식물 따위]; 토끼풀속(屬)의 식물 (bird's-foot trefoil); 앵초의 일종(oxlip); 아메리카담쟁이(Virginia creeper). 2 불가사리 (starfish).
five·fold [fáivfòuld] *adj.* 1 다섯으로 나누어진, 다섯 부분으로 이루어지는. 2 5배의, 5겹의. — *adv.* 5배로, 5겹으로.
Five Nations *n. pl.* (the ~) [美역사] [북미 인디언 이로쿠이(Iroquois) 족의] 5족 연합.
Five-o'clock tea *n.* 《英》 오후에 드는 차(간식).
five·pence [fáifpəns, fáiv-, +美 fáivpèns] *n.* (*pl.* -pence or -penc·es) (英) 5펜스 (혼히 fippence); 《美》 5센트 (백동화).
five·pen·ny [fáifpəni, fáiv-, +美 fáivpèni] *adj.* 1 1³/₄인치의 길이의[못의 길이 표시]; *略* 5d. 2 (英) 5펜스의 (가치의).
five percenter *n.* 《美》 5부의 수수료를 받고 정부의 계약을 알선하는 사람.
fiv·er [fáivər] *n.* 1《美속어》 5달러 지폐 (five-dollar

fives [faivz] *n. pl.* 〔단수 취급〕《英》파이브스〔2-4명이 함께 하는 handball 비슷한 구기〕.

five-star [fáivstàːr] *adj.* **1** 〔계급이나 품질을 나타내는〕별 다섯 개의, 오성(五星)의. ¶ a *five-star* general (admiral)《美口語》육군(해군) 원수. **2** 〔문학 작품 따위〕일류의, 최고의.

Five-Year Plán *n.* 〔종종 f-y- p-〕〔경제 발전을 위한〕5개년 계획.

‡**fix** [fiks] *v.* (**fixed** *or* **fixt, fix·ing**) *vt.* **1** …을 고정(정착)시키다(make firm); …을 달다, 놓다, 앉히다. ¶ *fix* a loose board 느슨해진 판자를 고정시키다 // (~+图+前+名) *fix* a mirror to the wall 거울을 벽에 고정시키다 / *fix* a dining table *in* the middle of the room 식탁을 방 가운데에 놓다 / We *fixed* the post *in* the ground. 기둥을 땅에 고정시켰다.
2 〔날짜·장소·가격 따위〕를 결정하다, 정하다(determine). ¶ *fix* a price 값을 정하다 / (~+图+前+名) *fix* one's residence at (or in) …에 주거를 정하다 / The date of his departure is *fixed for* May 10. 그의 출발 날짜는 5월 10일로 정해져 있다.
3 〔주의·시선 따위〕를 쏟다(돌리다) (direct steadily) (...*on, upon*); 〔남〕을 빤히 보다; 〔남의 주의·눈 따위〕를 끌다(attract and hold). ¶ The matter *fixed* his attention. 그 일이 그의 주의를 끌었다 / (~+图+前+名) He *fixed* his eyes *on* the ground. 그는 물끄러미 땅을 보고 있었다 / He *fixed* me *with* a stare. 그는 빤히 나를 바라보았다.
4 〔표정·죄 따위〕를 굳어지게 하다.
5 〔습관·관념·견해 따위〕를 고정시키다(make fixed); 〔마음·기억에〕…을 새겨 두다, 심어두다(implant). ¶ a custom *fixed* by tradition 인습으로 굳어진 습관 / (~+图+前+名) *Fix* these words *in* your mind. 이 말을 단단히 명심하시오.
6 〔책임·죄 따위〕를 지우다, 씌우다, 돌리다 (place) (...*on, upon*). ¶ (~+图+前+名) He *fixed* the responsibility *on* the leader. 그는 책임을 지도자에게 돌렸다.
7 〔…의 연대·장소〕를 결정(확정)하다(settle). ¶ The city of Homer's birth has never been *fixed*. 호머의 출생지는 아직 확인되어 있지 않다.
8 〔기계〕를 조정하다, 수선하다, 수리하다 (⇒ MEND 類語); 〔환자〕를 회복시키다. ¶ *fix* a machine 기계를 조정하다 / *fix* a radio 〔set〕 라디오를 수리하다 / The doctor will *fix* you soon. 의사가 곧 고쳐 줄 것이다.
9 〔머리·의복 따위〕를 매만지다; 〔방 따위〕를 정돈하다 (put in order); 〔기구 따위〕를 당장 쓸 수 있도록 정비하다(adjust); 준비하다. ¶ (~+图+前+名) *fix* a table *for* the family dinner 가족 만찬을 위해 식탁을 차리다.
10 《英》〔식사〕의 준비를 하다, 요리하다(prepare and cook). ¶ MEND 類語 ¶ *fix* a meal 식사 준비를 하다 / Let me *fix* you a sandwich. 샌드위치를 만들어 줄게.
11 《美口》〔부정·은밀하게〕…과 유리하도록 꾸미다, 〔매수하여〕…을 포섭하다, …에 미리 담합하다. ¶ *fix* a jury 배심원을 포섭하다 / *fix* a game 〔매수 따위로〕 시합을 담합하다.
12 《口語》 …에 앙갚음하다(revenge oneself on); 〔대차(貸借)〕를 청산하다(get even with). ¶ *fix* one's account 청산하다.
13 〔화학〕〔유동체 따위〕를 응고시키다, 휘발하지 않게 하다. ¶ *fix* ammonia 암모니아를 응고시키다.
14 〔염료 따위〕를 변색되지 않게 하다. ¶ (~+图+前+名) *fix* dyes *by* mordant 매염제로 염료를 변색되지 않게 하다.
15 〔사진〕 …을 정착(定着)시키다. ¶ *fix* a photographic negative 사진 원판을 정착시키다.
16 〔연구를 위하여 약품으로〕 …을 고정하다. ¶ *fix* a microscopic specimen 현미경 표본을 고정하다.
17 《口語》〔동물〕을 거세하다, 불까다(castrate).
— *vi.* **1** 고정(고착)하다(become fixed). **2** 응고하다, 굳어지다(congeal). **3** 〔눈·표정〕이 굳어지다, 딱딱해지다(stiffen). **4** 〔습관·생각·기억 따위가〕 굳어지다, 고정되다(*on, to*...). **5** 정주(정착)하다(settle down) (*in* ...). **6** 결정하다(decide); 고르다(*on, upon*...). ¶ (~+前+名) *fix on* a date for a journey 여행의 날짜를 정하다. **7** 《美口·방언》(be fixing to do 의 형식으로)…을 준비하다(prepare), 할 작정이다(intend). ¶ I am *fixing* to go hunting. 사냥하러 갈 생각이다.

fix a person for life 남에게 자리잡게 하다.
fix out《美口語》① 〔배〕를 의장(艤裝)하다(equip). ② …을 죽이다.
fix up《美口語》① …을 수선하다(repair, mend); 〔환자〕를 회복시키다(cure). ② …을 정돈하다; 〔남〕을 위하여 준비하다, 돌봐주다(furnish). ③ …을 결정하다 (settle, arrange for). ④ …을 조직하다(organize). ⑤ …을 화해시키다, 해결하다(solve). ⑥ 〔남〕을 묵게 하다.

— *n.* **1** 《口語》곤경(궁지), 난관, 진퇴양난. ⇒ PREDICAMENT 類語 ¶ be in a *fix* 곤경에 빠져 있다 / get oneself into a 〔bad〕 *fix* 궁지에 빠지다. **2** 〔항공·항해〕〔배 또는 항공기의〕위치(position); 위치 결정. **3** 《美》〔심신의〕상태(physical condition); 〔기계 따위의〕 상태(order). ¶ be in a good (bad) *fix* 상태가 좋다(나쁘다) / *out of fix* 〔몸 따위가〕 상태가 나쁨; 〔기계가〕 고장남. **4** 《美口語》매수할 수 있는 사람(입장); 미리 짜고 하는 시합. **5** 《美口語》마약 주사.

◇ fixation, fixture, fixity n.

fix·a·ble [fíksəbl] *adj.* 고정시킬 수 있는; 굳어지는; 일정하게 하는.

fix·ate [fíkseit] *v.* (**-at·ed, -at·ing**) *vt.* **1** …을 고정(정착)시키다. **2** 〔정신 분석〕〔인격의 향상〕을 정지시키다. — *vi.* 고정하다, 정착하다. **2** 〔정신 분석〕인격의 향상이 정지하다.

fix·a·tion [fikséi(ə)n] *n.* ⓤ ⓒ 고정, 정착, 고착; 정치(定置). **2** 〔화학〕 **a)** 〔휘발성 물질의〕불(不)휘발화, (액체 따위의)응고, **b)** 〔공중 질소의〕고정. **3** 〔정신 분석〕인격 향상의 정지. **4** 〔사진〕정착; 〔염색〕빛깔 날리지 않게 하기 (방법).

fix·a·tive [fíksətiv] *adj.* 고정(고착)하는, 고착력이 있는; 부착성의, 색깔이 변하지 않는. — *n.* 〔그림〕〔유화 따위의〕정착액 〔더럼·변색을 예방〕; 〔현미경 검사를 위하여 생물을 죽여 보존하는〕고정액. **3** 〔염색〕매염제(媒染劑). **4** 〔사진〕정착액, 정착제 (fixing solution).

fix·a·ture [fíksətʃər] *n.* 모발 정조제(毛髮整調劑) 〔머리 기름 따위〕.

‡**fixed** [fikst] *adj.* **1** 고정된, 정착한, 설비된. ¶ *fixed* blocks 고정 활차(滑車) / a *fixed* bridge 고정된 다리 / *fixed* capital 고정 자본. **2** 〔시선 따위가〕 움직이지 않는(immobile). ¶ with a *fixed* gaze 빤히 바라보면서. **3** 〔관념 따위가〕 깊이 마음에 새겨진, 〔결심 따위가〕 확고한. ¶ a *fixed* idea 고정 관념 / a *fixed* idiom 고정된 관용구 / a *fixed* purpose 확고한 목적. **4** 일정한 (definite), 불변의(permanent). ¶ *fixed* facts 확정 사실 / a *fixed* star 항성(恒星) / a *fixed* salary 고정급 / a *fixed* color 불변색. **5** 정리(정돈)된(put in order). **6** 《美口語》 엉터리의, 몰래(부정하게) 결정된(bribed). ¶ a *fixed* horse race 미리 짜여진 경마. **7** 〔화학〕 응고한, 휘발하지 않는(nonvolatile). ¶ *fixed* oil 불휘발성 기름 / *fixed* acid 불휘발성 산(酸).

fix·ed·ly [fíksidli] *adv.* **fix·ed·ness** *n.*

fíxed ássets *n.* 〔경영〕〔유형〕 고정 자산 〔토지·건물·기계 따위〕.

fíxed chárge *n.* **1** 고정 요금. **2** 확정 비용 〔세금·사채의 이자 따위가 일정한 날에 지출된 것이 확정되어 있는 것〕. **3** (~s) 고정비 〔공장비(費)·감가상

fixed cóst n. 각비·이자 따위].
fixed cóst n. 고정비[용].
fixed exchánge ràte n. 고정 환율.
fixed féast n. 〔교회〕 고정 축일(祝日).
fixed-fó·cus [fíkstfóukəs] adj. 고정 초점의. ¶ a fixed-focus camera 고정 초점 카메라.
fixed íncome n. 고정 수입(소득).
fixed príce n. 정가, 공정(협정) 가격.
fixed próperty n. 고정 자산, 부동산.
fixed rátio n. 〔경영〕고정 비율[고정 자산을 자기 자본으로 나눈 백분율].
fixed sátellite n. 정지(고정) 위성.
fixed stár n. 〔천문〕항성(恒星) 〔천체상의 상대 위치가 일정하다〕. *cf.* planet
fix·er [fíksər] n. **1** 고정하는 사람(것), 설치하는 사람(것). **2** 〔염색〕매염제(媒染劑); 〔사진〕정착제 (fixative). **3** 《美俗》매수 따위로 사건을〕얼버무리는 사람, 악덕 변호사. **4** 《美俗》마약 파는 사람.
fix·ing [fíksiŋ] n. 〔U〕**1** 고정, 고착, 설치, 장치. **2** 〔사진〕정착(화학〕응고. **3** (~s) 《美구어》가구류, 물건, 비품, 기구, 설비(furnishings, appliances); 부속품, 장식품(accessories); 첨가물, 〔요리의〕고명, 곁들여 나오는 것(trimmings).
fix·i·ty [fíksiti] n. (*pl.* **-ties**) **1** 〔U〕 정착, 고정(fixedness), 〔시선 따위의〕부동[성] (immobility), 불변[성] (invariability). **2** 정착물, 고정물.
fixt [fikst] *v.* fix 의 과거·과거 분사의 하나.
*****fix·ture** [fíkstʃər] n. **1** 고정(고착)물; 〔가옥내 따위의〕설비, 시설 (*cf.* furniture); 고정. ¶ bathroom fixtures 욕실 설비. **2** 〔같은 곳·지위·직위에〕매여있는 사람(것). ¶ He became a *fixture* at first base. 그는 〔레귤러〕 1루수가 됐다 / Our guest seems to be a *fixture.* 손님은 돌아갈 줄 같지 않다. **3** 〔기계〕 평삭반(平削盤)의 공작물 고정 장치. **4** (~s) 〔법률〕 〔토지·건물의〕부속 정착물〔부속물로 간주되는 것—고정·가구·수목 (immovable fixtures)과 비품·기구 (movable fixtures)와의 2종〕. **5** 《英》〔날짜가 확정된〕 경기 대회, 경기; 개최일, 예정일정. ¶ crickets fixtures for the season 이번 시즌의 크리켓 시합 / play the *fixture* 예정된 경기를 하다. ◇ fix *v.*
fiz·gig [fízgig] n. **1** 〔말괄량이〕, 바람난 여자. **2** 칙칙 소리내는 불꽃. **3** 〔소리내며 돌아가는〕팽이. **4** 〔물고기를 찌르는〕작살(fish spear).
fizz [fiz] vi. 쉬슈슈슈 소리나나다(끓다, 거품 일다); 홀분하다, 활기띠다; 신나서 들뜨다. —— n. **1** 쉬슈슈슈하는 소리(hissing sound); 〔맥주·소다수 따위의〕거품; 〔U〕 활기, 원기(liveliness). **2** 거품이 이는 음료 (effervescent drinks); 〔특히〕샴페인(champagne).
fizz·er [fízər] n. 쉬슈슈슈(핑핑) 소리 내는 것; 〔크리켓〕유별나게 빠른 공.
fiz·zle [fízl] *vi.* (**-zled**, **-zling**) **1** 약하게 쉬슈 하고 소리내다. **2** 《구어》참하게 실패하다(out). ¶ The plan for the picnic *fizzled* out. 소풍 계획은 실패로 끝났다. —— n. **1** 쉬슈 하는 소리(hiss). **2** 《구어》대실패.
fizz·y [fízi] *adj.* (**fizz·i·er**, **fizz·i·est**) 쉬슈슈슈(거품이 이는), 비동성(沸騰性)의 (발포성(發泡性)의).
fjord, fiord [fjɔːrd / fjɔːd] n. 표르드, 협만(峽灣) 〔절벽사이에 깊숙이 들어간 협강(峽江), 노르웨이 해안에 많다〕.
fl. (略) florin; flourished; flowers; fluid.
Fl. (略) Flanders; Flemish.
Fla. (略) Florida.
flab [flæb] n. 〔몸의 살〕늘어짐.
flab·ber·gast [flǽbərgæst / -gɑːst] *vt.* 《구어》…을 깜짝 놀라게 하다(dumbfound), 어리둥절케 하다 (astonish).
flab·by [flǽbi] *adj.* (**-bi·er**, **-bi·est**) **1** 〔근육 따위가〕 늘어진, 딴딴하지 못한(flaccid, limp). ¶ *flabby* muscles 늘어진 근육. **2** 〔의지·발언 따위가〕힘이 없는, 연약한(weak, feeble). ¶ a man of *flabby* character 의지가 박약한 사람 / a *flabby* man 야무지지 못한 사람.
-bi·ly *adv.* **-bi·ness** n.
fla·bel·late [fləbéleit/-lit], (**fla·bel·li·form** [-lifɔːrm]) *adj.* 〔동·식물〕부채꼴의, 부채 모양의(fan-shaped).
fla·bel·lum [fləbéləm] n. (*pl.* **-la**) **1** 〔교황의 시종이 드는〕성선(聖扇), 깃털 부채. **2** 〔동·식물〕부채꼴의 기관(조직).
flac·cid [flǽksid] *adj.* **1** 〔근육 따위가〕늘어진, 흐늘흐늘한, 단단하지 못한(flabby). ¶ *flaccid* cheeks 늘어진 불. **2** 〔의지 따위가〕연약(박약)한, 무기력한.
~·ly *adv.* **~·ness** n. 〔기력.
flac·cid·i·ty [flæksíditi] n. 〔U〕 이완(弛緩), 늘어짐; 무
flack [flæk] n. 《美俗》신문 선전계. —— *vi.* 《美俗》신문 선전 담당을 하다.
flack·er·y [flǽkəri] n. 〔U〕《美俗》선전.
flac·on [flǽkən] n. 〔마개가 달린 향수용의〕작은 병, 작은 플라스크. *cf.* flagon (<F flask)
*****flag**¹ [flæg] n. **1** 기(旗), 깃발. ¶ a black *flag* 검은기〔해적기·사형 집행 신호기〕/ a national *flag* 국기 / a red *flag* 붉은 기〔전투 개시의 기·위험 신호기·혁명기·공산당기〕/ a white *flag* 백기〔적군과의 회담을 위한 신호기·휴전기·항복기〕/ a yellow *flag* 노란 기; 검역기 (檢疫旗) / a *flag* of truce 휴전기 / fly a *flag* 기를 올리다 / hoist (lower) a *flag* 기를 올리다 (내리다) / drop a *flag* 기를 아래로 흔들다〔출발 신호 따위〕/ hang out a *flag* halfmast high 조의를 표하여 반기를 올리다. **2** 〔해군〕장기(將旗), 기함기(旗艦旗). ¶ hoist one's *flag* 〔사령관이 취임하고〕장기를 올리다. **3** (~s) 〔매 따위의〕다리의 긴 깃털, 〔개의〕완우(腕羽) (secondaries); 〔사슴〕〔사슴이나 세터 사냥개의 꼬리 따위의〕털복이 복실복실한 꼬리. **4** 〔신문〕 〔제1면에 실려 있는〕신문 이름. **5** 〔음악〕 〔음부의〕혹, 부구(符鉤) (hook). **6** 〔인쇄〕블랭크〔정정할 곳을 표시하는 작은 종이 쪽지〕.
dip the *flag* 기를 조금 내렸다가 올리다〔상선이 군함을 만났을 때의 경례〕. 〔광고.
a *flag* of distress ① 조난 신호기. ② 하숙을 구하는
hang (or show) the white *flag* 백기를 올려 항복하다.
keep the *flag* flying 싸움을 계속하다.
strike (or lower) the (or one's) *flag* 〔경의·항복 따위를 나타내어〕기를 내리다.
with *flags* flying 개가를 올리고 위풍당당히.
—— *vt.* (**flagged**, **flag·ging**) **1** …에 기를 올리다, …을 기로 장식하다. ¶ *flag* a house 집에 기를 달다. **2** 〔사람·열차 따위의〕…에 기로 신호하다(... *down*), …을 기로 전하다. ¶ (~+囲+圓+囡) *flag* an order *to* vessels at a distance 멀리 있는 배에 수기 (手旗)로 명령을 전하다. **3** 〔사냥을 하기 위하여 기 따위를 흔들어〕 〔새나 짐승〕을 꾀어내다(decoy).
flag² [flæg] n. **1** 붓꽃류(類) 〔창포·붓꽃 따위〕. **2** 〔북미산(產)의〕붓꽃 (blue flag). **3** 〔창포의 잎과 같은〕칼 모양의 일사귀.
flag³ [flæg] *vi.* (**flagged**, **flag·ging**) **1** 〔늘 따위가〕 늘어지다(hang down); 〔초목 따위가〕시들다(droop). **2** 〔힘·기력 따위가〕쇠퇴하다, 줄다, 약해지다(grow weak); 〔회화(會話) 따위가〕맥이 빠지다(grow dull); 〔흥미 따위가〕식다, 없어지다(diminish).
flag⁴ [flæg] n. **1** 〔보도용〕판석(板石) (flagstone). **2** (~) 판석 보도. —— *vt.* (**flagged**, **flag·ging**) …에 판석을 깔다, …을 판석으로 포장하다.
flag-bear·er [flǽgbɛ̀(ː)rər / -bɛ̀ərə] n. 기수 (旗手).
flág bòat n. 기정(旗艇) 〔보트 레이스에서 목표기를 표시〕.
flág cáptain n. 〔해군〕기함의 함장. 〔단 배〕.
flág càrrier n. 국책 항공 회사, 국가를 대표하는 항공 회사.
flág dày n. 《英》기의 날〔가두에서 자선 사업 기금을 모집하는 날, 기부자는 작은 기를 받는다〕.
Flág Dày n. 《美》국기 제정 기념일〔6월 14일; 1777

flag·el·lant [flǽdʒilənt] *n.* **1** 채찍질하는 사람. **2** 〔종교상의 수업을 위하여〕 자신을 채찍질하는 사람; 〔종종 F-〕 자신을 매질하는 고행자(苦行者) 〔13-14세기경 유럽에서 공중 앞에서 자신을 매질하는 고행한 광신자〕. **3** 자기를 매질하여(매달당하고) 성적 만족을 얻는 사람.
── *adj.* 채찍질의(flagellating), 매질을 좋아하는; 매질에 의한 고행자의.

flag·el·late [flǽdʒileit] *vt.* (**-lat·ed, -lat·ing**) …을 채찍질하다(whip). ── *adj.* **1** 〔생물〕 편모(鞭毛)가 있는. **2** 〔식물〕 〔딸기처럼〕 포복지(匍匐支)가 있는. ── *n.* 편모충.

flag·el·lat·ed [flǽdʒileitid] *adj.* = flagellate 3.

flag·el·la·tion [flæ̀dʒiléi(ə)n] *n.* ⓤⓒ 〔특히 종교적·성적인〕 채찍질.

flag·el·la·tor [flǽdʒileitər] *n.* = flagellant.

fla·gel·lum [fləʤéləm] *n.* (*pl.* **-la** or **-lums**) **1** 〔생물〕 편모. **2** 〔식물〕 포복지(runner). **3** 〔채찍〕 (whip).

flag·eo·let [flæ̀dʒəlét] *n.* **1** 플래절렛〔앞에 네 개, 뒤에 두 개의 구멍이 있는 풍소〕. **2** 〔파이프오르간의〕 플래절렛 음전(音栓) (pipe-organ stop). **3** 〔콩의 일종〕.

fla·geo·let [flæ̀ʒəlét] *n.* 〔프랑스〕 (= flageolet) 강낭콩.

flag·ging[1] [flǽgiŋ] *adj.* 축 늘어지는(drooping); 약해지는(weakening); 맥이 풀린. **~·ly** *adv.*

flag·ging[2] [flǽgiŋ] *n.* **1** ⓤ〔집합적〕 깔아놓은 판석(板石), 판석 포장. **2** 판석 포장길.

flag·gy[1] [flǽgi] *adj.* (**-gi·er, -gi·est**) 축 늘어지는; 수그러지는(drooping); 노곤한, 힘없는, 녹실녹실한.

flag·gy[2] [flǽgi] *adj.* **1** 판석으로 이루어지는; 판석 모양의, **2** 〔판석처럼〕 벗겨지기 쉬운, 얇은 조각으로 되는(laminate).

flag·gy[3] [flǽgi] *adj.* 창포(붓꽃)가 많은.

fla·gi·tious [fləʤíʃəs] *adj.* 흉악한, 극악 무도한(deeply criminal); 파렴치한, 악명 높은(infamous).
~·**ly** *adv.* ~·**ness** *n.*

flág lieuténant *n.* 〔해군〕 장성급에 딸린 부관〔참...〕.
flág list *n.* 〔해군〕 현역 장성급 명부.
flág·man [flǽgmən] *n.* (*pl.* **-men**) 〔레이스 따위의〕 신호 기수(旗手); 〔전철목의〕 신호수, 건널목지기.
flág officer *n.* **1** 해군 장성〔그가 탄 군함에는 장기(將旗)를 게양〕. **2** 〔함대·선대의〕 사령관.
flág of necéssity *n.* 〔美〕 편의(便宜) 국기〔세금 따위의 편의 제공으로 선적(船籍)을 등록 당해 국박이 내리는 등록국의 국기〕.
flag·on [flǽgən] *n.* **1** 대형 포도주병. *cf.* flacon **2** 〔성찬식·식탁용의 손잡이·뚜껑이 달린〕 목이 가는 병.
flag·pole [flǽgpòul] *n.* 깃대.
fla·grance [fléigrəns], **-gran·cy** [-grənsi] *n.* ⓤ 극악, 잔인함.
flág ránk *n.* 〔해군〕 장성의 계급.
fla·grant [fléigrənt] *adj.* **1** 눈뜰 사나운, 언어 도단의. **2** 악명 높은, 극악한 (notorious). ¶ a *flagrant* crime 극악 범죄. **3** 〔고어〕 불타는(blazing).
~·**ly** *adv.*

fla·gran·te de·lic·to [fləgrǽnti dilíktou] *adv.* 〔법률〕 현행범으로. 〔L〕
flag·ship [flǽgʃip] *n.* **1** 기함(旗艦), 제독함. **2** 주무 부서, 주력 상품.
flag·staff [flǽgstæf / -stà:f] *n.* (*pl.* **-staves** or **-staffs**) = flagpole.
flág státe dóctrine *n.* 기국주의(旗國主義)〔공해상의 선박은 그 선박이 등록되어 있는 나라의 국내법의 지배를 받는다는 국제법상의 원칙〕.
flág státion *n.* 신호 정차역〔기〕(旗) 따위의 신호가 있을 때만 열차가 멈추는 역〕. 〔pin〕.
flag·stick [flǽgstik] *n.* 〔골프〕 홀에 세우는 깃대. 핀.
flag·stone [flǽgstòun] *n.* ⓤⓒ 〔포장용의〕 판석, 포석. **2** (~s) 판석(포석) 보도.

flág stóp *n.* = flag station.
flag·wav·er [flǽgwèivər] *n.* 선동자(agitator).
flag·wav·ing [flǽgwèiviŋ] *n.* ⓤ 애국적(애당적) 선전.

flail [fleil] *n.* **1** 〔보리 따위를 터는〕 도리깨. **2** 〔중세에 쓰여진〕 도리깨 모양의 무기. ── *vt.* …을 도리깨로 치다, 연탕 치다, 두드리다.

fláil tánk *n.* 〔군대〕 대지식 전차(對地雷戰車).

flair [flɛər] *n.* **1** 천부적인 재능(aptitude); 직감력, 예리한 육감; 번뜩임; 제 6감(for …). ¶ a *flair* for business 장사의 재간 / have a *flair* for speaking 말주변이 있다. **2** 기호(嗜好), 경향(bent). **3** 〔사냥〕 후각(嗅覺).

flak [flæk], (**flack**) *n.* **1** 〔군대〕 대공 포화, 고사포화; 고사포. **2** 비난, 맹렬한 의론(議論).

‡**flake**[1] [fleik] *n.* **1** 〔벗겨진〕 얇은 조각, 벗겨지는 한 조각; 플레이크〔곡식을 납작하게 누른 식품〕. ¶ a *flake* of ice 얼음의 한 조각 / cereal *flakes* 곡물 플레이크. **2** 〔구름·눈·깃털 따위의〕 작은 조각; 〔화염의〕 한 조각, 불꽃, 불통. ¶ *flakes* of snow 눈송이 / *flakes* of flames 이글이글 타오르는 화염 / in *flakes* 펄럭펄럭. **3** 층(stratum, layer). **4** 《美속어》 괴짜. ── *v.* (**flaked, flak·ing**) *vi.* **1** 얇은 조각으로 되다, 벗겨져 떨어지다 (*off, away*). **2** 〔눈 따위가〕 펄펄 내리다, 날아 떨어지다. ── *vt.* **1** …을 얇은 조각으로 벗기다, 째다, …을 얇게 조각내다. **2** …을 얇은 조각으로 덮다, 얼룩지게 하다(fleck).

flake out 《속어》 ① 잠들다; 기절하다. ② 사라지다.
◇ **fláky** *adj.*

flake[2] [fleik] *n.* **1** 물고기 말리는 시렁. **2** 〔식료품 따위의〕 저장 선반. **3** 〔항해〕 〔작업용의〕 뱃전의 발판.
flake[3] [fleik] *n.* 〔항해〕 부품을 세게 매어(fake).
flak·er [fléikər] *n.* **1** 부싯돌을 깎아내는 사람. **2** 〔석기(石器)를 만드는 데 쓰는〕 끝이 뾰족한 연장.
flak·ers [fléikərz] *adj.* 《英속어》 피로해진.
fláke whíte *n.* ⓤ 연백(鉛白)〔얇은 조각 모양의 안료(顔料)〕.
flák jàcket(vèst) *n.* 방탄 조끼.
flak·y [fléiki] *adj.* (**flak·i·er, flak·i·est**) **1** 얇은 조각 모양의; 박편으로 된. **2** 벗겨져 떨어지기 쉬운. **3** 《美속어》 괴짜의. **flak·i·ly** *adv.* **flak·i·ness** *n.*

flam [flæm] 《구어》 *n.* ⓤⓒ 거짓말, 허위(lie). **2** 사기, 기만, 속임수(trick). ── *v.* (**flammed, flam·ming**) *vt.* …을 속이다, 기만하다(cheat). ── *vi.* 속이다. 거짓말을 하다.

flam·bé [flɑmbéi] *adj., n.* (*pl.* **-bés** or **-bées**) **1** 브랜디〔럼 따위〕를 치고 불을 붙인〔요리·디저트〕. **2** 〔도자기기〕 화염청(火焰靑)의. ── *vt.* (**-béd** or **-béed, -bé·ing**) 〔요리·과자에〕 술을 치고 불을 붙이다. 〔<F *flambé*〕

flam·beau [flǽmbou] *n.* (*pl.* **-beaux** [-bouz] or **-beaus**) **1** 〔의식용의〕 횃불(flaming torch). **2** 〔장식이 있는〕 큰 촛대.

flam·boy·ance [flæmbɔ́iəns], (**-boy·an·cy** [-si]) *n.* ⓤ 화려함, 현란함.

flam·boy·ant [flæmbɔ́iənt] *adj.* **1** 활활 타오르는 듯한, 현란한(flaming). **2** 찬란한, 화려한(showy). **3** 〔건축〕 플랑부아양 양식의, 화염식의〔15-16세기에 프랑스에서 유행한 고딕 건축 양식〕. ── *n.* 봉황목(鳳凰木) (royal poinciana). **~·ly** *adv.*

‡**flame** [fleim] *n.* ⓒⓤ (종종 ~s) 불길, 불꽃, 화염. ⇒ BLAZE 〔類語〕. 연소, ¶ in *flames* 활활 타오르서 / burst into *flame*〔s〕 확 타오르다 / commit to the *flames* 태워 버리다. **2** 〔불꽃 같은〕 광채, 광휘(fiery glow); 눈부신 광채; 한줄기의 빛. ¶ The *flames* of sunset 타는 듯한 저녁놀 / A *flame* came into her cheeks. 그녀의 볼이 빨개졌다. **3** 《비유적》 타는 듯한 정열, 격정(burning passion). ¶ *flames* of love (wrath) 사랑(노여움)의 불

〔flagon 2〕

flame-colored

꽃 / in a *flame* 흥분하여 / fan the *flame* 정열을 부채질하다. **4** ⓒ(속어) 연인, 애인. ◇ an old *flame* of his 그의 옛날 애인. — v. (**flamed, flam·ing**) vi. **1** 불길을 내다(뿜다), 불꽃을 내며 타다, 타오르다 (*forth, out, up*). **2** 불꽃처럼 빛나다; [얼굴이] 확 붉어지다, 빨개지다(blush). ¶ Her cheeks *flamed*. 그녀의 볼이 빨개졌다 (~+图+图) The hill *flames* with azaleas. 언덕은 진달래로 타는 듯 하다. **3** [정열 따위가] 불타오르다; [분노 따위로] 발끈하다, 격분하다 (break into anger) (*forth, out, up*). ¶ (~+图) His anger *flamed* out. 그의 분노가 터졌다. — vt. **1** …을 태우다(kindle), 눋게(그을게) 하다(scorch). **2** …을 화나게 하다, 흥분시키다(excite). **3** …을 봉화로 전하다. ◇ flámy adj., aflame adv., adj.

flame-col·ored, (英) **-col·oured** [fléimkʌ̀lərd] adj. 불꽃 같은 빛깔의, 밝은 주황색의.

fláme gùn n. [농업] 화염 제초기.

fláme·let [fléimlit] n. 작은 불꽃, 작은 불길.

fla·men [fléimen] n. (pl. **fla·mens** or **flam·i·nes**) [고대 로마에서 특정의 신을 섬기는 신전(神殿)의] 사제 (司祭).

fla·men·co [fləménkou] n. (pl. **-cos**) **1** 플라멩코 [남 스페인 Andalusia 지방의 민속 무용]. **2** [음악] 플라멩코 기악(곡). <Sp>

flame-out [fléimàut] n. 비행중 또는 이륙시의 제트 엔진의 갑작스러운 정지(blowout).

fláme projèctor n. [군사] 화염 방사기.

flame-proof [fléimprù:f] adj. 방염(防炎)의, 불타지 않는.

fláme sèssion n. 탁상 공론[회의]. [않는.

fláme stìtch n. [자수] 플레임 스티치[불꽃 모양의 지그재그무늬를 만드는 needlepoint stitch].

fláme·thrów·er [fléimθròuər] n. [군사] =flame

fláme tràcer n. 예광탄(曳光彈).

***flam·ing** [fléimiŋ] adj. **1** 불타고 있는, 타오르는 (burning). **2** [색채가] 타는 듯한, 선명한(glowing). **3** 불볕이 내리쬐는, 염열(炎熱)의. ¶ under the *flaming* sun 쩌는 듯한 햇볕 아래서. **4** 열렬한, 열정적인(passionate). ¶ Hers was a *flaming* love. 그녀의 사랑은 열렬하였다. ~·ly adv.

fla·min·go [fləmíŋgou] n. (pl. **-gos** or **-goes**) 플라밍고, 홍학(紅鶴).

flam·ma·bil·i·ty [flæ̀məbíliti] n. ⓤ **1** 연소성, 인화성. **2** 격(노)하기 쉬움.

flam·ma·ble [flǽməbl] adj. 가연성의, 불타기 쉬운.

Flam·men·wer·fer [flɑ́:menvɛ̀ərfər] n. (독일) (=flame projector) [군대] 화염 방사기.

flam·y [fléimi] adj. (**flam·i·er, flam·i·est**) **1** 불꽃의; 활활 타오르는. **2** 불꽃 같은, 타는 듯한.

flan [flæn, flɑːn] n. **1** 치즈·크림·과일 따위를 넣는 파이. **2** 화폐용 금속편 [각인(刻印)만 찍으면 화폐로 통용]-(blank).

flâ·neur [F flɑnœːr] n. (pl. **-neurs** [F -nœːr])(프랑스) (=loafer, idler) 할 일 없이 돌아다니는 사람; 게으름뱅이, 건달.

flange [flændʒ] n. **1** 플랜지, 불쑥 나온 테두리; [수레바퀴의] 테두리의 가장자리. **2** [레일 따위의] 나온 귀. **3** 플랜지 제작기. — vt. (**flanged, flang·ing**) …에 플랜지를 달다.

flange·less [flǽndʒlis] adj. 플랜지가 없는.

flang·er [flǽndʒər] n. **1** 플랜지 제작기. **2** [철도의] 배설판(排雪板), 플랜저.

‡**flank** [flæŋk] n. **1** 옆구리, [소 따위의] 옆구리살. ⇨ BEEF 그림. **2** [건물·산·대열 따위의] 측면(side); [築城] 측면 보루(堡壘) (cf. bastion). **3** [군사] [부대·함대의] 측면, [좌우의] 익(翼), 날개(wing). ¶ cover the *flanks* 측면을 지키다 / turn the enemy's *flank* 적의 측면을 우회하여 후방으로 나가다 / take in *flank* 측면을 찌르다. — vt. **1** …의 측면에 서다. ¶ a street *flanked* with cherry trees 한쪽에 벚나무 가로수가 있는 거리. **2** [군사] …의 측면을 방위(공격)하다; …의 측면을 우회하다. — vi. 측면에 접하다(*on, upon*…).

flank·er [flǽŋkər] n. **1** 측면에 있는 사람(것); [군사] 측면 방어 부대. **2** [築城] 측면 보루(대).

flánk spéed n. ⓤ [배] 전속력(full speed). ¶ at *flank speed* 전속력으로.

***flan·nel** [flǽn(ə)l] n. ⓤ **1** 플란넬[천]. **2** (~s) 플란넬로 만든 의류, [특히] 운동 바지, 두꺼운 모직의 속 수건. **4** (英속어) 허세, 아첨.
◇ **red flannel** (구어) 허(tongue).
— v. (**-neled, -nel·ing;** (특히 英) **-nelled, -nel·ling**) vt. …에게 플란넬의 옷을 입히다; …을 플란넬의 천으로 닦다. **2** (英속어) 허세를 부리다, 아첨하다.
◇ flánnelly adj. [란넬.

flan·nel·et, -ette [flæ̀n(ə)lét] n. ⓤ [내의용의] 면플

flan·nel·ly [flǽnəli] adj. 플란넬로 만든; 플란넬 비슷한. **2** [목소리 따위가] 가라앉은, 쉰.

flan·nel-mouthed [flǽnlmàuðd, -màuθt] adj. (경멸적) 그럴 듯하게 말하다는 남에게 듣기좋게 말 잘하는.

‡**flap** [flæp] v. (**flapped, flap·ping**) vi. **1** [기 따위가] 펄럭이다, 나부끼다(flutter), 휘날리다. ¶ The flag *flapped* in the wind. 기가 바람에 펄럭였다. **2** [날개 따위가] 퍼덕거리다; 날개치며 날다(*away, off*). ¶ (~+图) The bird *flapped* away. 새가 날개치며 날아갔다. **3** [납작하고 휘어지는 물건으로] 찰싹 치다. **4** [모자의 챙 따위가] 처지다, 늘어지다(*down*).
— vt. **1** [날개 따위를] 퍼덕거리다, 펄럭거리게 하다. ¶ The wind *flaps* the shutters. 바람이 차양을 펄럭거리게 했다. **2** [손바닥·부채 따위로] …을 찰싹 치다, 때리다(slap) (*away, off*). ¶ (~+图+图) He *flapped* a person *on* the face 남의 얼굴을 찰싹 때리다 // (~+图+图) *flap* flies *away* 파리를 쫓다. **3** [모자의 챙 따위를] 잡아당겨 내리다; …을 늘어뜨려 놓다. **4** (구어) [퐝하고] …을 던지다(toss); …을 탁하고 닫다(shut), 접다(fold).

— n. **1** [새 따위의] 날개치기(치는 소리); [기 따위의] 펄럭임, 펄럭이는 소리. ¶ the *flaps* of a sail 돛이 펄럭이는 소리. **2** [납작한 물건으로 가볍게] 찰싹 치기, 두드리기. ¶ a *flap* in the face 뺨따귀를 때리기. **3** 파리채(flyflap). **4** [한 끝만] 늘어진 물건, [모자의] 늘어진 챙, 뚜껑·호주머니 따위의 뚜껑, [책상 따위의] 늘어뜨린 판자(drop leaf), 밸브의 혀(flapping tongue). **5** [외과] [수술할 때 나중에 이식하기 위해서 잘라서 남겨 둔 피부나 근육의 일부], [귀의] 모양의 조각. **6** [동물] [귀(耳)·벌레의] 부의(副翼), 플랩. **7** [음] 설리는 음. **8** (속어) 흥분; 당황. **9** 하늘을 나는 원반의 집중 목격.

flap-doo·dle [flǽpdùːdl] n. ⓤⓒ (구어) 허튼 수작, 횡설수설(nonsense).

fláp dòor n. 늘어뜨리는 문짝, [위로] 열리는 문.

fláp·drag·on [flǽpdræ̀gən] n. ⓤ 불붙은 브랜디 속에서 건포도·플럼 따위를 꺼내 먹는 놀이(snapdragon).

flap-eared [flǽpíərd] adj. 귀가 늘어진.

flap·jack [flǽpdʒæ̀k] n. **1** 후라 케이크(griddlecake). **2** (英) [화장용] 콤팩트, 분갑.

flap·pa·ble [flǽpəbl] adj. (구어) [위기에 처해서] 흥분(동요)하기 쉬운.

flap·per [flǽpər] n. **1** 찰싹찰싹 치는 사람(것); 펄럭이는 것. **2** 파리채(flyflap); [파리를 쫓는] 딱다기(clapper). **3** [물고기의] 넓은 지느러미, (속어) [사람의] 손. **4** [겨우 날기 시작하는 새끼], 어린 계집애, [특히 1920년대의 말괄량이], 왈가닥 소녀.

flap·ping [flǽpiŋ] — n. 퍼덕이기. ¶ *flapping* flight [항공] 날개치기 비행.

***flare** [flɛər] v. (**flared, flar·ing**) vi. **1** [불꽃이] 너울거리다, 훨훨 타오르다(*about, away, out, up*). **2** 확 타오르다(*up*). **3** 발끈하다(*up, out*). **4** 번쩍이다, [불꽃

flareback 처럼] 눈부시게 빛나다. **5** 바깥쪽으로 젖혀지다, 갈때기 처럼 밖으로 퍼지다. [스커트가] 플레어로 되다.
━ vt. **1** …을 확 타오르게 하다. **2** …을 과시하다 (display). **3** …에게 화염(빛)으로 신호하다. **4** …을 바깥쪽으로 벌어지게 하다.
flare up (or out) ① 확 타오르다(*into*...). ②《비유적》격분하다. ③《사전이》갑자기 일어나다.
━ n. **1** (the ~ of 의 형으로) 너울거리는 불꽃(빛); 갑자기 확 타오름. **2** 섬광(閃光) 신호; 조명탄(flare bomb). **3** [소리·감정 따위의] 폭발(sudden outburst). **4** [기물(器物)의] 나팔꽃 모양의 벌어짐. [스커트 따위의] 끝단이 넓은 바지. ¶ *the flare of a skirt* 스커트의 플레어. **5** [항해] [뱃전의] 밖으로 휨, 외곡(外曲). **6** [사진] 플레어, 광반(光斑).
flare·back [flɛ́ərbæ̀k] *n.* **1** 후염(後炎) [용광로의 아궁이 문을 열거나 발포후에 포미(砲尾)를 열었을 때에 나오는 화염]. **2** 되돌아옴. ¶ *a flareback of summer* 되돌아온 여름.
fláre páth *n.* [비행장의] 조명 활주로.
fláre stàck *n.* 배출 가스 연소탑.
flare-up [flɛ́(:)rʌ̀p / flɛ́ər-] *n.* **1** 확 타오름; 번쩍 남. **2** 발끈 성내기. **3** 돌발적 인기, 대소동.
flar·ing [flɛ́(:)riŋ / flɛ́ər-] *adj.* **1** 너울거리며 타는 (flaming), 번쩍이는. **2** 번지르르한, 야한, 호화 찬란한 (glaring). **3** 갈때기(나팔꽃) 모양의; [뱃전 따위가] 불룩 나온. ~·ly *adv.*
‡**flash** [flæʃ] *n.* **1** 섬광, 번쩍임. ¶ *a flash of lightning* 번쩍하는 번개. **2** [재치 따위의] 번득임, [희망 따위의] 서광, 빛, [유머의] 번득임. ¶ *a flash of wit* (humor) 기지(유머)의 번득임 / *a flash of hope* 한 가닥 희망의 빛. **3** 순간(instant). ¶ *in a flash* 눈깜짝할 새, 금시, 즉석에서. **4**《구어》무엇인가를 금방 해치우는 사람. **5** ⓤ [녹색]. 이색, 괴시(vulgar display). **6** [신문의] 특보, 속보; 예보. **7** [영화] 플래시, 순간 장면;[사진] 플래시. **8** [알코올성 음료의] 착색액. **9** 수문(水門), 방조문(防潮門) (floodgate);《고어》[배를 통과시키기 위하여] 갑자기 넘을 끊어 흐르게 한 물. **10** [군사] [부대 구별을 위한] 휘장, 기장. **11** ⓤ《고어》[악당끼리의] 은어, 변말, 곁말(cant).
a flash in the pan ①《화승총이》불통 속에서만 발화된 헛방. ②《비유적》용두사미, 일시적 성공[을 하는 사람].
━ vi. **1** [연소·폭발·반사 따위로] 섬광을 내다; [칼·눈 따위가] 번득이다, 빛나다. ⇒ SHINE 類語. ¶ *The lightning flashed.* 번개가 번쩍했다 / *The sword flashed in the sun.* 칼이 햇빛에 번쩍였다 / *His eyes flashed with anger (excitement).* 그의 눈은 성이나서 (흥분하여) 번쩍거렸다.
2 화내다, 발끈하다; [화가 나서] 퉁명스럽게 말하다 (*out*). ¶ (~+阘) *He flashed out at her rudeness.* 그녀의 무례함에 그는 발끈하였다. **3** [생각 따위가] 퍼뜩 떠오르다; [기지 따위가] 번득이다. ¶ (~+前+名) *The idea flashed across (or into, through) his mind.* 그 생각이 문득 그의 마음에 떠올랐다 / *An idea flashed on (or across, into, through) me.* 어떤 생각이 퍼뜩 떠올랐다. **4** 회차고 움직이다; [눈앞을] 획 지나가다; 갑자기 나타나다. ¶ (~+阘) *A swallow flashed past.* 제비가 획 지나가 갔다 // (~+前+名) *Color flashed into his cheeks.* 그의 볼이 살짝 붉어졌다. **5**《구어》슬쩍 보이다. **6** [드물게] [파도가] 확 흩어지다(splash). **7**《미속어》환각제의 효과를 느끼다.
━ vt. **1** [불·빛]을 번적이다; [화살 따위를] 확 불붙게 하다; [칼·눈]을 번득이다; [비유적] [눈] 빛을 홱 돌리다. ¶ *flash a light* 빛을 번쩍이다 // (~+名)+ 前+名》 *She flashed him a quick glance.* 그녀는 재빨리 그를 보았다. **2** …을 [전보·신호로] 급히 알리다. ¶ (~+⽬+阘) *flash the news abroad* 뉴스를 해외로 전송하다. **3**《구어》…을 내보이다, 자랑하다 (display). **4** [배를 통과시키기 위해 수문을 열어] 수로

따위)의 수량을 늘리다. **5** [녹은 유리]를 흘려서 판유리로 만들다; [민 유리]에 색유리의 박막(薄膜)을 씌우다. **6** [건축] [지붕]에 비흘림을 달다; 빗물이 잘 빠지도록 하다.
flash in the pan ① [화승총이] 헛방이 되다. ②《비유적》[계획 따위가] 용두사미로 되다.
━ *adj.* **1** 갑작스러운, 야하게 차려입은 (showy). **2** 가짜의, 위조의 (sham, counterfeit). ¶ *flash jewelry* 가짜 보석 / *flash notes* 위조 지폐. **3**《속어》재치있는, 빈틈없는 (smart). **4**《구어》[도둑·사기꾼·부랑자 등의] 불량자 패의. ¶ *flash slang* 악당의 은어. **5** 순간의, 눈깜짝할 새의.
◇ fláshy *adj.*
flash·back [flǽʃbæ̀k] *n.* ⓤ(ⓒ) [영화] 플래시백 [회상 따위를 위해 장면으로 되돌아가는 일]; 그 장면. *cf.* cutback
flash·board [flǽʃbɔ̀ːrd / -bɔ̀ːd] *n.* [수위(水位) 조절용] 판자, 수문판.
flásh búlb *n.* [사진] 섬광 전구, 플래시 전구.
flásh búrn *n.* [원자 폭탄 따위의에 의한] 섬광 화상(火傷).
flásh cárd *n.* 플래시 카드 [시청각 교육에서 순간적으로 학생들에게 보여 단어·산수 따위를 기억시키는 카드]. 「살균하다.
flash-cook [flǽʃkùk] *vt.* [적외선 따위로] …을 순간
flash-cube [flǽʃkjùːb] *n.* [사진] 플래시큐브 [섬광 전구 네 개가 회전하면서 빛을 내는 장치].
flash·er [flǽʃər] *n.* **1** 허세 부리는 (과시하는) 사람. **2** [야간 공사에 쓰이는] 자동 점멸 장치. **3**《속어》노출광.
flásh flóod *n.* [좁은 골짜기·사막성 비탈 따위에서 폭우후에 생기는] 분류성(奔流性) 홍수. 「입.
flásh fórward *n.* ⓤ(ⓒ) [영화] 미래 장면의 사전 삽
flásh gùn *n.* [사진] 플래시 건 [카메라의 셔터와 동시에 섬광 민구를 번쩍이게 하는 장치].
flash·ing [flǽʃiŋ] *n.* ⓤ(ⓒ) **1** [건축] [지붕 골 또는 벽과 벽의 접촉면의] 빗물막이 철판. **2** 막아 놓은 물. **3** 섬광(작용). ━ *adj.* 번쩍번쩍 빛나는, 번쩍이는. ~·ly *adv.* (bulb).
flásh lámp *n.* [사진] 섬광 램프, 플래시 전구 (flash
*****flash·light** [flǽʃlàit] *n.* **1**《미》회중 전등(《영》electric torch). **2** [야간 촬영용] 섬광. **3**《영》의 명멸광; ⓒ 회전등, 섬광등. 「락(閃絡).
flash·o·ver [flǽʃòuvər] *n.* [전기] [방전에 의한] 섬
flásh póint *n.* **1** [물리·화학] 인화점 (flashing point). **2** [사건의] 폭발적 발설 [상태].
flash-tube [flǽʃt(j)ùːb · tjùːb] *n.* [사진] = flash bulb.
flash·y [flǽʃi] *adj.* **(flash·i·er, flash·i·est) 1** 일시적인 (transitory), 겉만 번지르르한, 외양만 눈부신. **2** 야한, 겉치레뿐인 (showy, gaudy). ¶ *a flashy dress* 겉만 번지르르한 옷. **3**《고어》밝게 번쩍번쩍하는.
flash·i·ly *adv.* **flash·i·ness** *n.*
*****flask**[1] [flæsk / flɑːsk] *n.* **1** 플라스크, 병; 수통. ¶ *a boiling flask* 끓이는 플라스크 / *a drinking flask* 술통. **2** [사냥용의] 화약통 (powder flask). **3** 주물용 모래 거푸집.
flask[2] [flæsk / flɑːsk] *n.* **1** [대포의] 포미 장갑(砲尾裝甲). **2** [폐어] 포상(砲床).
flask·et [flǽskit / flɑ́ːsk-] *n.* **1** 소형 플라스크 (small flask), 작은 병. **2** [옆이 길고 바닥이 얕은] 빨래 광주리.
‡**flat**[1] [flæt] *adj.* **(flat·ter, flat·test) 1** 수평의; 평평한, 평탄한; 밋밋한. ⇒ LEVEL 類語. ¶ *a flat ground* 평평한 토지 / *a flat surface* 평평한 표면 / *a flat relief* 밋밋한 돋을새김.
2《서술적으로 써서》 길게 누운, 납작 엎드린; [어떤 면에] 착 달라 붙은; [나무·건물 따위가] 쓰러진 (thrown down). ¶ *lie flat on one's stomach* 배를 대고 엎드리다 / *knock a person flat* 남을 때려 눕히다 / *The*

signboard stood *flat* against the fence. 간판이 담장에 착 달라붙어 있었다 / The earthquake laid the city *flat*. 지진으로 그 도시는 납작해졌다.
3 평평한 모양의, 넓은, 얇은; [지도 따위를 접지 않고] 펼친(spread out); [블록한 물건이] 오그라든. ¶ *flat* shoes 굽이 낮은 구두 / a *flat* plate 얕은 접시 / a *flat* letter 펼친 편지 / a *flat* hand 편 손 / a *flat* tire 공기가 빠진 타이어, 빵꾸난 타이어.
4 전적인(absolute); 솔직한, 노골적인, 명백한(downright). ¶ *flat* contradiction 전적인 모순 / a *flat* denial (refusal) 전적인 부정(거부).
5 일률적인, 균일의(uniform); 등급이 없는. ¶ a *flat* fare 균일 요금 / a *flat* price 균일 가격.
6 기운이 없는, 의기 소침한 (dejected); [상황이] 답답한 (depressing); [표현법 따위가] 지루한(dull); [음성 따위가] 단조로운(monotonous). ¶ a *flat* life 답답한 생활 / a *flat* sermon 지루한 설교 / I feel *flat* now he has gone away. 그가 가버려서 나는 신이 안 난다.
7 [시장이] 활기 없는, 침체한(inactive); [음식 따위가] 맛없는, [술 따위가] 김 빠진(stale); [농담 따위가] 묘미 없는, 싱거운(dull); 머리가 나쁜(dull-witted). ¶ a *flat* market 불경기 / *flat* wine 김 빠진 포도주 / a *flat* joke 싱거운 농담. ┌는 빈털터리다.
8 《구어》 무일푼의(broke). ¶ I'm absolutely *flat*.
9 [그림] 평면적인, 원근법이 없는; 색채가 단조로운; 광택이 없는(dull), 윤을 없앤(mat); [사진] 명암이 뚜렷하지 않은.
10 [음악] 변음(變音)의, 플랫의, 반음 내리는(*opp.* sharp); 저음의; [음정이] 단(短)…(minor), 감(減)….
11 [음성] a) 평설(平舌)의. ¶ *flat* vowels 평설 모음[혀를 평평하게 하고 발음하는 [a:, ər, æ] 따위], b) 유성(有聲)의 (voiced) (*opp.* sharp). ¶ *flat* consonants 유성 자음[[b, d, g, v, z] 따위].
12 [문법] 어미 변화가 없는. * orange juice 처럼 명사가 그대로의 모양으로 형용사로도 쓰이고, drive slow 처럼 형용사에 -ly 따위를 붙이지 않고 부사로 쓰이기도 하는 경우를 말한다.
13 [맛을] 팽팽히 편.
flat on one's back [병 따위로] 누워 있기만 하는.
go flat ① [타이어가] 바람이 빠지다. ② [술 따위가] 김이 빠지다. ③ [배터리가] 나가다. ④ [맛이] 가다, 재미가 사라지다.
That's flat.《구어》단연 그렇다, 할 말은 이것뿐이다.
── *adv.* **1** 수평으로, 평평하게(flatly). **2** 똥명스럽게, 단호하게(plainly). ¶ I told them *flat*. 그들에게 단호히 말해주었다. **3**《구어》완전히, 전혀 (entirely). ¶ *go flat* against another's instructions 남의 지시를 어기다 / *be flat* broke 완전히 무일푼이다, 파산 상태이다. **4** 정확히, 꼭(exactly). ¶ He ran the race in ten seconds *flat*. 그는 달리기를 꼭 10초에 뛰었다. **5** [음악] 반음을 내려서. ¶ sing *flat* 반음 내려서 노래부르다. **6** [금융] [공채 따위가] 무이자로, **7** [항해] [돛을] 팽팽히 펴고. ¶ brace a yard aback 돛면이 뒤로 가게 가름대를 돌리다.
fall flat ① 발딱 쓰러지다. ¶ He *fell flat* on his face. 그는 앞으로 폭 고꾸라졌다. ② 완전히 실패로 끝나다, 효과가 없다. ¶ His jest *fell flat*. 그의 농담은 효과가 없었다.
── *n.* **1** 평평한 것; 평저선(平底船) (flatboat); 얕은 바구니(상자); [철도] 지붕없는 대차(臺車) (flatcar). **2** (종종 ~s) 굽이 낮은(없는) 여자 구두. **3** 평평한 면; [물건의] 평평한 부분; 평면도, 그림. ¶ the *flat* of one's hand (a sword) 손바닥(칼의 넓적한 면) / draw from the *flat* [조각이 아닌] 그림에서 모사(模寫)하다 / represent an object in the *flat* 물체를 평면도에 그리다.
4 [강 따위에 가까운] 평지(plain), 낮은 습지(marsh, swamp), 얕은 여울(shallow). **5** [음악] **a)** [반음 내리는] 변음 기호, 플랫 [기호 ♭]; 반음 내린 음. *cf.* sharp. **b)** [전반에서 낮은 검은 건(鍵). **6** [연극] 플랫 [무대의 배경을 구성하는 일부, 보통 장방형의 나무 얼개에 가벼운 판자나 천을 댄 것]. **7**《구어》바람빠진 타이어(flat tire). **8**《속어》바보, 얼간이, 천치(simpleton). **9** (~s)《구어》[경마의] 장애물 없는 경주.
join the flats [이야기 따위의] 앞뒤를 맞추다.
── *v.* (flat·ted, flat·ting) *vt.* **1** …을 평평하게 하다. **2** [음악] …을 반음내리다. ¶ *flat* a tone 가락을 반음 내리다. ── *vi.* 평평해지다(become flat).
flat out《구어》기대에 반하여 실패로 끝나다, 용두사미로 끝나다.
~·ness *n.* ◇ flat·ly *adv.*, flat·ten *v.*

*flat² [flæt] *n.* **1**《英》[건물의] 층 (story). **2** (주로 英) [플랫 식] 아파트(《美》apartment). * 여러 가구의 아파트가 집합된 건물을 a block of flats(《美》an apartment house)라고 한다.

flát anténna *n.* (TV) 평면 안테나[parabolic antenna 대신 개발된 위성 방송 수신 안테나].
flat-bed [flǽtbèd] *adj. n.* **1** 바닥이 평평한[트레일러, 트럭]. **2** [윤전기에 대하여] 수평식의[인쇄기].
flát-bèd áircraft *n.* [항공] 평저형(平底型) 수송기 [대량 항공 화물 수송을 위한 수송기].
flat-boat [flǽtbòut] *n.* [대형] 평저선(平底船). 「평한.
flat-bot·tomed [flǽtbátəmd / -bɔ́t-] *adj.* 바닥이 평-
flat-cap [flǽtkæ̀p] *n.* **1** [16-17세기의 London에서 유행한] 납작한 모자. **2** flatcap을 쓴 사람; [특히] 런던 시민(Londoner).
flat-car [flǽtkɑ̀ːr] *n.*《美》[철도의] 대차(臺車).
flat-chest·ed [flǽttʃéstid] *adj.* [경멸적으로] 젖가슴이 납작한.
flat-fish [flǽtfìʃ] *n.* (*pl.* -fish *or* -fish-es) 넙치·가자 ┌미류의 납작한 물고기.
flat-foot [flǽtfùt] *n.* **1** (*pl.* -feet) 편평족(扁平足). **2** (*pl.* -foots)《속어》경관(policeman).
flat-foot·ed [flǽtfùtid] *adj.* **1** 편평족의. **2**《구어》단호한, 비타협적인(downright, resolute).
catch a person flatfooted《구어》남을 놀라게 하다, 불시에 습격하다. ~·ly *adv.* ~·ness *n.*
flat-hat [flǽthæ̀t] *vi.* (-hat·ted, -hat·ting)《구어》무모하게 저공 비행을 하다.
flat-head [flǽthèd] *adj.* 머리가 납작한. ── *n.* [북미산(産)의] 대가리가 납작한 뱀.
flat-i·ron [flǽtàiərn] *n.* 다리미, 인두.
flat-let [flǽtlit] *n.*《英》작은 플랫 [거실·욕실·부엌 정도만 있는 작은 아파트] (small flat).

*flat·ly [flǽtli] *adv.* **1** 평평하게, 수평으로(horizontally). **2** 명백히, 단호하게(plainly). ¶ He *flatly* denied the charges. 그는 혐의를 단호히 부인하였다. **3** 단조롭게, 활기없이(dully).
flat-nosed [flǽtnòuzd] *adj.* 납작코의.
flat-out [flǽtáut] *adj.* **1**《속어》솔직한, 노골적인(frank); 순전한(downright). ¶ a *flat-out* lie 새빨간 거짓말. **2**《주로 英》최고속의. ── *adv.* **1**《속어》솔직히; 노골적으로; 전혀, 완전히. **2** 최고 속도로 (at full speed). 「집열기.
flát-pláte colléctor [flǽtpléit-] *n.* 평판식 태양열-
flát ràce *n.* [장애물이 없는] 평지 경주. *opp.* steeplechase 「평지 경마.
flát ràcing *n.* [장애물이 없는] 평지 경주[법]; [특히]-
flát ràte *n.* 균일 요금(임금률); 정액 급여. 「의.
flat-roofed [flǽtrùːft] *adj.* 지붕이 납작한, 편평 지붕-
flat-screen [flǽtskrìːn] *n., adj.* (TV) 평판형 소형 텔레비전[의]. (flatware).
flát sílver *n.* [U] [나이프·포크 따위의] 은제 식기류-
flát spín *n.* **1** [비행기의] 수평기[회전]. **2**《속어》해결하기 힘든 상태, 정신의 혼 ┌란 상태.

*flat·ten [flǽtn] *vt.* **1** …을 평평하게 하다(make flat), 평평하게 펴다. ¶ *flatten* crumpled paper 구겨진 종이를 펴다 // (~+目+圖+젼) *flatten* oneself *against* a wall 벽에 달라붙다. **2** …을 때려 눕히다; …을 쓰러뜨

리다; …을 침체시키다; …의 기를 죽이다 (dispirit); 《속어》〔전투에서〕〔상대를〕녹아웃시키다. **3** …을 단조롭게 (무미 건조하게) 하다, 시시하게 하다; 〔페인트 따위〕의 광택을 없애다. **4** 〔음악〕〔음조를〕낮추다, 반음내리다. **5** 〔光學〕〔렌즈의〕왜곡(歪曲)을 없애다. —— *vi.* **1** 평평해지다, 평탄해지다. **2** 맛이 없어지다. **3** 〔음악〕〔음조가〕내려가다, 반음 내려가다.

flatten out ① 평평하게 하다(되다). ② 〔항공〕〔급강하·급상승에서〕〔기체〕를 수평 비행의 자세로 고치다; 〔비행기가〕수평 비행으로 되돌아 가다.

‡**flat·ter**[superscript 1] [flǽtər] *vt.* **1** …에게 아첨하다, 알랑거리다, 비위맞추다. ¶ He is always *flattering* me. 그는 언제나 나에게 알랑거린다. **2** 〔초상화·사진 따위〕을 실물이상으로 아름답게 그리다(찍다). ¶ This portrait *flatters* her. 이 초상화는 그녀의 실물보다 낫게 그려졌다 / The photographer *flatters* his subjects. 그 사진사는 피사체를 실물 이상으로 돋보게 한다. **3** 〔재귀용법〕…을 의기 양양하게 하다, 우쭐하게 하다; …을 추켜세워 …이라 여기게 하다, 은근히 …이라고 믿게 하다. ¶ He *flattered* himself that he could win. 그는 이길 것으로 믿었다. **4** …을 기쁘게 하다; 〔남〕을 추어올려 …시키다. ¶ (~+圓+前+囵) They *flattered* him *into* contributing heavily to the foundation. 그들은 그를 추어올려 재단에 많은 기부금을 내게 했다. **5** 〔눈·귀 따위〕를 즐겁게 하다, 만족시키다 (gratify, please). **6** …에게 허황된 희망을 품게 하다. —— *vi.* 아첨하다; 알랑거리다. ◇ **fláttery** *n.*

flat·ter[superscript 2] [flǽtər] *n.* **1** 〔물건을〕평평하게 하는 사람 (것). **2** 금속 세공용 (치는 면이 판판한 망치. **3** 정선판(整鍊板) 〔시계 태엽 따위가 그 구멍에서 뽑아내어 크기를 고르게 한다〕(drawplate).

*****flat·ter·er** [flǽtərər] *n.* 아첨꾼, 알랑쇠.

*****flat·ter·ing** [flǽtəriŋ] *adj.* **1** 아첨(이부)하는, 알랑거리는 (adulatory). **2** 기쁘게 하는, 위안의 (pleasing). **3** 실제보다 나아보이게 하는; 유망한. ~**·ly** *adv.*

‡**flat·ter·y** [flǽtəri] *n.* (*pl.* **-ter·ies**) **1** Ⓤ 아첨, 아부, 알랑대기. **2** 아첨(아부)의 말; 감언. ◇ **flátter** *v.*

flat·ting [flǽtiŋ] *n.* **1** 평평하게 하기; 〔금속의〕압연(壓延); 〔페인트의〕윤택을 없애는 칠 (tire).

flát tíre *n.* 펑크 따위로 바람이 빠진 타이어(deflated

flat·tish [flǽtiʃ] *adj.* 좀 평평한, 좀 단조로운.

flat·top [flǽtɑp / -tɔp] *n.* 〔구어〕〔美해군〕항공 모함 (aircraft carrier).

flat·u·lence [flǽtʃuləns / -tju-] *n.* Ⓤ **1** 위장 내에 가스가 고이기, 고창(鼓脹). **2** 공허, 허영; 자만심.

flat·u·len·cy [flǽtʃulənsi / -tju-] *n.* =FLATULENCE.

flat·u·lent [flǽtʃulənt / -tju-] *adj.* **1** 위장 내에 가스가 고인, 고창(鼓脹)의. ¶ feel *flatulent* 배가 가득 찬 느낌이 들다. **2** 공허한, 허세의; 허풍의, 우쭐한 (pretentious). ~**·ly** *adv.*

fla·tus [fléitəs] *n.* Ⓤ Ⓒ **1** 위장 내에 고이는 가스. **2** 한줄기의 바람. [<L]

flat·ware [flǽtwɛər] *n.* Ⓤ **1** 접시류. *cf.* hollowware **2** 은제 식기 〔나이프·포크 따위〕.

flát wáter *n.* 정수역(靜水域) 〔호수 따위〕.

flat·ways [flǽtweiz], **-wise** [-wàiz] *adv.* 평평하게.

flat·worm [flǽtwə̀ːrm] *n.* 편충(扁蟲) 〔촌충 따위〕.

flaunt [flɔːnt] *vt.* **1** …을 자랑삼아 보이다, 과시하다. ⇒ SHOW 類語 ¶ *flaunt* one's riches 재산을 과시하다. **2** 〔깃발 따위가〕휘날리다. **3** …을 깔보다, 업신여기다. —— *vi.* **1** 허세를 부리다, 〔화려하게 차려입고〕뽐내보라는 듯이 걸어다니다. **2** 〔깃발 따위가〕나부끼다. —— *n.* Ⓤ 드러내 보임, 과시.

flaunt·ing·ly [flɔ́ːntiŋli] *adv.* **1** 이것 보라는 듯이, 과시하여. **2** 〔깃발 따위가〕펄럭펄럭 나부끼며.

flaunt·y [flɔ́ːnti] *adj.* (**flaunt·i·er, flaunt·i·est**) **1** 이것 보라는 듯한, 의기 양양한. **2** 화려한, 야한, 번질번질한 (showy).

flau·tist [flɔ́ːtist] *n.* =FLUTIST.

fla·ves·cent [fləvésnt] *adj.* 누르스름해지는; 황색 띤, 누르스름한 (yellowish).

fla·vin, -vine [fléivin] *n.* Ⓤ Ⓒ 〔화학〕플라빈〔동·식물 조직 중에 분포되어 있는 황색소〕.

‡**fla·vor, **〔英〕**-vour** [fléivər] *n.* **1** Ⓤ Ⓒ 맛, 풍미(風味). ⇒ TASTE 類語 ¶ a sweet *flavor* 단맛. **2** 조미료, 양념, 향신료(香辛料). **3** Ⓤ Ⓒ 〔이야기 따위의〕정취, 풍취, 묘미, 맛; 〔사물의〕독특한 성질; 신랄한 맛. ¶ *flavor* of the Orient 동양의 멋. **4** Ⓤ 〔고어〕 향기, 냄새, 방향(芳香) (odor, fragrance). —— *vt.* …에 맛을 내다(season), 풍미(향기)를 결들이다(give relish). ¶ (~+囵+前+囵) *flavor* food *with* spices 음식에 양념으로 맛을 들이다. ◇ **flávorous** *adj.*

fla·vored, **〔英〕-voured** [fléivərd] *adj.* **1** 풍미를 낸. **2** 〔복합어를 만들어〕풍미가 …한; …의 기미가 있는, …다운 데가 있는. ¶ a nicely-*flavored* cooking 맛있는 요리.

fla·vor·ful, **〔英〕-vour-** [fléivərfəl] *adj.* 풍미있는; 그윽한, 감칠맛이 있는. ~**·ly** *adv.*

fla·vor·ing, **〔英〕-vour-** [fléivəriŋ] *n.* **1** Ⓤ 맛을 내기, 조미(調味). **2** 조미료, 향료, 양념.

fla·vor·less, **〔英〕-vour-** [fléivərlis] *adj.* 풍미없는, 멋(정취)이 없는.

fla·vor·ous, **〔英〕-vour-** [fléivərəs] *adj.* **1** 풍미있는, 향기로운, 맛있는 (savory). **2** 정취있는.

fla·vour [fléivər] *n.* 〔英〕 =flavor.

‡**flaw**[superscript 1] [flɔː] *n.* **1** 〔보석·도자기 따위의〕홈, 금 (crack), 갈라진 틈(gap). **2** 〔도덕·논리상의〕결점, 약점. ⇒ DEFECT 類語 **3** 〔법률 문서·수속 따위의〕결함, 불비. —— *vt.* …을 금가게 하다; 〔법률 문서 따위]를 무효로 하다(nullify). —— *vi.* 금가다; 무효가 되다.

flaw[superscript 2] [flɔː] *n.* **1** 돌풍, 질풍, 스콜(squall). **2** 〔비·눈 따위를 동반한〕삽시간의 폭풍(short storm).

flaw·less [flɔ́ːlis] *adj.* **1** 금(흠)이 없는. **2** 결점이 없는, 완전한. ~**·ly** *adv.* ~**·ness** *n.*

‡**flax** [flæks] *n.* Ⓤ **1** 아마(亞麻). **2** 아마 섬유; 아마포(布), 린네르(linen). **3** 아마색〔담황색〕. ◇ **fláxen** *adj.*

flax·en [flǽks(ə)n] *adj.* **1** 아마의, 아마로 만든. **2** 아마 같은; 아마(담황)색의. ¶ *flaxen* hair 아마색의 머리.

flax·en-haired [flǽks(ə)nhɛ́ərd] *adj.* 머리가 아마 (亞麻)빛깔〔금발의 일종〕의.

flax·seed [flǽkssìːd] *n.* Ⓤ Ⓒ 아마인 (亞麻仁) (linseed).

flax·y [flǽksi] *adj.* (**flax·i·er, flax·i·est**) 아마의(로 만든), 아마 같은.

flay [flei] *vt.* **1** 〔동물〕의 껍질을 벗기다(skin); 〔나무·과일 껍질〕을 벗기다(peel off). **2** 〔남〕에게서 〔금전 따위〕를 강탈하다, 약탈하다. **3** …을 혹평하다, 깎아내리다; …에게 심하게 잔소리하다.

F láyer *n.* 〔무선〕F층 〔지상 200~250km 사이에 있는 전리층(電離層)으로 단파를 반사〕. *cf.* E layer

flay·flint [fléiflìnt] *n.* 착취자; 구두쇠, 노랑이(miser).

fld. 〔略〕 field; fluid.

‡**flea** [fliː] *n.* **1** 벼룩. **2** 벼룩처럼 뛰는 작은 벌레.

as fit as a flea 원기 왕성하여, 팔팔해서.

a flea in one's ***ear*** 듣기 싫은 소리, 빈정대는 말. ¶ go away with *a flea in* one's *ear* 귀 아픈 소리를 듣고 물러가다.

flea·bag [flíːbæ̀g] *n.* 〔속어〕 **1** 침대, 베드; 침낭 (sleeping bag). **2** 싸구려 호텔, 여인숙. **3** 더러운 공공 장소.

flea·bane [flíːbèin] *n.* 개망초.

fléa béetle *n.* 〔잘 뛰는〕잎벌레과(科)의 작은 갑충(甲蟲)〔식물의 잎·뿌리 따위를 먹는 해충〕.

flea·bite [flíːbàit] *n.* **1** 벼룩이 물기; 벼룩에 물린 자국. **2** 조그만 생채기(아픔·통증); 얼마 안 되는 돈 (trifle); 사소한 일. ¶ Five pounds is a mere *fleabite* to

flea-bitten

him. 5 파운드 쯤은 그에게는 아무것도 아니다. **3** 흰 말의 사람 점.
flea-bit·ten [flíːbìtn] *adj*. **1** 벼룩에게 물린[자국이 있는]. **2** (말 따위가) 흰색에 밤색 얼룩이 있는.
fléa cóllar *n*. (살충제가 들어 있는) 벼룩 없애는 목걸이(개·고양이 따위에 걸어준다).
fleam [fliːm] *n*. (獸醫) [마소용] 방혈침(放血針); (외과) 절개 전용침 (lancet).
fléa màrket(fàir) *n*. [특히 유럽 남부의] 고물시(古物市), 싸구려 시장, 벼룩시장.
fléa pít *n*. (英기어) 지저분한 건물.
flea·wort [flíːwəːrt] *n*. **1** 금불초류의 잡초. **2** (유럽산(產)의) 질경이(씨는 약용).
flèche [fleiʃ] *n*. **1** (건축) (고딕식 교회의) 작은 탑, 뾰족탑(slender spire). **2** (築城) 돌출보(突角堡). [<F]
fleck [flek] *n*. **1** (피부의) 반점, 주근깨 (freckle). **2** [빛깔·광선 따위의] 점, 반점, 무늬 (spot). **3** [눈 따위의] 작은 조각 (flake). ¶ *flecks* of dust 작은 먼지. ── *vt*. …에 반점을 넣다(spot); …을 얼룩덜룩하게 하다 (dapple).
fleck·er [flékər] *vt*. =fleck.
fleck·less [fléklis] *adj*. 반점(얼룩)이 없는; 오점이 없는.
flec·tion, (英) **flex·ion** [flékʃ(ə)n] *n*. **1** ⓤ 굴곡, 만곡(彎曲). [해부] 굴곡 작용. **2** ⓒ 굽은 곳, 굴곡(만곡)부. **3** ⓤⓒ (문법) 굴절, 어미 변화 (inflection).
flec·tion·al, (英) **flex·ion-** [flékʃ(ə)nəl] *adj*. **1** 굴곡(굴절)의; 굽은 곳의, 만곡부의. **2** (문법) 굴절하는, 어미 변화가 있는 (inflectional).
flec·tion·less, (英) **flex·ion-** [flékʃ(ə)nlis] *adj*. (문법) 굴절하지 않는, 어미 변화가 없는 (inflectionless).
‡**fled** [fled] *v*. flee 의 과거·과거 분사.
fledge [fledʒ] *v*. (**fledged, fledg·ing**) *vt*. **1** (새 새끼)를 날 수 있을 때까지 기르다. **2** …에 깃(털)을 달다, …을 깃털로 덮다. ── *vi*. 깃털이 고루 나다; 둥지를 떠날 수 있다. ¶ The duckling *fledged* out. 오리새끼는 깃털이 다 났다.
fledged [fledʒd] *adj*. 깃털이 고루 다 난; 날 수 있게 된, 둥지를 떠날 수 있는.
fledg·ling, (英) **fledge-** [flédʒliŋ] *n*. **1** 깃털이 갓 난 새, 이제 날 수 있게 된 새. **2** 풋내기, 신출내기, 애송이.
‡**flee** [fliː] *v*. (**fled, flee·ing**) *(英)에서는 이 말의 현재형은 고어·문어(文語)이며 보통은 fly를 쓴다.
── *vi*. **1** (위험·추격자 따위로부터) 벗어나다, 달아나다, 도망치다. ¶ He *fled* at the sight of his enemy. 그는 적의 모습을 보자마자 도망쳤다 // (~ +囲+名) *flee from* temptation 유혹에서 벗어나다.
類語 **flee** 당황하여 급히 도망치다. **escape** 속박·감금 따위에서 도망치다: *escape* from daily routine 매일매일의 똑같은 일에서 도망치다. **decamp** 발견·체포를 피하기 전에 도망치다: *decamp* with one's employer's money 주인의 돈을 갖고 도망치다. **abscond** 부정이 폭로될 것이 두려워 몰래 행방을 감추다.
2 서두르다, 질주하다(speed); 날다(fly); 소산(消散)하다, 사라지다(vanish). ¶ Life had (was) *fled*. 숨은 벌써 끊어졌다. / The clouds are *fleeing* before the wind. 구름이 바람에 날아가고 있다 // (~ +囲+名) The smile *fled from* his face. 그의 얼굴에서 미소가 사라졌다.
── Usage **flee** 와 **fly**──**flee** 는 (英)(美)에서 모두 어직, **fly** 도 특히 (美)에서는 「도망가다」의 뜻으로는 거의 쓰이지 않고, 「도망치다」의 뜻으로는 fly의 p., pp.는 flee와 마찬가지로 fled가 보통. 다만 (英)에서는 pp.로 flown 을 쓰는 일도 있다.
── *vt*. (사람·장소 등)에서 달아나다(run away); …을 피하다(shun); …을 버리다. ¶ *flee* the haunts of men 사람 사는 곳을 벗어나다 / They *fled* the town because of the plague. 그들은 전염병 때문에 동리에서 떠나갔다. ◇ flight² *n*.

‡**fleece** [fliːs] *n*. ⓤⓒ **1** (양 따위의) 털; [한번에 깎은] 한 마리분의 양모, ¶ the Golden *Fleece* (그리스 신화) 황금 양털. **2** 양모 모양의 것; 흰 구름, 펼펼 내리는 눈, 양털 같은 머리. ¶ a *fleece* of hair 텁수룩한 머리털. **3** [보온용 안감의] 보풀이 부드러운 직물; 그 직물의 보풀. ── *vt*. (**fleeced, fleec·ing**) **1** (양)의 털을 깎다. **2** [남]에게서 [돈·재산 따위]를 강탈하다, 속여 빼앗다. ¶ be *fleeced* by sharpers 사기꾼에게 돈을 빼앗기다 // (~ +囲+前+名) *fleece* a person *of* his money 남을 속여서 돈을 빼앗다. **3** (양털 모양의 것으로) …을 덮다. ¶ A host of clouds *fleecing* the sky 하늘을 온통 덮고 있는 흰 뭉게구름. ◇ **fléecy** *adj*.
fleece·a·ble [flíːsəbl] *adj*. 깎을 수 있는; 속기 쉬운.
***fleec·y** [flíːsi] *adj*. (**fleec·i·er, fleec·i·est**) **1** 양모[제(製)]의, 양모로 덮인. **2** 양모 같은, 폭신폭신한. ¶ *fleecy* clouds 흰 뭉게구름. **fleec·i·ly** *adv*. **fleec·i·ness** *n*.
fleer¹ [fliər] *vi*. 비웃다, 조소 (조롱) 하다 (sneer) (at...). ── *vt*. …을 비웃다, 비웃음, 조소 (jeer).
fle·er² [flíː(ə)r] *n*. 도망치는 사람.
‡**fleet**¹ [fliːt] *n*. **1** 함대; (the ~) (한 나라의) 해군, 해군력, 전함대. cf. squadron ¶ admiral of the *fleet* 《英》해군 원수 ((美) fleet admiral) / a powerful *fleet* 강력한 함대 / a *fleet* in being 현존 함대. **2** (상선·어선의) 선대, 선단. ¶ a *fleet* of whalers 포경 선단. **3** (비행기의) 기대 (機隊); [탱크·트럭·버스의] 차대(車隊), 자동차대. ¶ an air *fleet* 비행대 / a *fleet* of tanks 전차대.
*****fleet**² [fliːt] *adj*. (**fleet·er, fleet·est**) **1** 빠른, 쾌속의 (swift, rapid). ¶ a *fleet* horse 쾌속 말 / He is *fleet* of foot. 그는 발이 빠르다. **2** (詩) 잠시 동안의, 덧없는, 무상한 (evanescent). **1** 빨리 지나가다, 날아가다 (fly swiftly). **2** (항해) 위치를 바꾸다 (shift). **3** (고어) (강물처럼) 흘러가다; 희미해지다, 사라지다 (vanish). **4** (폐어) 뜨다, 떠돌다; 헤엄치다, 돛을 달고 달리다 (sail). ── *vt*. (때)를 어느덧 보내다 (while away). **2** (항해) (선구(船具) 따위)의 위치를 바꾸다. ¶ *fleet* a rope 밧줄의 위치를 바꾸다.
~**ly** *adv*. ~**ness** *n*.
fleet³ [fliːt] *n*. **1** (英방언) 강어귀, 포구(浦口) (inlet); 시내, 개천 (creek). **2** (the ~) London 의 Fleet 강가에 있었던 감옥 (the Fleet Prison).
fléet ádmiral *n*. [美해군] 해군 원수 ((英) admiral of the fleet).
fleet-foot·ed [flíːtfútid] *adj*. 발이 빠른.
*****fleet·ing** [flíːtiŋ] *adj*. (시간 따위가) 나는 듯이 지나가는, 한순간의, 덧없는 (transitory). ¶ Life is *fleeting*. 인생은 덧없다. ~**ly** *adv*. ~**ness** *n*.
Fléet Strèet *n*. **1** 영국 London 의 신문가 거리. **2** (비유적) 영국 신문계; (총칭적) 신문인.
Flem. (略) Flemish.
Flem·ing [flémiŋ] *n*. **1** 플란더즈 (Flanders) 사람. **2** 플란더즈말을 쓰는 벨기에 사람.
Flem·ish [flémiʃ] *adj*. 플란더즈 (Flanders) 의; 플란더즈 사람(말)의. ¶ *Flemish* paintings 플란더즈파 그림. ── *n*. **1** (the ~) (집합적) 플란더즈 사람 (the Flemings). **2** ⓤ 플란더즈말.
flench [flentʃ] *vt*. =flense.
flense [flens], (**flench**) *vt*. (**flensed, flens·ing**) (고래·바다표범 따위의) 가죽을 벗기다; …의 지방(기름)을 채취하다.
‡**flesh** [fleʃ] *n*. ⓤ **1** [인간·동물의] 살; 몸; cf. bone, skin ¶ raw *flesh* 생살 / proud *flesh* [상처가 아물면서 나오는] 새살 / the *flesh* of the back 잔등의 살.
2 근육 조직.
3 (식용의) 고기 (* 현재는 이 뜻으로 보통 meat 를 쓴다); (생선·새고기와 구별하여) 짐승 고기.
4 살, ¶ in *flesh* 살이 쪄서 / gain (or put on) *flesh* 살이 찌다, 뚱뚱해지다 / lose *flesh* 살이 빠지다, 여위다.

5 [정신·영혼과 구별하여] 육체(body). *cf.* spirit, soul ¶ the ills of the *flesh* 육체적인 질병 / an arm of *flesh* 육신의 팔, 인력 ←역대기(하) (2 Chron.) 32:8].
6 [도덕성·정신성에 대하여] 육체, 정욕, 색욕; 수성(獸性)(sensuality); 인간성, 인간(인정)미. ¶ the sins of the *flesh* 육체의 죄, 부정(不貞).
7 (비유적)(성서) 인간, 인류(mankind); 생물, 중생(living creatures). ¶ All *flesh* must die. 살아 있는 모든 생물은 죽음을 면할 수 없다.
8 (one's [own] ~) 육신, 혈육, 동족(kindred). ¶ one's own *flesh* 자손, 근친.
9 [신체의] 피부, 살갗, 피부색; 살빛(flesh color), 핑크색, 크림색. ¶ a man of dark *flesh* 살결이 거무스름한 사람.
10 [식물] [과일·야채 따위의] 살, 과육(果肉).
after the flesh 육욕에 따라, 세속적으로, 사람같이.
become one flesh 부부로서 일심 동체가 되다.
claim (or *have*) *a person's pound of flesh* 남에게 부채의 반환을 잔인하게 요구하다[← Shakespeare 작 *The Merchant of Venice*].
flesh and blood 육친, 자손; [피가 통하는] 인간, 육체; 인간성(humanity); 현실생활 ¶ 현재 살아 있는. ¶ things which *flesh and blood* cannot endure 피가 통하는 인간으로서는 도저히 참을 수 없는 일.
flesh and fell 살도 가죽도, 온몸;《부사적 용법》완전.
go the way of all flesh 죽다 (die). [히].
a heart of flesh 정이 담긴 마음. *opp.* a heart of stone
in the flesh 산 몸이 되어; 육체의 형상으로; 살아서; 자신이 직접. ¶ see a person *in the flesh* 본인을 직접 만나다.
make a person's flesh creep 남을 오싹하게 하다.
— *vt.* **1** [칼]을 살에 찌르다, [칼 따위에] 피를 묻히다. **2** (사냥) (사냥개·매 따위에) 고기맛을 보여 자극하다. **3** [남]을 유혈에 익숙하게 하다 (inure). ¶ *flesh* green troops by a raid 신병 부대에게 공격을 시킴으로써 전투에 익숙하게 하다. **4** [육욕의 맛을 알게 하여] …의 욕정을 돋우다; [남]을 육욕에 빠지게 하여 타락시키다, (정욕 따위)를 만족시키다. ¶ *flesh* one's lust 욕욕을 만족시키다. **5** …에 살을 붙이다; (비유적) …에 살을 붙여 내용을 충실하게 하다, (가공의 인물 등)에 현실감을 갖게 하다(...*out*). ¶ build up a figure by *fleshing* a wire frame with clay 철사 뼈대에 찰흙을 붙여 어떤 형상(形像)을 만들다 // (~+图+閿) *flesh out* a plan with statistics 통계 자료로 계획을 보다 더 충실한 것으로 만들다. **6** …을 살찌게 하다 (fatten) (...*up*). ¶ (~+图+ 閿) *flesh* a steer *up* 식용의 거세된 소를 살찌게 하다. **7** (생가죽)에서 살을 깎아내다. — *vi.* 살이 붙다, 살이 피다(*up, out,*). ¶ (~+ 閿) He soon began to *flesh up*. 그는 곧 살이 찌기 시작했다.
◇ fléshly, fléshy *adj.*

flesh·brush [fléʃbrʌ́ʃ] *n.* [혈액 순환 촉진용의] 피부 마찰용 솔, 때미는 솔.
flesh-col·ored, (英) **-oured** [fléʃkʌ̀lərd] *adj.* 살빛의.
flésh éater *n.* 육식자, 육 먹는 동물(carnivore).
flesh-eat·ing [fléʃìːtiŋ] *adj.* 육식성의(carnivorous).
flesh·er [fléʃər] *n.* 살 깎아내는 칼 (fleshing knife). **2**《스코》 푸주한(butcher).
flésh flỳ *n.* 쉬파리.
flesh·hook [fléʃhùk] *n.* **1** [냄비에서] 고기를 건지는 쇠갈고리. **2** [푸주의] 고기 매다는 쇠갈고리.
fléshing knìfe *n.* 살 깎아내는 칼.
flesh·ings [fléʃiŋz] *n. pl.* 살빛 속옷, [살빛의] 타이츠 (tights).
fléshing tòol *n.* 살 깎아내는 도구.
flesh·less [fléʃlis] *adj.* 살이 없는, 말라빠진.
flesh·ly [fléʃli] *adj.* (때로 -li·er, -li·est) **1** 육체의, 육체적인, 신체의(physical). ¶ the *fleshly* envelope 육체.

2 육욕에 빠지는, 관능적인(sensual). **3** 세속적인 (worldly), 인간적인(mortal). *-li·ness* *n.*
flesh-pot [fléʃpàt / -pɔ̀t] *n.* **1** 고기 냄비. **2** (~s) (성서) 미식(美食), 사치(luxuries); 사치스런 생활. ¶ the *fleshpots* of Egypt 이집트의 미식; 사치스런 생활, 고기 가마 [← 출애굽기(Exod.)16:3]. **3** (속어) 매춘굴, 환락가.
flesh-press·er [fléʃprèsər] *n.* (정치) [선거 운동에서] 정견 발표보다는 오히려 유권자와의 악수나 어깨를 두드리기를 좋아하는 정치가.
flésh síde *n.* [짐승 가죽의 안쪽, 살면(面). *opp.* grain
flésh tíghts *n.* 몸에 착 붙는 살빛 속옷(fleshlings).
flésh tínt *n.* (그림) [인체의] 피부색, 살빛.
flésh wòrm *n.* 구더기[flesh fly의 유충].
flésh wòund *n.* 얕은 상처, 경상.
flesh·y [fléʃi] *adj.* (flesh·i·er, flesh·i·est) **1** 살진, 뚱뚱한, 비만의. ⇨ FAT (類語) **2** 육체의; 살의, 육질의, 살과 같은. **3** (식물) [과실의] 다육질의(pulpy).
flet [flet] *vt.* 화살에 깃을 달다.
Fletch·er·ism [fletʃərìz(ə)m] *n.* ⓤ《美》음식을 잘 씹는 주의(主義) (건강법). [< 미국의 영양학자인 Horace Fletcher (1849-1919)의 이름]
fleur-de-lis [flə̀ːrdəlíː(s)] *n.* (*pl.* **fleurs-de-lis** [flə̀ːrdəlíːz]) **1** 붓꽃(의 꽃). *cf.* flower-de-luce **2** (紋章) 붓꽃모양의 무늬 [프랑스 왕실의 문장]
fleur·et [fləːrét, flúː(:)rit / flúərit] *n.* 작은 꽃모양 [장식 무늬].
fleu·ron [flúː(:)ri, flɔ́ː(:)ri / flúəron] *n.* [건축·화폐 따위의] 꽃무늬.
[< F *fleuri* flowery]
fleu·ry [flúː(:)ri, flɔ́ː(:)ri / flúərəri] *adj.* (紋章) 붓꽃 모양의 무늬로 장식한(flory).
[fleur-de-lis 2]
†flew[1] [fluː] *v.* fly[1]의 과거형.
flew[2] [fluː] *v.* =**flue**[3].
flews [fluːz] *n. pl.* [사냥개 따위의] 아래로 축 늘어진 큰 윗입술.
flex [fleks] *vt.* **1** (해부) [관절 따위]를 구부리다 (bend). **2** [지질] (지층)을 습곡(褶曲)하다, 물결처럼 되게 하다 (fold). — *vi.* (관절이) 구부러지다. *flex one's muscles* (속어) 힘을 과시하다.
— *n.* ⓒⓤ(英) 연장 전선, 신축(伸縮) 밴드.
flex. (略) flexible.
flex·a·gon [fléksəgàn / -gɔ̀n] *n.* 플랙사곤 [종이를 접어 만드는 다면체; 다시 접거나 펴거나 하면 다양한 면이 만들어진다].
***flex·i·bil·i·ty** [flèksibíliti] *n.* ⓤ **1** 구부리기 쉬움, 굴곡성, 유연성. **2** 적응성; 융통성(adaptability). **3** (성질의) 고분고분함, 다루기 쉬움.
***flex·i·ble** [fléksibl] *adj.* **1** 구부리기 쉬운, 굴신(屈伸)이 자유로운; 노글노글한, 유연성이 있는.
(類語) *flexible* 꺾지 않고 구부릴 수 있는: a *flexible* cord 마음대로 구부러는 코드. *elastic* 마음대로 폈다 줄였다 할 수 있는; 힘을 빼면 원상으로 되돌아감을 암시: an *elastic* rubber band 신축이 자유 자재로인 고무 밴드. *limber* 몸이 나긋나긋하여 마음대로 움직이는 힘을 뺀: a young *limber* body 젊고 유연한 몸. *pliant* 바깥 힘에 저항하지 않고 운용하는; 비유적으로 흔히 쓰는 말: a *pliant* character 남의 말대로 따르는 성격. *resilient* 원래의 물건이 힘을 빼면 곧 원상으로 되돌아오는 성질을 강조한 말: An elastic thing is usually *resilient*. 탄력성이 있는 물건은 보통 원상으로도 되돌아온다. *springy* =elastic and resilient: a *springy* branch of a willow tree 버드나무의 낭창낭창한 나뭇가지. *supple* 상처를 내지 않고 굽혔다, 비틀었다, 접었다 할 수 있는: *supple* paper 접었다 폈다 할 수 있는 종이. **2** 적응성이 있는; 융통성있는 (adaptable). **3** 고분고

flexible disk

~ness *n*. -bly *adv*. ◇ fléction (fléxion) *n*.
fléxible dìsk *n*. =floppy disk.
fléxible exchánge ráte sỳstem *n*. 신축 환율 제도, *cf.* fixed exchange rate system, floating exchange rate system
fléxible wórking hóurs sỳstem *n*. 〔노동〕 자유 근무(변동 노동) 시간제.
flex·ile [fléksil / -sail] *adj*. =flexible.
flex·i·bil·i·ty [flèksəbíləti] *n*. =flexibility.
flex·ion [flékʃ(ə)n] *n*. 〔英〕 =flection.
flex·i·place [fléksipleis] *n*. 〔컴퓨터의 단말기를 가정에 두고 근무하는〕 자택 근무자의 집.
flex·i·time [fléksitaim] *n*. 〔英〕 =flextime.
flex·og·ra·phy [fleksɑ́grəfi / -ɔ́g-] *n*. 〔인쇄〕 아닐린 인쇄[법] 〔아닐린 잉크를 사용하는 인쇄 방법으로 고속 인쇄에 적당하다.〕 [<FLEX[IBLE]+-GRAPHY]
flex·or [fléksər] *n*. 〔해부〕 굴근(屈筋). *opp*. extensor
flex·time [flékstaim] *n*. 자유 근무 시간제, 시차 출근제(flexitime).
flex·u·os·i·ty [flèkʃuɑ́siti/-sjuɔ́s-] *n*. □© (*pl*. -ties) 굴곡성; 굴곡, 만곡, 만곡부(선).
flex·u·ous [flékʃuəs], (**flex·u·ose** [flékʃuous]) *adj*. 굴곡성의, 구불구불한(sinuous); 물결 모양의(wavy). 2 〔비유적〕 고분고분한(yielding).
flex·ur·al [flékʃ(ə)rəl] *adj*. 굴곡의; 〔물리〕 쏠림의. ¶ *flexural* strength 쏠림의 강도(强度).
flex·ure [flékʃər] *n*. □© 1 굴곡, 만곡(bending); 만곡부; 주름, 접힌 데(fold). 2 〔물리〕 휨; 〔수학〕 왜곡도; 〔지질〕 습곡(褶曲).
flib·ber·ti·gib·bet [flíbərtidʒìbit] *n*. 수다쟁이 (gossiping person), 경솔한 사람, 〔특히〕 수다스러운 여자; 바람둥이 여자(frivolous woman).
*****flick**[1] [flik] *n*. 1 〔채찍 따위로〕 살짝 때리기; 〔손가락 끝 따위로〕 튀기기, ¶ by a *flick* of one's whip 채찍으로 찰싹 쳐서. 2 획(탁) 치는 소리. ¶ the busy *flick* and chatter of typewriter keys 따다닥 따다닥하는 타자기의 소리. 3 〔공 던지기에서처럼 손목 따위를〕 홱 움직이기(jerk). ¶ a *flick* of the wrist 손목을 홱 움직이기. 4 튀어진 것(splash). ¶ a *flick* of mud on one's coat 상의에 튀겨진 흙탕.
— *vt*. 1 〔채찍으로〕 …을 가볍게 때리다; 〔손가락으로〕 …을 튀기다. ¶ *flick* a horse tail 말을 찰싹 채찍으로 치다. 2 〔먼지 따위를〕 튀겨 날리다, 털어버리다(… off, away). ¶ (~+圄+튄) *flick* away a crumb 빵 부스러기를 튀겨 날리다 / (~+圄+튄+囹) *flick* dust *from* one's coat sleeve 소매의 먼지를 털어 없애다. 3 〔물건〕을 움직이다.— *vi*. 1 〔채찍 따위가〕 획(홱) 움직이다. 2 날래게 움직이다, 휠휠 날다(flutter, flit). 3 재빨리 때리다. ¶ (~+튄+囹) *flick at* a fly 파리를 탁 치다.
flick[2] [flik] *n*. 〔보통 ~s〕 〔俗어〕 영화.
*****flick·er**[1] [flíkər] *vi*. 1 〔등불 따위가〕 가물거리다, 깜박이다; 〔생기·희망 따위가〕 깜박거리다(shine unsteadily). ¶ a *flickering* shadow on the wall 벽에서의 거리는 그림자 / The lights *flickered* on the mountain. 산에서 불빛이 깜박였다 / A last faint hope *flickered* in his bosom. 그의 가슴에 마지막 희미한 희망이 깜박거렸다. 2 〔나뭇잎 따위가〕 바람에 흔들리다; 〔깃발 따위가〕 나부끼다. 3 〔새 따위가〕 날개치다(flutter). ¶ A bat *flickered*. 박쥐가 날개쳐 보이다. 4 홀짝 춤추다(…).
— *vt*. …을 명멸(明滅)시키다; …을 한들거리게 하다, …을 떨게 하다.— *n*. 1 명멸하는(흔들리는) 불빛, 〔불빛 따위의〕 명멸, 흔들림; 〔희망 따위의〕 번득임; 〔나뭇잎의〕 한들거림. ¶ the *flicker* of candle 가물거리는 촛불. 2 〔보통 ~s〕 〔俗어〕 영화, *cf*. flick[2]
flick·er[2] [flíkər] *n*. 딱다구리의 일종〔북미산(産)〕.
flick·er·ing [flíkəriŋ] *n*. 깜박거림, 명멸. ~ly
flick knìfe *n*. 〔英〕 날이 튀어나오는 칼. / *adv*.
flied [flaid] *v*. fly[1] 의 과거·과거 분사.

flight path

fli·er, fly·er [fláiər] *n*. 1 나는 것〔새·곤충 따위〕. 2 비행기; 비행사(aviator). 3 쾌속정, 급행 열차(버스). 4 〔기계〕 날개식 속도 조정기, 〔방적기의〕 플라이어. 5 〔우어〕 높이뛰기, 도약. 6 〔美속어〕 투기. 7 〔건축〕 〔곧은 계단의〕 한 단; (~s) 일직선의 계단. 8 〔美〕 〔작은〕 광고지, 전단, 삐라.
‡**flight**[1] [flait] *n*. 1 □© 날기, 비행; 나는 법; 나는 힘. ¶ the *flight* of a bee 꿀벌의 비행 / a night (a long-distance) *flight* 야간(장거리) 비행 / birds in *flight* 날고 있는 새 / make (or take) a *flight* 비행하다, 날다.
2 □© 한번의 비행 거리, 비정(飛程); 사정(射程). ¶ a 900 mile *flight* 900마일의 비행 거리 / the *flight* of a shot 탄환의 사정.
3 〔새·곤충·화살 따위의〕 날아가는 한 떼. ⇒ FLOCK[1] 類語. 〔철새 따위의〕 집단 이동. ¶ a *flight* of sea gulls 갈매기의 집단 이동.
4 항공 여행; 〔로켓 따위에 의한〕 우주 여행.
5 정기 항공편. ¶ an 8 o'clock *flight* 8시의 정기 항공편 / Korean Air *Flight* 85 대한 항공 제85편.
6 〔군대〕 비행 소대; 편대.
7 □ 비행술, 비행법. ¶ *flight* training 비행술의 훈련.
8 □© 〔매가 날면서 하는〕 사냥감 추격.
9 □© 날아감, 빨리 지나감.
10 □© 〔공상·야심 따위의〕 비약, 솟구침(soaring). ¶ a *flight* of wit 재치의 연발.
11 a) 〔건축〕 한 층의 계단. ¶ a *flight* of stairs 계단. b) 〔운하의〕 일련의 수문. c) 〔경기용 허들의〕 1단열(段列).
12 □© 〔弓術〕 멀리 쏘는 화살; 화살 멀리 쏘기 경기; 화살의 사정.
in the first (or *the highest*) *flight* 솔선하여; 중요한 지위에 있어.
take (or *wing*) *one's flight* 날다; 〔영혼 따위가〕 하늘 밖으로 날아가 버리다.
— *vi*. 〔새 따위가〕 떼지어 날다; 〔새가〕 날아오르다.
— *vt*. 1 〔새〕를 날아오르게 하다, 〔나르는 새〕를 쏘다. 2 〔화살〕에 깃털을 달다.
◇ fly *v*.
*****flight**[2] [flait] *n*. □© 도주, 도망, 패주; 도피. ¶ *flight* in disorder 궤주(潰走) / seek safety in *flight* 도망가서 몸의 안전을 꾀하다.
put to flight …을 패주시키다.
take [*to*] *flight*; *betake oneself to flight* 도주하다.
◇ flee *v*.
flight attèndant *n*. 〔여객기의〕 접객 승무원. *cf.* steward, stewardess
flight bàg *n*. 〔항공 회사명이 찍힌〕 항공 여행 가방.
flight càpital *n*. 〔경제〕 국외 도피 자본.
flight clàss *n*. 〔여객기의〕 좌석 등급 〔요금 순으로 first class, business class, economy class, tourist class 가 있다〕.
flight contròl *n*. □© 〔항공〕 항공 관제〔소〕.
flight còupon *n*. 여행자의 탑승 및 수하물 운송용 쿠폰.
flight dèck *n*. 1 〔항공 모함의〕 비행 갑판. 2 〔비행기의〕 전부실(前部室), 조종실.
flight ènginèer *n*. 〔비행기의〕 기관사.
flight fèather *n*. 〔새 날갯죽지에 줄지어 있는〕 칼깃, 풍절우(風切羽).
flight formàtion *n*. □ 비행 대형(편대).
flight·less [fláitlis] *adj*. 〔새 따위가〕 날지 못하는.
flight lieutènant *n*. 〔英〕 공군 대위.
flight lìne *n*. 1 〔활주로·유도로 따위를 제외한 격납고 주변의〕 주기선(駐機線). 2 〔비행기·철새의〕 비행 경로.
flight mùscle *n*. 〔새 날개의〕 비근(飛筋).
flight nùmber *n*. 〔정기 항공의〕 비행편 번호.
flight òfficer *n*. 〔美〕 공군 장교. 〔의〕 진로.
flight pàth *n*. 〔항공·우주〕비행 경로; 〔유도탄 따위

flíght pày n. 〔美空軍〕 비행 수당.
flíght plàn n. 〔조종사가 제출하는〕 비행 계획서.
flíght recòrder n. 비행 경로 기록 장치(black box).
flíght shòoting n. ⓤ 〔弓術〕 활 멀리 쏘기 경사(競
flíght simulàtor n. 〔승무원 훈련용〕 모의 항공기.
flíght stríp n. 〔항공〕 **1** 불시착 착륙장. **2** 활주로 (airstrip).

flight-test [fláittèst] vt. (비행기 따위)의 비행 시험을 하다.
flight-wor·thy [fláitwə̀ːrði] adj. 비행할 만한.
flight·y [fláiti] adj. (**flight·i·er, flight·i·est**) **1** 변덕스러운, 경박한, 들뜬(unsteady, fickle); 무책임한. **2** 머리가 조금 돈(crazy). **flight·i·ly** adv. **flight·i·ness** n.
flim·flam [flímflæm] 〔구어〕 n. ⓤⓒ **1** 엉터리, 허튼 소리(nonsense). **2** 속임 수, 사기(deception). ¶ a political *flimflam* 정치적 협잡. ── vt. (**-flammed, -flam·ming**) …에게 엉터리 소리 (거짓말)을 하다; …에 속이다(swindle).
flim·sy [flímzi] adj. (**-si·er, -si·est**) **1** 무른, 부서지기 쉬운(fragile); 가냘픈(frail). ¶ a *flimsy* material 부서지기 쉬운 재료. **2** 〔이유 따위가〕 빈약한 (superficial), 뻔히 들여다보이는; 정당한 이유가 없는. ── n. (pl. **-sies**) **1** 〔복사용〕 얇은 종이, 복사(전사(轉寫))지; 〔신문 기자의〕 얇은 원고지; 통신용 원고. **2** 〔英속어〕 지폐(banknote). **3** 〔英속어〕 전보. **-si·ly** adv. **-si·ness** n.
flinch¹ [flintʃ] vi. 〔위험·어려움에서〕 겁을 먹고 물러서다(draw back); 〔고통 따위로〕 주춤하다(*from*...). ¶ *flinch from* an unpleasant duty 하기 싫은 일을 주춤주춤 피하다. ── n. …에서 겁먹고 물러서다. ── n. **1** 움찔하다, 꽁무니 빼기. **2** 〔카드놀이〕 플린치 [패를 숫자의 순서대로 책상 위에 쌓아 올리는 놀이].
flinch² [flintʃ] vt. =flense.
flinch·er [flíntʃər] n. 겁을 먹고 물러서는 사람, 주춤하는 사람.
flinch·ing·ly [flíntʃiŋli] adv. 주춤주춤, 움찔움찔하며.
flin·ders [flíndərz] n. pl. 부서진 조각, 파편(fragments); 부서진 조각, 단편. ¶ fly in *flinders* 산산조각으로 흩날리다.
‡fling [fliŋ] v. (**flung, fling·ing**) vt. **1** 〔거칠게〕 …을 던지다, 내던지다, 내팽개치다(...*about, aside, away, by, out, up at*). ※ THROW 類語 ¶ (~+目+前+名) He *flung* his books *on* the desk. 그는 책을 책상 위에 내던졌다. / (~+目+前+名) *fling* one's clothes *on* 옷을 급히 걸치다, 급히 옷을 입다 // (~+目+圖) *fling* a door (a window) open (shut) 문(창문)을 난폭하게 열다(닫다). **2** a) 〔레슬링 따위에서〕 〔상대를〕 내동댕이치다(throw down); 〔말이〕 〔탄 사람을〕 흔들어 떨어뜨리다(throw off)(...*off*). b) 〔고어〕 …을 메치다(overthrow); …을 속이다(swindle). **3** 〔감옥에〕 …을 집어넣다, 〔혼란·곤란 따위에〕 …을 빠뜨리다(...*into*). ¶ (~+目+前+名) *fling* a person *into* prison 남을 투옥하다 / *fling* the enemy *into* confusion 적을 혼란시키다. **4** …을 힘주어 말하다. ¶ He *flung* a sharp reply as he left. 그는 떠나면서 통렬한 대답을 날카롭게 내뱉었다. **5** 〔머리·팔 따위를〕 휘두르다; 〔양팔을〕 갑자기 내뻗다. ¶ (~+目+前+名) *fling* one's arms *round* a person's neck 남의 목을 얼싸안다 // (~+目+圖) *fling* the head *about* 〔말이〕 목을 흔들다. **6** 〔재귀 용법〕 〔화가 나서〕 급히 …을 떠나가다; …의 몸을 내던지다, …에 골몰히 하다; 〔에〕 하게 하다. ¶ (~+目+前+名) *fling* oneself angrily *from* the room 화를 내며 방을 뛰쳐나가다 / *fling* oneself *into* a saddle 몸을 날려 말 안장에 올라타다 / *fling* oneself *upon* a person's mercy 남의 자비심에 매달리다 / *fling* oneself *at* a person's head 〔여자가〕 남의 사랑을 얻으려고 애쓰다 / *fling* oneself wholeheartedly *into* a new task 새로운 일에 몸을 바쳐 달려들다.
7 〔군대〕 내보내다, 투입하다, 급파하다; 〔무기를〕 급송하다(dispatch, send off)(...*into*). ¶ (~+目+前+名) *fling* tanks *into* a battle 전차를 전투에 투입하다.
8 〔옷을〕 벗어던지다, 〔속박 따위를〕 떨쳐 버리다; 〔기회 따위를〕 놓치다(...*aside, away, off*). ¶ (~+目+前+名) *fling away* one's chances of promotion 승진의 기회를 놓치다 / *fling off* all restraints 모든 속박을 떨쳐버리다.
9 …을 발산하다; …을 흩뿌리다(scatter). ¶ (~+目+圖+名) The sun *flings* its warm rays *on* the soil. 태양은 따뜻한 빛을 대지에 뿌려 준다 // (~+目+圖) *fling* fragrance *around* 주위에 향기를 발산하다 / *fling* money *about* 돈을 마구 뿌리다.
── vi. **1** 돌진하다; 덤벼들다; 뛰어 나가다; 뛰어들다 (종종 *away, forth, off, out*...). ¶ (~+圖) *fling away* (or *off*) without a word 한 마디 말도 없이 뛰어나가다. **2** 〔말 따위가〕 날뛰다, 발로 차다(*out*...); 〔사람이〕 몸을 내던지다. ¶ (~+圖) *fling out* 〔말이〕 날뛰다, 차다. **3** a) 〔창 따위를〕 던지다. b) 〔비유적〕 헐뜯어 말하다, 욕지거리하다(보통 *out*...). ¶ (~+圖) *fling out* against one's rival 경쟁자에게 심한 욕설을 퍼붓다.
***fling* a fact (a fault) *to* a person's teeth** (or *a person's face*) 사실(과실)을 들이대고 남을 면박하다.
***fling* caution *to* the winds** 무모하다, 분별없이 덤벼들다.
***fling off* one's pursuers** 추격자를 따돌리다, 피하다.
***fling up** 〔발뒤꿈치를〕 올려 차다; 단념하다; 포기하다 (abandon).
── n. **1** 내던지기, 팽개치기(cast, throw). ¶ a *fling* of dice 주사위를 한 번 굴리기. **2** 〔말 따위가〕 날뛰기, 걷어차기. ¶ The horse gave a *fling* with the heels. 말이 발굽으로 걷어찼다. **3** 기분(멋)대로 하기, 방종, 난봉, 호유(豪遊); 냉비. ¶ He had his *fling* before he married. 그는 결혼 전에는 한 차례 놀아 댔다. **4** 악담, 비웃기, 욕. ¶ take a *fling* at one's old enemy 옛날의 적을 조소하다(욕하다). **5** 〔구어〕 가볍게 해보기(attempt), 시도. ¶ He took a *fling* at playwriting. 그는 희곡에도 좀 손을 댔었다. **6** 〔손발을 활발하게 움직이는〕 스코틀랜드의 춤(Highland fling).
at one *fling* 단숨에, 대번에.
in a *fling* 분연히, 발끈하여.
in full *fling* 쏜살같이.
fling·er [flíŋər] n. **1** 던지는 사람; 〔야구〕 투수. **2** 욕을 퍼붓는 사람. **3** Highland fling 을 추는 사람.
***flint** [flint] n. ⓤⓒ **1** 부싯돌; 라이터의 돌. **2** 〔비유적〕 매우 딱딱한 것, 고집통이, 냉혹한 사람. ¶ a heart of *flint* 돌처럼 냉혹한 마음.
as hard as a *flint* 돌같이 굳은; 완고한.
set [one's] **face like a *flint*** 단호한 태도를 취하다.
skin (or **flay**) **a *flint*** 아주 인색한 짓을 하다.
wring (or **get**) **water from a *flint*** 불가능한 일(기적, 아주 어려운 일)을 하다.
── vt. …에 부싯돌을 달다(장치하다).
◇ **flínty** adj.
flínt còrn n. ⓤ 경립종(硬粒種) 옥수수.
flínt glàss n. ⓤ 플린트 유리, 납유리〔광학 기계·식기용의 고급 유리〕.
flint·head [flínthèd] n. 〔부싯돌로 만든〕 화살촉.
flint-heart·ed [flínthɑ́ːrtid] adj. 냉혹한, 무정한 (cruel).
flint·lock [flíntlɑ̀k / -lɔ̀k] n. 부싯돌식 총; 수발총(燧發銃).
flint·y [flínti] adj. (**flint·i·er, flint·i·est**) **1** 부싯돌질(質)의, 부싯돌을 딱딱한. **2** 완고한; 무정한, 냉혹한(hard).
flint·i·ly adv. **flint·i·ness** n. [flintlock]
flip¹ [flip] v. (**flipped, flip·ping**) vt. **1** 〔손톱 끝으로〕

flip

…을 튀기다(flick); …을 아무렇게나 던지다. ¶ *flip* a coin 동전을 튀기다. **2** …을 톡하고 치다; …을 가볍게 털다(fillip). ¶ He *flipped* the dust *from* his shoes. 그는 구두의 먼지를 가볍게 털었다. **3** [부채·지느러미 따위]를 팔랑팔랑 움직이다. **4** [카드 따위]를 재빨리 뒤집다. **5** 《속어》[움직이고 있는 탈것]에 훌쩍 올라타다. — *vi.* **1** [손톱 끝으로] 튀기다; [채찍 따위로] 찰싹하다. ¶ The teacher *flipped at* the child's ear. 선생님은 그 아이의 귀를 손가락으로 튀겼다. **2** [지느러미 따위로] 팔락팔락 걷다(움직이다). **3** 갑자기 꿈틀 움직이다. **4** 《속어》[어떤 일·사람 따위에] 신이 나서 떠들다; 몹시 화를 내다(*out*).

flip out 《속어》 미치다; 벌컥 화내다; 실신하다; …에 열광하다.

flip up [승부·순번을 정할 때 따위에서] 동전을 손가락으로 튕겨 올리다(toss up). ㄴㄴ 끈 상기되다.

flip one's lid (or *wig*) 《미국속어》 발끈 화를 내다. 발 — *n.* **1** 손가락으로 튀기기; 가볍게 치기(light blow); 횡음높이기. **2** 《제조·다이빙에서》 공중제비, 공중회전으로.

flip[2] [flip] *n.* U 플립[맥주·포도주·화주(火酒) 따위에 설탕·달걀·향료를 넣은 혼합주] ─ [선(船)].

FLIP 《略》 *F*loating *I*nstrument *P*latform(해양 조사선)

flíp chìp *n.* [전자공학] 플립 칩[다른 부품에 붙일 수 있게 접착성(粘着性) 물질이 붙어 있는 마이크로 회로편(回路片)].

flip-flap [flípflæp], **-flop** [-flàp / -flɔ̀p] *n.* **1** 퍼덕퍼덕거림(하는 소리). **2** 꽃불, 폭죽(cracker). **3** 공중제비; [놀이터의] 회전 시소. **4** [전자 공학] 플립플롭[진공관 회로의 일종].

flip·pan·cy [flípənsi] *n.* U C (*pl.* **-cies**) **1** 경솔, 경박. **2** 경솔한 언행.

flip·pant [flípənt] *adj.* **1** 경솔한, 경박한. **2** 건방진, 뻔뻔스러운. **3** 《폐어》 수다스러운.
~·ly *adv.*, **~·ness** *n.*

*** flíp·per** [flípər] *n.* **1** [펭귄·바다거북 따위의] 지느러미발, 물갈퀴. **2** [스킨 다이빙용의] 고무 물갈퀴. **3** 《속어》 손(hand). **4** 플리퍼즈[리몬콘의 대중화로 채널을 계속 바꾸면서 재미있는 프로그램만 보는 집단].

flip·ping [flípiŋ] *adj.* 《속어》 지긋지긋한. ─ *n.* [고리대금 업자가] 이자를 덧붙임.

flíp sìde *n.* 《미국속어》 레코드의 뒷면(B면).

FLIR 《略》《군사》 *f*orward-*l*ooking *i*nfra*r*ed(전방 감시 적외선 장치).

***flirt** [fləːrt] *vi.* **1** 사랑 장난을 하다, 장난삼아 사랑하다(*with*...); [남녀가] 시시덕거리다, 희롱하다. **2** [사상 따위를] 장난삼아 (유희하듯이) 생각하다(*with*...). ¶ (~ + 前+閔) *flirt with* an idea 어떤 관념을 가지고 장난하다. **3** 팔랑팔랑(훽훽) 움직이다. ─ *vt.* **1** …을 휙하고 움직이다; [부채 따위]를 팔랑팔랑 부치다(move briskly), [새가] [꽁지]를 퍼드덕퍼드덕 움직이다. **2** 획 던지다; …을 휙 팽개치다. ─ *n.* **1** 시시덕거리는 여자(남자); 바람둥이 남자(여자); 장난삼아 연애를 하는 사람; 그 상대. **2** 획 던지기. **3** [부채·새의 꽁지 따위의] 급격한 움직임. ¶ with a *flirt* of a tail 꽁지를 휙하고 흔들어. ¶ ◊ flirtátion *n.*, flirtátious *adj.*

flir·ta·tion [fləːrtéiʃ(ə)n] *n.* U [남녀의] 시시덕거림(coquetry)/ 연애 장난, 바람 피우기.

flir·ta·tious [fləːrtéiʃəs] *adj.* **1** 희롱하기 좋아하는, 시시덕거리는, 장난삼아 연애를 하는. **2** 경박한, 진지하지 않은. **~·ly** *adv.*, **~·ness** *n.*

flirt·er [fləːrtər] *n.* **1** 흔들어 움직이는 사람. **2** 획 팽개치는 사람. **3** 시시덕거리는 사람.

flirt·ing·ly [fləːrtiŋli] *adv.* 장난으로, 시시덕거리며.

flirt·y [fləːrti] *adj.* (**flirt·i·er, flirt·i·est**) = flirtatious.

***flit** [flit] *v.* (**flit·ted, flit·ting**) *vi.* **1** 경쾌하게 지나가다; [새 따위가] 홱홱 날다, 휙휙 날다. **2** ⇒ FLY 類語. ¶ The birds were *flitting* from tree to tree. 새가 나무에서 나무로 날아 다니고 있었다. **2** [비유적] 《생각·꿈 따위가》 오락가락하다. ¶ (~+前+閔)

Fancies *flit through* his mind. 환상이 그의 마음 속을 스쳐간다. **3** [시각 따위가] 빨리 지나가다. **4** 《스코·북영》 떠나다(depart); 죽다 (die); 이사하다 (move). ─ *n.* **1** 날아 지나감; 펄럭펄럭함. **2** 《스코·북영》 이사, 야반 도주.

flitch [flitʃ] *n.* **1** [소금에 절여 훈제로 한] 돼지의 옆구리 고기, **2** 큰 생선 토막; 네모로 벤 고래의 비곗살. **3** [건축] 배판(背板)[원목의 맨 밖의 널]. ─ *vt.* …을 토막내다.

flite [flait] *vi.*, *vt.* 《고어·방언》 말다툼하다, 꾸짖다.

flit·ter[1] [flítər] *vi.* 훨훨 날아다니다.

flit·ter[2] [flítər] *n.* 훨훨 날아다니는 것.

flit·ter[3] [flítər] *n.* [장식용의] 작은 금속 조각.

flit·ter·mouse [flítərmàus] *n.* (*pl.* **-mice** [-màis]) 《고어》 박쥐(bat).

flit·ting [flítiŋ] *adj.* 빨리 지나가는; 훨훨 나는.
─ *n.* 이사. **~·ly** *adv.*

flivver [flívər] *n.* 《속어》 **1** 값싼 물건; 《특히》 값싼 고물 소형 자동차, 소형 비행기[개인용]; [일반적으로] 자동차. **2** 실책, 실패. ─ *vi.* 실패하다.

flix [fliks] *n.* U C [토끼·해리(海貍) 따위의] 모피(fur), 솜털. ─ [족 해발 전선].

FLN 《略》 *F*ront de *L*ibération *N*ationale(알제리아 민족 해방 전선).

‡float [flout] *vi.* **1** 뜨다, [물·공중에] 표류하다, 떠돌다(drift). ¶ (~+前+閔) A cork *floats on* the water. 코르크는 물에 뜬다. **2** [눈앞·마음속에] 떠돌다(hover); [소문 따위가] 퍼지다, 전하다. ¶ (~+前+閔) Idle thoughts *floated in* his mind. 그의 마음에 한가로운 생각이 떠올랐다. **3** [회사 등이] 세워지다, 설립되다. **4** 《상업》 [어음 따위가] 유통하다; 지불 기일이 박두하다.
─ *vt.* **1** 을 띄우다, [물·공중에] …을 뜨게 하다, 표류시키다, 떠오르게 하다, 부양(浮揚)시키다. ¶ The rising tide *floated* the ship. 밀물로 배가 떠올랐다. **2** …을 물에 잠기게 하다, 《에》 범람시키다(flood); …을 관개(灌漑)하다(irrigate). **3** [소문 따위]를 퍼뜨리다, 유포시키다. **4** [회사·계획 등]을 세우다, 시작하게 하다(start). ¶ *float* a company 회사를 설립하다. **5** [공채·주식 따위]를 시장에 팔다, 유통시키다. / *float* bonds 사채(社債)를 시장에 내놓다 / *float* loans 기채(起債)하다. **6** [환율 따위]를 변동 시세제로 하다. **7** [석회 따위의 표면]을 흙손으로 고르다, 반반히 하다. ─ *n.* **1** 뜨는 것, 부유물; 뗏목(raft); 부낭(浮囊), 구명대(救命袋) [낚싯줄의] 찌. **3** [기계] [물탱크 따위의 수량을 자동 조절하는] 부구(浮球). **4** = floatboard. **5** 《항공》 [수상기(水上機)의] 플롯, 부주(浮舟); 《항해》 부잔교(浮棧橋). **6** [동물] 물고기의 부레(bladder). **7** [시위 행진 따위에 쓰는] 장식을 한 판 연차. **8** (보통 ~s) 《연극》 각광(footlights). **9** [미] 미장이의 흙손. **10** [자수·무늬 있는 피륙 안쪽의] 부사(浮絲). **11** [지질] 표석(漂石) [풍화 작용으로 생긴 암석 조각]. **12** [은행] 부동 증권. **13** 《영》 [상점 따위가] 개점할 때 준비하는 잔돈.

on the float 떠서, 떠돌아.
◊ flótage, flotátion *n.*, afloát *adv.*, *adj.*

float·a·ble [flóutəbl] *adj.* **1** 뜰 수 있는, 떠오르는 성질의. **2** [강물이 배·뗏목 따위를] 띄울 수 있는.

float·age [flóutidʒ] *n.* = flotation.

float·a·tion [floutéiʃ(ə)n] *n.* = flotation.

float·board [flóutbɔ̀ːrd / -bɔ̀ːd] *n.* [물방아의] 물받이 판; [옛날 외륜선의] 물 헤치는 판. ─ [다리].

flóat brídge *n.* 부교(浮橋), 뗏목으로 만든 다리, 배**float·el** [flóutél] *n.* 수상(水上) 호텔. [< FLOA[TING] + [HO]TEL].

float·er [flóutər] *n.* **1** 뜨는 사람(것), 부유물; 낚시찌, 부척(浮尺). **2** 《미국속어》 직업(주소)을 자주 바꾸는 사람, 뜨내기 노동자, 떠돌이. **3** 《미》 [특히] 매수가능한] 부동(浮動)투표자, [여러 군데서 투표하는] 부정 투표자. **4** [회사 설립의] 발기인. **5** [보험] 포괄 보

flóat gràss *n.* 소택지나 아열대 지방의 부평초(floating grass).

flóat hòur *n.* 《美 학생 속어》자유 시간, 수업이 없는 시간.

***float·ing** [flóutiŋ] *adj.* **1** 물 위(공중)에 떠 있는; 부동성(유동성)의. ¶ *floating* ice 유빙(流氷) / *floating* motes in the air 공중에 떠도는 미세한 티끌 / a *floating* mine 부유 수뢰. **2** 부동적인, 변동이 있는. ¶ a *floating* population 부동 인구. **3** [병리] 정착하지 않는, 유리(遊離) 상태의. ¶ a *floating* liver 유리 간장. **4** [재정] [자본 따위가] 유동하고 있는, 고정돼 있지 않는. ¶ *floating* assets (capital) 유동 자산(자본) / a *floating* debt (liability) 일시 차입금(단기 채무) / *floating* bonds 부동(단기) 공채. **5** [뱃짐이] 해상에 있는, 해상 화물의. ¶ a *floating* cargo 미도착 화물. **6** [기계] 자유로 움직이는.

flóating brídge *n.* 부교(浮橋), 뗏목 다리.
flóating cápital *n.* [경제] 부동(浮動) 자본 [유동 및 운전(運轉) 자산으로 돌려진 기업의 자본 부분].
flóating débt *n.* [경제] 유동 부채, 일시 차입금.
flóating décimal póint *n.* [컴퓨터] 부동(浮動) 십진 소수점 [전자 탁상 계산기 따위의, 이동하는 소수점].
flóating dóck *n.* 부선거(浮船渠).
flóating exchánge ráte sýstem *n.* 변동 환율 제도.
flóating ísland *n.* **1** [부유물이 뭉쳐서 생긴] 뜬 섬. **2** 커스터드(custard)의 일종.
flóating kídney *n.* [의학] 유주신(遊走腎), 유리(遊離) 신장.
flóating líght *n.* [항해] 부표선(lightship); [암초, 얕은 데 따위를 나타내기 위해] 등화를 밝힌 작은 배].
flóating ríbs *n. pl.* [해부] 유리(遊離) 늑골[맨 밑의 한 쌍의 늑골].
flóating supplý *n.* ⓤ [상업] [상품·증권 따위의] 재고량.
flóating vòte *n.* **1** 부동표. **2** (the ~) [집합적] 《美》 부동 투표자(수).
flóat·plane [flóutplèin] *n.* 부주(浮舟)가 달린 수상 비행기(seaplane).
flóat·stone [flóutstòun] *n.* ⓤⓒ [광물] 경석(輕石), 부석(浮石); [벽돌을 곱게 다듬을 때 쓰는] 숫돌.
floc·ci·nau·ci·ni·hi·li·pi·li·fi·ca·tion [flàksinɔ̀sinàihilipàilifikéiʃ(ə)n / flɔ̀k-] *n.* 《英戱》 [부(富) 따위의] 경시(輕視).
floc·cose [flάkous / flɔ́k-] *adj.* **1** [식물] 부드러운 털 모양의(tufty). **2** 양털 같은(woolly).
floc·cu·late [flάkjulèit / flɔ́k-] *vt., vi.* (-lat·ed, -lat·ing) 솜 모양의 덩어리로 만들다(되다).
floc·cu·la·tion [flὰkjuléiʃ(ə)n / flɔ̀k-] *n.* ⓤⓒ 솜 모양으로 덩어리로 되기; 솜 모양의 덩어리로 된 것.
floc·cu·lence [flάkjuləns / flɔ́k-] *n.* ⓤ 양털 모양임; 털 모양임.
floc·cu·lent [flάkjulənt / flɔ́k-] *adj.* **1** 양털 모양의, 솜털 모양의; 유모성(柔毛性)의. **2** [곤충 따위가] 부드러운 털로 덮인. ~·ly *adv.*
floc·cu·lus [flάkjuləs / flɔ́k-] *n.* (*pl.* -li [-lài]) **1** 양털 모양의 작은 뭉치. **2** [해부] 소뇌(小腦)의 소엽(小葉). **3** [천문] 면양반(綿羊斑) [태양의 단색상에 보이는 무수한 빛나는 반문(斑紋)].

‡**flock**[1] [flάk / flɔ́k] *n.* **1** [특히 양·염소·새의] 떼; (~s) 양떼. ¶ *flocks* and herds 양과 소(sheep and cattle).

【類語】*flock* 양·염소·새의 떼: a *flock* of goats 염소 떼. *drove* 이동중인 소·양·돼지의 떼: a *drove* of sheep 양떼. *flight* 날고 있는 것의 떼: a *flight* of wild geese 기러기떼. *herd* 소·말, 기타 이와 크기가 비슷한 동물의 떼: a *herd* of buffaloes 들소떼. *pack* 사냥개·늑대 따위가 공격·방어를 위해 짓는 무리: a *pack* of wolves 늑대떼. *school* 물고기·고래 따위의 떼. *shoal* 물고기의 대군. *swarm* 곤충이 밀집한

떼: a *swarm* of locusts 메뚜기떼.
2 [사람의] 떼, 무리, 일단; 군중(crowd). ¶ the flower of a *flock* 한 집안의 꽃; 군계일학 / a *flock* of humble men and women 수수한 남녀의 한 떼 / They came in *flocks.* 그들은 떼지어 왔다. **3** [예수 그리스도를 「선한 목자(Good Shepherd)」로 보고 모든] 기독교도; [목사에 대하여] 회중(會衆) (congregation); 기독교회; [부모·교사의 지도하에 있는] 어린이, 생도. ¶ the *flock* of Christ 《집합적》 기독교 신자 / a mother with her *flock* 아이들을 거느린 어머니. **4** [물건의] 모임. ¶ a *flock* of new books 많은 신간 서적.
— *vi.* 모이다, 떼를 짓다(congregate); 떼를 지어서 가다 (오 다) (troop). ¶ (~+圖+圖) Pilgrims *flock* to Mecca every year. 순례자는 해마다 떼를 지어서 메카로 온다 / Birds of a feather *flock* together. 《속담》 유유상종(類類相從).

flock[2] [flάk / flɔ́k] *n.* **1** 한 뭉치의 양털(머리칼); (~s) [침대 따위의 속에 넣는] 털 부스러기; 넝마, 솜 부스러기(cotton waste). **3** (~s) [화학] 솜 모양의 침전물. — *vt.* [침대 따위에] 털(솜) 부스러기를 넣다; [제지(製紙)에] 털 부스러기를 넣다.

flóck bèd *n.* 털 부스러기를 넣어서 만든 침대.
flóck·mas·ter [flάkmæ̀stər / flɔ́kmὰːs-] *n.* 목양자(牧羊主), 양 치는 사람(sheep-farmer).
flóck pàper *n.* ⓤ 나사지(羅紗紙) [털 부스러기를 넣어 만든 판지·벽지].
flock·y [flάki / flɔ́ki] *adj.* (**flock·i·er, flock·i·est**) 양털(털솜) 같은; 솜 모양의.
floe [flou] *n.* **1** [바다에 떠 있는] 빙원(氷原). **2** 부빙(浮氷).
flog [flɑg, flɔg / flɔg] *vt.* (**flogged, flóg·ging**) **1** …을 세게 치다, 채찍질하다(thrash); [말 따위를] 채찍질해서 빨리 가게 하다(달리다). ¶ (~+圖) *flog* a donkey along 나귀를 채찍질해서 나아가게 하다. **2** 때려서 …을 고치다(가르치다). ¶ (~+圖+圖+圖) *flog* laziness out of a person 남을 매질하여 게으른 버릇을 고치다 / *flog* Latin into a boy 매질하여 소년에게 라틴어를 가르치다. **3** 《英속어》 …을 패배시키다 (defeat). **4** 《강》에 낚시줄을 드리우하여 던지다. **5** 《英속어》…을 [불법적으로] 팔다.
flog a dead horse ⇒ HORSE.
flog·ger [flάgər, flɔ́ːg- / flɔ́gə] *n.* 채찍질하는 사람.
flog·ging [flάgiŋ / flɔ́g-] *n.* ⓤⓒ 채찍질, 태형(笞刑).

‡**flood** [flʌd] *n.* **1** 홍수(inundation); (the F-) 노아의 홍수(Noah's Flood, the Deluge). ¶ before the *Flood* 노아의 홍수 이전의(에); 먼 옛날에 / The *floods* are out all along the valley. 그 골짜기 일대에 홍수가 났다.

【類語】*flood* 하천 따위가 넘치는 것. *deluge* 호우에 의해 모든 것을 휩쓸어 버리는 격심한 *flood*: 호우 그 자체를 뜻하는 경우도 많다: The whole hamlet was washed away by the *deluge.* 마을 전체가 그 홍수로 떠내려갔다. *inundation* 홍수 때문에 광범한 토지가 물에 잠긴 상태; 문어적인 말: the *inundation* of the entire village 온 마을이 물에 잠김.

2 [물 따위의] 격심한 유출(유입), 범람; [빛 따위가] 확 비쳐드는 것; [사람·사물의] 범람, 유출, 쇄도(torrent). ¶ a *flood* of rain 억수같은 비 / a *flood* of light 넘쳐 흐르는 빛 / a *flood* of callers 방문객의 쇄도 / a *flood* of words 도도히 흘러나오는 말 / a *flood* of tears 쏟아지는 눈물. **3** 밀물, 만조. **4** 《고어·詩》 바다, 강, 호수, 해양.
at the flood 밀물이 차서; 《비유적》 호기(好機)에.
flood and field 수륙, 해륙.
in flood 범람하여, 가득 넘쳐서.
— *vt.* **1** …을 범람시키다(inundate), 물이 붇게 하다. ¶ The stream is *flooded* by rain. 비가 와서 강물이 불었다. **2** [물이] …에 넘치다, …을 물 속에 잠기게 하다. **3** …에 가득히 물을 채우다; …에 방수하다; …에 관개하다(irrigate). **4** [빛 따위가] …에 가득 차다; [사람

floodable 893 **flop**

등이] …에 쇄도하다(throng). ¶ be *flooded* with inquiries 조회가 빗발치다 / Bookstores are *flooded* with comic books. 서점은 만화책으로 가득하다.
— *vi.* **1** [하천에] 물이 나다, 범람하다(overflow); [조수가] 밀려오다; [빛 따위가] 확 비치다. ¶ (~+圖+名) Sunlight *flooded* into the room. 햇빛이 방안에 가득히 비쳤다. **2** [병리] [출산할 때 자궁에서] 다량으로 출혈하다; 월경이 시작되다.

flood·a·ble [flΛ́dəbl] *adj.* 홍수가 나기 쉬운.
flóod contròl *n.* U [토목] 치수, 홍수 조절.
flood·er [flΛ́dər] *n.* **1** [토지에] 물을 대는 사람. **2** 정기적으로 범람하는 하천.
flóod fàllowing [-fəlouiŋ] *n.* U [농업] 관수 휴한법(冠水休閑法) [휴작(休作)중의 토지에 물을 대어 토양이 매개하는 병원균을 박멸하는 방법].
flood·gate [flΛ́dgèit] *n.* **1** 수문(sluice); 방조문(防潮門). **2** (비유적) [감정 따위의] 배출구.
flood·ing [flΛ́diŋ] *n.* U C **1** 범람, 홍수. **2** [의학] 자궁 출혈.
flóod lamp *n.* =floodlight.
flood·light [flΛ́dlàit] *n.* **1** 투광(投光) 조명, 주 명기로 비춘] 일광(溢光). **2** (=**flóodlight projèctor**) 투광 조명기. — *vt.* (**-light·ed** *or* **-lit**, **-light·ing**) …을 투광 조명으로 비추다. ¶ *floodlight* a baseball stadium 야구장을 투광 조명으로 비추다.
flood·mark [flΛ́dmὰ:rk] *n.* 고수표(高水標), 만조표 (滿潮標).
flood·om·e·ter [flʌdάmitər / -5m-] *n.* 홍수계, 수량 (水量) 기록계.
flóod plàin *n.* [지리] 홍수 때 물에 뒤덮이는 범 람원(汎濫原).
flóod tìde *n.* **1** 밀물, 만조. **2** (비유적) 밀물처럼 밀어닥치는 것, [사건·일의] 최고조.
on the flood tide of success 성공의 물결을 타고.
flood·wa·ter [flΛ́dwɔ̀:tər, +美 -wὰt-] *n.* U 홍수의 물. (driftwood).
flood·wood [flΛ́dwùd] *n.* U 유목(流木), 표류목.
‡**floor** [flɔ:r / flɔ:] *n.* **1** 마루; 판자 깐 방; (~s) 마루판자, 마루 재목(floor timbers). ¶ *floor* space 건물 면적, 건평.
2 [건물의] 층(story).
— *Usage* (英)(美)의 차이 (美)에서는 1층은 the first floor, 2층은 the second floor 이지만, (英)에서는 1층은 the ground floor 이며, 2층은 the first floor 이 다.
3 [바다·호수·골짜기 따위의] 밑바닥; [움푹 팬 것의] 평평한 바닥(flat bottom); 평지; [구조물 따위의] 평탄부, 바닥 부분; [광산] [수평 갱도의] 갱상(床層), 상반 (鑛床). ¶ the ocean *floor* 대양의 해저.
4 의원석; [의사당에서의] 발언권; [거래소의] 입회장; [나이트 클럽 따위의] 플로어. ¶ the *floor* of the House 국회의 의원석 / get (*or* obtain) the *floor* 발언 권을 얻다 / The chairman gave him the *floor* 의장은 그에게 발언권을 주었다. [분; 늑판(肋板).
5 [항해] 선저(船底); 선상(船床) [선창의 평평한 부 **6** (美속어) [가격·임금의] 최저(minimum level). *opp.* ceiling ¶ a *floor* price 최저 가격.
go on the floor (구어) [영화가] 제작되다.
mop (*or* *wipe*) *the floor with* (속어) …을 완전히 압 도하다, 해치우다. [시키다.
put a floor under …에게 지지를 보내다; …을 안정
take the floor ① 발언하다; 토론에 참가하다. ② 춤에 참가하다.
— *vt.* **1** [소리나게] …을 떨어뜨리다, 던지다.
[돌 따위를] 바닥에 깔다 (pave). ¶ *floor* a house 집에 마루를 놓다 // (~+圖+ 名) the place *floored* with flat stones 납작한 돌이 깔린 곳. **2** …을 쓰러뜨리다, 때려 눕히다; (구어) …을 패배시키다, 조지다, 꼼짝 못하게 하다(defeat); (구어) …을 절절매게 하다, 어쩔 줄 모르게 하다 (confound). ¶ *floor* an opponent in an argument (a

boxing match) 논쟁 (권투 시합)에서 상대방을 여지없이 해치우다 / The problem *floored* us. 그 문제에 우리는 손 들고 말았다. **3** (英구어) [벌로서] [학생을] 마루 위에 앉히다. **4** (英학생 속어) [시험의 답안 따위에서] …에 멋지게 답을 쓰다, …을 멋지게 해치우다. ¶ *floor* a question 질문에 잘 대답하다. **5** (구어) [음료 따위를] 비우다, 마셔버리다(empty).
floor·age [flɔ́:ridʒ / flɔ́:-] *n.* U 바닥 면적(floor space).
floor·board [flɔ́:rbɔ̀:rd / flɔ́:bɔ̀:d] *n.* 마루널, 마루청. ⇨ JOIST 그림.
flóor bròker *n.* (美)(증권) 플로어 브로커[다른 회 원을 위해 수수료를 받고 매매를 행하는 증권 거래소 회 원].
floor·cloth [flɔ́:rklɔ̀:θ / flɔ́:klɔ̀(:)θ] *n.* **1** 바닥 닦 개, 마루 걸레. **2** 마루 깔개[리놀륨·유포(油布) 따 위].
floor·cross·ing [flɔ́:rkrɔ̀:siŋ / flɔ́:krɔ̀s-] *n.* (특히 영국 의회 등에서) 자당(自黨)의 반대측에 투표하기; 자 당의 의안에 대한 반대 투표.
floor·er [flɔ́:rər / flɔ́:rə] *n.* **1** 마루 까는 사람. **2** 바 닥에 쓰러뜨리는 사람(것); 맹렬한 타격(knock-down blow); [스키를 놓이] 세운 막대를 단번에 전부 넘어뜨리는 투구. **3** (구어) 당황하게 하는 것; 난문(難問).
flóor èxercises *n. pl.* [체조 경기의] 마루운동.
floor·ing [flɔ́:riŋ / flɔ́:r-] *n.* U **1** 마루(floor); [집합 적] 바닥. **2** 마루 재료[판자·돌 따위].
flóor làmp *n.* 마루에 놓는 스탠드.
flóor lèader *n.* (美) [정당의] 원내 총무.
flóor lìght *n.* 마루의 채광창(採光窓).
flóor mànager *n.* (美) **1** [정당의 대회 따위에서] 회의장 지휘자. **2** 텔레비전의 무대 감독. **3** =floor-walker.
flóor mòdel *n.* **1** [마루 위에 놓는] 콘솔(console) 형 텔레비전(라디오). **2** [점포의] 진열용 가구(기 구).
flóor pàrtner *n.* (증권) 장내 매매 담당자[증권 회 사의 사원인 동시에 증권 거래소 회원 자격을 가지고 자 기 회사를 위해 장내에서 증권 매매를 한다].
flóor plàn *n.* [건축] 평면도.
flóor prìce *n.* [수출] 최저 가격. [시프트.
floor·shift [flɔ́:rʃift / flɔ́:-] *n.* 자동차 바닥의 기어
flóor shòw *n.* [카바레·나이트 클럽 등의] 여흥 쇼.
flóor spàce *n.* [건물의] 바닥 면적, 건평; [점포의] 매장 면적.
floor-through [flɔ́:rθrù: / flɔ́:-] *n.* (美) 1개 층을 다 차지하는 아파트.
flóor tràder *n.* (美)(증권) 플로어 트레이더[자기의 계정으로 매매를 행하는 증권 거래소 회원].
floor·walk·er [flɔ́:rwɔ̀:kər / flɔ́:-] *n.* (美) [백화점 등의] 판매장 순시인, 매장 감독 (英) shopwalker.
floo·zy, -zie [flú:zi] *n.* (*pl.* **-zies**) (美속어) 방탕한 여자(loose woman), 창녀(prostitute).
‡**flop** [flap / flɔp] *v.* (**flopped; flop·ping**) *vi.* **1** 털썩 떨 어지다; 털썩 넘어지다(주저앉다); 쿵 던지다, 바쁘게 돌 아다니다, 쿵쿵 걷다(down…). ¶ (~+圖) *flop* down on one's knees 털썩 꿇어앉다. **2** 갑자기 바뀌다, [정당 등 을] 배반하다(rat) (*over*…). ¶ (~+圖) He *flopped over* to the other party. 그는 다른 당으로 넘어갔다.
3 [갑자기] [꿈이 / 꿈이] [극 따위가] 실패하다(fail).
4 [바람 따위 때문에] 펄럭이다. **5** (속어) 잠자다(sleep).
— *vt.* **1** [소리나게] …을 떨어뜨리다, 던지다.
¶ (~+圖+名) *flop down* a sack of corn 옥수수 자루를 털 썩 내려놓다. **2** [날개 따위를] 푸드덕거리다.
flop about (구어) 빈들빈들하고 있다, 아무렇게나 뒹굴 (ily).
flop along (구어) 무거운 발걸음으로 걷다(walk heav-
flop into (구어) …속에 쿵 들어가다. ¶ He *flopped into* the water. 그는 물 속에 풍덩 빠졌다.

FLOP

flop out 《구어》 …을 때려 눕히다.
── *n.* **1** 쿵 하고[소리내며] 떨어지기(넘어지기), 털썩 주저앉기; 쿵 하는 소리(thud). ¶ with a *flop* 쿵 하고. **2** 실패[자] (failure). **3** 《미속어》 잠자리, 싸구려 여인숙.
take a flop 《속어》 털썩 넘어지다.
── *adv.* 쿵 하고, 털썩 하고, 풍덩 하고, 픽 하고. ¶ fall *flop* into the water 물 속에 풍덩 빠지다.

FLOP [flɑp / flɔp] *n.* 《컴퓨터》 부동(浮動) 소수점 연산[소수점의 위치를 자동적으로 계산하는 연산 방법]. [< FL[OATING-POINT] + OP[ERATION]]

flop·house [flɑ́phàus / flɔ́p-] *n.* (*pl.* **-hous·es** [-hàuziz]) 《미속어》 (보통 남자 전용의) 값싼 여인숙, 간이 숙박소.

flop·ò·ver [flɑ́poùvər / flɔ́p-] *n.* 〖TV〗 플롭오버[조정 불량 때문에 영상이 아래 위로 움직이는 일].

flop·per [flɑ́pər / flɔ́pə] *n.* 《미속어》 **1** 《정치 등의》 변절자. **2** 길가에 누워서 구걸하는 거지; 부랑자. **3** 퍼덕퍼덕 소리를 내는 사람(것); 오리(집오리) 새끼 (flapper).

flop·py [flɑ́pi / flɔ́-] *adj.* (**-pi·er, -pi·est**) 《구어》 **1** 퍼덕이는. **2** 게으른(slack), 느슨한, 아무짓도 못한 (loose). **-pi·ness** *n.*

flóppy dísk *n.* 〖컴퓨터〗플로피 디스크[플라스틱으로 만든 외부 기억용의 자기(磁氣) 디스크](diskette).

flo·ra [flɔ́:rə / flɔ́-] *n.* (*pl.* **flo·ras** or **flo·rae** [-ri:]) **1** [한 지방 또는 한 시대의 특유한] 식물〔군〕; 식물상(相) 식물구계(區系). *cf.* fauna ¶ the *flora* and fauna of Africa 아프리카의 식물 및 동물. **2** [한 지방 또는 한 시대의 특유한] 식물지(誌). ◇ **flóral** *adj.*
[<L *Flōra* Flora 고대 로마의 꽃의 여신]

*****flo·ral** [flɔ́:rəl / flɔ́-] *adj.* **1** 꽃의, 꽃같은. ¶ *floral* decorations 꽃장식. **2** 식물군의, 식물구계의. **3** (F-) 꽃의 여신(플로라)의. **~·ly** *adv.*

flóral émblem *n.* 〔나라·주·시 등을〕상징하는 꽃.

flóral énvelope *n.* 〔식물〕화개(花蓋), 화피(花被) (perianth).

flóral léaf *n.* 〔식물〕화엽(花葉).

flóral tríbute *n.* 헌화(獻花).

flóral wédding *n.* 화혼식(花婚式)〔결혼 7주년 기념〕.

*****Flor·ence** [flɔ́:rəns, flɑ́r- / flɔ́r-] *n.* 이탈리아 중부 Tuscany 주에 있는 도시, 원명 Firenze [Fi-].
◇ **Flórentine** *adj.*

Flor·en·tine [flɔ́:rənti:n, flɑ́r- / flɔ́rəntàin] *adj.* **1** 플로렌스(피렌체)의. ¶ the *Florentine* painters 피렌체파의 화가들. **2** 〔요리에〕시금치를 쓴. ── *n.* **1** 플로렌스 사람. **2** (f-) 능견(綾絹)의 일종.

flo·res·cence [flɔ:résns / flɔ-] *n.* ⓤ **1** 개화(開花), 꽃필 때(bloom). **2** 한창, 전성(번영)기(period of success).

flo·res·cent [flɔ:résnt / flɔ-] *adj.* **1** 꽃이 핀, 꽃들이의. **2** 〔문화 따위가〕무르익은.

flo·ret [flɔ́:rit / flɔ́-] *n.* **1** 작은 꽃(small flower). **2** 〔식물〕국화과 식물의 작은 통꽃.

flo·ri·at·ed [flɔ́:rièitid / flɔ́-] *adj.* 꽃장식이 있는, 꽃무늬 장식을 한.

flo·ri·cul·tur·al [flɔ̀:rikʌ́ltʃ(ə)rəl / flɔ̀-] *adj.* 꽃을 가꾸는, 화초 재배의.

flo·ri·cul·ture [flɔ́:rikʌ̀ltʃər / flɔ́-] *n.* ⓤ 화초 재배 〔법〕, 꽃 가꾸기.

flo·ri·cul·tur·ist [flɔ̀:rikʌ́ltʃərist / flɔ̀-] *n.* 화초 재배가, 꽃 가꾸는 사람; 꽃 장수.

flor·id [flɔ́:rid, flɑ́r- / flɔ́r-] *adj.* **1** 〔안색이〕불그레한, 혈색이 좋은, 생생한, 선명한. ¶ *florid* cheeks 불그스레한 빰 / a *florid* complexion 혈색이 좋은 얼굴. **2** 〔문체 따위가〕화려한, 찬란한(ornate); 〔옷 따위가〕번지르르한(showy); 현란한. ¶ a *florid* prose style 미문체(美文體) / He made a *florid* speech. 그는 미사여구로 가득한 연설을 했다. **3** 〔병이〕개화성(開花性)인. **~·ly** *adv.* **~·ness** *n.*

*****Flor·i·da** [flɔ́:ridə, flɑ́r- / flɔ́r-] *n.* 미국 동남단의 주 (州) 〔주도 Tallahassee; 略 Fla.〕.

Flor·i·dan [flɔ́:ridən, flɑ́r- / flɔ́r-], **Flo·rid·i·an** [flɔ:rídiən / flɔ-] *adj.* 플로리다〔주〕의, 플로리다 주민의. ── *n.* 플로리다주의 주민.

flo·rid·i·ty [flɔ:ríditi / flɔ-] *n.* ⓤ **1** 혈색이 좋음. **2** 〔화려, 현란〕.

flo·rif·er·ous [flɔ:ríf(ə)rəs / flɔ:-] *adj.* **1** 꽃이 피는 (*cf.* bacciferous); **2** 꽃이 많은. **2** 눈부신, 현란한 (flowery). ¶ *floriferous* language 미사여구가 많은 말.

flor·i·gen [flɔ́:ridʒ(ə)n / flɔ́r-] *n.* 〔식물〕화성소(花成素), 개화(開花) 촉진 호르몬.

flo·ri·le·gi·um [flɔ̀:rilí:dʒiəm / flɔ̀-] *n.* (*pl.* **-gi·a** [-dʒiə]) **1** 〔고어〕꽃 모음〔집〕; 화보(花譜). **2** 명시집(名詩選), 명문집(anthology).

flor·in [flɔ́:rin, flɑ́r- / flɔ́r-] *n.* **1** 플로린 은화〔1849년에 발행된 영국의 2실링 은화〕. **2** 〔네덜란드〕굴덴 은화 (gulden). **3** 〔역사〕플로렌스 금화〔1252년에 Florence에서 발행된 금화로서 최초의 플로린화(貨)〕. **4** 〔영미의〕플로린 금화〔Edward 3세 (1312-1377) 당시에 발행된 영국의 6실링 금화〕. **5** 〔유럽 제국·영국 연방의〕 플로린 금(은)화.

flo·rist [flɔ́:rist, flɑ́r- / flɔ́r-] *n.* 화초 재배자; 꽃장수.

-florous -flowered, having flowers 라는 뜻의 연결형. 예: uni*florous* (단화(單花)의), multi*florous* (다화(多花)의).

flo·ru·it [flɔ́:r(j)u(:)it / flɔ́-] *n.* 〖라틴〗 (= he (*or* she) flourished) 〔사람의 재세기〔在世期〕, 활약기〔특히 생사의 연·월·일이 분명하지 않을 때에 쓴〕. 略 fl.,

flo·ry [flɔ́:ri / flɔ́-] *adj.* = fleury.　　　　　[flor.]

flos·cu·lar [flɑ́skjulər / flɔ́s-] *adj.* 작은 꽃으로 된, 통 상화(筒狀花)로 된.

floss [flɔ:s, flɑs / flɔs] *n.* ⓤ **1** 고치실, 풀솜, 고치솜. **2** 명주실 (floss silk) **3** 고치솜 모양의 것〔옥수수의 수염 따위〕; 솜 모양의 섬유.

flóss sílk *n.* ⓤ **1** 명주실〔꼬지 않고 자아낸 명주실; 값싼 견직물이나 자수실용〕. **2** 풀솜.

floss·y [flɔ́:si, flɑ́si / flɔ́si] *adj.* (**floss·i·er, floss·i·est**) **1** 풀솜 같은, 폭신폭신한 (downy). **2** 《미속어》야하게 장식한(showy, frilly), 멋부린(stylish).

flo·tage [flóutidʒ], (**float·age**) *n.* ⓤ **1** 부양(浮揚), 부유(浮遊); 부력, 부양력(buoyancy). **2** 《구어》부유물, 표류물(flotsam). **3** 〔집합적〕하천에 뜬 배, 뗏목. **4** 건현(乾舷)〔배의 흘수선 위의 부분〕.

flo·ta·tion [flou(t)éi(ə)n], (**float·a·tion**) *n.* ⓤ **1** 부양(浮揚) (flotage). ¶ the center of *flotation* 〔물리〕부심(浮心) / 〔부체(浮體)의 중심(重心)〕 / *flotation* equilibrium 부양 평형(平衡). **2** 〔공채·채권 따위의〕발행, 모집; 〔회사 따위의〕설립, 창업. **3** 변동 환율로 하기. ¶ the *flotation* of the Deutsche mark 독일 마르크의 변동 환율제로의 이행. **4** 〔야금〕부유 선광(浮遊選鑛). **5** 부체학(浮體學).

flotátion cóllar *n.* 착수(着水) 직후 우주선에 다는 부양 부표(浮揚浮標).　　　　[+[HO]TEL]

flo·tel [floutél] *n.* 해상(海上) 호텔. [< FLO[ATING]

flo·til·la [floutílə] *n.* 소함대, 정대(艇隊). ¶ a *flotilla* of torpedo boats 수뢰정대(水雷艇隊).

flot·sam [flɑ́tsəm / flɔ́t-] *n.* **1** 〔난파선의〕부하(浮荷), 표류 화물. **2** 〔집합적〕부랑자, 건달. ¶ the *flotsam* of society 사회의 쓰레기. **3** 굴의 알(oyster spawn).

flotsam and jetsam ① 표류 화물과 바닷가에 밀려온 화물, 난파 화물. ② 잡동사니(odds and ends). ③ 부랑자.

flounce¹ [flauns] *vi.* (**flounced, flounc·ing**) **1** 〔화가 나거나 초조하여〕뛰어나가다, 뛰어들다(*away, off, out, into*...). ¶ (*~+閒*) He *flounced* off in a passion. 그는 잔뜩 화가 나서 뛰어나갔다 // (*~+閒+图*) He *flounced into* the water. 그는 물 속에 풍덩 뛰어 들었다. **2** 몸부림(발버둥)치다, 날뛰다. ¶ *flounce* like a wild bull

flounce in a net 그물 속의 들소처럼 날뛰다. —— *n.* 몸부림, 발버둥; 초조한 몸짓.

flounce² [flauns] *n.* [여성복 스커트 등의 층층으로 된] 주름 장식. —— *vt.* (**flounced, flounc·ing**) …에 주름 장식을 달다.

flounc·ing [fláunsiŋ] *n.* ⓤ 주름 장식의 재료; 주름 장식.

‡**floun·der¹** [fláundər] *vi.* 1 고생하며 나아가다, 헐떡이며 나아가다(along, on, through…); 몸부림치다, 바둥거리다. ¶ (~+前+名) *flounder* in the deep snow 깊은 눈 속에서 몸부림치다. 2 허둥대다, 실수를 하다. ¶ (~+前+名) The girl could only *flounder* through her song. 그 소녀는 간신히 노래를 끝마칠 수가 있었다. —— *n.* 몸부림, 버둥거림, 허위적거림.
[<FLOUN[CE]¹+[FOUN]DER²]

floun·der² [fláundər] *n.* (*pl.* **-der** or **-ders**) 가자미(科)의 물고기(flatfish). [수를 하며,

floun·der·ing·ly [fláundəriŋli] *adv.* 몸부림치며, 실

‡**flour** [flauər] *n.* ⓤ 1 밀가루, 곡분. 2 고운 가루, 분말. ¶ *flour* of emery 금강사(金剛砂). —— *vt.* (美) 1 …을 가루로 빻다. 2 …에 가루를 뿌리다. —— *vi.* 가루가 되다. ◇ *flóur·y adj.*

flóur bèetle *n.* 밀가루에 꾀는 작은 갑충(甲蟲).

flóur bòx *n.* =flourdredge

flour·dredge [fláuərdrèdʒ], **-dredg·er** [-drèdʒər] *n.* =dredger².

‡**flour·ish** [flə́:riʃ / flʌ́riʃ] *vi.* 1 번영하다, 번성하다(thrive); 잘되다; 융성하다. ⇨ SUCCEED 類語 [사람이 한 시대에] 활약하다, [초목 따위가] 우거지다. 2 [팔·무기 따위가] 휘둘리다. 3 장식 글자체로 쓰다, 4 화려한 말로 쓰다(이야기하다); 멋을 부려 말하다(말하다). 5 [음악] 화려하게 연주하다, [트럼펫으로] 팡파르를 울리다.
—— *vt.* 1 [칼·팔 따위를] 휘두르다, 내두르다(brandish). 2 …을 과시하다. 3 …을 화려하게 꾸미다, 장식 글자체로 쓰다, 화려한 디자인으로 꾸미다.
—— *n.* 1 [칼·지팡이 따위의] 휘두르기. 2 과시하기. 3 장식 글자[로 쓰기], 당초풍(唐草風)의 장식 글자. [修辭] [글의] 윤색, 미사 여구(florid expression). 5 [음악] 장식 악구(樂句), 화려한 트럼펫 취주, 팡파르. 6 ⓤ (드물게) 한창 융성함, 번성, 원기 왕성.
¶ in full *flourish* 한창 융성하여, 번성하여 원기 왕성하여.
a flourish of trumpets [환영할 때 따위의] 우렁차게 울리는 나팔의 취주; (비유적) 요란한 대선전.
with a flourish 화려하게, 성대히. ◇ **flóurishy** *adj.*

flour·ish·er [flə́:riʃər / flʌ́r-] *n.* 번영자, 번성자; 장식 글자체로 쓰는 사람, 미사 여구를 쓰는 사람; 무설한 자.

flour·ish·ing [flə́:riʃiŋ / flʌ́r-] *adj.* 1 무성한, 우거진. 2 번창하는, 성대한(prosperous). ¶ a *flourishing* community 번영하는 사회. **~·ly** *adv.*

flour·ish·y [flə́:riʃi / flʌ́r-] *adj.* 장식 글씨의, 화려한

flóur mìll *n.* 제분소, 제분기.

floury [fláuri / fláuəri] *adj.* 1 가루의; 가루 모양의 (powdery). ¶ *floury* corn 옥수수 가루. 2 가루투성이의, 가루칠을 한.

flout [flaut] *vt.* …을 업신여기다, 비웃다(mock); …에 콧방귀를 뀌다. ¶ *flout* a person's advice 남의 충고를 거들떠보지 않다. —— *vi.* 비웃다, 우롱하다(scoff) (at…). —— *n.* 비웃는 말; 경멸, 조롱(jeer).

flout·ing·ly [fláutiŋli] *adv.* 업신여기고, 조롱하여.

‡**flow** [flou] *vi.* 1 흐르다, [피 따위가] 순환하다, 돌다(circulate). ¶ (~+副) *flow away* 흘러가다, [세월이] 경과하다 ¶ (~+副+名) Tears *flowed* down her cheeks. 눈물이 그녀의 볼에 흘러내렸다 / Rivers *flow* into the ocean. 강은 바다로 흘러든다 / Royal blood *flows* in his veins. 그의 몸에는 왕족의 피가 흐르고 있다.
2 솟아나다(spring); 생기다, 일어나다(arise). ¶ (~+前+名) Blood will *flow.* 유혈 사태가 일어날 것이다 // (~+前+名) Love *flows from* the heart. 사랑은 진심에서 우러난다.
3 [사람·마차 등이] 줄줄이 지나가다, 흐르다, 흐르듯이 지나가다(pass along). ¶ The crowds *flowed* past. 군중이 흐르듯이 지나갔다.
4 [생각·말·시 따위가] 술술 나오다, 거침없이 흘러 나오다. ¶ His verse *flows* musically. 그의 시는 음악처럼 거침없이 흘러나온다.
5 [머리칼 따위가] 척 늘어지다(hang loosely); [깃발 따위가] 바람에 나부끼다. ¶ (~+前+名) *flow in* the breeze 산들바람에 나부끼다.
6 범람하다, 넘치다(overflow); 충만하여 있다, 많이 있다(abound) (with…). ¶ (~+前+名) a land *flowing* with milk and honey [성서] 젖과 꿀이 흐르는 땅, 풍요의 대지[≡출애굽기 (Exod.) 13 : 5].
7 [조수가] 밀려오다, 오르다, 차다(rise). *opp.* ebb
8 월경이 있다(menstruate).
—— *vt.* 1 …을 흘리다, 붓다. 2 …을 범람시키다, 넘치게 하다.

flow like water [술 따위가] 아낌없이 부어지다.
—— *n.* 1 흐름, 흘러내림, 유동. ¶ a *flow* of electricity 전기의 흐름 / the *flow* of a brook 시냇물의 흐름. [類語] **flow** 유체(流體)의 특징으로서의 끊임없는 흐름을 강조하는 말. a *flow* of a glacier 빙하의 흐름. **stream** 운동의 성질보다는 풍부함과 계속을 강조하는 말. a *stream* of water from a fountain 샘물에서 솟는 물의 흐름. **current** 일정한 방향을 가진 센(빠른) 흐름; 조류. a *current* of cold air 찬 공기의 흐름. **tide** 방향의 변화 또는 힙쓰는 힘을 암시하는 말: be swayed by the new *tide* of the world 세상의 새로운 흐름에 휩쓸리다. **flux** 방향·외관이 끊임없이 유동·변화하음을 강조하는 말: be in a state of *flux* 유동적이다.
2 [생각·말·찬사 따위의] 거침없는 흐름; [사람·물건 따위의] 흐름, 쇄도; [옷 따위의] 우려한 맵시. ¶ the *flow* of soul 마음의 교류 / a *flow* of spirits 활기찬 쾌활함 / a rapid *flow* of speech 유창한 연설. 3 유량(流量), 유출량; 흐르는 것, 흐름(stream); 유출물. ¶ a *flow* of ten gallons a second 1초당 10갤론의 유출량.
4 유출; 솟아남(discharge); 범람, 홍수(overflowing). ¶ a *flow* of joy 넘치는 기쁨 / the *flow* of water 물의 유출. 5 밀물, 만조, *cf.* ebb ¶ The tide is on the *flow.* 조수가 들어오고 있다.

the ebb and flow ⇨ EBB. ◇ **flówable** *adj.*

flow·age [flóuidʒ] *n.* ⓤ 1 유출, 유동; 범람(flooding); 유출물. 2 [물리] [아스팔트 같은 점성(粘性) 물질의] 흐름.

flów chàrt *n.* 생산 공정도(工程圖), 일관 작업도.

flów dìagram *n.* =flow chart.

‡**flow·er** [fláuər] *n.* 1 꽃, 화초, 화훼. ¶ an artificial *flower* 조화 / *flower* language 꽃말 / the national *flower* 나라꽃, 국화 / garden *flowers* 정원화 / No *flowers.* [부고(訃告) 따위에서] 조화는 사양합니다.
[類語] **flower** 식물의 생식 기관이 형성되는 부분, 특히 아름답게 보이는 것: a bunch of *flowers* 한 다발의 꽃. **bloom** 개화하여 아름다움이 절정에 달한 꽃; 보통 상용 식물에 대해 쓰는 말: This rose has *blooms* all seasons. 이 장미는 사철 핀다. **blossom** 열매가 열릴 때까지의 한 단계로서 핀 꽃; 보통 과수에 쓰는 말: the apple *blossoms* in the garden 뜰의 사과꽃.
2 만발, 만개, 개화(bloom). ¶ be in full *flower* 활짝 피어 있다 / come into *flower* 꽃이 피다.
3 꽃장식, 꽃무늬, 화문, 꾸밈, 장식(ornament). 4 화려한 어구; 수사적인 말. ¶ *flowers* of speech 수화(詞華). 5 (the ~) [인생·아름다움 따위의] 전성기, 활동기, 청춘. ¶ They were in the *flower* of youth and beauty. 그들은 한창 젊고 아름다울 때였다. 6 (the ~) 귀감, …의 꽃, 훌륭한 소산, 정화(精華). ¶ the *flower* of chivalry 기사도의 꽃 / the *flower* of poetry 주옥 같은 명시. 7 (~s) (단수 취급) [화학] 화(華)-; [발효됨]

flowerage

뜨는 찌끼(scum). ¶ *flowers* of sulphur 유황화(硫黃華), 탕화(湯花).
Say it with flowers. 《광고》속마음을 꽃으로 전하세요[꽃장수의 선전 문구].
— *vi.* **1** 꽃이 피다(blossom, bloom). **2** 전성기에 접어들다, 한창때에 이르다. ¶ His genius *flowered* early. 그의 천재성은 일찍 꽃을 피웠다. — *vt.* **1** …을 꽃으로 장식하다, 꽃으로 덮다. **2** …에 꽃무늬 장식을 베풀다. **3** 《드물게》…에 꽃을 피게 하다.
◇ flóral, flówery *adj.*

flow·er·age [fláuəridʒ] *n.* ⓤ **1** 《집합적》 꽃 (flowers). **2** 꽃무늬 장식, 꽃장식. **3** 《드물게》 개화(開花) (flowering).

flówer arràngement *n.* ⓤ 꽃꽂이.
flów·er·bear·ing [fláuərbɛ̀(:)riŋ/-bɛ̀ər-] *adj.* 꽃이 피는.
flówer bèd *n.* 화단.
flówer bùd *n.* 꽃봉오리, 꽃눈. *cf.* leaf bud
flówer chìld *n.* 《美속어》 히피족의 젊은이.
flówer cùp *n.* 【식물】 꽃받침(calyx).
flow·er·de·luce [fláuərdəlúːs] *n.* (*pl.* **flow·ers-**) 붓꽃(iris). *cf.* fleur-de-lis
flow·ered [fláuərd] *adj.* **1** 《보통 복합어를 만들어》 꽃이 핀, 꽃을 가진. ¶ single-*flowered* 홑으로 핀, 홑꽃의 / double-*flowered* 꽃이 겹으로 핀, 겹꽃의. **2** 꽃으로 장식된, 꽃무늬의. ¶ *flowered* silk 꽃 무늬의 비단.
flow·er·er [fláuərər] *n.* 꽃이 피는 식물(※ 보통 꽃 피는 시기나 피는 방식을 나타내는 형용사와 함께 쓰인다). ¶ an early [a late-]*flowerer* 빨리(늦게) 피는 화초.
flow·er·et [fláu(ə)rit / fláuə-] *n.* 작은 꽃(floret).
flówer gàrden *n.* 화원, 꽃밭.
flówer gìrl *n.* **1** 《英》꽃 파는 아가씨(여자). **2** 《美》 [결혼식에서 꽃을 들고 시는] 신부의 들러리 소녀.
flówer hèad *n.* 【식물】 두상화(頭狀花) [국화과(科) 화초 따위 화축(花軸) 끝에 많은 꽃으로 이룬 것] (capitulum).
flow·er·ing [fláuəriŋ] *adj.* **1** 꽃이 피는, 꽃이 있는 (bearing flowers). **2** 【식물】 현화(顯花)의. ¶ a *flowering* plant 현화 식물 / *flowering* glumes 화영(花穎). — *n.* ⓤ **1** 개화. **2** 꽃으로 장식하기. **3** 꽃 모양, 꽃무늬 장식.
flówering dógwood *n.* 딸나무 《북미산(産)의 층층나무과(科)의 낙엽수. 봄에 흰꽃 또는 연분홍꽃이 핀다》.
flówering fèrn *n.* ⓒⓤ 【식물】 고비.
flow·er·less [fláuərlis] *adj.* **1** 꽃이 없는, 꽃이 피지 않는. **2** 【식물】 은화(隱花)의. ¶ a *flowerless* plant 은화 식물.
flówer pèople *n.* 《美속어》 히피족(族) [화 식물].
flówer pìece *n.* 꽃그림, 꽃장식.
flówer·pot [fláuərpɑ̀t / -pɔ̀t] *n.* 화초분의 화분.
flówer pòwer *n.* ⓤ 《美속어》 히피족[의 세력].
flówer sèrvice *n.* 《英》교회에 꽃을 모아 장식하고 예배를 본 후 그 꽃을 병원 같은 곳에 기증하는 일.
flówer shòw *n.* 화초 품평회.
flówer stàlk *n.* 꽃줄기, 화경(花梗).
Flówer Stàte *n.* (the~) 미국 Florida 주의 속칭.
***flow·er·y** [fláuəri] *adj.* (**-er·i·er, -er·i·est**) **1** 꽃이 많이 만발한, 꽃으로 뒤덮인. **2** 꽃의, 꽃 같은. ¶ a *flowery* pattern 꽃무늬. **3** 꽃장식의. **4** 《말이나 문체 따위가》 화려한, 미사 여구를 쓴. ¶ a *flowery* style 미문체. ◇ flówer·i·ly *adv.* -er·i·ness *n.*
***flow·ing** [flóuiŋ] *adj.* **1** 흐르는; 밀물의. ¶ the *flowing* tide 밀물; [여론의] 동향. **2** 물 따위가] 많은. **3** 술술 나오는 듯한, 유려한, 유창한(fluent); [선 따위가] 미끈하게 흐르는. ¶ *flowing* words 유창한 말. **3** 미끈하게 늘어뜨린. ¶ *flowing* robes 낙낙한 긴 겉옷 / *flowing* locks 늘어뜨린 머리칼 / with a *flowing* sheet (*or* sail) 【항해】 돛을 늦추고 [바람을 옆으로 받을 때 따위]. **4** 가득 찬 (abounding), 충만한. ~·ly *adv.*
flów lìne *n.* **1** 【물리】 유선(流線). **2** [지질] 유문

(流紋) [화성암이 용암으로서 흘러내릴 때 생긴 줄무늬].
flow·me·ter [flóumìːtər] *n.* 유속(유량)계 [관 속을 흐르는 액체·가스 따위의 속도·압력을 측정].
***flown** [floun] *v.* fly¹의 과거 분사 (※ 때로 복합어를 만듦. 예: far-*flown*, high-*flown*).
flów shèet *n.* =flow chart.
fl. oz (略) *fluid ounce*[s] (액량(液量))온스.
FLQ (略) *Front for the Liberation of Quebec* 〈퀘벡 해방 전선〉[캐나다의 프랑스계 주민에 의한 퀘벡주 분리 독립 운동의 테러 조직〉.
***flu** [fluː] *n.* ⓤ (종종 the ~) 《구어》 독감, 유행성 감기. [<[IN]FLU[ENZA]]
flub [flʌb] 《美구어》*vi., vt.* (**flubbed, flub·bing**) […을] 실패하다(fail), […으로] 실수를 하다. — *n.* 큰 실패; 얼빠진 실수. 〔영타이].
flub·dub [flʌ́bdʌb] *n.* ⓤⓒ《구어》젠체하기, 허영.
fluc·tu·ant [flʌ́ktʃuənt / -tjuː-] *adj.* **1** 변동하는, 동요하는, 오르내리는(varying). **2** 파도에 떠는.
fluc·tu·ate [flʌ́ktʃuèit / -tjuː-] *v.* (**-at·ed, -at·ing**) *vi.* **1** [마음·의견·정책·가격·온도 등이] 변화하다, 오르내리다, 동요하다. ¶ *fluctuate* between hopes and fears 일희일비(一喜一悲)하다. **2** 파도에 흔들리다; 파도처럼 흔들리다(waver). — *vt.* …을 변동시키다, 동요시키다.
fluc·tu·at·ing [flʌ́ktʃuèitiŋ / -tjuː-] *adj.* 변동하고 있는, 오르내리는. ¶ a *fluctuating* income 변동 소득.
***fluc·tu·a·tion** [flʌ̀ktʃuéi(ə)n / -tjuː-] *n.* ⓤⓒ. **1** 변동, 동요, 오르내리기; 불안정. ¶ *fluctuations* of the mind 마음의 동요. **2** 파동, 파도 같은 상하 운동. **3** 〔생물〕 방황변이(彷徨變異) [외부의 조건 기타에 의한 변이]. ◇ flúctuate *v.*
flu·dem·ic [fluːdémik] *n.* 악성 독감, 악성 인플루엔자.
flue¹ [fluː] *n.* **1** (굴뚝의) 연도(煙道) (smoke passage). **2** 통풍, 송기관(送氣管); 가스 송관(送管); 난방 송기 위의) 염관(熖管); [난방 장치의] 열기 송관. **3** [파이프 오르간의] 순관(脣管) [구(口)] (flue pipe).
flue² [fluː] *n.* ⓤ 보풀, 솜(털)부스러기(fluff); [가구 밑 따위에] 쌓이는 먼지 뭉치.
flue³ [fluː] *n.* 어망 (후릿그물, 정치망 따위).
flue⁴ [fluː] *n.* [새(깃)의 깃 가지. **2** 닻혀, 닻의 갈고리; [작살의] 가시, 미늘(fluke).
flue⁵ [fluː] *vi.* (**flued, flu·ing**) [창·난로의 입구가 바 깥쪽으로 열리다, 나팔꽃 모양으로 열리다(splay).
flue⁶ [fluː] *n.* 《구어》=flu.
***flu·en·cy** [flú(ː)ənsi] *n.* ⓤ (말의) 유창함, 물흐르듯함. ¶ the *fluency* of speech 달변, 능변 / with *fluency* 유창하게. ◇ flúent *adj.*
‡**flu·ent** [flú(ː)ənt] *adj.* **1** 유창한, 능변의; 글재주가 있는. ¶ I speak *fluent* English 유창하게 영어를 말하다 / a *fluent* lecturer 능변의 강연자.
〔類語〕**fluent** 막이 거침없이 흘러나옴을 칭찬하는 말: a *fluent speaker* of English 영어를 유창하게 하는 사람. **eloquent** 유창한데다가 청중의 논리적으로 호소하여 이야기하는 말: an *eloquent speech* 시원시원한 연설. **glib** fluent 하지만 내용이 없음을 경멸조로 암시하는 말: a *glib* salesman 말만 번지르르한 외판원. **voluble** 말이 빠르고 수다스러워서 막을 수 없는 말: a *voluble* woman 수다스러운 여자.
2 우아한, 부드러운; 우아한(graceful). ¶ *fluent* curves 완만한 곡선. **3** 물 흐르듯한(easy). **4** 유동성의 (fluid); 모양이 일정하지 않은. — *n.* 【수학】 변수.
~·ness *n.* flúency *n.*
‡**flu·ent·ly** [flú(ː)əntli] *adv.* **1** 유창하게, 웅변으로. **2** 완만하게, 우아하게.
flúe pìpe *n.* 【음악】 [파이프 오르간의] 순관(脣管).
flu·er·ic [flúərik] *adj.* =fluidic.
flúe stòp *n.* 【음악】 [파이프 오르간의] 순관 음전(脣管音栓) [각종 음색의 음관으로 공기를 보내는 음전].

flue-work [flúːwəːrk] *n.* ⓤ《집합적》 순환 음전.
flue·y [flúːi] *adj.* 보풀이 있는; 보풀 같은, 북슬북슬한.
fluff [flʌf] *n.* **1** 보풀, 면모(綿毛); 솜(털)부스러기. **2** 한 뭉치의 털, 북슬북슬한 것. ¶ *a fluff* of golden hair 북슬북슬한 금발. **3** 솜털, 갓난 수염. **4** 《구어》 [배우가] 대사를 잊어버리기; 설회운 대사. **5** 보잘것없는 (trifle), 경박한 것. — *vt.* **1** …을 부풀게 하다, 부풀게 하다. ¶ (~+图+剧) The bird *fluffed* itself *up*. 새는 [몸을 흔들어] 몸을 부풀게 했다. **2** …에 실패하다. — *vi.* **1** 보풀이 일다; [면모처럼] 둥실둥실 뜨다. **2** 《구어》대사를 틀리다; 실수하다. ◇ flúffy *adj.*
fluff·y [flʌ́fi] *adj.* (**fluff·i·er, fluff·i·est**) **1** 보풀의, 면모의, 솜털의; 면모 같은; 복슬복슬한. **2** 경박한; 대사를 잘 잊어버리는; 《속어》 술 취해 비틀거리는.
flúff·i·ly *adv.* **flúff·i·ness** *n.*
‡**flu·id** [flúː)id] *n.* ⓤⓒ **1** 유체(流體), 유동체 [기체·액체의 총칭]. ⇨ LIQUID [類語] **2** [동·식물의] 분비액. — *adj.* **1** 유동성의. ¶ *fluid* substances 유동물. **2** 유동적인; 변하기 쉬운, 일정치 않은(changing readily). ¶ *fluid* opinions 변하기 쉬운 의견.
~·**ly** *adv.* ~·**ness** *n.* ◇ flúidic *adj.*, flúidity *n.*, flúidify, flúidize *v.*
flúid drám(dráchm) *n.* 액량 드램[1/8액량 온스].
flúid drive *n.* ⓤ《자동차》유체 구동(장치). [스].
flu·id·ic [fluːídik] *adj.* 유동성의; 유체의.
flu·id·ics [fluːídiks] *n. pl.* 《단수 취급》 유체 공학.
flu·id·i·fy [flúːídifài] *v.* (**-fied, -fy·ing**) …을 유체화하다, 액체로 만들다, 유동적으로 하다.
flu·id·i·ty [fluːídəti] *n.* ⓤ 유동[성]; 유체; 변형하기 쉬움; [말·문장 따위가] 유창함. *cf.* solidity
flu·id·ize [flúːidàiz] *vt.* (**-ized, -iz·ing**) …을 유동성으로 하다, 유체로 만들다.
flúid mechánics *n. pl.* 《단수 취급》 유체 역학.
flúid óunce *n.* 액량(液量)온스 [약제·액량의 단위. 《美》 1/16 파인트, 《英》 1/20 파인트; 略 fl. oz.].
fluke¹ [fluːk] *n.* **1** 닻혀, 닻의 갈고리. **2**《창·작살·화살 따위의》 미늘(barb). **3** (~s) 고래 꼬리[의 끝의 갈라진] 조각.
fluke² [fluːk] *n.* **1** 요행수[로 얻어맞기], 뜻밖의 행운. ¶ *by a fluke* 뜻밖에도. **2**《당구 따위에서의》 플루크, 공이 우연히 들어맞기. — *v.* (**fluked, fluk·ing**) *vt.* 《구어》 …을 요행수로 이기다(얻다), 요행수로 맞히다. — *vi.* 요행수로 맞히다.
fluke³ [fluːk] *n.* **1** 넙치·가자미류의 물고기(flatfish). **2** 흡충류(吸蟲類)《동물에 기생하는 디스토마류(類)》 (flukeworm). **3**《英》 달걀 모양의 감자의 일종.
fluke·worm [flúːkwəːrm] *n.* =fluke³ 2.
fluk·y [flúːki], (**fluk·ey**) *adj.* (**fluk·i·er, fluk·i·est**) **1** 요행수의, 뜻밖에 맞은. **2** [바람 따위가] 일정하지 않은(uncertain); 변하기 쉬운. **flúk·i·ly** *adv.*
flume [fluːm] *n.* **1**《美》 급류; 용수로(用水路), 수로, [홈통식의] 취수구(取水溝), 통살이 좁은 계류(溪流). — *v.* (**flumed, flum·ing**) *vt.* **1**《목재 따위를》 수로 (홈통)로 운반하다. **2**《강물 따위를》 수로 (홈통)로 끌어오다. — *vi.* **1** 수로를 만들다. **2** 홈통을 걸치다.
flum·mer·y [flʌ́məri] *n.* ⓤⓒ (*pl.* -**mer·ies**) **1** 오트밀이나 밀가루를 바짝 줄여 젤리 모양으로 만든 것. **2** 커스터드류(類)의 식품 [밀가루·우유·달걀·설탕으로 만든 단 식품]. **3** 허튼 소리; 공치사.
flum·mox [flʌ́məks], (**flum·mux**) *vt.*《구어》 …을 얼떨떨하게 하다, 당황하게 하다. — *vi.* 실패하다; 단념하다.
flump [flʌmp]《구어》*vi.* 쿵 하고 떨어지다(*down*...).

[flume 2]

— *vt.* …을 털썩 놓다. — *n.* 털썩 하는 소리; 털썩 내려놓기. ¶ **fall with a *flump*** 쿵(털썩) 하고 떨어지다 (넘어지다).
‡**flung** [flʌŋ] *v.* fling 의 과거·과거 분사.
flunk [flʌŋk]《美구어》*vi.* **1** [시험·암송 따위에] 실패하다; 퇴학하다(*out*...). **2** 단념하다, 손을 떼다(*out*...). — *vt.* **1** [시험 따위에] 실패하다(fail in). **2** [성적 불량으로] …을 퇴학(낙제)시키다(*out*...).
— *n.* [시험 따위의] 실패(failure); 낙제.
flun·ky, -key [flʌ́ŋki] *n.* (*pl.* -**kies; -keys**) **1**《경멸적》제복을 입은 남자 사용인(하인)(lackey). **2** 아첨꾼, 알랑쇠(toady). **3** 보조 일꾼.
flun·ky·dom [flʌ́ŋkidəm] *n.*《집합적》종복들, 하인들; 측근자들.
flun·ky·ism [flʌ́ŋkìz(ə)m] *n.* ⓤ 하인 근성; 아부[근성].
fluo- =fluoro-. 예: *fluo*boric(불화 붕소(弗化硼素)의).
flu·or [flú(ː)ər] *n.*《주로 英》[광물] =fluorite.
fluor- ⇨ FLUORO-.
flu·o·resce [flùːərés, flur- / fluər-] *vi.* (**-resced, -resc·ing**) 형광을 발하다(螢光).
flu·o·res·cence [flùːərésns, flur- / fluər-] *n.* ⓤ《물리·화학》형광성; 형광.
flu·o·res·cent [flùːərésnt, flur- / fluər-] *adj.* 형광성의, 형광을 발하는. ¶ *fluorescent* substance 형광체, 형광 물질. — *n.* 형광등.
fluorescent lámp *n.* 형광등.
flu·or·ic [flú(ː)ɔ́ːrik, -ɑ́ːr- / -ɔ́r-] *adj.* **1**《화학》불소(弗素)[성]의, 불소에서 얻은. **2**《광물》형광성의, 형광석에서 얻은.
fluor·i·date [flúː)ridèit / flúː)əri-] *vt.* (**-dat·ed, -dat·ing**)《화학》[음료수 따위에] 불화물(弗化物)을 조금 타다《충치 예방 따위를 위하여》.
fluor·i·da·tion [flùː)ridéi(ə)n, flùːri- / flùərai-] *n.* ⓤ 불화물(弗化物)의 첨가(법).
flu·o·ride [flú(ː)ràid, flúraid / flúər-] *n.*《화학》 불화물(弗化物).
fluor·i·dize [flú(ː)ridàiz / flúəri-] *vt.* [치아 따위를] 불화물(弗化物)로 처리하다.
fluor·i·nate [flú(ː)rinèit / flúəri-] *vt.* (**-nat·ed, -nat·ing**)《화학》불화(弗化)하다, 불소(弗素)로 처리하다.
flu·o·rine [flúː)əriːn, flur- / fluər-] *n.* ⓤ《화학》불소(弗素) 원소의 하나; 원자 기호 F].
flu·o·rite [flúː)əràit, flur- / fluər-] *n.*《광물》형석.
fluoro- (*모음 앞에서는 fluor-를 쓴다》 **1** fluorine 의 뜻의 연결형. 예: *fluoro*carbon. **2** fluorescence 라는 뜻의 연결형. 예: *fluoro*scopy.
flu·o·ro·car·bon [flù(ː)əroukɑ́ːrbən / flùər-] *n.*《화학》불화(弗化) 탄화 수소 [윤활제·소화제(消火劑) 따위로 쓰인다].
flu·o·ro·scope [flú(ː)ərəskòup / flúər-] *n.* 형광 투시경.
fluor·os·co·py [flùːəráskəpi / -rɔ́s-] *n.* ⓤ 형광 투시법(검사).
flu·or·spar [flú(ː)ərspɑ̀ːr / flúər-] *n.* =fluorite.
flur·ried [flə́ːrid / flʌ́rid] *adj.* 혼란한(confused), 동요한, 당황한.
flur·ry [flə́ːri / flʌ́ri] *n.* (*pl.* -**ries**) **1**《드물게》《질풍을 동반한》소나기, 갑자기 내리는 눈; 질풍, 한줄기의 바람. **2**《비유》허겁지겁, 허둥지둥. **3**《증권》약간의 시세의 동요. **4**《작살을 맞은 고래의》단말마의 고통. — *vt.* (**-ried, -ry·ing**) [남]을 당황하게 하다, 허둥대게 하다(confuse, fluster). ¶ **get *flurried*** 당황하다.
‡**flush¹** [flʌʃ] *n.* **1** [볼 따위의] 홍조(紅潮), 얼굴 붉힘 (blush). ¶ *A flush* of blood brightened her cheeks. 그녀의 볼에 핏기가 돌았다. **2** [물이] 왈칵 쏟아져 나옴; 썻어 내림, 배수. ¶ *a flush* of water 왈칵 흘러 나오는 물. **3** 우쭐함, 의기양양; 감격, [감정의] 흥분, 환희. ¶

in the *flush* of hope (success) 희망에 불타서(성공에 우쭐하여). **4** 생기, [건강·정력상의] 발랄한 빛, 신선함. **5** 발열(發熱), 열이 남. **6** 격증. ¶ the *flush* of passengers 승객의 쇄도. ¶ [詩][하늘의]불그레한 빛. ¶ The sunset *flush* 저녁놀.
— vt. **1** [얼굴]을 붉히다, 상기시키다(blush), 빛나게 하다(redden). ¶ (~+目+前+名) be *flushed* with anger (shame, wine) 화가 나서(창피하여, 취하여) 빨개지다. **2** [물·액체 따위로] …을 씻어 내리다(wash out); [울 따위의]물을 왈칵 흐르게 하다; [풀밭]에 침수하다. ¶ *flush* a drain 물을 흘려 배수관을 씻다. **3** …을 우쭐하게 하다, 힘이 나게 하다(animate). ¶ (~+目+前+名) be *flushed* with victory 이겨서 신바람이 나 있다.
— vi. **1** 홍조를 띠다, 발개지다(blush), [하늘 따위가]붉게 빛나다; [색·빛이] 빛나다(glow). ¶ (~+副) *flush* up [얼굴 따위가]발개지다 // (~+前+名) He *flushed* into rage. 그는 얼굴을 붉히며 화를 냈다 / (~+補) Her face *flushed* rose. 그녀의 얼굴은 장미빛으로 물들었다. **2** 세차게 흐르다, 왈칵 물이 나오다.

flush² [flʌʃ] *adj.* **1** 같은 평면의, 같은 높이의(even, level) (*with*...). ¶ The door is *flush* with the wall. 그 문은 벽과 평면으로 되어 있다. **2** 닿아 있는, 인접하는. ¶ The desk is *flush* against the window. 책상은 창과 접해 있다. **3** 부유한, 많이 가진(abundant, plentiful) (*of*...); 인심 좋은, 낭비하는(lavish) (*with*...). ¶ be *flush* of money 돈을 많이 가지고 있다 / be very *flush* with one's money 돈 쓰는 데 인색하지 않다. **4** 홍조를 띤, 발개진(blushing). **5** 생기가 넘치는(lusty); 번창하는, 경기가 좋은; 넘칠 듯한. **6** [타격]정통의, 정면의(direct). **7** [항해] [갑판이] 이물에서 고물까지 판판하여 건너다 볼 수 있는.
— *adv.* **1** 평평하게, 같은 높이로. **2** 바로, 정면으로.
come flush on *a person* 뜻밖에 남과 마주치다.
— *vt.* …을 [~과]같은 평면으로 하다, 평평하게 하다.
— [봄에 초목이] 새싹(새잎)을 내밀다(send out shoots).
— *n.* [새싹·새잎·새풀이] 힘차게 돋아나옴.

flush³ [flʌʃ] *n.* [사냥] 새를 날아오르게 하다.
— *vi.* [새가] 푸드득 날아오르다. — *n.* ⓒ 날아오른 새[의 떼]; 날아오름.

flush⁴ [flʌʃ] *n.* [카드놀이] 플러시[특히 포커에서] 플러시의 패 같은 종류의 패로 되어 있는). ¶ a *flush* hand 플러시의 패 / *flush* sequence 다섯 장 연속의 같은 패. — 플러시[모두 같은 종류의 패를 들기, 또는 그 패].

flúsh-dèck véssel [flʌ́ʃdèk-] *n.* 갑판 전체가 훤히 보이는 배, 평갑판선.

flúsh dòor *n.* 플러시 도어[앞뒤에 합판 따위를 대어 살 무늬가 보이지 않는 문]. *cf.* panel door

flush·er [flʌ́ʃər] *n.* **1** 하수도 청소부. **2** [청소용의] 수세(水洗)〔살수〕장치; 살수차.

flush·ing [flʌ́ʃiŋ] *adj.* 수세식의. ¶ a *flushing* box (or tank) [수세식 변소의]물탱크. — 물로 씻어 내림, 수세.

flush·ness [flʌ́ʃnis] *n.* ⓤ [특히 금전의] 풍부, 윤택.

flúsh tóilet *n.* 수세식 변소.

flus·ter [flʌ́stər] *vt.* **1** …을 혼란시키다(confuse), 안절부절 못하게 하다. **2** [남]을 술로 혼란(흥분)시키다, 취하게 하다. — *vi.* 혼란하다, 당황하다; 안절부절 못하다. — *n.* Ⓤⓒ 혼란, 당황. ¶ all in a *fluster* 아주 당황하여.

flus·tra·tion [flʌstréɪʃ(ə)n], (**flus·ter·a·tion** [flʌ̀s-təréɪʃ]) *n.* =fluster.

‡flute [fluːt] *n.* **1** 플루트, 저, 피리. ¶ a *flute* player 플루트 취주자. **2** (오르간의) 적음 음전(笛音音栓), 플루트 스톱. **3** [오케스트라의] 피리 주자(奏者). **4** [건축] [기둥 따위의] 둥근 세로 홈. **5** [여성복의] 홈 주름. **6** 가늘고 긴 잔. **7** 가늘고 긴 빵.
— *v.* (**flut·ed, flut·ing**) *vi.* **1** 피리 소리를 내다, 피리 같은 목소리를 내다, 휘파람을 불다. **2** 플루트를 불다. — *vt.* **1** [피리 같은 목소리로] …을 말하다 (노래하다). **2** …을 피리로 불다. **3** [기둥 따위]에 홈을 파다.

flut·ed [flúːtid] *adj.* **1** 피리 소리의, 플루트 음색의 (flutelike). **2** [기둥 따위가] 둥근 세로 홈이 있는; 홈을 판.

flúte-lìke [flúːtlàik] *adj.* 피리 같은. [람].

flut·er [flúːtər] *n.* [기둥 따위의] 홈 파는 기구(사

flut·ing [flúːtiŋ] *n.* ⓤⓒ **1** 플루트의 취주; 피리의 음색, 피리 같은 소리. **2** 둥근 홈 주름으로 꾸미기. **3** [기둥 따위의] 세로 홈 파기 (⇨ CAPITAL² 그림); 주름 달기. **4** 홈; 주름. (flute player)

flut·ist [flúːtist] *n.* 피리 부는 사람, 플루트 취주자

‡flut·ter [flʌ́tər] *vi.* **1** [깃발 따위가]퍼럭이다, 나부끼다, 휘날리다(wave, flap). **2** [새가] 날갯치다, 푸드득거리다, 푸드득푸드득 날갯치며 날다(⇨ FLY 類語); [나비 따위가] 훨훨 날다; [종이·나뭇잎 따위가] 펄펄 날다 (*about*...). **3** 빠르고 불규칙하게 움직이다, 떨다 (vibrate). **4** [심장 따위가]심하게 불규칙적으로 고동하다, 두근거리다(*with*...). ¶ (~+前+名) Her heart *fluttered with* fear. 그녀의 가슴은 무서워서 두근거렸다. **5** [몸·마음이]떨다, 동요하다, 흥분하다. **6** 어슬렁어슬렁 걷다, 정처 없이 걷다. ¶ (~+副+名) The boy *fluttered about* the hall. 그 소년은 장내를 이리저리 돌아다녔다.
— *vt.* **1** [깃발·날개 따위]를 퍼덕거리다; …을 떨게 하다(vibrate, agitate); [깃발 등]을 휘날리다. **2** …을 동요시키다, 흥분시키다, 혼란케 하다, 당황하게 하다(confuse).
— *n.* **1** [깃발 따위의] 펄럭임, [새의] 날개침, [심장의] 두근거림. **2** [맘·정신의] 동요, 떨림, 흥분; 대소동, 물의(物議), 센세이션. ¶ be in a *flutter* 떨고 있다, 동요하고 있다 / fall into a *flutter* 허둥거리다 / put (or throw) a person in (or into) a *flutter* 안절부절 못하게 하다, 동요하게 하다 / make (or cause) a *flutter* 세상을 떠들썩하게 하다, 평판이 자자해지다. **3** (+Ö) =flutter kick. **4** [英속어] [소액의] 투기, 한몫 걸어보기(*at, in*...). ¶ have (or do) a *flutter at* bridge 브리지에서 한판 걸어보다. **5** [녹음의] 재생 상태가 고르지 않음; [TV] [영상의] 광도(光度)가 고르지 않음.
◇ aflútter *adj.*, *adv.*, flúttery *adj.*

flut·ter·ing·ly [flʌ́tǝrɪŋli] *adv.* 펄럭펄럭, 떨면서; 동요하면서, 푸드득푸드득. [구][치기]

flútter kìck *n.* (the ~) [수영] [크롤에서] 물장구치기.

flútter whèel *n.* [낙수(落水)를 이용한] 수차(水車).

flut·ter·y [flʌ́tǝri] *adj.* 펄럭이는, 나부끼는; 팔랑거리는; 동요하기 쉬운.

flut·y [flúːti] *adj.* (**flut·i·er, flut·i·est**) 피리 소리 비슷한, [소리가] 부드럽고 맑은.

flu·vi·al [flúːviǝl / -vjǝl] *adj.* 하천의; 하류 작용으로 생긴; 강에 사는(나는); 강에 있는. ¶ *fluvial* animals (plants) 하천 동물(식물).

flu·vi·a·tile [flúːviǝtàil] *adj.* =fluvial.

*flux [flʌks] *n.* **1** 흐름(flow, flowing), 유동(流動). **2** [말의] 도도한 흐름. **3** [조류의] 밀려듬, 밀물, *opp.* reflux **4** Ⓤ 끊임없는 변화, 변천, 유동. ⇨ FLOW 類語 ¶ All things are in *flux.* 만물은 유전(流轉)한다. **5** Ⓤ [병리] 설사, [혈액·체액의] 병적 (이상) 유출; 이질(痢疾) (dysentery). **6** Ⓤ [물리] 물·전기 따위의] 유출 (량); [전기·자기(磁氣)의 유] 속(束). **7** [화학] 용제(熔劑); 용재; 용해, 용해 (fusion). **8** Ⓤ [수학] 연접동 (連接動), 유동 (流動) (continuous motion).
flux and reflux 조수의 간만; [세력의] 소장(消長), 성

fluxion　　　　　　　　　　　899　　　　　　　　　　**flyaway**

쇄.
― vt. **1** …을 녹이다(melt), 유체로 만들다. **2** …을 유출시키다, 왈칵 흐르게 하다; (폐어) …을 해제(下劑)로 설사시키다. ― vi. **1** 왈칵 흘러나오다. **2** (조수가) 들어오다. **3** 녹다.

flux·ion [flʌ́kʃ(ə)n] n. ⓤ **1** 유동, 유출(flow); (드물게) 끊임없는 변화, 변전(變轉). **2** (의학) 병적충혈, 유출, 동맥성충혈; (수학) (폐어) 유율(流率), 유분(流分) (현재의 미분).

flux·ion·al [flʌ́kʃ(ə)l] adj. **1** 유출의, 유동(성)의; 끊임없이 변화하는. **2** (수학) 유분의, 미분(법)의.
~·ly adv.　　　　　　　　　　　　　　　[fluxional.

flux·ion·ar·y [flʌ́kʃənèri / -n(ə)ri] adj. (고어)

‡**fly**¹ [flai] v. (flew → v. 9, 12, vt. 5, flown → vi. 9, 12, vt. 5, fly·ing) vi. **1** (새 따위가) 날다. ¶ (~ +圖) fly off 날아가다 / a bird flying about in the air 하늘을 날아다니는 새.

類語 fly '날다'를 뜻하는 가장 넓은 뜻의 말. flit 잇따라 장소를 바꾸어 짧게 빨리 날다: a bird flitting from tree to tree 나무에서 나무로 나는 새. flutter 날개를 파닥거리며 짧은 거리를 날다: A rooster fluttered on to the roof of the barn. 수탉이 헛간의 지붕으로 푸드덕 날아올랐다. hover 공중에 떠서 한 군데에 머물다: A helicopter was hovering over the spot of the accident. 헬리콥터가 사고 현장 상공을 날고 있었다. soar 거의 수직으로 하늘 높이 날아 오르다, 또는 고공의 기류를 타고 날개를 거의 움직이지 않고 날다.

2 (바람 따위로) 날다, 날리다, 날아오르다; (깃발 따위가) 펄럭이다(float, flutter), (머리칼 따위가) 나부끼다, (연 따위가) 공중에 뜨다; (불꽃 따위가) 튀다; (탄환·화살 따위가) 날다. ¶ make sparks fly 불티를 튀기다 // (~ +前+名) Her tresses flew in the wind. 그녀의 머리가 바람에 나부꼈다 / Dust flew in clouds. 티끌이 구름처럼 날아올랐다 / The glass flew into fragments (or in pieces). 유리컵은 산산조각으로 깨졌다.

3 (비행기 따위로) 하늘을 날다, 항공 여행을 하다. ¶ (~ +前+名) fly to London 비행기로 런던에 가다.
4 (시간 따위가) 빨리 지나가다, 날듯이 움직이다, 서두르다. ¶ Rumor flies. 소문은 빨리 퍼지는 것이다 / Time flies. (속담) 세월은 쏜살같다 // (~ +圖) The wheel flew round. 바퀴가 휙휙돌며 돌았다.
5 (사람 등이) 뛰다, 돌진하다. ¶ (~ +前+名) The policeman flew to the spot. 경관은 현장으로 달려갔다 // (~ +圖) He flew upstairs. 그는 이층으로 뛰어 올라갔다.
6 갑자기 …이 되다(burst). ¶ (~ +前+名) fly into a passion 발끈 화내다 / fly into a rapture 좋아서 날뛰다.
7 (창·문 따위가) 급히 열리다(닫히다). ¶ (~ +圖) The door flew open. 문이 획 열렸다.
8 뛰어넘다, 도약하다, (물고기 따위가) 뛰어오르다. ¶ (~ +前+名) fly over a hedge 울타리를 뛰어넘다.
9 (p., pp. fled) (위험 따위에서) 도망치다(flee) (※(英)에서는 보통 flee 대신에 fly를 쓴다). ¶ (~ +前+名) A wicked man will fly from justice. 악인은 정의는 피하는 법이다.
10 자취를 감추다, 사라지다.
11 (매 따위가) 덮치다, 날아오르다(at, on...).
12 (p., pp. flied) (야구) 플라이를 치다.
― vt. **1** (새 따위)를 날리다, 놓아주다; (연 따위)를 날리다, 띄우다. ¶ fly a balloon 기구를 올리다 / fly a national flag 국기를 계양하다. **2** (항공기)를 조종하다. **3** 항공기로 …의 위를 날다; …을 항공기로 나르다, 공수하다. ¶ fly passengers 승객을 공수하다 / He flew the Pacific. 그는 태평양을 날아갔다. **4** (깃발)을 게양하다(hoist), 휘날리다. **5** (英) p., pp. fled) …에서 도망치다, 줄행랑치다, …을 피하다 (※(英)에서는 보통 flee 대신 fly를 쓴다). ¶ fly the face of a foe 적으로부터 달아나다 / fly one's country 국외로 달아나다, 망명하다. **6** (사냥) (매)를 풀어놓다, (꿩사냥)을 매로써

잡게 하다. **7** (스포츠) (장애물)을 뛰어넘다.
as the crow flies ⇒ CROW¹.
fly about ① 날아다니다; 흩어지다. ② (海事) 바람으로 바뀌다.　　　　　　　　　　　　　　　　　　[벌이다.
fly around ① 바빼 돌아다니다. ② (美구어) 대소동을
fly at ① …에게 세차게 덤벼들다(rush upon); ② …에게 대들다, …을 욕하다, 꾸짖다.
fly at high game ⇒ GAME.
fly blind 계기(計器)로 비행을 하다.
fly high ① 높이 날다. ② fly at high game.
fly in the face of ⇒ FACE.
fly low ① 낮게 날다. ② 큰 것을 바라지 않다. ③ 세상의 이목을 끌지 않다, 겉에 나타내지 않다.
fly off ① 날아가다, 날아 흘어지다, 급히 떠나다. ② 위반하다, 배반하다(from...). ③ 증발하다.
fly on (or **upon**) = fly at.
fly out ① 뛰어나가다, 갑자기 화를 내다(into...). ② 도덕적 속박에서 벗어나다. ③ (야구) 플라이를 쳐서 아웃이 되다.
fly to arms ⇒ ARM².
let fly at ① …에 (화살·탄환 따위)를 쏘다, …을 쏘다. ② …에 심한 말을 던지다, …을 꾸짖다.
make the money fly 돈을 물쓰듯 하다, 돈을 마구 뿌리다.
send a person flying 남을 쫓아내다, 해고하다. [리다.
― n. (pl. **flies** →6) **1** 날기, 비행. ¶ have a fly in an airplane 비행기로 날다; (비행기로) 하늘을 한번 날다. **2** (천막 입구에) 내려뜨린 헝겊; 플라이(비가 많이 올 때 천막 위에 덮는 천). **3** (양복의) 단추 가리개(주름·헝겊). **4** 비행 거리; (공 따위가) 나는 코스, 탄도. **5** (현막·크리켓) 플라이, 뜬 공; 비구(飛球). **6** (pl. flys) (英) (한 필이 끄는) 경쾌한 임대(세) 마차, 경편 유람 마차. **7** (기계) 속도 조절 바퀴(flywheel); (방적기의) (연사기), (시계) 조절기; 배틀의 북. **8** (인쇄) **a)** 인쇄지를 물어내는 장치, 종이 집는 장치. **b)** (옛날의) 종이를 집어내는 직공. **9** 깃발의 가로 폭, 깃발의 바깥 쪽. **10** (책의) 먼지 (flyleaf). **11** (flies) (연극) 무대의 천장 부분(무대 장치를 조작하는 곳) (fly loft). **12** 피아노·오르간 건반의 뚜껑.
on the fly ① 비행중에; 친 공이 땅에 떨어지기 전에. ② (속어) 바쁠 때, 급할 때에.

▶ flight n.

‡**fly**² [flai] n. (pl. **flies**) **1** 파리.
2 파리 같은 날개를 가지고 나는 곤충 (개똥벌레 따위), 해충. **3** (파리가 식물 따위에 미치는) 충해. **4** (낚시) 제물낚시, 산 파리 미끼.　　　[fly² 4)
break (or **crush**) **a fly on the wheel** ⇒ WHEEL.
Don't let flies stick to your heels. 꾸물대지 마라.
a fly in amber ① 호박(琥珀) 속의 화석 파리(커프스 단추 따위로 쓰이). ② 원형대로 잘 보존된 유물, 진품(珍品).
a fly in the ointment 옥에 티(가치·홍·기쁨)를 망치는(반감시키는) 것.
a fly on the wheel 자만하는(허세 부리는) 사람.
there are no flies on a person 《속어》 남을 업신여길 수 없다, …은 빈틈이 없다. ¶ He is an uneducated boy, but there are no flies on him. 그는 교육은 받지 못했지만 빈틈이 없는 소년이다.

fly³ [flai] adj. (英속어) 빈틈 없는, 노련한, 방심할 수 없는.　　　　　　　　　　　　　　　　　　　[알맞은.
fly·a·ble [fláiəbl] adj. 날 수 있는, (날씨가) 비행에
flý ág·a·ric [-ǽgərik] n. (식물) 광대버섯(파리잡이 종이에 쓰이는 독을 이 버섯에서 뽑는다)
flý àsh n. ⓤ 비산회(飛散灰) (노(爐)에서 배기(排氣)와 함께 통풍 장치로 날려나오는 불연성의 재; 시멘트 혼합제 따위로 쓰임).
fly·a·way [fláiəwèi] adj. **1** (머리칼 따위가) 바람에 나부끼는, 펄럭이는. **2** (옷이) 헐렁거리는, 아무렇게나 걸친. **3** (사람이) 덜렁거리는, 들뜬. ― n. **1** 경

솔한 사람. **2** 도망자. **3** [바다에서 보이는] 육지의 신기루.
flý báll *n*. [야구] 플라이, 비구(飛球).
fly·bane [fláibèin] *n*. **1** 파리약. **2** 파리 죽이는 풀 [광대버섯·벌레잡이오랑캐꽃 따위].
fly·belt [fláibèlt] *n*. 체체파리(tsetse fly)가 들끓는 지대.
fly-blow [fláiblòu] *vt.* (**-blew** [-blú:], **-blown** [-blòun], **-blow·ing**) **1** [파리가] [고기 따위]에 쉬를 슬다. 구더기를 나게 하다. **2** …을 더럽히다, 부패시키다. ── *n*. 파리의 쉬(구더기).
fly-blown [fláiblòun] *adj.* **1** 파리가 쉬를 슨; 구더기가 들끓는. **2** 썩은, 오염된(contaminated); 타락한.
fly·boat [fláibòut] *n*. **1** [주로 영국의] 운하 항행용의 쾌속선(fast vessel). **2** [네덜란드의] 연해 항행용의 쾌속범선.
flý bómb *n*. =flying bomb. [평저선(平底船).
flý bóok *n*. [낚시] 모양의 파리낚시 상자.
fly·boy [fláibòi] *n*. 《美속어》항공기 승무원, 항공병.
flý brídge *n*. = flying bridge. [대원.
fly-by [fláibài] *n.* (*pl.* **-bies**) **1** 의례(儀禮) 비행, 저공 방문 비행, 공중 분열식. **2** [우주선의 천체로의] 근접 통과.
fly-by-light [fláibailáit] *n*. [항공] 플라이바이라이트[광(光) 케이블을 써서 광신호로 항공기의 조종익(操縱翼) 면을 움직이게 하는 시스템] (* fly-by-wire에 대신해서 쓴다).
fly-by-night [fláibainàit] *adj.* 믿지 못할(unreliable); [돈에 대하여] 무책임한(irresponsible). ── *n*. **1** [빚을 갚지 않고] 야반도주하는 사람. **2** 밤에 배회하는 사람. **3** 믿지 못할 사람(것).
fly-by-wire [fláibaiwáiər] *n., adj.* [항공] 플라이바이와이어[의] (조종 폐달의 작동을 컴퓨터를 통한 전기 신호로 조종간에 전하는 조종 시스템].
fly-cast [fláikæst / -kà:st] *v*. =flyfish.
flý cásting *n*. [낚시] 파리(제물)낚시질; 그 경기.
fly-catch·er [fláikætʃər] *n*. **1** 파리 잡는 사람 [유럽산(產)]. **2** 타이란새과(科)의 새 [미국산(產)].
fly-cruise [fláikrù:z] *n*. 비행기 편과 배편을 묶은 세트 여행.
fly·er [fláiər] *n*. =flier.
fly·fish [fláifìʃ] *vi.* 파리낚시질 하다.
fly·fish·er [fláifìʃər] *n*. 파리낚시꾼.
fly·fish·ing [fláifìʃiŋ] *n*. [U] 파리낚시.
fly·flap [fláiflæp] *n*. 파리채.
fly-in [fláiìn] *n*. 플라이인 [자가용 비행기를 갖다 대고 이의 극장]. *cf.* drive-in
‡**fly·ing** [fláiiŋ] *adj.* **1** 하늘을 나는, 공중을 나는. *a flying* insect 나는 곤충. **2** 하늘에 뜬; 바람에 나부끼는 (fluttering); 하늘 높이 솟은. *flying* streamers 바람에 나부끼는 기드림. **3** 급속히 움직이는, 순식간에 지나가는, 덧없는 (transitory); 다급한 (hasty); 황급한; 지급의. *a flying* trip 단시일의(급한) 여행. **4** 달아나는, 도망의. **5** [항해] [돛]이 펄펄 날리는 [돛의 아래쪽을 고정시켜 놓지 않은 상태].
with flying colors; with colors flying ⇨ COLOR.
under (or *with*) *a flying seal* ⇨ SEAL.
── *n*. **1** [U] 날기, 비행(flight); 질주. ¶ *flying* hour 비행(제공) 시간 / *flying* in formation 편대 비행. **2** (~s) [공중에 뜬] 털(솜)부스러기.
flýing bóat *n*. 비행정.
flýing bómb *n*. 비행 폭탄 [무선 조종의 무인 비행기에 싣는 폭탄] (fly bomb). *cf.* robot bomb
flýing brídge *n*. **1** 주교(舟橋), 가교(假橋), 부교 (pontoon bridge). **2** [항해] [배에서] 가장 높은 함교.
flýing búttress *n*. [건축] 플라잉 버트레스 [두 벽 사이에 아치로 가로지른 지주]. ⇨ BUTTRESS 그림.
flýing círcus *n*. **1** [항공] [전투기의] 원형 제상(梯狀) 편대, 공중 비행쇼.
flýing cólors *n. pl.* **1** 휘날리는 깃발. **2** 승리, 성공. ¶ with *flying colors* 당당하게 [개선하다], 훌륭히 [해치우다], 크게 성공적으로.

flýing cólumn *n*. [군대] 유격대, 별동대.
flýing déck *n*. [항공 모함의] 비행 갑판.
flýing dísk *n*. =flying saucer.
flýing dóctor *n*. 《濠》비행기로 환자를 왕진하는 개업의(醫).
flýing drágon *n*. 날도마뱀 [몸 양편에 달린 막으로.
Flýing Dútchman *n*. 전설적인 네덜란드의 유령선 [폭풍이 부는 날에만 희망봉 부근의 바다에 출몰한다고 한다]; 그 배의 선장.
flýing fíeld *n*. 작은 비행장 [airport 보다 작다].
flýing físh *n*. 날치.
flýing fórtress *n*. 《美》공중 요새 [제2차 세계 대전 때 유럽에서 활약한 미 공군의 중폭격기 B-17의 별칭].
flýing fóx *n*. 큰박쥐 [여우 비슷한 얼굴을 가지며 과실을 먹는 큰박쥐과(科)의 박쥐]. [로 날아다닌다].
flýing fróg *n*. 날개구리 [인도산 (產); 나무에서 나무.
flýing gúrnard *n*. [어류] 죽지성대류(類)의 바닷물고기 [발달한 가슴 지느러미로 활공한다] (butterflyfish).
flýing hórse *n*. = hippogriff.
flýing jíb *n*. [항해] 플라잉 지브, 이물 앞쪽의 돛 [jib의 겉쪽에 치는 삼각돛].
flýing lémur *n*. 여우원숭이 [동남 아시아·인도 제도산(產); 나무에서 나무로 활공하며 날아다닌다].
flýing machíne *n*. 비행기, 항공기.
flýing máre *n*. [레슬링] 업어치기. [艦.
flý·ing-óff [fláiiŋɔ́(:)f / -ɔ́f] *n*. [항공] 이륙, 이함(離
flýing ófficer *n*. **1** 공군 장교. **2** 《英》공군 중위.
flýing párty *n*. 유격대, 별동대.
flýing ríng *n*. (보통 ~s) 조환(吊環) [체조 기구].
flýing sáucer *n*. 비행 접시. [점.
flýing spót *n*. [TV] 비점(飛點) [영상에 나타나는 흰
flýing squád *n*. 특수 [기동] 경찰대, 경찰 기동대.
flýing squádron *n*. **1** [해군] 유격 함대. **2** [일반적으로] 유격대, 유군(遊軍); 비상 요원단.
flýing squírrel *n*. 날다람쥐과(類)의 동물.
flýing stárt *n*. 조주(助走) (도움닫기) 스타트 [출발 점보다 앞에서 뛰어와서 전속력으로 출발점을 밟아 스타트하기].
flýing wédge *n*. **1** [축구] V 자형 편성 [공을 가진 선수를 가운데에 둔 쐐기꼴의 공격 대형]. **2** [경찰관 등의] 쐐기꼴의 대형. **3** 행동이 활발한 것.
flýing wíng *n*. 전익(全翼) 비행기 [주익(主翼)의 일부를 동체로 이용하는 꼬리 날개가 없는 비행기].
fly·leaf [fláilì:f] *n.* (*pl.* **-leaves** [-lì:vz]) 면지(面紙) [책의 권두·권말의 백지]; 프로그램 따위의 여백. [소.
flý lóft *n*. [연극] 무대 천장 [무대 장치를 조종하는 상.
fly·man [fláimən] *n.* (*pl.* **-men** [-mən]) **1** [연극] [특히 무대 천장의] 무대 장치 담당자. **2** 《英》한 필이 끄는 전세 마차(fly)의 마부.
flý nét *n*. [말 따위의] 파리망(網); 파리장, [창 따위의] 벌레막이 망. [한의] 경축 비행.
fly-off [fláiɔ́(:)f / -ɔ́f] *n*. 《美》[성능 비교 평가를 위.
fly·o·ver [fláiòuvər] *n*. **1** 의례(儀禮)[의식] 비행, 공중 분열식. **2** 폭격 비행, 공습. **3** [입체 교차하는] 고가 도로 (highway, overpass), [철로 위의] 고가 다리.
fly·pa·per [fláipèipər] *n*. [U] 파리 잡는 끈끈이 종이.
flý·past [fláipæst / -pà:st] *n*. 《英》= flyby.
flý ród *n*. 파리낚싯대.
flý shéet *n*. [광고·취지서 따위] 한 장으로 된 인쇄물, 광고지 (handbill); 사용 주의서, 전단.
fly·speck [fláispèk] *n*. **1** 파리똥의 얼룩. **2** 작은 얼룩 (오점). **3** [식물 병리] [배·사과 따위에 생기는] 흑반병 (黑斑病). ── *vt.* …에 작은 얼룩을 묻히다.
flý swátter *n*. (주로 美) 파리채 (flyflap).
fly·trap [fláitræp] *n*. **1** 파리잡이풀 [파리지옥 따위 식충(食蟲) 식물의 일종]. **2** 파리틀.
fly·way [fláiwèi] *n*. 철새가 나는 길(통로).
fly·weight [fláiwèit] *n*. 플라이급 선수.

fly-wheel [flái(h)wì:l] *n.* 〖기계〗 플라이휠; 기계의 회전 조절용 바퀴.

fly whisk *n.* 파리 쫓는 채〖종종 권위의 상징〗.

fm. (略) fathom; from.

Fm (化學) fermium의 원자 기호.

FM, F.M. (略) frequency modulation.

F.M. (略) Field Marshal; Foreign Mission (해외 파견 사절).

FMB (略)《美》Federal Maritime Board(연방 해사(海事) 위원회).

FMCS (略)《美》Federal Mediation and Conciliation Service(연방 조정 화해 기관). 〖매〗

FMS (略) foreign military sales (《美》 대외 군사 판

FMV (略) fair market value(공정 시장 가격).

fn (略) footnote.

f number *n.* 〖사진·光學〗 f 수〖렌즈의 밝기를 표시〗.

fo. (略) folio.

F.O. (略) field officer; Foreign Office.

foal [foul] *n.* 말(당나귀·노새)의 새끼〖특히 한 살이 안 된 것〗. ¶ in (or with) foal 〖말이〗새끼를 배어. — *vt.* 〖말 따위가〗〖망아지〗를 낳다. — *vi.* 〖말 따위가〗 망아지를 낳다.

‡**foam** [foum] *n.* ⓤⓒ **1** 거품, 포말(泡沫). ¶ foam on a glass 유리컵에 붙은 거품.

〖類語〗 **foam** 작은 bubble 이 모여서 하얗게 된 것: the foam of the breaking waves 부서지는 파도의 거품. **bubble** 하나의 기포(氣泡); blow bubbles 비눗방울을 불다. **froth** foam 과 뜻은 같으나 무력·무가치 함을 암시하는 말: the froth of beer 맥주 거품. **spume** 물결 치는 거품, foam, froth; sea spume 바다 거품. **lather** 비누 모양의 거품: a lather for shaving 면도용 비누 거품. **suds** lather 보다 더 거품이 많은〖세탁용 따위의〗비눗액: soak clothes in suds 옷을 비눗물에 담그다.

2 〖말 따위의〗일한 뒤의 비지땀. ¶ in a foam 〖말 따위가〗온통 땀을 흘리며. **3** 〖간질·공수병 따위의〗 내뿜는 거품. **4** (the ~)〖詩〗 바다. ¶ sail the foam 항해하다. — *vi.* 거품을 내다, 거품이 일다, 거품을 일으키다, 비지땀을 흘리다. ¶ (~+匣+옙) foam with rage 격분하다 // (~+匣) foam away (or off) 거품처럼 사라지다 / foam over 넘치다 / The torrent roared and foamed along. 급류는 시끄럽게 거품을 일으키며 흘렀다.

foam at the mouth ① 입에서 거품을 내뿜다(날리다). ② 몹시 화를 내다, 격분하다.

◇ **fóamy** *adj.*

fóam extínguisher *n.* 포말 소화기.

fóam gláss *n.* 거품 유리, 다포(多泡) 유리. 〖는.

foam·less [fóumlis] *adj.* 거품이 없는, 거품이 일지 않

fóam rúbber *n.* 기포(氣泡)고무〖해면 모양의 고무로서 쿠션·매트리스용〗.

foam·y [fóumi] *adj.* (foam·i·er, foam·i·est) **1** 거품 투성이의, 거품이 인. ¶ a foamy stream (surf) 거품이 이는 개울물(밀려오는 파도). **2** 거품으로 된. **3** 거품의(같은). **foam·i·ly** *adv.* **foam·i·ness** *n.*

fob[1] [fab / fɔb] *n.* **1** (=fób pócket) 〖바지의〗시계 주머니. **2** (=fób cháin) 《美》 바지의 시계 주머니에서 늘어뜨리는 시곗줄 사슬(리본).

fob[2] [fab / fɔb] *vt.* (fobbed, fob·bing) 〖고어〗…을 속이다, 기만하다 (cheat, deceive).

fob off 〖불량품 따위〗을 속여서 팔다(palm off) (... on). ¶ fob off a used watch on a person 남에게 중고 시계를 속여서 팔다. ② 〖남〗을 교묘한 말로 속이다 (put off) (... with). ¶ fob a person off with good excuses 교묘한 핑계로 남을 속이다. ③ …을 물리치다, 떨쳐 버리다(put aside).

F.O.B., f.o.b. (略) free on board ((화물의)본선 인도(本船 引渡)). ¶ a price F.O.B. 본선 인도 가격.

fób cháin *n.* 〖바지의 작은 주머니(fob)에서 늘어뜨 린〗시곗줄.

FOBS Fractional Orbital Bombardment System (부분 궤도 폭격 체계).

*****fo·cal** [fóuk(ə)l] *adj.* 초점(상)의; 초점을 연결하는. ¶ a focal distance (or length) 초점 거리 / a focal plane 초점면(面) / a focal point 초점. **~ly** [-kəli] *adv.*

fócal inféction *n.* ⓤ 〖의학〗 병소 감염(病巢感染).

fo·cal·i·za·tion [fòukəlizéiʃ(ə)n / -laiz-] *n.* ⓤ **1** 초점 조정, 초점에 모으기. **2**〖의학〗작은 부분으로 한정하기.

fo·cal·ize [fóuk(ə)làiz] (*《英》에서는 **fo·cal·ise** 로도 쓴다) *vt.* (-ized, -iz·ing) **1** …의 초점을 맞추다; 〖빛·열 따위〗를 한 점에 모으다. **2** 〖의학〗〖감염〗을 작은 부분에 한정하다.

fócal léngth *n.* 〖光學·사진〗 초점 거리.

fócal-pláne shútter [fóuk(ə)lplèin-] *n.* 〖사진〗 포컬플레인 셔터(초점면(面) 셔터).

fócal póint *n.* **1** 〖光學·사진〗 초점. **2** 활동(관심)의 초점.

fócal rátio *n.* 〖光學·사진〗 =f-number.

fo·co [fóukou] *n.* 게릴라 거점(據點).

fo'c's'le [fóuksl] *n.* = forecastle.

*****fo·cus** [fóukəs] *n.* (*pl.* **-cus·es** or **-ci** [-sai]) **1** 〖물리〗 초점(focal point). ¶ a real (a virtual) focus 실(허) 초점. **2** 〖光學〗초점 거리(focal distance); 명확한 상(像)의 상태; 초점 정합(整合). ¶ in focus 초점(핀트)이 맞아, 분명하게 / out of focus 초점을 벗어나, 핀트가 안 맞아, 희미하여 / He brought the camera into focus. 그는 카메라의 초점을 맞추었다. **3** 〖주의·활동·문제 등의〗 초점, 중심, 대상, ¶ the focus of scientific activity 과학 활동의 초점. **4** 〖기하〗 초점. **5** 〖지진〗 진원(震源). **6** 〖병리〗 병소(病巢), 병변(病變) 부분.

come into focus 〖초점이〗 맞추어져〖뚜렷이 보이다; 〖상황 따위가〗 뚜렷해지다.

— *v.* (**-cused** or **-cussed, -cus·ing** or **-cus·sing**) *vt.* **1** 〖빛〗의 초점에 모으다(...on); 〖렌즈 따위〗의 초점을 맞추다(...on); 〖영상〗을 분명하게 맞추다(...on). **2** …을 집중시키다(concentrate), 전문화하다(...on). ¶ (~+匣+옙) focus one's attention (thoughts) on …에 주의(생각)를 집중시키다.

— *vi.* **1** 〖빛 따위가〗 초점에 모이다; 〖렌즈 따위의〗초점이 맞다(on...). **2** 〖주의 따위가〗 집중하다(on...).

fócus gróup *n.* 포커스 집단〖상품 개발이나 판촉, 선거 전략 등에 대해 집단 토의하는 소비자나 유권자 그룹〗.

fó·cus·ing clóth [fóukəsiŋ-] *n.* 〖사진〗 초점을 맞출 때의 덮개천.

fócusing gláss *n.* 〖사진〗 초점 유리, 초점 확대경.

fod·der [fádər / fɔdə] *n.* ⓤ 〖가축의〗 먹이, 사료. — *vt.* …에 먹이를 주다.

‡**foe** [fou] *n.* **1** 적, 악의를 품은 사람. ⇒ ENEMY 〖類語〗 **2** 적군; 적국(사람). **3** 〖경기 따위의〗 상대, 적수. **4** 반대자; 해를 주는 것(to...). ¶ a foe to freedom 자유의 적.

FOE (略) Friends of the Earth(지구의 벗 〖국제 환경 보호 단체; 1971년 설립〗).

foehn, föhn [fein / fɔ:n] *n.* 〖기상〗 푄〖높은 산에서 불어 내리는 고온 건조한 바람〗. 〖<G〗 〖병.

foe·man [fóumən] *n.* (*pl.* **-men**) 〖문어〗 (敵軍; 적 **a foeman worthy of** one's **steel** 적이지만 훌륭한 용적군; 적국〖사람〗. **3** 〖경기 따위의〗 상대, 적수. **4** 반

foe·tal [fí:t(ə)l] *adj.* = fetal. 〖사; 호적수.

foe·ta·tion [fi:téiʃ(ə)n] *n.* = fetation.

foe·ti·cide [fí:tisàid] *n.* = feticide.

foe·tus [fí:təs] *n.* = fetus.

‡**fog**[1] [fɔ:g, fag / fɔg] *n.* ⓤⓒ **1** 안개, 연무(煙霧).

〖類語〗 **fog** 시계(視界)를 상당히 가리는 안개. **mist** fog 의 옅은 것. **haze** 연기·먼지 따위가 엷게 끼어 시계를 약간 가리는 것; 습기를 암시하지 않는 말. **smog** 대도시·공업 지대에 나타나는 매연(smoke)과 안개(fog)가 섞인 것.

2 [안개와 같은] 연기, 먼지, 물보라. **3** 혼란, 당황. ¶ raise a *fog* 혼란을 일으키다, 당황하게 하다 / I was completely in a *fog* after the failure. 그 실패를 겪은 후 나는 어찌할 바를 몰랐다. **4** [사진] [음화(陰畫)의] 흐림. **5** [물리·화학] 기체 중에 확산한 액체 또는 개체(個體)가 융화된 것(상태).
— *v.* (**fogged, fog·ging**) *vt.* **1** …을 안개로 덮다. **2** …을 흐리게 하다, 어둡게 하다. [사진] [음화를 흐리게 하다. **3** …을 혼란하게 하다, 당황하게 하다 (bewilder). — *vi.* **1** 안개가 끼다. **2** [사진] 흐리게 되다. **3** [영속어] [철도] 안개 신호를 내걸다.

fog² [fɔ:g, fag / fɔg] *n.* U C **1** [벤 뒤에 자라난] 두 번째 풀. **2** [겨울 벌판의] 서 있는 채 마른 풀. ¶ leave grass under *fog* 둘을 선 채 마르도록 버려두다.
— *vt.* (**fogged, fog·ging**) **1** [토지를] 두 번째 풀이 나도록 (풀이) 선 채 마르도록) 내버려두다. **2** [가축]에게 두 번째 풀을 먹이다.

fóg bànk *n.* 안개 봉우리 [해상에 끼는 육지처럼 보이는
fóg bèll *n.* 농무 경종(濃霧警鐘) [배가 울리는 정보].
fog-bound [fɔ́:gbàund, fág- / fɔ́g-] *adj.* [항해] 짙은 안개로 항행할 수 없는.   [보이는 흰 무지개].
fog·bow [-bòu, fág- / fɔ́g-] *n.* 안개무지개 [안개 속에
fo·gey [fóugi] *n.* = fogy.
***fog·gy** [fɔ́:gi, fági / fɔ́gi] *adj.* (**-gi·er, -gi·est**) **1** 짙은 안개가 낀, 안개가 많은(misty); 짙은 안개 같은. **2** 흐리멍덩한, 몽롱한(dim). **3** 당황한(perplexed). **4** [사진] 흐린, 뿌연. **-gi·ly** *adv.* **-gi·ness** *n.*
Fóggy Bóttom *n.* 미국 국무부의 속칭 [Washington, D.C.의 국무부 소재지 이름에서 유래].
fog-horn [fɔ́:ghɔ̀:rn, fág- / fɔ́g-] *n.* **1** 농무 경적(警笛). **2** 거센 목소리, 굵은 목소리 (deep voice).
fo·gle [fóugl] *n.* ((속어)) [특히 비단으로 만든] 손수건, 목도리.   [낳은.
fog·less [fɔ́:glis, fág- / fɔ́g-] *adj.* 짙은 안개가 끼지
fóg lìght(**làmp**) *n.* [자동차의] 안개등(燈).
fóg sìgnal *n.* [배·철도의] 농무 신호.
fo·gy [fóugi] *n.* (*pl.* **-gies**) (보통 old를 동반하여) 시대에 뒤진 사람, 구식 사람.
fo·gy·ish [fóugiiʃ] *adj.* 시대에 뒤진, 구식적인.
fo·gy·ism [fóugiìz(ə)m] *n.* U 구식, 구식 사람의 생
foh [fɔ:] *interj.* [고어] =faugh.   [각 [태도].
föhn [fein / fə:n] *n.* = foehn.
FOI (略) *freedom of* information.
FOIA (略) (美) *F*reedom *o*f *I*nformation *A*ct.
foi·ble [fɔ́ibl] *n.* **1** 약점, [성격의] 결점 (weak point). ⇨ FAULT 類義. **2** 자만하고 있는 점. **3** 칼이 휘는 부분 [칼의 가운데서 칼끝까지]. *cf.* forte¹
foie gras [fwá: grá:] *n.* (구어) 프와 그라 [특별히 살찌운 거위의 간장을 요리한 진미], [<F]
foil¹ [fɔil] *vt.* **1** [계획 따위]를 좌절시키다, 헛되게 하다 (baffle). ¶ The project was *foiled*. 그 계획은 좌절되었다. **2** [사냥] [사냥개]를 어리둥절하게 하다, [냄새의 자취를] 이리저리 돌아다니어서 감추다. **3** [고어] …을 물리치다 (defeat), [공격]을 피하다. — *n.* **1** (사냥) [짐승의] 지나간 발자국. ¶ run [upon] the *foil* [짐승이 사냥개의 추적을 따돌리기 위해] 이리저리 뛰어 돌아다니다. **2** [고어] 패퇴, 격퇴. ¶ put to the *foil* 격퇴하다, 좌절시키다.
***foil²** [fɔil] *n.* U **1** 박(箔). ¶ gold *foil* 금박(金箔). **2** 거울 뒤에 입힌 박. **3** [보석의] 밑에 까는 박. ¶ use a person as a *foil* 돋보이게 하는 사람(것). ¶ use a person as a *foil* 돋보이게 하기 위해 남을 이용하다. **5** C [건축] 꽃잎(잎 무늬) 장식. — *vt.* **1** …에 박을 입히다. **2** …을 돋보이게 하다. **3** [건축] …에 잎무늬 장식을 붙이다.
foil³ [fɔil] *n.* **1** 연습용 펜싱 칼 [끝에 솜뭉치가 붙어 있다]. **2** (~s) 펜싱 연습. ¶ [동사로] 펜싱 놀이 [연기].
foil·ing [fɔ́iliŋ] *n.* U **1** [건축] 꽃잎 모양 장식. **2**
foist [fɔist] *vt.* **1** [불량품 따위]를 억지로 떠맡기다, 속여 팔다 (...on, upon). ¶ *foist* a forged ticket *upon* a person 남에게 가짜 차표를 속여 팔다. **2** [문구 따위]를 슬그머니 써넣다, [지위에] (남)을 몰래 앉히다 (...into). ¶ *foist* a clause *into* a document 몰래 한 조항을 문서에 써넣다 / *foist* one's brother *into* a position 동생을 몰래 어떤 지위에 앉히다.

fol. (略) *fol*io; *fol*lowed, *fol*lowing.
fo-late [fóuleit] *adj.* 엽산(葉酸) (folic acid)의.
‡**fold¹** [fould] *vt.* **1** [헝겊·종이 따위]를 접다, 접은 금을 내다; …을 되접어 꺾다 (...*back*), 접어 겹치다 (...*over, together*), 접어 개다 (...*up*). **2** [손발]을 끼다; [새가] [날개]를 접다. ¶ *fold* one's arms on one's chest 가슴 위에 팔짱을 끼다 / *fold* one's hands 양손을 끼다. **3** …을 감아 돌리다 (옷 따위를 걸치다) (...*about, around*). ¶ (~+图+前+图) He *folded* his cloak *about* him. 그는 외투를 걸쳤다 / He *folded* his arms *about* the neck of opponent. 그는 양팔로 상대의 목을 감아 안았다. **4** …을 싸다, 씌우다, 포장하다 (wrap) (...*in*). ¶ Clouds *folded* the hills. 구름이 산들을 덮었다 // (~+图+前+图) *fold* something in paper 어떤 것을 종이로 싸다. **5** …을 꽉 껴안다, 포옹하다 (embrace). ¶ (~+图+前+图) She *folded* the child *in* her arms. 그녀는 그 아이를 꽉 껴안았다. **6** [요리] …을 휘젓다(...*in*). **7** [카드놀이] [승부를 단념하고] [카드]를 엎어 두다.
— *vi.* **1** 접은 자국이 나다, 접혀 개어지다; [문 따위가] 닫히다. ¶ A fan *folds*. 부채는 접혀진다. **2** [카드놀이] [승부를 단념하고] 카드를 엎다. **3** [사업·흥행 따위가] 실패하다, 망하다. ¶ [어떤 주머니가] 양을 치다.
— *n.* **1** 접힌 데; 접어 겹친 데; 주름. ¶ the *fold* of the paper 종이의 접힌 자국. **2** 접어서 생긴 움푹한 곳. ¶ I carry something in the *fold* of a garment 옷자락 접은 데로 물건을 나르다. **3** (주로 英) 토지의 우묵한 곳. ¶ the *fold* of a hill 산허리의 기복. **4** [지질] 습곡(地殼). **5** [뱀의] 한 사리, [새끼 따위를 둘둘 만] 한 사리. **6** 겹음. **7** [해부] 습벽(褶襞).
fold² [fould] *n.* **1** [가축, 특히 양의] 우리, 울, 양사. **2** 양우리 속의 양, 양떼. **3** 교회; [집합적] 신도, 회중(會衆). ¶ preach to the *fold* 신도들에게 설교하다. **4** [공통의 이해 관계·가치 기준을 지닌] 단체, 집단. — *vt.* [양 따위]를 우리 안에 넣다, 가두다; [땅]을 기름지게 하기 위하여 [어떤 땅에] 우리를 만들어 양을 치다.

-fold *suf.* "…배의, …겹의" 라는 뜻의 형용사를 만든다. 예: three*fold*, mani*fold*.

fold·a·way [fóuldəwèi] *adj.* 접게 된, 접는 식의.
fóld-bòat [fóuldbòut] *n.* =faltboat.
fold·er [fóuldər] *n.* **1** 접는 사람, 접는 기계. **2** 접은 인쇄물 [광고·지도·팜플렛 따위]. **3** [두꺼운 종이를 한번 접은] 서류철(綴)하는 종이. **4** (~s) 접는 안경.
fol·de·rol [fɑ́ldərɑ̀l / fɔ́ldərɔ̀l], (**falderal**) *n.* U C **1** 싸구려 물건, 보잘것없는 장신구. **2** 허튼 소리, 시시한 이야기(생각).
fold·ing [fóuldiŋ] *n.* U 접어 개기, 접기. — *adj.* 접어 개는. ¶ a *folding* chair 접게 된 의자 / a *folding* screen 병풍.
fólding dóors *n. pl.* 접게 된 문.
fólding móney *n.* U (美구어) 지폐 (paper money).
fold-out [fóuldàut] *n.* [잡지 의] 접어서 가운 페이지.

(folding doors)

fo·li·a·ceous [fòuliéiʃəs] *adj.* **1** 잎 같은, 잎 모양의 (leaflike). ¶ *foliaceous* lichen 잎 모양의 지의(地衣). **2** [식물] 잎이 있는, 잎 모양의 기관이 있는. **3** 얇은 조각 [막·층]으로 된 (foliated).
***fo·li·age** [fóuliidʒ] *n.* U **1** (집합적) 잎. ¶ spring *foliage* 신록의 우거진 잎. **2** [일반적으로] 무성한 잎. **3** [건축·미술 따위에서의] 잎무늬, 잎장식.
fo·li·aged [fóuliidʒd] *adj.* (보통 복합어를 만들어) 잎이 있는; 잎무늬 장식을 한. ¶ dark-*foliaged* 잎이 거무

스름한/ heavy-*foliaged* 잎이 무성한.
fóliage léaf *n.* 〔식물〕심상엽(尋常葉). *cf.* floral leaf
fóliage plánt *n.* 관엽(觀葉)식물.
fo·li·ar [fóuliər] *adj.* 잎의, 잎 모양의, 엽질(葉質)의.
fo·li·ate [fóuliit] *adj.* 〔fóulièit+*v.*〕**1** 잎이 있는, 잎으로 덮인. **2** 잎 모양의(leaflike). **3** 〔건축〕잎 무늬 장식이 있는. ― *v.* [fóulièit] (*-at·ed, -at·ing*) *vi.* **1** 잎을 내다. **2** 얇은 조각으로 쪼개지다. ― *vt.* **1** …을 잎 모양으로 하다; 〔건축〕…에 잎무늬 장식을 하다. **2** …에 박(箔)을 입히다. ¶ *foliate* a mirror 거울 뒷면에 박(箔)을 입히다. **3** 〔책〕에 장수를 매기다.
fo·li·at·ed [fóuliéitid] *adj.* **1** 잎 모양의(leaflike) 〔건축〕잎무늬 장식을 한. **2** 〔結晶〕엷은 층으로 된. **3** 〔지질〕〔식물〕장부의 윤곽으로 갈라지기, **5** 〔식물〕아령(芽型)(vernation). **7** 박(箔)을 입힌; **6** 〔식물〕아령(芽型)(vernation). **7** 박(箔)을 입힘; 겨울의 박 입히기.
fo·li·a·tion [fòuliéiʃ(ə)n] *n.* ⓤ **1** 잎이 남. **2** 〔집합적〕잎(foliage). **3** 〔책의〕매수 매기기, 매수. **4** 〔지질〕절편의 얇은 조각으로 갈라지기, **5** 〔건축〕잎 장식, **6** 〔식물〕아령(芽型)(vernation). **7** 박(箔)을 입힘; 겨울의 박 입히기.
fó·lic ácid [fóulik-] *n.* ⓤ〔생화학〕엽산(葉酸)〔비타민 B의 합성물로서 빈혈·설사 따위의 특효약〕.
***fo·li·o** [fóuliòu] *n.* (*pl.* **-li·os**) **1** 2절(折)〔4벌지기分〕; 2절판의 책. ¶ **a book in folio** 2절판의 책. **2**〔원고 따위에서 겉에만 페이지 수를 매긴〕한 장. **3**〔인쇄〕페이지 번호, 장수. **4**〔簿記〕장부의 좌우 2절판〔같은 페이지 수〕. **5**〔법률〕〔문서 길이의 기준이 되는〕단위 어수(語數)〔《美》에서는 보통 100단어, 《英》에서는 72∼90단어〕. ― *adj.* 2절(折)〔折〕판의, 이절판의. ¶ *folio* **volume** 2절판의 책. ― *vt.* **1** …에 페이지 수를 매기다. **2**〔서류〕에 단위 어수마다 표를 하다.
fo·li·ole [fóuliòul] *n.* **1**〔식물〕작은 잎(leaflet). **2**〔동물〕작은 잎 모양의 기관. *centifolious.*
-folious leafy, having leaves의 뜻의 연결형. 예:
‡**folk** [fouk] *n.* (*pl.* **folk** or **folks**) **1**〔보통 ∼s〕세상 사람들, 사람들, 세인(世人). ¶ **just [plain] folks** 소박한 사람들 / *Folks* used to do differently. 사람들은 전과는 다른 방법을 쓰는 것이 보통이었다. **2**〔종종 ∼s〕특수 취급〕〔특정 계급·집단의〕사람들; 〔사람들을 부를 때〕여러분. ¶ **town folk** 시민 들 / All right, *folks*. Come on, this is a party. 자, 여러분, 즐깁시다. 파티입니다. **3**〔복수 취급〕〔문화·관습을 전하는〕사람들. ¶ The *folk* create new culture. 사람들은 새로운 문화를 창조한다. **4** (∼s) 〔구어〕가족, 식구; 일족; 친척, 양친. ¶ **the old folks at home** 집안의 노인들; 그리운 고향 사람들 / His *folks* are of Dutch descent. 그의 가족은 네덜란드계다. **5** (∼s) 〔고어〕민족, 국민, 종족. ― *adj.* 민간으로 시작된, 서민의. ¶ **folk art** 민간〔민족〕예술 / **folk ballads** 민요.
fólk árt *n.* 민중 예술, 민예.
folk-craft [fóukkræft/-krɑ̀:ft] *n.* 민속 공예〔품〕.
***fólk dánce** *n.* 포크 댄스, 민속〔향토〕무용; 그 곡.
fol·kie [fóuki] *n.* 《속어》 민요 가수.
***folk·lore** [fóuklɔ̀:r/-lɔ̀:] *n.* ⓤ **1** 민속, 민간 전승 〔민간의 전설·신앙·풍습·습관 등〕. **2** 민속학.
folk·lor·ist [fóuklɔ̀:rist] *n.* 민속학자.
folk·lor·is·tic [fòuklɔ̀:ristik/-lɔ̀:r-] *adj.* 민간 전승의, 민속학적인. 〔사용하는 사람.
fólk máss *n.* 〔전통적인 예배용 음악 대신〕민요 음악을
fólk médicine *n.* ⓤ 민간 요법.
fólk músic *n.* 민요 음악. ¶ =folk singer.
folk·nik [fóuknik] *n.* 《속어》**1** 포크송 열광자.
fólk-rock [fóukrɔ̀k/-rɔ̀k] *n.* ⓤ 민요풍의 로크 음악.
fólk·say [fóuksèi] *n.* 속어적 표현, 통속어.
fólk sínger *n.* 민요 가수.
***fólk sóng** *n.* **1** 포크송, 민요, **2** 민요조의 노래.
folk·tale [fóuktèil] *n.* 민화(民話), 전설.
folk·way [fóukwèi] *n.* (보통 ∼s)〔사회〕민속, 습속, 사회적 관행〔어떤 사회 집단에 공통된 사고·감정·행동의 양식〕.
foll. 〔略〕following.
fol·li·cle [fálikl/fɔ́l-] *n.* **1**〔식물〕골돌과(蓇葖果). **2**〔해부〕소낭(小囊), 여포(濾胞), 난포(卵胞). **3** 누에고치.
fol·lic·u·lar [fəlíkjulər] *adj.* **1**〔식물〕골돌과가 있는. **2**〔해부〕소낭의, 여포의.
‡**fol·low** [fálou/fɔ́lou] *vt.* **1**〔공간적·시간적으로〕…의 뒤를 따르다, 뒤따라 오다(succeed);…의 뒤를 잇다;…의 다음에 위치하다. ¶ Spring *follows* winter. 봄은 겨울 다음에 온다 / Ridges *followed* each other in succession. 능선이 연달아 계속되었다 / He *followed* his father as manager. 그는 아버지의 뒤를 이어 지배인이 되었다 / One misfortune *follows* another. 《속담》엎친 데 덮치기, 화불단행(禍不單行).
〘類語〙 **follow** 뒤따라 오다라는 뜻의 가장 일반적이고 넓은 뜻의 말: A long spell of fine weather *followed* the storm. 그 폭풍 뒤에 좋은 날씨가 오래 계속되었다. **ensue** 필연적으로 뒤에 오다: A great confusion *ensued* from the earthquake. 지진에 이어 큰 혼란이 일어났다. **succeed** 어떤 것에 뒤이어 그것을 대신하다: *succeed* the president of the company 사장 자리를 이어받다.
2 …을 따라 가다〔오다〕, 동행하다,…의 뒤를 따르다. ¶ *follow* **hounds** 〔사냥개를 앞세우고〕사냥을 하다 / You go first, and I will *follow* you. 먼저 가십시오, 저는 뒤따라 가겠습니다 // (∼+圄+前+圄) The dog *followed* me to the house. 그 개는 나를 따라 집까지 왔다 // (∼+圄+圄) *follow* a person *in* (*out*) 남의 뒤를 따라 들어가다(나가다).
3〔지도자로서의〕〔남〕을 따르다,…을 추종하다 (adhere to);…을 본보기로 삼다, 권위로서 우러러보다; 〔주의·학설〕을 신봉하다;〔규칙·충고·풍습 따위에〕 따르다(conform to), …에 따라서 행동하다(act upon). ¶ *follow* **the best authorities** 최고 권위자에 따르다 / *follow* **the fashion of the day** 시대의 유행을 따르다 / *follow* **the rules of a game** 경기의 규칙을 지키다 / He *follows* Plato. 그는 플라톤을 신봉한다 / It is a good doctor who *follows* his own directions. 《속담》훌륭한 의사는 자신의 처방을 따른다 // (∼+圄+前+圄) *follow* a person in his steps 남의 선례를 따르다.
4〔길 따위〕를 따라서 나아가다, …을 따라 가다(go along). ¶ (∼+圄+前+圄) *Follow* this road *to* the corner. 이 길을 모퉁이까지 따라 가세요.
5 …의 결과로서 일어나다(result from). ¶ **Misery** *follows* **war.** 전쟁 때문에 재앙이 생긴다 / **Disease often** *follows* **malnutrition.** 영양 부족으로 병이 생기는 수가 많다 / *Trade follows the flag.* 《속담》무역도 국력이 바탕이다.
6 …을 쫓다, 추적하다, 추격하다(chase). ¶ They *followed* the enemy for miles. 그들은 몇 마일이나 적을 추적했다.
7 …을 얻으려고 노력하다(endeavor after), 추구하다 (pursue). ¶ *follow* **fame** (**pleasure**) 명성〔쾌락〕을 추구하다.
8 …에 종사하다, 관계하다(engage in). ¶ *follow* the trade of a grocer 식료품상을 하다 / *follow* the law 법률 업무에 종사하다 / *follow* the plow 농사일을 하다 / *follow* the stage 배우를 직업으로 삼다 / *follow* the sea 선원이 되다 / He *followed* French politics. 그는 프랑스의 정치학을 연구했다.
9 〔움직이는 것〕을 눈으로 쫓다, 주시하다(watch); 〔이야기 따위〕에 귀를 기울이다; 〔비유적〕〔시시각각으로 변화하는 사태 따위〕를 주시하다. ¶ *follow* local politics 지방 정치〔의 동향〕를 주시하다 / *follow* a horse race with field glasses 쌍안경으로 경마를 지켜보다 / *follow*

a conversation through a closed door 닫혀 있는 문에서 새어나오는 이야기를 듣다 / I could not *follow* the bird's flight. 나는 그 새가 날아가는 것을 눈으로 쫓을 수가 없었다.
10 [이야기·토론·설명 따위]를 이해하다(understand), [토론의 전개 따위]를 따라가다, [줄거리]를 마음으로 더듬다, [뜻]을 알아차리다. ¶ *follow* an argument 주장을 이해하다 / Do you *follow* me? = Are you *following* me? 내 말을 알겠소?
— *vi.* **1** 다음에 오다(가다), 뒤이어 일어나다(*after...*). ¶ No one knows what may *follow*. 다음에 무슨 일이 일어날지 아무도 모른다 // (~+匣+㊅) I want to know if anything *followed after* it. 나는 그 뒤 무슨 일이 일어났는지 알고 싶다.
2 따라서 가다(오다), 수행하다(attend); 뒤에서 쫓아가다(오다), 추적(추격)하다(*after...*). ¶ He led, and we *followed*. 그가 앞장서고 우리는 뒤따랐다 / Go on ahead, and I'll *follow*. 먼저 가시오, 난 뒤따라 갈 테니까 // (~+匣+㊅) The policeman *followed after* the man in question. 경관은 문제의 남자를 뒤쫓았다.
3 결과로서 …이 되다, 결과로서 일어나다(행해지다). ¶ If you eat too much, a stomachache will *follow*. 과식하면 배탈이 난다 / That does not *follow* at all. 그렇게 될 리가 없다 / Because he is good, it does not *follow* that he is wise. 사람이 좋다고 해서 반드시 현명하다고는 할 수 없다.
as follows 다음과 같다(* 이 follows 는 비인칭 동사로 항상 단수형을 취한다. 보통 다음에 colon[:]을 둔다). ¶ The report runs *as follows*: 보고는 다음과 같다.
follow one's nose ⇒ NOSE.
follow on ① 잇따라 뒤쫓다; 바싹 뒤따라가다. ② [크리켓] 1회전을 끝내고 잇따라 나번(打番)이 되다; [축구] 공을 가진 자기편을 계속 엄호하다; [당구] 밀어치다, [밀어친 공이] 목적공을 따라 나아가다.
follow out ① …을 끝까지 해내다. ② …을 실행하다.
follow suit ⇒ SUIT.
follow through [스포츠] 공을 친 후에 클럽(라켓, 배트)을 끝까지 뻗치다, [美] 일관된 방침을 취하다, 끝까지 노력하다.
follow up ① …을 끝까지 쫓다. ¶ *follow up* a wounded deer 상처입은 사슴을 끝까지 뒤쫓다. ② [단서 따위]를 끝까지 추구하다. ③ [여세를 몰아] …을 한층 철저하게 해내다. ¶ *follow up* a blow 또 한번 일격을 가하다 / *follow up* a victory 승리의 여세를 몰아 공격하다. ④ ¶ enthusiastic Ibsen *followers* 광신적 입센 숭배자들 / a *follower* of Kant 칸트의 설을 신봉하는 사람. **3** 뒤쫓는 사람, 추적자(pursuer). 【類義】 *follower* 어떤 사람·가르침·주의·학설 따위를 믿고 따르는 사람: a *follower* of a theory 어떤 학설의 신봉자. *adherent* follower 보다 더 열렬하고 친 신적임을 뜻하는 말: an *adherent* to communism 공산주의의 신봉자. *disciple* 어떤 지도자의 주의·의견을 개인적으로 믿고 따르는 사람: *disciples* of Buddha 부처님의 제자들. *partisan* 무비판적으로 믿고 지지하는 diagnose; [환자]와 계속 접촉하다. ⑤ [축구] [공을 가진 자기편]에게 다가가서 도와주다. ⇒ *follow on*. ⑥ (*vi.*) 적절한 행동을 하다.
follow up with (美) 잇따라 …하다. ¶ He *followed up with* the detailed information. 그는 잇따라 상세한 정보를 제출했다.
— *n.* **1** ⓤ 쫓기, 추궁, 추적. **2** [당구] 밀어치기(follow shot). **3** [요리점에서 다시 청하는] 추가분[보통량의 반쯤].
†**fol·low·er** [fálouər / fɔ́l-] *n.* **1** 뒤따르는 사람; 종자(從者), 가신(家臣) (retainer); 수행원(attendant); Robin Hood and his *followers* 로빈 후드와 그의 부하들. **2** 신봉자, 신도(adherent); 문하생(disciple), 학도,

사람: a *partisan* of racism 인종 차별주의의 지지자. *supporter* 반대·공격의 대상을 적극적으로 지지하는 사람: a *supporter* of woman suffrage 여성 참정권의 지지자.
4 《英기어》 [특히 하녀의] 애인, 연인; 정부(情夫).
5 [기계] 종동부(從動部), 따라서 움직이는 바퀴.
‡**fol·low·ing** [fálouiŋ / fɔ́l-] *n.* **1** 《집합적》 수행원; 신봉자, 문하생, 제자, 지지자; 가신(家臣), 부하. ¶ a political leader with a large *following* 지지자가 많은 정당 지도자 / The novelist has a wide *following*. 그 소설가는 독자층이 넓다. **2** (the ~) 《단·복수 양용》 다음에 말하는(기록하는) 것. ¶ The *following* have received honorary degrees. 아래 분들이 명예 학위를 받았다 / Change the *following* into exclamatory sentences. 다음을 감탄문으로 바꾸시오.
— *adj.* **1** 다음에 계속되는(next after), 다음에 말하는, 이하의; …의 결과로서 일어나는. ¶ the *following* day (week, month, year) 그 다음날(주, 달, 해) / in the course of the *following* lesson 다음 수업시간중에 / in the year *following* 그 다음해에(* next year 는 지금에서 보아 「내년」) / Put the *following* sentences into Korean. 다음 문장을 한국어로 옮기시오 / The *following* people were chosen. 다음 사람들이 선발되었다. **2** [바람의] 배 가는 쪽으로 부는, 순풍의; [조수가] 배 가는 쪽으로 흐르는.
— *prep.* …에 잇따라, 계속하여, …의 뒤에(after); …의 결과(in consequence of) (* 주로 신문 용어). ¶ He died in the hospital *following* the accident. 그는 그 사고 후에 병원에서 죽었다 / *Following* the lectures the meeting was open to a discussion. 강연에 뒤이어 그 모임은 토론으로 들어갔다.
fol·low-on [fálouán / fɔ́louɔ́n] *n.* [크리켓] 속행(繼行) 제2회전.
fóllow scène *n.* [영화] 이동 촬영한 장면.
fol·low-the-lead·er [fálouðəlí:dər / fɔ́l-], (**fol·low-my-lead·er** [-mi-]) *n.* ⓤ 대장놀이[대장이 한 아이의 동작을 모두가 흉내내는 어린이 놀이].
fol·low-through [fálouθrù: / fɔ́louθrú:] *n.* ⓒⓤ **1** [스포츠] 공을 친 후에도 클럽·배트를 끝까지 휘두르기. **2** [계획 따위의] 실행, 완수.
***fol·low-up** [fálouʌ̀p / fɔ́l-] *n.* **1** 쫓음. **2** [광고 따위의] 후속 권유장. **3** [신문의] 속보(續報).
— *adj.* 뒤쫓는, 잇따르는. ¶ a *follow-up* letter 후속 권유장 / a *follow-up* visit 뒤이은 방문.
‡**fol·ly** [fáli / fɔ́li] *n.* (*pl.* -**lies**) **1** ⓤ 어리석음, 우매. ¶ a word of *folly* 어리석은 말. **2** 어리석은 짓, 우거(愚擧). ¶ commit many *follies* 여러가지 어리석은 짓을 하다. **3** 어리석은 시도; 터무니없이 큰 건축물. **4** (-lies) 시사(時事) 풍자극(revue). **5** ⓤ《폐어》 사악(邪惡) (wickedness).
fo·ment [fo(u)mént] *vt.* **1** [불화·반란 따위]를 조장하다(foster), 선동하다, 유발하다. ¶ *foment* hatred 증오심을 북돋우다. **2** [환부]를 찜질하다, 덥게 하다.
fo·men·ta·tion [fòumentéiʃ(ə)n / -men-] *n.* **1** [반란 따위의] 조장, 선동, 유발. **2** 찜질. **3** ⓒ 찜질약.
fo·ment·er [fo(u)méntər] *n.* **1** 조장자, 선동자. **2** 더운 물을 넣어 따뜻하게 하는 기구.
‡**fond** [fand / fond] *adj.* **1** 《서술적 용법》 좋아하는(*of*...). ¶ He was very *fond of* children. 그는 아이들을 무척 좋아했다 / He is very *fond of* playing baseball. 그는 야구 경기하기를 아주 좋아한다. **2** 애정이 담긴, 다정한(loving, tender); ¶ *fond* caresses 애무. **3** 《경멸》 맹목적으로 사랑하는, 정에 치우친. ¶ *fond* parents 지나치게 아이들을 귀여워하는 부모 / a *fond* [and foolish] husband 아내에게 빠진 남편. **4** 혼자 좋을 대로의, 제멋대로의. ¶ nourish *fond* wishes 되지도 않을 (제 좋을 대로의) 희망을 품다. **5** 《고어》 맹신적인, 경솔히 믿는 (foolishly credulous). **6** 《주로 방언》 바보

같은, 어리석은(foolish). ◇ fóndly adv., fóndness n.

fon·dant [fándənt / fɔ́n-] n. 1 ⓤ 설탕을 녹여 크림 모양으로 만든 것[당과(糖菓)의 원료]. 2 퐁당[입안에서 금방 녹는 연하고 단 과자].

fon·dle [fándl / fɔ́n-] v. (-dled, -dling) vt. 1 …을 귀여워하다, 쓰다듬다, 껴안다(caress). 2 (폐어) …을 응석받다(coddle). — vi. 귀여워하다; 까불어대다(with…).

fon·dler [fándlər / fɔ́n-] n. 귀여워하는 사람.

fond·ling [fándliŋ / fɔ́n-] n. 귀여운 아이; 애인(darling); 애완 동물(pet).

*__fond·ly__ [fándli / fɔ́n-] adv. 1 다정하게, 귀엽게, 사랑스럽게(lovingly, affectionately). 2 어리석게도, 경솔하게, 분별없이.

*__fond·ness__ [fándnis / fɔ́nd-] n. ⓤⓒ (보통 a~) 1 아주 좋아함, 애호; 취미(for…). ¶ I have a fondness for sports (collecting stamps). 나는 스포츠(우표 수집)를 좋아한다. 2 자애(慈愛) (affectionateness), 다정함(tenderness) (for…), 3 맹목적인 사랑, 지나치게 사랑함(for…). 4 (고어) 경솔한 생각; 경신(輕信)

fon·due [fándu:, fɑndú: / fɔ́nd(j)u:] n. 버터·치즈를 녹여 휘저은 다음에는 달걀과 함께 구운 요리. [< F melted]

F₁ làyer [éfwʌ́n-] n. (통신) F₁층[지상에서 약 200-300km 높이에 있는 전리층(電離層)으로 단파를 반사한다]. cf. F₂ layer

font¹ [fant / fɔnt] n. 1 (교회) [보통 돌로 된] 세례반(洗禮盤) 2 (교회 입구에 놓는) 성수반(聖水盤) (stoup). 2 (램프의) 기름통. 3 (고어) 샘(fountain).

font² [fant / fɔnt], (英) **fount** [faunt] n. (인쇄) 폰트 [같은 크기·서체의 활자의 한 벌]. ¶ a wrong font 고르지 못한 활자[略 wf].

font·al [fánt(ə)l / fɔ́nt-] adj. 1 세례반의. 2 원천의, 근원의(original). 3 세례반(洗禮盤)의; 세례의(baptismal).

fon·ta·nel [fàntənél / fɔ̀n-], **(fon·ta·nelle)** n. 1 (해부) 대천·유아의 두개골 사이에 있는) 숫구멍, 천문(泉門). 2 (폐어) (병리) 배농공(排膿孔).

[font¹ 1]

fon·ti·na [fɑntíːnə / fɔn-] n. ⓤ 이탈리아의 양젖 치즈.

‡**food** [fuːd] n. ⓤ 1 먹을 것, 식품; [음료에 대하여] 먹는 것(solid nourishment); ⓒ [특정한 종류의] 식품. animal (vegetable) food 육식(채식) / sea food[s] 해산물 식료품 / food and drink 음식물(* drink and food 라고는 하지 않는다) / food, clothing, and shelter 식·의·주, 의식주 / canned foods 통조림 식품 / one's favorite foods 좋아하는 식품 / an infant's food 유아식 / a breakfast food 조반용 가공 식품 [오트밀·콘플레이크 따위].

(類語) **food** 「먹을 것」이라는 뜻의 가장 보편적인 말. **fare** 사람·동물의 영양이 될 수 있는 식품 모두: a bill of fare 메뉴. **provisions** 상품으로서 시장에 있는, 또는 비축해 둔 식품 전반: provisions for an expedition 원정을 위한 식량. **ration** provisions 중에서 할당받는 food: a daily ration for a soldier 병사의 1일분 식량. **rations** = food: have plenty of rations 식량이 충분히 있다. **victuals, viands** 둘 다 격식을 차리는 말.

2 (생물의) 자양분(nutriment). 3 소비되는 물질(재료, 원료); 더 심하게 만드는 것, 더 심하게 하는 것, 연료, 땔감 / food for flames 불을 타오르게 하는 것, 분격의 씨. 4 (마음의) 양식; 사고(반성)의 재료(대상) (for, of…), ¶ mental food (책 등의) 마음의 양식 / spiritual food 영혼의 양식 // food of fancy 공상거리 / food for thought (reflection) 사고(반성)의 재료(대상).

be (or **become**) **food for fishes** 물고기 밥이 되다, 물에 빠져 죽다.
be (or **become**) **food for worms** ⇒ WORM.
food for powder 탄환의 밥, 병사들. [첨가물.
food ádditive n. (감미료·조미료·방부제 따위) 식품 **food bànk** n. (美) (빈민 구제용) 식량 저장 배급소.
food chàin n. 1 (생태) 식물 연쇄 (食物連鎖), 먹이 사슬. 2 식료품 연쇄점.
food còmplex n. (생태) 식물망(食物網) (food web)
food contròl n. (英) (비상시의) 식량 관리(통제).
food cỳcle n. (생태) 식물 연쇄.
food irradiátion n. 식품 조사(식품 照射) [식품 보존법의 하나로, 야채·과일 따위의 에 감마선을 쬐는 일].
food·less [fúːdlis] adj. 먹을 것이 없는. ¶ a foodless day 음식을 먹지 않는 하루 / go foodless 먹지 않고 있다.
food póisoning n. ⓤ 식중독.
food pròcessor n. 만능 조리 용구[고속으로 자르기·썰기·갈기 따위가 가능한 전기 기구].
food pỳramid n.(생태) 먹이 피라밋 [먹이 사슬을 개체수에 의해 나타냈을 때의 계층 관계].
food science n. 식품 과학. [는 것].
food stàmp n. (美) 식량표 [농무성에서 빈민에게 주
*__food·stuff__ [fúːdstʌf] n. (종종 ~s) 식료품; 식량; 영양소.
food wèb n. (생태) 식물망(食物網).
foo·fa·raw [fúːfərɔ̀ː] n. ⓤ(美 구어) 지나친 장식; 하찮은 일로 떠들어대기.

‡**fool¹** [fuːl] n. 1 바보, 얼간이, 멍청이; ¶ be fool enough to …할만큼 바보다. * 이 fool은 형용사적으로 관사를 안 붙인다 / be no (or nobody's) fool 꽤 총명하다 / He who thinks himself wise is a great fool. 스스로 똑똑하다고 생각하는 사람이 큰 바보다 / What a fool he is [to do such a thing]! [그런 짓을 하다니] 그는 정말 바보다 / He was such a fool as to say such a thing. 그는 어리석게도 그런 말을 했다.

(類語) **fool** 정신적으로 결함이 있는 사람, 지능이 낮은 사람을 뜻하는 가장 일반적인 말; 경멸조로도 쓰인다. **simpleton** 상식(양식) ·판단력이 부족하고 지식·소양이 모자라는 사람; 정신적인 결함을 뜻하지 않는다.

2 (역사) 왕후·귀족이 고용했던 광대 (clown, buffoon).
3 바보 취급을 당하는 사람, 속아넘어가는 사람(dupe). ¶ a fool of fate (circumstances) 운명(환경)의 지배를 받는 사람 / make a fool of a person 남을 바보 취급하다; 속여넘기다 / make a fool of oneself 바보짓을 하다, 웃음거리가 되다.
4 저능인 사람(weak-minded person), 백치.
5 (美) …에 맥을 못쓰는 (약한) 사람(for…); (현재 분사와 함께) …에 뛰어난 사람, …에 열중하는 사람, …광(狂). ¶ a fool for candy 단것을 몹시 좋아하는 사람 / a letter-writing fool 편지 쓰기를 무척 좋아하는 사람.
be a fool for one's pains 애쓴 보람이 없다, 헛수고를 하다.
be a fool to …과는 비교도 안 되다.
play the fool ① 광대 노릇을 하다. ② 바보짓을 하다, 큰 실수를 하다.
play the fool with ① …을 속이다, …을 속여넘기다. ② …을 망쳐놓다.
— vt. 1 …을 업신여기다, …을 바보 취급하다(make a fool of). 2 …을 속이다, 기만하다(deceive); …을 감쪽같이 속이다(impose on); (남)에게서 (물건을) 속여 빼앗다, [남]을 속여서 …시키다 (out+명+into) fool a person into investing in an enterprise 남을 부추겨서 사업에 투자하도록 하게 하다 / fool a person into the belief that … 남을 속여서 …이라고 믿게 하다 / fool a person out of his money 남을 속여서 돈을 빼앗다. 3 …을 헛되이 쓰다, 허비하다(away). ¶ (out+명+副) fool away one's time (money) 시간(돈)을 허비하다.
— vi. 1 어리석은 짓을 하다(behave stupidly); 익살맞은 짓을 하다, 장난하다(play); 희롱거리다(with…), 농담

하다(joke). ¶ I was only *fooling*. 농담을 했을 뿐입니다 / Stop *fooling*! 어리석은 짓 마라! // (～+樹+名) *Don't fool with* the pistol. 권총을 가지고 장난하지 마라. **2** 헤매다, 어슬렁거리다(hang about).

fool alóng 《美》(비유적으로도) 정처없이 유유히 나아가다.

fool aróund(or ***round, about***) 빈들거리다, 시간을 낭비하다. *He spent so much time just fooling around*. 그는 빈들거리며 많은 시간을 허비했다.

fool aróund with …을 가지고 놀다; [기혼자와] 바람을 피우다.

— *adj.* 《주로 美구어》 어리석은(foolish). ¶ *fool talk* 어리석은 이야기 / *make all kinds of fool promises* 온갖 터무니없는 약속을 하다.
[<OF *fol* fool <L *follis* bellows, wind-bag: 어리석은 생각이 가득 차서 풀무처럼 부풀어 있다는 뜻]

fool² [fu:l] *n.* 《英》《요리》풀[과실을 약한 불에 쪄서 짓이겨 크림 따위를 섞은 요리]. ¶ gooseberry *fool* 구즈베리 풀.

fóol dúck *n.* 《美》[북미산(產)] 오리의 일종(ruddy **fóol·er·y** [fú:ləri] *n.* ⓤⓒ (*pl.* -*er·ies*) **1** 어리석은 짓(foolish action). **2** [개개의] 어리석은 행위.

fool·har·dy [fú:lhà:ɾdi] *adj.* (-di-er, -di-est) 무모한, 앞뒤를 헤아리지 않는(reckless). ¶ a *foolhardy* action 무모한 행동. **-di·ly** *adv.* **-di·ness** *n.*

fóol hén *n.* 《美》뇌조(雷鳥).

fool·ing [fú:liŋ] *n.* ⓤ 바보짓, 광대짓; 장난. ¶ Stop *fooling*. 바보짓거리 하지 마라.

fool·ish [fú:liʃ] *adj.* **1** 어리석은. ¶ a *foolish* boy 어리석은 / look *foolish* 어리석어 보이다.

類語 **foolish** 지능이 모자라고 판단력이 결여된; 때로 정신 박약을 뜻하기도 한다. **simple** 지니고 있는 지능을 잘 쓰지 못하는; foolish 보다 뜻이 약하다. **silly** 시시가 없고, 요점을 파악하지 못하는, 또는 쓸모없는. **stu-pid** 선천적으로 또는 정신적 충격 때문에 지능을 쓰지 못하는. **dull** 선천적으로 또는 질병·과로 따위로 지능의 작용이 둔한. **fatuous** foolish, dull 또는 stupid 하지만 자기는 똑똑하다고 자기 만족하고 있는. **absurd** 생각·행위 따위가 진리·합리성에 어긋나고 터무니없는. **ridiculous** 너무나 absurd 또는 foolish 하여 웃음거리밖에 되지 않는. **ludicrous** absurd 하고 우스꽝스러운; ridiculous 보다 뜻이 약하다. **prepos-terous** 매우 absurd 한, 또는 전혀 조화롭지 못한.

2 바보 같은. ¶ a *foolish* plan 바보 같은 계획.
3 하찮은, 보잘것없는(insignificant).

fool·ish·ly *adv.* 어리석게도, 어리석어서.
fool·ish·ness [fú:liʃnis] *n.* ⓤ 어리석음, 바보 같음; 어리석은 행동.

fool·oc·ra·cy [fu:lákɾəsi / -5k-] *n.* ⓤ 《익살》우인(愚人) 정치, 어리석은 사람의 지배.

fool·proof [fú:lprù:f] *adj.* **1** 바보라도 다룰 수 있는, 아주 간단한. **2** 절대 틀리지 않는(never-failing). ¶ a *foolproof* method 절대로 확실한 방법.

fools·cap [fú:lzkæp, fú:lskæp, fú:lz-] *n.* **1** 《주로 英》 풀스캡, 대판 양패지(大判洋罫紙) [광대 용지의 투명 무늬가 들어 있음], 13¹/₂×17인치 크기. 원래 fool's cap의 투명 무늬가 들어있어서; 略 fcp.] **2** =fool's cap.

fóol's cáp *n.* **1** [옛날에 어릿광대가 썼던] 어릿광대 모자. **2** [열등생에게 벌로써 씌우던] 원추형 종이 모자 (dunce cap).

fóol's érrand *n.* 헛걸음, 헛수고. ¶ go on a *fool's errand* 헛걸음을 하다 / send a person on a *fool's errand* 남에게 헛걸음을 시키다.

fóol's góld *n.* ⓤ 황철광(黃鐵鑛) (iron pyrites), 황동광(黃銅鑛) (copper pyrites) [색깔이 금과 비슷한 데서].

fóol's páradìse *n.* **1** (고어) 바보의 천국[백치의 영혼이 가는 곳으로 믿었던 명부(冥府)의 변경(邊境) (limbo)]. **2** 환상적 행복감, 덧없는 기쁨.

‡foot [fut] *n.* (*pl.* **feet** → 13, 15) **1** [사람·척추 동물의] 발[복숙아뼈 이하의 부분]. ⇒ LEG. ¶ A dog's *feet* are called paws. 개의 발은 paw라고 한다.
2 [무척추 동물의] 발, 촉각(觸脚).
3 [운동 기관으로서의] 발. ¶ attract a tourist's *foot* 여행자의 발길을 끌다.
4 푸트, 피트(=12 inches) [기호': (예: 20'); 略 ft., F., f.]
¶ four square (cubic) *feet* (or *foot*) 4평방 (입방) 피트 / a ten-*foot* pole 10피트의 막대 / a three-*foot*-wide wall 3 피트 폭의 벽 / *foot* by *foot* 1 피트씩; 차츰.

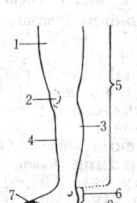

[foot 1]
1 thigh 허벅지 2 knee 무릎
3 calf 장딴지 4 shank 정강이
5 leg 다리 6 foot 발 7 toe 발가락 8 heel 뒤꿈치

— Usage 길이를 나타내는 foot의 복수형은 ─── 길이의 단위로서의 foot의 복수형은 feet이지만, 특히 수사(數詞)가 선행할 경우에는 five feet (or foot) two처럼 foot을 불변화 복수형으로 쓸 때가 있다. 복합 형용사에서는 a five-*foot*-high wall 처럼 단수로 쓰는 것이 보통.

5 ⓤ《英》《집합적》보병(infantry). ¶ *foot* and horse 보병과 기병 / 《서수(序數)에 이어서》the 42nd *Foot* 제 42 보병 연대.
6 보행(walking); 발걸음(step), 보조(pace); 뛰기, 달리기 / a stealthy *foot* 발걸음을 죽인 걸음, 살금살금 걷기 / a swift *foot* 잰 발걸음 / at a slow *foot* 느린 발걸음으로 / be fleet (or swift) of *foot* 발이 빠르나 / be sure of *foot* 발걸음이 당당하다.
7 발 모양의(발의 역할을 하는) 것(부분); 《가구》[의자·테이블 따위의] 다리의 끝 부분; [찻종 따위의] 대; [재봉틀 따위의] 누름쇠(presser foot). ¶ the *feet* of a chair 의자의 다리.
8 최저부, 말단(base), 최하부의 가장자리; [양말 따위의] 발 부분; [기둥 따위의] 밑동; [산의] 기슭; [사다리·층계의] 아래 부분; [페이지의] 아래쪽; [항해] [돛의] 아래쪽, [침대 등의] 발쪽, 발치(opp. head). ¶ the *foot* of a bridge (a hill) 다리의 기부(基部) (산기슭).
9 최하위, 말석, 꼴찌. ¶ the *foot* of a class 학급의 꼴찌.
10 [인체] 활차의 각부(脚部).
11 [연속적 것의] 마지막, 말미(末尾) (end); 맨 아래 기록되어 있는 것[총계 따위]. ¶ the *foot* of a procession 행렬의 맨 끝.
12 [韻律] 음보(音步), 운각(韻脚) [시에서 음의 조합 단위; 영시에서는 강약의 조합에 의하여 iambus, trochee, anapaest, dactyl의 4 종류가 있다].
13 《종종 ~s》 침전물(sediment), 찌꺼기, [바다에 남는] 앙금; 조당(粗糖) (coarse sugar). [윗.]
14 [음악] 풍금 음관(音管)의 음도(音度)를 정하는 길.
15 (~s) =footlights.

at a foot's pace 보통 속도로, 보통 걸음으로.

at a person's feet 남의 발 밑에[무릎 꿇고]; 남이 시키는 대로; 남에게 충성(복종)을 맹세하여, 남의 제자로서.

carry (or *sweep*) *a person off his feet* ① [파도·강풍 따위가] 사람을 실족(失足)하게 하다, 쳐서 넘어뜨리다(knock down). ② 《비유적》사람을 열중시키다, 감동(흥분)시키다.   [남을 불잡다.

catch a person on the wrong foot 눈치채이지 않고 *change foot* (or *feet*) 보조를 맞추기 위하여 발을 바꿔 디디다, 보조를 바꾸다.

drop (or *fall*) *on one's feet* [고양이처럼] 떨어지다, 사뿐 일어서다; 난관을 뚫고 나가다, 운이 좋다.

find one's feet ① [어린이 등이] 일어서게 되다. ② 자기의 분수를 알다, [새로운 환경에 익숙해져서] 제 실

력이 나게 되다.
find (or *get, have, know, take*) *the length of a person's foot* 남의 약점을 잡다, 남의 허점을 간파하다, 대체적인 성격을 알다.
get (or *get*) *off on the right* (*the wrong*) *foot* 시작이 순조롭다(잘못되다).
have (or *get*) *cold feet* 《구어》 겁먹다; 기력을 잃다, 낙담하다.
have feet of clay 넘어질 것 같다, 다리가 흔들리다[← 다니엘서] (Dan.)2:33].
have one's feet on the ground 땅을 디디고 서 있다.
have leaden feet 걸음걸이가 느리다, 발이 무겁다.
have one foot in the grave 한 발을 무덤 속에 넣고 있다, 다 죽어가고 있다, 죽을 때가 가깝다.
jump to one's feet 갑자기 일어나다, 벌떡 일어서다.
keep (or *stand*) *one's feet* ① 똑바로 서 있다(걷다). ② 신중히 행동하다; 기반을 유지하다.
measure one's foot by one's own last 자기의 척도로 남을 평가하다.
miss one's foot 발을 헛디디다; 실족하다.
My (or *Your*) *feet!* 《구어》 설마!, 어림없는 소리!
not (or *never*) *to put a foot wrong* (*right*) 잘못을 저지르지 않다(늘 잘못을 저지르다).
off one's feet 앉아서, 누워서. *cf. on one's feet*
on foot ① 일어서서(standing). ② 걸어서, 도보로, *go on foot* 걸어서 가다 (* 「걸어서 가다」는 go by bus 따위와 대조적으로 쓸 때 이외에는 walk 를 쓰는 것이 보통). ③ [일이] 시작되어(started), 착수되어. ④ 움직여, 운동중에 (in motion), [일이] 진행 하여 (in progress). ¶ *set a movement on foot* 운동을 일으키다 / *set a plan on foot* 계획을 실행에 옮기다.
on one's feet ① 일어서서, 서서, ¶ *stand on one's feet* 일어서다. ② [병이] 완쾌하여, 다 나아서, ¶ *He is now on his feet again.* 그는 전처럼 건강해졌다. ③ [경제적으로] 독립하여, ¶ *set a person on his feet* 남을 자립하도록 해주다, 독립시키다. ④ 방심하지 않고; 빈틈없는.
pull foot 《속어》《명령형》 서둘러라(make haste); 달아나다(run away). * pull it 라고도 한다.
put one's best foot forward (or *foremost*) 《구어》 ① 되도록 좋은 인상을 주다. ② 되도록 서두르다.
put one's foot down ① 《구어》 단호한 태도를 취하다, 결연히 행동하다 (act decisively), 양보하지 않고 버티다. ② [운전중에] 액셀러레이터를 밟다.
put one's foot in (or *into*) *it* 실수하다, 실패하다 (blunder); 곤경에 빠지다(get into difficulties).
put one's foot in one's mouth 실언을 하다, 실수하다.
rise (or *get*) *to one's feet* 일어서다.
set foot in …에 발을 들여놓다, …에 들어가다(enter).
set foot on …을 딛고 서다, …에 들어가다. [다.
set one's foot on the neck of …을 완전히 복종시키
sit at the feet of a person; sit at a person's feet 남에게 사사(師事)하다, 남의 제자가 되다.
spring to one's feet = *jump to one's feet.*
take to one's feet 걸어서 가다(go on foot), 걷다.
trample (or *tread*) *a person under foot* 남을 짓밟다(학대하다).
under a person's foot (or *feet*) 남의 발 밑에; 《비유적》 굴복하여, 남이 하자는 대로.
with one's feet foremost ① 발을 앞으로 내밀고, 발부터 먼저. ② 시체가 되어, 죽어서. ¶ *be carried with one's feet foremost* 관에 넣어져 운반되다.
— *vi.* 1 《배가》 나아가다, 달리다. 2 합계가 …이 되다 (total) (*up to …*). ¶ (~+團+國) *The receipts will foot up to* $ 500. 수령액은 합계 500달러가 될 것이다.
3 《매가》 발톱으로 사냥감을 잡다. — *vt.* 1 …의 발을 걷다; …의 위에서 춤추다; 발을 밟다(tread). ¶ *foot the grass* 잔디 위를 걷다. 2 [드물게] …을 걸어서 지

나가다(여행하다). 3 [양말 따위]에 발 부분을 붙이다. 4 《구어·방언》[세로로 나열된 숫자]를 보태어 합계를 [맨 아래로] 내다 (…*up*). ¶ (~+国+副) *foot up an account* 계산서를 합계하다. 5 《구어》[셈]을 치르다 (pay, settle). ¶ *foot the bill* 지불하다, 비용을 부담하다. 6 [매 따위가] …을 발톱으로 움켜잡다. 7 《고어》 …에 거처를 정하다, 정착하다(settle, establish). *be footed* (or *foot* oneself) *in* …에 정착하다, …에 거처를 정하다. 8 《폐어》 …을 차다(kick).
foot it 춤추다; 걷다.

foot·age [fútidʒ] *n.* ⓤⓒ 1 [영화 필름 길이의] 피트 수(數). 2 [목재의 foot 단위의] 체적(體積)(board feet). 3 [광산] 채굴(採掘) 피트 수에 의한 지불; 채굴 지불액.

fóot-and-móuth disëase [fútənmáuθ-] *n.* ⓤ 《獸醫》 아구창(鵝口瘡)[가축의 입·발굽에 잘 걸리는 전염병].

‡**foot·ball** [fútbɔ̀ːl] *n.* 1 ⓤ 풋볼, 축구 (* 미국에서 football 은 미식 축구이고 축구는 soccer 라 한다). ¶ American *football* 미식 축구 / Rugby *football* 럭비 / accociation *football* 럭비[축구], 축구. 2 축구공. 3 [축구공처럼] 난폭하게 마구 취급받는 사람(것). — *vi.* 축구를 하다. — *vt.* [손님을 끌기 위하여] [상품]을 원가보다 싸게 팔다. [수.

foot·ball·er [fútbɔ̀ːlər] *n.* 축구를 하는 사람, 축구 선
foot·ball pôols *n. pl.* 《英》 축구 도박(pools).
foot·bath [fútbæ̀θ/-bɑ̀ːθ] *n.* (*pl.* -*baths* [-bæ̀ðz/-bɑ̀ːðz]) 발 씻기, 발 씻는 대야.
foot·board [fútbɔ̀ːrd] *n.* 1 발판, 디딤널. 2 침대의 발판. 3 [재봉틀 따위의] 페달, 발판(treadle). 4 [열차·전차 따위의] 승강용》 발판, 스텝. 5 [마부의] (page).
foot·boy [fútbɔ̀i] *n.* [제복을 입은] 사환, 급사, 보이
fóot bràke *n.* [자동차 따위의] 발 브레이크.
foot·bridge [fútbridʒ] *n.* [보행자의] 인도교.
foot-can·dle [fútkæ̀ndl] *n.* 《光學》 피트 촉광[조도 (照度)의 단위].
foot·cloth [fútklɔ̀(ː)θ/-klɑ̀(ː)θ] *n.* (*pl.* -*cloths* [-klɔ̀(ː)ðs/-klɔ̀(ː)θs]) 1 《폐어》 양탄자, 깔개 (carpet, rug). 2 [장식용] 말에 씌우는 천.
fóot drágging *n.* [방해하기 위한] 꾸물거림, [의
foot·ed [fútid] *adj.* 《종종 복합어를 만들어》 발이 있는; 발이 …한, …발의. ¶ *a four-footed animal* 네발 짐승.
foot·er [fútər] *n.* 1 걷는 사람, 보행자(walker). 2 《복합어를 만들어》 …피트의 사람(것). ¶ *a six-footer* 키가 6피트인 사람. 3 《英속어》 = football 1.
foot·fall [fútfɔ̀ːl] *n.* 1 발걸음, 걸음걸이 (footstep). 2 발소리. ¶ *a strange footfall on the floor* 마루 위의 이상한 발소리. [에 라인을 밟는 반칙].
fóot fáult *n.* 《정구》 풋 폴트[서브할 때 공을 치기 전
fóot·fault [fútfɔ̀ːlt] *vi.* 《정구》 풋 폴트를 저지르다.
fóot frónt *n.* [토지·가옥의] 정면의 폭, 앞쪽(front foot). [따위].
foot·gear [fútgiər] *n.* ⓤ《집합적》 신는 것[구두·양말
Fóot Gùards *n. pl.* 《英》 근위 보병 연대.
foot·hill [fúthìl] *n.* 산기슭의 작은 언덕.
*foot·hold** [fúthòuld] *n.* 1 발디딜 곳, 발판. 2 확고한 지위, 거점. 3 고무로 만든 덧신의 일종.
*foot·ing** [fútiŋ] *n.* ⓒⓤ 1 확고한 지위[지반, 거점]. ¶ *struggle for a footing in society* 사회에서 확고한 지위를 얻으려고 몹시 애쓰다. 2 [사물의] 단단한 기초, 토대(basis, foundation). ¶ *This business must be put on a sound footing.* 이 기업은 견실한 기초 위에 서지 않으면 안 된다. 3 발판, 발디딤, 발밑. ¶ *look to one's footing* 발밑을 조심하다 / *The cliff provided no footing.* 그 절벽은 발디딜 곳이 없었다 / *Mind your footing.* 발을 조심하시오. (=Watch your step.). 4 [건축·토목] 기초, 바닥 쌓기. 5 서로의 입장(관계), [사람과 사람의] 사이. ¶ *He was on a friendly footing with her.* 그

foot-in-mouth

는 그녀와 친한 사이였다. **6** 새로운 지위에 오르기, 새로운 관계(사이)가 되기; 입회, 입사, 입학; 입회금. **7** [양말 따위에] 발 부분을 붙이기, 다리(밑판)를 붙이기; 발(다리) 부분의 재료; 기물(器物)의 다리로서 붙인 것. **8** 가산(加算); 총계, 합계(sum total); [상업] [수지의] 합계, 총계. **9** 《드물게》 발을 움직이기, 보행(walking), 도보, 제자리 걸음. **10** 〔춤〕 스텝을 밟는 법, 발 박자. **11** 〖군대〗 편제[정원], 체제. ¶ a peace *footing* 평시 편제.
gain (or *get, obtain*) *a footing in* …에서 기반을 잡다; …에 지위(지반)를 차지하다. ¶ *get a footing in* the business world 실업계에서 지반을 얻다.
keep one's footing ① 발판(설 자리)을 유지하다. ② 기반(지위)를 유지하다.
lose one's footing ① 발을 헛디디다(미끄러지다), 발판을 잃다. ② 기반을 잃다.
on the same (or *an equal*) *footing with* …과 동등한 자격(관계)으로, 대등하여.
pay [*for*] *one's footing* 회비를 내다, 입회금을 내다; 입회의 턱을 내다. [쉬운.
foot-in-mouth [fútinmáuθ] *adj.* 실언의, 실언하기
foot・le [fúːtl] *vi.* (**-led, -ling**) 허튼 소리(쓸데없는 짓)를 하다, 바보 같은 짓을 하다. ― *n.* ⓤ 허튼 소리(nonsense); 어리석음.
foot・less [fútlis] *adj.* **1** 발이 없는. **2** 근거가 없는, 알맹이가 없는. **3** 《구어》 보기 흉한(awkward), 무력한(helpless), 쓸모없는.
***foot・light** [fútlàit] *n.* (보통 ~s) **1** 각광(脚光). ¶ appear before the *footlights* 각광을 받다; 무대에 서다. **2** (the ~s) 무대(stage); 배우의 직업. ¶ smell of the *footlights* 연극 냄새가 나다, 배우 냄새를 풍기다.
foot・ling [fútliŋ] *adj.* 《구어》 하찮은, 바보 같은(foolish).
foot-lock・er [fútlàkər / -lɔ̀k-] *n.* 《美》 [병사가 개인용 물건을 넣어 침대 곁에 두는] 사물함(私物函).
foot-loose [fútlùːs] *adj.* 가고 싶은 곳에 갈 수 있는, 자유로운(free).
***foot・man** [fútmən] *n.* (*pl.* **-men** [-mən]) **1** [제복을 입은] 종복, 하인. **2** 삽발이의 일종. **3** 《드물게》 보병(infantryman). **4** 《고어》 도보 여행자.
***foot・mark** [fútmàːrk] *n.* 발자국(footprint).
foot・muff [fútmʌf] *n.* 발싸개 [보온용].
***foot・note** [fútnòut] *n.* [페이지 하단의] 각주(脚注). *cf.* headnote ― *vt.* (**-not・ed, -not・ing**) …에 각주를 달다.
foot-pace [fútpèis] *n.* **1** 보통 걸음[의 속도]. **2** [제단(祭壇)의] 상단(dais), 단(壇). **3** [계단의] 층계참.
foot-pad [fútpæ̀d] *n.* **1** 《고어》 노상 강도. *cf.* highwayman **2** 우주선의 연착륙용 안정장치.
foot page *n.* 급사, 심부름꾼(footboy); 〔옛날의〕 시동(侍童). [(foot warmer).
foot pan *n.* 발 씻는 대야; 발 보온 기구, 탕파(湯婆)
foot passenger *n.* 통행인, 보행자(pedestrian).
foot-path [fútpæ̀θ / -pɑ̀ːθ] *n.* (*pl.* **-paths** [-pæ̀ðz, -θs / -pɑ̀ːðz]) **1** 보행자의 작은 길. **2** 《英》 인도(sidewalk). [(sidewalk).
foot pavement *n.* 《英》 [보행자용의 포장된] 인도
foot-plate [fútplèit] *n.* 〔초기 기관차의 후부의〕 발판.
foot-pound [fútpáund] *n.* 〖물리〗 풋파운드 [1파운드 무게의 물체를 1피트 올리는 일의 양].
foot-pound-sec・ond [fútpáundsék(ə)nd] *adj.* 풋파운드 초법(秒法)의.
***foot・print** [fútprìnt] *n.* 발자국(footmark).
foot pump *n.* 〔자동차용〕 발로 밟는 공기 펌프.
foot-race [fútrèis] *n.* 도보 경주. [장.
foot rail *n.* 〔책상 의자 따위의〕 발을 걸치는 가로대.
foot-rest [fútrèst] *n.* 〔이발소 의자 따위의〕 발을 올려놓는 대.
foot-rope [fútròup] *n.* 〔항해〕 〔돛・어망 따위의〕 아래

끈; 〔걸음을 걸을 때의〕 디딤 밧줄; 〔줄 사다리의〕 가로줄.
foot rot *n.* ⓤ 〔소・양 따위의 전염병의 일종인〕 부제증(腐蹄症).
foot rule *n.* 피트 자 〔피트 눈금으로 된 자〕.
foot-scald [fútskɔ̀ːld] *n.* 〔말의〕 발바닥의 염증.
foot-scrap・er [fútskrèipər] *n.* 〔현관 따위에 있는〕 구두의 흙털이.
foot・sie [fútsi:] *n.* (때로 ~s) **1** 《美俗》 시시덕거림, 〔남녀간의〕 희롱. ¶ play *footsie* with …과 시시덕거리다; …과 몰래 거래하다. **2** 《美 어린이말》 걸음마.
foot slogger *n.* 《속어》 보병(infantryman).
foot-slog・ging [fútslɑ̀giŋ / -slɔ̀g-] *n., adj.* 보행자[의], 보병[의].
foot soldier *n.* 보병(infantryman).
foot-sore [fútsɔ̀ːr / -sɔ̀ː] *adj.* 발이 아픈, 발병이 난.
foot-stalk [fútstɔ̀ːk] *n.* **1** 〖식물〗 엽병(葉柄) (petiole); 화경(花梗), 작은 꽃꼭지(pedicel). **2** 〖동물〗 육경(肉莖) (pedicel).
foot-stall [fútstɔ̀ːl] *n.* **1** 〔여자용 말안장의〕 등자(stirrup). **2** 〔건축〕 〔기둥 따위의〕 주춧돌, 기둥의 기부(基部).
‡**foot-step** [fútstèp] *n.* **1** 걸음걸이, 걸음; 발소리. **2** 보폭(步幅) (pace). **3** 발자국(footprint). ¶ follow in a person's *footsteps* 남의 발자국을 따르다; 남의 사업을 계승하다. **4** 층계, 계단. [돌.
foot-stone [fútstòun] *n.* 〔무덤의〕 대석(臺石); 주춧
foot-stool [fútstùːl] *n.* 발 올려놓는 대.
foot-sure [fútʃùər] *adj.* =surefooted.
foot-ton [fútt̀n] *n.* 〖물리〗 피트톤 〔1톤의 물체를 1피트 올리는 일의 양의 단위〕.
foot warmer *n.* 탕파(湯婆); 발 보온기. [보도.
foot-way [fútwèi] *n.* 〔보행자 전용의〕 작은 길; 《英》
foot-wear [fútwɛ̀ər] *n.* ⓤ 신는 것〔구두・슬리퍼・양말 따위〕(footgear).
***foot-work** [fútwə̀ːrk] *n.* ⓤ **1** 〔권투・권투 따위의〕 발놀림, 〔유도 따위의〕 발재주. **2** 〔신문 기자 등의〕 걸어다니며 하는 취재(legwork).
foot-worn [fútwɔ̀ːrn / -wɔ̀ːn] *adj.* **1** 밟아서 닮은. **2** 피곤하여〕 발이 아픈(footsore). [축구.
foot-y [fúti] *n.* 《구어》 =footsie. **2** 《濠・뉴질랜드》
foo-zle [fúːzl] *v.* (**-zled, -zling**) *vt.* …을 그르치다, 잘 못하다. ― *vi.* 실수를 하다. ― *n.* 실수, 실패, 서투른 솜씨(bungle); 〔특히 골프에서〕 서투르게 공을 치기.
fop [fap / fɔp] *n.* 멋쟁이, 맵시꾼(dandy).
fop-ling [fápliŋ / fɔ́p-] *n.* 멋쟁이인 체하는 남자.
fop・per・y [fápəri / fɔ́p-] *n.* ⓤⓒ (*pl.* **-per・ies**) 맵시내기, 멋부리기, 허식.
fop-pish [fápiʃ / fɔ́p-] *adj.* 맵시내는, 멋부리는, 태부리는. **~・ly** *adv.* **~・ness** *n.*
‡**for** [강 fɔːr, 약 fər] *prep.* **1** 〔목적〕 …의 목적으로, …을 위하여. ¶ *for* sale 팔려고 내놓은 / not *for* sale 비매품의 / flee *for* one's life (or dear life) 살려고 도망치다 / go *for* a soldier 모병(募兵)에 응하다 / go *for* a walk 산책하러 가다 / send *for* a doctor 의사를 부르러 보내다 / struggle *for* existence 생존 경쟁을 하다 / work *for* one's living 생활을 위하여 일하다 / study *for* examinations 시험 공부를 하다.
2 〔적응・시도・용도〕 …에 적합한, …에 어울리는 (appropriate to), …의 몫에 맞는, …의 용으로(의), …에 적합하게(한). ¶ books *for* children 아동 도서 / the man *for* the job 그 일에 적합한 사람(적임자) / clothes *for* summer 여름 옷 / fit *for* food (nothing) 식용으로 적합하(아무 쓸모 없는).
3 〔획득・추구・탐구〕 …을 얻기 위하여, …을 찾아서. ¶ fight *for* liberty 자유를 얻으려고 싸우다 / a suit *for* damages 손해 배상 청구 소송 / seek *for* employment (happiness) 일자리를 찾다(행복을 추구하다).
4 〔경향・기호・소망・기대〕 …에 대하여(대한), …을

구하여(구하는). ¶ anxious *for* peace 평화를 갈망하는 / have an eye *for* beauty 심미안이 있다 / have an ear *for* music 음악을 이해하다 / have a taste *for* painting 그림에 취미가 있다 / long *for* home 고향을 그리워하다 / hope *for* better things 보다 좋은 것을 바라다 / O, *for* a glass of water! 아, 물 한 컵만 있었으면 (물 한 컵만이라도 마시고 싶다).

5 《대상(代償)·교환·동가(等價)·배상》…의 보답으로, 보상으로; …과 교환으로(in exchange for), …의 대신에, …에 대하여(in return for). ¶ a check *for* $100 백 달러 수표 / an eye *for* an eye 눈에는 눈[←출애굽기(Exod.) 21 : 24] / give blow *for* blow 얻어맞고 때리다 / suffer *for* one's sins 죄로 괴로와하다 / compensate a person *for* damages 손해를 배상하다 / translate word *for* word 축자역(逐字譯)하다 / You shall have this *for* nothing. 이것을 거저 드리겠습니다.

── **Usage**¹ 가격을 나타내는 것은 for 와 at ── at 는 「비싼(싼) 값으로」「한 개당(apiece) 얼마로」따위를, for 는 「…과 교환으로」 따위를 뜻한다. 따라서 price, apiece 따위의 단어가 있을 경우에는 at 를 쓴다. 예: buy something *for* ten dollars / buy (sell) something *at* the price of ten dollars / buy (sell) them *at* two dollars apiece.

6 《관련》…에 관하여, …이라는 점에서(as regards), …에 대하여[는] (as for). ¶ *for* that matter 그 문제라면 / be hard up *for* money 돈에 쪼들리고 있다 / be pressed *for* time 시간에 쫓기고 있다 / So much *for* that. 그것에 대해서는 그만.

7 《대비(對比)》…치고는(considering), …으로서는(in proportion to). ¶ be cold *for* May 5월치고는 춥다 / He is tall *for* his age. 그는 나이치고는 키가 크다.

8 《시간적·공간적 계속》…하는 동안, …에 걸쳐서. ¶ *for* a long time 오랫 동안/ *for* days and days 며칠이고 계속하여 / walk *for* a mile 1마일을 걷다. * He waited [*for*] two hours. 처럼 특정의 시간·거리를 나타내는 경우 *for* 를 생략할 수 있다.

9 《지지·옹호·찬성》…을 위하여, …에 찬성하여, '편들어(in favor of), …을 지켜서, …을 위해서(on the side of). ¶ campaign *for* a cause 어떤 목적을 위하여 운동을 일으키다 / Are you *for* or against reform? 너는 개혁에 찬성하는가, 반대하는가?

10 《대리·대용·대표》…대신에, …을 대신하여(in place of), … 을 대표하여 (representing). ¶ a substitute *for* butter 버터의 대용품 / E *for* Edward [국제전화에서] Edward 의 E / act (speak) *for* a person 남을 대리 (대변)하다.

11 《이해(利害)》…에 대하여, …을 위하여 (in the interest of); …에 도움이 되도록(conducive to). ¶ *for* your sake 너를 위하여 / *for* God's sake 제발 / be good (bad) *for* the health 건강에 좋다(나쁘다) / I did it *for* your good. 너를 위하여 그것을 했다 / The doll is *for* you. 이 인형은 너에게 주는 것이다 / Here's something *for* you. 이것을 받으세요[팁 따위를 줄 때 하는 말].

── **Usage**² 간접 목적어에 붙는 은 for 와 to ── 간접 목적어가 직접 목적어 다음에 올 경우, 그것이 직접 주고받는 대상일 때에는 to 를 쓰고, 동작의 결과가 그 사람에게 미칠(대개 이득이 되는) 경우에는 for 를 쓴다. for 를 동반하는 동사는 buy, get, make, find 따위이다: Mother bought me a new dress. → Mother bought a new dress *for* me. *cf.* Mother gave me a book. → Mother gave a book *to* me.

12 《경의(敬意)·기념》…을 위하여(in honor of); …의 이름을 따서 (after). ¶ A banquet was given *for* him. 그를 위하여 연회가 개최됐다 / Trees were planted *for* his great achievement. 그의 위대한 업적을 기념하여 나무를 심었다.

13 《행선지·방향》…을 향하여(in the direction of). ¶ leave (sail) *for* …을 향하여 출발(출범)하다.

14 《지정·역할·귀속》…의, …몫의; …역할의. ¶ an engagement *for* this evening 오늘 밤의 약속 / So much *for* today. 오늘은 이만[수업이 끝날 때 하는 말].

15 《이유·원인》…때문에, …이므로, …의 까닭에 (because of). ¶ *for* what reason 왜, 무엇 때문에 / cry *for* pain 아파서 울다 / dance *for* joy 기뻐서 춤추다 / take medicine *for* a cold 감기에 걸려서 약을 먹다 / Switzerland is famous *for* its scenic beauty. 스위스는 풍경이 아름답기로 유명하다 / He was respected *for* his virtues. 그는 그의 덕행 때문에 사람들의 존경을 받았다 / She could not speak *for* tears. 그녀는 눈물 때문에 말을 할 수가 없었다.

16 《자격·특성·가치》…으로서. ¶ pass *for* a scholar 학자로 통하다 / give up *for* lost 잃어버린 것으로 체념하다 / I took him *for* an honest man. 나는 그를 정직한 사람으로 생각했다 / He was left *for* dead. 그는 죽은 것으로 버려졌다.

17 《대응》…에 대하여, …당(corresponding to). ¶ *For* one poet there are a dozen poetasters. 시인 한 사람에 한 무리의 엉터리 시인이 있는 법이다.

18 《보통 all 과 함께》…에도 불구하고, …이긴 하지만(in spite of). ¶ *For* all his riches, he is not happy. 그는 부자이기는 하지만 행복하지는 못하다.

19 《~ a person to do 의 형식으로 부정사의 의미상의 주어로》…이[…하기]. ¶ It is time *for* you to go. 네가 가야할 시간이다(=It is time that you should go).

주의 for … to- 부정사 구문에 대하여 ── (1) It is bad *for* you to smoke. 에서는 for you 와 to-부정사 사이에서 가볍게 끊긴다. To smoke is bad *for* you. 라고도 할 수 있다. (2) There isn't any need *for* you to hurry. 에서는 for you 와 to 부정사가 의미상 긴밀하게 연결되어 있어서 발음상 끊기지 않는다. 즉 for 는 본래의 뜻을 잃고 to-부정사의 의미상의 주어를 나타내는 기호가 되어 있다. 따라서 for 가 문두에 오거나, for … to- 부정사가 비교의 대상이 되거나, for 다음의 형식 주어가 It 가 오거나 한다. 예: For you to marry her is absolute folly. / I desire nothing more than *for* you *to* come. (3) It is necessary *for* you to come.은 for … to- 부정사 구문으로, necessary 는 for you to come 전체에 걸려 있지만, It is kind *of* you to come. 에서는 of you 가 앞의 형용사와 밀접하게 연결되어 있다. It is 다음의 형용사가 kind, nice, bad, wicked, clever, cruel, foolish 따위의 경우는 you 앞에 *of* 를 쓴다.

be in for 〔보통 싫은 일〕을 하지 않으면 안 되다, 하기로 되어 있다. ¶ *be in for* an examination 시험을 치러야 한다.

be in for it 《구어》〔벌·위험 따위를〕 면할 수 없다, 꼼짝 못할 처지에 빠져 있다.

for **oneself** ⇒ ONESELF.

for all (or **anything**) **one care** ⇒ CARE.

for all (or 《고어》 **aught**) **I know** 아마(의외로)…일지도 모른다. ¶ He may be a good man *for all I know*. 그는 의외로 좋은 사람일지도 모른다.

for all intents and purposes ⇒ INTENT.

for all it is worth ⇒ WORTH.

for all that ⇒ ALL.

for all the world; for the [**whole**] **world** [WORLD.

for a' that 《스코》 […에도 불구하고】 결국(for all that).

for better or [**for**] **worse** ⇒ BETTER.

for good [**and all**] ⇒ GOOD.

for one's part ⇒ PART.

for once ⇒ ONCE. **for one** ⇒ ONE.

for one thing… [**, for another…**] ⇒ THING.

for shame ⇒ SHAME.

for sure ⇒ SURE.

── *conj.* …이라고 하는 것은, 그 이유는 …이기 때문에. ⇒ BECAUSE 類語 ¶ It's morning, *for* the birds are singing. 아침이다, 새들이 지저귀고 있으니까 / It'll rain this evening, *for* the barometer is falling. 청우계가 내

려가 있는 것을 보면 오늘 저녁에는 비가 올 것이다.
— **Usage**[3] 이유를 나타내는 for 와 because는 「왜냐하면」처럼 객관적 원인을 직접적으로 말하는 강한 말로 주절보다도 *because* 절 쪽에 의미의 중점이 있다. for 는 「…, 그 이유는」 처럼 주관적 이유를 부가적으로 말하는 경우에 쓴다. because 는 종위 접속사이고, for 는 등위(等位) 접속사이다. 예: I can't come just now, *because* I'm busy writing a letter. * *because* 절을 앞에 두어도 된다 / You should not smoke, *for* you are still under age. * You… smoke. For you…로 써도 된다. for 는 문어적이고 because 는 구어적이다.

for- *pref.* away, off, extremely, wrongly 를 뜻한다. 예: *for*bid, *for*bear, *for*get, *for*go, *for*gather, *for*worn.
for. (略) foreign; forest, forestry. (渡).
F.O.R., f.o.r. (略) *f*ree *o*n *r*ails (철도 화차도(貨車渡)).

***for·age** [fɔ́ːridʒ, fár-/fɔ́r-] *n.* **1** ⓤ 사료, 마초, 꼴, 마량(馬糧). **2** ⓒⓤ [소·말의] 먹이 찾기, 사료 수집, 마량 징발(徵發); 먹을 것을 찾기, 식량 뒤지기. **3** ⓒⓤ [약탈을 위한]침입, 습격(raid). — *v.* (**-aged, -ag·ing**) *vi.* **1** 식량(마량)을 구하다; 식량을 징발하다. ¶ (~+前+名) *forage* among the villages 식량을 찾아 여러 마을을 돌아 다니다. **2** [비유적]찾아 돌아 다니다, 뒤지다(rummage) (*about, among, for*…). ¶ (~+前) *forage* about to find a book 책을 찾으려고 여기저기 뒤지다 // (~+前+名) He *foraged* in the pockets of his coat. 그는 상의 호주머니를 여기저기 뒤졌다 / He *foraged* among the books for the quotation he wanted. 그는 필요한 인용 구절을 찾으려고 그 책을 뒤졌다. **3** 침입하다, 침략하다 (raid) (*on, upon*…). — *vt.* **1** …에서 먹이(마량, 식량)를 빼앗다); …을 약탈하다(plunder). **2** [말·소]에게 넉이를 주나, …에게 먹이를 공급하다. **3** …을 징발(약탈)하여 손에 넣다.

for·ag·er [fɔ́ːridʒər, fár-/fɔ́r-] *n.* **1** 마량(식량) 징발자. **2** 약탈자.

fo·ra·men [fəréimən] *n.* (*pl.* **-ram·i·na** [-ræminə] or **-ra·mens**) [해부·동·식물] [뼈·배주(胚珠) 따위의] 구멍, 배공(胚孔).

fo·ram·i·nate [fəræminit, +美 -nèit], **-nat·ed** [-nèitid] *adj.* [드물게] 구멍이 많은.

fo·ra·min·i·fer [fɔ̀ːrəmínifər] *n.* 유공충(有孔蟲) [작은 구멍이 있는 석회질 껍질을 가진 바다의 미세한 동물].

for·as·much [fɔ̀ːrəzmʎtʃ/fɔ̀(ə)rəz-] *conj.* [문어·고어]《흔히 **as** 와 함께》…이기 때문에, …이므로 (seeing that, since).

for·ay [fɔ́ːrei/fɔ́r-] *n.* 침입, 침략(raid). — *vi.* 침략하다, 약탈하다, 침입하다. — *vt.* …을 침략하다, 약탈하다.

for·ay·er [fɔ́ːreiər, fár-/fɔ́r-] *n.* 침략자, 약탈자.

forb [fɔːrb] *n.* 광엽초본(廣葉草本)(식물), 잡초.

***for·bade** [fərbéid], **-bad** [-bǽd] *v.* forbid 의 과거.

‡**for·bear**[1] [fɔːrbɛ́ər] *v.* (**-bore** [-bɔ́ːr/-bɔ́ː], **-borne** [-bɔ́ːrn/-bɔ́ːn], **-bear·ing**) *vt.* **1** …을 삼가다(refrain from), 그만두다(desist from), [감정·누어 따위를] 억누르다, 참다(keep back). ¶ *forbear* angry feelings 노여움을 억누르다 // (~+to do) *forbear* to strike a man 남을 때리고 싶은 것을 참다 // (~+*-ing*) I could not *forbear* laughing. 나는 웃지 않을 수가 없었다. **2** 《고어》…을 참다, 참고 용서하다 (endure, bear with). — *vi.* **1** 삼가다, 참다, 견디다 (refrain) (*from*…). ¶ I wanted to punch him, but I *forbore*. 그를 때려주고 싶었지만 참고 그만두었다 // (~+前+名) *forbear from* asking questions 질문을 삼가다 / *forbear* from complaining 불평을 삼가다. **2** 참고 견디다, 참다(be patient) (*with*…). ¶ bear and *forbear* 참고 견디다, 참고 또 참다. ◇ **forbéarance** *n.*

for·bear[2] [fɔːrbɛ́ər] *n.* =forebear.

***for·bear·ance** [fɔːrbɛ́(ː)rəns/-bɛ́ər-] *n.* ⓤ **1** 삼감, 자제(self-control). **2** 끈기있는 인내, 관대, 관용. PATIENCE [類語] **3** [법률] [권리 행사의] 보류, 유보, [채무이행의] 유예. ◇ **forbéar** *v.*

for·bear·er [fɔːrbɛ́(ː)rər/-bɛ́ər-] *n.* 삼가는 사람, 참는 사람.

for·bear·ing [fɔːrbɛ́(ː)riŋ/-bɛ́ər-] *adj.* 참을성 있는 (patient); 관대한(lenient). **~ly** *adv.*

‡**for·bid** [fərbíd] *vt.* (**-bade** [-béid] *or* **-bad** [-bǽd], **-bid·den** [-bídn] *or* **-bid, -bid·ding**) **1** …을 금하다, 금지하다(prohibit), […하는 것을] 허락하지 않다, […의 사용을] 금하다, …에게 …하지 못하게 하다. ¶ *forbid* the use of firearms 총포의 사용을 금하다//(~+图+*to do*) *forbid* a person *to* speak 남에게 말하지 못하게 하다 / We are *forbidden* to steal. 도둑질은 금지되어 있다 // (~+图+图) The doctor *forbids* him wine. 의사는 그에게 술을 못 마시게 하고 있다 / I *forbid* you [entry *to*] my house. =I *forbid* you *to* enter my house. 너는 내집에 들어서서는 안 된다 / She was *forbidden* tobacco. =Tobacco was *forbidden* her. 그녀는 흡연이 금지되었다.

[類語] **forbid** 개인적으로 또는 직접 금하다: *forbid* one's son to go out at night 아들에게 야간 외출을 못하게 하다. **prohibit** 법령 따위로 공적으로 금하다: *prohibit* the use of narcotics 마약의 사용을 금하다. **inhibit** 긴급한 필요에 의하여 *prohibit* 하다: *inhibit* the importation of meat from a cholera-contaminated area 콜레라 오염 지구에서의 육류의 수입을 금지하다. **ban** 법률적 또는 사회적으로 금하다; 강한 비난의 뜻이 담긴 말: *ban* obscene magazines 외설 잡지를 금하다. **taboo** 사회 관습상 금하다: *taboo* a word in a lady's prosence 여자 앞에서 어떤 말의 사용을 금기(禁忌)로 하다.

2 [환경·사정 따위가] [어떤 행위]를 불가능하게 하다, 방해하다(hinder, prevent), 거부하다, 허락하지 않다. ¶ A river *forbade* the approach of the army. 강물 때문에 군대가 접근하지 못하였다 // (~+图+*to do*) The storm *forbids* us *to* proceed. 폭풍우 때문에 우리는 앞으로 나아가지 못한다. — *vi.* 금하다, 허락하지 않다. ***God forbid* (**Heaven, The Lord, The saints**) *forbid* [*that* …]**! 결코 그렇지 않다; 그런 일이 있어서는 안 될 일이다 [「신이 금해 주시기를!」의 뜻에서 유래]. ¶ *God forbid that* you should ever regret your marriage. 네가 행여 너의 결혼을 후회하는 일이 없기를 바란다.

for·bid·dance [fərbídəns] *n.* ⓤ [드물게] 금지, 금제(禁制).

‡**for·bid·den** [fərbídn] *v.* forbid 의 과거 분사의 하나. — *adj.* 금지된, 금제의, 금단의(prohibited).

Forbídden Cíty *n.* (the ~) 금단의 도시[티벳의 수도 Lhasa 또는 북경의 청나라 때의 왕궁이었던 자금성(紫禁城)].

forbídden degrée *n.* [법률] 금혼친등(禁婚親等).

forbídden frúit *n.* **1** 금단의 나무 열매[←창세기 (Gen.) 2:17, 3:3]. **2** 부도덕한 쾌락, 금하기 때문에 오히려 탐나는 것. **3** 귤과의 상록 교목의 일종.

forbídden gróund *n.* 성역 (sanctuary), 금역; 금지된 화제.

for·bid·der [fərbídər] *n.* 금하는 사람, 금지자.

for·bid·ding [fərbídiŋ] *adj.* **1** 기분 나쁜, 무서운(grim), 험악한 (threatening), 가파른, 가까이하기 어려운. ¶ a *forbidding* slope 가파른 비탈길. **~ly** *adv.*, **~ness** *n.*

***for·bore** [fɔːrbɔ́ːr/-bɔ́ː] *v.* forbear[1]의 과거형.

***for·borne** [fɔːrbɔ́ːrn/-bɔ́ːn] *v.* forbear[1]의 과거 분사.

for·by, -bye [fɔːrbái] *prep., adv.* (주로 스코·방언) 가까이에, 바로 곁에(near, by); 게다가(besides).

‡**force**[1] [fɔːrs/fɔːs] *n.* **1** ⓤ 힘; 기세(energy), 세력. ⇒ POWER [類語] ¶ the *force* of a waterfall 폭포수의 위

세 / the *force* of nature 자연의 힘[폭풍우·조류·화산 활동 따위] / join *forces* with …과 힘을 합치다; 제휴하다 / The stone fell with considerable *force*. 그 돌은 상당한 기세로 낙하했다.
2 [U] [신체적인] 힘, 완력, 체력(physical power); 완력에 의한 강제(physical coercion); 폭력(violence). ¶ resort to *force* 완력(폭력)에 호소하다 / use *force* on a person 남에게 폭력을 가하다 / Persuasion is better than *force*. 설득은 완력보다 낫다 / He used (or employed) *force* in opening the door. 그는 있는 힘을 다하여 문을 열었다.
3 [U] [법률] 폭력; 폭력에 의한 강제, 폭행(unlawful violence)
4 [U][C] 영향(지배)력, [환경 따위의] 압력, 압박; 감화력; 설득력; 효력, 효과(effect). ¶ a preacher of great *force* 대단한 감화력을 지닌 설교자 / the *force*[s] of circumstances 환경의 힘(압력) / the *force* of education 교육의 힘
5 [U] [정신적·인격적인] 힘, 의지; [감정의] 기세, 박력, [표현의] 힘(of character (mind) 개성의 강인함(기력) / with all one's *force* 전력을 다하여, 힘껏 / This passage is full of *force*. 이 구절은 박력이 넘치고 있다.
6 무력, 병력; (종종 ~s) 군대(army), 부대, 군세(軍勢). ¶ the armed *forces* [of a country] [한 나라의] 군대 / the allied *forces* 연합군 / the naval *force* 해군 / the air *force* 공군 / a task *force* 기동 부대 / a small *force* of cavalry 기병의 소부대.
7 [행동 통일을 하기 위해 단결된] 사람들의 집단, 총세(總勢). ¶ the (or a) police *force* 경찰, 경찰대 / the labor *force* 전체 노동자.
8 [U] [법률·조약·협정 따위의] 실시, 시행(operation); [효력] (validity). ¶ of no *force* 효력이 없는 / come into *force* [법률이] 효력을 발생하다, 유효하게 되다, 시행되다 / put (or carry) ... into (or in) *force* [법률을] 실시하다, 시행하다.
9 [여러 구체적인 의미를 지니는] 힘, 세력; 유력자. ¶ the third *force* 제3세력 / Religion and politics are powerful *forces* in society. 종교와 정치는 사회의 유력한 세력이다.
10 의미, 의의(meaning, significance); [말 따위의] 참뜻, 진의(眞意). ¶ the *force* of a text(word) 본문(단어)의 뜻 / I see the *force* of his remarks. 나는 그가 한 말의 참뜻을 이해한다 / I don't see the *force* of getting drenched. 무엇 때문에 흠뻑 젖어야 하는지 이유를 모르겠다.
11 [U] [물리] 힘[물체가 정지된 상태 또는 운동하는 상태를 변화시키는 작용], 에너지, 힘의 크기. ¶ centrifugal *force* 원심력.
by [**main**] **force** 힘으로, 강제로.
by [**the**] **force of** …의 힘으로, …에 의하여. ¶ by *force* of habit (superstition) 습관(미신)에 이끌려.
by (or **with**) **force and arms** [법률] 폭력과 무기로, 폭력으로, 불법적인 수단으로[라틴어 *vi et armis*의 역어(譯語)].
in force ① [법률] 실시중인, 유효한. ¶ a law now *in force* 현행 법률 / That traffic regulation hasn't been *in force* very long. 그 교통 규칙은 오랫동안 실시되지 않았다. ② [군사] 대거하여, 대군을 이루어(in great numbers). ¶ In great *force* 대군으로, 기세등등하게 / in full *force* 총력으로.
— *v*. (**forced, forc·ing**) *vt*. **1** …을 강요하다, 강제하다, …에게 억지로, …을 떠맡기다(에게 하다.
¶ (~ + 目 + to do) We *forced* him to sign the paper. 우리는 강제로 그가 그 서류에 서명하도록 했다 / I was *forced* to resign my post. 나는 어쩔 수 없이 (강요받아) 사직했다 // (~ + 目 + 前 + 名) *force* one's opinion *on* a person 남에게 자기의 의견을 강요하다 / Poverty *forced* her *into* a crime. 가난 때문에 그녀는 죄를 범했다 / I was *forced into* consent. 나는 억지로 (강요하여) 승낙했다 / His father *forced* him *into* doing the work. 아

버지가 그에게 억지로 그 일을 시켰다 / The proofs *force* conviction *on* the mind. 증거가 있으므로 확신하지 않을 수 없다.
[類語] **force** 힘으로, 또는 어쩔 수 없는 사정으로 어떤 일을 억지로 시키다: be *forced* to steal by hunger 배가 고파 어쩔 수 없이 도둑질을 하다. **compel** force보다 좀 뜻이 약한 말: be *compelled* to stop work at sunset 해가 져서 하는 수 없이 일을 그치다. **oblige** 의무·필요 때문에 어쩔 수 없이 …시키다; compel 보다 더 뜻이 약한 말: be *obliged* to follow the custom 어쩔 수 없이 관습을 따르다. **constrain** 어떤 속박·제한의 힘으로 …시키다: be *constrained* to lie in bed with a cold 감기로 누워 있지 않을 수 없다. **coerce** 폭력·협박 따위의 수단을 써서 …시키다: be *coerced* into resigning with a gun 총으로 강요되어 사직하다.
2 [힘·소리 따위]를 억지로 내다; [방해를 무릅쓰고] …을 강행하다, 억지로 밀고 나가다, 몰아내다, 밀어붙이다. ¶ *force* one's strength (voice) 억지로 힘(소리)을 내다 / *force* a jest 억지로 익살을 부리다 / *force* a smile 억지로 미소를 짓다 / *force* a child's intelligence 아이에게 무리한 이해력을 강요하다 / *force* the bidding [경매에서] 값을 자꾸 올리다 / *force* the game [크리켓] [타자가] 빨리 득점하려고 무리를 하다 / *force* the pace (or running) [경주에서] 상대를 지치게 하려고 속력을 내다 // (~ + 目 + 副) *force* back a current 흐름을 역류(逆流)시키다.
3 …을 돌파하고 나아가다. ¶ *force* a passage 강행 돌파하다 // (~ + 目 + 前 + 名) *force* one's entry *into* a house 집안으로 억지로 밀고 들어가다 / *force* one's way *through* a crowd 군중 속을 뚫고 나아가다.
4 …을 억지로 열다, 부수고 열다(break open); 비틀어 떼다(wrest); [군사] …을 강습하여 탈취하다. ¶ *force* a door (a gate) 문(대문)을 억지로 열다 / *force* the enemy's stronghold 강습으로 적의 요새를 탈취하다 // (~ + 目 + 前 + 名) I *forced* the gun *from* his hand. 나는 그의 손에서 총을 빼앗았다.
5 [식물]을 촉성 재배하다.
6 …에게 폭력을 가하다, 폭행하다(violate).
7 [야구] **a**) …을 봉살(封殺)하다, 포스 아웃시키다(… out). **b**) …에게 밀어내기 점수를 주다.
8 [카드놀이] …에게 으뜸패를 내놓게 하다; …에게 어쩔 수 없이 손안에 든 패를 보이게 하다.
— *vi*. 《드물게》 밀고 나아가다, 밀고 지나가다.
force[2] [fɔːrs / fɔːs] *n*. (스코·北英) 폭포(waterfall).
***forced** [fɔːrst / fɔːst] *adj*. **1** 강요된, 강제적인(compulsory); 강행하는. ¶ *forced* labor 강제 노동 / *forced* service 강제 복무 / a *forced* march 강행군. **2** 억지로 만든; 억지로 꾸며댄(strained); 부자연스러운(unnatural), 겉치레뿐이, 억지로 꾸민(affected). ¶ *forced* gaiety 억지로 꾸민 쾌활한 태도 / a *forced* smile 억지 웃음, 고소(苦笑) / a *forced* style [무리한 표현 따위가 있는] 부자연스러운 문체. **3** 폭행을 당한. **4** 비상시의, 응급의(emergent). **forc·ed·ly** [-sidli] *adv*.
force de dis·sua·sion [F fɔrs də disyɑzjɔ̃] *n*. 《프랑스》 (= force of dissuasion) [특히 방어를 위한] 프랑스의 핵 전력, 핵 무장력.
force de frappe [F fɔrs də frap] *n*. 《프랑스》= *force de dissuasion*. [전(敵)에의] 강행 상륙.
fōrced lánding *n*. [U] [군대] 불시착, 강행 착륙; 적
force-feed [fɔːrsfíːd / fɔːs-] *vt*. (**-fed** [-féd], **-feed·ing**) **1** …에게 강제로 밥을 먹이다. **2** [정치 선전 따위]를 …에게 억지로 받아들이게 하다.
force·ful [fɔːrsfəl / fɔːs-] *adj*. **1** 힘찬, 원기왕성한; 효력이 있는. **2** 힘으로 일하는, 힘으로 움직이는.
~**ly** [-fəli] *adv*. ~**ness** *n*.
force-land [fɔːrslænd / fɔːs-] *vi*. 불시착하다.
force·less [fɔːrslis / fɔːs-] *adj*. 힘없는, 무력한.
force ma·jeure [fɔːrs maʒə́ːr / fɔːs-] *n*. (*pl*. **forc·es ma·jeures**) **1** 우세(優勢); [강대국이 약소국에 가하는]

forcemeat

위암. **2** 〖법률〗 **a)** 불가항력〖계약 이행을 면제하는 원인〗. **b)** 불가항력에 의한 계약 이행 면제 규정 조항. [<F superior force]

force·meat [fɔ́ːrsmìːt / fɔ́ːs-] *n.* ⓤ 〖다른 음식에 넣는〗 가늘게 썰어 양념한 고기.

force-out [fɔ́ːrsàut / fɔ́ːs-] *n.* 〖야구〗봉살(封殺).

for·ceps [fɔ́ːrsəps / -seps] *n.* (*pl.* **-ceps** *or* **-ci·pes** [-səpìːz]) **1** 〖외과용〗겸자(鉗子), 핀셋, 족집게. **2** 〖동물〗겸자 모양의 기관(器官), 집게. [pump

fórce pùmp *n.* 압수(壓水) 펌프, 무자위. *cf.* lift

fórc·er [fɔ́ːrsər / fɔ́ːs-] *n.* **1** 강요하는 사람(것). **2** 〖펌프의〗피스톤. **3** 속성 재배를 하는 사람; 속성 재배 작물.

***for·ci·ble** [fɔ́ːrsəbl / fɔ́ːs-] *adj.* **1** 강요의, 강제적인; 힘(폭력)에 의한. ¶ a *forcible* arrest 강제 체포 / a *forcible* blow 구타. **2** 힘찬(powerful), 확신시키는 **3** 설득력이 있는(convincing). ¶ a *forcible* reasoning 납득이 가는 추론. **~·ness** *n.*

for·ci·ble-fee·ble [fɔ́ːrsəblfìːbl / fɔ́ːs-] *adj.* 센듯하나 실은 약한, 허울만 센.

fórcible smóking *n.* 강제 흡연[비흡연자가 흡연자의 담배 연기를 어쩔 수 없이 마시게 되는 일].

***for·ci·bly** [fɔ́ːrsəbli / fɔ́ːs-] *adv.* 강제로; 강력하게, 유효하게.

forc·ing [fɔ́ːrsiŋ / fɔ́ːs-] *n.* ⓤ 강제; 폭행, 탈취; 발육 촉진〖법〗, 속성〖재배〗. ¶ plants for *forcing* 속성 재배 식물.

fórcing bèd *n.* 〖속성 재배용〗온상. [용 식물.

fórcing hòuse *n.* 〖속성 재배용〗온실.

fórcing pùmp *n.* 압수(壓水) 펌프, 무자위.

for·ci·pate [fɔ́ːrsipèit], (**for·ci·pat·ed** [-pèitid]) *adj.* 겸자(鉗子) 모양의.

forc·ite [fɔ́ːrsàit / fɔ́ːs-] *n.* 〖발파용〗다이너마이트의 일종.

ford [fɔːrd / fɔːd] *n.* 얕은 여울; 걸어서 건널 수 있는 곳. ━ *vt.* 〖강 따위의〗여울을 걸어서 건너다.

ford·a·ble [fɔ́ːrdəbl / fɔ́ːd-] *adj.* 걸어서 건널 수 있는.

for-do, fore- [fɔːrdúː / fɔː-] *vt.* (**-did** [-díd], **-done** [-dʌ́n], **-do·ing**) (고어) **1** …을 죽이다(kill); …을 파괴하다, 파멸시키다(ruin); …을 지치게 하다(exhaust).

for·done [fɔːrdʌ́n / fɔː-] *adj.* (고어) 지쳐 빠진.

***fore**[1] [fɔːr / fɔː] *adj.* **1** 전방의, 전면의, 앞쪽의. *opp.* hind, back ¶ the fore legs of a dog 개의 앞다리 / the *fore* part of a train 열차의 앞쪽. **2** 〖순서 따위가〗맨 먼저의, 처음의(first); 〖시간적으로〗먼저의, 앞의(earlier); ¶ the *fore* part of the night 초저녁. **3** 〖항해〗 앞돛대의; 선수(船首)의.
━ *adv.* 이물에(쪽으로), **2** 〖방언〗이전에(before); 앞으로, 전방으로(forward).
fore and aft 선수에서 선미(船尾)까지, 배 전체의
━ *n.* **1** 전면, 전방, **2** 〖항해〗앞돛대(foremast); 이물(bow).
at the fore ① 〖항해〗앞돛대 머리에. ② 전방에.
to the fore ① 전면에; 눈에 띄는 지위(위치)에. ¶ come *to the fore* 지도적 위치에 서다; 유명하게 되다; 〖문제 따위가〗크게 부각되다. ② 〖금전 따위가〗 금방 쓸 수 있게끔 준비되어, 준비되어(ready at hand). ③ 아직 살아 있는(still alive).
━ *prep., conj.* 〖방언〗…의 앞에; …에 걸쳐서(before, by). ★ forepart, forefather 따위에서 분리된 fore-의 특별 용법. ¶ *Fore* George! 성 조지에 맹세코, 정말이지 [비벗은 맹세, 하는 감탄의 말; By George!].

fore[2] [fɔːr / fɔː] *interj.* 〖골프〗위험하다! 〖공이 간다는 것을 알리는 소리〗.

fore- front, ahead of time, superior 따위의 뜻의 연결형. 예: forehead, forecastle; forecast, foretell; foreman.

fore-and-aft [fɔ́ːrənǽft / fɔ́ːrənɑ́ːft] *adj.* 〖항해〗배

의 용골(중심선)에 평행하는, 세로의, 종범식(縱帆式)의.

fore-and-aft·er [fɔ́ːrənǽftər / fɔ́ːrənɑ́ːftə] *n.* 〖항해〗종범선(縱帆船) 〖스쿠너 따위〗.

fore·arm[1] [fɔ́ːrɑ̀ːrm / fɔ́ː-] *n.* **1** 전박(前膊), 전완(前腕). **2** 〖짐승의〗전완.

fore·arm[2] [fɔːrɑ́ːrm / fɔː-] *vt.* …을 미리 무장하다, …에 대비하다.

fore·bear, for- [fɔ́ːrbɛ̀ər / fɔ́ː-] *n.* (보통 ~s) 조상, 선조(ancestor).

fore·bode [fɔːrbóud / fɔː-] *v.* (**-bod·ed, -bod·ing**) *vt.* **1** 〖보통 나쁜 일을〗미리 나타내다(foretell); …의 전조를 보이다, 조짐을 보다. ¶ oil crisis that *forebodes* a recession 경기 후퇴를 예시하는 석유 위기. **2** 〖특히 나쁜 일을〗예감하다, …으로 예감이 들다. ¶ I *forebode* death 죽음을 느끼다. ━ *vi.* 예언하다(prophesy); 예감이 들다. [조.

fore·bod·er [fɔːrbóudər / fɔː-] *n.* 예언(예언)자; 전

fore·bod·ing [fɔːrbóudiŋ / fɔː-] *n.* ⓤⓒ 예언, 예시; 전조, 조짐; 예감. ━ *adj.* 불길한, 전조가 되는. **~·ly** *adv.*

fore·brain [fɔ́ːrbrèin / fɔ́ː-] *n.* 〖해부〗전뇌부(前腦部); 전뇌; 종뇌(終腦)(prosencephalon) 〖2등 객실〗.

fore·cab·in [fɔ́ːrkæ̀bin / fɔ́ː-] *n.* 이물의 선실 〖보통 위치를 가리키는 캐디.

fore·cad·die [fɔ́ːrkæ̀di / fɔ́ː-] *n.* 〖골프〗공의 낙하

***fore·cast** *v.* [fɔːrkǽst, ⌐/ fɔ́ːkɑ̀ːst ⌐ / →], *v.* (**-cast** *or* **-cast·ed**, **-cast·ing**) *vt.* **1** …을 예상하다, 예측하다. ⇨ PREDICT 頻語 ¶ *forecast* the consequences 결과를 예측하다. **2** 〖날씨 따위를〗예보하다. ¶ *forecast* the weather 날씨를 예보하다. **3** …을 예시하다, 전조를 나타내다, 조짐을 보이다(foreshadow) **4** …에 대하여 미리 계획을 세우다, 미리 결정하다, …을 예정하다. **5** 사전에 협의하다(prearrange). ¶ *forecast* provision for winter 월동 준비를 하다. ━ *vi.* **1** 예상(예측, 예보)하다. **2** 예정을 세우다, 협의하다.
━ *n.* [fɔ́ːrkæ̀st / fɔ́ːkɑ̀ːst] **1** 예측, 예상(conjecture). ¶ a business *forecast* 경기 예측 / a *forecast* of the coming year 명년의 예상. **2** 예보(prediction). ¶ a weather *forecast* 일기 예보. **3** 예측(예견, 예상)력; (고어) 〖계획을 세울 때의〗선견지명.

fore·cast·er [fɔ́ːrkæ̀stər, ⌐ / fɔ́ːkɑ̀ːstə, ⌐ / →] *n.* 예측하는 사람; 일기 예보자

fore·cas·tle [fóuksl]
(★ 발음대로 **fo'c's'le** 로도 쓴다) *n.* 〖항해〗
1 〖옛날 군함의〗선수루(船首樓); 〖선수루 안에 있는〗선원실(船員室), **2** 앞 갑판(甲板). **3** (the ~) 선원들의 총칭 (crew). **4** 선수루 갑판.

[forecastle 1]

fore·clos·a·ble [fɔːrklóuzəbl / fɔː-] *adj.* **1** 제외할 수 있는, 내쫓을 수 있는. **2** 〖저당물을〗유질(流質) 처분할 수 있는.

fore·close [fɔːrklóuz / fɔː-] *v.* (**-closed, -clos·ing**) *vt.* **1** **a)** 〖저당〗〖저당권(질권(質權)) 설정자의 저당물을 찾을 권리를 상실하다. ¶ *foreclose* the mortgager from a mortgage 저당권 설정자의 저당물을 찾는 권리를 잃게 하다. **b)** 〖유질(流質) 처분하다, 〖저당물(抵當物)에〗유질권을 행사하다. ¶ *foreclose* a mortgage 저당권을 행사하다. **2** …을 내쫓다(shut out), 배척(배제)하다, 제외하다(exclude, bar). ¶ *foreclose* a person from the knowledge of 남에게 …을 알리지 않도록 하다. **3** …을 방해하다, 막다, 저지하다(prevent), 금지하다. ¶ *foreclose* a person from doing 남에게 …하지 못하도록 하다. **4** …을 배타적(독점적)으로 주장하다. **5** …을 타협하여 끝맺다, 〖있을 수 있는 이견(異見) 따위를〗예상하여 미리

foreclosure 대답(해결)하다, …의 기선을 제(制)하다. ¶ He had *foreclosed* all manner of objection. 그는 예상되는 온갖 반론에 대하여 미리 해결해 두고 있었다. — *vi.* 저당권을 행사하다, 저당물을 유질(流質)시키다.

fore·clo·sure [fɔːrklóuʒər/fɔː-] *n.* ⓤⓒ【법률】저당물의 반환권 상실, 유질 처분.

fore·course [fɔ́ːrkòːrs/fɔ́ːkɔ̀ːs] *n.* 〖항해〗앞 돛대의 큰 횡범(橫帆).

fore·court [fɔ́ːrkɔ̀ːrt/fɔ́ːkɔ̀ːt] *n.* **1** 〖건물의〗앞뜰. **2** 〖정구〗네트 앞〖네트와 서브 라인의 사이〗.

fore·dat·ed [fɔːrdéitid/fɔː-] *adj.* 앞날짜의. ¶ a *foredated* check (cheque) 앞수표, 연수표.

fore·deck [fɔ́ːrdèk/fɔ́ː-] *n.* 〖항해〗앞 갑판.

fore·do [fɔːrdúː/fɔː-] *vt.* =fordo.

fore·done [fɔːrdʌ́n/fɔː-] *adj.* =fordone.

fore·doom [fɔːrdúːm/fɔː-] *vt.* 미리 …한 운명을 정하다. — *n.* [美 fɔ́ːrdùːm] 〖처음부터 정해져 있는〗운명. 〖는 쪽의 가장자리.〗

fóre édge *n.* 〖책의〗앞 가장자리〖등에 대하여 여는

fore·fa·ther [fɔ́ːrfɑ̀ːðər/fɔ́ː-] *n.* (보통 ~s) 선조, 조상.

Fórefathers' Dày *n.* 〖美〗청교도 상륙 기념일〖1620년 12월 21일 Pilgrim Fathers가 북미 대륙에 상륙한 기념일〗.

fore·fend [fɔːrfénd/fɔː-] *vt.* =forfend. 〖〖食指〗〗

*fore·fin·ger [fɔ́ːrfìŋɡər/fɔ́ː-] *n.* 집게손가락, 식지

fore·foot [fɔ́ːrfùt/fɔ́ː-] *n.* (*pl.* **-feet** [-fìːt]) **1** 〖동물〗앞발. **2** 〖항해〗용골(龍骨)의 앞끝, 〖이물의〗머리.

fore·front [fɔ́ːrfrʌ̀nt/fɔ́ː-] *n.* **1** 맨 앞, 최전선. **2** 가장 중요한 위치, 활동의 중심.

fore·gath·er [fɔːrgǽðər/fɔː-] *vi.* =forgather.

fore·gift [fɔ́ːrgìft/fɔ́ː-] *n.* 〖英〗권리금, 보증금.

fore·go[1] [fɔːrgóu/fɔː-] *v.* (**-went** [-wént], **-gone** [-gɔ́ːn,-gɑ́n/-gɔ́n], **-go·ing**) *vt.* …의 앞에 가다, …에 선행하다(precede). — *vi.* 앞에 가다, 선행하다.

fore·go[2] [fɔːrgóu/fɔː-] *vt.* (**-went** [-wént], **-gone** [-gɔ́ːn,-gɑ́n/-gɔ́n], **-go·ing**) =forgo.

fore·go·er [fɔːrgóuər/fɔː-] *n.* 선행자; 선례(先例), 선배; 조상, 선조; 〖페어〗전조.

*fore·go·ing [fɔːrgóuiŋ/fɔː-] *adj.* 앞에 쓴, 앞에 말한, 위에서 말한(previously mentioned); 앞의, 전의 (preceding); (the ~) 〖명사적 용법〗전술(前述)〖한 것〗, 상기(上記)〖한 것〗.

fore·gone [fɔːrgɔ́ːn, -gɑ́n/fɔːgɔ́n] *v.* forego[1]의 과거분사. — *adj.* 이전의, 기왕의(previous); 과거의 (past).

fóregóne conclúsion *n.* 필연적인 결론(결과); 처음부터 알고 있는 〖정해져 있는〗결론〖의견, 결말〗.

*fore·ground [fɔ́ːrgràund/fɔ́ː-] *n.* **1** 〖풍경·그림의〗앞경치, 전경(前景). *cf.* background **2** 가장 눈에 띄는(화려한) 지위 위치.

fore·hand [fɔ́ːrhæ̀nd/fɔ́ː-] *adj.* **1** 〖정구 따위에서〗앞으로 쳐는, 정타자의, *cf.* backhand **2** 앞〖전방〗의. **3** 맨 앞부분의, 선두의(foremost). **4** 미리, 앞을 내다보고 한. ¶ a *forehand* payment 선불. — *n.* **1** 〖고어〗앞선 위(優位), 상위(advantage). **2** 〖정구 따위에서〗정상타. **3** 〖기수보다 앞쪽에 있는〗말의 반신(半身).

fore·hand·ed [fɔ́ːrhǽndid/fɔ́ː-] *adj.* **1** 〖정구 따위에서〗정면으로 치는(forehand). **2** 장래에 대비한, 신중한, 검소한; 유복한(well-to-do). — **ness** *n.*

*fore·head [fɔ́ːrid, -hèd/fɔ́rid, fɔ́ːhèd] *n.* **1** 이마(brow). **2** 전면, 앞 부분(fore, front part).

*fore·eign [fɔ́ːrin, -rən/fɔ́r-] *adj.* **1** 외국의, 타국의, 외국으로부터의, 외국산의; 외국 특유의; 외국에 있는. *opp.* domestic ¶ *foreign* goods 외래품/ a *foreign* accent 외국 말투/ a *foreign* language 외국어/ *foreign* manners 외국풍(風)/ *foreign* capital 외자(外資)/ *foreign* currency 외화(外貨)/ a *foreign* firm 외국 상사/ a *foreign* bill of exchange 외국환 어음/ a *foreign* country (or land) 외국/ a *foreign* agency 해외 대리점/ a *foreign* settlement 외국인 거류지.
2 외국과의, 외교 관계의, 대외의. ¶ *foreign* mail 외국 우편/ *foreign* policy 외교 정책, 대외 시책/ *foreign* trade 외국 무역/ *foreign* aid 대외 원조/ *foreign* missions 외국 전도(포교)〖의 사업〗.
3 특정 지방(사회, 주, 교구 따위) 밖에 있는, 특정 지방에 속하는(에서 온). ¶ a *foreign* county (parish) 다른 주(교구).
4 〖법률〗국가의 재판 관할권 밖에 있는.
5 다른 사람(물건)의, 다른 사람(물건)으로부터의. ¶ a statement supported by *foreign* testimony 다른 사람의 증언으로 뒷받침된 진술.
6 다른 곳에서 들어온, 이질(異質)의(alien). ¶ This oil contains *foreign* matter. 이 기름에는 불순물이 들어 있다.
7 〖당면 문제 따위에〗관계가 없는(not related)(*to*…). ¶ Your argument is *foreign to* the question. 너의 주장은 이 문제와 관계가 없다.
8 성질이 다른, 성질을 달리하는(alien); 적절하지 못한(irrelevant), 부적당한(inappropriate)(*to*…). ¶ Sitting still is *foreign to* a boy's nature. 가만히 앉아 있는 것은 사내아이 성미에 안 맞는다.
9 〖손에〗익지 않은, 낯선(strange). ¶ Such a language may sound a little *foreign*. 그런 말투는 좀 귀에 익지 않을지도 모른다.
10 〖복합어를 만들어〗외국〖인〗…의. ¶ *foreign*-going 외국행의/ *foreign*-looking 외국인처럼 보이는, 외국풍의/ *foreign*-made 외국제의/ *foreign*-owned 외국〖인〗 소유의. ~**ness** *n.*

fóreign affáirs *n. pl.* 국제 관계; 외무, 외무 행정.

Fóreign Affáirs Commìttee *n.* 〖美〗하원 외교 위원회. *cf.* Foreign Relations Committee

fóreign áid *n.* 대외 원조, 외국 원조.

Fóreign and Cómmonwèalth Óffice *n.* 〖英〗외무부.

for·eign-born [fɔ́ːrinbɔ̀ːrn, fɑ́r-/fɔ́r-] *adj.* 외국 태생의. 〖건조(建造)한.〗

for·eign-built [fɔ́ːrinbìlt, fɑ́r-/fɔ́r-] *adj.* 외국에서

‡for·eign·er [fɔ́ːrinər, fɑ́r-/fɔ́r-] *n.* **1** 외국인, 외인. 顬勰 *foreigner* 언어·풍속·습관 따위의 차이를 강조하는 말. **alien** 거주하는 나라와는 다른 국적을 가지고 있으면서 모국에의 충성을 맹세함을 강조하는 말. **stranger** 언어·습관에 아직 익숙하지 않음을 강조하는 말.
2 외국 제품, 외래품. **3** 〖항해〗외국선. **4** 〖방언〗낯선 사람(stranger).

fóreign exchánge *n.* ⓤ 외국환(換).

for·eign-flag [fɔ́ːrinflæ̀g, fɑ́r-/fɔ́r-] *adj.* 〖비행기·선박이〗외국 국적의.

for·eign·ism [fɔ́ːrinìz(ə)m, fɑ́r-/fɔ́r-] *n.* ⓤ **1** 외국풍의 풍속(습관). **2** 외국어법(語法). **3** 외국 모방; 외국풍(風).

fóreign légion *n.* 외인 부대; (the F- L-) 〖프랑스군 소속의〗외인 부대. 〖Foreign Affairs〗.

fóreign mínister *n.* 외무 장관(Minister of (or for)

fóreign míssion *n.* 외교 사절단, 외교 공관; 외국인 선교(宣敎) 단체.

fóreign óffice *n.* 〖英〗외무부.

fóreign relátions *n.* 외교 관계; 외교 분야. ¶ an expert in *foreign relations* 외교 문제 전문가/ a deterioration in their *foreign relations* 외교 관계의 악화.

Fóreign Relátions Commìttee *n.* 〖美〗〖상원의〗외교 위원회〖略 FRC〗.

fóreign resérve *n.* 외화(外貨) 준비〖금〗.

fóreign sécretary *n.* 《英》외무 장관, 외상.
fóreign sérvice *n.* [외교관의] 재외 공관 근무, 외교관 근무.
fóreign wórd *n.* 외국어의 단어; 외래어, 차용어(借用語)(loan word).
fore·judge [foːrdʒʌ́dʒ / fɔː-] *vt.* (**-judged, -judg·ing**) …을 미리 판단하다, 억측하다, 예단(豫斷)을 내리다(forjudge).
fore·know [foːrnóu / fɔː-] *vt.* (**-knew** [-n(j)úː / -njúː], **-known** [-nóun], **-know·ing**) …을 사전에 알다, 예지(豫知)하다(know beforehand).
fore·know·a·ble [foːrnóuəbl / fɔː-] *adj.* 미리 알 수 있는.
fore·knowl·edge [fɔ́ːrnɑ̀lidʒ, -- / fɔːnɔ́l-] *n.* ⓤ 예지(豫知), 사전에 (미리) 알기.
for·el [fɑ́rəl / fɔ́r-], **(forrel)** *n.* **1** 〔서적의 표지로 쓰는〕 양피지의 일종. **2** 《英방언》 칼집(sheath).
fore·la·dy [fɔ́ːrlèidi / fɔ́ː-] *n.* (*pl.* **-dies**) = forewoman [foreman의 여성형].
fore·land [fɔ́ːrlənd / fɔ́ː-] *n.* **1** 갑(岬)(cape). **2** 〔영토 따위의〕 전방지(前方地); 〔성벽·둑 따위의〕 길쭉한 땅, 전면지(前面地).
fore·leg [fɔ́ːrlèg / fɔ́ː-] *n.* 〔네발짐승·곤충 따위의〕 앞다리.
fore·limb [fɔ́ːrlìm / fɔ́ː-] *n.* 〔동물의〕 앞다리, 전지(前肢).
fore·lock[1] [fɔ́ːrlɑ̀k / fɔ́ː-] *n.* 앞머리. ¶ take (*or* seize) *time* (*or* an occasion) by *the forelock* 기회를 놓치지 않고 잡다, 좋은 기회를 타다.
fore·lock[2] [fɔ́ːrlɑ̀k / fɔ́ːlɔ̀k] *n.* 쇠쐐기. —— *vt.* …을 쇠쐐기로 고정시키다.
***fore·man** [fɔ́ːrmən / fɔ́ː-] *n.* (*pl.* **-men** [-mən]) **1** 〔노동자의〕 우두머리, 직공장, 십장, 감독. **2** 배심장(陪審長).
fore·man·ship [fɔ́ːrmənʃìp / fɔ́ː-] *n.* ⓤ foreman 의 지위(자격, 수완).
fore·mast [fɔ́ːrmæst, -məst / fɔ́ːmɑ̀ːst, -məst] *n.* 〔항해〕 앞돛대, 맨 앞의 돛대.
fore·mast·man [fɔ́ːrmǽstmən / fɔ́ːmɑ̀ːst-] *n.* (*pl.* **-men** [-mən]) 〔항해〕 앞돛대 선원, 평(平)선원, 수병.
fore·most [fɔ́ːrmòust / fɔ́ː-] *adj.* 맨 앞의, 첫번째의, 일류의, 주요한(chief). —— *adv.* 맨 먼저, 첫번째로. ¶ head *foremost* 거꾸로, 곤두박이처.
fore·name [fɔ́ːrnèim / fɔ́ː-] *n.* 〔성(姓)에 대하여〕 이름.
fore·named [fɔ́ːrnèimd / fɔ́ː-] *adj.* 전기(前記)한, 전술의.
***fore·noon** [fɔ́ːrnùːn / fɔ́ːnúːn] *n.* 오전(중); 〔특히〕 오전의 근무 시간. —— *adj.* 오전(중)의, 정오 이전의.
fórenoon márket *n.* 《증권》 〔거래소의〕 전장(前場).
fo·ren·sic [fərénsik / fɔ-] *adj.* 법정의 (에 관한); 논쟁의. —— *n.* (~s) 《단·복수 양용》 응변술, 토론술. **-si·cal·ly** [-sikəli] *adv.*
forénsic médicine *n.* ⓤ 법의학(法醫學).
fore·or·dain [fɔ̀ːrɔːrdéin / fɔ̀ːr-] *vt.* 미리 …의 운명을 정하다.
fore·or·di·na·tion [fɔ̀ːrɔːrd(i)néiʃ(ə)n / fɔ̀ːr-] *n.* ⓤ 운명의 예정, 숙명.
fore·part [fɔ́ːrpɑ̀ːrt / fɔ́ː-] *n.* 전면(前面), 앞부분, 초기.
fore·paw [fɔ́ːrpɔ̀ː / fɔ́ː-] *n.* 〔개 따위의〕 앞발.
fore·peak [fɔ́ːrpìːk / fɔ́ː-] *n.* 〔항해〕 이물의 선창(船倉).
fóre pláne *n.* 막대패.
fore·play [fɔ́ːrplèi / fɔ́ː-] *n.* ⓤ 전희(前戲).
fore·quar·ter [fɔ́ːrkwɔ̀ːrtər / fɔ́ː-] *n.* 〔특히 소고기·양고기〕 앞쪽의 4반부.
fore·reach [fɔːríːtʃ / fɔː-] *vi.* 〔다른 배를〕 쫓아가 앞서다(*on, upon* …). —— *vt.* …을 바짝 쫓아가다; …을 쫓아가 앞서다.
fore·run [fɔːrʌ́n / fɔː-] *vt.* (**-ran** [-rǽn], **-run, -run·ning**) **1** …에 앞서다, 선행하다(precede). **2** …을 예시(豫示)하다, 미리 알리다(herald).

*__fore·run·ner__ [fɔːrʌ́nər, -- / fɔːrʌ́nə] *n.* **1** 선구자 (先驅者), 전구(前驅), 예고(herald, harbinger); 징후(symptom), 전조(徵兆). **2** 선인(先人)(predecessor); 선조(ancestor). **3** (the F-) 〔성서〕 세례 요한(John the Baptist).
fore·said [fɔ́ːrsèd / fɔ́ː-] *adj.* 《드물게》 전술(前述)한, 기술(旣述)한(aforesaid).
fore·sail [fɔ́ːrsèil, 항해 -sl / fɔ́ːsèil, 항해 -sl] *n.* 〔항해〕 앞 돛대의 큰 돛.
‡fore·see [fɔːrsíː / fɔː-] *v.* (**-saw** [-sɔ́ː], **-seen** [-síːn], **-see·ing**) *vt.* …을 예지하다, 예견하다. ⇒ PREDICT 類語 —— *vi.* [선견지명으로] 장래를 내다보다.
◇ **fóresight** *n.*
fore·see·a·ble [fɔːrsíːəbl / fɔː-] *adj.* 미리 알 수 있는.
fore·see·ing [fɔːrsíːiŋ / fɔː-] *adj.* 선견지명이 있는.
fore·see·ing·ly [fɔːrsíːiŋli / fɔː-] *adv.* 선견지명을 가지고, 장래를 잘 내다보고.
fore·se·er [fɔːrsíː(ː)ər / fɔː-] *n.* 선견지명(예지력)이 있는 사람.
fore·shad·ow [fɔːrʃǽdou / fɔː-] *vt.* …을 미리 암시하다, 예시하다; …의 전조(징후)를 보이다.
fore·shank [fɔ́ːrʃæ̀ŋk / fɔ́ː-] *n.* 〔소의〕 앞다리 위쪽 고기(shank).
fore·sheet [fɔ́ːrʃìːt / fɔ́ː-] *n.* 〔항해〕 **1** 앞돛의 아랫자락에 맨 밧줄. **2** 배의 앞자리. **3** (~s) 이물 쪽의 공간.
fore·shock [fɔ́ːrʃɑ̀k / fɔ́ːʃɔ̀k] *n.* 〔지진의〕 초기 미진(微震).
fore·shore [fɔ́ːrʃɔ̀ːr / fɔ́ː-] *n.* **1** 〔해변의〕 만조선과 간조선 사이의 부분. **2** 바닷가, 해안.
fore·short·en [fɔːrʃɔ́ːrtn / fɔː-] *vt.* **1** 〔그림〕 〔원근법에 의하여〕 〔먼 곳을〕 단축하여 그리다. **2** …을 단축하다.
fore·short·en·ing [fɔːrʃɔ́ːrtniŋ / fɔːʃɔ́ːtn-] *n.* 〔그림〕 〔원근법에 의한〕 단축법.
fore·show [fɔːrʃóu / fɔː-] *vt.* (**-showed, -shown** [-ʃóun] *or* **-showed, -show·ing**) …을 미리 알리다, 예고하다(foretell); …을 예시하다.
***fore·sight** [fɔ́ːrsàit / fɔ́ː-] *n.* ⓤ **1** 장래에 대한 대비(고려, 준비). **2** 선견, 예지(豫知). ⇒ PRUDENCE 類語 ¶ a man of *foresight* 선견지명이 있는 사람. **3** 앞을 내다봄, 전망. **4** 장래의 전망, 가망. **5** 〔측량〕 전시(前視) 〔고저(高低) 측량을 할 때의 표척의 (標尺) 읽기〕. **6** 〔소총 따위의〕 가늠쇠. ◇ **foresee** *v.*
fore·sight·ed [fɔ́ːrsáitid / fɔ́ː-] *adj.* 선견지명이 있는; 깊이 생각하는; 장래에 잘 대비되어 있는. **~·ly** *adv.* **~·ness** *n.*
fore·skin [fɔ́ːrskìn / fɔ́ː-] *n.* ⓤ〔해부〕 포피(包皮).
‡for·est [fɔ́(ː)rist, fɑ́r- / fɔ́r-] *n.* ⓤⓒ 숲, 삼림, 산림; 삼림지(대). ¶ a *forest* fire 산불 / a *forest* tree 〔정원수에 대하여 쓰는 말〕 / *forest* animals 삼림의 동물 / plant a *forest* 삼림의 수목을 심다.
類語 *forest* 넓고 깊은 삼림으로 새·짐승이 있는 숲. **wood**[**s**] 마을에 가깝고 forest 보다 작은 숲: the *wood* on the outskirts of the village 마을 밖의 숲. **grove** 손질이 된 작은 숲: a *grove* on the farm 농장에 있는 나무 숲.
2 《비유적》 임립(林立)한 것. ¶ a *forest* of chimneys (masts) 임립한 굴뚝(돛대). **3** 《英법률》 왕실 소유림(지대), 왕실 사냥터. —— *vt.* …을 나무로 덮이게 하다, 삼림을 만들다; …에 식림(식수) 하다.
for·est·age [fɔ́(ː)ristidʒ, fɑ́r- / fɔ́r-] *n.* 〔역사〕 삼림세(稅); 삼림 지대 주민의 부역; 임목(立木) 벌채세.
fore·stage [fɔ́ːrstèidʒ / fɔ́ː-] *n.* 앞 무대.
fore·stal [fɔ́ːrst(ə)l, fɑ́r- / fɔ́ː-] *adj.* 삼림[지대]의.
fore·stall [fɔːrstɔ́ːl / fɔː-] *vt.* **1** …의 기선을 제하다, 선수를 쳐서 …에 앞서다, …을 앞지르다(get ahead of); …을 미리 막다. ¶ *forestall* a riot by having the police ready 경관을 배치하여 폭동을 미리 막다 / *forestall* criticism (public opinion) 비판(여론)을 선제

(先制)하다. 2 [값을 올리기 위하여] …을 매점하다. 3 [매점·부정 유출(不正流出) 따위로] [시장의 거래]를 방해하다.

fore·stall·ment [fɔːrstɔ́ːlmənt / fɔː-] n. ⓤ 기선을 제하기, 선수치기; 선수를 쳐서 매점하기, [조림(造林).

for·est·a·tion [fɔ̀ːristéiʃ(ə)n, fàr-/ fɔ̀r-] n. 식림.

fore·stay [fɔ́ːrstèi / fɔ́ː-] n. [항해] 앞돛대의 앞돛줄[앞돛대 쪽대에서 기움돛대의 밑동에 건너지르 받침줄].

for·est·er [fɔ́ːristər, fár-/ fɔ́r-] n. 1 숲사람, 삼림거주자. 2 삼림학자; 삼림관(森林官). 3 [동물] 삼림서식 동물. 4 삼림수(森林樹)[삼림을 구성하기에 적당한 수목].

fórest ránger n. (美) 삼림 경비원.

for·est·ry [fɔ́ːristri, fár-/ fɔ́r-] n. ⓤ 1 임학, 삼림학(山林學). 2 영림(營林), 삼림 관리. 3 삼림 지대 (forest land).

fore·swear [fɔːrswɛ́ər / fɔː-] v. = forswear.

fore·taste [fɔ́ːrtèist / fɔ́ː-] n. (보통 a ~) 1 미리 맛보기, 시식(試食). 2 [앞으로 겪을 고락을] 미리 조금 맛보기, 약간의 사전 지식(경험). 3 미리 상, 앞당겨 될 걱정. — vt. [fɔːrtéist / fɔː-] (-tast·ed, -tast·ing) 1 …을 시식하다(taste beforehand). 2 미리 맛보다(경험하다). 3 …을 예상하다, 예기하다(anticipate).

*****fore·tell** [fɔːrtél / fɔː-] v. (-told, -tell·ing) vt. 1 …을 예고하다(tell beforehand). ⇒ PREDICT 類語 ¶ foretell a person's future 남의 장래를 예언하다 // (~ + that 節) He foretold that an accident would happen. 그는 사고가 일어날 것이라고 예언했다 // (~ + wh. 節) Nobody can foretell what will happen tomorrow. 내일 무슨 일이 일어날지는 아무도 모른다. 2 [사물이] …을 미리 나타내다, …의 전조(징후)를 보이다(foreshadow). — vi. 예고하다, 예언하다.

fore·thought [fɔ́ːrθɔ̀ːt / fɔ́ː-] n. ⓤ 1 장래에 대한 심려(深慮); 조심; ⇒ PRUDENCE 類語 2 미리 해두는 생각, 사전의 고려; 예상(anticipation). — adj. 깊은 생각이 있는.

fore·thought·ful [fɔ́ːrθɔ̀ːtfəl / fɔ́ː-] adj. 깊은 생각이 있는, 선견지명이 있는, 미리 잘 고려하는 (provident).

fore·time [fɔ́ːrtàim / fɔ́ː-] n. ⓤ 지난날, 옛날(former time); 과거(past).

fore·to·ken n. [fɔ́ːrtòuk(ə)n / fɔ́ː-/ →v.] 조짐, 전조, 징후(omen). — vt. [fɔ̀ːrtóuk(ə)n / fɔ̀ː-] …을 예시하다, …의 조짐을 보이다, …의 전조(징후)가 되다 (foreshadow).

fore·told [fɔːrtóuld / fɔː-] v. foretell의 과거·과거분사.

fore·tooth [fɔ́ːrtùːθ / fɔ́ː-] n. (pl. -teeth [-tìːθ]) 앞니, 문치(門齒) (incisor).

fore·top [fɔ́ːrtàp / fɔ́ːtɔ̀p] n. [항해 -təp] n. [항해] 앞돛대의 망루(꼭대기); 특히 말의 이마털.

fore·top·gal·lant [fɔ̀ːrtəpɡǽlənt / fɔ̀ːtɔ̀p- -təgǽl-] adj. [항해] 앞돛대의 윗돛대의. ¶ a fore-topgallant masthead 앞돛대의 윗돛대의 맨끝 // a fore-topgallant sail 앞돛대의 네 번째 돛.

fore·top·man [fɔ́ːrtàpmən / fɔ́ːtɔ̀p-] n. (pl. -men [-mən]) [항해] 앞돛대의 망루원(望樓員).

fore·top·mast [fɔ̀ːrtápmæst / fɔ̀ːtɔ́pmɑ̀ːst] n. [항해 -məst] n. [항해] 앞돛대의 중간 돛대.

fore·top·sail [fɔ̀ːrtápsèil / fɔ̀ːtɔ́p- -sl] n. [항해] 앞돛대의 중간돛[앞돛대의 중간 돛대에 다는 돛].

fore·type [fɔ́ːrtàip / fɔ́ː-] n. 선형(先型) = 선시적 표상 (先示的表象).

*****for·ev·er** [fərévər] adv. (* (英)에서는 for ever처럼 2 단어로 쓴다) 1 영구히, 영원히 (eternally); 끝없이. ¶ last forever 끝없이 계속하다 / go away forever 영원히 떠나가다 / forever and a day; forever and ever; forever and forever 영원히. 2 끊임없이, 언제나, 잇따라 (continually, always). — n. 영원, 영겁(永劫).

for·ev·er·more [fərèvərmɔ́ːr / -mɔ́ː-] adv. (* forever의 강조형) [금후] 영원토록 (forever hereafter).

fore·warn [fɔːrwɔ́ːrn / fɔː-] vt. …에게 미리 경고(주의)하다, …에게 미리 알리다; 예고하다. ¶ I shall not forewarn you again. 두번 다시 미리 알려주지 않겠다 // (~+图+ to do) He forewarned me not to go there. 그는 나에게 그곳에 가지 말라고 미리 주의했다 // (~+图+that 節) They forewarned us that there were pickpockets on the train. 그들은 열차 안에 소매치기가 있다고 경고해 주었다 // (~+图+前+图) He was forewarned of the danger. 그는 그 위험을 미리 주의받고 있었다 / I was forewarned against climbing the mountain. 나는 그 산에 오르지 말라는 경고를 받았다 / Forewarn is forearmed. (속담) 미리 경계하는 것은 미리 경비하는 것과 같다.

fore·warn·er [fɔːrwɔ́ːrnər / fɔː-] n. 미리 경고(주의)하는 사람, 예고자.

fore·went [fɔːrwént / fɔː-] v. forego의 과거형.

fore·wom·an [fɔ́ːrwùmən / fɔ́ː-] n. (pl. -wom·en [-wìmin]) foreman의 여성형.

fore·word [fɔ́ːrwə̀ːrd / fɔ́ː-] n. 머리말, 서문. ⇒ PREFACE 類語

for·ex [fɔ́ːreks] n. 외국환, 외환. [<FOR[EIGN]+EX[CHANGE]]

fore·yard [fɔ́ːrjɑ̀ːd / fɔ́ː-] n. [항해] 앞돛대의 맨 밑의 활죽.

*****for·feit** [fɔ́ːrfit] n. 1 ⓒⓤ 벌금(penalty), 과료(科料)(fine); 위약금(違約金), 추징금; 몰수물, [범죄·태만·위약 따위의 처벌로서] 박탈되는 것. ¶ take forfeit of a person's land [법로서] 남의 토지를 몰수하다 / A headache was the forfeit he paid for staying up late. 밤늦게까지 자지 않았던 탓으로 두통이 났다. 2 ⓤ [벌로서의 권리·자격의] 상실; 박탈, 몰수(forfeiture), the forfeit of civil rights 공민권의 상실(박탈). 3 [벌금놀이의] 벌금으로서의 물건; (~s) 《단수취급》 벌금놀이.

— vt. 1 [벌로서] [권리 따위를] 잃다, 몰수되다, 박탈당하다. ¶ forfeit one's motor license 자동차 운전 면허증을 잃을 당하다 / A slothful employee will forfeit his place. 태만한 종업원은 일자리를 잃는다. 2 [어떤 행위의 필연적 결과로서] …을 잃다, 놓치다, 빼앗기다. ¶ He had done nothing to forfeit her love. 그는 그녀의 사랑을 잃을만한 아무 짓도 하지 않았었다.

— adj. [벌로서] 몰수된, 상실된. ¶ redeem the forfeit fame 잃어버린 명성을 회복하다.

◇ fórfeiture n.

for·feit·a·ble [fɔ́ːrfitəbl] adj. 상실해야 할, 몰수당해야 할.

for·feit·er [fɔ́ːrfitər] n. 몰수 처분을 받는 사람.

for·fei·ture [fɔ́ːrfitʃər] n. 1 ⓤ [벌로서의] 몰수, [권리·자격 따위의] 박탈, 상실, 권위의 상실, 재산의 몰수. 2 몰수물; 벌금(penalty), 과료(fine).

for·fend [fɔːrfénd / fɔː-], **(forefend)** vt. 1 …을 방어하다(protect). 2 (고어) …을 피하다(avert); …을 방해하다(prevent), 방지하다(fend off).

God (or *Heaven*) *forfend !* 결코 그런 일이 있어서는 안 된다, 신이 금해 주시기를.

for·gath·er, fore- [fɔːrɡǽðər / fɔː-] vi. 1 모이다, 집합하다(assemble). 2 우연히 만나다, 조우(遭遇)하다(encounter). ¶ forgather with a storm 폭풍우를 만나다. 3 사귀다, 친하게 지내다(associate) *(with...)*. ¶ forgather with foreigners 외국인과 사귀다.

*****for·gave** [fərɡéiv] v. forgive의 과거형.

*****forge** [fɔːrdʒ / fɔːdʒ] n. 1 [대장간의] 노(爐); 용철로(溶鐵爐); 괴철로(塊鐵爐) [예전에 철광석을 목탄으로 가열하여 연철괴(鍊鐵塊)를 만들던 노] (bloomery); 풀무. 2 대장간[의 작업장] (smithy), 철공장, 제철소. 3 (비유적) 공장, 작업장(workshop); [계획·구상 따

위의) 산실, 기획실.

— v. (forged, forg·ing) vt. 1 [쇠]를 버리다; 버려서 …을 만들다. ⇨ MAKE 類語 ¶ forge an anchor [쇠를 버려서] 닻을 만들다. 2 [계획·구상 따위]를 세우다, 안출하다; [시 따위]를 짓다, 작성하다(produce, form). ¶ forge a design 계획을 세우다 / forge a report 보고서를 작성하다 / forge rhymes 시를 짓다. 3 [이야기·거짓말 따위]를 지어내다, 날조하다, 꾸며내다. ⇨ MAKE 類語 ¶ forge a lie 거짓말을 지어내다. 4 …을 위조하다, 모조하다(counterfeit). ¶ forge a certificate (a check) 증명서(수표)를 위조하다 / forge coin 화폐를 위조하다 / forge a person's signature 남의 서명을 위조하다.

— vi. 1 위조하다, 가짜(모조품)를 만들다, 위조죄를 범하다(commit forgery). 2 대장간 일을 하다, 대장일을 하다. ⁂ fórgery n.

forge² [fo:rdʒ / fɔ:dʒ] vi. (forged, forg·ing) 서서히 나아가다; 서서히 선두로 나서다(ahead…).

forg·er [fó:rdʒər / fɔ:dʒə] n. 1 쇠벼리는 사람. 2 날조자.

for·ger·y [fó:rdʒəri / fɔ́:-] n. (U)(C) (pl. -ger·ies) 1 위조, 위작(僞作). 2 위조물, 모조 작품. 3 [법률] [문서] 위조죄. 4 《고어》 날조, 꾸며내기(fictitious invention); 책략.

‡**for·get** [fərgét] v. (-got [-gát / -gɔ́t] or 《고어》 -gat [-gǽt], -got·ten [-gátn / -gɔ́tn] or 《고어·詩》 -got, -get·ting) vt. 1 …을 잊다, 망각하다, 기억하고 있지 않다. …이 생각나지 않다. opp. remember ¶ I quite forget your name. 너의 이름이 전혀 생각나지 않습니다 / I shall never forget your kindness. 친절은 결코 잊지 않겠습니다 // (~+wh. to do) I've forgotten how to do it. 나는 어떻게 하는 것인지 잊어버렸다 // (~+that 節) Did you forget that I was coming? 내가 온다는 것을 잊고 있었는가? // (~+wh. 節) I forgot whether she said August or September. 그녀가 8월이라고 했는지, 9월이라고 했는지 나는 잊어버렸다.

2 [⋯하기]를 잊다, 깜박 잊다. ¶ (~+to do) He has forgotten to pay back the money. 그는 그 돈을 갚는 것을 잊었다 / Don't forget to come. 잊지 말고(꼭) 오너라 // (~+目+前+图) Don't forget (=Remember) me to your family. 집안 여러분께 안부 전해 주세요.

— Usage forget+to- 부정사와 forget+동명사 — forget+to-부정사는 미래의일이며, forget+동명사는 과거의 일에 쓴다: Don't forget to mail the letter on your way home. 집으로 오는 길에잊지 말고 편지를 부쳐라; I will never forget seeing her at the party. 파티에서 그녀를 만났던 것을 결코 잊지 않을 것이다. ※과거의 일을 명시하려면 having seen her 처럼완료형을 쓴다.

3 [가지고 가는(오는) 것]을 잊다; …을 잊고 두고 오다 (leave behind) (※ 장소부사와 함께 쓰이지 않는다). cf. leave ¶ forget one's ball-point pen 볼펜을 잊고 오다.

4 …에 주의하지 않다, …을 무시하다, 내버려두다. ¶ His inestimable services were forgotten by the authorities. 그의 더할 나위 없는 봉사가 당국의 인정을 받지 못했다.

5 …을 게을리 하다, 등한히 하다, 소홀히 하다(neglect, disregard). ¶ forget one's duties 자기의 임무를 소홀히 하다 / forget God 신을 잊다, 신앙을 게을리하다.

— vi. 잊어버리다. [원한 따위]를 잊다, 마음에 두지 않다. ¶ (~+前+图) Forget about it. 그 일은 잊어버리세요.

Forget [about] it! 《구어》① 그럴 잊어버려라!, 단념해라! ② 괜찮아요! ③ 아무 것도 아니야! ④ 천만에요!, 무슨 말씀을!

forget and forgive; forgive and forget 《원한 따위를》 깨끗이 잊어버리다.

forget oneself ① 자기 분수를 잊다, 제 주제를 모르다, 분수에 맞지 않는 말을 하다. ¶ You are forgetting yourself! 네 분수를 알아라!; 격에도 안 맞는 소리(행동)는 말아라. ② 사심없이(헌신적으로) 행동하다, 몰두하다. ③ 멍청하이다, 제 정신을 잃다, 방심하이다, 의식을 잃다. ④ 못된 짓을 하다, 가벼운 죄를 범하다.

◇ forgétful adj.

*for·get·ful [fərgétfəl] adj. 1 잊기 쉬운, 잊기 잘하는 (of…). ¶ He is so forgetful that he always misses appointments. 그는 하도 건망증이 심해서 늘 만날 약속을 못 지킨다 // He is very forgetful of things. 그는 건망증이 심하다. 2 부주의한; 소홀히 하는(neglectful) (of…). ¶ be forgetful of others 남을 개의치 않는다 / be forgetful of the comfort of a guest 손님 대접을 소홀히 하다. 3 《문어》 잊게 하는. ¶ a forgetful sleep 모든 것을 잊게 하는 잠. ~·ly [-fəli] adv.

*for·get·ful·ness [fərgétfəlnis] n. (U) 잊기 쉬움, 건망증; 부주의.

for·get-me-not [fərgétminàt / -nɔ̀t] n. 물망초[신의와 우애의 상징]. [좋은.

for·get·ta·ble [fərgétəbl] adj. 잊기 쉬운; 잊어도

forg·ing [fó:rdʒiŋ / fɔ́:dʒ-] n. (U)(C) 1 단조(鍛造) [물], 조작.

for·giv·a·ble [fərgívəbəl] adj. 용서할 수 있는.

‡**for·give** [fərgív] v. (-gave [-géiv], -giv·en [-gívən], -giv·ing) vt. 1 [죄·사람]을 용서하다, 너그럽게 봐주다. ⇨ EXCUSE 類語 ¶ forgive an unkindness (an insult) 불친절(무례)을 용서하다 / Pray forgive me! 부디 용서를 빕니다 / Am I forgiven? 저를 용서해 주시는 겁니까? // (~+目+目) forgive a person his sins 남의 죄를 용서하다/His sins were forgiven him. = He was forgiven his sins. 그는 죄를 용서받았다 // (~+目+前+图) He was forgiven for stealing the money. 그는 돈을 훔친 것을 용서받았다. 2 [빚 따위]를 면제하다, 탕감해 주다(remit, cancel). ¶ (~+目+目) forgive a person his debt 남에게 빚을 면제해 주다.

— vi. 허용하다, 용서하다. ¶ He is not a man who easily forgives. 그는 쉽게 용서해 주는 사람이 아니다.

forget and forgive; forgive and forget ⇨ FORGET.

*for·give·ness [fərgívnis] n. (U) 용서, 면제, 탕감. 2 관대함, 관용. ¶ be full of forgiveness 매우 관대하다.

for·giv·er [fərgívər] n. 1 용서하는 사람. 2 면제하는 사람.

for·giv·ing [fərgíviŋ] adj. 용서하는; 관대한, 도량이 넓은. ~·ly adv. ~·ness n.

for·go [fo:rgóu] (forego) vt. (-went [-wént], -gone [-gɔ́:n, -gán / -gɔ́n]) 1 을 그만두다, 삼가다 (abstain from); …없이 때우다(do without). 2 …을 버리다(give up). 2 《고어》 …을 버려두다(neglect), 무시하다. 3 《고어》 …을 떠나가(quit).

‡**for·got** [fərgát / -gɔ́t] v. forget의 과거·과거 분사.

‡**for·got·ten** [fərgátn / -gɔ́tn] v. forget의 과거 분사 하다. [F., F.]

for·int [fɔ́:rint] n. 포린트 [헝가리의 화폐 단위], 略.

‡**fork** [fɔ:rk] n. 1 ¶ 포크. 2 [농업] 포크 [건초·퇴비 따위를 푸는 데 쓰는 농기구]; 갈퀴, 쇠스랑. ¶ a knife and fork [한벌의] 나이프와 포크(※ 한벌로 된 것을 말할 경우에는 fork 앞에 a는 붙일요, a cup and saucer 도 마찬가지) / a dinner fork (보통) 식탁용 포크 [끝이 넷으로 갈라져 있다] / a dessert fork 디저트용 포크 [끝이 셋으로 약간 작다] / a garden fork 원예용 포크 [갈퀴, 쇠스랑 따위] / a hay fork 건초용 포크. 2 포크 모양의 것, 갈퀴 모양, 갈래진 막대; 갈래 모양의 전광 (電光). 3 분기(分岐), 갈래짐; [강·도로 따위의] 분기점; [나뭇가지의] 갈래; [인체의] 가랑이. ¶ the fork of a river (road, a tree) 강(길, 나무)의 분기점. 4 [갈래진 것의] 가지, 갈라진 가지(branch); 《주로 美》 [강의] 주요한 지류(principal tributary). 5 [음악] 음차(音叉) (tuning fork). 6 [페어] 화살의 갈래.

— vt. 1 …을 갈퀴가 지게 하다. 2 …을 포크로 찌

forked 917 **form**

르다, [건초]를 쇠스랑 [따위]로 찍어 올리다(던지다, 옮기다); [갈퀴·쇠스랑 따위로] …을 파 젖히다. **3** [서양장기] 결장을 부르다.
— *vi.* 갈래지다, 분기하다, 가지를 내다.
fork over (or ***out***) …을 넘겨주다, 지불하다. ¶ They made him *fork over* money. 그들은 그에게 돈을 지불하도록 했다.
◇ **fórky** *adj.*

forked [fɔːrkt] *adj.* **1** 두 갈래로 갈라진; 분기(分岐)한. ¶ a *forked* radish 두 갈래진 무. **2** [복합어를 만들어] …갈래의, …으로 갈래가 진. ¶ three-*forked* 세 갈래의. **3** Z자형의(zigzag), 번개꼴의. ¶ a *forked* lightning 갈래 모양의 번개. **4** 어느 쪽으로도 해석되는; 성의가 없는; 거짓의.
~**ly** [fɔ́ːrkidli] *adv.* ~**ness** [fɔ́ːrkidnis] *n.*

fórked tóngue *n.* 일구이언(一口二言), 거짓말.

fork·ful [fɔ́ːrkfùl] *n.* (특히 농업용 포크의) 1포크분.

fork·lift [fɔ́ːrklìft] *n.* 포크리프트(화물을 들어 올리는 기계).

fork-tailed [fɔ́ːrktèild] *adj.* [새·물고기 따위] 꼬리가 두 갈래진.

fórk (fórklìft, fórk-lìft) trúck *n.* 포크 트럭, 포크리프트가 부착된 운반차, 지게차. ⇨ FORKLIFT.

fork·y [fɔ́ːrki] *adj.* (**fork·i·er, fork·i·est**) 두 갈래진, 분기한(forked).

***for·lorn** [fərlɔ́ːrn] *adj.* **1** 버림받은, 버려진(deserted, abandoned) (*of*...). ¶ *forlorn* of fortune 운명이 등을 돌린. **2** 고독한, 쓸쓸한(desolate); 비참한(miserable); 절망적인(hopeless). **3** […을] 잃은, […을] 빼앗긴(bereft) (*of*...). ¶ be *forlorn* of friends 친구를 잃다.
~**ly** *adv.* ~**ness** *n.*

forlórn hópe *n.* **1** 헛된 희망; 거의 가망이 없는 계획. **2** 위험한(절망적인) 시도, 결사적 행동. **3** 〔폐어〕 결사대.

‡**form** [fɔːrm] *n.* **1** ⓒⓊ [물건의 색·질·구조 따위와 구별하여] 모양, 형상, 외형, 외관, 윤곽; [사람의] 모습, 자세, 몸매. ¶ assume various *forms* 여러가지 형태를 취하다 / appear in the *form* of a man 인간의 모습으로 나타나다 / take the *form* of a man 인간의 모습을 하다(인간으로 둔갑하다) / stones of remarkable *forms* 이상한 모양의 돌들 / He has a well-proportioned *form.* 그는 몸매가 균형이 잡혀 있다 / The rock has the *form* of a dog. 그 바위는 개의 형상이다 / The water is tumbling down the cliff in the *form* of feathers. 물은 벼랑에서 깃털 모양으로 떨어지고 있다.

[類語] **form** 물체의 형태·사물의 진행·실현의 형식의 의미하는 가장 광의의 말; 내용과의 밀접한 관련을 암시하는 말. **figure** 선에 의한 형태: draw the *figure* of a square 정방형을 그리다. **shape** 체적(용적)이 있는 물체의 모양: carve the *shape* of a horse 말의 모양을 새기다. **outline** 물체의 가장 바깥쪽을 구획하는 선: the *outline* of a skyscraper 고층빌딩의 윤곽. **contour** 물체의 outline이 만드는 모양, 특히 곡선적인 형태; 아름다움·부드러움·풍부함 따위, 또는 이에 반대되는 의미를 암시하는 말: the harsh *contour* of a peasant's hand 농부의 손의 울퉁불퉁한 윤곽.

2 사람(물건)의 그림자. ¶ A *form* darkened the window. 어떤 물건의 그림자가 창을 어둡게 했다.
3 형(型), 주형(鑄型)(model) [건축] 형(型)의 틀.
4 [사물이 존재하고 있는] 상태(state), 형태, 상(相); 종류(species, kind). ¶ various *forms* of energy 에너지의 여러 형태 / Democracy and autocracy are two *forms* of government. 민주주의와 전제주의는 두 가지 정치 형태다.
5 Ⓤ [문예 작품·음악 따위의] 표현 형식, 형식. ¶ a piece of music in sonata *form* 소나타 형식의 한 악곡 / literary *form* 문체 / in the *form* of a drama 희곡 형식으로.
6 [동물학상 따위의] 종류, 종속(種屬). ¶ a *form* of horse 말의 일종.
7 Ⓤ [結晶] 결정형(crystal form). ¶ (good order).
8 Ⓤ 정식의(어울리는) 형; 정연한 배치; 정연한 질서
9 Ⓤ [철학] [내용·질료(質料)에 대하여] 형식; (F-) 플라톤 철학의 이데아(idea) / [아리스토텔레스 철학의] 형상(形相); [논리] 사유(思惟)의 형식. *cf.* matter
10 ⓒⓊ [일정한] 방식, 방법, 형; 하는 방식, 방법; [스포츠] 폼; 재래식 방법, 관습적인 방법. ¶ an established *form* 일정한 방식, 정형(定型) / His *form* in serving at tennis is excellent. 테니스에서의 그의 서브 폼은 멋있다.
11 [종교 의식의] 축문(祝文), 제문(祭文); [법률 문서 따위의] 관용문; [식사(式辭) 따위의] 상투 문구(formula). ¶ the *form* of a wedding announcement 성혼 선언의 상투 문구.
12 [기입해 넣는] […]용지, 신청서; […] 표(票). ¶ a telegraph *form* 전보 용지 / a *form* of application; an application *form* 신청서(용지) / fill in a *form* 서식에 써넣다.
13 [문서의] 서식(書式), 양식. ¶ a *form* for a deed 증서의 서식(양식) / after the *form* of …의 서식에 따라, …양식 대로.
14 ⓒⓊ 관행, 관례; 형식, 형식적 행위; 형식적 예절(formality, ceremony). ¶ a conventional *form* 인습적 관례 / as a [mere] matter of *form*; for *form's* sake 형식상, 형식으로서.
15 Ⓤ [사회의 기준에서 본] 행동, 처신; 예의 범절(manners, etiquette). ¶ good *form* 올바른(격식에 맞는) 예절 / bad *form* 무례, 버릇없음.
16 Ⓤ [일을 하기 위한] 컨디션, 상태, [경기자·말의] 건강 상태(condition); [신체의] 좋은 상태(good condition). ¶ keep in *form* 늘 건강 상태가 좋다 / The boxer is in [good] *form* for the fight. 그 권투 선수는 시합을 앞두고 컨디션이 좋다 / The horse is out of *form.* [경마 따위에서] 말의 상태가 좋지 못하다.
17 Ⓤⓒ [문법] [언어의 의미에 대해] 형태, 어형(語形); [단어·어구가 취하는] 형태, 변형(變形), […]형. *cf.* function ¶ a derivative *form* 파생형 / an infinitive *form* 부정형(不定形) / a participial *form* 분사형 / a plural *form* 복수형.
18 《英》 [public school, grammar school 따위의] 학급 (class) (* 보통은 the first form (1년급)에서 the sixth form (6년급)까지. 《美》에서는 grade 라고 한다). ¶ Tom is in the fifth *form*. 톰은 5학년이다.
19 《英》 [등받이가 없는] 긴 의자, 벤치(bench).
20 조직(system). 〔版〕.
21 (* 《英》에서는 forme 으로도 쓴다) [인쇄] 조판(組
22 토끼굴(hare's lair).
— *vt.* **1** …을 […]의 형태로 만들다, 형성하다. ⇨ MAKE 類語 ¶ ~(＋目＋젼+名) *form* the dough into loaves 가루반죽을 [구워서] 빵으로 만들다 / *form* something *into* a certain shape 어떤 것을 어떤 형태로 만들다 / *form* a thing *after* (or *by, from, upon*) a certain pattern (or model) 어떤 형(型)을 본따서 물건을 만들다 / *form* a figure *out of* clay 점토로 상(像)을 만들다 / He *formed* himself *into* an actor. 그는 배우가 되었다 / God *formed* man *of* the dust of the ground. 하나님이 흙으로 사람을 빚어 만드셨다.
2 …을 설립하다(constitute), 설립시키다, 조직(편성)하다(organize); …을 구성하다, 이루다, 차지하다. ¶ *form* a cabinet 내각을 조직하다 / *form* a club 클럽을 만들다 / *form* an army 군대를 편성하다 / *form* a university after the model of Oxford 옥스퍼드를 모방하여 대학을 설립하다 / Parents and children *form* a family. 부모와 자식들이 한 가족을 이룬다.
3 …을 생기게 하다, …을 만들어 내다(produce). ¶ The rain soon *formed* large pools on the ground. 비가 오자 땅에는 곧 큰 물 웅덩이들이 생겼다.
4 …의 역할을 하다(act as); …이 되다(become). ¶ *form* a substitute for …의 대용이 되다 / The clouds

formed a veil over the mountaintops. 구름이 베일처럼 산꼭대기를 덮었다.
5 [사상·의견 등]을 [머리 속에서] 정리하다; [계획 따위]를 세우다; [생각 등]을 생각해 내다(conceive). ¶ *form* an idea 생각을 정리하다 / *form* a plan 계획을 세우다.
6 [습관]을 붙이다(develop). ¶ He has *formed* the habit of rising early. 그는 일찍 일어나는 습관을 붙였다.
7 [관계·교제 따위]를 맺다(contract). ¶ *form* an alliance with the neighboring countries 이웃 나라들과 동맹을 맺다 / *form* a friendship with a person 남과 친교를 맺다.
8 [훈련·교육 따위로] [정신·인격 따위]를 형성하다, 육성하다, 단련하다, 배양하다(cultivate). ¶ *form* the character (the mind) 인격(정신)을 배양하다.
9 [말]을 하다(pronounce, utter); …을 똑똑히 발음하다(articulate). ¶ His lips could hardly *form* a sentence. 그의 입술은 한 문장도 제대로 발음할 수 없었다. [(construct).
10 [문법] [단어·구·문장 따위]를 구성하다, 만들다
11 [군사] [어떤 대형으로] …을 정렬시키다, [어떤 대형]을 만들다(draw up). ¶ *form* a column (a line) 종(횡)대를 짓다 / (~+图+图+图) *form* the soldiers into a line 병사들을 횡대로 정렬시키다.
— vi. **1** 모양을 이루다; 형성되다, 생기다. ¶ Crystals *form* in the retort. 레토르트 속에 결정(結晶)이 생긴다. **2** [생각 따위가] 생기다, 일다, 나타나다(arise). ¶ The hope slowly *formed* in my mind. 내 마음 속에 희망이 차츰 생겼다. **3** [군사] 대형을 짓다, 정렬하다 (*into* ...). ¶ (~+图) *form into* a line 횡대를 짓다
◇ fórmal, fórmative *adj.*, formátion *n.* [

-form *suf.* ¶ '…꼴·모양을 가진」, 「…형(상)의」의 뜻. 예: cruci*form*, uni*form*.

‡for·mal [fɔ́ːrm(ə)l] *adj.* **1** [물건의] 모양의, 모양에 관한, 형식(외형)상의, 형상(形狀)의; 형태적인. *opp.* material ¶ *formal* beauty 형식미, 외견상의 아름다움 / a *formal* resemblance 외형상의 유사(類似).
2 형식을 갖춘, 정식의, 본식의. ¶ *formal* siege 공법(正攻法) / a *formal* authorization 정식 인가, 공인.
3 의례적인, 예식용의(ceremonial). ¶ a *formal* call 의례적인 방문 / a *formal* dress 예복, 정장.
4 [표현, 말씨, 행동 따위가] 공식적인, [지나치게] 격식(형식)에 치우친, 격식을 차린, 딱딱한(stiff, not familiar). ¶ a *formal* manner 딱딱한(엄숙한) 태도.
5 [남이] 형식(예의)을 지키는, 예의바른(ceremonious). ¶ a *formal* man 예의바른 남자.
6 형식뿐인, 알맹이 없는, 겉으로만의(perfunctory). ¶ His sincerity is merely *formal*. 그는 겉으로만 성실한 체한다.
7 전통적인, 관례를 따르는, 인습적인(conventional).
8 매우 규칙바른, 잘 정돈된; 이론적인(academic), 계통이 선, [엄격하게] 질서가 선(orderly), 조화(균형)가 잡힌. ¶ a *formal* garden 잘 정돈된 정원 / a beard of *formal* cut 깨끗이 깎은 수염.
9 정확한 어법의[문법·문장 구성법이 올바르며, 발음도 과장되는 일이 없는].
10 a) [논리] 형식의, 형식적인. ¶ *formal* logic 형식논리학. b) [아리스토텔레스의] 형상(形相)의 [비질료적(非質料的)인], 본질적인(essential). *opp.* material ¶ the *formal* cause 형상인(形相因).
go formal 《美구어》 야회복을 입고 가다.
— *n.* **1** 정식 무도회(formal dance). **2** 야회복.
◇ form, formálity *n.*, fórmalize *v.*, fórmally *adv.*

form·al·de·hyde [fɔːrmǽldihàid] *n.* Ⓤ [화학] 포름알데히드. [<FORM[IC]+ALDEHYDE]

For·ma·lin [fɔ́ːrmlin] *n.* 《상표명》 포르말린(살균제·방부제). [<FORMAL[DEHYDE]+-IN]

for·mal·ism [fɔ́ːrməlìz(ə)m] *n.* Ⓤ **1** 형식에 치우침, 허례(虛禮). **2** 형식론. **2** [종교상의 극단적인]형식주의, 형식 존중. **3** [윤리] 형식주의.

for·mal·ist [fɔ́ːrmlist] *n.* **1** 형식주의자; 허례를 지키는 사람, 딱딱한 사람. **2** [종교·윤리학 따위의] 형식주의자.

for·mal·is·tic [fɔ̀ːrmlístik] *adj.* 형식주의적인, 형식에 구애된; 허례허식의.

*formal·i·ty [fɔːrmǽliti] *n.* (*pl.* -ties) **1** Ⓤ 형식성임, 형식에 구애됨; 형식의 엄수(존중); 의례(儀禮). ¶ without *formality* 격식을 차리지 않고 / No *formality*, please. 《美구어》 편히 하십시오. **2** Ⓤ 딱딱함, 꼼꼼함. ¶ I can't put up with his *formality*. 그가 꼼꼼한 데는 견딜 수 없다. **3** [형식상 정규의] 절차. ¶ the passport *formalities* 여권 교부의 절차 / the legal *formalities* 법률상의 절차 / the *formalities* of a wedding 결혼 예식 / go through due *formalities* 정식 절차를 밟다. **4** 형식(의례)적 행위. ¶ a mere *formality* 그저 형식적인 행위. ◇ fórmal *adj.*

for·mal·i·za·tion [fɔ̀ːrmlizéiʃ(ə)n / -laiz-] *n.* Ⓤ 형식화, 의식을 갖춤, 의례화.

for·mal·ize [fɔ́ːrmlàiz] (* 《英》에서는 **formalise** 로도 쓴다) *v.* (-ized, -iz·ing) *vt.* **1** …을 형식화하다, 정식으로 하다, 의식을 갖추다 하다(make formal). **2** …에 일정한 형[식]을 주다. — *vi.* 형식적이다(be formal), 형식적으로 하다(행동하다), 지나치게 격식을 차리다.

*for·mal·ly [fɔ́ːrmli] *adv.* **1** 형식적으로, 의례적으로. **2** 명백히(explicitly). **3** 정식으로, 예의바르게 (ceremonially). **4** 형식에 관하여, 형식상.

for·mat [fɔ́ːrmæt] *n.* ⒸⓊ **1** [서적의] 형(型), 판(判), *cf.* folio, quarto, octavo, duodecimo **2** [책의] 제작[자면(字面)·자체(字體)·표장(表裝)·제본·지질·여백 따위]. **3** [텔레비전·라디오프로의]구성. **4** [컴퓨터] 포맷[테이프나 펀치 카드에 입력하는 기호 체계]. — *vt.* (-mat·ed *or* -mat·ted, -mat·ing *or* -mat·ting) [컴퓨터] …의 포맷을 만들다. [<F]

for·mate[fɔ́ːrmeit] *n.* [화학] 의산염(蟻酸鹽).

for·mate[fɔ́ːrmeit] *vi.* (-mat·ed, -mat·ing) [군사] [비행기가] 편대에 참가하다, 편대를 짜다.

‡for·ma·tion [fɔːrméiʃ(ə)n] *n.* **1** Ⓤ 형성, 구성, 조성(組成), 편성, 조직, 성립, [사원·회원 따위의] 양성. ¶ the *formation* of a ministry (*or* a cabinet) 조각(組閣) / the *formation* of character 인격의 형성. **2** Ⓤ 구조(structure); 배열(arrangement), 배치(disposition). ¶ in curved *formation* 만곡 (彎曲)을 이루어 / The island is of rocky *formation*. 그 섬은 암석으로 되어 있다. **3** ⓊⒸ [군사] 대형, 진형(陣形); 편대. ¶ change (preserve) the *formation* [군랴 따위의] 진형을 바꾸다 (유지하다) / *formation* flying 편대 비행. **4** 형성물, 구성(조성)물 (thing formed). **5** [지질] 층(層), 암층, [지층의] 생성.
◇ form *v.*, formátional, fórmative *adj.*

for·ma·tion·al [fɔːrméiʃ(ə)n(ə)l] *adj.* 형식(구성, 편성)상의, 형태상의.

form·a·tive [fɔ́ːrmətiv] *adj.* **1** 형태를 주는, 형성(구성)하는. ¶ the *formative* arts 조형(造形)예술. **2** 형성의, 발달의. ¶ the *formative* years (*or* period) 형성기 / *formative* tissue [생물] 형성 조직. **3** [문법] [접미사·접두사 따위] 말을 구성하는. — *n.* [문법] formative element. ~·ly *adv.* ~·ness *n.*

fórmative élement *n.* [문법] [단어의] 구성 요소, 형태소(素), 형태소 [접미사·접두사·어간의(語根)] 이외의 요소] (morpheme). **2** [어근·접사(接辭)에 관계없이] 어미 변화가 없는 구성 요소(언어 단위).

form·book [fɔ́ːrmbùk] *n.* Ⓤ《英》[경마의] 과거 성적 기록표, 경마 안내; [말·기수의 전적으로 비추어 본] 예상. *cf.* form *n.* 16

fórm cláss *n.* [문법] 형태류[하나 또는 그 이상의 형

forme [fɔ́ːrm] *n.* 《英》 =form *n.* 21.

‡**for·mer**¹ [fɔ́ːrmər] *adj.* **1** [시간의] 앞의, 먼저의(prior), 이전의(earlier). ⇨ PREVIOUS 類語』 과거의(past), 옛날의(ancient). ¶ one's *former* wife 전처 / in one's *former* letters 이전의 편지에서 / in *former* times (or days) 옛날에는. **2** (the ~) [순서가] 앞의(⇨ PREVIOUS 類語』) ; [둘 중의] 전자의, 먼저의; 《대명사적으로》 전자. *cf.* latter ¶ in the *former* case 전자의 경우에는 / Jack and Bill are twin brothers, but the *former* is taller than the latter. 잭과 빌은 쌍둥이지만 전자는 후자보다 키가 크다. **3** 전임(前任)의, 이전의. ¶ a *former* president 전대통령 / the *former* members of this club 이 클럽의 전회원들. ◇ **fórmerly** *adv.*

for·mer² [fɔ́ːrmər] *n.* **1** 만드는 사람, 제작자(maker), 창작자(creator), 구성자, **2** 성형구(成形具), 형판(型板) (templet), 계기(計器) (gauge), 모형(pattern); 실 꼬는 기계; [전기] 권형(捲型).

‡**for·mer·ly** [fɔ́ːrmərli] *adv.* 이전에는, 옛날에는(previously).

form-fit·ting [fɔ́ːrmfitiŋ] *adj.* 몸에 꼭 맞는. ¶ a *formfitting* shirt 꼭 맞는 샤쓰.

for·mic [fɔ́ːrmik] *adj.* **1** 개미의. **2** [화학] 의산(蟻酸)의. ¶ *formic* ether 의산 에테르.

For·mi·ca [fɔːrmáikə] *n.* 《상표명》 내열(耐熱) 플라스틱 판, 호마이카.

fórmic ácid *n.* [U] [화학] 의산(蟻酸).

for·mi·car·y [fɔ́ːrmikèri / -kəri] *n.* (*pl.* -**car·ies**) 개미집(ant nest), 개미둑(ant hill).

for·mi·cate [fɔ́ːrmikèit] *vi.* (-**cat·ed, -cat·ing**) 개미가 꾀다, 개미처럼 떼를 짓다.

for·mi·ca·tion [fɔ̀ːrmikéiʃ(ə)n] *n.* [U] [병리] 의양(蟻痒) [개미가 피부 위를 기는 듯한 가려움증].

*‡**for·mi·da·ble** [fɔ́ːrmidəbl] *adj.* **1** 무서운, 겁나는. ¶ a *formidable* prospect 끔찍스러운 광경. **2** [힘·크기·수량·곤란 따위가] 만만치 않은, 가공할(awesome). ¶ a *formidable* job (or task) 만만치 않은 일. **3** 매우 뛰어난, 보통 이상의. **4** 강력한(powerful). ¶ *formidable* opposition 강력한 반대. —**ness** *n.* **·bly** *adv.*

form·less [fɔ́ːrmlis] *adj.* 모양이 없는(shapeless), 무정형(無定形)의; 형태를 알 수 없는, [계획 따위가] 애매한, 확실하지 않은. ¶ *formless* horror 알 수 없는 공포. **~ly** *adv.* **~ness** *n.* [편지.

fórm lètter *n.* [인쇄·복사 따위로 된] 같은 내용의임.

fórm màster *n.* 《영》 [public school 등의] 학급 담임.

For·mo·sa [fɔːrmóusə] *n.* 대만(Taiwan)의 옛 이름.

For·mo·san [fɔːrmóusən] *adj.* 대만의; 대만 사람(말)의. — *n.* **1** 대만 사람. **2** [U] 대만어(語).

‡**for·mu·la** [fɔ́ːrmjulə] *n.* (*pl.* -**las** or -**lae** [-liː]) **1** [의식 따위에 쓰는] 식사(式辭), 제문(祭文), 형식적인 문구; 판에 박은 말, 상투어. ¶ a *formula* of faith 신앙고백문 / the baptismal *formula* 세례식문(洗禮式文) / the hackneyed *formula* of condolence 진부한 판에 박은 조의의 말 / a set *formula* 상투어. **2** 정칙(定則); 법식(法式). **3** [수학·화학] 공식, 식. ¶ an algebraic *formula* 대수식 / a molecular *formula* 분자식 / a chemical *formula* 화학식 / a dispersion *formula* (分散式) / a structural *formula* 구조식 / an empirical *formula* 실험식 / a graphic *formula* 그래프식. **4** 제법(製法); 처방(recipe, prescription). **5** 《미》 어린이용 유동식(流動食). ◇ **fórmulary** *n.*, **fórmularize**, **fórmulate** *v.*

for·mu·lar·ize [fɔ́ːrmjuləràiz] (* 《영》에서는 **for·mu·lar·ise** 로도 쓴다) *vt.* (-**ized, -iz·ing**) =formulate.

for·mu·lar·y [fɔ́ːrmjuléri / -ləri] *n.* (*pl.* -**lar·ies**) **1** 식문(祭文)집. **2** 상투어. **3** [약학] 처방서. **4** [교회] 식문집, 전례서(典禮書). — *adj.* 정식(定式)의;

[종교적] 의식의(ritual); 상투적인.

*‡**for·mu·late** [fɔ́ːrmjulèit] *vt.* (-**lat·ed, -lat·ing**) **1** …을 명확한 형태로 나타내다; …을 명료하게 (계통적으로) 말하다. ¶ *formulate* a theory 이론을 명료하게 설명하다. **2** …을 공식화하다, …을 공식으로 나타내다. **3** …을 고안해 내다(devise). ◇ **fórmula, formulátion** *n.*

*‡**for·mu·la·tion** [fɔ̀ːrmjuléiʃ(ə)n] *n.* [U] **1** 공식화, 계통적 표시. **2** 명확한 설명, 명료한 진술. ¶ the *formulation* of the solar theory 태양 이론의 공식화.

for·mu·la·tor [fɔ́ːrmjulèitər] *n.* 정규(법칙)를 만드는 사람.

for·mu·lism [fɔ́ːrmjulìz(ə)m] *n.* [U] **1** 법식(공식) 존중, 법식주의. **2** 법식 조직.

for·mu·list [fɔ́ːrmjulist] *n.* 법식(공식)주의자.

for·mu·lis·tic [fɔ̀ːrmjulístik] *adj.* 법식(공식)주의의.

for·mu·lize [fɔ́ːrmjulàiz] (* 《영》에서는 **for·mu·lise** 로도 쓴다) *vt.* (-**lized, -liz·ing**) =formulate.

for·mu·liz·er [fɔ́ːrmjulàizər] *n.* =formulator.

fórm wòrd *n.* [문법] =function word.

for·myl [fɔ́ːrmil] *n.* [화학] 포르밀(蟻醯)에서 유도되는 1가(價)의 아실기(基). [< FORM[IC] + YL]

for·ni·cate [fɔ́ːrnikèit] *vi.* (-**cat·ed, -cat·ing**) 간통하다, 간음하다.

for·ni·ca·tion [fɔ̀ːrnikéiʃ(ə)n] *n.* [U] **1** 간통. **2** (성서) 간음(adultery); 우상 숭배(idolatry).

for·ni·ca·tor [fɔ́ːrnikèitər] *n.* 간음자.

for·rad·er [fɔ́ːrədər, fár- / fɔ́r-] (* *forward* 의 비교급을 옛날 발음대로 쓴 것) *adv., adj.* 《영·방언·구어》 보다 앞에. *get no forrader* 조금도 나아가지 않다.

for·rel [fár(ə)l / fɔ́r-] *n.* =forel.

‡**for·sake** [fərséik] *vt.* (-**sook** [-súk], -**sak·en, -sak·ing**) **1** …을 저버리다, 버리고 가다, 버리다. ⇨ ABANDON 類語』 ¶ *forsake* one's hometown 고향을 버리다. **2** [습관·생활양식 따위를] 그만두다, 버리다(give up, renounce). ¶ *forsake* one's bad habits 나쁜 버릇을 버리다.

*‡**for·sak·en** [fərséik(ə)n] *v.* forsake 의 과거분사. — *adj.* 버림 받은(deserted), 버려진(abandoned); 고독한(forlorn). **·ly** *adv.*

*‡**for·sook** [fərsúk] *v.* forsake 의 과거형.

for·sooth [fərsúːθ] *adv.* 《고어》 참으로(in truth, in fact); 확실히 (no doubt); 과연, 정말 (indeed). * 현재는 보통 반어(反語)·경멸적으로 사용. [hausted]

for·spent [fɔːrspént] *adj.* 《고어》 지쳐 빠진 (ex-

for·swear, fore- [fɔːrswɛ́ər / fɔː-] *v.* (-**swore** [-swɔ́ːr / -swɔ́ː], -**sworn, -swear·ing**) *vt.* **1** …을 맹세코 끊다, […의 관계를] 단연코 끊다. ¶ *forswear* the land 그 땅에서 영원히 떠나겠다고 맹세하다. **2** …을 맹세코 부정(부인)하다. **3** …을 어기다; (재귀용법)…에 거짓 맹세(증언)하다 (swear falsely). — *vi.* 거짓 맹세하다, 위증하다; 맹세(약속)를 어기다.

for·sworn [fɔːrswɔ́ːrn / -swɔ́ːn] *v.* forswear 의 과거분사. — *adj.* 위증한(perjured).

for·syth·i·a [fərsíθiə, fɔːr- / fɔːsáiθiə] *n.* 개나리 [중국 및 유럽 동남부 원산의 낙엽 관목].

‡**fort** [fɔːrt / fɔːt] *n.* **1** [단독으로 방어할 수 있는] 보루(堡壘), 성채, 요새[지]. ¶ found a *fort* 보루를 구축하다 / hold a *fort* 방위(지키)다; 일 따위를 계속하다. **2** [북미에서 옛날에 성채 안에 있었던] 북미 원주민과의 교역 시장.

for·ta·lice [fɔ́ːrtəlis] *n.* 작은 보루, 작은 요새.

forte¹ [fɔːrt / fɔːt] *n.* **1** 장점, 특기. **2** [칼자루에서 중앙까지의] 칼몸의 가장 강한 부분. *cf.* foible

for·te² [fɔ́ːrtei, -ti / -ti] *adj.* [음악] 강음의(loud). *opp.* piano — *adv.* 강하게(with force), 강한 소리로(loudly) (略 f). — *n.* 강음부. [<It]

for·te·pi·a·no [fɔ̀ːrteipjáːnou / -ti- / *It* fɔ̀rtepyáno]

forth *adj., adv.* 〔음악〕 강하게 그리고 곧 약하게〔略 fp〕.
‡**forth** [fɔːrθ/fɔːθ] *adv.* **1** 앞으로, 전방으로, 앞쪽으로(forward); 〔위치·공간 따위에서〕 앞으로(onward); 밖으로(outward). ¶ stretch *forth* one's arms 두 팔을 내뻗다 / *forth* buds 싹을 내다 / swing back and *forth* 앞뒤로 흔들리다.
2 〔시간·순서·연속 따위에서〕 앞으로, …이후. ¶ from this day *forth* 오늘 이후 / from this time *forth* 금후, 지금부터 앞으로.
3 〔보통 come, bring 따위의 동사에 뛰어서〕〔은닉·태만·불명료 따위의 상태에서〕밖으로, 외부로, 나타나서(out); 나타나서, 보이는 곳으로(into view). ¶ bring *forth* 낳다, 일으키다 / burst *forth* 〔꽃 따위가〕 피다, 뛰어나오다 / cast *forth* 쫓아내다, 내던지다 / come *forth* 나타나다 / draw *forth* 끌어내다 / go *forth* 나아가다; 발행되다 / go *forth* to battle 출전하다 / hold *forth* 공표하다 / issue *forth* 나오다, 분출하다 / put *forth* 〔초목이〕 싹·잎을 내다 / send *forth* 내보내다, 내뿜다, 발하다; 보내다 / set *forth* 진열하다; 말하다; 꾸미다; 떠나다 / show *forth* 공표하다, 명시하다, 선언하다 / step *forth* 앞으로 나오다, 분발하다.
4 〔장소·집·나라 따위로부터〕 멀어져서(away), 외국으로(abroad). ¶ travel *forth* 해외 여행을 하다.
and so forth ⇨ SO¹.
right forth 당장에.
so far forth 거기까지는, 그만큼은.
so far forth as …〔의 정도〕까지도.
— *prep.* 〔고어〕 …에서(out of), …에서 나와서(forth from).
fórthwise *adv.*
*__forth·com·ing__ [fɔːrθkʌ́miŋ/fɔːθ-, ⸗⸗́] *adj.* **1** 가까이 다가오는(coming forth), 곧 나타나려고 하는, 때가 가까와오는, 닥쳐오는. ¶ the announcement of *forthcoming* books 근간 서적 예고. **2** 가까이 준비되어 있는, 곧 입수되는. ¶ The promised money is not *forthcoming*. 약속한 돈이 안 나오고 있다.
— *n.* ⓤ 접근, 출현(appearance).
forth·right [fɔːrθráit/fɔːθráit] *adv.* **1** 솔직하게, 숨기지 않고. **2** 똑바로. **3** 〔고어〕 당장에(immediately). — *adj.* **1** 단도 직입적인, 솔직한(outspoken). **2** 똑바로 나아가는, 곧은(direct). — *n.* 〔고어〕 곧은 길. ~·**ly** *adv.* ~·**ness** *n.*
forth·with [fɔːrθwíθ, -wíð/fɔːθ-] *adv.* 곧, 당장, 즉시(immediately, at once), 때를 놓치지 않고.
*__for·ti·eth__ [fɔ́ːrtiiθ] *adj.* **1** 제40의, 40번째의. **2** 40분의 1의. — *n.* **1** 40분의 1 (fortieth part). **2** (보통 the ~) 제40, 40번째〔의 것〕.
for·ti·fi·a·ble [fɔ́ːrtifàiəbl] *adj.* 요새화할 수 있는, 견고하게 할 수 있는.
*__for·ti·fi·ca·tion__ [fɔ̀ːrtifikéiʃ(ə)n] *n.* **1** ⓤ 방어, 방위, 방비(를 굳히기), 요새화(fortifying), 강화. **2** ⓒ 〔보통 ~s〕 방어물, 〔방책·참호·토루(土壘)·탑 따위의〕 방어 시설, 방어 수단. **3** 〔군대〕 축성법(築城法)(학). **4** ⓒ 요새, 성채. **5** 〔식품의〕 영양가 보강; 〔포도주 따위의〕 알코올 성분 강화. ◇ *fortify v.*
for·ti·fi·er [fɔ́ːrtifàiər] *n.* 견고하게 하는 사람(것), 축성자, 지지물.
*__for·ti·fy__ [fɔ́ːrtifài] *v.* (**-fied, -fy·ing**) *vt.* **1** 〔공격에 대비하여〕 …의 방위를 강화하다, …을 성채로 둘러싸다, …에 방어 공사를 하다. ¶ (~+圄+쩐+麧) *fortify* a city *against* the enemy 적의 공격에 대비하여 도시를 요새화하다. **2** 〔육체적·정신적·도덕적으로〕 …을 강화하다, 기운을 북돋우다(strengthen, encourage). ¶ *Fortified* by his initial successes he determined to carry out his plan. 처음에 성공한 것으로 기운을 얻어 그는 계획을 실천하기로 하다. ¶ (~+圄+쩐+麧) *fortify* oneself *against* illness 병에 걸리지 않도록 몸을 튼튼히 하다. **3** 〔힘·찌그러짐·마멸 따위를 견딜 수 있도록〕 …을 강하게 하다(make strong). **4** 〔진술·증거 따위〕 를 확증하다, 굳히다, 뒷받침하다(confirm). ¶ *fortify* an argument with statistics 통계로 주장을 뒷받침하다. **5** 〔비타민·철분 따위를〕 첨가하여 〔식품의〕 영양가를 높이다; 〔포도주 따위에〕 알코올을 첨가하다. ¶ a pint of *fortified* milk 강화 우유 1파인트. — *vi.* 요새를 쌓다, 방비를 굳히다, 축성하다. ◇ *fortification n.*
for·tis [fɔ́ːrtis] 〔음성〕 *adj.* 경음(硬音)의, 강자음(强子音)의. — *n.* (*pl.* **-tes** [-tiːz]) 경음, 강자음〔근육을 긴장시켜 입길을 압축하여 발음하는 강한 마찰음 또는 파열음. k와 p, t 따위〕 (fortis consonant). *cf.* lenis
for·tis·si·mo [fɔːrtísimou] 〔음악〕 *adj.* 아주 강한(very loud). — *adv.* 아주 강하게(very loudly) 〔略 ff., fortiss.〕. *opp.* pianissimo 〈It.〉
*__for·ti·tude__ [fɔ́ːrtit(j)ùːd/-tjùːd] *n.* ⓤ 〔고뇌·결핍·유혹 등을 이겨내는〕 용기, 꿋꿋함, 인내, 불굴의 정신. ¶ PATIENCE〔類語〕 ◇ *fortitudinous adj.*
for·ti·tu·di·nous [fɔ̀ːrtit(j)úːdinəs/-tjúːdi-] *adj.* 용기있는, 용감한(courageous); 인내력이 강한, 불굴의.
*__fort·night__ [fɔ́ːrtnàit/-tnèit] *n.* 〔주로 英〕 2주간, 14일간(* 〔美〕에서는 보통 two weeks를 쓴다). ¶ Monday *fortnight* 2주일 후(전)의 월요일 / today (or this day) *fortnight* 전전(내내)주의 오늘 / for a *fortnight* 2주일간; in a (every) *fortnight* 2주일 지나면(마다) / once a *fortnight* 2주일에 한번 / stay a *fortnight* 2주간 체재하다. ◇ *fortnightly adj., adv.*
fort·night·ly [fɔ́ːrtnàitli/fɔ́ːt-, ⸗⸗́] *adj.* 2주일에 한번 일어나는 (나타나는), 2주일 마다의, 격주의. ¶ *fortnightly* Sunday concerts 격주의 일요 음악회 / a *fortnightly* magazine (newspaper) 격주 잡지(신문). — *adv.* 2주일에 한 번, 2주일마다, 격주로. ¶ an organ issued *fortnightly* 격주로 발간되는 기관지. — *n.* 격주 출판물(간행물).
FORTRAN [fɔ́ːrtræn] *n.* ⓤ 포트랜〔과학 기술 계산용의 프로그램 언어〕. 〔<*for*mula + *tran*slation〕
‡**for·tress** [fɔ́ːrtris] *n.* **1** 〔대규모의〕 요새지. **2** 〔일반적으로〕 안전 지역. — *vt.* …에 요새를 마련하다, …을 요새로 막다.
for·tu·i·tism [fɔːrt(j)úːitìz(ə)m/-tjúː-] *n.* ⓤ〔철학〕 자연계에서의 발생·적응·변화의 우연설(偶然說). *cf.* teleology 〔연설 신봉자.〕
for·tu·i·tist [fɔːrt(j)úːitist/-tjúː-] *n.* 우연론자, 우연설 신봉자.
for·tu·i·tous [fɔːrt(j)úːitəs/-tjúː-] *adj.* 우발적인, 우연의, 뜻밖의. ⇨ ACCIDENTAL〔類語〕 ¶ a *fortuitous* acquaintance 우연히 알게 된 사람. **2** 운이 좋은(lucky). ~·**ly** *adv.* ~·**ness** *n.*
for·tu·i·ty [fɔːrt(j)úːiti/-tjúː(ː)-] *n.* (*pl.* **-ties**) **1** ⓤ 우연성, 우발성; 우연. **2** ⓒ 우연한 사건, 우발적 사건.
‡**for·tu·nate** [fɔ́ːrt(ʃ)(ə)nit] *adj.* **1** 행운의, 운이 좋은, 다행한(lucky); (the ~)〔명사적 용법〕행운아들. ¶ be born under a *fortunate* star 행운의 별 아래 태어나다 // be *fortunate* in one's son 좋은 아들을 두어 행복하다 / You are *fortunate* in having such good parents. = It is *fortunate* that you have such good parents. 그런 좋은 부모님이 계시니 너는 행운아다. **2** 행운을 가져오는, 운이 좋은, 징조가 좋은(auspicious). ¶ a *fortunate* investment 운이 좋은 투자. ~·**ness** *n.*
‡**for·tu·nate·ly** [fɔ́ːrt(ʃ)(ə)nitli] *adv.* 운좋게〔도〕, 다행하게도.
‡**for·tune** [fɔ́ːrt(ʃ)(ə)n] *n.* **1** ⓤⓒ 〔재산으로 결정되는〕 사회적 지위, 부자의 신분. ¶ a man of *fortune* 재산가 / people of moderate *fortunes* 상당한 재산이 있는 사람들 / make one's *fortune* 입신 출세하다, 부자가 되다 / seek one's *fortune* 출세(성공)의 길을 찾다.
2 ⓒⓤ 〔막대한〕 부, 재산; 재산액. ¶ a small *fortune* 다소의 재산 / be born to a large *fortune* 부잣집에 태어나다 / leave a person a very large *fortune* 남에게 많은 재산을 남기다 / come into a *fortune* 〔상속 따위로〕 재산을 얻다 / push one's *fortune* 열심히 재산을 모으다 / make (or build up) a *fortune* out of nothing 적수 공

권으로 재산을 모으다 / lose one's *fortune* in gambling 노름으로 재산을 잃다. **3** (고어) 여자 부자, 여자 재산 상속인(heiress). ¶ marry a *fortune* 돈많은 여자와 결혼하다, 재산을 노리 고 결혼하다 / She is a great *fortune*. 그녀는 큰 부자 다.
4 U (chance, luck). ¶ bad (or ill) *fortune* 불운 / by good *fortune* 다행히도 / have (or be in) good *fortune* 운이 좋다 / have *fortune* on one's side 운이 트 이다 / try one's *fortune* [경쟁이가] 운수를 점치다.
5 (종종 ~s) 운수, 운세. ¶ have one's *fortune* told 수를 점치게 하다 / read one's own *fortune* 자신의 운수를 점치다 / tell *fortunes* [경쟁이가] 운수를 점치다.
6 C U 운명, 숙명(lot, destiny). ¶ be the sport of *fortune* 운명에 농락되다 / join *fortunes* with a person 남과 운명을 함께 하다 / share a person's *fortune*; share one's *fortune* with a person 남과 운명을 함께 하다.
7 (F-) [의인화된] 운명, 운명의 여신. ¶ a *Fortune*'s favorite; a child of *Fortune* 운명의 총아 / be at the top of *Fortune*'s wheel 행운의 절정에 있다 / *Fortune* favors the brave. (속담) 행운의 여신은 용감한 사람의 편이다.
8 U 행운, 행복 (good luck); 성공(success); 번영(prosperity). ¶ have the *fortune* to do 운이 좋게도 …하다 / **spend a small fortune on** (속어) …에 큰 돈을 소비 하다.
— v. (**-tuned**, **-tun·ing**) (고어) vt. [남]에게 큰 재산 을 넘겨주다.
— vi. 우연히 일어나다, 우연히 찾아오다.
◇ fórtunate *adj*.

fórtune cóokie *n*. 행운의 과자; 그날의 재수 따위 점쾌가 적힌 종이 쪽지가 들어 있는 중국 과자.

fórtune húnter *n*. 재산을 노리는 사람, (특히) 재 산을 노리는 구혼자.

fór·tune-hunt·ing [fɔ́ːrtʃ(ə)nhʌ̀ntiŋ] *adj*. 재산에 눈독들이는, 재산을 바라고 구혼하는. — *n*. U 재산을 바라고 하는 구혼.

fór·tune·less [fɔ́ːrtʃ(ə)nlis] *adj*. 불운한, 운이 없는; 재산이 없는, 결혼 지참금이 없는.

fór·tune·tell·er [fɔ́ːrtʃ(ə)ntèlər] *n*. 점쟁이. 「판단.

fór·tune·tell·ing [fɔ́ːrtʃ(ə)ntèliŋ] *n*. U 점, 길흉

fór·ty [fɔ́ːrti] *adj*. 40의, 40명의, 40개의.
— *n*. (pl. **-ties**) **1** 40명, 40개. **2** 40세. **3** (계속되 는 것의) 40 번째의 것. **4** 40, 40의 표지[40, XL, XXXX]. **5** 40명(개) 한 조. **6** (-ties) [나이의] 40대, [세기의] 40년대, [온도·위도의] 40도대, [가로(街路) 의] 40번지 지대. ¶ a man in his *forties* 40대의 남자 / the *forties* of the nineteenth century 1840년대 / the roaring *forties* 북대서양의 풍랑이 심한 해역[북위 40-50도]. **7** (the Forties) (영) 스코틀랜드 동북 해안과 노르웨이 서 남 해안 사이의 해역[깊이가 40길 이상].
like forty (미구어) 맹렬한 기세로(like anything).

fór·ty-five [fɔ́ːrtifáiv] *adj*. 45의, 45명[개]의. — *n*. **1** 45명(개). **2** 45, 45의 문자[45, XLV]. **3** 45명(개) 한 조. **4** 45회전의 레코드; 45구경 권총. **5** (the F-) [영 역사] [James 2세 일파에 의한] 1745년의 반란.

fór·ty·ish [fɔ́ːrtiiʃ] *adj*. 40세 정도의; [수·양이] 40 쯤의.

fór·ty-nin·er [fɔ́ːrtináinər] *n*. (미역사) 1849년 골 드러시 때 부를 찾아 California로 간 사람. *cf*. Argonaut

fórty wínks *n*. *pl*. (구어) 잠깐 졸기, 선잠, (특 히) 낮잠(nap).

*fo·rum [fɔ́ːrəm / fɔ́ːr-] *n*. (*pl*. **~rums** or **-ra**) **1** 포 럼[고대 로마의 도시의 시장 또는 공공 광장. 재판 및 기 타 공적인 집회에도 쓰이던 대광장]. **2** 법정, 재판소 (court). **3** [여론 따위의] 비판, 심판. ¶ the *forum* of public opinion 여론의 비판. **4** [공개 또는 텔레비전 따 위의] 토론회. [<L public place]

‡**for·ward** [fɔ́ːrwərd] *adv*. **1** [장소·위치 따위] 앞에 (으로), 전방에, 앞쪽으로. ¶ go *forward* 전

진하다 / look *forward* 앞쪽을 보다 / rush *forward* 돌진 하다 / send *forward* 앞으로 보내다 / take a step *forward* 일보 전진하다; 한 단계 진보하다 / walk straight *forward* 똑바로 앞으로 가다 / back (or backward) and *forward* 앞뒤에, 이리저리(to and fro).

類語 *forward* 앞 또는 목표 쪽으로: move *forward* 전진 하다. *onward* 정해진 목표를 향하여 계속 자꾸자꾸: move *onward* 앞으로 계속 나아가다.

2 장래에, 금후, …이후. ¶ from this day *forward* 오 늘 이후 / look *forward* 장래를 생각하다 / date *forward* [수표 따위를] 후일자(後日字)로 하다.

3 [사람·물건의] 앞쪽에(으로). ¶ *forward* of (미) …의 앞에, 정면에 (in front of) / play *forward* [크리켓] 앞으로 나아가 공을 치다 / put (or set) oneself *forward* 주제넘게 나서다. **4** 밖으로, 표면으로(out), 보이는 곳 에. ¶ bring *forward* [생각·의견 따위를] 내놓다, 제 시하다 / come *forward* 나타나다, [표면으로] 나오다.

5 [배·비행기 따위의] 앞부분으로, 선수 쪽으로 (toward the bow).

look forward to *doing* (*something*) …하기(어떤 것) 를 고대하다. ¶ I'm *looking forward to* seeing you. 만나뵙기를 고대하고 있습니다.

— *adj*. **1** 전방으로의, 앞쪽으로의(onward), 전진하 는(moving ahead). ¶ a *forward* march 전진 / a *forward* motion 전진 운동 / a *forward* play [크리켓] 앞 으로 나아가 공을 치기.

2 [동·식물 따위가] 계절에 앞선; [나이치고는] 조숙 한. ¶ a *forward* child 조숙한 아이 / a *forward* crop 올 된 (조생) 곡물.

3 [일 따위가] 진척되어 있는. ¶ be *forward* in (or with) one's work 일이 진척되어 있다.

4 자진하여, …하는, 선뜻 …하는 (ready, prompt, eager). ¶ He was always *forward* to help others. 그는 언제나 자진하여 남들을 도와주었다 // be *forward* with one's answer 곧 답장을 내다.

5 주착없는, 주제넘은, 건방진, 뻔뻔스러운(presumptuous). ¶ a *forward* woman 주제넘은 여자.

6 [배 따위의] 앞부분의, 앞쪽부분에 있는.

7 [상업 거래·계약 따위] 선물(先物)의, 앞을 내다본. ¶ *forward* buying 선물 매입 / *forward* rates 선물 시 세 / a *forward* contract 선물 계약.

8 [사람·의견 등이] 급진적인, 과격한 (radical, extreme), 진보적인(advanced). ¶ a *forward* person 진 보적인 사람 / a *forward* school 급진파.

— *n*. **1** [축구·농구 따위의] 포워드, 전위[略 F.W.]. *cf*. back **2** (~s) 선구자, 전위적인 사람.

— *vt*. **1** 앞으로 보내다, 회송(回送)하다; [우편 물]을 전송(轉送)하다, 발송하다. **2** …을 진행시키다, 조장하다, 촉진하다. ≒ PROMOTE 類語 ¶ *forward* a plan 계획을 촉진하다 / *forward* a flower 꽃의 성장을 빠 르게 하다. **3** [제본] [책]의 초벌 마무리를 하다.

◇ fórwardly *adv*., fórwardness *n*. 「(約).

fórward cóntract *n*. [상업] 선물 계약 (先物契

fórward delívery *n*. [상업] 선도(先渡)하기.

fór·ward·er [fɔ́ːrwərdər] *n*. **1** [사업·개혁·운동 따 위의] 촉진자, 추진자, 조성자. **2** 발송자, 운송업자, 운 송점.

fór·ward·ing [fɔ́ːrwərdiŋ] *n*. U C **1** 추진, 촉진. **2** 발송; 전송(轉送), 회송. **3** [제본] 초벌 마무르기 [인쇄한 페이지를 철해 표지를 붙이기 전까지의 제본 공 정]. **4** [조각] [동판 조각에서] 에칭에서 조각도로 마무 리하기까지의 과정.

fórwarding ágent *n*. 운송업자, 운송점.

fór·ward-look·ing [fɔ́ːrwərdlùkiŋ] *adj*. 앞을 내다 보는, 앞을 향한, 적극적인, 진보적인(progressive), 선 견적인.

fór·ward·ly [fɔ́ːrwərdli] *adv*. **1** 뻔뻔스럽게(boldly), 주제넘게, 주착없이. **2** (드물게) 앞쪽으로, 전방 으로. **3** (고어) 자진하여(readily), 당장; 열심히

for·ward·ness [fɔ́ːrwərdnis] *n.* ⓤ 1 주제넘음, 외람됨. 2 재빠름; 마음내킴, 열심(willingness, eagerness). 3 앞서 있음, 시기가 이름; 조숙, 올됨.
fórward páss *n.* [미식축구] 포워드 패스.
for·wards [fɔ́ːrwərdz] *adv.* =forward. * 현재는 실제의 움직임을 나타내는 데 쓰인다.
for·wea·ried [fərwí(ː)rid / fɔːwíərid] *adj.* 《고어》 =exhausted.
for·went [fɔːrwént] *v.* forgo의 과거형.
for·worn [fɔːrwɔ́ːrn] *adj.* 《고어》 지친, 녹초가 된.
foss [fɔːs / fɔs] *n.* =fosse. 〔exhausted〕.
fos·sa [fásə / fɔ́sə] *n.* (*pl.* **-sae** [-siː]) [해부] [뼈의] 구멍(pit), 와(窩). ¶ canine *fossa* 견치와(犬齒窩) / cerebral *fossa* 뇌와(腦窩) / parietal *fossa* 두정골와(頭頂骨窩).
fosse, foss [fɔːs, fas / fɔs] *n.* 1 〔성·요새의〕 외호(外濠), 해자(moat). 2 〔일반적으로〕 도랑, 수로, 운하(canal).
fos·sette [fɑsét / fɔ-] *n.* 1 조금 오목한 곳; 보조개(dimple). 2 〔병리〕 소와(小窩); 각막 궤양(角膜潰瘍).
fos·sick [fásik / fɔ́s-] 〔濠〕 *vi.* 1 〔광산〕 남의 채(採)광지를 도굴하다; 폐갱에서 금을 찾다. 2 돈벌이 거리를 찾다. — *vt.* [금 따위를] 파다(dig); …을 뒤지다, 찾다(hunt, seek).
fos·sick·er [fásikər / fɔ́s-] *n.* 폐광을 뒤지는 사람, 찾아다니는 사람.
*****fos·sil** [fásl / fɔ́sl] *n.* 1 〔지질 시대의 동식물의〕 화석. 2 form a *fossil* 화석이 되다. 2 《구어》 시대에 뒤진 〔낡을·것〕, 구식 사람. ¶ an old *fossil* 구식(시대에 뒤진)노인. 3 〔폐어〕 〔말·속어에〕 남을 세다, 발굴된.
— *adj.* 1 화석의, 화석질(性)의, 화석이 될. 2 발굴한. ¶ *fossil* fuels 화석 연료〔석탄·석유·천연 가스 따위〕. 3 시대에 뒤진.
◇ fóssilate, fóssilize *v.*, fossilíferous *adj.*
fóssil fúel *n.* 화석 연료〔석유·석탄·천연 가스 등〕.
fos·sil·if·er·ous [fàsilíf(ə)rəs] *adj.* 〔암석·지층 따위가〕 화석이 나는, 화석을 함유하는.
fos·sil·i·za·tion [fàsiləzéiʃ(ə)n / fɔ̀silai-] *n.* ⓤ 1 화석화, 화석으로 됨. 2 구식으로 됨. 3 구습화(舊習化), 시대에 뒤짐.
fos·sil·ize [fásilàiz / fɔ́s-] (*英*에서는 **fos·sil·ise**로도 쓴다) *v.* (-**ized, -iz·ing**) *vt.* 1 …을 화석으로 되게 하다. ¶ *fossilized* remains 화석이 된 유해. 2 …을 〔생명이 없는 화석처럼 되게 하다〕. 3 〔사람·사상 등〕을 시대에 뒤떨어지게 하다, 케케묵은 것으로 만들다.
— *vi.* 화석화하다.
fos·so·ri·al [fasɔ́ːriəl / fɔsɔ́ːr-] *adj.* 〔동물〕 1 굴을 파는, 땅을 파는. ¶ a *fossorial* wasp 굴을 파는 벌. 2 굴을 파기에 알맞은.
‡**fos·ter** [fɔ́ːstər, fás- / fɔ́s-] *vt.* 1 〔성장·발달〕을 촉진하다, 증진하다, 조장하다(promote). ¶ *foster* a person's talent 남의 재능을 북돋아 주다. 2 〔양자 등〕을 기르다, 양육하다 (bring up, rear). ¶ *foster* children 〔양자인〕 아이들을 양육하다. 3 …을 돌보다, …을 소중히하다. 4 〔희망·원한 따위를〕 마음에 품다.
⇒ CHERISH〔類語〕 5 《英》 〔아이〕를 양자로 주다.
— *n.* 〔페어〕 양부모, 키워준 부모(foster parent). * 복합어에서는 foster-child, foster-parent 따위는 현재는 쓴다 **at foster** 유모(양모)에게 맡겨서.
— *adj.* 길러주는, 키워주는, 양…, 수양…. ¶ a *foster* mother (father) 양모(양부) / a *foster* parent 양부모 / a *foster* son (daughter) 양아들(양녀) / a *foster* brother (sister) 젖형제(자매). ◇ fósterage *n.*
fos·ter·age [fɔ́ːstəridʒ, fás- / fɔ́s-] *n.* ⓤ 1 친아들과 같은 양육. 2 양자임, 양자의 신분. 3 〔아이〕를 양자로 보냄, 양부모에 맡김, 양자 제도. 4 육성, 촉진.
fos·ter·er [fɔ́ːstərər, fás- / fɔ́s-] *n.* 1 〔아이의〕 양육자, 양부모(foster parent), 유모(nurse). 2 〔식물 따위의〕 육성자, 재배자. ¶ a *fosterer* of flowers 꽃을 가꾸는 사람.
fóster hóme *n.* 양가(養家).
fos·ter·ling [fɔ́ːstərliŋ, fás- / fɔ́s-] *n.* 양자(foster child).
fought [fɔːt] *v.* fight의 과거·과거 분사.
‡**foul** [faul] *adj.* 1 구역질 나는, 구린내 나는(loathsome, noisome). ¶ a *foul* odor 악취 / *foul* gas 구린내 나는 가스.
2 〔공기·물 따위가〕 매우 더러운, 탁하고 더러운. ¶ *foul* air 탁한 공기 / *foul* water 탁하고 더러운 물. 3 불결한, 더러운; [도로가] 진흙투성이의, 진창의 (muddy). ¶ DIRTY 〔類語〕 ¶ *foul* linen 빨래, 세탁물 / a *foul* road 진창길.
4 〔음식물이〕 조악한, 썩은; 불결한 것을 먹는.
5 〔검댕·진 따위의 퇴적으로 관이〕 막혀 있는, 꽉 차 있는. ¶ a *foul* pipe 막힌 파이프.
6 〔날씨가〕 나쁜, 험악한; 역풍(逆風)의(unfavorable), 폭풍우가 일 듯한(stormy). ¶ *foul* weather 악천후 / a *foul* wind 역풍.
7 〔행위·범죄 따위가〕 괘씸한, 몹쓸(abominable), 창피스러운(shameful), 악랄한. ¶ a *foul* crime 악질 범죄 / a *foul* rogue 악당.
8 〔말씨 따위가〕 품위없는, 상스러운, 입심사나운 (scurrilous), 음란한(obscene). ¶ a *foul* tongue 상스러운 말 / *foul* talk 음담, 음란한 이야기.
9 〔경기에서〕 반칙의, 위법의, 부정의(unfair), 〔야구〕 파울의. ¶ a *foul* blow 반칙 타격 / a *foul* stroke 반칙으로 치기; [당구] 무효타 / by fair means or *foul* 수단이 옳고 나쁘고 관계없이, 태연히.
10 〔배가〕 충돌(접촉)할 위험이 있는, 얕은 여울이나 암초에 걸릴 위험이 있는. ¶ a *foul* coast 암초가 있는 위험한 해안.
11 〔항해〕 〔밧줄·쇠사슬 따위가〕 뒤얽힌, 엉클어진 (entangled). ¶ a *foul* anchor 엉클어진 닻 / a *foul* rope 엉클어진 밧줄.
12 〔원고·교정쇄 따위가 틀린 데나 고친 데가 많아서〕 더러운, 지저분한. ¶ a *foul* copy 지저분한 사본.
13 《구어》 몹시 싫은(unpleasant) (disagreeable).
14 아름답지 못한, 추한, 못생긴(ugly) (* 다음 경우 이외는 영국 방언). ¶ [best] fair or *foul* 예쁘건 밉건.
— *adv.* 부정하게, 위법으로, 반칙적으로(unfairly).
fall (or **go, run**) **foul of** 〔배가〕 …과 충돌하다; 〔남〕과 다투다.
hit foul 〔권투〕 반칙하다.
play a person **foul** 남에게 가혹한 짓을 하다, 남을 속이다.
— *n.* 1 ⓤⓒ 싫은 것; 악취두, 불결한 물건; 2 충돌 (collision); 뒤얽힘, 엉클어짐(entanglement). 3 〔경기〕의 반칙; 〔야구〕 파울 볼.
claim a foul 파울이라고 주장하다; 상대방의 반칙을 주장하다.
through fair and foul 어떤 일이 있어도, 좋든 궂든.
— *vt.* 1 …을 더럽히다, 불결하게 하다(defile, soil). 2 〔굴뚝·총신 따위〕를 막히게 하다, 〔도로〕를 막다. 3 …과 충돌하다(collide with). 4 〔밧줄〕을 얽히게 하다, 엉클어지게 하다. ¶ The propeller was *fouled* in a rope. 프로펠러가 밧줄에 얽혔다. 5 〔명예 따위〕를 더럽히다, 손상하다; …의 체면을 깎다. ¶ *foul* one's name 이름을 더럽히다. 6 〔해초·조개 따위가〕 〔배밑을〕 덮다, …에 달라붙다. 7 〔경기에서〕 …을 방해하다; 〔야구〕 〔투구〕를 파울로 하다 (...*off, away*).
— *vi.* 1 더러워지다, 지저분해지다, 불결하게 되다. 2 〔항해〕 〔배〕가 충돌하다. 3 뒤얽히다, 엉클어지다, 막히다. 4 〔경기에서〕 반칙하다, 부정 행위를 하다.
5 〔야구〕 파울을 치다.
foul one's hands with …에 관계하여 몸을 더럽히다.
foul up 《속어》 …을 혼란에 빠뜨리다, 망쳐놓다(bungle, spoil). ◇ fóully *adv.*, fóulness *n.*
fou·lard [fuːláːrd / ´-`] *n.* ⓤⓒ 플라르 천〔광택이 있는 부드럽고 가벼운 비단 또는 화학 섬유로 된 천〕.

fóul báll n. 〖야구〗 파울 볼. *cf.* fair ball
foule [fuːléi] n. ⓊⓒⒸ 폴레〖윤이 나는 가벼운 모직 천〗. [<F pressed]
fouled-up [fáuldʌp] adj. 혼란한, 무질서한.
fóul líne n. 〖야구〗 파울 라인. **2** 〖농구〗 파울 라인〖백보드에서 15피트 거리에 그은 자유투를 하는 선. 프리드로 라인이라고도 한다〗.
foul·ly [fául(l)i] adv. **1** 불결하게, 더럽게. **2** 불쾌하게, 보기도 싫을 정도로. **3** 부정하게, 악랄하게.
foul-mouthed [fáulmáuðd, -máuθt] adj. 야비한 〔상스러운, 모독적인〕 말을 쓰는, 입이 건.
foul·ness [fáulnis] n. Ⓤ **1** 불결, 더러움. **2** Ⓒ 오물, 불결물. **3** 사악, 부정, 악랄. **4** 〖날씨의〗 험악함.
fóul pápers n. pl. 초고, 초안.
fóul pláy n. Ⓤ **1** 비열 행위, 부정 행위. **2** 〖경기에서의〗 부정 행위, 반칙. *cf.* fair play
fóul shót n. 〖농구〗 상대측의 반칙으로 얻는 자유투; 그것에 의한 득점.
foul-spo·ken [fáulspòuk(ə)n] adj. =foulmouthed.
fóul típ n. 〖야구〗 파울 팁.
foul-up [fáulʌp] n. 혼란; 실수; 망쳐놓음.
fou·mart [fúːmɑːrt, -məːrt] n. 〖유럽산(産)의〗 족제비의 일종(polecat).
‡**found**[1] [faund] v. find의 과거·과거 분사.
— adj. **1** 〖英〗〖셋방 따위가〗 모든 필수품이 비치되어 있는, …의 설비가 있는, 식사를 제공하는. **2** 예술품에 대하여〗 뜻밖에 손에 넣은〖가치없이 굴러다니는 것을 예술품으로 취급하게 된다는 뜻〗. — n. Ⓤ 〖英〗 주인에게 제공하는 식사.
‡**found**[2] [faund] vt. **1** …을 창설하다, 설립하다, 수립하다(set up, establish). ¶ *found* a school 학교를 설립하다. **2** 〖튼튼한 토대 위에서〗 …의 기초를 두다, 〖건조물을〗 건축하다(build). ¶ ⓐ a house *founded* on the rock 바위 위에 세운 집. **3** …에 근거를 두다, …에 입각하여 만들다. ¶ (~ 圓+圓) a theory *founded* on fact 사실에 바탕을 둔 설. **4** …을 위하여 기초(근거·토대)를 주다. — vi. 〔…에〕 바탕을 두고 있다(on, upon…).
◇ foundation n.
found[3] [faund] vt. **1** 〖금속 따위를〗 형(型)에다 녹여 붓다, …을 주조(鑄造)하다(cast). **2** 〖유리의 원료를〗 녹여서 유리를 만들다.
‡**foun·da·tion** [faundéi(ə)n] n. **1** 토대, 근원, 출발점, the *foundation* of one's prosperity 성공의 근원. **2** ⒸⓊ 기초, 근거, 근본(basis, ground). ¶ a historical *foundation* 역사적 근거 / the *foundation* of belief 신앙의 근거 / without *foundation* 근거없이 / This report has no *foundation*. 이 보도는 근거가 없다. **3** 〖건물의〗 토대, 주춧돌, 기초; 〖건축물·벽 따위의〗 최하부. ⇒ BASE 類⃞ ¶ lay the *foundation* of a building 건물의 주춧돌을 놓다. **4** Ⓤ 창설, 창립, 설립(establishing), 〖특히 기금 기부에 의한〗 설립. the *foundation* of a temple 사원의 건립. **5** 〖의복 따위의 모양을 유지하기 위해 쓰는〗 심, 보강 재료; 〖여성용의〗 몸에서 나게 하는 속옷(foundation garment); 〖편물의〗 뜨개질한 첫올. **6** ⓊⒸ 〖미용〗 파운데이션〖밀화장용〗. **7** 〖공공물 유지를 위한〗 기금, 기본금, 기부금(donation, endowment), 유증금(遺贈金) (legacy). ¶ be on the *foundation* 기금(장학금)을 받다. **8** 〖기금 기부로 유지되는〗 설립물, 협회, 재단. ¶ the Rockefeller *Foundation* 록펠러 재단.
◇ found v., foundational, fundamental adj.
foun·da·tion·al [faundéi(ə)nl] adj. 기본의, 근본적인(fundamental); 기금의, 재단의.
Foundátion Dáy n. 〖오스트레일리아의〗 건국 기념일〖1788년 영국인의 오스트레일리아 상륙을 기념하는 법정 공휴일; 보통 1월 26일〗.
foun·da·tion·er [faundéi(ə)nər] n. 〖英〗 재단·기부 단체에서 장학금을 받는 급비생(給費生), 장학생.
foundátion gàrment n. 〖몸매를 균형있게 하기 위한〗 여성용 속옷류〖코르셋·거들 따위〗.
foun·da·tion·less [faundéi(ə)nlis] adj. 기초가 없는, 토대가 없는, 근거가 없는.
foundátion múslin n. 밑감으로 쓰는 모슬린〖고무풀 입힌 빳빳한 천〗.
foundátion nét n. 밀감 망사〖고무를 입힌 것〗.
foundátion schòol n. 재단 설립의 학교.
foundátion stóne n. **1** 〖건축물의〗 토대석, 주춧돌, 〖특히 건축물의 기공식 때에 놓는〗 기석(基石) (cornerstone). **2** 〖비유적〗 기초〔적 사실〕, 근거(根底), 기본 원리(원칙) (basis).
‡**found·er**[1] [fáundər] n. 창설자, 발기인; 기금 기부자; 원조(元祖), 시조.
found·er[2] [fáundər] vi. **1** 〖배 따위가〗 침수하여 가라앉다. **2** 〖건물·토지 따위가〗 함몰(陷沒)하다, 꺼지다, 붕괴하다. **3** 파멸하다, 완전히 실패하다. **4** 〖말이〗 비틀거리다(stumble), 넘어지다, 절름발이가 되다. **5** 〖獸醫〗 〖말이〗 제엽염(蹄葉炎)에 걸리다. — vt. **1** 〖배 따위를〗 침수·침몰시키다. **2** 〖말을〗 넘어뜨리다; 발을 절게 하다; 〖獸醫〗 〖말을〗 제엽염에 걸리게 하다. **3** 〖골프〗 〖공을〗 땅에 처박다. — n. ⓊⒸ 〖獸醫〗 제엽염 (laminitis). 〔物師〕
found·er[3] [fáundər] n. 주조자(鑄造者).
foun·der·ship [fáundərʃip] n. Ⓤ 창설(창립)자 임, 창설(창립)자의 지위(자격).
founders' shàres n. pl. 〖주로 英〗 발기인 주(株) 〖신규 사업의 발기인(창업자)에게 무상으로 증여되는 명예주〗.
founding fáther n. **1** 〖국가·제도·시설·운동의〗 창립자, 창시자. **2** (F- F-s) 〖美역사〗 〖美國〗 건국의 아버지; 1787년의 미국 헌법 제정자들.
found·ling [fáundliŋ] n. 버린 아이, 주운 아이; 고아. ¶ a *foundling* hospital 고아원.
found·ress [fáundris] n. founder[1]의 여성형.
found·ry [fáundri] n. (pl. -ries) **1** 주조장, 주물 공장; 〖유리의〗 제조 공장. ¶ an iron *foundry* 주철 공장 / a brass *foundry* 놋쇠 공장 / a glass *foundry* 유리 제조 공장 / a type *foundry* 활자 주조소. **2** Ⓤ 주물업(술) (founding). **3** Ⓤ 주물(castings). **4** Ⓤ〖폐어〗 주조.
fóundry íron n. Ⓤ 주철(鑄鐵)〖탄소를 많이 함유하여 주조에 적합〗. 〔쇄(校正쇄)〕
fóundry pròof n. 〖인쇄〗 〖제판 직전의〗 최종 교정
fount[1] [faunt] n. **1** 〖문어〗 샘(fountain). **2** 근원, 원천(source).
fount[2] [faunt] n. 〖英〗〖인쇄〗 =font[2].
‡**foun·tain** [fáunt(i)n / -tin] n. **1** 샘(spring), 수원 (水源). **2** 〖비유적으로〗 근원, 출처, 기원(source, origin). ¶ a *fountain* of wisdom 지혜의 원천 / the *Fountain* of Youth 청춘의 샘〖청춘을 되찾게 할 수 있다는 전설상의 신비로운 샘〗. **3** 〖급수·장식용〗 분수, 분수탑, 분수지(池); 〖공원 따위의〗 음용 분수전(飮用噴水栓) (drinking fountain). **4** 소다수 용기(soda fountain), 〖美〗 음료·경식사 카운터. **5** 액체 저장 용기, 〖만년필·인쇄기의〗 잉크통, 기름통.
foun·tain·head [fáunt(i)nhèd / -tin-] n. **1** 원천, 수원. **2** 근원, 본원(本源) 〖특히 정보 따위의〗 출처.
‡**fóuntain pén** n. 만년필.
‡**four** [fɔːr / fɔː] n. 넷의, 네 명의, 네 개의. ¶ *four* figures 네 자리 숫자 / *four* balls 〖야구〗 사구(四球).
the four corners of …의 내용, …의 범위.
the four corners of the earth 지구의 끝(구석구석).
within the four seas 대영 제국 내의.
— n. **1** 네 사람, 네 개. **2** 네시; 네 살. **3** 〖연속된 것의〗 네 번째의 것; 〖카드의〗 4의 패, 〖주사위의〗 4점 〖의 눈〗; 4번 사이즈의 것. ¶ the *four* of spades 스페이드의 4의 패. **4** 4, 4의 문자〖4, IV〗. **5** 네 사람의 한 조, 네 개의 한 벌; 노가 넷 있는 보트〖의 승무원〗; (~

s) 노가 넷 있는 보트의 레이스; 4기통 엔진, 그 차. ¶ a carriage (or a coach) and four 네 필이 끄는 마차 / in fours 네 사람(개)씩 짝을 지어. **6** (~s) 《군대》4열 종대. ¶ *Fours right !* 《구령》우로 4열! / *Form fours !* 《구령》4 열로! **7** (~s) 4 절판(判) (quarto). **8** (~s) 《제청》4부 이자의 공채.
on all fours ① 네 발로 기어. ② 일치하여(*with*...).

four-ale [fɔ́:réil / fɔ́:-] n. ⓤ 〔이전에 1쿼트(quart) 4펜스로 팔던〕값싼 맥주.

four-bag·ger [fɔ́:rbǽɡər / fɔ́:-] n. 《야구 속어》홈런(home run), 본루타.

four-ball [fɔ́:rbɔ́:l / fɔ́:-] n. 〔골프〕포볼[네 사람이 〔골프〕=four-ball.

fóur-báll mátch n. 〔골프〕=four-ball.

four-by-four [fɔ́:rbaifɔ́:r, -bə- / fɔ́:baifɔ́:-] n. 《속어》4단 변속의 4륜 구동 트럭.

four-cor·nered [fɔ́:rkɔ́:rnərd / fɔ́:-] adj. 네 귀가 있는; 사각의(square). ¶ a *four-cornered* cap 〔대학의〕각모(角帽).

four-cy·cle [fɔ́:rsàikl / fɔ́:-] adj. 사주기(四週期)의, 사행정(四行程)의. ¶ a *four-cycle* engine 사행정 기관.

four-di·men·sion·al [fɔ́:rdiménʃən(ə)l / fɔ́:-] adj. 4차원의. ¶ *four-dimensional* space 4차원 공간.

four-eyed [fɔ́:ráid / fɔ́:ráid] adj. 눈이 네 개인; 안경을 쓴.

four-eyes [fɔ́:ráiz / fɔ́:-] n. pl. 〔익살〕안경쓴 사람.

4-F [fɔ́:réf / fɔ́:-] n. (pl. **4-F's**) 〔미군의 신체 검사에서 육체·정신적 결함 따위가 있음을 이유로 하는〕불합격자.

fóur flúsh n. 〔카드놀이〕**1** 같은 종류의 카드 네 장과 한 종류의 카드 한 장으로 된 패〔한 장만 더 있으면 5매를 전부 갖추게 된다〕. **2** 불완전한 패(imperfect flush).

four-flush [fɔ́:rflʌ́ʃ / fɔ́:-] vi. **1** 《美》〔카드놀이〕같은 패를 네 장만 가지고도 다 갖춘 체하다. **2** 《주어》〔재산·능력 따위에서〕허세를 부리다(bluff).

four-flush·er [fɔ́:rflʌ́ʃər / fɔ́:-] n. 《구어》허세부리는 사람, 허풍쟁이(pretender bluffer), 거짓말쟁이.

four·fold [fɔ́:rfóuld / fɔ́:-] adj. 〔크기·수량 따위가〕 4배의, 4중의(quadruple); 네 개로 된, 네 부분으로 된. — adv. 4배로, 4중으로, 넷으로, 네 부분으로.

fóur-fóot [wáy] [fɔ́:rfút- / fɔ́:-] n. 《英》〔철도〕4 피트 규격의 궤간(軌間) 〔표준 철도 간격〕.

four-foot·ed [fɔ́:rfútid / fɔ́:-] adj. 네 발의, 네 발 가진(quadruped). ¶ *four-footed* beasts 네 발 짐승.

fóur fréedoms n. pl. 1941년 미국 대통령 Franklin D. Roosevelt 가 선언한 인류의 네 가지 기본적 자유 〔freedom of speech(언론의 자유), freedom of worship(신앙의 자유), freedom from want(결핍으로부터의 자유), freedom from fear(공포로부터의 자유)〕.

four-hand·ed [fɔ́:rhǽndid / fɔ́:-] adj. **1** 〔게임 따위〕네 사람이 하는. **2** 〔피아노곡 따위〕두 사람 연단 (聯彈)의. **3** 〔원숭이처럼〕손이 네 개인, 사수류(四手類)의(quadrumanous).

Fóur-H (4-H) clúb [fɔ́:réitʃ- / fɔ́:-] n. 4-H 클럽 〔농촌 청소년을 주로 하는 조직으로 미국 농무부에 본부. 4-H 는 head, hand, heart, health 를 의미〕.

4-H'er [fɔ́:réitʃər] n. 4-H 클럽 회원.

Fóur Húndred n. (보통 the ~) 《美》배타적인 사교계의 사람들; 상류 사회의 사람들(《英》social elite), 멋쟁이 패들(smart set). * 400으로도 쓴다. *cf.* upper ten

Fou·ri·er·ism [fúriərìz(ə)m / fɔ́:-] n. ⓤ 푸리에주의〔협동조합식 사회를 주장하는 공상적 사회주의〕.

four-in-hand [fɔ́:rinhǽnd / fɔ́:-] n. **1** 《美》〔맨 모양의 Y 자형이 되는 보통의〕매듭 넥타이. **2** 〔마부가 혼자 모는〕네 필이 끄는 마차; 네 필이 한 조의 말. — adj. 네 필이 끄는〔마차의〕. ¶ a *four-in-hand* coach 네 필이 끄는 마차.

fóur-léaf clóver [fɔ́:rlíːf- / fɔ́:-] n. 네 잎 클로버〔찾아낸 사람에게는 행복이 온다고 한다〕.

four-leg·ged [fɔ́:rléɡ(i)d / fɔ́:-] adj. **1** 네발의, 사족류의(quadruped). ¶ *four-legged* animals 네발 짐승. **2** 《구어》〔스쿠너〕돛대가 네 개 있는.

fóur-lét·ter wórd [fɔ́:rlètər- / fɔ́:-] n. 네 글자로 된 단어〔성이나 배설에 관한 입에 담기 꺼려하는 말. 네 글자로 된 것이 많다〕.

four-mast·ed [fɔ́:rmǽstid / fɔ́:mɑ́:st-] adj. 네 개의 돛대가 있는. ¶ a *four-masted* ship 돛대가 네 개 있는 배.

fóur-mín·ute míle [fɔ́:rmínit- / fɔ́:-] n. 〔경기〕4 분 이내로 1마일을 달리는 경주.

four-oar [fɔ́:rɔ̀:r / fɔ́:rɔ̀:] adj., n. 노가 넷 있는〔보트〕.

four-o'clock [fɔ́:rəklàk / fɔ́:rɔklɔ̀k] n. **1** 분꽃; 같은 종류의 빨간 꽃이 피는 식물. **2** 〔오스트레일리아 산 (産)〕밀식조(蜜食鳥).

four-part [fɔ́:rpɑ̀:rt / fɔ́:-] adj. 〔음악〕4부 합창.

four-pence [fɔ́:rp(ə)ns / fɔ́:-] n. 《英》**1** 4 펜스. **2** 《구어》4 펜스 은화.

four-pen·ny [fɔ́:rpəni / fɔ́:-] adj. **1** 《英》4펜스의. **2** 〔못이〕길이 1¼인치의.

fóurpenny píece (bít) n. =fourpence 2.

four-plex [fɔ́:rplèks / fɔ́:-] adj. 4중의; 4배의. — n. (=quadplex) 4세대〔를 수용할 수 있는〕주택〔아파트〕. *cf.* duplex n.

four-post·er [fɔ́:rpóustər / fɔ́:-] n. **1** 사주(四柱)식 침대. **2** 돛대가 네 개 있는 배.

four-pound·er [fɔ́:rpáundər / fɔ́:-] n. **1** 4 파운드 포(砲) 〔4 파운드의 포탄을 발사하는 대포〕. **2** 《英》무게 4파운드의 빵덩어리. 〔80의 (eighty).

four·score [fɔ́:rskɔ́:r / fɔ́:skɔ́:] adj. 20의, 4배인.

fóur séas n. 〔영국을 에워싼〕네 바다. ¶ *within the four seas* 영국 본토 안에.

four-seat·er [fɔ́:rsíːtər / fɔ́:-] n. 〔자동차 따위〕4인승.

four·some [fɔ́:rsəm / fɔ́:-] n. **1** 〔골프〕포섬〔네 사람의 경기자가 두 조로 나뉘어 각조가 한 개씩의 공을 사용하여 교대로 치는 경기〕. ¶ a mixed *foursome* 혼성 포섬. **2** 4 인조; 4 인조, 네 사람 한 패. — adj. 넷으로 된, 네 사람이 하는〔연주하는〕. ¶ a *foursome* song 넷이 부르는 노래.

four·square [fɔ́:rskwéər / fɔ́:-] adj. **1** 네모꼴, 정방형의(square). ¶ a *foursquare* room 네모진 방. **2** 튼튼한, 견고한, 부동의(firm, steady). **3** 솔직한, 곧이 곧대로의, 노골적인, 퉁명스러운(frank, blunt). — adv. 애매하지 않게, 분명하게, 솔직히. **2** 굳게, 겁내지 않고, 단호하게. — n. 정방형, 사각. ~·ly adv. ~·ness n.

four-star [fɔ́:rstɑ́:r / fɔ́:-], **-starred** [-stɑ́:rd] adj. 사성(四星)의; 탁월한. ¶ a *four-star* general 육군 대장(general). 〔령 (captain).

four-strip·er [fɔ́:rstráipər / fɔ́:-] n. 미국 해군 대사이상(大佐).

four-stroke [fɔ́:rstròuk / fɔ́:-] adj. 〔내연 기관의〕4 사이클의. — n. 4사이클 엔진의 차. *cf.* four-cycle

‡**four·teen** [fɔ́:rtíːn / fɔ́:-] adj. 14 의, 14 명의, 14 개의. — n. **1** 14, 14명, 14개. **2** 〔연속된 것의〕14번째의 것(사람). **4** 14, 14의 문자〔14, XIV〕. **5** 14 명 한 조, 14개 한 벌.

*‡**four·teenth** [fɔ́:rtíːnθ / fɔ́:-] adj. **1** 제 14 의, 14번째의. **2** 14분의 1의. ¶ a *fourteenth* part 14 분의 1. — n. **1** (보통 the~) 제 14, 14 번째; 〔달의〕14일. ¶ the *fourteenth* of this month 이 달의 14일. **2** 14분의 1. ~·ly adv.

‡**fourth** [fɔ:rθ / fɔ:θ] adj. **1** 제 4 의, 4 번째의. **2** 4 분의 1의. — n. **1** (보통 the ~) 제 4, 4 번째; 〔달의〕4일. **2** 4 분의 1. ¶ a (or one) *fourth* 4분의 1 / three *fourths* 4분의 3. **3** (보통 the ~) 〔음악〕4 도 음정. **4** (~s) 4등품. **5** (the F-) =Independence Day.

fóurth cláss n. **1** 〔계급·품질 따위의〕4 번째, 제 4급. **2** 《美》제 4종 우편.

fourth-class [fɔ́:rθklǽs / fɔ́:θklɑ́:s] *adj.* 1 [계급·품질 따위가] 4번째의, 제4급의. 2 《美》 제4종 우편의. — *adv.* 제4종 우편으로.

fourth diménsion *n.* (the ~) 제4차원[가로·세로·높이라는 공간의 3차원에 추가된 시간을 가리킨다].

fourth estáte *n.* (the ~) (종종 F- E-) 제4계급 [특히] 언론 출판계, 신문계(the press).

fourth·ly [fɔ́:rθli / fɔ́:θ-] *adv.* 네 번째로, 제4에.

fourth márket *n.* 《美》 장외 시장(場外市場).

Fóurth Repúblic *n.* (the ~) [프랑스] 제4공화국 (1945-58).

Fóurth Wórld *n.* 제4세계[제3세계 중에서 자원을 갖지 못한 나라들].

four-way [fɔ́:rwèi / fɔ́:-] *adj.* 1 사방으로 통하는, 사방에 출입구(길)가 있는. ¶ a *four-way* cock (valve) 사방 활전(四方活栓)(밸브). 2 네 사람으로 이루어진.

four-wheel [fɔ́:r(h)wí:l / fɔ́:-], **-wheeled** [-(h)wí:ld] *adj.* 네 바퀴 달린, 4륜식의. ¶ *four-wheel* drive 4륜 구동(驅動) / a *four-wheeled* carriage 4륜 마차.

four-wheel·er [fɔ́:r(h)wí:lər / fɔ́:-] *n.* 4륜 마차.

fo·ve·a cen·tra·lis [fóuviə sentréilis / -vjə-] *n.* 해부] [빼 따위의] 中(窩); [특히 망막의] 중심와(中心窩).

‡**fowl** [faul] *n.* (*pl.* **fowls** or **fowl**) 1 닭(chicken). [식용의]큰 새. ① domestic fowls 닭, 가금(家禽). 2 [집오리·꿩·칠면조 따위 일반적으로]가금(poultry). 3 ① 닭고기, 새고기. 4 ① [집합적] 조류(※ 주로 복합어로서 쓰이다. ¶ a flock of water*fowl* 물떼새 한 떼. 5 [고어] 새(bird). ¶ the *fowls* of the air 공중에 나는 새. — *vi.* 들새를 잡다(쏘다). [금의 전염병].

fówl chólera *n.* ① 새 콜레라[설사를 동반하는 가금의 전염병].

fowl·er [fáulər] *n.* 들새 잡는 사람, 새 사냥꾼.

fowl·ing [fáuliŋ] *n.* ① 들새잡이, 새 사냥.

fówling píece *n.* 새총.

fówl-run [fáulrʌ̀n] *n.* (英) 양계장.

‡**fox** [faks / fɔks] *n.* (*pl.* **fox·es** or **fox**) 1 여우; 수여우 (cf. vixen). ¶ a silver *fox* 은여우 / [as] crafty as a *fox* 여우처럼 교활한. 2 ① 여우 모피. 3 교활한 사람, 간악한 사람. ¶ an old *fox* 교활한 사람 / a *fox* in a lamb's skin 위선자. 4 [항해] 폭스[손으로 꼰 가는 밧줄]. 5 (F-) 폭스족(族) 인디언; ① 폭스 인디언말. 6 (고어) 칼, 검(sword). 7 [美속어] 미녀.

fox and geese 여우와 거위놀이[하나의 「여우」말을 16개의 「거위」말로 노는 장기 비슷한 놀이].

play the fox 남을 속이다, 교활하게 굴다.

— *vt.* 1 [구어] …을 기만하다, 속이다(deceive, trick). 2 [갈색의 얼룩 따위로] [책의 페이지·인화(印畫)]를 여우색으로 변색시키다. 3 [구두의 앞같]에 다른 가죽을 덧대어 수선하다. 4 [맥주 따위]를 시게 하다. 5 [폐어] …을 취하게 하다(intoxicate). — *vi.* 1 교활하게 굴다, 교활한 짓을 하다. 2 [종이 따위가] 여우색으로 변색하다, 얼룩지다. 3 [맥주 따위가] 시어지다. ◊ fóxy *adj.*

fóx brùsh *n.* 여우 꼬리[여우 사냥의 기념품].

fóx èarth *n.* 여우 굴.

foxed [fakst / fɔkst] *adj.* 1 [고본(古本)이] 여우색의 얼룩이 진, 빛바랜. ¶ *foxed* leaves of old books 고서의 빛바랜 책장. 2 속은(deceived). 3 [맥주 따위가] 시어버린.

fóx fìre *n.* 도깨비불.

fox·glove [fáksglʌ̀v / fɔ́ks-] *n.* 디기탈리스[잎은 심장병의 특효약].

fóx·hòle [fákshòul / fɔ́ks-] *n.* [군대] 개인 참호.

fox·hound [fákshàund / fɔ́ks-] *n.* 폭스하운드[여우사냥용 엽견].

fóx·hùnt [fákshʌ̀nt / fɔ́ks-] *n.* 여우 사냥. — *vi.*

fóx hùnter *n.* 여우 사냥꾼.

fóx hùnting *n.* ① 여우 사냥(foxhunt).

fóx squìrrel *n.* 여우 다람쥐[북미(産)의 큰 다람쥐].

fox·tail [fáksteil / fɔ́ks-] *n.* 1 여우 꼬리. 2 여우 꼬리

리 모양의 수상화(穗狀花)가 피는 잡초, [특히] 뚝새풀, 강아지풀.

fóxtail míllet *n.* ① 조[포아풀과(科)의 식물].

fóx térrier *n.* 폭스테리어[영국산의 테리어개; 원래는 여우 사냥에 쓰였으나, 현재는 애완용].

fóx tròt *n.* 1 폭스트롯 [남녀 한쌍이 추는 ⁴/₄박자의 사교 춤; 그 곡. 2 [말 따위의] 폭스트롯 보조(步調) [trot에서 walk로 보조를 늦출 때의 보조].

fox-trot [fákstràt / fɔ́kstrɔ̀t] *vi.* (**-trot·ted**, **-trot·ting**) 1 폭스트롯을 추다. 2 [말이] 폭스트롯 보조로 가다.

fox·y [fáksi / fɔ́ksi] *adj.* (**fox·i·er**, **fox·i·est**) 1 [성질·용모 따위가] 여우 같은 (foxlike); 교활한, 얄미운 (crafty). 2 《美》 교묘한, 능란한. 3 여우색의, 적갈색의; [종이 따위가] 여우색으로 변색한. 4 [맥주 따위가] 신, 산패(酸敗)한. 5 [그림] 특히 유화(油畵)에 있어서] 붉은 빛이 너무 강한. **fox·i·ly** *adv.* **fox·i·ness** *n.*

foy·er [fɔ́iər, fɔ́iei / -ei] *n.* 1 [극장·호텔의] 휴게실, 로비(lobby). 2 현관의 홀.

fp. (略) [음악] forte-piano.

f. p. (略) *f*reezing *p*oint; *f*ireplug; *f*ine *p*aper (우량 어음); *f*oot-*p*ound; *f*ully *p*aid (전액 지불필의).

F.P. (略) *f*ire*p*lug.

f.p.a. (略) *f*ree *o*f (英) from) *p*articular *a*verage (《해상 보험》 분손 부담보(分損不擔保) 또는 단독 해손 (海損) 부담보).

FPC (略) *f*ish *p*rotein *c*oncentrate (물고기 단백 농축 식품).

FPLMTS (略) *F*uture *P*ublic *L*and *M*obile *T*elecommunication *S*ystem(미래 공중(公衆) 육상 이동 통신 방식).

FPM, fpm, f.p.m. (略) *f*eet *p*er *m*inute (매분…퍼트).

FPO (略) *f*ield(*f*leet) *p*ost *o*ffice(야전(함대) 우체국), [트].

FPS, fps, f.p.s. (略) *f*eet *p*er *s*econd(매초…피).

F.P.S. (略) *F*ellow of the *P*hilological *S*ociety((英) 언어 학회 회원).

fr. (略) *fr*agment; *fr*anc; *fr*om.

Fr [화학] *fr*ancium 의 원자 기호.

Fr. (略) *F*ather(신부); *Fr*ance, *Fr*ench; *fr*iar; *Fr*iday.

Fra [frɑ:] *n.* [가톨릭] [사제(司祭)가 아닌]수도사 (brother)의 칭호[이름 앞에 붙인다]. ¶ *Fra* Giovanni 지오반니 수도사.

fra·cas [fréikəs / frǽkɑ:] *n.* (*pl.* **-cas·es** or (英) **-cas** [-kɑ:z]) 법석, 소동, 싸움(uproar). [< F]

‡**fraction** [frǽkʃ(ə)n] *n.* 1 [수학] 분수, [2숙의] 분비, 비율(ratio). ¶ a common (or a vulgar) *fraction* 상(常)분수, 보통 분수 / a complex *fraction* 번 (繁)분수 / a proper (an improper) *fraction* 진(가) 분수 / a decimal *fraction* 소수. 2 일부분. → PART 頭語 ¶ a *fraction* of the crowd 그 군중의 일부분. 3 [종류 부정어와 함께] 아주 조금, 소량, 파편, 단편(斷片). ¶ There is not a *fraction* of truth. 손톱만큼의 진실도 없다. 4 [성서] 빵을 나누는 일, 성찬; [교회] 성체 (聖體) [성찬의 빵]의 분할. 5 [화학] [증류의] 분류(分溜), 분별.

by a fraction [보통 부정문에서] 조금도, 그는 doesn't know it *by a fraction*. 그는 그것을 전혀 모른다.

— *vt.* …을 작은 부분으로 나누다. [*v.*]

◊ fráctional, fractionary *adj.*, fractionate, fractionize

frac·tion·al [frǽkʃən(ə)l] *adj.* 1 분수의. ¶ a *fractional* equation 분수 방정식 / a *fractional* expression 분수식 / *fractional* functions 분수 함수. 2 단편적인, 미소한, 보잘 것 없는. ¶ *fractional* currency 소액 화. 3 [화학] 분별성의, 분별에 의한. ¶ *fractional* distillation 분별 증류, 분류(分溜). 4 [증권] 단주(端株)의. ~**·ly** [-nəli] *adv.* [tional.

frac·tion·ar·y [frǽkʃ(ə)nèri / -nəri] *adj.* = **frac-**

frac·tion·ate [frǽkʃənèit] *vt.* (**-at·ed**, **-at·ing**) [화

frac·tion·a·tion [fræk∫énéi(ə)n] *n.* ⓤ 〖화학〗 분별
frac·tion·ize [fræk∫(ə)nàiz] (*英*) 에서는 **frac·tion·ise** 로도 쓴다) *v.* (**-ized, -iz·ing**) *vt.* …을 작은 부분으로 나누다, 세분하다. — *vi.* 작은 부분으로 나뉘다.
frac·tious [fræk∫əs] *adj.* **1** 성 잘내는, 까다로운(peevish), 잘 토라지는. ¶ *a fractious child* 까다로운 아이. **2** 다루기 힘드는, 제어하기 어려운. **~·ly** *adv.* **~·ness** *n.*
fracto- broken 의 뜻의 연결형. 예: *fracto*cumulus 편적운(片積雲).
frac·tur·al [fræktʃərəl] *adj.* fracture의, fracture에 의한.
*****frac·ture** [fræktʃər] *n.* **1** 골절, 좌상(挫傷). ¶ suffer a *fracture* of the leg. **2** ⓤ 깨짐(破碎), 파손(break). **3** 갈라진 틈(금), 터진 데; 〖광물〗 파쇄면(面), 단구(斷口). **4** ⓤ ⓒ 〖음성〗 음의 분열, 갈라짐 [단모음의 이중모음화]. — *v.* (**-tured, -tur·ing**) *vt.* …을 부러뜨리다, 깨다, 골절하다 〔평판 따위를〕깨뜨리다. ¶ A scream *fractured* the peace of the night. 비명 소리가 밤의 고요를 깨뜨렸다 / Human bones are easily *fractured*. 사람의 뼈는 쉽게 부러진다. — *vi.* 부러지다, 깨지다, 골절하다. ◇ fráctural *adj.*
frae [frei] *prep.* 〈스코〉 =from.
frae·num [frí:nəm] *n.* (*pl.* **-nums** or **-na** [-nə]) 〖해부·동물〗 =frenum.
frag [fræg] *vt.* 《美속어》 파쇄성(破碎性) 수류탄으로 〔상관을〕 죽이려고 습격하다.
[< FRAG[MENTATION BOMB]]
*****frag·ile** [frædʒ(i)l/-dʒail] *adj.* **1** 망가지기 쉬운, 깨지기 쉬운, 부서지기 쉬운, 무른(brittle). *opp.* tough ¶ *fragile* china 깨지기 쉬운 도기. **2** 〖체질이〗 연약한, 허약한. ⇒ WEAK[類語] ¶ *fragile* flowers 연약한 꽃 / *fragile* health 허약한 건강. **3** 덧없는, 오래 못가는. ¶ *fragile* happiness 덧없는 행복. **~·ness** *n.*
◇ fragility *n.*
frag·ile·ly [frædʒ(i)lli/-dʒailli] *adv.* 망가지기 쉽게, 깨지기 쉽게; 무르게; 약하게; 덧없이.
fra·gil·i·ty [frədʒíliti] *n.* ⓤ 깨지기(부서지기) 쉬움; 허약; 덧없음.
*****frag·ment** [frǽgmənt] *n.* 조각, 파편, 단편(斷片)〕 일부분, 불완전한 것; 〖비유적〗 얼마 안 되는 것. ⇒ PART[類語] ¶ *fragments* of American life 미국 생활의 단편 / in *fragments* 산산조각으로 되어 / burst into *fragments* 산산조각으로 터지다. **2** 〔시가(詩歌)·문장의〕 단편, 단장(斷章); 〔미완(未完)의 유작, 미완의 유고(遺稿) ¶ *fragments* of a letter 미완의 편지.
— *vi., vt.* 붕괴하다(시키다).
◇ fragméntal, frágmentary *adj.*
frag·men·tal [frægméntl] *adj.* **1** =fragmentary 1. **2** 〖지질〗 쇄설질(碎屑質)의 (clastic). ¶ *fragmental* rocks 쇄설암(岩).
*****frag·men·tar·y** [frǽgməntèri/-t(ə)ri] *adj.* **1** 단편으로 이루어진, 단편적인; 부서진(broken); 미완의. **2** 〖지질〗 =fragmental.
frag·men·ta·tion [frǽgməntéi(ə)n, -men-] *adj.* 〖군대〗 〔폭탄·수류탄 따위가〕 파쇄성의. ¶ *fragmentation* 분열, 파쇄. **2** 〖생물〗 〖핵〗 무사 분열(無絲分裂) (amitosis). ¶ *fragmentation* 성 수류탄.
fragmentátion bòmb(grenáde) *n.* 살상용 파쇄 폭탄.
*****fra·grance** [fréigrəns] *n.* ⓤ 방향(芳香), 좋은 향기.
⇒ SMELL[類語] ◇ frágrant *adj.*
fra·gran·cy [fréigrənsi] *n.* 〈古語〉 =fragrance.
‡**fra·grant** [fréigrənt] *adj.* **1** 향기로운, 냄새좋은, 방향성(芳香性)의 (sweet-smelling). ¶ *a fragrant* oil 방향유(油). **2** 즐거운, 유쾌한(delightful, pleasant). ¶ *fragrant* memories 즐거운 추억. **~·ly** *adv.* **~·ness** *n.* ◇ fragrance *n.*
‡**frail**[1] [freil] *adj.* **1** 〔체질이〕약한, 연약한.

WEAK[類語] ¶ *a frail* child 〔몸이〕약한 아이 / *a frail woman* 연약한 여자. **2** 망가지기 쉬운, 깨지기 쉬운, 무른(fragile). ¶ *a frail* support 약한 지지. **3** 덧없는. ¶ *frail* happiness 덧없는 행복. **4** 의지 박약한, 유혹에 빠지기 쉬운. **5** 〔완곡적〕 〔여자가〕 부정(不貞)한, 타락한(unchaste). *n.* 〖美속어〗 여자, 소녀.
~·ly [fréili] *adv.* **~·ness** *n.* ◇ fráilty *n.* 의 불량.
frail[2] [freil] *n.* **1** 골풀 바구니. **2** 건포도 한 바구니.
frail·ty [fréilti] *n.* ⓤ ⓒ (*pl.* -ties) **1** 약함; 깨지기 쉬움, 무름, 덧없음. ¶ the *frailty* of glass 유리의 약함 / Frailty, thy name is woman. 약한 자여, 그대 이름은 여자니라 〔← Shakespeare 작 Hamlet 1 : 2〕. **2** 의지 박약; 〔성격·의지의 박약에 기인하는〕 단점(fault), 죄(sin), 과실. ¶ confess one's *frailty* 약점을 자인하다.
fraise[1] [freiz] *n.* **1** 〔군사〕 왜책(臥栅)〔끝이 뾰족한 말뚝을 성벽 따위에 내밀게 만든 것〕. **2** 〖16세기에 유행한〗 주름진 옷깃, 프레이즈. — *vt.* (**fraised, frais·ing**) …을 왜책으로 방호(防護)하다.
fraise[2] [freiz] *n.* 〔대리석 따위의〕구멍 넓히는 송곳(reamer); 〔시계의 톱니바퀴의〕 톱니를 자르는 도구; 소형 프레이즈〔공작용의 회전식 원형 칼〕, 프레이즈반(盤). — *vt.* (**fraised, frais·ing**) 〔돌의〕 구멍을 넓히다 (ream). 〖Music.〗
F.R.A.M. 〔略〕 *Fellow of the Royal Academy of Music.*
fram·a·ble [fréiməbl] *adj.* 조립할 수 있는, 구성할 수 있는, 궁리할 수 있는.
fram·be·sia [fræmbí:ʒ(i)ə / -ziə], (**fram·boe·sia**) *n.* ⓤ ⓒ 〖의학〗 딸기종(腫), 인도마마(yaws)〔흑인에 특유한 전염병〕.
‡**frame** [freim] *n.* **1** 구조, 뼈대. ¶ the *frame* of *a house* 집의 구조. **2** 구조물. **3** 신체, 체격, 골격. ¶ He has a strong *frame*. 그는 체격이 건장하다. **4** 기구(機構), 조직, 체제. ¶ the *frame* of government 정치 기구, 정체. **5** 액자; 틀, 창틀; 귀틀; 〔온실 따위의〕 프레임, 온상; (~s) 〔안경의〕 테. ¶ a window *frame* 창틀. **6** 기분, 〔마음의〕 상태. ¶ in a happy *frame* of mind 행복한 기분으로. **7** 〖인쇄〗 식자대(box); 세광대(洗鑛臺); 〖造船〕 늑재(肋材). **9** 〔야구 속어〕 회, 이닝(inning). **10** 〖볼링〗 프레임〔10개의 핀을 새로 늘어놓는 1회분; 10프레임이 1게임〕. **11** 〖영화〗〔필름의〕한 토막; 〔TV〕 프레임〔주사선(走查線)의 연속으로 보내지는 하나의 완성된 영상〕. **12** 《美속어》 =frame-up.
frame of reference ① 〔수학〕 좌표계(座標系). ② 준거 체계(準據體系), 이론 구성의 틀.
— *v.* (**framed, fram·ing**) *vt.* **1** …을 짜다(form), 모양 짓다(shape), 구성하다(construct). **2** 〔계획·법률 따위를〕 만들다, 고안하다, 구상하다, 짜다(contrive). ¶ *frame a* plan 계획을 세우다. **3** 〔말을〕 하다, 말하다(utter). ¶ *frame* adequate words 적절한 말을 쓰다. **4** 〔사상 따위를〕 마음에 그리다(품다), 상상하다(conceive, imagine). ¶ *frame* ... *to* oneself …을 마음에 그리다, 상상하다. **5** 〔틀에 따라서〕 순응시키다, 모양짓다(fashion, shape). ¶ (~+閨+前+名) *frame a statue from* marble 대리석으로 상(像)을 만들다. **6** 〔목적에 맞도록〕 …을 만들다, 〔목적에 맞추다, 적합시키다(adapt) (... *to, into*). **7** 〔구어〕 〔음모·부정〕을 꾸미다, 〔거짓 증거 따위를 날조하여〕 〔남〕에게 죄를 씌우다. **8** 〔그림 따위를〕 액자에 넣다, 틀에 끼우다. ¶ *frame a* picture 그림을 틀에 끼우다. — *vi.* 〈古語〉 가다(go), 향하여 가다(resort). **2** 〈古語〉 준비하다(prepare); 〔시도〕해 보다(attempt). ¶ *frame* well 잘 진행되다; 유망하다.
frame up 《美구어》 …을 날조하다, …을 조작하다. *cf.* frame-up
fráme hóuse *n.* 《美》 목조 가옥(wooden house).
frame·less [fréimlis] *adj.* 뼈대(골조)가 없는; 틀(테) 없는. ¶ a *frameless* picture 액자에 넣지 않은 그림.

frame line n. 테두리 선(線). [영화 필름의] 토막선.
fram·er [fréimər] n. 짜는 사람, 구성자, 입안자; 액자 만드는 사람.
frame-saw [fréimsɔ̀ː] n. 틀톱[얇은 톱날을 틀에 끼워 절삭 효율을 높인 톱]. [늑재(肋材).
frame timber n. [건축의] 결구재(結構材); [배의]
frame-up [fréimʌ̀p] n. [구어] 음모, 날조, 계략적 고소, 위증; [조작된] 부정 경기.
***frame·work** [fréimwə̀ːrk] n. **1** 구조물. **2** 뼈대, 얼개, 얼거리. ¶ the *framework* of a house 가옥의 골조. **3** U 구조, 기구, 체제. ¶ the *framework* of society 사회 기구. **4** 틀을 써서 만든 세공[자수 • 편물 따위]. **5** U 계획, 구상.
fram·ing [fréimiŋ] n. U C **1** 조립, 구성. **2** 구상, 계획, 고안. **3** 틀을 끼우기, 액자에 넣기. **4** 조립품, 틀, 귀틀, 액자, 뼈대. **5** [수학] 좌표계(座標系) (frame of reference).
franc [fræŋk] n. **1** 프랑[프랑스의 화폐 단위; 略 F., Fr., fr.]; 프랑 화폐. **2** 스위스 • 벨기에 • 알제리 등지의 화폐 단위; 그 화폐. **3** [이전의] 프랑스 은화.
‡**France** [fræns / frɑːns] n. 프랑스[정식 명칭 French Republic; 서유럽의 공화국; 수도 Paris]. ◇ French 파.
***fran·chise** [fræntʃaiz] n. (보통 the~) **1** 투표권, 선거권, 참정권; 공민권. ¶ acquire the *franchise* 참정권을 얻다. **2** [관청이 회사에게 주는] 특권, 특허, 사용권. **3** [제조업주에게서 받는 특정 구역에서의] 독점 판매권; 독점 판매 지역, 특약 지구. **4** [야구의] 프랜차이즈, 구단(球團) 소유권. — vt. (-chised, -chis·ing) **1** …에게 사용권(특권, 독점 판매권)을 허락하다. **2** …에게 참정권(선거권)을 주다(enfranchise).
fran·chi·see [fræntʃaizíː] n. 계약 연쇄점 가맹점.
Fran·cis·can [frænsískən] adj. 이탈리아의 수도사 St. Francis가 창설한 프란체스코 수도회의. — n. 프란체스코 수도회의 수도사.
fran·ci·um [frænsiəm] n. U [화학] 프란슘[알칼리 금속 원소; 원자 기호 Fr].
Franco- French, France의 뜻의 연결형. 예: *Franco-British*.
Fran·co-A·mer·i·can [fræŋko(u)əmérikən] n. 프랑스계[특히 프랑스 캐나다계] 미국인.
fran·co·lin [fræŋkəlin] n. 자고새의 일종[아시아 • 아프리카산(産)의 새].
Fran·co·phile [fræŋko(u)fàil], **-phil** [-fil] adj. 프랑스[인]을 좋아하는. — n. 프랑스[인]을 좋아하는 사람, 친불파(親佛派)의 사람.
Fran·co·phobe [fræŋko(u)fòub] adj. 프랑스[인] 공포증의, 프랑스[인]을 싫어하는. — n. 프랑스[인]을 싫어하는 사람, 프랑스[인] 공포증의 사람.
Fran·co·phone [fræŋko(u)fòun] adj., n. (때로 f-) 프랑스 말을 하는 [사람].
franc-ti·reur [F frɑ̃ːtiːrœ́ːr] n. (pl. **francs-ti·reurs** [F frɑ̃ːtiːrœ́ːr]) [프랑스어] (=free shooter) [프랑스 육군의] 부정규(不正規) 저격병, 게릴라병.
frang·er [fræŋə] n. 《濠俚語》=condom.
fran·gi·bil·i·ty [frændʒibíliti] n. U 부서지기(깨지기) 쉬움, 약함, 섬세함.
fran·gi·ble [frǽndʒibl] adj. 부술 수 있는, 부서지기(깨지기) 쉬운, 약한(fragile).
fran·gi·pane [frǽndʒipèin] n. **1** 프랜지페이[크림 • 아몬드 • 설탕을 넣은 일종의 가루 반죽 과자]. **2** = frangipani. (<F)
fran·gi·pan·i [frændʒipǽni, -pɑ́ːni] n. (pl. **-pan·i** or **-pan·is**) 인도 자스민[서인도 제도의 협죽도과의 관목]; 그 꽃으로 만든 향수.
Fran·glais [frɑːŋléi] n. (때로 f-) U 프랑글레이, 프랑스어화된 영어, 그것을 포함하는 프랑스어. [<F]
fran·gli·fi·ca·tion [frǽŋglifikéi(ə)n / frɑ̀ːŋ-] n. U 프랑글레화[프랑스어에 영어의 단어 • 표현등을 일부 수용

하기]. cf. franglais
‡**frank**¹ [fræŋk] adj. **1** 솔직한, 숨김 없는. ¶ He was *frank* about the matter. 그는 그 일에 관하여 숨기지 않았다. **2** 명백한, 공공연한.
類語 **frank** 진실이나 자기의 의견을 서슴없이 표명하는: a *frank* opinion 솔직한 의견. **candid** [때로 곤혹스러울 만큼] 정직하고 공평한: a *candid* criticism 기탄없는 비평. **open** 전혀 숨기거나 삼가지 않는: an *open* heart 솔직한 마음. **outspoken** 자유롭게 말하는, 좀 더 삼가는 편이 좋은 경우에도 서슴없이 말하는: an *outspoken* contradiction 거리낌없는 반대. **straight-forward** 에둘러 말하거나 회피하지 않는: a *straight-forward* question 단도직입적인 질문.
to be frank with you 솔직히 말해서.
frank² [fræŋk] n. **1** [역사] **1** 무료 우송(郵送)의 서명(도장); 그 권리. **2** 무료 우송의 우편물. — vt. **1** …에 무료 우송의 서명을 하다; …을 무료로 우송하다. **2** [우편물]에 소인(消印)을 찍다. **3** [남]을 무료로 태우다, …을 자유로 통행시키다.
frank³ [fræŋk] n. 《미구어》=frankfurter.
Frank [fræŋk] n. **1** 프랑크족의 사람; (the ~s) 프랑크족[라인강 유역에 살던 고대 게르만 민족중의 한 종족]. **2** (지중해 동쪽 연안 국가들에서) 서유럽 사람.
Frank·en·stein [fræŋkənstàin] n. **1** 프랑켄슈타인 남작[Mary Shelley (1797-1851) 작의 동명(同名) 소설의 주인공으로서, 괴물을 만든다]. **2** 자기 자신을 파멸로 이끄는 괴물이나 파괴력을 창조하는 사람. **3** = Frankenstein monster.
Fránkenstèin mónster n. **1** Frankenstein 남작이 만든 괴물. **2** 자기가 만들었으나 스스로를 파멸에 이르게 하는 것.
Fránkenstèin sýndrome n. 프랑켄슈타인 증후군[인조 괴물이 인간을 파멸시킬지도 모른다는 두려움].
frank·er [fræŋkər] n. 우편물 무료 송달자. 「(州)略.
Frank·fort [fræŋkfərt] n. 미국 Kentucky 주의 주도
Frank·furt [fræŋkfɔːrt/frɑ́ŋkfurt] n. 프랑크푸르트 [독일의 도시 • 금융중심지]. 「1462년 설립.
Fránkfurt Bóok Fáir n. 프랑크푸르트 도서전
***frank·furt·er, -fort-** [frǽŋkfərtər], (**frank·furt, frank·fort**[-fərt]) n. 프랑크 소시지 [소 • 돼지고기를 섞은].
frank·in·cense [fræŋkinsèns] n. U 유향(乳香)[아시아 • 아프리카 원산의 감람나무에서 채취하는 종교 의식용의 향료.
Fránking machìne n. 《英》[요금 별납 우편 따위의] 우편 요금 미터(《美》 postage meter).
Frank·ish [frǽŋkiʃ] adj. 프랑크족의; 서유럽 사람의. — n. U 프랑크족의 언어.
frank·lin [frǽŋklin] n. [英역사] [중세 후기의] 중산 계급의 자유 토지 보유자, 소지주.
‡**frank·ly** [fræŋkli] adv. 솔직히, 숨김 없이, 있는 그대로; 명백하게; 솔직히 말해서. ¶ *frankly* speaking 솔직히 말하면.
***frank·ness** [fræŋknis] n. U 솔직. [히 말하면.
frank·pledge [frǽŋkplèdʒ] n. [英역사] **1** 10 인조(制度) (tithing). **2** 10인조의 일원.
***fran·tic** [fræntik] adj. **1** [흥분 • 무서움 때문에] 미친듯한, 광란의, 미친듯이 날뛰는(frenzied) (*with* ...). ¶ be *frantic with* rage 화가 나서 제정신이 아니다. **2** [구어] 굉장한, 지독한, 대단한. ¶ *frantic* efforts 필사의 노력. **3** [고어] 광기의, 미친 (mad, insane).
~**ly** adv. ~**ness** n.
***fran·ti·cal·ly** [fræntikəli] adv. 미친듯이, 미쳐서, 미쳐 날뛰어, (구어) 굉장히, 대단히. [로 꽉 매다.
frap [fræp] vt. (**frapped, frap·ping**) [항해] …을 밧줄
frap·pé [fræpéi/ㅡㅡ] n. **1** 《美》 프래페이[살짝 얼린 과일즙]. **2** [얼음으로 차게 한] 식후의 술. **3** (=《美 동부》 frappe [fræp]) 밀크 세이크 (milk shake).
— adj. 얼음으로 차게 한 (iced). [Society.
F.R.A.S. (略) Fellow of the Royal Astronomical

frat [fræt] *n.* 《美대학생 속어》=fraternity 1.
fratch [frætʃ] *vt.* 다투다, 논쟁하다. — *n.* 논쟁, 불화, 싸움.
fra·ter [fréitər] *n.* 1 《특히 사제(司祭)가 아닌》 수도사, 브러더(brother); 동지, 동료. 2 《고어》《수도원의》 식당 (refectory).
***fra·ter·nal** [frətə́ːrn(ə)l] *adj.* 형제의, 형제다운; 우애의; 우애 조합의, 우애회(友愛會)의. ¶ *fraternal* love 형제애. ~**ly** [-nəli] *adv.*
◇ fratérnity, fratérnalism *n.*, fráternize *v.*
fra·ter·nal·ism [frətə́ːrn(ə)liz(ə)m] *n.* ⓤ 1 형제애, 형제다움. 2 우애 조합주의.
fratérnal órder(society) *n.* 《美》우애(공제) 조합.
fratérnal twín *n.* 이란성(二卵性) 쌍생아.
***fra·ter·ni·ty** [frətə́ːrniti] *n.* (*pl.* **-ties**) 1 《美》우애회 [보통 2자 이상의 그리스어의 알파벳을 그 회의 이름으로 하는 남자 대학생의 단체. 여자 대학생의 우애회는 sorority라고 한다]. 2 우애 단체; 신도 단체; 동인(同人). 3 ⓤ 우애, 형제애 (brotherhood).
frat·er·ni·za·tion [frætərnizéiʃ(ə)n / -naiz-] *n.* ⓤ 형제와 같은(우애적) 교제(친교).
frat·er·nize [frǽtərnàiz] (*英》에서는 **frat·er·nise**로도 쓴다) *v.* 1 (**-nized, -niz·ing**) (*vi.*) 1 형제와 친하게 사귀다(*with* ...). 2 적국민(피정복 국민)과 친하게 사귀다, 《특히》적국의 여자와 친밀해지다. — *vt.* 《드물게》…을 형제처럼 사귀게 하다.
frat·er·niz·er [frǽtərnàizər] *n.* 친하게(형제처럼) 사귀는 사람.
frat·ri·cid·al [frǽtrisàidl / fréit-, frǽt-] *adj.* 형제(자매)를 죽이는; 동족(동포)을 죽이는.
frat·ri·cide [frǽtrisàid / fréit-, frǽt-] *n.* ⓒⓤ 형제(자매) 살해, 동포 살해, 그 사람.
fra·try [fréitri] *n.* (*pl.* **-tries**) 《고어》 수도원의 식당.
Frau [frau] *n.* (*pl.* **Frau·en**) 《독 일》(=woman, wife) 《종종 부르는 말로》…부인 (Mrs.) [略 Fr.]. 1 아내 (wife); 기혼 여성.
***fraud** [frɔːd] *n.* 1 ⓤ 사기, 속임, 협잡 (deceit, trickery). ¶ actual *fraud*; *fraud* in fact 고의적(현실) 사기 / legal *fraud* 추정적(법정(法定)) 사기 / obtain money by *fraud* 돈을 사취하다. 2 사기 물품, 협잡 물건. ¶ a pious *fraud* 선의의 사기 [속는 사람의 정신적 이익을 목적으로 하는 거짓]. 3 ⓤ 《일반적으로》기만, 음흉, 속임수(trick). ¶ His heart is full of *fraud*. 그의 마음은 기만으로 가득 차 있다. 4 사기꾼, 협잡꾼, 야바위꾼(impostor).
***in fraud of**; **to the fraud of**… 을 사기하려고.
◇ fráudulent *adj.*
fraud·u·lence [frɔ́ːdʒuləns / -dju-], **-len·cy** [-lənsi] *n.* ⓤ 사기, 부정; 기만(적 성질).
fraud·u·lent [frɔ́ːdʒulənt / -dju-] *adj.* 사기를 하는, 남을 속이는, 사기적인, 속이는. ~**ly** *adv.*
***fraught** [frɔːt] *adj.* 1 …을 내포한, …이 따르는; …으로 찬(full of) (*with* ...). ¶ a situation *fraught* with danger 위험을 내포한 사태. 2 《고어·詩》…으로 가득 한, 가득 실은(*with* ...). 3 《스코》화물의 (荷物), 뱃짐(cargo).
Fräu·lein [frɔ́ilain] *n.* (*pl.* **-lein** or 《영어》 **-leins**) 《독일》(=unmarried woman) 1 《종종 부르는 말로》 …양(Miss). 2 아가씨, 미혼 여성; 독일 여성의 가정 교사 [하의 옛].
frax·i·nel·la [frǽksinélə] *n.* 백선(白鮮) 《식물》; 박.
fray [frei] *n.* 왁자지껄한 싸움, 소동(noisy quarrel); 난투(fight); 《고어》놀람, 공포(fright). — *vt.* 《고어》…을 무서워하게 하다. — *vi.* 《고어》싸우다.
[<《AF》FRAY]
***fray²** [frei] *vt.* 1 《천의 가장자리나 새끼줄의 끝》을 (닳아)해지게 하다(wear out) (...*through*), 너덜너덜 풀리게 하다(ravel). 2 …을 문지르다(rub), 《사슴이》《머리》를 비벼대어 각피(角皮)를 떨어뜨리다. 3 《신경》을 소모하다; …의 평정(平靜)을 잃게 하다 (discompose). — *vi.* 풀리다(ravel out), 닳아서 해어지다; 문질러지다. — *n.* 닳아서 해어진 부분, 풀린 부분.
fray·ing [fréiiŋ] *n.* 《동사와 함》 ① 닳은 것, 《특히 사슴의 탈피(脫皮)한》 각피, 소맷부리. — [빙(結氷).
fra·zil [fréiz(i)l] *n.* 《캐나다·美북부》[강 밑얼음.
fraz·zle [frǽzl] *v.* (**-zled, -zling**) *vt.* 1 너덜너덜하게) …을 닳아 떨어지게 하다, 해어지게 하다, 풀리게 하다. 2 …을 지쳐빠지게 하다. — *vi.* 1 《너덜너덜》닳아 떨어지다, 해어지다, 풀리다. 2 정신적(육체적)으로 지치다, 피로해지다. — *n.* 누더기, 넝마, 자투리; 너덜너덜하게 함, 닳아빠지게 함, 닳아빠져 너덜너덜한 상태; 기진맥진.
FRB, F.R.B. (略)《美》*F*ederal *R*eserve *B*ank;《美》*F*ederal *R*eserve *B*oard. [의교 위원회].
FRC (略) *F*oreign *R*elations *C*ommittee (미국 상원
FRC, F.R.C. (略)《美》*F*ederal *R*adio *C*ommission
F.R.C.P. (略) *F*ellow of the *R*oyal *C*ollege of *P*hysicians(영국 내과 의사회 회원)
F.R.C.S. (略) *F*ellow of the *R*oyal *C*ollege of *S*urgeons(영국 외과 의사회 회원).
***freak¹** [friːk] *n.* 1 ⓤⓒ 《원인이 없는》 갑작스러운 변덕, 변덕, 종잡을 없는 생각, 일시적 기분(capriciousness), 괴벽. ¶ in a *freak* 갑자기 생각이 바뀌어 / out of mere *freak* 그냥 변덕으로. 2 변태적인 소산(所産), 변종(變種), 기형물, 괴물. 3 《美속어》열중하는 사람, 숭배자; 마약 중독자. — *vi.* 《美속어》1 마약으로 흥분하다. 2 색다른 짓을 하다. 3 흥분하다. — *vt.* 《美속어》…을 흥분시키다.
freak out 《美속어》① 환각제를 먹다; 환각 증상이 되다, 마비되다. ② 히피족이 되다. ③ 색다른 짓(복장)을 하다. ④ (*vt.*) 《남》을 환각 증상이 생기게 하다; 몹시 흥분시키다.
— *adj.* 별난, 색다른(unusual), 이상한, 기묘한.
◇ fréakish, fréaky *adj.*
freak² [friːk] *vt.* …을 얼룩지게 하다(fleck, dapple), …에 줄 [무늬]을 내다(streak). — *n.* 《색의》 반점, 얼룩, 줄무늬.
freaked [friːkt] *adj.* 얼룩진, 줄무늬가 있는.
freak·ish [fríːkiʃ] *adj.* 1 변덕스러운, 이랬다저랬다 하는 (capricious). 2 기이한, 색다른(queer); 기형적인, 괴상한(grotesque). ~**ly** *adv.* ~**ness** *n.* 「사람」.
freak-out [fríːkàut] *n.* 《속어》 환각제로 마비되(된)
freak·y [fríːki] *adj.* (**freak·i·er, freak·i·est**) 1 = freakish. 2 환각제를 먹고 비슷거리는, 히피족 같은.
***freck·le** [frékl] *n.* 1 주근깨(~s), 《의학》하일반(夏日斑). 2 《일반적으로》 작은 반점, 기미, 얼룩. — *v.* (**-led, -ling**) *vt.* 주근깨(반점), 기미를 생기게 하다. — *vt.* …에게 주근깨(기미)가 생기게 하다, …을 주근깨(기미)투성이로 하다. ◇ fréckly *adj.*
freck·led [frékld] *adj.* 주근깨(반점), 기미가 있는.
freck·ly [frékli] *adj.* (**-li·er, -li·est**) 주근깨(반점, 기미)투성이의.
‡**free** [friː] *adj.* (**fre·er, fre·est**) 1 자유로운, 자유의 몸인, 해방된; 석방된, 감금되어 있지 않은(*cf.* captive). ¶ a *free* negro 해방된 흑인 / *set* (or make) a person *free* 남을 석방(해방, 자유롭게) 하다 / *get free* 자유의 몸이 되다.
2 [노예에 대하여] 자유인의, 자유인을 위한. ¶ *free* labor 자유인의 노동 / *free* soil 자유인을 위한 토지.
3 정치상의 자유를 누리는, 자유주의의 (제도)의. ¶ a *free* world 자유 세계 / *free* institutions 자유주의 제도 / *free* citizens 자유 시민.
4 《사람·의지·사상·행동 따위가》 외부로부터의 압력(방해·구속 따위)을 받지 않는, 독립적인, 자립적인 (independent); 《권위 따위에》얽매이지 않는, 편견이 없는, 조건 없는. ¶ a *free* person 자유인 / a *free* action 자유 행동, 자발적 행동 / *free* speech 자유로운 언론 /

the right of *free* passage 자유 통행권.
5 마음대로인, 자유로 …할 수 있는, 뜻대로 되는(at liberty) (*of* …). ¶ be *free* to go or [*to*] stay 가든지 가지 않든지 자유이다 // The professor makes some of his students *free of* his office. 그 교수는 몇몇 학생에게 자기 연구실을 마음대로 드나들게 하고 있다.
6 [번역·해석 따위가] 문자 그대로가 아닌, 원문에 속박되지 않는, 의역(意譯)의(not literal). ¶ a *free* translation 자유역(譯), 의역.
7 [길·낭하 따위에] 장해가 없는, 자유로 다닐 수 있는. ¶ a *free* road 자유로 다닐 수 있는 길.
8 바이 있는, 쓰이지 않고 있는(unoccupied); 한가한, 선약이 없는, 손이 빈(at leisure); ¶ The line is *free*. 통화가 된다[전화선이 비어 있다] / Are you *free* this evening? 오늘 저녁 시간이 있느냐?
9 제약·부담 따위가 없는, 면제된(exempt, released) (*from, of* …); …이 없는, 편한(immune), 안전한(safe) (*from* …). ¶ *free* from prejudice 편견이 없는 / *free from* pain 고통이 없는 / *free of* taxes 면세(免稅)의 / *free of* charge 무료의 / I am *free of* my past guilt. 나는 과거의 죄에서 해방되어 있다.
10 고정(결합)되어 있지 않은, 느슨한, 헐거운(loose); [화학] 화합(化合)하지 않은, 유리(遊離)된; [식물] 이생(離生)의. ¶ the *free* end of a rope 밧줄의 매듭을 짓지 않은 끝 / a *free* surface 딴 것과 접촉하고 있지 않은 면.
11 자유로이 출입할 수 있는(*of*…), ¶ …을 면.
12 누구나 참가할 수 있는, 개방된, 마음대로 뛰어 들수 있는(general). ¶ a *free* fight 난투, 난전(亂戰).
13 [움직임이] 방해받지 않는, 편한(easy); 순조로운(smooth); 단단한(firm); 재빠른(swift), 막힘 없는. ¶ a *free* step 재빠른 걸음 / a *free* style 유창한 문체.
14 자제하는, 단정치 못한, 야무지지 못한 (*with* …). ¶ be *free with* one's tongue 재잘거리다.
15 솔직한(frank), 숨김없는(open), 허물없는, 스스럼없는(unconstrained) (*with* …); 제멋대로의, 천박한, 방자한, 방종한(loose). ¶ *free* behavior 제멋대로의 행동 // be *free with* a person 남에게 허물없다.
16 아끼지 않는, 통이 큰, 협탭한, 활수한(lavish, liberal) (*with* …); 풍부한, 엄청난(in profusion). ¶ a *free* spender 돈 씀씀이가 해픈 사람 / a *free* flow of water 도도한 물의 흐름 / be *free with* one's advice (money) 아낌 없이 충고하다(돈을 잘 쓰다).
17 [선물 따위] 답례를 기대하지 않는. ¶ a *free* gift 답례를 바라지 않는 선물.
18 공짜의, 무료의, 입장료가 없는, 무료 입장의; [무역에] 자유인; [상품에] 면세의. ¶ *free* schools 수업료를 내지 않는 학교 / a *free* ticket 무료 입장권 / *free* imports 면세 수입품.
19 [돌 따위가] 가공하기 쉬운, [땅이] 경작하기 쉬운.
20 [노동자가] 조합에 가입하지 않은. ¶ *free* laborers 비조합 노동자.
21 [항해] [바람이] 뒤(옆)에서 부는, 순풍의.
22 [음성] [모음이] 개음절(開音節) 속에 있는, 뒤에 자음이 따르지 않는[see [iː]따위]. ¶ *free* vowels 자유 모음.
23 [합성어를 만들어] …이 없는, 면제된. ¶ a duty-*free* shop 면세점 / sugar-*free* coffee 설탕을 넣지 않은 커피.
feel free to 마음대로 …하다.
for (or *on*) *free* 공짜로, 무료로, 무상으로.
free alongside ship [상업] [화물의] 선측도(船側渡)[略 F.A.S., f.a.s.].
free and clear [법률] 부채 없는, [재산이] 저당 없는.
free and easy ⇨ EASY.
free on board [상업] [화물의] 본선 적재 인도(本船積 載引渡)[略 F.O.B., f.o.b.].
have (or *get*) *a free hand* ⇨ FREE HAND.
make free with …을 마음대로 쓰다; …에게 허물없이 굴다. ¶ *make free with* the name of God 함부로 신의 이름을 쓰다.
— *adv.* **1** 자유롭게, 방해를 받지 않고, 마음대로(freely). **2** 무료로, 공짜로. ¶ Children admitted *free*. 《게시문》아동은 무료. **3** [항해] 순풍을 받고. ¶ sail *free* 순풍을 받고 항해하다.

— *vt.* (**freed, free·ing**) **1** …을 자유롭게 하다, 해방하다, 석방하다, 자유의 몸으로 하다(make free). ¶ *free* a slave 노예를 해방하다 / *free* one's mind 마음의 짐을 벗다. **2** [남]을 [구속·괴로움 따위에서] 구하다, 해방하다(deliver) (… *from*); [남]에게 [세금 따위를] 면제하다, [걱정·장해 따위를] 없애주다(relieve) (… *of*); 벗기다, …에서 제외하다(disengage) (… *from, of*). ¶ (~ + 图 + *前* + 图) *free* oneself *from* one's difficulties 난국을 벗어나다 / *free* a person *of* fetters 남을 속박에서 해방하다 / *free* a table of dishes 식탁 위의 접시를 치우다 / *free* one's hair of curlers 머리에서 컬 클립을 빼어내다.

「類語」**free** 「해방하다」의 뜻의 가장 일반적이고 넓은 뜻의 말. **release** 특히 감금·속박 따위에서 해방하다: *release* a prisoner 죄수를 석방하다 / *release* a person from a promise 남을 약속에서 해방하다. **liberate** 특히 압정(壓政)·부당한 형별 따위에서 해방하다; 종종 강력한 행동·군사 작전 따위의 함축을 갖다: The Allies *liberated* Paris. 연합군은 파리를 해방했다. **emancipate** 종속적인 상태에서 [정식·법적으로] 해방하다; 종종 정신적 해방을 뜻하다. *emancipate* a person from superstition 남을 미신에서 해방하다.

◇ *fréedom n.*

frée ágent *n.* **1** [스포츠·연극의] 자유 계약 선수(배우). **2** 자유 행위자. 「기」(大氣).
frée áir (**átmosphere**) *n.* (the ~) [기상] 자유 대
frée and éasy *adj., adv.* 자유스러운(럽게), 마음 편한(편하게), 스스럼 없는(없이). — *n.* (*pl.* **-easies**) 「익쿠 즐겁게 자유롭게 부를 수 있는 음악회; 다소 품기가 좋지 않은 뮤직 홀.
free-as·so·ci·ate [frìːəsóuʃiit, -eit] *vi.* (**-at·ed, -at·ing**) 자유 연상(聯想)하다, 생각나는 대로 말하다.
frée assòciátion *n.* U C [정신 분석] 자유 연상.
frée bággage allówance *n.* 무료 수화물 허용 중량 [항공사가 무료 운송해 주는 수화물의 제한 중량].
frée bénch *n.* [英法] [망부(亡夫)의 공부 등록(公簿登錄) 부동산(copyhold)에 대하여 과부가 가지는] 등본 보유 부동산(謄本保有不動産).   [(景品).
free·bie, -by [fríːbi] *n.* 《美口語》공짜 물건, 경품
free·board [fríːbɔ̀ːrd / -bɔ̀ːd] *n.* [항해] 건현(乾舷) [흘수선에서 상갑판까지의 부분].
free·boot [fríːbùːt] *vi.* 해적 행위를 하다, 약탈하다.
free·boot·er [fríːbùːtər] *n.* 해적, [특히] 해적.
free·born [fríːbɔ̀ːrn] *adj.* **1** [노예 따위가 아니라] 자유의 몸으로 태어난(born free). **2** 자유인(자유민)에 알맞는.   「본.
frée cápital *n.* [투자할 수 있는] 자유(유추) 자
frée chúrch *n.* (때로 F-C-) [국가의 제약을 받지 않는] 자유 교회, 비국교파 교회, 자유 주희[예].   [시].
frée cíty *n.* 자유시[그 자체로서 독립 국가를 이룬 도
frée cóinage *n.* [개인이 화폐 적격 금속을 조폐소에서 주조해 받을 수 있는] 자유 주화[제].
frée compánion *n.* [중세의] 용병단(傭兵團)의 일
frée cómpany *n.* [중세의] 용병단.
freed·man [fríːdmən, -mæn] *n.* (*pl.* -**men**[-mən, -mèn]) [노예의 신분에서 해방된] 자유민.
:free·dom [fríːdəm] *n.* U **1** [외부 압력·규제 따위에서] 해방되어 있는 상태, 자유; [행동의] 자유. *freedom* of speech 언론의 자유 / *freedom* of the press 출판의 자유 / *freedom* of association 결사(結社)의 자유 / The Indian people won *freedom* after independence. 인도 국민은 독립 후에 자유를 쟁취했다.

「類語」 **freedom** 제한·속박·억압이 전혀 없는 상태: the *freedom* of thought 사상의 자유. **liberty** 이전에 존

재했던 속박·억압 따위로부터의 해방, 또는 말·행동·신조·신앙 따위를 마음대로 선택할 수 있음을 강조하는 말; freedom 과 바꾸어 쓸 수 있는 경우가 많다: have the *liberty* to publish one's opinion 자기의 견해를 자유롭게 발표할 수 있다 / set a slave at *liberty* 노예를 해방하다. **license** liberty 를 남용하여 제멋대로 하기: mistake *license* for liberty 자유로 잘못 알다. [nation].
2 [철학] 자유, 자유 의지, 자기 결정(self-determi-**3** [시민적] 자유, [전제적 지배로부터의] 해방(civil liberty); [정치적·국가적] 자유, 자주, 독립.
4 [도시·단체가 누리는] 특별한 자유, 특권(privilege); 의무·속박 따위가 없음, 면제(immunity) (*from* ...). ¶ *freedom* to levy taxes 세금을 과하는 특권 // *freedom from* taxation 납세의 면제.
5 [특정한 것으로부터의] 해방 (*from* ...). ¶ *freedom from* care 걱정으로부터의 해방.
6 [언동의] 자유, 솔직함, 숨김 없음, 마음을 터놓은 태도 (frankness); 동작의 자유, 자유롭고 구김살 없음, 활달.
7 허물없음, 제멋대로 행동함. [자유자재.
8 [시민권·회원권의] 권리 향유권; 자유로 출입하는 권리, 자유 사용권. ¶ the *freedom* of a city 명예 시민권 / the *freedom* of the seas 공해(公海)의 자유 / have the *freedom* of a hunting field 사냥터에 자유로이 출입할 수 있다.
take (or *use*) *freedoms with* …에게 허물없이 굴다.
◇ free *adj.*
fréedom fíghter *n.* [특히 공산권에서] 자유를 위해 싸우는 자유 전사, 전투적인 혁명분자.
fréedom of informátion *n.* 정보의 자유[특히 정부에 대한 정보 및 자료 공개의 자유]. 略 FOI).
Fréedom ríde *n.* (종종 F-R-)《美》 [대중 교통 기관의 인종 차별을 항의하는 자람들이 벌인] 남부로의 버스 여행. [폐 운동가.
Fréedom Ríder *n.* 《美》 탈것에 대한 인종 차별 철
fréed·wom·an [frí:dwùmən] *n.* (*pl.* **-wom·en** [-wìmin]) [노예의 신분에서] 해방된 여자. *cf.* freedman
frée eléctron *n.* [물리] 자유 전자[원자로부터 유리되어 자유로이 운동하는 전자].
frée énergy *n.* [물리] 자유 에너지[열역학계의 전 에너지 중 실제 반응에 전환되는 에너지의 비율].
frée énterprǐse *n.* ⓤⓒ [정부의 간섭을 받지 않는] 자유 기업.
frée fáll *n.* ⓤⓒ **1** 자유 낙하[지구의 인력만으로 생기는 물체의 낙하 운동]. **2** 낙하산이 펴지기 전의 강하. **3** 우주선의 타성 비행. **4** [가치, 명성 따위의] 하락, 급락, [주가의] 대폭락.
frée-fíre zóne [frí:fáiər-] *n.* (군사) 무차별 포격 지대[움직이는 것은 모두 포격당하는 지대].
frée flíght *n.* ⓤ [로켓의 동력 정지 후의] 타력(惰力) 비행.
frée-flóat·ing [frí:flóutiŋ] *adj.* [기분이] 막연한; 정착되지 않은; [국민이] 독립한, 자주의.
frée-for-áll [frí:fɔːrɔ́ːl] *n.* [누구나 참가할 수 있는] 경기, 시합; 난투(소동). — *adj.* 누구나 참가할 수 있는. ¶ a *free-for-all* race 누구나 참가할 수 있는 경주.
frée fórm *n.* **1** [언어] 자유 형태[다른 말의 일부로서가 아니라 그 자체가 독립하여 쓰이는 형태, 예를 들면 fire, book, run 따위]. **2** 자유 조형(造形).
frée-fórm [frí:fɔ́ːrm] *adj.* [전통적인 형태에 구애되지 않는] 자유 조형의.
Frée Fránce *n.* 자유 프랑스 [2차 대전중 독일 점령 군에게 저항을 계속했던].
Frée frénch *n.* 자유 프랑스군. *cf.* Free France
frée gíft *n.* [판촉용] 경품.
frée góld *n.* **1** 《美》 프리골드[국고 금괴 중에서 화폐의 상환에 구속받지 않는 잉여의 금괴]. **2** [광물] 자연금.
frée grátis *adv.* 무료로, 거저. — *adj.* 《서술 형용

사》 무료인, 거저인. ¶ Entrance is *free gratis*. 입장 무료.
frée hánd *n.* 행위·결정 따위의 자유.
have (or *get*) *a free hand* 자유 행동을 할 수 있다.
frée-hánd [frí:hǽnd] *adj.*) 손[자]으로 그린, 자유 묘사의. ¶ a *freehand* drawing 자재화(自在畫). — *adv.* 자유 묘사로. — *n.* 자재화.
frée-hánd·ed [frí:hǽndid] *adj.* **1** 통이 큰, 대범한, 너그러운, 관대한(generous). **2** 손이 비어 있는, 일이 없는. **3** =freehand.
frée-héart·ed [frí:háːrtid] *adj.* 거리낌없는, 쾌활한, 자발적인; 솔직한(frank); 통이 큰, 관대한(generous). ~**ly** *adv.*
frée·hòld [frí:hòuld] *n.* [법률] [종신 또는 세습의] 자유 보유 부동산, 자유 보유 권익; ⓤ 자유 토지 보유, [부동산·권익의] 자유. [유자.
frée·hòld·er [frí:hòuldər] *n.* [법률] 자유 토지 보
frée hóuse *n.* 《英》 [특정의 주조 회사와 제휴하고 있지 않은] 술집, 선술집.
frée jázz *n.* [음악] 프리 재즈[조성(調性)·코드 진행·비트 등, 약속에 구애받지 않는 자유스런 연주의 재즈].
frée kíck *n.* [축구] 프리 킥. *cf.* penalty kick
Frée Kírk *n.* 《스코》 자유 교회 [스코틀랜드 국교회(國敎會)에서 이탈한 일파가 1843년에 만든 교회].
frée lábour *n.* 《英》 [노예 노동에 대한] 자유 노동; [집합적] 비노동 조합원.
frée lánce *n.* **1** 자유 계약자, 프리 랜서 [특별 계약이 없는 기고가(寄稿家)·기자·연주자·배우 등]. **2** 무소속 논객(정치가). **3** [중세의] 무소속 기사, 용병, 자유 기사.
frée-lànce [frí:lǽns / -lɑ́ːns] *vi.* (-**lanced**, **-lancing**) 자유로운 입장에서 활동(기고)하다. — *adj.* 자유 계약의, 비전속의. — *adv.* 자유 계약으로, 비전속으로.
frée-lánc·er [frí:lǽnsər / -lɑ́ːnsə] *n.* 자유 계약자, 프리 랜서. [료 우대자 명부.
frée líst *n.* **1** 《美》 [상업] 면세(免稅) 물품표. **2** 무
frée líver *n.* 기분 내키는 대로 사는 사람; [특히] 식도락가, 미식가.
frée-lív·ing [frí:líviŋ] *adj.* 기분 내키는 대로 살아가는; [특히] 식도락의.
frée·lòad [frí:lòud] *vi.* [음식물을] 공짜로 얻어먹다. [남의 것을] 마음대로 쓰다. [식객(食客).
frée·lòad·er [frí:lòudər] *n.* 공짜로 얻어먹는 사람;
frée lóve *n.* ⓤ 자유 연애, 프리 섹스.
frée lúnch *n.* [옛날 술집 따위에서 손님을 끌기 위한] 무료 식사; 공짜이지만 실상은 그렇지 않은 것.
‡**frée·ly** [frí:li] *adv.* **1** 자유롭게, 거리낌없이; 자유 재로, **2** 자발적으로, 기꺼이. **3** 솔직히, **4** 아낌 없이, 대범하게.
***frée·man** [frí:mən] *n.* (*pl.* **-men** [-mən]) **1** [노예에 대하여] 자유민. **2** 시민, 공민[시민권 따위의 특권 향유자] (citizen).
frée·már·tin [frí:mɑ̀ːrt(i)n] *n.* [수컷과 쌍생(雙生)한] 생식 기능이 없는 암컷.
Frée·ma·son [frí:mèisn] *n.* **1** [회원간의 우애와 상호 부조를 목적으로 하는] 프리메이슨단(團) (Free and Accepted Masons)의 회원. **2** [역사] [중세의] 숙련 석공(石工) 조합원.
frée·ma·son·ry [frí:mèisnri] *n.* ⓤ **1** [같은 경험을 한 사람들 사이의] 자연스러운 우정(공감). **2** (F-) 프리메이슨단주의(관행, 제도).
frée páper *n.* 무료 신문[광고 수입만으로 제작하여 무료로 배포되는 신문]. [pardon.
frée párdon *n.* ⓤⓒ [법률] 특사(特赦), 은사. *cf.*
frée páss *n.* [철도·극장 등의] 무료 패스.
frée pórt *n.* **1** [어느 나라의 배에도 무역상 차별 하지 않는] 자유항. **2** [수출입 모두 관세가 면제되는] 자유항, 비과세항, 비과세 구역. 《드 이 지불[제].
frée·pòst [frí:pòust] *n.* 《英》 [우편 요금의] 수취

frée préss *n.* [통제·검열을 받지 않는] 자유 언론, 출판의 자유.

frée réin *n.* ⓤ 행동의 자유, 자유 재량.
give free rein to... …에게 행동의 자유를 주다.

frée-retúrn trajectory [fríːritə́ːrn-] *n.* (우주 공학) 자동 귀환 궤도.

frée ríde *n.* 무임 승차; 거저 득보기, 불로 소득.

frée ríder *n.* 무임 승객; (노동) 노조 활동의 덕을 보는 비노조원.

frée ríding *n.* (증권) 증권사가 공모주의 일부를 값이 오른 뒤 팔아 이득을 챙기는 것; 공매매(空賣買).

frée schóol *n.* 무료 학교; 자유 학교(과정이나 교수법에 구애받지 않는).

free-si·a [fríːziə, -ʒ(i)ə / -zjə] *n.* 프리지어[남아프리카 원산의 붓꽃과의 구근(球根) 식물].

frée sílver *n.* (경제) 은의 자유 주조.

frée sóil *n.* ⓤ (美역사) [노예 사역이 금지된] 자유 지역. *cf.* Slave State

free-soil [fríːsɔ́il] *adj.* (美역사) 새 지역에의 노예 제도 침투에 반대하는, 자유 지역의; 자유 지역당의.

Free-Soil·er [fríːsɔ́ilər] *n.* (美역사) 자유 지역 당 (Free-Soil Party)원.

frée spéech *n.* ⓤ 언론의 자유 (freedom of speech).

free-spo·ken [fríːspóuk(ə)n] *adj.* 솔직히(거리낌 없이) 말하는, 숨김없이 말하는 (outspoken).
~ly *adv.* ~ness *n.*

free-standing [fríːstǽndiŋ], (**free-stand·ing**) *adj.* [조각·건축물이] 독립해 있는, 받쳐주는 구조물이 서 있는.

Frée Státe *n.* **1** (美역사) [남북 전쟁 이전에 노예 제도를 금지했던] 자유주(州). **2** 아일랜드 자유국(Irish Free State).

free-stone [fríːstòun] *n.* **1** ⓤⓒ [결이 고르기 때문에 어느 방향으로든 끊어낼 수 있는] 돌 [사암(砂巖) 따위]. **2** 씨가 잘 발라지는 과실 [복숭아·플럼 따위]. **3** (= *freestone water*) ⓤ 연수(軟水).
— *adj.* [과실 따위가] 씨가 잘 발라지는.

free-style [fríːstàil] *n.* (the ~) (수영) 자유형; (프로 형용사적으로도 쓰여) [일반적으로] 자유형의. ¶ *free-style skating* 프리 스케이팅. [케이트 따위].

free·styl·er [fríːstàilər] *n.* 자유형 선수(수영·스케이트 따위).

free-think·er [fríːθíŋkər] *n.* 종교상의 자유 사상가.

free-think·ing [fríːθíŋkiŋ] *n.* ⓤ 종교상 자유 사상. — *adj.* 자유 사상가를 품은(신봉하는), 자유 사상(가)의.

frée thóught *n.* ⓤ 종교상의 자유 사상.

frée thrów *n.* (농구) 프리 드로우.

frée tícket *n.* 무료표; (경기) 사구(四球).

Free·town [fríːtàun] *n.* 프리타운(서아프리카의 시에라 레온(Sierra Leone) 공화국의 수도·항구).

frée tráde *n.* **1** 자유 무역, 자유 무역 제도(주의, 지지). **2** (혼어) 밀수(smuggling).

frée tráder *n.* 자유 무역주의자.

frée úniversity *n.* **1** [대학의] 학생 자주(自主) 강좌. **2** 자유 대학(교직원과 학생의 공동 운영).

frée vérse *n.* ⓤⓒ (韻律) 자유시. [highway].

frée·way [fríːwèi] *n.* (美) 고속 도로(express

free·wheel [fríː(h)wíːl] *n.* (자동차의) 프리휠, 자유 회전 장치. — *vi.* **1** (동력·페달을 멈추고) 타성(프리휠)으로 달리다. **2** 자유로이 (기분대로) 행동하다.

free·wheel·ing [fríː(h)wíːliŋ] *adj.* 자유 분방한; [말이나 동작이] 규칙에 얽매이지 않는(영향받지 않는); 타성의.

frée wíll *n.* ⓤ **1** 자유 의지(선택); 임의 결정. **2** (철학) 자유 의지설.

free·will [fríːwíl] *adj.* **1** 자유 의지의, 임의의, 자발적인(voluntary). ¶ *freewill offering* (종교) 자유 헌

금. **2** (철학) 자유 의지설의(에 관한).

frée·wom·an [fríːwùmən] *n.* (*pl.* **-wom·en** [-wìmin]) freeman의 여성형.

frée wórld *n.* (the ~) (공산권에 대한) 자유 세계, 자유주의 제국(諸國).

‡**freeze** [fríːz] *v.* (**froze, fro·zen, freez·ing**) *vi.* **1** [액체가] 얼다, 결빙하다, 응고하다; 얼음이 얼다 (*over*…). ¶ (~ +衘) The pond has *frozen over*. 연못은 온통 얼어붙었다. **2** [수분을 함유한 물체 따위가] 얼다, 차서 굳어지다, 응고하다. ¶ My hair *froze* together. 머리칼이 얼어붙었다. **3** [파이프 따위가] 얼어붙다; 얼어서 구멍이 막히다. ¶ The water pipes *froze* yesterday. 어제 수도관이 얼어붙다. **4** [물건 따위가] 얼어붙다 (*to*…). ¶ (~ +衘+名) The automobile tires *froze* to the ground. 자동차 타이어가 땅에 얼어붙었다. **5** [날씨·못 따위가] 녹·먼지 따위로] 붙다. **6** (비인칭의 it를 주어로 하여) 얼음이 얼(만큼 춥)다, 빙점 이하의 기온이다. ¶ It *froze* last night. 어젯밤에 얼음이 얼었다. **7** 추워서 몸이 얼 것 같다, 몹시 춥다, 동상에 걸리다. ¶ I am *freezing*. 얼어 죽을 것 같다. **8** 얼어 죽다, (추위에 식물이) 말라 죽다. ¶ (~ +衘+名) *freeze to death* 동사하다. **9** 표정이 굳어지다, 감정이 차갑게 얼어붙다. ¶ (공포·충격 따위로) 오싹하다, 섬뜩해지다. ¶ (~ +衘+名) His face *froze with terror*. 그의 얼굴은 공포로 굳어졌다. **10** 갑자기 서다, 꼼짝 못하게 하다(halt). ¶ Fear made him *freeze*. 무서워서 그는 꼼짝 못했다. **11** [공포 등의 것처럼] 꼼짝 않다.

— *vt.* **1** 얼음을 얼리다, 결빙시키다, 응고시키다; [강·연못 따위의] 표면에 얼음이 얼게 하다; …을 냉동하다. ¶ be *frozen* hard 꽁꽁 얼어 있다. **2** [관 따위를] 얼어붙게 하다, 얼음으로 막히게 하다, 얼음에 갇히게 하다 (… *in, over, up*). ¶ (~ +衘+名) The lake was *frozen over*. 호수는 온통 얼어붙었다. **3** …을 몹시 춥게 하다, 몹시 추운 느낌이 돌게 하다, 동상에 걸리게 하다; …을 얼어 죽게 하다, (추위로) 말라 죽이다. ¶ (~ +衘+衘+名) be *frozen to death* 얼어 죽다, 동사할 정도로 춥게 느끼다. **4** (감정 따위를) 차갑게 굳어지게 하다, 무시워 오싹하게 하다, …의 열을 식히다. ¶ *freeze a person's blood* 남을 오싹하게 만들다. **5** [사람·동물을 공포 따위로] …에 꼭 매달리게(달라붙게) 하다. ¶ (~ +衘+衘+名) Fear *froze* her to (or onto) the steering wheel. 무서워서 그녀는 자동차의 핸들에 꼭 매달렸다. **6** [재정] [재산따위를] 동결하다. **7** [임금·물가 따위를] (보통 일정액으로) 고정시키다, 묶어두다, 붙박아 놓다. ¶ The government promised to *freeze* public utility rates during 1988. 1988년에는 공공 요금을 동결시키겠다고 정부가 약속했다. **8** (의학) [신체의 일부를] 인공 동결법으로 마취시키다.

freeze on to (속어) …에 꼭 매달리다; …에 고집하다.
freeze out ① (구어) [냉대 따위로] …을 몰아내다, 쫓아내다, [남]을 배기지 못하게 하다. ② (美) [식물이] 얼어서(말라) 죽다.
freeze up on (진상 따위를) 숨기다.

— *n.* **1** 결빙, 응고. **2** 혹한(frost). **3** [물가 따위의] 고정, 동결, [제조·판매 따위의] 금지; 자산 동결.
◇ frost *n.*

freeze-dry [fríːzdrái] *vt.* (**-dried, -dry·ing**) (식물 (食物) 따위를) 냉동 건조하다.

freeze-out [fríːzàut] *n.* **1** [냉대·책략에 의한] 축출, 몰아내기(elimination). **2** (美) [카드놀이] 포커의 일종 (밑천이 떨어진 사람은 떨어져나가 마지막에 남은 사람이 이긴다).

freez·er [fríːzər] *n.* **1** 냉동시키는 사람. **2** [아이스크림의] 냉각기, 냉동기, 프리저. **3** 냉장고, 냉장실, 냉장차(車). **4** (濠구어) 냉동육용양(肉用羊), 냉동양육(牛)업자. **5** (속어) 교도소(prison).

frée·zer búrn *n.* [고기·생선 따위를 얼릴 때 나타나는] 동결 변색(변질).

freez·ing [fríːziŋ] *adj.* **1** 얼음이 어는, 어는 듯한. ¶

a *freezing* night 몹시 추운 밤. **2** 물건을 얼게 하는, 냉동의. ¶ a *freezing* machine (box) 냉동기(상자). **3** [태도 따위가] 차가운, 냉담한, 쌀쌀한(chilly). — *n.* ⓊⒸ 얼[리]기, 냉동; [자산 따위의] 동결. **-ly** *adv.*

fréezing míxture *n.* [화학] 한제(寒劑)[소금과 얼음의 혼합물 따위].

fréezing póint *n.* 빙점[액체가 어는 온도].

frée zòne *n.* 자유항 지역.

F region *n.* [물리] [전리층의] F층[최대 고도].

‡**freight** [freit] *n.* **1** Ⓤ 보통 화물 운송, 보통편(*cf.* express); 《英》수상 화물 운송. ¶ by *freight* 보통 화물 운송으로, 보통편으로. *cf.* by express **2** Ⓤ 보통 화물 운송료; 운임, 뱃삯. ¶ *freight* free 운임 무료 / *freight* prepaid; advanced *freight* 운임 선불 / *freight* paid 운임 지불필. **3** Ⓤ《美구어》가격, 비용(cost). **4**《美·캐나다》《수상·육상·항공운송》화물; 《英》[배의] 화물(cargo), 《수상 운송의》화물, 상품. ⇨ LOAD [類語] **5** = freight train.

— *vt.* **1** …에 무거운 짐을 지우다(load, burden) (... with). **2** [배나 화차]에 화물을 싣다 (... with). ¶ (+圓+쥅+径) *freight* a ship *with* coal 배에 석탄을 싣다. **3** [화물로서] …을 운송하다. ¶ (+圓+圓+쥅+径) *freight* goods *to* New York 뉴욕에 화물을 보내다. **4** [화물 운송용으로] [배·화차]를 세내다, 빌리다(hire).
◇ **fréightage** *n.*

fréight·age [fréitidʒ] *n.* Ⓤ **1** 화물 운송(freight). **2** 화물 운송료, 운임, 적하(積荷), 뱃짐(cargo).

fréight cár *n.*《美》화차 [보통 덮개가 있는 화차(boxcar)] (《英》goods waggon).

fréight èngine *n.*《美》화물 열차의 기관차.

fréight·er [fréitər] *n.* **1** 화물선(cargo ship). **2** 화물 운송(배달)업자. **3** [화물의] 하수인(荷受人), 하주(荷主). **4** 화물 발송인; 화물을 싣는 사람.

fréight-lin·er [fréitlàinər] *n.*《英》콘테이너 열차.

fréight tòn *n.* 운임 톤 [보통 40 입방 피트의 용적톤].

fréight tràin *n.*《美》화물 열차 (《英》goods train).

‡**French** [frentʃ] *adj.* 프랑스의; 프랑스 사람(말)의; 프랑스풍의. ¶ a *French* book 프랑스 말의 책. — *n.* **1** Ⓤ 프랑스 말. **2** (the ~)《집합적》《복수 취급》프랑스 사람(국민). — *vt.* (종종 f-) 《갈비》에서 고기를 발라내다; 《요리용으로》…을 가늘고 길쭉하게 자르다.
◇ **France** *n.*

Frénch Acádemy *n.* (the ~) 프랑스 학사원.

Frénch béan *n.*《주로 英》강낭콩.

Frénch béige *n.* 《때로 a~》 엷은 다색(茶色).

Frénch bóot *n.*《美》[주차 위반차가 발차 못하게 하는] 바퀴 고정구.

Frénch bréad *n.* Ⓤ 프랑스 빵 [보통 길쭉한 것].

Frénch Canádian *n.* 프랑스계 캐나다 사람; Ⓤ 그 프랑스 말. [쓰이는 초크]

Frénch chálk *n.* Ⓤ 활석 분필[옷감에 선을 긋는 데

Frénch Commúnity *n.* (the ~) 프랑스 공동체.

Frénch cúff *n.* 프렌치 커프스[이중으로 접는 샤쓰의 소매부리]. [오럴 섹스]

Frénch cúlture *n.* Ⓤ **1** 프랑스 문화. **2**《속어》

Frénch cúrve *n.* 운형(雲形) 자.

Frénch dóors *n. pl.*《美북부》= French window.

Frénch dréssing *n.* (종종 f-) Ⓤ 프렌치 드레싱.

Frénch fried potátoes *n.* = French fries.

Frénch fríes (fríeds) *n. pl.* 프랑스식 튀김 감자 [감자를 잘게 썰어 기름에 튀기는 것] (potato chips).

Frénch-fry [fréntʃfrài] *vt.* (**-fried, -fry·ing**) …을 기름에 넣어 튀기다(deep-fry).

Frénch gráy《英》**grèy** *n.* Ⓤ 《때로 a~》녹색을 띤 회색. [스렁 기아나.]

Frénch Guiána [-giǽnə] *n.* [남미 동북부의] 프랑

Frénch hórn *n.* 프렌치 호른[소용돌이 모양의 금관(金管) 취주 악기].

frénch·i·fy [fréntʃifài] *vt.* (**-fied, -fy·ing**) (종종 F-) …을 프랑스식(류)로 하다, 프랑스화하다, 프랑스어투로 하다.

Frénch·ism [fréntʃiz(ə)m] *n.* ⓊⒸ 프랑스[말에 특유한] 어법, 프랑스 말식의 표현(Gallicism); 프랑스적 습관(사고 방식). [kiss)]

Frénch kíss *n.* 혀를 맞대고 하는 깊은 키스(deep

Frénch léave *n.* Ⓤ [손님이 주인에게] 인사 없이 떠나기, 무단 퇴출(退出); [빚을 진 채] 자취를 감추기. ¶ take French leave 무단히(인사 없이) 자리를 뜨다(퇴출하다).

Frénch létter *n.*《英속어》콘돔(condom) [피임구].

Frénch lóaf *n.* [둥글고 길쭉한] 프랑스 빵.

‡**Frénch·man** [fréntʃmən] *n.* (*pl.* **-men** [-mən]) **1** 프랑스 사람[남성]. **2** 프랑스말을 하는 사람. ¶ be a good (a bad) *Frenchman* 프랑스 말을 잘하다 (서투르다). **3** 프랑스 배.

Frénch pástry *n.* 프랑스식 파이 [진한 크림이나 설탕에 잰 과일을 듬뿍 넣는다].

Frénch pólish *n.* Ⓤ Ⓒ 프랑스 와니스, 락 칠.

Frénch-pol·ish [fréntʃpáliʃ / -pɔ́l-] *vt.* …을 프랑스 와니스로 마무리하다(윤내다).

Frénch póst càrd *n.*《속어》에로 사진, 춘화.

Frénch Rèvolútion *n.* (the ~) [역사] 프랑스 혁명 [1789-1799의 시민 혁명].

Frénch róof *n.* [건축] 프랑스 [망사르드] 지붕[이중 물매로 된 지붕].

Frénch séam *n.* [재봉] 프랑스 솔기, 통솔 [천의 솔기를 뒤집어 기워서 천의 끝이 보이지 않게 한 바느질].

Frénch télephòne *n.* [탁상·전화의] 송수화기 (handset).

Frénch tóast *n.* 프렌치 토스트 [계란과 우유의 혼합물 속에 살짝 담갔다가 버터로 구운 빵]. [2

Frénch wáy *n.*《속어》오럴 섹스. *cf.* French culture

Frénch wíndow *n.* [건축] 프랑스 창 [보통 도어 겸용의 두 짝으로 된 유리창].

Frénch·wom·an [fréntʃwùmən] *n.* (*pl.* **-wom·en** [-wìmin]) 프랑스 여성(부인).

Frénch·y [fréntʃi] *adj.* (**French·i·er, French·i·est**) 프랑스풍(류)의. — *n.* (*pl.* **French·ies**)《속어》프랑스 사람.

fre·net·ic [frinétik] *adj.* 광란의, 열광적인, 미쳐 날뛰는(frantic). — *n.* 광란자, 열광자.
-i·cal·ly [-ikəli] *adv.*

fre·num [frí:nəm], (**frae·num**) *n.* (*pl.* **-nums** or **-na** [-nə]) [해부·동물] 소대(小帶), 계대(繫帶).

fren·zied [frénzid] *adj.* 광적인, 미쳐 날뛰는; 열광한.

*‡**fren·zy, phren·sy** [frénzi] *n.* (*pl.* **-zies; -sies**) **1** Ⓤ Ⓒ 극도의 흥분, 열광, 광란(wild excitement). ¶ a *frenzy* delight 미친듯이 기뻐함 / in a *frenzy* nickname / in a *frenzy* of despair (grief) 절망(슬픔) 끝에 발광하여 / drive a person to (or into) *frenzy* 남을 격분시키다. **2** 일시적 정신 착란, 광기의 발작. ¶ in the *frenzy* of the moment 순간적으로 격분하여.

— *vt.* (**-zied, -zy·ing; -sied, -sy·ing**)《보통 과거분사형으로》…을 몹시 흥분시키다, 격분시키다, 미쳐 날뛰게 하다 (...with).

Fre·on [frí:an / -ɔn] *n.*《상표명》프레온 [무색 무취(無臭)의 기체로서 냉동제].

freq.《略》frequent, frequentative, frequently.

fre·quence [frí:kwəns] *n.* **1** =frequency 1. **2** [고어] 떼, 무리(crowd).

*‡**fre·quen·cy** [frí:kwənsi] *n.* (*pl.* **-cies**) **1** ⓊⒸ 자주 일어남(일어나는 상태), 빈발(頻發), 빈번(frequent occurrence). ¶ the *frequency* of crimes 범죄의 빈발 / with disgusting *frequency* 넌더리나게 빈번히. **2** 빈도(頻度); [맥박의] 횟수. ¶ *frequency* of use 사용 빈도.

3《물리》진동수, 진동 횟수; [교류의] 주파수, 사이클, 〔수학·통계〕도수, 빈도. ¶ high (low) *frequency* 단파 (장파), 고(저)주파. ◇ *frequent adj*.
fréquency bànd *n*. [전기] 주파수대 (周波數帶).
fréquency chànger(convérter) *n*. [전기] 주파수 변환기.
fréquency distribùtion *n*. U [통계] 도수 분포.
fréquency mòdulàtion *n*. U [전기공학] 주파수 변조(變調); 주파수 변조 방송, FM 방송 [略 FM, F. M.]. *cf*. amplitude modulation
‡fre·quent *adj*. [frí:kwənt → *v*.] **1** 자주 일어나는, 빈번한, 흔히 있는. ¶ make *frequent* references to the dictionary 그 사전을 자주 참조하다. **2** 상습적으로, 단골의, 늘 …하는. ¶ a *frequent* customer 단골 손님. **3** [짧은 사이를 두고] 접점이 있는, 많이 있는. ¶ Lighthouses are *frequent* along the coast. 등대가 해안을 따라 점점이 있다. — *vt*. [fri(:)kwént] **1** …에 종종 가다, …을 자주 방문하다, …에 자주 모이다. ¶ *frequent* a library 늘 도서관에 가다. **2** …과 교제하다, 흔히 …과 사귀다.
◇ fréquency, frequentátion *n*.
fre·quen·ta·tion [frì:kwəntéiʃ(ə)n] *n*. U [빈번한] 방문, 출입, 교제.
fre·quen·ta·tive [fri(:)kwéntətiv] 〔문법〕 *adj*. [동작의] 반복을 나타내는, 반복 표시의. — *n*. **1** 반복동사 [patter, chatter, twinkle 따위], 반복사(詞). **2** 반복상(相). **3** 반복형 [예를 들어 crackle 은 crack 의, wrestle 는 wrest 의 반복형].
fre·quent·er [fri(:)kwéntər] *n*. 자주 가는(방문하는) 사람, 단골 손님.
‡fre·quent·ly [frí:kwəntli] *adv*. 종종, 자주, 빈번히, 몇 번이고. ⇒ OFTEN [類語]
frère [F frɛ:r] *n*. (*pl*. **frères** [F frɛ:r])《프랑스》 **1** 형제, 동포; [같은 단체의] 동료, 단원. **2** 수도승(friar, monk).
fres·co [fréskou] *n*. (*pl*. **-coes** *or* **-cos**) 프레스코화 (畫); U 프레스코 화법 [벽이나 천장 따위에 칠한 회반죽이 마르기 전에 수채(水彩)로 그리는 화법]. ¶ a painting in *fresco* 프레스코 화법으로 그린 그림. — *vt*. …을 프레스코 화법으로 그리다.
‡fresh [freʃ] *adj*. **1** 새로운, 최신의; 새로이 만든, 신작 (新作)의, 갓 만든(*from* …). ⇒ NEW [類語] ¶ *fresh* footprints 새로 생긴 발자국 // tomatoes *fresh from* a farm 농원에서 갓 따온 토마토 / a book *fresh from* the press 갓 인쇄한 책.
2 새로 입수한, 갓 도착한, 금방 나온(newly arrived) (*from, out of* …). ¶ students *fresh out of* school 갓 졸업한 학생들 / a man *fresh from* the country 시골에서 갓 올라온 사나이.
3 신규의(novel), 전에는 모르던. ¶ make a *fresh* start 새 출발하다, 다시 처음부터 시작하다 / break *fresh* ground 신천지를 개척하다 / seek *fresh* experiences 새로운 경험을 찾다.
4 새로운, 추가의, 그 이상의(additional). ¶ *fresh* supplies 신규 공급.
5 소금기 없는, [물 등이] 아무것도 타지 않은. ¶ *fresh* water 담수, 맹물 / *fresh* butter 소금기 없는 버터.
6 신선한, 상하지 않은, 날것의, 싱싱한, 말리지 않은, 보존화하지 않고 가공하지 않은. ¶ *fresh* milk 신선한 우유 / *fresh* vegetables 싱싱한 야채 / *fresh* meat 날 고기 / *fresh* fish 생선 어(鮮魚).   [(brisk).
7 [지치지 않고] 기운찬, 활발한, 발랄한, 팔팔한
8 색이 바래지 않은, 산뜻한, 선명한, 생생한. ¶ *fresh* paint 갓 칠한 페인트 / *fresh* flowers 색깔이 산뜻한 꽃 / *fresh* memories 생생한 기억.
9 젊은, 생기가 넘치는, 건강한(healthy). ¶ a *fresh* complexion 젊음이 넘치는 안색.
10 청순한(pure), 시원한(cool), 상쾌한, 산뜻한. ¶ *fresh* air 상쾌한 공기.
11〔기상〕[바람이] 꽤 센, 질풍의(strong).
12 경험 없는, 미숙한, 신출내기의(inexperienced). ¶ a *fresh* hand 초심자, 풋내기 / *green* and *fresh* 풋내기의.
13《美》주제넘은, 뻔뻔스러운, 건방진(presumptuous).
14《美》[소가 새끼를 낳아] 젖이 다시 나오게 된.
as fresh as paint (*or a rose*); *fresh and fair* 생기 발랄한.
fresh out of《美속어》…을 막 다 팔아버린(써버린).
in the fresh air 집 밖에서, 야외에서.
— *n*. **1** [인생·일년·하루의] 시작, 초기. ¶ in the *fresh* of the year 연초에 / in the *fresh* of the morning 이른 아침에. **2** 불어난 물, 큰물, 홍수(freshet). [바다로 흘러드는]민물. **3** 돌풍(gust). ¶ a *fresh* of wind 돌풍. — *vt*. …을 새롭게 하다, 신선(청신)하게 하다 (make fresh). — *vi*. 새롭게 되다, 신선(청신)하게 되다(become fresh). — *adv*. 새로, 새롭게, 신선하게, 생생하게 (* fresh 의 복합어를 만든다). ¶ *fresh*-baked 갓 구운 / *fresh*-coined 새로 주조한. ◇ fréshen *v*.
frésh àir *adj*.〔공기가 신선한〕야외(옥외)의;《美》[전강에 나쁜 지역에 사는 빈곤한 어린이에 대한 보도(輔導)를 위해 하는〕교외 산책의.
frésh·blown [fréʃblóun] *adj*. 막 피어난.
frésh brèeze *n*. **1** 맑은 바람. **2**〔기상·항해〕[초속 9미터 내외의] 질풍.
fresh·en [fréʃ(ə)n] *vt*. **1** …을 신선하게 하다, 새롭게 하다, 되살리다, 활기띠게 하다(refresh) (… *up*). ¶ *freshen up* one's memory 기억을 새롭게 하다. **2** …에서 소금기를 빼다. **3**〔항해〕[마멸되지 않도록] (밧줄 따위)의 위치를 바꾸다. — *vi*. **1** 신선하게 되다, 생생하게 되다;《주로 美》몸치장을 하다(*up* …); [바람이] 강하게 불기 시작하다(*up*). ¶ *freshen up* before going out to dinner 식사하러 나가기 전에 몸치장을 잘하다. **2** 소금기가 빠지다. **3**《美》[소가] 젖이 다시 나오게 되다.
fresh·er [fréʃər] *n*.《英속어》= freshman 1.
fresh·et [fréʃit] *n*. **1** [큰비·해빙에 의한] 증수(增水), 홍수. **2** [바다로 흘러드는] 민물의 흐름.
frésh gàle *n*.〔기상·항해〕질강풍(疾强風) [초속 18 미터 내외의].   [하게.
*fresh·ly [fréʃli] *adv*. 새로, 새롭게; 신선하게; 생생
*fresh·man [fréʃmən] *n*. (*pl*. **-men** [-mən]) **1** [대학 따위의] 신입생, 1학년생. **2** 《美》 sophomore, junior, senior ¶ a college *freshman* 대학 1학년생. **2** 신참, 풋내기, 초심자(novice). — *adj*. **1** 1학년생 [용]의. ¶ the *freshman* orientation 신입생 오리엔테이션 / *freshman* courses 1학년생의 과목. **2** 신참의, 신입의. ¶ a *freshman* Congressman 초선 의원.   [주간.
fréshman wèek *n*. [대학] 신입생의 orientation
*fresh·ness [fréʃnis] *n*. U 새로움, 신선[미]; 선명, 생생함; 산뜻함, 상쾌.   [강으로 갈수 올라는.
fresh·run [fréʃrʌn] *adj*. [연어 따위가] 바다에서
fresh·wa·ter [fréʃwɔ̀:tər, +美 -wɑ̀t-] *adj*. **1** 담수의, 민물의, 담수에 사는.《美》opp. salt-water ¶ *fresh-water* fish 담수어. **2** 담수에만 익숙한, 바다에서는 쓸모없는. ¶ a *fresh-water* sailor 강이나 호수만을 항행하는 선원; 무능한 선원. **3**《美》작은, 이름 없는. ¶ a *fresh-water* college [지방의]무명 대학. **4** 《폐어》경험이 거의 없는, 신출내기인, 미숙한.
‡fret¹ [fret] *v*. (**fret·ted, fret·ting**) *vt*. **1** …을 괴롭히다, 고민케 하다(torment), 애태우다, 초조하게 하다 (irritate, vex). ¶ Don't *fret* yourself *about* me. 나 때문에 마음 쓰지 말아라 / His remarks *fretted* her *to* irritation. 그의 말은 그녀를 짜증나게 만들었다 / He was *fretted out of* coma by violent pains. 그는 심한 고통으로 혼수 상태에서 깨었다. ¶ (~+目+副) *fret* one's life *away* (*or out*) 일생을 속태우며 지내다. **2** …을 좀먹다, 마멸시키다, 부식(腐蝕)하다; 침식

fret

하다 (corrode); [침식·마찰 따위로] …을 만들다, [벌레 따위가] …에 먹어 들어가다; [피부를 스쳐 벗기다. ¶ A knife *fretted* with rust 녹슨 나이프 / The stream *fretted* an underground channel. 개울이 침식하여 지하 수도가 생겼다. **3** [건강 따위]를 해치다 (… *away*). ¶ (~+囯+*前*) *fret* one's health *away* 번민하여 건강을 해치다. **4** [수면]에 물결을 일으키다(agitate). ¶ *fret* the surface of a lake 호수의 수면에 물결을 일게 하다. ── *vi.* **1** 초조해 하다, 안달하다(become irritated); 불만을 느끼다(complain); 뉘우치다; 고민하다, 슬퍼하다(grieve), 걱정하다. ¶ Since her husband's death she has continually been *fretting*. 남편이 죽은 후 그녀는 계속 슬퍼했다 // (~+*前*+囵) have nothing to *fret about* 아무것도 걱정할 것이 없다. **2** 부식하다(become worn), 침식하다(cause corrosion); 깨물다, [벌레 따위가] 먹어들어가 구멍을 내다 (gnaw). ¶ (~+*前*+囵) The horse *fretted at* the bit. 말이 재갈을 물었다. **3** 부식되다, 침식되다(*away* …). ¶ (~+*前*) Limestone slowly *frets away*. 석회석은 서서히 침식된다. **4** [물의 흐름·수면이] 거칠어지다, 물결일다.

Fret not! (구어) 염려하지 마! , 안달하지 마(Don't worry)!

── *n.* ① **1** 애탐, 초조, 고민(annoyance, vexation); 불쾌, 노여움(ill temper). ¶ the *fret* and fume 노발 대발 / in a constant state of *fret* 언제나 안달나서 (화가 나서) / He is always on the *fret*. 그는 늘 짜증(성)내고 있다. **2** 부식, 침식(侵蝕) (erosion, corrosion); 먹어 듦 (gnawing); ⓒ 부식 장소 (eroded place).

◇ frétful *adj.*

fret² [fret] *n.* **1** 격자(格子) 무늬(뇌문(雷文))의 돌을새김; 격자형(뇌문) 세공. **2** 격자 무늬, 뇌문. **3** (紋章) 차상(交叉狀)의 끈무늬.── *vt.* (**fret·ted, fret·ting**) …을 격자 무늬(뇌문)로 장식하다, …에 격자 무늬를 하다.   [fret² 1]

fret³ [fret] (음악) *n.* 프렛(현악기의 상아 또는 금속제의 기러기발). ── *vt.* (**fret·ted, fret·ting**) …에 프렛을 달다.

*****fret·ful** [frétfəl] *adj.* 화 잘내는, 짜증내는, 초조해하는, 까다로운, 짜증(성)내고 있는.

~**·ly** [-fəli] *adv.* ~**·ness** *n.* ◇ fret *v.*

frét sáw *n.* 실톱[뇌문 세공용].

fret·ted¹ [frétid] *adj.* 격자 무늬(뇌문)로 장식한.

fret·ted² [frétid] *adj.* **1** 안달난, 노발대발하고 있는. **2** 부식(침식)한, 마멸된.

fret·ted³ [frétid] *adj.* (악기) 프렛(기러기발)이 있는.

fret·ty¹ [fréti] *adj.* (**-ti·er, -ti·est**) 화 잘내는, 성마른.

fret·ty² [fréti] *adj.* 격자 무늬(뇌문)가 있는(fretted).

fret·work [frétwə̀ːrk] *n.* ⓤ 격자 무늬의 세공, 뇌문 세공, 투조(透彫) [면을 도려내어 도안을 나타내는 조각법], 돋을새김.

Freud·i·an [frɔ́idiən] *adj.* 프로이드의, 프로이드 학설의; (구어) [간접·무의식으로의] 성(性)의. ── *n.* 프로이드 학설의 신봉자. [<오스트리아의 의사이며 정신 분석학자인 Sigmund Freud(1856-1939)의 이름에서]

Freud·i·an·ism [frɔ́idiənìz(ə)m] *n.* ⓤ 프로이드 학설(주의), 정신 분석학설.

Fréudian slíp *n.* 본심이 드러난 실언.

Freud·ism [frɔ́idiz(ə)m] *n.* =Freudianism.

F.R.G.S. (略) Fellow of the Royal Geographical Society.

*****Fri.** (略) Friday.

fri·a·bil·i·ty [frài.əbíləti] *n.* ⓤ 부서지기 쉬움, 무름.

fri·a·ble [fráiəbl] *adj.* 부서지기 쉬운, 가루가 되기 쉬운, 무른.

fri·ar [fráiər] *n.* **1** (가톨릭) [탁발(托鉢) 수도회의] 수도사. **2** (고어) (인쇄) 페이지 가운데 선명하지 않은 (빈) 곳.

friar's bálsam *n.* ⓤ (약학) 안식향 정기(安息香丁幾) (상처 따위에 바른다).

friar's lántern *n.* 도깨비불(will-o'-the-wisp).

fri·ar·y [fráiəri] *n.* (*pl.* **-ar·ies**) 수도원, 수도회.

frib·ble [fríbl] *v.* (**-bled, -bling**) *vi.* 쓸데없는 짓을 하다, 시간을 허비하다(trifle). ── *vt.* …을 낭비하다, 쓸데없는 일에 쓰다. ¶ (~+囯+*前*) *fribble away* one's time(money) 시간(돈)을 낭비하다. ── *n.* **1** 쓸데없는 일을 하는 (일에 시간을 허비하는) 사람, 빈둥빈둥 노는 사람(trifler). **2** ⓤ 쓸데없는 일; 쓸데없음. ── *adj.* 쓸데없는, 하찮은(frivolous).

fric·an·deau [frìkəndóu, ˋˋˊ] *n.* (*pl.* **-deaus** or **-deaux** [-z]) 프리강도 [송아지 따위의 고기 스튜에 소스를 친 요리]. [<F]

fric·as·see [frìkəsíː, ˋˋˊ] *n.* 프리카세 [송아지나 닭의 고기를 잘게 썰어 스튜를 만들어 그 고깃국물을 친 요리]. ── *vt.* (**-seed, -see·ing**) (고기)를 프리카세(식)으로 요리하다. [<F *fricassée*]

fri·ca·tion [frikéiʃ(ə)n] *n.* ⓤ (음성) 음의 마찰.

fric·a·tive [fríkətiv] (음성) *adj.* 마찰에 의하여 생기는, 마찰음의(spirant). ── *n.* 마찰 자음([f] [v] [θ] [ð] [s] [z] 따위].

*****fric·tion** [fríkʃ(ə)n] *n.* ⓤ **1** (기계·물리) 마찰. **2** 불화, 알력(conflict). ¶ *friction* between two nations 두 나라 사이의 알력. ◇ fríctional *adj.*, fríctionize *v.*

fric·tion·al [fríkʃən(ə)l] *adj.* **1** 마찰의, 마찰성의. **2** 마찰에 의하여 움직이는(생기는). ¶ *frictional* electricity 마찰 전기 / *frictional* force 마찰력.

~**·ly** [-nəli] *adv.*

fríction báll *n.* [마찰을 줄이는] 볼 베어링.

fríction bráke *n.* (기계) 마찰 브레이크.

fríction clútch *n.* (기계) 마찰 연동기(連動機), 마찰 클러치.   [clutch

fríction cóupling *n.* 마찰 접합[장치]. *cf.* friction

fríction géaring(géar) *n.* (기계) 마찰 전동(傳動) 장치, 마찰 기어.

fric·tion·ize [fríkʃənàiz] *vt.* (**-nized, -niz·ing**) …에 마찰을 일으키다.

fric·tion·less [fríkʃənlis] *adj.* 마찰 없는.

fríction lóss *n.* (기계) 마찰 손실.

fríction mátch *n.* 마찰 성냥.   [이프.

fríction tápe *n.* ⓤ (특히 맨 전선에 감는) 절연용 테

fríction whéel (púlley) *n.* (기계) 마찰륜(輪).

‡Fri·day [fráidi, -dei] *n.* **1** 금요일[略 F., Fr., Fri.]. ⇒ BLACK FRIDAY, GOOD FRIDAY. **2** Defoe 작 *Robinson Crusoe*에 등장하는 Crusoe의 충실한 하인; [일반적으로] 충실한 하인. ¶ a man *Friday* 충복.

Fri·days [fráidiz, -deiz] *adv.* (때로 f-) 금요일마다(on Fridays), 금요일은 언제나 (on any Friday).

fridge [fridʒ] *n.* (주로 英구어) = refrigerator.

*****fried** [fraid] *v.* fry¹의 과거·과거 분사. ── *adj.* 기름으로 튀긴, 프라이한. **2** (속어) 술취한 (drunken).

fried·cake [fráidkèik] *n.* ⓤⓒ 기름에 튀긴 과자; 도넛.

Fried·man·ite [fríːdmənàit] *n.* 프리드먼주의자 [경제 성장은 중앙 은행의 통화 공급량에 의존한다는 설의 지지자]. [<미국의 경제학자 Milton Friedman의 이름에서]

‡friend [frend] *n.* **1** 벗, 친구, 동무. ¶ a bosom *friend* 친한 벗 / a boy (a girl) *friend* 보이(걸) 프렌드 / a woman *friend* 여자 친구 / My *friend* Jones 내 친구 존즈 / a *friend* of mine 나의 친구 / We are good *friends*. 우리는 친한 친구이다 / A *friend* in need is a *friend* indeed. (속담) 어려울 때의 친구가 참된 친구다. (類語) friend 「친구」를 뜻하는 가장 일반적인 말. **acquaintance** 만나면 인사를 나눌 정도로 아는 사람. **companion** 어떤 행동·상태 따위를 함께 하는 사람. **crony** 오랜 세월에 걸친 (종종 학창 시절의) 친구 (* 젊은 사람에게는 그다지 쓰이지 않는 말). **associate** 종

종 공동의 이익·목적·사업 따위에서 대등한 입장에서 교제하는 사람. **comrade** 공동의 목적·운명 따위로 굳게 맺어진 동지. **colleague** [지적인]직업상의 동료; 개인적 친숙은 관계 없다. **buddy** comrade 의 구어. **chum, pal** 둘 다 「친구」를 뜻하는 구어.

— **Usage** my friend, a friend of mine, one of my friends——(1) my friend 는 예를 들면 This is *my friend* Mr. Kim. 처럼 특정한 친구를 말할 경우에 쓰인다. 관사로 말하면 *the* friend 에 해당한다. (2) a friend of mine 은 one of my friends 의 약한 형태이라고 하는 의견도 있으며, 이 경우의 of 는 동격의 of (= who is)로 생각하여, a friend who is mine 의 뜻으로 보는 것이 좋다. my 와 a 를 함께 쓰기 위해서는 이 구문이 필요한다. * 현대 영어에서는 a, an, this, that, some, any 따위와 명사나 대명사의 소유격은 나란히 쓸 수가 없으므로 of 를 사용한 2중 소유격을 쓴다: *that* boyfriend *of* my daughter's / *that* snub nose *of hers* 그녀의 저 들창코.

2 [부르거나 관계자로서 소개할 때 쓰여] 친구, 자네, 여보게 / My honourable (*my* learned) *friend* 영국 하원 의원(법정에서 변호사)끼리의 정식 호칭.

3 지지자, 후원자(supporter), 호의를 보이는 사람(well-wisher). ¶ *friends* of divorce and birth control 이혼 및 산아 제한 지지자 / a *friend* of liberty (truth) 자유 (진리)의 옹호자 / a *friend* of the poor 가난한 자의 벗 / You will always find a *friend* in me. 언제든지 도와드리겠습니다 // He has been a good *friend* to me. 나에게 친절하게 해 주었다.

4 자기(우리) 편, 우군. *cf.* enemy, foe

5 동행[자] (associate), 반려(companion), 아는 사람 (acquaintance). ¶ The prisoner left the court with his *friends*. 죄수는 동료와 함께 법정을 나갔다 / Who was your *friend* in the automobile? 자동차 속에 함께 있던 사람은 누구냐?

6 [사람과 친하고 또한 도움이 되는]동물, 물품. ¶ The dog is naturally the *friend* of man. 개는 본래부터 인간의 좋은 친구이다 / These pills are the dyspeptics' *friends*. 이 약은 위장병 환자의 상비약이다.

7 (~s) 친척, 근친(relatives).

8 (F-) 프렌드 파(派) (Quakers, the Society of Friends)의 사람, 퀘이커 교도.
be (**keep**) **friends with** …과 친하다(친하게 지내고 있다).
friend at (or **in**) **court** 자기의 이익에 관한]유력한 (좋은) 연줄.
make friends with …과 친해지다, …과 친구가 되다.
— *vt.* 〖드물게〗…을 돕다, 원조하다(befriend).
◇ **friendly** *adj.*, **befriend** *v.*

***friend·less** [fréndlis] *adj.* 친구가 없는, 의지할 곳 없는. ~**ness** *n.* [의.

***friend·li·ness** [fréndlinis] *n.* ⓤ 우정, 친절, 친애, 호의.

‡**friend·ly** [fréndli] *adj.* (**-li·er, -li·est**) **1** 친구다운, 친구에게 어울리는, 우정 있는; 호의적인, 친절한(kind). ¶ *friendly* advice 친구다운 충고 / a *friendly* greeting (or nod) 친근한 인사 / in a *friendly* way 호의적으로 // He is *friendly* towards me. 그는 나에게 친절하다.

2 사이가 좋은(with…). 우호적인, 친선의. ¶ a *friendly* game (or match) 친선 경기 / a *friendly* nation 우방 / be on *friendly* terms with [남과 친하다(사이가 좋다) / be on *friendly* relation with [다른 나라]와 우호 관계에 있다 // I have been *friendly* with him for the past five years. 그와는 지난 5년 동안 친구로 지내 왔다.

3 같은 편의, 지지하는(to…). ¶ He is *friendly* to my proposition. 그는 나의 제안을 지지하고 있다.

4 쓸모 있는, 안성맞춤의. ¶ a *friendly* shower 단비.

5 〖복합어를 만들어〗…에 우호적인(친화적인), …을 해치지 않는. ¶ eco-*friendly* 환경 친화적인 / user-*friendly* 사용하기 쉬운.

6 (F-) 〖드물게〗프렌드파의, 퀘이커 교도(종파)의.

— *n.* (pl. -**lies**) [침입자에 대하여] 우호적인 주민.

— *adv.* 〖드물게〗우정을 가지고, 친구답게, 친절히, 호의적으로, 우호적으로; 안성맞춤으로.

-**li·ly** [-lili] *adv.* ◇ **friend** *n.*

friendly action *n.* 〖법률〗협의 소송[문제 해결을 목적으로 한 타협 소송]. [society].

Friendly Society *n.* 《英》공제 조합《美》benefit

friend·ship [fréndʃip] *n.* ⓤⓒ 우정, 우호, 우애, 친교, 친선. ¶ break a *friendship* of ten years 10년간의 교우를 끊다 / I helped him out of *friendship*. 우정에서 그를 도왔다 / I feel *friendship* for a person having ... 친밀함을 느끼다 / I had a *friendship* with him. 나는 그와 친했다.

friendship price *n.* 우호 가격 [석유·곡물 따위 중요 물자에 대해 동일 정치권 국가에게 우호적으로 적용하는 특혜 가격].

fri·er [fráiər] *n.* =fryer.

Frie·sian [frí:ʒən,-ziən] *n., adj.* =Frisian.

Frie·sic [frí:zik] *adj., n.* =Frisian.

frieze[1] [fri:z] *n.* **1** 〖건축〗프리즈, 소벽(小壁) [entablature 중 architrave 와 cornice 의 중간 부분; 보통 장식적 조각이 있다]. **2** 〖벽 따위의〗띠 모양으로 장식한 부분, 띠모양 장식.

frieze[2] [fri:z] *n.* ⓤⓒ 프리즈[한쪽만 보풀을 세운 외투용의 모직물]. — *vt.* (**friezed, friez·ing**) …의 보풀을 세우다.

frig[1] [frig] *v.* (**frigged, frig·ging**) — *vt.* 《卑語》[여성]과 성교하다. — *vi.* **1** 《卑語》성교하다. **2** 《英속어》수음(手淫)하다.

frig[2] [fridʒ] *n.* 《英구어》=refrigerator.

frig·ate [frígət] *n.* **1** 프리깃함《a》28-60문의 대포를 장비한 18-19세기 초엽의 쾌속 범선(帆走) 군함. **b》** 《英·캐나다》대공(對空)·대잠용(對潜用)의 소형 구축함. **c》** 《美》5000-7000 톤급의 군함. **2** =frigate bird.

frigate bird *n.* 군함새[열대의 바다에 사는 거대한 맹금(猛禽); 비행력이 강하며, 다른 새의 먹이를 빼앗아먹기도 한다].

frige [fridʒ] *n.* 《英구어》=refrigerator.

Frigg [frig], **Frig·ga** [-gə] *n.* 〖북유럽 신화〗프리그 [Odin의 아내. 하늘·구름·결혼과 가정의 여신].

‡**fright** [frait] *n.* **1** ⓤⓒ 갑작스런〗공포, 경악. ⇒ FEAR頗類. ¶ in a *fright* 깜짝 놀라서 / have (or get) a *fright* 무서워하다 / give a person a *fright* 남을 몹시 놀래다 / take a *fright* at …에 흠칫하다, 겁을 먹다 / die of *fright* 공포로[놀라서] 죽다. **2** 〖몹시〗추악한 사람 (것). ¶ He is a perfect *fright*. 그는 마치 괴물 같다.

— *vt.* 〖詩〗…을 놀라게 하다(frighten).

◇ **fríghten, affríght** *v.*, **fríghtful** *adj.*

‡**fright·en** [fráitn] *vt.* **1** …을 깜짝[흠칫] 놀라게 하다, 겁먹게 하다 (terrify) (* 보통 「깜짝 놀라다」의 뜻으로는 수동형). ¶ be *frightened* by a shadow 그림자에 놀라다 / The mask *frightened* the child. 그 가면에 아이를 깜짝 놀라게 했다. **2** …을 놀라게 하여…시키다, …에, away, off). ¶ (~+圖+前+圖) *frighten* a child *into* fits 아이를 놀라게 하여 실신시키다 / *frighten* a person *into* submission 남을 위협하여 복종시키다 / *frighten* a person *into* confessing his crime 남을 협박하여 죄를 고백시키다 / *frighten* a person *out of* a place 남을 위협하여 어떤 장소에서 내쫓다 // (~+圖+圖) *frighten* a cat *away* 고양이에게 겁을 주어 쫓아버리다. — *vi.* 깜짝 놀라다, 무서워하다, 겁내다. ◇ **fright** *n.*

fright·ened [fráitnd] *adj.* 깜짝 놀란, 겁이 난, 무서워하는.

fright·en·er [fráitnər] *n.* 겁을 주는 사람 (것). [주어.

fright·en·ing·ly [fráitniŋli] *adv.* 놀라게 하여, 겁을

***fright·ful** [fráitfəl] *adj.* **1** 소름끼치는, 무서운, 끔찍한. ¶ a *frightful* sight 무서운 광경 / a *frightful* accident 끔찍한 사건. **2** 몹시 추한, 추악한. **3** 《구어》불쾌한, 싫은 (unpleasant). ¶ have a *frightful* time 구역질나는 일을 겪다. **4** 《구어》대단한, 극단적인(very great). ¶ a *frightful* amount of money 막대한 돈 / a *frightful* bore 몹시 따분한 사람. ~ness *n.* ◇ fright *n.*

***fright·ful·ly** [fráitfəli] *adv.* 1 깜짝 놀라서, 무섭게도, 굉장하게. 2《구어》몹시; 대단히. ¶ I'm *frightfully* sorry I couldn't help you. 도와드리지 못해 정말 미안합니다.

*****frig·id** [frídʒid] *adj.* 1 매우 추운, 혹한의(very cold). ¶ Man can live even in a *frigid* place. 사람은 극한지에서도 살 수 있다. 2 냉담한, 정열이 없는. 3 형식적인(formal), 딱딱한; 형식뿐인. ¶ a *frigid* bow 형식적인 인사. 4 [여성이] 성적 불감증의. 5 아취가 없는 (unemotional).
~ly *adv.* ~ness *n.* ◇ frigídity *n.*

Frig·id·aire [frídʒidéər] *n.*《상표명》전기 냉장고.

frig·i·dar·i·um [frìdʒidέ(ː)riəm / -déər-] *n.* (*pl.* **-i·a** [-iə]) 〔고대 로마의〕냉욕장(冷浴場).

fri·gid·i·ty [fridʒíditi] *n.* ⓤ 1 한랭(寒冷). 2 냉담; 냉혹; 무기력. 3 [여성의] 성적 불감증.

Frígid Zóne *n.* (the ~) 한대(寒帶).

fri·go [F frigou] *n.*《프랑스》《군대 속어》냉동육(肉).

fri·jol [fríːhoul, -], (**fri·jo·le** [friːhóuli]) *n.* (*pl.* **-jo·les**) 광저기, 강낭콩〔멕시코·미국 서남부산(産)〕.

*****frill** [fril] *n.* 1 주름 장식, 가장자리 장식, 프릴[소매 끝·옷깃 따위에 레이스 따위를 주름잡아 붙인] (ruffle). 2〔사진〕[필름 가장자리의 유제(乳劑)에 생기는] 주름 모양의 구김살. 3〔새·동물의〕목털. 4 (~s) 〔태도나 문체 따위의〕허식, 젠체함 (affectation). 5 쓸데 없는 (불필요한) 것. — *vt.* …에 주름을 붙이다, 가두리 장식을 하다. — *vi.*〔사진〕주름이 생기다, 주름이 잡히다.

frilled [frild] *adj.* 주름 장식을 한.

frill·er·y [fríləri] *n.* ⓤⒸ (*pl.* **-er·ies**) 주름 장식, 프릴.

frill·ies [fríliz] *n. pl.*《속어》무슬 멍키스 달린 페티코트.

frill·ing [fríliŋ] *n.* ⓤⒸ 가두리 장식, 프릴; 주름.

frill·y [fríli] *adj.* (**frill·i·er, frill·i·est**) 1 가두리(주름) 장식이 있는, 주름 모양의. 2 꾸민, 젠체하는, 허식이 많은.

*****fringe** [frindʒ] *n.* 1〔숄·막 따위의〕술, 술 장식, 프린지. 2〔일반적으로〕가, 가장자리, 변두리, 외변(外邊); 술 모양의 것. ¶ a *fringe* of beard on the chin 턱가에 난 수염 / a pond with a *fringe* of grass around 주위에 풀이 난 연못 / on the *fringe* of a forest 숲의 바깥 가장자리에. 3〔지식·학문 따위의〕초보, 피상적 지식; 주변. ¶ the *fringe* of enormous field of sociology 사회학의 광대한 연구 분야의 주변. 4〔여자 이마 위에〕드리운 앞머리;〔동·식물의〕터부룩한 털. 5〔光學〕광선의 줄무늬. 6 특정 파, 패거리.
— *adj.* 부가적인;〔중요성 따위가〕2차적의.
— *vt.* (**fringed, fring·ing**) 1 …에 술을 달다, …을 술로 장식하다. ¶ a *fringed* table cloth 술이 달린 테이블 보. 2 …에 테를 두르다. ¶ the guards *fringing* the palace 궁전의 주변을 지키는 위병 / Grass *fringed* the stream. 개울의 가장자리에는 풀이 덮고 있었다.
◇ **fríngy** *adj.*

frínge área *n.* 프린지 에어리어[라디오·텔레비전의 수신·수상 상태가 나쁜 지역].

frínge bénefit *n.* 특별 급여[근로자의 연금·유급휴가·건강 보험 따위].

fringed [frindʒd] *adj.* 술 장식이 있는; 술 모양의 것이.

frínge párking *n.*《美》교외 주차(駐車).

frínge ráting *n.* 주변 시간대 시청률[골든 아워 전후의 시간대의 텔레비전 시청률].

frínge théater *n.*《英》주변 소극장; 실험 연극, 전위극.

frínge tíme *n.*〔TV〕시청률이 높은 시간대 전후의 시간대.

fring·ing [fríndʒiŋ] *n.* ⓤ 술 모양 붙이기; 술 장식.
— *adj.* 가장자리를 이루는, ¶ *fringing* reefs 초초(裾礁)〔섬이나 육지의 둘레에 생긴 산호초〕.

fring·y [fríndʒi] *adj.* (**fring·i·er, fring·i·est**) 1 술과

같은. 2 술이 있는; 술 장식이 있는.

frip·per·y [frípəri] *n.* ⓤⒸ (*pl.* **-per·ies**) 1 값싸고 번지르르한 옷(장식), 값싼 물건; 시시한 물건. 2 허식, 겉치레, 과시 (ostentation). 3 하찮은 일, 사소한 일 (trifle). 〔플라스틱 원반.

Fris·bee [frízbiː] *n.*《상표명》〔원반던지기 놀이의〕

Frísbee gólf *n.*《스포츠》프리즈비 골프[공 대신에 프리즈비를 사용하는, 골프 비슷한 게임].

Fris·co [frískou] *n.*《美구어》미국 San Francisco의 별칭. [< [SAN] [FR] [ANC] ISCO]

fri·sé [frizéi] *n.* ⓤⒸ 프리제 천[표면의 둥그렇게 코를 지은 보풀(loop)을 자르지 않거나, 또는 그 일부만을 잘라 무늬로 만든 융단천].

fri·sette [frizét] *n.*〔드물게〕[여자 이마 위의] 곱슬곱슬하게 한 앞머리.

Fri·sian [fríʒ(ː)ən / -ziən] *adj.* 프리슬란드 (Friesland)의; 프리슬란드 사람(말)의. — *n.* 1 프리슬란드 사람. 2 ⓤ 프리슬란드 말[略 Fris.].

frisk [frisk] *vi.*〔경쾌하게〕뛰어 다니다다, 뛰놀다, 장난치다, 까불어대다. — *vt.* 1 …을 휘두르다, 흔들다. 2《美》〔무기나 훔친 물건을 찾기 위하여 옷 위로 재빨리 더듬어〕[남]을 신체 검사하다. 3《속어》[옷 위로 재빨리 더듬어] [남]으로부터 물건을 훔치다. — *n.* 1 뛰어 돌아다님, 떠들며 놀기 (gambol). 2《속어》〔옷 위로 몸을 더듬는〕신체 검사. ◇ **frísky** *adj.*

frisk·er [frískər] *n.* 뛰어 돌아다니는 사람.

frisk·et [frískit] *n.*〔인쇄〕1 [수동(手動) 인쇄기에서] 종이 누르는 나무틀, 종이 집게. 2 [사진판(版) 따위의 수정 때에 쓰이는] 마스크.

frisk·y [fríski] *adj.* (**frisk·i·er, frisk·i·est**) 활발한 (lively), 뛰어 돌아다니는, 까부는, 장난치는.
frísk·i·ly *adv.* **frísk·i·ness** *n.*

fris·son [F frisɔ̃] *n.*《프랑스》(=thrill) [공포·흥분에 의한] 떨림, 전율, 스릴.

frit [frit] *n.* ⓤ 1〔녹기 전의〕유리 원료[유리의 인료가 완전히 유리화하지 아니한 것]. 2 프릿[도자기의 유약 원료를 혼합한 것]. — *vt.* (**frit·ted, frit·ting**) [유리 원료]를 용해하다. [류에 유해].

frít flỳ *n.* 작은 파리의 일종[유충은 밀과 기타의 곡

frith [friθ] *n.*《주로 스코》=firth.

frit·il·lar·y [frít(ə)lèri / fritíləri] *n.* (*pl.* **-lar·ies**) 1 표범나비. 2 패모속(貝母屬)의 식물 [종 모양의 꽃이 피는 백합과(科) 식물].

frit·ter[1] [frítər] *vt.* 1 [돈이나 시간]을 잘끔잘끔 쓰다, …을 낭비하다 (…*away*). 2 …을 산산조각 내다, 잘게 썰다. — *n.* 조각, 세편(細片).

frit·ter[2] [frítər] *n.* 프리터 [과일·고기 따위에 가루 죽을 입혀 기름에 튀긴 것].

fritz [frits] *n., vi.* * 다음 숙어로만 쓴다.
fritz out《美속어》고장나다.
on the fritz《속어》고장이 나서.

friv·ol [frív(ə)l] *v.* **-oled, -ol·ing;**《특히 英》**-olled, -ol·ling**》《구어》*vi.* 쓸데없는(어이없는) 짓을 하다 (trifle). — *vt.* …을 헛되이 쓰다, 낭비하다 (…*away*).

fri·vol·i·ty [frivάləti / -vɔ́l-] *n.* (*pl.* **-ties**) 1 ⓤ 경박, 경솔, 불성실. 2 경솔(경박)한 언행, 시시한 것(일).

*****friv·o·lous** [frív(ə)ləs] *adj.* 1 불성실한; 경박한, 경솔한. ¶ *frivolous* conduct 경박한 행동. 2 사소한, 시시한; 보잘것없는; 실없는, 어이없는. ¶ waste one's time on *frivolous* matters 시시한 일에 시간을 낭비하다 / *frivolous* complaints 사소한 불평.
~ly *adv.* ~ness *n.* ◇ frívol *v.*, frivólity *n.*

fri·zette [frizét] *n.* =frisette.

frizz[1] [friz], (**friz**) *vt.* [머리털·직물의 보풀 따위]를 지지다, 곱슬곱슬하게 하다. — *vi.* 지지다. 곱슬거리다. — *n.* 1 곱슬곱슬하게 한 것, 곱슬털, 고수머리.

frizz[2] [friz] *v.* =frizzle[2].

friz·zle¹ [frízl] v. (**-zled, -zling**) =frizz¹. — n. 지진 머리, 짧은 고수머리.
friz·zle² [frízl] v. (**-zled, -zling**) vi. [기름으로 튀길 때 따위에] 지글지글 소리나다. — vt. (고기 따위)를 지글지글 소리내며 튀기다, 바삭바삭하게 튀기다.
[<FR[Y]¹+[F]IZZLE] [이 더운(very hot).
friz·zling [frízliŋ] adj. 지글지글 익는(타는); 찌는 듯
friz·zly [frízli] adj. (**-zli·er, -zli·est**) =frizzy.
friz·zy [frízi] adj. (**-zi·er, -zi·est**) [머리털 따위를] 작게 컬한, 지진; 고수머리의, 곱슬곱슬한(frizzed).
Frl. (略) (독) *Fräulein* (=Miss, Ms.) (영양(令嬢), …양).
FRM (略) *f*iber *r*einforced *m*etals (섬유 강화 금속).
FRN (略) *f*loating *r*ate *n*ote (변동 이자부 채권).
‡**fro** [frou] adv. 저쪽으로, 뒤쪽으로. * 현재는 다음 숙어로 쓴다.
to and fro ① 앞뒤로, 왔다갔다(back and forth). ¶ The small boat traveled *to and fro* all day long. 그 작은 보트는 온종일 왔다갔다 하고 있었다. ② 이곳저곳, 이리저리(hither and thither). ¶ Children ran *to and fro* between the trees. 아이들은 나무 사이를 이리저리 뛰어다녔다.
frock [frak / frɔk] n. **1** [여성용의] 드레스, 가운. **2** [선원이 입는] 털실 스웨터. **3** 수도복(修道服), 성직복(聖職服). **4** [기장이 긴] 군복. **5** [높이나 직공이 입는] 헐렁한 작업복(smock). **6** =frock coat. — vt. **1** …에 프록을 입히다. **2** …을 성직에 앉히다.
fróck còat n. 프록 코트[무릎까지 내려오며 몸에 꼭 맞는 남자용 더블 상의. 주로 19세기에 입었다].
froe [frou], (**frow**) n. 《美》 [통널 따위를 쪼개는] 까뀌 [쐐기 모양의 날이 자루와 직각으로 붙어 있다].
‡**frog**¹ [frɔːg, frag / frɔg] n. **1** 개구리. *cf.* toad **2** (F-) 《경멸적》 프랑스 사람. *cf.* frogeater **3** 수반(水盤) 속의 꽃을 받치는 쇠붙이(침봉(針峰) 따위). **4** (혁대의) 칼 꽂는 고리(sheath).
[as] cold as a frog ⇒ COLD. [한] 쉰 목소리.
a frog in the throat (구어) [목구멍의 아픔 따위로] — vi. (**frogged, frog·ging**) 개구리를 잡다(찾다).
◇ **fróggy** adj.
frog² [frɔːg, frag / frɔg] n. **1** 프로그[상의의 가슴 따위에 다는 단추 고리를 겸한 장식끈]; [군복 따위의] 늑골 장식. **2** 〔철도〕 철차(轍叉) 〔선로의 교차점에 설치하는 장치〕.
frog³ [frɔːg, frag / frɔg] n. 〔동물〕 제차(蹄叉) 〔탄력성이 있는 각질(角質) 웅기로, 말 따위의 발굽 중앙에 있다〕.
frog·eat·er [frɔ́ːgìːtər, frág- / frɔ́g-] n. **1** 개구리를 먹는 사람. [frog² 1] **2** (F-) 《경멸적》 프랑스 사람. *cf.* frog¹ 2
frog·fish [frɔ́ːgfìʃ, frág- / frɔ́g-] n. (*pl.* **-fish** *or* **-fishes**) **1** 빨간씬벵이류〔열대산(産); 입이 개구리 같다〕. **2** 아귀(angler). [달린.
frogged [frɔːgd, frɑgd / frɔgd] adj. 프로그(장식끈)가
frog·gy [frɔ́ːgi, frági / frɔ́gi] adj. (**-gi·er, -gi·est**) **1** 개구리의(같은). **2** 개구리가 많은.
fróg hàir n. 《美속어》 푼돈 자금(현금).
frog·hop·per [frɔ́ːghàpər, frág- / frɔ́ghɔ̀p-] n. 거품벌레과(科)의 작은 곤충.
fróg kìck n. 〔수영에서의〕 개구리 차기.
frog·man [frɔ́ːgmæ̀n, -mən, frág- / frɔ́gmən] n. (*pl.* **-men** [-mèn / -mən]) 잠수 공작원(병(兵)).
frog·march [frɔ́ːgmɑ̀ːrtʃ, frág- / frɔ́g-] n. 엎어 나르기〔거역하는 죄수 등을 엎어서 넷이서 손발을 잡아 나르는 일〕. — vt. …의 손발을 잡고 엎어서 나르다.
frog·skin [frɔ́ːgskìn, frág- / frɔ́g-] n. 《美속어》 1달러 지폐; 콘돔.
fróg spàwn n. 개구리알; 흙조류(紅藻類); 민

물산(産)의 말 무리(frog spit).
****frol·ic** [frálik / frɔ́l-] n. **1** Ⓤ 명랑, 쾌활, 장난, 까불기(fun, gaiety). **2** 유쾌한 모임, 유쾌하게 떠들기.
— vi. (**-icked, -ick·ing**) 명랑하게 떠들다, 장난치다, 까불다. — adj. 《고어》=frolicsome.
◇ **frólicsome** adj.
frol·ic·some [fráliksəm / frɔ́l-] adj. 유쾌하게 떠드는, 장난치는, 쾌활한(sportive).
~**ly** adv. ~**ness** n.
‡**from** [frʌm, fram, 약 frəm / frʌm, frɔm, 약 frəm] *prep.* **1** [기점·출발점] …으로부터. ¶ a train running north *from* Seoul 서울에서 북쪽으로 가는 열차 / a chandelier hanging *from* the ceiling 천장에 매달려 있는 샹들리에 / rise *from* a chair 의자에서 일어나다 / jump down *from* a window 창문에서 뛰어내리다 / *from* head to foot; *from* top to toe 머리 끝에서 발끝까지, 전신 / I often meet him on my way to and *from* school. 나는 학교에 오가는 길에 그를 자주 만난다.
2 (때·순서 따위의 기점) …부터, …이래(이후), ¶ *from* now on 앞으로 / *from* morning to (*or* till) night 아침부터 밤까지, 온종일 / *from* birth to (*or* till) death 나서 죽을 때까지 / count *from* one to ten 1부터 10까지 세다 / He lectured *from* six till eight. 그는 6시부터 8시까지 강의했다 / I have known him *from* a child (*or* his childhood). 나는 그를 어릴 때부터 알고 있다 / Prices range *from* 100 to 200 won. 값은 100원부터 200원까지 있다.
— **Usage**¹ from … to, from … till, from … through (to … inclusive) — (1) from … to 는 장소와 시간에 다 쓰지만, from … till 은 시간에 대해서만 쓰며, 「…에서…까지[…내내]」하는 계속의 뜻이 강하다: *from* Seoul *to* Suwon / *from* 1 a.m. *to* (*or till*) 10 p.m. * *from* time to time 같이 계속의 관념이 있을 때는 till 은 쓰지 않는다. (2) from 11 to 20은 11, 20을 포함하지만, 그것을 명시하기 위해 《美》 from … through, 《英》 from … to … inclusive 를 쓰는 일이 있다: 《美》 *from* January 18 *through* February 15, 《英》 *from* January 18 *to* February 15 *inclusive*.
— **Usage**² from 과 since — from 은 단순히 출발점만을 나타내는 데 대하여 since 는 출발점을 나타냄과 아울러 현재 (또는 과거의 어떤 시점)까지의 계속의 뜻을 내포한다. 따라서 from 은 과거·현재·미래의 어느 때에 대해서도 쓰지만 since 는 과거의 어떤 시점에 대해서만 쓴다.
3 (거리·간격) …에서. ¶ be away *from* home 집에 없다 / be absent *from* school 학교를 결석하다 / wander *from* one's purpose 목적에서 빗나가다 / How far is it *from* here to the office? 여기서 회사까지 얼마나 됩니까? / It is far *from* true. 그것은 진실과 거리가 멀다.
4 (분리·제거·탈취·해방 따위) …에서, …으로부터. ¶ free *from* care 걱정없는, 마음 편한 / take two *from* six 6에서 2를 빼다 / release a person *from* prison 남을 감옥에서 석방하다 / take a bag *from* a girl 소녀로부터 가방을 빼앗다.
5 (회피·제지·저지·보호 따위) …에서, …하지 않도록. ¶ shrink *from* responsibility 책임을 회피하다 / refrain *from* laughing 웃음을 참다 / save a fruit *from* rotting 과실이 썩지 않게 하다 / I was rescued *from* drowning by him. 나는 익사할 것을 그에 의해 구조받았다 / Rain prevented me *from* going out. 비 때문에 외출하지 못했다.
6 (변화·추이의 기점) …에서(부터). ¶ awake *from* a dream 꿈에서 깨어나다 / recover *from* illness 병에서 회복하다 / The international situation was going *from* bad to worse. 국제 정세는 악화 일로를 걷고 있었다.
7 (차이·구별) …에서(부터), …과. ¶ know (*or* tell) good *from* bad 선악을 구별할 줄 알다 / Can you tell wheat *from* barley? 밀과 보리가 어떻게 다른지 아느

frond

나? / I differ *from* my father. 나는 아버지와 의견이 맞지 않는다.
8 《기원·근원·유래·출처·출신》…에서, …으로부터. ¶ a river flowing *from* a lake 호수에서 발원하는 강 / a bite *from* a snake 뱀에 물린 상처 / a quotation *from* Shakespeare 셰익스피어로부터의 인용 / take a purse *from* one's pocket 호주머니에서 지갑을 꺼내다 / paint *from* a still-life model 정물(靜物)을 사생하다 / Where do you come *from*? 어디 출신입니까? / He is fresh *from* Oxford. 그는 옥스퍼드를 갓 졸업했다.
9 《행동·판단 따위의 근거》…으로부터, …에 의하여. ¶ judge *from* a person's conduct 남의 행동으로부터 판단하다 / This explanation is not wholly correct *from* a historical point of view. 역사적 견지에서 볼 때 이 설명은 완전히 옳지는 않다.
10 《발송자·증여자·수여자》…에게서[의], …으로부터[의]. ¶ a letter *from* my mother 어머니로부터의 편지.
11 《이유·원인·동기》…에서, …때문에, …으로 해서. ¶ act *from* necessity (a sense of duty) 필요해서 (책임감에서) 행동하다 / get ill *from* overwork 과로로 해서 병이 나다 / suffer *from* influenza (a cold) 독감(감기)에 걸리다.
12 《원료》…에서, …으로. ¶ make wine *from* grapes 포도로 포도주를 만들다 / Cheese is made *from* milk. 치즈는 우유로 만든다. * be made from 은 재료가 원형을 잃는 경우이고, 원형이 남는 경우는 be made of 가 쓰인다.
13 《from... to...의 형태로 계속·반복을 나타낸다》 ¶ *from* day to day 하루하루, 날마다 / *from* time to time 때때로, 가끔 / *from* place to place 여기저기로, / *from* age to age; *from* generation to generation 세대에서 세대로, 대대로 / *from* mouth to mouth 입에서 입으로 / *from* door to door 가가호호, 집집마다.
14 《장소나 때를 나타내는 전치사 따위 앞에 써서 방향·위치를 가리킨다》…에서, …으로부터. ¶ *from* far away 저 멀리에서 / *from* above (below) 위(아래)로부터 / *from* of old 옛날로부터 / *from* within (without) 내부(외부)로부터 / news *from* over the sea 해외로부터의 뉴스 / speak *from* under the bed 침대 밑에서 꺼내다 / *from* behind the curtain 커튼 뒤에서 말하다.

frond [frand / frɔnd] *n.* 【식물】 **1** 〔양치·종려 따위의 잘게 갈라진〕 잎. **2** 〔이끼 따위의, 잎과 줄기가 분화되지 않은〕 엽상체(葉狀體).

frond·age [frándidʒ / frɔ́nd-] *n.* ⓤ〔집합적〕 【식물】 엽상체, 군엽(群葉).

Fronde [frɔːnd] *n.* 〔프랑스 역사〕 **1** 프롱드당〔루이 14세 치하 초기의 반(反) 왕당파〕. **2** 프롱드당의 반란 (1648-53).

frond·ed [frándid / frɔ́nd-] *adj.* 【식물】 엽상체가 있는, 〔양치 따위〕 잎이 무성한.

fron·dose [frándous / frɔn-] *adj.* 【식물】 엽상체가 있는, 엽상체 비슷한.

‡**front** [frʌnt] *n.* **1** 〔물건의〕 맨 앞부분, 앞면; 앞, 전방. *cf.* back ¶ Look to your *front*. 앞을 보아라 / The *front* of your shirt has spots. 샤쓰 앞에 얼룩이 묻어 (나) 있어.
2 〔건물의〕 정면, 전면, …쪽. ¶ the *front* of a building 건물의 정면.
3 〔군대〕 최전방, 전선(前線), 일선, 전지(戰地); 〔대열의〕 향. ¶ The home *front* 후방 / the news from the *front* 일선에서 온 보도 / air fighting on (*or* at) the *front* 최전방에서의 공중전 / go to the *front* 일선으로 가다.
4 〔도로·하천 따위에 면한〕 빈터(frontage); 《英》 〔해안의〕 산책길. ¶ a lake *front* 호숫가 / a hotel on the *front* 해안에 면한 호텔 / go along the *front* 해안로를 가다.
5 《구어》 〔회사·단체 따위가 인기를 끌기 위해 이용하는〕 명목상의 유명인(figurehead), 간판 명사; 〔세상의 이목을 속이기 위한〕 표면상의 인물(물건; 사업, 단체) (blind), 방패막이.
6 ⓤ 태도; 표정, 용모(countenance); 겉치레. ¶ a smiling *front* 웃는 얼굴 / put on a bold *front* 태연한 태도를 취하다.
7 ⓤ 뻔뻔스러움, 몰염치. ¶ He had the *front* to woo my daughter. 그는 뻔뻔스럽게도 내 딸에게 구혼했다.
8 ⓤ 짐짓 꾸민〔젠 체하는, 자부심이 강한〕 태도.
9 《詩》 이마(forehead); 얼굴(face).
10 〔사상적·정치적인〕 운동, 전선. ¶ the people's (*or* the popular) *front* 인민전선 / the labor *front* 노동전선.
11 앞부분에 붙이는 것, 가슴받이, 넥타이; 〔여성의〕 이마 위에 붙이는 가발. ¶ a shirt *front* 와이샤쓰의 가슴판.
12 〔기상〕 전선. ¶ a cold (a warm) *front* 한랭 (온난) 전선.
13 〔연극〕 관람석(auditorium); 무대의 앞면(downstage).
14 〔음성〕 전설면(前舌面) (음).

at the front ① 일선에서, 싸움터에 나가; 출정중인. ¶ a son *at the front* 출정중인 아들 / be killed *at the front* 일선에서 전사하다. ② 〔문제 따위가〕 표면화하여; 세평에 올라.
at the front of …의 선두에, 앞 부분에.
change front ① 〔군대〕 〔공격의〕 정면을 바꾸다, 방향을 바꾸어 전진하다. ② 〔비유적〕 〔논의의〕 방향을 바꾸다.
a change of front 〔원래 군대〕 방향 전환.
come to the front 두각을 나타내다, 유명해지다.
form a united front against …에 대하여 공동 전선을 펴다.
front and rear 〔부사적〕 앞뒤를; 앞뒤 양면으로부터.
front of 《속어》 = in front of.
front to front 〔고어〕 마주보고, 맞대면하여(face to face).
get in front of oneself 《美구어》 〔몹시〕 서두르다; 당황하다; 허둥대다(become confused).
head and front 주요부(主要部).
in front 전방(앞쪽)에, 정면에, 맨 앞줄에. ¶ Please go *in front*. 먼저 가십시오.
in front of …의 앞에; …의 정면에, 앞면에 (*opp.* at the back of). ¶ a girl standing *in front of* me 내 앞에 서 있는 소녀.
in the front of …의 앞부분에; …의 앞면에 (앞줄에). ¶ There is a large hole *in the front of* the building. 건물의 앞면에 큰 구멍이 있다. 〔군(拔群)〕 하여.
out front ① 입구 바깥쪽에서. ② 〔남보다〕 앞서, 발
up front ⇨ UP.

— *adj.* 〔한정 형용사〕 **1** 앞의, 앞 부분의, 앞면의, 정면의. *cf.* back ¶ *front* seats at a theater 극장의 맨 앞줄 좌석/the *front* door 정면 현관/the *front* desk 〔호텔의〕 프런트, *front* foot 앞면의 폭 / a *front* wheel 앞 바퀴 / a *front* view 전경(前景) / *front* teeth 앞니 / a *front* elevation 정면도. **2** 중요한, 현저한. ¶ be in the *front* rank 최전방, 제일선에 있다 / take a *front* seat 중요한 지위를 차지하다. **3** 〔음성〕 전설(前舌) (음)의. *cf.* back, central ¶ *front* vowels 전설 모음〔[i], [e] 따위〕.

— *adv.* 앞쪽으로, 정면에(으로). ¶ Eyes *front*! 바로 (가운데 봐)!

— *vt.* **1** …에 면하다, 향하다(face). ¶ The landscape *fronting* the title page 표표지와 마주보고 있는 풍경화 / Their villa *fronts* the ocean. 그들의 별장은 바다에 면해 있다. **2** …에 대면하다, 마주 향하다, 맞서다(confront), …에 적대하다, 반항하다(oppose). ¶ *front* a danger 위험에 맞서다 / *front* death 죽음에 직면하다. **3** …에 정면을 붙이다 〔달다〕 (...with). ¶ (~+圓+前+图) a mansion *fronted with* a garden 정면에 정원이 있는 저택 / *front* a building with marble 건물 정면에 대리석을 붙이다. **4** 〔음성〕 전설음으로 전화(轉化)하다. **5** 〔재즈(댄스) 밴드 따위를〕 지휘하다(lead).

— *vi.* **1** 향하다, 면하다, 〔어느 방향에〕 정면이 있다

front. ¶ (~+圖+图) The house *fronted on* the sea. 그 집은 바다를 향하고 있었다 / The cottage *fronts toward* the east. 그 오두막은 동향이다 // (~+圖) *Front round* and stand still. 정면을 향하고 꼼짝 말고 있어요. **2** 앞잡이가 되다. **3** (속어)방패막이 하다.
— *interj.* **1** (구령)앞으로 봐. **2** 프론트로[호텔에서 프론트 담당이 보이를 부를 때의 소리].
◇ **fróntal** *adj.*
front. (略) frontispiece.
front·age [frʌ́ntidʒ] *n.* **1** [건물의]정면, 앞면. **2** 앞면의 폭. **3** [건물의]향. **4** [강·도로 따위에 면한] 임계지(臨界地), 빈터. **5** 건물 정면과 도로 사이의 땅(빈터). **6** [군대의]숙영 용지(宿營用地), 전투(점령)정면.
fróntage ròad *n.* (美)[주요 도로에서 갈라진] 지선 도로. *cf.* service road
fron·tal [frʌ́nt(ə)l] *adj.* **1** 앞의, 앞면의, 정면의. ¶ a *frontal* attack 정면 공격. **2** (해부)이마의, 전두부(前頭部)의. ¶ the *frontal* bone 전두골. **3** [종교](제단의)정면의 휘장. — *n.* **1** (해부)전두골. **2** (종교)(제단의)정면의 휘장. **3** [건물의]정면. **4** =frontlet 3.
— **·ly** [-təli] *adv.*
fróntal lòbe. [해부] [뇌의] 전두엽(前頭葉).
frónt bénch *n.* (英)(의회의) 정면석[의장석에 가까운 장관 및 야당 간부석]. *cf.* back bench
frónt béncher *n.* (英)[front bench에 앉는] 장관, 야당 간부. *cf.* back bencher
frónt búrner *n.* **1** [렌지의] 앞쪽 버너. *cf.* back burner **2** ⓤ 최우선 사항, 최대 관심사. ¶ be on the *front burner* 특별 우대를 받다, 최대의 관심사다.
frónt cóurt *n.* [농구] 프런트 코트[상대방 코트].
frónt désk *n.* [호텔 등의] 접수처, 프런트.
frónt dóor *n.* **1** 정면 현관[입구]. **2** [목적 달성을 위한] 정면으로의 접근, 정공(正攻)법. **3** 합법적 수단, 정규 수속. — *adj.* [회사 따위가] 착실한.
frónt-énd lóad [frʌ́ntènd-] *n.* [증권] 선취(先取)수수료, 선취 판매 수수료.
‡**fron·tier** [frʌntíər, --, frʌntíər /, frʌ́ntiə, frɔn-] *n.* **1** [다른 나라와의] 국경(지방). ⇒ BORDER 類語 ¶ the German *frontier* of France 프랑스의 독일 국경 지방 / an incident in the Franco-German *frontier* 프랑스 독일 국경에서의 사건 / cross the *frontier* into Mexico 국경을 넘어 멕시코에 들어가다. **2** (美)미개척 지방과 개척 지방의 경계, 변경 지대; (특히 미국의 식민이 이전의) 서부 변경. **3** (종종 ~s) [학문의] 미연구 분야, [학문 따위의 최첨단을 가는] 분야. ¶ the latest *frontiers* of linguistic science 언어학의 최근의 연구 분야 / The *frontiers* of medicine are still being extended. 의학의 분야는 아직도 개척되어 가는 중이다. **4** (수학) 경계(boundary).
— *adj.* (한정 형용사) **1** 국경 지방의. ¶ a *frontier* incident 국경에서 일어난 사건 / *frontier* garrisons 국경 수비대. **2** (美)변경의, 변경 개척자의. ¶ an early American *frontier* town 초기 미국 개척지의 소도시 / the hardship of *frontier* life 변경 생활의 고초 / the *frontier* spirit 프론티어 스피릿, 개척자 정신.
fron·tiers·man [frʌntíərzmən /, frʌn-] *n.* (*pl.* **-men** [-mən]) 국경 지방 주민; (美)변경 개척민.
*****fron·tis·piece** [frʌ́ntispìːs] *n.* **1** [책의] 권두화(卷頭畫). **2** [건축] 정면, (현관이나 창문 위의) 장식벽, 합각머리.
frónt·lash [frʌ́ntlæ̀ʃ] *n.* 역반격(逆反擊), 역습.
frónt·less [frʌ́ntlis] *adj.* **1** 정면이 없는. **2** (고어)파렴치한, 뻔뻔스러운(shameless).
frónt·let [frʌ́ntlit] *n.* **1** [포유 동물의] 이마(forehead). **2** [鳥類] [털빛이나 난 모양새가 타 부분과 다른] 이마 부분. **3** [이마에 다는 장식용의] 리본, 밴드(frontal). **4** [유태인 사이에서] 이마에 붙이는 부적(phylactery).

frónt líne *n.* (the ~) [활동·투쟁 따위의] 선두; [전쟁터의] [최]전선, 제일선. [인물.
frónt màn *n.* 간판 구실을 하는(표면에 내세우는)
frónt màtter *n.* (인쇄) 책의 본문 앞 부분[속표지·차례 따위]. *cf.* back matter
frónt mòney *n.* 선불금, 착수금. [반 9홀].
frónt níne *n.* (골프) 프런트 나인[18 홀 경기의 전
frónt òffice *n.* **1** (회사의) 본사, 수뇌부, 경영진; (특히) 경찰 본부. **2** (증권 거래소의) 객장. [page
frónt pàge *n.* (책의) 속표지; (신문의) 제1면. *cf.* back
frónt-pàge [frʌ́ntpèidʒ] *adj.* (신문 따위의) 제1면에 싣기에 알맞은, 중요한, 보도 가치가 높은, *opp.* back-page — *vt.* (**-paged, -pag·ing**) ···을 제1면에 싣다 (게재하다).
frónt rànk [frʌ́ntræ̀ŋk] *adj.* 제1급의, 1류의.
frónt-ránk·er [frʌ́ntræ̀ŋkər] *n.* 주요 인물.
frónt róom *n.* 거실(living room).
frónt rúnner *n.* **1** (스포츠) 선두를 달리는 선수(말); 최우수 선수. **2** (일반적으로 경쟁 따위에서) 선두에 선 사람.
frónts·man [frʌ́ntsmən] *n.* (*pl.* **-men** [-mən]) (英)가게 앞에 서서 파는 점원.
front·ward [frʌ́ntwərd], (**front·wards** [-wərdz]) *adv.* 전방(앞쪽)으로.
frónt-whéel [frʌ́nt(h)wiːl] *adj.* [차 따위의] 앞바퀴에 작용하는. ¶ a *front-wheel* brake 전륜(前輪) 브레이크
frónt yárd *n.* [집의] 앞뜰. *cf.* backyard [크.
frore [frɔːr / frɔː] *adj.* (고어)서리가 내리는(frosty), 혹한의, 얼어붙은.
frosh [frɔʃ / frɔʃ] *n.* (*pl.* **frosh**) (美구어) (대학의) 1년생, 신입생(freshman).
‡**frost** [frɔːst / frɔst] *n.* ⓤ **1** [서리를 맺는] 추위, 혹한; 결빙(結氷) 온도, 빙점(氷點). ¶ *black frost* 검은 서리 [결빙은 되지 않고 식물의 잎을 검게 만드는 혹한] / Jack Frost (의인화한) 혹한, 엄동 / ten degrees of *frost* (英) 영하 10도 (화씨 22도). **2** ⓤ (강상(降霜), 결빙, 동결. ¶ a heavy(or a severe, a hard) *frost* 된 서리 / an early *frost* 이른 서리. **3** 서리 (white frost, hoarfrost). ¶ *frost* on the grass 풀에 내린 서리 / There is *frost* on the ground. 지면은 얼어붙어 있다. **4** [태도·기질의] 차가움, 냉담, 냉혹(coldness). **5** ⓒ (구어) (연극·상연·행사 따위의) 실패(failure). ¶ The play was a dreadful *frost*. 그 연극은 지독한 실패였다 / The party turned out a *frost*. 파티는 실패로 끝났다.
— *vt.* **1** ···을 서리로 덮다. **2** ···의 표면을 하얗게 흐리게 하다; [유리·금속]의 광택을 없애다. ¶ *frost* glass 유리의 표면을 흐리게 하다. **3** [과자 따위에] 설탕을 입히다(ice). **4** ···을 서리로 해치다, 상해(霜害)를 입히다. **5** [머리]를 희게 하다. **6** [얼음에 미끄러지지 않도록] [편자의 못]을 날카롭게 하다.
— *vi.* **1** 서리가 내리다(*up, over...*) ¶ It *frosts*. 서리가 내린다. **2** [서리처럼] 하얗게 되다.
◇ **frósty, fróst·like** *adj.*
frost·bite [frɔ́ːstbàit / frɔ́st-] *n.* ⓤ 얼음박임, 동상(chilblain). — *vt.* (**-bit** [-bit], **-bit·ten** [-bitn], **-bit·ing**) ···을 추위에 상하게 하다, ···에 상해(霜害)를 입히다; 동상을 입히다, 얼음박이게 하다.
frost·bit·ing [frɔ́ːstbàitiŋ / frɔ́st-] *n.* ⓤ (美) 겨울의 요트 놀이.
frost·bit·ten [frɔ́ːstbìtn / frɔ́st-] *adj.* **1** 상해(霜害)를 입은; 동상에 걸린, 얼음 박인. **2** 냉담한.
frost·bound [frɔ́ːstbàund / frɔ́st-] *adj.* (지면) 따위가) 얼어붙은.
frost·ed [frɔ́ːstid / frɔ́st-] *adj.* **1** 서리에 덮인, 서리가 내린. ¶ a *frosted* windowpane 성에가 낀 유리창. **2** =frostbitten. **3** [과자 따위가] 설탕을 입힌, [머리털이] 하얗게 된. **4** [유리 따위가] 광택을 없앤. **5** [보존·상용품을 위해] 급속히 냉동된(quick-frozen). **6** [당과(糖菓) 따위에] 아이스크림을 섞어서 만든. **7** [태

도·기분 따위가] 쌀쌀한, 차가운; 거만한(stuck-up). — n. ⓤⓒ 아이스크림을 넣고 섞은 음료.

frost·fish [frɔ́ːstfìʃ / frɔ́st-] n. (pl. **-fish·es** or **-fish**) [북미산(産)] 작은 대구류(類) [서리가 내릴 무렵에 잡힌다].

frost·flow·er [frɔ́ːstflàuər / frɔ́st-] n. Aster 속(屬)의 식물 [들국화·땅쑥 따위].

frost-free [frɔ́ːstfrìː / frɔ́st-] adj. 자동 서리 제거 장치가 달린, 서리가 끼지 않는.

fróst héave n. 동상(凍上), 동토의 솟아 오름[땅 속의 습기가 얼어서 지면이 솟아오르는 현상].

frost·i·ly [frɔ́ːstili / frɔ́st-] adv. 얼어붙듯이; 서리처럼; 쌀쌀하게, 냉담하게. ¶ He smiled frostily. 그는 쌀쌀하게 웃었다.

frost·i·ness [frɔ́ːstinis / frɔ́st-] n. ⓤ 서리가 내릴 만큼 추움; 차가움, 참; 반백(半白); 쌀쌀함; 냉담.

frost·ing [frɔ́ːstiŋ / frɔ́st-] n. ⓤⓒ **1** [과자에 입힌] 설탕(icing). **2** [유리·금속의] 광택을 없애기, 광택을 없앤 면. **3** [장식 세공용의] 유리 가루.

frost·work [frɔ́ːstwə̀ːrk / frɔ́st-] n. ⓤ **1** [유리창 따위에 생기는] 서리꽃, 성에. **2** [은그릇·유리 따위의] 서리 무늬 장식.

***frost·y** [frɔ́ːsti / frɔ́sti] adj. (**frost·i·er, frost·i·est**) **1** 서리가 내리는, 서리를 품는, 얼어붙는 듯한 (freezing), 혹한의. ¶ A frosty night 서리 내리는 밤. **2** 서리에 덮인. ¶ The glass is frosty. 유리에 서리가 끼어 있다. **3** [태도·성질 따위가] 쌀쌀한, 냉담한. ¶ a frosty conver·sation(smile) 쌀쌀맞은 대화(냉소). **4** [머리털 따위가] 서리 같은, 반백(半白)의. ¶ frosty hair 반백의 머리털. **5** 노령의. **6** 순백의, 하얗게 센. ◇ frost n.

***froth** [frɔːθ / frɔθ] n. ⓤⓒ **1** 거품, 포말. ⇨ FOAM 頻問 ¶ the froth on beer 맥주의 거품. **2** [방아나 흥분했을 때 나오는] 게거품. **3** 시시한 생각, 공허한 것, 빈 말. — vt. **1** 거품이 일게 하다. ¶ A horse froths his bit. 말은 재갈을 거품투성이로 만들고 있다. **2** 거품을 일게 하다. ¶ froth beer 맥주에 거품을 일게 하다 / froth eggs 달걀을 저어서 거품이 일게 하다. **3** [거품처럼] …을 뿜어내다. ¶ froth one's anger 화를 토해 내다. **4** …을 거품난 것으로 장식하다(…up). — vi. **1** 거품을 내다(foam). ¶ froth at the mouth 입에서 거품을 뿜다 / Beer froths in the glass. 맥주가 컵 속에서 거품을 내고 있다.

froth·blow·er [frɔ́ːθblòuər / frɔ́θ-] n. 《英익살》 맥주 애음가.

froth-spit [frɔ́ːθspìt / frɔ́θ-] n. [거품내는 벌레의] 내뿜는 거품.

froth·y [frɔ́ːθi / frɔ́θi] adj. (**froth·i·er, froth·i·est**) **1** 거품의, 거품 같은, 거품이 인, 거품투성이의 (foamy). ¶ frothy waves 거품 이는 파도. **2** [거품처럼] 공허한, 천박한(shallow).
froth·i·ly adv. **froth·i·ness** n.

frot·tage [frɔːtáːʒ / frɔt-] n. **1** 약이나 그림 물감 의 문질러 바르기. **2** 옷을 입은 채 성기를 남에게 문지르는 자위 행위(변태 성욕). [<F]

frou-frou [frúːfrùː] n. **1** [비단이 스치는] 사각사각 소리. **2** [프릴·리본 따위로 여성복의 공들인] 장식. **3** 짐짓 꾸민 점잔.

frounce [frauns] n. 《고어》 뽐냄, 젠체함, 허식. — v. (**frounced, frounc·ing**) vt. 《고어》 **1** …의 머리를 컬하다. **2** …에 주름을 잡다. — vi. 《폐어》 얼굴을 찌푸리다.

froust [fraust] vi. =frowst.

frouz·y [fráuzi] adj. (**frouz·i·er, frouz·i·est**) =frowzy.

frow¹ [frou] n. 《美》 =froe.

frow² [frau] n. [네덜란드·독일의] 여자. cf. Frau **2** 여성, 아내, 주부(housewife).

fro·ward [fróuərd, +美 -wərd] adj. 빙퉁그러진, 옹 고집된, 완고한, 다루기 힘든. **~·ly** adv. **~·ness** n.

ǂfrown [fraun] vi. **1** [불쾌함·정신의 집중 따위] 눈

살을 찌푸리다, 얼굴을 찡그리다, 우거지상을 짓다, 싫은(언짢은) 얼굴을 하다; [생각에 잠겨] 심각한 표정을 짓다. ¶ She frowned in the bright sunlight. 눈부신 햇살을 받고 그녀는 상을 찡그렸다 // (~+前+名) frown on a person's doing such …하는 것에 언짢은 얼굴을 하다 / He frowned at me for laughing at him. 내가 웃었기 때문에 그는 불쾌한 얼굴을 했다 / Don't frown at me like that. 나보고 그렇게 무서운 얼굴을 짓지 말아요. **2** [사물이] 어두운(신통치 않은) 양상을 나타내다. **3** 불찬성의 뜻을 보이다, 난색을 보이다(on, upon…). ¶ (~+前+名) frown upon a scheme 계획에 난색을 보이다 / Society frowns on such deviations from good taste. 사회는 양식에서 벗어난 그러한 행위에 눈살을 찌푸린다.
— vt. **1** 눈살을 찌푸려서 [불찬성(불쾌함) 따위]를 표시하다. ¶ frown disgust 싫은 표정으로 혐오감을 나타내다. **2** 무서운 표정을 지어 …시키다, …을 위압하다(… off, away, down; …into). ¶ (~+目+前+名) frown a person into silence 무서운 얼굴을 지어 남을 침묵시키다 // (~+目+圖) frown a person off (or away) 무서운 얼굴을 지어 남을 쫓아버리다.
— n. **1** 찡그린 상, 우거지상, 씁쓸한 얼굴. ¶ silence a person with a frown 상을 찡그려 남을 입다물게 하다 // That frown doesn't suit your loveliness at all. 그런 우거지상은 사랑스러운 네게 어울리지 않는다. **2** 불찬성(불만)의 표정, 언짢은 표정.

frown·ing·ly [fráuniŋli] adv. 상을 찡그리고, 눈살을 찌푸리고, 까다로운 표정으로.

frowst [fraust] 《주로 英》 n. 사람의 훈김에 숨이 막힘; 후끈한 공기. — vi. (=froust) 후끈한 공기 속에 있다; 방 안에서 빈둥거리다.

frowst·y, froust- [fráusti] adj. (**frowst·i·est; froust·i·er, froust·i·est**) 《英구어》 역한 냄새가 나는, 퀴퀴한, 숨막히는, 후끈한, 곰팡내 나는.

frows·y [fráuzi] adj. (**frows·i·er, frows·i·est**) = frowzy.

frowz·y [fráuzi] adj. (**frowz·i·er, frowz·i·est**) **1** 불결한, 더러운, 지저분한, 단정치 못한(slovenly). **2** 퀴퀴한, 곰팡내 나는; 숨막히는, 후끈한.
frowz·i·ly adv. **frowz·i·ness** n.

***froze** [frouz] v. freeze의 과거형.

ǂfro·zen [fróuzn] v. freeze의 과거 분사.
— adj. 《주로 한정용법》 (* She stood frozen with terror. (그녀는 너무도 놀라서 멈칫 서버렸다)와 같이 서술법으로 쓰이는 수도 있다) **1** 언, 얼음이 언, 결빙한. ¶ a frozen pond 얼음이 언 못 / a frozen brook 결빙한 시내. **2** 냉동한. ¶ frozen fish (meat) 냉동어(육). **3** 혹한의, 한랭한. ¶ the frozen North 혹한의 북부 지방. **4** 얼음 박힌, 동상의; 얼어 죽은. ¶ frozen fingers 얼음 박힌 손가락 / a frozen plant 얼어 죽은 식물. **5** [파이프 따위가] 얼음으로 막힌, 얼어 붙은. **6** 냉혹한, 쌀쌀한; 냉엄한. ¶ a frozen heart 냉혹한 마음 / a frozen glance 차가운 눈길 / a frozen truth 냉엄한 사실. **7** [자산 따위가] 동결(봉쇄)된, [물가 따위가] 동결된. ¶ frozen assets 동결 자산 / frozen loans 회수불능 대부금. **8** [제도 따위가] 고정적인(rigid). ¶ a frozen social system 고정적인 사회 제도.
~·ly adv. **~·ness** n.

frózen émbryo n. 냉동 수정란(受精卵).

frózen fóod n. ⓤ 냉동 식품.

FRP (略) fiberglass reinforced plastics(유리 섬유 강화 플라스틱).

FRS (略) 《美》 Federal Reserve System.

frs. (略) francs. [원 회원]

F.R.S. (略) Fellow of the Royal Society (영국 학사원 회원).

frt. (略) freight. [성의.

fruc·tif·er·ous [frʌktífərəs] adj. 열매를 맺는, 결실의.

fruc·ti·fi·ca·tion [frʌ̀ktifikéiʃ(ə)n] n. **1** ⓤ 열매를 맺음, 결실. **2** 과실. **3** 결실 기관(器官).

fruc·ti·fy [fráktifài] v. (**-fied, -fy·ing**) vi. 과실을 맺다; (비유적) [노력] 열매를 맺게 하다. — vt. …에 열매를 맺게 하다, …을 다산(多産)으로 만들다; [땅]을 기름지게 하다(fertilize).

fruc·tose [fráktous] n. ⓤ 《화학》 과당(果糖).

fruc·tu·ous [fráktʃuəs / -tjuəs] adj. 과실이 많이 열리는, 다산의, 생산력이 풍부한(productive). **~·ly** adv. **~·ness** n.

frug [fru:g] n. (the ~) 프루그[트위스트에서 파생된 춤]. — v. 프루그를 추다.

***fru·gal** [frú:g(ə)l] adj. 1 검약하는(thrifty), 절약하는. ⇨ ECONOMICAL 類語 ¶ a *frugal* housekeeper 알뜰한 주부. 2 비용이 들지 않는, 검소한. ¶ a *frugal* supper of bread and milk 빵과 우유만의 검소한 식사. *be frugal of* …을 낭비없이 쓰다, 절약하다. **~·ly** adv. **~·ness** n. ◇ **frugálity** n.

fru·gal·i·ty [fru:gǽləti] n. ⓤⓒ 검약, 절약, 검소.

fru·giv·o·rous [fru:dʒívərəs] adj. 과실을 상식(常食)하는.

‡**fruit** [fru:t] n. 1 (보통 ~s) 식물에서 거두는 것, 소출, 수확[야채·곡식·곡식·과일·달걀 따위], ¶ the fruits of the earth 대지의 산물. 2 ⓤ(집합적) 과실, 열매. ¶ sap (dry, stone) *fruit* 액과(液果)(건과, 핵과). 3 ⓤ (종류를 나타낼 때는) 과일, 나무 열매. ¶ fresh *fruit* 신선한 과일 / *fruit* and vegetables 청과(靑果) / a dealer in *fruit* 과일 장수 / Do you like *fruit*? 과일을 좋아하나요? 4 (종종 ~s) 소산(所産), 성과, 결과; 이익. ¶ the *fruits* of one's effort 노력의 소산 / foresee the *fruits* of a course of action 일련의 행동의 성과를 기대하다. 5 [고어] 자손(offspring). 6 (속어) [남성의]동성애자(homosexual).

bear (or *produce*) *fruit*[s] 열매를 맺다, 효과를 발생하다. ¶ Our efforts *bore fruits.* 우리의 노력이 열매를 맺었다.

— vi. 열매를 맺다, 과실을 맺다. — vt. [열매를] 맺게 하다. [(과실)을] 맺게 하다.

◇ frúitful, frúity adj., frúitage n.

fruit·age [frú:tidʒ] n. ⓤ 1 과실을 맺음, 결실. 2 (집합적) 과실(fruits). 3 소산, 성과, 결과.

fruit·ar·i·an [fru:tɛ́(:)riən / -tɛ́ər-] n. 과일 상식자 (常食者), 과식(果食)주의자. *cf.* vegetarian

frúit bàt n. 큰박쥐[얼굴이 여우 비슷하며, 과일을 즐겨 먹는다] (flying fox).

frúit bùd n. 열매가 될 싹, 과아(果芽). *cf.* leaf bud, flower bud

frúit càke n. ⓒⓤ 호두·건포도·시트론 따위가 [든] 프룻 케이크.

frúit cócktail n. 프룻 칵테일 [잘게 썬 여러 가지 과일에 셰리주 따위를 친 것. 식사 전에 마신다].

frúit cùp n. 프룻 컵 [잘게 썬 여러 가지 과일을 섞어 컵에 담은 디저트].

fruit·er [frú:tər] n. 1 과일 운반선. 2 과일 재배자. 3 과수(果樹).

fruit·er·er [frú:tərər] n. (주로 英) 과일 장수.

frúit flỳ n. 과실파리[광대파리과(科)에 속하는 작은 파리, 그 유충은 과일이나 야채의 해충].

‡**fruit·ful** [frú:tfəl] adj. 1 열매가 잘 여는, 결실이 많은, 다산의. ¶ a *fruitful* vine 결실이 잘 되는 덩굴; 자식 많은 여자 / 시편 (Ps.) 128:3]. 2 많은 결실(풍작)을 가져오는, 기름진, 비옥한(fertile). ¶ a *fruitful* season 풍성한 결실의 계절 / *fruitful* land 비옥한 땅. 3 이익이 있는 (productive), 수익이 많은, 유리한(for…). ¶ a *fruitful* job 수입이 많은 직업 / a *fruitful* discussion 유익한 토론 // It ought to be *fruitful* for you. 그것은 틀림없이 네게 이익이 될 것이다. 4 …이 풍부한, 잘 맺는(잉태한) (*of*, *in*…). ¶ a *fruitful* writer 다작하는 작가 / China is fruitful in natural resources. 중국은 천연 자원이 풍부하다.

~·ly [-fəli] adv. **~·ness** n. ◇ fruit. n.

fru·i·tion [fru:(:)íʃ(ə)n] n. ⓤ 1 [희망·목적 따위의] 달성, 실현, 성취. ¶ After years of hard work his plans came to *fruition.* 여러 해에 걸친 각고 끝에 그의 계획은 실현되었다. 2 [실현·달성된 것의] 향수(享受), 향락; (소유·사용의) 즐거움. ¶ the *fruition* of a good life 복된 생활의 향수. 3 결실, 성과.

frúit jàr n. (美) 과일이나 야채 보존용 유리병.

frúit knífe n. 과도.

***fruit·less** [frú:tlis] adj. 1 무익한, 효과없는, 헛된; 공허한, 보람없는 (vain) (*of*…). = USELESS ¶ a *fruitless* plan (effort) 보람없는 계획[헛된 노력] // be *fruitless of* profit 이익이 되지 않다. 2 열매 맺지 않는; [토지가] 메마른, 불모의(barren). ¶ a *fruitless* tree 열매를 맺지 않는 나무. **~·ly** adv. **~·ness** n.

fruit·let [frú:tlit] n. 작은 과실; 집합과속(集合果屬)의 하나인 열매.

frúit machíne n. (英) 프룻 머신 [경화(硬貨)를 사용하는 도박 기계] (美) slot machine).

frúit píece n. 과일의 정물화(靜物畫).

frúit rànch n. (美서부) 과수원 (fruit farm).

frúit sálad n. ⓤⓒ 1 프룻 샐러드. 2 (군대 속어) [군복에 다는] 리본과 훈장.

frúit stànd n. (美) 과일 매점 (노점).

frúit sùgar n. ⓤ (화학) 과당(fructose).

frúit trèe n. 과수 (果樹). [술].

frúit wìne n. ⓤ 과실주[포도 이외의 과일로 만드는]

fruit·y [frú:ti] adj. (**fruit·i·er, fruit·i·est**) 1 과일과 같은, 과일 맛이(이) 나는. 2 풍미가 많은. ¶ a *fruity* wine 풍미 그윽한 포도주. 3 감미로운. 4 (속어) 미친(crazy). 5 (속어) [남성의] 동성애의 (homosexual). 6 (英속어) 아슬아슬한, 노골적인, 도발적인 (suggestive). **fruit·i·ness** n.

fru·men·ta·ceous [fru:mənteíʃəs / -men-] adj. 밀 (곡식)의, 밀(곡식) 같은, 밀(곡식)로 된.

fru·men·ty [frú:mənti], **fur·men-** [fə́:rmin-], **fur·me-, fur·mi-** [fə́:rmi-] n. (pl. **-ti·es**) (英방언) 밀에 설탕·향료·우유를 넣고 쑨 죽. [자].

frump [frʌmp] n. 너절한 차림의 여자, 칠칠치 못한 여

frump·ish [frʌ́mpiʃ] adj. 너절한 차림의, 칠칠치 못한.

frump·y [frʌ́mpi] adj. (**frump·i·er, frump·i·est**) = frumpish.

***frus·trate** [frʌ́streit / -⌣, ⌣⌣] v. (**-trat·ed, -trat·ing**) vt. 1 [계획·노력 따위]을 실패(좌절)시키다, 깨뜨리다, 무효로 만들다. ¶ *frustrate* a plan 계획을 좌절시키다 / Illness *frustrated* his plans for college. 그는 병으로 대학에 가지 못했다. 2 [남]을 실망시키다, …의 야망을 꺾다. ¶ (~ + 目 + 前 + 名) be *frustrated in* one's ambition 야망이 꺾이다. — vi. 실망하다, 맥빠지다. 3 (고어) 망그러진, 실망한, 방해된[헛수고의]. ◇ frustrátion n.

***frus·tra·tion** [frʌstréiʃ(ə)n] n. ⓤⓒ 1 무효로 함, 저해, 좌절(상태), 실패. 2 (법률) 계약 목적의 달성 불능. 3 (심리) 욕구 불만, 좌절감. ◇ frústrate v.

frus·tule [frʌ́stju:l / -tʃu:l] n. (식물) 규조(硅藻)의 규산질 세포막 [단단한 껍질로 되어 있다].

frus·tum [frʌ́stəm] n. (pl. **-tums** or **-ta**) 1 (기하) 절두체 (截頭體), 원추대 (圓錐臺), 각추 (角錐)대. ¶ a *frustum* of a cone (pyramid) 원(각)추대. 2 (건축) 기둥몸. [by].

fru·tes·cent [fru:tésnt] adj. 관목성(모양)의(shrub-

fru·tex [frú:teks] n. (英) 관목(灌木).

fru·ti·cose [frú:tikòus] adj. (식물) 관목 모양의 (shrublike).

‡**fry**[1] [frai] v. (**fried, fry·ing**) vt. 1 …을 기름으로 튀기다, 프라이하다. 2 (속어) …을 전기 의자로 처형하다. — vi. 1 튀겨지다, 프라이되다. 2 (속어) 전기 의자로 처형되다.

fry the fat out of 〔실업자 등〕에게서 억지로 헌금을 짜내다, 갈취하다.

have other fish to fry ⇒ FISH.
— n. (pl. **fries**) 1 튀김(프라이) [요리]. 2 〖英〗 프라이용의 내장. 3 〖美〗〖옥외에서 벌이는〗 프라이 회식. ¶ *a fish fry* 생선 튀김의 회식.

fry² [frai] n. (pl. **fry**) 1 〖알에서 갓 깬〗 치어(稚魚), 유어(幼魚); 〖개구리 따위의〗 새끼. 2 〖군서하는〗 작은 물고기, 잡고기. 3 〖구어〗〖집합적〗 사람들; 아이들. ¶ *small fry* 아이들; 하찮은 것[들].

fry·er [fráiər], (**fri·er**) n. 1 기름으로 튀기는 사람, 프라이 요리인. 2 프라이팬. 3 프라이용 식품〖영계나 생선 따위〗.

frý·ing pàn [fráiiŋ-] n. 프라이팬, 튀김 냄비.
jump (or **leap**) **out of the frying pan into the fire** 작은 어려움 피하려다 큰 어려움을 당하다; 여우를 피하여 호랑이를 만나다.

fry-pan [fráipæn] n. 〖美〗 = frying pan.
F.S. (略) Field Service; Fleet Surgeon.
f-stop sýstem [éfstɑp-/-stɔp-] n. 〖사진〗 F 넘버 방식에 의한 조리개 방식(factorial stop system).
ft. (略) feet, foot; fort, fortification.
FTC 〖美〗 Federal Trade Commission (연방 통상 위원회).
fth., **fthm.** (略) fathom.   〖상 위원회〗
ft-lb (略) foot-pound.
F₂ làyer [éftú:-] n. 〖통신〗 F₂층 [지상 약 250-500km에 있으며 전파를 반사하는 전리층(電離層) 중의 하나]. *cf.* F₁ layer

fub [fʌb] vt. (**fubbed, fub·bing**) = fob².
fub·sy [fʌ́bzi] adj. (**fub·si·er, fub·si·est**) 〖英방언〗 땅딸막한, 뚱뚱한(plump).
fuch·sia [fjúːʃə] n. 1 퓨셔〖바늘꽃과(科)의 관상용 식물. 핑크색·빨간색·보라색 따위의 꽃이 가지 끝에 어져 핀다〗. 2 〖U〗 적자색(赤紫色). ¶ 퓨셔 적자색의 (purplish-red). 〖<독일의 식물학자 Leonhard Fucho (1501-66)의 이름에서〗
fuch·sine [f(j)úːksin, -siːn/fúːksiːn], **-sin** [-sin] n. 〖U〗 푹신〖진홍색 염기성 염료의 일종; 별칭 마젠타〗.
fuck [fʌk] 〖卑語〗 vt., vi. 1 성교하다. 2 〖俗〗급을 하다. 3 실수하다, 못쓰게 만들다(*up*...). 4 damn 따위 대신에 쓰는 강조어(強調語). — n. (the ~) hell 따위 대신에 쓰는 강조어. ¶ *What the fuck* is it? 도대체 그게 뭐야?   〖〖강조어〗〗
fuck·ing [fʌ́kiŋ] adj., adv. 〖卑語〗 지독한, 지독하게
fu·coid [fjúːkɔid] adj. (= **fu·coid·al** [-(ə)əl]) 모자반속(屬) 해초(海藻)의(비슷한). — n. 푸쿠스속(屬) 해초.
fu·cus [fjúːkəs] n. (pl. **-ci** [-sai] or **-cus·es**) 푸쿠스속(屬) 해초〖가지진 편평한 엽상체(葉狀體)를 지닌 녹갈색 해초〗.
fud·dle [fʌ́dl] v. (**-dled, -dling**) vt. 1 …을 취하게 하다(intoxicate). 2 〖머리를〗 혼란시키다, 혼미하게 만들다(confuse). — vi. 술을 〖홀짝홀짝〗 계속 마시다, 술에 쩔어 지내다(tipple). — n. 〖U〗 명정(酩酊), 만취; 혼란 상태, 정신 착란. ¶ *be on the fuddle* 곤드레만드레 취해 있다, 혼미에 빠져 있다.
fud·dy-dud·dy [fʌ́didʌ̀di] 〖구어〗 n. (pl. **-dies**) 1 시대에 뒤진 사람, 보수적인 사람, 2 잔소리꾼, 하찮은 일로 떠들어대는 사람. — adj. 1 시대에 뒤진, 구식의, 보수적인. 2 성가신, 까다로운, 잔소리가 심한.   〖도 만드는 과자〗
fudge¹ [fʌdʒ] n. 〖U〗〖C〗 퍼지〖설탕·버터·우유·초콜릿으
fudge² [fʌdʒ] n. 〖U〗 〖보통 경멸적〗 허튼 소리, 데데한 말(nonsense). — vi. (**fudged, fudg·ing**) 허튼 수작을 하다, 데데한 말을 하다. — *interj.* 바보 같으니, 허튼 소리 마라.
fudge³ [fʌdʒ] n. 1 〖신문 인쇄용 판의 일부를 바꾸어 추가 기사를 삽입하는〗 별쇄용(別刷用) 스테레오판. 2 별쇄 기사〖종종 색도 인쇄로 한다〗. 3 별쇄 추가 기사 인쇄(기). — v. (**fudged, fudg·ing**) vt. …을 임시 변통으로 꾸미다, 속이다, …을 날조하다(fake). — vi. 바

보 같은 짓을 하다; 속이다, 부정을 저지르다(*on*...).
Fue·gi·an [fjuːíːdʒiən] adj. 푸에고 제도(Tierra del Fuego)의, 푸에고 제도 사람의. — n. 푸에고 제도 사람.
Fueh·rer [fjúːrər/fjúər-] n. = Führer.   〖람〗
fu·el [fjúː(ə)l] n. 〖U〗〖C〗 1 〖종류를 나타낼 때는 ⓒ〗 연료. ¶ gaseous (liquid, solid) *fuel* 기체(액체, 고체) 연료 / feed the fire with *fuel* 불에 장작을 지피다 / put on fresh *fuel* 연료를 더 넣다. 2 감정을 부추기는 것. ¶ *His words were fuel to her hatred.* 그의 말이 그녀의 미움을 부채질했다.
add fuel to the fire (or **the flame**) 불에 기름을 붓다, 걱정을 더욱 부추기다.
— v. (**-eled, -el·ing;** 〖주로 英〗 **-elled, -el·ling**) vt. …에 연료를 공급하다. ¶ *fuel* a ship 배에 연료를 공급하다. — vi. 연료를 얻다; 연료를 싣다(보급하다). ¶ *enter port to fuel* 연료 보급을 하러 입항하다.
fúel àir explósive n. 〖군사〗 기화(氣化) 폭탄.
fúel cèll n. 연료 전지.
fúel cỳcle n. 〖원자 물리〗 원자로(爐) 연료 사이클〖핵연료의 재처리·재사용을 포함한 일련의 순환과정〗.
fu·el·ef·fi·cient [fjúːəlifíʃ(ə)nt] adj. 연비(燃比)가 좋은(높은).
fu·el·er [fjúːələr/fjúː(:)-] n. 〖휘발유가 아닌 특수한 혼합 연료를 사용하는〗 자동차 경주용 자동차.
fúel gúzzler n. 연비(燃比)가 낮은 차.
fu·el·mi·ser [fjúːəlmàizər/fjúː(:)-] n. 〖美〗 연비가 높은 차.
fúel òil n. 연료유; 중유(重油).
fúel ròd n. 〖원자로의〗 연료봉(棒).
fug [fʌɡ] n. 〖주로 英구어〗〖꼭꼭 닫아 둔 방 따위의〗후덥한 공기, 숨막힐 듯한 공기. — vi. (**fugged, fug·ging**) 〖닫아 두어 공기가 후덥한 방·집 안에〗 들어박히다, 꼼짝 않고 있다.
fu·ga·cious [fjuːɡéiʃəs] adj. 1 〖식물〗〖꽃 따위가〗 빨리 지는, 쉬이 시드는. 2 덧없는, 순식간의.
fu·gac·i·ty [fjuːɡǽsiti] n. 1 조락성(早落性); 덧없음.
fu·gal [fjúːɡ(ə)l] adj. 〖음악〗 푸가(fugue)의, 둔주곡(遁走曲)〖풍〗의. ~**·ly** adv.
-fuge flight 의 뜻의 연결형. 예: refuge, subterfuge.
fug·gy [fʌ́ɡi] adj. (**-gi·er, -gi·est**) 〖실내의 공기 따위가〗 후덥지근해서 숨이 막힐 듯한, 곰팡내 나는, 퀴퀴한.
*fu·gi·tive [fjúːdʒitiv] n. 1 도망자; 탈주자; 망명자 (exile). ¶ *a fugitive from justice* (the army) 도망범인(兵). 2 방랑자(wanderer). 3 불잡기 어려운 것. 4 바래기 쉬운 색깔. — adj. 1 도주하는, 달아나는. ¶ *a fugitive soldier* (prisoner) 탈영병(탈옥수). 2 순식간의, 덧없는; 이내 사라져 버리는; 걷잡을 수 없는, 불잡기 어려운(elusive). ¶ *fugitive thoughts* 한 순간 뇌리를 스치는 걷잡을 수 없는 생각. 3 〖문학 작품이〗 일시적 주제를 다룬. ¶ *a fugitive essay* 수상만필(隨想漫筆). 4 헤매는, 방랑하는(wandering). ¶ *a restless fugitive mind* 가만히 있지 못하는 방랑 심리. 5 〖미술〗〖색이〗 쉬이 바래는, 변색하는. ¶ *fugitive colors* 쉬이 바래는 색깔. ~**·ly** adv. ~**·ness** n.
fúgitive wàrrant n. 지명 수배.
fu·gle [fjúːɡl] vi. 〖드물게〗 (**-gled, -gling**) 안내역을 맡다; 지도(선도)하다, 모범이 되다.
fu·gle·man [fjúːɡlmən] n. (pl. -men [-mən]) 1 향도병〖옛날에 부대의 선도를 맡은 고참병〗. 2 선도자, 지도자(leader); 〖정당 따위의〗 대변자.
fugue [fjuːɡ] n. 1 〖음악〗 푸가, 둔주곡(遁走曲). 2 〖정신의학〗 기억 상실 상태. — vt., vi. (**fugued, fu·guing**) 푸가〖둔주곡〗를 작곡(연주)하다. 〖< F〗
fugue-like [fjúːɡlàik] adj. 푸가풍의.
fu·gu·ist [fjúːɡist] n. 〖음악〗 푸가 작곡자(연주자).
Füh·rer, Fueh- [fjúːrər] n. 〖독일〗 1 총통 (leader). 2 (der F-) 총통〖특히 나치스의 총통 히틀러에 대한 칭호〗.
-ful¹ suf. 1 full of 의 뜻. 명사와 형용사에 붙는다. 예: careful, joyful, painful, shameful. 2 characterized

by, tending to, able to 따위의 뜻. 명사·형용사·동사에 붙는다. 예: forget*ful*, harm*ful*, help*ful*, wake*ful*.

-ful² *suf.* 명사에 붙어서 as much as it will fill 의 뜻의 명사를 만든다. 예: spoon*ful*, hand*ful*.

Ful·bright [fúlbràit] *adj.* 풀브라이트 장학금의. ¶ a *Fulbright* professor 풀브라이트 장학금을 받은 교수.
— *n.* 풀브라이트 장학금(Fulbright scholarship).
[<제창자인 미국 상원의원 James W. Fulbright (1905-)의 이름>]

ful·crum [fúlkrəm, fʌl-/ fʌl-, ful-] *n.* (*pl.* **-crums** or **-cra** [-krə]) **1** [지레의] 받침(支點), 지렛대 받침. **2** 받침, 지주(支柱). **3** [동물] [동물체 안의] 지지 기관. — *vt.* …에 지렛대 받침을 놓다; …을 지렛대 침으로 삼다.

‡**ful·fill, -fil** [fulfíl] *vt.* (**-filled, -fil·ling**) **1** [약속·예언 따위를] 이행하다, 실행하다 (carry out), 실현하다. ¶ *fulfill* one's promise 약속을 이행하다 / It *fulfilled* my expectations. 그것으로 내 기대가 실현되었다. **2** [의무·직무 따위를] 수행하다, 다하다. ⇨ DO 願圈 [명령·법률 따위에] 따르다 (obey). ¶ *fulfill* one's duties 임무를 완수하다 / *fulfill* an order of one's superior 상사의 명령에 따르다. **3** [요건·조건 따위를] 만족시키다 (satisfy); [기대 따위를] 어기지 않다. ¶ *fulfill* requirements 조건을 만족시키다 / This work *fulfills* our need. 이 업적은 우리의 필요를 충족시키고 있다. **4** [기간을] 만료하다 (complete). ¶ She *fulfilled* her job as nurse. 그녀는 간호사로서의 일을 마쳤다. **5** 《재귀용법》 [자기 자신]의 힘을 완전히 발휘하다. ¶ *fulfill* oneself in …에서 자신의 힘을 십분 발휘하다.
◇ fulfillment *n.*

ful·fill·er, -fil- [fulfílər] *n.* 실행자, 수행자.

*ful·fill·ment, -fil-** [fulfílmənt] *n.* ① 실행, 이행, 실현, 수행, 수행, 완료. ¶ fulfill *v.*

ful·gent [fʌ́ldʒ(ə)nt, +美 fúl-] *adj.* 찬란한, 빛나는, 현란한 (radiant). ~**·ly** *adv.* [번쩍이는.

ful·gu·rant [fʌ́lgjurənt, +美 fúl-] *adj.* [번갯불처럼]

ful·gu·rate [fʌ́lgjurèit, +美 fúl-] *v.* (**-rat·ed, -rat·ing**) *vi.* [번갯불처럼] 번쩍이다, 섬광을 발하다.
— *vt.* [의학] [종양 따위]를 전기 치료하다.

ful·gu·rite [fʌ́lgjurait, +美 fúl-] *n.* ①[지질] 풀구라이트, 섬전암(閃電岩) [번갯불의 작용으로 모래나 암석 속에 생기는 흔히 원통 모양의 유리질].

ful·gu·rous [fʌ́lgjurəs, +美 fúl-] *adj.* 번갯불 같은.

fu·lig·i·nous [fjuːlídʒinəs] *adj.* 검댕의, 검댕이 낀, 그을은 (sooty, smoky). **2** 거무스름한, 검댕빛의, 회흑색의.

‡**full¹** [ful] *adj.* **1** [그릇·장소 따위가] 가득 찬, 가득 충만한, 빽빽이 찬; 만복(滿腹)의; 가슴이 벅찬; 다 채운 (나린). ¶ a *full* audience 만장의 청중 / a *full* bus 만원 버스 / a *full* stomach 만복 / a cup *full* to the brim 철철 넘치게 따른 잔 / My heart is too *full* for words. 가슴이 벅차서 말을 할 수 없다 / The hotel is *full* up to the roof. 호텔 은 초만원이 다 / Fill your glass *full* — it's only half *full*. 컵을 가득 채우세요, 절반 밖에 들어있지 않군요. / His bookshelf is *full* to overflowing. 그의 책장에 책이 빽빽이 차 있다 // He died *full* of years and honors. 그는 천수와 명예를 다 누리고 죽었다.

2 […으로] 가득한, […에] 찬, […이] 많이 있는(*of*…). ¶ a world *full* of enjoyment 즐거움이 가득한 세계 / a mind *full* of doubt 의혹에 찬 마음 / a cloth(a face) *full* of wrinkles 주름살 투성이의 천(얼굴) / Her calendar is *full* of engagements. 그녀의 일정표는 약속으로 차 있다 / Our future is *full* of hope. 우리의 장래는 희망으로 차 있다.

3 완전한 (complete), 모자람 없는, 전부의 (entire), 전부 갖추어진. ¶ a *full* band 풀밴드[각 파트의 악기를 모두 갖춘 악단] / a *full* jury [12명] 전원이 다 모인 배심원 / a *full* year 만 1년 / a *full* dozen 넉넉히 1다스 / one's *full* name 성명, 풀네임 / a *full* view 전경(全景) / a *full* text 전문(全文) / I have waited a *full* hour. 나는 꼬박 1시간 기다렸다. **4** [크기·수량 따위가] 최대한의(에 이른), 한도 내에서 최고의; 최고조의, 한창때의; [연령이] 한창 나이에 밝은; 성인(成人)이 된. ¶ *full* speed 전속력 / a *full* tide 만조 / *full* daylight 대낮 / *full* membership 전원 / *full* summer 한여름 / a *full* mark 득점 / a *full* load of five tons 5톤으로 실한 짐 / at *full* length 손발을 한껏 뻗치고 / in *full* swing 한창인 / in *full* bloom 만발하여 / be in *full* health 최고조의 건강 상태에 있다(get one's *full* growth 충분히 성장하다 / He is in *full* career of happiness. 그는 행복의 절정에 있다.

5 풍부한, 넉넉한 (abundant), 충분한, 충실한. ¶ a *full* supply 충분한 공급 / a *full* harvest 풍작 / a *full* meal 양이 넉넉한 식사 / a *full* purse 돈이 듬뿍 들어 있는 지갑 / give *full* detail 충분히 상술(詳述)하다.

6 [의복이] 치수를 넉넉히 잡은, 낙낙한. ¶ a *full* skirt 풀스커트, 플레어 스커트 / a coat made *full* across the chest 가슴의 품을 넉넉하게 잡은 코트.

7 풍만한, 통통한, 불룩한 (plump). ¶ a *full* face 둥근 얼굴 / a *full* bosom 풍만한 가슴.

8 […에] 골몰하는, 전념한, 몰두하는(*of*…). ¶ She was *full* of her own anxieties. 그녀는 자신의 걱정거리로 머리가 꽉 차 있었다.

9 [움직임 따위가] 생기(생동감) 있는; [빛·색채가] 강렬한 (intense); [술이] 감칠맛 있는.

10 한쪽 부모에서 태어난, 같은 부모의. *cf.* half

11 [음악] **a**) 성량이 풍부한. **b**) 완전한. ¶ *full* cadence 완전 종지(終止) [법]. **c**) 전성부(全聲部) (전음부)의. ¶ *full* score 총보 (總譜).

12 [항해] [돛이] 바람을 가득 안은. ¶ sail *full* and by 돛에 바람을 가득 안고 항행하다.

13 [야구] [타자의 카운트가] 투 스트라이크 스리 볼인, 풀카운트인; 만루의.

full of oneself ① 자신의 일에만 골몰하여. ¶ a man *full* of himself 자신의 일로 머리가 꽉 찬 남자. ② 자만하여, 거만하여.

full up 《구어》 ① 꽉 차서, 만원으로. ¶ The train is *full* up. 그 열차는 만원이다. ② 싫증나서, 질려서.

— *adv.* **1** 정통(정면)으로 (directly), 정확히 (exactly). ¶ The blow struck him *full* in the face. 타격은 정통으로 그의 안면을 때렸다. **2** 《고어》 충분히, 완전히 (fully). ¶ a *full* grown boy 완전히 장성한 소년 / He weighed *full* 120 pounds. 그의 몸무게는 너끈히 120파운드 나갔다. **3** 《주로 詩》 대단히 (very), 아주, 매우. ¶ *full* beautiful 매우 아름다운 / *full* soon 즉시, 곧 / You should know it *full* well. 너는 그것을 아주 잘 알고 있을 것이다.

— *vi.* **1** [달이] 차다 (become full). ¶ The moon *fulls* tonight. 오늘밤은 만월이다. **2** [의복이] 헐렁거리다 (draw up), 낙낙하다. ¶ This skirt *fulls* too much in front. 이 스커트는 앞이 너무 헐렁하다.
— *vt.* [의복]에 주름을 잡아 넉넉하게 하다.

— *n.* ① (보통 the ~) 한창때, 절정, 정점 (height, acme). ¶ the *full* of the moon (the tide) 만월(만조) / The moon is at the *full*. 만월이다 / The bloom is past the *full*. 꽃은 한창 필 때가 지났다. **2** (보통 the ~) 전부. ¶ I cannot tell you the *full* of it. 그것의 자초지종을 이야기할 수는 없다.

in full ① 가득히. ¶ a receipt *in full* 전액 영수증. ② 생략하지 않고; 상세히. ¶ write one's name *in full* 성명을 [생략하지 않고] 모두 쓰다.

to the full 완전하게 (thoroughly), 충분히. ¶ enjoy *to the full* 마음껏 즐기다.

◇ fullness *n.*, fully *adv.*

full² [ful] *vt.* **1** [축융기(縮絨機)로] …의 올을 촘촘하게 하다. **2** 천을 더운 물에 담그다, 재양치다. — *vi.* [천이] 올이 촘촘해지다.

Fúll Ádmiral n. 《美》해군 대장.
full áge n. ⓤ 성년(成年).
fúll-báck [fúlbæk] n. 〔축구〕 후위(後衛), 풀백.
fúll blást 《구어》 n. 전력, 전속(全速); 전면 조업(가동). —— adv. 전력(을 다해), 단숨의(에), 전속력의(으로); 전면 가동(조업, 회전)의(으로).
at full blast 전력을 다해, 전속력으로; 전면 조업(가동)하여.
fúll bínding n. 《製》 가죽 제본.
fúll blóod n. **1** 순혈(純血), 순혈〔종〕인 사람(동물). **2** ⓤ 한 부모의 핏줄을 타고난 관계. *cf.* half blood
fúll-blóod·ed [fúlblʌ́did] *adj.* **1** 〔혈통이〕 순수한, 순혈종의. **2** 다혈질의, 혈기 왕성한, 정력적인.
fúll-blówn [fúlblóun] *adj.* **1** 만발한. ¶ a *full-blown* rose 만발한 장미. **2** 완전히 성숙한.
fúll bóard n. 〔호텔 등에서〕 식사도 다 하는 숙박.
fúll-bód·ied [fúlbɑ́did / -bɔ́d-] *adj.* **1** 내용이 충실한; 〔술 따위가〕 감칠맛이 있는. **2** 〔사람이〕 뚱뚱한.
fúll-bóre [fúlbɔ́ːr] 《구어》 *adj.* 최고 속력의(최대 출력)으로 움직이는(작동하는), 초스피드의. —— *adv.* 최대한으로; 최고 속도(최대 출력)로, 초스피드로.
fúll-bós·omed [fúlbú(ː)zəmd] *adj.* 가슴이 풍만한.
fúll-bót·tomed [fúlbɑ́təmd / -bɔ́t-] *adj.* **1** 〔가발의〕 머리칼이 뒤로 길게 늘어진. **2** 배 밑바닥이 큰.
fúll-bóund [fúlbáund] *adj.* 〔제본〕 가죽 제본의.
fúll bróther n. 부모가 같은 형제.
fúll círcle *adv.* 완전히 한바퀴 돌아서.
fúll-cóurt préss [fúlkɔ́ːrt-/-kɔ́ːt-] n. 《美》〔법안 통과를 위한〕 전면적 노력, 정치 캠페인의 전면적 전개.
fúll dréss n. ⓤ 공식의 예장(禮裝), 정장; 야회복.
fúll-dréss [fúldrés] *adj.* **1** 예장(정장)의. **2** 정식의, 본격적인. ¶ a *full-dress* dinner 공식 만찬.
fúll dréss rehéarsal n. 무대 총연습.
fúll dúplex 〔통신〕 양방향 통신, 2 중 통신.
fúll emplóyment n. 완전 고용.
fúll·er[fúlər] n. 〔직물의〕 축융공(縮絨工), 마무리공.
fúll·er² [fúlər] n. 〔대장간의〕 홈 내는 반원형 망치.
fúller's éarth n. ⓤ 백토(白土), 표포토(漂布土).
fúll-fáce [fúlféis] n. 〔인쇄〕 획이 굵은 활자.
fúll-fáced [fúlféist] *adj.* **1** 얼굴이 둥근(통통한). **2** 정면을 향한. **3** 〔인쇄〕 획자가 획이 굵은(bold-faced).
fúll-fásh·ioned [fúlfǽʃ(ə)nd] *adj.* 몸(다리)의 선에 꼭 맞추어 짠.
fúll-flédged [fúlflédʒd] *adj.* **1** 〔새가〕 깃털이 다 난. **2** 제몫을 하게 된; 자격이 충분한.
fúll fróntal 《구어》 *adj.* 모든 것을 드러낸, 〔앞쪽이〕 전라(全裸)의. **2** 〔비유적〕 전면적인, 철저한. —— n. 앞을 향한 전라 사진.
fúll gáiner n. 〔다이빙〕 몸을 공중에서 역회전시켜 발이 먼저 물 속에 들어가는 다이빙, 〔숙련(mature).
fúll-grówn [fúlgróun] *adj.* 충분히 성장한(발육) 된, 성숙한.
fúll hánd n. 〔카드놀이〕 풀 핸드〔포커에서 같은 끗수의 패 3장과 2장을 갖춘 수〕.
fúll-héart·ed [fúlhɑ́ːrtid] *adj.* 용기(자신)에 넘친.
fúll hóuse n. **1** 만원(滿員), 대입만원. **2** =full hand.
fúll·ing [fúliŋ] n. 〔모직물의〕 축융(縮絨).
fúll-léngth [fúllé(ŋ)θ] *adj.* **1** 등신대의(等身大)의; 전신의. ¶ a *full-length* portrait 전신상. **2** 생략이 없는, 단축하지 않은; 장편의. 〔의.
fúll-líne [fúlláin] *adj.* 〔상품 따위가〕 전품목의〔기종〕
fúll lóad n. 〔전기〕 전부하(全負荷).
fúll lóck n. 〔자동차 등의〕 최대 한도로 꺾은 핸들.
fúll márks n. pl. 《英》 〔성적·평가 따위의〕 만점; 《비유적》 최고의, 최대의 영예.
give a person full marks for ...으로 남을 격찬(칭찬)
fúll méasure n. 넉넉한 계량(치수); 가득한 양.
enjoy a full measure of ...을 만끽하다.
in full measure 충분히, 듬뿍, 가득.
fúll món·ty [-mánti / -mɔ́n-] n. (F- M-) (the ~) 《구어》 **1** 완전체, 총체, 전체. **2** 벌거벗은 〔적나라한〕 상태.

go the full monty ① 옷을 모두 벗다, 벌거숭이가 되다. ② 갈데까지(끝까지) 가다.
fúll móon n. 만월. *cf.* half-moon, new moon
fúll-móuthed [fúlmáuðd] *adj.* **1** 〔소 따위가〕 이가 완전히 난. **2** 목소리가 큰(loud); 소란스러운.
fúll náme n. 〔생략하지 않은〕 성명〔미국에서는 first name 과 middle name, last name; 영국에선 Christian name 과 surname〕.
fúll nélson n. 〔레슬링〕 풀 넬슨〔목누르기의 일종〕.
***fúll·ness**, **fúl·ness** [fúlnis], (**ful-ness**) n. ⓤ 가득함, 충분한 상태, 넉넉함, 빈틈 없음. *in* (or *out* of) *the fullness of* *the heart* 감개무량하여 / *in the fullness of time* 때가 되어.
fúllness of tíme n. 때가 참(滿), 정해진 때.
fúll-órbed [fúlɔ́ːrbd] *adj.* 〔구체(球體)가〕 둥그란; 만월의.
fúll-óut [fúláut] *adj.* **1** 〔영문 타자에서〕 행 첫머리를 맞춘. **2** 전면적인, 전력을 다한, 본격적인(complete).
fúll-páge [fúlpéidʒ] *adj.* 페이지 가득한, 전면의.
fúll páy n. 《英》 〔현역 복무중의〕 급료, 전(全) 급료.
fúll-pítched [fúlpítʃt] *adj.* 〔크리켓〕〔공이〕 땅에 닿지 않고 삼주문(三柱門)에 던져진.
fúll proféssor n. 정(正)교수. 〔의; 완전 장비의.
fúll-rígged [fúlrígd] *adj.*〔항해〕〔범선이〕 전장(全裝)
fúll-sáiled [fúlséild] *adj.* 돛을 전부 올린; 〔돛에〕 바람을 가득 안은.
fúll-scále [fúlskéil] *adj.* **1** 실물 크기의. **2** 본격적〔大〕.
fúll síster n. 부모가 같은 자매.
fúll síze n. 〔사진 따위의〕 실물 크기, 등신대(等身大).
fúll-síze [fúlsáiz] *adj.* **1** 실물 크기의, 등신대의. **2** =full-grown. **3** 보통(표준) 사이즈(크기)의. 《美》 최상급 대형 차의.
fúll spéed n. **1** 전속력, 전력. **2** 〔해사〕 원(原)속력〔항해중 유지되는 것을 속도〕. —— *adv.* 전속력으로.
at full speed 전속력으로, 전력을 다해.
fúll stóp n. 〔글의〕 종지부(period).
fúll swíng n. 최대 능력, 최대 활동(in).
fúll-térm [fúltɔ́ːrm] *adj.* **1** 산달이 임박한. **2** 임기 만료까지 근무하는. 〔큰 목소리로.
fúll-thróat·ed [fúlθróutid] *adj.* 〔목청이 터질 듯한〕
fúll tílt *adv.* 전속력으로(in full speed), 총력으로.
fúll tíme n. ⓤ 전시간, 전일(全日) 노동.
full-time [fúltáim] *adj.* 전시간의, 전시간의, 전일의. ¶ a *full-time* teacher 전임 교사. —— *adv.* 전임으로서.
full-tim·er [fúltáimər] n. 《英》 **1** 전(全)수업 시간에 출석하는 아동. **2** 전임자, 상근자. *cf.* half-timer
fúll tóss n. 〔크리켓에서〕 바운드시키지 않고 직접 표적에 던져넣는 투구(full pitch).
fúll tréatment n. (the ~) 《구어》 특정인을 다루는 상투적 방법, 융숭한(정중한) 접대. 〔배)의.
full-up [fúlʌ́p] *adj.* 《구어》 가득(꽉) 찬, 만원(만석, 만
‡**fúl·ly** [fúli] *adv.* **1** 완전히, 전적으로, 아주. **2** 충분히. ¶ *eat fully* 양껏 먹다. **3** 《英구어》 너끈히, 족히.
fúlly fáshioned *adj.* =full-fashioned. 〔매기.
ful·mar [fúlmər] n. 북방 해양에 서식하는 풀머갈
fúl·mi·nant [fʌ́lminənt] *adj.* **1** 폭발성의(적인). **2** 〔병리〕 급격히 발병(진행)하는, 급성의, 전격성의.
ful·mi·nate [fʌ́lmineit, +美 fúl-] v. (-**nat·ed**, -**nat·ing**) *vi.* **1** 〔번개불처럼〕 번쩍이다. **2** 〔큰 소리를 내며〕 폭발하다. **3** 맹렬히 비난하다, 호통치다(*against* ...).
—— *vt.* **1** 폭발시키다. **2** 을 맹렬히 비난하다.
—— n. 〔화학〕 뇌산염(雷酸鹽), ⓤ〔특히〕 뇌산 수은.
fúl·mi·nàt·ing pówder n. ⓤ〔화학〕 **1** 폭약분(粉), **2** 뇌산염(雷酸).
ful·mi·na·tion [fʌ̀lminéiʃ(ə)n, +美 fùl-] n. ⓤⓒ **1** 격렬한 비난, 질책. **2** 폭발(explosion).
ful·mi·na·tor [fʌ́lminèitər, +美 fúl-] n. 고함치는 사람, 호통치는 사람, 비난하는 사람.
ful·mi·na·to·ry [fʌ́lminətɔ̀ːri, -tɔ̀ri / -nèitəri] *adj.* **1** 폭발성의; 울려 퍼지는. **2** 격렬하게 비난하는.

ful·min·ic [fʌlmínik, +美 ful-] *adj.* **1** 폭발성의 (explosive). **2** 〔화학〕 뇌산의. ¶ *fulminic* acid 뇌산 (雷酸).

ful·mi·nous [fʌ́lminəs, +美 fúl-] *adj.* 우레(번개)의

ful·ness [fúlnis] *n.* =fullness.

ful·some [fúlsəm, +美 fʌ́l-] *adj.* **1** 과도한, [아첨 따위가] 지나친. ¶ *fulsome* praise (flattery) 역겨운 찬사 (아첨). **2** 비위에 거슬리는, 혐오감을 일으키는(sickening). ~**·ly** *adv.* ~**·ness** *n.*

ful·ves·cent [fʌlvésnt] *adj.* 황갈색을 띤.

ful·vous [fʌ́lvəs] *adj.* 황갈색의. 〔孔〕.

fu·ma·role [fjúːməroul] *n.* [화산의] 분기공 (噴氣孔).

fu·ma·to·ri·um [fjùːmətɔ́ːriəm / -tɔ́ː-] *n.* (*pl.* **-ri·a** [-riə] *or* **-ri·ums**) **1** [시충·식물 등의] 포충대 (捕蟲袋) (기, 부). **2** 훈증(燻蒸)[소독]실.

fu·ma·to·ry [fjúːmətɔ̀ːri / -təri] *n.* (*pl.* **-ries**) 훈증 [소독]실. ── *adj.* 연기의, 훈증의.

*****fum·ble** [fʌ́mbl] *v.* (-**bled, -bling**) *vi.* **1** [어설프게] 더듬다, 이것저것 찾다; [서투르게] 만지작거리다 (~+前+名) *fumble for* (or *after*) a key 열쇠를 더듬어 찾다 / *fumble with* (or *at*) a lock 서투르게 자물쇠를 만지작거리다 // (~+됨) He *fumbled about* trying to find his lighter in the dark. 그는 어둠 속에서 라이터를 찾으려고 더듬거렸다. **2** 분명하지 않게 말하다, 말을 더듬다(mumble). ¶ Shyness made his tongue *fumble*. 그는 수줍어서 말을 더듬었다. **3** 〔스포츠〕 펌블하다, 공을 놓치다. ── *vt.* **1** …을 만지작거리다, 서투르게 다루다; 더듬어서 ~하다. ¶ *fumble* one's way 더듬으며 나아가다. **2** 〔스포츠〕 [공]을 펌블하다, 잘못 잡다 (받다). **3** 솜씨가 서투름, 서투른 취급. **2** 〔스포츠〕 펌블[잡았다가 놓치거나 빠뜨리는 따위].

fum·bler [fʌ́mblər] *n.* 손으로 더듬는 사람; [서투르게] 만지작거리는 사람; [구기 (球技) 따위에서] 실수하는 사람.

fum·bling [fʌ́mbliŋ] *adj.* [서투르게] 만지작거리는; 서투른. ~**·ly** *adv.*

fume [fjuːm] *n.* **1** (종종 ~s) 연기(smoke); 증기 (vapor); 향기(odor); 연무(煙霧); 확 끼치는 냄새, 후끈하는 열기. ¶ *fumes* of burning coal 타는 석탄이 내는 열기 / the *fumes* of wine 주기 / the *fume* of poppies 양귀비의 향기 / air thick with the *fumes* of cigars 여송연 연기가 자욱한 공기. **2** 노기(angry mood), 애태우는 기분. ¶ be in a *fume* 속을 태우다, 바짝 화가 나 있다. ── *v.* (**fumed, fum·ing**) *vt.* **1** [냄새·연무·증기 따위]를 발산하다, 증발시키다. **2** …을 그을리다, 연기에 쐬다, 훈증하다. ── *vi.* **1** 연기를 내다, 연기가 나다; 증발하다(*away*...). **2** 화가 나서 씩근거리다, 애가 타서 안달복달하다(*at, about*...). ¶ (~+前+名) I sometimes *fume at* the waiter. 그 웨이터에게는 종종 화가 난다. ◇ fúmy *adj.*

fu·mi·gant [fjúːmigənt] *n.* 훈증 소독제.

fu·mi·gate [fjúːmigèit] *vt.* (**-gat·ed, -gat·ing**) …을 연기로 그을리다, 그스르다, 훈증하다. ¶ *fumigate* a room *with* smoke 방을 연기로 그을리다. **2** 〔드물게·고어〕 …을 향기로 채우다(perfume).

fu·mi·ga·tion [fjùːmigéiʃən] *n.* 훈증 소독[법]; 향을 피우기.

fu·mi·ga·tor [fjúːmigèitər] *n.* **1** 훈증[소독]하는 사람. **2** 훈증[소독]기, [훈증 소독의].

fu·mi·ga·to·ry [fjúːmigətɔ̀ːri / -təri] *adj.* 〔드물게〕 훈증 소독의.

fu·mi·to·ry [fjúːmitɔ̀ːri / -təri] *n.* (*pl.* **-ries**) 서양현호색 (玄胡索)과(科)의 식물.

fum·y [fjúːmi] *adj.* (**fum·i·er, fum·i·est**) 연무(煙霧) (증기)가 가득한(vaporous), 연기(증기)를 내는.
fum·i·ly *adv.*

‡**fun** [fʌn] *n.* [U] **1** 즐거움, 장난, 희롱, 위안, 농담. ¶ a book that is *fun* to read 재미있게 읽을 수 있는 책 / What *fun*! 정말 재미있군(즐겁군)! / Fishing was his great *fun*. 낚시가 그의 큰 즐거움이다 / He is always full of *fun*. 그는 언제나 까불기만 한다 / I didn't know that study could be so much *fun*. 공부가 그렇게 재미있는 것인 줄 몰랐다 / We had great *fun* at the party. 파티에서는 정말 유쾌했다(재미있었다) // That is the way to have *fun* with this trick. 그런 식으로 해서 이 트릭을 즐기는 것이다.
2 재미있는 사람(물건); 재미, 우스움. ¶ He's good (or great) *fun*. 그는 재미있는 사나이다 / What's the *fun*? 무엇이(어디가) 재미있지 ? / I don't see the *fun* of it. 그것이 어째서 재미있는지 알 수가 없다.

for (or *in*) *fun* 농담으로, 장난삼아; 재미로. ¶ She plays the piano *for fun*. 그녀는 재미로 피아노를 친다 / I said it only *in fun*. 그저 농담삼아 그렇게 말했을 뿐이다.

for the fun of it 재미가 있어서, 장난삼아. ¶ Was I camping up there just *for the fun of it*? 그는 그저 재미있다는 이유로 그런 곳에서 캠핑을 하고 있었던 거야?

fun and games 《종종 비꼬아서》 재미.

like fun 〔구어〕 ① 기운차게(vigorously), 자꾸, 연방 (quickly). ¶ It sells *like fun*. 신나게 팔린다. ② 《강한 부정·의문을 나타내어》 조금도(결단코)…이 아니다. ¶ *Like fun* you did! 설마! [네가 했을 리 없다].

make fun of; poke fun at …을 놀리다, 조롱하다 (ridicule). ¶ We *made fun of* him about this. 우리는 이 일로 그를 놀렸다.

── *vi.* (**funned, fun·ning**) 《구어》 장난치다, 까불다 (make fun), 농담하다(joke).

── *adj.* 《구어》 **1** 유쾌한, 즐거운, 재미있는. ¶ have a *fun* time 즐거운 시간을 보내다. **2** 농담의.

◇ fúnny *adj.*

fun·a·bout [fʌ́nəbàut] *n.* 〔취미·스포츠용〕 소형 자동차. [<FUN+[RUN]ABOUT]

fu·nam·bu·lism [fjuːnǽmbjulìz(ə)m] *n.* [U] 줄타기 [곡예].

fu·nam·bu·list [fjuːnǽmbjulist] *n.* 줄타기 곡예사.

Fún Cíty *n.* 환락의 도시[미국 뉴욕의 별칭].

‡**func·tion** [fʌ́ŋ(k)ʃ(ə)n] *n.* **1** [본래의] 작용, 목적, 구실, 기능. ¶ vital *functions* 생활 기능 / Glass has an important *function* in modern architecture. 현대 건축에 있어서 유리는 중요한 구실을 하고 있다 / The main *function* of language is to communicate ideas and feelings. 언어의 주된 기능은 사상과 감정을 전달하는 일이다. **2** 직능, 직분(occupation), 역할(role). ¶ fulfill one's *function* as a teacher 교사로서의 직분을 다하다. **3** 의식(儀式), 제전(祭典), 축전; [공식의] 축연, 사회적 모임. **4** 상관적인 것, 상관적 요소. **5** 〔수학〕 함수. ¶ an algebraic *function* 대수 함수. **6** [U]〔C〕〔문법〕 기능. *cf.* form

── *vi.* **1** 기능(직분)을 다하다, [본래의] 구실을 다하다(operate). ¶ The engine failed to *function*. 엔진은 작동하지 않았다 // (~+됨) My new typewriter doesn't *function* very well. 내 새 타이프라이터는 제대로 작동하지 않는다 // (~+as 働) He *functioned* as boss. 그가 두목 노릇을 했다(직무를 맡았다). **2** 〔문법〕 기능을 가지다.

◇ fúnctional *adj.*, fúnctionally *adv.*, *n.*

*****func·tion·al** [fʌ́ŋ(k)ʃən(ə)l] *adj.* **1** 기능(직무)[상]의, *functional* disease 기능성 질환. **2** [가구·건축 따위의] 기능 본위로 만든, 기능적인, 실용적인. **3** 기능을 다하는. ¶ a *functional* organ 기능 기관. **4** 함수의. ¶ a *functional* symbol (equation) 함수 기호(방정식). ~**·ly** [-nəli] *adv.*

fúnctional illíterate *n.* 읽고 쓰는 능력이 부족한 탓으로 사회 생활에 지장이 있는 사람.

func·tion·al·ism [fʌ́ŋ(k)ʃən(ə)lìz(ə)m] *n.* [U] **1** 〔건축·가구 설계 따위에서의〕 기능[주의]주의. **2** 〔심리〕 기능 심리학.

fúnctional rèpresentátion *n.* 〔정치〕 직능 대표

func·tion·ar·y [fʌ́ŋ(k)ʃ(ə)nèri / -nəri] *n.* (*pl.* **-ar-**

ies) 직원, [특히] 관리, 공무원(official). ¶ a public functionary 공무원. — *adj.* 기능(직무)의.

func·tion·ate [fʌ́ŋ(k)ǝnèit] *vi.* (**-at·ed, -at·ing**) 기능(직무)을 다하다(function), 작용하다.

func·tion·less [fʌ́ŋ(k)ʃ(ǝ)nlis] *adj.* 직능이 없는; 기능이 없는.

fúnction wòrd *n.* [문법] 기능어[전치사·접속사·조동사·관계사 따위].

‡**fund** [fʌnd] *n.* **1** 기금, 자금. ¶ a reserve fund 적립금 / a war fund 군자금 / a scholarship fund 장학 기금 / raise a relief fund 구호 자금을 모집하다. **2** [비물질적인 것의] 축적, 온축(蘊蓄). ¶ an unfailing fund of wit 무진장한 기지(機智). **3** (~s) 시재금(時在金), 소지금; 재원, 자원. ¶ be in (out of) funds 돈을 가지고 있다(돈이 떨어지다). **4** 《英》 (보통 the ~s) 공채, 국채. ¶ He has 1,000,000 won in the funds. 그는 100만 원어치 공채를 가지고 있다. — *vt.* **1** [단기 차입금]을 장기 공채로 바꾸다; [빚]의 이자 지불에 자금을 공급하다; [돈]을 공채에 투자하다. **2** …을 기금으로 적립하다, 저축하다(store up).

fun·da·ment [fʌ́ndǝmǝnt] *n.* **1** 원경관(原景觀)[인위적인 것을 가하지 않은 자연 경관]; 지세(地勢). **2** 둔부(臀部), 궁둥이(buttocks). **3** 항문(anus).

‡**fun·da·men·tal** [fʌ̀ndǝméntl] *adj.* **1** 기본적인, 바탕(기초, 토대)이 되는, 중요한, 긴요한 (underlying, basic). ¶ fundamental principles (rules) 기본 원칙(법칙) / fundamental colors 원색 // Fulfilling responsibility is fundamental to democracy. 책임의 수행은 민주주의의 기본이다. **2** 근본적인, 근본에 영향을 주는, 기초(바탕)의; 근원적인 (original). ¶ a fundamental change 근본적인 변화. **3** [음악] [화음이] 기초음의, 기본의 (유래 ~s) 근본, 기본[원칙], 기초, 바탕, 원리. ¶ Reading, writing, spelling, and arithmetic are fundamentals of education. 읽기, 쓰기, 철자법 및 산술은 교육의 기본이다. **2** [음악] [화성학상의] 기초음(fundamental note), 주음(主音). **3** [물리] 기본파(波) [복합 파음 중 가장 진동수가 낮은 파].

◇ **found** *v.*, **fundaméntality, foundátion** *n.*

fundaméntal bàss [-bèis] *n.* ⓊⓊ [음악] 화음을 구성하는] 기초 저음.

fun·da·men·tal·ism [fʌ̀ndǝméntǝlìz(ǝ)m] *n.* (때로 F-) Ⓤ 근본주의[근대주의(modernism)를 배격하고 성서의 기록 전부를 절대적으로 옳다고 주장하는 운동]; [근본 원리를 엄격히 지키는] 원리주의. ¶ Islam fundamentalism 회교 원리주의, *cf.* **modernism**

fun·da·men·tal·ist [fʌ̀ndǝméntǝlist] *n.* (때로 F-) 근본주의의 기독교 신자; 정통 회귀론자, 원리주의자.

— *adj.* 근본주의의 기독교[신자]의; 원리주의의, 기본 원리를 엄수하는; 극단적으로 보수적인.

fun·da·men·tal·i·ty [fʌ̀ndǝmentǽliti] *n.* Ⓤ 기본적임, 기본성; [기본적인] 긴요성.

*****fun·da·men·tal·ly** [fʌ̀ndǝméntǝli] *adv.* 근본(본질)적으로, 바탕에서, 원래는 (유저).

fund·hold·er [fʌ́ndhòuldǝr] *n.* 《英》 공채 투자자(者).

fun·di [fʌ́ndi] *n.* 참새피속(屬)의 초본[조 비슷한 열대 아프리카산(産)의 초본; 씨를 식용함].

fund·ing [fʌ́ndiŋ] *n.* 자금 제공, 융자.

fund-rais·ing [fʌ́ndrèiziŋ] *n., adj.* [정치가·자선 단체 따위의] 자금 조달[의]. ¶ fund-raising party 자금 모금 파티.

fun·dus [fʌ́ndǝs] *n.* (*pl.* **-di** [-dai]) [해부] [위·방광·눈 따위의] [밑]바닥, 저부(基底部). (< L bottom)

‡**fu·ner·al** [fjúːn(ǝ)rǝl] *n.* **1** 장례식, 장의(葬儀)(burial). ¶ attend a funeral 장례식에 참례하다 / The general was given a state funeral. 그 장군은 국장(國葬)으로 치러졌다. **2** 장례 행렬. **3** 《구어》 관계 있는 [처리해야 할]일(concern). ¶ It's none of my funeral. 그것은 내가 알 바 아니다. — *adj.* 장례식의; 장례식용의. ¶ a funeral ceremony 장례식 / a funeral oration 조사(弔辭) / a funeral march 장송 행진곡 / a funeral director 《美》장의사(師) (《英》 undertaker) / a funeral procession 장례 행렬 / a funeral urn 납골 단지 / a funeral home (or parlor) 《美》장의사(社).

◇ **fúnerary, funéreal** *adj.*

fúneral chàpel *n.* **1** 영안실. **2** [유해 안치실·부친지실 등을 갖춘] 장례 회관(funeral parlor).

fu·ner·ar·y [fjúːnǝrèri/-rǝri] *adj.* 장례식의, 매장의.

fu·ne·re·al [fju(ː)ní(ː)riǝl/-nfǝr-] *adj.* **1** 장례식의, 장례식에 어울리는. **2** 구슬픈(mournful), 침울한, 우울한(gloomy). **~·ly** [-ǝli] *adv.*

fún fàir *n.* 《주로 英》 유원지. * 《美》에서는 amusement park.

fún fùr *n.* 값싼 모조 모피옷.

fun·gal [fʌ́ŋgǝl] *adj.* = fungous. — *n.* = fungus.

fun·gi [fʌ́ndʒai/-fʌ́ŋgai, fʌ́ndʒi] *n.* fungus의 복수형의 하나.

fun·gi·ble [fʌ́ndʒibl] [법률] *adj.* 바꿀 수 있는, 대체할 수 있는. — *n.* 대체물품[금전·곡식 따위].

fun·gi·cide [fʌ́ndʒisàid] *n.* 살균제.

fun·gi·form [fʌ́ndʒifɔ̀ːrm] *adj.* 균(버섯) 모양의.

fun·go [fʌ́ŋgou] *n.* (*pl.* **-goes**) [야구] **1** [플라이를 잡는 연습을 하기 위해] 가볍게 위로 던진 공. **2** 이와에 날린 연습용 플라이. **3** (= **fúngo bát**) 연습용 배트, 녹배트. [質].

fun·goid [fʌ́ŋgɔid] *adj.* 균 비슷한, 균성의, 균의(菌學)(mycology).

fun·gol·o·gy [fʌ̀ŋgɑ́lǝdʒi/-gɔ́l-] *n.* Ⓤ 균류학(菌類學)(mycology).

fun·gous [fʌ́ŋgǝs] *adj.* **1** 균의, 균에 의해 생기는 (fungal). **2** 균 비슷한, 균성의, 균질의. **3** 갑자기 생기는, 일시적인.

*****fun·gus** [fʌ́ŋgǝs] *n.* (*pl.* **gi** *or* **gus·es**) **1** 균류[버섯·곰팡이·효모균·녹균 따위]. **2** [버섯처럼] 갑자기 생기는 것; [병리] [상처에 생기는] 용류(茸瘤), 홍종(紅腫). — *adj.* = fungous. **fúngous** *adj.* (< L)

fún hòuse *n.* 《美》 [유원지의] 도깨비집[깜짝 놀랄 여러 가지 장치가 있는 건물].

fu·ni·cle [fjúːnikl] *n.* [식물] 주병(珠柄).

fu·nic·u·lar [fjuːníkjulǝr] *adj.* **1** 밧줄(케이블)의; 그 장력(張力)에 의한; 삭도(索條)(케이블)을 움직이는. **2** [해부] 삭대(索帶)[삭조]의; [식물] 주병의. — *n.* = funicular railway. [(cable railway).

funícular ráilwày *n.* 삭도 철도, 케이블 철도.

fu·nic·u·lus [fjuːníkjulǝs] *n.* (*pl.* **-li** [-lài]) **1** [해부] 삭대, 삭조[신경 섬유속(束)·정사(精絲)·뱃줄 따위]. **2** [식물] 주병(珠柄) (funicle). **3** [곤충] [어떤 종류의 곤충의 촉각의] 삭절(索節).

funk[1] [fʌŋk] *n.* 《구어》 **1** (보통 a ~) 겁, 겁을 먹음, 두려움; 겁쟁이(coward). ¶ be in a [blue] funk [of] …에 겁을 먹고 있다. **2** 낙담, 의기 소침. ¶ They have been in a blue funk since they lost the game. 그들은 시합에 진 뒤로 몹시 의기소침해 있다. — *vt.* **1** …을 두려워하다, …에 겁을 먹다(be afraid of); …에 움츠러들다(shrink from). **2** …을 무서워하게 하다 (frighten). — *vi.* 겁을 먹다, 움츠러들다(shrink).

funk[2] [fʌŋk] *n.* 《속어》 …에 연기를 내뿜다, [담배]를 피우다. — *vi.* 연기가 나다; 악취를 풍기다. **1** 악취. **2** Ⓤ 《美》 펑키 재즈(funky jazz).

fúnk àrt *n.* 별스러운 대중 예술(팝 아트).

fúnk hòle *n.* 대피호; 도망(피신) 처; 병역 기피를 위한 직무.

funk·y[1] [fʌ́ŋki] *adj.* (**funk·i·er, funk·i·est**) 《구어》 두려워하는, 벌벌 떨고 있는, 겁 많은; 기가 죽은.

funk·y[2] [fʌ́ŋki] *adj.* (**funk·i·er, funk·i·est**) 《속어》 **1** 악취를 풍기는, 퀴퀴한, 냄새가 역한(foul). **2** [재즈] 《美》 [초기의 블루스처럼] 흔스러운. **3** 《美속어》 멋들어진.

fun·nel [fʌ́nl] *n.* **1** 깔때기. **2** [기선·기관차의] 굴뚝(smokestack). **3** [깔때기 모양의] 통풍구; 채광 구멍. **4** 〖해부·동물〗 [오징어 따위의] 누두상(漏斗狀) 기관.
— *v.* (-neled, -nel·ing; 〖특히 英〗-nelled, nel-ling) *vt.* **1** …을 깔때기 모양으로 붓다. **2** …을 중심으로 모으다, 중심으로부터 분산시키다; [정력 따위]를 집중하다(concentrate). ¶ (~+몸+젼+웤) *funnel* all one's energies *into* one's job 온 정력을 일에 쏟다. **3** …을 좁은 통로로 통과시키다. **4** [정보 따위]를 흘리다. — *vi.* **1** 깔때기 모양이 되다. **2** 중심에 모이다, 중심으로부터 분산하다. **3** 깔때기(좁은 통로)를 지나다. 〖깔때기 모양의〗
fun·nel·form [fʌ́nlfɔ̀ːrm] *adj.* 〖화관(花冠) 따위가〗
fun·ni·ly [fʌ́nili] *adv.* **1** 재미있게, 우습게, 익살맞게. **2** 기묘하게. ¶ *funnily* enough 기묘하게도.
fun·ni·ment [fʌ́nimənt] *n.* ⓤ 농담(jest); 익살; 웃음.
fun·ni·ness [fʌ́ninis] *n.* ⓤ 우스움, 기묘함, 익살스러움
‡**fun·ny**¹ [fʌ́ni] *adj.* (-ni·er, -ni·est) **1** 우스운, 재미있는, 익살맞은(amusing). ⇨ AMUSING [類語] **2** 〖구어〗기묘한, 괴상한(curious), 이상한(strange). ¶ a *funny* business 〖구어〗기묘한 일; 수상한 행동 / a *funny* way to behave 기괴한 행동 / There is something *funny* about the affair. 그 사건에는 뭔지 이상한 데가 있다 / I feel *funny*. 기분이 이상하다. **3** 만화[난]의(comic). ¶ a *funny* column [신문의] 만화란 / *funny* pictures 만화. **4** 이상한, 수상한(deceitful); 불공정한(under-handed). **5** 오만한(insolent); 건방진(saucy).
go all funny 이상한 느낌이 들다; 상태가 심상치 않다.
That's [very] funny. 〖구어〗그것 〖참〗 이상하다.
— *n.* (*pl.* -**nies**) **1** 〖구어〗재미있는 〖는〗 이야기, 농담(joke). **2** 웃기는(재미있는) 사람. **3** (-nies) 〖美俗〗[신문·잡지의] 연재 만화(comic strip); 만화란(funny paper). — *adv.* 이상하게, 우습게, 재미있게. ¶ act *funny* 까불다. ◇ **fun** *n.*
fun·ny² [fʌ́ni] *n.* (*pl.* -**nies**) 〖英〗퍼니 보트(폭이 좁고 1인용 보트).
fúnny bòne *n.* [팔꿈치의]척골(尺骨)의 끝[척신경이 통하는 부분에 있어, 여기를 치면 짜릿한 느낌이 든다](crazybone).
fúnny bòok *n.* 만화책(comic book).
fúnny bùsiness *n.* ⓤ 〖구어〗**1** 부정한 거래. **2** 우스운 짓; 기묘한 일; 장난. *cf.* monkey business
fúnny fàrm *n.* 〖속어〗정신 병원(psychiatric hospital). 〖중독자 수용소〗
fúnny hóuse *n.* 〖美俗〗 정신 병원; 마약(알코올)
fun·ny·man [fʌ́nimæ̀n] *n.* (*pl.* -**men** [-mən]) 〖美구어〗 익살스런 사람; 어릿광대(clown). 희극 배우(come-dian).
fúnny mírror *n.* [유원지의] 요철경(凹凸鏡).
fúnny móney *n.* ⓤ 가짜돈, 장난감 돈.
fúnny pàper *n.* 〖美구어〗신문의 만화 부록.
fur [fəːr] *n.* 〖ⓤⓒ〗 **1** 모피; 〖ⓤ〗 〖모피를 덮은〗 부드러운 털, 솜털. ⇨ SKIN [類語] **2** (보통 ~s) 모피 제품[외투·목도리 따위]. ¶ a *fur* coat 모피 코트 / a fine fox *fur* 썩 좋은 여우 모피. **3** 〖집합적〗 모피가 있는 동물들 〖토끼·여우·fin and feather〖s〗 수류(獸類)[어류. 〖조류.〗 **4** 〖솜털 모양의 부착물; 물때; 설태(舌苔)〗. 〖이다〗.
make the fur fly 대소동을 일으키다, 대판 싸움을 벌 *stroke the* (or a *person's*) *fur the wrong way* [남]을 화나게 하다(irritate).
— *adj.* **1** 모피(제)의. **2** 솜털의.
— *vt.* (**furred, fúr·ring**) **1** [의복]에 모피 안[가선]을 대다. **2** [건축] 모피를 입히다. **3** [건축] [마루판자·벽 따위]에 나무[걸레받이·부침대 따위]를. **4** [혀]에 설태가 끼게 하다; [주전자 따위]에 물때가 끼게 하다(...**up, down**). — *vi.* 설태(물때)가 끼다.
◇ **fúrry** *adj.*
fur. (略) furlong〖s〗; furnished.
fur·be·low [fə́ːrbilòu] *n.* 주름(옷단) 장식(flounce, ruffle); (보통 ~s) 화려한(현란스러운) 장식. — *vt.* …에 주름 장식을 달다; …을 화려하게 꾸미다.
fur·bish [fə́ːrbiʃ] *vt.* **1** …을 갈다, 닦다, 윤내다(polish); (비유적) …을 연마하다(...**up**). ¶ *furbish up* old furniture 헌 가구를 닦아 광을 내다 / *furbish up* one's English 영어를 더욱 연마하다. **2** 〖헌 것〗을 새롭게 하다(renew) (...**up**).
fur·cate [fə́ːrkit → v.] *adj.* 가지진, 두 갈래로 갈라진(forked). — *vi.* [fə́ːrkeit] 두 갈래지다, 분기(分岐)하다.
fur·ca·tion [fəːrkéiʃ(ə)n] *n.* ⓤ 〖두 갈래의〗 분기.
fur·fu·ra·ceous [fə̀ːrfjuréiʃəs] *adj.* **1** 비듬(겨)의(같은). **2** 비듬이 많은(scurfy).
Fu·ries [fjúːriz / fjúə-] *n. pl.* (the ~) 〖그리스·로마신화〗우라누스(Uranus)의 피에서 태어났다고 하는〖복수의 세 여신.
‡**fu·ri·ous** [fjúː(ː)riəs / fjúər-] *adj.* **1** [격정에] 날뛰는, 격노한, 격심한, 광포한(violent)(with, at, about...). ¶ *furious* hate 격렬한 증오 // She got *furious* with him (at his insolence). 그녀는 그(그의 무례함)에 대해서 몹시 화가 났다. **2** [바람·바다·폭풍 따위가] 무시무시한, 광란하는(razing). ¶ a *furious* storm (sea) 휘몰아치는 폭풍(광란하는 바다). **3** 〖활동〗격렬한, 맹렬한(uproarious). ¶ a *furious* attack 맹공격 / rush through one's work at a *furious* pace 맹렬한 기세로 일을 해치우다.
grow fast and furious 〖환락 따위가〗무르익다, 절정에 이르다, 광란적〖열광적〗으로 되다.
~·**ness** *n.* ◇ **fúry** *n.* 〖렬히.〗
‡**fu·ri·ous·ly** [fjúː(ː)riəsli / fjúər-] *adv.* 광란하여, 맹
furl [fəːrl] *vt.* **1** [기·돛 따위]를 말다, (우산·날개 따위)를 접다(roll up, fold up), (커튼)을 걷다. **2** [희망]을 버리다. — *vi.* 말려 올라가다, 접히다, 개켜지다(become furled) (up...). ¶ This fan doesn't *furl* [up] neatly. 이 부채는 곱게 접히지 않는다. — *n.* 말기, 감기, 접기, 개키기; 말린〖접힌〗 것(roll).
fur·long [fə́ːrlɔːŋ / -lɔŋ] *n.* 펄롱〖거리의 단위; 220야드, 또는 ⅛ 마일에 해당. 약 201m; 略 fur.〗
fur·lough [fə́ːrlou] *n.* ⓤⓒ〖군인이나 해외 근무 공무원들의〗휴가. ¶ get (or have) two months' *furlough* 두 달의 휴가를 얻다 / go home on *furlough* 휴가로 귀향하다. — *vt.* …에게 휴가를 주다.
fur·men·ty [fə́ːrmənti], **-me·ty, -mi·ty** [-miti] *n.* (*pl.* -**ties**) 〖英방언〗 = frumenty.
‡**fur·nace** [fə́ːrnis] *n.* **1** 노(爐), 화덕; 용광로; 난로. ¶ a blast *furnace* 고로(高爐). **2** 혹서 (酷暑)의 땅. **3** 혹독한 시련〖의 장소·시기 따위〗. **4** (F-) 〖천문〗화로좌.
be tried in the furnace 혹독한 시련을 겪다.
— *vt.* (-**naced, -nac·ing**) 〖야금〗[노(爐) 속에서] …을 가열하다.
‡**fur·nish** [fə́ːrniʃ] *vt.* **1** [필요한 것]을 공급하다, 제공하다, 주다. ⇨ PROVIDE [類語] ¶ The sun *furnishes* heat. 태양은 열을 제공한다 / (~+몸+젼+몸) He *furnished* the hungry with food. =He *furnished* food *to* the hungry. 그는 굶주린 사람들에게 먹을 것을 주었다 // 〖美〗 (~+몸+몸) I *furnished* him food. 그에게 먹을 것을 주었다. **2** …에 필수품 [특히 가구]을 비치하다, 설비하다 (equip). ¶ *furnish* a house 집에 가구를 들여놓다 / (~+몸+젼+몸) This house is *well furnished.* 이 집은 세간이 모두 갖추어져 있다 / (~+몸+젼+몸) *furnish* a room *with* an air conditioner 방에 냉방 장치를 설치하다. — *vi.* 가구(세간)을 비치하다.
‡**fur·nished** [fə́ːrniʃt] *adj.* 가구가 비치된. ¶ *Furnished* House [to Let]. 〖게시문〗가구 딸린 셋집.
fur·nish·er [fə́ːrniʃər] *n.* **1** 조달자; 공급자. **2** 가구상.
‡**fur·nish·ing** [fə́ːrniʃiŋ] *n.* **1** ⓤ [가구의] 비치, 설비, 장비. **2** (~s) 가구, 세간, 비품(fittings). **3**

furniture (~s) 《美》[특히 남자용의] 복식품(accessories). ¶ men's *furnishings* 남자용 복식품.

‡**fur·ni·ture** [fə́:rnitʃər] n. ⓤ **1**《집합적》가구, 비품, 세간[책상·침대·테이블 따위 처럼 움직일 수 있는 것]. *cf.* fixture ¶ parlor(kitchen) *furniture* 객실용 가구(부엌 세간) / several articles of *furniture* 5-6점의 가구 / a piece of *furniture* 가구 한 점 / a set of *furniture* 가구 한 벌. **2** [기계 따위의] 부속품, 부속 설비; [배의] 의장(艤裝) 용구; [문 따위의] 부속 기구(fittings, equipment). **3** [마음 속에] 갖추어진 것, 지식; 내용, 알맹이(contents). ¶ the *furniture* of one's pocket 호주머니 속의 소지금 / the *furniture* of one's mind 지식, 교양. **4** [인쇄] 공목(空木). **5**《고어》감옥; 마구(馬具).

fu·ror [fjú(:)rɔːr / fjúərə] n. ⓤⓒ **1** 열광, 열광적 감격(흥분), (fury, rage). **2** 열광적 유행; 열광적인 찬양(furore). ¶ The play created (*or* made) a regular *furor*. 그 연극은 열광적인 찬사를 들었다. **3** 격노, 광란, 광기(madness).

fu·rore [fjú(:)rɔːr / fju(ə)rɔ́ːri] n. ⓤⓒ《주로 英》**1** 열광적인 찬양. **2** 격정; 열광.

fur·phy [fə́:rfi] n. (*pl.* **-phies**)《濠俗語》낭설, 엉터리 소문, 우스운 이야기.

furred [fə:rd] adj. **1** [동물이] 보드라운 털로 덮인. **2** 모피로 만든, 모피로 안을 댄(가를 두른). **3** [사람이] 모피 옷(모자)을 입은. ¶ a *furred* lady in mink 밍크 모피를 걸친 부인. **4** 설태(舌苔)가 낀; 물때가 낀.

fur·ri·er [fə́:riər / fʌ́riə] n. 모피 상인; 모피 가공업자, 모피옷 제조(수선)인.

fur·ri·er·y [fə́:riəri / fʌ́r-] n. ⓤⓒ (*pl.* **-er·ies**) 모피업; 모피 가공업.

fur·ring [fə́:riŋ] n. ⓤⓒ **1** [의복에] 모피 대기, 모피로 가선을 두르기. **2** [의복에] 사용되는 모피. **3** 설태(舌苔)가 낌; 물때가 낌. **4** [건축] [회반죽을 바르기 전에 바닥이나 벽이 평평하게 되도록] 못질하기, 그 잇거리[얇은 나뭇조각]; [벽의] 바탕 재료(빼대).

****fur·row** [fə́:rou/fʌ́ri] n. **1** [쟁기를 간 뒤의] 고랑, 보습자리. **2** [고랑 같은] 좁고 긴 골 [배 따위가 지나간] 자취; 바퀴 자국(rut). **3** [얼굴의] 깊은 주름(deep wrinkle). ¶ the *furrows* of age 노령으로 인한 깊은 주름. **4**《고어》경작지, 농지.
— vt. **1** …을 쟁기로 갈다. **2** …에 고랑(자국)을 내다. **3** …의 주름살을 짓다(wrinkle). ¶ a brow *furrowed* with sorrows 슬픔으로 깊은 주름살이 진 이마. — vi. 고랑이 되다, 주름지다.
◇ fúrrowy n.

fur·row·y [fə́:rou(i)i / fʌ́r-] adj. 고랑이 난, 주름진.

fur·ry [fə́:ri] adj. (**-ri·er, -ri·est**) **1** 모피로 만든, 모피가 붙은. **2** [동물이] 모피로 덮인; [사람이] 모피를 입은(걸친). **3** 모피 비슷한, 모피(솜털)질의. **4** 설태(물때)가 낀. **5**《美俗語》무서운.

fúr seal n. 물개.

‡**fur·ther** [fə́:rðər] (far 의 비교급) adv. *cf.* farther
— Usage further [adv., adj.에 대하여] —
모두 far 의 비교급으로서, 보통 farther 는 거리에 대해서 쓰고, further 는 I have nothing *further* to mention.처럼 정도·시간·수량 따위를 나타내는 데 쓴다고 하지만, 실제로는 이 구별이 엄밀하게 지켜지고 있지 않으며, 구어에서는 어느 경우에나 further 를 쓰는 경향이 있다.
1 [공간·시간적으로] 더 멀리, 훨씬 멀리, 더욱 앞으로. ¶ as far as this but no *further* 여기까지이지만 / It's *further* than a mile from here. 여기서 1마일 이상 된다. **2** [정도·범위가] 한 걸음 나아가서, 더욱 깊이. ¶ We inquired *further* into the matter. 우리는 그 사건의 조사를 더욱 진행시켰다 / I'll see you *further* first. (구어) 그건 질색이다, 당치도 않다(I certainly won't). **3** 게다가, 그 위에, 더우기(in addition, moreover). ¶ Let me *further* tell you that ... 한마디 더 말씀드리겠습니다만.
further on 더 앞으로(에). ¶ go *further on* 더 앞으로 나아가다 / The village is two miles *further on*. 그 마을은 2마일 앞에 있다.
— adj. **1** 더 먼, 더 앞의. ¶ on the *further* side of the river 강 저편 기슭에. **2** 그 이상의, 한층 더한 (additional, more). ¶ *further* crimes 여죄(餘罪) / until *further* notice 추후 통지가 있을 때까지 / For *further* details, see Chapter V. 더 자세한 것은 5장을 참조하라.
— vt. …을 추진하다, 촉진(조성)하다. ⇒ PROMOTE 類語 ¶ *further* one's plans (interests) 계획을 촉진하다(이익을 더욱 도모하다) / Getting a scholarship will *further* his study. 장학금을 받으므로 그의 연구는 촉진될 것이다. ◇ fúrtherance n.

fur·ther·ance [fə́:rðərəns] n. ⓤ 촉진, 조장, 조성, 증진(promotion, advancement).

‡**fur·ther·more** [fə́:rðərmɔ̀:r/-mɔ́-] adv. 그 위에, 더우기, 더군다나(in addition). ⇒ BESIDES 類語

fur·ther·most [fə́:rðərmòust] adj. 가장 먼(most distant).

‡**fur·thest** [fə́:rðist] adj., adv. 《far 의 최상급》= farthest.

fur·tive [fə́:rtiv] adj. **1** 남몰래 하는, 은밀한(secret). ¶ a *furtive* glance 훔쳐보기. **2** 남의 눈을 속이는, 수상한(sly). ¶ be *furtive* in one's movements (actions) 남몰래 움직이다(행동하다).
~**ly** adv. ~**ness** n.

fu·run·cle [fjú(:)rʌŋkl / fjúərʌ-] n. [병리] 종기, 부스럼, 절양(癤瘍)(boil), 퓨렁클[피부·피하 조직 등에 생기는 악성 종기].

fu·run·cu·lar [fjurʌ́ŋkjulər], **-lous** [-ləs] adj. 종기 비슷한, 절양성의(癤瘍性의).

‡**fu·ry** [fjú(:)ri / fjúəri] n. (*pl.* **-ries**) **1** ⓤⓒ 격노, 격분. ⇒ ANGER 類語 ¶ fly into a *fury* 격노하다, 노발대발하다 / In a *fury* she struck him a blow. 그녀는 벌끈해서 그를 때렸다. **2** ⓤ [감정·병·전투·폭풍 따위의] 격렬함, 격심함, 맹위, 격렬함(violence); 격정, 열광(frenzy). ¶ in the *fury* of one's passion (desire) 격렬한 열정(욕망)에 사로잡혀 / The epidemic raged in all its *fury*. 전염병이 맹위를 떨쳤다. **3** [그리스·로마 신화] (F-) 복수의 세 여신(Furies)의 하나. **4** [비유적] (~s) 원귀(怨鬼); 가책. **5** 포악한 사람, [특히] 원한에 불타는(심술궂은) 여자. **6** 등의 흉포성(凶暴性).
like fury (구어) 맹렬히, 무시무시한 기세로(furiously). ¶ The wind is blowing *like fury*. 바람이 무시무시하게 불고 있다. ◇ fúrious adj.

furze [fə:rz] n. ⓤ [식물] 가시금작화(金雀花)《英》gorse, whin).

furz·y [fə́:rzi] adj. (**furz·i·er, furz·i·est**)《英》**1** 가시금작화의. **2** 가시금작화가 무성한.

fu·sain [fjuːzéin, ⸺] n. ⓤ [데생용의] 목탄; ⓒ 목탄화.

fus·cous [fʌ́skəs] adj. 회색을 띤 암갈색의(brownish-gray), 거무스름한(dark, dusky).

****fuse**[1] [fju:z] n. **1** [전기] 퓨즈. **2** 신관(信管), 도화선. ¶ a time *fuse* 시한(時限) 신관. **3** = fuze 1.
have a short fuse 《美》성미가 급하다.
— v. (*fused, fus·ing*) vi. (주로 英) 퓨즈가 끊어지다. ¶ The light has *fused*. 퓨즈가 끊어져서 불이 나갔다.
— vt. …에 신관(도화선)을 장치하다, 퓨즈를 달다.

****fuse**[2] [fju:z] v. (*fused, fus·ing*) vt. **1** …을 녹이다, 용해(融解)시키다(blend). **2** (비유적) …을 융합(융화)시키다(unite). **3** = fuze 1. **4** [전기] 녹다, 용해하다. ⇒ MELT 類語 **2** (비유적) 융합(융화)하다, 결합하다(be united). ◇ fúsion n.

fu·see, -zee [fju:zí:] n. **1** [대기가 크거나 폭이 넓은] 내풍(耐風) 성냥. **2** [철도의] 적색 섬광(閃光) 신호 [경고 신호]. **3** [구식 시계의] 균력 원추 활차(均力圓錐滑車). **4** 신관(信管) (fuse).

fu·se·lage [fjúːsilὰːʒ, -lidʒ, -zə- / -zilὰːʒ, -lidʒ] n. 〖항공〗[비행기의] 동체, 기체.

fúsel óil [fjúːzl-, +美 -sl-] n. U〖화학〗퓨젤유(油) [자극성이 있는 유상(油狀) 유독 액체로, 알코올 발효때 에틸 알코올과 같이 생긴다.

fu·si·bil·i·ty [fjùːzəbíliti] n. U 1 〖가열에 의한〗 가용성(可溶性). 2 용해도(溶解度).

fu·si·ble [fjúːzəbl] adj. 녹는, 가용성의; 용해하기 쉬운. ¶ a *fusible* metal 이융(易融) 금속.

fu·si·form [fjúːzifɔ̀ːrm] adj. 방추(紡錘) 모양의.

fu·sil[1] [fjúːzl / -zil] n. 수발총(燧發銃).

fu·sil[2] [fjúːzl / -zil], **-sile** adj. 1 〖고어〗 녹여서 만든, 주조(鑄造)한(founded). 2 용해하는, 가용성의 (fusible). 3 〖고어〗 용해한(melted).

fu·si·leer, -lier [fjùːzilíər] n. 1〖집합적〗(~s) 퓨질리어 연대(영국에서 옛날에 수발총(燧發銃)을 사용한 연대). 2〖옛날의〗수발총병(兵).

fu·sil·lade [fjúːsilèid, -lὰːd, ‥-ˊ / fjùːziléid] n. 1 〖총포의〗일제 사격, 연속 사격. 2 〖비유적〗[…의] 제 사격, 연발. ¶ a *fusillade* of questions 맹렬한 질문 공세. — vt. (-lad·ed, -lad·ing) …에 일제 사격을 퍼붓다.

****fu·sion** [fjúːʒ(ə)n] n. 1 U 용해, 용융(溶融)(melting), 융합. ¶ the point of *fusion* 융해점, 용해점 2 U〖물리〗핵융합(核融合). b) 합동체. ¶ a *fusion* of opposition parties 야당 연합 / 〖美〗a *fusion* administration 연립 내각(〖英〗a coalition cabinet). 4 U 통합, 종합(synthesis). 5 U〖물리〗핵융합(nuclear fusion). 6 U〖안과〗영상(融像)〖두 눈의 이미지가 하나의 상(像)으로 통합됨〗. 7 U 퓨전〖록이나 클래식 등 다른 분야와 융합된 재즈 음악〗. ◇ fuse[2] v.

fúsion bòmb n. 수소 폭탄(hydrogen bomb).

fu·sion·ism [fjúːʒ(ə)nìz(ə)m] n. U〖정치〗합동(연합)주의, 연립론, 연립주의.

fu·sion·ist [fjúːʒ(ə)nist] n. 〖정치〗합동론(연립주의)자.

fúsion póint n. 융점, 융해점.

fúsion reàctor n. 핵융합로.

fuss [fʌs] n. 1 U〖C〗[쓸데 없는 소동〗(needless bustle), 쓸데없는 걱정, 안달복달. ¶ be in a state of *fuss* 안절부절 못하고 애를 태우고 있다 / make a *fuss* of a person 남을 떠들썩하게 추어올리다 / make much (or a great) *fuss* about trifles 하찮은 일로 소동을 벌이다 / get into a *fuss* 안달복달하다. 2 안달하는 일에 법석을 떠는 사람. 3〖구어〗싸움(quarrel); 언쟁, 논쟁. — vi. 하찮은 일에 법석을 떨다, 공연히 소란을 피우다, 쓸데없는 걱정 을 하다(about, over ...), ¶(~+前+囲) *fuss up* and *down* 안달복달하며 돌아다니다, 법석을 떨며 돌아다니다 // (~+前+囲) *fuss about* (or *over*) a person's trifling mistakes 남의 사소한 잘못을 공연히 법석 들어대다. — vt.〖하찮은 일로〗…을 법석 떨게 하다 (stir up), …의 애를 태우다, …을 안달나게 하다 (bother). ◇ fussy adj.

fuss·budg·et [fʌ́sbʌ̀dʒit] n. 〖구어〗하찮은 일에 법석을 떠는 사람, 공연히 떠들어대는 사람.

fuss·er [fʌ́sər] n. 하찮은 일에 법석을 떠는 사람.

fuss·pot [fʌ́spɑ̀t / -pɔ̀t] n. 〖구어〗=fussbudget.

****fuss·y** [fʌ́si] adj. (**fuss·i·er**; **fuss·i·est**) 1 하찮은 일에 법석을 떠는; 신경질적인, 까다로운. ¶ be *fussy about* one's food (clothes) 음식(옷)에 대해서 까다롭다. 2 〖복장·설비 등〗지나치게 꾸민; 세부까지 공들인, 지나치게 세밀한. **fúss·i·ly** adv. **fúss·i·ness** n.

fus·tian [fʌ́stʃ(ə)n / -tiən] n. 1 U〖C〗성기게 짠 두꺼운 무명(삼베). 2 U〖퍼스티언천, 두꺼운 능직 무명〖코르덴·벨벳 따위〗. 3 U〖과장된 말(문장)〗(bombast). — adj. 1 퍼스티언천의. 2 〖말·문장이〗지나친, 과장한(pompous); 시시한(worthless).

fus·tic [fʌ́stik] n. 1 퍼스틱 목재〖열대 아메리카산 뽕나무과(科) 식물의 목재; 담황색 염료를 채취한다〗; 그 나무. 2 U 퍼스틱 염료.

fus·ti·gate [fʌ́stigèit] vt. (-gat·ed, -gat·ing) 1 …을 곤봉으로 때리다(cudgel). 2 …을 혹평하다(criticize harshly).

fus·ti·ga·tion [fʌ̀stigéiʃ(ə)n] n. 1 U 곤봉으로 때리기. 2 혹평.

fus·ty [fʌ́sti] adj. (-ti·er, -ti·est) 1 곰팡내 나는 (moldy, musty), 숨이 막힐 듯한(stuffy). ¶ a *fusty* room 곰팡내 나는 방. 2 〖건축·장식 따위가〗낡아빠진, 시대에 뒤진(old-fashioned). 3 머리가 구식인, 완고한, 완미(頑迷)한(stubbornly conservative). **-ti·ly** adv. **-ti·ness** n.

fut.〖略〗future.

fu·thark [fúːθɑːrk], (**fu·thorc** [fúːθɔːrk]) n. 〖문자문자〗(runic alphabet).

‡**fu·tile** [fjúːt(ə)l, -tail / -tail] adj. 1 무익한, 쓸데없는(ineffective). ⇔ USELESS〖類語〗¶ *futile* efforts 헛수고. 2 하찮은, 시시한(trifling). ¶ a *futile* talk 잡담. **-ly** adv. **-ness** n. ◇ futility n.

****fu·til·i·ty** [fjuːtíliti] n. (pl. **-ties**) 1 U 무익, 쓸모없음(uselessness). 2 하찮음, 대수롭지 않음(unimportance). 3 무익한 행위(사건). ◇ fútile adj.

fut·tock [fʌ́tək] n. 〖항해〗[배의〗늑재(肋材).

fúttock shròud n. 〖항해〗퍼톡 슈라우드〖돛대 사구(索具)의 하단을 유지하는 쇠사슬 또는 로우프〗.

fu·tu·ra·ma [fjùːtʃəræ̀mə / -rὰːmə] n. 미래 생활 전시회; 미래상(像), 〖<FUTU|RE+|PANO|RAMA〗

****fu·ture** [fjúːtʃər] n. 1 U〖C〗(the ~) 미래, 장래. cf. present, past. ¶ in the near *future*; in no distant *future* 가까운 장래에 / in the remote (or distant, far) *future* 먼 장래에 / a car of the *future* 미래의 자동차 / For the *future*, try to be more careful. 앞으로는 더욱 조심하도록 해라. ━━ *Usage* in future, in the future, for the future, for future — (1) in future 와 in the future 는 구별 없이 쓰이기도 하나, 보통 in future 는 「앞으로(from now on)」, in the future 는 「장차, 언젠가(some day in the future)」의 뜻으로 쓰인다: Don't repeat the mistake *in future*. / I have a wish to go abroad *in the future*. (2) for the future 는 in future 와 같은 뜻이나, 특히 지금까지 또는 현재와 구별하여 「앞으로, 장차는」이라는 강한 뜻을 나타낸다. * Prepare *for the future*. 와 같은 경우 for the future 는 문자 그대로 「장래에 대해서」의 뜻이다. for future 는 「후일(장래)을 위하여」의 뜻. 2 (the ~) 장차 일어날 일, 전도, 장래의 상황. ¶ No one can foretell the *future*. 미래는 아무도 예상할 수 없다. 3 유망한 전도, 장래성. ¶ a young man with a *future* 전도 유망한 청년 / A bright *future* lay before her. 빛나는 미래가 그녀 앞에 있었다 / He has a great *future* in politics. 그는 정계에서 장래가 촉망되고 있다. 4 〖문법〗 미래 시제(future tense); 미래형. 5 (보통 ~s)〖상업〗선물(先物); 선물 매매. ¶ deal in *futures* 선물 거래(매매)를 하다. — adj. 1 미래의; 장차, 장래의. 관한; 내세의. ¶ *future* generations 후대(의 사람들) / some *future* day 장차 언젠가 / the *future* life 내세 / *future* hopes (prospects) 장래의 희망(가망) / *future* delivery (goods)〖상업〗선도(先渡)(선물). 2〖문법〗미래(시제, 형)의. ¶ the *future* tense 미래 시제. cf. present tense, past tense ◇ futurity n.

fu·ture·less [fjúːtʃərlis] adj. 미래가 없는, 장래성이 없는.

fúture lífe n. 내세, 저승, 영계(靈界).

fúture pérfect n. 〖문법〗미래 완료[시제].

fútures ecónomy n. 선물 경제〖대금 결제나 상품의 수도(受渡)가 장래의 시점에 이루어지는 경제〗.

fúture shòck n. 미래 쇼크〖변화에 대한 심리적 충

fúture stùdies *n. pl.* 미래 연구, 미래학.
Fu·tur·ism [fjúːtʃəriz(ə)m] *n.* ⓤ **1** (때로 f-) 미래파(주의) [1910년경 이탈리아에서 일어난 전위적인 예술 운동; 동적(動的) 표현에 의한 리얼리즘을 주장]. **2** (보통 f-) 미래파의 작품(作風)(이론).
Fu·tur·ist [fjúːtʃərist] *n.* **1** 미래파 예술가. **2** (f-) 《신학》 미래 신자[요한 계시록에 있는 예언을 믿는 사람]. **3** (f-) 미래학자(futurologist). — *adj.* 미래파의.
fu·tur·is·tic [fjùːtʃərístik] *adj.* **1** 미래의. **2** (보통 F-) 미래파의.
fu·tu·ri·ty [fjuːt(j)ú(ː)riti, -tʃú(ː)- / -tjúəri-] *n.* (*pl.* -ties) **1** ⓤ 미래, 장래(future); 내세. **2** ⓤ 다음 세대, 자손(posterity). **3** 미래의 상태(사건); 장래의 가능성(가망성). **4** =futurity race.
futúrity ràce *n.* 출전하는 말이 오래 전에 결정되어 있는 경마.
fu·tur·o·log·i·cal [fjùːtʃərəládʒik(ə)l / -lɔ́dʒ-] *adj.* 미래학적의.
fu·tur·ol·o·gist [fjùːtʃərálədʒist / -rɔ́l-] *n.* 미래 학자. ¶ *futurologist* Herman Kahn 미래 학자 허만 칸.
fu·tu·rol·o·gy [fjùːtʃərálədʒi / -rɔ́l-] *n.* ⓤ 미래학.
fuze [fjuːz] *n.* **1** [지뢰·폭탄 따위의] 기폭(起爆) 장치. **2** =fuse¹. — *vt.* =fuse¹.
fu·zee [fjuːzíː] *n.* =fusee.
fuzz [fʌz] *n.* **1** ⓤ 보풀, 솜털, 곱슬한 털; 잔털. ¶ the *fuzz* on a peach 복숭아의 솜털. **2** ⓤ 흐림. **3** 《미속어》 순경, 형사. — *vt.* **1** 을 솜털로 덮다, 보풀을 일게 하다. **2** …을 불명확하게 하다, 폭신하게 하다(... *up*). — *vi.* **1** 보풀이 일다, 폭신해지다. **2** 불명확해지다.
fuzz·ball [fʌ́zbɔ̀ːl] *n.* 《식물》 말불버섯(puffball).
fuzz·box [fʌ́zbɑ̀ks / -bɔ̀ks] *n.* 전기 기타의 소리를 흐리게 하는 장치.
fuzz·bust·er [fʌ́zbʌ̀stər] *n.* 퍼즈버스터[속도 위반 탐지 레이다의 소재를 알리는 전자 장치].
fuzz·y [fʌ́zi] *adj.* (**fuzz·i·er, fuzz·i·est**) **1** 보풀(솜털) 같은; 보풀이 인(fluffy). **2** 흐릿한, 불명확한(blurred). ¶ *fuzzy* outlines 흐릿한 윤곽. **3** 곱슬한(curled).
fuzz·i·ly *adv.* **fuzz·i·ness** *n.*
fuzz·y-wuzz·y [fʌ́ziwúzi] *n.* 《구어》 수단의 흑인[군인]; 수단 아닌 나라의 [곱슬 머리] 흑인.
FWA, F.W.A. 《略》 *F*ederal *W*orks *A*gency(미국 연방 사업 관리 총국).
fwd 《略》 *f*orwar*d*.
FWD 《略》 *f*our-*w*heel *d*rive.
FX 《略》 *f*ighter *e*xperimental(차기 전투기); *f*oreign *e*xchange.
FY 《略》 *f*iscal *y*ear(회계 연도).
-fy *suf.* make, cause to be, become 의 뜻의 동사를 만든다. 예: beauti*fy*, lique*fy*.
fye, fy [fai] *interj.* =fie.
FYI 《略》 *f*or *y*our *i*nformation.
fyke [faik] *n.* 《美》 긴 주머니 모양의 어망.
fyl·fot [fílfɑt / -fɔt] *n.* 만자형(卍)(swastika).
fytte [fit] *n.* 《고어》 =fit³.

G

G, g [dʒiː] *n.* (*pl.* **G's** *or* **Gs; g's** *or* **gs** [dʒiːz]) **1** 영어 알파벳의 일곱째 자. ¶ G for George George 의 G [국제 전화 통화 용어]. **2** G(g)가 나타내는 소리[the hard "g" in [g]음, the soft "g" 는 [dʒ]음]. **3** [연속된 것 중의] 일곱 번째 물건. **4** G(g)자형[의 물건]; [활자·스탬프 따위의] G(g)자. **5** [로마 숫자의] 400. **6** [물리] 중력(重力) (gravity), 중력 가속도(acceleration of gravity).

G [dʒiː] *n.* **1** [음악] 사음[다 장조의 제5음, 도레미 창법의 솔음], 사음의 음표(현(弦)·건(鍵) 따위); 사조(調). ¶ G clef 사음 기호 / G flat 사플랫 / G major (minor) 사장(단)조. **2** (*英*)에서) 천 달러(grand). **3** (*美*)[성적의] 양(良) (good). **4** [물리] 중력 상수(常數) (gravitation constant). 「능].

g (*略*) gram[s]; [심리] general intelligence (일반 지능).
G (*略*)(*美*) General [Audiences] (일반용 영화); [전기] gauss; [심리] general intelligence.
g. (*略*) gauge; gender; genitive; going back to; gram[s].
g., G. (*略*) gourde; (*英*) guinea; gulf.
G. (*略*) German; [specific] gravity.
Ga [화학] gallium 의 원자 기호.
Ga. (*略*) Georgia. [Average.
G.A. (*略*) General Agent; General Assembly; General
GAASF (*略*) General Association of the Asian Sports Federations (아시아 경기 연맹 총연합회).
gab [gæb] (*구어*) *n.* **1** ⓤ 잡담, 수다(chatter); 유창한 변설(辯舌). ¶ He has got the gift of gab. 그에게는 말재주가 있다, 그는 웅변가다. **2** [기계] 갈고랑이(hook). —— *vi.* (**gabbed, gab·bing**) 잡담을 하다, 수다를 떨다.
GAB (*略*) General Agreements to Borrow (국제 통화 기금(IMF)의 일반 차입(借入)협정).
gab·ar·dine [gǽbərdìːn, ˈ‒‒ˈ] *n.* ⓤ 개버딘[천]. **2** =gaberdine 1.
gab·ber [gǽbər] *n.* 《구어》 수다쟁이, 다변가.
***gab·ble** [gǽbl] *v.* (**-bled, -bling**) *vi.* **1** 재잘거리다, 빨리 지껄이다 (*away*) **2** (거위 따위가) 꽥꽥 울다(cackle). —— *vt.* …을 빨리 지껄이다, [알 수 없는 말]을 지껄여대다(babble). ¶ gabble one's prayers 빠른 말로 기도를 하다 // (~+圓+閞) You *gabble* me crazy. 네가 재잘재잘 지껄이기 때문에 미칠 지경이다. —— *n.* ⓤ 빨라서 알아들을 수 없는 말; 무의미한 허튼 이야기.
gab·bler [gǽblər] *n.* 수다쟁이 (chatterer).
gab·bro [gǽbrou] *n.* ⓤⓒ (*pl.* **-bros**) [암석] 반려암(斑糲岩) 《화성암의 일종》.
gab·by [gǽbi] *adj.* (**-bi·er, -bi·est**) 수다스러운(talkative), 말이 많은.
ga·belle [gəbél] *n.* 세금, 조세(租稅) (tax); [프랑스역사] [혁명 전의] 염세(鹽稅).
gab·er·dine [gǽbərdìːn, ˈ‒‒ˈ] *n.* **1** [중세에 유대인 남자가 착용한] 길고 헐거운 웃옷. **2** =gabardine 1.
gab·fest [gǽbfèst] *n.* 《美구어》 잡담을 하는 모임, 긴 사설.
ga·bi·on [géibiən] *n.* **1** 보람(堡籃) [보루 건조에 쓰이는 돌 따위를 채운 원통형 바구니]. **2** 돌 담는 바구니, 돌망태 [제방 따위의 토대로서].
ga·bi·on·ade [gèibiənéid] *n.* **1** 보루, 보람(堡籃)으로 쌓은 담. **2** 돌 바구니(돌망태) 공사.

***ga·ble** [géibl] *n.* [건축] **1** 박공(膊栱), 합각(合閣). **2** 박공벽.
ga·bled [géibld] *adj.* 박공 구조로 만든; 박공이 있는, 합각을 이룬.
gáble ròof *n.* 박공 지붕.
ga·blet [géiblit] *n.* [창위 따위의] 박공 모양으로 돌출한 부분, 작은 박공. [gable 1]
gáble wìndow *n.* 박공창, 합각창.
Gabon [gæbóːŋ] *n.* 가봉 [아프리카 서부의 공화국; 수도 Libreville].
ga·boon [gəbúːn] *n.* 오쿠메 [아프리카산(産)의 나무; 가구 제조용].
Ga·bri·el [géibriəl] *n.* [성서] 가브리엘 [성모 마리아에게 수태를 알린 대천사]. [< Heb. God is [my] strength] [(fool).
ga·by [géibi] *n.* (*pl.* **-bies**) 《英구어》 얼간이, 바보
gad[1] [gæd] *vi.* (**gad·ded, gad·ding**) **1** 놀러 다니다, 어슬렁거리다 (*out, about*...). ¶ (~+閞) The girl *gads* *about* at her pleasure. 저 소녀는 마음내키는 대로 놀러 다닌다. **2** [고어] [식물이] 우거지다. ¶ *gadding* weeds 우거진 잡초. —— *n.* (보통 the ~) 놀러다니기, 어슬렁거리기. ¶ be on the *gad* 어슬렁거리고 있다.
gad[2] [gæd] *n.* **1** [소를 모는] 막대기(goad). **2** [암석·석탄 따위를 쪼개는 광산용의] 정, 끌. —— *vt.* (**gad·ded, gad·ding**) [암석]을 정으로 깨다 (쪼개다).
Gad[1] [gæd] *interj.* 《구어》 어머, 아이고, 저런, 설마, 천만에. *cf.* begad ¶ by *Gad* 어머, 저런; 하나님께 맹세코.
Gad[2] [gæd] *n.* **1** [성서] 갓 [야곱(Jacob)과 실바 (Zilpha)의 아들]; 갓족(族) [갓의 혈통을 이은 이스라엘 12족의 하나]. **2** 갓 [다윗(David)왕 궁정의 편년사가(編年史家)·예언자]. [는 사람.
gad·a·bout [gǽdəbàut] *n.* 돌아다니는 사람, 놀러다니
gad·der [gǽdər] *n.* 노상 여러 곳을 여행하는 사람.
gad·fly [gǽdflài] *n.* (*pl.* **-flies**) **1** 등에, 말파리(horsefly), 쇠파리. **2** 귀찮게 따라다니는 사람.
***gadg·et** [gǽdʒit] *n.* **1** 작은 기계 장치, [정교한] 장치; [기계의] 부속품, 부품. **2** 묘안, 고안. [는 사람.
gadg·e·teer [gǽdʒitìər] *n.* 기계 만지기를 좋아하
gadg·et·ry [gǽdʒətri] *n.* ⓤ[집합적] 실용 신안(新案)의 작은 도구류, 자질구레한 장치.
gadg·et·y [gǽdʒiti] *adj.* **1** 기계 만지기를 좋아하는, 발명하기 좋아하는. **2** 장치가 있는, 장치로서 알맞은.
Ga·dhel·ic [gədélik, ɡæd-] *adj., n.* =Goidelic.
ga·did [géidid], **ga·doid** [géidɔid] *adj.* 대구과(科)의, 대구 같은.
gad·o·lin·ite [gǽdəlinàit] *n.* ⓤ 가돌린석(石) [가돌리늄·이트륨·레늄 따위 희토류(稀土類) 금속을 함유하는 규산염(硅酸鹽) 광물]. [< 발견자인 핀란드의 화학자 J. Gadolin(1760-1852)의 이름+-ITE]
gad·o·lin·i·um [gæ̀d(ə)líniəm] *n.* ⓤ [화학] 가돌리늄 [회토류 금속 원소의 하나; 원자 기호 Gd]. [< GADOLIN[ITE] + -IUM]
gads·man [gǽdzmən] *n.* (*pl.* **-men** [mən]) 막대기로 가축을 모는 사람.

gad·wall [gǽdwɔ:l] *n.* (*pl.* **-walls** *or* **-wall**) 알락오리 《들오리의 일종》.

Gae·a [dʒí:ə] *n.* 〖그리스 신화〗 가이아《대지의 여신》.

Gael [geil] *n.* **1** 게일인[스코틀랜드의 고지 사람·켈트 사람]. **2** 아일랜드의 켈트인(Irish Celt).

Gael. 《略》 Gaelic.

Gael·ic [géilik] *adj.* 게일인의; 게일어의. — *n.* Ⓤ 게일어《현재의 아일랜드·스코틀랜드 방언의 기본이 된 켈트어에 속하는 고대 아일랜드의 언어》.

gaff¹ [gæf] *n.* **1**〖물고기를 끌어올릴 때 쓰는〗자루 달린 갈고리, 작살. **2**〖싸움닭의 며느리발톱에 대는〗쇠발톱. **3**〖항해〗개프, 사형(斜桁)〖세로돛(gaff sail)의 윗단에 맨는 둥근 재목〗. **4** Ⓤ《속어》속임수, 트릭.
get (*give*) *the gaff* 가장 심한 취급(비평)을 받다(하다).
stand the gaff 《美속어》고난을 참고 견디다.
— *vt.* **1**〖물고기를〗갈고리에 걸다, 갈고리에 걸어 올리다. **2** 《속어》…을 속이다.

gaff² [gæf] *n.* 《英속어》 저속한 극장, 싸구려 연예장.
— *vi.* 〖경화(硬貨)를〗던져서 내기를 하다.

gaff³ [gæf] *n.* Ⓤ Ⓒ《英속어》시시한 이야기, 실없는 소리(nonsense).
blow the gaff 《속어》비밀을 누설하다.

gaffe [gæf] *n.* 실패, 실수(blunder).

gaf·fer [gǽfər] *n.* **1** 시골 영감, 영감님〖원래는 친밀하게 부르는 말이었으나, 현재는 경멸적(유머러스한) 표현으로 쓴다〗. **2**《英》〖노동자의〗십장, 감독. **3**《속어》아버지(father). **4**《美속어》〖영화 촬영소·텔레비전 스튜디오의〗전기계장.

gáff sàil [-seil] 〖항해〗 gaff에 단 세로돛. ⇨ GAFF¹ 3.

gáff tópsàil *n.* 〖항해〗 gaff sail의 바로 위에 다는 보통 삼각형의 돛.

gag¹ [gæg] *v.* (**gagged, gag·ging**) *vt.* **1**〖말을 못하도록〗…의 입을 막다, …에 재갈을 물리다. **2** 〖권력으로〗…의 언론을 탄압하다; …에게 발언을 금지하다. ¶ *gag the press* 언론(출판)의 자유를 억압하다. **3** 〖외과 수술에서〗…의 입을 벌려 두다. **4** …에게 구역질나게 하다.
— *vi.* 구역질이 나다. — *n.*〖말을 못하도록〗입에 채우는 것, 입마개, 재갈. **2**〖권력에 의한〗언론 탄압, 발언 금지. **3**〖외과 수술용의〗개구기(開口器).
put a gag on …에 재갈을 물리다; …의 언론을 탄압하다.

*gag² [gæg] *n.*《구어》 *v.* (**gagged, gag·ging**) *vt.* **1**〖대사가 있는 부분에〗개그(익살)를 넣다(...*up*). **2** …을 속이다, 감쪽같이 속이다(deceive). — *vi.* **1** 개그를 쓰다, 〖간투(間投)〗대사를 말하다. **2** 속이다. — *n.* **1** 개그〖웃음을 자아내는 즉흥적인 대사나 동작〗, 간투대사, 익살, 농담. ⇨ JOKE〖類語〗 **2** 사기, 속임수.

ga·ga [gɑ́:gɑ̀:, gǽgɑ̀:] *adj.*《속어》 **1** 어수룩한, 어리석은; 노망한. ¶ *become* (*or go*) *gaga* 망령이 들다. **2** 열광적인, 열중한, 몰두한(*over*...).

gág bìt *n.* [말 조련용] 재갈.

gage¹ [geidʒ] *n.* **1** 도전의 표시로 땅에 던지는 것〖장갑·모자 따위〗. ¶ *throw down a gage* 도전하다(challenge). **2** 저당물, 담보, 전당물. — *vt.* (**gaged, gag·ing**) 《古語》…을 저당(전당) 잡히다 (pledge); …을 걸다(wager).

gage² [geidʒ] *n.*, *vt.* (**gaged, gag·ing**) =gauge.

gage³ [geidʒ] *n.* 서양자두의 일종.

gag·er [géidʒər] *n.* =gauger.

gag·gle [gǽgl] *vi.* (**-gled, -gling**)〖거위 따위가〗꽥꽥 울다(cackle); 잘 지껄이다(웃다). — *n.* **1** 거위의 떼; 수다스러운 여자들의 떼. **2** 꽥꽥 우는 소리. ¶ *a gaggle* of geese 거위의 떼.

gág làw *n.* 〖美〗언론 억제법(령). **2** =gag rule.

gag·man [gǽgmæ̀n] *n.* (*pl.* **-men** [-mèn]) **1** 개그 작자(作者). **2** 희극 배우.

gág òrder *n.* 《美》〖법률〗〖법정에서 심리중인 사항에 관한〗보도 금지령, 함구 명령.

gág rèin *n.* 〖말의 재갈에 맨〗고삐.

gag·root [gǽgrù(:)t] *n.* 로벨리아(Indian tobacco) 《북미산(產) 도라지과(科)의 약용 식물》.

gág rùle *n.* 〖어떤 문제에 관한〗토론 금지령, 함구 명령.

gag·ster [gǽgstər] *n.* =gagman 1.

gág strìp *n.* 〖연속된 줄거리가 없는〗개그 만화.

gahn·ite [gɑ́:nait] *n.* Ⓤ 가나이트, 아연첨정석(亞鉛尖晶石). 〖<스웨덴의 화학자 G. Gahn (1745-1818)의 이름+-ITE〗

Gai·a [géiə] *n.* 〖그리스 신화〗 =Gaea.

*gai·e·ty [géiəti] *n.* (*pl.* **-ties**) **1** Ⓤ 명랑〖한 기분〗, 쾌활, 유쾌. ¶ the *gaiety* of the season 계절의 명랑한 기분. **2**〖종종 -ties〗환락, 야단법석, 유흥. **3** Ⓤ〖복장 따위의〗화려함, 화사함. ◇ **gay** *adj.*

gail·lar·di·a [geilɑ́:rdiə] *n.* 천인국(天人菊)〖미국산(產)의 국화과(科) 식물〗.

*gai·ly, gay·ly [géili] *adv.* **1** 명랑하게, 즐겁게, 쾌활하게(merrily). **2** 호화롭게, 화려하게. ¶ a *gaily* dressed woman 화려하게 차려입은 여성. ◇ **gay** *adj.*

‡**gain**¹ [gein] *vt.* **1**〖일을 하여〗…을 얻다, 획득하다, 손에 넣다(earn). *opp.* lose ¶ *gain* one's living (*or* livelihood) 생활비를 벌다. **2**〖노력·경쟁에 의해서〗…을 쟁취하다, 〖경쟁하여〗…을 획득하다(win). ¶ *gain* a prize 상을 타다 / *gain* a battle 전투에서 이기다 / *gain* a victory 승리를 얻다 / *gain* much experience in business 실업계에서 많은 경험을 쌓다. **3** …을 늘리다, 증가시키다, 부가하다; 〖시계가〗 (…분) 더 빨리 가다. ¶ *lose gain* speed 속도를 늘리다 / *gain* wealth 재산을 늘리다 / My watch *gains* two minutes a week. 내 시계는 1주일에 2분 더 간다. **4**〖이익으로서〗 …을 얻다, 벌다. **5**〖노력하여〗…에 도달하다; 〖목적지 따위〗에 착하다. ¶ *gain* one's ends 목표에 도달하다 / *gain* the summit of a mountain 산꼭대기에 도달하다. **6** 〖남〗 을 설득하다(persuade) …을 자기편에로 끌어들이다(*over*). ¶(~+圖+图) *gain* a person *over*; *gain over* a person 남을 자기편으로 끌어들이다.
— *vi.* **1** 이익을 얻다, 벌다. **2** 발전하다, 나아지다 (advance); 늘다, 증가하다(increase) (*in*...). ¶ *gain* by comparison 비교하면 더욱 두드러지다 / His writing *gained* by continued practice. 그의 문장은 끊임없는 수련의 덕택이다 / The patient *gained* daily. 환자의 건강은 날로 좋아졌다 //(~+圖+图) *gain* in weight 체중이 늘다 / *gain in* appetite 식욕이 왕성해지다. **3** 〖시계가〗빨리 가다. *opp.* lose.
gain ground ⇨ GROUND.
gain on (*or upon*) ① 〖추적에서〗…에 따라붙다, 다가가다 (overtake). ② 〖경주에서〗…보다 더 빠르다, …을 떼어놓다. ¶ *gain on* one's pursuers 추적자보다 걸음이 빠르다. ③〖바다가〗〖육지를〗침식하다. ④〖버릇 따위가〗〖사람〗을 사로잡다. ⑤〖남〗에게 아첨하다, 〖남〗의 환심을 사다.
gain time ⇨ TIME.
— *n.* **1** 이익, 이득, 벌이(profit). *opp.* loss ¶ the *gain from* work 일에서 얻는 이익. **2** (~s) 이익금, 수익(profits); 소득, 수당 (earnings); 획득한 것, 상금 (winnings). ¶ ill-gotten *gains* 부당 이득금(물) / *No gains* without pains. 《속담》노력 없이 이득 없다. **3** 증가, 상승, 증진 (increase); 발전 (advance). ¶ a *gain in weight* 체중의 증가 / a *gain to* knowledge 지식의 증진. **4** Ⓤ 얻음, 획득 (acquisition); 이득.

gain² [gein] *n.* 눈금, 홈(groove), 장붓 구멍. — *vt.* …에 눈금(홈, 장붓 구멍)을 내다(파다).

gain·a·ble [géinəbl] *adj.* 얻을 수 있는; 도달할 수 있는.

gain·er [géinər] *n.* **1** 획득자, 이득자; 승리자. *opp.* loser ¶ *come off a gainer* 벌다. 이기다. **2**〖수영〗〖다이빙에서〗뒤로 재주넘기(full gainer).

gain·ful [géinfəl] *adj.* **1** 이익이 있는, 유리한 (profitable). ¶ a *gainful* occupation 돈벌이되는 직업. **2**

gain·ings 《美》〔직업이〕유급(有給)의. **~ly** adv. **~ness** n.
gain·ings [géiniŋz] n. pl. 소득, 수익, 번 액수.
gain·less [géinlis] adj. 이익이 없는, 이득이 안 되는, 쓸모없는.
gain·ly [géinli] adj. 《주로 방언》경쾌한, 민활한 (agile); 우아한(graceful).
gain·say [gèinséi] vt. (**-said**, **-say·ing**) 《주로 부정문에서》…을 부정하다, 부인하다(deny), …에 반대하다, 반박하다(contradict), …을 논박하다(dispute). ¶ There is no *gainsaying* his innocence. 그가 결백하다는 것은 부인할 수 없다 // We can not *gainsay* that he has a genius for poetry. 우리는 그에게 시재(詩才)가 있음을 인정하지 않을 수 없다. — n. 부정, 부인; 반박.
gain·say·er [gèinséiər] n. 반박자, 부정하는 사람.
gainst, 'gainst [geinst] prep. 《詩》 =against.
GAISF (略) *G*eneral *A*ssociation of *I*nternational *S*ports *F*ederations(국제 경기 연맹 연합).
*gait [geit] n. **1** 걸음걸이, 걷는 모양. ¶ an unsteady *gait* 불안정한 걸음걸이. **2** 〔말의〕 보조. — vt. **1** 〔말〕에 바른 보조를 훈련시키다. **2** 〔일〕의 준비를 하다.
gait·ed [géitid] adj. 《보통 복합어를 만들어》걸음걸이가 …한. ¶ slow-*gaited* oxen 느릿느릿 걷는 소.
gait·er [géitər] n. **1** 각반(脚絆). ¶ a pair of *gaiters* 각반 한 켤레. **2** 〔양쪽에 고무줄을 넣은〕 복사뼈까지 오는 구두.
gáiter bútton 〔…하기〕 ready to the last *gaiter button* 만반의 준비가 되어.
gai·tered [géitərd] adj. 각반을 친.
gal[1] [gæl] n. 《속어》 =girl.
gal[2] [gæl] n. 갈〔가속도의 단위. 1 gal = 1 cm/sec[2]〕.
gal. (略) gallon[s].
Gal. (略) Galatians.
ga·la [géilə, gá:lə, 美 gǽlə] adj. 축제의; 축제 기분의, 유쾌한(festal), 화려한. ¶ a *gala* day 축제일 / a *gala* dress 나들이 옷. **2** 1경축 축제. **2** 나들이 옷(festal dress). ¶ in *gala* 성장(盛裝)하고.
galact- ⇨ GALACTO-.
ga·lac·ta·gogue [gəlǽktəgɔ:g, -gɑ̀g / -gɔ̀g] n. 최유제(催乳劑). — adj. 착유량(搾乳量)을 증가시키는, 최유의.
ga·lac·tic [gəlǽktik] adj. **1** 《천문》 은하의. **2** 젖의.
galacto- milk 의 뜻의 연결형 (* 모음 앞에서는 galact-를 쓴다). 예: *galacto*poietic(모유 분비 촉진의).
gal·ac·tom·e·ter [gæ̀ləktɑ́mitər / -tɔ́m-] n. 검유기(檢乳器) 〔우유 등의 농도·비중을 재다〕(lactometer).
ga·lac·tose [gəlǽktous] n. 〔화학〕갈락토스〔단당류(單糖類)의 하나〕.
ga·lah [gəlɑ́:] n. **1** 《새》〔오스트레일리아 원산(産)의〕 앵무새의 하나. **2** 《濠속어》 바보, 멍청이(fool).
gal·an·tine [gǽləti:n] n. 갤런틴〔닭·송아지의 뼈를 빼내고 고기 따위를 채워 삶거나 쪄서 양념한 요리; 차게 해서 먹는다〕.
galánty shòw [gəlǽnti-] n. 그림자〔로 하는〕연극; 〔결말〕 화려한 구경거리.
Ga·lá·pa·gos Íslands [gəlɑ́:pəgòus-] n. pl. (the ~) 갈라파고스 제도〔에콰도르 서쪽 해상에 있는 이 나라의 영토; 희귀한 동물이 많다〕.
gála perfórmance [shów] n. 명사들이 모인 특별 자선 공연.
Gal·a·te·a [gæ̀lətíə / -tíːə] n. U 갈라테아〔세로 줄무늬가 있는 고급 무명; 주로 여성·아동복지로 쓰이듯〕. 〔<영국 군함 Galatea 의 이름; 그 배의 세일러복이 이 천으로 만들어진 데서〕.
Gal·a·te·a [gæ̀lətíə / -tíːə] n. 《그리스 신화》 갈라테아〔키프로스왕 Pygmalion(피그말리온)이 만든 상아로 된 여난상(像). Pygmalion 이 자작(自作)의 상에 반해서 Aphrodite 에게 청하여 그것에게 생명을 부여받았다〕.
Ga·la·tian [gəléiʃən, -ʃiən] adj. 갈라티아의; 갈라티아 사람의. — n. **1** 갈라티아 사람. **2** 《성서》 (the ~s)

〔단수 취급〕〔신약 성서 중 사도 바울의〕갈라디아 서
gal·a·vant [gǽləvænt] vi. =gallivant. 〔書〕.
*gal·ax·y [gǽləksi] n. (pl. **-ax·ies**) **1** 《천문》 **a)** (the G·) 은하, 은하수(the Milky Way). **b)** 은하계 우주, 소우주. **2** 화려한 일단(一團), 기라성 같은 모임〔무리〕. ¶ a *galaxy* of beauties 화사한 미인들.
gal·ba·num [gǽlbənəm] n. U 갤버넘, 풍자향(楓子香) 〔일종의 고무질 수지(樹脂); 의약용〕.
*gale[1] [geil] n. **1** 센바람, 강풍〔풍속 매초 17-25m〕. **2** 《WIND》 a moderate *gale* 센바람 / a fresh (a full) *gale* 큰〔노〕바람 / a stiff (or a strong) *gale* 큰센바람〔It is blowing a *gale*. 강풍이 불고 있다. **2** 《詩》 미풍, 산들바람. **3** 《美》 폭소; 광희(狂喜), 환희; 흥분 상태.
gale[2] [geil] n. 털오귀나무〔소택지(沼澤地)에 나는 식물〕 (sweet gale).
gale[3] [geil] n. 《英》〔집세 따위의〕 정기 지불.
ga·le·a [géiliə] n. (pl. **-le·ae** [-lii:]) 〔식물〕〔꽃받침·화관(花冠) 따위의〕 투구 모양의 부분, 도상체(兜狀體) ; 〔해부〕 투구 모양의 기관, 모상건막(帽狀腱膜).
ga·le·ate [géilièit], (**ga·le·at·ed** [-èitid]) adj. 〔식물〕 투구 모양의 돌기가 있는; 투구 모양의.
ga·lee·ny [gəli:ni] n. 《英방언》 색시닭〔아프리카산〕.
ga·le·na [gəlí:nə] n. U 방연광(方鉛鑛). 〔L (產)〕.
gal·en·ic [gəlénik] adj. 〔약학〕 방연광의; 방연광을 함유하는.
Ga·len·ic [geilénik / gə-] adj. **1** 갈레노스(Galen)류 (流)의; 갈레노스의 의학설의. **2** (보통 g-) 〔갈레노스류의〕 본초(本草) 약물의.
ga·len·i·cal [geilénik(ə)l / gə-] n. 본초 약물, 식물성 약물. — adj. =galenic. **2** (G-) =Galenic.
ga·le·nite [gəlí:nait] n. =galena.
Gal·i·le·an[1] [gæ̀liliən] adj. **1** 갈릴리(Galilee)의; 갈릴리 사람의. **2** 《고어》 기독교도. **3** (the ~) 예수 그리스도.
Gal·i·le·an[2] [gæ̀liliən] adj. 갈릴레오(Galileo)의. ¶ a *Galilean* telescope 갈릴레오식 망원경.
gal·i·lee [gǽlili:] n. 〔건축〕 《영국 교회당의》 현관, 현관 옆에 있는 작은 예배당, 갈릴리.
Gal·i·lee [gǽlili:] n. **1** 갈릴리〔이스라엘 북부의 지방; 그리스도가 활동한 지역〕. **2** **the Sea of ~** 갈릴리 호〔이스라엘 동북부의 호수; 티베리아스(Tiberias)호라고도 한다〕.
gal·i·ma·ti·as [gæ̀limǽʃiəs / -mǽtiəs] n. U 횡설수설, 종잡을 수 없는 말(gibberish).
gal·in·gale [gǽliŋgèil / -liŋg-] n. 《영국산(產)의》 방동사니의 일종.
gal·i·ot [gǽliət] n. =galliot.
gal·i·pot [gǽlipɑt / -pɔ̀t] n. U 《남유럽산(產)의》 소나무에서 채취한 송진.
*gall[1] [gɔ:l] n. **1** 〔특히 소의〕 쓸개즙, 담즙(bile). **2** C 〔해부〕 담낭(gall bladder), 쓸개. **3** 몹시 쓴 것; 몹시 싫은 것. **4** 쓰라린 감정, 쓰라린 느낌; 원한(rancor). **5** 《美속어》 뻔뻔스러움, 몰염치, 철면피(impudence). ¶ have the *gall* to boast of oneself 뻔뻔스럽게도 스스로 자랑하다.
dip one's *pen in gall* 독필을 휘두르다.
gall and wormwood 몹시 싫은 것.
in the gall of bitterness 심한 고통을 당하여.
gall[2] [gɔ:l] vt. **1** 〔피부를〕 쓸려 벗기다. **2** —을 애태우다, 화나게 하다. — vi. **1** —을 벗겨지다. **2** 초조해지다. — n. **1** 〔피부의〕 찰과상; 〔말의〕 안장에 쓸린 상처; 〔숲 따위의〕 노출된 지면. **2** 초조, 화나게 하는 일(것), 고민, 걱정(거리).
gall[3] [gɔ:l] n. 〔식물〕 〔나무의 잎·줄기 따위에 생기는〕 벌레혹, 충영(蟲癭), 몰식자(沒食子), 오배자(五倍子).
*gal·lant adj. — adj. **4, 5** adv., v.] **1** 용감한, 늠름한, 씩씩한. ⇒ BRAVE 〔類語〕. ¶ a *gallant* soldier 용감한 병사. **2** 〔배·말 따위가〕 화려하게 꾸민 말. **3** 〔의복 따위〕 아름답게 꾸민, 찬란한, 화려한(showy). **4**

[gələnt, gǽlənt] [여성에게] 친절한, 정중한. 5 [gəlǽnt, gǽlənt] 정사(情事)의, 연애의(amorous).
the honorable and gallant member 〔英의회〕 육해군 출신 의원의 경칭.
— n. [gələnt, gǽlənt] 1 용감한 사람. 2 멋쟁이, 활량. 3 여성에게 친절한 남자. 4 [여성에 대한] 구혼자(suitor)； 애인, 정부(情夫). — v. [gəlǽnt, gǽlənt] vt. 〔여성〕을 부축하고 다니다, 친절히 대하다(escort)；〔여자〕에게 치근거리다. — vi. 호남인 양 뽐내다； 여자에게 치근거리다, 구애하다； 〔여자와〕 시시덕거리다, 놀아나다(flirt) (*with*...). ~ness *n.*

*gal·lant·ly [→ 2] *adv.* 1 용감하게； 당당하게, 화려하게. 2 [gələntli, gǽləntli] [여성에 대하여] 정중히, 친절히.

*gal·lant·ry [gǽləntri] *n.* (*pl.* -ries) 1 용기； 용맹. 2 ⓤ [여성에 대한] 정중한 행동. 3 용감한 행위； 화려한 행동(말). 4 ⓤⓒ 정사(情事) 〔 람〕 .

gall bladder *n.* 〔해부〕 쓸개, 담낭. ⇒ABDOMEN

gal·le·ass [gǽliæs, -əs] *n.* 갈레아스선[16-17세기에 지중해에서 군함으로 사용된 세 돛대의 대형 갤리선 (galley)].

gal·le·on [gǽliən] *n.* 갈레온선[15-16세기에 스페인에서 군함 · 상선으로 사용한 대형 돛배].

gal·ler·ied [gǽlərid] *adj.* 갤러리가 있는.

*gal·ler·y [gǽləri] *n.* (*pl.* -ler·ies) 1 회랑(回廊), 베란다, 노대(露臺), 발코니(balcony). 3 〔교회〕 의사당 따위의〕 특별석； 방청석. ¶ the press *gallery* in the House of Commons 〔英〕 하원 신문 기자석. 4 〔극장의〕 맨 위층 좌석 [관람료가 가장 싸다]； 〔흔히 〔集合的〕 맨 위층 좌석의 관객. 5 〔集合的〕 골프 경기 따위의〕 관중, 갤러리, 〔의회 따위의〕 방청인. 6 〔海事〕 〔옛날 배의〕 〔船尾〕 전망대. 7 〔공공의〕 좁고 긴 방, 널은 복도, 8 화랑, 미술품 진열실, 갤러리, 미술관；〔集合的〕 진열의 미술품. ¶ the National *Gallery* 〔런던의〕 국립 미술관／the *galleries* of the Louvre 루브르 미술관 소장의 미술품. 9 사진 촬영실(所). 10 〔사격 따위의〕 연습장. 11 〔築城〕 지하도. 12 〔광산〕 수평 갱도(坑道). *cf.* shaft

bring down the gallery 〔극장에서〕 일반석 관객의 갈채를 받다.

play to the gallery 대중적 인기를 노려 연기하다； 일반 대중의 인기를 노리고 하다； 저속한 취미에 영합하다.

— *vt.* ...에 갤러리를 설치하다.

gal·ler·y·ite [gǽləriàit] *n.* 극장의 맨 위층 관객, 일반 관객.

*gal·ley [gǽli] *n.* 1 갤리선〔옛날에 노예 · 죄수에게 젓게 하던 노가 있는 돛배〕. 2 〔고대 그리스 · 로마의〕 군함. 3 〔평형 보트. 4 〔배 안의〕 요리실, 취사장. 5 〔인쇄〕 게라〔조판한 활자판을 담아 두는 얇은 상자〕. 6 =galley proof.

〔galley 1〕

galley proof *n.* 〔인쇄〕 교정쇄(校正刷) 〔문선한 활자를 그대로 찍은 것〕.

galley slave *n.* 1 갤리선을 젓는 노예(죄수). 2 몹시 힘든 일을 하는 사람(drudge).

gal·ley-west [gǽliwést] *adv.* 《美口語》 철저히, 엉망으로, 형편없이.

knock a person galley-west 남을 철저히 때려 눕히다.

gall·fly [gɔ́ːlflài] *n.* (*pl.* -flies) 〔벌레혹(gall)을 만드는〕 오배자충(五倍子蟲), 몰식자(沒食子)벌.

gal·li·am·bic [gǽliǽmbik] 〔韻律〕 갤리앰빅 운격(格)의, 단단장장격(短短長長格)의. — *n.* 갤리앰빅 시의.

gal·liard [gǽljərd] *n.* 〔16-17세기에 유행한〕 두 사람이 추는 3박자의 쾌활한 춤； 그 곡. — *adj.* 《古語》 쾌활한, 활발한, 명랑한(gay).

gal·lic[1] [gǽlik] *adj.* 〔化學〕 갈륨(gallium)의.

gal·lic[2] [gǽlik] *adj.* 오배자(五倍子)의, 몰식자(沒食子)의. ¶ *gallic* acid 몰식자산(酸), 갈릭산.

Gal·lic [gǽlik] *adj.* 1 골(Gaul)의； 골 사람의. 2 프랑스의； 프랑스 사람의.

Gal·li·can [gǽlikən] *adj.* 1 =Gallic. 2 고대 프랑스의 교회의. 3 〔교회〕 프랑스 가톨릭 교회에서의〕 갈리아주의의. — *n.* 갈리아주의자, 〔갈리아주의의〕 프랑스 로마 가톨릭 교도.

Gal·li·can·ism [gǽlikənìz(ə)m] *n.* ⓤ 〔교회〕 갈리아주의, 갈리카니즘, 교황권 제한주의[프랑스의 가톨릭 교회가 로마 교황의 전권주의를 반대하고 교회의 독립 자치를 요구한 주장]. *cf.* ultramontanism

Gal·li·ce [gǽlisi(ː)] *adv.* 〔프랑스말을 번역할 때에〕 프랑스어로(in French).

Gal·li·cism, gal- [gǽlisìz(ə)m] *n.* ⓤⓒ 1 프랑스어의 언어 특성〔특유 어법〕. 2 〔다른 나라 말에 쓰이는〕 프랑스어의 표현(숙어).

Gal·li·cize, gal- [gǽlisàiz] *v.* (-cized, -ciz·ing) *vt.* 〔언어 · 사고 · 성격 따위〕를 프랑스식으로 하다, 프랑스화하다. — *vi.* 프랑스식이 되다.

gal·li·gas·kins [gǽləgæskinz] *n. pl.* 1 〔16-17세기에 입었던〕 헐거운 반바지. 2 〔일반적으로〕 헐렁한 바지. 3 가죽으로 만든 각반(脚絆).

gal·li·mau·fry [gǽlimɔ́ːfri] *n.* (*pl.* -fries) 1 주워 모은 것, 잡탕, 뒤범벅. 2 〔고기 · 야채에 후추를 많이 넣은〕 일종의 스튜(ragout).

gal·li·na·cean [gǽlinéiʃən] *n.* 순계류(鶉鷄類)의 새〔닭 · 꿩 · 뇌조 따위〕.

gal·li·na·ceous [gǽlinéiʃəs] *adj.* 1 가금(家禽)의, 순계류의. ... 〔 뢰鷄〕 .

gall·ing [gɔ́ːliŋ] *adj.* 짜증나게 하는, 화나게 하는, 속태우는.

gal·li·nip·per [gǽlinìpər] *n.* 《口語》 《미국산(產)의》 큰 모기, 쏘는 벌레. 〔 과 · 미국산(產)의〕 .

gal·li·nule [gǽlin(j)ùːl/-njùːl] *n.* 쇠물닭류〔뜸부기류의 새〕.

Gal·li·o [gǽliou] *n.* 자기의 관할 이외의 일에는 간섭하지 않는 사람, 책임을 회피하는 사람. 〈종교상의 일〕 재판을 거부한 로마의 지방 총독 이름. ←사도 행전(Acts) 18 : 12-17〕

gal·li·on·ic [gǽliánik / -ɔ́n-] *adj.* 자기가 관할하는 밖에 생각하지 않는, 다른 일에는 냉담한.

gal·li·ot [gǽliət] *n.* 1 〔옛날에 지중해에서 사용되었던〕 소형 갤러선(galley). 2 네덜란드에서 상선으로 사용되는 작은 돛배.

gal·li·pot [gǽlipɑ̀t / -pɔ̀t] *n.* 〔특히 약장사가 유약(油藥)을 넣을 때 쓰는〕 작은 오지그릇, 약단지；《口語》 약종상(藥種商).

gal·li·um [gǽliəm] *n.* ⓤ 〔化〕 갈륨〔희금속 원소의 하나； 원자 기호 Ga〕.

gal·li·vant [gǽlivànt / ⁀-⁀] *v.* (**gal·a·vant** [gǽləvànt]) *vi.* 1 〔특히 이성과〕 놀며 다니다, 빈들빈들 돌아다니다. 2 〔이성과〕 놀아나다.

gall·nut [gɔ́ːlnʌ̀t] *n.* 벌레혹, 충영(蟲癭). ⇒ GALL[3].

Gallo- Gallic 〔프랑스(사람)〕라는 뜻의 연결형. 예: *Gallo*phile.

Gal·lo·ma·ni·a [gǽlo(u)méiniə] *n.* ⓤ 프랑스 심취(광).

Gal·lo·ma·ni·ac [gǽlo(u)méiniæk] *n.* 프랑스 심취자.

*gal·lon [gǽlən] *n.* 갤론〔액량(液量)〕 단위로 보통 미국 표준 갤론(the wine gallon)은 3. 7853 *l*； 영국 표준 갤론(the imperial gallon)은 4. 546 *l*〕.

gal·loon [gəlúːn] *n.* 두 명 · 비단 · 여성의〕 가느다란 끈, 꼰 끈〔금실 · 은실을 넣어 짠 것도 있다〕.

gal·lop [gǽləp] *n.* 1 갤럽〔말 따위의 네발 짐승이 네 발을 다 단속적으로 지면에서 떼면서 전속력으로 달리기〕. * 말의 보조는 빠른 것부터 gallop, canter, trot, amble, walk 의 차례로. 2 갤럽으로 말을 몰기, 질주. 3 급속도.

gallopade

at full gallop; at a gallop 전속력으로, 갤럽으로. *a snail's gallop* 《익살》 매우 느린 걸음걸이.
— *vi.* **1** [말을 타고] 갤럽(전속력)으로 달리다, 질주하다. **2** [말 따위가] 갤럽으로 달리다, 질주하다. **3** 서두르다(hurry); 빨리 읽다(*away*...); 급히 읽다(*through, over*...). ¶ (~+前+名) I galloped through my work. 나는 황급히 일을 했다. **4** [시간이] 빨리 지나가다; [병 따위가] 급속히 악화하다. ¶ *a galloping* pneumonia [병리] 분마성(奔馬性) 폐렴. — *vt.* [말을]갤럽으로 달리게 하다.

gal·lo·pade [gǽləpéid] *n.* 갤러페이드[헝가리에서 기원된 약동적인 춤]; 그 무곡.

gal·lop·er [gǽləpər] *n.* **1** 말로 달리는 사람. **2** 질주하는 말. **3** (군대) a) 전령(傳令) 장교. b) 경야포(輕野砲).

Gal·lo·phile [gǽlo(u)fàil] *adj.* 프랑스를 좋아하는, 친불(親佛)의. — *n.* 프랑스를 좋아하는 사람, 친불가.

Gal·lo·phobe [gǽlo(u)fòub] *adj.* 프랑스를 싫어하는. — *n.* 프랑스를 싫어하는 사람.

Gal·lo·pho·bi·a [gǽlo(u)fóubiə] *n.* ⓤ 프랑스를 싫어하기.

gal·lop·ing [gǽləpiŋ] *adj.* **1** [말이] 갤럽으로 뛰는; 질주하는; 빨리 움직이는. **2** [병이] 분마성(奔馬性)의, 급성의. ¶ *galloping* consumption 분마성 결핵. **3** 성장(증대)이 빠른.

gálloping inflátion *n.* [경제] 급성 인플레이션[대단히 급속도로 진행되는 인플레이션]. *cf.* creeping inflation

gal·lous [gǽləs] *adj.* [화학] 제 1 갈륨의, 2가(價)의 갈륨을 함유하는.

*****gal·lows** [gǽlouz] *n.* (*pl.* **-lows·es** *or* **-lows**) **1** 교수대(gallows tree); (the ~) 교수형. **2** 교수대 비슷한 것; [조립용(調理用)의] 걸어 놓는 시렁; [체조용] 철봉; (*pl.*) 《美俗》 바지 멜빵(suspenders).
cheat the gallows [병사(病死)·자살 따위로]교수형을 모면하다.
come to the gallows 교수형에 처해지다(be hanged).
have a gallows look; have the gallows in one's face 교수대행의(흉악한) 인상을 하고 있다. [대죄인].

gállows bírd *n.* 《구어》 교수형을 당할 만한 죄수, 극악인.

gállows húmor *n.* ⓤ 《美》 위험을 눈 앞에 두고 하는 빈정거리는 유머; 블랙 유머.

gállows (gállow) trée *n.* 교수대(gallows).

gall·stone [gɔ́:lstòun] *n.* ⓤⓒ [병리] 담석(膽石).

Gál·lup póll [gǽləp-] *n.* 갤럽 여론 조사. [<미국 여론 연구소 소장 G.H. Gallup (1901-)의 이름]

gal·lus [gǽləs] *n.* (종종 ~es) 《주로 美방언》 바지 멜빵(suspenders).

gáll wásp *n.* 혹벌과(科)의 곤충[그 유충은 식물에 충영(蟲癭) (gall)을 만든다]. **1** 담즙, 열기(熱氣).

ga·loot [gəlúːt] *n.* 《美俗》 머리가 잘 돌지 않는 사람.

gal·op [gǽləp] *n.* 갤럽[4분의 2박자의 약동적인 윤무(輪舞)]; 그 무곡. [<F]

ga·lore [gəlɔ́ːr/-lɔ́ː] *adv.* 풍부하게, 엄청나게. — ⓤ 《페어》 풍부함, 많음. [신(오버슈즈)]

*****ga·losh** [gəlɔ́ʃ/-lɔ́ʃ] *n.* (보통 ~es) 고무로 만든 긴 덧신.

ga·loshed [gəlɔ́ʃt/-lɔ́ʃt] *adj.* 덧신을 신은.

gals. (略) gallons.

ga·lumph, gal- [gəlʌ́mf] *vi.* 《속어》 의기 양양하게 행진하다. [<GAL[LOP]+[TRI]UMPH: Lewis Carroll의 조어(造語)]

gal·van·ic [gælvǽnik] *adj.* **1** 갈바니 전기(電氣)의(에 관한). ¶ *a galvanic* cell 갈바니 전지(電池) / *galvanic* current 갈바니 전류. **2** [전기가 통한 것처럼] 쇼킹한, 충격적인. ¶ *galvanic* effect 충격적인 효과.
-i·cal·ly [-ikəli] *adv.* [<L Galvani의 이름 +-IC]

gal·va·nism [gǽlvənìz(ə)m] *n.* ⓤ **1** [전기] 갈바니 전기, 직류 전기[화학 작용으로 생긴다]. **2** [의학] 전기 요법.

gal·va·nist [gǽlvənist] *n.* 유전기(流電氣) 학자.

---

gamblesome

gal·va·ni·za·tion [gæ̀lvənizéiʃ(ə)n / -naiz-] *n.* ⓤ **1** 갈바니 전기를 통하기, [의학] 전기 치료. **3** 아연 도금. **4** 갑자기 자극해서 활기띠게 하기.

gal·va·nize [gǽlvənàiz] *vt.* (*《英》*에서는 galvanise 로도 쓴다) *vt.* (**-nized, -niz·ing**) **1** …에 전기를 통하다(작용시키다). **2** [의학] …을 전기 치료하다. **3** …에 아연 도금을 하다. ¶ *galvanized* iron 아연철. **4** …을 갑자기 활기띠게 하다(놀라게 하다, 흥분시키다). ¶ *galvanize* a person *into* life 남을 활기띠게 하다, 소생시키다

galvano- galvanic, galvanism이라는 뜻의 연결형. 예: *galvano*graph.

gal·va·no·graph [gǽlvənəgræ̀f / -grɑ̀:f] *n.* 전기판(電氣版), 전기판 인쇄물. [기 제판술]

gal·va·nog·ra·phy [gæ̀lvənɑ́grəfi / -nɔ́g-] *n.* ⓤ 전

gal·va·nom·e·ter [gæ̀lvənɑ́mitər / -nɔ́m-] *n.* [미소(微小)] 전류를 재는 검류계(檢流計).

gal·va·no·met·ric [gæ̀lvəno(u)métrik] *adj.* 검류계에 의한 전류 측정의. [류 측정[법].

gal·va·nom·e·try [gæ̀lvənɑ́mitri / -nɔ́m-] *n.* ⓤ 전

gal·va·no·plas·ty [gǽlvəno(u)plæ̀sti, gæ̀lvəno(u)-], **-plas·tics** [-tiks] *n.* ⓤ 전기판술(電氣版術) (electrotype); 전기 도금법. **gal·va·no·plas·tic** *adj.* 전기판술(전기 도금법)의.

gal·va·no·scope [gǽlvəno(u)skòup, 美 gælvǽno(u)-] *n.* 검류기(檢流器), 검전기(檢電器).

Gal·we·gian [gælwíːdʒən] *adj.* 스코틀랜드의 Galloway 지방의. — *n.* Galloway의 주민.

gam¹ [gæm] *n.* **1** 고래떼. **2** 《美방언》 [해상의 포경자끼리] 서로 행하는 것과 같은 사교적 방문; [일반적으로] 사교적 방문. — *v.* (**gammed, gam·ming**) *vi.* **1** [고래가] 떼를 짓다. **2** [특히 해상에서] 사교적인 방문을 하다. — *vt.* 《海》 상호 방문하다.

gam² [gæm] *n.* 《美俗》 다리(leg), 여자의 아름다운 다리.

gamb, gambe [gæmb, gæm] *n.* [문장(紋章)] 동물의 다리.

gam·ba [gǽmbə, 美 gɑ́(:)m-] *n.* =viola da gamba.

gam·bade [gæmbéid] *n.* =gambado².

gam·ba·do¹ [gæmbéidou] *n.* (*pl.* **-dos** *or* **-does**) **1** [등자 대신에] 안장에 붙인 장화(각반). **2** [일반적으로] 긴 각반.

gam·ba·do² [gæmbéidou] *n.* (*pl.* **-dos** *or* **-does**) **1** [말의]도약. **2** 뛰어 다니기, [발레 따위에서] 도약.

Gam·bi·a [gǽmbiə] *n.* 감비아[아프리카 서부에 있는 공화국; 공식명 the Republic of The Gambia].

Gam·bi·an [gǽmbiən] *n.* 감비아 사람. — *adj.* 감비아의.

gam·bier [gǽmbiər] *n.* ⓤ 감비어 아선약(阿仙藥), 빈랑고(檳榔膏) [열대 아시아산(産) 꼭두서니과(科) 식물인 감비어 추출물. 의약·염색·가죽 무두질용].

gam·bit [gǽmbit] *n.* **1** 《서양 장기》 [처음에 말을 버림으로서 유리한 국면으로 이끄는] 초판의 수. **2** [행동이나 거래 따위의] 시작, 선수(先手).

*****gam·ble** [gǽmbl] *v.* (**-bled, -bling**) *vi.* 내기하다, 도박하다; 투기를 하다; 이판사판의 모험을 하다. ¶ (~+前+名) *gamble at* cards 카드로 내기를 하다 / *gamble in* sugar 설탕으로 투기를 하다 / *gamble on* horse races 경마에 돈을 걸다 / Don't *gamble with* your future. 장래를 도박 모험을 하지 마라. — *vt.* (대산 따위)를 도박으로 잃다(*...away*). ¶ (~+目+副) He *gambled away* his savings. 그는 도박으로 저금을 없앴다.

gamble on 《속어》 …을 신용(확신)하다. ¶ You may *gamble on* that. 그건 확실하다, 절대 틀림없다.

go on the gamble 내기를 하다, 도박을 하다.

*****gam·bler** [gǽmblər] *n.* 도박꾼, 노름꾼; 투기꾼.

gam·ble·some [gǽmblsəm] *adj.* 도박을 좋아하는.

gam·bling [gǽmbliŋ] n. ⓤ 도박, 노름.
gambling hòuse (hèll, dèn) n. 도박장.
gam·boge [gæmbóudʒ, -búːʒ; -búːʒ] n. ⓤ **1** 캠보즈, 등황(藤黃), 자황(雌黃) [자황(樹)에서 채취한 수지(樹脂); 황색 안료(顔料)·하제(下劑)로 쓴다]. **2** 황색.
gam·bol [gǽmbl] vi. (-boled, -bol·ing; 《英》 -bolled, -bol·ling) [아이·새끼양 등이] 뛰놀다, 뛰어 다니다.
— n. 뛰놀기, 뛰어 다니기, 장난치기(frolic).
gam·brel [gǽmbrəl] n. **1** [말 따위의 뒷다리의] 복사뼈 관절, 비절(飛節). **2** [정육점에서 고기를 매다는] 말다리 모양의 쇠갈고리(gambrel stick).
gámbrel ròof n. 2단 박공(牔栱) 지붕.
‡**game**¹ [geim] n. **1** 유희, 놀이; 즐거움, 오락(amusement). ⇨ PLAY 類語 ¶ a ball *game* 구기(球技) / What a *game*! 이것 재미있군!
2 놀이 도구, 게임용품. ¶ a store selling toys and *games* 장난감이나 게임용품을 파는 가게.
3 시합, 경기; [어떤 시합의 일부의] 한 승부. ¶ a drawn *game* 무승부 시합 / a *game* of chance 운에 맡기고 하는 시합 / a rubber of three *games* at bridge 브리지의 삼세번 승부 / play a good *game* 게임을 잘 하다 / have a *game* of cards 카드놀이를 한 게임 하다 / They won three *games* out of five. 그들은 5게임 중 3게임을 이겼다.
4 a) 시합에서 이기는 데 필요한 점수; 경기 방식, (the ~) 경기의 올바른 방식. ¶ The *game* is 25. 25점으로 승부가 난다(25점 게임) / That's not the *game*. 그것은 올바른 수법이 아니다, 그런 법은 없다. **b)** 시합(득점)의 상황, 형세, 이길 공산, 승리. ¶ How is the *game*? 시합은 어떻게 되어가고 있지? 〔정치적 흥정〕.
5 〔장사 따위의〕 경쟁, 흥정. ¶ the *game* of politics
6 계획(scheme), 의도(intention), 책략, 계략(trick). ¶ see through a person's *game* 남의 계략〔의도〕을 간파하다 / So that's your *game*. 그래 그것이 너의 치사한 술책이군 / The same old *game*! 여전히 그 수법〔으로 속일 셈〕이군! / None of your *games*! 그런 수는 넘어가지 않아! 〔담을 하다.
7 ⓤ 농담(joke); 장난, 희롱(fun). ¶ speak in *game* 농
8 ⓤ〔집합적〕 사냥의 대상, 엽조(獵鳥), 사냥짐승; 사냥감, 사냥감의 고기; 〔공격·추구의〕 대상, 목적물. ¶ big *game* 〔코끼리·사자 따위〕 큰 사냥 짐승; 중요한 목적 / fair *game* 사냥해도 위반이 안 되는 새나 짐승 / forbidden *game* 보호조(수(獸)); 손을 대면 안 되는 것.
9 ⓤ 투지, 용기; 담력 (spirit, pluck).
10 《속어》 위험이 따르는 ; 일, 직업(business); 〔英속어〕 매춘, 매음. ¶ the stock market *game* 증권 투기업.
11 (~s) 경기 대회; [특히 고대 그리스·로마의] 경기 대회, 경연회(競演會). ¶ the Olympic *Games* 올림픽 경기 대회.
be on (*off*) *one's game* [경기자 등이] 몸의 컨디션이 〔좋다(나쁘다)〕.
fly at high game 큰 뜻을 품다, 포부가 크다.
The Game 제스처 게임 (charades).
game and [-ǽnd] *game*; *game all* 득점 1대 1.
game and [-ǽnd] *set* [정구] 게임 셋, 시합 끝.
The game is up. 만사가 다 틀렸다(틀렸다). 〔획〕.
a game not worth the candle 수지가 안 맞는 일(계
have a game with a person 남을 속이다, 업신여기 〔다.
have the game in one's hands 승리(성공)의 열쇠를
make game of a person 남을 놀리다, 업신여기다.
on the game 《英속어》 매춘을 하여.
play a dangerous game 위험한 수를 쓰다.
play a deep game 깊은 음모를 꾸미다.
play a double game 표리가 있는 수단을 쓰다.
play a losing (*a winning*) *game* 이길 가망이 없는 (있는) 시합을 하다, 손해(이득)가 되는 일을 하다.
play a waiting game 기회를 기다리다, 지연 전술을 〔쓰다, 〔일을 하다.

play a person's game 무의식적으로 남의 이익이 되는
play games with …을 약올리다, 가지고 놀다, 진상을 감추려 하다.
play the game 《구어》 정정당당히 시합하다; 훌륭하게 처신하다, 올바른 일을 하다.
spoil the game 모처럼의 노력을 헛되게 하다; 실패하 〔다.
What's the game? 《구어》 도대체 어쩌려고 그러니?, 왜 그래?
— adj. (**gam·er, gam·est**) **1** 사냥감의, 사냥감 고기의; 사냥에 관한. **2** 투쟁심이 있는, 용기있는(courageous). ¶ a *game* sportsman 감투 정신이 왕성한 스포츠맨. **3** 《구어》 …할 생각〔기운〕이 있는(willing), 언제든지 …하는(ready) (*for*…).
be game for (*to do*) …을 (…하는 것을) 마다하지 않다, 기꺼이 …할 생각이 있다.
die game 《비유적》 끝까지 싸우다; 용감하게 싸우다 죽
— v. (**gamed, gam·ing**) vi. 내기하다, 도박하다 (gamble). — vt. 〔재산〕을 도박으로 잃다(…*away*).
◇ **gámy** adj.
game² [geim] adj. 〔다리가〕 불구의, 절름발이의 (lame).
gáme àct n. (보통 ~s) 수렵법(狩獵法).
game-bag [géimbæg] n. 사냥감 넣는 주머니.
gáme bàll n. 게임 볼〔정구 따위에서 앞으로 1점이면 승부가 결정되는 때의 서브〕.
gáme bìrd n. 〔법률로 정해진〕 엽조(獵鳥).
game-cock [géimkɑ̀k/-kɔ̀k] n. 투계(鬪鷄), 싸움닭.
gáme ègg n. 싸움닭의 알.
gáme fìsh n. 〔낚시의 대상이 되는〕 물고기, 낚시감.
gáme fòwl n. 싸움닭 = GAMECOCK.
game-keep·er [géimkìːpər] n. 《주로 英》 사냥터 관
gáme làws n. pl. 수렵법.
gáme lìcence n. 수렵 면허장; 엽조수(獵鳥獸) 판매
game·ly [géimli] adv. 용감하게, 감투 정신을 가지고.
gáme màster n. 《英》 체육 교사.
game·ness [géimnis] n. ⓤ 용감성, 불굴의 심성.
gáme pàrk n. 〔아프리카 등지의〕 동물 보호 구역.
gáme plàn n. 작전 계획, 예정된 작전.
gáme pòint n. 〔정구·핸드볼 따위에서〕 승패를 결정하는 득점, 결승의 1점. 〔호 구역.
gáme presèrve (**resèrve**) n. 금렵구, 엽조수 보
gáme presèrver n. 엽조수 보육자(保育者) 〔엽조수를 보호·사육하는 사람〕.
gámes màn n. 《경영》 게임즈맨〔기업 내외의 경쟁을 게임으로 보고 경쟁에서 이기는 것을 보람으로 삼는다〕.
games·man·ship [géimzmənʃìp] n. ⓤ 스포츠 경기 따위에서 반칙은 아니지만 위험한 수법.
game·some [géimsəm] adj. 뛰노는, 장난치는, 명랑한. ~**·ly** adv. ~**·ness** n.
game·ster [géimstər] n. 도박꾼(gambler).
gam·ete [gǽmiːt, -´-] n. 〔생물〕 배우자(配偶子).
gáme tènant n. 수렵(어로)권 차수인(借受人).
gáme thèory n. (the ~) 게임 이론〔불확정 요소 중에서 최대의 효과를 얻는 수학적 이론〕.
gameto- gamete 라는 뜻의 연결형. ex: *gameto*phyte.
ga·me·to·cyte [gəmíːtəsàit] n. 〔생물〕 생식 모세포〔분열에 의해 배우자(配偶子)를 만드는 세포; 정모 〔세포〕 및 난모(卵母) 세포〕. 〔우자(配偶子) 형성.
gam·e·to·gen·e·sis [gæ̀mitoudʒénisis] n. 〔생물〕 배
ga·me·to·phyte [gəmíːtəfàit] n. 〔식물〕 배우체(配 〔偶體〕.
gáme wàrden n. 수렵구 관리관.
ga·mey [géimi] adj. =gamy.
gam·i·ly [géimili] adv. **1** 사냥한 짐승의 고기 같은 풍미를 풍겨, 식도락가가 좋아하도록. **2** 씩씩하게, 용감하게.
gam·in [gǽmin] n. 부랑아, 집 없는 아이. 〔F〕
gam·ine [gǽmiːn, -´] n. 말괄량이, 되바라지고 까부는 처녀. 〔F〕
gám·ing hòuse [géimiŋ-] n. =gambling house.

gáming táble n. 도박대.
gam·ma [gǽmə] n. **1** 감마[그리스어 알파벳의 셋째 자(Γ, γ)의 명칭; 영어 알파벳의 G, g에 해당]. **2** [수학·생물학 따위에서] 제3, 제3위, 세 번째의 것; (G-) [천문] 감마성(星) [성좌 중에, 네 번째로 밝은 별; γ로 나타낸다]. **3** 감마 [100만분의 1그램] (microgram). **4** [사진] 감마 [네가(프린트)의 콘트라스트의 정도를 나타내는 단위].
gámma decáy n. [원자물리] 감마 붕괴[감마선 방출에 의한 원자핵의 1상실].
gam·ma·di·on [gəméidiən / gæ-] n. (pl. **-di·a** [-diə]) 대문자 감마(Γ)를 결합해서 만든 장식적 도형[특히 만자(卍字)].
gámma glóbulin n. U [생화학] 감마 글로불린 [혈장(血漿)에 함유되어 있는 단백질 성분의 일종].
gám·ma-ra·di·á·tion steri·liz·á·tion n. [gǽmərèidiéiʃ(ə)n-] 감마선 조사(照射) 살균.
gámma ráy n. [물리] 감마선 [방사선의 일종].
gám·ma-ráy astrónomy [gǽməréi-] n. 감마선 천문학 [천체에서 나는 감마선에 의하여 천체나 우주를 연구하는 천문학의 한 부문].
gam·ma·sonde [gǽməsànd / -sɔ̀nd] n. 감마존데 [감마선을 자동 관측하는 기구(氣球)].
gámma súrgery n. [의학] 감마선 외과 수술 [방사선 코발트의 감마선 조사(照射)에 의한 암치료 수술 따위].
gam·mer [gǽmər] n. (英) 할머니, 노파.
Gam·mex·ane [gæméksein] n. [상표명] [농작물에 붙는] 해충 퇴치용 살충제. [<GAMM[A]+H]EXANE]
gam·mon¹ [gǽmən] n. 서양 주사위(backgammon)의 게임; [서양 주사위에서] 두 판 연속의 전승(全勝).
— vt. (상대를) 두 판 연속으로 이기다.
gam·mon² [gǽmən] n. 1 훈제(燻製)햄. 2 베이컨의 아래 뒷부분[넓적다리고기·엉덩이고기]. — vt. [돼지고기를] 훈제하다.
gam·mon³ [gǽmən] n. (英구어) n. U 터무니없는(허튼) 소리; 사기, 속임수. — vi. 터무니없는(허튼) 소리를 하다, 시치미 떼다. — vt. …을 속이다.
gam·mon⁴ [gǽmən] vt. [항해] (제1사장(斜檣))을 이물에 고정시키다.
gam·mon·ing [gǽməniŋ] n. [항해] 제1사장을 고정시키는 밧줄. [game².]
gam·my [gǽmi] adj. (**-mi·er, -mi·est**) (英방언) = GAME².
gamo- united 라는 뜻의 연결형 (* 모음 앞에서는 gam-을 쓴다). 예: gamogenesis.
gam·o·gen·e·sis [gæ̀mo(u)dʒénisis] n. [생물] 유성 생식(有性生殖), 자웅(雌雄) 생식 (sexual reproduction).
gam·o·pet·al·ous [gæ̀mo(u)pét(ə)ləs] adj. [식물] 꽃잎이 결합되어 있는, 합판(合瓣)의. ¶ a gamopetalous corolla 합판 화관(花冠).
gam·o·sep·al·ous [gæ̀mo(u)sépələs] adj. [식물] 합생(合生)한 꽃받침을 가진, 합편악(合片萼)의.
-gamous marrying, uniting sexually 의 뜻의 연결형 (*형용사를 만든다). 예: heterogamous, polygamous.
gamp [gæmp] n. (英) 크고 볼품 없는 우산. [<Dickens의 작품 Martin Chuzzlewit 의 등장 인물 Mrs. Sarah Gamp 의 이름]
gam·ut [gǽmət] n. 전 (全)범위, 전반. ¶ the gamut of suffering 고난 전반. 2 [음악] a) 음계. b) 전음역(全音域), 전음역.
gam·y [géimi] adj. (**gam·i·er, gam·i·est**) 1 사냥한 짐승고기 같은 풍미가 있는, [식도락가가 좋아하도록, 고기가] 약간 썩기 시작하여 냄새가 나는. 2 [특히 동물이] 기운이 좋은(high-spirited), 용기 있는. 3 [이야기 따위가] …투의, 센세이셔널. 4 [숲이] 사냥감이 많은. **gam·i·ness** n.
-gamy marriage, sexual union 이라는 뜻의 연결형 (* 명사를 만든다). 예: polygamy.

gan [gæn] v. gin³의 과거형.
gan·der [gǽndər] n. 1 거위의 수컷 (male goose). 2 (美속어) 일별(一瞥), 흘끗 보기. ¶ take a gander 흘끗 보다. 3 바보, 얼간이.
Gan·dhi·ism [gɑːndíːz(ə)m, gǽn-] n. U 간디주의 [비폭력 불복종주의] [인도의 지도자 Mahatma Gandhi(1869-1948)의 이름]
G & T (略) (美속어) gin and tonic. [로공.
gán·dy dáncer [gǽndi-] n. (美속어) [철도의] 선
gang¹ [gæŋ] n. 1 (경멸적으로) 한패, 일단 (band, 패(squad). ¶ a gang of boys 일단의 소년들. 2 [악한 따위의] 일당, 갱; [어린이의] 비난의 뜻을 내포하며] 패거리, 놈들. ¶ a gang of toughs 폭력단의 일당. 3 (美) [어린이의] 놀이 친구. 4 [짝맞출 수 있는 도구의] 한 벌. ¶ a gang of oars 노 한 벌.
— vt. 1 …을 조로 편성하다. 2 (구어) …을 집단적으로 습격하다. 3 (도구를) 짜맞추다. — vi. 1 (美) 일당이 되다, 집단 행동을 하다 (…up). 2 (스코) 나아가다; 가다. ¶ gang agley 굽어가다; [계획 따위가] 잘 진행되지 않다 / gang one's ain gait [잘못하면서도] 자기 뜻대로 행동하다. * ain=own.
gang up on (美구어) 패거리를 지어 …을 공격하다 (…에 대항하다).
gang² [gæŋ] n. = gangue. [파티.
gáng báng n. (美속어) [한 여성 상대의] 혼음(混淫)
gáng·board [gǽŋbɔ̀ːrd / -bɔ̀ːd] n. [항해] 1 선수루 (船首樓)와 후갑판을 직접 연결하는 높은 통로. 2 = gangplank.
gang·bust·er [gǽŋbʌ̀stər] n. (美구어) 갱을 소탕하는 경관.
gange [gændʒ] vt. 1 (낚싯바늘이나 낚싯줄이 끊어져 있는 부분)을 가느다란 철사로 감아 보호하다. 2 (낚싯바늘)에 목줄을 매다.
gang·er [gǽŋər] n. (英) [노동자의] 조장, 십장.
Gan·ges [gǽndʒiːz] n. (the ~) 갠지스강 [인도 북부에서 발원하여 Bengal 만으로 흘러드는 큰 강].
Gan·get·ic [gændʒétik] adj. Ganges 강의.
gang·land [gǽŋlænd, -lənd] n. U C (美) 암흑가.
gan·gli·a ⇨ GANGLIO-.
gan·gli·a [gǽŋgliə] n. ganglion 의 복수형의 하나.
gan·gli·at·ed [gǽŋglièitid], **gan·gli·ate** [-èit, -it]) adj. [해부] 신경절(神經節)이 있는.
gan·gling [gǽŋgliŋ] adj. [몸이] 호리호리하고 키 큰, 후리후리한(gangly).
ganglio- ganglion 이라는 뜻의 연결형 (* 모음 앞에서는 gangli-을 쓴다). 예: ganglionitis; gangliated.
gan·gli·on [gǽŋgliən] n. (pl. **-glia** or **-gli·ons**) 1 [해부] [뇌나 척수의 외부에 있는] 신경절. 2 [병리] [보통 손목에 생기는] 절종(節腫), 건초류(腱鞘瘤). 3 [지적(知的) 활동·산업 활동 따위의] 중심, 중추.
gan·gli·on·at·ed [gǽŋgliənèitid], (**gan·gli·on·ate** [-èit]) adj. = gangliated.
gan·gli·on·ic [gæ̀ŋgliánik / -ɔ́n-] adj. 신경절의.
gan·gly [gǽŋgli] adj. (**-gli·er, -gli·est**) = gangling.
gang·mas·ter [gǽŋmæ̀stər / -màːs-] n. [노동자의] 우두머리, 십장. [*] 4인1방(四人一幇).
Gang of Fóur n. (또는 g-of f-) [중국 문화 혁명 때해] 건널판(gangboard), 트랩 [배와 부두를 연결한다].
gáng plów n. 연동(連動) (복식(複式)) 보습.
gang·rape [gǽŋrèip] (속어) n. 윤간(輪姦) (gang bang). — vt. …을 윤간하다.
gan·grene [gǽŋgriːn, ＋美 -´] n. 1 U [병리] 회저(壞疽), 탈저(脫疽). 2 [도덕적] 부패.
— v. (**-grened, -gren·ing**) vt.

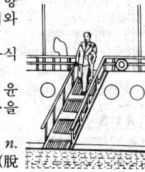
[gangplank]

gangrenous

을 회저에 걸리게 하다, …에 회저를 생기게 하다. — *vi.* 회저에 걸리다.

gan·gre·nous [gǽŋgrinəs] *adj.* (병리) 회저의, 회저 성의.

gáng shàg (shày) *n.* 《속어》=gang bang.

gangs·man [gǽŋzmən] *n.* (*pl.* **-men** [-mən])=ganger.

gang·ster [gǽŋstər] *n.* 《구어》 갱의 한 사람, 악한.

gang·ster·dom [gǽŋstərdəm] *n.* 악한 무리, 갱 사회.

gang·ster·ism [gǽŋstəríz(ə)m] *n.* ⓤ 갱 행위, 폭력

gangue [gæŋ] *n.* ⓤ [광물] 맥석(脈石) [유용 광상(有用鑛床)에 포함되어 있는 무용 광물].

gang·way [gǽŋwèi] *n.* **1** 통로(passageway). **2** (항해) **a)** 《배의》 트랩(gangplank). **b)** 현문(舷門). **c)** 갑판실과 뱃전 사이의 좁은 갑판. **3** [철도] 탄수차(炭水車)와 기관사실 사이의 부분; 디젤 또는 전기 기관차의 측면 입구. **4** 《英》 [공장·식당의] 통로; 하원 의사당 중앙의 통로. **5** [건축 현장의] 건널판. **6** [광산] 주요 갱도. **7** [수면으로부터 통나무를 제재기로 유도하는] 경사로(傾斜路). — *interj.* 길을 내라, 비켜라!(Clear the way!)

gan·is·ter [gǽnistər] *n.* ⓤ 개니스터 [노(爐)의 내벽을 바르는 내화성(耐火性)이 큰 규질암(硅質岩)].

gan·ja, -jah [gáːndʒə] *n.* ⓤ 마리화나.

gan·net [gǽnit] *n.* 부비새 [갈매기과(科)의 바다새].

gan·oid [gǽnɔid] *n.* 경린어 (硬鱗魚) [철갑상어 따위]. — *adj.* 경린어의.

gant·let[1] [gɔ́ːntlit, +美 gǽnt-] [(철도) 착선(搾線)] *vt.* …에 착선을 설치하다.

(gantlet[1])

gant·let[2] [gɔ́ːntlit, +美 gǽnt-] *n.*=gauntlet[1].
gant·let[3] [gɔ́ːntlit, +美 gǽnt-] *n.*=gauntlet[2].

gan·try [gǽntri] *n.* (*pl.* **-tries**) **1** [철도] 신호교(信號橋) [철도의 신호기 설치용의 과선교(跨線橋)]. **2** [고가 이동 기중기 따위의] 받침대. **3** [로켓 공학] 미사일이나 로켓의 조립·조작용의 작업 탑. **4** 통의 받침대.

gántry cràne *n.* 갠트리 기중기, 고가(高架) 이동 기중기.

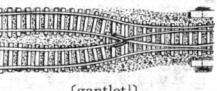
(gantry crane)

Gan·y·mede [gǽnimìːd] *n.* **1** 《그리스 신화》 가니메데스 [Zeus가 신들의 술시중을 들게 하기 위해서 데려간 트로이의 미소년]. **2** 《천문》 가니메데성 (星) [목성의 최대 위성]. **3** (보통 g-) 술 따르는 소년, 소년 급사.

GAO 《略》《美》*General Accounting Office* (회계 감사원(院)).

*****gaol** [dʒeil] *n., vt.* 《英》=jail.
gaol·er [dʒéilər] *n.* 《英》=jailer.

*****gap** [gæp] *n.* **1** [벽·울타리 따위의] 갈라진 틈, 구멍 (breach, hole), **2** 빈 곳, 공백, 틈; 단절; 결함. ¶ a *gap in* records 기록의 공백 부분 / *gaps in* one's knowledge 지식의 결함 / fill (*or* stop, supply) a *gap* 공백(결함)을 메우다. **3** [의견·성격 차이의] 큰 차이, 격차, 간격. ¶ a wide *gap* between the two views 두 견해의 큰 차이. **4** 산협(山峽), 협곡, 골짜기, 고갯길. **5** [항공] [복엽 비행기의] 날개 간격, 간극. — *vt.* (**gapped, gap·ping**) …에 갈라진 틈을 만들다.

GAPA *ground-to-air pilotless aircraft* (지대공(地對空) 무인 비행기).

*****gape** [geip, +美 gæp] *vi.* (**gaped, gap·ing**) **1** [놀람·감탄 따위로] 입을 딱 벌리고 바라보다(*at*...). ⇒ GAZE
類語 ¶ They *gaped at* me in utter amazement. 그들

garble

은 너무 놀라서 입을 딱 벌리고 나를 바라보았다. **2** [공복·졸음·열증 따위로] 무심코 입을 크게 벌리다. **3** [땅 따위가] 크게 갈라지다; [상처 따위가] 크게 벌어지다. **4** [(動) 하품을]보다.
gape and stare at 입을 딱 벌리고 …을 넋을 잃고
— *n.* **1** 크게 갈라진 틈. **2** 무심코 입을 크게 벌리기; 입을 딱 벌리고 바라보기; 놀람; 하품(yawn). **3** [동물] 벌린 입(부리)의 넓이. **4** (the ~s) **a)** [(단수 취급)] [(獸醫)] [(가금(家禽)의 입이 찢어지는) 개촌증(開喙症). **b)** 하품의 발작. ¶ have the *gapes* 연달아 하품을 하다.

gap·er [géipər, +美 gǽp-] *n.* 입을 딱 벌리고 있는 사람.

gápe·sèed [géipsìːd, +美 gǽp-] *n.* 《英俗》 입을 딱 벌리고 바라보기; 넋을 잃고 바라보게 하는 것.

gápe·wòrm [géipwə̀ːrm, +美 gǽp-] *n.* 개촌충(開喙蟲) [가금(家禽)의 기관에 기생하여 호흡기 질환을 일으키는 선충류의 기생충].

gap·ing·ly [géipiŋli, +美 gǽp-] *adv.* 입을 딱 벌리고, 어처구니없이, 멍하니.

gap·less [gǽplis] *adj.* 갈라진 틈(갭)이 없는.

gap·o·sis [gəpóusis] *n.* 《美속어》 《옷이 맞지 않아서 벌어진 틈, 틈이 난 느낌; 현저한 차이, 격차, 불균형.

gapped [gæpt] *adj.* 《여기 저기》 구멍이 뚫린, 갈라진 틈이 난.

gap·py [gǽpi] *adj.* (종종 **-pi·er, -pi·est**) **1** 갈라진 틈이 많은, 틈투성이의; 결함이 많은. **2** 단속적인, 토막토막의.

gap-toothed [gǽptùːθt, -tùːðd] *adj.* [이가 빠져서] 이와이 사이에 틈이 난.

gar [gɑːr] *n.* (*pl.* **gar** *or* **gars**) 미국산 경린류(硬鱗類)의 담수어 [단단한 비늘로 덮이고 긴 주둥이를 가진 물고기]. [<GAR(FISH)]

G.A.R. 《略》《美》*Grand Army of the Republic*.

‡**ga·rage** [gərάːʒ, -rάːdʒ / gǽrɑːdʒ, -ridʒ] *n.* **1** 자동차 차고, 자동차 수리소. **2** 《英》 주유소. — *vt.* (**-raged, -rag·ing**) 《자동차를》 차고에 넣다(넣어 두다).

ga·rage·man [gərάːʒmən, -rάːdʒ- / gǽrɑːdʒ-, -ridʒ-] *n.* (*pl.* **-men** [mèn]) 자동차 수리공.

gárage sàle *n.* 《美》 파치 《정리품》 염가 판매 시장.

Gár·and ríf·le [gǽrənd-, +美 gərǽnd-] *n.* 개런드식 반자동 소총 [제2차 대전의 미국 육군의 표준 장비].

*****garb** [gɑːrb] *n.* **1** 《특수 직업에 특유한》 복장. ¶ clerical *garb* 성직복. **2** 《한 벌의》 옷, 의상. ¶ a fantastic *garb* 색다른 옷. **3** ⓤ ⓒ 옷차림, 외관. ¶ under the *garb* of a military man 군인인 체하고. — *vt.* 《보통 재귀용법·수동형으로》 《사람》에게 […의》 옷차림을 시키다, 입히다(dress). ¶ (~+囲+前+名) He *garbed* himself in (*or* as) a cowboy. 그는 카우보이의 복장을 했다.

*****gar·bage** [gɑ́ːrbidʒ] *n.* ⓤ **1** [부엌의] 찌꺼기, 쓰레기(refuse). **2** [고기·생선 따위의] 찌꺼기; 하찮은 것, 폐물. **3** 《속어》 잡담, 시시한 이야기. **4** 《컴퓨터》 [기억 장치 속의] 불필요한 데이터. **5** 《농구》 쉽게 얻을 수 있는 득점.

gárbage càn *n.* **1** 쓰레기통(dustbin). **2** 《美속어》 낡은 배(구축함). **3** [TV의] 마이크로파 중계 장치.

gárbage colléction *n.* [컴퓨터] 불필요 정보 정리 [기억 장치에서 사용하지 않고 비어 있는 부분을 모아서 정리된 공간(space)을 만드는 기술].

gárbage colléctor *n.* 《美》 쓰레기 청소부(수거인) 《英》의.

gárbage drùg *n.* 《속어》 효력을 내기 쉬운 마약.

gárbage trùck *n.* 쓰레기 운반용 트럭.

gar·ble [gɑ́ːrbl] *vt.* (**-bled, -bling**) **1** 《사실·문서 따위의 부정한 선택을 하다, …의 사실을 왜곡하다(distort), …을 제멋대로 손질하다. ¶ a *garbled* report of a speech 연설 내용을 왜곡한 보도. **2** …을 착각하다, …을 혼동하다(confuse). **3** 《고어》 …을 정선하다. **4** [전문(電文)의 혼란으로] …에 잘못이 생기게 하다. — *n.* ⓤ ⓒ 사실을 왜곡하기, [통신문 전달상의] 혼란.

gar·board [gɑːrbɔ̀ːrd / -bɔ́ːd] n. (=**gárboard stráke**) [항해] 용골익판(龍骨翼板) [용골에 인접해 있는 양쪽 바다 판자].

gar·bol·o·gist [gɑːrbálədʒist / -bɔ́l-] n. 쓰레기 수거인. [<GARB[AGE]+-OLOGIST]

gar·bol·o·gy [gɑːrbálədʒi(ː)/-bɔ́l-] n. 쓰레기학(學), 쓰레기 조사[폐기물의 내용에서 문화·사회 실태를 연구한다].

gar·çon [gɑːrsɔ́ːŋ, ‒ -] n. (pl. **-çons** [-sɔ́ːŋ]) (프랑스) **1** (부르는 말로) 보이(waiter). **2** 소년; 젊은 미혼 남자. **3** 고용인, 하인(servant).

gar·da [gɑːrdə] n. (pl.**-dai** [-diː]) 아일랜드인 경찰관 (호위).

gar·dant [gɑːrd(ə)nt] adj. =guardant.

‡**gar·den** [gɑ́ːrdn] n. **1** ⓒⓊ 뜰, 정원; 화원; 채원(菜園), 채소밭. ¶ a flower *garden* 화단 / a kitchen *garden* 가정용 채소밭 / a nursery *garden* 묘목밭 / We haven't much *garden*. 우리 집은 뜰이 그다지 크지 않다. **2** (종종 ~s) 공원, 유원지(park). ¶ botanical (zoological) *gardens* 식물(동물)원. **3** 옥의의 경음식점. ¶ a beer *garden* 비어 가든. **4** (속어) (야구장의) 외야(outfield). **5** 비옥한 경작 지대. **6** (G-s) 《지명 뒤에 붙여서》 …가(街), 광장. ¶ Queen's *Gardens* [런던의] 퀸가. **7** (the G-) 그리스의 에피쿠로스(Epicurus) 학파[에피쿠로스가 그의 철학을 정원에서 가르친 데서].

the **Garden of Eden** 에덴 동산; 낙원.
the **Garden of England** 영국의 곡창 지대[Kent 주, Worcestershire 주, the Isle of Wight (와이트섬) 등의 비옥한 지방의 명칭].
lead *a person* up *the* garden [*path*] 《속어》 남을 오도(誤導)하다, 현혹시키다(mislead).
— adj. **1** 정원의; 뜰에서 재배하는; 원예(원예)용의. ¶ *garden* plants 원예 식물 / a *garden* hose 정원에 물을 뿌리는 호스 / a *garden* trowel 모종삽. **2** 보통의, 흔히 있는(ordinary).
common or garden; common garden ⇒ COMMON.
— vi. 정원을 손질하다, 원예를 하다. — vt. …을 갈아서 정원(화원)을 만들다.

gárden apártments n. pl. 정원에 둘러싸인 낮은 층의 아파트.
gárden bálm n. 향수박하.
gárden bálsam n. 봉숭아.
gárden cénter n. 원예 용품점, 종묘상(種苗商).
gárden cíty (súburb) n. 전원 도시.
gárden créss n. Ⓤ 냉이의 일종(샐러드용 야채).

‡**gar·den·er** [gɑ́ːrdnər] n. **1** 정원사, 원정(園丁). **2** 원예가, 야채 재배자. **3** (속어) 《야구의》 외야수.

gar·den·esque [gɑːrdnésk] adj. 정원 같은, 정원원의.
gárden fráme n. 《식물재배용》 나무틀, 《촉성 재배용》 온상.
gar·den-fresh [gɑ́ːrdnfréʃ] adj. 《정원 따위에서》 수확한. ¶ *garden-fresh* fruit 갓 따온 과일.
gárden hóuse n. **1** 《정원에 있는》 정자. **2** 《주로 美 남·중부》 옥외 변소(privy).
gar·de·nia [gɑːrdíːniə, -njə] n. 치자나무; 그 꽃.

‡**gar·den·ing** [gɑ́ːrdniŋ] n. Ⓤ **1** 조원(造園)[술]. **2 Gárden of Éden** n. (the ~) =Eden. [원예.
gárden párty n. 원유회.
gárden plót n. 정원 대지.
gárden séat n. 정원 벤치; 《英》 《버스의 1인 또는 2인용》 옥상 의자.
gárden spíder n. 무당거미. [명.
Gárden Státe n. (the ~) 《美》 미국 New Jersey주의 별
gárden stúff n. Ⓤ 《채소밭에서 기르는》 채소류.
gárden súburb n. 《英》 전원식의 교외 주택지.
gárden trúck n. Ⓤ 《美》 시장으로 나가는 채소, 출하용 채소.

gar·den-va·ri·e·ty [gɑːrd(ə)nvəráiəti] adj. 《식물이 뜰에서 재배할 수 있는》 보통 종류인; 흔한, 평범한.
gárden wárbler n. 꾀꼬리과(科)의 일종.

gárden whíte n. 배추흰나비의 일종.
gare·fowl [gέərfàul] n. (pl. **-fowls** or **-fowl**) 날개가 퇴화한 바다새(great auk) [1844년 절멸].
gar·fish [gɑ́ːrfìʃ] n. (pl. **-fish** or **-fish·es**) =gar.
gar·gan·tu·an [gɑːrgǽntʃuən / -tjuən] adj. **1** (종종 G-) Gargantua[프랑스의 풍자작가 Rabelais가 쓴 *Gargantua and Pantagruel* 중에 나오는 거대한 왕] 같은. **2** 거대한(gigantic).
gar·get [gɑ́ːrgit] n. Ⓤⓒ [獸醫] **1** [소·양 따위의] 유방염(乳房炎), (mastitis). **2** [소·돼지 따위의] 인후종양 (咽喉腫瘍).
gar·gle [gɑ́ːrgl] vt., vi. (-**gled**, -**gling**) 양치질하다. ¶ *gargle* a sore throat 아픈 목을 양치질하다. — n. 양치질 약.

gar·goyle [gɑ́ːrgɔil] n. [건축] 이무기돌 [고딕 건축에서 괴수의 머리 모양을 한 지붕의 홈통 주둥이].
gar·goyled [gɑ́ːrgɔild] adj. gargoyle를 설치한.
(gargoyle)

gar·goyl·ism [gɑ́ːrgɔiliz(ə)m] n. Ⓤ [병리] 가르고일리즘[정신 이상을 수반하는 유전적 질환].
gar·i·bal·di [gæribɔ́ːldi] n. (pl. **-dies**) **1** [19세기 중엽에 유행한] 여성·어린이용의 헐렁한 블라우스 [Garibaldi 장군의 부하가 착용한 빨간 셔츠를 모방한 것]. **2** 건포도를 넣은 비스킷. **3** 미국 남캘리포니아산(産)의 빨갛고 작은 물고기.

GARIOA [gǽrio(u)ə] 《略》 Government and Relief in Occupied Areas(가리오아 기금; 점령 지역 구제 기금).
gar·ish [gέ(ː)riʃ / gǽər-] adj. **1** 유난히 번쩍거리는 (glaring). **2** [의복 따위가] 화려한(야한). ¶ *garish* ornaments 지나치게 야한 장식. **3** [문체 따위가] 과도하게 수식된. ~·ly adv. ~·ness n.

***gar·land** [gɑ́ːrlənd] n. **1** [꽃·잎 따위로 만들어 머리에 쓰는] 화환, 화관(wreath); [건물 따위의] 꽃(잎) 장식; [금속판 따위에] 조각한 화환 무늬. **2** [승리·성공 따위의] 영관(榮冠), 영예. ¶ carry away the *garland* 승리를 거두다. **3** 시문선(詩文選), 사화집(詞話集) (anthology). **4** [항해] 밧줄고리. — vt. …을 화환으로 장식하다, …에 화관을 씌우다; …을 화환으로 만들다.
gar·lic [gɑ́ːrlik] n. Ⓤ 마늘; 마늘의 작은 인경(鱗莖).
gar·lick·y [gɑ́ːrliki] adj. 마늘 같은(냄새(맛)가 나는); 마늘이 들어 있는.

‡**gar·ment** [gɑ́ːrmənt] n. **1** 의복, 의류품[의 한 점]. **2** (~s) 옷, 의상(clothes). **3** 외관, 겉치장; 덮개, 씌우개, 외피. — vt. 《보통 과거 분사로》 …을 차려입다, …에게 입히다 (clothe). ¶ She went out oddly *garmented*. 그녀는 이상한 옷차림을 하고 외출했다.
gárment bág n. 옷가방[의복을 반으로 접어넣게 된 휴대용의 가방].

gar·ner [gɑ́ːrnər] vt. **1** …을 비축하다, 저장하다. **2** [득점 따위]를 얻다. **3** …을 모으다. — n. **1** 곡창 (granary), **2** 비축, 저장, 축적.
gar·net [gɑ́ːrnit] n. **1** 석류석(石榴石), 가넷; Ⓒ [보석으로 가공된] 가넷. **2** 가넷빛, 심홍색. — adj. 심홍색의.
gárnet páper n. Ⓤ 샌드페이퍼, 사지(砂紙).

*****gar·nish** [gɑ́ːrniʃ] vt. **1** …에 장식을 하다, …을 꾸미다 (decorate). ¶ ~+匣+[전]+(명) *garnish* a room *with* flowers 방을 꽃으로 장식하다. **2** [요리]에 고명을 곁들이다. ¶ a fish *garnished with* parsley 파슬리를 곁들인 생선 요리. **3** [문장 따위]를 꾸미다. **4** [법률] …에게 채권 압류의 통고를 하다. — n. **1** 장식물. **2** [요리]의 고명, 곁들이는 것. **3** 문식(文飾); 수식.
◇ gárnishment, gárniture n.

gar·nish·ee [gɑ̀ːrniʃíː] vt. [법률] [압류 명령에 의하여] [채권]을 압류하다; …에 압류 통고를 하다. — n. [법률] 채권 압류 통고를 받은 사람, 제3채무자.

gar·nish·er [gáːrniʃər] n. 1 장식하는 사람. 2 [법률] 채권 압류 통고자.

gar·nish·ment [gáːrniʃmənt] n. 1 ⓤⓒ 장식(decoration). 2 [법률] 통고; [제3자에 대한] 출두 명령, 소환장; [제3채무자에 대한] 채권 압류 통고.

gar·ni·ture [gáːrnitʃər] n. 1 ⓤⓒ 장식(물)(ornament). 2 [요리의] 고명, 곁들이는 것(garnish). 3 비품, 부속품, 가구(furniture). 4 의상(costume).

ga·rotte [gərát, ‑róut / ‑rɔ́t] n., vt. (‑rot·ted, ‑rot·ting) =garrote.

GARP 〈略〉 Global Atmospheric Research Program (지구 대기 조사 계획).

*__gar·ret__ [gǽrit] n. 1 지붕 밑층, 다락방(attic). 2 〈속어〉 머리. 「안 구석구석까지.
from garret to kitchen; from cellar to garret 집

gar·ret·eer [gæ̀rətíər] n. 다락방에 사는 사람[특히 가난한 문필가·악사 등을 말함].

*__gar·ri·son__ [gǽrisn] n. 1 수비(경비)대, 주둔군. 2 주둔지; 요새. ¶ *in garrison* 수비를 맡고.
go (be sent) into garrison 수비에 배치(파견)되다. — vt. 1 [도시·요새 따위]를 수비하다, …에 수비대를 두다; …을 점거하다. 2 …을 수비에 배치하다, 수비대로서 파견하다.

gárrison artíllery n. ⓤ〈집합적〉 요새포[병].

gárrison cáp n. 〈美軍대〉 차양이 없고 접을 수 있는〉 약모(略帽).

Gárrison fínish n. 〈美〉 [경마 따위에서 뒷말이 튀어나와서 1착을 하는 식의] 역전승. 「state

gárrison státe n. 군국(軍國), 군인국가. *cf.* police

gar·ron, ‑ran [gǽrən] n. 〈스코·아일〉 노역에 종사하는 몸집이 작은 말.

gar·rot [gǽrət] n. 흰뺨오리(goldeneye).

gar·rote, gar·rotte [gərát, ‑róut / ‑rɔ́t], (**garote, garotte**) n. 1 [스페인의] 교수형[쇠고리에 죄인의 목을 넣고 교살함]; 그 형틀. 2 교살 강도. — vt. (‑rot·ed, ‑rot·ing; ‑rot·ted, ‑rot·ting) 1 …을 교수형에 처하다, 2 …의 목을 조르고 강탈하다.

gar·rot·er, ‑rot·ter [gərátər, ‑róut‑/‑rɔ́t‑] n. 교수형 집행인; 교살 강도.

gar·ru·li·ty [gərúːliti] n. ⓤ 수다, 다변.

gar·ru·lous [gǽr(j)uləs] adj. 1 잘 지껄이는, 수다스러운, 다변의. ↑ TALKATIVE 類語 2 [연설 등이] 장황한, 말 많은. 3 [새 따위가] 시끄럽게 지저귀는; [시내가] 귀에 거슬리게 소리내는. ~·ly adv. ~·ness n.

*__gar·ter__ [gáːrtər] n. 1 (보통 ∼S) 양말 대님, 가터 (《美》[sock] suspender); [와이셔츠의 소매를 올리는] 가터. 2 (the G‑) 〈英〉 가터 훈장[영국의 최고 훈장], 가터 훈위(動位)(the Order of the Garter). ¶ *a knight of the Garter* 가터 훈작사(動爵士) / 〈略 K.G.〉. 3 (보통 G‑) 〈英〉 가터 훈위 국장(局長). 「(紋章官).

Gárter Kíng of Árms 〈英〉 가터 훈위 국장, 문장관 — vt. 1 [양말]을 대님으로 매다. 2 〈英〉 …에게 가터 훈위(훈장)를 수여하다. 「트.

gárter bélt n. 〈여성용〉 양말을 매는 벨트, 가터 벨

gárter snáke n. 얼룩뱀[미국산(産)으로 독이 없는].

gárter stítch n. 가로 뜨개질. 「다].

garth [gɑːrθ] n. 〈고어〉 뜰, 안뜰(yard); 구내.

Gar·vey·ism [gáːrviːz(ə)m] n. ⓤ 가베이주의[흑인의 분리와 아프리카에 흑인 자치국을 건설하자고 주창한 주의].[〈자메이카 출신의 흑인 민족 운동 지도자 Marcus Garvey(1880‑1940)의 이름]

†**gas** [gǽs] n. (pl. ∼**es** or ∼**ses**) 1 ⓤⓒ[물리] 가스, 기체. *cf.* solid, liquid 2 ⓤⓒ 등화용·연료용의 가스. ¶ *fuel gas* 연료 가스 / *natural gas* 천연 가스 / *illuminating gas* 등화용 가스 / *light the gas* 가스에 불을 켜다 / *turn on the gas* [꼭지를 틀어] 가스를 내다 / *turn out (or off) the gas* [꼭지를 틀어] 가스를 멈추다(끄다). 3 〈美〉 마취 가스, 소기(笑氣)(laughing gas). 4 〈美〉 〈美구어〉 휘발유, 가솔린(gasoline) / [자동차용]액

셀러레이터. 5 ⓤⓒ[광산] 폭발 가스[탄화수소와 공기의 혼합물]. 6 ⓤⓒ 독가스(poison gas) 최루가스(tear gas). 7 ⓤ〈속어〉 잡담(empty talk); 허풍(boast). ¶ *talk gas* 잡담을 하다. 8 〈속어〉 유쾌하게 해주는 사람(것), 즐겁게 해주는 사람(것).

step (or *tread*) *on the gas* 〈구어·원래 美〉 [자동차의 액셀러레이터를 밟는다는 뜻에서] 속력을 내다; 서두르다(hurry).
— v. (**gas·sed, gas·sing**) vt. 1 …에 가스를 공급하다. 2 …에 독가스를 뿌리다, …을 독가스로 공격하다; …을 가스 중독시키다. 3 …에 가스를 통하다, [실 따위]를 가스 불꽃으로 처리하다[보풀을 제거하기 위해서]. ¶ *gassed yarn* 가스사(絲). 4〈속어〉…에 잡담을 하다, 허풍을 떨다. 5〈美속어〉…을 즐겁게 (기쁘게) 하다. ¶ *Her new suit gasses me.* 그녀의 새 옷은 정말 멋있다. — vi. 1 가스를 내다. 2〈속어〉 잡담을 길게 늘어놓다, 허풍을 떨다(*away*…).

gas úp 〈美구어〉 가솔린을 가득 채우다.
◇ **gáseous, gássy** adj., **gásify** v.

gas·a·te·ri·a [gæ̀sətí(ə)riə /‑tíər‑] n. 〈美속어〉 손님 스스로 기름을 넣는 주유소.

gás attáck n. 〈군대〉 독가스(탄) 공격.

gás·bag [gǽsbæ̀g] n. 1 [기구·비행선 따위의] 가스 주머니. 2 〈속어〉 떠버리, 허풍선이(windbag).

gás bómb n. 〈군대〉 독가스탄(gas shell).

gás-brack·et [gǽsbræ̀kit] n. [벽에 붙인] 가스등 까치발.

gás búoy n. 등부표(燈浮標) [아세틸렌 가스를 연료로 쓴다]. 「구(火口).

gás búrner n. 가스 버너, [가스 레인지 따위의] 가스

gás cárbon n. ⓤ 가스 카본, 가스탄(炭) [석탄 가스 제조중에 생긴다].

gás céll n. 1 비행선의 가스 주머니의 한 구획. 2 [물리] 가스 전지(gas battery).

gás chámber n. 가스 저형실.

gás chromatógraphy n. ⓤ[화학] 가스 크로마토그래피법(法) [유기 화합물 혼합체의 분석법].

gás cóal n. ⓤ 가스 제조용 석탄.

gás cóke n. ⓤ 코크스.

Gas·con [gǽskən] n. 1 [프랑스의] 가스코뉴 사람[허풍떨기로 유명]. 2 (g‑) 허풍선이, 자랑쟁이. — adj. 1 가스코뉴 (사람의). 2 (g‑) 허풍선이의.

gas·con·ade [gæ̀skənéid] n. ⓤ 허풍, 제자랑. — vi. (‑ad·ed, ‑ad·ing) 허풍떨다, 제자랑 하다.

gás-cook·er [gǽskùkər] n. 요리용 가스 레인지.

gas·dy·nam·ics [gæ̀sdainǽmiks] n. pl. 〈단수취급〉 기체 역학.

gas·e·i·ty [gæsíːiti] n. ⓤ 가스 모양의, 가스체.

gas·e·lier [gæ̀səlíər] n. =gasolier.

gás éngine n. 가스 내연 기관.

gas·e·ous [gǽsiəs, ‑sjəs, ‑ʃəs, +美 gǽʃəs] adj. 1 가스의, 가스 모양(질)의, 기체의. ¶ *gaseous matter* 기체. 2 [비유적] 허무한, 공허한. ~**·ness** n. ◇ **gas** n.

gás fíeld n. 천연 가스 발생지, 천연 가스전(田).

gas·fil·ter [gǽsfìltər] n. 가스 여과기(장치).

gás fíre n. 1 가스의 불. 2 가스 난로.

gas-fired [gǽsfàiərd] adj. 가스 연료를 사용한.

gás fítter n. 가스 기구를 장치하는 사람; 가스 장치업자. 「(∼s) 가스 기구[류].

gás fítting n. 1 ⓤ 가스 기구 장치 공사(업). 2 〈美〉

gás fíxture n. 가스(등) 장치.

gás fúrnace n. 가스로(爐).

gás gángrene n. [병리] 가스 회저(壞疽).

gás géyser n. 〈英〉 가스로 물 끓이는 기구, 가스 온수기(급 gas water heater).

gas-guz·zler [gǽsgʌ̀zlər] n. 대형차, 연료 대량 소비차.

gash[1] [gǽʃ] n. 1 [길고] 깊게 베인 상처, 깊은 상처(slash). 2 [땅 따위의] 깊이 갈라진 틈(cleft).
— vt. …에 깊은 상처를 입히다, …을 깊이 베다.

gash² [gæʃ] *n.* ⓤ《주로 스코》무례한(건방진) 말[투].
— *adj.* 수다스러운.
gás héater *n.* 가스 가열기(난방기).
gás hélmet *n.*《군대》[헬멧형의] 방독 마스크.
gas·hold·er [gǽshòuldər] *n.* 가스 저장기, 가스 탱크.
gas·house [gǽshàus] *n.* (*pl.* **-hous·es** [-hàuziz]) 가스 공장.
gas·i·fi·a·ble [gǽsifàiəbl] *adj.* 가스(기체)화할 수 있는.
gas·i·fi·ca·tion [gæ̀sifikéiʃ(ə)n] *n.* ⓤ 가스화, 기체화(되다); 기체로 만들다(되다).
gás jét *n.* 1 〔가스등 따위의〕 화구(火口)(gas burner). 2 가스등의 불꽃.
gas·ket [gǽskit] *n.* 1〔기계〕개스킷, 틈새를 막는 것; 패킹(packing). 2〔항해〕돛을 활대에 잡아매는 밧줄.
gás lámp *n.* 가스등(燈).
gás láser *n.*〔물리〕기체 레이저〔네온·헬륨·이산화탄소·질소 따위의 혼합 가스를 여기(勵起)시켜서 레이저 광선을 얻는 장치〕.
gas·light [gǽslàit] *n.* 1 가스등; ⓤ 가스등의 불빛. 2 가스등의 화구(火口)(gas jet). — *vt.*《미속어》… 을 미치게 하다. ¶ 〔라이트 인화지〕.
gáslight páper *n.* ⓤ《사진》〔밀착 인화용의〕가스 라이트 인화지.
gás lóg *n.*〔통나무 모양의〕가스 난로 연소관.
gás máin *n.* 가스 본관(本管).
gas·man [gǽsmæ̀n] *n.* (*pl.* **-men** [-mèn]) 1 가스 검침원. 2 가스 공사 작업원. 3〔광산〕가스 폭발 감시원.
gás mántle *n.* 가스 맨틀〔가스등에 덮어 씌우는 그물〕.
gás másk *n.* 방독면(防毒面).
gás méter *n.* 가스 계량기.
gás mótor *n.* 가스 기관(gas engine), 가스 발동기.
gas·o·gene [gǽsədʒìːn], **gaz·o-** [gǽzə-] *n.* 가스 발생 장치, 탄산수 제조기.
gas·o·hol [gǽsəhɔ̀ːl] *n.* 1 가스홀〔가솔린과 에틸알코올의 혼합연료; 가솔린 대용품으로 등장〕. 2 (G-)〔상표명〕알코올분이 10%인 것. [<GASO[LINE]+[ALCO]HOL]
gás óil *n.* 가스유, 경유(輕油).
***gas·o·lene** [gǽso(u)lìːn, +美 -̀ -́] *n.* =gasoline.
gas·o·lier [gæ̀səlíər], (**gaselier**) *n.* 가스등으로 장식된 샹들리에.
‡**gas·o·line** [gǽso(u)lìːn, +美 -̀ -́], (**gasolene**) *n.* ⓤ 가솔린, 휘발유(《英》petrol).
gasolíne éngine *n.*《美》가솔린 기관.
gas·o·mat [gǽsəmæ̀t] *n.*《美》가솔린 주유소.
gas·om·e·ter [gæsámitər/-ɔ́m-] *n.* 가스 계량기; 가스 저장기; 가스 탱크(gas tank).
‡**gasp** [gæsp/gɑːsp] *n.* 1 헐떡거림, 숨참; 공포 따위로 숨이 막힘. ¶ He gave a *gasp* at the news. 그는 그 소식을 듣고 숨이 막혔다. 2 헐떡거리며 말하기.
at one's last gasp ① 임종시에; 다급해져서. ¶ *At his last gasp* he confessed to the murder. 그는 임종할 때 살인한 사실을 고백했다. ② 극도로 지쳐서, 녹초가 되어. ¶ When the runner reached the tape he was *at his last gasp*. 주자는 골인했을 때 지쳐서 녹초가 되어 있었다.
to the last gasp 최후까지, 죽을 때까지.
— *vi.* 1 헐떡거리다, 〔공포 따위로〕숨이 막히다(*with* ...). ⇨ PANT 類語 ¶ (~+*前*+*名*) *gasp* for breath 숨이 차다 / I *gasped with* rage. 나는 너무도 화가 나서 숨이 막힐 지경이었다. 2 갈망하다(*after, for*...). ¶ (~+*前*+*名*) They *gasp after* liberty. 그들은 자유를 갈망하고 있다. — *vt.* …을 헐떡이며 말하다(...*away, forth, out*).
GASP《略》Group Against Smoker's Pollution, Gals Against Smoke and Pollution, Greater Washington Alliance to Stop Pollution(모두 공해·흡연 반대 운동 단체 명칭).

gás pédal *n.*《주로 美》〔자동차의〕액셀 페달.
gas·per [gǽspər/gɑ́ːs-] *n.* 1 헐떡이는(숨차 하는) 사람. 2 《英속어》싸구려 궐련.
gasp·ing [gǽspiŋ/gɑ́ːsp-] *adj.* 헐떡거리는, 숨결이 가쁜; 팔딱팔딱하는.
gasp·ing·ly [gǽspiŋli/gɑ́ːsp-] *adv.* 헐떡거리며, 숨이 턱에 차서.
gás pípe *n.* 가스관(管).
gás plánt *n.* 가스 공장(gasworks).
gás prodúcer *n.* 가스 발생기.
gas·proof [gǽsprùːf] *adj.* 가스가 스며들지 않는; 내(耐)가스성의. ¶ *gasproof* varnishes 내가스성 니스.
gás ránge *n.*〔요리용의〕가스 레인지.
gás ríng *n.* 가스 곤로.
gassed [gæst] *adj.*《美속어》술취한.
gas·ser [gǽsər] *n.* 1 《속어》수다스러운 사람; 허풍선이(boaster);《美속어》익살꾼, 우스꽝스러운 것. 2 천연 가스정(井).
gás shéll *n.*〔군대〕독가스탄(gas bomb).
gas·sing [gǽsiŋ] *n.* ⓤⓒ 1〔공업 따위의〕가스 처리. 2 독가스 공격. 3 가스 발생. 4《속어》잡담, 한담, 터무니없는 이야기.
gas·sip·per [gǽssìpər] *n.* 저(低) 연료차.〔동차〕
gás snípper *n.* 소형차, 가솔린의 소비량이 적은 차.
gás státion *n.*《美》주유소(filling station).
gás stórage *n.*〔과실·야채를 보존하기 위해 탄산가스를 넣은〕, 산소를 적게 한〕저장 창고.
gás stóve *n.*〔요리용의〕가스 레인지, *cf.* gas fire
gas·sy [gǽsi] *adj.* (**-si·er, -si·est**) 1 가스[모양]의, 가스가 가득 찬. ¶ a *gassy* odor 가스 냄새. 2《구어》허풍이 많은, 제 자랑이 많은; 실속없는. **-si·ness** *n.*
gás tánk *n.* 1 가스 탱크(gasometer). 2〔비행기 따위의〕연료 탱크.
Gast·ar·bei·ter [gɑ́ːstɑ̀rbaitər] *n.*〔단·복수 동용〕〔이탈리아·유고·터키 등지에서 서독에 벌이하러 들어온〕외국인 노동자. [<G guest worker]
gas·ter·o·pod [gǽst(ə)rəpɑ̀d/-pɔ̀d] *n., adj.* =gastropod.
gas·tight [gǽstàit] *adj.* 가스가 통하지 않는, 가스가 새지 않는; 내(耐)가스 구조의.
gastr- ⇨ GASTRO-.
gas·tral·gi·a [gæstrǽldʒiə] *n.* ⓤ〔병리〕위통(胃痛).
gas·tric [gǽstrik] *adj.* 위(胃)의. *cf.* enteric ¶ *gastric* juice 위액 / *gastric* ulcer 위궤양.
gas·trin [gǽstrin] *n.*〔생화학〕가스트린〔위액 분비 촉진 호르몬〕.
gas·trit·ic [gæstrítik] *adj.*〔의학〕위염(胃炎)의.
gas·tri·tis [gæstráitis] *n.* ⓤ〔병리〕위염(胃炎).
gastro- stomach 라는 뜻의 연결형(* 모음의 앞에서는 gastr-를 쓴다). 예: *gastro*pod, *gastr*algia.〔메라.〕
gas·tro·cam·er·a [gǽstroukæ̀m(ə)rə] *n.* 위(胃) 카메라.
gas·tro·col·ic [gæ̀stroukɑ́lik/-kɔ́l-] *adj.*〔해부〕위와 결장(結腸)의.
gas·tro·en·ter·ic [gæ̀strouentérik] *adj.* 위장의.
gas·tro·en·ter·i·tis [gæ̀strouèntəráitis] *n.* ⓤ〔병리〕위장염.
gas·tro·en·ter·ol·o·gy [gæ̀strouèntərɑ́lədʒi/-rɔ́l-] *n.* ⓤⓒ 위장과(科); 위장(병)학, 소화기병학.
gas·tro·in·tes·ti·nal [gæ̀strouintéstinl] *adj.*〔해부〕위장에 관한, 위장의.
gas·trol·o·ger [gæstrɑ́lədʒər/-trɔ́l-] *n.* 요리가; 미식가(美食家), 식도락가.
gas·trol·o·gist [gæstrɑ́lədʒist/-trɔ́l-] *n.* 1 =gastrologer. 2 위병(胃病) 전문의(醫).
gas·trol·o·gy [gæstrɑ́lədʒi/-trɔ́l-] *n.* ⓤ 1 위(胃)학. 2 요리학.
gas·tro·nome [gǽstrənòum], (**gas·tron·o·mer** [gæstrɑ́nəmər/-trɔ́n-]) *n.* 미식가, 식도락가(epicure).
gas·tro·nom·ic [gæ̀strənɑ́mik/-nɔ́m-], (**gas·tro-**

gas·tro·nom·i·cal [-ik(ə)l] *adj.* 1 요리법의. 2 미식법(美食法)의, 식도락의. **-i·cal·ly** [-ikəli] *adv.*
gas·tron·o·mist [gæstránəmist / -trɔ́n-] *n.* =gastronomer.
gas·tron·o·my [gæstránəmi / -trɔ́n-] *n.* ⓤ 1 미식법. 2 요리법.
gas·tro·pho·tog·ra·phy [gæstro(u)fətágrəfi / -tɔ́g-] *n.* 위내(胃内) 촬영법.
gas·tro·pod, -ter·o- [gæstrəpàd/-pɔ̀d] [동물] *n.* 복족류(腹足類)의 동물 [소라·달팽이·고둥 따위].
— *adj.* 복족류 동물의. ⌐족류.
Gas·trop·o·da [gæstrápədə / -trɔ́p-] *n. pl.* [동물] 복
gas·trop·to·sis [gæstraptóusis / -trɔp-] *n.* ⓤ [병리] 위하수(胃下垂).
gas·tro·scope [gæstrəskòup] *n.* [의학] 위경(胃鏡).
gas·tros·co·py [gæstráskəpi / -trɔ́s-] *n.* ⓤ [의학] 위경(胃鏡)에 의한 검사법. ⌐-mies) [외과] 위 절개(술).
gas·trot·o·my [gæstrátəmi / -trɔ́t-] *n.* ⓤ [발생] 원장배(原腸胚), 낭배(囊胚).
gas·tru·la [gǽstrulə] *n.* (*pl.* **-las** *or* **-lae** [-liː])
gas·tru·lar [gǽstrulər] *adj.* [발생] 원장배의.
gas·tru·late [gǽstruléit] *vi.* (-**lat·ed, -lat·ing**) [발생] 원장(原腸) (장배(腸胚))을 형성하다.
gas·tru·la·tion [gæstruléi(ə)n] *n.* ⓤ [발생] 원장배 형성.
gás tùrbine *n.* 가스 터빈. ⌐장배 형성.
gás wárfare *n.* ⓤ 독가스전.
gás wéll *n.* 천연 가스정(井). ⌐장.
gas·works [gǽswə̀ːrks] *n. pl.* [단수 취급] 가스 공
gat [gæt] *v.* [고어] get 의 과거형의 하나.
gat² [gæt] *n.* [미속어] 권총. [<GAT[LING] GUN]
gat² [gæt] *n.* [절벽이나 모래톱 사이의] 수로(水路).
‡**gate** [geit] *n.* 1 [광장·뜰 따위로 통하는] 문, 살문. ¶ *door* 는 집의 안팎으로 통하는 문. 2 출입구; 대문, 성문(城門). ¶ enter at a *gate* 문으로 들어가다 / go through a *gate* 문을 통과하다 / keep the *gate* 문지기 노릇을 하다. 3 [일반적으로] 좁은 출입구. 4 [도로·건널목 따위의] 차단기. 5 [좁은] 산길. 6 [운하·댐 따위의] 문, 갑문(閘門); 밸브(valve). 7 ⓤ [운동 경기 대회·박람회 따위의] 입장자 수; 입장료의 총액(gate money).
at the gate 아주 가까이에, 임박하여 (*of...*). ¶ *at the gate of* death 죽기 직전에, 죽음에 임하여.
the gate of horn (ivory) [그리스 신화] 정몽(正夢) (역몽(逆夢))이 나오는 문.
get the gate 《美속어》 내쫓기다; 해고당하다.
give a person the gate 《美속어》 남에게 퇴장을 명하다, 내쫓다; 남을 해고하다 (dismiss); 남을 뿌리치다 (퇴짜놓다).
open a gate to (or *for*) …에게 길을 내주다; 기회를
— *vt.* (**gat·ed, gat·ing**) 《英》 [학생]에게 금족령을 내리다.
-**gate** scandal 의 뜻의 연결형 [미국의 Watergate 사건에서 유래한 것으로 독직사건이나 범죄의 은폐등 추문에 관련된 인물이나 국가 이름과 함께 쓰임]. 예: Koreagate, Irangate.
ga·teau [ɡɑːtóu] *n.* (*pl.* **-teaux** [-tóuz]) 과자, 케이크 (cake). [<F *gâteau* cake]
gáte bàr *n.* 대문 빗장.
gáte bìll *n.* [英대학] 폐문 시각 지각부(지각 벌금).
gate-crash [gèitkrǽʃ] *vi., vt.* (속어) 초대받지 않은 모임 따위에 불쑥 들어가다, […에] 입장권 없이 입장하다. ⌐<GATE-CRASH[ER]
gate-crash·er [gèitkrǽʃər] *n.* 《속어》 [연회 따위의] 불청객, 입장권 없는 손님.
gate·fold [géitfòuld] *n.* 《잡지 따위의》 접어넣은 페
gate·house [géithàus] *n.* (*pl.* **-hous·es** [-hàuziz]) 1 문지기집, 수위실. 2 [댐 따위의] 수문 관리소.
gate·keep·er [géitkìːpər] *n.* 1 문지기, 수위. 2 건
널목 간수. ⌐책상.
gáte-lèg táble [géitlèg-] *n.* 접었다 폈다 할 수 있는

gate·man [géitmən, -mæ̀n] *n.* (*pl.* **-men** [-mən, -mèn]) =gatekeeper.
gáte mòney *n.* ⓤ [경기 대회·서커스 따위의] 입장 요금, 입장 수입.
gate·post [géitpòust] *n.* 문기둥. ⌐ (관) 료.
gáte tòwer *n.* [중세 성(城)의] 문탑(門塔), 문루(門樓).
gate·way [géitwèi] *n.* 1 통로, 출입구. 2 [통로·출입구의] 문틀, 아치. 3 […에 이르는] 길, […을 얻는] 수단(*to...*), ¶ a *gateway* to success 성공에의 길.
Gath [gæθ] *n.* [성서] 가드 [거인 골리앗 (Goliath)의 출생지, Philistia 의 도시].
Tell it not in Gath. 【성서】 이 일을 가드에게 고하지 말지어다; 적의 귀에 들어가게 하지 말라 [←사무엘기(하) (2 Sam.) 1 : 20].
‡**gath·er** [gǽðər] *vt.* 1 [한 곳으로] [사람·동물·물건따위]를 모으다, 끌어(긁어) 모으다. ¶ *gather* nuts 나무 열매를 주워 모으다.
[類語] *gather* 「모으다, 모이다」라는 뜻의 가장 일반적인 말: *gather* fallen leaves 낙엽을 모으다. **collect** 어떤 방침에 따라 취사 선택이 이루어졌을 암시: *collect* coins 동전을 수집하다. **assemble** 특정한 목적을 갖는 집합을 암시: All the school *assembled* to hear the lecture. 강연을 들으려고 전교생이 모였다. **congregate** 모여서 군중·집단이 됨을 암시: People *congregated* to watch the procession. 행렬을 보려고 사람들이 모여들었다.
2 [여러 장소나 출처에서] [물건·자료·정보 따위]를 모으다, 얻다; …을 축적하다 (amass). ¶ *gather* data 데이터를 모으다 / *gather* wealth 부(富)를 축적하다 / A rolling stone *gathers* no moss. 《속담》 굴러다니는 돌에는 이끼가 끼지 않는다.
3 [관찰을 통하여] …을 배우다, …을 알다 (learn, understand); …으로 추단(추측)하다 (infer, conclude). ¶ (─ +圖) What did you *gather* from his statement ? 그의 말을 너는 어떻게 받아들였니 ? // (─ +that 節) I *gathered* from what he said *that* he was upset. 그의 말로 나는 그가 당황하고 있다고 생각했다.
4 [꽃·과실 따위]를 따다 (pick), [농작물]을 거두어들이다 (수확하다) (harvest). ¶ *gather* flowers 꽃을 따다 / *gather* one's crops 농작물을 거두어들이다.
5 …을 끌어안다 (embrace). ¶ (─ +圖+前+名) *gather* a person *into* one's arms 남을 양팔로 끌어안다.
6 …을 가려내다 (sort out), 골라내다 (select), [시문(詩文) 등]을 선집(選集)하다.
7 [어떤 사태에 대처하기 위하여] [몸]을 다잡다, 긴장시키다 [정력·지혜 등]을 기울이다 (...*up*). ¶ *gather* one's energies 혼신의 힘을 쏟다.
8 [눈살]을 찌푸리다, [양미간]을 찡그리다. ¶ She *gathered* her brows in a frown. 그녀는 언짢아서 눈살을 찌푸렸다.
9 [옷]의 주름을 잡다, 개더를 만들다.
10 [제본] [인쇄하여 접은 종이]를 차례대로 모으다.
11 …을 늘리다, 증가(증대)시키다. ¶ *gather* speed 속력을 늘리다 / *gather* strength 기운을 내다, 우세해지다.
— *vi.* 1 모이다, 집합하다 (assemble). ¶ (─ +圖) *gather around* a campfire 캠프파이어 주위에 모이다. 2 쌓이다, 괴다. ¶ (─ +前+名) Tears *gathered in* her eyes. 그녀의 눈에 눈물이 괴었다. 3 증가(증대) 하다, 심해지다 (increase). ¶ The storm *gathered* rapidly. 폭풍이 급속히 거세어졌다 // (─ +圖) Evening dusk is *gathering on.* 땅거미가 차차 짙게 깔리고 있다. 4 오그라들다, [이마에] 주름이 잡히다. 5 [종기가] 곪다, 화농하다. ¶ A boil is a painful swelling that *gathers* under the skin. 부스럼은 피부 밑에서 화농하는 아픈 종기이다.
be gathered to one's fathers ⇨ FATHER.
gather ground ⇨ GROUND.
gather head ⇨ HEAD.

gath·er·er [gǽðərər] *n.* **1** 모으는 사람, 수금자 (collector). **2** [재봉틀의] 주름잡는 장치.

gath·er·ing [gǽð(ə)riŋ] *n.* **1** 모임, 회합, 집회 (⇨ MEETING 類語); 군중(crowd). ¶ *a social gathering* 친목회 / *a large gathering of people* 많은 사람의 모임. **2** ⓤ 채집; 집적(集積), 수금, 모금. **3** ⓤ 화농(化膿); ⓒ 부스럼, 종기. **4** ⓤ 자선 사업에의 기부. **5** [제본] [인쇄된 종이 1장을 페이지 순으로 접은] 접지(section). **6** (옷 따위의) 주름, 개더(gather); [F] 주름잡기, 개더 만들기.

gáthering cóal *n.* ⓤ 불씨 [밤새도록 불을 피워 두는 큰 석탄 덩어리].

Gat·ling [gǽtliŋ] *n.* =Gatling gun.

Gátling gùn *n.* 개틀링 기관총 [초기의 기관총].

GATT [gæt]《略》*G*eneral *A*greement on *T*ariffs and *T*rade (가트, 관세 및 무역에 관한 일반 협정, 국제 무역 조정 기구로 세계 무역 기구(WTO)의 전신).

gauche [gouʃ] *adj.* 어색한, 서투른, 미숙한; 눈치없는 (tactless). ~·**ly** *adv.* ~·**ness** *n.* [<F *left*(*hand*)]

gau·che·rie [gòuʃərí:／-´--] *n.* ⓤⓒ **1** 서투름, 어색함, 꼴불견(clumsiness). 눈치없음. **2** 버릇없음, 지각없는 언행. [<F]

gau·chiste [gouʃí:st] *n.* 정치적 과격파의 인물, 좌익인. [<F *la gauche*(왼쪽)]

gau·cho [gáutʃou] *n.* (*pl.* -*chos* [-gouz]) **1** 가우초 [남미의 초원 지대(pampas)에 사는 스페인 사람과 인디언의 혼혈인 카우보이]. **2** (-*chos*) 가우초 바지 [헐렁하며 발목에서 묶는다].

gaud [gɔːd] *n.* **1** 값싸고 겉만 번드르르한 장식품. **2** (보통 ~s) 축제 같은 야단법석(gaieties), 요란한 의식(연회).

gaud·er·y [gɔ́ːdəri] *n.* ⓤⓒ (*pl.* -*er·ies*) **1** 겉만 번드르르함, 야단스러운 장식. **2** 화려한 복장, 아름다운 옷(finery). ¶ *in one's gaudery* 눈부시게 차려입고.

***gaud·y** [gɔ́ːdi] *adj.* (**gaud·i·er, gaud·i·est**) **1** 겉만 번드르르한, 야한(flashy). **2** 속된, 겉만 그럴듯한. **3** [문체 따위가] 지나치게 수식된, 화려한.
gaud·i·ly *adv.* **gaud·i·ness** *n.* ◇ **gaud** *n.*

gauf·fer [gɔ́ːfər, +美 gǽf-] *n.*, *vt.* =goffer.

***gauge, gage** [geidʒ] *n.* **1** 측정의 표준, 표준 치수(규격). **2** 평가·판단의 표준(criterion), 방법(means), 수단. **3** 범위, 한도(extent, scope); 용적(량)(capacity). **4** 계기(計器), 게이지(* 양을 재는 것에 대해서는, *gauge*는 gage가 많이 쓰인다). ¶ *a wind gauge* 풍속계 / *a pressure gauge* 압력계. **5** [병기] [총·대포의] 구경. **6** (* 美에서는 보통 gage를 쓴다) [철도] [레일의] 궤간(軌間) [미국·영국의 standard gauge (표준 궤간)은 4피트 8인치 반(1.435m)]. ¶ *narrow* (*broad*) *gauge* 협궤(광궤). **7** 《英》에서는 보통 gage를 쓴다) [항해] 배의 흘수(吃水); [다른 배나 바람에 대한] 위치 관계. **8** [건축] [회반죽 공사에서] 급고양(急固揚)을 빨리 굳게 하기 위해서 보통의 회반죽에 섞는 석고의 양. **9** [편물의] 게이지(기준이 되는 코수); [양말의] 게이지(코수를 나타내는 단위). **10** [인쇄의] 게이지 [조판 치수 따위의 정하는 기준이 된다]. **11** [목수가 쓰는] 턱촌목(marking gauge).

get the gauge of …의 의향을 알아보다.
have the weather gauge of ① [항해] …의 바람이 부는 쪽에 있다. ② …보다 유리하다 (have the advantage of).

take the gauge of …을 재다(measure); …을 평가하다.
─ *vt.* (**gauged, gaug·ing; gaged, gag·ing**) **1** …을 평가하다(estimate), 값을 매기다(appraise), 판단하다 (judge). **2** [물건의 치수·용량·힘 따위를] 측정하다(measure). **3** …을 표준에 맞추다, 제한하다.

gauge·a·ble [géidʒəbl] *adj.* 측정(평가)할 수 있는.

gáuge bòard *n.* 계기판.

gáuge còck *n.* 검수기(檢水器).

gáuge glàss *n.* 검수관(檢水管).

gaug·er, gag·er [géidʒər] *n.* **1** 재는 사람(것); 검량관(檢量官). **2** 세금 징수원.

gáuging ròd *n.* [세금 징수관용의] 계량 (막대기).

***Gaul** [gɔːl] *n.* **1** 골 [북이탈리아·프랑스·벨기에의 전역과 네덜란드·독일·스위스의 일부를 포함하는 고대 유럽의 지역]. **2** 골 사람; 《익살》 프랑스 사람.
◇ **Gáulish, Gállic** *adj.*

Gau·lei·ter [góulàitər] *n.* 대관구(大管區) 장관 [나치정권하의 행정 구역의 최고 지도자].

Gaul·ish [gɔ́ːliʃ] *n.* ⓤ [고대] 골어(語). ─ *adj.* **1** [고대] 골어의; 골 사람(어)의. **2** 《익살》 프랑스 (사람)의.

Gaull·ist [gɔ́ːlist] *n.* [프랑스史] 드골파의 사람.

gault [gɔːlt] *n.* ⓤ [지질] 골트계(階) [녹사층(綠砂層)(greensand) 속에 있는 점토질의 중생대 지층; 영국 남부에서 볼 수 있다].

***gaunt** [gɔːnt] *adj.* **1** 몹시 수척한, 수척한, 말라빠진. ⇨ THIN 類語 **2** [장소가] 황량한, 쓸쓸한(desolate); 으스스한, 무시무시한, 불길한(grim). ~·**ly** *adv.* ~·**ness** *n.*

gaunt·let¹ [gɔ́ːntlit, +美 gάːnt-] *n.* **1** [갑옷의] 긴 장갑. **2** [승마용의] 긴 장갑.

fling (or *throw*) *down the gauntlet* 도전하다.
take (or *pick*) *up the gauntlet* 도전에 응하다.

gaunt·let², gant·let [gɔ́ːntlit, +美 gάːnt-] *n.* 태형(笞刑) [옛날 군대 따위에서 행한 뭇매 형벌, 죄수를 두 줄로 늘어선 사람들 사이로 뛰게 하여 여러 사람이 매질했다].

run the gauntlet ① 태형을 받다. ② 심한 공격(비판)을 받다. ③ 어려운 고비를 넘기다.

gaunt·let·ed, -ted [gɔ́ːntlitid, +美 gάːnt-] *adj.* 긴 장갑을 낀.

gaun·try [gɔ́ːntri] *n.* (*pl.* -*tries*) =gantry.

gaur [gauər] *n.* (*pl.* **gaur** or **gaurs**) [인도산(産)의] 큰 들소.

gauss [gaus] *n.* [전기] 가우스 [자력(磁力)의 세기의 단위]. [<독일 수학자 K. Gauss (1777-1855)의 이름]

Gau·ta·ma [gáutəmə, gáː-] *n.* 구담(瞿曇) [석가모니 (563?-483? B.C.)의 아명(兒名)].

***gauze** [gɔːz] *n.* ⓤⓒ **1** [무명·비단 따위의] 얇은 천, 사(紗); 가제. **2** [코가 촘촘한] 철망. **3** 엷은 안개(haze). ◇ **gáuzy** *adj.*

gauz·y [gɔ́ːzi] *adj.* (**gauz·i·er, gauz·i·est**) 사(紗) 같은, 얇은(thin); 비쳐 보이는(transparent).

gauz·i·ly *adv.* **gauz·i·ness** *n.*

ga·vage [gəvάːʒ] *n.* [류프나 압력 펌프 따위로 닭이나 가금(家禽)에게] 억지로 먹게 하기, 강제 사육 (forced feeding).

‡**gave** [geiv] *v.* give의 과거형.

gav·el [gǽvəl] *n.* 《美》[의장이 사용하는] 의사봉; 경매 진행자의 망치.

gav·el·kind [gǽvəlkàind] *n.* [英법률] [유언 없는 사망자의 유산의] 남자 균등 분배 상속 토지 보유 관습.

ga·vi·al [géiviəl] *n.* 인도악어 [턱이 길다].

ga·votte [gəvάt／-vɔ́t], **ga·vot** [gə-vάt] *n.* 가보트 [프랑스에서 옛날부터 있던 경쾌한 농촌 무용]; 가보트곡.

G.A.W. 《略》*g*uaranteed *a*nnual *w*age (연간 임금 보증제).

gawk [gɔːk] *n.* 얼간이, 멍청이, 바보. ─ *vi.* 바보 짓을 하다, 얼빠진 짓을 하다; 멍하니 바라보다.

gawk·y [gɔ́ːki] *adj.* (**gawk·i·er, gawk·i·est**) 멍청한, 얼빠진, 꼴사나운, 우둔한(awkward).

gawk·i·ly *adv.* **gawk·i·ness** *n.*
gawp [gɔːp] *vi.* 《속어》빤히 쳐다보다(stare), 유심히 보다; 멍하니 바라보다(gape). ── *n.* 바보, 얼간이.
‡**gay** [gei] *a.* 1 쾌활한, 명랑한, 즐거운. ¶ *gay music* 명랑한 음악 / *gay voices* 명랑한 목소리.

[類語] *gay* 근심·걱정이 없고 원기가 왕성한. **merry** 쾌활하게 말하고 노래하며 명랑한, **jolly** 유쾌하고 유머에 넘치며 즐거움이 가득 차 있는. **jovial** 명랑하여 다른 사람과 즐겁게 사귀는. **jocund** merry, jolly 따위 뜻의 문어(文語). **lively** 생기 발랄하여 활력이 있는: a *lively* talk 활기가 넘치는 담화. **sprightly, vivacious** 둘 다 태도·말투가 *lively* 한. **animated** 원기(생기)가 넘치는: an *animated* face 생기 넘치는 얼굴.

2 [색깔·복장 따위가]화려한, 번쩍거리는, 야한 (showy). ¶ *gay* colors 화려한 색깔 / *gay* ornaments 번쩍거리는 장식. 3 (완곡적)들뜬, 방종한, 방탕한. ¶ lead a *gay* life 방탕한 생활을 하다. 4 《美속어》경박진, 뻔뻔스러운(impertinent). 5 《美속어》동성애의(同性愛)의(homosexual). ~·**ness** *n.*
── *n.* 《美속어》[남성] 동성 연애자(homosexual).
◇ **gáily** *n.*, **gáily** *adv.*
gáy bár *n.* 《美속어》남자 동성 연애자들이 모이는 술집.
gáy bóy *n.* 《美속어》남자 동성 연애자. [집.
gáy cát *n.* 《美속어》애송이 깡패.
gay·e·ty [géiəti] *n.* (*pl.* -**ties**) =gaiety.
Gáy Líb(**Liberátion**) *n.* 《美》동성애자해방운동 [동성애자들의 차별 철폐, 인권 확대를 요구하는 운동].
*gay·ly [géili] *adv.* =gaily.
gáy márriage *n.* 동성 연애자끼리의 결혼.
gay·o·la [gèióulə] *n.* 《美속어》동성 연애자 술집 따위가 범죄 조직 또는 경찰에 내는 뇌물. [<GAY+[PAY]OLA]
Gay-Pay-Oo [géipèiúː] *n.* 게페우, 구 러시아 정치 보안부 [소련의 이전 비밀 경찰. 略 G.P.U., Ogpu]
[<Russ G[*osudarstvennoe*] P[*oliticheskoe*] U[*prav lenie*] (=Government Political Administration)]
gáy scíence *n.* ⑪ 미문학(美文學), 시, (특히) 연애시.
gaz. (略) gazette, gazetteer.
Gáza Stríp *n.* 가자 지구 [지중해 연안의 이집트와 이스라엘 사이에 있는 Palestine 자치 지구로 1967~94년 이스라엘이 점령 통치했다].
‡**gaze** [geiz] *vi.* (**gazed, gáz·ing**) 바라보다, 응시하다 (*at, into, on...*). ¶ ── + 前(~ + 前)+ 图 *gaze* up at the stars 별을 가만히 쳐다보다 / *gaze into* a person's face 남의 얼굴을 유심히 들여다보다 / *gaze on* (or *upon*)...으로 시선을 돌리다 / *gaze after*...에게서 눈을 떼지 않고 전송하다.

[類語] *gaze* 감탄·흥미·호기심 등으로 열심히 바라보다: *gaze* at wonderful scenery 기막힌 경치를 넋을 잃고 바라보다. **stare** 놀람 따위로 눈을 크게 뜨고 유심히 보다: *stare* incredulously at the gem 도저히 믿어지지 않는다는 듯이 그 보석을 응시하다. **gape** 무식하는 세상을 몰랐기 때문에 놀라서 입을 해벌리고 정신 없이 보다: *gape* at a skyscraper 고층 건물을 넋을 잃고 바라보다.

── *n.* 응시(凝視), 주시(steady look) (*at*...). ¶ fix one's *gaze* at (or *on*) ...을 응시하다 // The machine will be placed before the public *gaze*. 그 기계는 일반인이 관람할 수 있게 될 것이다.
at gaze ① 빤히 바라보고. ¶ stand *at gaze* [어떻게 할까 하고] 물끄러미 바라보고 서 있다 / set a person *at gaze* 남이 유심히 바라보도록 하다, 남의 눈을 끌다.
② [사냥개가] 눈으로 보고.
ga·ze·bo [gəzíːbou, +美 -zéi-], (**ga·zee·bo**) *n.* (*pl.* -**bos** *or* -**boes**) 전망대, 누각(樓閣); 정자(summer-house). [쫓는 사냥개.
gaze·hound [géizhàund] *n.* 〔냄새보다〕 눈으로 짐승을
ga·zelle [gəzél] *n.* (*pl.* -**zelles** *or* -**zelle**) 가젤 [북아프리카·아시아산(產)의 영양(羚羊)의 일종]. *cf.* ariel

ga·zelle-eyed [gəzéláid] *adj.* [영양처럼] 순한 눈매를
gaz·er [géizər] *n.* 바라보는 사람, 응시자. [한.
*gazette [gəzét] *n.* 1 신문지, ...신문(* 현재는 보통 신문의 이름에만 쓰이다. 예: Westminster *Gazette*). 2 《英》관보(官報) [London, Edinburgh, Belfast에서 각각 주 2회 발행된다]. ¶ an official *gazette* 관보, 공보 (公報). 3 〔영국 Oxford 대학 따위의〕 학보(學報).
go into (*be in*) *the gazette* 파산자로서 관보에 게재되다 (되어 있다).
── *vt.* (-**zet·ted, -zet·ting**)《주로 英》...의 임명·파산 따위를 관보로 공고하다, ...을 관보에 신다.
be gazetted out 관보로 사직이 공고되다.
gaz·et·teer [gæ̀zitíər] *n.* 1 지명(地名) 사전. 2 〔고어〕 관보(신문) 기자.
gazi [gɑːziː] *n.* =ghazi.
gaz·o·gene [gǽzədʒìːn] *n.* =gasogene.
ga·zump [gəzʌmp] *vt.* 《英속어》〔매매 계약 후에 집값을 올려〕 〔살 사람〕을 애먹이다. ── *n.* 매매 계약 후의 집값 인상.
GB 《美》 신경성 독가스의 일종의 군용(軍用) 기호; 〔국제 자동차 식별 기호〕 Great Britain and Nothern Ireland; Guernsey, Alderney, Channel Islands (또는
G.B. (略) Great Britain.   [GBA).
GBA (略) Global Basketball Association (전(全) 지구 농구협회).
G.B.E. (略) Knight (*or* Dame) Grand Cross of the British Empire (대영 제국 대십자 훈장 훈작사 (動爵士)).
GBMD (略) Global *B*allistic *M*issile *D*efense 《군사》 (전(全) 지구 탄도 미사일 방위).
G.B.S. (略) George Bernard Shaw.
G.C. (略) George Cross; Group Captain.
GCA (略) General Claim Agent (일반 청구 대리인); 《항공》 Ground Controlled Approach.
g-cal. (略) gram calorle[s].
G.C.B. (略) Knight Grand Cross of the Bath (바드 훈장 대십자장).
GCC (略) Gulf Cooperation Council (페르시아 만안 (灣岸) 협력 회의).   [sor.
G.C.D., g.c.d. (略) 《수학》 greatest common divi-
g.c.e. (略) 《英》 general certificate of education (일반 교육 검정증(檢定證)).   [(최대 공약수).
G.C.F., g.c.f. (略) 《수학》 greatest common *f*actor
GCI (略) ground controlled interception (지상 유도 요격 방식).
G cléf *n.* 〔음악〕 사음자리표, 고음부 기호(treble clef).
G.C.L.H. (略) Grand Cross of the Legion of Hono[u]r.
G.C.M., g.c.m. (略) general court-martial (종합 군법 회의); 《수학》 greatest common *m*easure (최대 공약수).   [George.
G.C.M.G. (略) Grand Cross of St. *M*ichael and St.
G.C.T. (略) Greenwich civil *t*ime.
G.C.V.O. (略) Grand Cross of the *V*ictorian
Gd 〔화학〕 gadolinium 의 원자 기호.   [Order.
G.D. (略) Grand *D*uchess, Grand *D*uke.
GDP (略) *g*ross *d*omestic *p*roduct (국내 총 생산).
G.D.R. (略) *G*erman *D*emocratic *R*epublic.
gds. (略) *g*oods.
Ge 〔화학〕 *g*ermanium 의 원자 기호.
GE (略) *G*eneral *E*lectric [Company].
‡**gear** [giər] *n.* 1 ⓒ⑪ 〔기계〕 전동(傳動)장치, 기어; 〔전동 장치의〕 톱니바퀴, 톱니바퀴의 맞물림(장치). ¶ a high (a low) *gear* 고속(저속) 기어 / a backward (a forward) *gear* 후진(전진) 기어 / a reverse *gear* 〔기계가 반대로 운동하는〕 역전동(逆傳動) / shift *gears* 〔자동차의〕 기어를 바꿔넣다, 속도를 변경하다. 2 〔특수한 구실을 하는〕 기구(implement), 도구(tool), 장치(appara-

gearbox

tus); 용구(用具); 마구(馬具)(harness). ¶ a steering gear 조타기(操舵機). **3** ⓤ[기계의] 컨디션, 상태. **4** ⓤ[항해][배에서 사용되는] 삭구(索具) 한 벌(rigging). **5** ⓤ 동산, 가재 도구; (고어) 재산(property). **6** ⓤ (英구어) 의복(clothes). **7** ⓤ 갑옷, 무기. **8** (英속어) 고급.

get into gear 기어가 들어가다; (비유적) 순조롭게 움직이기 시작하다.

get out of gear 기어가 빠지다; (비유적) 잘 돌아가지 않다.

go (or **move**) **into** (or **in**) **high gear** 크게 활약하다, 피치를 올리다.

in gear 기어가 들어가서, [기계가] 모터에 연결되어, 연동(連動)중인; 조정되어; (비유적) 상태가 좋아, 순조롭게 잘 돌아가서(in order). ¶ He put the car in gear and drove off. 그는 자동차의 기어를 넣고 달려가 버렸다.

out of gear 기어가 빠져서, 운전이 잘 되지 않아; (비유적) 상태가 나빠져서, 고장이 나서, 몸의 컨디션이 나빠져서. ¶ My whole morning's work has been put out of gear by that event. 오전 중의 일은 그 사건으로 해서 완전히 잡쳐버렸다.

— *vt.* **1** …에 기어(전동 장치)를 달다; …을 전동(어)장치에 연결하다; …을 연동시키다. ¶ (~ +圖) *gear up* (*down*) …에 고속(저속) 기어를 넣다. **2** …을 설비하다(supply), 준비하다(prepare); [말 따위에] 마구(馬具)를 채우다(harness) (…*up*). **3** …을 [계획 등에] 맞추다, 맞게 조정하다(adjust); …을 […에] 돌리다. ¶ (~+圖+圖+圖) The steel industry was *geared to* the needs of war. 철강 산업은 전쟁 물자의 생산에 돌려졌다. — *vi.* [기어가] 맞물리다(*into*…), [기계가] 연동하다; [일반적으로] 잘 조화되다(*with*…).

gear·box [gíərbàks/-bɔ̀ks] *n.* 변속기 케이스, 기어박스; [자동차의] 변속기.

gear case *n.* 톱니 바퀴 통.

gear change *n.* (英)=gearshift.

gear cutter *n.* 톱니 깎는 기계, 기어 절삭기(切削機).

gear·ing [gíəriŋ] *n.* /gɪəŋ/ *n.* ⓤ ⓒ **1** [기계] 연동기 (連動機), 연동륜(輪), 전동 장치. **2** 연동, 전동. **3** (英)(경제) 기어링(자본과 차입금의 비율).

gear lever *n.* (英) =gearshift. [치.

gear·shift [gíərʃìft] *n.* (美) 변속 레버, 기어 전환 장

gear·wheel [gíər(h)wìːl] *n.* 톱니바퀴, 기어.

geck·o [gékou], (**gec·co**) *n.* (*pl.* **-os** or **-oes**) [동물] 도마뱀붙이.

gee¹ [dʒiː] *n.* (英속어) 말(gee-gee); (어린이말) 말.

gee² [dʒiː] *interj.* 어디여, 오른쪽으로 가 [말 다위 동물을 부릴 때 하는 소리]. *cf.* haw³ — *vt., vi.* (**geed, gee·ing**) 오른쪽으로 돌리다(돌다), 피하다(evade).

gee³, jee [dʒiː] *interj.* (구어) 체, 허, 이런, 아이 깜짝이야.

gee-gee [dʒíːdʒìː] *n.* (속어) 말, (특히) 경마용 말.

gee-ho [dʒíːhòu] *interj.* =gee².

gee-hup [dʒíːhʌ́p] *interj.* =gee².

geek [giːk] *n.* 기이한 (징그러운) 짓을 하는 흥행사.

gée pòle 개썰매의 끌채.

‡**geese** [giːs] *n.* goose 의 복수형.

geest [giːst] *n.* ⓤ [지질] 충적토(沖積土).

gee-up [dʒíːʌ́p], (**gee-hup**) *interj.* =gee².

gee-whiz [dʒíːhwíz] *interj.* (美속어) =gee³.

gee·zer [gíːzər] *n.* (속어) 늙은이, 노다리, 할망구; 이상한 녀석(odd person).

ge·fil·te fish [gəfíltə-] *n.* (유대요리) 뼈를 발라내고 다진 생선 고기(송어, 잉어 따위)에 달걀과 무교빙(無酵 餅)을 섞고 맛을 낸 것을 둥글게 또는 막대기 모양으로 뭉쳐서 야채 수프로 찐 것.

ge·gen·schein [géigənʃàin] *n.* [천문] 대일조(對日照). [<G counterglow]

Ge·hen·na [gihénə] *n.* **1** (성서) 게헤나 [Jerusalem 근처에 있는 Hinnom 의 골짜기. 몰록의 신에게 아이들을 산 제물로 바친 곳 — 열왕기(하) (2 Kings) 23 : 10]. **2** [일반적으로] 지옥(hell), 고난의 땅.

Géi·ger còunter [gáigər-] *n.* 가이거 계수관(방사능 측정기).

Géi·ger-Mül·ler còunter [gáigərmjú(ː)lər-] *n.* 가이거뮐러 계수관[Geiger counter 를 개량한 것].

Gei·gers [gáigərz] *n. pl.* (집합적) 방사성 입자(粒子).

Géiss·ler tùbe [gáislər-] *n.* 가이슬러관(管) [진공방전 장치]. [감수성.

Geist [gaist] *n.* (독일) (시대) 정신, 영혼, 지적(知的)

gel [dʒel] *n.* (물리 화학) 겔, 교화체(膠化體) (젤리· 묵 따위). — *vi.* (**gelled, gel·ling**) 겔(교화체)이 되다. [<GEL[ATIN]

ge·län·de·sprung [G gəléndəsprùŋ] *n.* (독일) (스키) 겔랜데스프롱 (스토크를 눈속에 세게 박아 넣으면서 그 힘으로 도랑 따위의 장애물을 넘는 기술).

*****gel·a·tin** [dʒélət(i)n / -tin], (**gel·a·tine** [dʒélət(i)n / dʒèlətíːn, ═ ═]) *n.* ⓤ ⓒ **1** 아교, 정제(精製) 아교, 젤라틴. **2** 젤라틴 모양의 것. ¶ explosive (*or* blasting) *gelatin* 폭발성 젤라틴 [사진] 전판(乾板) / *gelatin* paper (사진) 젤라틴 감광지. **3** 착색 젤라틴지(紙) (조명 기구에 붙여 색채 광선을 보낸다). **4** 젤라틴 식품, 젤리, 한천(寒天) (vegetable gelatin).
◇ gelátinate, gelátinize *v.*, gelátinous *adj.*, gelátinoid *adj.*

ge·lat·i·nate [dʒilǽt(i)nèit] *v.* (**-nat·ed, -nat·ing**) *vt.* …을 젤라틴으로 만들다, 젤라틴화하다. — *vi.* 젤라틴 [모양]이 되다.

ge·lat·i·ni·form [dʒélətínifɔ̀ːrm] *adj.* 젤라틴(아교)모양의.

ge·lat·i·ni·za·tion [dʒilǽt(i)nizéi(ə)n / -naiz-] *n.* ⓤ (화학) 젤라틴화(化).

ge·lat·i·nize [dʒilǽt(i)nàiz, dʒélət-] *v.* (**-nized, -niz·ing**) *vt.* **1** …을 젤라틴화하다, 아교질로 만들다. **2** (사진) (종이)를 젤라틴으로 덮다. — *vi.* 젤라틴 (아교)되다.

ge·lat·i·noid [dʒilǽt(i)nɔ̀id] *adj.* 젤라틴(아교)질의. — *n.* 젤라틴(아교) 모양의 물질.

ge·lat·i·nous [dʒilǽt(i)nəs] *adj.* 젤라틴(아교)질의; 젤라틴(아교)으로 이루어진. **~ly** *adv.* **~ness** *n.*

gélatin prócess *n.* (인쇄) 젤라틴판(版).

ge·la·tion¹ [dʒeléi(ə)n, dʒil-] *n.* ⓤ 동결, 동결(氷結).

ge·la·tion² [dʒeléi(ə)n, dʒil-] *n.* ⓤ (물리 화학) 교화(膠化), 젤화.

geld¹ [geld] *vt.* (**geld·ed** *or* **gelt, geld·ing**) (말 따위)를 거세하다(castrate).

geld² [geld] *n.* ⓤ ⓒ (英역사) (앵글로색슨 시대·노르만 정복 시대에 지주가 군주에게 바친) 세금, 상납금.

geld·ing [géldiŋ] *n.* **1** 거세된 짐승, (특히) 거세한 말. **2** 환관(宦官), 내시.

gel·id [dʒélid] *adj.* **1** (얼음처럼) 찬, 얼어붙는 듯한, 매우 추운. **2** (비유적) [기질·태도 따위가) 쌀쌀한, 냉담한. **~ly** *adv.* **~ness** *n.* [냉담한.

ge·lid·i·ty [dʒilíditi] *n.* ⓤ (얼음처럼) 참, 극한(極寒).

gel·ig·nite [dʒélignàit] *n.* ⓤ 겔리그나이트[니트로글리세린을 함유하는 고성능 폭약].

gelt [gelt] *v.* geld¹ 의 과거·과거 분사의 하나.

‡**gem** [dʒem] *n.* **1** 보석, 보옥(寶玉). ☞ JEWEL (類語) **2** 보석처럼 아름답고 귀중한 것, 주옥(珠玉) [일품(逸品)]. ¶ Duke is a *gem* of a boy. 듀크는 정말 귀여운 소년이다. **3** (요리) 살짝 구운 빵(muffin)의 일종. **4** ⓤ (인쇄) brilliant 와 diamond 중간 크기의 활자(4포인트). — *vt.* (**gemmed, gem·ming**) …을 보석(같은 것)으로 장식하다. …에 보석을 박다. — *adj.* (보석) 최고급의. ¶ a *gem* ruby 최고급의 루비.
◇ gémmy *adj.*

GEM [dʒem] *n.* =hovercraft. [<*g*round *e*ffect *m*achine]

Ge·ma·ra [gəmáːrə] *n.* 게 마 라 [유대 교 의 율법서 Talmud 의 제2편].

gém cùtting *n.* 보석 연마(研磨)(술).

ge·mein·schaft [G gəmáinʃaft] n. (pl. -schaf·ten [G -ʃaftən]) (종종 G-) **1** 공유(共有). **2** (사회) 공동 사회, 게마인샤프트. cf. gesellschaft
[< G community]

gem·i·nate v. [dʒémineit → adj.] (-nat·ed, -nat·ing) vt. …을 2중으로 하다, 반복하다, 쌍(짝)으로 늘어놓다. — vi. 2중이 되다, 겹치다, 쌍으로 늘어서다. — adj. [dʒéminit, -nèit] 쌍생(雙生)의(twin), 한 쌍의, 한 벌의. ~·ly adv.

gem·i·na·tion [dʒèminéiʃ(ə)n] n. Ⓤ **1** 중복, 반복. **2** (음성) 자음 중복. **3** (修辭) (수사적 효과상의) 어·구의 반복.

Gem·i·ni [dʒéminài, -ni:] n. pl. (단수 취급) **1** (천문) 쌍동이좌, 쌍자궁(雙子宮) [Castor 와 Pollux 의 두 별을 포함한다] (the Twins). ⇒ ZODIAC 그림. **2** (美) 2 인승 우주선.

gem·ma [dʒémə] n. (pl. -mae [-mi:]) **1** (식물) (특히 이끼류의) 무성아(無性芽). **2** (동물) 아체(芽體), (식물) 싹, 눈(bud).

gem·mate [dʒémeit] adj. (동·식물) 무성아(싹)가 있는; 발아 생식(發芽生殖)의. — vi. (-mat·ed, -mat·ing) 발아하다; 발아에 의해 번식하다.

gem·ma·tion [dʒeméiʃ(ə)n] n. Ⓤ (생물) 발아 (發芽), 싹트기.

gem·mif·er·ous [dʒemífərəs] adj. **1** 보석을 산출하는 (producing gems). **2** (식물) 발아 하는 (bearing buds).

gem·mip·a·rous [dʒemípərəs] adj. (생물) 발아 (發芽)에 의해, 발아하는.

gem·mol·o·gy, gem·ol- [dʒemálədʒi / -mɔ́l-] n. Ⓤ 보석학.

gem·mule [dʒémju:l] n. **1** (식물) 무성아(gemma). **2** (동물) (무장동물(無腸動物)의) 유모매(有毛胚), 아구(芽球). **3** (생물) 제뮬 [Darwin 이 자연의 것으로, 세전득 전하다고 새가하는 사사저이 새면 다의이 하나].

gem·my [dʒémi] adj. (-mi·er, -mi·est) 보석을 박은, 보석처럼 빛나는; 반짝이는.

gems·bok [gémzbɑk / -bɔk] n. (pl. -bok or -boks) (남아프리카산(産)) 큰 영양(羚羊).

Gém Státe n. (the ~) 미국 Idaho 주의 속칭.

gem·stone [dʒémstòun] n. ⒰Ⓒ 보석의 원석, 반귀석(半貴石).

ge·müt·lich [G gəmjú:tliç] adj. (독일) 호감을 주는, 유쾌한, 쾌적한, 마음에 드는.

gen [dʒen] n. (the ~) (英俗語) 《공포되는》 일반 정보, 정확한 정보, 진상(truth). — vt. (남)에게 정보를 알리다(…up). — vi. 정보(진상)을 알다. ¶ gen up(속어) 재빨리 머리 속에 넣다. [< GEN[ERAL INFORMATION]

-gen production (생기는 것, 성장물)의 뜻의 연결형. 예: androgen, endogen, hydrogen.

gen. (略) gender; general; generic; genitive; genus.

Gen. (略) 《군대》 General; Genesis; Geneva.

ge·nappe [dʒinǽp] n. Ⓤ(Ⓒ) [촉감이 매끄러운] 털실, 견모사(絹毛絲). — vt. (-napped, -nap·ping) 《우스테드천의 보풀》을 태우다.

gen·darme [ʒɑ́:ndɑ:rm] n. (pl. -darmes) **1** (프랑스의) 헌병, 경찰관. **2** (지질) 암봉(岩峯), 뾰족한 바위. [<F]

gen·dar·me·rie, -darm·er·y [ʒɑ:ndɑ́:rməri] n. (pl. -ries; -er·ies) (프랑스의) 헌병대.

gen·der [dʒéndər] n. Ⓤ Ⓒ **1** (문법) 성(性). ¶ common gender 통성(通性) / feminine gender 여성 / masculine gender 남성 / neuter gender 중성. **2** (구어) 성(sex).

génder gáp n. 성차(性差), 남녀 차, 남녀간의 의식차이.

gen·der·less [dʒéndərlis] adj. (문법) 성(性)이 없는.

génder verificátion n. (스포츠) [여자 선수의] 성검사.

gene [dʒi:n] n. (생물) 유전[인]자, 유전인자, 겐.

ge·ne·a·log·i·cal [dʒì:niəlɑ́dʒikl, dʒèn- / -lɔ́dʒ-], **(ge·ne·a·log·ic** [-lɑ́dʒik / -lɔ́dʒ-]) adj. 가계(家系)의, 혈통의; 계통의; 족보상의. **-i·cal·ly** [-ikəli] adv.

gèneaslógical trée n. =family tree.

ge·ne·al·o·gist [dʒì:niǽlədʒist] n. 족보 학자, 계보학자.

ge·ne·al·o·gize [dʒì:niǽlədʒaiz, dʒèn-] (* (英)에서 v. (-gized, -giz·ing) vt. …의 족보를 더듬다, 족보를 따지다. — vi. 족보(가계)를 조사하다.

ge·ne·al·o·gy [dʒì:niǽlədʒi, -ɑ́l-, dʒèn-] n. (pl. -gies) **1** ⓊⒸ 족보, 가계(家系), 혈통; (동식물·언어의) 계통. **2** Ⓤ 족보학, 계보학(系譜學).

géne bànk n. (유전) 유전자 은행[특유한 유전 물질을 산 채로 보존하는 시설].

géne delétion n. (유전) 유전자 제거 [불필요한 유전자의 제거].

géne expréssion n. (유전) 유전자 발현(發現) [유전자의 정보가 특정의 단백 또는 형질로서 나타나는 것].

géne frèquency n. (유전) 유전자 빈도[특정의 대립 유전자가 집단 속에서 차지하는 비율].

géne insértion n. (유전) 유전자 삽입[결손 유전자를 삽입하는 것].

géne machíne n. 유전자 합성기[자동적으로 유전자 DNA 를 합성시키는 장치].

géne manipulátion n. (생물) 유전자 조작[생물 간에 인위적으로 유전자를 옮겨 전환시키거나 염색체나 유전자를 인공적으로 변화시키는 것].

géne màpping n. (유전) 유전자 지도 작성[염색체 상의 유전자 좌(座)(locus)를 결정하는 것].

géne pòol n. (생물) 어떤 종속(種屬)의 유전자의 총체.

gen·er·a [dʒénərə] n. genus 의 복수형의 하나.

gen·er·a·ble [dʒénə(ə)rəbl] adj. 낳을 수 있는, 발생되는, 생성이 가능한.

┃**gen·er·al** [dʒénə(ə)rəl] adj. **1** (사회의 어떤 계급·단체에) 선된에 관련, 다수를 포함하는, 전체가 참가하는; 부분적이 아닌 (not partial), 특정한 것이 아닌(not particular); 총체적인 (whole), 전반적인 (universal). ¶ a general catalogue 총목록 / general welfare 공동의 복지 / as a general rule 대체로, 일반적으로 / in a general way 일반적으로, 대충 / The rain seems to have been general. 전국적으로 비가 오는 것 같다.
2 사회 일반의, 보통의. ⇒ COMMON (類語) ¶ a general custom 일반 사회의 관습 / a general opinion 여론 / the general public 대중 / a matter of general experience 일반인이 경험하는 문제.
3 전문적이 아닌, 잡다한 (miscellaneous). ¶ general affairs 서무(庶務) / a general dealer (英) 잡화상 / general culture 일반 교양 / a general reader 일반 독자 / a general servant (英) 잡역부(婦·夫).
4 특수하지 않은 (not specific); 개관(槪觀)의, 총괄적인, 대체적인. ¶ a general idea 일반 개념 / a general term (수학) 공항(公項) / (논리) 일반명사(名辭) / a general outline 개관 / general instructions 총괄적 지시.
5 명확하지 않은 (indefinite), 어렴풋한, 막연한(vague). ¶ speak in general terms 개괄적으로(막연하게) 말하다.
6 장성급의; (직위가) 높은, 최고 위의; 《종종 관직명 뒤에 붙여서》…장, …총장. ¶ a general officer 장성 / an attorney general 법무장관 / a lover general (익살) 난봉꾼, 탕아.
— n. **1** (육군) 대장(full general); 장성(* (美)에서는 하위부터 brigadier general 준장, major general 소장, lieutenant general 중장, full general 대장; (英)에서는 major general, lieutenant general, full general). ¶ a general of the army (the air force) (美) 육군(공군)원수.
2 장군 [장성에 대한 경칭]; (의인적) 작전에 중대한 영향을 미치는 자연의 힘 따위. ¶ General MacArthur 맥아더 장군 / General Winter 동장군(冬將軍).

3 전략가, 전술가(strategist). ¶ He is no *general*. 그는 아무래도 전략가는 아니다.
4 [교회] [어떤 수도회의] 총회장. ¶ the Franciscan *general* 프란시스코회 총회장 / the *general* of the Dominicans 도미니크회 총회장; [구세군의] 대장.
5 보편적 사실, 일반 원리(general principle).
6 (the ~) [고어] 일반 사회; 대중(general public).
7 [英구어] 잡역부(婦) (general servant).
in general ① (*adv.*) 대체로, 일반적으로. ¶ *In general*, he is a good student. 대체로 그는 성적이 좋은 학생이다. ② 일반적으로. ¶ people *in general* 일반 민중.
in the general 개괄적으로, 개설적으로.
~·ness *n.* ◇ géneralize *v.*, géneral·ly *adv.* [독].
-general 「총(總)」의 뜻. 예: governor-*general*.
Géneral Américan *n.* Ⓤ 미국어[미국 중서부 전역에서 쓰이는 방언의 옛 호칭. 현재의 Midland dialect 에 가깝다].
géneral anesthésia *n.* [의학] 전신 마취[법].
géneral assémbly *n.* (the ~) **1** [미국의] 주의회. **2** (G- A-) 유엔 총회.
géneral áverage *n.* [해상 보험] 공동 해손(海損). *cf.* particular average
Géneral Certíficate of Educátion *n.* **1** 《英》일반 교육 증명 시험, GCE 시험[중등 교육 수료시에 치는 연합 고사]. **2** 일반 교육 증서[GCE 시험 합격자에게 주는 증명서; 略 GCE].
géneral conféssion *n.* Ⓤ Ⓒ **1** [회중이 일제히 말하는] 일반 고백. **2** [참회자의 장기간에 걸친 죄의] 총고백.
Géneral Cóurt *n.* (the-~) [미국 Massachusetts 와 New Hampshire 주의] 주의회.
gen·er·al·cy [dʒén(ə)rəlsi] *n.* Ⓤ Ⓒ (*pl.* -cies) [군대] 육군 장성의 지위·임기.
géneral delívery *n.* Ⓤ 《美》 **1** 우편물의 국도(局渡), 유치(留置) 우편. **2** 유치 우편 담당자.
géneral éditor *n.* 편집장.   [반 교육.
géneral educátion *n.* Ⓤ [전문 교육에 대하여] 일
géneral eléction *n.* 총선거. *cf.* by-election ¶ *General Election* Day [미국의] 총선거일 [축제일의 하나; 4 년마다 11월의 첫째 월요일 다음의 화요일].
géneral héadquárters *n. pl.* [美軍] 총사령부 [略 G.H.Q., GHQ].
géneral hóspital *n.* **1** 육군 병원. **2** 종합 병원.
gen·er·al·is·si·mo [dʒèn(ə)rəlísimòu] *n.* **1** [영미이외의 나라에서] 대원수(大元帥), 전군 최고 사령관. **2** [대만 등의] 총통. (＜It generale general 의 최상급].
gen·er·al·ist [dʒén(ə)rəlist] *n.* 다재다능한 사람, 만능 선수.
gen·er·al·i·ty [dʒènərǽləti] *n.* (*pl.* -ties) **1** 일반적인 진술, 개론, 개설 (槪說) (general statement). ¶ I speak in vague *generalities* 개설한다. **2** (보통 the ~) 대부분, 대 다수(majority). ¶ in the *generality* of cases 대개의 경우에. **3** Ⓤ 일반적임, 일반성, 보편성; 일반 원칙, 통칙. ¶ a rule of great *generality* 매우 보편성이 있는 법칙.
*gen·er·al·i·za·tion** [dʒèn(ə)rəlizéiʃ(ə)n / -laiz-] *n.* Ⓤ Ⓒ **1** 종합, 개괄, 귀납(induction). **2** 일반화, 보편화. **3** [종종 경멸적] 귀납적 결론, 통칙. ¶ a hasty *generalization* 속단(速斷). **4** [논리] 개괄[법].
*gen·er·al·ize** [dʒén(ə)rəlàiz] (*《英》에서는 gen·er·al·ise 로도 쓴다) *v.* (-ized, -iz·ing) *vt.* **1** ⋯을 일반화(보편화)하다. **2** ⋯을 종합하다; 총괄하다; [개개의 것을 종합하여] 일반적 법칙을] 귀납하다(induce). **3** ⋯을 퍼뜨리다, 보급시키다. ─ *vi.* **1** 종합하다, 귀납하다. **2** 귀납하다. **3** 막연하게 설명하다, 개괄적으로 다루다. **4** 퍼지다, 보급되다. ◇ géneral *adj.*
gen·er·al·iz·er [dʒén(ə)rəlàizər] *n.* 보급시키는 사람, 개괄자, 막연하게 일반론만 되풀이하는 자.

‡**gen·er·al·ly** [dʒén(ə)rəli] *adv.* **1** 대체로, 일반적으로(for the most part); 널리(widely). ¶ a claim *generally* reorganized 대부분을 손질한 요구 / It was once *generally* believed that the earth was flat. 예전에 지구는 납작한 것이라고 일반적으로 믿고 있었다. **2** 흔히, 보통, 대개(usually). ¶ He *generally* comes at noon. 그는 보통 정오에 온다. **3** [예외적인 특별한 것·사람이 아니라] 일반적으로, 대체로.
generally speaking 대체로 말하면.   [일반 수칙.
géneral órders *n. pl.* [군대] 합동 명령; [보초의]
géneral póst *n.* **1** (the ~) [주로 英] [오전] 제1회 배달 우편. **2** Ⓤ 우체국놀이[방 안에서 눈을 가리고 한다].
géneral póst óffice *n.* **1** 《美》 [도시의] 중앙 우체국. **2** (the G- P- O-) [영국의] 런던 중앙 우체국[略 G.P.O.].   [의 진료.
géneral práctice *n.* [의학] 일반 진료[일반 개업의
géneral practítioner *n.* 일반의(一般醫)[각과 전반에 걸쳐 진료]. [내과·외과의 일반 개업의.
gen·er·al-pur·pose [dʒén(ə)rəlpə́ːrpəs] *adj.* 여러 가지 용도에 쓰이는, 만능의, 다목적의.
géneral sécretary *n.* [공산당·사회당의] 총서기, 서기장;사무장, 간사.
géneral semántics *n. pl.* [단수 취급] 일반 의미론 [폴란드 태생의 미국 철학자 Alfred Korzybski(1879-1950)에 의해 체계화된 일종의 언어 이론].
gen·er·al·ship [dʒén(ə)rəlʃìp] *n.* Ⓤ **1** 대장다운 기량(器量), 통솔의 수완; 병법, 전략. **2** [일반적으로] 지도력 (leadership), 경영 수완. **3** 장성의 직(지위).
géneral stáff *n.* [군대] 참모 그룹.
géneral stóre *n.* 만물상, 식료 잡화점.
géneral stríke *n.* 총[동맹] 파업.
*gen·er·ate** [dʒénərèit] *vt.* (-at·ed, -at·ing) **1** ⋯을 낳다, 발생시키다; [전기 따위를] 일으키다. **2** ⋯을 야기하다, 초래하다, 빚다. ¶ *generate* criminal acts 범죄 행위를 야기한다. **3** [수학] [점·선·면이 움직여서] [선·면·입체를] 만든다. **4** [생성 문법에서] [문장을] 생성시키다. ◇ generátion *n.*, génerative *adj.*
gén·er·àt·ing stá·tion [dʒénərèitiŋ-] *n.* 발전소.
gen·er·a·tion [dʒènəréiʃ(ə)n] *n.* **1** 같은 시대의 사람들, the rising *generation* 청년층/ the present *generation* 현대[의 사람들] / future *generations* 후대, 후세, 자손. **2** 세대, 1대[부모의 뒤를 잇고부터 자기 자식에게 물려줄 때까지의 평균 수명; 보통 30년]. ¶ for *generations* 몇 대에 걸쳐서 / from *generation* to *generation*; *generation* after *generation* 대대로 / alternation of *generations* [생물의] 세대 교번(交番). **3** Ⓤ [생물] 발생, 생식 (procreation). **4** Ⓤ [자연 또는 인공 작용에 의한] 발생, 산출, 생산 (production, origination). ¶ the *generation* of heat 열의 발생 / the *generation* of electricity 전기의 발생. **5** 자손, 집안. **6** Ⓤ [일반적으로] 감정 따위의 발생, 발전 (development). **7** Ⓤ [수학] [도형 이동에 의한 새로운] 도형의 생성. ◇ génerate *v.*, génerative *adj.*
gen·er·a·tion·al [dʒènəréiʃən(ə)l] *adj.* 세대의.
generátion gáp *n.* 세대간의 단절, 세대차.
Generátion X *n.* 《美》 X 세대 [1960년대 중반에서 70년대 중반 사이 태어난 세대. 미국 작가 Douglas Coupland의 소설 *Generation X* (1991)에서].
Generátion Xer *n.* 《美구어》 X 세대에 속하는 사람.
gen·er·a·tive [dʒénərèitiv, -rətiv] *adj.* **1** 발생의(reproductive), 생식의 (procreative), 번식의. **2** 발생력이 있는, 생식력이 있는. ¶ *generative* force 발생력 / the *generative* organs 생식기. **3** [문법] 생성적인, 생성하는. ~·ly *adv.* ~·ness *n.*
génerative grámmar *n.* Ⓤ 생성 문법[Chomsky 에 의해 시작된 언어 이론; 모국어 사용자가 내장하고 있는 언어 능력을 명시적으로 기술하는].
gén·er·à·tive-tràns·for·má·tion·al grámmar

[dʒénərèitivtrǽnsfərméiʃ(ə)l-, dʒénərətiv-] n. ⓤ 생성 변형 문법.   〔법가.
gen·er·a·tiv·ist [dʒénəreitivist, dʒénərə-] n. 생성 문
***gen·er·a·tor** [dʒénəreìtər] n. 1 발생시키는 사람(것). 2 〖화학〗가스·증기 따위의 발생기; 발전기(dynamo).
gen·er·a·trix [dʒénəréitriks / ‑‑‑‑] n. (pl. **-tri·ces** [‑rətráisìːz, -réitrisìː]z / dʒénəreitrisìːz]) 〖수학〗모선(母線), 모점(母點), 모면(母面).
ge·ner·ic [dʒinérik] adj. 1 〖생물〗속(屬)(genus)의, 속에 특유한, 속성(屬性)의. ¶ a *generic* name 속명(屬名). 2 〖성질 따위가〗일반적인 (general). ¶ Liquid is a *generic* term. 액체라는 것은 일반적인 명칭이다. 3 〖문법〗총칭적인. ¶ the *generic* singular 총칭적 단수 〖예를 들면 The dog is a faithful animal.의 dog〗. 4 상표 등록이 되어 있지 않은. ¶ Nylon is a *generic* name. 나일론은 상품명이 아니다. **-i·cal·ly** [-ikəli] adv.
ge·ner·i·cal [dʒinérik(ə)l] adj. 〖고어〗= generic.
***gen·er·os·i·ty** [dʒènəṛásiti / -rɔ́s-] n. (pl. **-ties**) ⓤ 1 아까와하지 않음, 인심이 좋음. 2 관용, 아량, 너그러움. 3 ⓒ (-ties) 관대한 행위. 4 광대(廣大)함(large-ness), 풍부함. ◇ **génerous** adj.
‡**gen·er·ous** [dʒén(ə)rəs] adj. 1 아까와하지 않는, 인심이 좋은, 돈을 잘 쓰는; 이기심이 없는(unselfish). ¶ a *generous* giver 인심좋은 증여자 // He is *generous* with his money. 그는 돈을 잘 쓴다 / He is *generous* in giving help. 그는 아낌없이 원조를 제공한다 // How *generous* of him to give us such a lot of money ! 그렇게 많은 돈을 주다니 그분은 참으로 인심이 후하시군요! 2 너그러운, 도량이 큰(liberal); 고결한 정신의. ¶ *generous* in judgment 판단이 너그러운 // It was *generous* of you to tolerate his error. 제 잘못을 너그러이 보시다니 빙신은 정말 관대하시군요. 3 풍부한, 많은 (abundant). ¶ *generous* fare 푸짐한 음식. 4 〖술 따위가〗감칠 맛 있는. 〖색깔이〗진한. 5 〖땅이〗비옥한 (fertile). **~ness** n.
◇ **generósity** n., **génerously** adv.
***gen·er·ous·ly** [dʒén(ə)rəsli] adv. 아낌없이, 인심좋게; 관대하게; 아주 많이.
***gen·e·sis** [dʒénisis] n. (pl. **-ses** [‑sìːz]) 1 기원(origin), 발생, 창시(創始); 〖생성의〗유래(* 복합어를 만들기도 한다. 예: biogenesis). 2 (G-) 〖성서〗〖구약 성서의〗창세기.
gen·et[1] [dʒénit, 美 dʒənét], (**ge·nette**) n. 사향고양이(civet cat)의 일종. ⓤ 그 모피.
gen·et[2] [dʒénit, 美 dʒənét] n. = jennet.
géne thèrapy n. 〖유전〗유전자 치료〖결손 유전자를 보완하여 유전병을 치료하는 요법〗.
ge·net·ic [dʒinétik], (**ge·net·i·cal** [-ik(ə)l]) adj. 1 〖생물〗유전의, 발생의; 유전학(genetics)의. 2 기원에 관한, 발생론상의. **-i·cal·ly** [-ikəli] adv.
genétic códe n. 유전 정보.
genétic enginéering n. ⓤ 유전 공학.
genétic informátion n. 〖생화학〗유전 정보.
ge·net·i·cist [dʒinétisist] n. 유전학자.
ge·net·ics [dʒinétiks] n. pl. 《단수 취급》〖생물〗유전학, 《복수 취급》유전학적 특질.
genétic súrgery n. 〖유전〗유전 수술〖유전자의 인위적인 변경·이식〗.   〖lands).
Ge·ne·va [dʒinìːvə] n. 네덜란드의 진〖술〗(酒)(Hol-
***Ge·ne·va** [dʒinìːvə] n. 제네바〖스위스의 도시〗.
◇ **Genévan** adj.
Genéva bánds n. pl. 목 앞에 두줄로 늘어뜨리는 넓은 흰 사(紗)의 장식띠〖예배복의 일부로, 스위스의 칼빈파 목사가 사용했다〗.
Genéva Convéntion n.(the ~) 제네바 협정〖전시의 부상병·포로·전사자 취급에 관한 국제 협정; 1864-65년에 조인〗.
Genéva cróss n.적십자〖병원차·병원 및 그 곳에서

일하는 사람들의 표장(標章)으로 썼다〗.
Genéva gòwn n. 〖칼빈파 및 영국의 장로파 교회 등에서 쓰는〗목사의 검은 예배복.
Ge·ne·van [dʒinìːvən] adj. 1 제 네 바(Geneva)의. 2 칼빈파의(Calvinistic). —— n. 1 제네바 사람. 2 칼빈파의 신자(Calvinist).
Ge·nève [ʒənéːv] n. Geneva 의 프랑스명.
Gen·e·vese [dʒènivíːz, +美 -víːs] adj., n. (pl. **-vese**) = Genevan.
***ge·ni·al**[1] [dʒíːnjəl, -niəl] adj. 1 〖날씨가〗따뜻한, 온화한. ¶ a *genial* climate 따뜻한 기후. 2 〖성질이〗친절한, 다정한, 따뜻한; 상냥한. ⇒ AMIABLE 〖類語〗 ¶ a *genial* disposition 다정한 성질. 3 〖詩·古어〗결혼의 (nuptial), 생식(生殖)의; 생산적인. 4 《드물게》천재의. **~ly** [-əli] adv. **~ness** n.
◇ **geniálity** n., **génialize** v.
ge·ni·al[2] [dʒiníáiəl] adj. 〖해부·동물〗턱(chin)의.
ge·ni·al·i·ty [dʒìːniǽliti, -niǽl-] n. ⓤ 1 친절, 온정, 상냥함, 싹싹함. 2 쾌적, 온난.
ge·nial·ize [dʒíːnjəlàiz, -niəl-] vt. (-ized, -iz·ing) …을 유쾌하게 하다; …에게 따뜻한 마음을 갖게 하다(make genial).
gen·ic [dʒénik] adj. 〖생물〗유전 인자의(에 관한, 비슷한, 에서 생기는). 〖<GEN[E]+-IC〗
-genic suf. producing, forming, produced by 라는 뜻의 형용사를 만든다(* 종종 -gen, -geny로 끝나는 명사와 호응). 예: acrogenic, nephrogenic (신장에서 발생한).
ge·nic·u·late [dʒiníkjulit, ‑lèit], **-lat·ed** [-lèitid] adj. 슬상(膝狀)관절이 있는; 무릎 모양으로 굽은.
ge·nic·u·la·tion [dʒinìkjuléiʃ(ə)n] n. ⓤⓒ 슬상 만곡(膝狀彎曲) 〖무(部)〗.
ge·nie [dʒíː-ni] n. (pl. **-nies** or **-ni·i** [-nìài]) 〖회교화〗신령(jinn), 정령(精靈), 요정(妖精)(spirit).
ge·ni·i [dʒíːniài] n. genius, genie의 복수형의 하나.
ge·nis·ta [dʒinístə] n. 금작화속(屬)의 식물.
gen·i·tal [dʒénitl] adj. 생식의. ¶ the *genital* gland 생식선 / *genital* organs 생식기. —— n. (~s) 생식기, 외음부(外陰部).
gen·i·ta·lia [dʒènitéiljə, -liə] n. pl. 〖해부〗생식기, 외음부(外陰部) (genitals).
gen·i·tals [dʒénitəlz] n. pl. 〖해부〗생식기, 외음부(外陰部) (genitals).
gen·i·ti·val [dʒènitáiv(ə)l] adj. 〖문법〗속격의(屬格의). **~ly** [-vəli] adv.
gen·i·tive [dʒénitiv] adj. 〖문법〗속격의, 제 2 격의, 소유격의. ¶ the *genitive* case 속격. —— n. 속격, 제 2 격; 속격어 〖또는 구(句)문〗.
genito- genital 이라는 뜻의 연결형. 예: *genito*urinary.
gen·i·to·u·ri·nar·y [dʒènitoujúː(ː) rìnèri /‑júəriːnəri] adj. 〖해부·생리〗비뇨 생식기의 (泌尿生殖器의) (urogenital).
‡**ge·ni·us** [dʒíːnjəs, ‑niəs] n. (pl. **-ius·es** ‑5, 7) 1 〖재능으로서의〗천재. ¶ a man of *genius* 천재. 2 〖사람으로서의〗천재, 귀재(鬼才). ⇒ ABILITY〖類語〗 ¶ a *genius* in physics 물리학의 천재 / Shakespeare was a *genius*. 세익스피어는 천재였다. 3 타고난 재주(자질), 천분(天分), 천부의 재능(natural ability); 적성 (inherent aptitude). ¶ A great actor has a *genius* for acting. 위대한 배우는 연기에 대한 천성을 갖고 있다. 4 ⓤ〖국가·시대·국민 등의〗사상, 사조, 풍조, 정신; 〖언어·제도·법률 따위의〗특질, 특성 (inherent character). ¶ the *genius* of the English language 영어의 특질. 5 (pl. **ge·ni·i**) 〖어떤 장소·건물 따위의〗수호신 (guardian spirit). 6 남의 성격·행위·운명에 강하게 영향을 미치는 사람. ¶ one's evil *genius* 나쁜 친구. 7 (pl. **ge·ni·i**) 악마 (demon), 정령 (精靈) (spirit); 〖사람의 운명을 좌우하는〗영, 선령 (善靈), 악령. 8 ⓤ〖어떤 장소에 따르는〗연상(連想), 기분.
gé·ni·us lo·ci [dʒíː-niəs lóusai] n. 《라틴》(=genius of the place) 1 〖그 고장의〗수호신. 2 〖그 고장의〗기

풍, 분위기.
genned-up [dʒéndʌp] *adj.* 《英속어》…에 정통한, …에 대해 환한(*about, on…*). [(몰)위.
gen·o·cide [dʒénəsàid] *n.* 《美》한 국민(민족)의 말
Gen·o·ese [dʒèno(u)íːz] *adj.* 제노바의; 제노바 사람의. ── *n.* (*pl.* **-ese**) 제노바 사람.
ge·nome [dʒíːnoum] *n.* 【유전】 게놈[염색체의 한 조].
gen·o·type [dʒénoutàip, +美 dʒíː-nə-] *n.* 【유전】 1 유전자형[생물의 체내에 있는 유전자의 구성 양식]. *cf.* phenotype 2 공통의 유전자를 가지는 생물군(群).
-genous *suf.* producing, produced by 의 뜻의 형용사를 만든다(＊명사 어미인 -gen 과 혼동). 예: endogenous, neurogenous (신경 계통에서 발생하는).
Gen·o·vese [dʒèno(u)víːz] *adj.*, *n.* (*pl.* **-vese**) ＝Genoese.
gen·re [ʒáːnr(ə)] *n.* 1 종류, 유형, 형식(style, type); [문학·예술 작품의] 장르. 2 【미술】 풍속화[풍]. ── *adj.* 【미술】 풍속화[풍]의. ¶ a *genre* painting 풍속화 / a *genre* painter 풍속화가.
gens [dʒenz] *n.* (*pl.* **gen·tes**) 1 【고대 로마의】 부족, 씨족. 2 【인류】 부계 자손군(父系子孫群).
gent [dʒent] *n.* 1 《구어》 신사; 《익살》 사이비 신사, 신사인 체하는 사람. 2 (~s) 《속어》 남자용 공중 변소. [＜GENT[LEMAN]]
Gent., gent. (略) gentleman, gentlemen.
***gen·teel** [dʒentíːl] *adj.* 1 상류 사회의, 좋은 집안에서 자란(well-bred), 품위있는(refined), 우아한. 2 《반어》 거드름 피우는, 고상한 체하는.
do the genteel 점잔빼다.
~**ly** [-tíːli] *adv.* ~**ness** *n.* ◇ gentílity *n.*
gen·teel·ism [dʒentíːliz(ə)m] *n.* 점잖은 말로 〔sweat 대신에 perspire, bitch 대신에 lady-dog 을 쓰는 따위〕.
gen·tes [dʒéntiːz] *n.* gens 의 복수형.
gen·tian [dʒénʃən] *n.* 용담속(龍膽屬)의 식물; Ⓤ 그 뿌리로 만든 강장제.
géntian víolet Ⓤ 겐티아나 바이올렛〔로자닐린(rosaniline)에서 채취한 염료의 일종이며 화학 실험의 지시약으로서, 살균제·구충제·화상 치료약으로 쓴다〕.
***gen·tile** [dʒéntail, +美 -til] *n.* 1 (종종 G-) 【유대인의 입장에서 본】 이방인; 〔옛날 기독교도가 본〕 이교도. 2 〔일반적으로〕 비(非) 기독교도(heathen). 3 (종종 G-) 《美》〔모르몬교도가 본〕 비모르몬교도. 4 【문법】 인종(국적)을 나타내는 말. ── *adj.* 1 (종종 G-) 유대인이 아닌, 이방인의. 2 (종종 G-) 《美》 비모르몬 교도의. 3 부족(씨족)의 관한. 5 【문법】 인종(국적)을 나타내는.
gen·tile·dom [dʒéntaildəm] *n.* Ⓤ Ⓒ 〔유대인이 본〕 전 (全)이방인, 이교도.
gen·til·i·ty [dʒentíliti] *n.* (*pl.* **-ties**) Ⓤ 1 양가(良家) 태생, 명가(名家) 출신. 2 Ⓒ 고상함, 우아함. 3 Ⓤ 《종종 반어》 점잔빼기, 양반티; (-ties) 점잔빼는 행위(행동). 4 (the ~) 《집합적》 상류 계급 인사.
***gen·tle** [dʒentl] *adj.* (**-tler, -tlest**) 1 〔성질이〕 유순한(mild). 2 〔행위·태도가〕 엄하지 않은, 관대한, 인정 있는; 예의바른(courteous). ¶ be *gentle* in manners 태도가 온화한 / a *gentle* punishment 관대한 처벌 / *gentle* reader 관대한 독자여〔저자가 독자를 친밀감을 가지고 부를 때 쓰는 말〕. 3 〔바람이〕 온화한, 〔비탈 따위가〕 가파르지 않은, 〔음성 따위가〕 부드러운(soft). ¶ call in a *gentle* voice 조용한 목소리로 부르다.
[類題] *gentle* 같은 사물에서 흔히 볼 수 있는 난폭·과격함이 없이 평온을 느끼게 하는; 사람의 경우는 의식적으로 다른 사람에게 친절·관용을 베푸는 것을 뜻한다. *mild* gentle 보다 적극적이 아니며 약하다: a *mild* winter (character) 온화한 겨울(성격). *soft* 거칠거나 과격한 면이 없고 느낌이 한결 부드러운: a *soft* breeze 조용한 산들 바람.
4 가문이 좋은, 양가 태생의(well-born). ¶ a man of *gentle* blood (*or* birth) 가문이 좋은 사람. 5 〔동물에〕 순한, 길이 든(tamed). ¶ a *gentle* horse 순한 말 / a *gentle* deer 사람에 길든 사슴. 6 〔약 따위의 효험이〕 느린, 급격하지 않은. 7 품위있는(polite), 우아한(refined). 8 문장(紋章) 을 패용할 자격이 있는(armigerous). 9 〔그리스도〕 고결한, 의협적인, 기사도적인(chivalrous).
gentle and simple 상하귀천[의 (을 물문하고)].
── *n.* 1 (~s) 〔고어〕 ＝gentlefolk. 2 〔낚싯밥으로 쓰는〕 구더기(maggot).
── *vt.* (**-tled, -tling**) 1 〔사나운 말 따위〕 를 길들이다(tame). 2 〔사람〕 을 달래다(appease). 3 〔사람〕 을 얌전하게 만들다. 4 …을 어루만지다(쓰다듬다) (pet), 부드럽게 다루다. 5 〔페어〕 …을 귀족으로 만들다 (ennoble). ◇ géntly *adv.*, géntleness *n.*
géntle bréeze 【기상】 연풍(軟風) 〔초속 3.4-5.4 m. 작은 나뭇가지가 계속 흔들릴 정도〕.
géntle cráft(**árt**) *n.* (the ~) 낚시질(angling).
gen·tle·folk [dʒéntlfòuk], (**gen·tle·folks** [-fòuks]) *n. pl.* 지체(문벌)가 좋은 사람들, 양가(良家) 사람들.
‡**gen·tle·man** [dʒéntlmən] *n.* (*pl.* **-men** [-mən]) 1 신사〔가문이 좋고 교양이 있으며, 사회적 지위가 높은 남자〕. *cf.* lady 2 남자, 남자분. ¶ a *gentleman* friend 남자친구 / my *gentleman* 그 녀석, 장본인, 예의 그 남자(녀석) / Show this *gentleman* to a seat. 이 남자분을 자리로 안내해 주세요. 3 (-men) (＊ [dʒéntlmen]이라고 발음하기도 함) 〔청중에 대한 정중한 호칭〕. ¶ Ladies and *gentlemen* 신사 숙녀 여러분. 4 (-men) 〔회사 앞으로 보내는 편지의 첫머리에 쓰는 경어로서〕 근계(謹啓). 5 〔귀족 따위의〕 시종, 하인 (valet). ¶ a *gentleman* in waiting 시종. 6 【법률】 일정한 수입이나 직업이 없는 남자, 유한 계급의 사람, 7 【英역사】 yeoman (향사(鄕士))보다 지위가 높은 남자; 귀족은 아니지만 가문(家紋)을 사용할 특권을 가지는 남자. 8 (-men) 〔단수 취급〕 남자 화장실. *cf.* ladies 9 (the ~) 〔미국의 상원·하원의〕 의원. ¶ the *gentleman* from Massachusetts 〔미국〕 매사추세츠주에서 선출된 의원.
a gentleman at large ① 《익살》 실직자. ② 〔페어〕 특정한 임무가 없는 궁내관(宮內官).
a gentleman of fortune 《익살》 해적(pirate); 모험가(adventurer); 노름꾼.
a gentleman of the press 신문 기자.
a gentleman of the road 노상 강도; 거지.
a gentleman of the short staff 《익살》 경찰관.
the old gentleman 《俗語》 악마(the devil).
play the gentleman 신사인 체하다.
◇ géntlemanlike, géntlemanly *adj.*
gen·tle·man-at-arms [dʒéntlmənətáːrmz] *n.* (*pl.* **-men** [-mən-]) 《英》 〔국왕의〕 의장(儀仗) 친위병.
gen·tle·man-com·mon·er [dʒéntlmənkámənər / -kɔ́m-] *n.* (*pl.* **-men-com·mon·ers** [-mənkámənərz / -kɔ́mənərz]) 《英》 특별 자비 학생 〔Oxford 나 Cambridge 대학에서 비싼 수강료를 지불하고 특별 대우를 받던 학생. 현재는 폐지〕.
gen·tle·man-farm·er [dʒéntlmənfɑ́ːrmər] *n.* (*pl.* **-men-farm·ers** [-mənfɑ́ːrmərz]) 취미로 농사를 짓는 신사, 부농(富農).
gen·tle·man·hood [dʒéntlmənhùd] *n.* Ⓤ《드물게》 신사의 신분·자격, 신사임.
gen·tle·man·like [dʒéntlmənlàik] *adj.* 신사적인, 예의바른.
gen·tle·man·ly [dʒéntlmənli] *adj.* 신사다운, 신사적인, 예의바른. **-man·li·ness** *n.*
gen·tle·man-rank·er [dʒéntlmənrǽŋkər] *n.* (*pl.* **-men-rank·ers** [-mənrǽŋkərz]) 《英》 〔하사관에서 특진한 양가집 출신의〕 특진 장교. 〔신사 협정.
géntleman's (**géntlemen's**) **agréement** *n.*
géntleman's géntleman *n.* (*pl.* **gentlemen's gentlemen**) 귀인의 종복(valet), 하인.
gen·tle·man·ship [dʒéntlmənʃìp] *n.* Ⓤ 신사의 신분, 신사임, 신사다움.

gen·tle·man-ush·er [dʒéntlmənʌ́ʃər] n. (pl. **-men-ush·ers** [-mənʌ́ʃərz]) (궁정·귀인 저택의) 접대인; [영국 황실의] 궁내관(宮內官). [ment.
géntlemen's agréement n. =gentleman's agree-
*****gén·tle·ness** [dʒéntlnɪs] n. ⓤ 상냥함, 관대함, 얌전함, 친절; 고상함, 우아함.
Géntle Péople n. (the ~)무저항주의의 사람들.
géntle séx n. (the ~)〈집합적〉여성(female sex).
gen·tle·wom·an [dʒéntlwùmən] n. (pl. **-wom·en** [-wìmin]) **1** 귀부인, 숙녀(lady); 교양있는 우아한 여성. **2** [옛날 귀부인을 모시던] 시녀. **3** (the ~) [미국의 상원·하원의] 여성 의원.
gen·tle·wom·an·hood [dʒéntlwùmənhùd] n. ⓤ 귀부인의 신분, 숙녀임, 정숙함.
gen·tle·wom·an·like [dʒéntlwùmənlàik] adj. 숙녀다운.
gen·tle·wom·an·ly [dʒéntlwùmənli] adj. 숙녀다운, 정숙한. **-an·li·ness** n.
‡**gen·tly** [dʒéntli] adv. **1** 친절하게, 상냥하게(kindly). **2** 평온하게, 조용하게, 부드럽게(mildly), 고상하게, 알맞게(moderately). ¶ a gently spoken young man 말씨가 부드러운 청년. **3** 서서히, 완만하게(gradually). **4** 지체 높게, 양가풍으로. ¶ be gently born (bred) 좋은 집안에서 태어나다 [가정 교육을 잘 받고 자라다]. ◇ géntle adj. [주택화하다.
gen·tri·fy [dʒéntrifài] vt. [슬럼화한 주택가]를 고급
gen·tron·ics [dʒentrániks / -trɔ́n-] n. [생물·전자 공학] 젠트로닉스(유전자학과 전자 공학을 결합시켜 바이오 컴퓨터 따위의 실현을 지향하는 혁신적 기술 분야).
*****gen·try** [dʒéntri] n. ⓤ **1** 좋은 집안에서 좋은 가정 교육을 받고 자란 사람들. **2** (보통 the ~) [英] 젠트리(귀족 바로 아래 계급의 사람들). **3** 〈구어〉〈복수 취급〉〈경멸적〉 사람들, 무리, 동아리(people). ¶ these gentry 이런 무리들 / the newspaper gentry 신문쟁이들. **4** 〈고어·폐어〉 혈통, 가계(lineage); 좋은 가문.
ge·nu [dʒíːnjuː] n. (pl. **ge·nu·a** [dʒénjuə]) [해부] 무릎.
gen·u·al [dʒénjuəl] adj. 무릎의[과 같은]. [릎.
gen·u·flect [dʒénjuflèkt] vi. [예배를 보기 위해] 무릎을 꿇다, 한쪽 무릎을 꿇다(kneel).
gen·u·flec·tion [dʒènjuflékʃ(ə)n], (**gen·u·flex·ion**) n. ⓤ [예배 등에서] 무릎꿇기, 한쪽 무릎을 꿇기.
‡**gen·u·ine** [dʒénjuin] adj. **1** 진짜의, 모조품이 아닌. ¶ a genuine diamond 진짜 다이아몬드 / genuine writing 진필(眞筆). **2** 진성(眞性)의. ¶ a genuine case of influenza 진성 플루에나. **3** 순진한, 성실한, 진심에서 우러난(sincere). **4** 순종의(purebred). ~**ness** n. ◇ génuinely adv. [하게.
gen·u·ine·ly [dʒénjuinli] adv. 진실로, 성실하게; 순수
*****ge·nus** [dʒíːnəs] n. (pl. **gen·er·a** or **ge·nus·es**) **1** 종류(kind, sort, class). **2** [생물] 속(屬) [과(科) (family)와 종(種) (species) 사이]. **3** [논리] 유(類), 유개념. ◇ genéric adj.
-geny origin의 뜻의 연결형. 예: phylogeny.
geo [gjou] n. 〈스코〉 작은 만(灣).
geo- the earth 라는 뜻의 연결형. 예: geography.
ge·o·bot·a·ny [dʒìː o(u)bátəni / -bɔ́t-] n. ⓤ 지구식물학, 식물 생태학.
ge·o·cen·tric [dʒìː o(u)séntrik] adj. **1** [천문] 지구의 중심에서 본, 지구의 중심에서 잰. **2** 지구 중심의, 지구를 중심으로 한. cf. heliocentric ¶ a geocentric theory of the universe 천동설(天動說). **-tri·cal·ly** [-trikəli] adv. [지구 중심설.
ge·o·cen·tri·cism [dʒìː(ː)o(u)séntrisìz(ə)m] n. ⓤ
gèocéntric látitude n. ⓤ 지심 위도(地心緯度).
ge·o·chem·is·try [dʒìː o(u)kémistri] n. ⓤ 지구 화학. ⓤ 지질 연대학.
ge·o·chro·nol·o·gy [dʒìː o(u) krənálədʒi /-nɔ́l-] n.
ge·o·co·ro·na [dʒìː əkəróunə,əkɔ́-] n. 〈천문〉 지구 오코로나층(層) [지구 대기의 가장 바깥쪽에 존재하는, 주로 이온화한 수소로 이루어진 층].

geod. (略) geodesy, geodetic. [異質品簇)
ge·ode [dʒíː(ː)oud] n. [지질] 정동(晶洞), 이질 정층
ge·o·des·ic [dʒìː(ː)o(u)désik,-díːs-], (**ge·o·des·i·cal** [-ik(ə)l]) adj. 측지(測地)[학]의.
—— n. (=**géodésic líne**) 측지선.
ge·od·e·sist [dʒi(ː)ádisist / -5d-] n. 측지학자.
ge·od·e·sy [dʒi(ː)ádisi / -5d-] n. ⓤ 측지학.
ge·o·det·ic [dʒìː o(u)détik], (**ge·o·det·i·cal** [-ik(ə)l]) adj. **1** 측지학의. **2** 일반 기하학의.
-i·cal·ly [-ikəli] adv.
gèodétic sátellite n. (우주) 측지 위성[지구상의 거리를 측정하고 지구의 형상을 상세히 조사하는 인공 위성]. [용].
ge·o·duck [gíːədʌ̀k] n. 〈美〉 대합(大蛤)류의 일종 [식
ge·o·dy·nam·ic [dʒìː o(u)dainǽmik], **-i·cal** [-ik(ə)l] adj. 지구역학[상]의.
ge·o·dy·nam·ics [dʒìː o(u)dainǽmiks] n. pl. 〈단수 취급〉 지구역학.
ge·o·e·co·nom·ics [dʒìo(u)iːkənámiks,-èkə-/-nɔ́m-] n. 〈단수 취급〉 지리 경제학. ◇ geoeconomic, geoeconomical adj. [geography.
geog. (略) geographer, geographic, geographical.
ge·og·no·sy [dʒìː(ː)ágnəsi /-5g-] n. ⓤ 지구 구조학.
*****ge·og·ra·pher** [dʒìː(ː)ágrəfər / dʒìː5g-] n. 지리학자.
*****ge·o·graph·ic** [dʒìː əgrǽfik / dʒìː5-], **-i·cal** [-ik(ə)l] adj. **1** 지리학의, 지리학에 관한. **2** [어떤 지역의] 지리적인; 어떤 지방에 특징적인. ¶ geographical features 지세(地勢). **-i·cal·ly** [-ikəli] adv. ◇ geógraphy n.
geográphical médicine n. [의학] 지리 의학, 기상 환경 의학. [에서의 경도 1분(分)의 길이).
geográphical míle n. 지리 마일[약 1,852m. 적도
geográphic látitude n. ⓤ 지리학적 위도.
‡**ge·og·ra·phy** [dʒìː(ː)ágrəfi / dʒìː5g-] n. (pl. **-phies**) **1** ⓤ 지리학. ¶ linguistic (commercial, historical, political) geography 언어 (상업, 역사, 정치) 지리학 / physical (human) geography 자연 (인문) 지리학. **2** ⓤ ⓒ [어떤 지역의] 지리, 지형, 지세. **3** ⓤ 위치, 배치. **4** 지리학 서적, 지지(地誌).
◇ geographic, geographical adj.
ge·oid [dʒíː ɔid] n. 지오이드[표면을 전부 평균 해면으로 간주한 지구의 모양].
geol. (略) geologic, geological, geologist, geology.
ge·o·lin·guis·tics [dʒìː o(u) liŋgwístiks] n. 〈언어〉 지리 언어학, 언어 지리학(linguistic geography).
*****ge·o·log·ic** [dʒìː əládʒik / dʒìː5lɔ́dʒ-], **-i·cal** [-ik(ə)l] adj. 지질학[상]의. ¶ a geologic map 지질도[地質圖]. **-i·cal·ly** adv. ◇ geólogy n., geólogize v.
geological oceanógraphy n. 지질 해양학.
gèolog tíme n. ⓤ 지질 시대.
*****ge·ol·o·gist** [dʒìː(ː)álədʒist / dʒìː5l-] n. 지질학자.
ge·ol·o·gize [dʒìː(ː)álədʒàiz /dʒìː5l-] (* [英])에서는 **ge·ol·o·gise** 로도 쓴다) v. (**-gized, -giz·ing**) vi. 지질학을 연구하다. —— vt. …의 지질[학]적 조사를 하다.
*****ge·ol·o·gy** [dʒìː(ː)álədʒi / dʒìː5l-] n. (pl. **-gies**) **1** ⓤ 지질, 학. **2** ⓤ ⓒ [어떤 지역의] 지질학적 특징. **3** 지질학 서적 (논문).
◇ geológic, geológical adj., geólogize v.
geom. (略) geometric, geometrical, geometry.
ge·o·mag·net·ic [dʒìː o(u)əmægnétik] adj. 지자기(地磁氣)의. [지자기.
ge·o·mag·net·ism [dʒìː o(u)mǽgnətìz(ə)m] n. ⓤ
ge·o·man·cer [dʒíː o(u)mǽnsər] n. 흙 점쟁이.
ge·o·man·cy [dʒíː o(u)mǽnsi] n. ⓤ 흙 점 [종이 위에 아무렇게나 던진 한 줌의 흙의 모양이나 선을 보고 치는 점].
ge·o·man·tic [dʒìː o(u)mǽntik] adj. 흙 점의. [는 점.
ge·o·med·i·cine [dʒìː o(u)méd(i)s(i)n] n. ⓤ 기후 환경 의학[병의 지리적 요인을 연구].
ge·om·e·ter [dʒìː ámitər / dʒìː5-] n. **1** 기하학자(geometrician). **2** 자벌레나방, 자벌레[자벌레나방의 애벌

레] (measuring worm).

ge·o·met·ric [dʒìːəmétrik/dʒìə-], **-ri·cal** [-rik(ə)l] *adj.* **1** 기하학[상]의. ¶ *geometrical proportion* 기하비례. **2** [무늬 따위가] 기하학적인. **3** (종종 G-) [미술] 《고대 그리스 미술에서》 기하학 양식의.
-ri·cal·ly [-rikəli] *adv.*

ge·om·e·tri·cian [dʒìːəmìtríʃ(ə)n, dʒìːə-/dʒìəu(ə)mə-] *n.* 기하학자.

gèométric méan *n.* 〖수학〗 등비(비례) 중항(中)

gèométric progréssion (séries) *n.* Ⓤ〖수학〗 기하(등비) 급수(級數).

ge·om·e·trid [dʒìːámitrid/dʒìɔ́m-] *adj.* 자벌레나방의. — *n.* 자벌레나방.

ge·om·e·trize [dʒìːámitràiz/dʒìɔ́m-] (*《英》에서는 **ge·om·e·trise** 로도 쓴다) *v.* (-trized, -triz·ing) *vi.* 기하학을 연구하다; 기하학적 방법으로 생각하다 (처리하다, 고찰하다). — *vt.* …을 기하학적 도형으로 만들다.

‡**ge·om·e·try** [dʒìːámitri/dʒìɔ́m-] *n.* (*pl.* **-tries**) **1** Ⓤ 기하학. ¶ *analytic geometry* 해석 기하학 / *metric geometry* 계량(計量) 기하학 / [non-] Euclidean geometry [비] 유클리드 기하학 / plane (solid, spherical) geometry 평면(입체, 구면) 기하학. **2** 기하학 서적(논문). **3** 기하학 양식. **4** 〖기계 따위의〗 결합 구조; 기하 도형적 배치.
◇ geometric, geometrical *adj.*, geómetrize *v.*

ge·o·mor·phol·o·gy [dʒìːəmɔːrfǽlədʒi/dʒìːəməfɔ́l-] *n.* Ⓤ 지형학(地形學).

ge·oph·a·gy [dʒìːáfədʒi/dʒìɔ́fi-] *n.* Ⓤ 토식증(土食症) [흙, 특히 점토나 백악 따위를 먹는 병적인 버릇].

Ge·o·phone [dʒìːəfòun] *n.*《상표명》지오폰, 지중청음기(地中聽音機).

ge·o·phys·i·cal [dʒìːou(ə)fízik(ə)l] *adj.* 지구 물리학의.

ge·o·phys·i·cist [dʒìːou(ə)fízisist] *n.* 지구 물리학자.

ge·o·phys·ics [dʒìːou(ə)fíziks] *n. pl.* 《단수 취급》지구 물리학.

ge·o·po·lit·i·cal [dʒìːoupəlítik(ə)l] *adj.* 지정학(地政학)의.

ge·o·pol·i·ti·cian [dʒìːou(ə)pàlitíʃ(ə)n/-pòli-] *n.* 지정학자.

ge·o·pol·i·tics [dʒìːou(ə)pálitiks/-pɔ́l-] *n. pl.* 《단수 취급》지정학.

ge·o·pol·i·tist [dʒìːou(ə)pálitist/-pɔ́li-] *n.* = geopolitician.

ge·o·pon·ic [dʒìːou(ə)pánik/-pɔ́n-], (**ge·o·pon·i·cal** [-ik(ə)l]) *adj.* 농경의, 농업의(agricultural).

ge·o·pon·ics [dʒìːou(ə)pániks/-pɔ́n-] *n. pl.* 《단수 취급》농경술, 농학.

ge·o·probe [dʒìːouprə̀ub] *n.* 〖로켓〗 우주 탐사 로켓 〖지구 표면에서 지구 반경(6400km)이상 떨어진 우주 공간을 조사하는 로켓〗.

ge·o·ram·a [dʒìːərǽmə/-ráːm-] *n.* 지오라마〖큰 원구(圓球)의 안쪽에 풍경 따위를 그려, 그 중심부에서 바라볼 수 있게 한 일종의 파노라마〗.

Geor·die [dʒɔ́ːrdi] *n.* 《주로 스코·北英》 **1** 탄광 갱부(坑夫) (miner). **2** 석탄선(船). **3** [George Stephenson 이 발명한] 갱부용의 안전등(safety lamp).

George [dʒɔːrdʒ] *n.* **1** Saint ~ 성(聖)조지〖기독교의 순교자라고 하는 England의 수호성인〗. ¶ *St. George's cross* 성 조지의 십자〖영국 해군의 표지〗. **2** 〖가터 훈장의〗 조지상(像) 〖성조지가 용을 퇴치하는 상〗. **3**《英속어》성 조지상이 있는 화폐. **4** 갈색의 큰 토기 주전자 (Brown George). **5** 〖공군〗《속어》〖항공기의〗 자동 조종 장치.
by George 정말로, 어머나 〖가벼운 맹세 또는 감탄을 나타냄〗.
Let George do it. 《속어》 남에게 맡겨라.

Géorge Cróss *n.*《英》조지 훈장〖민간인의 용감한 행위를 포상하여 수여된다〗.

geor·gette [dʒɔːrdʒét] *n.*《상표명》조젯〖얇은 견(絹) 또는 인조견 크레이프〗.

Geor·gia [dʒɔ́ːrdʒə/-dʒjə] *n.* **1** 미국 동남부의 주〖略 Ga.; 주도 Atlanta〗. **2** 그루지야〖코카서스 지방에 있는 공화국; 소연방 해체로 1991년 독립된 CIS 회원국으로 공식명 the Republic of Georgia; 수도 Tbilisi〗.
◇ Géorgian *adj.*

Geor·gian [dʒɔ́ːrdʒən/-dʒjən] *adj.* **1** 〖영국의〗 George 1-4세(1714-1830)의. **2** George 5세(1910-36) 〖시대〗의. **3** 〖미국의〗 Georgia 주의. **4** 그루지야 공화국의; George 왕조풍의. **2** 〖미국의〗 Georgia 주 사람. **4** Ⓤ 그루지야어(語).

geor·gic [dʒɔ́ːrdʒik] *adj.* 농업의, 농사의 (agricultural). — *n.* 농사시(農事詩).

ge·o·sci·en·tist [dʒìːouɔ́(u)sáiəntist] *n.* 지구 과학자, 지학자〖지구 물리·지구 화학·지질·해양 등을 연구〗.

ge·o·stat·ic [dʒìː(ː)ou(ə)stǽtik] *adj.* 지압(地壓)의; 건물 따위가 지압에 견디는.

ge·o·sta·tion·a·ry [dʒìːou(ə)stéiʃənèri/-ʃ(ə)nəri] *adj.* 〖우주〗 지구 정지 궤도(靜止軌道)상에 있는.

ge·o·strat·e·gy [dʒìːou(ə)strǽtidʒi] *n.* Ⓤ 전술 지정학(戰術地政學).

ge·o·stroph·ic [dʒìːou(ə)stróufik/-strɔ́f-] *adj.* 〖기상〗 지구의 자전에 의한 편향력(偏向力)의.

ge·o·syn·chro·nous [dʒìːou(ə)síŋkrənəs] *adj.* = geostationary.

ge·o·tax·is [dʒìːou(ə)tǽksis] *n.* Ⓤ 〖생물〗 주지성(走地性), 중력주성(重力走性) 〖중력 자극에 대한 주성〗.

ge·o·ther·mal [dʒìːou(ə)θɔ́ːrm(ə)l], **-mic** [-mik] *adj.* 지구 열학(熱學)의(에 관한). ¶ 발전.

geothérmal pówer generátion *n.* 〖전기〗 지열발전.

ge·o·trop·ic [dʒìːou(ə)trápik/-trɔ́p-] *adj.* 〖생물〗 향지(向地)성의. **-i·cal·ly** [-ikəli] *adv.*

ge·ot·ro·pism [dʒìːátrəpìz(ə)m/dʒìɔ́-] *n.* Ⓤ 〖생물〗 향지(굴지)성, *cf.* heliotropism ¶ *negative geotropism* 배지성(背地性); *positive geotropism* 향지성.

ger. (略) gerund, gerundial, gerundive.

Ger. (略) German, Germany.

ge·ra·ni·um [dʒiréiniəm, -njəm] *n.* **1** 양아욱, 제라늄. **2** 쥐손이풀속(屬)의 식물. **3** Ⓤ 선홍색(鮮紅色).

ger·ber·a [gɔ́ːrbərə, dʒɔ́ːr-] *n.* 거베라〖식물〗.

ger·fal·con [dʒɔ́ːrfælkən, -fɔ́ː(l)kən/-fɔ́ː(l)kən] *n.* = gyrfalcon.

ger·i·at·ric [dʒèriǽtrik] *adj.* **1** 노인병의. ¶ *geriatric medicine* 노인병 의학. **2** 노인의.

ger·i·a·tri·cian [dʒèriətríʃ(ə)n], **-i·at·rist** [-iǽtrist] *n.* 노인병 학자, 노인 의학 전문의사.

ger·i·at·rics [dʒèriǽtriks] *n. pl.* 《단수 취급》노인병의학; 노인병 치료법. *cf.* gerontology

ger·i·at·ry [dʒèriǽtri] *n.* Ⓤ = geriatrics.

*germ [dʒəːrm] *n.* **1** 〖발생〗 배종(胚種); 유아(幼芽). **2** 세균(microbe), 병균. **3** 〖비유적〗 기원(起源) (origin), 〖발달의〗초기. ¶ *be in germ* 아직 발달하지 않다. — *vi., vt.* = germinate. * 비유적으로만 쓴다. ◇ gérminate *v.*, gérminant *adj.*

Germ. (略) German, Germany.

ger·man [dʒɔ́ːrmən] *adj.* **1** 〖보통 복합어를 만들어〗 같은 부모에게서 태어난. ¶ a *brother-german* 〖같은 부모에게서 난〗 친형제. **2** 〖보통 복합어를 만들어〗 같은 조부모에게서 태어난. ¶ a *cousin-german* 친사촌. **3** 〖고어〗 = germane.

‡**Ger·man** [dʒɔ́ːrmən] *adj.* 독일의, 독일풍(식)의; 독일인(의) 의. *n.* **1** 독일인. **2** Ⓤ 독일어. ¶ *High German* 고지(高地) 독일어〖현대의 독일 표준어〗/ *Low German* 저지(低地) 독일어〖북부 독일 방언〗. **3** (보통 g-) 프랑스 무용의 cotillion 비슷한 사교춤의 일종; (g-) 그 무도회.
◇ Gérmany *n.*, Gérmanize *v.*, Gérmanic *adj.*, *n.*

Ger·man-A·mer·i·can [dʒɔ́ːrmənəmérikən] *adj.* 독일계 미국인의. — *n.* 독일계 미국인.

Gérman bánd *n.*《美》〖관악기를 연주하며 거리를

Gérman Dèmocrátic Repúblic n. 독일 민주공화국[통일 이전의 동독(East Germany)의 국명].

ger·man·der [dʒə(:)ːrmǽndər] n. 1 개꽈향속(屬)의 식물. 2 개불알꽃(germander speedwell).

ger·mane [dʒəːrméin] adj. 밀접한 관계가 있는 (closely related); 적절한(pertinent) (to...).

Ger·man·ic [dʒəːrmǽnik] adj. 1 독일[인]의(German). 2 게르만(튜튼) 민족의[언어]의. 3 게르만어의. — n. ⓤ 게르만어파. ¶ East (North, West) Germanic 동(북, 서)게르만어파.

Ger·man·ism [dʒə́ːrmənìz(ə)m] n. ⓤⓒ 1 독일어구(어법, 어풍). 2 독일 정신, 독일인 기질. 3 독일 편들기.

Ger·man·ist [dʒə́ːrmənist] n. 1 독일(게르만) 연구가, 독일(게르만)어[문학] 연구가. 2 독일주의자.

Ger·man·i·ty [dʒəːrmǽniti] n. ⓤ 독일풍[인 기질].

ger·ma·ni·um [dʒəːrméiniəm] n. ⓤ《화학》게르마늄[반(半) 금속 원소의 하나로, 트랜지스터의 주재료; 원자 기호 Ge].

Ger·man·i·za·tion [dʒə̀ːrm(ə)nizéi∫(ə)n / -naiz-] n. 독일화(化) [(고어) 독일어로의 번역.

Ger·man·ize [dʒə́ːrmənàiz] vt., vi. (-ized, -iz·ing) 독일적으로 만들다(되다), 독일화하다; 《고어》독일어로 번역하다.

Gérman méasles n. pl.《단수 취급》《병리》풍진.

Germano- German 이라는 뜻의 연결형. 예: *Germano*phile, *Germano*phobia. ¶ 의 에 이름.

Gérman Ócean n. (the ~) 북해(the North Sea)

Ger·ma·no·ma·ni·a [dʒə̀ːrməno(u)méiniə, -njə] n. ⓤ 독일광(狂), 독일 심취.

Ger·man·o·phil, -phile [dʒə́ːrmənəfil, -fàil] n. 독일 숭배자, 극단적인 친독가(親獨家), 독일 편들기(편드는 사람).

Ger·man·o·phobe [dʒə́ːrmənəfòub] n. 독일을 두려워하는 사람, 독일 혐오자(배척주의자).

Ger·man·o·pho·bi·a [dʒə̀ːrmǽnəfòubiə] n. ⓤ 독일 혐오, 독일 증오심, 배독열(排獨熱).

Gérman shépherd[dɔ̀g] n. 독일종의 셰퍼드개 [경찰견].

Gérman sílver n. ⓤ 양은(洋銀) [구리·아연·니켈의 합금].

‡**Ger·ma·ny** [dʒə́ːrm(ə)ni] n. 독일[제2차 세계 대전후에 서독(Federal Republic of Germany)과 동독(German Democratic Republic)으로 분할되었다가 1990년 통일]. ◇ **Gérman** adj.

gérm cárrier n. 보균자.

gérm céll n.《생물》생식 세포. *cf.* somatic cell

ger·men [dʒə́ːrmin] n. (pl. **-mens** or **-mi·na** [-minə])《고어》= germ.

germ-free [dʒə́ːrmfrìː] adj. 무균의[상태에서 기른]. ¶ a *germfree* condition 무균 상태. [있는].

ger·mi·cid·al [dʒə̀ːrmisáidl] adj. 살균하는, 살균력

ger·mi·cide [dʒə́ːrmisàid] n. 살균제(bactericide).

ger·mi·cul·ture [dʒə́ːrmikʌ̀lt∫ər] n. ⓤ 세균 배양.

ger·mi·nal [dʒə́ːrminl] adj. 1 유아(幼芽)의, 배(胚)의, 배종(胚種)의; 생식 세포의. 2《비유적》배태(胚胎)기의; 초기의. **~·ly** [-nəli] adv. [기의].

ger·mi·nant [dʒə́ːrminənt] adj. 싹트는, 발아하는.

*ger·mi·nate [dʒə́ːrminèit] v. (**-nat·ed, -nat·ing**) vi.《식물》《종자·포자·구근 따위가》 발아하다(sprout); 《비유적》발생하다, 성장(발달)하기 시작하다. — vt. 《종자·포자·구근 따위가》 발아시키다; 《비유적》…을 발생시키다, 발달시키다.
◇ **germ, germinátion** n., **gérminant, gérminative** adj.

ger·mi·na·tion [dʒə̀ːrminéi(ə)n] n. ⓤ 발아, 맹아(萌芽); 발생.

ger·mi·na·tive [dʒə́ːrminèitiv, -nətiv] adj. 발아의, 발아(發芽, 발육)력이 있는.

ger·mi·na·tor [dʒə́ːrminèitər] n. 1 싹트게 하는 것. 2 발아력 시험기.

gérm láyer n.《발생》배엽(胚葉).

gérm plásm n. ⓤ《발생》배원질(胚原質), 배종질(胚種質), 생식질.

gérm théory n. ⓤ 1《생물》배원설(胚原說)[생물체는 배(胚)나 종(種)으로부터만 발생할 수 있다는 설](biogenesis). 2《병리》세균설[전염병은 세균 또는 미생물에 의해 매개된다는 설].

gérm wárfare n. ⓤ 세균전(germ campaign).

gérm wéapon n. 세균 무기. [쇠의].

ge·ron·tic [dʒirántik / -rɔ́n-] adj. 장수의, 노령의; 노

geronto- old age (노령)의 뜻의 연결형(* 모음 앞에서는 geront-를 씀). 예: *geronto*logy.

ger·on·toc·ra·cy [dʒèrəntákrəsi / -ɔ́ntɔk-] n. (pl. **-cies**) 1 노인 정치, 장로(長老) 정치. 2 노인 정부.

ger·on·to·log·i·cal [dʒèrəntəládʒik(ə)l / -lɔ́dʒ-] adj. 노인병의; 장수학의.

ger·on·tol·o·gist [dʒèrəntáləʒist / -rɔ́ntɔl-] n. 장수학자; 노인병 학자.

ger·on·tol·o·gy [dʒèrəntálədʒi / -rɔ́ntɔl-] n. ⓤ 장수학, 노인학; 노인병학. *cf.* geriatrics

ge·ron·to·pho·bi·a [dʒərɑ̀ntəfóubiə / -rɔ̀n-] n. 노령(노인) 공포(혐오) [늙어가는 것 또는 노인에 대한 공포 또는 혐오].

-gerous bearing, producing (…을 낳는, 가지는)의 뜻의 형용사를 만드는 연결형. 예: seti*gerous* (강모(剛毛)가) 난.

ger·ry·man·der [dʒérimæ̀ndər, gér-] vt. 1《美정치》《선거구》를 자당(自黨)에 유리하도록 개편(구획)하다. 2 …을 자기에게 편리하도록 손질하다, 속이다. — n. 1《美정치》《당리(黨利)를 위한》선거구 개편; [자화(自畵)자찬에 유리하도록] 손질하기. 2 속이기.

ger·ry·man·der·er [dʒèrimǽndərər, gér-] n. gerrymander를 하는 사람.

ger·trude [gə́ːrtruːd] n. 어린이용의 슬립(내복).

‡**ger·und** [dʒérənd] n.《문법》1 동명사.
〚주의〛동사 변화의 한 가지인데, 원형에 -ing를 붙인 형. 본래의 동사의 성질(목적어·보어·부사[구]를 수반할 수 있고, 완료형을 가진다)과 명사의 성질(주어·목적어·보어 따위로 되거나, 경우에 따라서는 그를 수반하거나 of+명사로 목적어 상당어를 표현할 수 있다)을 아울러 가진다: *Seeing* is *believing.* / I remember my mother *singing* the song to me. 나는 어머니가 그 노래를 불러준 것을 기억하고 있다.

2《라틴 문법》동사적 중성 명사[동사의 격(格) 지배를 한다]. ◇ **gerúndial** adj.

ger·und-grind·er [dʒér(ə)ndgràindər] n. 학자연하는[특히 라틴어 문법의] 선생; 학교 선생(schoolmaster).

ge·run·di·al [dʒirʌ́ndiəl] adj. 동명사(gerund)의(과 같은), 동명사적으로 사용된.

ge·run·di·val [dʒèrəndáiv(ə)l] adj.《라틴 문법》동사상(動詞狀) 형용사(gerundive)의, 동사상 형용사적으로 사용된.

ge·run·dive [dʒirʌ́ndiv]《라틴 문법》n. 동사상 형용사. — adj. 동명사(gerund)의(적인). **~·ly** adv.

Ger·y·on [dʒérian, gér- / gér-] n.《그리스 신화》게리온[현재의 스페인 Cadiz 지방에 살고 있었다, 머리와 몸통이 셋이고 날개가 있는 괴물왕; Hercules가 죽였다.].

ge·sell·schaft [G gəzél∫aft] n. (pl. **-schaf·ten** [-∫aftən]) (종종 G-) 1 [공통의 목적을 위해 모인] 동아리, 결사(結社). 2《사회》이익 사회. *cf.* gemeinschaft [<G companionship]

ges·so [dʒésou] n. ⓤ 1 [아교로 만든 그림 바탕·조각용의] 석고[가루]. 2 석고 바탕.

gest, geste [dʒest] n.《고어》1《특히 중세의 운문(韻文)에 의한》로망스(romance), 역사 이야기(history), [모험] 서사시, 무용시. 2 무용, 수훈, 무훈(exploit), 모험(adventure).

ge·stalt [gəʃtáːlt] n. (pl. **-stalts** or **-stal·ten** [-ʃtáːltən]) 《때로 G-》 ⓤⓒ 〔심리〕 형태, 게슈탈트 〔경험의 통일적 전체〕. 〔<G shape, form〕

Gestált psychólogy n. 《때로 g- p-》 ⓤ 형태 심리학, 게슈탈트 심리학〔20세기 초기에 독일에서 시작되었다〕.

Ge·sta·po [gəstáːpou / ge- / G gəʃtáːpo] n. 나치스 독일의 비밀 국가 경찰, 게슈타포. 〔<G GE[HEIME] + STA[ATS]PO[LIZEI] secret state police〕

ges·tate [dʒésteit] v. (**-tat·ed, -tat·ing**) vt. **1** …을 잉태(임신)하다. **2** 《비유적》 …을 마음 속에 품다, 입안(창안)하다. — vi. **1** 잉태하다. **2** 서서히 발달(성장)하다.

ges·ta·tion [dʒestéiʃ(ə)n] n. ⓤ **1** 임신(pregnancy), 임신 기간, **2** 〔사상・계획 등의〕 배태(胚胎), 창안, 형성.

geste [dʒest] n. = gest.

ges·tic·u·late [dʒestíkjulèit] v. (**-lat·ed, -lat·ing**) vi. 몸짓(손짓)을 하다, 손짓으로 말하다. — vt. …을 몸짓(손짓)으로 나타내다(말하다).

ges·tic·u·la·tion [dʒestìkjuléiʃ(ə)n] n. **1** ⓤ 몸짓(손짓)을 하기(으로 말하기). **2** 〔흥분한〕 몸짓, 힘찬 손짓.

ges·tic·u·la·tive [dʒestíkjulèitiv, -lə-] adj. 몸짓(손짓)의, 몸짓(손짓)으로 말하는.

ges·tic·u·la·tor [dʒestíkjulèitər] n. 몸짓(손짓)하는 사람(으로 말하는) 〔특히 배우〕.

ges·tic·u·la·to·ry [dʒestíkjulətɔ̀ːri / -lèitəri] adj. 몸짓(손짓)으로 나타내는(말하는).

‡**ges·ture** [dʒéstʃər] n. **1** ⓤⓒ 몸짓, 손짓, 제스처, 동작. ¶ facial gesture 표정 / a gesture of contempt 경멸하는 몸짓 / speak by gesture 손짓으로 말하다 / He spoke with emphatic gesture. 그는 손짓으로 열심히 말했다. **2** 단순한 의례적인 동작, 건성으로 하는 (형식적인) 동작; 〔선전적인〕 행위, 외교적인 말, 〔의례적・형식적인〕 의사 표시. ¶ A friendly gesture 우호적 태도 / He did it as a gesture of superiority. 그는 우월성을 자랑하기 위해 그렇게 했다 / Her refusal was merely a gesture; she really wanted to go. 그녀가 거절한 것은 단순히 제스처에 불과했으며, 사실은 가고 싶었던 것이다. — v. (**-tured, -tur·ing**) vi. 몸짓(손짓)을 하다. — vt. …을 몸짓으로 나타내다 (gesticulate). ¶ The speaker gestured his speech. 연사는 몸짓을 해가며 연설하였다.

gésture lánguage n. 몸짓 언어(sign language).

Ge·sund·heit [gəzúnthàit] interj. 몸 조심하세요〔재채기를 한 사람에게 하는 말〕. 〔<G health-hood〕

‡**get** [get] v. (**got** or 《古》 **gat, got** or **got·ten, get·ting**) vt. **1** 〔노력의 결과로서〕 …을 얻다, 획득하다(win), 입수(쟁취)하다(obtain), 사다; 〔목적〕을 달성하다. ¶ get possession of …을 손에 넣다 / get a victory 승리를 얻다 / get one's liberty 자유를 쟁취하다 / get a ticket 차표를 사다 / get coal 석탄을 채굴하다 / get a good crop 풍작이다 / I want to get a new suit. 새 양복을 맞추고 싶다.

2 …을 받다, 받아들이다, …을 갖게 되다. ¶ get permission 허가를 얻다 / get a chance to talk to a person 남과 이야기할 기회를 얻다 / get a good education 좋은 교육을 받다 / Where did you get it? 어디에서 그것을 입수했지? // (~+몸+젠+명) get a letter from …으로부터 편지를 받다.

類題 **get** 방법・의사에 관계없이 「얻다」라는 뜻의 가장 일반적인 의미의 말: get a present 선물을 받다. **obtain** 상당한 노력 또는 시간을 들여서 얻다: obtain college education 대학 교육을 받다. **acquire** 부단한 노력을 거듭하면서 획득하다: acquire mastery of English by constant practice 부단한 연습으로 영어에 숙달하다. **gain** 〔경쟁의 결과〕 가치있는 것을 acquire 하다: gain a profit of $1,000 1,000달러의 이익을 얻다. **earn** 노력의 정당한 대가로서 얻다: earn a living 생활비를 벌다. **win** 경쟁・장애물을 물리치고 원하는 것을 얻다; 그것에 상응하는 역량・자격 따위가 있음: win a prize 상을 타다. **procure** 계획・연구하여〔때로 별로 좋지 않은 수단을 써서〕 얻다: procure necessary funds 필요한 자금을 마련하다. **secure** 얻기 어려운 것을 확보하다: secure a rare manuscript 진귀한 사본을 입수하다.

3 …을 일하여 얻다, 벌다(earn). ¶ get much (little, nothing) 이익이 많다(적다, 없다) / get one's living 생활비를 벌다 / How much can I get a month? 한 달에 얼마나 받을 수 있을까요? / Ill got, ill spent.《속담》 부정하게 번 돈은 오래 가지 못한다 // (~+몸+젠+명) They got a lot out of dealing with Indians. 그들은 인디언들과의 거래로 많은 돈을 벌었다.

4 …을 가져오다(fetch). ¶ Go get your books. 가서 책을 가져 오너라 // (~+몸+젠+명) Would you get a bottle of beer from a refrigerator for me? 냉장고에서 맥주를 한 병 갖다 주시겠습니까? / (~+몸+몸) Get me my hat. 내 모자를 갖다 주시오.

5 …을 배우다(learn), 익히다, 〔지식〕을 얻다, 몸에 지니다. ¶ get one's piano lessons 피아노의 레슨을 받다 / I've got it by heart. 그것은 이미 암기했다.

6 〔생각 따위〕를 갖다, 얻다. ¶ get an impression 인상을 받다 / get one's own way 제멋대로 행동하다 / get a sight of …을 알아보다, 보다 // (~+몸+젠+명) get it into one's head that …이라는 생각을 갖게 되다.

7 〔계산 따위에서〕 〔결과〕를 얻다. ¶ Dividing nine by three we get three. 9를 3으로 나누면 3이 된다.

8 …을 당하다; 〔벌로서〕 …을 받다. ¶ get a blow 한대 얻어맞다 / get a bad fall 되게 넘어지다 / He got two years in jail. 그는 2년의 형을 받았다.

9 〔병에〕 걸리다(catch), 〔종교・사상 따위에〕 정신이 팔리다; …의 마음을 끌다. ¶ get measles 홍역에 걸리다 / get a cold 감기에 걸리다 / get socialism 사회주의에 물들다.

10 〔통신・전화 따위에서〕 …과 연락이 닿다; 《페어》〔장소에〕 도달하다. ¶ get by the shore 해안에 도달하다 / You can get Pusan by the direct line. 부산에서는 직통으로 통화할 수 있다.

11 …을 잡다(seize), 〔물고기 따위〕를 포획하다(capture). ¶ Get him before he escapes. 그가 도망치기 전에 잡아라 / Get him by telephone. 그를 전화로 불러내라 / We got several salmon in the river. 우리는 개울에서 연어를 몇 마리 잡았다.

12 〔주로 동물의 수컷이〕〔새끼〕를 보다(beget).

13 …의 준비를 하다(prepare). ¶ She helped her mother [to] get dinner. 그녀는 어머니가 식사 준비하는 것을 거들었다.

14 a) 《have got 의 형태로》 …을 가지다(have). ¶ I haven't got a penny. 돈이 한푼도 없다 / What an ugly face she's got! 그녀의 얼굴은 정말 못생겼군! / What have you got to say? 할 말은 뭐야? **b)** 《구어》 《have (has) got to- 부정사의 형태로》 …해야 하다(must, have to) (* 단축형으로 사용되는 일이 많다). ¶ I've got to pass this time. 이번에는 꼭 합격해야 한다 / It's got to be done at once. 이것을 즉시 해야만 한다. * 《英》에서는 특정한 경우의 동작에 사용하며, 상습적 동작을 나타내는 have to 와 구별하는 수가 있다.

15 《구어》 …을 이해하다(understand), 들리다(hear), 《속어》 …을 알아채다(notice). ¶ I don't get the joke. 나는 그 농담을 이해할 수가 없다 / I didn't get your last name. 너의 성을 듣지 못했다 / Do you get the look on his face? 그의 표정을 알아챘니? // (~+몸+몸) Don't get me wrong. 나를 오해하지 말게.

16 …을 해치우다, 손들게 하다; 괴롭히다, 난처하게 하다(puzzle), 《美속어》 …을 짜증나게 하다(irritate), …의 감탄을 자아내게 하다(thrill). ¶ This problem gets me. 이 문제에는 손들었다 / A ride on the roller coaster gets me. 롤러 코스터를 타면 감탄이 서늘해진다 / I've got you there! 《구어》 어때 손들었지! /

Narcotics will *get* him. 그러다가 그는 마약에 중독되고 말 것이다 / Her silly remarks *get* me. 그녀의 바보 같은 말에는 짜증이 난다.
17 …을 때리다, …을 맞히다(hit), …에 상처를 입히다. ¶ I *got* him with the first shot. 나는 단 한 방으로 그를 맞혔다 // (~+图+젠+图) The bullet *got* him *in* the leg. 총알이 그의 다리에 명중했다.
18 《美口》 …을 죽이다(kill); [야구 따위에서] …을 아웃시키다(put out). ¶ They'll *get* you one of these days. 너는 가까운 시일 안에 그들에게 살해될 것이다.
19 〔고어〕〔재귀용법〕 …을 가게 하다. ¶ (~+图+副) *Get* thee *in*. 들어와라 // (~+图+副) *Get* thee *gone*. 가버려, 꺼져버려.
20 …하게 하다, [권유(설득)하여] …하도록 하다 (persuade). ¶ (~+图+*to* do) I'll *get* a friend *to* help me. 친구에게 도와달라고 청하자 / I *got* him *to* quit drinking. [설득하여] 그에게 술을 끊게 했다.
21 …시키다, …하여 받다. ¶ (~+图+*done*) *get* one's hair cut [남을 시켜] 머리를 깎다 / *get* a person discouraged 남을 실망시키다 / *get* a man drunk 남을 취하게 하다 / *get* oneself appointed 임명되다 / Can you *get* the work finished in time? 일을 기한 내에 끝낼 수 있을까?
22 …을 [어떤 상태] 로 하다. ¶ (~+图+*-ing*) *get* the clock *going* 시계를 가게 하다 / We'll *get* things *going* soon. 곧 만사가 궤도에 오를 것이다 // (~+图+圈) *get* one's hands dirty 손이 더러워지다 / *get* everything ready to depart 출발 준비를 모두 갖추다.
23 〔부사·부사구와 함께〕 …을 [어떤 상태·위치] 에 이르게 하다. ¶ *get* a child *to* bed 아이를 재우다 / *get* a fire *under* control 불을 끄다 / *get* oneself *into* difficulty 곤경에 빠지다 / *get* a thing *out of* the way 물건을 치우다 / *get* a thing *to* a person 물건을 남에게 건네주다 / I cannot *get* the key *in* the hole. 열쇠가 구멍에 맞지 않는다 / *get* a picture *down* 그림을 떼어내다 / *get* a lid *off* 뚜껑을 열다 / *get* the crops *in* 농작물을 거두어들이다 / *get* a person *away* 남을 쫓아버리다 / *Get* these desks *upstairs*. 이 책상들을 이층으로 옮겨 주시오.
— *vi.* **1** 도착하다, 도달하다(arrive), 이르다; 가다, 오다. ¶ (~+젠+图) *get into* (*out of*) a room 방에 들어가다(에서 나오다) / *get to* bed 자다 / *get to* the station 역에 도착하다 / *get* safely *across* the road 무사히 길을 건너다 / *get through* the gate 문을 통과하다 / *get over* a river 강을 건너다 / *get to* blows 치고받는 싸움이 되다 / Where has it *got to*? 그것은 어떻게 되었니? // (~+副) They *got home* sooner than they had expected. 그들은 생각보다 빨리 귀가했다 / The train *gets in* at noon. 기차는 정오에 도착한다.
2 …이 되다(become). ¶ (~+圈) *get better* (*worse*) 좋아(나빠)지다 / *get sick* (*well*) 병에 걸리다(병이 낫다) / *get angry* 화를 내다 / *get old* 나이를 먹다 / *get drunk* 술에 취하다 / *get wise* to 《美口》 …을 깨닫다 / *get tired of* …에 싫증나다 / *get done with* …을 끝내다 / *get acquainted with* …와 알게 되다.
3 《수동의 조동사를 대신 써서》 …당하다. ¶ *get hurt* 다치다 / *get beaten* 패배하다 / *get left* 뒤에 남겨지다, 뒤떨어지다 / *get sacked* 해고되다 / *get caught in* a rain 비를 만나다 / *get married* 결혼하다 / The play *got* produced. 그 희곡은 상연되었다.
— *Usage.* 수동형은 보통 「be+타동사의 과거분사」로 나타내는데, 예를 들면 The door *was shut* at six. 에서는 「문이 6시에 닫혔다(동작의 수동형)」인지 「6시에는 닫혀 있었다(상태의 수동형)」인지 구별하기가 어렵다. 따라서 구어에서는 동작을 나타내는 수동형을 명시하기 위해 「get+과거분사」가 흔히 쓰인다. ⇨ BE(Usage). * get 외에 become 이나 grow 도 사용되나 문어적이며, 동사 본래의 의미가 강하다. 또한 상태의 수동형을 명시하기 위해서는 lie, stand, rest 따위가 사용된다. 또, 「get+과거분사」는 미래 진행형이나 완료 진행형에 많이 사용된다.
4 벌다, 이익을 얻다. ¶ He has *gotten* vastly. 그는 엄청난 돈을 벌었다.
5 …하기 시작하다(start). ¶ (~+*-ing*) *get going* (*moving*) 출발하다(움직이기 시작하다) / They *got talking* about old times and sat up half the night. 그들은 옛날 이야기를 시작하였으며 밤늦도록 잠자리에 들지 않았다.
6 …하게 되다; 《美》간신히 …하다(manage); …할 수 있다. ¶ (~+*to* do) *get to* be friends 친구가 되다 / I *got to* like him. 나는 그가 좋아졌다 / She finally *got to* sleep after midnight. 그녀는 자정이 지나서야 잠이 들었다 / I couldn't *get to* go. 도저히 갈 수가 없었다 / I was lucky to *get to* see the new play. 새 연극을 볼 수 있게 되어 다행이었다.
7 《구어》즉시 가다(떠나다).

get about ① 걸어 다니다 (move about), 여기저기 여행하다; [앓고 난 뒤에] 걷기 시작하다, 걸을 수 있게 되다. ¶ He has recovered from his injuries and is *getting about* again. 그는 상처가 나아서 다시 걷기 시작했다. ② 〔소문 따위가〕 퍼지다. ¶ The idea has *got about* that he's dangerous. 그는 위험한 인물이라는 생각이 퍼졌다. ③ 《구어》 사교적인 일로 돌발해지다.

get across ① …을 건너다. ② 《구어》 …을 알게 하다, 밝히다. ¶ I find it difficult to *get across* my jokes to him. 그에게 내 농담을 알아듣게 하기는 어렵다; 분명해지다(become clear); [연극 따위가] 성공하다, 히트치다. ¶ Her play would never *get across* if she didn't know how to make people in action interesting. 연기자를 재미있게 하는 방법을 모른다면 그녀의 희곡은 성공하지 못할 것이다. ④ …을 불쾌하게 하다, 화나게 하다, 짜증나게 하다.

get after …을 야단치다(reprimand), 공격하다; …을 충고에 따르게 하다.

get ahead 나아가다, 발달하다; 성공하다(succeed). ¶ *get ahead* as an interior decorator 실내 장식가로서 성공하다.

get ahead of [경쟁자 따위를] 앞지르다(surpass), …을 능가하다(outdo).

get along ⇨ ALONG.

Get along with you! 《구어》〔불신·짜증을 나타내어〕 허튼 소리 작작해!, 바보 같으니!, 설마!

get anywhere ⇨ ANYWHERE.

get around ① 돌아다니다(about), 여기저기 여행하다; 널리 세상을 알다. ② [소문 따위가] 퍼지다, 알려지다. ¶ The news *got around* in a few days. 그 소문은 며칠 사이에 퍼졌다. ③ …보다 한수 더 뜨다 (outwit). ④ …을 회피하다(evade), …의 의표를 찌르다. ¶ *get around* the law 법망을 교묘히 빠져나가다. ⑤ 《口》 …의 환심을 사다, …을 감언이설로 꾀다. ⑥ …까지도 하다, …에게로 손이 미치다(*to*...). ⑦ [한참 시간이 지난 후에] 관심을 갖다, 고려하다 (*to*...).

get at ① …에 도달하다, 닿다. ¶ Can you *get at* the conclusion? 결론에 도달하다 / Can you *get at* the branch? 그 가지에 손이 닿는가? ② …을 잡다, 수중에 넣다. ¶ *get at* some money 얼마간의 돈을 수중에 넣다. ③ 《구어》[일에] 착수하다, 시작하다. ¶ I've kept putting the job off, but I really must *get at* it. 일을 미루어 왔으나 이제는 착수하지 않으면 안 되겠다. ④ 《구어》 …을 알다, 발견하다, …을 깨닫다, …을 이해하다. ¶ I can't *get at* his meaning. 그의 진의를 알 수가 없다. ⑤ …을 암시하다(hint), 의미하다, 말하고자 하다 (imply). ¶ I don't know what you are trying to *get at*. 네가 무엇을 말하고자 하는지 모르겠다. ⑥ 《구어》 …을 공격하다, …의 흠을 찾다. ⑦ 《구어》 …에게 빈정대다, …을 희롱하다. ⑧ 《구어》 …을 매수하다 (bribe). ¶ *get at* a policeman 경찰관을 매수하다.

get away ① 떠나다, 출발하다, [경기 따위에서] 스타트하다. ¶ The race horses *got away* at once from the gate. 경주마는 게이트에서 일제히 출발했다. ② 도망치다(escape), 벗어나다. ¶ He tried to *get away* but couldn't. 그는 도망치려고 했으나 실패했다. ③ …을 제거하다. ¶ *get* a thing *away* 물건을 떼어내다. ④ …을 장비하여 발송하다.

get away from it all 모든 것을 잊고 어디론지 떠나다.

get away with ① …을 잘 해내다, [벌 따위]를 교묘히 모면하다. ¶ *get away with* murder 살인을 하고도 용케 빠져나가다;《비유적》 불법을 저지르고도 벌을 받지 않다. ② …을 치우다; 먹다, 마시다. ¶ They *get away with* anything. 그들은 무엇이든 먹어치운다.

Get away with you! = Get along with you!

get back ① 돌아오다, 돌아가다(return). ¶ *get back* from …에서 돌아오다. ② …을 되찾다. ¶ He *got* the money *back*. 그는 돈을 되찾았다. ③ 《속어》앙갚음하다(*at*…). ¶ She *got back* at them. 그녀는 그들에게 앙갚음을 했다. ④ …에게 결과를 보고하다(*to*…). ¶ *Get back* to me on this by tomorrow. 내일까지 이것에 대해 보고하시오.

get behind …을 지지하다, 후원하다. ¶ We all *got behind* the candidate. 우리는 모두 그 후보를 지지했다.

get by ① 지나가다(pass). ¶ Let me *get by*. 좀 지나가겠습니다. ②《구어》[들키지 않고] 용케 해내다, 꿰뚫어가다, 그럭저럭 헤어나다, 속이다(deceive). ¶ *get by* with murder 살인을 하고도 발각되지 않다. ③《구어》[역경에 굽히지 않고] 그럭저럭 해나가다.

get down ① 내리다(descend). ② …을 내려놓다. ③ 삼키다(swallow). ④ …에 착수하다, 열심히 하다(*to*…). ¶ *get down to* the matter at hand 신변의 일에 유의하다. ⑤《구어》(*vt*.) …의 기력을 없애다, 침울하게 하다(depress); (*vi*.)《英》침울해지다, 기력을 잃다. ¶ This wretched weather *gets* me *down*. 이런 고약한 날씨에는 침울해진다. ⑥ …을 적어 두다, 써 넣다. ⑦《구어》…을 해치우다, 패배시키다(overcome). ¶ The difficult task finally *got* him *down*. 그 어려운 일에 그는 결국 지고 말았다.

get down on …이 싫어지다. ¶ The boss *got down on* him. 사장은 그가 싫어졌다.

get even with …에 앙갚음하다. ⇒ EVEN.

get going ① …하기 시작하다(begin). ⇒ *vi*. 5. ② 서두르다(make haste).

get in ① 들어가다, 타다(enter). ② 도착하다(arrive). ⇒ *vi*. 1. ③《구어》사이좋게 지내다(*with*…). ¶ I couldn't *get in with* him at all. 나는 아무리 해도 그와 친해질 수 없었다. ④ 말려들다(*with*…). ⑤ 당선되다; 회원이 되다. ¶ He *got in* for Chester. 그는 체스터구에서 당선되었다. ⑥ …을 모으다(gather); [수확물]을 거둬들이다. ¶ *get* the hay in before the rainy season 장마철 전에 목초를 베어들이다. ⑦ [씨 따위]를 뿌리다. ⑧ …을 [스케줄에] 짜넣다. ¶ *get in* some golfing during the summer 여름에는 골프 칠 시간을 얼마간 일과에 넣다. ⑨ …을 잘 끝내다. ⑩ …을 끌어들이다(implicate).

get into ① …에 들어가다, 타다. ⇒ *vi*. 1. ②[어떤 상태에] 들어가다, 되다. ¶ *get into* action 활동에 들어가다 / *get into* a person's grace 남의 마음에 들다. ③ …을 입다, 신다(put on). ④ …을 지배하다, …에 달라붙다. ¶ I can't understand what has *got into* the child. 그 아이가 왜 그렇게 되었는지 알 수가 없다. ⑤《구어》[나쁜 뜻으로] …을 하다, 해치우다. ⑥《美俗어》…에 열중하다.

get it《구어》① 이해하다, 알다. ¶ This is just between us, *get it*? 이것은 비밀이다, 알았지? ② 야단맞다, 벌받다. ¶ *get it* in the neck 호되게 야단맞다.

get nowhere 아무 짝에도 소용(효과)이 없다. [혼나다.

get off ①(*vi*.) 내리다; (*vt*.) [차·말·비행기 따위]에서 내리다. *opp*. get on. ¶ *get off* a train 기차에서 내리다. ② (*vt*.) …에서 떨어지다; 떼어놓다, [잔디밭 위]에 들어가지 않다; (*vi*.) [상사의 허가를 받고] 일자리를 떠나다. ¶ *Get off* the grass. 잔디밭에 들어가지 마라. ③ 출발하다 (depart), [경주 따위에서] 스타트하다; 떠나다. ¶ He *got off* on the noon train. 그는 정오의 열차로 출발했다. ④ [우편물]을 부치다(mail), [남]을 출발시키다. 보내다. ⑤ (*vt*.)[벌 따위]를 면하다, 면하게 하다. ¶ 벌이나 근무를 면하다, 무죄 방면되다. ¶ *get off* one's duty 의무를 면하다 / The lawyer *got* me *off*. 그 변호사 덕분에 죄를 면했다. ⑥ …을 떼어내다(remove), [옷]을 벗다(put off). ⑦《농담·잔소리 따위]를 하다, [연설 따위]를 하다, 말하다. ¶ *get off* one's opinion 의견을 말하다. ⑧ (*vi*.) 잠들다; (*vt*.)[아기]를 재우다. ¶ *get* a baby *off* to sleep 아기를 재우다. ⑨《美俗》즐기다(*from*…). ⑩《주로 英》연애하다, 애인을 얻다. [친해지다.

get off with ① …에서 벗어나다. ②[이성과]

get on ① …에 타다. *opp*. get off ¶ *get on* the bus 버스에 타다. ② …을 입다, 신다, 쓰다. ③ 앞으로 나아가다, 진척하다(make progress), 헤쳐나가다; 일이 되게 하다, 성공하다. ¶ The work *got on* well. 일은 잘 진척되었다 / How did you *get on* with your examination? 시험은 어떻게 치러 나갔니 ? ④ [일 따위]를 계속하다. ¶ *get on* with one's studies 공부를 계속하다. ⑤ [목적지]를 향해서 앞으로 나아가다, 출발하다. ⑥ [시간]이 지나가다. ¶ It was *getting on* in the afternoon. 오후 시간도 많이 지나가고 있었다. ⑦ 나이를 먹다; 살아가다, 해나가다. ¶ *get on* without help 도움없이 해나가다 / be *getting on* well 건강 상태가 좋다. ⑧ 사이좋게 지내다(*with*…). ¶ *get on* with a suspicious man 의심 많은 사나이와 잘 지내다. ⑨ 이해하다(*to*…).

get on for [시간·나이가] …에 가까와지다(* getting on for 의 형태로 쓰는 일이 많다). ¶ It's *getting on for* eleven. 벌써 11시에 가깝다(* for 대신에 to 를 쓰는 일도 있다). ¶ He is *getting on for* seventy. 그는 이미 70에 가깝다(* getting on for 는 almost, nearly 의 뜻으로 부사적으로도 쓰인다. 예 : He has lived here *getting on for* five years.).

get on *a person's nerves* ⇒ NERVE.

get out ① 나오다, 나가다, 떠나다, [차 따위에서] 내리다. ¶ *Get out*! 나가라 ! ② (*vi*.) 도망치다, 달아나다; (*vt*.) …을 도망치게 하다. ③ [비밀 따위가] 새다, 알려지다. ¶ We must not let the secret *get out*. 비밀을 누설하면 안 된다. ④ 사회에 나가다. ¶ *get out* and mix with people 사회에 나가 사람들과 어울리다. ⑤ …을 얻다, 꺼내다. ¶ *get out* some books from the shelf 선반에서 책을 몇 권 빼내다. ⑥ …을 출판하다(publish), 공표하다. ¶ *get out* a magazine 잡지를 발행하다. ⑦ [말]을 하다. ¶ He *got out* a few words. 그는 몇 마디 말을 했다.

get out of ① …을 …에서 얻다, 알아내다, 받아내다. ② …에서 나오다. ¶ *get out of* a car 차에서 내리다 / *get out of* bed on the wrong side 잠자리에서 일어나니 기분이 좋다. ③ …으로부터 도망치다, 벗어나다; …이 미치지 않는 곳으로 가다. ¶ *get out of* a bad habit 나쁜 버릇에서 벗어나다 / *get out of* sight 보이지 않게 되다 / It has *got out of* my mind. 나는 그 일을 잊어버렸다.

get over ① (*vt*.) …을 넘다, [장거리]를 가다, (*vi*.) 건너다. ¶ *get over* to Europe 유럽으로 건너가다 / *get over* the river 강을 건너다. ②[곤란]을 극복하다, [병따위]로부터 회복되다, [놀람·슬픔 따위]를 잊다. ¶ *get over* difficulties 곤란을 극복하다 / *get over* an illness 병이 낫다 / She has quite *got over* her husband's death. 그녀는 남편의 죽음의 슬픔을 다 이겨냈다. ③[남]을 잊어버리다. ¶ He never *got over* Kathy. 그는 캐시를 잊을 수가 없었다. ④ …을 완성하다, 이루다, 끝내다. ¶ It's best to *get it over* quick-

getatable / **ghost**

ly. 빨리 끝내는 것이 상책이다 / I hope it can be *got over* by tomorrow. 내일까지는 끝날 것으로 생각한다. ⑤ …을 알게 하다, 이해시키다. ¶ *get* the facts *over* to the people 사실을 사람들에게 이해시키다.
get over with …을 끝내다.
get round = *get around*.
get somewhere 성공하다.
get the better of …을 능가하다, 이기다. ⇨ BETTER¹.
get the lead out ⇨ LEAD.
get there 목적을 달성하다, 성공하다.
get through ① …을 잘 빠져나가다. ② …을 끝내다, 성취하다. ¶ *get through* the work 일을 끝내다. ③ [의안 등이] 통과되다; [시험 따위]에 합격하다. ¶ *get* a bill *through* the National Assembly 법안을 국회에서 통과시키다. ④ 목적지에 도달하다. ⑤ [자기의 일에 대하여] 이해를 얻다. ⑥ [전화가] 통하다. ⑦ [여가]를 보내다.
get to ① …에 도착하다, 닿다. ⇨ *vi.* 1. ② …과 연락이 닿다. ③ …에 착수하다, …을 시작하다. ④ …에 영향을 주다. ¶ This picture really *got to* him. 이 그림은 정말로 그를 황홀하게 했다.
get together ① (*vt.*) …을 모으다, 합치다; (*vi.*) 합쳐지다, 모이다. ② [의견이] 일치하다. ¶ The committee finally *got together* on its proposals. 위원회는 그 제안에 대하여 결국 의견이 일치했다.
get up ① (*vi.*) 일어서다; (*vt.*) …을 일으켜 세우다. ¶ *get up* on one's feet 일어서다. ② (*vi.*) 일어나다; (*vt.*) …을 깨우다. ¶ He *gets up* early on Sundays. 그는 일요일에는 일찍 일어난다 / Mother *gets* me *up* at 7. 어머니는 나를 7시에 깨운다. ③ …에 타다; 이랴, 끌끌! [말한테 하는 구령]. ④ …을 조직하다, …을 일으키다. ¶ *got up* a party 정당을 조직하다. ⑤ [바람·파도·물 따위가] 심해지다, 사나와지다. ¶ The sea *got up* but the wind was *getting up*. 바람이 점점 거세졌다. ⑥ [감정을] 흥분시키다, 부추기다. ¶ *get up* the energy 용기내다. ⑦ [옷차림을] 단정히 하다. ¶ She *got* [herself] *up* in her best clothes. 그녀는 가장 좋은 옷을 입었다. ⑧ [책]을 장정(裝幀)하다. ⑨ …을 특별히 연구하다, 공부하다; …에 정통하다. ¶ *get up* Milton's poems 밀턴의 시를 공부하다.
get up to …에 이르다. ¶ Don't *get up to* any mischief. 장난치면 안 돼!
get with it 《속어》 유행을 알다.
── *n.* 1 [특히 동물의 수컷이] 새끼를 보기; 그 새끼(offspring). 2 [정구 따위의] 게트[보통이면 상대방의 득점이 될 만한 공을 받아넘기기].
get·at·a·ble [gétətəbl] *adj.* [장소 따위가] 도달할 수 있는, 다가가기 쉬운; [물건이] 수중에 들어오기 쉬운.
get·a·way [gétəwèi] *n.* 1 도망, 도주 (escape). ¶ make one's *getaway* 도망치다. 2 [경주의] 스타트.
── *adj.* 도망용의.
Geth·sem·a·ne [geθséməni] *n.* 1 [성서] 겟세마네 [Jerusalem의 동쪽에 있는 동산, 그리스도가 고민의 밤을 새우고 유다의 배반으로 붙잡힌 장소. ←마태 복음 (Matt.) 26 : 36]. 2 (g-) 고민; 고민의 장소(때).
get-off [gétɔ:f] *n.* [비행기의] 이륙, 구실, 핑계.
get-out [gétàut] *n.* 1 [상업] 채산점, 손익 분기점. 2 《주로 英구어》 [곤란·궁지로부터의] 탈출 (escape); 탈출 수단(방법). 3 《英》 [극장] 1주간의 순회 공연 비용.
get-rich-quick [gétritʃkwík] *adj.* 《美》 일확천금하려는.
get·ta·ble [gétəbl] *adj.* 수중에 들어오는, 얻을 수 있는.
get·ter [gétər] *n.* 1 얻는 사람. 2 [전기] 게터 [진공·진공관 내의 잔류 가스를 흡수시키는 물질]. ── *vt.* 1 [전기] [게터로] 잔류 가스를 없애다. 2 [전자공학] [집적회로용 반도체에서] 이물 불순물을 없애다.
get-to·geth·er [gét(t)əɡèðər] *n.* 《美구어》 [비공식의] 집회, 회합, 모임. [policy 강경책.
get-tough [géttʌ́f] *adj.* 강경한, 강경한. ¶ a *get-tough*

Get·tys·burg [gétizbə̀:rg] *n.* 미국 Pennsylvania주 남부의 마을[남북 전쟁의 옛 싸움터].
Gét·tys·bùrg Áddress *n.* 1863년 11월 19일 Gettysburg 국립 묘지 개설식에서 A. Lincoln 대통령이 행한 연설[민주주의의 본질을 나타낸 한 구절 "government of the people, by the people, for the people"로 유명].
get·up [gétʌp] *n.* 《구어》 1 체재(體裁); [서적의] 장정. 2 복장, 옷차림.
gét úp and gó *n.* ⓤ 나서서 하려는 기운, 열의, 패기; 주도(적극)성. ¶ *get up and go* salesmanship 적극적인 세일즈맨 근성.
ge·um [dʒí:əm] *n.* 뱀무속(屬)의 식물.
gew·gaw [gjú:gɔ:] *n.* 싸구려 물건, 겉만 번드르르한 것. ── *adj.* 값싼, 싸구려의, 겉만 꾸민.
gey [gei] 《스코》 *adv.* 《스코》 *adv.* 꽤, 상당히.
gey·ser *n.* 1 [gáizər, +美 -sər→2] 간헐(間歇)[온]천. 2 [gí:zər] 《英구어》 순간 온수 장치.
gey·ser·ite [gáizəràit] *n.* 규화(硅華) [간헐천, 온천, 광천의 분출구에 침적(沈積)하는 흰 돌 모양의 함수 규산(含水硅酸)의 일종].
G 5 ⇨ Group of Five.
g-force [dʒí:fɔ̀:rs / -fɔ̀:s] *n.* [물리] 중력(重力).
GFTU General Federation of Trade Unions (영국 노동 조합 연맹).
GG 《略》 government-to-government (정부간 거래); Governor-General(총독); gamma globulin.
g.gr. 《略》 great gross. [Accra).
Gha·na [gá:nə] *n.* 가나 [서아프리카의 공화국. 수도
Gha·na·ian [ɡɑ́:n(ə)iən, -niən / ɡɑ:néiən], (= Gha·nan [gá:nən], Gha·ni·an [gá:niən]) *adj.* 가나의, 가나인의. ── *n.* 가나인. [차.
ghar·ry, -ri [gǽri] *n.* (*pl.* -ries; -ris) [인도의] 마
*ghast·ly [gǽstli / gá:st-] *adj.* (-li·er, -li·est) 1 송장(유령) 같은, 창백한. 2 무시무시한, 모골이 송연한 (horrible). 3 지독한, 형편없는. ── *adv.* 1 송장같이, 창백하여. 2 무섭게, 무시무시하게. -li·ness *n.*
◇ 動詞.
ghat [gɔ:t], (**ghaut**) *n.* [인도] 1 강으로 내려가는 계단. 2 산길, 고개. 3 (~s) 산맥; (the G-s) 인도의 동서 양해안에 평행하여 뻗은 두 산맥 고츠 산맥의 총칭.
gha·zi, ga- [gá:zi:] *n.* 1 [이교도와 싸우는] 회교의 전사(戰士). 2 (G-) 터키에서 전승(戰勝) 군주 등에게 주어지는 최고의 칭호. [재 버터.
ghee, ghi [gi:] *n.* ⓤ [인도에서 물소젖에서 만드는] 액
ghe·rao [geráu] *n.* (*pl.* -raos [-z]) 《인도·파키스탄》 포위 단체 교섭 [경영자를 회사나 공장 안에 가두어 넣고 교섭하는 노동자측의 전술]. ── *vt.* [경영자]를 사업소내에 가두어 넣다.
gher·kin [gə́:rkin] *n.* [초에 절여 먹는] 작은 오이.
ghet·to [gétou] *n.* (*pl.* -tos *or* -toes) 1 [예전에 유대인이 거주] 유대인 거주 구역, 2 《美》 [흑인·푸에르토리코인 등] 소수 민족의 빈민가, 흑인가. [< It 16세기 Venice의 유대인 지역명]
ghet·to·ize [gétouàiz] *vt.* (-ized, -iz·ing) …을 ghetto에 몰아넣다; ghetto화하다.
ghi [gi:] *n.* = ghee.
Ghib·el·line [gíb(i)lìn, -lì:n / -làin] *n.* 기벨린 당원, 황제당원 [중세 이탈리아에서 교황파(Guelphs)에 대항하여 황제를 지지한 귀족파의 한 사람]. ── *adj.* 기벨린의.
‡ghost [goust] *n.* 1 유령, 귀신, 망령; 유령 같은 사람. ¶ the *ghost* of Hamlet's father 햄릿 아버지의 망령 / look like a *ghost* 유령 같다 / After much bleeding, he is now a walking *ghost*. 피를 몹시 흘린 뒤 비틀비틀 걸어가는 그의 모습은 마치 유령 같다. 2 환영(幻影), 허깨비; 흔적(trace), 그림자(shadow). ¶ a *ghost* of the past 과거의 환영 / with only the *ghosts* of garments on 겨우 이름만의 옷을 걸치고 / He's a *ghost*

GHOST   977   **Gideon**

of his former self. 그에게는 옛날의 모습이 조금도 없다. **3** 극히 적은 가능성. ¶ He didn't have a *ghost* of a chance of recovering. 그가 회복될 가능성은 거의 없었다. **4** 《고어》영혼. **5** 《美구어》대작자(代作者) (ghost-writer). **6** 《光學·TV》고스트, 다중상(多重像) (ghost image). **7** 문자놀이의 일종〔진 사람을 ghost 라 부른다〕. **8** 《해부》환영 세포〔헤모글로빈이 없는 적혈구의 잔해〕.
give up the ghost 죽다. ¶ After eleven weeks in the hospital, she finally *gave up the ghost*. 11주간의 입원 후 그녀는 마침내 저세상의 객이 되었다.
The ghost walks. ① 유령이 나오다. ② 《극장 속어》 급료가 나오다.
— *vt.* **1** …을 대작하다. **2** 〔유령처럼〕…을 붙어다니다.
— *vi.* **1** 대작하다. **2** 〔유령처럼〕 소리를 내지 않고 움직이다. **3** 〔범위의〕 바람이 없는데도 움직이다.
◇ **ghástly, ghóstly, ghóstlike** *adj.*
GHOST [goust] 《略》 *G*lobal *H*orizontal *S*ounding *T*echnique (정점(定點) 고공 기상 관측법).
ghóst cándle *n.* 악귀를 쫓는 촛불〔시체 주위에 켜 놓는다〕.
ghóst dánce *n.* 고령(交靈)춤〔인디언이 죽은 사람의 혼과 통하기 위하여 추는 종교적 춤〕.
ghóst-like [góustlàik] *adj.* 유령 같은, 으스스한.
ghóst·li·ness [góustlinis] *n.* 요괴스러움, 영적(靈的)임.
*ghóst·ly [góustli] *adj.* (-li·er, -li·est) **1** 유령의(같은), 희미한. **2** 영적인, 종교적인. **3** 대작(代作)의.
ghóst státion *n.* 《英》무인역(驛). └ *ghost n.*
ghóst stóry *n.* 괴담, 귀신 이야기.
ghóst tówn *n.* 유령 도시〔불황이나 재해 따위로 주민이 떠난 황폐한 도시〕.
ghóst wórd *n.* 유령어〔오식·오해 따위로 인하여 생긴 말, derring-do 따위〕.
ghost·write [góustràit] *vt., vi.* (-**wrote, -writ·ten,** -**writ·ing**) 〔문학 작품의〕 대작(代作)하다. └ 터.
ghost·writ·er [góustràitər] *n.* 대작자, 고스트라이터, 귀신.
ghoul [gu:l] *n.* **1** 무덤을 파헤쳐 시체를 먹는다고 하는 귀신. **2** 도굴자.
ghoul·ies [gú:liz] *n. pl.* 《英속어》 고환, 불알.
ghoul·ish [gú:liʃ] *adj.* [ghoul 처럼] 잔인한.
~**ly** *adv.* ~**ness** *n.*
G.H.Q., GHQ 《略》《군사》 *g*eneral *h*ead*q*uarters.
ghyll [gil] *n.* = gill¹.
GI [dʒí:ái] *n.* (*pl.* **GI's** or **GIs**) 《美구어》 미국 육군 병
GI bill 미국 제대 군인 원호법. └사.
GI Jane (or **Joan**) 《美속어》 미국 여군.
GI Joe 《美속어》 미국 병사.
— *adj.* **1** 군대식의, 관급(官給)의, 군 규격의. ¶ *GI shoes* 군화. **2** 병사(미국 군인)다운, 엄격한. ¶ *GI spirit* [미국] 군인 정신.
— *vt.* (**GI'd, GI'ing**) 〔검열 따위에 대비하여〕 〔병영 따위를〕정돈하다. [<*G*[OVERNMENT] *I*[SSUE]]
G.I. 《略》 *g*alvanized *i*ron(함석); *g*astro*i*ntestinal; *g*eneral *i*ssue〔《법률》일반 답변〕; *g*overnment *i*ssue.
‡**gi·ant** [dʒáiənt] *n.* **1** 거인, 거한(巨漢); 거대한 동물 (식물). **2** 〔재능·성격 따위에〕 초인간적인 거장, 거인. ¶ an artistic *giant* 비범한 예술가 / a *giant* among statesmen 뛰어난 정치가. **3** 〔종종 G-〕 《그리스 신화》 기가스〔대지에서 태어난 거인족의 한 사람〕. — *adj.* **1** 엄청나게 큰, 거대한 (gigantic, huge). **2** 대….
◇ **gigántic** *adj.*
gi·ant·ess [dʒáiəntis] *n.* 여자 거인, 큰 여자.
gi·ant·ism [dʒáiəntìz(ə)m] *n.* 〔U〕**1** 〔병리〕 = gigantism. **2** 거인임.
gíant kíller *n.* 〔스포츠 따위에서〕 거물 킬러, 거물 잡는 선수(팀).
gíant pánda *n.* 〔자이언트〕 팬더, 얼룩곰.
gíant pówder *n.* 다이너마이트의 일종.

gíant sequóia *n.* 세쿼이어삼나무 (big tree).
gíant slálom *n.* 〔스키〕 대회전 경기.
gíant stár *n.* 〔천문〕 거성(巨星) 〔직경이 항성보다 10-100배는 되는 별. Aldebaran 이나 Arcturus 등〕.
gíant stríde *n.* 회전 그네〔운동구〕.
gíant swíng *n.* 〔기계 체조의〕 대차륜.
giaour [dʒauər] *n.* 불신자, 이단자〔특히 회교도에 있어서 기독교도〕.
gib¹ [gib] *n.* **1** 번식기 및 그 후의 연어 수컷의 아래턱에 생기는 구부러진 곳. **2** 〔기계〕 죔(以)자형 쐐기, 지브. — *vt.* (**gibbed, gib·bing**) …을 지브로 고정시키
gib² [gib] *n.* 고양이; 〔특히 거세된〕 수코양이. └다.
Gib. 《略》 Gibraltar.
gib·ber [dʒíbər, 美 gíbər] *vi.* 뜻모를 말을 빨리 지껄이다. — *n.* 〔U〕 빨리 지껄이는 뜻모를 말, 횡설수설.
gib·ber·el·lin [dʒìbərélin] *n.* 〔U〕 지베렐린〔고등 식물의 생장 호르몬; 씨없는 포도를 만드는 데 쓴다〕.
gib·ber·ish [dʒíbəriʃ, 美 gíb-] *n.* 〔U〕 뜻모를 말, 횡설수설, 별 뜻이 없는 말(낱말들의 연속).
gib·bet [dʒíbit] *n.* **1** 교수대〔처형 후 시체를 그대로 일반에게 공개한다〕. **2** 기중기의 지브. — *vt.* 〔…을 교수형에 처하다. **2** 〔시체〕를 교수대에서 일반에게 공개하다. **3** …에게 창피를 주다, 남들의 웃음 거리로 만들다. 〔원숭이〕
gib·bon [gíbən] *n.* 기번〔인도·남아시아산(産)의 긴팔
gib·bose [dʒíbous, gíb-, -´-] *adj.* = gibbous.
gib·bos·i·ty [dʒibásiti / -bɔ́s-] *n.* (*pl.* **-ties**) **1** 〔U〕 융기, 볼록한 모양. **2** 융기부, 볼록 나온 부분.
gib·bous [gíbəs] *adj.* **1** 꼽추의 (humpbacked). **2** 융기한, 볼록하게 된 양쪽이 부른. ¶ the *gibbous* moon 철월(凸月)〔반달과 보름달 사이의 달〕. ~**·ly** *adv.* ~**·ness** *n.*
gibe, jibe [dʒaib] *v.* (**gibed, gib·ing; jibed, jib·ing**) *vi.* 비웃다; 우롱하다 (at). ¶ His friend *gibed* at his mistake. 친구들은 그의 실패를 비웃었다. — *vt.* …을 비웃다, 조롱하다. — *n.* 비웃음, 조롱.
Gib·e·on [gíbiən] *n.* 《성서》 기브온〔팔레스티나의 Jerusalem 근처에 있는 히위 사람의 마을. ←여호수아서(書) (Josh.)〕.
Gib·e·on·ite [gíbiənàit] *n.* 《성서》 기브온의 주민 〔Joshua 를 속였기 때문에 이스라엘인의 노예가 되었다. ←여호수아서(書) (Josh.)〕. └람.
gib·er, jib·er [dʒáibər] *n.* 비웃는 사람, 조롱하는 사
gib·ing·ly [dʒáibiŋli] *adv.* 비웃어, 우롱하여.
gib·let [dʒíblit] *n.* 〔**-s**〕 〔닭·거위 따위의〕 내장.
Gi·bral·tar [dʒibrɔ́:ltər] *n.* **1** 지브롤터〔스페인 남단의 항구 도시, 요새가 있다. 영국 식민지〕. **2** 〔때로 g-〕 난공 불락의 요새.
Gib·son [gíbsn] *n.* 《주로 美》〔U〕〔C〕 칵테일의 일종.
Gíbson gírl *n.* 깁슨류의 미녀〔미국의 삽화가 C. D. Gibson (1867-1944)이 그린 1890년대의 전형적인 개버릴 미인〕. **2** 〔해상 불시착용의〕 소형 무선 발신기.
gi·bus [dʒáibəs] *n.* 오페라 모자.
gid·dy [gídi] *adj.* (**-di·er, -di·est**) **1** 경박한, 지각없는 (frivolous, light-hearted), 경솔한 (heedless); 충동적인 (impulsive), 변덕스러운, 들뜬 (fickle). ¶ a *giddy* boy 경박한 소년 / a *giddy* goat 《속어》 경솔한 바보 / act (or play) the *giddy* goat 바보짓을 하다. **2** 현기증이 나는, 어지러운 (dizzy). ¶ feel *giddy* 현기증이 나다, 눈이 돌다. **3** 현기증이 나게 하는. ¶ a *giddy* dance 어지러운 춤 / the *giddy* precipice 아찔한 절벽 / a *giddy* whirl of pleasure 어지러울 정도로 계속되는 쾌락. — *v.* (**-died, -dy·ing**) *vt.* …에 현기증이 나게 하다. *vi.* 현기증을 일으키다, 현기증이 나다.
-di·ly *adv.* **-di·ness** *n.*
gíd·dy-go-round [gídigouráund] *n.* 《英》 회전 목마 (merry-go-round).
Gid·e·on [gídiən] *n.* **1** 《성서》 기드온〔이스라엘의 용사·사사(士師). ←사사기(Judg.)6-9〕. **2** (the ~s) 《美》 성서 기증 협회.

Gídeons Internátional *n.* (the ~) 국제 기드온 협회[호텔 따위에 성서 배부를 목적으로 하는 성서 기증 협회. 1899년 Gideon Society로서 창립].
Gídeon Socíety *n.* =Gideon 2.
gídg·et [gídʒit] *n.* =Gilyak (small girl).
gie [gi:] *v.* (gied, gied or gien [gi:n], gie·ing) 《스코》=give.
‡gift [gift] *n.* **1** 선물(present), 선사품; 기증품. ⇒ PRESENT 類語 ¶ a Christmas *gift* 크리스마스 선물 / a *gift* for a wedding 결혼 선물 / Don't look a *gift* horse in the mouth! [말의 나이는 이를 보면 알 수 있다는 데서] 받은 선물의 흠을 찾지 마라 ! **2** 증여, 기증(giving). ¶ the *gift* to a temple 절에의 기증. **3** 권리, 증여권. ¶ The office is in his *gift*. 그 지위를 줄 권한은 그에게 있다. **4** 자질, 천부의 재능(natural endowment); 특수한 재능, ⇒ ABILITY 類語 ¶ a man of many *gifts* 다재 다능한 사람 / the *gift* of tongue 어학의 재능 / the *gift* of gab 말재간 // have a *gift for* painting 그림에 재능이 있다.
at a gift 거저라도 (even for nothing). ¶ I wouldn't take it *at a gift*. 거저라도 그것은 받지 않겠다.
by free gift 무상으로, 공짜로.
── *vt.* **1** …을 선물로 주다, 무상으로 주다. ¶ (~+閶+前+名) *gift* a thing *to* a person=*gift* a person *with* a thing 남에게 물건을 주다. **2** …에게 [재능 따위를] 부여하다(...*with*). ¶ (~+閶+前+名) be *gifted with* a talent 재능이 있다. 〔본〕
gíft-bòok [gíftbùk] *n.* 증정본, 기증용의 미장본(美裝
gíft certíficate *n.*《美》상품권《英》gift coupon).
*gíft·ed [gíftid] *adj.* 천부의 재능이 있는, 재능을 타고난 (talented); 머리가 아주 좋은. ¶ a *gifted* artist 천부의 재능이 있는 예술가.
gíft ènterprise *n.* 경품 끼워 팔기.
gíft hòrse *n.* 선물로 주는 말; 선물. ⇒ GIFT.
gift·ie [gífti] *n.* 《스코》재능(gift).
gíft shòp *n.* 선물 가게.
gíft tàx *n.* 증여세(贈與稅).
gíft tòken (vóucher) *n.*《英》=gift certificate.
gíft-wràp [gíftrǽp] *vt.* (-wrapped or wrapt, -wrapping) 〔리본 따위로〕〔선물〕을 예쁘게 포장하다.
gig¹ [gig] *n.* **1** 〔배 (군함)에 싣는〕작은 보트. **2** 《漢灘片》보트. **3** 말 한 필이 끄는 2륜 마차. **4** 〔나사(羅紗)의〕보풀 세우는 기계. ── *vi.* (gigged, gig·ging) 한 필이 끄는 2륜 마차를 타다 (로 여행하다).
gig² [gig] *n.* **1** 작살. **2** 갈고랑이낚시. ── *vt., vi.* (gigged, gig·ging) 〔물고기〕를 작살로 찌르다 (잡다).
gig³ [gig] *n.* 《美속어》**1** 재즈 연주자의 일; 〔일반적으로〕일. **2** 〔학교·군대 등에서의〕작은 잘못, 벌점. ── *vt.* (gigged, gig·ging) …에 벌점을 주다, …을 처벌하다.
giga- one billion의 뜻의 연결형.
gi·ga·bit [dʒígəbìt] *n.*〖컴퓨터〗기가비트[기억 용량의 단위; 10억 비트]. *cf.* kilobit
gi·gan·te·an [dʒàigæntí(:)ən, ----] *adj.* =gigantic.
gi·gan·tesque [dʒàigæntésk] *adj.* 거인 같은, 거대한; 위대한.
*gi·gan·tic [dʒaigǽntik] *adj.* 거인의(같은), 거대한, 대규모의. ⇒ HUGE 類語 -ti·cal·ly [-tikəli] *adv.*
◇ gíant *n.*
gi·gan·tism [dʒáigæntìz(ə)m, ----] *n.* ⓤ〖병리〗거인증, 거대 발육증.
gi·ga·ton [dʒígətàn] *n.* 기가톤[TNT 10억톤분의 폭발력 단위].
*gi·gle [gígl] *vi.* (-gled, -gling) 킥킥 웃다. ⇒ LAUGH 類語 ── *n.* **1** 킥킥거리는 웃음, 소리를 죽이고 웃는 웃음. **2** 《英속어》장난치기.
◇ gíggly *adj.*, gígglingly *adv.*
gíg·gler [gíglər] *n.* 킥킥 웃는 사람.
gíg·gle-smòke [gíglsmòuk] *n.* ⓤ《속어》마리화나 (marijuana)의 별칭.

gíg·gling·ly [gíglịŋli] *adv.* 킥킥거리면서.
gíg·gly [gígli] *adj.* (-gli·er, -gli·est) 걸핏하면 킥킥 웃는.
gíg lámps *n.*《英속어》안경.
gíg·let [gíglit] *n.* 킥킥거리는 소녀, 말괄량이.
gíg·man [gígmən] *n.* (*pl.* -men [-mən]) 마차 소유자; 속된 사람.
gíg mìll *n.*〖기계〗〔나사(羅紗)의〕보풀 세우는 기계.
GIGO [dʒígou] 기고[컴퓨터] 기고〔완전치 못한 프로그램을 입력하면 완전치 못한 답 밖에 얻을 수 없다는 원칙〕. (<*g*arbage *i*n, *g*arbage *o*ut)
gig·o·lo [dʒígəlòu / ʒíg-] *n.* **1** 기둥 서방, 〔매춘부의〕 끄나불. **2** 남성 직업 댄서.
gig·ot [dʒígət] *n.* **1** 〔손목이 가늘고 팔에서 어깨쪽으로 넓어진〕지굣속 소매. **2** 양의 다리〔요리용〕.
gigue [ʒi:g] *n.*〖음악·무용〗=jig².
Gíla mónster *n.* 〔미국 서남부산(産)의〕유독 도마뱀.
gil·bert [gílbərt] *n.*〖전기〗길버트〔기자력(起磁力)의 cgs (c.g.s.) 전자기 단위로, 0.7958 암페어 횟수와 같다〕. (<영국의 물리학자 William Gilbert(1540-1603)의 이름)
Gil·ber·ti·an [gilbə́:rtiən] *adj.* W. S. Gilbert 적인, 유머러스하고 희극적인, 뒤죽박죽의.
*gild¹ [gild] *vt.* (gild·ed or gilt, gild·ing) **1** …에 금을 도금하다; 금박을 입히다; …을 황금빛으로 칠하다. **2** …을 〔황금빛으로〕번쩍이게 하다. **3** …을 치장하다, 꾸미다, …을 걸치레하다.
gild the pill 약약을 황금빛으로 칠하다, 좋지 않은 것을 좋게 꾸미다. ◇ gold *n.*
gild² [gild] *n.* =guild.
gild·ed [gíldid] *adj.* **1** 금을 입힌, 금도금한, 황금빛으로 빛나는. **2** 걸치레의, 겉만 꾸민. **3** 부자의, 부호의.
the Gilded Age 19세기 말의 미국의 호황 시대.
the Gilded Chamber《英》상원.
gilded spurs 황금 박차, knight 의 기장(記章).
gíld·er¹ [gíldər] *n.* 도금공, 박사人.
gíl·der² [gíldər] *n.* =gulden.
gíld·ing [gíldịŋ] *n.* ⓤ **1** 금도금〔술〕, 금박 입히기. ¶ chemical (*or* electric) *gilding* 전기 도금. **2** 도금 재료, 금박, 금분(金粉). **3** 걸치레, 허식.
Gil·iak [gíliæk] *n.* =Gilyak.
*gill¹ [gil] *n.* **1** (보통 ~s) 〔어류의〕 아가미. **2** (종종 ~s) 균습(菌褶) 〔버섯의 갓 뒷면의 주름〕. **3**《英방언》 =ground ivy. **4** 〔닭·칠면조의〕 턱 밑의 처진 살. ── *vt.* **1**〔물고기〕를 gill net으로 잡다. **2**〔물고기〕의 아가미나 창자를 빼다.
gill² [dʒil] *n.* 질〔액량(液量)의 단위〕. ¹/₄ pint.《美》0.118 리터,《英》0.142 리터; 略 gi.〕.
gill³, jill [dʒil] *n.* (종종 G-, J-) 처녀, 연인, 애인. ¶ Jack and *Gill* 청년과 처녀, 젊은 남녀 / Every Jack has his *Gill*. 《속담》젊은 남자에게는 누구나 애인이 있다. (<GILL⁴〔IAN〕)
gill⁴ [gil] *n.*《英방언》**1**〔수목 또는 바위가 많은〕골짜기, 협곡. **2** 계류(溪流).
gíll còver [gil-] *n.*〖동물〗아가미딱지.
gilled [gild] *adj.* 아가미가 있는.
gil·lie, -ly [gíli] *n.* (*pl.* -lies) **1**〔스코·아일〕〔사냥꾼의〕 심부름꾼; 〔스코틀랜드 고지의 족장의〕시종. **2**〔일반적으로〕종복.
gil·lion [dʒíliən] *n.* (*pl.* -lions or《수사 뒤에서는》 -lion) **1**《英》10억《美》billion). **2** 무수, 다수.
gíll nèt [gil-] *n.* 자망(刺網).
gil·ly [gíli] *n.*《美》서커스의 운반〔사육물〕차, 〔사육물용〕꽃〔자동〕차.
gil·ly·flow·er [dʒíliflàuər], (**gil·li·flow·er**) *n.* 스톡〔겨자과의 식물〕.
*gilt¹ [gilt] *v.* gild 의 과거·과거 분사. ── *adj.* 금도금한, 금박을 입힌; 황금빛의. ¶ a *gilt* frame 금테 / a *gilt* top〔책의〕천금(天金). ── *n.* ⓤ 금도금〔재료〕, 금박,

금분(gilding). 「지.
gilt² [gilt] *n.* 〔아직 새끼를 낳은 일이 없는〕 젊은 암돼
gilt cùp *n.* 〖식물〗 =buttercup.
gilt-edge [gíltèdʒ], **-edged** [-èdʒd] *adj.* **1**〔책·증 권 따위의〕가장자리에 금을 칠한. **2**〔어음·증권 따위가〕 최상급(질)의, 일류의, 가장 확실한. ¶ *gilt-edge securities* 일류 증권.
Gil·yak, -iak [gíliæk] *n.* 길랴크족〔시베리아의 아무르 지방에 사는 몽골계의 민족〕; Ⓤ 길랴크어(語).
gim·bals [dʒímb(ə)lz, +美 gím-] *n. pl.* 〔단수 취급〕 짐발〔선박의 나침반 따위를 수평으로 유지하는 장치〕.
gim·crack [dʒímkræk] *n.* 겉만 번드르르한(그럴듯한) 싸구려, 싸구려 물건. ── *adj.* 겉만 그럴듯한, 값싸고 번쩍거리는.
gim·crack·er·y [dʒímkrækəri] *n.* Ⓤ〔집합적〕허울만 좋은 물건.
gim·let [gímlit] *n.* **1**〔T 자형〕나사 송곳. *cf.* auger **2** 김릿〔라임주스와 진의 칵테일〕. ── *vt.* …에〔나사 송곳으로〕구멍을 뚫다.
gímlet èye *n.* 예리한 눈; 날카로운 시선.
gim·let-eyed [gímlitàid] *adj.* 눈(시선)이 날카로운. [gimlet 1]
gimme [gími]〖속어〗give me 의 단축형.
gim·mick [gímik] *n.* **1**〖美속어〗장치, 고안품; 책략. **2**〖구어〗〔요술쟁이 따위의〕비밀 장치, 트릭.
gim·mick·ry [gímikri] *n.* Ⓤ〔집합적〕〖美속어〗장치; 비밀 장치의 사용.
gimp¹ [gimp] *n.* **1** 꼰 끈 장식〔흔히 철사를 심으로 넣은 것으로, 의복·커튼 따위의 가장자리 장식에 씀〕. **2** 〔레이스의 돋을무늬에 쓰이는〕실.
gimp² [gimp] *n.*〖美속어〗절름발이〔사람〕.
gimp·y [gímpi] *adj.* (**gimp·i·er, gimp·i·est**)〖美속어〗 절름발이의.
***gin¹** [dʒin] *n.* Ⓤ 진〔라이보리·보리 따위에 juniper berry 따위를 첨가한 무색의 증류주(酒)〕.
gin² [dʒin] *n.* **1** 씨아(cotton gin). **2** 덫(trap). **3** 기중기. ── *vt.* (**ginned, gin·ning**) **1**〔목화〕를 씨아로 틀다, 씨아에 걸어 씨를 빼다. **2** …을 덫으로 잡다.
gin³ [gin] *v.* (**gan, gun, gin·ning**)〔고어〕=begin.
gin⁴ [dʒin] *n.*〖濠〗원주민 여자.
gin-fizz [dʒínfíz] *n.* 진피즈〔진에 레몬·설탕 따위를 첨가하여 탄산수를 탄 음료〕.
***gin·ger** [dʒíndʒər] *n.* Ⓤ **1** 생강; 생강의 뿌리〔식용·약용〕. **2** 황색 또는 적색이 도는 갈색. **3**〖구어〗활력, 정력(vigor); 원기(animation). ¶ They have plenty of *ginger* in their dance. 그들의 춤은 생기를 발랄하는. **4** Ⓒ〖英〗〔머리털이〕적색, 머리털이 빨간 사람. ── *vt.* …을 생강으로 맛들이다. **2**〖구어〗…의 원기를 북돋우다, 활기띠게 하다(make lively) (...*up*); …을 짜릿하게 하다(impart spiciness). ── *adj.* 생강맛이 나는; 〔머리털이〕빨간. ◇ **gíngery** *adj.*
gin·ger·ade [dʒíndʒəréid] *n.*〖英〗=ginger beer.
gínger àle *n.* 진저에일〔생강의 향미가 있는 탄산 청량 음료〕.
gínger bèer *n.* Ⓤ 진저비어〔진저에일과 비슷하나 그보다 생강의 향미가 강한 청량 음료〕.
gin·ger·bread [dʒíndʒərbrèd] *n.* Ⓤ **1** 생강이 든 과자·빵〔당밀과 생강으로 향미를 낸 과자〕. **2** 생강이 든 물쿠키. **3** 허울만 좋고 실속이 없는 것. ¶ take the gilt off the *gingerbread* 허식을 없애다. ── *adj.* 야한, 싸구려의.
gínger gròup *n.*〖주로 英〗〔정당 내에서 다수의 소극파를 몰아치는〕소수 적극파.
gin·ger·ly [dʒíndʒərli] *adv.* 조심스럽게, 주의깊게, 신중하게. ── *adj.* 조심스런, 신중한. **-li·ness** *n.*
gínger nùt *n.*〖주로 英〗=gingersnap.

gínger pòp *n.* =ginger ale.
gínger ràce (ròot) *n.* 생강 뿌리.
gin·ger·snap [dʒíndʒərsnæp] *n.* 생강과 당밀로 향미를 낸 작고 얇은 쿠키.
gínger wìne *n.* Ⓤ 생강주〔짓이긴 생강·설탕 따위를 발효시켜서 만드는 술〕.
gin·ger·y [dʒíndʒəri] *adj.* **1** 생강의(같은). **2** 생강의 풍미가 있는. **3** 발랄한, 씩씩한.
ging·ham [gíŋəm] *n.* **1** Ⓤ 깅검〔줄무늬 또는 바둑판 무늬가 있는 평직(平織) 면직물〕. **2**〖英구어〗대형의 값싼 무명 우산.
gin·gi·li [dʒíndʒili] *n.* Ⓤ **1** 참깨. **2** 참기름.
gin·gi·val [dʒíndʒáiv(ə)l, +美 dʒíndʒivəl] *adj.* **1** 잇몸의. **2**〖음성〗치경음(齒莖音)의〔혀끝을 윗잇몸에 대고 발음한다〕(alveolar).
gin·gi·vi·tis [dʒíndʒiváitis] *n.* Ⓤ〖병리〗치은염(齒齦炎), 치육염(齒肉炎).
ging·ko [gíŋkou] *n.* (*pl.* **-koes**) =ginkgo.
gin·gly·mus [dʒíŋglimǝs, gíŋ-], **-mi** [-mai]〔해부〕경첩 관절.
gin·house [dʒínhàus] *n.* 조면(繰綿) 공장.
gink [giŋk] *n.*〖속어〗녀석, 놈, 〔특히〕지겨운 놈, 시시한 녀석. 「행나무.
gink·go, ging·ko [gíŋkou] *n.* (*pl.* **-goes; -koes**)
gínkgo nùt *n.* 은행〔은행나무의 열매〕.
gín mìll [dʒín-] *n.*〖美속어〗싸구려 술집, 대폿집.
gin·ner [dʒínǝr] *n.* 조면공(繰綿工).
gin·ner·y [dʒínǝri] *n.* (*pl.* **-ner·ies**) 조면 공장.
gín pàlace *n.*〔특히 19세기의 야하게 꾸민〕싸구려 술집.
gín rùmmy *n.* Ⓤ〔카드놀이〕진 러미〔가진 패의 합계를 10점 이하로 만드는 rummy 놀이의 일종〕.
gin·seng [dʒínseŋ] *n.* Ⓒ Ⓤ **1** 인삼〔한방 약용의 다년초〕. **2** 그 뿌리; 그 뿌리로 만든 약. 〔<Chin *jên-shên* 人蔘〕
gín shòp *n.*〖英〗진을 파는 술집.
gin-sling [dʒínsliŋ] *n.* 진에 감미·향미·얼음을 섞은 음료. 「Lisa.
Gio·con·da [dʒo(u)kándǝ / -kón-] *n.* **La** ~ = Mona
gio·co·so [dʒoukóusou] *adj., adv.*〖음악〗유쾌하고 명랑하(하게), 우스꽝스런(럽게) (merry). 〔<It〕
gip¹ [dʒip] *n., vt.* (**gipped, gip·ping**)〖美속어〗=gyp¹.
gip² [gip] *vt.* (**gipped, gip·ping**)〔소금에 절이기 위해〕 〔물고기〕의 창자를 빼다. 「튜.
gip·po [dʒípou] *n.* Ⓤ〖英軍 속어〗수프, 고깃국물, 스
gip·py [dʒípi] *n.*〖英軍 속어〗**1** 이집트 군인. **2** 집
***Gip·sy, gip·sy** [dʒípsi] *n.* (*pl.* **-sies**), *v.* (**-sied, -sy·ing**)=Gypsy.
‡gi·raffe [dʒiræf / -rɑ́:f] *n.* **1** 기린. **2** (**G-**)〖천문〗기린좌〔북쪽 하늘의 성좌〕.
gir·an·dole [dʒírǝndòul] *n.* **1** 회전 불꽃. **2** 회전 분수. **3**〖築城〗연결 지뢰. **4** 가지 달린 장식 촛대. **5** 큰 보석 둘레에 작은 보석을 박은 목걸이(귀걸이). 〔<It *girandola* chandelier〕
gir·a·sol, -sole [dʒírǝsɔ̀:l, -sòul / -sòl] *n.* **1** 화단백석(火蛋白石)〔opal 의 일종〕(fire opal). **2** 뚱딴지, 돼지감자(Jerusalem artichoke).
***gird¹** [gǝːrd] *vt.* (**gird·ed** or **girt, gird·ing**) **1**〔벨트 나 띠로〕…을 졸라매다, 묶다. ¶ (~+圓+前+图) *gird* the waist *with* a sash 장식띠로 허리를 졸라매다 / *gird* a coat *with* a belt 코트를 혁대로 매다 / He was *girded* about *with* a rope. 그는 밧줄로 묶였다. **2**〔칼〕을 차다. ¶ (~+圓+前+图) *gird* a sword *on* a sword 칼을 차다. **3** …을 둘러 싸다(surround). ¶ (~+圓+前+图) *gird* a castle *with* a moat 성에 해자(垓字)를 둘러 파다. **4**〔재귀용법〕〔전투·시련 따위에〕대비하다, 준비하다, 긴장하다(...*for*). ¶ (~+圓+前+图) *gird* oneself *for* the trial 시련에 대처하다 // (~+圓+*to* do) *gird* oneself *to* attack the enemy 적을 공격할 준비를 하다. **5**

[권력 따위를] [남]에게 주다(... with). ¶ (~+图+前+名) be *girded* with supreme power 최고 권력을 쥐다.
gird² [gəːrd] *vi.* 조소하다, 비웃다(*at*...).
— *vt.* (폐어) …을 업신여기다. — *n.* 《고어》 조소, 비웃음, 우롱.
gird·er [gə́ːrdər] *n.* **1** 도리, 대들보. **2** 거더.
gird·er·age [gə́ːrdəridʒ] *n.* 도리, 거더(桁構)(girders); 형(桁) 맞음, 대들보 구조. [리].
gírder brídge *n.* 형교(桁橋)[빔이나 도리 구조의 다
*gir·dle*¹ [gə́ːrdl] *n.* **1** 거들[양말걸이가 달린 코르셋]. **2** 허리띠, 혁대, 장식띠. **3** 둘러싸는(한정하는) 것. ¶ an island within the *girdle* of the sea 바다에 둘러싸인 섬. **4** 보석의 상부와 하부 사이의 가는 줄 [대(臺)에 물리는 부분]. **5** [해부] 대(帶), 지대(肢帶). ¶ the pelvic *girdle* 골반대. **6** [식물] 나무 껍질을 둥글게 도려낸 뒤의 테.
have (or **carry, hold**) ... **under** one's *girdle* …을 지배하다, 복종시키다.
put a *girdle* **round** …을 일주하다.
— *vt.* (**-dled, -dling**) **1** …을 띠로 매다, 감다. **2** …을 둘러싸다(encircle). The town is *girdled* with rivers. 그 도시는 사방이 강으로 둘러싸여 있다. **3** …을 돌다. ¶ a satellite *girdling* the moon 달을 도는 위성. **4** 나무 껍질을 둥글게 벗기다.
gir·dle² [gə́ːrdl] *n.* 《스코》 = griddle.
gir·dle-cake [gə́ːrdlkèik] *n.* 《스코》= griddlecake.
gir·dler [gə́ːrdlər] *n.* 둘러싸는 사람(것), 2 나무 껍질을 둥글게 파먹는 딱정벌레. 허리띠를 만드는 사람, 허리띠 장수.
:girl [gəːrl] *n.* **1** 여아, 계집아이. ¶ announce the birth of a *girl* 여아의 탄생을 알리다 / a primary-school *girl* 국민학생인 여자아이. **2** 《소녀에 대하여》 소녀, 젊은 미혼 여성. ¶ a *girl* of striking beauty 뛰어나게 아름다운 소녀 / a *girls*' school 여학교. **3** 여점원, 여자사무원, 4 애인(sweetheart). **5** 《구어》 [나이에 관계없이] 여자(woman).
◇ **gírlish, gírly** *adj.*
girl·cott [gə́ːrlkàt / -kɔ̀t] *vt.* [여성이 여성에게 편견을 가진 사람(것)]을 보이콧하다. [< GIRL+[BOY]COTT]
Gírl Fríday *n.* (종종 G-) 여비서; [작은 사무실에서 잡무를 맡아보는] 여자사무원, 오피스걸.
Gírl Guíde *n.* 여자 단원[영국의 Girl Guides 단원].
girl·friend *n.* 여자 친구; 애인(sweetheart).
girl·hood [gə́ːrlhùd] *n.* U **1** 소녀임; 소녀 시대, 처녀 시절. **2** 《집합적》 소녀들.
girl·ie [gə́ːrli] *n.* 소녀, 처녀; (부르는 말로) 아가씨; 《미속어》 코러스걸; 매춘부. — *adj.* = girly 2.
girl·ish [gə́ːrliʃ] *adj.* 소녀의, 처녀다운, 상냥한; 《사내 아이가》 계집 같은. ¶ *girlish* hesitancies 소녀다운 수줍음. ~**·ly** *adv.* ~**·ness** *n.* [원].
Gírl Scóut *n.* 걸 스카우트[미국의 Girl Scouts 단원]를 간단히 하는(팔아먹는).
girl·y [gə́ːrli] *adj.* **1** = girlish. **2** (= girlie) 여성의
girl·y-girl·y [gə́ːrligə̀ːrli] *adj.* 싱글어 소녀티를 낸.
Gi·ro [dʒáirou / dʒíərou] *n.* **1** 은행 대체 제도, 지로 제도, **2** 우편 대체 제도(National Giro).
Gi·ronde [dʒirɑ́nd / -rɔ́nd] *n.* 지롱드당[프랑스 혁명 당시, 자코뱅당(Jacobins)과 분리하여 결성된 온건한 공화주의자의 당. Gironde 현 출신의 국회 의원이 주도했다].
Gi·ron·dist [dʒirɑ́ndist / -rɔ́n-] *n.* 지롱드당원.
— *adj.* 지롱드당(원)의.
gíro sýstem *n.* 《英》《금융》 지로(대체) 제도.
*****gírt**¹ [gəːrt] *v.* gird¹의 과거·과거 분사형의 하나.
— *adj.* 《배가》 단단하게 매여 있는.
girt² [gəːrt] *vt.* **1** …을 띠로 매다, …에 띠로 감다 (gird). **2** …의 둘레를 재다. — *vi.* 둘레가 …이다
(girth). — *n.* UC 둘레의 길이, 둘레의 굵기; [우물 두툼한 면의] 실제 길이 측정.

girth [gəːrθ] *n.* UC **1** 둘레의 치수(거리), 굵기, [사람의] 허리 둘레. ¶ the *girth* of a tree trunk 나무 줄기의 굵기 / a belt for the man of more than average *girth* 허리 둘레가 표준보다 큰 사람을 위한 혁대. **2** [말 따위의] 뱃대끈(⇨ SADDLE 그림); [사람의] 혁대, 허리띠(girdle). — *vt.* **1** …을 뱃대끈으로 졸라매다, [말 따위에] 뱃대끈을 매다. **2** …을 둘러싸다, 에워싸다. **3** …의 둘레의 치수를 재다. — *vi.* 둘레(허리 둘레)가 …이다.
GIS(略) global information systems(지구 전체를 대상 범위로 한 정보 시스템); *G*eographic *I*nformation *S*ystem (지형 지리 국토 정보 시스템).
gis·mo [gízmou] *n.* (*pl.* **-mos**) = gizmo.
gis·si·mo [dʒísimou] *n.* 《속어》 [영국·미국 이외의 나라에서] 대원수; [중국 등의] 총통.
***gist** [dʒist] *n.* **1** 요점, 요지, 본질, 골자. ¶ the *gist* of an argument 논의의 요점. **2** [법률] 주요 소인(訴因).
git [git] *n.* 《英속어》 놈, 녀석.
git·tern [gítəːrn] *n.* guitar 비슷한 옛날 악기.
***give** [giv] *v.* (**gave, given, giv·ing**) *vt.*
— **Usage** give가 이중 목적어를 취하는 경우, 목적어의 양쪽이 대명사일 때는 보통 직접 목적어(주로 it)가 선행하며, 《美》에서는 Give it *to* me.의 경우처럼 to를 취하나, 《英》에서는 Give it me. 처럼 to를 취하지 않는 일이 많다.
1 [무상으로] [물건]을 주다, 증여하다. ¶ *give* a birthday present 생일 선물을 주다 / (~+图+前+名) *give* him half-a-dollar; *give* half-a-dollar *to* him 그에게 50센트를 주다 / He *gave* money *to* the poor. 그는 가난한 사람들에게 돈을 적선했다. * 수동형은 The poor were *given* money. 또는 Money was *given* [*to*] the poor.가 된다.
類編 *give* 「주다」 뜻의 가장 일반적인 말. **present** give 보다 딱딱한 말; 어떤 격식을 차린 증여 방식을 암시: *present* a retiring person with a watch 퇴직하는 사람에게 시계를 선물하다. **bestow** 위엄 있는 것을 주다: *bestow* a pennant upon a champion 우승자에게 페넌트를 주다. **confer** 명예·은혜 따위를 [종종 정중하게] 수여하다: *confer* a degree 학위를 수여하다. **grant** 권한을 가진 자가 요청에 따라 수여하다: *grant* permission 허가를 내주다.
2 [대가(代價)·교환으로] …을 주다, [돈]을 지불하다 (pay) (... *for*). ¶ (~+图+前+名) *give* a dollar *for* a magazine 잡지대로 1달러 지불하다 / He *gives* 100,000 won *to* his secretaries for a month's work. 그는 비서에게 10만 원의 월급을 준다 // (~+图+图) Let me *give* you 60 won for the ticket. 표값 60원을 지불하게 해 주시오 / How much will you *give* me for my car? 내 차를 얼마에 사시겠습니까? / I would *give* the world to have my health restored. 건강을 회복할 수 있다면 무엇이든 희생하겠다.
3 [명예·지위·권리·허가·임무 따위]를 주다, 수여 (부여)하다. ¶ (~+图+图) *give* a person a title 남에게 칭호를 주다 / *give* an actor a role 배우에게 역을 주다 / *give* women equal pay with men 여성에게 남성과 동일한 임금을 주다 / *Give* me permission to go. 저를 가게 해 주십시오 / She was *given* the name of Patricia. 그녀에게 는 패트리시아라는 이름이 주어졌다 / *Give* me liberty, or *give* me death. 나에게 자유 아니면 죽음을 달라 [Patrick Henry의 말].
4 [축복·격려·맹세 따위]를 주다, [애정·신뢰 따위]를 보내다. ¶ (~+图+图) *give* a person one's blessings 남을 축복함 주다 / *give* a person one's word for 남에게 …을 보증하다(맹세하다) // (~+图+前+名) *give* aid *to* a person 남에게 원조를 제공하다 / *give* one's good wishes *to* a person 남에게 행복을 기원하다 / *give* encouragement *to* a person 남을 격려하다 / *Give* my regards *to* your family. 가족 여러분에게 안부 전해 주십시오.

5 [시간·기회·여유 따위]를 주다, [일시]를 할당하다. ¶ I'll *give* you till tomorrow. 내일까지 여유를 주겠다 // (~+目+目) *Give* me a chance! 내게 기회를 달라! / *Give* me a day to think the problem over. 그 문제를 생각하는 하루만 여유를 주십시오 / *Give* yourself an hour to get there. 그곳에 도착하려면 한 시간 걸릴 것으로 잡으시오 / He *gave* us Saturday as our day of meeting. 그는 모임의 날짜를 토요일로 잡았다.

6 …을 넘겨주다, 인도하다, 교부하다; [의사가] [약]을 주다; 맡기다, 위탁하다(... *into*). ¶ (~+目+目) *Give* him a letter to mail. 그에게 편지를 부쳐 달라고 해라 / Please *give* me sugar. 설탕을 좀 건네 주십시오 // (~+目+前+名) *give* a suitcase to the porter 여행 가방을 짐꾼에게 넘겨주다 / *give* one's daughter *in* marriage 딸을 시집보내다 / *give* a child *into* the care of a person 아이를 남에게 맡기다.

7 [징조 따위]를 보이다(show), [성과·결과]를 나타내다, [계량기가] [수량]을 가리키다. ¶ *give* signs of an illness 병의 징조를 보이다 / The sky *gives* the promise of fine weather. 하늘을 보니 날씨가 좋아질 것 같다 / The thermometer *gives* 90° [Fahrenheit]. 온도계는 [화씨] 90도를 가리키고 있다 // (~+目+前+名) *give* to the public the result of one's studies 연구의 결과를 공표하다.

8 [지식·정보 따위]를 알리다, 전하다, 보도하다(communicate); [의견]을 말하다; [신호 따위]를 발하다; [판결 따위]를 내리다, 선고하다. ¶ *give* one's name 이름을 대다 / *give* news 뉴스를 전하다 / *give* explanations 설명하다 / *give* signs 신호하다 / *give* one's opinions 의견을 말하다 / *give* a hint 힌트를 주다 / The Times *gives* the full text of it. 타임즈지는 그 전문을 싣고 있다 / He *gave* no reason for his delay. 그는 늦은 이유를 말하지 않았다 // (~+目+目) *give* a person a good example 남에게 좋은 모범을 보이다 / The judge *gave* him 10 days. 판사는 그에게 10일간의 형을 선고했다 / Will you *give* me the right time? 정확한 시각을 좀 가르쳐 주십시오.

9 [목소리·음]을 내다, 발하다(emit); [소리내어] …을 말하다(utter). ¶ *give* a cry (a hiss) 소리를 지르다 (쉬 하고 말하다) / *give* three cheers 만세 삼창을 하다 / *give* a cough 기침을 하다 // (~+目+目, ~+目+前+名) *give* a person a greeting 남에게 인사하다 // (~+目+目, ~+目+前+名) *give* utterance *to* one's sentiments 의견을 발표하다 / *give* a command *to* the troops 군에 명령을 내리다.

10 〔동작을 나타내는 명사를 목적어로 하여〕…하다. ¶ *give* a jump 뛰다 / *give* a glance 일별하다 / *give* a pull 당기다 / *give* advice 충고하다 / *give* thanks 감사의 말을 하다 // (~+目+目) *give* a person a blow (a kiss) 남을패리다(키스하다) / *give* the cart a push 수레를 한번 밀다 / *give* it a good wash 그것을 잘 씻다.

11 …을 산출하다(produce); [슬픔·기쁨 따위의 감정]을 일으키게, 초래하다, [자연·물리적 작용의 결과로서] …을 발생시키다, 가져오다; [계산·측량의 결과로서] …을 가져오다. ¶ *give* good results 좋은 결과를 가져오다 / Cows *give* milk. 암소에서 우유가 나온다 / Flints *give* sparks. 부싯돌에서 불꽃이 튄다 / 84 divided by 12 *gives* 7. 84를 12로 나누면 7이 된다 // (~+目+目) *give* a person satisfaction 남에게 만족을 주다 / It *gives* me great pleasure. 그것은 내게 매우 기쁜 일이다.

12 …을 […에게] 돌리다(ascribe) (...*to*). ¶ (~+目+前+名) *give* all the glory *to* God 모든 영광을 신에게 돌리다 / They *give* the play to Shakespeare. 그들은 그 희곡을 셰익스피어작이라고 했다.

13 《보통 과거 분사형으로》[사고의 기초로서] …을 주다, 설정하다. ¶ *Given* health, the thing can be done. 건강하기만 하면 그것은 쉬운 일이다 / *Given* A and B, C follows. A 와 B 가 주어지면 C 를 얻을 수 있다.

14 [장소·좌석 따위]를 물려주다, 양보하다(concede). ¶ *give* ground 기반을 물려주다 / *give* a point in an argument 논쟁에서 한 걸음 물러서다 / I'll *give* you that point. 그 점에서는 네게 양보하겠다 // (~+目+前+名) I *gave* my seat *to* an old lady. 나는 할머니에게 자리를 양보했다.

15 [노력·목숨 따위]를 바치다(devote), 기울이다. ¶ *give* one's mind *to* a task 일에 전념하다 / *give* one's life *to* study 생애를 연구에 바치다 / *give* oneself *to* drinking 술에 빠지다.

16 [손해·이익·벌 따위]를 주다, 받게 하다, 가지게 하다; [병]을 옮기다. ¶ (~+目+目) *give* a man three months' imprisonment 어떤 사람을 3개월의 금고에 처하다 / She *gave* him her cold. 그녀는 그에게 감기를 옮겼다 / It *gave* his views a foundation of solid fact. 이로써 그의 견해는 확고한 사실을 바탕으로 갖게 되었다.

17 〔연회·연주회 따위〕를 갖다, 개최하다; …을 상연하다(perform). ¶ *give* a dinner (a concert) 만찬회(연주회)를 갖다 / *give* a play 연극을 상연하다 / *give* a song 한 곡 부르다 / *give* a passage 한 구절을 낭독하다 // (~+目+目) We *gave* him a farewell banquet. 우리는 그의 송별회를 가졌다.

18 …을 기술(記述)하다, 묘사하다(describe). ¶ (~+目+目) *give* [us] a circumstance as it really occurred 사태를 있었던 그대로 기술하다 / Shakespeare *gives* [us] human nature marvelously well. 셰익스피어는 인간의 본성을 놀랄만큼 잘 묘사하고 있다.

19 …을 보이다, 드러내다. ¶ (~+目+前+名) *give* the sail *to* the wind 돛이 바람을 받게 하다 / The army marched along the river, *giving* their right flank *to* the enemy. 군대는 우측을 적에게 드러낸 채 강을 따라 진군했다.

20 〔보통 to- 부정사와 함께〕[남]에게 …을 시키다, …을 할 수 있게 하다. ¶ (~+目+*to* do) You *gave* me *to* believe that the school meant more to you than anything. 너에게는 학교가 무엇과도 바꿀 수 없는 것임을 이제 나는 알게 되었다.

21 〔경치〕를 제공하다. ¶ The window *gives* the park. 그 창문에서는 공원이 보인다.

22 《美》…에게 전화를 연결하다. ¶ *Give* me Miss Kim, please. 〔전화에서〕김양을 부탁합니다.

23 〔전배의 인사로서〕…을 제안하다, …에 건배하다. ¶ (~+目+目) Ladies and gentlemen, now I *give* [you] the Queen. 신사 숙녀 여러분, 여왕을 위해서 건배합시다.

— *vi.* **1** [물건을] 주다, 선물을 보내다, 적선하다; 기부하다. ¶ (~+前+名) *give* generously *to* charity 아낌없이 기부하다 / *It is* more blessed *to give than to receive.* 주는 것이 받는 것보다 복이 있다 [←사도행전(Acts) 20:35].

2 [압력 따위로] 구부러지다, 휘다, 느슨해지다, 움푹 들어가다. ¶ The branch *gave* but didn't break. 나뭇가지는 휘었으나 부러지지는 않았다 / The ground *gave* under my feet. 발밑의 땅이 꺼졌다 / This sofa *gives* comfortably. 그 의자는 폭신폭신하여 기분이 좋다 / The foundations are *giving*. 기초가 흔들리고 있다.

3 [추위 따위가] 누그러지다. ¶ The frost *gives*. 추위가 풀린다.

4 순응하다, 호흡을 맞추다(*to*...). ¶ *give to* the motion of the horse 말의 움직임에 몸을 맞추다.

5 〔창·통로 따위가〕면하다(*on*, *onto*, *upon* ...), 통하다(*into*, *onto*...). ¶ (~+前+名) a window *giving on* the yard 뜰에 면한 창 / a wicket *giving into* an avenue 가로수길로 통하는 샛문 / The road *gives onto* the highway. 그 길은 간선 도로로 통한다.

6 《美구어》정보를 털어놓다. ¶ 양보하다.

give and take ① 의견을 교환하다. ② 타협하다; 서로 양보하다.

give away ① [선물로서] …을 주다, 물려주다. ¶ *give away* prizes 상을 수여하다. ② …을 포기하다. ¶ You have *given away* a good chance of success. 너는 아깝게도 성공할 좋은 기회를 놓쳤다. ③ [결혼식에서]

[신부]를 신랑에게 인도하다. ④ [의식적으로] [비밀 따위]를 누설하다 (reveal); [남]을 배반하다 (betray); 《속어》[무의식적으로] …을 폭로하다. ¶ Your face *gives away* your age. 네 나이는 얼굴을 보면 알 수 있다 / He was *given away* by one of his accomplices. 그는 공범자의 한 사람에게 배반당했다 / His dialect *gives* him *away*. 방언 때문에 그의 마각이 드러났다. ⑤《美》무너지다, 쓰러지다.

give back …을 돌려주다, 반환하다. ¶ *give* a thing *back* to the owner 물건을 주인에게 돌려주다 / *give back* insult for insult 모욕에 모욕으로 응수하다.

give a person (or a thing) **best** ⇒ BEST.

give forth ① [소리·냄새 따위]를 내다, 발하다(emit). ¶ A crow *gave forth* a gloomy note. 까마귀가 음산한 소리를 냈다. ② [책]을 출판하다 (publish). ③ …을 공표하다.

give ground ⇒ GROUND¹.

give in ① [서류 따위]를 제출하다. ② …을 공표하다. ③ 항복하다, 굴복하다 (yield) (*to*...). ¶ He's *given in* to my demand. 그는 나의 요구에 응했다.

give it a rest ⇒ REST.

give it to《美구어》; **give it**《英구어》…을 [호되게] 야단치다, 벌주다. ¶ He *gave it to* them for breaking one of the rules. 그는 그들이 규칙의 하나를 위반했기 때문에 호되게 야단쳤다.

Give it up!《구어》그만둬!, 헛수고 마!

give off [냄새·연기 따위]를 내다, 발하다(emit).

give out ① [냄새·소리 따위]를 내다, 발하다(emit). ② [명령 따위]를 내리다. ¶ He *gave out* orders that.... 그는 …이라는 명령을 내렸다. ③ …을 발표하다(announce), 전하다, 퍼뜨리다. ¶ 을 나누어 주다, 분배하다(distribute). ¶ He stood at the door *giving out* programs. 그는 입구에 서서 프로그램을 나누어 주었다. ⑤ [힘·저축 따위]이 나타나다, [기계 따위]이 고장나다(break down). ¶ The engine *gave out*. 엔진이 고장났다 / Our food supplies *gave out*. 식량이 떨어졌다. ⑥ 별 탈 없이 […]하다(말하다) (*with* ...). ¶ *give out* with the smile 웃음으로 답하다.

give over ① …을 인도하다, 맡기다, 양도하다. ¶ *Give* it *over* to me. 그것을 내게 넘기시오. ② …을 끝내다, 중지하다, 그만두다. ¶ He *gave over* all thoughts to his love. 그는 애인 생각을 일체 않기로 했다 / *Give over* teasing the cat. 고양이를 괴롭히는 짓은 그만두어라. ③《재귀용법》…을 […에] 빠지게 하다, 몰두하게 하다(...*to*). ¶ He *gave* himself *over* to laughter. 그는 마냥 웃음만 했다. ④《보통 수동형으로》…을 [어떤 목적에] 바치다(devote) (... *to*). ¶ The area was *given over* to a children's playground. 그 땅은 어린이 놀이터로 정해졌다. ⑤ (*vi*.) 멎다, 끝나다. ¶ The rain will soon *give over*. 비는 곧 멎을 거야.

give up ① …을 단념하다, 체념하다. ②《의사가》[환자]를 포기하다. ¶ *give up* an attempt 시도를 단념하다 / *give up* all hope 모든 희망을 버리다 / *give up* a puzzle 수수께끼가 풀리지 않는다고 단념하다 / The doctor *gave* him *up*. 의사는 그를 포기했다. ③ [습관 따위]을 포기하다, 그만두다(renounce). ¶ *give up* smoking 금연하다. ③ …을 인도하다(...*to*). ¶ *give* oneself *up* to the police 경찰에 자수하다.《재귀용법》…을 […에] 열중하게 하다, 몰두시키다(... *to*). ¶ *give* oneself *up* to drawing a picture 그림 그리기에 전념하다. ⑤《보통 수동형으로》[어떤 목적에] 바치다(devote) (... *to*). ¶ His weekends are *given up* to golfing. 그는 주말을 골프로 보내고 있다. ⑥ (*vi*.) *give way* ⇒ WAY¹.

— *n*. ⓤ [압력에 의한 물질의] 만곡, 휨, 함몰, 탄력성; [정신·성격의] 순응성, 유연성.

give-and-take [gív(ə)ntéik] *n*. ⓤ 1 공평한 거래 (교환); 상호 양보, 타협, 협조. 2 [농담을] 주고받기, [말·소리의] 교환, 응수.

give·a·way [gívəwèi] *n*. 1 [비밀 따위를] 무심코 누설하기, [고의가 아닌] 배신. 2 [손님을 끌기 위한] 경품 (premium). 3 [남을 속여서 버는] 부정한 거래. 4 [퀴즈 형식의] 참가자에게 상품을 주는 라디오·텔레비전 프로.

give·back [gívbæk] *n*.《美》[임금 인상 등의 대응 조치로 노동자에게 주어졌던] 혜택의 취소.

‡**giv·en** [gív(ə)n] *v*. give의 과거 분사.

— *adj*. 1 주어진, 정해진(fixed), 일정한, 규정의, in a *given* context 주어진 문맥에서는 / finish the work at a *given* time 규정 시간에 일을 끝내다. 2《서술용법》…에 빠져 버린(addicted), …하기를 좋아하는, …하는 경향이 있는(disposed) (*to*...). ¶ be *given to* talking 잡담에 열중하다 / be *given to* drinking 술에 빠지다 / Korean tourists are usually *given to* over-generosity in tipping. 한국인 여행자는 대개 팁을 너무 많이 주는 경향이 있다. 3 주어진, 주어진, 증여된. 4 [수학·논리] 주어진, 가정된. ⇒ GIVE *vt*. 13. ¶ *Given* that the radius is 20 cm, find the circumference. 반경을 20 cm 로 하고 그 원주를 구하여라. 5 [공문서가] 작성된. ¶ a communiqué *given* under my hand and sealed this 30th day of June 6월 30일 본인이 서명 날인한 성명서.

***given name** *n*. [성에 대하여] 이름(first name). ⇒ CHRISTIAN NAME 주의.

giv·er [gívər] *n*. 수여자, 기증자.

give-up [gívʌ̀p] *n*.《美》《증권》위탁자[명] 명시 거래 [위탁자가 결제할 의무를 진다]; [다른 증권업자에게] 수수료를 나누어주기, 나누어준 수수료.

giz·mo, gis- [gízmou] *n*.《美구어》교묘한 장치; 보잘 것없는 것.

giz·zard [gízərd] *n*. 1 [새의] 모래 주머니, 사낭 (砂囊). 2 《구어》[집합적] 내장, [특히] 위(stomach), 창자.

fret one's **gizzard** 걱정하다, 마음졸이다(worry).

stick in one's **gizzard** 입에 맞지 않다, 마음에 들지 않다.

Gk.《略》Greek.

Gl [화학] glucinum 의 원자 기호.

gla·brous [gléibrəs] *adj*. [동·식물] 털이 없는, 무모의.

gla·cé [glæséi / ´ - ´] *adj*. 1 얼음으로 차가와진, 얼어붙은(frozen). 2 [케이크 따위] 설탕을 입힌, 설탕에 버무린; [과일 따위] 설탕에 절인. 3 [키드 가죽·견직물 따위] 윤을 낸. — *vt*. (**-céed, -cé·ing**) 1 …에 윤을 내다. 2 …에 설탕을 입히다.

[<F *glacer* freeze, glaze]

gla·cial [gléiʃəl / gléiʃəl, glǽsiəl] *adj*. 1 얼음의, 빙하의. 2 빙하의 작용에 의한. ¶ *glacial* erosion 빙식(氷蝕). 3 혹한의. 4 얼음같이 찬, 냉정한, 냉담한(icy). 5 [화학] [어떤 종류의 산 따위]의 얼음 모양의, 빙상 결정(結晶)의. **~·ly** [-ʃəli] *adv*.

glácial acétic ácid *n*. ⓤ [화학] 빙초산 [겨울에는 결정 상태가 되는 농초산].

glácial époch *n*. 1 (the ~) 빙하 시대, 빙하기, 빙기. 2 (=**glácial périod**) (the ~) 갱신세(更新世) [지질학적으로 가장 새로운 빙하 시대].

gla·cial·ist [gléiʃəlist / gléiʃəl-] *n*. 빙하 학자.

gla·ci·ate [gléiʃièit / glǽsièit, gléisi-] *v*. (**-at·ed, -at·ing**) *vt*. 1 …을 얼음으로 덮다. 2 …에 빙하 작용을 미치다. 3 …을 빙결시키다, 얼게 하다.

— *vi*. 얼다, 얼음(빙하)으로 덮이다.

gla·ci·a·tion [glèiʃiéiʃən / glèisi-] *n*. ⓤ 얼음(빙하)으로 덮기, 빙하 작용; 빙결(氷結).

gla·cier [gléiʃər / glǽsjə, gléisjə] *n*. 빙하.

gla·ciered [gléiʃərd / glǽsjəd, gléisjəd] *adj*. 빙하로 덮인, 빙하가 있는.

gla·ci·ol·o·gy [glèiʃiálədʒi / glèisiɔ́l-] *n*. ⓤ 빙하학.

gla·cis [gléisis / glǽsis] *n*. (*pl*. **gla·cis** [-si(:)z] *or* **gla·cis·es**) 1 완만한 비탈. 2 [요새 전면의] 비스듬한 제방.

‡**glad**¹ [glæd] *adj*. (**glad·der, glad·dest**) 1《서술용법》

즐거운, 기쁜, 기꺼운, 만족한(at, of, about...). ¶ I'm *glad* of your company. 당신이 동석해 주셔서 기쁩니다 // I am *glad* that he has come. 그가 와 주어서 기쁩니다 // I'm very *glad* to see you. 만나 뵙게 되어 매우 기쁩니다 / I am very *glad* to hear the news. 그 소식을 듣고 정말 기쁩니다 / I should be very *glad* to hear it. 《반어적》그것은 꼭 듣고 싶군 / I'll be very *glad* to do anything you say. 당신의 분부라면 무엇이든 기꺼이 하겠습니다.
[類語] **glad** 기쁨으로 마음이 설레는: be *glad* of one's success 자기의 성공을 기뻐하다. **happy** 소망이 달성되어, 또는 행운에 만족하고 있는: be *happy* about one's marriage 자기의 결혼 생활에 행복을 느끼다 / be *happy* with one's station in life 자기의 사회적 지위에 만족하고 있다. **cheerful** 기쁜분, 쾌활한; 특정한 원인이건, 기질적인 것이건 상관없다: a *cheerful* voice 명랑한 목소리. **joyful, joyous** 는 교환 가능한 경우가 많으나, joyful 은 어떤 특정 원인으로 실제로 기뻐하고 있음을 뜻하고, joyous 는 기쁨을 가져오는 성질임을 뜻한다: a *joyful* expression 기쁨에 넘치는 표정 / *joyous* news 기쁜 소식.
2 《한정용법》《표정·말 따위가》기쁜 듯한; 《사건·소식 따위가》기쁜, 즐거운. ¶ a *glad* smile 기쁜 미소 / *glad* tidings (*or* news) 기쁜 소식. **3** 밝은, 쾌활한 기 넘치는. ¶ a *glad* spring morning 빛나는 봄날 아침.
◇ gládden *v.*
glad[glæd] *n.* 《구어》글라디올러스(gladiolus).
glad·den[glǽdn] *vt.* 【남】을 기쁘게 하다(make glad), 기운나게 하다, 활기띠게 하다. — *vi.* 《폐어》기뻐하다, 즐거워하다.
glade[gleid] *n.* 숲속의 빈터(clearing).
glád èye *n.* (the ~) 《구어》추파. ¶ give a person the *glad eye* 남에게 추파를 던지다.
glád hànd *n.* (the ~) 《구어》[정성어린 또는 과장된] 환영. ¶ give a person the *glad hand* 남을 진심으로 환영하다.
glad-hand[glǽdhæ̀nd] *vt.* 《구어》【남】을 환영하고, 접대하다. 〖남〗에게 아양을 떨다.
glad-hand·er[glǽdhæ̀ndər] *n.* 환영하는 사람, 접대부.
glad·i·a·tor[glǽdièitər] *n.* **1** [고대 로마의] 검투사(劍鬪士). **2** 논객(論客), 투사.
glad·i·a·to·ri·al[glæ̀diətɔ́:riəl, -tɔ́:-] *adj.* 검투사 〖의 관한〗; 논객(論客)에 관한〗.
glad·i·o·la[glædióulə] *n.* =gladiolus.
glad·i·o·lus[glædióuləs] *n.* **1** (*pl.* **-lus** *or* **-li** [-lai] *or* **-lus·es**) 글라디올러스. **2** (*pl.* **-li**) 《해부》흉골체(胸骨體).
glád·ly[glǽdli] *adv.* 기꺼이, 쾌히.
***glad·ness**[glǽdnis] *n.* ⓤ 기쁨, 즐거움.
glád ràgs *n. pl.* 《속어》나들이 옷, 《특히》야회복.
glad·some[glǽdsəm] *adj.* **1** 기쁘게 하는, 기쁜, 즐거운(delightful). **2** 기뻐하는, 즐거워 보이는, 기쁜 보이는(glad). **~·ly** *adv.* **~·ness** *n.*
Glad·stone[glǽdstòun / -stən] *n.* **1** (=**Gládstone bàg**) 〖한 가운데서 양쪽으로 열리는〗소형 여행 가방. **2** 2인승의 4륜 유람 마차. 〖영국의 정치가 William Ewart Gladstone(1809-98)에서 유래〗
Glad·sto·ni·an[glædstóuniən, -njən] *adj., n.* Gladstone 파(派)의 〖사람〗.
glair, glaire[glɛər] *n.* **1** 달걀의 흰자위, 난백(卵白). **2** 난백으로 만든 유매제, 도사(陶砂). **3** 난백 같은 물질. — *vt.* (**glaired, gláir·ing**) ...에 유매를 바르다.
glair·e·ous[glɛ́(:)riəs / glɛ́ər-] *adj.* 《고어》=glairy 1.
glair·y[glɛ́(:)ri / glɛ́əri] *adj.* (**gláir·i·er, gláir·i·est**)

1 난백 모양의, 난백질의. **2** 윤내는 약을 바른.
glaive[gleiv] *n.* 《고어》검(sword), 《특히》폭이 넓은 검.
glam·or[glǽmər] *n.* =glamour.
glam·or·ize[glǽməràiz] *vt.* (-**ized, -iz·ing**) ...을 매력 있게 하다, 돋보이게 하다.
glam·or·ous[glǽm(ə)rəs] *adj.* **1** 매력적인, 황홀하게 하는. **2** 흥분과 모험에 찬. **~·ly** *adv.*
***glam·our, glam·or**[glǽmər] *n.* ⓤⓒ **1** 황홀하게 하는 매력, 신비로운 매력, 사람을 매혹하는 아름다움. ¶ the *glamour* of the tropics 열대의 매력. **2** 마음의 동요. **3** 마법, 마술(magic). ¶ be under a *glamour* 마법에 걸려 있다 / cast (*or* throw) the *glamour* over ... 에 마법을 걸다; ...을 홀리다.
◇ glámorous *adj.*, glámorize *v.*
glámour bòy *n.* 《특히 배우·탐험가 등》매력적인 남자.
glámour gìrl *n.* 《특히 여배우·모델 등》매력 있는 미인.
glámour pùss *n.* 《美속어》굉장히 매력적인 얼굴을 가진 사람.
***glance**¹[glæns / glɑ:ns] *v.* (**glanced, glanc·ing**) *vi.* **1** 힐끗 보다(at...); 대충 훑어보다(over, through...). ¶ (~+前+名) *glance about* 주위를 힐끗 보다 // *glance at* the morning headlines 조간의 큰 제목을 대충 훑어보다 / *glance over* (*or* through) a magazine 잡지를 대충 읽다. **2** 〖금속 따위가〗빛을 반사하여 반짝 빛나다; 〖빛이〗번득이다(flash). ¶ *glance* back 반사하다, 되비치다. **3** 〖화살·탄환 따위가〗비스듬히 맞고 퀴다(off...). ¶ (~+前+名) The bullet *glanced* off his metal shield. 탄환은 그의 금속제 방패에 맞고 튀어나갔다 / A small flat stone *glanced* across the stream. 납작한 작은 돌이 수면을 튀어서 강 저쪽으로 날아갔다. **4** 〖이야기가〗벗어나다(from, to...); 〖이야기하는 사람이〗시사하다, 잠깐 언급하다(at...). ¶ (~+前+名) *glance off* (*or* from) the subject 그 화제에서 벗어나다 / *glance at* the relations ...의 관계에 잠시 언급하다(시사하다).
— *vt.* 《고어》**1** ...을 힐끗 보다; ...을 대충 훑어보다. **2** 〖빛〗을 던지다, 반사시키다. **3** ...을 스치다; ...을 시사하다.
— *n.* **1** 힐끗 보기, 일별, 일견, 눈짓(at, into, over ...). ¶ at a (*or* first) *glance* 첫 눈에, 한번 보고 / exchange *glances* 서로 눈짓하다 // steal a *glance* at ...을 슬쩍 보다 / take a *glance* at (*or* into, over) ...을 힐끗 보다, 일별하다.
[類語] **glance** 재빨리 슬쩍 시선을 던지기: cast a *glance* at a picture 그림을 힐끗 보다. **glimpse** 한번의 glance 로 눈에 들어올 정도의 작고 불완전한 광경·모습: get a *glimpse* of London 런던을 잠시 훑어보다.
2 번득임, 섬광(flash, gleam). ¶ the first *glance* of sunlight 햇살의 번득임. **3** 시사, 암시, 넌지시 비꼬는 말. **4** 〖탄환·광선의〗되킴. **5** 〖크리켓〗공을 옆으로 보내는 타격.
glance²[glæns / glɑ:ns] *n.* ⓤ 〖광물〗휘광(輝鑛). ¶ silver *glance* 휘은광 / copper *glance* 휘동광.
glanc·ing[glǽnsiŋ] *adj.* **1** 힐끗 보이는, 반짝 반짝 빛나는, 번득이는. **2** 〖타격·탄환 따위가〗빗나가는.
glanc·ing·ly[glǽnsiŋli / glɑ́:ns-] *adv.* 〖빛을 반사하여〗반짝거리며.
***gland**[glænd] *n.* **1** 〖해부〗선(腺). ¶ the sweat *glands* 한선(汗腺). **2** 〖식물〗꿀을 분비하는 선.
glan·dered[glǽndərd] *adj.* 〖獸醫〗비저(鼻疽)에 걸린.
glan·der·ous[glǽndərəs] *adj.* 〖獸醫〗비저의.
glan·ders[glǽndərz] *n. pl.* 〖단수 취급〗〖獸醫〗비저〖말·당나귀 따위의 전염병〗.
gland·i·form[glǽndifɔ̀:rm] *adj.* **1** 선 상(腺 狀)의. **2** 〖드물게〗견과(堅果) 모양의(acorn-shaped).
glan·du·lar[glǽndʒulər / -dju-] *adj.* 선(腺)이 있는,

glandular féver n. 〔병리〕선열(腺熱), 전염성 단핵 증(單核症).
glan·dule [glǽndʒuːl / -djuː] n. 〔해부〕소선(小腺).
glan·du·lous [glǽndʒuləs / -djuː-] adj. =glandular.
glans n. (pl. **glan·des** [glǽndiːz]) 1 〔해부〕귀두(龜頭). 2 〔식물〕총포(總苞)로 덮인 견과(堅果).

‡**glare**¹ [glɛər] n. 1 반짝이는 빛, 눈부신 빛. ♦ BLAZE 類語. ¶ the glare of footlights 눈부신 각광. 2 노려보기, 날카로운 눈초리(눈빛). ¶ A lion stalks with piercing glares. 사자가 날카로운 눈으로 어슬렁어슬렁 걷고 있다. 3 눈에 띔, 야함, 화려함(showiness). ¶ in the full glare of publicity 유난히 눈에 띄어.
— v. (glared, glar·ing) vi. 1 눈부시게 빛나다, 번쩍번쩍 빛나다. ♦ SHINE 類語. ¶ Miles of frozen snow glared in the sunlight. 몇 마일이나 계속되는 얼어붙은 눈이 햇빛에 반짝였다. 2 노려보다, 눈을 부릅뜨다(at, on, upon ...). ¶ (~+前+名) The lion glared at its prey. 사자는 먹이를 노려보았다. 3 〔고어〕야하게 보이다, 몹시 눈부시다, 지나치게 눈에 띄다. — vt. 〔날카로운 눈초리로〕〔적의(敵意) 따위〕를 나타내다. ¶ They glared defiance at each other. 그들은 서로 대들 것 같은 표정을 지었다. ◇ gláry¹ adj.

glare² [glɛər] n. 〔얼음 따위의〕빛나는 매끈한 표면.
glar·ing [glɛ́(ː)riŋ / glɛ́ər-] adj. 1 눈부신, 반짝거리는. 2 〔색이〕지나치게 눈에 띄는, 야한. 3 너무나 명백한, 뻔한. ¶ a glaring lie 뻔한 거짓말. 4 노려보는 듯한, 눈을 부라리는. **-ly** adv. **-ness** n.

glar·y¹ [glɛ́(ː)ri / glɛ́əri] adj. (glar·i·er, glar·i·est) 반짝반짝 빛나는, 눈부신(glaring).
glar·y² [glɛ́(ː)ri / glɛ́əri] adj. (glar·i·er, glar·i·est) 〔氷〕〔얼음처럼〕반드러운, 매끈매끈한.
glas·nost [ɡlɑ́ːsnəst] n. 〔러시아〕글라스노스트, 〔정보의〕개방, 공개 〔1986년 perestroĭka 정책과 더불어 Gorbachev 가 취한 개방 정책〕.
[<Russ glasnost make public]

‡**glass** [glæs / glɑːs] n. 1 [U] 유리. ¶ colored glass 색유리 / ground glass 젖빛 유리 / plate glass 판유리.
2 [U] 유리 모양(질)의 물질.
3 컵, 글라스, 텀블러[바닥이 넓은 큰 술잔]; 한 컵의 양 (glassful); 술(drink). ¶ a glass of water 한 컵의 물 / enjoy one's glass 술을 즐기다 / be fond of one's glass 술을 좋아하다 / have a glass 술을 한잔 하다 / have a glass too many 과음하다, 약간 취하다.
4 거울(mirror), 창유리(windowpane), 온실(greenhouse); 청우계(barometer), 온도계(thermometer), 모래시계(hourglass); 렌즈(lens), 오페라 글라스(opera glass), 망원경(telescope); 현미경(microscope); To- matoes grown under glass 온실 재배한 토마토 / look in the glass 거울을 보다.
5 (~es) 안경(spectacles), 쌍안경(binoculars). ¶ a pair of glasses 한 쌍의 안경(쌍안경).
6 [U]〔집합적〕유리 제품(glassware). ¶ glass and china 유리 그릇과 도자기.
as clear as glass 아주 분명하여. ¶ What they want is as clear as glass. 그들이 원하고 있는 것이 무엇인지는 명약 관화하다.
— vt. 1 …에 유리를 끼우다; …을 유리로 덮다; …을 유리 그릇에 넣다. 2 …을 망원경 · 쌍안경 따위로 보다. 3 《보통 재귀용법》〔자기〕를 반영하다, 〔자신의 그림자〕를 비치다(reflect). ¶ Hills glass themselves in the lake. 호수에 산그림자가 비치고 있다.
— adj. 유리의(로 만든), 유리로 덮인. ¶ a glass bottle 유리병 / a glass window 유리창.
◇ glássy adj., glaze v.

gláss árm n. 근육이 금방 저리고 통증이 오는 팔〔야구 · 정구 따위의 선수에게서 볼 수 있다〕.
gláss blóck(brick) n. 유리 블록〔보통 직육면체의, 유리로 만든 건축 재료〕.
gláss blówer n. 유리병을 만드는 직공.

gláss blówing n. [U] 유리 불기, 유리 그릇 제조.
gláss céiling n. 유리 천정; 〔美〕〔특히 여성의 승진에〕눈에 보이지 않는 차별(장벽, 편견).
gláss clóth n. 1 유리 그릇을 닦는 헝겊, 안경 닦는 헝겊. 2 [U] 유리 섬유로 짠 헝겊; 유리 직물.
gláss cúlture n. [U] 온실 재배.
gláss cútter n. 1 유리 절단공; 유리 세공장(細工匠). 2 유리 절단; 그 기구.
gláss dúst n. 〔연마용(研磨用)〕유리 가루.
gláss éye n. 1 유리로 만든 의안(義眼). 2 〔말의〕흑내장(黑內障).
gláss fíber n. 유리 섬유, 글라스 파이버.
glass·ful [ɡlǽsfùl / ɡlɑ́ːs-] n. 컵(글라스) 한 잔[의 양]. ¶ two glassfuls of cola 콜라 두 잔의 콜라.
glass·house [ɡlǽshàus / ɡlɑ́ːs-] n. (pl. **-hous·es** [-hàuziz]) 1 유리 공장(glassworks). 2 《주로 英》온실(greenhouse). 3 《英軍 속어》영창.
glásshòuse effèct n. 〔기상〕= greenhouse effect.
classification prócess [ɡlæsifikéiʃ(ə)n- / ɡlɑ́ːs-] n. 〔방사능 폐기물의〕유리 처리법.
glass·ine [ɡlæsíːn] n. [U] 글라신지(紙)〔얇고 질기며 광택이 나는 반투명한 종이; 책커버나 식품 포장에 쓰임〕.
glass·i·va·tion [ɡlæsivéij(ə)n / ɡlɑ́ːs-] n. [U] 〔전자공학〕글라시베이션〔이산화 실리콘으로 반도체 칩의 표면을 보호 안정화하는 방법〕.
gláss jáw n. 〔특히 권투선수의〕가벼운 펀치에도 약한 턱.
glass·mak·er [ɡlǽsmèikər / ɡlɑ́ːs-] n. 유리 제조인.
glass·mak·ing [ɡlǽsmèikiŋ / ɡlɑ́ːs-] n. [U] 유리〔기구〕제조술(업).
glass·man [ɡlǽsmən / ɡlɑ́ːs-] n. (pl. **-men** [-mən]) 유리장이, 유리 제조업자, 유리 끼우는 직공.
gláss pàper n. [U] 유리 가루를 먹인 사지(砂紙); 유리 섬유로 만든 종이.
gláss snàke n. 유리뱀〔미국 남부산(産)의, 뱀 퍼져럼 약하고 긴 꼬리가 있는 발 없는 도마뱀〕.
gláss tánk n. 유리 용해로(溶解爐).
*****gláss·ware** [ɡlǽswɛ̀ər / ɡlɑ́ːs-] n. [U]〔집합적〕유리 제품, 유리 그릇(기구)(glasswork).
gláss wóol n. 유리솜〔양털 모양으로 만든 유리 섬유; 단열 · 흡음 · 전기 절연 따위에 쓰인다〕.
glass·work [ɡlǽswə̀ːrk / ɡlɑ́ːs-] n. [U] 1 유리〔제품〕제조(업). 2 유리 끼우기. 3〔집합적〕유리 제품(glassware). 4 〔세공인〕.
glass·work·er [ɡlǽswə̀ːrkər / ɡlɑ́ːs-] n. 유리공.
glass·works [ɡlǽswə̀ːrks / ɡlɑ́ːs-] n. pl. 《단수 취급》유리 공장.
glass·wort [ɡlǽswə̀ːrt / ɡlɑ́ːs-] n. 통통마디〔예전에는 이 식물을 태워 그 재에서 유리 제조용 소다를 채취했다〕.
*****glass·y** [ɡlǽsi / ɡlɑ́ːs-] adj. (glass·i·er, glass·i·est) 1 유리 모양의; 유리(거울) 같은, 투명한, 매끄러운. ¶ a glassy surface of the lake 거울처럼 잔잔한 호수면. 2 〔눈이〕흐릿한, 생기가 없는, 멍하니 바라보는. ¶ glassy eyes 흐릿한 눈 / a glassy stare 흐리멍덩한 응시.
— n. (pl. glass·ies) 유리구슬(marble).
gláss·i·ly adv. **gláss·i·ness** n.
gláss·y-éyed [ɡlǽsiàid / ɡlɑ́ːsi-] adj. 멍청한〔표정의〕, 눈이 흐리멍덩한, 〔취해서〕눈이 충혈된; 멍하게 보이는.〔주민〕.
Glas·we·gi·an [ɡlæswíːdʒ(i)ən] adj., n. Glasgow 의.
Gláu·ber's sált [ɡláubərz-] n. [U] 글라우버염(塩), 망초(芒硝)〔설사약〕.
glauco- gleaming, silvery, bluish-green, bluish-gray 의 뜻의 연결형(* 모음 앞에서는 glauc-를 쓴다). 예: glauconite (해록석(海綠石)), glaucoma.
glau·co·ma [ɡlɔːkóumə, +美 ɡlau-] n. [U]〔안과〕녹내장.
glau·co·ma·tous [ɡlɔːkóumətəs, +美 ɡlau-] adj. 〔내과〕녹내장의.
glau·cous [ɡlɔ́ːkəs] adj. 1 녹회색의, 엷은 청록색

glaze [gleiz] *v.* (**glazed, glaz·ing**) *vt.* **1** 〖창 따위에〗 유리를 끼우다, …을 유리로 둘러싸다(덮다). ¶ *glaze a window* 창에 유리를 끼우다 // (~+目+圖) *glaze in a porch* 현관을 유리로 둘러싸다. **2** 〖종이·가죽·도자기 따위〗에 윤을 내다, 유약(釉藥)을 바르다; 〖그림에〗 투명한 겉칠을 하다; 〖요리〗〖음을 내기 위해〗〖고기·생선 따위에〗양념장 따위를 바르다, 〖과자〗에 설탕 따위를 입히다. ― *vi.* **1** 유리 같은 윤(광택)이 나다. **2** 〖질병 따위로 눈이〗 흐릿해지다.
― *n.* ⓒⓊ **1** 광택〖이 나는 표면〗. **2** 윤내는 약, 유약; 〖요리〗 글레이즈〖당의(糖衣)·조미로 된 국물 따위〗. **3** 〖美〗〖기상〗 우빙(雨氷) 〖〖英〗 glazed frost〗.
◇ **glass** *n.*, **glázy** *adj.*

glazed [gleizd] *adj.* **1** 유약을 바른, 윤을 낸. ¶ *glazed* bricks 오지 벽돌. **2** 유리를 끼운. **3** 〖눈이〗 흐린.

gláźed fróst *n.* 〖英〗 = glaze *n.* 3.

gláźed páper *n.* 유광지(有光紙).

glaz·er [gléizər] *n.* 유약(釉藥)을 바르는 직공; 윤내는 직공, 유내는 기구.

gla·zier [gléiʒər / -zjə] *n.* 유리장이. ¶ Is your father a *glazier*? 〖익살〗 앞을 막아서면 보이지 않아요.

gla·zier·y [gléiʒəri / -zjə-] *n.* ⓊⒸ (*pl.* -**zier·ies**) 유리장이 일.

glaz·ing [gléiziŋ] *n.* **1** 유리 끼우는 일. **2** Ⓤ 유약 바르기, 광택을 내기, 겉칠. **3** 윤내는 약, 겉칠 재료. **4** 광택제를 바른 표면.

glaz·y [gléizi] *adj.* (**glaz·i·er, glaz·i·est**) **1** 유리 같은. **2** 광택제처럼 빛나는, 번들번들하는. **3** 〖눈이〗 흐릿한.

GLC (略) *Greater London Council* (대런던 시의회).

GLCM (略) 〖군사〗 *ground-launched cruise missile* (지상 발사 순항(巡航) 미사일).

gld. (略) *guilder*.

‡**gleam** [gliːm] *n.* **1** 희미한 빛, 어슴푸레한 빛. **2** 섬광(閃光)(beam), 번득임, 빛남. **3** 〖희망·감정 따위의〗 번득임. ¶ a *gleam* of wit 기지(機智)의 번득임.
― *vi.* **1** 미광을 발하다, 희미하게 빛나다. ⇒ SHINE 類語 **2** 〖희망·생각 따위가〗 갑자기 나타나다, 번득이다. ¶ Courage *gleamed* in her eyes. 그녀의 눈에는 용기가 번득였다.

gleam·er [glíːmər] *n.* 얼굴의 윤기를 돋우어주는 화장품.

gleam·y [glíːmi] *adj.* (**gleam·i·er, gleam·i·est**) 희미하게 빛나는, 어슴푸레한.

‡**glean** [gliːn] *vt.* **1** 〖베고 남은 또는 떨어진 이삭 따위〗를 줍다(pick up), 모으다. ¶ *glean* the corn that is left 베고 남은 곡식을 줍다 / *glean* a field 밭의 이삭 남은 것을 모으다. **2** 〖정보 따위〗를 모으다(gather); 발견하다. ¶ *glean* news (information) 뉴스(정보)를 모으다. ― *vi.* **1** 베고 남은 것을 모으다, 떨어진 이삭을 줍다. **2** 〖정보 따위의〗 단편을 모으다, 수집하다.

glean·er [glíːnər] *n.* 이삭 줍는 사람, 수집하는 사람.

glean·ing [glíːniŋ] *n.* **1** Ⓤ 베고 남은 것을 모으기, 이삭 줍기; 〖정보 따위의〗 단편적인 수집. **2** (보통 ~s) 베고 남은 것, 떨어진 이삭; 〖정보 따위의〗 집록(集錄), 선집(選集).

glebe [gliːb] *n.* **1** Ⓤ 〖고어〗 흙, 토양(soil); 밭, 경지(耕地). **2** 〖英〗 성직령(聖職領) 경지, 교구 교회 소속 경작지.

*‡**glee** [gliː] *n.* **1** Ⓤ 기쁨, 환희; 기뻐서 날뜀. ¶ in high *glee*; full of *glee* 아주 기뻐서, 기뻐 날뛰며. **2** 〖무반주〗 합창곡.

glée clúb *n.* 합창단, 글리 클럽.

glee·ful [glíːfəl] *adj.* 기뻐 날뛰는; 매우 기쁜; 명랑한, 유쾌한(merry). ¶ in a *gleeful* mood 기분이 아주 좋아서. ~**·ly** [-fəli] *adv.* ~**·ness** *n.*

glee·man [glíːmən] *n.* (*pl.* -**men** [-mən]) 〖고어〗 음유 시인(吟遊詩人); 방랑 가객(歌客).

gleep [gliːp] *n.* 〖원자로〗 글리프[저(低) 에너지 실험용 원자로〗. [< *g*raphite *l*ow *e*nergy *e*xperimental *p*ile]

glee·some [glíːsəm] *adj.* 〖고어〗 = gleeful.
~**·ly** *adv.* ~**·ness** *n.*

gleet [gliːt] *n.* Ⓤ 〖병리〗 **1** 만성 요도염. **2** 〖말 따위의〗 만성 비공염(鼻孔炎).

glen [glen] *n.* 골짜기, 협곡(峽谷).

glen·gar·ry [glengǽri] *n.* (*pl.* -**ries**) 글렌가리 모자 〖스코틀랜드 고지 사람의 썰 없는 모자〗.

gle·noid [glíːnɔid] *adj.* 〖해부〗 천와(淺窩)가 있는, 관절와가 있는. ¶ the *glenoid* cavity 관절와.

gli·a [gláiə, glíːə] *n.* 〖해부〗 글리아, 신경교(膠) (neuroglia).

glib [glib] *adj.* (**glib·ber, glib·best**) **1** 입이 가벼운, 잘 재잘거리는, 입심 좋은. ⇒ FLUENT 類語 ¶ a *glib* talker 구변 좋은 사람 / a *glib* speech 청산 유수 같은 구변. **2** 〖동작〗 경쾌한. ~**·ly** *adv.* ~**·ness** *n.*

‡**glide** [glaid] *v.* (**glid·ed, glid·ing**) *vi.* **1** 미끄러지다, 미끄러지듯이 움직이다(⇒ SLIDE 類語); 〖물이나 강이〗 소리없이 흐르다. **2** 〖시간 따위가〗 어느덧 지나가다(along, away, by). ¶ (~+圖) The years *glided* by. 세월이 어느덧 지나가 버렸다. **3** 조용히 가다, 살그머니 가다(in, out; from …). ¶ (~+圖+名) She *glided* from the room. 그녀는 살며시 방에서 나갔다. **4** 〖항공〗 〖비행기가 엔진을 끄고〗 활공(滑空)하다. **5** 〖음악〗〖음을 끊지 않고〗 연결지어 노래(연주)하다(slur). ― *vt.* **1** …을 미끄러지게 하다, 미끄러지듯이 움직이다. **2** 〖음악〗〖음〗을 이어서 노래(연주)하다. ― *n.* **1** 활주, 미끄러지듯한 움직임, 소리없이 가기. **2** 〖댄스에서〗 미끄러지듯한 동작, 글라이드. **3** 〖음악〗 슬러, 활창(滑唱)(slur). **4** (~s) 〖음성〗 a) 이동음(移動音), 연결음(= length of 미국 발음에서 [θ] 음 앞에서 나는 [k]음). **b**) 반모음(半母音)〖예를 들면 wet 의 [w]의 음〗.

glíde bòmb *n.* 〖군사〗활공 폭탄.

glide-bomb [gláidbɑ̀m / -bɔ̀m] *vt.* …을 활공 폭격하다.

glid·er [gláidər] *n.* **1** 미끄러지는 것(사람). **2** 〖항공〗 글라이더, 활공기. **3** 흔들의자, 그네 의자〖베란다 따위에 쓴다〗.

glid·ing [gláidiŋ] *adj.* 미끄러지는; 활주하는. ― *n.* Ⓤ 미끄러지기, 활주. ~**·ly** *adv.*

glíding ángle *n.* 〖항공〗 활공각(滑翔角).

glim [glim] *n.* **1** 〖속어〗 **1** 불빛, 등불, 양초(candle). ¶ douse the *glim* 〖속어〗불을 끄다. **2** 눈(eye). **3** 〖스코〗한 조각, 작은 조각. [< GLIM(MER)]

*‡**glim·mer** [glímər] *n.* **1** 희미한 빛, 미광(gleam). **2** 희미한(어렴풋한) 인식(감지). ¶ have a *glimmer* of the fact 사실을 어렴풋이 알아채다. ― *vi.* **1** 희미하게 빛나다, 깜빡거리다(twinkle), 명멸하다. **2** 어렴풋이 느끼다; 희미하게 나타나다.

*‡**glim·mer·ing** [glíməriŋ] *n.* **1** 희미한 빛, 미광. **2** 홀끗 보기(glimpse). **3** 막연한 짐작(느낌). ¶ have a *glimmering* of the truth 진상을 어렴풋이 감지하고 있다. ― *adj.* 희미하게 빛나는, 명멸하는; 어렴풋한. ~**·ly** *adv.*

‡**glimpse** [glimps] *n.* **1** 힐끗 보기, 일별(一瞥), 일견. ⇒ GLANCE 類語 ¶ catch (*or* get) a *glimpse* of …을 힐끗(얼핏) 보다, 일별하다. **2** 얼핏 나타나기. **3** 어렴풋이 알아채기. **4** 〖고어〗〖빛의〗 희미한 번쩍임, 섬광.
― *v.* (**glimpsed, glimps·ing**) *vt.* …을 힐끗 보다. ― *vi.* **1** 힐끗 보다(*at*…). **2** 〖고어〗희미하게 보이다.

*‡**glint** [glint] *vi.* 번쩍 빛나다, 반짝이다; 반사하다. ¶ The cat's eyes *glinted* in the darkness. 어둠 속에서 고양이의 눈이 반짝 빛났다. ― *vt.* …을 반짝이게 하다, 반사시키다. ¶ (~+目+圖) A mirror *glints* back light. 거울은 빛을 반사한다. ― *n.* 반짝임, 번쩍임(flash), 섬광.

gli·o·ma [glaióumə, gliː-] *n.* (*pl.* -**ma·ta** [-mətə] *or* -**mas**) 〖병리〗 신경 교종(膠腫) 〖중앙의 일종〗.

glis·sade [glisá:d, -séid] *n.* **1** [등산] 글리사드[눈이 쌓인 험한 비탈을 피켈로 제동을 걸면서 미끄러져 내려오기]. **2** [춤] 글리사드, 활보(滑步). — *vi.* (-sad·ed, -sad·ing) 제동 활강(滑降)하다; [춤] 활보로 추다.

glis·san·do [glisá:ndou] *n.* (*pl.* -di [-di:]) [음악] 글리산도[악절], 활주법(滑奏法).

glis·ten [glísn] *vi.* 반짝반짝 빛나다, 번쩍거리다. ⇨ SHINE 類語 — *n.* 반짝임, 빛남, 섬광.

glis·ten·ing·ly [glísniŋli] *adv.* 번쩍번쩍 빛나서[거리며].

glis·ter [glístər] *v., n.* 《고어》 =glitter.

glitch [glitʃ] *n.* 《속어에서》 갑작스러운 고장.

‡glit·ter [glítər] *vi.* **1** 반짝이다, 반짝반짝 빛나다. ⇨ SHINE 類語 ¶ *All is not gold that glitters.* 《속담》 번쩍인다고 모두 다 금은 아니다, 외양은 믿을 것이 못된다. **2** [복장·장식 따위가] 야단스럽다 (be showy), 야하다, 남의 눈을 끌다. ¶ (~+前+名) *oratory glittering with illustrations* 실례를 인용한 현란한 연설. — *n.* **1** [U][C] (보통 the ~) 반짝임, 빛남. **2** [U] 화려함, 현란함(showiness). **3** [U] 눈부신 장신구.

*glit·ter·ing [glít(ə)riŋ] *adj.* **1** 반짝반짝 빛나는, 번쩍이는. **2** 화려한, 눈이 부신. **3** 겉만 번드르한, 그럴듯한. ~·ly *adv.*

glit·ter·y [glítəri] *adj.* =glittering.

GLM(略) [스키] g*raduated l*ength *m*ethod(스키 지도법의 하나; 기술 향상에 따라 스키의 길이를 늘려가는 방법).

gloam [gloum] *vi.* 《주로 스코》 어둑어둑해지다, 해가 지다, 날이 저물다. — *n.* 《고어》 =gloaming.

gloam·ing [glóumiŋ] *n.* (the ~) 《詩·스코》 희미한 빛, 땅거미, 황혼(twilight).

gloat [glout] *vi.* **1** 기쁜 듯이(만족스러운 듯이) 바라보다, [악의를 품고 고소한 듯이 보다](*over, upon, on* ...). ¶ *gloat upon* ... *on* a heap of books 산더미처럼 쌓인 책들을 만족스러운 듯이 바라보다 / *gloat over another's failure* 남의 실패를 고소하게 바라보다. **2** 혼자 싱글벙글하다, 남몰래 기뻐하다. — *n.* [U][C] 복받쳐 오르는 기쁨, 싱글벙글함.

gloat·er [glóutər] *n.* 기쁜 듯이 바라보는 사람, 고소한 듯이 바라보는 사람.

gloat·ing·ly [glóutiŋli] *adv.* 자못 기쁜 듯이(만족스러운 듯이), 고소하게 생각하고; 혼자 싱글벙글하면서.

glob [glab] *n.* 덩어리, 반고체의 구슬.

*glob·al [glóub(ə)l] *adj.* **1** 구(球)의, 구형의 (spherical). **2** 지구 전체의;세계[적인 규모]의(world-wide). **3** 포괄적인, 전체적인. ~·ly [-bəli] *adv.*

glob·al·ism [glóub(ə)liz(ə)m] *n.* [U] 세계적인 관여주의, 대외 개입주의;세계화.

glob·al·ist [glóub(ə)list] *n.* 세계적인 관여주의자. — *adj.* 세계적 관여주의의.

glob·al·ize [glóub(ə)làiz] *vt.* 세계화하다, 세계적으로 만들다, 전세계로 펼치다;대외 개입하다.

glob·al·i·za·tion [glòub(ə)laizéiʃ(ə)n] *n.* 세계화; 대외 개입.

glóbal víllage *n.* 지구촌[통신의 발달로 일체화된 세계를 가리킨다. M. McLuhan이 만든 말].

glóbal wárming *n.* 지구 온난화[온실 효과에 의한 지구 평균 기온의 상승 현상].

glo·bate [glóubeit] *adj.* 공 모양의.

‡globe [gloub] *n.* **1** 구, 구체(球體). **2** (보통 the ~) 지구, 구 ⇨ EARTH 類語 **3** 천체[행성(行星)·항성(恒星) 따위]. **4** 지구의(儀), 천체의. ¶ a celestial (a terrestrial) *globe* 천체(지구)의. **5** [유리로 만든] 공 모양의 용기 [남포의 갓·어항 따위]. **6** 눈알, 안구(eyeball). **7** [역사] 왕권의 상징인[금구(金球)]. — *v.* (**globed, glob·ing**) *vt.* ...을 공 모양으로 (만들다). — *vi.* 공모양이 되다. ◇ glóbal, glóbular *adj.* [(puffer).

globe·fish [glóubfìʃ] *n.* (*pl.* -**fish** *or* -**fish·es**) 복어

globe·flow·er [glóubflàuər] *n.* 금매화속(屬)의 식물.

globe·like [glóublàik] *adj.* 공 모양의.

globe-trot [glóubtràt / -tròt] *n.* 세계 관광 여행. — *vi.* (-**trot·ted, -trot·ting**) 세계 관광 여행을 하다.

globe-trot·ter [glóubtràtər / -tròt-] *n.* 세계 관광 여행을 늘(종종) 하는 사람.

globe-trot·ting [glóubtràtiŋ / -tròt-] *n.* [U] 세계 관광 여행.

glóbe válve *n.* [기계의] 구형(球形) 밸브.

glo·big·er·í·na òoze [gloubìdʒəráinə-] *n.* [U] 바다 밑의 글로비제리나 연니(軟泥).

glo·bin [glóubin] *n.* [U] [생화학] 글로빈 [헤모글로빈 속의 단백질 성분]. [구형체(球狀體).

glo·boid [glóuboid] *adj.* 구형에 가까운. — *n.* 구형,

glo·bose [glóubous, -́-] *adj.* 구형의, 구상(球狀)의 (globelike). ~·ly *adv.*

glo·bos·i·ty [gloubásəti / -bɔ́s-] *n.* 구형, 구상.

glob·u·lar [glábjulər / glɔ́bju-] *adj.* **1** 구형의, 구상의. **2** 구체로 이루어져 있는, 구로 된. ~·ly *adv.*

glob·u·lar·i·ty [glàbjulǽriti / glɔ̀b-] *n.* [U] 구형, 구상 (球狀).

glob·ule [glábju:l / glɔ́b-] *n.* 작은 구체(球體); [물] 방울(drop); 혈구(血球); 환약(pill).

glob·u·lin [glábjulin / glɔ́bju-] *n.* [U][C] [생화학] 글로불린 [혈청·난황(卵黃) 따위에 함유되는 단순 단백질의 일종].

glob·u·lous [glábjuləs / glɔ́b-] *adj.* 작은 공(물방울) 모양의.

glock·en·spiel [glákənspi:l, -ʃpi:l / glɔ́k-] *n.* [음악] 글로켄슈필, 철금(鐵琴).

glom [glam / glɔm] *vt.* (**glommed, glom·ming**) 《미속어에서》 **1** ...을 집다, 훔치다 (steal). **2** ...을 붙잡다(seize).

[glockenspiel]

glom·er·ate [glám(ə)rit / glɔ́m-] // → *vt.* 밀집한, 공 모양으로 굳어진(모인). — [-rèit] (**-at·ed, -at·ing**) ...을 공 모양으로 모으다.

glom·er·a·tion [glàm(ə)réiʃ(ə)n / glɔ̀m-] *n.* **1** [U] 공 모양으로 되기, 모여 굳어지기. **2** [공 모양의] 집괴 (集塊), 덩어리.

glom·er·ule [glámərù:l / glɔ́m-] *n.* [식물] 집단화서(花序) = glomerulus.

glom·er·u·lus [gloumérjuləs] *n.* (*pl.* -**li** [-lài]) [해부] 신구체(腎系球體).

glon·o·in [glánəin / glɔ́n-] *n.* [U] [화학·약학] 니트로글리세린. [<GL[YCERIN]+O[XYGEN]+NO3 (nitric anhydride)+-IN[E]²]

‡gloom [glu:m] *n.* (the ~) 어둠, 암흑(darkness); 어둑어둑함(dimness); (~s) 어두컴컴한 장소, 나무 늘. ¶ the *gloom* of sunset 땅거미. **2** 우울 (melancholy); 의기 소침. ¶ throw (*or* cast) a *gloom* over the city 전시민에게 암영을 던지다. **3** 의기 소침한 표정. — *vi.* **1** 어두워지다, 어둑어둑해지다. **2** 우울해지다, 울적해지다; 얼굴을 찡그리다 (frown). — *vt.* **1** ...을 우울하게 하다, 침울하게 하다. **2** 을 어둡게 하다. ◇ glóomy *adj.* [하게.

*gloom·i·ly [glú:mili] *adv.* 침울하게, 우울하게, 울적

*gloom·y [glú:mi] *adj.* (**gloom·i·er, gloom·i·est**) **1** 어두운(dark), 암흑의; 어둑한(dim) ⇨ DARK 類語 ¶ a *gloomy* dell 어둑한 골짜기. **2** 울적하게 하는, 희망이 없는(hopeless). ¶ He looks *gloomy* about his life. 그는 인생을 비관하는 표정을 짓고 있다. **3** 우울한, 침울한, 울적한. ⇨ SAD 類語 **glóom·i·ness** *n.*

glop [glap / glɔp] *n.* 《미어에서》 **1** [특히 죽 모양의] 구미가 당기지 않는 음식, 맛없어 보이는 음식. **2** [일반적으로] 끈적끈적한 것. **3** 눈물을 잘 흘리기, 감상벽(感傷癖), 툭하면 훌쩍거리기. **4** 무취미한(시시한) 것.

Glo·ri·a [glóːriə / glɔ́ːr-] n. **1** [전례(典禮), 특히 미사 중의] 영광의 찬가; 영광송(榮光頌), 송영(頌詠) 등. ¶ *Gloria* in Excelsis Deo「지극히 높은 곳에서는 하나님께 영광이요」의 송영 / *Gloria* Patri「성부와 성자와 성령께 영광이 있을지어다」의 송영 / *Gloria* tibi Domine「주여, 당신에게 영광이 있을지어다」의 송영. **2** (g-) 후광, 광배(光背). **3** (g-) 견(絹)과 모(면)의 교직. [< L *glory*]

glo·ri·fi·ca·tion [glòːrifikéiʃ(ə)n / glɔ̀ːr-] n. ⓤ **1** 신의 영광을 찬양하는 것. **2** 찬송을 받기, **3** (구어) 칭찬, 찬양, 미화. ¶ the *glorification* of peace 평화의 찬양. **4** (구어) 축하, 축제, 축연. 「는 사람.

glo·ri·fi·er [glɔ́ːrifàiər / glɔ́ːr-] n. 찬송자, 영광을 주

*****glo·ri·fy** [glɔ́ːrifài / glɔ́ːr-] vt. (**-fied**, **-fy·ing**) **1** [신]의 영광을 주다, 찬송하다. **2** …을 칭찬하다, …에게 영광을 주다. **3** …을 미화하다, 장식하다.

glo·ri·ole [glɔ́ːriòul/glɔ́ːr-] n. 후광, 광배(光背) (halo).

*****glo·ri·ous** [glɔ́ːriəs / glɔ́ːr-] adj. **1** 장엄한(sublime, majestic). ¶ *glorious* music 장엄한 음악. **2** 영광의, 영예로운, 빛나는, 영예로운. 類語 ¶ a *glorious* martyr (conqueror) 영예로운 순교자(정복자) / the *Glorious* Fourth 광영의 4일 [미국 독립 기념일인 7월 4일]. **3** 눈부시게 아름다운, 찬란한. → SPLENDID 類語 **4** 매우 즐거운, 훌륭한(splendid). ¶ have a *glorious* time (holiday) 매우 즐거운 시간(휴일)을 보내다. **5** 매우 기분이 좋은, 거나한(tipsy), 얼근하게 취한. ~·**ness** n.

*****glo·ri·ous·ly** [glɔ́ːriəsli / glɔ́ːr-] adv. 장엄하게; 영예를 짊어지고, 훌륭히.「olution.

Glórious Rèvolútion n. (the ~) =English Rev-

‡glo·ry [glɔ́ːri / glɔ́ːr-] n. (pl. **glo·ries**) **1** ⓤ 영광, 명예(honor); 명성, 절찬. ¶ fight for *glory* and victory 명예와 승리를 위해서 싸우다 / return with *glory* 개선하다. **2** 영광(명예)을 주는 사람(것); 자랑거리, **3** [신]의 영광; 찬미, 찬송, 예배(adoration). ¶ give *glory* to God 신을 찬송하다. **4** ⓤ 하늘 나라의 영광(지복); 천당(heaven). **5** ⓤ [지상의] 영광, 장려(壯麗); 눈부실 정도의 아름다움, [자연계의] 미관, 장관, 찬란함. ¶ the *glory* that was Greece 지난날의 그리스의 영화 = E. A. Poe 작 *To Helen*] / the *glory* of nature in summer 여름철의 자연의 장관. **6** ⓤ [성공·번영의] 절정, 전성기; [사람 등] 득의양양, 대만족. ¶ Solomon in all his *glory* 온갖 영화를 누린(전성기의) 솔로몬. **7** 후광, 광배(光背) (halo).

Glory be! (속어) 아이 깜짝이야!; 고맙기도 해라!, 아이 좋아라!

go to [one's] **glory** (구어) 천당으로 가다, 죽다(die).

send a person to glory (익살로) 남을 천당으로 보내다, 남을 죽이다.

— v. (**-ried**, **-ry·ing**) vi. **1** 기뻐하다 (rejoice), 자랑하다(in). ¶ (~+전+명) *glory* in one's fame (strength) 명성(힘)을 자랑하다. **2** (폐어) 자만하다. **3** (고어) 후광이 되다, 후광처럼 퍼지다. — vt. (고어) =glorify. 「의 준말.

— *interj.* 정말 놀랍군; 고마워라. * *Glory* be to God.

◇ **glórious** adj., **glórify** v.

glóry bòx n. (濠) 결혼을 앞둔 여성의 의상 상자(농).

glóry hòle n. **1** (속어) 잡동사니를 넣어두는 방(장롱, 서랍). **2** (유리를 녹이는) 용해로.

Glos. (略) Gloucester[shire].

*****gloss**¹ [glɔːs, glɑs / glɔs] n. **1** 광택, 윤(luster). **2** 겉치레, 허식; 눈가림.

put (or **set**) **a gloss on** (or **upon**) …을 그럴 듯하게 얼버무리다.

— vt. **1** …에 윤을 내다, …의 광택을 내다, …을 닦다. **2** …의 겉치레를 하다; …을 그럴 듯하게 얼버무리다, 속이다(…*over*). ¶ (~+전+명+부) I could not *gloss over* such a mistake. 나는 그런 잘못을 그럴 듯하게 얼버무릴 수가 없었다. — vi. 윤(광택)이 나다.

◇ **glóssy** adj.

gloss² [glɔːs, glɑs / glɔs] n. **1** 주해(註解), 주석, 평석(評釋). **2** [그럴 듯한] 아전인수격의 해설, 곡해. **3** [주석이 달린] 어휘; 용어 해설(glossary). **4** [사본 따위의] 난외(행간)에 써넣은 주해. ¶ a *marginal* (an interlinear) *gloss* 난외(행간) 주해. — vt. …에 주석을 달다, …을 주해하다(annotate).

gloss- ⇨ GLOSSO-.

gloss. (略) glossary.

glos·sal [glɔ́sl, glɑ́sl / glɔ́sl] adj. 혀의, 혀에 관한.

glos·sar·i·al [glɑsέ(ː)riəl, glɔ-/glɔsέər-] adj. 어휘의, 용어 해설의. ¶ a *glossarial* index 어휘 색인. ~·**ly** [-əli] adv. 「자(편).

glos·sa·rist [glɑ́sərist, glɔ́ːs- / glɔ́s-] n. 어휘 주해(편)

*****glos·sa·ry** [glɑ́səri, glɔ́ːs- / glɔ́s-] n. (pl. **-ries**) **1** [해설이 달린] 어휘, 용어 해설, **2** 숙어 사전, 용어 사전. ¶ a Shakespeare *glossary*; a *glossary* to Shakespeare 셰익스피어 용어 사전.

glos·sa·tor [glɑséitər, glɔ-/ glɔs- / glɔs-] n. = glossarist. **2** 중세의 로마법·교회법 주해자.

glos·se·mat·ics [glɑ̀səmǽtiks, glɔ̀ːs- / glɔ̀s-] n. pl. (단수 취급) (언어) 언리학(言理學), 언어 기호학.

glos·si·tis [glɑsáitis, glɔːs- / glɔs-] n. ⓤ (병리) 설염(舌炎).

glosso- tongue의 뜻의 연결형(* 모음 앞에서는 gloss-를 쓴다). 예: *glosso*logy (《고어》언어학), *glossectomy* (의학) 혀의 절제술.

glos·sog·ra·pher [glɑsɔ́grəfər / glɔsɔ́g-] n. 주석자, 주해자.

glos·so·la·li·a [glɑ̀so(u)léiliə / glɔ̀s-] n. 이언(異言) (gift of tongues; speaking in tongues) [주로 알쏭달쏭한 말을 지껄이는 것이 특징이 되어 있는 기도; 원시 기독교에서 비롯되어 지금은 펜테코스테파(Pentecostal groups) 신자들이 황홀경에 젖어드는 예배 양식이 되어 있다].

*****gloss·y** [glɔ́ːsi, glɑ́si / glɔ́si] adj. (보통 **gloss·i·er**, **gloss·i·est**) **1** 광택이 있는, 윤이 나는. **2** 그럴싸한, 걸치레만의(plausible), 속이는 데 능한. ¶ a *glossy* lie 그럴싸한 거짓말. **gloss·i·ly** adv. **gloss·i·ness** n.

-glot tongue 의 뜻의 연결형. 예: poly*glot*.

glot·tal [glɑ́tl / glɔ́tl] adj. **1** 성문(聲門)의. **2** (음성) 성문에서 나오는.

glóttal stóp n. (음성) 성문 폐쇄음.

glot·tic [glɑ́tik / glɔ́t-] adj. **1** =glottal. **2** (고어) = linguistic.

glot·tis [glɑ́tis / glɔ́tis] n. (pl. **-tis·es** or **-ti·des** [-tidìːz]) (해부) 성문(聲門).

glot·to·chro·nol·o·gy [glɑ̀toukrənɑ́lədʒi / glɔ̀ːtoukrənɔ́l-] n. ⓤ (언어) 언어 연대학.

‡glove [glʌv] n. **1** 장갑. *cf.* mitten ¶ a pair of *gloves* 장갑 한 켤레. **2** 권투용 글러브, 야구용 글러브; [방어용의] 토시 달린 긴 장갑.

fit like a glove ⇨ FIT.¹

hand and (or **in**) **glove with** a person ⇨ HAND.

handle with (**without**) **gloves** 부드럽게(난폭하게) 다루다.

take up the glove 도전에 응하다.

throw down the glove 도전하다.

— vt. (**gloved**, **glov·ing**) **1** …에게 장갑을 끼다. **2** …에게 장갑 구실을 하다. **3** (야구) (공)을 받다(catch).

glóve bòx n. 글로브 박스 [방사선 물질 따위를 다루기 위한 밀폐 투명 용기]. **2** (英) ⇨ GLOVE compartment.

glóve compártment n. (자동차 앞좌석의) 도구 따위를 넣어 두는 칸.

glóve dòll (**pùppet**) n. 손가락으로 다루는 인형.

glóve fìght n. [글러브를 끼고 하는] 권투 시합. *cf.* prizefight

glóve mòney *n.* [하인에게 주는] 팁, 행하(行下).
glóv·er [glʌ́vər] *n.* 장갑 제조인; 장갑 상인.
glóve spònge *n.* 장갑 모양의 해면(海綿).
‡**glow** [glou] *n.* (the ~, a ~) **1** 백열[광], 적열[광]; 새빨간 빛. ¶ *the glow* of sunset 저녁놀의 붉게 타는 빛, 저녁놀 / the morning (the evening) *glow* 아침 (저녁) 놀 / We have seen a bright *glow* in the eastern sky. 동녘 하늘이 밝게 빛나고 있었다. **2** [색채 따위의] 타는 듯한 산뜻함; [얼굴의] 화끈함, 홍조, 상기(flush); [피부의] 윤기. ¶ a healthy *glow* on the face 건강해 보이는 얼굴의 윤기. **3** 몸의 훈훈함;《비유적》행복감, 만족감, 기쁨. ¶ a comfortable *glow* after a bath 목욕하고 난 뒤의 기분 좋은 훈훈함 / the *glow* of happiness 행복에 젖어 있는 기쁨. **4** 격렬한 감정; 열심(ardor); 정열; 활기. ¶ the *glow* of new love 새로운 사랑의 정열. *all of a glow; in a glow* 빨갛게 달아올라, 빨갛게 빛나.
— *vi.* **1** 백열 (적열)광을 발하다; 빨갛게 타다. **2** [반딧불·남포 따위가] 빛나다, 빛을 내다. ⇨ SHINE 類語 ¶ The harbor lights *glowed* in the distance. 항구의 불빛이 멀리서 빨갛게 빛나고 있었다. **3** [색채가] 불타듯 빛나다(flame); [색깔이] 산뜻하다. **4** [운동 따위로 몸이] 훈훈해지다; [얼굴이] 화끈해지다, 홍조를 띠다(flush). ¶ (~+圖+前+名) *glow* with anger 화가 나서 벌겋게 되다. **5** [눈·얼굴 따위가] 빛나다(light up). ¶ (~+前+名) His face *glowed* at the idea. 그 생각이 떠오르자 그의 얼굴은 갑자기 빛났다. **6** [격렬한 감정에] 불타다; [노여움·자랑 따위로] 흥분하다. ¶ (~+前+名) *glow* with enthusiasm 열광하다.
glow·er [gláuər] *vi.* **1**《英방언》[혐오·노여움·불만 따위로] 상대방을 노려보다(stare) (*at* ...). ¶ They *glowered* at each other. 그들은 서로 노려보았다. **2** 얼굴을 찡그리다, 찌푸린 얼굴을 하다.
— *n.* 기분이 언짢은 얼굴, 찌푸린 상(frown).
glow·er·ing·ly [gláuəriŋli] *adv.* 무서운 얼굴로, 얼굴을 찡그리고.
glów·fly [glóuflài] *n.* (*pl.* **-flies**) 개똥벌레(firefly).
*__**glow·ing** [glóuiŋ] *adj.* **1** 백열(白熱)의, 빨갛게 단. **2** [색채가] 강렬한, 선명한, ¶ *glowing* colors 선명한 색채. **3** [건강·흥분 따위로 얼굴이] 홍조띠는, 붉어진. **4** 열중한, 열렬한. ¶ He gave us a *glowing* account of the battle. 그는 열심히 그 전투 이야기를 해주었다. **~·ly** *adv.*
glów làmp *n.* [전자 공학] 가스 방전관, 글로 전구.
glów wàtch *n.* 야광 시계.
glow·worm [glóuwə̀:rm] *n.* 개똥벌레류의 유충(幼蟲), 광충에서 희미한 빛을 낸다; *cf.* firefly
glox·in·i·a [glaksíniə, -njə / glɔks-] *n.* 글록시니아 [브라질 원산의 관상용 열대 식물]. [< 18세기에 그것을 발견한 독일의 식물학자 B.P. Gloxin의 이름 + -IA]
gloze[1] [glouz] *v.* (**glozed, gloz·ing**) *vt.* **1** ···을 그럴싸하게 설명하다, 교묘히 발뺌하다; 얼버무리다 (gloss) (*over* ...). **2** ···에게 알랑거리다. — *vi.* (고어) 주석하다, 논평하다(comment) (*on, upon*...). — *n.* ⓤⓒ (고어) 아첨, 아부. **2** [폐기] 발뺌, 속이기.
gloze[2] [glouz] *v.* (**glozed, gloz·ing**) *vi.* 반짝이다. — *vt.* ···을 빛나게 하다, 반짝이게 하다.
glu·cin·i·um [glu:síniəm], **glu·ci·num** [glu:sáinəm] *n.* ⓤ [화학] 글루시늄 [금속 원소의 하나; beryllium의 옛 이름].
glu·cose [glú:kous, -kouz] *n.* ⓤ [화학] 글루코스, 포도당.
glu·co·side [glú:kəsàid] *n.* [화학] 글루코사이드, 배당체(配糖體).
*__**glue** [glu:] *n.* ⓤⓒ 아교; 풀; 접착제.
The glue did not hold.《구어》너는 실패했다, 너는 과녁을 빗맞추었다.
— *v.* (**glued, glu·ing**) *vt.* **1** ···을 아교로 붙이다, 접착시키다. ¶ (~+圖+前+名) He *glued* the wings *onto* the model airplane. 그는 모형 비행기에 날개를 접착시 켰다. **2** (비유적)《주로 과거 분사형으로》···에 달라 붙다, 착 들러붙어 떨어지지 않다; ···에 집중하다. ¶ (~+圖+前+名) with her eyes *glued on* the picture 그림을 뚫어지게 쳐다보아. — *vi.* 밀착하다, 접착(粘着)하다(adhere); 아교로 잘 붙다. ¶ (~+圖) The wood *glues* well. 목재는 아교로 잘 붙는다.
glue up 아교로 붙이다, 밀폐하다.
◇ **glú·ey, glú·ti·nous** *adj.*
glúe·pòt [glú:pàt / -pɔ̀t] *n.* 아교 냄비.
glúe snìffing *n.* 《미》본드(신나) 냄새를 맡기.
glu·ey [glú:i] *adj.* (**glu·i·er, glu·i·est**) 아교질(모양)의; 끈적끈적한, 점착하는(sticky).
glum [glʌm] *adj.* (**glum·mer, glum·mest**) 뚱한, 침울한, 울적한(gloomy). **~·ly** *adv.* **~·ness** *n.*
glume [glu:m] *n.* [식물] 영(穎), 영포(穎苞).
glump·y [glʌ́mpi] *adj.* (**glump·i·er, glump·i·est**) 《구어》=grumpy, glum.
glut [glʌt] *v.* (**glut·ted, glut·ting**) *vt.* **1** ···을 실컷 먹이다; [식욕·욕망 따위]를 채우다(sate) (*with* ...). ¶ *glut* one's appetite for adventure 모험심을 실컷 만족시키다 / *glut* one's revenge 마음껏 원한을 풀다 / *glut* one's eyes 싫증날 정도로 보다 // (~+圖+前+名) *glut* oneself *with* ···을 실컷 먹다. **2** ···에 지나치게 공급하다. ¶ Products *glut* the market. 상품이 시장에 과잉 공급되고 있다. **3** ···을 막다, 막히게 하다(choke up). — *vi.* 포식하다; 게걸스럽게 먹다. — *n.* **1** 충분한 공급; 만복, 식상. **2** 공급 과잉(oversupply); 재고 과다. ¶ a *glut* in the foreign market 외국 시장의 재고 과다(민산).
glu·tám·ic ácid [glu:tǽmik-] *n.* ⓤ [화학] 글루타민산.
glu·ta·mine [glú:təmì:n, -min] *n.* ⓤ [화학] 글루타민. [<GLUT[EN] + AMINE]
glu·te·al [glú:tiəl] *adj.* [해부] 둔부(臀部)의, 둔근(臀筋)의.
glu·ten [glú:tn] *n.* ⓤ [화학] 글루텐, 부질(麩質).
glu·te·nous [glú:t(ə)nəs] *adj.* 글루텐 모양의, 부질 (麩質)의; 글루텐을 다량 함유하는.
glu·te·us [glu:tí:əs] *n.* (*pl.* **-te·i**) [해부] 둔근(臀筋).
glut·fla·tion [glʌtfléiʃ(ə)n] *n.* 글러트플레이션 [상품이 남아 도는데 가격은 상승하는 인플레이션.] [<GLUT + [IN]FLATION]
glu·ti·nos·i·ty [glù:tinásiti / -nɔ́s-] *n.* ⓤ 점착성, 끈적끈적함.
glu·ti·nous [glú:t(i)nəs] *adj.* 아교질의; 점착성의, 끈적끈적한(gluey). **~·ly** *adv.* **~·ness** *n.*
glut·ton[1] [glʌ́tn] *n.* **1** 대식가, 폭식가. **2** 열중하는 사람, 싫증낼 줄 모르는 사람(*for*...). ¶ a *glutton for work* 일에 열중하는 사람, 일벌레.
glut·ton[2] [glʌ́tn] *n.* 오소리 비슷한 족제비과의 동물 [북유럽 아시아산(産)].
glut·ton·ize [glʌ́tnàiz] *v.* (-ized, -iz·ing) *vi.*《고어》포식하다, 실컷 먹다. — *vt.* ···을 탐욕스럽게 즐기다.
glut·ton·ous [glʌ́t(ə)nəs] *adj.* **1** 대식하는, 식탐하는. ⇨ HUNGRY 類語 **2** 탐욕스러운, 욕심 많은(greedy) (*of*...). **~·ly** *adv.* **~·ness** *n.*
glut·ton·y [glʌ́t(ə)ni] *n.* ⓤ 대식, 폭음 폭식.
*__**glyc·er·in** [glís(ə)rin], **-ine** [-rin, -rì:n] *n.* ⓤ 글리세린. *cf.* glycerol
glyc·er·in·ate [glísərinèit] *vt.* (-at·ed, -at·ing) ···을 글리세린으로 처리하다.
glyc·er·ol [glísəròl, -rò:l / -rɔ̀l] *n.* ⓤ [화학] 글리세롤 [glycerin의 학명].
glyc·er·yl [glísəril] *adj.* [화학] 글리세릴기(基)의.
glyco- sweet의 뜻의 연결형; = gluc-, gluco-, glyc- 은 이것의 변형. 예: *glyco*gen, *glyc*erin.
gly·co·gen [gláikədʒən / glíkou(ɔ)dʒèn, glái-] *n.* ⓤ [생화학] 글리코겐.
gly·co·gen·e·sis [glàikədʒénisis / glìkou(ɔ)-, glài-] *n.* ⓤ [생화학] 당질(糖質) 형성.
gly·co·gen·ic [glàikədʒénik / glìkou(ɔ)-, glài-] *adj.*

gly·col [gláikoul, -kɑl / -kɔl, glík-] n. ⓤ〖화학〗글리콜〖자동차의 부동액(不凍劑)로 쓰임〗. [<GLYC(ERIN)+-OL]
gly·col·ic [glaikálik / -kɔ́l-, gli-] adj. 〖화학〗글리콜의.
gly·con·ic [glaikánik / -kɔ́n-, gli-] n. 〖그리스·라틴 시(詩)〗글리콘시(詩體)〖일종의 4 운각(韻脚) 시체〗, 글라이콘체의 시(詩). — adj. 글라이콘 시체의.
gly·co·side [gláikəsàid] n. 〖생화학〗배당체(配糖體).
gly·cos·u·ri·a [glàikə(u)s(j)ú(ː)riə, -jú(ː)r-/-sjúər-, glìk-] n. ⓤ〖병리〗당뇨.
gly·cos·u·ric [glàikə(u)s(j)ú(ː)rik, -jú(ː)r-/-sjúər-, glìk-] adj. 당뇨의.
glyph [glif] n. 1〖건축〗세로홈. 2〖考古〗그림 문자; 상형(象形) 문자; 조상(彫像); 양각 조상. [~의 자의.
glyph·ic [glífik] adj. 1 세로홈의. 2 그림(상형) 문
glyph·o·graph [glífəgræ̀f/-grɑ̀ːf] n. 〖인쇄〗납각 전기판(製版工). [~술의.
gly·phog·ra·pher [glifɑ́grəfər/-fɔ́g-] n. 납각 전기
glyph·o·graph·ic [glìfəgrǽfik] adj. 납각 전기판의.
gly·phog·ra·phy [glifɑ́grəfi/-fɔ́g-] n. ⓤ 납각 전기제판술.
glyp·tic [glíptik] adj. 1〖보석 따위의〗조각(彫刻)의. 2〖광물〗무늬가 있는. — n. ⓤ〖보석 따위의〗조각.
glyp·tics [glíptiks] n. pl.〖단수 취급〗보석〖조각술〗.
glyp·to·dont [glíptədɑ̀nt/-dɔ̀nt] n. 조치수(彫齒獸)〖옛날 남미에 서식했던 아르마딜로속(屬)의 포유동물〗.
glyp·to·graph [glíptəgræ̀f/-grɑ̀ːf] n.〖보석 따위의〗모양; 조각한 보석류.
glyp·tog·ra·phy [gliptɑ́grəfi/-tɔ́g-] n. ⓤ 보석 조각술.
GM (略) Geiger-Müller counter.
gm. (略) gram.
G.M. (略) General Manager(총지배인); Grand Marshal(대원수); Grand Master(〖기사단 따위의〗단장); General Motors(미국의 자동차 회사).
G-man [dʒíːmæ̀n] n. (pl. **G-men** [dʒíːmèn]) 미국 연방 검찰국(FBI) 소속의 형사. [<G(OVERNMENT) MAN]
GMAT (略) (美) Graduate Management Admissions Test(경영대학원 입학시험).
g.m.b. (略) good merchantable brand.
Gmc. (略) Germanic.
G.M.C. (略) General Medical Council(의학 총회의).
GMDSS (略) 〖海事〗Global Maritime Distress and Safety System(해상 조난 및 안전 통신의 세계적 제도).
GMP (略) Good Manufacturing Practice(약품 제조 및 품질 관리에 관한 규칙).
G.M.Q. (略) good merchantable quality(판매 적성품질).
GMS (略) 〖마케팅〗general merchandise store(종합 소매점).
GMT (略) Greenwich mean time (그리니치 표준시).
gnarl¹ [nɑːrl] n. 〖나무의〗옹이, 혹(knot). — vt. 1 ···에 옹이(혹)를 만들다. 2 ···을 비틀다(twist), 구부리다. [다.
gnarl² [nɑːrl] vi.〖개 따위가 화가 나서〗으르렁거리
gnarled [nɑːrld] adj. 1〖나무가〗옹이(혹)투성이의. ¶ a gnarled old tree 옹이투성이의 노목. 2 햇볕에 타서 주름쭈글해진. 3〖성격이〗비뚤어진, 비꼬인.
gnarl·y [nɑ́ːrli] (~·er, gnarl·i·er, gnarl·i·est) adj. = gnarled.
gnash [næʃ] vt. 1〖분노나 고통으로〗〖이〗를 악물다. ¶ gnash one's teeth 이를 갈다. 2 ···을 덥석 물다. — vi. 이를〖부드득〗갈다. — n. 이를 갈기.
***gnat** [næt] n. 1 각다귀. 2〖英〗모기(mosquito). **strain at a gnat and swallow a camel** ⇒ CAMEL.
gnath·ic [nǽθik] adj. 턱(jaw)의.
-gnathous having 〖such〗a jaw 의 뜻의 연결형. 예: prognathous (턱이 튀어나온).

***gnaw** [nɔː] v. (**gnawed**, **gnawed** or **gnawn**, **gnaw·ing**) vt. 1 a) ···을 갉아먹다, 쏠다(bite at), 씹다(chew); ···을 갉아 줄이다, 물어 끊다(...away, off); ···을 깨물다. ¶ (~+圓+튀+名) gnaw something away (or off) ···을 물어 끊다 // a dog gnawing a bone 뼈를 씹고 있는 개. b) 갉아서 ···을 만들다(...in, into, through). ¶ (~+圓+튀+名) gnawed a hole in (or into, through) a board. 쥐가 쏠아서 널빤지에 구멍이 뚫렸다. 2〖질병·근심 따위가〗···을 괴롭히다(torment), 고민하게 하다(harass); ···의 기력을 빼앗다. ¶ be constantly gnawed by pain 늘 고통에 시달리다. 3〖자연의 힘이〗···을 닳게 하다(consume); ···을 침식(부식)하다(corrode). ¶ (~+圓+튀+名) The river has gnawed channels through the rock. 강은 바위를 침식해서 여기저기에 흘을 냈다.
— vi. 1〖쉴새없이〗쏠다, 씹다(at, into, on, upon...). ¶ (~+튀+名) gnaw at a piece of bread 빵을 씹다 / gnaw into a wall〖쥐 따위가〗쏠아서 벽에 구멍을 뚫다 / gnaw on (or upon) a bone 뼈를 갉아먹다. 2〖끊임없이〗괴롭히다, 고통을 주다; 기력을 꺾다(at, in...). ¶ (~+튀+名) anxiety gnawing at his heart 그의 마음을 좀먹는 불안. 3 침식(부식)하다(at, into...).
gnaw·er [nɔ́ːər] n. 씹는 사람, 갉아먹는 것; 설치(齧齒)동물.
gnaw·ing [nɔ́ːiŋ] n. ⓤ 1 쏠기, 갉아먹기. 2 끊임없는 고통(고민), 가책; (~s)〖굶주림의〗괴로움. — adj. 1 갉아먹는, 쏠는. ¶ gnawing animals 설치 동물. 2 집어삼킬 듯한, 격렬한. ¶ a gnawing pain 살을에는 듯한. ~·ly adv.
GND (略) gross national demand(국민 총수요).
GNE (略) 〖경제〗gross national expenditure(국민 총지출).
gneiss [nais] n. ⓤ〖지질〗편마암(片麻岩).
gneiss·ic [náisik] adj. 〖지질〗편마암의.
GNI (略) 〖경제〗gross national income(국민 총소득).
gnoc·chi [nɑ́ki/nɔ́ki] n. pl.〖요리〗노키〖강판에 간 치즈를 뿌려서 내놓는 경단형의 과자〗.
gnome¹ [noum] n. 1〖땅속의 보물을 지킨다는〗늙은 난쟁이(dwarf), 땅의 요정〖妖精〗, 작은 도깨비(goblin). 2〖주로 英〗국제적인 대금업자.
gnome² [noum] n. 금언, 격언.
gno·mic [nóumik], (**gno·mi·cal** [-mik(ə)l]) adj. 금언(격언)의; 〖시(詩)〗금언적인, 격언적인.
-mi·cal·ly [-mikəli] adv.
gnom·ish [nóumiʃ] adj. 1 땅의 요정(gnome) 같은. 2 변덕스러운(freakish), 괴상한.
gno·mon [nóumən/-mɔn] n. 1 그노몬〖고대의 천문 관측기〗, 2〖해시계의〗지시침(指時針). 3〖기하〗평행사변형의 한 귀퉁이에서 그것과 닮은 꼴의 평행사변형을 잘라낸 나머지 부분. [계의.
gno·mon·ic [noumɑ́nik/-mɔ́n-] adj. 지시침의, 해시
gno·mon·ics [noumɑ́niks/-mɔ́n-] n. pl.〖단수 취급〗해시계 제조(술)의.
-gnomy art of judging (판단술)의 뜻의 연결형. 예: physiognomy.
gno·sis [nóusis] n. ⓤ 영적(靈的)인 인식, 신비적 직관.
-gnosis knowledge, recognition의 뜻의 연결형. 예: diagnosis, prognosis.
gnos·tic [nɑ́stik/nɔ́s-] adj. 1 지식의; 영지 (靈知)의 (gnosis)의. 2 (G-) 그노시스주의의. — n. (G-) 그노시스주의자.
Gnos·ti·cism [nɑ́stisìz(ə)m/nɔ́s-] n.〖종종 G-〗ⓤ 그노시스주의〖2원론적인 구제관(救濟觀), 특히 초기 기독교 시대에 갖가지의 이단적인 그리스도론(論)을 전개한 사상적 경향〗.
gno·to·bi·ol·o·gy [nòutə(u)baiɑ́lədʒi/-ɔ́l-] n. ⓤ〖세균〗무균(無菌)생물 과학.
gno·to·bi·ot·ic [nòutə(u)baiɑ́tik/-ɔ́t-] adj.〖세균〗균이 없는, 이미 알려진 특정 세균만을 가지는.

GNP (略) gross national product.
GNS (略) gross national supply(국민 총공급).
gnu [n(j)uː] n. (pl. **gnus** or **gnu**) 누, 소영양[남아프리카산(産)].
GNW (略) gross national welfare(국민 총복지).
‡**go** [gou] v. (**went, gone, go·ing**) vi. **1 a)** 가다, 나아가다(move along). ¶ go by train (air, ship) 기차(비행기, 배)로 가다 / go on foot 걸어서 가다 / go [at] three miles an hour 시속 3마일로 나아가다 / go one's way 자기 길을 가다 / One, two, three, go ! (스포츠) 하나, 둘, 셋, 출발(시작) ! / Who goes there ? (파수꾼 등의 수하(誰何)) 누구야? // (~+副) Go back. 되돌아가오.

── Usage¹ go 와 come ── 우리말의 「가다」「오다」는 말하는 사람을 중심으로 해서 이야기하는 것이 보통이나, 영어의 go, come 은 말하는 사람이 중심이 아니게 되는 경우도 있다. 예컨대「내일 놀러 오시지 않겠어요?」는 Won't you come to see me tomorrow? 이나, 「예, 가겠습니다」는 Yes, I will come.이 된다. 마찬가지로「조지, 내려와요」George, come down, please. 에 대하여「예, 곧 가겠습니다」는 Yes, I'm coming [down]. 이라고 한다. 또「[…에 가는데] 당신도 함께 가지 않겠어요?」Won't you come with me ? 에 대해「예, 가겠습니다」는 Yes, I'll come. 이라고 한다.
b) [어떤 장소로] 가다, 향하다(to...); […하러] 가다(for, on ...);《부정사와 함께》[…하러] 가다(⇨Usage⁶); (-ing 형과 함께)[…하러] 가다. ¶ (~+前+名) go [for] a walk 산책하러 가다 / go for a ride (a swim) 승마(수영)하러 가다 / go [on] an errand (a journey) 심부름 가다(여행을 떠나다) / go to the station 정거장에 가다 / go to school 학교에 (공부하러) 가다 / go to bed 취침하다 / He is going to America this fall. 그는 이번 가을에 미국에 간다 // (~+to do) go to drink 마시러 가다 // (~+-ing) go fishing (hiking, boating) 낚시(하이킹, 뱃놀이)하러 가다.

── Usage² go on 과 go for ──「…하러 가다」라는 경우, 뒤에 journey, errand, expedition, mission 따위의 라틴계 명사가 오는 경우는 go on 이 쓰이고, bathe, drive, ride, swim, walk 와 같이 본래의 영어로서 동사 와 같은 어형 또는 그에 가까운 명사가 오는 경우는 go for 가 쓰인다. 그러나 go on (or for) an excursion (a visit)처럼 on 과 for 의 어느 쪽이나 쓰이는 경우도 있으며, 대체로 go for 는 즐기러 간다는 뜻이 강하다.

── Usage³ go doing의 어형 ── (1) go fishing (hunting, mountain-climbing, picnicking, shooting, shopping, skating, skiing) 따위는 고정된 표현으로, go to fish 따위로는 쓰지 않는다. go fishing, etc.는 go on fishing 이 go a[·]fishing 으로 약화되고 다시 a[·]가 소실하여 생긴 어형이며, 따라서 역사적으로는 동명사이나 현대 영어에서는 보통 현재 분사로 취급된다. (2) go doing 뒤에는 그 행위가 행해지는 장소를 나타내는 구, 즉 in the river, at a department store 따위가 온다: They went mountain-climbing in the Alps.

2 떠나다, 출발하다(depart), 가버리다(leave). ¶ Let's go. 출발하자 / The train has just gone. 기차는 방금 떠났다 / Be gone ! 꺼져 버려 ! / He is gone. 그는 가버렸다 / Spring has come, Winter is gone. 겨울은 가고 봄이 왔다.

── Usage⁴ have gone ── (1)《美》에서는「…에 간 적이 있다」라는 경험을 나타내는 have been [to] 대신에 have gone [to]가 꽤 쓰이나, (2) have gone [to...]가「[…으로] 가버렸다 [그래서 여기에는 없다]」의 뜻인 경우, 대화의 현장에 있는 1인칭, 2인칭에는 보통 쓰지 않는다: have gone to America. 그러나「…으로 […을 타고]간 적이 있다」와 같이 수단을 수반하는 경험을 나타내는 경우나, 가정·전언(傳言)에서는 1인칭, 2인칭에도 쓴다: I have gone to Kyongju three times by car. / Suppose you have gone to America. / If anyone calls, please say that I have gone to Inchon.

3 제거되다, 폐지되다. ¶ Drink (War) must go ! 술은 끊어야겠다(전쟁은 없어져야 한다) !
4 꺼져(사라져) 버리다, 없어지다; 부서지다, 무너지다(collapse), 쇠퇴하다, 못쓰게 되다(fail); 죽다(die). * 이런 뜻에서는 'be+과거 분사'의 형태로 완료 후의 상태를 나타내는 일이 자주 있다. ¶ All hope is gone. 모든 희망은 사라졌다 / The mast went in the storm. 돛은 폭풍으로 부러졌다 / His eyesight will go first. 먼저 시력이 떨어질 것이다 / Poor fellow, he is (or has) gone. 가엾게도 그는 죽고 말았다.
5 〔기계 따위가〕움직이다(operate), 작동하다(work); 〔심장이〕고동치다. ¶ Is your watch going ? 네 시계는 가고 있니 ? // (~+副) The motor does not go well. 모터가 잘 돌아가지 않는다 / My heart (pulse) goes quickly. 심장(맥)이 빨리 뛴다.
6 […에 따라] 행동하다, 따르다(follow); 입각하다(by, on, upon...). ¶ (~+前+名) the best criterion to go by 준거해야 할 최선의 기준 / have nothing to go on (or upon) 의지할 것이 없다.
7 〔몸짓 따위를〕하다, 행동하다(behave). ¶ Then he went like this. 그래 그는 이렇게 했다.
8 유통되다, 유포되다, 일반에게 전해지다; […의 이름으로] 통하다(by, under...); 《美구어》신용을 얻다. ¶ What he says goes. 그가 말하는 것은 신용될 수 있다 / Dollars don't go here. 여기서는 달러가 통용되지 않는다 // (~+前+名) go by the name of …의 이름으로 통하다 / go under a false name 가짜 이름으로 통하다 // (~+that節) The story goes that... …이라는 이야기다.
9 보통, 일반적으로…이다. ¶ as the world goes (or people go) 흔히들 하는 말을 빌리면 / as times go 지금 세상에서는 / He is a good actor, as actors go nowadays. 그는 요즘의 배우치고는 훌륭한 배우다.
10 《보통 형용사(구)를 보어로 하여》〔언제나〕…한 상태에 있다; 임신중이다. ¶ (~+補) go naked (armed, hungry) 발가숭이로 (무장하고, 배를 곯고) 있다 // (~+前+名) go in rags 언제나 누더기를 걸치고 있다 / go in fear of one's life 언제나 생명의 위험을 느끼고 있다 / go with child 아이를 배고 있다.
11 《보통 부사(구)와 함께》〔일이〕진행되다, 추진(진척)되다(proceed), 되다(turn out). ¶ (~+副) His plan did not go well. 그의 계획은 잘 추진되지 않았다 / How does it go with you ? 요즘은 어떠하십니까? // (~+前+名) The case went against me. 사건은 내게 불리한 결과가 되었다.
12 [시(詩) 따위에] …이라고 말하고 있다, 씌어 있다, [표현 따위가] …이라고 되어 있다. ¶ as the saying goes 속담에도 있듯이 / Thus goes the Bible. 성서에는 그렇게 씌어 있다 / The tune goes like this. 그 가락은 이렇게 되어 있다.
13 a) […의 상태]로 되다(become); …으로 변하다(to, into ...). * 보통 바람직스럽지 않은 상태에 관해서 쓴다. ¶ (~+補) go blind 맹목적으로 되다 / go bankrupt 파산하다 / go red with anger 화가 나서 벌개지다 / The egg went bad. 계란이 썩었다 // (~+前+名) go to seed 쇠퇴하다 / go to pieces 엉망진창이 되다 / go into a faint 정신이 아찔해지다. **b)** [제도나 유행 따위에] 따르다. ¶ (~+補) Britain has gone metric. 영국은 미터법을 채택했다 / India has gone nuclear. 인도도 핵보유국이 되다.
14 팔리다(be sold); 소유로 돌아가다, […의 손에] 넘어가다(to ...). ¶ Going ! Going ! Gone ! 〔경매에서〕 팝니다, 팔린다, 팔렸습니다 // (~+補) go very dear 비싸게 팔리다 // (~+前+名) Victory always goes to the strong. 승리는 항상 강자의 것이다 / The estates went to him. 재산은 그의 것이 되었다.
15 〔길이〕이르다, 〔범위가〕뻗어나다(extend), 미치다

(to...); [길이가] 닿다, 미치다; 지탱하다, 버티다. ¶ enough water to go another week 1주일 더 버틸 만한 물 // (~+閔) How far does this road go ? 이 길은 어디까지 나 있습니까 ? / (~+前+名) His land goes to the river. 그의 소유지는 강까지 뻗어 있다.
16 [정도 따위가] …까지 가다(to...). ¶ (~+閔) That's going too far. 이것은 지나쳤다 / His story is true as far as it goes. 이 일에 관한 그의 이야기는 정말이다 // (~+前+名) He went to great trouble for me. 그는 나를 위해 굉장히 애를 써주었다.
17 [어떤 장소 따위에] 놓이다, 넣어지다(on, into...); [내용으로서] 포함되다, 들어가 있다…); (~+前 (to...), ¶ (~+前+名) The book goes on the top shelf. 그 책은 제일 위 선반에 들어간다 / It won't go into this box. 그것은 이 상자에는 들어가지 않는다 / All that will go into a few words. 그것은 모두 몇 마디로 말해 버릴 수 있다 / Twelve inches go into a foot. 12인치는 1피트가 된다 // (~+前+名) Where does the desk go ? 책상은 어디에 놓을까 ? / (~+前) Five into ten goes twice. 10을 5로 나누면 2가 된다.
18 조화되다, 어울리다(with...). ¶ (~+閔) (~+前+名) a hat that goes well with this dress 이 양복에 잘 어울리는 모자 / (~+前+名) He goes with anyone. 그는 누구와도 협조적이다.
19 호소하다; [수단에] 의지하다(resort) (to...). ¶ (~+前+名) go to court 재판을 걸다 / go to war 무력에 호소하다 / go to blows 완력에 호소하다.
20 [종 따위가] 울리다, [시계가] 치다, [소리가] 나다, [동물이] 울다. ¶ (~+閔) Bang 쾅 소리가 나다 / It has just gone eight. 방금 8시를 쳤다 / Pigs go oink oink. 돼지는 꿀꿀 운다 // (~+閔) There goes the bell. 벨이 울리고 있다.
21 [시간 따위가] 지나다, 경과하다(pass). ¶ Time goes. 시간이 지나다 / The evening went pleasantly. 저녁 시간은 즐겁게 지나갔다.
22 […에] 이바지하다, 도움이 되다(tend); 충당되다; 소비되다(on...). ¶ (~+前+名) the qualities that go to (or towards) the making of a hero 영웅이 되는 데도 움이 되는 특성 / All his money goes on alcohol. 그의 돈은 모두 술값으로 소비되고 만다 / (~+to do) This goes to show that ... 이것으로 …임을 알 수 있다.
23 (복수 명사를 보어로 하여) 평등하게 참여하다. ¶ (~+前) go partners 공동 출자하다 / go shares (or halves) with a person 남과 절반씩 나누어 가지다.
24 (포괄이) 폭발하다(explode), 발사되다.
25 (be going+to-부정사) a) …하려 하고 있다, …할 듯하다. ¶ The dog is going to kill the cat. 개가 막 고양이를 죽여려 하고 있다 / It is going to snow. 눈이 내릴 것 같다. b) (의지) …할 작정이다. ¶ I am going to flog you. 너를 때려 줄 테다. c) (미래) …할 것이다. ¶ You are going to see a lot of him. 너는 이제부터 그를 자주 만나게 될 것이다.
— **Usage**[5] be going+to-부정사 — (1) go 에는 「가다」라는 원뜻은 희박하여 be going to go (come)따위의 형식도 있으며, 말하는 사람의 기분(의지)을 생생하게 표현하는 구어체에 흔히 쓰인다: I'm going to buy a new car. * 말하는 사람 이외의 사람(물건)이 주어일 경우는 「…일 것 같다」로 말하는 사람의 감정을 생생하게 나타낸다: It's going to rain before evening. / She is going to make a good wife. 그녀는 훌륭한 부인이 될 것 같다.
26 (-ing 형과 함께) […하는] 따위의 일을 하다. ¶ go wandering around the town 거리를 어슬렁어슬렁 돌아다니다 / Don't go telling me lies. 제발 거짓말 따위는 하지 말게.
— *vt.* **1** (구어) …을 견디다(endure), 참다. ¶ I cannot go his manner. 그의 태도에는 참을 수가 없다. **2** (구어) (돈)을 […에] 걸다(bet). ¶ (~+目+目) I

will go you a shilling on the game. 그 게임에서 네게 1실링 걸겠다. **3** …을 산출하다(yield). **4** …을 먹다.
go a long way ⇒ WAY¹.
go about ① 돌아다니다. ② [소문 따위가] 퍼지다 (circulate). ③ 열심히 …하다; …하려고 애쓰다(to do...). ¶ Go about your business ! 자기 일을 해라 !; 쓸데없는 참견은 하지 마라 ! ④ [일]에 착수하다 (undertake). ¶ I must go about my work. 일을 시작해야겠다. ⑤ [뒤로 돌아]를 하다. ⑥ (항해) [배가] 진로를 바꾸다.
go abroad ① 외국에 가다. ② [보도 따위가] 퍼지다.
go across ① 어긋나다. ¶ Things go across. 일이 잘되지 않는다. ② …을 넘다, 건너다, 횡단하다.
go after (구어) …을 구하다, [여자 등]의 꽁무니를 쫓아다니다.
go against ① …에 대항하다, 반대하다, 거역하다. ② …에게 불리하게 끝나다. *cf.* vi. 11
go ahead ⇒ AHEAD.
go all out (미속어) 전력을 다하다.
go along ⇒ ALONG.
go and do ①…하러 가다. ¶ Go and see who it is. 누군지 보고 오너라. ② 어리석게도 …하다. ¶ What a fool to go and do such a thing! 그따위 짓을 하다니 정말 한심한 친구로군! / Go and be miserable ! 제멋대로 혼 좀 나보라 !
— **Usage**[6] go and+원형 부정사와 go+to- 부정사 — 예전다는 go to get a ticket 이라고 할 것을 go and get a ticket 이라고 하는 수가 있다. 이것은 형식상으로는 대등하게 결부되어 있으나 의미상으로는 뒤의 get가 목적을 나타내는 변칙적인 결합형으로서 구어체에서 쓰이며, go 이외에 come and..., try and... 따위도 자주 쓰인다. 또 예전에는 and를 생략하고 2개의 부정사를 직접 병치(併置)하는 어법도 있으며, 오늘날에도 (구어)에 남아 있다 ¶ go get a ticket 그러나 이 어법은 보통 go, come, try 따위가 명령형이나 부정사의 경우에 국한되므로, I go [and] get a ticket. 따위로는 쓰지 않는다.
go around (미)=go round.
go at (구어) ① …을 공격하다, …에 덤벼들다(attack). ¶ He went at John with his fists. 그는 존에게 주먹질하며 덤벼들었다. ② [일 따위]에 착수하다, …을 시작하다.
go at it hammer and tongs [일 따위]에 맹렬한 기세로 착수하다(tackle energetically).
go away 가버리다, 떠나다; 갖고 도망치다. ¶ go away with a person's wallet 남의 지갑을 갖고 도망치다.
go back ① 돌아오다, 돌아가다. ② 한창때를 지나, 쇠퇴하기 시작하다(deteriorate). ¶ These old trees are going back. 이들 노목은 쇠퇴하기 시작하고 있다. ③ 회고하다, 거슬러 올라가다(to ...).
go back of ① (미구어) [사건 따위]를 조사하다 (behind). ② [약속 따위]를 깨다.
go back on (or *upon*) ① [약속 따위]를 깨다, 철회하다; [주의(主義) 따위]를 버리다. ¶ go back on one's word 약속을 깨다. ② (남)을 속이다, 배반하다 (betray).
go before ① 앞서 가다, 앞서다; 안내하다. ② 먼저 죽다.
go begging ⇒ BEG.
go behind ① [사건 따위]의 이면(배후)을 조사하다(go back of), 진상을 캐다. ¶ go behind the evidence 증거를 이면에서 정사(精査)하다. ② 손해보다, 돈을 잃다.
go between …의 사이에 들어가다, 중재(중개, 매개)하다. *cf.* go-between
go beyond …을 능가하다, …보다 낫다, …을 넘다 (exceed). ¶ go beyond the speed limit 제한 속도를 넘어서다 / go beyond oneself [열중한 나머지] 자기를 잊

다, 도를 넘다, 전에 없이 힘을 내다.
go by ① [시간 따위가] 경과하다(pass). ¶ Years have gone by. 몇 해가 지났다. ② …에 따르다(follow), 의거하다. cf. vi. 6 ③ 지나쳐 가다. ④ 〔let …go by의 형태로〕 …을 못 보고 놓치다. ¶ Don't let this chance go by. 이 기회를 놓치지 마라. ⑤ 〔美〕 방문하다, 들르다(call). ⑥ 〔…의 이름으로〕 알려지다, 통하다. cf. vi. 8 ⑦ …에 달려 있다, … 나름이다. ⑧ …을 거행하다.
go down ① [배 따위가] 침몰하다(sink); [해·달이] 지다(set). ② 삼켜지다(be swallowed), 목구멍을 내려가다. ③ 납득되다, 받아들여지다(be accepted) (with…). ¶ The play went down very well with the audience. 그 연극은 관객으로부터 아주 좋은 반응을 얻었다. ④ 기억(기록)되다(be remembered), 후세에 전해지다(to, in…). ¶ He will go down in history as a hero. 그는 영웅으로서 역사에 남을 것이다. ⑤ 〔…까지〕 계속되다, 미치다(to…). ⑥ [파도·바람이] 잔잔해지다, 자다(become quiet). ⑦ [가격이] 내려가다(go lower). ⑧ 굴복하다, 패배하다(before…). ⑨ 내려가다, 하강하다, 떨어지다(descend)(from, in, into…); [길이] 내리막이 되다. ⑩ 〔英〕 Oxford, Cambridge 대학에서 [휴학이나 퇴학으로] 대학을 떠나다. opp. go up ⑪ 계속하다(to…).
go far ⇨ FAR.
Go fetch! 〔개에 대한 명령〕 가져와!
go for ① …을 가지러 [부르러, 찾으러] 가다. ② …을 목표로 하다(aim at), 얻으려고 애쓰다. ③ 〔구어〕 …을 맹렬히 공격(비난)하다(attack). ④ …으로 간주되다, 생각되다, …으로 통하다. ⑤ …을 지지하다(support), …에 찬성하다. ⑥ 〔속어〕 …에 매료되다, 홀딱 반하다. ⑦ …에 팔리다. ¶ Eggs went for ninety cents a dozen. 계란은 한 줄 당 90센트에 팔렸다. ⑧ …의 도움이 되다. ¶ go for much (something, little, nothing) 크게 도움이 되다(조금은 도움이 되다, 조금도 도움이 되지 않다, 아무런 도움도 되지 않다).
Go for it! 〔구어〕 자, 해봐!, 어서!, 힘내!
go forth ① 나가다. ② 발포(발행)되다 (be published).
go forward ① 전진하다(advance). ② 행하여지다.
go hang ⇨ HANG.
go hard with *a person* ⇨ HARD.
go in ① 들어가다(enter). ② [해·달 따위가] 구름 속으로 들어가다. ③ 〔크리켓〕 타자가 되다, 타격측이 되다. ④ [경기 따위에] 참가하다. ¶ Go in and win! 잘 싸워라!, 힘내라! 〔응원·격려의 말〕.
go in for ① 〔구어〕 [시험 따위]를 치르다(take); …의 후보로 나서다. ② …에 열중하다, 골몰하다; …을 특별히 좋아하다. ¶ go in for golf 골프에 미치다. ③ …에 찬성하다, …을 지지하다(side with). ④ …에 참가하다. ⑤ …하고자 마음먹다, …을 목적으로 하다.
go in with …에 참가(가입)하다, …의 한패가 되다(join).
go into ① …을 조사하다; …을 연구하다. ¶ go deeply into a question 문제를 깊이 추구하다. ② 〔어떤 직업 따위에〕 들어가다. ¶ go into business 실업계에 들어가다. ③ 〔어떤 장소〕에 들어가다, 〔출입구 따위로〕 …으로 포함되다. cf. vi. 17 ④ 〔어떤 상태〕로 되다. cf. vi. 13 ¶ go into hysterics 히스테리가 되다. ⑤ …에 참가하다. ⑥ …에 언급하다. ¶ go into details 상세히 언급하다. ⑦ …을 입다.
go it 〔구어〕 ① 힘껏 하다, 매진하다. ¶ Go it! 힘을 내라!; 계속해라! ② 서두르다. ③ 방탕하다; 낭비하다. ④ 행동하다(act). ¶ go it alone (blind) 자기 힘으로 (무턱대고) 하다.
go off ① [화기(火器)가] 폭발하다 (explode), 발사되다. ¶ The firecracker went off. 폭죽이 터졌다. ② [배우가] 퇴장하다 (exit). ③ 갑자기 …하다 (burst out) (into…); 갑자기 …을 시작하다 (with…). ④ [품질 등이] 나빠지다, 썩다; [용모 따위가] 시들다. ⑤ [일이] 되어가다, 진행되다. ¶ The party went off well. 파티는 잘 진행되었다. ⑥ 도주하다, 도망치다 (run away); 떠나다 (leave). ⑦ 의식을 잃다, 까무러치다; 잠들다; 죽다. ⑧ [물품이] 팔리다, 매진되다. ⑨ 〔구어〕 [딸이] 출가하다, 시집가다. ⑩ [약속·약정이] 이행되지 못하다. (vt.) [계약 따위]를 회피하다. ¶ The bargain went off. 거래는 성립되지 않았다. ⑪ …을 그만두다. ③ 싫어지다.
go on ① 앞으로 나아가다, 계속하다. ② 계속해서 …하다, 계속하다(with…), 이어서 〔다음에〕 …하다(doing, to do). ¶ go on with one's journey (work) 여행(일)을 계속하다 / go on working 계속해서 일하다 / He went on to say that… 그는 이어서 …이라고 말했다.
── ***Usage***[7] 'go on + 동명사'와 'go on + to- 부정사'──
(1) 'go on + 동명사'는 지금까지의 동작(상태)을 더 계속한다는 뜻: In spite of the interruption he went on speaking. 방해를 받고도 그는 계속 말했다 / It went on raining all day, I'm afraid. (2) 'go on + to- 부정사'는 「다음에 …하다, 더 나아가서 … 하다」의 뜻: Let's go on to discuss the demerits. 이어서 잘못된 점을 논의하자.
③ [시간이] 지나가다, 경과하다(pass). ④ 일어나다(happen). ⑤ [날 따위가] 가까워지다, 접근(신을) 이 있다. ¶ These shoes won't go on. 이 구두는 못 신을 것 같다. ⑥ 차례로 …하다; 〔크리켓〕 투구(投球)할 차례서다. ⑦ [배우] 가 무대에 나가다. ⑧ 〔구어〕 (보통 나쁜 뜻으로) 처신하다 (behave). ¶ go on rudely 무례한 짓을 하다. ⑨ 〔구어〕 지껄이다 (chatter), 떠들어대다; 욕설을 퍼붓다 (rail). ⑩ …을 입(신)을 수 있다. ¶ go on the parish 교구의 구제를 받다. ⑪ 해 나가다, 살아가다 (fare). ¶ go on well (badly) 유복하게 (가난하게) 지내다. ⑫ …에 따라 행동하다, …에 따르다. cf. vi. 6
Go on! ① 나아가라!, 계속해라! ② 〔반어적〕 허튼 소리 마라!
go on for 〔보통 진행형으로〕 [나이 따위]…에 가까워지다. ¶ He is going on for sixty. 그는 60세가 다 되어가고 있다.
go a person one better ⇨ BETTER.
go out ① 외출하다, 밖으로 나가다. ¶ She went out on a date. 그녀는 데이트하러 나갔다. ② [여자들과] 사귀다, 놀러 다니다(with…). ③ 사교계(세상)에 나가다; [여자가 직업을 얻어] 일하러 나가다. ¶ go out as a governess 가정 교사로서 밖에서 일하다. ④ 퇴직(사직, 은퇴)하다(resign). ¶ The Cabinet will go out. 내각은 사직할 것이다. ⑤ 스러지다, 시대에 뒤떨어지다. ⑥ [불 따위가] 꺼지다. ¶ All the lights went out. 등불은 모두 꺼졌다. ⑦ 〔속어〕 죽다(die). ⑧ [외국으로] 나가다(to…). ⑨ [연·월]이 끝나다, 저물다(end). ⑩ [마음이] …에 끌리다, [동정 따위가] 쏠리다(to…). ¶ My heart went out to the orphan. 나는 그 고아에게 동정이 갔다. ⑪ [조수(潮水)가] 빠다. ⑫ 파업을 하다(strike)(for…). ¶ go out [on strike] for higher wages 임금 인상을 요구하여 파업을 하다. ⑬ 〔야구〕 아웃이 되다, 아웃이 되다. ⑭ 〔美〕 [제방 따위가] 무너지다 (collapse), 유실 (流失) 하다 (wash out); (vt.) …을 파괴하다. ⑮ 출판되다. ⑯ 〔크리켓〕 [1회의 승부가 끝나고] 타자가 물러나다.
go out of …에서 나가다, 소멸되다, 빗나가다. ¶ go out of business 폐업하다 / go out of date (print) 시대에 뒤떨어지다 (절판되다) / go out of one's mind (or senses) 미치다.
go over ① …을 세밀히 조사하다, 검사(점검)하다; …을 시찰하다. ¶ go over a plan 계획을 세밀히 살펴보다. ② …을 복습하다; …을 반복하다 (repeat); …을 다시 읽어보다. ③ …을 건너다, 넘다 (cross). ④ 〔구어〕 잘 되다, 성공하다. ⑤ [배반하여] [적편]에 투항하다; …으로 개종 (改宗) 하다 (to…). ¶ go over to the enemy (Rome) 적편에 붙다 (가톨릭으로 개종하다). ⑥ …의 상공을 날다; …에서 승진하다. ⑦ 연기되다. ⑧ [차가] 전복하다.
go over big (or ***best***, ***perfect***) 〔속어〕 대단한 인기를 얻다(with…).
go places ⇨ PLACE.

go round ① [수·양이] 모두에게 돌아가다. ¶ enough apples to *go round* 모두에게 돌아갈 만큼의 사과. ②길을 돌아가다. ③《구어》[잠깐] 들르다. ¶ *go round to see a person* …이 있는 데를 잠깐 들러보다. ④ 순회하다, 들러 다니다. ⑤ 회전하다. ¶ The earth *goes round*. 지구는 회전한다. ⑥ …을 바퀴 돌 정도의 길이가 있다. ¶ The belt won't *go round* my waist. 그 혁대는 내 허리에 맞지 않다.
go so far as to …까지도 하다. ¶ He *went so far as to* say that … 그는 …이라고까지 말했다.
go steady ⇒ STEADY.
go [the] whole hog ⇒ HOG.
go through ①을 통과하다, 빠져 나가다, …에 스며들다. ②…을 다 마치다, 수행하다, 끝내다; (*vi.*)[거래 따위가] 끝나다. ¶ *go through* the process of …의 절차를 마치다. ¶ [고생 따위를] 경험하다, 겪다, …에 견디다. ¶ *go through* hardships 곤란을 겪다. ¶ [세밀히] …을 조사(검토, 검사)하다. ¶ *go through* a person's pocket 남의 호주머니를 검사하다. ⑤…을 다 써버리다. ¶ *go through* one's fortune 재산을 탕진하다. ⑥ [책이] 거듭되다. ¶ *go through* several editions 여러 판을 거듭하다. ⑦ 승인되다, 용인되다.
go through with …을 끝까지 해내다, 완성하다.
Go to! 〈고어〉 ① 좀 기다려, 설마(승인하지 않거나 의심 등을 나타냄) ② 자아[가자, 하자](Come on!).
go to it 《구어》즉시 일에 착수하다, 힘차게 하다.
go to sea ⇒ SEA.
go to the country ⇒ COUNTRY.
go together ① 함께 가다(있다), 서로 붙어 다니다; 공존하다. ② 어울리다, 조화되다(harmonize). ③《구어》애인 사이이다.
go under ① 침몰하다(sink). ② 굴복하다, 지다; 실패하다(fail), 파멸하다(be ruined), 파산하다.
go up ① 올라가다, 오르다(rise). ② [값이] 오르다, [수·양 따위가] 늘어나다(increase); [지위 따위가] 오르다. ③《英》대학에 들어가다(*opp.* go down ⑩); 상경하다. ④ 파열(폭발)하다(explode), 폭파(파괴)되다. ¶ *go up* in flames 타오르다. ⑤《美구어》[완전히] 실패하다, 파멸하다(fail), 파산하다; 죽다. ⑥《美구어》다가가다. ⑦ [건물이] 서다.
go upon ①…에 의하다, …에 의거해서 행동(판단)하다. *cf. vi.* 6 ②…에 착수하다.
go west ⇒ WEST.
go with ①…과 행동을 같이하다, …에 동의하다(agree); …을 이해하다. ¶ I can't *go with* him in that. 그 점에서는 그에게 동의할 수 없다. ②…과 어울리다, 조화되다, …에게 맞다. ③…에 부속되다(belong to). ¶ the land that *goes with* this house 이 집에 딸린 땅. ④…과 동반하다, 동행하다. ⑤…과 사랑하는 사이이다, 교제하다.
go without ①…이 없다, …을 가지고 있지 않다. ②…없이 지내다(해나가다)(do without). ¶ *go without* one's supper 저녁밥을 먹지 않고 지내다.
It goes without saying that ⇒ SAY.
let go ⇒ LET¹.
to go 앞으로, 나머지의. ¶ There are only three days *to go*. 앞으로 3일밖에 없다. ②《美》가져가기 위한 [식당 따위에서]. ¶ Five hamburgers *to go*, please. 햄버거 5개를[가져갈 수 있도록] 싸 주세요.
What goes? 《美속어》무슨 일이 일어나는가?
— *n.* (*pl.* goes) **1** Ⓤ 감, 사라짐, 진행; 정신호. ¶ the come and *go* of the seasons 4계절의 변천. **2** 《구어》성공(success)(*of*…). ¶ make a *go* of it 잘 해내다. **3** Ⓤ 원기(spirit), 정력, 활력(energy). ¶ be full of *go* 원기왕성하다. **4**《구어》되어가는 형편, 사태; 난처한 일, 궁지. ¶ a queer (or a rum) *go* 괴상한 일 / a near *go* 아슬아슬한 고비; Here is a pretty (or a nice) *go*!=What a *go*! 난처(곤란)하게 됐는데! **5 a)** 시도(try), 차례(turn), 기회(chance) (*at*…). ¶ have a *go at* something 어떤 일을 시도해 보다 // It's your *go*. 네 차례다. **b)** [술 따위의] 한 모금, 한 잔, 한 입 [의 분량]. ¶ three *goes* of rum 석 잔의 럼주. **c)** 한바탕 일하기(spell); 한 시합. ¶ a main *go* 주요 시합 / read a book at one *go* 책을 단숨에 읽다. **6** 《구어》유행(fashion). ¶ be all (*or* quite) the *go* [구두 따위] 대유행이다. **7** 약속된 일, 결정된 일 (bargain). ¶ It's a *go*! 그렇게 결정되었다! **8** 《英구어》[Cambridge 대학의] 학위 시험. *cf.* great *go*, little *go*.
from the word "go" 처음부터.
no go 《구어》성공하지 못한, 틀린; 쓸모없는. ¶ It's *no go*! 틀렸다! / I tried to get full marks for English, but it was *no go*. 영어에서 만점을 따려고 했으나 되지 않았다 / That idea is *no go*. 그 착상은 쓸모없다.
on (or **upon**) **the go** ①《구어》끊임없이 활동하여, 계속 일하여. ¶ She has been *on the go* all day. 그녀는 온종일 계속 일을 했어요. ② 나가려던 참에. ③ 쇠약해져서, ④《속어》얼근히 취하여.
— *adj.*《구어》**1** 준비가 되어(ready); 상태가 좋은, 순조로이, 기능이 정상이; 유리한. ¶ All systems are *go*. [로켓 발사 따위에서] 기계 이상 없음, 준비 완료. **2** 유행하는, 진보적인.
GO 〈略〉general order(일반 명령).
goad [goud] *n.* **1** [가축 따위를 모는] 막대기. **2** 자극 [제], 격려[하는 것](stimulus). —*vt.* **1** 막대기로 …을 찌르다(몰아대다). **2** …을 자극(격려)하다, 선동하다. **3** …을 괴롭히다 (…*to*, *into*, *on*). ¶ (~+图+ 匿+图) *goad* a person *to* madness (*into* fury) 남을 자극하여 미치게 하다(격노케 하다) // (~+图+匿) *goad* a person *on* 남을 선동하다 // (~+图+*to* do) *goad* a person *to* steal 남을 부추겨서 도둑질을 시키다.
go-a-head [góuəhèd] *adj.* 전진하는; 진취적인(enterprising), 활동적인. ¶ a *go-ahead* person 진취적인 사람. —*n.* **1** (the ~) [일 따위에 대한] 전진, 인가; 전진 허가; ② 원기; 진취적 기상. **2** 적극적인 사람, 정력가. —[́ ̀ ̀]② 〈취〉의 기상.
go-a-head-ism [góuəhèdiz(ə)m] *n.* Ⓤ 적극주의, 진취주의.
‡**goal** [goul] *n.* **1** 목적, 목표(⇒ PURPOSE 類語); 목적지, 행선지. ¶ one's *goal* in life 인생의 목표. **2** [경주의] 골, 결승점(선); [구기(球技)의] 골. **3** 골에 공을 넣기; [골에 공을 넣어 얻은] 득점. ¶ drop a *goal* [럭비](드롭킥으로) 득점하다 / get (*or* make, score) a *goal* 득점하다. **4**=goalkeeper.
góal àverage *n.* 《축구》 득점률.
góal dífference *n.* 《축구》골 득실차(得失差), goal average의 차.
goal-ie [góuli] *n.* 《구어》=goalkeeper.
goal-keep-er [góulkìːpər] *n.* [축구 따위의] 골키퍼.
góal líne [스포츠] 골 라인. *cf.* touchline.
goal-mouth [góulmàuθ] *n.* [축구의] 골 바로 앞 지역.
góal póst *n.* [미식축구 따위의] 골 포스트, 골대.
goal-tend-er [góultèndər] *n.* =goalkeeper.
Góa pówder *n.* Ⓤ [브라질산(産)의 아라로바나무 (araroba)에서 채취하는] 고아 분말 [피부병 치료제].
go-a-round [góuəràund] *n.* **1** 한 바퀴, 일순(一巡). **2** 격론. **3** 발병, 회피, **4** 순회; 우회.
go-as-you-please [góuəzjuplíːz] *adj.* [사람·물건이] 무계획적인, 기분내키는 대로 하는 (casual). **2** 제멋대로의; [조건에] 구애받지 않는.
goat [gout] *n.* (*pl.* goats *or* goat) **1** 염소. ¶ a billy *goat*; a he-*goat* 수염소 / a nanny *goat*; a she-*goat* 암염소. **2** (the G-) 《천문》 염소좌(Capricorn). **3** 남을 대신하는 사람, 제물(scapegoat). **4** 악인; 바보. **5** 색골, 난봉꾼. [...하다.
get a person's goat 《美구어》 남을 화나게 (신경질나게) [play (or act) the (giddy) goat 까불다.
separate the sheep from the goats ⇒ SHEEP.
goat-ee [goutíː] *n.* [사람의] 염소 수염.

gōat gŏd n. 목양신(牧羊神).
goat-herd [góutə̀ːrd] n. 염소 치는 사람, 염소지기.
goat·ish [góuti∫] adj. **1** 염소 같은. **2** 음탕한, 호색의. ~·ly adv. ~·ness n.
goat·ling [góutliŋ] n. [英] [1-2살의] 새끼 염소.
gōat (gōat's) pĕpper n. 관목성 고추(chili).
goats·beard [góutsbìərd] n. [식물] **1** 나도화채[국화(科)]. **2** 눈개승마[장미과(科)].
goat·skin [góutskìn] n. ⓤ 염소 가죽; ⓒ 염소 가죽 제품. (nightjar).
goat·suck·er [góutsʌ̀kər] n. 쑥쑥새과(科)의 새
goat·y [góuti] adj. (**goat·i·er, goat·i·est**) = goatish.
gob¹ [gab/gɔb] n. **1** 덩어리, 큰 덩어리. **2** (~s) 많음, 풍부. ¶ gobs of money 많은 돈. **3** [석탄의] 버력. — vi. (**gobbed, gob·bing**) 가래·침을 뱉다(spit).
gob² [gab/gɔb] n. [미해군의] 수병.
gob³ [gab/gɔb] n. [英속어] 입(mouth).
gob·bet [gábit/gɔ́b-] n. **1** [날고기 따위의] 작은 조각, 한 입; 한 덩어리. **2** 덩어리(mass, lump). **3** [문학·악곡 따위의] 발췌 부분.
gob·ble¹ [gábl/gɔ́bl] v. (**-bled, -bling**) vt. **1** 게걸스럽게(걸신들린 듯이) 먹다(...up); …을 통째로 삼키다. ¶ He gobbled up the meat quickly. 그는 재빨리 그 고기를 먹어치웠다. **2** (구어) …에 달려들다, …을 잡아채다. (...up). — vi. 걸신들린 듯이 먹다(up).
gob·ble² [gábl/gɔ́bl] vi. (**-bled, -bling**) [칠면조가] 울다, 칠면조 같은 울음 소리를 내다. — n. 칠면조의 울음 소리.
gob·ble·de·gook, -ble·dy- [gábldigùk/gɔ́b-] n. ⓤ[美구어] (관청 용어처럼) 표현이 까다롭고 알아듣기 힘든 말.
gob·bler¹ [gáblər/gɔ́b-] n. 칠면조의 수컷.
gob·bler² [gáblər/gɔ́b-] n. 대식가, 걸신들린 듯이 먹는 사람.
Gob·e·lin [gábəlin, góub-/gɔ́b-, góub- gɔblé] adj. 고블랭직(織)의(같은). ¶ Gobelin tapestry 고블랭직의 벽걸이 융단. — n. 고블랭직, 벽걸이 융단. [<15세기 Paris의 유명한 염색가의 이름]
go-be·tween [góubitwìːn] n. 중개자, 중매인(middleman), [나쁜 뜻으로] 뚜쟁이.
Go·bi [góubi] n. (the ~) 고비 사막.
gob·let [gáblit/gɔ́b-] n. **1** 굽이 있는 잔[금속·유리 제로 손잡이가 없다]. **2** (고어) 술잔.
***gob·lin** [gáblin/gɔ́b-] n. 귀신, 마귀, 요괴.
go·bo [góubou] n. (pl. -**bos** or -**boes**) [美] [영화·TV] [카메라의 렌즈에 들어오는 빛을 막기 위한] 차광판; [마이크에 들어오는 잡음을 막는] 음파 흡수판.
go-by [góubi] n. (pl. -**bies** or -**by**) 망둥이.
go-by [góubài] n. the ~) (구어) 통과, 모르고 지나가기 (지나치기), 보고도 못 본 체하기. ¶ I get the go-by 무시당하다 / give a person the go-by 남을 일부러 피하다; 모른 체하고 남의 옆을 지나가다. (관).
G.O.C. (略) General Officer Commanding(총사령관)
go-cart [góukàːrt] n. **1** 소형 유모차. **2** [유아의] 보행기(walker). **3** 손수레. **4** 소형 자동차, 고카트.
G.O.C.-in-C. (略) General Officer Commanding-in-Chief.
gock [gak/gɔk] n. (속어) 추접스러운 (끈적끈적한) 것(guck, goo, gook).

‡**God** [gad/gɔd] n. **1** ⓤ [일신교(一神敎)의] 신, 천주 (天主), 조물주(Creator). * 종종 감탄·저주·기원·맹세 따위에 쓴다. 숙어 참조. ¶ the Almighty God; God Almighty 전능하신 하나님 / God the Father, God the Son, God the Holy Ghost 성부와 성자와 성신 (cf. the Trinity) / the Lord God 주(主)이신 하나님 / the God's book (of words) the Bible) / God 큰 일(아 단지 군!), 이런! **2** (g-) [일반적인] 신(deity), [특히] 남신(男神) (cf. goddess). ¶ the god of agriculture 농경의 신(Saturn) / the god of day 태양의 신(Phoebus) / 태양 / the god of fire 불의 god of heaven 하늘의 신(Jupiter) / the god of hell 지옥의 신(Pluto) / the god of love; the blind god 사랑의 신 (Cupid) / the god of the sea 바다의 신(Neptune) / the god of this world 악마(Satan) / the god of war 전쟁의 신(Mars) / the god of wine 술의 신(Bacchus) / a feast for the gods 훌륭한 진찬(盛饌), 멋진 광경. **3** (g-) 신상(神像), 우상(idol); 신격화된 사람, 숭배의 대상. ¶ Money is his god. 그에게는 돈이 하나님이다. **4** [연극] [가장 값싼] 꼭대기 좌석의 관객, 일반 관객. ¶ appeal to the gods 일반 관객의 탄성을 자아내다.

before God 신에게 맹세코.
by God 하나님에게 맹세코, 틀림없이, 꼭, 반드시.
for God's sake ⇒ SAKE¹. [이런!
God bless me (or **my life, my soul**)! 큰일났군!,
God bless you (**him**)! 당신(그)에게 축복이 있기를!
God damn you! 이 빌어먹을 놈아!
God forbid! 그런 일이 있을손가, 어림도 없는 소리!, 천만에!
God grant ...! 신이여 원컨대 …을 이루게 하소서! ¶ God grant that they may succeed! 신이여, 원컨대 그들을 성공케 하소서!
God help (or **save**) **him**! 불쌍도 해라!
God [only] **knows** ① 신만이 안다, 아무도 모른다 (when, where, why, what...). ¶ She went God knows where. 그녀는 아무도 모르는 곳으로 갔다. ② 하늘이 아신다, 맹세코 …이다(that...).
God's image 인체(人體) [성서의 말에서].
God speed you! (고어) 성공(안전)을 빕니다.
God's truth 절대의 진리.
God willing 신이 허락하신다면, 사정이 허락하면,
u house of God 교회당.
a man of God 목사.
My (or **Good, Oh**) **God!** 아아 하나님!, 야단(큰일) 났군!, 저런 재밌구!, [슬픔·분노 따위의 소리].
on God's earth 전세계에.
So help me God! 맹세코!, 틀림없이! [원래는 서식의 맺음말].
Thank God! ⇒ THANK. [구보다도.
under God 하나님 다음으로 [감사해야 할 사람은], 누
with God 하나님과 함께, 죽어서 천당에.
Ye gods (or **Gods**) [**and little fishes**]! ((익살) 부러가!, 어머나! [놀람을 나타낸다].
— vt. (**god·ded, god·ding**) (드물게) …을 신으로 모시다; …을 신격화하다.

Go·dard·i·an [gɔːdáːrdiən] adj. [카메라 기법, 무대 장치 따위에서] 참신한 수법의, 고다르풍의 [카메라의 분방(奔放) 또는 자연스러운 사용법·시나리오의 즉흥성·파격적인 연출 따위가 특징]. [<프랑스의 영화 감독 Jean-Luc Godard의 이름] [독한.
God-aw·ful [gádɔ́ːfl/gɔ́d-] adj. (속어) 엄청난, 지
god·box [gádbàks/gɔ́dbɔ̀ks] n. (속어) 교회, 예배당.
god·child [gádt∫àild/gɔ́d-] n. (pl. **-chil·dren**[-t∫ìldrən]) 대자(代子) [대부(모)가 세례 때 입회해 준 아이]. cf. godparent
god·damn [gádæm/gɔ́d-], -**damned** [-dǽmd] adj. 꺼림칙한, 불길한, 아주 싫은. — adv. 대단히 (extremely, very). [godson
god-daugh·ter [gáddɔ̀ːtər/gɔ́d-] n. 대녀(代女). cf.
god·dess [gádis/gɔ́d-] n. **1** 여신. cf. god ¶ the goddess of beauty (love) 미(美) (사랑)의 여신 (Venus) / the goddess of corn 오곡의 여신(Ceres) / the goddess of heaven 하늘의 여신(Juno) / the goddess of hell 지옥의 신(Proserpine) / the goddess of the moon 달의 여신(Diana) / the goddess of war 전쟁의 여신(Bellona) / the goddess of wisdom 지혜의 여신(Minerva) / the goddess of liberty 자유의 여신. **2** 숭배(동경)의 대상인 여성, 절세가인.

god·dess·hood [gádishùd / gɔ́d-] *n.* ⓤ 여신임, 여신의특성; [여신의] 신위(神位), 신격.

go·det [goudét] *n.* [스커트·소매 따위의 폭을 넓히기위해 대는] 삼각천, 고대.

go·de·ti·a [goudí:ʃ(i)ə] *n.* 고데시아[달맞이꽃 비슷한 관상용 일년초]. [<스위스의 식물학자 Charles H. Godet의 이름+-IA]

go·dev·il [góudèvl] *n.* 1 송유관(送油管) 청소기. 2 [목재 따위의 반출에 쓰는] 썰매. 3 [철도의] 손으로 움직이는 대차(臺車). 4 유정(油井)내의 다이나마이트 폭발기.

*****god·fa·ther** [gádfɑːðər / gɔ́d-] (*cf.* godmother) *n.* 1 대부(代父) [세례 지원자의 신앙 생활을 도와주고, 세례식에서 보증인이 되는 세례 남성 신도]; [성공회에서] 교부(敎父) [영세에 입회하여 이름을 지어주는 사람]; [개신교에서] 종교 교육을 보증하는 사람. 2 [일반적으로] 후원자, 보호자. ── *vt.* …의 대부가 되다; …을 후원하다, 보증하다.

God-fear·ing [gádfì(:)riŋ / gɔ́dfìər-] *adj.* 1 신을 두려워하는. 2 신앙심이 깊은, 독실한(deeply religious, devout).

God-for·sak·en [gádfərsèikən / gɔ́d-] *adj.* 1 신에게 버림받은; 타락한. 2 황량한(desolate), 쓸쓸한, 외딴(remote).

God-giv·en [gádgìvn / gɔ́d-] *adj.* 1 하나님이 주신, 천부(天賦)의. 2 절호의(opportune), 고마운(welcome).

God·head [gádhèd / gɔ́d-] *n.* 1 (the ~) 신, 천주. 2 (g-) ⓤ 신임, 신성(神性), 신격(divinity). 3 (g-) 《드물게》 신, 여신.

god·hood [gádhùd / gɔ́d-] *n.* ⓤ 신격, 신성.

Go·di·va [gə(u)dáivə] *n.* [英전설] 머시아 백작(Earl of Mercia) Leofric의 아내 [주민을 중세(重稅)에서 해방시키기 위해 Coventry 거리를 알몸으로 백마를 타고 다녔다고 한다]. *cf.* Peeping Tom

god·less [gádlis/gɔ́d-] *adj.* 1 신을 모르는; 신[의 존재]를 부정하는; 무신론자의. 2 신앙심이 없는(impious); 사악한. 3 신이 없는. ~**ly** *adv.* ~**ness** *n.*

*****god·like** [gádlàik / gɔ́d-] *adj.* 신과 같은, 거룩한(divine). ~**ness** *n.*

god·ly [gádli / gɔ́d-] *adj.* (**-li·er, -li·est**) 1 신을 받드는, 신앙심이 두터운, 경건한(pious); (the ~) 《명사적용법》《종종 반어적으로》믿음이 깊은 사람들. 2 《고어》신성한; 신의. **-li·ness** *n.*

God-man [gádmǽn] *n.* (*pl.* **-men** [-mèn]) 1 신인(神人) [예수 그리스도를 말한다] (Jesus Christ). 2 (g-) 반신반인(半神半人); 신성(神性)과 인간성을 아울러 지닌 사람(demigod).

*****god·moth·er** [gádmʌ̀ðər / gɔ́d-] (*cf.* godfather) *n.* 1 대모(代母) [세례 지원자의 신앙 생활을 도와주고, 세례식에서 보증인이 되는 세례 여성 신도]; [성공회에서] 교모(敎母) [영세에 입회하여 이름을 지어주는 사람]; [개신교에서] 종교 교육을 보증하는 사람. 2 [일반적으로] 여성인] 후원자, 보호자. ── *vt.* …의 대모가 되다; …을 보호하다.

go-down [goudáun / ´-´] *n.* [인도·동아시아의] 창고.

god·par·ent [gádpɛ̀(:)rənt / gɔ́dpɛ̀ər-] *n.* 대부(모), [성공회에서] 교부(모); [개신교에서] 종교 교육을 보증하는 사람. *cf.* godchild

Gód's ácre *n.* [교회 부속의] 묘지(churchyard).

god·send [gádsènd / gɔ́d-] *n.* 하나님의 선물, 뜻밖의 행운.

god·ship [gádʃip / gɔ́d-] *n.* ⓤ 신(神)임, 신위(神位), 신격.

god·son [gádsʌ̀n / gɔ́d-] *n.* 대자(代子). *cf.* daughter

God·speed [gádspíːd / gɔ́d-] *n.* ⓤ 행운, 성공, 안전. ¶ wish (*or* bid) a person *Godspeed* 남의 여행(여행 도중의 안전)을 빌다. [<God speed you의 단축형]

God·ward [gádwərd / gɔ́d-] *adv.* (=**God·wards** [-wərdz]) 신을 향하여. ── *adj.* 신을 향한, 신에의.

god·wit [gádwit / gɔ́d-] *n.* 흑꼬리도요새.

go·er [góuər] *n.* 1 가는 사람(것). ¶ a good (a poor) *goer* 걸음이 빠른(느린) 사람, 움직임이 빠른(느린) 것 / *comers* and *goers* 오가는 사람. 2 《보통 복합어를 만들어》[…에] 자주 가는 사람, 단골. ¶ a movie*goer* 영화관에 자주 가는 사람 / a church*goer* 규칙적으로 교회에 다니는 사람.

GOES [gouz] *n.* 미국의 정지 기상 위성. [<*G*eostationary *O*perational *E*nvironmental *S*atellite]

Goe·the·an, Goe·thi·an [gɔ́ːtiən], (Goe·thi·an) *adj.* 괴테의, 괴테풍의. ── *n.* 괴테 숭배자, 괴테 연구가. [<독일의 시인·작가 Johann Wolfgang von Goethe(1749-1832)의 이름]

go·fer [góufər] *n.* [英] [굽는 기구의 벌집 무늬가 그대로 찍힌] 일종의 얇은 buttercake.

gof·fer [gáfər, gɔ́ːf- / góufə, gauf·fer [gɔ́ːfər, + gáfər]) *n.* [옷의] 장식 주름, 개더; 주름잡는 다리미. ── *vt.* …에 주름을 잡다.

gof·fer·ing [gáfəriŋ, gɔ́ːf- / góuf-] *n.* ⓤ 주름 잡기, 개더 내기; 주름 장식.

Gog and Magog [gág ən méigɑg/gɔ́g ən méigɔg] *n.* [성서] 곡과 마곡(사탄(Satan)에게 미혹되어 하나님의 나라에 반항하는 두 나라. ← 요한 계시록(Rev.) 20: 8].

go-get·ter [góugétər] *n.* 《美구어》[사업 따위의] 수완가, 수단꾼. ¶ 좋은.

go-get·ting [góugétiŋ] *adj.* 《美구어》활동적인, 수완

gog·gle [gágl / gɔ́gl] *n.* 1 (~s) [오토바이 따위를 탈때의] 보호 안경. 2 눈을 부라리기. ── *v.* (-gled, -gling) *vi.* 눈이 휘둥그레지다, 눈을 부라리다, 눈을 회번덕거리다(*at* …). ── *vt.* (눈알) 굴리다. ── *adj.* 눈이 튀어나온, 회번덕거리는.

góggle bòx *n.* 《英속어》텔레비전.

gog·gle-eyed [gáglàid / gɔ́gl-] *adj.* 퉁방울눈의, 눈알이 회번덕거리는.

gog·let [gáglit / gɔ́g-] *n.* [유약을 바르지 않고 구운, 인도의] 물을 차게 해두는 병.

go-go [góugòu] *adj.* 고고(춤)의, 록으로 춤추는. ¶ a *go-go* dancer 고고를 추는 댄서. 2 《속어》활기있는, 활발한, 현대적인(up-to-date).

gó-gò dánce *n.* 고고(춤).

gó-gò fùnd *n.* 《英》주식의 단기 투자 자금.

Goi·del·ic [gɔidélik] *n.* 게일족(族) (Gaels)의, 게일어(語)의. ── *n.* ⓤ 고이델 어군(語群) (Q-Celtic).

*****go·ing** [góuiŋ] *n.* ⓤ 1 가기; 여행; 퇴거, 출발; 일상적인 일(업무)의 수행. ¶ His *going* was sudden. 그의 출발은 갑작스러웠다. 2 [도로 따위의] 상태. ¶ The *going* was good. 길은 좋았다. 3 진행, 진전(progress). ¶ The committee is having rough *going*. 위원회는 난항을 거듭하고 있다. 4 여행의 방법(속도), (보통 ~s) 행위, 행동, 처신(conduct).
── *adj.* 1 *a*) [기계 따위의] 운전 중인(working), 진행 중인; 활동(운동)중인. *b*) [순탄하게] 영업중인. ¶ a *going* concern 이익을 내고 있는 기업. 2 현행의, 유통하고 있는; 수중에 들어오는 (available). ¶ the *going* rate 현행 운임(이자율) / Is there any lager beer *going*? 저장 맥주가 있습니까? 3 출발하는, 떠나는 (leaving). 4 [나이·시각에] 가까운 (*on*…). ¶ It is *going on* five o'clock. 그럭저럭 5시가 되다 / He is *going on* twenty. 그는 이제 20세가 된다.

góing awày [스포츠] 큰 차이로. ¶ win a match *going away* 시합에서 크게 이기다.

keep going ⇒ KEEP.

set … going …의 운전을 시작하다, 움직이게 하다; …을 시작하다, 개시하다.

gó·ing-a·wày drèss [góuiŋəwèi-] *n.* 《美》[신부용] 신혼 여행용 드레스.

go·ing-o·ver [góuiŋòuvər] *n.* (*pl.* **go·ings-**) 1 철저한 심문(조사). ¶ The detective gave him a good *going-over*. 형사는 그를 철저히 조사했다. 2 호된 꾸짖음, 체벌(體罰).

góing pùblic *n.* (증권) 주식 공개.

góings ón *n. pl.* (구어) 1 (보통 나쁜 뜻으로) 행위, 거동, 소행, 짓. 2 사건, 일어난 일(events).

goi·ter [gɔ́itər], (**goi·tre**) *n.* [U] (병리) 갑상선종(腫).

goi·tro·gen [gɔ́itrədʒ(ə)n] *n.* (병리) 갑상선종원 물질(갑상선종을 유발하는 물질의 총칭).

goi·trous [gɔ́itrəs] *adj.* 갑상선종의.

Gó·lan Héights [góulæn-, -lən-] *n. pl.* (the~) 골란 고원(시리아 서남부의 고지; 1967년 이래 이스라엘이 점령).

Gol·con·da [galkándə / gɔlkɔ́n-] *n.* 1 인도의 보고(寶庫)로 알려진 옛 도시의 이름. 2 (g-) 보고, 무한한 재산, 부원(富源).

‡gold [gould] *n.* [U] 1 금(금속 원소의 하나; 원자 기호 Au); 황금. ¶ pure *gold* 순금. 2 (집합적) 금제품; 금화 (gold coin). ¶ in *gold* 금화로. 3 돈(money), 재산, 부(富)(wealth), 보물(treasure). ¶ greed of *gold* 돈에 대한 욕심. 4 금처럼 귀중한(빛나는) 것. ¶ a heart of *gold* 아름다운(고결한) 마음 / Her voice is pure *gold*. 그녀의 목소리는 정말 아름답다. 5 금빛, 황금색. ¶ hair of *gold* 금발. 6 금도금, 금가루, 황금색 그림물감, 금실, 금물, 금박. 7 [U] (궁술) 과녁의 한복판(bull's-eye). ¶ make a *gold* 과녁의 한복판을 쏘아 맞히다.

the age of gold 황금 시대(golden age).

[as] good as gold [특히 어린이가] 아주 얌전하여; [사람이] 충분히 신용할 수 있는, 아주 친절하여. ¶ He is *as good as gold*. 저 아이는 아주 얌전하다.

— *adj.* 1 금으로 만든. ¶ a *gold* coin (watch) 금화(시계). 2 금(빛)의, 금(色)의. 3 황금빛의, 금 braid 금몰. 4 (하락한 통화의 금액을) 금평가(金平價)로 계산한.

góld amálgam *n.* (야금) 금아말감.

góld bàsis *n.* (경제) 금본위 기준(제도). ¶ on a *gold basis* 금본위 기준으로. ┌장이.

gold-beat·er [góuldbì:tər] *n.* 금박공(金箔工), 금박.

góld-beat·ing [góuldbì:tiŋ] *n.* [U] 금박 제조(기술).

góld bèetle *n.* 풍뎅이.

góld blòc *n.* 금블록(金) 본위제 국가군(群).

gold·brick [góuldbrìk] *n.* 1 (구어) (협잡꾼에 의해서 매매되는 가짜의) 금괴; 가짜, 협잡물. 2 (군대 속어) 특별 임무 때문에 일반 병사와 같은 근무를 하지 않아도 되는 병사(취사병 등); 일을 게을리하는 사람, 빈둥빈둥 놀고 있는 사람(loafer). 3 (美) 매력 없는 젊은 여성.

gold-brick [góuldbrìk] (美) *vt.* …을 사기치다, 협잡질하다, 속이다; …을 속여 빼앗다. — *vi.* [일·책임 따위를] 회피하다, 게으름 피우다(shirk), 꾀병을 앓다.

góld·bug [góuldbʌ̀g] *n.* 1 (美) =gold beetle. 2 금본위제 주장자(옹호자).

góld certíficate *n.* 금(金) 증권(금 준비법에 의해 미국 정부가 발행한 금 증권; 지금(地金)의 보관증).

góld clàuse *n.* (경제) 금약관(金約款) (화폐 가치 하락에 의한 채권자의 손해를 피하기 위해, 대차 성립시의 통화의 금가치로 채무 변제를 하는 계약).

Góld Còast *n.* 1 (the~) 황금 해안(현재의 Ghana 공화국의 일부). 2 (the~) (美구어) 특히 연안의 고급 주택지역].

gold-dig [góulddìg] *vi.* (-dug [-dʌg], -dig·ging) (속어) (여자가) 남자에게 돈을 뜯어내다.

góld dìgger *n.* 1 금광을 찾아다니는 사람, 사금 캐는 사람, 금광꾼(狂). 2 (속어) 남자를 유혹해서 돈을 후려내는 여자.

góld dìgging *n.* 1 [U] 금 캐기, 금광 채굴. 2 (~s) 금 산지.

góld dùst *n.* [U] 사금(砂金). ┌금 지대.

‡gold·en [góuld(ə)n] *adj.* 1 금빛의, 황금빛의. *golden* grain 황금빛으로 익은 곡식. 2 (드물게·고어) 금(제)의. * 이 뜻으로는 지금은 gold가 보통. 3 금을 함유(산출)하는. ¶ the *golden* land 금이 나는 나라. 4 (금처럼) 귀중한, 훌륭한(excellent), 절호의. ¶ a *golden* heart 매우 고운 마음씨 / a *golden* opportunity 절호의 기회 / a *golden* saying 금언(金言). 5 융성한, 전성의(flourishing); 매우 즐거운. ¶ one's *golden* days 전성 시대 / *golden* hours 텔레비전·라디오 따위의 most 든 아워. 6 (장차 반드시 성공할) 재능·조건 따위가 갖춰진. ¶ a *golden* boy (girl) 인기있는 남자 (여자), 총아. 7 (목소리가) 부드럽고 아름다운. 8 [특히 결혼 기념일 등이] 50년째인. **~·ly** *adv.* **~·ness** *n.*

gólden áge *n.* 1 (종종 the G- A-) (그리스 신화) 황금 시대[인류의 4시대 (golden age, silver age, bronze age, iron age) 중에서 최고(最古)의 시대로 인간이 평화롭고 순결한 생활을 하던 시대]. 2 (the ~) (국가·문학 등의) 전성기, 황금 시대. 3 (the ~) (완곡적) 노년(老年).

Gólden Áge Pássport *n.* (美) 노인 우대증 [62세 이상의 노인에게 주어지는 증명서].

gold·en-ag·er [góuld(ə)nèidʒər] *n.* (美구어) (특히 은퇴한) 초로의 사람, 노인.

gólden annivérsary *n.* 50주년. ┌전당포.

gólden bálls *n. pl.* 전당포의 간판(금빛의 3개의 공).

gólden cálf *n.* 1 (성서) (아론(Aaron)에 의해서 세워진) 금송아지의 우상[→ 출애굽기(Exod.) 32:4]. 2 (성서) (르호보암(Jeroboam)에 의해서 세워진) 동쪽의 두 우상[→ 열왕기(상) (1 Kings) 12:28-29]. 3 부(富).

Gólden Créscent *n.* 황금의 초승달 지대(이란, 아프가니스탄, 파키스탄의 접경 지대로 헤로인의 공급원). *cf.* Golden Triangle

gólden dìsc *n.* =gold record.

gólden éagle *n.* 금독수리(후두부에 황빛깔의 깃털)

Gólden Éagle Pássport *n.* (美) 골든 이글 패스포트(자연 공원·야영지, 10달러로 이 패스를 구입하면 1년간 가족들이 연방 공원 관리 시설에 무료 입장된다).

gold·en·eye [góuldnái] *n.* (*pl.* -eyes *or* -eye) 흰빰오리(유라시아·북아메리카산(産)의 들오리의 일종).

Gólden Fléece *n.* 1 (the~) (그리스 신화) 금모(金毛)의 양피(羊皮) (영웅 이아손(Jason)이 아르고나우타이(Argonautes)의 원정대를 이끌고 가서 손에 넣었다). 2 금모양의 훈작사(動爵士) (장(章)).

Gólden Gáte *n.* (the~) 금문(金門) 해협 (San Francisco 만의 입구).

Gólden Glóbe Áward *n.* 골든 글로브상(賞) (미국 Hollywood Foreign Press Association이 매년 1월 영화, TV의 우수작품에 주는 상으로 1944년 이래).

gólden góose *n.* 황금알을 낳는 거위 [하루에 황금 알을 하나씩만 낳지 않고서 성질이 급한 욕심쟁이 주인이 단번에 알을 많이 얻으려고 죽여버렸다는 전설 속의 거위]; 무한한 번영의 원천.

gólden hándshake *n.* (英) (고액의) 중역 퇴직금, (英구어) (일반적으로) 퇴직금.

gólden hóur *n.* 절호의 (유쾌한) 시간; (라디오·TV) 시청률이 최고인 시간 (보통 오후 7-10시).

gólden júbilee *n.* ⇒ JUBILEE 1.

gólden mèan *n.* (the ~) 중용 (moderation), 中.

gold·en-mouthed [góuldnmàuðd] *adj.* 웅변의, 능변의.

gólden númber *n.* (the ~) 황금수(黃金數) [부활절을 정하는 데 쓰는 수, 서력 연수에 1을 보태서 19로 나눈 나머지 수; 완전히 나누어 떨어질 때에는 19].

gólden óriole *n.* ⇒ ORIOLE 1. ┌가 황금수.

gólden pálm *n.* (the ~) 황금의 종려(棕櫚) [칸 영화제 (the Cannes Film Festival)에서 최우수 장편·단편 작품에 각각 수여되는 금상].

gold·en·rod [góuldnràd / -rɔ̀d] *n.* 메역취속(屬)의 식물 [국화과의 다년초].

gólden rúle *n.* (the ~) (성서) 황금률 [마태 복음

(Matt.) 7:12의 산상 수훈 중의 1절, "Always treat others as you would like them to treat you."].
gólden séction *n.* (the ~) 〖미술〗 황금 분할〖약 1 대 1.618의 비(比). 이 비가 미적 효과를 최대로 하는 것으로 되어 있다〗. 「칭.
Gólden Státe *n.* (the ~) 미국 California주의 속
gólden wédding *n.* 금혼식(金婚式)〖결혼 후 50년째〗. *cf.* silver wedding
gólden sýrup *n.* ⓤ《英》 골든 시럽〖당밀(糖蜜)(treacle)에 다른 성분을 가해서 만든 시럽; 제과용〗.
Gólden Tríangle *n.* 황금의 삼각 지대〖태국, 라오스, 미얀마의 접경 지대로 세계 최대의 헤로인 공급원〗.
gólden yéars *n. pl.* 〖65세 이후의〗 노후, 연금 생활 시기.
gólden yóuth *n.* 상류층의 젊은이(gilded youth).
góld féver *n.* 황금열(熱), 금광열(金鑛熱).
góld field *n.* 금광지, 채금지(探金地).
góld-filled *adj.* 금을 씌운, 금을 입힌.
góld-finch [góuldfìntʃ] *n.* 오색방울새; 황금방울새.
góld-fish [góuldfìʃ] *n. (pl. -fish* or *-fish·es*) 금붕어.
góld fóil *n.* ⓤ 금박〖gold leaf 보다 두꺼우며, 주로 치과용〗.
góld·i·locks [góuldilàks / -lɔ̀ks] *n. (pl. -locks)* **1** 〖단수 취급〗 금발의 사람(처녀). **2** 《단·복수 양용》 미나리아재비의 일종〖유럽산〗. **3** 메역취와 비슷한 초본
góld láce *n.* ⓤ 금몰. 〖유럽산〗.
góld léaf *n.* ⓤ 금박.
góld médal *n.* 〖우승자에게 수여되는〗 금메달.
góld míne *n.* **1** 금광, 금산. **2** 대부원(大富源), 보고(寶庫).
góld pláte *n.* **1** 〖집합적〗 금제의 식기류. **2** 〖특히 전기〗 금도금[하기].
góld-plate [góuldplèit] *vt.* (-**plat·ed, -plat·ing**) …을 금으로 씌우다, …에 금도금하다.
góld póint *n.* **1** 〖경제〗 정화(正貨) 〖정금(正金)〗 수송점(點). **2** 금의 융점〖1036℃〗.
góld récord *n.* 싱글 음반으로 100만 장, LP 앨범으로 50만장이 팔린 레코드; 또는 이것을 낸 가수에게 주는 금제 레코드.
góld resérve *n.* 정금 준비〖지폐와 태환(兌換)하기 위하여 정부 또는 중앙 은행에 준비되어 있는 금화〗.
góld rúsh *n.* 골드 러시〖새 금광지로 많은 사람이 몰리기〗; 금 매입(투자) 열기, 금 투기.
góld síze *n.* ⓤ 금박 따위를 입히기 전에 바탕에 미리 바르는 도료. 「상.
góld·smith [góuldsmìθ] *n.* **1** 금 세공사. **2** 금 세공
góld stándard *n.* (the ~) 금 본위제(金本位制).
góld stár *n.* 《美》 〖군제식(軍旗式)에 달아 전사자가 있음을 알리는〗 금성장(金星章). 「어머니.
góld-stàr móther [góuldstɑ̀ːr-] *n.* 《美》 전사자의
góld stíck *n.* 《英》 〖국가적 행사·의식이 있을 때에 궁내관(宮內官), 근위 대령 또는 시종 무관이 받드는〗 금색 봉(棒)〖을 받드는 사람〗.
góld·stone [góuldstòun] *n.* ⓤ 황옥(黃玉); 사금석(aventurine). 「용.
góld·thread [góuldθrèd] *n.* 개황련(黃蓮); 그 뿌리〖약
góld-tipped [góuldtípt] *adj.* 〖궐련 따위〗 금빛 종이 물부리가 붙은.
góld·work·ings [góuldwə̀ːrkìŋz] *n. pl.* 사금 채광장, 사금 세장(洗場). 「(play golf).
‡**golf** [gɑlf, gɔːlf / gɔlf] *n.* ⓤ 골프. — *vi.* 골프를 치다
gólf bág *n.* 골프백〖골프 클럽 넣는 백〗.
gólf báll *n.* 골프 공.
gólf clúb *n.* **1** 골프 클럽, 골프채. **2** 골프 클럽〖골프 애호가의 단체〗. **3** 《주로 英》 = country club.
gólf còurse (línks) *n.* 골프장, 골프 코스.
golf·er [gɑ́lfər, gɔ́ːlf- / gɔ́lfə] *n.* 골프 치는 사람, 골 프
gólf hòse *n.* 골프용 바지. 「퍼.
gólf línks *n.* 《때로 단수》 = golf course.

gólf wídow *n.* 《구어·익살》 골프광(狂)을 남편으로 가진 아내, 골프 미망인.
Gol·go·tha [gɑ́lgəθə / gɔ́l-] *n.* **1** 골고다 언덕〖그리스도가 십자가에 못박힌 Jerusalem의 땅〗(Calvary). **2** (g-) 수난의 장소, 순교지. **3** (g-) 매장지, 묘지(cemetery); 납골당.
gol·iard [góuljəːrd] *n.* 〖때로 G-〗 유력(遊歷) 시인〖라틴어의 풍자시를 만들어 중세 유럽의 각지를 방랑·순력했다〗.
Go·li·ath [gəláiəθ] *n.* **1** 〖성서〗 골리앗〖David이 돌화살로 죽였다고 하는 블레셋족의 거인. ←사무엘기(상) (1 Sam.) 17:4〗. **2** 거인(giant).
gol·li·wog, -wogg [gɑ́liwɑ̀g / gɔ́liwɔ̀g] *n.* **1** 새까맣고 괴상하게 생긴 인형. **2** 얼굴이 추하게 생긴 사람.
gol·ly [gɑ́li / gɔ́li] *interj.* 《구어》〖가벼운 놀람의 소리〗어!, 엇!, 엇! ¶ By **golly** ! 어 이거!
go·losh [gəlɑ́ʃ / -lɔ́ʃ] *n.* 《주로 英》 = galosh.
go·lup·tious [gəlʌ́pʃəs] *adj.* 《익살》 맛 좋은(delicious).
G.O.M. 〖略〗 grand old man.
gom·been [gɑmbíːn / gɔm-] *n.* ⓤ 《아일》 고리 대금, 고리 대금업.
gom·been-man [gɑmbíːnmæ̀n / gɔm-] *n. (pl. -men* [-mèn]) 《아일》 고리 대금업자〖보통 상점이나 목로집을 겸했다〗 (usurer).
gom·broon [gɑmbrúːn / gɔm-] *n.* 페르시아 도기(陶器)의 일종.
gom·er·al, -el, -il [gɑ́mərəl / gɔ́m-] *n.* 《스코·北英》 바보, 얼간이(fool).
Go·mor·rah [gəmɔ́ːrə, -mɑ́rə / -mɔ́rə] *n.* **1** 〖성서〗 고모라〖주민이 죄 많은 생활을 하고 있었기 때문에 하나님이 내린 하늘의 불로 Sodom과 함께 멸망한 고대 도시〗(Gen.) 19:24-25〗. **2** 〖일반적으로〗 죄악의 도시(거리), 죄악.
gon- ⇒ GONO-. 「*gon.*
-gon 〖각형이라는 뜻의 연결형. 예: penta*gon*, poly-
gon·ad [góunæd, gɑ́n- / gɔ́n-] *n.* 〖해부〗 성선(性腺), 생식선.
go·nad·o·troph·ic [gounædo(u)tráfik, gæ̀næd- / gɔ̀nədɔ́utrɔ̀f-], **-trop·ic** [-trɑ́pik / -trɔ́p-] *adj.* 〖생화학〗 성선을 자극하는, 향(向)생식선성(性)의.
Gón·court Príze [gɔːŋkúːr-] *n.* 공쿠르상(賞) 〖프랑스의 Académie Goncourt가 매년 최우수 소설을 선정하여 주는 상으로 1903년에 창설〗. 〖< F Prix Goncourt〗
*****gon·do·la** [gɑ́nd(ə)lə, gɑndóulə / gɔ́ndələ] *n.* **1** 〖Venice의 〗 곤돌라. **2** 《美》 바닥이 평평한 대형 거룻배. **3** 〖비행선이나 기구의〗 조롱(吊籠). **4** (=gón·dola càr)《美》 무개 화차.
gon·do·lier [gɑ̀ndəlíər / gɔ̀ndə-] *n.* 곤돌라 사공.
Gond·wa·na [gɑndwɑ́ːnə / gɔnd-] *n.* 곤드와나 대륙 〖지질 시대에 남반구에 있었던 것으로 생각되는 대륙〗.
‡**gone** [gɑn, gɔn / gɔn] *v.* go의 과거 분사.
— *adj.* **1** 지나간(past), 과거의; 없어진, 사라진. ¶ past and gone 흘러간, 사라진, 과거의.
2 가망이 없는(hopeless), 절망적인, 파멸된(ruined), 영락(몰락)한. ¶ a *gone* case 절망적인 일(것), 가망이 없는 사람.
3 약해진(weak), 쇠약한, 아찔한(faint). ¶ a *gone* sensation 아찔한 기분.
4 죽은(dead).
5 《구어》 (*gone on*의 형으로》 푹 빠진, 반해 버린. ¶ He is *gone on* the girl. 그는 그 처녀에게 푹 빠져 있다.
6 《far *gone*의 형으로》 깊어진; 지친; 지칠 대로 지친(exhausted); 초췌한 된, 빈사의(dying). ¶ *far gone* in consumption 결핵이 심히 악화되어 있는 / The survivors were already *far gone*. 생존자들은 이미 빈사 상태가 되어 있었다.
7 《일정한 기간을 나타내는 말과 함께》 …전, …이전 (ago, since). ¶ It is two years, *gone* yesterday. 어제

까지로 2년이 지났다 / We have not heard of him these ten years gone. 지난 10년 동안 그로부터 아무런 소식도 없다.
8 《연령을 나타내는 말과 함께》 …을 지나서, …을 넘어서(more than, above). ¶ He is gone twenty. 그는 스무 살이 넘었다.
9 《화살 따위가》 과녁을 벗어난.
10 《미속어》 임신한(pregnant). ¶ a woman six months gone 임신 6개월의 여성.
11 낡은(used up).
12 《미속어》 일류의(first-rate), 근사한(excellent).
góne cóon n. 《미속어》 구원될 길이 없는 사람, 개망나니; 절망적인 상태.
gone·ness [gɔ́(ː)nnis / gɔ́n-] n. ⓤ 지칠 대로 지친 상태, 쇠약(exhaustion); 실신(faintness).
gon·er [gɔ́ːnər / gɔ́n-] n. 《구어》 파멸(파산)한 사람, 영락(몰락)한 사람, 장래성이 없어진 사람.
gon·fa·lon [gánfələn, -lən / gɔ́n-] n. 《중세 이탈리아 도시 국가가 사용했던》 기, 기류(旗旒).
gon·fa·lon·ier [gànfələniər / gɔ̀n-] n. **1** gonfalon의 기수. **2** 《중세 이탈리아 도시 국가의》 장관(chief magistrate).
***gong** [gɔːŋ, gaŋ / gɔŋ] n. **1** 징. **2** (=góng bèll) 공벨 《초인종 따위의 접시 모양의 종》. **3** 《영속어》 훈장. — vt. 《영》 [교통 순경이] 징을 두들겨 …에게 정지를 명령하다.
goni-, gonio- corner, angle 이라는 뜻의 연결형. 예: goniometer, goniometry.
go·ni·om·e·ter [gòuniámitər / -ɔ́m-] n. **1** [결정체 따위의] 입체각(立體角)을 재는 각도계, 측각기(測角器). **2** [통신] 무전 방위계(無電方位計) (direction finder).
go·ni·om·e·try [gòuniámitri / -ɔ́m-] n. ⓤ [결정 따위의] 각도 측정, [구면에 의한] 방위 측정[법].
-gonium gonium(생식 원세포)라는 뜻의 연결형. 예: archegonium.
gon·na [gɔ́unə, gɔ́ːnə, 약 gənə / gɔ́nə, 약 gənə] v. 《미속어》=going to. ¶ Are ya gonna go? 너는 갈 셈이냐? (=Are you going to go?)
gono- sexual, reproductive 의 뜻의 연결형(* 모음 앞에서는 gon-을 쓴다). 예: gonococcus(임균(淋菌)), gonophore(생식기 기관), gonidium(포자(胞子)[체], 녹사체(綠絲體)).
gon·o·coc·cus [gànəkákəs / gɔ̀nəkɔ́k-] n. (pl. **-coc·ci** [-káksai / -kɔ́k-]) 임균(淋菌).
go-no-go [góunóugòu] adj. **1** [행동이] 계속이냐 중지냐를 결정하는. ¶ It's difficult to make a go-no-go decision. 계속이냐 아니냐를 결정하기란 곤란하다. **2** 준비 완료냐 미완료냐를 나타내는.
gon·or·rhe·a [gànərí:ə / gɔ̀n-], (**gon·or·rhoe·a**) n. ⓤ [병리] 임질(淋疾).
gon·or·rhe·al [gànərí:əl / gɔ̀n-], (**gon·or·rhoe·al**) adj. 임질의.
-gony production, genesis, origination 이라는 뜻의 연결형. 예: cosmogony; theogony.
goo [guː] n. ⓤ **1** 《구어》 [풀처럼] 붙은 것, [엿처럼 달고] 끈적거리는 것 (sticky matter). **2** 지나친 감상(感傷). ¶ (peanut).
góo·ber [pèa] [gúː)bər/-] n. 《주로 미남부》 땅콩
***good** [gud] adj. (**bet·ter, best**) **1** [도덕적으로] 훌륭한, 유덕한; 선량한; 옳은, 정당한; 충실한(dutiful); 믿음이 깊은(pious); 《the ~》 《명사적 용법》 선량한 사람들. ¶ a good man 훌륭한(선량한) 사람 / a good reason 정당한 이유 / good sense 분별 / a good king 명군(名君) / a good and holy man 유덕한 성자(聖者) / That's good. 《구어》 옳습니다, 그렇습니다.
2 [질·양·정도 따위가] 좋은, 나무랄 데 없는, 훌륭한, 상질의(excellent), 멋진; 신분(지위)이 높은; [모습 따위가] 매력적인(attractive), 잘 생긴. ¶ a good knife 잘 드는 나이프 / good food 매우 좋은 음식 / a good bottle of wine 맛좋은 포도주 한 병(* 《문어》에서는 a bottle of good wine 이라고도 한다). cf. a new pair of shoes; a pair of new shoes) / He is from a good family. 그는 가문이 좋다 / She is certainly good to look at. 그녀는 정말 잘 생겼다.
〖類語〗 good 나무랄 데 없는, 또는 만족할 만한 정도이는; 넓은 의미를 가진 말: a good dictionary 좋은 사전 / a good man 선량한 사람. right 그때의 정세에 알맞은: the right person for the job 그 일의 적임자 / the right dictionary for a student 학생에게 꼭 알맞은 사전.
3 알맞은, 적임의(suitable); [목적에] 적합한, 훌륭한; 자격이 있는(qualified); [토지가] 비옥한(fertile). ¶ be good to drink 마실(먹을) 수 있다 / good for nothing 아무 쓸모도 없는 / The shoes are good for walking in deep snow. 그 신발은 깊은 눈 속을 걷기에 적합하다.
4 예절바른(well-behaved), 얌전한; 교양있는; [남자가] 군중한. ¶ a good child 착한 아이 / good manners 바른 예절.
5 친절한(kind), 관대한(generous), 다정한(warm), 친한, 친밀한(close), 평판 따위가) 좋은, 호의적이다. ¶ a good turn 호의, 친절 / a good fellow 친절한 사람, 정직한 사람 / say a good word for … 을 칭찬하다 / He is very good to his neighbors. 그는 이웃에게 매우 친절하다 // He was good enough to take me to the park. 그는 친절하게도 나를 공원으로 데려다 주었다 / Will you be so good as to lend me your pen? 펜을 좀 빌려 주시겠습니까? // It is extremely good of you to take so much trouble. 그처럼 많은 수고를 해주셔서 대단히 감사합니다.
6 [건강에] 좋은, 알맞은, 잘 듣는(for …). ¶ The medicine is good for a cold. 그 약은 감기에 잘 듣는다 / Walking everyday is good for the health. 매일 산책하는 것은 건강에 좋다.
7 튼튼한, 건강한(healthy); [지불할] 능력(재력)이 있는. ¶ He is good in health. 그는 건강하다 / Have a good heart! 《구어》 힘을 내라! / I'm good for another 10 miles if you like. 좋다면 10마일은 더 걸을 수 있다 / He is good for ten thousand dollars. 그는 1만 달러를 지불할 수 있다.
8 《형용사의 뜻을 강조하여》 굉장한, 상당한. ¶ in the good old days 옛날에, 좋았던 옛시절에 / He could take a good sound sleep. 그는 푹 잘 수 있었다.
9 명예로운(honorable), 가치있는, 훌륭한, 우수한. ¶ a good name 명예로운 이름 / a good saying 명언, 금언.
10 [상업상] 신뢰(신용)할 수 있는(reliable), 안전한(safe); 가치가 동등한. ¶ good securities 신용할 수 있는 증권, 안전한 담보.
11 진짜의, 진정한(genuine); 유효한(valid); 타당한(reasonable)(for …). ¶ hold good 유효하다, 진리이다 // The ticket is good for a week. 그 표는 1주일간 유효하다.
12 쾌적한(agreeable), 즐거운, 유쾌한(pleasant), 행복한. ¶ have a good time 즐거운 시간을 보내다.
13 [목적에] 적합한, 유리한(advantageous); 형편에 알맞은. ¶ a good day for fishing 낚시질하기 좋은 날.
14 충분한, 풍족한(sufficient, ample); 상당한. ¶ a good supply 충분한 공급 / a good crop 풍작 / for a good while 한동안 / a good day's journey 꼬박 하루의 여정 / have a good meal 식사를 충분히 하다 / give a good scolding 크게 나무라다 / have a good cry (rest) 실컷 울다(충분히 쉬다) / go for a good long walk 상당히 오래 걷다 / wait for a good hour 꼬박 1시간을 기다리다.
15 유능한(competent), 숙련된, 잘하는, 능숙한, 솜씨 있는(clever)(at, in …); 적임의(suitable). ¶ a good

teacher 유능한 선생 // be good at figures 계산에 능숙하다 / be good at swimming 수영을 잘하다 / be good in arithmetic 산수를 잘하다 / He is good at anything. 그는 무슨 일이고 잘한다.

16 온전한, 흠집이 없는(sound), 신선한(fresh), 썩지 않은(unspoiled), 먹을 수 있는(edible). ¶ keep good [음식 따위가] 썩지 않다, 오래 가다 / Meat won't remain good long in summer. 고기는 여름철에 금방 상한다.

17《부르는 말·인사 등에 써서》 ¶ Good morning (afternoon, evening), ⇨ GOOD MORNING (AFTERNOON, EVENING) / my good friend 여 보게 / my good sir (or lady) 여보세요 / Your good selves 《商用文》 귀사, 귀점.

as good as [사실상] …과 같은; …에 충실한(하여). ¶ He as good as promised it to me. 그는 그것을 나한테 약속한 거나 다름없다 / He is as good as his word. 그는 약속을 꼭 지킨다.

Be good !《헤어질 때의 인사말》잘있어 !;《익살조로》얌전히 있어 !

good and [gúdn]《구어》심히, 굉장히, 완전히. ¶ I'm good and tired. 완전히 지쳤다 / It's good and cold. 몹시 춥다. * 뒤따르는 형용사에 대하여「매우」의 뜻의 강조 부사로서 쓰인다. 그밖에 똑같은 뜻으로 nice and ..., fine and ... 따위가 있다.

good for …에 맞약는; …에 견디는; …을 지불할 수 있는; […의 기간] 유효의. ⇒ adj. 3, 6, 7, 11.

Good for me (or **him**, **you**) !《구어》좋았어 !, 됐어 ! **Good God !** 어렵쇼 !, 이건 놀랐는걸 !
Good man ! 잘한다 !, 잘했다 !

make good ① 약속을 지키다, [목적]을 수행하다, 이루다(carry out). ¶ make good one's promise 약속을 이행하다 / make good one's escape 도망치 하다. ② [손해]를 메우다, [결손부터·부족]을 보충하다, [비용]을 지불하다. ③ (vt., vi.) [언설(言說)] 따위를] 입증(실증)하다(prove). ¶ She made good in this job. 그녀는 이 일에 유능하다는 것을 입증했다. ④ [지위·입장 등]을 유지하다, 확보하다. ⑤ (vi.) 성공하다(succeed); [약속]에 부응하다. ¶ He will make good in that job. 그는 그 일에 성공할 것이다.

Not so good !《속어》이거 큰 잘못인걸 !

—— n. ① **1** 이익(benefit), 쓸모 있음, 효용 ; 행복, 복리. ¶ for the good of others 남(남)의 행복을 위하여 / for our good 우리 자신을 위하여 / do good to a person 남의 도움이 되다, 남에게 쓸모가 있다 / work for the common good 공익을 위해 일하다 / What good will that do? 그것이 무슨 쓸모가 있단 말이야 ? / It is no good crying. 아무리 울어도 소용없다 / He is no good. 쓸모 없는 사나이다, 나쁜 놈이다. **2** 선(善), 덕, 미덕(virtue), 정의, 친절(kindness). ¶ see (or find) the good in others 남의 장점을 알다(발견하다) / do good to a person 남에게 좋은 일을 하다, 친절을 베풀다. **3** 좋은 일(것), 소망스러운 일(결과). 종 (~s) ⇨ GOODS.

come to no good 아무런 도움이 되지 않다.

deliver the goods [물품을 인도한다는 뜻에서] 약속을 실행하다, 기대에 부응하다.

for good [**and all**] (forever), 이것을 끝으로 (마지막으로) (for the last time).

to the good ① 순이익 (대월)으로서(as a profit), 혹차로, 이여분으로; 이익으로. cf. to the bad ② [상대보다] 더 이겨서.

—— adv.《구어》잘, 훌륭하게(well); 충분히(fully).
—— interj.《만족·찬성·놀람등을 나타낸다》 * 이 good 는 god 를 완곡하게 표현한 것.

‡**góod àftenóon** interj.《오후의 인사》**1** 안녕하십니까. **2** 안녕히 계십시오 (가십시오). ⇒ GOOD MORNING 주의

good-af·ter·noon [gudǽftɚnúːn / -ɑːftɚ-] n. [안녕십니까·안녕히 계십시오 따위의] 오후 인사.

Góod Bóok n. (the ~) 성서(Bible).

‡**góod-bỳe, -býe** [gùdbái] interj. 안녕히 계십시오(가십시오). —— n. (pl. **-bys; -byes**) 작별 인사, 작별하는 말, 고별, 작별(farewell). ¶ wave a person good-by 손을 흔들어 작별을 고하다 / bid (or say) good-by 작별하다, 작별의 말을 하다 (to...).

kiss good-by ⇨ KISS.
(< God be with you (ye). 의 단축형)

góod chéer n. ① **1** 썩 좋은 기분, 쾌활함 ; 용기(courage). ¶ He is of good cheer. 그는 기분이 최고다. **2** 환락, 즐거운 잔치(revelry); [진수] 성찬(good food). ¶ make good cheer 즐거운 향연을 베풀다, 성찬을 즐기다. 「좋은, 호조의」

good-con·di·tioned [gúdkəndíʃ(ə)nd] adj. 상태가
Góod Cónduct Mèdal n.《美軍》선행(善行) 훈장.
‡**góod dáy** interj.《낮의 인사》**1** 안녕하세요. **2** 안 녕히 계십시오(가십시오). ⇨ GOOD MORNING 주의 「사.

good-day [gudéi] n.《美俗》[낮의] 안녕이라는 인
góod déal n. (a ~) 다수, 다량. (a ~) 크게(a great deal). —— interj.《美俗》아주 좋다, 대단하다(Very good !). 「debts

góod débts n. pl. 번제(반제)가 확실한 부채. cf.
‡**góod évening** interj.《저녁의 인사》**1** 안녕하세요. **2** 안녕히 계세요(가세요). ⇨ GOOD MORNING 주의

good-eve·ning [gudíːvniŋ] n. [저녁 때의] 안녕이라는 인사.

góod fáith n. 성실, 성의 (* 보통 in 과 함께 쓴다). ¶ act in good faith 성의를 가지고 행동하다.

good-fel·low·ship [gùdféloʊʃip] n. ① 사귐성이 좋은 사람, 사귐성이 좋음, 우정. 「nothing.

good-for-naught [gúdfərnɔ̀ːt] adj., n. = good-for-
good-for-noth·ing [gúdfərnʌ̀θiŋ] adj. 도움이 되지 않는, 쓸모없는, 헛된(useless, worthless). —— n. 건달, 쓸모없는 사람(worthless person).

Góod Fríday n.《교회》성(聖)금요일, 수난일[부활절(Easter) 직전의 금요일로 그리스도의 수난과 죽음을 기념하는 날].

góod gúy n.《서부극 따위의》착한 사람. cf. bad guy
good-heart·ed [gúdhɑ̀ːrtid] adj. 친절한, 마음씨 고운(kind). ~·ly adv. ~·ness n.

Góod Hópe n. (Cape of ~) ⇨ CAPE OF GOOD HOPE.
góod húmor,《英》**húmour** n. ① 썩 기분이 좋음, 쾌활한 기분(pleasant mood).

good-hu·mored,《英》**-moured** [gúdhjúːmərd] adj. 썩 기분이 좋은, 쾌활한, 싹싹한, 상냥한.
~·ly adv. ~·ness n. 「동.

good·i·ness [gúdinis] n. ① 지나치게 착한 체하는 행
good-ish [gúdiʃ] adj. 패 좋은(fairly good).

good·li·ness [gúdlinis] n. ① 상질(上質), 상등, 우수; 미모, 아름다움(beauty).《양 · 수 따위의》충분.

good-look·er [gúdlúkər] n.《속어》잘생긴 사람, 미인(good-looking person).

‡**good-look·ing** [gúdlúkiŋ] adj. [용모가] 잘생긴, 아름다운(handsome). ⇨ BEAUTIFUL 類語. 썩 어울리는(becoming).

góod lóoks n. pl. 아름다운 (단정한) 용모, 미모 ; 아름다움(beauty). 「다 !, 안녕 !

‡**góod lúck** n. ① 행운. ¶ Good luck to you! 행운을 빈
‡**good·ly** [gúdli] adj. (**-li·er, -li·est**) **1** 상질의, 훌륭한. **2** [용모가] 단정한, 잘생긴, 아름다운(comely, handsome). **3** [크기·수량 따위가] 상당한(considerable).

good·man [gúdmən] n. (pl. **-men** [-mən])《고어·방언》**1** [집의] 주인, 가장; 남편(husband),《주로 방언》여인숙 주인(innkeeper). **2** gentleman 의 한 자리 밑의 남자에 대한 경칭. * 작자농 등의 경칭으로서 이름 앞에 붙여 쓴다. cf. goodwife

góod móney n. ①《美俗》고임금(high wages).
‡**góod mórning** interj.《아침·오전의 인사》**1** 안녕 하세요, 안녕히 주무셨습니까. **2** 안녕히 가십시오(계

주의 강세는 **1** 의 경우 Góod mórning(↘)! **2** 의 경우 Góod mórning(↗)! 으로 되는 것이 보통이다. Good afternoon!, Good day!, Good evening!도 마찬가지이다.

gòod mórrow *interj.* 《고어》 =good morning.

góod náture *n.* ⓤ 착한 마음씨, 친절, 온정(geniality).

‡**good-na·tured** [gúdnéitʃərd] *adj.* 마음씨가 착한, 친절한, 사람이 좋은, 호인인, 자상한. ⇨ AMIABLE 類語 **~ly** *adv.* **~ness** *n.*

good-neigh·bor, 《英》-bour [gúdnéibər] *adj.* 국가간의 우호 관계의, 선린의.

good-neigh·bor·hood, 《英》-bour- [gúdnéibərhùd] *n.* ⓤ 선린(善隣), 우호 관계.

Góod Néighbor Pòlicy *n.* 선린 정책 [1933년 미국 대통령 Franklin Roosevelt가 이웃 서반구 국가들에 대해서 취한 정책].

‡**góod·ness** [gúdnis] *n.* ⓤ **1** 〔도덕적·성격적인〕착함, 선량, 훌륭함; 친절, 온순, 관용(generosity). ¶ *goodness* of man 인간의 선성(善性) // Will you have the *goodness* to lend me your knife? 나이프를 빌려주시지 않으시런가요?

類語 **goodness** 타고난 도덕적 숭고함. 특히 친절·관용·동정심 따위. **virtue** 의식적으로 노력하여 도덕을 지키고 악의 길을 거부하는 도덕적 숭고함.

2 〔질의〕우수함, 우량. ¶ the *goodness* of a timber 재목의 우량함. **3** 최고의 부분; 장점, 미점(美點); 정수(essence); 강점(strength); 자양분. ¶ boil all the *goodness* out of the coffee. 커피중에서 자양분을 모조리 우려내다. **4** 〔감탄·강조를 나타내어, God 의 대용》¶ in the name of *goodness* 하늘에 맹세코, 도대체 / *Goodness* [gracious]! 이런!, 그거 놀랐는걸! Thank *goodness*! 고맙군! // I wish to *goodness* that ... 꼭 ~ 이기를 바라다.

for goodness' sake ⇨ SAKE¹.

Goodness knows! 하늘에 맹세코; 알게 뭐야! ¶ *Goodness knows* who have done it. 누가 한 짓인가는 신만이 알뿐(아무도 모른다) / *Goodness knows* it wasn't me. 내가 아닌 것만은 하늘에 맹세코 정말이다.

Góod Nèws Bíble *n.* (the ~) 〔미국 성서 협회 발행의〕 현대 영어역 성서.

‡**gòod níght** *interj.* 〔밤의 인사〕**1** 안녕하세요. **2** 안녕히 주무세요.

good-night [gudnáit] *n.* 〔야간의〕안녕이라는 인사.

góod óffices *n. pl.* **1** 알선, 진력(盡力). **2** 강제 조정.

good-o, -oh [gúdòu] *interj.* 《英구어》〔찬동·칭찬 따위의 뜻을 나타내어〕 좋아!, 멋져!, 잘했다!

góod péople *n. pl.* (the ~) 요정들(the fairies).

‡**goods** [gudz] *n. pl.* **1** 재산(possessions), 〔특히〕동산(動産)(movable effects). **2** 물품, 상품. ¶ canned *goods* 통조림. **3** 《美》천, 피륙(cloth), 복지(服地). ¶ dry *goods* 《美》직물류, 포목류, 《英》건물(乾物)류 / broad (narrow) *goods* 광폭(소폭) 직물 / Will this *goods* wash well? 이 옷감은 세탁이 잘 되느냐? **4** 《美》〔철도의〕화물(《美》freight). ¶ by *goods* 화차로. **5** 《美속어》(the ~) 〔사람·물건〕 (요구되는, 적격의〕 능력, 소질, 자격). **6** (the ~) 《美속어》진짜, 진실(truth). ¶ He is the *goods*. 그 사람이야말로 진짜다 / That's the *goods*! 바로 그렇다! **7** 《美속어》범행의 움직일 수 없는 증거, 도난품, 장물.

—— **Usage** *goods*에 수사(數詞)나 many가 붙는 일은 거의 없고, 「많은」은 a lot of 를 쓴다. 또한 *goods*는 보통 복수 취급을 한다. These *goods* are mine. (이들 재산은 내 것이다) 「피륙, 직물」의 뜻인 경우에는 단수 취급이 된다: This *goods* is mine.

gòod Samáritan *n.* **1** 〔성서〕〔강도를 만난 나그네를 구해준〕 착한 사마리아인 [←누가 복음(Luke) 10: 30-37]. **2** 고통받는 사람의 참된 벗, 인정이 깊은 사람.

góod sénse *n.* ⓤ 상식, 양식, 분별. ¶ have the *good sense* to save one's money 돈을 저축하는 양식을 갖다.

Góod Shépherd *n.* 〔성서〕 선한 목자 〔그리스도를 말한다. ←요한 복음(John) 10:11-14〕.

góod-sízed [gúdsáizd] *adj.* 충분한, 넉넉한(ample), 대형의, 상당히 큰.

góod spéed *n.* ⓤ 성공(success), 행운(good luck). ¶ I wish you *good speed*. 행운을 빕니다.

góods tráin *n.* 《英》화물 열차(《美》freight train).

góods wàgon *n.* 《英》철도 화차(《美》freight car).

good-tem·pered [gúdtémpərd] *adj.* 착한, 온순한, 온후한(good-natured), 싹싹한, 사근사근한. **~ly** *adv.*

góod thíng *n.* **1** 행운; 좋은 돈벌이. ¶ make a *good thing* of ~으로 이익을 얻다. **2** 경구, 명언. **3** (~s) 진미, 성찬.

good-time [gúdtàim] *adj.* 〔사람이〕 덮어놓고 쾌락을 좇는; 방탕한. ¶ a *good-time* girl 놀아나는 여자.

good-time Char·lie [gúdtàim tʃɑ́ːrli:] *n.* 방탕자, 난봉꾼.

góod úse (úsage) *n.* ⓤ 〔언어의〕표준 어법, 올바른 어법(standard usage).

good-wife [gúdwàif] *n.* (*pl.* **-wives** [-wàivz])《고어·방언》**1** 주부(wife); 하숙집(여인숙) 여주인(landlady). **2** lady 아래 자리의 여성의 경칭. ✽ 이름 앞에 붙여서 쓴다. *cf.* goodman

‡**góod·will** [gúdwíl] *n.* ⓤ **1** 호의, 친절, 온정. ⇨ FAVOR **2** 기꺼이 승낙하는 것, 쾌락(cheerful consent). **3** 〔상업〕〔상점의〕성가(聲價), 신용, 단골; 영업권, 《美》(株).

góod wórks *n. pl.* 자선 행위, 선행.

goody¹ [gúdi] *n.* (*pl.* **good·ies**) **1** 《보통 goodies》 《구어》과자, 캔디. **2** 《보통 goodies》 즐거운 것, 유쾌하게 하는 것. —— *interj.* 와, 굉장하군!, 멋져라! 〔찬성·기쁨 따위를 나타내는 아이들의 말〕.

goody² [gúdi] *adj.* =goody-goody.

goody³ [gúdi] *n.* (*pl.* **good·ies**) 《고어》 **1** 〔하류 사회의〕 아주머, 안주인. ¶ *Goody* Smith 스미스 아주머. **2** [Harvard 대학 따위의 기숙사에서 심부름하는 아주머.

good·y-good·y [gúdigùdi] 《구어》 *adj.* 착한 체하는, 신앙심이 깊은 체하는(goody). —— *n.* (*pl.* **-good·ies**) 착한 체하는 사람, 신앙심이 깊은 체하는 사람, 도덕가인 체하는 사람.

goo·ey [gúːi] *adj.* (**goo·i·er, goo·i·est**) 《美속어》 **1** 끈끈한, 끈적거리는(sticky). **2** 매우 감상적인.

goof [guːf] 《美속어》 *n.* (*pl.* **gooves** [guːvz]) **1** 바보, 얼간이, 잘 속는 사람(silly person). **2** 실수, 실패. —— *vi.* **1** 바보짓을 하다, 실수를 하다. **2** 빈둥빈둥 시간을 보내다, 게으름부리다 (*off*). —— *vt.* …을 실수해서 망쳐놓다 (*up*).

goof·ball [gúːfbɔ̀ːl] *n.* 《美속어》정신 안정제, 수면제.

goof·er [gúːfər] *n.* 《美속어》얼간이, 잘 속는 사람.

go-off [góuɔ̀ːf / -ɔ̀f] *n.* 《구어》 착수, 개시(beginning); 개시하는 때. ¶ at the first *go-off* 첫 출발에서.

goof-off [gúːfɔ̀ːf / -ɔ̀f] *n.* 《속어》항상 책임(일)을 피하는 사람, 게으름뱅이, 농땡이.

goof·y [gúːfi] *adj.* (**goof·i·er, goof·i·est**) 《속어》 바보스러운, 어리석은(stupid).

goof·y-foot [gúːfifùt] *n.* 〔서핑〕 **1** 오른발을 앞으로 낸 슬라이딩 자세. **2** (*pl.* **-foots**[-s]) (=**goof·y-foot·er**) 이러한 자세로 서프보드를 타는 사람.

goo·gly [gúːgli] *n.* (*pl.* **-glies**) 〔크리켓〕곡구(曲球)의 일종.

goo·gol [gúːgɑl / -gɔl] *n.* 10^{100} 〔10의 100제곱〕.

goo·gol·plex [gúːgəlplèks / -gɔl-] *n.* 〔수학〕구골플렉스〔10의 10제곱을 다시 100제곱한 수; $10^{10^{100}}$ 으로 표기〕, 매우 큰 수.

goo-goo [gúːgùː] *n.* 《美속어》정치 개량 운동가〔옹호

자). [<*Good Government Association*]
góo-góo èyes *n. pl.*《美속어》추파, 윙크. ¶ He made *goo-goo eyes* at me. 그는 내게 추파를 던졌다.
gook [guk, +美 guːk] *n.*《속어》 **1** ⓊⒸ 진흙, 오물. **2** Ⓤ 멍청이, 찌꺼기. **3** 바보, 얼간이; 난폭한 사람. **4**《美軍 속어》아시아인에 대한 멸칭(蔑稱).
goon [guːn] *n.* **1**《속어》얼간이, 바보. **2**《구어》전달, 깡패(thug), (특히 파업 파괴를 위해 고용되는)폭력단원, 건달패.
goop [guːp] *n.*《美속어》 **1** 버릇없는 아이; [어리석은 버릇없는] 대통바리, 덜렁이. **2** ⓊⒸ 끈적거리는 것.
goos·an·der [guːsǽndər] *n.* **1** 비오리[오리 의 일종]. **2** 비오리속(屬)의 새.
‡**goose** [guːs] *n.* (*pl.* **geese** [giːs] →4) **1** 거위, 기러기; 거위(기러기)의 암컷. *cf.* gander ¶ a domestic *goose* 거위 / a wild *goose* 기러기 / All his *geese* are swans.《속담》자기 것이면 거위도 모두 백조로 보인다;자기 것을 지나치게 자랑하다 / What's sauce for the *goose* is sauce for the gander.《속담》한 편에 맞는 것은 다른 편에도 맞는다. **2** Ⓤ 거위 고기[식용]. **3** 얼간이, 바보, 숙맥(simpleton). **4** (*pl.* **gooses**) [손잡이가 굽은] 양복점 다리미. **5**《美》[놀라게 하려고] 남의 뒤를 쿡쿡 찌르기.
cannot say bo to a goose ⇨ BO.
cook *a person's* **goose**《구어》남의 희망[계획·명성 따위]을 망쳐놓다.
The goose hangs (or **honks**) **high.**《美구어》만사가 호조(好調)이다.
kill the goose that lays the golden eggs 눈앞 이익에 눈이 어두워지다; 눈앞 이익 때문에 앞날의 큰 이익을 잃다.
shoe the goose 헛수고를 하다; 시간을 낭비하다.
sound on the goose《美》(사고·방침이) 온전하여, [주의 따위에] 충실하여.
turn every goose to a swan 지나치게 과장하다, 과대 평가하다.
— *vt.* (**goosed, goos·ing**) **1** [놀라게 하기 위하여] [남의] 등을 쿡쿡 찌르다. **2** [엔진에] 휘발유를 분사하다.
goose·ber·ry [gúːsbèri, -bəri, gúːz-/ gúzb(ə)ri] *n.* (*pl.* -**ries**) **1** 구스베리, 그 열매; 그 나무. **2** Ⓤ 구스베리주(酒).   하다.
play gooseberry 젊은 여성의 표면상의 시중꾼 노릇을
play old gooseberry with …을 엉망으로 만들다, 망쳐버리다(ruin); …을 혼내주다.
góose clùb *n.*《英》크리스마스용의 거위를 사기 위한 적립금 조합;《美》소(小) 노동 조합.
góose ègg *n.* **1** 거위(기러기)의 알. **2**《속어》영점(duck egg). **3**《구어》[얻어맞아 머리에] 혹, 큰 혹.
góose flèsh *n.* 소름. ¶ He got (or had) *goose flesh* all over with fear. 무서운 나머지 온몸에 소름이 끼쳤다.
goose·foot [gúːsfùt] *n.* (*pl.* -**foots**) 명아주류의 잡초[거위발과 비슷한 거칠고 큰 잎이 있다].
goose-gog [gúːsgɔ̀g / -gɔ̀g] *n.*《英속어》=gooseberry.
góose gràss *n.* Ⓤ 갈퀴덩굴(cleavers).
góose grèase *n.* Ⓤ 거위 기름[거위의 기름을 녹여 만든 가정용 연고(軟膏)].
goose·herd [gúːshə̀ːrd] *n.* 거위 치는 사람.
góose·nèck [gúːsnèk] *n.* **1** 거위 목처럼 굽은 것, S자형 관(管). **2** [항해] 구스넥[보트를 달아올리는 철주(鐵柱)].
góosenèck lámp *n.* 목대가 자유 자재로 굽는 전기 스탠드.
góose pìmples *n. pl.* =goose flesh.
góose quìll *n.* 거위의 깃대, 거위 깃펜.
góose skìn *n.* =goose flesh.
góose stèp *n.* **1** 구스 스텝[무릎을 굽히지 않고 다리를 높이 들어 걷는 독일 군대식의 행진 보조]. **2** [전진하지 않고 제자리에 서서 하는] 보조 교련.

goose-step [gúːsstèp] *vi.* (-**stepped, -step·ping**) 구스 스텝으로 행진하다.
goos·ey [gúːsi] *n.*(어린이말) 거위(goose); [어린이에게 웃으면서 가볍게 나무랄 때 말하는] 바보.
goos·ey[2] [gúːsi], (**goos·y**) *adj.* (**goos·i·er, goos·i·est**) **1** 거위 같은; 어리석은(foolish). **2**《美구어》금방 놀라는(어수선해지는); 금방 소름이 끼치는; [말 따위] 흥분되어 있다.
G.O.P., GOP《略》Grand Old Party.
go·pher[1] [góufər] *n.* **1** [북미의 초원에 서식하는] 땅다람쥐의 총칭. **2** 땅다람쥐[북미의 서부·남부 및 중미에 서식하는 두더지 비슷한 설치류(類)의 총칭] (pocket gopher). **3** (=**gópher tórtoise**) [북미 동남 해안산의] 식용 거북의 총칭. **4** =gopher snake. **5** (G-)《美》Minnesota 주의 주민에 대한 별명.
— *vi.* [광물·무질서하게] 구멍을 파다, 채굴하다.
go·pher[2] [góufər] *n.*《속어》 **1** 매우 열심인 사람; [특히 열심인] 세일즈맨. **2** 심부름하는 소년, 보좌역.
gópher snàke *n.* [북미 서부에 서식하는 독없는] 뱀 (bull snake).
Gópher Státe *n.* 미국 Minnesota 주의 속칭.
gópher wòod *n.* Ⓤ (성서) 노아(Noah)의 방주를 만들었다고 전해지는 나무[←창세기(Gen.) 6:14].
go·ral [góurəl, gɔ́ː-/ gɔ́ː-] *n.* 히말라야 영양.
gor·bli·mey [gɔːrblάimi]《英속어》*interj.* 제기랄!
— *adj.* 처박한.
gor·cock [gɔ́ːrkὰk / -kɔ̀k] *n.*《英방언》붉은뇌조의 수컷. *cf.* gorhen
Gor·di·an [gɔ́ːrdiən, -djən] *adj.* **1** [프리기아(Phrygia)의 왕] 고르디오스(Gordius)의. **2** 고르디오스왕이 만든 매듭과 같은; 지극히 풀기(해결하기) 어려운, 복잡한(intricate).
Górdian knót *n.* **1** [프리기아(Phrygia)의 왕] 고르디오스(Gordius)가 만든 매듭. **2** 난문(難問), 해결이 아주 어려운 일.
cut the Gordian knot 일도 양단의 조치를 취하다, 어려운 일을 단번에 해결하다.
*****gore**[1] [gɔːr / gɔː] *n.* Ⓤ [상처에서 흘러나온] 피, (특히) 엉긴 핏덩어리.
gore[2] [gɔːr / gɔː] *vt.* (**gored, gor·ing**) **1** [동물이 뿔·엄니로] …을 받다, 찌르다. **2** [바위가] [뱃전 따위를] 뚫어 부수다, 꿰뚫다.
gore[3] [gɔːr / gɔː] *n.* **1** [옷이나 돛 따위에 이어대는] 삼각천. **2** 삼각형의 땅.
— *vt.* (**gored, gor·ing**) [옷 따위에] 삼각천을 대다.

[gore[3] 1]

*****gorge**[1] [gɔːrdʒ] *n.* **1** 협곡, 산협(ravine). **2** 목구멍(throat), 식도. **3** 위(stomach); 폭음폭식[한 것]; 위 안의 음식. **4** Ⓤ 심한 혐오, 불쾌(disgust). ¶ make a person's *gorge* rise 남의 마음을 상하게 하다, 화나게 하다 / His *gorge* rose in resentment. 분개하여 혐오감을 일으켰다. **5** 통로를 막는 방해물(쌓인 더미). **6**〖築城〗능보(稜堡) (bastion)의 통로.
***vomit** (or **cast, heave**) *one's* **gorge at** …에 구토증을 일으키다, …을 싫어하다.
— *vt.* (음식)을 실컷 채워넣다, 게걸스럽게 먹다; …을 꽉 채우다(메우다). ¶ *gorge* beer 맥주를 벌떡벌떡 마시다 / (~+圄+前+图) *gorge* oneself with cake 케이크를 걸신들린 듯이 먹다(배불리 먹다) / He was *gorged* (or *gorged* himself) *with* pudding. 그는 푸딩을 마구 먹어댔다. — *vi.* 배가 가득하여 먹다, 게걸스럽게 먹다, 벌떡벌떡 마시다. ¶ (~+前+图) *gorge on* good dinners 성찬을 배부르게 먹다.
gorge[2] [gɔːrdʒ] *n.*〖紋章〗[방패 따위의] 소용돌이꼴의 문장의 의장(意匠).
gorged [gɔːrdʒd] *adj.* [동물의] 목 둘레에 고리처럼 두른. ¶ a dog *gorged* with a collar 목걸이를 두른 개.

gor·geous [gɔ́ːrdʒəs] *adj.* **1** 화려한, 호화로운, 화사한. ⇨ SPLENDID 類語 ¶ a *gorgeous* sunset 장려한 낙조. **2** 《구어》 멋진, 훌륭한, 즐거운. ¶ a *gorgeous* girl 멋진 여자 아이 / She was *gorgeous* as Juliet. 그녀의 줄리엣역은 아주 훌륭했다 / That's *gorgeous*! 그것 멋진데! / We had a *gorgeous* time. 우리들은 아주 즐거운 시간을 보냈다. ~**ly** *adv.* ~**ness** *n.*

gorg·er [gɔ́ːrdʒər] *n.* 게걸스럽게 먹는 사람, 폭음 폭식하는 사람.

gor·ger·in [gɔ́ːrdʒərin] *n.* 【건축】 기둥몸(shaft)과 기둥머리(capital)가 맞닿는 부분 [목처럼 되어 있는 부분].

gor·get [gɔ́ːrdʒit] *n.* **1** 〔갑옷의〕 목가리개. **2** 〔중세 여성이 착용한〕 목(가슴) 가리개; 목 장식; 칼라(collar). **3** 〔새 따위의〕 목의 얼룩무늬.

Gor·gi·o [gɔ́ːrdʒou] *n.* (*pl.* **-gi·os**) 《집시 용어》 집시가 아닌 사람.

Gor·gon [gɔ́ːrɡən] *n.* **1** 〔그리스 신화〕 고르곤〔머리털이 뱀이며 그 눈을 본 사람은 무서운 나머지 돌로 변했다고 전해지는 스테노(Stheno), 에우리알레(Euryale), 메두사(Medusa) 등 3 자매의 하나〕. 〔특히〕 메두사. **2** (g-) 추녀.

Gor·go·ni·an [ɡɔːrɡóuniən] *adj.* 고르곤(Gorgon)의(과 같은), 무서운.

gor·gon·ize [gɔ́ːrɡənàiz] (*《英》*에서는 **gor·gon·ise** 로도 쓴다) *vt.* (**-ized**, **-iz·ing**) 〔고르곤의 눈처럼 무서운 눈으로〕 …을 노려보다; 〔노려보아서〕 …을 돌로 변하게 하다(petrify).

Gor·gon·zo·la [gɔ̀ːrɡ(ə)nzóulə] *n.* (= **Gòrgonzóla chéese**) 향기가 강한 백색의 이탈리아산(産) 치즈. 〔<Gorgonzola〕 〔<밀라노(Milan) 부근의 원산지 Gorgonzola의 이름〕

gor·hen [gɔ́ːrhèn] *n.* 《英방언》 붉은 뇌조의 암컷. cf. gorcock

go·ril·la [ɡərílə] *n.* **1** 고릴라. **2** 고릴라 같은 사나이; 《속어》 폭한.

gor·mand [gɔ́ːrmənd] *n.* =gourmand.

gor·mand·ize [gɔ́ːrməndàiz] (*《英》*에서는 **gor·mand·ise** 로도 쓴다) *vi., vt.* (**-ized**, **-iz·ing**) 게걸스럽게 먹다, 배가 터지도록 먹다, 폭식하다. — *n.* 《드물게》 미식벽(癖), 식도락.

gor·mand·iz·er [gɔ́ːrməndàizər] *n.* 대식가, 게걸스럽게 먹는 사람.

gorm·less [gɔ́ːrmlis] *adj.* 《英속어》 어리석은, 우둔한, 총기가 없는.

gorp [gɔːrp] *n.* 《美》 여러 가지 견과(堅果)와 나자류를 섞은 것〔간식용〕.

gorse [gɔːrs] *n.* 〔U〕 《주로 英》 가시금작화(furge) 〔의 수풀〕.

gors·y [gɔ́ːrsi] *adj.* **gors·i·er**, **gors·i·est** 가시금작화의〔가 많은〕.

go·ry [gɔ́ːri/ɡɔ́ːri] *adj.* **go·ri·er**, **go·ri·est** **1** 피투성이의. **2** 유혈의, 잔학한.

go·ri·ly *adv.* **gor·i·ness** *n.*

*gosh [gɑʃ/ɡɔʃ] *interj.* 《맹세·놀람 등을 나타내어》 아이쿠!, By *gosh*! 아이쿠!, 어!, 큰일 났군!, 반드시! 〔<God의 완곡한 표현〕

gos·hawk [ɡáshɔ̀ːk/ɡɔ́s-] *n.* 참매의 무리 〔옛날에 매사냥에 흔히 쓰였다〕.

Go·shen [ɡóu(ʃ)ən] *n.* **1** 《성서》 고센 땅〔이스라엘 사람의 이집트 체재중의 거주지, 창세기(Gen.) 45:10〕. **2** 기름진〔풍요한〕 나라(땅), 낙토.

go·sho [ɡóuʃou] *n.* (*pl.* -**shos**) 〔항공 속어〕 공항 속어. 공식 대기 승객.

go·show [ɡóuʃou] *n.* 〔항공〕 사전 예약 없이 여객기에 탑승 하러 가기 〔종종 공식 대기(stand-by)로 함〕.

gos·ling [ɡázliŋ/ɡɔ́z-] *n.* **1** 새끼 새끼. **2** 바보, 철부지.

go·slow [ɡóuslóu] *n.* **1** 속력을 떨어뜨리기, 감속. **2** 〔노동자가 행하는〕 태업〔전술〕.

gos·pel [ɡásp(ə)l/ɡɔ́s-] *n.* 〔U〕 **1** 복음, 기독교의 가르침, 기독교. ¶ preach the *gospel* 복음을 전하다, 전도하다 / talk *gospel* 《속어》 종교 냄새나는 이야기를 하다. **2** (보통 G-) 복음서〔신약 성서의 첫머리 4 서(Matthew, Mark, Luke, John)의 하나〕. ¶ the *Gospel* according to St. Luke 누가에 의한 복음서 / synoptic *Gospels* 공관 복음서〔John을 제외한 다른 3 복음서〕. **3** (종종 G-) 〔미사(성찬식)에서 읽는〕 복음서의 몇 절. **4** 〔C〕 교의, 주의, 신조; 진리, 진실. ¶ the *gospel* of efficiency 능률 제일주의 / take something as (or for) *gospel* …을 진실로 받아들이다 / He believes in the new proletarian *gospel*. 그는 신 프롤레타리아주의를 믿고 있다. **5** 종교적인 포크 송.

— *adj.* 복음서에 의한(의 가르침에 맞는). ¶ *gospel* oath 복음서에 의한 서약〔절대로 깰 수 없는 서약〕.

gos·pel·er, 《英》 **-pel·ler** [ɡásp(ə)lər/ɡɔ́s-] *n.* 【교회】 **1** 〔미사(성찬식)에서 복음서의 일부분을 읽는 사람(성직자), 부제(副祭). *cf.* gospel **2** 복음서의 필자. **3** 복음 전도자.

gos·pel·ize [ɡásp(ə)làiz/ɡɔ́s-] *vt.* (**-ized**, **-iz·ing**) …에게 복음을 전하다, 전도하다.

góspel síde *n.* (the ~) 제단의 북쪽〔복음서를 읽는 쪽, 회중 쪽에서 제단을 향하여 왼쪽〕. *cf.* epistle side

góspel trúth *n.* 〔U〕 **1** 복음서의 진리. **2** 의심할 여지가 없는 진리, 절대적 진리.

Gos·plan [ɡɑsplɑ́ːn/ɡɔ́s-] *n.* 고스플란〔구소련의 국가 계획 위원회〕. 〔<Russ GOS[OODARSTVENNOYE] + PLAN [NOVAYA] COMISSIYA State Planning Commission〕

gos·po·din [ɡɑspɑdʲín/ɡɔsp-] *n.* (*pl.* -**po·da** [-pɑdɑ́/ -pɔ-]) 《러시아》 (=lord) Mr.에 상당하는 경칭.

gos·port [ɡásp ɔːrt/ɡɔ́s-] *n.* 〔항공〕 〔비행기의〕 기내 통화관(通話管).

gos·sa·mer [ɡásəmər/ɡɔ́s-] *n.* 〔U〕〔C〕 〔공중·누풀 속 따위에 떠도는〕 거미줄. **2** 〔U〕 얇은 천, 얇은 사(紗); 섬세한 것, 가냘픈 것. **3** 〔U〕〔C〕 얇은 방수포(防水布), 〔여자의〕 얇은 천의 레인코트. — *adj.* 거미줄 같은; 얇고 가벼운, 가냘픈, 섬세한.

gos·sa·mer·y [ɡásəməri/ɡɔ́s-] *adj.* =gossamer.

gos·sip [ɡásip/ɡɔ́s-] *n.* **1** 〔U〕 〔남에 대한〕 뜬 소문, 험담, 뒷공론(rumor). **2** 지껄여댐, 잡담, 세상 공론 (familiar talk, chatter); 〔U〕 〔신문지상의〕 소문, 고십, 한담. ¶ *gossip* column 〔신문〕의 가십난.

類語 *gossip* 남의 신변·행동 따위에 관한 가벼운 소문: neighboring *gossip* 이웃간의 소문. **rumor** 분명한 근거도 없이 꼬리에 꼬리를 물고 퍼져나가는 소문: *rumors* of war 전쟁의 뜬소문. **scandal** 남의 평판을 손상시키는 다소 악의있는 rumor: talk *scandal* 중상하다.

3 지껄이기, 남의 말하기 〔좋아하는 사람〔좋아하는 여자〕 (gossiper). **4** 《英고어》 친구, 〔특히 여자끼리의〕 친구. **5** 《주로 英방언》 대부(代父), 대모(代母) (godparent). — *vi.* 잡담하다, 남의 소문을 가지고 이야기하다, 한담하다; 남의 말을 하고 다니다. — *vt.* 〔(코의)〕 …을 한담처럼 되풀이하다. **2** 《주로 英방언》 …의 대부〔대모〕가 되다.

gos·sip·er [ɡásipər/ɡɔ́s-] *n.* 지껄이기 좋아하는 사람, 남의 말을 하고 다니는 사람.

gos·sip·ing [ɡásipiŋ/ɡɔ́s-] *n.* 〔U〕 지껄이기, 잡담, 세상 돌아가는 이야기; 남의 말을 하기. — *adj.* 지껄여대는, 잡담의. **-ly** *adv.*

gos·sip·mon·ger [ɡásipmʌ̀ŋɡər, -màn- /ɡɔ́sipmʌ̀n-] *n.* 지껄이기 좋아하는 사람, 한담〔잡담, 남의 뒷공론, 뜬 소문〕하는 사람, 한담하러 다니는 사람.

gos·sip·ry [ɡásipri/ɡɔ́s-] *n.* 〔U〕 **1** 잡담, 소문, 고십 (gossip). **2** 《집합적》 지껄여대는 패들, 말하기 좋아하는 사람들.

gos·sip·y [ɡásipi/ɡɔ́s-] *adj.* **1** 지껄이기 좋아하는, 말하기 좋아하는, 남의 말을 하고 싶어하는, 입을 가만히 두지 못하는. **2** 〔이야기·문체 따위가〕 잡담풍의; 이

gos·soon [ɡɑsúːn / ɡɔs-] n. 《아일》 **1** 소년, 젊은이 (lad). **2** 급사(male servant).
go-stop [ɡóustɑp / -stɔp] n. 《英》 =stop-go.
got [ɡɑt / ɡɔt] v. get 의 과거·과거 분사.
Go·ta·ma [ɡóːtəmə, ɡóu-] n. =Gautama.
got·cha [ɡɑ́tʃə / ɡɔ́t-] interj. 《구어》 **1** [발언에 대해] 알았다! **2** 잡었다!, 들켰지! (＊(I've) got you!의 준말).
Goth [ɡɑθ / ɡɔθ] n. **1** 고트인, 고트족 사람; (the ~s) 고트족(3-5세기에 로마 제국에 침입한 튜턴 민족). **2** 교양 없는 야만인(barbarian), 무례(무작법)한 사람.
Goth., Goth, goth. 《略》 Gothic.
Goth·am [ɡɑθəm / ɡɔθ-] n. **1** 《美》 고담(이라는 별명의) 미국 New York 시의 별명. **2** [ɡɑ́təm / ɡóut-, ɡɔ́t-] 고담 [주민이 모두 바보들이었다고 전해지는 영국 Nottingham 의] 마을.
Goth·am·ite n. **1** [ɡɑ́təmàit / ɡóut-, ɡɔ́t- // →2] 고담의 주민; 바보, 얼간이. **2** [ɡɑ́θəmàit, ɡóuθ- / ɡóuθ-] 《美》 New York 시의 주민.
*__Goth·ic__ [ɡɑ́θik / ɡɔ́θ-] adj. **1** 고트족의; 고트어의. 〖건축〗 고딕 양식의; 〖그림·조각〗 고딕식의; 〖음악〗 고딕 음악의; 〖문학〗 고딕파(派)의〖중세를 배경으로 한 공포·괴기·신비의 효과를 노린다〗; 〖인쇄〗 고딕체의. **3** 《경멸적》 고딕식의, 중세풍의, 무취미한, 야만스러운. — n. U **1** 고딕 건축(조각, 장식), 고딕 미술. **2** 고트어. **3** 《美》〖인쇄〗 고딕체 활자. *cf.* grotesque, black letter **-i·cal·ly** [-ikəli] *adv.* **-ness** n.
Góthic árch n. 〖건축〗 끝이 뾰족한 아치.
Góthic árchitècture n. U 고딕 양식의 건축.
Goth·i·cism [ɡɑ́θəsìz(ə)m / ɡɔ́θ-] n. **1** 〖건축〗 고딕식. **2** 〖문학〗 고딕풍. **3** 고딕(중세) 취미. **4** 거칢, 야만(barbarism), 무취미.
Goth·i·cize [ɡɑ́θisàiz / ɡɔ́θ-] (＊《英》에서는 Goth·i·cise 로도 쓴다) vt. (-cized, -ciz·ing) **1** …을 고딕 양식(풍)으로 하다. **2** …을 중세풍 비슷하게 하다.
Goth·ick [ɡɑ́θik / ɡɔ́θ-] n. 《英》 중세풍의, 그로테스크한.
go-to-meet·ing [ɡóutəmíːtiŋ, -tin] adj. 《드물게》〖의복〗 교회 갈 때의; 나들이용의. ¶ He dressed in *go-to-meeting* clothes. 그는 외출복을 입었다.
*__got·ten__ [ɡɑ́tn / ɡɔ́tn] v. get 의 과거 분사의 하나. ＊《英》에서는 ill-gotten 따위의 복합어로만 쓰인다.
got-up [ɡɑ́tʌp / ɡɔ́t-] adj. 장식적인; 인공적인, 꾸민, 날조한; 가짜의, 허위의. ¶ a *got-up* affair (story) 꾸며낸 일(이야기) / a *got-up* match 미리 짜고 하는 엉터리 시합 / hastily *got-up* 벼락치기로 조작한.
gouache [ɡwɑːʃ, ɡuːáʃ] n. UC 〖미〗 고무 수채화〖법〗; 고무 수채화 그림 물감. [<F]
Gou·da [ɡáudə, +美 ɡúː-, -læ] n. **1** 하우다〖네덜란드의 도시〗. **2** (=**Góuda chéese**) U 〖Gouda 원산의〗 가우다 치즈.
gouge [ɡaudʒ] n. **1** 둥근 끌. **2** 둥근 끌로 판 구멍(홈), 둥근 끌 세공. **3** 《美구어》 사기, 협잡(swindle); 사기꾼. — vt. (gouged, goug·ing) **1** …을 둥근 끌로 새기다; 〖둥근 끌로〗 …을 파내다, 구멍을 내다(새기다). ¶ *gouge* a channel 홈을 파다. **2** …을 도려내다, 둥글게 도려내다(…*out*). **3** …을 속이다, 〖돈 따위를〗 사취하다. ¶ Big business *gouged* the consumer. 대기업은 소비자를 속였다.
gou·lash [ɡúːlɑːʃ, -læʃ] n. **1** UC 굴라시〖쇠고기·야채의 진한 스튜로 파프리카(paprika) 따위로 짜릿한 맛을 낸다〗. **2** 〖카드놀이〗 브리지에서 4명에게 패를 다시 도르기.
góulash cómmunism n. U 소비 물자 생산의 해서 생활 수준을 높이는 방식의 공산주의.
gou·ra·mi [ɡúərəmi] n. (pl. -mis *or* -mi) **1** 구라미〖동남아(産)〗 식용 담수어. **2** 동종의 소형 관상어.

gourd [ɡɔːrd, ɡuərd / ɡuəd] n. **1** 호리병박(bottle gourd), 호리병박의 열매. **2** 〖호리병박으로 만든〗 용기, 호리병박 꼴의 용기〖물통 따위〗. **3** *cf.* molar.
gourde [ɡuərd] n. 구르드〖Haiti 공화국의 화폐 단위〗. 《略》 G., Gde].
gour·mand [ɡúərmənd], (**gormand**) n. **1** 대식가 (glutton). **2** 미식가, 식도락가(epicure). [<F]
gour·man·dise [ɡúərməndìːz] n. 《프랑스》 폭식, *cf.* gormandize
gour·mand·ism [ɡúərməndìz(ə)m] n. U 미식주(主義), 식도락.
gour·met [ɡúərmei, -́ -́] n. 식도락가, 미식가(epicure); 〖특히〗 포도주에 정통한 사람. [<F epicure, winetaster]
gout [ɡaut] n. **1** U 〖병리〗 통풍(痛風). **2** 《고어·詩》〖피 따위의〗방울(drop), 응혈(clot).
goût [ɡuː] n. 《프랑스》 취미, 기호(preference), 미각, 맛(taste); 〖예술 따위의〗 감식력.
gout·y [ɡáuti] adj. (gout·i·er, gout·i·est) **1** 통풍을 일으키기 쉬운, 통풍에 걸려 있는; 통풍의, 통풍성의. **2** 통풍처럼 부어오른. **gout·i·ly** *adv.* **gout·i·ness** n.
gov. 《略》 governor, government.
Gov. 《略》 governor.
*__gov·ern__ [ɡʌ́vərn] vt. **1** 〖나라·국민·시민〗을 다스리다, 통치하다(rule). ¶ *govern* a state 국가(주)를 다스리다. **2** 〖학교·단체 등〗을 관리하다(control, manage), 운영하다. ¶ *govern* a church (a bank) 교회(은행)를 관리하다.
〖類語〗 **govern** 정치 형태 여하를 불문하고 사회의 질서와 복지를 증진시키기 위하여 권력을 사용하다: *govern* the country according to the Constitution 헌법에 따라 나라의 정치를 하다. **rule** 군주·독재자 등이 직접 권력을 휘둘러 국민을 복종시켜 지배하다; govern 은 언제나 좋은 뜻으로 사용되나 rule 은 때로 나쁜 뜻으로 쓰인다: *rule* the people despotically 국민을 전제적으로 다스리다. **reign** (vi.) 국민 위에 군림하다; 반드시 실제 권력을 뜻하지는 않는다: The British queen does not *rule* but only *reigns*. 영국 여왕은 통치는 하지 않고 군림할 뿐이다. **control** 사람 또는 사물을 권력·영향력으로 통제하고 완전히 관리하다: *control* the people efficiently 국민을 효과적으로 지배하다. **administer** 행정 사무를 집행하다: *administer* affairs of state 정무를 집행하다.
3 〖남의 행동 따위〗를 지배하다, 좌우하다(guide). ¶ the motives *governing* a person's decision 남의 결정을 좌우하는 동기 / Never let your passions *govern* you. 절대로 격정의 지배를 받지 마라. **4** 〖감정 따위〗를 억누르다, 〖속도 따위〗를 제어하다. ¶ *govern* oneself 자제하다, 감정을 억누르다 / You must *govern* your temper. 짜증을 억눌러야 한다(내면 안 된다). **5** 〖사건·결과 따위〗를 결정하다. ¶ the scientific principles which *govern* a phenomenon 하나의 현상을 지배하는 과학적 법칙. **6** 〖법률〗에 적용되다, 으로 적용되다. **7** 〖문법〗 〖특히 동사·전치사가〗 〖목적어·목적격〗을 지배하다. — vi. **1** 통치하다. **2** 지배하고 있다.
◇ **góvernment** n.
gov·ern·a·ble [ɡʌ́vərnəbl] adj. 다스릴 수 있는, 지배(억제, 관리)할 수 있는.
gov·ern·ance [ɡʌ́vərnəns] n. U **1** 지배, 통치, 관리, 억제. **2** 통치법, 관리법.
*__gov·ern·ess__ [ɡʌ́vərnis] n. **1** 여자 가정 교사. ¶ a daily (a resident) *governess* 통근(입주) 여자 가정 교사 / a nursery *governess* 보모 // She worked as a *governess* to the boy. 그는 그 소년의 가정 교사를 했다. **2** 여성 지사(총독). **3** 《고어》 지사(총독) 부인. — vt., vi. 《영어》 […의] 가정 교사로서 일하다, […의] 가정 교사를 하다.
góverness càr(càrt) n. 〖좌우 양쪽에 하나씩 좌석이 있는〗 2륜 경마차.

gov·ern·ing [gÁvərniŋ] adj. 통치하는; 관리하는; 통제하는; 지배(지도)적인. ¶ the governing classes 지배 계급 / the governing body [학교·병원 등의] 관리 기관, 이사회 / a governing principle 지도 원리.

‡**gov·ern·ment** [gÁvər(n)mənt / gÁv(ə)n-] n. **1** ⓤ 통치, 지배, 정치, 통치권, 행정권, 지배권(right of governing). ¶ the government of a state 국가(주)의 행정권 / municipal government 시정 / government of the people, by the people, for the people 국민의, 국민에 의한, 국민을 위한 정치 [← A. Lincoln 대통령이 Gettysburg 에서 연설한 것임]. **2** ⓤ 정체(政體), 통치 방식, 행정 조직. ¶ democratic (monarchical, republican) government 민주(군주, 공화) 정체. **3** 〈종종 G-〉〈집합적〉통치 기관; 정부(administration), 내각 (cabinet) (※〈英〉에서는 때로 복수 취급). ¶ a coalition government 연립 내각 / the change of government 내각의 경질 / form a Government 〈英〉 조각(組閣)하다. **4** ⓤ 〈공공 기관 따위의〉 지배, 관리. ¶ under the government of …의 관리(지배)를 받아. **5** 통치 구역, 영토(territory), 주(state). **6** (~s) 〈英〉 공채 증서(公債證書) (government securities). **7** ⓤ [문법][격(格)]G.I.]

*****gov·ern·men·tal** [gÀvərnméntl / -v(ə)n-] adj. 정부의, 정치[상]의; 관설(官設)의; 통치의. ~·ly [-təli] adv.

góvernment hòuse n. 〈특히 영국 식민지의〉 지사·총독 등의 관사, 관저.

góvernment ìssue adj. 〈종종 G-I-〉 정부가 지급한, 관급의(略 G.I.).

góvernment màn n. 관리, 국가 공무원; 정부 지지자.

gov·ern·ment·op·er·at·ed [gÁvər(n)mənt-ápərèitid / gÁv(ə)nməntɔ́p-] adj. 정부의, 관영의. ¶ government-operated enterprise 국영 기업체.

góvernment pàper n. ⓤ 〈상업〉 정부 발행 유가 증권〔공채 증서·재무부 증권 따위〕. [paper.

góvernment secúrities n. pl. = government

‡**gov·er·nor** [gÁv(ə)nər] n. **1** 〈일반적으로〉통치자; [도·현·지방·도시 따위의] 지사, 장관; 〈英〉 식민지 총독, 〈美〉 주지사; [요새 따위의] 사령 장관. ¶ the military governor 군정 장관 / a civil governor 민정 장관, 지사 / God is the governor of the universe. 신은 우주의 지배자이다. **2** 〈주로 英〉 [협회·은행 따위의] 총재, 이사장, 이사. ¶ the Governor of the Bank of America 아메리카 은행 총재 / the governors of the Stock Exchange 〈美〉 증권 거래소 이사. **3** [기계] 조속기(調速機), 가버너; 조속 장치. ¶ governor gear 조속기 기어 / an electric governor 전기 조속기. **4** 〈英구어〉 두목, 고용주(master); 어른, 아버지(father), 〈부르는 말로〉 어르신네(sir). **5** 〈英〉 간수, 교도관.

gov·er·nor·e·lect [gÁv(ə)nərilèkt] n. [취임 전의] 지사, 신(新) 총독.

góvernor géneral n. (pl. governors g- or generals) [영국 식민지 따위의] 총독〔경칭으로는 Gov. Gen.로 줄여 쓴다〕.

gov·er·nor·gen·er·al·ship [gÁvənərdʒén(ə)rəlʃip] n. ⓤ 총독의 지위(직권, 임기).

gov·er·nor·ship [gÁv(ə)nərʃip] n. ⓤ 지사(장관, 총재)의 지위(직권, 임기).

Govt., govt. (略) government.

gow·an [gáuən] n. 〈스코·北英〉 데이지 (daisy).

gowk [gauk, +美 gouk] n. 〈英방언〉 **1** 뻐꾸기 (cuckoo). **2** 바보, 얼간이(fool, simpleton).

‡**gown** [gaun] n. **1** 가운, [여자복의] 긴 옷옷. ¶ an evening gown [여자용] 야회복. **2** 법관복, 변호사복, 성직자복, [대학 교수·졸업생 등의] 예식복 [시장·시 참사 회원의] 직복(職服); 고대 로마인의 웃옷(toga). ¶ an academic gown 대학의 예식복 / a judge's gown 판사복. **3** 교수직, 성직자. **4** 〈집합적〉 대학의 학생·교수단, 대학인, 대학측. **5** 화장옷, 잠옷. ¶ a night gown 잠옷, 나이트 가운.

arms and gown 전쟁과 평화.
in wig and gown 법관복을 입고.
take the gown 성직자가 되다, 변호사가 되다.
town and gown 시민측과 대학측. ¶ a town and gown conflict 시민과 대학인과의 반목.
— vt. 〈보통 수동형으로〉 …에게 가운을 입히다.
— vi. 가운을 입다. [정 투쟁.

gowned [gaund] adj. 가운을 입은. ¶ gowned war 법

gowns·man [gáunzmən] n. (pl. -men [-mən]) **1** [변호사·법관·교수·성직자·목사 등] 직복(職服)으로서 가운을 입는 사람. **2** [townsman 대하여] 대학 관계자 [특히 대학 구내에 거주하는 학생·교수].

gox [gɑks/gɔks] n. ⓤ 기체 산소. cf. lox¹

[<G{ASEOUS}+OX{YGEN}]

goy [gɔi] n. (pl. goy·im [gɔ́iim] or goys) **1** 〈종종 경멸적〉 [유대인 쪽에서 본] 이방인, 이교도(gentile). **2** 유대교의 계율을 지키지 않는 유대인.

GP (略) general audience, parental guidance suggested 〈일반용 영화 중에서 부모의 지도를 필요로 하는 것〉.

G.P. (略) Gloria Patri(소영광송(小榮光頌)); Graduate in Pharmacy (약제사); General Practitioner; 〈프랑스〉 Grand Prix.

GPA (略) grade-point average.

gph, g.p.h. (略) gallons per hour (시간당 갈론).

GPI, G.P.I. (略) general paralysis of the insane(전신 마비); 〔항공〕 ground position indicator.

GPIB (略) 〔컴퓨터〕 general purpose interface bus (범용(汎用) 인터페이스 버스).

gpm, g.p.m. (略) gallons per minute.

G.P.O. (略) General Post Office; Government Printing Office (정부 인쇄국).

GPSS (略) 〔컴퓨터〕 General Purpose Simulation System(범용(汎用) 시뮬레이션 시스템).

GPT (略) group projective test.

GPU (略) General Postal Union(세계 우편 연합).

G.P.U. (略) Gosudarstvennoe Politicheskoe Upravlenie (구소련의 국가 정치 보안부). cf. Gay-Pay-Oo

GQ (略) 〈해군〉 General Quarters (전원 배치).

GR ⇒ GREEN ROUND.

gr. (略) grade; grain; gram; gross; grammar; great; [group.

Gr. (略) Grecian, Greece, Greek.

G.R. (略) 〈군대〉 General Reserve; 〈라틴〉 Georgius Rex (=King George).

Gráaf·i·an fóllicle [grá:fiən] n. 〈때로 g-〉 〔해부〕 그라프 여포(濾胞) 〔난소 속에 있는 것으로 배란기에 난자를 배출하는 소포(小胞)〕. [〈네덜란드의 해부학자 Regnier de Graaf(1641-73)의 이름 +-IAN]

*****grab** [græb] v. (**grabbed, grab·bing**) vt. **1** …을 잡아채다, 갑자기 움켜쥐다(snatch). ⇒ TAKE[類語] ¶ grab a purse 지갑을 낚아채다 // (~+囝+前+囵) He grabbed me by the arm. 그는 나의 팔을 움켜쥐었다. **2** …을 가로 로채다, 횡령하다. ¶ grab the land 땅을 가로채다 // (~+囝+前+囵) grab the property from a person 남의 재산을 횡령하다. **3** 〈美속어〉 …에게 흥미를 주다, …을 자극하다. ¶ This story does not grab me at all. 내게는 이 이야기가 도무지 재미없다. — vi. 낚아채다, 움켜쥐다(at…). ¶ (~+前+囵) grab at a chance 기회를 포착하다 / grab at a billfold 지갑을 낚아채다.
— n. **1** 잡아채기, 움켜쥐기; 횡령, 약탈. ¶ a salary grab [의원의] 세비 증가 결의 / The child made a grab at (or for) the chocolate. 그 아이는 초콜릿을 잡아채었다. **2** 약탈물, 횡령품. **3** [기계] 그랩, موجوه을 잡는 기계(장치). [장에 서다, …보다 우월하다.

have (or get) the grab on 〈俗〉 …보다 유리한 입

grab-all [græbɔ̀:l] n.〈俗〉**1** 욕심쟁이. **2** 잡동사니 주머니.

gráb bàg n. 〈美구어〉 복권 뽑기 주머니, 보물 뽑기

주머니(lucky dip).
grab·ber [grǽbər] *n.* **1** 잡아채는(움켜쥐는) 사람, 강탈자; 횡령자. **2** 욕심쟁이.
grab·ble [grǽbl] *v.* (**-bled, -bling**) *vi.* 손으로 더듬다, 더듬어 찾다(grope); 기면서 더듬더듬 찾다(*for* ...).
━ *vt.* [손으로 더듬어] …을 움켜잡다(seize), 낚아채다.
grab·by [grǽbi] *adj.* (**-bi·er, -bi·est**) 《美》 욕심 사나운.
gra·ben [gráːbən] *n.* 〖地質〗 지구(地溝).
grab-hook [grǽbhùk] *n.* 그램 훅〔낚아채거나 잡거나 하기 위한 갈고리〕.
‡grace [greis] *n.* Ⓤ **1** [태도·행위·표현 따위의] 우아, 고상, 세련(refinement). ⇨ ELEGANCE 類語. ¶ with *grace* 우아하게, 품위있게 / *grace* of bearings 태도의 우아함 / scholarly *grace* of phrases 학자다운 기품있는 말씨.
2 (~s) 미점(美點), 장점, 애교, 매력. ¶ Every lover finds many *graces* in the beloved. 사랑을 하는 사람은 누구나 상대방의 좋은 점을 많이 발견한다.
3 [때로 a ~] 애호, 호의, 친절(favor), 은혜, 자비, 관대. ¶ by special *grace* 특별한 호의로 / with a smiling *grace* 싹싹하게 / an act of *grace* 친절한 행위; 〖법률〗 특사법(特赦法).
4 〖법률〗 유예, 연기. ¶ days of *grace* [지불] 유예 기간 / a three days' *grace* 3일간의 유예.
5 예절, 예의(decency), 체면, 시원한 태도; [도덕적인] 강함. ¶ We had the *grace* to beg her pardon. 우리는 선선히 그녀에게 사과했다.
6 [때로 a ~] [식전 식후의] 짧은 기도. ¶ a *grace* at meals 식사 때의 기도 / say [a] *grace* 식전(식후)의 감사 기도를 올리다.
7 (G-) 각하, 각하 부인〔공작·공작 부인·대주교에 대한 경칭〕. ¶ His (or Your) *Grace*. 각하 / Her *Grace*. 각하 부인.
8 (the G-s) 〖그리스 신화〗 미(美)의 3여신〔Aglaia 는 빛남(Brilliance), Euphrosyne 는 기쁨(Joy), Thalia 는 꽃핌(Bloom)을 상징〕.
9 [하나님의] 자비하심, 은혜, 은총, [인간을 순결하게 하는] 하나님의 영향력, [하나님이 인간에게 내린] 미덕, 하나님의 은총을 입고 있는 상태(state of grace).
10 〖음악〗 장식음(裝飾音) (grace note).
11 〔영국 옥스퍼드·케임브리지 대학의〕 평의원회(評議員會)의 결의, [어떤 종류의 특권의] 인가, 허가.
airs and graces ⇨ AIR¹.
by [*the*] *grace of* ... 의 힘(도움)으로.
by the grace of God 하나님의 은총으로〔정식 문서에서 왕호(王號) 뒤에 붙인다〕.
fall from grace 하나님의 은총을 잃다, 타락하다, 종교상의 죄를 범하다.
in a person's good (*bad*) *graces* 남의 호감(미움)을 사서, 남이 좋아(싫어)하여. ¶ I was in his *bad graces*. 나는 그의 미움을 사고 있었다.
the (or *this*) *year of grace* 서력 …년. ¶ in *this year of grace* 1976 1976년에.
with [*a*] *good*([*a*] *bad*, [*an*] *ill*) *grace* 기꺼이, 자진해서(울며 겨자 먹기로, 마지 못해서).
━ *vt.* (*graced, grac·ing*) **1** …을 아름답게 하다, 우아하게 하다, 장식하다, …에 광채를 더하다. ¶ She *graced* the meeting. 그 모임을 화려하게 했다 / (~+목+前+명) The Queen *graced* the occasion with her presence. 여왕의 참석으로 그 대전이 한층 더 빛났다.
2 〖음악〗 …에 장식음이나 카덴짜(cadenza)를 더하다. ◇ **grácious, gráceful** *adj.*
gráce cùp *n.* 〖美〗 건강을 기원하면서 드는 축배(전배)의 잔; [그것으로 마시는] 축배, [이별의] 전배.
‡grace·ful [gréisfəl] *adj.* [용모·자태·동작·말·물건 따위] 품위있는, 우아한, 우미한, 단아한(elegant).
~**ness** *n.* [아어적인]
‡grace·ful·ly [gréisfəli] *adv.* 기품있게, 우미하게, 단

grace·less [gréislis] *adj.* **1** 품위없는, 우아함이 없는, 예절없는, 버릇없는; 상스러운, 야비한. **2** 신에게 버림받은(reprobate), 타락한. ~**ly** *adv.* ~**ness** *n.*
gráce nòte *n.* 〖음악〗 장식음.
gráce pèriod *n.* [차관의] 거치 기간; [보험의] 지불 유예(면제) 기간.
grac·ile [grǽsil] *adj.* **1** 날씬한, 호리호리한, 가냘픈 (slender). **2** 날씬하고 기품있는(gracefully slender).
gra·cil·i·ty [grəsíləti] *n.* Ⓤ 날씬함, 호리호리함, 가냘픔; [문체의] 소박, 간소.
‡gra·cious [gréiʃəs] *adj.* **1** [인품·태도가] 상냥한, 기품있는, 정중한, 우아한, 고상한, 쾌적한. **3** [손아랫 사람에 대해서] 관대한, 친절한, 대범한. **4** (英) [형식적으로 국왕 등에 대해서 써서] 인자한(merciful). ¶ Our *Gracious* Queen 여왕폐하. **5** (고어) 다행스러운(fortunate). ¶ a *gracious* rain 자우(慈雨), 단비. ━ *interj.* 놀람·낭패의 소리. ¶ Good *Gracious*! = *Gracious* me! = My *Gracious*! 이런!, 큰일났군! ~**ness** *n.*
*gra·cious·ly [gréiʃəsli] *adv.* 정중하게, 상냥하게, 자비롭게, 친절하게.
grack·le [grǽkl] *n.* 찌르레기류(類)의 새.
grad [grǽd] *n.* 〖美구어〗 졸업생 (graduate).
grad. (略) graduate, graduated; 〖수학〗 gradient.
gra·date [gréideit, -, grədéit/grədéit] *v.* (**-dat·ed, -dat·ing**) *vi.* [색이] 차츰 다른 색으로 변해가다, 흐려지다. ━ *vt.* [색 따위]를 차츰 변화시키다, 흐리게 하다(배열하다).
gra·da·tim [greidéitim] *adv.* 차차 (by degrees). [<L]
*gra·da·tion [greidéiʃ(ə)n, grə-/grə-] *n.* **1** Ⓤ 순서를 매기기, 등급 매기기, 계급[별로 나누기]. **2** ⓊⒸ [단계적인] 변화, 서서히 변하기. ¶ by *gradation* 서서히. **3** [보통 ~s] 단계, 순서, 등급, 계급. **4** Ⓤ [색채·색조의] 바림, [조각 따위에서 음영을] 서서히 짙게 하기. **5** Ⓤ〖지질〗 평형(平衡) 작용. **6** Ⓤ〖언어〗 모음 전환(ablaut) [예: ring-rang-rung]. **7** Ⓤ〖修辭〗 점층법(漸層法) (climax).
gra·da·tion·al [greidéiʃənl] *adj.* 순서가 단계적인; 점진적인; 바림을 한. ~**ly** [-nəli] *adv.*
‡grade [greid] *n.* **1** [능력·성질·크기·가치 따위의] 등급, 정도, 계급, 품등(品等), 도(度) (step, degree). ¶ a man of low intellectual *grade* 지능도가 낮은 사람 / These eggs are *grade* A. 이 달걀들은 A급(상등품)이다. **2** (美) **a**) 학급, 학년 [보통 ~s 3에 또는 8·4세의 12 grades 를 가리킨다] (《英》 form). ¶ a pupil in the eighth *grade* 8학년생〔한국의 중학 2학년생에 해당〕/ be moved up to the next *grade* 진급하다. **b**) (the ~s) 국민 학교(elementary school). ¶ I have taught in the *grades*. 나는 국민 학교에서 교편을 잡은 적이 있다. **c**) 《美》 성적 점수, 평점(mark). ¶ receive a high *grade* 좋은 점수를 받다 / make a passing *grade* 합격점을 받다. **3** 《美》 [도로·철도의] 물매, 경사도 (《英》 gradient). ¶ a slow *grade* 완만한 물매 / a steep *grade* of 1 in 10 10분의 1의 급경사도. **4** 〖畜産〗 개량종. **5** 〖언어〗 모음 전환(gradation) 계열에 있어서의 모음의 상대적 위치.
at (*over, under*) *grade* 《美》 〔철도와 도로의 교차가〕 동일 평면인(위편인, 아래편인). ¶ crossing at *grade* 평면 교차.
make the grade 《美》 급한 언덕을 오르다; 표준에 이르다, 성공하다 (succeed).
on the down (*up*) *grade* 내리막(오르막)길에서, 내리받이(치받이)에.
up to grade 표준적 품질의 (with standard quality).
━ *v.* (**grad·ed, grad·ing**) *vt.* **1** …에 등급을 매기다, 등급화하다. ¶ *grade* apples by size 사과를 크기로 유별하다. **2** 《美》 …을 채점하다 (《英》 mark). ¶ *grade* the examination 답안을 채점하다. **3** 《美》 〔도로

따위)의 경사를 완만하게 하다. **4** {畜産}[순혈종을 교배하여][품종]을 개량하다(... *up*). **5** [언어][수동태로]...을 모음 변화시키다. — *vi.* **1** 등급화되어 있다. ...등급이(be graded). ¶ (~ +圖)This pen *grades* B. 이 펜은 B급이다. **2** 차츰 변화하다.

-grade walking, moving, going 의 뜻의 연결형. 예: digit*igrade*, planti*grade*. [한 승격(昇格)]

gráde crèep *n.* 《美》공무원의 자동 승진, 연공에 의한.
gráde cròssing *n.* [철도·도로 따위의] 평면 교차[점], 건널목《英》level crossing).
grade·ly [gréidli] 《英方》*adj.* **1** 멋진, 훌륭한. **2** 완전한. **3** 유망한. **3** 건강한; 잘생긴(good-looking). **5** 적당한. — *adv.* 적당히; 주의해서; 정말로.
gráde pòint *n.* 《美》성적 평가의 환산점, 환산 평점(評點).
gráde pòint áverage *n.* 학업 평균치(値) [略] [GPA].
grad·er [gréidər] *n.* **1** 등급을 매기는 사람(것); 선별기. ¶ an orange *grader* 귤 선별기. **2** 채점[보조]기. **3** 《美》그레이더(정지기(整地機)). **4** [국민 학교·중학교의] 학생, 학년생. ¶ a fifth *grader* 5 학년생.
gráde(gráded) schòol *n.* 《美》[학년급 제도의] 국민 학교(elementary school).
gráde sèparátion *n.* [도로의] 입체 교차.
gráde tèacher *n.* 《美》국민 학교 교사.
*****gra·di·ent** [gréidiənt, -djənt] *n.* **1** 《英》[철도·언덕길 따위의] 물매, 경사도(《美》grade). ¶ A *gradient* of 20 degrees 20도의 물매. **2** 언덕, [철도 따위의] 경사진 곳, 비탈. **2** [물리] [기온·기압 따위의] 변화도(度), 경사; 경사표(表). — *adj.* **1** 경사진, [일정한 비율로] 차츰 상승(하강)하는. **2** 보행성의, 보행에 적합한.
gra·di·ent·er [gréidiənt-] *n.* 미경계(傾角計)[경사도 측정용].
gra·din [gréidin], **gra·dine** [grədí:n] *n.* **1** 제단 [좌석의] 한 단(段). **2** [교회] 제단 후부의 선반.
grad·ing [gréidiŋ] *n.* 《C》**1** 등급 매김. **2** 정지 (整地), 물매 완화, 경사 변경. **3** [콘크리트재(材)의] 입도(粒度).
grad·u·al [grǽdʒu(ə)l, +英-dju-] *adj.* 점차적인, 점진적인; 완만한. ¶ the *gradual* increase in the cost of living 차츰 늘어나는 생활비 / a *gradual* slope 완만한 사면. **2** [교회] [예어] 층계송(唱)[層階頌], [종래 미사의 낭독 후에 불려지던] 응답송[현재는 원래의 응답시편(詩篇)이] 부흥되었다. **2** 미사 고유의 식문(式文). ~**ness** *n.*
grad·u·al·ism [grǽdʒu(ə)liz(ə)m, +英-dju-] *n.* 《U》점진주의.
grad·u·al·ist [grǽdʒu(ə)list, +英-dju-] *n.* 점진주의자.
*****grad·u·al·ly** [grǽdʒuəli, +英-dju-] *adv.* 차츰, 서서히.
Grádual Psálms *n. pl.* [성서] 성전에 올라가는 노래, 순례자의 노래(song of ascents) [구약 성서 시편 제 120-134가지의 15편] 매년 이스라엘의 3대 축제 때에, 예루살렘으로 올라오는 순례자가 불렀다.
grad·u·and [grǽdʒuænd, +英-dju-] *n.* 《英》[대학의] 졸업 예정자, 학위 취득 후보자.
‡**grad·u·ate** [grǽdʒuit, -dʒuèit / -dʒuət, -dju-] // — *v.* *n.* **1** 《美》[각급 학교의] 졸업생; 《英》학사(學士), 대학 졸업생. ¶ a Yale *graduate*; a *graduate* from (or of) Yale University 예일대학 졸업생. **2** 대학원생. **3** [화학] 눈금 매긴 그릇, 미터 글라스.
— *adj.* 《美》[각급 학교를] 졸업한; 《英》학사 학위를 가진, 대학을 졸업한; [졸업생을 위한. ¶ a *graduate* student 대학원 학생, 전공과 학생 / *graduate* courses 대학원 과정, 전공과.
— *v.* [grǽdʒuèit / -dju-, -dʒuət] (-at·ed, -at·ing) *vi.* **1** 《美》[각급 학교를] 졸업하다, 《英》학위 취득 후보자가 되다(*from* ...) (* 《英》에서는 from 대신에 at 도 쓰이다). ¶ (~ +圖+몡)He *graduated from* a vocational training school. 그는 직업 훈련 학교를 졸업했다(=《英》He finished a vocational training school.) / He *graduated* as M.D. at Oxford in 1960. 그는 1960년에 옥스퍼드 대학을 의학 박사로서 졸업했다 / He *graduated* in education at London. 그는 런던 대학의 교육학부를 졸업했다. **2** 서서히 변화하다(change by degrees) (*into* ...). ¶ (~ +圖+몡) The dawn *graduated into* day. 날이 차츰 밝아 왔다.
— *vt.* **1** ...에게 학위(졸업 증서)를 수여하다, ...을 졸업시키다. ¶ He was *graduated* from Harvard. 그는 하버드를 졸업했다(* 오늘날에는 자동사 용법 쪽이 보통) / The university will *graduate* about 5,000 students this year. 그 대학은 금년에 약 5천 명의 학생을 졸업시킨다. **2** [용기·자 따위에] 눈금을 매기다. **3** [양·질·대소 따위로] ...에 등급을 매기다. **4** [증발시켜] ...을 농축시키다.
◇ graduátion *n.*
grad·u·at·ed [grǽdʒuèitid, +英-dju-] *adj.* **1** 눈금을 매긴. ¶ a *graduated* glass 미터 글라스. **2** 누진적인. ¶ *graduated* taxation 누진과세. **3** 등급별로 [배열]한. **4** [동물] [새의 깃털 따위가] 끝이 차츰 가늘어지는 (tapered). [호사(trained nurse).
gráduate núrse *n.* 《美》[양성소 졸업의] 유자격 간
gráduate schòol *n.* 대학원.
grad·u·a·tion [grǽdʒuéiʃ(ə)n, +英-dju-] *n.* **1** 《UC》《주로美》졸업(식). **2** 《U》학위 수여. *cf.* commencement. ¶ *graduation* exercises 《美》졸업식. **2** 《U》눈금을 매기기; 《C》눈금, 도수, 도. **3** 《U》등급 매기기; 등급, 계급. **4** [《U》화학] [증발에 의한] 농축화, 농축. **5** 《U》[그림·사진] [색·명암 따위의] 바림(gradation).
grad·u·a·tor [grǽdʒuèitər, +英-dju-] *n.* **1** 눈금을 새기는 사람; 각도기, 눈금을 매기는 그릇.
gra·dus¹ [gréidəs] *n.* [음악] 교칙본(教則本), 연습곡집. [< L step]
gra·dus² [gréidəs] *n.* 운율 사전(韻律辞典), 작시(作詩) 사전[라틴·그리스어 작시의 학생용 참고서].
Grae·ae [gríːiː] *n. pl.* [그리스 신화] 그라이아이 [Gorgons 의 수호자로 눈 하나에 이 하나만을 공유했다는 세 자매].
Grae·cism [grí:siz(ə)m] *n.* 《주로 英》= Grecism.
Grae·cize [grí:saiz] *vt., vi.* (-cized, -ciz·ing) 《주로 英》= Grecize.
Graeco- 《주로 英》⇒ GRECO-.
graf·fi·to [grəfí:tou / græf-] *n.* (*pl.* -ti [-ti]) **1** [고고] [기둥이나 벽에 새겨서 만든 고대의] 긁은 그림 [문자]. **2** (-ti) [공중 변소 따위의] 낙서. [< It. scribbling]
graft¹ [græft / grɑːft] *n.* **1** 접수(接穗), 어린 가지 (scion); 접목[법]. **2** 접목한 자리(식물). **3** [의학] 조직이식[식피(植皮)·식육(植肉) 따위를 말하는]; 이식편(移植片) [피부·근육 따위의]. — *vt.* **1** [묘목(苗木)에] 어린 가지[눈]를 접붙이다, 접목하다(... *in, into, on, upon*); ...을 접목으로 개량하다. ¶ *graft* a shoot from an apple tree *on* (or *upon, in, into*) an old tree 사과의 어린 가지를 노목에 접붙이다. **2** [의학] ...을 이식하다. ¶ *graft* skin 피부를 이식하다. **3** [접목처럼] ...을 끼워넣다; ...을 융합시키다(... *in, upon*). ¶ *graft* the foreign custom to our culture 외국의 습관을 자국의 문화에 융합시키다. **4** [항해] [로프 끝]을 가는 밧줄로 감다.
graft² [græft / grɑːft] *n.* 《U》**1** 수뢰, 독직. **2** 부정 이득(의 수단), 부정 이득금. **3** 《美방언》노동; 일, 장사. — *vt.* ...을 뇌물로 받다. — *vi.* 독직하다, 수뢰하다.
graft·er¹ [grǽftər / grɑ́ːf-] *n.* 접목자.
graft·er² [grǽftər / grɑ́ːf-] *n.* [구어] 독직 관리, 수뢰자; 부정한 이익을 취하는 사람.
graft·ing [grǽftiŋ/grɑ́ːft-] *n.* 《UC》**1** [원예] 접목[법]. **2** [의학] 이식술.

gra·ham [gréiəm] *adj.* [기울을 제거하지 않은] 통밀의, 가루로 된 밀로 만든. ¶ *graham* bread 통밀 빵. [< 미국의 목사·의사 S. Graham(1794-1851)의 식이 요법]

Grail [greil] *n.* (the ~) 성배(聖杯)[최후의 만찬때 그리스도가 사용했다는 잔].

‡**grain** [grein] *n.* **1** 곡식알, 낟알, [단단한] 씨앗; [식물] 영과(穎果). ¶ a *grain* of corn (wheat) 옥수수 (밀) 한 알 / a *grain* of a pomegranate 석류 씨. ¶ (집합적) 곡물, 곡류((英) corn); 곡초(穀草). ¶ the chief *grain* of the temperate zone 온대의 주요 곡물 / feed the horse on *grain* 말에 곡물을 먹이다. **2** [모래·소금·화약·갈 커피 따위의] 알, 알갱이, 작은 덩어리, ¶ paper full of *grains* of gold 금가루가 묻은 종이 / a *grain* of shot 산탄의 한 알. **4** 그레인[보석·약품 따위의 무게의 단위; 0.0648 그램; 略 gr.]. **5** (주로 부정문에서) 극소량, 미량(微量), ¶ without a *grain* of common sense 눈곱만큼의 상식도 없이 / There is not a *grain* of truth in what he says. 그의 말에는 손톱만큼의 진실도 없다. **6** U [무두질한 가죽·목재·암석의] 조직, 결, 나뭇결, 돌결. ¶ cross *grain* 엇결 / straight *grain* 곧은결 / split along the *grain* 나뭇결에 따라 쪼개지다. **7** U 직물의 섬유, 꼰실, 올. ¶ cloth of fine (coarse) *grain* 올이 고운(거친) 천. **8** U 성질, 기질. ¶ brothers similar (different) in *grain* 성질이 비슷한(다른) 형제. **9** (~s) (주류의 제조에 쓰이) 맥아 찌꺼기. **10** U [페어] 빨간색 염료, 양홍(洋紅). **11** [법] 입자(粒子).

against (or **contrary to**) **the** (or **one's**) **grain** 성에 맞지 않게, 본의 아니게. ¶ It goes *against the grain* with me. 그것은 내 뜻과 어긋난다, 내 성미에 맞지 않다.

in grain ① 타고난, 본질적으로. ② [불변색 염료로] 완전히 물든. ③ 철저히.

rub *a person* **against the grain** 남을 화나게 하다.

with a grain of salt; with some grains of allowance 줄잡아, 에누리해서. ¶ Take his words *with a grain of salt*. 그의 말은 에누리해서 들어라.

— *vt.* **1** …을 낟알로 만들다, 알갱이로 보이게 하다. **2** (가죽을) 탈모시키다, 거죽을 거칠게 하다. **3** …을 나뭇결 모양으로 칠하다, 물들이다.

gráin álcohol *n.* = ethyl alcohol.

grained [greind] *adj.* **1** 낟알 모양의, 오돌도돌한, 거칠거칠한, [소금·설탕 따위의] 결정(結晶)된. **2** [짐승 가죽에의] 털을 뽑은. **3** 나뭇결이 있는, 나뭇결 모양으로 칠한. **4** 충분히 배어든.

gráin elevator *n.* (美) [양곡기(揚穀機)를 갖춘] 곡물 창고.

grain·er [gréinər] *n.* **1** 나뭇결 모양으로 칠하는 사람; 그 칠하는 솔. **2** 제모기(除毛器); [무두질용의] 탈회액(脫灰液).

grain·field [gréinfìːld] *n.* 곡물 밭.

grain·ing [gréiniŋ] *n.* U 나뭇결 모양으로 페인트 따위를 칠하기.

gráin léather *n.* U 표리[털이 있던 쪽을 겉으로 하여 무두질을 마무리한 가죽].

grains [greinz] *n. pl.* (종을 단수 취급) 작살, 뭇.

grain·sick [gréinsìk] *n.* U [짐승에의] 위어 확장증(擴胃張症).

gráin síde *n.* (the ~) [짐승 가죽의] 털이 있던 쪽, 거죽. *cf.* flesh side

grain·y [gréini] *adj.* (**grain·i·er, grain·i·est**) **1** [곡식] 알 모양의(granular). **2** 곡물로 가득 찬. **3** 나뭇결을 닮은. [禽類의].

gral·la·to·ri·al [græ̀lətɔ́ːriəl / -tɔ́ː-] *adj.* 섭금류(涉禽類)의.

gral·loch [grǽlək] (英) *n.* [죽은] 사슴의 내장.

— *vt.* [사슴에서] 내장을 꺼내다[들어내다] (disembowel).

‡**gram¹**, (英) **gramme** [græm] *n.* 그램 [무게의 단위; 略 g, g.].

gram² [græm] *n.* 이집트콩(chickpea) [남부 유럽이나]

인도에서 식용으로 재배된다].

-gram¹ drawing, writing, recording 의 뜻의 연결형. 예: dia*gram*, mono*gram*, tele*gram*.

-gram² *gram*의 뜻의 연결형. 예: centi*gram*, kilo*gram*.

gram. (略) grammar, grammarian, grammatical.

gra·ma [gráːmə] *n.* (= **gráma gráss**) [미국 서부 또는 남서부에서 나는] 볏과의 목초의 일종.

gram·a·rye, -ry [grǽməri] *n.* (*pl.* **-ryes; ries**) 마법, 마술.

grám átom *n.* [화학] 그램 원자[각 원소의 원자량과 동일한 그램 단위의 질량].

grám-a·tóm·ic wéight [grǽmətámik- / -tɔ́m-] *n.* (화학) 그램 원자량.

gram-cen·ti·me·ter, (英) -me·tre [grǽmsèntimìːtər] *n.* [물리] 그램 센티미터 [1g의 중량을 1cm 올리는 데 필요로 하는 중량 단위].

gra·mer·cy [grəmə́ːrsi] *interj.* [고어] **1** 고맙습니다, 황송합니다(many thanks). **2** (놀람이나 순간적인 감정을 나타내어) 어!, 이거 원!. — *n.* U (폐어) 감사(thanks).

gram·i·na·ceous [græ̀mənéiʃəs / grèim-] *adj.* = gramineous.

gra·min·e·ous [grəmíniəs / greim-] *adj.* **1** 풀의, 목초의. **2** 풀 같은. **3** 화본과(禾本科)의, 벼과의.

gra·min·iv·o·rous [græ̀mənívər(ə)rəs] *adj.* **1** 초식성의(grass-eating); 종자나 곡물 따위를 먹는. **2** (턱이나 이 따위가) 곡물을 먹기에 적합한.

gram·ma [grǽmə] *n.* (= **grámma gráss**) = grama.

gram·ma·logue [grǽməlɔ̀ːg, -làg / -lɔ̀g] *n.* (속기) 약부(略符), 단일 기호로 나타낸 낱말 또는 말.

‡**gram·mar** [grǽmər] *n.* **1** U C 문법, 문법학. ¶ descriptive (comparative, generative) *grammar* 기술(비교, 생성) 문법 / (normative (of) prescriptive) *grammar* 학교(규범) 문법. **2** 문전(文典), 문법서; U 문법론. **3** U (각 개인의) 말씨, 표준어법. ¶ He uses good (bad) *grammar*. 그는 말씨가 좋다 (나쁘다). **4** U (학문·예술의) 초보, 근본, 원리. **5** 입문서, 안내서 (primer).

‡**gram·mar·i·an** [grəméəriən / -méər-] *n.* **1** 문법가, 문법학자, 언어학자(philologist). **2** 문법 (어법)에 투득한 사람.

gram·mar·less [grǽmərlis] *adj.* 문법이 없는; 문법의 지식이 없는; 무식한(illiterate).

grámmar schóol *n.* **1** (英) 초등학교(elementary school). **2** (英) 그래머 스쿨[대학 진학의 예비 과정으로 public school 과 비등한 중등학교]. **3** (역사) 고전 문법학교[16세기에 설립되어 라틴어·그리스어를 주요 교과로 했던] (Latin grammar school).

‡**gram·mat·i·cal** [grəmǽtikəl] *adj.* **1** 문법의, 문법학의, 문법적 입장에서 본. ¶ *grammatical* analysis 문법적 분석 / *grammatical* gender [자연의 성별에 의하지 않은] 문법상의 성(性). **2** 문법적으로 옳은, 문법에 맞는.

-i·cal·ly [-ikəli] *adv.* **-i·cal·ness** *n.*

gram·mat·i·cal·i·ty [grəmæ̀tikǽliti] *n.* 문법성 (文法性) [글이 문법에 맞기, 또는 그 정도].

gram·mat·i·cize [grəmǽtisàiz] *v.* (**-cized, -ciz·ing**) *vt.* 문법적으로 바르게 하다; 문법에 맞추다. — *vi.* 문법상의 문제를 논하다.

gramme [græm] *n.* (英) = gram¹. [분자].

gram·mo·lec·u·lar [græ̀mməu(u)lékjulər] *n.* =gram molecule.

grám mólecular wéight *n.* =gram molecule.

grám mólecule *n.* (화학) 그램 분자, 몰 [물질의 분자량과 같은 만큼의 그램 단위의 질량].

gram·my [grǽmi] *n.* (*pl.* **-mies**) (속어) =grandmother.

Gram·my [grǽmi] *n.* (*pl.* **-mys** or **-mies**) (美) 그래미상[美국 National Academy of Recording Arts and Sciences 가 매년 수여하는 우수 레코드상].

Grámmy Awárd *n.* (美) =Grammy.

Gram-neg·a·tive [grǽmnégətiv] *adj.* (종종 g-) 그람음성(陰性)의. *cf.* Gram's method

‡**gram·o·phone** [grǽməfòun] *n.* 《주로 英》 축음기(《美》phonograph).

Gram-pos·i·tive [grǽmpázitiv / -póz-] *adj.* (종종 g-) 그람 양성(陽性)의. *cf.* Gram's method

gramp [græmp], (**gramps** [græmps]) *n.* 《구어》= grandfather.

gram·pus [grǽmpəs] *n.* **1** 돌고래의 일종; 범고래(killer whale). **2** 《구어》코를 고는 사람; 숨결이 거친 사람. ¶ blow (*or* puff) like a *grampus* 코를 드렁드렁 골다, 숨소리가 거칠다.

Grám's méthod *n.* 〖병리〗그람 염색법 [덴마크의 의사 H.C.J. Gram(1853-1938)이 고안한 세균의 분류 식별법, 그 방법으로 자주빛으로 물드는 것을 Gram-positive, 물들지 않는 것을 Gram-negative라 한다].

gran [græn] *n.* 《구어·어린이말》 할머니(granny).

gran·a·dil·la [grænədílə] *n.* 시계초과(科)의 식물(passionflower); 그 〔식용이 되는〕 열매.

*****gran·a·ry** [grǽnəri, +美 gréi-] *n.* (*pl.* -**ries**) 곡창; 곡창 지대.

gránary wéevil *n.* 그라나리아바구미.

Gran Cha·co [grɑːn tʃɑ́ːkɔː] *n.* 남미의 아르헨티나·볼리비아·파라과이 3국에 걸친 광대한 아열대 지역.

‡**grand** [grænd] *adj.* **1** 웅대한, 장려한; 호화로운, 성대한. ¶ a *grand* view 장관(壯觀) / a *grand* palace 웅장한 궁전 / a *grand* banquet 성대한 연회(잔치) / live in *grand* style 사치스러운 생활을 하다. **2** 당당한, 위엄이 있는, 장중한;《때로 비꼬아서》 훌륭한, 위대한. ¶ *grand* orations 당당한 연설 / a *grand* fool 대단한 바보. **3** 감명깊은, 숭고한; 기품 있는. ¶ a *grand* old man 품위 있는 노인; 장로. **4** 중대한, 숭요한(important); 《서녕한; 〔지위·관직의〕 최고인(chief); 〔건물 따위에서〕 주요한. ¶ the *grand* entrance 대현관 / a *grand* question 중대 문제 / a *grand* man 거물 / a *grand* lady 상류 부인. **5** 모두를 포함한, 총괄적인. ¶ the *grand* total 총계. **6** 우쭐하는, 으스대하는, 자존심이 있는. **7** 《음악》 대합주(大合奏)용의. ¶ a *grand* fugue 대둔주곡(大遁走曲). **8** 《구어》 특출한, 훌륭한(wonderful); 매우 유쾌한. ¶ have a *grand* time 매우 유쾌한 시간을 보내다 / I feel *grand*. 기분이 최고다 / It is a *grand* day. 멋진 날이다.

do the grand 거드름피우다, 거창하게 굴다(put on airs).

— *n.* (*pl.* **grand** *or* 《드물게》 **grands**) **1** = grand piano. **2** 《美속어》 천 달러. ¶ five *grand* 5천 달러. **3** 〔클럽 따위의〕회장. ~·**ly** *adv.* ~·**ness** *n.* ◇ **grándeur** *n.*

grand- 「1친등(親等)을 거른 혈연 관계의」라는 뜻의 연결형. 예: *grand*father, *grand*son.

gran·dad [grǽndæd] *n.* 《구어》 =granddad.

gran·dam [grǽndæm, +美 -dəm], -**dame** [-deim, +美 -dəm] *n.* **1** =grandmother. **2** 노파(oldwoman).

Gránd Ármy of the Repúblic *n.* (the ~) 남북전쟁에 참가한 미국 육해군 군인회[1866년에 창립].

grand-aunt [grǽndænt / -ɑ́ːnt] *n.* 종조모, 대고모(great-aunt).

Gránd Bánk (Bánks) *n.* (the ~) 그랜드 뱅크 [Newfoundland 동남의 큰 여울로서 세계 최대 어장의 하나].

Gránd Canál *n.* (the ~) 대운하[중국 천진(天津)과 항주(杭州)을 잇는 운하; 이탈리아 Venice의 주요 운하].

Gránd Cányon *n.* (the ~) 그랜드 캐년 [미국 Arizona 주 북부 Colorado 강의 대협곡; 국립 공원의 하나로 길이 320km 남짓, 깊이 1.6km].

Gránd Cányon Státe *n.* (the~) 미국 Arizona 주의 속칭.

*****grand·child** [grǽn(d)tʃàild] *n.* (*pl.* -**chil·dren** [-tʃìl-

drən]) 손자.

Gránd Cróss *n.* (the ~)《英》 [knight의 최고의] 대십자 훈장[略 G.C.].

grand·dad [grǽn(d)dæd], **gran·dad** [grǽndæd] *n.* 《구어》=grandfather.

grand·daugh·ter [grǽn(d)dɔ̀ːtər] *n.* 손녀.

grand-du·cal [grǽn(d)d(j)úːk(ə)l / -djúː-] *adj.* **1** 대공(大公)의, 대공국(國)의. **2** 구 제정 러시아 황자(皇子)의.

gránd dúchess *n.* **1** 대공비(大公妃); 여(女)대공. **2** [구 제정 러시아의] 황녀, 황손녀.

gránd dúchy *n.* 대공국(大公國).

grande **dúke** *n.* **1** 대공. **2** [구 제정 러시아의] 황자, 황손.

grande [F grɑ̃ːd] *adj.* 〖프랑스〗 grand 의 여성형.

grande dame [grɑːŋd dɑ́ːm] *n.* (*pl.* **grandes dames** [grɑːŋd dɑ́ːm])《프랑스》[보통 지긋한 나이로서] 사회〔직업〕적으로 명성이 높은 여성, 귀부인; 태도가 당당한 여성.

gran·dee [grændíː] *n.* **1** 대공[스페인·포르투갈의 최고 귀족]. **2** 고관, 고위의 사람.

grande pas·sion [F grɑ̃ːd pɑsjɔ̃] *n.* (*pl.* **grandes pas·sions** [F grɑ̃ːd pɑsjɔ̃])《프랑스》격정, 일편 단심의 사랑; 열렬한 사랑의 대상.

*****gran·deur** [grǽndʒər, +美 -dʒuər] *n.* U **1** 장대, 웅대(magnificence); 장관; 장려, 화려(splendor). ¶ the *grandeur* of nature 자연의 웅장함. **2** 장엄; 숭고, 고결; 귀귀함(nobility). ¶ *grandeur* of character (idea) 고결한 인격(사상). **3** 고위, 고귀(eminence); 권위, 위엄(dignity). ◇ **grand** *adj.*

*‡**grand·fa·ther** [grǽn(d)fɑ̀ːðər] *n.* **1** 조부, 할아버지. **2** [남자] 조상(forefather). **3** [존경할만한] 늙은이, 노인; [부르는 말로] 노인장, 할아버지. — *adj.* 기득권의(에 의한). — *vt.* [시랄·회사 들을] 새로 제정된 법률·규제의 규제로부터 제외하다.

grand·fa·ther·ly [grǽn(d)fɑ̀ːðərli] *adj.* **1** 조부의, 조부 같은. **2** 자상한(kindly); [아이에게] 무른(indulgent).

grándfather (grándfàther's) clóck *n.* [분동·진자가 붙은이 상자꼴의 큰 시계].

gránd finále *n.* 종국, 대단원.

gran·di·flo·ra [grændiflóːrə / -flɔ́ː-] *n.* 큰 꽃송이를 맺는 장미.

gran·dil·o·quence [grændíləkwəns] *n.* U 호언장담, 허풍(bombast); 제자랑(lofty speech) 과장된 이야기.

gran·dil·o·quent [grændíləkwənt] *adj.* 호언장담하는, 과장된(bombastic); 제자랑을 늘어놓는(boastful). ~·**ly** *adv.*

gránd ínquest *n.* =grand jury.

gran·di·ose [grǽndiòus] *adj.* **1** 웅대한, 당당한; 숭고한(sublime); 감명깊은. **2** 거드름피우는, 젠체하는(pretentious); 과장된. ¶ a *grandiose* speech 젠체하는 연설. ~·**ly** *adv.*

gran·di·os·i·ty [grændiásiti / -ɔ́s-] *n.* U 웅대; 과장.

gránd júror *n.* 대배심원.

gránd júry *n.* 대배심(大陪審), 기소 배심[12-13인으로 구성]. *cf.* petty jury

Gránd Láma *n.* (the ~) =Dalai Lama.

gránd lárceny *n.* U〖법률〗중(重)절도[죄]. *cf.* petty larceny

Gránd Lódge *n.* [Freemasons 따위 비밀 결사의] 대

*****grand·ma** [grǽn(d)mɑ̀ː], (**grand·ma·ma**, **grand·mam·ma** [-mɑ̀ːmə / -məmɑ̀ː]) *n.* 《구어》=grandmother.

gránd mál [grǽn mǽl] *n.* 〖병리〗[간질의] 대발작. *cf.* petit mal

gránd márch *n.* 그랜드 마치[무도회의 개회 때에 참석자 전원이 하는 행진].

Gránd Máster *n.* **1** [Freemasons 따위 비밀 결사

grand monde [F grɑ̃ mɔ̃d] *n.* (프랑스) (=great world) 상류 사회.

‡**grand·moth·er** [grǽn(d)mʌ̀ðər] *n.* **1** 조모, 할머니. **2** (여자) 조상(ancestress). ¶ our *grandmother* Eve 우리 조상인 이브. **3** (여자) 창시자, 선구자; 최초의 것. ¶ London is the *grandmother* of capitals. 런던은 수도로서는 최초의 것이다. **teach** one's *grandmother* **to suck eggs** ⇒ EGG. **Tell that to your grandmother!** 허튼 소리 작작해! **This beats my grandmother.** 이것 놀랐는 걸!, 깜짝이야. —— *vt.* …을 소중히 하다, 응석받다(coddle). [어야!] *grandmother the cups* (英) 받침접시를 적셔 잔이 미끄러지지 않게 하다.

grand·moth·er·ly [grǽn(d)mʌ̀ðərli] *adj.* **1** 조모의, 할머니 같은. **2** 친절한(kindly). **3** 간섭하는(interfering).

Gránd Nátional *n.* (the ~) (영국 Liverpool 시 교외의 Aintree에서 매년 행해지는) 대장애(大障碍) 경마 (첫번째는 1893년).

grand·neph·ew [grǽn(d)nèfju: / -nèvju:] *n.* 형제의 손자, 조카의 아들(great-nephew).

grand·niece [grǽn(d)nì:s] *n.* 형제의 손녀, 조카의 딸(great-niece).

gránd óld mán *n.* **1** (정계·예술계 따위의) 원로, 장로; 거물. **2** (the G·O· M·) 영국의 정치가 W. E. Gladstone(1809-98)의 속칭 [略 G.O.M.].

Gránd Óld Párty *n.* (the ~) 미국 공화당 (the Republican Party)의 통칭 [略 G.O.P., G.O.].

gránd ópera *n.* ⓤⓒ 그랜드 오페라, 대가극, 정(正)가극.

*****grand·pa** [grǽn(d)pɑ̀:, +美 grǽm-], (**grand·pa·pa** [-pɑ̀:pə / -pəpɑ́:]) *n.* (구어) = grandfather.

*****grand·par·ent** [grǽn(d)pɛ̀(:)rənt / -pèər-] *n.* 조부(모).

gránd piáno *n.* 그랜드 피아노, 평형(平型) 피아노.

grand prix [F grɑ̃ pri:] *n.* (*pl.* **grands p-** [F grɑ̃-]) (프랑스) (= great prize) 그랑프리, 대상(大賞).

grand-scale [grǽn(d)skéil] *adj.* 다대한, 대규모적인 (large-scale).

grand-sire [grǽn(d)sài*ə*r] *n.* **1** (= **grand·sir** [-sə*r*]) (고어) 조부, 할아버지. **2** (= **grandsir**) (스코) 증조부(曾祖父). **3** (고어) 조상; 노인. **4** (교회의 옛 변곡(變曲) 연주법). **5** 종마(種馬).

gránd slám *n.* **1** (카드놀이 따위의) 압승. **2** (야구) 만루 홈런. **3** (스포츠) (한 시즌중에 모든 대경기에) 우승하기. **4** (구어) 완전한 성공.

*****grand·son** [grǽn(d)sʌ̀n] *n.* 손자.

grand·stand [grǽn(d)stǽnd] *n.* (경마장·야구장 따위의) 특별 관람석[에서 관람하는 사람]. ¶ play to the *grandstand* 스탠드 플레이를 하다. —— *vi.* (구어) (일부러) 관객을 즐겁게 해주는 경기를 하다, 스탠드 플레이를 하다. —— *adj.* **1** 특별 관람석의. **2** 잘 바라다 보이는, (구어) 관객이 탄성지르게 할만한.

grándstand pláy *n.* (美俗어) 스탠드플레이, 관중을 의식한 (과잉) 연기.

gránd tóur *n.* (옛날 영국의 상류 자제의) 대륙 순유

gránd tóuring cár *n.* = Gran Turismo.

grand-un·cle [grǽndʌ̀ŋkl] *n.* 큰(작은) 할아버지, 부모의 삼촌.

gránd vizíer *n.* (회교 국가의) 수상(首相).

grange [greindʒ] *n.* **1** 농장. **2** (주로 英) 별장을 포함한) 농가; 대농장의 주택. **3** (고어) 곡물창고(granary). **4** (G-) (美) 농민 공제 조합, 그 지방 지부.

grang·er [gréindʒə*r*] *n.* **1** 농부(farmer). **2** 대농장의 감독. **3** (G-) (美) 농민 공제 조합[지방 지부]원.

grang·er·ism [gréindʒəriz(ə)m] *n.* 다른 책의 삽화를 오려내어 책의 삽화로 집어넣기.

grang·er·ize [gréindʒəràiz] (*=* (英) **grang·er·ise**로도 쓴다) *vt.* (-ized, iz·ing) **1** (책)에 다른 책에 집어넣기 위해 오려내서 (책)을 못쓰게 만들다. **2** (다른 책에 집어넣기 위해 그림·삽화 따위)를 집어넣다.

grani- 'grain 이라는 뜻의 연결형. 예: *grani*vorous.

gra·nif·er·ous [grənífərəs] *adj.* 곡식알(낱알) 같은 열매를 맺는.

*****gran·ite** [grǽnit] *n.* ⓤ **1** 화강암. ¶ as hard as *granite* 매우 단단한; 완고한. **2** 매우 단단함, 강장(强) *bite on granite* 헛수고를 하다.

Gránite Státe *n.* (the ~) 미국 New Hampshire 주의 별명.

gran·ite·ware [grǽnitwɛ̀ər] *n.* ⓤ **1** 화강암 무늬의 에나멜 철기(鐵器). **2** 화강암 무늬의 도기(陶器); 반유리질의 도기.   [암으로 된.

gra·nit·ic [grənítik / grǽ-] *adj.* 화강암(질)의, 화강

gran·it·oid [grǽnitɔ̀id] *adj.* 화강암 모양의 (구조)의.
                                                [특히 조류].
gran·i·vore [grǽnivɔ̀:*r* / -vɔ̀-] *n.* 곡식(穀食) 동물

gra·niv·o·rous [grənívərəs] *adj.* (새가) 곡물을 먹는.

gran·ny, -nie [grǽni] *n.* (*pl.* **-nies**) (구어) **1** grandmother의 애칭. **2** 노파. **3** 요란하게 떠들어대는 사람, 잔소리꾼(fussy person). **4** (= **gránny wòman**) (美南部) 산파(midwife); 유모(nurse). **5** = granny knot. **6** (英俗어) (조직 폭력배의) 비합법 행위를 은폐하기 위한 합법적 사업. —— *adj.* 안노인풍(패션)의, [< GRAN[DMOTHER] +-Y¹, -IE]

gránny dréss *n.* 할머니 드레스 (옛날 노파복 비슷한 긴 소매·하이네크의 바닥까지는 길고 헐렁한 젊은 여성용 의복).
                                                    [테 안경.
gránny glàsses *n. pl.* 안노인(할머니) 안경 (둥근 금

gránny knòt *n.* 거꾸로(세로) 매기.

gránny's bénd *n.* = granny knot.

grano- 'granite 라는 뜻의 연결형.

gra·no·la [grənóulə] *n.* ⓤ 그라놀라 (납작귀리에 건포도나 적설탕을 섞은 조반용 건강 식품).

Gran·o·lith [grǽnou()liθ] *n.* (상표명) [부순 화강암으로 만든 포도(鋪道)용] 인조 포석(鋪石), 화강암 콘크리트.

‡**grant** [grænt / grɑ:nt] *vt.* **1** …을 주다, 수여하다, 교부하다, 하사(下賜)하다(... to). ⇒ GIVE 頤義) ¶ *grant* a respite 유예를 해주다 // (~+圓) She was *granted* a pension. 그녀는 연금을 하사받았다 // (~+圓+前+名) *grant* a right *to* him 그에게 권리를 부여하다. **2** (제의 등)에 응하다, (청원 등)을 승낙하다(accede to, agree), 허가하다(allow). ¶ *grant* a person's request 남의 부탁을 들어주다 // (~+圓+圓) *grant* a person a favor 남의 사정을 들어주다 // (~+圓+前+名) God *grant* that it may be so. 하나님 그렇게 되게 하옵소서 // (~+圓+to do) They *granted* him to take it with him. 그들은 그가 그것을 휴대하는 것을 허가했다. **3** (사실로서) …을 인정하다, (토론 등에서) 가령 …이기로 하다, 가정하다(admit, concede). ¶ *grant* the first proposition 제 1 명제를 가정하다 / I *grant* him. 그의 말을 인정하다 // (~+圓+to do) *grant* it to be true 그것이 진실임을 인정하다 // (~+[*that*] 節) I *grant* you are right. 네가 옳다는 것을 인정한다. **4** (특히 증서 따위에서) …을 이양하다, 양도하다 (transfer, convey). ¶ *grant* lands by deed 증서로 부동산을 양도하다 / *grant* the lease of property 자산 차용권을 양도하다.

grant (or *granting, granted) that …* 설사 …이라 지라도, …이라 하더라도.

take … for granted …을 당연한 일이라 생각하다. ¶ I take [it] *for granted* that man is mortal. 사람이 죽는다는 것은 당연한 일이라고 생각한다.

—— *n.* **1** ⓤⓒ 수여, 교부, 하사. ¶ a *grant* of a pension 연금의 교부. **2** ⓤⓒ 허가, 인가. ¶ a *grant* of

다. **3** 하사금, 교부금, 보조금, 연구 보조금. **4** 〖법률〗양도 증서. *in grant* 〖법률〗증서에 의해서만 양도할 수 있는.

grant·a·ble [grǽntəbl / gráː-] *adj.* **1** 허용할 수 있는, 교부(수여)할 수 있는. **2** 양도할 수 있는.

gránt áid *n.* 무상 원조.

gran·tee [græntíː / graːn-] *n.* 〖법률〗양수인, 피수여자〔被授與者〕.

grant-in-aid [grǽntinéid / gráːnt-] *n.* (*pl.* **grants-**) 〔정부가 지방 정부 기관에 주는〕보조금, 교부금.

gran·tor [grǽntər, grænt5ːr / graːntɔ́ː] *n.* 〖법률〗양도인, 수여자.

grants·man [grǽntsmən] *n.* (*pl.* **-men** [-mən]) 연구 보조금을 잘 이용하는 사람.

Gràn Tu·rís·mo [græn tuːríːzmou] *n.* GT 카〔레이스용 자동차〕.

gran·u·lar [grǽnjulər] *adj.* **1** 알갱이〔꼴〕의, 알갱이로 된. ¶ *granular* snow 알갱이로 된 눈. **2** 〖병리〗과립상〔顆粒狀〕의. ¶ *granular* eyelids 여포성 결막염〔濾胞性結膜炎〕. **~·ly** *adv.*

gran·u·lar·i·ty [grænjulǽriti] *n.* 알갱이꼴.

gran·u·late [grǽnjuleit] *v.* (**-lat·ed, -lat·ing**) *vt.* **1** …을 알갱이〔꼴〕로 하다. **2** 〔표면 따위를〕오톨도톨하게 하다. — *vi.* **1** 알갱이 모양이 되다. **2** 〔병리〕육아 조직〔肉芽組織〕이 생기다.

gran·u·lat·ed [grǽnjuleitid] *adj.* **1** 알갱이〔모양〕의; 작은 알갱이로 된. ¶ *granulated* sugar 그래뉴당〔糖〕. **2** 표면이 오톨도톨한.

gran·u·lat·er [grǽnjuleitər] *n.* =granulator.

gran·u·la·tion [grænjuléi(ə)n] *n.* ⓤ ⓒ **1** 알갱이 모양으로 하기; 오톨도톨하게 하기, 오톨도톨한 모양〔오톨도톨한 표면에의〕알갱이. **3** 〔병리〕육아〔肉芽〕발생. **4** 〔천문〕=granule 3.

gran·u·la·tive [grǽnjuléitiv, -lətiv] *adj.* **1** 알갱이 모양의, 〔표면이〕오톨도톨한. **2** 〔병리〕육아〔형성〕의.

gran·u·la·tor [grǽnjuleitər] *n.* **1** 알갱이로 만드는 사람〔물건〕. **2** 〔설탕의〕조립기〔造粒機〕.

gran·ule [grǽnjuːl] *n.* **1** 작은 알갱이, 세립〔細粒〕, 미립. **2** 미소체〔微小體〕, 원구〔原球〕(corpuscle); 과립〔顆粒〕. **3** 〔천문〕〔태양 광구면〔光球面〕에서 볼 수 있는〕입상반〔粒狀斑〕.

gran·u·lose [grǽnjulòus] *n.* ⓤ 전분립질〔澱粉粒質〕〔발효에 의해서 당화〔糖化〕되는 전분의 주성분〕. — *adj.* =granular.

‡**grape** [greip] *n.* **1** 포도알, 포도나무. **2** ⓤ 포도색. **3** (~**s**) 〔獸醫〕포도종〔腫〕〔말의 발에 생긴다〕. **4** (the ~) 포도 과즙; 포도주(wine). **5** 포도탄〔彈〕(grape-shot). ◇ **grápy** *adj.*

grápe brándy *n.* 포도주를 증류하여 만든 브랜디.

grápe cúre *n.* ⓤ 포도 식이 요법〔특히 결핵에〕.

grape-fruit [gréipfrùːt] *n.* 그레이프 프룻〔미국 남부의 특산물〕.

grápe hýacinth *n.* 무스카리〔나리과의 식물〕.

grápe júice *n.* ⓒ ⓤ 그레이프 주스, 포도 과즙.

grápe rót *n.* 〔포도의〕 두창병〔痘瘡病〕.

grap·er·y [gréipəri] *n.* (*pl.* **-er·ies**) **1** 포도 재배용 온실. **2** 포도밭.

grape·shot [gréipʃàt / -ʃɔ̀t] *n.* 〔고어〕포도탄〔彈〕〔9개의 작은 탄환으로 되어 있으며, 옛날에 대포알로 사용되어 왔다〕.

grape·stone [gréipstòun] *n.* 포도씨.

grápe súgar *n.* ⓤ 포도당(dextrose).

grape·vine [gréipvàin] *n.* **1** 포도 나무, 포도 덩굴. **2** (=grápevine télegraph) ⓒ ⓤ〔美구어〕비밀 따위를 전달하는 특수 경로, 정보망. **3** 헛소문; 유언비어(rumor). **4** 〔스케이트〕피겨 스케이트의 한 종목.

‡**graph¹** [græf, +英 graːf] *n.* **1** 그래프, 도식, 도표, 그림. ¶ line (bar) *graph* 선〔막대〕그래프. **2** 〖수학〗곡선. — *vt.* …을 도표로 나타내다, 그래프로 나타내다.

graph² [græf, +英 graːf] *n.* 〔구어〕 젤라틴 복사기, 청판〔靑版〕. — *vt.* …을 젤라틴 복사기로 복사하다. 〔<〔HECTO〕GRAPH 의 단축형〕

-graph *suf.* drawn, written 의 뜻의 명사를 만든다. 예: mono*graph*, photo*graph*, tele*graph*.

graph·eme [grǽfiːm] *n.* **1** 〔언어〕 서기소〔書記素〕, 문자소〔文字素〕〔말하는 언어의 단위〔음소〔音素〕・형태소〔形態素〕따위〕에 대응하는 적는 언어의 단위〕. **2** 알파벳의 문자.

gra·phe·mics [grəfíːmiks] *n. pl.* 〔단수 취급〕〔언어〕서기〔문자〕소론〔論〕〔언어의 서기 체계〔書記體系〕를 조직적으로 연구하고, 나아가 그 체계와 언어 조직과의 관계를 연구하는 학문〕.

-grapher 「쓰는 사람」「그리는 사람」「기록자」의 뜻의 연결형. 예: tele*grapher*, steno*grapher*.

‡**graph·ic** [grǽfik], (**graph·i·cal** [-ik(ə)l]) *adj.* **1** 그림 같은, 사실적인, 생생한(vivid); ¶ *graphic* description 사실적인 묘사. **2** 회화의, 조각의; 인쇄의. **3** 그래프의, 도표의, 도식의. ¶ a *graphic* formula 도해식〔圖解式〕, 구조식. **4** 쓴, 기록한, 문자로 나타낸. ¶ a *graphic* error 오기〔誤記〕/ *graphic* symbols 서사〔書寫〕기호. **5** 〔광물〕〔암석 따위가 표면에〕문자 모양의 무늬가 있는, 문상〔文象〕 구조의. ¶ a *graphic* granite 문상 화강암. **-i·cal·ly** [-ikəli] *adv.*

-graphic, -graphical 「graph 의〔에 관한〕」의 뜻의 연결형. 예: tele*graphic*, bio*graphical*.

gráphic árts *n. pl.* (the ~) 시각〔視覺〕, 〔필사〔筆寫〕〕예술〔글씨・그림・판화・조각・에칭 따위〕; 인쇄 예술.

gráphic desígn *n.* ⓤ ⓒ 그래픽 디자인〔graphic arts 에 의한 상업 디자인〕; 시각 디자인; 인쇄 디자인.

graph·ics [grǽfiks] *n. pl.* 〔단수 취급〕 **1** 제도술〔製圖法〕. **2** 도해법, 그래프 산법〔算法〕.

graph·ite [grǽfait, +英 gréi-] *n.* ⓤ〔광물〕 석목〔石墨〕, 흑연.

gra·phit·ic [grəfítik, +美 græ-] *adj.* 석목의; 석목질의

graphític reáctor *n.* 〔원자 물리〕흑연형 원자로(carbon reactor).

grapho- 「writing〔쓰기〕」의 뜻의 연결형〔* 모음 앞에서는 *graph-* 로 된다〕. 예: *grapho*logy, *graph*eme.

graph·ol·o·gist [græfɑ́lədʒist / -fɔ́l-] *n.* 필적〔筆跡〕학자.

graph·ol·o·gy [græfɑ́lədʒi / -fɔ́l-] *n.* ⓤ 필적학, 필적〔관상학〔觀相法〕.

graph·o·ma·ni·a [græfəméiniə] *n.* ⓤ 서광〔書狂〕〔무턱대고 글씨를 쓰고 싶어하는 정신병〕.

graph·o·ma·ni·ac [græfəméiniæ̀k] *n.* 서광〔書狂〕 환자.

graph·o·scope [grǽfəskòup] *n.* 〔컴퓨터〕 그래포스코프〔컴퓨터의 단말 표시 장치로서, light pen 따위로 표시 데이터를 수정할 수 있는 것〕.

graph·o·type [grǽfətàip] *n.* ⓤ **1** 백악 철판법〔白堊凸版法〕. **2** 백악 철판.

gráph páper *n.* ⓤ 방안지, 그래프 용지〔section paper〕.

-graphy 「〔서법〔書法〕, 화법, 사법〔寫法〕의 뜻의 연결형. 예: photo*graphy*, steno*graphy*. **2** 기술〔記述〕〔한〕의 뜻의 연결형. 예: geo*graphy*, bio*graphy*.

grap·nel [grǽpnəl] *n.* **1** 〔보통 갈고리가 4-5개 있는〕소형의 닻, 걸어 당기는 갈고리〔옛날 해전에서 적선을 노획하는 데 썼으나 지금은 기구〔氣球〕나 배 따위를 계류시키는 도구로 쓰인다〕. **2** 〔닻 꼴의〕 붙잡는 기계.

grap·pa [gráːpaː] *n.* ⓤ 이탈리아산〔産〕 브랜디〔포도주를 같이서 찌꺼기로 만든다〕.

‡**grap·ple** [grǽpl] *v.* (**-pled, -pling**) *vt.* **1** …을 잡다, 쥐다, 붙들다(seize, grasp). **2** 〔갈고리로〕…을 걸다, 걸어서 고정시키다. ¶ They *grappled* the enemy's ship. 그들은 적선을 갈고리로 걸어 매었다. — *vi.* **1** 잡고 싸우다, 격투하다; …과 논전하다. ¶ *grapple* an antagonist 적과 격투하다.

— vi. 1 [갈고리로] 걸어매다. 2 맞잡다(clinch), 드잡이하다, 격투하다(with...), 논전하다. ¶ (~+匣) The two wrestlers grappled together. 두 레슬러는 서로 맞잡았다 // (~+전+名) come to grapple with ...과 격투하게 되다, ...과 맞붙어 싸우게 되다. 3 [문제 따위에] 달라붙다, ...에 부딪치다, [난국에] 부딪치다. ¶ (~+전+名) They grappled with the new problem. 그들은 그 새 문제와 씨름했다. 4 손으로 더듬다(grope).
— n. 1 붙들기, 맞붙기, [레슬링 따위의] 격투. 2 [항해] 갈고릿대; 붙잡는 기계.
grap·pler [grǽplər] n. 1 잡아거는(걸어매는) 사람(것). 2 (구어) 레슬러.
grap·pling [grǽpliŋ] n. ⓤⓒ 1 잡아거는(걸어매는) 것(갈고리); 걸어매기, 잡아걸기. 2 맞붙기, 드잡이. 3 =grapnel.
gráppling hòok(ìron) n. [적의 배 따위에 걸어 잡아당기는] 갈고리(grapnel).
grap·y [gréipi] adj. (grap·i·er, grap·i·est) 1 포도의; 포도골의; 포도(포도 과즙)의 맛이 나는. 2 [獸醫] [말의] 포도종(腫) (grape)에 걸린.
GRAS [græs] (略) Generally Recognized as Safe (미국 식품 의약국의 합격증).
gra·ser [gréizər] n. [전자공학] 그레이저, 감마선 레이저 (gamma-ray laser). [<gamma-ray amplification by stimulated emission of radiation]
‡**grasp** [græsp / grɑːsp] vt. 1 ...을 붙잡다, 쥐다; ...을 부둥켜안다. ⇨ HOLD[類語] (embrace) ¶ grasp the handle of a sword 칼자루를 쥐다 / grasp a shadow and let go the substance 그림자를 좇다가 실체를 놓치다 / Grasp all, lose all. (속담) 다 잡으려다가 다 놓친다, 토끼 둘을 잡으려다 하나도 못잡는다. 2 ...을 껴안다, 납득하다(understand, comprehend). ¶ grasp an argument 논점을 이해하다 / I grasp your meaning. 네가 말하는 뜻을 이해하겠다.
— vi. 1 붙잡다, 쥐다(seize firmly). 2 붙잡으려고 하다, 즉각 받아들이다(at...). ¶ (~+전+名) grasp at the air 허공을 잡으려 하다 / I readily grasped at his proposal. 나는 그의 제의를 즉각 받아들였다 / A drowning man will grasp at a straw. (속담) 물에 빠진 자는 지푸라기라도 잡는다.
grasp the nettle 자진해서 난국에 부딪치다.
— n. ⓤⓒ 1 세게 쥐기(붙들기). 2 장악력, 통어(統御), 지배(control); 손이 미치는 범위(reach), 권력(power). 3 이해[력], 파악[력] (comprehension); 지성(知性). ¶ a mind of wide grasp 널리 이해하는 마음 / have a grasp of a philosopher 철학자적인 이해력을 갖다 / have a good grasp of a matter 주제를 충분히 파악하다. 4 [ⓤ] [물건의] 쥐는 부분, 자루; [항해] [노의] 손잡이.
beyond (or **out of**) one's **grasp** 손이 닿지 않는 곳에; 이해가 미치지 않는 곳에.
in the grasp of ...의 수중에, ...에 지배되어.
within one's grasp 손이 미치는 곳에; 이해가 가는 곳에.
grasp·a·ble [grǽspəbl / grɑ́ːs-] adj. 쥘 수 있는; 이해할 수 있는.
grasp·ing [grǽspiŋ / grɑ́ːsp-] adj. 1 쥐는, 붙드는. 2 욕심 많은, 탐욕스러운 (greedy).
~·ly adv. ~·ness n.
‡**grass** [græs / grɑːs] n. ⓤ 1 [종류를 나타낼 때에는 ⓒ] 풀, 목초. ¶ blades (or leaves) of grass 풀잎 / Clover and alfalfa are grasses. 클로버와 알팔파는 목초다. 2 초지(草地), 초원, 목장(meadow, pasture), (보통 the ~) 잔디(lawn). ¶ five acres of grass 5 에이커의 초지 / Keep off the grass. (게시문) 잔디밭에 들어가지 마시오. 3 (~es) 벼과(科) 식물[보리·대나무 따위]. 4 (속어) 아스파라거스. 5 (美방언) 풀이 날 무렵, 봄(springtime). 6 (광산) 지표, 갱(坑) 밖. ¶ bring to grass (광석 따위를) 갱 밖으로 운반해 내다. 7 ⓒ(英구어) 밀고자(informer), [경찰 등의 앞잡이]. 8

(美속어) 마리화나(marijuana).
be [out] at grass ① [말 따위가] 풀을 뜯어먹고 있다, 방목되어 있다. ② (美구어) [사람이] 일을 쉬고 있다. ③ (美구어) 갱 밖에 나와 있다.
be between grass and hay (美구어) 성인이 다 되지 못한.
burn the grass (美구어) 서서 소변을 보다.
cut one's **own grass** (구어) 제 힘으로 생활하다.
cut the grass from under a person's **feet** 남의 말꼬리를 잡다, 남을 방해하다.
go to grass ① [가축이] 목장으로 가다. ② (美구어) [사람이] 쉬다, 휴가를 내다. ③ (美구어) 영락(몰락)하다; (美속어) 맞아 쓰러지다. ¶ Go to grass! 뒈져라!
hear the grass grow 이상할이만큼 민감하다.
hunt grass (속어) 맞아 쓰러지다; [크리켓] 수비하다.
lay down [land] in grass [땅에] 잔디를 심다.
let the grass grow under one's **feet** 노력을 게을리하다; 기회를 놓치다, 꾸물대다.
put (or **send, turn**) **...out to grass** (경주마를) 경주에서 돌아오게 하다; (구어) (남)을 해고하다; (남)을 때려 눕히다 [본래는 「가축을 방목하다」의 뜻].
— vt. 1 ...에 풀을 덮게 하다, ...을 풀로 덮다; ...을 잔디로 만들다. 2 ...을 방목하다. 3 (아마(亞麻) 따위)를 풀 위에 펼치다(펼쳐 햇볕을 쬐다). 4 (구어) (남)을 때려 눕히다(knock down); (새)를 쏘아 떨어뜨리다; (물고기)를 뭍으로 낚아 올리다; (광물)을 갱 밖으로 내보내다. 5 (英구어) ...을 밀고하다. — vi. 1 [가축이] 풀을 먹다. 2 풀로 뒤덮이다.
gráss-blade [grǽsblèid / grɑ́ːs-] n. 풀잎.
gráss chàracter n. [한자의] 초서(草書).
gráss clòth n. 갈포, 모시, 라미 천.
gráss còurt n. 정구 코트.
grass-cut·ter [grǽskʌ̀tər / grɑ́ːs-] n. 1 [英領] 시대의 인도의] 풀 베는 인부. 2 풀(잔디) 베는 기계. 3 (속어) (야구) 강한 땅볼.
gráss gréen n. ⓤ [한자의] 초서. 2 (英) [인쇄] 민주주의.
grass-grown [grǽsgròun / grɑ́ːs-] adj. 풀이 무성한, 풀로 뒤덮인.
gráss hánd n. ⓤ [한자의] 초서. 2 (英) [인쇄] 민주주의.
‡**grass-hop·per** [grǽshɑ̀pər / grɑ́ːshɔ̀pər] n. 1 메뚜기·여치류. 2 (구어) (군사) [비무장의] 소형 정찰기.
grass·land [grǽslæ̀nd / grɑ́ːs-] n. 초원; 목초지; (~s) 대초원.
grass·less [grǽslis / grɑ́ːs-] adj. 풀이 없는.
grass·like [grǽslàik / grɑ́ːs-] adj. 풀 같은.
gráss-plot [grǽsplɑ̀t / grɑ́ːsplɔ̀t] n. ⓤ 잔디(lawn).
gráss ròots n. pl. (the ~) (단·복수 양용) 1 풀뿌리, 기초(basis). 2 [도시·공업 지대에 대하여] 농촌(農牧) 지구. 3 [집합적] 농목민, 민초(民草), 민중. 4 지표에 가까운 토양.
grass-roots [grǽsrùːts / grɑ́ːs-] adj. 1 근본적인, 기초적인(basic). 2 민중의, 민중 사이에서 일어난.
gráss-ròots demócracy n. [정치] 민초(民草) 민주주의, 풀뿌리 민주주의[민중의 저변에까지 골고루 미치는 대중 민주주의].
gráss shéars n. pl. 풀 깎는 가위.
gráss skìing n. ⓤ 잔디 스키.
gráss snàke n. 작은 풀뱀[유럽산]으로 무독].
gráss trèe n. [오스트레일리아산] 나리과(科)의 상록수.
gráss wídow n. 이혼녀; [남편과 일시적으로] 별거하는 여자.
gráss wídower n. 이혼한 남자; [아내와 일시적으로] 별거하는 남자.
grass·work [grǽswɜ̀ːrk / grɑ́ːs-] n. ⓤ (광산) 갱외 작업.
*grass·y** [grǽsi / grɑ́ːsi] adj. (grass·i·er, grass·i·est) 1 풀로 뒤덮인, 풀이 많이 난. 2 풀의, 풀 같은; 풀빛 (초록색)의. **gráss·i·ly** adv. **gráss·i·ness** n.
grass·y-green [grǽsigrìːn / grɑ́ːsi-] adj. 초록색의.

grate¹ [greit] n. 1 〔난로의〕 받침쇠, 벽난로의 격자. 2 〔창문의〕 쇠창살(grating). 3 벽난로(fireplace). 4 【광산】 선광용 채. ── vt. (grat·ed, grat·ing) …에 〔쇠〕창살을 끼우다.

grate² [greit] v. (grat·ed, grat·ing) vt. 1 〔강판으로〕 …을 갈다. ¶ grate a horseradish 겨자를 갈다. 2 …을 삐거덕거리게 하다, 문지르다. ¶ grate the teeth 이를 갈다. 3 〔남〕의 감정을 해치다, …을 안달나게 하다 (irritate). ¶ His speech grated us. 그의 연설은 우리의 신경을 자극했다. ── vi. 1 삐거덕거리다. ¶ (~+ 前+名) The door grated on its rusty hinges. 문의 녹슨 경첩이 삐거덕했다. 2 기분을 불쾌하게 하다, 싫은 느낌을 주다. ¶ (~+前+名) His voice grates on us. 그의 목소리는 불쾌하다 / grate on(or upon) the ear 귀에 거슬리다. (general)

G-rated [dʒí:rèitid] adj. 〔영화 따위〕 일반용의. 〔< ~〕

grate·ful [gréitfəl] adj. 1 고맙게 생각하는, 감사하는 〔있는〕 (thankful); 감사의, 사의를 나타내는(showing gratitude). ¶ a grateful heart 감사하는 마음 / a grateful letter 감사의 편지 / make a grateful acknowledgment for …에 대하여 사의를 표명하다 // I am grateful to you for your kindness. 당신의 친절에 대해 감사합니다 / She was deeply grateful to know that …이라는 것을 알고 그녀는 깊이 감사하였다. [類語] grateful 남에게서 받은 호의·은혜에 감사하는: be grateful to a friend for help 친구의 도움에 감사하다. thankful grateful 과 같은 뜻으로도 사용하나 사람·신·자연·운명 등에의 감사를 나타낸다: be thankful for fine weather 좋은 날씨에 감사하다 / be thankful that the war is over 전쟁이 끝난 것을 감사하다. 2 기분좋은, 쾌적한(agreeable, refreshing); a grateful shade 기분좋은 그늘 / David walked, grateful for the open air and the silence. 데이빗은 외기와 정적에 쾌적한 기분을 느끼면서 걸었다. ~·ness n.

grate·ful·ly [gréitfəli] adv. 1 감사하여. 2 즐겁게, 쾌적하게.

grat·er [gréitər] n. 가는(문지르는) 사람; 강판.

grat·i·cule [grǽtikju:l] n. 1 〔전사지(轉寫紙)의〕 눈금, 방형(方形) 구획 도면. 2 〔光學〕 〔현미경의〕 계수선 (計數線), 〔망원경의〕 십자선(十字線).

grat·i·fi·ca·tion [grǽtəfikéiʃ(ə)n] n. 1 〔U〕 만족〔감〕 (great satisfaction), 기쁨(pleasure). ¶ Your approval gives me much gratification. 네가 찬성해주어서 매우 기쁘다. 2 만족〔기쁨〕을 주는 것. ¶ It must be a gratification to know that one is liked. 남이 자기를 좋아함을 안다는 것은 기쁜 일임에 틀림없다. 3 기쁘게 하기, 만족시키기. 4 《고어》 보수; 행하, 팁, 선물. ◇ grátify v.

grat·i·fy [grǽtəfài] vt. (-fied, -fy·ing) 1 〔욕망 따위〕를 만족시키다; …을 기쁘게 하다, 즐겁게 하다. ¶ Beauty gratifies the eye. 아름다움은 눈을 즐겁게 해준다 / It gratified him to learn the effect. 그 결과를 알고 그는 만족했다 // (~+目+前+名) I am gratified with (or at) the result. 나는 그 결과에 만족하고 있다 / (~+目+to do) I was gratified to hear the news. 그 소식을 듣고 만족했다. 2 〔욕망 따위〕를 채우다, …에 골몰하다. 3 〔남〕에게 보수를 주다. ◇ gratification n.

grat·i·fy·ing [gréitifàiiŋ] adj. 만족스러운, 만족을 주는; 유쾌한, 즐거운(pleasing). ~·ly adv.

grat·in [grǽtn, grɑ́:-/ grǽtæŋ] n. 그라탱 요리. 〔<F〕

grat·ing¹ [gréitiŋ] n. 1 〔창 따위의〕 격자, 격자문; 쇠창살(grate); 격자 세공; 〔보트의 바닥에 까는〕 격자 모양의 깔개; 〔함〕 〔승강구의〕 격자 뚜껑. 2 〔물리〕 회절 격자(回折格子).

grat·ing² [gréitiŋ] adj. 1 삐거덕거리는. 2 귀에 거슬리는, 신경을 건드리는, 불쾌한. ~·ly adv.

gra·tis [gréitis, grǽt-, +英 ɑ́:t-] adv. 무료로, 공짜로(for nothing). ¶ The sample is sent gratis on application. 견본은 신청하시는 대로 무료로 보내드립니다. ── adj. 《주로 서술용법》 무료의, 공짜의. ¶ Entrance is gratis. 입장 무료.

grat·i·tude [grǽtitj(j)ù:d/ -tjù:d] n. 〔U〕 감사, 사의, 감사하는 마음. ¶ out of gratitude 감사하는 마음에서, 보답으로 / with gratitude 감사하여 // express gratitude to a person 남에게 감사의 뜻을 나타내다 / show gratitude for a person's kindness 남의 친절에 감사를 나타내다.

gra·tu·i·tous [grət(j)ú:itəs / -tjú:(:)-] adj. 1 무료의, 공짜의(free), 무상의. ¶ a gratuitous contract 무상 계약 / gratuitous distribution of magazines 잡지의 무료 배포. 2 이유(원인)가 없는, 까닭 없는, 근거 없는; 쓸데없는(uncalled-for). ¶ a gratuitous insult 까닭 없는 모욕 / gratuitous criticism 엉뚱한 비평. ~·ly adv. ~·ness n.

gra·tu·i·ty [grət(j)ú:iti / -tjú:(:)-] n. 〔U〕〔C〕 (pl. -ties) 1 행하, 팁(tip). 2 선물(present, gift). 3 《英》〔제대하는 군인에게의〕 급여금; 퇴직금(bounty).

grat·u·late [grǽtʃulèit / -tju-] v. (-lat·ed, -lat·ing) 《고어》 vt. 1 …을 기뻐이 맞다. 2 …을 축하하다 (congratulate). ── vi. 기쁨을 말하다.

grat·u·la·tion [grǽtʃuléiʃ(ə)n / -tju-] n. 〔U〕〔C〕《고어》 1 축하(congratulation). 2 만족, 희열.

grat·u·la·to·ry [grǽtʃulətɔ̀:ri / -tjulèitəri] adj. 축하의(congratulatory).

grau·pel [gráupəl] n. 〔U〕 《기상》 싸라기 눈(snow pellets, snow hail).

gra·va·men [grəvéimən, -vɑ́-/ -men] n. (pl. -va·mens or -vam·i·na [-vémənə / -véi-]) 1 불평, 불만 (grievance). 2 【법률】 고소(진정)의 요점. 3 《英》진정서 〔성직자 회의의 의결에 의해 상원에 제출〕.

grave¹ [greiv] vt. (graved, grav·en [gréivn] or graved, grav·ing) 1 …을 파다, 새기다, 조각하다 (engrave) (on, in). ¶ grave an image 상(像)을 새기다 // (~+目+前+名) grave an inscription on marble 대리석에 명(銘)을 새기다. 2 〔마음에〕 …을 아로새기다, 명심하다(impress deeply). ¶ (~+目+前+名) His words are graven on my memory (mind). 그의 말은 내 기억(마음)에 깊이 새겨져 있다.

grave² [greiv] n. 1 무덤, 묘(tomb), 묘혈, 묘석(墓石). 2 (the ~) 죽음(death); 멸망. ¶ He does not fear the grave. 그는 죽음을 두려워하지 않는다 / This is the grave of my hope. 이것으로 내 희망도 끝장이다. **beyond the grave** 저승에(에서). **find one's grave in a place** 〔어떤 곳〕에서 죽다. **from the cradle to the grave** 요람에서 무덤까지, 일생 동안〔사회 보장의 표어〕. **have one foot in the grave** → FOOT. **in one's grave** 죽어서(dead). **make a person turn (over) in his grave** 죽은 자로 하여금 한탄하게 하다〔고인 잠들지 못하게 하다〕. **on this side of the grave** 이승에서. **rise from one's grave** 되살아나다, 소생하다. **secret as the grave** 극비의. **sink into the grave** 죽다. **Someone is walking over my grave.** 누군가가 내 무덤 위를 걷고 있다〔까닭없이 오싹할 때 하는 말〕. **to one's (or the) grave** 죽을 때까지.

grave³ [greiv] adj. (grav·er, grav·est) 1 엄숙한, 장중한, 점잖은, 진지한, 착실한. ¶ grave ceremonies 엄숙한 의식 / a grave character 착실한(진지한) 성격. 2 〔책임〕 무거운, 중대한(serious). ¶ grave responsibilities 무거운 책임. 3 용이하지 않은, 심상치 않은, 험악한(critical). ¶ a grave situation 심상치 않은 사태. 4 〔음성〕 음조가 내려가는, 억음(抑音)의 (falling, low-pitched), 억음부가 있는. ¶ grave accent 억음 악센트. 5 〔색〕 차분한, 수수한 (somber). ── n. 〔음성〕 억음; 억음부(抑音符) 〔부호는(`)〕 (grave accent). ~·ness n. ◇ grávity n.

grave[4] [greiv] vt. (graved, grav·ing) 〔항해〕〔배밑〕 부착물을 제거한 뒤 피치를 바르다.

grave[5] [grá:vei] adj. 느린(slow), 장엄한(solemn). ━ adv. 느리게; 장엄하게.

grave·clothes [gréivklòu(ð)z / -klòuðz] n. pl. 수의(壽衣) (cerements).

grave·dig·ger [gréivdìgər] n. 무덤 파는 사람.

‡**grav·el** [grǽv(ə)l] n. 1 ⓤ 자갈; ⓒ 사력층(砂礫層) 〔사금을 함유하는 것〕. 2 ⓤⓒ〔병리〕결사(結砂)〔신사(腎砂)·요사(尿砂) 따위〕. ━ vt. (-eled, -el·ing ; 〔英〕-elled, -el·ling) 1 …에 자갈을 깔다. ¶ gravel a driveway 사유 차도에 자갈을 깔다. 2 〔구어〕…을 당혹하게 하다(puzzle). ¶ I was completely graveled by his reasoning. 나는 그가 따지고 드는 데 아주 혼이 났다. 3 〔구어〕…을 짜증(안달)나게 하다. 4 〔편자와 발굽 사이에 자갈이 끼어〕〔말〕의 다리를 절게 하다. ━ adj. 자갈 거슬리는.

grav·el-blind [grǽv(ə)lblàind] adj. 거의 눈이 보이지 않는. cf. sand-blind, stone-blind

grave·less [gréivlis] adj. 무덤이 없는, 매장되지 않은.

grav·el·ly [grǽv(ə)li] adj. 1 자갈이 많은, 자갈로 된. 2 불쾌한, 귀에 거슬리는. ¶ a gravelly voice 귀에 거슬리는 목소리.

grável pìt n. 자갈〔채집〕굴, 자갈 채취장.

grav·el·stone [grǽv(ə)lstòun] n. 1 자갈, 조약돌(pebble). 2 〔병리〕 콩팥 속에 생기는 모래 모양의 결석(結石).

‡**grave·ly** [gréivli] adv. 1 엄숙하게, 장중하게; 차분하게, 진지하게. 2 중대하게.

grav·en [gréiv(ə)n] v. grave[1]의 과거 분사의 하나. ━ adj. 1 감명을 받은, 가슴에 아로새겨진. 2 조각된, 새겨진.

gráven ímage n. 우상(idol).

grav·er [gréivər] n. 1 조각사(engraver). 2 조각도(刀); 동판 조각도(burin).

Graves [grɑːv] n. ⓤ 프랑스의 그라브산(産) 백포도주.

Graves' dìsease [greivz-] n. 〔병리〕그레이브즈병(病) 〔안구 돌출성 갑상선종〕, 바제도병.

grave·stone [gréivstòun] n. 묘석, 묘비, 석탑.

‡**grave·yard** [gréivjὰːrd] n. 묘지(cemetery).

Gráveyard Schòol n. (the ~) 〔묘지나 죽음의 애수를 노래한〕 18세기 중엽의 영국의 서정 시인들.

gráveyard shìft n. 〔美구어〕〔보통〕한밤중에 시작되는 야간 근무〔원〕.

grav·id [grǽvid] adj. 임신중인, 애를 밴(pregnant). ¶ In a gravid state 임신 상태인.

gra·vid·i·ty [grəvídəti] n. ⓤ 임신(pregnancy).

gra·vim·e·ter [grəvímətər] n. 비중계; 중력계.

grav·i·met·ric [grὰvəmétrik], (**grav·i·met·ri·cal** [-k(ə)l]) adj. 중량 측정의.

gràvimétric análysis n. ⓤ〔화학〕중량 분석.

grav·ing [gréiviŋ] n. ⓤⓒ〔고어〕1 조각. 2 판화.

gráving dòck n. 드라이 도크, 건(乾) 도크(dry dock). cf. grave[4]

gráving tòol n. 조각 용구; 동판 조각도(burin).

grav·i·sphere [grǽvisfìər] n. 〔천문〕〔천체의〕 인력권, 중력권〔어떤 천체의 중력이 다른 천체보다 우위에 있는 영역〕.

grav·i·tate [grǽvitèit] v. (-tat·ed, -tat·ing) vi. 1 인력에 끌리다, 인력의 작용을 받다(to, toward...). ¶ The earth gravitates toward the sun. 지구는 〔인력에 의해〕태양 쪽으로 끌린다. 2 가라앉다, 침하(沈下)하다, 하강하다(sink, fall) (to ...). ¶ gravitate to the bottom of a river 강바닥에 가라앉다. 3 〔무의식중에〕끌리다〔(be attracted) (to, toward...). ¶ Many people gravitate toward cities. 많은 사람들이 도시로 몰려들고 있다. ━ vt. 1 …을 인력에 의해 끌어당기다. 2 …을 끌어 당기다.

◇ gravitation n.

***grav·i·ta·tion** [grὰvitéi(ə)n] n. ⓤ 1 〔물리〕 인력〔작용〕, 중력(gravity). ¶ the law of gravitation 인력의 법칙 / terrestrial gravitation 지구의 인력 / universal gravitation 만유인력. 2 침하(sinking); 하강(falling). 3 ⓤⓒ 자연적인 경향, 추세 (natural tendency) (to, toward ...). ¶ the strong gravitation toward evil 악으로 향하는 강력한 경향.

grav·i·ta·tion·al [grὰvitéi(ə)n(ə)l] adj. 인력(중력)의. ~·ly adv.

gràvitátional astrónomy n. ⓤ 천체 역학.

gràvitátional wáves n. pl. 〔물리〕중력파(重力波) 〔아인슈타인 이론에서 제시받인 중력장(重力場)에서 수되는 파동〕.

grav·i·ta·tive [grǽvitèitiv / -tət-] adj. 1 중력(인력)의, 중력 작용을 받는. 2 침하(하강)를 일으키는; 끌리기 쉬운.

grav·i·ton [grǽvitɑn / -tɔn] n. 〔물리〕중력 양자(量子), 그래비톤.

‡**grav·i·ty** [grǽviti] n. ⓤ 1 〔물리〕중력, 지구 인력. 2 중량, 무게 (weight). ¶ the center of gravity 중심(重心) / specific gravity 비중. 3 진지함 (earnestness); 차분함, 침착; 위엄 (dignity); 엄숙. ¶ the gravity of one's mind 마음의 침착성 / the gravity of a judge 법관의 위엄 / preserve one's gravity 위엄을 유지하다. 4 중대함; [범죄의] 흉악성 (enormity). ¶ the gravity of the situation 상황의 중대성 / the gravity of one's illness 심상치 않은 병세. 5 〔음악〕 저음, 억음 (抑音).

◇ grave adj.

gra·vure [grəvjúər, +美 grei-] n. ⓤⓒ〔인쇄〕1 그라비야 인쇄〔술〕. 2 그라비야 인쇄물. 3 그라비야 인쇄 원판.

***gra·vy** [gréivi] n. ⓤⓒ (pl. -vies) 1 육즙. 2 그레이비〔육즙에 가루·조미료 따위를 넣어 만든 소스〕. 3 ⓤ〔美속어〕부정 이득(illegal profit); 손쉽게 얻은 돈.

grávy bòat n. 배 모양의 육즙 그릇, 그레이비 그릇(sauceboat).

grávy tràin n. 〔美속어〕일하지 않고도 편히 살 수 있는 수단(수입).

‡**gray, grey** [grei] adj. 1 회색의, 쥐색의. ¶ a gray dog 회색의 개 / gray with age 고색 창연한. 2 〔질병·고뇌 따위로 얼굴이〕 창백한 (pale, colorless). 3 흐린 (cloudy), 어둑어둑한, 어슴푸레한. ¶ a gray sky 흐린 하늘 / a gray day 흐린 날. 4 음산한, 어두운 (gloomy, dark); 희망이 없는 (hopeless). ¶ the gray future 어두운 장래 / the gray years 어두운 세월. 5 머리가 회끗회끗한, 백발의 (gray-haired). ¶ gray hair 백발 / grow gray 〔머리가〕 회어지다. 6 나이든, 늙은 (old); 원숙한 (mature). ¶ gray wisdom 원숙한 지혜. 7 태고의, 고대의 (ancient). ¶ the gray past 먼 과거, 태고. 8 회색 옷을 입은. 9 〔경제〕 통제 위반에 가까운. ➡ GRAY MARKET. ━ n. 1 ⓤⓒ 회색, 쥐색. 2 (the ~) 〔새벽녘·해질 무렵 따위의〕어스름(twilight), 땅거미. ¶ the gray of the daybreak 새벽녘의 어스름. 3 ⓤ 회색 옷. ¶ dressed in gray 회색 옷을 입고. 4 회색 말〔말 (gray horse). 5 (종종 G-) 〔美〕〔남북 전쟁 때의〕 남군 병사. cf. blue 6 ⓤ 회색 도료. ━ vt., vi. 회색으로 하다 (되다), 머리가 희어지게 하다(되다). ~·ly adv. ~·ness n.

gráy área n. 1 〔양극 사이의〕 중간 영역; 〔의도조차 아닌〕 애매한 부분(상황). 2 =grey area.

gray·back, grey- [gréibæk] n 1 (G-) 〔美구어〕〔남북 전쟁 때의〕 남군의 병사 〔군복이 회색이었던 데서〕. 2 등이 회색인 동물; 회색고래 〔캘리포니아산(産)〕, 도요새류(類).

gray·beard, grey- [gréibìərd] n 1 흰 수염이 난 사람, 노인 (old man); 현인, 철인 (sage). 2 〔석기〕 술병.

gray·beard·ed, grey- [gréibìərdid] adj. 흰 수염이 난; 늙어빠진; 현인의. ━종사하는.

gray-col·lar [gréikɑlər / -kɔlər] adj. 수리나 서비스에 종사하는.

gráy éminence n. =éminence grise.

gráy fríar n. (종종 G- F-) [회색 옷을 입은] 프란체스코회 수도사(Franciscan).

gráy góose n. =graylag.

gray-head, grey- [gréihèd] n. 백발의 노인, 늙은이.

gray-head·ed, grey- [gréihédid] adj. **1** 흰 머리의, 백발의, 연로한. **2** 노련한. **3** 예로부터의, 오래된.

gray·hound [gréihàund] n. =greyhound.

gray·ing [gréiiŋ] n. ⓤ 노령화, 고령화, 노화.

gray·ish, grey- [gréiiʃ] adj. 잿빛이 도는; 쥐색이 도는; 칙칙한.

gray·lag [gréilæ̀g] n. 회색기러기.

Gráy Líne n. 《상표명》 그레이 라인《미국에서 손꼽히는 관광 버스 회사》.

gray·ling [gréiliŋ] n. (pl. -ling or -lings) **1** 《어류》 살기. **2** 《곤충》 굴뚝나비.

gray·mail [gréimèil] n. 《美》 《소추중인 피의자가》 정부 기밀을 폭로하겠다는 (폭탄 선언하겠다는) 협박.

gráy márket n. 다소 합법적인 암시장.

gráy mátter n. ⓤ **1** 《해부》 회백질(灰白質) 《뇌와 척수 안에서 신경 세포가 모인 부분》. cf. white matter **2** 《구어》 골, 두뇌, 지능, 지성(brains, intellect).

gray-monk [gréimʌ̀ŋk] n. =Cistercian.

Gráy Pánther n. 《美》 그레이 팬서 《노인의 권리 확대를 목표로 삼는 운동 단체의 일원》.

gráy pòwer n. 노인 파워.

Gráy's Ínn n. 《英》 ⇒ INN (Inns of Court). [수녀.

gray-sis·ter [gréisìstər] n. 프란체스코 제 3 수도회

gráy squírrel n. 《북미산》 회색큰다람쥐.

gráy stòne n. ⓤ 회색의 화산암(grey stone).

gray·wacke [gréiwæ̀k(ə)] n. ⓤ 경사암(硬砂岩) (greywacke).

gray·wa·ter [gréiwɔ̀ːtər, +美 -wàt-] n. 중수도(中水道) 《정화 처리에 의해서 재이용되는 부엌·목욕탕 따위로부터의 배수》.

gráy wólf n. 《북미산》 이리의 일종.

graze[1] [greiz] v. (grazed, graz·ing) vi. **1** [가축이] 목초(풀)를 먹다. ¶ A herd of cattle are grazing in the pasture. 소떼가 목장에서 풀을 뜯어먹고 있다. **2** [익살] 식사하다. ─ vt. [목초]를 먹다. **3** [초지 따위]를 목장으로 사용하다. ¶ graze a field 들을 목장으로 만들다. **3** (소·양 따위]를 방목하다, [가축]에게 풀을 먹이다. ¶ graze cattle all the winter 겨우내 소를 방목하다. **4** [폐어] [목장의 가축]을 감시하다, 돌보다.

graze[2] [greiz] v. (grazed, graz·ing) vt. **1** …을 살짝 스쳐 지나가다, …을 가볍게 문지르고 지나가다. ¶ A bullet grazed his cheek. 탄환이 그의 볼을 스쳤다. **2** [피부]를 까다, …에게 찰과상을 입히다(abrade). ¶ graze the skin 피부가 까지다. ─ vi. 살짝 스쳐 지나가다, 스치다(along, by, past…). ¶ (~+前+㈜) He grazed past me in the alley. 그는 골목길에서 내 몸을 스치고 지나갔다. ─ n. **1** 스치기, 까지기. **2** 까진 상처, 찰과상. ¶ The wound was a mere graze. 상처는 까진 정도에 지나지 않았다.

gra·zier [gréiʒər / -ziər] n. 《주로 英》 목축업자.

gra·zier·y [gréiʒəri / -ziəri] n. ⓤ 목축업.

graz·ing [gréiziŋ] n. ⓤ **1** 방목, 목축(pasturage). **2** 목장, 목초지(pasture).

grázing fíre n. ⓤ 평지에 거의 평행하는 사격.

gra·zi·o·so [gràːtsióusou] 《이탈리아어》 (=gracious) [음악] adj. 우아한. ─ adv. 우아하게.

GRB (略) 《천문·물리》 gamma-ray burst.

GRBM (略) Global Range Ballistic Missile.

Gr.Br., Gr. Brit. (略) Great Britain.

GRE (略) Graduate Record Examination([미국의] 일반 대학원 입학 자격 시험).

‡**grease** [n. griːs v. ~] n. **1** ⓤ 수지(獸脂), 지방(脂肪). **2** 그리스, 윤활유, 반고체의 유성(油性) 물질. **3** (= **gréase wòol**) 양털의 지방분; [탈지(脫脂)하지 않은] 생양털. ¶ furs in the grease 잘라낸 그대로의 모피. **4** 【獸醫】 (말의) 종열(踵炎). **5** 《구어》 [수렵기의] 엽수(獵獸)의 기름. ¶ a stag in prime (or pride) of grease [사냥감으로는 안성맞춤인] 통통하게 기름진 수사슴. **6** 《속어》 뇌물(bribe). ─ vt. [griːz, griːs] (greased, greas·ing) **1** [기계 따위]에 기름을 바르다, 윤활유를 치다. ¶ grease the axle of …의 차축에 윤활유를 치다. **2** …을 매수하다. **3** 《속어》 …에게 뇌물을 바치다.

grease a person's pálm ⇒ PALM[1].

grease the fát píg 쓸데없는 짓을 하다.

grease the whéels 금력으로 일이 잘 돌아가게 하다.

like [*greased*] *lightning* ⇒ LIGHTNING.

◇ **gréasy** adj.

grease·ball [gríːsbɔ̀ːl] n. 《美속어》 《경멸적》 라틴 아메리카 사람; 이탈리아·스페인·포르투갈·그리스계 사람; [특히] 멕시코 사람.

gréase bòx n. [축차(車軸)의] 그리스(윤활유) 통.

grease·bush [gríːsbùʃ] n. =greasewood.

gréase cùp n. [기계에 딸려 있는] 윤활유 그릇.

gréase gùn n. 윤활유 주유기, 그리스 주입기.

gréase mònkey n. **1** 《속어》 기계공. **2** 《美속어》 [자동차·항공기 따위의] 수리공.

gréase páint n. ⓤ **1** 화장용 기름, 도란. **2** 무대화장.

gréase-pròof páper [gríːsprùːf-] n. ⓤ 《英》 납지 (蠟紙) (wax paper).

greas·er [gríːsər, gríːzər] n. **1** 기름치는 사람 《기구》. **2** 기관부장《大夫長》. **3** 《美》 《경멸적》 라틴 아메리카 사람, [특히] 멕시코 사람.

gréase tràp n. [하수의] 유지 차단 장치.

grease·wood [gríːswùd] n. ⓤ 명아주류(類)의 관목 《미국 서부의 알칼리성 토양에서 볼 수 있다》.

*‡**greas·y** [gríːsi, gríːzi] adj. (greas·i·er, greas·i·est) **1** 기름을 바른, 기름(유지)투성이의. ¶ a greasy plate 기름투성이의 접시. **2** 기름이 많은, 기름진. ¶ take a greasy meal 기름진 식사를 하다. **3** [도로가] 미끄러지는, 미끄러운(slippery). **4** [날씨가] 사나운, 험악한. ¶ a greasy sky 험악한 하늘. **5** 알랑거리는, 유들유들한, 입담 좋은(oily). **6** 천한, 더러운. **7** [말이] 종염(踵炎)에 걸린. **greas·i·ly** adv. **greas·i·ness** n.

◇ grease n.

gréasy gríndn. 《속어》 공부 벌레.

gréasy póle n. 《英》 기름 장대 《시골의 축제 때 그 위로 기어오르거나 걸어가는 놀이의 도구; 그 경기》.

gréasy spóon n. 《구어》 작고 더러운 식당.

‡**great** [greit] adj. **1** 큰; 거대한, 장대한, 광대한. ⇒ BIG [類語] ¶ a great A 대문자의 A / a great city 대도시 / a great plain 대평원 / a stick as great as your arm 팔뚝만한 크기의 막대기. **2** 다수의(numerous); 다량의; [시간적으로] 긴; 장기의, 오랜. ¶ a great company 인원수가 많은 단체 / a great deal 많음 / a great many people 굉장히 많은 사람들 / a great number 헤아릴 수 없이 많은 수 / the great majority (or body, part) 대부분, 대다수 / a great interval 오랜 간격 / a great while ago 아주 오래 전에 / live to a great age. 장수하다 / He is a great deal better. 그가 훨씬 낫다. ⇒ DEAL[2].
3 a) 《다음에 오는 형용사를 강조하여》 매우 큰, 엄청나게 큰. ¶ a great big loaf (loaf) 엄청나게 큰 빵덩이(빵) / Take your great big head out of my sight. 《구어》되게 큰 네 대가리가 보이지 않게 비켜라. **b)** 놀랄만큼의, 굉장한; 강한, 센, 심한; 보통을 넘는. ¶ a great light (wind) 강한 빛(바람) / a great noise 굉장한 소음 / great bloodshed 대 유혈 / great ignorance 놀랄 만한 무식 / great pain 심한 통증 / I had a great mind to continue the dispute. 논쟁을 계속하고 싶어서 견딜 수가 없었다. **c)** 현저한, 두드러진. ¶ a great feast 호화판 잔치 / a great reader 대단한 독서가.
4 유명한, 저명한; 《보통 the G-》 《칭호·존칭으로서》

대…, 대왕, 대제. ¶ Alexander the *Great* 알렉산더 대왕 / the *Great* King 〖그리스 역사에서〗 페르시아왕.
5 중대한, 중요한. ¶ a *great* mistake 중대한 실수 / a *great* problem 중대 문제 / It's no *great* matter. 그것은 그리 대단한 문제가 아니다.
6 주요한(chief). ¶ a *great* gate 대문 / his *greatest* work 그의 주요 저서(대표작).
7 〖신분이〗 고귀한, 지위가 높은; 상류의, 귀족의. ¶ a *great* lady 귀부인 / the *great* families 명문 / the *great* world 상류(귀족) 사회.
8 숭고한, 고결한; 심원한; 인상적인. ¶ a *great* deed 숭고한 행위 / a *great* heart 고결한 마음 / a *great* truth 심원한 진리 / *great* ceremony 인상적인 의식 / *great* thoughts 고결한 사상 / Nothing can be *great* which is not right. 올바르지 않고 고결한 것은 없다.
9 흔히 쓰이는, 좋아하는. ¶ That is a *great* habit of his. 그것은 그가 흔히 하는 버릇이다.
10 극도의, 전적인, 크나큰. ¶ a *great* stranger [길따위를] 전혀 모르는 사람 / a *great* talker 굉장한 떠버리 / a *great* fool 큰 바보 / *great* friends 절친한 친구들.
11 우수한, 위대한, 탁월한, 천재적인; (the ~) 〖명사적 용법〗위대한 사람들. ¶ a *great* artist (statesman, playwright) 위대한 예술가(정치가, 극작가) / a *great* nation 강국, 강대국.
12 거만한. ¶ *great* looks (words) 거만한 눈길(말).
13 크게 자란. ¶ *great* girls 성장한 소녀들.
14 (구어) 교묘한, 숙련된; …에 정통한(expert) (at, on, to…). ¶ be *great* at golf 골프를 썩 잘하다 / He is *great* on Virginia Woolf. 그는 버지니아 울프에 관해서 밝다.
15 (구어) 열중해 있는, 열성인(at, for, on …). ¶ be *great* on hot jazz 핫재즈를 아주 좋아하다 / be *great* on discipline 규율(훈육) 면에 까다롭다.
16 (구어) 굉장한, 멋진, 유쾌한. ¶ That sounds *great*! 그거 멋진데! / We had a *great* time. 굉장히 유쾌했다 / I hear you got a job. (That's) Great! 취직했다니 잘됐다.
17 〖계〗한 대(代) 거른.
18 (고어·방언) 임신한. ¶ be *great* with child 임신하고 있다.
Great God (or *Caesar, Scot*)! 이런! [놀람을 나타냄]
— *n.* (*pl.* **greats** or 〖집합적〗 **great**) **1** (보통 the ~) (종종 ~s) 위인, 큰 사람들; 《美숙어》 [어떤 분야에서의] 거물, 스타. **2** (~s) (종종 G~s) 〖단수 취급〗《英학생 속어》 [특히 Oxford 대학의] 고전문학과; 그 학사(Bachelor of Arts) 칭호를 취득하기 위한 최종 시험. **3** 《美구어》다량, a *great* of books 많은 책. **4** (the~) (고어) 전부, 전체, 총체.
great and small 상하 귀천[의 구별없이].
in (or *by*) *the great* 총괄하여, 모조리. ¶ build a bridge *in the great* 다리를 전부 만들다.
— *adv.* (구어) 매우 잘, 곧잘(very well), 훌륭하게.
gréat ápe *n.* 대형 유인원(類人猿) [고릴라·침팬지 따위].
Great Assize *n.* (the ~) 최후의 심판(Last Judgment).
great-aunt [gréitænt / gréitɑ́:nt] *n.* =grandaunt.
Great Básin *n.* 《美》미국 서부의 대분지 [Nevada 주(州)의 대부분과 Utah, California, Oregon, Idaho 주의 일부씩을 포함함].
Great Béar *n.* (the ~) 〖천문〗큰곰자리(Ursa Major).
gréat beyónd *n.* (보통 the G- B-) 저승, 사후세계.
‡**Gréat Británin** *n.* 대 브리튼 섬 (England, Scotland, Wales를 포함, 1707년 이래의 영국 이름). *cf.* United Kingdom
gréat cháir *n.* =armchair.
Gréat Chárter *n.* (the ~) 《英사사》대헌장(Magna Charta).
gréat círcle *n.* **1** 대원(大圓) [구면(球面)과 그 중심을 지나는 평면이 만나 생기는 원]. *cf.* small circle **2** [지구의] 대권(大圈).

gréat círcle róute *n.* 대권 코스 [지구상의 두 점 간의 최단 코스].
gréat-cír·cle sáiling [gréitsə́:rkl-] *n.* 〖U〗〖항해〗 대권항법. *cf.* plane sailing
great-coat [gréitkòut] *n.* 《주로 英》 [방한용의] 천이 두꺼운 외투(heavy overcoat).
gréat cóuncil *n.* 《英역사》 [노르만 왕조 시대의 왕의 자문 기관인] 왕정청(王政廳).
Gréat Dáne *n.* 그레이트 데인 [큰 개의 일종].
Gréat Dáy *n.* (the~) 최후의 심판일, 심판의 날(Day of Judgment).
Gréat Divíde *n.* (the ~) **1** 북아메리카 대륙의 대분수계(分水界) [로키 산맥을 가리킨다]. **2** 〖일반적으로〗 대륙의 분수계. **3** 생사의 기로. ¶ cross the *Great Divide* 죽다. **4** 위기, 중대 시국(crisis).
Gréat Dóg *n.* (the ~) 〖천문〗큰개자리(雌) (Canis Major). *cf.* dog 10
great-en [gréitn] (고어) *vt.* …을 크게 하다, 위대하게 하다; …을 넓게 하다, 증대하다. — *vi.* 커지다, 위대해지다, 넓어지다, 많아지다.
great-er [gréitər] *adj.* (보통 G-) 대…[도시에 관하여, 그 교외까지도 포함해서 말할 경우; 나라에 관하여, 그 속령까지도 포함해서 말할 경우]. ¶ *Greater* London 대런던 / *Greater* New York 대뉴욕 / *Greater* Britain 대영연방. [약수.
gréatest cómmon divísor *n.* 〖수학〗최대 공
gréat gó *n.* (the ~) 《英학생 속어》 (Oxford 대학에서) B.A.의 학위를 취득하기 위한 최종 시험. *cf.* great *n. 2*
great-grand-child [gréitgræ̀n(d)tʃàild] *n.* (*pl.* **-child·ren** [-tʃìldrən]) 증손(증손자 또는 증손녀).
great-grand-daugh·ter [gréitgræ̀n(d)dɔ̀:tər] *n.* [부.증손녀.
great-grand-fa·ther [gréitgræ̀n(d)fɑ̀:ðər] *n.* 증조
great-grand-moth·er [gréitgræ̀n(d)mʌ̀ðər] *n.* 증조모.
great-grand-par·ent [gréitgræ̀n(d)pɛ̀(:)rənt / -pɛ̀ərənt] *n.* 조부(조모)의 어버이 [증조부 또는 증조모].
great-grand-son [gréitgræ̀n(d)sʌ̀n] *n.* 증손[자].
great-great- [gréitgréit-] *pref.* 'great-보다 1대(代) 먼 친등(親等)의'. ¶ a *great-great*-grandchild 증손자의 손자, 고손자.
gréat gróss *n.* 대(大)그로스, 12그로스[144 다스].
gréat gún *n.* =big gun. ㄴ1728개.
great-heart·ed [gréithɑ̀:rtid] *adj.* **1** 관대한, 도량이 넓은(generous, magnanimous); 이기적 아닌(unselfish). **2** 용감한(brave), 두려움을 모르는(fearless); 원기 왕성한. **~·ly** *adv.* **~·ness** *n.* [부엉이.
gréat hórned ówl *n.* 〖새〗 《美》 [아메리카산(産)] 수리
Gréat Lákes *n. pl.* (the ~) 5대호 [미국과 캐나다의 경계에 있는 Ontario, Erie, Huron, Michigan, Superior
Gréat Léap Fórward *n.* 대약진 운동 [1958-61년 동안에] 재창한 중국의 공업화 정책].
‡**great·ly** [gréitli] *adv.* **1** 매우, 크게, 월등하게(much, very). ¶ be *greatly* surprised 크게 놀라다. **2** 위대하게, 숭고하게(nobly); 용감하게(courageously); 관대하게.
Gréat Mógul *n.* **1** 〖인도의〗 무갈 제국의 황제. **2** (g- m-) 중요 인물, 거물.
great-neph·ew [gréitnéfju; / -névjuː, -néfjuː] *n.* =grandnephew.
*‡**great·ness** [gréitnis] *n.* 〖U〗 **1** 큼, 거대; 장대(壯大), 웅대; 광대, 대량. **2** 위대; 저명; 고귀; 숭대; 탁월.
great-niece [gréitníːs] *n.* =grandniece.   ㄴ대국.
Gréat Pówer *n.* (때로 g- p-) 강국, 열강, 대국, 강
gréat pów·er·ism [-páuərə(ə)m] *n.* 대국(大國)주의, 사대주의.
gréat prímer *n.* 〖U〗〖인쇄〗 대프리머[18 포인트 활자].

Great Proletarian Cultural Revolution
n. [중국의] 문화 대혁명 [1966-69].

Great Rebéllion *n.* (the ~) [英역사] 대반란 (1642-46) [영국의 내란으로 의회당(議會黨)파와 왕당파간의 다툼; 때로는 1646-48년의 사건도 포함된다].

Great Rússian *n.* **1** 대러시아인 [주로 구소련의 중앙부나 북부에 사는 슬라브의 주요 종족]. **2** ⓤ 러시아어 [우크라이나어·백러시아어를 제외].

great séal *n.* **1** (the ~) 국새(國璽) [국가를 상징하는 도장]. **2** (the G‑ S‑) 《英》 국새 상서(尙書) [국새를 보관하는 대신(大臣)]; 그 직(職).

Great Socíety *n.* 《美》 위대한 사회 [교육·의료의 증진과 빈곤 퇴치를 내세운 Lyndon B. Johnson 행정부의 정책].

Great Spírit *n.* (the ~) 아메리카 인디언의 주신(主神).

great tít *n.* 박새 [새의 이름].

great tóe *n.* [해부] =big toe.

great-un·cle [gréitʌŋkl] *n.* =granduncle.

Great Wáll of Chína *n.* (the ~) [중국의] 만리장성.

Great Wár *n.* (the ~) 제 1 차 세계 대전 (1914-18) (World War I).

great whéel *n.* [시계의] 제 1 톱니바퀴.

Great Whíte Wáy *n.* 불야성가 (不夜城街) [미국 New York 시의 Times Square 에 가까운 Broadway 의 극장가의 별명].

greave [griːv] *n.* (보통 ~s) [갑옷의] 정강이받이.

greaved [griːvd] *adj.* 정강이받이를 댄.

greaves [griːvz] *n. pl.* [단·복수 양용] 지방 찌꺼기 (cracklings).

grebe [griːb] *n.* (*pl.* **grebes** or **grebe**) 농병아리류.

Gre·cian [gríːʃ(ə)n] *adj.* [건축술·사람의 용모 따위가] 그리스의, 그리스풍의 (Greek). ¶ *Grecian* architecture 그리스 건축 / a *Grecian* nose 그리스형의 코 [이마와의 사이에 들어간 곳이 없이 일직선으로 된 코] / a *Grecian* profile [그리스형의 코가 특징인] 그리스형의 옆얼굴. — *n.* **1** 그리스인 (Greek). **2** [고어] 그리스어 학자; 그리스 문학의 권위.

Grécian bénd *n.* (보통 the ~) 《英》 [Milo 의 비너스 (Venus)를 본떠 1870년대에 여자 사이에서 유행했던] 상체를 조금 앞으로 굽히고 선(걷)는 자세.

Gre·cism, 《주로 英》 **Grae-** [gríːsiz(ə)m] *n.* ⓤ ⓒ **1** [예술·문화에 나타난] 그리스 정신, 그리스 사상 (Hellenism). **2** 그리스 문화의 모방. **3** [다른 나라 말 속의] 그리스어풍의 표현.

Gre·cize, Grae- [gríːsaiz] *v.* (* 《英》에서는 Grae-cise 로도 쓴다) (-cized, -cizing) (종종 g-) *vt.* **1** …을 그리스적으로 하다, 그리스풍으로 하다 (Hellenize). **2** …을 그리스어로 번역하다. — *vi.* [언어·양식·풍습 따위에] 관하여서 그리스를 모방하다, 그리스풍이 되다.

Greco‑, Graeco‑ Greek 의 뜻의 연결형.

Gre·co‑Ro·man [gríːkouˈroumən / grékou-, gríː-] *adj.* 그리스와 로마의, 그리스·로마의 영향을 받은 로마의. — *n.* ⓤ [레슬링] 그레코로만형 [허리 아래의 공격을 금지하는 스타일]. *cf.* catch‑as‑catch‑can

‡**Greece** [griːs] *n.* 그리스 공화국 [수도 아테네(Athens)]. ♢ Greek, Grécian *adj.*

*****greed** [griːd] *n.* ⓤ ⓒ **1** [특히 부(富)에 대한] 끝없는 욕망, 탐욕 (cupidity) (for...). **2** [드물게] 식탐, 게걸.
[類語] greed 이익·부에 대하여 탐욕스러움; 항상 나쁜 뜻: a base *greed* for money 천한 금전욕. **greediness** 음식에 대하여 쓰이기도 하지만, 먹는 것 이외의 것에 대하여서도 쓰이며, 반드시 나쁜 뜻만은 아니다. *greediness* for knowledge 지식욕. **avarice** 한번 쥔 것은 절대 놓지 않고, 새로운 재산을 모으려는 것; the incarnation of *avarice* 탐욕의 화신. **avidity** = greediness: *avidity* for power 강한 권력욕.

*****greed·i·ly** [gríːdili] *adv.* 탐욕스럽게, 욕심부려; 게걸스레, 주접스럽게.

greed·i·ness [gríːdinis] *n.* ⓤ ⓒ **1** 욕심부리기, 탐욕; [특히] 음식에 대한 탐욕, 게걸스러움. ⇨ GREED [類語] **2** 열망, 갈망 (eagerness).

*****greed·y** [gríːdi] *adj.* (**greed·i·er, greed·i·est**) **1** [부에 대하여] 욕심사나운, 탐욕스러운 (for, after, of ...). ¶ with *greedy* eyes 욕심사나운 눈으로 // *greedy* of (or for) money 돈에 욕심이 많은. **2** 게걸스러운, 주접스러운 (for, of...). ¶ a lion *greedy* for his prey 먹이에 굶주린 사자. **3** 열망하는, 갈망하는 (eager) (of, for...). ¶ be *greedy* of praise 칭찬을 갈망하다 // be *greedy* to gain fame 명성을 못내 탐내다. ♢ greed *n.*

greed·y‑guts [gríːdigʌts] *n. pl.* 《단수 취급》 《속어》 대식가 (glutton).

‡**Greek** [griːk] *adj.* **1** 그리스의; 그리스인 (어·문화)의; 그리스풍의. ¶ *Greek* letters 그리스 문자. **2** 그리스정교회의. — *n.* **1** 그리스인. **2** ⓤ 그리스어. ¶ Late *Greek* 후기 그리스어 / Low *Greek* 저지 (低地) 그리스어. **3** ⓤ (구어) 이해할 수 없는 것, 너무 어려운 것. ¶ That is all *Greek* to me. 나로서는 뭐가 뭔지 전혀 모르겠다. **4** 그리스 정교도. **5** 그리스적 영향을 받은 사람; 그리스화된 유대인. **6** (종종 g-) 《속어》 [카드놀이의] 사기꾼, 사기 도박사; 교활한 사람. **7** 《美속어》 대학 사교 클럽의 회원. *cf.* Greek‑letter fraternity **8** (종종 g-) 《페어》 유쾌한 [술] 친구.

when Gréek méets Gréek 두 영웅이 만났을 때. ¶ *When Greek meets Greek, then comes the tug of war.* 《속담》 두 영웅이 만나면 격한 싸움이 벌어진다.
♢ Greece *n.*

Gréek Chúrch *n.* (the ~) =Greek Orthodox Church.

Gréek cróss *n.* 그리스 십자가 [4개의 팔의 길이가 똑같은 십자가].

Gréek fíre *n.* ⓤ 그리스 화약 [적군 따위의 배 같은 데 썼던 옛날의 병기 (兵器)] [무늬의 일종].

Gréek frét (kéy) *n.* 창살무늬, 뇌문(雷紋) [장식물.

Gréek gíft *n.* 방심할 수 없는 (못된 짓에 쓰이는) 선물. *cf.* Trojan Horse

Greek·less [gríːklis] *adj.* 그리스어를 모르는. ¶ *Greekless* Greek [Oxford 대학에서 원서가 아니라] 번역만에 의한 그리스 문학 연구.

Gréek‑lét·ter fratérnity [gríːklétər-] *n.* 《美》 대학 사교 클럽 [그리스 문자의 클럽 이름을 갖는다]. *cf.* No. 7

Gréek Órthodòx Chúrch *n.* (the ~) 그리스 정교회 [그리스의 국교회(國敎會)].

‡**green** [griːn] *adj.* **1** 녹색의, 초록색의. ¶ apple‑*green* 황록색의 / dark (light) *green* 농(담) 녹색의, 진한 (엷은) 녹색의.
2 푸른 풀 (잎)에 뒤덮인, 푸릇푸릇한 (verdant). ¶ *green* meadows 푸른 목장.
3 야채의, 엽채 (葉菜)의. ¶ *green* crop 푸른 야채, 푸성귀.
[기] 창백해지다.
4 [공포·병 따위로] 창백한 (pale). ¶ turn *green* 갑자기 눈이 없는, 온난한. ¶ a *green* Christmas 눈이 없는 (따뜻한) 크리스마스. *cf.* a white Christmas
6 원기왕성한, 기력 (생기)이 넘치는; 젊은, 팔팔한 (young). ¶ He enjoys a *green* old age. 그는 정정하다.
7 가공되지 않은, 날것의, [목재가] 건조되지 않은; [벽돌 따위가] 구워지지 않은; 갓 칠한; [가죽이] 무두질되지 않은. ¶ *green* coffee 볶지 않은 커피콩 / *green* fish 생선 / *green* hides 생가죽.
8 익지 않은, 숙성되지 않은 (unripe). ¶ *green* fruit 익지 않은 과일, 풋과일 / *green* liquor 익지 않은 술.
9 연조가 얼마 되지 않은, 경험이 없는 (inexperienced) (in ...). ¶ a *green* hand 미숙련자 / be *green* in years (or experience) 경험이 적다 / be *green* in mind 마음가짐 (사고 방식)이 어리다.
10 [단순하여] 속기 쉬운, 어리석은 (gullible).
11 신선한, 싱싱한, 생생한; [짐승 고기의] 갓 도살된

¶ a *green* wound 생생한 상처 / *green* in one's memory 기억이 새로é. **12** [말이] 마구 따위에 길들지 않은. **13** 《구어》 질투심 많은(jealous) 《with...》. **14** 환경의, 환경 보존의 (environmental).
in the green wood (or *tree*) 젊고 원기 왕성하여; 순조로운 환경에, 잘 살 때에.
— *n.* **1** ⓤⓒ 녹색; ⓒ 녹색의 안료(염료, 그림 물감). **2** 녹지(綠地), 초지, 잔디. **3** 〖골프〗 **a)** 그린, 골프 코스(golf course). **b)**그린, 퍼팅 그린(putting green)〖중앙에 홀(hole)이 있는 잔디밭 구역〗. **4** [초지로서 놀이 터 따위가 되는] 읍·마을의 공유지. ¶ the village *green* 마을 공유지. **5** (~s) **a)** 장식용의 푸른 잎(가지), 녹엽의 고리. **b)** [시금치 따위의] 야채(무성한)류. **6** ⓤ 녹색의 복지(의복). **7** ⓤ 청춘, 활기, 젊음. ¶ *in the green* 젊은이[원기왕성한] 때에. **8** ⓤ《구어》무경험, 순진함; ⓒ 풋내기, 신인. ¶ *see green in a person's eye* 아무가 쉬우리라고 남을 얕잡아보다. **9** (the G-) [독일 등의] 녹색당 당원;녹색당 지지자, 환경 보호 운동 지지자. — *vt.* **1** …을 녹색으로 하다〖칠하다, 물들이다〗. **2** 《속어》(남)을 속이다, 기만하다.
— *vi.* 녹색이 되다, 녹색으로 변하다. ~·ly *adv.*

green·back [grínbæk] *n.* 뒷면이 녹색인 미국 지폐.
gréen bèlt *n.* [도시 주변] 녹지대;개발 제한 구역.
Gréen Bérets *n. pl.* 그린 베레〖게릴라전의 특수 훈련을 받은 미국 육군의 특별 정예 부대〗.
gréen-blind [grínblàind] *adj.* 녹색각(綠色覺) 이상의, 녹색맹의.
gréen bòok *n.* (종종 G- B-) 녹서(綠書) [녹색 표지의, 특히 이탈리아·영국 등의] 정부 공문서.
green·bri·er [grínbràiər] *n.* 청미래덩굴의 일종.
gréen càrd *n.* **1**《연방 정부가 외국인에게 발행하는》취업 허가증; 영주권. **2**《英》〖해외 자동차 여행용의〗국제 자동차 보험 카드.
gréen cárder *n.*《美》미국내에서 일할 수 있는 노동 허가증(green card)을 받은 외국인〖특히 멕시코인〗.
gréen chéese *n.* ⓤ **1** [샐비어의 잎으로 물을 들인] 녹색 치즈(sage-cheese). **2** [숙성되지 않은] 만들어진 치즈, 생치즈. **3** [유장(乳漿) (whey)으로 만든] 하등품 치즈.
gréen clóth *n.* **1** 녹색 테이블보〖나사 따위〗. **2** 도박대(臺) [녹색의 나사천이 깔려 있는 데서]. **3** (보통 G- C-) 영국 궁내성 가정국(家政局) [정식 명칭 the Board of Green Cloth].
gréen córn *n.* ⓤ 덜익은 연한 옥수수. *cf.* sweet corn
Gréen Cróss Còde *n.*《英》어린 학생용 교통 안전 규칙.
gréen cúrrency *n.* 〖경제〗 녹색 통화〖EU 가맹국의 통화 변동으로부터 농산물 가격을 보호하기 위해 농업 공동 시장에서만 사용되는 잠정적 통화〗.
gréen dráke *n.*《英》하루살이〖곤충〗(Mayfly).
green·er [grínər] *n.*《속어》[특히 외국에서 갓 입국한] 경험없는 노동자.
green·er·y [grínəri] *n.* (*pl.* -er·ies) **1** ⓤ《집합적》푸른 잎, 푸른 초목. **2** =greenhouse.
gréen-eyed [grínàid] *adj.* **1** 녹색 눈의. **2** 시기심 많은(jealous) [Shakespeare 작 *Othello* III, iii, 166]. *cf.* green *adj.* 13
gréen-èyed mónster *n.* (the ~) 질투, 시기(jealousy) [Shakespeare 작 *Othello* III, iii, 166].
gréen fée *n.* =greens fee.
green·feed [grínfìːd] *n.* ⓤ [건초가 아닌] 푸른 사료.
green·finch [grínfìntʃ] *n.* [유럽산(産)의] 방울새.
gréen fíngers *n. pl.*《구어》원예의 솜씨《美 green thumb》.
gréen flý *n.* ⓤ《英》[복숭아·장미 따위의 나무에 붙는] 녹색 진디(aphid).
green·gage [grínɡèidʒ] *n.* 과피(果皮)·과육이 금색(綠色) 서양오얏의 우량 품종의 하나.
green·gill [grínɡìl] *n.* [녹조류(綠藻類)를 먹어서 아가미가 푸른 굴.

gréen góods *n. pl.* **1**《美俗》위조한 greenback 지폐. **2** 신선한 야채류. [과물 상인.
green-gro·cer [grínɡròusər] *n.*《英》야채 장수,
green-gro·cer·y [grínɡròusəri] *n.* (*pl.* -cer·ies) 《英》**1** 청과상(靑果商). **2** 〖집합적〗푸성귀, 청과물.
gréen-héart *n.* 녹심목(綠心木) [남미산(産)의 녹나무과(科)의 수목]; 녹심목 재목.
gréen-hòrn [grínhɔ̀ːrn] *n.*《속어》**1** 풋내기, 초심자, 무경험자. **2** 속기 쉬운 사람. **3** 새로 온 외국인〖특히 이민〗. [온실(hothouse).
*gréen·house** [grínhàus] *n.* (*pl.* -hous·es [-hàuziz])
gréenhòuse efféct *n.* (the ~) [탄산가스에 의한 지구 대기의] 온실 효과.
gréenhòuse gás *n.* 온실 효과 가스 [탄산가스, 메탄, 오존, 불화탄소 등 온실 효과를 일으키는 가스].
green·ie [grínì] *n.*《美俗》암페타민〖각성제〗.
gréen·ing [grínìŋ] *n.* **1** 푸른 사과 [과피가 녹색인 품종]. **2** ⓤ 〖굴(oyster)이] 녹색이 되기. **3** ⓤⓒ 사회관이나 정치관의 성숙; 재생, 소생.
*gréen·ish** [grínìʃ] *adj.* 녹색을 띤, 푸르스름한.
Gréen Ísland *n.* 아일랜드의 속칭. [장 관리인.
gréen·kèep·er [grínkìːpər], (**greenskeeper**) *n.* 골
*Gréen·land** [grínlənd] *n.* 그린란드 [북극 북방에 있는 세계 최대의 섬; 덴마크령].
gréen·let [grínlit] *n.* [남미산(産)의] 개고마리 비슷한 명금(鳴禽)의 일종. [《구어》〖정식〗허가.
gréen light *n.* **1** [교통의] 청신호. *cf.* red light **2**
gréen lóbby *n.* 환경 보호 단체의 총칭.
gréen máil *n.* 〖증권〗가격 상승을 겨냥한 특정 주식의 대량 매입.
gréen manúre *n.* ⓤ 〖농업〗녹비(綠肥). **2** 부식하지 않은 비료, 덜 뜬 퇴비(두엄).
gréen méat *n.* ⓤ《英》[사료용의] 생 목초.
Gréen Móuntain Státe *n.* (the ~) 미국 Vermont 주의 별명.
green·ness [grínnis] *n.* ⓤ **1** 초록색임, 녹색, 푸르름; [식물의] 신록(verdancy). **2** 신선, 활기(vitality). **3** 초보, 미숙함, 앳됨(naïveté).
gréen páper *n.* (종종 G- P-)《英》녹서(綠書) [정부의 견해를 진술한 것]. [당].
Gréen Párty *n.* (the ~) 녹색당〖서독의 환경 보호 정
Gréen·peace [grínpìːs] *n.* 그린피스〖핵무기 반대·야생동물 보호 등을 주장하는 전투적인 국제 환경 보호 운동 단체; 1969년 결성〗.
gréen pépper *n.* 사자고추(sweet pepper), 피망.
gréen póund *n.* 농산물 파운드〖EU에서의 농산물 거래의 환율 단위〗.
gréen pówer *n.* ⓤ《美俗》금력. *cf.* greenback
gréen retúrn *n.* [납세의] 녹색 신고〖제도〗.
gréen revolútion *n.* (the ~) 녹색 혁명〖품종 개량에 의한 식량 증산〗.
green·room [grínrù(ː)m] *n.* [극장의] 배우 대기실. ¶ *talk greenroom* [배우들이] 극장 대기실의 이야기를 하다.
Gréen Róund *n.* 그린 라운드〖환경 문제를 주제로 하는 다국간 무역 교섭; Uruguay Round 본떠서 만든 말 GR〗.
green·sand [grínsænd] *n.* ⓤ 녹사(綠砂).
gréens fèe *n.* 그린 피, 골프 코스 사용료.
gréen·shank [grínʃæŋk] *n.* 청다리도요〖다리가 녹색인 도요과(科)의 새〗. [걸린.
gréen·sìck [grínsìk] *adj.* 〖병리〗위황병(萎黃病)에
gréen·sìck·ness [grínsìknis] *n.* 〖병리〗위황병. ⇒ CHLOROSIS.
greens·keep·er [grínzkìːpər] *n.* =greenkeeper.
gréen·stìck fràcture [grínstìk-] *n.* [외과] 생목 골절(生木骨折) [뼈의 한쪽은 부러지고 또 다른 쪽은 구부러진 불완전 골절].
green·stone [grínstòun] *n.* ⓤ 녹색암〖휘록

greenstuff 岩) 따위처럼 일반적으로 녹색을 띤 암석].
green·stuff [gríːnstʌf] *n.* ⓤ 푸성귀, 야채류.
green·sward [gríːnswɔːrd] *n.* 푸른 잔디.
gréen táble *n.* 도박대(臺) (gambling table).
gréen téa *n.* ⓤ 녹차. *cf.* black tea
gréen thúmb *n.* 《美》 식물 재배의 뛰어난 재능(솜씨). ¶ have a *green thumb* 식물 재배를 잘하다, 원예의 재능이 있다.
gréen tíme *n.* [교통] 청신호 시간대 [일련의 신호가 모두 청색으로 되어야 차량이 계속 전진할 수 있는 시간대].
gréen túrtle *n.* 푸른 거북 [지방(脂肪)이 녹색].
gréen vítriol *n.* ⓤ 녹반(綠礬) (copperas).
gréen wáve *n.* 《서핑》 갈라지지 않는 긴 파도.
green·way [gríːnwèi / -´-] *n.* 《주로 美》 그린웨이 [큰 공원을 연결하는 보행자·자전거 전용 도로]; [공원 사이의] 산책로.
green·weed [gríːnwiːd] *n.* ⓤ 금작화(金雀花).
*__Green·wich__ [grínidʒ, grén-, -itʃ] *n.* 영국 London 남부의 한 구(區) [원래 그리니치 천문대가 있었으며 이 곳을 본초 자오선이 통과한다].
Grèenwich cívil tíme *n.* =Greenwich time.
Grèenwich (méan) tíme *n.* (the ~) 그리니치 표준시 [영국 및 전세계의 시각 측정 기준이 된다].
green·wood [gríːnwùd] *n.* [봄·여름의] 푸른 숲, 푸른 잎이 우거진 삼림 [영국에서는 Robin Hood 등 무법자의 소굴로 되었다].
go to the greenwood 추방자(도적)로서 녹림(綠林)의 생활을 하다.
green·y [gríːni] *adj.* (**green·i·er, green·i·est**) 녹색을 띤, 푸르스름한(greenish).
green·yard [gríːnjàːrd] *n.* **1** 잔디밭. **2** 《英》 떼에서 벗어난 소유주 불명의 가축을 넣어두는 우리 (pound).
*__greet__ [griːt] *vt.* **1** [편지나 구두로] [남]에게 인사하다. ¶ He *greeted* me in Russian. 그는 러시아말로 나한테 인사했다. **2** …을 환영하다, 맞이하다 (...*with*). ¶ (~+몀+쩐+몡) Our arrival was *greeted* with acclamations. 우리는 환호 속에 도착했다 / She ran to *greet* him *with* a kiss. 그녀는 그에게 키스로 인사하려고 뛰어 갔다. **3** [정경·음성 따위가] [눈·귀]에 들어오다, [냄새가] [코]를 찌르다. ¶ A magnificent view *greeted* our eyes. 웅대한 경치가 눈앞에 펼쳐졌다.
greet[2] [griːt] *vi.* (**grat, grut·ten, greet·ing**) 《고어·스코·北英》 울다, 한탄하다, 슬퍼하다.
greet·er [gríːtər] *n.* 인사하는 사람, 환영하는 사람.
ˈgreet·ing [gríːtiŋ] *n.* **1** 인사 [구두로 또는 서면의] 말. ¶ a cordial (a cold) *greeting* 극진한(쌀쌀한) 인사. **2** (보통 ~s) [편지 따위에서의] 인사말(*to*...). ¶ **send** *greetings* **to** …에게 인사말(인사장)을 전하다(보내다).
The season's greetings ⇒ SEASON.
gréeting cárd *n.* 크리스마스 따위의 인사장, 연하장.
gre·gar·i·ous [grigɛ́(ː)riəs, grə-/-gɛ́ər-] *adj.* **1** [동물 따위의] 군서(群棲) (군거) 하는, 군거(군집)성의. **2** [식물] 군생하는, 군집성의. **3** [사람이] 교제를 좋아하는, 사교적인(sociable). **4** 떼의, 군집의, 집단의.
~·ly *adv.* **~·ness** *n.*
Gre·go·ri·an [grigɔ́ːriən, gri-/-gɔ́ːri-] *adj.* **1** 로마 교황 Gregory 1세의 또는 13세의. **2** 그레고리오력의 (에 의한); 그레고리오 성가의 [특징을 가진]. — *n.* =Gregorian chant.
Gregórian cálendar *n.* 그레고리오력(曆) [로마 교황 그레고리오 13세가 1582년에 제정한 현행의 태양력].
Gregórian chánt *n.* 그레고리오 성가(聖歌) [력].
Grégory's pówder *n.* ⓤ 《약》 그레고리 분말 [완하제(緩下劑)].
gre·mi·al [gríːmiəl] *n.* [교회] 미사 또는 성직 서품식 (敍品式) 등에서 주교가 무릎을 덮는 명주 무릎덮개.
grem·lin [grémlin] *n.* [제2차 대전중 파일럿들이] 비행기 엔진에 고장이 나게 하는 것으로 생각했던] 눈에 보이지 않는 꼬마 마귀(魔鬼).
grem·mie [grémi] *n.* 《美》 서핑(파도타기) 초심자.
Gre·na·da [grinéidə] *n.* 그 레 나 다 [서인도 제도의 Windward 제도 중의 섬나라; 1974년 영국에서 독립].
gre·nade [grinéid] *n.* **1** 척탄(擲彈), 수류탄. **2** 소화탄, 최루탄.
gren·a·dier [grènədíər] *n.* **1** 영국의 근위보병 (近衛步兵) 제1연대의 대원; (the G-s) =Grenadier Guards. **2** 선발된 키 큰 보병. **3** 척탄병, 수류탄병. **4** 대구류의 심해어. — **1** 제1연대.
Grènadíer Guárds *n.* (the ~) [영국의] 근위보병 제1연대.
gren·a·dine[1] [grènədíːn, -´--] *n.* ⓤ 그레나딘 [명주·인견·털 따위로 된 얇은 사직(紗織)] 천].
gren·a·dine[2] [grènədíːn, -´--] *n.* ⓤ 그레나딘 [석류를 붙은가 까치밥나무로 만든 시럽].
Grésham's láw *n.* [경제] 그레샴의 법칙 ["악화는 양화를 구축한다"라는 법칙].
gres·so·ri·al [gresɔ́ːriəl / -só:-] *adj.* [동물] [새·곤충 따위의 발이] 보행에 알맞은, 보행성의.
Grét·na Gréen [grétnə-] *n.* 스코틀랜드 남부의 마을 [스코틀랜드의 관대한 혼인법을 이용하여 잉글랜드에서 온 사랑의 도피자들이 이곳에서 결혼했다]. ¶ *Gretna Green* marriage 사랑의 도피자의 결혼(runaway marriage).
*__grew__ [gruː] *v.* grow의 과거형.
grew·some [grúːsəm] *adj.* =gruesome.
*__grey__ [grei] *adj., n., v.* =gray. **~·ly** *adv.* **~·ness** *n.*
gréy área *n.* 《美》 회색 지대 [빈민가지만 정부의 특별 원조를 받을 정도로 빈곤하지는 않은 지대].
grey·cing [gréisiŋ] *n.* ⓤ 《英구어》 그레이하운드 경주 [모형 토끼를 그레이하운드로 하여금 쫓게 한다]. [< GREY(HOUND) + RA)CING]
*__grey·hound__ [gréihàund], **(grayhound)** *n.* **1** 그레이하운드 [사냥개의 한 품종; 날씬하고 시력·주력이 모두 뛰어나다]. **2** ¶ as swift as a *greyhound* 그레이하운드처럼 빠른. **2** [특히 원양 항로의] 쾌속선(快速船). **3** (G-) 그레이하운드 버스 [미국의 장거리 버스 회사].
grib·ble [gríbl] *n.* 바다이 [바다 속의 목재를 좀먹는 갑각류의 일종].
grid [grid] *n.* **1** 쇠창살; 석쇠(gridiron). **2** [전자공학] 그리드 [3극 진공관의 한 극]; [전기] 그리드 [축전지 안의 격자(格子) 모양의 금속판]. **3** [지도상의 기준이 되는] 바둑판 무늬 모양의 기준선망. **4** 《美속어》 미식 축구 경기장(gridiron). [< gridiron 의 단축형]
grìd círcuit *n.* [전자공학] 그리드 회로.
grìd condénser *n.* [전자공학] 그리드 축전기.
grìd cúrrent *n.* [전자공학] 그리드 전류.
grid·der [grídər] *n.* 《美속어》 미식 축구 선수.
grid·dle [grídl] *n.* [제과·요리용의] 철판, 번철, 프라이팬. — *vt.* (-**dled, -dling**) …을 번철(프라이팬) 로 굽다.
grid·dle·cake [grídlkèik] *n.* griddle 로 구워서 만든 핫케이크풍의 과자(pancake).
gride [graid] *vi.* (**grid·ed, grid·ing**) 맞스치다; 삐걱거리다, 삐걱삐걱하다. — *n.* 맞스치는 (삐걱거리는) 소리.
grid·i·ron [grídàiərn] *n.* **1** [고기·생선 따위를 굽는] 석쇠. **2** 격자 모양의 것, [가스관의] 배관망(配管網); 도로망; 철도망. **3** 미식 축구장(football field).
grìd léak *n.* [전자공학] 그리드 리크 [고저항기(高抵抗器)의 일종].
grid·lock [grídlàk / -lɔ̀k] *n.* [교차로에서의] 교통망 정체(停滯); 파행(跛行).
*__grief__ [griːf] *n.* **1** 큰 슬픔, 비탄, 큰 고뇌, ⇨ SORROW 類語. ¶ *die* of *grief* 슬픈 나머지 죽다 / *be in deep grief* 깊은 슬픔에 젖어 있다. **2** 슬픔의 원인, 비탄의 씨. ¶ His father's cancer was a *grief* to him. 아버지의 암은 그의 슬픔의 원인이었다. **3** ⓤ 《고어》 재난, 액(厄).

grief-stricken

붙은; 부상; 실패.
bring** a person **to grief 남에게 재앙을 가져다 주다, 남에게 괴로움을 주다[하다], 남을 실패하게 하다.
come to grief 재난을 만나다, 쓰라린 꼴을 당하다; 실패하다; 부상하다.
Good grief ! 앗!, 맙소사!, 어머나![실망·놀람·불신·혐오 따위의 소리].
◇ grieve¹ v.

grief-strick·en [grí:fstrìk(ə)n] *adj.* 슬픔에 젖은, 비탄에 잠긴(afflicted).

grief therapy *n.* [정신의학] 비애요법[배우자나 자식을 잃은 사람에게 정신적 원조를 주는 지지 요법].

***griev·ance** [grí:v(ə)ns] *n.* **1** 불평(불만)의 씨(원인). ¶ nurse a *grievance* 불평을 품다, 원망하다 / have a *grievance against* a person 남에게 불평을 품다. **2** 《폐어》부당한 압박. [처리 위원회.

grievance commìttee *n.* [노동] [노사간의] 불만

grieve¹ [gri:v] *v.* (grieved, griev·ing) *vi.* 깊이 슬퍼하다, 비탄에 잠기다, 한탄하다(about, at, for, over...). ¶ (~+匣)+㉠) *grieve* over the things that can't be undone 돌이킬 수 없는 일을 슬퍼하다 / He *grieved* at the thought of being put to death. 그는 자기가 처형되리라는 것을 생각하고 비탄에 빠졌다 / (~+to do) I *grieve to* say. 말하기 슬픈 일입니다. ── *vt.* **1** …을 몹시 슬프게 하다, 비탄에 잠기게 하다, 고뇌하게 하다. ¶ He was *grieved* by the conduct of his son. 그는 아들의 행실로 크게 마음을 상했다 / The pacifist's death *grieved* the whole world. 그 평화주의자의 죽음은 전세계를 슬프게 했다. **2** 《폐어》…에 압제를 가하다, …을 부당하게 하다. ◇ grief, grievance *n.*, grievous *adj.*

grieve² [gri:v] *n.* (주로 스코) 관리자, 농장 관리인.

griev·ous [grí:vəs] *adj.* **1** 슬프게 하는, 슬퍼할, 한탄스러운. ¶ the *grievous* cost of war 슬퍼해야 할 전쟁의 대가(代價). **2** 대단한, 심한(severe). **3** 《폐어》 *a grievous* fault 큰 실수. **3** 슬픔에 찬, 비통한(sorrowful). ¶ *grievous* loss 슬픈 손실. **4** 괴로운, 고통스러운, 쓰라린, [고통에] 심한. ¶ a *grievous* wound 아픈 상처 / *a grievous* punishment 가혹한 벌 / *grievous* pain 격통. **5** 압제적인; 무거운, 부담이 되는, 쓰라린. ¶ *grievous* taxes 중세(重稅). **~·ly** *adv.* **~·ness** *n.*
◇ grieve *v.*

griff [grif] *n.* = griffin².

grif·fin¹ [grífin] *n.* (griffon, gryphon) *n.* 〖그리스 신화〗그리핀[몸통은 사자이고 머리와 날개는 독수리인 괴물].

grif·fin² [grífin] *n.* 〖인도·동양〗새로 온 사람[특히 유럽인을 가리킨다].

(griffin¹)

grif·fon [grífən] *n.* 〖그리스 신화〗= griffin¹. **2** 그리펀종[벨기에 원산으로 털이 긴 작은 개]. **3** = griffon vulture.

gríffon vúlture *n.* [유럽산(産)의] 독수리의 일종.

grift [grift] *n.* (the ~) 《美속어》 사기 도박, 야바위.

grift·er [gríftər] *n.* 《美속어》 사기 도박사, 야바위꾼.

grig [grig] *n.* **1** 귀뚜라미, 메뚜기. **2** 작은 뱀장어. **3** 팔팔한 사람, 명랑한 자.
as merry (or ***lively***) ***as a grig*** 몹시 명랑[쾌활]한.

***grill** [gril] *n.* **1** [고기·생선 따위를 굽는] 석쇠(gridiron). **2** 불고기 요리. **3** = grillroom. ── *vt.* **1** [석쇠로] [고기 따위를] 굽다. ⇒ BURN 〖類語〗 **2** …을 지독한 열 [고기 따위] 로 괴롭히다. **3** 《美구어》 [남]을 호된히 엄히 문초하다. ── *vi.* **1** 구워지다. **2** 지독한 열 (더위)에 노출되다. ¶ *grill* in the hot sun 뜨거운 햇볕을 쬐다.

gril·lage [grílidʒ] *n.* 약한 지반 위의 건물을 떠받치기 위한[격자(格子)형 나무틀, 지정(地釘).

grille [gril] *n.* [문·창문 따위의 보통 금속제의] 장식적 의장(意匠)이 있는 창살, 격자창(格子窓).

grilled [grild] *adj.* **1** [창 따위에] 장식 격자가 있는. **2** [고기 따위를] 구운.

grill·room [grílrù(:)m] *n.* 그릴[호텔·레스토랑 따위에서 고기를 구워내는 코너; 그런 식당].

grill·work [grílwə̀:rk] *n.* [쇠] 창살 모양으로 만든 것; 격자 구조.

grilse [grils] *n.* (*pl.* **grilse** or **grils·es**) [산란을 위해 바다에서 강으로 처음 오르는] 어린 연어.

‡**grim** [grim] *adj.* (**grim·mer**, **grim·mest**) **1** 엄한, 가차없는, 무정한; 타협을 모르는. ¶ *grim* demands 가혹한 요구. **2** [농담·웃음 따위가] 악의에 찬, 불길한, 무서운, 오싹하게 하는. ¶ a *grim* countenance 무서운 표정. **3** 사나운, 잔인한. ¶ a *grim* war 잔인한 전쟁 / a *grim* warrior 사나운 전사. **4** 끄떡도 하지 않는, 결심이 굳은. ¶ *grim* determination 요지부동의 결의. **5** 《구어》 싫은, 마음이 내키지 않는. ¶ *grim* work 싫은 일.
like grim death 힘껏, 한사코. ¶ hold on *like grim death* [사신(死神)처럼] 달라붙어서 떨어지지 않다.
~·ness *n.*

grim·ace [grímɔs, griméis / griméis] *n.* **1** 찡그린 얼굴, 우거지상. ¶ make *grimaces* 얼굴을 찡그리다, 우거지상을 하다. **2** 점잔빼는 얼굴, 꾸민 표정. ── *vi.* (-**aced**, -**ac·ing**) [불만·고통 따위로] 얼굴을 찡그리다 (찌푸리다), 우거지상을 하다.

gri·mal·kin [grimǽlkin, +美-mɔ́:l(ki)n] *n.* **1** 고양이(cat); 나이먹은 암코양이. **2** 심술궂은 노파.

grime [graim] *n.* ⓤ 더러움, 때(dirt). **2** [도덕적인] 더러움, 오욕. ── *vt.* (**grimed**, **grim·ing**) …을 더럽히다, 때묻게 하다(soil).

***grim·ly** [grímli] *adv.* 엄하게, 불길하게, 무섭게; 사납게, 잔인하게.

Grímm's láw [grímz-] *n.* [언어] 그림의 법칙 [독일의 언어학자 Jakob Grimm(1785-1863)이 발표한 게르만계 언어에 있어서의 인도유럽어의 자음 변화에 관한 법칙].

grim·y [gráimi] *adj.* (**grim·i·er**, **grim·i·est**) [때 따위로] 더럽혀진, 더러운(dirty).
grím·i·ly *adv.* **grím·i·ness** *n.*

‡**grin** [grin] *v.* (**grinned**, **grin·ning**) *vi.* **1** [이를 드러내고] 방긋(벙긋, 씩) 웃다, 방글방글(히죽히죽) 웃다. ⇒ LAUGH 〖類語〗 ¶ *grin* with delight 방긋거리며 기뻐하다 // (~+匣+㉠) A student *grinned* at a policeman face to face. 한 학생이 경관과 얼굴을 마주보며 씩 웃었다. **2** [고통·노여움 따위로] 이를 드러내다. ── *vt.* **1** 방긋이 (히죽) 웃음(이를 드러내어) …을 나타내다. ¶ *grin* defiance 이를 드러내어 도전적인 태도를 취하다.
grin and bear it [고통·노여움 따위]를 억지로 웃으며 참다.
grin like a Cheshire cat ⇒ CHESHIRE CAT.
grin on the other side of one's ***face*** 후회하다.
grin through a horse-collar 말의 목걸이에 머리를 들어박고 이를 드러내어 서로 눈싸움하다[어린이의 놀이].
── *n.* 방글방글 웃기; 이를 드러내기.
on the [**broad**] ***grin*** 방긋방긋(히죽히죽) 웃으며.

‡**grind** [graind] *v.* (**ground** [graund] or 〖드물게〗 **grind·ed**, **grind·ing**) *vt.* **1** …을 갈다, 연마하다, 마멸시키다. ¶ *grind* a sword 칼을 갈다 / *grind* a lens 렌즈를 갈다. **2** …을 빻다, [맷돌로] 타다; 빻아서 …을 만들다(...*to*, *into*). ¶ *grind* flour 밀가루를 빻다 // (~+匣+㉠) *grind* something to powder 어떤 것을 빻아 가루를 만들다 / *grind* corn *into* flour 곡물을 빻아 가루를 만들다. **3** [폭정·빈곤 따위]로 …을 압박하다 (oppress), 학대하다(torment), 기진맥진케 하다. ¶ be *ground* by tyranny 폭정에 시달리다 / be *ground* by poverty 빈곤에 시달리다. **4** …을 빼각거리며 하다. ¶ *grind* one's teeth 이를 갈다; 이를 갈며 분해하다. **5** [도구]를 돌리어 쓰다, 돌리다. ¶ *grind* a

grind·er [gráindər] *n.* 1 가루를 타는 사람, 제분하는 사람. 2 연마사, 숫돌. 3 분쇄기. 4 그라인더, 연마기. 5 어금니. 6 《美》(teeth).

grind·er·y [gráindəri] *n.* (*pl.* **-er·ies**) 1 《날붙이 따위를》 가는 집, 연마소(研磨所). 2 《英》 피혁 직공의 쓰는 구나 재료.

*grind·ing [gráindiŋ] *n.* ⓤ 1 제분; 분쇄; 연마. 2 삐걱거림, 마찰. 3 《美口》 주입식 교육(공부). 4 힘든 일. — *adj.* 1 가루로 하는, 가는, 연마하는; 2 고통스러운 짐이 되는; 가혹한. ¶ a *grinding* tax 중세(重稅). 3 《손으로》 돌리는.

grind·stone [gráin(d)stòun] *n.* 1 회전 숫돌(연마기). 2 회전 숫돌용의 돌. 3 맷돌(millstone).
 keep (or **have, hold, put**) *one's* **nose to the grindstone** ☞ NOSE.

grin·go [gríŋgou] *n.* (*pl.* **-gos**) 《경멸적》 외국인 《특히 중남미 각국에서 미국인을 가리킨다》.

grin·ner [grínər] *n.* 이를 드러내어, 방글방글 《히죽히죽》 웃는 사람.

grin·ning·ly [gríninli] *adv.* 이를 드러내어, 방글방글 《히죽히죽》 웃고.

gri·ot [gri:óu] *n.* 전승(傳承)시인, 역사 구송자(口誦者) 《서아프리카 여러 부족에서 구비(口碑)의 전승을 맡은 사람》.

‡**grip** [grip] *n.* 1 〔단단히〕 붙잡기, 쥐기, 파악(on...). ¶ let go one's *grip* on a rope 쥐고 있던 로프를 놓다 / take a *grip* on a bough 큰 가지를 단단히 붙들다.
2 붙는 법, 악력(握力), ¶ have a strong *grip* 악력이 세다. 3 지배, 제어, 통제; 지배력.
4 이해력, 파악력(grasp), 남의 주의를 끌어당기는 힘. ¶ lose *grip* of one's audience 청중에게 따돌림당하다 / have a *grip* on an audience 청중을 끌어당기다 / He has a good *grip* of the state of affairs. 그는 사태를 잘 파악하고 있다 // His mind has lost its *grip*. 그는 사물을 파악하는 힘을 잃고 말았다.
5 〔비밀 결사원 등의〕 손 쥐는(손잡는)법. ¶ the Masonic *grip* 프리 메이슨식의 〔회원임을 나타내는 특별한〕 악수법.
6 잡는 것, 손잡이, 자루; 〔기계 따위의〕 그립, 손잡이.
7 갑작스런 통증, 경련.
8 《美》《병리》 = grippe.
9 《美》손가방(gripsack).
10 《美연극 속어》 도구 담당자, 무대 담당자.
at grips with ···과 맞물들고, 드잡이하여, 〔문제 따위〕와 씨름하여.
come to grips with ① ···과 마주치다; 〔문제〕와 씨름하다. ¶ *come to grips with* the international economic issues 국제 경제 관계의 문제와 씨름하다. ②맞붙다.
in the grip of ① ···에 붙들려(속박되어). ② 〔병〕에 걸려서. ¶ *in the grip of* disease 병에 걸려서.
— *v.* (**gripped** or **gript, grip·ping**) *vt.* 1 ···을 단히〔힘차게〕 쥐다, 세게 붙들다, ◁ HOLD 類語 ¶ The child *gripped* his mother's arm. 그 아이는 어머니의 팔을 꽉 붙잡았다. 2 ···의 마음을 사로잡다, 흥미를 끌다, 마음을 빼앗다. ¶ The scene *gripped* the spectators. 그 장면은 관객의 눈을 끌었다. 3 〔기계가〕 ···을 죄다, 죄어 고정시키다. ¶ The brake *grips* the wheel. 브레이크는 차바퀴를 죄어 멎게 한다. 4 ···을 〔자극〕 ···을 범하다. ¶ The sailing ship was *gripped* by a calm. 범선은 바람이 자서 움직이지 못했다 / Rheumatism *gripped* him. 그는 류머티즘에 걸렸다. 5 ···을 이해하다, 터득하다. ¶ *grip* a person's argument 남의 논지를 이해하다.
— *vi.* 1 단단히 붙들다. 2 마음을 빼앗다, 관심을 끌다.

grip brake *n.* 《기계》 제동기《브레이크의 일종》.

gripe [graip] *v.* (**griped, grip·ing**) *vt.* 1 ···을 단단히 쥐다, 꽉 붙들다(grip, clutch). 2 ···을 괴롭히다, 고통을 주다; ···에 압제를 가하다(oppress). ¶ be *griped* with want 궁핍에 시달리다. 3 《종종 수동으로》 ···에게 복통을 일으키게 하다. ¶ be badly *griped* 배가 심하게 아프다. 4 《美口》 ···을 화나게(안달하게) 하다.
— *vi.* 1 〔이득 따위에〕 달려들다, 손에 넣으려《애쓰다》(at...). 2 《배가》 쥐어뜯듯이 아프다. 3 《美口》 불평을 늘어놓다. 4 《항해》 바람부는 쪽으로 끌려가려고 하다.
— *n.* 1 꽉 쥐기, 붙들기, 파악. 2 지배; 억압, 속박. ¶ have something within one's *gripe* 손아귀에 물건을 쥐다, 지배하에 넣다 // be in the *gripe* of frost (hunger) 서리 (굶주림)에 시달리고 있다. 3 〔~s〕 《항해》 보트를 매는 밧줄(그것으로 고정시키는) 밧줄. 4 《기계》 그립, 클러치; 〔드물게〕 손잡이, 자루. 5 《보통 ~s》 《병리》 산통(疝痛). 6 《美口》 불평, 화.
come to gripes 맞붙다, 드잡이하다, 분투 노력하다.

gripe·wat·er [gráipwɔ̀:tər] *n.* ⓤ 《英口》 유아의 소화용 물약.

grip·man [grípmæn] *n.* 케이블카 조작자.

grippe [grip, 美 gri:p] *n.* ⓤ 《종종 the ~》 《병리》 인플루엔자(influenza), 유행성 감기. 《<F》

grip·per [grípər] *n.* 쥐는 사람; 〔각종의〕 붙잡는 기구.

grip·ping [grípiŋ] *adj.* 주의〔흥미〕를 끄는, 매력있는. **~·ly** *adv.*

grip·py [grípi] *adj.* (**-pi·er, -pi·est**) 《口語》 유행성 감기(grippe)에 걸린.

grip·sack [grípsæk] *n.* 《美》 여행용 손가방, 수트 케이스.

gript [gript] *v.* 《고어》 grip 의 과거·과거 분사.

grip·y [gráipi] *adj.* (**grip·i·er, grip·i·est**) 쿡쿡 쑤시는; 산통(疝痛) 비슷한.

gri·saille [grizéil, -zái] *n.* (*pl.* **-sailles** [-zéilz, -záiz]) 그리자이유 《회색만으로 돋을새김처럼 그리는 장식 화법》. 《<F》

Gri·sel·da [grizéldə] *n.* 《중세 문학에 등장하는 모범적인》 정숙한 여자, 양처.

gri·sette [grizét] *n.* 《프랑스의 젊은》 여자 노동자, 여점원. 《<F grisette gray gown》

gris-gris [gríːgriː] *n.* (*pl.* **gris-gris** [-giːz]) [아프리카 원주민의] 부적, 호부(護符).

gris·kin [grízkin] *n.* 1 [英] 돼지의 허리살 (pork loin). 2 돼지갈비 살 (pork chop).

gris·li·ness [grízlinis] *n.* [U] 소름끼치는 무서움.

gris·ly[1] [grízli] *adj.* (**-li·er, -li·est**) 1 몸서리날만큼 무서운, 모골이 송연한(horrifying). 2 불쾌한, 싫은; 음산한.

gris·ly[2] [grízli] *adj.* (**-li·er, -li·est**) [폐어] =gristly.

gri·son [gráisn, grízn] *n.* 족제비과(科)의 육식 동물 [중남미산(產)].

grist [grist] *n.* 1 [U] 제분용 곡물. 2 [U] 빻은 곡물; 굵은 가루; 거친 맥아(麥芽). 3 한 번에 빻는 곡물의 양. 4 [美구어] 다량, 많음(a lot). ¶ 이용한다.
All is grist that comes to one's mill. 무엇이고 잘
bring grist to one's (or *the*) *mill* …의 벌이가 되다, …에게 이익을 가져오다.

gris·tle [grísl] *n.* [U] 연골(cartilage).
in the gristle 아직 뼈가 굳지 않은, 아직 성숙지 않은.

gris·tly [grísli] *adj.* (**-tli·er, -tli·est**) 연골의, 연골질의.

grist·mill [grístmìl] *n.* [의뢰인의 곡물을 빻는] 제분소.

grit [grit] *n.* 1 [집합적] [기계 따위에 섞여 들어가 해로운] 돌멩이, 모래. 2 규질사암(珪質砂岩) (gritstone). 3 [美] 강건(剛健), 용기, 의기. ¶ *a man of grit* 용기있는 사람. — *v.* (**grit·ted, grit·ting**) *vt.* 1 …을 모래로 덮다. 2 …에 모래를 뿌리다. *grit one's teeth* 이를 악물다. — *vi.* 삐걱거리다, 으드득으드득 소리나다.

grit·less [grítlis] *adj.* 1 모래가 들어가지 않은. 2 의지가 굳지 않은.

grits [grits] *n. pl.* [단·복수 양용] 1 굵게 빻은 곡물. 2 [남부] 굵게 간 옥수수.

grit·stone [grítstòun] *n.* [U] 규질사암(珪質砂岩).

grit·ty [gríti] *adj.* (**-ti·er, -ti·est**) 1 모래와 같은 (sandy), [모래가 들어] 껄끄러운. 2 [美구어] 용기가 있는, 단호한. **-ti·ly** *adv.* **-ti·ness** *n.*

griv·et [grívit] *n.* 긴꼬리원숭이[동북 아프리카산(產)].

griz·zle[1] [grízl] *vt., vi.* (**-zled, -zling**) 회색으로 하다 (되다). — *adj.* 회색의. — *n.* 1 [U] 회색. 2 회색의 것; 반백의 머리, 반백의 가발. 3 [밤색에 흰색(검정색)이 섞인] 얼룩말.

griz·zle[2] [grízl] *vi.* (**-zled, -zling**) [英] 1 [아이가] 보채다, 떼쓰다(whine). 2 비웃다(sneer).

griz·zled [grízld] *adj.* 1 백발이 섞인. 2 회색의.

griz·zly [grízli] *adj.* (**-zli·er, -zli·est**) 회색 빛을 띤; 흰 머리가 섞인. — *n.* =grizzly bear.

grizzly bēar *n.* [북미 서부산(產)의 큰] 회색곰.

grm. (略) gram[s].

gro. (略) gross.

‡**groan** [groun] *n.* 1 [슬픔·고통 따위의] 끙끙거리는 (앓는) 소리, 신음 소리. ¶ *with groan* 신음하여 / *give a groan* 신음 소리를 내다.
類語 *groan* 심한 통증·슬픔 따위로 저도 모르게 나오는 짧고 낮은 신음 소리; 발작적으로 격렬한 소리를 낼 때도 있다: *the groans of the wounded* 부상자의 신음소리. *moan* 고통·슬픔 따위 때문에 내는 길고 낮은 신음 소리: *a moan of pain* 고통의 신음 소리.
2 불평(불만)의 소리; [연설자에 대한] 반대(경멸)의 응성거림. ¶ *His remark was interrupted by groans of scorn.* 그의 발언은 비웃는 소리로 방해되었다. 3 [짐이 무거워 로프 따위가 내는] 신음하는 듯한 소리, 삐거덕거리는 소리.
— *vi.* 1 신음하다, 끙끙거리다(moan); 갈망하다 (*for* …). ¶ (~ +前+名) *The wounded groaned for medicine.* 부상자들은 신음하며 약을 찾고 있었다. 2 신음하는 듯한 소리를 내다. ¶ *the groaning wind* 윙윙거리는 바람. 3 [시렁·테이블 따위에] 과도하게 짐이 놓이

다. ¶ *The desk groans under a big computer.* 커다란 컴퓨터의 무게로 책상다리가 휘어질 것 같다. 4 고통을 겪다, 신음하다, 허덕이다 (*beneath, under, with*…). ¶ *groan inwardly* 남몰래 속태우다, 번민하다 // (~ + 前 + 名) *groan beneath one's toil* 중노동에 신음하다 / *groan under oppression* 압제에 허덕이다. 5 감동을 나타내는 소리를 낸다. — *vt.* 1 …을 끙끙거리며(고통스러운 듯) 말하다 (…*out*). ¶ (~ + 目+副) The invalid *groaned out* a request. 환자가 끙끙거리며 당부하는 말을 했다. 2 [불만·반대·조소 따위의 웅성거림으로] …을 입다물게 하다(…*down*). ¶ (~ + 目+副) *groan down* a speaker 불평(반대)하는 소리를 질러 연설자의 입을 막다.

groan·er [gróunər] *n.* 끙끙거리고 있는 사람, 신음하고 있는 사람.

groan·ing·ly [gróuniŋli] *adv.* 끙끙거리며, 신음하며.

groat [grout] *n.* 1 [14-17세기경 영국에서 쓰였던] 4펜스 은화. 2 몇 푼 안 되는 돈 (* 보통 아래 숙어로 쓰임). *not care a groat* 조금도 개의치 않는다. *not worth a groat* 한푼의 가치도 없는.

groats [grouts] *n. pl.* [단·복수 양용] 1 굵게 간 밀. 2 귀리의 낟알.

gro·bi·an [gróubiən] *n.* 거친 시골뜨기.

gro·cer [gróusər] *n.* 식료품 장수, 식료 잡화상, 건물 (乾物)상. ¶ *a grocer's* [shop] [英] 식료품점, 식료 잡화점.

gro·cer·y [gróus(ə)ri] *n.* (*pl.* **-cer·ies**) 1 [美] 식료품점, 식료 잡화점, 건물점(*[英]에서는 grocer's [shop], grocery shop 이라 함). 2 [보통 -ceries] 식료품류, 식료 잡화. 3 [U] 식료품(식료 잡화) 판매업.

gro·ce·te·ri·a [gròusətí(ː)riə/ -tíər-] *n.* [美구어] 셀프 서비스의 잡화 식료품점. [< GROCE[RY]+CAFE[TERIA]]

grog [grag, grɔːg/ grɔg] *n.* [U] 1 그로그주(酒), 물을 탄술. 2 독한 술.

grōg blōssom *n.* [구어] [과도한 음주로 코에 생긴] 붉은 부스럼, 빨간코.

grog·ger·y [grágəri / grɔ́g-] *n.* (*pl.* **-ger·ies**) [美속어] 선술집, 목로집.

grog·gy [grági, grɔ́ːgi / grɔ́gi] *adj.* (**-gi·er, -gi·est**) [구어] 1 [피로·타격으로] 비틀거리는, 휘청거리는, 그로기의. ¶ *a boxer groggy from his opponent's hard jab* 상대방의 강한 잽으로 휘청거리는 복서. 2 [집·기둥·테이블의 다리 따위가] 흔들흔들하는. 3 [고어] 술에 만취한(intoxicated).
-gi·ly *adv.* **-gi·ness** *n.*

grog·ram [grágrəm, gróug-/ gróg-] *n.* [U][C] 올이 성긴 견(絹)과 양모를 섞어서 짠 직물.

grog·shop [grágʃàp / grɔ́gʃɔ̀p] *n.* [英] [경멸적] 대폿집, 값싼 목로집.

groin [grɔin] *n.* 1 [해부] 서혜부(鼠蹊部) [허벅다리의 위끝 부분]. 2 [건축] 궁륭(穹窿). 3 방사제(防砂堤). — *vt.* …을 궁륭으로 하다(만들다).

groin·ing [grɔ́iniŋ] *n.* 1 궁륭으로 만들기. 2 [집합적] 궁륭, 십자궁(十字穹).

grok [grak / grɔk] *vi.* (**grokked, grok·king**) [美 속어] 이해하는 전달을 하다.

Gro·lier [gróuliər] *adj.* [제본] 그롤리에식 장정의.

grom·met [grámit / grɔ́m-], (**grummet**) *n.* 1 [가죽·천 따위의 작은 구멍에 대는 금속제의] 쇠고리. 2 [항해] [돛을 로프에 매는] 밧줄 고리.

*‡**groom** [gruːm] *n.* 1 마구간지기; 마부, 말 사육계. 2 신랑(bridegroom). 3 [영국 왕실의] 궁내관(宮內官). ¶ the *Groom* of the Great Chamber 침소(寢所) 담당관. 4 [일반적] 종복, 하인. — *vt.* 1 [복장·머리 따위를] 단정히 가다듬다, …의 몸단장을 하다. ¶ *groom one's hair* 머리를 손질하다 / *be well* (*badly*) *groomed* 몸단장이 잘 되어(안 되어) 있다. 2 [말]을 손질하다. 3 [美] [요직·선거 따위에] …을 내세우다 (prepare), 천거하다; [남]을 가르치다, 단련시키다. ¶

(~+圈+점+점) be *groomed for* a presidential candidate 대통령 후보로 천거되다.
grooms·man [grú(ː)mzmən] *n.* (*pl.* **-men** [-mən]) [결혼식 때의] 신랑 들러리. *cf.* bridesmaid ＊ 여러 사람일 경우에는 그 중 주요한 사람을 best man이라 한다.
***groove** [gruːv] *n.* **1** [문턱·레코드판 따위의] 홈. **2** 바퀴 자국; [자연히 생긴] 홈, 길다랗게 패인 홈. ¶ The river flows in a *groove*, or a narrow valley. 그 하천은 한 가닥의 홈 같은 좁은 계곡을 흐르고 있다. **3** 고정된 습관(생활 태도), 관례, 상도(常道). ¶ the social *groove* 사회의 관례 / get out of the ordinary *grooves* 상궤(常軌)를 벗어나다. **4** [인쇄] 활자의 밑바닥의 홈. **5** [총의] 나선 모양의 홈. ————— 풀이하다.
get (or *fall*) *into a groove* 버릇이 되다, 같은 짓을 되풀이하다.
in the groove ① [재즈] 청중이 열광하도록 연주되어, ② [일] 잘 되어; 멋지게. ③ [야구] 공이 홈 베이스의 한가운데를 지나가.
— *v.* (**grooved, groov·ing**) *vt.* **1** …에 홈을 내다, …을 홈에 들어박다. **2** 《美속어》…을 즐겁게 하다.
— *vi.* 《美속어》신나게 놀다, 즐기다.
◇ **gróovy** *adj.*
groov·er [grúːvər] *n.* 홈을 파는 사람(기계).
gróov·ing pláne [grúːviŋ-] *n.* 홈 파는 대패.
gróoving sáw *n.* 홈 파는 톱.
groov·y [grúːvi] *adj.* (**-i·er, -i·est**) **1** 홈에 박힌, 천편일률적인. **2** 《美속어》멋진, 근사한, 끝내주는, 멋들어진.
***grope** [group] *v.* (**groped, grop·ing**) *vi.* **1** 손으로 더듬다, 손으로 더듬어 나아가다. ¶ (~+圈) *grope about* in a cavern 동굴 속을 손으로 더듬어 걸어다니다. **2** 손으로 더듬어 찾다, 암중 모색하다(*for*...). ¶ (~+圈+점) *grope for* the knob in the dark 어둠 속을 손으로 더듬어 손잡이를 찾다. **3** 망설이다, 당황하다(*for, after*...). — *vt.* …을 손으로 더듬어 찾다, 모색하다, 탐색하다(*...out*). ¶ *grope out* no secrets 비밀을 하나도 캐내지 못하다.
grope one's way ① 손으로 더듬어 나아가다. ② [인내심 있고 신중하게] 찾다. ¶ *grope one's way* towards fundamental principles 근본 원리를 찾아 나아가다.
— *n.* 손으로 더듬기; 탐색.
grop·er [gróupər] *n.* 손으로 더듬어 찾는 사람; 탐색자.
grop·ing [gróupiŋ] *adj.* 손으로 더듬어 찾고 있는, 암중 모색하는. **~ly** *adv.*
gros·beak [gróusbìːk] *n.* 큰 부리를 가진 핀치류.
gro·schen [gróu(ə)n] *n.* (*pl.* **-schen**) **1** 옛날 독일의 은화. **2** 《구어》[독일의] 10페니히(pfennig)화 (貨). **3** 《오스트리아》$1/100$ schilling 아연화(亞鉛貨).
gros·grain [gróugrèin] *n.* ⓊⒸ 그로그랭[비단 또는 인조견으로 이랑무늬지게 짠 두꺼운 천; 그 리본].
‡**gross** [grous] *adj.* **1** 전부의, 총체의. ¶ WHOLE 類語 *cf.* net ¶ the *gross* income 총수입 / *gross* proceeds (profits) 매출총액(총이익) / *gross* error 〔수학〕오차의 총계. **2** 심한, 엄청난, 현저한(flagrant). ¶ a *gross* mistake 엄청난 잘못이 / make a *gross* insult 심히 모욕하다. **3** 천한, 상스러운(unrefined); 난잡한, 음탕한(obscene). ¶ a *gross* taste(word) 상스러운 취미(말). **4** 《비유어》똥보의, 비만체의(very fat). ¶ become *gross* 살찌다. **5** [물]; 목직한. ¶ a *gross* pillar 굵은 기둥. **6** 울창한, 무성한. ¶ the *gross* vegetation 무성한 식물[초목]. **7** 짙은, 진한(dense). ¶ a *gross* fog 농무(濃霧) / *gross* darkness 캄캄한 어둠. **8** [알갱이·결이] 굵은, 거친. ¶ *gross* powder 알갱이가 굵은 가루. **9** 조잡한, 둔한. ¶ a *gross* diet 조식(粗食) **10** [감각이] 둔한. ¶ a *gross* ear 먼 귀.
— *n.* (*pl.* **gross·es** ~**2**) 총체, 총량; 전부; 대부분. ¶ a *gross* of $150 총계 150달러. (*pl.* **gross**) 그로스 [수량의 단위]. 12다스, 144개; 略 gr, gro. ¶ a great *gross* 12그로스, 1,728개 / a small *gross* 10다스, 120개.

by the gross 일괄해서, 다량으로; 그로스 단위로; 도매로.
in [*the*] *gross* 대체로, 전체적으로; 도매로. ————— 로.
— *vt.* …의 총수익을 올리다.
gross·ly [gróusli] *adv.* 크게, 심하게; 조잡하게.
gróss nátional próduct *n.* Ⓤ국민 총생산[略 GNP].
gross·ness [gróusnis] *n.* Ⓤ **1** 과대(過大), 비대. **2** 조잡, 거침. **3** 터무니없음.
gróss tón *n.* 영(英)톤[2,240파운드; 1,016kg] (long ton).
gróss tónnage *n.* [배의] 총 톤수. ————— 량.
gróss wéight *n.* (the~)[포장 따위를 포함한] 총중량.
grot [grɑt / grɔt] *n.* Ⓒ 《주로 문어》=grotto.
***gro·tesque** [grou(ː)tésk] *adj.* **1** 〔예술〕그로테스크풍(風) (양식)의. **2** 기괴(괴이)한, 괴상한, 그로테스크한. ¶ a *grotesque* monster 기괴한 괴물. **3** 우스꽝스런, 터무니없는, 어리석은(absurd). ¶ a *grotesque* mistake 쑥스러운 잘못. — *n.* **1** (종종 the ~) 〔미술〕 그로테스크풍의 무늬(장식); 그로테스크풍의 조각(그림). **2** (the ~) 〔문학의〕그로테스크 괴기주의. **3** 그로테스크(괴기, 해괴)한 것. **4** 〔인쇄〕고딕(gothic) 문자, ~**ly** *adv.* ~**ness** *n.*
gro·tes·quer·ie [grou(ː)téskəri], (**gro·tes·quer·y**) *n.* ⓒⓊ (*pl.* **-quer·ies**) **1** 기괴(그로테스크)한 성질. **2** 그로테스크(괴기, 괴상)한 것. **3** 그로테스크풍의 작품.
grot·to [grátou / grɔ́t-] *n.* (*pl.* **-toes** or **-tos**) **1** 굴, 동굴. **2** [피서용 따위의] 인공의 작은 바위굴, 석굴.
grot·ty [gráti / grɔ́ti] *adj.* 《英속어》 더러운, 초라한.
grouch [grautʃ] 《美구어》 *vi.* 시무룩해지다, 토라지다, 불평하다(complain). — *n.* **1** 시무룩함. **2** 토라진(시무룩한) 사람.
grouch·y [gráutʃi] *adj.* (**grouch·i·er, grouch·i·est**) 《美구어》《불평투의》시무룩해진, 토라진, 꺼드럭대는 (sulky). **grouch·i·ly** *adv.* **grouch·i·ness** *n.*
‡**ground**[1] [graund] *n.* **1** Ⓤ (보통 the ~) 땅, 지표. ¶ fall to the *ground* 땅에 떨어지다 / sit on the bare *ground* 맨땅에 앉았다.
2 Ⓤ (종종 the ~) 흙, 토양; 토지. ¶ fruits of the *ground* 땅의 산물 / fertile (poor) *ground* 비옥한(메마른) 땅 / till the *ground* 땅을 갈다.
3 Ⓤ 해저, 수저(水底)(bottom); 여울.
4 (종종 ~s) [어떤 성질·용도를 가진] 토지, 지역, … 장, 경기장, 그라운드. ¶ a holy *ground* 성역 / baseball *grounds* 야구장 / a fishing (a hunting) *ground* 어장(사냥터) / a recreation *ground* 유원지; 운동장.
5 부지, 소유지; (~s) [집 둘레의] 정원, 마당, 택지. ¶ well-kept *grounds* 손질이 잘 된 마당 / one's house and *grounds* 집과 택지.
6 Ⓒ Ⓤ 터전; 견해, 주장. ¶ common *ground* 공통의 입장 / hold (or stand, keep) one's *ground* 자기의 입장(주장)을 고수하다, 완고히 버티다 / shift (or change) one's *ground* 입장(논지)을 바꾸다 / maintain one's *ground* against …에 대해서 자기 입장을 지키다.
7 [일·연구 등의] 분야; [토론의] 제목, 화제, 문제 (topic). ¶ Let us go over the *ground* again. 다시 그 문제로 돌아가자 / a forbidden *ground* 금지된 화제.
8 기초, 근원, 대본(大本). ¶ God is the *ground* of all beings. 신은 만물의 근원이다.
9 Ⓤ (보통 ~s) [이론·행위 따위의] 근거, 이유; 동기 (motive), 원인. → REASON 類語 ¶ on public (religious) *grounds* 공공적(종교적) 이유에 입각해서 / There are good *grounds* for believing it. 그것을 믿을만한 충분한 근거가 있다.
10 [그림·장식·레이스·직물 따위의] 바탕; 배경 (background). ¶ a gold design on a light-green *ground* 엷은 녹색 바탕에 금색의 무늬. ————— 찌꺼기.
11 (~s) 찌끼, 재강(dregs). ¶ coffee *grounds* 커피

12 ⓊⒸ 〔전기〕 어스, 접지(接地).
13 ⓊⒸ 〔음악〕 =ground bass.
above ground ① 지상에. ② 살아서(alive).
be burnt to the ground 잿더미가 되다, 전소(全燒)하다.
beat over the old ground 토의가 끝난 문제를 다시 논한다.
below ground 죽어서, 지하에 묻혀서.
break fresh (or *new*) *ground* 처녀지에 삽질을 하다, 개간하다; 신분야를 개척하다.
break ground ⇒ BREAK.
come (or *go*) *to the ground* 지다, 떨망하다.
cover much ground ① 〔일 따위가〕 크게 진척되다. ② 〔조사 따위가〕 넓은 범위(구역)에 미치다.
cut the ground from under a person's feet 〔계획·토론에서〕 선수를 쳐서 남을 궁지에 몰아넣다.
dash ... to the ground ① …을 땅바닥에 내동댕이치다. ② 〔계획 따위를〕 실패로 끝나게 하다.
down to the ground ⇒ DOWN¹. 〔땅에 쓰러지다.〕
fall to the ground ① 〔계획이〕 수포로 돌아가다. ②
from the ground of the heart 마음속으로부터.
from the ground up 밑바닥에서부터 끝까지, 철저하게.
gain ground ① 전진하다, 진출하다. ② 〔진보하다, 좋아지다〕. ③ 힘을 얻다; 〔설(說) 따위가〕 받아들여지다, 보급되다.
gather ground 진보하다; 우세해지다.
get ground of ① …을 잠식하다, 침해하다. ② …을 때려눕히다, 이기다; …보다 우위에 서다.
get off the ground 〔일이〕 잘 스타트하다; 이룩하다.
give ground 굴복하다, 물러나다, 양보하다.
hold (*keep*) *one's ground* 자기 입장을 고수하다, 물러서지 않다(*against*...).
kiss the ground ① 〔최고도 등이〕 땅에 입맞추다, 납죽 엎드리다, 몸을 굽히어 머리를 조아리다. ② 타도되다, 전복되다. ③ 굴욕을 맛보다.
lose ground ① 퇴각하다. ② 세력(신용, 명성)을 잃다.
on delicate ground 미묘한 입장(상태)에.
on firm ground 안전한 입장(상태)에.
on good grounds 상당한 이유로.
on one's own ground ① 익숙하여, 잘 알고 있어서; 마음 편하게. ② 자기가 잘 알고 있는 주제에서.
on the ground of (*that* ...) …한 (…라는) 이유로.
off the ground 〔일이〕 진행중인; 진행중에.
run ... into the ground 〔구어〕 …을 지나치게 하다 (overdo); 〔물건을〕 철저하게 쓰다; 〔사람을〕 철저하게 해치우다.
suit down to the ground 〔구어〕 꼭(잘) 맞다(어울리다).
take the ground 좌초하다, 암초에 걸리다.
touch ground ① 〔토론에〕 본론에 들어가다. ② 〔배가〕 해저에 닿다.
under ground =below ground.
yield ground =give ground.
— *adj.* **1** 땅의, 지표의. **2** 지상에 사는, 땅에 나는. **3** 〔군사〕 지상 전투용의.
— *vt.* **1** …을 지상(땅)에 놓다. ¶ *ground arms* 〔군사〕 〔항복하는 표시로써〕 무기를 땅에 놓다. **2** 〔…의 위에〕 …을 입각시키다, 수립하다, 세우다(establish), …의 기초를 두다(*on*). ¶ a well-(ill-)*grounded* theory 근거가 충분한(불충분한) 이론 // (~+目+前+名) morals and ethics *grounded* on religion 신앙에 기초한 도덕과 윤리. **3** …에게 기초를 단단히 가르치다(*in*). ¶ (~+目+前+名) *ground* a pupil *in* geometry 학생에게 기하의 기초를 단단히 가르치다 / He is well (ill) *grounded in* English. 그는 영어의 기초가 단단하다(단단하지 않다). **4** 〔그림·직물품 따위의〕 바탕색을 칠하다, …에 밑칠하다. **5** 〔전기〕 …을 접지시키다, 어스시키다. **6** 〔항해〕 〔배〕를 좌초시키다. **7** …을 비행기에서 내리다, 그 비행 근무를 해제하다; 〔악천후 따위가〕 〔비행기〕의 이륙을 방해하다. **8** 〔아이〕를 외출 금지시키다. — *vi.* **1** 지상에 떨어지다; 착륙하다. **2** 〔배가〕 얕은 여울에 걸리다. **3** …에 의거하다, 입각하다(rely) (*on*, *upon*...). **4** 〔야구〕 땅볼을 치다. ¶ *ground out* 땅볼을 치고 아웃되다.

ground² [graund] *v.* grind 의 과거·과거분사.
— *adj.* **1** 가루로 빻은; 〔고기를〕 간. ¶ *ground coffee* 분말 코피 / *ground meat* 간 고기. **2** 간, 연마한; 갈아서 꺼칠꺼칠하게 한.

ground·age [gráundidʒ] *n.* 〔英〕 〔배의〕 정박료(停泊料).

gróund ángling *n.* Ⓤ 〔찌를 사용하지 않는〕 바다 낚시.

gróund ásh *n.* 서양물푸레의 어린 나무; 〔그것으로 만든〕 지팡이.

gróund báit *n.* 〔물고기를 모이게 하는〕 뿌리는 미끼, 밑밥.

gróund báll *n.* 〔야구〕 땅볼.

gróund báss *n.* 〔음악〕 기본적 저음, 기초 저음〔저음부에서 되풀이되는 4-8 소절(小節)의 선율 악구(旋律樂句)〕.

gróund béam *n.* =groundsel².

ground-bird [gráundbə̀ːrd] *n.* **1** 〔오스트레일리아 지방의〕 연작(燕雀)류의 새. **2** 지면에 둥우리를 짓는 새.

gróund bóx *n.* 〔화단 따위의 가장자리의〕 작은 회양목.

ground-break-er [gráundbrèikər] *n.* 창시자, 개척자.

ground-break-ing [gráundbrèikiŋ] *n.* Ⓤ 기공(起工).

gróund brídge *n.* 〔美〕 〔얕은 여울·소택지 따위에 만들어 놓은〕 통나무 길.

gróund chérry *n.* 〔미국산(産)〕 꽈리류(類).

gróund clóth *n.* 〔美〕 =groundsheet.

gróund cóat *n.* **1** 〔나뭇결 칠·바림 칠의〕 밑칠. **2** 〔금속에 페인트칠을 할 때의〕 에나멜의 초벌 칠.

gróund cólor (〔英〕 **cólour**) *n.* 〔유화 따위의〕 기색(基色), 밑칠(색), 바탕색.

gróund connéction *n.* 〔전기〕 접지, 어스. 〔관〕

gróund contról *n.* Ⓤⓒ 〔비행장의〕 지상 관제(管制).

gróund-con·tròlled (**-con·tról**) **appróach** [gráundkəntròul(d)-] *n.* 〔항공〕 〔무선·레이다에 의한〕 지상 유도 착륙 방식〔略 GCA〕.

gróund-contròlled intercéption *n.* Ⓤⓒ 〔군사〕 〔야간 또는 전방이 보이지 않을 경우의〕 지상 조작 적기 요격.

gróund cóver *n.* 〔집합적〕 〔이끼·양치류 따위와 같이〕 지면을 뒤덮는 식물·관목, 지피(地被) 식물.

gróund créw *n.* 〔군사〕 〔비행장의〕 지상 근무원, 지상 정비원. 〔漏器〕

gróund detéctor *n.* 〔전기〕 누전 검사기, 검루기.

ground-ed [gráundid] *adj.* 기초를 둔, 근거가 있는(*보통 부사를 수반하여 복합어를 만든다*). ¶ a *well-grounded* suspicion 근거가 충분한 혐의. **-ly** *adv.*

gróund efféct machìne *n.* 〔항공〕 지면 효과기(效果機), 호버크라프트(hovercraft) 〔略 GEM〕.

ground-er [gráundər] *n.* 〔야구·크리켓〕 땅볼.

ground-fish [gráundfìʃ] *n.* (*pl.* -fish or -fish-es) 해저에 사는 물고기.

gróund físhing *n.* Ⓤ 저인망(底引網) 어업.

gróund flóor *n.* **1** 〔英〕 〔건물의〕 1층(〔美〕 first floor). **2** (the ~) 〔美구어〕 〔사업·거래 등에서〕 가장 유리한 입장(관계).
be let in (or *get in*) *on the ground floor* 〔투자 따위에서〕 사업의 발기인과 동일 자격으로 이익 배당을 받다.

gróund fóg *n.* Ⓤ 땅 안개.

gróund fróst *n.* **1** 동토(凍土). **2** 지표면(가까이)에서 빙점 아래로 내려가 작물에 해를 주는 냉기.

gróund gáme *n.* Ⓤ 〔英〕 〔집합적〕 〔사냥〕 〔조수(鳥獸)에 대하여〕 토끼류.

gróund gláss *n.* Ⓤ 불투명(젖빛) 유리.

gróund hóg *n.* **1** 〔미국산(産)〕 마모트(woodchuck). **2** 〔美속어〕 철도의 제동수(制動手).

Ground-hog Dày [gráundhɔ̀(ː)g-, -hɑ̀g-] *n.* 〔美〕 성촉절(聖燭節) (Candlemas) 날〔2월 2일; 이 날 ground hog 가 겨울잠에서 깨어나 나온다는 전설에 따른 것〕.

ground ice *n.* ⓤ 물밑 얼음[강 따위의 바다에 생기는 얼음].

ground·ing [gráundiŋ] *n.* ⓤⓒ **1** 기초 지식의 교수; 기초 교육. **2** 기초, 토대(foundation). **3** [미술품 등의] 밑칠, 바탕색. **4** [전기] 접지, 어스. **5** 좌초.

ground ivy *n.* 적설초[꿀풀과의 다년초].

ground-keep·er [gráundkì:pər] *n.* 구장(球場) 관리인; 경기장 정비원.

ground·less [gráundlis] *adj.* 근거없는, 이유없는, 까닭없는. **~ly** *adv.* **~ness** *n.*

ground level *n.* **1** 지상. **2** [물리] = ground state.

ground·ling [gráundliŋ] *n.* **1** 땅 위를 기는 식물(동물). **2** [미각하 따위] 물 밑에 사는 물고기. **3** 교양 없는 관객(독자). **4** [페어] [엘리자베스 조(朝) 시대의 극장의] 하등석 관객[맨땅에 서서 관람].

ground loop *n.* [비행기가 이착륙할 때 지상에서 하는] 이상(異常) 선회, 그라운드 루프.

ground·man [gráundmən] *n.* (*pl.* **-men** [-mən]) [야구·크리켓의] 구장 관리인(groundkeeper).

ground marker *n.* [항공] [목표 지역을 비추기 위하여 낙하산 없이 떨어뜨리는] 조명탄.

ground·mass [gráundmæs] *n.* [광물] 석기(石基)[반상(斑晶) 화성암에서 반정(斑晶) 사이를 메우고 있는 미세한 입자 모양 또는 유리질 부분].

ground note *n.* [음악] 기음(基音), 주음(主音), 으뜸음(fundamental bass).

ground·nut [gráundnʌt] *n.* 땅콩, 낙화생(peanut).

ground-out [gráundàut] *n.* [야구] 내야 땅볼로 아웃되기. 〔자난속의 초본.

ground pine *n.* 비늘석송속(屬)의 식물;〕유럽산〕

ground plan *n.* **1** [건물의] 평면도, **2** 기초 계획; 원안, 개요(outline).

ground plane *n.* [투지 화법의] 기준 평면, 가평면 (基平面), 수평면(水平面).

ground plate *n.* **1** [전기] 접지판(接地板), 어스판. **2** 지대, 토대. **3** [철도의 침목을 버티는] 바탕 철판.

ground·plot [gráundplàt / -plɔ̀t] *n.* **1** 평면도. **2** [항공] 그라운드 플롯[비행 위치 측정법의 일종].

ground pollution *n.* [쓰레기 처리장·매립지의 폐기물에 의한] 토양 오염;[땅속 폐기물에 의한] 환경 오염.

ground rent *n.* ⓤⓒ〔주로 英〕지대(地代), 차지료 (借地料).

ground rule *n.* **1** [야구] 야구장에 따른 규칙. **2** [사회 따위의] 기본적 룰.

ground sea *n.* = ground swell.

ground·sel[1] [gráun(d)sl / gráunsl] *n.* 개쑥갓.

ground·sel[2] [gráun(d)sl / gráunsl] *n.* 〔고어〕 토대, 지대. 〔시트(깔개).

ground-sheet [gráundʃì:t] *n.* 〔천막 안에 까는〕방수〕

ground·sill [gráun(d)sìl, -səl] *n.* = groundsel[2].

grounds·man [gráundzmən] *n.* (*pl.* **-men** [-mən]) 〔英〕= groundman.

ground speed *n.* ⓤⓒ [항공기의] 대지(對地) 속도. *cf.* air speed

ground squirrel *n.* [북미산(産)] 얼룩다람쥐, 땅에 사는 다람쥐. 〔(crew).〕

ground staff *n.* 〔英〕 〔항공〕 지상 근무원(ground〕

ground state *n.* [물리] 기저(基底) 상태[최저의 에너지를 가진 상태]. 〔(局).〕

ground station *n.* [우주선 따위를 추적하는] 지상국〕

ground strafing *n.* [비행기에 의한] 지상 소사(地上掃射), 기총 소사.

ground swell *n.* [폭풍우·지진 따위로 인한] 바다의 큰 파도, 놀, 여파(餘波).

ground tackle *n.* [항해] 정박 용구[닻·밧줄 따위].

ground-to-air [gráundtuɛ́ər] *adj.* 〔군사〕 지대공의 (surface-to-air).

ground-to-ground [gráundtəgráund] *adj.* 〔군사〕 지대지의(surface-to-surface).

ground troops *n. pl.* 지상 부대.

ground truth *n.* 지상 조사에 의한 진상[규명][인공 위성 따위에서 보내온 지구에 관한 자료를 보완·수정하기 위한 정보].

ground water *n.* ⓤ 지하수.

ground wave *n.* 〔무선〕 지표파(地表波).

ground wire *n.* ⓤⓒ〔전기〕 접지선, 어스선.

ground·work [gráundwə̀:rk] *n.* **1** [건물의] 기초, 토대. **2** [비유적] 기초, 근저(⇒ BASE 類語); 근본 원리. **3** [자수·그림 따위의] 바탕, 바탕색.

ground zero *n.* 제로 지점, 폭심지(爆心地) [원자탄·수소탄의 폭발점 바로 아래 또는 바로 위의 지점].

‡**group** [gru:p] *n.* **1** 모임, 떼, 집단, 그룹. ¶ *a group* of boys 한 떼의 소년들 / in *a group* 떼지어, 무리지어, 한 그룹을 이루어 / The students sat chatting on the lawn in *groups*. 학생들은 몇몇 그룹을 이루고 잔디밭에 앉아 잡담하고 있었다. **2** [같은 목적·주의의]사람들; [정당·단체 따위의] 분파, 파. ¶ a religious *group* 종교 단체 / the drastic *group* 강경파, 매파. **3** [화학] [기] (radical), 근(根); 원자단(圈); [주기표상의 세로의] 원소군. ¶ the hydroxyl *group* 수소기. **4** [군사] 〔美〕전투군 [부대 단위], 〔英〕비행 연대. **5** [동·식물] 군(群); [언어] 어파(語派); [지질] 계(界); [음악] 음부군(音符群); [미술] 군(群), 군상(群像); [수학] 집합론의] 군(群).
— *vt.* **1** …을 집단으로 만들다, 그러모으다. **2** …을 조화있게 배치하다. **3** …을 떼로 나누다, 분류하다 (classify). ¶ (~+目+前+名) *group* crystalline forms *into* geometrical systems 결정형(結晶形)을 기하학적 체계로 분류하다. — *vi.* 모이다, 모였다; [어떤 모임에] 조화를 이루다(*with* …). ¶ (~+前+名) The tower *groups* well *with* the trees. 그 탑은 나무들과 잘 어울린다.

group captain *n.* 〔英〕 공군 대령.

group dynamics *n. pl.* 〔단수 취급〕 그룹 다이내믹스, 집단 역학. 〔의 사용어.〕

group·er [grú:pər] *n.* (*pl.* **-ers** or **-er**) 참바리속(屬)

group grope *n.* 〔속어〕혼음(混淫) 파티; [encounter group 요법의 하나로서의] 집단 접촉; 친밀한 관계를 가진 집단. 〔니는 여자.〕

group·ie [grú:pi] *n.* 〔美속어〕 연예인 꽁무니를 쫓아다〕

group·ing [grú:piŋ] *n.* **1** 모으기, 모이기. **2** ⓤⓒ [집합론의] 배치, 배합; 그룹, 조별(組別).

group insurance *n.* ⓤ 단체 보험.

group marriage *n.* [미개 인종에 있어서의] 집단혼(集團婚), 잡혼(communal marriage).

group medicine *n.* 단체 의료(醫療) 제도.

group mind *n.* (the ~) 군중(집단) 심리.

Group of Five *n.* 〔경제〕 선진 5개국[재무장관] 회의 [미국·영국·독일·프랑스·일본의 5개국 재무장관으로 구성된 비공식 회의;「선진 5개국 각료회의」라고도 한다; 略 G5].

Group of Seven *n.* 선진 공업 7개국 수뇌 회의[미국·영국·프랑스·독일·일본·캐나다·이탈리아의 7개 경제 선진국 정상들에 의한 세계 경제 운영에 관한 정상 회담; 略 G7].

Group of 77 *n.* 〔경제〕 (the~) 77개국 그룹[UNCTAD의 멤버인 발전 도상국 그룹].

group test *n.* 집단 테스트.

group therapy *n.* ⓤ[정신 의학] 집단 요법[같은 병의 환자끼리 집단으로 토의시켜, 나아가겠다는 마음을 불러 일으키기 함].

group-think [grú:pθìŋk] *n.* ⓤ 집단 사고[전문가들에 의한 합의 검토].

group-us·cule [grú:pʌskjù:l] *n.* 작은 집단. [<F GROUP[E]+[MIN]USCULE] 〔나].〕

group work *n.* ⓤ 집단 작업(사업) [사회 사업의 하

grouse[1] [graus] n. (pl. **grouse**) 뇌조류(類)의 새[종류가 많은 주요한 사냥감 새]. ¶ a black *grouse* 검은뇌조.

grouse[2] [graus] vi. (**groused, grous·ing**) (구어) 불평하다, 투덜대다(grumble). —— n. 불평(complaint); 불평가.

grous·er [gráusər] n. [항상] 불평하는 사람.

grout [graut] n. ① 액상(液狀) 모르타르, 시멘트 풀. **2** [벽·천장의] 마무리칠. **3** (보통 ~s) 침전물, 찌꺼기(grounds). **4** (고어) (보통 ~s) 조식(粗食); 죽. —— vt. ···에 액상 모르타르를 주입하다.

‡**grove** [grouv] n. 작은 숲; [덤불을 쓰낸] 수목의 모임; [특히 감귤류를 재배하는] 작은 과수원. ⇨ FOREST [類語]

grov·el [grʌ́vl, grάvl / grɔ́vl, grǽvl] vi. (**-eled, -el·ing**; (英) **-elled, -el·ling**) **1** 기다, 기며 나아가다. **2** [비굴·공포 따위로] 엎드리다. ¶ *grovel before* (or *to*) authority 권위 앞에 설설 기다 / *grovel under* heavy taxes 중세(重稅)에 시달리다. **3** 비굴하게 행동하다; 천한 일에 열중하다.
grovel in the dust (or *dirt*) (비유적) 땅에 기다, 땅에 머리가 닿도록 굽실거리다. 비굴한 행동을 하다.

grov·el·er, (英) -el·ler [grʌ́vlər, grǽv-/grɔ́v-, grǽv-] n. 설설 기는 사람; 비굴한 사람.

grov·el·ing, (英) -el·ling [grʌ́vliŋ, grǽv-/grɔ́v-, grǽv-] adj. **1** 기는, 엎드린(prone). **2** 비굴한, 천한(base). ~ly adv.

grov·y [gróuvi] adj. (**grov·i·er, grov·i·est**) 숲의, 숲 같은.

‡**grow** [grou] v. (**grew, grown, grow·ing**) vi. **1** 성장하다, 자라다(*into, to*...); [식물이] 우거지다; 나다; 발아하다. ¶ Young children *grow* rapidly. 유아는 발육이 빠르다 / (~+前+名) A tadpole *grows into* a frog. 올챙이는 자라서 개구리가 된다 / (~*to be* 보)He *grew to be* a refined gentleman. 그는 자라서 세련된 신사가 되었다.
2 [사건 따위가] 일어나다, 발생하다.
3 [차츰] 증대하다, 붙다; 커지다. ¶ My troubles are *growing*. 골칫거리가 점점 더해간다.
4 [차츰] ···이 되다(become), ···으로 변하다. ¶ (~+麗) *grow* angry (weary) 화를 내다(피곤해지다) / *grow* old (wealthy) 나이가 들다(넉넉해지다) / *grow* less 줄어들다 / *grow* a pretty woman 예쁜 여자가 되다 / (~+前+名) *grow* more and more *in* love with a person 더욱 더 남에게 애정을 느끼게 되다 / (~+*to do*) I *grew to* realize the delicate situation. 미묘한 사정을 알아차리게 되었다.
—— vt. **1** [작물을] 만들다, 재배하다. **2** ···을 기르다, 늘어나게(뻗어나게) 하다. ¶ *grow* a beard 턱수염을 기르다. **3** (수동형으로) ···을 우거지게 하다. ¶ The hill is well *grown* with trees. 그 언덕에는 나무가 잘 우거져 있다. **4** [취미 등을] 기르다.
grow down 밑으로 빨다, 작아지다; 바다가 잔잔해지다.
grow on (or *upon*) ① 차츰 바람직하게 되다. ¶ She is the kind of girl who *grows on* me. 그녀는 나를 차츰 좋아하게 되는 그런 여자이다. ② 차츰 세력을 차지하다, 차츰 *grow upon* one's hands 차츰 다루기 어려워지다. ③ 차츰 알게 되다. ¶ It *grows upon* me that you are my cousin. 네가 내 사촌이라는 것을 차츰 알겠구나.
grow out [수확 후의 곡물 따위가] 싹트다; [수확 전의 감자가] 새싹이 나다.
grow out of ① ···에서 생겨나다, 일어나다. ② ···을 그만두다, ···에서 빠져나오다. ¶ Clara will *grow out of* her shyness with strangers in time. 클라라는 이윽고 낯을 가리지 않게 될 것이다. ③ (성장하여) ···에 대하여 너무 커지다. ¶ Children soon *grow out of* their clothes. 아이들 옷은 곧 작아진다.
grow together; grow into one 하나로 되다, 합체하여 자라다.
grow up ① [아이가] 성인이 되다. ② [식물이] 나다, 싹트다. ③ [어떤 사태가] 일어나다, 생기다.
◇ grówth n.

grow·a·ble [gróuəbl] adj. 성장시킬 수 있는, 재배할 수 있는.

grow·er [gróuər] n. **1** 재배가. **2** (형용사구를 동반하여) 자라는 식물. ¶ a free *grower* 마음대로 자라는 식물 / a rapid *grower* 빨리 자라는 식물.

‡**grow·ing** [gróuiŋ] adj. **1** 성장하고 있는, 무성한; 성장(발육)에 관한; 성장에 알맞은; 한창 자라는. ¶ a *growing* organism 성장하고 있는 생물 / *growing* weather 작물의 성장에 적합한 천기 / a *growing* child 한창 자라는 아이. **2** 증대하는, 고조되는(increasing). ¶ *growing* anxiety 고조되는 불안.
—— n. ① 성장, 발육 (growth). ~ly adv.

grów·ing páins n. pl. **1** 성장기 신경통[청소년의 급격한 성장 때문에 팔다리 따위에 일어나는 신경통]. **2** [새 계획·사업 따위의] 발전 도상의 곤란; 창조의 고통, 진통.

‡**growl** [graul] vi. **1** (개 따위가 화가 나서) 으르렁거리다. **2** 불평하다, 투덜거리다, 딱딱거리다. ⇨ COMPLAIN [類語] **3** [천둥 따위가] 우르르 울리다. ¶ A distant thunder *growls*. 멀리서 천둥이 우르르 울린다. —— vt. 화난 목소리로 ···이라 말하다, ···이라고 딱딱거리다(*out*). ¶ *growl* [*out*] an answer 화난 목소리로 대답하다. —— n. **1** 으르렁거리기, 화내기. **2** 으르렁거리는 소리, 노성; 불만스러운 소리. **3** [천둥 따위의] 우르르 울리는 소리.

growl·er [gráulər] n. **1** 화가 나서 으르렁거리는(딱딱거리는) 사람. **2** (美구어) 달아서 파는 맥주를 살 때 가져가는 용기. **3** (英속어) 구식 4륜(합승) 마차. **4** (전기) 그라울러. **5** 작은 빙산. [서.

growl·ing·ly [gráuliŋli] adv. 투덜투덜, 딱딱거리며.

‡**grown** [groun] v. grow의 과거 분사.
—— adj. **1** 성장한, 성인이 된(grown-up). ¶ a *grown* man 성인, 어른. **2** (복합어로) **a)** ···이 우거진. **b)** ···재배의, ···산(産)의. ¶ home-*grown* cheese 집에서 만든 치즈.

‡**grown-up** [gróunʌ̀p] adj. 어른의, 성인이 된; 어른스러운, 성인용의. ⇨ RIPE [類語] —— n. (=grownup) 성인, 어른(adult).

‡**growth** [grouθ] n. ① **1** 성장, 발육, 성숙. ¶ the rapid *growth* in infancy 유아기에 있어서의 급속한 발육 / reach its full *growth* 완전히 성장하다, 성숙기에 달하다 / Men get *growth* before they are thirty. 인간은 30세 전에 다 자란다. **2** [무생물의] 나기; ⓒ 난 것(자란) 것[초목·털·손톱 따위]. ¶ a thick *growth* of grass 우거진 풀숲. **3** 발달, 발전. ¶ the *growth* of the housing industry 주택 산업의 발전 / spiritual *growth* 정신적 발달 / cripple the *growth* of ···의 발달 (발전)을 저해하다 / encourage (or promote) the *growth* of ···의 발달을 조장하다. **4** [수량·길이·크기 의] 확대, 증대, 증가. ¶ the *growth* of a city 도시의 확대 / the remarkable *growth* of population 인구의 두드러진 증가. **5** (작물의) 가꾸기; 재배, 배양; 산출, 원산(原産)(origin). ¶ fruits of one's own *growth* 자신이 가꾼 과일 / a story of African *growth* 아프리카에서 온 이야기. **7** ⓒ (병리) 종양, 신생물, 증식물. ¶ a malignant *growth* 악성 종양 / a cancerous *growth* 암 종양. ◇ grow v.

grówth cènter n. [잠재 능력을 키우기 위한] 집단 감각(感覺) 훈련소(센터). [빠른 기업체.

grówth còmpany n. 경제 성장률이 다른 회사보다

grówth hòrmone n. 성장 호르몬.

grówth índustry n. 성장 산업[경제 성장률을 앞지르는 산업].

grówth stòck n. 성장주(株).

groyne [grɔin] n. (**v. groyned, groyn·ing**) =groin.

*‡**grub** [grʌb] n. **1** 땅벌레[갑충류의 애벌레], 구더기. **2** 싫은(따분한) 일을 꾸준히 하는 사람(drudge), 공부벌레; 삼류 문인; 몸차림이 단정치 못한 버릇없는 사람, 게으름뱅이. **3** ①(집합적) (속어) 음식물, 식량(food).

4 〖크리켓〗 땅볼. **5** (~s) 《美속어》 누더기 옷. —— *v.* (**grubbed, grub·bing**) *vt.* **1** …을 파다, 파내다; …의 나무 뿌리를 뽑다(*… up*); …을 뿌리째 뽑다(*… up, out*). ¶ *a newly grubbed ground* 새 개간지 / (~+目+悶) *grub up a tree* 나무를 뿌리째 뽑다. **2** (속어) …에게 먹을 것을 주다. **3** [예: 기록·서적 따위에서] …을 애 써 찾아내다, [지식 따위를] 힘들여 얻다(*…out, up*). ¶ (~+目+悶) *I grubbed out French bit by bit.* 프랑스어를 노력하여 조금씩 익혔다. —— *vi.* **1** 땅을 파다; 뿌리를 캐내다; 개간하다. **2** 열심히 일하면서 살다(drudge). ¶ (~+悶) *grub along from day to day* 매일 억척스럽게 일하며 살다. **3** 애써 찾아내다(찾아다니다; 자세히(열심히) 조사하다(연구하다) (*about…*). ¶ (~+目) (~+前+名) *grub about* in one's bag *for* the paper 가방 속의 서류를 열심히 뒤지다. —— **4** 《속어》 음식을 들다, 먹다 (eat).

grúb àx *n.* 뿌리캐는 곡괭이.

grub·ber [grʌ́bər] *n.* **1** 나무 뿌리를 캐내는 사람, 나무 뿌리를 파내는 도구[grub ax 따위]. **2** 열심히 일하는 (공부하는) 사람. **3** 수전노(moneygrubber).

grub·by [grʌ́bi] *adj.* (**-bi-er, -bi-est**) **1** 구더기가 끓는, 땅벌레가 많은. **2** 더러운, 단정치 못한.
~·bi·ly *adv.* ~·bi·ness *n.*

grúb hòe *n.* 뿌리캐는 괭이.

grúb hòok *n.* 〖쟁기 비슷한〗 뿌리뽑는 도구.

grub·stake [grʌ́bstèik] *n.* 《美속어》 [광맥을 발견했을 경우 그 이익을 분배받을 조건으로] 시굴자에게 주는 금품. —— *vt.* (**-staked, -stak·ing**) …에게 grubstake를 주다. **2** …에게 융자하다(수급자).

grub·stak·er [grʌ́bstèikər] *n.* grubstake의 공급자.

Grúb Stréet *n.* **1** 영국 London의 거리 이름 [지금의 Milton Street; 원래 삼류 문인들이 많이 거주]. **2** 《집합적》 삼류 문인.

grub-street [grʌ́bstrìːt] *adj.* 삼류 소설 같은; 수준 낮은 (poor). ¶ *a grubstreet book* 삼류 소설. —— *n.* = Grub Street 2.

*****grudge** [grʌdʒ] *n.* 원한, 유한, 유감 (*against …*), MALICE 類語. ¶ with *a grudge* 한을 품고 / work off a *grudge* 원한을 풀다 // have (*or* hold) *a grudge against* a person; owe (*or* bear) a person *a grudge* 남에게 원한을 품다. —— *v.* (**grudged, grudg·ing**) *vt.* **1** …을 싫어하다, 아끼다, 마지못해 하다. ¶ *grudge* one's labor 몸을 사리다 / *grudge* every moment of delay 한시도 꾸물대기 싫다 // (~+目+目) *grudge a person nothing* 남에게 무엇이든지 주다 // (~+目+*-ing*) *grudge paying* money 돈 지불을 꺼리다. **2** (소유물·성공 따위로) [남을] 시기하다, 질투하다(envy). ¶ (~+目+目) He *grudges* me my success. 그는 내 성공을 시기하고 있다. —— *vi.* **1** 원한을 품다, 불만스러워 하다. **2** (드물게) 투덜대다, 불평거리다, 불평을 하다 (complain).

grudg·ing [grʌ́dʒiŋ] *adj.* **1** 본의 아닌, 마지못해 하는 (reluctant). ¶ *a grudging* praise 마지못해 하는 칭찬이다. **2** 악의에 찬; 시기하는. **3** 인색한(mean).
~·ly *adv.*

gru·el [grúːəl / grú(ː)əl] *n.* ⓤ **1** (특히 오트밀의) 죽, 죽 모양의 것. **2** 《英》 벌 (punishment); 죽음(death). *give* a person *his gruel* 《속어》 남을 엄벌하다; 죽이다. *have* (*or* **get, take**) *one's gruel* 《속어》 엄벌을 받다; 살해되다 (be killed).
—— *vt.* (**-eled, -el·ing**; 《英》 **-elled, -el·ling**) **1** …을 벌하다(punish); …을 혹사하다, 기진맥진케 하다 (exhaust). **2** (드물게) …을 죽이다(kill).

gru·el·ing, 《英》 **-el·ling** [grúːəliŋ / grú(ː)əliŋ] *adj.* 《英구어》 기진맥진케 하는, 심한, 엄한 (severe). ¶ *a grueling race* 맹렬한 경주. —— *n.* 《英구어》 벌 (punishment); 심한 불평, 혹평.

grue·some [grúːsəm] *adj.* 으스스한, 소름이 끼칠 만한, 무시무시한 (horrible). ~·ly *adv.* ~·ness *n.*

*****gruff** [grʌf] *adj.* **1** 목소리가 거칠은, 목쉰(hoarse). ¶ a *gruff* voice 목쉰 소리. **2** 거친, 우락부락한(rough); 퉁명스러운, 무뚝뚝한(surly). ~·ly *adv.* ~·ness *n.*

gruff·ish [grʌ́fiʃ] *adj.* 《목소리가》 쉰 듯한; 약간 거친.

grum [grʌm] *adj.* (**grum·mer, grum·mest**) 심술난, 무뚝뚝한, 언짢아하는(surly); 섬뜩한, 기분 나쁜(grim).

*****grum·ble** [grʌ́mbl] *v.* (**-bled, -bling**) *vi.* **1** 불평하다, 투덜거리다, 불퉁거리다 (*about, at, for, over …*). ¶ COMPLAIN 類語. ¶ Don't *grumble*! 투덜거리지 마라! // (~+前+名) *grumble for* wine 〖마실 만한〗 술이 없다고 투덜대다 / Don't *grumble at* the food. 음식 투정을 하지 마라. **2** 낮은 소리로 으르릉대다 (중얼대다). **3** 〖천둥 따위가〗 우르르 울리다(growl). —— *vt.* …을 불만스럽게 말하다(*…out*). ¶ (~+目+悶) *grumble out* a protest 불만스럽게 항의하다. —— *n.* **1** 불평, 푸념 (complaint). **2** (~s) 불복, 불만, 불만스러운 기분; 울화통. **3** 〖천둥 따위의〗 우르르 울림 (rumble).

grum·bler [grʌ́mblər] *n.* 투덜거리는 사람, 불평가.

grum·bling [grʌ́mbliŋ] *adj.* **1** 투덜거리는, 불평하는. **2** 〖맹장이〗 악화한; 통증 (불쾌감)을 느끼게 하는, 쿡쿡 쑤시는 〖리면서〗.

grum·bling·ly [grʌ́mbliŋli] *adv.* 불만스럽게, 투덜거리며.

grum·bly [grʌ́mbli] *adj.* (**-bli·er, -bli·est**) 투덜거리는, 불평하는.

grume [gruːm] *n.* 〖피 따위의〗 끈적거리는 덩이; 〖의학〗 응혈, 엉긴 핏덩이.

grum·met [grʌ́mit] *n.* = grommet.

gru·mose [grúːmous] *adj.* =grumous.

gru·mous [grúːməs] *adj.* **1** 〖식물〗 〖뿌리 따위가〗 집단 과립(顆粒)으로 된. **2** 핏덩이(응혈) 같은; 굳은.

grump [grʌmp] *n.* 《구어》 **1** 불평가. **2** (~s) 기분이 언짢음. ¶ have the *grumps* 기분이 언짢다, 저기압이다. —— *vi.* 불평하다, 투덜거리다; 뚱하다. —— *vt.* 불만스럽게 말하다.

grump·y [grʌ́mpi] *adj.* (**grump·i·er, grump·i·est**) 심술이 난, 기분이 언짢은(ill-humored), 무뚝뚝한(surly). **grump·i·ly** *adv.* **grump·i·ness** *n.*

Grun·dy [grʌ́ndi] *n.* **Mrs. ~** [개인의 행동에 대한] 항간의 말, 세상(사람들); 인습적인 관례를 중히 여기는 사람, What will *Mrs. Grundy* say? 세상은 뭐라고 말할까? / Be afraid of *Mrs. Grundy* 세상의 입을 두려워하다; 남의 눈치를 보다. [《영국의 극작가 Tom Morton (1764?-1838)의 회극 Speed the Plough(1798)에서의 인물 Mrs. Ashfield가 이웃사람 Mrs. Grundy의 비판을 두려워하여 항상 What will Mrs. Grundy say?라고 말하는 것이 입버릇이었던 데서]

Grun·dy·ism [grʌ́ndiìz(ə)m] *n.* ⓤ 인습에 얽매임, 세상 일을 두려워함.

grun·gy, grunge [grʌ́ndʒi] *adj.* 《美속어》 신통치 않은, 저열한, 불결한. —— *n.* 《美》 그런지 음악, 그런지 패션 [1990년대 초 Seattle에서 태동한 새 장르의 rock music 과 가수들이 걸치는 넝마주의 같은 차림].

*****grunt** [grʌnt] *vi.* 〖돼지가〗 꿀꿀거리다; 〖돼지처럼〗 꿍꿍거리다, 불평거리다, 투덜투덜 불평하다(grumble). —— *vt.* 꿍꿍거리듯이 …이라 말하다, 불퉁불퉁 …이라 말하다. ¶ (~+目+悶) *grunt out* an answer 불퉁거리며 대답하다, 불만스럽게 대답하다. —— *n.* **1** 불퉁거리는 소리 [불평·불만·반대 따위를 나타낸다]. **2** 하스돔과의 물고기 [물에서 건져올리면 꿀꿀거리는 데서]. **3** 《美軍속어》 보병, 해병대원.

grunt·er [grʌ́ntər] *n.* **1** 돼지(hog). **2** 불평거리는 사람. **3** =grunt n. 2. —— 면서.

grunt·ing·ly [grʌ́ntiŋli] *adv.* 불퉁거리면서, 불평하며.

grunt·led [grʌ́ntld] *adj.* 《戱》 기쁜, 만족한.

grúnt·ling [grʌ́ntliŋ] *n.* 어린 돼지 (young pig).

Gru·yère [**cheese**] [gruːjɛ́ər tʃìːz, griː- / grúːjɛə-] *n.* ⓤ 그뤼에르 치즈 [주로 프랑스·스위스에서 생산되는 담황색, 다공질(多孔質)의 치즈]. [<스위스의 원산지 Gruyère의 이름]

gr. wt. (略) gross weight.
gryph·on [grífən] n. =griffin¹.
grys·bok [gréisbὰk, gráis-/-bɔ̀k] n. (pl. **-boks** or **-bok**) 남 아프리카산(產)의 갈색 영양.
gs. (略) guineas.
g.s. (略) grandson.
G.S. (略) General Secretary; General Staff; General Service; ground speed; German silver(양은); group sounds.
G. S. A. (略) General Services Administration (일반 조달청); Girl Scouts of America.
G. S. C. (略) General Staff Corps (참모 막료단).
GSE (略) [항공] ground-support equipment (지상 지원 기기).
G7 [dʒí:sév(ə)n] n. =Group of Seven.
GSO (略) General Staff Officer (참모 본부 장교, 막 료).
GSP (略) Generalized System of Preference (일반 특례 관세).
GSR (略) galvanic skin response(전기 피부 반응[거 짓말 탐지기] 따위에 응용]).
GSTDN (略) ground space tracking and data network (우주 추적 데이터 통신망 지상국).
GSTP (略) global system of trade preferences [among developing countries] (범(汎)개발 도상국간 특 혜 무역 제도).
G-string [dʒí:strìŋ] n. **1** 지선(線) [바이올린의 제 4 현(絃)]. **2** 하체 가리개; [스트립 댄서의] 국부 가리개, 버터플라이.
G-suit [dʒí:sù:t] n. 가속도의 영향을 방지하 는 비행복. [<G[RAVITY] SUIT]
GSW (略) Gross Salaried-man Welfare(기업 샐러리 맨 총복지).
GT (略) glass tube (금속 진공관의 피복부를 유리로 만 든 관); grand touring (스포츠 카의 일종).
gt. (略) gilt; great; [라틴] gutta (=drop).
g.t. (略) gilt top ([책의] 천금(天金)).
G. T. (略) gross ton.
Gt. Br., Gt. Brit. (略) Great Britain.
g.t.c. (略) [상업] good till canceled (or countermanded) (취소까지 유효).
gtd. (略) guaranteed.
g.u. (略) genitourinary.
gua·cha·ro [gwá:tʃəròu] n. (pl. **-ros**) 기름쏙독새 [남 미산(產)];그 유용의 유(뱀독의 해독제].
gua·co [gwá:kou] n. (pl. **-cos**) 덩굴국화[열대 아메리 카산(產)]; 그 유용의 잎[뱀독의 해독제].
guai·a·col [gwáiəkòul, -kɔ̀:l] n. [[화학]] 과이아콜 [백색 결정 또는 무색의 유상(油狀) 액체. 폐결핵약·거 담제 따위에 쓰인다].
guai·a·cum [gwáiəkəm] n. **1** 유창목(癒瘡木) [서인도 제도산(產)의 나무]; ⓤ 그 수지[류머티즘·통풍(痛風) 따위의 치료에 쓰인다].
Guam [gwa:m] n. 괌 섬 [서태평양 Mariana 제도 중 최 대의 섬; 미국령].
gua·na [gwá:nə] n. =iguana.
gua·na·co [gwənɑ́:kou] n. (pl. **-cos** or **-co**) 야생 라 마 [남미산(產)].
gua·nine [gwá:ni:n] n. [[생화학]] 구아닌.
gua·no [gwá:nou] n. (pl. **-nos**) **1** [[조분석 (鳥糞石), 분화석 (糞化石)] 남미, 특히 페루·서해안의 섬 에 있는 주로 해조의 똥이 퇴적 경화하여 생긴 천연 비 료. **2** ⓤ ⓒ 인조 질소 비료. —— vt. …에 구아노를 주 다.
guar. (略) guarantee; guaranteed; guarantor; guaranty.
gua·ra·na [gwá:rənὰ:] n. 브라질산(產)의 덩굴 식물 의 일종 [서로가니] · 흥분성 음료 따위를 만든다]; ⓤ 그것으로 만든 음료의 일종.
Gua·ra·ni [gwá:rəní:] n. (pl. **-nis** or **-nies** or **-ni**) **1** (=**Gua·ra·ni**) 과라니족(族) [남미 중부에 있던 Tupi 족 중의 주요족]; 과라니인; ⓤ 과라니어(語). **2** (g-) 과

라니 [파라과이의 통화 단위].
‡guar·an·tee [gæ̀rəntí:] n. **1** ⓤⓒ 보증(warrant); 보 증 계약; 담보, 담보물, 저당(security), [일반적으로] 보 증이 되는 것. ¶ a written *guarantee* 보증서 / *guarantee* of delivery (quality) (품질) 보증 / on a (or under the) *guarantee* of …의 보증 아래 / Wealth is no *guarantee* of happiness. 부는 결코 행복의 보증이 될 수 없다 // a twelve months' *guarantee* with a clock 시계에 대한 12개월간의 보증. **2** [[법률]] 보증인, 담보인 (guarantor). **3** [[법률]] 피보증인, *cf.* guarantor **4** 상 품의 보증[서], 아프터 서비스. **5** (구어) 약속(promise). ¶ It's *guarantee*. 약속합니다.
stand (or **be**) **guarantee for** …의 보증인이 되다.
—— vt. (**-teed, -tee·ing**) **1** …을 보증하다 (⇒ WARRANT [類語]); …의 보증인이 되다. ¶ *guarantee* a clock for two years 시계를 2년간 보증하다 / *guarantee* a person's future behavior 남의 장래의 행위를 보증하다 // (~+[[목]]+[[목]]) He *guaranteed* us possession of the house by June. 그는 그 집이 6월까지는 우리 것이 될 것을 보증했다 // (~+[[목]]+*to do*) *guarantee* a watch *to* keep perfect time 시계가 정확히 틀리지 않는다는 것을 보증하다 // (~+*to do*) I *guarantee* to prove the truth of my words. 내 말이 진실임을 보증한다 // (~+*that* [[절]]) *guarantee that* the contract shall be carried out 계 약이 이행될 것을 보증하다. **2** …을 확실하게 하다 (make sure), 보증하다. ¶ He thought a good education would guarantee success. 그는 훌륭한 교육이 성공 을 보증하리라 생각했다. **3** …을 확언하다, 꼭 …하 고 말하다, 약속하다. ¶ I *guarantee* [*that*] he will come. 그가 온다는 것은 내가 보증한다 // (~+[[목]]+[[전]]+[[명]]) *guarantee* a person *against* (or *from*) [손해·위험 따위를] 받지 않을 것을 보증하다 / *guarantee* a person *in* …의 소유를 보증하 다.
guàrantéed [ánnual] **íncome** n. =negative income tax.
guar·an·tor [gǽrəntɔ̀:r, -tər/gæ̀rəntɔ́:] n. [[법률]] 보증인, 담보인, *cf.* guarantee
***guar·an·ty** [gǽrənti] n. (pl. **-ties**) **1** 보증, 보증 계 약(협정); 보증서; 보증인(guarantor). **2** 보증 서기, 담 보 제공; 담보물, 담보(security). —— vt. (**-tied, -ty·ing**) =guarantee.
‡guard [ga:rd] vt. **1** …을 지키다, 보호하다, 경호하 다, …을 감시하다. ⇒ DEFEND [類語] ¶ *guard* a prisoner 죄수를 감시하다 / The dog *guarded* his sleeping master. 그 개는 잠든 주인을 지켰다 // (~+[[목]]+[[전]]+[[명]]) *guard* a person *against* (or *from*) temptations 남을 유혹에서 지켜주다 / He *guarded* himself *against* (or *from*) danger. 그는 위험에 빠지지 않도록 조심했다. **2** [조심해서] …을 억제하다, 삼가다(restrain, control). ¶ *guard* the tongue 입을 조심하다. **3** …에 안전(보 호) 장치를 달다. **4** [스포츠·서양장기] …을 지키다 (protect); [펜싱] …을 받아내다. —— vi. **1** 조심하다, 경계하다 (*against* …). ¶ (~+[[전]]+[[명]]) *guard against* fires 화재를 예방하다 / You should *guard against* catching cold. 감기에 걸리지 않도록 조심해라. **2** 망보 다, 파수보다, 감시하다; [펜싱] 방어 자세를 취하다.
—— n. **1** 파수보는 사람, 망보는 사람, 감시인; 수호자 (guardian), 경호원, 호위(護衛); [군대] 보초 (sentinel), 파수병; [[경기]] 교도관, 인도((죄수)); 경비원; [포로 따위의] 호송반(대); 호위함(선); 경호군; [국왕 등 의] 친위병(대), 친병(親兵), (the ~s) (영) 근위 연대, ¶ The advance (rear, flank) *guard* 전(후, 측) 위 / the Red *Guards* [중국의] 홍위병 / the Dragon *Guards* 근 위 용기병(龍騎兵) / the Foot *Guards* 근위 보병 연대 / the Life *Guards* 근위 기병 제 1·제 2 연대 / the Royal Horse *Guards* 근위 기병 제3 연대 / a *guard* of honor 의장병 / place a *guard* at the door 입구에 보초를 세우 다 // Temperance is the best *guard against* disease. 병

을 예방하는 데는 절제가 제일이다.
2 ⓤ 감시, 파수 (careful watch), 경계 (precaution), 경호. ¶ keep *guard* over …의 파수(망)를 보다, …을 경계하다 / be kept under close *guard* 엄중히 감시받다.
3 방호물(장치), 안전기(장치), …막이; [도검의] 날밑; [총의] 안전 장치; [난로의] 불막이; [차의] 흙탕막이; [시계·목걸이] 고정 끈; 고정 링, 덧반지 (guard ring), 고정 끈; 정강이 싸개. ¶ a lens *guard* 렌즈 커버 / a shin *guard* 정강이 싸개.
4 《英》[열차 따위의] 차장《《美》conductor》; 《美》[열차의] 제동수(制動手), 도어 개폐원.
5 ⓒⓤ [펜싱·권투·총검술] 방어(防禦) 자세, 수세; [축구·농구] 가드; [크리켓] 가드 (3주문(柱門) (wicket) 방어의 배팅 자세]. ¶ break through a person's *guard* 상대방의 방어 자세를 깨고 쳐들어가다 / take *guard* 3주문 방어 위치에서 배팅 자세를 취하다 / at open *guard* [크리켓에서] 빈틈이 있는 자세로.
mount [*the*] *guard* 《군대》보초를 서다.
off guard 비번으로. ¶ come *off guard* 비번이 되다.
off [*one's*] *guard* 방심하여; 불의에, 의외에 (unprepared). ¶ throw (*or* put) a person *off* his *guard* 남을 방심케 하다 / The police caught the radicals *off guard* in their hideout. 경찰은 아지트를 급습하여 그 과격파들을 체포했다.
on guard 당번으로 (on duty).
on one's guard 조심하여, 경계하여 (watchful). ¶ put (*or* set) a person *on his guard* 남에게 경계하게 하다, 조심시키다 / Be *on your guard* against pickpockets. 소매치기를 조심해라.
relieve guard 보초를 교대하다, 교대하여 보초를 서다.
run the guard 보초의 눈을 속여 빠져나가다.
stand guard 보초서다.
stand (*or lie*) *on* (*or upon*) *one's guard* 경계하나, 조심하다.

guard∙ant [gάːrdənt] *adj*. **1** 지키는, 수호(방호)하는. **2** 《紋章》[동물이] 정면을 향하고 있는. [시선.
guárd bòat *n*. 순시선; [수상 경찰 등의 항구내] 순시선.
guárd bòok *n*. 《英》앨범, 스크랩북, 종이(서류) 철 (folder).
guárd cèll *n*. [식물] 공변(孔邊) (개폐) 세포[기공(氣孔)을 구성하며, 개폐 작용을 한다].
guárd chàin *n*. [시계·브로치 따위에 다는] 사슬줄.
guárd dùty *n*. ⓤ 《군대》보초 근무, 위병 근무, 호위 근무.
guard∙ed [gάːrdid] *adj*. **1** 조심성 있는, 신중한 (cautious). ¶ be *guarded* in one's speech 말씨가 조심스럽다, 말조심하다. **2** 방호(보호)된, 감시받는 (protected). ~**ly** *adv*. ~**ness** *n*.
guard∙er [gάːrdər] *n*. **1** 위병, 수위, 지기 (watchman). **2** 지켜주는 것, 보호 장치.
guard∙house [gάːrdhàus] *n*. (*pl*. ~**hous·es** [-hàuziz]) **1** 위병소(본부), 경호실. **2** 영창, 유치장, 감방 (military jail).
‡guard∙i∙an [gάːrdiən] *n*. **1** 보호자, 수호자, 관리인, 보관자 (protector). **2** [법률] 후견인. *cf*. ward ¶ a *guardian* ad litem [법률] [법원이 임명한] 소송 후견인 / a natural *guardian* 당연한 후견인 [미성년자의 아버지 또는 어머니 등]. **3** 프란체스코회의 수도원장.
— *adj*. 보호하는, 후견하는 (guarding, protecting).
guárdian ángel *n*. 수호신, 수호 천사.
guard∙i∙an∙ship [gάːrdiənʃìp] *n*. ⓤ 후견인의 직무 (역); 후견, 보호 (protection), 감독 (charge). ¶ under the *guardianship* of …의 보호하에.
guard∙less [gάːrdlis] *adj*. 방어할 길 없는, 무방비의 (defenseless), 조심성 없는, 경계하지 않는 (unwary).
guárd∙rail [gάːrdrèil] *n*. **1** [계단 따위의] 난간; 가드레일. **2** [철도의] 보조 레일.
guárd rìng *n*. **1** 덧반지 [반지가 빠지지 않도록 별

도로 끼는 반지]. **2** [기계 따위의] 보호 링.
guard∙room [gάːrdrù(ː)m] *n*. **1** 《군대》위병소; 위병 (보초) 대기실. **2** 《英軍대》영창, 유치장.
guárd shìp *n*. 경비함, 감시정.
guards∙man [gάːrdzmən] *n*. (*pl*. ~**men** [-mən]) **1** 파수꾼, 망보는 사람, 보초 (sentry). **2** 《英》근위연대 (Guards)의 병사, 근위병. **3** 《美》주병(州兵) (National Guard).
guárd's vàn *n*. 《英》=caboose.
guárd tènt *n*. 위병 텐트 (대기소).
Guar∙ne∙ri∙us [gwɑːnéəriəs / -niər-] *n*. 과르네리우스 [이탈리아의 바이올린 제작자 과르네리 (Guarneri) 일가가 17-18세기에 제작한 바이올린].
Gua∙te∙ma∙la [gwὰːtəmάːlə / gwὰːti-, gwὰːt-] *n*. **1** 과테말라 (중앙 아메리카의 공화국). **2** (=**Guatemála City**) 그 공화국의 수도.
gua∙va [gwάːvə] *n*. 반석류 [열대·아열대 아메리카산(産)의 도금양과(科); 그 열매 (젤리·잼 따위의 제조에 쓰임)].
gua∙yu∙le [gwɑːjúːlei, -liː / -jύːl] *n*. **1** 구아율레 [멕시코·텍사스산(産)의 고무질을 함유한 국화과(科)의 관목. **2** (=**guayúle rúbber**) ⓤ 구아율 고무. [키.
gub∙bins [gábinz] *n*. 《英구어》뭐라나 하는 것, 거시기.
gu∙ber∙na∙to∙ri∙al [gjùːbərnətɔ́ːriəl / -tɔ́ːr-] *adj*. 《주로美》 지사의 (장관, 총독)의.
guck [gak] *n*. 《美속어》**1** 미끈미끈(질척)한 진흙 (gunk). **2** 속이 메스꺼워지는 것, 싫은 것.
gudg∙eon[gádʒ(ə)n] *n*. **1** 모샘치 [유럽산(産)의 잉어과에 속하는 작은 민물고기, 식용어]. **2** 잘 속는 사람 (dupe), 멍청이 (dunce). **3** 미끼 (bait), 꾈 것, 유혹물 (allurement). — *vt*. 《고어》…을 속이다, 속여 넘기다 (dupe, cheat).
gudg∙eon[gádʒ(ə)n] *n*. [기계] 굴대 꼭지, 축두(軸頭), 선반축 (旋盤軸) [함체] [키의] 축받이.
guel∙der-rose [géldərròuz] *n*. 불두화 나무(snowball) [유럽산(産)의 관상용 식물].
Guelf, Guelph [gwelf] *n*. 겔프 당원, 교황 당원 [중세 이탈리아에 있어서 독일 황제파 (the Ghibellines)에 반항하여 교황을 옹호한 교황·대공 당원].
guer∙don [gə́ːrdn] (詩) *n*. ⓤⓒ 보답, 보상, 보수 (reward), 포상. — *vt*. …에게 보답하다, 답례하다.
Guern∙sey [gə́ːrnzi] *n*. (*pl*. ~**seys**) **1** Isle of ~ [영국 해협에 있는] 채널 제도 (Channel Islands) 중의 섬. **2** ~에서 나는 젖소. **3** (g-) 모직옷 셔츠, 자켓.
***guer∙ril∙la** [gərílə], (**gue·ril·la**) *n*. **1** 게릴라병, 유격병(대원), 비정규군. **2** 《고어》게릴라전, 비정규전.
— *adj*. 게릴라 (유격, 비정규)(전)의. ¶ a *guerrilla* band 비정규군, 게릴라 부대.
guerrílla théatre 《英》ⓤ 가두 연극.
guerrílla wárfare *n*. ⓤ 게릴라전.
‡guess [ges] *vt*. **1** …을 추측하다, 짐작하다, 추정하다. ¶ (~+图+®+图) *guess* the woman's age at 25 그 여자의 나이를 25세로 추정하다 / *guess* a person's status *from* his appearance 남의 신분을 풍채를 보고 추측하다 // (~+图) He *guessed that* the cost would be about five dollars. 그는 비용이 5달러 정도일 것으로 짐작했다 // (~+图+*to be* 图) I *guess* him *to be* about 40. =I *guess that* he is about 40. 나는 그가 40세 정도라고 추측한다 // (~+图+*to do*) I *guess* this library *to contain* 50,000 books. 나의 추정으로는 이 도서실에 있는 책이 5만 권 정도가 되다 // I cannot *guess what to do* next. 다음에는 무엇을 해야 할지 나는 가늠할 길이 없다 // (~+*wh*.) Can you *guess who* that man is? 저 사람이 누구인지 알겠느냐? *cf*. Who do you *guess* that man is? 당신은 저 사람을 누구라고 생각하느냐?
類語 *guess* 잘 모르지만 감히 추측되는 의견을 말하며; 그 결과는 옳을 경우도 있으나 틀릴 경우도 있다: *Guess* what I have in my hand. 이 손 안의 것을 맞혀 보아라. **conjecture** 불충분한 증거에서 추론하여 어떤 의

guesser 1029 **guide number**

견·판단에 도달하다: *conjecture* the birthday of Shakespeare 셰익스피어의 생일을 추측하다. **surmise** conjecture 보다 더 희박한 증거밖에 없을 경우에 직감이나 상상에 의거하여서 추측하다: *surmise* the murderer 살인범을 추측하다.
2 …을 알아맞히다, 풀어 맞히다. ¶ *guess* a riddle 수수께끼를 알아맞히다 // You have *guessed* it. 당신이 맞혔습니다.
3 《美口》…이라 생각하다, …인 것 같다(think, suppose). ¶ (~+*that*] 節) I *guess* [*that*] I'll stay here. 여기에 묵기로 하겠다 / Will he come?——I *guess* so (not). 그는 올까?——올(오지 않을) 거야.
Guess what ! 《口》 ① [대화를 시작할 때] 있잖아!, 이봐!, 어떻게 생각해? ② 맞춰 봐!
—— *vi.* 추측하다, 어림짐작하다(*at, about*…); 알아맞히다.
¶ You *guess* ! 맞혀보아라 // (~+*副*) *guess* right (wrong) 제대로(잘못) 맞히다 // (~+*前*+*名*) *guess* at the height of a tree 나무 높이를 추측하다 / *guess* at the answers 답을 알아맞히다, 어림짐작으로 대답하다.
＊ guess 란 쪽이 guess 보다 일반적으로 「단순한 어림짐작」이라는 느낌이 강하다.
keep a person guessing 《美口》 [분명히 알리지 않고] 애를 태우게 하다.
—— *n.* 추측, 짐작(conjecture), 추정(estimate), 억측, 가늠, 어림짐작. ¶ make (*or* give) a *guess* 추측하다, 알아맞히다 / I made a *guess* that there were 50,000 persons at the stadium. 나는 스타디움에 5만 명 정도 있을 것으로 추측했다 // make a *guess* at her age; make a *guess* as to how old she is 그녀가 몇 살인지 알아맞히다.
at a guess; by guess 추측으로, 어림짐작으로. 「랍.
guess·er [gésər] *n.* 어림짐작하는 사람; 알아맞히는 사
guess-rope [gésròup] *n.* 【항해】 =guest-rope.
guess·ti·mate [géstimit → *v.*] 《美俗》 ①
—— *vt.* [géstimèit] (**-mat·ed**, **-mat·ing**) 《美俗》 …을 어림짐작하다.
guess-warp [géswɔ̀ːrp] *n.* 【항해】 =guest-rope.
*****guess·work** [géswə̀ːrk] *n.* ⓤ 어림짐작, 억측(conjecture). ¶ by *guesswork* 어림짐작으로.
‡**guest** [gest] *n.* 【가정·식사·파티 따위에 초대된】 손님, 객(*cf.* host), 초대객 ; 【텔레비전·라디오·연극 등의】 게스트(guest artist); 내객, 방문객(⇨ VISITOR 類語); 빈객, 내빈; 【클럽 따위의 정(正)회원에 대하여】 객원, ¶ a state *guest* 국빈 / a *guest* of honor 주빈 / a *guest* of distinction 귀빈 / the *guests* at a luncheon 오찬회의 손님 / Be my *guest* tonight. 오늘밤은 내가 돈을 내겠네. **2** [호텔·하숙 따위의] 손님, 숙박객, 숙박인. ¶ a paying *guest* [여염집 등의] 하숙인 / fellow *guests* 합숙객. **3** 【생물】 기생 동물(식물). —— *adj.* 손님의, 손님용의; 초대(초빙)된, 게스트의. ¶ a *guest* speaker 초대 연설자 / a *guest* conductor 객원 지휘자 / a *guest* member [정회원(regular member)에 대하여] 객원 / a *guest* book 숙박부.
—— *vt.* …을 손님으로 접대하다.
—— *vi.* 손님이 되다; 《口》 게스트로 출연하다.
guest·cham·ber [gés(t)tʃèimbər] *n.* =guest room.
guest·house [gésthàus] *n.* (*pl.* **-hous·es** [-hàuziz]) [순례자용의] 사랑채; 영빈관; 고급 하숙집.
guest night *n.* 《英》 [클럽·대학 따위에서의] 빈객 환대의 밤, 환영회의 밤. [손님용 침실.
guest room *n.* [호텔·하숙 따위의] 객실 ; [개인집의]
guest-rope [géstròup] *n.* 【항해】 보트 밧줄[뱃전을 따라 처놓은 밧줄로, 뱃전에 대는 보트에 손잡이를 제공한다]. **2** 예인선 안정 밧줄 [배가 좌로 빗나가는 것을 방지한 줄. 뱃줄].
guest-warp [géstwɔ̀ːrp] *n.* 【항해】 =guest-rope.
guest worker *n.* =Gastarbeiter.
Gue·var·a·ist [gevάːraist], (**Gue·var·ist** [gevάːrist]) *n.* 게바라주의자, 게릴라 혁명론자. 〔<쿠바의 혁명가 Ernesto Guevara(1928-67)의 이름〕
guff [ɡʌf] *n.* ⓤ《俗》실없는 이야기, 시시한 소리 (foolish talk), 넌센스(nonsense, humbug).
guf·faw [ɡʌfɔ́ː, gə-] *n.* [큰 소리로 상스럽게] 깔깔 웃기, 깔깔거리기. —— *vi.* 깔깔거리다.
gug·gle [ɡʌ́ɡl] *n., v.* (**-gled, -gling**) =gurgle.
gug·let [gʌ́ɡlit] *n.* =goglet.
Gui·an·a [ɡiǽnə, gai-/ gai-] *n.* 기아나[남미 동북부의 대서양 연안 지방; Guyana 공화국, 프랑스령 Guiana, 네덜란드령 Guiana 를 합친 지명].
gui·chet [giʃéi /´-] *n.* **1** 작은 문, 쪽문(wicket). **2** 매표구, 매표 창구(ticket window). [<F wicket]
guid·a·ble [ɡáidəbl] *adj.* 지도(안내)할 수 있는.
‡**guid·ance** [ɡáidəns] *n.* ⓤ **1** 안내, 지도, 교시(教示) (direction), **1** under a person's *guidance* 남의 안내로. **2** 【교육】 가이던스, 생활 지도, 보도(補導). ¶ vocational *guidance* 직업 지도. **3** [일반적으로] 안내역이 되는 것, 길잡이, 지침 [보기], 지침 (guide, model). **4** [우주선·미사일 따위의] 유도. ◇ *guide v.*
‡**guide** [ɡaid] *v.* (**guid·ed, guid·ing**) *vt.* **1** …을 이끌다, 선도하다, 길 안내를 하다. ¶ a dog *guiding* a blind man 장님의 길 안내를 하는 개, 맹도견(盲導犬) // (~+目+*前*+*名*) *guide* a stranger *through* the woods *to* the house 길손을 숲을 지나 집까지 안내하다 / *guide* a ship *toward* the port 배를 항구로 이끌다 // (~+目+*副*) The stars *guided* us *back*. 우리는 별이 이끄는 대로 따라 돌아왔다.
類語 *guide* 줄곧 동행하여 안내하다: *guide* a friend around the town 친구를 시내로 안내하며 다니다. **conduct** 선도(先導)·호위·배행 따위를 해서 어떤 곳으로 안내하다, 약간 의례적으로 *guide* 라는 암시가 있다: *conduct* a guest to his seat 빈객을 자리로 안내하다. **direct** 길을 가리켜만 주고 실제로 안내는 하지 않다. **lead** 손을 잡고 또는 선두에 서서 길을 가리키다: *lead* a child to the kindergarten 아이를 유치원으로 데려가다. **show** 말·몸짓으로 가리키거나 자신이 안내하다: *show* a visitor to the president's room 손님을 사장실로 안내하다.
2 [넓은 의미에서] …을 이끌다, 지도하다, 교도하다 (instruct, direct), 초보를 가르치다. ¶ a *guiding* principle 지도 원리 / be *guided* by one's sense of duty 책임감에 이끌리다 / *guide* the boys in their studies 아이들의 공부를 지도하다. **3** …을 지휘하다, 조종하다, 관리하다; [감정이] [남을] 움직이다(control).
—— *vi.* *guide* (가이드) 노릇을 하다.
—— *n.* **1** 안내자, 길 안내자, 가이드. ¶ a qualified (*or* a licensed) *guide* 유자격 안내업자 / hire (*or* employ, engage) a *guide* 안내자를 고용하다. **2** 지도자 (leader), 선도자. ¶ one's *guide* through life 인생의 선도자. **3** 지표, 지침; 길 표지, 도표(guidepost); 지도 원리. ¶ This will serve as a *guide* to life. 이것은 생활의 지침이 될 것이다. **4** 안내서, 입문서, 편람 (handbook), 여행 안내서(guidebook). ¶ a *guide* book to English studies 영어 연구의 좋은 입문서. **5** 《英》 소녀단원(girl guide). **6** 【군사】 향도(嚮導); 향도함(艦). **7** 【기계】 유도 장치; [외과용 탐침(探針)의] 도자(導子); [미싱 따위의] 실꾸리에 바늘까지의 실.
◇ *guidance n.* 　　　　　　　　　　　　 [道標].
guide·board [ɡáidbɔ̀ːrd, -bɔ̀ːd] *n.* 길 안내판, 도표
‡**guide·book** [ɡáidbùk] *n.* 여행(유람) 안내서.
guide card *n.* 찾아보기 카드.
guided mìssile *n.* 유도탄, 유도 미사일.
guide dòg *n.* 맹도견(盲導犬) (Seeing Eye dog).
guided tòur *n.* 안내인(가이드) 딸린 여행.
guide·line [ɡáidlàin] *n.* **1** [영어 습자 따위의] 안내선, 밑줄. **2** [암벽 등반 따위에서의] 안내 밧줄. **3** [장래 정책 따위의] 지침; 지도 기준(목표). **4** 【경제】 유도 지표(指標).
guide nùmber *n.* 【사진】 섬광(閃光) 촬영을 할 때

노출을 산출하는 수치(數値). 　[기준(목표).
*guide·post [gáidpòust] n. **1** 도표, 이정표. **2** 지도
guíde rópe n. 〖항공〗〖기구의〗 유도 밧줄; 〖인양 밧줄의〗 안내 밧줄.
guide·way [gáidwèi] n. 〖기계〗 안내로, 미끄럼 홈.
guíde wórd n. =catchword 2.
GUIDO, Gui·do [gáidou] n. 〖우주공학〗 우주선 유도 기술자.
gui·don [gáidn] n. 〖군사〗 **1** 〖신호·식별용의〗 작은 기(small flag), 기드림(streamer). **2** 〖원래 영국의 용기병대 등의〗 삼각기, 창기(槍旗); 그 기수. **3** 〖美〗 부대(중대, 연대)기(identification flag); 그 기수.
*guild [gild], (gild) n. **1** 〖일반적으로〗 동업 조합, 조합, 협회(society). ¶ a guild for charity work 자선 사업 협회. **2** 〖역사〗〖중세 상공업자의〗 동업 조합(단체), 길드.
guil·der [gíldər] n. =gulden.
guíld·háll [gíldhɔ́:l] n. **1** 《英》 동업 조합 집회장; 읍사무소(town hall), 시청(city hall). **2** 〖역사〗〖중세의〗 길드 집회장. ¶ the G-) London 시 청사.
guilds·man [gíldzmən] n. (pl. -men [-mən]) 길드의 조합원, 동업 조합원. 　〖의.
guíld sócialism n. Ⓤ 〖근대 영국의〗 길드 사회주
*guile [gail] n. Ⓤ 엉큼한 꾀, 간지(奸智), 교활(craftiness), 음흉한 책략(sly tricks), 기만(deceit), 배반, 배신(treachery). ¶ use guile 책략을 쓰다, 교활한 짓을 하다.
guile·ful [gáilfəl] adj. 교활한(cunning), 음험한, 거짓의, ~·ly [-fəli] adv. ~·ness n.
guile·less [gáillis] adj. 성실한(candid), 표리 없는, 밝은, 명랑한, ~·ly adv. ~·ness n. 　(murre).
guil·le·mot [gíləmàt / -lìmɔ̀t] n. 바다오리과의 해조
guil·loche [gilóuʃ] n. 〖건축〗〖기둥·벽 따위의〗 노끈 꼰 모양의 무늬〖장식〗.
guil·lo·tine [gíləti:n, ---ˈ-] n. **1** 길로틴, 단두대. **2** 〖외과〗 편도〖선〗〖扁桃〗 절제기. **3** 〖종이 따위의〗 재단기. **4** 《英》〖의회에 있어서의 의안의〗 토론 종결. — vt. (-tined, -tin·ing) **1** 길로틴으로 ...의 목을 자르다. **2** 〖편도선〗을 절제하다. **3** 재단기로 ...을 자르다. **4** 〖의안·그 사항〗의 토론을 종결하다. 〖<이 단두법을 고안해 낸 프랑스의 의사 J. I. Guillotin(1738-1814)의 이름〗 [guillotine 1]
guilt [gilt] n. Ⓤ **1** 〖법률적·종교적·도덕적으로〗 죄를 범하고 있기, 유죄(culpability). **2** 범죄〖행위〗(crime). **3** 죄의 증거. ~·less adj.
guílt còmplex n. 〖정신의학〗 죄책 복합, 죄책감.
*guilt·less [gíltlis] adj. **1** 죄없는, 결백한, 무고한. ⇒ INNOCENT 類語 **2** 지식이 없는, 경험이 없는(of...). ¶ guiltless of English 영어를 모르는 / He is guiltless of uninteresting novels. 그는 재미없는 소설은 쓰지 않는다. **3** ...이 결여된(destitute, devoid) (of...). ¶ a style guiltless of any charm 아무런 매력도 없는 문체 / He is guiltless of a beard. 그는 턱수염을 기르고 있지 않다. ~·ly adv. ~·ness n.
‡guilt·y [gílti] adj. (guilt·i·er, guilt·i·est) **1** 죄를 범한, 유죄의(to, of...), cf. innocent ¶ be found guilty 〖배심 재판에서〗 유죄로 평결되다 / Guilty (Not guilty) 유죄(무죄) 〖배심원의 평결〗 // plead guilty (not guilty) to ...을 죄를 인정하다(무죄를 소청하다) / be guilty of theft 절도죄를 범하고 있다 / declare (or pronounce) the prisoner guilty of murder 그 죄수에게 살인죄를 선고하다. **2** 〖과실 따위를〗 범한, ...의 결점이 있는(of...). ¶ be guilty of bad taste 취미가 나쁘다 / Who is guilty of telling the secret? 비밀을 누설한 사람은 누구인가? **3** 죄가 되는, 범죄의. ¶ a guilty deed 범죄 행위 / a guilty intent (or mind) 범의(犯意). **4** 죄

를 자각하고 있는, 뒤가 켕기는, 가책받는. ¶ a guilty look (feeling) 뒤가 켕기는 표정(기분) / have a guilty conscience 양심의 가책을 받다.
guílt·i·ly adv. guílt·i·ness n.
guimp [gæmp, gimp] n. =guimpe.
guimpe [gæmp, gimp] n. **1** 갬프, 김프〖숙녀복의 목과 가슴을 가리는 데 쓰이는 가슴 장식을 단 속옷의 일종〗. **2** 수녀의 네커치프 또는 삼각형의 가슴 가리개.
*guin·ea [gíni] n. 기니〖금화〗 [21 shillings에 해당하는 영국의 옛 금화(1663-1813); 현재는 계산상의 화폐 단위〗. * 당초 아프리카의 Guinea산(產)의 금으로 만들었다. **2** =guinea fowl. **3** 《美속어》 이탈리안, 이탈리아계 미국인.
Guin·ea [gíni] n. 〖서아프리카에 있는〗 기니 공화국〖수도 Conakry〗.
Guin·ea-Bis·sau [gí:ni:bìsàu] n. 기니비사우 공화국 〖서아프리카의 옛 Portuguese Guinea; 1973년에 독립〗.
guínea fówl 뿔닭〖아프리카의 사막 초지산(產)의 뿔꿩과(科)에 속하는 새〗.
guínea hén n. 뿔닭〖의 암컷〗.
Guin·ea·man [gíniəmən] n. (pl. -men [-mən]) **1** 《고어》 《역사》 기니 무역선(상인). **2** 기니 원주민, 기니안(Guinean).
guínea píg n. **1** 기니피그; 《속어》 마모트 [marmot 와는 별종으로 생물학 실험에 쓰이다]. **2** 〖일반적으로〗 실험 재료, 실험대. **3** 《美》 =midshipman. **4** 〖단체·회사 따위의〗 명의만의 회장(사장) (figurehead).
Guínea wórm n. 기니벌레〖인도·아프리카의 선충류(線蟲類)의 일종으로 사람이나 동물의 피부 밑에 기생〗.
Guin·ness [gínis] n. 기네스 흑맥주(Guinness's stout). ◇아일랜드의 Dublin에 있는 양조 회사 Guinness의 이름〗.
*Gúinness Bóok of Wórld Récords n. 〖네스북〗 〖맥주 회사 Guinness사가 매년 발행하는 세계 기록집〗.
gui·pure [gipjúər] n. 기퓌르 레이스 〖무늬 무늬를 직접 이은 린네르·견 따위의 비교적 두꺼운 레이스〗.
*guise [gaiz] n. **1** 외관, 외양, 모습. ⇒ APPEARANCE 類語 ¶ an old principle in a new guise 겉만 새로운 낡은 원리. **2** 〖단순한〗 겉보기, 가장(pretense); 위장 (disguise). ¶ under (or in) the guise of friendship (a fool) 우정(바보)을 가장하여. **3** 《고어》 복장, 몸차림 (dress). — v. (guised, guis·ing) vt. 《고어》 ...에게 옷을 입히다, 차려 입히게 하다(dress), 변장시키다 (disguise). — vi. 《英방언》 변장하다, 가장하다.
guis·er [gáizər] n. 《英방언》 변장자, 배우, 광대.
‡gui·tar [gitáːr] n. 기타. — vi. (-tarred, -tar·ring) 기타를 치다.
gui·tar·ist [gitáːrist] n. 기타 연주자.
gu·lag [gú:lɑ:ɡ] n. 《러시아》 **1** 굴라그 수용소 군도(群島). **2** 〖특히 정치범의〗 형무소·강제 노동 수용소.
Gúlag Árchipélago n. (The ~) 수용소 군도 〖소련의 노벨상 수상 작가인 솔제니친의 소설〗.
gulch [ɡʌltʃ] n. 《美》 〖깎아지른 듯한 절벽으로 이루는, 깊고 좁은〗 계곡, 협곡(ravine).
gul·den [ɡúː(ː)ldən] n. (pl. -dens or -den) **1** 굴덴 〖길더〗 〖네덜란드의 화폐 단위〗; 굴덴 〖의 은화. cf. florin **2** 옛날 네덜란드·독일·오스트리아에서 쓰이던 갖가지 금화(은화).
gules [gju:lz] n. (pl. gules) 〖紋章〗 빨간색, 다홍색 (red). — adj. 빨간색의, 다홍색의.
‡gulf [ɡʌlf] n. **1** 만. ⇨ BAY¹ ¶ the Gulf of Mexico 멕시코만. **2** 〖깊은〗 구멍, 틈(chasm); 심연(abyss); 소용돌이(whirlpool); 심연. **3** 큰 차이(격차), 넘을 수 없는 간격(impassable gap). **4** 《英학생 속어》 〖우등 시험에 합격하지 못한〗 보통 급제. — vt. **1** 을 삼키다, 빨아들이다(swallow up, engulf). **2** 《英학생 속어》 을 보통 급제시키다 (pass without honors).

Gúlf Státes *n. pl.* (the ~) 미국의 멕시코만에 면한 5개주[Florida, Alabama, Mississippi, Louisiana, Texas].

Gúlf Stréam *n.* (the ~) 멕시코 만류(灣流).

Gúlf Wár *n.* (the ~) 걸프 전쟁[1991년에 일어난 이라크와 다국적군간의 전쟁, 이라크의 굴복으로 종식].

gulf-weed [gÁlfwìːd] *n.* 모자반속(屬)의 해초.

gulf·y [gÁlfi] *adj.* (gulf·i·er, gulf·i·est) 소용돌이가 많
***gull**¹ [gʌl] *n.* 갈매기(sea mew). 은.

gull² [gʌl] *vt.* …을 속이다, 기만하다, 협잡하다 (deceive); 속여 …에게서 빼앗다(swindle). ¶ *gull a person out of his money* 남에게서 돈을 사취하다 / *gull a person into doing* 남을 속여서 …하게 하다. — *n.* 속기 쉬운 사람, 바보, 얼간이(dupe).

Gul·lah [gÁlə] *n.* 미국 동남부(South Carolina, Georgia 주)의 해안과 섬에 사는 흑인; U 그 사투리 영어.

gul·ler·y [gÁləri] *n.* (*pl.* -ler·ies) 갈매기의 서식지(번식지).

gul·let [gÁlit] *n.* 1 식도(esophagus); 목구멍(throat). 2 수로, 해협, 하구(estuary). 3 협곡(gully, ravine). 4 (발굴 작업에서 광차가 지나는) 비통로.

gul·li·bil·i·ty [gÀləbíliti] *n.* U 속기 쉬움, 속기 쉬운 성질; 우직함, 어리석음.

gul·li·ble [gÁləbl] *adj.* 속기 쉬운. **-bly** *adv.*

gull·ish [gÁliʃ] *adj.* 어리석은, 바보스러운(foolish).

Gúl·li·ver's Trávels [gÁlivərz-] *n.* 걸리버 여행기[Jonathan Swift 작 풍자 소설].

gul·ly¹ [gÁli] *n.* (*pl.* -lies) (= **gul·ley**) 1 작은 협곡, 작은 골짜기(ravine). 2 도랑, 하수도(ditch). 3 (크리켓) 타자의 후방 우측의 수비 위치. — *vt.* (-lied, -ly·ing) …에 도랑을 만들다; (도랑·작은 협곡)을 물의 작용으로 만들다.

gul·ly² [gÁli] *n.* (*pl.* -lies) (= **gúlly knífe**) (英방언) 대형 나이프(large knife), 검, 칼(sword).

gúlly dráin *n.* 하수관(管). 빠지는 구멍.

gúlly hóle *n.* (도로 위에 쇠창살로 뚜껑을 한) 하수

gúlly tráp *n.* gully hole의 방취판(防臭瓣).

***gulp** [gʌlp] *vt.* (음식)을 꿀꺽 삼키다, (음료)를 벌컥벌컥(꿀컥꿀컥) 마시다, 쭉 들이켜다(… *down*). ¶ (~ + 目 + 副) *gulp down* a glass of water [한 잔의 물을 벌컥벌컥 마시다]. 2 (이야기 따위)를 곧이곧대로 듣다, 그대로 믿어버리다(take in) (… *down*). 3 (눈물·노함)을 삼키다, 억누르다 (suppress) (… *down*). ¶ (~ + 目 + 副) *gulp down tears* (a sob) [눈물(호느낌)을 꾹 참다]. — *vi.* 1 숨을 죽이다. ¶ *gulp* at the surprising news 그 놀라운 소식에 숨을 죽이다. 2 꿀꺽(벌컥벌컥) 마시다. — *n.* 꿀꺽(벌컥벌컥) 마시기 (마시는 소리); 한 번 (단숨)에 마시는 양. ¶ *at* a (*or* one) *gulp* 단숨에, 꿀꺽 / *empty a glass of beer in one gulp* 맥주 한 잔을 꿀꺽 마시다.

gulp·er [gÁlpər] *n.* 1 단숨에 마시는 사람. 2 (= **gúlper éel**) 큰 입을 가진 뱀장어처럼 생긴 심해어의 일종.

gulp·ing·ly [gÁlpiŋli] *adv.* 꿀꺽꿀꺽, 벌컥벌컥[목청껏].

‡**gum**¹ [gʌm] *n.* U 1 고무, 고무질(質), 점착액; 탄성고무(rubber, gum elastic). 2 수지(resin), 고무 수지(gum resin). 3 [과수의]진; 눈곱. 4 《美》 추잉검(chewing gum); C = gumdrop. 5 (보통 ~s) 오버슈즈, 덧신; 고무 장화물. 6 고무풀(mucilage), 접착제(glue), 아라비아풀. 7 C 고무나무(gum tree).

— *v.* (**gummed, gum·ming**) *vt.* …을 고무풀(아교)로 붙이다, 풀칠하다; …을 고무로 덮다(막다), …에 고무를 바르다(… *down, up, together*). — *vi.* (과수가) 진을 분비하다; 고무 모양이 되다, 끈적거리다, 굳다. *gum up the works* ⇒ **WORK**.

◇ **gúmmy** *adj.*

gum² [gʌm] *n.* (보통 ~s) 잇몸, 치은(齒齦) 치경(齒莖). *beat one's gums* 《美속어》 마구 지껄여대다. (莖).

gum³ [gʌm] *n.* U 《방언·속어》 [저주·서언(誓言)에 써) 하나님(God). ¶ *By (or My) gum!* 맹세코!, 분명히!, 절대로. (By *or* My God!).

[<God의 완곡한 표현]

GUM [gum] *n.* 구소련의 국영 백화점.

[<Russ *Gosudarstvenni Universalni Magazin* Universal State Store]

gúm ammóniac *n.* U 암모니아 고무.

gúm árabic *n.* U 아라비아 고무.

gúm·bah [guːmbáː] *n.* 《美속어》 [마피아 패들 간의] 친한 친구.

gum·bo [gÁmbou], (**gombo**) *n.* (*pl.* -bos) 1 오크라 (okra plant); 그 꼬투리 (okra pods). 2 U 《美》 [보통 닭고기의] 오크라 둥이 수프. 3 U [미국 중부의] 찰흙 (silty soil). 4 (종종 G-) U [미국 Louisiana 주의] 크리올 사람(Creoles)이나 흑인(Negroes)이 쓰는 방언(patois).

gum·boil [gÁmbɔ̀il] *n.* 치은(齒齦) 농양(膿瘍).

gúm bóot *n.* 《美》 고무 장화(rubber boot).

gúm drágon *n.* U 트라가칸스 고무(tragacanth).

gum·drop [gÁmdrɔ̀p / -drɔ̀p] *n.* 《美》 검드롭[캔디의 일종].

gúm elástic *n.* U 탄성 고무, 고무(rubber).

gum·ma [gÁmə] *n.* (*pl.* ~s *or* -ma·ta [-mətə]) (병리) [제3기 매독의] 고무종(腫). [< L *gummi* gum¹]

gum·ma·tous [gÁmətəs] *adj.* (병리) 고무종성(腫性)의, 고무종상(狀)의; 고무종의.

gum·ming [gÁmiŋ] *n.* U 1 고무를 내기. 2 [석판 인쇄 따위에서] 아라비아 고무 따위를 판에 바르기.

gum·mous [gÁməs] *adj.* 고무(모양)의 (gumlike); 고무로 된.

gum·my [gÁmi] *adj.* (-mi·er, -mi·est) 1 고무(성)의, 점착성의, 끈적끈적한(viscid). 2 고무(끈적끈적한 것)로 뒤덮인(막힌). 3 고무를 분비하는.

-mi·ly *adv.* **-mi·ness** *n.*

gump [gʌmp] *n.* 《美속어》 바보, 얼간이.

gump·tion [gÁmpʃ(ə)n] *n.* U 《구어》 1 진취적 기상(initiative), 적극성(aggressiveness). ¶ He is full of *gumption* in any emergency. 어떤 위급시에도 그는 임기 응변의 능력이 넘친다. 2 처세술, 지혜, 상식 (common sense).

gúm résin *n.* U 고무 수지[고무와 수지의 혼합물].

gum·shoe [gÁmʃùː] *n.* 1 (~s) [고무제의] 오버슈즈 (rubber overshoe); [소리가 나지 않는] 고무바닥의 신 (sneaker). 2 《美속어》 **a)** 살금살금 (조용히) 걷는 사람. **b)** 형사, 탐정 (detective). — *vi.* (-shoed, -shoe·ing) 《美속어》 조용히 걷다(행동하다).

gúm tragacánth *n.* = tragacanth.

gúm trée *n.* 고무질을 분비하는 나무 (eucalyptus, sweet gum 따위).

gum·wood [gÁmwùd] *n.* U 고무나무 재목.

‡**gun** [gʌn] *n.* 1 대포(cannon), 총, 총포[musket, rifle 따위]; 《美구어》 피스톨, 권총(pistol, revolver); 엽총 (shotgun). ¶ An anti-aircraft *gun* 고사포 / *guns* and butter 군비와 민생의 양립 정책. 2 [형상이 총포를 닮은]뿜는 기구, 주입기, 분무기. ¶ a cement *gun* 시멘트 뿜는 기구 / a grease *gun* 그리스 주입기. 3 대포의 발사, 호포(號砲), 축포, 예포. ¶ a salute of seventeen *guns* 17발의 예포 / salute with a *gun* 예포로 맞다. 4 《英》 수렵 대원. ¶ a party of eight *guns* 8명의 수렵대. 5 《속어》 [특히 항공기 엔진의] 드로틀(throttle). 6 《속어》 청부 살인자(professional killer); 도둑, 소매치기.

[*as*] *sure as a gun* 확실히, 틀림없이, 물론.

blow great guns 《海事》 바람이 사납게 불다, 광풍이 불다.

give something the gun 《속어》 …을 스타트시키다; …을 갑자기 가속하다. ¶ He gave the car *the gun*. 그는 갑자기 자동차의 속도를 올렸다.

go great guns 《속어》 척척 잘 되어가다, 대성공하다. ***Great guns!*** 이크!, 큰일났군!, 어렵쇼! 〔herr치다.
jump (or ***beat***) ***the gun*** 《美속어》 스타트 신호가 떨어지기 전에 뛰어나가다, 플라잉하다; 성급하게 행동하다
a son of a gun 《속어》 ⇒ SON.   〔다.
spike *a person's* ***gun*** 남의 계획을 방해하다, 남의 뒤통수를 치다, 지게 하다.
stand (or ***stick***) ***to*** *one's* ***guns*** 자기의 주장(입장)을 고수하다, 한 치도 양보하지 않다.
under the gun (or ***the guns***) 총포로 경호되어.
— *v.* (**gunned, gun·ning**) *vi.* **1** 총사냥하러 가다; 총으로 쏘다. **2** 갑자기 가속하다. — *vt.* **1** 《美구어》 …을 총으로 쏘다 (*... down*). **2** 《속어》 [속도를 내기 위하여] [항공기 엔진의] 드로틀을 열다; …을 갑자기 가속하다.
gun for ① …을 총사냥하러 가다, …을 쏘러 가다. ② [사살하기 위하여] …을 추적하다, 권총을 가지고 추적하다. ③ [지위 등]을 얻으려고 필사적이 되다.

gún bàrrel *n.* 포신; 총신.
gun·boat [gʌ́nbòut] *n.* **1** 【해군】 포함(砲艦). **2** 《속어》 큰 구두(신).
gúnbòat diplómacy *n.* U 포함 외교[작은 나라에 대한 무력 외교].
gún cáptain *n.* 【해군】 포장(砲長), 포차장(砲車長).
gún cárriage *n.* 【군사】 포차(砲車), 포가(砲架).
gún contról *n.* 총포 규제. ¶ **Gun Control Act** 《美》 총포 규제법.
gun·cot·ton [gʌ́nkɑ̀tn / -kɔ̀tn] *n.* U 면화약(綿火藥).
gún dèck *n.* 【해군】 포열(砲列) 갑판, 건 데크.
gún dòg *n.* 사냥개[setter, pointer 따위].
gun·fight [gʌ́nfàit] *vi.* (**-fought, -fight·ing**) 총으로 싸우다. — *n.* 총질, 총싸움.
gun·fight·er [gʌ́nfàitər] *n.* 《美》 총(총) 잡이.
gun·fire [gʌ́ntàiər] *n.* U **1** 발포, 포화. **2** 《군사》 포격. **3** [조석으로] 호포(號砲)로 알리는 시각.
gun·flint [gʌ́nflìnt] *n.* [수발총, 燧發銃의] 부싯돌.
gung-ho [gʌ́ŋhóu] *adj.* 《美속어》 충성을 다하는.
gún harpóon *n.* 포경포(捕鯨砲)로 쏘는 작살.
gun·house [gʌ́nhàus] *n.* (*pl.* **-hous·es** [-hàuziz]) 포탑(turret).   〔照準手〕.
gun·lay·er [gʌ́nlèiər] *n.* 《英》 [배의 대포의] 조준수
gún lòbby *n.* 《美》 총포 규제 반대의 압력 단체.
gun·lock [gʌ́nlɑ̀k / -lɔ̀k] *n.* [화기의] 방아쇠.
*****gun·man** [gʌ́nmən, -mæ̀n] *n.* (*pl.* **-men** [-mèn])
1 《美》 총기로 무장하는 사람; 총기를 지닌 경비원. **2** 총을 지닌 깡패(폭한); (특히) 청부 살인자(killer). **3** 권총 제조(판매)인.
gún mètal *n.* U **1** [쇠붙·버클 따위에 쓰이는] 암회색 또는 검정색의 합금. **2** (때로 a ~) 푸른 기 도는 어둣빛의 또는 암회색(gun metal gray). **3** 포금(砲金), 포강(砲鋼)[포신으로 쓴 청동의 일종].
gún mòll *n.* 《美속어》 권총 강도의 정부(여자 공범), 깡패의 정부.
Gunn [gʌn] *adj.* 【전자】 [반도체의] 건 효과(效果)의. *cf.* Gunn effect
gun·nage [gʌ́nidʒ] *n.* 【군함의】 비포수(備砲數).
Gúnn effèct *n.* 【물리】 건 효과[반도체에 임계(臨界) 전압을 가하면 극초단파를 내는 현상].
                                              〔치과의 총칭.
〔발견자 J.B. Gunn의 이름에서〕
gun·nel[1] [gʌ́n(ə)l] *n.* [북대서양산(産)의] 황줄베도라
gun·nel[2] [gʌ́n(ə)l] *n.* = gunwale.
*****gun·ner** [gʌ́nər] *n.* **1** 《美육군》 포수, 포병; 【해군】 조포술장(照砲術長), 준위(准尉); 《英》 포병 대원. **2** 총사냥꾼.
gun·ner·y [gʌ́nəri] *n.* U **1** 포술, 포학(砲學). **2** 포격, 발포. **3** [집합적] 총포, 포(guns).
gúnnery sèrgeant *n.* 《美해병대》 하사관 계급의 하나 [first sergeant 의 아래, staff sergeant 의 위].
gun·ning [gʌ́niŋ] *n.* U **1** 발포; 포술(gunnery). **2** 총사냥.
gun·ny [gʌ́ni] *n.* (*pl.* **-nies**) **1** (= **gúnny clòth**) U

황마(黃麻) 천, 거니 천. **2** 황마 천으로 된 포장용 자루, 거니 포 자루(gunny bag).
gún pìt *n.* 【육군】 요형 엄체(凹形掩體) [포 및 포병 엄호하는].
gun·play [gʌ́nplèi] *n.* U 《美》 맞총질, 권총 싸움.
gun·point [gʌ́npɔ̀int] *n.* 총 끝(부리).
at gunpoint 《美》 권총을 들이대어, 권총으로 협박당하여.   〔銃眼〕.
gun·port [gʌ́npɔ̀:rt / -pɔ̀:t] *n.* 【군함의】 포문, 총안
*****gun·pow·der** [gʌ́npàudər] *n.* U **1** 화약. **2** = gunpowder tea.
Gúnpowder Plót *n.* (the ~) 《英역사》 화약 음모 사건[1605년 가톨릭 교도가 의사당의 지하에 화약을 장치하여 James 1세 및 의원들을 살해하려고 한 사건]. →GUY FAWKES DAY.
gúnpowder téa *n.* U [잎을 1장씩 말아 둥근 낱알 모양으로 만든] 고급 중국산 녹차.   〔교실.
gún ròom *n.* [보존] 총기실. **2** 《英해군》 하급 장교
gun·run·ner [gʌ́nrʌ̀nər] *n.* 총포·화약류의 밀수입자.
gun·run·ning [gʌ́nrʌ̀niŋ] *n.* U 총포·화약류의 밀수입.
guns-and-but·ter [gʌ́nzənbʌ̀tər] *adj.* 《美군비·민
guns-be·fore-but·ter [gʌ́nzbifɔ́:rbʌ̀tər] *adj.* 《경제면보고》 군사 우선의.
gun·sel [gʌ́ns(ə)l] *n.* 《속어》 **1** 단순한 젊은이, 둔감한 남자. **2** 배반자, 배신자. **3** [권총을 지닌] 악한. **4** 남색(男色)의 상대자(catamite).
gun·ship [gʌ́nʃip] *n.* 《美군사》 [지상 접근 지원용의] 무장(전투용) 헬리콥터.
gun·shot [gʌ́nʃɑ̀t / -ʃɔ̀t] *n.* **1** [총포의] 발사탄, 총탄, 포탄. **2** U 사정, 착탄 거리. ¶ **within** (**out of**) *gunshot* 사정 내(외)에. **3** 사격, 포격. — *adj.* 탄환에 의한, 총격당한.
gun·shy [gʌ́nʃài] *adj.* **1** [사냥개가] 총소리를 무서워하는, 겁많은. **2** 남의 감시를 경계하는.
gun·sling·er [gʌ́nslìŋər] *n.* 《美속어》 권총을 지닌 악한.
gun·smith [gʌ́nsmìθ] *n.* 총포 대장장이, 총포공.
gun·stock [gʌ́nstɑ̀k / -stɔ̀k] *n.* 개머리판.
gun·ter[gʌ́ntər] *n.* **1** (G-) [측량용·항해용] 건터 비례자 (Gunter's scale). **2** 【항해】 [올렸다 내렸다 할 수 있는] 톰 마스트.
according to Gunter 《美》 정확하게.
Gún·ter's cháin [gʌ́ntərz-] *n.* 건터 측쇄(測鎖) [100마디로 되어 있으며 전장 66피트].
gun·wale, gun·nel [gʌ́nl] *n.* 【항해】 [대형 함선의 측(舷)의] 윗 끝; [보트 따위의] 현의 윗머리, 뱃전. ¶ *gunwale down* (or *to*) 뱃전이 수면에 닿을 정도로 기울여.
gun·yah [gʌ́njə] *n.* (濠) 원주민의 오두막.   〔에서.
gup [gʌp] *n.* U《속어》 시시한 이야기, 허튼 소리.
gup·py [gʌ́pi] *n.* (*pl.* **-pies**) 구피, 거피 [난태생(卵胎生)의 작은 열대산(産) 담수어].
gur·gi·ta·tion [gə̀:rdʒitéiʃ(ə)n] *n.* U 비등[하기], [액체의] 물결 같은 기복.
*****gur·gle** [gə́:rgl] *v.* (**-gled, -gling**) *vi.* **1** 팔팔[꿀꺽꿀꺽] 흐르다(*from* ...). **2** [새나 사람이] 목을 꿀꺽꿀꺽 울리다. — *vt.* …을 꿀꺽거리는 소리로 말하다. — *n.* 꿀꺽[꿀꺽꿀꺽] 하는 소리, 소리내며 흐름.
gur·gling·ly [gə́:rgliŋli] *adv.* [액체가] 꿀꺽[꿀꺽꿀꺽] 하는 소리를 내면서.
gur·goyle [gə́:rgɔil] *n.* = gargoyle.
gur·jun [gə́:rdʒʌn] *n.* 거젼[동인도·필리핀 제도산(産)의 큰 나무]; U 그 나무에서 채취한 발삼(balsam) [의약용].
Gur·kha [gʊ́ərkə / gə́:rkə] *n.* (*pl.* **-khas** or **-kha**) 구르카 사람; [집합적] 구르카족 [네팔에 사는 Hindu 교를 신봉하는 호전적인 종족]. 〔< Nepal 의 州(주)의 이름〕
gur·nard [gə́:rnərd] *n.* (*pl.* **-nards** or **-nard**) 극기류(棘鰭類)의 바닷물고기, 성대.
gur·net [gə́:rnit] *n.* = gurnard.

gur·ry [gə́:ri / gʌ́ri] *n.* (*pl.* **-ries**) **1** 〔인도인의〕 작은 성채. **2** ⓤ《주로 美》〔특히 고래의〕 부스러기 고기, 페육(廢肉).

gu·ru [gúːruː, gúruː, +美 gʌrúː] *n.* **1** 〔힌두교〕 종교 교사, 구루, 교부(敎父) (preceptor). **2** 〔정신적〕 지도자.

*****gush** [gʌ́ʃ] *vi.* ¶ 〔액체가〕 세차게 흘러나오다, 쏟아져 나오다, 분출하다 (spout) (*out*, *forth*, *up*). ¶ (~+圖) a hot spring *gushing up* in a copious stream 팔팔 솟아져 나오는 온천 // (~+圖+图) His eyes *gushed* [*out*] *with* tears. 그의 눈에서 눈물이 펑펑 쏟아졌다. **2** 거침없이 입방아찧다, 마구 지껄여대다. ¶ (~+圖+图) *gush over* (or *about*) one's baby 자기의 아기 이야기를 장황하게 늘어놓다. ─ *vt.* …을 쏟아내 놓다, 내뿜게 하다, 내뿜다. ─ *n.* **1** 〔유체(流體)의〕 쏟아짐, 분출 (violent outflow). **2** 〔감정·말 따위의〕 분출, 쏟아져 나옴.

gush·er [gʌ́ʃər] *n.* **1** 분출하는 것. **2** 〔보통 대규모의〕 분유정(噴油井). **3** 과장해서 감정을 나타내는 사람, 표현이 과장된 사람.

gush·ing [gʌ́ʃiŋ] *adj.* **1** 뿜어(솟아)나오는, 용솟음치는, 분출하는. **2** 감정을 과장하여 나타내는, 쏟을데없이 감상적인. ─**ness** *n.* ─**ly** *adv.*

gush·y [gʌ́ʃi] *adj.* (**gush·i·er**, **gush·i·est**) **1** 쏟아져 나오는, 분출하는. **2** 감정을 과장해 나타내는, 감상적인.

gus·set [gʌ́sit] *n.* **1** 〔재봉의 보강용〕 삼각천, 섶, 무. **2** 〔기계〕 거싯, 이음판(철판). **3** 〔갑옷의 이음매를 방어하는〕 쇠사슬 옷의 조각(판금(板金)). ─ *vt.* …에 삼각천(섶)을 대다.

*****gust¹** [gʌ́st] *n.* **1** 〔갑자기〕 휙 부는 바람, 돌풍 ◀ WIND¹ 〔類語〕. ¶ a *gust* of wind 휙 몰아치는 바람. **2** 〔비·연기·소리 따위의〕 돌발 (sudden burst). ¶ a *gust* of fire 확 타오르는 불. **3** 〔감정 따위의〕 격발, 폭발 (outburst). ¶ a *gust* of laughter 폭소 / a *gust* of rage 분노의 폭발, 격노.

gust² [gʌ́st] *n.* 〔고어〕 미각; 풍미, 맛 (flavor).

gus·ta·tion [gʌstéiʃ(ə)n] *n.* 미각, 맛보기.

gus·ta·tive [gʌ́stətiv] *adj.* = gustatory.

gus·ta·to·ry [gʌ́stətɔ̀ːri / -t(ə)ri] *adj.* 맛의, 미각의.

gus·to [gʌ́stou] *n.* ⓤ **1** 맛좋음, 기호. **2** 마음속으로부터의 즐거움(기쁨), 만족감. ¶ tell a story with *gusto* 즐겁게 이야기하다 / a 〔개인적인〕 기호, 취미. ¶ eat one's dinner with *gusto* 정찬을 맛있게 먹다. **3** 〔고어〕 예술적 품격(기품).

gust·y¹ [gʌ́sti] *adj.* (**gust·i·er**, **gust·i·est**) **1** 바람·비·폭풍우 따위가 돌풍이 되어 부는 (오는). **2** 돌풍이 부는 (많은), 바람이 센. **3** 소리·음성·감정 따위가 돌발(폭발)적인, 〔행동 따위가〕 발작적인. **4** 활기찬, 팔팔한, 활발한 (vigorous). **5** 〔이야기·연설 따위가〕 시사적인, 젠체하는. **gust·i·ly** *adv.* **gust·i·ness** *n.*

gust·y² [gʌ́sti] *adj.* (**gust·i·er**, **gust·i·est**) 《스코》 맛 (풍미) 좋은, 식욕을 돋우는 (appetizing).

gut [gʌ́t] *n.* **1** 장, 창자 (bowel, intestine). ¶ the small (large) *gut* 소장(대장) / the blind *gut* 맹장. **2** (~s) 내장, 창자 (bowels, entrails); 〔물건의〕 속, 알맹이, 내용, 실질. ¶ The book has no *guts* in it. 그 책에는 내용이 없다. **3** (~s) 《속어》 용기, 배짱 (courage); 원기, 끈기 (stamina); 인내 (endurance); ¶ He has no *guts*. 그는 겁쟁이다. **4** 〔바이올린·라켓 따위의〕 거트, 장선(腸線); 〔낚싯줄용의〕 야잠사 (野蠶絲). **5** 애로, 좁은 수로, 해협; 산협 (山峽).
hate a person's guts 남을 미워하다.
run a person through the guts 남을 골려주다.
work (or *run*, *scream*, *slog*, *sweat*) *one's guts out* 녹초가 될 때까지 〔한눈 팔지 않고〕 일하다; …을 끝장내다.
─ *vt.* (**gut·ted**, **gut·ting**) **1** …의 내장을 꺼내다, 배자를 빼다. **2** …의 내부를 파괴하다. ¶ Fire *gutted* the house. 그 집의 내부는 불로 다 타고 말았다. **3** 〔집·도시〕의 안에 있는 것을 약탈하다. **4** 〔책 따위의〕 알맹이를 빼내다, 요점을 발췌하다.
─ *adj.* 본능에 충동적으로 나오는, 본능적인, 감정적인. ¶ a *gut* feeling 본능적인 감정.

gut·buck·et [gʌ́tbʌ̀kit] *n.* ⓤ 〔싸구려 술집에서 연주되는〕 분방하고 거친 재즈.

gut course *n.* 《미구어》 간단하게 학점을 취득할 수 〔있는 과목〕.

Gu·ten·berg Bible [gúːtnbə̀ːrg-] *n.* 〔그리스도교〕 구텐베르크 성서〔1456년 이전에 독일의 Mainz에서 활자 인쇄된 라틴어역의 성서〕.

gut-fight·er [gʌ́tfàitər] *n.* 《미구어》 만만찮은 사람 (상대).

gut·less [gʌ́tlis] *adj.* **1** 밸이 없는, 무기력한. **2** 실질이 없는.

guts·y [gʌ́tsi] *adj.* (**guts·i·er**, **guts·i·est**) 《미속어》 대담한, 원기왕성한.

gut·ta [gʌ́tə] *n.* (*pl.* **gut·tae** [gʌ́tiː]) **1** 〔물〕 방울 (drop). **2** 〔건축〕 〔도리아식의〕 물방울 모양의 기둥 장식. 〔< L drop〕

gut·ta-per·cha [gʌ́təpə̀ːrtʃə] *n.* ⓤ 구타페르카〔말레이 반도·수마트라·보르네오산(產)의 야생 식물의 유액에서 얻어지는 고무질의 물질〕.

gut·tate [gʌ́teit] *adj.* 〔생물〕 물방울 모양의 반점이 있는.

gut·tée [guːtéi], (**gut·té**) *adj.* 〔紋章〕 바탕에 물·피 따위의 물방울 모양의 반점이 있는.

*****gut·ter** [gʌ́tər] *n.* **1** 〔도로의 한가운데 또는 길가의〕 하수 도랑, 시궁창, 수로. **2** 〔지붕의〕 홈통 (trough). **3** 〔일반적으로〕 물길 자국. **4** (the ~) 〔빈민·부랑자 따위의〕 모이는 곳, 빈민가; 밑바닥 사회. ¶ the language of the *gutter* 하층 사회의 말, 천한 말, 비어 (卑語) / rise from the *gutter* 밑바닥에서 부를 쌓아올리다. **5** 〔제본〕 좌우 양 페이지 사이의 여백. **6** 〔불링〕 거터〔레인 양쪽의 홈〕. ─ *vi.* **1** 〔물의 흐름 따위로〕 도랑이 생기다; 〔자국을 남기고〕 흐르다. **2** 〔촛농이〕 녹아서 흐르다 (*down*). ─ *vt.* …에 도랑을 만들다(파다); …에 홈통을 달다.

gut·ter·bird [gʌ́tərbə̀ːrd] *n.* 참새; 천한 사람.

gut·ter·ing [gʌ́təriŋ] *n.* ⓤⓒ **1** 홈통을 달기, **2** 홈통 재료. **3** 〔건물의〕 물받이(홈통) 장치. **4** 촛농.

gut·ter·man [gʌ́tərmən] *n.* (*pl.* **-men** [-mən]) 〔값싼 물건을 파는〕 길거리 〔노점〕 상인.

gutter press *n.* 선정적인 저속 신문.

gut·ter·snipe [gʌ́tərsnàip] *n.* 〔하층 계급의〕 집 없는 아이, 부랑아; 최하층 계급의 사람.

gutter stick *n.* 〔인쇄〕 조판의 페이지를 구분하는 스틱 (나뭇조각).

gut·tif·er·ous [gʌtífərəs] *adj.* 고무(수지)를 내는.

gut·ti·form [gʌ́təfɔ̀ːrm] *adj.* 〔물〕방울 모양의.

gut·tle [gʌ́tl] *vt., vi.* (**-tled**, **-tling**) 게걸스럽게 먹다, 게염스럽게 먹다 (gobble, gormandize).

gut·tler [gʌ́tlər] *n.* 게걸스럽게 먹는 사람, 대식가.

gut·tur·al [gʌ́t(ə)rəl] *adj.* **1** 목구멍의, 인후의. **2** 〔소리가〕 목구멍에서 나오는, 귀에 거슬리는, 목쉰 (harsh, throaty). **3** 〔음성〕 후음(喉音)의, 연구개(軟口蓋)에서 나오는. ─ *n.* 후음, 연구개음(guttural sound) 〔g, k〕 음따위. ─**ly** [-li] *adv.* ─**ness** *n.*

gut·tur·al·i·za·tion [gʌ̀t(ə)rəlizéiʃ(ə)n / -làiz-] *n.* ⓤ 후음화, 연구개음화.

gut·tur·al·ize [gʌ́t(ə)rəlàiz] (*英* 에서는 **gut·tur·al·ise** 로도 쓴다) *vt.* (**-ized**, **-iz·ing**) **1** …을 목구멍으로 발음하다. **2** 〔소리〕를 후음화하다, 연구개음화하다 (velarize).

gut·ty¹ [gʌ́ti] *n.* 골프용 고무공, 구타페르카 공.

gut·ty² [gúːti, gʌ́ti] *adj.* (**-ti·er**, **-ti·est**) **1** 팔팔한, 용기있는; 도전적인. **2** 〔표현 따위가〕 대담한. **3** = guttée.

‡**guy¹** [gái] *n.* **1** 《구어》 사람, 놈, 녀석 (fellow). ¶ a nice (a queer) *guy* 좋은 (묘한) 놈. **2** 《英》(종종 G-) 〔Guy Fawkes Day에 끌고 다니다가 태우는〕 Guy Fawkes의 상(像); 놀림감 [이 되는 사람]. **3** 《英》 묘한

사람, 기묘한 복장을 한 사람. **4** 《英속어》도망. ¶ do a *guy* 도망치다 / give the *guy* to …에서 도망치다. — *vt.* …을 놀림감(웃음거리)으로 삼다(make fun of), 돌리다, 희롱하다(ridicule); …을 인형으로 만들어 조리하다. — *vi.* 《英속어》도망하다.

guy[2] [gai] *n.* 버팀 밧줄, 당김줄. — *vt.* …을 버팀 밧줄로 유도하다, 당김줄로 안정시키다.

Guy·a·na [gaiǽnə / gi-] *n.* 가이아나[남미의 공화국; 수도 Georgetown].

Gúy Fáwkes Dày [-fɔːks-] *n.* 《英》 11월 5일. Gunpowder Plot의 주모자 Guy Fawkes가 체포된 것을 기념하는 날.

guy·ot [giːóu] *n.* 기요, 정상이 평탄한 바닷속의 산.

gúy rópe *n.* 《항해》 당김 밧줄.

guz·zle [gʌ́zl] *v.* (-**zled**, -**zling**) *vi.* 폭음(통음)하다. — *vt.* 1 을 폭음하다(《때로》…을 폭식하다. **2** 《시간·돈 따위》를 폭주로 낭비하다(… *away, down*).

guz·zler [gʌ́zlər] *n.* 대주가(大酒家), 〖술 따위를〗폭음하는 사람.

GVH diséase [dʒìːviːéitʃ-] *n.* 〖의학〗 이식 편대 숙주 (移植片對宿主) 질환(graft-versus-host).

GVH reáction *n.* GVH 반응, 이식 숙주(移植宿主) 반응.

gwine [gwain] *v.* 《주로 美남부》go 의 현재 분사.

G-wo·man [dʒíːwùmən] *n.* FBI 의 여성 수사관.

gybe [dʒaib] *v.* (**gybed, gyb·ing**), *n.* 《항해》=jibe.

gyle [gail], **gail** [geil] *n.* 1 1회분의 맥주 양조량. **2** 발효중인 엿기름물. **3** 발효조(醱酵槽), 양조통.

‡**gym** [dʒim] *n.* 《구어》 **1** 체육관(gymnasium). **2** U 〖학과로서의〗체조, 체육(gymnastics). [< GYM[NASIUM], GYM[NASTICS].

gym·kha·na [dʒimkáːnə] *n.* 《주로 英·인도》 **1** 야외 운동회[마술(馬術)·체조 연기 따위를 포함], 체육 대회; 짐카나[자동차 경기]. **2** 운동장, 야외 경기장.

gymn- ⇨ GYMNO-.

‡**gym·na·si·um** [dʒimnéiziəm] *n.* (*pl.* -**si·ums** *or* -**si·a** [-ziə]) **1** 체육관, 옥내 체조장. **2** 고대 그리스의 연무장(演武場), 단련장.

Gym·na·si·um [dʒimnáːziəm] *n.* 〖특히 독일의〗김나지움[수업 연한 9년의 중등 학교]. 교사.

gym·nast [dʒímnæst] *n.* 체육[전문]가; 〖특히〗체조 교사.

‡**gym·nas·tic** [dʒimnǽstik], (**gym·nas·ti·cal** [-k(ə)l]) *adj.* 체조(체육)의, 체육 운동의. ¶ *gymnastic apparatus* 체조 용구. **2** 정신적(지적) 훈련(단련)의. — *n.* **1** (보통 ~s) 체조. **2** 정신적(지적) 훈련(단련). **-ti·cal·ly** [-tikəli] *adv.*

‡**gym·nas·tics** [dʒimnǽstiks] *n. pl.* **1** 《복수 취급》=gymnastic *n.* 1. **2** 《단수 취급》체육[과].

gymno- naked, bare, exposed 의 뜻의 연결형 (* 모음 앞에서는 gymn-을 쓴다). 예: *gymno*sophy, *gymn*asium.

gym·nos·o·phist [dʒimnɑ́səfist / -nɔ́s-] *n.* **1** 고대 인도의 나체 고행자. **2** 나체주의자(nudist).

gym·nos·o·phy [dʒimnɑ́səfi / -nɔ́s-] *n.* U 고대 인도의 나체 고행. **2** 나체주의(nudism). [*cf.* angiosperm

gym·no·sperm [dʒímnəspəːrm] *n.* 나자(裸子)식물.

gym·no·sper·mous [dʒìmnəspəːrməs] *adj.* 나자식물의; 나자의, 나자를 가진.

gym·no·tus [dʒimnóutəs] *n.* (*pl.* -**ti** [-tai]) 전기뱀장어 (electric eel) [남미산(産) 담수어].

gým shòe *n.* 운동화.

gým sùit *n.* 체육복.

gyn. (*略*) gynecology.

gyn- ⇨ GYNO-.

gyn·ae·ce·um [gàinisíːəm, dʒìn-, dʒàin-] *n.* (*pl.* -**ce·a** [-síːə]) **1** =gynoecium. **2** 〖고대 그리스·로마의 가옥의〗여자용 방.

gynaeco- ⇨ GYNECO-.

gy·nae·coc·ra·cy [gàinikɑ́krəsi, dʒìn-, dʒàin-] *n.* =gynecocracy.

gyn·ae·cop·a·thy [gàinikɑ́pəθi, dʒìn-, dʒàin-] *n.* 〖의학〗 [특유의]병.

gynaeo- =gyno-.

gyn·ae·pho·bi·a [gàinifóubiə / -bjə] *n.* 〖심리〗 여자 공포증(혐오증).

gy·nan·dro·morph [gainǽndrəmɔːrf, dʒi-, dʒai-] *n.* 〖생물〗자웅(雌雄) 모자이크.

gy·ne·ci·um [gainíːsiəm, dʒi-, dʒai-] *n.* (*pl.* -**ci·a** [-siə]) =gynoecium.

gyneco- female 의 뜻의 연결형 (* 모음 앞에서는 gynec-을 쓴다, gynaec-는 변형 ⇨ GYNO-). 예: *gyneco*cracy, *gynec*ology.

gy·ne·coc·ra·cy [gàinikɑ́krəsi, dʒìn-, dʒàin-] *n.* U 여성(여권) 정치, 여성 천하.

gy·ne·co·crat [gainíːkəkræt, dʒi-, dʒai-] *n.* 여성 치론자, 여성 정치 찬성(지지)자, 여권론자.

gy·ne·co·crat·ic [gainìːkəkrǽtik, dʒi-, dʒai-] *adj.* 여성(여권) 정치의.

gy·ne·co·log·ic [gàinikəlɑ́dʒik, dʒìn-, dʒàin-], (**gy·ne·co·log·i·cal** [-ik(ə)l]) *adj.* 부인과(科) 의학의, 부인병학의.

gy·ne·col·o·gist [gàinikɑ́lədʒist, dʒìn- / -kɔ́l-] *n.* 부인과 의사.

gy·ne·col·o·gy [gàinikɑ́lədʒi, dʒìn- / -kɔ́l-] *n.* U 부인 과학(의학), 부인병학.

gyneo- =gyno-.

gyno- female, woman 의 뜻의 연결형 (* 모음 앞에서는 gyn-을 쓴다). 예: *gyno*cracy, *gyn*andromorph.

gy·noc·ra·cy [gainɑ́krəsi / dʒainɔ́k-] *n.* =gynecocracy.

gy·noe·ci·um [gainíːsiəm, dʒi-, dʒai-], (**gynecium**) *n.* (*pl.* -**ci·a** [-siə]) 〖식물〗 꽃의 암술.

gy·no·phore [gáinəfòːr, dʒín-, dʒái- / -fɔː] *n.* 〖식물〗암술(씨방) 자루.

-gynous 1 「암술의(을 가진)」의 뜻의 연결형. 예: andro*gynous*. **2** woman, female 의 뜻의 연결형. 예: poly*gynous*, mono*gynous*.

-gyny -gynous 로 끝나는 형용사에서 명사를 만드는 연결형. 예: andro*gyny*; poly*gyny*, mono*gyny*.

gyp[1] [dʒip] 《美구어》 *vt.* (**gypped, gyp·ping**) …을 속이다, 사기치다(swindle, cheat); …을 속여서 빼앗다, 사취하다(defraud), 빼앗다(rob). — *n.* **1** 사기, 사취, 협잡. **2** 사기꾼, 협잡꾼(swindler). [< GYP[SY]]

gyp[2] [dʒip] *n.* 《英구어》 《Cambridge, Durham 대학 따위의》남자 사환.

gyp[3] [dʒip] *n.* 《속어》다음 숙어로 쓰인다.
give a person gyp 남을 혼내주다, 벌하다, 몹시 꾸짖다.

gyp·per [dʒípər] *n.* 사기꾼, 협잡꾼.

gyp-room [dʒípruː(ː)m] *n.* 《英속어》〖학생 숙소에 부속되어 사환(gyp)이 관리하는〗식기실(食器室), 식료품실.

gyps. [dʒips] (*略*) =gypsum.

gyp·se·ous [dʒípsiəs] *adj.* 석고(石膏)[질]의, 석고 모양의.

gyp·sog·ra·phy [dʒipsɑ́grəfi / -sɔ́g-] *n.* U 석고 조각

gyp·soph·i·la [dʒipsɑ́filə / -sɔ́f-] *n.* 대나물.

gyp·sous [dʒípsəs] *adj.* =gypseous.

gyp·sum [dʒípsəm] *n.* U 석고, 깁스.

*‡**Gyp·sy**, 《주로 英》**Gip-** [dʒípsi] *n.* (*pl.* -**sies**) **1** 집시. **2** U 집시어(Romany). **3** (g-) 〖외관·생활·성미 따위가〗집시와 같은 사람, 방랑성이 있는 사람; 바람기 있는 여자. — *vi.* (**-sied, -sy·ing**) (g-) 집시처럼 유랑하다, 집시풍의 생활을 하다; 캠프하다(camp out). [< EGYPTIAN: 16세기초 영국에 왔을 때, 이집트로부터 온 것이라 믿어졌던 데서.]

gýpsy bónnet(**hàt**) *n.* 집시 모자[턱 밑에서 끈으로 매는 챙이 넓은 여성·어린이 모자].

gýpsy cáb *n.* 《美》집시 택시[호출에 의해서만 영업할 수 있는데도 거리를 돌아다니며 불법 영업하는 택시].

gyp·sy·dom, 《주로 英》 **gip-** [dʒípsidəm] n. ⓤ 집시 [풍]의 생활(gypsy life), 집시의 신세; 집시의 세계.
gyp·sy·fied, 《주로 英》 **gip-** [dʒípsifàid] adj. 집시풍 (風)의. ⌜gypsydom.
gyp·sy·hood, 《주로 英》 **gip-** [dʒípsihùd] n. =
gyp·sy·ish, 《주로 英》 **gip-** [dʒípsiiʃ] adj. 집시와 같은, 집시풍의(gypsylike).
gyp·sy·ism, 《주로 英》 **gip-** [dʒípsiìz(ə)m] n. 집시 **gýpsy léave** n. 《구어》 무단 퇴출; 무전 취식. ⌜취미.
gýpsy mòth n. 매미나방.
gýpsy ròse n. 채꽃(scabious).
gýpsy schòlar n. 《美구어》 겸임 비상근 강사.
gýpsy tàble n. 간편한 삼각 테이블.
gýpsy vàn(wàgon) n. 집시들이 집으로 쓰는 일종의 포장마차.
gýpsy wìnch n. 《항해》 수동 소형 윈치.
gy·ral [dʒáirəl/dʒái(ə)-] adj. **1** 선회하는(gyratory), 회전하는. **2** 《해부》《뇌의》 회전[부](gyrus)의. ~·ly [-rəli] adv.
gy·rate vi. [dʒáireit / dʒài(ə)réit // → adj.] **(-rat·ed, -rat·ing)** 선회(회전)하다, 소용돌이치다. ⇨ TURN 類語 ── adj. [dʒáireit / dʒáiərit, -reit] 《동물》 나선 모양의, 나선 모양이 있는.
gy·ra·tion [dʒairéiʃ(ə)n / dʒai(ə)r-] n. ⓤⓒ **1** 선회, 회전, 선회(회전) 운동. **2** 《고등류의》 소용돌이꼴, 선형. ⌜전)의.
gy·ra·tion·al [dʒairéiʃən(ə)l / dʒai(ə)r-] adj. 선회(회
gy·ra·to·ry [dʒáirətɔ̀:ri / dʒái(ə)rət(ə)ri] adj. 선회의, 선회하는 (나선) 운동을 하는(gyrating).
gyre [dʒaiər] n. 선회, 회전; 소용돌이(꼴). ── vi. (gyred, gyr·ing) 선회하다.
gy·rene [dʒáiríːn, +美 -⌒] n. 《美속어》 미국 해병대원(수병). [<GI + [MA]RINE]
gyr·fal·con [dʒə́ːrfɔ̀ː(l)kən] n. 흰바다매〔주로 아이슬란드산(産)의 새〕.
gy·ro [dʒáirou / dʒáiə-] n. (pl. **-ros**) **1** =gyrocompass. **2** =gyroscope.
gyro- ring, circle, spiral 의 뜻의 연결형(*모음 앞에서는 gyr-를 쓴다). 예: gyroscope, gyrocompass.
gy·ro·com·pass [dʒáiroukʌ̀mpəs / dʒáiər-] n. 자이로 콤파스, 회전 나침의(羅針儀).
gy·ro·cop·ter [dʒáirəkɑ̀ptər / dʒáiərəkɔ̀p-] n. 자이로콥터[1인승 회전익식 간이 헬리콥터].
gy·ro·dine [dʒáiroudàin / dʒáiər-] n. 《항공》 = gyrodyne.
gy·ro·dyne [dʒáiroudàin / dʒáiər-] n. 《항공》 자이로다인, 고속 헬리콥터.
gy·ro·graph [dʒáirougræ̀f / dʒáiərougrɑ̀:f] n. 회전수 측정기. ⌜의 (水平儀).
gýro horízon n. 《항공》 자이로 호라이즌, 인공 수평
gy·roi·dal [dʒairɔ́id(ə)l / dʒaiər-] adj. 나선상(형)의.
gy·ro·pi·lot [dʒáiro(u)pàilət / dʒáiər-] n. 《항공》 자동 조종 장치(automatic pilot).
gy·ro·plane [dʒáirəplèin / dʒáiər-] n. =autogiro.
gy·ro·scope [dʒáirəskòup / gáiər-, dʒáiər-] n. 자이로스코프, 회전의(回轉儀).
gy·ro·scop·ic [dʒàirəskɑ́pik / gàiərəskɔ́p-] adj. 자이로스코프의, 회전의 [운동]의. **-i·cal·ly** [-ikəli] adv. ⌜[선이 있는), 주름이 있는, 구불구불한.
gy·rose [dʒáirous] adj. 파상(波狀)의
gy·ro·sta·bi·liz·er [dʒáiro(u)stéibilàizər / dʒáiər-] n. 자이로스태빌라이저, 자이로스코프를 응용하여 선박이나 항공기 따위의 롤링을 막는 장치.
gy·ro·stat [dʒáiro(u)stæ̀t / gáiər-, dʒáiər-] n. 자이로스탯〔자이로스코프의 일종으로 팽이의 역학적 성질을 실험하는 데 쓰이는 것〕.
gy·ro·stat·ic [dʒàiro(u)stǽtik / gàiər-, dʒàiər-] adj. 자이로스탯의, 회전체 역학의. ¶ a *gyrostatic* compass 자이로 콤파스. **-i·cal·ly** [-ikəli] adv.
gy·ro·stat·ics [dʒàiro(u)stǽtiks / gàiər-, dʒàiər-] n. pl. 《단수 취급》《역학》 강체(剛體) 선회 운동론.
gy·rus [dʒáirəs] n. (pl. **gyri**) 《해부》〔특히 뇌의〕 회전[부] (convolution).
Gy. Sgt. (略) Gunnery Sergeant.
gyve [dʒaiv] n. (보통 ~s) 고랑, 차꼬, 〔특히〕족쇄(fetters). ── vt. (**gyved, gyv·ing**) …에게 고랑(족쇄)을 채우다(shackle).

H

H, h [eit∫] *n.* (*pl.* **H's** *or* **Hs; h's** *or* **hs** [éit∫iz]) **1** 영어 알파벳의 여덟째 자. **2** H(h)가 나타내는 소리. **3** [연속된 것 중의] 여덟 번째[의 물건]. ¶ Table *H* 제8표, H표. **4** [활자 따위의] H(h) 자; H 자 형[의 물건].
drop one's **h's** (*or* **aitches**) 발음해야 할 어두(語頭)의 h 음을 빼고 발음하다 [Cockney English(런던 영어)의 특징].

H [화학] hydrogen 의 원자 기호.
H [전기] henry; [속어] heroin.
h., H. (略) harbor; hard, hardness; height, high; [야구] hit[s]; horn; hour[s]; hundred; husband.
HA (略) home automation(홈 오토메이션, 가정 생활 자동화(OA 처럼 만든 말로서, 컴퓨터를 가정 생활에 응용하여, 경비(警備)·냉난방·요리 기기의 자동화 등을 꾀하는 일]).

‡ha, hah [hɑː] *interj.* 하!, 어!, 하하! [놀람·기쁨·의심·질문·노여움·슬픔·주저·뽐냄 따위를 나타낸다]. ¶ *Ha, ha*! 하하하! [웃음 또는 조소를 나타낸다].
ha. (略) hectare[s].
h.a. (略) (라틴) *hoc anno* (=in this year); [사격] high angle. │ angle.
H.A. (略) *heavy artillery*; [천문] *hour angle*; high-
H.A.A. (略) *heavy antiaircraft*.
HAA, haa (略) [생리] *hepatitis-associated antigen* (간염 관련 항원(抗原)).
haaf [hɑːf] *n.* [Scotland 의 Shetland 섬 및 Orkneys 섬 앞바다의] 심해어 어장.
Hab. (略) Habakkuk.
Ha·bak·kuk [hǽbəkʌ̀k, -kək, həbǽkəkər] *n.* **1** [성서] 하박국[기원전 7세기 무렵의 히브리의 예언자]. **2** [구약 성서 중의] 하박국서.
ha·ba·ne·ra [hàːbənéː(ː)rə/-nέərə] *n.* 하바네라 [쿠바의 민속 무용 및 그 곡].
Sp. of Habana (Havana).
ha·be·as cor·pus [héibiəs kɔ́ːrpəs] *n.* [법률] 인신(人身) 보호 영장[인신 보호의 목적으로 구금 사유를 청취하려고 피구금자의 법정 출두를 명령하는 영장]. ¶ the *Habeas Corpus* Act 인신 보호법.
[< L *thou* [shalt] *have the body*].
hab·er·dash·er [hǽbərdæ̀∫ər] *n.* **1** 《美》 남성용 복식품(服飾品) 상인 (《英》 men's outfitter). **2** 《주로 英》 잡화·장신구전[상].
hab·er·dash·er·y [hǽbərdæ̀∫əri] *n.* ⓊⒸ (*pl.* -*er·ies*) **1** 《美》 남성용 복식품류 [가게]. **2** 《주로 英》 잡화·장신구[류].
hab·er·geon [hǽbərdʒ(ə)n], **hau·ber-** [hɔ́ːbər-] *n.* [소매 없는] 짧은 쇠사슬 갑옷; [중세의]쇠사슬 갑옷 (hauberk).
hab·ile [hǽbil] *adj.* 교묘한, 솜씨 좋은(skillful).
ha·bil·i·ment [həbíləmənt] *n.* (보통 ~s) 옷, 복장 [관직 복장·예식 복장 따위]; (익살) 평상복; 장구(裝具) (equipment).
ha·bil·i·tate [həbíliteit] *v.* (-*tat·ed, -tat·ing*) *vt.* **1** 《美서부》 [광산] 에 운전 자금 따위를 공급하다, 투자하다. **2** [고어] …에게 옷을 입히다(clothe).
— *vi.* [특히 독일의 대학 교수 등의]자격을 얻다.
ha·bil·i·ta·tion [həbìlitéi∫(ə)n] *n.* Ⓤ **1** 자격 획득. **2** 《美서부》 광산 투자.

‡hab·it [hǽbit] *n.* **1** ⒸⓊ 버릇, 습성, 습관; 습관적 행위 (⇨ CUSTOM 類語); [약물, 특히 마약의] 상용(常用) 버릇. ¶ a lifelong *habit* 평생 계속되는 습관 / the alcohol *habit*; the *habit* of drinking 음주벽(癖) / fall (*or* get) into the *habit* of doing …하는 버릇이 생기다 / make a *habit* of …하기로 하고 있다 / form (cultivate) a good *habit* 좋은 습관을 붙이다(기르다) / give up (fall into) a bad *habit* 악습(惡習)을 버리다(이 생기다) / grow out of a *habit* 버릇이 없어지다 / break a person (oneself) of a *habit* 남(자기)의 버릇을 고치다 / She is in the *habit* of sitting up late. 그녀는 밤 늦게까지 자지 않는 버릇이 있다.

— **Usage** habit 과 관사 —— (1) 일반적·추상적 의미에서는 무관사(불가산어)로 된다: from [force of] *habit* / *Habit* is [a] second nature. (2) 습관적 의미에서는 보통 명사(가산어)와 똑같이 부정 관사를 붙이거나 복수형으로 쓰고, 특정화(特定化)된 경우에는 the 를 붙인다: acquire a *habit* / a man of bad *habits* / break off the *habit* of smoking. (3) habit 에 수식어로서 형용사를 수반할 경우에는 부정관사 a, an 을 붙이고, 수식어가 명사(동명사)인 경우에는 the 를 붙이는 것이 보통: *a nasty habit* 시서운 습관 / *the opium* (the reading) *habit* 아편 상용의 버릇(독서의 습관).

2 Ⓤ 기질, 성질, 마음씨; 체질(constitution). ¶ a *habit* of mind (*or* body) 성질, 성벽(性癖)(체질) / a cheerful (*a good, a thoughtful*) *habit* 쾌활한(선량한, 생각이 깊은) 성질 / a man of genial *habit* 마음씨가 상냥한 사람 / a man of healthy (corpulent) *habit* 건강체(비만성 체질)의 사람. **3** [생물] [동식물의] 습성. ¶ plants of a twining *habit* 덩굴지는 성질의 식물 / animals of an arboreal *habit* 나무 위에 서식하는 동물. **4** [특별한 경우·신분·직업 따위의] 복장(garb); 특별한 경우에 입는] 옷; 여성용 승마복. ¶ a monk's *habit* 수도복(修道服).
— *vt.* [보통 과거 분사로] …에게 옷을 입히다. ¶ be *habited* in …을 입고 있다. **2** [고어] =inhabit.
◇ **hábitual** *adj.*, **habítuate** *v.*

hab·it·a·bil·i·ty [hæ̀bitəbíliti] *n.* Ⓤ 살 수 있음, 살기에 알맞음.
hab·it·a·ble [hǽbitəbl] *adj.* 살 수 있는, 살기에 알맞은. ~**ness** *n.* -**bly** *adv.*
hab·i·tan·cy [hǽbit(ə)nsi] *n.* Ⓤ **1** 살기, 거주(inhabitancy). **2** (집합적으로) 거주자; 인구(population).
hab·it·ant *n.* **1** [+(h)æbitã] 캐나다나 미국 Louisiana 주의 프랑스계 식민자, 그 자손[특히 농민] (habitan).
hab·i·tat [hǽbitæt] *n.* **1** [동식물의] 서식지(환경), 생육지, 산지. **2** 거주지, 주소; 장소. **3** [해저 실험용의] 수중 거주실.
‡hab·i·ta·tion [hæ̀bitéi∫(ə)n] *n.* **1** 거주지, 주소, 거처; 주거, 주택(residence). **2** Ⓤ 거주, 살기. **3** 《英》 Primrose League 의 지방 지부. ◇ **hábitat** *n.*
hab·it·form·ing [hǽbitfɔ̀ːrmiŋ] *adj.* [약 따위가] 습관성의.
‡ha·bit·u·al [həbít∫u(ə)/ -tju-] *adj.* **1** 습관적인, 버릇이 된(customary). ¶ a *habitual* smile 습관적인 미소. **2** 습관적인, 이박인. ¶ a *habitual* criminal 상습범 / a *habitual* drunkard (smoker) 술(담배)을 못 끊는 사람. **3** 평소의, 여느 때와 같은, 흔히 있는. ¶ a

habitual gossip 여느 때와 같은 소문. ~**ness** *n.*
◇ **hábit** *n.*, **habituate** *v.*

ha·bit·u·al·ly [həbítʃuəli / -tju-] *adv.* 습관적으로, 상습적으로(customarily); 늘(usually).

ha·bit·u·ate [həbítʃuèit / -tju-] *vt.* (**-at·ed, -at·ing**) 1 …을 길들이다, 익숙하게 하다(**to**). ¶ *habituate* oneself *to* getting up early 아침 일찍 일어나는 습관을 들이다 / The boy was *habituated to* hard work. 소년은 중노동에 길들어 있었다. 2 [고어] …에 자주 가다.

ha·bit·u·a·tion [həbìtʃuéiʃ(ə)n / -tju-] *n.* ⓤ 길들이기, 习관화, 관습 작용, 익숙해짐(to); 중독; 체질.

hab·i·tude [hǽbit(j)uːd / -tjuːd] *n.* ⓤ 성질; 습관, 습성.

ha·bit·u·é [həbítʃuèi, ˌhæbítʃuèi / həbítʃuèi] *n.* 1 [요리점·바·극장 따위의] 단골(손님), 고객. 2 마약 상용자(drug addict). [< F habituated]

hab·i·tus [hǽbitəs] *n.* (*pl.* **-tus**) 1 습관, 버릇(habit). 2 [의학] [특유한 병에 걸리기 쉬운] 체질, 체형(型). ¶ fragile *habitus* 허약 체질.

ha·chure [hæʃjúər / hæʃúə] *n.* (보통 ~s) [지도의] 훈영(暈影) [토지의 기복(起伏)을 나타내는 짧은 평행선의 무리], 바림[법]; 선영(線影). — *vt.* (**-chured, -chur·ing**) [지도]에 운음을 넣다.

ha·ci·en·da [hàːsiéndə / hǽsi-] *n.* [중남미] 농장, 대목장; 토지, 소유지; 시골의 공장, 광업소. [< Sp]

hack[1] [hæk] *vt.* 1 [도끼 따위로 사정없이]을 자르다, 냅다 자르다, 난도질하다(…*off*, *up*, *down*). ⇔CUT
[類義] 동사+目+부사 / ~ +目+ *hack* something *to* pieces …을 난도질하다 // (~ +目+副) *hack off* boughs 가지를 잘라내다. 2 [곡괭이·쟁이 따위로] [흙]을 파헤치다; 땅을 파헤쳐 [씨]를 뿌리다(*in*); [돌의 표면]을 두드려 거칠거칠하게 하다. (~ +目+副) *hack in* wheat 밀을 갈아(파헤쳐) 밀을 뿌리다. 3 [덤불 따위를 잘라 냄으로써] [길]을 내다; [정원수·울타리 따위]를 가지치기하다, 깎다. 4 (~ +目+前+名) *hack* one's way *through* a jungle 밀림을 베어 길을 내다. 5 [문장 따위]를 이리저리 몰어다 쓰다; [예산 따위]를 삭감하다. 6 [농구] [상대의] 팔을 치다; [英] [럭비] [상대의] 정강이를 차다. 7 [美구어] 잘 해내다(* 종종 hack it 의 형태로 사용). 7 [컴퓨터] [컴퓨터 시스템]에 침입하다; [갖가지 프로그램]을 만들다; [프로그래밍]에 매달리다.
— *vi.* 1 난도질하다, 마구 자르다. 2 연거푸 짧은 헛기침을 하다. 3 [英] [럭비에서] 상대의 정강이를 차다. 4 [美구어] 빈둥빈둥 지내다(around). 5 [컴퓨터] 컴퓨터 프로그램에 매달리다.
— *n.* 1 마구 자르기, 짧게 썰기; 자른(벤, 새긴) 자국. 2 자르는 도구[도끼·곡괭이 따위]. 3 짧은 헛기침. 4 [농구] [상대방의] 팔을 치기; [英] [럭비] 정강이를 차기. 5 [컴퓨터] 컴퓨터 프로그램 [작성기법]; 다른 컴퓨터 시스템에의 침입, 해킹(hacking).

hack[2] [hæk] *n.* 1 [英] [승용마로] 세낼수 있는 말; [美] 전세 마차(hackney). 2 [구어] 택시[운전사]. 3 타는 말, 승용마(saddle horse). 4 지치고 늙은 말, 야윈 말(jade). 5 [돈 때문에] 무엇이든 하는 사람, [특히 문필가의] 조수, 삼류 작가. ¶ a political *hack* 정상배(政商輩). — *vt.* 1 [말]을 승용으로 세주다. 2 [고어] [문인 등]을 조수로 고용하다. 3 …을 낡게 하다, 진부한 것으로 만들다. — *vi.* 1 [보통의 속도로] 말을 타고 가다(*along*). 2 [구어] 택시에 타다, 택시를 운전하다. 3 조수로서 부지런히 일하다. 4 세낸 말에 타다.
— *adj.* 1 고용된; 삯꾼의. ¶ a *hack* attorney 고용 변호사. 2 써서 낡은, 낡아빠진, 진부한(hackneyed).

hack[3] [hæk] *n.* 1 [생선 따위를] 말리는 시렁, [벽돌의] 건조대. 2 [마소의] 구유통; [훈련중에 있는 매 끼의] 모이판. — *vt.* 1 …을 건조대에 얹다, 구유통에 넣다. 2 [매]를 모이판에서 먹도록 하다.

hack·a·more [hǽkəmɔ̀ːr / -mɔː-] *n.* [美서부] [말을 길들이는 데 쓰기 위해 밧줄·날가죽으로 만든] 고삐.

hack·ber·ry [hǽkbèri, -bəri] *n.* (*pl.* **-ries**) [미국산(産)의] 팽나무속(屬)의 나무; 그 열매 [버찌와 비슷하다]; ⓤ 그 목재.

hack·er [hǽkər] *n.* 1 도끼의 일종. 2 자르는 사람. 3 [컴퓨터] 컴퓨터광(狂); 컴퓨터 침해자[PC 등을 이용하여 불법으로 온라인 시스템을 침해하는 사람].

hack·ie [hǽki] *n.* [美구어] [택시] 운전사.

hack·ing [hǽkiŋ] *adj.* [기침이] 짧고 마른, 콜록콜록 기침을 하는. ¶ a *hacking* cough 비슷한 스포츠복. 기침.

hácking jàcket(**còat**) *n.* [英] 승마복, 승마복과 비슷한 스포츠복.

hácking pòcket *n.* [英] 비스듬히 단 덮개 있는 호주머니. [< hacking jacket 에 달려 있는 데서]

hack·ish [hǽkiʃ] *adj.* [美속어] 독창적인, 여러 가지 고안을 짜낸. ¶ a *hackish* feature 독창적인 기능.

hack·le[1] [hǽkl] *n.* 1 [집합적] [수탉 따위의 목의] 가늘고 긴 깃털, 목덜미 털. ¶ with one's *hackles* up 성이 나서, 싸울 자세를 하여 / get a person's *hackles* up 남을 화나게 하다. 2 [낚시] 제물 낚시 만드는 데 쓰는 수탉 따위의 깃털. 3 [아마·삼 따위를 훑는] 빗.
— *vt.* (**-led, -ling**) 1 [제물 낚시]에 깃털을 달다. 2 [삼 따위]를 훑다.

hack·le[2] [hǽkl] *vt.* (**-led, -ling**) …을 동강치다, 마구 자르다, 난도질하다(mangle). 깔쭉깔쭉한.

hack·ly [hǽkli] *adj.* (**-li·er, -li·est**) 까칠까칠한.

hack·man [hǽkmən] *n.* (*pl.* **-men** [-mən]) [美] [전세] 마차의 마부(cabdriver).

hack·ma·tack [hǽkmətæk] *n.* 아메리카 낙엽송(tamarack). ⓤ 그 재목.

hack·ney [hǽkni] *n.* 1 [보통] 타는 말, 승용마. 2 [보통 H-] 해크니[영국산의 말]. 3 전세 마차, 전세 자동차. 4 [폐어] 허드렛일꾼. — *adj.* 1 세낼수 있는, 고용인. 2 낡아빠진, 흔히 있는, 진부한. — *vt.* 1 …을 혹사하다. 2 …을 써서 낡게 하다. 3 …을 세주다.

háckney càrriage *n.* 전세 마차.

háckney còach *n.* 전세 마차.

hack·neyed [hǽknid] *adj.* 써서 낡은, 흔히 있는, 낡아빠진, 진부한. ¶ a *hackneyed* metaphor 진부한 비유.

hack·saw [hǽksɔ̀ː] *n.* [금속 절단용의] 활톱, 쇠톱.

hack·work [hǽkwə̀ːrk] *n.* ⓤ [특히 hack writer가 재탕한 듯한(판에 박은 듯한)] 작품.

[hacksaw]

háck wrìter *n.* 변변치 않은 작가; 이류 작가.

had [강 hæd, 약 həd, (ə)d] *v.* have 의 과거·과거 분사. 1 a) [과거] ⇒HAVE. b) [가정법 과거] ¶ I wish I *had* time enough. 시간이 충분하면 좋겠는데 / If I *had* a lot of money, I would build an orphanage. 돈이 많이 있으면 고아원을 세우겠는데. 2 [과거 분사] a) [완료형에 쓰여] ¶ I have *had* a real good time. 정말 즐겁게 지냈습니다. b) [수동형에 쓰여] Good meat could not be *had* at all during the food shortage. 식량난의 시절에는 좋은 고기는 전연 입수할 수 없었다.
— *auxil. v.* 1 [과거 완료에 쓰여] ¶ The train *had* started when I got to the station. 내가 역에 도착했을 때는 기차는 이미 떠나버리고 없었다. 2 [가정법 과거 완료에 쓰여] ¶ If the Nazis *had* not been defeated, the world would have been dominated by them. 만일 나치스가 타도되지 않았더라면 세계는 그들의 지배를 받았을 것이다 / If Cleopatra's nose *had* been a little shorter, the history of the world might have changed. 클레오파트라의 코가 조금만 더 낮았더라면 세계의 역사는 바뀌었을지도 모른다 [← Pascal 작 *Pensées*].

had as good (or **well**) **do** …하는 것도 좋겠다, …하는 편이 낫다.

had as lief do as ⇒ LIEF.

had better (**best**) **do** ⇒ BETTER[1], BEST.

had like to have done ⇨ LIKE¹.
had rather (or **sooner**) do [**than** ...] 차라리 …하는 편이 낫다(…하고 싶다) (would rather). ¶ He *had rather* dance *than* eat. 그는 밥보다도 춤을 좋아한다.
─── **Usage** had better, had best, had rather, would rather ─── (1) had better, had rather 에서의 had 는 뒤에 로 없는 원형 부정사가 따른다: You *had better* go at once. / I *had rather* stay here. (2) had better 를 2인칭에 쓸 경우는 명령이나 협박의 뜻을 내포하는 일도 있으므로 정중한 권고에는 You might... It would be better to ... 와 같은 표현을 쓰는 편이 낫다. (3) had better 에서의 had 와 better 의 연결은 긴밀하고 일체화(一體化)되어 있으므로 부정형은 had better not...으로 되며 hadn't better...로 하지는 않는다. 다만 부정 의문문에서는 *Had I not better...?* 라도 좋고 *Hadn't I better ...?* 라도 좋다. 또, had better 는 본래 적극적으로 어떤 행동을 선택·권고하는 것이므로 부정형으로는 별로 사용하지 않는다. (4) had best 는 had better 를 강하게 한 것이다. (5) had rather, would rather 는 두루 사용되지만 《美》에서는 had rather 를 문어적이라고 여긴다. 《英》에서는 대체로 1인칭에는 had rather, 2·3인칭에는 would rather 를 사용한다. 그러나 구어에서는 had 나 would 나 약화되어 'd 로 되는 일이 많으므로 이 구별은 별로 의미가 없다: I'*d rather* stay here.
ha·dal [héid(ə)l] *adj.* 〖海事〗〖수심 6,000미터 이하의〗 초심해(超深海)의. [＜HAD[ES]＋-AL¹]
had·dock [hǽdək] *n.* (*pl.* **-dock** or **-docks**) 북대서양산(産)의 대구류의 식용어.
hade [heid] *n.* 〖지질〗연각(偃角) [단층면(斷層面)과 수직면을 이루는 각] ── *vi.* (**had·ed, had·ing**) 수직면에서 기울다.
Ha·de·an [heidí:ən, ---] *adj.* 지하계의, 저승(황천)의.
Ha·des [héidi:z] *n.* 1 〖그리스 신화〗 **a)** 죽은 사람의 혼령이 산다는 지하계, 저승, 황천(netherworld). **b)** 황천의 지배자. 2 〖성서〗죽음의 나라, 망자의 나라, 황천. 3 《종종 h-》 ⓤ《구어》지옥(hell).
hadj [hædʒ] *n.* (*pl.* **hadj·es**) ＝hajj.
hadj·i [hǽdʒi:] *n.* ＝hajji.
‡**had·n't** [hǽdnt] had not 의 단축형.
had·ron [hǽdrɑn/-rɔn] *n.* 〖물리〗하드론[바리온과 중간자의 中間子)를 포함하는 소입자(素粒子)의 한 족(族)].
hadst [hædst, 약 hədst] *v.* 《고어》 have 의 제2인칭 단수 과거형. ＊주어가 thou 의 경우에 사용한다.
hae [hei, heə] *vt., auxil. v.* 《스코》＝have.
haec·ce·i·ty [heksí:iti, hi:k-] *n.* ⓤⓒ (*pl.* **-ties**) 〖철학〗'이것'임(thisness), 개별적임; 개별성, 개성 원리.
haem- ＝hem-. ⇨ HEMO-.
-haemia ＝-emia.
haemo- 《＊모음 앞에서는 haem-을 쓴다》 ⇨ HEMO-.
ha·fiz [hɑ́ːfiz] *n.* 코란(Koran) 을 모두 암기하고 있는 회교도의 칭호. [＜Arab *person who remembers*]
haf·ni·a [hǽfniə] *n.* ⓤ 〖화학〗하프니아[백색 결정(結晶)을 이룬 하프늄의 산화물]. [Hf].
haf·ni·um [hǽfniəm] *n.* ⓤ 〖화학〗하프늄〖원자 기호 Hf〗.
haft [hæft, hɑ:ft] *n.* 〖주머니칼·단도 따위의〗손잡이, 자루; 〖줄 따위의〗자루, 손잡이. ── *vt.* …에 손잡이(자루)를 달다.
hag¹ [hæg] *n.* 1 마귀 같은 할멈, 흉악한(추한, 고약한) 노파. 2 여자 마법사. 3 먹장어(hagfish).
◇ **hággish** *adj.*
hag² [hæg] *n.* 《英방언》 1 소택지(沼澤地)의 무른 땅(습지); 늪 속의 단단한 곳. 2 토탄(土炭)지에서 토탄을 잘라내는 가.
Hag. 《略》 Haggai. [장자리(면).
Ha·gar [héigɑr, héigər] 〖성서〗 하갈[아브라함(Abraham)의 첩으로 이스마엘(Ishmael)의 어머니. ⇨ 창세기(Gen.) 16].
hag·ber·ry [hǽgbèri/-bəri] *n.* (*pl.* **-ries**) ＝hackberry.

Hág·e·man fáctor [hǽgəmən-, héig-] *n.* 〖생리〗하게만 인자(因子), 제12인자[혈액 응고 인자의 하나].
hag·fish [hǽgfìʃ] *n.* (*pl.* **-fish** or **-fish·es**) 먹장어.
Hag·ga·da, -dah [həgɑ́ːdə] *n.* (*pl.* **-doth** [-douθ] or **-dot** [-dout]) 1 하가다〖유대교 법전 Talmud 에서 율법 이외의 우화(寓話) 따위의 부분〗. 2 유대교의 유월절(踰越節) 전날 밤과 당일 밤 식사 때 사용되는 전례서.
hag·gad·ic [həgǽdik, -gɑ́:d-], **(hag·gad·i·cal** [-ik(ə)l]) *adj.* 《종종 H-》 Haggada 의, Haggada 에 관한.
Hag·ga·i [hǽgiài, -gai/-ge(i)ài, -giài] *n.* 1 〖성서〗학개〖기원전 6세기의 히브리인 예언자〗. 2 학개서(書) 〖구약 성서 중의 하나〗.
*'**hag·gard** [hǽgərd] *adj.* 1 〖고뇌 따위로〗얼굴이 처참하도록 여윈, 초췌한; 사나운, 거친, 앙칼진 얼굴을 한. ¶ *haggard* look 초췌한 표정 // be *haggard* from sleeplessness 수면 부족으로 초췌해 있다. 2 〖매 사냥〗〖매가〗야생의, 길들이지 않은(untamed). ── *n.* 〖매사냥〗야생 매. ~·**ly** *adv.* ~·**ness** *n.*
hag·gis [hǽgis] *n.* 《주로 스코》해기스〖양·송아지의 내장을 지방·오트밀 따위와 섞어 그 위장에 넣어서 삶은 요리〗.
hag·gish [hǽgiʃ] *adj.* 마귀 할멈(마녀)의(같은), 늙어서 보기 추한. ~·**ly** *adv.* ~·**ness** *n.*
hag·gle [hǽgl] *v.* (**-gled, -gling**) *vi.* 1 〖거래에서〗값을 깎으려고 조르다(*about, over*...). ¶ *haggle* over prices 값을 깎다. 2 말다툼하다, 승강이하다(*about, over*...). ¶ They are *haggling* over the budget bill. 그들은 예산안을 둘러싸고 말다툼을 하고 있다. ── *vt.* 1 …을 난도질하다. 2 《고어》…을 승강이를 벌여 괴롭히다. ── *n.* 값을 깎기; 승강이, 입씨름.
hag·gler [hǽglər] *n.* 값을 깎으려고 조르는 사람; 승강이하는 사람.
hagi-, hagio- holy, saint 의 뜻의 연결형. 예: *hagi*archy; *hagio*scope, *hagio*graphy.
hag·i·arch·y [hǽgiɑ̀:rki, ＋美 héidʒ-] *n.* (*pl.* **-arch·ies**) ＝hagiocracy.
hag·i·oc·ra·cy [hægiɑ́krəsi, ＋美 hèidʒ-/hægiɔ́k-] *n.* ⓤⓒ (*pl.* **-cies**) 성인(聖人) 정치(지배).
Hag·i·og·ra·pha [hægiɑ́grəfə, hèidʒ-/hægiɔ́g-] *n. pl.* 《때로 단수 취급》성문서(聖文書), 성문학〖3부로 나뉘어진 구약 성서의 제3부. 율법서(the Law)와 예언서 (the Prophets)를 제외한 전부〗.
hag·i·og·ra·pher [hægiɑ́grəfər, hèidʒ-/hægiɔ́g-] *n.* 1 Hagiographa 의 저자. 2 성인전(聖人傳)의 저자.
hag·i·o·graph·ic [hægiəgrǽfik, ＋美 hèidʒ-], **-i·cal** [-ik(ə)l] *adj.* 성인전의, 성인 언행록(言行錄)의.
hag·i·og·ra·phy [hægiɑ́grəfi, hèidʒ-/hægiɔ́g-] *n.* ⓤⓒ (*pl.* **-phies**) 성인 열전(聖人列傳), 성인전 [연구](hagiology).
hag·i·ol·a·try [hægiɑ́lətri, hèidʒ-/hægiɔ́l-] *n.* ⓤⓒ (*pl.* **-tries**) 성인 숭배.
hag·i·ol·o·gy [hægiɑ́lədʒi, hèidʒ-/hægiɔ́l-] *n.* (*pl.* **-gies**) 1 성인전; 성인 전집, 성인 열전. 2 성인[전] 문학(연구).
hag·i·o·scope [hǽgiəskòup, ＋美 hèidʒ-] *n.* 〖참배자가 주(主)제단을 볼 수 있도록〗교회당의 벽에 만든 좁은 창.
hag·rid·den [hǽgridn] *adj.* 악몽에 가위 눌린, [무엇에] 시달린(tormented).
*'**Hague** [heig] **N. The ~** 헤이그〖네덜란드 서부, 북해(北海)에 면한 이 나라의 행정 수도. 국제 사법 재판소가 있음〗.
Hágue Cóurt *n.* (the ~) 헤이그 재판소. 1 〖1920년 국제연맹의 부속기관으로서 Hague 에 설치된 Permanent Court of International Justice〖국제 사법 재판소〗의 통칭〗. 2 〖2차 대전후에 생긴 국제연합의 International Court of Justice〖국제 사법 재판소〗의 통칭〗.
Hágue Tribúnal *n.* 헤이그 국제 중재 재판소〖공식 명칭은 Permanent Court of Arbitration〗.

hah [hɑː] *interj.* =ha.
ha-ha[1] [hàːháː] *interj., n.* [아] 하하[웃음 소리].
ha-ha[2] [háːhàː] *n.* 은장(隱墻) 《위가를 가리지 않도록 도랑 속에 만든 담·울타리》 (sunk fence).
hahn·i·um [háːniəm] *n.* ⓤ 하늄《원자 번호 105번의 인공 방사성 원소》.
haik [haik, +美 heik], (**haick**) *n.* [아라비아 사람이 머리와 몸에 두르는 보통 흰색의] 사각형 천.
‡**hail**[1] [heil] *vt.* **1** …에게 인사하다(salute); …을 환영하다(welcome); 환호하여 맞이하다(acclaim). ¶ The crowd *hailed* him. 군중은 그를 환호하여 맞이했다. **2** 〔남〕을 …이라고 불러 인사하다〔맞이하다〕. ¶ (~+图+[as] 補) They *hailed* him [as] hero. 그들은 그를 영웅이라 부르며 맞이했다. **3** …에게 소리지르다(call out to). ¶ I *hailed* a taxi. 나는 택시를 불렀다. ── *vi.* 큰 소리를 지르다; 〔항해〕 〔배에 대해〕 소리치다, 신호하다. **hail from** …에서 오다, …의 출신이다 (come from). ¶ Where do you *hail* from? 어디 출신이가요? ── *n.* ⒸⓊ 인사(salutation); 환호, 환영; 큰 소리로 부름, 부르는 소리. ¶ With a *hail* of derision. **out of hail** 불러도 들리지 않는 곳에서(*of* …). **within hail** 부르면 들리는 곳에서(*of* …). ── *interj.* 만세!, 여어, 반갑네!. ¶ *Hail* to the king! 국왕 만세! / *Hail* to you! =All *hail*! 만세!, 반갑소!.
‡**hail**[2] [heil] *n.* **1** ⓤ 싸라기, 우박. *cf.* hailstone **2** (a ~) 〔비유적〕 싸라기같이 맹렬히 내림〔내리는 것〕. ¶ a *hail* of bullets 빗발치듯한 탄환. ── *vi.* **1** 〔종종 비인칭의 it를 주어로 하여〕 싸라기〔우박〕가 오다〔내리다〕. ¶ It *hailed* all night. 밤새도록 싸라기가 왔다. **2** 빗발치듯 퍼붓다. ── *vt.* …을 빗발치듯 퍼붓다(*..on, upon*). ¶ (~+图+前+图) He *hailed* blows (curses) *on* me. 그는 내게 빗발치듯 주먹질〔악담〕을 퍼부었다.
◇ háily *adj.*
Háil Colúmbia *n.* **1** 미국 국가〔법률가 Joseph Hopkinson (1770-1842) 작(1798)〕. **2** 〔때로 h- C-〕 ⓤ 《美속어》 엄한 꾸지람; 야단 법석. * hell의 완곡한 어법.
hail·er [héilər] *n.* 환호하는 사람; 〔앰프와 마이크를 내장한〕 휴대용 확성기(bullhorn).
hail-fel·low *n.* [héilfélou → *adj.*] (= **hail féllow**) 친밀한 사이의 사람, 다정한 벗. ── *adj.* [héilfélou] (= **hail-fel·low-well-met** [-wélmét]) 의좋은; 붙임성 있는, 싹싹한 (*with*…). ¶ He is *hail-fellow-well-met* with us. 그는 우리에게 매우 친한 사람이다.
Háil Máry *n.* =Ave Maria.
hail·stone [héilstòun] *n.* 싸라기, 우박〔의 알〕. *cf.* **hail·storm** [héilstɔ̀ːrm] *n.* 마구 퍼붓는 싸라기, 우박 〔싸라기〕을 동반한 폭풍.
hail·y [héili] *adj.* 싸라기 〔우박〕의, 싸라기〔우박〕가 섞인.
hain't [heint] 〔방언〕 have (has) not 의 단축형.
‡**hair** [hɛər] *n.* **1** ⓤ 〔집합적〕 털, 머리털, 머리카락, 모발, 두발; 〔동물의 몸의〕 털, 〔한가닥 한가닥의〕 털. ¶ golden (or fair) *hair* 금발 / grey *hairs* 백발; 노년 / thick (thin) *hair* 숱이 많은〔적은〕 머리털 / a *hair's* breadth 털끝 만한〔근소한〕 폭 (hairbreadth) / long *hair* 장발 / brush one's *hair* 머리에 빗질하다 / dress one's *hair* 조발(調髮)하다 / do up one's *hair* 머리를 땋다(손질하다) / wear one's own *hair* 〔가발이 아니고〕 제 머리털이다 / have one's *hair* cut 머리를 깎다 / wear one's *hair* long (short) 머리를 길게〔짧게〕 기르고 있다/This dog has a good coat of *hair*. 그 개는 털이 좋다.
── **Usage** *hair*의 수(數) ─ *hair* 가 〔두발 전부〕를 의미할 경우에는 집합 명사로서 불변화 복수형(hair)을 사용하고 단수 취급하며, 〔한가닥의〕 머리칼〕을 말할 경우에는 보통 一털 (가산 명사)로서 사용한다: *hair* and nails / curl one's *hair* / He frowned to find a *hair* in his dish.

2 ⓤ 〔식물〕 털, 잔털, 모용(毛茸) 〔잎·줄기 표면의 **3** ⓤ 〔낙타·알파카(alpaca)의 털로 짠〕 모직물. 〔털〕. **4** (a ~) 털끝만치〔의 것〕, 근소한 거리(양, 정도); 〔부정구문중에서〕 조금도 …않다. ¶ do not care a *hair* 조금도 개의치 않다 / be not worth a *hair* 한 푼의 가치도 없다 / He missed the target by a *hair*. 그는 간발(間髮)의 차로 표적을 맞히지 못했다.
5 털처럼 생긴 것, 털 모양의 철사, 미동 용수철; 〔시계 따위의〕 유사(遊絲).
against the hair 짐승의 털을 거꾸로 쓰다듬어; 본의 아니게; 성미에 거슬리게. ¶ It goes *against the hair* with me. 그건 내 성미에 맞지 않는다.
both of a hair 어슷비슷〔하게〕.
by the turn of a hair 겨우, 아슬아슬한 고비에서.
comb *a person's* **hair for** *him* 남을 몹시 꾸짖다.
get *a person* **by the short hairs** 남을 완전히 지배하다.
get in *a person's* **hair** 《속어》 남을 괴롭히다, 초조하게(안달나게) 하다.
a hair of the dog [that bit *a person*] ① 독을 푸는 독〔미친 개에 물린 상처의 해독제로는 문 개의 털이 좋다는 미신에서〕. ② 숙취를 푸는 해장술.
hang by a hair 위기에 직면하다, 위기 일발의 상태이다.
keep *one's* **hair on** 《속어》 침착하다, 당황하지 않다.
let (or **put**) **down** *one's* **hair;** *let one's* **hair down** ① 머리를 풀다. ② 《속어》 느긋하게 쉬다; 마음을 터놓다; 터놓고 이야기하다. 〔어〕 화내다.
lose *one's* **hair** ① 머리가 빠지다 〔벗어지다〕. ② 《구》
make *a person's* **hair stand on end** 남의 머리칼을 곤두세우다, 머리가 쭈뼛해지게 하다, 소름끼치게 하다.
not turn a hair; without turning a hair ① 꿈쩍도 않고. ② 조금도 피로한 기색이 없이.
put (or **turn**) **up** *one's* **hair; put** *one's* **hair up** 〔처녀가 성인이 되어 어른처럼〕 머리를 땋아 올리다.
split hairs 세밀하게 구별하다, 사소한 일을 꼬치꼬치 따지다. *cf.* hairsplitting. 〔다.
tear *one's* **hair** [**out**] 〔슬픔·분노로〕 머리를 쥐어뜯
to [**the turn of**] **a hair** 털끝만큼도〔한치도〕 틀림없이, 정확하게.
◇ háiry, háirlike *adj.*
hair·ball [hɛ́ərbɔ̀ːl] *n.* 모구(毛球)〔고양이·소 따위가 삼킨 털이 위(胃)에 들어가 뭉쳐진 덩이〕.
hair·breadth [hɛ́ərbrèdθ], **hairs-** [-ərz-] *n.* 털이 하나 통할만큼의 폭, 아주 좁은 간격. ¶ within a *hair-breadth* 하마터면 〔…할 뻔하여〕 / escape death by a *hairbreadth* 위기 일발로 죽음을 모면하다 / There is not a *hairbreadth* of difference between the two pictures. 두 그림에는 털끝만큼의 차이점도 없다. ── *adj.* 털끝만큼의, 극히 좁은; 아슬아슬한, 위기 일발의. ¶ a *hair-breadth* escape 구사일생.
hair·brush [hɛ́ərbrʌ̀ʃ] *n.* 머리 빗는 솔.
hair·cloth [hɛ́ərklɔ̀(ː)θ, -klɑ̀θ] *n.* ⓤ 마소직(馬巢織) 〔무명의 날실에 말총을 씨실로 한 거칠거칠한 직물〕.
hair-curl·ing [hɛ́ərkə̀ːrliŋ] *adj.* 머리털이 곤두서는, 소름끼치는.
hair·cut [hɛ́ərkʌ̀t] *n.* 이발; 머리 깎는 모양〔스타일〕.
hair-cut·ter [hɛ́ərkʌ̀tər] *n.* 이발(조발)사.
hair-cut·ting [hɛ́ərkʌ̀tiŋ] *n.* ⓤ 이발, 조발.
── *adj.* 이발의.
hair·do [hɛ́ərdùː] *n.* 〔여성의〕 머리 모양〔스타일〕 (coiffure); 손질한 머리.
hair·dress·er [hɛ́ərdrèsər] *n.* 〔특히 여성을 위한〕 미용사; 《주로 英》 이발사. *cf.* barber 〔의 직.
hair·dress·ing [hɛ́ərdrèsiŋ] *n.* ⓤ 이발; 조발; 머리
háir drier(**drýer**) *n.* 헤어드라이어(blower).
hair-dye [héərdài] *n.* ⓤ 머리 물들이는 약.
haired [hɛərd] *adj.* **1** 머리털이 난(있는). **2** 《보통 복합어를 만들어》 머리털이 …한. ¶ grey-*haired* 백발의 /

long-*haired* 머리가 긴, 장발의 / wavy-*haired* 웨이브를 한 머리의. [따위].
háir gráss *n.* 줄기나 잎이 털처럼 가는 풀[참억새 따위].
háir-grip [héərgrìp] *n.* 《英》=bobby pin.
háir ímplant *n.* 인공 식모(植毛) [대머리에 인공모발을 심는 일].
háir·i·ness [hé(:)rinis / héər-] *n.* ⓊⓊ 털이 많음(더부룩함). [는 장식 끈.
háir·lace [héərlèis] *n.* 《메어》[여성의] 머리를 동이는
háir·less [héərlis] *adj.* 털(머리털)이 없는, 대머리의 (bald). ~·**ness** *n.*
háir·like [héərlàik] *adj.* 털 같은, 매우 가느다란.
háir·line [héərlàin] *n.* **1** [서화(書畵) 따위의] 털같이 가는 선; [펜글씨 따위의] 가늘게 잦혀올린 부분. **2** 아주 가는 밧줄(천삭); 말총으로 만든 낚싯줄. **3** [특히 앞이마의] 머리털이 난 언저리[선]. **4** [인쇄] [활자의] 가는 선; [가는 선의] 활자체. **5** 근소한 차(차이).
to a hairline 정밀하게.
háir nèt *n.* 머리에 쓰는 그물.
háir òil *n.* ⓊⒸ 머릿기름.
háir pèncil *n.* 수채화용 붓, [털로 된] 세필(細筆).
hair-piece [héərpì:s] *n.* [부분] 가발, 다리, 헤어피스.
háir·pin [héərpìn] *n.* 머리핀. — *adj.* [도로·진입로 따위가] U 자형으로의. ¶ *a hairpin turn* U 자형으로의 길.
háir pówder *n.* 머리 분. [부러진 도로.
háir-raiser [héərrèizər] *n.* 끔찍한 사건(이야기, 경험).
hair-rais·ing [héərrèiziŋ] *adj.* 머리털이 곤두서는(주뼛해지는), 무시무시한(terrifying), 소름끼치는.
háir restòrer *n.* 털 나게 하는 약, 발모제.
háir ríbbon *n.* 미러에 매는 리본.
hairs-breadth [héərzbrèdθ] *n., adj.* =hairbreadth.
hair's-breadth [héərzbrèdθ] *n., adj.* =hair-breadth.
háir séal *n.* [거칠 털뿐이고 부드러운 털이 없는] 강치, 바다표범(*cf.* fur seal); 그 모피, 그 제품.
háir shírt *n.* 마소직(馬巢織)의 내의[고행자(苦行者)가 착용]. ⇨ HAIRCLOTH.
hair-slide [héərslàid] *n.* [금속·대모갑(玳瑁甲) 따위로 만든] 머리집게; 머리 클립.
háir spáce *n.* 어간(語間) 따위의 최소 간격 [에 끼우는 것] [얇은 금속 조각으로 약 ¹/₂ 포인트의 두께].
hair-split·ter [héərsplìtər] *n.* 사소한 내용을 불필요할 만큼 꼬치꼬치 따지는(구별하는) 사람; 궤변가.
hair-split·ting [héərsplìtiŋ] *n.* ⓊⓊ 사소한 내용을 꼬치꼬치 따지기; 사소한 일에 구애하기; 궤변. — *adj.* 사소한 내용을 까다롭게 따지는, 궤변을 늘어놓는.
háir spráy *n.* [분무식] 헤어 스프레이. [(絲).
hair-spring [héərspriŋ] *n.* [시계 따위의] 유사(遊 **hair-streak** [héərstrì:k] *n.* [뒷날개에 꼬리 모양의 돌기가 있는] 검정색의 부전나비류(類).
háir stróke *n.* [글씨·그림의] 가는 선; [문자의] 장식용 가는 선.
háir tránsplant *n.* [대머리등의] 모발 이식(移植).
háir trígger *n.* 촉발(털 모양) 방아쇠.
hair-trig·ger [héərtrìgər] *adj.* 촉발적인, 즉각 반응하는.
háir twéezers *n. pl.* 족집게. [하는.
hair·weav·ing [héərwì:viŋ] *n.* 헤어위빙[대머리를 안 보이게 하려고 남은 머리에 가발을 덧씌우 꿰매기].
hair·worm [héərwə̀:rm] *n.* 모양선충(毛樣線蟲) [동물의 창자(腸內) 따위에 기생].
*‡**hair·y** [héəri / héəri] *adj.* (**hair·i·er, hair·i·est**) **1** 털로 덮인, 털이 많은, 털투성이의. **2** 털로 만든; 털 모양의. **3** 울퉁불퉁한, 험한. **4** 《美俗》어려운(difficult), 감당할 수 없는, 위험한.
háir·y-dóg stòry [hé(:)rid5:g- / héərid5g-] *n.* =shaggy dog story.

hair·y-heeled [hé(:)rihì:ld / héər-] *adj.* 《俗》버릇없이 자란, 버릇없는.
Hai·ti [héiti] *n.* 아이티[서인도 제도 중의 히스파니올라(Hispaniola) 섬 서쪽 반을 차지하는 공화국. 수도 Port-au-Prince].
Hai·ti·an [héiʃiən, héitiən] *adj.* 아이티의; 아이티 사람 (말)의. — *n.* 아이티 사람; Ⓤ 아이티말.
Háitian Créole *n.* Ⓤ 《프랑스어에 여러 서아프리카 말이 뒤섞인》 아이티 프랑스어.
hajj, hadj, haj [hædʒ] *n.* (*pl.* **hajj·es; hadj·es; haj·es**) [회교도가 일생에 한번은 해야 하는] 메카 참배 (순례).
hajji, hadji, haji [hædʒi] *n.* **1** 메카 순례(hajj)를 마친 회교도[명예의 칭호]. **2** 《드물게》예루살렘의 성묘(聖墓) 참배를 한 그리스인·아르메니아인 기독교도.
hake¹ [heik] *n.* (*pl.* **hake** *or* **hakes**) 대구류(類)의 물고기.
hake² [heik] *n.* [벽돌·생선 따위의] 건조대(hack).
Ha·ken·kreuz [há:kənkrɔ̀its] *n.* (*pl.* **-kreu·ze** [-krɔ̀itsə]) 《독일》 (=hook cross) 갈고리 십자, 卍(逆) 만자형, 卐 (swastika) [나치스 (Nazis)의 문장(紋章)].
ha·kim¹ [həkí:m] *n.* [회교 국가에서] **1** 현자(賢者), 학자. **2** 의사(physician).
ha·kim² [há:ki(:)m] *n.* [회교 국가의] 지배자, 총독, 법관(judge).
Ha·la·kah, -chah [ha:lɔ́:xə / *Hb* ha:la:xá:] *n.* **1** Ⓤ 할라하 [유대교에 있어서의 율법의 총칭]. **2** Ⓒ (*pl.* **-kahs** *or* **-la·koth** [-la:x5:t]) 유대교 율법의 개개의 규칙.
ha·la·la[h] [həlɑ́:lə] *n.* (*pl.* **-la** *or* **-las**) 할랄라[사우디아라비아의 화폐 단위; 1/100 riyal]. 《<Arab》
Hal·a·phone [hǽləfòun / hɔ́l-] *n.* [음악] 핼러폰, 전자 음향[효과] 장치(악기). 《< Peter Haller (발명자 이름) + -PHONE》
ha·la·tion [heiléiʃ(ə)n, hæl- / həl-] *n.* ⓊⒸ 《사진》 헐레이션 [광선의 의한 흐림].
hal·berd [hǽlbərd, hɔ́:l-], **-bert** [-bərt] *n.* 미늘창[창과 도끼를 결합한 무기; 15-16세기에 사용되었다.
hal·berd·ier [hǽlbərdíər, hɔ̀:l-] *n.* halberd 를 지닌 병사(경비병, 종자).
hal·cy·on [hǽlsiən] *n.* **1** 《고어·詩》동지 무렵에 해상에 둥지를 만들어 알을 까고 풍랑을 가라앉는 힘을 갖고 있다고 전해지는 새[물총새와 동일시되었다]. **2** 물총새(kingfisher). — *adj.* **1** 물총새의. **2** 고요한, 잔잔한, 평온한(calm). **3** 부유한; 번영하는. **4** 즐거운, 무사 태평한.

[halberd]

hálcyon dáys *n. pl.* 동지 전후의 날씨가 좋은 2주간 동안의 시기, 평화로운 시기.
*hale¹ [heil] *adj.* (**hal·er, hal·est**) [특히 늙은이가] 기운찬, 팔팔한, 튼튼한, 기력이 왕성한.
hale and hearty 노인이나 병석에서 갓 일어난 사람이] 원기 왕성한; 노익장(老益壯)의.
~·**ness** *n.*
hale² [heil] *vt.* (**haled, hal·ing**) **1** [힘을 넣어서] …을 세게 잡아당기다, 세게 끌어당다(pull, draw). **2** …을 질질 끌다, 끌어내다(drag). ¶ *A vagrant was haled into court.* 방랑자가 법정에 끌려나왔다.
‡**half** [hæf / hɑ:f] *n.* (*pl.* **halves** [hǽvz / hɑ́:vz]) **1** 반, 2분의 1; [대수 나눗] 약 절반. ¶ *two pounds and a half* 2파운드 반(two and a half pounds) / *an hour and a half* 1시간 반 / *the (or one) half* of an orange 오렌지의 반쪽 / *the other half* of an apple 사과의 나머지 반쪽 / *the first (the latter) half* of the 20th century 20세기 전반(후반) / *the larger half* of my

fortune 내 재산의 태반 / Half (or The half) of ten is five. 10의 반은 5이다 / Two halves make a whole. 반쪽이 두 개면 하나가 된다 / He wasted half of his time. 그는 시간의 반을 허비했다 / I couldn't hear half of what he said. 그가 한 말의 절반은 들을 수가 없었다 / He broke a stick in half. 그는 막대기를 둘로 부러뜨렸다 / He sawed the plank into two exact halves. 그는 판자를 두 쪽으로 톱질했다(* 「두 쪽으로 자르다(나누다)」라고 할 때 half 를 사용하면 in을, halves 를 사용하면 into를 전치사로 한다) / Half of it is (Half of them are) rotten. 그것의 반(그것들의 반수)은 썩어 있다.
2 [한쌍으로 되어 있는 것의] 한쪽; (댄스의) 상대, 파
3 **a)** (스포츠) 시합의 전반(후반); (야구) [한 회의 回)의] 초(初), 말(末). ¶ first half of the eighth inning 8회 초. **b)** (미식축구) 하프백(halfback). **c)** (골프) 동점.
4 [한 학년을 2기로 나눔] 학기, 반 학년. ¶ He entered the school in the summer half. 그는 여름 학기에 입학했다.
5 [특히 소송 따위에서] 한 편 당사자 (side).
6 (英구어) 반 파인트(half pint); 반 크라운(half crown); 반마일; (英학생 속어) 반공일, 반휴일.
7 (美구어) = half dollar.
and a hálf (구어) 특별한, 굉장한, 성가신. ¶ It was a game and a half. 굉장한 시합이었다.
one's bétter hálf; one's óther hálf (익살) 아내.
by hálf 1 절반만. 2 (반어적) 대단히, 매우(very much). ¶ be too stupid by half 너무나 어리석다.
by hálves 불완전하게, 데면데면하게, 어중간하게. ¶ do things by halves 일을 어중간하게 하다.
crý hálves 절반 내라고(반씩 나누자고) 요구하다.
gó hálves with a person **in** a thing 물건을 남과 반분하다.
sáy hálf to oneself 누구에게라고 할 것 없이 중얼거리다. 혼잣말처럼 말하다.
to the hálves ① 절반까지, 불완전하게. ② (美) 반씩
one's wórse hálf (익살) 남편.
— adj. 1 반의, 2분의 1의. ¶ a half share 반 몫 / a half length (경마) 반 마신(半馬身)의 길이, (漕艇) 반정신(半艇身) / an hour by half / half a dozen; a half dozen 반 다스 / one and a half hours 1시간 반 (one hour and a half) / I have a loaf a mind to go. 가보고 싶은 생각이 든다 / Half a loaf is better than no bread. (속담) 반덩이라도 없느니보다는 낫다. * 단수·복수는 일반적으로 다음에 오는 명사의 수에 일치한다. 예: Half the orange was rotten. Half the oranges were rotten.
— **Usage**[1] half a year, a half year, — (1) (英)에서는 half a year, (美)에서는 a half year 가 일반적으로 사용되나 (英)에서도 합성어의 한 단위가 될 경우는 a half-year 로 하기도 한다. 전에는 하이픈을 넣은 어형도 있었다. (2) 「올해도 반은 갔다」처럼 특정한 해에 대해 말할 경우는 half the year 가 보통이고, the half year 라고는 하지 않는다. (3) half 다음에 오는 명사가 A+명사가 아닐 때는 half the amount 처럼 말하는 것이 보통이며, half of the amount 는 특히 「(전체의) 부분」이라는 것을 강조하는 문어적 표현이 다. 그러나 대명사의 경우는 half of them (it) 처럼 of 를 넣는다.
2 부분적, 불완전한(incomplete). ¶ half knowledge 얼치기 지식 / half truth 반면의 진리.
sée with hálf an éye 눈 감고도 알다, 곧 알다.
— adv. 반쯤, 반만큼. ¶ A glass half full of whisky 위스키가 반쯤 들어 있는 컵 / It is half past ten now. 지금 10시 반이다.
— **Usage**[2] 시간을 말할 때 It is a quarter past ten.과 같이 quarter 에는 a 를 붙이지만 It is half past ten.과 같이 half 에는 a 를 안 붙인다. quarter 는 명사로만 half 는 half full 의 용법처럼 부사로 생각되기 때문

문이다.
2 반쯤, 얼마간; 꽤, 거의. ¶ half dead 반죽음이 되어 / half asleep 반은 잠들어 / with a look half kind and half reproachful 반은 친절하고 반은 책망하는 듯한 표정으로 / He half wished he had not said so. 그는 어쩐지 그런 말은 하지 않은 편이 좋지 않을까 하고 생각했다 / Well begun is half done. 《속담》 시작이 반.
3 부분적으로, 불충분하게(imperfectly). ¶ half cooked 설익은, 반숙의 / half educated 제대로 교육받지 못한.
hálf as múch (or **mány**) **agáin** [as] […의] 1배 반.
hálf as múch (or **mány**) [as] […의] 절반.
nót hálf ¶ (구어) 조금도 …아니다(not at all). ¶ not half bad 나쁘기는커녕 아주 좋다. **2** (卑語) 굉장히, 맹렬히. ¶ Do you like whiskey? — Oh, not half! 위스키를 좋아합니까? — 좋다뿐이겠습니까!
◇ **halve** v.

half-a-crown [hǽfəkráun / háː f-] n. **1** = half crown. **2** (古) 2실링 6펜스의 금액).
hálf ádder n. (컴퓨터) 반가산기 (半加算器).
hálf a dózen, half-a-doz·en [hǽfədʌ́zn / háː f-] n., adj. = half a dozen.
half-and-half [hǽf(ə)n(d)hǽf / háː f(ə)n(d)háː f] adj. 1 반반의, 두 개의 성분으로 된. 2 어중간한, 이도저도 아닌. ¶ a half-and-half enthusiasm 어중간한 열정. — adv. 반반으로, 같은 분량으로(equally). — n. ⓤ 1 반반의 혼합물. 2 (특히 英) 혼합주; [특히 porter 와 ale 또는 beer 와 stout 의] 혼합주. 3 (美) 우유와 크림의 혼합 음료.
half-assed [hǽfǽst / háː fáː st] adj. (美속어) 1 불안전한, 부족한(deficient); 되는 대로의, 엉터리의(haphazard). ¶ a half-assed plan 엉터리 계획. 2 무능한, 보잘것없는(incompetent); 어리석은(stupid). ¶ half-assed teachers 무능한 교사들.
half·back [hǽfbæ̀k / háː f-] n. 1 (미식 축구) 하프백, 후위(中衛) [그 위치·선수]. 2 (축구·럭비 따위의) 중위의 선수. cf. fullback, quarterback
half-baked [hǽfbéikt / háː f-] adj. 1 설 구워진(underdone). 2 불완전한. ¶ a half-baked scheme 불완전한 계획. 3 미숙한, 경험이 적은, 풋내기의. ¶ a half-baked youth 풋내기 젊은이. 4 (구어) 상궤(常軌)를 벗어난; 제정신이 아닌.
hálf bínding n. ⓤ (책의 등과 모서리가 가죽으로 된) 반혁 장정(半革裝幀).
hálf blóod n. ⓤ 어머니(아버지)가 다른 형제 자매 관계. cf. full blood ¶ brothers of the half blood 이부(이복) 형제.
half-blood [hǽfblʌ̀d / háː f-] n. 1 혼혈아; 잡종 (half-blood). 2 이부(이복) 형제 (자매).
half-blood·ed [hǽfblʌ̀did / háː f-] adj. 혼혈의; 잡종의.
half-boiled [hǽfbɔ́ild / háː f-] adj. 설익은, 반숙의.
hálf bóot n. [정강이의 중간까지 오는] 반장화.
half-bound [hǽfbáund / háː f-] adj. 반혁 장정의. cf. half binding
half-bred [hǽfbréd / háː f-] adj. 혼혈[종]의; 잡종의 (half-blooded).
half-breed [hǽfbrìː d / háː f-] n. 1 혼혈아; 백인과 북아메리카 인디언과의 혼혈아. 2 (동식물의) 잡종. — adj. 혼혈의 (half-blooded).
hálf bróther n. 아버지(어머니)가 다른 형제, 의붓(이복) 형제.
hálf cálf n. ⓤ (책의) 송아지 가죽으로 된 반혁 장정.
half-caste [hǽfkæst / háː fkàː st] n. 1 혼혈아; (특히) 백인과 인도인(회교도)과의 혼혈아. 2 신분(계급)이 다른 양친한테서 출생한 아이. — adj. (백인과 인도인의) 혼혈의. 2 신분이 다른 양친 사이의 아이의.
hálf cóck n. ⓤ 1 안정단(安全段) (총의 격철(擊鐵)을 반쯤 올린 위치); 안전 장치. 2 마음가짐이 불충

half-cock 분한 상태.

go off at half cock ① 격철을 충분히 울리지 않은 채 발사하다. ② 조급히 굴다, 잘 생각하지 않고 행동하다.

half-cock [hǽfkɑ́k / háːfkɔ́k] *vt.* [총의] 격철을 반쯤 울리다, [총을] 안전단으로 하(다); [총]에 안전 장치를 걸다.

half-cocked [hǽfkɑ́kt / háːfkɔ́kt] *adj.* **1** [총 의] 격철을 반쯤 올린, 안전단에 놓은; 안전 장치를 한. **2** 《美 구어》 조급히 서둔, 준비가 불충분한. **3** 어리석은 (stupid).

go off half-cocked =*go off at half cock.* ⇨ HALFCOCK.

half crown *n.* [영국의] 반 크라운 백동화(白銅貨) [1946년 이전은 은화, 2실링 6펜스 해당. 1970년의 십진 법화(十進法化)로 폐지].

half-dead [hǽfdéd / háːf-] *adj.* 반죽음의.

half deck *n.* [상선·범선 따위의] 반갑판.

half dime *n.* [미국의 옛날의] 5센트 은화.

half dollar *n.* [미국·캐나다의] 반 달러(50센트) 은화.

half-done [hǽfdʌ́n / háːf-] *adj.* **1** 반만 된, 하다 만, 불완전한, **2** 설익은, 설구운, 반죽의.

half-dozen [hǽfdʌ́zn / háːf-] *n., adj.* 반 다스(6개) [의].

half eagle *n.* [미국의 옛날의] 5달러 금화.

half-face [hǽfféis / háːf-] *n.* **1** 반면(半面), 얼굴 옆 모습. **2** [군대] 반우(화) 향. — *adj.* 얼굴 옆 모습을 그린, 반면의.

half-faced [hǽfféist / háːf-] *adj.* **1** 옆 얼굴로(을 보인). **2** 세 방향이 닫히고 한 방향만 열린. **3** 불분명한, 불충분한.

half gainer *n.* [수영] 하프 게이너[전면을 향한 자세에서 뛰어올라 뒤로 회전해서 머리부터 물속에 들어가는 다이빙].

half-har·dy [hǽfhɑ́ːrdi / háːf-] *adj.* [식물이] 반내 한성(半耐寒性)의.

half-heart·ed [hǽfhɑ́ːrtid / háːf-] *adj.* 마음이 내키지 않는, 열성이 없는. **~·ly** *adv.* **~·ness** *n.*

half hitch *n.* 반결삭(半結索), 반 (외짝) 매듭[가장 간 단한 밧줄 매듭법].

***half-hol·i·day** [hǽfhɑ́lidèi / háːfhɔ́li-] *n.* 반공일, 반휴일.

half hose *n.* 무릎 아래까지 닿는 남성용 긴 양말.

***half-hour** [hǽfáuər / háːf-] *n.* **1** 반시간, 30분간. **2** […시 반이라고 할 때의] 반, 30분. — *adj.* 반시간의. — *half-hourly* 1.

half-hour·ly [hǽfáuərli / háːf-] *adj.* **1** 반시간의, 30분간 계속되는. **2** 반시간마다의. — *adv.* 반시간에, 반시간마다.

half hunter *n.* 한 면이 유리로 된 회중 시계.

half-inch [hǽfíntʃ / háːf-] *vt.* 《英속어》 …을 훔치다.

half jail [hǽfdʒéil / háːf-] *n.* 알코올 중독자 수용소.

half leather *n.* =half binding.

half-length [hǽflèŋ(k)θ / háːf-] *n.* 절반 길이의 것; [특히] 반신상(화). — *adj.* 전장(全長)의 반의; 반신 상(화)의.

half-life [hǽflàif / háːf-] *n.* (=**hálf-lìfe pèriod**) ⓒ {물리} [방사성 원소의 원자수의] 반감기(半減期).

half-light [hǽflàit / háːf-] *n.* ⓤ 박명(薄明), 어스름.

half line *n.* [기하] 반(半)직선[한 점에서 한쪽 방향 으로 무한히 뻗은 직선].

half-ling [hǽfliŋ / háːf-] *n.* 《주로 스코》 **1** 미성년, [성년 전의] 젊은이. **2** 반 페니. — *adj.* 미성년의 (immature).

half-long [hǽflɔ̀ːŋ / háːflɔ̀ŋ] *adj.* [음성의] 반장음 의.

half-mast [hǽfmǽst / háːfmɑ́ːst] *n.* **1** 반기(半旗) 의 위치[조의 또는 조난을 나타내는 게양 위치]. ¶ *a flag at half-mast* 반기. — *adj.* 반기의. ¶ *a half-mast position* 반기의 위치. — *vt.* [기]를 반기의 위치에 게양하다.

half measure *n.* (종종 ~s) 임시 변통의 수단, 궁 할 때의 미봉책.

half-minded [hǽfmáindid / háːf-] *adj.* 마음 내키지 않는.

half-moon [hǽfmúːn / háːf-] *n.* **1** 반달. *cf.* full moon, new moon **2** 반달 모양[의 것]; [손톱의] 반달, 속손톱.

half mourning *n.* ⓤ **1** 반 상복[제 2기의 복상중 에 입는 옷으로 검정색보다 엷은 색깔의 것]. **2** 반상기, 제 2 복상기, 반 상복기.

half nelson *n.* [레슬링] 하프 넬슨[한 팔을 상대방 의 등뒤로부터 겨드랑이 밑에 넣어 목덜미를 누른다].

get a half nelson on …을 움켜잡고 못 움직이게 하 다; …을 완전히 지배하다.

half-ness [hǽfnis / háːf-] *n.* ⓤ **1** 절반임. **2** 불완 전, 어중간함. (minim).

half note *n.* 《美》 [음악] 2분 음표[♩] 《英》

half-one [hǽfwʌ́n / háːf-] *n.* [골프] 하프원, 반수 감 점[홀 하나 걸러 1스트로크씩의 핸디캡].

half-or·phan [hǽfɔ́ːrf(ə)n / háːf-] *n.* 부모 중 한쪽 을 잃은 아이.

half-pace [hǽfpèis / háːf-] *n.* **1** 단(壇), 상좌, 상 단. **2** 층계참(層階站), 계단참.

half pay *n.* ⓤ 급료의 반액, 반봉급. **2** [영국 장 교의] 예비역(퇴역) 급료 [현역 급료의 약 절반].

half-pen·ny [héip(ə)ni] *n.* (*pl.* -**nies** →3) **1** 반페니 동화. **2** (-nies) 《英구》 잔돈, 소액. **3** (*pl.* -**pence** [-pəns]) 반페니 [의 가치(금액)].

get (or ***receive***) ***more kicks than halfpence*** ⇨ KICK.

turn up again like a bad halfpenny 《구어》 불일도 없는데 빠지지 않고 잘 나타나다.
— *adj.* **1** 반페니의, **2** 하찮은, 쓸모없는 (worthless). **3** 《英구어》 [신문의] 선정적인 (sensational).

half-pen·ny-worth [héip(ə)niwə̀ːrθ, héipəθ] *n.* **1** 반페니 값어치의 물건(양). **2** 극소량.

half pint *n.* **1** 반파인트 [¼쿼트]. **2** 《구어》 꼬마. 《美속어》 하찮은 사람.

half plane *n.* [수학] 반평면 [평면을 직선으로 둘로 나눴을 때의 각 부분].

half-rat·er [hǽfréitər / háːf-] *n.* [19세기말 영국의] 경주용 소형 요트.

half-read [hǽfréd / háːf-] *adj.* 얼치기로 읽은, 어설 프게 아는.

half-round [hǽfráund / háːf-] *adj.* **1** 반원[형]의. **2** 반원[형]의 것. — *n.* **1** 반원, 반원형의 것. **2** [인 쇄] [연판의] 환판(丸版). **3** [건축] 건축물의 돌출부 나 가장자리를 깎아서 만든 반원 쇠시리.

half-royal [hǽfrɔ́iəl / háːf-] *n.* 12×12인치 크기의 마분지.

hálf-séas óver [hǽfsíːz- / háːf-] *adj.* **1** 항해가 반쯤 진행된. **2** 《속어》 취한 (drunk).

half-shift [hǽfʃíft / háːf-] *n.* [음악] [바이올린 연주 따위에서] 제2의 위치 변경.

half-shot [hǽfʃɑ́t / háːfʃɔ́t] *adj.* 《속어》 설취한.

half silk *n.* ⓤ 명주와 무명의 교직(交織).

half sister *n.* 어머니(아버지)가 다른 자매, 의붓(이 복) 자매.

half size *n.* 하프 사이즈[몸통이 작달막한 비만형 부 인복의 사이즈. 12¹⁄₂에서 24¹⁄₂까지의 분수로 표시된다].

half-slip [hǽfslìp / háːf-] *n.* 반(半) 슬립, 짧은 페티 코트 (short petticoat).

half sole *n.* [구두의] 앞창 [장심 부분에서 발끝 부분 까지].

half-sole [hǽfsòul / háːf-] *vt.* (-**soled**, -**sol·ing**) [구 두]에 앞창을 달다.

half sovereign *n.* [영국의] 반 파운드 금화 [10실링 에 상당. 1917년에 폐지].

half-staff [hǽfstǽf / háːfstɑ́ːf] *n.* =half-mast.

half step *n.* **1** [음악] 반음 (semitone). **2** 《美軍》 반보(半步).

half tide *n.* 반조(半潮) [만조와 간조의 중간].

half-tim·bered [hǽftímbərd / há:f-] *adj.* 목골조(木骨造)의 〔뼈대는 나무이고, 다른 부분은 석회 따위를 칠한 것〕.

hálf tíme *n.* ⓤ **1** 〔英〕 반나절 노동; 반일급(半日給). **2** 〔스포츠〕 하프 타임, 중간 휴식.

half-tim·er [hǽftáimər / há:f-] *n.* **1** 반나절 노동자, 규정 시간의 절반만 일하는 사람. *cf.* full-timer, part-timer **2** 〔英〕 반일제(半日制) 취학 아동 〔옛날, 규정 시간의 절반만 학교에 가고 나머지 반나절은 취업이 허가된 아동〕.

hálf tínt *n.* 간색(間色) (demitint); [수채화의] 흐릿한 채색.

hálf títle *n.* **1** 책의 본문 앞의 첫 페이지; [거기에 인쇄된] 짧은 표제 (bastard title). **2** [책의 중간 표지에 인쇄된] 각 장의 표제.

hálf tóne *n.* 〔음악〕 반음 (semitone).

half·tone [hǽftòun / há:f-] *n.* **1** 〔그림·사진〕 중간색; 반조부(半調部) (middle tone). **2** 〔사진 제판〕 망판(網版), 사진판; 망판 인쇄물. — *adj.* 망판의(에 관한, 에 의한).

half-track [hǽftræk / há:f-] *n.* **1** 후부(後部) 무한 궤도 장치. **2** 후부가 무한 궤도식의 군용차, 반(半) 무한 궤도 트럭.

half-truth [hǽftrù:θ / há:f-] *n.* ⓤ ⓒ (*pl.* **-truths** [-trù:ðz, -θs]) 반(半)만의 진리.

hálf-válue láyer [hǽfvǽljuː- / há:f-] *n.* 〔원자력〕 반가층(半價層) 〔방사선이 물질을 통과할 때, 그 강도가 반감하는 흡수물질의 두께〕.

hálf vólley *n.* 하프 발리〔정구·축구 따위에서 공이 지면에서 튀어오르는 순간에 치거나 차는 일〕.

half-vol·ley [hǽfváli / há:fvɔ́li] *vt., vi.* 〔공을〕 하프 발리로 치다(차다).

half·way [hǽfwéi / há:f-] *adv.* **1** 중도에 (에서, 까지). **1** be *halfway* through 중간까지 진행하다 / go *halfway* 중도까지 가다. **2** 〔구어〕 절반만, 조금이라도; 거의. **1** He'd win if he were *halfway* good. 웬만큼만 해도 그가 이길 텐데. — 〔협하다〕 *meet a person halfway* 서로 [의견이] 가까워지다, 타협하다 *meet trouble halfway* ⇒ TROUBLE. — *adj.* **1** 중도의, 중간의. **1** a *halfway* point 중간 지점. **2** 불충분[불완전]한, 어중간한. **1** *halfway* measures 어중된 조치.

hálfwày hóuse *n.* **1** 두 읍 등의 중간에 있는 여인숙. **2** 중간점, 타협 [방법]. **3** 사회 복귀를 위한 시설.

hálfway líne *n.* 〔축구·럭비〕 [경기장의] 중앙선, 하프 라인.

half-wit [hǽfwìt / há:f-] *n.* 반편, 얼간이.

half-wit·ted [hǽfwítid / há:f-] *adj.* 모자라는, 얼빠진. **~ly** *adv.* **~ness** *n.*

half-world [hǽfwə̀:rld / há:f-] *n.* **1** 반구(半球) (hemisphere). **2** 화류계 (demimonde). **3** 암흑가 (underworld).

hálf yéar *n.* **1** 반년. **2** 〔2학기제의〕 학기 (semester).

half-year·ly [hǽfjɪ́ərli / há:fjɪ́ə:-] *adv., adj.* 반년마다(의).

hal·i·but [hǽlibət, +美 hál-] *n.* (*pl.* **-but** or **-buts**) **1** 큰넙치. **2** 넙치류(類)와 비슷한 가자미.

hal·ide [hǽlaid, héil-] *n.* 할로겐 화합물(化合物). — *adj.* 할로겐 화합물의.

hal·i·dom [hǽlidəm], **-dome** [-doum] *n.* 신성한 장소(물건). *by my halidom* 맹세코, 단연코.

hal·i·eu·tic [hæ̀li(j)úːtik / -jú:-] *adj.* 고기잡이의, 어업의. — *n.* (~**s**) 낚시질하는 법, 고기잡는 법; 어류(어업)에 관한 논문.

hal·ite [hǽlait, héi-] *n.* ⓤ 암염(岩鹽) (rock salt).

hal·i·to·sis [hæ̀litóusis] *n.* ⓤ 입냄새 (bad breath).

‡hall [hɔːl] *n.* **1** 〔빌딩 따위의〕 복도, 통로. **2** 현관, 현관의 큰 방. **3** 〔종종 H-〕 〔공공의〕 건물, 〔그 속의〕 크고 넓은 방; 〔조합·협회 따위의〕 사무소, 본부. **1** a city *Hall* 시청 / a public *Hall* 공회당 / the Agricultural *Hall* 농업 회관 / the *Hall* of Justice 법원. **4** 〔회합·오락·연회 따위에 쓰이는〕 회관, 회당, 홀. **1** a concert *hall* 음악당, 연주 회장 / a dance *hall* 댄스홀. **5** 〔美〕 〔종종 H-〕 〔대학의〕 교사(校舍), 강당, 집회장. **1** the Students' *Hall* 학생 회관 / the Science *Hall* 이학부(理學部) 교사. **6** 〔英〕 **a)** 〔대학의〕 대식당; 〔대식당에서의〕 회식. **b)** 학료(學寮) (college). **1** a *hall* of residence 〔학생〕 기숙사. **7** 〔美〕 〔대지주의〕 저택. **8** 〔중세 왕후 귀족의〕 성, 대저택; 〔그 속의〕 크고 넓은 방. **1** a banqueting *hall* 연회용 큰 방. **9** 〔英〕 흥행장, 연예장 (music hall).

the Hall of Fame 〔美〕 영예 전당〔뉴욕 대학 안에 있는 미국의 위인·공로자의 기념관〕.

hal·lah [háːlə, xáː-] *n.* (*pl.* **-lahs, -loth** [-lɔ́:t]) 〔유대교〕 할라〔유대교에서 안식일에 먹는 흰 빵 (challah).

hal·le·lu·jah [hæ̀lilúːjə], (**hal·le·lu·iah**) *interj.* 할렐루야, 알렐루야, 야훼 하나님을 찬미하라. — *n.* 할렐루야, 알렐루야〔하나님을 찬미하는 말〕; 할렐루야〔알렐루야〕 성가(聖歌). [< Heb praise you Yahweh < *hallelū* praise + *yāh* Yahweh: 야훼 하나님을 찬미하라]

Hàllelújah làss *n.* 〔속어〕 구세군 여사관.

Hál·ley's Cómet [hǽli:z-] *n.* 〔천문〕 핼리 혜성.

hal·liard [hǽljərd] *n.* = halyard.

hall·mark [hɔ́:lmɑ̀:rk] *n.* **1** 〔금은의 순도(純度)를 나타내는〕 검증 각인(刻印). **2** 품질 증명. — *vt.* ~에 검증 각인을 찍다, 보증하다.

*hal·lo, -loa [həlóu], **-loo** [-lúː] *interj.* 여보, 이봐, 어이, 이런 〔남의 주의를 끌거나 놀람을 나타내는 소리〕. — *n.* (*pl.* **-los** *or* **-loes; -loas; -loos**) 이봐, 여보, 어이. **1** cry *hallo* 여보(이봐) 하고 외치다. — *vi.* **1** 큰소리로 부르다(외치다). **2** [사냥개를] 큰소리로 추기다. — *Don't hallo till you are out of the wood.* 〔속담〕 충분히 안심할 수 있을 때까지는 좋다고 날뛰지 마라, 경솔히 기뻐하지는 마라. — *vt.* **1** …을 여보(이봐) 하고 부르다. **2** [개 따위]를 큰소리로 부추기다. **3** …을 큰 소리로 외치다.

Háll of Fáme *n.* **1** 〔美〕 (the~) 〔위인·공로자의 액자·흉상(胸像)을 전시한 영예의 전당〔New York University에 있다〕. **2** 〔스포츠 등 각계의〕 영예 전당. **3** 영예의 전당에 한 몫 낀 사람들 (hall of famer).

hall of résidence *n.* 〔대학의〕 기숙사 (hall).

*hal·low[1] [hǽlou] *vt.* **1** …을 신성화하여, 신성한 것으로 하다(sanctify); 하나님에게 바치다(consecrate). **2** 신성한 것으로 숭앙하다 (venerate). — *n.* 〔고어〕 성인. **1** *All Hallows* 모든 성인(聖人)의 축일.

hal·low[2] [hǽlou] *interj., n., v.* = hallo.

hal·lowed [hǽloud, 〔기도의 경우에 종종〕 -louid -loud] *adj.* 신성화한, 신성한 (sacred), 하느님에게 바쳐진. **1** a *hallowed* ground 성지(聖地). **2** 신성시되는, 신성한 것으로서 숭상되는. **1** *Hallowed* be thy name. 온 세상이 아버지를 하느님으로 받들게 하소서, 아버지의 이름이 거룩히 빛나소서〔←마태 복음(Matt.) 6:9, 누가 복음(Luke) 11:2〕.

‡Hal·low·een [hæ̀louíːn], (**Hal·low·e'en**) *n.* 만성절(萬聖祭), 모든 성인의 날 대축일(All Saints' Day)의 전날 밤〔10월 31일 밤〕.

Hal·low·mas [hǽloumæs, -məs] *n.* 〔고어〕 만성제, 모든 성인의 날 대축일 (All Saints' Day) 〔11월 1일〕.

hálls of ívy *n.* 고등 교육기관, 대학. *cf.* Ivy League. [<오랜 전통을 가진 대학의 건물벽에는 담쟁이 덩굴이 있다는 데서]

hall·stand [hɔ́:lstænd] *n.* 홀스탠드〔경대·옷걸이·우산꽂이 따위가 달린 일종의 가구〕.

Hall·statt [hɔ́:lstæt, hɑ́ːlstɑ̀:t] *n.* 할슈타트〔오스트리아 중부의 마을; 초기 철기(鐵器) 문화의 유적이 발견되었다〕. — *adj.* 할슈타트 (초기 철기) 문화의.

háll trèe *n.* 〔현관 등의〕 모자(외투) 걸이 (clothes

hal·lu·ci·nant [həl(j)úːsinænt] *n.* 환각(幻覺) 물질.
hal·lu·ci·nate [həl(j)úːsinèit] *v.* (-nat·ed, -nat·ing) *vt.* …에게 환각을 일으키게 하다. — *vi.* 환각을 일으키다.
hal·lu·ci·na·tion [həlùːsinéi(ə)n] *n.* ⓤⓒ **1** 환각, 환상. ⇨ ILLUSION [類語] **2** [환각에 의한] 환영(幻影). **3** 착각. 「각(幻覺)의, 환각적인.
hal·lu·ci·na·to·ry [həl(j)úːsinətò:ri / -təri] *adj.* 환
hal·lu·ci·no·gen [həl(j)úːsinədʒən] *n.* 환각제.
hal·lu·ci·no·gen·ic [həl(j)ùːsinədʒénik] *adj.* 환각성의, 환각제의. 「환각증.
hal·lu·ci·no·sis [həl(j)ùːsinóusis] *n.* 〖정신병〗
hal·lux [hǽləks] *n.* (*pl.* **-lu·ces** [-ljəsìːz]) 〖해부·동물〗 제1지(指) [척추 동물의 뒷발 발가락 중 제일 안쪽에 있는 것으로 인간의 엄지발가락, 새의 뒷발톱(hind toe)을 말한다). 「판.
hall·way [hɔ́ːlwèi] *n.* 《美》 **1** 복도(corridor). **2** 현
halm [hɔːm / hɑːm] *n.* 《英》 =haulm.
hal·ma [hǽlmə] *n.* ⓤⓒ 장기의 일종[칸이 256개 있는 판을 사용, 두 사람 또는 네 사람이 하는 게임].
ha·lo [héilou] *n.* (*pl.* **-los** *or* **-loes**) **1** [성상(聖像)의 머리 위에 그려지는] 광륜(光輪), 후광(後光), 원광(圓光). **2** [전설 따위의 이상화된 인물이나 사물을 둘러싸고 있다고 상상되는] 영광, 광휘(光輝). **3** 〖태양·달 주위의〗 무리, 훈륜(暈輪). — *vt.* …을 광륜(영광, 무리)으로 둘러싸다. — *vi.* [드물게] 광륜(무리)이 생기다.
HALO (略) 〖군사〗 high-altitude large optics(고고도(高高度) 대형 광학장치).
halo- salt 의 뜻의 연결형 (* 모음 앞에서는 hal-을 쓴다). cf. halogen.
hal·o·cline [hǽləklàin] *n.* 〖해사〗 염분 농도가 심층(深層) 변화에 따라 급변하는 불연속층[보통 수심 55m 부근의 곳].
hálo effèct *n.* 후광(원광) 효과[하나의 탁월한 특질·특징 때문에 그인물(또는 상품·기업) 전체의 가치를 과대 평가하게 되는 효과].
hal·o·gen [hǽlədʒ(ə)n, -dʒèn] *n.* ⓤ 〖화학〗 할로겐, 조염(造鹽) 원소. 「화(化).
hal·o·gen·a·tion [hǽlədʒ(i)néi(ə)n] *n.* ⓤ 할로겐
hal·oid [hǽləid, héi-] *adj.* 〖화학〗 할로겐의(과 비슷한). — *n.* 할로겐염, 할로겐 유도체(誘導體), 할로겐 화합물(化合物)(halide).
hal·o·phile [hǽləfail] *n.* 호염균(好鹽菌).
hal·o·thane [hǽləθèin] *n.* 〖약〗 〖흡입〗 전신 마취제. [< HALO[GEN] + [E]THANE]
halp [hælp] *interj.* 《美구어》 사람 살려!
†halt[1] [hɔːlt] *vi.* 서다, 멈추다, 정지하다, 휴식하다; 주병(駐兵)하다. ¶ STOP [類語] ¶ He ordered his troops to *halt*. 그는 군대에 정지 명령을 내렸다 / Company, *halt*! 중대 서! / He *halted* at the corner (on the road). 그는 거리 모퉁이(노상)에서 걸음을 멈추었다. — *vt.* …을 정지시키다, 멈추게 하다. — *n.* **1** 정지, 휴지(休止), 휴식. ¶ bring one's horse to a *halt* 말을 세우다 / call a *halt* 정지를 명하다 / come to (*or* make) a *halt* 정지하다, 멈추다. **2** 《주로 英》 [역사(驛舍)]가 없는 역, 정거장; [전차·버스]의 정류장(stop).
halt[2] [hɔːlt] *vi.* **1** 주저하다, 망설이다, 머뭇거리며 말하다(걷다). ¶ *halt between* two opinions 두 가지 의견 사이에서 망설이다 / He *halts* in his speech. 그는 더듬거리며 말한다. **2** [토론 따위가] 앞뒤가 맞지 않다. **3** [시]의 운율이 불완전하다. **4** (고어) 절뚝거리다. — *adj.* (고어) 절뚝거리는(lame). — *n.* 절뚝거림, 절름거림.
hal·ter [hɔ́ːltər] *n.* **1** [소·말 따위의 머리 부분에 걸어 끄는] 고삐. **2** 교수용 밧줄; 교수[형]. ¶ come to the *halter* 교수형을 받다. **3** 홀터[팔과 등이 드러나는 여성용 스포츠복]. — *vt.* **1** …에 고삐를 매다. **2** …

을 교수형에 처하다(hang).
hal·ter-break [hɔ́ːltərbrèik] *vt.* [망아지 따위]를 고삐에 길들이다.
hal·ter·neck [hɔ́ːltərnèk] *adj.* 홀터넥[수영복·드레스가 끈 따위로 목 뒤에서 매게 되어있다]. *cf.* halter *n.* 3
halt·ing [hɔ́ːltiŋ] *adj.* **1** 절뚝거리는. **2** 망설이는, 더듬거리는. **3** 앞뒤가 맞는. **4** [운율 따위가] 불완전한. **~·ly** *adv.* **~·ness** *n.*
hal·vah [hɑːlvɑ́ː] *n.* 할바 [참깨 가루와 꿀로 만드는 터키의 과자].
halve [hæv / haːv] *vt.* (**halved, halv·ing**) **1** …을 2 등분하다, 반씩 나누다. ¶ He *halved* the winnings with me. 그는 나와 상금을 반씩 나누었다. **2** …을 반감(半減)하다. **3** [재목]을 서로 잇다(…together). **4** [골프][상대와] 같은 타수(打數) (동정)로 / …을 하다. ¶ *halve* a match 비기다, 동점이 되다 / *halve* a hole *with* …과 같은 타수로 홀에 이르다. ◇ *half n.*
halves [hævz / haːvz] *n.* half의 복수형.
hal·yard, -liard [hǽljərd] *n.* 핼야드 [돛·기(旗)·활대·활죽 따위를 올리고 내리는 밧줄].
†ham[1] [hæm] *n.* **1** ⓤ [돼지의] 허벅다리[의 살]; [돼지] 허벅다리의 살로 제조하는 햄. **2** [동물의] 오금; (종종 ~s) 허벅다리의 후부, 허벅다리와 궁둥이. ¶ squat on one's *hams* 쪼그리고 앉다. **3** 《속어》 〖연극〗 **a)** 과장된 연기를 하는 배우, 연기가 서투른 배우; **b)** 과장된 연기(overacting). **4** 《구어》 햄, 아마추어 무선가. — *vi.* (**hammed, ham·ming**) 《속어》 〖연극〗 과장된 연기를 하다(overact). ◇ **hámmy** *adj.*
ham[2] [hæm] *n.* 〖성서〗 함(town), 마을(village).
Ham [hæm] *n.* 〖성서〗 **1** 함[노아(Noah)의 차남·창세기(Gen.) 10:1]. **2** [함의 자손으로 간주되던] 가나안 사람(族) 또는 이집트 사람 등.
ham·a·dry·ad [hæmədráiəd, -æd] *n.* (*pl.* **-ads** *or* **-ades** [-ədìːz]) **1** [그리스·로마 신화] 나무의 요정 (treenymph). **2** 인도코브라(king cobra). **3** 망토비비(佛狒).
ha·mal [həmɑ́ːl, +美 -mɔ́ːl], (**ham·mal**) *n.* **1** [동양의] 짐꾼; 가마꾼. **2** [인도의] 하인, 머슴.
Ha·man [héimən] *n.* 〖성서〗 하만[유대인을 멸망시키려는 음모가 발각되어 교수형을 받았다. ←에스더기 (Esth.) 3-7].
*ham·burg·er [hǽmbəːrgər] *n.* **1** 햄버그 스테이크 (Hamburg steak). **2** [햄버그용의] 잘게 다진 쇠고기. **3** 햄버그 샌드위치, 햄버거. **4** 《美속어》 부랑(방랑)자. **5** 《美속어》 몹시 겁먹은 직업 권투 선수, 시합에 진 권투 선수.
Hámburg stèak [hǽmbəːrg-] *n.* =hamburger 1.
hames [heimz] *n. pl.* 굽은 막대[마차용 마구의 일부, 가슴걸이의 위치에 매다는 두 개의 굽은 나무로, 여기에 봇줄(trace)을 부착한다].
ham·fat·ter [hǽmfætər] *n.* 《美속어》 서투른(미숙한) 배우. 「ed.
ham-fist·ed [hǽmfístid] *adj.* 《英속어》 =hamhand-
ham-hand·ed [hǽmhǽndid] *adj.* **1** 손이 유달리 큰. **2** 솜씨 없는, 서투른(clumsy).
hám hítter *n.* 《美속어》 〖야구〗 잘 맞지 않는 타자(打者).
Ham·ite [hǽmait] *n.* **1** 〖성서〗 함(Ham)의 자손[←창세기(Gen.) 10:1, 6-20]. **2** 함족(族) [아프리카 북부와 동부에 사는 족].
Ham·it·ic [hæmítik, hɑ-] *adj.* **1** 함의 자손의, 함의, 함 어족(語族)의. **2** ⓤ 함어족[고대 이집트어, 현대의 베르베르어(Berber)를 포함].
Haml. (略) Hamlet.
ham·let [hǽmlit] *n.* **1** 작은 마을, 촌락, 《英》 자신의 교회가 없고, 다른 교구에 속하는 작은 마을.
*Ham·let [hǽmlit] *n.* Shakespeare 작 4대 비극의 하나인 *Hamlet* [1603년 초판(初版)]의 주인공.

ham·mal [həmáːl, +미 -mɔ́ːl] *n*. =hamal.
ham·mam [hʌmáːm] *n*. 터키탕(Turkish bath).
‡**ham·mer** [hǽmər] *n*. **1** 해머, [쇠] 망치, 메. ¶ a steam *hammer* 증기 망치 / a power *hammer* 동력 망치 / a wooden *hammer* 나무 망치 / a knight of the *hammer* 대장장이. **2** [모양·용도 따위가] 망치 비슷한 도구[목금(木琴)의 발목, 벨의 딸막이, 피아노 따위의 줄 치는 해머, 총의 격철 따위]. **3** [육상 경기] 해머. **4** [경매인이 신호를 보낼 때 두드리는] 나무 방망이(gavel). **5** [해부] [중이(中耳)의] 추골(槌骨) (malleus). *bring*(or *send*) *a thing to the hammer* 물건을 경매에 부치다. *come*(or *go*) *under the hammer* 경매되다. *hammer and tongs* (구어) 맹렬히. *up to the hammer* (속어) 더할 나위 없는, 훌륭한, 일류의.
—— *vt*. **1** …을 망치로 두드리다; …을 박아넣다, 두드려 박다(drive). ¶ *hammer* a horseshoe 제철(蹄鐵)을 박다 // (~+目+됩) *hammer* a nail *in* 못을 박다. **2** …에 못질하여 붙이다[만들다, 맞추다] (…*down, up*). ¶ (~+目+됩) *hammer* a box *together* 못질하여 상자를 만들다. **3** [금속 따위] 두드려 펴다, 두드려 …으로 만들다. ¶ (~+目+됩) *hammer* a piece of tin thin 주석을 두드려서 얇게 펴다. **4** [고심하여] [계획 따위]를 안출하다, 세우다, 생각해 내다, …out, *together*). ¶ (~+目+됩) *hammer out* a plan 머리를 짜서 계획을 세우다. **5** …을 강타하다(*out*). ¶ (~+目+됩) *hammer out* a tune on the piano 피아노를 힘차게 두드려 곡을 연주해 내다. **6** [을 다하여] [논의·의견의 차이 따위]를 해결하다. **7** [되풀이하여] …을 역설하다; [사상·학문 따위]를 박아넣다[주입하다]. ¶ (~+目+됩+됩) *hammer* [*home*] an idea *into* a person's head 사상을 남의 머리에 주입하다. **8** (英) a) [거래소에서 나무 방망이를 세 번씩 지불 불능자로서] …을 선명하다. b) [주식]의 값을 떨어뜨리다. **9** (구어) …을 때리다, 때려눕히다; [내기에서] …을 크게 이기다. —— *vi*. 망치로 두드리다(치다) (*at, on…*). ¶ (~+됩+됩) *hammer at* the table 탁자를 탕탕 두드리다. **2** 열심히 일하다, 꾸준히 하다 (*away*). **3** 되풀이해서 말하다[강조하다] (*away*). ¶ (~+됩+됩+됩) *hammer away at* the same point 같은 점을 되풀이해서 강조하다.
hámmer and síckle *n*. 망치와 낫[노동자와 농민을 상징하는 소련 국기].
hámmer beam *n*. [건축] [지붕 재목을 떠받치기 위해 벽의 양쪽 상부에서 수평으로 돌출된] 내다 들보, 외팔 들보.
hámmer blów *n*. [해머 따위로] 두드리기, 망치질, 맹타.
ham·mer·cloth [hǽmərklɔːθ / -klɔ(ː)θ] *n*. 마부 자리에 치는 포장.
ham·mered [hǽmərd] *adj*. 망치로 두드려서 만든, 두드려서 편. ¶ *hammered* gold 두드려서 편 금, 금박.
ham·mer·er [hǽmərər] *n*. 해머(망치)로 두드리는 사람.
ham·mer·head [hǽmərhèd] *n*. **1** 해머(망치)의 대가리. **2** 귀상어. **3** 바보, 얼간이.
ham·mer·head·ed [hǽmərhèdid] *adj*. **1** 망치 모양의 머리를 한, 장구머리의. **2** 어리석은, 얼간이 같은, 우둔한.
ham·mer·ing [hǽməriŋ] *n*. ⓤ **1** 해머로 두드리기, 망치질. **2** 망치로 두드려 만드는 무늬. **~ly** *adv*.
ham·mer·less [hǽmərlis] *adj*. 해머(망치)가 없는. **2** (총의) 격철(공이치기)이 안 보이는.
hámmer lóck *n*. [레슬링] 해머록[상대방의 한쪽 팔을 등뒤로 비틀어 젖히는 기술].
ham·mer·man [hǽmərmæ̀n, +美 -mən] *n*. (*pl*. **-men** [-mən, +美 -mèn]) 망치질하는 직공; 해머 기계 조종자.

ham·mer·smith [hǽmərsmìθ] *n*. 해머(망치)를 쓰는 직공, 대장장이; 해머 기계 작업 감독자.
hámmer thrów *n*. [스포츠] 투(投)해머.
hámmer·toe [hǽmərtòu] *n*. 갈고리 모양으로 굽은 발가락[의 기형], 추상족지(鎚狀足指).
hámming códe [hǽmiŋ-] *n*. [컴퓨터] 해밍코드[회로망 위나 기억영역 안에서의 에러를 검출하여 자동 수정하는 데 쓰이는 코드].
hámming dìstance *n*. [컴퓨터] 해밍거리.
*****ham·mock** [hǽmək] *n*. 해먹, 달아매는 그물 침대.
hámmock chàir *n*. 해먹 의자[돛베로 만든 접는 식 의자].
Hám·mond órgan [hǽmənd-] *n*. [상표명] 해먼드 오르간[오르간 비슷한 전기 오르간. [<미국의 발명가 L. Hammond 의 이름]].
Ham·mu·ra·bi [hɑ̀muráːbi, hæmə-/hæ̀m-] *n*. 함무라비[기원 전 18세기 무렵의 바빌로니아왕. 그의 치세 중에 유명한 함무라비 법전이 만들어졌다].
ham·my [hǽmi] *adj*. (**-mi·er, -mi·est**) **1** 햄 냄새(맛)가 나는. **2** (구어) 서투른(엉터리) 배우의(같은), 연기 과잉의.
*****ham·per¹** [hǽmpər] *vt*. …을 훼방하다; …의 방해가 되다. ⇒ PREVENT 類語. ¶ a mind *hampered* by prejudice 편견이 화가 되고 있는 사람. —— *n*. [항해] 필요하지 않으면서 방해가 되는 선구(船具) (top-hamper).
ham·per² [hǽmpər] *n*. **1** [식품·의류 따위를 넣는 흔히 뚜껑 있는] 광주리. **2** [선물용 따위의] 광주리에 넣은 식품. ¶ a Christmas *hamper* 광주리에 넣은 크리스마스 선물.
ham·shack·le [hǽmʃæ̀kl] *vt*. (英) [마소 따위의] 머리를 앞발에 동여매다; 속박하다 (fetter).
ham·ster [hǽmstər] *n*. **1** 햄스터[유럽·아시아산(産)의 큰 쥐의 일종]; 실험용 동물. **2** ⓤ 그 모피.
ham·string [hǽmstrìŋ] *n*. **1** [사람의 무릎 후부의] 오금의 건(腱). **2** [네발 짐승의 뒷다리의] 복사뼈 관절 (hock) 부근의 건. —— *vt*. (**-strung** [-strʌ̀ŋ] *or* (드물게) **-stringed, -string·ing**) **1** [오금(복사뼈) 관절의] 건(腱)을 잘라 …을 병신이 되게 하다. **2** [일반적으로] …을 불구가 되게 하다, 절름발이가 되게 하다. **3** …을 좌절시키다.
ham·u·lus [hǽmjuləs] *n*. (*pl*. **-li** [-lài]) [생물] 작은 갈고리 모양의 것, 갈고리 모양의 작은 돌기(突起).
Han [hɑːn / hæn] *n*. **1** [중국의] 한(漢)나라. **2** 한수(漢水)[중국 중부에서 시작되어 한구(漢口)에서 양자(揚子江)과 합류하는].
han·ap [hǽnəp] *n*. [역사] [중세의] 굽이 높은 잔, 대(臺) 달린 잔.

‡**hand** [hænd] *n*. **1** 손. ¶ the right (the left) *hand* 오른 (왼) 손 / on one's *hands* and knees 납작 엎드려서 / pass one's *hand* over …을 어루만지다 / rub one's *hands* 두 손을 비비다 / He took me by the *hand*. 그는 내 손을 잡았다.

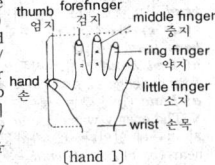
[hand 1]

2 [동물의] 손, 발, 집게발.
3 [기능·모양의] 손 비슷한 것; 손표, 지표(☞), 시계의 바늘; [잎담배 따위의] 단, 묶음(bunch), 바나나 따위의 송이(cluster). ¶ the hour (or the short) *hand* 시침(時針) / the minute (or the long) *hand* 분침.
4 일손, 노력(勞力), 일꾼(laborer), 직공, 노동자 (worker), 고용인; 승무원 (crewman). ¶ a factory *hand* 공장 노동자 / a farm *hand* 농업 노동자 / take on *hands* 노동자를 고용하다 / be short of *hands* 일손이 부족하다 / The ship was lost with all *hands*. 그 배는 승무원 모두와 함께 침몰했다.

5 a) 기량, 수완, 솜씨(skill), 능력(ability). ¶ a man of his *hands* 손재주가 있는 사람 / a rider with good *hands* 고삐를 능숙하게 다루는 기수(騎手) / get one's *hand* in …에 익숙해지다 / His *hand* is out. 그는 솜씨가 서투르다 / The artist showed a master's *hand*. 그 화가는 거장(巨匠)의 솜씨를 보였다 / She is a good(a poor) *hand* at cooking(sewing). 그녀는 요리(바느질) 솜씨가 좋다(서투르다). **b)** 기량(수완, 솜씨, 능력)이 있는 사람. ¶ a green *hand* 미숙자 / an old *hand* 노련가, 숙련자.
6 (종종 ~s) 소유(possession); 지배, 관리(control), 보호; 권력(power). ¶ keep one's *hand* on …의 지배권을 쥐고 있다 / fall into the enemy's *hands* 적의 손아귀에 떨어지다 / have a person's fate in one's *hands* 남의 운명을 쥐고 있다 / I am entirely in your *hands*. 당신이 하라는 대로 하겠습니다 / The child is in good *hands*. 그 애는 보호를 잘 받고 있다 / The property is no longer in my *hands*. 그 재산은 이제 내 소유가 아니다(남의 손에 넘어가 있다).
7 [원조의] 손길, 조력, 거들기(assistance). ¶ lend a *hand* 거들어주다, 돕다 / give a person a [helping] *hand* 남을 도와주다 / He is my right *hand*. 그는 나의 오른팔이다.
8 관여(participation); 역할. ¶ take a *hand* in …에 참가하다 / He had a *hand* in the matter. 그는 그 일에 관여하고 있었다.
9 쪽(side), 편, 방면, 방향(direction). ¶ on all *hands* 모든 방면에(에서부터) / on every *hand* 사방[팔방]에, 모든 방향에 / at one's right (left) *hand* 오른(왼)쪽에, 오른(왼)편에.
10 쓰는 솜씨, 필치, 서법. ¶ a clear (a legible) *hand* 또렷한(읽기 쉬운) 필적 / a running *hand* 흘림체 / one's own *hand* 자필로 / write a good *hand* 글씨를 잘 쓰다.
11 서명(signature). ¶ under a person's *hand* and seal 서명 날인(捺印)하여 / set one's *hand* to a document 서류에 서명하다.
12 박수 갈채(applause). ¶ get a good *hand* 박수 갈채를 받다.
13 [결혼 등의] 서약(pledge), 확약. ¶ ask for a lady's *hand* 여성에게 구혼하다 / win a lady's *hand* 여성으로부터 결혼 승낙을 얻다 / give a person one's *hand* on …에 관해 남에게 확약하다; 남과 [계약]을 굳게 맺다.
14 손바닥의 폭 [말의 키 따위를 재는 단위; 약 4인치].
15 [카드놀이] **a)** [가진]패, 손 속. ¶ declare one's *hand* 패를 알리다; 의도를 알리다 / have a wretched *hand* 패가 나쁘다 / play a good *hand* 능란한 솜씨로 노름하다 / take a *hand* at bridge 브리지를 하다. **b)** 패를 갖고 있는 사람, 승부 참가자, 경기자. ¶ a first *hand* 첫번째로 비드하는 사람 / a cool *hand* 냉정한 경기자. **c)** 한 게임(판), 한판의 승부. ¶ play another *hand* 또 한판 하다.
at fírst hand 직접, 직통으로(directly). *cf.* firsthand ¶ knowledge *at first hand* 직접 얻은 지식.
at hand ① 손닿는 곳에, 가까이에(near, close by). ¶ The enemy was close *at hand*. 적은 바로 가까이에 지 접근해 있었다. ② 가까운 장래에, 머지않아. ¶ Christmas is near (*or* close) *at hand*. 곧 크리스마스가 온다. ③ 준비되어, 다 되어(ready). *cf.* secondhand
at sécond hand 간접으로, 인편에, 전해 들어. *cf.*
at the hand (or **the hands**) of …의 손을 통해, …의 작용으로, …의 손에서(으로, 에 의해). ¶ He has suffered from cruel treatment *at the hands of* his master. 그는 주인에게 잔인한 취급을 받아 왔다.
bear a hand ① …을 거들어주다(…*with*). ⇒ 7. ② …에 관계하다, 참가하다 (…*in*). ⇒ 8.
by hand 손으로, 손재주로; 손수, 직접 [우편이 아니고] 人교(手交)로, 인편으로. ¶ made *by hand* 손으로 만든 / bring up a child *by hand* [유모를 쓰지 않고] 자기 손으로 기르다 / send a letter *by hand* 인편으로 편지를 보내다.
by the hands of …의 손을 거쳐, …의 힘으로, …때문에.
change hands [재산 따위의] 주인이 바뀌다, 남의 손에 넘어가다. ⇒ 6. ¶ The house has *changed hands*. 그 집의 주인이 바뀌었다.
come to hand 손에 들어오다, 입수하다, 닿다; 발견되다.
eat (or **feed**) **out of** a person's **hand** 남의 손에서 먹이를 받아 먹다; 남에게 전적으로 따르다, 승복(承服)하다, 남의 말대로 하다.
for one's **own hand** 자기의 이익을 위해. ¶ Each member of the group played *for his own hand*. 그룹의 멤버들은 제각기 자신의 이익을 위하여 움직였다.
force a person's **hand** 남에게 억지로 시키다(말하게 하다).
from hand to hand 이 손에서 저 손으로, 차례차례로.
from hand to mouth 그날 벌어 그날 먹이는, 하루살이 생활로; 절약하지 않고. ¶ live *from hand to mouth* 하루살이 생활을 하다.
gain the úpper hand …에서 우세해지다, …에서 유리한 입장을 차지하다(*of* …). ¶ The stepmother *gained the upper hand of* the family. 계모가 집안을 휘어잡았다.
get out of hand 감당할 수 없게 되다.
hand and foot ① 손발을 다. ¶ They bound him *hand and foot*. 그들은 그의 손발을 묶었다. ② 충실하게, 부지런하게. ¶ She will wait on him *hand and foot*. 그녀는 그에게 충실히 시중들 것이다.
hand and (or **in**) **glove with** a person ① 남과 아주 친밀하여, ② 남과 한패가 되어, 공모하여.
hand in hand 손을 마주잡고, 제휴하여, 협력하여. ¶ go *hand in hand* with …과 협조하다.
hand óver hand (or **físt**) [밧줄을 타고 오를 때처럼] 손을 교대로 올려잡으면서, 부쩍부쩍, 자꾸자꾸.
hand to hand 상접(相接)하여, [전투 따위에] 적군과 아군이 뒤섞여서, 접전(接戰)으로.
hands down ① 노력하지 않고, 수월하게(easily). ¶ win *hands down* 낙승하다. ② 문제없이(indisputably), 명백히.
Hands óff! (《게시문》) 손대지 마시오(Don't touch!). ¶ 간섭하지 마시오!
Hands úp! [항복, 찬성하여] 손들어!
have [**gót**] **a hand in** 《구어》 …에 관여하다.
have one's **hands full** 손이 비어 있지 않다, 아주 바쁘다. ¶ I *have* my *hands full* trying to do it smoothly. 나는 그것을 원활히 하려고 아주 분주하다.
heavy on (or **in**) **hand** ⇒ HEAVY[1].
hold hands [애정의 표시로] 손을 맞잡다.
in hand ① 손에 쥐어. ¶ a gentleman with a stick *in hand* 단장을 손에 든 신사. ② 갖고 있는, 수중에 있는(in possession). ¶ cash *in hand* 수중에 있는 현금 / a bird *in hand* 손안에 들어 있는 새, 확실한 소유물. ③ [일이] 착수된, 진행중에 있는. ¶ a question *in hand* 당면 문제. ④ 제어하여, 지배하의(under control). ¶ keep oneself well *in hand* 자제하다.
join hands ① 두 손을 합치다(마주잡다). ② 한패가 되다, 제휴하다. ③ 부부가 되다, 결혼하다.
keep one's **hand in** 《구어》 …에 관계하고 있다. ⇒ 8. ② [기량이 떨어지지 않도록] 늘 …을 연습하다; …에 익숙해 있다. ⇒ 5.
keep one's **hands óff** …에 간섭하지 않다, 관여하지 않다.
kiss hands (or **the hand**) ⇒ KISS.
kiss one's **hand to** a person ⇒ KISS.
lay hands on (or **upon**) ① …을 붙잡다(seize), 손에 넣다. ② …에게 폭행을 가하다. ¶ *lay hands on* oneself 자살하다. ③ …을(대어) 축복하다.
lie on (a person's) **hand[s]** 팔리지(쓰이지) 않고 있다; [시간이] 남아돌고 있다.
lift (or **raise**) **a hand** 《주로 부정 구문으로》 노력하

다, 시도하다.
lift one's *hand* 손을 쳐들다; 맹세하다; 기도하다.
make a hand (or *one's hands*) ① 이익을 얻다. ② 성공하다.
off hand 준비 없이, 즉석에서.
off one's hands …의 손을 떠나서, 책임(소임)이 끝나 [서.
on hand ① 수중에, [마침] 가지고 있어. ¶ We have some stock of woolen goods *on hand*. 모직물의 재고가 다소 있다. ② 주체 못하여. ¶ They have five children *on hand*. 그들은 아이를 다섯이나 거느리고 있다. ③ 가까이에, 눈앞에, 박두하여, ④ 《美》출석하여. ¶ She was requested *on hand* at once. 그녀는 곧 출석하라는 요구를 받았다.
on (or *upon*) *one's hands* 책임이 되어; 주체하기 어려워. ¶ Idle time hangs heavy *on his hands*. 그는 시간이 남아돌아 주체하지 못하고 있다.
on the one hand 한편으로는.
on the other hand 다른 한편으로는. ¶ Food here is less expensive than in Seoul; clothing, *on the other hand*, is more expensive. 이곳에서는 음식값이 서울보다 덜 비싸지만, 그 반면에 옷값이 비싸다.
out of hand ① 즉석에서 (immediately). ¶ deal with a matter *out of hand* 즉석에서 일을 처리하다 / This question can't be answered *out of hand*. 이 문제는 즉석에서 대답할 수 없다. ② 손(지배)에서 벗어나, 끝나서. ③ 감당할 수 없어.
put (or *set*, *turn*) *one's hand to* ① …을 잡다. ② …에 착수하다(undertake), 종사하다.
raise a hand = lift a hand.
shake a person by the hand; shake hands with a person; shake a person's hand 남과 악수하다.
show one's hand 손안의 패를 보이다, 의도를 알려주다. ⇨ SHOW.
sit on one's hands ① 칭찬하려 하지 않다, 박수를 잘 치지 않다. ② 수수방관하다, 아무것도 하려고 하지 않다.
strengthen a person's hands 남을 용기를 북돋우다, 남을 분기시키다. [다.
strike hands 손을 맞잡다, 협력을 약속하다; 계약을 맺
take a thing in hand ① 실행(처리)에 착수하다. ¶ The work is to be *taken in hand* shortly. 그 일은 곧 착수할 예정이다. ② 관리하다, 담당하다. ⇨6. ③ 인수하다, 맡다.
throw in one's hand 싸움을 그치다(그만두다).
throw up one's hands 손들다, 내던지다, 단념하다.
tie a person's hands 남의 행동을 막다.
tip one's hand 조급하게 계획을 누설하다.
to hand ① 손이 닿는 곳에, 가까이에. ② 수중에; [편지를] 받고. ¶ Your letter is *to hand*. 편지 잘 받았다.
to a person's hand 곧 가질(쓸) 수 있도록.
try one's hand [*at*] …을 해보다, 시도하다.
turn one's hand to = put one's hand to. [는.
under one's hand 손닿는 곳에 있는, 곧바로 쓸 수 있
wash one's hands (완곡하게) 화장실에 가다. ¶ 손을 끊다, 관계를 끊다, 손을 떼다(*of*…) [←마태 복음 (Matt.) 27 : 24]. ¶ He *washed* his *hands of* the business. 그는 그 일에서 손을 떼었다.
with a heavy hand ⇨ HEAVY¹.
with a high (or *a bold*) *hand* 고압적으로.
with both hands ① 두 손으로(에). ② 전력을 다하여. [여.
with clean hands 청렴하여, 결백하게. [으로.
with one's hand on one's heart 진심(충심)으로, 마음속으로부터.
—— *vt.* 1 …을 넘기다, 건네주다, 수교(手交)하다(deliver); [편지 따위로] …을 전하다(transmit), 보내다(send); …을 주다(give); [식사 때] [조미료 따위]를 집어주다, 돌리다(pass) (...*to*). ¶ (~+目+目)(~+目+前+目) I *handed* him the book. 나는 그 책을 그에게 넘겨주었다 / Please *hand* me the butter. 버터를 좀 집어 주세요.

2 …을 손을 잡고 도와주다(help, assist), …의 손을 잡고 인도하다(guide). ¶ (~+目+前+目) *hand* a lady *into* (*out of*) a car 여성을 부축하여 차에 태우다(차에서 내리게 하다) / *hand* a blind man *across* a street 맹인의 손을 잡고 길을 안내하다.
3 [항해][돛] …을 말아 개키다, 접다(furl).
hand down ① …을 집어내리다. ② …을 전하다, [후세에] 남기다(...*to*). ¶ a quality *handed down* by heredity 유전에 의한 자질. ③ [판결]을 언도하다. ¶ *hand down* the final judgment on a case 사건에 최종 판결을 내리다.
hand in ① …을 손수 넘겨주다, 수교하다. ¶ *hand in* a telegram 전보를 넘겨주다. ② [서류 따위]를 제출하다. ¶ *hand in* a bid 입찰하다 / *hand in* one's paper 답안을 제출하다.
hand it to a person 《美》남을 칭찬하다; 남의 승리를 인정하다; 남에게 항복했다고 말하다.
hand off [럭비 따위에서] 손으로 상대편을 밀쳐내다; [미식축구] 가까이에 있는 자기 편 선수에게 공을 손으로 넘겨주다.
hand on ① …을 손수 넘겨주다, 차례차례로 넘겨주다, 차례로 돌리다. ¶ *hand* a circular notice on to one's next-door neighbor 이웃 사람에게 회람장을 돌리다. ② …을 후세에 전하다.
hand out ① …을 건네 주다, 분배하다(distribute). ② (속어) 돈을 쓰다(내다).
hand over ① …을 넘기다(deliver), 인도하다; [사업 경영 따위]를 넘겨 주다(양도 하다)(...*to*). ¶ The offender was *handed over* to the police. 그 죄인은 경찰에 넘겨졌다 / He *handed over* the business *to* his successor. 그는 후계자에게 사업을 넘겨주었다. ② [명령 따위]를 전달하다.
hand round …을 차례로 돌리다, 여기저기 가지고 다니다; 도르다, 나누어 주다. ¶ Two waiters *handed round* the dishes. 두 급사가 요리를 돌렸다.
hand up [낮은 곳에서 높은 곳으로] 넘겨주다.
◇ **hándy** *adj*.

hánd áx 《英》 **áxe**) *n*. 손도끼.
hand-bag [hǽn(d)bæ̀g] *n.* **1** 핸드백. **2** 여행용 작은 가방, 여행가방.
hand bàggage (lùggage) *n.* U 수하물(手荷物).
hand·ball [hǽndbɔ̀:l] *n.* **1** U 벽에 공을 던져 튀어되돌아오는 것을 상대방에게 받게 하는 유희; C 그 공. **2** U [경기] 핸드볼; C 그 공.
hand·bar·row [hǽn(d)bæ̀rou] *n.* **1** [네 귀퉁이에 손잡이가 있는] 들것식(式) 운반 기구. **2** [미는] 손수레(handcart).
hand·ba·sin [hǽn(d)bèisn] *n.* 세면기(washbowl).
hánd básket *n.* 손 바구니.
hand·bell [hǽn(d)bèl] *n.* [손으로 흔들어 소리내는] 종, 요령. [의] 전단, 삐라.
hand·bill [hǽn(d)bìl] *n.* [손으로 나누어 주어 돌리는 광고용]
*hand·book [hǽn(d)bùk] *n.* **1** 안내서, 편람(便覽) (manual); [어떤 문제에 관한] 참고서; 학술 논문집. ¶ a chemical *handbook* 화학 편람 / a Milton *handbook* 밀턴 편람. **2** 여행 안내서. **3** [경마 따위의] 내기돈 장부.
hand·bow [hǽn(d)bòu] *n.* [발이 아닌] 손으로 쏘는 활.
hánd bràke *n.* 수동(手動) 브레이크(제동기).
hand·breadth [hǽn(d)brèdθ, -brètθ], **hand's-bréadth** *n.* 손의 폭[약 4인치].
h. & c. (略) *hot and cold* [water].
hánd cánter *n.* [馬術] 느릿한 구보.
hand·car [hǽn(d)kà:r] *n.* 《美》[철도 선로 검사나 작업원의 운반에 쓰이는] 수동차(手動車).
hand·cart [hǽn(d)kà:rt] *n.* 손수레.
hand·clap [hǽn(d)klæ̀p] *n.* 박수 갈채.
hand·clasp [hǽn(d)klæ̀sp -klɑ̀:sp] *n.* 악수.
hand·craft [hǽn(d)kræ̀ft / -krɑ̀:ft] *n.* =handicraft.

— vt. …을 손으로 만들다.
hand·cuff [hǽn(d)kʌ̀f] n. (보통 ~s) 수갑. — vt. …에게 수갑을 채우다; …을 방해하다.
hand-down [hǽn(d)dàun] n. =hand-me-down.
hánd drìll n. 손으로 돌리는 작은 드릴, 핸드 드릴.
hand·ed [hǽndid] adj. **1** 손이 있는, 손이 달린. **2** 《보통 복합어를 만들어》 …한 손을 가진. ¶ *heavy-handed* 솜씨없는 / *left-handed* 왼손잡이의. **3** 《보통 복합어를 만들어》 …명이 하는. ¶ a four-*handed* game 넷이 하는 게임 / three-*handed* bridge 세 사람이 하는 브리지.
hand·fast [hǽn(d)fæ̀st / -fɑ̀ːst] 《고어》 n. 약속; [손을 맞잡고 하는] 서약, 약혼. — adj. **1** 꽉 쥔; [손을 맞잡고] 약속한, 약혼한. **2** 인색한(stingy). — vt. …과 약속하다; [손을 맞잡고] …을 약속(약혼)하게 하다.
hand·fast·ing [hǽn(d)fæ̀stiŋ / -fɑ̀ːst-] n. 《C》 **1** 《고어》 약혼(betrothal). **2** 가결혼(假結婚) (provisional marriage).
hand·flag [hǽn(d)flæ̀g] n. 수기(手旗).
hand·ful [hǽn(d)fùl] n. **1** 한손에 가득, 한움큼, 한줌. ¶ a *handful* of beans 한움큼의 콩. **2** 소량, 소수. ¶ a *handful* of men 소수의 사람들. **3** 《구어》 다루기 힘든 사람(일), 귀찮은(성가신) 사람, 힘에 겨운 일.
hánd gàllop n. (말(馬)의) 보통의 (느린) 갤럽(easy gallop).
hánd gèar n. 수동 연동기(手動連動機).
hánd glàss n. **1** 손거울. **2** 독서용 확대경, 돋보기. **3** [항해] 소형의 모래 시계.
hánd grenáde n. **1** 수류탄. **2** 소화탄.
hand·grip [hǽn(d)grìp] n. **1** 손으로 잡기(쥐기); 악수(handshake). **2** (~s) 드잡이, 접전, 백병전. ¶ come to *handgrips* 드잡이하게 되다. **3** 손잡이, 자루, 핸들(handle). ¶ the *handgrip* of a pot 냄비 손잡이.
hand·gun [hǽndgʌ̀n] n. 《美》 권총, 피스톨.
hand-held [hǽndhèld] adj. **1** 《카메라 따위 삼각을 쓰지 않고》 손에 들고 찍는, 손으로 받쳐들고 사용하는. ¶ a *hand-held* hair dryer 손에 들고 쓰게 된 헤어 드라이어. **2** [컴퓨터 따위가] 손바닥에 올려놓을 수 있는(손에 들 수 있는) 크기의. ¶ a *hand-held* computer 포켓용 컴퓨터.
hand·hold [hǽndhòuld] n. **1** 손으로 쥐기, 파악. **2** 손잡이, 붙잡는 곳.
H & I (略) harassment *and* interdiction (침입 저지 화력 무차별 포격).
‡**hand·i·cap** [hǽndikæ̀p] n. **1** 핸디캡(각종 경기에서 우열을 평균화하기 위해 나은 편에게는 불리한 조건, 또는 못하는 편에게는 유리한 조건》. **2** 핸디캡 붙은 경주(경기). **3** 《비유적》 불리한 조건, 장애. ¶ be under a *handicap* 불리한 상황에 있다. **4** 신체 장애. — vt. (-capped, -cap·ping) **1** 〔경쟁 따위에〕 핸디캡을 붙이다. **2** …을 불리한 지위에 앉히다. ¶ a *handicapped* child 신체 장애아 / be *handicapped* by illiteracy 무식으로 불리해지다.
hand·i·capped [hǽndikæ̀pt] adj. 신체(정신)적인 장애가 있는, 불구의. ¶ the *handicapped* 신체(정신)장애자. **2** 《경기에서》 핸디캡이 붙은. ¶ a *handicapped* player 핸디캡이 주어진 선수.
hand·i·cap·per [hǽndikæ̀pər] n. **1** 〔경마 따위에서〕 핸디캡을 붙이는 (사정(査定)하는) 계원; 핸디캡이 있는 (붙은) 사람. **2** 경마 예상꾼.
hand·i·craft [hǽndikræ̀ft / -krɑ̀ːft] n. **1** 《U》손재주, 익숙한 솜씨. **2** 손작업; 수공(手細工), 수예; 《집합적》 수예품.
hand·i·crafts·man [hǽndikræ̀ftsmən / -krɑ̀ːfts-] n. (pl. -men [-mən]) 손작업의 숙련자, 수세공인; 수공업자.
hand·i·cuff [hǽndikʌ̀f] n. 손으로 치기; (~s) 서로 때리기. ¶ come to *handicuffs* 서로 때리다.
Hand·ie-Talk·ie [hǽndit5ːki] n. 《상표명》 소형 휴대용 라디오 송수신기.
hand·i·ly [hǽndili] adv. **1** 솜씨있게, 교묘하게, 능란하게. **2** 알맞게, 편리하게(conveniently). **3** 간단하게.
hand·i·ness [hǽndinis] n. 《U》 **1** 능란함, 교묘함, 손씨있음. **2** 다루기 쉬움, 간편, 편리(convenience).
hand-in-hand [hǽndinhæ̀nd] adj. 손에 손을 잡은, 나란히 선, 잘 어울리는.
hand·i·work [hǽndiwə̀ːrk] n. **1** 《U》손작업, 수세공. **2** 일, 작업, 제작; 공작. **3** 수세공품, 수공품. **4** 《U》소행, 짓. ¶ This mess is my *handiwork*. 이 혼란은 내가 일으킨 짓이다.
hand·job [hǽn(d)ʒɑ̀b / -dʒɔ̀b] n. 《속어》 수음(手淫).
‡**hand·ker·chief** [hǽŋkərtʃif, -tʃìːf] n. (pl. -chiefs or -chieves) **1** 손수건. **2** 목도리, 네커치프. ¶ *throw the handkerchief to* ① 〔술래잡기 따위에서〕 술래가 자기를 쫓도록 하기 위해서] 손수건을 던지다. ② …에게 속마음을 넌지시 비치다.
hand-kis·sing [hǽndkìsiŋ] n. 《U》여성의 손에 하는 키스.
hand-knit [hǽn(d)nít] vt. (-knit·ted or -knit, -knit·ting) …을 손으로 짜다(뜨다).
hánd lànguage n.《U》 [농아자의] 수화(手話) [법] (dactylology).
‡**han·dle** [hǽndl] n. **1** 손잡이, 자루, 핸들. ¶ a jug with a *handle* 손잡이가 달린 단지 / a feather duster on a bamboo *handle* 대나무 자루가 달린 깃털 먼지떨이 / turn a *handle* 손잡이를 돌리다. **2** 이용해야 할 기회, 구실(pretext); 실마리, 단서. ¶ a *handle* for gossip 고십이 생기게 하는 계기 / give a *handle* to one's enemy 적에게 공격의 기회을 주다, ¶ the only *handle* for solving the problem 문제 해결의 유일한 실마리. **3** 《구어》 직함, 경칭(title); 이름. ¶ an Englishman with a *handle* to his name 작위 있는 영국인. **4** 〔도박·경마 따위의〕 내깃돈 총액.
fly off the handle 《구어》〔갑자기〕 화내다, 자제심을 잃다. ¶ She *flew off the handle* at the least provocation. 그녀는 걸핏하면 성을 냈다.   (roughly).
up to the handle 《美구어》 극단적으로, 철저히(thoroughly).
— v. (-dled, -dling) vt. **1** …에 손을 대다(touch, feel), …을 사용하다, 〔손으로〕 다루다(manipulate). ¶ This machine is hard to *handle*. 이 기계는 다루기 힘들다. **2** …을 통제하다, 지휘하다(control). ¶ *handle* the traffic of a main street 대로(大路)의 교통 정리를 하다 / Mr. Brown *handles* his class with tact. 브라운선생은 자기 반을 재치있게 다루어 나가고 있다. **3** …을 처리하다, 취급하다(⇒ TREAT [類語]); 〔문제 따위를〕 논하다(discuss). ¶ The pianist *handled* a difficult piece successfully. 그 피아니스트는 어려운 곡을 멋지게 연주해냈다 / They *handled* him roughly (kindly). 그들은 그를 난폭하게 (친절하게) 취급했다 / They *handle* a new theme. 그들은 새로운 테마를 논하고 있다. **4** 《상업》 …을 매매하다, 취급하다, 장사하다 (deal in). ¶ *handle* foreign goods 외국 상품을 매매하다.
— vi. 통제할 수 있다, 억제하다; 다루기가 …하다. ¶ (~+圖) The car *handles well* (easily). 이 차는 운전하기 좋다(쉽다).
han·dle·bar [hǽndlbɑ̀ːr] n. **1** (보통 ~s) 〔자전거의〕 핸들. **2** =handlebar mustache.
hándlebàr mustáche n. 팔자 모양의 코밑 수염.
han·dled [hǽndld] adj. **1** 손잡이 (자루, 핸들)가 있는 (달린). **2** 《종종 복합어를 만들어》 자루(손잡이)가 …한, …한 자루의. ¶ long-*handled* 긴 자루의.
han·dler [hǽndlər] n. **1** 〔손으로〕 다루는 사람, 다루는 (처리하는) 사람; 사용(조작)하는 사람; 통제(지휘)하는 사람; 장사하는 사람. **2** 〔권투 선수의〕 트레이너, 세컨드. **3** 〔투견(鬪犬) 따위의〕 조련사.

hand·less [hǽndlis] *adj.* **1** 손이 없는. **2** 솜씨없는.
hand-let·tered [hǽndlètərd] *adj.* 손으로 쓴. *cf.* typewritten
hánd lèver *n.* 수동(手動) 레버.
hánd líne *n.* 손 낚싯줄[낚싯대 없이 쓰는 낚싯줄].
han·dling [hǽndliŋ] *n.* U **1** 손으로 만지기(잡기, 사용하기). **2** 취급, 조종, 운용, 처리. **3** (작가·화가 등의) 수법, 솜씨.
hand·loom [hǽndlùːm] *n.* 손으로 짜는 베틀, 수직
hand·made [hǽn(d)mèid] *adj.* 손으로 만든, 수세공의.
hand·maid [hǽn(d)mèid], **-maid·en** [-mèidn] *n.* **1** 시녀, 잔심부름꾼. **2** 다른 것을 보완하는 것[성질·지식 따위].
hand-me-down [hǽn(d)midàun] *adj.* **1** (美) [옷이] 기성품의, 기성복의(ready-made); 값싼(cheap). **2** 헌 옷의, [퇴]물림의. ─ *n.* 기성복; 헌 옷, 물림 옷, 퇴물림.
hánd míll *n.* 손절구[커피 따위를 가는 것].
hánd mírror *n.* 손거울.
hánd móney *n.* U 계약금, 보증금(earnest money).
hánd mówer *n.* 수동의 풀 베는 기계.
hand-off [hǽndɔ̀ːf / -ɔ̀f] *n.* **1** (럭비 따위에서) 손으로 상대를 떼밀고 전진하기. **2** (미식축구) 손으로 넘겨주는 패스; 손으로 패스한 공.
hánd órgan *n.* 손으로 돌리는 풍금 (barrel organ).
hand·out [hǽndàut] *n.* **1** (美속어) 거지에게 주는 음식(옷, 금전). **2** (신문사 등에 넘겨주는) 공식성명(보도), 발표문서, 인쇄물. **3** 상품 안내, 선전 삐라.
hand-pick [hǽndpík] *vt.* **1** …을 손으로 따다(pick by hand). **2** …을 주의해서 고르다(select carefully).
hand-picked [hǽndpíkt] *adj.* **1** (과일 따위를) 손으로 딴. **2** 주의해서 고른, 정선한. **3** 자기에게 유리하도록 고른, 제손으로 고른. ¶ *a hand-picked* candidate 제손으로 고른 후보자.
hand·play [hǽndplèi] *n.* U 주먹 싸움.
hand·post [hǽndpòust] *n.* 도표(道標), 길 안내 표지 (signpost).
hand·print [hǽndprint] *n.* [손바닥의] 손금 무늬, 장문(掌紋).
hánd próps *n.* (연극) 배우 자신이 무대에 지니고 나가는 도구(담뱃갑·시계 따위).
hánd púmp *n.* 수동 펌프.
hánd púppet *n.* 손으로 놀리는 꼭둑각시.
hand·rail [hǽndrèil] *n.* [계단 따위의] 난간.
hand·saw [hǽndsɔ̀ː] *n.* (한 손으로 사용하는) 작은 톱.
know a hawk from a handsaw ⇨ HAWK¹.
hand's-breadth [hǽndzbrèdθ, -brètθ] *n.* =hand- breadth.
hand·scrub [hǽndskrʌ̀b] *n.* 손톱솔.
hand·sel [hǽns(ə)l], **(han·sel)** *n.* **1** (신년·결혼·개점 따위의) 축하선물(gift); 세뱃돈. ¶ give a *handsel* to …에게 축하(새해) 선물을 주다. **2** 첫희 불입금, 계약금(earnest). **3** 첫경험, 첫사용, 햇것; 시식(試食)(foretaste). ─ *vt.* (-seled, -sel·ing; (특히 英) -selled, -sel·ling) **1** …에게 축하 선물을 주다; [선물을 주고] …의 시작을 축하하다. ¶ *handsel* a person's new house 신축 축하를 하다. **2** …을 첫시도하다.
hand·ser·vant [hǽndsɔ̀ːrvənt] *n.* =handmaid.
hand·set [hǽn(d)sèt] *n.* (탁상 전화 따위의) 송수화기.
hand·sewn [hǽn(d)sóun / -sɔ́un] *adj.* 손으로 꿰맨.
*‡**hand·shake** [hǽndʃèik] *n.* 악수
hands-off [hǽndzɔ̀ːf / -ɔ̀f] *adj.* 불간섭의. ¶ a *hands-off* policy 불간섭 정책.
*‡**hand·some** [hǽnsəm] *adj.* (보통 -**som·er**, -**som·est**) **1** 용모가 아름다운(nice-looking), 훌륭한(fine); 풍채가 좋은 (*보통 남자에게 쓰게, 여자에게는* pretty, beautiful *을 쓴다*). ⇨ BEAUTIFUL 類語 ¶ a *handsome* boy 미소년 / *Handsome is that* (or *as*) *handsome does*. (속담) 행위가 훌륭한 사람이 아름답다, 외양보다 마음씨이(= *Handsome is* he who does *handsomely*.).
2 멋진, 당당한(stately). ¶ a *handsome* building 훌륭한 건물 / a *handsome* story 멋지게 지어진 이야기.
3 [금액·재산·선물 따위가] 상당한(considerable); 풍성한(ample); 관대한, 후한(generous); 친절한(kind). ¶ scold a person in a *handsome* manner 호되게 나무라다 / He received a *handsome* fortune from his father. 그는 아버지로부터 많은 유산을 상속받았다 / She gained a situation in the company on his *handsome* recommendation. 그녀는 그의 친절한 추천으로 그 회사에 취직했다.
4 솜씨있는, 잘하는(dexterous). ¶ He made a *handsome* speech. 그의 연설은 훌륭했다.
5 (美방언) 적당한, 어울리는(suitable). ¶ It was *handsome* of her to say that. 그녀의 그 말은 적절한 것이였다.
come down handsome 후하게 행동하다, 돈을 아낌없이 쓰다 (behave generously).
do the handsome thing by …을 우대하다. ¶ He will *do the handsome thing by* his relatives. 그는 친척을 우대할 것이다.
~·ness *n.* ◇ **hánd·some·ly** *adv.*
hand·some·ly [hǽnsəmli] *adv.* 훌륭하게, 뛰어나게, 당당히; 꽤, 상당히; 아낌없이, 후하게.
hands-on [hǽndzɑ̀n / -ɔ̀n] *adj.* 개인이 적극적으로 참가하는, 실지의, 실천[실무]적.
hand-sort [hǽndsɔ̀ːrt] *vt.* (우편물 따위를) 손으로 선별하다.
hand·spike [hǽn(d)spàik] *n.* 지레 (감는 녹로(轆轤)의 손잡이).
hand·spring [hǽn(d)spriŋ] *n.* (美) [손을 땅에 짚고 하는] 재주넘기.
hand·staff [hǽndstǽf / -stɑ́ːf] *n.* 도리깻장부.
hand·stand [hǽndstænd] *n.* 물구나무서기.
hand·strap [hǽndstræ̀p] *n.* [전차의] 손잡이 가죽끈.
hánd's túrn *n.* 약간의 일; 거들어주기, 조력. ¶ She wouldn't do a *hand's turn*. 그녀는 조금도 일을 하려고 하지 않았다.
hand-tec·tor [hǽn(d)tèktər] *n.* 소형 전자 금속 탐지기(특히 공항에서 흉기 소지자 탐지용).
hánd tíght *adj.* [도구를 사용하지 않고] 손으로 힘껏 죈(팽팽하게 당긴).
hand-to-hand [hǽn(d)təhǽnd] *adj.* 육박한, 드잡이의; 접전(接戰)의.
hand-to-mouth [hǽn(d)təmáuθ] *adj.* 하루 벌어 하루 먹는, 하루살이의, 불안정한; 앞일을 생각하지 않는.
hánd tówel *n.* [물수건으로 쓰는] 작은 타월.
hánd trúck *n.* [손으로 미는] 화물 운반차.
hand·wheel [hǽndhwìːl] *n.* [휠체어 따위의] 손으로 돌리는 바퀴, 핸들 바퀴.
hand·work [hǽndwɔ̀ːrk] *n.* U 손으로 하는 일, 수세공, 수공예.
hand·worked [hǽndwɔ̀ːrkt] *adj.* 손으로 만든, 수공의; 접전(接戰)의.
*‡**hand·writ·ing** [hǽndràitiŋ] *n.* **1** U 자필(自筆). **2** U C 서체(書體), 필적. ¶ recognize a person's *handwriting* 남의 서체를 분별하다. **3** 필사물(筆寫物), 사본(manuscript).
the handwriting on the wall 임박한 재앙의 조짐 (← 다니엘서(書) (Dan.) 5 : 5-28].
hand·writ·ten [hǽndrìt(ə)n] *adj.* (펜·연필 따위를 사용하여) 손으로 쓴, 육필(肉筆)의.
hand·wrought [hǽndrɔ́ːt] *adj.* =handworked.
*‡**hand·y** [hǽndi] *adj.* (**hand·i·er, hand·i·est**) **1** 곁에 있는, 바로 쓸 수 있는. ¶ keep a dictionary *handy* 사전을 바로 쓸수 있게 곁에 두다 / The bank is *handy*. 은행이 근처에 있다 / My house is *handy* to the bus stop. 나의 집은 버스 정류장에 가까와서 편리하다. **2**

handybook

편리한(convenient), 다루기 쉬운; [매가] 조종하기 쉬운. ¶ a *handy* shelf 편리한 선반 // This new encyclopedia is made more *handy* of reference. 이 새 백과사전은 참조하기가 한층 편리하게 만들어져 있다. **3** 능숙한(deft), 솜씨 좋은(adroit). ¶ He is *handy* with his boot. 그는 발로 잘 차 낸다 / She is *handy* with the needle(a tool). 그녀는 바느질(연장 사용)에 능숙하다. ***come in handy*** [여러가지로] 편리하다. ¶ Korean-English dictionaries *come in handy*. 한영 사전은 편리하다. — *adv.* [구어] 아주 가까이에(nearby).

hand·y·book [hǽndibùk] *n.* =handbook.

hand·y·dan·dy [hǽndidǽndi] *n.* ⓤ 어느 손에 물건을 가지고 있는가를 알아맞히는 어린이의 놀이.

handy·man [hǽndimæ̀n] *n.* (*pl.* **-men** [-mèn]) **1** [자질구레한 일을] 무엇이든 잘하는 사람; 잡역부; 쓸모 있는(편리한) 남자. **2** 수부(水夫).

Han·ford [hǽnfərd] *n.* 미국 Washington주 동남부 Columbia 강변의 마을[플루토늄 생산 공장인 Hanford Engineer Works의 소재지].

‡**hang** [hæŋ] *v.* (**hung** *vt.* 2, *vi.* 2, **hang·ing**) *vt.* **1** …을 매달다, 드리우다(suspend) (*...from*); …을 걸다(*on, to*). ¶ (~+目+前+名) *hang up* a hat 모자를 걸다 // (~+目+前+名) *hang* a sword *at* one's side 허리에 칼을 차다 / *hang* a lamp *from* the ceiling (*above the table*) 천장에(탁자 위로) 램프를 매달다 / *hang* the washing *on* a pole 세탁물을 빨랫대에 널다 / Venison requires to be well *hung*. 사슴 고기는 [먹기 알맞을 때까지] 충분히 매달아 두어야 한다. **2** (**hanged** *or* **hung**) [남]의 목을 매다, …을 교살하다, 교수형에 처하다. ¶ *hang* oneself 목매어 죽다 / be *hanged* for murder 살인죄로 교수형을 받다 / Hang you!=Be *hanged*! 에이 망할 것! / Oh, *hang* it [all]! 이 빌어 제기랄! / I'll be (*or* I'm) *hanged* if I know it. (강한 부정) 만약 그것을 알고 있다면 손에 장을 지지겠다 / I'll see you *hanged* first! 절대로 그런 일은 없어! / Well I'm *hanged*! 이거 놀라겠는걸! / One may as well be *hanged* for a sheep as for a lamb. (속담) 새끼양보다 어미양을 훔쳐도 사형을 당할 바에는 새끼양보다 어미양을 훔치는 편이 좋다, 이왕 할 테면 철저히 하는 것이 좋다. **3** a) [벽·탁자 따위로]…을 장식하다, ¶ (~+目+前+名) *hang* a room *with* pictures 그림을 걸어 방을 장식하다 / a window *hung with* curtains 커튼이 드리워진 창 / trees thickly *hung with* fruit 열매가 듬뿍 열린 나무들. b) [벽·따위]를 바르다. ¶ *hang* wallpaper 벽지를 바르다 / (~+目+前+名) *hang* a calendar *against* the wall 벽에 달력을 걸다 / *hang* a map *on*(*or to*) the wall 벽에 지도를 걸다. **4** [그림 따위]를 전시하다, 진열하다(exhibit). ¶ The gallery *hung* three of his paintings in a small corner. 그의 그림 3점이 그 화랑의 한구석에 걸려 있었다. **5** …을 [어느 각도로] 달다(설치하다), …을 자루에 끼우다(박아넣다). ¶ (~+目+前+名) *hang* an ax to the helve 도끼를 자루에 끼우다. **6** [문]을 [경첩에] 끼우다, 달다, [문짝 따위]를 여닫을 수 있도록 달다. ¶ (~+目+前+名) The door is *hung* on the side post by hinges. 그 문은 문설주에 경첩이 달려 있다. **7** [고개]를 떨구다, [혀]를 늘어뜨리다. ¶ *hang* one's head in shame 부끄러워서 고개를 떨구다. **8** …을 늦추다(delay), ¶ (~+目+副) *hang* [*up*] one's determination 결심을 지연시키다. **9** (美) [배심원]의 평결을 불능으로 하다. ¶ The jury were *hung*. 배심원들은 평결을 내리지 못했다.

— *vi.* **1** 걸리다, 매달리다, 드리워지다, (dangle); 기울다, 경사지다. ¶ (~+副) *hang down* 늘어지다 / pictures *hanging above* 머리 위에 걸려 있는 그림 // a chandelier *hanging from* the ceiling 천장에 드리워진 샹들리에 / a picture *hanging on* the wall 벽에 걸려 있는 그림 / Her hair *hung down* on (*to*) her shoulders. 그녀의 머리카락은 어깨에 (까지) 늘어져 있었다 / A monkey is *hanging by* a rope in the air. 원숭이가 밧줄로 공중에 매달려 있다 // (~+副) The leaves *hung* lifeless. 잎들이 생기없이 늘어져 있었다. **2** (**hanged** *or* **hung**) 교수형을 받다. ¶ He *hanged* for his crime. 그는 죄를 지어 교수형을 받았다. **3** [문짝 따위가] 경첩으로 달려 있다, 여닫히다. ¶ (~+前+名) The door *hangs on* its hinges. 문이 경첩에 꼭 끼어 있다. **4** 위에 덮여 있다, 뒤덮다, 돌출하다, 내리누르다, 무거운 짐이 되다, 박두하다. ¶ (~+前+名) the fear that *hangs over* the world today 오늘날의 세계가 직면하고 있는 공포 / Some guilt *hangs on* his conscience. 어떤 죄책감이 그의 양심을 내리누르고 있다. **5** 매달리다, 달라붙다, 달라붙어 떨어지지 않다. ¶ (~+前+名) *hang about* a person's neck 남의 목에 매달리다 / *hang about* a movie star 영화 스타 꽁무니를 쫓아다니다 / The children *hung by* their mother's side. 아이들은 어머니 곁에서 떨어지지 않았다 / There is always mystery *hanging over* his movements. 그의 행동에는 늘 신비로움이 따른다. **6** 어슬렁거리다, 배회하다; 꾸물거리다. ¶ (~+前+名) *hang about* (*or around*) a park 공원을 어슬렁거리다 / (~+前+名) *hang about* all day doing nothing 아무 일도 하지 않고 온종일 빈둥거리다. **7** …에 의하여 결정되다, …에 달려 있다, …나름이다 (*on, upon...*). ¶ (~+前+名) a question *on* which life and death *hang* 생사에 관한 문제 / My fate *hangs upon* his decision. 나의 운명은 그의 결정에 달려있다. **8** 결정짓지 못하다, 결정짓지 않다, 망설이다. ¶ Let this matter *hang* until our next meeting. 이 안건은 다음 회의 때까지 보류하도록 합시다 // (~+前+名) *hang in* doubt 의심하다 / *hang in* the balance (*or wind*) 미결 상태에 있다, 어떻게 될지 모르게다 / He *hung* between speaking to her and keeping silent. 그는 그녀에게 말을 걸까 말까 하고 망설였다. **9** 주의를 기울이다, 가만히 지켜보다, 귀담아 듣다. (*on...*). ¶ (~+前+名) I *hung on* her every word. 나는 그녀의 한마디 한마디를 귀담아 들었다. **10** [미술] [전람회 따위에] 출품되다, 전시되다, 진열되다(be exhibited). ¶ (~+前+名) His works *hang* in the Metropolitan Museum of Art. 그의 작품은 메트로폴리탄 미술관에 진열되어 있다.

be hung up (美속어) ① 혼란되어 있다, 노이로제에 걸려 있다; 콤플렉스를 지니고 있다. ② 열중해(미쳐) 있다, 사로잡혀 있다(*on, about...*).
go hang ① 무시당하다. ② (속어)(주로 명령문에서) 죽다, 뒈지다. (*with...*). ⇒ *vi.* 6.
hang about (*or around*) ① 남과 함께 시간을 보내다
hang a left (*right*) (美속어) [자동차를] 좌회전(우회전]하다.
hang back 주저하다, 망설이다(hesitate), ¶ He's *hanging back*. 그는 책임지기를 망설이고 있다.
hang behind ① …뒤에 달다. ② 뒤에 처지다.
hang by a [*single*] ***thread*** ⇒ THREAD.
hang fire ⇒ FIRE, ***hang heavy*** ⇒ HEAVY[1].
hang in there (美속어) 버티다, 견디다. ¶ *Hang in there*. Things will work out. 참아. 잘 될거야.
hang it on (속어) [일 따위]를 꾸물대어 늦추다.
hang loose(*tough*) (美·캐나다 속어) 느긋하게 지내다(버티다), 고집을 꺾지 않다. [*hang back.*
hang off ① 손을 놓다(let go), 떨어지다. ②=
hang on ① 매달리다(*to ...*). ¶ *Hang on to* a person's arm 남의 팔에 매달리다 / *hang on to* one's job 일에 열중하다 / He will *hang on* if you are rich. 당신이 부자면 그는 따라붙을 겁니다. ② 속행하다, 버티다, 끝까지 해내다(persevere). ¶ Don't give up. *Hang on* to the end. 단념하지 말게, 끝까지 버티게. ③ [병이] 낫지 않다. ¶ a cold that *hangs on* for months 몇달 동

안이나 떨어지지 않고 있는 감기. ④ 미결이다. ¶ The lawsuit is still *hanging on*. 소송 문제는 아직 해결되지 않고 있다. ⑤《구어》[서서] 기다리다; 전화를 끊지 않고 기다리다. ¶ *Hang on* a moment (or minute, second). 잠간 기다리시오.
hang one on《미속어》① (vt.) …을 때리다, 후려갈기다. ¶ He *hung one on* the bully. 그는 깡패를 후려갈겼다. ② (vi.) 곤드레만드레 취하다, 술마시고 떠들다.
hang out ① (vt., vi.) [기 따위를] 집 밖에 내걸다; 집 밖에 내걸리다. ② (vi.) 몸을 내밀다(lean out). ③ (vi.) 꾸물꾸물 기다리고 있다. ¶ *hang out* for a better answer 더 좋은 대답을 기다리다. ④ (vt.)《구어》…에 출입하다(frequent). ⑤ (vi.)《속어》거주하다(reside). ¶ Where do they *hang out*? 그들은 어디서 살고 있지?
hang over ① (vi.) …위에 덮여 있다, 튀어나오다, 돌출하다(overhang). ¶ The cliff *hangs over* the road. 벼랑이 도로 위로 돌출해 있다. ② (vi.) 미결(未決)인 채로 있다. ¶ I let the final decision *hang over* 최종결정을 미루다. ③ (vt.) 임박해 있다. ➡ vi. 4. ¶ The examination is *hanging over* me. 시험이 임박해 있다. ④ (vt.) 《속어》…을 숙취에 걸리다.
hang ten《美》《파도타기》파도타기 널의 가장자리에 발가락을 모두 구부려 걸치다.
hang together ① 단결하다, 떨어지지 않고 있다 (remain united). ② 앞뒤가 들어맞다(be consistent). ¶ His statement does not *hang together*. 그의 말은 앞뒤가 맞지 않는다. ③ 밀착하다 (cohere).
hang up ① …을 걸다, 매달다. ② …을 지체시키다, 시간을 끌게 하다(delay). ¶ *hang up* a question in debate 문제의 토의를 뒤로 미루다 / *hang up* the traffic 교통 체증을 일으키다. ③ 전화를 끊다. ¶ He *hung up* before I finished. 내 이야기가 끝나기 전에 그는 전화를 끊었다. ④ 《美속어》걸리다, 꼼짝 못하게 하다. ⑤ 《美속어》…을 터놓다.
let it all hang out 《속속어》속속들이 드러내다, 털어 놓다. — n. 1 매달린 모양, 늘어진 모양. ¶ the *hang* of an overcoat 외투의 처진 모양. 2《구어》다루는 법; 요령(knack); [문제 따위의] 의미, 취지(meaning). ¶ get the *hang* of a subject 논제(論題)의 취지를 파악하다. 3《진행의》정체(停滯) (suspension), 처짐, 느슨해짐(slackening), ¶ the *hang* of a stream 흐름의 정체. 4《구어》조금[도] (a bit) (* 주로 부정 구문에서 사용되며 damn 보다 가볍다). ¶ I don't care (or give) a *hang* what anybody says about me. 남이 나를 뭐라 말해도 조금도 개의치 않는다.
get (or have, see) the hang of《구어》…의 요령을 터득하다, …을 이해하다.

hang·ar [hǽŋər, +英 hǽŋɡə, hǽŋɡɑː] n. 1 오두막, 곳간(shed, shelter). 2 《항공기의》격납고(格納庫).
han·gar·age [hǽŋəridʒ, +英 hǽŋɡəridʒ, -ɡɑːridʒ] n. Ⓤ《英》《집합적》격납고(群).
hang·bird [hǽŋbəːrd] n.《美》나뭇가지에 집을 매달아 짓는 새.
hang·dog [hǽŋdɔ̀ːɡ, -dɔ̀ɡ] adj. 1 풀죽은, 처량한. 2 비열한, 상스러운(mean); 살살 기는(sneaking). ¶ a *hangdog* look 상스러운 표정 / He has a *hangdog* air about him. 그는 주뼛주뼛하는 인상을 준다. — n. 비열한 사람(sneak).
***hang·er** [hǽŋər] n. 1 옷걸이. 2 [옷 따위를 거는] 고리, 갈고리, 매다는 끈. 3 [물건이 매달리는 부분]옷것의 걸이. 4 [17-18세기의 뱃사람이 쓰던 허리에 차는] 단검(短劍). 5 [주로 英] 가파른 경사면에 있는 숲. 6 교수형 집행인(hangman). 7 매다는 사람, ¶ a bell *hanger* 조종사(釣鐘師). 8 매다는 광고, 포스터.
hang·er-on [hǽŋərɑ̀n / -ɔ̀n] n. (pl. *hangers-*) [사람·일자리·당 따위에] 찰싹 달라붙는 사람; 부하, 추종자, 측근자, 수하. 2 기식자, 식객(parasite). 3

《美》사모하는 사람(admirer).
hang-fire [hǽŋfàiər] n. Ⓤ [폭약·로켓 연료 따위의] 뇌관에 불을 붙인 후의] 지발(遲發).
hang-glide [hǽŋɡlàid / -] vi. 행글라이더로 날다.
háng glíder n. 행글라이더[를] 타는 사람.
***hang·ing** [hǽŋiŋ] n. 1 Ⓒ 교살, 교수형. ¶ death by *hanging* 교수형. 2 《종종 ~s》매달아 놓은 물건; 거는 물건, 족자, 걸치는 천, 커튼(drapery). ¶ paper *hangings* 벽지. 3 Ⓤ 매달린 상태, 매다는 법. 4 ⒸⓊ 내리막 경사, 내리막 사면(斜面). — adj. 1 교수형에 처할; 교수형에 처하기를 좋아하는. ¶ a *hanging* crime 죽을 죄 / a *hanging* matter 교수형에 될 사건. 2 걸린, 매 달린(suspended). ¶ a *hanging* bridge(lamp) 적교(吊橋) (거는 등잔) / a *hanging* look 맥풀린 표정. 3 가파른 경사면에 있는. 4 임박한; 미결의(pending). ¶ a *hanging* crisis 임박한 위기. 5 고개를 떨군(downcast).
hánging commíttee n. [회화전(繪畫展) 등의] 심사 위원회.
hánging cùrve n. 《야구》행거 커브[생각한 대로 충분히 구부러지지 않은 커브].
hánging gárden n. 《종종 ~s》공중원(架空園) [공중에 걸려 있는 것처럼 보이게 한 정원]. [판사.
hánging júdge n. 즐겨 교수형에 처하고 싶어하는 재
hang-loose [hǽŋlùːs] adj. 긴장이 풀린, 마음 편한, 느긋한, 자유로운. [행자.
hang·man [hǽŋmən] n. (pl. *-men* [-mən]) 교수형 집
hang·nail [hǽŋnèil] n. [손가락의] 거스러미.
hang·out [hǽŋàut] n. 《美》1 [사람의] 잠자리, 집; 단골로 가는 곳; [범죄자 따위의] 연락처, 근거지, 은신처. 2 《속어》[정보·비밀 따위의] 공개, 폭로.
hang·over [hǽŋòuvər] n. 《美구어》1 잔존물(殘存物), 여신(餘燼), 유물(survival). 2 《美구어》숙취; [약의] 부작용. [표찰.
hang·tag [hǽŋtæ̀ɡ] n. [기구에 붙인] 사용법을 적은
hang-up [hǽŋʌ̀p] n. 《美속어》곤란, 문제, 심리적 장해, 콤플렉스.
hank [hæŋk] n. 1 [실 따위의] 한 타래 [털실은 540야드, 면사는 840야드] (coil). 2 다발, 묶음. ¶ a *hank* of hair 한 다발의 머리털. 3 《항해》범환(帆環) 《종범(縱帆)의 앞 가장자리에 매단 나무 또는 금속 고리.
han·ker [hǽŋkər] vi. 동경하다, 못내 그리워하다 (long); 열망하다, 갈망하다(crave) (after, for…). ⇒ LONG 類語 ¶ *hanker after* money 돈을 몹시 탐내다 / *hanker* for affection (praise, sympathy) 애정(칭찬, 동정)을 갈망하다 / We are always *hankering after* what is forbidden. 우리는 언제나 금지되어 있는 것을 갖고 싶어한다 // We *hanker* to know secrets. 사람은 비밀을 알고 싶어하는 법이다 / He arrived at Rome which he had *hankered* to visit. 그는 가보고 싶던 로마에 도착했다.
han·ker·ing [hǽŋkəriŋ] n. ⒸⓊ 동경, 갈망, 열망. — adj. 동경하는; 갈망하는, **~ly** adv. [kerchief.
han·ky, -kie [hǽŋki] n. (pl. *-kies*) 《구어》= hand-
han·ky-pan·ky [hǽŋkipǽŋki] n. ⒸⓊ《英구어》1 협잡수, 장난; 부정. ¶ play *hanky-panky* with …을 속이다 / He is up to some *hanky-panky* [business]. 그는 무엇인지 부정한 짓을 하고 있다. 2 요술, 마술. 3 《美》허튼 소리; 시시한 것, 바보짓. [<hokey-pokey를 흉내낸 조어(造語)]
Han·nah [hǽnə] n. 성서에 나오는 유대의 여자 예언자 [Elkanah의 아내로 예언자 Samuel의 어머니].
Ha·noi [hænɔ́i] n. 하노이[베트남의 수도].
Han·o·ve·ri·an [hæ̀nou(u)ví(ː)riən / -víər-] adj. 영국 하노버(Hanover) 왕가의. ¶ Hanover 왕가 지지자.
Hans [hæns, hɑːns] n. 독일인(네덜란드인)의 별명.
han·sa [hǽnsə, -zə], **hanse** [hæns] n. 1 중세 유럽의 상인(商人) 조합. 2 상인 조합 가입금. 3 = Hanseatic League.

Han·sard [hǽnsɚd/-saːd, -səd] *n.* 영국 국회 의사록. [<그 의사록의 편찬·발행자 Luke Hansard(1752-1829)의 이름]

Han·sard·ize [hǽnsɚdàiz] *vt.* 의사록을 인용하여 [국회 의원의] 모순을 논박하다.

Han·se·at·ic [hænsiǽtik, +英 -zi-] *adj.* 한자 (Hansa) 동맹의.

Hanseátic Léague *n.* (the ~) 한자 동맹[중세 때 북독일 및 그 이웃 나라 사이에서 상업·무역의 보호·촉진을 목적으로 체결된 동맹].

han·sel [hǽns(ə)l] *n., vt.* (**-seled, -sel·ing**; 《특히 英》 **-selled, -sel·ling**)=handsel.

Hán·sen's diséase [hǽnsnz, háːn-] *n.* Ⓤ〖병리〗한센병(leprosy). [<노르웨이의 의학자 A.G.A. Hansen(1841-1912)의 이름]

hán·som [**cáb**] [hǽnsəm]*n.* 핸섬[말 한 필이 끄는 2인승 2륜 포장마차로, 마부석은 뒷부분에 한 층 높이 자리잡고 있다]. [<발명자 Joseph A. Hansom(1803-82)의 이름]

[hansom]

ha'nt, ha'n't [(h)eint] 《英방언》 have not, has not 의 단축형.

Hants [hænts] *n.* =Hampshire.

Ha·nuk·kah [háːnəkə] *n.* 〖유대교〗하누카[신전 정화제(淨化祭), 성전 헌당(聖殿獻堂) 기념일, 또는 Chanukah].

hap [hæp]《고어》 *n.* **1** Ⓤ 행운, 우연. ¶ It was my good (evil) *hap* to meet him. 운좋게 (나쁘게) 그를 만났다. **2** 우연히 일어난 일. ¶ *haps* and mishaps of life 인생의 흐행과 새닝.
— *vi.* (**happed, hap·ping**) [우연히] 일어나다. ¶ if it so *haps* 우연히 그렇게 된다면.

ha'pen·ny [héip(ə)ni] *n.* 《英구어》=halfpenny.

hap·haz·ard [hǽphǽzɚd /ˊˊˊ-] *n.* Ⓤ 우연[히] 일어난 일.
at(or *by*) *haphazard* 우연히, 운에 맡겨(by chance), 아무렇게나, 되는 대로(at random).
— *adj.* 우연의(casual); 무계획의, 되는 대로의. RANDOM 〖類語〗 ¶ a *haphazard* collection 닥치는 대로 집한 것 / make a *haphazard* remark 아무렇게나 함부로 말하다. — *adv.* =haphazardly. ~·ness *n.*

hap·haz·ard·ly [hǽphǽzɚdli /ˊˊˊ-] *adv.* 우연히, 무계획적으로, 되는 대로, 아무렇게나.

hap·less [hǽplis] *adj.* 불행한, 불운한(unfortunate). ~·ly *adv.* ~·ness *n.*

haplo- single, simple 이라는 뜻의 연결형(* 모음 앞에서는 hapl-을 쓴다). 예: *haplo*logy.

hap·log·ra·phy [hæplɑ́grəfi /-lɔ́g-] *n.* Ⓤ중자(重字) 탈락(생략)[필사 따위를 할 때에 petition 을 petion, convivial 을 convial 이라고 틀리게 쓰는 따위]. *cf.* dittography

hap·lol·o·gy [hæplɑ́lədʒi /-lɔ́l-] *n.* Ⓤ〖음성〗중음(重音) 탈락[하나의 낱말에서 같은 소리(음절)가 계속될 때 한쪽이 생략되는 일. 예. papa 가 pa, probably 가 probly 로 되는 따위].

hap·ly [hǽpli] *adv.*《고어》 아마; 우연히(by chance).

hap·orth, ha'porth [héipɚθ] *n.*《英구어》= halfpenny·worth.

‡**hap·pen** [hǽp(ə)n] *vi.* **1** [사건 따위가] 일어나다, 생기다(take place). ¶ Accidents will *happen*. 사고는 일어나기 쉬운 법이다 / *Happen* what may (or Whatever may *happen*), I will not change my mind. 무슨 일이 일어나든 결심을 바꾸지 않겠다.
〖類語〗 **happen**「일어나다」를 의미하는 가장 보통의 말: What will *happen* next? 다음에는 무슨 일이 일어날까? **occur** 특정의 일이 특정 시기에 일어나다거나, happen 보다 격식을 차린 말이지만 바꾸어 쓸 수 있는 경우가 많다: The accident *occurred* yesterday. 그 사고는 어제 일어났다.
2 《구어》[사람 등이 홀연히] 나타나다(appear). ¶ I did not find out the book; it just *happened*. 그 책은 내가 찾아낸 것이 아니다, 그저 나타난 것이다.
3 우연히 …하다, 뜻밖에 …하다(이다) (chance). ¶ (~+*to do*) I *happened* to meet him there. 그곳에서 우연히 그를 만났다 / Do you *happen* to know her? 혹시 그 여자를 알고 계십니까? / I *happened* to be sick. 공교롭게도 몸이 불편하였다 // (~+*that* 節) It [so] *happened* that she met him in the park. 그녀는 공원에서 우연히 그를 만났다.
4 몸에 닥쳐오다(befall), …이 일어나다(occur) (*to* ...). ¶ (~+*前*+*名*) if anything should *happen* to me 만일 내게 무슨 일이 생기거든 / Death *happens* to all men alike. 죽음은 누구에게나 똑같이 닥쳐온다 / What has *happened* to your leg? 발이 어떻게 되었는가?
5《美구어》우연히 오다(가다), 뜻밖에 오다(*in, into, along* ...). ¶ (~+*副*) My friend *happened* in to see me. 친구가 뜻밖에 들렀다 // (~+*前*+*名*) I fear he will *happen* along the path. 어쩌면 그는 그 길로 오는 것이 아닐까 / He *happened* at the party. 그는 마침 그 파티에 있었다 / I *happened into* a great bargain in rare books. 나는 희서(稀書)의 대 염가 판매에 마침 들렀다.
as it happens 우연히(by chance), 때 마침(fortunately), 공교롭게도(unfortunately). ¶ *As it happens*, he is not at home. 공교롭게도 그는 집에 없었다.
happen on (or *upon, across*) 우연히 …을 만나다; …이 생각나다, …을 우연히 발견하다. ¶ I *happened on* a key to solution. 해결책이 생각났다.

hap·pen·chance [hǽp(ə)ntʃæ̀ns /-tʃɑ̀ːns] *adj.* 우연한, 뜻밖의. ¶ a *happenchance* opportunity 뜻밖의 기회. — *n.* =happenstance.

*****hap·pen·ing** [hǽp(ə)niŋ] *n.* **1** (종종 ~s) 우연히 일어난 일, 사건. ⇒ EVENT 〖類語〗 **2**《美구어》해프닝[우발적이고 유희적인 행위나 행사].

hap·pen·so [hǽp(ə)nsòu] *n.* Ⓤ《美방언》우연한 일, 뜻밖의 일(happenstance).

hap·pen·stance [hǽp(ə)nstæ̀ns] *n.*《美구어》우연한 일, 뜻밖의 일.

hap·pi·fy [hǽpifài] *vt.* (**-fied, -fy·ing**) …을 행복하게 하다.

‡**hap·pi·ly** [hǽpili] *adv.* **1** 행복하게, 즐겁게, 기쁘게. ¶ They lived *happily* ever after. 그들은 그 후로 잘 살았다[동화의 끝맺음 말] / We have gone *happily* together for a few years. 우리는 수년간 즐겁게 사귀어 왔다. **2** 다행히, 운좋게, 요행히. ¶ *Happily* he did not die. 다행히도 그는 죽지 않았다.
〖注意〗 He did not die *happily*. (그는 행복하게 죽지는 않았다)에서 *happily* 는 die 를 수식하고 있다. 이 경우는 낱말 수식 부사이다. 한편, *Happily* he did not die. 에서는 *Happily* 가 문장 전체를 수식하므로, It was a *happy* event that he did not die.로 바꾸어 쓸 수 있다. 이와같이 문장 수식 부사로서의 *happily* 는 보통 문장의 첫머리에 오지만, He did not die, *happily*. 처럼 *happily* 앞에서 단락을 지어 앞 글과 유리시켜도 문장 수식 부사가 된다.
3 적절하게, 잘, 멋지게(aptly). ¶ She *happily* expressed her thought. 그녀는 자기 생각을 잘 표현했다. ◇ háppy *adj.*

‡**hap·pi·ness** [hǽpinis] *n.* Ⓤ **1** 행복, 만족(contentment); 유쾌, 기쁨(joy). ¶ ruin (seek) one's *happiness* 행복을 파괴하다(구하다) / I had the *happiness* of seeing him. 그를 만나서 기뻤다.
〖類語〗 **happiness** 기쁘고 만족하기; 가장 일반적이고 뜻이 넓은 말: Anyone seeks *happiness*. 누구나 행복을 찾는

다. **felicity** 아주 기쁜 happiness; 격식을 차린 말: wish a newly-wed couple *felicity* in life 신혼부부가 더없이 행복하게 살기를 빈다. **beatitude** 더할 수 없는 felicity: *beatitude* beyond description 도저히 말로 표현할 수 없는 큰 행복. **bliss** 얼마나 좋은지 황홀해지는 듯한 행복·기쁨: the *bliss* of ideal matrimony 이상적 결혼 생활의 더없는 행복.

2 행운(good luck). ¶ I had the *happiness* to meet her. 운좋게도 그녀를 만났다. **3** 적절, 교묘(appropriateness). ◇ háppy *adj*.

‡**hap·py** [hǽpi] *adj*. (**-pi·er, -pi·est**) **1** 행복스러운, 기쁜, 경사스러운. ¶ a *happy* event 경사 / a *happy* ending 행복한 결말, 해피 엔드[소설 등에서 행복하게 끝맺기].

2 행복한, 즐거운, 유쾌한, 기쁜 (delighted); 만족한. ⇨ GLAD 類語 *opp*. sad ¶ have a *happy* time 행복하게 지내다 / *Happy* are those who are contented. 만족하는 사람은 행복하다 // He was very *happy* about his promotion (*at* the news, *over* his success). 그는 승진하여(소식을 듣고, 성공하여) 아주 기뻤다 // Are you *happy* with this result? 이 결과에 만족합니까? / They were *happy* in being back again. 그들은 다시 돌아와 기뻤다 // I shall be *happy* to see you. 기꺼이 만나겠습니다 // I am very *happy* that you have helped him. 당신이 그를 도와주어서 아주 기쁩니다.

3 운좋은, 운좋은(fortunate). ¶ *Happy* man! 운이 좋은 사나이구나! / I met her by a *happy* chance. 운좋게 그녀를 만났다.

4 적절한, 교묘한, 썩 잘된. ⇨ FIT¹ 類語 ¶ a *happy* suggestion 적절한 조언 / a *happy* guess 적중한 추측 // He is *happy* at repartee. 그는 재치있는 응답에 능하다.

5 (속어) 약간 취한, 얼근한 (slightly tipsy); 비틀거리도록 취한.

6 (美俗어)(복합어로 만들어) …에 사로잡힌(obsessed), 자꾸만(무턱대고) …하고 싶어하는. ¶ sailor-happy girls 수병에게 반한 계집애들 / a trigger-happy gangster 함부로 쏘려고 드는 갱.

as happy as the day is long; as happy as a king (or a lark); as happy as happy can be 아주 행복한 (very happy).

◇ háppily *adv*., háppiness *n*.

hap·py-go-luck·y [hǽpigo(u)lʌ́ki] *adj*. 운명에 내맡기는, 태평스러운, 될 대로 되라는 식의(easygoing), 낙천적인.

— *adv*. (고어) 태평하게, 될 대로 되라는 식으로.

háppy hóur *n*. 《美俗어》 서비스타임[술집에서 무료 또는 염가 서비스를 하는 시간].

háppy húnting gróund *n*. **1** [북미 인디언 전사(戰士)의] 천국, 극락. **2** [원하는 것을 입수할 수 있는] 절호의 장소, 절호의 활동 장소.

háppy lánd *n*. 천국(heaven).

háppy médium *n*. [양극단의] 중간, 중용, 알맞은 정도. ¶ strike a *happy medium* 중용의 해결책을 찾아내다.

háppy reléase *n*. 고통으로부터의 해방; [특히] 죽음.

Haps·burg [hǽpsbəːrg] *n*. 합스부르크가(家) [11세기 중엽부터 유럽에서 권세를 떨친 구(舊)독일의 왕가].

hap·ten [hǽptən], (**hap·tene** [hǽptiːn]) *n*. Ⓤ(면역학) 합텐, 부착소(附着素).

ha·rem [hɛ́(ː)rəm, hǽr-/hɛ́ər-] *n*. =harem.

ha·rangue [hərǽŋ] *n*. [열렬한] 연설, 열변; [호언장담하는], 장광설(長廣舌). —— *v*. (**-rangued, -rangu·ing**) *vt*. …을 향하여 열렬한 연설을 하다, 열변을 토하다. —— *vi*. 열변을 토하다.

har·as [hǽrəs, hǽrəz] *n*. (*pl*. **har·as** [hǽrəz, ærɑ́ːz]) (고어) 종마(種馬) 사육장.

***har·ass** [hǽrəs, +美 hərǽs] *vt*. **1** [적]을 끊임없는 공격으로 괴롭히다 (raid). **2** …을 괴롭히다; …을 시달리게 하다; …을 애먹이다. ⇨ BOTHER 類語 ¶ (~+目)+

(副+名) *harass* a person *with* questions 남을 질문 공세로 애먹이다 / be *harassed* by anxiety (*with* debts) 근심(빚)에 시달리다. —— *n*. =harassment.

har·ass·er [hǽrəsər, +美 hərǽs-] *n*. 괴롭히는 사람, 성가신 사람.

har·ass·ing [hǽrəsiŋ, +美 hərǽs-] *adj*. 괴롭히는, 성가시게 구는; 귀찮은, 귀찮게 붙어다니는. ~·**ly** *adv*.

har·ass·ment [hǽrəsmənt, +美 hərǽs-] *n*. Ⓤ 괴롭히기, 괴로움을 당하기; Ⓒ 고민, 고민의 원인, 고민거리.

har·bin·ger [háːrbindʒər] *n*. **1** 선구자, 선구, 예고 (herald), 전조(前兆). ¶ The robin is the *harbinger* of spring. 지빠귀는 봄을 알리는 선구자다. **2** [역사] [미리 숙사 따위를 준비하기 위한] 선발자(先發者).

—— *vt*. …을 미리 알리다, [오는 것]을 예고하다.

‡**har·bor,** 《英》 **-bour** [háːrbər] *n*. **1** 항구. ¶ a *harbor* of refuge [위험한 해역의] 피난항 / in *harbor* 입항하여, 정박중에. **2** 피난처, 은신처. ¶ give *harbor* to …을 숨겨주다.

類語 **harbor** 천연 또는 인공의 항만: The island has a fine *harbor*. 그 섬에는 좋은 항구가 있다. **haven** 천연의 harbor; 문어적인 말. **port** 정박·화물양륙·보급·창고 따위의 설비와 배후의 도시를 포함한 큰 상항(商港): a thriving *port* 번창하는 상항.

—— *vt*. **1** [범인 따위]를 숨기다, …에게 처소를 주다(house). ¶ *harbor* refugees 망명자들을 숨겨 주다 / The caves *harbor* bats. 그 동굴에는 박쥐들이 있다. **2** …을 감추다 (conceal); [나쁜 마음 따위]를 품다. ⇨ CHERISH 類語 ¶ (~+目)+(副+名) *harbor* suspicion (a grudge) *against* a person 남에 대해 의심(원한)을 품다. **3** [배]를 항구에 정박시키다.

—— *vi*. **1** [배가]항구에 피난(정박)하다. **2** 숨다, 은신하다, 잠복하다. ◇ hárborage *n*.

har·bor·age, 《英》 **-bour-** [háːrbəridʒ] *n*. **1** Ⓤ [배의] 피난, 정박. **2** Ⓤ 숨겨주기, 보호. **3** Ⓤ Ⓒ 피난처, 정박처, 은신처.

har·bor·er, 《英》 **-bour-** [háːrbərər] *n*. **1** 숨겨주는 사람. **2** 사슴을 뒤쫓는 사람, 사슴을 잠복처에 몰아 넣어 지키는 사람.

har·bor·less, 《英》 **-bour-** [háːrbərlis] *adj*. 항구 [피난처] 없는.

hárbor máster *n*. [항구를 관리하는] 항무부장(港務部長), 항무관.

hárbor séal *n*. 참깨점박이 바다표범.

*har·bour [háːrbər] *n*., *v*. 《英》 =harbor.

‡**hard** [hɑːrd] *adj*. **1** 굳은, 단단한, 굳은 (solid, firm). *opp*. soft ¶ a *hard* apple 과육(果肉)이 단단한 사과 / *hard* food 고형(固形)사료 [mash 나 fodder에 대해 곡물 사료를 말한다] / *hard* porcelain 경질 (硬質) 자기.

類語¹ **hard** 단단해서 깨뜨릴 수가 전연 없는: a *hard* rock 단단한 바위. **firm** 재료의 조직이 조밀하여 가한 힘을 빼면 곧 원상으로 돌아가 늘이기(구부리기), 곤란한 것: *firm* flesh 단단한 살. **solid** 고형(固形)의; 알맹이가 꽉 차 있어 비어 있지 않은: *solid* woody material 단단한 목질(木質) 재료. **stiff** 빳빳하여 쉽게 구부러지지 않는: a *stiff-*covered book 표지가 빳빳한 책. **rigid** 극도로 stiff 하여 구부리면 부러지(부서지)는: a *rigid* metal rod 단단한 금속 막대. **inflexible** 재료의 견고성, 조직의 조밀함과는 관계없이, 다만 구부러지지 않음을 의미하는 말: an *inflexible* metal 구부러지지 않는 금속.

2 견고한, 튼튼한, 힘 있는. ¶ a *hard* knot 단단히 맨 매듭 / *hard* common sense 견실한 상식.

3 곤란한, 다루기 어려운, 벅찬, 알기 힘든 (difficult). *opp*. easy ¶ a *hard* language 어려운 언어 / *hard* of hearing 귀가 먼 / *hard* of access 접근하기 어려운 // He is *hard* to please. 그는 퍽 까다롭다 [비위 맞추기가 어렵다] (= It is hard to please him).

類語² **hard** 간단하게 또는 수월하게 할 수 없는: a *hard*

lesson 어려운 과목. **difficult** 장애를 뛰어넘기(제거하기) 위해 지식·기술·현명·용기 따위를 필요로 하는: a *difficult* situation 어려운 정세.
4 쓰라린, 힘이 드는, 괴로운. *opp.* easy ¶ *hard* fate (*or* lot) 불운 / a *hard* work 고된 일 / have a *hard* time [of it] 고생하다, 혼나다, 곤경에 처하다 // The times are *hard* with us. 우리들의 생활은 최근 들어 어렵다.
5 근면한, 열심히 하는, 부지런한. ¶ a *hard* worker 부지런히 일하는 사람 / be *hard* at work (study) 일(공부)을 열심히 하다.
6 심한, 맹렬한. ¶ *hard* drinking 폭음 / *hard* frost 심한 서리 / a *hard* storm 세찬 폭풍 / *hard* weather 사나운 날씨 / a *hard* winter 엄동 / a *hard* blow 강타.
7 엄한, 엄격한, 무정한, 냉혹한. ¶ *hard* sentence (terms) 가혹한 판결(조건) / *hard* words 냉혹한 말, 악담 / *hard* heart 냉혹한 마음 / Hard words break no bones. 《속담》 욕먹는다고 뼈가 부러지지는 않는다 / Don't be *hard* on the child. 그 아이에게 엄하게 대하지 마라.
8 감정에 동하지 않는, 냉철한, 빈틈없는(shrewd).
9 튼튼한, 건장한, 강건한(robust). ¶ a *hard* constitution 억센 체격.
10 엄연한. ¶ *hard* facts [부정할 수 없는] 엄연한 사실.
11 [소리 따위가] 딱딱한(harsh), 금속성의(metallic); [색깔 따위가] 너무 두드러진, 지나치게 선명한; [문체 따위가] 딱딱한, 생경한. ¶ a *hard* color (outline) 너무 두드러진 색깔(윤곽) / a *hard* style 딱딱한 문체.
12 《상업》 비싼, 강세의.
13 《구어》 고칠 수 없는, 구제할 수 없는, 감당할 수 없는(incorrigible).
14 《주로 방언》 인색한, 구두쇠의(stingy).
15 [시세에 대해] 주조된; [个工에 대해] 현금의. ¶ *hard* money 경화(硬貨) / *hard* cash 현금.
16 조악(粗惡)한(coarse). ¶ *hard* fare 조식(粗食).
17 《美》 [음료가] 알콜 성분이 많은, 독한(strong). *opp.* soft ¶ *hard* liquors 독한 술.
18 [물이] 광물질 염류(鹽類)를 많이 함유한, 경질의. *opp.* soft ¶ *hard* water 경수(硬水).
19 《농업》 밀기울질(質)을 많이 함유한. ¶ *hard* wheat 경질 밀.
20 《음성》 경음(硬音)의 [c, g가 [k], [g]로 발음될 경우].
21 《물리》 [X 선이] 투과(透過) 능력이 큰.
[as] *hard as nails* → NAIL.
hard and fast ① [규칙 따위가] 엄중한(strict). ② [배가] 좌초하여 움직이지 않는.
— *adv.* **1** 힘껏, 애써서; 열심히. ¶ work (try) *hard* 열심히 일하다(힘껏 해보다) / look *hard* at …을 뚫어지게 보다. **2** 세차게, 맹렬히. ¶ hit *hard* 강타하다 / It rains (blows) *hard*. 비(바람)가 심하게 내리다(분다). **3** 지독하게, 심하게 (severely). ¶ a *hard* hit [금전적으로 또는 심리적·감정적으로] 심한 타격을 받다. **4** 굳게, 단단히. ¶ boil an egg *hard* 달걀을 단단하게 삶다 / be frozen *hard* 꽁꽁 얼다. **5** 단단히, 움직일 수 없게. ¶ tie a knot *hard* 매듭을 단단히 매다.
6 가깝게, 간신히(with difficulty). ¶ breathe *hard* 숨을 겨우 쉬다 / die *hard* [관습 따위가] 좀처럼 쇠퇴하지(없어지지) 않다. **7** 가까이, 접근하여(closely). ¶ *hard* by 바로 가까이 에 / follow *hard* after (or behind, upon) a person 남의 뒤를 바싹 따르다 / He is *hard* upon sixty. 그는 이제 곧 60이다. **8** 과도하게 (excessively). ¶ drink *hard* 폭음(과음)하다. **9** 《항해》 힘껏, 극도로, 잔뜩 [조타수에 대한 지시로서]. ¶ *Hard* a port! 좌현으로 키.
be hard put [*to it*] 몹시 곤란하다, 곤경에 처해 있다, 어쩔 바를 모르다. ¶ He was *hard put to it* to decide whether to go or to stay. 그는 갈 것인지 머물 것인지를 결정하는 데 어려움을 겪었다.
be hard run 《美구어》 궁해지다, 막다른 지경에 몰리다 (*for*…).

be hard up 《구어》 몹시 결핍되어 있다; [특히] 돈에 궁하다 (*for*…).
be hard up against it 《美구어》 몹시 어렵다, 곤경에 처해 있다.
go hard with a person 남에게 타격을 주다, 번거로움 (말썽, 고통)을 일으키다. ¶ It will *go hard with* him if he is found out. 만약 들키면 그는 큰 화를 당하게 될 것이다.

hard and fast 단단히 [고정(固定)하여] (firmly).
have it hard = *be hard up against it*.
— *n.* **1** (주로 英) 상륙장, 양륙장. **2** ⓤ 《英속어》 중노동(hard labor). [*adv.*
◇ hárden *v.*, hárdness, hárdship *n.*, hárdy *adj.*, hárdly
hárd·back [háːrdbæk] *n., adj.* =hardcover.
hárd·bake [háːrdbèik] *n.* 《英》 편도(扁桃)를 넣은 사탕과자 (캔디).
hárd-baked [háːrdbéikt] *adj.* 딱딱하게 구운.
hárd·ball [háːrdbɔ̀ːl] *n.* **1** ⓤ 경식 (硬式) 야구; ⓒ 야구의 경구(硬球). **2** (종종 형용사적) 《美속어》 엄격하고 적극적인 자세(수단), 강경한 정치 자세.
hárd-bít·ten [háːrdbítn] *adj.* **1** 완강한, 다루기 힘든, **2** [군인이 모진 경험을 쌓아] 전투에 익숙해진. **3** [태도 따위가] 엄한. **4** =hard-boiled 2, 3.
hárd·board [háːrdbɔ̀ːrd/-bɔ̀ːd] *n.* 경질(硬質) 섬유판, 하드보드 [목재의 섬유를 가열·압축한 것. 건축 재료]. [되게] 삶다.
hárd-boil [háːrdbɔ́il] *vt.* [달걀을] 단단하게(완숙이
hárd-boiled [háːrdbɔ́ild] *adj.* **1** [달걀 따위] 단단하게 삶은. *cf.* soft-boiled ¶ a *hard-boiled* egg 단단하게 삶은 계란. **2** 《구어》 무정한, 비정한, 냉철한; 완고한; [문학 작품의 작풍(作風)이] 비정한, 하드보일드의. ¶ Hemingway is a *hard-boiled* writer. 헤밍웨이는 하드보일드 작가이다. **3** 현실적인(realistic), 실제적인(practical). ~**ness** *n.*
hárd-bought [háːrdbɔ́ːt] *adj.* 노력해서 얻은 (쟁취한).
hárd-bound [háːrdbáund] *adj.* [책이] 딱딱한 표지로 장정(裝幀)된, 두꺼운 표지를 쓰운. *cf.* paperback
hárd-case [háːrdkèis] *n.* **1** 회복할 가망이 없는 환자; 개전(改悛)의 정이 없는 죄인. **2** 난국. **3** 불쌍한 처지의 사람.
hárd cásh *n.* ⓤ 경화(硬貨); [수표·어음 따위에 대하여] 현금.
hárd cíder *n.* ⓤ [발효된] 독한 사과주. *cf.* sweet
hárd cóal *n.* ⓤ 무연탄(anthracite). [cider
hárd cópy *n.* 《컴퓨터》 하드카피 [컴퓨터 출력을 일을 수 있도록 종이 등에 인쇄한 것]; 그 문서 기록.
hárd core *n.* **1** 쉽게 변하지 않는 부분, [단체·운동 따위의] 중핵, 강경파; 핵심. **2** ⓤ 《英》 =hardcore.
hárd-core [háːrdkɔ̀ːr/-kɔ̀ː] *n.* **1** 밑돌 [도로 따위의 토대층], 밤자갈. **2** 본격 포르노물.
hárd-core [háːrdkɔ́ːr/-kɔ́ː] *adj.* **1** 중핵의, 중해을 이루는; 완고(강경)한. **2** 일목요연한. **3** [포르노 영화 따위에서] 성표사가 노골적인, 본격적인. *opp.* soft-core **4** 만성적 실업의. **5** 아무리 해도 학력이 향상하지 않는.
hárd cóurt *n.* 하드 코트 [아스팔트나 콘크리트로 다진 테니스 코트].
hárd·cov·er [háːrdkʌ̀vər] *adj.* 딱딱한 표지로 장정한 (hardback). — *n.* 딱딱한 표지로 장정된 책, 양장본(洋裝本). *cf.* paperback
hárd-cured [háːrdkjúərd] *adj.* =hard-dried.
hárd cúrrency *n.* ⓤ **1** 경화; [한 나라의] 통화, 준비통화 [국제 따위]. **2** [국제적으로] 교환 가능 통화 [달러 따위], 금, SDR [IMF 특별 인출권]. [detergent
hárd detérgent *n.* 경성 세제 (硬性洗劑), 소프트
hárd dísk *n.* 《컴퓨터》 하드 디스크 [컴퓨터의 보조기억 장치의 일종으로서, 일반적으로는 자기(磁氣) 디스크라고 한다].
hárd dóck *n.* 《우주공학》 하드 도킹 [기계적 조작으로

hard-dried [háːrddráid] *adj.* [생선 따위] 말린.
hárd drínk *n.* ⓤ[위스키 따위의] 독한 술.
hárd drínker *n.* 술이 센 사람, 술고래.
hárd drúg *n.*《美구어》습관성 마약. [번 (얻은).
hard-earned [háːrənd] *adj.* 애써서 (고생하여) 1
hard-edge [háːrdédʒ] *n.* [미술] 하드에지[기하적(幾何的) 도형과 선명한 색깔로 또렷이 그린 추상화].
hárd·en [háːrdn] *vt.* **1** …을 단단하게 하다, 굳히다, 경화시키다. *opp.* soften ¶ *harden* iron by heat 열로 쇠를 단련하다. **2** …을 완고하게 하다, 무정하게 하다, 비정하게 하다; …을 무감각하게 하다. ¶ (~+目+前+名) men *hardened* to all shame 도무지 부끄러움을 모르는 자들 / He is *hardened* against pity. 그는 동정할 줄을 모른다. **3** …을 조장하다, 강화하다 (reinforce). ¶ (~+目+前+名) She became *hardened* in her distrust. 그녀의 불신감은 한층 더 깊어갔다. **4** …을 강건하게 하다. ¶ *harden* one's body by cold baths 냉수욕으로 신체를 단련하다. **5**《英방언》…을 대담하게 하다, 용기를 가지게 하다. **6** [음성] 유음자의 발음]을 경음화(硬音化)하다.
— *vi.* **1** 단단해지다, 굳어지다, 경화하다. **2** 완고해지다, 무정해지다. **3** 튼튼해지다, 강건해지다. **4** [상업][물가·시세 따위가] 오르다, 안정되다(firm).
harden off [묘목 따위]를 서서히 찬 기운에 쐬어 튼튼하게 하다. ◇ hárd *adj.*
har·dened [háːrdnd] *adj.* **1** 단단해진, 굳어진, 단련된. **2** 완고한; 비정한(pitiless); 엄격한. **3** 확고한 (confirmed). **4** [미사일이] 지하 격납고에서 발사될 수 있는.
hárd·en·er [háːrdnər] *n.* **1** 굳어지게 하는 사람 (물건). **2** 경화제; [사진] 경막제(硬膜劑).
hárd·en·ing [háːrdniŋ] *n.* ⓤ **1** [시멘트·도자기류 따위의] 경화, [강철의] 담금질. **2** 경화제(액, 물질); [철을 단련할 때의] 담금질 냉각액.
hard-face [háːrdféis] *vt.* …에 경질(硬質) 금속을 입히다(씌우다).
hard-fa·vored,《英》**-voured** [háːrdféivərd] *adj.* =hard-featured.
hard-Fea·tured [háːrdfíːtʃərd] *adj.* 용모가 험상궂은, 무서운 얼굴을 한, 인상이 나쁜(hard-favored).
hárd féelings *n. pl.* ⓤ 악감정, 쓰라린 생각. ¶ I have no *hard feelings* 나쁘게 생각하지 않다 // No *hard feelings.* 제발 나쁘게 생각지 마시오.
hard-fist·ed [háːrdfístid] *adj.* **1** 인색한, 구두쇠의 (stingy). **2** 무정한(ruthless); 탄압적인. **3** [손이] 억센.
hard-goods [háːrdgùdz] *n. pl.* 내구재(耐久財).
hard-grained [háːrdgréind] *adj.* **1** [목재가] 결이 치밀한(단단한). **2** [성격 등이] 모진, 완고한, 무정한.
hárd-hàck [háːrdhæk] *n.* 하드핵[북미산(產) 가시나무과(科)의 조팝나무류 관목].
hard-hand·ed [háːrdhǽndid] *adj.* **1** [노동을 해서] 손이 거칠어진(굳은, 억센). **2** 가혹한(oppressive), 포학한. ~**ness** *n.* [렛]
hárd hát *n.* [공사 현장의 작업원 등이 쓰는] 안전모,
hard-hat [háːrdhǽt] *n.* **1**《美구어》안전모를 쓴 건설 노동자. **2**《美》보수 반동자, 강경 탄압주의자.
— *adj.*《美구어》안전모를 쓸 필요가 있는. ¶ They are *hard-hat* workers. 그들은 건설 노동자들이다.
hard-hat·ism [háːrdhǽtiz(ə)m] *n.*《美》보수 반동주의, 탄압 정책.
hard-head [háːrdhèd] *n.* **1** 실리적이고 빈틈없는 사람. **2** 완고한 사람, 벽창호. **3** 대가리 부분이 단단한 물고기 (연어 따위).
hard-head·ed [háːrdhédid] *adj.* **1** 실리적인, 빈틈없는. **2** 완고한, 고집스러운. ~**ly** *adv.* ~**ness** *n.*
hárdhèad spónge *n.* 경질(硬質) 해면[서인도 제도·중부 아메리카산(產)의 해면, 뼈가 까칠까칠하고 탄력(彈力)이 있는 섬유로 이루어진 것; 상품용].
hard-heart·ed [háːrdháːrtid] *adj.* 비정한, 무자비한, 무정한, 몰인정한. ~**ly** *adv.* ~**ness** *n.*
hard-hit·ting [háːrdhítiŋ] *adj.*《美구어》활기있는 (vigorous), 적극적인.
har·di·hood [háːrdihùd] *n.* ⓤ 대담, 배짱; 뻔뻔스러움; 너살좋음, 후안 무치. [럽게.
har·di·ly [háːrdili] *adv.* 대담하게, 배짱있게; 뻔뻔스 1
har·di·ness [háːrdinis] *n.* **1** 강건, 강장, 내구력, 참을성(endurance). **2** 담력(배짱)이 있음; 뻔뻔스러움.
hárd lábor,《英》**lábour** *n.* ⓤ [형벌로써 가해지는] 중노동.
hárd lánding *n.* [우주 로켓 따위의] 경착륙(硬着[陸).
hárd líne *n.* 강경 노선(방침).
hard-line [háːrdláin] *adj.* 강경 노선의. ¶ a *hard-line* anticommunist 강경한 반공주의자. *cf.* soft line
hard-lin·er [háːrdláinər] *n.*《구어》강경론자, 강경 파의 사람.
hárd línes *n. pl.*《英》= hard luck.
hárd líquor *n.* 증류주(distilled liquor), [물 타지 않은] 위스키.
hárd lúck *n.* ⓤ 곤경, 불운(tough luck,《英》hard lines). — *interj.* 억울하게 됐구나!, 운이 나빴던 거야!
hárd-lùck stóry [háːrdlʌ̀k-] *n.*《구어》[동정받기 위한] 애달픈 신세 타령.
hard·ly [háːrdli] *adv.* **1** 거의 …아니다(않다); 아마 아니다, …할 것 같지 않다. ¶ He will *hardly* come now. 아마 그는 이제 오지 않을 것 같다 / You can *hardly* expect me to do so. 내가 그렇게 하리라는 기대할 수 없을 거야 / *Hardly* anybody think so. 그렇게 생각하는 사람은 거의 없다.
類語 hardly, scarcely 다같이「거의 …아니다(않다)」를 뜻하며 맞바꾸어 쓸 수 있으나, 본래 hardly 는 곤란함을, scarcely 는 만족할 수 있는 정도에 이르지 못함을 의미한다: He could *hardly* speak French. 그는 프랑스어를 말하기가 어려웠다 →거의 말하지 못했다 / He could *scarcely* speak French. 그는 프랑스어를 만족스럽게 말하지 못했다 →거의 말하지 못했다. **barely**「가까스로 …을(할) 뿐」그 이상은 아니다; He could *barely* order his meal in French. 그는 가까스로 식사를 프랑스어로 주문할 수 있었다.
2 [부분 부정] 완전히는 …아니다(않다) (not quite);《완곡적》전혀 …아니다(않다) (not at all). ¶ He is *hardly* well enough to sit up yet. 그는 아직 일어나 있을 만큼 좋아지지는 않았다 / I can *hardly* wait. 도저히 기다릴 수 없다.
── Usage hardly 와 부정 ── (1) hardly 는 실질적으로는 부정의 부사이므로 다음의 예와 같이 부정어와 함께 사용하는 것은 잘못이다: It is *hardly* impossible. / We haven't gained *hardly* anything. (2)「거의 …아니다(않다)」의 뜻을 나타낼 때《美》에서는 강조로서 almost not (no)도 사용한다.《英》I can *hardly* believe it.《美》I can *not almost* believe it.
3 심하게, 맹렬히, 힘차게 (vigorously).
4 가혹하게, 엄하게, 부당하게; 불쾌하게, 아주 슬퍼하여. ¶ Things went *hardly* with us. 사태는 우리에게 가혹했다.
5《드물게》고생해서, 열심히, 고생한 결과. ¶ money *hardly* earned 피땀 흘려 번 돈,《익살》손엔게 번 돈. ∗ 「열심히」의 뜻으로는 hardly 보다 hard 를 쓰는 것이 보통: He worked *hard.* 그는 열심히 일했다.
hardly ever → EVER.
hardly ... when (or *before*) …하자마자. ¶ A year had *hardly* passed *before* another war broke out. 겨우 1년이 지나기도 전에 또 전쟁이 일어났다. ∗ 이 뜻으로 hardly ... than 을 사용하는 것은 옳은 용법이 아니다.

Hardly had a year passed ... 형은 문어체.
◇ hard *adj.*

hárd mòney *n.* 《美》=hard currency.

hard-mouthed [há:rdmáuðd, +美 -máuθt] *adj.* 1 [말이] 재갈을 물리기 힘든. 2 고집센(obstinate). 3 입이 건. 4 [사냥개가] 사냥감을 무는 버릇이 있는.

*hárd·ness [há:rdnis] *n.* ⓤ 1 단단함, 굳음, 견고; [광물·물·X 선 따위의] 경도(硬度). 2 곤란; 어려운 일; 난해. 3 준엄, 가혹, 무정. 4 고집, 완고, 뻔뻔스러움.

hárd néws *n.* [저널리즘] [정치·국제 문제 등에 관한] 딱딱한 뉴스; 중대 뉴스.

hárd-nósed [há:rdnòuzd] *adj.* 1 고집센, 완고한. 2 실무적인(practical), 견실한.

hárd nút *n.* [구어] 다루기 힘든 사람(문제). ¶ a *hard nut* to crack 어려운 문제, 다루기 힘든 사람.

hard-of-hear·ing [há:rdəvhí(:)riŋ/-híər-] *adj.* 귀가 먼, 난청의.

hárd-on [há:rdɑ̀n/-ɔ̀n] *n.* 《美속어》남자 성기의 발기.

hárd pálate *n.* [해부] 경구개(硬口蓋).

hárd·pan [há:rdpæ̀n] *n.* 《주로 美》1 경질 지층(硬質地層); 암상(岩床), 저반(底盤); 단단한 지반. 2 확고한 기반; 밑바닥의 현실; 최저선(線).

hárd pórn *n.* 하드 포르노(hard-core pornography) [성 묘사가 노골적인 포르노 영화, 소설].

hard-pressed [há:rdprést] *adj.* 1 [일에] 쫓기고 있는, [시간(돈) 따위에] 몰리고 있는, 시달리고 있는.

hárd réader *n.* 필적 해독 전문가. [악].

hárd róck *n.* 하드 록 [비트가 강한 본래의 록 음악].

hárd rúbber *n.* ⓤ 경화 고무; [유]황을 가한 고무].

hards [ha:rdz] *n. pl.* 삼(아마(亞麻)) 부스러기.

hárd sáuce *n.* 《美》버터·설탕·크림 따위로 빚은 디저트용 소스.

hárd scíence *n.* 자연 과학.

hárd séll *n.* (the ~) 끈질긴 판매, 강매에 가까운 관매. ¶ a *hard-sell* Kremlin campaign 에 소련의 강한 선전 공세.

hárd-sét [há:rdsét] *adj.* 1 단단한, 단단히 고정된; 굳은. 2 곤경에 처한. 3 결심이 굳은.

hárd-shéll [há:rdʃél] *adj.* 1 껍질이 딱딱한. 2 전통적인 사고방식을 고수하는, 비타협적인.

hárd-shélled [há:rdʃéld] *adj.* =hard-shell.

‡**hárd·shíp** [há:rdʃìp] *n.* ⓤⓒ 고난, 고초, 곤란, 궁핍. ¶ bear (or endure) *hardships* 고난을 견디다.

[類語] hardship 견딜 수 없을 정도로 심한 고난·노고·빈곤 따위의: the *hardships* of frontier life 변경 생활의 고생. difficulty 해결·극복하는 데 기량(技量)·끈기가 있어야 하는 곤란한 정세·경험·일 따위: be in financial *difficulties* 재정 곤란에 빠져 있다. misfortune 운이 나빠서 겪는 불행한 상태·사건: brave a *misfortune* 불운과 씩씩하게 맞서다. adversity 중대하고 장기간에 걸친 misfortune: be patient under one's *adversities* 역경 아래서 참고 견디다. mis·chance, mishap 별로 중대 하지 않은 misfortune. 2 고난을 가져다 주는 것. ¶ Hunger is a *hardship*. 배고픔은 쓰리다. 3 ⓤ 압제, 학대, 잔혹. ◇ hard *adj.*

hárd shóulder *n.* [고속도로의 가장자리에 있는] 대피선, 피난처 [자동차 고장 따위 비상시 사용한다]. *cf.* shoulder *n.*

hárd sólder *n.* ⓤ 경랍(硬鑞) [1200°F 이상의 고온에서 녹는 땜납]. *cf.* soft solder

hárd-spún [há:rdspʌ̀n] *adj.* [실이] 단단하게 꼬인.

hárd·stànd [há:rdstæ̀nd], (**hárd·stànd·ing** [-stæ̀ndiŋ]) *n.* [비행장의] 주기장(駐機場).

hárd stúff *n.* (the ~) 《美속어》습관성이 있는 강한 마약 (hard drug).

hárd·táck [há:rdtæ̀k] *n.* ⓤ 딱딱한 비스킷, 건빵 [주로 선원과 군인의 양식].

hárd tíme *n.* 1 어려움, 곤란, 어려운(싫은) 일; (이)

성으로부터] 냉대를 당함, 딱지를 맞음. 2 (~s) 궁핍한(어려운) 시기.
give *a person* a hard time 남에게 누를 끼치다; 괴롭히다, 골리다, 희롱하다.

hárd·tóp [há:rdtɑ̀p/-tɔ̀p] *n.* (=hárdtòp convért·ible) 하드톱 [지붕을 수 없는 강철제 지붕(top)을 가지며 측면의 창은 중간의 기둥을 없앤 승용차].

hárd trúths *n.* (*pl.*) 냉엄한 진실(현실).

hárd-úp [há:rdʌ́p] *adj.* 《속어》결핍한; [돈에] 쪼들리는(for). ~**ness** *n.*

‡**hárd·ware** [há:rdwɛ̀ər] *n.* ⓤ[집합적] 1 쇠붙이류, 철물류(metalware). 2 《美속어》무기, [특히] 권총. 3 [컴퓨터] 하드웨어 [컴퓨터의 기계 설비]. *cf.* software 4 [어학 연습실 따위의] 기재와 설비. 5 [우주 로케트나 미사일 따위의] 본체(本體).

hárd·ware·man [há:rdwɛ̀ərmən] *n.* (*pl.* -men [-mən]) 철물 제조자, 철물 상인.

hárd-wéar·ing [há:rdwɛ́(:)riŋ/-wɛ́əriŋ] *adj.* [천이] 질긴, [옷·구두 따위가] 오래가는(《美》 longwearing), 내구성(耐久性)의.

hárd·wóod [há:rdwùd] *n.* ⓤ 1 경재(硬材), 경질재, 경목(硬木) [참나무·마호가니 따위]. —— *adj.* 경목[제]의.

hárd-wórked [há:rdwə́:rkt] *adj.* 혹사당하는, 혹사; 케케묵은, 진부한.

*hárd-wórk·ing** [há:rdwə́:rkiŋ] *adj.* 부지런히 일하는, 근면한.

‡**hár·dy** [há:rdi] *adj.* (-di·er, -di·est) 1 튼튼한, 건장한(robust, vigorous), 내구력이 강한. 2 [식물이] 내한성(耐寒性)의. ¶ half *hardy* [원예] 반(半) 내한성의. 3 체력을 요하는. 4 대담한, 용감한(bold) (*opp.* timid); 배짱좋은, 건방진(presumptuous); 무모한. ¶ a *hardy* assertion 폭언. ◇ hárdi·ly *adv.*, hárdi·ness *n.*

hárdy ánnual *n.* 1 내한성의 1 년생 식물. 2 매년 되풀이되는 문제.

‡**hare** [hɛər] *n.* (*pl.* **hares** or **hare**) 1 산토끼 [rabbit 보다 크며 혈거성(穴居性)은 없다; 수컷은 buck, 암컷은 doe 라고 한다]. 2 《英속어》 무임 승차자. 3 《英속어》 무모하고 실행하기 어려운 계획.
[*as*] *mad as a* [*March*] *hare* ⇒ MAD.
[*as*] *timid as a hare* 매우 소심한.
First catch your hare [*then cook him*]. 《속담》 먼저 토끼를 잡아라 [요리는 그 다음부터], 먼저 현물을 손에 넣어라 (사실을 확인하라).
hare and hounds 토끼 사냥 놀이 [종이 조각을 뿌리면서 도망치는 사람(hare)을 다른 사람(hounds)이 쫓는 놀이].
hold with the hare and run with the hounds; run with the hare and hunt with the hounds 이편 및 저편과 다 사이좋게 지내다, 양다리 걸치다.
make a hare of a person 남을 농락하다, 우롱하다.
start a hare 논쟁에서 탈선의 계기를 만들다, 지엽(枝葉)을 끄집어내다.
—— *vi.* (**hared, har·ing**) 《주로 英》 빨리 달리다.

hare·bell [hɛ́ərbèl] *n.* 1 실잔대 [종 모양의 청색꽃이 핀다]. *cf.* bluebell 2 =wood hyacinth.

háre-bráined [hɛ́ərbrèind] *adj.* 경솔한, 들뜬, 맹한; 무모한.

hare·foot [hɛ́ərfùt] *n.* 1 산토끼의 발. 2 토끼의 발과 비슷한 것.

hare·foot·ed [hɛ́ərfùtid] *adj.* 걸음이 빠른. [발이 빠른 사람.]

hare·heart·ed [hɛ́ərhá:rtid] *adj.* 겁많은, 소심한.

hare·lip [hɛ́ərlìp] *n.* 언청이.

hare·lipped [hɛ́ərlìpt] *adj.* 언청이의.

har·em, ha·ram [hɛ́(:)rəm/hǽr-] *n.* 1 하렘, 규방 [동양 특히 회교권의 여성방]. 2 《집합적》 하렘에 사는 여자들; [한 마리의 수컷을 따르는] 암컷 승떼.

hárem pànts *n.* 하렘 바지 [발목 부분을 끈으로 묶게 된 헐렁한 여성용 바지].

hare's-foot [hɛ́ərzfùt] *n.* (*pl.* -**foots**) 양토끼풀 [클

har·i·cot [hǽrikòu] *n.* 《주로 英》 **1** (= **háricòt bèan**) 강낭콩. **2** 강낭콩과 기타 야채를 넣은 양고기 스튜.

***hark** [hɑːrk] *vi.* 《주로 명령문으로》 귀 깊게 듣다, 귀를 기울이다(*to*...). ¶ *Hark* [ye]! 들어라! — *vt.* 《고어》 ···을 듣다. 「가라!
Hark away (or *foward*)! [사냥개에 대한 명령으로]
hark back ① [이야기·생각 따위가] 전의 것으로 되돌아가다(*to*...). ② [사냥개가 놓친 냄새 자국을 찾아서] — *n.* 사냥개에 대한 구령. 「되돌아오다.

hark·en [hɑ́ːrk(ə)n] *v.* =hearken.

harl [hɑːrl] *n.* [특히 삼 따위의] 섬유. **2** [낚시] 제물 낚시(herl).

Har·lem [hɑ́ːrləm] *n.* New York 시 Manhattan 구 동북부의 흑인 거주 지구.

har·le·quin [hɑ́ːrlikwin, +美 -kin] *n.* **1** (종종 H-) 할리퀸[pantomime 극에서 주역을 맡은 어릿광대. 보통 가면을 쓰고 화려한 얼룩무늬의 의상에 목검(지팡이)을 가진다]. **2** 익살꾼. **3** 얼룩뱀. — *adj.* 얼룩 무늬가 있는.

har·le·quin·ade [hɑ̀ːrlikwinéid, +美 -kin-] *n.* **1** 익살극, 무언극. **2** 익살, 어릿광대짓(buffoonery).

hárlequin bùg *n.* [곤충] 날개의 적색·황색의 얼룩 무늬가 있는 노린재의 일종(cabbage bug) [양배추의 해충]. (harlequin 1)

har·lot [hɑ́ːrlət] *n.* 음란한 여자, 창녀, 매춘부(prostitute). — *adj.* 창녀의; 색골의, 외설스러운.

har·lot·ry [hɑ́ːrlətri] *n.* (*pl.* **-ries**) **1** ⓤ 매춘. **2** 창녀(harlot). **3** 속악(俗惡).

harm [hɑːrm] *n.* ⓤ 해, 손해, 손상, 상해(damage, injury); 악, 해악(evil), 폐해. ¶ It did more *harm* than good. 그것은 이롭기보다 해가 더 많았다 / He did me bodily *harm*. 그는 내 몸에 위해를 가했다 / He probably meant no *harm*. 그가 악의로 한 짓은 아니었을 것이다 / There's no *harm* in your staying up late occasionally. 가끔 늦게까지 일어나 있어도 지장은 없다 / Where's the *harm* in doing so? 그렇게 한다고 해서 나쁠 것이 무엇입니까?
come to harm 혼나다, 쓰라림을 겪다.
Harm set, harm get. =*Harm watch, harm catch.* 《속담》 남 잡이가 제 잡이. 「함.
No harm done. 이상 없음(All is well.); 전원이 무사해서, 무사히.
out of harm's way 안전한 장소로, 위험(재난)을 피해서, 무사히.
— *vt.* ···에게 해를 끼치다; ···을 상하게 하다, 해치다; ···에게 위해를 끼치다(do harm to). ⇒ INJURE 類語
◇ hármful *adj.*

HARM (*略*) *H*igh-speed *A*nti-*r*adiation *m*issile (함[고속 대]레이더 미사일).

har·mat·tan [hɑ̀ːrmətǽn, +英 hɑːmǽtən] *n.* [12월부터 2월까지 아프리카 내륙으로부터 서해안 쪽으로 부는 건조한] 열풍.

harm·er [hɑ́ːrmər] *n.* 해를 끼치는 것(사람).

‡**harm·ful** [hɑ́ːrmfəl] *adj.* 해로운(*to*...). ¶ *harmful* influences 악 영향 // Smoking is *harmful* to your health. 끽연은 건강에 해롭다. ~·ly [-fəli] *adv.* ~·ness *n.*

‡**harm·less** [hɑ́ːrmlis] *adj.* **1** 해롭지 않은; 죄 없는, 천진한. ¶ a *harmless* joke 무해무득한 농담. **2** 피해가 없는, 탈없는(unharmed). ~·ly *adv.* ~·ness *n.*

har·mon·ic [hɑːrmɑ́nik / -mɔ́n-] *adj.* **1** [음악] **a)** 하모니에 관한, 화성(和聲)의. **b)** 배음(倍音)의. **2** 조화적인, 화합한. **3** [수학] 조화의. ¶ a *harmonic* function 조화 함수. **4** [음악] 배음의. **5** [물리] 고조파(高調波)의. **3** [수학] 조화(調和).
-i·cal·ly [-ikəli] *adv.*

har·mon·i·ca [hɑːrmɑ́nikə / -mɔ́n-] *n.* **1** 하모니카

(mouth organ). **2** 타악기의 일종[금속 또는 유리 제품을 늘어놓고 망치로 두드려서 연주한다].

har·mon·i·cal [hɑːrmɑ́nik(ə)l / -mɔ́n-] *adj.* =harmonic.

har·mon·i·con [hɑːrmɑ́nikən / -mɔ́n-] *n.* (*pl.* **-ca** [-kə]) **1** =harmonica 1. **2** =orchestrion.

har·mon·ics [hɑːrmɑ́niks / -mɔ́n-] *n.* *pl.* 《음악》 **1** (단수 취급) 화성학. **2** 배음(overtones). **3** [현악기 주법상의] 적성음(笛聲音), 하모닉스.

‡**har·mo·ni·ous** [hɑːrmóuniəs, -njəs] *adj.* **1** 화합한, 부드러운, 아기자기한. **2** 잘 조화된, 균형이 잡힌(*with*...). **3** [음악] 화성의; 가락이 좋은, 음악적인(tuneful). ~·ly *adv.* ~·ness *n.* ◇ hármony *n.*

har·mo·nist [hɑ́ːrmənist] *n.* **1** 화성 학자. **2** [4복음서의] 공관(共觀) 학자(書). **har·mo·nis·tic** [hɑ̀ːrmənístik] *adj.* **1** 화성법의, 화성학자의(적인). **2** [복음서 등의] 공관적 연구의.

har·mo·ni·um [hɑːrmóuniəm, -njəm] *n.* 하모늄[페달식 오르간] (reed organ).

har·mo·ni·za·tion [hɑ̀ːrmənizéi(ʃ)ən / -naiz-] *n.* ⓤ 조화, 화합.

****har·mo·nize** [hɑ́ːrmənàiz] (* 《英》에서는 **har·monise** 로도 쓴다) *v.* (**-nized**, **-niz·ing**) *vt.* **1** ···을 조화시키다, 화합시키다, 일치시키다(*with*...). ¶ (~ + 目 + 前 + 名) *harmonize* one's views *with* existing facts 현실과 자기 의견을 조화시키다. **2** [음악] 화음을 붙이다. — *vi.* **1** 조화하다, 잘 어울리다, [배색 따위가] 잘 맞다; 사이좋게 지내다; [소리가] 협화(協和)하다 (*with*...). **2** 합창하다, 협조(諧調)로 되다.
◇ harmonizátion, hármony *n.*

har·mo·nom·e·ter [hɑ̀ːrmənɑ́mitər / -nɔ́m-] *n.* 화음계(和音計).

‡**har·mo·ny** [hɑ́ːrməni] *n.* ⓤⓒ (*pl.* **-nies**) **1** [감정·행동 따위의] 일치, 화합, 융화(agreement). *cf.* discord ¶ be in (out of) *harmony* [with] [···과] 조화하다(하지 않다). **2** [모양·배색 따위의] 조화(congruity). **3** [음악] 화성(melody, rhythm에 대한); 화성법, 화성학. **4** 듣기 좋은 소리, 음악. ¶ the *harmony* of the spheres 천체의 음악. **5** 공관서(共觀書) [복음서 등의 유사점·차이점을 나타내도록 배열한 것]. ¶ a *harmony* of the Gospels 공관 복음서.
◇ hármonize *v.*, harmónic, harmónious *adj.*

‡**har·ness** [hɑ́ːrnis] *n.* ⓤ **1** [마차 말의] 마구; [마구 비슷한] 장비. ¶ *double harness* 쌍두 마차의 마구. **2** 낙하산의 가죽 멜빵. **3** [경관 등의] 제복. **4** [일상적으로 하는] 같은 일 (routine work) 작업 설비. ¶ *get back into harness* 늘 하던 일로 되돌아가다. **5** [고어] [사람·말의] 가죽끈 [갑옷, 장갑(armor).

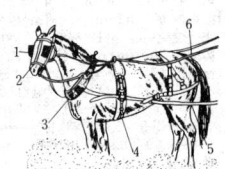

[harness 1]
1 blinker 눈가리개 2 noseband 재갈 가죽끈 3 collar 어깨띠 4 girth 복대 5 trace 봇줄 6 reins 고삐

in harness ① 늘 하는[평상시의] 일에 종사하여, 근무 중에. ¶ *die in harness* 집무중에[정년 전에] 죽다, 죽을 때까지 일하다. ② 협조하여.
trot in double harness 《美》 부부로서 살다, 결혼하다.
work in double harness 함께 일하다; 맞벌이하다.
— *vt.* **1** ···에 마구를 달다. **2** [남]을 종사시키다. **3** [자연력]을 이용하다. ¶ *harness* water power 수력을 이용하다. **4** [고어] ···에 갑옷을 입히다.

hárness ràce (**ràcing**) *n.* 하니스 레이스 [마구를 달고 이륜(二輪) 마차(sulky)를 끌게 하는 경마].

har·ness·ry [háːrnisri] *n.* ⓤ [끌채 따위] 마구상; 마구류.

ha·roosh [hərúːʃ] *n.* 《美》 소동, 싸움.

‡**harp** [haːrp] *n.* **1** 하프, 수금(竪琴). **2** (the H-) 《천문》 금좌(琴座). **3** (종종 H-) 《경멸적》 아일랜드계의 사람. — *vi.* **1** 하프를 타다. **2** [같은 말을] 자꾸만 되풀이해서 말하다(*on, upon …*). **¶ ~** 을 하프로 연주하다. **2** 《고어》 …을 말하다.

harp·er [háːrpər] *n.* 하프 주자.

Hár·per's Magazine [háːrpərz-] *n.* 하퍼즈지(誌) [미국의 대표적인 문예 평론지; 1850년 창간].

[harp 1]

harp·ist [háːrpist] *n.* 하프 주자(harper).

har·poon [haːrpúːn] *n.* [고래 잡는] 작살. — *vt.* …에 작살을 박아넣다, …을 작살로 죽이다(잡다).

har·poon·er [haːrpúːnər] *n.* 작살 쏘는 사람, 포경포 사수.

harpóon gùn *n.* [고래 잡는] 작살포, 포경포.

harp·si·chord [háːrpsikɔ̀ːrd] *n.* 하프시코드 [16-18세기의 전반 악기의 일종으로서 피아노의 전신].

Har·py [háːrpi] *n.* (*pl.* **-pies**) **1** 《그리스 신화》 얼굴과 몸은 여자 모양이나 새의 날개와 발톱을 가진 추악하고 탐욕스런괴물. **2** (h-) [남을 희생시키는] 흉악한 욕심쟁이. **3** (h-) 날치기.

hárpy èagle *n.* 중남미산(産)의 큰 수리.

har·que·bus [háːrkwibəs] *n.* 화승총.

har·que·bus·ier [hàːrkwibəsíər], **ar-** [àːr-] *n.* 화승총병(兵).

har·ri·dan [hǽrid(ə)n] *n.* 인정머리없는 노파, 심술궂은 노파, 추한 노파.

har·ri·er¹ [hǽriər] *n.* **1** 약탈(침략)자. **2** 개구리매.

har·ri·er² [hǽriər] *n.* **1** 해리어 개[하운드종의 중간 크기의 사냥개; 보통 토끼 사냥에 쓴다]. (~s) 해리어 개의 떼와 사냥꾼의 일단. **2** 단교(斷郊) 경주(cross-country race)의 주자.

Hárris pòll [hǽris-] *n.* 해리스 여론 조사.

Hárris Twéed *n.* 《상표명》 해리스 트위드[손으로 짠 혼색(混色) 모직물; 스코틀랜드 Harris 섬산(産)].

Har·ro·vi·an [həróuviən] *adj.* 영국 Harrow 교(校)의. — *n.* Harrow 교의 학생; 그 출신자.

*****har·row¹** [hǽrou] *n.* 해로[말이나 트랙터로 끌면서 흙·밭갈이를 하는 써레 비슷한 농기구의 일종].

under the harrow 시달리고, 고생하여.

— *vt.* **1** …을 해로로 고르다. **¶** *harrow* the ground 땅을 해로로 고르다. **2** [감정] 을 상하게 하다(hurt); …을 괴롭히다(torment). **¶** *harrow* a person's feelings 남의 감정을 상하게 하다. — *vi.* 해로로 고르다. **¶** (~+團) This ground *harrows* well. 이 땅은 해로로 잘 고를 수 있다.

har·row² [hǽrou] *vt.* 《고어》 …을 약탈하다, 망치다, 침노하다(harry).

Har·row [hǽrou] *n.* **1** 해로교(校) [영국 London 근교의 Harrow-on-the-Hill에 있는 public school; 1571년 창립]. **2** 영국 London 근교의 한 지구(Harrow-on-the-Hill).

har·row·ing [hǽrouiŋ] *adj.* 가슴이 찢어질 듯한, 비참한, 마음 아픈, **~·ly** *adv.*

*****har·ry** [hǽri] *vt.* (**-ried, -ry·ing**) **1** [남] 을 고민하게 하다, 괴롭히다(harass, worry). **2** [전쟁 따위로] [장소] 를 망치다(ravage), 침략하다.

‡**harsh** [haːrʃ] *adj.* **1** [성격·태도 따위가] 엄격하게 한, 혹한, 무자비한. ⇨ SEVERE 類語 **¶** a *harsh* punishment 엄한 형벌 / a *harsh* look 험상궂은 얼굴 / a *harsh* climate 모진 기후 // be *harsh* to (or with) a person 남에 대해 엄하다. **2** 껄껄한, 조잡한(rough); 거친; 조야한(crude). **¶** a *harsh* texture 꺼칠꺼칠한 직물. **3** 귀·눈 따위에 거슬리는, 불쾌한, [맛·냄새 따위가] 불쾌한; 귀에 거슬리는(discordant), [맛] (glaring), [맛] 쓴(bitter). **¶** a *harsh* scream 귀에 거슬리는 새된 목소리 // a color *harsh* to the eye 야하게 보이는 색채. **~·ness** *n.*

harsh·en [háːrʃən] *vt., vi.* harsh 하게 하다(되다).

*****harsh·ly** [háːrʃli] *adv.* 엄격히, 엄하게. **2** 귀(눈)에 거슬리게, 야하게; [맛·냄새 따위가] 불쾌하게, 조잡하게, 조야하게, 거칠게.

hars·let [háːrslit] *n.* 《방언》 =haslet.

hart [haːrt] *n.* (*pl.* **harts** *or* **hart**) 수사슴(stag); [특히 5세 이상 되는] 붉은사슴의 수컷. **¶** a *hart* of ten 뿔이 열 갈래로 갈라진 수사슴.

har·tal [haːrtáːl / -́-] *n.* ⓤⓒ [인도에서 정치적인 반대·항의를 나타내는] 동맹 휴업(철시), [영국 상품에 대한] 불매 동맹.

har·te·beest [háːrt(i)bìːst] *n.* (*pl.* **-beests** *or* **-beest**) [남아프리카산(産)의] 큰영양.

Hart·ford [háːrtfərd] *n.* 미국 Connecticut 주의 주도 (州都).

hart's·horn [háːrtshɔ̀ːrn] *n.* **1** 수사슴 뿔. **2** ⓤ 각정(鹿角精) [옛날 사슴 뿔에서 채취한 탄산 암모늄; 이것으로 정신 들게 하는 약을 만들었다].

hart's-tongue, harts·tongue [háːrtstʌ̀ŋ] *n.* 골고사리[잎이 혹처럼 갈라진 양치식물의 일종].

har·um-scar·um [hɛ́(ː)rəmskɛ́(ː)rəm / hɛ́ərəmskɛ́ər-] *adj.* 무분별한, 무모한 (reckless), 경솔한 (hasty). — *adv.* 무모하게, 경솔하게. — *n.* ⓤ 무모한 행동; ⓒ 경솔한 사람. **~·ness** *n.*

ha·rus·pex [hərʌ́speks, hǽrəspèks] *n.* (*pl.* **ha·rus·pi·ces** [hərʌ́spisìːz]) [제물로 바친 동물의 창자를 보고 점을 친] 고대 로마의 점쟁이, 창자 점쟁이.

Hár·vard Univérsity [háːrvərd-] *n.* 하버드 대학 [Massachusetts 주 Cambridge에 있는 미국에서 가장 오래된 대학; 1636년에 창립되었다]. *cf.* IVY LEAGUE

*****har·vest** [háːrvist] *n.* **1** ⓒⓤ 거두어들임, 수확. **¶** rice *harvest* 벼 수확. **2** 수확기(harvesttime), 초가을. **3** 수확량, 수확물, 수확 ⇨ CROP 類語 **¶** an abundant (*or* an ample, a rich) *harvest* 풍작 / a bad (*or* a poor, a scanty) *harvest* 흉작 / gather (*or* reap) a *harvest* 작물을 거두어들이다 / The oyster *harvest* is small this year. 금년의 굴 채취량은 적다. **4** 결과, 보수, 대가(reward). **¶** reap the *harvest* of one's follies (efforts) 바보짓(노력)의 대가를 얻다. — *vt.* **1** …을 거두어들이다, 수확하다(gather). **¶** *harvest* wheat 밀을 거두어들이다 / He *harvested* the fields. 그는 논밭의 소출을 거두어들였다. **2** [상 따위] 를 타다. — *vi.* 작물을 거두어들이다, 수확하다(reap).

hárvest bùg *n.* [수확기에 농부에게 달라붙는] 가을 진드기(chigger).

har·vest·er [háːrvistər] *n.* **1** 거두어들이는 사람, 수확자(reaper). **2** 수확기(機).

hárvest féstival *n.* 《英》 [교회에서 올리는] 수확제(祭), 추수 감사제.

hárvest flý *n.* 가을매미의 일종[수확기에 운다].

hárvest hóme *n.* 수확 완료(때); 수확 완료의 축제; 그 축가.

har·vest·ing [háːrvistiŋ] *n.* ⓤⓒ 수확(하기).

har·vest·less [háːrvistlis] *adj.* 수확이 없는, 소출이 없는, 흉작의.

har·vest·man [háːrvistmən / -mæn] *n.* (*pl.* **-men** [-mən / -mèn]) **1** [수확기에] 베어 들이는 일꾼. **2** 장님거미.

hárvest mìte(tìck) *n.* =harvest bug. [보름달.

hárvest móon *n.* (보통 the ~) 추분(秋分) 무렵의 만월.

hárvest móuse *n.* 들쥐[가장 작은 것의 일종].

har·vest·ry [háːrvistri] *n.* ⓤ 수확; 수확물.

har·vest·time [háːrvisttàim] *n.* ⓤ 수확기, 추수 때.

‡**has** [hæz, 약 həz, (ə)z] *v.* have의 3인칭·단수·직설

has-been [hǽzbìn] *n.* 《구어》 인기(영향력)가 가신 사람(물건), 과거의 사람(물건), 시대에 뒤떨어진 사람(물건), 퇴물.

ha·sen·pfef·fer [háːznfèfər, +美 háːs-] *n.* ⓤ 마리네이드(marinade)에 절인 토끼 고기로 만든 스튜. 〖<G〗

hash [hæʃ] *n.* **1** ⓤ 해시(저민 고기) 요리. **2** ⓤⓒ 그러모은 것, 잡동사니(jumble); 〖묵은 작품·문제·연구 따위의〗재탕. **3** ⓤ 〖美구어〗음식, 식사. **4** 〖美속어〗=hashish. **5** 〖컴퓨터〗메모리에 써넣은 무의미한 정보.
make [a] hash of 《구어》…을 망쳐 놓다, 엉망으로 만들다.
settle a person's hash 《구어》남을 굴복시키다, 남을 정복하다.
— *vt.* **1** 〖고기·야채 따위〗를 잘게 썰다, 저미다 (mince). **2** 《구어》…을 망쳐 놓다, 엉망으로 만들다.

hash·eesh [hǽʃiːʃ] *n.* =hashish.

hash·er [hǽʃər] *n.* 《속어》급사(waiter, waitress).

hash·head [hǽʃhèd] *n.* 《속어》마약(마리화나) 상용자.

hásh hòuse *n.* 〖美구어〗싸구려 식당.

hash·ish [hǽʃiːʃ] *n.* ⓤ 하시시〖인도 대마로 만든 마취제〗, 마리화나.

hásh màrk *n.* 〖美軍 속어〗연공 수장(年功袖章).

hash·sling·er [hǽʃslìŋər] *n.* 〖美속어〗〖식당의〗〖여〗급사; 요리사, 쿡.

hásh tòtal *n.* 〖컴퓨터〗해시 토털〖인사 기록 등의 종업원 번호의 합계 따위로 그 자체는 별 의미가 없으나 체크 등의 목적으로 쓰이는 것〗.

hash-up [hǽʃʌ̀p] *n.* 〖英〗개작, 재탕.

Has·i·dism [hǽsidìz(ə)m] *n.* 〖유대교〗하시디즘〖Israel Baal Shem-Tov 에 의해 18세기 후반 폴란드의 유대교도 사이에 일어난 신비주의적 경향이 있는 신앙부흥 운동, 또는 Chásidism〗.

has·let [hǽslit, héiz-/héiz-] *n.* 〖주로 돼지의〗내장.

‡**has·n't** [hǽznt] has not 의 단축.

hasp [hæsp/hɑːsp] *n.* **1** 걸쇠, 잠그는 고리. **2** 실꾸리, 실타래 (skein). **3** 북, 방추(紡錘)(spindle). — *vt.* …을 걸쇠로 잠그다, …에 걸쇠를 걸다.

〖hasp 1〗

has·sle [hǽsl] *n.* 《美구어》말다툼, 싸움(quarrel); 혼란. — *vt.* (-**sled**, -**sling**)《美구어》…을 들볶다, 괴롭히다.

has·sock [hǽsək] *n.* **1** 〖무릎을 꿇고 기도할 때 쓰는〗무릎 방석. **2** 〖늪에 자라는〗갈대숲.

hast [hæst, 약 həst, (ə)st] *v.* 〖詩·고어〗have 의 2인칭·단수·직설법 현재. ＊ 주어가 thou 일 때에 쓴다.

has·tate [hǽsteit] *adj.* 〖식물〗〖잎이〗창끝처럼 생긴. ¶ *a hastate leaf* 창끝 모양의 잎.

‡**haste** [heist] *n.* **1** 서두름, 신속, 급속. ¶ *with all haste* 급히 서둘러서 / *More haste, less haste.* 《속담》서두를수록 천천히. **2** 서두르기, 허둥대기(hurry); 성급함(rashness). ¶ *Haste makes waste.* 《속담》서두르면 일을 그르친다.
in haste 서둘러서; 성급하게. ¶ *in hot (or great) haste* 몹시 급하게.
make haste 바삐 서두르다, 빨리 하다(hurry). ¶ *Make* what *haste you can.* 되도록 빨리 해라 / *Make haste slowly.* 《속담》급할수록 천천히 해라, 급할수록 돌아가라.
— *v.* (**hast·ed**, **hast·ing**) 《주로 문어》*vi.* 서두르다 (hasten). ¶ *haste away* 급히 떠나다. — *vt.* …을 서두르게 하다(hasten). ◇ **hásten** *v.*, **hásty** *adj.*

‡**has·ten** [héisn] *vi.* 서두르다, 급하게 하다. ¶ (~+⦿) *hasten upstairs* 급히 2층으로 올라가다 // (~+*to* do) *hasten to apologize* 급히 어사과하다 // (~+前+⦿) The policeman *hastened to* the spot. 경관은 현장으로 급히 갔다.

〖類語〗**hasten** 시간이 절박하거나 열성 따위 때문에 종종 고려나 준비가 부족한 채 서두르다: *hasten* to the train station (a conclusion) 역으로(결론으로) 서두르다. **hurry** hasten 에 혼란·흥분의 뜻이 가미된 말: *hurry* to school without having breakfast 아침도 먹지 않고 허둥지둥 학교로 달려가다. **speed** 단순히 대단한 속도를 뜻하는 말: *speed* along a highway 하이웨이를 질주하다. **rush** 앞뒤 생각 없이 허겁지겁 서두르다, 돌진하다: *rush* for a bus 버스를 타기 위해 급히 뛰어가다. **dash** 정신 없이 전속력으로 달리다: *dash* to catch a ball 공을 잡기 위해 돌진하다.

— *vt.* …을 서두르게 하다, 재촉하다; …을 앞당기다, 촉진하다. ¶ *hasten* one's departure 출발을 앞당기다 // (~+⦿+⦿) *hasten* a child *off* to bed 아이를 서둘러서 잠자리에 들게 하다. ◇ **haste** *n.*

has·ten·er [héisnər] *n.* 촉진하는 사람(물건).

‡**hast·i·ly** [héistili] *adv.* **1** 서둘러서, 허둥지둥(hurriedly). **2** 성급하게, 경솔하게(rashly). 「름.

hast·i·ness [héistinis] *n.* ⓤ 조급; 성급, 경솔; 성마

‡**hast·y** [héisti] *adj.* (**hast·i·er**, **hast·i·est**) **1** 급한, 신속한(⇒ QUICK 〖類語〗); 다급한, 서두르는(hurried). ¶ *a hasty* departure 황급한 출발. **2** 성급한, 경솔한, 조급한. ¶ *a hasty* conclusion 성급한 결론 // be too *hasty* in giving one's word 경솔하게 약속하다.

〖類語〗**hasty** 종종 깊이 헤아리지도 않고 성급한 것: be *hasty* in judgment 성급한 판단을 내리다. **headlong** 특히 앞뒤 가리지 않고 무모하다는 뜻의 강조이: a *headlong* action 성급하고 무모한 행동. **precipitate** 특히 어떤 결정〖에 따른 행동〗이 마땅히 해야 할 깊은 고려가 결여된: a *precipitate* answer 조급한 대답. **impetuous** 몹시 충동적인, 또는 성급한: an *impetuous* demand of a child 아이의 성급한 요구.

◇ **haste** *n.*, **hásten** *v.*

3 성마른, 잘 화내는. ¶ a *hasty* temper 성마른 기질.

hásty púdding *n.* ⓤⓒ **1** 《주로 英》〖밀가루를 더운물 또는 우유로 끓여서 만든〗즉석 푸딩. **2** 《美》옥수수죽.

‡**hat** [hæt] *n.* **1** 〖테가 달린〗모자. ¶ a straw *hat* 밀짚 모자 / put on one's *hat* 모자를 쓰다 / have one's *hat* on 모자를 쓰고 있다 / *Hats* off. 탈모. **2** 〖가톨릭〗추기경의 빨간 모자; 추기경의 지위.
as black as one's **hat** 새까만.
a bad hat 《英속어》고약한 놈, 놈팡이, 건달.
by this hat 맹세코.
hang up one's **hat** 오래 머무르다; 편히 쉬다.
hat in hand 모자를 손에 들고; 공손히, 절절매면서, 굽실거리며.
I'll eat my hat if … ⇒ EAT.
knock … **into a cocked hat** ⇒ COCKED HAT.
lift one's **hat** 모자를 약간 올리며 인사하다(*to*…).
My hat! 《속어》어머나!, 어쩌나!
pass (or send) around (or 《英》round) the hat; pass the hat 〖모자를 돌려서〗기부를 청하다, 기부금을 모으다.
raise (take off, touch) one's **hat to** a person 모자를 올려서 벗어, 에 손을 대고 남에게 인사하다.
take one's **hat off to** …에게 손들다(굴복하다); 모자를 벗다.
talk through one's **hat** 《구어》흰소리(허튼 소리, 엉뚱한 소리)를 늘어놓다(talk nonsense); 큰소리치다, 허풍떨다.
throw (or toss) one's **hat into the ring** ① 〖시합 따위에〗출전하다(한다고 말하다). ② 〖후보자로서〗출마 선언을 하다.
under one's **hat** 《구어》비밀리에, 남몰래.
— *vt.* (**hat·ted**, **hat·ting**) …에게 모자를 쓰게 하다.

hat·a·ble [héitəbl] *adj.* =hateable.

hat·band [hǽtbænd] *n.* 모자의 띠; 모자에 두른 상장(喪章).

hat·block [hǽtblɑ̀k / -blɔ̀k] *n.* 모자골.

hat·box [hǽtbɑ̀ks / -bɔ̀ks] *n.* 모자함(函), 모자 상자.

‡**hatch**¹ [hætʃ] *vt.* **1** 〔알·병아리를〕까다, 〔알〕을 부화하다. ¶ A hen *hatches* chickens. 암탉은 병아리를 부화한다 / *Don't count your chickens before they are hatched.* 《속담》 까기도 전에 병아리 셈부터 하지는 말아라, 독장수 셈은 하지 말아라. **2** …을 안출하다, 〔음모 따위를〕꾸미다(contrive)(…*up*). ¶ *hatch* a plot 음모를 꾸미다. — *vi.* 〔알 따위가〕 깨다, 부화하다(*off*, *out*). ¶ (~+圈) The eggs *hatched out*. 알이 깨었다. — *n.* **1** 부화. **2** 한 배의 병아리[], 한 배의 새끼(brood).

hatches, catches, matches and dispatches 《익살》〔신문의〕출생·약혼·결혼·사망란.

‡**hatch**² [hætʃ] **1** 〔선박〕〔배의 갑판에 있는〕창구(艙口), 승강구, 해치(hatchway); 해치의 뚜껑, 승강구 뚜껑. **2** 〔천장·마루 따위의 위로 젖히는〕구멍문, 출입구. **3** 〔위아래로 된 문짝 따위의〕 아래쪽 반만 열리는 문, 쪽문(wicket). *under* [*the*] *hatches* ① 〔항해〕 갑판 밑에; 비번으로. ② 감금(속박)되어. ③ 몰락하여; 매장되어, 죽어서.

hatch³ [hætʃ] *vt.* 〔조각·제도〕에 가는 평행선을 긋다(파다), 평행선의 음영을 새겨 넣다, 해칭을 하다; 〔건축〕에 교차된 평행선 무늬를 새겨 넣다. — *n.* 평행선의 음영(陰影), 명암; 〔건축〕 교차된 평행선 무늬의 장식.

hatch·back [hǽtʃbæ̀k] *adj.* 자동차의 뒷부분 천장에 입구가 있는.

hátch bòat *n.* **1** 《美》뚜껑 달린 활어조(活魚槽)가 있는 작은 어선. **2** 상갑판의 대부분에 창구(艙口)가 있는 배.

hat-check [hǽttʃèk] *adj.* 〔모자·의류 따위의〕 휴대품 일시 보관의. ¶ a *hatcheck* room 휴대품 보관소.

hatch·el [hǽtʃəl] *n.* 〔삼 따위를〕 훑는 빗. — *vt.* (-eled, -el·ing) 《특히 英》-elled, -el·ling) 〔삼〕을 빗으로 훑다.

hatch·er [hǽtʃər] *n.* **1** 알을 까는 새(동물); 알을 품는 닭; 부화기(孵卵器)(incubator). **2** 안출자(案出者); 모략가, 음모자(plotter).

hatch·er·y [hǽtʃəri] *n.* (*pl.* -*er·ies*) 부화장.

*hatch·et [hǽtʃit] *n.* **1** 손도끼. *cf.* AX² **2** 〔아메리칸 인디언의〕전투용 도끼(tomahawk).
  bury the hatchet 싸움을 그만두다, 화해하다(make peace).
  take up the hatchet 전쟁을 시작하다(make war).
  throw (or *fling, sling*) *the hatchet* 《속어》 허풍을 치다.
  throw the helve after the hatchet 손해에 손해를 더하다.

hátchet fàce *n.* 야위고 뾰족한 얼굴.

hatch·et-faced [hǽtʃitféist] *adj.* 야위고 뾰족한 얼굴의.

hátchet jòb *n.* 중상(中傷).

hátchet màn *n.* 《구어》 **1** 청부 살인자. **2** 〔정당 따위의 앞잡이가 되어〕 비방하는 글을 쓰는 기자. **3** 비평가(critic).

hatch·ing [hǽtʃiŋ] *n.* 回 〔製圖〕 해칭, 선영(線影), 〔가는 평행선으로 된〕 음영; 선영을 그려 넣기.

hatch·ment [hǽtʃmənt] *n.* 《주로 英》상중 문표(喪中 紋標) 〔상중임을 알리기 위해 문앞에 내건다〕. [hatchment]

hatch·way [hǽtʃwèi] *n.* 〔선 박〕창구(艙口), 승강구(hatch).

‡**hate** [heit] *v.* (**hat·ed**, **hat·ing**) *vt.* **1** …을 미워하다(opp. love); 몹시 싫어하다(detest). ¶ I *hate* one another 서로 미워하다 / I *hate* dogs. 나는 개를 싫어한다 // (~+圈+剛+图) He *hates* me *for* it. 그는 그 일 때문에 나를 미워한다. **2** 〔…하는 것〕을 감으로 생각하다(regret); …을 언짢게 여기다(dislike). ¶ (~+*to* do) (~+-*ing*) I *hate* to trouble you.=I *hate* troubling you. 폐를 끼쳐서 죄송합니다 // (~+圈+*to* do) (~+圈+-*ing*) I *hate* my daughter *to* live alone. = I *hate* my daughter *living* alone. 내 딸이 혼자 사는 것은 곤란하다 // (~+*that* 圈) I *hate that* you should talk about it. 당신이 그 얘기는 안했으면 좋겠다. — *vi.* 증오하다, 몹시 싫어하다.
  hate a person's *guts* ⇒ GUT.
  hate out 《美》〔미워하여〕 쫓아내다, 따돌리다.
  — *n.* Ⓤ 증오; Ⓒ 증오의 대상. ⇨ HATRED 類語
  ◇ *háteful, héinous adj., hátred n.*

hate·a·ble [héitəbl] *adj.* 미워할, 가증할, 싫은(hatable).

‡**hate·ful** [héitfəl] *adj.* **1** 미운, 가증스러운(detestable); 불쾌한, 꺼림칙한(unpleasant). **2** 증오에 찬(malignant). ~·ly [-fəli] *adv.* ~·ness *n.*

hate-mon·ger [héitmʌ̀ŋɡər, +美 -màŋ-] *n.* 남에게 증오·편견 따위를 품게 하는 사람, 선동자, 반목하는 사람, 적대하는 사람.

hat·er [héitər] *n.* 미워(싫어)하는 사람, 적의를 품는 사람.

háte shèet *n.* 〔인종·국가·종교 따위에〕편파적 증오심을 나타내는 신문(간행물).

hat·ful [hǽtfəl] *n.* 모자 하나에 가득〔한 양〕(*of*…). ¶ a *hatful* of peanuts 모자 하나에 가득한 땅콩.

hath [hæθ, 약 (h)əθ] *v.* 《고어》 have 의 3 인칭·단수·직설법 현재.

hat·less [hǽtlis] *adj.* 모자가 없는, 모자를 쓰지 않은.

hat·pin [hǽtpìn] *n.* 여성모자의 고정 핀, 해트핀.

hat·rack [hǽtræ̀k] *n.* 모자걸이.

hat·rail [hǽtrèil] *n.* 〔벽에 붙인〕모자걸이.

‡**ha·tred** [héitrid] *n.* Ⓤ 《종종 a ~》 미움, 증오, 혐오, 원한; 《구어》 몹시 싫어함. ¶ *class hatred* 계급적 증오 / with *hatred* in one's eyes 증오에 불타는 눈으로 / bear a person *hatred* 남에게 증오심을 품다 // *hatred against* (or *towards, at, to*) the enemy 적에 대한 증오감 / have (or *bear, hold, nurse*) a *hatred for* (or *of*) …을 미워하다, …에 대해 증오심을 품다.
  類語 *hatred* 구체적으로 어떤 사람·사물을 겨냥한 증오: He has a *hatred* of militarism. 그는 군국주의를 증오하고 있다. *hate* 추상 관념으로서의 사랑(love)과 대립되는 증오: Love and *hate* are quite opposite. 사랑과 증오는 정반대의 것이다.
  ◇ *hate v., héinous adj.*

hat·stand [hǽtstæ̀nd] *n.* 모자걸이.

hat·ted [hǽtid] *adj.* 모자를 쓴.

hat·ter [hǽtər] *n.* **1** 모자 상인(장수), 모자 제작자. **2** 《濠구어》〔외딴 곳에 사는〕기인(奇人), 괴짜. [as] *mad as a hatter* 《구어》아주 미쳐서, 대단한 괴짜로. *cf.* hatter's shakes

hátter's shákes *n.* *pl.* 수은 중독〔원래 모자 제조(hatting)에 수은제가 쓰인 데서〕.

hat·ting [hǽtiŋ] *n.* Ⓤ 모자 제조(업); 모자 제조용 재료.

hát trèe *n.* 〔현관에 놓인〕 나무 모양의 모자걸이.

hát trìck *n.* **1** 〔크리켓〕 투수가 타자 3 명을 연속적으로 아웃시키기. **2** 〔하키·축구〕 한 사람이 3 점을 넣기.

hau·ber·geon [hɔ́ːbərdʒ(ə)n] *n.* =HABERGEON.

hau·berk [hɔ́ːbəːrk] *n.* 〔중세에 입었던〕쇠사슬 갑옷.

haugh [hɑː, haːf / Scot haːx] *n.* 《스코·北英》〔강변의〕기름진 저지(低地), 충적(沖積) 저지.

*haugh·ti·ly [hɔ́ːtili] *adv.* 건방지게, 거만하게, 오만하게(arrogantly).

haugh·ti·ness [hɔ́ːtinis] *n.* Ⓤ 오만, 건방짐, 도도함.

‡**haugh·ty** [hɔ́ːti] *adj.* (-ti·er, -ti·est) **1** 건방진, 교만한, 오만한. ⇨ PROUD 類語 **2** 《고어》품위있는, 숭고한(noble).

haul [hɔːl] *vt.* **1** …을 [세게] 끌어당기다, 잡아끌다, 끌어들이다. * 종종 방향을 나타내는 부사와 함께 쓰인다. ⇒ DRAW 類語 ¶ (~+目+副) *haul* in a net 그물을 끌어 당기다 / *haul up* an anchor 닻을 끌어올리다 / (~+目+前+名) *haul* logs *out of* the forest 통나무들을 숲에서 끌어내다 // (~+目+副) (~+目+前+名) *haul* a turtle [*up*] *on* the shore 바닷거북을 해안으로 끌어 올리다. **2** …을 운반하다, 차로 나르다(cart). ¶ (~+目+前+名) *haul* goods *from* a store 점포로부터 상품을 운반하다 / *haul* timber *to* a sawmill 재목을 제재소로 가지고 가다. **3** [법정 따위에] …을 끌어내다, 연행하다(…*before, in, into*). ¶ (~+目+前+名) *haul* a person *into* court 남을 법정에 끌어내다. **4** [항해] [배]의 침로를 (특히 바람 불어오는 쪽으로) 바꾸다.
— *vi.* **1** 잡아당기다. * 종종 방향을 나타내는 부사와 함께 쓰인다. ¶ (~+前+名) *haul at* (or *on, upon*) a rope 밧줄을 잡아당기다. **2** [애써서] 당도하다. **3** 차로 나르다, 운반하다. **4** 풍향이 바뀌다(shift)(*around*); [방침 따위의] 방향 전환하다(*to…*). ¶ (~+前+名) The wind *hauled around to* the east. 풍향이 동으로 바뀌었다. **5** [항해] [배가] 침로를 바꾸다. ⇒ *haul up*. ¶ (~+副) *haul south* [배가] 남쪽으로 나아가다 // (~+副) *haul* (or *on, onto, to*) the wind [배가] 바람 불어오는 쪽으로 침로를 바꾸다.

haul down one's *flag* (or *colors*) 깃발을 끌어내리다, 항복하다 (surrender).
haul in with [항해] …에 가까워지도록 배를 돌리다.
haul off ① [항해] 뱃머리를 돌리다, 침로를 바꾸다. ② 물러나다; 떠나다. ③ [美口語] [때리려고] 팔을 뒤로 빼다, 태세를 갖추다.
haul a person *over the coals* 남을 몹시 꾸짖다.
haul up [항해] 뱃머리를 더욱 더 바람 불어오는 쪽으로 돌리다. ¶ The ship *hauled up*. 배는 침로를 더욱 더 바람 불어오는 쪽으로 돌렸다.
haul a person *up* [구어] 남을 나무라다, 힐문하다.
— *n.* **1** 세게 끌기, 끌어들이기, 잡아당기기. **2** 운반, 운반량, 운반 거리. **3** [한 그물의] 어획[량]; 저인망 어장; [구어] 잡은 것, 벌어들인 것. ¶ *at* a *haul* 한 그물에 / *get* (or *make*) a good (or big) *haul* 고기를 많이 잡아올리다, 좋은 벌이를 하다, 이익을 톡톡히 올리다.
a (or *the*) *long haul* ① 비교적 긴 시간. ② 비교적 긴 거리.
a (or *the*) *short haul* ① 비교적 짧은 시간. ② 비교적 짧은 거리. ◇ háulage *n.*

haul·a·bout [hɔ́ːlbàut] *n.* 급탄선(給炭船).
haul·age [hɔ́ːlidʒ] *n.* ⓤ 끌기, 견인(牽引); 운반(량), 운반; 운반 대금, 운임.
haul·a·way [hɔ́ːləwèi] *n.* 자동차 운반용의 대형 트럭.
haul·er [hɔ́ːlər] *n.* **1** 끄는 사람, 짐차로 모는 사람, 운반자. **2** [英] [트럭] 운송 회사; 화물 트럭; 갱내(坑內) 석탄 운반부.
haul·i·er [hɔ́ːliər] *n.* [英] 갱내 석탄 운반자(hauler).
haulm [hɔːm] *n.* [英] **1** [집합적] [지붕의 이엉으로는 쓰이는] 곡물류·콩류 따위의 줄기. **2** 풀 따위의 줄기(stem).
haunch [hɔːntʃ, +美 hɑːntʃ] *n.* **1** 엉덩이, 둔부(臀部)(hip). ¶ The dog sat on his *haunches*. 개는 엉덩이를 붙이고 앉았다. **2** [식용으로서의] 동물의] 허리와 다리 부분. **3** [건축] 홍예허리.
háunch bòne *n.* 허리 뼈, 무명 골(無名骨)(hipbone).
‡**haunt** [hɔːnt, +美 hɑːnt] *vt.* **1** …에 자주 가다, 무상 출입하다(frequent). **2** [생각 따위가] …에게 끊임없이 붙어다니다, …을 괴롭히다 (distress). ¶ *be haunted by* fear 두려운 마음에 사로잡히다. **3** [유령 따위가] …에 나오다, 출몰하다. ¶ Spirits are supposed to *haunt* the house. 그 집에는 유령이 나오는 것으로 생각되고 있다. **4** …과 늘 교제하다. ¶ *haunt* bad people 늘 나쁜 자들과 어울리다. — *vi.* **1** 빈번하게 방문하다, **2** [유령 따위가] 출몰하다. **3** 늘 붙어 다니다, 떠나지 않다. — *n.* **1** (종종 ~s) [사람이] 자주 가는 곳, 단골 장소; 행락지(resort); [악인 따위의] 출몰하는 곳, 소굴; [동식물의] 서식지. ¶ the favorite *haunts* of birds 새들이 좋아하는 서식처 / I didn't go to his usual *haunt*. 나는 그가 자주 가는 곳에는 가지 않았다. **2** [美방언] 유령(ghost).
haunt·ed [hɔ́ːntid, +美 hɑ́ːnt-] *adj.* **1** 유령이 나오는, 유령이 출몰하는 곳이 된 ¶ a *haunted* house 귀신 나오는 집. **2** [생각 따위에] 사로잡혀 있는. ¶ a *haunted* look 무엇인가에 사로잡힌(홀린) 듯한 얼굴 모습. **3** 시달린.
haunt·er [hɔ́ːntər, +美 hɑ́ːnt-] *n.* 자주 오는 사람, 단골; 유령, 귀신.
haunt·ing [hɔ́ːntiŋ, +美 hɑ́ːnt-] *adj.* 자주 마음에 떠오르는, 잊혀지지 않는. **2** ⓤⓒ 빈번히 드나들기; [유령 따위의] 출몰. **~ly** *adv.*
haut·boy [(h)óubɔi] *n.* oboe의 옛 이름.
haute cou·ture [óut kuːt(j)úər·-tjúə] *n.* (프랑스) (=high sewing) 오트 쿠튀르 [특히 파리에서 최신 유행의 숙녀복을 만들어 내는 고급 양재점; 그 디자이너].
haute é·cole [outeikɔ́ːl] *n.* ⓤⓒ (*pl.* **hautes é·coles** [oueikɔ́ːl / F otzekɔl]) (프랑스) (=high school) 고등 마술(馬術).
hau·teur [(h)outɔ́ːr] *n.* ⓤⓒ 오만, 거만, 도도함, 건방진 태도. [F]
haut monde [óu mɔ̃ːnd / F o mɔ̃ːd] *n.* ⓤ (프랑스) (=high society) 상류 사회.
Ha·van·a [həvǽnə] *n.* **1** 아바나 [쿠바 공화국의 수도]. **2** 아바나 여송연.
‡**have** [hæv, 약 həv, əv, v → *n.*] (* *to* 앞에서는 [hæf]로도 있다) *v.* (*had* or /*약* hæd/ 'd, *hav·ing*; 3인칭 단수·현재형 *has* or /*약* həz/ 's or [고어] *hath*; 2인칭 단수·현재형 *hast*, 과거형 *hadst*; 단축형 've (=have: I've), 's (=has: he's), 'd (=had: we'd); 부정형 *haven't, hasn't, hadn't*)
— *vt.* **1** …을 가지고 있다, 가지다, 소유하다. ¶ He *has* a large fortune. 그는 막대한 재산을 소유하고 있다 / He *has* many friends. 그에게는 친구가 많다 // (~+目+*to do*) *have* a letter *to* write 써야 할 편지가 있다 / *have* nothing *to* do 할 일이 아무것도 없다 / She *has* every reason *to* say so. 그녀가 그렇게 말하는 데는 충분한 까닭이 있다 // (~+目+前+名) She *has* a book *under* her arm. 그녀는 책 한 권을 겨드랑에 끼고 있다 / He *hadn't* any money *on* (or *with, about*) him. 그는 가진 돈이 없었다.

類語 *have* 「…을 가지다, 소유하다」라는 뜻의 가장 일반적이고, 넓은 뜻의 말: *have* some property in the country 시골에 얼마간의 재산을 가지고 있다. *hold* *have* 보다 「소유물을 마음대로 할 수 있다」의 뜻으로 하다: *hold* extensive properties in the country 시골에 광대한 재산을 소유하고 자기 뜻대로 하고 있다. *own* 소유권을 강조하는 말: We *own* this house, but legally my wife *possesses* it. 이 집은 우리들 것이 지만, 법률상으로는 아내가 소유하고 있다. *possess* *own* 과 뜻은 같으나 법률적으로 엄밀하게 쓰이는 말: We *own* this house, but legally my wife *possesses* it. 이 집은 우리들 것이 지만, 법률상으로는 아내가 소유하고 있다.

2 [속에 품어서] …을 가지고 있다, 갖추고 있다, 지니고 있다. ¶ The room *has* three windows. 그 방에는 창이 3개 있다 / The well *has* little water. 그 우물에는 물이 거의 없다 / The car *has* a selfstarter. 그 자동차에는 자동 시동기가 있다 / How many days does June *have*? =[英] How many days *has* June? 6월에는 며칠이 있습니까? ⇒ Usage (2).
3 [특질·성질로서] …을 가지고 있다. ¶ *have* a habit of nailbiting 손톱을 깨무는 버릇이 있다 / She *has* blue eyes. 그녀는 파란 눈을 하고 있다 / He *has* a good memory. 그는 기억력이 매우 좋다 / He *has* a bad temper. 그는 기분이 좋지 않다 / The cloth *has* a silky texture. 그 옷감은 비단처럼 짜여 있다 / She *has* an eye for paintings. 그녀는 그림에 대한 안목을 가지고 있다.

4 《마음에》 …을 품다, 가지다; 《말이나 행동으로》 …을 나타내다. ¶ *have* a good mind (a half mind) to do that 기꺼이 그것을 하고 싶다(썩 내키지 않는다) / She *had* a great deal of affection for those children. 그녀는 그 아이들에게 깊은 애정을 품고 있었다 / I *have* no doubt of his success. 나는 그의 성공을 믿어 의심치 않는다 / The boy *has* a liking for it. 그 소년은 그것을 좋아한다 / I *have* no idea what you mean. 네가 무엇을 말하려는 지 모르겠다 / *Have* the goodness to get a chair for me. 저에게 의자를 집어 주십시오 / He *had* the impudence to say that I was telling a lie. 그는 건 방지게도 내가 거짓말을 한다고 말했다 / *Have* mercy on me. 절 불쌍히 여겨 주십시오.

5 …을 경험하다(experience), 즐기다(enjoy), 《고통 따위》를 겪다(suffer). ¶ I *have* a headache 머리가 아프다 / We *had* a slight earthquake last night. 어젯밤에 약한 지진이 있었다 / We *had* a good time [of it]. 우리는 유쾌한 시간을 보냈다 / He didn't *have* much difficulty. 대단한 어려움은 없었다 / The book will *have* a wide currency. 그 책은 널리 보급될 것이다.

6 …을 입수하다, 얻다(obtain), 받다(receive); 《아기》를 낳다. ¶ *have* information 정보를 얻다 / *have* a part in a plot 음모에 가담하다 / I *had* a letter this morning. 오늘 아침에 편지 한 통을 받았다 / He *has* a poor salary. 그는 박봉의 월급장이이다 / Sooner or later she will *have* a baby. 조만간 그녀는 아기를 낳을 것이다.

7 …을 먹다(eat), 마시다(drink). ¶ Let Jack *have* his breakfast. 잭에게 아침을 먹게 해요 / Come and *have* tea with me! 자, 나와 차를 마십시다.

8 《부정문에서》 …을 허용하다(permit), 참다(bear). ¶ She won't *have* any noise while she is reading. 그녀는 독서중에 소리가 나는 것을 전혀 허용하지 않는다 / I won't *have* it any more (or any longer). 나는 그것을 더 이상 참을 수 없다 // (~+囲+囲) I can't *have* you idle. 나는 네가 빈둥빈둥 노는 것을 참지 못하겠다 / (~+囲+*-ing*) I can't *have* you *smoking* at your age. 네 나이에 담배피우는 걸 허용할 수 없다.

9 …을 알고 있다(know), 〔지식·기술〕을 몸에 지니고 있다, 이해하다(understand). ¶ He *has* no mathematics. 그는 수학을 전혀 모른다 / He *has* very little of our language. 그는 우리 말을 거의 모른다 / He *had* no sports but tennis. 그는 테니스 이외는 스포츠를 전혀 몰랐다 / Now I *have* you. 이제 당신 말을 이해할 수 있다.

10 《it+that 절을 수반하여》 …을 주장하다(assert), 말하다(tell). ¶ Rumor *has* it that they are going to get married. 소문으로는 그들이 결혼할 것 같다 / The enemy will *have* it that we are defeated. 적은 완강하게 우리가 패배했다고 주장할 것이다. * will 에 강세가 있으며 강한 주장을 나타낸다.

11 《동사 개념이 있는 명사를 목적어로 취하여》 …을 하다(engage in). ¶ 각 명사를 참조. ¶ *have* a bath 목욕하다 / *have* a chat 잡담하다 / *have* a dip 한 차례 미역감다 / *have* a dream 꿈을 꾸다 / *have* a drink 한 잔 마시다 / *have* a rest 잠깐 쉬다 / *have* a swim 한 차례 헤엄치다 / *have* a smoke 담배를 한 대 피우다 / *have* a try (*or* a go) 한번 해보다 / *have* a walk 산책하다.

12 《행동사·현재 분사·부사를 목적 보어로 하여》 …을 〔…의 상태로〕해두다, 유지하다(keep). ¶ (~+囲+囲) You must *have* your eyes open. 너희들은 눈을 크게 뜨고 있어야 한다 / (~+囲+*-ing*) I'd like to *have* you all *speaking* English well. 여러분이 모두 영어를 잘 말할 수 있게 하고 싶습니다 / I *have* my car *waiting* for me. 내 차를 대기시켜 놓았다 / (~+囲+囲) *have* a book *back* 책을 되돌려 받다 / He *had* his hat *off*. 그는 모자를 벗었다 / Let's *have* the car *out* for a drive. 차로 드라이브하러 나갑시다 / (~+囲+前+名) *have* a car *in* a ditch 도랑에 처박다.

13 《과거 분사를 목적 보어로 하여》 **a)** 《*have*에 강세를 두고》 …시키다, 하게 하다. ¶ (~+囲+*done*) I'll *have* a new coat *made*. 외투를 새로 마추겠다 / I *had* a tooth *stopped*. 이빨의 구멍을 메우게 했다 / He *had* his photograph *taken*. 그는 자기 사진을 찍게 했다. **b)** 《과거 분사에 강세를 두고》…당하다. ¶ (~+囲+*done*) He *had* his left leg *broken*. 그는 왼쪽 다리가 부러졌다 / I *had* my watch *stolen*. 시계를 도둑맞았다.

14 《to- 부정사를 수반하여》 **a)** 《평서문·의문문에서》 …하지 않으면 안 되다(must). ¶ (~+*to* do) I *have* to go now. 이제 가지 않으면 안 된다 / Sooner or later one *has* to choose. 조만간 선택하지 않으면 안 된다 / All she *had* to do was to sit and wait. 그녀가 해야 했던 것은 가만히 앉아서 기다리는 것뿐이었다 / He will *have* to leave tomorrow. 그는 내일 출발하지 않으면 안 된다 / Do I *have* to see him? = *Have* I *to* see him? 그를 만나야만 하는가? **b)** 《부정문에서》 …할 필요가 없다(need not). ¶ (~+*to* do) You *do not have* (*or haven't*) *to* pay any attention to what he says. 그가 하는 말에는 전혀 신경을 쓸 필요가 없다 / He *did not have* to take it into consideration. 그는 그것을 고려할 필요가 없었다. **c)** 《*have only* (*or but*) *to do* 의 형태로》 …하기만 하면 되다. ¶ You *have only to* pay your debts. 당신은 빚을 갚기만 하면 된다 / He *had but to* repeat the words. 그는 그 말을 되풀이하기만 하면 되었다. **d)** 《*have yet to do*의 형태로》 아직 …하지 않았다, 지금부터 …하기로 되어 있다. ¶ I *have yet to* learn that he is a liar. 그가 거짓말쟁이라는 말은 아직 들은 적이 없다.

주의[1] (1) have to 와 must —— have to 는 must 대신에 과거형·완료형·미래 완료형·진행형 따위에 쓰이지만 간접 화법에서도 시제의 일치에 의한 과거형의 must 대신에 쓰이는 경우가 종종 있다: He said he *must* (*or had*) to finish it in a week. 그는 그것을 1주일에 끝마치지 않으면 안 된다고 말했다. (2) have to 의 의문문과 부정문 —— 의문문에서는 do+주어+have to 와 have+주어+to do 의 두 형태가 있다. 부정문에서는 do not have to 와 haven't to 의 두 형태가 있지만, do 형식 쪽이 일반적이다. (3) have to 와 have got to —— 현재·과거 시제에 있어서, have to 대신에 have got to 가 종종 쓰인다: I'd got to go. = I had to go. 나는 가야만 했다. (4) have to 와 생략 —— 부정사가 생략되는 것은 보통 다음부터이지만, to 도 생략되는 경우가 있다: Do you have to go? —— I *have to*, and so *have* you. 가지 않으면 안 됩니까? —— 나는 가야 해, 그리고 자네도야.

15 《원형 부정사를 목적 보어로 하여》 …시키다, 하게 하다; …당하다. *cf.* 13 ¶ (~+囲+*do*) I will *have* him *do* it. 그것은 그에게 시키겠다 / I can't *have* you *do* that. 너에게 그것을 시킬 수는 없다 / I will not *have* you *die* so young. 그런 젊은 나이로 너를 죽게 하고 싶지는 않다 / He *had* his wife *die* a few years ago. 그는 몇년 전에 상처했다 / I am glad to *have* you *stay*. 머물러 주셔서 대단히 기쁩니다.

16 《구어》〔경기·논쟁에서〕 …을 지우다(defeat). ¶ I don't know where to *have* him. 어디를 찔러야 그를 해치울 수 있을지 모르겠다.

17 …과 〔친척〕 관계를 가지다; …과 결혼하다. ¶ He asked her to *have* him. 그는 그녀에게 청혼했다.

18 《속어》 …을 속이다 (cheat, outwit). ¶ The gambler *had* him. 도박사가 그를 속였다 // (~+囲+前+名) He has been *had over* the bargain. 그는 그 거래에서 속아 넘어갔다.

19 《속어》〔뇌물로〕 …을 매수하다.

20 《여자》를 제것으로 만들다.

—— **Usage** (1) have 의 수동형·진행형 ——「…을 가지고 있다」와 같이 상태를 나타낼 경우에는 보통 수동형·진행형에 쓸 수 없겠으나, 같은 뜻이라 할지라도 동작·행위를 나타낼 때와 「속이다」의 뜻, 또는

have 가 부사·전치사를 수반할 경우에는 수동형이나 진행형이 모두 가능하다: There is none to *be had* at that price. 그 값으로는 얻을 수 있는 물건이 아무것도 없다. (2) have (「…을 가지고 있다」)의 의문문·부정문 — 《美》에서는 do를 쓰지만, 《英》에서는 습관적·일반적인 내용을 말할 때는 do를 쓰지 I 과반해서는 쓰지 않는 것이 보통이다: *Do you* have sugar in your tea? 《습관적》 / *Have you* sugar in your tea? 《이미》 홍차에 설탕을 넣었습니까? 《개개의 사항》 / The shop *hasn't have* ice-cream, because it *doesn't have* it. 그 가게에는 아이스크림이 없다, 그럴 것이 그 가게에서는 취급하고 있지 않으니까. (3) have가 take, get, experience, receive 와 뜻의 의문문·부정문을 만드는 데 do를 쓴다: *Do you* have coffee for breakfast? 아침 식사 때 커피를 드십니까? / *Did you* have any difficulty in doing it? 그것을 하는 데 어려운 점이 있었습니까? / *Did you* have him wait? 당신은 그를 기다리게 했습니까? (4) have to 의 의문문·부정문에는 do를 즐겨 쓴다. ⇨주의¹ (2)

— *vi.* 부자이다. ¶ There are some who *have* and some who *have* not. 재산이 있는 사람도 있고, 없는 사람도 있다.

be not having any 《주로 英》 인정하지 않다, 허가하지 않다; 《참가 따위를》 거절하다. ¶ He told me so, but I *wasn't having* any. 그는 그렇게 말했지만 나는 믿으려고 하지 않았다.

had better (**best**) *do* ⇨ BETTER¹, BEST.
had rather (or **sooner**) *do* [**than**…] ⇨ HAD.
have a go at it ⇨ GO.
have a thing (**nothing**) **on** 《英口語》 …에는 약속이 있다(없다).
have and hold [법률] 보유하다.
have at …에게 덤벼들다; …하기 시작하다.
have a person down 《남》을 손님으로 맞이하다.
have had [**quite**] **enough of** ⇨ ENOUGH.
have had it ① 《英口語》 다 했다(한계)이다, 때가 늦었다. ¶ His bicycle looks as though *it's had it.* 그의 자전거는 이미 수명이 다한 것 같다. ② 《英口語》 살해되다. ¶ He's *had it.* 그는 살해되었다. ③ 《俗語》 못쓰게 되다, 실패하다. ④ 《美俗》 지겨워하다, 싫증나다. ¶ *I've had it!* 이제 됐어!, 그만 해둬! ⑤ 《美俗》 유행에 뒤지다.   하다.
have a person in 《구어》 남을 맞아들이다, 남을 초대하다.
have it ① …에 의.10. ② (will (or would) not have it) 허락하지 않다, 참지 않다; 인정하지 않다. — *vt.* 8. ③ 가져오다; 미리 정하다; 결과적으로 〔좋은 (나쁜)〕 사태로 되다. ¶ Fortune *had it* that he arrived too early. 운명의 장난으로 그가 너무 빨리 도착하는 결과가 되고 말았다 / He *has it* pretty tough since his wife died. 아내가 죽은 후 그는 몹시 고생하고 있다. ④ 《구어》 심한 꾸지람(공격)을 당하다; 《美俗語》 죽음의 일격을 받다. ¶ I let him *have it.* 그를 엄하게 꾸짖었다, 그에게 한 방 먹여 주었다; 《俗》 그를 때려 눕혔다(죽였다). ⑤ 〔명안·해결책 따위를〕 생각해 내다; 알다. ⑥ 이기다, 우위에 서다. ¶ The ayes *had it.* 찬성이 다수였다.
have it coming [**to one**] 《구어》 (특히 나쁜 뜻으로) 당연한 응보(應報)를 받다. ¶ He *had it coming to* him. 그것은 그의 자업자득이다.
have it in *one* 그 소질(역량)이 있다. * 부정형으로 자주 쓰인다. ¶ I don't think he *has it in* him to do better than he did. 그에게는 전보다 더 잘 소질이 있는 것으로는 생각하지 않는다.
have it in for *a person* 《구어》 남에게 원한(악의)을 품다, 남에게 트집을 잡다.
have it on 《美口語》 …에 대해 우위에 있다, …보다 뛰어나다. ¶ They *have it on* us. 그들은 우리보다 낫다.
have it out 《구어》 [논쟁·결투 따위로] 결판을 내다 (*with*…).   【 보복하다.
have it out of *a person* 《구어》 남을 벌주다; 남에게

have it [**all**] **over** 《美口語》 = *have it on.*
Have it your own way! [어떻게 하든] 네 마음대로.
have nothing on ⇨ NOTHING.   【하라.
have ... off …에는 쉬다. ¶ I *have* every Monday *off.* 나는 매주 월요일에 쉰다.
have on ① …을 입고 있다, 착용하고 있다 (wear). ¶ She *had* a new dress *on.* = She *had on* a new dress. 그녀는 새 옷을 입고 있다. ② …을 계획 (준비, 진행) 중이다. ¶ What do you *have on* for Christmas? 크리스마스에는 무엇을 계획중입니까? ③ 《英口語》 …을 곤란하게 만들다, …을 속이다 (deceive), 놀리다 (tease). ¶ Are you *having* me *on*? 나를 속이(놀리)겠다는 건가? / I have been *had on.* 나는 속았다. ④ 《美》 …에 대해 결정적인 수가 있다.
have *a thing* **to** *oneself* 물건을 자기 것으로서 가지다.
have to do with ⇨ DO¹.
have ... up ① (남)을 불러내다; (남)을 법정에 불러내다, (남)을 기소하다; (남)의 책임을 묻다 (*for*…). ¶ He was *had up* before the director. 그는 지배인 앞에 불려 나갔다. ② …을 자극하다. ¶ The revolutionists *had* their blood *up* for some action. 혁명론자들은 피가 끓으올라 어떤 행동을 취하려고 했다. ③ 〔시골 등으로부터〕 [남]을 손님으로 맞이하다.

— *auxil. v.* (* 변화형은 *v.*와 같으나 과거 분사는 없다) **1** (**have** + 과거 분사) (현재 완료) **a**) 《현시점에서의 동작의 완료·결과》 …하였다, …하여 버렸다. ¶ He *has* [*just*] *arrived.* 그는 지금 막 도착했다 / *Have you finished* your work now? 이제 일을 끝냈습니까? / I *have lost* my knife. 나이프를 잃어 버렸다 / He *has gone* to America. 그는 미국에 가버렸다. ⇨주의² (3) / I *have caught* [a] cold. 감기에 걸리고 말았다 / I *bought* a watch. 나는 시계를 샀다.
b) 《현재까지의 동작의 경험》 …한 적이 있다. ¶ *Have* you ever *been* in (or to) Berlin? 당신은 베를린에 가본 적이 있습니까? ⇨주의² (3) / He *has* never *read* a book like that. 그는 그런 책을 읽어본 적이 없다 / I *have met* him before. 전에 그를 만난 적이 있다.

주의² (1) 「have ever (never) + 과거 분사」대신에 구어에서는 「ever (never) + 과거형」으로 경험을 나타내는 경우가 흔히 있다: *Did you ever go* to Pusan? 부산에 가본 적이 있습니까? (= Have you *ever been* to Pusan?) / I *never saw* him. 그를 만난 적이 없다 (= I have never seen him.). (2) 긍정 평서문에서는 ever를 쓰지 않는다: I have read it before. 그것은 전에 읽은 적이 있다. (3) have [ever] been 과 have [ever] gone —「간 적이 있다」는 보통 have [ever] been 으로 표현하지만, 특히 《美》에서는 have [ever] gone 을 쓰는 경우도 있다. (4) 과거의 반복적인 동작과 현재 완료 — 현재 완료가 과거의 반복적인 동작을 나타내기도 한다: Sometimes when I *have been* alone, I *have remembered* that folly. 이따금 혼자 있을 때 나는 그 어리석은 짓을 떠올리는 적이 있었다 / Life *has been* pleasant; I liked it. 인생은 즐거웠고, 나는 그것을 좋아했다.
c) 《현재까지의 계속》 …하고, 해오고 있다. ¶ I *have known* him since I came here. 나는 여기 온 이래로 그를 알고 지낸다 / He *has been* sick these last three years. 그는 병난 지 3년이 된다 (= It has been three years since he was sick.) / I *have been* working for a long time. 나는 오랫동안 계속 일해 왔다.
d) 《시간·조건의 부사절에서 미래 완료의 대용》 When I *have finished* [writing] this letter, I'll go with you. 이 편지를 다 쓰고 나면 함께 가겠습니다.
2 (had + 과거 분사) (과거 완료) **a**) 《과거의 그때까지의 완료·결과》 …하고 (해 버리고) 있었다. ¶ Before he got up, I *had finished* my breakfast. 그가 일어나기 전에 나는 아침 식사를 끝냈다 / Scarcely *had* he *stepped* out of the room when he was arrested by a policeman. 그는 방에서 나가자마자 경찰관에게 체포되었다.

b) 《과거의 그때까지의 경험》…한 적이 있었다. ¶ As I *had* never *seen* him, I could not recognize him. 그 전에 만난 적이 없었기 때문에 그를 알아보지 못했다 / He *had* never *been* to school. 그는 학교에 다닌 적이 없었다.

c) 《과거의 그때까지의 계속》…하고 (해 오고) 있었다. ¶ He *had been* ill for a week, when the doctor was sent for. 병난 지 1주일이 지나서야 의사를 불렀다 / We *had lived* in the house only a year, when it was destroyed by a typhoon. 우리가 그 집에 산 지 불과 1년 만에 태풍으로 집이 부서졌다.

d) 《과거의 그때 이전의 일을 나타낸다》 ¶ She was not surprised, because she *had been* told the fact. 그녀는 그 사실을 듣고 있었기 때문에 놀라지 않았다.

e) 《시제의 일치에 의한》 ¶ He said that he *had arrived* the day before. 그는 그 전날에 도착했다고 말했다 / She told me she *had bought* a new hat. 그녀는 새 모자를 샀다고 말했다.

f) 《가정법》(if, as if 따위의 부사절에서 과거의 가정을 나타낸다》 ¶ If I *had known* you were here, I should have come at once. 당신이 여기에 있다는 것을 알고 있었더라면 당장 왔을 텐데 (* 여기서 *Had* I known ... 이라고 쓰는 것은 문어체) / She looked as if she *had known* him for years. 그녀는 마치 그를 몇 년 전부터 알고 있기나 한 듯이 보였다 / I wish I *had learned* Chinese. 중국어를 배워 두었더라면 좋았을 것을.

g) 《가정법》《실현되지 않은 과거의 일을 나타낸다》 * expect, hope, intend, mean 따위와 함께 쓰인다. ¶ I *had hoped* to catch the 8: 30 train. 8시 30분의 열차를 타려고 했었는데.

3 《will (or shall) have+과거 분사》《미래 완료》 **a)** 《미래의 그때까지의 완료·결과》…하고 (해 버리고) 있을 것이다. ¶ I *shall have completed* my task by the time you come back. 당신이 돌아올 때 까지는 일을 끝마치고 있을 것입니다 / The snow *will have disappeared* before the end of April. 4월 말이 되기 전에 눈은 녹아 없어질 것이다.

b) 《미래의 그때까지의 경험》…한 것으로 되다. ¶ I *shall have read* this book three times if I read it again. 이 책을 또 한 번 읽으면 세 번 읽은 셈이 된다.

c) 《과거의 그때까지의 계속》…하고 있는 것으로 되다. ¶ Next Monday he *will have been* staying in England for three years. 다음 월요일로 그는 영국에서 3년 묵은 것이 된다.

4 《[to] have+과거 분사》《완료부정사》 **a)** 《서술동사가 나타내는 때보다 먼저 있었던 일을 말한다》 ¶ He appears to *have been* rich. 그는 부자였던 것처럼 보인다. **b)** 《과거·가정법 과거의 동사에 붙어서, 실현되지 않았던 과거의 일을 말한다》 ¶ I was to *have met* him at three. 그와 3시에 만나기로 되어 있었는데 / I should *have liked* to see him. 그를 만나고 싶었는데.

5 《having+과거 분사》《서술동사가 나타내는 때까지의 완료·결과 따위를 나타낸다》 ¶ The clock *having struck* ten, we shook hands and parted. 시계가 10시를 치자 우리는 악수를 하고 헤어졌다 / He thought himself happy in *having found* a man who knew the world. 그는 세상 물정에 밝은 사람을 찾아낸 것을 다행으로 생각했다.

Have done ! ⇨ DO[1] vi. 5.
have done with ⇨ DO[1].
have got 《구어》 가지고 있다, 소유하다 (have).
—— n. [hæv] **1** 《보통 ~s》《구어》《부(富)·자원·핵을》 가진 사람(나라), 유산자(有產者). ¶ a struggle between the *haves* and the *have-nots* 가진 자(나라)와 못 가진 자(나라)의 투쟁. **2** 《영속어》 사기, 속임수, 협잡 (swindle). ¶ It was an absolute *have*. 그것은 완전한 사기였다.

have·lock [hǽvlək / -lɔk] *n.* 《군인 모자의》 햇볕 가리개. 〈〔인도인의 폭동을 진압하는 데 활약한 영국 장교 Sir Henry Havelock(1795-1857)의 이름〉

ha·ven [héiv(ə)n] *n.* **1** 항구. ⇨ HARBOR 類語 **2** 피난처, 안식처(shelter). —— *vt.* 《배》를 피난시키다(shelter).

have-not [hǽvnɑ̀t / -nɔ̀t] *n.* 《보통 ~s》《구어》 무산자, 재산이 없는 사람, 가난한 나라. *cf.* have *n.* 1

‡**have·n't** [hǽvnt] have not 의 단축형.

ha·ver [héivər] 《스코·북영》 *vi.* 시시한 잡담을 하다 (talk foolishly). —— *n.* 《보통 ~s》 시시한 잡담.

hav·er·sack [hǽvərsæ̀k] *n.* 《군대·여행자 따위의》 식량 자루, 잡낭.

hav·il·dar [hǽvildɑ̀:r] *n.* 《인도》 중사. ¶ a *havildar* major 인도병 상사.

hav·ing [hǽviŋ] *adj.* 욕심 많은. ¶ a *having* nature 욕심 많은 성질(의 사람). —— *n.* 《종종 ~s》 소유물, 재산.

*__hav·oc__ [hǽvək] *n.* U 《자연력·폭동 따위의》 대파괴, 참혹한 피해, 황폐. ⇨ RUIN 類語
cry havoc 약탈·파괴의 신호를 보내다; 난폭한 행동을 교사(教唆)하다.
play havoc with (or **among**) ; **make havoc of** …을 파괴하다; …을 혼란케 하다.
work havoc upon …을 때려부수다, 엉망으로 만들다, 파괴하다.
—— *vt., vi.* (**-ocked, -ock·ing**) 때려부수다, 엉망으로 만들다, 파괴하다.

haw[1] [hɔ:] *n.* 산사나무(hawthorn)의 열매.
haw[2] [hɔ:] *interj.* 에헴 《말이 막혔을 때의 소리》. —— *n.* 에헴라고 하는 소리. —— *vi.* 에헴하며 우물거리다.
haw[3] [hɔ:] *interj.* 이랴 ! 《말 따위를 왼편으로 돌릴 때 지르는 소리》. *cf.* gee[2] —— *vt., vi.* 왼편으로 돌리다(돌다).

‡**Ha·wai·i** [həwáːiː, -wáiiː, -wáiiː / hɑːwá(i)iː, hə-] 하와이 주 《미국의 한 주(州); 주도 ☆《州都》 Honolulu》. **2** 하와이 섬 《하와이 제도 중에서 제일 큰 섬》. ◇ Hawáiian *adj.*

‡**Ha·wai·ian** [həwáijən, -wɑ́ːjən / hɑːwái-] *adj.* 하와이의; 하와이 사람(말)의. —— *n.* 하와이 사람; U 하와이 말. ◇ Hawáii *n.*

Hawáiian guitár *n.* 하와이안 기타; 우쿨렐레.

haw·finch [hɔ́:fìntʃ] *n.* 콩새 《유럽산(產) 명금의 일종》.

haw-haw [hɔ́:hɔ́:] *n.* 깔깔웃음(guffaw).
—— *interj.* 깔깔 《웃음 소리》 (ha-ha). —— *vi.* 깔깔 (크게) 웃다.

‡**hawk**[1] [hɔ:k] *n.* **1** 매. ¶ as keen as a *hawk* 매우 눈이 빠른(예리한). **2** 남을 등쳐먹는 사람, 사기꾼. **3** 《야구》 명금. **4** 《美(派)의 사람《대외 강경론자·무단《武斷》 정책자》. *cf.* dove
know a hawk from a handsaw (hernshaw) 상식이 있다, 판단력이 풍부하다 [← Shakespeare 작 *Hamlet* 2 : 2].
—— *vt.* 《사냥감》을 덮치다 (attack). —— *vi.* 매사냥을 하다, 매를 부리다; 《매처럼》 덮치다(*at*...); 《매처럼》 날다. ◇ háwkish, háwklike *adj.*

hawk[2] [hɔ:k] *vt.* **1** …을 소리치며 팔다, 행상하다. **2** 《소문 따위》를 퍼뜨리다, 퍼뜨리고 다니다(...*about*). —— *vi.* 소리치며 팔다, 행상하다.

hawk[3] [hɔ:k] *vi.* 헛기침을 하다, 기침을 하여 가래를 뱉다. —— *vt.* 기침을 하여 《가래》를 뱉다(...*up*). —— *n.* 헛기침; 캭 하고 뱉기.

hawk[4] [hɔ:k] *n.* 《미장이의》 흙받기.

hawk·er[1] [hɔ́:kər] *n.* 매 부리는 사람.

hawk·er[2] [hɔ́:kər] *n.* 소리치며 파는 사람, 행상인 (peddler). ¶ 《빈틈없는,

hawk-eyed [hɔ́:kàid] *adj.* 《매처럼》 눈이 날카로운.

hawk·ing [hɔ́:kiŋ] *n.* U 매사냥(falconry).

hawk·ish [hɔ́:kiʃ] *adj.* 매 같은; 매파(派)적인.

hawk·ism [hɔ́:kiz(ə)m] *n.* 대외 강경 정책, 매파주의, 매파 정책.

hawk moth *n.* 박각시나비.
hawk·nosed [hɔ́ːknòuzd] *adj.* 매부리코의.
hawks·bill [hɔ́ːksbìl] *n.* (=**háwksbìll túrtle**) 〔동물〕 대모(玳瑁) 〔바다거북의 일종〕.
hawk-shaw [hɔ́ːʃɔ̀ː] *n.* 탐정(detective).
hawk·weed [hɔ́ːkwìːd] *n.* 〔식물〕 조밥나물.
hawse [hɔːz] *n.* 〔선박〕 1 〔이물쪽의〕 닻줄 구멍이 있는 부분; 닻줄 구멍(hawsehole). 2 정박한 배의 이물에서 닻까지의 거리.
hawse·hole [hɔ́ːzhòul] *n.* 〔선박〕 닻줄 구멍. 〔닻줄.
haw·ser [hɔ́ːzər] *n.* 〔선박〕〔배에서 쓰는〕 굵은 밧줄;
haw·ser-laid [hɔ́ːzərlèid] *adj.* 〔굵은 밧줄〕세 가닥을 합쳐 꼰.
***haw·thorn** [hɔ́ːθɔ̀ːrn] *n.* 〔식물〕 산사나무〔장미과 (科) 식물〕; 서양산사나무.
‡**hay**¹ [hei] *n.* ① 건초; 꼴, 여물; 건초용의 목초. ¶ a mow of *hay* 한번에 베어들일 건초 / a pile of *hay* 한 무더기의 건초 / make *hay* 건초를 만들다 / rake the *hay* 건초를 모으다 / Make *hay* while the sun shines. 《속담》 해가 나 있을 때 풀을 말려라, 호기를 놓치지 마라, 물실 호기!(勿失好機).
hit the hay 《속어》 잠자리에 들다, 자다 (go to bed).
look for a needle in a bundle (or *a bottle*) *of hay* ⇒ NEEDLE.
make hay of ① …을 뒤죽박죽으로 만들다, 엉망으로 흩어 놓다. ¶ Do not *make hay of* my things. 내 물건들을 휘저어 놓지 말아요. ② …을 혼란시키다; 〔면마카락 따위〕를 헝클어뜨리다; …을 여지없이 때려 눕히다 (해치우다).
not hay 《속어》 상당한 금액(considerable sum).
put a field under hay 밭에 목초를 심다.
── *vt.* 1 …을 건초로 만들다, 2 〔말 따위〕에게 건초를 먹이다, 3 〔밭 따위〕에 목초를 심다. ── *vi.* 건초를 만들다.
hay² [hei] *n.* 〔옛날의〕 시골춤.
hay·box [héibɑ̀ks / -bɔ̀ks] *n.* 건초 상자〔요리 따위를 뜸들이기 위해 쓰는 건초를 채운 상자〕.
hay·cock [héikɑ̀k / -kɔ̀k] *n.* 〔원추형으로 쌓은〕 작은 건초더미.
háy féver *n.* ⓤ 〔병리〕 건초열, 고초열(枯草熱), 화분증(花粉症) 〔여름철에 꽃가루로 인해 생기는 코·목구멍 따위의 알레르기성 질환〕.
hay·field [héifìːld] *n.* 건초밭, 〔건초용〕 목초밭.
hay·fork [héifɔ̀ːrk] *n.* 건초용 쇠스랑.
háy knífe *n.* 건초용 나이프.
hay·lage [héilidʒ] *n.* ⓤ 〔농업〕 헤이리지〔수분이 35%-50%로 준 건초제(製)의 여축 사료〕.
hay·lift [héilìft] *n.* 건초 공수〔큰 눈 따위로 고립된 지방의 가축을 위한 구급 식량의 긴급 공수〕.
〔< HAY¹ + [AIR]LIFT〕
hay·loft [héilɔ̀ːft / -lɔ̀ft] *n.* 건초를 두는 다락.
hay·mak·er [héimèikər] 1 건초를 만드는 사람; 건초기, 2 《구어》 녹아웃 펀치.
Hay·mar·ket [héimɑ̀ːrkit] *n.* (the ~) 영국 London 의 West End의 번화가 〔극장 지구〕.
hay·mow [héimàu -/mòu, -màu] *n.* 1 〔헛간에 쌓아둔〕 건초더미, 2 〔헛간의〕 건초 두는 곳.
hay·rack [héiræ̀k] *n.* 1 〔건초 시렁(대). 2 〔건초를 나를 때 짐차에 다는〕 건초틀; 건초틀이 붙은 짐차.
hay·rick [héirìk] *n.* (주로 英) =haystack.
hay·ride [héiràid] *n.* 《美》 건초를 실은 마차를 타고 〔보통 밤에〕 떠나는 피크닉.
hay·rig [héirìg] *n.* =hayrack.
hay·seed [héisìːd] *n.* 1 ⓤ 풀의 씨(grass seed). 2 ⓤ 건초 부스러기. 3 《美구어》 〔교양이 없는〕 시골뜨기 (yokel, hick).
hay·shak·er [héiʃèikər] *n.* 《美속어》 =hayseed 3.
hay·stack [héistæ̀k] *n.* 〔저장하기 위해 원추형으로 쌓은〕 큰 건초더미.
look for a needle in a haystack ⇒ NEEDLE.

hay·ward [héiwɔ̀ːrd / -wə̀rd] *n.* 〔가축의 침입을 막기 위하여〕 울타리를 관리하는 공무원; 〔공유 가축떼의〕 관리인.
hay·wire [héiwàiər] *n.* ⓤ 건초를 다발로 묶는 철사.
── *adj.* 《구어》 1 혼란한, 뒤얽힌(in disorder). ¶ The city is *haywire* after the flood. 홍수 이후 그 도시는 혼란에 빠져 있다. 2 미친(crazy), 흥분한. ¶ go *haywire* 미치다, 흥분하다.
*‡**haz·ard** [hǽzərd] *n.* 1 위험〔한 것〕, 모험, ◇ DANGER 類語 ¶ a life full of *hazards* 위험이 가득찬 생활. 2 ⓒⓊ 우연(한 일), 운(chance). 3 ⓤ 주사위놀이의 일종. 4 〔실내 정구〕 a) 코트 측벽(側壁)에 있는 구멍〔여기에 공을 넣으면 득점이 된다〕. b) 공을 받는 쪽의 코트(hazard side). 5 《英》《당구》 공을 쳐서 목포공을 맞힌 뒤 그 공이 포켓에 들어가도록 치는 법. ¶ a winning *hazard* 목포공이 포켓에 들어가도록 치기 / a losing *hazard* 친 공 자체가 목포공에 맞아서 포켓에 들어가버리기. 6 〔골프〕 해저드〔모래터·못·개천·덤불 따위, 코스내 장애물〕. 7 〔美〕 세낸 마차의 주차장(cab-stand).〔쓰고.
at all hazards; at every hazard 온갖 고난을 무릅*at* (or *by*) *hazard* 운에 맡기고, 아무렇게나.
at the hazard of …을 걸고.
run the hazard 모험을 하다, 〔이판새판〕 운에 맡기고 해보다.
── *vt.* 1 〔추측·의견 따위〕를 과감히 말해 보다, 어림짐작으로 대답하다. ¶ *hazard* an opinion 용기를 내어 의견을 말하다. 2 〔생명·재산 따위〕를 위태롭게 하다, 걸다. ¶ *hazard* one's life 생명의 위험을 무릅쓰다. 3 〔불행·형벌 등〕의 위험을 무릅쓰고 하다.
◇ **házardous** *adj.*
házard lábel *n.* 〔가연성 기체·자연 발화물·독극물 따위에 표시하는〕 위험 표지 라벨.
haz·ard·ous [hǽzərdəs] *adj.* 1 위험이 많은, 모험적인(perilous). 2 운에 맡긴. ~·ly *adv.* ~·ness *n.*
házardous wáste *n.* =toxic waste.
házard wárning devìce *n.* 〔자동차〕 해저드 경고 장치〔차의 방향 지시등을 모두 점멸시켜 다른 차에 고장 (위험) 신호를 보낸다〕.
haz·chem [hǽzkem] *n.* 《英》 〔화학〕 위험 약품 취급 표시 방법. 〔< HAZ[ARDOUS]+CHEM[ICAL]〕
*‡**haze**¹ [heiz] *n.* ⓤⓒ 1 아지랑이, 안개, 이내, 안개 모양의 것. ◇ FOG 類語 2 〔정신 따위의〕 몽롱, 〔시력·지식 따위의〕 흐릿함, 애매함. 3 희미한 것.
── *v.* (*hazed, haz·ing*) *vi.* 흐릿해지다, 안개가 끼다. ── *vt.* …을 어렴풋하게 만들다, 희미하게 만들다.
◇ **házy** *adj.*
haze² [heiz] *vt.* (*hazed, haz·ing*) 1 《美》〔신입생 등〕을 골리다, 혹사하다, 2 〔함께〕〔선원〕을 혹사하다, 〔선원〕에게 고된 일을 시키다.
*‡**ha·zel** [héizl] *n.* 1 《식물》 개암나무; 개암. 2 ⓤ 개암색, 담갈색. ── *adj.* 〔형용사적으로 써서〕 개암나무로 만든; 개암색의, 담갈색의.
ha·zel·nut [héizlnʌ̀t] *n.* 개암.
haz·er [héizər] *n.* 《美》 〔신입생 등을〕 괴롭히는 사람.
haz·ing [héiziŋ] *n.* 심한 훈련〔기합〕, 〔신참자에 대한〕 혹사 습관, 신입식.
*‡**ha·zy** [héizi] *adj.* (*-zi·er, -zi·est*) 1 흐릿한, 아련한, 안개가 낀(misty). ¶ a *hazy* sky 흐린 하늘. 2 〔머리·생각 따위가〕 흐리멍덩한(obscure), 몽롱한 (vague), 혼란된(confused). ¶ a *hazy* idea (or notion) 흐리멍덩한 생각 // He was *hazy* about how to answer. 그는 어떻게 대답해야 좋을지 몰랐다.
-**zi·ly** *adv.* -**zi·ness** *n.*
Hb 《略》 〔생화학〕 hemoglobin.
HB 《略》 *H*ard *B*lack〔연필심의 경도〕.
h. b. 《略》〔축구·하키〕 halfback.
H béam *n.* 〔야금〕 H 형 강(鋼), H 형 빔.
H.B.M. 《略》 *H*is (*H*er) *B*ritannic *M*ajesty〔영국 국

왕(여왕) 폐하).
HBO (略) 〔의학〕 hyperbaric oxgen therapy(고압 산소 요법).
H-bomb [éitʃbam / -bɔ̀m] n. 수소 폭탄(hydrogen bomb). — vt. …을 수소 폭탄으로 공격하다.
HBS (略) Harvard Business School(하버드 대학 대학원 경영학 연구실).
H.C. (略) House of Commons(영국 하원); Holy Communion; House of Correction.
hcap., hcp. (略) handicap.
H.C.F. (略) highest common factor(최대 공약수).
h.c.l. (略) high cost of living(물가고).
hd. (略) hand; head.
HDI (略) Human Development Index(인간 개발 지표)(유엔 개발 계획(UNDP)에의 경제 협력에 관한 지표).
hdkf. (略) handkerchief.
HDLC (略) 〔컴퓨터〕 high-level data link control(고수준 데이터 링크 제어).
hdqrs. (略) headquarters.
HDTV (略) high-definition television (고(高) 품격(고화질) 텔레비전).
hdw[e]. (略) hardware.
HDX (略) half duplex.

‡he¹ [hi;, 약 i:, hi, i] pron. 《인칭대명사, 3인칭·단수·남성·주격》 (pl. they; 소유격 his, 목적격 him, 소유대명사 his) 1 그는(가). ¶ Where is your brother? — He is at school. 동생은 어디에 있습니까?—그는 학교에 갔습니다.
— *Usage* him 과 he——(1) he 가 다른 말과 복수 주어를 이루고 있을 경우 구어·속어에서는 him 을 쓸 때가 있다: Him and his wife talked over it for a long time. (2) 앞선 명사구와 동격일 경우, he 라야 될 것이 him 으로 되는 경우가 있다: The taller one of the two, him whose face looked toward us, is my brother. (3) 동사 다음에는 목적격이 온다는 의식이 강하기 때문에 구어 내지 속어에서는 술부에서 he 라야 할 것이 him 으로 될 경우가 많다: That's him. / I am not him. / It can't be him. * It's me. 는 정식용법으로서 확립되어 있다. (4) 접속사의 as 나 than 이 but 따위의 유추에서 전치사처럼 느껴져, 다음에 목적격이 올 경우가 흔하다: She is as tall as him. / She is taller than him. (5) 독립적 용법일 경우, 구어에서는 he 대신에 him 을 쓸 경우가 있다: Who do you mean? —— George. —— Oh, him !
2 〔성별이 분명치 않거나 불필요한 사람을 가리켜〕 그 사람이(의). 3 〔…하는 사람은〕 누구든지. ¶ He who sows little reaps little. 《속담》 애쓰는 바 적은 자는 얻는 바도 적다. 4 《구어》 = it; 《속어》 = him. 5 (H-) 하나님〔을 가리키는 대명사〕.
— n. (pl. hes) 1 남성, 남자, 사내 아이. cf. she 2 수컷. ¶ Is your cat a he or a she? 귀 고양이는 수컷입니까, 암컷입니까? 〔우스움·조소를 나타낸다〕
he² [hi:] interj. 히이, 히히 〔종종 he! he!라고 반복해〕
he- (남성·수컷)의 뜻의 연결형. 예: he-cat, he-goat, he-cousin, he-god.
He 〔화학〕 helium 의 원자 기호.
HE (略) high explosive (고성능 폭약); human engineering(인간 공학).
H.E. (略) His Eminence(예하 〔추기경에 대한 존칭〕); His(Her) Excellency; high explosive.

‡head [hed] n. 1 〔사람·동물의〕 머리, 〔얼굴까지 포함해서〕 두부, 고개. ¶ bow one's head 머리(고개)를 수그리다 / shake one's head 〔불만·의문·부정 따위를 나타내어〕 고개를 옆으로 흔들다 / bare one's head 모자를

벗다 / cover one's head 모자를 쓰다 / duck one's head 목을 움츠리다 / scratch one's head 머리를 긁다 / turn one's head 뒤를 돌아보다 / hold up one's head 목을 꼿꼿이 하다, 자세를 바로잡다 / turn away one's head 고개를 옆으로 돌리다, 외면하다 / have a cold in the head; have a head cold 코감기에 걸려 있다 / hit a person on the head 남의 머리를 때리다 / be taller by a head 머리 하나만큼 키가 크다 / win by a head 머리 하나 차이로 이기다 / Better be the head of an ass than the tail of a horse. 《속담》 뱀머리가 될지언정 용꼬리는 되지 마라.
2 머리의 움직임, 두뇌 (brains), 지력, 지능; 이지, 이성 (reason), 지성; 지혜, 추리력, 이해력; 제정신, 침착 (poise). ¶ head and heart 이성과 감정 / a business head 상재(商才) / have a head for business 실무의 재능이 있다 / come into one's head 머리에 떠오르다, 생각나다 / have a clear (or a good) head 머리가 좋다 / have a dull (or a bad) head 머리가 나쁘다 / bother one's head 골머리를 앓다 / beat … into a person's head …을 남의 머리 속에 집어넣다(주입하다) / use one's head 머리를 쓰다 / do sum in one's head 암산하다 / It requires a steady head. 그것을 하려면 차분함이 필요하다 / His head began to soften. 그의 머리는 한물 가기 시작했다 / Two heads are better than one. 《속담》 한 사람보다 두 사람의 지혜가 낫다, 백짓장도 맞들면 낫다.
3 장 (chief), 우두머리, 지배자 (ruler), 지휘자 (leader); 교장; 총재, 회장. ¶ the head of a section; a section head 과장 / a division head 부장 / a university head 대학 총장 / a department head 학부장 / the head of a tribe (or a clan) 일족의 우두머리 / the head of a party 당수.
4 권력·명에 따위가 따르는 지위, 수석, 상위, 상석. ¶ take the head of the table 주빈석에 앉다 / She stands at the head of her class. 그녀의 성적은 자기 반에서 수석이다 / He is at the head of the demonstration. 그는 그 데모를 지휘하고 있다.
5 〔성질·지위 따위에서 본〕 사람 (person). ¶ crowned heads 왕관에 있는 사람들 / wise heads 현명한 사람들.
6 (pl. head) 1명, 1인분, 한 사람 몫; 한 마리, 한 필; 마리수; 떼, 다수. ¶ at 500 won a (or per) head 1인당 500원으로 / thirty head of cattle 소 30마리 / a large head of 〔잡은 사냥감 따위가〕 많은.
7 〔산〕 정상, 꼭대기 (summit); 〔남머리지 따위의〕 끝, 갑(岬) (* 지금은 주로 지명에 쓰이고 있다: Diamond Head); 〔물건의〕 상부, 상단 (upper end); 〔도구·지팡이〕나 무기 따위의〕 머리 부분, 머리 모양의 부분, 물건을 베는(치는) 부분, 〔골프채의〕 헤드, 〔복의〕 가죽면. ¶ the head of a mountain 산 꼭대기 / the head of a hammer (a nail) 해머(못) 대가리.
8 〔강의〕 수원 (source), 수원지; 〔호수에서〕 강물이 흘러드는 장소; 〔강의〕 낙차; 〔물·증기의〕 압력; 〔액체를 부어넣었을 때 표면에 이는〕 거품; 《英》 〔우유의 표면에 뜨는〕 크림. ¶ the head of a lake 호수머리〔물이 흘러드는 곳〕 / the head of the Mississippi 미시시피강의 수원 / 20 feet head of water 20피트의 낙차 / get up a full head of steam 충분히 증기의 압력이 나오다 / This beer has a good head on it. 이 맥주는 거품이 잘 난다.
9 〔페이지의〕 윗부분; 〔글의〕 앞머리, 서두; 논점, 항목, 제목; 〔신문 따위의〕 표제, 제목 (headline), 〔톱에 전단으로 뽑는〕 큰 제목. ¶ the head of a page 페이지의 윗부분 / come (or fall) under the head of …의 항목에 들다 / arrange one's essay under four heads 논문을 네 항목으로 나누어서 쓰다.
10 〔고름이 터질 듯한〕 종기의 꼭대기. ¶ form a head 고름 맺으다.
11 〔당장 폭발할 듯한〕 위기 (crisis), 극점 (極點), 절정 (climax); 결론. ¶ bring matters to a head 사태를 위기 속에 빠뜨리다(막다른 골목으로 몰아넣다).
12 〔나무의〕 가지끝, 〔초목의〕 머리, 이삭끝, 〔양배추

의] 결구(結球); 두상화(頭狀花). ¶ a cabbage with a *head* 결구한 양배추 / a clover *head* 클로버의 꽃 / in full *head* 이삭이 다 패어.
13 머리카락; 사슴뿔. ¶ a deer of the first *head* 첫뿔이 난 사슴 / comb one's *head* 머리를 빗다 / have a red *head* 머리카락이 빨갛다.
14 (종종 ~s) [경화(硬貨)의] 표면, 겉면(*cf.* tail); [두상(頭像)이 있는] 우표. ¶ *Heads* or tails? 앞이냐 뒤냐? [경화를 던져서 승부를 할 때의 말]/*Heads* I win, tails you win. 앞이 나오면 내가 이기고 뒤가 나오면 네가 이긴다.
15 (구어) [특히 숙취의] 두통(headache). ¶ get (or give) a *head* 《속어》 숙취하다(하게 하다) / have a morning *head* 숙취로 머리가 아프다.
16 [선박] 이물(bows); [이물에 있는] 하급 선원용의 변소(toilet).
17 [건축] 주춧돌, 초석; [기계] [선반(旋盤)·드릴 머신 따위의] 공구를 바꾸어 끼워넣는 부분; [테이프 레코더의] 헤드.
18 [광산] 갱도(heading).
19 [음악] 음표의 머리, 부두(符頭).
20 [문법] 주요어(headword).
21 (속어) 입(mouth). ¶ open one's *head* 지껄이다.
22 생명(life). ¶ for one's *head* 필사적으로, 간신히.
23 (美속어) 마약 중독자; […]광, […]의 열중자.
above the heads of (청중) 에게 너무 어려워서.
beat a person's head off 남을 여지없이 해치우다.
bury one's head in the sand 사실을 외면하다, 위험이 다가오고 있음을 직시하려고 하지 않다.
by head and ears; by head and shoulders 거칠게, 난폭하게, 억지로(forcibly).
by the head (구어) 이물을 물속에 깊숙이 박아넣고; (속어) 약간 취해서.
can make neither head nor tail of; cannot make head or tail of …을 전혀 모르다, 이해하지 못하다.
carry (or *hold*) *one's head high* 거만하게 굴다.
come (or *draw, gather*) *to a head* ① [종기가] 곪아서 터질 듯하다. ⇒10. ② [기회가] 무르익다, [사태가] 위기에 빠지다, 전기(轉機)를 맞이하다. ⇒11.
do … on one's head (英속어) …을 쉽게 (거뜬히) 하다. 「(게으름 피우다).
eat one's head off 잔뜩 먹기만 하고 일은 하지 않다
from head to foot (or *heel*) 머리끝에서 발끝까지, 온몸이, 전신이, 완전히.
gather head [종기가] 곪다(⇒10); [폭풍 따위가] 점점 거세어지다, [수압(水壓)이] 붙다; 모병하다.
get one's head screwed on 언동에 허술함이 없다.
get into one's head ① (vi.) 술이 오르다, 취하다. ② (vt.) …으로 생각하다, 믿다.
give a horse (a person) its (his) head [고삐를] 늦추어 (말을 마음대로 걷게 하다, 사람을 마음대로 하게 하다.
go off one's head 미치다, 머리가 이상해지다, 머리가 돌다.
go to a person's head ① 남의 머리로 올라가다. ② [술이] 사람을 취하게 하다. ③ 사람을 자만케 하다.
hang (or *hide*) *one's head* 부끄러워 고개 숙이다.
have a [good] head on one's shoulders 양식과 분별이 있다, 지혜와 상식이 있다. 「가 좋다.
have a long head 선견지명(先見之明)이 있다, 머리
have one's head screwed on the right way ⇒ SCREW.
head and ears 온몸으로, 완전히.
the head and front ① 절정. ② 본질.
head and shoulders 머리와 어깨만큼, 단연 빼어나게 (*above…*). ¶ He stood *head and shoulders* above them. 그는 그들보다 훨씬 뛰어나 있었다.
one's head off 몹시, 지나치게(excessively).
head on 이물 (차의 앞쪽)을 앞으로 돌리고, 정면부터; 정면으로, 똑바로. ¶ Two cars collided *head on*. 두 차가 정면으로 충돌했다.

head over ears; over head and ears ⇒ EAR.
head over heels; heels over head ① 거꾸로; 손살같이. ¶ turn *head over heels* 재주넘기를 하다. ② 깊이 빠져서, 완전히(*in*…). ¶ He fell *head over heels in* love with her. 그는 그녀에게 홀딱 반했다.
Heads up! (구어) 조심해라!(Be careful!)
keep one's head 침착하다.
keep one's head above ground 살아 있다.
keep one's head above water ① 익사하지 않고 있다. ② (비유격) 빚을 안 지고 있다.
knock something into the head ⇒ KNOCK.
lay (or *put*) *heads together* 이마를 맞대고 의논하다.
let a person have his head 남을 마음내키는 대로 하게 하다.
lie on a person's head of …의 책임이다.
lift up one's head ① 나타나다, 두각을 나타내다. ② 기운을 차리다(되찾다). ③ 긍지를 느끼다. ④ [산이] 우뚝 솟아 있다.
lose one's head ① 목을 잘리다. ② 허둥대다; …에 열중하다(*over…*).
make head 나아가다, 전진하다.
make head against …에 맞서다, 버티다, 대항하다.
off (or *out of*) *one's head* (구어) 미쳐서, 머리가 돌아서.
an old head on (or *upon*) *young shoulders* 젊은 나이답지 않게 현명한 사람.
on (or *upon*) *one's head* ① 물구나무서서. ¶ stand *on one's head* 물구나무서다. ② 자기 책임하에; 일신에 떨어져.
out of one's own head 자기 머리(생각)로.
over a person's head; over the head of a person ① 남에게 이해되지 않는. ¶ He talked *over the heads of* his audience. 그의 이야기는 청중의 이해를 얻지 못했다. ② 남을 따돌리고, 무시하고, 남에게 논지않고.
over head and ears ⇒ EAR. 「논하지 않고.
put … into (*out of*) *a person's head* 남에게 …을 생각나게 하다(잊게 하다).
show one's head 나타나다.
take … into one's head …을 착상하다, 믿게 되다.
take the head 앞장서다, 선도하다.
talk a person's head off 장황한 이야기로 남을 싫증나게 하다.
turn a person's head 남을 으쓱거리게(자만하게) 하다, 도취시키다.
with one's head in the air 빼기고.
— *adj.* **1** 우두머리의, 장(長)의, 수위의(chief), 수석의, 지도적인 (leading). ¶ a *head* cook 주방장 / the *head* office 본점. **2** 앞에서 오는, 마주치어 오는. ¶ *head* currents 역류 / a *head* tide 역조(逆潮). **3** (선박) 이물의, 이물에 해당되는 부분에 있는. ¶ a *head* wall (등산) 헤드 월, 골짜기 막바지.
— *vt.* **1** …의 첫머리에 있다, …의 첫머리에 […을] 두다(싣다). ¶ *head* a chapter 장(章)의 첫머리에 있다 / Each page is *headed* with the writer's name. 각 페이지 첫머리에 저자의 이름이 실려 있다. **2** …의 장이 되다; …의 선두에 서다; …을 지휘하다, 이끌다(lead, precede). ¶ *head* a riot 폭동을 지휘하다 / *head* the cabinet 내각의 수반이 되다. **3** …을 빗나가게 하다, 막다(*…off*). ¶ They *headed off* the movement toward nomination of an entirely new candidate. 그들은 전혀 새로운 후보자를 지명하려는 움직임을 막았다. **4** (배·차 따위)를 …의 방향으로 돌리다, 나아가게 하다(*…for, toward*). ¶ (~+圄+젠+몡) The ship was *headed* for the harbor. 배는 항구를 향해 나아갔다. **5** …을 머리로 치다; (축구 따위에서) …을 헤딩하다. ¶ *head* a ball 머리로 공을 받다, 헤딩하다. **6** [기록 따위]를 넘다. ¶ *head* all records 모든 기록을 깨뜨리다. **7** [강]의 수원을 돌아서 가다. **8** (못 따위)에 대가리를 달다. **9** (동·식물)의 머리·꼭대기 부분을 자르다(*…down*). ¶

head a plant 초목의 꼭대기 부분을 자르다.
— *vi.* **1** 나아가다, […으로] 향하다(move forward) (*for…*) ¶ (~+前+名) *head for* one's destination 목적지를 향해 나아가다 / *head toward* town 도시 쪽으로 향하다 / *head for* bankruptcy 파산(破產)으로 기울다 // (~+副) *head south* 남쪽을 향해 나아가다 / *head along* 전진하다. **2** [식물 따위가] 머리 부분을 형성하다, 결구하다(form a head). **3** [강이 …에서] 발원하다(originate) (*in…*).
head back …의 앞으로 돌아가 방해하다, 앞질러 막다.
¶ *head back* a flock of sheep 양떼를 되돌아가게 하다. ◇ héady *adj.*, ahéad *adv.*

-head *suf.* 성질·상태 등을 나타내는 명사 어미를 만든다. 예: *godhead*.

‡**head·ache** [hédeik] *n.* ⓤ ⓒ **1** 두통. ¶ have a bad *headache* 머리가 몹시 아프다. **2** 《미속어》 골칫(걱정) 거리.

héadàche bànd *n.* 《미속어》 [장식용] 머리띠.
head·ach·y [hédèiki] *adj.* (**-ach·i·er, -ach·i·est**) **1** 머리가 아픈. **2** 두통을 일으키는(수반하는). ¶ a *headachy* cold 두통이 따르는 감기.
head·band [hédbænd] *n.* **1** 머리띠(fillet). **2** 《인쇄》 [페이지 윗부분, 장(章) 첫머리에 인쇄한] 장식 무늬. **3** 《제본》 [책의 안쪽에 받치는] 헤드밴드.
head·board [hédbɔ̀ːrd / -bɔ̀ːd] *n.* [침대의] 머리판.
head·boom [hédbùːm] *n.* =jib boom.
héad bòy *n.* 《英》 [감독역의] 상급생, 반장(反).
héad bùtt *n.* [레슬링] 박치기. [boy].
head·chair [hédtʃɛ̀ər] *n.* [이발소 따위의] 베개 달린 의자.
head·cheese [hédtʃìːz] *n.* ⓤ 헤드치즈[소·돼지의 머릿고기로 만드는 치즈 모양의 식품].
héad còld *n.* 코감기.
héad còunt *n.* 《구어》 여론 조사, 국세 조사.
héad dìp *n.* [파도타기에서] 판자 위에 웅크리고 몸을 앞으로 굽혀 파도 속에 머리를 처박는 기술.
héad dòctor *n.* 《속어》 정신과 의사.
head·dress [héddrès] *n.* **1** 머리쓰개; 머리 장식. **2** 머리 땋는 방식(coiffure).
head·ed [hédid] *adj.* **1** 두부(頭部)가 있는; 표제(제목)가 붙은. **2** 머리 모양을 한, 머리 모양으로 된; [양배추 따위가] 결구(結球)한. **3** 《종종 복합어를 만들어》 머리(머리칼)가 … 모양의; … 성격의. ¶ a cool-*headed* businessman 냉정한 실업가 / a curly-*headed* student 고수머리의 학생.
héad ènd *n.* 헤드 엔드[유선 텔레비전의 방송 신호를 수신하여 간선(幹線)에 송출하는 곳].
head·er [hédər] *n.* **1** 머리 부분(선단)을 잘라내는(뽑는) 사람(기계); [곡식의 이삭 따위를] 베어드는 기계(reaping machine). **2** 모관(母管), 통수관(通水管), 통기관. **3** 《구어》 [물속 따위에] 머리부터 뛰어들기, 곤두박이로 떨어지기. ¶ take a *header* into the river 강물에 머리로부터 뛰어들다. **4** [건축] 《쌓아올린 벽돌의》 소면(小面), 마구리 쌓기. **5** 두목, 수령, 지도자.
héader làbel *n.* 《컴퓨터》 헤더 라벨[파일(file) 또는 데이터 세트의 표제(標題) 라벨].
héad fàst *n.* 이물을 비끄러매는 밧줄.
head-first [hédfə́ːrst] *adv.* **1** 곤두박질하여; 쏜살같이, 곧바로; 무모하게. ¶ fall *headfirst* 곤두박질쳐 떨어지다.
head·fore·most [hédfɔ́ːrmòust / -fɔ́ː-] *adv.* =headfirst.
héad gàte *n.* **1** 《운하의》 상류의 수문(control gate). **2** 《수로 따위의》 방조문(防潮門), 수문(floodgate).
head·gear [hédgìər] *n.* ⓤ **1** 머리 장식, 모자. **2** 머리 부분 마구(馬具) [굴레·재갈 따위]. **3** 헤드기어, 머리 가리개[권투의 스파링 때나 축구 따위에서 머리를 보호하기 위해 쓴다].
head·hunt [hédhʌ̀nt] 《미속어》 *vi., vt.* 간부를 스카우트하다. — *n.* 간부 스카웃.

head·hunt·er [hédhʌ̀ntər] *n.* **1** 사람 사냥하는 풍습을 가진 야만인. **2** 《미속어》 [기업 따위의] 간부 인재 스카웃.
head·hunt·ing [hédhʌ̀ntiŋ] *n.* ⓤ 사람 사냥.
head·i·ly [hédili] *adv.* 고집세게; 무모하게; 현기증이 나도록.
*head·ing** [hédiŋ] *n.* **1** 머리(정부(頂部), 전면)의 부분. **2** [장(章) 따위의] 표제[어], 제목. **3** [연설 따위의] 연제, 문제(topic). **4** [채광·환기·배수 따위의] 수평 갱도, 횡갱(橫坑) (drift). **5** 《항공》 비행 방향; [항해] 진로, 방향. **6** ⓤ ⓒ 《축구》 헤딩. **7** ⓤ ⓒ 《초목의》 순치기, 머리 자르기.
héad làmp *n.* =headlight.
head·land [hédlənd] *n.* **1** 《해안·호반(湖畔)의》 돌출부; 갑(岬)(promontory), 해각(海角). **2** 《밭 가장자리 근방의》 두렁.
head·less [hédlis] *adj.* **1** 머리(목)가 없는. **2** 지도자(수령) 없는. **3** 무식한, 어리석은. **~ness** *n.*
*head·light** [hédlàit] *n.* **1** 《자동차 따위의》 전조등, 헤드라이트. **2** 《배의》 장등(檣燈).
*head·line** [hédlàin] *n.* **1** [신문 기사 따위의] 표제, 제목. **2** [특히 1면의] 큰 표제. **2** 페이지의 윗난[난외의 제목·페이지 수 따위가 적혀 있다]. **3** 《항해》 돛을 활대에 동여매는 밧줄. — *vt.* (**-lined, -lin·ing**) [신문 기사 따위의] 표제를 붙이다(head).
head·lin·er [hédlàinər] *n.* **1** [신문의] 표제를 붙이는 기자. **2** 《속어》 [연극] [포스터 따위에 이름이 특별히 크게 나는] 인기 배우, 스타, 주역 배우.
head·load [hédlòud] *n.* 머리로 이어 나르는 짐.
head·lock [hédlɔ̀k / -lɔ̀k] *n.* 《레슬링》 헤드록.
‡**head·long** [hédlɔ̀ːŋ / -lɔ̀ŋ] *adv.* **1** 곤두박이로 (head-first). ¶ fall *headlong* 곤두박질쳐 떨어지다. **2** 급히게, 허둥지둥(hastily). **3** 무분별하게(thoughtlessly), 무턱대고. — *adj.* 곤두박이의; 성급한 무분별한, 저돌적인. ⇨ HASTY 類語. **~ness** *n.*
head·man [hédmən, -mæn →2] (*pl.* **-men** [-mèn]) **1** 수령, 지도자 (chief, leader); 추장. **2** [hédmæn] (*pl.* **-men** [-mén]) [노동자의] 감독, 직공장.
*head·mas·ter** [hédmǽstər / -máːs-] *n.* **1** 《英》 [국민 학교·중학교의] 교장(principal). **2** 《美》 [사립 학교의] 교장.
head·mas·ter·ship [hédmǽstərʃìp / -máːs-] *n.* ⓤ 교장의 직(지위).
head·mis·tress [hédmístris] *n.* **1** 《英》 [국민 학교·중학교의] 여교장. **2** 《美》 [사립 학교의] 여교장.
héad mòney *n.* ⓤ **1** 인두세(人頭稅)(poll tax). **2** 포로 등을 체포한 법인 등에 따라 주는 상금.
head·most [hédmòust] *adj.* 맨 앞의, 선두의(foremost).
head·note [hédnòut] *n.* 두주(頭註). *cf.* footnote.
head-on [hédɔ́n / -ɔ́n] *adj.* 정면의, 이마받이의. ¶ a *head-on* collision (*or* clash) 정면 충돌. *cf.* head on.
head·phone [hédfòun] *n.* 《종종 ~s》 헤드폰, 《머리에 쓰는》 수화기(headset).
head·piece [hédpìːs] *n.* **1** 투구(helmet); 머리에 쓰는 것, 모자; [마구(馬具)의] 굴레. **2** 두뇌(brain), 지력(知力), 판단력; 지자(知者). **3** [인쇄] [책의 페이지의 윗부분·장(章) 처음의] 장식.
head·pin [hédpìn] *n.* [볼링] 헤드핀[첫번째 핀].
head·quar·ter [hédkwɔ̀ːrtər, ⨉⨉] *vi., vt.* 본부를 설치하다, 본부에 두다.
‡**head·quar·ters** [hédkwɔ̀ːrtərz, ⨉⨉] *n. pl.* 《종종 단수 취급》 **1** 본부, 본서(本署), [군대의] 사령부. ¶ general *headquarters* 총사령부. **2** 활동의 중심, 본거지. **3** 《집합적》 본부원, 사령부원.
head·race [hédrèis] *n.* [물방아의] 붓도랑, 도수로(導水路).
head·reach [hédrìːtʃ] 《항해》 *vi.* [배가] 방향 전환으로 바람 불어오는 쪽으로 나아가다. — *n.* ⓤ 방향 전

환 중에 나아가는 거리.
héad régister n. 〔음성〕두성 성역(頭聲聲域). *cf.* head voice
héad resístance n. 〔항공〕전면(前面) 저항.
héad·rest [hédrèst] n. 〔의자 따위의〕머리 받침.
héad restráint n. 〔추돌시 머리·목부분을 보호하기 위한〕자동차 좌석의 머리받침(headrest).
héad·room [hédrù(:)m] n. ⓤ 머리와 천장의 거리, 〔터널 따위의〕높이[세간]. 〔돛, 앞돛.
héad·sail [hédsèil, 항해 -sl] n. 〔항해〕뱃머리의 세로
héad séa n. 〔항해〕마주쳐 오는 파도, 역랑(逆浪).
héad·set [hédsèt] n. =headphone.
héad·shake [hédʃèik] n. 〔불신·불찬성의 뜻으로로〕머리를 가로젓기.
héad·ship [hédʃip] n. ⓤ 수령(지도자)의 지위(직) (leadership); 수장(首長)의 권위, 지도력(主上權).
héad shòp n. 《美속어》히피나 환각제와 관계 있는 물건을 파는 가게.
héad·shrìnk·er [hédʃrìŋkər] n. 《美속어》정신과 의사(psychiatrist).
héads·man [hédzmən] n. (*pl.* **-men** [-mən]) 목베는 사람, 망나니, 사형 집행인.
héad·spring [hédsprìŋ] n. **1** 〔하천의〕근원, 수원. **2** 원천, 기원(origin).
héad·stall [hédstɔ̀ːl] n. 〔마구(馬具)의〕굴레 장식.
héad·stand [hédstæ̀nd] n. 물구나무서기.
héad stárt n. **1** 〔경기·사업 따위에서의〕유리한 스타트, 최초의 우위, 순조로운 출발. **2** (the H- S-) 《美》영세민층 미학의 자녀 교육. 의료 지원 사업.
héad·stock [hédstɔ̀k / -stɔ̀k] n. 〔기계〕기계 회전부의 축받이. 〔蓋石〕.
héad·stone [hédstòun] n. 묘석(墓石), 〔무덤의〕개석
héad·stream [hédstrìːm] n. 원류(源流).
héad·strong [hédstrɔ̀ːŋ / -strɔ̀ŋ] *adj.* 완고한, 억지를 쓰는, 고집불통의. ◇ WILFUL [類語]
héad táble n. 연설자(의장)의 앞 테이블.
héad táx n. 《美》인두세(人頭稅).
héad·teach·er [hédtíːtʃər] n. 《英》교장.
héad-to-héad [hédtəhéd] n. *adj.* 접전(接戰)(의).
héad tóne n. 두성음(頭聲音)(vocal tone).
héad vóice n. 두성(頭聲), 가장 높은 목소리.
héad·wait·er [hédwéitər] n. 급사장(給仕長).
héad·wa·ters [hédwɔ̀ːtərz] n. *pl.* 강의 상류(근원), 원류.
héad·way [hédwèi] n. ⓤ **1** 〔배의〕전진; 진항(進航) 속도, 배의 속도, **2** 〔일 따위가〕진행됨, 진척〔도〕. *gain headway* 전진하다 / *gather headway* 차츰 속도를 늘리다. **3** 〔배나 열차 따위의〕운항(운전) 간격. **4** 〔건축〕〔아치·문 따위의 위아래의〕공간 높이.
make headway 전진하다, 진보하다.
héad·wind [hédwìnd] n. 〔배·비행기의〕맞바람, 역풍.
héad·word [hédwə̀ːrd] n. **1** 표제어(entry). **2** 〔문법〕주요어(主要語). 〔tal labor〕.
héad·work [hédwə̀ːrk] n. ⓤ 정신(두뇌) 노동(mental labor).
héad·y [hédi] *adj.* (**héad·i·er, héad·i·est**) **1** 성급한 (hasty), 무모한, 고집 센. **2** 〔술 따위가〕취하게 하는 (intoxicating). **3** 흥분시키는, 자극적인. **4** 분별 있는, 머리가 좋은(clever). **héad·i·ness** n.

‡**heal** [hiːl] *vt.* **1** 〔병·상처 따위를〕고치다. ⇨ CURE [類語] **I** *heal* disease (a wound) 병(상처)을 고치다 // (~+圖+前+名) *heal* a person *of* [his] wound 남의 상처를 고치다 / *be healed of* [one's] wound 상처가 낫다. **2** 〔고민 따위를〕해소하다. **¶** Time *healed* his trouble. 시간이 지남에 따라 그의 걱정은 스러져 없어졌다. **3** 〔불화 따위를〕화해시키다. **¶** *heal* a quarrel 싸움을 화해시키다. **4** …을 정화하다, 깨끗이 하다(purify).
— *vi.* **1** 낫다, 치유되다(get well). **¶** (~+圖) *heal up* (or *over*) 〔상처가〕낫다, 유착되다, 아물다. **2** 치

héal·a·ble [híːləbl] *adj.* 고칠 수 있는.
héal-all [híːlɔ̀ːl] n. 만병 통치약; 약초, 〔특히〕꿀풀 〔꿀풀과(科)의 다년초〕.
héal·er [híːlər] n. **1** 치료자; 약. **2** 〔Christian Science의〕신앙 요법사. ⇨ CHRISTIAN SCIENCE.
héal·ing [híːliŋ] *adj.* **1** 〔병을〕고치는, 치료의(curative). **2** 차츰 치유되는. — n. ⓤ 치료〔법〕. **~ly** *adv.*
‡**health** [helθ] n. ⓤ **1** 건강, 건강도, 건전. **¶** *have* (*lose*) *one's health* 건강을 지니다(잃다) / *be restored to health* 건강이 회복되다 / He is the picture of *health.* 그는 건강 바로 그 자체다 / Smoking is dangerous to your *health.* 흡연은 건강에 나쁘다. **2** 건강 상태. **¶** a bill of *health* 건강 진단서 / be in good (bad, ill, poor) *health* 건강 상태가 좋다(나쁘다) / fall into ill *health* 건강을 해치다 / keep in good *health* 건강을 유지하다.
3 위생(hygiene), 건강법. **¶** [the] public *health* 공중 위생 / the board of *health* 위생국(과) / the Ministry of Health 《英》보건부. **4** 번영(prosperity), 안녕; 활력 (vitality). **¶** a serious menace to our economic *health* 경제 번영에 대한 중대한 위협. **5** 〔건강·행복 따위를 비는〕건배, 축배. **¶** call a *health* 건배를 제청하다 / drink [to] a person's *health*; drink [to] the *health of* a person; drink a *health* to a person 남의 건강을 축복하여 건배하다. 「는 것은 아닌.
not ... *for one's health* 〔구어〕좋아서(취미로) …하
◇ héalthful, héalthy *adj.*
héalth-càre [hélθkɛ̀ər] n. 보건 의료〔서비스〕(medical care), 건강 관리; 의료 보험. **¶** a *healthcare* porvider 의료요원, 의사 / *healthcare* reform 의료개혁.
héalth cénter (《英》**céntre**) n. 《英》보건소.
héalth certíficate n. 건강 증명(진단) 서.
héalth clúb n. 헬스 클럽〔건강과 미용을 위한 체육관이나 스포츠 센터〕.
héalth depártment n. 위생국.
héalth fóod n. 건강 식품〔자연 식품 따위〕.
*****héalth·ful** [hélθfəl] *adj.* **1** 건강에 좋은, 유익한, 도움이 되는(beneficial, salutary). **¶** a *healthful* diet 건강에 좋은 식품. **2** 건강한, 건장한. ⇨ HEALTHY [類語]
~ly [-fəli] *adv.* **~ness** n.
héalth-gìv·ing [hélθgìviŋ] *adj.* 〔약·운동 따위가〕건강을 증진시키는.
héalth insúrance n. ⓤ 건강 보험.
héalth·less [hélθlis] *adj.* **1** 가냘픈, 병약한(infirm). **2** 몸(건강)에 나쁜(unwholesome).
héalth máintenance organizátion n. 《美》〔회원제의〕종합 건강 관리 기관〔略 HMO〕.
héalth ófficer n. 위생관, 검역관.
héalth phýsics n. *pl.* 〔단수 취급〕보건 물리학〔방사선 따위의 의한 상해·건강 문제를 연구〕.
héalth resórt n. 보양지(保養地).
héalth sálts n. 건강염(鹽) 〔미네럴 워터에 타서 완하제(緩下劑)로 사용〕.
héalth sérvice n. 건강 보험; 공공 의료 〔시설〕.
héalth spà n. 건강(체중 감량) 요양소(fat form) 〔비만자의 감량 요법을 실시하는 민간 유료 시설〕.
héalth vìsitor n. 《英》순회 보건원.
*****héalth·y** [hélθi] *adj.* (**héalth·i·er, héalth·i·est**) **1** 건강한; 건전한. *cf.* sick, ill **¶** a *healthy* body 건강체 / a *healthy* mind 건전한 정신. **2** 건강해 보이는 〔태도·분위기〕건전한. **¶** a *healthy* appetite 건강한 식욕 / a *healthy* state of public opinion 여론의 건전한 상태. **3** 건강에 좋은(healthful). **¶** *healthy* recreations 건강에 좋은 오락.
[類語] **healthy** 신체나 정신에 병이나 이상한 점이 없이 활력이 넘치는; healthful의 뜻으로 쓰이는 일도 많다. **healthful** 건강을 증진하는: a *healthful* climate 건강에 좋은 기후. **well** 병이 나지 않은; 반드시 활력에 찬 것을 뜻하지는 않는다: Is your father *well*? 아버님께

선 안녕하십니까? **sound** 완전히 healthy 하여 병·결함의 조짐이 전무한: a *sound* body (mind) 건전한 신체(정신). **wholesome** 건강하고 생기에 차서 남에게 효감을 주는; 특히 건강에 해롭지 않은: a *wholesome* recreation 건전한 레크리에이션. **salubrious** 특히 기후·공기가 healthful 한. **salutary** 건강, 그 밖에 사람의 행복에 도움이 되는; 유익한 방책. **sanitary** [전염병 예방 따위의] 공중 위생을 증진하는: *sanitary* sewerage 위생적인 하수 설비. **hygienic** 특히 공중의 건강을 유지·증진하는 데 관한: the *hygienic* care of one's teeth 이의 위생적인 손질.
4 《구어》 [수량이] 상당한(considerable). **5** 기운찬, 왕성한(hearty). **health‧i‧ly** *adv*. **health‧i‧ness** *n*.
◇ **health** *n*.

HEAO (略) 《우주공학》 high-energy astronomy observatory(고(高)에너지 천체 관측 위성).

‡**heap** [hi:p] *vt*. **1** …을 쌓아 올리다(pile up), 쌓아올려서 만들다; …을 쌓다, 축적하다(accumulate). ¶ (~+图+副) *heap up* stones 돌을 쌓아 올리다 / *heap up* riches 부를 축적하다 / The dead people were *heaped together* in the road. 시체가 도로에 쌓아 올려졌다. **2** …을 대량으로 주다, 풍부하게 공급하다. ¶ (~+图+副+图) *heap* favors on a person 남에게 많은 은혜를 베풀다 / It's no use *heaping* abuse on him. 그에게 욕을 퍼부어도 아무 소용이 없다. **3** …에 수북이 쌓다(담다). ¶ (~+图+副+图) *heap* a bowl *with* potatoes 주발에 감자를 수북이 담다. — *vi*. 쌓이다, 퇴적하다. 산을 이루다(up).
heap coals of fire on** a person's **head ⇨ COAL.
— *n*. **1** 퇴적, 쌓아올린 것, 무더기, 더미. ⇨ PILE. 類 ¶ a *heap* of stones 돌무더기 / a dump *heap* 쓰레기더미 / in a *heap* 산더미처럼, 많이. **2** 《구어》 [사람 등의] 무리, 군집; 다수, 다량. ¶ *heaps* of people 수많은 사람들 / a *heap* of money 많은 돈. **3** 《속어》 털터리 자동차. **4** (~s) 《속어》《부사적으로 써서》 크게, 대단히, 매우. ¶ I feel *heaps* better today. 오늘은 매우 기분이 좋다.
all of a heap 《구어》 ① 깜짝 놀라서(amazed). ② 갑자기, 느닷없이(abruptly).
a heap sight 《구어》《부사적으로 써서》 매우, 대단히 (much). ¶ There was *a heap sight* more corn. 예년보다 훨씬 옥수수의 수확이 많았다.
in a heap ① 산더미처럼, 많이. ② 웅크리고, 축 처져서; 《美속어》 취해서. ¶ I saw her *in a heap*. 그녀가 웅크리고 있는 것을 보았다.
◇ **héapy** *adj*.

heap‧y [hí:pi] *adj*. (**heap‧i‧er, heap‧i‧est**) 수북한, 산더미 같은, 고봉으로 쌓은(담은).

‡**hear** [hiər] *v*. (**heard, hear‧ing**) *vt*. **1** …을 듣다, …이 들리다. ◆ LISTEN 類語 ¶ *hear* a loud voice 커다란 소리가 들리다 / (~+图+*do*) I *hear* him speak. 그가 얘기하는 것이 들린다 (* 수동형에서는 do 는 to do 로 된다. He is *heard to* speak.) / You could have *heard* a pin *drop*. 핀이 떨어지는 소리가 들릴 정도로 조용했다 // (~+图+*-ing*) I *heard* him *groaning*. 그가 신음하는 소리가 들렸다 / (~+图+*done*) Did you *hear* your name *called*? 네 이름을 부르는 소리를 들었느냐?
2 …을 얻어듣다, 들어 알다(be informed of), 전해 듣다. ¶ I *hear* the news 소식(뉴스)을 듣다 / (~+*that* 節) I *hear* that business is picking up. 경기가 회복되고 있다고 한다 / He was engaged, I *hear*. 그는 약혼했다고 한다.
3 …을 주의해서 듣다, 잘 듣다, 경청하다(listen to). ¶ I *heard* his explanation. 그의 설명을 잘 들었다.
4 […의 연주·연설]을 듣기 위해 출석하다, …을 청강하다. ¶ *hear* a famous singer 유명한 가수의 노래를 듣다 / *hear* a course of lectures 일련(연속)의 강의에 출석하다.
5 [군주·재판관·교사가] …을 심문하다(try). ¶ *hear* a case 사건을 심리하다 / The committee *heard* 345 witnesses. 위원회는 345명의 목격자로부터 이야기를 들었다 // (~+图+图) She *heard* her child his lessons. 그녀는 자기 아이의 공부를 돌봐주었다.
6 …의 말을 들어 주다; …을 받아들이다(accede to), 승낙하다(grant). ¶ *hear* my prayer. 저의 소원을 들어주십시오 / (~+图+副) He would not *hear* me *through*. 그는 내 말을 끝까지 듣지 않았다.
Do you hear [me]? 내 말 안들려?, 알았지!
— *vi*. **1** 귀가 들리다, 들리다, 듣다. ¶ He can't *hear* at all, poor fellow! 가엾게도 그는 귀가 들리지 않는 것이다.
2 정보(소식)을 얻다, 편지를 받다(about, from, of…). ¶ (~+副+图) I've never *heard of* him since. 그 뒤로 그의 소문은 통 듣지 못했다 / I have *heard about* your doings. 당신의 동정에 대해서는 듣고 있습니다 / I *hear from* him now and then. 가끔 그에게서 편지가 옵니다.
— **Usage** *hear him, hear of (about) him, hear from him* —(1) *hear him* 은 직접 그의 말을 듣다. (2) *hear of* him 은 간접적으로 제3자로부터 그에 대해서 듣다. *hear about* him 은 of 보다도 더 자세히 그에 대해서 듣다. * of 와 about 간에 엄격한 구별은 know, say, speak, talk 따위의 뒤에서도 볼 수 없다. (3) *hear from* him 은 '그에게서 듣다'로서 뉴스 원(源)을 나타내는데, 특히 '편지가 오다'의 뜻으로 쓰인다.
3 《美구어》 …을 들어주다, 동의하다, 승낙하다(allow) (*of, to*…). * 부정문에 쓰는 일이 많다. ¶ (~+副+图) He will not *hear of* my going. 그는 내가 가는 것을 승낙하지 않을 것이다.
4 《구어》 꾸중받다, 야단맞다(*from*…); 칭찬받다(*about, of*…). ¶ (~+副+图) If you don't obey him, you will *hear from* him. 그의 말대로 하지 않았다가는 야단맞는다.
5 《주로 英》 경청(근청)하다. ¶ *Hear! Hear!* 근청!;《찬성이오!》
hear out ① …을 끝까지 듣다. ¶ *Hear* me *out*. 내가 하는 말을 끝가지 들어 보라. ② [소리]를 분간해 듣다.
hear say (or *tell*)《구어》 …을 이야기(소문)로 듣다. ¶ I have *heard say* that the moon influences the weather. 달이 날씨에 영향을 준다는 이야기를 들은 적이 있습니다.

‡**heard** [hə:rd] *v*. hear 의 과거·과거 분사.

‡**hear‧er** [híːrər / híərə] *n*. 듣는 사람, 청취자, 청중.

‡**hear‧ing** [híəriŋ / híər-] *n*. **1** ① 듣기, 청취; 청력(聽力), 청각. ¶ lose one's *hearing* 귀를 먹다(되어 deaf) / Her *hearing* is bad (or poor). 그녀는 귀가 어둡다 / The boy is hard (quick) of *hearing*. 그 소년은 귀가 어둡다(밝다). **2** ⓒ 들는 기회; 듣게 하기, 발언의 기회. ¶ find (or have, gain, get) a *hearing* 듣게 하다, 발언할 기회를 얻다 / give (or grant) a person a fair *hearing* 아무의 말을 공평히 들어 주다. **3** 청문회, 공청회(public hearing). **4** ⓤⓒ 심문(審問), 심리(尋問); [소송·의사의 기초적 증거의]심리, 심의;[법정 따위의] 증언 청취. ¶ a preliminary *hearing* 예심 / *hearings* of a bill 의안의 심의 / come up for *hearing* 심문받다, 의의 의제에 오르다. **5** ⓤ 들리는 거리 (범위)(earshot). ¶ beyond *hearing* 들리지 않는 곳에 / come (or keep) within *hearing* 들리는 곳으로 오다(에서 듣다) / go out of *hearing* 들리지 않는 곳으로 가다 / It was said in my *hearing*. 내게 들리는 곳에서(나에게 들으라는 듯이) 그 말을 했다.

héaring áid *n*. [美의학] 보청기.

heark‧en [háːrk(ə)n] *vi*. 경청하다, 귀를 기울이다 (listen) (*to*…). ¶ (~+副+图) *hearken to* a distant sound 멀리서 나는 소리에 귀를 기울이다. — *vt*.《고어》…을 듣다(hear).

heark‧en‧er [háːrk(ə)nər] *n*. 경청하는 사람.

hear‧say [híərsèi] *n*. ⓤ **1** 풍문, 소문, 풍설, 전문

(傳聞) (report, rumor). ¶ This is mere *hearsay*. 이것은 단순한 풍문에 지나지 않는다. **2** =hearsay evidence.
── *adj.* 소문의, 풍문의. ¶ a *hearsay* report 풍문, 소문, 풍설.

héarsày évidence *n.* ⓤ [법률] 전문(傳聞) 증거.
hearse [hə:rs] *n.* **1** 영구차, 장의차. **2** [고어] 관가 (棺架). **3** [성주간(聖週間)(Holy Week)에 쓰는] 삼각 촛대.

hearse-cloth [hə́:rsklɔ̀:θ / -klɔ̀(:)θ] *n.* 관의(棺衣), 관포(棺布)(pall).

‡**heart**¹ [hɑ:rt] *n.* **1** [생리학적인 의미에서의] 심장 (심실(心室). ¶ a weak *heart* 허약한 심장 / the smoker's *heart* 지나친 흡연에 의한 심장병 / the right (left) *heart* 우(좌) 심실 / affect the *heart* 심장에 지장을 주다 / My *heart* is beating fast. 심장의 고동이 빠르다 (가슴이 두근거리고 있다).

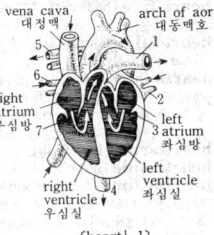

[*heart*¹ 1]

1 left pulmonary artery 좌폐동맥
2 left pulmonary veins 좌폐정맥
3 mitral valve 승모판 4 aorta 대동맥
5 right pulmonary artery 우폐동맥
6 right pulmonary veins 우폐정맥
7 tricuspid valve 3첨판

2 흉부(breast, bosom). ¶ cross one's *heart* 가슴에 성호를 긋다 / She pressed her baby to her *heart*. 그녀는 아기를 가슴에 부둥켜안았다.

3 [지·정·의(知情意)를 포함한 넓은 뜻의] 마음, 가슴; [정이 깃드는 곳으로서의] 마음, 감정; 혼; 기분; 심정(mood, temperament). ○ MIND 類語 ¶ a cruel and pitiless *heart* 냉혹 무정한 마음 / an evil *heart* 사악한 마음 / a kind(or a tender, a warm) *heart* 부드러운 마음 / a hard(or a stony) *heart* 냉혹한 마음 / a generous *heart* 활수한(선선한) 마음 / a stout *heart* 씩씩한 마음 / a change of *heart* 변심; 개심; 개종(改宗) / pure in *heart* 마음이 순수한 / with a good (or a light) *heart* 용약하여, 쾌활하게, 가벼운 마음으로 / with a heavy *heart* 마지못해, 풀이없이, 무거운 마음으로 / with all one's *heart*; with one's whole *heart* 진심으로, 마음으로부터 / with half a *heart* 내키지 않은 기분으로, 마지못해 / brighten one's *heart* 마음을 밝게 하다, 마음을 개운하게 하다 / harden one's *heart* 마음을 모질게 먹다 / move (or stir, touch) a person's *heart* 남의 마음을 움직이다 / fix one's *heart* on …에 마음을 쏟다 / set one's *heart* at rest (or ease) 안심하다 / His *heart* bleeds for his son. 그는 아들 때문에 몹시 상심하고 있다 / What the *heart* thinks, the mouth speaks. 《속담》마음에 먹은 생각은 입으로 나온다.

4 ⓤ 마음속, 심저(心底), 본심(the soul). ¶ *heart* to *heart* 숨김없이, 속을 털어놓고 / from [the bottom of] one's *heart* 충심으로부터, 마음[속]으로부터 / from the *heart* of hearts 마음속으로부터 / at the bottom of one's *heart* 내심으로는 / in one's *heart* [of hearts] 마음속에서, 마음속으로는, 남 몰래 / down in one's *heart* 마음 속에서[는]; in one's *heart* to one; lay one's *heart* open to …에게 가슴속을 터놓다 / search the (or one's) *heart* 자기의 심중을 살피다; [행동 등에 관해] 내성(內省)하다.

5 ⓤ 애정(affection), 동정[심] (sympathy), 인정; 연심(戀心), 연정(love). ¶ a man of *heart* 인정이 많은 사람 / a man without a *heart* 정이 없는 사람, 무정한 사람 / give (or lose) one's *heart* to …을 사모하다, …을 연모하다 / have a *heart* 《구어》 인정이 있다, 이해하다 / have no *heart* 인정머리 없다, 이해심이 없다 / have [plenty of] *heart* 인정미가 두텁다 / let one's *heart* go out to …에게 마음을 보내다, …이 좋아지다 / steal a person's *heart* 모르는 사이에 남의 마음을 사로잡다 / She won Susie's *heart*. 그는 마침내 수지의 사랑을 획득했다 / She is all *heart*. 그녀는 매우 상냥스럽다(대단히 인정이 있다).

6 ⓤ (a ~) 용기(courage), 기력(spirit), 원기, 견인(堅忍); (fortitude), 열의, 열심(enthusiasm). ¶ be of good *heart* 원기가 있다 / die of broken *heart* 낙담한 나머지 죽다 / crush a person's *heart* 남의 기를 꺾다 / have no *heart* to do …할 용기가 없다, 차마 …할 수가 없다 / have one's *heart* in …에 열중하고 있다, …에 심혈을 쏟다 / have the *heart* to do …할 용기가 있다, 무턱대고 …하다 / keep [a good] *heart* 용기를 잃지 않고 있다 / lose *heart* 원기를 잃다, 낙담하다 / pluck up one's *heart* 용기를 내다, 기운을 내다 / put *heart* into a person 남의 원기를 북돋우다 / take *heart* 기운 나다, 용기를 내다 / gather *heart* 용기를 멸쳐 일으키다, 마음을 고쳐 먹다 / lift up the *heart* of …의 기운을 북돋우다 / give one's whole *heart* to …에 전력을 기울이다, 진정으로 …하다 / His *heart* died within him. 그는 [기운이] 꺾이고 말았다 / I am a little in *heart* again. 조금 기운이 되살아났습니다.

7 ⓤ 지(知)(intellect); 이해(understanding); 기억(memory). ¶ get (or learn) … by *heart* …을 암기하다 / know … by *heart* …을 잘 알고 있다 / lay … to *heart* …을 마음에 새기다, 숙고(熟考)하다 / ring in one's *heart* 기억에 남다 / say English poems by *heart* 영시(英詩)를 외어서 읊다.

8 중심[부], 복판, 중앙부(center); [국토의] 중앙, 본토, 오지; [식물] 식물의 심(芯), 속, [목재의] 수(髓), 수심(樹心) (core); 한가운데(middle, midst); [양줄의] 심(core). ¶ the *heart* of Africa 아프리카의 오지 / the *heart* of a city 도시의 중심부 / the *heart* of a flower 화심(花芯) / in the *heart* of the mountain 산 속에 / in the *heart* of the coldest winter 더없이 추운 한겨울에.

9 핵심, 급소, 본질(essence), 진의, 골자, 진수, 주요 부분. ¶ The *heart* of the matter 문제의 핵심, 본체, 본론 / touch the *heart* of a subject 문제의 핵심을 건드리다 / get (or go) to the *heart* of a matter 사건의 핵심을 찌르다, 본론(본제)에 들어가다.

10 기운있는 자; 용자, 용사; [고결한] 사람. ¶ my hearts [항해] 용사들, [용기있는] 여러분 / a brave *heart* 용감한 사람.

11 사랑하는 사람; [애정을 나타내어] 그대, 당신, [귀여운] 사람. ¶ Dear (or Dearest) *heart*! 그대여, 애, 사랑하는 사람 [아내·애인·자식 등에의 호칭].

12 심장 모양[의 물건]; 하트형의 보석(장식); [카드의] 하트 [의 짝], (~s) 【단·복수 양용】 하트짝수의 패; (~s) 【단수 취급】 [카드놀이의] 하트 빼기 [놀이]; 서양 벚뿌리.

13 ⓤ [토양의] 비옥함; 토질, 토리(土理). ¶ in good (poor) *heart* 땅이 기름져서 (메말라서) / out of *heart* 땅이 메말라서.

after one's own heart 마음에 맞는(맞아), 뜻대로 (의) [←사무엘기(상) (1 Sam.) 13:14]. ¶ She is a girl quite *after my own heart*. 그녀는 완전히 내 마음에 드는 여성이다.

at heart ① 마음에, 마음속에. ¶ have something *at heart* 무엇인가를 마음에 품다; 마음에 깊이 간직하다; 마음속에 생각하고 있다. ② 마음은, 속으로는, 실상은, 본심은, 사실은.

break a person's heart 남을 비탄에 잠기게 하다, 몹시 슬프게 하다.

come home to one's heart 가슴에 와 닿다.

cross one's heart 자기의 말이 진실임을 맹세하다; 가슴에 성호를 긋다.

cry one's heart out ⇨ CRY.

cut a person to the heart ⇨ CUT.

do a person's heart good 기쁘게 하다, 기운을 돋

eat *one's* **heart out; eat out** *one's* **heart; devour** *one's* **heart** 남몰래 슬퍼하며 고시랑거리다, 마음에 새기어 동경하다, 사모하여 애태우다.
find it in *one's* **heart to do** …할 마음이 나다, …하고 싶다고 생각하다. * 주로 can, could 따위와 함께 부정·의문문에 쓰인다. ¶ I cannot *find it in* my *heart* to go with him. 그와 같이 갈 기분이 나지 않는다.
go to *one's* **heart** 마음에 찔리다.
have *one's* **heart in** *one's* **mouth** [심장이 입으로 나올 만큼] 몹시 놀라다, 혼비 백산(기절 초풍)하다.
have *one's* **heart in the right place** 악의가 없다; 인정미가 있다.
Heart alive! [놀람·초조를 나타내어] 아이 깜짝이야!, 어렵쇼!
heart and soul 몸과 마음을 다하여, 열심히, 완전히.
One's heart goes out to... …을 가엾게 생각하다.
One's heart leaps into *one's* **mouth**. 기절초풍하다.
a heart of gold 상냥한 마음[·을 가진 사람].
a heart of oak 용맹심[이 있는 사람].
a heart of stone 냉혹한 마음(사람).
One's heart sinks within *one* (or 《구어》 *into*) *one's* **boots**). 깜짝 놀라다; 낙담하다, 의기소침하다.
in good(poor) heart ① 기운차게(없이). ② [땅이] 기름져(메말라서).
lay one's heart at a person's feet 남에게 구혼하다.
lie at a person's heart ① 남에게 사모를 받고 있다. ② 남의 걱정거리이다.
lose *one's* **heart to** (or **over**) …에게 마음을 빼앗기다, 사랑하다.
near (or **nearest, next**) *one's* **heart** 그리운, 마음 끌리는; 소중히 하고(아끼고) 있는.
out of heart ① 기운 없이, 맥없이 ② [땅이] 메말라.
out of heart with …에 불만스러이.
put *one's* **heart into** …에 골몰(열중)하다.
set *one's* **heart on** (or **upon**) …에 희망을 걸다, …을 바라다; …에 열중하다, …하고 싶다고 생각하다(*doing*).
sick at heart 비탄에 잠기어; 마음 아파하여.
sing *one's* **heart out** 가슴이 터질 만큼 크게 노래부르다.
speak to the heart 마음에 호소하다, 마음을 움직이다.
take heart of grace 용기를 내어 […하다(*to do*)].
take (or **lay**) **...to heart** ① …을 깊이(잘) 생각하다. ② 사랑하다, …을 깊이 마음에 새기다. ③ …에 마음쓰다, 슬퍼하다.
throw *one's* **heart into** =**put** *one's* **heart into**.
wear *one's* **heart on** *one's* **sleeve** ① 숨기지 않다, 생각한 것을 숨김없이 말하다. ② 이내 사랑에 빠지다.
With all *one's* **heart** 마음속에서.
with *one's* **heart in** *one's* **mouth** 겁을 잔뜩 집어먹고. ◇ **héarty** *adj.*, **héarten** *v.*
heart² [haːrt] *vi*. [양상치·양배추 따위에] 결구(結球)의 심이 생기다 (*up*).
heart·ache [háːrtèik] *n.* **1** 심장의 아픔. **2** 마음.
héart attáck *n.* =heart failure 1.
heart·beat [háːrtbìːt] *n.* **1** 〖생리〗심장의 고동; 동계(動悸) (throb). **2** 정서 (emotion).
heart-blood [háːrtblÀd] *n.* =heart's blood.
heart·break [háːrtbrèik] *n.* Ⓤ비탄, 애끓는 마음, 단장의 슬픔, Ⓒ 가슴이 찢어지게 하는 것.
heart·break·er [háːrtbrèikər] *n.* 남의 마음을 아프게 하는 사람(것); 이성이 이내 좋아하게 되는 사람.
heart·break·ing [háːrtbrèikiŋ] *adj.* 가슴이 찢어지는 듯한, 애끓는 생각이 들게 하는; 마음 아프게 하는. **~·ly** *adv.*
heart-bro·ken [háːrtbròuk(ə)n] *adj.* 슬픔에 잠긴, 비탄에 젖은. **~·ly** *adv.* **~·ness** *n.*
heart·burn [háːtbə̀ːrn] *n.* Ⓤ **1** 가슴앓이. **2** 새암, 질투, 시기 (grudge, jealousy).
heart·burn·ing [háːrtbə̀ːrniŋ] *n.* Ⓤ (종종 ~s) 새암, 질투, 시기 (grudge, jealousy); 불만, 불평 (discontent).
héart chérry *n.* [심장 모양을 한] 앵두의 일종.
héart diséase *n.* Ⓤ Ⓒ 심장병.
heart-eas·ing [háːrtìːziŋ] *adj.* 마음을 놓게 하는, 안심시키는.
heart·ed [háːrtid] *adj.* 《복합어를 만들어》 …의 마음을 가진, 마음이 …한. ¶ *hard-hearted* 몰인정한 / *kind-hearted* 친절한 / *cold-hearted* 냉담한. **~·ness** *n.*
heart·en [háːrtn] *vt.* …에게 원기(용기)를 북돋우다, …을 격려하다 (cheer up).
héart fáilure *n.* **1** 심부전(心不全), 심장 마비. **2** 심장의 기능 정지, 죽음(death).
heart·felt [háːrtfèlt] *adj.* 깊이 느낀; 마음으로부터의 (earnest). ⇒ HEARTY 類語
heart-free [háːrtfrìː, -́-́] *adj.* 사랑하고 있지 않는; 미련이 없는.
heart·ful [háːrtfəl] *adj.* 열성스러운, 진심으로부터의 (hearty). **~·ly** [-fəli] *adv.*
‡**hearth** [haːrθ] *n.* **1** 노상 (爐床) (fireplace). **2** [가정생활의 중심인] 노변 (fireside); 가정 (home), 가족의 단란 (團欒) (domestic circle). ¶ *hearth* and home 가정. **3** 〖야금〗 화상(火床), 노상(爐床). [개.
hearth·rug [háːrθrÀg] *n.* 난로앞(벽로)에 까는 깔
hearth·side [háːrθsàid] *n.* 노변 (fireside).
hearth·stone [háːrθstòun] *n.* **1** 노석 (爐石) [[용광] 노의 바닥에 깐 돌]. **2** 노변 (fireside); 가정 (home). **3** [노상(爐床)이나 문간 계단 따위를 닦는] 가루 마석 (磨石).
‡**heart·i·ly** [háːrt(i)li / -tili] *adv.* **1** 마음으로부터, 정중하게, 진심으로 (cordially). ¶ greet someone *heartily* 남에게 정중하게 인사하다. **2** 열심히, 열광적으로 (eagerly), **3** 배불리, 양껏 (abundantly). ¶ eat and drink *heartily* 양껏 먹고 마시다. **4** 완전히, 철저하게 (thoroughly). ◇ **héarty** *adj.*
heart·i·ness [háːrtinis] *n.* Ⓤ 친절, 열심, 열광; 정성.
heart·ing [háːrtiŋ] *n.* [구조물의 중심부를 강화하는] 심벽 (心壁); 심벽 재료.
heart·land [háːrtlænd] *n.* (the ~) [정치·경제·군사 상의] 심장 지대, 핵심부.
heart·less [háːrtlis] *adj.* **1** 무정한, 차가운, 잔혹한 (cruel). **2** 《고어》 원기(용기) 없는; 낙담한 (spiritless); 열의 없는. **~·ly** *adv.* **~·ness** *n.*
héart-lúng machìne *n.* 인공심폐(心肺).
héart múrmur *n.* 〖의학〗 심장 잡음 (雜音).
heart-rend·ing [háːrtrèndiŋ] *adj.* 가슴이 찢어질 것 같은, 몹시 슬픈, 비통한. **~·ly** *adv.*
heart-rot [háːrtràt / -rɔ̀t] *n.* [목재·사탕무 따위의] 심(고갱이)이 썩음, 심재 (心材) (근부(根部)) 부후 (腐朽).
heart's blóod *n.* Ⓤ **1** 《드물게》심장의 혈액, 심피. **2** 생명 (life); 진심; 소중한 것.
heart-search·ing [háːrtsə̀ːrtʃiŋ] *n.* Ⓤ Ⓒ 내성 분석 (內省分析).
hearts-ease [háːrtsìːz], (**heart's-ease**) *n.* **1** Ⓤ 마음의 평화, 안심 (peace of mind). **2** 팬지 (pansy) 류 (類), 꼬까오랑캐꽃.
heart-shaped [háːrtʃèipt] *adj.* 심장(하트) 모양의.
heart·sick [háːrtsìk] *adj.* 슬픔에 잠긴, 비탄에 젖은, 상심한, 마음 아픈. **~·ness** *n.*
heart·sore [háːrtsɔ̀ːr / -sɔ̀ː] *adj.* =heartsick.
heart-stir·ring [háːrtstə̀ːriŋ] *adj.* 기운을 북돋우는, 정신을 고무하는.
heart-strick·en [háːrtstrìk(ə)n], (**-struck** [-strÀk]) *adj.* 슬픔을 이길 수 없는, 비탄에 잠긴.
heart·strings [háːrtstrìŋz] *n. pl.* 심금 (心琴); 깊은 감정(애정).
heart·throb [háːrtθràb / -θrɔ̀b] *n.* **1** 심장의 고동 (heartbeat). **2** (보통 ~s) 《속어》 정열 (passion); 감상. **3** 《속어》 연인 (sweetheart).

heart-to-heart [háːrttəháːrt] *adj.* 마음으로부터의 (sincere), 흉금을 터놓은, 솔직한(frank).

héart tránsplant *n.* 〖의학〗 심장 이식.

heart·warm·ing [háːrtwɔ̀ːrmiŋ] *adj.* 마음이 따스해지는, 친절한, 기쁜.

heart-whole [háːrthòul] *adj.* **1** 사랑을 모르는. **2** 온 마음을 쏟는, 정성을 담은, 마음으로부터의(sincere). **3** 용감한, 꿈쩍도 않는(dauntless).

heart·wood [háːrtwùd] *n.* ⓤ 〖목재의〗 적목질(赤木質), 심재(duramen).

‡**heart·y** [háːrti] *adj.* (**heart·i·er**, **heart·i·est**) **1** 마음으로부터의(cordial), 친절한, 마음이 따스한, 애정이 담긴 (affectionate). ¶ give a *hearty* welcome to …을 충심으로 환영하다.

〖類語〗 **hearty** 진정을 열심히(강하게) 표명하는; 정직함과 마음이 따스함을 암시. **heartfelt** 형식적 · 외면적이 아니라 진실로 깊이 느껴지는: *heartfelt* sympathy 마음속으로부터의 동정. **wholehearted** 일의 전심(一意專心)의, 온 마음을 다 쏟은: *wholehearted* allegiance to one's country 국가에 대한 마음으로부터의 충성. **sincere** 조금도 위선이 없는, 진심으로부터의: *sincere* admiration 진심으로부터의 찬미.

2 열심인, 열렬한(zealous). ¶ a *hearty* Democrat 열렬한 민주 당원. **3** 억제하지 않는, 넘쳐날만큼의 (exuberant). ¶ *hearty* laughter 마음으로부터의 웃음. **4** 격렬한(violent), 온 힘을 다한. ¶ a *hearty* dislike 격렬한 혐오(嫌惡). **5** 기운찬, 튼튼한, 건강한, 굳센 (vigorous). ¶ hale and *hearty* 늙었지만 더욱 원기 성한, 정정한 / as *hearty* as a buck 대단히 강건한. **6** 〖음식이〗 풍부한(abundant); 〖식욕이〗 왕성한. ¶ take a *hearty* meal 배불리 먹다 / a *hearty* appetite 왕성한 식욕 / a *hearty* eater 먹는 양이, 건담가(健啖家). **7** 〖음식이〗 영양분 있는(주로 英) 〖땅이〗 기름진, 비옥한. ── *n.* (*pl.* **heart·ies**) **1** 기운찬(용기 있는) 사람; 단짝, 친구, 동무(chum, buddy). ✻ 특히 선원들에 대한 호칭으로 쓴다. ¶ My *hearties*! 〖항해〗 여보게들!, 여러분! **2** 선원, 수부(水夫)(sailor).
◇ **heart, heartiness** *n.*, **héartily** *adv.*

‡**heat** [hiːt] *n.* ⓤ **1** 열, 뜨거움, 염열(炎熱), 더위, 더운 기운; (the~) 난방. ¶ the *heat* of the sun (a stove, a fireplace) 태양 (난로, 벽로)의 열 / the lingering *heat* of summer 늦더위 / radiate *heat* 열을 방산하다 / The summer *heat* is scorching. 여름의 더위는 맹렬하다.
2 열도, 온도(temperature); 〖물리〗 열. ¶ the *heat* of a human body 인간의 체온 / moderate *heat* 적은(適溫). [fever.
3 〖신체의〗 열; 〖열에 의한〗 홍조, 상기. ✻ 병의 열은
4 〖고추 따위의〗 매운 맛(pungency), 얼얼한 자극.
5 열렬, 격렬(fervor), 열기; 열정, 열성(zeal); 격노, 분격(rage, fury); 〖사물의〗 맹렬함; 최고조. ¶ the *heat* of an attack 공격의 맹렬함 / with great (some) *heat* 열렬하게(제법 맹렬하게) / in the *heat* of 〈싸움 · 토론 따위〉가 한창일 때에.
6 ⓒ 1회의 노력(동작, 활동)(stroke); 〖스포츠〗 예선의 1회; 〖시합의〗 1라운드(1회). ¶ a dead *heat* 호각(무승부)의 경주 / do a thing at a *heat* …을 단숨에 하다.
7 〖동물〗 〖포유 동물의 암컷의〗 암내; 교미기(breeding season). ¶ on (or in, at) *heat* 암내가 나서.
8 (the ~) 〖美俗〗 압력, 위압; 〖경찰 따위의〗 추궁. ¶ keep (put) the *heat* on ……에 압력을 가해 두다(가하다).
9 (the ~) 〖美俗〗 경찰.
10 권총(pistol); 총격.
11 비난(censure), 반감. ¶ take the *heat* 비난 받다.
12 긴장, 곤란. [뒤집어 쓰다.
The *heat* is on. 마침내 시작하다!, 〖일 따위가〗 본격화되고 있다.
── *vt.* **1** …을 뜨겁게 하다, 데우다(…*up*). ¶ (~+몡 | ~+몡+匣) *heat up* cold meat 차가운 고기를 데우다 // (~+몡+匣+명) *heat* oneself with wine (by walking)

포도주를 마셔서(걸어서) 몸을 훈훈하게 하다. **2** …을 격하게 하다, 흥분시키다(excite). ¶ (~+몡+匣+명) be *heated with* argument (passion) 토론으로 격해있다 (몹시 노해 있다). ── *vi.* **1** 뜨거워지다, 따스해지다 (*up*). **2** 분격하다, 흥분하다. ¶ *hot adj.*

héat bárrier *n.* =thermal barrier.

heat·ed [híːtid] *adj.* **1** 뜨거워진, 데운(warmed). **2** 격앙한, 흥분된(excited); 성난(angry). ¶ a *heated* discussion 격론. ~**ly** *adv.* ~**ness** *n.*

héat éngine *n.* 열에서 동력을 얻는 발동기.

*****heat·er** [híːtər] *n.* **1** 난방 장치; 전열기, 히터; 〖가스 · 전기의〗 난로. **2** 〖전자 공학〗 히터〖전자관의 음극을 가열하는 조그만 난로〗. **3** 〖美俗〗 권총.

héat exchánger *n.* 열 교환기, 방열기.

héat exháustion *n.* ⓤ 〖병리〗 열사병.

heat·ful [híːtfəl] *adj.* 열이 있는, 열을 내는.

*****heath** [hiːθ] *n.* ⓤⓒ **1** 〖英〗 〖히스 따위가 무성한〗 황야, 황무지. **2** 히스〖황무지에 무성하는 석남과(科)의 상록 관목〗. ¶ *one's native heath* 고향.
◇ **héathy, héathery, héathlike** *adj.*

héath béll *n.* 히스의 꽃(bell heather).

heath·ber·ry [híːθbèri / -bəri] *n.* (*pl.* -**ries**) 시로미류(類)(crowberry).

héath cóck *n.* 멧닭의 수컷(blackcock).

*****hea·then** [híːð(ə)n] *n.* **1** 이교도, 다신교도(pagan), 기독교도〈유대교도, 회교도〉이외의 사람. **2** 신앙이 없는 사람(irreligious person). **3** 미개인, 야만인(barbarian). **4** (the ~) 〖集合的〗 이방인들, 이교도들.

〖類語〗 **heathen** 이교도 · 야만인과 무상 숭배의 단계에 머물러 있던; **pagan** 특히 기독교 출현 이전에 다신교를 믿고 있던; 경멸적인 의미는 없다. **infidel** 기독교도와 회교도 사이에서 서로를 낮추어 부르는 말.

── *adj.* 이교의, 이교도의; 신앙심이 없는, 무종교의; 야만적인.
◇ **héathenish** *adj.*, **héathenize** *v.*

hea·then·dom [híːð(ə)ndəm] *n.* **1** 이교의 신앙(풍습), 이단(heathenism). **2** ⓤⓒ〖集合的〗 이교의 땅(나라), 이교도들.

hea·then·ish [híːð(ə)niʃ] *adj.* 이교도의; 야만적인 (barbarous). ~**ly** *adv.* ~**ness** *n.*

hea·then·ism [híːð(ə)nìz(ə)m] *n.* ⓤ **1** 이교의 신앙(관습), 이단 사교(邪敎). **2** 우상(사신(邪神)) 숭배. **3** 무신앙. **4** 야만〖스러운 행위 · 사상〗(barbarism).

hea·then·ize [híːð(ə)nàiz] (✻ 〖英〗에서는 hea·then·ise로도 쓴다) *v.* (-**ized**, -**iz·ing**) *vt.* …을 이교도 〖적〗으로 만들다, …을 야만스럽게 만들다. ── *vi.* 이교도가 되다; 야만스러워지다, 야만스러운 행위를 하다.

hea·then·ry [híːð(ə)nri] *n.* ⓤ **1** 이교도의 신앙(관습)(heathenism). **2** 〖集合的〗 이교의 도, 이교국(heathendom).

*****heath·er** [héðər] *n.* ⓤ 히스(heath)속의 작은 관목.

héather míxture *n.* 〖英〗 히더믹스처, 혼색직(混色織)〖갖가지 색실을 섞어 짠 모직물; 트위드(tweed) 따위〗. [무성하.

heath·er·y [héðəri] *adj.* 히스의, 히스와 같은, 히스가

héath fówl *n.* 멧닭〖영국산(產)의 사냥새〗.

héath hén *n.* 멧닭의 암컷.

heath-like [híːθlàik] *adj.* 히스와 같은, 히스 비슷한.

Héath Róbinson *adj.* 〖英〗〖기계 · 계획 따위가〗 너무나 교묘해서 실용(실감)이 못 되는 (〖美〗의 Rube Goldberg에 해당한다. 〖<영국의 만화가 W. Heath Robinson(1872-1944)이 그린 그림에 나타나는 데서〗. [제 공항].

Heath·row [híːθrou] *n.* 히드로〖런던 서쪽에 있는 국

heath·y [híːθi] *adj.* (**heath·i·er**, **heath·i·est**) 히스의, 히스 같은, 히스 온통 무성한(heathery).

*****heat·ing** [híːtiŋ] *adj.* 뜨겁게 하는, 데우는. ¶ a *heating* apparatus (or system) 난방 장치 / a *heating* drink 몸이 훈훈해지는 음료 / *heating* value 발열량.

— n. ⓤ 가열[작용]; [건물의] 난방[장치]. ¶ steam *heating* 증기 난방.
héating càbinet n. 온장고(溫藏庫).
héating èlement n. 발열체.
héating pàd n. 전기 담요, 전기 방석.
héat ìsland n. 도시 고온대(帶) [인구의 집중화·인간 활동 등의 활발화에 따라 고온화한 도심지].
héat làmp n. 적외선등(infrared lamp), 태양등.
héat·less [híːtlis] adj. 열이 없는, 난방이 안 됨.
héat líghtning n. ⓤ [여름날 저녁에 지평선 쪽에 보이는 먼 곳의 번갯불이 반사하는] 섬광, 마른 번개, 열뢰(熱雷).
héat pollùtion n. ⓤ 열공해.
héat-pròof [híːtprùːf] adj. 내열(耐熱)의.
héat prostràtion n. =heat exhaustion.
héat pùmp n. 열펌프[열을 옮기는 장치].
héat ràsh n. [병리] ⓤⓒ 땀띠(prickly heat).
héat rày n. [물리] 열선(熱線), 적외선.
heat-ron·ic [hiːtrɑ́nik / -rɔ́n-] adj. 유전체(誘電體) 가열의. [< HEAT + ELECTRONIC]
héat sèeker n. [군사] 1 열[적외선] 추적 미사일. 2 열[적외선] 탐지 장치.
héat-sèek·ing míssile [híːtsìːkiŋ-] n. = heat seeker 1.
héat shìeld n. [특히 우주선의] 방열판.
héat sìnk n. 불필요한 열을 흡수하는 탈열제(脫熱劑), 탈열기(器).
héat spòt n. 1 [해부] 온점(溫點) [피부에서 열을 느끼는 부분]. 2 [열에 의해서 생긴] 수포(水泡), 여드름.
héat·stròke [híːtstròuk] n. ⓤ 열사병; 일사병(sunstroke).
héat-trèat [híːttrìːt] vt. [금속 따위를] 열처리하다.
héat ùnit n. 1 =British thermal unit. 2 칼로리.
héat wàve n. 1 더위의 파(波), 혈파(熱波). 2 열파의 기간.
heaume [houm] n. [중세의] 대형 투구(great helm).
‡**heave** [hiːv] v. (**heaved** or [항해] **hove, heav·ing**) vt. 1 [무거운 것을] 올리다, 들어올리다, 끌어올리다 (hoist) (... *out*), 높이다(...*up*). ⇨ LIFT [類語] ¶ *heave* an ax 도끼를 번쩍 들어올리다.
2 [가슴 따위]를 부풀리(게) 하다, 융기시키다, 펴다. ¶ *heave* one's chest (or bosom) 가슴을 부풀리다.
3 [한숨 따위]를 내쉬다, [노력·고통 따위로] [신음소리 따위]를 내다; [먹은 것]을 토하다(vomit), 구토하다, 게우다. ¶ *heave* a sigh 한숨을 쉬다 / *heave* a groan 신음소리를 내다 / *heave* one's lunch 점심 먹은 것을 토하다.
4 [밧줄]…을 밧줄로 끌어 올리다, 끌어당기다, 잡아 당기다(haul), 당기다; [배 따위]를 [어떤 방향으로] 움직이다, 이동시키다. ¶ *heave* an anchor 닻을 감아 올리다 / (~+目+副) *heave* a ship *aback* 배를 뒤로 이동시키다 / *heave* a ship *about* 배를 급히 돌리다 / *heave* a ship *ahead* [역지나 딴 배에서의 밧줄을 당겨] 자기 배를 전진시키다 / *heave* a ship *down* [수선을 위해] 배를 기울이다 / *heave* a ship *apeak* 닻줄이 수직이 되는 위치로까지 배를 끌어당기다 / *heave* a rope *in* 밧줄을 당기어 넣다.
5 …을 던지다, 내던지다(throw). ¶ *heave* the lead 측연(測鉛)을 깊이를 재다 / *heave* the log [측정기(測程器)를 투입하여] 배의 속도를 재다 / (~+目+副) *heave* an anchor *overboard* 닻을 넣다 // (~+目+副+名) *heave* a bucket *at* him. 그녀는 바께쓰를 그에게 내던졌다 / He *heaved* a stone *out of* the window. 그는 창에서 돌을 던졌다.
6 [지질] [지층·광맥 따위]를 전위(轉位)시키다, 엇물리게 하다.
— vi. 1 [율동적으로] 오르내리다, 기복하다, 굽이치다(rise and fall). ¶ The billows *heave*. 큰 파도가 출렁이친다 / Her chest *heaved* with sobs. 흐느낌으로 그녀의 가슴이 들먹거렸다. 2 올라가다, 높아지다, 융기하다(rise). ¶ A hill *heaves*. 언덕이 솟아

올라 있다. 3 토하다(vomit), 메스꺼워지다 (nauseate). ¶ (~+副) *heave up* 게우다. 4 혈떡이다(pant).
5 [항해] [밧줄을] 끌다, 감다(draw) (*at*...); [배가 어떤 방향을] 움직이다(move). ¶ (~+副+名) *heave at* a rope 밧줄을 당기다 / The ship *hove out of* the harbor. 배가 항구를 나갔다 // Our ship *hove* and set terribly. 우리 배는 몹시 흔들렸다.
Héave ho (*or away*) ! [항해] 영차 닻 감아라! [닻을 감을 때의 구령].
heave in sìght [배가] 보이기 시작하다, 나타나다.
heave to ① (vi.) 배가 서다. ¶ The captain ordered the enemy vessel to *heave to*. 선장은 적의 배에 정선(停船)을 명했다. ② (vt.) [항해] [배]의 전진을 중지시키다.
— n. 1 올리기, 들어올리기; 던짐, 내던지기. 2 융기(隆), 부품, 팽창; [물결의] 기복(起伏), 굽이침. ¶ the *heave* of the sea 파도의 굽이침. 3 [레슬링] 오른손을 상대의 오른쪽 어깨에 걸어서 던지기. 4 [지질] 전위(轉位), 수평 전차(轉差). 5 (~s) [단수취급] [獸醫] [말의] 천식, 페기종(肺氣腫)(broken wind).
heave-ho [híːvhòu] interj. 영차 닻 감아라 (Heave ho!). — n. (pl. **-hos**) 1 닻 감을 때의 구호; 영차하고 들어올림. 2 《美口》 해고, 모가지, 내쫓음. * 보통 다음 숙어로 쓰임.
gét (gíve a person) ***the*** [*old*] ***héave-hó*** 목이 잘리다 (남의 목을 자르다); 괄시를 받다 (남을 괄시하다).
— vi., vt. 「영차 닻 감아라」하고 소리치다, 힘을 주어 […을] 올리다.
‡**heav·en** [hév(ə)n] n. 1 ⓤⓒ (보통 ~s) 천공, 하늘 (sky). ¶ the eye of *heaven* 태양 / the starry *heavens* 별이 빛나는 하늘 / clouds of *heaven* 하늘의 구름 / in the eastern *heavens* 동녘 하늘에. 2 ⓤ (종종 ~s) 천국, 극락, opp. hell ¶ the *heaven* of heavens 제7천국 [옛날에 하늘은 7층으로 이루어져 있고, 벤 위층에 신과 천사가 산다고 했다] (the seventh heaven) / the kingdom of *heavens* 천국, 하늘 나라 / the Buddhist *heavens* 극락 / a *heaven* on earth 지상의 낙원 / be in *heaven* 천국에 가 있다, 죽어서 천국에 승천하다, 죽다. 3 (보통 H-) ⓤ신, 하나님(God). ¶ the will of *Heaven* 하늘의 뜻, 천명 / the justice of *Heaven* 신의 심판 / *Heaven* helps those who help themselves. 《속담》하늘은 스스로 돕는 자를 돕는다 / *Heaven's* vengeance is slow but sure. 《속담》천벌은 늦게라도 반드시 온다. 4 ⓤ [집합적] 신들, 천국의 주민(들)(天人). ¶ All *heaven* rejoices. 하늘 사람들이 모두 기뻐한다. 5 [어떤 지역의] 하늘, 기후(climate). ¶ The *heaven* of the Mediterranean Sea was bright. 지중해의 하늘은 맑았다.
***By Héaven* !** = ***By Héavens* !** ① 맹세코, 분명히. ② 큰일이네!, 저런!
call héaven to witness 하늘에 맹세하다.
for héaven's sake ⇨ SAKE.
Góod (or ***Gréat, Grácious***) ***Héavens* !** 큰일이군!, 저런!, 어쩌나! [놀라거나 불쾌해서 내는 소리]. ¶ *Good heavens,* what a dirty place! 세상에, 참으로 더러운 곳이로군.
héaven and éarth ① 천지(天地), 우주, 만물. ¶ *Heaven and earth* are mysterious. 우주는 신비스럽다. ② 어머나!, 야단났네! [놀람·두려움 따위를 나타내는 소리].
***Héaven be práised* !** = ***Thànk Héaven* !** 고마와라.
***Héaven forbíd* !** 맙소사!, 당치도 않다!, 결단코[…] 아니다! ¶ *Heaven forbid*! I never said that. 당치도 않아, 나는 절대로 그런 말을 하지 않았어.
Héaven knóws ① [that 절을 수반하여] 신에 맹세코, 맹세코 …, 정말 … . ② [wh. 절을 수반하여] 신만이 안다, 아무도 모른다(God knows). ¶ *Heaven knows* where he is. 그가 어디 있는지는 아무도 모른다 / She is working *heaven knows* where. 그녀는 어디에선가 일

하고 있다.
in heaven 하늘에 계신, 재천(在天)의; 죽은(dead). ¶ our Father *in heaven* 하늘에 계신 우리 아버지.
move heaven and earth to *do* …하기 위해 전력을 다하다. ¶ I promised to *move heaven and earth to* help him. 나는 온힘을 다하여 그를 돕기로 약속했다.
under heaven ① 이 세상에, 천하에. ② 도대체, 대관절.
◇ héavenly *adj*.

heav·en-born [hév(ə)nbɔ̀ːrn] *adj*. **1** 하늘에서 태어난; 신성하게 자라난. **2** 《고어》《반어》천부의 재능을 가진.

heav·en-dust [hév(ə)ndÀst] *n*. ⓤ《美속어》[가루로 된] 마약, 코카인(cocaine).

heav·en-kiss·ing [hév(ə)nkìsiŋ] *adj*. 하늘에 닿은 듯한.

heav·en·li·ness [hév(ə)nlinis] *n*. ⓤ 거룩함, 장엄, 지복(至福)이으리으리함.

‡**heav·en·ly** [hév(ə)nli] *adj*. **1** 천국과 같은; 지복(至福)의 (blissful); 아름다운(beautiful). ¶ a *heavenly* spot 아름다운 장소. **2** 하늘의, 천공(天空)의. ¶ the *heavenly* bodies 천체. **3** 천국의, 천계(天界)의. *cf*. earthly ¶ our *heavenly* Father 하늘에 계시는 우리 아버지. **4** 거룩한, 신성한(celestial, divine). ¶ *heavenly* peace 신성한 고요.

Héavenly Cíty *n*. (the ~) =New Jerusalem.

heav·en·ly-mind·ed [hév(ə)nlimáindid] *adj*. 신앙심 깊은, 경건한(pious); 신성한(holy).

heav·en-sent [hév(ə)nsènt] *adj*. **1** 신의, 천부의, 신의(神意)에 의한(providential). **2** 시기를 얻은(timely), 형편이 좋은.

heav·en·ward [hév(ə)nwərd] *adv*. 하늘을 향하여, 하늘 쪽으로. — *adj*. 하늘로 향하는. *cf*. earthward ~ly *adv*. ~ness *n*.

heav·en·wards [hév(ə)nwərdz] *adv*. = heavenward.

heav·er [híːvər] *n*. **1** 올리는 사람(물건); 짐꾼, 하역부. **2** 〔항해〕〔밧줄 따위를 꼬기 위한〕 지렛대.

heav·i·er-than-air [hévəərðənéər] *adj*. 〔항공〕〔항공기 등이〕 공기보다 무거운. **2** (重)항공기의.

‡**heav·i·ly** [hévili] *adv*. **1** 무겁게, 묵직하게. ¶ a *heavily* loaded freight car 묵직하게 짐을 실은 화차. **2** 육중하게, 무거운 듯이; 힘에 겨운 듯이. ¶ walk *heavily* 무거운 걸음걸이로 걷다 / Anxiety presses *heavily* on him. 불안이 그의 마음을 무겁게 짓누르고 있다. **3** 몹시, 심하게, 호되게(severely). ¶ suffer *heavily* 몹시 괴로와하다. **4** 짙게, 빽빽하게, 울창하게 (densely); 다량으로. ¶ be *heavily* populated 인구가 조밀하다 / It snowed *heavily*. 눈이 몹시 쏟아졌다.
◇ héavy *adj*.

***heav·i·ness** [hévinis] *n*. ⓤ **1** 무거움, 무게(weight). **2** 힘겨움, 활발치 않음, 나른함, 지둔(遲鈍). **3** 어색함(clumsiness), 서투름. **4** 낙담, 비애.
◇ héavy *adj*.

heav·ing [híːviŋ] *n*. ⓤ 올림, 들어올림, 인양.

héaving líne 〔海事〕〔굵은 밧줄을 건네기 위해 먼저 던지는〕 가는 밧줄.

Héav·i·side láyer [hévisàid-] *n*. 헤비사이드층〔전리층(電離層)〕(E layer). (<영국의 물리학자 Oliver Heaviside(1850-1925)의 이름)

‡**heav·y**¹ [hévi] *adj*. (**heav·i·er, heav·i·est**) **1** 무거운, 〔부피에 비해〕 무게가 있는(*opp*. light²); 무거워진, 육중한, 무게가 나가는(*with*…). ¶ a *heavy* stone 묵직한 돌 / a *heavy* load 무거운 짐 / a *heavy* swell 〔구어〕 〔의복·거동 따위로〕 훌륭해 보이는 사람 / a tree *heavy* with fruit 과실로 가지가 휘어진 나무 / air *heavy* with moisture 습기찬 공기.

類圍 *heavy* 「무거운」의 의미의 가장 일반적인 말; 비유적으로는 정신·기분·감각에 부담이 가는: a *heavy* suitcase 무거운 수트케이스 / the *heavy* scent of

lilies 백합의 타분한 향기. weighty 매우 무거운; 주로 「중대한」이라는 비유적 의미로 쓰이는 말: a *weighty* problem 중대한 문제.
2 대량의(of great amount); 다액의. ¶ a *heavy* user of power 대량의 전력 소비자 / a *heavy* drinker (smoker) 술고래(골초).
3 답답한, 쓰라린, 슬픈(lamentable), 근심에 잠긴; 격심한, 가혹한(severe), 견디기 힘든, 괴로운. ¶ a *heavy* fate 가혹한 운명 / a *heavy* task 힘든 일 / a *heavy* responsibility 중책 / *heavy* taxes 무거운 세금 / a *heavy* sentence 혹독한(무거운) 판결 / look *heavy* 따분한 얼굴을 하고 있다 / with a *heavy* heart 슬픔에 잠겨 / I've had a *heavy* day. 오늘은 정말 힘든 하루였다.
4 깊은(deep); 격렬한, 맹렬한(violent). ¶ a *heavy* silence 무거운 침묵 / a *heavy* applause 큰 박수 갈채 / a *heavy* blow 강타, 타격 / a *heavy* rain (snow) 호우(대설) / a *heavy* storm 대폭풍우 / a *heavy* sea 격랑 / a *heavy* loss 큰 손해 / a *heavy* traffic 격심한 교통 혼잡.
5 진지한(serious), 중대한; 〔연극〕 장중한(sober), 우울한, 침울한, 비극적인; 악인역의. ¶ a *heavy* part in a play 연극의 악인역.
6 〔날씨가〕 음산한, 하늘이 찌푸린(lowering). ¶ a *heavy* day 음산한 날 / a *heavy* sky 찌푸린 하늘.
7 〔음식이〕 소화가 잘 안 되는, 삭이기 힘든, 위에 부담이 되는(indigestible); 〔빵 따위가〕 부풀지 않은, 설구워진; 〔술 따위가〕 독한; 〔냄새가〕 잘 가셔지지 않는. ¶ *heavy* bread 설구워진 빵 / *heavy* food 삭이기 힘든 음식 / *heavy* drinks 독한 술.
8 〔땅이〕 점토질의, 차진; 〔땅바닥이〕 진창의(muddy). ¶ a *heavy* road 질척거리는 도로 / *heavy* soil 점토질의 토양.
9 서투른; 〔동작이〕 느린, 굼뜬, 무딘(clumsy); 〔문장 따위가〕 경쾌한 맛이 없는; 단조로운, 따분한, 재미없는 (tedious); 〔미술품이〕 우아하지 못한, 너저분한. ¶ a *heavy* fellow 아둔패기 / a *heavy* style 답답한 문체 / a *heavy* book 지루한 책.
10 〔음성이〕 가락이 높은, 울려 퍼지는, 당당한 (sonorous); 〔모양이〕 거칠거칠한; 대형의, 묵중한.
11 〔군대〕 중장비의. ¶ *heavy* artillery 중포(重砲)〔대〕 / a *heavy* bomber 중폭격기 / *heavy* guns 중포.
12 〔화학〕 〔동위 원소로서〕 비교적 큰 원자량의.
13 임신한(pregnant)(*with*…). ¶ be *heavy* with child 임신하고 있다, 몸이 무겁다.
14 《美속어》 멋진, 근사한, 멋들어진; 깊은 맛이 있는, 신나는; 유행의.

hang heavy 따분하다; 〔시간이 남아서〕 따분하다, 무료하다(*on*…). ¶ Time *hangs heavy* on my hands. 시간이 남아서 무료하다.

heavy on (or *in*) *hand* ① 〔말 따위가〕 다루기 힘든. ② 〔사람이〕 따분한, 입이 무거운.

lie (or *sit, weigh*) *heavy on* …에 무겁게 덮치다, …을 괴롭히다. ¶ The tax *lies heavy* on me. 세금이 나를 괴롭힌다.

with a heavy hand ① 서툴러서 ⇒9. ② 엄하게, 잔혹하여.

— *n*. (*pl*. **heav·ies**) **1** 〔내의 따위의 여느 것보다〕 무거운 것. **2** 〔연극〕 악역, 원수역. **3** (the heavies) 중기병(重騎兵), 용기병(龍騎兵). **4** (heavies) 중포(重砲); 중전차; 〔복싱〕 헤비급 선수(heavyweight). **6** 《속어》 불량배(villain). **7** 〔파도 타기에서의〕 큰 파도.
— *adv*. (**heav·i·er, heav·i·est**) =heavily. * 복합어로 많이 쓰인다. ¶ *heavy*-buying 대량 구매의.
◇ héavily *adv*., héaviness *n*.

heav·y² [híːvi] *adj*. (**heav·i·er, heav·i·est**) 〔말이〕 의식(heaves)에 걸린.

heav·y-armed [héviáːrmd] *adj*. 〔군대가〕 중장비의

héavy artíllery *n*. ⓤ 〔군대〕 **1** 대형 〔곡사〕포, 중포(重砲). **2** (=héavy field artíllery) 《美》 구경 155mm 〔이상〕 의 포(곡사포). **3** 중포대(重砲隊).

héavy bómber *n*. 〔군대〕 중(重)폭격기.

heav・y-browed [hévibràud] *adj.* 상을 찌푸린.
heav・y-buy・ing [hévibáiiŋ] *adj.* 다량으로 사들이는, 대량 구매의.
heav・y-du・ty [hévid(j)ú:ti /-djú:-] *adj.* 튼튼한, 견장한(sturdy). ¶ *heavy-duty* machinery 튼튼한 기계류.
heav・y-foot・ed [hévifútid] *adj.* 1 [동작이] 무디고 느린(clumsy, ponderous). 2 《방언》 임신하고 있는.
heav・y-hand・ed [hévihǽndid] *adj.* 1 압제적인, 포악한, 가혹한(harsh). ¶ a *heavy-handed* ruler 포악한 지배자. 2 솜씨없는(clumsy). 3 날렵하지 못한, 굼뜬. 4 《방언》 [요리사가] 재료를 너무 많이 쓰는.
~・ly *adv.* ~・ness *n.*
heav・y-head・ed [héviédid] *adj.* 1 머리가 무거운. 2 머리가 둔한(dull), 어리석은(stupid). 3 졸리는; 활기 없는(drowsy).
heav・y-heart・ed [hévihá:rtid] *adj.* 슬픔에 잠긴, 우울한, 마음이 무거운. **-ly** *adv.* ~・ness *n.*
héavy hítter *n.* 유력자, 중요 인물(heavy weight).
héavy hýdrogen *n.* ⓤ 〖화학〗 원자량이 2 이상의 수소의 동위 원소, 중수소.
héavy índustries *n. pl.* 중공업. *cf.* light industries.
heav・y-lad・en [hévileidn] *adj.* 1 짐이 많이 실린. 2 압박된, 압제된, 괴롭힘을 당한(oppressed); 걱정거리가 많은.
héavy métal *n.* 1 중금속 [비중 5 이상]. 2 거탄(巨彈), 거포. 3 《속어》 강적(强敵). 4 헤비메탈(록음악의 일종).
héavy óil *n.* ⓤ 중유(重油).
héavy óxygen *n.* ⓤ 〖화학〗 중산소(重酸素).
héavy pétting *n.* ⓤ 헤비 페팅 [성교는 하지 않지만 농후한 애무・키스 따위를 한다].
héavy róck *n.* =progressive rock.
héavy・set [hévisèt] *adj.* 1 체격이 좋은. 2 옹골찬.
héavy swéll *n.* 1 바다의 심한 일렁임. 2 《고어・구어》 풍채(風采)・태도가 당당한 명사.
héavy wáter *n.* ⓤ 중수(重水) [수소 원자가 중수소로 치환(置換)된 물]. ¶ *heavy water* reactor 중수로(重水爐) [略 HWR].
héavy・weight [héviwèit] *n.* 1 체중이 평균 이상인 사람(동물). 2 〖권투・레슬링 따위의〗 헤비급 선수. ⇨ BANTAMWEIGHT. 3 《미구어》 유력자, [학계 따위의] 중진. — *adj.* 1 헤비급의. 2 체중이 무거운. 3 평균 무게(두께) 이상의.
Heb. (略) Hebrew.
heb・do・mad [hébdəmæd] *n.* 1 7의 수; [한 무리가] 일곱인 것, 7인. 2 7일간, 일주(一週) (week).
heb・dom・a・dal [hebdάmədl] *adj.* 일주의, 7일마다의, 1주 1회의(weekly). ~・ly [-dəli] *adv.*
He・be [hí:bi:] *n.* 1 〖그리스 신화〗 헤베 [청춘과 봄의 여신]. 2 《방언》 여급, 작부.
Hebe [hi:b] *n.* 《경멸적》 유태인(Jew).
heb・e・tate [hébitèit] *v.* (**-tat・ed, -tat・ing**) *vt.* …을 둔하게 하다, 우둔하게 하다. — *vi.* 둔해지다, 우둔해지다. — *adj.* 〖식물〗 [잎・까라기 따위의] 끝이 둥글고 보드라운.
he・bet・ic [hibétik] *adj.* 〖생리〗 사춘기의(에 일어나는).
heb・e・tude [hébit(j)ù:d /-tjù:d] *n.* ⓤ 우둔, 불활발(lethargy).
Hebr. (略) Hebrew.
He・bra・ic [hibréiik] *adj.* 헤브라이(말)의.
-i・cal・ly [-ikəli] *adv.*
He・bra・ism [hí:briìz(ə)m, -brei-/-brei-] *n.* ⓤⓒ 1 헤브라이어(語)(의 어풍(語風)). 2 헤브라이적 성격; 헤브라이 정신; 헤브라이 사상, 헤브라이인의 관습. 3 유대교(Judaism).
He・bra・ist [hí:briist, -brei-/-brei-] *n.* 1 헤브라이 학자; 헤브라이어 학자. 2 헤브라이 사상의 신봉자, 헤브라이 종교 신봉자.
He・bra・is・tic [hì:brííistik, -brei-/-brei-] *adj.* 이 학자(어학자, 사상의 사람)의; 헤브라이풍의(적(的)인). **-ti・cal・ly** [-tikəli] *adv.*
He・bra・ize [hí:briàiz, -brei-/-brei(i)-] (*《英》에서는 **He・bra・ise** 로도 쓴다) *v.* (**-ized, -iz・ing**) *vt.* [외국어 등]을 헤브라이(어)(풍)으로 하다. — *vi.* 헤브라이(어) 풍으로 되다, 헤브라이화하다.
*****He・brew** [hí:bru:] *n.* 1 헤브라이 사람, 이스라엘 사람(Israelite), [현대적인 용법으로] 유대인(Jew). 2 [고대] 헤브라이어. 3 ⓤ《구어》 알아듣지 못할 말. ¶ Greek ¶ It's *Hebrew* to me. 나는 통 알아들을 수가 없다. 4 (~s) 〖단수 취급〗〖신약 성서의〗 헤브리서. — *adj.* 헤브라이 사람의; 헤브라이 말의.
◇ **Hebráic** *adj.*, **Hebraíze** *v.*
Hébrew cálendar *n.* (the ~) = Jewish calendar.
Hé・brew・wise [hí:bru:wàiz] *adv.* 헤브라이식으로; [글 쓰는 식이] 오른쪽에서 왼쪽으로.
Hec・a・te [hékəti:] *n.* (**★** Shakespeare 에서는 때로 [hékit]로 발음된다) *n.* 1 〖그리스 신화〗 헤카테 [달・대지・하계(下界)를 지배하는 여신]. 2 마녀(witch).
hec・a・tomb [hékətòum, -tù:m / -tù:m, -tòum] *n.* 1 큰 희생 [원래는 그리스・로마의 신들에게 바친 소 100마리]. 2 대살육, 대학살.
heck[1] [hek] *n.* [베틀의] 바디집.
heck[2] [hek] *n.* ⓤ 《종종 the ~, a ~》《속어》 지옥(hell을 완곡하게 강조한 말). — *interj.* 《구어》 제기랄, 젠장맞을.
heck・le [hékl] *vt.* (**-led, -ling**) 1 …을 못살게 하다, 괴롭히다(torment). 2 [연설자]에게 질문 공세를 하다, 야유를 퍼붓다. 3 [삼 따위]를 훑다(빗다) (hackle).
heck・ler [héklər] *n.* 괴롭히는 사람; 야유하는 사람; 질문 공세를 퍼붓는 사람.
hect- ⇨ HECTO-.
hec・tare [héktɛər /-tɑ:, -tɛə] *n.* 헥타르 [면적의 단위; 100아르, 10,000m²].
hec・tic [héktik] *adj.* 1 열광적인, 흥분된, 격앙된. ¶ *hectic* traffic conditions 광적인 교통 상태. 2 피로를 낳는, 소모성의. 3 소모열(消耗熱)의; 소모열에 걸린, 결핵성의. ¶ *hectic* flush [소모열에 의한] 볼의 홍조. — *n.* ⓤ 소모열, 볼의 홍조 2 소모열 환자.
-ti・cal・ly [-tikəli] *adv.*
hecto- hundred의 뜻의 연결형 (**★** 모음 앞에서는 hect-를 쓴다). 예: *hecto*gram, *hect*are.
hec・to・gram, 《英》-gramme [hékto(u)grǽm] *n.* 헥토그램 [무게의 단위; 100 그램].
hec・to・graph [hékto(u)grǽf / -grɑ:f] *n.* 젤라틴판 복사; 한천판(寒天版), 젤라틴판. — *vt.* …을 젤라틴판으로 복사하다.
hec・to・li・ter, 《英》-tre [hékto(u)lì:tər] *n.* 헥토리터 [용적의 단위; 100 리터].
hec・to・me・ter, 《英》-tre [hékto(u)mì:tər] *n.* 헥토미터 [길이의 단위; 100m].
Hec・tor [héktər] *n.* 1 〖그리스 신화〗 헥토르 [Homer가 쓴 *Iliad* 에 나오는 Troy 전쟁에서의 Troy의 영웅]. 2 (h-) 허세부리는 사람, 약자를 괴롭히는 사람 (bully). — *vt.* (h-) …을 으르다(겁주다), …을 괴롭히다(torment). — *vi.* (h-) 허세부리다, 약자를 괴롭히다.
Hec・u・ba [hékjubə] *n.* 〖그리스 신화〗 헤카베 [Troy 프리아모스(Priam)의 아내; Hector의 어머니].
he'd [hi:d, hid] = he had, he would 의 단축형.
hed・dle [hédl] *n.* (보통 ~s) [베틀의] 잉아 [바디 다음에 날실을 꿰는 부분].
‡hedge [hedʒ] *n.* 1 산울타리, 울타리. ¶ a dead *hedge* 섶울타리 / a quickset *hedge* 산울타리 / lay (or pleach, plash) a *hedge* 산울타리를 만들다. 2 사람을 다리, 장벽(barrier), 경계(boundary). ¶ a *hedge* of convention 전통의 장벽 / a *hedge* of manner 예절의 장벽. 3 [내기에서의] 양다리 걸기; 딴 상거래로 한쪽 손실을 막기; [손해에 대한] 방위책. ¶ make a *hedge* 양쪽에

hedge fund

걸다; 양다리를 걸치다 / a *hedge* against inflation 인플레이션 대비책 [화폐 가치 하락에 대비해 땅 따위를 사 두는 일]. **4** 늘쩡거리는 발언.
be on the right (or *the better*) *side of the hedge* [토론·정책 따위에서] 승산이 있는 입장을 취하다.
do not grow on every hedge 흔하지 않다.
— v. (**hedged, hedg·ing**) vt. **1** …을 산울타리(바자울)로 두르다, 산울타리로 가르다 ⟨…*in, off, about*⟩. ¶ a *hedge* a garden 정원을 산울타리로 싸다 / a meadow *hedged* by shrubs 관목으로 에워싼인 목장 // (~ +目+圖) *hedge* in a field 밭을 산울타리로 두르다. **2** …을 장벽으로 싸다, …앞에 장벽을 두다, 《비유적》 제한하다 ⟨restrict⟩ ⟨…*about, in, off*⟩. ¶ (~ +目+圖) be *hedged* about with many special conditions 많은 특별한 조건으로 제약되다. **3** …을 지키다, 보호하다, 막다 ⟨guard⟩ ⟨…*in, about*⟩. **4** …의 행동을 방해하다, …을 방해하다 ⟨obstruct⟩, **5** 〔투기〕를 양쪽에 걸어서 손실을 막다. — vi. **1** 산울타리를 만들다, 울타리를 손질하다. **2** 양쪽에 걸다, 양다리 걸치다; 위험을 경감하다. **3** 태도를 모호하게 하다, 도망갈 구멍을 만들어 두다. **4** 울타리에 숨다. ◇ **hédgy** *adj*.

hedge fúnd n. 《美》헤지 펀드 〔투자 신탁의 일종〕.
***hedge·hog** [hédʒhɑ̀g, -hɔ̀ːg/-(h)ɔ̀g] n. **1** 고슴도치. **2** 《美》호저(豪猪) ⟨porcupine⟩. **3** 〔군대〕 방색(防塞); 가시 철사를 X 자 모양으로 얽은 막대 모양으로 생긴 휴대용 방어구; [상륙 부대의 탱크 따위를 저지하기 위한] 콘크리트에 묻은 쇠막대기 따위로 된 방어 장치.
hedge·hog·gy [hédʒhɑ̀gi, -hɔ̀ːgi/-(h)ɔ̀gi] *adj*. 고슴도치 같은; (성질이) 모진, 사귀기 힘든.
hedge·hop [hédʒhɑ̀p/-hɔ̀p] *vi*. (**-hopped, -hop·ping**) 초저공 비행을 하다.
hedge·hop·per [hédʒhɑ̀pər/-hɔ̀pə] n. 초저공 비행을 하는 비행기(조종사).
hedge príest n. 《英·경멸적》 무식한 목사(승려).
hedg·er [hédʒər] n. **1** 산울타리를 만드는(손질하는) 사람. **2** 양쪽에 거는 사람. **3** 양다리 걸치는 사람.
***hedge·row** [hédʒròu] n. [산울타리를 이루는] 관목의 줄.
hedge schóol n. [옛날 아일랜드의] 노천 학교, 야외 학교, 빈민 학교.
hédge spárrow n. 유럽바위종다리 ⟨dunnock⟩ 〔유럽산(産)의 작은 새〕.
hedg·y [hédʒi] *adj*. (**hedg·i·er, hedg·i·est**) 산울타리가 많은.
He·djaz [hiːdʒǽz] n. = Hejaz.
he·don·ic [hiːdɑ́nik/-dɔ́n-] *adj*. 쾌락(설)의; 쾌락주의자의.
he·don·ics [hiːdɑ́niks/-dɔ́n-] n. pl. ⟨단수 취급⟩ 〔심리〕 쾌·불쾌의 연구, 쾌락론.
he·don·ism [híːd(ə)nìz(ə)m] n. ⓤ 쾌락설, 쾌락주의, 쾌락에 빠짐, 향락.
he·don·ist [híːd(ə)nist] n. 쾌락(향락)주의자.
— *adj*. 향락주의의, 향락적인.
he·do·nis·tic [hìːd(ə)nístik] *adj*. 쾌락설의, 향락주의의. **-ti·cal·ly** [-tikəli] *adv*.
-hedral 「…개의 변(면)으로 된」의 뜻의 연결형. 예: hexa*hedral*.
-hedron 「…개의 면을 가진 기하 도형, 또는 결정체」의 뜻의 연결형. 예: hexa*hedron*.
hee·bie·jee·bies [híːbidʒíːbìz] n. pl. ⟨보통 the ~⟩ 《속어》 안달복달, 초조하여 차분하지 못함, 극도의 신경과민⟨jitters⟩. 〔<미국의 Billy DeBeck (1890-1942)이 연속 만화 *Barney Google* (1925) 속에서 사용한 조어(造語)〕
‡**heed** [hiːd] n. ⓤ 주의, 조심 ⟨attention⟩, 유의 ⟨regard⟩. ¶ Please give ⟨or pay⟩ *heed* to his advice. 부디 그의 충고를 유의해 주십시오 / Take *heed* of what you do. 자기가 하는 일에 주의를 기울이세요. — *vt*. …에 조심하다, 주의하다, …을 마음에 새기다. ¶ *heed* a person's advice 남의 충고를 존중하다 / *heed* what a person says 남이 하는 말에 주의하다. — *vi*. 주의하다, 조심하다, 유의하다. ◇ **héedful** *adj*.
heed·er [híːdər] n. 주의하는 사람.
***heed·ful** [híːdfəl] *adj*. 주의 깊은 ⟨attentive⟩, 조심성 많은 ⟨careful⟩ ⟨*of*…⟩. **~·ly** [-fəli] *adv*. **~·ness** n.
***heed·less** [híːdlis] *adj*. 부주의한, 경솔한, 조심성 없는 ⟨careless⟩ ⟨*of*…⟩. ¶ *heedless of* danger 위험을 돌보지 않고. **~·ly** *adv*. **~·ness** n.
hee·haw [híːhɔ̀ː/ ´-´] n. **1** 당나귀의 울음 소리, 바보 웃음. — vi. **1** 당나귀처럼 울다. **2** 바보같이 웃다.
‡**heel**[1] [hiːl] n. **1** [사람의] 발뒤꿈치 ⟨cf. toe⟩; [신발·양말의] 뒤축. ¶ She wears high *heels*. 그녀는 하이힐을 신고 있다. **2** 뒤꾸치 모양의 물건; [골프채의] 힐. ¶ the *heel* of Italy 이탈리아의 동남부 / the *heel* of the hand 손목의 바로 위. **3** ⟨보통 ~s⟩ 발 전체; [말 같은 동물의] 뒷발; [말 따위의] 발굽⟨hoof⟩, 뒷다리의 무릎, 복사뼈 마디⟨hock⟩. ¶ I hung a hare by the *heels*. 나는 토끼를 거꾸로 매달았다. **4** [물건의] 꼬리 부분; 후미, 후기(後期). ¶ a *heel* of cheese 치즈의 부스러기 / the *heel* of a session 회기의 끝 무렵 / the *heel* of a train 열차의 뒷부분. **5** [배의] 돛대·선미재(船尾材) 따위의 하단부. **6** 《美구어》 비열한 인간.
at heel 바로 뒤따라서, 바로 뒤에서.
at a person's heels 남의 바로 뒤를 따라서.
come (or *keep*) *to heel* ① [개가] 주인의 바로 뒤를 따르다, 길이 잘 들어 있다. ② [규칙 따위를] 잘 따르다.
cool (or *kick*) *one's heels* 오래 기다리다.
down at [*the*] *heel; down at the heels; out at* [*the*] *heels* 초라한 옷차림을 한; 칠칠치 못한. 〔다.
have (or *get*) *the heels of* …을 앞지르다; …에게 이기
head over heels; over head and heels ⇒ HEAD.
kick up one's heels 뛰어다니다, 들떠서 떠들다.
lay (or *clap*) *a person by the heels* [도망가려 하는] 사람을 잡다, 체포하다, 투옥하다; […을 때려 눕히] (다.
lift up one's heel against …을 [발로] 차다.
on (or *upon*) *the heels of* …의 뒤를 따라서.
show a clean pair of heels; show one's heels; take to one's heels 부리나케 달아나다. ¶ When the robber heard a dog bark, he *took to his heels*. 개가 짖는 소리를 듣자 도둑은 부리나케 도망쳤다.
to heel 바로 뒤따라서; 복종하여.
turn on one's heel 별끈 돌아서다, 홱 돌아서다.
under the heel of …에게 학대받아(짓밟히어).
— vt. **1** 〔구두 따위에〕 뒤축을 달다. **2** 〔골프〕 〔공〕을 힐로 치다. **3** …의 뒤축으로 따르다. **4** 〔춤〕을 뒤꿈치로 추다. **5** 〔싸움닭〕에 철제 며느리발톱을 달다. — vi. **1** 뒤꿈치로 춤추다(땅을 밟다). **2** [개가] 바로 뒤따라가다. ¶ *Heel*! [개를 보고 하는 명령] 따라와!
heel in [원예] …을 본식(本植)하기 전에 가식(假植)하다.

heel[2] [hiːl] vi. [배가] 한쪽으로 기울다⟨*over*…⟩. ¶ *heel* to the right 오른쪽으로 기울다. — vt. [배]를 한쪽으로 기울이다. — n. [배의] 기울기, 경사.
heel-and-toe [híːləntóu] *adj*. 〔경보(競步)에서〕 뒷발의 발끝이 떨어지기 전에 앞발의 뒤꿈치를 딴 데에는 걸음걸이의. ¶ a *heel-and-toe* walking race 경보(競步).
heel·ball [híːlbɔ̀ːl] n. **1** 발뒤꿈치의 아래 부분. **2** 밀랍과 기름을 그을음으로 만든 구두약의 일종.
héel bàr n. [백화점 내의] 구두 수리 코너.
heeled [hiːld] *adj*. **1** 뒤축이 난. **2** 《구어》[보통 복합어를 만들어] 돈이 많은, 자산가인, 부유한⟨wealthy⟩. ¶ the best-*heeled* family in town 읍내 제일의 부자. **3** 《속어》 권총을 가지고 있는, 무장한.
heel·er [híːlər] n. **1** 〔구두 따위에〕 뒤축을 대는 사

heel·ing [híːliŋ] n. ⓤ 《항해》 《배의》 경사.
heel·less [híːllis] adj. 뒤축이 없는.
heel·piece [híːlpìːs] n. 1 《구두의》 뒤축 가죽; 《양말의》 뒤꿈치받이. 2 맡단《붙어 있는 것》.
heel·tap [híːltæ̀p] n. 1 구두의 뒤축 가죽(lift). 2 《컵에 남긴》 마시다 남은 술.
heft [heft] n. ⓤ 1 《英방언》 중량, 무게(weight). 2 중요성(importance); 영향(력) (influence). 3 (the ~) 《고어》 heft of one's fortune 재산의 대부분. — vt. 1 …을 들어올려서 무게를 달다. 2 …을 들어올리다(lift). — vi. 《…의》 무게(중량)가 나가다 (weigh). ¶ It *hefted* a pound. 그것은 무게가 1 파운드 나갔다.
heft·y [héfti] adj. (**heft·i·er**, **heft·i·est**) 1 무거운 (heavy), 2 크고 센, 억센; 강력한(powerful); 몹시 큰. **heft·i·ly** adv. **heft·i·ness** n.
He·ge·li·an [heigéiliən, hiːdʒíː-/ heigíː-] adj. 헤겔 《철학》의. — n. 헤겔파의 철학자, 헤겔 철학 신봉자. 《<독일의 철학자 Georg Wilhelm Friedrich hegel (1770-1831)의 이름》
Hegélian dialéctic n. ⓤ 헤겔 변증법.
He·ge·li·an·ism [heigéiliənìz(ə)m, -dʒíː-/ heigíː-] n. ⓤ 헤겔 철학.
heg·e·mon·ic [hèdʒimánik, hìːdʒi-/ hìːgimɔ́n-, hèdʒi-], (**heg·e·mon·i·cal** [-ik(ə)l]) adj. 패권(주도권)을 잡은.
he·gem·o·nism [hidʒémənìz(ə)m / hi(ː)gémənìz(ə)m, hédʒim-] n. ⓤ 패권주의.
he·gem·o·ny [hidʒéməni, hédʒimòuni / hi(ː)géməni, híːgim-, hégi-] n. ⓤⓒ (pl. **-nies**) 1 《영machine 제국에서의》 맹주권(盟主權), 정치적 지배권, 헤게모니. 2 지도력 (leadership).
He·gi·ra [hidʒáirə, hédʒ(ə)rə / hédʒirə, hidʒáiərə], (**Hejira**) n. 1 (the ~) 《기원 622년에 Mohammed 가 Mecca 에서 Medina 로 도망간 일》; 《그 날에 시작되었다는》 이슬람 신기원. 2 (h-) 도피(flight), 《특히 집단의》 망명.
HEIB (略) *H*ome *E*conomist *i*n *B*usiness《가정에서 소비자 문제를 연구하여 기업 활동에 반영시키는 가정학 전공의 전문직 여성》.
Hei·del·berg [háid(ə)lbə̀ːrg] n. 하이델베르크《독일 서남부의 도시, Heidelberg 대학의 소재지》.
Héidelbèrg mán n. 하이델베르크인《1907년 하이델베르크 부근에서 Heidelberg jaw 가 발견된 원시인》.
heif·er [héfər] n. 《아직 새끼를 낳지 않은 3 세 이하의》 암소. ⇒ OX 類語
heigh[1] [hei, +美 hai] interj. 어이, 야아, 여어 《주의 · 놀람 · 기쁨 · 격려 따위를 나타냄》.
heigh[2] [hi:x] adj., adv. 《스코》 =high.
heigh-ho [héihóu, +美 hái-] interj. 아아, 아이고, 맙소사 《낙담 · 따분함 · 피로 따위를 나타냄》.
‡**height** [hait] n. 1 ⓤⓒ 높이, 고도, 해발(海拔), 키, 신장; 높음; 상당한 높이. ¶ the *height* of Mt. Halla 한라산의 높이 / the *height* above [the] sea level 해발 / I am six feet in *height*. 나는 키가 6피트이다.
類語 **height** 바닥 · 밑 따위 밑에서 꼭대기까지의 거리, 대면 으로부터 위에 있는 물건까지의 거리; 가장 보통이고 넓은 뜻의 말: the *height* of a tree (a building, a mountain, a cloud) 나무《건물, 산, 구름》의 높이. **altitude, elevation** 서로 바꾸어 쓸 수 있는 경우가 많고, 다 같이 보통 계기 따위로 측정되는 상당한 높이를 암시하지만, altitude 는 지표 또는 해면으로부터의 높이, elevation 은 지표상의 지점의 해발 높이를 나타내는 데 쓰는 일이 많다: fly at an *altitude* of 10,000 feet 고도 1만 피트로 날다 / a town situated at an *elevation* of 1,000 meters 해발 1,000미터의 높이에 있는 도시. **stature** 사람이 섰을 때의 높이: a man of a medium *stature* 중키의 사람.
2 《종종 ~s》 높은 곳, 고지, 언덕. 3 (the ~) 《문화 · 계절 따위의》 절정, 극치, 정점(summit), 한창인 때, 극점. ¶ the *height* of folly 다시없는 어리석음 / in the *height* of winter 한겨울에(는) / The storm was at its *height*. 폭풍우는 절정에 있었다. 4 (the ~) 《고어》 고귀 (high rank). ◇ high adj., **héighten** v.
*****height·en** [háitn] vt. 1 …을 높이다, 높게 하다. 2 …을 증가시키다(augment), 강화하다. ¶ You are only *heightening* my anxiety. 너는 내 걱정을 더하게 할 뿐이다. 3 …을 과장하다, 강조하다. ¶ Your story is too much *heightened*. 네 이야기는 너무 과장이 심하다. — vi. 1 높아지다. 2 늘다, 강해지다.
height·ism [háitìz(ə)m] n. ⓤ 키작은 사람에 대한 차별 (멸시).
*heil** [hail] interj. 《독일》 …만세 (=hail[1]). ¶ *Heil* Hitler! 히틀러 만세! — vt. …에게 만세를 부르다.
Heim·dall [héimdɑ̀ːl] n. 《북유럽 신화》 헤임달《빛의 신, 신의 도시 아스가르드(Asgard)의 파수꾼》.
hei·nous [héinəs] adj. 극악한, 흉악한, 밉살맞은 (abominable), 가증스러운(hateful). ¶ a *heinous* offense 가증스러운 범죄. ~**·ly** adv. ~**·ness** n.
‡**heir** [ɛər] n. 《재산 · 지위 따위의》 상속인 《법률》 법정 상속인; 《특질 · 전통 따위의》 계승자, 후계자. ¶ an *heir* to a large fortune 막대한 재산의 상속인 / the *heir* to the crown 왕위 계승자 / The Koreans are the *heir* of their father's diligence. 한국인은 조상의 근면성을 이어받고 있다. — vt. 《주로 방언》 …을 상속하다, 계승하다, …의 뒤를 잇다(succeed to).
héir appárent n. (pl. **heirs a-**) 법정 추정 상속인.
héir at láw n. (pl. **heirs a-**) 법정 상속인.
heir·dom [ɛ́ərdəm] n. =heirship.
*heir·ess** [ɛ́(:)ris / ɛ́ərls] n. 《특히 막대한 재산의》 여자 상속인.
heir·less [ɛ́ərlis] adj. 상속인(후계인)이 없는.
heir·loom [ɛ́ərlùːm] n. 1 조상 전래의 가재(家財), 가보. 2 《법률》 법정 상속 동산.
héir presúmptive n. (pl. **heirs p-**) 추정 상속인.
heir·ship [ɛ́ərʃìp] n. 상속인임; 상속권.
heist [haist] vt. ⓤ 《美속어》 …을 훔치다(rob), 노상 강도질을 하다. 2 《방언》 =hoist. — n. 《美속어》 강도, 노상 강도.
heist·er [háistər] n. 강도, 노상 강도, 도둑.
He·jaz [hiːdʒǽz, hei-] n. 헤자즈, 히재즈《홍해 fuga Sea)에 면한 사우디아라비아의 한 지방, 회교의 성도 Mecca 와 Medina 가 있음》. [n. =Hegira.
He·ji·ra [hi(ː)dʒáirə, hédʒirə / hédʒirə, hidʒáiərə]
Hek·a·te [hékəti] n. =Hecate.
Hel [hel] n. 《북유럽 신화》 헬《저승의 여신; 저승, 황천》.
‡**held** [held] v. hold 의 과거 · 과거 분사.
Hel·en [hélin] n. 《그리스 신화》 헬레네《스파르타왕 메넬라우스(Menelaus)의 비. 뒤에 Troy의 왕자 파리스 (Paris)에게 끌려감으로써 Trojan War 가 일어났음》.
Hel·e·na [hélinə] n. 미국 Montana 주의 주도.
heli-[1] ⇒ HELIO-.
heli-[2] 「helicopter」라는 뜻의 연결형.
he·li·a·cal [hi(ː)láiək(ə)l] adj. 《천문》 태양의 (solar); 태양의 근처에 있는; 《별 따위가》 태양과 동시에 출몰하는. ~**·ly** [-kəli] adv.
heli·am·bu·lance [hèliǽmbjuləns] n. 구급 헬리콥터.
he·li·an·thus [hìːliǽnθəs] n. 해바라기(sunflower), 해바라기속(屬)의 식물.
he·li·borne [hélibɔ̀ːrn / -bɔ̀ːn] adj. 헬리콥터로 수송하는.
helic- ⇒ HELICO-.
hel·i·cab [hélikæ̀b] n. 《항공》 택시처럼 원하는 시간과 장소에 승객을 나르는 헬리콥터.
《<HELI[COPTER] + CAB》
hel·i·cal [hélik(ə)l] adj. 나선(형, 상)의 (spiral).
~**·ly** [-kəli] adv.

hel·i·ces [hélisìːz] n. helix 의 복수형의 하나.
he·lic·i·ty [hiːlísəti] n. 〔물리〕 헬리시티[소립자의 운동 방향의 스핀 성분의 값].
hel·i·cline n. 나사 모양의 비탈길.
helico- spiral (나선형) 의 뜻의 연결형 (* 모음 앞에서는 helic-을 쓴다). 예: *helic*opter, *helic*al.
hel·i·co·gyre [héliko(u)dʒàiər] n. 헬리콥터의 개량.
hel·i·coid [hélikɔ̀id], **hel·i·coi·dal** [hèlikɔ́id(ə)l] adj. 나선상(형)의. — n. 〔기하〕 나선면(체).
Hel·i·con [hélikàn, -kən / -kən, -kɔn] n. 1 〔그리스 신화〕 헬리콘산(山) 〔아폴로(Apollo)와 뮤즈(Muses)가 살고 있었다는 그리스 남부의 산〕. 2 시적인 영감의 원천. 3 (h-) 저음(低音) 튜바〔어깨에 메고 연주하는 취주 악기〕.
Hel·i·co·ni·an [hèlikóuniən, -njən] adj. 헬리콘산의, 뮤즈의. ¶ the *Heliconian* Maids 헬리콘의 처녀들, 뮤즈의 신들.
‡**hel·i·cop·ter** [hélikɑ̀ptər / -kɔ̀p-] n. 헬리콥터. — vi. 헬리콥터로 날다.
hélicòpter gúnship n. 중무장 헬리콥터〔지상 공격용〕.
hel·i·drome [hélidròum] n. 헬리콥터용 공항.
hel·i·home [hélihòum] n. (美) 모터 홈(motor home) 과 헬리콥터를 짜맞춘 시설〔냉·난방, 목욕·화장 시설과 냉장고, 컬러 텔레비전 따위를 헬리콥터 안에 완비〕.
hel·i·lift [hélilìft] vt. 헬리콥터로 수송하다.
he·li·o [híːliòu] n. (pl. -os) (구어) 1 =heliogram. 2 heliograph.
helio- sun 의 뜻의 연결형 (* 모음 앞에서는 heli-를 쓴다). 예: *helio*centric, *helio*gram, *helio*type.
he·li·o·cen·tric [hìːlio(u)séntrik] adj. 〔천문〕 태양의 중심으로부터 잰; 태양을 중심으로 한. cf. geocentric ¶ the *heliocentric* theory 태양 중심설.
he·li·o·cen·tri·cism [hìːlio(u)séntrisìz(ə)m] n. 태양 중심설.
He·li·o·chrome [híːlio(u)kròum] n. (상표명) 색 사진.
he·li·o·chro·mic [hìːlio(u)króumik] adj. 천연색 사진의.
he·li·o·chro·my [híːlio(u)kròumi] n. U 천연색 진술.
he·li·o·gram [híːlio(u)græ̀m] n. 회광(回光) 통신, 일광 반사 통신(신호).
he·li·o·graph [híːlio(u)græ̀f / -grɑ̀ːf] n. 1 〔태양 광선의 반사를 이용하는〕 회광(回光) 일광 반사 신호기. 2 〔옛날에 쓰이〕 태양 촬영용 사진기(photoheliograph). 3 〔기상〕 일조 시간을 기록하는 일조계(日照計). — vt., vi. […에] 회광(일광 반사) 신호기로 통신하다.
he·li·og·ra·pher [hìːliɑ́grəfər / -ɔ́g-] n. heliograph 를 사용하는 사람.
he·li·o·graph·ic [hìːliəgræ̀fik] adj. 회광(일광 반사) 통신법의; 〔인쇄〕 사진 제판의.
he·li·og·ra·phy [hìːliɑ́grəfi / -ɔ́g-] n. U 태양면 기술 (記述); 회광(일광 반사) 통신법; 〔인쇄〕 사진 제판술의 초기의 행정(行程).
he·li·o·gra·vure [hìːlio(u)grəvjúər] n. U 그라비야, 사진 요판술(凹版術)(photogravure).
he·li·ol·a·try [hìːliɑ́lətri / -ɔ́l-] n. U (pl. -tries) 태양 숭배.
he·li·o·lith·ic [hìːlio(u)líθik] adj. 거석(巨石)과 태양을 숭배한 선사(先史) 문명의, 헬리오리식의.
he·li·ol·o·gy [hìːliɑ́lədʒi / -ɔ́l-] n. U 〔천문〕 태양학.
he·li·om·e·ter [hìːliɑ́mitər / -ɔ́m-] n. U 헬리오미터, 태양의(太陽儀).
he·li·om·e·try [hìːliɑ́mitri / -ɔ́m-] n. U 태양의에 의한 측량.
He·li·op·o·lis [hìːliɑ́pəlis / -ɔ́p-] n. 1 헬리오폴리스 〔이집트 북부 나일(Nile)강의 삼각주 지대에 있었던 옛 도시〕. 2 〔레바논 동부, 태양 신전이 있었던 옛 도시〕 Baalbek 의 고대 그리스 이름.
He·li·os [híːliɑ̀s / -ɔ̀s] n. 〔그리스 신화〕 헬리오스〔태양의 신, 로마 신화에서는 Sol〕.

he·li·o·scope [híːliəskòup] n. 〔천문〕 헬리오스코프〔눈을 상하지 않고 태양을 관측할 수 있는 망원경〕.
he·li·o·sis [hìːlióusis] n. U(C) (pl. -ses [-siːz]) 일사병(sunstroke).
he·li·o·sphere [híːliəsfìər] n. 태양권(圈) 〔태양 표면의 기체와 자장(磁場)의 영향을 받는 우주 공간〕.
he·li·o·stat [híːlio(u)stæ̀t] n. 헬리오스탯〔일광을 거울로 반사시키는 장치〕.
he·li·o·ther·a·py [hìːlio(u)θérəpi] n. U 일광 요법.
he·li·o·trope [híːliətròup / héljə-] n. 1 〔페어〕 〔식물〕 굴광(屈光) (향일) 성 식물. 2 헬리오트로프 〔지치과 (科)의 작은 관목〕; U 헬리오트로프 빛, 연보랏빛; U 헬리오트로프의 향기, 〔향수의〕 헬리오트로프. 3 U 혈석(血石)(bloodstone). 4 U 일광 반사기.
he·li·o·trop·ic [hìːliətrɑ́pik / -trɔ́p-] adj. 〔식물〕 굴광(屈光) (향일)성의.
he·li·ot·ro·pism [hìːliɑ́trəpìz(ə)m / -ɔ́t-] n. U 〔식물〕 굴광(향일)성, 해굴성. cf. geotropism
he·li·o·type [híːliətàip] n. 헬리오타이프판(版) 〔사진 제판의 일종〕 (colltype). — vt. (-typed, -typ·ing) …을 헬리오타이프판으로 하다.
he·li·o·typ·y [híːliətàipi], **he·li·o·ty·pog·ra·phy** [hìːlio(u)taipɑ́grəfi / -pɔ́g-] n. U 헬리오타이프 제판법.
hel·i·ox [hélioks / -ɔks] n. U 〔잠수용의〕 헬륨과 산소의 혼합 기체.
hel·i·pad [hélipæ̀d] n. 헬리콥터 이착륙장.
hel·i·port [hélipɔ̀ːrt / -pɔ̀ːt] n. 헬리콥터 발착장(發着場), (<HELI[COPTER]+[AIR]PORT).
hel·i·spot [hélispɑ̀t / -spɔ̀t] n. 〔임시〕 헬리콥터 착륙지.
hel·i·stop [hélistɑ̀p / -stɔ̀p] n. =heliport.
*‡**he·li·um** [híːliəm] n. U 〔화학〕 헬륨〔원자 기호 He〕.
he·lix [híːliks] n. (pl. **hel·i·ces** [hélisìːz] or **-lix·es**) 1 나선(螺旋) (spiral); 나선형의 것. 2 〔건축〕 기둥머리의 소용돌이 장식. 3 〔기하〕 나선, 나선상(형)으로 감긴 선〔코일처럼 감긴 선, 코르크 마개뽑이·회중 시계의 태엽 따위〕. 4 〔해부〕 귓바퀴.

‡**hell** [hel] n. 1 U 지옥. opp. heaven 2 C U 지옥과 같은 상태(장소), 마굴(魔窟), 마계(魔界); 도박꾼의 소굴. ¶ The inflation after the war made our lives a *hell*. 전후의 인플레 때문에 우리의 생활은 지옥이었다. 3 C U 고통과 비참한 상황을 초래하는 것; 〔특히〕 꾸지람, 야단. 4 U 〔지옥의〕 악마, 악귀. 5 U 사자(死者)의 나라, 황천(黃泉), 저승. 6 〔양복점의〕 재단 부스러기 따위를 담는 통; 〔인쇄〕 못쓰는 활자를 넣는 상자 (hellbox). 7 〔감탄사적으로〕 제기랄, 빌어먹을, 흥, 어머나, 저런, 허〔노여움·빈정거림·놀라움 따위를 나타낸다〕. ¶ Oh *hell*! 제기랄! , 빌어먹을!
be hell on (美속어) ① …에게 몹시 엄하다, 심하게 하다, 학대하다. ¶ *be hell on* one's servants 하인에게 모질게 대하다. ② …에게 해롭다, …에게 모질게 굴다.
catch (or *get*) *hell* (속어) 크게 혼나다, 심한 꾸중을 듣다.
give a person hell (속어) 남을 못배기게 하다, 혼내주다, 마구 닦아세우다.
Go to hell! 빌어먹을!, 뒈져버려라!, 거꾸러져라!
a hell of a… (美속어) ① 대단한…, 굉장한…. ¶ A *hell of a* noise followed then. 그 뒤 굉장한 소란이 벌어졌다. ② 심상치 않은, 비상한, 엄청난. ③ (강조어로서) 대단히(very).
Hell's bells [*and buckets of blood*]! (구어) 〔분노, 놀라움 따위를 나타내며〕 우라질! , 제기랄!
like hell ① 악착같이, 지독히, 맹렬히, 필사적으로. * 종종 단순한 강조 표현으로 쓰인다. ② (문두에 써서) 결코 …이 아니다.
play hell with (속어) …에게 큰 손해를 입히다, …을 엉망으로 만들다, …을 잘못 놓다, …을 혼란시키다.
raise hell (속어) ① 〔파티 따위에서〕 야단법석을 떨다. ② 〔문제를 일으켜서〕 큰 소동을 벌이다.

ride hell for leather 《구어》 [차·말 따위를] 전속력으로 몰다.
till hell freezes over 영원히.
To hell with ...! …을 타도하라!, …을 없애 버려라!
What the hell ...? 도대체《대관절》무슨…? ¶ *What the hell* are you laughing so much? 도대체 무엇 때문에 그렇게 웃고 있는가?
— *vi.* 행패를 부리다, 술을 마시다 법석을 떨다 (*around*). ◇ **héllish** *adj.*

‡**he'll** [hi:l] **1** he will 의 단축형. * 단순 미래·의지 미래·습관적 동작을 나타낸다. 순수 의지를 나타내는 경우는 보통 단축형을 쓰지 않는다. **2** he shall 의 단축형.

Hel·las [héləs / héləs] *n.* 헬라스[그리스(Greece)의 옛날 이름].
hell-bend·er [-bèndər] *n.* **1** 미국산(産) 도롱뇽. **2** 《미구어》 저돌적인 사람. **3** 《속어》 주연법석.
hell-bent [hélbènt] *adj.* 《미구어》 **1** [앞뒤의 분별없이] 단단히 결심한(*on, for*...). ¶ He is *hellbent on* fishing tomorrow. 그는 내일 낚시하러 가겠다고 막무가내다. **2** 맹렬한 속도로 달리는, 마구 달리는.
héll bòmb *n.* (때로 H-) 수소 폭탄.
hell-box [hélbàks / -bɔ̀ks] *n.* 〔인쇄〕 못쓰는 활자를 넣는 상자(hell).
hell-broth [hélbrɔ̀:θ, -brɔ̀θ/-brɔ̀(:)θ] *n.* ⓤ 마술용 조제약[마녀가 쓰는 약]. → Shakespeare 작 *Macbeth* 4 : 1].
hell-cat [hélkæ̀t] *n.* **1** 심술궂은 여자, 악독한 여자. **2** 마녀, 마귀 할멈.
hell-div·er [héldàivər] *n.* [특히 미국산의] 농병아리의 일종인 물새.
hel·le·bore [hélibɔ̀:r / -bɔ̀:] *n.* **1** 유럽산(産) 미나리아재비과(科) 크리스마스로즈속(屬)의 식물. **2** 백합과의 식물;ⓤ 그 뿌리를 말려 가루로 만든 살충제.
Hel·len [hélin] *n.* 《그리스 신화》 헬렌〔테살리아(Thessaly)의 왕. 데우칼리온(Deucalion)의 아들로 그리스인(Hellenes)의 선조〕.
Hel·lene [héli:n] *n.* 그리스인(Greek).
Hel·len·ic [helénik, -lí:- / -lí:-] *adj.* 그리스인의. **2** 고대 그리스사(史)의 [어, 문화]의. *cf.* Hellenistic — *n.* ⓤ 그리스어파(語派) (Greek).
Hel·len·ism [hélinìz(ə)m] *n.* ⓤⓒ **1** 고대 그리스 문화(사상, 정신, 양식). **2** 헬레니즘[특히 알렉산더 대왕(Alexander the Great)의 시대 이후를 말한다]. **3** 그리스어 특유의 표현(어법). **4** [언어·문화 따위의] 그리스화(化).
Hel·len·ist [hélinist] *n.* **1** 그리스 문화(사상, 양식)를 따르던 사람. **2** 그리스 문화(사상, 언어, 제도, 문학)의 연구자(숭배자). **3** 〔성서〕 그리스어를 상용했던 유대인.
Hel·len·is·tic [hèlinístik] *adj.* **1** Hellenist에 관한. **2** 그리스[어]풍을 모방한. **3** 헬레니즘의. *cf.* Hellenic
Hel·len·i·za·tion [hèlinizéiʃ(ə)n / -nai-] *n.* ⓤ 그리스화.
Hel·len·ize [hélinàiz] (* 《영》에서는 **Hel·len·ise** 로도 쓴다) *v.* (-*ized, -izing*) *vt.* 〔사상·언어·풍습 등〕을 그리스화(化)하다. — *vi.* 그리스풍으로 되다. 〔람.
Hel·len·iz·er [hélinàizər] *n.* 그리스풍을 뽐내는 사
hel·ler[1] [hélər] *n.* (*pl.* -**lers** *or* -**ler**) **1** 옛날 독일에서 유통되던 화폐. **2** 옛날 오스트리아의 동화(銅貨).
hell·er[2] [-] *n.* 《미속어》 난폭자(hellion).
hell-fire [hélfàiər / -:-] *n.* 지옥의 불 (형벌).
Héll Gàte *n.* 지옥문 [New York시의 Manhattan과 Long Island사이를 흐르는 East River의 좁은 수로].
hell-gram·mite, -gra·mite [hélgrəmàit] *n.* 뱀잠자리의 애벌레 [낚시의 미끼로 쓰인다]. 〔소.
hell-hole [hélhòul] *n.* 불쾌한 [혐오스런, 악명 높은] 장
hell-hound [hélhàund] *n.* **1** 지옥을 지키는 개. **2** 악마와 같은 사람, 잔인한 사람.
hel·lion [héljən] *n.* 《미구어》 난폭자, 무법자(rascal).
hell·ish [héliʃ] *adj.* **1** 지옥의 (과 같은); 《구어》 끔찍

한, 소름끼치는, 오싹한, 무서운; 몹시 싫은(horrible), 지독한. **2** 악마와 같은, 사악한(wicked).
~**ly** *adv.* ~**ness** *n.*
hell-kite [hélkàit] *n.* 잔인한 사람, 비정한 사람.
‡**hel·lo** [helóu, hə-, hélou / hélóu, --, həlóu] *interj.* 여보, 이봐, 〔전화에서〕 여보세요; 안녕하세요, 어머나, 저런. — *n.* (*pl.* -**los**) hello 라고 부르는 소리〔인사·부름·놀람의 표현으로서〕. ¶ Say *hello* to your mother. 어머니에게 안부 전하세요 / She gave me a warm *hello*. 그녀는 나에게 다정한 인사말을 걸어주었다. — *vi.* hello 라고 말하다, 여보세요 하고 부르다. ¶ I *helloed* but had no answer. 말을 걸었지만 응답은 없었다. — *vt.* --를 부르다.
héllo gírl *n.* 여자 전화 교환수.
Héll's Ángels *n. pl.* 〔오토바이를 타고 고속으로 돌주하는 패거리, 폭주족.〕 〔發地域〕.
Héll's kítchen *n.* 《미》 범죄와 폭력의 다발 지역(多
hell·u·va [héləvə] *adj., adv.* 《미속어》 심한(하게), 굉장한(하게).
helm[1] [helm] *n.* 〔항해〕 키(의 자루), 타륜(舵輪), 조타 장치, 타기(舵器). ¶ ease the *helm* 키를 중앙 위치로 되돌리다 / Down (with the) *helm*! = *Helm* alee! 키 내럿! / Up (with the) *helm*! 키를 올렷! **2** (the ~) 지배, 지도, 지배적인 지위. ¶ take the *helm* of …의 실권을 잡다, …을 지배하다.
be at the helm ① 키를 잡다. ② 지배하다, 실권을 잡다 (*of* ...).
— *vt.* **1** 〔배〕의 키를 잡다. **2** …을 지배(지도)하다.
helm[2] [helm] *n.* 〔고어〕 투구(helmet). **2** 〔기상〕 **a)** 투구구름〔폭풍우 전이나 폭풍우 때 산마루에 끼는 투구 모양의 구름〕(helm cloud). **b)** 투구바람〔영국의 호수 지방 특유의 투구구름을 동반하는 폭풍〕(helm wind).
— *vt.* …에게 투구를 씌우다.
‡**hel·met** [hélmit] *n.* **1** 〔소방·전투용 따위의〕 헬멧; 〔중세 기사의〕 투구, 철모; 〔펜싱용의〕 면(面); 〔미식 축구에서 선수가 쓰는〕 헬멧. **2** 투구상(모양)의 것 〔식물〕 투구 모양의 돌기.
hel·met·ed [hélmitid] *adj.* **1** 헬멧(투구)을 쓴. **2** 헬멧 (투구) 모양의.
hélmet líner *n.* 〔군대〕 철모 안에 쓰는 플라스틱 모자; 《속어》 파이터.
hel·minth [hélminθ] *n.* 기생충, 〔특히〕 장내 기생충.
hel·min·thi·a·sis [hèlminθáiəsis] *n.* ⓤ 〔병리〕 기생충병.
hel·min·thic [helmínθik] *adj.* **1** 장내 기생충의. **2** 회충약의, 구충제의. — *n.* 회충약, 구충제(vermifuge).
helms·less [hélmlis] *adj.* 키가 없는.
helms·man [hélmzmən] *n.* (*pl.* -**men** [-mən]) 키 잡는 사람, 타수(舵手), 조타수(操舵手). **2** 〔자격〕.
helms·man·ship [hélmzmənʃip] *n.* ⓤ 타수의 지위
Hel·ot [hélət, -美 hí:l-] *n.* **1** 헬로트 [고대 스파르타의 농노(農奴), 노예]. **2** (h-) 노예(slave), 농민.
hel·ot·ism [hélətìz(ə)m, -美 hí:l-] *n.* ⓤ 〔고대 스파르타의〕 농노 제도; 노예의 신분.
hel·ot·ry [hélətri, -美 hí:l-] *n.* ⓤ **1** 노예 (농노)의 신분, 노예(농노) 제도. **2** 〔집합적〕 노예, 농노(helots).
‡**help** [help] *v.* (**helped** *or* 〔고어〕 **holp**, **helped** *or* 〔고어〕 **hol·pen**, **help·ing**) *vt.* **1** …을 돕다, 거들어 주다(aid), 원조하다(assist); …에 쓸모가 있다. ¶ *help* one's mother at home 집에서 어머니의 일을 거들다 / *Heaven helps* those who *help themselves*. 〔속담〕 하늘은 스스로 돕는 자를 돕는다 // (~+圖+圓) *help* a person *in* 남을 부축하여 안으로 들어가게 하다 / *help* a person *down* 을 부축하여 내려주다 / *help* a person *down* with a heavy box 남이 무거운 상자를 내려놓는 일을 도와주다 / *help* a person *off* with his coat 남이 웃도리를 벗는 것을 도와주다 // (~+圖+[*to*] do) Go and *help* [*to*] wash up. 가서 빨래를 거들어라 (* 《미》에서는 *to* 없는 형이 보통이다) // (~+圖+[*to*] do) *help* a person [*to*] stand

on his own feet 남이 자립할 수 있도록 원조하다 (*《美》에서는 -to 없는 형이 보통이다. 다만 help가 수동으로 쓰일 경우는 《美》에서도 to- 부정사가 일반적: She was *helped* to find it.) // (~+圖+前+名) *help* a person *into* his coat 남에게 웃도리를 입혀주다 / *help* a person *with* (or *in*) his work 남의 일을 거들다 / Is there anything I can *help* you *with*? 도와드릴 일이 있습니까? / *help* a person *to* a pencil 남에게 연필을 취어주다 / *help* a person *over* his trouble 남을 도와서 어려움을 극복시키다 / He *helped* an old woman *from* the bus. 그는 노부인이 버스에서 내리는 것을 부축해 주었다.

類語 **help** 힘이 되어 주다; 목적 달성에 도움되는 것을 강조하는 말: *help* a boy with his homework 소년의 숙제를 거들어주다. **aid** 도움을 필요로 하는 약한 자에게 힘이 있는 자가 도와주다: *aid* developing countries 개발도상 국가를 원조하다. **assist** 보조적·종속적 도움을 주다: The chairman is *assisted* by the vice-chairman. 의장은 부의장의 보필을 받는다.

2 …을 조장하다, 촉진하다, 진척시키다(promote). ¶ *help* one's ruin 파멸을 재촉하다 // (~+圖+副) *help* a person's work *forward* (or *on*) 거들어서 일을 진척시키다.
3 …을 구하다, 구조하다, 구제하다(save, rescue). ¶ *help* a drowning boy 물에 빠진 소년을 구하다.
4 〔병〕을 고치다(cure), 〔고통·병 따위〕를 누그러뜨리다, 덜다(relieve). ¶ This medicine will *help* your cough. 이 약을 먹으면 기침이 가라앉을 것이다.
5 《can, cannot과 함께》…을 피하다(avoid), 막다, 억제하다, 억누르다, 금하다, …을 삼가하지 다(refrain from). ⇒ cannot help doing. ¶ I cannot help his bad manners. 그의 버릇없는 행동은 어찌 할 수가 없다 / I *cannot help* it. 어찌할 도리가 없다 / Don't be longer than you *can help*. 될 수 있는 대로 늦지않도록 하시오. * cannot do not가 잘못되어 탈락된 것.
6 〔남〕에게 〔음식을〕 따주다, 집어주다, 시중을 들다(… *to*); 〔음식〕을 차리다, 시중들다. ¶ *help* dishes 요리를 나누다 // (~+圖+前+名) *help* a person *to* a salad 남에게 샐러드를 떠주다.

— *vi*. **1** 돕다, 거들다. **2** 도움이 되다(be useful), 보탬이 되다. ¶ Nothing will *help* now. 이제는 손을 쓸 수 없게 되었다 / Every little bit *helps*. 《속담》아무리 하찮은 것이라도 무슨 쓸모가 있다. **3** 음식을 차리다(담다, 내오다), 시중을들다. ¶ I carved and she *helped*. 내가 〔고기〕를 썰고 그녀가 접시에 담았다.

cannot help doing …하지 않을 수 없다, 무심결에 해버리다, …하는 것을 피할 수 없다. ¶ I *couldn't help* admiring him. 그에게 감탄하지 않을 수 없었다 / We *couldn't help* crying when we heard the news. 그 소식을 듣고 우리는 무심결에 울음을 터뜨렸다. * help 다음에 오는 것은 cry, laugh, wonder, think 따위의 감정·사고(思考)를 나타내는 동사가 보통.
cannot help but do 《주로 美구어》…하지 않을 수 없다. ¶ I *couldn't help but* laugh. 나는 웃지 않을 수 없었다.
help out ① …을 도와 완성시키다. ② …의 부족분을 보충하다, 〔비용 따위〕를 보태다. ③ (*vi*.) 소용되다.
help a person out ① 남을 〔어려운 때에서〕 구출하다. ¶ *help* a person *out* [*of* a ditch] 남을 〔하수구에서〕 구해내다. ② 남을 도와서〔…을〕완성시키다(*with*). ¶ *help* a person *out with* his picture 남이 그림을 완성하는 것을 거들다.
help oneself to ① 〔음식 따위〕를 마음대로 집어먹다, 자유로이 먹다. ¶ *Help* yourself *to* the wine. 술을 마음대로 드십시오. ② …을 마음대로 쓰다; …을 훔치다(착복하다). ¶ They *helped* themselves freely *to* the furniture of the house. 그들은 그 집의 가구를 마음대로 썼다.
help a person up ① 남을 부축하여 일으키다. ② 오르게 하다; 〔좌절 상태에 있는 사람〕을 격려하다. ② 〔구어〕〔수동형으로〕 방해받다. ¶ He couldn't run to catch the train as he was *helped up* with a lot of parcels. 많은 짐꾸러미를 들고 있었기 때문에 그는 달려가서 기차를 탈 수가 없었다.
So help me [*God*] *!* ⇒ GOD.

— *n*. **1** ① 도움, 원조, 조력(助力) (aid); 원조, 구조(救助). ¶ offer one's *help* 도움을 제의하다 / ask (or call) for *help* 구조를 청하다 / by *help* of …의 도움으로, …의 덕분(덕택)으로 / Thank you for your kind *help*. 도와주신 데 대하여 감사드립니다. **2** 도움이 되는 것(사람), 소용되는 것(사람), 유용한 것(사람). ¶ She was a great *help*. 그녀는 큰 도움이 되었다 / The medicine was a *help*. 그 약은 효험이 있었다. **3** ① 구제책, 치료법; 빠져나갈 길, 피하는 방법, 방지책. ¶ There is no *help* for it. 이젠 어쩌면 방법이 없다. **4** 〔집안일을〕 거들어주는 사람, 고용인; (the ~) 〔집합적〕 종업원들, 근로자들, 작업 인부들(employees), 〔특히 농장의〕 노동자들. ¶ The hired *help* are on strike. 고용인들은 파업중이다 / *Help* wanted. 〔광고〕사람을 구함. **5** 〔방언〕〔음식〕의 한 그릇(helping). ¶ ask for a second *help* 〔음식〕을 더 청하다.
be of help 힘이 되다, 도움이 되다(*to*…). ¶ Can I *be of any help to* you? 뭘 좀 도와드릴까요?
help·a·ble [hélpəbl] *adj*. 도울 수 있는.
‡**help·er** [hélpər] *n*. **1** 도와주는 사람(것); 거들어주는 사람, 협력자, 원조자, 지지자; 위안자. **2** 〔문법〕 조동사(auxiliary verb).
‡**help·ful** [hélpfəl] *adj*. 도움이 되는, 유용한(useful). ~·ly [-fəli] *adv*. ~·ness *n*.
help·ing [hélpiŋ] *n*. **1** ① 도움이 되기, 원조, 거들기. **2** 음식물을 그릇에 담기, 음식물의 한 사람 몫, 한 그릇. ¶ a second *helping* of salad salad를 더 청하기. — *adj*. 거드는, 도움되는. ¶ give a *helping* hand 원조의 손길을 뻗다. ~·ly *adv*.
hélping hánd *n*. 도움의 손길, 조력(assistance); 지지(support). ¶ reach out (give, lend) a *helping* hand *to* …을 돕다(도와주다).
‡**help·less** [hélplis] *adj*. **1** 〔스스로〕 어떻게 할 수가 없는, 무력한. ¶ a *helpless* invalid 몸을 자유로이 움직일 수 없는 환자. **2** 도움이 없는, 의지할 곳 없는. **3** 무능한, 쓸모없는.
*~·ly [hélplisli] *adv*. 어찌 해볼 수도 없이, 무력하게, 〔력하게.
*~·ness [hélplisnis] *n*. ① 무력(無力), 무능.
help·mate [hélpmèit] *n*. **1** 협력자. **2** 배우자〔아내 또는 남편〕, 반려자.
help·meet [hélpmìːt] *n*. = helpmate. 〔고.
hélp-wànt·ed ád [hélpwɔ̀ntid- / -wɔ̀n-] *n*. 구인 광
help-your·self [hélpjuərsélf]-, -jər-/ -jɔ̀ː-, -juə-] *n*., *adj*. 〔레스토랑 등의〕 셀프 서비스(의).
Hel·sin·ki [hélsiŋki, - - -́] *n*. 헬싱키〔핀란드의 수도〕.
Hélsinki accórds *n*. 〔정치〕 헬싱키 합의〔1975년 헬싱키에서 열린 유럽 안보 협력 회의(CSCE)에서 조인된 최종 선언 문서〕.
hel·ter-skel·ter [héltərskéltər] *adv*. 당황하여, 허둥지둥하여. — *n*. **1** 허둥지둥함, 당황, 낭패; 대혼란. **2** 〔英〕유원지의 나선식 미끄럼틀. — *adj*. 허둥지둥하는, 당황한, 혼란한.
helve [helv] *n*. 〔도기·쇠망치 따위의〕 자루.
throw the helve after the hatchet ⇒ HATCHET.
— *vt*. (*helved, helv·ing*) 〔도구 따위〕에 자루를 달다.
Hel·ve·tia [helvíːʃə] *n*. **1** 헬베티아〔로마 시대의 알프스 지방, 현재의 스위스의 서부부〕. **2** 스위스(Switzerland)의 라틴 이름.
Hel·ve·tian [helvíːʃən] *adj*. 헬베티아(스위스) 〔사람〕의. — *n*. **1** 헬베티아 사람. **2** 스위스 사람(Swiss).
Hel·vet·ic [helvétik] *adj*. 스위스의 신교도의. — *n*. = Helvetian.
Hel·ve·ti·i [helvíːʃiài] *n. pl*. 〔집합적〕 헬베티아 사람.

hem¹ [hem] *vt.* (**hemmed, hem·ming**) **1** …의 가장자리를 감치다, 옷단을 대다. **2** …을 에워싸다, …을 포위하다(*…in, around, about*). ¶ (~+图+副) be hemmed in by terrorists 테러리스트에게 포위당하다. —— *vi.* 옷단을 대다. —— *n.* **1** [천·옷의] 옷단, 가장자리, 단 [특히 물리지 않도록 감친 가두리). **2** [일반적으로] 가장자리(edge), 변두리; 경계(border).

hem² *interj.* [mm, hm ~ *n., v.*] 헴, 에헴, 헛기침[주위를 환기시키거나, 진실성을 의심할 경우 따위에 하는 가벼운 기침]. —— *n.* [hem] hem 이라는 헛기침 소리. —— *vi.* [hem] (**hemmed, hem·ming**) **1** hem 이라고 하다. **2** [입안에서] 중얼거리다.

hem and haw 더듬거리다; 말을 얼버무리다, 확답을 피하다.

hem- ⇨ HEMO-.

hema- blood 라는 뜻의 연결형(* hemo-의 변형). 예: *hema*cytometer(혈구 계산기), *hema*tinic(조혈제).

he·mal [híːm(ə)l] *adj.* **1** 혈액의, 혈관의. **2** 〖동물〗 [척추동물의 기관이] 심장이나 큰 혈관과 같은 쪽에 있는; 배 쪽의.

he-man [híːmǽn / ⌒⌒] *n.* (*pl.* **-men** [-mén/⌒⌒]) 남자다운 남자.

hemat- ⇨ HEMATO-.

hem·a·tal [hémətl, +美 híːm-] *adj.* =hemal.

he·mat·ic [hiːmǽtik, +美 hi-] *adj.* 혈액의(hemic); 피의; [약 따위가] 혈액에 작용하는. —— *n.* 보혈제, 정혈제(淨血劑).

hem·a·tin [hémətin, +美 híːm-] *n.* ⓤ〖생화학〗헤마틴〖헤모글로빈의 색소 성분〗. 〖鐵〗.

hem·a·tite [hémətàit, +美 híːm-] *n.* ⓤ적철광(赤鐵).

hem·a·tit·ic [hémətítik, +美 híːm-] *adj.* 적철광의.

hemato- blood 라는 뜻의 연결형(* 모음 앞에서는 hemat 을 쓴다. haemato-, haemat-우 이 변형). 예: *hemato*ma, *hemat*ic.

hem·a·toc·ry·al [hèmətákriəl, híːm- / -tɔ́k-] *adj.* 〖동물〗 [파충류·물고기 따위처럼] 냉혈의(cold-blooded).

hem·a·tol·o·gist [hèmətálədʒist, hìːm- / -tɔ́l-] *n.* 혈액학자.

hem·a·tol·o·gy [hèmətálədʒi, hìːm- / -tɔ́l-] *n.* ⓤ〖의학〗혈액학.

hem·a·to·ma [hèmətóumə, +美 hìːm-] *n.* (*pl.* **-tomas** *or* **-to·ma·ta** [-tə]) 〖병리〗혈종(血腫).

hem·a·to·ther·mal [hèmətouθə́ːrm(ə)l, +美 hìːm-] *adj.* 〖동물〗 [포유류 따위처럼] 온혈의(溫血의; warm-blooded).

he·ma·tu·ri·a [hìːmət(j)ú(ː)riə / -tjúər-] *n.* 〖병리〗혈뇨증(血尿症).

heme [hiːm] *n.* ⓤ 혈색소의 색소 성분.

hemi- half 라는 뜻의 연결형. 예: *hemi*cycle.

-hemia =-emia.

hem·i·an·op·si·a [hèmiənápsiə / -nɔ́p-] *n.* ⓤ〖병리〗반맹(半盲) 〖증〗〖시야의 반쪽이 잘 보이지 않는다〗.

hem·i·cy·cle [hémisàikl] *n.* **1** 반원, 반원형(半圓形)(semicircle). **2** 반원형의 건조물〖방·투기장·좌석 등〗.

hem·i·cy·clic [hèmisáiklik] *adj.* 반원형의.

hem·i·dem·i·sem·i·qua·ver [hèmidèmisémikwèivər] *n.*《주로 英》〖음악〗64분 음부(sixty-fourth note).

hem·i·he·dral [hèmihíːdrəl] *adj.* 〖결정(結晶)〗반면상(半面像)의, 반광면(半光面)의 완면상(完面像)(holohedral form)의 반쪽 결정면을 갖는 것〗.

hem·i·mor·phite [hèmimɔ́ːrfait] *n.* 이 극광(異極鑛).

hem·i·ple·gi·a [hèmiplíːdʒ(i)ə] *n.* ⓤ〖병리〗반신 불수, 편마비(片癱痺). 〖癱〗.

hem·i·ple·gic [hèmiplíːdʒik] *adj., n.* 반신 불수의〖사람〗.

He·mip·ter·a [himíptərə] *n.* 〖곤충〗반시류(半翅類).

he·mip·ter·ous [himíptərəs] *adj.* 〖동물〗반시류(半

翅類)의.

‡hem·i·sphere [hémisfiər] *n.* **1** 반구체(半球體). **2** 〖지구·천체의〗반구; 반구 지도. ¶ the Northern *Hemisphere* 북반구. **3** 〖해부〗대뇌의 반구(半球). **4** 〖활동·지식 따위의〗범위(realm).
◇ **hemisphéric, hemisphérical** *adj.*

hem·i·spher·ic [hèmisférik], **-i·cal** [-ik(ə)l] *adj.* 반구의, 반구형의, 반구 모양의.
-i·cal·ly [-ikəli] *adv.*

hem·i·stich [hémistik] *n.* 〖韻律〗 **1** 반행(半行)〖특히 caesura 의 휴지에 의해 분할된 것〗. **2** 〖정규의 시행(詩行)보다 짧은〗 불완전행.

he·mis·ti·chal [həmístik(ə)l] *adj.* 반행의; 불완전행의.

hem·line [hémlàin] *n.* 〖드레스·옷도리 따위의〗 공그른 단.

*hem·lock [hémlak / -lɔk] *n.* **1** 〖주로 英〗독미나리, ⓤ 그것에서 채취한 독약. **2** =hemlock spruce.

hémlock sprúce *n.* 미국 솔송나무; ⓤ 그 목재.

hem·mer [hémər] *n.* **1** 단을 감치는 사람(것). **2** 〖재봉틀의〗단 박는 기계(장치), 휘감치는 장치.

hemo- blood 라는 뜻의 연결형(* 모음 앞에서는 hem을 쓴다). 예: *hemo*globin.

he·mo·cyte [híːməsàit] *n.* 〖무척추 동물의〗혈구.

he·mo·glo·bin [híːmo(u)glóubin, +美 hèm-] *n.* ⓤ 〖생화학〗헤모글로빈, 혈색소.

he·mol·y·sis [himálisis / -mɔ́l-] *n.* ⓤ〖면역〗용혈(溶血) 반응. 〖혈의, 용혈성의.

he·mo·lyt·ic [hìːməlítik, +美 hèm-] *adj.* 〖면역〗용

he·mo·phile [híːməfàil, +美 hèm-] *n.* **1** =hemophiliac. **2** 〖호혈액성(好血液性)〗세균.

he·mo·phil·i·a [hìːməfíliə, +美 hèm-] *n.* 〖병리〗혈우병(血友病).

he·mo·phil·i·ac [hìːməfíliæ̀k, +美 hèm-] *n.* 혈우병환자. —— *adj.* 혈우병의.

hem·or·rhage [héməridʒ] *n.* ⓤ 출혈(bleeding). ¶ cerebral *hemorrhage* 뇌출혈. —— *vi.* (**-rhaged, -rhag·ing**) 〖대량으로〗출혈하다.

hem·or·rhag·ic [hèm(ə)rǽdʒik] *adj.* 출혈의.

hem·or·rhoid [héməròid] *n.* (보통 ~s) 〖병리〗치질(痔疾) (piles).

hem·or·rhoi·dal [hèmərɔ́idl] *adj.* 치질의.

he·mo·stat [híːməstæt, +美 hém-] *n.* **1** 지혈겸자(止血鉗子). **2** 지혈제.

he·mo·stat·ic [hìːməstǽtik, +美 hèm-] *adj.* 지혈의, 지혈제의. —— *n.* 지혈제(hemostat).

*hemp [hemp] *n.* ⓤ **1** 삼, 대마(大麻). **2** 삼의 섬유. **3** 〖ⓒ 또〗 대마; 그 잎과 꽃에서 채취하는 마약. **4** ⓒ〖익살〗교수(絞首)용 밧줄. ◇ **hémpen** *adj.*

hemp·en [hémpən] *adj.* 삼의, 삼으로 만든, 삼과 같은.

hémp pálm *n.* 종려(棕櫚)나무. 〖.

hémp·seed [hémpsìːd] *n.* 삼씨.

hemp·y [hémpi] *adj.*《스코》짓궂은 장난을 좋아하는, 말썽을 일으키는(mischievous).

hem·stitch [hémstìtʃ] *vt.* 〖천 따위에〗헴스티치 장식을 하다 〖씨실을 몇 가닥씩 뽑고 날실을 몇 가닥씩 묶어 끝에 얽어맨다〗. —— *n.* 햄스티치.

[hemstitch]

‡hen [hen] *n.* **1** 암탉. *cf.* cock **2** 〖일반적으로〗 암새; 〖새우·게 따위의〗 암컷. ¶ a *hen* sparrow 참새의 암컷. **3** 〖구어〗여자, (특히) 말많은〖잔소리가 심한〗중년 여자, 수다쟁이 여자.

a hen on a hot griddle《스코》안절부절 못하는 사람, 침착성이 없는 사람.

like a hen with one chicken 사소한 일에 안달복달하여, 법석을 떨어.

Hen.《略》Henry.

hen·bane [hénbèin] *n.* 사리풀〖유럽산(産)의 독물〗.

hen battery *n.* 산란기의 암탉을 한 마리씩 넣어두는 칸막이가 있는 큰 닭장.
hen·bird [hénbə̀ːrd] *n.* 암새.
hen·bit [hénbìt] *n.* 광대나물[잠초].
‡**hence** [hens] *adv.* **1** 따라서, 이 때문에, 그러므로. ⇨ THEREFORE 類語 ¶ orthodox and *hence* popular doctrines 정통적이며 따라서 일반적인 설 / He gave heed to our advice, *hence* [came] his success. 그는 우리의 충고에 귀를 기울였다, 그 때문에 그는 성공했다. **2** 지금으로부터, 향후 (from now), 지금부터 ···후에. ¶ three years *hence* 지금부터 3년 후에. **3** (고어) 이 장소에서, 여기서부터, 이 세상에서. ¶ go (or depart) *hence* 떠나다; 죽다 / Hence! 나가라! / *Hence* with it! 그것을 가지고 썩 꺼져버려라! * go, come 따위의 동사가 생략되는 경우가 많다. **4** (고어) 이 뿌리에서, 이것이 근원이 되어서. 「래서.
from hence (고어) ① 지금부터. ② 여기서부터. ③ 그
‡**hence·forth** [hènsfɔ́ːrθ / hénsfɔ̀ːθ], **-for·ward** [-fɔ́ːrwərd] *adv.* 지금부터는, 이제부터는.
hench·man [héntʃmən] *n.* (*pl.* **-men** [-mən]) **1** 신뢰할 수 있는 부하; (應·깡패 따위의) 앞잡이, 추종자, 심복. **2** (개인적인 이익을 추구하여 움직이는) 정치상의 지지자, 후원자. **3** (폐어) 몸종, 근시 (近侍), 시동 (侍童).
hen·coop [hénkùːp] *n.* 새장, (닭)의 어리.
hendeca- eleven이라는 뜻의 연결형. 예: *hendeca*gon, *hendeca*syllable.
hen·dec·a·gon [hendékəgàn / -gən] *n.* (기하) 11각형, 11변형. 「각(변)형의.
hen·de·cag·o·nal [hèndikǽgən(ə)l] *adj.* (기하) 11
hen·dec·a·he·dron [hendèkəhíːdrən / -héd-] *n.* (*pl.* **-drons** or **-dra** [-drə]) 11면체.
hen·dec·a·syl·lab·ic [hendèkəsilǽbik / ⌐ ⌐ ⌐ ⌐ ⌐ ⌐] *adj.* (韻律) 11 음절의 시행 (詩行). ── *adj.* 11 음절의 (로 된).
hen·dec·a·syl·la·ble [hendékəsìləbl / ⌐ ⌐ ⌐ ⌐ ⌐ ⌐] *n.* (韻律) 11음절의 시행 (詩句).
hen·di·a·dys [hendáiədis] *n.* ⓤ (修辭) 이사 일의 (二詞一意) (두 개의 명사 또는 형용사를 and로 연결하여 형용사+명사 또는 부사+형용사의 뜻을 나타내는 것). 예: pour from *bowls and gold* (= pour from golden bowls); *nice and warm* (= nicely warm), *good and cold* (= very cold).
Hé-Né lāser [híːníː-] *n.* 헬륨 네온 (가스) 레이저.
hen·e·quen [hénəkin] *n.* **1** 헤너퀸[용설란과 비슷한 식물]. **2** ⓤ 그것으로부터 채취한 섬유 [밧줄·올이 굵은 작물의 재료].
hēn hárrier *n.* (동물) 잿빛개구리매 [유럽산 (產) 매의 일종].
hen·heart·ed [hénhɑ́ːrtid] *adj.* 소심한, 겁이 많은.
*hen·house [hénhàus] *n.* (*pl.* -hous·es [-hàuziz]) 닭장, 계사 (鷄舍).
Hen·ley-on-Thames [hénliɑntémz / -ɔn-] *n.* 영국 Oxfordshire 의 Thames 강가에 있는 도시 (매년 보트 레이스 (Henley Regatta)가 벌어진다).
hen·na [hénə] *n.* **1** 헤너 [아시아·이집트산 (產)의 관목. 잎에서 적 (황)갈색의 염료를 채취한다]. **2** ⓤ 헤너 염료[여성의 머리 염색 따위에 쓰인다]. **3** ⓤ 적(황)갈색, 갈색을 띈 주황색. ── *vt.* ···을 헤너 염료로 염색한다. 같은 것을 수탉.
hen·ner·y [hénəri] *n.* (*pl.* **-ner·ies**) 양계장. 「하다.
hen·ny [héni] *adj.* (수탉) 암탉 같은 (henlike). ── *n.* 암탉
hen·o·the·ism [héno(u)θìːìz(ə)m] *n.* ⓤ 단일신교[다수의 신의 존재를 인정하고, 그 중에서 한 신을 선정하여 믿는다]. *cf.* monotheism
hēn párty *n.* (구어) 여성들만의 모임. *cf.* stag party
hen·peck [hénpèk] *vt.* (아내가) (남편)을 쥐고 흔들다. 「쥐어 사는.
hen·pecked [hénpèkt] *adj.* 엄처시하의, 여편네 손에

hen·roost [hénrùːst] *n.* 새장, (닭)의 홰.
hēn rún *n.* 양계장, 닭장.
hen·ry [hénri] *n.* (*pl.* **-rys** or **-ries**) (전기) 헨리 [전자 유도 계수 (電磁誘導係數)의 실용 단위]. [<미국의 물리학자 J. Henry 의 이름]
hēn-ver·sus-égg árgument [hénvə·rsəség-] *n.* 닭이 먼저냐 달걀이 먼저냐는 논쟁.
hen·wife [hénwàif] *n.* (*pl.* **-wives** [-wàivz]) 닭을 돌보는 여자.
hep[1] [hep] *adj.* 《美속어》 내막을 잘 아는, 사정에 밝은 (hip) (*to* ...). ¶ be *hep* to music 음악통(通)이다.
hep[2] [hep] *n.* = hep[2].
hep[3] [hep] *interj.* 하나 [행진 때 보조를 맞추기 위해 외치는 소리].
hep·a·rin [hépərin] *n.* ⓤ (생화학) 헤파린[간장이나 폐에서 혈액의 응고를 막는 물질].
hepat- ⇨ HEPATO-.
he·pat·ic [hipǽtik] *adj.* **1** 간장의. **2** 간장에 좋은 (작용하는). **3** 간장색 (肝臟色)의, 암갈색의. **4** 우산이끼류의. ── *n.* **1** 간장약. **2** (식물) 우산이끼 (liverwort).
he·pat·i·ca [hipǽtikə] *n.* 설앵초.
hep·a·ti·tis [hèpətáitis] *n.* ⓤ (병리) 간염 (肝炎).
hepatítis A *n.* (의학) A 형 간염, 전염성 간염 (infectious hepatitis).
hepatítis B *n.* (의학) B 형 간염, 혈청 간염 (serum hapatitis).
hepato- liver 라는 뜻의 연결형 (* 모음 앞에서는 hepat-를 쓴다). 예: *hepato*genic (간장에서 나는), *hepato*atrophia (간장 위축증). 「(肝臟) 독소.
hep·a·to·tox·in [hèpəto(u)tɑ́ksin / -tɔ́k-] *n.* ⓤ 간장
hep·cat [hépkæ̀t] *n.* (속어) **1** 재즈의 연주가, 재즈 애호가. **2** 유행에 정통한 사람.
He·phaes·tus [hiféstəs / -fíːs-] *n.* (그리스 신화) 헤파이스토스 [불과 대장일·수공예의 신].
Hep·ple·white [hépl(h)wàit] *n.* 헤플화이트식 가구 [우미 (優美) 한 곡선이 특징]. ── *adj.* 헤플화이트식의 [영국의 가구 설계가 George Hepplewhite (?-1786)의 이름].
hepta- seven이라는 뜻의 연결형 (* 모음 앞에서는 hept-를 쓴다). 예: *hept*angular (7각형의).
hep·ta·chord [héptəkɔ̀ːrd / -kɔ̀ːd] *n.* (음악) **1** 7음음계 (音階). **2** 7도의 음정 (音程). **3** (고대 그리스의) 칠현금(7弦琴).
hep·tad [héptæd] *n.* **1** 7의 수, 7개의 조. **2** (화학) 7가 (價)의 원소(원자).
hep·ta·glot [héptəglɑ̀t / -glɔ̀t] *adj.* 7개 국어로 쓰여진. ── *n.* 7개 국어로 쓰여진 책.
hep·ta·gon [héptəgɑ̀n / -gən] *n.* 7각형, 7변형.
hep·tag·o·nal [heptǽgən(ə)l] *adj.* 7각(변)형의.
hep·ta·he·dral [hèptəhíːdrəl / -héd-] *adj.* 7면체의.
hep·ta·he·dron [hèptəhíːdrən / -héd-] *n.* (*pl.* **-drons** or **-dra** [-drə]) 7면체.
hep·tam·e·ter [heptǽmitər] *n.* (韻律) 7보격 (步格), 7보격으로 된 시구 (詩句).
hep·ta·met·ri·cal [hèptəmétrik(ə)l] *adj.* 7보격의.
hep·tarch [héptɑːrk] *n.* 7왕국 (heptarchy)의 각국왕.
hep·tar·chic [heptɑ́ːrkik], **-chi·cal** [-kik(ə)l], **-chal** [-kəl] *adj.* 7왕국의. **2** 7두(頭)정치의.
hep·tar·chy [héptɑːrki] *n.* (*pl.* **-chies**) **1** 7두정치. **2** 7국가연(聯), 7왕국 연합. **3** (종종 H-) (英역사) 7 왕국 [Anglo-Saxon 시대에 있었던 7 왕국 (Northumbria, Mercia, Essex, East Anglia, Wessex, Sussex, Kent)의 연합국].
hep·ta·syl·lab·ic [hèptəsilǽbik] *adj.* 7음절의.
Hep·ta·teuch [héptət(j)ùːk / -tjùːk] *n.* 구약 성서의 처음의 7 책.
‡**her** [강 həːr, 약 əːr, (h)ər] *pron.* **1** (she 의 목적격)

그녀(그 여자)에게(를). ¶ Let's give *her* a big hand. 그녀에게 박수를 보냅시다 / Have you seen *her*? 그녀를 보았니? **2** 《she 의 소유격》 그녀의(그 여자의). *cf.* hers ¶ *her* mother 그녀의 어머니 / *Her* admirer 그녀의 숭배자 / England tried *her* best to do... 영국은 전력을 다해서 ...했다. **3** 《구어》(be 동사의 보어로서, 또는 than 이나 as 의 뒤에서) =she. ¶ That's *her*. 저 사람이 그녀이다 / I can run faster than *her*. 나는 그녀보다 빨리 달릴 수 있다. **4** 《고어·詩》《재귀적으로》=herself. ¶ She flung *her* on her face. 그녀는 갑자기 앞으로 넘어졌다.
her. 《略》heraldic, heraldry.
He·ra [hí(:)rə / híərə] *n*. 《그리스 신화》 헤라[Zeus 의 누이인 동시에 아내, 천계(天界)의 여왕; 여성과 결혼의 수호신]. *cf.* Juno
Her·a·cle·an [hèrəkli(:)ən] *adj*. =Herculean.
Her·a·cles, -kles [hérəklì:z] *n*. =Hercules.
‡her·ald [hérəld] *n*. **1** 포고관(布告官), 전령관(傳令官) 〔국왕의 즉위·선전 따위를 알리는 관리〕; 중세의 무예(武藝)시합의 진행계. **2** 문장관(紋章官), 전례관(典禮官) 〔문장(紋章)의 고안·서명 날인·기록·확인과 그 밖에 국가적 의식 따위의 업무를 관장했음〕. **3** 선구자, 예고. **4** 〔일반적으로〕 알리는 사람, 보도자《종종 신문명으로 쓰인다》; 사자(使者), 전달자(messenger). ¶ The New York *Herald* Tribune / a *herald* of truth 진실의 전달자. —— *vt.* **1** ...을 알리다(announce), 포고하다(proclaim). **2** ...을 예고하다, ...을 미리 알리다(foretell). ◇ heráldic *adj*.
he·ral·dic [heráldik] *adj*. **1** 포고관의, 전령관의. **2** 문장관의, 전례관의. **3** 문장(紋章)의, 문장학(紋章學)의. **-di·cal·ly** [-dikəli] *adv*.
her·ald·ry [hérəldri] *n*. (*pl*. **-ries**) **1** 문장학, 계보 문장법(系譜紋章法). **2** ⓒ 문장, 가문(家紋). **3** 전 령관(문장관, 선례관)의 직(임무, 지위). **4** 어마어마함, 으리으리함.
Héralds' Cóllege *n*. 〔영국의〕 계보 문장원(紋章院)(College of Arms).
her·ald·ship [hérəldʃìp] *n*. ⓤ herald 의 직(지위, 임무).
***herb** [(h)ə:rb / hə:b] *n*. **1** 〔tree 나 shrub 와 구별하여〕 풀, 초본(草本). **2** 약용(식용, 향료) 식물. ¶ Laurel leaves are *herbs*. 월계수의 잎은 약초이다. **3** ⓤ 《고어》〔집합적〕 풀, 목초(牧草) (herbage).
◇ herbáceous, hérbal *adj*.
her·ba·ceous [(h)ə:rbéiʃəs / hə:-] *adj*. **1** 풀의, 초본의, 풀과 같은, 풀을 심은. **2** 초질(草質)의. *cf.* woody **3** 〔꽃잎 같이 빛깔이 따위가〕 잎 모양의. ¶ *herbaceous* sepals 잎모양의 꽃받침 조각.
herb·age [(h)ə:rbidʒ / hə:-] *n*. ⓤ **1** 〔집합적〕 풀, 초본 식물(nonwoody vegetation). **2** 〔풀의〕 즙이 많은 부분〔잎이나 줄기 따위〕. **3** 〔집합적〕《英》 목초(pasturage). **4** 〔英법률〕 〔다른 사람의 토지에서의〕 방목권(放牧權).
herb·al [(h)ə:rb(ə)l / hə:b-] *adj*. 풀의, 초본의; 약초의. —— *n*. **1** 식물지(植物誌), 초본서(草本書). **2** 식물 표본.
herb·al·ist [(h)ə:rbəlist / hə:b-] *n*. **1** 약초상(藥草商), 〔특히 약초용의〕 식물 채집가. **2** 〔옛날의〕 초본학자(botanist). **3** =herb doctor.
her·bar·i·um [(h)ə:rbɛ́(:)riəm/hə:bɛ́ər-] *n*. (*pl*. **-i·ums** *or* **-i·a** [-iə]) **1** 식물 표본집. **2** 식물 표본실(室), 식물 표본실(室).
Her·bar·ti·an [hə:rbá:rtiən] *adj*. 헤르바르트〔교육 철학〕의. —— *n*. 헤르바르트〔교육 철학〕 신봉자.
Her·bar·ti·an·ism [hə:rbá:rtiəniz(ə)m] *n*. ⓤ 헤르바르트 교육 철학(교육설).
herb·a·ry [(h)ə:rbəri / hə:b-] *n*. (*pl*. **-ries**) 《고어》 초본원(草本園), 약초원.
hérb bénnet *n*. 〔식물〕 뱀무.
hérb dóctor *n*. 한방의(漢方醫), 약초의(藥草醫).
herb·i·cide [(h)ə:rbisàid / hə:b-] *n*. 제초제.
her·biv·o·ra [(h)ə:rbívər / hə:bívə-] *n*. *pl*. 초식 동물.

초식 짐승. *cf.* carnivore
her·biv·o·rous [(h)ə:rbívərəs / hə:b-] *adj*. 초식의. *cf.* carnivorous
herb·like [(h)ə:rblàik / hə:b-] *adj*. 풀과 같은.
her·bo·rist [(h)ə:rbərist / hə:b-] *n*. =herbalist.
her·bo·ri·za·tion [(h)ə:rbərizéiʃ(ə)n / hə:bərai-] *n*. ⓤ 식물 채집(연구)〔여행〕.
her·bo·rize [(h)ə:rbəràiz / hə:b-] (*《英》에서는 **her·bo·rise** 로도 쓴다. *-rized, -riz·ing*) 식물을 채집하다, 식물을 연구하다(botanize).
hérb téa(wáter) *n*. 탕약, 약초탕.
herb·y [(h)ə:rbi / hə:bi] *adj*. (**herb·i·er, -i·est**) **1** 풀이 많은, 풀로 뒤덮인(grassy). **2** 풀의, 초본의; 풀과 같은(herbaceous).
Her·cu·la·ne·um [(h)ə:rkjuléiniəm, -njəm] *n*. 헤르쿨라네움〔이탈리아 서남부 Naples 만 근처에 있던 고도; Vesuvius 화산 폭발로 Pompeii 와 함께 매몰되었다(A.D. 79)〕.
her·cu·le·an [hə:rkjulí(:)ən, hə:rkjú:liən] *adj*. **1** 큰 힘이 드는; 대단히 곤란한. ¶ a *herculean* task (labor) 대단히 어려운 일(중노동). **2** 헤르쿨레스와 같은, 강력 무쌍한, 초인적인, 거대한. ¶ a man of *herculean* build 체격이 늠름한 남자. **3** (H-) 헤르쿨레스의.
***Her·cu·les** [hə́:rkjulì:z] *n*. **1** 《그리스 신화》 헤르쿨레스〔Zeus 와 Alcmene 사이에 태어난 아들, 강력무쌍한 영웅〕. ¶ the twelve labors of *Hercules* 헤르쿨레스에게 주어졌던 열 두 가지의 어려운 일/*Hercules*' choice 헤르쿨레스의 선택〔안일함을 물리치고 스스로 어려운 길을 선택하는 일〕. **2** (h-) 강력무쌍한 사람. **3** 〔천문〕 헤르쿨레스좌. ◇ herculéan *adj*.
Hércules béetle *n*. 헤르쿨레스풍뎅이〔서인도 제도산(産); 몸길이 13-15cm 에 이른다〕.
Hér·cu·les'-club [hə́:rkjulìzklʌ̀b] *n*. **1** 초피나무 속(屬)의 나무. **2** 두릅나무속(屬)의 관목.
Hércules pówder *n*. ⓤ 광산용 폭약.
***herd**[1] [hə:rd] *n*. **1** 짐승의 떼, 가축의 무리, 《FLOCK 類語》 **2** 〔경멸적〕 군중. **3** (the ~) 민중, 평민. ¶ the common (*or* the vulgar) *herd* 하층민. **4** 다량(多量). —— *vi*. 떼를 이루다, 떼지다(flock); 떼를 이루어 가다. ¶ (~ +[]) *herd* together 떼짓다. —— *vt*. ...을 모으다. ¶ *herd* cattle (sheep) 소(양)를 몰아서 모으다.
ride herd [*on*] ...을 지키다, 망보다;...을 계속 관찰하다.
herd[2] [hə:rd] *n*. (* 보통 복합어로 쓴다) 목동, 목자(牧夫). ¶ a cow*herd* 소 치는 사람 / a shep*herd* 양 치는 사람. —— *vt*. 〔가축〕을 돌보다, 지키다.
herd·book [hə́:rdbùk] *n*. 〔주로 소·돼지의〕 혈통서(書).
herd·er [hə́:rdər] *n*. =herdsman.
hérd·ic [hə́:rdik] *n*. 헤르딕 마차〔뒤쪽에 입구, 양쪽에 좌석이 있는 19세기 말 미국의 2륜(4륜) 합승 마차〕.
***herds·man** [hə́:rdzmən] *n*. (*pl*. **-men** [-mən]) **1** 《주로 (H-)》 목동, 가축을 돌보는 사람; 가축의 소유주. **2** (H-) 〔천문〕 목동좌(Boötes).
‡here [hiər] *adv*. **1** 이 장소에서, 여기에서, 여기에; 이 쪽에서. *cf.* there ¶ *Here* is gathered many curiosities. 여기에는 많은 골동품이 모여 있다 / *Here* it is. 여기에 있습니다 / I am a stranger *here*. 이곳은 처음입니다 / Turn *here*. 여기서 도세요(꺾으세요).
2 이 장소로, 이 기로, 이쪽으로. ¶ Bring the book *here*. 이쪽으로 책을 가지고 오세요 / Come *here*. 이리로 오세요 / *Here* he comes! 그 사람 저기 오는군! / *Here* comes the man! 그 녀석이 왔군! * 명사의 경우와 대명사의 경우에는 어순이 바뀐다.
3 이 점에서, 이 때에, 여기서, 지금. ¶ *Here* he is wrong. 이점에서 그는 틀렸다 / *Here* he stopped reading and looked up. 여기서 그는 읽기를 멈추고 처

다보았다 / *Here* it's August and summer's nearly over. 벌써 8월로 여름철은 거의 끝나가고 있다. **4** 《종종 below 를 뒤에 수반하여》이 세상에서, 현세에서. ¶ *here* below 이 세상에서. **5** 《명사의 뒤에 두어》이, 여기에 있는. ¶ this *here* building 여기 있는 이 건물(*이 어순은 현재는 속어) / My son *here* will show you the way. 여기 있는 내 아들이 안내할 것입니다 / This boy *here* knows what happened. 여기에 있는 이 소년이 무슨 일이 일어났는지 를 알고 있습니다. **6** 《정호의 대답으로서 감탄사적으로》예 (here I am). *Here!* 《구어》이제 그만! 그만 해! (Stop that!) ¶ *Here!* Stop that fighting. 자 그만! 그만 싸워. *here and now* 현시점에서; 지금 당장, 즉시. *here and there* ① 여기저기에, 이곳저곳에, ② 때때로, 종종 (now and then). *Here goes!* 《구어》자 시작한다!, 자 간다!, 시작! *here, there, and everywhere* 여기저기에서, 도처에. *Here we are!* 자, 도착했어. ………[서]. *Here you are!* 《구어》[남에게 물건을 건네줄 때에] 자 아, 여기 있습니다. *Here's* [*a health*] *to ...!* …의 [건강을] 축복합니다. ¶ *Here's* to you! 당신의 건강을 축복합니다 [축배의 말]. *Here's looking at you*=*Here's mud in your eye.* 《구어》(Bottoms up). *Here's at you.* 《미구어》 그렇소, 그것으로 좋아요. *Look here!* [주의를 환기시켜]이것 봐!, 여봐!; 그런 데 말이지, 저말이야. *neither here nor there* 대수롭지 않은, 문제밖의. ¶ That's *neither here nor there*. 그러한 것은 어떻든간 에 대단한 것은 아니다.
— *n.* ⓤ **1** 여기, 이 장소, 이 점. ¶ in *here* 이 속에, 이 점에서 / near *here* 이 근처에 / up to *here* 여기 까지 / Get out of *here*! 나가거라! (썩 꺼져!) / How far is it from *here* to the station? 여기서 역까지는 얼 마나 됩니까? **2** 이 세상, 현세.
the here and now 현재, 현시점.
He·re [híːri / híəri] *n.* =Hera.
here·a·bout [hí(ː)rəbàut / híərəbàut], **-a·bouts** [-əbáuts, ˵-ᐟ-] *adv.* 이 부근에[서], 이 근처에 [서]. ¶ somewhere *hereabout* 어딘가 이 부근에[서].
‡**here·af·ter** [hi(ː)ræftər / hìəɑ́ːf-] *adv.* **1** 장차, 지 금부터는, 이후 (차후)에 (from now on); *Korea here-after* referred to as ROK 다음부터는 ROK 라고 약기 (略記). **2** [서적·서류 따위에] 차후에, 앞으로(는) (following this). ¶ It will be explained *hereafter*. 그 것은 차후에 설명한다. **3** 내세에. — *n.* ⓤ **1** 장래, 미래. **2** 《종종 the~》내세.
here·at [hi(ː)ræt / hìərǽt] *adv.* 《고어》 **1** 여기에 있 어서, 차제에. **2** 이러므로, 이 때문에.
here·a·way [híə(ː)rəwèi / híərə-], **-a·ways** [-wéiz] *adv.* 《미방언》이 부근에 (으로) (hereabout).
*‡**here·by** [híərbái] *adv.* 이 방법으로; 이것에 의하 여. **2** 이 결과.
he·red·i·ta·bil·i·ty [hirèditəbíliti] *n.* =heritability.
he·red·i·ta·ble [hiréditəbl] *adj.* =heritable.
here·dit·a·ment [hèridítəmənt] *n.* 《법률》세습 재 산, 상속 재산 (특히 부동산).
he·red·i·tar·i·an [hirèdit(ː)riən / -téər-] *n.* 유전론 자(遺傳論者), 유전설 신봉자.
he·red·i·tar·i·ly [hiréditərəli, ːˌ-ˌ-ː-ː- / hirédit(ə)ri-] *adv.* **1** 유전적으로; 상속에 의하여. **2** 세습적 으로.
*‡**he·red·i·tar·y** [hiréditèri / -t(ə)ri] *adj.* **1** 유전(성) 의, 유전적인. *cf.* acquired ¶ *hereditary* diseases 유전성 질 병. **2** 선조 대대의, 대물림의. ¶ a *hereditary* enemy 숙적 / *hereditary* customs 선대로부터 물려받은 습관. **3** 《법률》상속권의; 세습의. ¶ a *hereditary* estate 세습 재산 / a *hereditary* monarch 세습 군주.
-tar·i·ness *n.* ◇ herédity *n.*, herédi·tar·i·ly *adv.*
he·red·i·tism [hirédìtìz(ə)m] *n.* ⓤ 유전설.
he·red·i·ty [hiréditi] *n.* ⓤⓒ(*pl.* **-ties**) 《생물》 **1** 유 전. **2** 유전 형질(形質).
Her·e·ford [hérifərd, +美 hɔ́ːr-] *n.* **1** 헤리퍼드 [영 국 서남부 Hereford and Worcester 주의 도시; 1974년 이전에는 Herefordshire 주의 주도]. **2** 헤리퍼드종의 소 [털이 붉고 얼굴은 회다]. — *adj.* 헤리퍼드종의.
here·from [hìərfrám / -frɔ́m] *adv.* 《고어》 **1** 이제부 터. **2** 여기서부터. **3** 이 점에서.
*‡**here·in** [hì(ː)rín / hìərín] *adv.* **1** 이 속(장소)에(으 로). **2** 이러한 까닭(이유)으로, 이러한 사실(사정)에 의해서.
here·in·af·ter [hì(ː)rinǽftər / hìərìnɑ́ːf-] *adv.* 〔서 류・성명 따위에서〕다음부터는, 이하. ¶ *hereinafter* ¶ in the way *hereinafter* prescribed 다음 에 지시한 방법에서.
here·in·be·fore [hì(ː)rìnbifɔ́ːr / hìərìnbifɔ́ː] *adv.* 〔서류・성명 따위에서〕위에, 앞에, 상기(上記)에. *cf.* hereinafter
here·in·to [hì(ː)ríntuː / hìər-] *adv.* **1** 이 속(장소)에 로. **2** 이 문제(사항, 사전) 속으로. 「여.
here·of [hì(ː)ráv / hìərɔ́v] *adv.* 이것의; 이것에 관한
here·on [hì(ː)rɑ́n / hìərɔ́n] *adv.* =hereupon.
'here's [hìərz] here is 의 단축형.
he·re·si·arch [hərɨsaièrːk, héri-/ hərɨːsiː] *n.* 이단(이 교)의 지도자, 이단파의 우두머리; 이단파의 창시자.
he·re·si·ol·o·gy [hèrisiálədʒi / -sí-] *n.* (*pl.* **-gies**) ⓤ 이단 연구; ⓒ 이교에 관한 책.
*‡**her·e·sy** [hérəsi] *n.* ⓒⓤ (*pl.* **-sies**) **1** 〔기성 종교, 특 히 기독교에 대한〕이단, 이교, ¶ fall into *heresy* 이단 에 빠지다. **2** 〔기성의 학설·정설에 반대되는〕사론 (邪論), 이설. ¶ a *heresy* in politics 정치상의 이설. ◇ herétical *adj.*
*‡**her·e·tic** [hérətik] *n.* 이단자, 이교도, 이설을 주창하는 사람. — *adj.* =heretical. 「**-ly** [-kəli] *adv.*
he·ret·i·cal [hirétik(ə)l] *adj.* 이단(이교)의; 이설의.
here·to [híərtúː / ᐟᐟᐟ] *adv.* 이 일에 관해서. 「지금까지.
*‡**here·to·fore** [hìərtəfɔ́ːr / hìərtəfɔ́ː] *adv.* 이제까지,
here·un·der [hìː(ː)rʌ́ndər / hìər-] *adv.* **1** 〔문서 따위 에서〕이 아래에, 이하에, 하기에. **2** 이것에 의하여, 이 것에 의거하여.
here·un·to [hìː(ː)rʌntúː / hìər-] *adv.* =hereto.
here·up·on [hì(ː)rəpán / hìərəpɔ́n] *adv.* **1** 여기 에 있어서. **2** 이 직후에(곧 뒤따라서).
*‡**here·with** [hìərwíð, -wíθ / ˵-ᐟ] *adv.* **1** 이것과 함께, 이것에 덧붙여서 (곁들여서). **2** 이와같이 하여, 이것에 의해 (hereby). **3** 이 기회에.
her·i·ot [hériət] *n.* 《영법률》상속인 상납물 (上納物), 차지 (借地) 상속인 (領民)이 사망할 때 영주에게 납 부할 의무가 있는 영민의 동산.
her·it·a·bil·i·ty [hèritəbíliti] *n.* ⓤ 상속 가능성. **2** 유전 가능성.
her·it·a·ble [héritəbl] *adj.* **1** 〔재산이〕물려 전할 수 있는. **2** 〔사람이〕상속할 수 있는. ¶ *heritable* rights 상속권.
her·it·a·bly [héritəbli] *adv.* 상속 (권)에 의하여.
*‡**her·it·age** [héritidʒ] *n.* **1** 세습 재산 (patrimony), 상 속 재산. **2** 부모로부터 물려받은 것, 유산 [대대로 전해 내려오는 재산·문화·전통·특질 따위]; 전승(傳承), 유전; 숙명 (inherited lot). *cf.* INHERITANCE ¶ a *heritage* of disease 유전병. **3** 《성서》신의 선민 (選民), 이스라엘인; 기독교도 (교회).
her·it·ance [hérit(ə)ns] *n.* 《고어》 =inheritance.
her·i·tor [héritər] *n.* 상속인, 후계자(inheritor, heir).
her·i·tress [héritris] *n.* heritor 의 여성형.
her·maph·ro·dite [həːrmǽfrədàit] *n.* **1** 어지자 지, 남녀추니(양성 구유자(兩性具有者)). **2** 자웅 동체

(雌雄同體), 양성화(兩性花). **3** 두 가지의 상반하는 성질을 가진 사람(물건). **4** 동성 연애자(homosexual). **5** =hermaphrodite brig. — *adj.* **1** 양성 구유자의. **2** 자웅 동체의, 양성화(兩性花)의. **3** 두 가지의 상반하는 성질을 함께 가진.

hermáphrodìte bríg *n.* 〖항해〗브리간틴형(型)의 쌍돛대 범선.

her·maph·ro·dit·ic [həː(ː)rmæfrədítik], (**her·maph·ro·dit·i·cal** [-k(ə)l]) *adj.* **1** 자웅 동체의, 양성 구유자의. **2** 상반하는 성질을 함께 가진. -**i·cal·ly** [-ikəli] *adv.*

her·maph·ro·dit·ism [həː(ː)rmǽfrədàitìz(ə)m] *n.* Ⓤ 자웅 동체 현상.

her·me·neu·tic [hə̀ːrmən(j)úːtik /-njúː-], **-ti·cal** [-tik(ə)l] *adj.* [성서] 해석학의, 해석학(解釋學)의.

her·me·neu·tics [hə̀ːrmən(j)úːtiks /-njúː-] *n. pl.* [특히 성서] 해석학.

Her·mes [hə́ːrmiːz] *n.* 〖그리스 신화〗헤르메스[신들의 사자(使者). 상업·교역·도둑의 수호신〗. ⇨ Mercury 1.

Hérmes Trìs·me·gís·tus [-trìsmidʒístəs] *n.* 헤르메스 트리스메기스투스[신(新) 플라톤 학자가 이집트의 마술의 신 Thoth 에게 부여한 이름. 점성술·연금술 따위의 창시자로서 그리스 신화의 Hermes 와 동일시된다〗.

her·met·ic [həːrmétik], **-i·cal** [-ik(ə)l] *adj.* **1** 밀폐(밀봉)한(airtight). **¶** *hermetic* sealing 용접 밀봉(鎔接密封). **2** 연금술(鍊金術)의. **¶** the *hermetic* art 연금술. **3** (H-) Hermes Trismegistus[의 저서]의.

her·met·i·cal·ly [həːrmétikəli] *adv.* 밀폐[밀봉]하여.

Her·mi·o·ne [həːrmáiəniː] *n.* 〖그리스 신화〗헤르미오네[Menelaus 와 Helen 의 딸이며 Orestes 의 아내].

‡**her·mit** [hə́ːrmit] *n.* **1** 〖종교적 목적으로 속세를 떠나 혼자 사는〗은둔자(隱遁者), 수수사자(隱修士자). **2** 은자, 속세를 버린 사람. **3** 〖동물〗독거성(獨居性) 동물. **4** 허미트[전포도·호도·향료 따위를 넣은 당밀 쿠키〗. **5** (폐어) = beadsman. **6** 벌새의 일종〖중남미산(産)〗. ◇ hermític *adj.*

her·mit·age [hə́ːrmitidʒ] *n.* **1** 은자의 집. **2** 은신처, 외딴 집. **3** (H-) 에르미타주 포도주[프랑스 론강에서 생산되는 도수 높은 포도주〗. **4** (H-) 〖페테르부르크에 있는〗에르미타주 미술관.

hérmit cráb *n.* 〖동물〗소라게〖절지동물〗.

her·mit·ic [həːrmítik], **-i·cal** [-ik(ə)l] *adj.* 은자의, 은자식의.

Hérmit Kíngdom *n.* (the ~) 은자(隱者) 왕국〖중국 이외에는 문호를 닫고 지낸 1637-1876년 한국의 조선 왕조〗.

hérmit thrúsh *n.* 〖鳥類〗지빠귀의 일종〖북미산(産)〗.

hern [həːrn] *n.* 《英방언》 = heron.

her·ni·a [hə́ːrniə, -njə] *n.* Ⓤ Ⓒ (*pl.* ~**s**, -**ni·ae** [-nìːi]) 〖병리〗헤르니아, 탈장(脫腸). 〖< L *hernia* 〗

her·ni·al [hə́ːrniəl, -njəl] *adj.* 헤르니아의, 탈장의.

her·ni·ate [hə́ːrnièit] *vi.* (-**at·ed, -at·ing**) 헤르니아가 되다.

her·ni·o- 'hernia' 라는 뜻의 연결형.

‡**he·ro** [híː(ː)rou / hí́ər-] *n.* (*pl.* ~**es**) **1** 영웅, 용사, 영웅시되는 사람, 위인(偉人). **¶** a war *hero* 무훈을 세운 영웅 / make a *hero* of …을 영웅화하다 / No man is a *hero* to his valet. 《속담》 자기 하인에게 영웅으로 보이는 사람은 없다. **2** 〖소설·극 등의〗남자 주인공. *cf.* heroine **3** 〖초기 신화 시대의〗신인(神人). 〖고대의〗불사신(不死身)이 반신반인(半神半人). ◇ heróic *adj.*, héroize *v.*

He·ro [híː(ː)rou / hí́ər-] *n.* 〖그리스 신화〗헤로[Aphrodite 에게 시중들던 여신관(女神官). 연인 Leander 가 Hellespont 해협을 헤엄쳐서 만나러 오는 도중에 익사한 것을 슬퍼하여 바다에 몸을 던졌다〗.

*Her·od** [hérəd] *n.* 〖성서〗헤롯(73?-4 B.C.) 〖유대의 왕. 어린 그리스도를 죽이려고 Bethlehem 의 모든 어린 남자 아이를 학살했다고 한다〗. ◇ Heródian *adj.*

Hérod Án·ti·pas [-ǽntipæ̀s] *n.* 헤롯 안티파스(?-A.D. 39?) 〖헤롯왕의 아들이며 갈릴리의 통치자. 세례자(洗禮者) 요한을 처형하고, 예수를 재판에 회부했다〗.

He·ro·di·an [hiróudiən / he-] *adj.* Herod 왕의 가족(일파)의. — *n.* Herod 대왕의 가족(일파).

He·ro·di·as [hiróudiəs / heróudiæs] *n.* 〖성서〗헤로디아[Herod Antipas 의 아내이며 Salome 의 어머니].

‡**he·ro·ic** [hiróuik], **he·ro·i·cal** [-ik(ə)l]) *adj.* **1** 영웅(용사)의. **2** 영웅다운, 당당한, 훌륭한(noble); 용감한(intrepid) (*opp.* cowardly). **¶** a *heroic* deed 영웅적인 행위. **3** 단호한, 최후의 수단으로 쓰는. **¶** *heroic* surgery 모험적인 [극단적인] 치료. **4** 영웅시(詩)에 쓰이는; [고대의] 신인(神人)을 다룬; [문체·용어가] 장대한, 웅대한; 과장된. **5** 〖미술〗실물보다 큰. **¶** a *heroic* statue 실물보다 큰 상. — *n.* **1** (보통 ~s) =heroic verse. **2** (~s) 과장된 말(감정), 과장된 행동. -**i·cal·ly** [-ikəli] *adv.* ◇ héro *n.*

heróic áge *n.* (the ~) 영웅(신인) 시대[고대 그리스의 사시(史詩) 시대].

heróic cóuplet *n.* 〖韻律〗영웅 2행 연구(聯句) 〖압운(押韻)한 약강 5보격(iambic pentameter)의 대구(對句)시형〗.

he·ro·i·com·ic [hiròuikámik / -kɔ́m-], **-i·cal** [-ik(ə)l] *adj.* 영웅 희극적인, 웅대함과 해학이 섞인.

heróic póetry *n.* Ⓤ Ⓒ 영웅시, 서사시(epic).

heróic vérse *n.* Ⓤ Ⓒ **1** 〖韻律〗영웅시체(詩體), 사격시(史詩格) [그리스·라틴어의 시에서는 장단단 6보격(長短短6步格) (dactylic hexameter), 영국·독일의 시에서는 약강 5보격(iambic pentameter), 프랑스 시에서는 알렉산드린(Alexandrine)]. **2** 영웅시(詩).

her·o·in [hérouin] *n.* Ⓤ 〖약학〗헤로인〖진정제. 이것을 사용하면 상습 중독증에 빠질 위험이 있다〗.

‡**her·o·ine** [hérouin] *n.* **1** 여장부, 여걸. **2** 〖소설·극 따위의〗여주인공, 헤로인. *cf.* hero **3** 〖신화에 등장하는〗반여신(半女神) (demigoddess).

her·o·in·ism [hérouinìz(ə)m] *n.* Ⓤ 모르핀 중독.

*her·o·ism** [hérouìz(ə)m] *n.* **1** Ⓤ 영웅적인 용기, 용맹, 대담. **2** 영웅적 행위.

her·o·ize [hí(ː)rouàiz / hí́ər-] *v.* (-**ized, -iz·ing**) *vt.* **1** …을 영웅(영웅스러운 사람)으로 다루다. **2** …을 영웅으로 받들다. — *vi.* 영웅(영웅스러운 사람)인 체하다. 〖사〗.

*her·on** [hérən] *n.* 왜가리; [일반적으로] 백로과(科)의 새.

her·on·ry [hérənri] *n.* (*pl.* **-ries**) 많은 백로가 산란을 위하여 모이는 장소, 백로의 번식지.

héro sándwich *n.* 《美》 〖육류 따위를 풍부하게 넣은〗프랑스풍의 샌드위치.

héro wórship *n.* 영웅 숭배.

he·ro-wor·ship [híː(ː)rouwə̀ːrʃip / híə̀rou-] *vt.* (-**shiped, -ship·ing**; 《英》 -**shipped, -ship·ping**) …을 영웅으로서 숭배하다. — *vi.* 영웅시하다.

he·ro-wor·ship·er, 《英》 -**ship·per** [híː(ː)rouwə̀ːrʃipər] *n.* 영웅 숭배자.

her·pes [hə́ːrpiːz] *n.* 〖병리〗포진(疱疹), 헤르페스.

hérpes símplex *n.* Ⓤ 〖병리〗단순 포진(疱疹) [감기나 열이 날 때 입술에 생기는 바이러스성의 발진].

hérpes zós·ter [-zɑ́stər / -zɔ́s-] *n.* Ⓤ 〖병리〗대상 포진(帶狀疱疹).

her·pet·ic [həːrpétik] *adj.* 〖병리〗포진성의. 「학자.

her·pe·tol·o·gist [hə̀ːrpitɑ́lədʒist / -tɔ́l-] *n.* 파충류

her·pe·tol·o·gy [hə̀ːrpitɑ́lədʒi / -tɔ́l-] *n.* 파충류학.

Herr [heər] *n.* (*pl.* **Her·ren** [hérən]) 〖독일〗 (=Mr., Sir) **1** 군, 씨. **2** 독일 신사. **¶** meine *Herren* 제군.

Her·ren·volk [hérənfòuk, -fɔ̀ːlk] *n.* (*pl.* **-völ·ker** [-fœ̀lkər]) 〖독일〗 (=master race) 지배 민족[자기들이 인종적으로 우수하다고 하여, 다른 국민(민족)을 지배해

her・ring [hériŋ] *n.* (*pl.* **-rings** *or* **-ring**) 청어; kippered (*or* red) *herring* 훈제 청어.

her・ring・bone [híriŋbòun] *n.* **1** 오늬 모양의 무늬, 삼나뭇잎 같은 무늬, 헤링본. **2** [건축] 오늬 모양, 오늬무늬 짜기(박기). **3** [스키] 개각등행(開脚登行).

[herringbone 1]

— *adj.* 오늬 모양(삼나뭇잎 모양) 무늬의. ¶ a *herringbone* stitch 새발뜨기(박기, 짜기) / a *herringbone* pattern 오늬 모양 무늬. — *v.* (**-boned, -bon・ing**) *vt.* **1** …을 새발걸이로 뜨다. **2** …을 오늬 모양으로 짜다(쌓다). — *vi.* **1** 새발걸이하다, 오늬 모양(삼나뭇잎 모양) 무늬를 만들다. **2** [스키] 개각등행하다. ⸺서양.

hérring pònd *n.* (익살) 대양(ocean), [특히] 북대

‡**hers** [həːrz] *pron.* 《she의 소유대명사》 그녀의 것, 그녀의 소유물. *cf.* mine, yours, his, her ¶ a friend of *hers* 그녀의 친구 (* 불특정의 친구를 가리킨다. 이에 대하여 her friend는 특정한 친구) / That book is *hers*. 저 책은 그녀의 것이다 / His hair is darker than *hers*. 그의 두발은 그녀의 것보다 검다.
(<his 본떠서 her에 s를 붙인 것)

‡**her・self** [həːrsélf, 약 (h)ərsélf] *pron.* (*pl.* **them・selves**) **1** (재귀용법) 그녀 자신. ¶ She considers *herself* lucky. 그녀는 자신이 운이 좋다고 생각하고 있다. **2** (강조용법) 그녀 자신, 그녀 스스로. ¶ She *herself* painted the room. 그녀는 손수 방에 페인트를 칠했다 / She did it *herself*. 그녀는 손수 그것을 했다. **3** [목적격의 her 대신에 쓰는 강조용법] 그녀 자신을, 다른 사람이 아닌 그녀를. ¶ I looked beside me then, and I saw *herself*. 나는 그 때 옆을 둘러보다가 뒤틀어진 그녀를 보았다. **4** 그녀 본래의 상태(자세), 본래의 그녀, 여느 때와 같은 그녀. ¶ She is not *herself*. 여느 때의 그녀와 다르다 / She has come to *herself*. 그녀는 제정신으로 돌아왔다, 원래의 신체 상태가 되었다.
* 이 경우의 herself 를 her self 로 생각하여 her very self, her own sweet self 따위로 하는 일도 있다.

Herts. [həːrts. 略] Hertfordshire.

hertz [həːrts] *n.* (*pl.* **hertz** *or* **hertz・es**) 헤르츠(진동수 단위; 略 Hz]. (<독일의 물리학자 Heinrich Rudolph Hertz(1857-94)의 이름에서)

Hertz・i・an [héːrtsiən, +美 héərts-] *adj.* 독일의 물리학자 헤르츠[식]의.

Hértzian telégraphy *n.* U 무선 전신(radiotelegraphy) [헤르츠파를 발생시켜서 행한다].

Hértzian wáve *n.* [물리] 헤르츠파, 전자파(파 電磁)

‡**he's** [hiːz] he is, he has 의 단축형. ⸺波).

he / she [híːʃíː] *pron.* 《美》 그 또는 그녀(he or she), 그 사람(that one) [선행사의 성별이 확실치 않을 때 사용].

hes・i・fla・tion [hèzifléi((ə)n] *n.* (경제) 인플레이션의 한 형태(경제 성장은 그의 정체 경향을 띠면서 인플레이션은 급격히 진행되는 상태). *cf.* stagflation
(<HESI[TATION]+[IN]FLATION)

hes・i・tance [hézit(ə)ns], **-tan・cy** [-t(ə)nsi] *n.* U C (*pl.* **-tan・ces; -tan・cies**) 머뭇거림, 주저, 망설임 (hesitation); 우유부단(indecision).

hes・i・tant [hézit(ə)nt] *adj.* **1** 머뭇거리는, 주저하는, 주춤거리는. ⇒ RELUCTANT 類 **2** 말을 더듬는, 우물거리는. ~**ly** *adv.*

‡**hes・i・tate** [hézitèit] *v.* (**-tat・ed, -tat・ing**) *vi.* **1** 주저하다, 망설이다, 머뭇거리다, 우물쭈물하다. ¶ (~+*to* do) He *hesitated* to believe the report. 그는 그 보고를 믿기를 주저했다 // (~+前+名) They *hesitate* about taking such a dangerous step. 그들은 그와 같이 위험한 방법을 취하는 것을 주저하고 있다 / They *hesitated* at treason. 그들은 반역을 일으키는 데 망설였다.

類 **hesitate** 「주저하다」라는 뜻의 가장 일반적인 말; 원인은 여러 가지가 있을 수 있다. **waver** 일단 결심한 것이 흔들려서 주저하다; 의지가 약함을 암시: *waver* in one's conviction 확신이 흔들리다. **falter** waver에 공포·긴장 따위를 나타내는 목소리의 떨림 따위의 외적인 징후가 수반됨을 암시: a *faltering* voice 중얼거리는 소리. **vacillate** 이것저것 생각이 바뀌어서 좀처럼 결정짓지 못하고 오랫 동안 주저하다: *vacillate* between various views 여러 가지 생각으로 주저하다. **2** [일시적으로] 멈추다(pause). ¶ *Hesitate* before you begin that. 그것을 시작하기 전에 잠깐 생각하여라. **3** 말을 더듬다, 머뭇거리다(stammer). — *vt.* …을 망설이며(조심스럽게) 진술하다, 넌지시 말하다.
◇ hesitation *n.*, hésitative *adj.*

hes・i・tat・ing・ly [hézitèitiŋli] *adv.* 주저하여, 머뭇거리며, 더듬거리며; 말을 더듬으면서.

‡**hes・i・ta・tion** [hèzitéi((ə)n] *n.* U C **1** 주저, 우유부단. ¶ after some (much) *hesitation* 약간(한참) 망설이다가 / without *hesitation* 주저없이, 망설이지 않고, 바로, 단호히 // have (or feel) no *hesitation* in saying that... …이라고 말하기를 주저하지 않는다. **2** 말더듬기.
◇ hésitate *v.*, hésitative *adj.*

hes・i・ta・tive [hézitèitiv] *adj.* 주저하는, 망설이는 기색이 있는, 미적지근한(hesitating); 말을 더듬는. ~**ly** *adv.*

Hes・per [héspər] *n.* = Hesperus.

Hes・pe・ri・an [hespí(:)riən -pfər-] *adj.* (문어) **1** 서쪽 나라(Hesperia)의; 서방의(western). **2** Hesperides 의. — *n.* 서쪽 나라의 사람.

Hes・per・i・des [hespérídiːz] *n. pl.* (the ~) [그리스 신화] (*sing.* **Hes・per・id** [héspərid]) 헤스페리데스(황금 사과의 낙원을 용과 함께 지킨 여정(女精)들), **2** (단수 취급) [헤스페리데스가 지킨] 황금 사과의 낙원.

Hes・per・is [héspəris] *n.* **1** (그리스 신화) Hesperus 의 딸. **2** (종종 h-) [식물] 꽃무루(類)의 식물.

Hes・per・us [héspərəs] *n.* 개밥바라기, 태백성(evening star), 금성(Venus).

Hes・sian [héʃ(ə)n +美 héʃiən] *adj.* (독일의) 헤센(Hesse) 주(사람)의. — *n.* **1** 헤센 사람. **2** (美) [미국 독립 전쟁 때, 영국측이 고용했던] 독일인 용병(傭兵). **3** 돈만 아는 고용인(hireling); 무뢰한, 팔난봉(ruffian). **4** U (h-) 굵은 삼베.

Héssian bóots *n. pl.* 술이 달린 거의 무릎까지 닿는 장화(헤센병이 사용했고, 19세기 초기에 영국서 유행).

Héssian flý *n.* 작은 파리의 일종(모기류(類) 비슷한 파리의 일종, 유충은 밀의 해충].

Hes・ti・a [héstiə] *n.* (그리스 신화) 헤스티아(화덕과 화덕불의 여신). *cf.* Vesta

het[1] [het] *adj.* 흥분한.

het[2] [het] *v.* (방언) heat 의 과거·과거 분사.

he・tae・ra [hitíː(ː)rə-tíər-, -tíərə] *n.* (*pl.* **-tae・rae** [-rai], **-tai・ra** [-tái(ə)rə / -táirə] (*pl.* **-tae・rae** [-rai], **-tai・rai** [-táirai -tái-]) (특히 고대 그리스의) 첩(concubine), 고급 매춘부(courtesan).

he・tae・rism [hitíː(ː)riz(ə)m -tíər-], **-tai・** [-tái-, -tíə-] *n.* U **1** 공공연한 축첩(蓄妾). **2** (원시 사회의) 여성 공유 제도. ⸺ (사람)

het・er・o [hétərou] *adj.*, *n.* (*pl.* **-os**) 이성을 사랑하는
hetero- other, different 라는 뜻의 연결형(* 모음 앞에서는 heter-을 쓴다. 예: heterosexual.

het・er・o・chro・mous [hètəro(u)króuməs], **-mic** [-mik] *adj.* 이색(多色)의, 여러 가지 색깔의.

het・er・o・clite [hétərəklàit] *adj.* **1** 이상한, 예외적인. **2** [문법] [어미 변화가] 불규칙적인(irregular). — *n.* 보통과 다른(예외적·변태적인) 사람(것). **2** [문법] 불규칙적인 변화를 하는 단어.

het・er・o・cy・clic [hètərəsáiklik, +美 -sík-] *adj.* [화학] 이종환식(異種環式)의. ¶ a *heterocyclic* compound

het·er·o·dox [hét(ə)rədàks / -dòks] *adj.* 1 〖교양·학설 따위가〗이단의, 비정통적인. *opp.* orthodox ¶ *heterodox* opinions 이단(비정통)설. 2 이단설을 가진, 이단의.

het·er·o·dox·y [hét(ə)rədàksi / -dòks-] *n.* Ⓤ Ⓒ (*pl.* -dox·ies) 1 비정통적(이단)인 것. 2 비정통적 교의(신앙), 이단, 이설.

het·er·o·dyne [hétəro(u)dàin] 〖무선〗 *v.* (-dyned, -dyn·ing) *vi.* 헤테로다인 효과를 낳다. — *vt.* (어떤 주파수)에 다른 주파수를 섞어서 헤테로다인 효과를 낳게 하다. — *adj.* 헤테로다인 수신법의. — *n.* Ⓤ 헤테로다인(수신파와 국부 발신파 사이에 맥놀이를 일으키는 검파 방법]. Ⓒ 헤테로다인 수신기.

het·er·o·gam·ete [hètəro(u)gæmíːt, -gǽmiːt] *n.* 〖생물〗이형(異型) 배우자. *cf.* isogamete

het·er·og·a·mous [hètərágəməs, -g-] *adj.* 1 〖생물〗이형 배우자를 가진, 이형 배우자에 의해 생식하는. *cf.* isogamous 2 〖식물〗2종의 이성(異性) 꽃을 가진. *opp.* homogamous

het·er·og·a·my [hètərágəmi / -g-] *n.* Ⓤ 1 〖생물〗이형 배우자 생식; 이성 생식. 2 〖식물〗이성꽃을 가지고 있음.

het·er·o·ge·ne·i·ty [hètəro(u)dʒiníːiti] *n.* Ⓤ Ⓒ (*pl.* -ties) 이종(異種), 이질, 이종 혼성, 불균질(不均質); 이성분(異成分).

het·er·o·ge·ne·ous [hètəro(u)dʒíːniəs] *adj.* 1 이종의, 이질의. 2 이성분으로 이루어지는, 잡종의, 잡다한, 불균질의(miscellaneous). *cf.* homogeneous ¶ the *heterogeneous* population of the U.S. 미국의 여러 잡다한 주민. ~**ly** *adv.* ~**ness** *n.*

het·er·o·gen·e·sis [hètəro(u)dʒénisis] *n.* Ⓤ 〖생물〗 1 세대 교번 [하나의 생물에서 생식법을 달리하는 세대가 번갈아 나타나는 일] (alternation of generations). 2 자연 발생[론] (abiogenesis).

het·er·o·ge·net·ic [hètəro(u)dʒinétik] *adj.* 세대 교번의; 자연 발생의.   [heterostructure.

het·er·o·junc·tion [hètəro(u)dʒʌ́ŋ(k)ʃ(ə)n] *n.* =

het·er·o·mor·phic [hètəro(u)mɔ́ːrfik] *adj.* 〖생물〗 1 형태(구조, 크기)가 다른. 2 〖곤충이〗완전히 변태하는.

het·er·o·mor·phism [hètəro(u)mɔ́ːrfiz(ə)m] *n.* Ⓤ 〖생물〗 1 형태(구조, 크기)의 상위(相違), 이형(異形). 2 〖곤충의〗완전 변태.

het·er·o·mor·phy [hètəro(u)mɔ́ːrfi] *n.* 〖생물〗= heteromorphism.

het·er·on·o·mous [hètəránəməs, -ɔ́n-] *adj.* 1 타율[성]의. *opp.* autonomous 2 〖생물〗다른 발달 법칙에 따르는, [기관 따위가] 특수화한.

het·er·on·o·my [hètəránəmi / -ɔ́n-] *n.* Ⓤ 타율 [성]. *cf.* autonomy

het·er·o·nym [hétərənìm] *n.* 같은 철자이면서 이음이 다른 (異音異義)의 낱말[예: tear [tiər] (눈물)과 tear [tɛər] (찢다)].

het·er·on·y·mous [hètərániməs, -ɔ́n-] *adj.* 1 같은 철자로 이음 이의어(異音異義語)인. 2 〖서로 관련된 것이〗다른, 각각 다른 이름을 가진, ¶ Son and daughter are *heteronymous* relatives. 아들과 딸은 각각 다른 명칭을 가진 친족이다.

het·er·op·a·thy [hètəráp əθi / -rɔ́p-] *n.* 대중요법(對症療法) (allopathy).   〖공포증.

het·er·o·pho·bi·a [hètərəfóubiə] *n.* Ⓤ 이성 (異性)

het·er·o·sex [hétərousèks] *n.* Ⓤ 이성간의 사랑.

het·er·o·sex·u·al [hètəro(u)sékʃuəl / -séksjuː-] *adj.* 〖생물〗이성(異性)의, 자웅의. 2 (homosexual) 이성애의, 이성애를 나타내는(느끼는). — *n.* 이성애자, 이성애를 하는 사람.

het·er·o·sex·u·al·i·ty [hètəro(u) sèkʃuǽliti / -sèksjuː-] *n.* Ⓤ 이성애; 이성과의 성적 관계. *cf.* homo-

het·er·o·sex·u·al·i·ty [hètəro(u) sèkʃuǽliti / -sèksjuː-]

het·er·o·sphere [hétərəsfìər] *n.* (the ~) 〖대기의〗이질권(異質圈) 〖약 90km 보다 윗쪽〗. *cf.* homosphere

het·er·o·struc·ture [hétəro(u)strʌ́ktʃər] *n.* 〖전자공학〗헤테로 구조체[복합 반도체 장치].

het·er·o·tax·i·a [hétəro(u)tǽksiə] *n.* = heterotaxis.

het·er·o·tax·is [hétəro(u)tǽksis] *n.* 1 〖병리〗내장 변위(變位). 2 〖지질〗지층 변위(變位).

het·er·o·tax·y [hétəro(u)tǽksi] *n.* = heterotaxis.

het·er·o·zy·gous [hètərəzáigəs] *adj.* 이형(헤테로) 접합체의, 잡종성의.

het·er·o·zy·gote [hètərəzáigout, -gɔt] *n.* 〖유전〗이형(헤테로) 접합체 [2종의 다른 성질의 유전자를 가진 잡종]. *cf.* homozygote

het·man [hétmən] *n.* (*pl.* -**mans**) 코작인의 추장.

heu·ris·tic [hjuːrístik / hjuər-] *adj.* 1 발견(탐구)을 돕는. 2 〖교수법이〗학생 스스로가 발견하게 하는, 발견법의. ¶ a *heuristic* method 발견법. — *n.* (보통 ~s) 발견법, 발견적 교수(학습)법.

-**ti·cal·ly** [-tikəli] *adv.*

****hew** [hjuː] *v.* (**hewed, hewed** or **hewn, hew·ing**) *vt.* 1 [도끼나 칼 따위로]. ···을 베다, 자르다 (⇒ CUT 類語); [나무를] 잘라 넘어뜨리다(...down). ¶ a rock freshly *hewn* 이제 막 잘라낸 돌 // to *hew* a log to pieces 통나무를 산산조각으로 토막내다 // (~+圓+圖) *hew down* a tree 나무가지를 잘라 넘어뜨리다 // *hew off* a branch of a tree 나뭇가지를 잘라내다. 2 잘라서(깎아서) ···을 만들다. ¶ *hew* a passage 통로를 잘라서 뚫다 // (~+圓+圖) *hew out* a career for oneself 혼자의 힘으로 인생을 개척하다 // (~+圓+前+名) a statue *hewn out of* (or *from*) marble 대리석에 새긴 입상(立像). — *vi.* 1 〖도끼 따위로〗자르다(cut). 2 〖美〗신 봉하다 (adhere), 따르다, 고집하다(stick) (*to*...). ¶ (~+前+名) *hew to* the line 방침을 지키다.

HEW (略) Department of *H*ealth, *E*ducation, and *W*elfare 〖美〗보건 교육 후생성.

hew·er [hjúːər] *n.* 〖나무나 돌을〗자르는 사람, 채탄부(採炭夫).

hewers of wood and drawers of water 나무를 자르고 물을 긷는 사람, 하급 노동자[←여호수아서(書) (Josh.) 9 : 21].

hewn [hjuːn] *v.* hew 의 과거 분사.

hex [heks] *vt.* ···을 홀리게 하다, ···에게 마법을 걸다 (bewitch). — *n.* 1 여자 마법사, 마녀(witch). 2 마력, 주문(呪文) (spell). ¶ put a (or the) *hex* on ···에게 마법을 걸다. 3 〖美중에中(英)〗재앙을 가져오는 것, 재수가 없는 것, 불길함(jinx).

hexa- six 의 뜻의 연결형(* 모음 앞에서는 **hex-** 을 쓴다): *hexa*chord, *hexa*gon.

hex·a·chord [héksəkɔ̀ːrd] *n.* 〖음악〗〖중세 음악의〗6음 음계.

hex·ad [héksæd] *n.* 1 6의 수. 2 6개로 이루어지는 1군(1조). 3 〖화학〗6가 원소(원자, 기).

hex·a·dec·i·mal [hèksədésim(ə)l] *adj.* 16진법의. — *n.* 16진법.   [6가 원소(기)의.

hex·ad·ic [heksǽdik] *adj.* 6의 수의; 6개 1군(1조)의;

hex·a·gon [héksəgən / -gən] *n.* 6 각형, 6변형. ¶ a regular *hexagon* 정 6각형.   [[-nəli] *adv.*

hex·ag·o·nal [heksǽgən(ə)l] *adj.* 6각형의. ~**ly**

hex·a·gram [héksəgræ̀m] *n.* 1 6 (6선) 성형[✡].

hex·a·he·dral [hèksəhíːdr(ə)l] *adj.* 6면체의.

hex·a·he·dron [hèksəhíːdrən / héksəhèd-] *n.* (*pl.* ~**s, -dra** or ~**s -dra**) 6면체.

hex·am·e·ter [heksǽmitər] *n.* 〖韻律〗6 보격[의 시]. — *adj.* 6 보격의.

hex·a·met·ric [hèksəmétrik] (**hex·a·met·ri·cal** [-k(ə)l]) *adj.* 6보격의.

hex·an·gu·lar [heksǽŋgjulər] *adj.* 6각의.

hex·a·pla [héksəplə] *n.* (종종 H-) 6개 국어 대역 성

hex·a·plar [héksəplər] *adj.* 6개 국어 대역의.

hex·a·pod [héksəpὰd /-pɔ̀d] *n.* 곤충(insect), 6각류(脚類). — *adj.* 6각의, 다리가 여섯의; 곤충의.

hex·ap·o·dous [heksǽpədəs] *adj.* 6각의, 다리가 6개인; 곤충의(hexapod).

hex·ap·o·dy [heksǽpədi] *n.* (*pl.* **-dies**) 〖韻律〗6보격의 시행(詩行).

hex·a·stich [héksəstìk] *n.* 〖韻律〗6행련(行聯), 6행시.

hex·as·ti·chon [heksǽstikɑ̀n /-kɔ̀n] *n.* (*pl.* **-cha** [-kə]) =hexastich.

hex·a·style [héksəstàil] 〖건축〗 *adj.* [주랑 현관(柱廊玄關)이나 전당(殿堂) 정면이] 6주(柱)식의, 기둥이 여섯인. — *n.* 6주식의 주랑 현관(정면).

Hex·a·teuch [héksətjùːk / -tjùːk] *n.* 〖성서〗 구약성서 최초의] 6서〖모세 5경(창세기·출애굽기·레위기·민수기·신명기)에 여호수아서(書)를 첨가한 것을 하나로 본다〗.

hex·a·va·lent [hèksəvéilənt / ⌐⌐⌐⌐] *adj.* 〖화학〗6가(價)의. ¶ *hexavalent* chromium 6가 크롬.

***hey** [hei] *interj.* 어이, 헤이, 허, 여봐, 여보세요, 이봐요〖즐거움·놀라움·당혹·주의를 끌기 위해 내는 소리〗. ¶ *Hey* for …! 잘한다!, 잘됐어! / *Hey* presto, pass! 얏!, 이상도 해라!, 자 보세요!〖마술사의 기합 소리〗.

hey·day[1] [héidèi] *n.* (the ~)〖힘·번영·젊음 따위의〗전성기, 절정, 한창때. ¶ in the *heyday* of youth 혈기왕성한 때에 / the Victorian period as its *heyday* 빅토리아의 전성기.

hey·day[2] [héidèi] *interj.* 여어!, 야아!, 아이구!, 이키!〖기쁨·놀라움 따위를 나타내는 소리〗.

Hez·e·ki·ah [hèzikáiə] *n.* 〖성서〗히스기야〖기원전 8-7세기경의 유다의 왕〗. — 열왕기(하) (2 Kings) 18〗.

Hf 〖화학〗 hafnium 의 원자 기호.

HF, hf《略》 high *f*requency.

hf.《略》 half.

hg 《略》 hectogram, hectograms; heliograph.

Hg 〖화학〗 mercury 의 원소 기호.

H.G.《略》 *H*is *G*race(각하); *H*er *G*race (각하 영부인); *H*igh *G*erman; *H*ome *G*uard; *H*orse *G*uards; *H*oly *G*host.

HGH《略》 *h*uman *g*rowth *h*ormone (인간 성장 호르몬).

hgt.《略》 *h*eight.

HH《略》 *n.* 〖연필〗 double-hard. *cf.* BB

H.H.《略》 *H*is *H*ighness(전하); *H*er *H*ighness (비(妃)전하); *H*is *H*oliness〖로마 교황의 존칭〗.

hhd.《略》 *h*ogshead, *h*ogsheads.

HHG《略》 *h*ousehold *g*oods.

H-hour [éitʃàuər] *n.* 〖군사〗 공격(작전) 개시 시각.〖<H[OUR]+HOUR. *cf.* D-day〗

***hi** [hai] *interj.* 야아!, 여어!, 안녕〖하세요〗(hello)!〖가벼운 인사말 또는 주의를 환기시키는 말〗. ¶ *Hi*, Tom. How are you? 안녕, 톰. 어떻게 지내?

H.I.《略》 *H*awaiian *I*slands.

hi·a·tus [haiéitəs] *n.* (*pl.* **-tus·es** *or* **-tus**) **1**〖일·활동 등의〗중단, 단절(break, interruption). **2**〖기사 따위의〗탈락〖부분〗, 중단〖부분〗. ¶ the *hiatus* in the manuscript 원고의 탈락 부분. **3** 틈, 갈라진 금(gap). **4** 〖음성〗 모음 접속(母音接續)〖모음으로 끝나는 낱말과 모음으로 시작하는 낱말 사이의 중단〗. **5** 〖해부〗〖뼈 따위의〗열공(裂孔).

hi·ber·nac·u·lum [hàibərnǽkjuləm] *n.* (*pl.* **-la** [-lə])〖식물〗겨울 눈;〖동물〗겨울 집.

hi·ber·nal [haibə́ːrn(ə)l] *adj.* 겨울의(wintry).

hi·ber·nant [háibəːrnənt] *adj.* 소막한, 피한의(避寒)의. — *n.* 동면 동물.

hi·ber·nate [háibəː(r)nèit] *vi.* (**-nat·ed, -nat·ing**) **1**〖동물이〗동면하다. *opp.* aestivate **2** 피한하다; 틀어박히다.

hi·ber·na·tion [hàibərnéiʃ(ə)n] *n.* ⓤ 동면, 겨울철 두문 불출; 피한, 틀어박힘.

Hi·ber·ni·a [haibə́ːrniə] *n.* 〖詩〗 Ireland의 라틴 이름.

Hi·ber·ni·an [haibə́ːrniən] *adj.* 아 일 랜 드[인]의 (Irish). — *n.* 아일랜드인(Irishman).

Hi·ber·ni·cism [haibə́ːrnisìz(ə)m] *n.* ⓤ ⓒ **1** 아일랜드어 특유의 어법. **2** 아일랜드인 기질.

hi·bis·cus [haibískəs, hi- / hi-] *n.* 하이비스커스〖열대·온대산(產) 아욱과(科)의 무궁화·부용류(類). 하와이의 주화(州花)〗.

hic [hik] *interj.* 딸꾹〖딸꾹질의 의성어(擬聲語)〗.

hic·cup, -cough [híkʌp, +美 -kəp] *n.* **1** 딸꾹질. ¶ have the *hiccups* 딸꾹질이 나오다. **2** 증권 시황의 일시적 하락. — *v.* (**-cuped** *or* **-cupped, -cup·ing** *or* **-cup·ping; -coughed, -cough·ing**) *vi.* **1** 딸꾹질하다. **2** 딸꾹질 같은 소리를 내다. — *vt.* …을 딸꾹질하면서 말하다.

hic ja·cet [hik dʒéisit]〖라틴〗(=here lies) **1** 여기에 잠들다〖묘비명(墓碑銘)의 첫 글귀〗. **2** 묘비명 (epitaph).

hick [hik]《구어》 *n.* **1** 소박(순진)한 사람. **2** 시골뜨기, 촌놈. — *adj.* 소박한, 시골의, 시골뜨기의(rustic).

hick·ey [híki] *n.* **1**《美구어》 도구; 파이프를 구부리는 기구. **2**〖전기의〗 코드. **3** 부스럼, 여드름. **4**《美속어》키스 마크.

hick·o·ry [híkəri] *n.* (*pl.* **-ries**) **1** 히코리〖북미산 호두과(科)의 식물〗. **2** ⓤ 히코리재목; ⓒ 히코리 나무 지팡이(회초리). **3**《美》 빠른 걸음. **4** ⓤ 〖작업복 따위를 만드는〗 면직물의 일종. — *adj.* 히코리의, 히코리 재목으로 만든. **2** 우람하고 튼튼한, 건고한. **3** 종교에 무관심한, 신앙심이 깊지 못한.

***hid** [hid] *v.* hide[1]의 과거·과거 분사.

hi·dal·go [hidǽlgou] *n.* (*pl.* **-gos**) 〖스페인의〗 하급 귀족, 소귀족.

‡**hid·den** [hídn] *v.* hide[1]의 과거 분사. — *adj.* 숨겨진, 숨은, 보이지 않는(concealed, obscure); 비밀의(secret). ¶ a *hidden* tax 간접세.

‡**hide**[1] [haid] *v.* (**hid, hid·den** *or* **hid, hid·ing**) *vt.* **1** …을 숨기다(conceal). *opp.* reveal ¶ *hide* a person in the attic 남을 고미다락에 숨기다. **2** …을 덮어 가리다, 보이지 않게 하다(cover, veil). ¶ Clouds *hid* the sun. 구름이 태양을 가렸다. **3** …을 비밀로 하다(keep secret). ¶ *hide* one's intentions 의향을 드러내지 않다 // (~+⊙+졷) *hide* the fact *from* a person 사실을 남에게 숨기다.

類語 *hide*「숨기다」의 뜻의 가장 일반적인 말; 반드시 고의적인 행위를 뜻하지는 않는다: *hide* money in a drawer 서랍에 돈을 감추다. *conceal* 고의적으로 숨기다, 또는 비밀 따위를 밝히기를 거부하다: *conceal* one's real purpose 진짜 목적을 숨기다. *secrete* 남이 알지 못하는 곳에 몰래 챙겨두다: *secrete* part of one's income to avoid taxation 세금을 포탈하기 위하여 수입의 일부를 숨기다.

— *vi.* **1** 숨다, 숨어 있다, 잠복하다. ¶ (~+⊙+졷) *hide* behind a door 문 뒤에 숨다. **2**《美구어》잠행하다, 지하로 잠복하다 (*out*).

hide one's *face* (or *head*) *from* 〖부끄러워서〗…에서 얼굴(머리)을 돌리다, …을 무시하다.

hide one's *light under a bushel* ⇨ LIGHT[1].

— *n.*《英》〖사냥꾼 등의〗 숨는 장소(hunting blind).

***hide**[2] [haid] *n.* **1**〖특히 큰 짐승 따위의〗가죽, 수피(獸皮), 피혁. ⇨ SKIN 類語 **2**《구어》〖사람의〗피부;《비유적》몸의 안전. **3**《속어》뻔뻔스러움.

have a thick hide 낯가죽이 두껍다, 무신경한.

[*in*] *hide and hair* 완전히, 모두(wholly, entirely).

neither hide nor hair 아무것도 없는; 전연 …아닌.

save one's own hide 무사히 빠져나가다.

tan (or *dress*) *a person's hide* 남을 채찍으로 때리다.

— *vt.* (**hid·ed, hid·ing**) **1**《구어》…을 매질하다, 때리다(thrash). **2**《드물게》…의 가죽을 벗기다.

hide³ [haid] n. 〖英역사〗 옛날의 지적(地積)의 단위〖보통 120 에이커〗.

hide-and-seek [háid(ə)nsíːk], **(hide-and-go-seek** [háid(ə)ngou-]) n. ⓤ 숨바꼭질. ¶ play hide-and-seek with …과 숨바꼭질을 하다.

hide·a·way [háidəwèi] n. 잠복 장소, 은신 장소. ── adj. 숨은(concealed).

hide·bound [háidbàund] adj. **1** 편협한, 도량이 좁은(narrow-minded), 완고한. **2** 〖동물이〗 여위어 피골이 상접한; 〖나무의〗 껍질이 굳은. **3** 대단히 보수적인(extremely conservative).

***hid·e·ous** [hídiəs] adj. **1** 소름이 끼치는, 섬뜩한, 무서운, 추악한(ugly). **2** 〖도덕적으로〗 꺼림칙한, 깨심한(shocking). ¶ a hideous crime 가증할 죄. **3** 겁나게 많은(큰). ¶ hideous expense 막대한 경비.
~·ly adv. ~·ness n.

hide·out [háidàut] n. 〖범인 등의〗 숨은 집, 잠복 장소; 아지트.

hid·ing¹ [háidiŋ] n. **1** ⓤ 감추기, 숨기. ¶ be in hiding 숨어 있다 / go into hiding 숨다, 지하로 잠입하다. **2** 숨은 장소, 은신처, (ging).

hid·ing² [háidiŋ] n. 〖구어〗 매질, 후려갈기기(flog-

hi·dro·sis [hidróusis, hai-] n. ⓤ **1** 발한(發汗); 발한과다(過多). **2** 〖병리〗 발한〖과다〗증.

hi·drot·ic [hidrátik, hai- / -drɔ́t-] adj. 땀의, 땀나는 하는, 땀을 내는. ── n. 발한제(劑).

hie [hai] v. (**hied, hie·ing** or **hy·ing**) vi. 서두르다. ¶ hie with all speed 전속력으로 서둘러 가다. ── vt. 〖보통 재귀용법〗 서두르다. ¶ He hied himself home. 그는 귀가길을 재촉했다.

hier- ⇒ HIERO-.

hi·er·arch [háiərɑ̀ːrk] n. **1** 교주 **2** 종교적 권력자, 제사장(祭司長), 성직자.

hi·er·ar·chal [hàiərɑ́ːrk(ə)l] adj. **1** hierarch 의. **2** hierarchy 의.

hi·er·ar·chic [hàiərɑ́ːrkik], **-chi·cal** [-kik(ə)l] adj. 계급 제도(조직)의; 성직 계급 제도(조직)의; 성직자(교회) 정치의. **-chi·cal·ly** [-kikəli] adv.

hi·er·ar·chism [hàiərɑ́ːrkìz(ə)m] n. ⓤ 성직 계급제도〖주의〗; 성직자 지배, 성직자 정치.

***hi·er·ar·chy** [háiərɑ̀ːrki] n. ⓤⓒ (pl. **-chies**) **1** 계급 제도(조직). **2** 분류 단계, 단계적 분류명〖예를 들면 동물계에서는 phylum, class, order, family, genus, species〗. **3** 성직자 정치, 교회 정치. **4** 교주권, 성직 지배권. **5** 성직 계급 제도(조직), 교회 계급 제도. **6** 천사의 계급〖모두 3 계급으로 갈라지는데, 각 계급은 다시 3 구분되어 전부 9 계급으로 된다〗. **7** 〖집합적〗 9 계급의 전체 천사들(celestial hierarchy), 천사군(群).

hi·er·at·ic [hàiərǽtik] adj. **1** (= **hi·er·at·i·cal** [-ik(ə)l]) 성직〖자〗의, 사제의(priestly). **2** 〖서체(書體)가〗 신성의(consecrated). ¶ hieratic writing 신성문자. **3** 종교 미술 양식의. ── n. ⓤⓒ 〖고대 이집트의〗 신성 서체(문자). cf. demotic **-i·cal·ly** [-ikəli] adv.

hiero- sacred, priestly 의 뜻의 연결형. 예: hierology, hierarchy.

hi·er·oc·ra·cy [hàiərɑ́krəsi / -rɔ́k-] n. ⓤⓒ (pl. **-cies**) 종교〖성직자〗 정치(hierarchy).

hi·er·o·crat·ic [hàiərəkrǽtik] adj. 종교 정치의, 성직자 정치의.

hi·er·o·glyph [háiərəglìf] n. 상형 문자, 히에로글리프, 상형 문자와 비슷한 것.

hi·er·o·glyph·ic [hàiərəglífik], **-i·cal** [-ik(ə)l] adj. **1** 〖특히 고대 이집트〗 상형문자의, 그림 문자의. ¶ a hieroglyphic character 상형 문자. **2** 상형 문자로 쓴. **3** 판독하기 어려운. ── n. ⓤⓒ **1** = hieroglyph. **2** (보통 ~s) 상형 문자 표기법; 상형 문자의 문서. **3** 비

[hieroglyphic 2]

밀 문자. **4** (~s) 판독하기 어려운 문서(문자). **-i·cal·ly** [-ikəli] adv.

hi·er·ol·o·gy [hàiərɑ́lədʒi / -rɔ́l-] n. ⓤ〖종교〗 **1** 〖어떤 민족 전체의〗 종교 문학; 종교상의 전승(지식). **2** = hagiology.

hi·er·o·phant [háiərəfænt, +美 haíər-] n. 〖고대 그리스의〗 신비 의식(神秘儀式) (secret mysteries)의 최고사제; 신비 의식의 해설자.

hi-fi [háifái] n. **1** = high fidelity. **2** 고충실도의(高忠實度音) 재생〖하이파이〗 장치. ── adj. 〖재생 장치가〗 하이파이의.

hig·gle [hígl] vi. (**-gled, -gling**) 〖값을〗 깎다; 흥정하다(chaffer, haggle), higgle with a person for the price of …의 값을 두고 남과 흥정을 벌이다.

hig·gle·dy-pig·gle·dy [hígldipígldi] adv. 난잡하게, 엉망진창으로, 뒤죽박죽으로. ── adj. 난잡한, 뒤범벅인, 엉망진창인(confused). ── n. ⓤ 난잡, 뒤죽박죽, 북새통(disorder, confusion).

hig·gler [híglər] n. **1** 일용품 소매상, 외치며 파는 사람(huckster), 도봇 장수, 행상인(peddler). **2** 〖값따위를〗 깎는 사람.

‡**high** [hai] adj. **1** 높은(lofty, tall) (＊이 뜻으로는 사람에게 쓰지 않는다. cf. tall). opp. low ¶ a high building(mountain, tree) 높은 건물(산, 나무).
2 높이가 …인. ¶ a building ten meters (five stories) high 높이가 10 미터(5 층)의 건물 / He is six feet high. 그의 신장이 6 피트이다.
3 높은 곳의, 높은 곳에 있는(elevated); 높은 곳으로(부터)의; 〖위도가〗 높은, 고지의, 오지(奧地)의. ¶ a high plateau 고원 / a high flight 고공 비행 / a high shelf 높은 시렁.

〖類語〗 **high** "높은"의 뜻의 가장 일반적인 말. **tall** 키가 길다란 형상에 쓰는 말; 동종의 것 중에서 평균 이상으로 높은 것을 암시: a tall tree 높은 나무. **lofty** 위엄을 느끼게 하는 정도의 높음을 암시하는 시적인 말: the lofty Himalayas 당당하게 우뚝 솟은 히말라야 산맥. **towering** 다른 것과 비교해서 두드러지게 높게 솟은: a towering mass of clouds 우뚝 솟은 구름의 봉우리.

4 〖평가가〗 높은; 비싼(expensive, costly); 풍부한(rich), 사치스러운(luxurious). ¶ at a high price 비싼 값으로 / high feeding 미식(美食) / have a high opinion of a person 남을 높이 평가하다 / in high terms 격찬하여.
5 〖신분·지위 등이〗 높은, 상류의; 〖정신이〗 고상한(noble), 고원(高遠)한; 〖지식·정도가〗 높은, 뛰어난; 〖품질이〗 빼어난, 고급인(superior). ¶ a high official 고관 / a high rank 고위 / a man of a high birth(or family) 명문 태생의 사람 / high aims (ideals) 고상한 목적(이상) / the higher mammals 고등 포유 동물 / of a high quality 썩 좋은 품질의.
6 〖소리·목소리가〗 높은, 날카로운(shrill). ¶ a high sound (voice) 높은 소리(목소리) / speak in a high key (or tone) 높은 목소리로 이야기하다.
7 강한(strong), 강도가 높은(intensified); 격렬한(intense), 대단한(great). ¶ a high wind 강풍 / high pressure 고〖기〗압 / a high area 고압권 / a high temperature 고온 / high humidity 다습(多濕) / high steel 경강(硬鋼) / a high speed 고속도.
8 성난(angry); 〖색깔이〗 진한, 빨간. ¶ high words 격한 말(격론) / high complexion 상기된 얼굴(안색).
9 주된, 주요한(chief, main); 중요한(important), 중대한(serious). ¶ the high altar 〖교회의〗 주제단 / a high festival 대제(大祭) / a high crime (treason) 대죄(대역죄) / a high consequence of a deed 어떤 행위의 중대한 결과.
10 오만스런, 거만한(arrogant). ¶ a high look 거만한 표정 / a high manner 오만한 태도.
11 최고조의, 무르익은, 한창인. ¶ high tide (or

high-angle

water) 만조 / *high* noon (summer) 한낮(한여름, 성하) / high time ⇨ HIGH TIME.
12 〖정도·비율 따위가〗 높은, 고율의. ¶ *high*-carbon steel 탄소 함유율이 높은 강철, 경강(硬鋼).
13 〖구어〗 술에 취한, 얼근한(drunk); 〖마약에 취해〗 멍한, 황홀한, 몽롱한; 〖일반적으로〗 밝고 쾌활한, 기분이 좋은; 열중한, 매우 좋아하는 (*on*...).
14 〖때가〗 옛날의, 먼(remote). ¶ *high* antiquity 먼 옛날.
15 〖종교·사상이〗 극단적인, 과격한(extreme). ¶ a *high* Tory 과격한 보수당원.
16 〖새·짐승 따위의 육류가〗 알맞게 삭은, 먹기에 알맞은.
17 〖음악〗 〖음도(pitch)가〗 높은, 음조가 높은; 〖음성〗 혀의 위치가 높은. ¶ *high* vowels 고모음(高母音) [[i], [u] 따위].
18 〖자동차〗 고속의. ¶ I shifted into a *high* gear. 나는 고속 기어를 넣었다.
19 (H-) 고교회의 (High Church)의, ¶ a *High* [Church] Anglican 영국 국교회 고교회파의 신자. *cf*. High Church
20 〖야구〗 〖공이〗 타자의 어깨보다 위를 지나는.
21 〖연결형〗 …높이의. ¶ waist-*high* 허리 높이의.
be (or *get*) *high on* ① …에 열중(열광)하다. ② 〖마약〗에 취하다. 〖…려나, 고된비다.
high and dry ① 〖배가〗 물에 올려져. ② 시류에서 밀려나, 고립되어.
high and low 모든 계급의. ② 거만한(arrogant).
high and mighty 〖고어〗 지위가 높고 권세가 있는.
in high leg 우쭐하여, 의기 양양하여.
take the high hand (or *a high tone*) […에 대하여] 고압적으로 행동하다(*with*...).
— *adv*. 높이, 높게, 위로. ¶ climb (or mount) *high* 높이 오르다. ¶ 〖지위·평가 따위가〗 높이, 고위(高位)로. ¶ Aim *high* and you will strike *high*. 겨누는 것이 높으면 맞는 곳도 높다. **3** 〖정도 따위가〗 고도로; 세게, 격렬하게. **4** 〖값이〗 높게, 고가로. ¶ bid *high* 높은 값을 매기다 / buy low and sell *high* 싸게 사서 비싸게 팔다. **5** 높은 음으로(높은 소리로). ¶ sing (speak) *high* 높은 음으로 노래하다(목소리로 이야기하다). **6** 사치스럽게, 풍부하게. ¶ live *high* 호화롭게 살다.
fly high ⇨ FLY.
high and low 모든 곳에(을) (everywhere). ¶ They searched *high and low* for a lost child. 그들은 미아를 찾아 구석구석이 뒤졌다.
high and mighty 거만하게, 건방지게, 뽐내면서.
play high ⇨ PLAY. *run high* ⇨ RUN¹.
— *n*. **1** 높은 곳; 하늘(Heaven). **2** 높은 수준; 〖주식 따위의〗 비싼 가격. ¶ a new *high* 최고 주가, 최고 기록. **3** 〖U〗 〖자동차〗 고속 기어 (high gear). ¶ shift from second to *high* 기어를 2단에서 최고속으로 바꾸다. **4** 〖구어〗 하이 스쿨(high school). **5** 〖카드놀이〗 에이스, 최고의 으뜸패. **6** 〖기상〗 고기압권, 〖the H-〗 〖英구어〗 〖특히 Oxford 의〗 큰 거리(High Street). **8** =high table. **9** 〖속어〗 마약이나 술로 정신이 몽롱한 상태; 기분이 좋은 상태.
from on high 높은 곳에서; 천상으로부터, 신으로부터.
How is that for high? 〖속어〗 어때, 굉장하지(멋지지) 않은가?
on high 하늘에 계신 하나님.
on high 높은 곳에, 하늘에(in heaven). ¶ the powers
◇ height, highness *n*., highly *adv*.

high-an·gle [háiæ̀ŋgl] *adj*. 고각도(高角度) 〖30도 이상〗의. ¶ *high-angle* fire 고각 사격.

high·ball [háibɔ̀ːl] *n*. 〖美〗 **1** 하이볼〖위스키에 소다 따위를 섞은 음료〗. **2** 〖열차에 대한〗 진행 신호; 전속력으로 진행하라는 신호. **3** 급행 열차. —— *vt*. 〖기관차〗를 전속력으로 달리게 하다. 〖속어〗 〖열차가〗 전속력으로 달리다. 〖추도록 한 헤드라이트의 광선.〗

high béam *n*. 〖美〗 하이 빔〖길을 멀리까지 비

high-bind·er [háibàindər] *n*. 〖美구어〗 **1** 〖협박·암살 따위에 고용되는 재미(在美) 중국인의 비밀 결사 단원. **2** 악한, 무뢰한(rowdy). **3** 사기꾼; 파렴치한. **4** 선동 정치가.

high-five

high-blood·ed [háiblʌ́did] *adj*. 혈통이 순수한, 가문
high blóod prèssure *n*. 〖U〗 고혈압. 〖이〗 좋은.
high blówer *n*. 거칠게 콧숨을 쉬는 말.
high-blown [háiblóun] *adj*. 의기양양한, 오만한.
high-born [háibɔ́ːrn] *adj*. 상류 가문 (명문) 태생의.
high-boy [háibɔ̀i] *n*. 〖美〗 다리가 높은 장농(〖英〗 tallboy). *cf*. lowboy
high bráss *n*. 〖U〗 **1** 〖집합적〗 육·해군 고급 장교, 고급 공무원. **2** 아연을 33%이상 함유한 놋쇠.
high-bred [háibréd] *adj*. **1** 혈통 (가문)이 좋은. **2** 좋은 집안에서 자란, 고상한(refined).
high-brow [háibràu] *n*. 지식인; 〖경멸적〗 지식인인 체하는 사람. *cf*. lowbrow —— *adj*. 지식인 (취향)의, 지식인인 체하는.
high-browed [háibràud] *adj*. **1** 이마가 넓은. **2** 지식인 (취향)의. 〖…살리나.〗
high cámp *n*. 〖U〗 평범한 것을 예술적으로 효과있게 하는 것.
high-chair [háitʃɛ̀ər] *n*. 〖식사 때의 어린이용〗 높은 의자, 유아용 의자.
High Chúrch *n*. (the ~) 고(高)교회파〖영국 국교회 내의 일파. 교회의 권위·의식·성찬 등을 중시〗. *opp*. Low Church, Broad Church
High Chúrchman *n*. 고교회파의 사람.
high-class [háiklǽs/-klɑ́ːs] *adj*. 고급의, 상류의.
high-col·ored, 〖英〗 **-coloured** [háikʌ́lərd] *adj*. **1** 〖색이〗 짙은; 불그스름한(florid), 홍조를 띤(flushed). **2** 선명한, 생생하게 그려진(vivid); 과장된.
high commánd *n*. 〖군사〗 최고 사령부.
high commíssioner *n*. 고등 판무관(辦務官).
High Cóurt [of Jústice] *n*. 〖英〗 고등 법원.
high dáy *n*. 축제일(festal day).
high-definítion télevision *n*. 〖방송〗 고화질(고 해상도(高解像度)〗 텔레비전, 고품격 텔레비전 〖略 HDTV〗. 〖man).〗
High Dútch *n*. 〖U〗 고지(高地) 독일어 (High Ger-
high-end [háiénd] *adj*. 최고급의, 〖소비자가〗 취미가 세련된.
high énergy phýsics *n. pl*. 〖단수 취급〗 고에너지 물리학, 소입자 물리학.
***high·er** [háiər] *adj*. (high의 비교급) 한층 높은; 고등의. 〖준에〗있는〗.
on a higher plane 〖생활 정도·사상이〗 한층 높은 수
higher críticism *n*. 〖U〗 성경의 고등 비평〖특히 역사적 방법에 의한 연구〗. *cf*. lower criticism
higher educátion *n*. 〖U〗〖C〗 고등 교육, 대학 교육.
higher mathemátics *n. pl*. 〖단수 취급〗 고등 수학.
high·er-up [háiərʌ́p] *n*. 〖美구어〗 상사(上司), 상관.
***high·est** [háiist] *adj*. (high의 최상급)
at the highest 최고의 지위에서; 아무리 높아도.
in the highest 〖성서〗 천상에(天上에).
the most Highest 최고의 신 (God).
high explósive *n*. 고성능 폭약.
high-fa·lu·tin [háifəlúːtin], (**high-fa·lu·ting** [-tiŋ]) *adj*. 〖구어〗 과장한, 호언장담하는(bombastic). 〖U〗
high fárming *n*. 〖U〗 집약 농업. 〖호언장담.〗
high fáshion *n*. 〖U〗 하이 패션〖최신의 첨단유행〗.
high-fed [háiféd] *adj*. 호강하며 자란.
high fidélity *n*. 〖U〗 〖전자 공학〗 하이파이, 충실도(忠實度)〖가 높은 음의 재생 (hi-fi) 〖50-15,000 사이클의 광범위한 음파를 사용〗.
high-fi·del·i·ty [háifidéliti] *adj*. 〖전자 공학〗 하이파이의, 충실도가 높은 음을 재생하는.
high five *n*. 하이 파이브, 손뼉 마주치기 인사〖한 손을 높이 들어 손뼉을 마주쳐 인사하거나 기쁨을 나누는 것〗. *cf*. low five
high-five [háifáiv] *vi*. 손뼉을 마주치며 축하(인사)하다. —— *vt*. …와 손뼉을 마주치며 축하(인사)하다. —— *n*. =high five.

high·fli·er, -fly- [háiflàiər] *n.* 1 높이 나는 사람(새, 것). 2 야심가, 터무니없는 말(생각)을 하는 사람. 3 《고어·드물게》[18세기의] 극단적인 Tory 당원; 고교회파의 사람.

high-flown [háifloun] *adj.* 1 야심적인, 포부가 큰. 2 과장된, 풍을 치는 (bombastic).

high·fly·ing [háiflàiiŋ] *adj.* 1 《새 따위가》 높이 나는. 2 야심적인, 〔생각 따위가〕 터무니없는, 극단적인.

high fréquency *n.* U C 단파, 고주파〔무선 통신용은 3-30메가헤르츠; 略 HF〕.

high-fre·quen·cy [háifri:kwənsi] *adj.* 단파의, 고주파

high frontier *n.* 〔군사〕 우주 전선〔지구 주위에 432개의 킬러 위성을 배치하여 소련 미사일을 파괴하려는 미국의 구상〕.

high géar *n.* 고속 기어; 최고 속도, 최고조. ¶ *move* (go) *into high gear* 최고조에 달하다.

High Gérman *n.* U 고지(高地) 독일어; 표준 독일어.

high-grade [háigréid] *adj.* 우수한, 훌륭한 (excellent).

high-hand·ed [háihǽndid] *adj.* 위압적인, 독단적인, 횡포한, 고압적인. ~·ly *adv.* ~·ness *n.*

high hát *n.* 1 실크해트 (top hat). 2 《美속어》 신사인 체하는 속물, 뽐내는 사람(snob). ⇨ HF.

high-hat [háihǽt] 《美속어》 *v.* (-hat·ted, -hat·ting) *vt.* 〔남〕에게 잘난 체하다, 을 얕보다 (snub). — *vi.* 젠체하다, 전방지게 굴다. — *adj.* 1 젠체하는, 점잔빼는(snobbish), 거만한. ¶ *get high-hat* 신사인 체하다. 2 멋진, 현대식의(fashionable). ¶ 뽐내는 사람, 잘난 체하는 사람(snob).

high-heart·ed [háihɑ́:rtid] *adj.* 용기 있는 (courageous); 원기왕성한(high-spirited); 고결한. ~·**ness** *n.*

high hórse *n.* 1 거만한 태도, 〔특히〕 거만한 말투. ¶ *on one's high horse* 거만한 태도로 / *get on one's high horse* 뽐내다, 거만하게 굴다. 2 불패한(화낸) 기분(태도).

high·jack [háidʒæ̀k] *vt., vi.* 《美속어》 =hijack.

high·jack·er [háidʒæ̀kər] *n.* 《美속어》 =hijacker.

high jínks *n. pl.* 《속어》 떠들썩하게 놀기, 놀아대는 장난.

high júmp *n.* (the ~) 〔육상 경기〕 높이 뛰기. 〔기.

high-key [háikíː] *adj.* 〔사진〕 화면이 밝고 고른. *cf.* low-key

high-keyed [háikíːd] *adj.* 1 긴장도가 높은; 민감한 (nervous). 2 〔그림 따위가〕 밝은 색의, 단일색의.

*__*high·land [háilənd] *n.* 1 《종종 ~s》 고지, 고원, 산악. *cf.* lowland 2 (the H-s) 스코틀랜드 고지 지방〔북부 및 서북부〕. — *adj.* 1 고지〔지방〕의, 고지〔지방〕 특유의. 2 (H-) 스코틀랜드 고지 지방〔특유〕의.

High·land·er [háiləndər] *n.* 1 고지인(高地人) 〔스코틀랜드 고지에 사는 켈트족의 사람〕. 2 (h-) 고지의 주민.

Híghland flíng *n.* =fling *n.* 6. 〔민.

high-lev·el [háilévl] *adj.* 1 고관(高官)으로 구성된, 고관의, 간부의, 2 높은 수준의. ¶ *high-level* personnel 〔집합적〕 고관. 3 높은 곳으로부터의.

high-lével lánguage *n.* 〔컴퓨터〕 고수준(高水準) 언어〔특정한 컴퓨터의 hardware 구조에 좌우되지 않는 프로그래밍 언어(programming language); 기계어와 1대 多)로 대응〕. *cf.* low-level language

high life *n.* 1 상류 사회의 생활. 2 서아프리카 기원의 강렬한 박자의 춤.

*__***high·light** [háilàit] *vt.* 1 을 두드러지게 하다, 강조하다(emphasize). 2 〔화면의 일부〕에 밝은 빛을 던져 두드러지게 하다. — *n.* 1 두드러진 부분, 밝은 부분; 〔그림의〕 밝은 사건 (사진〕 (enjoyable event); 중요한 사건. ¶ TV *highlights* 텔레비전의 인기 프로 / *highlights* of a drama (a film) 연극(영화)의 하이라이트. 2 〔미술〕 하이라이트, 아주 밝은 부분, 3 (사진〕 의 명암 부(明暗部).

high·light·er [háilàitər] *n.* 하이라이터〔이목구비를

뚜렷하게 하는 화장품. 얼굴에 입체감을 낸다〕.

high líver *n.* 사치스럽게 사는 사람; 미식가.

high-lows [háilòuz] *n. pl.* 《고어》 편상화(編上靴).

‡**high·ly** [háili] *adv.* 1 고도로, 크게, 매우 (extremely, very). ¶ a *highly* successful play 아주 성공적인 연극 / a *highly* educated woman 고등 교육을 받은 여자 / *highly* critical 매우 비판적인. 2 높이 평가하여, 크게 칭찬하여; 호의적으로 (favorably). ¶ speak *highly* of …을 높이 평가하다. 3 비싼 값으로, 비싸게. ¶ a *highly* paid official 봉급을 많이 받는 공무원. 4 높은 지위에; 고귀하게. ¶ *highly* descended 명문 출신의.

high·ly-spe·cial·ized [háilispéʃ(ə)làizd] *adj.* 고도로 전문화된. ¶ the *highly-specialized* training 고도의 전문적 훈련. 〔Low Mass

Hígh Máss *n.* U C 〔가톨릭〕 정식(장엄) 미사. *cf.*

high-met·tled [háimétld] *adj.* 성질이 팔팔한; 원기 왕성한(high-spirited).

high-mind·ed [háimáindid] *adj.* 1 고상한, 고결한, 기품이 있는. ¶ a *high-minded* man 고결한 사람. 2 《드물게》 거만한, 오만한 (proud, arrogant). ~·ly *adv.* ~·ness *n.*

high-muck-a-muck [háimʌ̀kəmʌ́k] *n.* 《美속어》 높은 사람, 중요 인물〔특히 거만·오만한 사람을 지칭〕.

high-muck-e·ty-muck [háimʌ̀kətimʌ́k] *n.* 《美속어》 =high-muck-a-muck.   〔제 판. ¶ low-necked

*__***high-necked** [háinékt] *adj.* 〔여성복이〕 목둘레를 얕

*__***high·ness** [háinis] *n.* 1 U 높음(loftiness); 고결, 높은 지위(dignity). ¶ the *highness* of prices 물가고 / *highness* of aims (character) 뜻이 높음(인격의 고결함) / the *highness* of a tower 탑의 높이. 2 the height of a tower 탑의 높이 2 (H-) 전하(殿下) 〔황족·왕족에 대한 경칭〕. ¶ His (Her) Royal *Highness* 전하〔영국의 왕족에 대하여〕 / Your Imperial *Highness* the Crown Prince 황태자 전하 (*__* Highness 를 3인칭으로 쓸 때에는 His, Her 를, 2인칭으로 쓸 때에는 Your 를 붙인다).

high nóon *n.* U 1 정오, 대낮. 2 전성 시대, 절정기(peak). ¶ at the *high noon* of …의 전성 시대에.

high-nosed [háinòuzd] *adj.* 의기 양양한, 콧대가 높은. ¶ I can't put up with his *high-nosed* attitude any longer. 그의 거만한 태도에는 더 이상 참을 수가 없다.

high-oc·tane [háióktein / -5k-] *adj.* 옥탄가가 높은.

high-pitched [háipítʃt] *adj.* 1 〔음악〕 가락이 높은. 2 고결한, 고원(高遠)한(lofty). ¶ a *high-pitched* aim (character) 고원한 목적(고결한 인격). 3 팽팽한, 긴장도가 높은(high-strung). 4 〔지붕이〕 구배가 급한, 가파른(steep).   〔소, 제단〕

high pláce *n.* 〔고대 셈족의〕 언덕 위의 신전〔예배

high pólymer *n.* 〔화학〕 고분자 물질, 거대 분자 물질〔폴리스틸렌이나 셀룰로스 따위〕.

high pólymer chémistry *n.* 고분자(화)학.

high pósture *n.* 고자세.

high-pow·ered [háipáuərd] *adj.* 〔사람이〕 정력적인, 힘이 센, 권력이 있는; 〔엔진 따위〕가 고성능의.

high-pres·sure [háipréʃər] *adj.* 1 고압(高壓)의. ¶ *high-pressure* steam 고압 증기. 2 강요하는(urgent); 집요한(persistent). ¶ *high-pressure* salesmanship 강압적인 판매. — *vt.* (-sured, -sur·ing) 에게 강요(강제)하다. ¶ (~+目+前+图) *high-pressure* a person *into* buying something 아무에게 을 사게 하다.

high-priced [háipráist] *adj.* 값이 비싼, 〔적정 가격보다〕 비싼. ⇨ EXPENSIVE 類語

high príest *n.* 1 〔유대교〕 〔특히 고대의〕 대사제(大司祭), 제사장(祭司長). 2 〔주의·운동의〕 주창자, 영도자.

high-prin·ci·pled [háiprínsəpld] *adj.* 고결한.

high prófile *n.* 1 고자세. 2 주목받는 것 *opp.* low profile

high-profile [haiproufáil] *adj.* 고자세의.

high-proof [háiprúːf] *adj.* 알코올분이 많은.
high-rank·er [háiræŋkər] *n.* [군대 따위의] 고관.
high-rank·ing [háiræŋkiŋ] *adj.* 높은 계급의.
high relíef *n.* ⓤ [조각] 높은 돋을새김. [충 건물.
high-rise [háiráiz] *adj.* [건물이] 고층의. — *n.* 고
high-rís·er [háiráizər] *n.* 1 =high-rise. 2《美》어린이용 자전거. 3 싱글 더블 겸용 침대.
high·road [háiròud] *n.* 1 (주로 英) 공도(公道), 간선 도로, 큰 길(main road, highway). 2 [비유적] 쉬운 길(*to*...). ¶ the *highroad* to fame 명성으로의 순탄한 길.
high róller *n.*《美俗語》낭비자, 방탕자.
‡**high schòol** *n.*《美》하이 스쿨. a) 4년제 중학교 [9-12학년급]. b) 고등 학교[6·3·3제 교육의 전반의 3년(7-9학년급)의] junior high school, 후반의 3년(10-12학년급)의 senior high school];《英》대학 예비교 (college preparatory school)].
high schóoler *n.*《美》고등 학교 학생.
high séa *n.* (보통 ~s) 공해, 외양(外洋).
high séason *n.* ⓤ (때로 the ~) [1년 중] 일(손님)이 가장 몰리는 시기, [행락의] 최성기.
high sígn *n.* [몸짓이나 표정에 의한] 신호[경고·주의를 나타낸다]. ¶ give the *high sign* 신호를 하다.
high-souled [háisóuld] *adj.* 숭고한 정신의.
high-sound·ing [háisáundiŋ] *adj.* 1 [말 따위가] 어마어마한, 야단스러운.
high-speed [háispíːd] *adj.* 고속[도]의.
high-spir·it·ed [háispíritid] *adj.* 기개가 있는, 혈기 왕성한, 위세좋은, 의기충천한, [말이] 성미가 사나운, 고집이 센. ~**·ly** *adv.* ~**·ness** *n.*
high spót *n.* 눈에 띄는 특색(부분).
high-step·per [háistépər] *n.* 1 발을 높이 들고 건는 말. 2 [비유적] 뛰어난 사람, 재주가 뛰어난 사람.
high-step·ping [háistépiŋ] *adj.* 1 쾌락에 탐닉하는. 2 [말이] 발을 높이 들어 걷는.
Hígh Strèet *n.*《英》번화가. *cf.* Main Street. (* 종종 고유 명사로 쓰이며, Oxford에서는 일반적으로 the High 라고 한다)
high-strung [háistrʌ́ŋ] *adj.* 팽팽한; 신경 과민의, 감수성이 예민한, 곧잘 흥분하는(nervous).
hígh stýle *n.* ⓤ 최고급 스타일(high fashion).
hight [hait] *adj.* (고어) …이라고 불리는(called); …이라고 이름 붙여진(named). ¶ a maiden *hight* Mary 메리라고 불리는 소녀.
hígh táble *n.*《英》[대학 식당에서] 학장·교수·내빈 등의 식탁; 주빈석.
high-tail [háitèil] *vi.* 《구어》 급히 도망치다.
hightail it 급히 가다, 달려가다(rush).
hígh téa *n.* ⓤ《英》1 고기요리를 곁들인 오후의 차(茶). 2 저녁의 차[고기·샐러드·과일·홍차를 곁들인 가벼운 저녁 식사].
high-tech [háiték] *n., adj.* 1 고도(첨단)기술[의], 기능 본위[의]. ¶ the *high-tech* age 고도 기술 시대 / *high-tech* items 고도 기술품. 2 [실내 장식] 하이테크 장식[의]. [< high-technology 의 단축형]
high-tech·er [háitèkər] *n.* 1 고도 기술산업. 2 고도 기술자.
high-teen [háitíːn] *n.*《구어》십대 후반의 소녀(소년).
high-ten·sion [háitén(ə)n] *adj.* [전기] [보통 1,000볼트 이상의] 고압의. ¶ a *high-tension* circuit 고압 회로(回路).
high-test [háitést] *adj.* 엄격한 시험에 합격하는; [회발유가] 비등점(沸騰點)이 낮은. [조(climax).
hígh tíde *n.* ⓤ 만조, 고조; 한사리 때.
hígh tíme *n.* ⓤ 1 기회, 호기(好機), 적당한 때 (right time); 벌써 …했어야 할 때, ¶ It is *high time* [that] you went to bed. 이제 자야 할 시간이다(* It is high time [that] 다음에 오는 절의 동사는 가정법 과거가 보통이다). 2 《속어》 즐거운 한때, 유쾌한 시간.

have a *high time* 매우 즐거운 한때를 보내다.
high-toned [háitóund], (**high-tone** [háitóun]) *adj.*
1 고결한, 고상한, 위엄있는 (dignified); 허세를 부리는. 2 《美구어》 멋쟁이의, 멋을 부린, 유행의(fashionable). 3 《美구어》 훌륭한, 뛰어난. 4 (고어) 가락이 높은.
hígh tréason *n.* ⓤ 국가·원수에 대한 반역[죄].
high-ty-tigh·ty [háititáiti] *adj.* =hoity-toity.
high-up [háiʌ̀p]《구어》 *adj.* 사회적 지위가 높은, 상관의. — *n.* 높은 양반(higher-up); 상관, 상사.
high-volt·age [háivóultidʒ] *adj.* =high-powered.
hígh wáter *n.* ⓤ 1 만조, 고조(高潮). 2 [강·호수 따위의] 최고 수위(水位).
hígh-wá·ter màrk [háiwɔ́ːtər-, +美 -wát-] *n.* 1 고조점(高潮點), 최고 수위점, 고수표(高水標). 2 최고점, 최고조.
‡**hígh·way** [háiwèi] *n.* 1 주요(간선) 도로(main road), 하이웨이. ¶ *highways* and byways 큰 길과 작은 길. 2 [수·육로] 교통로, 공로(公路) (public passage). 3 [비유적] the king's (queen's) *highway* 천하의 공도. 3 《비유적》 …으로의 쉬운 길, 정도(正道) (highroad(*to*...); [연구 등의] 주요한 영역(분야), [사물의] 정로 알려져 있는 면, 「이야기의] 본 줄거리 (of ...). ¶ *highways* of literature 문학의 주요한 분야 / He is on the *highway* to fame (success). 그는 명성(성공)으로의 탄탄대로 위에 서 있다.
go on (or *take* [*to*]) *the highway* 노상 강도가 되다.
Híghway Códe *n.* (때로 the ~)《英》[자동차의] 교통 규칙집(集).
high·way·man [háiwèimən] *n.* (*pl.* -men [-mən]) [옛날에 말을 타고 대로에 출몰하던] 노상 강도.
hígh wíre *n.*《美》줄타기 곡예의 밧줄.
H.I.H.《略》*His Imperial Highness* (전하); *Her Imperial Highness*(비(妃)전하).
hi·jack, high·jack [háidʒǽk] *vt.*《美俗語》1 [선박·항공기 따위를] 납치하다. 2 [수송중인 물품 따위를] 강탈하다; …을 습격하여 빼앗다. 3 …을 강요하다. — *vi.* 강탈하다; 탈취하다, 납치하다. — *n.* 하이잭 [행위]; 납치 행위. [< HI[GH]+JACK¹(v.)]
hi·jack·er, high·jack- [háidʒæ̀kər] *n.* [선박·항공기 따위의] 탈취범, 하이재커; 납치범; 수송중인 물품 따위의 강탈자.
Hij·ra, Hij·rah [hídʒrə] *n.* (때로 h-) =Hegira.
‡**hike** [haik] *v.* (hiked, hík·ing) *vi.* 1 하이킹하다. [특히 시골길을] 터벅터벅 걷다. 2 [샤쓰 따위가] 당겨 라가다(rise) (*up*). ¶ My shirt *hiked up.* 샤쓰가 당겨 올라갔다. — *vt.* …을 홱 움직이다(당기다, 끌어올리다); [가격을] 올리다 (...*up*). ¶ (~+图+副) *hike up* the price of meat 고깃값을 올리다 / *Hike up* your socks. 양말을 끌어올려라. — *n.* 1 도보 여행, 하이킹 (hiking). ¶ go on a *hike* 도보 여행을 가다, 하이킹을 가다. 2 [가격 따위의] 인상(*in* ...). ¶ a *hike* in prices (wages) 물가 상승 (임금 인상).
hik·er [háikər] *n.* 도보 여행자, 하이커.
hik·ing [háikiŋ] *n.* ⓤ 하이킹.
HILAC [háilæk] *n.* [원자물리] 중(重)이온 선형 가속기(線型加速器). [< Heavy Ion Linear Accelerator]
hi·lar·i·ous [hilé(ː)riəs, hai-/hiléər-] *adj.* 1 들떠서 법석대는. 2 유쾌한, 즐거운(cheerful).
~**·ly** *adv.* ~**·ness** *n.*
hi·lar·i·ty [hilǽriti, +美 hai-] *n.* ⓤ 1 흥겹게 떠들기. 2 환희, 유쾌, 즐거움(cheerfulness).
Híl·a·ry tèrm [híləri-] *n.*《英》1 [법률] 힐러리 개정기(開廷期) [옛날 영국 고등 법원의 개정 기간, 1월 11일부터 부활절 전의 수요일까지]. 2 [대학의] 봄 학기 [1월 중순부터 부활절까지].
‡**hill** [hil] *n.* 1 언덕, 작은 산《英》에서는 보통 2,000피트 이하의 것; (~s) 연이은 구릉(丘陵), 구릉 지대; (the ~s) [인도 북부의] 고원 요양지. ⇨ MOUNTAIN [類語] 2

hillbilly 쌓아올린 흙, 흙더미(mound). ¶ a *hill* made by ants 개미탑. **3** [작물 따위의] 밑동에 복돋은 흙. **4** 뿌리 둘레에 흙을 돋은 작물(초목). ¶ a *hill* of beans 강낭콩밭의 이랑. **5** [도로의] 비탈, 사면(斜面). **6** 《야구 속어》[투수의] 마운드.
go over the hill ① 언덕을 넘다. ②《美속어》탈옥하다. ③《美속어》소속 부대에서 탈영하다.
over the hill ① 언덕(고비)을 넘어서. ② 한창때를 지나서.
up hill and down dale; over hill and dale ① 산 넘고 골짜기를 건너가서, 도처에(everywhere). ② 철저하게(thoroughly), 끈기있게(perseveringly).
— vt. [작물 따위의 둘레에] 흙을 북돋우다, …을 높이 쌓다. — vi. **1** 언덕(작은 산)이 되다, 언덕처럼 되다. **2** 《美》 언덕에 모여들다. ◇ *hílly adj.*

hill·bil·ly [hílbìli] *n.* (*pl.* **-lies**)《美구어》《종종 경멸적》남부 오지(산지)의 [거칠고 무식한] 사람, 남부의 산사람. ¶ 남부 두멘 사람의. ¶ *hillbilly music* [미국 중서부의] 민요풍의 음악.

hill·cul·ture [hílkÀltʃər] *n.* ⓤ 구릉의 피복(被覆) 재배.
hill·er [hílər] *n.* 경작기(耕作機)의 부속품, 흙을 북돋우는 기계. [지방의 마귀].
hill folk *n.* 구릉(丘陵) 지방의 주민(hillmen); 구릉
hill mýna *n.* 구관조(九官鳥), [어〜]=hello.
hil·lo, -loa [hilóu, ˊ—] *interj. n.* (*pl.* **-los; -loas**) (고
hill·ock [hílək] *n.* 작은 언덕(small hill); 흙더미 (mound).   [많은.
hill·ock·y [híləki] *adj.* (**-ock·i·er, -ock·i·est**) 언덕이
‡**hill·side** *n.* 언덕 비탈, 산허리.
hill státion *n.* [인도에 있는] 유럽인의 고원(高原) 피서지, [관리의] 여름 주재지(駐在地).
***hill·top** [hílt∧p/-tɔp, -top] *n.* 언덕(작은 산)의 정상.
*hill·y** [híli] *adj.* (**hill·i·er, hill·i·est**) **1** 구릉(작은 산)이 많은; 기복이 심한. **2** 구릉 같은; 약간 높은(elevated); 구배가 급한(steep). **hill·i·ness** *n.*

hilt [hilt] *n.* **1** 칼 따위의 자루. **2** [도구류의] 자루.
to the hilt; up to the hilt 자루가 닿을만큼; 충분히, 깊숙이, 완전히, 철저하게.
— vt. …에 자루를 달다.

hi·lum [háiləm] *n.* (*pl.* **-la** [-lə]) **1** [식물] **a**) 종제(種臍) [종자를 태좌(胎座)에 placenta)·주병(funicle)에서 베어낸 자리]. **b**) [전분립(澱粉粒)의] 핵(核) **2** [해부] [혈관·신경 따위가 드나드는] 문.

him [him, 약 im] *pron.* **1** (he 의 목적격) 그를, 그에게. ¶ To know *him* is to like *him.* 누구든 그를 알면 그를 좋아하게 된다 / You can rely upon *him.* 그는 민을 수 있다. **2** 《구어》=he (* be 동사의 보어, 또한 종종 as, than 다음의 주어로서도 사용된다). ¶ "That's *him*," they said with one voice. 「저 남자다」라고 모두 일제히 말했다 / She is far wiser than *him.* 그녀는 그보다 훨씬 슬기롭다. **3** 《구어》《동명사의 의미상의 주어》=his. ¶ I cannot imagine *him* refusing my proposal. 그가 나의 제의를 거절한다는 것은 상상도 할 수 없다. **4** 《재귀대명》=himself. ¶ He looked about *him.* 그는 주위를 둘러보았다 (*장소를 나타내는 전치사 다음에서 himself 대신 쓰인다).

H.I.M. (略) *H*is *I*mperial *M*ajesty (황제 폐하); *H*er *I*mperial *M*ajesty (황후 폐하).
— *n.* [식물] 나무딸기속(屬)의 검은 딸기.

Himaláya Móuntains *n. pl.* (the ~)=Himalayas.
Him·a·la·yan [hìmәléi(i)әn, +美 himάːl(ә)jәn] *adj.* Himalaya 산맥의.   [dar].
Himaláyan cédar *n.* 히말라야 삼목(杉木) (deo-
*Him·a·la·yas** [hìmәléiәz, +美 himάːl(ә)jəz] *n. pl.* (the ~) 히말라야 산맥.
‡**him·self** [himsélf, im-] *pron.* (*pl.* **them·selves**) **1** 《강조용법》 그 자신, 그 사람 스스로. ¶ Did your teacher *himself* say so? 너의 선생님 자신이 그렇게 말했느냐? / He made tea *himself.* 그는 손수 차를 끓였다. **2** 《재귀용법》 그 자신을 (에게). ¶ He hurt *himself.* 그는 다쳤다. **3** [독립구문] 그 자신이. ¶ *Himself* diligent, he did not understand his son's idleness. 자기가 부지런하기 때문에 그는 아들이 게으른 것을 이해할 수 없었다. **4** 《구어》=he (* 비교구문 as…as, than 다음에서 he 대신 쓰인다). ¶ His mother is as obstinate as *himself.* 그의 어머니는 그처럼 고집이 세다. **5** 여느 때의 그; 정말 그; 제정신의 그. ¶ He is *himself* again.=He has come to *himself.* 그는 제정신이 들었다 / He breathed in the fresh mountain air and felt *himself* once more. 그는 신선한 산 공기를 마시고 다시 살아난 느낌이다. **6** (아일)=he (* 특히 한 집안의 주인을 가리킨다).

Hi·na·ya·na [hìːnɑjάːnә] *n.* 소승(小乘) [불교]. *cf.* Mahayana. (<Skt)
hinc·ty [híŋ(k)ti] *adj.* 《美속어》 잘난 체하는, 교만한.
‡**hind**[1] [haind] *adj.* 뒤쪽의, 후부의, 후방의(posterior) (* 앞뒤처럼 짝을 이루었을 때는 fore 의 대어(對語)로 쓰이고 일반적으로는 hinder 를 쓴다). ⇒ BACK [類語] ¶ the cat's *hind* legs 고양이의 뒷다리 / the *hind* wheels 뒷바퀴.   [로.
on one's hind legs ① 뒷발로 서서. ② 결연한 태도
talk the hind leg off a donkey ⇒ DONKEY.
◇ *behínd adv.*

hind[2] [haind] *n.* (*pl.* **hinds** *or* **hind**) [3세 이상된 붉은 사슴의] 암사슴.
hind[3] [haind] *n.* **1** 《北英·古》 머슴. **2** 《北英·스코》 숙련 농부, 농장 관리인. **3** 시골뜨기.
Hind. (略) Hindi, Hindu, Hindustani.
hind·brain [háindbrèin] *n.* 【해부】 능형뇌(菱形腦) [소뇌·뇌교(腦橋) 및 연수(延髓)]; 후뇌(後腦) [소뇌와 뇌교].
‡**hin·der**[1] [híndər] *vt.* …을 방해하다, 훼방놓다(interrupt), 가로막다; …을 지연시키다(delay). ⇒ PREVENT [類語] ¶ Adverse winds *hindered* the ship. 맞바람으로 배가 늦어졌다 // (~+图+前+名) She *hindered* me in my study (work). 그녀가 내 공부(일)를 훼방놓았다 / The financial difficulty *hindered* him *from* carrying out his plan. 자금난 때문에 그는 계획을 실행할 수 없었다. — *vi.* 장애가 되다, 방해하다. ◇ *híndrance n.*
hind·er[2] [háindər] *adj.* 뒤의, 후부의, 후방의. *cf.* hind[1]
hind·er·er [híndərər] *n.* 훼방놓는 사람, 방해자; 장애물.   [most.
hind·er·most [háindərmòust] *adj.* 《폐어》=hind·
hind·fore·most [háindfɔ́ːrmòust, -məst / -fɔ́ː-] *adv.* 《美방언》 뒤(뒷부분)를 앞으로 하여.
Hin·di [híndiː] *n.* ⓤ 힌디 말 [인도 북부의 언어]; —*adj.* 인도 북부의; 힌디 말의.
hind·most [háin(d)mòust, +英 -məst] *adj.* 맨 뒤의, 최후미의, 최후방의.
Hin·doo [híndu(ː) / ˊ—ˋ] *n.* (*pl.* **-doos**), *adj.* =Hindu.
Hin·doo·ism [híndu(ː)ìz(ə)m] *n.* =Hinduism.
Hin·doo·sta·ni [hìndu(ː)stάːni, -stǽni] *adj., n.* =Hindustani.
hind·quar·ter [háindkwɔ́ːrtər] *n.* **1** [수육(獸肉)의] 뒤쪽의 4반부, 뒷다리. **2** 후부, 뒷부분(rear part).
*‡**hin·drance** [híndrəns] *n.* **1** ⓤ 훼방, 방해, 장애. *without hindrance* 지장없이, 무사히. **2** 방해물, 장애물. ⇒ OBSTACLE [類語] ◇ *hínder v.*
hind·sight [háindsàit] *n.* **1** ⓤ 《익살》 나중에 생각나는 묘안. *cf.* foresight **2** [총의] 가늠자.
*‡**Hin·du** [híndu: / ˊ—ˋ], (**Hindoo**) *n.* **1** 힌두 사람 [유럽계 아리안족에 속하는 인도 사람]. **2** 힌두교도. *cf.* Hinduism **3** 인도 사람. — *adj.* 인도 사람의, 힌두 사람의; 힌두교도의, 힌두교의.
Hín·du-Ár·a·bic númerals [híndu:ǽrəbik-] *n. pl.* =Arabic numerals.

Hin·du·ism [híndu(ː)ìz(ə)m], (**Hindooism**) n. ⓤ 힌두교.

Hin·du·stan [hìndustǽn, -stáːn] n. **1** 인도의 페르시아 이름[특히 데칸(Deccan) 고원의 북부를 가리킨다]. **2** 힌두스탄[회교 지대인 파키스탄에 대한 힌두교 지대].

Hin·du·sta·ni [hìndustǽni, -stáːni], (**Hindoostani**) n. ⓤ 힌두스탄말[인도의 제1의 공용어]. — adj. 힌두스탄(Hindustan)의; 힌두스탄 사람(말)의.

*****hinge** [hindʒ] n. **1** [문의] 돌쩌귀, 경첩. **2** 돌쩌귀 같은 구실을 하는 것[관절·쌍각류(雙殼類)의 조개관자]. **3** 《비유적》 사북, 요점, 중심점(pivot); 원리(principle).
off the hinges ① 돌쩌귀가 빠져서. ② [신체·정신 등이] 정상 상태가 아닌; [질서가] 문란하여.
— v. (**hinged, hing·ing**) vi. **1** 돌쩌귀로 움직이다. **2** …에 따라 결정되다(depend) (*on, upon* …). ¶ (~+前+名) *Everything hinges on his decision.* 만사가 그의 결정에 달려 있다. — vt. **1** …에 돌쩌귀를 달다. **2** …을 […에] 의거하게 하다; …을 […에] 의하여 결정하다. ¶ (~+目+前+名) *I will hinge the gift on your good behavior.* 선물은 네가 얌전하게 굴 것을 조건으로 주는 것이다.

hinge·less [híndʒlis] adj. 돌쩌귀가 없는.

Hing·lish [híŋgliʃ] n. ⓤ 인도 영어[힌디어와 영어의 혼합어로 인도에서 사용된다]. [<HIN[DI]+[EN]GLISH]

hin·ny¹, -**nie** [híni] n. (*pl.* -**nies**) 《스코·北잉》 연인, 애인(honey).

hin·ny² [híni] n. (*pl.* -**nies**) 버새[수말과 암나귀 사이에 난 잡종]. *cf.* mule¹ — vi. (**-nied, -ny·ing**) 《고어》 [말 따위가] 울다(neigh).

‡**hint** [hint] n. **1** 힌트, 암시(clue). ¶ *a delicate* (*or a gentle*) *hint* 어렴풋한 암시 / *a broad hint* 노골적인 암시 / *give*(*or drop*) *a hint* 암시하다. **2** 〔간단한〕 유의 사항, 주의; 지침[on, for …). ¶ *hints on traveling* (cooking) 여행(요리)의 요령 / *medical hints for travelers* 여행자의 의학상의 유의 사항. **3** 미량(微量), 근소. ¶ *seasoned with a hint of vinegar* 초를 조금 쳐서 맛을 낸. **4** 《폐어》 호기(好機).
take a hint [암시를 받고] 알아채다.
— vt. …을 암시하다, 넌지시 알리다. ¶ *hint a suspicion* 넌지시 의심을 품기다 / *He hinted* [to me] *nothing of his disapproval.* 그는 찬성하지 않다는 것을 조금도 나타내지 않았다 // (~+that 節) *The doctor hinted* [to me] *that my father was suffering from cancer.* 의사는 아버지가 암에 걸려 있음을 암시했다. 〖類〗 **hint** 간접적으로 넌지시 알리다: *He hinted that he might resign.* 그는 사직할 뜻을 넌지시 비쳤다. **intimate** 눈치채지 않도록 hint 하여 남의 행위에 영향을 끼치다: *intimate that there may be some other way* 다른 방법이 무엇인 있을 법하다고 암시하다. **insinuate** 보통 불쾌한 일을 넌지시 말하다: *Are you insinuating that* I am a liar? 나를 거짓말쟁이라고 빗대어서 말하는 것이냐? **imply** 말로 분명히 표현하지 않고 당연히 짐작할 수 있는 것으로 나타내다: *Democracy implies decision by majority.* 민주주의는 당연히 다수결이라는 뜻이 내포되어 있다. **suggest** 연상에 의하여 어떤 일을 상기시키다: *The color suggests fire.* 그 색깔은 불을 암시한다(연상시킨다).
— vi. 넌지시 비치다, 암시에 언급하다, 힌트 말하다(*at* …). ¶ (~+前+名) *hint at impudence* (carelessness) 뻔뻔스러움(부주의함)을 넌지시 말하다.

hin·ter·land [híntərlæ̀nd] n. **1** 힌터란트[항구의 배후 지역]. **2** (종종 ~s) 오지, 벽지; 시골, 지방.

‡**hip¹** [hip] n. **1** 힌트, 둔부(臀部), 허리(haunch). **2** [해부] 고관절(股關節). **3** [건축] 지붕의 너새. **4** 〔동물〕 〔곤충의〕 기절(基節).
have (*or get, catch*) *a person on* (*or upon*) *the hip* ① [레슬링] 상대를 완전히 억누르다. ② 우위에 서다, 지배하다; 남의 급소를 누르다.
smite hip and thigh [적을] 사정없이 해치우다, 크게

도륙하다 [←사사기(Judg.) 15:8].
— vt. (**hipped, hip·ping**) 허리를 삐게 하다, 고관절을 어긋나게 하다. **2** [건축] 지붕에 너새를 달다.

hip² [hip], (**hep**) n. 장미의 열매, 들장미의 열매.

hip³ [hip] *interj.* 만세[응원의 선창을 하는 소리].

hip⁴ [hip] n. 《고어》 우울(melancholy). — vt. (**hipped, hip·ping**) …을 우울하게 하다.

hip⁵ [hip] adj. 《속어》 **1** [최신 유행의 사상·스타일 따위에] 통달한, 정통한, 진보된. **2** 히피의.
get hip to …을 알다.

hip bàth n. 앉아서 하는 목욕; 그 목욕통.

hip·bone [hípbòun] n. 무명골(無名骨), 좌골(座骨)(innominate bone).

híp disèase n. 비구(髀臼) 관절염.

hipe [hip] 〔레슬링〕 **1**. 껴안아 올리면서 넘어뜨리기. — vt. (**hiped, hip·ing**) 을 껴안아 올려 넘어뜨리다.

híp flàsk n. 〔뒷주머니에 넣는〕 휴대용의 납작한 술병.

híp gòut n. 좌골 신경통.   〔병.

hip-hop [híphɑ̀p] n. 《美구어》 **1** 힙합[랩음악, 브레이크 댄스, 낙서 따위 대도시 10대 청소년들의 거리 문화].

hip-hop·per [híphɑ̀pər] n. 힙합족(族); 랩 음악가. — n. 정보통, 만물 박사.

hip-hug·ger [híphʌ̀gər] adj. [바지의] 웨이스트 라인이 낮은. — n. (~s) 웨이스트 라인이 낮아 엉덩이에 꽉 달라붙는 바지.   〔節.

híp jòint n. [해부] 비구(髀臼) 관절, 고관절(股關節)

hip·ness [hípnis] n. ⓤ《속어》 최신 정보(유행, 진보)

hipp- ⇨ HIPPO-.   [에 정통한. *cf.* hip⁶

hipped¹ [hipt] adj. **1** 엉덩이가 있는(having hips); 엉덩이가 …한 (*종종 하이픈을 써서 복합어를 만든다). **2** *large-hipped* 엉덩이가 큰. **2** 〔가축의〕 엉덩이를 다친, 고관절이 어긋난. **3** [건축] 지붕에 너새가 있는.

hipped² [hipt] adj. **1** 《美구어》 […에] 사로잡힌, 열중한(obsessed) (*on* …). ¶ *be hipped on playing a flute* 플루트를 부는 데 열중하다. **2** 《英》 우울한, 기분이 좋지 않은(low-spirited, melancholy). **3** 화난, 짜증내는(vexed).

hip·pie, -py [hípi] n. (*pl.* -**pies**) 《美속어》 히피[족].

hip·pie·dom [hípidəm] n. 히피의 세계; 히피 집단(족) (hipdom).

hip·pish [hípiʃ] adj. =hipped² **2**.   〔mus).

hip·po [hípou] n. (*pl.* -**pos**) 《구어》 하마(=hippopota-

hippo- horse 라는 뜻의 연결형 (* 모음 앞에서는 hipp-을 쓴다). 예: *hippodrome.*

hip·po·cam·pus [hìpəkǽmpəs] n. (*pl.* -**pi** [-pai]) **1** 〔그리스 신화〕 히포캄포스, 해마(海馬) [머리는 말, 꼬리는 물고기인 괴물로서 바다의 신(海神)의 수레를 끈다]. **2** 해마(sea horse). **3** [해부] 뇌의 해마상 융기 (海馬狀

híp pòcket n. [바지의] 뒷주머니.   〔隆起).

hip·po·cras [hípəkræ̀s] n. ⓤⓒ 향미료를 넣은 포도주 〔중세 유럽의 강심제 음료〕.

Hip·po·crat·ic [hìpə(u)krǽtik], (**Hip·po·crat·i·cal** [-k(ə)l]) adj. Hippocrates [그리스의 의학자 (460?-3750? B.C.), 의학의 아버지로 불린다]의.

Hippocrátic óath n. 히포크라테스의 선서[Hippocrates가 만든 의술가의 의사의 윤리 강령].

Hip·po·crene [hípə(u)krìːn, hìpə(u)krìːn(ː)] n. **1** 〔그리스 신화〕 Helicon 산의 뮤즈의 영천(靈泉). **2** ⓤ 시적(詩的) 영감.

hip·po·drome [hípədròum] n. **1** 〔고대 그리스·로마의 경마·전차 경주 하이웨이 하는〕 경기장. **2** 곡마장 (曲馬場); 마술 연기장; 연예장.

hip·po·griff, -gryff [hípəgrìf] n. 몸의 전반은 독수리, 후반은 말인 전설 상의 괴물. *cf.* griffin

hip·pol·o·gy [hipɑ́lədʒi / -pɔ́l-] n. ⓤ 마학(馬學).

Hip·pol·y·tus [hipɑ́lətəs / -pɔ́li-] n. 〔그리스 신화〕 히폴리투스[계모 파이드라(Phaedra)의 중상으로 아버지

테시우스(Theseus)의 노여움을 사서 바다의 신 Poseidon에게 살해되었다.

*hip·po·pot·a·mus [hìpəpátəməs / -pɔ́t-] n. (pl. -mus·es or -mi [-mài]) 하마.

-hippus horse라는 뜻의 연결형. 예: eohippus.

hip·py[1] [hípi] adj. (-pi·er, -pi·est) 히피(허리)가 큰.

hip·py[2] [hípi] n. (pl. -pies) 《美俗語》=hippie.

híp róof n. 〔건축〕너새 지붕(hipped roof).

hip-shot [hípʃàt / -ʃɔ̀t] adj. 1 고관절(股關節)이 어긋난. 2 한쪽 다리가 부자유스러운(lame); 모양 없는 (awkward).

hip·ster [hípstər] n. 《美俗語》1 재즈 팬; 최신 지식통. 2 비트족(beatnik).

hir·a·ble [háirəbl / háiər-] adj. 고용할 수 있는; 임차(賃借)할 수 있는.

Hi·ram [háirəm / háiər-] n. 〔성서〕히람[기원전 10세기의 Tyre의 왕. ←열왕기(상)(1 Kings)5].

hir·cine [hə́ːrsain, +美 -sin] adj. 1 염소의; 염소 비슷한. 2 염소 냄새가 나는. 3 호색적의(lustful).

hire [haiər] vt. (hired, hir·ing) 1 〔남〕을 고용하다. ⇒ EMPLOY 類語 ¶ hire a carpenter 목수를 고용하다. 2 〔물건〕을 세내다, [임차료를 지불하고] …을 빌리다. ¶ hire a truck 트럭을 세내다.

類語 hire 시간을 정하거나 하여 건물·탈것 따위를 세내다; 《美》에서는 rent를 많이 쓴다: hire (=rent) a car 자동차를 세내다. rent 집·방·물품 따위를 임대하다: rent a house from (to) a friend 친구에게서 집을 세내다 (친구에게 집을 세주다). let 토지·집을 임대하다: a house to let 셋집. lease 사용료·기간 따위의 조건을 정식 계약서로 정하여 임대하하다: lease a computer to (from) a company 컴퓨터를 회사에 임대하다 (회사에서 임차하다). charter 공공의 교통 기관을 운전사를 붙여서 전세내다: charter a bus 버스를 전세내다.

3 …을 임대하다, [보수에 대하여] [노력]을 제공하다 (...out). ¶ (~+目+副 hire out motorboats 모터보트를 세내다.

hire on; hire [oneself] out 《美》일거리를 얻다, 고용되다. ¶ hire on as an extra 엑스트라의 일자리를 얻다// He hired himself out as a teacher. 그는 교사로서 고용되었다.

—— n. ⓤ 임대료, 사용료; 임금(wages); 세내고 빌리기, 고용. ¶ work for hire 임금을 받고 일하다 / books (rooms) for (or on) hire 세를 받고 빌려주는 책들(방).

hired [haiərd] adj. 고용한; 임대의, 빌린. ¶ a hired girl 《英》〔주로 농가에서〕고용한 여자, 하녀 / a hired man (woman) 《美》고용인, 농장 노동자.

hire·ling [háiərliŋ] n. 1 고용인. 2 〔경멸적〕돈 때문에 일하는 사람. 3 세마(貰馬) (horse for hire).
—— adj. 고용되어 일하는, 돈 때문에 하는; 돈이면 마음대로 할 수 있는(venal).

hire-pur·chase [háiərpə́ːrtʃəs] n. ⓤ 《英》분할 지불식 구입(《美》installment plan). —— 분할 지불 구입의.

hir·er [háiərər / háiərə] n. 고용주, 임차인(賃借人).

hir·ing [háiəriŋ / háiəri] n. ⓤ 고용, 임대차(賃貸借). ¶ hiring of a ship 배를 전세내기, 용선(傭船).

híring háll n. 《美》〔노동 조합이 운영하는〕직업 소개소.

hir·sute [həːrsuːt / -sjuːt] adj. 1 털이 많은(hairy); 털투성이의(shaggy). 2 〔동·식물〕빳빳한 털로 덮인. 3 털의, 모질(毛質)의. ~·ness n.

‡his [hiz, 약 iz] pron. 1 〔he의 소유격〕그의. ¶ his house 그의 집 / his promise 그의 약속 / He ran his fastest. 그는 힘껏 빨리 달렸다. 2 〔he의 소유 대명사〕그의 것. ¶ The car is his. 그 자동차는 그의 것이다 / She is a good friend of his. 그녀는 그의 좋은 친구이다 / His is the best idea of all. 그의 생각이 제일 좋다 / He and his are all well. 그와 그의 가족은 모두 건강하다.

hisn, his'n [hizn] pron. 《방언》그의 것(his).

hís níbs n. pl. 《속어》권력자, 귀하신 몸, 자기 고집대로 행동하는 사람. 〔(Spain)〕.

His·pa·ni·a [hispéiniə, -njə] n. 〔문어〕스페인

His·pan·ic [hispǽnik] adj. 1 스페인의(Spanish). 2 라틴 아메리카의(Latin American). —— n. 《美》〔미국 내의〕스페인어 사용 라틴 아메리카계 주민.

His·pan·i·o·la [hìspənjóulə] n. 히스파니올라 섬〔서인도 제도 중의 섬으로 하이티와 도미니카의 두 공화국을 포함. 옛이름 Haiti 섬〕.

Hispano- Spanish 라는 뜻의 연결형.

his·pid [híspid] adj. 〔동·식물〕거칠고 빳빳한 털이 있는(bristly).

*hiss [his] vi. 1 〔뱀·거위 따위가〕쉿 하는 소리를 내다; 〔증기가〕슈우 하는 소리를 내다. ¶ The serpent (The steam) hisses. 뱀(증기)이 슈웃 하고 소리를 낸다. 2 〔비난·경멸의 뜻으로〕쉿 하다. ¶ (~+前+名) He was hissed at when he said something against their leader. 그가 그들의 영도자를 비난하는 말을 하자 그에게 야유의 소리를 들었다. —— vt. 1 …을 쉿 하고 욕하다(야유하다, 제지하다, 쫓다) (...away, down, off). ¶ hiss a speaker 연사를 야유하다/(~+目+副) hiss away a dog 쉿 하고 개를 쫓다/hiss down a singer 가수에게 쉿쉿 하며 노래를 못하게 하다. 2 …을 쉿쉿 하는 소리를 내며 말하다. 3 쉿(슈우) 하는 소리; 〔음성〕치찰음(齒擦音) (hissing sound) [[s], [ʃ]따위].

hist [hist] interj. 〔고어〕주의·정숙을 촉구하는〕쉿!, 조용히(hush)! —— vt. 〔주의를 주거나 조용히 하라고〕…에게 쉬잇 하고 말하다; 쉬잇 하고 소리치다(격려하다).

hist- HISTO-의 다른 형. 〔다〕.

hist. (略) histology; historian, historical, history.

his·ta·mine [hístəmìːn, -min] n. ⓤ 〔생화학〕히스타민〔자궁 수축(收縮)·혈압 강하의 작용을 한다〕.

his·ta·min·ic [hìstəmínik] adj. 히스타민의.

histo- tissue 라는 뜻의 연결형(*모음 앞에서는 hist-). ¶ histamine.

his·to·chem·is·try [hìstoukémistri] n. ⓤ 조직 화학.

his·to·com·pat·i·bil·i·ty [hìstoukəmpætibíliti] n. ⓤ〔의학〕조직적 적합성〔조직 상호간의 이식 적성〕.

his·to·com·pat·i·ble [hìstoukəmpǽtəbl] adj. 〔의학〕이식(移植) 조직에 거부 반응을 일으키지 않는.

his·to·gram [hístəgrǽm] n. 〔통계〕도수(度數) 분포도, 주상(柱狀) 도표.

his·to·log·i·cal [hìstəládʒik(ə)l / -lɔ́dʒ-], his·to·log·ic [-dʒik] adj. 조직학의; 〔생물의〕조직 구조의. -i·cal·ly [-ikəli] adv.

his·tol·o·gist [histálədʒist / -tɔ́l-] n. 조직학자.

his·tol·o·gy [histálədʒi / -tɔ́l-] n. ⓤ 1 조직학. 2 〔생물의〕조직 구조.

his·tol·y·sis [histálisis / -tɔ́l-] n. 〔생물〕조직 분해(해) 〔장기(臟器)조직의 분해〕.

his·tone [hístoun] n. 〔생화학〕히스톤〔단순 단백질의 일종〕.

his·to·phys·i·o·log·i·cal [hìstəfìziəládʒik(ə)l / -lɔ́dʒ-], -ic [-dʒik] adj. 조직 생리학의.

his·to·phys·i·ol·o·gy [hìstəfìziálədʒi / -ɔ́l-] n. 조직 생리학.

‡his·to·ri·an [histɔ́ːriən / -tɔ́ːri-] n. 1 역사가, 사학 전공자. 2 연대기(기록)작가(chronicler).

his·to·ri·at·ed [histɔ́ːrièitid / -tɔ́ːri-] adj. 〔책장 가장자리 따위를〕인물·동물·꽃 등의 그림 무늬로 꾸민.

*his·tor·ic [histɔ́ːrik, -tɑ́r- / -tɔ́r-] adj. 역사상 유명(중요)한. ¶ a historic spot 사적(史蹟) / a historic castle (abbey) 유서깊은 성(수도원). 2 = historical.
◇ historic n.

‡his·tor·i·cal [histɔ́ːrik(ə)l, -tɑ́r- / -tɔ́r-] adj. 1 역사의, 역사상의; 사학의. ¶ an (a) historical romance 역사 소설. 2 역사에 바탕을 둔, 〔가공이 아닌〕역사상의; 사료(史料)가 되는. ¶ a (or an) historical evidence (novel) 역사적 사실(역사 소설) / a

historical materialism 1097 **hit**

(or an) *historical* event 역사상의 사건. **3** 〖문법〗 역사적 현재의. ⇨ HISTORICAL PRESENT. **4** 〖드물게〗 = historic 1. ~**ly** [-kəli] *adv.* ~**ness** *n.* ◇ **hístory** *n.*

histórical matérialism *n.* ⓤ [Marx 주의에서] 사적(史的) 유물론, 유물 사관.

histórical présent *n.* (the ~) 〖문법〗 역사적 현재 [과거의 사건을 생생하게 묘사하기 위한 현재 시제].

his·to·ric·i·ty [hìstərísiti] *n.* ⓤ 사실성(史實性), 역사적 확실성; 사적 전거(典據).

his·to·ric·ism [histɔ́risìzəm] *n.* [가치 판단 따위에서] 역사(중심)주의; 역사 결정론.

his·to·ried [hístəri(ə)rid] *adj.* 역사에 관계가 있는, 역사에 남아 있는, 유서 깊은(storied, historical).

his·to·ri·ette [histɔ̀:riét / -tɔ̀:-] *n.* 소사(小史) (short history); 사화(史話); 짧은 이야기, 단편 소설. [< F short history]

his·to·ri·og·ra·pher [histɔ̀:riágrəfər / -tɔ̀:riɔ́g-] *n.* **1** 역사가(historian). **2** 사료(史料) 편찬원, 사관.

his·to·ri·o·graph·ic [histɔ̀:riəgrǽfik / -tɔ̀:-], (**his·to·ri·o·graph·i·cal** [-ik(ə)l]) *adj.* 사료 편찬의, 역사 편찬의.

his·to·ri·og·ra·phy [histɔ̀:riágrəfi / -tɔ̀:riɔ́g-] *n.* ⓤ ⓒ (*pl.* **-phies**) **1** 사료 편집, 수사(修史); 역사 편집법. **2** 관편(官編) 역사.

‡**his·to·ry** [híst(ə)ri] *n.* (*pl.* **-ries**) **1** ⓤ 역사; 역사학, 사학; ⓒ 사서(史書). ¶ a *history* of Greece 그리스 역사 / a student of *history* 역사 전공생 / Ancient *History* 고대사 〖태고에서 서로마 제국의 멸망(476년)까지〗 / Medieval *History* 중세사〖동로마 제국의 멸망(1453년)까지〗 / Modern *History* 근세사[1453년 이후] / become *history* 역사(의 일부)가 되다 / go down in *history* 역사에 남다 / pass into *history* 역사(과거의 일)가 되다 / *History* repeats itself. 〖속담〗 역사는 되풀이한다. **2** 〖학문·제도 따위의〗 변천, 〖진화〗 발달사. ¶ a *history* of mathematics 수학 발달사. **3** 경력, 내력, 연혁; 유래, 유서; 파란 많은 과거. ¶ a personal *history* 이력〔서〕 / a ship with a *history* 내력 이 있는 배. **4** 〖보고하는 식의〗 이야기(tale), 옛날 이야기(story). **5** ⓤ 〖자연계의〗 조직적인 기록. ¶ natural *history* 박물학. [의 사극. **6** 사극(史劇). ¶ Shakespeare's *histories* 셰익스피어 **7** 〖잊혀진 (과거의) 인물(일), 이제는 중요하지 않은 것, 헤어진(옛) 애인. **be history** 이제는 중요하지 않다, 지나간(잊혀진) 일 (인물)이다. ¶ It's history to me. 나와는 이제 상관없는 일이다. **make history** 역사에 남을 중대한 일을 하다. ◇ históric, histórical *adj.*

his·tri·on·ic [hìstriánik / -ɔ́n-], (**his·tri·on·i·cal** [-k(ə)l]) *adj.* **1** 배우의(와 같은); 〖배우의〗 연기의(와 같은). **2** 연극조의(theatrical); 일부러 꾸민, 젠체하는 (affected). — *n.* 〖고어〗 **1** 배우, 연기자(actor). **2** (~s) 〖단·복수 양용〗 연극; 연출법(dramatics); 연극조의 말(행동). **-i·cal·ly** [-ikəli] *adv.*

‡**hit** [hit] *v.* (**hit, hit·ting**) *vt.* **1** ⋯을(에게) 치다, 때리다, 〖야구〗 〖공을〗 쳐서 날리다. ⇨ BEAT 類語 ¶ *hit* a ball 공을 치다 / *hit* a double 〖야구〗 2루타를 치다. **2** ⋯에 처서 맞히다, 명중시키다; ⋯에 부딪치다(맞다). ¶ *hit* the target 과녁에 명중하다 / The stone *hit* the windowpane. 돌은 유리창에 맞았다. **3** 〖머리 따위를〗 부딪치다. ¶ (~ + 圓 + 圓+图) *hit* one's head *against* the door 머리를 문에 부딪치다. **4** ⋯에 타격을 가하다(deliver). ¶ (~ + 圓 + 圓+图) He *hit* me *on* the head (*in* the face). 그는 내 머리(얼굴)을 때렸다 / (~ + 圓+圓) I *hit* him a blow. 그에게 한 방 먹였다. [하거나 재현(묘사)하다. **5** 〖용케〗 ⋯을 알아맞히다(guess correctly); ⋯을 정확 **6** ⋯에 강한 영향을 끼치다; ⋯을 괴롭히다(distress),

혹평하다; 〖사람의〗 감정을 해치다(상하게 하다). ¶ Life never *hit* her very hard. 이제까지 그녀에게 인생이 무척 힘든 적은 없었다 / He was *hit* by satire. 그는 풍자로 호되게 얻어맞았다.

7 〖용케 또는 우연히〗 ⋯을 발견하다(find); 마주치다(come upon); 만나다(meet with); 〖제비·내기에서〗 맞히다. ¶ *hit* the right path 바른 길로 나서다 / He *hit* a run of bad luck. 그는 계속되는 불운을 겪었다.

8 〖정확하게〗 ⋯에 적합하다; 〖취향〗 에 딱 들어맞다(suit exactly). ¶ *hit* a person's fancy 취미에 맞다, 마음에 들다 / *hit* public taste 대중의 기호에 딱 들어맞다.

9 〖빚·처지 따위를〗 부탁하다, 요구하다(request, demand) (...*up*). ¶ (~ + 圓+图) He *hit* his friend *for* 10 dollars. 그는 친구에게 10달러를 달라고 졸랐다.

10 〖작가가〗 ⋯에 작품을 발표하다, 〖기사 등이〗 ⋯에 보도되다. ¶ *hit* the front page 제1면에 실리다 / *hit* the headline 큰 표제로 보도되다, 중대한 뉴스가 되다.

11 〖생각이〗 ⋯에게 문득 떠오르다(occur to). ¶ A good idea *hit* him. 좋은 생각이 그의 머리에 떠올랐다.

12 〖기록적인 수치(數値)에〗 달하다; ⋯에 도착하다. ¶ When does he *hit* town? 그가 언제 시내에 도착하는가? / The dollar *hit* an all-time high. 달러화는 사상 최고치를 기록했다.

13 〖구어〗 ⋯으로 떠나다, 출발하다. ¶ Let's *hit* the town. 자, 시내로 가자.

14 《美속어》 ⋯을 죽이다 〖* 마피아의 용어〗.

15 《美속어》 〖마약〗 을 주사하다.

— *vi.* **1** 치다, 쏘다, 겨누어 치다; 치고 덤비다(*out*). ¶ (~+圓+图) *hit at* a mark 표적을 쏘다. **2** 부딪치다, 충돌하다 (come into collision) (*against, on, upon*...); 습격하다(attack), 공격하다. **3** 마주치다; 발견되다, 문득 발견하다; 생각나다. ¶ (~+圓+图) *hit upon* a good plan 좋은 계획이 생각나다. **4** 〖제비 따위에서〗 상을 타다; 〖경기에서〗 *hitting* 〖야구〗 안타를 치다.

hit bottom 〖경기 따위가〗 밑바닥까지 내려가다; 최악의 상태가 되다.

hit home ⇨ HOME.

hit it ① 정확히 알아맞히다. ¶ You've *hit it*. 바로 맞혔다. ② 문제를 풀다. ③ 《美》 질주하다, 나아가다.

hit it off 《구어》 사이좋게 지내다, 뜻이 맞다(get along well) (*with*...). ¶ He *hit it off* well *with* the new roommate. 그는 새로 온 같은 방 친구와 뜻이 맞다.

hit it up 분발하다; 서둘러 나아가다; 힘쓰다. 냈다.

hit off ① 〖요령있게〗 ⋯을 표현하다(represent), 묘사하다; 흉내내다(imitate). ② 〖을 즉석에서 만들다(produce offhand). ③ ⋯을 찾아내다, 발견하다. ¶ We *hit off* a trail at last. 우리는 마침내 길을 찾아냈다.

hit on all six; hit on all [four] cylinders 《美구어》 잘 달리다; 원활하게 진행하다. 잘 해내다.

hit out ① ⋯을 주먹으로 때리다. ② ⋯을 끌어내다(elicit). ③ ⋯을 혹평하다.

hit the road ⇨ ROAD. [up].

hit up 〖크리켓〗 ⋯을 득점하다; ⋯을 재촉하다(force

hit a person up for 남에게 ⋯을 부탁하다(달라고 하다). ¶ He *hit up* his father's friends *for* work. 그는 아버지의 친구에게 일자리를 부탁했다.

hit a person when he is down 쓰러진 상태의 치다; 비겁한 행위를 하다

— *n.* **1** 부딪치기, 충돌(impact, collision); 〖타격의〗 맞힘, 적중(打); 명중(탄). **2** 행운; 〖가요·연기·연극 따위의〗 히트, 성공, 대인기(success). **3** 〖풍자·비난·야유의〗 일격; 핵심을 찌르는 말, 급소를 찌르는 풍자; 잘 맞아떨어진 추측. **4** 〖야구〗 히트, 안타. **5** 《美속어》 마약의 1회분, 마리화나를 한번 피우기. **6** 《美속어》 살인 〖* 마피아의 용어〗. [패를 운에 맡기고.

hit or miss 《부사적》 되는 대로, 맞건 안 맞건, 성패를 운에 맡기고.

make a hit ① 용케 맞히다, 성공하다. ② 《美속어》 〖남의〗 마음에 들다 (*with*...).

hit-and-miss [hítnmís] *adj.* =hit-or-miss.
hit-and-run [hítnrʌ́n] *adj.* **1** 차로 사람을 치고 도망 치는. ¶ a *hit-and-run* car (driver) 뺑소니 자동차(운전사). **2** 〔야구〕 히트 앤드 런의. **3** 〔공격이〕 전격적인, 재빠른.
***hitch** [hitʃ] *vt.* **1** 〔일시적으로〕 〔소·말〕을 매다 (fasten, tie), 〔수레 따위에〕 연결하다 (harness) (...*up*); 〔고리 따위로〕 …을 걸다. ¶ (~+⽬+⾴+⾇) He *hitched up* a horse to the wagon. 그는 말을 짐마차에 매었다. **2** …을 홱 끌어당기다 (...*up*); 홱 움직이다. ¶ (~+⽬+⾴+⾇) *hitch up* one's trousers 바지를 추켜올리다 // (~+⽬+⾴+⾇) She *hitched* her chair to the table. 그녀는 의자를 테이블로 끌어당겼다. **3** 〔작품 속에〕 …을 끌어 넣다, 끼워넣다. ¶ (~+⽬+⾴+⾇) …을 끌어 넣다, *hitch* an incident *into* one's book 어떤 사건 이야기를 책 속에 담다. **4** 《미속어》 (보통 수동형으로) …을 결혼시키다 (marry). ¶ be (*or* get) *hitched* 결혼하다. **5** 《속어》 =hitchhike.
— *vi.* **1** 걸리다 (be caught); 얽히다 (become entangled). ¶ (~+⾴+⾇) My sleeves *hitched on* a nail. 소매가 못에 걸렸다. **2** 홱 움직이다 (move jerkily). **3** 절름거리다 (hobble) (*along*...). **4** 《미속어》 결혼하다 (~*up*); 《미구어》 함께 떠나가다. **5** 《속어》 =hitchhike.
— *n.* **1** 〔소·말 따위를〕 연결하기, 매기, **2** 홱 당기기(움직이기) (jerk); 〔동작의〕 급격한 정지 (halt). ¶ He gave his trousers a *hitch*. 그는 바지를 끌어당겼다. **3** 고장, 장해 (obstacle). ¶ a *hitch* in one's plan 계획의 장해. **4** 절룩거림 (hobble). **5** 연결부; 〔항해〕 결삭 (結索), 옭아매기; 걸림; 얽힘. **6** 《미군 속어》 병역 기간. **7** =hitchhike 1.
without a hitch 술술, 거침없이 (successfully).
hitch·er [hítʃər] *n.* 매는 (연결하는) 사람 (물건).
***hitch·hike** [hítʃhàik] 《미구어》 *v.* (·hiked, ·hik·ing) *vi.* 지나가는 차에 편승하며 무전 여행을 하다, 히치하이크를 하다. ¶ *vt.* 히치하이크로 〔여행 따위〕를 하다.
— *n.* **1** 자동차 편승 여행. **2** 〔라디오·텔레비전 프로에〕 이어서 하는 짧은 광고 방송.
hitch·hik·er [hítʃhàikər] *n.* **1** 자동차 편승 여행자, 무전 여행자. **2** =hitchhike 2.
hitch·ing pòst [hítʃiŋ-] *n.* 〔말·노새 따위를〕 매는 말뚝.
***hith·er** [híðər] *adv.* 이리로, 여기로 (here). *opp.* thither ¶ come *hither* 이리로 오다.
hither and thither 여기저기로 (here and there).
— *adj.* 이쪽의, 이쪽 방향의.
hith·er·most [híðərmòust] *adj.* 가장 가까운.
‡**hith·er·to** [híðərtúː] *adv.* **1** 지금까지, 여태까지, 종래 (until now). ¶ an island *hitherto* unknown to the world 지금까지 세상에 알려지지 않았던 섬. **2** 〔고어〕 여기까지 (to here).
hith·er·ward [híðərwərd], (**hith·er·wards** [-wərdz]) *adv.* 이쪽 〔편〕으로 (hither).
Hit·ler·ism [hítlərìz(ə)m] *n.* Ⓤ 히틀러주의〔독일 국가 사회당의 정책〕 (Nazism).
Hit·ler·ite [hítlərait] *n.* 히틀러주의자; (the ~s) 독일 국가 사회당원 (Nazi). — *adj.* 히틀러〔주의〕의, 독일 국가 사회당의.
hít lìst *n.* 암살(공격) 대상자 명단; 정리 대상이 되어 있는 사람(물건, 사람) 등의 리스트.
hít màn *n.* 《미속어》 청부 살인자, 암살자, 난폭한 선수.
hit-or-miss [hítɔrmís] *adj.* 경솔한, 되는 대로의, 엉터리의. ¶ He is a *hit-or-miss* type of workman. 그는 그저 되는 대로 하는 직공이다.
hít paráde *n.* 힛 퍼레이드, 〔유행가·베스트셀러 등의〕 인기 순서.
hit-run [hítrʌ́n] *adj.* =hit-and-run 1.
hit-skip [hítskíp] *adj.* 《미》 = hit-and-run 1.
hit·ter [hítər] *n.* 〔야구·크리켓〕 타자. ¶ a hard *hitter* 강타자.

hít·ting strèak [hítiŋ-] *n.* 〔야구〕 연속 안타.
Hit·tite [hítait] *n.* **1** 헷타이트〔소(小)아시아 지방의 고대 민족 (2000-1200 B.C.)〕; 〔성서〕 헷 사람〔소아시아의 고대 민족〕. **2** Ⓤ 힛타이트 말〔상형 문자를 사용〕.
— *adj.* 힛타이트의.
HIV (略) *human immunodeficiency virus* (인체 면역 결핍 바이러스, AIDS 바이러스).
‡**hive** [haiv] *n.* **1** 벌통, 벌집 (beehive). **2** 〔벌통에 사는〕 꿀벌의 때. **3** 와글와글하고 있는 군중 (swarming crowd). **4** 분주한 장소, 〔사람이〕 활발히 모이는 장소. ¶ a *hive* of industry 산업의 중심지.
— *v.* (**hived, hiv·ing**) *vt.* **1** 〔꿀벌〕을 벌통에 모으다 (넣다). **2** 〔꿀〕을 모으다, 저장하다. **3** …을 축적하다 (garner). — *vi.* **1** 〔꿀벌이〕 벌통에 들어가다; 벌통에서 살다. **2** 떼지어 살다.
hive off ① 〔꿀벌이〕 새로운 집으로 옮기다; 《비유적》 단체가 분리되어 다른 곳으로 옮기다. ② 하청 공장으로 돌리다.
hive·less [háivlis] *adj.* 벌통이 없는.
hives [haivz] *n. pl.* (단·복수 양용) **1** 〔병리〕 발진, 두드러기 (nettle rash). **2** 《영》 위막성 (偽膜性) 후두염 (croup).
hi·ya [háijə] *interj.* 《미구어》 안녕 (hello), 야아〔스스럼없는 인사말〕. ¶ *Hiya*, chum. What are you doing? 여, 친구 뭘 해? 〔<How are you? 의 전화(轉化)〕
H.J.[S.] (略) 〔라틴〕 *hic jacet* [*sepultus*] (=here lies [buried]) 〔여기〔문허〕 잠들다〕.
HK$ (略) *Hong Kong* dollar[s].
hl (略) *hectoliter, hectolitres.*
H.L. (略) 《영》 *House of Lords* (상원).
HLZ (略) *helicopter landing zone.*
h'm, hmm [hm, mm] *interj.* **1** =hem². **2** =hum¹.
hm (略) *hectometer, hectometers.*
H.M. (略) *His Majesty, Her Majesty* ⇒ MAJESTY.
HMO (略) *health maintenance organization* (〔회원제의〕 건강 관리 의료 단체).
H.M.S. (略) *His* (*or Her*) *Majesty's Service* (영국 관용 〔우편물에 인쇄하는 문구〕); *His* (*or Her*) *Majesty's Ship* (영국 군함).
HMW-HDPE (略) *high-molecular-weight high-density polyethylene* (고분자량 고밀도 폴리에틸렌).
***ho** [hou] *interj.* 어어!, 호오!, 흥! 〔주의·기쁨·으스댐·놀람·냉소 따위를 나타내는 소리〕. ¶ *Ho*, there! 여어, 이것 봐!/ *What ho!* 허어, 뭐라고 ../ *Westward ho!* 〔항해〕 자아 서쪽으로!/ *Ho! ho! ho!* 호오! 그것 봐! 〔냉소·조소〕.
Ho (화학) *holmium*의 원소 기호.
H.O. (略) *Head Office* (본점, 본사); *Home Office.*
ho·ac·tzin [houǽktsin, +ʃwá:(t)sin] *n.* =hoatzin.
hoar [hɔːr/hɔː] *adj.* **1** 〔드물게〕 =hoary. **2** 〔방언〕 케케묵은 것 같은. — *n.* Ⓤ **1** 백발〔의 상태〕 (hoariness). **2** 흰 서리 (hoarfrost).
***hoard** [hɔːrd/hɔːd] *n.* **1** 〔재화·보물의〕 비장 (秘藏), 저장 (accumulation). **2** 몰래 간직해 둔 것, 저장품. **3** 〔지식 따위의〕 축적, 온축 (蘊蓄) (treasury). — *vt.* …을 〔몰래〕 저장하다 (store up) (...*up*). **2** …을 매점하다. — *vi.* …을 가슴에 간직하다; 매점하다.
hoard·er [hɔ́ːrdər/hɔ́ːdə] *n.* 저장자, 축적자. 〔특.〕
hoard·ing¹ [hɔ́ːrdiŋ/hɔ́ːdi-] *n.* Ⓤ 비장 (秘藏), 저장; 퇴장. **2** 저장품, 축적물.
hoard·ing² [hɔ́ːrdiŋ/hɔ́ːdiŋ] *n.* 《영》 **1** 〔건축 공사장의 일시적인〕 판자 울타리. **2** 광고 게시판 (billboard).
hóarding cápital *n.* 〔경제〕 퇴장 (退藏) 자본. 〔리.〕
hoar·frost [hɔ́ːrfrɔ̀ːst/hɔ́ːfrɔ̀st] *n.* Ⓤ 서리, 흰 서리.
hoar·hound [hɔ́ːrhàund/hɔ́ːː-] *n.* =horehound.
hoar·i·ness [hɔ́ːrinis/hɔ́ːr-] *n.* Ⓤ **1** 〔머리털의〕 힘 (whiteness). **2** 노년, 고색 창연함.
***hoarse** [hɔːrs/hɔːs] *adj.* (보통 **hoars·er, hoars·est**)

1 [목소리가] 쉰, 목쉰 소리의(husky). ¶ shout oneself *hoarse* 목이 쉬도록. **2** 귀에 거슬리는; 소란스러운(discordant). ~**ness** *n*. ◇ **hóarsen** *v*.

*****hoarse・ly** [hɔ́ːrsli/hɔ́ːs-] *adv*. 목쉰 소리로, 귀에 거슬리게.

hoars・en [hɔ́ːrsn/hɔ́ːsn] *vt*. [목소리를] 쉬게 하다.
— *vi*. [목소리가] 쉬다(become hoarse).

hoar・stone [hɔ́ːrstòun/hɔ́ːstòun] *n*. (英) [태 고적부터 있는] 경계석(境界石), [고대에 세워진] 기념석(비).

*****hoar・y** [hɔ́ːri/hɔ́ːri] *adj*. (**hoar・i・er, hoar・i・est**) **1** [늙어서] 백발의(white-haired). ¶ *hoary hair* 백발. **2** 오래된, 고색 창연하고 거룩한. **3** 회색의(gray), 흰 (white). ◇ **hoar** *in*.

hoar・y-head・ed [hɔ́ːrihèdid/hɔ́ːr-] *adj*. 흰 머리의.

ho・at・zin [hoυǽtsin, hwɑ́ːt)sin] *n*. [남미산(産)의] 뱀먹는 새[새끼일 때는 날개에 손톱이 있어서 나무에 기어오른다].

hoax [houks] *n*. 남을 속이기; (특히) 짓궂은 장난.
— *vt*. (남)을 속이다(deceive), …에게 짓궂은 장난을 치다.

hoax・er [hóuksər] *n*. 속이는 사람; 장난을 치는 사람.

hob¹ [hab/hɔb] *n*. **1** 벽난로 안쪽의 대(臺) [냄비 따위를 둔다]. **2** [쇠고리 던지기 놀이의] 표적 기둥; 표적 기둥을 세워놓고 하는 여러 가지 놀이. **3** [기계] 톱니내는 연장. — *vt., vi*. (**hobbed, hob・bing**) [기계] […]을 톱니 내는 기계로 자르다.

hob² [hab/hɔb] *n*. **1** 장난꾸러기 소요정(小妖精) (hobgoblin, elf). **2** (英) 시골뜨기.
play hob with (구어) …에 장난을 치다, 해를 끼치다.
raise hob with (구어) 를 어지럽히다, …을 망가뜨리다(disrupt completely).

hob-and-nob [hábənnáb/hɔ́bənnɔ́b] *adj*. 친한, 사이가 좋은(intimate).

hob・ba・de・hoy, -dy・hoy [hábədihɔ̀i/hɔ́b-] (**hob・ber・de・hoy** [-bərd-]) *n*. (고어) =hobbledehoy.

hob・bit [hábit/hɔ́bit] *n*. 호비트[가공적인 소인(小人)으로 토끼와 비슷하게 생긴 평화 애호가]. [<영국의 작가 J.R.R. Tolkien(1892-1973)의 아동 문학 작품]

*****hob・ble** [hábl/hɔ́bl] *v*. (**-bled, -bling**) *vi*. **1** 절뚝거리다, 절뚝절뚝 걷다(limp) (*about, away, along*). **2** [말씨가] 더듬거리다, [시의] 운율(韻律)이 맞지 않다.
— *vt*. **1** …을 절뚝거리게 하다. **2** [말의 두 다리를] 짧은 새끼로 묶어서 걷지 못하도록 하다. **3** …을 난처하게 하다(embarrass), 방해하다(hinder). — *n*. **1** 절뚝거림. **2** [말의 다리를 묶는] 새끼(fetter), 족쇄. **3** (드물게) 곤경, 난처한 처지.

hob・ble・de・hoy [hábldihɔ̀i/hɔ́b-] *n*. 청년, 풋내기; 약지 못한 청년(gawky youth).

hob・bler [háblər/hɔ́b-] *n*. 절뚝거리는 사람(동물).

hób・ble skírt *n*. 단이 좁은스커트 [20세기 초에 유행].

‡**hob・by¹** [hábi/hɔ́bi] *n*. (*pl*. **-bies**) **1** 취미, 도락; 취미. ⇨ RECREATION 類語 ¶ His *hobby* is growing roses. 그의 취미는 장미 재배이다. **2** [어린이의] 목마(木馬). **3** (고어) 작은 말.
ride one's (or *a*) *hobby* [*to death*] [듣는 사람이 싫증나도록] 제 재주만 부리다, 자기 주장을 계속하다.

hob・by² [hábi/hɔ́bi] *n*. (*pl*. **-bies**) 새호리기.

hob・by-horse [hábihɔ̀ːrs/hɔ́b-] *n*. **1** [막대 끝에 말머리가 달린] 목마, [회전 목마의] 목마, 흔들리는 장난감말(*cf*. rocking horse). **2** [모리스 댄스(morris dance)의 댄서가 허리에 다는] 말의 상(像).

hob・gob・lin [hábɡàblin/hɔ́bɡɔ̀b-] *n*. 도깨비(bogy); 장난꾸러기 소요정; 개구쟁이.

hob・nail [hábnèil/hɔ́b-] *n*. **1** [구두의] 징. **2** (고어) 시골뜨기(rustic).

hob・nailed [hábnèild/hɔ́b-] *adj*. **1** [구두에] 징을 박은. **2** 시골뜨기 같은(rustic).

hóbnail[ed] líver *n*. [병리] 간경변(肝硬變).

hob-nob [hábnàb/hɔ́bnɔ̀b] *vi*. (**-nobbed, -nob・bing**) **1** 친하게 사귀다; 유쾌하게 담소하다(*with*...). **2** (사이 좋게) 술을 마시다. — *n*. 간담(懇談) (get-together).

ho・bo [hóubou] *n*. (*pl*. **-bos** or **-boes**) (美) **1** 떠돌이, 부랑자. ⇨ VAGABOND 類語 **2** 뜨내기 일꾼.

ho・boe [hóubou], **ho・boy** [hóubɔ̀i] *n*. =oboe.

ho・bo・ism [hóubouìz(ə)m] *n*. (U) 부랑 생활.

Hób・son's chóice [hábsnz-/hɔ́b-] 권하는 것을 받느냐 안 받느냐만을 결정하는 선택권. [<손님에게 말을 고르게 하지 않은 영국의 마차 세놓는 업자 Thomas Hobson (1544?-1631)의 이름]

hock¹ [hak/hɔk] *n*. **1** [네 발 짐승의 뒷다리의] 무릎. ⇨ COW¹, DOG 그림. **2** 닭의 무릎. — *vt*. …의 무릎을 힘줄을 자르다.

hock² [hak/hɔk] *n*. (종종 H-) (英) [서독의] 라인산(産) 백포도주. [<*G Hochheimer* 마을의 이름]

hock³ [hak/hɔk] *n*. (속어) *vt*. …을 저당잡히다 (pawn).
— *n*. **1** (U) 저당. **2** 형무소.
in hock 저당잡힌; 빚을 져서; 투옥되어.
out of hock 저당에서 빼내어.

*****hock・ey** [háki/hɔ́ki] *n*. **1** (U) 하키 (ice hockey, field hockey). **2** =hockey stick.

hóckey stìck *n*. 하키용 스틱, 타구봉.

hock-shop [hákʃàp/hɔ́kʃɔ̀p] *n*. (美속어) 전당포.

ho・cus [hóukəs] *vt*. (**-cused, -cus・ing**; (英) **-cussed, -cus・sing**) **1** …을 속이다, 속여넘기다(hoax, cheat). **2** …에게 마취제를 탄 음료를 먹여서 잠들게 하다 (stupefy); [음료]에 마취제를 타다(drug).

ho・cus-po・cus [hóukəspóukəs] *n*. (U) **1** [마술사 등의] 입에 박힌 말, 주문(呪文). **2** 요술, 마술. **3** (속이기 위한) 터무니없는 말(행동); 속임수(deception). **4** (폐어) (C) 마술사, 요술사. — *vt., vi* (**-cused, -cus・ing**; (英) **-cussed, -cus・sing**) 속이다, 속여넘기다, 요술을 부리다. [옛날에 요술쟁이가 라틴어 비슷하게 만든 문구를 말을 시작할 때 쓴 데서]

hod [had/hɔd] *n*. **1** [석회・벽돌 따위를 어깨에 지고 나르는 자루가 긴] 목제 기구. **2** [석탄] 석탄통 (coal scuttle).

ho-dad [hóudæ̀d] *n*. (美속어) 파도타기(surfing)를 하지 않는 사람; 파도타기가 서투른 사람.

hód cárrier *n*. (美) hod 운반인 ((英) hodman).

hod・den [hádn/hɔ́dn] *n*. (U) (C) (스코) [손으로 짠] 거친 나사천.

hodge [hadʒ/hɔdʒ] *n*. (주로 英) 농부 (farm laborer), 시골뜨기 (rustic). [hod 1]

hodge-podge [hádʒpàdʒ/hɔ́dʒpɔ̀dʒ] *n*. =hotchpotch.

Hódg・kin's disèase [hádʒkinz-] *n*. [병리] 호지킨병 [경부임파절(頸部淋巴節)의 종양으로 시작되어 전신 임파계(系)를 침범하는 질병]. [<영국 의사 Thomas Hodgkin (1798-1866)의 이름]

ho・di・er・nal [hòudiə́ːrn(ə)l, hòu-/hɔ̀d-] *adj*. 오늘의, 오늘날의, 현금(現今)의 (of this day).

hod・man [hádmən/hɔ́d-] *n*. (*pl*. **-men** [-mən]) (英) **1** =hod carrier. **2** 조수로 일하는 사람, 막일꾼 (hack).

ho・dom・e・ter [ho(u)dámətər/hɔdɔ́m-] *n*. [자동차의] 주행 거리계 (odometer).

*****hoe** [hou] *n*. 괭이. — *v*. (**hoed, hoe・ing**) *vt*. …을 괭이로 파다, 괭이로 제초하다. — *vi*. 괭이를 사용하다.
a hard (or *a long*) *row to hoe* ⇨ ROW¹.

hoe・cake [hóukèik] *n*. (U) (C) (美남부) 옥수수 빵 [원래 hoe 위에 얹어서 구웠다].

hoe・down [hóudàun] *n*. **1** 활발하고 소란스러운 춤, (특히) 스퀘어(포크) 댄스; 이에 맞추는 민요; 이 춤을 추는 무도회. **2** (美속어) 시끄러운 일(사건).

ho・er [hóuər] *n*. 괭이를 쓰는 사람.

*hog [hɑg, hɔːg / hɔg] *n*. **1** 돼지; 거세한 수퇘지; 식용 돼지. ⇨ PIG [類語] ¶ *eat like a hog* 게걸스럽게 먹다 / *behave like a hog* 돼지처럼 되는 대로 행동하다. **2** (구어) [돼지처럼] 이기적인 사람, 탐욕스러운 사람; 대식가(大食家); 저저분한 사람. **3** [英방언] 아직 털을 깎은 일이 없는 한 살쯤 된 양. **4** [배 밑 소제용] 브러시, 비. *bring one's hogs to the wrong market* ⇨ MARKET. *go* [*the*] *whole hog* (속어) 철저하다. ⇨ WHOLE HOG. / (스럽게 살며. *high on the hog* (美속어) 맛있는 것을 먹으며, 사치 *a hog in armor* 보기흉하고 맵시나지 않는 사람. ― *v*. (**hogged, hog·ging**) *vt*. **1** (美속어) [돼지같이] …을 게걸스럽게 먹다; …을 제물로나 되기 차지하다, 독점하다. **2** [돼지같이] [등]을 둥글게 하다(구부리다). **3** [말의 갈기·사람의 수염]을 짧게 깎다. **4** [배 밑]을 비로 청소하다. ― *vi*. **1** [난파선의 중앙부가] 돼지 등같이 구부러지다. **2** (구어) 무모하게(버릇없이) 행동하다. ◇ **hóggish** *adj*.

ho·gan [hóuɡɑːn / -ɡən] *n*. 호간[통나무의 나뭇가지로 짜맞추고 진흙이나 풀 따위로 덮은 아메리카 인디언 Navaho 족의 주거].

hog·back [hɔ́ɡbæ̀k, hɔ́ːɡ- / hɔ́ɡ-] *n*. 돈배구(豚背丘), 가파른 산등성이.

hóg cholera *n*. Ⓤ (美) 돼지 콜레라(swine fever).

hog·fish [hɔ́ɡfìʃ, hɔ́ːɡ- / hɔ́ɡ-] *n*. (*pl*. **-fish** or **-fish·es**) 서인도 지방산(産) 식용 바닷물고기; 농어(과)의 일민물고기 [북미산]; 미국 남부에서 나는 달강어의 일종.

hog·ger·y [hɔ́ɡəri, hɔ́ːɡ- / hɔ́ɡ-] *n*. (*pl*. **-ger·ies**) **1** (英) 양돈장(piggery, hog house). **2** [집합적] 돼지. **3** Ⓤ 돼지 같은 행동(성격).

hog·get [hɑ́ɡit, hɔ́ːɡ- / hɔ́ɡ-] *n*. (英방언) =hog 3.

hog·gin [hɑ́ɡin, hɔ́ːɡ- / hɔ́ɡ-] *n*. (英) [체질한] 모래 섞인 자갈.

hog·gish [hɑ́ɡiʃ, hɔ́ːɡ- / hɔ́ɡ-] *adj*. **1** 돼지 같은. **2** 이기적인(selfish); 탐욕스러운(greedy); 게걸스러운 (gluttonous); 불결한(filthy). ~·**ly** *adv*. ~·**ness** *n*.

hog-leath·er [hɔ́ɡlèðər, hɔ́ːɡ- / hɔ́ɡ-] *n*. Ⓤ 돼지 가죽.

hog·ling [hɑ́ɡliŋ, hɔ́ːɡ- / hɔ́ɡ-] *n*. **1** (폐어) 돼지새끼 (piglet). **2** (英방언) 양새끼(lamb).

hog·ma·nay [hɑ̀ɡmənéi / hɔ̀ɡmənéi], (**hag·me·na**) *n*. (때로 H-) (스코) **1** Ⓤ 섣달 그믐날(New Year's Eve). **2** 섣달 그믐날에 아이들에게 주는 선물.

hog·mane [hɑ́ɡmèin, hɔ́ːɡ-] *n*. (말의) 짧게 다른 갈기.

hog·maned [hɑ́ɡmèind, hɔ́ːɡ-] *adj*. 갈기를 짧게 깎은.

hóg-nòse snàke [hɑ́ɡnòuz-/hɔ́ːɡ-] *n*. 북미산의 독이 없는 뱀의 일종(hog-nosed snake).

hog·nut [hɑ́ɡnʌ̀t, hɔ́ːɡ- / hɔ́ɡ-] *n*. 땅콩, 낙화생(earth-nut). / (pen).

hog·pen [hɑ́ɡpèn, hɔ́ːɡ- / hɔ́ɡ-] *n*. (美) 돼지우리(pig-

hog's-back [hɑ́ɡzbæ̀k, hɔ́ːɡz- / hɔ́ɡz-] *n*. =hogback.

hogs·head [hɑ́ɡzhèd, hɔ́ːɡz- / hɔ́ɡz-] *n*. **1** (특히 63~140갤론의) 큰 통(large cask). **2** 액량(液量)의 단위 [略 hhd; 63 미국 갤론, 52.5 영국 갤론에 해당].

hog·tie [hɑ́ɡtài, hɔ́ːɡ-, -tɑ̀i] *vt*. (**-tied, -ty·ing** or **-tie·ing**) **1** (동물의 네 발)을 묶다. **2** …의 자유를 빼앗다; 궁지에 빠뜨리다.

hog·wash [hɑ́ɡwɑ̀ʃ, hɔ́ːɡ-, -wɔ̀ʃ/hɔ́ɡwɔ̀ʃ] *n*. Ⓤ **1** 돼지에게 먹이는 찌꺼기, 돼지 드물(swill). **2** 시시한 이야기(작품), 어이없는 것.

hog-wild [hɑ́ɡwàild, hɔ́ːɡ- / hɔ́ɡ-] *adj*. (美구어) 몹시 흥분한(wildly excited).

Ho·hen·stau·fen [hóuənʃtàuf(ə)n] *n*. 호엔슈타우펜(家)[독일의 왕가(12-13세기)]; 호엔슈타우펜가의 사람.

Ho·hen·zol·lern [hóuənzɑ̀lərn / -zɔ̀l-] *n*. 호엔쫄레른(家)[독일의 왕가; 11세기에 시작하여 18

71-1918년 동안 독일 제국을 지배].

ho-hum [hóuhʌ́m] *interj*. 아아 [하품 소리].

hoick [hɔik] *vt*. **1** (주로 방언) …을 번쩍 들어올리다(lift). **2** [비행기]을 급각도로 상승시키다. ― *vi*. [비행기]가 급각도로 상승하다.

hoicks [hɔiks], (**hoick** [hɔik]) *interj*. 《드물게》 자!, 쉿! [사냥개를 부추기는 소리].

hoi·den [hɔ́id(ə)n] *n*., *adj*. =hoyden.

hoi pol·loi [hɔ́i pəlɔ́i / hɔ́i pɔ́lɔ́i] *n. pl*. (종종 the~) **1** 민중, 서민(common people), 일반 대중(masses). **2** (속어) 엘리트 계급. **3** (속어) 떠들썩한.

hoise [hɔiz] *vt*. (**hoised** or **hoist, hois·ing**) 《방언·폐어》 =hoist.

*hoist[1] [hɔist] *vt*. **1** (깃발·돛 따위)를 끌어올리다, 게양하다. ⇨ LIFT [類語] ¶ *hoist sails* 돛을 올리다 // (~+目+副) *hoist down a flag* 기를 내리다. **2** (속어) …을 훔치다(steal). ― *n*. **1** 끌어 (감아) 올리기; 게양. **2** 감아올리는 장치; 기중기; (英) 화물 승강기. **3** 돛·기의 세로 폭. [<hoise의 전화(轉化)] / 「사.

hoist[2] [hɔist] *vt*. 《방언·폐어》 hoise의 과거·과거 분사.

hóisting shèars [hɔ́istiŋ-] *n*. 합장(合掌) 기중기.

hoist·way [hɔ́istwèi] *n*. 화물 따위를 올리고 내리는 통로.

hoi·ty-toi·ty [hɔ́itit́ɔ́iti] *adj*. **1** 점잔 빼는, 오만한(haughty). **2** (주로 英) 경망스러운, 들뜬(giddy, flighty). **3** Ⓤ **1** (폐어) 들뜬(방정맞은)짓. **2** 오만(haughtiness), 거만. ― *interj*. 《드물게》 이런!, 어크! [경멸·놀람을 나타내는 소리].

ho·key [hóuki] *adj*. (美속어) 속임수의, 협잡의, 날조한; 유난히 감상적인.

ho·key-po·key [hóukipóuki] *n*. Ⓤ **1** 요술; 속임수 (trickery). **2** [가두에서 파는] 싸구려 아이스크림.

ho·kum [hóukəm] *n*. Ⓤ **1** 엉터리, 허튼 수리(nonsense). **2** [극·영화 따위의] 객석에서 인기를 노린 대사(행동, 줄거리).

HOLC (略) *H*ome *O*wners' *L*oan *C*orporation (주택 소유자 자금 대부 회사).

*hold[1] [hould] *v*. (**held, held** or (고어) **hold·en, hold·ing**) *vt*. **1** [손·팔 따위로] …을 들다, 잡다, 쥐다; …을 껴안다(embrace). ¶ *hold a pen* (*a hammer*) 펜(해머)을 잡다 / *laugh holding one's sides* 배를 쥐고 웃다 // (~+目+前+名) *hold a sword by the hilt* 칼의 손잡이를 쥐다 / *hold a pipe between the teeth* 파이프를 입에 물다.

[類語] **hold** 「집어서 들다」라는 뜻의 말. **grasp** 「쥐다」를 나타내는 일반적인 말: *grasp a person's hand* 남의 손을 잡다. **grip** 꼭 쥐다; 여간해서는 놓지 않음을 강조: *grip a golf club* 골프채를 꽉 잡다. **clutch** 꽉 쥐다(잡다); 자유롭게 지배함을 강조: *clutch* 꼭 mother's *hand in terror* 무서워서 어머니의 손을 꼭 잡다.

2 [손·발·물건 따위]를 어떤 위치·상태로 유지하다, […에] […으로] 해두다 [어떤 태세]을 취하다. ¶ (~+目+補) *hold a dish level* 접시를 수평으로 유지하다 / *hold one's head straight* 머리를 똑바로 들고 있다 // (~+目+前+名) *hold one's head on one side* 고개를 기울이고 있다 / *He held himself in readiness.* = He *held* himself ready. 그는 준비를 하고 기다리고 있었다.

3 …을 소유하다, [자기의 것으로] 가지다; [역할·지위]를 차지하다(occupy). ⇨ HAVE [類語] ¶ *hold an important post* 요직을 차지하다 / *hold the mortgage* 저당을 잡고 있다.

4 (군사) …을 지키다(guard), 방위하다(defend); …을 점유하다. ¶ *hold a castle* (*a fort*) 성(요새)을 지키다 / *the town held by the enemy during the war* 전쟁 중 적군에게 점령되었던 도시 // (~+目+前+名) *hold the trenches against the enemy* 적으로부터 참호를 지키다.

5 [물건 따위]를 버티다(support), 지탱하다. ¶ *The building is held by concrete underpinning.* 그 건물은

hold

콘크리트 받침으로 지탱되어 있다.
6 [그릇에] …을 담다(contain), [방 따위가] …을 수용하다. ¶ *hold* a pint 1파인트 들어간다 / The hall *holds* two thousand people. 그 홀은 2,000명을 수용한다.
7 [생각 등]을 지니다, 품다(cherish), 믿다(believe). ¶ *hold* strange ideas 이상한 생각을 품다 / *hold* a grudge 원한을 품다 / *hold* a point of view 어떤 견해를 지니다 / *hold* a theory 어떤 설을 신봉하다.
8 …을 […이라고] 생각하다, 여기다(think, consider), 평가하다(value); …을 판정하다(regard); [법률] …을 결정하다(decide legally), 판결하다(judge). ¶ (~+*that* 節) People once *held* that the world was flat. 옛날에는 세계가 평평하다고 생각했다 // (~+圖+*to be*補) *hold* an idea *to be* absurd 어떤 생각을 어리석다고 간주하다 / She is *held* by many to be one of the greatest musicians that ever lived. 많은 사람들이 그녀를 역사상 가장 훌륭한 음악가의 한 사람으로 보고 있다 // (~+圖+補) *hold* a person responsible for 남이 …에 책임이 있다고 생각하다 // (~+圖+前+名) *hold* a person *in* contempt 남을 경멸하다.
9 …을 억누르다, 억제하다(keep back); [활동]을 억누르다; [공격·진격 따위]를 저지하다(stop); [편지 따위]를 그만두다; 을 보류하다; 《美》…을 구류(유치)하다. ¶ *hold* a prisoner 죄수를 구류하다 / *hold* a horse tight 말을 꽉 매다 / *Hold* your tongue. 입다물고 있어 // (~+圖+前+名) *hold* a person *from* action (or acting) 남을 행동하지 못하게 하다.
10 [주의 따위]를 끌다. ¶ The orator *held* the audience. 연사는 청중의 주의를 끌었다.
11 [모임 따위]를 열다, 개최하다; [의식]을 거행하다(perform). ¶ *hold* a meeting (a conference) 집회(회의)를 개최하다 / *hold* an auction 경매를 하다.
12 [사람]을 붙들어매다, 구속하다. ¶ (~+圖+前+名) *hold* a person *to* his word 남에게 약속을 지키게 하다 / *hold* a person *for* the whole debt 남에게 빚을 다 갚게 하다.
13 [여행 따위]를 계속하다(continue to go); [연구 등]을 수행하다(prosecute); [음악] [장단]을 한결같이 유지하다(sustain). ¶ *hold* an argument 토론을 계속하다.
— *vi.* **1** 지니다, 갖다; 견디다(endure). ¶ The *grip held*. 그 맛호는 견디었다. **2** 지키다, 성실하게 지키다(remain faithful); 고집하다(adhere); 달라붙다(cling) (*to*...), ¶ (~+前+名) *hold* to one's purpose 목적을 고수하다 / *Hold to* your resolution. 결심을 지키시오. **3** [어떤 상태]를 유지하다(keep up); 계속 …하다(continue), [날씨가] 계속 되다. ¶ (~+補) *hold* aloof 초연해 있다 / Please *hold* still. 제발 조용히 하시오 // (~+圖) How long will this fine weather *hold* [*up*]? 이 좋은 날씨가 얼마나 계속될까? **4** 효력이 있다(be in effect); 적용될 수 있다; 진실(사실)이다(be true). ¶ The rule does not *hold* in this case. 그 규칙은 이 경우에는 적용되지 않는다 // (~+圖) *hold* good 유효하다, 적용되다 / *hold* true 정말이다, 진실로 통하다. **5** 동의하다, 찬성하다(agree); 인정하다(approve); 편들다(side with) (*with*...). ¶ (~+前+名) He does not *hold with* the new method. 그는 새로운 방법을 인정하지 않는다. **6** [토지 따위]의 소유권을 손에 넣다(*by*, *from*, *in*, *of*...). **7** 《종종 명령형으로》 …하기를 삼가다(refrain) (*from*...); 기다리다(stop).

hold back ① …을 말리다, 억제하다(restrain). ¶ *Hold* the children *back* from running into the street. 아이들이 도로에 뛰어들지 못하게 하시오. ② …을 말하지 않다, 숨기다. ③ 삼가다(refrain), 주저하다.
hold by ① [남의 말 등]에 따르다. ② …을 지키다. ¶ *hold by* one's decision 자신의 결정을 지키다.
hold down ① …을 억누르다, 억제하다(restrain). ② 《美口》[직업 따위]를 보유하다, 유지하다.
hold forth ① 《다소 경멸적》 열변을 토하다(preach) (*on*...). ② …을 내놓다(offer), 제안하다.

hold in (*vt.*) …을 억제하다; (*vi.*) 참다. ¶ *hold* oneself *in* 자신을 억누르다.
Hold it (or *everything*)! 《口語》 잠깐(기다려)!, 가만히 있어!, 꼼짝 말고 그대로 있어!
hold off ① …을 가까이 못오게 하다. ¶ *hold* a dog *off* 개를 가까이 못오게 하다. ② [공격 따위]를 막다. ③ …을 연기하다, 지체시키다. ¶ *hold off* making decisions 결단을 늦추다.
hold on ① […을] 계속하다, 지속하다(continue). ¶ *hold on* one's course 진행을 계속하다. ② 단단히 잡다, 잡고 놓지 않다(*to*...); 《비유적》[자기의 입장 따위]를 고수하다(*to*...). ¶ *Hold on* to the rope firmly. 밧줄을 꽉 잡고 있어라. ③ 《비유적》 견디다(endure), 지탱하다. ④ 《주로 명령문으로》 [전화]를 끊지 않고 두다; 기다린다(wait), 그만두다(stop). ¶ *Hold on* a moment while I get him. 그를 찾는 동안 전화를 끊지 말고 기다리세요.
hold out ① …을 제출하다, [손]을 내밀다(offer). ② 지속하다(last), 견디어내다; 굴복하지 않다(*for*...).
hold over ① …을 다음으로 넘기다, 연기하다(postpone). ¶ Let's *hold* the picnic *over* until better weather comes. 날씨가 좋아질 때까지 소풍을 연기하자. ② 정해진 기간 이상 계속 점유하다(지위를 유지하다). ③ [연극 따위]를 예정된 기간 이상으로 상연하다.
hold together ① 함께 모여 떨어지지 않다, 결합(단결)되어 있다. ② …을 한데 두다, 결합(단결)시키다.
hold up ① …을 들어올리다, 쳐들다(lift, raise). ¶ *Hold up* your head. 고개를 들어라. ② …을 지지(옹호)하다(support); 을 편들다. ② …을 보이다(show); [후보자로서] …을 공표하다(exhibit, display), 추천하다; [조소 따위]를 …에게 받게 하다(expose). ¶ *hold* a person *up* to ridicule 남을 웃음거리로 만들다. ④ …을 방해하다, 막다(impede), 지연시키다(delay). ¶ *hold* the traffic *up* for an hour 교통을 한 시간 동안 지체시키다. ⑤ 《美口》(사람, 장소, 교통수단 따위)를 습격하여 강탈하다(털다). ⑥ 지속하다, [좋은 날씨가] 계속되다(remain clear). ⑦ 견디다, 지탱하다(endure). ⑧ 그치다, 멈추다(stop).
hold with ⇨ *vi.* 5.

— *n.* **1** ⓤⓒ 불잡기, 잡기, 쥠(grip), 파악. * 종종 무관사로 catch, get, have, seize, take 따위의 목적어로 숙어처럼 쓰인다. ¶ take *hold* of a knob 문의 손잡이를 잡다 / have *hold* of a rope 밧줄을 잡고 있다 / catch *hold* of a person by the arm 남의 팔을 잡다. **2** ⓤ [인심 등의] 장악, 파악(grasp); 세력, 지배력, 위력 (strong influence) (*on*, *upon*, *over*...); 이해력 (*on*, *upon*...). * 종종 무관사로 catch, get, have, seize, take 따위의 목적어로 숙어처럼 쓰인다. ¶ get *hold* of oneself 자신을 되찾다, 제정신이 들다 / get *hold* of a story 이야기를 이해하다 / Most of them didn't have any *hold* of the matter. 그들 대부분은 그 문제를 전혀 이해하지 못했다 // have a strong *hold over* one's children 자기의 자식들을 완전히 장악하고 있다 / lose one's *hold upon* …에 대하여 위력을 잃다. **3** 一는 곳, 쥐는(붙잡는) 곳, 발걸이, 손잡이(handle). **4** 그릇, 용기(receptacle). **5** 유치장, 감옥(prison); 감방, 은신처, 피난처; 《古》성채, 요새(stronghold). **6** [법률] [소유권의] 보유(holding). **7** ⓤ 정지, 중지 (pause); 연장. **8** [음악] 연장, 정류(停留) 기호[∧].
in holds 서로 맞잡고, 드잡이하고.
on hold ① [전화를 끊지 않고] 기다려; [착륙을] 기다려. ② 연기(보류)하여. ¶ put the plan *on hold* 계획을 연기하다.

hold² [hould] *n.* [항해] 선창, 화물실.
hold-all [hóuldɔ̀ːl] *n.* 잡낭(雜囊), 잡동사니 여행구.
hold-back [hóuldbæ̀k] *n.* **1** 억제[물], 저지(restraint). **2** [마차의] 멈춤 기어(장치). [제.
hold-down [hóulddàun] *n.* **1** 꺾쇠, 조임쇠. **2** 억
hold-en [hóuld(ə)n] *v.* 《고어》 hold¹의 과거 분사.

hold·er [hóuldər] *n.* **1** 그릇, 받치는 물건. ¶ a cigarette *holder* 궐련 물부리 / a pen *holder* 펜대. **2** 보유자, 소유주(owner); 임대인(tenant); [별를] 합법적으로 유통 증권을 발행할 수 있는 사람. ¶ a bond *holder* 채권 소유자 / a *holder* of land (stocks) 토지(주식) 소유자 / a record *holder* 기록 보유자.

hold·fast [hóuldfӕst/-fὰːst] *n.* **1** 꽉 누르는 물건 [다짐쇠·꺾쇠·후크 따위]. **2** 꼭 붙잡음. **3** [식물] 부착근(附着根).

*hold·ing** [hóuldiŋ] *n.* **1** Ⓤ 가짐, 보유, 소유. **2** [특히 농사를 위한] 차지(借地), 소작지. **3** 자회사(子會社). *cf.* holding company **4** (종종 ~s) 소유물, 재산 [특히 주식·채권·부동산 따위를 말한다]. ¶ have large *holdings* 많은 토지를 갖고 있다. **5** [스포츠] 농구·럭비·농구 따위 등을 지나치게 오래 가지고 있거나 상대방을 누르거나 하는 반칙 행위). ¶ (母)회사.

hólding còmpany *n.* [경제] 지주(持株) 회사, 모(母)회사

hólding pàddock *n.* [濠] [가축, 특히 털을 깎기 전의 양을] 일시적으로 수용하는 장소.

hólding pàttern *n.* [항공기의] 착륙 순위 대기 선회.

hold·man [hóuldmən] *n.* (*pl.* **-men** [-mən]) 선창(船倉) 인부.

hold·out [hóuldàut] *n.* **1** 저항, 인내; 저항의 거점. **2** [보다 나은 조건을 찾아서] 계약을 맺기고 있는 사람.

hold·o·ver [hóuldòuvər] *n.* **1** 이월(移越) (carryover); 이월한 품목. **2** 잔류자(물); 재수자(repeater). **3** [평이 좋아서] 예정 기간 이상 공연하게 된 연극·영화.

hóld tìme *n.* Ⓤ [로켓 발사 때 따위의] 지체.

hold·up [hóuldàp] *n.* **1** [美구어] [열차 및 그 승객 등에 대한] 강탈(robbery), [공도상에서의] 노상 강도, 강도. **2** [교통 기관 따위의] 정체. **3** 터무니없는 값의 요구.

hóldup màn *n.* 노상 강도(bandit).

‡**hole** [houl] *n.* **1** 구멍; 움막이; [짐승의] 굴; 토굴(土獄) (dungeon); 구멍이 뚫린 곳. ¶ dig a *hole* in the ground 땅에 구멍을 파다 / a *hole* in an apple 사과의 벌레 먹은 구멍 / the *hole* of a badger 오소리의 굴.

[類語] hole 「구멍·움푹 파인 곳」을 뜻하는 가장 일반적인 말. hollow 고체 내부의 텅 빈 곳, 또는 표면의 움푹한 곳: a *hollow* in an old tree trunk 고목 몸통에 생긴 텅 빈 구멍. cavity=hollow; 격식을 차리는 이나 과학 용어로 쓰이는 경우가 많다: the abdominal *cavity*(腹腔). excavation 땅을 파서 만든 큰 구멍: an *excavation* for the foundation of a building 건물의 토대를 위한 구멍. cave 산허리 따위에 수평으로 판 구멍: a *cave* dwelling 동굴 주거. cavern cave의 문어.

2 [벽·지붕 따위의] 터진 구멍(break); [의류의] 찢어진 곳(tear); 상처 구멍(wound); [신체의] 개구부(開口部)(orifice). ¶ a *hole* in the wall 벽의 구멍 / a *hole* in a garment 옷의 찢어진 곳.

3 곤경, 궁지. ¶ be (or find oneself) in a *hole* 곤경에 빠져 있다.

4 결함, 결점. ¶ pick a hole (*or* holes) in a plan 계획의 결점을 들추다. **5** [개천의] 웅덩이; [美] 작은 만, 후미(cove). ¶ a swimming *hole* 수영할 수 있는 웅덩이. **6** 누추한 거처; 은신처. ¶ a dirty *hole* to live in 누추한 주거. **7** [골프] **a)** [공을 쳐서 넣는] 구멍, 홀. **b)** [공을 홀에 넣어서 얻은] 득점.

burn a hole in one's pocket [돈이] 곧 없어져 버리다, 곧 써서 없어지다.

every hole and corner 샅샅이, 구석구석까지.

a hole in one [골프] 홀인원[일타(一打)로 홀에 들어가기].

a hole in the wall 누추한(비좁은, 꺼림칙한) 장소.

in the hole ① 빚을 지고 (in debt), 적자가 나서; 궁핍하여, 곤경에서. ¶ I was fifty dollars *in the hole* last month. 지난 달에는 50달러의 적자였다. ② [야구]

[투수나 타자가] 불리한 볼 카운트에 몰려.

make a hole in ①…에 구멍을 내다. ②…에 큰 구멍을 내다, …을 대량으로 써버리다.

— *v.* (**holed, hol·ing**) *vt.* **1** …에 구멍을 뚫다, [종알 따위가] …을 관통하다(pierce); [터널 따위를] 파다(excavate). **2** …을 구멍에 몰아넣다. **3** [골프·당구] [공]을 구멍에 쳐 넣다. ¶ *hole* the red [당구에서] 빨간 공을 구멍에 넣다.

— *vi.* 구멍을 뚫다(파다) (dig).

hole out [골프] 볼을 구멍에 넣다.

hole up ① 도면하다. ② [俗語] [경찰의 감시 따위에서] 숨다, 몸을 숨기다.

◇ **hóley** *adj.*

hole-and-cor·ner [hóulən(d)kɔ́ːrnər] *adj.* **1** 비밀의(secret). **2** 하찮은(trivial).

hóle càrd *n.* [카드놀이에서] 맨 먼저 나누어준 엎어놓는 카드; (비유적) 뜻밖의 중요성을 발휘하는 행동(요인).

hol·ey [hóuli] *adj.* 구멍이 뚫린, 구멍이 많은.

hol·i·but [hálibət/hɔ́l-] *n.* (**-but** *or* **-buts**) =halibut.

‡**hol·i·day** [hálədèi, -di] *n.* **1** 공휴일, 법정 휴일. ¶ a legal *holiday* 《美》 법정 공휴일/a national *holiday* 국경일/a public *holiday* 공휴일. *cf.* bank holiday

[用語] **holiday** 《美》에서는 어떤 사건이나 사람을 기념하여 관습이나 법률로 정해진 날에 사용하고, 《英》에서는 주로 초·중학교의 휴일을 말한다. **vacation** 《美》에서는 holiday 이외의 휴가, 《英》에서는 대학·재판소 등의 휴일에 쓴다.

2 휴일, 휴업일. ¶ make *holiday* 휴일로 하다, 쉬게 기다 / have a *holiday* every Saturday 토요일마다 쉬다 (on one's birthday) 토요일마다(자기의 생일을) 휴일로 삼다.

3 (종종 ~s) [주로 英] 휴가(vacation); [장기간의] 휴가 기간(vacation). ¶ take a three-day *holiday* 3일간의 휴가를 얻다 / the Easter (the summer) *holidays* 부활절(여름) 휴가/be on [a] *holiday* 휴가중이다/go to a resort for the (*or* one's) *holidays* 휴가로 휴양지에 가다 / be home for the *holidays* 《주로 英》 휴가로 집에 돌아와 있다.

4 축제일(holy day).

— *adj.* 휴일의; 휴가의, 축제의; 기쁜, 즐거운(joyous). ¶ *holiday* behavior 여유있는(한가로운) 태도/a *holiday* task 휴가중의 숙제 / be in a *holiday* mood 축제 기분이다. **2** 축제일에 어울리는, 축제 기분의. ¶ *holiday* clothes 나들이옷 / *holiday* atmosphere 즐거운 축제 분위기.

— *vi.* 《주로 英》 휴일을 보내다, 휴가를 얻다.

hol·i·day·er [hálədèiər/hɔ́lədi-] *n.* 휴가를 즐기는 사람, 행락객(vacationist).

hol·i·day·mak·er [hálədèimèikər/hɔ́lədimèikə, -dei-] *n.* **1** [英]의 행락객. **2** 소란스러운 저질 행락객(유람객).

ho·li·er-than-thou [hóuliərðənðáu] *adj.* 《美》 잘난 체하는, 독선적인.

ho·li·ly [hóulili] *adv.* 신앙이 독실하게(piously); 신성[하게].

*‡**ho·li·ness** [hóulinis] *n.* **1** Ⓤ 신성(sanctity); 영적 순결, 청정(淸淨). **2** (H-) 성하(聖下) [로마 교황의 존칭]. ¶ His (*or* Your) *Holiness* Pope Pius XII 피우스 12세 교황 성하. ◇ **hóly** *adj.*

ho·lis·tic [houlístic] *adj.* 육체와 정신을 통일적으로 보는, 심신 상관학설의. ¶ *holistic* medicine 육체·정신적 고민 치료법.

hol·la [hálə, hɑlɑ́ː/hɔ́lə] *interj., n., v.* =hallo.

‡**Hol·land** [hálənd/hɔ́l-] *n.* **1** 홀란드 [공식 명칭 the Netherlands. 수도 Amsterdam]. **2** (때로 h-) ⓤⒸ 네덜란드 천[표백하지 않은 일종의 삼베 또는 무명의 혼직(混織)]. ◇ **Dùtch** *adj.*

hól·lan·daise sàuce [hálədèiz/-hɔ́l-] *n.* ⓤⒸ 네덜란드 소스 [계란 노른자·레몬즙·버터·식초 따위의 넣어 만든다].

Hol·land·er [hάləndər/hɔ́l-] *n.* **1** 네덜란드 사람 (Dutch man). **2** 네덜란드 배 (Dutch ship).
Hólland gín *n.* =Hollands.
Hol·lands [hάləndz/hɔ́l-] *n. pl.* 〖단수 취급〗네덜란드제 진(gin)술.
hol·ler¹ [hάlər/hɔ́lə] 《구어》 *vi., vt.* 외치다(shout).
— *n.* **1** [주의를 끌기 위한 또는 고통·놀람의] 외침. **2** [미국 흑인의] 노동가(歌).
hol·ler² [hάlər/hɔ́l-] *n.* 〖방언〗=hollow.
Hól·ler·ith códe [hάlərìθ-/hɔ́l-] *n.* 〖컴퓨터〗홀러리드 코드〖알파벳과 숫자를 써서 정보를 펀치카드에 처넣는 기계〗.
hol·lo, hol·loa [hάlou, həlóu/hɔ́lou], **hol·loo** [hάluː, həlúː/hɔ́luː, həlúː] *interj., n. (pl.* -**los** *or* -**loes**; -**loas**; -**loos**), *vi., vt.* =hallo.
‡**hol·low** [hάlou/hɔ́lou] *adj.* **1** 속이 텅 빈, 공동(空洞)의. ¶ *a hollow* rock (tree) 속이 빈 바위(나무). **2** [표면·눈 따위가] 우묵한, 움푹 들어간; 꺼진 표면 / *hollow* eyes (cheeks) 움푹 들어간 눈(야윈 볼). **3** [소리 따위가] 공허한, 낮게 울리는, 힘 없는(muffled). **4** 실속이 없는, 가치가 없는, 일시적인; 성의가 없는(insincere); 거짓의 (false). ¶ *hollow* praises 발림(빈말) 칭찬. **5** 배고픈 (hungry).
— *n.* **1** 구멍(hole); 우묵한 곳, 움푹 파인 곳. ⇨ HOLE〖類語〗 **2** 움푹 들어간 곳, 분지; 골짜기(valley).
— *vt.* ···을 속이 비게 하다, 도려내다, 에다(make hollow) (...*out*). ¶ *hollow* a cave 굴을 파다 // (~ + 目+副) *hollow out* a log 통나무를 파내다. — *vi.* 속이 되다.
— *adv.* **1** 속이 비게; 성의 없이, 거짓으로. **2** 《구어》완전히, 철저하게.
beat a person [*all*] *hollow* ⇨ BEAT.
~·**ly** *adv.* ~·**ness** *n.*
Hol·lo·way [hάləwèi/hɔ́l-] *n.* 《영》홀러웨이 교도소 [London 북부에 있는 미결 여죄수 등의 수용소].
hol·low-eyed [hάlo(u)àid/hɔ́l-] *adj.* 눈이 움푹 들어간.
hol·low-heart·ed [hάlouhάːrtid/hɔ́l-] *adj.* 불성실한 (insincere), 거짓의 (deceitful).
hol·low·ware [hάlouwὲər/hɔ́l-] *n.* Ⓤ 속이 깊은 그릇류 [bowl, pan 따위]. *cf.* flatware
hol·low-wire [hάlouwàiər/hɔ́l-] *n.* 관상선 (管狀線).
*∗**hol·ly** [hάli/hɔ́li] *n. (pl.* -**lies**) 호랑가시나무; 붉은 열매가 달린 호랑가시나무의 가지[크리스마스 장식용].
hol·ly·hock [hάlihὰk/hɔ́lihɔ̀k] *n.* 접시꽃.
*∗**Hol·ly·wood** [hάliwùd/hɔ́l-] *n.* **1** 미국 California 주 남부 Los Angeles 시 교외의 한 구 [영화 산업의 중심지]. **2** Ⓤ 미국의 영화계(산업); 미국 영화계(식)의 작품.
{holly}
holm¹, **holme** [houm] *n.* 《영연》 **1** 강가의 낮은 땅. **2** [강·호수 가운데에 있는] 작은 섬, 강 섬, 강에 있는 주(洲).
holm² [houm] *n.* =holm oak.
hol·mic [hóu(l)mik] *adj.* 〖화학〗홀뮴의(을 함유하는).
hol·mi·um [hóu(l)miəm] *n.* Ⓤ 〖화학〗홀뮴[회토류 금속 원소의 하나; 기호 Ho].
hólm óak *n.* 털가시나무의 일종.
holo- whole, entire 라는 뜻의 연결형 (∗ 모음 앞에서는 hol- 을 쓴다). *cf. holocaust.*
hol·o·caust [hάləkɔ̀ːst/hɔ́l-] *n.* **1** [특히 화재에 의한 사람·동물의] 전멸; 전소사 (全燒死). **2** [유대교] 전번제 (全燔祭) 〖짐승을 통째로 구워 신전에 바치는 유대인의 제사〗. **3** (the H-) [나치에 의한] 유대인 대학살.
Hol·o·cene [hάləsìːn/hɔ́l-] *adj.* 〖지질〗[제4기의] 현

세(인류 발달 시대)의.
hol·o·crine [hάləkrin, -krain/hɔ́l-] *adj.* 전분비성 (全分泌性)의 [분비선 세포가 전체로서 분비물로 변화하는 것을 말한다].
hol·o·gram [hάləgræm/hɔ́lə-] *n.* 레이저 사진.
hol·o·graph [hάləgræf/hɔ́ləgrὰːf] *n.* **1** 자필 문서 (서류). **2** [전문 (全文)] 자필. — *adj.* (=**hol·o·graph·ic** [-ik], **-i·cal** [-ik(ə)l]) 전문 자필의.
ho·log·ra·phy [həlάgrəfi/hɔlɔ́g-] *n.* Ⓤ 레이저 사진술.
hol·o·he·dral [hὰləhíːdrəl/hɔ́ləhéd-] *adj.* 〖結晶〗완면상(完面像)의. ¶ a *holohedral* form 완면상〖하나의 결정계 (結晶系) 중에서 가장 많은 대칭 (對稱)의 요소를 가진 결정족(族)〗.
hol·o·phote [hάlo(u)fòut/hɔ́l-] *n.* 〖등대 따위의〗전광(全光) 반사 장치, 완전 조광장치 (照光鏡).
hol·o·phrase [hάləfrèiz/hɔ́l-] *n.* **1** 포함어(抱合語) 〖한 말로서 한 문장과 같은 형태를 가지는 말〗. **2** =holophrasis.
ho·loph·ra·sis [həlάfrəsis/-lɔ́f-] *n. (pl.* -**ses** [-sìːz]) **1** Ⓤ Ⓒ 어구·문장을 한 말로 나타내기, 포함(polysynthesis). **2** =holophrase 1.
hol·o·phras·tic [hὰləfrǽstik/hɔ̀l-] *adj.* 포함어로 나타내는.
hol·o·scop·ic [hὰləskάpik/hɔ̀ləskɔ́p-] *adj.* **1** 전 (全)시야적인, 전체상(象)의, 전체 표현의, 입체 표현적인. **2** 〖광학〗입체 현미경의.
hol·o·thu·ri·an [hὰlo(u)θú(ː)riən/hɔ̀lo(u)θjúər-] *n.* 해삼류의 동물. — *adj.* 해삼류의.
holp [houlp] *v.* 《고어》help 의 과거형.
hol·pen [hóulpən] *v.* 《고어》help 의 과거 분사.
hols [hαlz/hɔlz] *n.* 〖복수취급〗《영구어》=holiday[s].
Hol·stein [hóulstɑːn, -stìːn/hɔ́l-], **Hol·stein-Frie·si·an** [-fríːzɪən] *n.* 홀스타인종 젖소.
hol·ster [hóulstər] *n.* 권총의 가죽 케이스, [가죽] 권총집.
holt¹ [hoult] *n.* 《고어》잡목림(grove); 잡목산(wooded hill).
holt² [hoult] *n.* 짐승의 굴 (den); 수달(otter)의 굴.
ho·lus-bo·lus [hóuləsbóuləs] *adv.* 《구어》단숨에(all at once); 통째, 한 모금에 (at a gulp).
‡**ho·ly** [hóuli] *adj.* (-**li·er**, -**li·est**) **1** 신성한, 신의, 신에게 바친, 종교상의, ¶ a *holy* place 성소 (聖所), 성지 (聖地), 성전 (聖殿) / a *holy* war 〖종교를 위한〗성전 (聖戰). **2** 경신 (敬神)한, 경건한(pious), 신과 같은, 고결한. **3** 《속어》지독한, 대단한. ¶ His son is a *holy* terror. 그의 아들은 참 곤란한 아이다.
〖類語〗 **holy** 직접 god 에 유래하거나 또는 관계하기 때문에 종교상 가장 깊이 존경받는 것에 쓰이다: Palestine, the *Holy* Land 성지 팔레스티나, **sacred** 종교상 또는 특별한 목적에 바쳐졌기 때문에 침범하여 더럽혀서는 안 되는 것에 쓰인다: *sacred* music 종교 음악. **divine** 신성 (神性), 초자연성・초인간성을 가지는 것에 쓰인다: Christ is both human and *divine*. 그리스도는 인간성과 신성을 겸비하고 있다.
— *n. (pl.* -**lies**) 신성한 곳, 신성한 것; (the H-) 신. ¶ the *holy* of holies [유대교 신전의 가장 안쪽에 있는] 지성소 (至聖所), 그리스 정교회의 본전 (本殿), 가장 신성한 곳. ◇ **hó·li·ness** *n.*, **hó·li·ly** *adv.*
Hóly Allíance *n.* (the ~) 〖역사〗신성 동맹 [러시아・오스트리아・프러시아 사이에 1815년에 체결되고 1825년까지 계속].
Hóly Bíble *n.* (the ~) 성서.
hóly bréad *n.* Ⓤ 성찬식(미사)의 빵.
Hóly Cíty *n.* **1** (the ~) 성도 (聖都). **2** 천국 (heaven).
Hóly Commúnion *n.* 〖교회〗성찬; 〖가톨릭〗성체성사, 성체 배령(拜領).

Hóly Cróss Dày *n.* (the ~) 십자가를 제사 지내는 날 [9월 14일].
hóly dày *n.* 성일(聖日), 종교상의 축제일.
Hóly Fámily *n.* (the ~) 성가족[그리스도(특히 어기 예수)와 마리아·요셉]; 성가족의 축일; 성가족의 화상(畫像).
Hóly Fáther *n.* (the ~) [가톨릭] 교황(Pope)의 존칭.
Hóly Ghóst *n.* =Holy Spirit.
Hóly Gráil *n.* (the ~) 성배(聖杯) [그리스도가 최후의 만찬에서 썼다고 전해지는 술잔]; 간절히 원하는 것, 이루어질 수 없는 꿈(이상).
Hóly Ínnocents' Dày *n.* (the ~) 갓난아기 순교자의 날 [12월 28일; Herod 왕의 명령으로 Bethlehem의 사내아이들이 살해된 기념일].
Hóly Jóe *n.* 《속어》 목사(parson); 독신자(篤信者).
Hóly Lánd *n.* 성지 팔레스티나(Palestine).
Hóly Móther *n.* 성모 [마리아].
hóly númber *n.* 신성 숫자, 성수(聖數).
Hóly Óffice *n.* (the ~) [가톨릭] 교리 성성(敎理聖省) [신앙·도덕 문제를 다루는 교황청의 기관].
hóly óil *n.* [가톨릭] 성유(聖油) [세례·중병자 등에 사용].
Hóly Óne *n.* (the ~) 신, [구세주로서 신이 보낸] 그리스도.
hóly órders *n. pl.* (the ~) [사교(司敎)(주교)·사제(司祭)(장로)·조제(助祭)(집사)의] 3종의 성직 서계(敍階) [제제]. **2** [성직] 서계식. **3** 성직. ¶ take *holy orders* 사제(목사)가 되다.
hóly pláce *n.* **1** [유대 신전의] 성소(聖所) [지성소 주위의 방]. **2** *(pl.)* 성지(聖地), 성지(聖地).
Hóly Róman Émpire *n.* (the ~) 신성 로마 제국 (962-1806).
Hóly Róod *n.* (the ~) [그리스도가 그 위에서 처형된] 십자가. **2** (h-r-) 십자가상(像). [일].
Hóly Sáturday *n.* 성토요일 [부활제 직전의 토요].
Hóly Scrípture *n.* (the ~) (the Bible).
Hóly Sée *n.* (the ~) [가톨릭] **1** [로마 교황의] 성좌(聖座), 사도좌(使徒座). **2** 교황청.
Hóly Spírit *n.* (the ~) 성령(Holy Ghost).
ho‧ly‧stone [hóulistòun] *n.* [배 갑판용] 마석(磨石).
—— *vt.* -stoned, -stoning 《갑판》을 마석으로 닦다.
Hóly Thúrsday *n.* **1** [목요일에 경축하는] 예수 승천 축일 (Ascension Day). **2** [가톨릭] 성목요일 [부활제 직전의 목요일].
hóly wáter *n.* ⓤ 성수[세례를 기념하는 신성한].
Hóly Wéek *n.* 성주간[부활제를 앞둔 일주간].
Hóly Wrít *n.* (the ~) 성서(the Bible).
hom- ⇨ HOMO-.
***hom‧age** [h]ámidʒ/hɔ́m-] *n.* 존경, 경의(⇨ RESPECT[類語]); 충성의 맹세, 군신(君臣)의 관계. ¶ pay (*or* do, render) *homage* to …에게 충성을 맹세하다(바치다); 경의를 표하다.
hom‧bre[1] [hámbər/hɔ́m-] *n.* 〖카드놀이〗=omber.
hom‧bre[2] [ɔ́:mbrei] *n.* 사나이, 녀석. 〈<Sp〉
hom‧burg [hámbɔːrg/hɔ́m-] *n.* 홈버그 [펠트제(製)의 테 좁은 중절 모자].
‡home [houm] *n.* **1** ⓤⓒ [양친·가족이 사는] 집, 생가; 주거, 주택; 자택, 제집. ⇨ HOUSE [類語] ¶ one's old *home* 그리운 나의 옛집 / an ancestral *home* 조상 때부터 내려오는 집 / leave *home* 집을 떠나다 / own (*or* possess) one's own *home* 자기집을 가지다 / make one's *home* in the country 시골에 집을 가지다 / be away from *home* 외출중이다 / leave for *home* 집으로 돌아가다 / He made his *home* here with us. 그는 여기 우리집에서 동거했다 / I'll stay [at] *home* on Monday. 월요일은 집에 있을 작정이다. ∗ 《英》 집에서는 at를 쓰지 않는 용법도 인정되고 있다.
2 가정, 가정 생활(domestic life); 가족(family). ¶ a sweet (a joyless, a well-ordered) *home* 즐거운(재미없는, 엄격한) 가정 / build (*or* establish, make) a *home* 가정을 이루다(가지다) / Good manners can be taught in *homes*. 훌륭한 예의 범절은 가정에서 가르쳐진다.
3 시설, 수용소, 요양소(asylum). ¶ a nursing *home* 탁아소 / a *home* for the aged 양로원.
4 [동식물의] 산지, 서식지(habitat). ¶ the *home* of the penguins 펭귄의 서식지.
5 [물건·사람·사상 따위의] 발상지, 본가(本家)의 본바닥. ¶ the *home* of cosmetics 화장품의 본고장.
6 ⓤⓒ 안주(安住) (안식)의 땅. ¶ a heavenly *home* 천국.
7 ⓤ 고향 (native land), 본국, 고국, 《英》 [외지에서 볼 때] 영국 본토. ¶ leave Australia for *home* 오스트레일리아를 떠나서 본국으로 돌아가다.
8 [야구] 결승점 (goal).
9 [야구] 홈 베이스, 본루 (home base).
at home **1** 집에 있어, 집에서. ⇨1. ② 국내에서. ¶ affairs *at home* and abroad 국내외의 사정. ③ 면회일이어서, 자진해서 손님을 만나는(*to*…). ¶ I shall be *at home* tomorrow. 내일 만납시다 / The patient is not *at home* to callers. 그 환자는 면회 사절이다. ④ 마음 편하게, 편히(at ease). ¶ be (*or* feel) *at home* 마음 편하다, 편히 하다 / Make yourself *at home*, please. 아, 편히 쉬십시오. ⑤ 익숙하여, 정통하여 (familiar with) (*on*, *in*…). ¶ be *at home on* Europe 유럽에 관해서는 잘 알고 있다 / be *at home in* Italian 이탈리아 어에는 정통하다. ⑥ [야구 따위가] 본거지에서.
a home from home 제집 같은 [마음 편한] 곳.
one's long (or *last*) *home* 무덤, 매장소. ¶ go to one's *long home* 영면하다, 죽다.
—— *adj.* **1** 우리집의, 가정의; 《스포츠》 본거지의, 본고장의. ¶ *home* life 가정 생활 / a *home* game 본거지에서의 시합 **2** 자기 나라의, 고향의; 국내의(domestic) (*opp.* foreign); 국산의. ¶ *home* products (industries) 국산품(국내 산업) / *home* waters 근해 / *home* affairs 내무(內務). **3** 급소를 찌르는, 적절한 (to the point). ¶ a *home* question 급소를 찌르는 질문 / a *home* thrust 급소 찌르기. **4** [경기] 결승의. **5** [야구] 본루의.
—— *adv.* **1** 자기 집에 (으로), 고향에 (으로), 본국(모국)에(으로); [자택·자기 나라에] 돌아와 [있는]; 집에 있어(at home). ¶ go *home* 집(모국)으로 돌아가다 / be *home* from abroad 해외에서 귀국해 있다 / be *home* for the holidays 휴가로 귀향 중이다 / on one's way *home* 돌아오는 도중에, 귀로에 / He must be *home* by now. 그는 지금쯤은 이미 귀가해 있을 것이다. **2** 쑥, 쑥, 깊이 급소에, 효과적으로(effectively); 통절하게, 절실히. ¶ drive a nail *home* 못을 단단히 박다/drive the point *home* 그 점을 분명히 하다 / The argument hits *home*. 그 논의는 급소를 찌르고 있다. **3** [항해] **a)** 바다에서 육지의 방향으로. ¶ The wind blows *home*. 바람은 육지 쪽으로 분다. **b)** 바른 자리에 거두어. ¶ The anchor was *home*. 닻은 올려져 있었다. **c)** 배[안]쪽으로. ¶ haul an anchor *home* 닻을 끌어 올리다. **4** [야구] 본루에(로).
bring (or *get*) *oneself home* [경제적 손실·지위 따위에서] 회복하다 (recover oneself).
bring (or *drive*) *something home to a person* 남에게 …을 똑똑히 자각시키다, 절실히 느끼게 하다. ¶ *bring home* to *a person* the meaning of it 그것의 의미를 남에게 납득시키다.
bring home the bacon ⇨ BACON.
come home to a person 남의 가슴에 사무치다, 큰 감명을 주다.
get home ① 귀가하다. ② 목적을 달성하다. ③ [남의] 급소를 찌르다(*on*…).
go home ① 돌아가다. ② 《속어》 죽다. ③ 급소를 깊이 찌르다; 깊이 [마음에] 호소하다.
hit home [말 따위가] 급소(요점)를 찌르다.

home and dry 《英》성공이나 승리가 확실하여, 안전권 내에 있어.
home free 《美속어》성공이나 승리가 확실하여.
strike home ① …에게 치명상을 주다, …의 급소를 찌르다. ② …을 감명시키다.
write home about 《구어》…을 자랑하다(boast of), …을 특필(特筆)하다. ¶ The temple is nothing to *write home about*. 그 절은 이렇다하게 자랑할만한 곳이 아니다.
— v. (**homed, hom·ing**) vi. **1** 집으로 돌아오다(go home). ¶ The players were *homing* from the ballpark. 선수들은 야구장에서 돌아가는 중이었다. **2** [미사일 따위가 자동 유도 장치로] 표적을 향해 가다, 나아가다(*in on*...). ¶ The missile *homed in on* the land installation. 미사일은 그 육상 시설을 향하여 나아갔다. **3** 보금자리를 갖다, [특정한 장소에] 근거를 갖다(reside).
— vt. **1** …을 집에 데려가다, 집으로 보내다 (bring home). **2** …에게 집을 주다(house). **3** (미사일 따위)를 향하게 하다.
◇ hómelike, hómely, hómey *adj*., hómeward *adv*., *adj*.
hóme automátion n. ⇨ HA.
hóme bánking n. 홈 뱅킹[가정에 설치된 컴퓨터 단말기를 이용한 은행 거래].
hóme báse n. 《야구》=home plate.
home·bod·y [hóumbàdi / -bɔ̀di] n. (*pl.* **-bod·ies**) 《美》집에 틀어박혀 있기를 좋아하는 사람; 가정 본위의 사람.
home·born [hóumbɔ́ːrn] *adj.* 본국(자국) 태생의; [자] 국산의, 토박이의(*自州産*)의.
home·bound [hóumbáund] *adj.* **1** 집으로 가는; 귀국행의; 귀항의. cf. outward-bound **2** 집에 틀어박혀 있는.
home·bred [hóumbréd] *adj.* **1** 본국(자기 집)에서 자란; 국산의(native). **2** 반드럽지 않은, 세상 모르는; 세련되지 않은(unpolished).
home-brew [hóumbrúː] n. 자가 양조 음료.
home-brewed [hóumbrúːd] *adj.* 자가 양조의.
home-build·er [hóumbíldər] n. 《美》주택 건설업자.
home·com·ing [hóumkàmiŋ] n. **1** 귀가, 귀성(歸省), 귀국. **2** 《美》(대학 등의) 동창회.
hóme contróller n. 주택 제어 기기 [가정에 전화를 걸어 전기·가스 가정 생활기기를 작동시키는 장치·기기].
Hóme Cóunties n. pl. 영국 London 주변의 여러 주 [Middlesex, Essex, Kent, Surrey. 또는 Hertford와 Sussex를 포함하는 경우도 있다; London 교외 주택지].
hóme ec n. 《美학생 속어》=home economics.
hóme económics n. pl. 《단수 취급》가정학(家政學).
hóme económist n. 가정학자, 가정과(科)의 선생.
hóme fárm n. 《英》(대지주의) 자작 농장.
home-felt [hóumfèlt, +英 ː] *adj.* 《고어》가슴에 사무치는.
hóme fríes n. pl. 삶은 감자를 얇게 썰어서 버터(라드)로 볶은 것.
hóme frónt n. U (the ~) 국내 전선, 후방;《집합적》후방의 국민.
hóme gróund n. **1** 홈그라운드[자기팀의 국내 그라운드]. **2** 잘 아는 분야(제목).
home-grown [hóumgróun] *adj.* [야채·과일 따위가 수입품에 대하여] 국내산의, 자주산(自州産)의, 그 지방산의; 자가 생산의, 자기 집 뜰에서 딴.
hóme guárd n. 국방 의용병; (H·G·)《英》국방 시민군 병사.
hóme hélp n. 《英》공인 가정부[병자·노인의 가정을 방문하는 시읍면 파견의 가정부].
home·keep·er [hóumkìːpər] n. 제집에 틀어박혀 있기를 좋아하는 사람.
home·keep·ing [hóumkìːpiŋ] *adj.* 집안에 틀어박혀 있는; 집에 있는 편이 많은.
home·land [hóumlǽnd] n. 고국, 모국, 자기 나라 (native land).
***home·less** [hóumlis] *adj.* **1** 집없는. **2**《드물게》의 지할 곳 없는. — n. 노상 생활자, 무주택 부랑자. ~**·ly** *adv*. ~**·ness** n.
home·like [hóumlàik] *adj.* 가정과 같은; 편안한, 마음 편한 (comfortable). ~**·ness** n.
hóme lóan n. 주택 자금 대부.
‡**home·ly** [hóumli] *adj.* (**-li·er, -li·est**) **1** 가정적인, 자기 집 같은(homelike). **2** 검소한, 조야한, 세련되지 않은(simple), (rude). ¶ *homely* courtesy 형식에 치우치지 않은 예의. **3** 흔한, 흔히 있는; 친한 (very friendly). ¶ be *homely* with a person 아무와 친하다 / explain the problem in *homely* terms 그 문제를 쉬운 말로 해설하다. **4**《美》못생긴, 보기 흉한. **-li·ness** n.
‡**home·made** [hóumméid] *adj.* **1** 손으로 만든, 집에서 만든(made at home). cf. boughten ¶ *homemade* bread 집에서 만든 빵. **2** 국산의. **3** 검소한.
home·mak·er [hóummèikər] n.《美》주부(housewife). [政]
home·mak·ing [hóummèikiŋ] n. U 《美》가정(家政).
homeo- similar 라는 뜻의 연결형 (* homoeo-는 이 변형). 예: *homeo*pathy.
hóme óffice n. 본사, 본점. cf. branch office
Hóme Óffice n. (the ~)《英》내무부.
ho·me·o·path·ic [hòumiəpǽθik] *adj.* 동종 요법(同種療法)의, 유사(類似) 요법을 베푸는.
-i·cal·ly [-ikəli] *adv.*
ho·me·op·a·thist [hòumiápəθist / -5p-] n. 동종 요법의(醫); 동종 요법의 지지자.
ho·me·op·a·thy [hòumiápəθi / -5p-] n. U 《의학》동종(동독)(同毒)요법[건강체에 쓰면 그 증상과 비슷한 증상을 나타내는 약물을 조금씩 환자에게 주어 치료하는 방법]. cf. allopathy
ho·me·o·sta·sis [hòumio(u)stéisis] n. U《생리》호메오스타시스, 항상성(恒常性)[생체내의 균형을 유지하려는 경향].
home·own·er [hóumòunər] n. 제 집에서 거주하는 사람.
hóme páge n. [컴퓨터] 홈페이지[개인이나 조직이 인터넷 상에 공개하고 있는 문장·화상 정보].
hóme pláte n. 《야구》본루. cf. base¹ 7
*****hom·er** [hóumər] n. 《구어》**1** 《야구》=home run. **2** =homing pigeon. — vi. 홈런을 치다.
Ho·mer [hóumər] n. 호머, 호메로스[기원 전 10세기경의 고대 그리스의 시인. 서사시 *Iliad*, *Odyssey* 작자라고 한다]. ¶ *Even Homer sometimes nods.* 《속담》호머같은 대시인도 때로는 실수를 한다(원숭이도 나무에서 떨어진다). ◇ Homéric *adj.*
Ho·mer·ic [ho(u)mérik] *adj.* Homer 의, Homer 풍의. ¶ *Homeric* laughter [호머의 시라고 하는 *Odyssey*에 나오는 신들의 웃음을 연상케 하는] 큰 웃음.
‡**home·room** [hóumrù(ː)m] n. U©《美》《교육》홈룸; 학급 자치실. [의 자치 [문제].
hóme rúle n. **1** 지방 자치. **2** (H·R·) 아일랜드
‡**hóme rún** n. 《야구》홈런(homer).
hóme scréen n.《美》텔레비전.
Hóme Sécretàry n. (the ~)《英》내무 장관, 내상(內相) (Secretary of State for the Home Office).
hóme shópping n. 홈 쇼핑[가정에 앉아서 PC를 통해 상품·입장권·항공권 등을 예약·매입하는 시스템].
‡**home·sick** [hóumsìk] *adj.* 고향을 몹시 그리워하는, 망향병(鄕病)의. ~**·ness** n.
home·site [hóumsàit] n. 집터, 택지.
*****home·spun** [hóumspÀn] *adj.* **1** 손으로 짠, 수직(手織)의. ¶ *homespun cloth* 수직 나사(羅紗). **2** 평범한, 소박한, 세련되지 않은 (plain, coarse). — n. U 홈스

hóme stánd *n.* 〔야구〕홈그라운드에서 하는 시합(시 정체류, 민박(民泊), 홈스테이.

hóme-stay [hóumstèi] *n.* 〔방문객, 유학생 따위의〕가 정체류, 민박(民泊), 홈스테이.

*home·stead [hóumstèd, -stid] *n.* 1 집과 대지, 〔부속 건물·부근의 밭을 포함한〕 농장(farmstead). 2 〔美·캐나다〕〔이민에게 위양(委讓)되는〕 자작 농장. — *vt.* …에 이주하다, 정착(정주)하다. — *vi.* 이주하다, 정주(정착)하다.

Hómestead Áct *n.* (the ~) 〔美역사〕 자영 농지법 〔미국 서부의 공유지를 개척 입주자에게 무상으로 준 1862년에 제정한 법률〕.

home·stead·er [hóumstèdər] *n.* 1 homestead 의 소유자. 2 〔美〕〔Homestead Act〔1862년 제정〕에 의하여 자작 농장이 주어진〕 이주자.

hómestead láw *n.* (the ~) 1 〔택지를 강제 집행에서 보존하는〕 압류(공매) 면제법. 2 〔美역사〕 = Homestead Act.

home·stretch [hóumstrétʃ] *n.* 1 〔경주 따위의〕 최후의 직선 코스. *cf.* back stretch 2 〔일 따위의〕 최후의 부분, 막판.

hóme stúdy *n.* 1 〔통신 교육에 의한〕 자가 학습. 2 〔美〕〔양부모로서의 적격성에 관한〕 가정 조사.

hóme términal *n.* 〔컴퓨터〕 가정용 단말기.

hóme·town [hóumtáun] *n.* 자기가 태어난 도시, 고향.

hóme trúth *n.* 1 〔남의〕 가슴을 울리는 사실, 불쾌한 사실. 2 명백한 사실의 증명.

*home·ward [hóumwərd] *adv.* (=**home·wards**[-wərdz]) 집(본국)으로 향하여(toward home). *cf.* outward — *adj.* 집으로 향하는, 돌아가는 길의, 귀항(歸航)의.

‡home·work [hóumwə̀ːrk] *n.* ⓤ 1 숙제, 〔집에서 하는〕 예습, 복습. 2 내직(內職), 가정에서 하는 일.

home·y [hóumi] *adj.* (**hom·i·er, hom·i·est**) 가정과 같은(homelike); 마음 편한, 편안한, 즐거운 (comfortable).

hom·i·ci·dal [hὰmisáidl / hɔ́m-] *adj.* 1 살인(범)의. 2 살인을 범할 경향이 있는. ~·**ly** [-dəli] *adv.*

hom·i·cide [hάmisàid / hɔ́m-] *n.* ⓤⓒ 1 살인(행위). 類語 **homicide** 널리 「살인」을 의미하며, 죄를 구성하지 않는 것도 있으며, **murder** 살의를 품고 하는 homicide, 모살(謀殺). **manslaughter** 사전에 살의가 없는 homicide, 고살(故殺). 2 살인범(murderer).

hom·i·let·ic [hὰmilétik / hɔ̀m-] *adj.* (**-let·i·cal**[-ik(ə)l]) *adj.* 설교(학)의. **-i·cal·ly** [-ikəli] *adv.*

hom·i·let·ics [hὰmilétiks / hɔ̀m-] *n. pl.* 〔단수 취급〕 설교법, 법화술(法話術).

hom·i·list [hάmilist / hɔ́m-] *n.* 설교자, 설교사.

hom·i·ly [hάm(i)li / hɔ́mili] *n.* (*pl.* **-lies**) 1 〔종교적인〕 설교(sermon). 2 훈계.

hom·ing [hóumiŋ] *adj.* 제집에 돌아오는; 〔새 따위가〕 둥지로 돌아가는; 목적지로 인도하는. ¶ *homing* instinct 귀소 본능(歸巢本能).

hóming devìce *n.* 〔미사일·비행기의〕 자동 유도 장치.

hóming pígeon *n.* 전서(傳書) 비둘기(homer).

hom·i·nid [hάminid / hɔ́m-] *n.* 〔생물〕 사람.

hom·i·ni·za·tion [hὰminizéiʃ(ə)n / hɔ̀m-] *n.* 인류 진화; 〔기계 따위의〕 인간화.

hom·i·nized [hάmənàizd / hɔ́m-] *adj.* 진화해서 사람(인류)이 된, 인류 진화를 성취한.

hom·i·noid [hάminɔ̀id / hɔ́m-] *adj.* 인간(인류)을 닮은, 사람과(科)의. — *n.* 유인(類人) 동물, 사람과에 속하는 동물·유인원(원).

hom·i·ny [hάmini / hɔ́m-] *n.* ⓤ 〔美〕 간 옥수수〔로 쑨 죽〕.

homme [ɔːm] *n.* 〔프랑스〕 (=man) 사람. 〔죽〕.

ho·mo [hóumou] *n., adj.* (속어) =homosexual.

Ho·mo [hóumou] *n.* 사람(man)〔학명〕.

homo- same 이라는 뜻의 연결형(* 모음 앞에서는 hom-을 쓴다〕. 예: *homo*geneous.

ho·mo·cen·tric [hòumouséntrik, +美 hɑ̀m-] *adj.* 1 같은 중심을 가진, 동심(同心)의. 2 동일점에서 발하는; 동일점에 모이는.

ho·mo·chro·mat·ic [hòumo(u)kro(u)mǽtik, +美 hὰm-] *adj.* 한 색깔의, 단색의(monochromatic).

ho·mo·chro·mous [hòumo(u)króuməs, +美 hὰm-] *adj.* 〔동·식물〕 단색의, 한 색의, 일색의.

ho·mog·a·mous [houmάgəməs / -mɔ́g-] *adj.* 〔식물〕 동성화(同性花)가 생기는. *opp.* heterogamous

ho·mog·a·my [houmάgəmi / -mɔ́g-] *n.* ⓤ 1 〔식물〕 자웅동숙(雌雄同熟) (dichogamy). 2 〔생물〕 동류 교배(同類交配).

ho·mo·ge·ne·i·ty [hòumo(u)dʒiníːəti, hὰm-/hòumo(u)dʒe-, hòum-] *n.* ⓤ 동종(同種), 동질; 균등성.

ho·mo·ge·ne·ous [hòumo(u)dʒíːniəs, hὰm-/ hɔ̀m-, hòum-] *adj.* 1 같은 종류의 것으로 된(*cf.* heterogeneous), 동질의; 동일성의. 2 〔수학〕 동차(同次)의. 3 〔물리〕 균질의, 동질의. ~·**ly** *adv.* ~·**ness** *n.*

ho·mo·gen·e·sis [hòumo(u)dʒénisis, hὰm-/hɔ̀m-] *n.* 〔생물〕 순일 발생(純一發生).

ho·mog·e·nize [ho(u)mάdʒinàiz, ham-/hɔmɔ́dʒi-, həm-] *vt., vi.* (**-nized, -niz·ing**) …을 균질(均質)로 하다. ¶ *homogenized* milk 균질 우유.

hom·o·graph [hάməgrǽf / hóuməgrὰːf] *n.* 동형 이의어(同形異義語) (우편) 과 제비 (갚을) 따위).

hom·o·graph·ic [hὰmo(u)grǽfik / hɔ̀mo(u)-] *adj.* 1 동형 이의어의. 2 일자 일음주의(一字一音主義)의 (phonetic).

ho·mog·ra·phy [ho(u)mάgrəfi / hɔmɔ́g-] *n.* ⓤ 1 일자 일음주의의 철자법. 2 동형 이의의(同形異義)〔임〕.

Hómo hábilis *n.* 〔인류학〕 호모 하빌리스〔처음으로 도구를 만든 직립 원인(直立猿人)으로 믿어지는 약 170만 년 전의 화석 인류〕.

ho·mol·o·gate [ho(u)mάləgèit / hɔmɔ́l-] *vt.* (**-gat·ed, -gat·ing**) …을 승인하다(approve), 재가(裁可)하다 (ratify).

ho·mol·o·ga·tion [ho(u)màləgéiʃ(ə)n / hɔmɔ̀l-] *n.* ⓤ 찬성, 승인, 재가.

ho·mol·o·gize [ho(u)mάlədʒàiz / hɔmɔ́l-] (*英) 에서는 **ho·mol·o·gise** 로도 쓴다) *v.* (**-gized, -giz·ing**) *vt.* …을 일치(상응)시키다, …의 상동(相同)(동족(同族)) 관계를 나타내다. — *vi.* 상동하다, 동족화하다.

ho·mol·o·gous [ho(u)mάləgəs / hɔmɔ́l-] *adj.* 1 〔구조·위치·성질 따위가〕 일치하는, 상응(대응)하는 것. 2 〔생물〕 〔기관의〕 상동(相同)의; 〔화학〕 동족의. 3 〔면역〕 혈청과 그 재료인 세균과의 관계가 동일원(同一源)인.

hom·o·logue, -log [hάməlɔ̀(ː)g, hòu-, -lὰg/hɔ́məlɔ̀g] *n.* 1 상응하는 것. 2 〔생물〕 상동 기관. 3 〔화학〕 동족체.

ho·mol·o·gy [ho(u)mάlədʒi / hɔmɔ́l-] *n.* ⓤⓒ (*pl.* **-gies**) 1 상응, 상당(相當). 2 〔생물〕 상동〔생물의 기관이 외관상 다르지만 본래의 기본 원형은 같은 관계〕. 3 〔화학〕 〔화합물의〕 동족 관계.

ho·mól·o·sine projéction [ho(u)mάləsin, -sὰin-] 〔지도 제작〕 호몰로신(상동 투영) 도법(圖法).

hom·o·mor·phic [hὰmo(u)mɔ́ːrfik, hòum-/hɔ̀m-] *adj.* 〔수학〕 준동형(準同形)의.

hom·o·mor·phism [hὰmo(u)mɔ́ːrfiz(ə)m, hòum-/ hɔ̀m-] *n.* 1 〔생물〕 이체 동형(異體同形). 2 〔식물〕 동형 완전화(完全花)를 갖는 일. 3 〔동물〕 불완전 변태. 4 〔수학〕 준동형.

hom·o·nym [hάmənìm / hɔ́m-] *n.* 1 동음 이의 어〔dear 와 deer 따위〕. 2 동명 이인(이물) (namesake).

hom·o·nym·ic [hὰmənímik / hɔ̀m-] *adj.* 1 동음 이의어의. 2 동명 이인(이물)의.

ho·mon·y·mous [ho(u)mάniməs / -mɔ́n-] *adj.* 1 동음 이의(어)의. 2 같은 이름의.

ho·mon·y·my [ho(u)mάnimi / -mɔ́n-] *n.* ⓤ 동음〔동형〕 이의(어)임.

ho·mo·phile [hóumo(u)fàil] *n., adj.* = homosexual.

ho·mo·pho·bia [hòumǝfóubiǝ] *n.* ⓤ 동성애 공포증(혐오).

hom·o·phone [hámǝfòun, hóu-/hɔ́m-] *n.* **1** 〔음성〕 동음 이의어(homonym). **2** 동음자(同音字) 〔cook 의 c 와 k 따위〕.

hom·o·phon·ic [hàmǝfánik / hɔ̀mǝfɔ́n-] *adj.* **1** 동음 이의어의. **2** 〔음악〕 단음적(單音的)인; 제창(齊唱)의.

ho·moph·o·nous [ho(u)máfǝnǝs / hɔmɔ́f-] *adj.* = homophonic.

ho·moph·o·ny [ho(u)máfǝni / hɔmɔ́f-] *n.* **1** 〔음성〕 동음(同音). **2** 〔음악〕 단선율(單旋律), 호모포니.

ho·mop·ter·ous [ho(u)máptǝrǝs / hɔmɔ́p-] *adj.* 〔동물〕 동시류(同翅類)의〔진디·매미 따위〕.

hōmo sāp *n.* 〈속어〉인류[homo sapiens와 sap(바보)를 합친 조어].

Hōmo sā·pi·ens [-séipiənz] *n.* **1** 인류(man). **2** 〔단·복수 양용〕지능이 있는 생물로서의 인간.
〔< L *homō* man + *sapiens* wise〕

ho·mo·sex [hóumǝsèks] *n.* ⓤ =homosexuality.

ho·mo·sex·u·al [hòumǝ(u)sékʃuǝl, hàmo(u)- / hóumo(u)séksjuǝl] (*cf.* heterosexual) *adj.* 동성애의.
— *n.* 동성애하는 사람.

ho·mo·sex·u·al·ist [hòumǝ(u)sékʃuǝlist, hàmo(u)- / hóumo(u)séksjuǝlist] *n.* =homosexual.

ho·mo·sex·u·al·i·ty [hòumǝ(u)sèkʃuǽliti - sèksju-] *n.* ⓤ 동성애.

ho·mo·sphere [hòumǝ(u)sfíǝr] *n.* (the ~) 〔대기〕 동질권(同質圈)〔지상 90 km 까지〕. *cf.* heterosphere

ho·mo·tax·is [hòumoutǽksis] *n.* 〔지질〕 유사 배열(類似配列)〔서로 유사한 시대의 화석·지층 따위를 같은 시대의 것으로 분류하는 일〕.

hom·o·type [hámǝ(u)tàip, hóum-/hɔ́m-] *n.* 〔생물〕 상동 기관(homologue).

ho·mo·zy·gote [hòumǝ(u)záigout, hàm-/hɔ̀m-] *n.* 〔생물〕 동질(동질) 접합체(接合體), 호모 접합체. *cf.* heterozygote

ho·mun·cle [houmʌ́ŋkl] *n.* =homuncule.

ho·mun·cu·lar [houmʌ́ŋkjulǝr] *adj.* 난쟁이 같은, 아주 작은.

ho·mun·cule [houmʌ́ŋkju:l] *n.* 난쟁이(dwarf).

ho·mun·cu·lus [houmʌ́ŋkjulǝs] *n.* (*pl.* **-li** [-lài]) **1** =homuncule. **2** 극미인(極微人)〔16-17세기의 의학 이론에서 정자 속에 있다던 미소한 인체〕.

hom·y [hóumi] *adj.* (**hom·i·er, hom·i·est**) =homey.

hon [hʌn] *n.* (종종 H-)〈구어〉〔아내나 애인을 부를 때의 애칭으로서〕 귀여운 사람, 사랑스러운 사람(honey).

hon. 〔略〕 honor, honorably.〔주로 英〕 honorary.

Hon. 〔略〕 Honorable.

Hon·du·ran [hand(j)ú(:)rǝn / hɔndjúǝr-] *adj.* 온두라스〔사람〕의. — *n.* 온두라스 사람.

Hon·du·ras [hand(j)ú(:)rǝs / hɔndjúǝr-] *n.* **1** 온두라스〔중앙 아메리카 동북부의 공화국; 수도 Tegucigalpa〕. **2** = British Honduras.

hone [houn] *n.* 숫돌, 〔특히〕 면도칼 숫돌.
— *vt.* (**honed, hon·ing**) …을 숫돌로 갈다.

‡**hon·est** [ánist / ɔ́n-] *adj.* **1** 정직한, 거짓없는(upright) (*opp.* dishonest), 성실한(sincere); 솔직한(candid), 숨김없는. ¶ an *honest* person 정직한 사람 / an *honest* opinion 솔직한 의견 // be *honest* in business 장사에서는 정직하다 / to be *honest* with you 정직하게 말하면 // He is quite *honest* in telling me about the matter. 그 일을 이야기 해 주다니 그는 아주 정직하다 / It was *honest* of you *to* tell me the truth. 정직하게 진실을 잘 말씀해 주셨군요.
2 정당한, 공정한(fair); 정당하게 얻은. ¶ *honest* dealings 공정한 거래 / *honest* wealth 정당한 수단으로 모은 부(富) / an *honest* living 참된 생활 / earn an *honest* penny 정직하게 일해서 돈을 벌다. **3** 진짜의,

섞인 것이 없는, 순수한(genuine). ¶ *honest* weights 정미(正味)의 무게 / *honest* milk (butter) 순수 우유(버터) / *honest* commodities 순수 상품. **4** 존경할 만한(respectable), 평판이 좋은. ¶ an *honest* name 존경할 만한 이름. **5** 신용할 수 있는(creditable), 틀림없는(truthful). ¶ an *honest* account 신용할 수 있는 회계. **6** 〔고어〕 정숙한(chaste). **7** 〔손아랫 사람을 칭찬하여〕 착한, 기특한.

honest injun (or *Injun*) 〈구어〉 정직하게 말해서, 정말로(honestly).

make an honest woman of ⇒ WOMAN.

— *adv.* =honestly.

◇ honesty, hónestly *adv.* 〔재자〕.

hónest bróker *n.* 〈구어〉 공정한 중재자, 중립의 중

hónest Ínjun (Índian) *adv.* (종종 h- i-) 〈구어〉 꼭, 정말이야? 거짓말 아니야. ¶ *Honest Injun*? 정말이냐.

Hónest Jóhn *n.* 《美》 **1** 어네스트 존〔미군의 지대지(地對地) 원자 로켓포〕. **2** 〈구어〉 정직한 사람, 고지식한 사람.

‡**hon·est·ly** [ánistli / ɔ́n-] *adv.* **1** 정직 하게 ; 정당히 ; 공정히 ; 솔직히. ¶ *honestly* speaking 정직하게 말하면 / get one's living *honestly* 착실하게 일하여 생계를 세우다. **2** 〔강조적〕 참, 반드시, 정말로 (truly, really).

hon·est-to-good·ness [ánis(t)tǝgúdnis, ɔ́n-] *adj.* 정말의, 사실의; 확실한; 진짜의.

‡**hon·es·ty** [ánisti / ɔ́n-] *n.* (*pl.* **-ties**) ⓤ **1** 정직, 성실, 공정(fairness), 솔직(frankness). ¶ a man of *honesty* 정직한 사람 / *Honesty* is the best policy. 《속담》정직은 최상의 계책. **2** 합첨초(合甜草) 〔식물〕. **3** ⓤ 〔고어〕 정절(貞節) (chastity).

類語 **honesty** 남을 속이거나 또는 훔치거나 하지 않는 일. **honor** honesty 의 뜻에 덧붙여서, 지위·직업 따위에 요구되는 기준을 잘 분별하여 지키는 일. **integrity** 도덕적으로 뛰어난 성격을 가지고 외부의 나쁜 영향에 굴하지 않는 일. **probity** 이미 시련을 거쳐 증명된 honesty, integrity. **rectitude** 의식적으로 노력하여 도덕적으로 바른 길을 걸으려는 일. **sincerity** 진리·진실을 굳게 지켜 속이지 않는 일.

◇ hónest *adj.*

‡**hon·ey** [hʌ́ni] *n.* **1** ⓤ 벌꿀, 당밀, 화밀(花蜜). **2** ⓤ ⓒ 꿀처럼 단 것; 기분 좋은 것, 달콤한 발림말. ¶ His words were *honey* to my soul. 그의 말은 내 마음을 매우 즐겁게 했다. **3** (종종 H-) 귀여운 사람(darling), 사랑하는 사람〔보통 부부·애인 사이의 호칭〕. **4** 〈구어〉 고급품, 사치스러운 물건. **5** ⓤ 감미로움. — *adj.* (**hon·i·er, hon·i·est**) 벌꿀의, 꿀과 같은, 단; 귀여운.
— *v.* (**hon·eyed** or **hon·ied, hon·ey·ing**) *vt.* **1** …을 달게 하다. **2** (...)에게 알랑거리다 (flatter) (...*up*).
— *vi.* 달콤한 말을 하다, 알랑거리다 (*up*...).

hóney bàg *n.* =honey sac.

hóney·bèe [hʌ́nibì:] *n.* 꿀벌.

hóney bùcket *n.* 분뇨통.

hon·ey·bunch [hʌ́nibʌ̀ntʃ], **-bun** [-bʌ̀n] *n.* 《美 구어》 귀여운 사람〔다〕.

hóney bùzzard *n.* 큰 매의 일종〔꿀벌의 유충을 먹는

*****hon·ey·comb** [hʌ́nikòum] *n.* 벌집, 벌집 모양의 것. — *adj.* 벌집〔모양〕의, 벌집 무늬의. — *vt.* **1** …에 구멍투성이가 되게 하다, …을 벌집 모양으로 하다, …에 6각형의 무늬를 달다. **2** 〔단절 따위〕을 위태롭게 하다, …에 침범하다. **3** (~+圓/圓+웹) The city was *honeycombed with* vice. 그 도시는 부정이 극도에 이르렀군요.

hon·ey·creep·er [hʌ́nikri:pǝr] *n.* 〔열대·아열대 아메리카산의〕 벌새과의 작은 새〔화밀을 좋아함〕.

hon·ey·dew [hʌ́nidju:] *n.* **1** 〔식물의 잎에서 나는〕 단물, 감로. **2** 감로 담배〔당밀로 달게 한 담배〕.

hóneydèw mélon *n.* 감로 멜론.

hóney èater *n.* 〔오스트레일리아의〕 꿀 빨아먹는

hon·eyed [hʌ́nid], (**honied**) *adj.* **1** 〔꿀처럼〕단; 발림 말하는(flattering). ¶ *honeyed* words 달콤한 말, 감언. **2** 꿀을 가진; 꿀로 달게 한. ¶ *honeyed* drinks 꿀로 달게 한 음료.

hon·ey·fo·gle [hʌ́nifòugl] *vt.* 《美속어》속이다(cajole). — *n.* 감언.

hóney guìde *n.* 두견새 비슷한 새〔동작·울음소리로 벌꿀이 있는 곳을 알림〕. 〔물〕.

hóney lòcust *n.* 〔북미산〕쥐엄나무의 일종〔식〕.

***hon·ey·moon** [hʌ́nimùːn] *n.* **1** 신혼 여행; 밀월, 신혼의 첫날; 허니문. **2** 행복한 시기; 협조 관계. — *vi.* 신혼 여행을 하다; 허니문을 지내다(*in, at*...).

hóneymòon brìdge *n.* 〔카드놀이〕둘이 하는 각종 브리지.

hon·ey·moon·er [hʌ́nimùːnər] *n.* 신혼 여행자.

hon·ey·mouthed [hʌ́nimàuðd] *adj.* 말 잘하는, 감언의; 말뿐인.

hon·ey·pot [hʌ́nipàt /-pɔ̀t] *n.* **1** 꿀단지. **2** 매력있는 사람(물건).

hóney sàc(**stòmach**) *n.* 〔꿀벌의 식도 안에 있는〕

hon·ey·suck·er [hʌ́nisʌ̀kər] *n.* =honey eater.

***hon·ey·suck·le** [hʌ́nisʌ̀kl] *n.* 인동덩굴.

hon·ey·sweet [hʌ́niswìːt] *adj.* 꿀처럼 단.

hon·ey·tongued [hʌ́nitʌ̀ŋd] *adj.* 달콤하게 말 잘하는, 능변인, 변설에 능한.

hóney wàgon *n.* 분뇨차; 야외용 휴대 변소.「산」.

hon·ey·wort [hʌ́niwə̀ːrt] *n.* 지치속의 식물〔유럽〕.

hong [hɑŋ / hɔŋ] *n.* 〔중국에서의 외국인〕…양행; 상관(商館), 외국 상사; 창고. 〔<Chin *hong* 행(行)〕

***Hòng Kŏng** [hɑ́ŋkɑ̀ŋ / hɔ́ŋkɔ̀ŋ] *n.* 홍콩〔중국 동남부의 영국령 직할지; 1997년에 중국에 반환된다〕.

Hòng Kŏng flù *n.* Ⓤ 홍콩 독감. 〔<그 바이러스가 처음 홍콩에서 발견된 데서〕

hon·ied [hʌ́nid] *adj.* =honeyed.

honk [hɑːŋk, hɑŋk / hɔŋk] *n.* **1** 기러기의 울음소리. **2** 〔자동차의〕경적 소리. — *vi.* **1** 〔기러기〕울다. **2** 경적을 울리다. — *vt.* 《美구어》〔자동차의 경적〕을 울리다.

honk·er [hɔ́ːŋkər, hɑ́ŋkər / hɔ́ŋkə] *n.* 캐나다 기러기(Canada goose).

hon·kie, -ky [hɔ́ːŋki, hɑ́ŋki / hɔ́ŋki] *n.* (*pl.* -**kies**) 《美흑인 속어》백인(白人).

honk·y-tonk [hɔ́ːŋkitɑ̀ŋk, hɑ́ŋkitɑ̀ŋk / hɔ́ŋkitɔ̀ŋk] *n.* 《美구어》싸구려 카바레; 싸구려 술집.

‡**Hon·o·lu·lu** [hɑ̀nəlúːluː / hɔ̀n-] *n.* 미국 Hawaii 주의 주도(州都) 〔Oahu 섬의 해항〕.

‡**hon·or**, 《英》**-our** [ɑ́nər / ɔ́nə] *n.* Ⓤ **1** 명예, 명성(fame); 체면, 신용(credit). ¶ business (*or* commercial) *honor* 상업상의 신용 / a code of *honor* 명예·체면에 관한 불문율(不文律) / attain (*or* gain) *honor* 명예를 얻다 / lose (sell) *honor* 명예를 잃다(팔다) / save *honor* 면목을 세우다, 체면을 유지하다 / I clarify on my *honor* that ... 명예를 걸고 …를 밝히다 / play one's part with *honor* 훌륭히 자기의 본분을 다하다 / Owing to my *honor*, what I say is true. 명예를 걸고〔맹세코〕내가 말하는 건 진실이다.

2 〔지위·가치·미덕에 대한〕경의, 존경. ⇒ RESPECT 類語 ¶ be held in *honor* 존경받다(중히 여겨지다) / be received with *honor* 예의 바르게 영접받다 / have (*or* hold) a person in *honor* 남에게 경의를 표하다.

3 명예심, 의리, 절조; 〔여성의〕정절(貞節)(chastity). ⇒ HONESTY 類語 ¶ a man of *honor* 신의를 중히 여기는 사람 / a sense of *honor* 도의심 / prostitute womanly *honor* 정절을 더럽히다.

4 (an ~) 명예〔광영〕가 되는 것; 자랑. ¶ I regard your visit as an *honor*. 와주셔서 영광으로 생각합니다 // He is an *honor* to his family. 그는 집안의 자랑거리이다.

5 Ⓒ Ⓤ 〔지위·신분이 높은 사람 또는 단체·모임으로부터 주어지는〕광영〔명예〕〔의 표시〕. ¶ I have the *honor of* introducing today's speaker. 오늘 강연해 주실 분을 소개해 올리겠습니다 / Will you do me the *honor of* dining with me? 함께 식사하는 영광을 주시겠습니까? // They had the *honor* to perform the play before the king. 그들은 왕의 앞에서 연주하는 영광을 입었다 / I will do myself the *honor* to call again this evening. 오늘 밤 다시 찾아 뵙겠습니다.

6 〔보통 ~s〕영예를 나타내는 것, 서작(敍爵), 서훈(敍勳); 의례, 예우. ¶ Birthday *Honours* 《英》여왕〔국왕〕 탄생일의 서훈 / New Year *Honours* 《英》1월 1일의 서훈 / an *honours* list 《英》서훈자 명부 / the last (*or* the funeral) *honors* 장례 / be received with all the *honors* due to one's position 지위에 알맞은 예우로 영접받다.

7 〔~s〕〔주로 대학의〕우등. ¶ graduate with *honors* 우등으로 졸업하다.

8 〔보통 H-〕각하〔시장·판사 등에 대한 경칭〕. ¶ Your (*or* His) *Honor* the Mayor 시장 각하.

9 〔~s〕〔카드놀이〕끗수가 제일 높은 패〔bridge 에서는 ace, king, queen, jack, ten 의 다섯 장; whist 에서는 ace, king, queen, jack 의 넉 장〕. 〔先оо(先輩)〕이군.

10 〔골프〕먼저 칠 권리. ¶ It is my *honor*. 내가 선번

be on (*or* **upon**) *one's honor to do*; **be bound in honor to** *do* 명예를 걸고 …해야 한다. We *are on our honor* not *to* deceive him. 우리들은 명예를 걸고〔맹세코〕그를 속이지 않는다.

a debt of *honor* 〔노름 따위의〕신용빚.

do honor to ① …에게 경의를 표하다. ¶ We *did honor to* the astronaut. 우리들은 그 우주 비행사에게 경의를 표했다. ② …의 명예가 되다.

do the honors 주인 노릇을 하다.

for 〔**the**〕 *honor* 〔**of**〕〔상업〕〔…의〕신용상, acceptance *for the honor of* a drawer 발행인에 대한 신용상의 어음 인수.

honor bright. 《구어》맹세코, 확실히.

the honors of war 항복한 적에게 주는 은전(恩典).

in *honor* 도의상.

in honor of …에게 경의를 표하여; …을 기념하여; …을 축하하여. ¶ We held a farewell party *in honor* of Mr. Smith. 스미스 씨의 송별회를 열었다.

a maid of *honor* ⇒ MAID.

put a person on his *honor* 남에게 명예를 걸고 서약하게 하다.

word of *honor* 명예를 건 맹세〔의 말〕.〔케 하다.

— *vt.* **1** …을 매우 존경하다, 공경하다(respect highly), 〔신 등〕을 숭배하다(worship). ¶ *honor* one's parents 양친을 공경하다. **2** …에게 영광(명예)을 주다, …의 명예가 되다; …에게 서훈(敍勳)하다(...*with*). ¶ The garden party was *honored* by the princess. 그 가든 파티에 공주가 나오셨다 / (~+匿+前+匿)*honor* a person *with* a visit 경의를 표하여 방문하다 / We *honored* him *with* a dinner. 그를 위하여 만찬회를 열었다 / He was *honored with* the degree of Ph.D. 그는 철학 박사 학위를 받았다. **3** …을 배수(拜受)하다, 삼가 받다. ¶ I *honor* your invitation. 삼가 초대에 응하겠습니다. **4** 〔상업〕〔어음·수표 따위〕를 인수하여〔기일에〕지불하다. ¶ *honor* a draft 어음을 인수하다.

I'm honored. 《구어》영광입니다, 영광으로 생각합니다.

◇ hónorable, hónorary, honorífic *adj.*

‡**hon·or·a·ble**, 《英》**-our-** [ɑ́nərəbl / ɔ́n-] *adj.* **1** 존경할 만한, 훌륭한, 수치를 아는, 고결한(upright). *opp.* despicable ¶ *honorable* men 훌륭한 사람들 / *honorable* conduct 훌륭한 행위 / *Honorable* judges. 훌륭한 재판원 여러분. **2** 고귀한(noble), 고위(高位)의; 명예〔광영〕있는. ¶ an *honorable* duty 영예직(榮譽職) / an *honorable* mention 가작상(佳作賞) / *honorable* burial 예를 다한 장의(葬儀). **3** 명예〔영광〕을 가져오는. ¶ *honorable* peace 명예로운 평화. **4** (H-) 〔경칭〕각하〔《英》에서는 백작의 남자까지의 귀족의 아이들, 궁녀,

상궁, 고등 법원 판사, 스코틀랜드 고등 민사 재판소 판사, 육민지 행정관; 《美》에서는 국회 및 주의회(州議會) 의원 등, 또는 정부 고관의 경칭; 略 Hon.]. ¶ the Most Honorable ⇒ MOST HONORABLE / the Right *Honorable* ⇒ RIGHT HONORABLE / my *Honourable* friend 영국 하원 의원이 의사당에서 다른 의원을 부르는 말. ~**ness** n.

***hon·or·a·bly**, 《英》 **-our-** [ánərəbli / 5n-] adv. 올바르게; 훌륭하게; 존경받도록, 고결하게.

hon·o·rar·i·um [ànərɛ́(:)riəm / ɔ̀nərɛ́ər-] n. (pl. **-rar·i·ums** or **-rar·i·a** [-rɛ́(:)riə / -rɛ́ər-]) [지적(知的) 직업인의 봉사에 대한] 보수금(報酬金)(물(物)); 사례(fee).

hon·or·ar·y [ánərèri / ɔ́nərəri] adj. **1** [보통, 의무·권리·급료에 관계 없는] 명예상의, 명예직의; 무급(無給)의. ¶ an *honorary* member (president) 명예 회원(회장) / an *honorary* degree 명예 학위. **2** [의무에 대하여] 도의상의; [그 사람에] 명예심에 의한. ¶ *honorary* debts 도의상의([주로] 도박의) 빚. **3** 명예의 표로 주어지는, ¶ an *honorary* gift 명예를 칭송하는 선물.

hónor bòx n. 《美》[길거리] 신문 자동 판매기. l物.

hónor guàrd n. 의장대.

hon·or·if·ic [ànərífik / ɔ̀n-] adj. (= **hon·or·if·i·cal** [-k(ə)l]) 경칭의; 존칭적이; 존경을 나타내는. ¶ an *honorific* title 경칭. — n. **1** [한국어·일본어·중국어 등의] 경칭 어구, 경어. **2** 경칭[Doctor, Professor 따위]. **-i·cal·ly** [-ikəli] adv.

ho·no·ris cau·sa [anóːris káusə, -kɔ́ːzə / hɔnɔ́ːris kɔ́ːsə] 《라틴》(=for the sake of honor) 명예를 위하여. [장병 명단.

hónor ròll n. 《초·중·고교의》 우등생 명단; 전물

hónors còurse n. 《美》독자적인 연구 끝에 논문과 시험을 거쳐 학위를 받는 대학 과정.

hónor socìety n. 우등생 사교 클럽.

hónors stùdent n. 우등생.

hónor sỳstem n. 《美》[학생의 시험이나 복역자의 근무에 있어서] 무감독 제도, 명예 제도.

‡**hon·our** [ánər / 5nə] n., v. 《英》=honor.

hónours degrèe n. 《英대학》우등 코스 졸업 학위. cf. pass degree

Hon. Sec. 《略》 *Honorary Secretary*.

hooch [huːtʃ] n. 《美속어》**1** ⓤ 주류(酒類). **2** ⓤ 밀매주; 밀조, 밀수입주. **3** 오두막집, 집.

‡**hood**[1] [hud] n. 두건, 두건 모양의 모자. ¶ the *hood* of an anorak 아노락의 두건 / put down a *hood* 두건을 내리다. **2** 두건 모양의 물건; 화관(花冠), 꽃받이; [매·말의] 머리 씌우개; [타조나·카메라 렌즈·전등·램프 따위의] 커버, 덮개; 《英》마차의 씌우개; [자동차·유모차 따위의] 덮개; 《화물 자동차의》 포장 (canvas cover); 《美》 《자동차 엔진의》 뚜껑 《英》 bonnet) **3** [학위를 나타내는 대학 예복의 등에 드리는] 주름 장식. **4** [새의] 볏(crest). — vt. …을 두건(포장)으로 덮다(숨기다).

hood[2] [hud] n. 《美속어》=hoodlum.

-hood suf. **1** 「신분·성질·상태·연령층」따위를 나타내는 명사 어미, 예: man*hood*, child*hood*. **2** 「단체·집단」따위의 집합적인 의미를 나타내는 명사 어미, 예: priest*hood*, brother*hood*. **3** 형용사에서 성질·상태의 뜻의 추상 명사를 만든다. 예: false*hood*, likeli*hood*.

hood·ed [húdid] adj. **1** 두건을 쓴; 두건 모양의. **2** 《동물》[새 따위의 모양으로] 우모 (羽毛)가 있는; 또 가머리를 가진; 머리 부분의 색깔이 몸 색깔과 다른. **3** 《식물》꽃갈 모양의, 두건 모양의. 【매기.

hood·ie [húdi] n. 《스코》**1** 뿔가마귀. **2** 붉은부리갈

hood·less [húdlis] adj. 두건 없는; 덮개가 없는.

hood·like [húdlàik] adj. 두건 모양의.

hood·lum [húːdləm, húd-] n. 부랑배(young ruffian); 망나니(hooligan); 깡패, 갱(gangster).

hood·lum·ism [húːdləmìz(ə)m, húd-] n. ⓤ 불량성, 깡패 기질; 깡패 생활(세계); 불량 행위.

hood·man [húdmən] n. (pl. **-men** [-mən]) 《폐어》까막잡기의 술래[눈을 가린 사람].

hood·man-blind [húdmənblàind, ˌ-ˈ-] n. ⓤ《고어》까막잡기(blindman's buff).

hood·mold, 《英》 **-mould** [húdmòuld] n. (=**hóod mòlding** 《英》 **mòulding**) 《건축》 [창·문 따위의 위에 있는] 빗물막이 쇠시리(dripstone).

hoo·doo [húːduː] n. (pl. **-doos**) **1** =voodoo. **2** 재수가 나쁜 사람(물건); 불길한 사람(물건). **3** 불운(不運)(bad luck). — vt. …의 운을 나쁘게 하다.

hood·wink [húdwìŋk] vt. **1** [남]을 기만하다, 속이다(deceive); …을 야바위치다(humbug). **2** [남]에게 눈가림을 하다.

hood·wink·er [húdwìŋkər] n. 기만하는 사람, 속이는

hoo·ey [húːi] 《美구어》interj. 어리석은, 바보 같은[불찬성·불만 따위의 소리]. — n. ⓤ 바보 같은 일, 쓸 데 없는 일(말)(nonsense).

‡**hoof** [huːf, +美 huf] n. (pl. **hoofs** or **hooves**[huːvz, +美 huvz]→) **1** [소·말 따위의] 발굽. ⇒ COW[1] 그림. **2** [굽을 가진 동물의] 발(cf. paw); [익살·구어] 사람의 발. **3** (pl. **hoof**) [방언] [유제류(有蹄類)의] 동물.

beat (or **pad, be upon**) **the hoof** 《구어》[터덜터덜] 걷다(walk).

on the hoof [식용 동물의] 살아서.

under the hoof 짓밟혀서.

— vi. 《속어》춤추다, [특히] 탭댄스를 추다. — vt. 《속어》**1** …을 걷다(《美》it 를 수반한다). ¶ Let's *hoof* it to town. 읍내까지 걷자. **2** …을 차다(kick), 쫓아내다(... out).

hóof-and-móuth disèase [húːfənmàuθ-] n. ⓤ =foot-and-mouth disease.

hoof·beat [húːfbìːt] n. 발굽 소리.

hoofed [huːft] adj. 굽이 있는, 유제(有蹄)의.

hoof·er [húːfər] n. 《속어》 댄서, 탭댄서(tap-dancer).

hoof·pad [húːfpæ̀d] n. 발굽싸개. 【겨.

hoof·pick [húːfpìk] n. [굽 사이에 낀 것을 파내는] 주

hoof·print [húːfprìnt] n. 발굽 자국.

hoof·rot [húːfràt / -rɔ̀t] n. 《수의》제부란증(蹄腐爛症)[양의 발굽이 썩는 병](foot rot, fouls).

hoo·ha [húːhàː] n. 《英구어》 공연한 소동.
— interj. 와아(소리).

‡**hook** [huk] n. **1** [걸거나 걸어서 잡아당기는] 갈고리, 후크; [갈고리 모양의] 결쇠, 호크; 걸이. ¶ a *hook* for pots and pans 주방 자재(自在) 고리[불 위에 냄비 따위를 마음 먹은 자리에 매달 수 있게 된 고리] / a *hook* and eye [옷의] 후크 단추 / a *hook* (a coat(a hat) *hook* 외투(모자)걸이 / a ceiling *hook* 소방용 갈고리. **2** 낚시 바늘, 갈고리 바늘; 함정, 덫(trap). **3** 인용 부호[' ']; [음악] 음부의 꼬리. **4** 《물건을 베거나 하는》 초승달 모양의 도구, 낫. ¶ a reaping *hook* [곡식베는]낫. **5** 갈고리 모양의 곶, 사취(沙嘴); 강의 굴곡부; [동식물의] 갈고리 모양의 돌기(器). **6** 《골프》 좌로코스(左曲球); [야구] 커브, 곡구, slice; [권투] 후크. **7** (~s) 《속어》 손(가락). ¶ He got his *hooks* off the wallet. 그는 그 지갑에서 손을 떼었다. **8** [서핑] 파도의 꼭대기. **9** 《美속어》글 첫머리의 매혹적인 문구.

by hook or [**by**] **crook** 어떻게 하든지 간에; 이럭저럭.

drop (or **pop, slip**) **off the hooks** 《英속어》뻗죽다 (die).

get the hook 《속어》 먹잘리다, 해고되다.

go off the hooks 《속어》① 마음이 이상해지다. ② 죽다(die).

go on the hook 《美속어》돈을 빌다(for ...).

hook, line, and sinker 《구어》 완전히(completely), 아주, 전혀(entirely). ¶ They fell for the movie *hook, line, and sinker*. 그들은 그 영화에 완전히 빠져들었다.

off the hook 《속어》 곤란(의무)에서 해방되어, [로.

on one's own hook 《구어》자기의 책임으로, 독력으

on the hook 《美속어》 ① 의무가 있어, 곤란하여 (for ...). ¶ He is still *on the hook for* a thousand dollars. 그는 아직도 천 달러의 빚이 있다. ② 기다려, 마음을 졸여. ¶ He has had me *on the hook* for two days. 그는 나를 이틀 동안 기다리게 하였다(마음 졸이게). **take** (or **sling**) one's **hook** 《속어》 도망치다(hook it).
— vt. **1** [갈고리로] …을 걸다, 끌어당기다, 채우다. ¶ *hook* a log 통나무를 끌어당기다 / *hook* a dress at the back 옷 뒤의 후크를 채우다 // (~+目+副) *hook* a piece of lumber *up* 재목을 끌어 올리다. **2** …을 낚싯바늘로 낚다. ¶ *hook* a big trout 큰 송어를 낚다. **3** 《비유적》 [낚듯이] …을 걸다, [여자가] [남자를] 낚다; [속어로] …을 붙잡다. ¶ *hook* a husband 남자를 용케 낚아 결혼하다. **4** 《속어》…을 훔치다(steal). **5** 갈고리 모양으로] …을 구부리다(crook). ¶ *hook* one's elbow 팔굽을 굽히다. **6** [소 따위가] …을 뿔로 받다, 뿔로 걸어 채다. **7** [코바늘로] [실로] 뜨기를 하다, 짜다. ¶ *hook* loops of yarn 실코를 걸다 / *hook* a rug 양탄자를 짜다. **8** [스포츠] **a)** [골프·야구] [오른팔 타자가] …을 좌곡구로 치다, 커브를 던지다, 후크시키다. **b)** [권투] …에 후크를 넣다. **c)** [럭비] [스크럼 때 발로] [볼]을 뒤로 차내다. — vi. **1** 고리로 걸리다, 후크로 채워지다. ¶ (~+前+名) a dress that *hooks* at the back 등에서 후크로 채우는 옷. **2** 갈고리 모양으로 굽다. **3** [球技] [선수가] 공을 후크시키다; [공이] 후크하다. [다.
hook in …을 갈고리로 넣기, 어떻게든 손에 넣
hook it 《속어》 도망치다(run away).
hook Jack 《美구어》 꾀부려 쉬다(play hooky).
hook on ① (*vt.*) [갈고리로] …을 고정시키다(...*to*). ② (*vi.*) [남과] 팔을 끼다(*to*...).
hook up ① 후크로 채워지다, [기계·기구]를 조립하다; [회로(回路)]를 접속하다. ¶ *hook up* a telephone 전화를 접속하다.
hook up with …과 관계하다; …과 경쟁하다(다투다). ◇ *hóoky adj.*

hook·ah [húkə], (**hook·a**) n. 물담뱃대, 수연통(水煙筒). [< Arab *huqqah* box, vase, pipe for smoking]

hóok and ládder n. 사다리를 장치한 소방 자동차, 사다리차.

hóok-and-lád·der trúck [húkənlǽdər-] n. = ladder truck.

*hooked [hukt] adj. **1** 갈고리 모양의. ¶ a *hooked* nose 매부리코. **2** 갈고리가 달린, 갈고리 모양의 물건이 달린. **3** 《속어》 마약 중독의; …에 미친, 푹 빠진 (*on*...); 기혼의.
be (or *get*) *hooked on* …에 푹 빠지다; [마약에] 중독되다.

hook·ed·ness [húkidnis] n.

hóoked rúg n. 《美》 누런 삼베 따위에 털실이나 천 조각을 수놓듯 꿰어 만든 양탄자.

hook·er¹ [húkər] n. **1** 네덜란드의 쌍돛대 어선; 아일랜드·잉글랜드의 외대박이 어선. **2** 《항해 속어》 구식의 (불품 없는) 배.

hook·er² [húkər] n. **1** 《속어》 도둑, 사기꾼(sharper), 소매치기. **2** 《美》 도수 높은 술. **3** 《속어》 매춘부(harlot). **4** [럭비] 후커. *cf.* hook vt. 8 c)

hook·ey [húki] n. =hooky².

hook·nose [húknòuz] n. 매부리코.

hook·nosed [húknòuzd] adj. 매부리코의.

hóok pín n. 대가리가 갈고리처럼 생긴 못.

hook·up [húkʌ̀p] n. **1** [전자 공학] [수신기 따위의] 배선(配線)·접속도(圖). **2** [방송국 간의] 중계, 네트워크. **3** 《구어》 [정부·정당 간의] 동맹.

hook·worm [húkwə̀ːrm] n. **1** 십이지장충, 구충(鉤蟲). **2** (= **hóokworm diséase**) [병리] 십이지장충병.

hóok wrénch (**spánner**) n. 대가리가 갈고리 모

양인 나사못 뽑개.

hook·y¹ [húki] *adj.* (**hook·i·er, hook·i·est**) 갈고리가 많은; 갈고리 모양의.

hook·y², hook·ey [húki] n. U《美》꾀부려 쉼. * 보통 다음 숙어로 쓰인다.
play hooky [학교를] 빼먹다, 꾀부려 쉬다.

hoo·li·gan [húːligən] n. **1** 불량 청년(young ruffian), 불량배, 무뢰한(hoodlum). **2** 광적인 축구팬. [《옛날 런던에 살았던 아일랜드의 불량배 Hooligan 의 이름》

hoo·li·gan·ism [húːligənìz(ə)m] n. U **1** 불량배 기질. **2** 망나니 행동(생활); 난폭.

*hoop¹ [huːp, 美 hup] n. **1** [금속·나무 따위의] 테, [나무통 따위의] 테. **2** 테 모양의 것; 가락지. **3** [croquet의 공을 쳐넣는] 활 모양의 작은 문(wicket). **4** 버팀살대[고래뼈 또는 쇠로 만들어, 옛날 부인복의 스커트 폭을 벌어지게 하는 데 쓰였던]. [다.
go through the hoop [*s*] 《구어》 고생하다, 시련을 겪
put a person *through the hoop* [*s*] 《구어》 남에게 극 심한 단련을 주다, 남을 단련하다.
— vt. **1** [통 따위]에 테를 두르다(감다). **2** …을 둘 러싸다.

hoop² [huːp] v., n., *interj*. 《고어》 = whoop. [러 싸다.

hooped [huːpt] *adj.* 테를 두른; 버팀살대를 넣은.

hoo·pee [húː(ː)piː] n., *interj*. = whoopee.

hoop·er [húːpər] n. 테를 끼우는 사람; 통장이.

Hoop·e·rat·ing [húːpəreitiŋ], **Hóoper ràting** n. [미국의 라디오·텔레비전의] 시청률 순위. [《미국의 통계학자 Claude E. Hooper 의 이름》

hóop·ing cóugh [húːpiŋ-] n. = whooping cough.

hóop íron n. U 쇠테, 대철(帶鐵).

hoop·la [húːplɑː], (**houp·la**) n. U **1** [장날·명절 따위에 하는] 고리 던지기 놀이. **2** 《속어》 법석, 헛선전, 과대 선전.

hoop·man [húː(p)mən] n. (pl. -**men** [-mən]) 《속어》 농구 선수.

hoo·poe [húːpuː, -poo] n. 후투티[아름다운 볏털과 깃털을 가진 유럽산 새].

[hoopoe]

hóop skírt n. 버팀살대를 넣은 스커트.

hóop snàke n. [미국 남부산(産)의] 독 없는 뱀의 일종.

hoop·ster [húː(p)stər] n. 《속어》 **1** 농구 선수. **2** 훌라후프를 돌리는 사람.

hoop·stick [húː(p)stìk] n. **1** [통 나무·나무통 따위를 묶는 데 쓰이는] 힉코리 따위의 어린 나무. **2** 굴렁쇠 돌리는 채.

hoo·rah [hurɑ́ː, 美 -rɔ́ː], -**ray** [hu(ː)réi] *interj., n.* = hurrah.

hoose·gow [húːsgau], (**hoos·gow**) n. 《속어》 형무소.

hoosh [huːʃ] n. 《속어》 진한 수프, 잠탕 찌개.

Hoo·sier [húːʒər] n. **1** 미국 Indiana 주의 주민. **2** (h-) 《속어》 시골 뜨기.

[hoop skirt]

Hóosier Státe n. (the ~) 미국 Indiana 주의 속칭.

*hoot¹ [huːt] vi. **1** [불찬성·조소 따위로] 우우 우우하다, 외치다, 야유하다. ¶ (~+前+名) *hoot at* (or *to*) a person 남을 우우하다. **2** [올빼미가] 부엉부엉 울다, 올빼미 같은 울음 소리를 내다. **3** 《주로 英》 [기적·경적 따위가] 뚜우뚜우 울리다(toot). — vt. **1** 우우 우우 야유하다. ¶ *hoot* an actor 배우를 야유하다. **2** [소리치거나 야유하여] …을 몰아내다, 들어가게 하다. ¶ (~+目+副) *hoot* a person *away* (*out*) 야유하여 남을 쫓아내다(내쫓다) // (~+目+前+名) The audience *hooted* the speaker *off* the platform. 청중들은 연사를 야유하여 연단에서 끌어내렸다. **3** [불찬성·불쾌 따위의 감정]을 우우 소리치며 나타내다. — n.

hoot 1 올빼미의 울음 소리, [저절로 나오는] 올빼미 같은 울음 소리, 외치는 소리. 2 [불찬성·조소·노여움 등의] 외치는 소리, 야유 소리. ¶ *hoots* of rage 성난 외침 소리 / *hoots* of scorn 경멸의 야유 소리. 3 《英구어》참으로 재미있는 일. 4 《英》기적(적)의 소리, [특히 공장의] 사이렌 소리. ¶ The ship gave two *hoots*. 그 배는 두 번 기적을 울렸다. 5 《구어》《부정구문에서》 [관심·흥미·고려 따위의] 극소량, 무가치한 것(bit). ¶ do not care a *hoot* 조금도 개의치 않다 / not worth a *hoot* 한푼의 가치도 없다.

hoot[2] [huːt], **hoots** [huːts] *interj.* 《주로 스코·北잉》 흥, 쳇, 푸우[불만·안타까움 등을 나타내는 소리].

hootch [huːtʃ] *n.* = hooch. 《美》스트릭식의 술.

hoot·chy-koot·chy [húːtʃikuːtʃi] *n.* (*pl.* **-chies**)

hoot·en·an·ny [húːt(ə)næni] *n.* (*pl.* **-nies**) 1 후트내니[포크송의 모임]. 2 《주로 방언》뭔가 하는 것[기계 장치 따위의 정확한 명칭을 모르는 경우에 쓴다].

hoot·er [húːtər] *n.* 1 야유하는 사람, 야유. 2 부엉이. 3 《주로 英》기적, 경적, 사이렌. 4 《부정구문에서》소량, 조금(bit). 5 《英속어》코.

hóot òwl *n.* 부엉부엉하고 우는 올빼미.

hoove [huːv] *n.* 고창병(鼓脹病) [가축의 위가 가스로 불러지는 병].

hoo·ver [húːvər] *n.* 《英구어》전기 소제기. — *vt., vi.* […을] 전기 소제기로 청소하다(vacuum). 《<상표명》

‡**hop**[1] [hap/hɔp] *v.* (**hopped, hop·ping**) *vi.* 1 〈새·짐승이 두발을 모아〉껑충 뛰다, 뛰어 가다(about); 〈사람이 한쪽 발로〉껑충 뛰다, 껑충 움직이다. ⇒ JUMP 類語. (~+副) *hop about* 뛰어 돌아다니다 (~+前+名) *hop out of* bed 침대에서 가볍게 뛰어 내리다 / *hop on* a train 기차에 뛰어 오르다. 2 《구어》〈속도가 빠른 탈것으로〉짧은 여행을 하다 (*up, down, over*). ¶ (~+副) I'll *hop down* to the city. 시내에 잠깐 다녀 오겠다. 3 《구어》떠나다 (*off*), ¶ (~+副) The jet plane is ready to *hop off*. 그 제트기는 막 이륙하려는 참이다. 4 《구어》춤추다 (dance). — *vt.* 1 …을 껑충 뛰어 넘다. ¶ *hop* a ditch 도랑을 껑충 뛰어 넘다. 2 《구어》〈탈것 따위에〉뛰어 오르다 (타다). ¶ *hop* a train 기차에 뛰어 올라 타다. 3 《구어》〈비행기로〉 …을 횡단하다.

hop in 《구어》〈자동차 따위〉에 타다. ¶ *Hop in*. 자, 타요.

hop it 《속어》훌쩍 떠나다, 달아나다. ¶ You'd better *hop it*, before anyone sees you. 누군가에게 들키기 전에 가버리는 것이 좋다.

hop on (or *all over*) 《속어》…을 야단치다(scold).

hop the twig (or *the stick*) 《속어》 ① 뒈지다(die). ② [남을 떼버리고] 도망치다.

hop to it 일을 하기 시작하다.

— *n.* 1 [두 발을 한 발로] 깡충 뛰기, 앙감질, 짧은 도약. 2 《구어》〈비행기 따위의〉항정(航程); [짧은] 여행. ¶ fly from Seoul to Amsterdam in two *hops* 서울에서 암스테르담까지 2 항정으로 날다. 3 《구어》댄스, 댄스 파티. 4 공이 튐, 되튐김. ¶ catch a ball on the first *hop* 원 바운드로 공을 잡다.

a hop, step (or *skip*), *and jump* 《스포츠》삼단 뛰기 (triple jump).

on the hop 《英》① 바쁘게(바쁜), 활동적으로(인). ② 《구어》느닷없이. ¶ catch a person *on the hop* 남을 불시에 덮치다.

hop[2] [hap/hɔp] *n.* 1 홉《뽕나무과의 다년생 덩굴식물》. 2 (~s) 건조시킨 홉 열매[맥주에 향기·쓴맛을 낸다]. 3 ⓤ 《속어》아편(opium). — *v.* (**hopped, hop·ping**) *vt.* …에 흡으로 쓴맛을 내다. — *vi.* 홉 열매를 따다. 《진》의 출력을 높이다.

hop up 《美속어》① …을 마약으로 흥분시키다. ② [엔

hóp bàck *n.* 홉 거르는 통. 《굴》.

hop·bine [hápbàin / hɔ́p-], **-bind** [-bàind] *n.* 홉

‡**hope** [houp] *n.* 1 ⓤⓒ 희망. ¶ give up (*or* abandon) *hope* 절망하다, 단념하다 / gain fresh *hope* 새로운 희망을 얻다 / lose *hope* 실망하다 / see *hope* 희망이 보이다 / While there is life, there is *hope*. 《속담》생명이 있는 한 희망이 있다. 2 ⓤⓒ 기대 (expectation), 기대되는 것 (promise), 싹수, 가능성 (probability). ¶ have good *hopes* that... …을 크게 기대하고 있다 / cherish (give up) the *hope* that... …이라는 기대를 품다(포기하다) / with the *hope* of recovering one's losses 손실을 회복할 기대를 가지고 / in *hopes* of succeeding 성공을 기대하고 / in the *hope* of finding treasures 보물을 발견하리라고 기대하면서 // darken the *hope* of cure 치료의 가능성을 흐리게 하다 / have the *hope* of a great success 크게 성공할 가망이 있다 / There are high *hopes* of …의 가망은 충분히 있다 / There is a *hope* of his recovery. 그가 회복할 가망은 있다. 3 (보통 단수형으로) 희망(기대)을 모으는 것; 의지[가 되는 것], 의지할 대상. ¶ cling to a piece of timber as one's last *hope* 마지막 희망을 걸고 나무 토막에 꼭 매달리다 / He is his parents' only *hope*. 그는 양친이 의지할 수 있는 유일한 사람이다. 4 ⓤ 《고어》신뢰(trust).

— *v.* (**hoped, hop·ing**) *vt.* …을 바라다, 원하다, 기대하다, …이라고 생각하다. ⇒ EXPECT 類語. (* I *hope* 는 바람직한 일에 쓰이며, 바람직하지 않은 것에는 보통 I am afraid; I fear 를 쓴다) ⇒ AFRAID (Usage[2]). (~+*to do*) I *hope* to see you later. 후에 뵙기를 바랍니다 / (~+[*that*/*that*]) I *hope* [*that*] the Democrat will win. 그 민주당원이 당선키를 바란다 / I *hope* [*that*] he hasn't been injured in the accident. 그 사고로 그가 다치지 않았으면 좋을 텐데 / It is *hoped that*... …할 것이 기대된다 / I *hope* I [will] see her. 그녀를 만났으면. * 《美》에서는 미래를 나타내는 것에 직설법 현재형의 동사를 쓰는 일이 종종 있다 // Will he succeed? — I *hope* so (= I *hope* he will succeed). 그는 성공할까요? — 그렇기를 바랍니다 / Will he fail? — I *hope* not (= I *hope* he will not fail). 그는 실패할까요? — 그렇지 않기를 바래요.

— *vi.* 1 희망을 품다(가지다), 바라다 (*for*...). ¶ (~+前+名) *hope for* success 성공의 희망을 품다 / *hope for* the best and prepare for the worst 최선을 기대하면서도 최악에 대비하다 / I am still *hoping*. 나는 아직 희망을 버리지 않고 있다. 2 《고어》믿다, 의지하다 (*in*...).

hope against hope 가망은 없지만 계속 희망은 버리지 않다, 요행을 바라다 (*for, that*...) [←로마서 (Rom.) 4 : 18]. ◇ **hópeful** *adj., n.*

hópe chèst *n.* 《美》혼수 상자 [처녀가 결혼 생활에 필요한 여러가지 물건을 넣어 두는 상자]. *cf.* bottom drawer

hoped-for [hóuptfɔ̀ːr] *adj.* 기대된.

‡**hope·ful** [hóupfəl] *adj.* 1 희망에 찬, 희망을 나타내는, 희망을 걸고 있는. ¶ *hopeful* words 희망어린 말 / I am *hopeful* of success (or succeeding). 나는 성공할 것으로 생각한다 / I feel *hopeful* of the future. 나는 장래를 낙관하고 있다 / We are *hopeful that* we will have less accidents this year. 금년에는 사고가 줄어들 것으로 기대하고 있다. 2 전도 유망한, 믿음직한 (promising). ¶ a *hopeful* prospect 유망한 전도 / The future does not seem very *hopeful*. 장래는 그다지 낙관할 수 없다. — *n.* 전도 유망한 사람, *a young hopeful* 장래가 기대되는 젊은이. * 종종 반어적(反語的)으로 쓴다. — **ness** *n.* ◇ **hópefully** *adv.*

*****hope·ful·ly** [hóupfəli] *adv.* 1 유망하게, 희망을 걸고. 2 원하건대, [일이] 잘 되면 (it is hoped that...).

‡**hope·less** [hóuplis] *adj.* 1 희망이 없는, 희망을 잃은, 절망적인 (despairing). ¶ *hopeless* grief 절망적인 슬픔. 2 가망이 없는, 절망적인 (desperate). ¶ a *hopeless* situation 절망적인 정세 / a *hopeless* idiot 어쩔 수 없는 천치 // I am *hopeless* of success. 나는 성공을 단념하고

있다 // I am hopeless of ever meeting him. 그를 만나리라고는 생각지도 않고 있다. **~ness** n. ⇨ DESPAIR
*hope·less·ly [hóuplisli] adv. 희망을 잃고, 절망적이로.
hóp fly n. 홉에 생기는 진디.
hóp gárden n. 홉 재배원.
hóp·head [hápèd / hɔ́p-] n. 《美속어》아편 상용자.
Ho·pi [hóupi] n. (pl. -pi or -pis) 미국족[Arizona 주 북부에 사는 Pueblo 족의 아메리카 인디언]; 호피족의 사람; 호피어(語). (裝甲步兵).
hop·lite [hɑ́plàit / hɔ́p-] n. [고대 그리스의] 장갑 보병
hop-o'-my-thumb [hápəmaiθʌ́m / hɔ́pmi-] n. 난쟁이, 꼬마(dwarf).
hopped-up [hɑ́ptʌ́p / hɔ́pt-] adj. 《美속어》 1 마약을 쓴(drugged), 마약으로 멍해진(흥분한) (doped); 흥분한, 열심인; 윤색한. 2 《자동차·엔진 따위의》마력을 강화한, 속력(마력) 초과의.
hop·per¹ [hɑ́pər / hɔ́pə] n. 1 깡충깡충 뛰는 사람(동물, 물건). 2 뛰는 벌레[메뚜기, 귀뚜라미 따위]. 3 《濠》캥거루. 4 [기계에 연료 따위를 집어 넣는] 깔때기 모양의 부분, 깔때기. 5 개저식(開底式) 운반선[준설기에서 받은 진흙 따위를 처리한다]; [석탄·자갈 따위를 단번에 쏟아내는] 호퍼(車), 개저식 광차(鑛車).
hop·per² [hɑ́pər / hɔ́pə] n. =hop picker.
hópper càr n. [철도] 호퍼 차, 개저식 광차.
hóp pícker n. 홉을 따는 사람(기계).
hop·ping [hɑ́piŋ / hɔ́p-] adj. 1 [한발로] 깡충깡충 뛰는, 깡충질하는; 절름발이의. 2 정력적으로 일하는.
hopping mad 《펄쩍 뛰도록》 몹시 성난.
hop·ple [hɑ́pl / hɔ́pl] vt. (-pled, -pling) [소·말의 두 다리를] 결박하다(hobble); …을 속박하다, 구속하다 (tether); [<HOBBLE의 변형]
hóp pòle n. 1 홉 덩굴의 받침대. 2 키다리.
hop·py [hɑ́pi / hɔ́pi] adj. (-pi·er, -pi·est) 홉 특유의 쓴 맛·향내나는.
hop·sack·ing [hɑ́psækin / hɔ́p-] n. ⓊⒸ [부대·의복용의] 거친 면(모)직물.
hop·scotch [hɑ́pskɑt̀ʃ / hɔ́pskɔt̀ʃ] n. Ⓤ 돌차기놀이.
hop·ster [hɑ́pstər / hɔ́p-] n. 《속어》 댄서; 아편쟁이.
hóp·yàrd [hɑ́pjɑ̀:rd / hɔ́p-] n. 홉 밭, 홉 재배원.
hor. (略) horizon, horizontal; horology.
ho·ra [hɔ́:rə] n. 호라[루마니아·이스라엘의 전통적인 원무(圓舞)]; 호라의 음악.
ho·ra·ry [hɔ́:rəri / hɔ́r-] adj. 때의, 시간상의; 시간을 나타내는. 1 the horary circle [각지의 시차(時差)를 나타내는] 시간환(時間環). 2 매시간의(hourly), 1 시간마다 3 1시간 계속되는, 1시간 견디는.
Ho·ra·tian [hɔ(u)réiʃən / hɔ-] adj. Horace의, Horace에 관한; Horace 시체(詩體)의, Horace 작풍(作風)의.
Ho·ra·tius [hɔəréiʃəs, hɔ:- / hɔ-] n. [로마 전설] 호라티우스[Etruria 인의 공격을 Tiber 강의 다리에서 두 전우와 함께 가로막아 영웅].
*horde [hɔ:rd / hɔ:d] n. 1 [중앙 아시아 초원의] 유목민 집단. 2 무리, 패. ⇨ CROWD 類語 ¶ a horde of foreign tourists 외국인 여행자의 무리. 3 《동물의 이동하는》 때. — vi. (hord·ed, hord·ing) 유목군(遊牧群)을 이루다; 군락(群落)을 이루다 (Sinai).
Ho·reb [hɔ́:reb, hɔ́:-] n. [성서] 시내 산 (Mount
hore·hound, hoar- [hɔ́:rhàund / hɔ́:-] n. Ⓤ [유럽 원산의] 쓴박하; 그것에서 짜낸 쓴 즙[기침약], ⇨ BULL.
ho·ri·zon [həráizn] n. 1 지평선, 수평선. ¶ above (below) the horizon 지(수)평선 위(아래) / beyond the horizon 수평선 너머로. 2 [천문] 지평(수평). ¶ the sensible horizon 지리(地理) 지평 / the astronomical horizon 천문 지평. 3 시계, 시야(of...); (보통 ~s) 지식 따위의] 한계, 범위; 시적(知的) 시야. 4 1 a mental horizon 식견(識見) 시야. the horizon of knowledge 지식의 범위 / the horizon of the human intellect 인간 지력 (知力)의 범위 / within the horizon 시계(視野) 내 / His

horizons are wide. 그는 시야가 넓다. 4 앞길, 목표 (goal), 전도(prospect). 5 [지질] 층위(層位).
on the horizon ① 수평선상에, 아득히 먼 저쪽에. ② 《비유적》 조짐이 보여, 일어나려 하여. ¶ The sign of peace is on the horizon. 평화의 조짐이 보인다.
◇ horizóntal adj.
‡hor·i·zon·tal [hɔ̀:rizɑ́ntl / hɔ̀rizɔ́n-] adj. 1 수평의, 지평의. ¶ a horizontal position 수평 위치. 2 수평상의, 수(지)평선상의, 수평선과 평행인, 가로로 된, opp. vertical. ¶ a horizontal line 수평(가로)선 / a horizontal plane 수평면. 3 [기계가] 가로로(식)의, 옆으로 놓는; 수평으로 움직이는. ¶ a horizontal wheel 수평으로 움직이는 바퀴 / a horizontal axis 수평축(軸). — n. 수평선(면); 수평 위치. ~·ly [-təli] adv.
horizóntal bár n. [체조] 1 [체조용의] 수평봉, 철봉. 2 [경기도로의] 철봉.
horizóntal bómbing n. 《공군》 수평 폭격.
horizóntal éngine n. 수평식 엔진, 가로놓는 기관 (機關).
hor·i·zon·tal·i·ty [hɔ̀:rizəntǽliti / hɔ̀rizən-] n. Ⓤ 수평 상태, 수평 위치.
horizóntal parállax n. [천체 관측상의] 지평 시차(地平視差).
horizóntal publicátion n. 일반 잡지.
horizóntal stábilizer n. 《항공》 =tail plane.
hórizóntal únion n. 직업별 조합(craft union).
hor·mone [hɔ́:rmoun] n. 《생·화학》 호르몬. ¶ a male (female) hormone 남(여)성 호르몬.
hor·mon·ize [hɔ́:rmounàiz] vt. (-ized, -iz·ing) …을 호르몬으로 처리하다, 인공적으로 거세하다.
‡horn [hɔ:rn] n. 1 《소·양 따위의》뿔(⇨ COW¹ 그림); [사슴 따위의] 지각(枝角); [일각고래 따위의] 엄니 (tusk). 2 [부엉이의] 귀; [달팽이의] 촉각; [곤충의] 촉각, 더듬이. 3 [뿔·음료·화약 따위에 넣는] 뿔로 만든 용기(容器). 4 [물건을 만드는 재료로서의] 뿔; (角材). 5 뿔모양의 것; 낫 같; 초승달의 한쪽 끝; 산봉우리; 갑(岬)의 끝; 반도의 끝; 삼각주의 돌출한 부분; [해만(海灣)의 한 쪽; 모루, 지류(支流); [안장의] 앞머리. 6 《악기》 뿔 따위에 붙어 있는] 나팔, 호른; 뿔피리; [음악] 호른; 《속어》 트럼펫; 경적. ¶ Save your horn. 《俗》 경적 금지. 7 [힘·신의 표상으로서의] 뿔. ¶ The Lord is the horn of my salvation. [성서] 주님은 나의 구원의 뿔이시요. [←시편(Ps.)18 :2]. 8 [논리] 양도 논법 (dilemma)의 뿔. 9 (~s) [간부(姦婦)의 머리에 돋는다는] 질투의 뿔. 10 (the H-) 남미(南美)의 남단 Cape Horn의 속칭. 11 (the ~) 《美속어》 전화.
blow one's own horn ⇨ BLOW.
come out at the little end of the horn 《야단스러운 계획 따위를 해놓고] 크게 실패하다(호되게 경치다).
draw (or haul, pull) in one's horns 조심하다; [지출이나 의견의 표명 따위에서] 슬금슬금 움츠러들다, 소극적으로 되다 《달팽이의 동작에서》.
the horn of plenty = cornucopia.
lift up one's horn 야심을 품다, 의기양양해지다.
lock horns with ⇨ LOCK¹ (conflict)(with...).
on the horns of a dilemma 진퇴양난에 빠져.
put a person to the horn [역사] 남을 법의 보호로 받을 수 없는 자(공권 상실자)라고 선언하다. 《내다.
show one's horns ① 본성을 드러내다. ② 뿔을 드러 take the bull by the horns ⇨ BULL.
— vt. 1 …을 뿔로 받다. 2 《보통 수동형으로》 …에 뿔이 나게 하다. 3 [아내가] [남편에게] 부정한 짓을 하다(cuckold). [(on)...〉
horn in 《美속어》 끼어들다, 간섭하다 (intrude)
— adj. 뿔로 만든.

horn·beam [hɔ́:rnbì:m] n. [복식산(産)] 서나무속.
horn·bill [hɔ́:rnbìl] n. 코뿔새[열대산(産)의 새].
horn·blende [hɔ́:rnblènd] n. Ⓤ[광물] 각섬석(角閃

horn·book [hɔ́ːrnbùk] n. **1** 글씨 익힘책[알파벳·숫자·주기도문 따위를 써놓은 옛날의 학습 도구]. **2** 입문서, 첫걸음[책] (primer).
horned [hɔːrnd, 《詩·문어》hɔ́ːrnid] adj. **1**《종종 복합어를 만들어》뿔이 있는. ¶ long-horned 긴 뿔이 있는. **2** 뿔 모양의 돌기나 장식이 있는. **3** 뿔 모양의 달, 초승달 모양의. ¶ the horned moon《詩》초승달.
hórned ówl n. 수리부엉이 [미국산].
hórned póut n. 메기(hornpout) [미국 동부산].
hórned tóad n. 도마뱀의 일종 [북미 서부산].
horn·er [hɔ́ːrnər] n. **1** 뿔 세공인. **2** 뿔피리 부는 사람.
hor·net [hɔ́ːrnit] n. **1** 어리호박벌(large wasp), 말벌. **2** 《비유적》 귀찮게 구는 사람, 심술쟁이. **bring a hornets' nest about one's ears; stir up a nest of hornets** ① 벌집을 건드리다. ② 많은 적을 만들다. ③ 매우 성가신 사태를 야기하다, 긁어 부스럼을 만들다.
horn·fish [hɔ́ːrnfìʃ] n. 동갈치의 일종(garfish), 실고기(pipe fish), 꽁치아재비.
horn·ful [hɔ́ːrnfùl] n. 뿔잔으로 한 잔 가득함(한 분량).
horn·i·ness [hɔ́ːrninis] n. ① 각 질(角質); 경 질(硬質); [는.
horn·less [hɔ́ːrnlis] adj. **1** 뿔이 없는. **2** 나팔이 없는
horn·like [hɔ́ːrnlàik] adj. 뿔 모양의, 뿔과 같은.
horn-mad [hɔ́ːrnmǽd] adj. 〔소가〕 뿔로 받을 듯이 성내고 있는; 격노하고 있는(furious).
Hórn of África n. 아프리카 동북부의 속칭 [인도양에서 수에즈 운하에 이르는 홍해(紅海)에 면한 에티오피아, 지부티, 소말리아의 3개국을 포함하는 지역].
horn·pipe [hɔ́ːrnpàip] n. **1**《옛 영국에서 쓰이던》나무 피리. **2** 호른 파이프 무용[곡].
horn-rimmed [-rímd] adj.《금테·무테 따위에 대하여》대모갑〔셀룰로이드〕테의 [角石].
horn·stone [-stòun] n. ① 혹각암(黑角岩), 각 **horn·swog·gle** [hɔ́ːrnswɔ̀ɡl / -swɔ̀ɡl] vt. 《-gled, -gling》《美俗》〔금품〕을 사취하다(swindle); …을 속이다.
horn·work [hɔ́ːrnwə̀ːrk] n. ① **1** 뿔 세공; 《속어》뿔 세공품, 각 제품. **2**《築城》각보(角堡).
horn·wort [hɔ́ːrnwə̀ːrt] n. 〔식물〕 붕어마름.
horn·y [hɔ́ːrni] adj. (**horn·i·er, horn·i·est**) **1** 뿔처럼 단단한;《종종 복합어를 만들어》굳어진, 못이 생긴(callous). **2** horny-handed 손이 거칠고 딱딱해진. **3** 뿔로 만든, 뿔 같은 물질로 된. **4** 《뿔처럼》 반투명의, 각질(角質)의. **4** 《속어》호색(好色)의, 욕정을 불러일으키는(lustful). **horn·i·ness** n.
horol. 《略》horology.
hor·o·loge [hɔ́ːrəlòudʒ, -lɑ̀dʒ / hɔ́(ː)rəlɔ̀dʒ] n. 측시기(測時器), 시계(timepiece).
ho·rol·o·ger [ho(u)rɑ́lədʒər, hɔːr- / hɔrɔ́l-] n. =horologist.
hor·o·log·ic [hɔ̀ːrəlɑ́dʒik, hɑ̀r- / hɔ̀rəlɔ́dʒ-] adj. 측시기의, 시계의; 시계학상의; 측시법상의.
ho·rol·o·gist [ho(u)rɑ́lədʒist, hɔːr- / hɔ(ː)rɔ́l-] n. 시계공(工)〔상〕; 시계학자.
ho·rol·o·gy [ho(u)rɑ́lədʒi / hɔrɔ́l-] n. ① 시계 제작법; 시계학; 측시법.
hor·o·scope [hɔ́ːrəskòup / hɔ́r-] n. **1** 〔점성(占星)술〕 천궁도(天宮圖), 12궁도(宮圖). ¶ **cast a horoscope** 점성술로 운세를 점치다. **2** 별점, 점성술.
hor·o·scop·er [hɔ́ːrəskòupər / hɔ́r-] n. 별점을 치는 사람, 점성가.
hor·o·scop·ic [hɔ̀ːrəskɑ́pik, hɑ̀r- / hɔ̀rəskɔ́p-] adj. 천궁도의; 별점의; 점성술의.
ho·ros·co·py [ho(u)rɑ́skəpi, hɔːr- / hɔrɔ́s-] n. **1** 점성술. **2** 《탄생》 별의 위치(배치).

hor·ren·dous [hɔːréndəs / hɔr-] adj. 무서운, 끔찍스러운(horrible). **~ly** adv.
hor·rent [hɔ́ːrənt, hɑ́r- / hɔ́r-] adj. 〔뻣뻣한 털처럼〕 곤두선(bristling), 직립한.
‡hor·ri·ble [hɔ́ːrəbl, hɑ́r- / hɔ́r-] adj. **1** 무서운, 소름 끼치는, 몸서리치는. ¶ **a horrible sight** 무서운 광경. **2** 지긋지긋하게 싫은, 극히 불쾌한; 지독한. ¶ **horrible living conditions** 지독한 생활 조건. **~ness** n.
◇ **hórror** n., **hórribly** adv.
*hor·ri·bly [hɔ́ːrəbli, hɑ́r- / hɔ́r-] adv. **1** 무섭게, 소름이 끼칠만큼. **2** 《구어》 지독히, 몹시, 굉장히.
*hor·rid [hɔ́ːrid, hɑ́r- / hɔ́r-] adj. **1** 〔눈으로 보아〕 무서운; 진저리 나는, 꺼림칙한; 싫은. ¶ **a horrid spectacle** 무시무시한 광경. **2** 아주 싫은, 미운, 지겨운(*horrible 보다 뜻은 약하다). ¶ **horrid weather** 지긋지긋한 날씨 // **How horrid of you to smile!** 웃다니 당신은 너무해요. **3** 《고어》 거칠, 우둘투둘한(rough, rugged). **~ly** adv. **~ness** n.
◇ **hórror** n.
hor·rif·ic [hɔːrífik, hɑr- / hɔr-] adj. 무서운, 지독한.
hor·ri·fi·ca·tion [hɔ̀ːrifikéiʃ(ə)n / hɔ̀r-] n. ① **1** 오싹하기(하게 하기), 전율. **2** 오싹하게 하는 것.
*hor·ri·fy [hɔ́ːrifài, hɑ́r- / hɔ́r-] vt. (**-fied, -fy·ing**) **1** …을 무서워하게 하다, 무서워서 떨게 하다. **2** 《방언》 …을 몹시 질리게 하다, 몹시 불쾌감을 느끼게 하다. ¶ I **was horrified to see her hat.** 그녀의 모자를 보고 어처구니없었다.
◇ **hórror**, **hórrification** n.
hor·rip·i·la·tion [hɔ̀ːrìpiléiʃ(ə)n, hɑr- / hɔr-] n. ① **1** 소름(goose flesh). **2** 《추위·공포 따위로》 몸에 소름이 끼치는 일, 소름이 끼치는 듯한 기분.
‡hor·ror [hɔ́ːrər, hɑ́r- / hɔ́rə] n. **1** ① 공포, 소름이 끼침, 전율, 오싹함. ▶FEAR〔類〕¶ **a scene of horror** 소름이 끼치는 광경 / **in horror** 오싹하여, 무서워서. **2** ①ⓒ 증오, 혐오(of…). ¶ **have a horror of**…을 몹시 싫어하다. **3** ⓒ《구어》, 전율할만한 것〔사건〕; 못 견디게 싫은 사람(것);《구어》실로 지독한 것. ¶ **the horrors of war** 전쟁의 참사(慘事) / **That hat is a horror.** 그 모자는 지독한 밑짐; **4** (the ~s) 떨림의 발작; 병적인 떨림;《구어》우울(blues); 등골이 오싹해지는 기분.
— adj. 공포를 느끼게 하는.
◇ **hórrid**, **hórrible** adj., **hórrify** v.
hor·ror-struck [hɔ́ːrərstrʌ̀k, hɑ́r- / hɔ́r-], **-strick·en** [-strìk(ə)n] adj. 공포에 싸인, 소름이 끼친(horrified).
hors [ɔːr / (h)ɔːr] adv., prep.《프랑스》(=outside) …의 밖(외부)의.
hors de com·bat [ɔːr də kɔmbɑ́, -kɔ́mbə] adj., adv.《프랑스》(=out of combat) 전투력을 잃은(잃고).
hors d'oeu·vre [ɔːrdə́ːvr / -dɔ́ːvr] n. (pl. **hors d'oeuvre** or **hors d'oeuvres**) **1** 오르되브르, 전채(前菜) [식욕을 돋구기 위해 식사 시초에 나오는 간단한 요리]. **2** 가외의 것, 웃걷이;《F outside of work》
‡horse [hɔːrs] n. (pl. **hors·es** or **horse**) **1** 말; 〔특히〕 성장한 수말(male horse). cf. **mare, colt, foal, gelding, pony, stallion, steed** ¶ **wild horses** 야생마 / **eat like a horse** 대식하다, 많이 먹다 / **You may take a horse to the water, but you cannot make him drink.**《속담》 자기가 하려는 생각이 없는 사람은 곁에서 어쩔 수가 없다. **2** 말(Equidae)과(科)의 동물 [ass, donkey 따위]. **3** 《집합적》《복수 취급》기병〔대〕(cavalry). ¶ **a troop of horse** 기병대 / **light horse** 경기병(輕騎兵). **4** 〔사람이 타거나 앉는〕 말 모양의 물건; 《체조》 도마(跳馬) (long horse), 안마(鞍馬) (side horse). ¶ **a rocking horse** (아이들의) 혼들 목마. **5** 〔역사〕 〔옛날 군인에 대한 형구로써 쓰인〕 목마. **6** 톱질모탕(sawing frame). **7** 〔물건 수건걸이. **8** 《주로 욕설》 사람, 녀석(fellow). **9** 《美俗어》 자습서(crib). **10** ① 《속어》 마력(horsepower);《美俗어》 헤로인(heroin). **11** 〔서양장기〕 《구어》 나이

트 말(knight). **1 2** [U]《광물》 중석(中石) [광맥 속에 있는 바위].
back the wrong horse ① [경마에서] 질 말에 걸다; 판단을 잘못하다. ② 지고 있는 쪽을 편들다.
flog (or **beat**) **a dead horse** 이미 끝난 일을 다시 문제삼다, 헛수고를 하다.
from the horse's mouth 《속어》 확실한 출처에서, 믿을 수 있는 정보통으로부터.
hold *one's* **horse** 참다, [감정을] 억누르다; 마음을 가라앉히다.
horse and foot ① 기병과 보병. ② (*adv.*) 《비유적》전력을 기울여, 철저하게.
horse and horse 《美구어》 대등하게, 피장파장으로.
a horse of another (or **different**) **color** 전혀 별개의 것. ┌행동하다.
mount (or **ride**) **the high horse** 뽐내다, 거만하게
on *one's* **high horse** 《구어》 뽐내어, 젠체하며.
pay for a dead horse 낭비하다.
put (or **set**) **the cart before the horse** ⇒ CART.
spur a willing horse 필요도 없이 자극하여.
To horse ! 《호령·명령》하다.
—— *v.* (**horsed, hors·ing**) *vt.* **1** …에게 말을 주다, [마차에] 말을 매다, …을 말등에 싣다. ¶ *horse a carriage* 마차에 말을 매다. **2** …을 짊어지다, 지어 지게 하다. **3** [매질하려고] …을 남의 등이나 목마에 태우다, …을 채찍질하다(flog). **4** 《속어》 [남]을 조롱하다, 놀려대다. **5** [남]을 혹사시키다. ¶ *horse a ship's crew* 배의 승무원을 혹사시키다. **6** 《속어》 [무대에서] [역]을 소란스럽게 연기하다.
—— *vi.* **1** 말을 타다, 말타고 가다. **2** [암말이] 암내를 내고 있다.
horse around 《속어》 법석떨다, 희롱거리다.
—— *adj.* **1** 말의, 말에 다는; 기마의. **2** [빌과 밑에]
◇ **hórsey, hórsy** *adj.* └강대한.
horse-and-bug·gy [hɔ́ːrsəndbʌ́gi] *adj.* 《한정적》 《美구어》 **1** [자동차 이전의] 마차 시대의 (와 같은). **2** 구식의, 시대에 뒤진, 진부한.
†**horse·back** [hɔ́ːrsbæk] *n.* **1** 말등. ¶ **on** *horseback* 말타고, 기마로. **2** 《美》깎아지른 낮은 산등성이.
—— *adv.* 말을 타고. ¶ ride *horseback* 말을 타다.
hórse bèan *n.* 잠두, 누에콩 [말의 사료로 쓴다].
hórse bíscuit *n.* **1** 농담, 실없는 소리, 넌센스. **2** 《익살》 말똥.
hórse blòck *n.* [승마용] 발판, 승마대.
hórse bòat *n.* 말·마차를 운반하는 나룻배; 《美》말로 끄는 배. └교회의 긴 의자.
hórse bòx *n.* **1** [철도의] 말 운반용 화차. **2** 《익살》
horse·boy [hɔ́ːrsbɔ̀i] *n.* 마부.
horse·break·er [hɔ́ːrsbrèikər] *n.* 조마사(調馬師).
hórse brèaking *n.* 말 길들이기, 조마, 조교(調敎).
horse·car [hɔ́ːrskɑ̀ːr] *n.* **1** 《美》 [말이 객차를 끄는] 철도 마차. **2** 말 운반용 화차(트럭).
hórse chéstnut *n.* 마로니에; 그 열매.
horse·cloth [hɔ́ːrsklɔ̀(ː)θ / -klɔ̀θ] *n.* (*pl.* **-cloths** [klɔ̀ːθs, -klɔ̀ːðz / -klɔ̀θs, -klɔ̀ðz]) 말에 입히는 옷.
hórse còllar *n.* 말의 목줄[여기에 봇줄을 맨다]; 《美》《경기》 영패(零敗); 《야구》 무안타나(無安打).
horse-cop·er [hɔ́ːrskòupər] *n.* 《英》말장수(coper); [특히] 정직하지 못한 말장수.
hórse déaler *n.* 말 장수.
hórse dóctor *n.* **1** 《방언》마의(馬醫), 수의(獸醫), 편자공, 제철공(蹄鐵工). **2** 돌팔이 의사.
horse-faced [hɔ́ːrsfèist] *adj.* 마상의, 얼굴이 긴.
hórse fáir [hɔ́ːrsfɛ̀ər] *n.* 말 시장.
horse-feath·ers [hɔ́ːrsfèðərz] *n. pl.* (단·복수 양용) 《속어》 넌센스, 실없는 소리(nonsense, balderdash).
—— *interj.* 넌센스!, 허튼[실없는] 소리!
horse·flesh [hɔ́ːrsflèʃ] [U] *n.* **1** 말고기. **2** 《집합적》

말; [특히] 경주용의 말. ¶ He is a good judge of *horseflesh*. 그는 말의 감정(鑑定)을 잘한다.
hórse flý *n.* 말파리, 쇠등에.
horse·foot [hɔ́ːrsfùt] *n.* 머위; 참게.
Hórse Gùards *n. pl.* (the ~) **1** 근위(近衛) 기병. [특히] 영국 근위 기병. **2** [영국 London의 Whitehall에 있는] 근위병 연대 사령부.
horse·hair [hɔ́ːrshɛ̀ər] *n.* [U] **1** 말의 털 [특히 말갈기와 말총]. **2** 말털로 짠 직물(haircloth).
horse·hide [hɔ́ːrshàid] *n.* **1** 말의 생가죽. **2** 무두질한 말가죽. **3** 《속어》 《야구》의 공.
hórse-hóof [hɔ́ːrshùːf, +美-hùf] *n.* 《식물》 머위.
hórse-làugh [hɔ́ːrslæf / -làːf] *n.* [특히 조소적인] 홍소(哄笑), 너털웃음(guffaw). —— *vi.* 홍소하다, 깔깔 웃다.
horse-leech [hɔ́ːrsliːtʃ] *n.* **1** 말거머리[물소 따위에 있는 말의 입에 달라붙는다고 한다]. **2** 탐욕스러운 사람. **3** 《고어》 수의(獸醫).
horse·less [hɔ́ːrslis] *adj.* **1** 말이 없는. **2** [수레가] 말이 필요없는, 자력으로 움직이는. ¶ *a horseless carriage* 자동차 [옛 호칭].
hórse máckerel *n.* **1** 다랑어. **2** 전쟁이.
†**horse·man** [hɔ́ːrsmən] *n.* (*pl.* **-men** [-mən]) **1** 기수(騎手), 승마자, 마술가(馬術家). **2** 조마사, 말의 조련사. **3** 기병.
horse·man·ship [hɔ́ːrsmənʃìp] *n.* [U] 마술(馬術).
hórse maríne *n.* **1** 《상상의》기마 수병; 승마 수병. **2** 얼토당토 않은 [부적당한] 사람.
Tell that to the horse marines ! ⇒ MARINE.
hórse máster *n.* 조마사(調馬師); 말 (마차) 세 놓는 사람.
hórse-mèat [hɔ́ːrsmìːt] *n.* [U] 말고기.
hórse múshroom *n.* 말불버섯 [식용].
hórse ópera *n.* 《美》 [텔레비전 라디오 따위의 연속물인] 서부극. ┌스툴.
hórse pístol [hɔ́ːrspìstl] *n.* [옛날에 말탄 사람이 가진] 대형 피
horse·play [hɔ́ːrspléi] *n.* ① 야단 법석.
horse·play·er [hɔ́ːrspléiər] *n.* 상습적으로 경마에 돈을 거는 사람, 경마꾼.
horse·play·ing [hɔ́ːrspléiiŋ] *n.* [U] 경마에 걸기.
horse·pond [hɔ́ːrspɑ̀nd / -pɔ̀nd] *n.* 말에게 물도 먹이고 씻어주기도 하는 연못.
hórse pòst *n.* **1** [말을 매는] 말뚝. **2** 말탄 파발꾼.
†**horse·pow·er** [hɔ́ːrspàuər] *n.* 마력[일율(率)의 단위; 略 hp, h.p., HP, H.P.]. **2** [U] 《물》의 천연마(?).
hórse-pòx [hɔ́ːrspɑ̀ks / -pɔ̀ks] *n.* [U] 마두(馬痘) [말
†**hórse ráce** *n.* 경마의 1레이스.
hórse rácing *n.* [U] 경마, 경마놀이.
horse·rad·ish [hɔ́ːrsræ̀diʃ] *n.* 서양고추냉이.
hórse ràke *n.* 말이 끄는 써레.
hórse sénse *n.* [U] 《구어》 [영성하고 조잡한] 상식, [실제적인] 생활의 지혜.
*hórse·shoe** [hɔ́ːrsʃùː, hɔ́ːrs-] *n.* **1** 말굽, 마제(馬蹄); 편자, 제철(蹄鐵). **2** 편자형(U 자형)의 물건. **3** (~s) 《단수 취급》 편자 던지기 놀이 [쇠막대를 던져 맞춘 편자의 수를 겨룬다]. **4** =horseshoe crab. —— *vt.* (-shoed, -shoe·ing) [말]에 편자를 박다. —— *adj.* 말굽 모양의.
hórseshòe báck *n.* [결상 따위의] 활 모양의 등받
hórseshòe cráb *n.* 참게. └이.
hórseshòe mágnet *n.* 말굽 자석.
hórse-shoe·er [hɔ́ːrsʃùər, hɔ́ːrs- / hɔ́ːs-, hɔ́ːs-ʃ-] *n.* 제철공(蹄鐵工).
horse·tail [hɔ́ːrstèil] *n.* **1** 말꼬리 [옛날 터키에서 군기 따위에 썼다]. **2** 속새 [속새과(科)의 상록 다년초]. **3** 뒤로 땋아 늘인 머리.
hórse tráder *n.* 말의 매매 (교환)자; 홍정을 잘하는

horse trading 사람, 빈틈없는 사나이. [협]; 사기.
hórse tráding n. 《美》말의 매매; 빈틈없는 거래(타
horse-weed [hɔ́ːswiːd] n. 《식물》망초.
horse-whip [hɔ́ːrs(h)wìp] n. 말채찍. — vt.
(-whipped, -whip·ping) …을 말채찍으로 때리다.
horse-wom·an [hɔ́ːrswùmən] n. (pl. -wom·en [-wìmin]) 여기수, 여자 승마자.
hors·ey, hors·y [hɔ́ːrsi] adj. (hors·i·er, hors·i·est) 1 말의, 말과 같은. 2 말을 좋아하는, 경마를 좋아하는. 3 말·동작·복장 따위가 승마자(기수)다운. 4 《구어》엄청나게 큰. **hors·i·ly** adv. **hors·i·ness** n.
hors·ing [hɔ́ːrsiŋ] adj. 《수렵》발정한.
hort. 《略》horticultural; horticulture.
hor·ta·tion [hɔːrtéiʃən] n. ⓤ 권고, 장려(exhortation).
hor·ta·tive [hɔ́ːrtətiv] adj. 충고의, 권장하는(advisory). **~·ly** adv.
hor·ta·to·ry [hɔ́ːrtətɔ̀ːri / -t(ə)ri] adj. = hortative
hor·ti·cul·tur·al [hɔ̀ːrtikʌ́ltʃ(ə)rəl] adj. 원예의; 원예학(술)의. **~·ly** adv.
hor·ti·cul·ture [hɔ́ːrtikʌ̀ltʃər] n. ⓤ 1 원예. 2 원예학(술).
hor·ti·cul·tur·ist [hɔ̀ːrtikʌ́ltʃ(ə)rist] n. 원예가.
hór·tus síc·cus [hɔ́ːrtəssíkəs] n. 식물 표본집, 식물의 꽃·잎 따위를 말린 표본집(herbarium). [< L]
Ho·rus [hɔ́ːrəs] n. 〖이집트 신화〗 호루스《매의 모습(머리)을 가진 태양신》.
Hos. 《略》 Hosea.
ho·san·na [ho(u)zǽnə] interj. 호산나 《신 또는 그리스도를 찬양하는 소리; 원래는 신의 구원을 기구하는 외침 소리; → 마태 복음(Matt.) 21:9,15》. n. 호산나 하고 부르짖는 소리. — vt. …을 〖열광적으로〗 찬미하다.
*hose [houz] n. (pl. hose → 3 or 《고어》 hos·en [hóuzn]) 1《복수 취급》긴 양말(stockings, socks). ¶ a pair of hose 긴 양말 한 켤레. 2《복수 취급》《옛날 남자가 입던 몸에 착 달라붙는》긴 바지; 타이츠; 반 바지. 3 ⓤ ⓒ (pl. hos·es [hóuziz]) 《종종 ~s》《수도용》호스. ¶ a rubber hose 고무 호스 / a fire hose 소방 호스. — vt. (hosed, hos·ing) …에 호스로 물을 뿌리다(끼얹다)(...down).
Ho·se·a [ho(u)zíːə / -zíə] n. 1 호세아 《기원전 8세기의 히브리 예언자》. 2《구약 성서의》호세아(書).
hóse càrt n. 〖소방〗호스 운반차. [<Heb]
hose·man [hóuzmən] n. (pl. -men [-mən]) 〖소방〗호스를 맡은 대원.
hose·pipe [hóuzpàip] n. 호스.
hóse rèel n. 호스를 감는 바퀴.
ho·sier [hóuʒər / -ziə, -ʒə] n. 양품점, 메리야스 가게.
ho·sier·y [hóuʒəri / -ziəri, -ʒəri] n. (pl. -sier·ies) 1 ⓤ《집합적》양품류, 《특히》양말. 2 양품점, 메리야스점.
hosp. 《略》hospital.
hos·pice [háspis / hɔ́s-] n. 1 〖주로 종교 단체가 경영하는》순례자·참배자·여행자를 위한》숙박소. 2《종교 단체 등이 경영하는》병자·극빈자를 위한 수용소, 수용시설.
*hos·pi·ta·ble [háspitəbl, - - - / hɔ́s-, - - - -] adj. 1 대접이 좋은, 환대하는. ¶ a hospitable family 손님을 잘 접대하는 가정 / a hospitable reception 후대, 환대. 2 기쁘게 받아들이는. ¶ a person hospitable to new ideas 신사상을 기꺼이 받아들이는 사람. **~·ness** n. **-bly** adv. **hospitability** n.
‡**hos·pi·tal** [háspitl / hɔ́s-] n. 1 병원. ¶ an eye hospital 안과 병원 / a field hospital 야전 병원 / an isolation hospital 격리 병원 / a hospital nurse 병원에 근무하고 있는 간호사 / a lying-in (or a maternity) hospital 산부인과 / go to (or enter) 〖the〗 hospital 입원하다 / leave 〖the〗 hospital 퇴원하다 《* 입원·퇴원의 경우, 《英》에서는 보통 무관사, 《美》에서는 the를 붙이는 것이 보통이나》. 2《英》자선 시설, 수용소; 양로원; 양육원. 3《英》공립 학교《* 고유 명사로

쓰인다》. ¶ Christ's *Hospital* [Horsham에 있는 유명한 public school]. 4 〖시계 따위의〗수리점. ¶ a clock *hospital* 시계 수리점.
walk the hospitals 〖의학생이〗병원에서 실습하다.
◇ *hospitalize* v.
Hos·pi·tal·er, -tal·ler [háspitələr / hɔ́s-] n. 1 (h-) 자선 종교 단체원. 《London에 있는 병원에 딸린》목사(chaplain). 2 호스피털 기사 수도회《중세의 Knights Hospitalers의 일원》.
hóspital féver n. ⓤ 발진 티푸스 《옛날 위생 환경이 좋지 않았던 병원에서 유행했었다》.
hos·pi·tal·ism [háspitəlìzə)m / hɔ́s-] n. ⓤ 1 《병원시설의 결함에서 오는》비위생적 상태. 2 호스피털리즘《장기 요양 생활에 의한 질환 이외의 증상》. 3 시설병《고아원 등의 어린이가 보이는 쉬운 심신의 장애》.
‡**hos·pi·tal·i·ty** [hàspitǽləti / hɔ̀s-] n. ⓤ ⓒ (pl. -ties) 〖손님을〗후히 대접함, 환대; 〖모르는 사람에게〗친절을 베풂. ¶ He is given to *hospitality*. 그는 손님을 접대하기를 즐긴다 / Afford me the *hospitality* of your columns. 귀지에 실어주십시오 《투고자의 말》.
◇ *hospitable* adj.
hóspitálity índustry n. 서비스업 《호텔업, 식당업 등의》.
hóspitálity sùite n. 《회사 따위의》응접실, 접객실.
hos·pi·tal·i·za·tion [hàspit(ə)lizéi(ə)n / hɔ̀spit(ə)laizéi-] n. ⓤ 1 입원 〖가료〗; 입원 기간. 2 《구어》입원 보험(hospitalization insurance).
hos·pi·tal·ize [háspit(ə)làiz / hɔ́s-] vt. (-ized, -iz·ing) …을 입원시키다.
Hos·pi·tal·ler [háspitələr / hɔ́s-] n. = Hospitaler.
hóspital órderly n. 〖군대〗위생병, 간호병.
Hóspital Sáturday n. 병원 기부금 모금 토요일《가두에서 행한다》.
hóspital shìp n. 〖전쟁중의〗병원선(船).
Hóspital Súnday n. 병원 기부금 모금 일요일 《교회에서 행한다》. *cf. Hospital Saturday*
hos·po·dar [háspədàːr / hɔ́s-] n. 원님, 군주 《Walachia, Moldavia에서 옛날 영주 등에게 사용했던 존칭》.
‡**host**¹ [houst] n. 1 《손님을 접대하는》주인, 주인 노릇. *cf. guest* ¶ act as *host* 주인 노릇을 하다. 2 《여관》주인(innkeeper, landlord). 3 《생물》《기생 동·식물의》숙주(宿主), 피(被)기생 동·식물. *cf. parasite* ¶ an intermediate *host* 중간 숙주 / the *host* of a mistletoe 기생목(寄生木)의 대목(臺木). 4 〖텔레비전·라디오의〗호스트, 사회자. 5《형용사적 용법》주최자측의, 접대자측의. ¶ a *host* country 주최국.
count (or *reckon*) *without one's host* ① 회계에게 묻지 않고 계산하다; 제멋대로 판단하다. ② 중대한 점을 빠뜨리다.
— vt. 〖대회 따위를〗주최(개최)하다; 〖텔레비전 프로 따위의〗사회를 보다. ¶ *host* a TV show TV 쇼의 사회를 보다 / Sydney will *host* the next Olympics. 다음 올림픽 개최지는 시드니이다.
‡**host**² [houst] n. 1 큰 무리, 떼(multitude); 다수. ¶ a *host* of friends 수많은 친구들 / *hosts* of troubles 수많은 어려움. 2《고어》군(軍), 군세(軍勢)(army). ¶ the Lord of Hosts 《성서》만군의 여호와 《← 이사야서(書) Isa. 1:9》.
a host in oneself 일기 당천(一騎當千)의 용사.
the heavenly hosts; the hosts of heavens ① 성군(星群). ② 천사군(天使群), 천사(天使)들.
— vi. 많이 모이다.
Host [houst] n. 〖교회〗 성찬식의 빵 《그리스도의 살》.
***hos·tage** [hástidʒ / hɔ́s-] n. 1 인질(人質). ¶ be held in *hostage* 인질로 잡히다. 2 〖드물게〗저당, 담보물(security, pledge). ¶ *hostages* to fortune 운명에 저당잡힌 것 《언젠가 잃을지도 모르는 허무한 것; 처자(妻子)를 말한다》. [는 상태.
hos·tage·ship [hástidʒʃìp / hɔ́s-] n. ⓤ 인질이 되어 있

hóst compùter n. 〔컴퓨터〕 호스트 컴퓨터, 상위(上位) 계산기.
‡**hos·tel** [hάstl/hɔ́s-] n. **1** 호스텔〔여행하는 청소년을 위한 숙박업소〕(youth hostel). **2**《英》〔대학의〕기숙사. **3**《고어》여관, 여인숙(inn). ━ vi. 호스텔에 숙박하다.
hos·tel·er [hάst(ə)lər] n. **1** 호스텔 숙박(경영)자. **2**《고어》여관·주막의 주인. **3**《英》기숙사생(寄宿舍生).
hos·tel·ry [hάstlri/hɔ́s-] n. (pl. **-ries**) 여관, 여인숙(inn, hotel). 「숙(inn, hotel).
‡**host·ess** [hóustis] n. (host 의 여성형) **1**〔가정에서 손님을 접대하는 여주인, 주인 노릇을 하는 사람의 아내. **2**〔레스토랑·댄스 홀 따위의〕호스테스, 댄서; 〔비행기 따위의〕스튜어디스. **3**〔여관 따위의〕여주인, 〔술집 따위의〕마담. 「실내복.
hóstess gòwn n. 〔가정에 손님이 있을 때 입는〕긴
host·ie [hóusti] n. 《濠구어》=air hostess.
‡**hos·tile** [hάstil/-tail] adj. **1** 적의 (있는), 적군(적국)의. ¶a *hostile* army (nation) 적군(국). **2** 적대하는, 반대하는(adverse). ¶*hostile* criticism 적의가 있는 비평(비난) / *hostile* operations 적대 행위 // He is *hostile* to the proposal. 그는 그 제안에 반대하고 있다.
〔類語〕**hostile** 적의를 지닌(나타내는), 적대 행동으로 나오는: a *hostile* country 적성(敵性) 국가, **unfriendly** 적극적인 적의·적대 행위는 없으나 우호적·협력적이 아닌: be *unfriendly* but remain neutral 비우호적이긴 하지만 중립의 태도를 지키는. **inimical** 대립적 또는 유해한 경향·영향을 지닌: be *inimical* to democracy 민주주의에 유해하다.
~·**ly** [-taili] adv. ◇ **hostílity** n.
‡**hos·til·i·ty** [hɑstíliti/hɔs-] n. **1** Ⓤ Ⓒ (pl. **-ties**) 적의, 적개심. ¶ have (feel) *hostility* to a person 남에게 적개심을 품다 / show *hostility* to …에 적의를 나타내다. **2** 적대 행위. **3**〔사고 방식 따위의〕대립, 반대, 반항. **4** (-ties) 전투, 전쟁〔상태〕, 교전(warfare). ¶ open (suspend) *hostilities* 개전(정전)하다 / during *hostilities* 전쟁중에. ◇ **hóstile** adj.
hos·tler [(h)άslər/ɔ́s-] n. 〔여관의〕말구종(ostler).
‡**hot** [hat/hɔt] adj. (**hót·ter, hót·test**) **1** 더운, 뜨거운. opp. cold. ¶ *hot* water 탕, 열탕 / a cup of *hot* tea ; a *hot* cup of tea 뜨거운 차 한 잔/ a *hot* day 더운 날 / boilingly *hot* 펄펄 끓듯이 더운, 찌는 듯이 더운 / Strike while the iron is *hot*.《속담》쇠는 뜨거울 때 두드려라, 물실호기(勿失好機).
2 [사람] 화끈화끈한, 열이 나는. ¶ I am *hot* with fever. 감기에 걸려 열이 난다 / That long run has made me *hot*. 그렇게 오래 달렸더니 몸이 화끈거린다.
3〔음식〕**a**〕뜨끈뜨끈한, 갓 만든, 따끈따끈한. ¶ *hot* meat 갓 구운 고기 / I like my food *hot*. 음식은 따끈한 것이 좋다. **b**〕매운, 톡 쏘는, 얼얼한(pungent). ¶ This dish is too *hot* to eat. 이 음식은 너무 매워 먹을 수 없다.
4〔감정·기질 따위〕**a**〕격렬한, 뜨거워지기 쉬운, 화를 잘 내는. ¶ a *hot* temper 격하기 쉬운 기질. **b**〕열이 오른, 화가 난, 흥분한(excited). ¶ *hot* anger 격분 / *hot* words 격렬한 말 / in *hot* blood 격분하여 / get *hot* over an argument 논의로 흥분하다. **c**〕호색의, 욕정에 불타는(lustful); 〔동물이〕발정한(in heat); 성적 매력이 있는, 섹시한. ¶ You look *hot* tonight. 오늘밤 당신은 아주 섹시해.
5 열렬한, 열광적인, 열심인, 열중하는(eager). ¶ a *hot* patriot 열렬한 애국자 / He is *hot* on playing baseball. 그는 야구에 열중하고 있다.
6 a〕〔정도가〕격렬한, 과격한(violent); 긴급한. ¶ a *hot* battle 치열한 전투 / in *hot* haste 급히 서둘러. **b**〕〔불의 구실·위세가〕센, 맹렬한, 다루기 힘든. **c**〕〔배·자동차 따위가〕빠른, 고속의.
7〔색·냄새 따위가〕강렬한, 새롭고 강한, 자극적인. ¶ a *hot* color 자극적인 강한 색.
8 a〕〔보도 따위가〕새로운(fresh), 방금 들어온, 방금 발행된. ¶《속어》아주 재미있는, 센세이셔널한. ¶ *hot* news from the front 전선으로부터의 최신 뉴스 / a paper *hot* from the press 막 인쇄된 신문. **b**〕《구어》〔지폐 따위가〕새로 발행된. **c**〕〔상품 따위가〕인기있는, 잘 팔리는(marketable).
9〔재즈 음악 따위가〕열광시키는, 흥분시키는, 즉흥적인, 신나는. opp. sweet cf. cool ¶ *hot* jazz 핫 재즈.
10《구어》〔표적·목표물에〕아슬아슬하게 접근한, 거의 따라 잡은; 〔퀴즈 따위를〕거의 맞춘, 가까운(close). ¶ *hot* pursuit 거의 잡을듯한 추적 / be *hot* on a person's heels 거의 따라잡다.
11《美속어》뛰어난, 훌륭한, 우수한(excellent). ¶ a *hot* pilot 명 조종사 / *hot* favorite〔경마의〕인기마.
12〔고압〕전류가 흐르고 있는, 〔고압〕전류의; 방사능을 띤, 방사성의. ¶ a *hot* wire 고압선 / *hot* dusts 방사능 낙진.
13《속어》갓 훔친, 불법적으로 얻은, 〔훔친 물건이 표가 나서〕처분하기 위험한(dangerous); 경찰에 쫓기고 있는. ¶ *hot* goods 갓 훔친 물건.
14《속어》아주 운이 좋은(very lucky).
15〔일 따위에〕몹시 신이 난.
16〔자금이〕대량으로 단기간 움직이는. ¶ *hot* dollars 핫 달러〔국제 시장을 이동하는 투기성 달러 자금〕.
[**all**] *hot* **and bothered** ⇒ BOTHER.
drop ... *like a hot potato* ⇒ POTATO.
get hot《속어》① 뜨거워지다, 흥분하다, 열중하다. ② 〔퀴즈의 답·사냥의 목표물에〕접근하다.
get hot under the collar ⇔ COLLAR.
get (or **catch**) **it hot** 〔꾸지람·벌을〕몹시 야단맞다.
give *it a person hot* 남을 호되게 꾸짖다.
hot and heavy (or *strong*) 맹렬한(하게). 「한.
hot and hot 〔음식·요리가〕 갓 만들어진, 따끈따끈
make a place *too hot to hold a person*; **make a place** *too hot for a person* 〔어떤 장소에〕남을 붙어 있을 수 없게 하다.
not so hot 별로 쓸모가 없는(효과가 없는).
━ adv. 덥게, 뜨겁게(hotly); 뜨거운 동안; 열심히; 심하게; 노하여(* 형용사의 서술용법으로 볼 수도 있다.) ¶ The sun shone *hot* on the head. 태양이 머리 위에서 내리쬐고 있었다.
━ vt., vi.《주로 英구어》〔…을〕데우다, 따뜻해지다(warm, heat), 뜨거워지다; 격해지다(...up).
━ n. (~s)《美속어》강한 성욕. ~·**ness** n. ◇ **heat** n.
hót àir n. Ⓤ〔송풍용의〕뜨거운 이야기; 허풍. ¶ His plans are all *hot* air. 그의 계획은 모두 허풍이다.
hót àir ballòon n. 열기구(熱氣球).
hót àtom n.〔원자 물리〕반도〔반跳〕원자, 핫 아톰.
hot·bed [hάtbèd/hɔ́t-] n. **1** 온상. **2**〔범죄·악습 따위의〕소굴. ¶ a *hotbed* of crime 범죄의 온상.
hot-blood·ed [hάtblʌ́did/hɔ́t-] adj. **1** 격하기 쉬운, 열혈(熱血)의, 저돌적인. **2**〔가축이〕혈통이 좋은.
hot·box [hάtbὰks/hɔ́tbɔ̀ks] n.〔기관차·화차 따위의〕과열된 굴대통.
hót bùtton n. 핵심 쟁점, 주요 문제, 사회적 관심사; 매력적인 슬로건(구호); 매력적인 투자 대상, 팔릴만한 상품.
hot-button [hάtbʌ̀tn/hɔ́t-] adj. 흥분시키는, 자극적인; 감정적인; 반론을 불러 일으키는.
hót càke n. 핫케이크(griddle cake).
sell (or **go**) **(off) like hot cakes** 불티나게 팔리다.
hót cèll n. 방사성 물질 처리용 차폐실〔遮蔽室〕.
hot·cha [hάtʃɑ, -ə/hɔ́tʃə] n.《속어》하차차〔재즈의 일종〕. ¶《美속어》매력있는.
Hótch·kiss gún [hάtʃkis/hɔ́tʃ-] n. 호치키스〔기관〕총. ¶ *Hotchkiss* paper-fastener 호치키스〔종이 철하는 기구〕. cf. stapler²
hotch·pot [hάtʃpɑt/hɔ́tʃpɔt] n. Ⓤ〔법률〕재산 병합

hotchpotch (倂合) [특히 유언이 없는 경우에] 유산의 균등 상속을 위해 모든 재산을 합치는 일.

hotch·potch [hátʃpɔ̀tʃ / hɔ́tʃpɔ̀tʃ] n. 1 ⓤ 잡탕[고기와 야채의 진한 스튜 따위]. 2 《英》 뒤범벅, 혼동(hodgepodge)(*of*...). 3 《법률》 =HOTCHPOT.

hot cóckles n. pl. 《단수 취급》 눈을 가리고 자기를 때리는 사람을 알아맞히는 놀이.

hót córner n. 《야구 속어》 3루수의 수비 위치.

hót cróss bún n. 십자가가 그려진 과자빵 [사순절(Lent) 중에 먹는다] (cross bun).

hót díggety (ziggety) *interj.* 《美속어》 =HOT DOG.

hót dóg n. 1 =FRANKFURTER. 2 핫 도그[를 빵에 구운 소시지를 넣어 만든다]. 3《美속어》묘기를 할 수 있는 선수; 젠체하는 사람. — *interj.*《美속어》감짝이야!, 멋지다!, 《기쁨·흥분을 나타내는 탄성》.

hot-dog [hátdɔ̀ːg / hɔ́t-] 《美속어》 *adj.* 묘기를 보이는; 젠체하는. ¶ *hot-dog* skiing 묘기 활강의 스키. — *vi.* (-dogged, -dugging) 1 《스포츠에서》 묘기를 보이다. 2 뽐내다, 젠체하다, 과시하다. — *n.* =HOT DOG 3.

‡**ho·tel** [hou(t)él / (h)ou(-)] n. 1 호텔, 여관. ¶ His Majesty's *hotel* 《익살》 감옥, 교도소 / run a *hotel* 호텔을 경영하다 / put up at a (*or* an) *hotel* 호텔에 묵다. *《英》에서는 an을 붙이는 경우가 있으나 《美》에서는 a가 보통.

hô·tel de ville [(h)outél də víːl] n. (pl. *hô·tels-* [-télz-]) 《프랑스》 (= mansion of the city) 시청.

Hô·tel Díeu [F otɛl djø] n. (pl. *hô·tels-* [F -tɛl-]) 《프랑스》 (=hotel god) 병원(hospital).

ho·tel·ier [hòutəlír] n. =HOTELKEEPER. [<F]

ho·tel·keep·er [hou(t)télkìːpər / (h)ou(-)] n. 호텔 경영자. 「텔 경영[업].」

ho·tel·keep·ing [hou(t)télkìːpiŋ / (h)ou(-)] n. ⓤ 호

ho·tel·man [hou(t)télmən, -mæ̀n / (h)ou(-)] n. (pl. *-men* [-mən, -mèn]) =HOTELKEEPER.

hót flásh (flúsh) n. 《생리》 [폐경기의] 일과성(一過性) (전신) 열감(熱感), 피부의 홍조(紅潮).

hót fóot n. (pl. *-foots*) 《美》 남의 구두창에 성냥을 끼워놓고 불이 나게 하는 것.

hot·foot [hátfùt / hɔ́t-] 《美구어》 *vi.* 급히 서둘러 가다, 서두르다. ¶ *hotfoot* it 급히 서둘러 가다. — *adv.* 급히 서둘러. — *n.* =HOT FOOT.

hot·head [háthèd / hɔ́t-] n. 성급한 사람, 성격이 불 같은 사람.

hot·head·ed [háthèdid / hɔ́t-] *adj.* 성급한, 덤비는(impetuous, rash). 2 격하기 쉬운, 잘 흥분하는(quick tempered). ~·ly *adv.* ~·ness n.

hot·house [háthàus / hɔ́t-] n. (pl. *-houses* [-hàuziz]) 1 온실(greenhouse). 2 건조실. 3 《범죄·악습 따위의》 온상. 4 《폐어》 유곽. — *adj.* 온실에서 자란.

hóthòuse effèct n. = greenhouse effect.

hót íssue n. 《美》 《증권》 인기 신주(新株).

hót làboratòry n. 원자력 연구소.

hót líne n. 1 긴급용 직통 전화선. 2 (the ~) 미·소 수뇌간의 직통 전용 텔레타이프선. 3 《美》 텔레비전·라디오의 전화에 의한 신상 상담 프로그램.

hot·ly [hátli / hɔ́t-] *adv.* 1 뜨겁게, 덥게. 2 격렬하게(violently); 열심히(eagerly). 3 《음식이》 얼얼하게(pungently). 4 욕정을 불태워(lustfully).

hót móney n. ⓤ 1 《경제》 국제 금융 시장에서 높은 이자를 받기 위해 이동하는 단기 자금. 2 《속어》 부정한 돈.

hót pànts n. pl. 1 《美속어》 욕정. 2 여성용의 짧은 팬츠.

hót pépper n. 고추.

hót pláte n. 1 요리용 철판. 2 전기 곤로, 히터. 3 [요리용] 전기 보온기.

hót pót n. 《주로 英》 양고기 또는 쇠고기와 감자를 넣어 끓인 요리, 감자 스튜.

hót potáto n. 《美구어》 누구도 떠맡으려 하지 않는 곤란한(불쾌한) 상태(문제).

hot-press [hátprès / hɔ́t-] n. 가열 프레스[종이나 광을 내거나 기름을 짜는 데 쓰이는 기계]. — *vt.* ...을 가열 압착하다.

hót pursúit n. 《군사》 월경(越境) 추적권. ¶ *hot pursuit* of the Vietcong into Cambodia 캄보디아 국내까지의 베트콩 추적.

hót ród n. 《美속어》 개조된 자동차[고속을 내기 위해 엔진의 힘을 바꾼 고물 자동차].

hót ród·der [-rádər / -rɔ́də] n. 《美속어》 개조 자동차에 타는 틴 에이저.

hót séat n. 《美속어》 1 전기 의자(electric chair). 2 어려운 처지, 궁지.

hot-short [hátʃɔ̀ːrt / hɔ́t-] *adj.* 《금속이》 열에 약한.

hot·shot [hátʃɔ̀t / hɔ́tʃɔ̀t] 《속어》 n. 1 《반어》 유능한 사람; 거물. 2 소방수. 3 급행 화물 열차. — *adj.* 1 《반어》 큰 성공을 거둔; 아주 숙련된, 일류의. 2 급행의, 논 스톱의.

hót spót n. 1 《정치적·군사적》 분쟁 지역. ¶ In the 1960's, Vietnam became a *hot spot*. 베트남은 1960 년대에 분쟁 지역이 되었다. 2《美속어》나이트 클럽이 오락장, 도박장; 유흥가.

*****hót spríng** n. 온천.

hot·spur [hátspə̀ːr / hɔ́t-, -spə̀] n. 성미 급한 사람, 무모한 사람, 참을성 없는 사람.

hót stúff n. 《속어》 1 팔팔한 사람, 정력가, 정열가, 숙련자. 2 대단한 사람(것), 주목할 만한 것(사람).

hot-tem·pered [háttémpərd / hɔ́t-] *adj.* 성급한.

Hot·ten·tot [hátntàt / hɔ́tntɔ̀t] n. 1 호텐톳 사람(족) [남아프리카의 미개 민족]. 2 ⓤ 호텐톳 말[코이산(Khoisan)의 여러 언어 중 하나]. 3 《비유적》 미개인, 야만인. — *adj.* 호텐톳 사람(말)의. [<D *hot en tot* 'hot' and 'tot': 말씨가 이렇게 되풀이하는 것으로 들린 데서 생긴 의성어(擬聲語)]

hot·tie [háti / hɔ́ti] n. 《英·濠》 탕파(湯婆).

hót wár n. ⓤⓒ 열전(熱戰) [무기를 사용하는 실전]. *cf.* cold war

hót wáter n. ⓤ 1 열탕(熱湯), 탕. ¶ *hot water* heating 온수 난방. 2《구어》고생, 어려움(trouble); 곤경. ¶ get into (be in) *hot water* 곤경에 빠지다.

hót-wá·ter bàg [hátwɔ́ːtər / hɔ́t-] n. 《보통 고무 제품의》 열탕 주머니.

hót wéll n. 1 =HOT SPRING. 2 온수통, 열탕 저장통[보일러에 재순환시키기 전에 열탕을 잠시 저장해 두는 탱크].

hou·dah [háudə] n. =HOWDAH.

hough [hak / hɔk] n., *v.* 《스코》 =HOCK¹.

‡**hound** [haund] n. 1 사냥개 2 《일반적으로》 개(dog). 3 비열한 사나이, 상종 못할 녀석. 4 《구어》 《취미 따위에》 열중하는 사람. ¶ a movie *hound* 영화광. 5 《종이 뿌리기 술래잡기(hare and hound)에서》 쫓는 사람, 가. 6 =DOGFISH. *follow the hounds*; *ride to hounds* 사냥개를 앞세워 말을 타고 사냥하다. — *vt.* 1 ...을 사냥개로 사냥하다. 2 ...을 맹렬히 추적하다, 끈덕지게 괴롭히다. ¶ (~+圀+前+圀) *hound* a person to death 남을 괴롭혀 죽이다. 3 《개》를 부추겨 덤벼들게 하다. ¶ (~+圀+前+圀) *hound* a dog at a fox 개를 부추겨 여우를 쫓게 하다. 4 《남》을 부추기다(incite). ...하게 하다(*on*).

hound·fish [háundfìʃ] n. (pl. *-fish* or *-fish·es*) =DOGFISH.

hound's-tongue [háundztʌ̀ŋ] n. 큰 유리새의 일종 [푸른 꽃이 피고 개의 혀 모양을 한 잎이 달린다].

hound's-tooth, hounds- [háundztùːθ] *adj.* 새발 격자 무늬의. — *n.* ⓤⓒ 새발 격자 무늬(hound's-tooth check).

‡**hour** [auər] n. 1 한 시간. ¶ half an *hour* 반 시간 / a quarter of an *hour* 15 분 / an *hour*'s reading 한 시간의 독서 / for *hours* at a time 계속해서 몇 시간 동안 / waste a full *hour* 꼬박 한 시간을 허비하다 / pay a person by the *hour* 남에게 시간당 임금을 지불하다. 2 시각, 때, 시. ¶ at the *hour* of nine 9시에 / at an

early (a late) *hour* 이른(늦은) 시각에, 이르게(늦게) / as of 1500 (fifteen hundred) *hours* 오후 3시 현재 / What is the *hour*? 몇 시입니까?/The *hour* is 3:30 (three thirty). 3시 반입니다 / He sits up into the small *hours* of the night. 그는 밤중 한 시나 두 시까지 깨어 있다.
3 [특정의]시간, 때, 무렵, 시기, 시대; 임종. ¶ the dinner *hour* 식사 시간 / the rush *hours* 통근자들로 가장 붐비는 시간 / in the *hour* of danger 위급할 때에 / the *hour* of death 임종 / Her [last] *hour* has come (*or* struck). 그녀가 죽을 때가 왔다/He spent his boyhood's *hours* in Switzerland. 그는 소년 시절을 스위스에서 지냈다.
4 (the ~) 현재, 현대, 지금. ¶ the man (the question) of the *hour* 시대의 인물(시사 문제).
5 (~s) 작업(근무, 영업) 시간. ¶ business *hours* 영업 시간 / office *hours* 근무 시간 / consultation *hours* 진료 시간 / after *hours* 근무가 끝난 후에, 방과 후에 / The school *hours* are from 9 to 3. 수업은 9시에서 3시까지입니다.
6 (~s) 『통상적』 기상(취침) 시간.
7 (~s) 『가톨릭』 시과(時課) [하루에 몇차례 정해진 시각에 하는 기도]; 성무일과(聖務日課), 시과에 쓰는 기도서(the book of hours).
8 …시간의, 노정(路程)(거리). ¶ It is three *hours* from here to the town. 여기서 그 읍까지는 3시간의 거리입니다.
9 a) [수업의] 한 시간. ¶ The *hour* lasts 45 minutes. 수업 시간은 45분입니다. **b)** [대학 따위의 일주간당] 단위 시간. ¶ an eight-*hour* course 일주 8시간의 과정.
10 [천문] 15도[경도의 단위].
11 (the H-s) [그리스 신화] 호라이[계절의 여신들] (the Horae).
at all hours 언제나 때를 가리지 않고.
at the eleventh hour ⇨ ELEVENTH.
hour after hour 매시간; 언제나. [마침내.
in a good (or *a happy*) *hour* 운좋게, 때맞추어, 때
in an evil (or *an ill*) *hour* 나쁜 때에, 운나쁘게, 공교롭게.
keep early (or *good, regular*) *hours* 일찍 자고 일찍 일어나다.
keep late (or *bad*) *hours* 밤샘하고 늦잠자다(* bad 는 주로 탐탁지 않은 이유에 의한 경우에 쓰인다).
on the hour 시간을 꼭 맞추어.
to an hour 시간을 정확하게, 틀림없이 그 시간에.
◇ hórary, hóurly *adj.*
hóur ángle *n.* [천문] 시각(時角)[자오선과 천체가 이루는 각도].
hóur círcle *n.* [천문] 시권(時圈) [천구(天球)의 양극을 지나는 12개의 큰 원].
hour-glass [áuərglæs / -glà:s] *n.* 모래 시계.
hóur hànd *n.* (the ~) [시계의] 시침, 단침(短針). *cf.* minute hand
hou·ri [hú(:)ri, háuri / húəri] *n.* **1** (H-) [회교의] 극락의 미녀. **2** 매혹적인 여성.
*****hour·ly** [áuərli] *adj.* **1** 한 시간마다의, 매시간의. ¶ an *hourly* wage 시간에 따른 급료. **2** 한 시간의. **3** 빈번한(frequent), 부단한(continual). ¶ live in *hourly* fear of death 끊임없이 죽음을 두려워하며 지내다. —*adv.* **1** 한 시간마다. **2** 빈번하게, 부단히.
hóur plàte *n.* [시계의] 문자판.
house [haus → *v.*] (*pl.* hous·es [háuziz]) **1** 집, 가옥, 주택, 저택, 주거. ¶ a large *house* 큰 집, 대저택 / a two-storied *house* 2층집 / the Smith *house* 스미스씨 저택 / rent a *house* to live in 살 집을 빌리다.
[類語] *house* 주거로서의 집, *home* 가족의 보금자리·따뜻한 가족적 분위기를 나타낸다 / 〖美〗에서는 house와 동의어로도 쓰인다. **dwelling** 특히 주거용 건물임을 강조하는 말; 주로 시 또는 법률 용어. **residence** 형식을 차린 말로, 당당한 저택을 암시.

2 가정, 가족, 가구(세대)(household). ¶ Meals are always late in our *house*. 우리집에서는 언제나 식사 시간이 늦다./ *An Englishman's house is his castle.* 《격언》영국인의 집은 그의 성곽이다[다른 사람의 침범을 허용치 않는다].
3 (종종 H-) 가계(家系), 혈통. ¶ an ancient *house* 구가(舊家) / the *House* of Windsor 원저가 [영국 왕가] / the Imperial (Royal) *House* 황실(왕실).
4 [갖가지 목적을 위한] 건물; 물건의 저장소. ¶ a carriage *house* 차고(車庫) / a customs *house* 세관 / a store *house* 창고 / a *house* of refuge 양육원.
5 [동물의] 우리; [달팽이 따위의] 껍질(shell). ¶ a hen *house* 닭 우리, 계사(鷄舍).
6 여관, 술집; 《구어》 매음굴. ¶ a public *house* 술집 / a *house* of ill fame 매음굴.
7 극장, 연예장, 도박장; 흥행; 《집합적》 관중, 청중, 구경꾼. ¶ an opera *house* 오페라 하우스, 가극장 / a full *house* 만원 / the first *house* 제 1회 흥행, 첫 흥행 / There was a good *house* to the show. 그 쇼는 성황이었다.
8 집회장, 의사당, (H-) 의회, 의원(議院); 《집합적》 의원(議員); [대학 따위의] 평의원[회], 고문단. ¶ the *House* of Commons 《英·캐나다》 하원 / the *House* of Representatives 중의원(衆議院), [미국 의회의 하원 의회(議院)] 하원 (⇨ CONGRESS) / the *House* of Councilors 참의원 / the *House* of Lords 《英》 상원 / the *House* of Parliament 《英》 국회 의사당 / make a *House* 《英》 [하원에서] 정족수(定足數)(성원)가 되다.
9 (종종 H-) 상회, 상사. ¶ a publishing *house* 출판사 / a commercial *house* 상점.
10 《英》 [대학의] 학료 (college); (the H-) Oxford 대학의 Christ Church 학료.
11 기숙사; 《집합적》 기숙사생.
12 (the H-) 《英구어》 런던 증권 거래소; [Poor Law 에 의한] 빈민 구호소(workhouse).
13 종교 단체의 건물, 공동 주거. ¶ a *house* of prayer 예배당.
14 〖천문〗 궁(宮), 수(宿).
bow down in the House of Rimmon ⇨ RIMMON.
bring down (or *carry*) *the house* 《구어》 관중으로 부터 열렬한 갈채를 받다. [하다.
clean house 숙청하다, [조직의] 부패(비능률)를 일소
house and home 〖강조〗 가정.
a house of call ① [배달인이 주문을 받으러 다니는] 단골집, 배달처. ② 여인숙, 선술집.
a house of cards ⇨ CARD¹.
a house of God ⇨ GOD.
keep a good house ① 호화롭게 지내다, 부족한 것 없 이 지내다. ② 손님을 환대하다. [다).
keep house 일가를 이루다, 살림을 차리다(꾸려 나가
keep the (or *one's*) *house* 두문불출하다.
like a house on fire ⇨ FIRE.
move house 이사하다.
on the house 공짜로, 사업주(회사)의 경비로.
play house 《구어》 [어린이가] 소꿉장난을 하다.
set (or *put*) *one's house in order* ① 집안을 정돈하다; 질서를 회복하다. ② 자신의 결점을 고치다.
— *v.* [hauz] (housed, hous·ing) *vt.* **1** …에 집을 주다, …을 집에 넣다, 유숙시키다, 영접하다, 수용하다. ¶ *house* a lot of workers 많은 노동자들에게 주택을 주다 / This hall will *house* us all. 이 공회당이면 우리 모두가 들어갈 수 있을 것이다.
2 [집안에] …을 넣어 두다, 저장하다(store). ¶ (~+目+前+名) *house* one's spare books *in* an attic 불필요한 책을 다락방에 넣어두다.
3 …을 지붕으로 덮다, 비바람을 맞지 않게 하다; …을 안전한 곳에(shelter).
4 〖항해〗 …을 안전한 곳에 넣어두다.
5 [건축] [구멍 따위에] …을 꼭 박아(끼워) 넣다.
— *vi.* **1** 안전한 곳에 들어가다. **2** 살다, 유숙하

다, 살림살이를 하다. [업자.
house ágent n. (英) 복덕방, 가옥 중개인, 부동산
house arrést n. ⓤ 자택 감금, 연금(軟禁). [배.
house-boat [háusbòut] n. [거주할 수 있는] 지붕 있는
house-bod-y [háusbàdi / -bɔ̀di] n. =homebody.
house-bound [háusbàund] adj. [거친 날씨·병 따위
로] 집 밖에 나가지 못하는, 집에 틀어박힌.
house-boy [háusbɔ̀i] n. [가정에 고용되어 집안의 잡
일을 하는] 하인, 하우스 보이. [드.
house bránd n. 판매자 브랜드, 자사(自社) 브랜
house-break [háusbrèik] v. (-broke, -brok-en) vi.
[집에 들어가] 강도질을 하다; 가옥을 헐다. —— vt. 《美》
[개·고양이 따위]를 집에 길들이다, [집안을 더럽히지
않도록] 대소변 가리는 것을 가르치다, 얌전하게 하다.
house-break-er [háusbrèikər] n. 1 [대낮의] 강도
(burglar), 가택 침입자. 2 《英》 낡은 집을 허는 업자.
house-break-ing [háusbrèikiŋ] n. ⓤ 1 낮 도둑질,
가택 침입. 2 《英》 낡은 집 헐기.
house-bro-ken [háusbròuk(ə)n] adj. 1 [개·고양이
따위가] 집안에서 살도록 길들여진. 2 사회적으로 받아
들여지는.
house-bug [háusbʌ̀g] n. 빈대.
house-build-er [háusbìldər] n. 목수, 대목, 건축 청
house cáll n. 왕진. [부업자.
house cárd n. 하우스 카드[카드 발행기업의 점포 또
는 기업 그룹내에서만 사용이 가능한 크레디트 카드].
house-clean [háusklì:n] vt. (집·방)의 대청소를 하
다. —— vi. 대청소를 하다; 숙청하다.
house-clean-ing [háusklì:niŋ] n. ⓤ 1 대청소,
숙청; [거슬리는 사람·습관의] 배제, 제거, 일소.
house-coat [háuskòut] n. [여성용의] 실내복.
house cóunsel n. [법인체의] 전속 변호사.
house-craft [háuskræft / -krà:ft] n. ⓤ 《英》 가정강;
가정학(domestic science) (《美》 home economics).
house cricket n. 귀뚜라미의 일종. [원].
house detéctive n. 보안원[호텔·백화점 등의 감시
house dínner n. [클럽·학교 따위의] 특별 만찬회,
연회.
house dóctor n. 병원에서 숙식하는 의사.
house dóg n. 집에서 기르는 개, 집 지키는 개.
house-dress [háusdrès] n. [집안일을 할 때 입는] 실
내복, 집에서 입는 옷.
house dúty n. 가옥세.
house fámine n. 주택난.
house-fa-ther [háusfɑ̀:ðər] n. 1 [일가(一家)의] 가
장. 2 [기숙사·고아원 따위의] 관리자, 사감. cf.
housemother. [선업.
house-find-ing ágency [háusfàindiŋ-] n. 셋집 알
house flág n. [항해] [배의 소속 회사를 나타내는] 사
기(社旗), 선주기(船主旗).
house flánnel n. [마루 청소용] 거친 플란넬 걸레.
house-fly [háusflài] n. (pl. -flies) 집파리.
house-ful [háusfùl] n. 집에 가득. ¶ a houseful of
guests 집안에 가득 찬 손님.
house fúrnishings n. pl. 가정용품[융단·의자·
벽걸이 따위].
house gírl n. =housemaid.
house-hold [háushòuld / -(h)òuld] n. 1 《집합적》 가
족; [고용인도 포함하여] 온 집안 사람, 가구(家口) (세
대). 2 가정, 가사. ¶ manage one's household 가
사를 관리하다. 3 (the H-) 《英》 왕실. —— adj. 1 가
정의, 가족의, 가구(세대)의; 가사(家事)의. ¶ house-
hold affairs 가사(家事), 가정(家政) / household
expenses 가계비. 2 일상적인 (ordinary).
house-hold árts n. pl. 《단수 취급》 가정[학].
Hóusehold Cávalry n. (the ~) 《英》 근위(近衞)
기병대, 의장(儀仗) 기병대.
house-hold-er [háushòuldər / -(h)òuldə] n. 1 자기
집을 가지고 있는 사람. 2 호주, 가구(家口)주; 가장.
house-hold fránchise n. (보통 the ~) 호주 선거
권.
house-hold góods n. pl. 1 [고대 로마의] 집의 수호
신, 터주. 2 《비유적》 가보, 집에 전해 내려오는 귀중
한 물건.
house-hold náme n. =household word.
house-hold stúff n. ⓤ 《고어》 집안의 도구 (house
furnishings) 가정 필수품.
house-hold tróops n. pl. 근위병. [현].
house-hold wórd n. 사람들이 잘 알고있는 어구(표
house húnting n. 셋집 구하기.
house-hus-band [háushʌ̀zbənd] n. 《美》 가정 일을
돌보는 남편.
house-keep [háuskì:p] vi. (-kept, -keep-ing) 세대
를 이루다, 살림살이하다, 집안일을 꾸려나가다.
house-keep-er [háuskì:pər] n. 1 주부. 2 가정부,
우두머리 하녀. 3 가옥(사무실) 관리인.
***house-keep-ing** [háuskì:piŋ] n. ⓤ 가정(家政), 가
계; 살림살이, 가사; 사무소의 관리. ¶ good house-
keeping 잘 꾸리는 살림살이.
house-leek [háuslì:k] n. 돌나무과(科) 바위솔속(屬)
의 일종.
house-less [háuslis] adj. 집이 없는, 잘 곳 없는.
house-lights [háuslàits] n. pl. 극장내 객석의 조명.
house-maid [háusmèid] n. 하녀.
hóusemaid's knée n. [병리] 슬개골활액낭염(膝蓋
骨前液囊炎), 주부슬 [하녀가 무릎을 꿇고 청소함으
로써 생기는 무릎의 급만성 피하 염증].
house-man [háusmən, -mæn] n. (pl. -men [-mən, -mèn]
) 1 가정이나 호텔의 고용인, 심부름꾼. 2 《英》 [병
원의] 인턴.
house-mas-ter [háusmæstər / -mà:stə] n. [학교 기
숙사의] 사감.
house mátch n. 《英》 [public school 등의] 요(寮)
대항 시합. [람.
house-mate [háusmèit] n. 동거인, 같은 집에 사는
house-mis-tress [háusmìstris] n. 여주인; 여사감.
house-moth-er [háusmʌ̀ðər] n. [기숙사 따위의] 여
(女)사감, 요모(寮母) (matron).
house móuse n. 서양 새앙쥐.
house órgan n. 사내보(社內報).
house-par-lor-maid, 《英》 **-lour-** [hàuspɑ́:rlər-
mèid] n. 잔심부름하는 계집애, 하녀.
house párty n. 1 [별장 따위에서의] 초대 파티. 2
초대객. [부 전화.
house-phone [háusfòun] n. [호텔이나 아파트의] 내
house physícian n. [병원·호텔 따위의] 내과 숙식 근
무하는 내과 의사.
house pláce n. 《英방언》 [농가의] 거실.
house-plant [háusplænt / -plɑ̀:nt] n. [실내용의] 분
재 화초. [하는.
house-proud [háuspràud] adj. 집(살림살이)을 자랑
house-rais-ing [háusrèiziŋ] n. ⓤ [이웃사람들이 모
여서 하는] 집의 상량(上樑).
house-rent [háusrènt] n. 집세.
house-room [háusrù(:)m] n. ⓤ 1 집안의 물건을 두
는 곳, 수용력. 2 숙박 (lodging). ¶ give a person
houseroom 남을 묵게 하다. [row).
house spárrow n. [유럽산의] 참새 (English spar-
house stéward n. [큰 저택 등의] 청지기, 집사.
house súrgeon n. 병원에서 숙식하는 외과 의사.
house-to-house [háustəháus] adj. 집집마다의, 호별
의.
***house-top** [háustàp / -tɔ̀p] n. 지붕, 지붕 꼭대기.
from the housetops 공공연히 (publicly), 널리.
house tráiler n. 이동 주택차. [broken.
house-trained [háustrèind] adj. 《英》 = house-
house-wares [háuswɛ̀ərz] n. pl. 가정 용품.
house-warm-ing [háuswɔ̀:rmiŋ] n. ⓤ 새집들이의

house·wife n. 1 [háuswàif → 2] (pl. -wives [-wàivz] → 2) 주부. ¶ a practical *housewife* 살림 잘하는 아내. 2 [házif] (pl. -wifes or -wives [házivz])《주로 英》반짇고리, 재봉 도구 상자.
house·wife·ly [háuswàifli] adj. 주부의, 주부다운, 주부답게 알뜰한. **-wife·li·ness** n.
house·wif·er·y [háuswàif(ə)ri / háuswif(ə)ri, házifri] n. ⓤ 살림살이, 가사(housekeeping).
***house·work** [háuswə̀:rk] n. ⓤ 가사, 살림살이.
house·wreck·er [háusrèkər] n. 가옥을 부수는 사람(업자)(wrecker).
house·y-house·y [háusiháusi] n. ⓤ《英구어》lotto 비슷한 트럼프 놀이의 일종.
***hous·ing¹** [háuziŋ] n. ⓤ 1 주택 공급(계획). the *housing* problem 주택 문제. 2《집합적》집, 주택. 3 피난처(shelter). 4《건축》〔재목의 끝을 통째로 집어넣는〕통구멍, 〔조각품 따위를 넣는〕벽감. 5《기계》기계의 어떤 부분을 받치는 틀. 6《항해》돛대 밑. 《장식》
hous·ing² [háuziŋ] n. 1 마의(馬衣). 2 (보통 ~s) 말 장식.
hóusing devèlopment《美》주택 개발; 단지.
hóusing estàte n.《英》＝housing development.
hóusing pròject n.《美》주택 계획; 〔저소득자용의〕주택 계획; 공영 단지(公營團地).
Hous·ton [hjú:stən] n. 미국 Texas 주 동남부의 도시〔우주선 비행 관제 센터 소재지〕.
Hou·yhn·hnm [hu:ínəm, hwínəm / húi(h)n(ə)m, huínəm] n. [Swift 작 *Gulliver's Travels* 중의] 이성을 갖춘 말.
hove [houv] v. heave 의 과거·과거 분사.
hov·el [hʌ́v(ə)l / hɔ́v-, hʌ́v-] n. 1 광, 곳간. 2 오두막. 3 벽감(壁龕). — vt. (-eled, -el·ing;《英》-elled, -el·ling)〔폐어〕오두막집에 넣다, 오두막집같이 짓다.
hov·el·er,《주로 英》**-el·ler** [hʌ́v(ə)lər / hɔ́v-, hʌ́v-] n.〔임시로 일하는〕연안 운항 선박; 면허 없는 수로(水路) 안내인.
‡hov·er [hʌ́vər / hɔ́v-, hʌ́v-] vi. 1〔새·곤충 따위가〕공중을 날다, 한 곳을 선회하다, 빙빙 맴돌다《about, over...》. ⇒ FLY¹〔類語〕¶《~+|前+|名》Clouds of smoke *hovered* over the building. 연기가 구름처럼 빌딩의 상공에 맴돌고 있었다. 2 서성거리다, 〔근처에〕배회하다, 감돌다(hang about)《about, near...》. ¶《~+|前》The shark was still *hovering* about. 상어는 여전히 근처를 맴돌고 있었다 //《~+|前+|名》He *hovered* about the park. 그는 공원을 서성거리고 있었다. 3 주저하다; 방황하다(waver)《on, between ...》. ¶《~+|前+|名》He *hovered* between life and death. 그는 생사의 갈림길을 헤매고 있었다. n. 공중에 떠돎; 배회, 망설임.
hov·er·craft [hʌ́vərkræ̀ft / hɔ́vəkrà:ft] n. (종종 H-)《상표명》호버크라프트〔고압 공기를 밑으로 분출하여 기체(機體)를 떠올려 달리게 하는 차 또는 배 따위〕 (ground effect machine). *cf.* hydro foil
hov·er·er [hʌ́vərər / hɔ́v-] n. 공중에 떠도는 것; 헤매는 사람.
hov·er·fer·ry [hʌ́vərfèri / hɔ́v-] n. 호버크라프트 연락선.
hóvering cèiling《항공》호버링 한계〔헬리콥터의 상승 한계로서, 상승률이 0이 되는 고도〕.
hov·er·ing·ly [hʌ́vəriŋli / hɔ́v-] adv. 공중에 떠돌아, 서성거려, 망설여.
hov·er·plane [hʌ́vərplèin / hɔ́v-, hʌ́v-] n.《英》＝helicopter.
hov·er·port [hʌ́vərpɔ̀:rt / hɔ́vəpɔ̀:t] n. 호버크라프트의 발착장.
hov·er·train [hʌ́vərtrèin / hɔ́v-] n. 호버트레인, 부주(浮走) 열차〔자력(磁力)으로 에어 쿠션을 이용하여 콘크리트 궤도를 달리는 고속 열차〕.
‡how [hau] adv. 1〔수단·방법〕어떻게, 어떤 모양으로. ¶ *How* shall I dress? 옷을 어떻게 입을까? / *How* are you getting on? 어떻게 지내고 있습니까? / *How*

did you come to know it? 어떻게 해서 그것을 알게 되었습니까? / He knows *how* to behave. 그는 어떻게 처신할 것인지 알고 있다 / *How* on earth (or in the world, the deuce, ever, the goodness, the devil, the dickens) can I do such a thing? 도대체 내가 어떻게 그런 일을 할 수 있단 말인가? / *How* do you feel about it? 그것을 어떻게 생각하십니까?
2《정도》어느 정도, 얼마만큼. * 종종 형용사·부사를 수반하여 절을 이끌 때도 있다. ¶ *How* would you like Korean food? 한국의 음식은 어떻습니까? / *How* much do I owe you? 얼마입니까? / *How* much money do you have? 돈을 얼마나 가지고 있습니까? / *How* old are you? 몇 살입니까? / He had no idea *how* hard the climb was. 그는 그 등반이 얼마나 어려운지 모르고 있었다.
3《가격》얼마에(at what price). ¶ Find out *how* the stocks are. 증권 시세가 얼마인지 알아보시오.
4《상태》어떻게, 어떤 모양으로. ¶ *How's* your family? 가족들은 안녕하십니까? / *How* are things at home? 집안은 어떻습니까?
5《이유》어떻게 해서(for what reason), 왜. * 주로 How is (comes) it...?의 형태로 쓰인다. ¶ *How* is it that you are here? 어떻게 여기에 와있는가? / *How* comes it that he knows? 어떻게 그가 알고 있단 말인가? / *How* can I ever leave you? 내가 어찌 당신을 떠날 수 있겠단 말인가?
6《취지》어떻게 할 셈으로, 어떨 요량으로. ¶ *How* did you do it? 어쩔 셈으로 그런 일을 했습니까? / *How* do you mean? 그것은 무슨 뜻입니까(어떤 의도입니까)?
7《상대의 의향을 물을 때》어떻게, 어찌;《美구어》라고〔다시 한번 말해주시오〕《英》What?). ¶ *How* would it be to start tomorrow? 내일 출발하면 어떻겠습니까?
8《감탄사적으로 의문·놀라움을 나타내어》뭐라고! ¶ *How!* sir, have you not authority? 뭐라구요, 선생에게는 권위가 없습니까?
9《감탄문에서》야, 아 참; 얼마나. ¶ *How* tall he is! 그는 참 키가 크구나. *cf.* How tall is he? / *How* kind of you! 참 친절도 하셔라! / *How* absurd [it is]! 참 터무니없군!
10《관계부사》(* the way how 로 표현하는 것은 옛날 어법) 어떻게 해서라도, ...과 같은 사정, ...한 경위. ¶ Do it *how* you can. 할 수 있는 대로 어떻게든지 해보시오 / She told us *how* she met him. 그녀는 그를 만났던 사정 이야기를 해주었다 / This is *how* it happened. 사전이 일어난 경위는 이러했다 / I told her *how* I had read about it in the letter. 나는 그 일을 편지에서 읽었다고 그녀에게 말했다(* how 가 거의 that 와 같은 뜻의 문어적인 용법.〔고어〕*how* that, 《속어·방언》as *how* 의 형태도 있다).
***all you know how**《속어》너의 힘으로 될 수 있는 한.
and how《구어》① 《강조·비꼬아서》아주, 크게, 매우. ¶ Prices are going up, *and how!* 물가가 무척 오르고 있다. ② 《And how! 의 형태》그렇고말고, 정말이야. ¶ Were you there with her? —— *And how!* 그곳에 그녀와 함께 있었는가? —— 그래.
Here's how! 《구어》너의 건강을 위하여!〔친구들 사이에 주고 받는 축배의 말〕.
How about...? ...[에 관해서]는 어떻까? ¶ *How about* a game of bridge? 브리지 놀이를 한번 벌이면 어떨까? / *How about* taking a walk? 산책은 어떻습니까(산책하러 가지 않겠습니까).
how and about《속어》...에 관하여(about).
How are you? 안녕하십니까?
How can (or **could**)**...?** 어떻게 ...할 수 있어?
how come《구어》왜, 어째서(why). ¶ *How come* you're here so early? 왜 이렇게 빨리 이곳에 와 있는가?
How do you do? 안녕하세요; 처음 뵙겠습니다 [초대

howbeit

면의 인사]. * How do ?; How d'ye do [háudidù:]? 라고도 한다.
How is it going ? 어떠십니까?
How now ? ① 그건 또 어쩌된 셈이냐? ②《고어》야.
How say you ? 당신의 생각은 어떤가?
How so ? 왜?, 어째서 그렇게 되는가(why)?
How's that ? ① 그것은 어떤 까닭이냐? ②《크리켓》 저것은 어떻습니까?[심판에 아웃인가 아닌가의 판정을 요구할 때 쓰는 말].
How's tricks (or《英》***things***)? 《구어》상태는 어떤
How then ? ① 이것은 어떻게 된 일인가? ② 그럼 어떻게 하면 되는가?
── *n.* (종종 the ~) 방법(manner, method). ¶ the *how* and the why of it 그 방법과 이유.

how·be·it [haubí:it /ᅳᅳᅳ, ᅳᅳ`]《고어》*adv.* 그렇기는 하지만(nevertheless). ── *conj.* ─이지만(although). [<HOW+BE+IT: however it may be]

how·dah [háudə] *n.* 《인도의》 코끼리 가마[코끼리의 등에 설치한 여럿이 탈 수 있는 지붕이 있는 의자].

how-do-you-do [hàud(ə)jədú:], (**how-d'ye-do, how-dedo**) [hàudidú:]) *n.* 《구어》곤란한 일, 어려운 처지(dilemma). ¶ Here's a pretty *how-d'ye-do*. 이건 아단났는데.

how·dy [háudi] *interj.* 《방언·구어》여어, 안녕[인사할 때 쓰는 말]. [how do you do의 축약]

howe [hau] *n.* 《스코·北英》 1 구멍; 선창. 2 움푹 파인 곳, 골짜기. 3 언덕. 4 한 겨울, 밤중. ── *adj.* 오 천의, 깊은.

how·e·er [hauéər] *adv.* 《문어》 =however.

‡**how·ev·er** [hauévər] *adv.* 1 《양보절을 이끌어》 아무리⋯해도, 아무리⋯일지라도. * however+형용사(부사)의 형태로도 쓰인다. ¶ Parents love their children, *however* rough they are. 아이들이 아무리 거칠어도 부모들은 그들을 사랑한다 / *However* you do it, the effect will be the same. 아무리 해보아도 결과는 마찬가지일 것이다 / He'll protest against any interference, *however* slight. 그는 아무리 사소한 간섭일지라도 항의할 것이다.
2 **a**)《의문사》도대체 어떻게 해서(however). ¶ *However* did you manage that ? 도대체 어떻게 해서 그것을 해낼 수 있었습니까? **b**)《접속사적으로》어떻게라도, ¶ Arrange your hours *however* you please. 네가 좋을 대로 시간을 쓰도록 해라.
3 그렇지만, ⋯이라 해도. * 이 의미로는 접속사로 볼 수도 있다. ¶ She disappointed me. *However*, as a mother I shall not give up hope. 그 애는 나를 실망시켰지만, 어머니로서 나는 희망을 버리지 않을 것이다 / He was mistaken, *however*. 그렇지만 그는 잘못이있다 / Those arrows, *however*, were not very common in Northern Europe. 그렇지만, 그런 화살은 북유럽에서는 별로 흔치 않았다.

how·gó·zit cùrve [haugóuzit-] *n.* 《항공》[특히 대양 횡단 비행중의] 상황 판단 곡선.

how·itz·er [háuitsər] *n.* 유탄포(榴彈砲)[곡사포의 일종].

‡**howl** [haul] *vi.* 1 《개 따위가》짖다, 소리를 길게 뽑으며 짖다.
〖類語〗howl 소리를 길게 뽑으며 짖다. **bark** 멍멍 짖다. **yelp** 날카롭게 짖어대다. **whine** 애처롭게 울다.
2 울부짖다, 노하여 고함치다; 왁자그르르 웃다. ¶ We *howled* with laughter. 우리는 와하고 웃었다. **3** 《바람이》윙윙 소리를 내다. ¶ The wind is *howling* in the valley. 골짜기에서 바람이 윙윙거리면서 불고 있다.
── *vt.* **1** ⋯을 소리쳐 말하다, 신음하며 말하다. ¶ *howl* one's curses 저주의 말을 퍼붓다. **2** ⋯을 호령해서⋯시키다(침묵시키다, 내쫓다)(*…down*), ¶ (~+圓+圖) *howl down* a speaker 소리쳐서 연설자를 침묵시키다.
── *n.* **1** 《개》 길게 짖는 소리, 외침 소리; 윙윙거리며 울리는 소리. ¶ The last *howls* of a dog 개의 마지막 으르렁거림. **2** 《경멸적인》 소리높은 웃음소리. ¶ a

howl of laughter 높은 웃음소리. **3** 바보스러운 짓, 농 **4** 《무선》[수신기의 파장을 맞출 때의] 잡음.

howl·er [háulər] *n.* **1** 짖는 짐승, [장례식에 고용된] 곡하는 남자; 짖는 원숭이 〖중·남미산〗. **2** [시험 답안 따위의] 포복절도할 오답, 큰 실패. **3** 《무선》하울러.

howl·et [háulit] *n.* 《英방언》부엉이(owl).

howl·ing [háulin] *adj.* **1** 짖는, 울부짖는. ¶ a *howling* wolf 늑대 짖는 소리. **2** 어마어마한, 황량한(dreary). ¶ a *howling* wilderness 쓸쓸한 황야. **3** 《구어》 극단적인, 터무니없는. ~**ly** *adv.* 〔(產)〕.

hówling mónkey *n.* 《동물》짖는 원숭이[남미산]

how·so·ev·er [hàuso(u)évər] *adv.* 아무리⋯해도, 암만⋯이라도(however). * how... soever로 떼어서 쓸 때도 있다.

how-to [háutú:] *adj.* 《美구어》길잡이의; 실용 (實用) 안내의(how-to-do-it). ¶ a *how-to* book 실용 서적.

hoy[1] [hoi] *n.* 《항해》**1** 〖대형〗거룻배. **2** 외돛선.

hoy[2] [hoi] *interj.* 호오이, 어이 [가축이나 배를 부르는 소리]. ~**s** 외치는 소리. 〔(waxplant).

hoy·a [hɔ́i(j)ə] *n.* 새벽달굴과(科)의 덩굴풀의 일종

hoy·den [hɔ́idn] *n.* 말괄량이(tomboy). ── *adj.* 말괄량이의(tomboyish). ── *vi.* 말괄량이 짓을 하다.

hoy·den·ish [hɔ́idniʃ] *adj.* 말괄량이의, 말괄량이 같은. ~**ly** *adv.* ~**ness** *n.*

hoyle [hoil] *n.* (종종 H-) 트럼프 놀이에 관한 책. *cf.* **according to Hoyle** 규칙대로. 〔Hoyle

H.P.《略》 *h*igh *p*ower; *h*igh *p*ressure; *h*igh *p*riest; 《종종 h.p.》 *h*orsepower; 《英》*h*ire-*p*urchase.

HPD《略》〖의학〗 *h*emato*p*orphyrin *d*erivative(헤마토 포르피린 유도체). 〔폴리에틸렌).

HPPE《略》〖화학〗 *h*igh-*p*ressure *p*oly*e*thylene(고압법

HPTE《略》 *h*igh-*p*recision *t*racking *e*xperiment(고정 밀도 추적 실험). 〔전 장치).

HPU《略》〔우주공학〕 *h*ydraulic *p*ower *u*nit(수력발

HPV《略》 *H*uman *P*apillomavirus(인간 유두종 바이러스[성교에 의해 감염되고, 남녀 공히 성기에 사마귀가 생기고, 자궁경부에 암을 유발한다]).

H.Q.《略》 *h*ead*q*uarters.

hr.《略》 *h*our[*s*].

Hr.《略》《독일어》 *H*err.

HR《略》 *h*uman *r*elations([일하는 사람의] 인간 관계); *h*ome*r*oom(학급활동의 교실). 〔*h*ome *r*un.

H.R.《略》 *H*ouse of *R*epresentatives; *h*ome *r*ule;

H.R.H.《略》 *H*is(*H*er) *R*oyal *H*ighness(전하).

hrs.《略》 *h*ours.

HRSI《略》〔우주 공학〕 *h*igh-*t*emperature *r*eusable *s*urface *i*nsulation(고온용 내열 타일).

H.S.《略》 *H*igh *S*chool;《英》 *H*ome *S*ecretary.

H.S.H.《略》 *H*is(*H*er) *S*erene *H*ighness(각하).

HST《略》 *h*ypersonic *t*ransport(극초음속 수송기).

ht.《略》 *h*eat; *h*eight.

HTGR《略》 *h*igh *t*emperature *g*as-*c*ooled *r*eactor (고온 가스 냉각 원자로).

HTML, html《略》〔컴퓨터〕 *h*yper*t*ext *m*ark up *l*anguage (인터넷의 하이퍼텍스트를 표현하기 위한 언어).

Hts.《略》 *H*eights(지명으로 쓰여 「⋯언덕」, 「⋯대(臺)」).

HTTP, http《略》〔컴퓨터〕 *h*yper*t*ext *t*ransport *p*ro*t*ocol(인터넷의 하이퍼텍스트 통신 규칙). *cf.* VRL

HUAC《略》 *H*ouse *U*n*A*merican *A*ctivities *C*ommittee([하원의] 비미(非美) 활동 조사 위원회).

Huang Hai [hwá:ŋ hái, hwǽŋ-] *n.* =Hwang Hai.

Huang He [hwǽŋ hé(:)] *n.* =Hwang Ho.

Hua·ra·che [wərá:tʃi] *n.* 〖멕시코의〗굽이 낮고 위를 가죽끈으로 엮은 샌들.

‡**hub**[1] [hʌb] *n.* **1** 〖수레바퀴 따위의〗바퀴통(nave); [상업·권력 따위의] 중심, 중추(中樞). ¶ a *hub* of commerce 상업의 중심. **2** 〖고리 던지기 따위의〗 표적, 표적 막대기(hob). **3** (the H-) 미국 Massachusetts 주

hub [hʌb] *n.* (구어) 남편[husband의 단축형].
Boston 시의 애칭.
from hub to tire 완전히.
the hub of the universe ① 우주의 중심; 세계의 중심 도시. ② (the H- of the U-) Boston 시.
up to the hub 깊이 빠져서, 바퀴가 바퀴통까지 진흙에 박혀.

hub² [hʌb] *n.* (구어) 남편[husband의 단축형].
hub·ba hub·ba [hʌ́bə hʌ́bə] *interj.* 《美俗어》《기쁨·시인(是認) 등을 나타내어》좋다, 멋지다; 빨리빨리.
hub·ble [hʌ́bl] *n.* 1 〔얼음 위나 도로의〕작은 둔덕, 혹. 2 〔스코·北英〕a) 퇴적(堆積). b) 소동.
hub·ble-bub·ble [hʌ́blbʌ̀bl] *n.* 1 일종의 수연통(水煙筒). 2 부글부글 거품나는 소리. 3 재잘재잘 지껄이는 소리.
Húb·ble's cònstant [hʌ́blz-] *n.*〔천문〕허블 정수(定數)〔우주의 후퇴 속도가 거리에 비례하여 증가한다는 비율.〕〔<미국의 천문학자 Edwin Powell Hubble (1889-1953)의 이름〕
Húb·ble's láw *n.*〔천문〕허블 법칙〔우주의 후퇴 속도가 거리에 비례한다〕.
hub·bly [hʌ́bli] *adj.* 흑투성이의; 울퉁불퉁한.
hub·bub [hʌ́bʌb] *n.* 1 시끌벅적한 소음, 소란스러운 소리. ⇨ NOISE〔類語〕 2 소동, 소란(uproar, tumult).
hub·bu·boo, -ba- [hʌ́bʌbù:] *n.* = hubbub.
hub·by [hʌ́bi] *n.* (*pl.* **-bies**) (구어) 남편(husband).
hub·cap [hʌ́bkæ̀p] *n.* 〔자동차의〕휠 캡.
Hu·bris [h(j)ú:bris] *n.* 〔자신 과잉 따위에 의한〕오만, 자만; 〔그리스 비극〕신(神)들에 대한 불손.
huck [hʌk] *n.* = huckaback.
huck·a·back [hʌ́kəbæ̀k] *n.* 〔미〕일종의 타월천〔거칠고 튼튼한 무명천〕.
huck·lo [hʌ́kl] *n.* 엉덩이, 허리, 넓적다리.
huck·le-backed [hʌ́klbæ̀kt] *adj.* 곱사등이의.
huck·le·ber·ry [hʌ́klbèri] *n.* (*pl.* **-ries**) 〔북미산〕월귤나무 비슷한 관목; 그 열매.
huck·le·bone [hʌ́klbòun] *n.* 〔해부〕 1 무명뼈, 좌골 (座骨)(hipbone). 2 거골(距骨)(anklebone).
huck·ster [hʌ́kstər] *n.* 1 〔야채 따위의〕행상인, 소리치며 파는 장사꾼, 도붓 상인(hawker). 2 돈이면 무엇이든지 하는 사람(mercenary person), 〔돈에 너무 집착하는〕장사치. 3 《美구어》광고업자, 선전꾼. — *vt.* 1 ...을 소리치며 팔다, 행상하다. 2 ...의 값을 깎다. — *vi.* 값을 깎다(haggle).
huck·ster·y [hʌ́kstəri] *n.* 도붓치기, 행상.
HUD (略) Department of Housing and Urban Development (미국 주택 및 도시 개발청).
*hud·dle [hʌ́dl] *v.* (**-dled, -dling**) *vt.* 1 ...을 아무렇게나 쌓아 올리다, 마구 끌어 모으다, 마구 쑤셔넣다(*together, into, out*). ¶ (~+目+前+名) *huddle* papers *into* a box 상자에 서류를 쑤셔넣다 // (~+目+副) be *huddled together* in a flock 한데 모여 무리가 되다. 2 〔몸〕을 둥글게 웅크리다(*up*). ¶ Your books lie *huddled up* in bed 웅크리고 자다. 3 〔주로 英〕...을 급히〔아무렇게나〕 해치우다(*... up, over, together, through*). ¶ (~+目+副) *huddle up* one's work 일을 아무렇게나 하다. 4 〔옷〕을 급히 입다(*...on*). ¶ (~+目+副) *huddle on* one's clothes 옷을 아무렇게나 급히 입다. — *vi.* 1 떼짓다(*together, up*), 〔의논하기 위해〕모이다, 협의하다. 2 〔미식축구〕 스크램선의 후방에 집합하다. 3 움츠리다, 몸을 웅크리다.
— *n.* 1 군집, 혼잡한 사람의 무리. ¶ A *huddle* of booths grew to a town. 잠구막집이 모여 마을이 되었다. 2 〔U〕 난잡, 혼잡 (confusion). ¶ Your books are in *huddle*. 너의 책은 뒤죽박죽 흐트러져 있다. 3 〔미식축구〕공격팀의 작전을 위한 팀 전체의〕스크램션 후방의 집합. 4 비밀 회의, 의논(상의). ¶ go into a *huddle* [with]〔…과〕밀담하다 // be in a *huddle* 회의하다.
hud·dler [hʌ́dlər] *n.* 마구 쑤셔넣는 사람.

Hu·di·bras·tic [hjù:dibrǽstik] *adj.* Samuel Butler 작 해학적이고 풍자적인 시 *Hudibras* 적인. —— *n.* *Hudibras* 풍의 대구(對句).
Húdson Báy *n.* 허드슨만〔캐나다 동북부의 만〕.
Húdson séal *n.* 모조의 바다표범 모피.
*hue¹ [hju:] *n.* 1 색, 색조. ⇨ COLOR〔類語〕¶ subdued *hues* 안정된(부드러운) 색조 / all the *hues* of a rainbow 무지개의 온갖 색 (7색). 2 〔의견 따위의〕특색, 특성.
hue² [hju:] *n.* 〔추적할 때의〕고함 소리(outcry).
a hue and cry ① 〔추적·공격의〕고함 소리, 함성; 추적. ② 격렬한 비난의 소리(*against ...*).
hued [hju:d] *adj.*《보통 복합어를 만들어》…색조의, 빛깔이 …인. ¶ golden-*hued* 금색의 / many-*hued* 다채로운.
Hu·ey [hjú:i] *n.*《美》휴이형 헬리콥터.
huff [hʌf] *n.* 발끈 화를 냄. ¶ get into a *huff*; take *huff* 화를 내다 / He left the room in a *huff*. 그는 발끈 하여 방을 나갔다. — *v.* 1 ...을 화나게 하다. ¶ He was much *huffed*. 그는 몹시 화가 나 있었다. 2 호되게 꾸짖다, 으르대다(hector). ¶ *huff* a waiter 웨이터를 야단치다 // *huff* a person *into* silence 고함을 질러 말을 못하게 하다. 3 〔서양장기〕〔체커에서 당여히 잡아야 할 말을 잡지 않은 벌로〕〔상대의 말〕을 잡다. ¶ *huff* a piece 말을 잡다. — *vi.* 1 화내다, 분개하다. 2 입김을 내뿜다, 크게 숨쉬다(puff).
huff-duff [hʌ́fdʌ̀f] *n.*《속어》고주파 대(對)잠수함 탐지기, 허프더프 탐지기.
huff·ish [hʌ́fiʃ] *adj.* 1 시무룩한, 성난(sulky). 2 교만한(arrogant). — *ly adv.* ~·**ness** *n.*
huff·y [hʌ́fi] *adj.* (**huff·i·er, huff·i·est**) 1 성 잘내는 (touchy). 2 화를 내고 있는(offended). 3 교만한.
húff·i·ly *adv.* **húff·i·ness** *n.*
*hug [hʌg] *v.* (**hugged, hug·ging**) *vt.* 1 〔애정을 가지고〕꼭 껴안다, 〔곰이〕…을 앞발로 짓누르다(squeeze). ¶ (~+目+副) *hug* a person *tight* 남을 꼭 껴안다 // (~+目+前+名) A bear *hugged* the hunter *to* death. 곰이 앞발로 사냥꾼을 짓눌러 죽였다.
〔類語〕 **hug** 사랑하는 사람이나 물건을 힘껏 껴안다: *hug* one's long-missed son 오래간만에 만나고 싶었던 아들을 껴안다. **embrace** 반드시 hug 와 같이 애정이 담긴 것은 아니고 의례적일 경우가 많다: *embrace* a visitor 방문객을 껴안다. **cherish** 마음속으로 소중하게 생각하다: *cherish* an idea 어떤 생각을 가슴에 품다.
2 〔신념 따위에〕집착하다(cling to), 〔생각〕을 품다 (cherish). ¶ *hug* a belief 신념을 품다. 3 ...에 접근해서 지나가다(keep close to). ¶ The car *hugged* the curb. 차가 길의 연석(緣石)을 바짝 따라 달렸다. 4 《재귀용법》…을 기뻐하다(*... on, for*).
— *vi.* 서로 껴안다, 매달리다; 바짝 달라붙어서 눕다.
— *n.* 1 포옹. ¶ She gave her son a *hug*. 그녀는 아들을 꼭 껴안았다. 2 〔레슬링〕 끌어안기.
*huge [hju:dʒ, 美 ju:dʒ] *adj.* (**hug·er, hug·est**) 거대한, 막대한.
〔類語〕 **huge** 모양·양·용적 따위가 지극히 큰: a *huge* building 거대한 건물. **vast** 넓이·범위 따위가 큰: *vast* area 광대한 지역. **enormous** 모양·정도 따위가 보통의 한도나 표준 이상으로 큰: an *enormous* amount of money 거액의 돈. **immense** 보통의 방법으로는 헤아릴 수 없을만큼 큰: an *immense* expanse of water 광대무변의 바다. **tremendous** 두려움을 줄 만큼 큰: an iceberg of a *tremendous* size 말도 할 수 없을만큼 큰 빙산. **gigantic, colossal** 엄청나게 huge 한: a *gigantic* (or a *colossal*) tree 거목.
~·**ly** *adv.* ~·**ness** *n.*
huge·ous [hjú:dʒəs, 美 jú:-] *adj.* = huge.
hug·ger-mug·ger [hʌ́gərmʌ̀gər] *n.* 〔U〕 1 혼란, 무질서(disorder). 2 비밀, 내밀(secrecy). ¶ in *hugger-*

hug·ger·y [hʌ́gəri] *n.* ⓤ 《英》 사전 쟁탈.

hug·ger·y [hʌ́gəri] *n.* ⓤ 《英》[변호사의] 사전 쟁탈.

Hu·gue·not [hjúːɡənɑt / -nɔt] *n.* 위그노[16-17세기의 프랑스 신교도].
[<F *Hugues* 쥬네브의 정당 지도자의 이름]

huh [hʌ] *interj.* 흥!, 뭐라고? [놀람·경멸·의문 따위를 나타내는 소리].

hu·la [húːlə], (**hu·la-hu·la** [húːləhùːlə]) *n.* [하와이의] 훌라 댄스.

húˑla hòop [húː-lə] *n.* 훌라 후프[주로 플라스틱으로 만든 고리로, 허리를 흔들어 회전시키면서 즐긴다].

húˑla skìrt *n.* [긴 풀로 엮어 만든] 훌라 댄스용의 스커트.

hulk [hʌlk] *n.* 1 폐선(廢船); (~s) 옛날의 감옥선. 2 《경멸적》 커서 다루기 힘든 배. 3 몸집이 육중한 사람, 부피가 큰 물건. — *vi.* 1 큰 모습으로 느릿느릿 나타나다(*up*...). 2 부피가 크다. 3 《英방언》어슬렁거리 슬렁 걸어다니다.

hulk·ing [hʌ́lkiŋ] *adj.* 너무 커서 처리하기 곤란한, 보기 흉한, 부피가 큰.

hulk·y [hʌ́lki] *adj.* (**hulk·i·er, hulk·i·est**) =hulking.

***hull**[1] [hʌl] *n.* 1 겉껍질, 외피(husk); [콩의] 꼬투리. 2 [딸기 따위의] 열매 받침. 3 《비유적》 덮개(covering). — *vt.* …의 껍질을 벗기다.

hull[2] [hʌl] *n.* 선체(船體); [비행정의] 동체, [비행선의] 선체. — *vt.* [어뢰 따위로] …의 선체를 관통하다. — *vi.* [동력·돛대 없이] 표류하다.

hul·la·ba·loo [hʌ́ləbəlùː, ˗ ˗ ˗] *n.* 소음, 큰 소동.

hul·lo [həlóu, hʌ́lou / hʌlóu] *interj.* 《주로 英》 =hello.

hul·loa [həlóu, hʌ́lou / hʌlóu] *interj.* 《주로 英》 =hello.

‡**hum**[1] [hʌm] *v.* (**hummed, hum·ming**) *vi.* 1 [벌 따위가] 윙윙하다, [기계 따위가] 붕붕거리며 잠음을 내다. ¶ The radio set often *hums*. 그 라디오는 잠음이 자주 난다 // (~＋ 圖) *hum* along (or through) [차·총알 따위가] 윙윙하고 지나가다. 2 콧노래를 부르다, 흥얼거리다. ¶ She is *humming* in a low tone. 그녀는 낮은 소리로 흥얼거리고 있다. 3 [주저·당혹·불만 따위를 나타내어] 흥하고 말하다, 더듬거리다. ¶ He often *hums* and haws. 그는 자주 [말이 막혀] 에에(헴) 소리를 낸다. 4 분주하고 활기띠다. ¶ make things *hum* 활발히 하다, 경기를 좋게 하다 // (~＋쮜＋圖) The room *hums* with many cheering sounds. 그 방은 즐거운 소리로 가득 차 있다. 5 《英속어》 악취가 나다.
— *vt.* …을 콧노래로 부르다; 콧소리로 …이라고 말하다; [남]을 콧노래로 …시키다. ¶ *hum* an old song 옛 노래를 흥얼거리다 // (~＋囯＋圖) *hum* forth one's satisfaction 콧소리로 만족감을 표시하다 / (~＋囯＋圖) *hum* a baby *to* sleep 콧노래로 아기를 잠재우다.
— *n.* 1 윙윙 (와글와글)하는 소리; [주저·당혹을 나타내어] 흠흠 하는 소리. ¶ the busy *hum* of a spinning wheel 회전하는 수레의 요란한 소리 / a *hum* of voices 와글와글하는 소리 / after some hesitation and many *hums* and haws 잠시 머뭇거리고, 몇 번이나 흠흠흠 한 다음. 2 《英속어》 싫은 냄새, 악취.
— *interj.* 흠흠 [주저·당혹·놀람·의문 따위를 나타내다].

hum[2] [hʌm] *n.* ⓤⓒ《구어》 [일반적으로] 사기, 협잡.
[<HUM [BUG]]

‡**hu·man** [hjúːmən, +美 júːmən] *adj.* 1 사람의, 인간의, 인류의; 사람으로 이루어진. ¶ a *human* voice 사람의 목소리 / a *human* body 인체 / *human* nature 인간성 / a *human* being 인간 / *human* knowledge 인간의 지식 / the *human* race 인류. 2 인간다운, 인간적이다. 3 인간의(humane). ¶ a warmly *human* understanding 따뜻한 인간다운 이해 / Selfishness is a *human* weakness. 이기심은 인간에게 흔한 약점이다 / To err is *human*, to forgive divine. ⇨ ERR. — *n.* 사람, 인간. **~ness** *n.* ◇ humánity *n.*, húmanize *v.*, húmanly *adv.*

húman cháin *n.* 인간 사슬 [반핵 평화운동 그룹의 시위의 한 형태]. *cf.* die-in

‡**hu·mane** [hjuː-méin, +美 juː(ː)-] *adj.* 1 인정이 있는, 자비심 깊은. ¶ a *humane* attitude 인정 많은 태도. 2 고상한, 우아한, 고전적이다. ¶ *humane* learning 고전 문학 / *humane* studies 인문 과학.
~·ly *adv.* **~·ness** *n.*

húman enginéering *n.* ⓤ 인간 공학.

humáne socíety *n.* (종종 H- S-) 동물 애호 협회; (H- S-)《英》 투신자 구조회 [1774년 London에 설치].

húman fígure *n.* 《기독교》(the ~) =Human One.

húman geógraphy *n.* 인문 지리학.

hu·man·ics [hjuːmǽniks, +美 juː-] *n. pl.* 《단수 취급》 인간학.

***hu·man·ism** [hjúːməniz(ə)m, +美 júː-] *n.* ⓤ 1 인문주의. 2 (때로 H-) 인간성의 연구, 인문학. 3 [르네상스기의] 인문주의 [인간성 존중의 사상]. 3 [르네상스기의] 고전 문학 연구. 4 인도주의(humanitarianism), 휴머니즘.

***hu·man·ist** [hjúːmənist, +美 júː-] *n.* 1 인문주의자. 2 [인간성의 연구자; (때로 H-) 인문주의자, 인문주의자. 3 (때로 H-) [르네상스기의] 고전 문학 연구가.

hu·man·is·tic [hjùːmənístik, +美 jùː-] *adj.* 1 인간성 [연구]의, 인간주의적인. 3 인문주의 [자] 적인. **-ti·cal·ly** [-tikəli] *adv.*

hu·man·i·tar·i·an [(h)juːmǽnitɛ́(ː)riən / hjuːmǽnitéər-] *adj.* 박애의, 인도주의의. — *n.* 인도주의자, 박애주의자, 휴머니스트.

hu·man·i·tar·i·an·ism [(h)juːmǽnitɛ́(ː)riəniz(ə)m / hjuːmǽnitéər-] *n.* ⓤ 1 인도주의, 박애[주의]. 2 휴머니즘. 2 《신학》 그리스도 인간설.

‡**hu·man·i·ty** [(h)juːmǽniti / hjuː-] *n.* (*pl.* **-ties**) 1 ⓤ 인류(mankind). ¶ benefit all *humanity* 전인류에게 이익을 주다. 2 ⓤ 인간성(human nature), 인간다움, 휴머니티; (보통 -ties) 인간의 속성. ¶ contrary to *humanity* 인간성에 반대되는. 3 ⓤ 인간미, 자애, 자비, 친절; (-ties) 인도적 행위, 자선 행위. ¶ out of *humanity* 자비심에서. 4 (the -ties) [그리스·라틴의] 고전 문학; [자연 과학에 대해] 인문학·철학·예술 따위의] 인문 과학. ◇ húman, humanitárian *adj.*

hu·man·i·za·tion [(h)juːmənizéi(ə)n / hjùː·mənaiz-] *n.* ⓤ 인간성을 부여하기, 인간화, 교화(敎化).

hu·man·ize [hjúːmənàiz, +美 júː-] (*》（英》에서는 **humanise**로도 쓴다) *v.* (**-ized, -iz·ing**) *vt.* 1 …을 인간화하다, …에게 인간의 성질을 부여하다. ¶ *humanize* gods 신들을 인격화하다. 2 …을 인정미 있게 하다 (make humane); …을 교화하다 (civilize); …을 부드럽게 하다 (soften). ¶ Music *humanizes* men. 음악은 인간의 마음을 부드럽게 한다. 3 …을 인체에서 만들어진 것 같은 성질로 만들다. ¶ *humanize* cow's milk 우유를 모유화한다. — *vi.* 인간화하다, 다정해지다.

hu·man·iz·er [hjúːmənàizər, +美 júː-] *n.* 교화하는 사람(물건).

hu·man·kind [hjúːmənkàind, +美 júː-] *n.* ⓤ 인류.

hu·man·ly [hjúːmənli, +美 júː-] *adv.* 인간적으로, 인간답게; 인력(人力)으로, 인지(人知)로, 인간적 견지(판단)에서.

húman náture *n.* 인성(人性), 인간성.

hu·man·oid [hjúːmənɔ̀id] *adj.* 인간에 가까운.
— *n.* 원인(原人); [SF 소설에서] 인간을 닮은 우주인. ⇨ 도.

Húman One *n.* 《기독교》 인자(人子), 예수 그리스도.

húman pówer *n.* 인적 자원 [종래의 manpower 대신에 쓰이는 남녀 포괄 용어].

húman ráce *n.* (the~) 인류(humanity, mankind).
húman relátions *n. pl.* 《단수 취급》인간 관계.
húman ríghts *n. pl.* 《단수 취급》〔기본적〕 인권.
húman scíences *n. pl.* 《복수 취급》 인간학〔인류학·언어학·문학·심리학 등의 총칭〕.
húman végetable *n.* 식물 인간.
hú‧man-wàve swéep [hjúːmənwèiv-] *n.* 인해 전술.
thum‧ble [hʌ́mbl, +美 ʌ́mbl] *adj.* (**‑bler**, **‑blest**) **1** 겸손한, 교만하지 않은, 얌전한, 겸양하는. ¶ *a humble heart* 겸허하지 않은 마음 / *a humble request* 겸손한 요구 / He is very *humble* in his manner. 그는 태도가 아주 겸허하다.
類題 *humble* 좋은 의미로는 교만한 점이 없는, 나쁜 의미로는 비굴할 정도로 지나치게 자신을 비하하는. *modest* 자만·빼기지 않은, 얌전한. *lowly* 좋은 의미의 *humble* 과 뜻이 같지만 문어적인 말. *meek* 성품이 온순한; 나쁜 뜻으로는 자존심이 없고 남이 하라는 대로 따르는.
2〔자신을 비하하여〕 하찮은, 보잘것없는. ¶ in my *humble* opinion 우견(愚見)으로는 / your *humble* servant 경구(敬具)〔옛날 편지의 끝맺음 말〕. **3**〔지위·능력 따위가〕낮은, 열등한; 초라한, 작은, 얼마 안 되는. ¶ a *humble* dwelling 보잘것없는 집 / *humble* income 얼마 안 되는 낮은 수입.
— *vt.* **1**〔품위·권력·자존심 따위〕를 낮추다, 〔남〕을 겸허하게 하다, …을 비하하다. ¶ *humble* oneself 겸손하게 굴다 / Our own origin serves to *humble* us. 우리들의 태생을 생각해보면 절로 겸허한 생각을 갖게 된다.
2〔용기·의지 따위〕를 무너뜨리다, 꺾다. **~‧ness** *n.*
◇ **húmbly** *adv.* 〔bumblebee〕
húm‧ble‧bee [hʌ́mblbìː, +美 ʌ́m-] *n.* 《주로 英》 =
húmble píe *n.* 굴욕, 수치. ¶ I had to eat *humble pie* before my associates. 동료들 앞에서 치욕적인 수모를 당해야만 했다. **2**〔폐어〕 사슴의 내장으로 만들어 시종꾼들에게 주는 파이.
húmble plánt *n.* 함수초(含羞草). 〔사람.
húm‧bler [hʌ́mblər] *n.* 콧대를 꺾는 사람, 비하하는
*húm‧bly** [hʌ́mbli, +美 ʌ́m-] *adv.* 겸손하게, 비굴하게.
hum‧bug [hʌ́mbʌ̀g] *n.* **1** ⓤⓒ 협잡, 사기; 사기, 허풍, 엉터리. **2** 협잡꾼, 사기꾼, 허풍선이. **3** ⓤⓒ 무의미, 넌센스, 실없는 소리. **4**《英》 사탕과자의 일종. —*v.* (**‑bugged**, **‑bug‧ging**) *vt.*〔남〕을 속이다; 〔남〕을 속여서 …시키다(…into); 〔남〕을 속여서 빼앗다(…*out of*). ¶ *humbug* a person *into* selling his house 남을 속여서 집을 팔게 하다 / *humbug* a person *out of* his money 남을 속여서 돈을 빼앗다. — *vi.* 사기치다, 협잡하다, 허튼 소리 하다(*about*…).
hum‧bug‧ger [hʌ́mbʌ̀gər] *n.* 사기꾼, 협잡꾼, 허풍선이.
hum‧bug‧ger‧y [hʌ́mbʌ̀gəri] *n.* 협잡, 사기.
hum‧ding‧er [hʌ́mdíŋər] *n.*《美俗語》훌륭한 사람(물건), 고급품.
hum‧drum [hʌ́mdrʌ̀m] *adj.* 평범한, 단조로운, 지루한. ¶ a *humdrum* task 지루한 일. — *n.* **1** ⓤⓒ 단조로움, 평범, 지루함. **2** 지루한 것, 따분한 사람. **~‧ness** *n.*
hu‧mec‧tant [hjuːméktənt] *n.* 휴멕턴트〔흡습성(吸濕性) 물질〕.
hu‧mer‧al [hjúːmərəl] *adj.* **1** 어깨의. **2**〔해부·동물〕상완골(上腕骨)의.
hu‧mer‧us [hjúːmərəs] *n.* (*pl.* **‑mer‧i** [-merài])〔해부·동물〕상완골〔上腕骨〕.
*hu‧mid** [hjúːmid, +美 júː-] *adj.* 습기 찬, 습한. ⇨ DAMP 類題. **‧ly** *adv.* 〔게 하기.
hu‧mid‧i‧fi‧ca‧tion [hjuːmìdifikéi(ə)n] *n.* 습기 차는 것, 습하게 하는 것, 가습기, 가습기.
hu‧mid‧i‧fi‧er [hjuːmídifàiər] *n.* 습하게 하는 것, 가습기.

hu‧mid‧i‧fy [hjuːmídifài, +美 júː-] *vt.* (**‑fied**, **‑fy‧ing**) …을 축축하게 하다.
hu‧mid‧i‧stat [hjuːmídistæ̀t] *n.* 습도 자동 조절 장치.
*hu‧mid‧i‧ty** [hjuːmíditi, +美 juː-] *n.* ⓤ 습기; 습도.
◇ **húmid** *adj.*, **humídify** *v.*
hu‧mi‧dor [hjúːmidɔ̀ːr] *n.*〔담배 따위에 적당한 습도를 갖게 하는〕저장용기(실).
*hu‧mil‧i‧ate** [hjuːmílièit, +美 juː-] *vt.* (**‑at‧ed**, **‑at‧ing**)〔남〕에게 창피를 주다, 〔남〕의 자존심을 상하게 하다, 〔남〕을 굴욕감을 갖게 하다. ¶ *humiliate* oneself 체면을 잃다, 창피를 당하다 / be *humiliated* by defeat 패배로 체면을 잃다(창피를 당하다).
◇ **humiliátion**, **humílity** *n.*
hu‧mil‧i‧at‧ing [hjuː(ː)mílieitiŋ, +美 juː(ː)-] *adj.* 치욕적인, 굴욕적인. **~‧ly** *adv.*
*hu‧mil‧i‧a‧tion** [hjuː(ː)míliéi(ʃ)n, +美 juː(ː)-] *n.* ⓒ 치욕을 안겨주기, 모욕, 굴욕, 수치.
hu‧mil‧i‧a‧tor [hjuːmílieitər] *n.* 모욕하는 사람, 창피를 주는 사람.
*hu‧mil‧i‧ty** [hjuː(ː)míliti, +美 juː(ː)-] *n.* (*pl.* **‑ties**) **1** ⓤ 겸손, 비하. ¶ in *humility* 비하하여. **2** (**‑ties**) 비하 행위.
hu‧mint [hjúːmint, +美 júː-] *n.*〔인간에 의한〕정보 수집 분석 활동, 스파이에 의한 정보 수집. [< HUM[AN] + INT[ELLIGENCE]]
hum‧mer [hʌ́mər] *n.* **1** 붕붕 소리를 내는 것; 콧노래를 부르는 사람, 흥얼거리는 사람. **2** = hummingbird. **3** 기세 좋은 사람; 굉장한 것(사람) (humdinger). **4** 불법 체포(false arrest). **5** 공짜. **6**〔야구〕속구.
*hum‧ming** [hʌ́miŋ] *adj.* **1** 윙윙하는, 콧노래를 부르는, 흥얼거리는. **2**〔상거래 따위가〕활발한; 기운찬, 강력한, 재빠른. ¶ a *humming* knock on the head 머리 위에 가해진 강력한 일격. 〔새.
húm‧ming‧bird [hʌ́miŋbə̀ːrd] *n.*〔미국산(產)〕벌
húmming tóp *n.* 웅웅 소리내는 팽이.
hum‧mock [hʌ́mək] *n.* **1** 언덕, 작은 산. **2**〔빙원(氷原)위의〕얼음산. **3**〔부근의 늪지보다 높은〕수림지.
hum‧mock‧y [hʌ́məki] *adj.* 언덕(얼음산, 고지)과 같은; 언덕(얼음산, 고지)이 많은.
*hu‧mor**, 《英》**‑mour** [hjúːmər, +美 júː-] *n.* **1** ⓤ 유머, 해학, 우스운 일, 익살 (⇨ JOKE 類題); 유머를 이해하는(표현하는) 능력; 〔일반적으로〕 유머가 있는 문장(이야기). ¶ dry *humor* 정색을 하고 부리는 익살 / I failed to see the *humor* of his comment. 나는 그의 비평 속에 담긴 유머를 알아차리지 못했다 / His book is always full of *humor*. 그의 저서는 언제나 유머가 가득하다 / He has a sense of *humor*. 그에게는 유머 감각이 있다.
2 ⓤ 기질, 성미. ¶ sanguine *humor* 낙천적 기질; 다혈질 / a man of pessimistic *humor* 비관적 기질을 지닌 사람 / Every man has his *humor*. 《속담》 사람의 마음은 각양각색.
3 ⓤⓒ 일시적인 기분, 마음, 기분 (⇨ MOOD 類題); 변덕, 일시적인 기분(caprice). ¶ in a bad (*or* an ill) *humor* 기분이 나빠서 / be in no *humor* for breakfast 아침을 먹을 기분이 아니다 / be in the *humor for* talking 이야기하고 싶다 / When the *humor* takes you, … 마음이 내키면 / He came home in a very good *humor*. 그는 아주 기분이 좋아서 집으로 돌아왔다 / We were not in a *humor* to appreciate the music. 음악을 감상할 기분이 아니었다.
4 (~s) 변덕스런 행동(vagaries).
5 ⓤ〔옛날 생리학에서〕체액. ¶ the cardinal *humors* 4체액 [blood, phlegm, choler, melancholy].
6 ⓤ〔생물〕〔동·식물의 체내에 있는〕액, 체액.
out of humor 불쾌해서, 성이 나서. ¶ My father is a little *out of humor*. 아버지는 기분이 좀 언짢으시다.

humoral

— vt. **1** 〔남〕의 비위를 맞추다, 〔남〕에게 장단을 맞추다. ¶ *humor* a person's opinion 남의 의견에 장단을 맞추다. **2** 〔도구·역할 따위를〕억지로 하지 않고 잘 다루다(소화하다). ¶ A good actor *humors* his part. 훌륭한 배우는 자신의 역을 잘 해낸다.
◇ húmorous, húmoral *adj.*

hu·mor·al [hjúːmərəl, +美 júː-] *adj.* 〔생리〕체액의, 체액에서 나오는.

hu·mor·al·ism [hjúːmərəlìz(ə)m, 美 júː-] *n.* ⓤ 체액론.

hu·mored, 《英》**-moured** [hjúːmərd, +美 júː-] *adj.* (복합어를 만들어) …기분의, …기분인. ¶ good-*humored* 기분이 좋은 / ill-*humored* 기분이 나쁜. ~**ly** *adv.*

hu·mor·esque [hjùːmərésk, +美 jùː-] *n.* 〔음악〕유모레스크〔19세기의 기악곡으로 들뜬 기분을 나타내는 소곡〕.

hu·mor·ist [hjúːmərist, +美 júː-] (*《英》에서는 humourist로도 쓴다) *n.* **1** 유머가 있는 사람, 유머를 잘 이해하는 사람. **2** 유머 작가(배우).

hu·mor·is·tic [hjùːmərístik, +美 jùː-] (*《英》에서는 humouristic으로도 쓴다) *adj.* **1** 익살스러운. **2** 유머 작가풍의.

hu·mor·less, 《英》**-mour-** [hjúːmərlis, +美 júː-] *adj.* 유머(재미)가 없는, 하찮은; 유머를 이해하는(표현하는) 능력이 없는.

‡**hu·mor·ous**[1] [hjúːmərəs, +美 júː-] *adj.* 유머러스한, 해학적인, 유머가 넘치는; 익살맞은, 웃기는, 소탈하고 익살스러운.

[類語] **humorous** 남의 웃음을 유발하는; 따뜻한 마음·공감 따위를 표시: a *humorous* anecdote 익살스러운 일화. **witty** 모순을 꿰뚫어 보는 날카로운 기지를 제기 발랄한 말로〔때로는 차갑고 찌르는 듯하게〕재미있게 표현하는: a *witty* criticism 기지에 넘친 비평. **facetious** 서투른 농담을 하고 본인 혼자서만 좋아하고 있음을 암시: a *facetious* but boring person 소탈하고 익살맞지만 지루한 사람. **waggish** 장난기가 있고 농담을 즐기는: a *waggish* old man 농담을 즐기는 아버지.

~**ly** *adv.* ~**ness** *n.* ◇ húmor *n.*

hu·mor·ous[2] [hjúːmərəs, +美 júː-] *adj.* **1** 〔고어〕젖은(wet). **2** 〔옛날 생리학에서〕체액의.

hu·mor·some, 《英》**-mour-** [hjúːmərsəm, +美 júː-] *adj.* 변덕스러운, 기분이 변하기 쉬운(whimsical).

‡**hu·mour** [hjúːmər, +美 júː-] *n., vt.* 《英》= humor.

*****hump** [hʌmp] *n.* **1** 〔인간이나 동물의 등에 생긴〕혹, 등의 육봉(肉峰). ¶ a *hump* on the back 등의 혹. **2** 언덕(hummock). **3** 〔철도〕험프〔중력으로 차량을 구분하기 위해 차량 조차장(操車場)에 만들어 놓은 경사 지〕. **4** (the ~) 《美속어》우울, 울화, 신경질. ¶ get the *hump* 기분이 나빠지다, 신경질을 내다 / give a person the *hump* 남을 약이 오르게 하다, 남을 실망시키다. **5** (the H-) 히말라야 산맥〔제2차 대전중 연합군 공군이 사용한 암호〕.

over the hump 위기를 넘어,〔병 따위가〕고비를 넘어.

— *vt.* **1** 〔등을〕둥글게 하다, 구부리다. ¶ The cat *humped* [*up*] its back. 고양이가 등을 둥글게 구부렸다. **2** 〔철도〕〔차량〕을 험프에서 구분하다. **3** 《재귀용법》《美구어》…을 애쓰게하다. ¶ *hump* oneself 노력하다. **4** 낙담시키다, 실망시키다. **5** 《濠속어》…을 짊어지다, 등이나 어깨에 메다(shoulder), 운반하다. **6** 《美속어》…과 성교하다. — *vi.* 《美속어》**1** 노력하다. **2** 서둘다. ◇ húmpy *adj.*

hump·back [hʌ́mpbæ̀k] *n.* **1** 곱사등, 고양이 모양으로 굽은 등, 꼽추. **2** 〔동물〕혹고래.

hump·backed [hʌ́mpbæ̀kt] *adj.* 혹이 있는, 등이 둥근.

humped [hʌmpt] *adj.* 혹이 있는, 육봉이 있는, 둥글게 한.

humph [hʌmf, m̥m̥m̥, mmm → *vi.*] *interj.* 흥응, 훙

〔불신·불만·경멸 따위를 나타내는 콧소리〕. — *vi.* [hʌm] 흥응하다.

hump·less [hʌ́mplis] *adj.* 혹이 없는.

hump·ty [hʌ́m(p)ti] *n. (pl.* -**ties**) 《英》쿠션이 달린 낮은 의자.

Hump·ty Dump·ty [hʌ́m(p)tidʌ́m(p)ti] *n.* 키가 작고 뚱뚱한 사람, 넘어지면 일어나지 못하는 사람.

hump·y[1] [hʌ́mpi] *adj.* (**hump·i·er, hump·i·est**) 혹이 많은, 혹투성이의; 혹과 같은, 등이 둥근.

hum·py[2] [hʌ́mpi] *n. (pl.* -**pies**) 《濠》보잘것없는 오두막집 (shack, hut).

hu·mus [hjúːməs] *n.* ⓤ 부식(腐植), 부식토(土). [< L *ground*]

Hun [hʌn] *n.* **1** 훈족〔4-5세기에 유럽에 침입했던 중앙 아시아의 유목민〕. **2** (종종 h-) 야만인; 문명의 파괴자. **3** 〔경멸적〕〔제1·2차 대전중의〕독일군(인).

‡**hunch** [hʌntʃ] *vt.* **1** 〔등 따위를〕활 모양으로 구부리다 (… *up*). ¶ She *hunched* herself on a mat. 그녀는 매트 위에서 등을 둥글게 구부렸다 // —〔+冒+團〕 Don't *hunch* [*up*] your back so. 그렇게 등을 구부리지 마라. **2** …을 밀다, 찌르다. **3** …의 예감을 갖다. — *vi.* 불쑥 튀어 나오다, 몸을 내밀다; 몸을 굽히다, 응크리다.
— *n.* **1** 혹. **2** 덩어리, 〔빵 따위의〕두꺼운 조각. **3** 《美구어》예감, 육감. ¶ I have a *hunch* that he won't come. 그는 오지 않으리라는 생각이 든다. **4** 밀기, 찌르기. ◇ húnchy *adj.*

hunch·back [hʌ́ntʃbæ̀k] *n.* 꼽추, 곱사등.

hunch·backed [hʌ́ntʃbæ̀kt] *adj.* 꼽추의, 곱사등의.

hunch·y [hʌ́ntʃi] *adj.* 혹이 있는(humped).

‡**hun·dred** [hʌ́ndrəd] *n. (pl.* -**dreds** *or* 《수사 뒤에 서》-**dred**) **1** 100[略 H., h., hund.], 100의 기호[C]또는 로마 숫자의 C]; 100개, 100사람, 100세, 100그램(파운드). ¶ a (*or* one) *hundred* 100. ⇨ A 〔文型〕(1) / six *hundred* 600 / three *hundred* [and] eighty-six 386 (*《美》에서는 and를 생략할 때가 많다) / the seventeen *hundreds* 1700년대 / some (*or* about a) *hundred* 약 100 / a great (*or* a long) *hundred* 120 / some (*or* several) *hundreds* of men 수백명 / under a *hundred* 100이하 / a *hundred* to one 100중 하나의 가능성, 희박한 가능성 / live to a *hundred* and five 105세까지 살다 / six in the *hundred* 100에 대해 6, 100분의 6 / be sold by the *hundred* 100 단위로 팔리다. **2** 《美구어》100달러, 《英구어》100파운드. ¶ lend a person a *hundred* 남에게 100달러를 빌려주다. **3** (~s) 불특정 다수, 수백. ¶ *hundreds* of soldiers 수백의 병사 / be counted by *hundreds* 수백을 셀 수 있다 / He has *hundreds* in the bank. 그는 많은 돈을 은행에 예금하고 있다 / Examples were quoted in *hundreds*. 예(例)가 몇 백이 될만큼 열거되어 있었다. **4** 〔영국의 옛제〕촌락[county의 소행정 구획]; 〔미국 식민지 시대의〕촌락.

hundreds and thousands 〔과자에 장식으로 뿌리던〕굵은 설탕.

hundreds and thousands of 몇 10만의, 무수한.

like a hundred of bricks ⇨ BRICK.

— *adj.* 100 〔개, 사람〕의. ¶ two *hundred* people 200명 / the *hundred* and first person 101번째의 사람 / a *hundred* times 100배(번) / three *hundred* sheets of paper 300장의 종이.

a hundred and one 다수의. ¶ I have *a hundred and one* things to do. 할 일이 많다.

not a hundred miles away from …에서 그다지 멀지 않은 곳에, …에서 아주 가까이.

Húndred Dáys *n. pl.* 〔프랑스 역사〕〔Napoleon의〕백일천하〔1815년 3월 20일-6월 28일. 엘바섬을 탈출하여 파리에 도착해서 Waterloo 패전 후의 퇴위까지〕. **2** 《美구어》특별 의회〔1933년 3월 9일-6월 16일. Roosevelt 대통령의 New Deal 중요 법안이 가결〕.

Húndred Flówers pòlicy *n.* 백화제방(百花齊放)

hun·dred·fold [hʌ́ndrədfòuld] *adj.* 100 배의.
— *adv.* 100 배로.
hun·dred-per-cent [hʌ́ndrədpərsént] *adj., adv.* 100 퍼센트의(으로), 완전한(하게), 전면적인(으로).
hun·dred-per-cent·er [hʌ̀ndrədpərséntər] *n.* 과격한 애국자(국수주의자); 극단론자; 《속어》 돈을 벌기 위해서라면 무슨 일이든지 하는 사업인.
hun·dred-proof [hʌ́ndrədprúːf] *adj.* 1 《위스키가》 알코올도 50%《최고 농도》의. 2 《美속어》순수한, 진짜의.
*__hun·dredth__ [hʌ́ndrədθ] *adj.* 1 100번째의. 2 100분의 1의. — *n.* 1 100번째《의 사람, 것》. 2 100분의 1.
hun·dred·weight [hʌ́ndrədwèit] *n.* (*pl.* **-weights** *or* 《수사 뒤에서》**-weight**) 중량의 단위《《美》에서는 100파운드, 《英》에서는 112파운드; 略 cwt.》
Húndred Yéars' Wár *n.* 백년 전쟁《1337-1453의 영불(英佛) 간의 전쟁》.
hung [hʌŋ] *v.* hang 의 과거・과거 분사.
Hung. 《略》Hungarian, Hungary.
Hun·gar·i·an [hʌŋgɛ́(:)riən/-gɛ́ər-] *adj.* 헝가리《사람, 말》의. — *n.* 헝가리 사람; ① 헝가리 어(Magyar).
Hun·ga·ry [hʌ́ŋgəri] *n.* 헝가리《중부 유럽의 공화국; 수도 Budapest》.
hun·ger [hʌ́ŋgər] *n.* ⓤⓒ 1 굶주림, 기아; 기근. *cf.* thirst ¶ feel (*or* suffer) *hunger* 시장기를 느끼다 / die of *hunger* 굶어 죽다 / satisfy one's *hunger* with …으로 배를 채우다 / feel sick from *hunger* 배가 고파서 기분이 나빠지다 / *Hunger* is the best sauce. 《속담》시장이 반찬이다. 2 열망, 갈망《for, after...》. ¶ land *hunger* 토지 소유욕 / a *hunger* for knowledge 지식욕.
— *vi.* 굶주리다, 배가 고프다, 허기지다. 2 열망하다《long》《for, after...》. ¶ *hunger* for kindness 친절을 간절히 바라다.
— *vt.* 《남》을 굶주리게 하다; 《남》을 굶주리게 하여 …시키다《*into, out of*》. ¶ (~+목+전+명) *hunger* soldiers *into* surrender 병사들을 굶주리게 하여 항복시키다.
◇ húngry *adj.*
húnger cúre *n.* 단식 요법(斷食療法).
húnger márch *n.* 《英》기아 행진《실업자의 데모 행진》.
húnger márcher *n.* 기아 행진 참가자.
húnger stríke *n.* 단식 스트라이크.
húng júry *n.* 《美》의견이 엇갈려 판결을 내릴 수 없는 배심단.
*__hun·gry__ [hʌ́ŋgri] *adj.* (**-gri·er, -gri·est**) 1 굶주린, 배고픈, 시장한; 공복을 느끼게 하는. ¶ a *hungry* look 허기진 듯한 얼굴 / a *hungry* supper 부족한 저녁 음식 / a *hungry* labor 배고픈 노동 / feel *hungry* 시장기를 느끼다 / go *hungry* 먹지 않고 지내다, 굶주리다 / I am *hungry* today. 오늘은 굶었다.
類語 *hungry* 갖가지 정도의 「배고픔」의 뜻의 가장 일반적인 말. **famished** 배고픔에 시달린; *hungry*를 과장하는 말로 쓰인다: I'm simply *famished*. 나는 몹시 배가 고프다. **starved** 장기간의 식량 또는 영양 부족으로 쇠약해지거나 죽은; *starving*은 다같이 *hungry*를 과장하는 말로 쓰인다: a *starved* homeless child 굶주리고 집없는 아이. **ravenous, ravening** 몹시 굶어 게걸스럽게 먹다; *ravening*은 먹이에 맹렬하게 달려드는 맹수를 암시하는 뜻이 담겨있다: a *ravenous* beast 굶주려 걸신들린 맹수. **voracious** 배고픔의 정도로 먹는 양이 많은: a *voracious* small child 작지만 많이 먹는《배가 큰》아이. **gluttonous** 극히 voracious 해서 물리도록 먹어야 성이 차는: a fat, *gluttonous* person 뚱뚱한 대식가.
2 갈망하는, 열망하는《*for, after* ...》. ¶ a *hungry* glance 탐내는 듯한 눈초리 // be *hungry* for home and friends 가정과 친구에 굶주리다 / be *hungry* for knowledge 지식욕에 굶주리고 있다. 3 《땅이》 메마른, 불모의. ¶ *hungry* land 메마른 땅. **-gri·ly** *adv.* **-gri·ness** *n.*
◇ húnger *n.*
hunk [hʌŋk] *n.* 1 《구어》《빵・고기 따위의》큰 덩어리, 두툼한 조각. 2 《美속어》 굉장한 사람.
hun·ker [hʌ́ŋkər] *vi.* 쪼그리다《down ...》. — *n.* 《스코》쪼그리기; (~s) 엉덩이. ¶ on one's *hunkers* 쪼그리고 앉아서.
Hun·ker [hʌ́ŋkər] *n.* 《美》《1840년대의 New York 주의 민주당의》보수적 party 당원; 보수적인 사람, 구식을 고집하는 사람(fogy).
hun·kie [hʌ́ŋki] *n.* =hunky². — [쇠, 육심쟁이.
hunks [hʌŋks] *n. pl.* 《단・복수 양용》심술쟁이; 구두
hunk·y¹ [hʌ́ŋki] *adj.* 《美속어》1 더할 나위 없는, 탓할 데 없는. 2 피장파장의, 막상막하의, 호각의(even).
hunk·y² [hʌ́ŋki], (**hunkie**) *n.* (*pl.* **hunk·ies** *H-*) 《美속어》《경멸적》 외국에서 온 미숙련 노동자《특히 헝가리 사람》. *cf.* bohunk
hunk·y-do·ry [hʌ́ŋkidɔ́:ri/-d5:-] *adj.* 《美속어》 더할 나위 없는, 탓할 데 없는. ¶ I'm just *hunky-dory*. 나는 원기왕성합니다.
Hun·nish [hʌ́niʃ] *adj.* 1 훈족의《과 같은》. 2 《때로 h-》 파괴적인, 야만적인.
Hun·nish·ness [hʌ́niʃnis] *n.* 야만, 문화 파괴.
*__hunt__ [hʌnt] *vt.* …을 사냥하다, 수렵하다《*《英》에서는 짐승에게만 쓰고 새에는 shoot를 쓰나, 《美》에서는 양쪽에 다 쓴다》. ¶ *hunt* bears 곰사냥을 하다 / *hunt* big game 큰 짐승을 사냥하다 / *hunt* ivory 상아를 얻기 위해 코끼리를 사냥하다. 2 《승・산 따위》를 사냥하며 돌아다니다. ¶ *hunt* the woods 사냥을 하며 숲을 돌아다니다. 3 《말・개 따위》를 사냥에 쓰다 / *hunt* a pack of one's hounds 한 떼의 사냥개를 사냥에 쓰다. 4 …을 추격하다(pursue); …을 뒤쫓다《... *down*》; …을 몰아내다《... *from, out of*》; …을 내쫓다《... *away*》. ¶ (~+목+부) *hunt down* a thief 도적을 뒤쫓아 잡다 / *hunt* the neighbor's cat *away* 이웃집의 고양이를 내쫓다 // (~+목+부) He was *hunted from* (*or out of*) the village. 그는 마을에서 쫓겨났다. 5 …을 찾다(search for), 구하다, 뒤지다《... *out, up*》; 《특정한 장소》를 구석구석 뒤지고 다니다. ¶ *hunt* a job 일자리를 찾다 // (~+목+부) *hunt up* evidence 증거를 찾아내다 / *hunt out* a person's address 남의 주소를 찾아내다 // (~+목+부) He *hunted* the house *for* the book. 그는 그 책을 찾아내려고 집안을 살살이 뒤졌다.
— *vi.* 1 사냥을 하다. ¶ Wolves *hunt* in packs. 늑대는 떼를 지어 먹이를 찾는다. 2 찾다, 구하다《*for, after...*》. ¶ (~+전+명) *hunt* for a lost book 잃어버린 책을 찾다 / *hunt* high and low *for* …을 찾아 곳곳을 뒤지다.
— *n.* 사냥, 수렵. ¶ have a good *hunt* 사냥감을 많이 얻다. 2 추격, 탐색(pursuit)《*for...*》. ¶ A treasure *hunt* 보물 찾기 / find after a long *hunt* 오랜 탐색 끝에 마침내 발견하다 / The *hunt* is up. 추적이 시작되었다 / make (*or* have) a *hunt for* a job 일자리를 찾다. 3 수렵대; 수렵회; 수렵 지구.
húnt and péck *n.* ⓤ 타이프라이터를 정식으로 배워서 치지 않고 멋대로 치기.
*__hunt·er__ [hʌ́ntər] *n.* 1 사냥꾼, 엽사(獵師). *《英》*에서는 말을 타고 여우 사냥을 하는 사람. 2 탐색하는 사람, 찾아다니는 사람. ¶ an autograph *hunter* 사인 수집가 / a fortune *hunter* 재산 때문에 결혼하는 사람 / a *hunter* after glory 명예욕이 강한 사람. 3 사냥말, 사냥개, 먹이를 찾는 동물. ¶ A cat is a skillful *hunter*. 고양이는 쥐를 잘 잡는다. 4 《사냥꾼이 쓰는》 양면에 뚜껑이 달린 회중 시계. 5 《H-》《천문》오리온좌.
húnt·er-kíll·er sátellite [hʌ́ntərkìlər-] *n.* 인공 위성 파괴 위성.
Húnt·er-Rús·sel sýndrome [hʌ́ntərrʌ́sl-] *n.* ⓤ

hunter's moon n. 사냥달[harvest moon 다음의 만월].

‡**hunt·ing** [hʌ́ntiŋ] n. U 1 수렵, [특히] 여우 사냥; 《美》총으로 하는 사냥《《英》shooting》. ¶ be fond of *hunting* 사냥을 좋아하다. 2 추구, 탐구. ¶ house *hunting* 셋집 찾기. 3 [전기] 난조(亂調), 제어 진동(制御振動). — adj. 사냥[용]의, 사냥하는.

húnting bòx n. 《주로 英》사냥꾼 오두막집 [수렵 기간에 기거하다].

húnting càp n. 사냥 모자.

húnting càse n. 양면에 뚜껑이 달린 회중 시계(hunter)의 겉뚜껑.

húnting cròp n. 수렵용 채찍.

húnting dòg n. 사냥개.

húnting fìeld n. 사냥터.

húnting gròund n. 1 사냥터. 2 [바라는 것을] 찾는 장소, 뒤질만 한 곳(*for*). ¶ a happy *hunting ground* for second-hand books 헌책 뒤지기에 좋은 장소.

húnting hòrn n. 사냥용 나팔; [음악] 사냥 호른.

húnting knìfe n. 사냥용 나이프, 사냥칼.

húnting lòdge n. = hunting box.

húnting pìnk n. 여우 사냥을 하는 사람이 입는 붉은 상의의[의 복지(服地)]; 여우 사냥을 하는 사람.

hunt·ress [hʌ́ntris] n. (hunter의 여성형) 사냥꾼의 암말.

hunts·man [hʌ́ntsmən] n. (*pl.* **-men** [-mən]) 1 사냥꾼, 수렵가(hunter). 2 사냥개 담당자 [사냥 중 사냥개를 돌본다].

hunts·man·ship [hʌ́ntsmənʃìp] n. U 수렵술; 사냥 솜씨.

húnt the slípper n. U 슬리퍼 찾기 [어린이 실내 유희의 일종].

hup [hʌp] *interj.* 이랴! [말을 재촉하거나 오른쪽으로 돌게 할 때 지르는 소리]; 앉아! [개를 앉게 할 때의 명령]. — v. (**hupped, húp·ping**) vt. 《美방언》(말)을 오른쪽으로 돌리다. — vi. (개가) 앉다.

Hu·peh [húːpéi] n. 호북성(湖北省)《중국 동부 중앙의 성. 성도(省都)》는 무한(武漢)).

*****húr·dle** [hə́ːrdl] n. 1 [경주용의] 장애물, 허들. 2 (~s) (단수 취급) 허들 레이스. 3 장애(obstacle), 곤란한 문제. 4 《주로 英》[이동용의 이동이 가능하도록 짠 울타리, 사립짝. 5 《英》옛날 죄인을 태워 형장으로 나르는 일종의 썰매. ¶ *jump the hurdle* 장애물을 뛰어넘다;《美속어》결혼하다. — v. (**-dled, -dl·ing**) vt. 1 (허들)을 뛰어넘다. 2 [장애·곤란]을 돌파하다, 극복하다(overcome). 3 [토지·양 따위]를 사립짝으로 두르다. — vi. 허들을 뛰어넘다, 허들 경주를 하다.

húr·dler [hə́ːrdlər] n. 1 장애물 경주 선수. 2 사립짝을 만드는 사람.

húrdle ràce n. 장애물 경주, 허들 경주.

hurds [həːrdz] n. *pl.* 아마 부스러기, 털 부스러기(hards).

hur·dy-gur·dy [hə́ːrdigə̀ːrdi] n. (*pl.* **-gur·dies**) 1 손돌림 풍금(barrel organ). 2 허디거디 [손잡이를 돌려 현(弦)을 타는 악기의 일종].

‡**hurl** [həːrl] vt. 1 …을 세게 던지다《*at, upon, against*》. ⇒ THROW 類語. ¶ (~+圓+前+名) *hurl* a spear *at* a wild animal 야수에게 창을 던지다 / *hurl* oneself *at* (or *against*) one's enemy 적에게 덤벼들다. 2 …을 뒤집어 엎다, 내팽개치다(throw down). ¶ (~+圓+圓) *hurl down* tyranny 전제 정치를 쓰러뜨리다 / Don't *hurl* your baggage *downstairs*. 짐을 아래층으로 내던지지 마라. 3 (욕 따위)를 퍼붓다, 쏘아붙이다(...*at*). ¶ (~+圓+前+名) *hurl reproaches at* a person 남에게 욕을 퍼붓다. — vi. 1 냅다 던지다, 돌진하다. 2 《야구》 투구하다. 3 세게 던지다.

húrl·bat [həːrlbæt] n. (하키) 타구봉(打球棒).

húrl·er [hə́ːrlər] n. 던지는 사람; 《야구》 투수.

húrl·ey [hə́ːrli] n. (*pl.* **-eys** or **húrl·ies**) 《英》 1 헐링의 시합. 2 헐링용의 배트(공).

húrl·ing [hə́ːrliŋ] n. 1 던지기. 2 헐링 《아일랜드의 하키 비슷한 경기》.

húrl·y-búrl·y [hə́ːrlibə̀ːrli] n. U 야단 법석, 대소동, 혼란. — adj. 몹시 혼잡한, 몹시 시끄러운.

Hu·ron [hjúː(ː)rən / hjúə-] n. 1 Lake ~ 휴런호 [미국과 캐나다 사이에 있는 5대호(大湖)의 하나]. 2 휴런족 [휴런호의 서쪽에 사는 아메리카 인디언의 일족].

‡**hur·rah** [hərɔ́ː, -rɑ́ː / -rɑ́ː], **hoo·ray** [huː]-) réi, hə-/hu-], (**hur·ray** [huréi]) *interj.* 만세, 후라. ¶ *Hurrah for the King*! 국왕 만세! — n. 환호의 소리, 만세의 소리; 소동. — vi. 만세를 부르다, 환성을 올리다. — vt. …을 환성을 올리며 응원하다.

*****húr·ri·cane** [hə́ːrikèin / hʌ́rikən, -kèin] n. 1 [특히 서인도 제도나 열대 대서양의] 대폭풍, 허리케인. cf. cyclone, typhoon 2 허리케인과 같은 것, [특히] 감정의 격발. ¶ a *hurricane* of cheers 격찬.

húrricane bìrd n. = frigate bird.

húrricane dèck n. [객선의] 최상 갑판(最上甲板).

húrricane glòbe n. 남포의 등피(lamp chimney).

húrricane làmp n. [등피 달린] 강풍용 남포.

húrricane làntern n. 강풍용 랜턴(제등(提燈)).

húr·ri·coon [hʌ́rikúːn] n. 허리케인 연구용 기구.

*****hur·ried** [hə́ːrid / hʌ́r-] adj. 1 [사람이] 황급하 구는, 서두르는. 2 [식사 따위가] 매우 서두르는, 허둥대는, [일 따위가] 급히 날린. ¶ write a few *hurried* lines 몇 줄 갈겨 쓰다. ~·ness n.

húr·ried·ly [hə́ːridli / hʌ́rid-] adv. 매우 급하게, 허둥대며, 허둥지둥, 급히 날려서.

*****hur·ry** [hə́ːri / hʌ́ri] v. (**-ried, -ry·ing**) vi. 급히 하다, 서두르다, 황급히 굴다(...*up*...). ⇒ HASTEN 類語. ¶ Don't *hurry*. 서두르지 마라 / We'll have to *hurry* if we want to see the curtain go up. 개막 시간에 대어 가려면 서둘러야 한다 // (~+副) *hurry along* 서두르다 / *hurry off* (or *away*) 서둘러[급히] 떠나다 / *hurry back* (or *home*) 급히 돌아가다 / *hurry in* 급히 들어가다 / Patches of clouds *hurried* by. 조각 구름이 급히 흘러갔다 / The nation *hurried forward* along the path of consolidation. 그 나라는 통일을 이루는 길을 서둘렀다 / *Hurry up*, or you'll miss the train. 서두르지 않으면 기차를 놓칠 겁니다 // (~+*to* do)(~+前+名) *hurry to* catch a bus; *hurry for* a bus 버스를 타려고 서두르다 // (~+前+名) *hurry into* (or *on*) one's clothes 급히 옷을 걸쳐 입다 / *hurry over* one's breakfast 황급히 조반을 끝마치다.

Hurry on! 《구어》 서둘러라!, 빨리 빨리!
Hurry up! 《구어》 자, 빨리 빨리! ¶ *Hurry up*! We're late. 빨리 빨리! 늦었어.

— vt. 1 …을 서두르게 하다, 재촉하다(...*up*). 〔남〕에게 서둘러 …시키다; …을 서둘러 나르다(옮기)다, 급 파하다(...*to*); 〔남〕을 황급하게 하다. ¶ *hurry* dinner 식사를 서두르게 하다 // (~+目+副) *hurry up* one's homework 숙제를 급히 마치게 하다 / *hurry* one's work *up*; *hurry up* one's work 일을 서두르게 하다 / *hurry away* a person 남을 급히 떠나가게 하다 / *hurry off* (*on*) one's hat 급히 모자를 벗다(쓰다) // (~+目+前+名) It's no use *hurrying* him *to* the hospital. 그를 서둘러 병원으로 데려가도 소용없다 / She *hurried* the book *out of* my sight. 그녀는 그 책을 내가 못 보는 곳에 숨겼다 / They were *hurried into* decision. 그들은 재촉을 받아 결정을 내렸다.

2 …을 빠르게 하다. ¶ Cultural exchange can *hurry* the development of world understanding. 문화의 교류는 국제간의 이해 발전을 촉진시킬 수가 있다.

— n. 1 U 서두름, 급함, 매우 급함. ¶ I left my wallet in my *hurry*. 급해서 그만 지갑을 두고 왔다 / Everything was *hurry* and bustle (of confusion). 모든 것이 야단 법석이었다. 2 U 《부정·의문문에서》 서두를 이유(필요). ¶ There's no *hurry*. 서두를 필요는 없

다 / What's the *hurry*? 왜 그리 서두르는가? / Is there any *hurry* about it? 그것을 서두를 필요가 있는가? **3** 〔음악〕〔타악기의〕 연타(連打), 〔협약기의〕 진동곡(震音曲), 트레몰로.
  in a hurry ① 급히, 서둘러(*for*...). ¶ start *in a hurry* 급히 출발하다 / I'm not *in a hurry* for it. 별로 그것을 서두르고 있지는 않다 / I'm *in a hurry* to start. 출발을 서두르고 있다. ② 서두른 나머지. ¶ *In a hurry* I left there without saying good-by to them. 서두른 나머지 그들에게 작별 인사도 못하고 그곳을 떠났다. ③ 〔부정문에서〕 쉽게, 용이하게(easily). ¶ You won't find a better job *in a hurry*. 그보다 좋은 일자리는 쉽게 찾지 못할 것이다. ④ 〔부정문에서〕 기꺼이, 자진하여. ¶ I shan't come again *in a hurry*. 또 다시 오지는 않겠다.

húrry cáll *n.* 비상 호출(소집).
hur·ry·ing·ly [hə́:riiŋli / hʌ́r-] *adv.* 급히, 서둘러.
hur·ry-scur·ry, -skur- [hə́:riskə́ri / hʌ́riskʌ́ri] *n.* 혼잡, 창황. —— *adv.* 황급히, 허둥지둥. —— *adj.* 황급한, 허둥지둥하는. —— *vi.* (-ried, -rying) 허둥지둥하다.
hur·ry-up [hə́:riʌp / hʌ́r-] *adj.* 급한, 서둘러서 하는. ¶ a *hurry-up* meal (phone call) 급히 먹는 식사(급한 전화).
hurst [hə:rst] *n.* **1** 숲, 숲이 있는 언덕. **2** 사구(砂丘).
hurt [hə:rt] *v.* (**hurt**, **húrt·ing**) *vt.* **1** [신체를] 다치게 하다, ⇒ INJURE 類語 ¶ *hurt* oneself; get *hurt* 다치다, 부상하다 / I was seriously *hurt*. 중상을 입었다 / I *hurt* my hands when I fell. 넘어졌을 때 손을 다쳤다. **2** ...을 아프게 하다, 상하게 하다, ¶ It *hurts* the eyes awfully to read in the dark. 어두운 곳에서 책을 읽으면 눈이 몹시 나빠진다. **3** 〔물건〕에 손상을 주다. ¶ *hurt* a bag by rough use 거칠게 사용해서 가방을 상하게 하다. **4** 〔명성·감정 따위〕를 상하게 하다, 해치다. ¶ *hurt* a person's reputation (pride) 남의 명성(자부심)을 상하게 하다 / Their criticism *hurt* her feelings. 그들의 비난을 듣고 그녀는 감정이 상했다.
  —— *vi.* **1** 아프다. ¶ My finger still *hurts*. 손가락이 아직도 아프다. ¶ 상처(고통, 해)를 주다. ¶ My new shoes *hurt*. 구두가 새것이라 발이 아프다 / Such ingratitude *hurts*. 이런 배은망덕에는 화가 난다. **3** 〔구어〕 곤란하다. ¶ It won't *hurt* to introduce her to me. 나에게 그녀를 소개해 주어도 지장이 없을 것이다. —— *n.* **1** 상처, 부상; 정신적인 고통. ¶ a bad *hurt* 심한 상처 / a *hurt* from a blow 타박상. **2** U 손해, 해 (injury). ¶ do *hurt* to a person's reputation 남의 명성을 상하게 하다.
  —— *adj.* 다친, 상처입은. **2** 《미국어》〔상품 따위가〕 파손된, 흠이 간.
  ◇ húrtful *adj.*
hurt·er[1] [hə́:rtər] *n.* 상해(고통)를 주는 사람(것).
hurt·er[2] [hə́:rtər] *n.* 차축 끄트머리의 비녀장.
hurt·ful [hə́:rtfəl] *adj.* 유해한(harmful); 상처를 내는. ~·**ly** [-fəli] *adv.* ~·**ness** *n.*
hur·tle [hə́:rtl] *v.* (**-tled**, **-tling**) *vi.* **1** 부딪치다, 충돌하다(*against*...). **2** 소리를 내며 나아가다, 돌진하다(*down*, *through*...). ¶ A large rock came *hurtling* down the hill. 큰 바위가 언덕에서 소리를 내며 떨어졌다. **3** 맞부딪치는 소리를 내다. —— *vt.* **1** ...을 세게 던지다. **2** ...을 부딪치다, 충돌시키다. —— *n.* 부딪치기, 부딪치는 소리; 돌진.
hurt·less [hə́:rtlis] *adj.* **1** 상처를 입지 않은, 다치지 않은. **2** 무해한. ~·**ly** *adv.* ~·**ness** *n.*
‡**hus·band** [hʌ́zbənd] *n.* 남편. *cf.* wife ¶ a devoted *husband* 애처가. **2** 〔고어〕 관리인.
  a good (*a bad*) *husband* 〔고어〕 검약가(낭비가). —— *vt.* **1** ...을 관리하다, 절약하다. **2** 〔고어〕 〔여자〕 에게 남편을 얻어 주다; 〔여자〕 와 결혼하다. **3** 〔고어〕 ...을 경작하다; 〔식물〕 을 재배하다.

◇ húsbandly, húsbandlike *adj.*
hus·band·age [hʌ́zbəndidʒ] *n.* U 《海事》 선박 관리 수수료. 〔신뢰〕
hus·band·hood [hʌ́zbəndhùd] *n.* U 남편임, 남편다움.
hus·band·ly [hʌ́zbəndli] *adj.* **1** 남편의, 남편다운. **2** 〔폐어〕 절약하는.
hus·band·man [hʌ́zbən(d)mən] *n.* (*pl.* **-men** [-mən]) 농부.
*hus·band·ry** [hʌ́zbəndri] *n.* U **1** 농업, 경작. **2** 절약, 검약. **3** 가정(家政), 꾸려나가기. ¶ good *husbandry* 잘 꾸려나가는 살림살이.
‡**hush** [hʌʃ] *interj.* 쉬, 조용히. —— *vi.* 조용히 하다, 조용해지다, 입다물다, 잠잠해지다. —— *vt.* **1** ...을 조용하게 하다, 입다물게 하다. ¶ *hush* a clamorous crowd 시끄러운 군중을 조용해지게 하다 // (~+目+前+名) *hush* a baby to sleep 젖먹이를 을음을 그치게 해서 재우다. **2** ...을 입막음하다, 억누르다, 은폐하다 (얼버무리다) (...*up*). ¶ (~+目+副) *hush up* an affair 사건을 쉬쉬해 버리다. **3** ...을 달래다, 가라앉히다. ¶ *hush* a person's grief 남의 슬픔을 가라앉히다. —— *n.* U C **1** 조용함, 정숙, 침묵. ¶ in the *hush* of night 밤의 고요속에. **2** ¶ *Hushaby*, baby. 자장, 자장자장.
hush·a·by [hʌ́ʃəbài] *vi.* 〔명령적으로 써서〕 조용하게 하다. ¶ *Hushaby*, baby. 자장, 자장자장.
  [<HUSH+·a-(연결사)+BYE <bye-bye: 동계어 lull*aby*)]
húsh bóat(**shíp**) *n.* =Q-boat.
hushed [hʌʃt] *adj.* **1** 고요한, 잠잠한, 조용해진. ¶ CALM 類語 ¶ in a *hushed* voice 소리를 죽이고. **2** 비밀의.
hush-hush [hʌ́ʃhʌ́ʃ] *adj.* 은밀한, 극비의. ¶ a *hush-hush* policy 비밀주의.
húsh móney *n.* U 입막음돈, 뇌물돈.
húsh púppy *n.* 《미남부》옥수수 가루로 만든 빵.
*húsk** [hʌsk] *n.* **1** 껍질, 각지, 외피, 꼬투리, 《美》옥수수의 껍질. **2** 〔쓸데없는〕 바깥쪽의 껍질, 겉껍질, 무가치한 것. —— *vt.* **1** ...의 껍질을 벗기다(까다). **2** 쉰 목소리(husky voice)로 말하다 (노래하다).
  ◇ húsky *adj.*
husk·er [hʌ́skər] *n.* 껍질을 벗기는 사람(도구).
husk·i·ly [hʌ́skili] *adv.* 쉰 목소리로.
husk·i·ness [hʌ́skinis] *n.* U 목소리가 쉬어 있음.
husk·ing [hʌ́skiŋ] *n.* **1** U 〔옥수수의〕 껍질을 벗기기. **2** =husking bee.
húsking bée *n.* 《美》 옥수수 껍질을 벗기는 모임으로 이웃·친구가 도우러 온다.
húsk·y[1] [hʌ́ski] *adj.* (**húsk·i·er**, **húsk·i·est**) **1** 《美구어》 늠름한, 튼튼한. **2** 쉰 목소리의. ¶ a *husky* voice 쉰 목소리. **3** 껍질과 같은, 껍질로 덮인, 껍질이 많은. —— *n.* (*pl.* **husk·ies**) 《美구어》 몸집이 크고 건장한 사람.
húsk·y[2] [hʌ́ski] *n.* (*pl.* **husk·ies**) 〔때로 H-〕 **1** 에스키모 개 (Eskimo dog). **2** 〔주로 캐나다〕 에스키모 사람; U 에스키모어. —— *adj.* 〔때로 H-〕 〔주로 캐나다〕 에스키모의.
hus·sar [huzɑ́:r, +美 hə-] *n.* 경기병(輕騎兵).
hus·sif [hʌ́zif] *n.* 반짇고리(housewife).
Huss·ite [hʌ́sait] *n.* 후스(주의)의 신봉자. —— *adj.* 후스의, 후스파의. 〔<보헤미아의 종교 개혁자 John Huss(1369?-1415)의 이름〕
hus·sy [hʌ́si, hʌ́zi] *n.* (*pl.* **-sies**) **1** 말괄량이 (minx). **2** 닳은돈은(굴러먹은) 여자(jade).
hus·tings [hʌ́stiŋz] *n. pl.* (단·복수 양용) **1** 《英역사》 1872년 이전에 후보자의 지명과 그 정견 연설이 행해졌던 국회 의원 후보자의 임시 연단. **2** 〔주로 英〕 선거 연설의 장소(장소). **3** 〔주로 英〕 선거 수속. **4** 미국 Virginia 주의 지방 재판소 (hustings court).
*hus·tle** [hʌ́sl] *v.* (**-tled**, **-tling**) *vt.* **1** 〔남〕을 재촉하여, 서두르게 하다. **2** 〔남〕에게 무리하게 ...시키다;

[남]을 재촉하여 …시키다. ¶ (~+目+副+名) hustle a person *into* a decision 남을 다그쳐서 결심케 하다 / hustle unwelcome visitors *out of* one's house 달갑지 않은 방문객들을 집밖으로 밀어내다. **3** …을 난폭하게 밀다(밀어제치다)(shove). **4** 《美구어》 《일 따위를》 척척 해내다. ¶ (~+目+副) hustle something *up (through)* …을 서둘러 완성시키다(끝나게 하다). **5** 《美구어》 …을 억지로 손에 넣다(떠 맡기다). — *vi.* **1** 급히(척척) 하다. **2** 밀면서 나아가다, 난폭하게 밀다. ¶ (~+前+ 名) hustle *against* a person 남을 떠밀다 / He *hustled through* the street. 그는 거리의 사람들을 밀어제치며 나아갔다. **3** 《구어》 《장사 따위에서》 기운차게(정력적으로) 하다. **4** 《美구어》 a) 부정한 수단으로 돈을 얻다. b) 《매춘부가》 손님을 끌다. — *n.* ⓤⓒ **1** 밀치락 달치락. **2** 《구어》 《정력적인》 활동, 원기. ¶ get a *hustle* on 힘을 내다. **3** 소동, 법석. ¶ *hustle* and bustle of city 도시의 혼잡. **4** 《美구어》 일, 사기.

hus·tle-bus·tle [hʌ́slbʌ́sl] *n.* 《생존 경쟁의》 악착 같은(energetic confusion).

hus·tler [hʌ́slər] *n.* **1** 난폭하게 미는 사람. **2** 《美구어》 《기업·사업 따위의》 적극적인 활동가, 민완가(敏腕家)(go-getter); 정력적으로 활동하는 사람. **3** 《구어》 사기꾼(swindler); 직업적인 노름꾼. **4** 《속어》 매춘부. **5** (H-) 《美》 《로켓 공학》 추진 엔진.

hus·tling [hʌ́sliŋ] *adj.* 활동적인; 부정의 이득을 보는, 《특히》 매춘 행위를 하는.

‡hut [hʌt] *n.* **1** 오두막, 임시 가옥. **2** 《군대》 임시 막사. **3** 《형무소의》 독방. **4** 《화차의 맨 꼬리》 차장 (車掌)차. **5** 《대학의》 천선 회관. — *v.* (**hut·ted, hut·ting**) *vt.* 오두막에 묵다(묵게 하다), 오두막에 살다(살게 하다).

HUT 《略》 homes *u*sing *t*elevision(텔레비전을 켜고 있는 세대); 시청률 조사 용어).

hutch [hʌtʃ] *n.* **1** 《작은 짐승을 넣는》 우리, 우릿간. ¶ a rabbit *hutch* 토끼집. **2** 오두막, 오막살이(hut). **3** 《곡식 따위의 저장용》 상자, 궤짝. **4** 《빵집의》 반죽통(kneading trough). — *vt.* 《고어》 ㆍ을 상자에 저장하다(hoard).

hut·ment [hʌ́tmənt] *n.* ⓤⓒ 임시 막사 숙영; 오두막.

hüt·te [hýtə, hítə] *n.* 휘테, 산막(山幕).

hut·ting [hʌ́tiŋ] *n.* 《군대의》 막사 건설 자재.

hutz·pah, -pa [hʌ́tspə] *n.* = chutzpa[h].

huz·zah, huz·za [həzɑ́ː] *interj.* 《환희·갈채 따위에 나타내는》 만세, 후레이, 와아(hurrah). — *n.* 만세하는 소리(환성). — *vi.* 만세를 부르다, 환성을 올리다. — *vt.* …을 환성을 올리며 맞이하다.

huz·zy [hʌ́zi] *n.* = hussy.

H.V., h.v. 《略》 *h*igh *v*oltage.

H.W. 《略》 *h*igh*w*ater; *h*igh *w*ay; *h*ot *w*ater.

H.W.M. 《略》 *h*igh-*w*ater *m*ark(고수표(高水標)).

hwy. 《略》 *h*igh*w*ay.

hwyl [hú:ɪl] *n.* 《英》 《웨일즈 사람의》 열성, 열변(熱辯).

Hy. 《略》 Henry.

***hy·a·cinth** [háiəs(i)nθ, +美 -sìnθ] *n.* **1** 히아신스; 히아신스꽃(구근). **2** 히아신스색, 푸른 보라색. **3** ⓤⓒ 《광물》히아신스석(石) 《오렌지색을 띤 zircon의 일종》. ◇ hyacínthine *adj.*

hy·a·cin·thine [hàiəsínθin, -θin / -θaɪn] *adj.* **1** 히아신스의(와 같은); 히아신스석(石)의(와 같은). **2** 히아신스[석]으로 장식한. **3** 히아신스색의, 푸른 보라색의.

Hy·a·cin·thus [hàiəsínθəs] *n.* 《그리스 신화》 히아킨토스 《Apollo가 사랑한 미소년. 경쟁자가 잘못 던진 원반 때문에 죽었는데 그의 피에서 히아신스가 피었다고 한다》.

Hy·a·des [háiədìːz] *n. pl.* **1** 《천문》 히아데스 성단(星團) 《황소자리 중의 V 자 형을 만드는 별무리》. **2** 《그리스 신화》 히아데스의 요정(妖精)들 《Zeus의 아들 Dionysus를 키워서 그 공으로 승천했다》.

hy·ae·na [ha(i)íːnə] *n.* = hyena.

hyal- ⇨ HYALO-.

hy·a·line [háiəlin, -làin, +英 -lìːn] *n.* **1** 유리와 같은 (투명한) 것. **2** (=**hy·a·lin**) ⓤ 《생화학》 히알린[투명한 각질(角質)]. — *adj.* **1** 유리와 같은, 투명한. **2** 유리의. **3** 비결정질(非結晶質)의.

hy·a·lite [háiəlàit] *n.* ⓤⓒ 《광물》 옥적석(玉滴石) [opal의 일종].

hyalo- glass 의 뜻의 연결형 《* 모음 앞에서는 hyal-을 쓴다》. 예: *hyal*oid, *hyalo*plasm(투명층).

hy·a·loid [háiəlɔ̀id] *n.* 《해부》 《눈알의》 유리 모양의 막 (hyaloid membrane). — *adj.* 유리 같은, 투명한.

hy·a·lu·ron·ic acid [hàiəljuránik- / -rɔ́n-] *n.* 《생화》 히알루론산(酸) 《동물 조직 속의 산성 다당류(多糖類)》.

hy·a·lu·ron·i·dase [hàiəlju:ránideis / -rɔ́n-] *n.* 《생화학》 히알루로니다아제 《효소의 일종》.

***hy·brid** [háibrid] *n.* **1** 잡종; 혼혈아(half-breed). **2** 혼성물. **3** 《언어》 두 다른 언어의 요소를 결합해서 만든 합성어; 예: hydroplane《그리스어(系) hydro+라틴어(系) plane》. *cf.* blend, contamination, portmanteau word. — *adj.* **1** 잡종의; 혼혈의. **2** 혼성(혼종)의. ◇ hýbridize *v.*

hýbrid compúter *n.* 하이브리드(복합형) 계산기 [analogue computer와 digital computer를 결합한 것].

hy·brid·ism [háibridìz(ə)m] *n.* ⓤ **1** 잡종성(hybridity). **2** 교배, 혼성.

hy·brid·ist [háibridist] *n.* 잡종 육성자.

hy·brid·i·ty [haibrídəti] *n.* ⓤ 잡종성.

hy·brid·i·za·tion [hàibridizéiʃ(ə)n / -daiz-] *n.* ⓤ 교배, 잡종 번식; 이종(異種) 혼합.

hy·brid·ize [háibridàiz] 《* 《英》에서는 **hy·brid·ise**로도 쓴다》 *v.* (**-ized, -iz·ing**) *vt.* …을 교배하다, …의 잡종을 만들다(cross). ¶ *hybridize* plants 식물을 교배시키다. — *vi.* 잡종이 생기다, 잡종 번식하다.

hýbrid téa [róse] *n.* 꽃송이가 큰 장미의 일종 《교배 품종》.

hy·bris [háibris] *n.* = hubris.

hyd. 《略》 *hyd*raulics; *hyd*rostatics.

hy·da·tid [háidətid] *n.* **1** 《병리》 포충낭(胞虫囊) 《촌충의 유충이 사람·동물의 체내에서 만든다》. **2** 《촌충의》 포충.

Hýde Párk *n.* **1** 영국 London에 있는 공원. **2** New York 주 동남부의 마을[Franklin D. Roosevelt의 묘지가 있다].

hydr- ⇨ HYDRO-.

hy·dra [háidrə] *n.* (*pl.* **-dras** or **-drae** [-driː]) **1** (종종 H-) 《그리스 신화》 히드라 《Hercules가 죽인 머리가 아홉인 큰 뱀. 머리를 자르면 그 자리에서 새로 두 개의 머리가 생기는 괴물》. **2** 히드라 《원시적인 강장(腔腸)동물》. **3** 뿌리 깊은 해독, 근절하기 어려운 재해. **4** (H-) 《천문》 바다뱀 〔海蛇座〕.

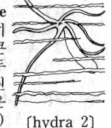
[hydra 2]

hy·drac·id [haidrǽsid] *n.* 《화학》 수소산 《산소를 함유하지 않은 산(酸)》. *cf.* oxyacid

hy·dra-head·ed [háidrəhédid] *adj.* 머리가 많은, 여러 갈래로 걸친; 많은 문제(곤란, 장애)가 있는.

hy·dran·gea [haidréindʒ(i)ə] *n.* 수국(水菊).

hy·drant [háidrənt] *n.* 급수전(栓); 소화전(fireplug).

hy·drar·gy·rum [haidrɑ́ːrdʒirəm] *n.* ⓤ 《화학》 수은 《원소 기호 Hg》 (mercury).

hy·drate [háidreit, -drit] *n.* 《화학》 수화물(水和物), 수화물(水化物), 함수(含水) 화합물. — *vt., vi* (**-drat·ed, -drat·ing**) 수화물이 되다(되게 하다).

hy·drat·ed [háidreitid] *adj.* 수화한. ¶ *hydrated* compound 함수 화합물.

hy·dra·tion [haidréiʃ(ə)n] *n.* ⓤ 수화[작용].

hy·dra·tor [háidreitər] *n.* 수화 담체(擔體), 수화기
hydraul. 《略》hydraulics.
hy·drau·lic [haidrɔ́:lik] *adj.* 1 수력으로 움직이는, 수력의(에 의한), 수압의; 유압(油壓)의. ¶ a *hydraulic* brake 수압 브레이크 / a *hydraulic* engine 수력 기관 / *hydraulic* engineering 수력 공학 / a *hydraulic* press 수압 프레스 / *hydraulic* power (pressure) 수력(수압). 2 수력학의. 3 물 속에서 경화(硬化)되는. ¶ *hydraulic* cement (lime) 수경(水硬) 시멘트(석회). 4 유체(流體)의, 유체에 관한. **-i·cal·ly** [-likəli] *adv.*
hy·drau·li·cian [hàidrɔːlíʃ(ə)n] *n.* 수리(水理)학자, 수력 기사.
hy·drau·lic·i·ty [hàidrɔːlísəti] *n.* 수경성 (水硬性).
hydráulic líft *n.* 〖기계〗 수압(유압(油壓)) 승강기.
hydráulic rám *n.* 자동 양수기.
hy·drau·lics [haidrɔ́:liks] *n. pl.*《단수 취급》수력학.
hy·dra·zide [háidrəzàid / -zid] *n.* ⓤ 〖화학〗 히드라지드.
hy·dra·zine [háidrəzìːn, -zin] *n.* ⓤ 〖화학〗 히드라진 [환원제·로켓 연료용].
hy·dric [háidrik] *adj.* 1 〖화학〗 수소의, 수소를 함유한. 2 습기(수분)가 많은 환경의(에 의한).
hy·dride [háidraid] *n.* 〖화학〗 수소화물.
hy·dri·od·ic [hàidriɔ́dik / -ɔ́d-] *adj.* 옥화(沃化) 수소의. ¶ *hydriodic* acid 옥화 수소산(의 용액).
hy·dro [háidrou] *n.* (*pl.* **-dros**) 1 《英구어》 수치료원(水治療院) (hydropathic). 2 《캐나다》 **a**) 〖전기〗 **b**) (~s) 수력 발전소. 3 《구어》 =hydroairplane. — *adj.* 《캐나다》 수력 발전의.
hydro- (* 모음 앞에서는 hydr- 를 쓴다) 1 water 의 뜻의 연결형, 예: *hydrogen, hydroplane*. 2 hydrogen 의 뜻의 연결형, 예: *hydrocarbon*
hy·dro·air·plane [háidro(u)ɛ̀ərplèin], 《英》 **-aer·o-** [-ɛ̀əro-] *n.* 수상 비행기 (hydroplane).
hy·dro·bi·ol·o·gist [hàidro(u)baiɑ́lədʒist / -ɔ́l-] *n.* 수생물 학자, 호소(湖沼) 학자(limnologist).
hy·dro·bi·ol·o·gy [hàidro(u)baiɑ́lədʒi / -ɔ́l-] *n.* ⓤ 수생물학; 호소학(湖沼學) (limnology).
hy·dro·bi·plane [háidro(u)báiplèin] *n.* 복엽(複葉) 수상 비행기.
hy·dro·bomb [háidro(u)bὰm / -bɔ̀m] *n.* 비행(투하용) 어뢰.
hy·dro·bro·mic [hàidro(u)bróumik] *adj.* 〖화학〗 취화(臭化) 수소의. ¶ *hydrobromic* acid 취화 수소산.
hy·dro·car·bon [hàidro(u)kɑ́ːrbən] *n.* 〖화학〗 탄화 수소.
hy·dro·cele [háidro(u)sìːl] *n.* ⓤ 〖병리〗 음낭 수종(陰囊水腫).
hy·dro·ceph·a·loid [hàidro(u)séfəlɔ̀id] *adj.* 〖병리〗 뇌수종(腦水腫)의(과 같은).
hy·dro·ceph·a·lous [hàidro(u)séfələs] *adj.* 〖병리〗 뇌수종이 있는.
hy·dro·ceph·a·lus [hàidro(u)séfələs] *n.* ⓤ 〖병리〗 뇌수종[두개(頭蓋) 속에 수액(髓液)이 괴는 유아에게 많은 병].
hy·dro·chlo·ric [hàidro(u)klɔ́ːrik / -klɔ́(ː)r-] *adj.* 〖화학〗 염화(塩化) 수소의. ¶ *hydrochloric* acid 염산, 염화 수소산.
hy·dro·chlo·ride [hàidro(u) klóː raid / -klɔ́(ː)-] *n.* 〖화학〗 염화 수소산염, 염산염(塩酸鹽).
hy·dro·cor·ti·sone [hàidro(u)kɔ́ːrtizoun] *n.* 〖생화학〗 히드로코르티존[부신(副腎) 호르몬].
hy·dro·crack [háidro(u)kræ̀k] *vt.* 〖화학〗 수소화(水素化) 분해하다.
hy·dro·crack·er [háidro(u)kræ̀kər] *n.* 수소화 분해용의 장치.
hy·dro·cy·an·ic [hàidro(u)saiǽnik] *adj.* 〖화학〗 시안화 수소의. ¶ *hydrocyanic* acid 시안화 수소산, 청산(靑酸).
hy·dro·dy·nam·ic [hàidro(u)dainǽmik], (**hy·dro·**

dy·nam·i·cal [-k(ə)l]) *adj.* 1 유체(流體) 운동의; 유체 속의 힘에 관한. 2 유체 역학의.
hy·dro·dy·nam·ics [hàidro(u)dainǽmiks] *n. pl.* 《단수 취급》1 유체 역학(hydromechanics). 2 = hydrokinetics.
***hy·dro·e·lec·tric** [hàidro(u)iléktrik] *adj.* 수력 전기의. ¶ a *hydroelectric* power plant 수력 발전소.
***hy·dro·e·lec·tric·i·ty** [hàidro(u)ilèktrísiti] *n.* ⓤ 수력 전기.
hy·dro·flu·or·ic [hàidro(u)flu(ː)ɔ́ːrik, -ɑ́rik / -ɔ́rik] *adj.* 〖화학〗 불화(弗化) 수소의. ¶ *hydrofluoric* acid 불화 수소산.
hy·dro·foil [háidro(u)fɔ̀il] *n.* 1 수중 익선(水中翼船). 2 수중 날개.
hy·dro·gas·i·fi·ca·tion [hàidro(u) gæ̀sifikéiʃ(ə)n] *n.* ⓤ 석탄의 메탄가스화[고압 하에서 수소를 반응시켜 행한다].
‡**hy·dro·gen** [háidrədʒ(ə)n] *n.* ⓤ 〖화학〗 수소[원소 중 제일 가벼운 기체; 원자기호 H]. ◇ hýdrogenate, hýdrogenize *v.*, hydrógenous *a.*
hy·dro·gen·ate [háidrədʒənèit / haidrɔ́dʒ-] *vt.* (**-at·ed, -at·ing**) …을 수소와 화합시키다, 수소로 처리하다.
hy·dro·gen·a·tion [hàidrədʒənéiʃ(ə)n, haidrɔ̀dʒə- / -drɔ́dʒi-] *n.* ⓤ 〖화학〗 수소 첨가.
hýdrogen bòmb *n.* 수소 폭탄 (H-bomb).
hýdrogen ìon *n.* 〖화학〗 수소 이온.
hy·dro·gen·ize [háidrədʒənàiz] (*《英》에서는 **hy·dro·gen·ise** 로도 쓴다) *vt.* (**-ized, -iz·ing**) =hydrogenate.
hy·drog·e·nous [haidrɑ́dʒinəs / -drɔ́dʒ-] *adj.* 수소의, 수소를 함유한.
hýdrogen peróxide *n.* ⓤ 〖화학〗 과산화 수소[표백제·소독제·산화제로 쓴다].
hýdrogen súlfide *n.* ⓤ 〖화학〗 황화(黃化) 수소.
hy·dro·graph [háidro(u)græ̀f / -grὰːf] *n.* 수위도(水位圖), 유량도(流量圖).
hy·drog·ra·pher [haidrɑ́grəfər / -drɔ́g-] *n.* 수로(水路) 학자, 수로 측량자; 수계(水界) 지리학자.
hy·dro·graph·ic [hàidro(u)grǽfik], (**hy·dro·graph·i·cal** [-(ə)l]) *adj.* 수로학의, 수로 측량(술)의.
hy·drog·ra·phy [haidrɑ́grəfi / -drɔ́g-] *n.* ⓤ 수로학의, 수로 측량술.
hy·droid [háidrɔid] *adj.* 히드로충류(蟲類)의(와 같은), 폴립 모양의. — *n.* 히드로충류.
hy·dro·ki·net·ic [hàidro(u)kinétik, -kai-], **-i·cal** [-ik(ə)l] *adj.* 유체(流體) 운동의; 유체 동력학의.
hy·dro·ki·net·ics [hàidro(u)kinétiks, -kai-] *n. pl.* 《단수 취급》 유체 동력학. *cf.* hydrostatics
hy·dro·lab [háidro(u)læ̀b] *n.* 〖항해〗 수일간의 해중 체류가 가능한〉해중 실험실[조사정(艇)].
hy·dro·lyz·a·ble [hàidro(u)làizəbl] *adj.* 〖화학〗 가수 분해의, 가수 분해를 일으키는.
hy·dro·lyze [háidro(u)làiz] (*《英》에서는 **hy·dro·lyse** 로도 쓴다) *vt., vi.* (**-lyzed, -lyz·ing**) 〖화학〗 가수 분해하다.
hy·dro·log·i·cal [hàidro(u)lɑ́dʒikəl / -lɔ́dʒ-], **-i·cal** [-ik(ə)l] *adj.* 수리학(水理學)의, 수문학(水文學)의.
hy·drol·o·gist [haidrɑ́lədʒist / -drɔ́l-] *n.* 수리(수문)학자.
hy·drol·o·gy [haidrɑ́lədʒi / -drɔ́l-] *n.* ⓤ 수리(수문)학 [지표(地表) 및 지하의 물의 상태·유래·분포·이동 따위를 연구하는 학문].
hy·drol·y·sis [haidrɑ́lisis / -drɔ́l-] *n.* ⓤⓒ (*pl.* **-ses** [-sìːz]) 〖화학〗 가수(加水) 분해.
hy·dro·lyt·ic [hàidro(u)lítik] *adj.* 〖화학〗 가수 분해의, 가수 분해를 일으키는, 되는.
hy·dro·mag·net·ic [hàidro(u)mægnétik] *adj.* 자기(磁氣) 유체 역학의; 자장중(磁場中)의 도전성(導電性) 유체의. — *n.* (~s) 《단수 취급》 자기 유체 역학.

hy·dro·me·chan·ics [hàidro(u)mikǽniks] *n. pl.* 《단수 취급》유체 역학(hydrodynamics).

hy·dro·mel [háidrəmèl] *n.* ⓤ 벌꿀물[발효시켜서 벌꿀술(mead)을 만든다].

hy·dro·m·e·ter [haidrámitər / -drɔ́m-] *n.* 액체 비중계, 부칭(浮秤).

hy·dro·met·ric [hàidro(u) métrik], **-ri·cal** [-rikəl] *adj.* 액체 비중계(부칭)의; 액체 비중계로 측정한. 〔~ 중 측정〔법〕.

hy·drom·e·try [haidrámitri / -drɔ́m-] *n.* ⓤ 액체 비중 측정법.

hy·dro·mon·o·plane [háidro(u)mánəplèin/-mɔ́n-] *n.* 단엽(單葉) 수상 비행기.

hy·dro·naut [háidro(u)nɔ̀ːt] *n.* 《美俚軍》잠수함(심해정(深海艇)) 항행자.

hy·dro·nau·tics [hàidrənɔ́ːtiks] *n. pl.* 《단수 취급》해양 개발 공학.

hy·dro·path·ic [hàidro(u) pǽθik] *adj.* 수치료법(水治療法)의. — *n.* 《英》수치료원. 〔의사.

hy·drop·a·thist [haidrɔ́pəθist / -drɔ́p-] *n.* 수치요법

hy·drop·a·thy [haidrɔ́pəθi / -drɔ́p-] *n.* ⓤ 〔온천에 가거나 광천을 마시거나 하는〕수치요법(hydrotherapy).

hy·dro·phane [háidrəfèin] *n.* ⓤ 투란백석(透蛋白石) 〔백색 또는 담색(淡色) 반투명의 오팔이며 물에 적시면 투명해진다〕.

hy·dro·pho·bi·a [hàidro(u) fóubiə] *n.* ⓤ〔병리〕 1 공수병(恐水病), 광견병(rabies). 2 물에 대한 병적인 공포.

hy·dro·pho·bic [hàidro(u) fóubik] *adj.* 1 공수병의, 광견병의. 2 병적으로 물을 겁내는. 3 〔화학〕소수성(疏水性)의.

hy·dro·phone [háidrəfòun] *n.* 1 수관 검루기(水管檢漏器). 2 수중 청음기〔잠수함의 탐색 따위에 쓴다〕. 3 〔의학〕청류기(聽流器)〔물이나 다른 액체의 매개로 청진음(聽診音)을 잡는다〕.

hy·dro·phore [háidrəfɔ̀ːr / -fɔ̀ː] *n.* 〔호수·바다 속에서의〕채수기(採水器). 〔草〕.

hy·dro·phyte [háidro(u) fàit] *n.* 수생 식물, 수초(水

hy·drop·ic [haidrɔ́pik / -drɔ́p-], **-i·cal** [-ikəl] *adj.* 수종(水腫)의, 수종 모양의(dropsical).

hy·dro·plane [háidro(u) plèin] *n.* 1 수상 비행기. 2 수상 활주정(滑走艇). 3 〔잠수함의〕수평타(舵). — *vi.* (**-planed, -plan·ing**) 1 〔수상 비행기 따위처럼〕물위를 달리다. 2 수상 비행기〔활주정〕을 타다.

hy·dro·plan·ing [háidro(u) plèinin] *n.* ⓤ 하이드로 플레이닝〔물기 있는 길에서 고속으로 달리는 차가 옆으로 미끄러지는 현상〕.

hy·dro·pon·ic [hàidro(u) pánik / -pɔ́n-] *adj.* 수경법(水耕法)(에 의한), 수중 재배의.

hy·dro·pon·i·cist [hàidro(u) pánisist / -pɔ́ni-] *n.* 수경법(水耕法) 전문가.

hy·dro·pon·ics [hàidro(u) pániks / -pɔ́n-] *n. pl.* 《단수 취급》수경법, 수중 재배법.

hy·dro·pow·er [háidro(u) pàuər] *n.* ⓤ 수력 전기.

hy·drops [háidrəps / -drɔps-], (**hy·drop·sy**[-drəpsi / -drɔp-]) *n. pl.* 《단수 취급》〔병리〕수종병(水腫病) (dropsy). 〔(dropsy).

hy·dro·qui·none [hàidro(u) kwinóun] *n.* ⓤ 하이드로퀴논〔사진의 현상약〕.

hy·dro·scope [háidrəskòup] *n.* 수중 안경, 수중경.

hy·dro·ski [háidro(u) skìː] *n.* 〔항공〕하이드로스키〔이·착수(離着水)를 위해서 수상기(水上機)의 동체 아래에 장치한 날개판〕.

hy·dro·skim·mer [háidro(u) skìmər] *n.* 《美》수상 활주선(滑走船), 에어 쿠션선(船). *cf.* ground effect machine

hy·dro·sol [háidrəsɔ̀l / -sɔ̀l-] *n.* 〔화학〕하이드로졸〔물을 분산매(分散媒)로 하는 콜로이드〕. 〔권.

hy·dro·space [háidrəspèis] *n.* ⓤ 수권(水圈), 해양

hy·dro·sphere [háidrəsfìər] *n.* (the ~) 1 수권, 수계(水界)〔지구 표면에서 물이 차지하는 부분의 전체〕. 2 대기권 안의 수분(水分).

hy·dro·stat [háidro(u) stæt] *n.* 1 누수(漏水) 검출장치, 수량(水量) 지시기. 2 〔보일러 따위의〕폭발 방 **hydrostat** [略] hydrostatics. 〔지 장치.

hy·dro·stat·ic [hàidro(u) stǽtik], (**hy·dro·stat·i·cal** [-kəl]) *adj.* 유체 정력학(流體靜力學)의.
-i·cal·ly [-ikəli] *adv.*

hydrostátic préss *n.* 〔기계〕수압 프레스, 수압기.

hy·dro·stat·ics [hàidro(u) stǽtiks] *n. pl.* 《단수 취급》유체 정력학, 정수(靜水) 역학. *cf.* hydrokinetics

hy·dro·sul·fide [hàidro(u) sʌ́lfaid] *n.* 〔화학〕수황화물(水黃化物).

hy·dro·tax·is [hàidro(u) tǽksis] *n.* ⓤ〔생물〕주수성(走水性).

hy·dro·ther·a·peu·tic [hàidro(u)θèrəpjúːtik] *adj.* 수(水)치료학의.

hy·dro·ther·a·peu·tics [hàidro(u)θèrəpjúːtiks] *n. pl.* 《단수 취급》〔의학〕수치료학.

hy·dro·ther·a·py [hàidro(u)θérəpi] *n.* ⓤ〔의학〕수치료법 (hydropathy).

hy·dro·ther·mal [hàidro(u)θɔ́ːrm(ə)l] *adj.* 〔지질〕열수(熱水)〔작용〕의.

hy·dro·tho·rax [hàidro(u)θɔ́ːræks / -θɔ́ːr-] *n.* ⓤ〔병리〕흉수(胸水)〔증〕〔흉막강(胸膜腔) 안에 장액(漿液)이 괴는 병〕.

hy·dro·trope [háidrətròup] *n.* ⓤ 향수성(向水性) 물질; 향수성 식물.

hy·dro·trop·ic [hàidro(u) trápik / -trɔ́p-] *adj.* 〔식물〕향수성(向水性)의, 굴수성(屈水性)의, 굴습성(屈濕性)의.

hy·drot·ro·pism [haidrátrəpìz(ə)m / -drɔ́t-] *n.* ⓤ 〔식물〕향수성, 굴수성, 굴습성. *cf.* heliotropism

hy·drous [háidrəs] *adj.* 1 물을 함유하는. 2 〔화학〕함수의.

hy·dro·vane [háidrəvèin] *n.* 〔수중 익선(翼船)의〕수중 날개(hydrofoil).

hy·drox·ide [haidrɔ́ksaid, -sid / -drɔ́ksaid] *n.* 〔화학〕수산화물(水酸化物).

hydroxy- hydroxyl 의 뜻의 연결형. 예: *hydroxy*-ketone(수산기(水酸基)을 함유한 케톤).

hy·drox·yl [haidrɔ́ksil / -drɔ́k-] *n.* 〔화학〕수산기(水

Hy·dro·zo·a [hàidrəzóuə] *n. pl.* 히드로충류(類)

hy·dro·zo·an [hàidrəzóuən] *adj.* 히드로충강(蟲綱)의. — *n.* 히드로충강(蟲綱)의 동물, 히드로충류(類).

hy·e·na, hy·ae·na [haiíːnə] *n.* 1 하이에나. 2 《비유적》욕심이 많고 무도한 사람, 잔인한 사람.

hyeto- rain 의 뜻의 연결형(* 모음 앞에서는 hyet- 를 쓴다). 예: *hyeto*graph.

hy·e·to·graph [haiétəgræf, háiitə- / -grɑ̀ːf] *n.* 우량도(雨量圖). 〔(雨量學).

hy·e·tog·ra·phy [hàiitɔ́grəfi / -tɔ́g-] *n.* ⓤ 우량학

hy·e·tol·o·gy [hàiitɔ́lədʒi / -tɔ́l-] *n.* ⓤ 우학(雨學), 강수학(降水學).

hy·e·tom·e·ter [hàiitámitər /-tɔ́m-] *n.* =rain gauge.

Hy·fil [háifil] *n.* 〔상표명〕하이필〔탄소 섬유로 강화한 합성 수지〕.

Hy·ge·ia [haidʒíː(ː)ə] *n.* 〔그리스 신화〕히기에이아〔건강(健康)의 여신〕. Asclepius 의 딸〕.

Hy·ge·ian [haidʒíː(ː)ən] *adj.* 1 히기에이아의. 2 (h-) 건강의, 위생의.

hy·ge·ist [háidʒiist] *n.* =hygienist.

*hy·giene [háidʒiːn] *n.* ⓤ 위생학; 위생법, 건강법. ¶ public *hygiene* 공중 위생〔학〕/ environmental *hygiene* 환경 위생〔학〕. ◇ **hygienic** *adj.*

hy·gi·en·ic [hàidʒ(i)énik / haidʒíːn-], (**hy·gi·en·i·cal** [-ikəl]) *adj.* 1 위생적인, 건강에 좋은. ➪HEALTHY

類語 2 위생학의; 건강(위생)에 관한.
~ -i·cal·ly [-ikəli] adv.
hy·gi·en·ics [hàidʒiéniks / -dʒíːn-] n. pl. 《단수 취급》 위생학, 건강법.
hy·gi·en·ist [háidʒiənist, háidʒiːn- / haidʒíːn-] n. 위생 학자, 위생 기사.
hygro- wet, moist, moisture 의 뜻의 연결형(* 모음 앞에서는 hygr-를 쓴다). 예: *hygro*meter.
hy·gro·graph [háigrəgræf / -ɡràːf] n. 자기(自記) 습도계.
hy·grol·o·gy [haigrɑ́lədʒi / -ɡrɔ́l-] n. ⓤ 습도학.
hy·grom·e·ter [haigrɑ́mitər / -ɡrɔ́m-] n. 습도계.
hy·gro·met·ric [hàigro (u) métrik] adj. 습도 측정(계)의.
hy·grom·e·try [haigrɑ́mitri / -ɡrɔ́m-] n. ⓤ 습도 측정(계).
hy·gro·scope [háigrəskòup] n. 습도계, 검습계(檢濕計).
hy·gro·scop·ic [hàigrəskɑ́pik / -skɔ́p-] adj. 흡습성 (吸濕性)의. ~ -i·cal·ly [-ikəli] adv.
hy·ing [háiiŋ] v. hie 의 현재분사의 하나.
Hyk·sos [híksous, -sɑs / -sɔs] n. 힉소스[기원전 18-16 세기경의 이집트의 왕조]. *cf.* Shepherd Kings
hyl- ⇒ HYLO-.
hy·la [háilə] n. 청개구리(tree toad).
hy·lic [háilik] adj. 물질의, 물질적인; 형이하학적(形而下學的)인 (material, corporeal). ¶ *hylic* influences 물질적 영향.
hylo- wood, matter 라는 뜻의 연결형(* 모음 앞에서는 hyl- 을 쓴다). 예: *hylo*phagous (나무를 먹는), *hylo*zoism.
hy·lol·o·gy [hailɑ́lədʒi / -lɔ́l-] n. 재질학(材質學).
hy·lo·the·ism [hàiləθíːiz(ə)m] n. 몰시신론(物是神論).
hy·lo·zo·ic [hàilo(u)zóuik] adj. 《철학》 물활론(物活論)의.
hy·lo·zo·ism [hàilo(u)zóuiz(ə)m] n. 《철학》 물활론[모든 물질에는 생명과 영혼이 있다는 설].
hy·lo·zo·ist [hàilo(u)zóuist] n. 물활론자.
hy·men [háimən / -men] n. 〖해부〗 처녀막.
Hy·men [háimən / -men] n. 1 《그리스 신화》 휘멘[혼인의 신, 횃불을 든 청년의 모습을 하고 있다]. 2 (h-) (고어) a) ⓤ 혼인, 결혼(marriage). b) 결혼의 노래(시) (hymeneal).
hy·me·ne·al [hàiməníːəl/-meː-] adj. 혼인의, 결혼의. — n. 결혼의 노래(시).
hymeno- membrane 의 뜻의 연결형(* 모음 앞에서는 hymen- 을 쓴다). 예: *hymeno*pteron.
hy·me·nop·ter·on [hàiminɑ́ptərɑn / -nɔ́p-] n. (pl. -tera [-tərə]) 막시목(膜翅目)의 곤충[벌·개미 따위].
hy·me·nop·ter·ous [hàiminɑ́ptərəs / -nɔ́p-] adj. 막시목의.
:**hymn** [him] n. 1 〈신을 칭송하는〉 찬송가, 성가. 2 〖일반적으로〗 찬가(song of praise). — vt. 〈특히 신〉을 칭송하다, 찬미하다; …을 찬(송)가로 기리다. — vi. 찬(송)가를 부르다. ◇ h*ý*mnal adj.
hym·nal [hímnəl] n. 찬송가집, 성가집. — adj. 찬(미)가의, 성가의.
hym·na·ry [hímnəri] n. (pl. -ries) = hymnal.
hymn·book [hímbùk] n. 찬송가집, 성가집 (hymnal).
hym·nist [hímnist] n. 찬송가 작자.
hymn·o·dist [hímnədist] n. = hymnist.
hym·no·dy [hímnədi] n. ⓤ 1 찬송가 부르기. 2 《집합적》 찬송가, 성가(hymns).
hym·nog·ra·pher [himnɑ́ɡrəfər / -nɔ́ɡ-] n. 1 찬송가 학자. 2 찬송가 작자(hymnist).
hym·nol·o·gist [himnɑ́lədʒist / -nɔ́l-] n. 성가 작자.
hym·nol·o·gy [himnɑ́lədʒi / -nɔ́l-] n. ⓤ 1 찬송가학. 2 찬송가의 작시(작곡). 3 《집합적》 찬송가, 성가.
hy·oid [háiɔid] 〖해부·동물〗 설골(舌骨)의.

— n. 설골.
h*ý*oid b*ó*ne n. 〖해부〗 설골(舌骨)(tongue bone).
hy·os·cine [háiəsìːn, +美 -sin, +英 -sàin] n. ⓤ 《약》 히오신(scopolamine).
hy·os·cy·a·mine [hàiəsáiəmìːn, -min / -min] n. ⓤ 《약》 히오시아민[진정제·동공(瞳孔) 확대제].
hyp [hip] n. ⓤ (고어) 《종종 ~s》 우울증 (hypochondria).
hyp- ⇒ HYPO-.
hy·pae·thral [hipíːθrəl, hai- / hai-] adj. 〖고대 건축에서〗 지붕 없는.
hy·pal·la·ge [hipǽlədʒi, hai- / haipǽləgi(ː), -lədʒi] n. ⓤ 〖수사〗 환치(換置)〖법〗 [The door hit me in the face. 는 My face hit the door. 로 하는 따위].
hype [haip] n. 《美俗어》 1 피하 주사. 2 마약 상용자. 3 선전, 판촉 활동.
— vt. (hyped, hyp·ing) 《美俗어》 1 …을 마약으로 기운을 나게 하다(...*up*); 선전하다, 경기(景氣)를 북돋우다. 2 …을 속이다. [짜의; 흥분한.
hyped-up [háiptʌ̀p] adj. 《속어》 꾸며낸 티가 나는, 가]
hy·per [háipər] n.《속어》 선전 담당자. — adj. 흥분하기 쉬운; 몹시 흥분(긴장)한.
hyper- *pref.* 1 excessive 의 뜻. 예: *hyper*bole. 2 unusual 의 뜻. 예: *hyper*inflation. 3 greatly exceeding norms 의 뜻. 예: *hyper*velocity. 4 more than three dimensions (3차원 이상의) 의 뜻. *hyper*space 5 in nonsequential manner (비순차적으로 연결된) 의 뜻. 예: *hyper*text.
hy·per·ac·id [hàipərǽsid] adj. 위산 과다의.
hy·per·a·cid·i·ty [hàipərəsíditi] n. ⓤ 위산 과다(증), 과산증(過酸症). *opp.* hypoacidity
hy·per·ac·tive [hàipərǽktiv] adj., n. 극도로 활동적인(사람).
hy·per·ac·tiv·i·ty [hàipəræktívəti] n. 활동 과다(亢進) 〖상태〗.
hy·per·aes·the·si·a [hàipərəsθíːʒ(i)ə/-siə] n. 〖병리〗 = hyperesthesia.
hy·per·al·i·men·ta·tion [hàipərælimentéi(ʃ)ən] n. 정맥 영양 공급〖환자에게 필요한 모든 영양을 정맥 주사로 공급하기〗. 〖요법의.
hy·per·bar·ic [hàipərbǽrik] adj. 〖의학〗 고압 산소]
hy·per·ba·ton [haipə́rbətɑn] n. ⓤⓒ (pl. -ba·tons or -ba·ta [-bətə]) 《수사》전치(轉置)〖법〗〖강조 용법〗.
hy·per·bo·la [haipə́ːrbələ] n. (pl. -las or -lae [-liː]) 《기하》 쌍곡선.
hy·per·bo·le [haipə́ːrbəlìː] n. ⓤⓒ 1 《수사》 과장 2 과장 표현, 과장의 예.
hy·per·bol·ic [hàipə(ː)rbɑ́lik / -bɔ́l-], (hy·per·bol·i·cal [-ik(ə)l]) adj. 1 과장된, 과대(詩大)한. 2 〖기하〗 쌍곡선의. ¶ *hyperbolic* logarithm 쌍곡선 대수(對數). ~ -i·cal·ly [-kəli] adv.
hy·per·bo·lism [haipə́ːrbəlìz(ə)m] n. ⓤ 과장법 사용.
hy·per·bo·list [haipə́ːrbəlist] n. 과장법 사용자.
hy·per·bo·lize [haipə́ːrbəlàiz] v. (-lized, -liz·ing) vi. 과장법을 사용하다; 과장하다. — vt. …을 과장하여 표현하다.
hy·per·bo·loid [haipə́ːrbəlɔ̀id] n. 〖수학〗 쌍곡면.
Hy·per·bo·re·an [hàipərbóːriən / -ríː(ː)ən] n. 《그리스 신화》 히페르보레오스 사람〖극북(極北)의 상춘(常春)의 나라에 사는 사람들〗.
— adj. 1 히페르보레오스 사람의. 2 (때로 h-) 북쪽 끝의, 북극의(arctic); 극한의(frigid). ¶ *hyperborean* regions 북극 지방, 극한의 땅.
hy·per·cat·a·lec·tic [hàipə(ː)rkætəléktik] adj. 《韻律》 행 끝에 여분의 음절이 있는, *cf.* acatalectic, cat-

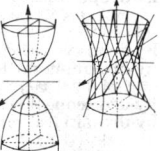

[hyperboloid]

hy・per・charge [háipərtʃɑ̀ːrdʒ] *n.* 〔물리〕 하이퍼차지[소입자(素粒子)의 하전(荷電) 상태를 나타내는 연산자(演算子)]. — *vt.* …에 지나치게 채워넣다(과하다).

hy・per・cor・rect [hàipərkərékt] *adj.* 1 대수롭지 않은 일에 까다로운, 지나치게 꼼꼼한. 2 과잉 교정의.

hy・per・cor・rec・tion [hàipərkərékʃ(ə)n] *n.* Ⓤ〔언어〕과잉 교정[원래 옳거나 표준적인 것을 고쳐서 도리어 과오를 범하는 현상. You and I can do it. 에서 유추해서 between you and I 로 하는 따위].

hy・per・crit・ic [hàipə(ː)rkrítik] *n.* 혹평가.

hy・per・crit・i・cal [hàipə(ː)rkrítik(ə)l] *adj.* 혹평적인. **~・ly** [-kəli] *adv.*

hy・per・crit・i・cize [hàipə(ː)rkrítisàiz] *vt., vi.* (-cized, -ciz・ing) 혹평하다; 몹시 헐뜯다.

hy・per・fic・tion [hàipə(ː)rfíkʃən] *n.* 〔컴퓨터〕 하이퍼소설, 컴퓨터 소설[hypertext 로 쓴]. *cf.* hypertext

hy・per・e・mi・a [hàipəríːmiə] *n.* Ⓤ〔병리〕 충혈.

hy・per・es・the・si・a [hàipəris θíːʒ(i)ə/-siə] *n.* 〔병리〕 감각 과민[증]. 〔격하기(홍분하기)〕 쉬운.

hy・per・ex・cit・a・ble [hàipəriksáitəbl] *adj.* 지나치게

hý・per・fó・cal dístance [hàipə(ː)rfóuk(ə)l-] *n.* 〔사진〕〔카메라 렌즈가 잡을 수 있는〕 최단 거리.

hy・per・gly・cae・mi・a, 《美》 **-ce・mi・a** [hàipə(ː)r-glaisíːmiə] *n.* 〔의학〕 다당증(多糖症).

hy・per・gol・ic [hàipə(ː)rɡálik /-ɡɔ́l-] *adj.* [로켓 연료 따위가] 혼합하면 곧 점화하는, 자동 점화성의. 〔플레.

hy・per・in・fla・tion [hàipəinfléiʃ(ə)n] *n.* Ⓤ 초(超)인플

Hy・pe・ri・on [haipí(ː)riən/-píər-] *n.* 〔그리스 신화〕 1 히페리온[Uranus 와 Gaea 사이에 태어난 거인. Helios, Selene, Eos 의 아버지]. 2 =Helios.

hy・per・ir・ri・ta・bil・i・ty [hàipə(ː)rìritəbíliti] *n.* Ⓤ〔의학〕이상 흥분성.

hy・per・link [hàipərlìŋk] *n.* 〔컴퓨터〕 하이퍼 링크[필요한 정보를 접속시켜 주는 단어나 화상].

hy・per・mar・ket [hàipərmɑ́ːrkit] *n.* 《英》〔교외의〕 대형슈퍼마켓.

hy・per・me・di・a [hàipərmíːdiə] *n.* 〔컴퓨터〕 하이퍼미디어(multimedia)〔문자, 소리, 영상, 그래픽 등 각종 데이터를 hypertext program 으로 엮어 놓은 시스템]. *cf.* hypertext.

hy・per・me・ter [haipə́ːrmitər] *n.* 〔韻律〕 음절 과잉 시구[규정수보다도 여분의 음절이 있는 시구・시행].

hy・per・met・ric [hàipə(ː)rmétrik], **-ri・cal** [-rik(ə)l] *adj.* 〔韻律〕 음절이 보통보다 많은, 음절 과잉의.

hy・per・me・tro・pi・a [hàipə(ː)rmitróupiə] *n.* 〔안과〕 Ⓤ 원시(遠視) (far-sightedness). *cf.* myopia

hy・per・me・trop・ic [hàipə(ː)rmitrápik /-trɔ́p-] *adj.* 원시(遠視)의(far-sighted).

Hy・perm・nes・tra [hàipə(ː)rmnéstrə] *n.* 〔그리스 신화〕휴페름네스트라[Danaus의 50명의 딸 중 첫날밤에 남편을 죽이라는 아버지의 명령에 거역한 유일한 딸].

hy・per・on [háipərɑ̀n /-ɔ̀n] *n.* 〔물리〕 중핵자(重核子).

hy・per・o・pi・a [hàipəróupiə] *n.* 〔안과〕 = hypermetropia.

hy・per・op・ic [hàipərápik /-ɔ́p-] *adj.* = hypermetropic.

hy・per・pha・gia [hàipə(ː)rféidʒiə] *n.* Ⓤ 과식(過食)[증].

hy・per・pha・gic [hàipə(ː)rféedʒik, -fǽ-] *adj.* 과식[증]의, 비정상적으로 많이 먹는. 〔원경.

hy・per・scope [háipə(ː)rskòup] *n.* 〔군사〕 참호용 망원

hy・per・sen・si・tive [hàipə(ː)rsénsitiv] *adj.* 1 과도하게 민감한, 신경질적인. 2 감각 과민증의. **~・ness** *n.*

hy・per・sen・si・tiv・i・ty [hàipə(ː)rsènsitíviti] *n.* 〔병리〕 과민성. 〔성욕 과도(항진(亢進)).

hy・per・sex・u・al [hàipə(ː)rsékʃuəl /-séksjuəl] *adj.*

hy・per・son・ic [hàipə(ː)rsɑ́nik /-sɔ́n-] *adj.* 〔물리〕 극초음속의[음속의 5배를 넘는다]. *cf.* supersonic

hypersónic áirliner *n.* 〔항공〕 〔마하 4-6의〕 극초음속 여객기. *cf.* HST

hý・per・son・ic tránsport *n.* 극초음속 수송기.

hy・per・sthene [háipə(ː)rsθìːn] *n.* Ⓤ〔광물〕 자소 휘석(紫蘇輝石)〔화성암(火成岩) 속에서 볼 수 있는 극히 보통의 광석].

hy・per・ten・sion [hàipə(ː)rténʃ(ə)n] *n.* Ⓤ 1 과도한 긴장. 2 〔병리〕 고혈압[증].

hy・per・ten・sive [hàipə(ː)rténsiv] *adj.* 고혈압의. — *n.* 고혈압 환자.

hy・per・text [háipə(ː)rtèkst] *n.* 〔컴퓨터〕 하이퍼텍스트[정보난을 마음대로 만들거나 연결시키고 기억된 정보를 검색할 수 있게 비순차적으로(non-sequentially) 기억된 데이타의 텍스트]. *cf.* hyperfiction, hyper media.

hy・per・thy・roid [hàipə(ː)rθáiroid] *adj.* 〔병리〕 1 갑상선(甲狀腺) 기능 항진[증]의. 2 이상 흥분의.

hy・per・thy・roid・ism [hàipə(ː)rθáirɔ̀idìz(ə)m] *n.* Ⓤ〔병리〕 갑상선 기능 항진[증].

hy・per・ton・ic [hàipə(ː)rtánik /-tɔ́n-] *adj.* (*opp.* hypotonic) 1 〔생리〕 긴장 과도의, 과도하게 강력한[특히 근육의 과도한 긴장에 관해서 말한다]. 2 〔물리・화학〕 고장(高張)의. ¶ *hypertonic* solution 고장 용액.

hy・per・troph・ic [hàipə(ː)rtráfik /-trɔ́f-] *adj.* 비대한, 증대한; 〔trophic.

hy・per・tro・phied [haipə́ːrtrəfid] *adj.* = hyper-

hy・per・tro・phy [haipə́ːrtrəfi] *n.* Ⓤ 비대, [기관 조직의] 이상 발달. — *vt., vi.* (-phied, -phy・ing) [비정상으로] 비대시키다[하다].

hy・per・ve・loc・i・ty [hàipə(ː)rvilásiti / -lɔ́s-] *n.* 〔물리〕 초고속도 [특히 우주선・핵입자(核粒子)의 초속 10,000 피트(약 3000m) 이상의 속도].

hy・per・ven・ti・la・tion [hàipə(ː)rvèntiléiʃ(ə)n] *n.* 〔의학〕환기(換氣) 〔호흡〕항진(亢進), 과(過) 환기.

hy・pe・thral [hipíːθrəl, hai-] *adj.* = hypaethral.

hy・pha [háifə] *n.* (*pl.* **-phae** [-fiː]) 〔식물〕 균사(菌絲).

thy・phen [háif(ə)n] *n.* 하이픈, 연자(連字) 부호[-]. — *vt.* …을 하이픈으로 잇다(나누다).

〔주의〕 하이픈의 주요한 용법 — (1) 복합어를 만든다. 예: father-in-law (장인, 시아버지); up-to-date (최신의). (2) 연속한 모음이 따로따로 발음되는 것을 나타낸다. 예: co[-]operate, pre[-]eminent. 단, 최근에는 하이픈을 제외하는 경향이 있다. 또 분음(分音) 기호 (diaeresis) 를 쓰는 경우도 있다. 예: coördinate, naïve. (3) 동철 이의어 (同綴異義語) 를 구별한다. 예: recover [rikʌ́vər] (회복하다) 와 re-cover [riːkʌ́vər] (다시 덮다), recreate [rékrièit] (휴양하다) 와 re-create [riːkriéit] (개조하다). (4) 숫자 중 정수(正數) 21에서 99까지의 분수에 있어서. 예: twenty-one, one-third. ※ 분수에서는 특히《美》에서 하이픈을 쓰지 않는 경향이 있다. (5) 음절이 갈라지는 곳을 나타낸다: civ・i・li・za・tion. ※ 음절이 갈라지는 곳은 [・] 이나 작은 공백으로 나타내기도 한다. ⇨ SYLLABICATION.

hy・phen・ate [háifənèit] *vt.* (-at・ed, -at・ing) 1 …을 하이픈으로 잇다(나누다). 2 …을 하이픈을 넣어 쓰다. — *adj.* = hyphenated.《구어》하이픈이 붙은 [외국계] 미국인, 출신 국명을 붙여 부르는 귀화 미국인.

hy・phen・at・ed [háifənèitid] *adj.* 하이픈이 붙은, 외국계의. ¶ *hyphenated* Americans 하이픈이 붙은 미국인 [심리적으로 완전한 미국인이 되지 못한 귀화 미국인 등. 예: Chinese-American 중국계 미국인].

hy・phen・a・tion [hàifənéiʃ(ə)n] *n.* Ⓤ Ⓒ 하이픈에 의한 결합[분할]; 하이픈이 넣어져 있다.

hy・phen・ize [háifənàiz] *vt.* ※《英》에서는 **hy・phen・ise** 로도 쓴다. *vt.* (-ized, -iz・ing) = hyphenate.

hyp・na・gog・ic [hìpnəɡádʒik /-ɡɔ́dʒ-] *adj.* 최면의.

hyp・no- sleep, hypnosis 의 뜻의 연결형 (※ 모음 앞에서는 hypn- 을 쓴다). 예: *hypno*logy, *hypno*therapy.

hyp・no・gen・e・sis [hìpno(u)dʒénisis] *n.* Ⓤ〔의학〕 최면.

hyp・no・ge・net・ic [hìpno(u)dʒinétik] *adj.* 최면의.

hyp・noid [hípnɔid], **-noi・dal** [hipnɔ́id(ə)l] *adj.* 〔심

리) 수면(최면) [상태]의.
hyp·nol·o·gy [hipnάlədʒi / -nɔ́l-] *n.* ⓤ 수면학, 최면 학.
hyp·no·pe·di·a [hìpnəpíːdiə] *n.* ⓤ 수면 학습.
Hyp·nos [hípnɑs / -nɔs] *n.* 〔그리스 신화〕 히프노스 〔잠의 신〕.
hyp·no·sis [hipnóusis] *n.* ⓤⓒ (*pl.* **-ses** [-siːz]) **1** 최면 상태. **2** 최면술.
hyp·no·ther·a·py [hípno(u)θérəpi] *n.* ⓤ 최면 요법.
hyp·not·ic [hipnάtik/-nɔ́t-] *adj.* **1** 최면술의, 최면 상태의. **2** 최면술에 걸리기 쉬운(걸린). **3** 잠이 오게 하는. — *n.* **1** 수면약. **2** 최면술에 걸리기 쉬운(걸린) 사람. **-i·cal·ly** [-ikəli] *adv.*
hyp·no·tism [hípnətìz(ə)m] *n.* ⓤ **1** 최면술. **2** 최면 상태.
hyp·no·tist [hípnətist] *n.* 최면술자, 최면술사.
hyp·no·ti·za·tion [hìpnətizéi(ə)n / -tai-] *n.* ⓤ 최면술을 걸기; 최면 상태.
hyp·no·tize [hípnətàiz] (＊《英》에서는 **hyp·no·tise** 로도 쓴다) *v.* (**-tized, -tiz·ing**) *vt.* **1** …에 최면술을 걸다. **2** …을 매료하다. **3** …을 [움직이기 못할 정도로] 놀라게 하다. — *vi.* 최면술을 걸다.
hyp·no·tiz·er [hípnətàizər] *n.* 최면술사(hypnotist).
hy·po[1] [háipou] *n.* ⓤ 하이포, 티오 황산 나트륨[사진 현상 정착액]. [<*hypo*sulfite of soda(오용(誤用))]
hy·po[2] [háipou] *n.* (*pl.* **-pos**) 《美구어》= hypodermic.
hy·po[3] [háipou] *n.* (*pl.* **-pos**) 〈고어〉= hypochondriac.
hy·po[4] [háipou] *vt.*《美구어》…을 주사로 기운나게 하다.
hypo- 연결형 (＊ 모음 앞에서는 **hyp-** 를 쓴다) **1** under, beneath, below 의 뜻. *opp.* hyper- 예: *hypo*dermic, *hyp*ethral. **2** less than 의 뜻. 예: *hypo*taxis. **3** 〔화학〕 차아(次亞)의 뜻. 예: *hypo*phosphite.
hy·po·a·cid·i·ty [hàipo(u)əsíditi] *n.* ⓤ 〔위액〕 따위의 저산도(低酸度), 산과소(酸過少). *opp.* hyperacidity
hy·po·blast [háipo(u)blæ̀st / -blὰːst] *n.* ⓤ 〔발생〕 내배엽(內胚葉) (endoderm).
hy·po·blas·tic [hàipo(u)blǽstik] *adj.* 내배엽의.
hy·po·caust [háipəkɔ̀ːst] *n.* 〔고대 로마의〕 방바닥밑(벽속)의 난방.
hy·po·cen·ter [háipəsèntər] *n.* 〔핵 폭발의〕 폭심(爆心).
hy·po·chlo·rite [hàipo(u)klɔ́ːrait / -klɔ́ːr-] *n.* 〔화학〕 차아(次亞) 염소산염(鹽素酸鹽).
hȳ·po·chlōr·ous ácid [hàipo(u)klɔ́ːrəs- / -klɔ́ːr-] *n.* ⓤ〔화학〕 차아 염소산.
hy·po·chon·dri·a [hàipo(u)kάndriə / -kɔ́n-] *n.* 〔정신 의학〕 **1** 우울증(心氣症), 우울증〔건강에 대한 과도한 불안으로 우울하게 되는 증상〕. **2** hypochondrium 의 복수형. [<GK]
hy·po·chon·dri·ac [hàipo(u)kάndriæ̀k / -kɔ́n-] *adj.* **1** (=**hy·po·chon·dri·a·cal** [hàipo(u)kəndráiək(ə)l] 심기(우울)증의, 심기(우울)증에 걸린. **2** 계륵부(季肋部)의. — *n.* **1** 심기(우울)증 환자. **-a·cal·ly** [-əkəli] *adv.*
hy·po·chon·dri·a·sis [hàipo(u)kəndráiəsis] *n.* = hypochondria.
hy·po·chon·dri·um [hàipo(u)kάndriəm / -kɔ́n-] *n.* (*pl.* **-dri·a**) 〔해부·동물〕 계륵부(季肋部) 〔왼쪽(오른쪽)의 늑골 아래에서 상복부에 해당하는 곳〕.
hy·poc·o·rism [haipάkərìz(ə)m, híp-/-pɔ́k-] *n.* ⓤ **1** 애칭〔으로 부르기〕. **2** 〔주의〕 어린이의 말을 흉내내어서 사용하기.
hy·po·co·ris·tic [hàipəkəřístik, hìp-] *adj.* 애칭의, 친밀감을 나타내는. ¶ *a hypocoristic* name 애칭.
hy·po·cot·yl [hàipo(u)kάtl, ˈˌˌˌˌ/ háipo(u)kɔ̀tl] *n.* 〔식물〕 배축(胚軸).
hy·poc·ri·sy [hipάkrəsi / -pɔ́k-] *n.* ⓤⓒ (*pl.* **-sies**) **1** 위선, 위선적 행위. **2** 〔주의·신념·인격 따위의〕 탈 쓰기, …인 체하기. ◇ **hypocrític, hypocrítical** *adj.*
***hyp·o·crite** [hípəkrìt] *n.* 위선자, 위선적 태도를 취하는 사람. ¶ play the *hypocrite* 거짓(위선적인) 태도를 취하다.
hyp·o·crit·i·cal [hìpəkřítik(ə)l], **-ic** [-ik] *adj.* 위선적인, 위선의. **-i·cal·ly** [-ikəli] *adv.*
《英》에서는 **hyp·o·crise** 로도 쓴다) *vi.* 가면을 쓰다, 위선적 태도를 취하다.
hy·po·derm [háipo(u)dɔ́ːrm] *n.* 〔동·식물〕= hypodermis.
hy·po·der·mal [hàipo(u)dɔ́ːrm(ə)l] *adj.* 진피(眞皮)의; 하피(下皮)의.
hy·po·der·mic [hàipo(u)dɔ́ːrmik] *adj.* **1** 피하에 주입되는, 피하 주사의. ¶ a *hypodermic* needle (syringe) 피하 주사용 바늘(기). **2** 피하의, 피하 조직의. **3** 자극하는. — *n.* **1** 피하 주사〔액〕. **2** 피하 주사기. **-mi·cal·ly** [-mikəli] *adv.*
hypodérmic táblet *n.* 〔의학〕 피하 주사용 정제(錠劑).
hy·po·der·mis [hàipo(u)dɔ́ːrmis] *n.* ⓤ **1** 〔동물〕 하피, 진피(眞皮) 〔분비물로 덮인 무척추 동물의 상피〕. **2** 〔식물〕 하피 〔표피 바로 아래의 조직〕.
hy·po·gas·tric [hàipo(u)gǽstrik, hìp-] *adj.* 〔해부〕 하복부의, 하복부에 있는.
hy·po·gas·tri·um [hàipo(u)gǽstriəm] *n.* (*pl.* **-tri·a** [-triə]) 〔해부〕 하복부.
hy·po·gene [háipodʒìːn, hìp-] *adj.* 〔지질〕 〔바위가〕 지하에서 형성되는; 심성(深成)의. ¶ *hypogene* rocks 심성암.
hy·po·gly·ce·mi·a [hàipo(u)glaisíːmiə] *n.* ⓤ 저혈당(低血糖) 〔증〕.
hy·po·phos·phate [hàipo(u)fάsfeit / -fɔ́s-] *n.* 〔화학〕 차인산염 (次燐酸鹽).
hy·po·phos·phite [hàipo(u)fάsfait / -fɔ́s-] *n.* 〔화학〕 차아인산염 (次亞燐酸鹽).
hȳ·po·phōs·phór·ic ácid [hàipo(u)fɑsfɔ́ːrik- / -fɔsfɔ́rik-] *n.* ⓤ〔화학〕 차인산.
hȳ·po·phōs·phór·ous ácid [hàipo(u)fάsf(ə)rəs- / -fɔ́s-] *n.* ⓤ〔화학〕 차아인산 〔강력한 환원제〕.
hy·poph·y·sis [haipάfisis/-pɔ́f-] *n.* (*pl.* **-ses**[-sìːz]) 〔해부〕 뇌하수체(腦下垂體) (pituitary gland).
hy·po·spray [háipo(u)sprèi] *n.* 〔의학〕 하이포스프레이, 피하 분사기 〔바늘을 쓰지 않고 고압으로 피하에 주사한다〕.
hy·pos·ta·sis [haipάstəsis/-pɔ́s-] *n.* (*pl.* **-ses**[-sìːz]) **1** 〔철학〕 실체, 실재, 본질; 본질적 원리; 위격(位格). **2** 〔신학〕 삼위일체의 〔어느 하나〕, 삼위일체의 각 〔위격. **3** 〔의학〕 **a)** 침하 울혈(沈下鬱血). **b)** 혈액 침강(沈降).
hy·po·stat·ic [hàipo(u)stǽtik], **-i·cal** [-ik(ə)l] *adj.* **1** 본질의, 실체의, 근본의. **2** 〔신학〕 삼위 일체의 하나〔위격〕의. ¶ *hypostatic* union 위격적 결합, 그리스도에 있어서 신성(神性)과 인성(人性)의 합체. **3** 〔의학〕 강하(침하)성의. **4** 〔유전〕 열위(劣位)의, 하위의.
hy·pos·ta·ti·za·tion [haipɑ̀stətizéi(ə)n / -pɔ̀stətai-] *n.* ⓤ 〔관념 등의〕 실체화 (reification).
hy·pos·ta·tize [haipάstətàiz / -pɔ́s-] *vt.* (**-tized, -tiz·ing**) 〔관념 등을〕 실체화하다 〔본질로 생각하다〕 (reify).
hy·po·style [háipo(u)stàil, +美 híp-] 〔건축〕 *adj.* 다주식(多柱式)의, 다주 구조의. — *n.* 다주 건조물.
hy·po·sul·fite,《英》**-phite** [hàipo(u)sʌ́lfait] *n.* 〔화학〕 차아황산염 (次亞黃酸鹽). **2** 차아황산 나트륨 〔티오 황산 나트륨 (sodium thiosulfate) 을 잘못 쓰는 속칭, 사진 정착제〕.
hy·po·sul·fu·rous,《英》**-phu·rous** [hàipo(u)sʌlfjú(ː)rəs / -fjúərəs] *adj.* 〔화학〕 차아황산의.
hȳ·po·sul·fūr·ous ácid *n.* ⓤ〔화학〕 차아황산 〔환원제·표백제로 쓰임〕.
hy·po·tac·tic [hàipo(u)tǽktik] *adj.* 〔문법〕 종속적.
hy·po·tax·is [hàipo(u)tǽksis] *n.* ⓤ〔문법〕 종속 (subordination). *cf.* parataxis

hy·po·ten·sion [hàipo(u)ténʃ(ə)n] *n.* ⓤ〖병리〗저혈압〖증〗.

hy·po·ten·sive [hàipo(u)ténsiv]〖병리〗*adj.* 저혈압〖증〗의. — *n.* 저혈압인 사람.

hy·pot·e·nuse [haipátin(j)ùːs, -n(j)ùːz / -pótinjùːz, -njùːs] *n.* 〖기하〗직각 삼각형의 사변(斜邊).

hypoth. 《略》 hypothesis; hypothetical.

hy·po·tha·lam·ic [hàipo(u)θəlǽmik]*adj.*〖해부〗시상(視床)의 밑에 있는; 시상 하부의.

hy·po·thal·a·mus [hàipo(u)θǽləməs] *n. (pl.* **-mi** [-mài])〖해부〗시상 하부.

hy·poth·ec [haipáθik / -póθek] *n.* ⓤ〖법률〗저당권, 담보권. ¶ a *hypothec* bank 부동산 은행 / a *hypothec* debenture 부동산〖저당〗채권.

hy·poth·e·cate [haipáθikèit / -póθ-] *vt.* **(-cat·ed, -cat·ing)** …을 저당〖담보〗에 넣다(mortgage, pledge).
hy·poth·e·ca·tion [haipàθikéiʃ(ə)n / -pòθ-] *n.* ⓤ 담보 계약.
hy·poth·e·ca·tor [haipáθikèitər] *n.* 저당권 설정자.

hy·poth·e·nuse [haipáθin(j)ùːs, -n(j)ùːz/-póθinjùːz, -njùːs] *n.* =hypotenuse.

hy·po·ther·mi·a [hàipo(u)θɔ́ːrmiə] *n.*〖의학〗체온 저하(低下)〖법〗.

*****hy·poth·e·sis** [haipáθisis -póθ-] *n. (pl.* **-ses** [-sìːz]) **1** 가설(假說). ¶ a working *hypothesis* 작업 가설〖이론·실험 따위의 기초가 되는 길잡이로서의 가설〗. **2** 〖논의 따위의〗전제, 가정. ¶ Let's start with this *hypothesis.* 이 전제로 시작합시다. ◇ hypothétical *adj.,* hypóthe size *v.*

hy·poth·e·size [haipáθisàiz / -póθ-] (*《英》*에서는 **hy·poth·e·sise** 로도 쓴다) *v.* **(-sized, -siz·ing)** *vi.* 가설을 세우다. — *vt.* …라는 가설을 세우다, …로 가정하다.

hy·po·thet·i·cal [hàipo(u)θétik(ə)l], **(hy·po·thet·ic** [-ik]) *adj.* **1** 가설의, 가설에 근거한. ¶ *hypothetical* reasoning 가설적 추리. **2** 가설을 좋아하는, 가설만을 내세우는. **3** 〖논리〗가정의, 가언적(假言的)인. ¶ *hypothetical* syllogism 가언적 삼단 논법.
-i·cal·ly [-ikəli] *adv.*

hy·po·thy·roid·ism [hàipo(u)θáirɔidìz(ə)m] *n.* ⓤ〖병리〗갑상선 기능 부전〖증〗.

hy·po·ton·ic [hàipo(u)tánik / -tɔ́n-] *adj. (opp.* hypertonic) **1**〖생리〗저장(低張)의〖특히 근육의 이완에 관해서 말한다〗. **2**〖물리·화학〗열상(劣張)의〖2종의 용액 중 삼투압(滲透壓)이 낮은 쪽의〗. ¶ *hypotonic* solution 열장액.

hy·pox·e·mia [hàipaksíːmiə / -pɔk-] *n.*〖의학〗저산소혈(低酸素血)〖증〗.

hypso- height, altitude 의 뜻의 연결형(* 모음 앞에서는 hyps- 를 쓴다). 예: *hypso*meter.

hyp·sog·ra·phy [hipságrəfi / -sóg-] *n.* ⓤ **1** 측고법(測高法)〖토지의 기복을 다루는 지질학의 한 부문〗. **2** 《집합적》측고 지도.

hyp·som·e·ter [hipsámitər / -sɔ́m-] *n.* 측고계(測高計)〖액체의 비등점을 기초로 해서 고도를 측정한다〗.

hyp·som·e·try [hipsámitri / -sɔ́m-] *n.* ⓤ 고도 측정〖술〗.

hy·rax [háiræks / háiər-] *n. (pl.* **-rax·es** *or* **-ra·ces** [-rəsìːz]) 바위너구리〖서남 아시아·아프리카산(產)〗.

hyrst [həːrst] *n.* =hurst.

hy·son [háisn] *n.* ⓤ 희춘차(熙春茶)〖중국산(產)의 녹차〗.

hy·spy [háispài] *n.* ⓤ 숨바꼭질의 일종.

hys·sop [hísəp] *n.* **1** 히솝풀〖향기가 좋은 자극성 식물〗. **2** 〖성서〗히솝, 우슬초〖그 가지를 부정(不淨)을 없애는 의식에 썼다〗.

hyster- ⇨ HYSTERO-.

hys·ter·ec·to·my [hìstəréktəmi] *n.* ⓤⓒ *(pl.* **-mies**)〖의학〗자궁 절제〖술〗.

hys·ter·e·sis [hìstəríːsis] *n.* ⓤ〖물리〗〖자기(磁氣)·전기 따위의〗이력(履歷) 현상, 히스테리시스. ¶ *hysteresis* curve 이력 곡선.

hys·ter·et·ic [hìstərétik] *adj.* 이력〖현상〗의.

hys·te·ri·a [histí(ː)riə / -tíər-] *n.* ⓤ **1** 〖특히 여성의〗히스테리. **2** 병적 흥분, 광란. ◇ hystérical *adj.*
¶ **2** 《성서》히스테리〖의 발작〗; 광란. ¶ go (*or* fall) into *hysterics* 히스테리를 일으키다. **2** 히스테리 환자, 히스테리에 걸리기 쉬운 사람. — *adj.* = hysterical.

*****hys·ter·i·cal** [histérik(ə)l] *adj.* **1** 히스테리의〖에 걸린〗. ¶ a *hysterical* fit 히스테리의 발작. **2** 병적으로 흥분한, 광란〖상태〗의. ¶ *hysterical* laughter 히스테리성의 웃음. **-ly** [-kəli] *adv.* ◇ hystéria, hystéric *n.*

hystero- uterus 의 뜻의 연결형 (* 모음 앞에서는 hyster- 를 쓴다). 예: *hystero*tomy, *hyster*ectomy.

hys·ter·o·gen·ic [hìstəro(u)dʒénik] *adj.*〖의학〗히스테리를 일으키는〖일으키기 쉬운〗.

hys·ter·oid [hístərɔ̀id], **(hys·ter·oi·dal** [-ɔ́id(ə)l]) *adj.* 히스테리 비슷한.

hys·ter·ol·o·gy [hìstərálədʒi / -rɔ́l-] *n.* ⓤ〖의학〗자궁학.

hys·ter·on prot·er·on [hístərɔn próutərɔ̀n / -rɔ́n prɔ́tərɔn] *n.* ⓤⓒ **1**〖논리〗도역(倒逆) 논법〖증명되어야 할 명제(命題)를 전제로 결론을 내리는 허위의 논법〗. **2**《修辭》도치법〖예: I die, I fain, I fail.〗. [<Gk latter [put in place of] former]

hys·ter·ot·o·my [hìstərátəmi / -rɔ́t-] *n.* ⓤⓒ *(pl.* **-mies**)〖의학〗자궁 절개〖술〗; 제왕 절개(Caesarean operation).

hy·zone [háizoun] *n.* ⓤ〖화학〗3원자 수소(H₃). [<HY[DROGEN]+[O]ZONE]

Hz, hz 《略》hertz.

I

I, i [ai] *n.* (*pl.* **I's** *or* **Is; i's** *or* **is** [aiz]) **1** 영어 알파벳의 아홉째 자. ¶ I for Isaac Isaac의 I [국제 전화 통화 용어]. **2** I(i)의 자. **3** I(i)자 형의 물건. ¶ an *I*-rail I자형 레일. **4** I(i)가 나타내는 소리. **5** 로마 숫자의 1. **6** [연속된 것 중의] 아홉 번째의 물건.
  dot the (or **one's**) **i's and cross the** (or **one's**) **t's** 자세히 설명하다.

‡I [ai] *pron.* 《인칭 대명사, 1 인칭·단수·주격》 (*pl.* **we** [wi:, wi]; 소유격 **my**, 목적격 **me**, 소유 대명사 **mine**) 나는, 내가. ¶ *I*'m here. 나는 여기에 있다 / It's *I*. 그것은 나다. ※《구어》에서는 It's me.가 보통. —— *n.* (*pl.* **I's**) **1** 나[라는 말]. ¶ The '*I*' in this story is Thomas. 이 이야기 중의「나」는 Thomas이다 / He uses too many '*I*'s' in his speech. 그는 연설에 I를 너무 많이 사용한다. **2** (the ~) 〖철학〗 자아(自我) (ego). ¶ the *I* that thinks 사고하는 자아.

I 〖화학〗 iodine의 원자 기호.

i 〖수학〗 허수 단위(虛數單位) (imaginary unit) [보통 이탤릭체로 표시].

i. isle, isles.

i. imperator; incisor; interest; intransitive; island;

I. (略) Independent; Island, Islands; Isle, Isles.

-ia *suf.* 다음 뜻을 나타내는 명사 어미. **1** 병명. 예: malar*ia*. **2** 〖동·식물〗 동식물명의 분류상의 복수형. 예: Reptil*ia*, Fuchs*ia*, zinn*ia*. **3** 〖화학〗 알칼로이드 이름. **4** 국명. 예: Austral*ia*, Ind*ia*, Ruman*ia*. **5** 로마의 축제의 이름. **6** 라틴어계 또는 라틴어화(化)한 말의, **a)** 복수 명사. 예: bacter*ia*, paraphernal*ia*. **b)** 집합 명사. 예: insign*ia*, milit*ia*.

Ia. Iowa.

I.A. (略) *I*ndian *A*rmy.

IAA (略) *I*nternational *A*dvertising *A*ssociation (국제 광고 협회).

I.A.A.F. (略) *I*nternational *A*mateur *A*thletic *F*ederation (국제 아마추어 경기 연맹).

IAC (略) *I*nternational *A*pprentices *C*ompetition (기능 올림픽).

I.A.D.A. (略) *I*nternational *A*tomic *D*evelopment *A*uthority.

IADB (略) *I*nter-*A*merican *D*evelopment *B*ank.

IAEA (略) *I*nternational *A*tomic *E*nergy *A*gency (국제 원자력 기구).

IAESTE (略) *I*nternational *A*ssociation for the *E*xchange of *S*tudents for the *T*echnical *E*xperience (국제 학교 기술 연수 협회 [유네스코와 경제사회 이사회의 자문기관]).

I·a·go [iɑ́:gou] *n.* Shakespeare 작 *Othello*에서 나오는 음흉하고 사악한 남자.

-ial *suf.* ⇨-AL¹.

i·amb [áiæm(b)] *n.* (*pl.* **i·ambs** [-æmz]) 〖韻律〗 〖고전 시의〗 단장격(短長格); 〖영시의〗 약강격(弱强格).

i·am·bic [aiǽmbik] *adj.* **1** 〖韻律〗 단장격의, 약강격의. ¶ *iambic* 풍자시의. 〖韻律〗 **a)** =IAMB. **b)** (보통 ~s) 단장격 (약강격)의 시. **2** 〖그리스의〗 단장격(短長格)의 풍자시. ——[iamb.

i·am·bus [aiǽmbəs] *n.* (*pl.* **-bi** [-bai] *or* **-bus·es**) =

-ian *suf.* ⇨-AN.

-iana *suf.* ⇨-ANA.

IAP (略) *i*nternational *a*ir*p*ort.

IAPF (略) *I*nter-*A*merican *P*eacekeeping *F*orce.

IAPH (略) *I*nternational *A*ssociation of *P*orts and *H*arbors (국제 항만 협회). ［vize.

iar·o·vize [jɑ́:rəvàiz] *vt.* (**-vized, -viz·ing**) =jaro-

IARU (略) *I*nternational *A*mateur *R*adio *U*nion.

IAS (略) 〖항공〗 *i*ndicated *a*irspeed (지시 기속 (指示 氣速)).

-iasis *suf.* morbid state 의 뜻의 명사를 만든다. 예: elephant*iasis*, hypochondr*iasis*.

IATA (略) *I*nternational *A*ir *T*ransport *A*ssociation (국제 항공 운송 협회). ［*atrics*.

-iatrics medical treatment 의 뜻의 연결형. 예: pedi-

iatro- healer, medicine, healing 의 뜻의 연결형.

i·at·ro·gen·ic [aiæ̀tro(u)dʒénik] *adj.* 치료로 인하여 생기는, 의사에게 원인이 있는. ¶ *iatrogenic* disease 의원병(醫原病).

-iatry medical care 의 뜻의 연결형. 예: psychi*atry*.

IAU, I.A.U. (略) *I*nternational *A*ssociation of *U*niversities (국제 대학 협회); *I*nternational *A*stronomical *U*nion (국제 천문학 연합).

IAUP (略) *I*nternational *A*ssociation of *U*niversity Presidents (세계 대학 총장 회의).

ib. (略) ibidem.

IBA (略) 〖英〗 *I*ndependent *B*roadcasting *A*uthority.

IBE (略) *I*nternational *B*ureau of *E*ducation (국제 교육국).

I·be·ri·a [aibí(:)riə / -bíər-] *n.* **1** 이베리아 반도. **2** Caucasus 산맥 남쪽 한 지방의 옛이름[지금의 그루지야 (Georgia)에 해당한다].

I·be·ri·an [aibí(:)riən / -bíər-] *adj.* **1** 이베리아 반도 [주민]의. **2** (민족) 이베리아족의. **3** [Caucasus 산맥지방의] 고대 이베리아 [사람]의. —— *n.* **1** 고대 이베리아 반도의 주민; 〖U〗 그 언어. **2** [Caucasus 산맥 지방의] 고대 이베리아의 주민.

i·bex [áibeks] *n.* (*pl.* **i·bex·es** *or* **ib·i·ces** [íbisìːz, áibi-] *or* **i·bex**) 아이벡스 [산악 지대에 사는 뿔이 큰 염소].

IBI (略) *I*nternational *B*ank for *I*nvestment (국제 투자 은행).

*ib·i·dem [íbidèm, ibáidem] *adv.* 《라틴》 in the same place) 같은 장소에; 같은 책(장, 절)에 [略 **ib., ibid.**].

-ibility *suf.* ⇨-ABILITY. ［*ibid*.

i·bis [áibis] *n.* (*pl.* **-bis·es** *or* **-bis**) **1** 따오기류(類)의 새 [온대·열대산(産)]. **2** (=wóod íbis) 북미산(産)의

-ible *suf.* ⇨-ABLE. ［황새의 일종.

IBM (略) *I*nternational *B*usiness *M*achines (미국의 컴퓨터 제조 회사); *I*ntercontinental *B*allistic *M*issile (대륙간 탄도탄). ［뜻한. ⇨ibn-Sina.

ibn- *pref.* 아라비아 사람의 이름에 쓰여서 son [of]를

IBRD (略) *I*nternational *B*ank for *R*econstruction and *D*evelopment (국제 부흥 개발 은행; 속칭 World Bank (세계 은행)).

Ib·sen·ism [íbsnìz(ə)m] *n.* 〖U〗 **1** 입센주의 [가정·사회의 인습적 편견의 타파를 주장하다]. **2** 입센적 수법 [사전의 전개 속에서 새로운 문제를 제기하고 그 해결을 암시하는 작품 (작풍)] 〖<노르웨이의 극작가·시인 Henrik Ibsen (1828-1906)의 이름〗.

Ib·sen·ist [íbsnist] *n.* 입센주의자.

IC (略) *i*mmediate *c*onstituent; *i*ntegrated *c*ircuit.

I.C. (略) 〖라틴〗 *I*esus *C*hristus (=Jesus Christ).

i/c (略) 〖군사〗 *i*n *c*harge; *i*n *c*ommand.

-ic *suf.* **1** 명사 또는 어간에 붙어서 of, of the nature

of, containing 따위의 뜻의 형용사를 만든다. ⇨-ICAL. 예: Ptolemaic, quixotic, alcoholic. **2** 명사 어미로의 전용(轉用). 예: classic, magic. **3** science of, art of 의 뜻의 명사를 만든다. 예: arithmetic, music.

ICA International Cooperation Administration (국제 협력국); 《英》 Institute of Contemporary Arts (현대 예술 협회); International Communication Agency.

ICAAAA (略) =IC4A.

ICAC International Cotton Advisory Committee(국제 면화 자문 위원회).

ICAE International Council for Adult Education(성인 교육 국제 협의회).

-ical suf. -ic로 끝나는 명사 및 형용사에서 of, of the nature of, containing 의 뜻의 형용사를 만든다. 예: comical, economical, hysterical, musical. * -ic와 -ical 에서 뜻이 다른 경우가 있다. 예: an economic question 경제의 질문 / an economical person 검약가.

-ically suf. -ic, -ical 로 끝나는 형용사에서 부사를 만든다.

ICAO (略) International Civil Aviation Organization([유엔] 국제 민간 항공 기구).

I·car·i·an [ikέ(:)riən, ai- / -kέəɾ-] adj. **1** 이카루스(Icarus)의(와 같은). **2** 앞뒤를 헤아리지 않는, 모험적인.

Ic·a·rus [íkərəs, άi-] n. 〔그리스 신화〕 이카루스 [Daedalus의 아들. 밀랍으로 붙인 날개로 Crete 섬에서 탈출하려고 했으나 아버지의 주의를 무시하고 너무 높이 날아 태양열에 밀랍이 녹아서 바다에 떨어졌다〕.

ICBM (略) intercontinental ballistic missile (대륙간 탄도탄). cf. IRBM

I.C.B.P. (略) International Council for Bird Preservation(국제 조류 보호 회의).

ICC, I.C.C. (略) Interstate Commerce Commission; International Control Commission (국제 휴전 감시 위원회); International Chamber of Commerce (국제 상공 회의소).

ice [ais] n. ⓤ **1** 얼음. ¶ sailing ice 유빙(流氷) / Water turns to either ice or steam. 물은 결빙하거나 증발한다. **2** (the ~) 온통 얼어 붙은 얼음; (I-) 〔북극 지방의〕 빙원(氷原). ¶ go in a sleigh over the ice 얼음 위를 썰매로 가다 / The ice gave way. 얼음이 갈라졌다. **3** 얼음과 비슷한 것. ¶ dry ice 드라이 아이스. **4** ⓒ《美》 얼음 과자, 셔벗; 《英》 아이스크림. **5** [과자에 입히는] 당의(糖衣). **6** 냉담한, 딱딱하고 쌀쌀한 태도. **7** 《美속어》 다이아몬드, 〔일반적으로〕 보석. **8** 《美속어》 암표상의 부정 이득; 뇌물.

break the ice ① 쇄빙(碎氷)하고 항로를 열다. ② 〔이야기나 해결의〕 실마리를 찾다, 이야기를 끄집어 내다; 서먹서먹한 침묵을 깨다.
cut no ice [*with*] 《美구어》 〔…에〕 효과(영향)가 없다.
get (or *find*) *one's ice legs* 얼음 위를 지칠 수 있게 되다.
have one's brains on ice 《속어》 냉정을 잃지 않고 있다.
on ice 《美속어》 ① 장래에 대비하여; 보류하여. ② 성공이 확실한. ③ 투옥되어.
on thin ice 살얼음을 밟고; 위험한 상태로.

— v. (iced, ic·ing) vt. **1** …을 얼음으로 덮다(over, up). ¶ (~+圖) ice up fish 생선을 얼음에 채우다 / The pond was iced over. 연못은 온통 얼음으로 덮였다. **2** …을 얼리다, 차게 하다, 냉장하다. **3** 〔과자에〕 당의를 입히다. **4** 《美속어》 …을 죽이다(kill). **5** 《美속어》 …을 따돌리다(... out).

— vi. 얼다(up). ¶ (~+圖) ice up 얼어붙다.
ice out 녹다.
ice the decision (or *the game*) 《美속어》 승리를 결정짓다.
◇ ícy adj. 〔정복이 것으로 만들다.

ICE (略) internal-combustion engine; International Cultural Exchange(국제 문화 교류).

-ice suf. state, quality 의 뜻의 명사를 만든다. 예: avarice, cowardice, justice, novice.

Ice. (略) Iceland, Icelandic.

íce àge n. 〔지질〕 **1** 빙하 시대. **2** (the I· A·) 〔홍적세(洪積世)의〕 빙하기.

íce àx(àxe) n. 〔등산용의〕 얼음 깨는 도끼, 피켈.

íce bàg n. 얼음 주머니, 빙낭 (ice pack), 얼음 베개.

***ice·berg** [áisbə:rg] n. **1** 빙산(berg). **2** 《구어》 냉담한 사람.
the tip of the iceberg 빙산의 일각.

íceberg lèttuce n. ⓤ 잎이 딱딱하고 말려들어간 상치의 일종.

ice-blink [áisbliŋk] n. (the ~) 〔지평선 부근의 하늘에 보이는〕 빙원(氷原)의 반영광(反映光), 빙영(氷映), 빙광. ¶ 그냥 blink 라고도 한다. cf. snowblink

ice-boat [áisbòut] n. **1** 〔돛이나 프로펠러로 달리는 일종의〕 빙상 요트. **2** 쇄빙선(碎氷船) (icebreaker).

ice-bound [áisbàund] adj. **1** 〔배 따위가〕 얼음에 갇힌. **2** 〔항구 따위가〕 얼음으로 막힌, 얼음이 얼어붙은.

ice-box [áisbɑ̀ks / -bɔ̀ks] n. **1** 아이스박스 〔얼음을 사용하는 냉장고〕; 〔일반적으로〕 냉장고. **2** 《英》 〔배의〕 냉장실. **3** 《속어》 〔교도소의〕 독방.

ice-break·er [áisbrèikər] n. **1** 쇄빙선. **2** 얼음 깨는 기구, 쇄빙기. **3** 《美》 택시의 기본 요금.

ice-cap [áiskæ̀p] n. 〔산꼭대기 따위를 덮은〕 만년설.

íce chèst n. = icebox.

ice-cold [áiskóuld] adj. **1** 얼음처럼 차가운. **2** 냉담한.

‡**íce crèam** n. ⓒⓤ 아이스크림.

íce-crèam chàir [áiskri:m-] n. 〔인도(人道)의 카페 따위에서 쓰는〕 팔걸이가 없는 둥글고 작은 의자.

íce-crèam còne n. 〔아이스크림을 넣는〕 원추형 웨이퍼.

íce-crèam frèezer n. 아이스크림 제조기.

íce-crèam sòda n. 《美》 아이스크림이 든 소다수.

íce crùsher n. 〔특히 가정용의〕 얼음 깨는 기구.

íce cùbe n. 〔인공의 소형〕 각빙(角氷).

iced [aist] adj. **1** 얼음으로 덮인. **2** 얼음으로 차게 한. ¶ iced water 얼음으로 차게 한 물 / iced coffee (tea) 아이스 커피(티). **3** 〔과자 따위가〕 당의(糖衣)로 덮인.

íce dànce(dàncing) n. 빙상 댄스 〔사교춤의 동작을 도입한 아이스 스케이팅〕.

íce·fall [áisfɔ̀:l] n. **1** 빙하의 붕락(崩落) 지점. **2** 얼어 붙은 폭포. **3** 빙폭(氷瀑) 〔빙하의 폭포 모양의 낙하〕.

íce fìeld n. 평원(平原) 모양의 큰 부빙(浮氷), 〔넓〕.

íce flòe n. 윗면이 평평한 큰 부빙.

íce-free [áisfrí:] adj. 얼음이 없는; 〔1년 내내〕 얼지 않는. ¶ an ice-free port 부동항.

íce hòckey n. 《美》 아이스 하키.

íce·house [áishàus] n. (pl. -hous·es [-hàuziz]) 빙실(氷室), 저빙고(貯氷庫).

ice-kha·na [áiskɑ̀:nə, -kæ̀nə] n. 빙상 자동차 경기. [<ICE+[GYM]KHANA]

Icel. (略) Iceland, Icelandic.

‡**Ice·land** [áislənd] n. 아이슬란드 〔북대서양의 공화국; 수도 Reykjavík〕.

Ice·land·er [áislæ̀ndər, -ləndər] n. 아이슬란드 사람.

Ice·lan·dic [aislǽndik] adj. 아이슬란드의; 아이슬란드 사람(말)의. — n. ⓤ 아이슬란드어.

Íceland mòss n. ⓤ 아이슬란드 이끼〔식용·약용〕.

Íceland pòppy n. 시베리아 양귀비.

Íceland spàr n. ⓤ 빙주석(氷洲石)〔방해석(方解石)의 순수 투명한 결정〕.

ice-locked [áislɑ̀kt / -lɔ̀kt] adj. =icebound.

íce lòlly(lóllypop) n. 《英》 아이스캔디.

ICEM (略) Intergovernmental Committee for European Migration(유럽 이주 정부간 위원회).

ice·man [áismæ̀n, -mən] n. (pl. **-men** [-mèn, -mən]) 얼음 장수, 제빙자, 얼음 배달인.

íce mìlk n. ⓤⓒ 〔지방분이 적은〕 아이스크림.

íce nèedle n. 〔보통 ~s〕 〔기상〕 세빙(細氷) 〔맑게 갠

추운 날에 공중을 떠도는 작은 얼음의 바늘 모양 결정체).
ice-out [áisàut] *n.* 해빙[호면(湖面) 따위의 얼음이 녹는 현상].
íce páck *n.* **1** 대부빙군(大浮氷群)(pack ice). **2** 빙낭, 얼음 주머니(ice bag). **3** [의학] [cold shock 용의] 얼음을 채운 욕조(浴槽).
íce páil *n.* 얼음통[포도주병 냉각·아이스크림 제조용].
íce píck *n.* 얼음 깨는 송곳, 아이스 픽.
íce píllar *n.* [빙하에 있는] 얼음 기둥.
íce plánt *n.* 솔일국화의 일종.
íce póint *n.* [물리] 빙점.
íce púdding *n.* 일종의 얼음 과자.
íce ráin *n.* 우빙(雨氷)(glaze)을 만드는 비; 진눈깨비(sleet).
íce rínk *n.* [실내] 스케이트장, 아이스 링크.
íce rún *n.* [봄이나 초여름에] 강의 얼음이 급속히 깨지기.
ice·scape [áisskèip] *n.* 얼음 경치, 극지(極地)의 풍경.
íce shéet *n.* 대빙원(大氷原), 빙상(氷床) [극지 따위를 덮는 얼음의 두꺼운 층].
íce shélf *n.* 빙붕(氷棚) [ice sheet 가 바다 위로 나온 말단].
íce shów *n.* 빙상 쇼, 아이스 쇼.
íce skáte *n.* (보통 ~s) 스케이트화(구두).
ice-skate [áisskèit] *vi.* (**-skat·ed, -skat·ing**) 스케이트를 타다.
íce skáting *n.* 빙상 스케이팅.
íce státion *n.* 빙상 관측소, 북극권 측후소.
íce stórm *n.* 진눈깨비, 동우(凍雨).
íce tóngs *n. pl.* 얼음 집게.
íce tráy *n.* [냉장고용의] 제빙 접시.
ice-up [áisÀp] *n.* [항공] 차가운 공중을 날 때 날개에 생기는 결빙(結氷).
íce wáter *n.* ⓤ 얼음이 녹은 물; [美] 얼음으로 차게 한 물.
íce wóol *n.* 윤이 나는 양털 [편물 따위에 쓴다].
ice-yacht [áisjàt / -jɔ̀t] *n.* =iceboat.
IC4A (略) *I*ntercollegiate *A*ssociation of *A*mateur *A*thletes of *A*merica(전미(全美) 대학 스포츠 연맹).
ICFTU (略) *I*nternational *C*onfederation of *F*ree *T*rade *U*nion (국제 자유 노동 조합 연맹).
I Ching [í: dʒíŋ, -tʃíŋ] *n.* **1** 역경(易經)[중국 5경의 하나]. **2** (i c-) [역경에 의한] 점.
ichn- ⇨ ICHNO-.
ich·neu·mon [ikn(j)ú:mən / -njú:-] *n.* **1** 이집트산(產) 몽구스의 일종. **2** =ichneumon fly.
ichnéumon flý *n.* 말벌 [벌의 일종].
ichno- footstep, track 의 뜻의 연결형 (* 모음 앞에서는 ichn- 을 쓴다). 예: *ichno*lite, *ichno*logy(족적화석학(足跡化石學)).
ich·nog·ra·phy [iknάgrəfi / -nɔ́g-] *n.* (*pl.* **-phies**) **1** ⓤ 평면도법. **2** 평면도.
ich·no·lite [íknəlàit] *n.* 족적화석(足跡化石).
i·chor [áikɔːr, +美 -kər] *n.* ⓤ **1** [그리스 신화] 이코르[신들의 혈관 속을 흐르고 있다고 생각된 영액(靈液)]. **2** [병리] 농장(膿漿).
i·chor·ous [áikərəs] *adj.* 농장의.
ichthy- ⇨ ICHTHYO-.
ich·thy·ic [íkθiik] *adj.* 물고기의, 어류의.
ichthyo- fish 의 뜻의 연결형 (* 모음 앞에서는 ichthy- 를 쓴다). 예: *ichthy*ology; *ichthy*ic.
ich·thy·og·ra·phy [ìkθiάgrəfi / -ɔ́g-] *n.* ⓤ 어류지(魚類誌), 어류 기재학, 어류학.
ich·thy·oid [íkθiɔid] *adj.* 물고기와 같은 (fishlike).
— *n.* 어형(魚形)을 가진 수생 동물.
Ich·thy·ol [íkθiòul, -ɔ̀:l / -ɔ̀l] *n.* (商標名) 이히티올 [피부병 외용약].
ich·thy·o·lite [íkθiə(u)làit] *n.* 물고기의 화석.
ich·thy·o·log·i·cal [ìkθiəlάdʒik(ə)l / -lɔ́dʒ-] *adj.* 어류학의.
ich·thy·ol·o·gist [ìkθiάlədʒi / -ɔ́l-] *n.* 어류학자.
ich·thy·ol·o·gy [ìkθiάlədʒi / -ɔ́l-] *n.* ⓤ 어류학.
ich·thy·oph·a·gist [ìkθiάfədʒist / -ɔ́f-] *n.* 물고기를 먹는 사람.
ich·thy·oph·a·gous [ìkθiάfəgəs / -ɔ́f-] *adj.* 물고기를 먹는.
ich·thy·o·saur [íkθiəsɔ́ːr] *n.* [고생물] 어룡(魚龍) [쥐라기(紀)에 전성했던 물고기 모양의 대파충류].
ich·thy·o·sau·rus [ìkθiəsɔ́:rəs] *n.* =ichthyosaur.
ich·thy·o·sis [ìkθióusis] *n.* ⓤ [병리] 어린선(魚鱗癬).
-ician *suf.* -ic 로 끝나는 명사에서 a specialist in 의 뜻의 명사를 만든다. 예: mus*ician*, techn*ician*.
i·ci·cle [áisikl] *n.* 고드름.
i·ci·cled [áisikld] *adj.* 고드름이 달린.
i·ci·ly [áisili] *adv.* 얼음같이, 차게; 냉담하게.
i·ci·ness [áisinis] *n.* ⓤ 얼음과 같은 차가움; 냉담함.
ic·ing [áisiŋ] *n.* ⓤ **1** [과자의] 당의(糖衣). **2** (항공) 얼음의 피막(被膜), 착빙(着氷); [비행기 따위의] 얼음의 피복(被覆).
ícing súgar *n.* ⓤ [英] [제과용의 정제한] 가루 설탕 (powdered sugar).
ICJ (略) *I*nternational *C*ourt of *J*ustice.
ick·y [íki] *adj.* (**ick·i·er, ick·i·est**) (美俗語) 끈적끈적한; 맛없는; 역겨운(distasteful); 감상적인.
ICM (略) *I*ncreased *C*apability *M*issile.
ICO (略) *I*slamic *C*onference *O*rganization (회교 국가 회의 기구); *I*nternational *C*offee *O*rganization.
i·con [áikɑn / -kɔn] *n.* **1** (=eikon, ikon) 상(像) (image), 초상화; [그리스 정교] 성화(聖畫), 성상(聖像). **2** [논리] 유사(類似)기호[실물과 비슷한 모양의 기호]. **3** 우상.
icon- ⇨ ICONO-.
i·con·ic [aikάnik / -kɔ́n-] *adj.* **1** 상(像)의, 초상화의; 성상(像)의. **2** [미술] [조각 따위가] 인습적인, 전통적 형식에 따른.
ico·nize [áikənàiz] *vt.* (**-nized, -niz·ing**) …을 우상화하다, 무비판으로 존경하다, 숭배하다.
icono- image, likeness 의 뜻의 연결형 (* 모음 앞에서는 icon- 을 쓴다). 예: *icono*logy; *icon*ic.
i·con·o·clasm [aikάnəklæ̀z(ə)m / -kɔ́n-] *n.* ⓤ **1** 성상 파괴 [주의]. **2** [규정·사상 따위의] 인습 타파.
i·con·o·clast [aikάnəklæ̀st / -kɔ́n-] *n.* **1** 성상 파괴주의자; (보통 I-) [특히 8-9세기의] 그리스 정교회의 성상 파괴론자. **2** [규정·사상 따위의] 인습 타파론자.
i·con·o·clas·tic [aikὰnəklǽstik / -kɔ̀n-] *adj.* 성상 파괴 [자]의; 인습 타파의; **-ti·cal·ly** [-tikəli] *adv.*
i·co·nog·ra·pher [àikənάgrəfər / -kɔnɔ́g-] *n.* 도상(圖像)학자, 도상 연구가.
i·con·o·graph·ic [aikὰnəgrǽfik / -kɔ̀n-], **-i·cal** [-ik(ə)l] *adj.* **1** 그림문자의, 도해의. **2** 도상(성상)학의.
i·co·nog·ra·phy [àikənάgrəfi / -kɔnɔ́g-] *n.* (*pl.* **-phies**) **1** ⓤⓒ 회화·상 따위에 의한 표현법; 그림 풀이, 도해. **2** 도상학, 성상학.
i·co·nol·a·ter [àikənάlətər / -nɔ́l-] *n.* 우상 숭배자.
i·co·nol·a·try [àikənάlətri / -nɔ́l-] *n.* ⓤ 우상 숭배.
i·co·nol·o·gist [àikənάlədʒist / -nɔ́l-] *n.* 도상 학자.
i·co·nol·o·gy [àikənάlədʒi / -nɔ́l-] *n.* 도상학, 성상학.
i·co·nom·e·ter [àikənάmitər / -nɔ́m-] *n.* [측광] 이코노미터[거리 측정용의 투시 파인더].
i·con·o·scope [aikάnəskòup / -kɔ́n-] *n.* [TV] 아이코노스코프 [텔레비전 송상용 (送像用) 진공관의 일종].
icosa- twenty 의 뜻의 연결형 (* 모음 앞에서는 icos- 을 쓴다). 예: *icosa*hedron.
i·co·sa·he·dron [àikòusəhíːdrən / àikəsəhédr(ə)n] *n.* (*pl.* **-drons** *or* **-dra** [-drə]) 20면체(面體).
ICPO (略) *I*nternational *C*riminal *P*olice *O*rganization (국제 형사 경찰 기구); =Interpol.
ICPTD (略) *I*nternational *C*ommittee for *P*revention and *T*reatment of *D*epression (우울증 예방과 치

ICRC 《略》 International Committee of the Red Cross(국제 적십자 위원회).

ICRP 《略》 International Committee for Radioactivity Prevention(국제 방사선 방호(防護) 위원회).

I.C.S. 《略》 International Correspondence School(국제 통신 학교).

-ics *suf.* **1** art, science의 뜻. 예: econom*ics*, linguist*ics*. **2** activities, practice 의 뜻. 예: gymnast*ics*. **3** qualities, operations 의 뜻. 예: mechan*ics*.

ICSSW 《略》 International Congress of School of Social Work(국제 사회 사업 교육 회의).

ICSU 《略》 International Council of Scientific Unions(국제 학술 연합).

ICSW 《略》 International Conference of Social Welfare(국제 사회 복지 회의).

ic·ter·ic [iktérik] *adj.* 〖병리〗 황달의(에 걸린).

ic·ter·us [íktərəs] *n.* ⓤ 〖병리〗 황달(jaundice).

ic·tus [íktəs] *n.* (*pl.* **-es**, ~) **1** 〖韻律〗강음(强音). *cf.* arsis, thesis **2** 〖병리〗 발작, 급발(急發) 증상.

ICU 《略》 *i*ntensive *c*are *u*nit (집중 치료실)(병동), 중환자실》; *I*nternational *C*hristian *U*niversity(국제 기독교 대학).

‡**i·cy** [áisi] *adj.* (**i·ci·er, i·ci·est**) **1** 얼음이 많은, 얼음으로 덮인, 얼음으로 된. ¶ an *icy* zone 빙설(氷雪) 지대. **2** 얼음 같은. **3** 〖얼음처럼〗 차가운 (cold). ¶ an *icy* wind 살을 에는 듯한 찬 바람/It's *icy* cold today. 오늘 은 몹시 춥다. **4** 미끄러지는(slippery). **5** [태도 따위 가] 쌀쌀한, 냉담한(frigid). ¶ get an *icy* stare from a person 남의 냉랭한(쌀쌀한) 눈초리(시선)를 받다.
◇ *ice n.* 「원」.

id [id] *n.* (the ~) 〖정신분석〗 이드[본능적 충동의 근원」.

‡**I'd** [aid] I would, I should, I had 의 단축형.

-id¹ *suf.* **1** daughter of 의 뜻의 명사를 만든다. 예: Nere*id.* **2** 〖천문〗 성좌 이름에 붙어서 유성군(流星群)의 이름. 예: Leon*id*, Perse*id*. **3** 서사시의 제목 말미에 붙인다. 예: Aene*id*.

-id² *suf.* 동물의 분류상, 같은 분류에 속하는 것을 나타내는 명사·형용사를 만든다.

id. 《略》 idem.

Id. 《略》 Idaho.

ID, I.D. 《略》 *i*dentification (신분 증명[서]), *i*dentity; *i*nside *d*iameter(내경(內徑)); (군대) *I*nfantry *D*ivision(보병 사단); *I*ntelligence *D*epartment.

IDA 《略》 *I*nternational *D*evelopment *A*ssociation(국제 개발 협회; 속칭 Second World Bank (제 2 세계 은행)). *cf.* IBRD

Ida. 《略》 Idaho.

-idae *suf.* 동물 분류상의 뜻의 명사를 만든다.

*I·da·ho** [áidəhòu] *n.* 미국 서북부의 주 [주도(州都) Boise; 略 Id., Ida.]. ◇ Idahoan *adj.*

I·da·ho·an [áidəhòuən, ‐‐‐‐] *adj.* Idaho 주의. — *n.* Idaho 주 사람.

IDB 《略》 *I*ndustrial *D*evelopment *B*oard ([유엔] 공업개발 이사회); *I*nter-*A*merican *D*evelopment *B*ank (미주 개발 은행).

ID càrd *n.* 신분 증명서. [<*i*dentification]

IDDD 《略》 *i*nternational *d*irect *d*istance *d*ialing (국제 직접 전화 통신).

-ide *suf.* chemical compound 의 뜻을 나타내는 명사를 만든다. 예: sodium chlor*ide*(염화 나트륨). [<[OX]IDE]

‡**i·de·a** [aidíːə / ‐díə] *n.* **1** ⓒⓤ 개념, 관념(conception); 생각, 사상 (⇨ THOUGHT 類語). **2** ⓤ 인식 (recognition); 지식. ¶ an abstract *idea* 추상 개념 / the Western *idea* of beauty 서구풍의 미적 관념 / the young *idea* 어린 마음, 젊은이의 생각 / without any *idea* of …은 조금도 생각하지 않고 / at the bare *idea* of …을 생각만 하여도 / form an *idea* of …을 마음에 그리다 / have some (little, no) *idea* of …을 조금은 안다(거의 모른다, 전혀 모른다) // I have no *idea* [*as to*] *what* on earth we should do. 도대체 어떻게 하면 좋을지 전혀 모르겠다// I had no *idea* [*that*] it would snow so long. 그렇게 눈이 오래 오리라고는 생각하지 않았다.

2 의견(opinion), 견해(view), 신념(belief). ¶ They exchanged *ideas* with each other on the case. 그들은 그 사건에 관해서 의견을 교환했다.

3 계획(plan), 취향, 의도(intention); 착상. ¶ an original *idea* 독창적 아이디어 / a good *idea* 좋은 착상 / a man of *ideas* 재치(지모)가 풍부한 사람 / I haven't the least *idea* of taking a walk this morning. 오늘 아침에는 산책할 마음이 조금도 없다 / What's the big *idea*? (美구어)〖…이라니〗도대체 어떻게 셈이냐?

4 막연한 인상, 직관(直觀), 예감; 상상, 어림짐작. ¶ I have an *idea* somehow *that* he will be late. 어쩐지 그가 늦게 오리라는 생각이 든다.

5 *a*) 〖철학〗 개념; 이념; [플라톤 철학의] 이데아; [칸트 철학의] 이데, 순수 이성 개념. *b*) 〖심리〗 관념, 심상(表象). 「(theme).

6 〖음악〗 악구(樂句) (phrase), 악상(樂想), 주제 *get ideas into one's head* 공상(망상)을 품다.

Good idea ! (구어) 좋은 생각이야! ¶ Good idea! Let's do it. 좋아요! 그렇게 합시다.

I have no idea. 잘 모르겠다(I don't know); 알게 뭐야!

That's an idea. (구어) 좋은 생각이야.

That's the idea. (구어) 좋아, 그거야.

The idea of such a thing !; What an idea ! 원, 설마!, 그런 것은 말도 안 돼!

◇ idéal *adj.*, ídeate *v.*   「을 가진.

i·de·aed [aidíːəd, ‐díəd], (**i·de·a'd**) *adj.* [···의] 사상

‡**i·de·al** [aidíːəl / ‐díəl, ‐díːəl / ‐díəl] *n.* **1** 이상; [완성·우수함의] 규범이 되는 표준, 궁극의 목적. ¶ a man of *ideals* 이상에 불타는 인물/the *ideal* and the real 이상과 현실. **2** 〖모범으로 삼을만한〗 이상적인 인물(것), 전형. **3** 관념적인 것, 상상적인 것, 공상. — *adj.* **1** 이상에 꼭 맞는, 이상적인; 최상의(best), 더할 나위 없는 (excellent). ¶ *ideal* beauty 이상적인 아름다움 / an *ideal* day for picnic 소풍가는 데 꼭 알맞는 날. **2** 관념적인, 머릿속에서만의; 가공의(visionary). *cf.* real ¶ an *ideal* society, Utopia 가공의 사회, 유토피아. **3** 〖철학〗 *a*) [플라톤 철학에서] 이데아로서의. *b*) 이상 상태의. *c*) 관념론의, 관념적인. ~**·ness** *n.* ◇ idealístic *adj.*, idéalize *v.*, idéa, ideálity *n.*, ídeally *adv.*   「없는.

i·de·a·less [aidíːəlis / ‐díə‐] *adj.* 사상이 없는, 생각이

*i·de·al·ism** [aidíːəlizm] *n.* **1** 이상주의; 이상주의를 품기; 이상화(된 것). **2** 〖예술·문학 따위의〗 이상주의. *cf.* realism, naturalism **3** 〖철학〗 *a*) 관념론; 유심론. *cf.* materialism ¶ objective (subjective) *idealism* 객관적 (주관적)인 관념론. *b*) 이상주의. *cf.* realism

i·de·al·ist [aidíːəlist / ‐díəl‐] *n.* **1** 이상가; 몽상가. **2** 이상주의자. *cf.* realist **3** 관념론자; 유심론자.

i·de·al·is·tic [aidìːəlístik / ‐dìəl‐] *adj.* **1** 이상(몽상)가의. **2** 이상주의(자)의. **3** 관념론(자)의; 유심론(자)의. **-ti·cal·ly** [‐tikəli] *adv.*

i·de·al·i·ty [àidiǽləti] *n.* (*pl.* **-ties**) **1** ⓤ 이상적임. **2** (보통 **-ties**) 이상적인 것. **3** ⓤ 상상력. **3** ⓤ 〖철학〗 관념성.

i·de·al·i·za·tion [aidìːəlizéiʃ(ə)n / ‐dìəlai‐] *n.* ⓤⓒ 이상화[된 것].

i·de·al·ize [aidíːəlàiz / ‐díəl‐] (* (英))에서는 **i·de·al·ise** 로도 쓴다) *vt.* (**-ized, -iz·ing**) …을 이상화하다, 이상으로 하다, 이상적으로 그리다.   「람.

i·de·al·iz·er [aidíːəlàizər / ‐díəl‐] *n.* 이상화하는 사

i·de·al·ly [aidíːəli / ‐díəl‐] *adv.* **1** 이상적으로, 완전 무결하며. **2** 관념적으로; 상상적으로.

idéa màn *n.* 아이디어맨, 창의가, 착상가.

i·de·ate *v.* [áidièit, ‐‐‐] // → *n.*] (**-at·ed, -at·ing**) *vt.* …을 관념화하다, …을 상상하다. — *vi.* 관념을 구성하

다, 생각하다. —— n. [àidiːéit, aidíːit]《철학》관념에 대응하는 외계의 사물.

i·de·a·tion [àidiéi/(ə)n] n. ⓤ 관념화; 관념 작용의.

i·de·a·tion·al [àidiéi/ən)l] adj. 관념화의; 관념 작용의.

i·dée fixe [iːdei fíːks] n.《프랑스》(=fixed idea) (pl. **i·dées fix·es** [-fíːksiz]) 고정 관념.

i·dem pron., adv.《라틴》(=same) **1** [áidem, + 英 ídem →2] 동일 저자(著者)[에서]. **2** [áidem, ídem] 같은 말, 같은 서적, 동상(同上), 앞과 같음, 같은 곳. * 1, 2 모두 id.로 줄여 쓴다.

i·dem·po·tent [áidəmpòut(ə)nt, ídəm-]《수학》adj. 멱등(冪等)의. —— n. 멱등원(元).

i·den·tic [aidéntik] adj. **1** =identical. **2**《외교》[둘 또는 그 이상의 나라들의 행동이] 일치한, [문서가] 동문의. ¶ an *identic* note 동문 동보.

‡**i·den·ti·cal** [aidéntik(ə)l] adj. **1**《각각》똑같은, 동일한,《2인칭 따위가》꼭 일치하는(*with, to ...*). ⇒ SAME 類語 ¶ The contents of these books are *identical*. 이 들 책의 내용은 동일하다 // His proposition is *identical* with mine. 그의 제안은 나의 것과 같다. ¶ 동일한, 바로 그(*with ...*). ⇒ SAME 類語 ¶ the *identical* person 동일인, 본인. **3**《철학·논리·수학》동일의. ¶ the *identical* conception (proposition) 동일 개념(명제). **~·ly** [-kəli] adv. **~·ness** n. ◇ idéntity n.

idéntical twín n. 일란성 쌍생아[의 한쪽].

i·den·ti·fi·a·ble [aidéntifàiəbl] adj. 동일함을 증명할 수 있는.

*i·den·ti·fi·ca·tion [aidèntifikéi/(ə)n] n. **1** ⓤ 같은 사람(물건)이라는 확인, 검증, 감정. ¶ the *identification* of the signature of the contract *with* his 계약서의 서명이 그의 것인지 여부의 감정. **2** ⓤ ⓒ 신분 증명 [서]; ⓒ 같은 사람(물건)이라는 증명물. ¶ an *identification* disk (or tag)《군대》인 식 표 / an *identification* plate [자동차 따위의] 등록 번호표 / Do you have any *identification*? 뭔가 신분을 증명할 것을 가지고 계십니까? **3** ⓤ《정신분석》동일시. ◇ idéntify

Identificátion cárd n. =identity card. [v.

Identificátion paràde n. 경찰에서 목격자에게 보이기 위해 용의자 등을 줄 세워 놓는 일(line-up).

*i·den·ti·fy [aidéntifài] v. (-fied, -fy·ing) vt. **1**《동일물·본인이라고》...을 인정하다, 확인하다, 감정하다, 식별하다. ¶ *identify* handwriting 필적을 감정하다 // (~+目+as 補) He *identified* the cap as that of his son. 그는 그 모자가 아들의 것이라고 확인했다. **2** ...을 동일시하다, 동일하게 취급하다. ¶ (~+目+前+目) *identify* one's interests *with* those of another 자기와 타인의 이익을 동일시하다. **3**《주로 재귀용법 또는 수동형으로》[이익·감정·주의·행동 따위와] ...을 [...과] 같게 하다, [...과] 제휴(관계)시키다(*... with*). ¶ (~+目+前+名) *identify* oneself *with* a plan 어떤 계획에 관계하다. **4** ...의 검증(감정)의 수단이 되다, ...의 정체를 보이다. ¶ The teeth *identified* the skull. 그 이(齒)로써 두개골의 신원이 확인되었다. —— vi. 동일시(동화)하다(*with ...*). ◇ identificátion, idéntity n.

I·den·ti·kit [aidéntikit] n.《상표명》몽타주식 얼굴사진 합성장치.

*i·den·ti·ty [aidéntiti] n. (pl. -ties) **1** ⓤ 완전히 동일함, 동일성; 동일 상태, 일치. **2** ⓤⓒ 자기 자신(그것자체)임; 신원, 정체. ¶ mistaken (or false) *identity* 사람을 잘못 보기 / disclose (*or* prove) a person's *identity* 신원을 밝히다 / establish (*or* prove) a person's *identity* 남의 신원을 확인하다. **3** ⓤ 자기 동일성의 인식. **4** ⓤⓒ 《성질 따위가》아주 흡사함, 꼭 닮음, 그대로임. **5** 동일한 (아주 흡사한) 점. **6**《수학》항등식.

◇ idéntical adj., idéntify v.

idéntity cárd n. 신분 증명서.

idéntity crísis n. 자기 인식의 위기(자기의 실체에 의문을 갖는다).

idéntity dísc n.《군대》인식표(identification tag).

ideo- idea 의 뜻의 연결형. 예: *ideo*logy.

id·e·o·gram [ídio(u)græm, áid-] n. 표의 문자 [이집트의 상형 문자나 한자 따위]. cf. phonogram

id·e·o·graph [ídio(u)græf, áid- / -gràːf] n. =ideogram.

id·e·o·graph·ic [ìdio(u)græfik, àid-], (**id·e·o·graph·i·cal** [-ik(ə)l]) adj. 표의 문자의. **-i·cal·ly** [-ikəli] adv.

id·e·og·ra·phy [ìdiágrəfi, àid- / -ɔ́g-] n. ⓤ 표의 문자의 사용, 표의 문자법.

i·de·o·log·ic [àidiəládʒik, ìdi- / -lɔ́dʒ-], **-i·cal** [-ik(ə)l] adj. 이데올로기의, 관념 형태의. **2** 관념적인, 사색적인, 공상적인. **-i·cal·ly** [-ikəli] adv.

i·de·ol·o·gist [àidiálədʒist, ìdi- / -ɔ́l-] n. **1** 이데올로기 연구가(론자); 특정의 이데올로기 제창(추진)자. **2** 관념론자, 공론가, 공상가.

i·de·ol·o·gize [àidiálədʒàiz, ìdi- / -ɔ́l-] (*《英》에서는 **i·de·ol·o·gise** 로도 쓴다) vt. (**-gized, -giz·ing**) **1** ...을 관념적으로 분석(표현)하다. **2** ...에 [특수어로] 이데올로기를 불어넣다; ...을 이데올로기에 따르게 하다.

i·de·o·logue [áidiəlɔ̀ːg, íd-, -làg / -lɔ̀g] n. =ideologist.

*i·de·ol·o·gy [àidiálədʒi, ìd- / -ɔ́l-] n. (pl. -gies) **1** ⓤ 이데올로기, 관념 형태. **2** ⓤ 이데올로기 관념학(론). **3** ⓤ 공론을 구축함, 공상하기, 공리공론(空理空論).

◇ ideológic, ideológical adj., ideólogize v.

ídes [aidz] n. pl. 《단·복수 양용》《고대 로마 달력》[3월·5월·7월·10월의] 15일, [그 밖의 달의] 13일. ¶ Beware the *Ides* of March. 3월 15일을 경계하라[이 날은 Caesar 암살의 날로 예언된 데서 흉사의 경고로 쓰인다].

id est [id ést]《라틴》(=that is) 즉, 바꾸어 말하면 [略 i.e.].

idio- peculiar, personal 의 뜻의 연결형. 예: *idio*syncrasy.

id·i·o·cy [ídiəsi] n. (pl. **-cies**) **1** ⓤ《중증(重症)의》정신 박약. **2** 바보 같은 행위(foolish act).

id·i·o·glos·si·a [ìdiəglásiə / -glɔ́s-] n. ⓤ《병리》구어 부전(構音不全)《유아처럼 뜻이 통하지 않는 말을 발음하기》.

id·i·o·glot·tic [ìdiəglátik / -glɔ́t-] adj.《병리》구어 부전(증)의.

id·i·o·graph·ic [ìdiəgræfik / ìdio(u)-, àidio(u)-] adj.《심리》개별적인 예(例)의, 특수적의.

id·i·o·la·li·a [ìdiəléiliə, -ljə] n. =idioglossia.

id·i·o·lect [ídio(u)lèkt] n.《언어》개인 방언, 개인어.

‡**id·i·om** [ídiəm, 英 ídjəm] n. **1** [어떤 언어 특유의] 관용어법, 숙어, 성구(成句), 이디엄. **2** [지역적·계층적인] 방언, 사투리. **3** [어떤 국민·민족에 특유한] 언어. ¶ the English *idiom* 영국인의 언어(영어). **4** [어떤 예술가·작가 등에 독특한] 작풍(作風), 어법. ¶ the *idiom* of Bach (Carlyle) 바흐(칼라일)의 작풍(어법).

◇ idiomátic, idiomátical adj.

*id·i·o·mat·ic [ìdiəmǽtik, + 英 ìdjo(u)-], (**id·i·o·mat·i·cal** [-ik(ə)l]) adj. **1** [어떤 언어] 특유의, 과연 그 나라 말다운; 관용 어법을 사용한. ¶ purely *idiomatic* English 정말로 영어다운 영어. **2** [어떤 예술가 등에] 독특한, 특이한. **3** [그 사람의] 독특한, [...의] *idiomatic* fashion 독특한 방법으로. **-i·cal·ly** [-ikəli] adv. ◇ ídiom n.

Ídiom Néutral n. ⓤ 일종의 국제어.

id·i·o·mol·o·gy [ìdiəmálədʒi / -mɔ́l-] n. ⓤ 관용 어법 연구. [(性)질환의.

id·i·o·path·ic [ìdiəpǽθik] adj.《병리》특발성(特發

id·i·op·a·thy [ìdiápəθi / -ɔ́p-] n. ⓤⓒ (pl. **-thies**) 《병리》특발증, 특발성 질환.

id·i·o·plasm [ídio(u)plæ̀z(ə)m] n. ⓤⓒ《생물》유전질. cf. trophoplasm

id·i·o·syn·cra·sy [ìdio(u)síŋkrəsi] n. (pl. **-sies**) **1** [개인의] 특질, 특이성, 특징, 개인적인 성벽(버릇). **2**

idiosyncratic

[개인의] 특유한 표현법. **3** 〖의학〗 특이 체질. *cf.* allergy

id·i·o·syn·crat·ic [ìdio(u)siŋkrǽtik] *adj.* **1** 〖의학〗 특이 체질의. **2** 〖개인〗 특유의, 특이한.
-i·cal·ly [-ikəli] *adv.*

***id·i·ot** [ídiət] *n.* **1** 바보, 멍청이, 천치. ¶ You idiot! 이 멍청아! **2** 〖심리〗〖중증의〗 정신 박약자.
◇ idiótic *adj.*

ídiot bóard *n.* =idiot card.
ídiot bóx *n.* (the ~) 《영속어》 텔레비전.
ídiot cárd *n.* 텔레비전 출연자용 큐(cue) 카드[대사 따위를 쓴 판지].
ídiot gírl *n.* TV 출연자에게 idiot card 를 보여주는 여자.

***id·i·ot·ic** [ìdiátik / -ɔ́t-], (**id·i·ot·i·cal** [-ik(ə)l]) *adj.* **1** 정신 박약의; 아주 바보의. **2** 바보스러운.
-i·cal·ly [-ikəli] *adv.* ◇ ídiot *n.*

id·i·ot·ism [ídiətìz(ə)m] *n.* ⒰ⒸⒸ **1** 어리석은 짓(행동), 〖고어〗 정신 박약 상태(idiocy). **2** 〖폐어〗 관용 어법, 이디엄(idiom).

ídiot líght *n.* 이상 표시등[자동차 계기반에서 고장·연료 결핍 따위의 상황을 자동적으로 나타낸다].

id·i·ot-proof [ídiətprùːf] *adj.* 《미속어》 저능자라도 다룰 수 있는.

IDL 《略》 international date line.

‡**i·dle** [áidl] *adj.* (**i·dler, i·dlest**) **1** 일이 없는, 아무것도 안하는, 놀고 있는. ¶ *idle* hands 손이 비어 있는 사람들 / *idle* laborers 실업자들 / be (stand) *idle* 멍하니 아무것도 안하고 있다(우두커니 서 있다) / have one's hands *idle* 손이 비어있다.
〖類語〗 *idle* 일을 하지 않고 빈둥거리고 있는; 반드시 나쁜 뜻은 아니다: be *idle* on vacation 휴가로 빈둥빈둥하고 있다. lazy 성격적·습관적으로 지독하게 일하기 싫어하는; 보통 나쁜 뜻: be too lazy to work 게으름뱅이라서 일을 안하다. indolent 날 때부터 몸을 움직이는 데 마음이 내키지 않는: an *indolent* and slow worker 게을러서 느릿느릿 일하는 사람. slothful 해야 할 일을 알면서도 하기 싫어하는: a *slothful*, good-for-nothing fellow 게을러서 도움이 안 되는 사람.

2 〖시간이〗 한가한, 비어 있는. ¶ *idle* hours 한가〖한 시간〗, 여가.
3 사용되지 않고 있는, 〖기계 따위가〗 쉬고 있는. ¶ an *idle* capital 유휴(遊休) 자금 / lie *idle* 〖돈 따위가〗 사용되지 않고 있다, 쉬고 있다 / run *idle* 〖기계가〗 헛돌고 있다. (fellow 게으름뱅이)
4 게을리 하는, 나태한, 빈둥거리는(lazy). ¶ an *idle*
5 도움이 안 되는, 쓸데없는(useless), 가치가 없는, 효과가 없는. ¶ an *idle* talk 쓸데없는 이야기〖말〗 / *idle* bread 무위도식 / It is *idle* to say that ... ...이라고 말해도 소용없다.
6 근거가 없는, 아무 근거도 없는(groundless). ¶ *idle* fears 이유없는 두려움 / *idle* rumors 아무 근거도 없는 소문 / an *idle* theorizing 억지, 강변(强辯), 억지로 발라맞춤.
7 〖컴퓨터〗 〖중앙 처리 장치나 주변 기기가〗 작동하고 있지 않은, 정지된.
8 〖야구〗 시합(경기)이 없는.
— *v.* (**i·dled, i·dling**) *vi.* **1** 게으름 피우다, 빈둥빈둥 지내다, 놀고 있다. 〖類語〗 **2** LOITER 〖類語〗 **2** 어정거리고 걷다. **3** 〖기계가〗 헛돌다(아이들링하다) — *vt.* **1** 〖시간을〗 허비하다, ...을 빈둥빈둥 보내다(... *away*). ¶ (~+圓+劂) *idle away* one's time 시간을 헛되이 보내다. **2** 〖남〗을 게으름 부리게 하다. **3** 〖기계〗를 헛돌게 하다.
◇ ídleness *n.*, ídly *adv.*

ídle cóst *n.* 〖경영〗 유휴비〖생산 설비·노동력 따위가 충분히 이용되지 않기 때문에 발생하는 손실〗.

ídle(ídler) géar *n.* 〖기계〗 공전(空轉) 기어, 아이들 기어.

‡**i·dle·ness** [áidlnis] *n.* ⒰ **1** 나태, 일하지 않는 상태, 빈둥거림. ¶ *Idleness* is the root of all vice. 《속담》 나태는 백악(百惡)의 근원. **2** 무익, 쓸데없음.

ídle(ídler) púlley *n.* 〖기계〗 공전 활차, 중간차.
i·dler [áidlər] *n.* **1** 게으름뱅이, 빈둥거리는 사람. **2** 〖기계〗=idle gear, idle pulley, idle wheel. **3** 〖철도〗 빈차. **4** 〖해사〗 직외원 (直外員) 〖주간 근무를 원칙으로 하는 승무원〗.

i·dlesse [áidles] *n.* 《주로 문어》=idleness.

ídle(ídler) whéel *n.* 〖기계〗 **1** 중간 바퀴, 유동 바퀴. **2** =idle pulley.

‡**i·dly** [áidli] *adv.* 빈둥거리며, 게으르게, 아무 일도 않고. ◇ ídle *adj.*   〖국제어〗.

I-do [íːdou] *n.* ⒰ 이도어(語)〖에스페란토를 간략화한
IDO 《略》 *I*nternational *D*isarmament *O*rganization (국제 군축 기구).

I-do·ist [íːdouist] *n.* 이도어 연구가(사용자).

‡**i·dol** [áidl] *n.* **1** 〖숭배의 대상이 있는〗 우상, 신상(神像), **2** 〖성서〗 이교신(異敎神) 〖상〗, 사신(邪神) 〖상〗. **3** 맹목적으로 숭배(존경, 무척 사랑) 받는 사람(것). ¶ an *idol* of society 사교계에서 인기있는 사람 / a popular *idol* 민중으로부터 숭배받는 사람 / make an *idol* of ... ...을 숭배하다. **4** 영상(映像), 허깨비; 공상의 산물. **5** 틀린 개념, 그릇된 견해(의견)(fallacy). *cf.* idolum
◇ ídolize *v.*

i·dol·a·ter [aidɑ́lətər / -dɔ́l-] *n.* **1** 우상 숭배자. **2** 〖일반적으로〗 숭배자, 심취자(devotee).

i·dol·a·trous [aidɑ́lətrəs / -dɔ́l-] *adj.* **1** 우상 숭배의; 사신(邪神) 숭배의. **2** 〖맹목적으로〗 경모(숭배, 심취) 하는. **-ly** *adv.* **-ness** *n.*

‡**i·dol·a·try** [aidɑ́lətri / -dɔ́l-] *n.* ⒰Ⓒ (*pl.* **-tries**) **1** 우상 숭배; 사신 숭배. **2** 맹목적 신앙(숭배, 심취).

i·dol·ise [áid(ə)làiz] *v.* (**-ised, -is·ing**) 《英》 =idolize.

i·dol·ism [áid(ə)lìz(ə)m] *n.* ⒰Ⓒ 우상 숭배; 맹목적 숭배(심취)(idolatry).

i·dol·i·za·tion [àid(ə)lizéiʃ(ə)n / -lai-] *n.* ⒰ 우상화, 우상 숭배, 맹목적 숭배(심취).

i·dol·ize [áid(ə)làiz] (※《英》에서는 **idolise** 로도 쓴다) *v.* (**-ized, -iz·ing**) *vt.* ...을 우상화(시)하다, 우상으로서 숭배하다, 맹목적으로 숭배하다. — *vi.* 우상을 숭배하다.

i·dol·iz·er [áid(ə)làizər] *n.* 우상 숭배자, 맹목적 심취자.

i·do·lum [aidóuləm] *n.* (*pl.* **-la** [-lə]) 〖논리〗 [Francis Bacon 의] 선입적(先入的)인 오견(誤見). **2** 개념, 관념, 표상(表象), 심상(心像).

IDP 《略》 *I*nternational *D*riving *P*ermit (국제 운전 면허); *i*nosine *d*iphosphate; *i*ntegrated *d*ata *p*rocessing.

IDR 《略》 *I*nternational *D*epository *R*eceipt (국제 예탁 증권). 〖선 텔레비전〗.

IDTV 《略》 *I*mproved *D*efinition *T*elevision (화면 개

i·dyll, i·dyl [áidl / ídil, áidil] *n.* **1** 목가(풍)의, 〖영상 등을 묘사한〗 이야기체의 시. **2** 전원시적인 풍경(생활, 일어난 일).

i·dyl·lic [aidíllik, +英 idíl-] *adj.* 목가(풍)의, 전원시 (풍)의. **-li·cal·ly** [-ikəli] *adv.*   〖작가.

i·dyl·list, i·dyl·ist [áid(i)list] *n.* 전원 시인, 목가
-ie *suf.* **1** small, little 이라는 뜻의 명사를 만든다. 예: dear*ie*, dogg*ie*, Will*ie*. **2** -y 의 옛 철자. 예: beaut*ie*, fanc*ie*.

IE 《略》 *I*ndo-*E*uropean.; *i*ndustrial *e*ngineering.
*****i.e.** 《略》 《라틴》 *i*d *e*st (=that is) (즉, 바꿔 말하면).
I.E. 《略》 *I*ndo-*E*uropean, *I*ndustrial *E*ngineer (공업 기사).   〖기관).

IEA 《略》 *I*nternational *E*nergy *A*gency (국제 에너지
IEC 《略》 *I*nternational *E*lectrotechnical *C*ommission (국제 전기 표준 회의).

IEEE 《略》 *I*nstitute of *E*lectrical and *E*lectronics *E*ngineers (미국 전기·전자 통신학회).

-ier *suf.* 직업을 나타내는 명사를 만듦 [-eer 의 변형]. 예: brigad*ier*, gondol*ier*.

‡**if** [if] *conj.* **1** 《조건·가정》 만약(만일) …이면, 만약 …한다면, …이라면. **a)**《현재에 관하여》¶ *If* it is (or be) possible 만약 할 수 있다면, 가능하다면 / *If* you are(or be) honest, I will employ you. 네가 정직하다면 채용하겠다. ✽ be 를 쓰는 것은 문어. **b)**《미래에 관하여》¶ *If* you ever come to town, come to see me. 만약 읍내에 나오는 일이 있으면 찾아오게나. **c)**《과거에 관하여》¶ *If* he went there, he must know it. 그가 그곳에 갔다면 틀림없이 알고 있을 것이다 / *If* he had been warned, he has nothing to complain of. 이전에 주의만은 하고 있었다면 불평할 것이 없다. **d)**《현재의 사실에 반대되는 가정》 ✽ *if* 절의 동사는 (1) be 동사일 때 인칭에 관계없이 were. (2) 기타 동사일 때 과거형을 쓰는 것이 원칙. 주절에는 보통 should, would, could, might 따위 조동사의 과거형이 쓰인다. ¶ *If* I had the money, you should have it. 내게 그 돈이 있다면 너에게 줄 텐데 / What sort of picture would he paint, *if* he were (or 《구어》 was) a painter ? 그가 화가라면 어떤 그림을 그릴 것이던가. **e)**《과거의 사실에 반대되는 가정》 ✽ *if* 절의 동사는 과거 완료형을 쓴다. 주절에는 should, would 따위 조동사의 과거형+완료형이 쓰이다. 조동사의 다음이 완료가 아니면 현재까지 계속되고 있는 상황을 나타낸다. ¶ *If* I had been three minutes late, I should have missed the train. 3 분만 더 늦었더라면 기차를 놓쳤을 것이다 / *If* you had taken my advice, you should be happy today. 나의 충고를 들었더라면 너는 지금쯤 행복하게 지낼 텐데. **f)**《현재 또는 미래에 관한 강한 의문》 ✽ *if* 절에는 인칭에 관계없이 should 가 쓰이며, 때로는 were-to 를 쓰기도 한다. ¶ *If* it should rain, he will (or would) not start. 만일 비가 온다면 그는 출발하지 않을 것이다 / What will (or would) happen, *if* our house should take fire? 만약 집에 불이 난다면 어떻게 될까? **g)**《실현성이 없는 순전한 가정》 ✽ *if*-절에는 인칭에 관계없이 were 가 쓰인다. ¶ *If* the sun were to vanish, all life would die. 태양이 소멸한다면 모든 생물은 죽을 것이다. **h)**《like 와 생략한 감탄문으로》 ¶ *If* she were alive now ! 만약 그녀가 지금 살아 있기만 하다면! / *If* it is not raining ! 비가 오지만 않는다면! / *If* the rascal hasn't come again ! 그녀석이 또 왔다나 원!

── **Usage¹** (l) 가정의 생각 ─ 문어에서 주어와 [조] 동사를 전도하여 if 를 쓰지 않는 경우가 있다: *Had I the money*, you should have it. (*cf.* **d**) / *Had I been three minutes late*, I should have missed the train. (*cf.* **e**). (2) if 와 when ─ 어떤 상태가 일어나는 것이 불확실한 때에 if 를 쓰며, 확실히 일어난다고 생각될 때에는 when 을 쓴다: *If* it rains tomorrow, I shall not come./*When* spring comes, it becomes warm. ✽ 또한 상태의 확실성에 대해서 판단하기가 어려운 경우에는, if and when, when and if 를 함께 쓰는 경우가 있다: *If and when* he comes, I'll tell him. 만약 그가 오면 당신에게 돌아오도록 나가도 좋다.
[類語] **if** 가능성 유무에 관계없이, 조건·가정을 나타내는 가장 일반적인 단어: *If* it rains, I won't go there. 비가 오면 거기에 가는 것은 그만두겠다. **suppose**, **supposing** 모두 if 대신에 사용되어 가정을 나타낸다; suppose 쪽이 구어적: *Suppose* (or *Supposing*) it rains, will you go? 비가 온다면 가겠나? **provided**, **providing** 어떤 일이 성립되기 위한 조건을 나타낸다: You may go out *provided* (or *providing*) you come home by six. 6 시까지 돌아온다면 나가도 좋다.

2 《양보》 비록 …이라도, …이라 할지라도, 설령 …일지라도 (although). ✽ 본의 if 는 이것의 강조형. ¶ *If* he is rich, he is not happy. 그는 부자지만 행복하게 지내지는 않는다 / I don't mind *if* you fall asleep. 자도 괜찮아요.

3 《때》…인 때는 [언제나](whenever). ¶ *If* I want him, I ring. 그에게 와주기를 바랄 때에는 벨을 울립니다 / *If* she called, the dog hastened to her. 그녀가 부르기만 하면 개는 달려왔다.

4 《간접 의문문을 이끌어》 …인지 어떤지(whether). ¶ Go and see *if* anyone is at the door. 현관에 누가 왔는지 보아라 / I do not know *if* he is willing to come. 그가 올 생각이 있는지 어떤지는 모르겠다.

── **Usage²** whether 와 if ──(1) ask, doubt, know, learn, see, tell, try, wonder 따위에 계속해서 목적절을 이끄는 때에, whether 의 대용으로 if 를 쓸 때가 있다. (2) if 는 구어체 및 격식을 차리지 않는 문체에서 whether 대신에 쓰이는 경향이 있으며, *if*...or 와 상관적으로 쓰이기도 한다: He did not know *if* it was false *or* not. 그는 그것이 가짜인지 어떤지를 알지 못했다. (3) 조건절을 이끄는 if 와 혼동될 염려가 있을 때, 목적절이 문두(文頭)에 나올 때, 또는 주절·보어 등을 강조할 때는 반드시 whether 를 쓴다.

as if 마치 …인 것처럼. ¶ The child talks *as if* he were a grown-up. 그 애는 마치 어른처럼 말한다.

── **Usage³** as if 와 as though ──(1) 원래 as if 가 정에, as though 는 비교에 중점을 두지만, 현재는 구별 없이 쓰이며, as if 쪽이 빈도가 높다. (2) as if 와 as though 뒤에는 보통 가정법 과거형·과거 완료형을 쓰지만, 최근에는 특히 it seems (looks) 다음에, 직설법 현재형·현재 과거형을 쓰는 일도 적지 않다: He looks *as if he were* (*had been*) ill. / It looks (seems) *as if he is* (*has been*) ill. (✽ 가정법은 시제 일치의 법칙에 지배받지 않으므로, 위의 예에서 He looks 가 He looked 로 되어도 후속하는 he *were*는 그대로 두어도 되며, *had been* 으로 하면 「그 때까지 앓고 있었던 것 같은」의 뜻이 된다). (3) as if (though) 다음의 주어·술어 동사를 생략하는 일이 있다: He moved his lips *as if to speak* 그는 마치 무언가 말을 하려는 것처럼 입술을 움직였다 / He ran *as if for life*. 그는 마치 목숨이라도 걸린 것처럼 달렸다.

if an inch (*a pound, a day, one, etc.*) 1인치(1파운드, 1일, 따위)라도 있다면; 확실히, 충분히, 넉넉히, 적어도, ¶ He is eighty, *if a day*. 그는 아무래도 여든 살은 틀림없다.

if and when 만약 …할 때에는, *cf.* Usage¹ (2)

if any 가령 있다 할지라도, 얼마라도 있다면, ¶ There are very few, *if any*, mistakes. 오류가 있다고 해도 아주 적다.

if anything 어느 편인가 하면, 글쎄. ¶ He is, *if anything*, worse today. 글쎄, 그의 병은 오늘은 악화되어 있다.「(해도).

if at all; if ever 적어도 …한다면; …이기도 하더라도,

if it were not (**had not been**) **for** 만일 …이 없다 (없었다)면, ¶ *If it were not for* water, no living things could survive. 물이 없다면 생물은 살아 남을 수가 없을 것이다.

if I were 《충고 따위를 할 때》나 같으면 …하겠다, …하는게 좋겠다. ¶ *If I were* you, I'd get rid of that old car. 그 똥차는 처분하는게 어때요 ?

if necessary (or **need be**) 필요하면,

if not 만일 …이 아니라면; …이 아니라 하더라도, A good book, *if not* the best, is worth reading. 가장 좋은 책이 아니라도 좋은 책이면 읽을 가치가 있다.

if only …하기만 하면 (좋으련만). ⇨ ONLY.

if you must 꼭 그래야 한다면 [좋아].

if you please (or **would**) (1)《동의할 때》원하면, 좋고싶으면. (2)《요청 따위를 할 때》괜찮다면, 폐가 안된다면. ¶ Can I take you to the station ? ─ *If you please*. 자가 역까지 모셔다 드리죠. ─ 그래세요.

── *n.* (*pl.* **ifs**) 「만약」, 조건, 가정(假定), ¶ There are too many *ifs*. 「만약」이 너무 많다(너무 조건이 많다) / If me no *ifs*. 「만약」이라는 소리는 그만해라. ✽ 이는 동사 취급으로 명령문: V+IO+DO. ◇ **íffy** *adj*.

IF, i.f. (略) *intermediate frequency* (중간 주파).

IFAD (略) *International Fund for Agricultural*

IFALPA *International Federation of Air Line Pilots Association*(국제 항공기 조종사 협회).
IFAP(略) *International Federation of Agricultural Producers*(국제 농업 생산자 연맹).
IFC(略) *International Finance Corporation*(국제 금융 공사).
IFCTU(略) *International Federation of Christian Trade Unions*(국제 기독교 노동조합 연맹).
if-clause[ffklɔ̀ːz] *n.* 〖문법〗 조건절 〖if 로 이끄는 절〗.
IFF(略) 〖군사〗 *i*dentification, *f*riend or *f*oe (적과 아군을 판별하는 전자 장치).
if·fy [ífi] *adj.* 〖구어〗 모호한, 의심스러운.
IFIAS(略) *International Federation of Institute for Advanced Studies*(국제 고급 연구소 연합).
IFO(略) 〖항공〗 *i*dentifiable *f*lying *o*bject (확인 비행물체). *cf.* UFO
IFR(略) *i*nstrument *f*light *r*ules (계기 비행 방식).
IFRB(略) *International Frequency Registration Board*(국제 주파수 등록 위원회).
IFRC(略) *International Future Research Conference*(국제 미래학 회의).
I.F.S.(略) *I*rish *F*ree *S*tate.
I.F.T.U.(略) *International Federation of Trade*
-ify *suf.* ⇒-FY. **~ Unions**(국제 노동 연합).
Ig(略) *i*mmuno*g*lobulin (면역(免疫) 글로불린).
I.G.(略) *I*ndo-*G*ermanic; *I*nspector *G*eneral (감찰 위원장). 〖물 협정〗.
IGA(略) *International Grains Arrangement*(국제 곡물 협정).
IGC(略) *International Geographical Congress*(〖IGU 의〗 국제 지리학 회).
IGF(略) *i*nsulin-like *g*rowth *f*actor(인슐린 양(樣) 성장 인자).
ig·loo [íɡluː], **(ig·lu)** *n.* 이글루[빙설(氷雪)로 만든 반원형의 에스키모인의 집]. 〖<Eskimo *igdlu* house〗
ign.(略) *ign*ites; *ign*ition; (라틴) *ign*otus (모르는, 불명의(unknown)).
ig·ne·ous [íɡniəs] *adj.* **1** 불의(같은). **2** 〖지질〗 화성(火成)의. ¶ *igneous* rock 화성암.
ig·nes·cent [iɡnésnt] *adj.* 〖돌 따위가〗 치면〖불꽃이 나는. — *n.* 발화물〖질〗.
ig·nis fat·u·us [íɡnis fǽtʃuəs / -tju-] *n.* (*pl.* **ig·nes fat·u·i** [íɡniːz fǽtʃuài / -tju-]) **1** 도깨비불, 귀화(鬼火) (friar's lantern). **2** 사람을 미혹(迷惑)하는 것; 헛기대. 〖<L foolish fire〗
ig·nit·a·bil·i·ty [iɡnàitəbíləti], **(ignitibility)** *n.* 〖U〗 가연성(可燃性). 〖하기 쉬운〗.
ig·nit·a·ble [iɡnáitəbl] *adj.* 불붙기 쉬운, 발화(인화)
ig·nite [iɡnáit] *v.* (**-nit·ed, -nit·ing**) *vt.* **1** …에 불을 붙이다, 점화하다. ⇨ KINDLE 類語 **2** 〖화학〗…에 고열을 가하다; …을 태우다. **3** …을 흥분시키다. — *vi.* 불이 붙다(take fire), 발화하다.
ig·nit·er, -ni·tor [iɡnáitər] *n.* **1** 점화자. **2** 〖내연 기관 따위의〗 점화 장치. **3** 〖전자 공학〗 이그나이터, 점호자(點弧子).
ig·nit·i·bil·i·ty [iɡnàitibíləti] *n.* =ignitability.
ig·ni·tion [iɡníʃ(ə)n] *n.* 〖U〗 **1** 점화, 발화. ¶ an *ignition* plug 점화 플러그 / an *ignition* point 발화점. **2** 〖내연 기관의〗 점화. **3** 〖C〗 점화 장치.
ig·no·bil·i·ty [Iɡno(u)bíləti] *n.* 〖U〗 품위가 없음, 비열.
ig·no·ble [iɡnóubl] *adj.* **1** 품위 없는, 천한(base), 비열한. ⇨ MEAN² 類語 *opp.* noble **2** 부끄럽게 여겨야 할(shameful). **3** 〖고어〗 평민의(plebeian), 신분이 낮은. **~ness** *n.* ignobility *n.*
ig·no·min·i·ous [Iɡnəmíniəs] *adj.* 불명예스러운, 면목이 없는, 창피한; 경멸할만한, 비열한.
~·ly *adv.* **~·ness** *n.*

ig·no·min·y [íɡnəmìni] *n.* (*pl.* **-min·ies**) **1** 〖U〗 치욕, 불명예, 면목없음. ⇨ DISGRACE 類語 **2** 불명예스러운(창피스러운) 행위.
ig·no·ra·mus [Iɡnəréiməs] *n.* 무식한 사람, 무학자.
‡**ig·no·rance** [íɡn(ə)rəns] *n.* 〖U〗 **1** 무학, 무지, 무교육. ¶ *Ignorance* never gets beyond wonder. 무지는 놀라움의 영역을 벗어나지 못한다〖무식한 사람은 놀랄 줄만 알고 탐구하지 않는다〗/ *Ignorance is bliss*. 《속담》 모르는 동안은 마음이 편하다, 모르는게 약. **2** 〖사물을〗 알지 못함, 지식이 없음, 낯섦(*of* …). ¶ *Ignorance of the law excuses no one.* 법률을 모르는 것이 변명은 되지 않는다 / *He was in complete ignorance of the fact.* 그는 그 사실을 전혀 모르고 있었다.
◇ ignóre *v.*, ígnorant *adj.*
‡**ig·no·rant** [íɡn(ə)rənt] *adj.* **1** 무식한, 무지의, 무학의, 무교육의. ¶ an *ignorant* man 무학자.
類語 **ignorant** 전반적으로 또는 어떤 특정한 일에 대해서 지식이 없는: an *ignorant* rustic 무식한 시골 사람. **illiterate** 읽고 쓰지 못하는: an *illiterate* person unable to write his own name 자기 이름도 쓰지 못하는 문맹자. **uneducated** 교사로부터 배운 일이 없는: an *uneducated*, unskilled laborer 무교육의 미숙련 노동자. **unlettered** 겨우 읽고 쓸 수만 있을 뿐인; ignorant, illiterate 의 뜻으로도 쓴다: an *unlettered* old man 무학의 노인.
2 〖행위 따위가〗 무지에서 일어나는, 바보스러운, 유치한. **3** 〖어떤 사물을〗 모르는, 〖매념지(의식하지) 못한(*of* …). ¶ be *ignorant* of the world 세상을 모르다 // I was entirely *ignorant* that he was present. 나는 그가 왔었다는 것을 전혀 몰랐다.
~·ly *adv.* ◇ ignóre *v.*, ígnorance *n.*
ig·no·ra·ti·o e·len·chi [Iɡnəréiʃiòu ilέŋkai] *n.* 〖논리〗 논점이 서로 틀리는 허위. 〖<L ignorance of the refutation〗
‡**ig·nore** [iɡnóːr / -nɔ́ː] *vt.* (**-nored, -nor·ing**) **1** …을 무시하다, 돌보지 않다, 묵살하다. ⇨ NEGLECT 類語 ¶ *ignore* the presence of a person 남이 있는 것을 개의치 않다. **2** 〖법률〗 〖수석 배심(陪審)이〗 …의 증거 불충분을 선언하다. ◇ ígnorance *n.*, ígnorant *adj.*
ig·nor·er [iɡnóːrər / -nɔ́ːrə] *n.* 무시하는 사람, 개의치 않는 사람.
ig·no·tum per ig·no·ti·us [iɡnóutəm pə(ː)r iɡnóujiəs] *n.* 모르는 것을 더욱 모르는 것으로 설명하려고 함. 〖<L the unknown through the more unknown〗
IGO(略) *Intergovernmental Organization*(정부간 국제 기구).
I·go·rot [Iɡəróut, íːɡər-] *n.* (*pl.* **-rots** or **-rot**) **1** 이고로트족〖필리핀 제도 Luzon 섬 북부의 말레이 인종의 한 부족〗. **2** 〖U〗 이고로트어(語).
I·graine [iɡréin] *n.* 〖아서왕 전설〗 이그레인〖Arthur 왕의 어머니〗.
IGU(略) *International Geographical Union*(국제 지리학 연합).
i·gua·na [iɡwáːnə] *n.* 이구아나〖열대 아메리카산(産)의 초식성(草食性)의 큰 도마뱀〗.
i·guan·o·don [iɡwáːnədɑn /-dɔn] *n.* 〖고생물〗 이구아노돈, 금룡(禽龍)〖중생대 백악기(白堊紀) 파충(爬蟲)류의 일종〗.
I.G.Y.(略) *International Geophysical Year*(국제 지구 관측년).
IHB(略) *International Hydrographic Bureau*(국제 수로국).
IHD(略) *International Hydrological Decade*(국제 수문학(水文學) 10년 계획).
IHP, I.H.P., ihp, i.h.p.(略) *i*ndicated *h*orse-*p*ower.
IHS 본래 예수의 그리스어 IHΣΟΥΣ 중 처음의 3 문자 IHΣ 를 도안화한 것. 후에 라틴어의 영향으로 Σ 을

S로 씀으로써 *I*ēsus *H*ominum *S*alvātor(=Jesus, the Saviour of Mankind 구세주 그리스도)처럼 해석되었다.

IIC (略) *I*nternational *I*nstitute of *C*ommunications.
IIE (略) (美) *I*nstitute of *I*nternational *E*ducation (국제 교육 협회).
IISI (略) *I*nternational *I*ron and *S*teel *I*nstitute (국제 철강 협회).
IISS (略) *I*nternational *I*nstitute for *S*trategic *S*tudies ([영국의] 국제 전략 문제 연구소).
IJF (略) *I*nternational *J*udo *F*ederation (국제 유도 연맹).
ike [aik] *n.* 《美속어》 =iconoscope.
i·kon [áikɑn / ·kɔn] *n.* =icon.
Il [화학] illinium의 원자 기호.
IL (略) *I*llinois.
il-¹ *pref.* ⇒ IN-¹.
il-² *pref.* ⇒ IN-².
-il *suf.* ⇒ -ILE.
ILA, I.L.A. (略) *I*nternational *L*aw *A*ssociation.
Il Duce [il dúːtʃei / ·tʃi] *n.* 이탈리아 파시스트 당수 Mussolini의 칭호. [＜It. the leader]
ile- ⇒ ILEO-.
-ile *suf.* capability, susceptibility, liability, aptitude 라는 뜻의 형용사·명사를 만든다(* -il 은 이의 변형). 예: doc*ile*, duct*ile*, miss*ile*, text*ile*, civ*il*.
il·e·ac [íliæ̀k] *adj.* [해부] 회장(回腸)(ileum)의.
il·e·i·tis [ìliáitis] *n.* [U] [병리] 회장염.
ileo- ileum (회장)의 뜻의 연결형(* 모음의 앞에서는 ile-를 쓴다). 예: *ileo*cecal(회맹[回盲]부의).
il·e·um [íliəm] *n.* (*pl.* **-e·a** [-iə]) [해부] 회장.
il·e·us [íliəs] *n.* [U] [병리] 장폐색증(腸閉塞症).
i·lex [áileks] *n.* **1** 털가시나무(holm oak). **2** 감탕나무(屬)의 교목. **3** 서양감탕나무(holly).
ILGWU (略) *I*nternational *L*adies' *G*arment *W*orkers *U*nion.
Il·i·a [Ília] *n.* [로마 신화] 일리아[로마를 건설한 쌍둥이 Romulus와 Remus의 어머니].
il·i·ac [íliæ̀k] *adj.* [해부] 장골(腸骨)(ilium)의.
Il·i·ad [Ílied] *n.* **1** (the ~) 일리아드[Homer의 작으로 전해지는 Troy 전쟁을 읊은 장편 서사시]. *cf.* Odyssey **2** (때로 i-) Iliad풍의 서사시, 장편의 이야기. **3** (종종 i-) 계속되는 불행(고난).
ilio- ilium (장골[腸骨])의 뜻의 연결형.
-ility *suf.* -ile, -il 로 끝나는 형용사에 붙어서 추상 명사를 만든다. 예: abi*lity*, civi*lity*.
il·i·um [íliəm] *n.* (*pl.* **ilia**) 장골(腸骨).
ilk¹ [ilk] *n.* 일족, 가족, 동종, 동류. ¶ he and all his *ilk* 그와 그의 전 가족.
of that ilk (스코) 이름이 같은 땅의. ¶ MacDonald *of that ilk* 맥도날드의 맥도날드가(家). ② 동종의, 동류의.
— *adj.* 같은(same).
ilk² [ilk] (주로 스코) *pron.* 각각, 각자.
— *adj.* 각각의, 각자의(each); 모든 (every).
‡ill [il] *adj.* (**worse, worst**) **1** 병든, 건강이 나쁜; 편찮은, 언짢은. ¶ fall *ill*; be taken *ill* 병들다 / be *ill* in bed 병으로 누워 있다 // He is *ill* with heart disease. 그는 심장이 나쁘다 / He is lying *ill* with fever. 그는 열이 나서 누워 있다.
— *Usage* (英)에서는 이 뜻으로는 ill health를 제외하고 한정적인 용법으로는 쓰지 않고, 서술적으로만 쓰며, 한정적으로는 sick 를 쓴다. (美)에서는 sick와 같은 뜻으로 쓰이나 ill 은 형식적이며, 보다 중한 병이라는 느낌을 준다. * (英)에서는 sick 를 서술적으로 사용하면 「구역질이 나다」의 뜻이 되기도 한다.
2 (美) 구역질이 나는, 기분이 나쁜 ((英) sick).
3 나쁜, 사악한, 부도덕한. ⇒ BAD [語義] ¶ an *ill* deed 못된 짓 / *ill* fame 악명 / an *ill* habit 악습 / *ill* breeding 버릇없이 자람 / Ill weeds grow apace. 《속담》잡초는 으레 무성하다, 미움받는 자가 오히려 활개친다.
4 형편이 나쁜, 불길한, 불행한. ¶ *ill* fortune 불운 / an *ill* omen 흉조 / as *ill* luck would have it 불운하게도 / Ill news runs apace. 《속담》나쁜 소식은 빨리 퍼진다.
5 악의가 있는, 적의를 품은(hostile), 심술궂은, 불친절한(unkindly), 잔악한; 기분이 좋지 않은, 무뚝뚝한, 다루기 힘든(sullen). ¶ *ill* feelings 적의, 나쁜 감정 / an *ill* tongue 독설 / do a person an *ill* turn 남에게 앙갚음을 (보복을) 하다 / take in *ill* part 나쁘게 해석하다.
6 졸렬한, 서투른; 불충분한(unsatisfactory). ¶ *ill* management 서투른 처리 // be *ill* at contriving 고안을 (or feel) *ill* at ease ⇒ EASE. 더 서투르다.
— *n.* **1** [U] 악(evil), 사악, 죄악. ¶ do *ill* 못된 짓을 하다. **2** [U] 해악(harm). ¶ do *ill* to a person 남에게 해를 끼치다. **3** 질병(disease), 불체. **4** 불운(misfortune), 불행, 재난, 귀찮음(trouble). ¶ social *ills* 사회악 / various *ills* of life 인생의 갖가지 불행.
for good or ill 좋든 나쁘든. ¶ *For good or ill* I'll quit this job. 좋든 나쁘든 이 일을 그만둘 작정이다.
— *adv.* (**worse, worst**) **1** 나쁘게, 서투르게, 졸렬하게, 부정하게, 사악하게(wickedly). ¶ behave *ill* 행실이 나쁘다 / Ill got, ill spent. 《속담》부정한 재물은 오래가지 못한다. **2** 불친절하게(unkindly), 심술궂게, 혹독하게. ¶ take a thing *ill* 사물을 나쁘게 해석하다 / treat a person *ill* 남에게 심한 앙갚음을 하다 / use a person *ill* 남을 혹사하다 / speak *ill* of ~을 나쁘게 말하다, …의 험담을 하다. **3** 형편이 나쁘게(unfavorably), 운나쁘게, 불행하게(unfortunately). ¶ This affair goes *ill*. 이 일은 잘 되어가지 않다 / It would go *ill* with him. 그에게는 형편이 좋지 않을 것이다. **4** 불충분하게, 불충분히 (unsatisfactorily). ¶ be *ill* equipped 준비가 불완전하다 / 《종종 복합어를 만들어》 *ill*-prepared 준비가 불충분한. **5** 겨우, 거의 …이 아닌 (scarcely). ¶ cut *ill* 잘 베어지지 않다 / *ill* become a person 남에게 잘 어울리지 않다 / I can *ill* afford the money. 그 돈을 낼 형편이 못된다.
◊ illness *n.*
‡I'll [ail] I will, I shall 의 단축형.
ill. (略) *ill*umination; *ill*ustrated, *ill*ustration.
Ill. (略) *Ill*inois.
ill-ad·vised [íldvàizd] *adj.* 무분별한, 지각없는, 경솔한. **-vis·ed·ly** [-zidli] *adv.*
ill-af·fect·ed [íləféktid] *adj.* (古語) 호의(호감)를 갖지 않는, 불평을 품고 있는.
ill-as·sort·ed [íləsɔ́ːrtid] *adj.* 어울리지 않는, 균형 (조화)이 잡히지 않는. ¶ an *ill-assorted* pair 어울리지 않는 부부.
ill-at-ease [ílətíːz] *adj.* 불편(불안)한(uneasy).
il·la·tion [iléi(ə)n] *n.* [U] 추론, 추단(inference), 결론.
il·la·tive [ílətiv / iléi-] *adj.* **1** [낱말이] 추론적인. ¶ an *illative* conjunction 추론적 접속사 [then, therefore 따위]. **2** 추론의(inferential). **~ly** *adv.*
il·laud·a·ble [ilɔ́ːdəbl] *adj.* 칭찬할 가치가 없는, 칭찬 못할.
ill-be·ing [ílbíːiŋ] *n.* [U] [건강 따위의] 나쁜 상태; 불운, 불행; 곤궁. *opp.* well-being
ill blóod *n.* =bad blood.
ill-bod·ing [ílbóudiŋ] *adj.* 불길한, 재수없는.
ill-bred [ílbréd] *adj.* 버릇없이 자란, 예절을 모르는, 교양없는, 무례한.
ill-breed·ing [ílbríːdiŋ] *n.* [U] 버릇없이 자람, 무례함.
ill-con·di·tioned [ílkəndí(ə)nd] *adj.* **1** 성질이 억센, 악성의; 심술궂은; 기분이 좋지 않은; 몸이 편치 않은.
ill-con·sid·ered [ílkənsídərd] *adj.* 무분별한, 현명하지 못한; 부적당한.
ill-de·fined [íldifáind] *adj.* 분명치 않은.
ill-dis·posed [íldispóuzd] *adj.* **1** 질이 나쁜, 사악

한. **2** 호감을 갖지 않는, 비우호적인.
‡il·le·gal [ilíːg(ə)l] *adj.* 불법의, 위법의, 비합법적인.
¶ an *illegal* act 불법 행위. **~·ly** [-gəli] *adv.*
◇ illegálity *n.*, illégalize *v.*
illégal abórtion *n.* 불법 낙태(죄).
illégal álien *n.* 불법 입국자.
il·le·gal·i·ty [ìliːgǽliti] *n.* ⓊⒸ (*pl.* **-ties**) 불법[행위], 위법.
il·le·gal·ize [ilíːgəlàiz] *vt.* (**-ized, -iz·ing**) …을 비합법화하다, 불법(위법)으로 규정하다. ◇ 불능.
il·leg·i·bil·i·ty [ilèdʒəbíliti] *n.* Ⓤ 읽기 어려움, 판독.
il·leg·i·ble [ilédʒibl] *adj.* [글씨 따위가] 읽기 어려운, 판독하기 어려운. ¶ an *illegible* hand 판독할 수 없는 필적. **~·ness** *n.* **-bly** *adv.*
il·le·git·i·ma·cy [ìlidʒítiməsi] *n.* Ⓤ **1** 불법, 위법, 비합법. **2** 사생(私生), 서출(庶出). **3** 비논리성, 불합리.
***il·le·git·i·mate** [ìlidʒítimit → *v.* -mèit] *adj.* **1** 위법의, 비합법의(unlawful). **2** 사생의, 서출의(bastard). ¶ an *illegitimate* child 사생아. **3** [어구 따위가] 관용(慣用)에 맞지 않는. **4** [논리] 비논리적인, 불합리한(illogical).
¶ an *illegitimate* conclusion 비논리적인 결론. — *n.* 사생아, 서자(bastard). — *vt.* [ìlidʒítimèit] (**-mat·ed, -mat·ing**) …을 불법화하다, 불합리하다고 하다; …을 사생아로 선언하다. **~·ly** *adv.* **~·ness** *n.*
il·le·git·i·ma·tion [ìlidʒìtiméiʃ(ə)n] *n.* Ⓤ 위법이라는 인정(선고); 사생아의 인정(선고).
il·le·git·i·ma·tize [ìlidʒítimətàiz] (*《英》*에서는 **il·le·git·i·ma·tise**로도 쓴다) *vt.* (**-tized, -tiz·ing**) …을 위법(불법)으로 단정하다; 서출(사생아)로 선언하다.
íll fáme *n.* Ⓤ 악평, 악명. ¶ a house of *ill fame* 매춘굴. [소문이 나쁜.
ill-famed [ílféimd] *adj.* 평판이 좋지 않은 [도덕상]
ill-fat·ed [ílféitid] *adj.* **1** 불운한, 불행한, 팔자 사나운. **2** 불행을 초래하는. ¶ an *ill-fated* day 운수가 사나운 날, 액일(厄日).
ill-fa·vored, *《英》* **-voured** [ílféivərd] *adj.* **1** 재능이 부족한, 못생긴, 추한(ugly). **2** 불쾌한, 싫은(offensive). **~·ly** *adv.* **~·ness** *n.*
ill-found·ed [ílfáundid] *adj.* 근거가 박약한, 정당한 이유가 없는.
ill-got·ten [ílgátn / -gɔ́t-] *adj.* 부정한 수단으로 얻은. ✱ *ill-gotten* gains(부정 이득)처럼 한정적으로 쓰인다. 이에 대하여 ill got는 Ill got, ill spent. (부정한 돈은 오래가지 못하든지라도 서술용법.
íll húmor *《英》* **húmour** *n.* Ⓤ 기분이 좋지 않음, 불쾌.
ill-hu·mored, *《英》* **-moured** [ílhjúːmərd] *adj.* 기분이 좋지 않은, 불쾌한. **~·ly** *adv.* **~·ness** *n.*
il·lib·er·al [ilíb(ə)rəl] *adj.* **1** 도량이 좁은, 편협한. **2** (고어) 교양이 없는, 저속한. **3** (드물게) 인색한(stingy). **~·ly** [-rəli] *adv.*
il·lib·er·al·i·ty [ilìbərǽliti] *n.* 편협; 저속; 인색.
***il·lic·it** [ilísit] *adj.* 부정한, 위법의; 금지된, 금제(禁制)의; 무면허의. ¶ *illicit* sale 밀매(密賣).
~·ly *adv.* **~·ness** *n.*
il·lim·it·a·bil·i·ty [ilìmitəbíliti] *n.* Ⓤ 한(끝)이 없음, 광대무변, 무한.
il·lim·it·a·ble [ilímitəbl] *adj.* 한(끝)이 없는, 측량할 수 없는, 광대한(immeasurable). **-bly** *adv.*
ill-in·formed [ílinfɔ́ːrmd] *adj.* 지식이 불충분한, 정보 부족의; 정보에 어두운(*of, about, in*…).
il·lin·i·um [ilíniəm] *n.* Ⓤ[화학] 일리늄 (희토(稀土) 원소의 하나, 지금은 promethium이라 한다).
***Il·li·nois** [ìlinɔ́i, +美 -nɔ́iz] *n.* 미국 중서부의 주(주도(州都) Springfield; *略* Ill.). ◇ Illinóisan *adj.*
Il·li·nois·an [ìlinɔ́iən, +美 -nɔ́iz-] *adj.* Illinois 주(사람)의. — *n.* Illinois 주의 사람.
il·liq·uid [ilíkwid] *adj.* 현금이 아닌, 현금으로 바꿀 수 없는; 유동 자산이 없는.

il·lit·er·a·cy [ilít(ə)rəsi] *n.* (*pl.* **-cies**) **1** Ⓤ 문맹, 무학, 무교육. **2** [문학에서 오는] 틀리게 말하기(쓰기).
***il·lit·er·ate** [ilít(ə)rit] *adj.* 문맹의, 무학의 (⇒ IGNORANT [類語]); 교육이 없는(uncultured); [특별한] 소양이 없는. ¶ an *illiterate* style of writing 교양없음이 드러나는 문체/She is psychiatrically *illiterate*. 그녀에게는 정신 의학의 소양이 없다. — *n.* 문맹자, 무학자, 교양이 없는 사람. **~·ly** *adv.* **~·ness** *n.*
◇ illíteracy *n.*
ill-judged [íldʒʌ́dʒd] *adj.* 무분별한, 어리석은, 판단을 잘못한.
ill-look·ing [ílúkiŋ /-´-] *adj.* 《드물게》 [얼굴이] 못생긴(ugly), 인상이 나쁜(sinister).
ill-man·nered [ílmǽnərd] *adj.* 버릇없는, 무례한(uncivil). ⇒ RUDE [類語]. **~·ly** *adv.* **~·ness** *n.*
ill-matched [ílmǽtʃt], **ill-mat·ed** [ílméitid] *adj.* 맞지(어울리지) 않는. ¶ an *ill-matched* couple 어울리지 않은 쌍.
***ill-na·tured** [ílnéitʃərd] *adj.* 심술궂은, 근성이 고약한, 성미가 비뚤어진, 기분이 좋지 않은(cross).
~·ly *adv.* **~·ness** *n.*
‡ill·ness [ílnis] *n.* **1** Ⓤ 질병, 건강치 못함. ¶ pretend *illness* 꾀병을 부리다 / die of *illness* 병으로 죽다 / He recovered from his *illness*. 그는 병이 나았다 / He is absent because of *illness*. 그는 병으로 쉬고 있다. **2** [하나의] 병, 질병. ¶ a serious *illness* 중병 / have a long *illness* 오래 앓고 있다.
[類語] illness 건강하지 못함(원기가 없는) 상태; 《美》에서는 「병」이라는 뜻의 일반적인 말; 《美》에서는 약간 형식적인 말로 비교적 중한 병. sickness 《美》에서는 「병」이라는 뜻의 일반적인 말; 《美》에서는 「병」이외에 또한 「구역질」을 뜻한다. disease 「병」을 나타내는 일반적인 말; 건강 상태가 손상된다; 보통 원인을 규명할 수 있는 특정의 병명이 붙는 병. disorder disease 보다 광의로 「몸의 상태가 좋지 않음」; ailment 가벼운, 또는 만성의 disorder. malady 원인이 분명치 않은, 또는 만성의 disorder.
il·log·ic [ilάdʒik / ilɔ́dʒ-] *n.* Ⓤ 불합리[성], 부조리, 비[논리.
il·log·i·cal [ilάdʒik(ə)l /-lɔ́dʒ-] *adj.* 비논리적인, 불합리한. **~·ly** [-kəli] *adv.* **~·ness** *n.*
il·log·i·cal·i·ty [ilὰdʒikǽliti / ilɔ̀dʒ-] *n.* (*pl.* **-ties**) **1** Ⓤ 비논리성, 불합리. **2** 비논리적(불합리)인 일(것).
ill-o·mened [ílóumənd / -mend] *adj.* 불길한, 재수없는, 불운한(unlucky). [되는.
ill-sort·ed [ílsɔ́ːrtid] *adj.* 어울리지 않는, 조화가 안
ill-spent [ílspént] *adj.* 잘못 쓴, 낭비한(wasted).
ill-starred [ílstά:rd] *adj.* 신수가 나쁜, 액운을 타고난; 불운한, 불행한(unlucky).
ill-suit·ed [ílsúːtid / -s(j)úːt-] *adj.* 맞지(어울리지) 않는; 부적당한.
íll témper *n.* 심기가 좋지 않음; 성급함; 심술궂음.
ill-tem·pered [íltémpərd] *adj.* 심기가 좋지 않은, 성미가 까다로운, 화 잘내는, 성깔이 있는, 심술궂은.
~·ly *adv.* **~·ness** *n.*
ill-timed [íltáimd] *adj.* 때를 못 만난, 시기를 놓친, 시기 부적절한(unlucky).
ill-treat [íltríːt] *vt.* …을 학대하다; …을 냉대하다.
ill-treat·ment [íltríːtmənt] *n.* Ⓤ 학대; 냉대.
il·lume [ilúːm / il(j)úːm] *vt.* (**-lumed, -lum·ing**) 《고어·시》= illuminate.
il·lu·mi·na·ble [ilúːminəbl / il(j)úː-] *adj.* 비출(조명할) 수 있는; 계발(啓發)할 수 있는.
il·lu·mi·nant [ilúːminənt / il(j)úː-] *n.* 발광체(물), 광원(光源). — *adj.* 빛을 내는, 비추는, 조명하는.
‡il·lu·mi·nate [ilúːminèit / il(j)úː-] *vt.* (**-nat·ed, -nat·ing**) **1** …을 밝게 하다, 비추다, 조명하다. ¶ *illuminate* a room 방에 등불을 켜다. **2** 《주로 英》…에 전기 장식을 하다, …을 등불로 장식하다. ¶ an

illuminated

illuminated car 꽃전차. **3** 〔사본·글자 따위〕를 색무늬·꽃글자 따위로 꾸미다. ¶ an *illuminated* manuscript 채색(彩色) 사본, 금박(金箔) 사본. **4** …을 계몽하다, 계발하다(enlighten). ¶ Faith *illuminated* him. 신앙이 그의 마음을 계몽했다. **5** …을 분명히 하다, 설명하다, 해명하다(elucidate). ¶ *illuminate* a problem 문제를 설명하다. **6** …을 빛나게 하다; …의 명성을 높이다, …에 빛을 더하다. ¶ A beautiful smile *illuminated* her face. 아름다운 미소가 그녀의 얼굴을 빛나게 했다. ¶ Brilliant achievements *illuminate* the era. 빛나는 업적이 그 시대에 빛을 더해 주고 있다.

◇ illuminátion *n.*, illúminative, illúminant *adj.*

il·lu·mi·nat·ed [ilúːmineitid / il(j)úː-] *adj.* 비추어진; 전기 장식을 단; 계몽된; 〔사본 따위〕 채색(彩色)된; 〔美속어〕 술취한(drunk).

il·lu·mi·na·ti [ilùːminéitai, -náːtiː / -náːtiː] *n. pl.* (*sing.* **-to**) **1** 식자(識者); 〔자칭〕 철인(哲人). **2** (I-) 광명파(光明派) 〔계시를 받았다고 자인하는 각종 비밀 결사·신비 교파〕.

il·lu·mi·nat·ing [ilúːmineitiŋ / il(j)úː-] *adj.* **1** 밝게 하는, 조명하는. **2** 계발적인, 계몽적인. ¶ an *illuminating* oil 등유. **2** 계발적인, 계몽적인. ¶ an *illuminating* lecture 계몽적인 강연.

illúminàting projéctile *n.* 〔군대〕 조명탄.

‡il·lu·mi·na·tion [ilùːminéi(ə)n / il(j)ùː-] *n.* 〔U〕 **1** 조명, 투광(投光). ¶ highway *illumination* 도로광, 일루미네이션, 전등 장식. **b**) 〔보통 ~s〕 〔일루미네이션으로 장식한〕 축제. **3** 계발, 계몽, 교화(敎化) **4** 〔C〕 〔사본 따위의〕 채색(彩色). ◇ illúminate *v.*, illúminative *adj.*

il·lu·mi·na·tive [ilúːmineitiv / il(j)úːminə-] *adj.* 비추는, 밝게 하는; 계발하는, 계몽하는, 설명적.

il·lu·mi·na·tor [ilúːminèitər / il(j)úː-] *n.* **1** 계몽가(家), 교화자. **2** 조명계(係), 조명기(器). **3** 〔사본 따위의〕 채색사(彩飾者).

il·lu·mine [ilúːmin / il(j)úː-] *vt.* (**-mined, -min·ing**) = illuminate.

il·lu·mi·nom·e·ter [ilùːminámitər/il(j)ùːminɔ́m-] *n.* 조도계(照度計).

illus. (略) illustrated, illustration.

ill-us·age [íljuːsidʒ, -júːz- / -júːz-, -júːs-] *n.* 〔U〕 학대.

ill-use *vt.* [íljuːz →*n.*] (**-used, -us·ing**) …을 학대하다, 혹사하다(maltreat). —*n.* 〔U〕 학대, 혹사.

‡il·lu·sion [ilúː(ʒ)ən] *n.* 〔U〕〔C〕 **1** 환각(幻覺), 환영(幻影)(hallucination). ¶ A mirage is an *illusion*. 신기루는 환영이다 / A picture of a waterfall creates the *illusion* of coolness. 폭포의 그림은 서늘한 느낌을 자아낸다.

〔類語〕 *illusion* 아주 진실같이 보이는(생각되는) 것; 반드시 나쁜 뜻은 아니다: Children have an *illusion* that dolls speak. 아이들은 인형이 말을 하는 것으로 환상한다. *delusion* 정신의 동요, 속기 쉬움, 전위를 식별하기 어려운 따위로, 사실이 아닌데 사실처럼 보이는 (생각되는) 것: suffer from *delusions* of being betrayed by one's friends 친구들에게 배신당하고 있다는 환상에 시달리다. *hallucination* 정신 착란·감각 이상 따위로 실존하지 않는데도 보이거나 들리거나 하는 것: *hallucinations* caused by drug addiction 약물 중독으로 인한 환각.

2 잘못 생각하기, ¶ be under an *illusion* 잘못 생각하고 있다. **3** 〔심리〕 착각. ¶ an optical *illusion* 착시(錯視). **4** 투명한 비단 망사. **5** 〔페어〕 망상, 미상(迷想) (delusion).

◇ illúsional, illúsive, illúsory *adj.*

il·lu·sion·al [ilúːʒən(ə)l], **-sion·ar·y** [-ʒənèri/-əri] *adj.* 환각의, 환영(幻影)의; 착각의, 망상의.

il·lu·sion·ism [ilúːʒənìz(ə)m] *n.* 〔U〕〔철학〕 환상설 (幻想說), 미망(迷妄)설 〔이 세상은 환영(幻影)에 불과하다고 하는 설〕.

il·lu·sion·ist [ilúːʒənist] *n.* **1** 환상가, 망상에 빠진 사람. **2** 요술쟁이, 기술사(奇術師). **3** 환상설 신봉자, 미망(迷妄)론자.

il·lu·sive [ilúːsiv] *adj.* = illusory. ~**·ly** *adv.* ~**·ness** *n.*

*il·lu·so·ry [ilúː(z)əri] *adj.* **1** 착각(환상)을 일으키게 하는, 남을 현혹시키는. **2** 환상적인, 실체(實體)가 없는, 가공의. ¶ *illusory* hopes 현실성이 없는 기대. **-ri·ly** *adv.* **-ri·ness** *n.* ◇ illúsion *n.*

illust. (略) illustrated, illustration.

‡il·lus·trate [íləstrèit, ilʌ́streit] *vt.* (**-trat·ed, -trat·ing**) **1** 〔예 따위를 들어〕 …을 분명히 하다, 설명하다, 예증하다(exemplify). ¶ (~+囲+前+名) *illustrate* something *from* one's experience (*by* a familiar example) …을 경험에 따라 (비근한 예로) 설명하다 // (~+*wh.* 節) This *illustrates* how … 이것은 …이라는 사정(사연)을 분명히 보여 주고 있다. **2** 〔책 따위〕에 도해(圖解)를 넣다. ¶ an *illustrated* book (newspaper) 그림책(그림이 삽입된 신문).

◇ illustrátion *n.*, illústrative, illústrious *adj.*

‡il·lus·tra·tion [ìləstréi(ə)n] *n.* **1** 삽화, 설명도. **2** 〔설명하면〕 실례, 예도(例圖), ⇒ EXAMPLE 〔類語〕 **3** 〔U〕 설명(explanation), 예해(例解), 도해, 예증.

◇ íllustrate *v.*, illústrative *adj.*

*il·lus·tra·tive [ilʌ́strətiv, íləstrèitiv, ilʌ́streitiv/íləstrèitiv] *adj.* 설명적인, 실례(實例)가 되는, 예증하는, …을 분명히 하는(*of*…). ¶ His life was eminently *illustrative* of his epoch. 그의 생애는 그의 시대를 두드러지게 반영한 것이었다. **~·ly** *adv.*

*il·lus·tra·tor [íləstrèitər, +美ilʌ́s-] *n.* **1** 삽화가. **2** 실례를 보여주는 사람(것), 예증이 되는 것, 설명(도해)자.

il·lus·tri·ous [ilʌ́striəs] *adj.* **1** 현저한, 저명한, 유명한. ⇒ FAMOUS 〔類語〕 **2** 빛나는, 화려한(glorious). ¶ *illustrious* deeds 빛나는 업적. **~·ly** *adv.* **~·ness** *n.*

il·lu·vi·ate [ilúːvièit] *vi.* (**-at·ed, -at·ing**) 〔지질〕 집적(集積)하다.

il·lu·vi·a·tion [ilùːviéi(ə)n] *n.* 집적.

ill will *n.* 악의, 적의, 혐오, 원한. ⇒ MALICE 〔類語〕

ill-wish·er [ílwíʃər] *n.* 남의 불행을 바라는 사람.

il·ly [íli] *adv.* = ill.

ILO, I.L.O. (略) *I*nternational *L*abor *O*rganization. 〔입 착륙 장치〕.

ILS (略) 〔항공〕 *i*nstrument *l*anding *s*ystem (계기 진입 착륙 장치).

ILTF (略) *I*nternational *L*awn *T*ennis *F*ederation (국제 정구 연맹).

ILZSG (略) *I*nternational *L*ead and *Z*inc *S*tudy *G*roup (국제 납·아연 연구소).

‡I'm [aim] I am 의 단축형.

im- *pref.* ⇒ IN.¹,²

I.M. (略) *I*sle of *M*an (맨섬).

‡im·age [ímidʒ] *n.* **1** 상(像), 초상, 조상(彫像), 화상(畫像), 성상(聖像); 우상(idol). ¶ an *image* in stone 석상 / a graven *image* 조상, 우상 / an *image* of Virgin Mary 처녀 마리아상.

2 〔눈·거울 따위에 비치는〕 상, 영상. ¶ a real (a virtual) *image* 실상(허상).

3 심상(心像), 표상(表象) (idea), 개념(conception), 관념, 이미지; 〔심리〕 심상. ¶ our *images* of America 미국에 대한 우리들의 이미지.

4 모양, 모습, 외형(形). ¶ an *image* of God 하나님을 닮은 인간의 모습 / God created men in his own *image*. 하나님이 자기 형상 곧 하나님의 형상대로 사람을 창조하셨다(Gen.) 1 : 27〕.

5 꼭 닮은 사람, 흡사한 사람. ¶ He is the very *image* of his grandfather. 그는 할아버지를 그대로 닮았다.

6 상징, 표상(symbol). ¶ The play is the *image* of the accident in Dallas. 이것은 델라스에서의 사건을 극으로 만든 것이다.

7 전형(type); 화신, 권화(權化) (embodiment). ¶ an

image of devotion 신앙의 화신.
8 [말·문장에 의한] 선명한 묘사, 박진감 있는 표현.
9 〖修辭〗 비유적인 표현, 직유(直喩)(simile), 은유(隱喩)(metaphor), 형상. ¶ speak in *images* 비유적인 표현을 써서 말하다.
— *vt.* (**-aged, -ag·ing**) **1** …을 마음에 그리다, 상상하다(imagine). ¶ *image* a thing to oneself 사물을 마음에 그려보다. **2** …의 상(像)을 그리다(만들다, 조각하다). **3** …을 생생하게 묘사하다. ¶ (~+圖+前+图) The hero is finely *imaged* in the poem. 그 시 속에서는 영웅의 모습이 생생하게 묘사되어 있다. **4** …의 상을 비추다(영사(映寫)하다); …을 거울에 비추다. ¶ (~+圖+前+图) *image* a film *on* a screen 필름을 화면에 비추다.
◇ imágine *v.*

ímage ádvertising *n.* 〖광고〗 이미지 광고[상품의 특성보다 성적 매력·믿음성을 강조하는 광고].
im·age-build·er [ímidʒbìldər] *n.* [선전 따위에 의한] 이미지를 만드는 사람.
im·age-build·ing [ímidʒbìldiŋ] *n.* ⓤ 이미지 조성.
im·age-mak·er [ímidʒmèikər] *n.* 광고(선전)하는 사람; [상품 따위의] 이미지를 만드는 사람.
ímage órthicon *n.* 〖TV〗 촬상관(撮像管)의 일종.
ímage pròcessing *n., adj.* 〖전자 공학〗 화면 처리 [의] [문자나 숫자가 아니라 화상을 처리(입력, 기록, 변환, 계측, 인식, 전송 따위)함].
ímage pròcessor *n.* 〖컴퓨터〗 화상(畫像) 처리 장치.
im·age·ry [ímidʒ(ə)ri] *n.* ⓤ ⓒ (*pl.* **-ries**) **1** 영상을 그리기(새기기, 조각하기); 〖집합적〗 상, 초상, 화상, 조상. **2** 〖집합적〗 〖심리〗 심상(mental images). **3** 비유적인 묘사, 〖수사〗 수사적인 형상. ¶ Shakespeare's poetry is rich in *imagery*. 셰익스피어의 시는 비유적 표현이 풍부하다.
ímagery rehéarsal *n.* 이미지 훈련[스포츠 선수가 과거 자신이 최고 성적을 올렸을 때의 품을 사진이나 비디오로 보며 훈련한다].
***im·ag·in·a·ble** [imǽdʒ(i)nəbl] *adj.* 상상할 수 있는, 생각할 수 있는(conceivable) (* 강조하기 위하여 명사의 앞뒤, 형용사의 최상급, 또는 all, every, no 다음에 쓴다). ¶ every method *imaginable*; every *imaginable* method 생각할 수 있는 모든 방법 / They met with the greatest difficulty *imaginable*. 그들은 거의 상상못할 정도로 곤란에 부딪혔다. **~·ness** *n.* **-bly** *adv.*
im·ag·i·nal [imǽdʒin(ə)l] *adj.* 〖곤충〗 성충(成蟲)(imago)의; 성충 모양의.
‡im·ag·i·nar·y [imǽdʒinèri / -n(ə)ri] *adj.* **1** 상상의, 가상의, 가공의(fancied). ¶ an *imaginary* enemy 가상의 적 / an *imaginary* hero 가공의 영웅. **2** 〔수학〕 허(虛)의, 허수의. *opp.* real ¶ an *imaginary* number (root) 허수(허근). — *n.* (*pl.* **-nar·ies**) 〔수학〕 허수. **-nar·i·ly** *adv.* ◇ imágine *v.*
‡im·ag·i·na·tion [imædʒinéiʃ(ə)n] *n.* ⓤ ⓒ **1** 상상[작용], 상상력, 창작력, 구상력; 기지(機知)의 풍부함 (resourcefulness). ¶ a rich *imagination* 풍부한 상상력 / creative (reproductive) *imagination* 〖심리〗 창조적(재생적) 상상 / beyond *imagination* 상상할 수 없는, 상상을 넘어선 / a man of strong *imagination* 상상력이 풍부한 사람 / I can see in *imagination* that … 나는 … 을 상상할 수가 있다. **2** 상상한 일(것), 상상의 산물, 심상(心像), 공상.
Your pains are pure imagination. 아프다고 생각하니까 아프지.
Just imagination! = It's your *imagination*. 지나친 생각이야!, 기분 탓이다.
[類語] *imagination* 본 일이 있어 알고 있으나 눈 앞에는 없는 것, 또는 실존하지 않는 것을 상상하는 일: Hamlet is a product of *imagination*. 햄릿은 상상의 산물이다. *fancy* 비현실적인, 있을 수 없는 것을 제멋대로 (선뜻선뜻) 마음속에서 만들어내거나, 표현하는 일: the capricious

fancy of a child 어린이의 변덕스러운 공상. *fantasy* 예술 작품 등에서 현실의 제약에서 떠나서 자유 분방하게 전개된 fancy: 'The Swan Lake' is a pure *fantasy*. 「백조의 호수」는 순수한 환상이다. *vision* 초자연적·천재적인 능력으로 현실적으로는 보이지 않는 [이상적인] 것을 보이는 것처럼 생각하여 그리는 일: a statesman of profound *vision* 깊은 통찰력이 있는 정치가.
◇ imágine *v.*, imaginátional, imáginative *adj.*
im·ag·i·na·tion·al [imædʒinéiʃ(ə)n(ə)l] *adj.* 상상의.
***im·ag·i·na·tive** [imǽdʒ(i)nèitiv, -nə- / -nə-] *adj.* **1** 상상적인, 상상력이 풍부한. ¶ *imaginative* poetry 상상적인 시. **2** 상상[력]의(에 관한). ¶ *imaginative* faculty 상상력. **3** 상상에 잠긴, 상상력이 풍부한. ¶ an *imaginative* poet 상상력이 풍부한 시인. **4** 공상적인, 가공의(fanciful). **~·ly** *adv.* **~·ness** *n.*
◇ imágine *v.*, imaginátion *n.*
‡im·ag·ine [imǽdʒin] *v.* (**-ined, -in·ing**) *vt.* **1** …을 상상하다, …을 마음에 그리다. ¶ You can little *imagine* his great success. 그가 얼마나 위대한 성공을 거두었는지 당신은 아마 상상도 못할 것입니다 // (~+[that] 圖) At first sight I could easily *imagine* that the girl would become a good actress. 나는 첫눈에 그 소녀가 훌륭한 여배우가 되리라는 것을 쉽게 상상할 수 있었다 // (~+-*ing*) Can you *imagine* their *doing* such a thing? 당신은 그들이 그런 일을 하는 것을 상상할 수 있겠습니까? // (~+圖+[*to be*] 圖) She likes to *imagine* herself a princess. 그녀는 자기가 왕녀라고 상상하기를 좋아한다.
2 …을 가정하다(assume, suppose). ¶ (~+圖+[*to be*] 圖) *Imagine* yourself [*to be*] on the top of Mt. Everest. 에베레스트 산정에 있다고 가정해 보시오.
3 …을 추정(추측)하다(conjecture, guess). ¶ (~+*wh.* 圖) I can't *imagine* how hard he works. 그가 얼마나 열심히 일하는지를 나는 알 수가 없다 / I can't *imagine* what he is doing. 그가 무엇을 하고 있는지를 나는 전혀 모른다.
4 …을 생각하다(think). ¶ (~+[*that*] 圖) I *imagine* [*that*] he will come without fail. 그는 꼭 오리라고 생각한다. 〔좀 해보세요.〕
— *vi.* 상상하다, 짐작하다. ¶ Just *imagine*! 자 생각 좀 해보세요.
◇ imaginátion *n.*, imáginary, imáginative *adj.*
ímaging rádar *n.* 〔군사〕 영상 레이더[목표를 접이 아니라 형태로 포착(捕捉)하는 레이다].
im·ag·ism [ímədʒiz(ə)m] *n.* ⓤ 사상(寫像)주의, 이미지즘 [1912년경 영미(英美)에서 낭만주의에 대항하여 일어난 자유시(詩)운동].
im·ag·ist [ímədʒist] *n.* 사상주의자. — *adj.* (= **im·ag·is·tic** [ìmədʒístik]) 사상주의의.
i·ma·go [iméigou] *n.* (*pl.* **-goes** or **-gi·nes** [-dʒiníːz]) **1** 〔곤충〕 성충(成蟲). **2** 〔정신 분석〕 모습, 영상(影像) 〔유아기의 사랑의 대상이 이상화된 것〕.
imágo Déi [-déi] *n.* 〔신학〕 하느님을 닮은 인간의 모습, 하느님과 닮은 모습, 하느님의 형상.
i·mam [imáːm] *n.* **1** 회교의 승(僧), 식승(式僧), 도사(導師). **2** 회교 교주의 칭호.
i·mam·ate [imáːmeit] *n.* ⓤ ⓒ imam 의 직(관구(管
im·bal·ance [imbǽləns] *n.* ⓤ **1** 불균형, 불안정. **2** 〔의학〕 〔근육이나 내분비선 따위의〕 균형을 잃은 상태.
im·balm [imbáːm] *vt.* (= embalm).
im·be·cile [ímbis(i)l / -síːl, -sàil] *n.* **1** 〔심리〕 〔중도 (中度)의〕 정신 박약자(idiot 와 moron 의 중간). **2** 〔일반적으로〕 치우(癡愚), 바보. — *adj.* 정신 박약의, 저능의, 어리석은. ¶ an *imbecile* conduct 어리석은 짓. **~·ly** [-sil(l)i / -síːlli, -sáili] *adv.*
im·be·cil·ic [ìmbisílik] *adj.* 저능자의. **2** 바보스러운.
im·be·cil·i·ty [ìmbisíliti] *n.* ⓤ **1** 정신 박약, 저능. **2** 어리석은 일 (짓).
im·bed [imbéd] *vt.* (**-bed·ded, -bed·ding**) = embed.

im·bibe [imbáib] v. (-**bibed**, -**bib·ing**) vt. **1** (술·차 따위)를 마시다(drink). **2** …을 빨아들이다, 흡수(흡입)하다(absorb). ¶ A sponge *imbibes* moisture. 스펀지는 습기를 빨아들인다. **3** (지식 따위)를 받아들이다, 동화하다. ¶ *imbibe* new ideas 신사상을 흡수하다. — vi. 마시다, 빨아들이다, 흡수하다.

im·bib·er [imbáibər] n. 마시는 사람; 흡수자, 빨아들이는 물건.

im·bi·bi·tion [ìmbibíʃ(ə)n] n. Ⓤ 흡수, 흡입.

im·bit·ter [imbítər] vt. =embitter. 「ment.

im·bod·i·ment [imbádimənt / -bɔ́di-] n. =embodi-

im·bod·y [imbádi / -bɔ́di] v. (-**bod·ied**, -**bod·y·ing**) = embody.

im·bos·om [imbúz(ə)m] v. =embosom.

im·bri·cate adj. [ímbrikit, -kèit → ·] 비늘(기와)모양의, 비늘(기와) 모양으로 겹쳐진, 비늘 무늬의. — v. [ímbrikèit] (-**cat·ed**, -**cat·ing**) vt. …을 비늘(기와) 모양으로 늘어놓다(겹치게 하다). — vi. 비늘(기와)모양으로 늘어서다(겹치다). ~**ly** adv.

im·bri·ca·tion [ìmbrikéiʃ(ə)n] n. ⓤⒸ 비늘(기와)처럼 배열됨; 비늘 모양, 비늘 무늬.

im·bro·glio [imbróuljou / -lìou], **em-** [im-] n. (pl. ~**s**) **1** (사건 따위의) 뒤얽힘, 분규, 난국. ¶ fall into a hopeless *imbroglio* 절망적인 난국에 빠지다. **2** [연극 따위의] 복잡한 줄거리, 복잡하게 얽힌 오해, 복잡한 엇갈림(entanglement). [< It. confusion]

im·brue [imbrúː], **em-** [im-] vt. (-**brued**, -**bru·ing**) [특히 피로] …을 더럽히다, 물들이다(...with, in); [사상·감정 등을] 불어넣다(...with, in). ¶ *imbrue* one's hands *with* (or *in*) blood 손을 피로 물들이다, 살인을 범하다.

im·brute [imbrúːt], (**em-brute** [im-]) v. (-**brut·ed**, -**brut·ing**) vt. …을 야수처럼 되게 하다, 잔인하게 하다. — vi. 야수처럼[잔인하게] 되다. 「성.

im·brute·ment [imbrúːtmənt] n. ⓤ 야수화, 야수

im·bue [imbjúː], (**em·bue** [im-]) vt. (-**bued**, -**bu·ing**) **1** [사상·감정 등을] …에게 불어넣다, 고취하다(...with). ¶ *imbue* one's mind *with* ambition for success 남에게 공명심을 불어넣어 성공을 꾀하게 하다. **2** [습기·염료 따위를] …에 스며들게 하다; …을 물들이다, 더럽히다(...with). ¶ clothes *imbued with* black 검정으로 물들인 옷.

im·bue·ment [imbjúːmənt], **em·bue·ment** [im-] n. ⓤ 물들임; [사상 따위를] 불어넣기(주입), 고취.

IMC 《略》〔항공〕 *i*nstrument *m*eteorological *c*onditions(계기 비행 기상상태); 《美》 *I*nternational *M*aterial *C*onference(국제 원료 회의); *I*nternational *M*onetary *C*onference(국제 금융 회의).

IMCO 《略》 *I*nter-Governmental *M*aritime *C*onsultative *O*rganization [유엔] 정부간 해사 기구. IMO의 구칭.

IMEC 《略》 *I*nternational *M*ovements for *E*nvironment *C*onservation(국제 환경 운동).

IMF 《略》 *I*nternational *M*onetary *F*und (국제 통화기금).

IMIS 《略》〔컴퓨터〕 *i*ntegrated *m*anagement *i*nformation *s*ystem(집중 경영 정보 시스템); 《美》 *i*ntegrated *m*otorist *i*nformation *s*ystem(종합 운전자 정보 시스템).

imit. imitation, imitative. 「템).

im·i·ta·bil·i·ty [ìmitəbíliti] n. ⓤ 모방할 수 있음.

im·i·ta·ble [ímitəbl] adj. 모방할(흉내낼) 수 있는.

‡**im·i·tate** [ímitèit] vt. (-**tat·ed**, -**tat·ing**) **1** …을 본받다, …을 모범으로 삼다. ¶ *imitate* a person's good conduct 남의 선행을 본받다. **2** (남의 언동·태도·풍채 따위)를 모방하다, 흉내내다; …을 익살맞게 흉내내다(mimic), 만화(漫畵)화하다(caricature). ¶ Children try to *imitate* their adults. 아이들은 어른들의 흉내를 내려고 한다. **3** …을 모사(模寫) (모조)하다, 진짜처럼 보이게 하다. ¶ *imitate* the picture of Rembrandt 렘브란트의 그림을 모사하다 / This glass is made to *imitate* a diamond. 이 유리는 다이아몬드를 모조하여 만들어졌다.

[類語] **imitate** 본보기·견본으로 하다: *imitate* one's father as an example 아버지를 본받아 보고 배우다. **copy** 가능한 한 충실히 모방·모사·재생하다: *copy* a Picasso 피카소의 작품을 모사하다. **mimic** 말씨·몸짓·버릇 따위를 진짜 그대로 흉내내다: *mimic* a TV star 텔레비전 스타의 흉내를 내다. **mock** 비웃으출의 도로 극적에서 mimic 하기. *mock* one's teacher 선생님의 흉내를 내어 놀려주다. **ape** 충실하게 흉내내다; 종종 서툴러서 웃음거리가 되는 것을 암시: try in vain to *ape* one's rival 경쟁 상대의 흉내를 내려고 애쓰지만 잘 되지 않는다.

◇ *imitation* n., *imitative* adj.

im·i·tat·ed [ímitèitid] adj. 흉내낸; 모조의; 가짜의.

‡**im·i·ta·tion** [ìmitéiʃ(ə)n] n. ⓤ **1** 모방, 흉내, 모의(模擬), 모사, 모조(*of*...). ¶ in *imitation of* …을 모방하여. **2** Ⓒ 모조품, 위조품, 가짜(counterfeit). ¶ an *imitation from* the original pattern 원형으로부터의 모조품. **3** [물건·사람 등에 대한] 흉내[내기]. ¶ give an *imitation of* …의 흉내를 내다, …을 흉내내어 보이다. **4** [음악] 모방[작법] [어떤 음형(音形) (figure)을 다른 음부(音部)에서 반복하는 일]. **5** [생물] 의태(擬態) (mimicry). **6** [형용사적으로 써서] 모조의…, 인조의…. ¶ an *imitation* pearl 인조 진주.

◇ *imitate* v., *imitative* adj.

im·i·ta·tion·al [ìmitéiʃən(ə)l] adj. 모조의, 흉내내기의.

im·i·ta·tive [ímitèitiv / -tətiv] adj. **1** 모방의, 모사의(*of*...). ¶ These are directly *imitative of* the old master's works. 이것들은 옛 대가들의 작품을 그대로 흉내낸 것이다. **2** 흉내내기 좋아하는, 흉내를 잘 내는; *imitative* monkeys 흉내내기 좋아하는 원숭이. **3** 모방적인, 모사적인, 독창적이 아닌 (not original). ¶ an *imitative* work 모방 작품. **4** 의성적(擬聲的)인. ¶ *imitative* words 의성어. **5** [생물] 의태(擬態)의(mimetic). **6** 모조의, 위조의(not real). ~**ly** adv. ~**ness** n. 「모조(위조)자.

im·i·ta·tor [ímitèitər] n. 흉내내는 사람, 모방자,

IML 《略》 *I*nternational *M*arching *L*eague(국제 마칭 리그). 「시장).

IMM 《略》 *I*nternational *M*onetary *M*arket(국제 통화

im·mac·u·la·cy [imǽkjuləsi] n. ⓤ 청정(淸淨), 결백, 결점이 없음.

*****im·mac·u·late** [imǽkjulit] adj. **1** 티 하나 없는, 더러워지지 않은, 청정한. **2** [도덕적으로] 더럽혀지지 않은, 순결한. ¶ an *immaculate* life and conduct 순결한 생활과 행위. **3** 오류(결점, 흠) 없는, 「한 *immaculate* book 오류가 하나도 없는 책. **4** [생물] 반점(얼룩 무늬)이 없는, 단색의(unicolor). ~**ly** adv. ~**ness** n.

◇ **immáculacy** n.

Immáculate Concéption n. 〔신학〕 [마리아가 그리스도의 어머니로서 잉태 때부터 원죄의 누명을 벗어난] 무원죄 잉태. 〔가톨릭〕 무원죄의 성마리아 축제일[12월 8일]. 「(性).

im·ma·nence [ímənəns] n. ⓤ 내재(內在), 내재성

im·ma·nen·cy [ímənənsi] n. ⓤ **1** =immanence. **2** 〔신학〕 내재론.

im·ma·nent [ímənənt] adj. **1** 내재하는, 내재적인. **2** [철학] [정신적인 행위가] 주체의 마음속에서만 일어나는. **3** [신학] [하나님이] 우주와 그 모든 것에 내재하는. ~**ly** adv.

Im·man·u·el [imǽnjuəl] n. 〔성서〕 임마뉴엘, 우리와 함께 계시는 하나님(God with us) [이사야에 의해서 예언된 구세주(Messiah)의 명칭. ← 이사야서(書) (Isa.) 7: 14].

im·ma·te·ri·al [ìmətí(ː)riəl / -tíə-] adj. **1** 실체가 없는, 무형의; [영(정신)]적인(spiritual). **2** 중요치 않

im·ma·te·ri·al·ism [ìmətí(ː)riəlìz(ə)m / -tíər-] n. ⓤ 비물질론, 비물질론, 유심론.

im·ma·te·ri·al·i·ty [ìmətì(ː)riǽliti / -tìər-] n. ⓤⒸ (pl. **-ties**) **1** 비(非)물질성[인 것], 무형임(인 것). **2** 비중요성.

im·ma·te·ri·al·ize [ìmətí(ː)riəlàiz / -tíər-] (*《英》에서는 **im·ma·te·ri·al·ise** 로도 쓴다) vt. (-**ized, -iz·ing**) …을 비물질적인 것으로 하다, …의 실체를 없애다.

***im·ma·ture** [ìmət(j)úər / -tjúə] adj. **1** 미숙한, 미완성의. **2** 《자연 지리》 유년기의(youthful). **3** 《고어》 철 이른, 너무 이른(premature). ~**ness** n.
◇ immatúrity n.

im·ma·tu·ri·ty [ìmət(j)ú(ː)riti / -tjúər-] n. ⓤ **1** 미숙 [상태], 미완성. **2** 《식물》 익잖음, 광대무늬.

im·meas·ur·a·bil·i·ty [imèʒ(ə)rəbíliti] n. ⓤ 잴 수 없음.

***im·meas·ur·a·ble** [iméʒ(ə)rəbl] adj. 잴 수 없는, 끝없는, 무한한(limitless). ~**ness** n. **-bly** adv.

im·me·di·a·cy [imíːdiəsi] n. ⓤ **1** 직접[성], 밀접 [성]. **2** 《철학》 직접성, 무매개성(無媒介性).

‡**im·me·di·ate** [imíːdiit / -djət] adj. **1** 《공간적으로》 직접의, 직접 접해 있는(direct), 바로 이웃의(nearest, next). ¶ the *immediate* neighborhood 바로 근처. **2** 《시간적으로》 직접의, 즉석의, 즉시(각)의 (instant); 가까운, 멀지 않은. ¶ an *immediate* supply 즉각적인 공급 / in the *immediate* future 아주 가까운 장래에 / take an *immediate* action 즉시 실행하다 / have (or produce) an *immediate* effect 즉효가 있다. **3** 《관계가》 직접적인, 직접 관련이 있는. ⇨ DIRECT ¶ an *immediate* result 직접적인 결과. **4** 당면한, 지금(현재)의. ¶ an *immediate* plan 당면한 계획. ~**ness** n.
◇ immédiately adv., immédiacy n.

immédiate constítuent n. 《문법》 직접 구성 요소 [문장을 차례로 두 개의 하위 구분으로 나누어 나갈 때의 그 한쪽. 예: He is a boy. 의 He 와 is a boy; is a boy 의 is 와 a boy].

‡**im·me·di·ate·ly** [imíːdiitli / -djət-] adv. **1** 곧, 즉시, 당장에(at once). ⇨ INSTANTLY 〔類語〕 ¶ The figure disappeared *immediately*. 그 사람의 모습은 곧 사라졌다. **2** 직접[적]으로(directly). **3** 바로 접하여, 밀착하여(closely). — conj. 《영》 …하자마자 (as soon as). ¶ *Immediately* he got home, he went to bed. 그는 귀가하자마자 곧 잤다.
〔주의〕 《英》《美》 모두 immediately after 가 정식 용법으로 되어 있다: I'll tell him *immediately after* he arrives. 그 사람이 오면 곧 말하겠습니다.

im·med·i·ca·ble [imédikəbl] adj. 《질병 따위가》 낫지 않는, 불치의(incurable). **-bly** adv.

***im·me·mo·ri·al** [ìmimɔ́ːriəl / -mɔ́ː-] adj. 기억(기록)에 없는, 태고의, 먼 옛날의. ¶ from time *immemorial* 태고(아주 오랜 옛날)부터. ~**ly** [-əli] adv.

‡**im·mense** [iméns] adj. **1** 광대한, 거대한, 막대한; HUGE 〔類語〕 ¶ an *immense* ocean 광대한 대양. **2** 헤아릴 수 없는, 끝없는(boundless). **3** 《구어》 우수한, 굉장한, 훌륭한(very good, fine). ~**ness** n.
◇ imménsely adv., imménsity n.

***im·mense·ly** [iménsli] adv. 광대(거대, 막대)하게, 무한하게.

im·men·si·ty [iménsiti] n. (pl. **-ties**) **1** ⓤ 광대(함), 무한, 끝없는 공간(넓이). **2** ⓒ 막대한 것.

im·merge [iməːrdʒ] v. (**-merged, -merg·ing**) vt. (드물게) 《물 따위에》 …을 잠그다, 담그다(immerse). — vi. 《물 따위에》 잠기다.

***im·merse** [iməːrs] vt. (**-mersed, -mers·ing**) **1** 《액체 속에 완전히》 …을 담그다 (⇨ DIP 〔類語〕); 가라앉히다, 처넣다(plunge). ¶ *immerse* one's hand in water 손을 물에 푹 담그다. **2** …에 몰두(열중)케 하다(... in). ¶ *immerse* oneself (or be *immersed*) in …에 몰두(열중)하다. **3** …을 끌어넣다, 빠지게 하다(entangle, involve)(... in). ¶ be *immersed in* difficulties 곤경에 빠지다. **4** …에게 침례(浸禮)를 베풀다(... in).

im·mer·sion [iməːrʃ(ə)n] n. ⓤ **1** 침입(浸入), 몰입. **2** 《주수(注水) 세례와 구별하여》 침례(전신을 물에 잠그고 행하는 세례). ¶ baptize a person by *immersion* 남에게 전신을 물에 잠그는 세례를 베풀다. **3** 전심(in study (business)) 연구(일)에의 전념. **4** 《천문》 잠입(潛入) [천체가 다른 천체의 배후에 숨는 현상].

immérsion héater n. 수중 히터(전선 끝에 붙인 쇠막대(고리)를 액체 속에 집어넣는 전열 온수 장치).

im·mesh [iméʃ] vt. =enmesh.

im·me·thod·i·cal [ìmiθɑ́dik(ə)l / -ɔ́d-] adj. 질서가 없는, 불규칙한, 난잡한.

***im·mi·grant** [ímigrənt] (cf. emigrant) n. **1** 《외국으로부터의》 이주민, 외서 사는 사람. ¶ *immigrants from* Europe 유럽에서 온 이민. **2** 외래 동물, 귀화 식물. — adj. 이주의(에 관한); 이주해 오는, 외서 사는. ¶ *immigrant* birds 철새. ◇ ímmigrate v.

***im·mi·grate** [ímigrèit] (cf. emigrate) v. (**-grat·ed, -grat·ing**) vi. 이주해 오다, 외서 살다(in ...). ⇨ MIGRATE 〔類語〕 ¶ *immigrate into* the country 그 나라에 이주하다. — vt. …을 이주시키다. ◇ immigrátion n.

***im·mi·gra·tion** [ìmigréiʃ(ə)n] n. (cf. emigration) ⓤⒸ **1** 《외국으로부터의》 이주(하기), **2** 《집합적》 이민단(immigrants); 《일정 기간 내의》 이민수(數).
◇ ímmigrate v.

im·mi·nence [íminəns] n. ⓤ 절박, 급박. ¶ the *imminence* of war 전쟁의 급박. **2** 절박(급박)한 사태.

***im·mi·nent** [ímimənt] adj. **1** 《위험·사태 따위가》 임박한, 절박한. ¶ in *imminent* danger 임박한 위험을 당하여. **2** 밖으로 뛰어나온(projecting).
〔類語〕 *imminent* 위험·불행 따위가 곧 일어날 듯한: Danger is *imminent*. 위험이 다가오고 있다. **impending** *imminent* 보다 「절박」의 뜻이 약한 말: War has long been *impending*. 오래 전부터 전쟁의 위험이 있어왔다.
~**ly** adv. ◇ ímminence n.

im·mis·ci·ble [imísəbl] adj. 《특히 액체 따위가》 혼합할 수 없는, 혼합되지 않는(with ...). **-bly** adv.

im·mit·i·ga·ble [imítigəbl] adj. 완화할 (누그러뜨릴) 수 없는, 달랠 수 없는. **-bly** adv.

im·mit·tance [imít(ə)ns] n. 《전기》 이미턴스(임피던스와 어디미턴스). [< IM[PEDANCE] + [AD]MITTANCE]

im·mix [imíks] vt. …을 섞다, 혼합하다.

im·mix·ture [imíkstʃər] n. ⓤ **1** 혼합, 혼화(混和), 섞기. **2** 말려들기, 연루(involvement).

im·mo·bile [imóub(i)l, -bi:l / -bail] adj. **1** 움직일 수 없는, 움직이기 어려운, 부동의, 정지된(motionless). **2** 《고정, 정지.

im·mo·bil·i·ty [ìmo(u)bíliti] n. ⓤ 부동[성, 상태], 고정, 정지.

im·mo·bi·li·za·tion [imòubəlizéiʃ(ə)n / -laiz-] n. ⓤ 고정시킴, 움직이지 않게 함.

im·mo·bi·lize [imóubəlàiz] (*《英》에서는 **im·mo·bi·lise** 로도 쓴다) vt. (**-lized, -liz·ing**) **1** …을 움직이지 않게 하다, 고정시키다(make immobile). **2** 《재정》《화폐》의 유통을 정지시키다; 《유동 자본을》 고정 자본화하다. **3** 《군대의 동원을 불가능하게 하다.

im·mod·er·ate [imɑ́d(ə)rit / imɔ́d-] adj. 중용을 잃은, 절도가 없는; 과도의, 지나친, 터무니없는, 극단적인. ¶ EXCESSIVE 〔類語〕 ¶ *immoderate* indulgence 지나친 도락. **2** 《폐이》 무절제한, 무례한. ~**ness** n.

im·mod·er·a·tion [imɑ̀dəréiʃ(ə)n / imɔ̀d-] n. ⓤ 무절제; 터무니없음; 과도, 지나침.

im·mod·est [imɑ́dist / imɔ́d-] adj. **1** 《행위·말·복장 따위가》 근신하지 않는, 불품없는, 수치를 모르는. **2** 《주장·자부 따위가》 염치(버릇)없는, 뻔뻔스러운.
~**ly** adv.

im·mod·es·ty [imɑ́disti / imɔ́d-] n. ⓤⒸ 불근신(不謹

im·mo·late [íməlèit] vt. (-lat·ed, -lat·ing) 1 …을 희생시키다. 2 …을 제물로써 죽이다, 제물로 바치다(... to).

im·mo·la·tion [ìməléi(ə)n] n. ⓤⓒ 1 제물로 바치기; 제물이 되기. 2 희생, 제물.

im·mo·la·tor [íməlèitər] n. 제물(희생)을 바치는 사람.

*__im·mor·al__ [imɔ́:rəl, imár-/imɔ́r-] adj. 1 [사람·행동 따위가] 부도덕한, 불륜의, 품행이 좋지 않은, 음란한. ¶ *immoral* conduct 부도덕한 행실 / an *immoral* man 품행이 나쁜 남자. 2 [문서·기록·그림 따위가] 풍기를 해치는(문란케 하는), 음란한. ~·ly [-rəli] adv. ◇ immorálity n.

im·mor·al·i·ty [ìmərǽliti] n. (pl. -ties) 1 ⓤ 부도덕, 불륜, 품행이 나쁨; 외설(猥褻). 2 부도덕한 행실, 악덕 행위 (vice).

‡**im·mor·tal** [imɔ́:rtl] adj. 1 죽지 않는, 불사의. opp. mortal 2 불멸의, 불후의, 영원한. ¶ *immortal* fame 불후의 명성. — n. 1 죽지 않는 사람, 불후의 사람. 2 (보통 I-s) [고대 그리스·로마 신화의] 신(神)들. 3 (the I-s) 프랑스 학사원의 40인의 회원.
~·ly [-təli] adv. ◇ immortálity n., immórtalize v.

*__im·mor·tal·i·ty__ [ìmɔːrtǽliti] n. ⓤ 1 불사, 불후[성], 영원[성], 영원한 생명(존재). ¶ the *immortality* of the soul 영혼의 불멸. 2 불멸의 명성.

im·mor·tal·i·za·tion [imɔ̀ːrtəlizéi(ə)n/-təlai-] n. ⓤ 불멸화, 불후화.

im·mor·tal·ize [imɔ́:rtəlàiz] (*《英》에서는 im·mor·tal·ise로도 쓴다) vt. (-ized, -iz·ing) 1 …을 불멸(불후)하게 하다. 2 …에게 불후의 명성을 주다, …을 영속(영존)시키다.

im·mor·tal·iz·er [imɔ́:rtəlàizər] n. 불멸(불후)하게 하는 사람(것), 영원성을 주는 사람(것).

im·mor·telle [ìmɔːrtél] n. 시들지 않는 꽃[말라도 모양이나 색깔이 변하지 않는 밀짚꽃 따위].

im·mo·tile [imóut(i)l / -tail] adj. 움직일 수 없는, 자동력이 없는.

im·mov·a·bil·i·ty [imùːvəbíləti] n. ⓤ 부동[성], 고정[성], 불변[성].

*__im·mov·a·ble__ [imúːvəbl], (im·move·a·ble) adj. 1 움직일 수 없는, 부동의, 고정된 (fixed). 2 움직이지 않는 (motionless), 정지한. 3 감정에 좌우되지 않는, 냉정한, 4 [목적·의견 따위가] 흔들리지 않는, 확고한 (steadfast). ¶ have one's mind *immovable* [단호히] 마음을 움직이지 않다. 5 [축제일·기념일 따위가] 매년 같은 날짜에 있는. ¶ an *immovable* feast 매년 같은 날에 행해지는 축제 [크리스마스 따위]. 6 [법률] [재산 따위가] 부동(不動)의. opp. movable ¶ *immovable* property 부동산. — n. 1 움직일 수 없는 물건(것), 움직이지 않는 물건. 2 (~s) [법률] 부동산. ~·ness n.
◇ immovabílity n., immóvably adv.

im·mov·a·bly [imúːvəbli] adv. 움직이지 않고, 고정되어, 확고하게.

im·mune [imjúːn] adj. 1 면역[성]의. ¶ an *immune* body 면역체, 항체 / make a person *immune* from (or to, against) smallpox 사람을 천연두로부터 면역되게 하다. 2 [과세·책임·공격으로부터] 면제된 (exempt) (from, against ...). ¶ His high position renders him *immune* from criticism. 그는 지위가 높아서 비판받지 않는다. 3 면역체를 포함한. ¶ *immune* serum 면역 혈청. — n. 면역자(동물).
◇ immúnity n., ímmunize v.

immúne cómplex n.【의학】면역 복합체[항체(抗體)와 항원(抗原)이 결합하여 만들어 내는 복합체이며 면역 반응을 일으킴].

*__im·mu·ni·ty__ [imjúːniti] n. (pl. -ties) 1 ⓤ 면역, 면역성(from ...). ¶ active *immunity* 자동(활동) 면역. 2 ⓤ 면제, 면세(from ...). ¶ *immunity* from military service 병역 면제. 3 (보통 -ties) [교회의 세속적인 의

무로부터] 면제. 4 《美》【법률】소추(訴追)의 면책.
◇ immúne adj., ímmunize v.

im·mu·ni·za·tion [ìmjunizéi(ə)n/-naiz-] n. ⓤ 면역시킴, 면역 부여.

im·mu·nize [ímjunàiz] (*《英》에서는 im·mu·nise로도 쓴다) vt. (-nized, -niz·ing) [종두 따위로써] …에게 면역성을 주다, …을 면역시키다, …에게 면역성을 주다. ¶ *immunize* a person *against* smallpox 천연두에 대해서 남을 면역시키다.

immuno- immune, immunity 의 뜻의 연결형, 예: *immuno*cytochemistry, *immuno*fluorescene, *immuno*histochemistry, *immuno*hematology, *immuno*reaction.

im·mu·no·com·pe·tence [ìmjuːnəkámpit(ə)ns/-kɔ́m-] n. ⓤ 면역성, 면역 능력.

im·mu·no·de·fi·cien·cy [ìmjuːnədifíʃ(ə)nsi] n.【의학】면역 결여, 면역 부전(不全).

im·mu·no·e·lec·tro·pho·re·sis [ìmjuːnoilèktro(u)fəríːsis] n.【생리】면역 전기 영동법(泳動法) [혈장(血漿) 따위의 단백(蛋白) 성분을 전기적(電氣的)으로 분리하고, 면역학적으로 식별하는 기법].

im·mu·no·gen [imjúːnədʒən] n.【의학】면역원(原).

im·mu·no·glob·u·lin [ìmjuːnəglɔ́bjulin/-glɔ́b-] n. 면역 글로불린 [혈청 속의 항체와 관계되는 글로불린; 略 Ig].

im·mu·no·log·ic [ìmjuːnəládʒik/-lɔ́dʒ-], (**im·mu·no·log·i·cal** [-k(ə)l]) adj. 면역학상의.

im·mu·nol·o·gist [ìmjuːnálədʒist/-nɔ́l-] n. 면역학자.

im·mu·nol·o·gy [ìmjuːnálədʒi/-nɔ́l-] n. ⓤ 면역학. [<IMMUN[E]+-O-+-LOGY]

im·mu·no·re·ac·tive [ìmjuːnəri(ː)ǽktiv] adj. 면역 반응의(을 일으키는).

im·mu·no·sup·press·ant [ìmjuːnəsəprés(ə)nt] n., adj. =immunosuppressive.

im·mu·no·sup·pres·sion [ìmjuːnəsəpréʃ(ə)n] n.【의학】면역 억제.

im·mu·no·sup·press·ive [ìmjuːnəsəprésiv] n., adj. 거부 반응을 억제의【약】.

im·mu·no·ther·a·py [ìmjuːnəθérəpi] n.【의학】면역계 치료법[면역계에 영향을 주는 약제를 사용, 암과 같은 질병을 치료].

im·mure [imjúər] vt. (-mured, -mur·ing) …을 가두다, 감금하다(confine); …을 투옥하다(imprison). ¶ be *immure* oneself [up] 들어박히다, 두문불출하다 // be *immured in* jail 감옥에 들어가다. [투옥.

im·mure·ment [imjúərmənt] n. ⓤ 감금, 들어박힘.

im·mu·si·cal [imjúːzik(ə)l] adj. 음악적이 아닌, 가락이 맞지 않는(unmusical).

im·mu·ta·bil·i·ty [imjùːtəbíləti] n. ⓤ 불변[성], 불역성(不易性).

im·mu·ta·ble [imjúːtəbl] adj. 결코 변치않는, 불변의 (unchangeable). ~·ness n. -bly adv.

immy(略) immediately. [해사 기구].

IMO(略) *I*nternational *M*aritime *O*rganization(국제해사 기구).

Im·o·gen [ímoudʒen, -dʒən] n. Shakespeare 작 *Cymbeline* 의 여주인공[정조(貞操)의 귀감].

*__imp__ [imp] n. 1 꼬마 도깨비, 도깨비의 새끼(자식). 2 장난꾸러기. 3 《고어》어린 아이. — vt. 1【매사냥】[깃을 덧붙여서] (매의 날개를) 강하게 하다, 보강하다. 2 (드물게) 들어박다. ¶ ímpish adj.

Imp, imp(略) *i*ndeterminate *m*ass *p*article(불확정 질량 입자).

IMP(略) *i*nterplanetary *m*onitoring *p*latform(행성간 조사 위성).

imp.(略) *imp*erative; *imp*erfect; *imp*erial; *imp*ersonal; *imp*ort, *imp*orted, *imp*orter; *imp*ortant; *imp*roved.

*__im·pact__ n. [ímpækt → v.] ⓤⓒ 1 충돌, 격돌(*against* ...). ¶ the tremendous *impact* of a car *against* the

impact aid

wall 자동차가 벽에 격돌함. **2** 충격, 충격력; 영향(influence), 효과(effect) (*on, upon* ...). ¶ the *impact* of the new linguistics *on* English teaching 신언어학이 영어 교육에 미치는 영향. **3** 꽉 누름(끼움). — *v.* [impǽkt] *vt.* …을 꽉 누르다; …에 꽉 채우다; …에 충돌시키다. — *vi.* 격돌하다, 세게 부딪치다(*on, upon, against* ...). ◇ **impáction** *n.*

ímpact áid *n.* 《美》[공무원의 자제가 통학하는 학구(學區)에 지불되는] 정부 보조금.

ímpact área *n.* [폭탄이나 미사일의] 작렬 지역, 탄착(彈着) 지역.

ímpact cráter *n.* 운석 낙하(隕石落下)에 의한 운석구명.

im·pact·ed [impǽktid] *adj.* **1** 꽉 눌린(끼인), 빈틈없이 다져넣은. **2** [치과] [영구치가] 젖니 때문에 밖으로 나오지 못하는. **3** 《美》인구 증가에 따라 공공 시설의 증설이 부득이하게 된.

im·pact·ful [impǽktfəl, -́-̀-] *adj.* 영향력이 강한, 인상이 강력한, 강하게 마음에 남는. ¶ an *impactful* film 강하게 기억에 남는 영화.

im·pac·tion [impǽkʃ(ə)n] *n.* ⓤ 꽉 누르기, 끼워넣기, 압착(壓着); 채워넣기, **2** [치과] 치아 매복증.

ímpact lóan *n.* [금융] [자금 사용에 부대 조건이] 없는] 외환 차관.

*****im·pair** [impéər] *vt.* …을 보다 악화시키다, 약하게 하다, 손상시키다. ⇒ INJURE 類語 ¶ *impair* one's health 건강을 해치다. — *n.* [古語] = impairment. ◇ **impáirment** *n.*

im·pair·er [impéərər / -péər-] *n.* [가치 따위를] 손상시키는 사람(것). [(減損).

im·pair·ment [impéərmənt] *n.* ⓤ 악화, 손상, 감손

im·pa·la [impɑ́ːlə] *n.* (*pl.* **-la** *or* **-las**) 임팔라[아프리카산(産)의 영양(羚羊)의 일종].

im·pale [impéil], (**empale**) *vt.* (**-paled, -pal·ing**) **1** [뾰족한 것으로] …을 푹 찌르다, 꿰뚫다. ¶ *impale* a moth with a pin 나방을 핀으로 푹 찌르다. **2** …을 찔러 죽이는 형벌에 처하다. ¶ They *impaled* him *for* his betrayal. 배신 행위라 이유로 그를 찔러 죽이는 형벌에 처했다. **3** …을 무력하게 하다. ¶ Her glance *impaled* him. 그녀의 시선을 받고 그는 꼼짝도 못했다. **4** [말뚝 ·체 따위로] …을 둘러싸다. **5** [紋章] 2개의 문장을] 합문(合紋)하다.

im·pale·ment [impéilmənt] *n.* **1** ⓤ 꿰찌르기, 찌르기; 찔러 죽이는 형벌(고문). **2** [두 개의 문장의] 맞붙이기; 합문(合紋).

im·pal·er [impéilər] *n.* **1** 찌르는 사람(물건). **2** [꽃의] 포대(苞片), 포(苞).

im·pal·pa·bil·i·ty [impæ̀lpəbíləti] *n.* ⓤ 감지(이해)할 수 없음, 촉지(觸知)할 수 없음; 미세(微細), 무형(無形).

im·pal·pa·ble [impǽlpəbl] *adj.* **1** 만져서 알 수 없는. **2** 쉽게 이해할 수 없는. **3** [분말이] 미세한; 무형의. **-bly** *adv.*

im·pa·lu·dism [impǽljudìz(ə)m] *n.* ⓤ 소택증(沼澤症); 말라리아성 악액질(惡液質) (paludism).

im·pan·el [impǽn(ə)l] *vt.* (**-eled, -el·ing**; 《英》**-elled, -el·ling**) **1** [인명 등]을 배심(陪審) 명부에 올리다; …을 리스트에 올리다. **2** [배심원]을 배심 명부에서 선발하다.

im·pan·el·ment [impǽnəlmənt] *n.* ⓤ 명부 게재(작성), 배심 명부에서 선발하기.

im·par·a·dise [impǽrədàis] *vt.* (**-dised, -dis·ing**) **1** [남]을 낙원에 들여보내다, 극락에 간 듯한 기분을 갖게 하다. **2** …을 낙원으로 만들다. [等), 차이.

im·par·i·ty [impǽriti] *n.* ⓤⓒ 부동(不同), 부등(不

im·park [impɑ́ːk] *vt.* **1** [동물]을 수렵원(園) 안에 가두어 넣다, 울 안에 가두다. **2** [토지]를 둘러싸서 공원(유원지)으로 만들다.

im·par·ka·tion [ìmpɑːrkéiʃ(ə)n] *n.* ⓤ 동물을 수렵원 안에 가두어 넣기; 공원(유원지)으로 만들기.

*****im·part** [impɑ́ːrt] *vt.* **1** …을 알리다, 말하다(tell), 연락하다(... *to*). ¶ *impart* good (bad) news 희소식(흉보)를 전하다 // (~＋目＋前＋名) I have much to *impart to* you. 당신에게 들려줄 일이 많이 있다. **2** …을 나누어 주다, 주다(give), 하사하다 (... *to*). ¶ (~＋目＋前＋名) *impart* comfort *to* …에게 위안을 주다 / Flowers *impart* beauty *to* a room. 꽃은 방에 아름다움을 더해 준다. ◇ **impartátion** *n.*

im·par·ta·tion [ìmpɑːrtéiʃ] *n.* ⓤⓒ 분여; 통지.

im·part·er [impɑ́ːrtər] *n.* 나누어 주는 사람; [지식 따위의] 전달자.

*****im·par·tial** [impɑ́ːrʃ(ə)l] *adj.* 한쪽으로 치우치지 않는, 편견이 없는, 공정한, 공평 무사(無私)한(*in* ...). ⇒ FAIR 類語 **-ly** [-ʃəli] *adv.* **~·ness** *n.*

im·par·ti·al·i·ty [impɑ̀ːrʃiǽliti / ìmpɑ̀ː-] *n.* ⓤ 공평, 치우치지 않음.

im·part·i·ble [impɑ́ːrtəbl] *adj.* [토지·부동산 따위] 분할할 수 없는, 불가분의. ¶ an *impartible* estate 불가분의 토지 / *impartible* relation 불가분의 관계. **-bly** *adv.*

im·part·ment [impɑ́ːrtmənt] *n.* ⓤ 고지(告知), 전달; 분여(分與).

im·pass·a·bil·i·ty [impæ̀səbíliti / -pɑ̀ː-] *n.* (*pl.* **-ties**) **1** 통과(횡단) 불능. **2** (보통 **-ties**) 불통인 곳.

im·pass·a·ble [impǽsəbl / -pɑ́ːs-] *adj.* **1** 뚫고 나갈 수 없는, 통행(통과, 횡단)할 수 없는(*to* ...). ¶ a way *impassable to* cars 자동차가 지나갈 수 없는 길. **2** [곤란 따위가] 극복될 수 없는. **~·ness** *n.* **-bly** *adv.*

im·passe [ímpæs, -́- / æmpɑ́ːs] *n.* **1** 궁지, 난국, 막힘, 막다름. **2** 막다른 골목.

im·pas·si·bil·i·ty [impæ̀səbíləti] *n.* ⓤ **1** 고통을 느끼지 않음. **2** 무감동, 무감각, 둔감.

im·pas·si·ble [impǽsəbl] *adj.* **1** 고통을 느끼지 않는, 상처를 입지 않는, 상처받지 않는. **2** 감동하지 않는, 무신경의, 둔감한. **~·ness** *n.* **-bly** *adv.*

im·pas·sion [impǽʃ(ə)n] *vt.* …을 열정적으로 만들다; …을 깊이 감동시키다; 흥분시키다.

im·pas·sioned [impǽʃ(ə)nd] *adj.* 열정적인, 감동(흥분)한, 열렬한(ardent). ¶ an *impassioned* orator 흥분한 연설가. **-ly** *adv.* **~·ness** *n.*

im·pas·sive [impǽsiv] *adj.* **1** 무표정한, 무감동한(unmoved); 냉정한, 침착한(calm). ¶ listen with an *impassive* face 태연한 얼굴로 듣다. **2** 고통을 느끼지 않는, 무감각한. **~·ly** *adv.* **~·ness** *n.*

im·pas·siv·i·ty [ìmpæsívəti] *n.* ⓤ 무신경, 무감각, 태연함, 냉정.

im·paste [impéist] *vt.* (**-past·ed, -past·ing**) **1** …에 풀칠을 하다. **2** …을 풀로 굳히다. **3** [그림 물감 따위]를 두껍게 칠하다.

im·pas·to [impǽstou / -pɑ́ːs-] *n.* ⓤ [그림] 그림 물감을 두껍게 칠하는 화법; 두껍게 칠한 그림 물감.

‡**im·pa·tience** [impéiʃ(ə)ns] *n.* ⓤ **1** 참을 수 없음. *impatience* of oppression (lying) 압박(거짓말하기)을 참을 수 없음 // restrain one's *impatience* 꾹 참다. **2** [구제·변화 따위]를 애타게 기다림, […하고 싶어서] 조바심하기, 가슴 졸임, 안달복달함. ¶ out of *impatience* 더 이상 기다릴(참을) 수 없어 / with *impatience* 안달이 나서, 애가 타서 / exhibit much *impatience* 상당히 조바심을 내다. ¶ Her *impatience* to keep back the secret from the others was visible. 그녀가 남에게 그 비밀을 알리고 싶어하는 낌새가 보였다. **3** 성급함, 성마름, 조바심. ◇ **impátient** *adj.*

im·pa·ti·ens [impéiʃiènz, -ʃənz] *n.* (*pl.* **-ti·ens**) 봉선화속(屬)의 초본[금봉화·봉선화 따위].

*****im·pa·tient** [impéiʃ(ə)nt] *adj.* 참지(견디지) 못하는, [고통·곤란·불행 따위]를 참지 못하는, 초조해하는, 조바심하는. ¶ be *impatient of* oppression 압박을 견디지 못하다 / Don't be *impatient with* the child. 아

이에게 화내지 마라 / Don't be *impatient about* a thing like that. 그런 일로 조바심하지 말게 / She was getting *impatient at* having to wait so long. 그녀는 너무 오래 기다려서 차차 안절부절 못하게 되었다. **2** 성마른, 성급한, 조급한. ¶ an *impatient* action 성급한 행동. **3** [탐이 나서, 또는 조바심이 나서] 가만히 있지 못하는, 안달하는; 몹시 탐내는; 몹시 …하고 싶어하는. ¶ be *impatient to* start 출발하고 싶어 못 견디다 / He was *impatient to* see her again. 그는 그녀를 다시 한번 만나고 싶어 참을 수가 없었다 // He was *impatient for* my arrival. 그는 내가 도착하기를 초조하게 기다렸다.
~ness *n.* ◇ impátience *n.*

*im·pa·tient·ly [impéiʃ(ə)ntli] *adv.* 참지(견디지) 못할 만큼, 참지 못하여, 초조하여, 조바심하여, 성급하게.

im·pav·id [impǽvid] *adj.* 《드물게》두려워하지 않는, 겁이 없는, 대담한. **-ly** *adv.*

im·pawn [impɔ́ːn] *vt.* 《드물게》 **1** …을 저당잡히다, 담보로 내놓다. **2** …을 서약하다.

im·pay·a·ble [impéiəbl] *adj.* **1** 돈으로는 살 수 없는 (invaluable). **2** 《속어》 아주 훌륭한, 우스꽝스러운.

*im·peach [impíːtʃ] *vt.* **1** [비행 공무원]을 탄핵(규탄)하다(… *for*). ¶ *impeach* the president for the scandal 그 추문으로 대통령을 탄핵하다. **2** …의 진실 여부를 따지다, …에 이의를 제기하다. **3** …을 고발하다, 기소하다(… *of*, *with*), (~+몸+젠+몸) *impeach* a person *of* crimes 남을 범죄 혐의로 고소하다. **4** …을 수상하게 여기다, …을 문제삼다. ¶ *impeach* a person's motives (character) 남의 동기(인격)를 의심하다. **5** …을 비난하다, 질책하다, …의 책임을 묻다. ◇ CHARGE 類語 ¶ (~+몸+젠+몸) *impeach* a person *with* an error 남의 과실을 묻다. ◇ impéachment *n.*

im·peach·a·ble [impíːtʃəbl] *adj.* 틴핵될만한, 고소될 수 있는, 비난(문책)해서 마땅한.

im·peach·ment [impíːtʃmənt] *n.* ⓊⒸ **1** 탄핵. **2** 비난, 악평; 고소, 고발.

im·pearl [impə́ːrl] *vt.* **1** …을 진주처럼 만들다. **2** 《주로 문어》 …을 진주(같은 것)로 장식하다.

im·pec·ca·bil·i·ty [impèkəbíliti, ìmpek-] *n.* Ⓤ (잘못이) 저지를 우려가 없음; 죄가 없음.

im·pec·ca·ble [impékəbl] *adj.* **1** 결점이 없는, 나무랄 데 없는. **2** 죄를 저지르지 않는. ― *n.* 《드물게》 죄 무릎 데 없는 사람.

im·pec·ca·bly [impékəbli] *adv.* 죄(과실)를 저지를 염려가 없이, 흠이 없이, 완전히.

im·pec·can·cy [impékənsi] *n.* Ⓤ 죄(과실)가 없음, 무사고.

im·pec·cant [impékənt] *adj.* 죄가 없는, 잘못이 없는.

im·pe·cu·ni·os·i·ty [ìmpikjùːniásiti / -ɔ́s-] *n.* Ⓤ 돈이 없음, 무일푼, 궁핍.

im·pe·cu·ni·ous [ìmpikjúːniəs] *adj.* 돈이 없는, 무일푼인, 가난한. ⇨ POOR 類語 **-ly** *adv.* ~ness *n.*

im·ped·ance [impíːd(ə)ns] *n.* Ⓤ[전기] 임피던스[교류 회로에서 전류의 자기 감응(自己感應)에 의해 생기는 저항].

*im·pede [impíːd] *vt.* (-ped·ed, -ped·ing) …을 방해하다, 훼방놓다. 類語 ⇨ PREVENT ◇ impédiment *n.*

im·ped·er [impíːdər] *n.* 방해자, 훼방꾼; 장애물.

*im·ped·i·ment [impédimənt] *n.* **1** 신체 장애, [특히] 언어 장애, 말더듬이. ¶ have an *impediment* in one's walking 걷는 데 지장이 있다. **2** 방해, 장애 (obstruction, hindrance); 고장; 장애물. 類語 ⇨ OBSTACLE ¶ put an *impediment* in the way of …을 훼방놓다 // an *impediment* to improvement 개선의 방해. **3** (보통 ~s) 《드물게》 =impediments. **4** [법률] **a)** 《보통 혈통·인척 관계로 인한》 결혼 장애. **b)** 혼인 제한. ¶ a minor *impediment* 미성년자 혼인 제한.
◇ impéde *v.*, impèdiméntal, impèdiméntary *adj.*

im·ped·i·men·ta [impèdiméntə, ìmped-] *n.* *pl.* **1** [여행 따위에서] 거추장스러운 것, [특히] 여행 때의 수하물. **2** 《군대》 보급, 병참.

im·ped·i·men·tal [impèdiméntl] *adj.* 거추장스러운, 방해(장애)가 되는.

im·ped·i·men·ta·ry [impèdiméntəri] *adj.* 방해가 되는, 거추장스러운.

im·ped·i·tive [impéditiv] *adj.* 방해가 되는, 거추장스러운.

*im·pel [impél] *vt.* (-pelled, -pel·ling) **1** [행위·행동 따위로] …을 강요하다, 다그치다(… *to*); 억지로 …시키다. ¶ (~+몸+ *to* do) I felt *impelled* to go. 나는 가야 한다고 생각했다 / What *impelled* me to speak thus boldly? 왜 나는 그처럼 대담하게 말을 해야 했을까? **2** …을 밀어대다, 밀고 나아가다, 추진하다(propel). ¶ The ship was *impelled* by the wind and tide. 배는 바람과 조수에 밀려나갔다. ◇ impéllent *adj.*

im·pel·lent [impélənt] *adj.* 밀어내는, 추진하는; 강요하는. ¶ an *impellent* power 추진력. ― *n.* 추진하는 것; 추진력.

im·pel·ler [impélər] *n.* 추진력이 되는 사람(것), [펌프·선풍기 따위의] 날개 바퀴.

im·pend [impénd] *vi.* **1** 임박(절박)해 있다. ¶ Death *impends.* 죽음이 임박해 있다. **2** [고어] [위에] 걸리다, 매달리다(*over* …).

im·pend·ence [impéndəns], **-en·cy** [-ənsi] *n.* Ⓤ 절박한 상태; 임박, 절박.

im·pend·ent [impéndənt] *adj.* =impending.

*im·pend·ing [impéndiŋ] *adj.* **1** 박두한, 임박한. IMMINENT 類語 ¶ an *impending* storm 곧 닥칠 듯한 폭풍우. **2** [위에] 머리 위에 걸린(overhanging).

im·pen·e·tra·bil·i·ty [impènitrəbíliti, + 美 ìmpən-] *n.* Ⓤ **1** 관통할 수 없음; 내다볼 수 없음. **2** 이해할 수 없음, 불가해(不可解). **3** 무감각, 둔감. **4** [물리] 불가입성(不可入性).

im·pen·e·tra·ble [impénitrəbl] *adj.* **1** 꿰뚫을 수 없는, 뚫고 들어갈 수 없는. ¶ *impenetrable* swamps (forests) 지나갈 수 없는 늪(숲). **2** 광선이 통하지 않는, 전망이 막힌. ¶ *impenetrable* darkness 암흑 / an *impenetrable* cavern 안이 어떤지 알 수 없는 동굴. **3** 이해할 수 없는, 불가해한. ¶ an *impenetrable* secret 알 수 없는 비밀. **4** [사상 따위에] 둔감한, 완고한. ¶ an *impenetrable* heart 완고한 마음. **5** [물리] 불가입성(不可入性)인. ~ness *n.*

im·pen·e·tra·bly [impénitrəbli] *adv.* 관통할 수 없을 만큼, 내다볼 수 없을 만큼, 헤아릴 수 없을 만큼.

im·pen·e·trate [impénitrèit] *vt.* (-trat·ed, -trat·ing) …속에 깊이 들어가다, 침투하다.

im·pen·i·tence [impénit(ə)ns], (**im·pen·i·ten·cy** [-t(ə)nsi]) *n.* Ⓤ 뉘우치지 않음, 고집, 완고.

im·pen·i·tent [impénit(ə)nt] *adj.* 뉘우치지 않는, 회개하지 않는, 고집센, 완고한. ~ly *adv.*

imper. 《略》 imperative.

im·per·a·ti·val [impèrətáiv(ə)l] *adj.* [문법] 명령법의, 명령법에 관한.

*im·per·a·tive [impérətiv] *adj.* **1** [행동·사정 따위가] 피할 수 없는, 부득이한, 꼭 필요한; 긴급한. ¶ an *imperative* element 꼭 필요한 요소 / It is *imperative* that you should rest for a week. 당신은 1주일 동안 절대 안정을 할 필요가 있습니다. **2** 명령적인; 명령하는; 엄연한, 권위있는. ¶ an *imperative* gesture of dismissal 해산을 명하는 몸짓 / an *imperative* tone of voice 명령투 / an *imperative* command 절대적 명령. **3** [문법] 명령법의. *cf.* indicative, subjunctive ¶ the *imperative* mood 명령법. ― *n.* **1** 명령. **2** [문법] 명령법; 명령형의 동사. **3** 명령어. **-ly** *adv.* ~ness *n.*
◇ imperatíval *adj.*

im·pe·ra·tor [ìmpəréitər, -rάː-, -tɔːr / -rάːtɔr, -réi-] *n.* **1** 전제 군주; 원수(元首), 군주, 황제. **2** [고대 로마 제정 시대의] 황제의 칭호. **3** [고대 로마 공화제 시대의] 대장군, 개선 장군. [<L commander-in-chief]

im·per·a·to·ri·al [impèrətɔ́:riəl / -tɔ́:ri-] *adj.* 황제(대장군)의, 황제(대장군)에 어울리는. ~·ly [-əli] *adv.*

im·per·cep·ti·bil·i·ty [ìmpərsèptəbíliti] *n.* Ⓤ 지각할 수 없음; 미세[함].

im·per·cep·ti·ble [ìmpərséptəbl] *adj.* 1 극히 적은, 미세한, 차츰의. ¶ *imperceptible* shades of meaning 거의 느껴질 만한 의미의 차이. 2 지각할 수 없는, 감지되지 않는. ~·ness *n.* -bly *adv.*

im·per·cep·tive [ìmpərséptiv] *adj.* 지각력이 없는, 느끼지 못하는.

im·per·ence [ímpərəns] *n.* 《英》 = impudence.

imperf. (略) imperfect; imperforate, imperforated.

‡**im·per·fect** [impɔ́:rfikt] *adj.* 1 [도덕·인격적으로] 결함이 있는, 불비(不備)한, 불완전한. ¶ *imperfect* sense of hearing 불완전한 청력 / an *imperfect* specimen of butterfly 나비의 불완전한 표본. 2 [식물] 어떤 부분이 없는, 자웅이화(雌雄異花)의. ⇨ IMPERFECT FLOWER 3 [문법] 미완료의, 반(半)과거의, ¶ the *imperfect* tense 미완료 시제. 4 [법률] 법적인 효력이 없는, 불완전한. ¶ *imperfect* obligation 불완전 의무. 5 [음악] 반을 내린(diminished). — *n.* [문법] 미완료 시제, 반(半)과거; 그 동사. ~·ly *adv.* ~·ness *n.*
◇ imperféction *n.*

impérfect flówer *n.* 불완전한 꽃, 자웅이화.

im·per·fec·tion [ìmpərfék∫(ə)n] *n.* 1 결점, 약점, 결함. ¶ an organization full of *imperfections* 결점 투성이의 조직. 2 Ⓤ 불완전[상태], 불충분, 불비.

im·per·fec·tive [ìmpərféktiv] [문법] *adj.* [러시아어 등의] 미완료상(相)의. — *n.* 미완료상 (imperfective aspect); 미완료상의 동사.

im·per·fo·rate [impɔ́:rfərit] *adj.* 1 구멍이 없는, 무공(無孔)의. 2 [우표에] 구멍줄이 없는. — *n.* 구멍줄이 없는 우표. [rate.

im·per·fo·rat·ed [impɔ́:rfərèitid] *adj.* = imperfo-

im·per·fo·ra·tion [impɔ̀:rfəréi∫(ə)n] *n.* ⓊⒸ 구멍[구멍줄]이 없음.

‡**im·pe·ri·al**[1] [impí(:)riəl / -píəri-] *adj.* 제국의; (종종) 대영 제국의. ¶ the *Imperial* Parliament 대영 제국 의회. 2 제왕(황후)의; 황실의. ¶ an *imperial* crown 왕관 / an *imperial* decree (or edict) 칙령, 조칙(詔勅) / an *imperial* garden 금원(禁苑) / an *imperial* household 황실 / His (Her) *Imperial* Majesty 황제(황후)폐하. 3 제위(帝位)의, 제권(帝權)의, 지상권의, 최고 권위의. 4 장엄한, 위엄있는, 위풍 당당한. 5 권세를 휘두르는, 오만한. 6 아주 훌륭한, 화려한, 웅대한. 7 [생산품·상품 따위] 특히 큰, 특급의. ¶ *imperial* tea 질이 아주 좋은 차. 8 [도량형이] 대영 제국 법정 표준의. ¶ *imperial* weights and measures 영국 표준 도량형 / the *imperial* quart 4분의 1 영국 갈론.
— *n.* 1 [종이의] 임페리얼 판(版) 〖美〗 23×31인치, 〖英〗 22×30인치. 2 [특히 합승] 마차의 지붕; [마차 지붕에 싣고 운반하는] 여행용 가방. 3 (I-) [신성 로마 제국〗 황제파[의 사람(군인)]. 4 [무역품의] 특대품, 상등품. ~·ly [-əli] *adv.* ~·ness *n.*
◇ émperor, émpire *n.*, impérialize *v.*

im·pe·ri·al[2] [impí(:)riəl / -píəri-] *n.* 황제 수염.

im·pe·ri·al[3] [impí(:)riəl / -píəri-] *n.* [제정 시대의] 러시아의 금화.

impérial cíty *n.* 1 제국의 중심 도시 [고대 로마 등]. 독립 도시. 2 [신성 로마 제국의] 자유 도시. [imperial²]

impérial gállon *n.* 영국 갈론 [4.546리터, 미국 갈론의 약 1.2배; 略 imp. gal.].

im·pe·ri·al·ism [impí(:)riəlìz(ə)m / -píəri-] *n.* 1 제국주의, 영토 확장주의, 침략주의. 2 제정(帝政). 3 대영 제국주의(정책).

im·pe·ri·al·ist [impí(:)riəlist / -píəri-] *n.* 1 제국주의자. 2 [특히 독일의] 황제 지지자; (I-) 신성 로마 제국의 지지자. 3 대영 제국주의자, 미국 제국주의자. — *adj.* (= **im·pe·ri·al·ist·ic** [impì(:)riəlístik / -pìəri-]) 제국주의의; 제국주의자의. -ti·cal·ly [-tikəli] *adv.*

im·pe·ri·al·ize [impí(:)riəlàiz / -píəri-] (※〖英〗에는 **im·pe·ri·al·ise** 로도 쓴다) *vt.* (-ized, -iz·ing) 국가·국경을 제정화(帝國化)하다, 제국주의로 하다; …을 제국의 지배 하에 두다; …에 위엄을 주다.

impérial préference *n.* ⓊⒸ 〖英〗 제국내 특혜 관세.

impérial président *n.* 〖美〗 제왕적인 대통령.

Impérial Válley *n.* 미국 California 남부에서 멕시코에 걸친 관개 농업 지방 [본래 Colorado Desert 의 일부].

im·per·il [impéril] *vt.* (-iled, -il·ing; 《英》 -illed, -il·ling) …을 위험에 빠뜨리다, 위태롭게 하다.

*****im·pe·ri·ous** [impí(:)riəs / -píəri-] *adj.* 1 오만한, 거만한. 2 긴급한(urgent), 중요한. ¶ *imperious* questioning 긴급 질문. ~·ly *adv.* ~·ness *n.*

im·per·ish·a·bil·i·ty [impèri∫əbíliti] *n.* Ⓤ 불멸성, 항구성.

im·per·ish·a·ble [impéri∫əbl] *adj.* 불멸의, 영구한. ¶ *imperishable* fame 불후의 명성. ~·ness *n.* -bly *adv.*

im·pe·ri·um [impí(:)riəm / -píəri-] *n.* ⓊⒸ (*pl.* **-ri·a** [-riə]) 1 명령, 명령권, 통치권, 주권. 2 [법률] [국가의] 절대권; 사법권, 법 집행권. 3 영토, 제국. [< L command, dominion]

im·per·ma·nence [impɔ́:rmənəns], **-nen·cy** [-nənsi] *n.* Ⓤ 영구적이 아님, 비영속성; 일시성.

im·per·ma·nent [impɔ́:rmənənt] *adj.* 영구적이 아닌, 영속하지 않는, 일시적인. ~·ly *adv.*

im·per·me·a·bil·i·ty [impɔ̀:rmiəbíliti] *n.* Ⓤ 불침투성.

im·per·me·a·ble [impɔ́:rmiəbl] *adj.* 1 관통할 수 없는, [물 따위가] 통하지 않는. 2 [물리] [물질이] 불침투성의, 불투과성의(不透過性의). ~·ness *n.* -bly *adv.*

im·per·mis·si·ble [ìmpərmísəbl] *adj.* 용서(허가)할 수 없는.

impers. (略) impersonal.

*****im·per·son·al** [impɔ́:rs(ə)n(ə)l] *adj.* 1 개인적 이 아닌, 개인에 관계 없는, 비개인적인. ¶ an *impersonal* attitude 공평한 태도. 2 인격을 가지지 않는, 비인격적인, 인간적이 없는. ¶ an *impersonal* deity 비인격적인 신. 3 [문법] [동사·대명사가] 비인칭의 [예컨대 It snows. 에서 it 는 *impersonal* pronoun, snow 는 *impersonal* verb]. ¶ [문법] 비인칭 동사, 비인칭 대명사. ~·ly [-nəli] *adv.* ◇ impersonálity *n.*

im·per·son·al·i·ty [impɔ̀:rs(ə)nǽliti] *n.* ⓊⒸ (*pl.* **-ties**) 1 [특정의] 개인에 관계치 않음; 비인격성, 비인간성. 2 비인격적인 것(존재). 3 인간적 감정의 결여.

im·per·son·al·ize [impɔ́:rs(ə)nəlàiz] (※〖英〗에서는 **im·per·son·al·ise** 로도 쓴다) *vt.* (-ized, -iz·ing) …을 비(非) 개인 인격적으로 하다.

im·per·son·ate [impɔ́:rsənèit → *adj.*] (-at·ed, -at·ing) 1 …인 체하다, …을 흉내내다. ¶ *impersonate* a well-known news commentator 유명한 뉴스 해설자의 목소리를 흉내내다. 2 《드물게》…을 인격화하다, 의인화하다, 체현(體現) [구현] 하다 (embody); …을 대표하다. 3 [배우가…] 의 전형이 되다. 3 [배우가…] 의 역을 연기하다, …으로 분장하다. ¶ *impersonate* Hamlet on the stage 무대에서 햄릿으로 분장하다. — *adj.* [-nit] 인격화된, 체현된.

im·per·son·a·tion [impɔ̀:rsənéi∫(ə)n] *n.* ⓊⒸ 1 [남의 태도·모습 따위의] 흉내, 위장. 2 [극에서] 인격화, 체현, 구현; 대표, 전형. 3 분장법, 연출법.

im·per·son·a·tor [impɔ́:rsənèitər] *n.* 분장자; 연기자, 배우.

im·per·ti·nence [impɔ́:rt(i)nəns], (**im·per·ti·nen-**

cy [-si] *n.* **1** ⓤ 건방짐, 주제넘음, 버릇없음(insolence); ⓒ 버릇없는 행위(언행). ¶ have the *impertinence to do* 뻔뻔스럽게도 …하다. **2** ⓤ 부당함, 불친절; 엉뚱함; ⓒ 엉뚱한 행위(언행). ¶ spend no time on such *impertinences* 그러한 엉뚱한 일로 시간을 보내지 않다. **3** 무례한 사람.

*im·per·ti·nent [impə́ːrt(i)nənt] *adj.* **1** 주제넘은, 뻔뻔스러운, 건방진, 무례한, 버릇없는(rude) (to …). ¶ an *impertinent* remark 건방진 말 // be *impertinent* enough to do 건방지게도 …하다.
[類語] **impertinent** 자기 분수를 넘어 남의 일에 참견하는, 또는 예의·경의 따위가 결여되어 무례한: ask *impertinent* questions about another's private affairs 남의 사생활에 관해 무례한 질문을 하다. **impudent** 뻔뻔스럽게 염치없이 *impertinent*한: an *impudent* young fellow 무례하고 건방진 젊은이. **insolent** 남을 깔보고 모욕적인 언동을 하는: be *insolent* toward age and experience 경험이 많은 연장자에게 건방진 태도를 취하다. **cheeky** = impudent, insolent. 구어적인 말: a *cheeky* employee 건방진 종업원. **saucy** 경솔하고 다소 존경하는 태도가 없는; 비난의 뜻은 별로 강하지 않다: a *saucy* boy 건방진 태가 있는 소년.
2 관계없는. ¶ *impertinent* study 관계없는 연구. **3** (고어) 적당하지 않은, 시시한, 어이없는. **4** (드물게) 적절하지 않은. ~**ly** *adv.* ◇ impértinence *n.*

im·per·turb·a·bil·i·ty [ìmpərtəːrbəbíliti] *n.* ⓤ 침착, 냉정, 차분함(calm).

im·per·turb·a·ble [ìmpərtə́ːrbəbl] *adj.* 흔들리지 않는, 냉정한, 침착한(calm). ¶ with *imperturbable* composure 차분하게. ~**ness** *n.* -**bly** *adv.*

im·per·tur·ba·tion [ìmpə:rtərbéi(ə)n] *n.* ⓤ 침착, 냉정함, 평정(平靜).

im·per·vi·ous [impə́ːrviəs] *adj.* **1** [물·공기 따위가] 통하지 않는, 불침투성의; 들어갈 수 없는, 통과할 수 없는(to …). ¶ an *impervious* wasteland 사람의 황무지 / rubber (fabric) *impervious* to moisture 습기가 스며들지 않는 고무(직물). **2** 상하지 않는, 손상되지 않는(to …). ¶ *impervious* to rough treatment 거칠게 다루어도 까딱없는. **3** 통하지 않는, 느끼지 않는, 무감각한, 둔한(to …). ¶ a man *impervious* to reason 사리를 잘 깨닫지 못하는 사람. ~**ly** *adv.* ~**ness** *n.*

im·pe·ti·go [ìmpitáigou] *n.* ⓤ (병리) 농가진(膿痂疹).

im·pe·trate [ímpitrèit] *vt.* (**-trat·ed, -trat·ing**) **1** …을 탄원(기원)하여 얻다. **2** …을 탄원하다, 간청하다 (ask for). [엉du, 탄원.

im·pe·tra·tion [ìmpitréi(ə)n] *n.* ⓤ 탄원(기원)하여

im·pet·u·os·i·ty [impètʃuásiti / -tjuɔ́s-] *n.* (*pl.* **-ties**) **1** ⓤ 열렬, 성급; 격렬. **2** ⓒ 격렬한 동작(동정), 충동.

*im·pet·u·ous [impétʃuəs / -tjuəs] *adj.* **1** 열렬한, 성급한, 충동적인. ⇒ HASTY [類語] ¶ an *impetuous* child 성급한 아이. **2** 사나운(violent), 격렬한, 맹렬한. ¶ an *impetuous* wind 맹렬한 바람 / with *impetuous* haste 무서운 속도로. ~**ly** *adv.* ~**ness** *n.* ◇ impetuósity *n.*

*im·pe·tus [ímpitəs] *n.* **1** ⓤⓒ [물건을 움직이는] 힘, 반동력(impulse), 자극(to …). ⇒ STIMULUS [類語] ¶ give (or lend) [an] *impetus* to … 을 자극하다, 촉진하다. **2** ⓤ (기계) 운동량(momentum).

impf. (略) imperfect.

imp. gal. (略) imperial *gal*lon.

im·pi [ímpi] *n.* (*pl.* **-pies** or **-pis**) 남아프리카의 카피르 사람의 대무장 부대 (Kaffir)

im·pi·e·ty [impáiəti] *n.* (*pl.* **-ties**) **1** ⓤ 신앙심이 없음, 경건치 못함. **2** ⓤ 불효, 불효, 불충성. ¶ filial *impiety* 불효. **3** ⓒ 경건치 못한 행위(언행).

im·pinge [impíndʒ] *vi.* (**-pinged, -ping·ing**) **1** 때리다, 부딪치다, 충돌하다(collide) (on, upon, against …). ¶ rays of light *impinging* on a concave lens 오목 렌즈에 부딪치는 광선 / The waves *impinge* against the rocks. 파도가 바위에 부딪친다. **2** 범하다, 침해하다(on, upon …). ¶ *impinge* on the fundamental human rights 기본적인 인권을 침해하다. **3** 영향을 미치다(on, upon …).

im·pinge·ment [impíndʒmənt] *n.* ⓤⓒ 충돌; 침범; 침해; 영향.

im·ping·er [impíndʒər] *n.* 집진(集塵) 장치.

im·pi·ous [ímpiəs] *adj.* **1** 신을 공경하지 않는, 믿음이 없는, 불경스러운. ¶ *impious* remarks 불경스러운 언사. **2** 사악한. ~**ly** *adv.* ~**ness** *n.*

imp·ish [ímpiʃ] *adj.* 작은 요괴의(같은), 장난꾸러기의, 개구쟁이의(mischievous). -**ly** *adv.* ~**ness** *n.*

im·plac·a·bil·i·ty [implækəbíliti, -pléik-] *n.* ⓤ 달래기 어려움, 화해하기 어려움, 완고, 깊은 앙심.

im·plac·a·ble [implækəbl, -pléik-] *adj.* **1** 달랠 수 없는, 화해하기 어려운, 앙심 깊은. ¶ *implacable* hatred 달랠 수 없는 증오. **2** 사정없는. ~**ness** *n.*

im·plac·a·bly [implækəbli, -pléik-] *adv.* 달랠 수 없이, 화해할 수 없도록, 앙심 깊게; 사정없이.

im·plant *vt.* [implǽnt / -plάːnt // → *n.*] **1** [마음에] …을 심다, 깊이 새기다, 불어넣다(… in). ¶ *implant* sound principles *in* a person's mind; *implant* a person's mind *with* sound principles 남에게 건전한 원리 원칙을 주입하다. **2** …을 꼭 꽂아넣다(달다), 끼워넣다, 심다, 이식하다. ¶ *implant* nerve tissue 신경 조직을 심다 (이식하다) / *implant* artificial teeth in the jaw 턱 안에 의치를 끼워넣다. **3** (드물게) …을 심다(plant) (… in). —— *n.* [ímplænt / -plάːnt] (의학) **1** 신체에 이식된 조직. **2** [라듐 따위] 방사성 물질을 넣은 작은 관.

im·plan·ta·tion [ìmplæntéi(ə)n / -plɑːn-] *n.* ⓤⓒ **1** 심어넣기, 이식; 주입, 고취. **2** (의학) (종양) 세포의 새 국무로의 전이(轉移). [고취하다.

im·plant·er [implǽntər / -plάːntə] *n.* 심는 사람(것).

im·plau·si·ble [implɔ́ːzəbl] *adj.* 받아들이기 어려운, 그럴듯하지 (정말 같지) 않은. -**bly** *adv.*

im·plead [implíːd] *vt.* **1** …을 고발하다, 고소하다(sue). **2** (드물게) (사람·등)을 비난하다, 책망하다(accuse). **3** (고어) (사건 따위)를 변호하다.

im·pledge [implédʒ] *vt.* (**-pledged, -pledg·ing**) (고어) …을 담보로 내놓다, 저당 잡히다(pawn).

*im·ple·ment *n.* [ímpləmənt → *v.*] **1** 연장, 도구, 기구; 용구; (~s) 옷 한 벌. ¶ fishing *implements* 낚시 도구 / surgical *implements* 외과 기구 / *implements* of war 병기 / writing *implements* 필기 도구.
[類語] **implement** 「도구」라는 뜻의 가장 넓은 뜻의 말: stone *implements* of primitive men 원시인의 석기 / gardening *implements* 원예용 도구. **tool** 직공이 손에 들고 쓰는 연장: a carpenter's *tools* 목수의 연장. **instrument** 정교·정확을 요하는 도구·기계(기구): medical *instruments* 의료 기계(기구). **utensil** 가사용 도구: kitchen *utensils* 부엌용품. **appliance** 손을 다소 쓰면서 기계력·전력으로 움직이는 특정한 목적을 가진 기구: an electric *appliance* 전기 기구.
2 [가구·부엌용품 따위] 비품, 장신구, 세간. ¶ household *implements* 가재 도구, 세간. **3** 수단(means); 앞잡이(agent). **4** (스코) (법률) 이행(履行). —— *vt.* [ímplimènt] **1** (약속 따위)를 이행하다, 수행하다(carry out). ¶ *implement* a contract 계약을 이행하다. **2** (요구·조건 따위)를 충족시키다. ¶ *implement* necessary conditions 필요한 여러 조건을 충족시키다. **3** …에 도구를 공급하다.
◇ implementàtion, implétion *n.*, impleméntal *adj.*

im·ple·men·tal [ìmpləméntl] *adj.* 도구(기구)의, 수단이 되는, 도움이 되는.

im·ple·men·ta·tion [ìmpləməntéi(ə)n / -men-] *n.* ⓤ 이행, 수행. [충전(充塡), 충만.

im·ple·tion [impli:(ə)n] *n.* ⓤ (드물게) 가득 채우기,

im·pli·cate *vt.* [ímplikèit → *n.*] (**-cat·ed, -cat·ing**)

implication / importance

1 [일·사건 따위에] …을 관계시키다, 연루(連累)시키다(... in). ¶ be *implicated in* a crime 범죄에 연루되다 // The thief's confession *implicated* two other men. 그 도둑의 자백으로 두 사람의 다른 연루자가 떠올랐다. **2** [필요 조건·추론으로서] …을 포함하다, …의 뜻을 내포하다. ⇨ INVOLVE 類語 ¶ 'Christianity' *implicates* 'God'. 「기독교」라는 말은 「하나님」이란 말을 함축한다. **3** …을 얽히게 하다, 결부시키다(... in). ¶ World peace is *implicated in* the disarmament of all the nations. 세계 평화는 모든 나라의 군축과 깊이 결부되어 있다. **4** 《드물게》 …을 엉키게 하다, 싸잡다. ¶ *implicated* leaves 뒤엉킨 잎. — n. [ímplikit] 포함되는 것, 관계(연관)있는 것.
◇ implicátion n., ímplicative adj.

*im·pli·ca·tion [ìmplikéi(ə)n] n. **1** [U][C] 포함, 함축; 암시; [논리] 함의(含意). ¶ by *implication* 함축적으로, 넌지시, 언외(言外)에. **2** (보통 ~s) 연루, 말려들기, 밀접한 관계(*in* ...). **3** [U] 뒤엉키게 함, 얽힘, 분규. ◇ ímplicate v.

im·pli·ca·tive [ímplikèitiv, implíka-] adj. 포함(함축)하는, (언외에) 숨은 뜻이 있는; 말려들게 하는. **~·ly** adv.

*im·plic·it [implísit] adj. (opp. explicit) **1** 맹목적인, 조건없는, 절대적인(absolute). ¶ *implicit* faith 맹신(盲信) / give *implicit* obedience to … 에 맹종하다. **2** 함축적인, 언외에 담은. ¶ an *implicit* consent (promise) 언외의 승낙(약속) / an *implicit* threat 은근한 협박. **3** 사실상 포함된, 내재(內在)하는(*in* ...). ¶ the blessing *implicit in* all heaven's chastenings 온갖 하늘의 시련 속에 잠재해 있는 신의 은총. **~·ly** adv. **~·ness** n.

im·plied [impláid] adj. 넌지시 암시되는, 은연중의, 언외에 담긴. ¶ an *implied* consent 묵인, 묵허(默許). **~·ly** [impláɪ(i)dli] adv.

im·plode [implóud] v. (-plod·ed, -plod·ing) vi. 안쪽으로 파열하다, [전구·진공관 따위가] 내파(內破)하다. cf. explode — vt. [음성] [폐쇄음]을 내오는 경과음 (off-glide) 없이 발음하다.

im·plo·ra·tion [ìmploréi(ə)n] n. 간청, 애원.
im·plor·a·to·ry [impló:rətò:ri / -pló:rət(ə)ri] adj. 탄원하는, 간청하는. 애원하는.

‡**im·plore** [impló:r /-pló:] v. (-plored, -plor·ing) vt. …에 애원(애소)하다, 탄원하다, 간청하다. ⇨ BEG 類語 ¶ *implore* forgiveness(aid) 용서(도움)를 청하다 // (~+图+前+名) *implore* God for mercy. 신에게 자비를 구하다 / (~+图+ to do) *implore* a person to do 남에게 … 해 달라고 부탁하다. — vi. 간청하다, 애원하다. ¶ (~+前+名+ to do) *implore for* one's life 살려 달라고 애원하다 // (~+前+名+ to do) *implore of* a person *to* spare one's life 남에게 살려 달라고 간청하다.
◇ implorátion n., implórátory adj.

im·plor·ing [impló:riŋ /-pló:r-] adj. 탄원(애원)하는. ¶ an *imploring* glance 애원하는 눈초리.

im·plor·ing·ly [impló:riŋli / -pló:r-] adv. 애원하듯이, 탄원적으로.

im·plo·sion [implóuʒ(ə)n] n. [U][C] **1** 안쪽으로의 파열, [전구·진공관의] 내파(內破). cf. explosion **2** [음성] 내파, [폐쇄음의] 들어가는 경과음(on-glide).

im·plo·sive [implóusiv] [음성] adj. [폐쇄음이] 나오는 경과음(off-glide)이 없는, 내파의. ¶ an *implosive* sound 내파음. — n. 내파음.

im·plu·vi·um [implú:viəm] n. (pl. -vi·a [-viə]) [고대 로마 건축의] 낙수받이(가옥의 안뜰(atrium) 중앙에 놓여 지붕창(compluvium)에서 떨어지는 빗물을 받는다].

‡**im·ply** [impláɪ] vt. (-plied, -ply·ing) **1** …의 뜻을 내포하다, 암시하다. ¶ Wealth *implies* responsibility. 부에는 반드시 책임이 따른다. **2** [말·명칭이] …을 뜻하다(signify, mean). ¶ What does the word *imply* ? 그 말은 무슨 뜻입니까? **3** [언외에] …을 나타내다, 넌지시 비치다, 암시하다. ⇨ HINT 類語 ¶ His attitude *implies* boredom. 그의 태도에서 싫증이 났다는 것을 엿볼 수 있다. ◇ implicátion n., ímplicative, implícit adj.

im·po [ímpou] n. 《英학어》 [학생에게] 벌로서 주는 숙제. (<imposition)

im·pol·der [impóuldər / -pól-] vt. …을 매립(埋立)하다.

im·pol·i·cy [impáliʃi / -pól-] n. (pl. -cies) 현명치 못한 정책, 졸책(拙策) (inexpediency).

*im·po·lite [ìmpəláit] adj. 버릇없는, 무례한, 실례의 (to ...). ¶ RUDE 類語. **~·ly** adv. **~·ness** n.

im·pol·i·tic [impálitik / -pól-] adj. 지각없는, 어리석은, 분별없는(injudicious), 졸렬한. **~·ly** adv. **~·ness** n.

im·pon·der·a·bil·i·ty [impàndərəbíliti / -pòn-] n. [U] 매우 가벼움, 무게가 없음; 평가 불가능.

im·pon·der·a·ble [impánd(ə)rəbl / -pón-] adj. **1** 저울질할 수 없는, 극히 가벼운, 매우 가벼운. **2** 평가할 수 없는. — n. 불가량물(不可量物) [열·빛·전기 따위]. **~·ness** n. **·bly** adv. — (부(附)하는) 사람.

im·po·nent [impóunənt] n. [의무 따위를] 떠맡기는 사람.

‡**im·port** (opp. export) vt. [impó:rt / -pó:t // →n.] **1** …을 수입하다, 들여오다. ¶ *imported* articles (or goods) 수입품 / (~+图+前+名) raw materials *imported into* Korea *from* the U.S. 미국에서 한국으로 들어온 원료 / *import* coffee from Brazil 브라질로부터 커피를 수입하다. **2** 〔비유적〕 …을 가지고 들어오다, 끌어들이다, 옮기다. ¶ (~+图+前+名) *import* one's feeling *into* discussion 토론에 감정을 개입시키다. **3** 〔고어〕 [말·진술·행동 따위가] …을 뜻하다, 나타내다, …의 뜻을 내포하다; …을 함축하다(imply). ¶ What on earth does this action *import* ? 이런 행동은 도대체 무엇을 뜻할까? / Honor *imports* justice. 명예는 정의를 뜻한다 // (~+ *that* 節) His words *imported that* he wanted to quit the job. 그의 말은 그가 사직하겠다는 것을 뜻하고 있었다. **4** 〔고어〕 …에게 중요하다, [중대한] 관계가 있다. ¶ It *imports* us to do …하는 것은 우리들에게 중대한 관계가 있다.
— vi. 중요하다, 중대한 관계가 있다(matter). ¶ It does not *import* much. 그것은 그다지 중요하지 않다. — n. [ímpo:rt / -po:t] [U] **1** 수입; [C] (보통 ~s) 수입품. **2** 의미 (⇨ MEANING 類語); 함축된 의미, 취지 (purport). **3** 중요성 (importance). ¶ A matter of great *import* 매우 중요한 일. ◇ importátion n.

im·port·a·bil·i·ty [impò:rtəbíliti / -pò:t-] n. [U] 수입할 수 있는.

im·port·a·ble [impó:rtəbl / -pó:t-] adj. 수입할 수 있는.

‡**im·por·tance** [impó:rt(ə)ns] n. [U] **1** 중요, 중요성. ¶ a matter of great *importance* 중대한 문제 / international *importance* 국제적인 중요성 / the *importance* of good health 건강의 중요성 / attach (or give) *importance to* …을 중시하다 / make much *importance of* …을 크게 중요시하다 / be of *importance* (no *importance*) 중요하다 (하지 않다).

類語 **importance** 「중요[성]」이라는 뜻의 가장 일반적인 말. **consequence** 있을 수 있는 결과를 생각하고서의 중요성: That may be only of some *consequence* to you but it is of real *importance* to me. 그것은 너에게는 약간 중요할지 모르지만 나에게는 정말로 중대하다. **weight** 관계되는 다른 일과 비교하고 나서의 상대적인 중요성: a matter of greater *weight* than money 돈보다도 중요한 문제. **significance** 반드시 표면에 드러나지는 않으나 특별한 뜻이 담긴 중요성: miss the real *significance* of an event 사건의 진짜 중요성을 깨닫지 못하다.

2 중요한 지위(입장), 유력, 무게, 관록. ¶ a man of *importance* 중요(유력) 인사 / be conscious of one's own *importance* 잘난 체하다 / That person lacks *importance*. 저 사람은 관록이 없다. **3** 거만[한 태도], 거드름. ¶ with an air of *importance* 거드름 피우며. ◇ impórtant adj.

‡**im·por·tant** [impɔ́ːrt(ə)nt] *adj.* **1** 중요한, 중대한, 긴요한, 긴급한(*to* ...). ¶ an *important* event 중대 사건 // details *important to* a fair decision 공정한 관결에 극히 중요한 사항. **2** 고려(주목)할 만한, 주목해야 할. ¶ an *important* example 특히 주목할 사례. **3** 두드러진, 탁월한, 현저한(prominent). ¶ an *important* part 돋보이는 부분. **4** [사람·지위 따위가] 꽤 유력한, 권위있는, 관록있는, 높은, 저명한. ¶ an *important* person 유명(저명) 인사. **5** 거드름피우는, 뽐내는, 거만한(pompous). ¶ one's *important* manner 거만한 태도 / look *important* 잘난 체하다. ~**ly** *adv.*
◇ impórtance *n.*

im·por·ta·tion [ìmpɔːrtéiʃ(ə)n / -pɔː-] *n.* (*opp.* exportation) **1** Ⓤ 수입. **2** 수입품, 외래품.

im·port·er [impɔ́ːrtər / -pɔ́ː-] *n.* 수입 업자(상사).

im·por·tu·nate [impɔ́ːrtjunit / -tjuː-] *adj.* 귀찮은, 성가신, 번거로운(troublesome). ~**ly** *adv.* ~**ness** *n.*

im·por·tune [ìmpərt(j)úːn, impɔːrtjun / impɔ́ːrtjuːn] *v.* (**-tuned, -tun·ing**) *vt.* 끈덕지게 조르다. ▷ BEG 類語 ¶ *importune* one's parents *for* money 부모에게 돈을 달라고 졸라대다 // He *importuned* me *to* give him more money. 그는 돈을 더 달라고 성가시게 졸라댔다. — *vi.* 집요하게 조르다, 귀찮게 부탁하다.
— *adj.* = importunate.

im·por·tun·er [ìmpərt(j)úːnər, impɔːrtjunər / impɔ́ːrtjuːnə] *n.* 귀찮게 졸라대는 사람, 집요한 사람.

im·por·tu·ni·ty [ìmpərt(j)úːniti / ìmpɔːtjúː-] *n.* (*pl.* -ties) **1** Ⓤ 집요함. **2** (-ties) 집요한(성가신) 요구.

‡**im·pose** [impóuz] *v.* (**-posed, -pos·ing**) *vt.* **1** [부담·세금·형벌·의무 따위를] 지우다. ¶ (~+目+ 前+图) *impose* taxes *on* (or *upon*) a person's property 남의 재산에 과세하다. **2** [권위·독단 따위로] -을 강요하다. ¶ (~+目+前+图) *impose* an unusual implication *upon* a word 말에 색다른 뜻을 부여하다. **3** [사람·의견·폐품 따위를] 떠맡기다, 강요하다. ¶ (~+目+前+图) *impose* oneself [*upon* others] 주제넘게 나서다 / *impose* one's opinion *upon* others 자기 의견을 남에게 강요하다. **4** [불량품을] 속여 팔다. **5** [견신례 등에서] 안수하다. **6** [인쇄] [활판을] 정판(整版)하다. **7** [고어] ~을 놓다, 얹다. — *vi.* **1** 탄복하게 하다, 위압하다. **2** 참음성·사람의 무던한 따위를 이용하다, 틈타다(*on, upon* ...). ¶ (~+前+图) Don't *impose upon* his kindness. 그가 친절하다고 해서 이용하지 마라. **3** 교묘히 속이다, 기만하다, 감쪽같이 속여넘기다 (*on, upon* ...). ◇ imposítion *n.*

im·pos·er [impóuzər] *n.* 강요하는 사람, 부과하는 사람.

****im·pos·ing** [impóuziŋ] *adj.* 인상적인, 남의 눈을 끄는, 당당한. ¶ an *imposing* air(building) 당당한 풍채(건물). ~**ly** *adv.* ~**ness** *n.*

im·po·si·tion [ìmpəzíʃ(ə)n] *n.* **1** Ⓤ [부담·의무 따위를] 지우기, 과하기, 부과. **2** 부과물, 세금(tax), 부담; 의무(duty), 형(刑)(벌); [英] [학교에서 벌로써 내는] 숙제 (*cf.* impot). **3** 기만, 사기. **4** [권위 따위에 의한] 강요; [사람이 호인임을] 이용하기. **7** [인쇄] 정판. [비는] 안수, 안수례.

imposítion of hánds *n.* [교회] [성신의 은총을]

****im·pos·si·bil·i·ty** [impɑ̀sibíliti / -pɔ̀s-] *n.* (*pl.* **-ties**) **1** Ⓤ 불가능[성]. **2** 불가능한 일.

‡**im·pos·si·ble** [impɑ́səbl / -pɔ́s-] *adj.* **1** 있을 수 없는, 믿을 수 없는. ¶ an *impossible* story(event) 있을 수 없는 이야기(사건) / an *impossible* rumor 믿을 수 없는 소문. **2** ~할 수 없는, 불가능한. ¶ an *impossible* task 도저히 할 수 없는 일 // be *impossible* of fulfilment (definition, execution) 달성(정의, 수행)할 수 없다 // It's *impossible* to call a meeting tomorrow. 내일 모임을 여는다는 것은 무리다. **3** 견딜 수 없는, 참을 수 없는, 몹시 싫은. ¶ an *impossible* situation 도저히 참을 수 없는 상태 / an *impossible* neighbor 아주 싫은 이웃 / an

impossible dress 괴상한 복장. ~**ness** *n.*

im·pós·si·ble árt *n.* 개념 예술(conceptual art).

im·pos·si·bly [impɑ́səbli / -pɔ́s-] *adv.* **1** 있을 수 없을 정도로. ¶ not *impossibly* 어쩌면, 혹시. **2** 몹시, 극도로.

im·post¹ [ímpoust] *n.* **1** 부과금, 세금; 관세. **2** [경마] 핸디캡으로 말에게 지우는 짐. — *vt.* [수입 품목별로] 관세를 결정하다.

im·post² [ímpoust] *n.* [건축] 홍예 받침대[아치의 내만곡부(內彎曲部)의 기점(起點)].

im·pos·tor, -ter [impɑ́stər / -pɔ́s-] *n.* **1** 사기꾼, 협잡꾼(swindler). **2** 가명을 쓰는 사람, 남의 이름을 사칭하는 사람.

im·pos·tume [impɑ́stjuːm, -tuːm / -pɔ́stjuːm] *n.* [고어] 종기, 농양(膿瘍) (abscess).

im·pos·ture [impɑ́stər / -pɔ́s-] *n.* Ⓤ Ⓒ 사기, 협잡.

im·pot [ímpɑt / -pɔt] *n.* [英학생 속어] 벌로써 시키는 과제. [<IMPO[SI]T[ION]]

im·po·tence [ímpət(ə)ns] *n.* Ⓤ **1** 무력, 무능; 무기력, 허약. **2** [남성의] 성적 무능력, 교접 불능, 음위(陰萎).

im·po·ten·cy [ímpət(ə)nsi] *n.* = impotence.

****im·po·tent** [ímpət(ə)nt] *adj.* **1** 무력한, 할 수 없는. ¶ be *impotent to do* ~할 수 없다. **2** 체력이 없는, 허약한(weak), 노쇠한. ¶ an *impotent* rage 화낼 힘도 없어서. **3** [특히 남성이] 성적 능력이 없는, 교접 불능의. ~**ly** *adv.* ~**ness** *n.* ◇ ímpotence *n.*

im·pound [impáund] *vt.* **1** [가축 따위를] 우리 안에 가두다, 우리에 넣다. ¶ catch and *impound* buffaloes 들소를 잡아 우리에 가두다 / The dog was *impounded* by the police. 그 개는 경찰에 가두어졌다. **2** [물 따위를] 괴게 하다, 담수(湛水)하다. **3** ~을 유폐하다, 감금하다. ¶ *impound* rebels 반란자들을 감금하다. **4** ~을 빼앗다. **5** [증권·서류 따위를] 압수(몰수)하다. ¶ The policeman *impounded* various sorts of weapons. 경관은 각종 흉기를 압수했다. ~**er** *n.* 압수자.

im·pound·er [impáundər] *n.* 가두는 사람, 감금자.

im·pound·ment [impáundmənt] *n.* Ⓤ 우리 안에 가두기; 저수(貯水); 구금; 압수, 몰수.

****im·pov·er·ish** [impɑ́v(ə)riʃ / -pɔ́v-] *vt.* **1** ~을 가난하게 하다. ¶ a family *impoverished* by misfortune 불운 때문에 몰락한 집안. **2** [질·산출력 따위를] 빈약하게 하다, 저하시키다, [토질 따위를] 메마르게 하다, [힘]을 허약하게 하다(weaken). ¶ *impoverished* blood 빈혈.

im·pov·er·ished [impɑ́v(ə)riʃt / -pɔ́v-] *adj.* 가난해진 (⇨ POOR 類語); [토지 따위가] 메마른; 허약해진.

im·pov·er·ish·er [impɑ́v(ə)riʃər / -pɔ́v-] *n.* 가난하게 하는 사람(것).

im·pov·er·ish·ment [impɑ́v(ə)riʃmənt / -pɔ́v-] *n.* Ⓤ 가난하게 함); 빈곤; 불모, 허약, 쇠약.

im·pow·er [impáuər] *vt.* [폐어] = empower.

im·prac·ti·ca·bil·i·ty [impræ̀ktikəbíliti] *n.* Ⓤ Ⓒ 실행 불가능[한 것], 사용 불능, 쓸 수 없는 것;《드물게》다루기 어려움, 고집.

****im·prac·ti·ca·ble** [imprǽktikəbl] *adj.* **1** 실행할 수 없는. ¶ an *impracticable* plan 실행불가능한 계획. **2** [물건이] 실용성이 없는; [길 따위가] 통행할 수 없는. ¶ an *impracticable* road 통행할 수 없는 길. **3**《드물게》[사람이] 다루기 어려운, 고집센. ~**ness** *n.*

im·prac·ti·ca·bly [imprǽktikəbli] *adv.* 실행할 수 없도록(없을만큼), 비실용(실제)적으로;《드물게》다루기 힘들게, 고집스럽게.

****im·prac·ti·cal** [imprǽktik(ə)l] *adj.* 실제(실용)적이 아닌; 실행할 수 없는. *cf.* unpractical ◇ impracticálity *n.*

im·prac·ti·cal·i·ty [impræ̀ktikǽliti] *n.* (*pl.* **-ties**) Ⓤ 비실용성; Ⓒ 실제적이 아닌 일(것), 실행 불가능한 일(것).

im·pre·cate [ímprikèit] *vt.* (**-cat·ed, -cat·ing**) **1** [재앙·불운 따위를] 빌다. ¶ *imprecate* evil *upon* a

imprecation [ìmprikéiʃ(ə)n] *n.* ⓤ [재앙·불운 따위를] 빎[기원](cursing); ⓒ 저주(curse).

im·pre·ca·tor [ímprikèitər] *n.* [재앙·불운 따위를] 비는 사람, 저주하는 사람.

im·pre·ca·to·ry [ímprikətɔ̀:ri / -kèit(ə)ri] *adj.* 저주의.

im·pre·cise [ìmpráisáis] *adj.* 부정확한, 애매한.

im·preg [ímpreg] *n.* 합성 수지를 먹인 베니어판[습기에 강하고 튼튼하다].

im·preg·na·bil·i·ty [imprègnəbíliti] *n.* ⓤ 난공 불락.

im·preg·na·ble[1] [imprégnəbl] *adj.* 1 난공 불락의, 견고한. ⇨ INVINCIBLE [類語] ¶ an *impregnable* castle 난공 불락의 성. 2 [압박·공격 따위에] 지지 않는, 확고한(firm). ¶ an *impregnable* belief 굳은 신념.
~·**ness** *n.* -**bly** *adv.*

im·preg·na·ble[2] [imprégnəbl] *adj.* [알 따위가] 수정(受精)[수태] 가능한.

im·preg·nate *vt.* [imprégneit / ⸺ ⸺ // ⸺ *adj.*] (-**nat·ed**, -**nat·ing**) 1 …을 임신(수태)시키다. ¶ be *impregnated* 임신하고 있다. 2 [생물] …을 수정(受精)시키다. 3 …을 스며들게 하다, 담그다. ¶ *impregnate* one's clothing *with* insecticide 옷에 살충제를 배게 하다. 4 …을 충만(포화)시키다. ¶ Sea water is *impregnated with* salt. 바닷물은 염분을 많이 함유하고 있다. 5 [사상·생각 따위]를 마음에 심다, 사무치게 하다. ¶ *impregnate* a person's mind *with* new ideas 남에게 새로운 사상을 주입하다. — *adj.* [imprégnit] 배고 있는, 임신하고 있는, 충만(포화)한(*with* …).

im·preg·na·tion [ìmpregnéiʃ(ə)n] *n.* 1 수정, 수태. 2 포화, 충만; 주입. 3 [입기] (注入機).

im·preg·na·tor [imprégneitər / ⸺ ⸺, ⸺ ⸺] *n.* 주입기.

im·pre·sa [impréizə] *n.* [방패에 그려진] 도안, 문장 (紋章), 표지; 금언 (金言).

im·pre·sa·ri·o [ìmprisá:riòu / -pre-, -pri-] *n.* (*pl.* -**sa·ri·os** or *It* -**sa·ri** [-sá:ri:]) 1 [가극단·악단 따위의] 단장, [음악회 따위의] 흥행주. 2 감독(manager), 지휘자, 프로듀서. [<It]

im·pre·scrip·ti·ble [ìmprisríptəbl] *adj.* [법률] 시효의 적용이 소멸되지 않는, 법령으로 움직일 수 없는, 절대적인. -**bly** *adv.*

im·prese [imprí:z] *n.* =impresa.

‡**im·press**[1] *vt.* [imprés → *n.*] (-**pressed** or 《고어》 -**prest**, -**press·ing**) 1 …을 깊이 감동시키다, …에 감명을 주다, …의 마음을 흔들다. ¶ The speech *impressed* the audience. 그 연설은 청중에게 깊은 감명을 주었다. 2 …을 인상지우다, 명심하게 하다. ¶ (~+뫼+函+웹) be *impressed with* appearance 겉모습에서 인상을 받다 / *impress* a thing *on* (or *upon*) one's mind (memory) …을 마음(기억)에 깊이 새기다 / The scene was strongly *impressed on* my memory. 그 장면은 내 기억에 깊이 새겨졌다. 3 [도장 따위]를 찍다(imprint), 새기다; …에 도장을 찍다, …에 눌러서 자국을 내다. ¶ (~+뫼+函+웹) The king *impressed* the wax *with* a royal seal. 왕은 봉랍(封蠟)에 옥새를 찍었다 / He *impressed* her hand *with* kisses. 그는 그녀의 손에 자국이 남을 만큼 강하게 키스했다. 4 [전기] …에 전압을 가하다.
— *n.* 1 날인, 각인; 흔적. 2 인상(impression), 감명. 3 [작품 따위의] 특징, 효과. ¶ a poem bearing the *impress* of genius 천재의 특징을 보인 시.
◇ impression *n.*, impressive *adj.*

im·press[2] *vt.* [imprés → *n.*] (-**pressed** or 《고어》 -**prest**, -**press·ing**) 1 [특히 해군이] [남]을 강제로 징병하다. 2 [돈·재산 따위]를 징발(징용)하다. 3 [전쟁 따위의] …을 인용하다. — *n.* [imprès] 강제 징집, 징발.

im·press·i·bil·i·ty [imprèsəbíliti] *n.* ⓤ 감동성, 쉬움, 민감함, 감수성.

im·press·i·ble [imprésəbl] *adj.* 느끼기 쉬운, 감수성이 강한(impressionable). -**bly** *adv.*

‡**im·pres·sion** [impréʃ(ə)n] *n.* 1 ⓤⓒ 인상, 감동, 감명. ¶ visual *impressions* 시각적인 인상 / one's first *impression* 첫인상 / with a deep *impression* 깊이 감명하여 / leave (make) a favorable *impression* upon a person 남에게 좋은 인상을 남기다(주다).
2 ⓤ 영향(influence), 효과, 결과. ¶ the *impression* of environment *on* an animal 환경이 동물에 미치는 영향.
3 [막연한] 느낌, 기분, 생각. ¶ under the *impression that…* …이라고 생각하여 / I have the *impression that* war will be averted. 나는 전쟁이 나지 않을 것으로 생각하고 있다.
4 [눌러서 생긴] 자국, 흔적, 모양, 표(mark, figure). ¶ leave an *impression* of one's foot 발자국을 남기다 / an *impression* of a seal in wax 봉랍의 도장 자국.
5 [인쇄] 인쇄, [원판의] ⸺쇄(刷); 1회의 인쇄 부수. ¶ a clear (a bad) *impression* 선명한(나쁜) 인쇄 / the second *impression* of the first edition 초판의 제2쇄.
6 [치과] [의치의].
7 ⓤⓒ 도장을 찍기, 날인, 찍은 자국, 각인(stamp).
8 [연예인의 명사 언행] 흉내내기 (impersonation).
◇ impréss *v.*, impréssive *adj.*

im·pres·sion·a·bil·i·ty [imprèʃ(ə)nəbíliti] *n.* ⓤ 느끼기 쉬움, 감수성.

*‡**im·pres·sion·a·ble** [impréʃ(ə)nəbl] *adj.* 느끼기 쉬운, 감수성이 강한.

im·pres·sion·ism [impréʃ(ə)nìz(ə)m] *n.* ⓤ 1 (보통 I-) [미술] 인상주의(파); 인상주의적인 표현. 2 [문학] 인상주의.

im·pres·sion·ist [impréʃ(ə)nist] *n.* 1 (보통 I-) 인상주의자, 인상파 예술가. 2 흉내장이(mimic), 흉내 전문 연예인. 3 (보통 I-) [미술] 인상파의 화가.

im·pres·sion·is·tic [imprèʃ(ə)nístik] *adj.* 인상주의적인, 인상파의[예술가]의.

Impréssionist Schóol *n.* 인상파.

‡**im·pres·sive** [imprésiv] *adj.* 강한 인상을 주는, 감동적인. ⇨ MOVING [類語] ¶ an *impressive* scene 감동적인 장면. -**ly** *adv.* -**ness** *n.* ◇ impréss *v.*, impression *n.*

im·press·ment [imprésmənt] *n.* ⓤ 강제 징용, 징발; 징병.

im·prest [ímprest] *n.* 《英》 [특히 군인·선원에게 국고에서 주는] 선불금, 전도금.

im·pri·ma·tur [ìmprimèitər, +美 -má:-] *n.* 1 [가톨릭 교회가 내리는] 신앙과 도덕에 관한 서적의] 출판 허가. 2 허가, 인가, 승인(approval), 면허.
[<Mod. L let it be printed]

im·pri·mis [impráimis] *adv.* 맨 처음에, 최초로.
[<L *in primis* among the first things]

*‡**im·print** *n.* [ímprint → *vt.*] 1 흔적, 형적, 자국. ¶ the *imprint* of a foot in the sand 모래 위의 발자국. 2 인상(impression), 모습, […의] 빛. ¶ The *imprint* of anxiety on her face 그녀의 얼굴에 나타난 불안한 빛.
3 [書誌] [책의] 간기(刊記) [발행(인쇄)자 이름·주소·연월일 따위]. — *vt.* [imprínt] 1 …을 강하게 인상지우다, 명심(감명)시키다(impress). ¶ (~+뫼+函+웹) He *imprinted* her smile *upon* his memory. 그는 그녀의 미소를 기억에 새겨 두었다. 2 [도장 따위]를 찍다; …에 자국을 내다. ¶ (~+뫼+函+웹) *imprint* a mark *on* a surface 표면에 자국을 내다 / *imprint* a receipt *with* a seal 영수증에 도장을 찍다.

im·print·ing [imprínting] *n.* [생물·심리] 각인 (刻印).

*‡**im·pris·on** [imprízn] *vt.* 1 …을 교도소에 넣다, 투옥하다, 구금하다. 2 …을 가두다, 감금하다.
◇ imprísonment *n.*

*‡**im·pris·on·ment** [imprízmənt] *n.* ⓤ 투옥[구금, 감금].

im·prob·a·bil·i·ty [impràbəbíliti / -prɔ̀b-] *n.* ⓤⓒ (*pl.* -**ties**) 있을(일어날) 성싶지 않음, 사실 같지 않음(않은 것).

im·prob·a·ble [imprάbəbl / ‑prɔ́b‑] *adj.* 있을 법(일어날) 성싶지 않은; 사실 같지 않은. ¶ an *improbable* event 일어날 성싶지도 않은 사건. ~**ness** *n.*

im·prob·a·bly [imprάbəbli / ‑prɔ́b‑] *adv.* 있음직하지 않게, 참말 같지 않게. ¶ not *improbably* 혹시, 경우에 따라서.

im·pro·bi·ty [improubiti, ‑prάb‑ / ‑próu‑, ‑prɔ́b‑] *n.* ⓤ 정직하지 않음, 불성실(dishonesty).

im·promp·tu [imprάmpt(j)uː / ‑prɔ́mptjuː] *adj.* **1** 준비없는, 즉석의. ¶ an *impromptu* dinner 즉석 요리. **2** 즉흥적인. ¶ an *impromptu* verse 즉흥시. —— *adv.* 준비없이, 즉석에서, 즉흥적으로. —— *n.* 즉석 연설, 즉흥시(곡), 즉흥적인 작품.

*im·prop·er** [imprάpər / ‑prɔ́pə] *adj.* **1** 그릇된, 틀린, 타당하지 않은, 부당한. ¶ an *improper* opinion 그릇된 의견 / an *improper* translation 적절하지 않은 번역. **2** 온당치 않은, 버릇없는(indecorous), 상스러운; 부도덕한, 음탕한. ¶ an *improper* word 음란한 말. **3** 부적당한, 알맞지 않은(unfit). ¶ an *improper* dress 알맞지 않은 복장 // festivities *improper* to the occasion 그런 경우에 맞지 않는 축제 소동.

[類語] **improper** 「부적절한」을 뜻하는 일반적인 말; 특히 관습적으로 인정된 도덕적인 규범에 합당치 않은: *improper* behavior toward foreign tourists 외국인 여행자에 대한 온당치 못한 태도. **indecent** 예의 범절·도덕에 몹시 어긋나는; 비난의 뜻이 강한 말: *indecent* language 본데없는 말. **unbecoming** 어떤 사람의 지위·신분·직업상 어울리지 않는: conduct *unbecoming* to a policeman 경찰관답지 않은 행위. **unseemly** 어떤 특정의 경우에 어울리지 않는: an *unseemly* laughter at a funeral 장례식장에 어울리지 않는 웃음 소리.

4 변칙적인, 비정상의(abnormal).

~**ly** *adv.* ~**ness** *n.* ◇ **impropríety** *n.*

impróper fráction *n.* 〔수학〕 가분수(假分數).

im·pro·pri·ate 〔英교회법〕 *adj.* [impróupriit → *vt.*] 속인의 소유로 된. —— *vt.* [impróuprièit] (**-at·ed, -at·ing**) (교회·수도원의 재산·수입)을 개인 소유로 옮기다, 속인에게 보관시키다.

im·pro·pri·a·tion [impròupriéiʃ(ə)n] *n.* ⓤⓒ 〔英교회법〕 교회 재산을 개인의 소유로 옮기기; 개인 손에 옮겨진 교회 재산.

im·pro·pri·a·tor [impróuprièitər] *n.* 교회 재산(소득)을 소유(보관)하는 속인. *cf.* appropriator

im·pro·pri·e·ty [imprəprάiəti] *n.* ⓤⓒ (*pl.* **-ties**) **1** 사실(규칙, 도리)에 맞지 않음, 잘못, 틀림, 부당, **2** 부적당, 어울리지 않음. **3** 버릇없음, 무례, 야비. **4** 그릇된 표현(언어), 오용(誤用).

im·prov·a·bil·i·ty [imprùːvəbíliti] *n.* ⓤ **1** 개량(개선)할 수 있음. **2** 이용할 수 있음.

im·prov·a·ble [imprúːvəbl] *adj.* **1** 개량(개선)할 수 있는. **2** 이용할 수 있는, 경작할 수 있는.

~**ness** *n.* **‑bly** *adv.*

‡**im·prove** [imprúːv] *v.* (**‑proved, ‑prov·ing**) *vt.* **1** …을 개량(개선)하다, 향상(발달)시키다, 더욱 좋게 증진하다. ¶ *improve* a method 방법을 개선하다 / *improve* one's health 건강을 증진시키다 // (~+圖+ 쭹+쭹)*improve* a pony *into* a racehorse 망아지를 경마용 말로 키우다.

[類語] **improve** 결함·부족 상태를 바로잡다: *improve* a manufacturing process 제조 공정을 개량하다. **better** 반드시 나쁘다고는 할 수 없는 것을 더욱 만족스럽게 하다: *improve* 와 같은 뜻으로 쓰일 경우가 있으나 oneself 를 목적어로 할 때는 명백한 차이가 있다: *better* one's method of study 자기의 공부 방법을 더 나아지게 하다 / *better* oneself 보다 좋은 직장·등급을 받게 되다). *cf.* *improve* oneself 지식·교양을 쌓든가 하여 인간으로서 향상하다. **ameliorate** 참을 수 없을 만한 심한 상태를 개선하다: *ameliorate* slum conditions 빈민가의 환경을 개선하다. **2** (토지·부동산)의 가치를 높이다. **3** …을 이용하다. ¶ *improve* one's leisure time by studying 여가를 이용하여 공부하다. —— *vi.* 좋아지다, 개량(개선)되다, 진보하다. ¶ (~+圈+쭹) He is *improving* in health. 그는 건강이 나아지고 있다 // Your English has *improved*. 네 영어는 좋아졌다.

improve away (or *off*) 개량하려다가 좋은 것을 잃다. *improve on* (or *upon*) …보다 더 좋은 것을 만들다, …을 개량하다. ¶ The runner *improved on* his previous record. 그 주자는 지난번의 자기 기록을 경신했다.

◇ impróvement *n.*

‡**im·prove·ment** [imprúːvmənt] *n.* **1** ⓤⓒ 개량, 개선, 진보, 향상, 숙달. ¶ the *improvement* of one's mind 지력(知力)의 증진 / make *improvements* 개량하다 / There is room for *improvement*. 개량할 여지가 있다 // an *improvement* in living standards 생활 수준의 향상 / *improvement* in health 건강의 증진. **2** 개량점; 개량된 것; 개량 공사. ¶ It is a distinct *improvement on* (or *upon, over*) its predecessors. 이전의 것에 비하면 뚜렷한 진보이다. **3** ⓤ 이용, 활용. ¶ the *improvement* of one's leisure time in studying 공부에 써 여가를 이용하는 것.

im·prov·er [imprúːvər] *n.* **1** 개량하는 것, 개량(개선)자. **2** 식품 첨가물[특히 보존용]. **3** (임금 없이 또는 저임금으로 기술을 익히는) 도제, 견습공.

im·prov·i·dence [imprάvidəns / ‑prɔ́v‑] *n.* ⓤ 선견지명이 없음, 분별없는 행위, 앞날을 생각하지 않음; 낭비.

im·prov·i·dent [imprάvidənt / ‑prɔ́v‑] *adj.* **1** 선견지명이 없는, 부주의한. **2** 앞일을 생각하지 않는, 절약심이 없는. ~**ly** *adv.*

im·prov·i·sa·tion [imprɑ̀vizéiʃ(ə)n, imprὰvi‑ / impràvai‑] *n.* **1** 즉석에서 하기. **2** 즉석에서 만든 것 [즉흥시·즉흥곡 따위].

im·prov·i·sa·tion·al [imprɑ̀vizéiʃ(ə)nəl, imprὰvə‑ / impràvai‑, impràvə‑] *adj.* 즉석의, 즉흥적인.

im·prov·i·sa·tor [imprάvizèitər / imprɔ́v‑] *n.* 즉흥시인(작곡가, 연주가).

im·prov·i·sa·tore [imprɑ̀vizətɔ́ːri / ‑pròvizɔ́ːri] *n.* (*pl.* **‑tori** [‑riː]) = improvisator.
[< It. *improvisatore*]

im·prov·i·sa·to·ri·al [imprὰvizətɔ́ːriəl / ‑pròvizɔ́ː‑] *adj.* = improvisatory.

im·pro·vi·sa·to·ry [imprὰvǎizətɔ́ːri / ‑t(ə)ri] *adj.* 즉석의, 즉흥의, 즉흥적인.

im·prov·i·sa·trice [imprɑ̀vizətríːtʃi / ‑pròvi‑] *n.* **‑ci** [‑tʃiː] *improvisatore* 의 여성형.

*im·pro·vise** [ímprəvàiz, + 美 ꞊‑‑] *v.* (**‑vised, ‑vis·ing**) *vt.* **1** (시·음악 따위)를 즉석에서 짓다(연주하다), 노래하다. **2** …을 임시 변통으로 만들다. — *vi.* 즉석에서 만들다, 즉흥 연주를 하다.

◇ improvisátion *n.*, impróvisatory *adj.*

im·pro·vised [ímprəvàizd, + 美 ꞊‑‑] *adj.* 임시 변통의, 즉흥의.   [인, 즉흥 연주자.

im·pro·vis·er [ímprəvàizər, + 美 ꞊‑‑] *n.* 즉흥 시

*im·pru·dence** [imprúːd(ə)ns] *n.* **1** ⓤ 경솔, 무분별, 무례, 건방짐. **2** 경솔(무례)한 언행.

◇ imprúdent *adj.*

*im·pru·dent** [imprúːd(ə)nt] *adj.* 사려가 없는, 무분별한, 경솔한, 무모한, 신중치 못한. ¶ an *imprudent* deed 경솔한 행위 // She was *imprudent* to go out at midnight. 그녀는 분별없이 한밤중에 외출했다.

~**ly** *adv.* ◇ imprúdence *n.*

*im·pu·dence** [ímpjud(ə)ns] *n.* **1** ⓤ 뻔뻔스러움, 염치없음, 무례, 건방짐. ¶ None of your *impudence*! 건방진 수작 마라! // The servant had the *impudence* to go away with his master's car. 하인은 뻔뻔스럽게도

주인의 자동차를 타고 가버렸다. **2** ⓤⓒ 뻔뻔스러운 태도(행위), 전방진 것. ¶ with cool *impudence* 뻔뻔스럽게도 태연히. **3** ⓤ《폐어》교양이 없음, 창피한 줄 모름. ◇ ímpudent *adj.*

‡**im·pu·dent** [ímpjud*ə*nt] *adj.* **1** 뻔뻔스러운, 염치 없는, 무례한, 전방진. ⇨ IMPERTINENT 類語. ¶ an *impudent* visitor 뻔뻔스러운 손님. **2**《폐어》교양이 없는, 창피한 줄 모르는. ◇ ímpudence *n.* ~·**ly** *adv.* ~·**ness** *n.*

im·pu·dic·i·ty [ìmpjudísiti] *n.* (*pl.* -**ties**) ⓤ 교양이 없음, 무례, 상스러움(immodesty); ⓒ 추정.

im·pugn [impjú:n] *vt.* …에 반대하다, (비평이나 토론 따위로) …을 비난 공격하다, 논박하다.

im·pugn·a·ble [impjú:nəbl] *adj.* 비난(공격)할 여지가 있는, 반대할만한.

im·pugn·ment [impjú:nmənt] *n.* ⓤ 비난, 논박, 논란.
[약.

im·pu·is·sance [impjú:isns] *n.* ⓤ 무능, 무기력, 허

im·pu·is·sant [impjú:isnt] *adj.* 무능한(impotent), 무기력한, 허약한(weak).

‡**im·pulse** [ímpʌls] *n.* **1** 충격, 추진력. **2** 자극, 충무, 영향. ¶ from the *impulse* of one's conscience 자기 양심에 자극되어 / give an *impulse* to …을 촉진하다. **3** ⓤⓒ 충동, 마음의 자극, 일시적인 감정. ¶ on (or under) the *impulse* of the moment 한 순간의 충동으로 / act from (or on) *impulse* 충동으로 행동하다 / a man of *impulse* 충동적인 사나이 / feel (or be seized with) an *impulse* to do …하고 싶은 충동을 느끼다. **4**【생리】충동. **5**【물리】충격량(衝擊量); 역적(力積). 【전기】충격, 임펄스. ◇ impúlsive *adj.*

ímpulse bùyer *n.* 충동 구매하는 사람.

ímpulse bùying(púrchase) *n.* 충동 구매 [계획·필요성에 의하지 않은 물품 구입].

im·pul·sion [impʌ́lʃən] *n.* ⓤⓒ **1** 추진, 충격; 영향, 고무. ¶ give an *impulsion* to …을 고무하다, 촉진하다. **2** 충동, 자극.

im·pul·sive [impʌ́lsiv] *adj.* **1** 감정에 끌린, 충동적인. ¶ an *impulsive* person (remark) 충동적인 사람(말). **2** 추진하는; 충격적인. **3** 자극적인, 고무하는. **4**【力學】(힘이) 순간력(瞬間力)의, 충격적인. ~·**ly** *adv.* ~·**ness** *n.*

‡**im·pu·ni·ty** [impjú:niti] *n.* ⓤ 형벌(해, 손실)을 받지 않음, 무사. ¶ with *impunity* 벌을 받지 않고, 무사히.

‡**im·pure** [impjúər] *adj.* **1** 불결한, 더러운. **2** 불순한, 혼합물이 있는; (빛깔이나 형식이) 뒤섞인. ¶ *impure* water 더러운 물. **2** 불순한, 혼합물이 있는; (빛깔이나 형식이) 뒤섞인. ¶ *impure* metal 불순한 금속. **3** 순결하지 못한, 추잡스러운, 음란한(obscene). ¶ *impure* intention 불순한 목적 / an *impure* book 외설서. ~·**ly** *adv.* ~·**ness** *n.* ◇ impúrity *n.*

‡**im·pu·ri·ty** [impjú(:)riti / -pjúər-] *n.* (*pl.* -**ties**) **1** ⓤ 불결, 불순, 부도덕, 음란. **2** (종종 -ties) 불순물; 부정[부도덕]한 것(행위); 혼합물.

im·put·a·bil·i·ty [impjù:təbíliti] *n.* 돌릴 수 있음, (책임을) 지울 수 있음.

im·put·a·ble [impjú:təbl] *adj.* 돌릴 수 있는, 지울 수 있는(*to* …). ~·**ness** *n.* -**bly** *adv.*

im·pu·ta·tion [ìmpjutéiʃ(ə)n] *n.* **1** ⓤ 돌리기·죄 뒤에 남에게] 돌리기, 씌우기, 지우기, 전가. **2**【과실·죄 따위의】문책, 비난, 오명(slur). **3**【신학】[개신교의 의인론(義認論)에서] 전가, 귀여(歸責).

im·put·a·tive [impjú:tətiv] *adj.* 돌려진, 지워진. ~·**ly** *adv.* ~·**ness** *n.*

*‡**im·pute** [impjú:t] *vt.* (-**put·ed**, -**put·ing**) **1** (명예롭지 못한 것을) …에 돌리다, 지우다, …의 탓으로 하다(ascribe) (...*to*). ⇨ ATTRIBUTE 類語.¶ (~+目+前+名) *impute* a guilt to a person 남에게 죄를 씌우다 / *impute* one's failure to laziness 실패를 게으른 탓으로 하다 / Don't *impute* me *with* it. 그 일로 나를 책망하지 마라. **2**【법률】(죄를) 지우다, 고소(고발)하다. **3**

【신학】(신이 그리스도의 의(義))를 [인간에게] 전가하다, 귀여시키다. **4**【경제】(가치)를 귀속시키다. ◇ imputátion *n.*, impútative *adj.*

im·put·er [impjú:tər] *n.* 비난자.

impv.《略》imperative.

IMS《略》International *M*agnetic *S*ystem.

IMU《略》【우주공학】*i*nertial *m*easurement *u*nit(관성 측정 장치).

‡**in** [in] *prep.* **1**《장소·위치》…의 안에서(에, 의), …에 있어서(inside, within). ⇨ AT《Usage¹》. ¶ *in* heaven 천국에, 귀여시키다. / *in* the universe 온 우주에〔서〕 / *in* the east 동쪽에 / *in* the distance 먼 곳에 / wounded *in* the arm 팔에 상처를 입은 / travel *in* France 프랑스에 여행하다 / I read that *in* today's paper. 나는 그것을 오늘 신문에서 읽었다.

2《한정·범위》…에 대하여, …에 관하여, …은. ¶ six feet *in* height 높이 6피트 / eager *in* one's studies 공부에 열심인 / He is wanting *in* courage. 그는 용기가 없다 / skilled *in* diplomacy 외교 수완이 있는 / learned *in* the law 법률에 밝은 / The library is rich *in* manuscripts. 그 도서관에는 사본이 많다.

3《대상》…에 대하여, …을. ¶ believe *in* God 신의 존재를 믿다 / participate *in* a plot 음모에 가담하다 / succeed *in* life 출세하다 / delight *in* music 음악을 즐기다 / trust *in* one's friends 친구를 믿다.

4《비율·부류》…중에서. ¶ nine *in* ten 십중팔구 / not one *in* a hundred 백에 하나도 없는 / the latest thing *in* telephones 최신형의 전화기 / the richest man *in* the town 이 도시에서 첫째 가는 부자.

5《착용》…을 입고, 달고, 쓰고, 신고(wearing). ¶ *in* uniform 제복을 입고 / a woman *in* white 흰 옷을 입은 여자 / a man *in* a wig 가발을 쓴 사나이.

6《환경·경우·상황》…의 속에〔서〕. ¶ *in* bonds 묶여서 / *in* hot water 난처하여 / *in* bed 취침하여 / *in* prison 구류되어 / *in* school 재학중에 / *in* the sun (the dark) 밝은(어두운) 데서 / *in* the circumstances 이러한 사정으로(때문에).

7《상태》…의 상태에서, …하여, …이 되어. ¶ a cow *in* milk 젖이 나는 소 / *in* alarm 놀라서 / *in* drink 취하여 / *in* a blaze 화 타올라 / *in* good health 매우 건강하여 / *in* debt 빚을 지고 / *in* tears 눈물을 흘리며 / *in* cash 현금으로 / *in* love 사랑을 하고 있다 / He died *in* poverty. 그는 가난 속에 죽었다.

8《종사·참가·소속》…에 종사(참가, 소속)하여, …을 하고 있을 때에, …에, …하여. ¶ *in* search of truth 진리를 찾아서 / be *in* business 일을 하고 있다 / be employed *in* a company 회사에 근무하고 있다 / deal *in* flour (politics) 밀가루 장사를 하다 (정치를 하다) / They were drowned *in* crossing the river. 그들은 강을 건너다가 익사했다.

9《정도》…만큼. ¶ *in* large quantity 대량으로 / *in* part 일부분, 어느 정도 / *in* the main 대부분은, 대체로 / *in* profusion 풍부히, 숱하게 / *in* abundance 풍부히, 유복하게 / not *in* the least 조금도 …아니다.

10《시간》**a**)《특정의 시간·기간》…에, …사이, …동안에. ⇨ AT《Usage²》. ¶ *in* the daytime 낮에 / *in* the 50th year of the century 금세기 50년에 / *in* the seventies [19] 70년대에 / *in* the days of …의 시대에 / *in* [the] future 금후, 장차 / *in* the past 과거에 / He is *in* the thirties. 그는 30대다. **b**)《소요 시간·기한》…안에, …후에, 있으면서. ¶ *in* a moment 순식간에, 당장 / the hottest day *in* 40 years 40년래의 가장 더운 날 / I'll be back *in* an hour. 한 시간 후에 돌아오겠다.

11《방법·양식》…으로, …을 가지고. ¶ *in* this way 이 방법으로 / *in* F major 바장조로 / *in* English 영어로 / *in* singles 하나하나씩 / beg *in* piteous terms 처량한 목소리로 구걸하다.

12《형상·양태》…을 이루어, …으로 되어. ¶ *in* a dreary sound 쓸쓸한 소리로 / *in* pairs 둘씩, 둘이 한 쌍

을 이루어 / in twos and threes 두세 사람씩, 삼삼오오 / in a circle 원을 이루어 / break in pieces 산산조각이 나다 / cut an apple in (or into) two 사과를 두 쪽으로 자르다.
13 《수단·재료》…으로, …에. ¶ a statue in bronze 청동상 / a portrait in crayons 크레용으로 그린 초상화 / a long coat in green velvet 녹색 우단으로 만든 긴 코트 / done in wood 나무로 만든.
14 《동작·행위의 목적》…을 위하여. ¶ in answer (or reply) to …에 대답하여 / in token of …의 표시로서 / in defense of one's theory 자기의 이론을 변호하여.
15 《동작·행위의 이유·원인》…으로, …하여, …때문에(because of, for). ¶ cry out in alarm 놀라서 큰 소리를 지르다 / rejoice in one's success 성공을 기뻐하다.
16 《동작·운동의 방향》…에, …[의 앞]쪽으로(into). ¶ go in a house 집 안으로 들어가다 / dip a pen in ink 펜을 잉크에 담그다 / throw a letter in the fire 편지를 불 속에 던지다 / in all directions; in every direction 사방 팔방으로.
17 《재능·성질》…에 (belonging to). ¶ as far as in me lies 내 힘이 미치는 한[은] / He has it in him to do heroic deeds. 그에게는 영웅적인 행위를 할 소질이 있다 / She has no pity in her. 그녀는 연민의 정이 없다 / Nothing is evil in itself. 그 자체로서 악한 것은 하나도 없다.
18 《동격 관계》…이라고 하는. ¶ We have a good leader in Adams. 우리로서는 아담스라는 좋은 지도자가 있다.
19 《조건》…의 경우에는. ¶ In case of rain, the athletic meeting will be postponed. 비가 오면 운동회는 연기될 것이다. ⇨ CASE.
in between ⇨ BETWEEN.
in it 《구어》 ① 관계하여, 참가하여. ¶ They had a good time, but I was not in it. 그들은 재미있게 지냈지만 나는 거기에 끼지 않았다. ② 승산이 있다, 중요시되다. ¶ After the first few minutes of the race he was not in it. 경기가 시작된 수분 후에 그는 우승권 밖에 밀려났다.
in itself ⇨ ITSELF.
in so far as ⇨ FAR.
in that 《구어》…이라는 점에서; …이므로(since).
nothing (or *not much, little*) *in it* 《경마에서》 말의 우열을 가리기 어려운; 《대단한》 차이가 없는.
── *adv.* **1** 속으로, 안으로. ¶ walk in 걸어 들어가다 / I was called in. 나는 불려 들어갔다 / Let's in. 들어가자. ＊시 의문에서 조동사 다음이나 단독으로 쓰여 동사의 구실을 한다; go, enter, get 따위가 생략된 형태.
2 집에서(at home); 내부에, 안에. ¶ from in 안(내부)으로부터 / He is in. 그는 집에 있다. **3** 정치가가 [현직에] 있어서(in office), [정당이] 정권을 잡아(in power). ¶ The Liberals were in. 자유당이 정권을 잡고 있었다. **4** 《경기자 등이》 칠 차례에, 공격하는 차례에. **5** 《불이》 타서, 《빛이》 비쳐서, 점등되어; ¶ keep the fire in 불을 피워 두다. **6** 《탈 것 따위가》 도착하여; 《계절이》 찾아와서. ¶ The 7 : 30 train is in. 7시 30분 열차가 도착했다 / Summer is in. 여름이 왔다. **7** 《창으로, 한물로, 유행하여. ¶ Cherries are in. 버찌가 한창 나돌고 있다 / Those skirts are in now. 지금 저런 스커트가 유행하고 있다. **8** 《운 따위가》 유리하여, 좋아서, 친하여, [남의] 마음에 들어. ~ in with. ¶ His luck was in. 그의 운이 틔었다. **9** 《구어》 이를 남겨.
be in at …에 끼이어.
be in for 어쩔 수 없이 받도록(맞서도록, 말려들도록) 되어있다. ¶ *be in for* an unpleasant time 어쩔 수 없이 불쾌한 시간을 보내야 하다(보내도록 되어 있다).
be in for it 딱한 처지에 빠져 있다, 꼼짝 못할 경제에 처해 있다; 죄를 면할 수 없다.
be in on 《구어》 참가하다(participate in).
in and out 나타났다 사라졌다, 보일락말락, 들락날락.

in here (*there*) [안쪽을 가리켜] 여기(저기)에.
in with ① …과 사이가 좋아, 친하여. ¶ He will get in with that teacher. 그는 저 선생님과 친해질 것이다 / He is well in with his boss. 그는 자기 웃사람과 잘 지내고 있다. ② 《명령문에 써서》 들어가라, 넣어라. ¶ In with you! 들어가라!
well in 불편없이(well off).
── *adj.* 《한정 형용사》 **1** 안의, 내부의. ¶ an in patient 입원 환자. **2** 들어오는. ¶ an in boat 들어오는 작은 배 / an in door 안쪽으로 열리는 문. **3** 정권을 잡고 있는. ¶ the in party 여당. **4** 공격하는[편의]. ¶ the in side [크리켓 따위의] 공격측. **5** 《구어》 진보한, 통용되는; 유행의. ¶ an in joke 통용되는 농담.
── *n.* **1** (~s) 《정부》 여당 *cf.* outs **2** 《보통 ~s》 [크리켓 따위의] 공격측. **3** 《구어》 연줄, 연고, 후원자(pull), 배경. ¶ He has an in with the police. 그는 경찰에 얼굴이 통했다. **4** 《야구》 이닝크, 인스트.
ins and outs ① 구석구석, 방방곡곡 (nooks); 굽이굽이. ② 곡절, 자초지종 (details). ③ 여당과 야당. ⇔1.
── *vt.* (**inned, in-ning**) 《방언》 **1** …을 모으다(collect), 거두어들이다. ¶ in the hay before it rains 비가 오기 전에 건초를 거두어들이다. **2** …을 에워싸다, 봉하다(enclose).

In 《화학》 indium의 원자 기호.

in-¹ *pref.* not의 뜻 (＊1 앞에서는 il-, b, m, p 앞에서는 im-, r 앞에서는 ir-를 쓴다). 예: illiterate, imbecile, immaterial, impossible, inattention, inconvenient, insignificant, irresponsible.

in-² *pref.* in, into, within, on, toward의 뜻 (＊1 앞에서는 il-, b, m, p 앞에서는 im-, r 앞에서는 ir-를 쓴다). 예: illuminate, imbreed, infer, induct. *cf.* em-, en-.

in-³ 「…의」「…속의」라는 뜻의 형용사를 만드는 연결형. 예: in-city(시내의), in-flight.

in-⁴ 「유행의」「유행을 잘 아는」이라는 뜻의 명사를 만드는 연결형. 예: in-word(유행어).

-in¹ *suf.* ⇨ INE.

-in² 1 항의를 위한 집회, 히피족의 모임, 취미를 위한 모임의 뜻의 명사를 만드는 연결형. 예: sit-in, love-in. **2** 「…에 들어감」의 뜻의 명사를 만드는 연결형. 예: break-in (가택 침입).

in. 《略》 inch.

INA 《略》《英》 *I*nstitution of *N*aval *A*rchitects(영국 조선(造船) 학회).

-ina *suf.* 여성의 이름·칭호·직업 따위를 만든다. 예: Christina, czarina, ballerina.

in·a·bil·i·ty [ìnəbíliti] n. 《U 불능, 무능, 무력. ⇨ DISABILITY 類語 ¶ one's *inability* for …에 대한 무능력.

in ab·sen·ti·a [ìn æbsénʃ(i)ə] 《라틴》 (= in [one's] absence) 결석하여.

in·ac·ces·si·bil·i·ty [ìnəksèsəbíliti] *n.* U 접근하기 어려움, 도달하기 어려움; 얻기 어려움.

in·ac·ces·si·ble [ìnəksésəbl] *adj.* **1** 접근하기 어려운, 도달하기 어려운, 쉽게 얻을 수 없는, 외딴. ¶ an *inaccessible* peak 접근하기 어려운 봉우리 // a person *inaccessible* to any feeling of beauty 미적 감각과는 동떨어진 사람. **2** 〔사람이〕 가까이하기 어려운.
~**·ness** *n.* **-bly** *adv.*

in·ac·cu·ra·cy [inækjurəsi] *n.* (pl. **-cies**) **1** U 부정확, 정밀치 않음. **2** 부정확한 것; 잘못.

in·ac·cu·rate [inækjurit] *adj.* 부정확한, 정밀하지 못한; 틀린, 잘못된. ~**·ly** *adv.* ~**·ness** *n.*
◇ ináccuracy *n.*

in·ac·tion [inǽkʃ(ə)n] *n.* U 활동하지 않음, 휴지(休止); 무위, 나태.

in·ac·ti·vate [inǽktivèit] *vt.* (-**vat·ed, -vat·ing**) **1** [부대 따위를] 해산하다; …을 활발치 못하게 하다. **2** 《면역학》 〔혈청 따위를〕 불활성화(不活性化)하다.

in·ac·ti·va·tion [inæktivéiʃ(ə)n] *n.* U 불활발화; 불활성화.

in·ac·tive [inǽktiv] *adj.* **1** 활동하지 않는, 활발치 못한. ¶ an *inactive* mine 채굴하고 있지 않은 광산. **2** 나태한, 완만한(idle, dull); 피동적인. ¶ lead an *inactive* life 나태한 생활을 보내다.
[類語] *inactive* 활동하지 않는, 움직이기를 싫어하는, 움직임을 멈춘. **inert** 천성이 움직이기를 싫어하는: an *inert*, lifeless body 움직이지 않는 생기없는 몸. **sluggish** 움직임이 느리고 활발치 못한: a *sluggish* mind 둔한 머리. **torpid** 동면중인 동물처럼 일시적으로 몸의 힘이 정지한: a *torpid* frog 동면중인 움직이지 않는 개구리. **dormant** 현재는 잠든 것처럼 움직이지 않지만 언젠가 활동을 시작할지도 모르는: a *dormant* volcano 휴화산.
3 [군대] 현역이 아닌. **4** [물리] 비선광성(非旋光性)의; [화학] 불활성의.
~ly *adv.* ◇ inactívity *n.*, ináctivate *v.*

in·ac·tiv·i·ty [inæktíviti] *n.* U **1** 활동하지 않는 상태, 활발치 않음, 휴지(休止). **2** 나태, 게으름.

in·a·dapt·a·bil·i·ty [inədæptəbíliti] *n.* U 비적응성, 비적합성.

in·a·dapt·a·ble [inədǽptəbl] *adj.* 적응(순응)할 수 없는.

in·ad·e·qua·cy [inǽdikwəsi] *n.* U[C] (*pl.* -cies) 부적당, 불완전; 부적당한 점.

‡**in·ad·e·quate** [inǽdikwit] *adj.* 부적당한, 불충분한 (insufficient); 무력한(*to, for...*). ¶ *inadequate* leadership 부적당한 지도 // a salary *inadequate* to a person's need 남의 요구를 채우기에는 불충분한 급료.
~ly *adv.* ~ness *n.* ◇ inádequacy *n.*

in·ad·mis·si·bil·i·ty [inədmìsəbíliti] *n.* U 허용할 수 없음, 용인(시인)하기 어려움.

in·ad·mis·si·ble [inədmísəbl] *adj.* 허용할 수 없는, 용인(시인)하기 어려운. **-bly** *adv.*

in·ad·vert·ence [inædvə́ːrt(ə)ns] *n.* U 부주의(negligence); C 소홀, 실수. [inadvertence.

in·ad·vert·en·cy [inædvə́ːrt(ə)nsi] *n.* (*pl.* -cies) =

in·ad·vert·ent [inædvə́ːrt(ə)nt] *adj.* **1** 부주의한, 소홀한. **2** 무심코 한, 우연한. ¶ an *inadvertent* remark 무심코 한 말. ~ly *adv.*

in·ad·vis·a·bil·i·ty [inədvàizəbíliti] *n.* U 권할 수 없음, 현명치 못한 방책.

in·ad·vis·a·ble [inədváizəbl] *adj.* 권할 수 없는, 상책이 아닌, 현명치 못한(unwise). ~ness *n.* **-bly** *adv.*

-inae *suf.* [동물] 아과(亞科) (subfamily)의 명칭을 만드는 어미. ◇ Caninae (개 아과.)

in ae·ter·num [in i:tə́ːrnəm] *adv.* [라틴] (=forever, eternally) 영원히, 영구히.

in·al·ien·a·bil·i·ty [inèiljənəbíliti] *n.* U 양도할 수 없음, 빼앗을 수 없음.

in·al·ien·a·ble [inéiljənəbl] *adj.* 양도할 수 없는, 이양할 수 없는. ¶ *inalienable* rights 양도할 수 없는 권리. **-bly** *adv.*

in·al·ter·a·bil·i·ty [inɔ̀ːlt(ə)rəbíliti] *n.* U 변경할 수 없음, 불변성, 불역성(不易性).

in·al·ter·a·ble [inɔ́ːlt(ə)rəbl] *adj.* 바꿀 수 없는; 불변의(unchangeable). **-bly** *adv.*

in·am·o·ra·ta [inæ̀məráːtə] *n.* [여성인] 애인, 연인, 정부(情婦). [<It *innamorata*]

in·am·o·ra·to [inæ̀məráːtou] *n.* (*pl.* -tos) [남성인] 애인, 연인, 정부(情夫). [<It *innamorato*]

in-and-in [ínəndín] *adj., adv.* 같은 혈통내에서 되풀이된(되어). ¶ *in-and-in* breeding 동종 교배(同種交配)

in-and-out [ínəndáut] *adj.* **1** 들락날락하는, 보였다 안보였다 하는, 꼬불꼬불한. **2** 단기간에 같은 증권을 사고 파는. **3** [경기자가] 잘했다가 못했다가 하는.

in·ane [inéin] *adj.* (-an·er, -an·est) **1** 어리빠진, 어리석은(foolish, silly). **2** 공허한, 텅 빈(empty, vacant).
— *n.* (the ~) 공허; 무한한 공간. ~ly *adv.*

*in·an·i·mate [inǽnimit] *adj.* **1** 생명이 없는, 죽은; 무생물의. ⇨ DEAD [類語]. ¶ *inanimate* rocks and stones 생명이 없는 암석 / the *inanimate* world 무생물계. **2** 활기(생기)없는, 지루한(dull). ~ly *adv.* ~ness *n.*
◇ inanimátion *n.*

in·an·i·ma·tion [inæ̀niméiʃ(ə)n] *n.* U **1** 생명이 없음; 활기(생기)가 없음. [vation). **2** 공허.

in·a·ni·tion [inəníʃ(ə)n] *n.* U **1** 영양 실조; 기아(star-

in·an·i·ty [inǽniti] *n.* (*pl.* -ties) **1** U 우둔, 어리석음 (silliness). **2** 공허한 언동. **3** U 공허, 비어 있음 (emptiness).

in·ap·peas·a·ble [inəpíːzəbl] *adj.* 달랠 길(진정시킬 수) 없는. ¶ *inappeasable* sorrow 달랠 길 없는 슬픔.

in·ap·pel·la·ble [inəpéləbl] *adj.* 항소(抗訴)할 수 없는. [음.

in·ap·pe·tence [inǽpit(ə)ns] *n.* U 식욕(욕망)이 없

in·ap·pli·ca·bil·i·ty [inæ̀plikəbíliti] *n.* U 적용(응용) 불능.

in·ap·pli·ca·ble [inǽplikəbl] *adj.* 적용(응용)할 수 없는, 들어맞지 않는, 부적당한(inappropriate) (*to...*). ~ness *n.* **-bly** *adv.*

in·ap·po·site [inǽpəzit] *adj.* 부적절한, 꼭 들어맞지 않는.

in·ap·pre·ci·a·ble [inəpríːʃiəbl] *adj.* 감지할 수 없는 (없을 정도의); 근소한; 보잘것없는(negligible). **-bly** *adv.*

in·ap·pre·ci·a·tion [inəprìːʃiéiʃ(ə)n] *n.* U 부당한 평가, 인식 부족, 몰이해.

in·ap·pre·ci·a·tive [inəpríːʃ(i)ətiv, -ʃièitiv] *adj.* 정당하게 평가할 수 없는, 감상력이 없는, 몰이해한(*of...*). ~ly *adv.*

in·ap·pre·hen·si·ble [inæ̀prihénsəbl / inæ̀pri-] *adj.* 이해할 수 없는, 불가해한. [불가해.

in·ap·pre·hen·sion [inæ̀prihénʃ(ə)n] *n.* U 부주의;

in·ap·proach·a·ble [inəpróutʃəbl] *adj.* **1** 접근할 수 없는; 마음을 터놓지 않는. **2** 비길 데 없는, 무적의.

in·ap·pro·pri·ate [inəpróupriit] *adj.* 부적(부적절)한, 어울리지 않는, 타당치 않은.
~ly *adv.* ~ness *n.*

in·apt [inǽpt] *adj.* **1** 부적절한, 부적당한. **2** 솜씨없는, 서투른. ~ly *adv.* ~ness *n.*

in·apt·i·tude [inǽptit(j)uːd / -tjùːd] *n.* U **1** 부적절, 부적당(unfitness); 소질 없음. **2** 솜씨 없음, 서투름.

in·arch [ináːrtʃ] *vt.* [원예] (가지·싹)을 이어 접붙이다.

in·arm [ináːrm] *vt.* …을 껴안다, 품에 안다 (embrace).

in·ar·tic·u·late [ìnɑːrtíkjulit] *adj.* **1** 음성(발음)이 분명치 않은, 알아들을 수 없는. ¶ an *inarticulate* speech 알아들을 수 없는 연설. **2** 똑똑히 말을 못하는, [화가 나서] 말이 나오지 않는. **3** 말이 서투른, 말주변이 없는. **4** 표현되지 않은(unexpressed). **5** [해부·동물] 관절이 없는. ~ly *adv.* ~ness *n.*

in ar·tic·u·lo mor·tis [in ɑːrtíkjulòu mɔ́ːrtis] 《라틴》 (=in the article of death) 죽음에 임박하여, 임

in·ar·ti·fi·cial [ìnɑːrtifíʃ(ə)l] *adj.* **1** 인공을 가하지 않은, 자연적인(natural); 소박한. **2** 꾸밈없는, 젠 체하지 않는. **3** 비예술적인; 솜씨없는(unskillful). ~ly *[-ʃəli] adv.*

in·ar·ti·fi·ci·al·i·ty [ìnɑːrtifìʃiǽliti] *n.* U **1** 인공을 가하지 않음. **2** 간소. **3** 비예술성.

in·ar·tis·tic [ìnɑːrtístik] *adj.* **1** 비예술적인. **2** 예술적인 교양(소양)이 없는, 무취미한. **3** 예술의 원칙을 따르지 않는. **-ti·cal·ly** [-tikəli] *adv.*

in·as·much as [ìnəzmʌ́tʃ-] *conj.* **1** …때문에, …까닭에 (seeing that, since). **2** 《드물게》 …하는 한에는 (insofar as).

in·at·ten·tion [inətén(ʃ)(ə)n] *n.* U **1** 부주의, 태만, 무관심, 소홀(negligence). **2** 무뚝뚝함.

in·at·ten·tive [ìnəténtiv] *adj.* 1 부주의의, 소홀히 하는, 태만한. 2 무뚝뚝한(neglectful). ~**·ly** *adv.* ~**·ness** *n.*

in·au·di·bil·i·ty [inɔ̀ːdəbíliti] *n.* Ⓤ 알아들을 수 없음.

in·au·di·ble [inɔ́ːdəbl] *adj.* 알아들을 수 없는, 들리지 않는.

in·au·di·bly [inɔ́ːdəbli] *adv.* 알아들을 수 없게, 들리지 않게, 들리지 않을 만큼.

*****in·au·gu·ral** [inɔ́ːgjurəl] *adj.* 취임[식]의; 개회의, 개시의. ¶ an *inaugural* address 취임 연설 / an *inaugural* ceremony 취임식. — *n.* 1 《美》[대통령의] 취임 연설. 2 취임식.

*****in·au·gu·rate** [inɔ́ːgjurèit] *vt.* (-rat·ed, -rat·ing) 1 [정식으로] …을 개시하다, 시작하다. ⇒ BEGIN [類語] ¶ *inaugurate* a new policy 새로운 정책으로 시작하다. 2 …의 취임식을 올리다, …을 취임시키다. ¶ *inaugurate* a president 대통령(총장)의 취임식을 거행하다 // (+ 目+*as* 補) be *inaugurated as* professor 교수로 취임하다. 3 …의 개관(개통, 낙성, 개회)식을 거행하다. ¶ *inaugurate* a new library 새 도서관의 낙성식을 올리다.
◇ ináugural, ináuguratory *adj.*, inaugurátion *n.*

*****in·au·gu·ra·tion** [inɔ̀ːgjuréiʃ(ə)n] *n.* 1 Ⓤ 개시. 2 Ⓤ Ⓒ [대통령·대학 총장 등의] 취임[식]. 3 공공 건물의 개최(발회, 개관, 낙성)식. ◇ ináugurate *v.*

Inàugurátion Dày 《美》 大統領 취임식 날[선거 이듬해의 1월 20일. 1933년 이전에는 3월 4일이었다].

in·au·gu·ra·tor [inɔ́ːgjurèitər] *n.* 1 개시자, 창시자. 2 취임시키는 사람.

in·aus·pi·cious [ìnɔːspíʃəs] *adj.* 1 상서롭지 못한, 불길한. — ~**·ly** *adv.* ~**·ness** *n.*

inbd. (略) inboard [비행기내의, 선내의].

in·be·ing [ínbìːiŋ] *n.* Ⓤ 1 내재(內在) 2 본질(essence).

in·be·tween [ínbitwíːn] *n.* 중간에 있는 것(사람); 중개자(물). — *adj.* 1 개재하는. 2 중간의(intermediary).

in·board [ínbɔ̀ːrd / -bɔ́ːd] *adj.* 《항해·항공》 배 안의, 비행기 안의, 배(비행기)의 중심에 가까운. — *adv.* 배 안(기내)에, 배(비행기)의 중심 가까이에.

in·board-out·board [ínbɔ̀ːrdàutbɔ̀ːrd / ínbɔ̀ːdáutbɔ̀ːd] *adj.*, *n.* 선내 발동기 연결 선외(船外) 추진식의[배].

*****in·born** [ínbɔ́ːrn / ´-´] *adj.* 타고난, 선천적인(innate).

in·bound [ínbáund] *adj.* 본국으로 돌아가는. *opp.* outbound

in·breathe [inbríːð] *vt.* (-breathed, -breath·ing) 1 …을 들이마시다(inhale). 2 …을 불어넣다, 고무하다.

in·bred [ínbréd] *adj.* 1 타고난, 선천적인, 유전의(inborn, hereditary). 2 동계(同系)(근친) 교배의.

in·breed [ínbríːd] *vt.* (-bred, -breed·ing) 1 (동물 따위)을 동계(근친) 교배시키다. 2 (드물게) …을 안에 생기게 하다. 배.

in·breed·ing [ínbríːdiŋ] *n.* Ⓤ 《생물》 동계(근친) 교배.

in·built [ínbílt] *adj.* =built-in. [in].

in·burst [ínbɔ̀ːrst] *n.* 《드물게》 돌입, 침입 (bursting

inc. (略) inclosure; included; including; inclusive; income; increase; incumbent.

*****Inc., inc.** [iŋk] (略) 《美》 incorporated (* 《英》 Ltd. 회사명 뒤에 붙여).

In·ca [íŋkə] *n.* 1 잉카 사람, 잉카족의 사람; (the ~s) 잉카족[1533년에 스페인에 정복당할 때까지 남비 페루를 지배하고 있던 인디언]. 2 잉카 제국의 왕(황제).

In·ca·bloc [íŋkəblàk / -blòk] *n.* [팔목 시계의] 내진(耐震) 장치. 〈＜상표명〉

in·cage [inkéidʒ] *vt.* (-caged, -cag·ing) = encage.

In·ca·ic [iŋkéiik] *adj.* 잉카 사람(제국, 말)의.

Incáic Émpire *n.* (the ~) 잉카 제국.

in·cal·cu·la·bil·i·ty [ìnkælkjuləbíliti] *n.* Ⓤ 1 이루

다 셀 수 없음, 무수. 2 예측할 수 없음; 기대할 수 없음.

in·cal·cu·la·ble [ìnkǽlkjuləbl] *adj.* 1 헤아릴 수 없는, 무수한, 막대한. 2 예측할 수 없는(unpredictable); 기대하기 어려운, 확실치 않은(uncertain). ~**·ness** *n.* **-bly** *adv.*

In·can [íŋkən] *n.* 1 잉카 사람(Inca). 2 Ⓤ 잉카말. — *adj.* = Incaic.

in·can·desce [ìnkændés] *vi.*, *vt.* (-desced, -desc·ing) 백열(白熱)화하다(시키다).

in·can·des·cence [ìnkændésns] *n.* Ⓤ 백열[광].

in·can·des·cent [ìnkændésnt] *adj.* 1 백열의, 백열광을 내는. ¶ an *incandescent* light (lamp) 백열 발광체(전등). 2 빛나는, 밝은. 3 열심인, 열렬한, 격렬한.

in·can·ta·tion [ìnkæntéiʃ(ə)n] *n.* Ⓤ Ⓒ 1 주문(呪文). 2 마술을 부리기. 3 마법, 마술. 4 [빈약한 내용을 숨기려고] 의미 없는 말. 5 (~s) 상투적인 말.

in·can·ta·to·ry [inkǽntətɔ̀ːri / -t(ə)ri] *adj.* 마술의, 마법의; 주문의, 주술의.

in·cap [inkǽp] *n.* 《군대 속어》 = incapacitant.

in·ca·pa·bil·i·ty [ìnkèipəbíliti] *n.* Ⓤ 무능; 무자격; 부적격.

‡**in·ca·pa·ble** [inkéipəbl] *adj.* 1 능력이 없는, 무능한, …을 할 수 없는(*of*…). ¶ an *incapable* person 무능한 사람 / a man *incapable* of falsehood 거짓말을 못하는 사람 / *incapable* of repair 수선을 할 수 없는 / be *incapable* of learning foreign languages 외국어를 배울 능력이 없다. 2 [특히 법률적으로] 자격이 없는; ¶ be *incapable* of being elected 피선거 자격이 없는.

[類語] **incapable** 선천적으로(본래) 능력이 없는: He is *incapable* of lying. 그는 거짓말을 못하는 사람이다. **unable** 특정한 때에 특정한 일을 하지 못하는 : I am *unable* to tell this lie. 이런 거짓말은 할 수가 없다. **incompetent** 특정한 일에 필요한 능력이 없는: an *incompetent* typist 무능한 타이피스트. **insufficient** 정력·능력을 유효하게 쓰지 못하는: an *insufficient* method of teaching 비효율적인 교수법.

drunk and incapable 곤드레만드레로 취한. 2. 완전히 무능력자.

~**·ness** *n.* **-bly** *adv.* ◇ incapability *n.*, incápably *adv.*

in·ca·pa·cious [ìnkəpéiʃəs] *adj.* 1 《페어》 좁은(narrow), 한정된(limited). 2 《고어》 지적 능력이 없는, 저능의.

in·ca·pac·i·tant [ìnkəpǽsit(ə)nt] *n.* 행동할 수 없도록 만드는 화학제(최루가스·독가스 따위).

in·ca·pac·i·tate [ìnkəpǽsitèit] *vt.* (-tat·ed, -tat·ing) 1 …을 무능하게 하다, 할 수 없게 하다, 부적당(부적격)하게 하다 (*for, from*). 2 [법률] …으로부터 자격을 빼앗다. ¶ He was *incapacitated from* voting (being elected). 그는 선거권(피선거권)을 잃었다.

in·ca·pac·i·ta·tion [ìnkəpæsitéiʃ(ə)n] *n.* Ⓤ 1 무능력, 능력 상실. 2 [법적인] 무자격, 자격 박탈.

in·ca·pac·i·ty [ìnkəpǽsiti] *n.* Ⓤ 1 무능[력]; (inability), 무력; 부적당, 부적격. ¶ *incapacity for* work 취업 불능 / *incapacity from* studying mathematics 학설의 학습 불능 // *incapacity to* outline a theory 학설의 개요를 설명하는 능력 없음. 2 [법률] 무능력, 무자격, 실격.

in·car·cer·ate *vt.* [inkάːrsərèit] — (-at·ed, -at·ing) …을 투옥하다, 감금하다, 유폐하다(imprison). — *adj.* [inkάːrsərit] 투옥(감금)된.

in·car·cer·a·tion [inkάːrsəréiʃ(ə)n] *n.* 1 투옥, 감금, 유폐. 2 《병리》 감돈(嵌頓).

in·car·cer·a·tor [inkάːrsərèitər] *n.* 투옥(감금, 유폐)하는 사람.

in·car·di·nate [inkάːrdinèit] *vt.* 《로마 가톨릭》 [추기경(cardinal)에] 임명하다, [성직자]를 교구에 입적시키다.

in·car·di·na·tion [inkάːrdinéiʃ(ə)n] *n.* Ⓤ 교구 입적.

in·car·na·dine [inkάːrnədàin, +美 -din, -dìːn] *adj.* 살빛의; 진홍색의(crimson). — *n.* Ⓤ 살빛; [피 같은]

in·car·nate *adj.* [inkάːrnit, -neit → *vt.*] **1** 육신을 갖춘, 사람의 모습을 한; 화신(化身)의. ¶ a devil *incarnate*; an *incarnate* fiend 악마의 화신. **2** 구체화된, 구현된(embodied). **3** 살빛의, 진홍색의(incarnadine).
— *vt.* [inkάːrneit / -ᵛ-, -ᵛ-ᵛ] (**-nat·ed, -nat·ing**) **1** …에게 육체를 주다(embody). **2** …을 구체화하다, 실현시키다(realize). ¶ *incarnate* a political theory in institutions 정치 이론을 제도 속에 구현하다. **3** …의 화신이 되다.

in·car·na·tion [ìnkɑːrnéiʃ(ə)n] *n.* ⓤ ⓒ **1** (신이) 인간이 되기; 육체를 가진 존재(모습)로 되기. **2** (the I-) 〖신학〗사람의 모습으로 나타남. ¶ the *incarnation* of God in Christ 하나님이 그리스도로 화신되어 나타남. **3** 〖성질·관념 따위의〗구체화, 실현, 화신. ¶ an *incarnation* of the Sun God 태양신의 화신 / He is the *incarnation* of honesty. 그는 정직 바로 그것이다. **4** 〖의학〗육아(肉芽) 〖발생〗.

in·case [inkéis] *v.* (**-cased, -cas·ing**)=encase.

in·cau·tion [inkɔ́ːʃ(ə)n] *n.* ⓤ 부주의(carelessness); 경솔.

in·cau·tious [inkɔ́ːʃəs] *adj.* 부주의한; 경솔한.
~·ly *adv.* **~·ness** *n.*

INCB (略) *I*nternational *N*arcotic *C*ontrol *B*oard (국제 마약 통제 위원회).

in·cen·di·a·rism [inséndièrìz(ə)m] *n.* ⓤ **1** 방화(放火)(arson). **2** [폭동 따위의] 선동, 교사(教唆).

in·cen·di·ar·y [inséndièri / -diəri] *adj.* **1** 불을 내는, 태우는. ¶ an *incendiary* bomb (or shell) 소이탄. **2** 방화[범]의, 방화적인, 교사적인. ¶ *incendiary* actions 선동적인 행동. **3** 선정적인. — *n.* (pl. **-ar·ies**) **1** 방화범. **2** 〖군사〗소이탄. **3** 선동자, 교사자.

*****in·cense**¹ [íns*ens*] *n.* ⓤ **1** 〖종교적 의식 따위에서 사용하는〗향. **2** 〖burn (or offer) *incense* 향을 피우다. **3** 방향, 향기. **4** 경의, 찬사; 아첨, 아부. — *v.* (**-censed, -cens·ing**) *vt.* …에 향을 피우다; …에 분향하다. — *vi.* 향을 피우다; 분향하다.

in·cense² [ins*ens*] *vt.* (**-censed, -cens·ing**) …을 몹시 화나게 하다, 격분시키다(enrage). ¶ be *incensed* against (or at, by, with) …에 분개하다.

íncense bùrner *n.* 향로(censer).

in·cense·ment [ins*ens*mənt] *n.* ⓤⓒ 몹시 성나게 하기, 성냄, 격분시키기.

in·cen·so·ry [ins*ens*ɔːri] *n.* (pl. **-ries**) 매다는 향로.

*****in·cen·tive** [inséntiv] *adj.* 자극(유발)적인. ¶ an *incentive* pay 장려금(奬) / an *incentive* speech 자극적인 연설. — *n.* 자극, 유인(誘因), 동기(motive). ⇒ STIMULUS 顯語 ¶ I gave him an *incentive* to (or to do) the work. 그를 자극하여 일을 하게 하였다.

in·cept [insépt] *vi.* 〖(英)〗특히 Cambridge 대학에서〗 master 또는 doctor 의 학위를 얻다. 직을 맡다. — *vt.* 〖고어〗…을 시작하다, …에 착수하다. **2** …을 받아들이다; 섭취하다. ¶ *incept* food 식물을 섭취하다.

in·cep·tion [insép(ə)n] *n.* ⓤⓒ **1** 〖(英) Cambridge 대학에서〗 master(doctor)의 학위 취득. **2** 시작, 개시, 발단.

in·cep·tive [inséptiv] *adj.* **1** 〖문법〗〖행동·일의〗시작을 뜻하는, 기동(起動) 〖상(相)〗의. ¶ an *inceptive* aspect 기동상 / an *inseptive* verb 〖특히 그리스어·라틴어의〗기동 동사. **2** 처음의, 발단의(beginning, initial). **3** 〖문법〗기동상; 기동 동사.
~·ly *adv.*

in·cep·tor [inséptər] *n.* 〖Cambridge 대학에서〗학위 취득 후보자.

in·cer·ti·tude [insə́ːrtit(j)ùːd / -tjùːd] *n.* ⓤ 불확실, 불안정(uncertainty); 의혹, 의심(doubtfulness).

in·ces·san·cy [inséснsi] *n.* ⓤ 간단(그칠새) 없음.

*****in·ces·sant** [inséснt] *adj.* 그칠 새 없는, 부단한. ⇒ CONTINUAL 顯語 ¶ an *incessant* rainfall 그칠 새 없는 비. **~·ness** *n.*

*****in·ces·sant·ly** [inséснtli] *adv.* 간단(간단) 없이, 계속적으로.

in·cest [ínsest] *n.* ⓤ 근친 상간(相姦) [죄], 혈족 상간.

in·ces·tu·ous [inséстʃuəs / -tjuəs] *adj.* 근친 상간의, 근친 상간죄를 범한. **-ly** *adv.* **~·ness** *n.*

inch¹ [intʃ] *n.* **1** 인치〖길이의 단위, ¹⁄₁₂ foot, 2.54cm; 略. 복수형 in., ins.〗. ¶ He is six feet two *inches* [tall]. 그의 신장은 6피트 2인치이다 / two *inches* of rain 2인치의 우량. **2** 극히 소량, 조금(bit). ¶ do not yield (or give) an *inch* 한치도 양보하지 않다. **3** 압력(기압)의 단위〖수은주 1인치의 압력〗. **4** (~es) 신장. ¶ a boy of her *inches* 그녀와 키가 같은 소년.
an **inch** *of cold iron* (or *steel*) 〖단〗검의 한번 찌르기, …게.
by **inches** ① 조금씩, 서서히. ② 간신히, 아슬아슬하게.
every **inch** ⇒ EVERY.
inch *by* **inch** ① 조금씩, 서서히. ¶ I crawled *inch by inch* along the parapet. 나는 난간을 따라 조금씩 기었다. ② 면밀히.
to an **inch** 조금(한치)도 틀림없이.
within an **inch** *of* 거의 …할 뻔한. ¶ They flogged him *within an inch of* his life. 그들은 그를 반죽음이 되도록 매질했다.
— *vi., vt.* 조금씩 움직이다(움직이게 하다). ¶ (~ + 目+副) *inch* one's way forward 조금씩 나아가다.

inch² [intʃ] *n.* 〖(英)〗〖특히 스코틀랜드의〗섬, 〖특히 육지에 가까운〗작은 섬.

inched [intʃt] *adj.* 《보통 수사와 함께 복합어를 만들어》 …인치의. ¶ a 2-*inched* book 2인치의 책.

inch·er [íntʃər] *n.* 《보통 수사와 함께 복합어를 만들어》 길이(직경) …인치의 것. ¶ a six-*incher* 6인치의 것, 6인치 포.

inch·meal [íntʃmìːl] *adv.* (종종 by ~) 조금씩, 서서히.

in·cho·ate *adj.* [inkóuit / ínko(u)èit / → *v.*] **1** 막 시작된, 발단의(incipient). **2** 미완성의, 아직 발달되지 못한. **3** 조직화 되지 않은. — *vt., vi.* [ínko(u)èit] (**-at·ed, -at·ing**) …을 시작하다; 시작되다.
~·ly *adv.* **~·ness** *n.*

in·cho·a·tion [ìnko(u)éiʃ(ə)n] *n.* ⓤ 개시, 시작; 발단(origin).

in·cho·a·tive [inkóuətiv / ínko(u)èitiv] *adj.* **1** 〖문법〗 [동사가] 기동(起動)의(inceptive). **2** 〖고어〗개시의. ¶ 〖문법〗기동 동사(inceptive verb).

inch·worm [íntʃwə̀ːrm] *n.* 자벌레.

in·ci·dence [ínsidəns] *n.* **1** 〖사실·사건의 발생〗범위, 영향 범위, 영향률; 귀착. ¶ the *incidence* of typhoid fever 장티푸스의 이병률(罹病率). **2** ⓤⓒ 〖光學·물리〗투사(投射) [각], 입사(入射) [각]. ¶ an angle of *incidence* 〖물리〗투사각, 입사각; 〖항공〗영각(迎角)〖주익(主翼)과 동체 기준선이 이루는 각도〗. **3** ⓤⓒ 〖세금의〗부담. ¶ the *incidence* of a tax 세금의 부담.

*****in·ci·dent** [ínsidənt] *n.* **1** 일어난 일, 사건; 우발 사건, 부수 사건. ⇒ EVENT 顯語 ¶ a surprising *incident* 놀라운 사건. **2** [이야기나 극 따위의] 삽화(插話) (episode). **3** 〖전쟁·폭동 따위의〗사건, 사변, 분쟁. ¶ a religious *incident* 종교 분쟁. **4** 〖법률〗부대(附帶) 권리(의무). — *adj.* **1** 일어나기 쉬운, 흔히 있는; 부수하는(to...). ¶ evils *incident* to human society 사회에 흔히 있는 악습. **2** 투사(投射) 〖입사(入射)〗하는(on, upon...). ¶ rays of light *incident upon* a mirror 거울에 비치는 투사 광선. **3** 〖법률〗부대(부수)하는(to...). ◇ *incidental adj., incidentally adv.*

*****in·ci·den·tal** [ìnsidéntl] *adj.* **1** 부수하여 일어나는, 수반하기 쉬운, 흔히 있는(to...). ¶ dangers *incidental*

to a soldier's career 군인의 생애에 따르기 마련인 위험.
2 우연의, 우발적인. ⇨ ACCIDENTAL [類語] ¶ an *incidental* remark 무심코 나온 말. **3** 주요하지 않은; 임시의. ¶ *incidental* expenses 잡비. —— *n.* 부수적인 사건 (일); (~s) 잡비. ◇ íncident *n.*

*in‧ci‧den‧tal‧ly [ìnsidéntəli] *adv.* **1** 우연히, 우발적으로. **2** 수반하여, 부수적으로. **3** (구어)그런데, 덧붙여 말하자면(by the way). ◇ incidéntal *adj.*

incidéntal músic *n.* ⓊⒸ[극·영화 등의] 반주 음악.

in‧cin‧er‧ate [insínərèit] *v.* (**-at‧ed, -at‧ing**) *vt.* …을 태워서 재로 만들다, 태워 없애다; 화장하다(cremate). —— *vi.* 타서 재가 되다.

in‧cin‧er‧a‧tion [insìnəréiʃ(ə)n] *n.* Ⓤ 태워서 재로 만들기, 소각, 화장.

in‧cin‧er‧a‧tor [insínərèitər] *n.* **1** [쓰레기의] 소각로(爐). **2** 화장장(crematory).

in‧cip‧i‧en‧cy [insípiənsi], **in‧cip‧i‧ence** [-əns] *n.* Ⓤ 시초, 발단; [병(病) 따위의] 초기.

in‧cip‧i‧ent [insípiənt] *adj.* 처음의, 초기의, 시작의, 발단의. **~‧ly** *adv.*

in‧ci‧pit [ínsipit] *n.* 처음[옛 사본에서 새로운 장(章)·절(節)의 시작을 나타내는 말].

in‧cise [insáiz] *vt.* (**-cised, -cis‧ing**) **1** …을 베다, [표면에] 새기다. ¶ *incise* an inscription *on* a monument = *incise* a monument *with* an inscription 기념비에 비문을 새기다. **2** [무늬 따위]를 파다, 조각하다(engrave).

in‧cised [insáizd] *adj.* **1** 벤. **2** 조각된. **3** [의학] 예리하게 벤. ¶ an *incised* wound 예리하게 벤 상처. **4** [식물] [잎이] 결각상(缺刻狀)의.

in‧ci‧sion [insíʒ(ə)n] *n.* ⓊⒸ **1** 베기, 벤 자국, 쨀 자리, 새긴 자국. **2** 새김. **3** [특히 외과의] 절개. **4** [잎의] 결각상.

in‧ci‧sive [insáisiv] *adj.* **1** [풍자 따위가] 날카로운, 통렬한, 신랄한(severe). ¶ an *incisive* voice 날카로운 목소리. **2** 날카로운(sharp), 예리한(keen). ¶ an *incisive* mind 예리한 두뇌. **3** 자르는 데 쓰는; 앞니의. ¶ the *incisive* teeth 앞니. **~‧ly** *adv.* **~‧ness** *n.*

in‧ci‧sor [insáizər] *n.* 앞니.

in‧ci‧tant [insáitənt] *adj.* 자극하는; 흥분시키는. —— *n.* 자극물, 흥분제.

in‧ci‧ta‧tion [ìnsaitéiʃ(ə)n, -sit-] *n.* ⓊⒸ 자극, 자극물.

*in‧cite [insáit] *vt.* (**-cit‧ed, -cit‧ing**) …하도록 격려하다, 자극하다(stimulate); …을 선동하다(stir up). ¶ (~+몸+前+名)*incite* a person *to* heroic deeds 용감한 행위를 하도록 격려하다 // (~+몸+to do) *incite* a person *to* work hard 남을 격려하여 열심히 일하게 하다. ◇ incítement, incitátion *n.*

in‧cite‧ment [insáitmənt] *n.* ⓊⒸ **1** 고무, 격려, 자극. ⇨STIMULUS [類語] **2** 자극물, 유인(誘因), 동기(motive).

in‧ci‧vil‧i‧ty [ìnsivíliti] *n.* (*pl.* **-ties**) **1** Ⓤ 버릇없음, 무례. **2** 무례한 행동. ¶ …의 결여.

in‧ci‧vism [ínsivìz(ə)m] *n.* Ⓤ 공민 정신이 없음; 애국심의 결여.

incl. 《略》inclosure; including, inclusive.

in‧clear‧ing [inklíː(r)iŋ / -klíər-] *n.* ⓊⒸ《英》[집 합적] 《상업》[은행에서 지불받는] 교환 수입(受入) 어음. *cf.* out-clearing

in‧clem‧en‧cy [inklémənsi] *n.* Ⓤ **1** 날씨의 험악함, 악천후, [기후의] 혹독. **2** [성격·성질의] 무자비, 냉혹.

in‧clem‧ent [inklémənt] *adj.* **1** [날씨가] 험악한(severe), 폭풍우의(stormy); [기후가] 혹심한, 매서운, 추운. **2** [성격·성질이] 가혹한, 무자비한, 냉혹한. **~‧ly** *adv.*

in‧clin‧a‧ble [inkláinəbl] *adj.* **1** …의 경향이 있는, …하고 싶어하는(*to…*). ¶ be *inclinable to* superstition 미신을 믿기 쉽다 // be *inclinable to* overeat oneself 과식하는 경향이 있다. **2** …에 호의적인(favorable)

(*to…*). **3** 기울일 수 있는.

‡in‧cli‧na‧tion [ìnklinéiʃ(ə)n] *n.* ⓊⒸ **1** [마음의] 경향, 성향, 성벽(性癖) (disposition) (*to, toward…*); 의향, …하고 싶은 마음(*for…*). ¶ against one's *inclination* 본의는 아니나 / follow one's *inclinations* 하고 싶은 대로 하다 // an *inclination for* stealing (or *to* steal) 도벽(盜癖) / an *inclination to* (or *for*) study 공부를 즐기기 // She had no *inclination to* accept his proposal. 그녀는 그의 구혼에 응할 생각은 전혀 없었다.
[類語] **inclination** 어떤 사물이나 행동을 선택할 기분이 되어 있음: have an *inclination* to retire 은퇴할 생각이다. **leaning** 종교·사상·정치·직업 따위에 관하여 어떤 방향으로 분명하게 마음이 기울기: have a *leaning* toward socialism 사회주의에 기울다. **bent** 선천적으로 어떤 것을 좋아하는 경향: have a *bent* for music 선천적으로 음악을 좋아하다. **propensity** 선천적으로 어떤 것에 크게 마음이 끌려 자제할 수 없는 경향: have a *propensity* toward plain living 간소한 생활을 몹시 좋아하는 경향이 있다. **proclivity** 습관적으로 타성에서 어떤 일을 하지 않고는 못배기는 경향: a *proclivity* to find fault with others 남을 헐뜯지 않고는 못배기는 성향.
2 애호물, 기호(물). **3** 체질, 성질(*to…*). ¶ an *inclination* to stoutness(or to become stout)뚱뚱해지는 체질. **4** 기울기; 경사, 구배(勾配); 비탈. ¶ an *inclination* of a roof 지붕의 경사 / an *inclination* of the head 고개의 끄덕임. **5** [수학] 경사, 경각(傾角). ◇ incline *v.*

‡in‧cline *v.* [inkláin→*n.*] (**-clined, -clin‧ing**) *vt.* **1** [마음]을 돌리다, 기울이다. ¶ (~+몸+to do) *incline* a person's mind *to* do …하도록 남의 마음을 기울게 하다 / His attitude *inclined* me *to* help him. 그의 태도로 나는 그를 돕고 싶어했다. **2** …을 기울이다, 경사시키다. **3** [머리 따위]를 숙이다, [몸]을 구부리다, 굽히다(bow). ¶ *incline* one's head 머리를 숙이다, 절을 하다. —— *vi.* **1** 마음이 기울다(내키다), …하고 싶은 생각이 들다. ¶ (~+前+名) *incline to* democracy 민주주의로 마음이 기울다 / (~+to do) I *incline to* believe that… 나는 …이라고 믿고 싶다. **2** 경향(성향)이 있다, […의] 체질이다. ¶ (~+前+名) *incline to* stoutness 뚱뚱해지는 체질이다. **3** […에] 가깝다(approximate). ¶ (~+前+名) purple *inclining to* (or *toward*) blue 푸르스름한 자주색. **4** 기울다, 비스듬히 되다; 머리를 숙이다, 몸을 굽히다.
incline one's ear to ⇨ EAR.
—— *n.* [ínklain] **1** 경사, 구배(slope); 비탈. **2** 케이블카. ◇ inclinátion *n.*

‡in‧clined [inkláind] *adj.* **1** …할 생각이 있는, …의 경향이 있는(disposed). ¶ I am *inclined* to fall asleep soon after study. 공부가 끝나면 곧 졸음이 온다 / I feel *inclined for* a walk. 산책을 하고 싶다. **2** 기운, 경사진. **3** [수학]경각을 이루는.

inclíned pláne *n.* 사면.

inclíned ráilway *n.* 《美》=incline *n.* 2.

in‧cli‧nom‧e‧ter [ìnklinɑ́mitər / -nɔ́m-] *n.* **1** [항공] 경사계. **2** 클리노미터, 경사계(clinometer).

*in‧close [inklóuz] *vt.* (**-closed, -clos‧ing**) =enclose.

in‧clo‧sure [inklóuʒər] *n.* =enclosure.

‡in‧clude [inklúːd] *vt.* (**-clud‧ed, -clud‧ing**) **1** …을 포함하다, 함유하다 ⇨ CONTAIN [類語], **2** 을 둘러싸다(enclose). ¶ all charges *included* 일체의 요금을 포함하여 / There are seven of us in the house, *including* the two maids. 집에는 두 하녀의 가정부를 포함하여 7명이 있다 (* *including*은 전치사로도 간주된다). **3** …을 포함시키다, 계산에 넣다. *opp.* exclude ¶ (~+몸+前+名) He *includes* me *among* his enemies. 그는 나를 적의 한 사람으로 보고 있다 / These things can be *included* in the same category. 이것들은 같은 범주에 포함시킬 수 있다. ◇ inclúsion *n.,* inclúsive *adj.*

in·clud·ing [inklú:diŋ] *prep.* …을 포함하여, …도 합쳐서, ¶ Six were present, *including* the teacher. 선생님도 포함하여 6명 출석했다.

*__in·clu·sion__ [inklú:ʒ(ə)n] *n.* **1** ⓤ 함유, 포함, 계산에 넣음; ⓒ 함유물. **2** 〔생물〕 함유물; 〔광물〕 함유물.
◇ inclúde *v.*, inclúsive *adj.*

inclúsion bòdy *n.* 〔병리〕 봉입체(封入體).

*__in·clu·sive__ [inklú:siv] *adj.* **1** 포함한, 계산에 넣은 (*of* …). *opp.* exclusive ¶ from three to nine [both] *inclusive* 〔3과 9도 포함하여〕3에서 9까지 모두 // The price is ten pence, *inclusive of* tax. 값은 세금 포함 10 펜스이다. **2** 모든 것을 포함한; 포괄적인. ¶ *inclusive* terms at a hotel 호텔의 비용 일체를 포함한 숙박료. ~·ly *adv.* ~·ness *n.*

inclúsive lánguage *n.* 〔언어〕 남녀 포괄 용어 〔man을 humankind로, chairman을 chairperson으로 말하는 따위〕.

in·cog [inkág / -kɔ́g] *adj., adv., n.* 〔구어〕 = incognita, incognito.

in·cog·i·ta·ble [inkádʒitəbl / -kɔ́dʒ-] *adj.* 〔드물게〕 믿을 수 없는, 생각할 수 없는.

in·cog·i·tant [inkádʒit(ə)nt / -kɔ́dʒ-] *adj.* 사려 〔분별〕 없는(inconsiderate); 사고 능력이 없는. ~·ly *adv.*

in·cog·ni·ta [inkágnitə / -kɔ́g-] *adj., adv., n.* incognito의 여성형.

in·cog·ni·to [inkágnitòu / -kɔ́g-] *adj.* 익명의, 변명 (變名)의 **微**(微行)의; *adv.* 익명으로, 변명으로; 미행으로. ¶ travel *incognito* 신분을 감추고 여행하다. ── *n.* (*pl.* -tos) 익명[자], 변명[자]; 미행[자].

in·cog·ni·za·ble [inkágnizəbl, -káni- / -kɔ́gni-] *adj.* 인식〔식별・지각〕할 수 없는(*of*).

in·cog·ni·zance [inkágniz(ə)ns, -káni- / -kɔ́gni-] *n.* ⓤ 인식하지 못함, 눈치채지 못함.

in·cog·ni·zant [inkágniz(ə)nt, -káni- / -kɔ́gni-] *adj.* 인식하지 못하는, 눈치채지 못하는(unaware) (*of*).

in·co·her·ence [ìnko(u)hí(:)rəns / -híər-], **-en·cy** [-ənsi] *n.* (*pl.* **-enc·es**; **-en·cies**) **1** ⓤ 조리가 닿지 않음, 앞뒤가 맞지 않음, 지리멸렬, 모순. **2** 앞뒤가 맞지 않는 이야기〔생각〕, 조리가 닿지 않는 이야기〔생각〕, 모순점.

in·co·her·ent [ìnko(u)hí(:)rənt / -híər-] *adj.* **1** 조리가 닿지 않는, 앞뒤가 맞지 않는, 지리멸렬의, 모순된. ¶ an *incoherent* statement 조리가 닿지 않는 진술. **2** 결합하지 않는; 뿔뿔이 흩어진. ¶ an *incoherent* public 하나로 합쳐지지 않는 대중. **3** 서로 용납되지 않는; 불일치의. ~·ly *adv.*

in·co·he·sive [ìnko(u)hí:siv] *adj.* 들러붙지 않는, 점 착성이 없는; 분열하는 경향이 있는.

in·com·bus·ti·bil·i·ty [ìnkəmbʌ̀stəbíliti] *n.* 불연성(不燃性).

in·com·bus·ti·ble [ìnkəmbʌ́stəbl] *adj.* 타지 않는, 불연성의. ── *n.* 불연성 물질. ~·ness *n.* -bly *adv.*

‡**in·come** [ínkʌm, +英 -kəm] *n.* ⓤⓒ **1** 〔정기적인〕 수입, 소득. ¶ an annual *income* 연수(年收) / earned *income* 근로 소득 / live beyond (within) one's *income* 수입 이상의(이내의) 생활을 하다. **2** 〔고어〕 들어옴, 도래 (coming in).

íncome gròup *n.* 〔사회〕 소득 계층〔소득을 기준으로 하여 분류한 사회적 계층〕.

in·com·er [ínkʌ̀mər] *n.* 들어오는 사람; 《주로 英》 이주민(immigrant); 침입자(intruder); 신입자, 후임자, 후계자(successor).

íncomes pòlicy *n.* 소득 정책〔인플레 억제를 위한 임금・가격의 현상 유지 정책〕.

íncome stàtement *n.* 손익 계산서.

íncome tàx *n.* ⓤⓒ 소득세.

in·com·ing [ínkʌ̀miŋ] *adj.* **1** 들어오는(coming in). ¶ the *incoming* tide 밀물. **2** 후임의, 후계의. ¶ the *incoming* president 후임 총장. **3** 〔이익 따위가〕 생기는. ¶ *incoming* profits 수익. **4** 《주로 英》 이주하여 오는(immigrating). ── *n.* **1** ⓤ 들어옴, 도래. **2** (보통 ~s) 수입, 소득. ¶ *incomings* and outgoings 수입과 지출.

in·com·men·su·ra·bil·i·ty [ìnkəmènʃ(ə)rəbíliti] *n.* ⓤ 같은 척도(기준)로 비교할 수 없음; 〔수학〕 약분할 수 없음.

in·com·men·su·ra·ble [ìnkəménʃ(ə)rəbl] *adj.* 같은 척도(기준)로 비교할 수 없는; 비교가 안 되는, 어림도 없는(*with* …); 〔수학〕 약분할 수 없는(양). ~·ness *n.* -bly *adv.*

in·com·men·su·rate [ìnkəménʃ(ə)rit] *adj.* **1** 어울리지 않는, 분에 맞지 않는, 알맞지 않는(*with, to* …). **2** = incommensurable. ~·ly *adv.* ~·ness *n.*

in·com·mode [ìnkəmóud] *vt.* (**-mod·ed**, **-mod·ing**) …에 불편을 느끼게 하다, 폐를 끼치다, …을 괴롭히다.

in·com·mo·di·ous [ìnkəmóudiəs] *adj.* **1** 비좁은, 옹색한. **2** 불편한(inconvenient). **3** 불쾌한(unpleasant). ~·ly *adv.* ~·ness *n.*

in·com·mod·i·ty [ìnkəmáditi / -mɔ́d-] *n.* (*pl.* **-ties**) **1** 비좁고 불편한 것; 불편한 점, 마땅치 않은 점(inconvenience). **2** ⓤ 불편, 마땅치 않음, 불쾌(discomfort).

in·com·mu·ni·ca·bil·i·ty [ìnkəmjù:nikəbíliti] *n.* ⓤ 전달할 수 없음; 말수 적음.

in·com·mu·ni·ca·ble [ìnkəmjú:nikəbl] *adj.* **1** 전달할 수 없는, 전달이 안 되는. **2** 말수 적은(incommunicative). ~·ness *n.* -bly *adv.*

in·com·mu·ni·ca·do [ìnkəmjù:niká:dou] *adj.* 〔특히 죄수가〕 외부와의 연락이 끊긴.

in·com·mu·ni·ca·tive [ìnkəmjú:nikèitiv / -kətiv] *adj.* 말수 적은, 입이 무거운; 사교적이 아닌(reserved). ~·ly *adv.*

in·com·mut·a·bil·i·ty [ìnkəmjù:təbíliti] *n.* ⓤ 교환할 수 없음; 바꿀 수 없음, 불변.

in·com·mut·a·ble [ìnkəmjú:təbl] *adj.* **1** 바꿀 수 없는, 교환할 수 없는. **2** 변경할 수 없는, 불변의. -bly *adv.*

in·com·pact [ìnkəmpǽkt] *adj.* 치밀하지 않은, 산만한, 푸 짜이지 않은 (loose).

in·com·pa·ny [ìnkʌ́mp(ə)ni] *adj.* 사내 (社內)의, 기업내의; 회사 (기업) 안에서 하는. ¶ an *in-company* supervisor training session 사내 간부 연수회.

in·com·pa·ra·bil·i·ty [ìnkəmpərəbíliti] *n.* ⓤ 비교할 수 없음; 비길 바 없음.

*__in·com·pa·ra·ble__ [inkámp(ə)rəbl / -kɔ́m-] *adj.* **1** 유례 없는, 비길 바 없는. **2** 비교가 안 되는(*with, to* …). ~·ness *n.* -bly *adv.*

in·com·pat·i·bil·i·ty [ìnkəmpætəbíliti] *n.* (*pl.* **-ties**) ⓤ 양립하기 어려움, 불일치, 부조화; ⓒ 상반된 것.

*__in·com·pat·i·ble__ [ìnkəmpǽtəbl] *adj.* **1** 모순된, 양립하지 않는(*with* …). **2** 〔성질이〕 상반된; 공존할 수 없는. **3** 〔두 개 이상의 명제가〕 양립할 수 없는. **4** 〔관직・지위 등이〕 겸할 수 없는. **5** 〔약학〕〔약이〕 배합하면 안 되는; 〔의학〕〔혈액이〕 부적합한. ── *n.* **1** (보통 ~s) 〔논리〕 양립할 수 없는 사람(것), 〔약학〕 배합 금기 약. **3** (~s) 〔논리〕 양립할 수 없는 명제. ~·ness *n.*
◇ incompatíbility *n.*, incompátibly *adv.*

incompátible cólor [sýstem] *n.* 〔TV〕 보통 흑백 텔레비전에는 영사되지 않는 컬러 텔레비전 방식. *cf.* compatible color [system]

in·com·pat·i·bly [ìnkəmpǽtəbli] *adv.* 양립하지 않고, 모순되어, 서로 용납되지 않고.

in·com·pe·tence [inkámpit(ə)ns / -kɔ́m-] *n.* ⓤ **1** 무능력, 무자격(incapacity). **2** 〔법률〕 무능력, 무자격.

in·com·pe·ten·cy [inkámpit(ə)nsi / -kɔ́m-] *n.* (*pl.* **-cies**) **1** = incompetence. **2** 부적격한 행위.

*__in·com·pe·tent__ [inkámp(ə)nt / -kɔ́m-] *adj.* 무능한,

부적격의; [법률] 무자격의, 무능력의. ⇨ INCAPABLE 類語 ¶ an *incompetent* witness 자격 없는 증인 // be *incompetent* to teach (or for teaching) French 불어를 가르칠 능력이 없다. —— *n.* 무능력자, 부적격자; [법률] 무자격자, 무능력자. ~**ly** *adv.*
◇ in**com**petence *n.*

*in·com·plete [ìnkəmplíːt] *adj.* 불완전한, 불충분한, 미완성의, 불비(不備)의. ¶ *incomplete* knowledge 불충분한 지식 / an *incomplete* transitive (intransitive) verb 불완전 타(자)동사 [보어를 필요로 하는 동사]. ~**ly** *adv.* ~**ness** *n.* ◇ in**com**plétion *n.*

in·com·ple·tion [ìnkəmplíːʃ(ə)n] *n.* ⓤ 불완전, 불충분, 불비, 미완성.

in·com·pli·ant [ìnkəmpláiənt] *adj.* 고집이 센, 순종하지 않는, 따르지 않는, 승낙하지 않는.

in·com·pre·hen·si·bil·i·ty [ìnkəmprìhènsəbíliti, inkàm-/ inkɔ̀m-] *n.* ⓤ 이해할 수 없음, 불가해[성].

*in·com·pre·hen·si·ble [ìnkəmprihénsəbl, inkàm-/ inkɔ̀m-] *adj.* 1 이해할 수 없는, 불가해한. ¶ the *incomprehensible* mysteries of life 불가해한 생명의 신비. 2 《고어》 무한한(illimitable). ~**ness** *n.* -**bly** *adv.*

in·com·pre·hen·sion [ìnkəmprihénʃ(ə)n / -kɔ̀m-] *n.* ⓤ 몰이해, 이해력이 없음.

in·com·pre·hen·sive [ìnkəmprihénsiv / -kɔ̀m-] *adj.* 1 이해력이 없는. 2 포괄적이 아닌, 포용력이 없는.

in·com·press·i·bil·i·ty [ìnkəmprèsəbíliti] *n.* ⓤ 압축(압착) 불능.

in·com·press·i·ble [ìnkəmprésəbl] *adj.* 압축(압착)할 수 없는.

in·com·put·a·ble [ìnkəmpjúːtəbl] *adj.* 계산(산정)할 수 없는, 셀 수 없는(incalculable).

in·con·ceiv·a·bil·i·ty [ìnkənsìːvəbíliti] *n.* ⓤ 생각할(상상할) 수 없음.

*in·con·ceiv·a·ble [ìnkənsíːvəbl] *adj.* 생각할 수 없는, 상상도 못할(unimaginable); 믿을 수 없는(incredible), 있음직하지 않은. ¶ Color is *inconceivable* to those who are blind. 장님은 색채란 상상도 못한다. ~**ly** *adv.* ~**ness** *n.*

in·con·clu·sive [ìnkənklúːsiv] *adj.* 결론이 나오지 않는, 결정적이 아닌. ~**ly** *adv.* ~**ness** *n.*

in·con·den·sa·ble [ìnkəndénsəbl] *adj.* 응축(압축)할 수 없는.

in·con·dite [inkándit / -kɔ́n-] *adj.* 1 구성이 서투른. 2 조잡한, 세련되지 않은.

in·con·form·i·ty [ìnkənfɔ́ːrmiti] *n.* ⓤ 1 불일치, 부적합, 불복종(to, with ...). 2 국교(國敎) 반대(nonconformity).

in·con·gru·ent [inkáŋgruənt, ìnkəngrúː- / inkɔ́ŋ-gruənt] *adj.* 일치(부합, 조화)하지 않는, 부적당한(incongruous).

in·con·gru·i·ty [ìnkəngrúːiti / -kɔŋgrúː)i-] *n.* (*pl.* -ties) 1 ⓤ 부적당, 부조화, 불일치. 2 적당(조화)하지 않음(않는 일), 불일치점.

in·con·gru·ous [inkáŋgruəs / -kɔ́ŋ-] *adj.* 1 일치하지 않는, 부조화의, 모순된(*with, to* ...). ¶ an *incongruous* plot 앞뒤가 맞지 않는 줄거리 / acts *incongruous* with one's principles 자기의 주의와 모순되는 행위. 2 부적당한, 일치하지 않는, 어울리지 않는. ¶ *incongruous* manners 온당치 못한 태도. ~**ly** *adv.* ~**ness** *n.*

in·con·nu [ìnkənjúː] *n.* [어류] 송어의 일종[아메리카·아시아산(産) 식용어].

in·con·sec·u·tive [ìnkənsékjutiv] *adj.* 연속하지 않는, 끊이지는, 앞뒤가 맞지 않는. ~**ly** *adv.* ~**ness** *n.*

in·con·se·quence [inkánsikwèns, -kwəns / -kɔ́nsi-kwəns] *n.* ⓤ 1 [논리학에서] 일관성이 없음, 비논리성; 불합리, 모순, 부적절함, 엉뚱함. 2 보잘것없음.

in·con·se·quent [inkánsikwənt, -kwənt / -kɔ́nsi-kwənt] *adj.* 1 [논리학에서] 일관성이 없는, 비논리적

인; 불합리한, 모순된. ¶ *inconsequent* reasoning 일관성이 없는 논법. 2 엉뚱한; 조화하지 않는. 3 보잘것없는. ~**ly** *adv.*

in·con·se·quen·tial [ìnkànsikwénʃ(ə)l / -kɔ̀n-] *adj.* 1 중요하지 않은, 보잘것없는(trivial). 2 조리에 닿지 않는, 비논리적인(illogical). 3 엉뚱한.

in·con·sid·er·a·ble [ìnkənsíd(ə)rəbl] *adj.* 1 근소한, 미미한. 2 별것 아닌, 사소한(trivial). ~**ness** *n.* -**bly** *adv.*

in·con·sid·er·ate [ìnkənsíd(ə)rit] *adj.* 1 인정미가 없는, 눈치가 없는(*of* ...). 2 지각없는, 경솔한(thoughtless); 성급한. ~**ly** *adv.* ~**ness** *n.*

in·con·sid·er·a·tion [ìnkənsìd(ə)réiʃ(ə)n] *n.* ⓤ 1 몰인정. 2 지각없음, 무분별, 경솔.

*in·con·sist·en·cy [ìnkənsíst(ə)nsi] *n.* (*pl.* -cies) 1 ⓤ 불일치, 부조화, 모순; 정견(定見)이 없음. 2 모순된 사물(언행). ~**ness** *n.* -**bly** *adv.*

*in·con·sist·ent [ìnkənsíst(ə)nt] *adj.* 1 [그 자체가] 조화되지 않는, 일관성이 없는, 자기 모순이 있는(self-contradictory). ¶ an *inconsistent* argument 일관성이 없는 논법. 2 [서로] 일치(조화)되지 않는, 상반하는; [주의·사상·신념 등과] 모순되는(*with* ...). ¶ practice *inconsistent* with belief 신념과 모순되는 행위. 3 정견이 없는, 절조없는. ¶ *inconsistent* behavior 지조없는 행동. ~**ly** *adv.* ◇ in**con**sístency *n.*

in·con·sol·a·ble [ìnkənsóuləbl] *adj.* 위로할 길 없는 (없을 만큼의), 슬픔에 잠긴(disconsolate). ~**ness** *n.* -**bly** *adv.*

in·con·so·nance [inkáns(ə)nəns / -kɔ́n-] *n.* ⓤ 부조화, 불일치.

in·con·so·nant [inkáns(ə)nənt / -kɔ́n-] *adj.* 조화되지 않는, 불일치의(discordant) (*to, with* ...), 부적당한.

in·con·spic·u·ous [ìnkənspíkjuəs] *adj.* 눈에 띄지 않는, 주의를 끌지 않는. ~**ly** *adv.* ~**ness** *n.*

in·con·stan·cy [inkánst(ə)nsi / -kɔ́n-] *n.* (*pl.* -cies) 1 ⓤ 변하기 쉬움, 변덕, 바람기 많음. 2 변덕스러운 행위.

in·con·stant [inkánst(ə)nt / -kɔ́n-] *adj.* 1 마음이 변하기 쉬운, 변덕스러운(fickle). 2 [성질·가치 따위가] 일정치 않은, 변하기 쉬운. ~**ly** *adv.*

in·con·sum·a·ble [ìnkənsúːməbl / -s(j)úːm-] *adj.* 태울 없을 수 없는; 다 써버릴 수 없는, 다 소비할 수 없는, 소모성이 아닌.

in·con·test·a·ble [ìnkəntéstəbl] *adj.* 논쟁의 여지가 없는(indisputable); 의심할 바 없는, 명백한, 확실한(unquestionable). ~**ness** *n.* -**bly** *adv.*

in·con·ti·nence [inkántinəns / -kɔ́n-] *n.* ⓤ 자제심이 없음, 억누를 수 없음; [병리] [대·소변의] 실금(失禁).

in·con·ti·nent[1] [inkántinənt / -kɔ́n-] *adj.* 1 자제심이 없는, 억누를 수 없는(*of* ...). ¶ be *incontinent of* secrets 비밀을 지키지 못하다. 2 [병리] [대·소변을] 실금하는, 실금의. 3 음란한. ~**ly** *adv.*

in·con·ti·nent[2] [inkántinənt / -kɔ́n-], -**nent·ly** [-nəntli] 《고어》 즉시, 곧.

in·con·trol·la·ble [ìnkəntróuləbl] *adj.* 억제(제어)할 수 없는(uncontrollable).

in·con·tro·vert·i·ble [ìnkàntrəvə́ːrtəbl, inkàn-/ ìnkɔ̀n-] *adj.* 논쟁(논박)의 여지가 없는, 부정할 수 없는; ~**ness** *n.* -**bly** *adv.*

*in·con·ven·ience [ìnkənvíːnjəns] *n.* 1 ⓤ 불편, 부자유, 형편이 나쁨; 폐(*to* ...). ¶ without the least *inconvenience* 조금도 폐 없이 / have (or suffer) *inconvenience* 불편을 겪다 / if it puts you to no *inconvenience* 폐가 되지 않는다면 / I attended the meeting at great *inconvenience.* 나는 만사를 제쳐놓고 회의에 참석했다 // It is no *inconvenience* to me. 조금도 폐가 되지 않습니다. 2 불편한 것, 부자유한 일. —— *vt.* (-ienced, -ienc·ing) ...에게 불편을 느끼게 하다, 폐를

inconvenient

끼치다. ¶ I hope I am not *inconveniencing* you. 폐가 되지 않기를 바랍니다. ◇ inconvénient *adj.*

‡**in·con·ven·ient** [ìnkənvíːnjənt] *adj.* 불편한, 불리한, 형편이 나쁜, 폐가 되는; 귀찮은(troublesome). ¶ an *inconvenient* house 불편한 집 / an *inconvenient* time 형편이 나쁜 때 // If [it is] not *inconvenient* to you, I would like to call on you this evening. 폐가 되지 않으시다면 오늘 저녁 찾아뵙고 싶습니다. ~**·ly** *adv.* ◇ inconvénience *n.*

in·con·vert·i·bil·i·ty [ìnkənvə̀ːrtəbíləti] *n.* ⓤ [지폐의] 태환(兌換)불능; [일반적으로] 교환(교체)불능.

in·con·vert·i·ble [ìnkənvə́ːrtəbl] *adj.* 1 [지폐가] 태환할 수 없는, 불환(不換)의. 2 [일반적으로] 교환할 수 없는, 바꾸지 못하는. ~**ness** *n.* **-bly** *adv.*

in·con·vin·ci·ble [ìnkənvínsəbl] *adj.* 납득시킬 수 없는, 고집 불통인. **-bly** *adv.*

in·co·or·di·nate [ìnkou(ː)ɔ́ːrdinit] *adj.* 동격(동위, 동등)이 아닌.

in·co·or·di·na·tion [ìnkou(ː)ɔ̀ːrdinéiʃ(ə)n] *n.* ⓤ 동격이 아님, 부동격.

incor. (略) incorporated.

in·cor·po·ra·ble [ìnkɔ́ːrpərəbl] *adj.* 합체(합병)(가)할 수 있는.

‡**in·cor·po·rate**[1] *v.* [ìnkɔ́ːrpərèit → *adj.*] (**-rat·ed, -rat·ing**) *vt.* 1 …을 법인 조직으로 하다;《美》…을 주식(유한)회사로 하다. 2 [조직체 따위 속에] …을 넣다, 편입하다, 합병하다. ¶ a book which *incorporates* the newest information 최신 자료를 삽입한 책 // (~ + 目 + 前 + 名) a firm *incorporated with* another 다른 회사와 합병한 회사 / Your suggestion will be *incorporated in* the plan. 당신의 제안은 계획 속에 반영이 될 것입니다. 3 …을 가입시키다, 일원으로 만들다. ¶ (~ + 目 + [as] 補) be *incorporated* [as] a member of a society 모임의 일원이 되다. 4 …을 혼합하다, 섞다(blend) (... *with*). 5 …에 형체를 주다, …을 구체화하다(embody). ¶ (~ + 目 + 前 + 名) *incorporate* one's thoughts *in* an article 논설에서 자기의 생각을 설명하다. — *vi.* [일체가 되도록] 결합하다(unite), 합병되다, 섞이다(mix) (*with* ...). ¶ (~ + 前 + 名) The company *incorporated with* another. 그 회사는 다른 회사와 합병했다. — *adj.* [ìnkɔ́ːrpərit] 1 법인 [조직]의, 법인 [회사 조직]의. 2 일체가 된, 합병된(combined); 혼합한(blended). ¶ be *incorporate in* (or *into*, *with*) …과 일체가 되어 있다. 3 (古) 구체화된(embodied). ◇ incorporátion *n.*, incórporative *adj.*

in·cor·po·rate[2] [ìnkɔ́ːrp(ə)rit] *adj.* (드물게) 무형의, 영적(incorporeal).

***in·cor·po·rat·ed** [ìnkɔ́ːrpərèitid] *adj.* 1 합병된, 합체, 편입된. ¶ an *incorporated* city 합병되어 생긴 시(市). 2 법인 조직의;《美》(회사가) 유한 책임의(《英》limited). ¶ an *incorporated* company《美》유한 회사. * 회사명과 함께 쓰이는 경우는 Inc.로 줄여 회사명의 뒤에 붙인다.

in·cor·po·ra·tion [ìnkɔ̀ːrpəréiʃ(ə)n] *n.* ⓤ 1 합체, 결합, 편입; 혼입; [법률] 법인격의 부여, 법인 조직(회사)의 설립; ⓒ 법인 조직, 회사, 단체. 2 [문법] 포함(抱合) [목적어를 정동사에 포함시키는 것; 북미 인디언어에서 볼 수 있다]. 3 (古) 합체한.

in·cor·po·ra·tive [ìnkɔ́ːrpərèitiv] *adj.* 합체한, 결합성의; [문법] 포합적(抱合的)인.

in·cor·po·ra·tor [ìnkɔ́ːrpərèitər] *n.* 1 법인 설정자;《美》회사 설립자. 2 결합자, 합동자, 합병자.

in·cor·po·re·al [ìnkɔːrpɔ́ːriəl / -pɔ́ːr-] *adj.* 1 무형의, 실체가 없는, 비물질적인; 영적인. 2 [법률] 무형(無體)의. ¶ *incorporeal* property 무체 재산[저작권·특허권 따위]. ~**·ly** [-əli] *adv.*

in·cor·po·re·i·ty [ìnkɔːrpəríːiti] *n.* ⓤ 실체가 없음, 무형성, 비물질성; ⓒ 무형물[권리·특성 따위].

‡**in·cor·rect** [ìnkərékt] *adj.* 1 옳지 않은, 틀린(inaccurate). ¶ an *incorrect* calculation 틀린 계산. 2 온당치 않은, 버릇없는(improper). ¶ *incorrect* behavior 버릇없는 짓. 3 [책 따위가] 틀린 데가 많은. ~**·ly** *adv.* ~**·ness** *n.*

in·cor·ri·gi·bil·i·ty [ìnkɔ̀ːridʒəbíləti / -kɔ̀r-] *n.* ⓤ 교정할 수 없음, 어찌 도리 없음; 뿌리 깊음, 완고함.

in·cor·ri·gi·ble [ìnkɔ́ːridʒəbl / -kɔ́r-] *adj.* 1 구제할 길 없는(없을 만큼). ¶ an *incorrigible* delinquent 구제할 수 없는 범죄자. 2 죄는 대수롭지 않게 여기는; 다루기 힘든. 3 뿌리깊은, 완고한; 단호한, 철저한. ¶ an *incorrigible* bad habit 뿌리 깊은 악습 / an *incorrigible* optimism 철저한 낙관주의. — *n.* 구제할 길 없는 사람. ~**ness** *n.* **-bly** *adv.*

in·cor·rupt [ìnkərʌ́pt] *adj.* 1 타락하지 않은, 건전한; 결백한. 2 매수할 수 없는. 3 [원문이] 잘못되거나 고칠 곳이 없는, 올바른; [언어가] 순수한. 4 (廢) 부패하지 않은.

in·cor·rupt·i·bil·i·ty [ìnkərʌ̀ptəbíləti] *n.* ⓤ 부패하지 않음; 타락(매수)되지 않음, 청렴결백.

in·cor·rupt·i·ble [ìnkərʌ́ptəbl] *adj.* 1 부패하지 않는; 불후(不朽)의, 불멸의. 2 타락하지 않는, 매수할 수 없는, 청렴결백한. ~**ness** *n.* **-bly** *adv.*

in·cor·rup·tion [ìnkərʌ́pʃ(ə)n] *n.* ⓤ (古語) 부패하지 않음(않은 상태), 불후, 불멸; 타락하지 않음(않은 상태), 청렴결백.

in·co·terms [ìnkətə́ːrmz] *n.* [상업] 인코텀[국제 상업 회의소(ICC)가 제정한 무역 조건의 해석에 관한 국제 규칙]. 〈< *international commercial terms*〉

incr. (略) increase, increased, increasing.

in·cras·sate *v.* [ìnkrǽseit → *adj.*] (**-sat·ed, -sat·ing**) *vt.* (약학) [증발 따위로] (액)을 농축하다,《廢》…을 진하게 하다. — *vi.* (廢) 진해지다. — *adj.* [ìnkrǽsit, -seit] [동·식물] 비후(肥厚)해진, 살찐(thickened).

in·creas·a·ble [ìnkríːsəbl] *adj.* 증가(증대)할 수 있는.

‡**in·crease** *v.* [ìnkríːs, ⸌-⸍ → *n.*] (**-creased, -creas·ing**) *vt.* [수·양 따위]를 늘리다, 증대(증가)시키다. opp. *decrease* ¶ *increase* one's weight 체중을 늘리다. 2 [질·정도 등]을 강하게 하다, 증진시키다, 강화하다(intensify). ¶ *increase* one's efforts 한층 더 노력하다 / *increase* one's pace 걸음을 재촉하다.

類語 **increase** 수량·범위·정도 따위를 [차츰] 늘리는 가장 일반적인 말. **augment** 이미 꽤 큰 수량·형태·정도·범위 따위를 더욱 크게 하다; 격식을 차리는 말: *augment* one's vocabulary 상당히 풍부한 어휘를 더욱 늘리다. **enlarge** 형태·범위·정도 따위를 넓혀서 크게 하다: *enlarge* a house 집을 증축하다. **multiply** 번식 또는 같은 일을 되풀이하여 수를 「급속히」증가시키다: *multiply* debts by reckless speculations 무모한 투기로 부채를 늘리다.

— *vi.* 1 [수·양이] 늘다, 증대(증진)하다, 커지다, 강해지다(*in* ...). opp. *decrease* ¶ (~ + 前 + 名) *increase in* power 힘이 늘다 / *increase in* price 값이 오르다 / *increase in* knowledge through study 공부를 하여 지식이 늘다. 2 번식하다. ¶ Her family *increased.* 그의 가족이 늘어났다. 3 (詩) [달이] 차다, 커지다(wax). — *n.* [ínkriːs, -⸍] ⓤⓒ 1 증가, 증식, 증진, 확대. ¶ an *increase* in population 인구의 증가. 2 (증가량(액). 3 이익(profit), 이자(interest). 4 (古語) 작물. 5 (廢) (집합적) 자손(offspring). **on the increase** 증가하여. opp. *on the decrease*

in·creas·er [ìnkríːsər] *n.* 증가시키는 사람(것).

in·creas·ing [ìnkríːsiŋ] *adj.* 점점 느는, 증대하는.

***in·creas·ing·ly** [ìnkríːsiŋli] *adv.*

in·cre·ate [ìnkriéit, ⸌-⸍-⸍] *adj.* 1 창조되지 않은. 2 창조되지 않고 본래부터 존재하는, 본래적으로 존재하는.

in·cred·i·bil·i·ty [ìnkrèdəbíləti] *n.* ⓤ 믿을 수 없음, 신용할 수 없음.

‡**in·cred·i·ble** [ìnkrédəbl] *adj.* 1 거짓말 같은, 터무니없는, 놀라운. ¶ an *incredible* price 엄청난 값. 2 믿을 수 없는, 신용할 수 없는. ~**ness** *n.* **-bly** *adv.*

in·cre·du·li·ty [ìnkridʒ(j)úːliti / -djúː-] *n.* ⓤ 쉽사리 믿지 않음, 의심이 많음, 불신.

***in·cred·u·lous** [inkrédʒuləs / -dju-] *adj.* **1** [성격적으로] 쉽사리 믿지 않는, 의심 많은, 회의적인(*of* ...). ¶ be *incredulous of* Martians 화성인의 존재를 믿지 않다. **2** [표정이] 의심하는 듯한, 의심스러운 듯한. ¶ an *incredulous* stare 의심하는 듯한 눈초리.
~·ly *adv.* ~·ness *n.* ⓤ incredúlity *n.*

in·cre·ment [ínkrimənt, íŋk-] *n.* **1** ⓤ 증가, 증대, 증식; ⓒ 증가량(량, 액); ⓤ (수학) 증분(增分). ¶ unearned *increment* 땅값 따위의 자연 증가. **2** ⓤ 이익, 이윤(profit).

in·cre·men·tal [ìnkriméntl] *adj.* 증가의; [수학] 증분의.

in·cre·tion [inkríːʃ(ə)n] *n.* ⓤⓒ (생리) 내분비(물).

in·crim·i·nate [inkrímineit] *vt.* (-nat·ed, -nat·ing) **1** ...에게 죄를 씌우다, ...을 고발하다(accuse). **2** ...을 죄에 빠뜨리다, ...에게 죄가 있음을 나타내다. ¶ *incriminate* oneself 스스로 죄에 빠지다 / This evidence *incriminated* the official. 이 증거가 그 공무원의 유죄를 나타냈다. **3** [바람직하지 않은 사태를] ...의 탓으로 하다. ¶ Poor lighting is often *incriminated* in eyestrain. 불충분한 조명이 종종 눈의 피로의 원인으로 간주된다.

in·crim·i·na·tion [ìnkríminéiʃ(ə)n] *n.* 죄를 씌움, 유죄로 함, 고소, 고발; 죄를 씀, 유죄가 됨.

in·crim·i·na·tor [inkrímineitər] *n.* 죄를 씌우는 사람, 고소하는 사람.

in·crim·i·na·to·ry [inkríminətɔ̀ːri / -nət(ə)ri] *adj.* 죄를 씌우는, 유죄로 하는; 고소의.

in·croach [inkróutʃ] *v.* = encroach.

in·cross [ínkrɔ̀ːs] *n.* 동계(同系) 번식(inbreeding)에 의한 식물(동물). — *vt.* 동계 번식시키다. [람.

in·crowd [ínkràud] *n.* 내부 사정이나 유행에 밝은 사

in·crust [inkrʌ́st], **in-** [in-] *vt.* **1** ...을 외피(껍데기)로 덮다. **2** [보석 따위로] ...을 장식하다. — *vi.* 외피(껍데기)를 형성하다.

in·crus·ta·tion [ìnkrʌstéiʃ(ə)n], **en-** [èn-] *n.* **1** ⓤ 외피로 덮음(덮임). **2** 외피, 외각(外殼)(crust); (학) 딱지. **3** ⓤⓒ 걸치장, 상감(象嵌).

in·crust·ment [inkrʌ́stmənt], **en-** [in-] *n.* 외피 형성; 외피층.

in·cu·bate [íŋkjubeit, ínk-] *v.* (-bat·ed, -bat·ing) *vt.* **1** [알을] 품다, 까다. **2** [세균을] 배양하다; [조산아를] 보육기에 넣다. **3** [음모 따위를] 생각해내다, 꾸미다. — *vi.* 알을 품다, 둥우리에 들다, [알이] 까지다. **2** [생각이] 구체화하다.

in·cu·ba·tion [ìŋkjubéiʃ(ə)n, ìnk-] *n.* ⓤ **1** 알을 품음, 부화(孵化); 배양. **2** 숙고, 계획, 고안. **3** (병리) 잠복; ⓒ 잠복기(incubation period).

in·cu·ba·tion·al [ìŋkjubéiʃ(ə)nl, ìnk-] *adj.* 알을 품는, 배양의; 잠복의.

incubátion pèriod *n.* (동물)부란(孵卵) 기간; (병리) 잠복기[의].

in·cu·ba·tive [íŋkjubèitiv, ínk-] *adj.* 부화의; 잠복(기)의.

in·cu·ba·tor [íŋkjubèitər] *n.* 부화기; 조산아 보육기; 세균 배양기; 알을 품는 새; 계획을 꾸미는 사람.

in·cu·ba·to·ry [íŋkjubeitɔ̀ːri, ìnkjubèitəri] *adj.* = incubative.

in·cu·bus [íŋkjubəs, ínkju-] *n.* (*pl.* **-bi** [-bài] *or* **-bus·es**) **1** 잠자는 여인을 범한다고 믿어진 악마; 악몽(nightmare). **2** 부담이 되는 사람(물건), 마음을 짓누르는 것.

in·cul·cate [inkʌ́lkeit, ínkʌlkèit] *vt.* (-cat·ed, -cat·ing) ...을 되풀이하여 가르치다, 알아듣도록 가르치다; [마음에] ...을 심어주다(... *in, into, upon*). ¶ *inculcate* an idea *upon* a person (*in* a person's mind) 남에게 (남의 마음에) 어떤 생각을 심어주다 / *inculcate* good manners *upon* a person 남에게 예의를 가르치다. **2** [어떤 생각을] [남]에게 받아들이게 하다, [남]을 설득하다(... *with*). ¶ *inculcate* a person *with* the love of his neighbors 남에게 이웃 사랑을 가르치다.

in·cul·ca·tion [ìnkʌlkéiʃ(ə)n] *n.* ⓤ 차근차근 가르치기(타이르기). [르는) 사람.

in·cul·ca·tor [inkʌ́lkeitər / -- --] *n.* 가르치는 (타이

in·cul·pa·ble [inkʌ́lpəbl] *adj.* 나무랄 데 없는, 죄없는, 결백한(guiltless).

in·cul·pate [inkʌ́lpeit, -- / -- --] *vt.* (-pat·ed, -pat·ing) **1** ...에게 죄를 씌우다; ...을 나무라다, 비난하다(blame, accuse). **2** ...을 연루(連累)시키다.

in·cul·pa·tion [ìnkʌlpéiʃ(ə)n] *n.* ⓤ 죄를 씌우기, 비난; 고소; 연루시킴.

in·cul·pa·to·ry [inkʌ́lpətɔ̀ːri / -t(ə)ri] *adj.* 죄를 씌우는, 비난하는; 연루시키는.

in·cult [inkʌ́lt] *a.* (고어) **1** 경작되어 있지 않은, 미개간의. **2** 세련되지 못한, 조야한.

in·cum·ben·cy [inkʌ́mbənsi] *n.* (*pl.* **-cies**) **1** ⓤⓒ (사제·목사의) 재직(하고 있는 지위), (특히) 성직록(聖職祿) 소유자의 지위; ⓒ (특히 성직록 소유자의) 재직 기간. **2** 의무, 직무(duty).

in·cum·bent [inkʌ́mbənt] *adj.* **1** 현직의, 재직중의. **2** 의무가 있는, 책임으로서 지워지는(*on, upon* ...). ¶ a duty *incumbent upon* the youth 청년의 책무 / It is *incumbent* on me to warn him. 그에게 경고하는 것이 내 의무이다. **3** 의지하는, 기대는. — *n.* 재직자; (英) 성직록 소유자, (담당 교회가 있는) 사제, 목사. **~·ly** *adv.*

in·cum·ber [inkʌ́mbər] *v.* = encumber.

in·cum·brance [inkʌ́mbrəns] *n.* = encumbrance.

in·cu·nab·u·la [ìnkjunǽbjulə] *n. pl.* (*sing.* **-lum** [-ləm]) **1** [1500년 이전에 인쇄된] 초기 활자 간행본, 고판본(古版本). **2** 초기, 요람기.

†in·cur [inkə́ːr] *vt.* (-curred, -cur·ring) (위험·비난 따위를) [스스로] 초래하다, 받다; (부채)를 지게되다. ¶ *incur* large losses 큰 손실을 입다 / *incur* a person's hatred 남에게 미움 사다. ◇ in·cúr·rence *n.*

in·cur·a·bil·i·ty [inkjùə(ː)rəbíliti / -kjùər-] *n.* ⓤ 고칠 수 없음, 불치(不治), 교정 불능.

in·cur·a·ble [inkjùə(ː)rəbl / -kjúər-] *adj.* 낫지 않는, 불치의, 교정할 수 없는. — *n.* 불치의 환자.
~·ness *n.* **·bly** *adv.*

in·cu·ri·os·i·ty [inkjù(ː)riάsiti / inkjùəriɔ́s-] *n.* ⓤ 호기심 없음, 무관심.

in·cu·ri·ous [inkjù(ː)riəs / -kjúər-] *adj.* **1** 호기심이 없는, 알고 싶어 하지 않는; 무관심한(uninterested). **2** 재미없는(uninteresting), 신기할 것 없는. * 보통 not incurious의 형으로 쓰인다. ¶ a not *incurious* story 꽤 흥미있는 이야기. **3** 부주의한. **·ly** *adv.* **~·ness** *n.*

in·cur·rence [inkə́ːrəns / -kʌ́r-] *n.* ⓤ (손해 따위를) 받음, 입는다.

in·cur·rent [inkə́ːrənt / -kʌ́r-] *adj.* (물이) 흘러드는.

in·cur·sion [inkə́ːrʒ(ə)n / -ʃ(ə)n] *n.* **1** 침입; 습격 침해. ¶ make *incursions* into the enemy country 적국에 침입하다. **2** 흘러듦, 유입.

in·cur·sive [inkə́ːrsiv] *adj.* **1** 침입하는, 침략하는, 습격하는. **2** 유입하는.

in·cur·vate *vt.* [ínkəːrveit, + 美 -- --// → *adj.*] (-vat·ed, -vat·ing) ...을 안쪽으로 구부리다, 만곡(彎)시키다. — *adj.* [ínkəːrveit, +美 -- --// inkə́ːrvit] 안으로 굽은. [만곡.

in·cur·va·tion [ìnkəːrvéiʃ(ə)n] *n.* 안쪽으로의 굽음,

in·curve *v.* [inkə́ːrv] (-curved, -curv·ing) *vt.* ...을 안쪽으로 만곡시키다. — *vi.* 안쪽으로 만곡하다. — *n.* [ínkəːrv] (야구) 인커브, 내곡구(內曲球). *cf.* outcurve

in·curved [inkə́ːrvd] *adj.* 안으로 굽은.

in·cus [íŋkəs] *n.* (*pl.* **in·cu·des** [iŋkjúːdiːz]) (해부) 침골(砧骨) (귀 속에 있는 세 개의 청골(聽骨)중의 하나).

in·cuse [inkjúːz, +美 -kjúːs] *n.* (화폐 따위에) 각인

Ind 1169 indemnify

(刻印)을 찍은. — n. [화폐면의] 각인, 찍힌 디자인.
— vt. (-cused, -cus·ing) [화폐면 따위]에 각인으로 디
자인을 찍다.
Ind [ind, 《고어》 aind] n. 1 《문어》=India. 2 《폐어》=the Indies.
IND 《略》 《약학》 *i*nvestigational *n*ew *d*rug(치험(治驗) (치료 시험) 신약).
Ind- ⇒ INDO-.
ind. 《略》 independence, independent; index; indicated, indicative; indigo; indirect; industrial, industry.
Ind. 《略》 India, Indian; Indiana; Indies.
I.N.D. 《略》《라틴》 *in nōmine Deī* (=in the name of God) (하나님의 이름으로).
in·da·ba [indá:bə] n. [남아프리카 원주민의, 또는 그들과의] 회의, 협의.
in·da·mine [índəmì:n, -min] n. 《화학》 인다민[염기성(鹽基性)의 유기화합물; 청색 또는 녹색이머 염료용].
***in·debt·ed** [indétid] adj. 1 빚이 있는. ¶ be *indebted to* a person *for* a large sum 남에게 많은 빚이 있다. 2 도움을 많이 받고 있는, 은혜를 입은. ¶ I am *indebted to* you *for* my success. 내가 성공한 것은 당신 덕분이다. ~·ness n.
in·de·cen·cy [indí:snsi] n. (pl. -cies) 1 ⓤ 버릇없음; 꼴사나움. 2 ⓒ 상스러움, 음탕. 3 점잖지 못한(음란한) 언동.
in·de·cent [indí:snt] adj. 1 상스러운; 추잡한, 음탕한. ⇒ IMPROPER 《類語》 2 예절을 모르는; 꼴사나운. ~·ly adv.
indécent assáult n. ⓤⓒ 《강간을 제외한》 강제 외설 행위(죄).
indécent expósure n. ⓤⓒ 공개적 외설죄.
in·de·cid·u·ous [ìndisídʒuəs / -djuəs] adj. 《식물》 잎이 낙엽성이지 않는, 비낙엽성의; 상록의 (evergreen).
in·de·ci·pher·a·ble [ìndisáif(ə)rəbl] adj. 판독하기 힘든, 읽어도 뜻을 알 수 없는.
in·de·ci·sion [ìndisíʒ(ə)n] n. ⓤ 결단력이 없음, 우유부단.
in·de·ci·sive [ìndisáisiv] adj. 1 결정적이 아닌. 2 우유부단한, 결단력이 없는. ¶ an *indecisive* attitude 우유부단한 태도. 3 [윤곽 따위가] 희미한, 흐릿한. ~·ly adv. ~·ness n.
indecl. 《略》 indeclinable.
in·de·clin·a·ble [ìndikláinəbl] adj. 《문법》 어미 변화를 하지 않는, 변화하지 않는.
in·de·com·pos·a·ble [ìndi:kəmpóuzəbl] adj. 분해(분석)할 수 없는.
in·dec·o·rous [indékərəs, +美 ìndikɔ́:rəs] adj. 예절 없는, 꼴사나운, 부적당한. ~·ly adv. ~·ness n.
in·de·co·rum [ìndikɔ́:rəm / -kɔ́:r-] n. 1 ⓤ 상스러움, 예절없음, 꼴사나움, 부적당. 2 무례한(버릇없는) 언동, 꼴사나운 것.
‡**in·deed** [indí:d, 강조적 ﹃﹄] adv. 1 《문장 전체 또는 앞 말의 강조》실로, 참으로, 정말로 (certainly, really). ¶ Yes, *indeed*. 예, 그렇고말고요 / No, *indeed*. 아뇨, 그렇지 않고말고요 / He was *indeed* a remarkable man. 그는 참으로 뛰어난 사람이었다 / Thank you very much *indeed*. 정말 고맙습니다/Very cold, *indeed*. 참, 되게 춥다 / It is pressing *indeed*. 그건 정말 긴급한 일이다 / It was a sacrifice *indeed*. 그것이야말로 희생적인 행위였다 / *Indeed* and *indeed*. 《구어》참으로, 정말로 (Really and truly).
2 《이미 말한 일을 확인하여》[보기와는 달리]실은, 사실은(in reality); 실은 오히려. ¶ What seems to be a cause for grief is *indeed* a reason for joy. 슬픔의 원인처럼 보이는 것이 실은 기쁨의 원인이다 / He did not object to our proposal. *Indeed*, he gave several reasons for supporting it. 그는 우리의 제안에 반대하지 않았다. 오히려 그것을 지지하는 몇 가지 이유를 제시했다.
3 《양보》그래 참, 과연, 참. * 종종 but로 시작되는 절 뒤에 온다. ¶ He might *indeed* be correct. 그래

참, 그가 옳은지도 몰라 / *Indeed* he is old, *but* he is still strong. 과연 그는 나이가 많으나 아직 건장하다 / The problems involved are *indeed* serious ones, *but* I am convinced they can be solved. 사실 거기에 따르는 여러 문제는 심각한 것이기는 하지만 나는 해결할 수 있다고 확신하고 있다.
4 《감탄사적 용법》《놀람·의심·빈정거림》그래요, 설마, 저런, 아니 저런. ¶ *Indeed*? 정말 [그런가요?] / Who is that lady over there? — Who is she, *indeed*! 저기에 계신 부인은 누구신가요? —《동감》정말 누구일까요!; 《빈정거림》누구일까라니! / He spoke about you. — Oh, *indeed*! 그가 당신 얘기를 하던걸 — 아, 그랬었군! / *Indeed*, did he say so? 그래, 그가 정말 그런 소리를 했어?
indef. 《略》 indefinite.
in·de·fat·i·ga·bil·i·ty [ìndifætigəbíliti] n. ⓤ 지치지 않음, 끈기있음.
in·de·fat·i·ga·ble [ìndifætigəbl] adj. 지치지 않는, 싫증내지 않는, 끈기있는. ~·ness n. -bly adv.
in·de·fea·si·bil·i·ty [ìndifì:zəbíliti] n. ⓤ 취소(파기)할 수 없음.
in·de·fea·si·ble [ìndifí:zəbl] adj. 무효로 할 수 없는, 취소(파기)할 수 없는. ~·ness n. -bly adv.
in·de·fect·i·ble [ìndiféktibl] adj. 1 썩지 않는, 실패하는 일 없는. 2 결점이 없는, 흠없는, 완전한.
in·de·fen·si·bil·i·ty [ìndifènsəbíliti] n. ⓤ 변호의 여지가 없음; 막을 수 없음.
in·de·fen·si·ble [ìndifénsəbl] adj. 1 변호의 여지가 없는(inexcusable). ¶ an *indefensible* lie 변명의 여지가 없는 거짓말. 2 방어할 수 없는, 지킬 수 없는. 3 《이론 등에》 반론할 수 없는. ~·ness n. -bly adv.
in·de·fin·a·ble [ìndifáinəbl] adj. 정의를 내릴 수 없는, 한정(설명)하기 어려운, 막연한. ¶ an *indefinable* feeling of terror 설명하기 어려운 공포감. ~·ness n. -bly adv.
‡**in·def·i·nite** [indéf(i)nit] adj. 1 한계가 없는(unlimited), 부정(不定)의. *opp*. definite ¶ *indefinite* imprisonment 무기 징역 / an *indefinite* number 부정수(不定數). 2 《인상·관념 따위가》 명료하지 않은, 부정확한, 막연한(vague). ¶ an area with *indefinite* boundaries 경계가 확실치 않은 지역. 3 《문법에서》 부정의. ¶ *indefinite* pronouns 부정 대명사. 4 《식물》 《수술의 수가》 부정수의. ~·ness n. ◇ indéfinitely adv.
indéfinite árticle n. 《문법》 부정 관사 [영어에서는 a 와 an]. *cf.* definite article
***in·def·i·nite·ly** [indéf(i)nitli] adv. 무기(期)한으로; 불명확하게, 막연하게.
in·de·his·cence [ìndihísns] n. ⓤ 《식물》 [과피(果皮)의] 비열개(非裂開), 비열개성.
in·de·his·cent [ìndihísnt] adj. 《식물》《과피가》 익어서도 찢어져 벌어지지 않는, 비열개의. ¶ an *indehiscent* fruit 폐과(閉果). 《...을 수 없음》.
in·del·i·bil·i·ty [indèlibíliti] n. ⓤ 지울 수 없음, 잊을 수 없음.
in·del·i·ble [indélibl] adj. 지울(제거할) 수 없는, 잊을 수 없는; 지워지지 않는 얼룩을 남기는. ¶ *indelible* ink 지워지지 않는 잉크 / His speech made an *indelible* impression on the audience. 그의 연설은 청중에게 잊을 수 없는 인상을 주었다.
in·del·i·ca·cy [indélikəsi] n. (pl. -cies) 1 ⓤ 야비, 상스러움, 예절없음, 외설. 2 야비한(버릇없는, 상스러운, 외설적인) 행위.
in·del·i·cate [indélikit] adj. 1 조잡한; 거친, 예절없는. 2 천한, 야비한, 음탕한. ~·ly adv. ~·ness n.
in·dem·ni·fi·ca·tion [indèmnifikéi(ə)n] n. 1 ⓤ 보장; 배상. 2 배상금(물).
in·dem·ni·fi·er [indémnifàiər] n. 보장(배상)자.
in·dem·ni·fy [indémnifài] vt. (-fied, -fy·ing) 1 [손

in·dem·ni·ty [indémniti] *n.* (*pl.* **-ties**) **1** ⓊⒸ 손해 배상의 보증, 보장; 변상, 보상, 배상, **2** 배상(보상)금. **3** Ⓤ [형법의] 면제, 면책, 은사(恩赦).

in·de·mon·stra·ble [indémənstrəbl, +美 ĭndimán-, +英 ĭndimón-] *adj.* 증명할 수 없는; 증명이 불필요한, 자명한. **-bly** *adv.*

*__in·dent__¹ *v.* [indént → ↓] *vt.* **1** (해안선)에 만입(灣入)하다, 들쭉날쭉 굽어 들다. ¶ The coastline is *indented* by the sea. 바다가 들쭉날쭉한 해안선을 이루고 있다. **2** …을 톱니 모양을 내다, …을 톱니처럼 만들다(notch). **3** [종이 한 장에 정부의 正副] 2통으로 작성한 계약서 따위]를 톱니 모양의 계약서 따위를 작성하다. **4** …을 기한부 계약으로 고용하다. ¶ an *indented* servant 기한부 고용인. **5** (주로 英)(상업) [남에게 주문하다(...for). ¶ *indent* a person *for* goods 남에게 물품을 주문하다. **6** …의 첫 행을 한 자 들여서 조판하다(쓰다). ¶ *indent* the first line of a paragraph 절의 첫 행의 한 자를 들여서 쓰다. — *vi.* **1** 톱니처럼 되다(쓰다). **2** (주로 英) 정부 2통의 주문서를 내다. **3** (英商) [물자를 징발하다(...for). **4** (폐어) 계약하다. — [índent, ɪ́–] *n.* **1** 톱니꼴의 새긴 자국; [해안선으로의] 만입. **2** 한 자 들여서 쓰기 (짜기) (indention). **3** (주로 英)(상업)[물품의] 주문. **4** (英商) 징발.

◇ indentation, indéntion, indénture *n.*

in·dent² *vt.* [indént → *n.*] **1** …을 들어가게 하다, …을 옴폭 패게 하다. **2** (각인·자국 따위)를 찍다, 눌러 찍다. — *n.* [indént, ɪ́–] 옴폭 팬 곳, 옴폭 팬 곳(dent).

in·den·ta·tion [indentéiʃ(ə)n] *n.* **1** 톱니꼴 모양, 새김 눈(notch); [해안선 따위의] 굴곡, 만입(recess); 옴폭 팬 곳. ¶ a coastline full of *indentations* 굴곡이 많은 해안선. **2** Ⓤ 톱니꼴로 만들기. **3** [행의 첫머리를] 들여 짜기(indention).

in·dent·ed [indéntid] *adj.* **1** 톱니 모양으로 된, 들쭉 날쭉한. ¶ *indented* mold [건축] 서로 맞문 쇠시리. **2** 연기 도제(年期徒弟)가 된 들어간.

in·den·tion [indén(ə)n] *n.* **1** Ⓤ 톱니꼴로 만들기; Ⓒ 톱니꼴의 자국; 오목한 곳, 움푹 들어간 곳. **2** Ⓤ [인쇄] 행의 첫머리를 안으로 들이기; Ⓒ 글자를 들여 쓴(짠) 공간(공백).

in·den·ture [indéntʃər] *n.* **1** [절취선이 있는] 두 장 연속된 계약서; 증서. **2** (보통 ~s) 고용(年期) 계약서, [도제(徒弟)살이 따위의] 고용 연기 계약서. ¶ be out of (or take up) one's *indentures* 도제살이를 끝내다. **3** (드물게) 톱니 자국을 내기; [곡] 곡곡, 들쭉날쭉함(indentation). — *vt.* (*-tured, -tur·ing*) **1** …을 계약서로 약정하다, 도제살이 (연한 고용)로 들이다. **2** [고어] = indent².

‡**in·de·pend·ence** [ĭndipéndəns] *n.* Ⓤ **1** 독립, 자립, 자활, 독립심. *cf.* dependence ¶ a declaration of *in-dependence* 독립 선언 / win *independence* from the mother country 본국으로부터 독립하다. **2** (드물게) 자립할만한 수입.

Independence Dáy *n.* 미국 독립 기념일(7월 4일, the Fourth of July라고도 한다).

Independence Háll *n.* 독립 기념관[미국 Philadel-phia에 있으며, 1776년 7월 4일 여기서 독립을 선언].

in·de·pend·en·cy [ĭndipéndənsi] *n.* (*pl.* *-cies*) **1** 독립, 자주, 자립, 독립성(independence). **2** 독립국, 자주국. **3** (I-) [교회] 독립 교회제[주의]. *cf.* congregational-ism

‡**in·de·pend·ent** [ĭndipéndənt] *adj.* **1** 독립한, 자주의; 자주적; 자치의, 자유의. ¶ an *independent* nation 독립국. **2** 남의 영향을 받지 않는, 독립 독행의; 자유의. ¶ an *independent* mind 자주 정신[의 소유자] / an *independent* leader 독자적 사상을 가진 지도자. **3** 다른 돈 의존하지 않는; 독립의(of ...); 영향을 받지 않는, 별개의. ¶ conduct an *independent* investigation 독자적인 조사를 하다. ¶ Two effects are *independent* of each other. 두 결과는 서로 관계가 없다. **4** 남의 신세를 지지 않는, 제 힘으로 살아가는(of ...); 자활하는; 일을 안 해도 살아갈 만한(수입이 있는). ¶ be economi-cally *independent* 경제적으로 독립하고 있다 / be *independent* of one's parents 부모의 신세를 지지 않는다. **5** [정치] 당파에 좌우되지 않는, 무소속의. **6** (I-) [교회] 독립 교회파의. *cf.* Congregational **7** [수학·통계] [양·함수가] 독립의. **8** [문법] [절이] 독립의. — *n.* **1** 독립자(국). **2** [정치] 당파에 좌우되지 않는 사람(유권자). **2** 무소속 의원. **3** [교회] (I-) 독립 교회파의 사람. ◇ independence, indepéndency *n.*

Independent Broadcasting Authority *n.* (英) 독립 방송 공사(1972년 설립; 略 I.B.A.).

Independent cláuse *n.* = main clause.

in·de·pend·ent·ly [ĭndipéndəntli] *adv.* 독립하여, 자주적으로, 따로.

Independent schóol *n.* (英) 독립 학교[정부·지방 자치 단체로부터의 원조(통제)를 받지 않는 사립 학교].

Independent váriable *n.* [수학] 독립 변수. *cf.* dependent variable [심층의.

in-depth [indépθ] *adj.* **1** 면밀한, 상세한, 완전한. **2** a library index 도서 목록.

in·de·scrib·a·bil·i·ty [ĭndiskrăibəbíliti] *n.* Ⓤ 말로 표현할 수 없음, 필설로 다할 수 없음.

*__in·de·scrib·a·ble__ [ĭndiskrăibəbl] *adj.* **1** [문학] 표현할 수 없는, 막연한. **2** 필설로 다할 수 없는, 형언할 수 없는. ¶ *indescribable* horror 말로 다할 수 없는 공포. **-bly** *adv.*

in·de·struct·i·bil·i·ty [ĭndistrʌktibíliti] *n.* Ⓤ 파괴할 수 없음, 불멸성.

in·de·struct·i·ble [ĭndistrʌ́ktəbl] *adj.* 파괴할 수 없는, 불멸의. **-ness** *n.* **-bly** *adv.*

in·de·ter·mi·na·ble [ĭndité:rm(i)nəbl] *adj.* **1** 확정[결정]할 수 없는. **2** 해결(재결)할 수 없는. **-ness** *n.* **-bly** *adv.*

in·de·ter·mi·na·cy príncple [ĭndité:rmĭnəsi-] [量子力学] 불확정성 원리.

in·de·ter·mi·nate [ĭndité:rm(i)nit] *adj.* **1** 불명확한, 뚜렷하지 않은, 희미한(vague); 불확정의, 부정(不定)의. ¶ an *indeterminate* and obscure phrase 막연하고 뜻이 애매한 문구(句) / an *indeterminate* debate 애매모호한 토론. **2** [식물] 무한의. ¶ *indeterminate* inflorescence 무한 화서(花序). **3** [수학] 부정의. ¶ *indeterminate* forms 부정형. **4** [음성] 명확한 음을 가지지 않은, ¶ an *indeterminate* vowel 애매한 모음[ə] (schwa). **-ly** *adv.* **-ness** *n.*

in·de·ter·mi·na·tion [ĭndité:rm(i)néiʃ(ə)n] *n.* Ⓤ **1** 불확정, 불명확, 미결. **2** 결단력이 없음, 우유 부단.

in·de·ter·min·ism [ĭndité:rmĭnĭz(ə)m] *n.* [철학] 비결정론(非決定論), 자유 의지론.

in·dex [índeks] *n.* (*pl.* **in·dex·es** or **in·di·ces** [índi-si:z] →1, 6) **1** (보통 *pl.* indexes) 색인, 찾아보기; 목록. ¶ a library *index* 도서 목록. **2** 표시(지시)하는 것, 표시(sign, token); 지표(指標). ¶ The fertility of the land is an *index* of the country's wealth. 기름진 땅이 그 나라의 풍요로움을 나타낸다. **3** [계기 따위의] 지침, 바늘(pointer, indicator). **4** = index finger. **5** [인쇄] 지표, 인덱스 [☞] (fist, hand, index mark). **6** (보통 *pl.* indices) [수학] 지수(指數) (exponent), [대수(對數)의] 지표. **7** 지수. ¶ the *index* of prices 물가 지수. **8** [光學] 굴절률. **9** (the I-) [가톨릭] 금서(禁書) 목록; (보통 i-) [일반적으로 정치상·도덕상의] 금서 목

록. **10** [시계의] 정시기(整時器). ── *vt.* **1** [책]에 색인을 달다; [어구 따위]를 색인에 싣다. **2** …을 표시 (지시)하다, 가리키다 (indicate). **3** [책]을 금서 목록에 넣다. **4** …을 지수화(슬라이드) 방식으로 하다.

in·dex·a·tion [ìndekséi(ə)n] *n.* ① 인덱세이션, 전면적 물가 연동제(連動制) (슬라이드제), 지수화 방식에 의한 가치 수정(indexing).

índex crìme *n.* 《美》[FBI 의 연차 보고에 통계가 발표되는] 중대 범죄.

in·dex·er [índeksər] *n.* 색인 작성자.

índex Ex·pùr·ga·tó·ri·us [-ikspə̀ːrɡətóːriəs / -tɔ́ːr-] *n.* (*pl.* **Indices Ex·pur·ga·to·ri·i**[-riài]) (라틴) (= expurgatory index) [가톨릭] 삭제 장·절 목록 [삭제판만 열람이 허용되었던 그 서적의 목록].

índex fínger *n.* 인지, 집게손가락.

índex fóssil *n.* [고생물] 표준 화석.

in·dex·ing [índeksiŋ] *n.* = indexation.

índex Li·bró·rum Pro·hi·bi·tó·rum [-laibróːrəm pro(u)hìbitóːrəm / -laibróːrəm pro(u)hìbitɔ́ː-] *n.* (*pl.* **Indices L- P-**) (라틴) (= index of prohibited books) [가톨릭] 금서 목록[신도에게 읽지 못하게 하던 서적류 목록].

índex màrk *n.* = index 5.

índex nùmber *n.* [통계] 지수.

In·di·a [índiə, -djə] *n.* 인도[아시아 남부 인도반도의 태반을 차지하는 공화국. 수도 New Delhi].

◇ **Índian** *adj.*, *n.*

Índia ínk *n.* (메로-i·i-) ① 먹; 먹물(Chinese ink).

In·di·a·man [índiəmən, -djə-] *n.* (*pl.* **-men** [-mən]) [특히 옛날의 동인도 회사 소유의] 인도 무역선.

‡**In·di·an** [índiən, -djən] *n.* **1** 아메리카 인디언(American Indian); ① (구어) 그 언어. **2** 인도인 (East Indian). **3** (英) [동] 인도 거주 유럽인[특히 영국인]. ── *adj.* **1** 아메리카 인디언의. **2** 인도의, 인도(인)의; 인도제(製)의. **3** 옥수수[가루]로 만든.

◇ **Índia** *n.*

*****In·di·an·a** [ìndiǽnə] *n.* 미국 중서부의 주 [주도(州都) Indianapolis; 略 Ind.].

Indiána bállot *n.* 《美정치》 정당별 후보자 명단이 적힌 투표지[party-column ballot 라고도 한다]. *cf.* Massachusetts ballot

Índian àgent (àgency) *n.* 《美》 아메리카 인디언 관리관(관리관 출장소).

In·di·an·an [ìndiǽnən], **-an·i·an** [-ǽniən, -ǽnjən] *adj.* Indiana 주(州)의. ── *n.* Indiana 주의 사람.

In·di·an·ap·o·lis [ìndiənǽp(ə)lis] *n.* 미국 Indiana 주의 주도.

Indianápolis Mótor Spéedway *n.* (the~) 인디애내폴리스 자동차 경주 코스[매년 Memorial Day(5월 30일) 또는 그 직전에 500마일 레이스가 거행된다].

Índian clúb *n.* 병 모양의 체조용 곤봉.

Índian córn *n.* ① 《주로 英》 옥수수(maize). *** 美·캐나다·濠에서는 corn 이라 한다.

Índian file *n.* 1열 종대(single file).

Índian gíver *n.* 《美구어》 선물을 하고 나서 후에 그것을 되돌려받으려고 하는 사람; 혜례(回禮)를 바라고 선물하는 사람.

Índian háy *n.* 《美》 마리화나. ── [anan.

In·di·an·i·an [ìndiǽniən, -ǽnjən] *adj.*, *n.* = Indi-

Índian ínk *n.* ① 《英》 = India ink.

In·di·an·i·za·tion [ìndiənizéi(ə)n / -nai-] *n.* ① **1** 북미 인디언식으로 하기. **2** 인도인화(化).

In·di·an·ize [índiənàiz, -djə-] (*英*에서는 **In·di·an·ise** 로도 쓴다) *vt.* (**-ized, -iz·ing**) …을 아메리카 인디언(인도인) 식으로 만들다. ── [meal].

Índian méal *n.* ① 《주로 英》 옥수수가루(corn

Índian móund *n.* 옛날 아메리카 인디언이 만든 미국 중서부·동남부의 흙무덤.

Índian Mútiny *n.* (the~) 인도 폭동, 세포이 반란 (1857-59) (Sepoy Rebellion).

Índian Ócean *n.* (the~) 인도양.

Índian púdding *n.* ①ⓒ 옥수수가루·우유·설탕·버터 따위로 만든 푸딩.

Índian súmmer *n.* ①ⓒ **1** [늦가을·초겨울의] 따뜻한 날씨. *cf.* St. Martin's summer **2** (비유적) 만년의 회춘기.

Índian Térritory *n.* 한때 인도에서 인디언의 거주지로 정했던 준주(準州) [현재의 Oklahoma 주의 동부 지방].

Índian tobácco *n.* ① 로벨리나[북미산(產) 도라과에 속하는 약초]. ──────── [(產)]; 그 뿌리.

Índian túrnip *n.* 천남성속(屬)의 초본[북미산]

Índian wréstling *n.* 팔씨름.

Índia páper *n.* ① 인도지[사전 따위에 쓰는 얇은 고급 인쇄 용지].

Índia rúbber *n.* **1** ① 탄성 고무. **2** 고무 지우개. **3** (고어) 고무 덧신(rubber overshoe).

Índia sílk *n.* ① 인도 명주[부드럽고 얇은 명주].

In·dic [índik] *adj.* 인도[사람]의; (언어) 인도어(계)의. ── *n.* (언어) 인도어족(語族).

indic. (略) indicating, indicative, indicator.

in·di·cant [índikənt] *n.* **1** 지시물. **2** [병의] 지시 징후. ── *adj.* 지시하는, 나타내는.

‡**in·di·cate** [índikèit] *vt.* (**-cat·ed, -cat·ing**) **1** …을 표시(징후)이다, …을 나타내다, 예시(암시)하다. ¶ Fever *indicates* sickness. 열은 병의 증후이다 / His reply *indicates* total disagreement. 그의 대답은 그가 전혀 찬성하고 있지 않음을 나타낸다 // (~ + [*that*] 節) Thunder *indicates that* a storm is near. 천둥은 폭풍이 다가옴을 나타낸다. **2** …을 가리키다(point to), 지적하다 // (~ + *wh.* 節) A map *indicates where* the earthquake occurred. 지도를 보면 지진이 어디에서 일어났는지 알 수 있다. **3** …을 표시하다(show). ¶ The speedometer *indicates* the speed of a car. 속도계는 자동차의 속도를 나타낸다. **4** [몸짓·말투 따위로] …을 암시하다; …을 간단히 말하다(express briefly). ¶ *indicate* one's intention 의향을 간단히 말하다. **5** (의학) [병의 징후가] (특별한 요법)의 필요를 나타내다; [병이] …의 징후를 나타내다. ◇ **indicátion** *n.*, **indicative, indicatory** *adj.*

in·di·cat·ed hórsepower [índikèitid-] *n.* 도시 마력(圖示馬力).

*****in·di·ca·tion** [ìndikéi(ə)n] *n.* ①ⓒ **1** 표시(지시·예시)하는 것; 징후, 표시(sign), 증거(evidence). ¶ There is much *indication that*... = There are many *indications that*... …이라는 징후가 많다 // He gave no (little) *indication* of his feelings. 그는 감정을 조금도 (거의) 나타내지 않았다. **2** 지적, 지적; 암시(suggestion); 예시(foreshowing). **3** [계기의] 표시 도수. **4** (의학) 적응, 적응, 지시. ◇ **índicate** *v.*, **indicative, índicatory** *adj.*

*****in·dic·a·tive** [indíkətiv →1] *adj.* **1** [+ 英 índikèitiv] 표시하는, 지시하는, 암시하는(suggestive) (*of* ...). ¶ His answer was *indicative* of his disapproval. 그의 대답은 불찬성의 뜻을 나타낸 것이었다. **2** (문법) 직설법의. *cf.* subjunctive, imperative ¶ the *indicative* mood 직설법. ── *n.* (문법) 직설법; 직설법 동사. **~·ly** *adv.*

◇ **índicate** *v.*, **indicátion** *n.*

*****in·di·ca·tor** [índikèitər] *n.* **1** 지시하는 사람(물건). **2** 척도; [계기의] 표시 도수; [신호의] 표시기, 표지. **3** (화학) 반응 지시약[리트머스 시약(試藥) 등]. **4** 압력 지시기, 지침. **5** (생태) 지표종(指標種) [특정 지역에 고착서켜서 그곳에 환경 조건이 있음을 나타내는 동·식물]. ──────── (표시). ◇ **índicate** *v.*, **indicátion** *n.*

in·di·ca·to·ry [índikətɔ̀ːri / indíkət(ə)ri] *adj.* ...*).*

in·di·ces [índisìːz] *n.* index 의 복수형의 하나.

in·di·ci·a [indíʃiə, -siə] *n.* (*pl.* **-ci·a** *or* **-ci·as**) **1** (요금 별납 우편물의) 증인(證印). **2** (= **in·di·ci·um**

in·di·ci·um [indíʃiəm] *n.* indicia 의 단수형. *cf.* index
in·dict [indáit] *vt.* …을 기소하다, 고발하다(accuse); 〔대배심(大陪審)이〕정식으로 …을 기소하다.
⇨ CHARGE 類語 ¶ The suspect was *indicted for* (or *on* a charge of) murder. 용의자는 살인죄로 기소되었다.
in·dict·a·ble [indáitəbl] *adj.* 기소되어야 할, 고소(고발)되어야 할. ¶ an *indictable* offense 기소 범죄; 중죄.
In·dies [índiz] *n. pl.* (the ~) 1 〔단수 취급〕인도·인도차이나·동인도 제도의 총칭. 2 동인도 제도(the East Indies). 3 서인도 제도(the West Indies).
In·dic·tee [indàití:, +美 - - -] *n.* 피 기소자, 피고.
in·dict·er, -or [indáitər] *n.* 기소자.
in·dic·tion [indíkʃ(ə)n] *n.* ⓤ ⓒ 1 로마 제국 후기에 15년의 재정기(財政期)마다 행하여진 자산 평가의 포고; 그 평가에 입각한 재산세. 2 〔로마 제국의〕15년의 재정기; 그 포고서가 나온 해.
*__in·dict·ment__ [indáitmənt] *n.* ⓤ 기소, 고소, 고발; ⓒ 〔법률〕〔정식〕기소장. ¶ bring in an *indictment against* a person 남을 기소하다.
in·dif·fer·ence [indíf(ə)rəns] *n.* ⓤ 1 무관심, 태연, 냉담. ¶ He treated my request with *indifference*. 그는 내 청에 냉담하게 대했다 // *indifference to* (or *toward*) the sufferings of others 남의 고통에 대한 무관심 / show *indifference to* …에 관심을 보이지 않다. 2 하찮은 일, 중치 않은 일, 사소함. ¶ Whether we gain or lose is a matter of *indifference*. 이득을 보든 손해를 보든 사소한 일이다. 3 무차별, 균등, 공정; 불편(不偏), 공평, 중립(neutrality). ¶ decide with *indifference* 공평하게 판정하다. 4 평범, 보통(mediocrity), 나쁘지도 좋지도 않음; 비슷비슷함.
◇ indifferent *adj.* |terence.
in·dif·fer·en·cy [indíf(ə)rənsi] *n.* 《고어》= indif-
‡**in·dif·fer·ent** [indíf(ə)rənt] *adj.* 1 관심이 없는, 흥미를 느끼지 않는; 냉담한, 무감동한(apathetic) (*to*…). ¶ be *indifferent to* politics (one's own interests) 정치(자기의 이해 관계)에 무관심하다.
2 차별하지 않는, 치우치지 않는, 공평한, 중립의. ¶ an *indifferent* decision (judge) 공평한 판결(재판관) / remain *indifferent* in a dispute 논쟁에서 중립을 지키다. 類語 **indifferent** 좋고 싫은 감정이 없는: be *indifferent* to a stranger 낯선 사람에게 무관심하다. **un·concerned** 둔감·이기심 따위 때문에 걱정·염려 따위를 품는 것이 당연한데도 무관심한, 태연한: be *unconcerned* about one's future 자기 장래에 무관심하다. **detached** 선입관이나 개인적 이해 관계가 없어서 초연한: a *detached* observer 초연하여 사심이 없는 관찰자. **disinterested** 자기 이익을 도모할 의도가 전혀 없이 공평하고 공정한, uninterested 의 뜻으로 쓰는 일도 있다: a *disinterested* mediator 공평 무사한 조정자. **uninterested** 전혀 관심·흥미가 없는.
3 〔구별이 갈 만큼〕좋지도 나쁘지도 않은, 평범한, 보통의(mediocre, average); 그다지 좋지 않은, 빈약한. ¶ an *indifferent* article (performance) 흔히 있는 물건(평범한 연기).
4 중요하지 않은, 아무래도 좋은(unimportant), 관계없는. ¶ Success and failure are alike *indifferent* to me. 성공하든 실패하든지 나는 아무래도 좋다.
5 〔화학적·전자기적(電磁氣的) 성질의〕중성의(neutral).
6 〔생물〕〔세포·조직 따위가〕 분화(分化)되지 않은 (not differentiated).
── *n.* 〔특히 정치·종교에〕무관심한 사람.
◇ indifference *n.*
in·dif·fer·ent·ism [indíf(ə)rəntìz(ə)m] *n.* ⓤ 1 〔종교·도덕·정치적인〕무관심주의. 2 신앙 무차별론.
in·dif·fer·ent·ist [indíf(ə)rəntist] *n.* 1 무관심주의자. 2 신앙 무차별론자.

*__in·dif·fer·ent·ly__ [indíf(ə)rəntli] *adv.* 1 무관심하게, 태연하게, 냉담하게. 2 차별 없이, 공평하게. 3 보통으로, 좋지도 나쁘지도 않게. 4 서투르게, 변변치 않게.
in·di·gen [índidʒən], **-gene** [-dʒi:n] *n.* 1 토〔착〕종의 동(식)물, 원산종(原産種). 2 원주민, 토착민(native).   [핍.
in·di·gence [índidʒ(ə)ns] *n.* ⓤ 가난, 빈곤, 빈궁, 궁
in·di·ge·ni·za·tion [indìdʒənizéiʃ(ə)n / -nai-] *n.* 현지〔인(기업)〕우선(채용).
in·dig·e·nous [indídʒinəs] *adj.* 1 토착의(native), 〔어떤 토지·국토의〕 고유한(*to*…); 국산의. ¶ animals *indigenous* to Africa 아프리카 고유의 동물. 2 타고난, 생득의(innate, inherent), 고유의(*to*…). ¶ emotions *indigenous* to the human mind 인간의 마음에 고유한 감정. ~·**ly** *adv.* ~·**ness** *n.*
in·di·gent [índidʒ(ə)nt] *adj.* 1 가난한, 빈곤한, 궁핍한. ⇨ POOR 類語 ¶ 〔고어〕〔…이〕없는(*of*…). ~·**ly** *adv.*
in·di·gest·ed [ìndidʒéstid, -dai-] *adj.* 《드물게》 1 혼란된, 난잡한(confused); 정리되지 못한(unformed). 2 잘 생각지 않은. 3 소화가 안 되는(undigested).
in·di·gest·i·bil·i·ty [ìndidʒèstəbíliti] *n.* ⓤ 소화 불
*__in·di·gest·i·ble__ [ìndidʒéstəbl, -dai-] *adj.* 1 소화하기 어려운, 소화가 안 되는. 2 이해하기 힘드는, 〔학설 따위가〕받아들이기 어려운; 참을 수 없는. ¶ a book full of *indigestible* pedantry 참을 수 없을 만큼 현학적(衒學的)인 책. ~·**ness** *n.* ·**bly** *adv.*
*__in·di·ges·tion__ [ìndidʒést∫(ə)n, -dai-] *n.* ⓤ 1 소화불량(dyspepsia); 위약(胃弱). ¶ acid *indigestion* 위산 과다증. 2 미숙, 생경(生硬).
in·di·ges·tive [ìndidʒéstiv, -dai-] *adj.* 소화 불량의, 소화가 잘 안 되는(dyspeptic). ·**ly** *adv.*
in·dign [indáin] *adj.* 1 〔주로 문어〕가치없는, 《고어》값어치가 안 되는, 부당한(*of*…). 2 《폐어》창피한(disgraceful).
in·dig·nant [indígnənt] *adj.* 〔특히 부정·비열·불의 따위에 대하여〕격분한, 분개한. ¶ *indignant at* injustice 부정에 분개한 / *indignant over* the problem 그 문제에 관하여 분개한 / *indignant about* the matter 그 일에 화가 난 / *indignant with* (or *against*) a person 남에게 화가 난. ◇ indignation, indignity *n.*
*__in·dig·nant·ly__ [indígnəntli] *adv.* 분개하여.
*__in·dig·na·tion__ [ìndignéiʃ(ə)n] *n.* 〔부정·비열·비행 따위에 대한〕 분노, 분개, 비분, 의분. ⇨ ANGER 類語 ¶ public *indignation at* a treason 반역에 대한 공분 / *indignation with* (or *against*) a wretched person 비열한에 대한 격분 / *indignation over* ill-treatment 학대에 대한 분노 // He came in *indignation*. 그는 분연히 찾아왔다.   〔기 대회, 항의 집회.
indignátion méeting *n.* 공분 시위 대회, 국민 궐
*__in·dig·ni·ty__ [indígniti] *n.* (*pl.* -**ties**) 1 ⓤ 경멸, 모욕, 냉대(insult). 2 모욕적인 대우, 냉대. 3 ⓤ 《폐어》장피.
*__in·di·go__ [índigòu] *n.* (*pl.* -**gos** or -**goes**) 1 ⓤ 인디고, 남색(쪽빛)〔물감〕. 2 =indigo plant. 3 =indigo blue. ── *adj.* 남색의.
índigo bírd *n.* =indigo bunting.
índigo blúe *n.* ⓤ 1 〔때로 an~〕 남색. 2 인디고 청색〔물감 indigo 의 주성분인 염색소〕.
in·di·go-blue [ìndigoublú:] *adj.* 남색의.
índigo búnting *n.* 멧새과(科)에 속하는 멋쟁이새의 일종〔북미·중미산(産); 수컷은 남색〕.   〔목〕.
índigo plánt *n.* 인도쪽(科)과의 남색식물(産)〔식
in·di·got·ic [indigátik / -gɔ́t-] *adj.* 인디고의, 남색 비슷한.   [blue 2.
in·dig·o·tin [indígətin, + Indígóu-] *n.* =indigo
índigo whíte *n.* (때로 I- W-) ⓤ 백람인디고 〔indigo 를 환원하여 얻는 무색의 결정(結晶) 분말〕.
‡**in·di·rect** [ìndirékt, -dai-] *adj.* 1 〔표현·행위 등이〕

간접의, 직접적이 아닌. *opp.* direct ¶ an *indirect* effect 간접적 영향 / an *indirect* evidence 간접 증거. **2** 멀리 도는, 넌지시 하는(roundabout). ¶ an *indirect* allusion 넌지시 하는 암시 / an *indirect* road 멀리 돌아가는 길 / make an *indirect* reference to a person 남의 일을 넌지시 돌려서 말하다. **3** 2차적인, 부차적인(secondary). ¶ an *indirect* result 부차적 결과. **4** 부정한, 바르지 못한(dishonest). ¶ an untrustworthy *indirect* fellow 신용할 수 없는 불성실한 사람. ~ness *n.* ◇ indiréction *n.*

in·di·rect ag·gres·sion *n.* [선전이나 비군사적 수단에 의한] 간접 침략.

índirèct discóurse(narrátion) *n.* ⓤ [문법] 간접 화법. *cf.* direct discourse

índirèct fíre *n.* [군사] 간접 조준 사격.

in·di·rec·tion [ìndirékʃən] *n.* ⓤ, -dai-] *n.* ⓤⓒ **1** 간접[적 방법], 완곡. **2** 부정, 사기. **3** 우회적인 방법.

índirèct líghting *n.* ⓤ 간접 조명.

*in·di·rect·ly [ìndiréktli, -dai-] *adv.* 간접적으로, 넌지시, 부차적으로. [book. 의 me].

índirèct óbject *n.* 간접 목적어 [예: He gave me a

índirèct táx *n.* ⓤⓒ 간접세.

in·dis·cern·i·ble [ìndisə́ːrnəbl, -zə́ː-rn-] *adj.* 분간하기 어려운; 식별할 수 없는; 눈에 띄지 않는. — *n.* 분간하기 어려운 물건, 보이지 않는 것.
~ness *n.* ·bly *adv.*

in·dis·ci·pline [indísiplin] *n.* ⓤ 규율이 없음, 무질서(disorder); ⓒ 무질서한 언동.

in·dis·creet [ìndiskríːt] *adj.* 무분별한, 지각없는, 경솔한(imprudent). —·ly *adv.* ~ness *n.*
◇ indiscrétion *n.*

in·dis·crete [ìndiskríːt] *adj.* 분리되어 있지 않은, 떨어져 있지 않은; 균질(均質)의, 등질의.

in·dis·cre·tion [ìndiskréʃ(ə)n] *n.* **1** ⓤ 무분별, 지각없음, 경솔(imprudence). ¶ He had the *indiscretion* to spend every penny of his income. 그는 무분별하게도 수입을 몽땅 써버렸다 // He warned me against *indiscretion* in carrying out the plan. 그는 나에게 그 계획을 실행하는 데 있어서 경솔하지 않도록 경고했다. **2** 무분별한 행위, 경솔한(버릇없는) 언동; 불의. ¶ *indiscretions* of youth 청년기의 무분별한 행위 / commit an *indiscretion* 불의를 저지르다.
◇ indiscréet *adj.*

in·dis·crim·i·nate [ìndiskríminit] *adj.* **1** 무차별의, 가리지 않는. ⇨ MISCELLANEOUS 類語 ¶ *indiscriminate* blows 난타 / *indiscriminate* bombing 무차별 폭격 // He is *indiscriminate* in one's date 누구든 가리지 않고 만나는 / He is *indiscriminate* in reading books. 그는 아무 책이나 가리지 않고 읽는다. **2** 혼잡한(confused), 난잡한(random). ¶ pile everything in an *indiscriminate* mass 무엇이고간에 난잡하게 쌓아올리다. —·ly *adv.* ~ness *n.*

in·dis·crim·i·nat·ing [ìndiskríminèitiŋ] *adj.* 무차별의, 가리지 않는.

in·dis·crim·i·na·tion [ìndiskrìminéiʃ(ə)n] *n.* ⓤ 무차별; 식별력이 없음, 무분별.

in·dis·crim·i·na·tive [ìndiskríminèitiv / -nətiv] *adj.* 무차별의.

in·dis·pen·sa·bil·i·ty [ìndispènsəbíliti] *n.* ⓤ 필요 불가결의 일, 필수, 긴요[성].

‡**in·dis·pen·sa·ble** [ìndispénsəbl] *adj.* 절대로 빼놓을 수 없는, 없어서는 안 되는, 필수의, 긴요한. ⇨ NECESSARY 類語 ¶ Air is *indispensable* to life. 공기는 생명에 꼭 필요하다 / This dictionary is *indispensable* for public libraries. 이 사전은 도서관에서는 없어서는 안 되는 것이다. ¶ [법률·의무 따위가] 피할 수 없는, 소홀히 할 수 없는. ¶ an *indispensable* responsibility 피할 수 없는 책임. — *n.* **1** 없어서는 안 되는 사람(것). **2** (~s) [고어] 바지(trousers). ~ness *n.*

in·dis·pen·sa·bly [ìndispénsəbli] *adv.* 꼭, 반드시.

in·dis·pose [ìndispóuz] *vt.* (-posed, -pos·ing) **1** [남]에게 …할 마음을 잃게 하다, …을 싫증나게 하다(disincline); …을 단념하게 하다(dissuade). ¶ Hot weather *indisposes* us to (or for, toward, from) hard work. 더우면 힘든 일을 할 마음이 안 난다 / His fatigue *indisposed* him *from* speaking. 그는 피곤해서 말할 기분이 나지 않았다 / His attitude *indisposed* me *to* yield. 그의 태도를 보니 따를 마음이 나지 않았다. **2** …을 부적당하게 하다, 향하지 않게 하다. ¶ Excitement *indisposes* a person *for* judgment. =Excitement *indisposes* a person *to* form a judgment. 흥분하면 판단을 할 수 없게 된다. **3** …을 [특히 가벼운] 병에 걸리게 하다.

in·dis·posed [ìndispóuzd] *adj.* **1** [일시적으로] 가벼운 병에 걸린, 편찮은(sick, ill) (*with* …). **2** 마음이 내키지 않는, 싫은; 할 기분이 아닌 것. ⇨ RELUCTANT 類語 ¶ He seems *indisposed* to do the work. 그는 그 일에 마음이 내키지 않는 것 같다.

in·dis·po·si·tion [ìndispəzíʃ(ə)n] *n.* ⓤⓒ **1** 편찮음, 가벼운 병. **2** 마음이 내키지 않음(unwillingness), 싫음. ¶ an *indisposition* to face reality 현실에 부딪치기를 싫어함.

in·dis·put·a·bil·i·ty [ìndispjùːtəbíliti] *n.* ⓤ 의론의 여지가 없음, 명백함.

in·dis·put·a·ble [ìndispjúːtəbl, indíspjut-] *adj.* 의론(의문)의 여지가 없는(unquestionable), 말할 나위 없는, 명백한. —·ness *n.* ·bly *adv.*

in·dis·sol·u·bil·i·ty [ìndisàljubíliti / -sɔ̀l-] *n.* ⓤ 분해(용해)할 수 없음; 확고부동.

in·dis·sol·u·ble [ìndisáljubl / -sɔ́l-] *adj.* **1** 분해(용해)할 수 없는, 파괴할 수 없는. **2** 확고한(firm, stable). **3** [관계·유대·인연 따위가] 확고한, 영속적인. ~ness *n.*

in·dis·tinct [ìndistíŋkt] *adj.* 분간(식별)할 수 없는, 뚜렷하지 않은, 흐린·윤곽 따위가 희미한(dim). *opp.* distinct —·ly *adv.* ~ness *n.* [不明].

in·dis·tinc·tion [ìndistíŋkʃ(ə)n] *n.* ⓤ 무차별; 불명.

in·dis·tinc·tive [ìndistíŋktiv] *adj.* 특색이 없는, 눈에 띄지 않는; 구별할 수 없는. —·ly *adv.*

in·dis·tin·guish·a·ble [ìndistíŋgwìʃəbl] *adj.* **1** 구별(식별)할 수 없는, 분간할 수 없는 (*from* …). **2** 알아볼 수 없는, 지각할 수 없는(imperceptible).
~ness *n.* ·bly *adv.*

in·dite [indáit] *vt.* (-dit·ed, -dit·ing) **1** [연설문·시 등]을 짓다, [익살] 쓰다(write). **2** [고어] …을 서술하다.

in·dite·ment [indáitmənt] *n.* ⓤ 쓰기, 적기.

in·dit·er [indáitər] *n.* 쓰는 사람, 적는 사람.

in·di·um [índiəm] *n.* ⓤ [화학] 인듐 [금속 원소의 하나; 원자 기호 In].

indiv., individ. 《略》 individual.

in·di·vert·i·ble [ìndivə́ːrtibl, -dai-] *adj.* 옆으로 돌릴 수 없는, 전환할 수 없는. ·bly *adv.*

‡**in·di·vid·u·al** [ìndivídʒuəl /-dju-, -dʒu-] *adj.* **1** 단일의(single), 개개의, 개별적인(separate). ¶ each *individual* nation 각 국가 / *individual* cells 개개의 세포. **2** 일개의, 개인적인, ¶ *individual* tastes 개인적 취미. **3** 개인[전]용의, 일인용의. ¶ an *individual* portion 일인분. **4** 개성적인, 독특한, 독자적인. ¶ his *individual* style of writing 그의 독특한 문체. — *n.* **1** [특히 집단의 일원으로서의] 개인. ¶ *individual* and society 개인과 사회. **2** 사람(person). ¶ a rather odd *individual* 다소 별난 사람. **3** 개체, 개인; [집단의 단위로 본] 개, 한 단위. **4** [생물] 개체. *cf.* colony ◇ individuálly, individualíze, individúation *n.*

in·di·vid·u·al·ism [ìndivídʒuəlìz(ə)m/-dju-, -dʒu-] *n.* ⓤ **1** 개인주의; 이기주의(egoism). **2** 개성(individuality). **3** [철학] 개체(개인)주의.

*in·di·vid·u·al·ist [ìndivídʒuəlist/-dʒuəl-, -dʒu-] *n.* 개

in·di·vid·u·al·is·tic [ìndivìdʒuəlístik / -djuəl-, -dʒu-] *adj.* 개인주의(자)적인; 이기주의(자)적인.

in·di·vid·u·al·i·ty [ìndivìdʒuǽliti / -dju-, -dʒu-] *n.* (*pl.* **-ties**) **1** ⓤ 개성. ⇨ CHARACTER 類語 **2** (-ties) 개인적 특징. **3** 개체, 낱개, 개인. **4** ⓤ 개체성; 개별성. ◇ indivídual *n.*

in·di·vid·u·al·i·za·tion [ìndivìdʒuəlizéi∫(ə)n, -əlaizéi- / -dju-, -dʒu-] *n.* ⓤ 개별화, 차별, 구별.

in·di·vid·u·al·ize [ìndivídʒuəlàiz / -dju-, -dʒu-] (*《英》*에서는 **individualise** 로도 쓴다) *vt.* (**-ized, -iz·ing**) **1** …을 개성화하다, …에 독자성을 주다, …을 독특한 것으로 하다. **2** …을 개별적으로 말하다(나타내다, 고찰하다), 특기하다.

in·di·vid·u·al·ly [ìndivídʒuəli / -dju-, -dʒu-] *adv.* **1** 개성적으로, 독자적으로. **2** 따로따로, 각각(separately). ¶ The policeman asked us questions *individually*. 경찰관은 우리에게 따로따로 질문했다. **3** 개인적으로, 개인으로서. ¶ *Individually*, I like him. 나 개인으로서는 그가 좋다.

in·di·vid·u·ate [ìndivídʒuèit / -dju-] *vt.* (**-at·ed, -at·ing**) **1** 을 개체화하다, 개별화하다. **2** …을 개성화하다, 독자적인 것으로 하다(individualize).

in·di·vid·u·a·tion [ìndivìdʒuéi∫(ə)n / -dju-] *n.* **1** 개체화; 개성화. **2** 개체성, 개성(individuality). **3** 〖철학〗 개별화.

in·di·vis·i·bil·i·ty [ìndivìzibíliti] *n.* ⓤ 나눌 수 없음.

in·di·vis·i·ble [ìndivízəbl] *adj.* **1** 분할할 수 없는. **2** 〖수학〗 나뉘지 않는, 정제(整除)할 수 없는. — *n.* 분할할 수 없는 것; 극미 분자 (微分子), 극소분자. **~·ness** *n.* **-bly** *adv.*

Indo- 「인도(사람)」의 뜻의 연결형 (* 모음 앞에서는 Ind-도 쓴다). 예: *Indic; Indo*-British.

In·do-Ar·yan [ìndo(u)ɛ́(ː)riən / -ɛ́ər-] *adj.* 인도아리안 사람(말)의. — *n.* 인도아리안 사람; ⓤ 인도아리안 말.

In·do·chi·na [ìndo(u)tʃáinə] *n.* 인도차이나. **a)** 아시아 동남부, Bengal 만과 동지나해 사이에 있는 반도. **b)** 옛 프랑스령 인도차이나 [현재의 베트남·라오스·캄보디아를 포함하는].

In·do-Chi·nese [ìndo(u)tʃainíːz] *adj.* **1** 인도차이나의, 인도차이나 사람(말)의. **2** 시노티벳 어족 (語族)의 (Sino-Tibetan). — *n.* (*pl.* **-nese**) **1** 인도차이나 사람. **2** ⓤ 시노티벳어족. *현재는 Sino-Tibetan을 쓴다.

in·doc·ile [ìndɑ́s(i)l / -dóusail] *adj.* 가르치기 어려운, 말을 잘 듣지 않는, 고분고분하지 않은, 다루기 힘든.

in·do·cil·i·ty [ìndɑsíliti / -dou(ə)- / -dou(i)-] *n.* ⓤ 고분고분하지 않음, 다루기 힘든 성품.

in·doc·tri·nate [ìndɑ́ktrinèit / -dɔ́k-] *vt.* (**-nat·ed, -nat·ing**) …에게 가르치다, 교수하다(teach); …을 불어 넣다(imbue); 〖주의 따위〗를 주입하다. ¶ *indoctrinate* a person *with* a principle (*with* an idea) 남에게 어떤 주의(主義)를 가르치다 [사상을 심어 주다).

in·doc·tri·na·tion [ìndɑktrinéi∫(ə)n / -dɔ̀k-] *n.* ⓤ 교화 〖사상 따위의〗 주입하기, 불어넣기; 고취 (鼓吹).

in·doc·tri·na·tor [ìndɑ́ktrinèitə*r* / -dɔ́k-] *n.* 〖사상 따위의〗 주입하는가(가르치는) 사람.

In·do-Eu·ro·pe·an [ìndo(u)jùərəpíːən / -jùər-] *adj.* 인도유럽 (인구(印歐)) 어족(語族)의. — *n.* ⓤ **1** 인도유럽(인구) 어족. **2** 그 어족의 조어(祖語) (略 IE, I.E.).

In·do-Ger·man·ic [ìndo(u)dʒə*r*mǽnik] *adj., n.* = Indo-European. * 현재는 쓰지 않는다.

In·do-Hit·tite [ìndo(u)hítait] *n.* 인도히타이트 어족.

In·do-I·ra·ni·an [ìndo(u)airéiniən] *n.* 인도이란 말 (인도이란 어족 중의 하나). — *adj.* 인도이란 말(의).

in·dole [índoul] *n.* ⓤ 〖화학〗 인돌 〔저온에서 녹는 무색 결정(結晶)의 화합물〕.

in·do·lence [índələns] *n.* ⓤ 나태, 게으름.

***in·do·lent** [índələnt] *adj.* **1** 게으른, 나태한, 빈둥거리는 (lazy). ⇨ IDLE 類語 **2** 〖병리〗 무통성(無痛性)의. **~·ly** *adv.* ◇ índolence *n.*

***in·dom·i·ta·ble** [ìndɑ́mitəbl / -dɔ́m-] *adj.* 굴복하지 않는, 꿋꿋한, 불굴의. ⇨ INVINCIBLE 類語 **~·ness** *n.* **-bly** *adv.*

***In·do·ne·sia** [ìndo(u)níːʒə, -∫ə] *n.* **1** 인도네시아 〔동남 아시아의 공화국; 수도 Djakarta). **2** = East Indies. ◇ Indonésian *adj., n.*

In·do·ne·sian [ìndo(u)níːʒən, -∫ən] *n.* **1** 인도네시아 사람(주민). **2** ⓤ 인도네시아말. — *adj.* 인도네시아의; 인도네시아 사람(말)의.

***in·door** [índɔ̀ːr / -dɔ̀ː] *adj.* 집안의, 옥내의, 실내의. *cf.* outdoor ¶ *indoor* games 실내 유희 / an *indoor* set [연회의] 옥내 세트. **2** 〖英〗 구빈원의(救貧院)) 내의. ¶ *indoor* relief 원내 구제 〔구빈원에 수용하는 것). ◇ indóors *adv.*

índoor báseball *n.* 실내 소프트 볼.

in·doors [índɔ̀ːrz / -dɔ̀ːz] *adv.* 옥내에서(로, 에). ¶ keep *indoors* 집안에 틀어박히다 / play *indoors* 옥내에서 놀다.

in·dorse [indɔ́ːrs] *vt.* (**-dorsed, -dors·ing**) = endorse.

in·dra [índrə] *n.* 〖힌두교〗 인타라 (因陀羅) 〔천둥이나 비를 다스리는 신).

in·draft, 〖英〗 -draught [índræft / -drɑ̀ːft] *n.* **1** 끌어들임, 흡입(吸入). **2** 〖공기·물의〗 유입, 내류 (內流)(inward current).

in·drawn [índrɔ́ːn] *adj.* **1** 〖숨 따위〗를 빨아들인, 들이마신. **2** 내성적인(introspective), 암면, 소극적인.

in·du·bi·ta·ble [ind(j)úːbitəbl / -djúː-] *adj.* 의심할 나위 없는, 의문의 여지가 없는(unquestionable); 확실한 (certain), 명백한. **~·ness** *n.* **-bly** *adv.*

induc. (略) induction.

‡in·duce [ind(j)úːs / -djúːs] *vt.* (**-duced, -duc·ing**) **1** [남]을 권유 (설득)하여 …시키다(persuade), 권유하다, 유도하여 …하게 하다. ¶ (~ + 目 + *to do*) *induce* a person *to do* something 남에게 권유하여 어떤 일을 하게 하다 // (~ + 目 + 前 + 名) *induce* an atheist *to* the Christian religion 무신론자를 기독교로 인도하다. * 현재는 이런 형식이다.

類語 **induce** 최종적으로 상대가 스스로 어떤 행동을 취하도록 넌지시 유도하다: Praise *induces* a child to behave. 칭찬을 하면 아이들은 예의바르게 된다. **persuade** 의견 따위를 나누어 상대의 이성·감정·도덕적으로 소호하고, 어떤 행동을 취하게 하다: I *persuaded* him to go back to his child. 그가 자식에게 돌아가도록 설득했다. **prevail** 강하게 반대하는 상대를 설득하여 어떤 행동을 취하게 하다: They *prevailed* on the unwilling president to resign. 그들은 꺼리는 사장을 설득하여 사직시켰다.

2 …을 일으키다, 야기시키다, 유발하다(bring about). ¶ Indigestion is often *induced* by overeating. 과식은 흔히 소화 불량의 원인이 된다. **3** 〖물리〗 〖전기·자기〗를 유도하다(誘導하다). ¶ an *induced* current 유도 전류. **4** 〖논리〗 …을 귀납(歸納)하다, 〖귀납적으로〗 추론하다. *opp.* deduce. ◇ indúcement, indúction *n.*, indúctive *adj.*

in·dúced drág [ind(j)úːst- / -djúːst-] *n.* 〖항공〗 유도항력 (誘導抗力) (trailing vortexdrag).

***in·duce·ment** [ind(j)úːsmənt / -djúːs-] *n.* **1** ⓤ 권유, 유인, 유발, 유도(誘導). ¶ a system of *inducement* to encourage workers to turn out more work 근로자를 보다 열심히 일하도록 유도하는 제도(조직). **2** 유도(권유)하는 것; 유인(誘因), 자극; 동기. ⇨ STIMULUS 類語 ¶ many *inducements* to do something 어떤 일을 하는 여러 가지 동기 / Prizes are *inducements* to work. 상(賞)이 있으면 일할 의욕이 생긴다. **3** 〖법률〗 〔소송법의〕 예비적 진술, 〔계약법의〕 유인, 〔형법의〕 동

in·duc·er [ind(j)ú:sər / -djú:sə] n. 권유자, 유도자(물), 유인자.

in·duc·i·ble [ind(j)ú:səbl / -djú:s-] adj. 유도할 수 있는, 유인할 수 있는.

in·duct [indÁkt] vt. **1** …을 〔안으로〕 들이다, 안내하다, 입회시키다(introduce). **2** 〔지식·경험 따위를〕 …으로 도입하다, 전수(傳授)하다(...to, into). ¶ 《~+목+전+명》 induct students into the use of a foreign language 학생들이 외국어를 쓰도록 이끌다. **3** 〔정식으로〕 …을 취임시키다(install); …을 성직에 임명하다. ¶ 《~+목+전+명》 induct a person into a seat 남을 자리에 앉히다 / 《~+목+as 명》 He was inducted as chairman. 그는 의장에 취임하였다. **4** 《美》 …을 병역에 복무시키다.

in·duct·ance [indÁkt(ə)ns] n. 《UC》 〔전기〕 **1** 인덕턴스; 유도(誘導) 계수. **2** 유전자(誘電子)(inductor).

in·duc·tee [indÀktí:, ─ ─ ─] n. 《美》 징집병.

in·duc·tile [indÁkt(i)l / -tail] adj. **1** 늘어 나지 않는, 연성(延性)(유연성)이 없는. **2** 순종하지 않는(intractable).

*__in·duc·tion__ [indÁkʃ(ə)n] n. **1** 《U》 〔전기·磁氣〕 유도, 감응. ¶ self (mutual) induction 자기(상호) 유도 / electro-magnetic induction 전자(電磁) 유도. **2** 《UC》 〔논리〕 귀납(법); 귀납된 결론; 〔수학〕 귀납 법. opp. deduction **3** 《UC》 유도, 유인; 도입. **4** 〔특히 성직자의〕 취임(식). **5** 《UC》 취임식, 제출, 증명. **6** 《英》 〔초기 연극의〕 서막, 서언(序言). **7** 《美》 모병, 징집.
◇ indúce, indáct v., indúctive adj.

indúction cóil n. 〔전기〕 유도 코일, 감응 코일.

indúction cóurse n. 〔신입 사원 등의〕 연수.

indúction héating n. 《U》 〔전기〕 유도 가열〔전자 유도에 의해 전류를 도입하여 가열한다〕.

indúction mótor n. 〔전기〕 유도 전동기.

in·duc·tive [indÁktiv] adj. **1** 〔전기·磁氣〕 유도의. **2** 〔논리〕 귀납(법)의, 귀납적이. ¶ inductive inference(or reasoning) 귀납적 추리. **~·ly** adv. **~·ness** n.

in·duc·tom·e·ter [indÀktámitər / -tóm-] n. 〔전기〕 유도 계수(인덕턴스) 계(計).

in·duc·tor [indÁktər] n. **1** 〔전기〕 유도 회로, 유전자(誘電子). **2** 수여자, 임명자.

in·due [ind(j)ú: / -djú:] vt. (-dued, -du·ing) = endue.

‡__in·dulge__ [indÁldʒ] v. (-dulged, -dulg·ing) vi. **1** 탐닉, 쾌락 따위에, 빠지다, 탐닉하다(in...). ¶ 《~+전+명》 indulge in luxurious pleasure 사치스러운 쾌락에 빠지다. **2** 《口》 과음하다. ¶ He indulges too much. 그는 술을 과음한다. — vt. **1** 〔욕망 따위〕를 만족시키다. ¶ indulge one's desires 욕망을 채우다. **2** 〔어린이 등〕을 방임하여 하게 하다, 사랑에 빠지다. ¶ 《~+목+전+명》 indulge a child in whatever he wishes to eat 아이들이 먹고 싶다고 하는 것을 무엇이든 다 주다 / You indulge your children with too much pleasure. 당신은 아이들을 지나치게 제멋대로 하게 한다. **3** 〔재귀용법〕 …에 빠지게 하다, …에 몰두시키다(...in). ¶ 《~+목+전+명》 He sometimes indulges himself in drinking. 그는 때때로 지나치게 술을 마신다 / He indulges himself with drug. 그는 마약에 중독되어 있다. **4** 〔상업〕 …에 지불 따위의 연기를 허용하다.
◇ indúlgent adj., indúlgence n.

*__in·dul·gence__ [indÁldʒ(ə)ns] n. **1** 《U》 빠짐, 탐닉(耽溺)(in...). ¶ constant indulgence in drinking 연주(끊임없이) 술에 빠져 있는 것. **2** 《C》 빠지는(탐닉하는) 것, 방탕. ¶ smoking, drinking, and other indulgences 담배, 술, 그리고 그 밖의 도락. **3** 응석 받아주기; 제멋대로(하게) 하기, 방종(self-indulgence). ¶ treat a child with unbridled indulgence 아이를 제멋대로 하게 하다. **4** 관용, 관대. **5** 은혜, 특전, 사면. **6** 〔가톨릭〕 면죄 〔용서받은 죄에 대한 속죄를 면제받는 일〕, 속죄(贖罪); 《C》 면죄부(免罪符). **7** 〔때로 I-〕 〔英역사〕 신교(信教)의 자유. ¶ the Declaration of Indulgence 신교 자유령 〔Charles 2세 및 James 2세가 비(非)국교도에게 어느 정도의 종교적 자유를 허락한 것〕. **8** 〔상업〕 지불 유예.
— vt. (-genced, -genc·ing) 《드물게》 …에 면죄를 해주다. ◇ indúlge v., indúlgent adj.

in·dul·gen·cy [indÁldʒ(ə)nsi] n. (pl. -cies) = indúlgence.

*__in·dul·gent__ [indÁldʒ(ə)nt] adj. 멋대로 하게 하는, 관대한, 순한, 너그럽게 봐주는. ¶ an indulgent father 너그러운 아버지 // be indulgent in marking 채점에 관대하다 / He is indulgent toward others. 그는 남에게 관대하다. **~·ly** adv. ◇ indúlge v., indúlgence n.

in·dulg·er [indÁldʒər] n. 탐닉자, 방종한 사람.

in·dult [indÁlt] n. 〔가톨릭〕 〔교황이 특정한 사람에게 특정한 기간 동안 주는〕은전(恩典), 특전, 특권.

in·du·rate v. [índ(j)uərèit / -dju(ə)r- / → adj.] (-rat·ed, -rat·ing) vt. **1** …을 굳히다, 경화(硬化)시키다(harden). **2** …을 무감각하게 하다, 완고하게 하다. **3** …을 익숙하게 하다(inure). — vi. **1** 굳어지다, 튼튼해지다. **2** 무감각(완고)하게 되다.
— adj. [índ(j)uərit] **1** 굳은, 경화된(callous). **2** 무정한, 완고한(obdurate).

in·du·ra·tion [índ(j)uərèiʃ(ə)n / -dju(ə)r-] n. 《U》 **1** 경화. **2** 무정, 완고. **3** 〔지질〕 〔암석의〕 경화. **4** 〔병리〕 〔조직의〕경화, 경결(硬結).

in·du·ra·tive [índ(j)uərèitiv / -dju(ə)r-] adj. 경화성의, 완고한.

In·dus [índəs] n. (the~) 인더스강 〔인도 서북부의 강〕.

in·du·si·um [ind(j)ú:ziəm / -djú:-] n. (pl. **-si·a** [-ziə]) **1** 〔식물〕 포막(包膜). **2** 〔해부·곤충〕 포피막(包被膜).

‡__in·dus·tri·al__ [indÁstriəl] adj. **1** 산업의, 공업의, 실업의, 공업용의. ¶ industrial alcohol 공업용 알코올 / an industrial bank 산업 은행 / industrial bookkeeping 공업 부기 / an industrial exhibition 산업 박람회. **2** 산업(공업)이 발달한. ¶ Canada is an industrial nation. 캐나다는 공업국이다. **3** 산업(공업)에 종사하고 있는. ¶ the industrial classes 근로자 계급. **4** 산업(공업) 노동자의. ¶ industrial welfare 산업 복지.
— n. **1** 산업 근로자, 공원(工員) **2** 생산 회사, 산업자. **3** 공업(산업) 제품. ¶ diamonds classed as industrials 공업 제품으로서 분류되는 다이아몬드. **4** (~s) 공업주(株), 산업주. **~·ly** [-əli] adv.
◇ índustry n., industríalize v.

indústrial áction n. 《英》 〔경영자측에 대한 노동자의〕 쟁의(爭議) 행위 〔파업·태업 따위〕.

indústrial árts n. pl. 공예.

indústrial desígn n. 《UC》 공업 디자인.

indústrial desígner n. 공업 디자이너.

indústrial diséase n. 《UC》 직업병. 〔리.

indústrial enginéering n. 《U》 생산 공학, 생산 관리

indústrial éspionage n. 산업 스파이〔활동〕.

indústrial estáte n. 《英》 = industrial park.

in·dus·tri·al·ism [indÁstriəlìz(ə)m] n. 《U》 산업(공업)주의.

in·dus·tri·al·ist [indÁstriəlist] n. 산업주의자; 공업가, 생산업자. — adj. 산업(공업)주의의.

in·dus·tri·al·i·za·tion [indÀstriəlizéiʃ(ə)n / -laiz-] n. 《U》 공업화, 산업주의화.

__in·dus·tri·al·ize__ [indÁstriəlàiz] (《英》에서는 **in·dus·tri·al·ise** 로도 쓴다) vt. (-ized, -iz·ing) …을 산업(공업)을 발달시키다, …을 공업(산업)화하다; …을 산업주의화하다. ◇ indústrial adj. 〔험.

indústrial lífe insúrance n. 《U》 간이 생명 보

indústrial microbíology n. 응용 미생물학.

indústrial párk n. 공업 단지.

indústrial psychólogy n. 《U》 산업 심리학.

indústrial relátions n. pl. 노사 관계.

Indústrial Revolútion n.(the ~) (때로는 i- r-) 산업 혁명 〔1760년경 영국에서 시작되었다〕.

indústrial róbot n. 산업용 로봇.
indústrial school n. 1 실업 학교. 2 [비행 청소년의] 직업 훈련소.
indústrial únion n. 산업별 노동 조합. cf. craft union
indústrial wáste n. 산업 폐기물.
‡**in·dus·tri·ous** [indʌ́strəs] adj. 1 열심히 일하는, 부지런한. ⇨ DILIGENT 類語 2 《폐어》 숙련된(skillful).
~ly adv. ~ness n. ◇ indústrial adj., índustry n.
‡**in·dus·try** [índəstri] n. (pl. **-tries**) 1 ⓤ 산업, 공업, 제조업, 기업; ⓒ …업; ⓤ [일반적으로] 생산, 거래. ¶ the chemical industry 화학 공업 / the iron and steel industry 철강업 / the shipping industry 해운업 / the broadcasting industry 방송 사업 / the tourist industry 관광 산업. 2 ⓤ 《집합적》 경영자[측] (management). ¶ friction between labor and industry 노사간의 마찰. 3 ⓤ 근면, 부지런함 (diligence). ¶ Poverty is a stranger to industry. 《속담》 부지런히 일하면 가난이 없다.
◇ índustrial, indústrious adj., indústrialize v.
in·dwell [índwél] v. (**-dwelt, -dwell·ing**) vt. [정신·영혼 따위가] …의 안에 깃들다, …에 살다(inhabit), 내재(內在)하다. — vi. [정신·영혼 따위가] 깃들다(dwell), 내재(內在)하다(in …).
in·dwell·er [índwélər] n. 내재자(물).
in·dwell·ing [índwéliŋ] adj. 내재하는. ¶ A divine spirit indwelling in nature and the universe 자연과 우주에 내재하는 신의 영(靈).
-ine[1] suf. of, belonging to, relating to, made of, like 라는 뜻의 형용사를 만든다. 예: divine, feminine, Alpine.
-ine[2] suf. 다음과 같은 명사를 만든다. 1 추상 명사. 예: discipline, medicine, routine. 2 화학 용어명, 특히 염기성 물질의 이름. 예: bromine, aniline, caffeine. 3 상품명. 예: vaseline. 4 제품 물질명. 예: brilliantine, dentine, nectarine. 5 여성 명사. 예: heroine, Clementine.
in·e·bri·ant [iní:briənt] adj. 취하게 하는(intoxicating). — n. 취하게 하는 것(intoxicant).
in·e·bri·ate vt. [iní:brièit] — n., adj. [-at·ed, -at·ing] 1 …을 취하게 하다(intoxicate). 2 …을 도취하게 하다. ¶ be inebriated by success 성공에 도취하다. — n. [iní:briət] 술꾼; 술취한 사람. — adj. [iní:briət] 술취한(inebriated).
in·e·bri·a·tion [ìni:briéiʃ(ə)n] n. ⓤ 명정(酩酊), 도취, 흥분.
in·e·bri·e·ty [ìni(:)bráiəti] n. ⓤ 명정, 술취함.
in·ed·i·bil·i·ty [inédibíləti] n. ⓤ 먹을 수 없음; 식용에 적합지 않음.
in·ed·i·ble [inédibl] adj. 먹을 수 없는; 식용에 적합지 않은.
in·ed·it·ed [inédətid] adj. 1 아직 간행되지 않은, 미발표의(unpublished). 2 교정이 안 된 채로 출판된.
in·ed·u·ca·ble [inédʒukəbl / -édju-] adj. [정신 장애 등으로 인하여] 교육할 수 없는.
in·ef·fa·bil·i·ty [inèfəbíləti] n. ⓤ 형언할 수 없음.
in·ef·fa·ble [inéfəbl] adj. 1 형언할 수 없는, 말로 표현할 수 없는(inexpressible). ¶ ineffable joy (sorrow) 무어라 말할 수 없는 기쁨(슬픔). 2 말해서는 안 되는, 함부로 입에 담지 못할. ¶ the ineffable name of Jehovah 함부로 입에 담지 못할 여호와의 이름. **-bly** adv.
in·ef·face·a·bil·i·ty [ìnifèisəbíləti] n. ⓤ 지울 (씻을) 수 없음.
in·ef·face·a·ble [ìniféisəbl] adj. 지울 수 없는, 씻을 수 없는(indelible). ¶ leave an ineffaceable impact 잊을 수 없는 영향을 남기다. **-bly** adv.
in·ef·fec·tive [ìniféktiv] adj. 1 효과가 없는, 무익한(ineffectual). 2 무능(무력)한, 쓸모가 없는(incapable). ¶ He is ineffective in an emergency. 그는 비상시에는 쓸모가 없다. 3 [문학 작품·회화·연극 등이] 예술성이 없는. ~ly adv. ~ness n.
in·ef·fec·tu·al [ìniféktʃu(ə)l, +英 -tjuəl] adj. 1 효과적이 아닌. 2 무익한, 헛된. ⇨ USELESS 類語 3 무능한, 무력한(powerless). ~ness n. ~ly adv.
in·ef·fec·tu·al·i·ty [ìnifèktʃuǽləti / -tju-] n. ⓤ 무효, 무익, 무력.
in·ef·fi·ca·cious [ìnefikéiʃəs] adj. [치료·약 등이] 효험이 없는, 효과가 없는. ~ly adv. ~ness n. 「과.
in·ef·fi·ca·cy [inéfikəsi] n. ⓤ 무효력, 무효능, 무효
in·ef·fi·cien·cy [ìnifíʃ(ə)nsi] n. (pl. **-cies**) 1 ⓤ 무능력, 무효과, 무력함. 2 비능률적인 것, 효과가 없는 것; 무능력자.
in·ef·fi·cient [ìnifíʃ(ə)nt] adj. 1 비능률적인; 효과적이 아닌. 2 무능한, 미숙한(unskilled). ~ly adv.
in·e·las·tic [ìnilǽstik] adj. 1 탄력성이 없는, 신축성이 없는. 2 융통성이 없는, 순응성이 없는, 고정적인.
in·e·las·tic·i·ty [ìnilæstísiti] n. ⓤ 비탄력성; 융통성이 없음.
in·el·e·gance [inéligəns] n. ⓤ 우아하지 않음, 운치(아취(雅趣))가 없음; 천함, 거칠고 촌스러움.
in·el·e·gan·cy [inéligənsi] n. (pl. **-cies**) = 《고어》 inelegance. 우아하지 않음, 거칠고 촌스러움.
in·el·e·gant [inéligənt] adj. 우아하지 않은, 운치가 없는, 세련되지 않은(unrefined); 천한, 조야(粗野)한.
~ly adv.
in·el·i·gi·bil·i·ty [inèlidʒəbíləti] n. ⓤ 부적당, 부적격; [법률상] 자격이 없음.
in·el·i·gi·ble [inélidʒəbl] adj. 부적당한(unsuitable), 부적격의; [법률상] 자격이 없는. ¶ an ineligible suitor [남편으로 삼기에] 부적당한 청혼자 / He is ineligible for the membership of this club. 그는 이 클럽의 회원이 될 자격이 없다. — n. 부적격자, 무자격자.
-bly adv.
in·el·o·quence [inéləkwəns] n. ⓤ 눌변(訥辯), 말솜씨가 없음.
in·el·o·quent [inéləkwənt] adj. 능변이 아닌, 눌변의, 말솜씨가 없는. ~ly adv. 「음, 필연성.
in·e·luc·ta·bil·i·ty [ìnilʌ̀ktəbíləti] n. ⓤ 피할 수 없는
in·e·luc·ta·ble [ìnilʌ́ktəbl] adj. 면할 길 없는, 불가피한, 피할 수 없는. ¶ an ineluctable fate 피할 길 없는 운명. **-bly** adv.
in·ept [inépt] adj. 1 맞지 않는, 적합치 않은, 적절하지 못한(inappropriate). 2 얼빠진, 어리석은(absurd).
~ly adv. ~ness n.
in·ep·ti·tude [inéptit(j)ù:d / -tjù:d] n. 1 ⓤ 부적당, 부적절; 어리석음. 2 부적당한(어리석은) 언행.
in·e·qua·ble [iní:kwəbl] adj. 균등하지 않은, 고르지 못한, 불평등한(unfair).
*****in·e·qual·i·ty** [ìni(:)kwɔ́ləti / -kwɔ́l-] n. (pl. **-ties**) 1 ⓤⓒ [질·양·크기·지위 따위의] 부동(不同), 부동(不等), 불평등, 불균형. ¶ educational inequality 교육상의 불평등. 2 ⓤ 부적당(inadequacy). ¶ I know his inequality to the task. 그가 그 일에 맞지 않는다는 것을 나는 알고 있다. 3 ⓤⓒ [표면의] 우둘투둘함, 고저, 기복. ¶ the inequality of pulse. 맥박이 고르지 않음. 4 ⓤⓒ 차이, 상위(相違). 《기후·기본 따위의》 변동, 불안정(changeableness). 5 ⓤ 《천문》 균차(均差). 6 ⓤⓒ 《수학》 부등(식).
in·e·qui·lat·er·al [ìni:kwilǽt(ə)rəl] adj. 부등변의.
¶ an inequilateral triangle 부등변 삼각형.
in·eq·ui·ta·ble [inékwitəbl] adj. 불공평한(unfair), 불공정한(unjust). ~ness n. **-bly** adv.
in·eq·ui·ty [inékwiti] n. (pl. **-ties**) 1 ⓤ 불공평, 불공정. 2 불공평(불공정)한 사례.
in·e·rad·i·ca·ble [ìnirǽdikəbl] adj. 근절할 수 없는, 뿌리 깊은. ¶ ineradicable habits 없애기 어려운 습관.
~ness n. **-bly** adv. 「음, 절대로 없는.
in·er·ra·bil·i·ty [inèrəbíləti] n. ⓤ 잘못(오류)이 없
in·er·ra·ble [inérəbl] adj. 잘못이 없는, 틀릴 리 없는(infallible). **-bly** adv.
in·er·rant [inérənt] adj. 잘못(틀림)이 없는.
in·er·rat·ic [ìnirǽtik] adj. 헤매지 않는, [항성 따위가]

부동(不動)의(fixed).
in·ert [ɪnˈɜːrt] *adj.* **1** 자동력이 없는. **2** 둔한, 활발하지 못한. ⇒ INACTIVE 類語 **3** 〔화학·약학〕 불활성(不活性)의, 부동(不動)의. ¶ *inert gas* 불활성 가스[helium, neon 따위]. ~ly *adv.* ~ness *n.* inértia *n.*

in·er·tia [ɪnˈɜːr(i)ə] *n.* Ⓤ **1** 활발치 못함(inactivity), 완만, 지둔(遲鈍). **2** 〔물리〕관성(慣性), 타성. ¶ the force of *inertia* 관성 저항, 관성의 힘.

inértia effect *n.* 〔경제〕관성 효과〔어떤 상품의 습관화된 소비가 소득에 변화가 일어난 후에도 지속되는 현상〕.

in·er·tial [ɪnˈɜːrʃəl, -ʃiəl] *adj.* 활발하지 못한; 타력(惰力)의. ¶ *inertial* guidance (navigation) 〔비행기·미사일의〕관성 유도(항법) / *inertial* orbit 〔우주〕관성 궤도. 〔慣性航法〕.

inértial navigátion *n.* 〔항공·군사〕관성 항법

inértia sélling *n.* (英) 떠맡기기식 판매〔멋대로 상품을 보내놓고 반품하면 그 이내 대금을 청구하는 판매법〕.

***in·es·cap·a·ble** [ɪnɪsˈkeɪpəbl] *adj.* 달아날 수 없는, 피할 수 없는, 불가피한(inevitable). -bly *adv.*

in es·se [ɪn ˈesi] 〔라틴〕(=in existence) 실재하여, 실존하여. *cf.* in posse

in·es·sen·tial [ɪnɪˈsenʃ(ə)l] *adj.* **1** 본질적이 아닌, 꼭 필요치는 않은, 없어도 되는. **2** 〔드물게〕실질이 없는, 무형의(immaterial). ~ *n.* 본질적이 아닌 것.

in·es·sen·ti·al·i·ty [ɪnɪsenʃiˈæləti] *n.* Ⓤ 꼭 필요치는 않음, 긴요하지는 않음.

***in·es·ti·ma·ble** [ɪnˈestɪməbl] *adj.* **1** 헤아릴 수 없는 (없을 만큼 큰). ¶ *inestimable* depth 헤아릴 수 없는 깊이. **2** 평가할 수 없는, 더없이 귀중한. ¶ a thing of *inestimable* value 더할 수 없이 귀중한 것. -bly *adv.*

in·ev·i·ta·bil·i·ty [ɪnevɪtəˈbɪləti] *n.* Ⓤ 피할 수 없음, 불가피, 필연[성].

‡**in·ev·i·ta·ble** [ɪnˈevɪtəbl] *adj.* 피할 수 없는, 면할 수 없는, 필연적인. ¶ an *inevitable* result 〔어떻게 해도 그렇게 될〕필연적인 결과 / one's *inevitable* fate 피할 수 없는 운명. — *n.* 피할(면할) 수 없는 것. ~ness *n.* ◇ inévitably *adv.*

***in·ev·i·ta·bly** [ɪnˈevɪtəbli] *adv.* 불가피하게, 필연적으로.

in·ex·act [ɪnɪgˈzækt] *adj.* 부정확한(inaccurate); 정밀하지 않은. ~ly *adv.*

in·ex·ac·ti·tude [ɪnɪgˈzæktɪtjuːd -tjuːd] *n.* 부정확; 정밀치 않음(inexactness).

in·ex·cit·a·ble [ɪnɪkˈsaɪtəbl] *adj.* 냉정한(cool), 흥분하지 않는; 자극에 움직이지 않는, 자극을 느끼지 않는.

in·ex·cus·a·ble [ɪnɪkˈskjuːzəbl] *adj.* 변명할 도리가 없는, 용서할 수 없는(unpardonable). -bly *adv.*

in·ex·e·cut·a·ble [ɪnˈeksɪkjuːtəbl] *adj.* 실행할 수 없는, 실행 불가능한.

in·ex·e·cu·tion [ɪneksɪkjuːˈʃ(ə)n] *n.* Ⓤ 불이행, 수행하지 않음; 〔법〕발치 못함.

in·ex·er·tion [ɪnɪgˈzɜːrʃ(ə)n] *n.* Ⓤ 나태, 게으름; 활동치 않음(inactivity).

in·ex·haust·i·bil·i·ty [ɪnɪgzɔːstəˈbɪləti] *n.* Ⓤ 무진장; 지칠 줄을 모름, 불요불굴.

***in·ex·haust·i·ble** [ɪnɪgˈzɔːstəbl] *adj.* **1** 다 쓸 수 없는, 무진장의, 없어지지 않는. ¶ an *inexhaustible* source 무진장의 자원. **2** 지칠 줄을 모르는, 끈기있는(tireless). ¶ an *inexhaustible* man 지칠 줄 모르는 사람. -bly *adv.*

in·ex·haus·tive [ɪnɪgˈzɔːstɪv] *adj.* **1** 〔고어〕=inexhaustible. **2** 철저하지 못한(incomplete).

in·ex·ist·ent [ɪnɪgˈzɪstənt] *adj.* 존재하지 않는 (nonexistent).

in·ex·o·ra·bil·i·ty [ɪneks(ə)rəˈbɪləti] *n.* Ⓤ 가차(용서) 없음, 가혹, 무정.

***in·ex·o·ra·ble** [ɪnˈeks(ə)rəbl] *adj.* **1** 설득을 받아들이지 않는, 냉혹한, 용서(가차)없는(relentless). ¶ an *inexorable* creditor 냉혹한 채권자. **2** 변경을 허락하지 않는, 굽힐 수 없는(unyielding). ¶ *inexorable* facts 움직일 수 없는 사실. ~ness *n.* -bly *adv.*

in·ex·pe·di·ence [ɪnɪkˈspiːdiəns], **-en·cy** [-ənsi] *n.* Ⓤ 상책(上策)이 아님, 부적당, 불편.

in·ex·pe·di·ent [ɪnɪkˈspiːdiənt] *adj.* 합당치 않은, 부적당한, 상책이 아닌, 불편한. ~ly *adv.*

***in·ex·pen·sive** [ɪnɪkˈspensɪv] *adj.* 값이 싼, 비용이 안 드는. ⇒ CHEAP 類語 -ly *adv.* ~ness *n.*

in·ex·pe·ri·ence [ɪnɪkˈspɪ(ː)riəns] *n.* Ⓤ 무경험, 미숙, 익숙하지 못함; 세상 물정에 어두움. ¶ the *inexperience* of the youth 젊은이의 미숙.

***in·ex·pe·ri·enced** [ɪnɪkˈspɪ(ː)riənst -piər-] *adj.* 경험이 없는, 미숙한, 익숙하지 못한. ◇ inexpérience *n.*

in·ex·pert [ɪnˈekspɜːrt, ɪnɪkˈspɜːrt] *adj.* 미숙한, 서투른, 솜씨 없는(unskilled). ~ly *adv.* ~ness *n.*

in·ex·pi·a·ble [ɪnˈekspiəbl] *adj.* **1** 속죄할 수 없는 (unforgivable), 죄 많은. ¶ an *inexpiable* crime 속죄할 수 없는 죄. **2** 〔고어〕달랠 수 없는; 집착하는(implacable). ~ness *n.* -bly *adv.*

in·ex·plain·a·ble [ɪnɪkˈspleɪnəbl] *adj.* 설명하지 못하는.

in·ex·pli·ca·bil·i·ty [ɪneksplɪkəˈbɪləti] *n.* Ⓤ 설명할 수 없음, 불가해(不可解).

***in·ex·pli·ca·ble** [ɪnɪkˈsplɪkəbl, ɪnɪks-, ɪneksˈplɪ-] *adj.* 설명하기 어려운, 불가해한. ~ness *n.* -bly *adv.*

in·ex·plic·it [ɪnɪkˈsplɪsɪt] *adj.* 분명하지 않은, 애매한. ~ly *adv.* ~ness *n.*

in·ex·plo·sive [ɪnɪkˈsploʊsɪv] *adj.* 불발[성]의.

in·ex·press·i·ble [ɪnɪkˈspresəbl] *adj.* 표현할 수 없는, 이루 말할 수 없는, 형언키 어려운(unutterable).
— *n.* (~s) 〔익살·고어〕 바지, 즈봉(trousers). -bly *adv.*

in·ex·pres·sive [ɪnɪkˈspresɪv] *adj.* **1** 무표정한, 감정을 겉으로 나타내지 않는. ¶ *inexpressive* eyes 무표정한 눈. **2** 〔고어〕 =inexpressible. ~ly *adv.* ~ness *n.*

in·ex·pug·na·ble [ɪnɪkˈspʌgnəbl] *adj.* 정복할 수 없는 (unconquerable), 난공불락의; 〔신념 따위가〕확고부동한. -bly *adv.*

in·ex·ten·si·ble [ɪnɪkˈstensəbl] *adj.* 넓힐 수 없는, 늘릴 수 없는, 확장할 수 없는.

in·ex·ten·sion [ɪnɪkˈstenʃ(ə)n] *n.* Ⓤ 비확대(不擴大).

in ex·ten·so [ɪn ɪkˈstensoʊ] 〔라틴〕(=at full length) 상세하게, 생략하지 않고.

in·ex·tin·guish·a·ble [ɪnɪkˈstɪŋgwɪʃəbl] *adj.* 〔불이〕끌 수 없는, 억제할 수 없는. ¶ *inextinguishable* fire 끌 수 없는 불. -bly *adv.*

in·ex·tir·pa·ble [ɪnɪkˈstɜːrpəbl] *adj.* 뿌리 뽑을 수 없는, 근절하기 어려운. ¶ an *inextirpable* disease 근치(근절)하기 어려운 병.

in ex·tre·mis [ɪn ɪkˈstriːmɪs] 〔라틴〕(=in the last) 궁극에는; 죽음에 임하여.

in·ex·tri·ca·ble [ɪnˈekstrɪkəbl] *adj.* **1** 빠져나올 수 없는, 탈출할 수 없는. ¶ an *inextricable* maze 빠져나올 수 없는 미로. **2** 풀리지 않는. ¶ an *inextricable* tangle of hair 풀리지 않게 엉킨 머리. **3** 해결할 수 없는(unsolvable); 얽히고 또 얽힌, 뒤죽박죽의. ¶ *inextricable* mess 뒤죽박죽의 혼란. ~ness *n.* -bly *adv.*

INF 〔略〕 Intermediate-range Nuclear Force (중거리 핵전력(核戰力)).

inf. 〔略〕 infantry; infuse; inferior; infield, infielder; infinitive; infinity; infirmary; information.

in·fall [ˈɪnfɔːl] *n.* **1** 습격, 침입. **2** 합류, 합류점(confluence). **3** 낙하(falling on).

in·fal·li·bil·ism [ɪnˈfæləbɪlɪz(ə)m] *n.* Ⓤ 〔가톨릭〕〔특히 교황의〕불가류설(不可謬說), 불과오설(不過誤說), 대로 확실함.

in·fal·li·bil·i·ty [ɪnfæləˈbɪləti] *n.* Ⓤ 과오가 없음, 절대 확실함.

***in·fal·li·ble** [ɪnˈfæləbl] *adj.* **1** 잘못이 전혀 없는 (unerring), 절대로 옳은. ¶ *infallible* memory 절대로 틀림없는 기억. **2** 절대 확실한, 신뢰할 수 있는 (dependable). ¶ an *infallible* remedy 반드시 잘 듣는 약 / an *infallible* source of information 신뢰할 수 있는

in·fa·mous [ínfəməs] *adj.* **1** 평판이 나쁜, 악명 높은 (notorious). **2** 수치스러운, 파렴치한(scandalous). ¶ an *infamous* conduct 수치스러운 행위, [특히 의사 등의] 부정 행위. **3** [법률] 명예를 박탈당한; 명예가 박탈되는. ¶ an *infamous* crime (*or* offense) 파렴치죄.
~ly *adv.* ◇ ínfamy *n.*

in·fa·my [ínfəmi] *n.* (*pl.* **-mies**) **1** ⓤ오명, 악평; 불명예, 파렴치. 類語 ⇨ DISGRACE **2** 추행(infamous conduct). **3** ⓤ [법률] [파렴치죄에 의한] 명예 박탈.

in·fan·cy [ínfənsi] *n.* ⓤⓒ (*pl.* **-cies**) **1** 어릴 때, 유년 시대(babyhood); **2** [사물의] 초기 [단계], 요람기. ¶ Linguistics was still in its *infancy.* 언어학은 아직 요람기에 있었다. **3** [집합적] 유아(幼兒)(infants). **4** [법률] 미성년(minority). ◇ ínfant *n.*, ínfantile *adj.*

in·fant [ínfənt] *n.* **1** 유아, 갓난아기(baby). **2** [법률] 미성년자(minor). **3** 초심자, 초학자(beginner).
— *adj.* **1** 유아의; 어린, 유소의. ¶ *infant* years 어린 시절. **2** 초기의, 요람기의. ¶ an *infant* industry 초기 산업. **3** 미성년의(minor).
◇ ínfancy *n.*, ínfantile *adj.*

in·fan·ta [infǽntə] *n.* **1** [스페인·포르투갈의] 왕녀. **2** infante의 아내.

in·fan·te [infǽntei / -ti / *Sp* infánte] *n.* [스페인·포르투갈의 세자 이외의] 왕자.

in·fant·hood [ínfənthùd] *n.* =infancy.

in·fan·ti·cid·al [infæ̀ntisáidl] *adj.* 유아(영아) 살해의.

in·fan·ti·cide [infǽntisàid] *n.* **1** ⓤ 유아(영아) 살해. **2** ⓒ 유아 살해범.

in·fan·tile [ínfəntàil, +美 -t(i)l] *adj.* **1** 어린애 같은; 어린애다운, 유치한. ⇨ CHILDLIKE 類語 ¶ *infantile* conduct 유치한 행동. **2** 유아의, 어린애의. ¶ *infantile* diseases 소아병 / *infantile* mortality 유아 사망률. **3** 초기의, 미발달의.

ínfantile parálysis *n.* =poliomyelitis.

infántile (ínfant) pródigy *n.* 천재 아동, 신동(神童).

in·fan·ti·lism [infǽntəlìzm /-tail-] *n.* [심리] 발육 부전(不全), 유치증(幼稚症) [성인이 되어서도 어린애 그대로의 체격·지능으로 있는 증상].

in·fan·tine [ínfəntàin, +美 -tin] *adj.* =infantile.

*****in·fan·try** [ínfəntri] *n.* ⓤ [집합적] 보병, 보병대. ¶ light *infantry* 경보병. [보병].

in·fan·try·man [ínfəntrimən] *n.* (*pl.* **-men** [-mən]) 보병.

ínfant schóol *n.* (英) 유아 학교, 유치원(kindergarten) [5세부터 7세까지의 아동이 그 대상].

in·farct [infá:rkt] *n.* [병리] 경색(梗塞).

in·farc·tion [infá:rkʃ(ə)n] *n.* ⓤⓒ [병리] 경색(증); 경색이 생기는 일.

in·fat·u·ate [infǽtʃuèit /-tju-, -tʃu-] *vt.* (**-at·ed, -at·ing**) **1** …을 멍하게 하다, …의 판단력을 잃게(호리게) 하다. **2** [가장에 애정 따위로] …을 흘리게 하다, 열중 (도취)시키다.

in·fat·u·at·ed [infǽtʃuèitid /-tju-, -tʃu-] *adj.* [사랑 따위에] 열중한, 몰두 빠진(with...). ¶ an *infatuated* young man 사랑의 포로가 된 젊은이 // be *infatuated with* gambling (a woman) 도박(여자)에 흠뻑 빠져 있다.
~ly *adv.*

in·fat·u·a·tion [infæ̀tʃuéi(ə)n /-tju-, -tʃu-] *n.* **1** ⓤ 열중하기, 홀딱 빠짐. **2** ⓒ 열중케 하는 것.

INFCE (略) International Nuclear Fuel Cycle Evaluation (국제 핵연료 사이클 평가).

in·fea·si·bil·i·ty [infìːzəbíləti] *n.* ⓤ 실행 불가능.

in·fea·si·ble [infíːzəbl] *adj.* 실행 불가능의, 실행할 수 없는(impracticable).

*****in·fect** [infékt] *vt.* **1** [사람·기관(器官)·상처 따위] 을 병균으로 더럽히다. ¶ an *infected* area 전염병 오염 지역 / *infect* a wound 상처에 병균이 침입하다 // (~+目+前+名) water *infected with* cholera 콜레라균이 들어간 물. **2** …을 […에]감염시키다, 전염시키다. ¶ (~+目+前+名) The child is *infected with* scarlet fever. 그 아이는 성홍열에 걸려 있다. **3** [성질·성격·상태 따위에 대하여] …을 악에 물들이다 하다(contaminate), [나쁜 의미로] 젖어들게 하다. **4** (~+目+前+名) *infect* a person *with* a radical idea 남에게 과격한 사상을 불어넣다. **4** [남]에게 영향을 주다(affect), 감화시키다. ¶ His speech *infected* the audience. 그의 연설은 청중에게 감화를 주었다. — *vi.* 병균으로 오염되다. ◇ inféction *n.*, inféctious, inféctive *adj.*

in·fec·tion [infékʃ(ə)n] *n.* ⓤⓒ **1** [병 따위의] 전염, 감염. **2** ⓒ 전염병. **3** [나쁜 습성 따위에] 물들이기; 영향, 감화. **4** [문법] 모음이 후속되는 모음에 동화되기 (umlaut). ◇ inféctious, inféctive *adj.*

in·fec·tious [infékʃəs] *adj.* **1** [병의] 전염성의; 전염병을 일으키는; 전염병의. ¶ an *infectious* disease 전염병 / an *infectious* hospital 전염 병원. **2** 옮기 쉬운, 퍼지기 쉬운. ¶ an *infectious* yawn 옮기 쉬운 하품.
~ly *adv.* ~ness *n.*

in·fec·tive [inféktiv] *adj.* 전염성의, 감염되기 쉬운 (infectious). ~ness *n.*

in·fec·tiv·i·ty [infektíviti] *n.* ⓤ 전염성.

in·fe·cund [infíːkənd, -fék-] *adj.* 열매를 맺지 않는, 새끼를 낳지 않는, 불모(不毛)의(barren).

in·fe·cun·di·ty [infìːkʌ́ndəti] *n.* ⓤ 결실 불능, 불모.

in·fe·lic·i·tous [ìnfilísitəs] *adj.* **1** 불행한(unhappy). **2** [문제 등이] 부적절한(부적당)한(inappropriate).
~ly *adv.*

in·fe·lic·i·ty [ìnfilísiti] *n.* (*pl.* **-ties**) **1** ⓤ 불행(unhappiness), 불운(misfortune). **2** ⓤⓒ [행위·표현 따위의] 부적당, 부적절. **3** 적절하지 못한 것.

in·felt [ínfelt] *adj.* 마음속 깊이 느낀, 마음으로부터의 (heartfelt).

*****in·fer** [infə́:r] *v.* (**-ferred, -fer·ring**) *vt.* **1** [증거·전제로부터] …을 추론하다, 추측하다; 결론짓다(conclude). ¶ (~+目+前+名) *infer* an unknown fact *from* a known fact 기지의 사실로 미지의 일을 추측하다 / What can we *infer from* these facts? 이러한 사실에서 어떠한 결론을 내릴 수 있습니까? **2** …을 헤아리다, 짐작하다(guess), **3** …을 암시하다(suggest), 뜻하다(imply). ¶ Silence *infers* consent. 침묵은 동의를 뜻한다. — *vi.* 추론(짐작)하다. ◇ ínference *n.*

in·fer·a·ble [infə́:rəbl, +美 ínf(ə)r-] *adj.* 추론(짐작)할 수 있는.

*****in·fer·ence** [ínf(ə)rəns] *n.* **1** ⓤ추리, 추론, 추측. ¶ by *inference* 추론에 의하여, **2** ⓒ추론하여 얻어(진) 결론, 추론의 결과. ¶ make (*or* draw) rash *inferences* 경솔한 결론을 내리다 / That is a mere *inference.* 그것은 추측에 불과하다. **3** ⓤⓒ [논리] 추리, 추론. ¶ deductive (inductive) *inference* 연역(演繹) (귀납) 추리.
◇ ínfer *v.*, inferéntial *adj.*

ínference rèader *n.* [증권] 투자 추측 조사원.

in·fer·en·tial [ìnfərén(ə)l] *adj.* 추리의, 추론의; 추리(추론)에 의한. ~ly *adv.*

*****in·fe·ri·or** [infí(:)riər /-fíər-] (*opp.* superior) *adj.* **1** [위치·계급·지위가] 아래인; 낮은, 하급의, 하위의. ¶ the *inferior* classes 하층 계급 / the *inferior* courts 하급 법원/ an *inferior* stratum [지질] 하위 지층, **2** […보다] 떨어지는, 열등한; 조악한, 품질이 나쁜, 2급 (2류)의 (*to*...). ¶ *inferior* in quality 품질이 나쁘다 / This novel of his is *inferior to* the previous one. 이번 그의 소설은 먼저 작품보다 못하다. **3** [천문] [수성·금성처럼] 궤도가 지구와 태양 사이에 있는. **4** [식물] 다른 기관(器官)의 밑에 있는, [꽃받침·씨방이] 하위의, 하생(下生)의. **5** [해부·동물] 아래쪽의, 하위의, 열등한. **6** [인쇄] 밑에 붙는[H_2O, CO_2의 2].

inferiority

— *n.* **1** 지위가 낮은 사람; 손아랫 사람. **2** 열등한 사람(것). **3** 〔인쇄〕 밑에 붙는 문자(숫자, 기호) (subscript). ~**ly** *adv.* ◇ inferiórity *n.*

*in·fe·ri·or·i·ty [infì(:)rióːriti, -ári- / -fìəriɔ́ri-] *n.* U […보다] 떨어져 있음(being), 하위, 하등, 열등. *opp.* superiority ¶ a sense of *inferiority* 열등감.

inferiórity cómplex [U] 〔정신분석〕 열등 복합; [일반적으로] 열등감. *opp.* superiority complex

*in·fer·nal [infə́ːrn(ə)l] *adj.* **1** 지옥의; 지옥에 사는. ¶ the *infernal* regions 지옥 / an *infernal* spirit 지옥의 악귀. **2** 악마 같은(fiendish), 극악무도한, ¶ *infernal* wickedness 악마 같은 사악함. **3** 〔구어〕 지독한, 터무니없는(outrageous), ¶ an *infernal* nuisance 매우 성가신 것. ~**ly** [-nəli] *adv.* ◇ infernálity *n.* 「남.

in·fer·nal·i·ty [ìnfəːrnǽliti] *n.* U 극악, 도리에 어긋

infernal machíne *n.* 〔기계 장치의〕위장 폭탄.

in·fer·no [infə́ːrnou] *n.* (*pl.* -**nos**) **1** 지옥(hell). **2** 지옥과 같은 장소; 고통 (고뇌)의 장소(상태). **3** (The I-) 지옥편〔Dante 작 *Divine Comedy* 의 제1부〕. [<It. hell]

infero- below, lying beneath 라는 뜻의 연결형.

in·fer·rer [infə́ːrər] *n.* 추론자, 추측자.

in·fer·ri·ble [infə́ːrəbl, +美 ínf(ə)r-] *adj.* =inferable.

in·fer·tile [infə́ːrt(i)l / -tail] *adj.* 〔토지가〕비옥하지 않은, 메마른, 불모의(barren); 〔닭갈이〕무수정(無受精)의. ~**ly** [-t(i)li / -taili] *adv.* 「름, 불모.

in·fer·til·i·ty [ìnfərtíliti] *n.* U 비옥하지 않음, 메마

*in·fest [infést] *vt.* **1** 〔괴롭힘을 끼치는 것이〕…에 만연하다, 들끓다, 횡행하다(haunt). ¶ a street *infested* with children 아이들로 들끓는 거리 / shark-*infested* waters 상어가 우글거리는 수역. **2** 〔고어〕…을 괴롭히다, 심하게 하다(annoy). ◇ infestátion *n.*

in·fes·tant [inféstənt] *n.* 침식(侵蝕) 생물[좀·가루좀·초선충 따위].

in·fes·ta·tion [ìnfestéiʃ(ə)n] *n.* U 메지어 해를 끼침, 들끓음, 만연; 내습.

in·feu·da·tion [ìnfjuːdéiʃ(ə)n] *n.* U 〔英법률〕 **1** 영지 수여, 10분의 1세(稅)의 권리를 주기. **2** 〔봉건 사회의〕군신 관계.

in·fi·del [ínfid(ə)l] *n.* **1** 신앙심이 없는 사람, 무신론자(unbeliever). **2** 〔특정의 종교 입장에서〕이교도. ⇒ HEATHEN 類語 **3** 비(非) 기독교도. — *adj.* 신앙심이 없는, 종교를 믿지 않는, **2** 특정의 신앙을 받아들이지 않는, 이교의(heathen). **3** 비기독교도의.

in·fi·del·i·ty [ìnfidéliti] *n.* U©(*pl.* -**ties**) **1** 믿음이 없음(unfaithfulness); 〔특히 기독교에〕 믿지 않음, 무신앙. **2** 부정(不貞), 불의(adultery). **3** 배신; 불성실 (disloyalty).

in·field [ínfìːld] *n.* **1** 〔야구·크리켓〕내야 (*opp.* outfield); 〔집합적〕내야수. **2** 농가 주위의 밭, 경작지.

in·field·er [ínfìːldər] *n.* 〔야구·크리켓〕내야수. *opp.* outfielder

ínfield flý *n.* 〔야구〕인필드 플라이, 내야 플라이.

ínfield hít *n.* 〔야구〕내야 안타.

ínfield óut *n.* 〔야구〕내야 땅볼 아웃.

in·fight·er [ínfàitər] *n.* 〔권투〕접근전에 능한 선수.

in·fight·ing [ínfàitiŋ] *n.* U **1** 〔권투〕접근전, 인파이팅. **2** 내부 항쟁, 내분.

in·fil·trate [ínfiltreit, ⌐⌐] *v.* (**-trat·ed**, **-trat·ing**) *vt.* 〔액체 따위를〕스며들게 하다, 침투(침윤)시키다 (... *into, through*). — *vi.* 스며들다, 침투(침윤)하다.

— *n.* 스며드는(침입하는) 것. **2** 〔병리〕침윤물; 침윤 병소(病巢).

in·fil·tra·tion [ìnfiltréiʃ(ə)n] *n.* 침입, 침투, **2** 스며드는 것, 침윤.

in·fil·tra·tive [ínfìltrèitiv, -trativ] *adj.* 침투하는; 침윤성의.

infin. 〈略〉 infinitive.

*in·fi·nite [ínfinit] *adj.* **1** 헤아릴 수 없는(immense), 무한의(boundless); 무수한; 무진장의; 막대한 (vast). *opp.* finite ¶ *infinite* gratitude 무한한 감사 / *infinite* stockpile of oil 막대한 석유의 저장량 / *infinite* space 무한의 공간. **2** 〔수학〕무한의. ¶ an *infinite* series 무한 급수. **3** 〔문법〕비(非) 한정의, 부정의. ¶ an *infinite* verb 부정형(不定形) 동사 〔부정사·동명사·분사 따위의 동사〕. *cf.* finite verb — *n.* **1** 무한한 것. **2** 〔수학〕무한량. **3** (the ~) 무한의 공간. **4** (the I-) 신(神). ~**ness** *n.* ◇ inffnity *n.* 「게.

*in·fi·nite·ly [ínfinitli] *adv.* 무한히, 무수히, 매우, 크

in·fi·ni·tes·i·mal [ìnfinitésim(ə)l] *adj.* 무한소(無限小)의, 지극히 작은, 극소의. ¶ The influence is *infinitesimal.* 그 영향은 극히 적다. — *n.* 극미량; 〔수학〕무한소. 「분학.

infinitésimal cálculus *n.* U 미적분학.

in·fin·i·ti·val [infìnitáiv(ə)l] *adj.* 〔문법〕부정사의.

*in·fin·i·tive [infínitiv] *n.* U© 〔문법〕부정사〔인칭·수 따위에 한정되지 않는 동사 변화형의 하나. Let me *go.* / I want to *go.* 에서 go, to go; 본 사전에서는 to가 붙는 것을 to-부정사, to가 붙지 않은 것을 원형부정사 (bare infinitive)로 표기〕. — *adj.* 부정사의. ~**ly** *adv.* ◇ infinitíval *adj.*

in·fin·i·tude [infínit(j)ùːd / -tjùːd] *n.* **1** U 무한, 무궁(infinity). ¶ the *infinitude* of the universe 우주의 광대 무변. **2** 무한의 수량.

in·fin·i·ty [infíniti] *n.* U© (*pl.* -**ties**) **1** 무한, 무궁, 무한성(boundlessness). ¶ to *infinity* 무한히 / the *infinity* of God 신(神)의 무한성. **2** 무한한 것. **3** 무한의 공간(시간). **4** 무한의 수량. **5** 〔수학〕무한대〔기호 ∞〕.

in·firm [infə́ːrm] *adj.* **1** 〔몸이〕약한, 허약한, 쇠약해진, 연약한. ⇒ WEAK 類語 ¶ an *infirm* body 허약한 신체. **2** 〔의지·성격이〕의지가 약한, 우유부단한. ¶ an *infirm* judgment 자신이 없는 듯한 판단 // be *infirm* of purpose 의지가 약하다. **3** 〔토대·지지 따위가〕견고하지 못한. **4** 〔논거·기초 따위가〕효력이 없는, 쓸모없는 (invalid). ~**ly** *adv.* ~**ness** *n.*

in·fir·ma·ry [infə́ːrm(ə)ri] *n.* (*pl.* -**ries**) 병원(hospital), 특히 학교 따위의 양호실, 부속 진료소.

in·fir·ma·to·ry [infə́ːrmətɔ̀ːri / -t(ə)ri] *adj.* 〔논거 따위를〕약하게 (무효로) 만드는.

*in·fir·mi·ty [infə́ːrmiti] *n.* (*pl.* -**ties**) **1** U 허약, 쇠약; 우유부단. **2** 병, 질환. **3** 〔정신적〕약점, 결점 (defect).

in·fix *v.* [infíks → *n.*] *vt.* **1** 단단히 끼워 넣다, 고정시키다(fasten); 박아(밀어) 넣다(... *in*). **2** …을 심다 (붙게 하다)(implant), ¶ *infix* a habit 습관을 붙게 하다. **3** …을 인상 지우다, 명심하게 하다(impress). **4** 〔문법〕〔삽입사(揷入辭)로서〕…을 삽입하다. — *vi.* 〔문법〕끝의 말이〕 삽입사를 가지다. — *n.* [ínfìks] 〔문법〕삽입사〔어간 속에 삽입된 접사(接辭)〕.

infl. 〈略〉 influence[d].

in fla·gran·te de·lic·to [in fləgrǽnti dilíktou] 〈라틴〉(=in blazing crime) 현행범으로.

*in·flame [infléim] *v.* (**-flamed**, **-flam·ing**) *vt.* **1** …을 태우다, …에 불을 붙이다. ⇒ KINDLE 類語 **2** 〔불길 따위로〕〔불꽃처럼〕…을 밝게 하다, 붉게 물들이다(redden). **3** 〔감정·욕망 따위의〕을 자극하다, 부채질하다, 흥분시키다(excite). ¶ Hitler's speech *inflamed* Germans. 히틀러의 연설은 독일 국민을 흥분시켰다. **4** 〔노여움 따위의〕…을 확 붉히다. ¶ a face *inflamed* with passion 격정으로 붉어진 얼굴. **5** 〔몸의 조직 따위〕에 열이 오르게 하다, 염증을 일으키다. ¶ *inflame* one's eyes with crying 울어서 눈이 빨개지게 하다.

— *vi.* **1** 타오르다, 불이 붙다(take fire). **2** 빨갛게 (밝게) 되다. **3** 〔감정이〕격(렬)해지다, 흥분하다. **4** 부어오르다, 염증을 일으키다.

◇ inflammátion *n.,* inflámmatory *adj.*

in·flam·er [infléimər] *n.* 불을 붙이는 사람.

in·flam·ma·bil·i·ty [inflæ̀məbíliti] *n.* U **1** 타기 쉬

움, 가연성(可燃性). **2** 흥분하기 쉬움.
***in·flam·ma·ble** [inflǽməbl] *adj.* **1** 불붙기 쉬운, 잘 타는, 가연성의(combustible). ¶ *inflammable* gas 가연성 가스. **2** 〔감정·성질이〕흥분하기 쉬운, 격하기 쉬운 (excitable). ── *n.* 불붙기 쉬운 것, 가연성 물질.
~·ness *n.* -bly *adv.*
in·flam·ma·tion [ìnfləméiʃən] *n.* **1** ⓤ 점화(點火), 발화; 연소. **2** ⓤⓒ 〔병리〕염증. ¶ *inflammation* of the lungs 폐렴(pneumonia).
in·flam·ma·to·ry [inflǽmətɔ̀ːri / -t(ə)ri] *adj.* **1** 〔정열·노여움 따위를〕격하게 하는; 선동적인. **2** 〔병리〕염증을 일으키는, 염증성의. -ri·ly *adv.*
in·flat·a·ble [infléitəb1] *adj.* 부풀릴 수 있는, 팽창성의. ── *n.* 부풀릴 수 있는 것〔고무 보트 따위〕.
*****in·flate** [infléit] *v.* (**-flat·ed, -flat·ing**) *vt.* **1** 〔공기나 가스로〕…을 부풀리다, 팽창시키다. ⇨ EXPAND 〔類語〕 ¶ *inflate* a balloon 기구를 부풀리다. **2** …을 우쭐하게 하다, 뽐내게 하다. ¶ (~+图+前+图) be *inflated* with pride 의기양양해지다. **3** 〔통화〕를 팽창시키다〔물가·주가 따위〕를 등귀시키다. *opp.* deflate. ── *vi.* **1** 부풀다, 팽창하다. **2** 〔통화가〕 팽창하다. ◇ inflation *n.*
in·flat·ed [infléitid] *adj.* **1** 〔공기·가스로〕부푼, 팽창한. **2** 〔사람이〕우쭐해진. **3** 〔문체 따위가〕과장된, 야단스러운(bombastic). **4** 등귀한, 폭등한.
in·flat·er, -tor [infléitər] *n.* 〔공기 따위로〕부풀리는 것〔기계〕; 〔특히 자전거 따위의〕공기 펌프(tire inflator).
‡**in·fla·tion** [infléiʃ(ə)n] *n.* ⓤⓒ **1** 인플레이션, 인플레, 〔통화의〕팽창; 〔물가·주가 등의〕등귀, 폭등. *cf.* deflation, reflation **2** 부풀〔리〕기, 팽창.
◇ inflate *v.,* inflationary *adj.*
in·fla·tion·ar·y [infléiʃ(ə)nèri / -nəri] *adj.* 인플레이션의; 인플레이션〔통화 팽창〕을 유발하는.
inflátionàry gáp *n.* 〔경제〕인플레이션 갭〔총수요 (총지출)가 총공급(국민 생산)을 상회했을 때의 그 차.
inflátionàry spíral *n.* 악성 인플레이션.
inflátion [àry] hédge *n.* 〔경제〕인플레이션 헤지 〔화폐가치 하락에 따르는 손실을 막기 위해 부동산·귀금속·주식 등을 사두는 일〕.
in·fla·tion·ism [infléiʃ(ə)nìz(ə)m] *n.* ⓤ 인플레이션 정책.
in·fla·tion·ist [infléiʃ(ə)nist] *n.* 인플레이션 정책 주장자.
in·flect [inflékt] *vt.* **1** 〔보통 안쪽으로〕…을 구부리다, 굴곡시키다. **2** 〔음성〕의 음조를 바꾸다, …에 억양을 붙이다. **3** 〔문법〕…의 어미를 변화시키다, 굴절시키다, 활용시키다. **4** 〔음악〕을 반음 높이다〔낮추다〕. **5** 〔식물〕…을 안으로 구부리다. *cf.* vi. 〔문법〕어형 변화하다, 굴절하다, 활용하다. *cf.* conjugate, decline
*****in·flec·tion, (英) -flex·ion** [inflékʃ(ə)n] *n.* **1** ⓤ 음조의 변화, 억양. **2** ⓤ 〔문법〕어형 변화, 굴절; ⓒ 변화〔굴절〕형, 굴절 어미. *cf.* conjugation, declension **3** ⓤⓒ 만곡(彎曲), 굴곡. **4** 〔수학〕변곡(變曲). ¶ a point of *inflection* 변곡점.
in·flec·tion·al, (英) -flex·ion- [inflékʃən(ə)l] *adj.* 굴절하는, 굴곡의; 억양이 있는; 〔문법〕어형 변화의 (를 나타내는), 굴절하는. ¶ an *inflectional* language (ending) 굴절어(어미).
in·flec·tion·less, (英) -flex·ion- [inflékʃ(ə)nlis] *adj.* 〔음성〕억양이 없는; 억양이 없는; 〔문법〕어형 변화가 없는, 굴절하지 않는.
infléction pòint *n.* 〔수학〕변곡점.
in·flec·tive [infléktiv] *adj.* **1** 굴곡하는, 굴곡성이, 억양이 있는. **2** 〔문법〕굴절하는, 어형 변화하는.
in·flex·i·bil·i·ty [inflèksəbíliti] *n.* ⓤ 굽힐 수 없음; 외고집, 불요불굴〔부동〕의 마음.
in·flex·i·ble [infléksəbl] *adj.* **1** 구부릴 수 없는, 구부러지지 않는, 경직된. ⇨ HARD 〔類語〕 ¶ an *inflexible* wire 쉽게 구부러지지 않는 철사. **2** 완고한, 단호한

(firm); 〔사물에〕 동요하지 않는, 불요불굴의(unshakable) (*to* ...). ¶ *inflexible* courage 불굴의 용기 / *inflexible* to threats 협박에 굴하지 않는. **3** 불변의, 변경할 수 없는(unalterable). ~·ness *n.* 「불변으로.
in·flex·i·bly [infléksəbli] *adv.* 동요하지 않고, 단호히;
in·flex·ion [inflékʃ(ə)n] *n.* 《英》 = inflection.
*****in·flict** [inflíkt] *vt.* **1** 〔타격·고통 따위〕를 가하다, 주다. ¶ (~+图+前+图) *inflict* a blow *on* or *upon* a person 남에게 일격을 가하다. **2** 〔형벌 따위〕를 과하다, 지우다, 가하다(impose). ¶ (~+图+前+图) *inflict* punishment (loss) *on* a person 남에게 벌을 주다〔남에게 손해를 입히다〕. **3** 〔싫은 것을〕 짊어지우다, 안기다. ¶ (~+图+前+图) *inflict* one's views *on* (or *upon*) others 자기의 의견을 남에게 강요하다 / *inflict* oneself *on* (or *upon*) …에게 폐를 끼치다. ~·ion *n.,* inflictive *adj.*
in·flict·er, -flic·tor [inflíktər] *n.* 〔고통·타격·형벌 따위를〕가하는 사람, 가해자.
in·flic·tion [inflíkʃ(ə)n] *n.* **1** ⓤ 〔고통 따위〕를 가하기, 〔벌 따위를〕과하기. ¶ the *infliction* of punishment 벌주기, 처벌. **2** 가해진〔과해진〕 것; 고통(pain); 고난(suffering); 형벌(punishment).
in·flic·tive [inflíktiv] *adj.* **1** 〔타격·벌 따위를〕가하는, 과하는. **2** 고통을 주는.
in·flight [ínflàit] *adj.* 비행기 상의, 비행 중의. ¶ an *in-flight* meal 기상(機上) 식사.
in·flo·res·cence [ìnflɔːrésns / -flɔːr-] *n.* ⓤ **1** 개화(開花)(blossoming). **2** 〔식물〕 a) 화서(花序). ¶ the definite (the indefinite) *inflorescence* 유한(무한) 화서. b) ⓤ 꽃차례(flowers). c) ⓒ 〔하나하나의〕 꽃.
in·flo·res·cent [ìnflɔːrésnt / -flɔːr-] *adj.* 꽃이 피어 있는
in·flow [ínflòu] *n.* 유입(流入)(influx); 유입물.
‡**in·flu·ence** [ínfluəns] *n.* **1** ⓤⓒ 영향〔력〕; 감화〔력〕; 〔좌우하는〕 힘, 작용. ¶ be under the *influence* of …의 영향을 받고 있다 // the *influence* of the moon *on* the tides 조수의 간만에 미치는 달의 힘 / have *influence on* (or *upon*) a person 남에게 영향력이 있다. **2** ⓤ 〔부·지위·재능 따위에 바탕을 둔〕 세력, 권력, 위세; 신망; 설득력(advocacy). ¶ a person of *influence* 세력가, 유력자 / exercise one's *influence* in a person's behalf 남을 위해 힘을 다하다 / through the *influence* of …의 세력에 의해, …의 덕택으로 // have *influence over* (or *with*) …사이에 세력이 있다. **3** 영향을 주는 사람〔것〕; 유력자. ¶ a beneficial *influence* 좋은 영향을 주는 것. **4** ⓤ 〔전기〕 정전 유도(靜電誘導)(electrostatic induction); 감응(感應). **5** 〔점성〕 〔별에서 흘러와서 인간의 행위·운명에 영향을 미친다고 여겨지는〕 영력 (靈力)의 방사(放射), 영력的 힘. **6** ⓤ 《詩》 〔인간의〕 영묘함(신비스러운 힘).
under the influence 〔술에〕 취하여(drunk). ¶ He was arrested for driving *under the influence*. 그는 취중 운전으로 체포되었다.
── *vt.* (**-enced, -enc·ing**) …에 영향〔감화〕을 주다, …을 좌우하다. ⇨ AFFECT¹ 〔類語〕 ¶ 어떤 행위를 하도록 …을 촉구하다, 몰아넣다(move). **2** 〔음료에〕 알코올을 타다. ◇ influential *adj.* 「람.
ínfluence pèddler *n.* 얼굴·직함을 팔고 다니는 사
in·flu·ent [ínfluənt] *adj.* 흘러드는, 유입하는. ── *n.* 지류(支流).
*****in·flu·en·tial** [ìnfluénʃ(ə)l] *adj.* **1** 영향을 미치는, 감화를 주는. ¶ circumstances which are *influential* in one's decision 결정에 중대한 영향을 미치는 여러 가지 사정. **2** 유력한, 세력이 있는(powerful).
~·ly [-ʃəli] *adv.* ◇ influence *n.*
in·flu·en·za [ìnfluénzə] *n.* ⓤ **1** 〔병리〕 인플루엔자, 유행성 감기(독감)(flu). **2** 〔獸醫〕 〔말·돼지 따위의〕 유행성 열병. 「(유행성 감기)의.
in·flu·en·zal [ìnfluénz(ə)l] *adj.* 〔병리〕 인플루엔자

in·flump [inflʌmp] *n.* 불황하의 인플레이션(slumpflation). [<INFL[ATION]+[SL]UMP]

in·flux [ínflʌks] *n.* 1 흘러듦, 유입(inflow). 2 [잇따라] 들어오기, 쇄도. ¶ an *influx* of customers 고객의 쇄도. 3 [강의] 유입점, 유입구.

in·fo [ínfou] *n.* 《속어》 =information.

info- information의 뜻의 연결형. 예: info-age(정보화)

in·fold [infóuld] *v.* =enfold.

in·fo·mer·cial [ìnfoumə́ːr(ː)l] *n.* 정보커머셜, 정보 광고 방송(제품·서비스 광고나 주의, 주장 등을 광고 프로가 아닌 정식 프로처럼 제공하는 방송 광고 프로) [<INFO[RMATION]+[COM]MERCIAL].

in·form[1] [infɔ́ːrm] *vt.* 1 …에게 알리다, 통지하다. ¶ (~+目+前+名) (~+目+*that* 節) I *informed* him *of* her success.=I *informed* him *that* she had been successful. 나는 그녀가 그녀의 성공을 알렸다 // (~+目+*wh.* 節) The letter *informed* me *when* the man was coming. 그 편지로 그가 언제 도착하는지 알았다 // (~+目+*wh.* to do) Please *inform* me *what* to do next. 다음은 무엇을 할 것인지 알려 주십시오.

[類語] **inform** 어떤 상황의 이해에 필요한 사실·사건을 알려 주는 가장 일반적인 말. **acquaint** 남에게 어떤 경험을 시키거나 정보를 주어 미지의 사실이 아니도록 만들다: This book will *acquaint* you with primary English grammar. 이 책을 공부하면 초등 영문법을 잘 알게 될 것이다. **notify** 남이 필요로 하는 정보를 정식으로 통지하여 알리다: We *notify* the applicants of the date of the interview. 우리는 응모자에게 면접일을 통지한다. **advise** 남에게 중요한 정보를 알려 주다; 상업 용어로서 notify의 뜻으로도 쓰인다: I want to be *advised* of every new phase of the matter. 그 문제의 새 국면을 모두 내게 알려 주셨으면 합니다.

2 (재귀용법) …에 정통하다, 잘 알다(learn) (...*of*). ¶ (~+目+前+名) He *informed* himself *of* all necessary procedures. 그는 필요한 절차를 모두 알고 있었다. 3 [감정·정신·활기 따위를] …에 불어넣다, 채우다. ¶ (~+目+前+名) *inform* a person *with* new life 남에게 새로운 생명을 불어넣다. 4 (드물게) …을 훈련하다, 지도하다(train, instruct). ― *vi.* 알리다, 밀고하다, 고발하다. ¶ (~+目+前+名) You must not *inform against* him. 그를 고발해서는 안 된다. ◇ informátion *n.*, infórmative *adj.*

in·form[2] [infɔ́ːrm] *adj.* 형태가 없는, 무정형(無定形)의(formless).

‡**in·for·mal** [infɔ́ːrm(ə)l] *adj.* 1 정식이 아닌, 비공식의, 약식의, 변칙의(irregular). ¶ *informal* visit (meeting) 비공식 방문(회담) / *informal* proceedings 약식 절차. 2 형식(격식)을 차리지 않는, 터놓은. 3 구어(체)의(colloquial). ¶ *informal* English 구어체 영어. **~·ly** [-məli] *adv.* ◇ informálity *n.*

*in·for·mal·i·ty** [ìnfɔːrmǽliti] *n.* (*pl.* **-ties**) 1 ① 비공식, 약식; 격식을 차리지 않음. 2 약식의 행위(조치).

*in·form·ant** [infɔ́ːrmənt] *n.* 1 통고자, 통보자, 보고자; 밀고자. 2 (언어) 정보 자료 제공자.

in for·ma pau·pe·ris [in fɔ́ːrmə pɔ́ːpəris] (법률) 빈민으로서(법정 비용을 면제받고). [보 과학.
[<L in the form of a pauper]

in·for·mat·ics [ìnfərmǽtiks] *n. pl.* (단수 취급) 정

‡**in·for·ma·tion** [ìnfərméi(ə)n] *n.* ① 1 통지, 정보, 보도(news), 보고, 통신, 소식; 자료(data) (*on, about ...*). ¶ give (receive) *information* 정보를 주다(받다) / ask for *information* 문의하다, 조회하다 / for your *information* 참고로, 참고하시도록 [略 FYI] / gather (*or* collect) *information* on (or *upon*) …의 정보(자료)를 수집하다.

[類語] **information** 내용의 학문적 수준이나 획득의 방법 따위에 상관없이, 통틀어 「알아낸 사실」: get some *information* about the road conditions 도로 사정에 관한 정보를 얻다. **knowledge** 연구·관찰 따위로 얻은 체계적인 *information*: the pursuit of *knowledge* 지식의 탐구. **learning** 장기적인 면밀한 연구로 얻어진 *knowledge*; 언어·문학·역사·철학 따위의 인문계 학문에 관하여 쓰는 많이 많다: a man of *learning* 학식이 있는 사람. **science** 엄밀히 체계가 선 이론적인 *learning*; 관찰·수집된 사실에 의한 법칙을 추론하여 실험 따위로 그 정확성을 검증하는 과학: Housekeeping can be a *science*. 가정(家政)도 학문(과학)일 수 있다. **scholarship** 전문 분야에서 탁월한 *learning*: a high standard of *scholarship* in archaeology 고고학에 관한 높은 학식. **erudition** 대단히 심오한 *learning*: a man with an encyclopedic *erudition* 백과 사전처럼 해박한 사람. **lore** 진귀한 분야에 관한 *knowledge*: ghost *lore* 유령학.

2 지식, 학식, 견문(knowledge); 지식을 전하기. ¶ a man of various *information* 박식한 사람 / a mine of *information* 지식의 보고. 3 통보(행위); 정보 수집. 4 (법률) 정보 기소(대배심의 심사를 거치지 않고 제기되는 공소) (*cf.* indictment); [치안 판사 앞에서 선서를 하고 행하는] 고발, 고소(charge). 5 [역·호텔 따위의] 접수처, 안내소. 6 (컴퓨터) 데이터(data).
◇ inform *v.*, infórmative, informátional *adj.*, informátionize *v.*

Informátion Áge *n.* 정보(화)시대.

in·for·ma·tion·al [ìnfərméi(ə)nl] *adj.* 정보의; 지식을 주는; 담문의, 진문의.

informátion búreau *n.* 정보부.

informátion demócracy *n.* 정보 민주주의(정보에 관한 기본 권리를 보호하는 일).

informátion désk (bóoth) *n.* 안내소, 접수계.

informátion índustry *n.* 정보 산업.

in·for·ma·tion·ize [ìnfərméi(ə)nàiz] (《英》에서는 **in·for·ma·tion·ise** 로도 쓴다) *vt.* (**-ized, -iz·ing**) …을 정보화하다. ¶ *informationized* society 정보화 사회.

informátion nétwork *n.* 정보망.

informátion óffice *n.* (역 따위의) 안내계.

informátion ófficer *n.* 공보관, 공보 장교. [략.

informátion pollútion *n.* 정보 공해, 정보의 범

informátion retríeval *n.* ① 정보 검색(檢索).

informátion scíence *n.* ① 정보 과학.

informátion socíety *n.* [사회] 정보(화) 사회.

informátion súper híghway *n.* 정보 고속도로(information highway), 초고속 정보 통신망.

informátion théory *n.* (the ~) 정보 이론.

*in·form·a·tive** [infɔ́ːrmətiv] *adj.* 정보(지식)를 주는, 유익한(instructive). **~·ly** *adv.* ◇ *inform* *v.*, informátion *n.* [formative.

in·for·ma·to·ry [infɔ́ːrmətɔ̀ːri / -t(ə)ri] *adj.* =in·

in·formed [infɔ́ːrmd] *adj.* (★ 종종 well-informed, ill-informed 의 형으로 쓰인다) 유식한, 견문이 넓은, 사정에 밝은(정통한). ¶ *informed* sources 정보통(通), 정통한 소식통 / a very well-*informed* man 매우 견문이 넓은 사람, 박식한 사람. [동의, 승낙.

infórmed consént *n.* (의학) (수술시 등의 환자의)

in·form·er [infɔ́ːrmər] *n.* 통지자, 보고자 (informant); 밀고자, 고발자. [한, 교육적인.

in·form·ing [infɔ́ːrmiŋ] *adj.* 지식(정보)을 주는; 유익

in·fo·tain·ment [ìnfoutéinmənt] *n.* 인포테인먼트(실제 사건이나 정보 등을 쇼 프로 형식으로 전달하는 방송 또는 기사). [INFO[RMATION]+[ENTER]TAINMENT]

in·fra [ínfrə] *adv.* (서적의) 아래에, 아래쪽에(below); 다음에, 뒤에(略 inf.]. *cf.* supra ¶ See *infra* p. 50. 50 페이지 이하를 보라. [<L *infra* below, beneath]

infra- *pref.* below, beneath의 뜻. [다.

in·fract [infrǽkt] *vt.* (법률·권리 등)을 어기다, 범하

in·frac·tion [infrǽk(ə)n] *n.* 1 ① 위반, 배반, 침범 (violation); ⓒ 위반 행위. 2 ① (의학) 불완전 골절.

infra dig [ínfrə díg] =*infra dignitatem*.

in·fra dig·ni·ta·tem [ínfrə dígnitéitəm] 《라틴》(=beneath one's dignity) 위엄을 손상하여, 품위를 떨어뜨리다.

in·fra·lap·sar·i·an [ìnfrəlæpsɛ́əriən / -læpsέəriən] n. [특히 칼빈파에서] 타락 이후론(墮其以後論者), 후정론자(後定論者). ── adj. 타락 이후론의, 후정론자의.

in·fran·gi·bil·i·ty [infrændʒibíliti] n. ⓤ 파괴할 수 없음; 침범할 수 없음.

in·fran·gi·ble [infrændʒibl] adj. 1 파괴할 수 없는 (unbreakable). 2 침범해서는 안 되는, 위반해서는 안 되는. ~·ness n. -bly adv.

in·fra·red [ínfrəréd] 〔물리〕 n. ⓤ 〔스펙트럼의〕 적외부(赤外部). ── adj. 적외선의; 적외선의. ¶ infrared rays 적외선, 열선(熱線) / infrared therapy 적외선 요법.

infraréd gúidance mìssile n. =heat seeker.

in·fra·son·ic [ìnfrəsánik /-sɔ́n-] adj. 〔물리〕 음파가 가청(可聽) 이하의, 초저주파[음]의.

in·fra·struc·ture [ínfrəstrʌ̀ktʃər] n. ⓤⒸ 〔단체 따위의〕 하부 조직, 하부 구조, 〔경제〕 기반; 〔NATO의〕 영구시설.

in·fre·quence [infríːkwəns], **-quen·cy** [-kwənsi] n. ⓤ 좀처럼 없는 일, 희유(稀有).

in·fre·quent [infríːkwənt] adj. 좀처럼 일어나지 않는, 희귀한, 이따금 있는. **-·ly** adv.

in·fres·sion [infréʃ(ə)n] n. 인플레하의 불황, 물가 앙등에 의한 소득의 감소. [<INF[LATION]+[DEP]RESSION]

__in·fringe__ [infríndʒ] v. (**-fringed, -fring·ing**) vt. 〔법률·협정 따위를〕 어기다, 범하다(violate), 〔권리를〕 침해하다; 〔권리를〕 침범하다. ¶ infringe a law 법을 어기다 / infringe a copyright 저작권을 침해하다. vi. 침해하다(on, upon...). ⇒TRESPASS〖類語〗 ¶ (~+前+名) infringe on (or upon) a person's privacy 남의 사생활을 침해하다. ◇ infringement n.

in·fringe·ment [infríndʒmənt] n. ⓤ 〔법률·협정 따위의〕 위반; 〔권리의〕 침해(on, upon...).

in·fring·er [infríndʒər] n. 침범자, 위반자.

in·fruc·tu·ous [infrʌ́ktʃuəs, -tjuəs] adj. 열매를 맺지 않는, 불모의(barren); 무익한(fruitless).

in·fu·la [ínfjulə] n. (pl. **-lae** [-liː]) 주교관(主敎冠) 뒤에 늘어져 있는 드림; 〔옛날 주로 영국·프랑스의 주교가 입었던 의식용의〕 소매 없는 겉옷.

in·fun·dib·u·lar [ìnfʌndíbjulər] adj. 1 나팔꽃〔깔때기〕 모양의. 2 〔해부〕 누두(漏斗)의(가 있는).

__in·fu·ri·ate__ vt. [infjú(ː)rièit / -fjuər-∥→ adj.] (**-at·ed, -at·ing**) ...을 격분〔격앙〕시키다, 포악하게 하다. ── adj. [infjú(ː)riit] 〔드물게〕 격분한, 격앙된 (infuriated). 〔방언〕 격분; 포악.

in·fu·ri·a·tion [infjù(ː)riéiʃ(ə)n / -fjùər-] n. ⓤ 격분.

__in·fuse__ [infjúːz] v. (**-fused, -fus·ing**) vt. 1 〔액체를〕 붓다, 주입하다(...into). ¶ (~+目+前+名) infuse a liquid into a vessel 용기에 액체를 붓다. 2 〔사상·활력 등을〕 불어넣다(...into). 3 〔남에게 〔론〕활력 등을〕 불어넣다(...with). ¶ (~+目+前+名) infuse new hope into a person; infuse a person with new hope 남의 마음에 새로운 희망을 불어넣다. 4 〔약초·차 따위를〕 달이다, 우려내다. ── vi. 달여지다, 〔차 따위가〕 우러나다. ◇ infusion n.

in·fus·er [infjúːzər] n. 주입자, 고취자; 침출기(浸出器).

in·fu·si·bil·i·ty [infjùːzəbíliti] n. ⓤ 주입할 수 있음; 용해하지 않음, 불용해성.

in·fu·si·ble [infjúːzəbl] adj. 1 녹지 않는, 불용해의. 2 주입할 수 있는. 3 고취할 수 있는.

in·fu·sion [infjúːʒ(ə)n] n. 1 ⓤ 주입; 불어넣기, 고취; 〔의학〕 주입, 점적(點滴); 〔문〕 함유물, 혼합물(mixture). 2 달임, 우려냄; 달여낸 즙(汁)〔액체〕; 침제(浸劑).

In·fu·so·ri·a [ìnfju(ː)zɔ́ːriə, -sɔ́ː- / -zɔ́ː-, -sɔ́ː-] n. pl. 〔동물〕 적충류(滴蟲類) 〔원생 동물의 일종〕. [<L]

in·fu·so·ri·an [ìnfju(ː)zɔ́ːriən, -sɔ́ː- / -zɔ́ː-, -sɔ́ː-] n. 적충(滴蟲). ── adj. 적충류의.

-ing suf. 1 동사에서 동명사를 만든다. a) 동작을 나타낸다. 예: hunting. b) 직업을 나타낸다. 예: banking. c) 동작의 결과·산출물·재료를 나타낸다. 예: painting, clothing. d) 〔목적·용도를 나타내는〕 형용사적 용법. 예: a sleeping car. 2 동사에서 현재 분사·분사형 형용사를 만든다. a) 진행형·서술용법. 예: He is writing a letter. /He went hunting. b) 한정용법. 예: singing birds. c) 전치사적 용법. 예: during. d) 부사 용법. 예: boiling hot. 3 동사 이외의 품사에 붙여 「...의 자손〔인〕」, 「...와 관계가 있는」, 「...으로부터 이루어지게」 따위의 뜻의 명사를 만든다. 예: Atheling, offing, stocking.

in·gath·er [ìngǽðər, -́-́] vt. ...을 거두어 들이다, 모으다.

in·gath·er·ing [ìngǽðəriŋ] n. ⓤⒸ 거두어 들임, 수확.

in·gem·i·nate [indʒémineit] vt. (**-nat·ed, -nat·ing**) ...을 되풀이하다, 반복하다(repeat).

in·gem·i·na·tion [indʒèminéi(ə)n] n. ⓤ 반복.

in·gen·er·ate¹ [indʒénərit] adj. 자생(自生)의, 자존(自存)의.

in·gen·er·ate² vt. [indʒénərèit → ∥→ adj.] (**-at·ed, -at·ing**) ...을 생기게 하다, 발생시키다. ── adj. [indʒénərit] 타고난, 천성의(innate).

‡**in·gen·ious** [indʒíːnjəs] adj. 1 〔장치·착상 따위가〕 교묘한, 정교한. ¶ an ingenious machine (excuse) 정교한 기계〔교묘한 변명〕. 2 현명한, 발명의 재능이 있는; 솜씨 있는. **-·ly** adv. **~·ness** n. ◇ ingenuity n.

in·gé·nue [ǽn(ː)dʒənùː- / ǽndʒəniùː] n. (pl. **-nues** [-nùːz / -njùːz]) 천진난만한 소녀〔의 역〕, 그런 역을 하는 여배우. [<F]

__in·ge·nu·i·ty__ [ìndʒin(j)úːiti / -njúː-] n. (pl. **-ties**) ⓤ 영리함, 발명의 재주, 〔훌륭한〕 솜씨, 정교, 교묘; Ⓒ 정교〔교묘〕한 장치. ◇ ingenious adj.

__in·gen·u·ous__ [indʒénjuəs] adj. 1 솔직한; 진지한. 2 천진난만한, 순진한. **-·ly** adv. **~·ness** n.

in·gest [indʒést] vt. 1 〔음식 따위를〕 섭취하다. 2 〔항공〕 〔이물(異物) 따위를〕 제트 엔진으로 빨아들이다.

in·ges·ta [indʒéstə] n. pl. 섭취물, 영양물.

in·ges·tion [indʒéstʃ(ə)n] n. ⓤ 〔음식 따위의〕 섭취.

in·ges·tive [indʒéstiv] adj. 섭취하는.

ing-form [íŋfɔ̀ːrm] n. 〔문법〕 -ing형.

in·gle [íŋgl] n. 〔英방언〕 벽난로의 불; 벽난로. 〔邊〕

in·gle·nook [íŋglnùk] n. 〔주로 英〕 난로가, 노변(爐邊).

in·glo·ri·ous [inglɔ́ːriəs, -glóːr-] adj. 1 수치스러운, 면목 없는, 불명예스러운. 2 〔고어〕 이름 없는. **-·ly** adv. **~·ness** n.

in-goal [íŋgòul] n. 〔럭비〕 인골〔골라인과 데드볼 라인 사이의 트라이가 가능한 지역〕.

in·go·ing [íŋgòuiŋ] adj. 들어오는, 새로 오는. cf. outgoing ¶ an ingoing ship 입항선. ── n. 들어옴.

in·got [íŋgət] n. 〔야금〕 잉곳, 주괴(鑄塊).

in·graft [ingrǽft / -gráːft] vt. =engraft.

in·grain [ìngréin / ′-′] (→ adj.) 1 ...에 염료를 배어들게 하다; 〔실 따위의〕 짜기 전에 염색하다. 〔습관·성질 따위에〕 심어 주다. ── adj. [ínɡrein / ′-′] =ingrained. ── n. [ínɡrein / ′-′] 짜기 전에 염색한 실〔융단, 모직물〕.

in·grained [ìngréind, ′-′] adj. 깊이 배어든, 뿌리 깊은, 철저한; 타고난, 상습적인. ¶ an ingrained liar 상습적인 거짓말쟁이. 2 실에 물들인; 물든. **in·grain·ed·ly** [-gréin(i)dli] adv.

in·grate [íngreit / -′] n. 은혜를 모르는 사람. ── adj. 〔고어〕 은혜를 모르는, 배은망덕한.

in·gra·ti·ate [ingréiʃièit] vt. (**-at·ed, -at·ing**) 〔재귀용법〕 ...에게 알랑거리다, ...의 비위를 맞추다(...with). ¶ ingratiate oneself with a person 남의 비위를 맞추다.

in·gra·ti·at·ing [ingréiʃièitiŋ] adj. 1 비위를 맞추는

[듯한], 영합적인. **2** 매력있는(charming). ~**ly** adv.
in·grat·i·tude [ingrǽtit(j)ùːd / -tjùːd] n. Ⓤ 은혜를 모름, 배은망덕.
in·gra·ves·cence [ìngrəvésns] n. Ⓤ〔병리〕(병의) 악화, 앙진(昂進).
in·gra·ves·cent [ìngrəvésnt] adj. 〔병리〕(병이) 악화하는, 앙진하는.
*__**in·gre·di·ent**__ [ingríːdiənt] n. **1** (혼합물의) 성분, (요리의) 재료. **2** 요인, 요소. ⇨ ELEMENT 類語 ¶ an important *ingredient* in a character 성격을 형성하는 중요한 요소.
in·gress [íngres] n. **1** Ⓤ 들어가기, 입장. opp. egress **2** 입장권(權), 입장의 자유. **3** 들어가는 수단, 입구. **4** 〔천문〕= immersion 4. [gress].
in·gres·sion [ingréʃ(ə)n] n. Ⓤ 들어가기, 진입 (in-
in·gres·sive [ingrésiv] adj. 들어가는, 진입하는. **2** 〔문법〕 기동(起動)의. ¶ the *ingressive* aspect 기동상(相).
in-group [íngrùːp] n. 〔사회〕 우리들 집단(we-group), 인그룹. opp. outgroup
in·grow·ing [íngròuiŋ] adj. **1** (발톱 따위가) 살 속으로 파고드는. **2** 안에서 자라는, 안으로 파고드는.
in·grown [íngròun] adj. **1** (발톱 따위가) 살 속으로 파고든. **2** 안에서 자란, 안으로 파고든.
in·growth [íngròuθ] n. Ⓤ Ⓒ 내부 성장(물).
inguin-, inguino- inguinal 의 뜻의 연결형(* 모음 앞에서는 inguin-을 쓴다).
in·gui·nal [íŋɡwin(ə)l] adj. 서혜(鼠蹊) 〔부〕의.
in·gulf [inɡʌ́lf] vt. = engulf.
in·gur·gi·tate [ingə́ːrdʒiteit] vt., vi. (-tat·ed, -tat·ing) **1** …을 벌떡벌떡 마시다, 게걸스럽게 먹다. **2** (홍수·소용돌이 따위가) (집·나무 따위를) 삼키다, 휘감아들이다. 〔휘감아들이〕.
in·gur·gi·ta·tion [ìngəːrdʒitéiʃ(ə)n] n. Ⓤ 폭음, 폭식.
*__**in·hab·it**__ [inhǽbit] vt. **1** …에 살다, 거주하다. ⇨ LIVE¹ 類語 ¶ Only savage tribes *inhabit* the region. 그 지역에는 미개 부족만이 살고 있다. **2** (비유적) …에 존재하다. ¶ Thoughts *inhabit* the mind. 사상은 정신에 깃든다. — vi. 〈고어〉 살다.
◇ inhábitancy, inhabitátion n.
in·hab·it·a·ble [inhǽbitəbl] adj. 거주할 수 있는, 살기에 알맞은(habitable).
in·hab·it·an·cy [inhǽbit(ə)nsi] n. Ⓤ 어느 일정 기간의 거주.
*__**in·hab·it·ant**__ [inhǽbit(ə)nt] n. 살고 있는 사람, 주민, 거주자; 서식 동물.
in·hab·i·ta·tion [inhæ̀bitéi(ə)n] n. Ⓤ 거주, 서식.
in·hab·it·ed [inhǽbitid] adj. 사람이 살고 있는.
in·hab·it·er [inhǽbitər] n. 〈고어〉= inhabitant.
in·hal·ant [inhéilənt] adj. 빨아들이는, 흡입용의; 흡입하는. — n. 흡입공(孔), 흡입기; 흡입제(劑).
in·ha·la·tion [ìn(h)əléi(ə)n] n. Ⓤ 흡입; Ⓒ 흡입제.
in·ha·la·tor [ín(h)əleitər] n. 흡입기. 〔물〕.
*__**in·hale**__ [inhéil] v. (-haled, -hal·ing) vt. …을 (폐 속까지) 들이마시다. — vi. 숨을 들이쉬다; (담배 연기를) 폐 속까지 들이마시다. opp. exhale
◇ inhálant adj., inhalátion n.
in·hal·er [inhéilər] n. **1** 흡입기, 흡입 마스크. **2** 흡입자. **3** 도취용으로 흡입하는 약〔신나 따위〕.
in·har·mon·ic [ìnhɑːrmάnik / -mɔ́n-] adj. 조화가 안 되는, 불협화의.
in·har·mo·ni·ous [ìnhɑːrmóuniəs] adj. **1** 조화가 안 되는, 불협화의(discordant). **2** 불화의, 서로 싸우는. ~**ly** adv. ~**ness** n.
in·haul [ínhɔ̀ːl] n. 〔항해〕 돛(따위)를 끌어당기는 밧줄.
in·here [inhíər] vi. (-hered, -her·ing) (성질 따위가) 존재〔내재〕하다, 본래 갖추어져 있다 (*in*...), (권리 따위가) 본래 부여되어 있다 (*in*...); 〔의미가〕 원래 포함되어 있다 (*in*...).
in·her·ence [inhí(:)r(ə)ns / -hǽr-] n. 〔철학〕 〔속

권리 따위의〕 내재(內在); 고유, 타고남. **2** 〔철학〕 〔속성의〕 내속(內屬).
in·her·en·cy [inhí(:)r(ə)nsi / -hǽr-] n. (pl. -cies) **1** = inherence. **2** 본래 가지고 있는 것, 고유의 성질.
*__**in·her·ent**__ [inhí(:)r(ə)nt / -hǽr-] adj. 타고난, 고유의, 본래부터 갖추고 있는, 선천적인 (*in*...). ⇨ ESSENTIAL 類語 ¶ an *inherent* right of man 인간의 고유의 권리 // imitative qualities *inherent in* man 인간에게 있는 고유의 모방성. ~**ly** adv.
◇ inhére v., inhérence, inhérency n.
*__**in·her·it**__ [inhérit] vt. **1** (재산·권리 따위를) 상속하다, (자기 것으로) 소유하다, 손에 넣다. ¶ (~+閉+前+名) I've *inherited* 7,000 dollars *from* my uncle. 나는 숙부의 유산 7천 달러를 상속했다. **2** (성질·체격 따위를) 유전으로 이어받다. ¶ (~+閉+前+名) I *inherit* a weak heart *from* my mother. 어머니로부터의 유전으로 나는 심장이 약하다. **3** (남)의 뒤를 잇다. **4** [일반적으로] (사무·사명 따위를) 인계받다(*...from*). — vi. (재산 따위를) 상속하다, 이어받다(*from*...).
◇ inhéritance n.
in·her·it·a·bil·i·ty [inhèritəbíliti] n. Ⓤ **1** (자손에게) 상속(계승, 유전)할 수 있음. **2** 상속자가 될 수 있음.
in·her·it·a·ble [inhéritəbl] adj. **1** 계승자에게 물려줄 수 있는; 유전시킬 수 있는. **2** 상속자가 될 수 있는.
*__**in·her·it·ance**__ [inhérit(ə)ns] n. **1** 상속 재산, 계승물, 부모로부터 물려받은 것(성질); 유물. **2** Ⓤ 상속, 계승. ¶ receive property by *inheritance* 재산을 상속하다. **3** Ⓤ 상속권. **4** Ⓤ 유전질.
類語 **inheritance** 부모로부터 자식에게 직접 상속되는 재산·권리나 유전되는 체질·성격; heritage 의 뜻으로 쓰이는 경우도 있다: This jewel is an *inheritance* from my mother. 이 보석은 어머니의 유산이다. **heritage** 품위있는 문어로서, 개인 또는 사회가 후세에 전하는 모든 것: the *heritage* of ancient China 고대 중국의 유산.
◇ inhérit v.
inhéritance tàx n. Ⓤ Ⓒ 〈미〉 〔법률〕 상속세(〈영〉 death duty).
in·her·i·tor [inhéritər] n. (재산) 상속인, 계승자, 후계자.
in·her·i·tress [inhéritris] n. inheritor 의 여성형.
in·her·i·trix [inhéritriks] n. (pl. in·her·i·tri·ces [-hèritráisìːz]) = inheritress.
in·he·sion [inhíːʒ(ə)n] n. = inherence.
*__**in·hib·it**__ [inhíbit] vt. **1** …하는 것을 금하다. ⇨ FORBID
類語 ¶ (~+閉+前+名) The church *inhibits* its people *from* smoking and drinking. 그 교회는 신자들에게 술과 담배를 금하고 있다. **2** (감정·욕망 따위를) 억제하다, 억누르다. ¶ an *inhibited* person 감정을 나타내지 못하는 사람, 내성적인 사람 / *inhibit* one's impulse to cry out 크게 소리치고 싶은 충동을 억제하다. **3** 〔교회〕 (교회가) (성직자에게) 성무(聖務)의 집행을 금지하다. **4** 〔화학·생리〕 …의 화학 반응〔생리 작용〕을 억제하다.
in·hib·it·ed [inhíbitid] adj. 억제(억압)된; 스스로 규제하는, 우유부단한, 내성적인. ~**ly** adv.
in·hib·it·er [inhíbitər] n. = inhibitor.
*__**in·hi·bi·tion**__ [ìn(h)ibí(ə)n] n. Ⓤ Ⓒ **1** 금지, 금제(禁制). **2** 억제; 방지. **3** 〔심리〕 (다른 심리 작용에 의한) 억제, 억압. **4** 〔교회〕 〔성직자에 대한〕 성무(聖務) 집행금지 명령. **5** 〔화학·생리〕 (화학 반응·생리 작용의) 제지, 억제.
in·hib·i·tive [inhíbitiv] adj. = inhibitory.
in·hib·i·tor, -it·er [inhíbitər] n. **1** 억제자, 억제물. **2** 〔화학·생리〕 억제제(劑) 〔화학 반응·생리 작용을 방해하는 물질〕.
in·hib·i·to·ry [inhíbitɔ̀ːri / -t(ə)ri] adj. 억제〔금지〕의.
*__**in·hos·pi·ta·ble**__ [inhάspitəbl, ---´-- / -hɔ́s-, ---´--] adj. **1** 손님 대접(대우)이 나쁜, 무뚝뚝한, 불친절한. **2** (토지가) 비바람을 막을 데도 없는, 살기에 부적당한,

황량한; [기후가] 혹독한. ~**ness** n. **-bly** adv.
◇ inhospitálity n.
in·hos·pi·tal·i·ty [ìnhɑspitǽliti / ínhɔs-] n. ⓤ 푸대
in-house [ínhàus] adj. 조직내의; 사내(社內)의.
in-house supplíer n. 자사(自社)가 필요로 하는 것만을 만드는 메이커.
***in·hu·man** [inhjúːmən, +美 injúː-] adj. **1** 무자비한, 무정한, 냉혹한, 잔인한. **2** 비인간적인, 인간이 아닌. ~**ly** adv. ~**ness** n.
in·hu·mane [ìnhjuː(ː)méin, +美 ìnju(ː)-] adj. 비인도적인, 몰인정한, 무정한, 잔인한. ~**ly** adv.
in·hu·man·i·ty [ìnhjuː(ː)mǽniti, +美 ìnju(ː)-] n. (pl. **-ties**) **1** ⓤ 몰인정, 무정, 무자비, 잔인성. **2** 몰인정한 처사, 잔학 행위.
in·hu·ma·tion [ìnhjuːméiʃ(ə)n] n. ⓤ 매장, 토장(土葬).
in·hume [inhjúːm] vt. (**-humed, -hum·ing**) [시체 따위]를 묻다(bury), 매장하다, 토장하다.
in·im·i·cal [inímik(ə)l] adj. **1** 해로운, 불리한(to...). ¶ an additive inimical to growth 성장에 해로운 식품 첨가물. **2** 적대하는, 반목하는, 사이가 나쁜. ⇨ HOSTILE [類語] ¶ Their opinions are inimical to one another. 그들의 의견은 서로 상반된다. ~**ly** [-kəli] adv.
in·im·i·ta·ble [inímitəbl] adj. 흉내낼 (모방할) 수 없는, 비길 데 없는, 무류(無類)의. —**ness** n. **-bly** adv.
in·iq·ui·tous [iníkwitəs] adj. 부정한, 불법의; 사악한 (wicked), 무도한, 나쁜.
***in·iq·ui·ty** [iníkwiti] n. (pl. **-ties**) **1** ⓤ 부정, 불법; 사악, 무도. **2** 부정 행위; 죄악(sin). ◇ iníquitous adj.
INIS 《略》 International Nuclear Information System (국제 원자력 정보 시스템)
init. 《略》 initial.
‡**in·i·tial** [iníʃ(ə)l] adj. **1** 처음의, 발단의, 초기의. cf. final ¶ initial expenditure 창업비 / the initial stage 초기 / initial move 선행(1차적) 조치 / initial velocity 초(初)속도. **2** [음·문자가] 어두(語頭)에 있는, 첫머리의. ¶ an initial letter 어두의 문자, 첫 (머리) 글자 / an initial signature 머리글자만의 서명. — n. 머리글자, 첫 글자 [책 따위] 장(章) 첫머리의 장식 글자(주로 ~s) [성명의] 머리글자 [예: Betty Smith의 B.S.]. — vt. (**-tialed, -tial·ing** or《英》 **-tialled, -tial·ling**) …에 머리글자를 쓰다(수놓다); …에 머리글자로 가죽이다. ~**ly** [-ʃəli] adv. ◇ inítiate v.
in·i·tial·ism [iníʃ(ə)lìz(ə)m] n. 두문자어(頭文字語) [NATO = North Atlantic Treaty Organization) 따위].
in·i·tial·ize [iníʃ(ə)làiz] vt. (**-ized, -iz·ing**) …을 준비 동작하게 들어가게하다.
Inítial Téaching Álphabèt n. 초등 교육용의 44글자의 표음(標音) 알파벳.
***in·i·ti·ate** [iníʃièit → adj., n.] vt. (**-at·ed, -at·ing**) **1** [일]을 하기 시작하다, 창시하다, 시작하다. ⇨ BEGIN [類語] ¶ initiate a new method 새로운 방법을 창안하다. **2** [남]에게 초보(원리)를 가르치다, 기초 지식을 가르치다; [남]에게 비법을 전수하다, 비결을 가르치다. ¶ (~ +目+前+名) initiate a person into business methods 남에게 장사하는 방법의 기초를 가르치다. **3** [남]에게 […에] 가입을 승인하다, […에] 입회시키다 (admit). ¶ (~ +目+前+名) initiate a person into a club 남을 클럽에 가입시키다. **4** [법령 따위]를 제안하다, 발의하다. — adj. **1** 착수된, 창시된; 창업의. **2** 초보 지도를 받은; 비결을 전수받은 **3** 가입 승인받은. — n. [iníʃiit] **1** 새로 가입한 사람, 입문자, 입회자. **2** 비법을 전수받은 사람.
◇ inítial, inítiative, inítiatory adj., initiátion n.
***in·i·ti·a·tion** [ìniʃiéiʃ(ə)n] n. **1** 착수, 개시, 창업. **2** 기초 지도, 비법의 전수. **3** 가입, 입문; ⓒ 입회식 입사(입당)식.
in·i·ti·a·tive [iníʃ(i)ətiv] n. ⓤ **1** (보통 the ~, one's ~) 제1보, 발단; 창시, 발기; 선수(先手); 솔선.

이니시어티브, 주도권, 솔선덕. ¶ on one's own initiative 솔선하여 / have the initiative 주도(발의)권을 가지다 / take the initiative 선수를 치다. **2** 창의, 진취적인 마음, 독창력, 기업심(enterprise). ¶ A man of great initiative 대단히 독창적인 사람. **3** (주로 the ~) [정치] [법률의 발포·헌법의 개정 등에 관한] 발의권, 국민 발의. — adj. 처음의, 발단의; 선도적인, 창의력이 풍부한. ¶ initiative spirit 기업심; 진취적인 기상.
~**ly** adv. ◇ inítiate v., initiátion n.
in·i·ti·a·tor [iníʃièitər] n. **1** 개시자, 창시자; 발의자, 발기인. **2** 교도자(教導者), 전수자. **3** [점화용의] 불, 기폭약(제).
in·i·ti·a·to·ry [iníʃiətɔ̀ːri / -t(ə)ri] adj. **1** 처음의, 초보의, 발단의(initial). **2** 입회의, 입문의, 입당의. ¶ an initiatory ceremony 입회식.
in·i·ti·o [iníʃiou] 《라틴》 (=beginning) 최초의, 첫머리에, 모두(冒頭)에. cf. ab initio
***in·ject** [indʒékt] vt. **1** [액체로 된 약]을 주입하다, 주사하다(...into, with). ¶ (~ +目+前+名) inject medicine into a vein; inject a vein with medicine 정맥에 주사약을 주사하다. **2** [새로운 것·다른 것]을 끼워 넣다, 도입하다(...into). ¶ (~ +目+前+名) inject a remark into a person's talk 남의 이야기에 말참견하다 (끼어들다). ◇ injéction n.
in·ject·a·ble [indʒéktəbl] adj. 주사할 수 있는. — n. 주사할 수 있는 것.
in·ject·ed [indʒéktid] adj. 주사(삽입)된.
***in·jec·tion** [indʒék(ʃ)ən] n. **1** ⓤⓒ 주입, 주사. ¶ a hypodermic injection 피하 주사. **2** 주입물; 주사액; 관장제(灌腸劑). **3** 《우주》 = insertion 5.
injéction mólding n. ⓤ [플라스틱의] 사출 성형 법.
in·jec·tor [indʒéktər] n. **1** 주사를 놓는 사람, 주입자; 주사기, 주수기(注水器). **2** 분사식 급수기.
in·ju·di·cious [ìndʒu(ː)díʃəs] adj. 무분별한, 사려(분별)없는, 판단을 잘못한, 현명하지 못한(unwise).
~**ly** adv. ~**ness** n.
In·jun [índʒ(ə)n] n. 《방언·속어》 = American Indian.
in·junct [indʒʌ́ŋkt] vt. 《구어》…을 금지하다.
***in·junc·tion** [indʒʌ́ŋk(ʃ)ən] n. **1** [법률] [법정의] 금지 (강제) 명령(against...). **2** 명령, 지령; 권고, 지시 (upon...). ◇ injúnct v.
***in·jure** [índʒər] vt. (**-jured, -jur·ing**) **1** …을 상처내다, …을 다치게 하다(hurt); …에 해를 주다 (damage). ¶ injure one's hand 손을 다치다. **2** [감정·명예·작위]를 해치다, 해치다. ¶ injure a person's reputation 남의 명예를 손상시키다.
[類語] injure 「상처입히다, 손상시키다」라는 뜻의 가장 일반적인 말; 반드시 고의(故意)라고는 할 수 없다: be injured in an accident 사고로 상처를 입다 / have one's health injured 건강을 해치다. hurt 육체적 또는 정신적으로 상처를 입게 하다; 종종 injure 와 바꿔 쓸 수 있다: be hurt by falling over a cliff 벼랑에서 떨어져 상처를 입다 / hurt a friend's feelings 친구의 감정을 상하게 하다. wound 외부에서 공격·타격을 가하여 hurt 하다; 적의를 암시: be wounded in action 전투에서 부상하다. harm injure 하여 고통·분란을 주다: harm an innocent animal 죄없는 동물에게 해를 주다 damage 가치·매력·효과 따위를 해치다: damage a person's property 남의 재산에 손해를 주다. impair damage 와 같은 뜻, 또는 서서히 damage 하다: have one's hearing impaired 청력(聽力)을 손상 당하다. mar 불구·불완전한 것으로 만들다: The accident marred his sight. 사고로 그는 시력이 나빠졌다. spoil impair 시키 이윽고 완전히 파멸시키다: The rumor spoiled his reputation. 그 소문으로 그는 완전히 신용을 잃었다.
◇ ínjury n., injúrious adj.
***in·jured** [índʒərd] adj. **1** 상처를 입은, 부상한; 손해

injurer 를 입은; (the ~) 《명사적 용법》 다친 사람, 부상자. ¶ *injured* legs 다친 두 다리. **2** 감정(기분)이 상한, 화가 난. ¶ an *injured* look 화가 난 표정 / an *injured* voice 볼멘 소리.

in·jur·er [índʒərər] *n.* 가해자, 손상자.

in·ju·ria [indʒú(:)riə, -dʒúər-] *n.* (*pl.* **-ri·ae** [-riːː, -riài]) 《법률》권리 침해, 위법 행위(injury). [< L injury]

*****in·ju·ri·ous** [indʒú(:)riəs, -dʒúər-] *adj.* **1** 해로운, 나쁜 결과를 낳는(harmful). ¶ *injurious* habits 악습. **2** 상처를 주는, [말이] 중상하는, 모욕적인. ¶ *injurious* language 무례한 언사. **3** 부당한, 불법의, 부정한. ~**ly** *adv.* ~**ness** *n.* ◇ injury *n.*, injure *v.*

in·ju·ry [índʒəri] *n.* (*pl.* **-ries**) **1** 부상, 상해, 위해; [물질적] 손해, 손상, 피해(to...). ¶ suffer an *injury* 다치다, 손해를 입다 / an *injury* to the head 머리의 상처 / be an *injury* to …의 해가 되다; …을 다치게 하다 / do a person an *injury*; do an *injury* to a person 남을 다치게 하다; 남에게 손해를 입히다. **2** [감정 등을] 해치기, 상처 입히기, 중상, 모욕, 명예 훼손(to...). ¶ an *injury* to a person's character 남의 인격에 대한 손상, 중상. **3** 《법률》 ① 권리 침해, ② 위법 행위. ◇ injure *v.*, injúrious *adj.*

ínjury bènefit *n.* 《英》 산재(産災) 보험금[국가가 매주 지급한다].

‡**in·jus·tice** [indʒʌ́stis] *n.* **1** ① 부정, 불법, 불공평. **2** 부정(불법) 행위; ② 권리 침해, ③ do a person an *injustice* 남의 진가를 인정치 않다; 남을 오해하다.

‡**ink** [iŋk] *n.* ① **1** 잉크. ¶ printing *ink* 인쇄용 잉크 / China (or Chinese, India, Indian) *ink* 먹 / as black as *ink* 새까만, 칠흑 같은 / write in *ink* 잉크로 쓰다 / write with pen and *ink* 펜으로 쓰다. **2** [문어·낙지 따위가] 내뿜는 ─ 먹물.
─ *vt.* **1** …에 잉크로 적다(칠하다), [활자 따위]에 잉크를 바르다. ¶ (~ +⬚+⬚) *ink in* (or *over*) a drawing 연필로 그린 그림을 잉크로 덧그리다(에 먹물을 칠하다) / *ink out* three lines 잉크로 3행을 지우다. **2** …을 잉크로 더럽히다. **3** [계약 따위]에 서명하다. ◇ ínky *adj.*

ínk bàg *n.* [문어·낙지의] 먹물 주머니.
ink·ber·ry [íŋkbèri] *n.* (*pl.* **-ries**) **1** 감람나무속(屬)의 상록 관목의 일종; 그 열매. **2** =pokeweed.
ínk bòttle *n.* [쇄] 잉크 병.
ink·er [íŋkər] *n.* **1** 《통신》 인자기(印字機). **2** [인쇄용] 잉크 롤러.
ink·fish [íŋkfíʃ] *n.* (*pl.* **-fish** *or* **-fish·es**) 오징어 (cuttlefish) [의] 잉크 집.
ink·hold·er [íŋkhòuldər] *n.* 잉크 그릇; [만년필 속
ink·horn [íŋkhɔ̀rn] *n.* 뿔로 만든 잉크 스탠드(통).
ink·ing [íŋkiŋ] *n.* ① 《製圖》 먹통; 《통신》 현자(現字). ¶ an *inking* pad (or stand) 잉크대(臺), 스탬프대.
in·kle [íŋkl] *n.* 가장자리에 대는 린넨 테 테이프; [린넨 테이프를 만드는] 아마사(亞麻絲).
ink·ling [íŋkliŋ] *n.* **1** 암시, 넌지시 비춤(hint). ¶ give a person an *inkling* of 남에게 …을 넌지시 비추다. **2** 어렴풋이 알아차리기, ¶ get (or have) an *inkling* of …을 어렴풋이 알다.
ink·pad [íŋkpæd] *n.* 잉크대(臺), 인주.
ink·pot [íŋkpɑ̀t] *n.* 《英》 잉크병(《美》 inkwell).
ink·sling·er [íŋkslíŋər] *n.* 《속어》 아무렇게나 써내는 사람, 삼류 작가.
ink·stand [íŋkstǽnd] *n.* 잉크스탠드.
ink·stone [íŋkstòun] *n.* **1** 벼루. **2** =copperas.
ink·well [íŋkwèl] *n.* 잉크병, 잉크통(《英》 inkpot).
ink·y [íŋki] *adj.* (**ink·i·er**, **ink·i·est**) **1** 잉크와 같은; 잉크처럼 검은, 새까만. **2** 잉크가 묻은(로 얼룩진). ¶ *inky* fingers 잉크투성이의 손가락. **3** 잉크로 쓴. **4** 잉크의, 잉크를 함유한. **ínk·i·ness** *n.*

in·lace [inléis] *vt.* =enlace.
in·laid [ínléid, ínlèid] *v.* inlay 의 과거·과거분사. ─ *adj.* [물건의 표면에] 박아 넣은; 아로새겨진; 상감(象嵌)의, 상감 세공을 한(*with*...). ¶ an *inlaid* design in wood 나무에 아로새긴 상감 무늬 // ivory *inlaid with* gold 금으로 상감한 상아(象牙).
‡**in·land** [ínlənd → *adv.*, *n.*] *n.* **1** 내륙의, 바다(국경)에서 먼, 오지의. ¶ *inland* climate 내륙의 기후. **2** 《주로 英》 본토의, 국내의, 자국의(domestic). ¶ *inland* trade 국내 교역 / *inland* revenue 《英》 내국세 수입 (《美》 internal revenue) / *inland* mails 《英》 국내 우편 (《美》 domestic mails). **3** 국내에서 발행되어 국내에서 지불되는. ¶ an *inland* bill of exchange 내국 환어음.
─ *adv.* [ínlænd, ínlənd / ínlænd] 내륙으로 향하여, 오지로; 본토로, 국내로. ¶ go *inland* 본토로 가다.
─ *n.* [ínlænd, -lənd / ínlænd, -lænd] 내륙, 오지; 본토, 국내.
in·land·er [ínləndər] *n.* 내륙인, 오지인.
ínland séa *n.* 내해(内海).
ínland wáters *n. pl.* (the ~) 내수[하천·호수·만 등의 국내 수역 및 육지에서 3.5마일 이내의 영해].
in-law [ínlɔ̀ː] *n.* (보통 ~s) (구어) 친척.
in·lay *v.* [inléi, ⌒⌒ / ⌒⌒ → *n.*] (**-laid** [-léid], **-lay·ing**) *vt.* **1** [물건]을 박아넣다(embed), …에 상감하다. **2** [장식을 위하여 금 따위]를 아로새기다, [페이지·컷 따위]를 삽입하다(insert). **3** 《원예》 [접붙이는 눈]을 대목(臺木)에 끼우다. ─ *n.* [ínlèi] ① ① **1** 상감 세공; 상감 무늬. **2** 《의학》 인레이, 감입(嵌入); 《원예》 눈 접붙이기.
in·lay·er [ínlèiər] *n.* 상감하는 사람.
*****in·let** [ínlèt] *n.* **1** 후미, 내해. **2** 입구(entrance). **3** 삽입물, 상감물. ─ *vt.* (**-let**, **-let·ting**) …을 박아넣다, 삽입하다(insert).
in·li·er [ínlàiər] *n.* 〔지질〕 내층(內層).
in-line [ínlàin] *adj.* 〔컴퓨터〕 인라인의, 그때마다 즉시 처리하는.
in loc. cit. 앞에 인용한 곳에. [< L in the place [cited]
in lo·co pa·ren·tis [in lóukou pəréntis] 《라틴》 (= in the place of a parent) 양친 대신에, 부모의 입장에서.
in·ly [ínli] *adv.* 《주로 詩》 **1** 내심으로(inwardly). **2** 친하게(intimately), 마음으로부터(heartily), 깊이 (deeply).
in·ly·ing [ínlàiiŋ] *adj.* 안쪽(내부)에 있는. [amy].
in·mar·riage [ínmæridʒ] *n.* ① 동족 결혼 (endog-
INMARSAT [ínmɑːrsæt] (略) 《통신》 International Marine Satellite Organization (국제 항해 위성 기구).
*****in·mate** [ínmèit] *n.* **1** 입원한 사람, 입소자, 수용자; 수형자(受刑者), **2** 《고어》 동거인, 기식자.
in me·di·as res [in míːdiæs ríːz] 《라틴》 (=in the middle of things) 사건의 중심에서. ¶ He began his story *in medias res*. 그는 이야기를 사건의 중심에서부터 시작했다.
in me·mo·ri·am [ìn mimɔ́ːriəm, -riæm / -mɔ́ːr-] [비문 따위에 써서] …의 기념으로(in memory of). [= to the memory of). [< L
in-mesh [ínméʃ] *vt.* =enmesh.
in·mi·grant [ínmáigrənt] *adj.* 국내의 한 지역에서 다른 지역으로 이주해 온. ¶ *in-migrant* workers 이입(移入) 노동자. ─ *n.* 국내의 다른 지역에서 이주해 온 사람(동물).
in·mi·grate [ínmáigreit] *vi.* (**-grat·ed**, **-grat·ing**) 같은 나라의 다른 지역에서 이주하다.
in·mi·gra·tion [ínmaigréi(ə)n] *n.* ① 〔다른 지역에서의〕 이주, 전입(轉入).
in·most [ínmòust] *adj.* **1** 가장 깊은, 가장 안쪽의. ¶

the *inmost* recesses of a forest 숲의 제일 깊숙한 곳. **2** 깊이 마음에 간직한, 마음속 깊은 ¶ one's *inmost* thoughts 마음속 깊이 간직한 생각.

‡**inn** [in] *n.* 여인숙, 여관, [작은] 호텔. ¶ a country *inn* 시골 여관. [古]술집(tavern).
the Inns of Court 《英》① 법학 회관[Inner Temple, Middle Temple, Lincoln's Inn, Gray's Inn 의 4개의 건물로 이루어진다]. ② 위의 4법학 협회[영국의 법학 교육·변호사 검정의 기관으로 London 에 있다].

in·nards [ínərdz] *n. pl.* 《복수 취급》《美口語》 내장, 위, 창자; [물건의] 내부.

in·nate* [inéit, ´-´ / ínéit] *adj.* **1 타고난(inborn), 선천적이. **2** [무생물에 대하여] 고유의, 본질적인; 〔철학〕본유(本有)의, 본유적인. ~·ly *adv.* ~·ness *n.* ¶ *innate* stress of a word 단어의 본래의 강세(强勢).

‡**in·ner** [ínər] *adj.* **1** 안의, 내부(안쪽)의. ⇒ INSIDE [類語] *cf.* outer; 깊숙한 곳의. ¶ an *inner* cabinet 내각 안의 내각(실력자들). **2** 친밀한, 은밀한(secret). ¶ the *inner* circle of one's friends 친구 중에서 아주 친한 친구들. **3** 정신적인(spiritual), 내면적인. ¶ Inner Light 내적인 빛[Quaker 교도의 신조로 각자의 마음속에 있는 그리스도의 빛을 가리킨다]. — *n.* 과녁의 내권(內圈) 중앙의 별에서 하나 바깥쪽의 원.
~·ly *adv.* ~·ness *n.*

ínner bár *n.* 〔英법률〕 [변호사석(bar)에서 변호할 특권이 있는] 최선(勅選) 변호인단.

ínner círcle *n.* 권력 중추부의 측근(側近) 그룹.

ínner cíty *n.* 《美》 대도시 중앙의 저소득자 거주 지역.

in·ner-di·rect·ed [ínərdiréktid] *adj.* 내부 지향의, 비순응형(非順應型)의.

ínner éar *n.* 내이(內耳) (internal ear).

ínner mán *n.* (the ~) **1** 〔육체에 대한〕 마음, 영혼(soul), 정신. **2** 〔익살〕 위, 식욕(appetite). ¶ refresh (or warm) the *inner man* 배를 채우다.

ínner Mongólia *n.* 내몽고. *cf.* Mongolia

**in·ner·most* [ínərmòust] *adj.* 가장 깊숙한, 가장 안쪽의(inmost). — *n.* (the ~) 가장 깊은 곳, 최심부.

in·ner·sole [—-sòul] *n.* = insole.

ínner spáce *n.* 〔U〕 바다 밑의 세계. **2** 정신의 영역.

in·ner·spring [ínərspríŋ] *adj.* 〔限定的〕《美》 나선 용수철(스프링)이 든. ¶ an *innerspring* mattress 스프링이 든 매트리스.

ínner túbe *n.* [자전거 따위의] 튜브.

in·ner·vate [inə́:rveit, ínərvèit] *vt.* (-vat·ed, -vat·ing) **1** 신경(조직)을 자극하다(stimulate). **2** …에 신경을 분포시키다.

in·ner·va·tion [ìnə(:)véi∫(ə)n] *n.* 〔U〕 **1** 신경을 자극하기, 신경 감응. **2** 〔해부〕 신경 분포.

in·nerve [inə́:rv] *vt.* (-nerved, -nerv·ing) …에 활기를 불어넣다, 고무하다(invigorate, animate).

in·ning* [íniŋ] *n.* (*英)에서는 (*, 1, 2, 3의 의미에서는 복수형을 쓰고 단수 취급) **1 〔야구〕 이닝, 회(回). ¶ the first half of the eighth *inning* 5회 초. **2** 〔크리켓〕타격순. ¶ He will have his *innings* next. 그는 다음의 타순이 된다. **3** 〔정당의〕 정권 담당 기간, 〔개인의〕 활약기; 활동의 기회. ¶ Now our party will have its *inning*. 이번에는 우리 당이 정권을 잡을 차례다. **4** [소택지나 범람지의] 매립; (종종 ~s) [바다 따위의] 매립지. **5** 〔농업〕 수확(harvesting).

ínn·keep·er [ínkì:pər] *n.* 여인숙 주인.

‡**in·no·cence** [ínəsns] *n.* 〔U〕 **1** 순결, 청정; 정절(chastity). **2** 무죄, 결백(guiltlessness). ¶ The prisoner proved his *innocence*. 죄수는 자신의 결백을 입증했다. **3** 순진, 천진난만, 티없음(simplicity). ¶ in all *innocence* 아주 순진하게. **4** 무지, 무분별(ignorance). **5** 무해(harmlessness). **6** 〔C〕 순진한 사람, 호인. **7** 〔C〕 [북미의 꼭두서니과의] 살갈초(bluet). **8** 〔C〕 [꿀풀과의] 콜린시아 풀류. ínnocent *adj.*

in·no·cen·cy [ínəsnsi] *n.* = innocence 1-5.

‡**in·no·cent** [ínəsnt] *adj.* **1** 순결한, 청순한(pure). **2** 〔법률상〕 죄없는, 결백한. *cf.* guilty ¶ They are *innocent* of this crime. 그들이 이 죄를 저지르지는 않았다. [類語] innocent 죄를 저지르지 않았다는 뜻에서 또 나쁜 일을 저지를 의도·성격을 가지고 있지 않다는 것을 암시하는 말: be proved *innocent* 무죄임이 입증되다. blameless 도덕적으로 비난받거나 책임을 지거나 해야 할 점이 없는: lead a *blameless* life 양심에 거리낌없는 생활을 하다. guiltless 구체적인 범죄의 용의에 대하여 그 죄를 저지르지 않았음을 뜻하는 말: be *guiltless* of murder 살인죄는 범하지 않다.
3 악의가 없는. ¶ an *innocent* mischief 악의없는 장난. **4** 해가 없는(harmless). ¶ an *innocent* prank 악의없는 장난. **5** 《口語》 …이 없는(devoid) (*of* …). ¶ a face *innocent* of cosmetics 화장기가 없는 얼굴. **6** 무심한, 천진 난만한(simple); 〔지혜가〕 모자라는, 호인의. ¶ *innocent* children 천진 난만한 아이들.
— *n.* **1** 결백한 사람; 천진 난만한 아이; 죄없는 사람. **2** 바보, 머리가 모자라는 사람(simpleton, idiot).
◇ ~·ness *n.*

‡**in·no·cent·ly** [ínəsntli] *adv.* 천진난만하게. 「Day.

Ínnocents' Dáy *n.* (the ~) = Holy Innocents

in·noc·u·ous [inάkjuəs / inɔ́k-] *adj.* 해가 없는(harmless), [특히 뱀 따위가] 독이 없는.
~·ly *adv.* ~·ness *n.*

in·nom·i·nate [inάminit / inɔ́m-] *adj.* 이름 없는.
the *innominate* bone 〔의학〕 무명골(無名骨).

in·no·vate [ínou)vèit] *v.* (-vat·ed, -vat·ing) *vi.* 쇄신하다, 혁신하다, 새로운 국면을 열다(*in, on, upon …*). — *vt.* [새로운 사물]을 받아들이다.

in·no·va·tion* [ìnou)véi∫(ə)n] *n.* **1 새 기틀, 신제도. **2** 〔U〕 혁신, 쇄신, 기술 혁신.

in·no·va·tion·al [ìnou)véi∫(ə)nl] *adj.* 혁신의, 쇄신의; 신제도의; 혁신적인.

in·no·va·tive [ínou)vèitiv] *adj.* 혁신적인.

in·no·va·tor [ínou)vèitər] *n.* 개혁자, 혁신자.

in·no·va·to·ry [ínou)vətɔ̀:ri / -vèitəri] *adj.* = innovative.

in·nox·ious [inάk∫əs / inɔ́k-] *adj.* 해롭지 않은, 독이 없는.

in nu·bi·bus [in n(j)ú:bibəs] 《라틴》(= in the clouds) 구름 속에; 막연한.

in·nu·en·do [ìnjuéndou] *n.* (*pl.* -dos *or* -does) **1** 풍자, 빗대어 빈정거리기(insinuation), 암시. **2** 〔법률〕 [소송 중에서의] 주석적 문구. — *adv.* [법률] 즉 [소송 서류 속에서 설명적 문구 앞에 썼던 말] (namely). — *vi.* 빗대어 빈정거리다, 암시하다.

**in·nu·mer·a·ble* [in(j)ú:m(ə)rəbl / injú:-] *adj.* 무수한, 헤아릴 수 없는. ⇒ NUMEROUS [類語]
~·ness *n.* -bly *adv.*

in·nu·mer·ate [in(j)ú:m(ə)rit / injú:-] *adj.* 수학(과학)을 모르는(이해 못하는). — *n.* 수학을 모르는 사람.

in·nu·mer·ous [in(j)ú:m(ə)rəs / injú:-] *adj.* = innumerable.

in·nu·tri·tion [ìn(j)u(:)trí∫(ə)n / ìnju:-] *n.* 〔U〕 영양 불량, 영양 결핍.

in·nu·tri·tious [ìn(j)u(:)trí∫əs / ìnju:-] *adj.* 영양분이 부족한, 자양분이 모자란.

in·ob·serv·ance [ìnəbzə́:rv(ə)ns] *n.* 〔U〕 **1** 부주의, 태만(inattention). **2** [관습·법규 따위의] 무시, 위반.

in·ob·serv·ant [ìnəbzə́:rv(ə)nt] *adj.* **1** 부주의한, 태만한. **2** [관습·법규 등을] 지키지 않는, 무시하는.

in·oc·u·la·ble [inάkjuləbl / -5k-] *adj.* 〔병균을〕 심을 수 있는, 접종(接種) 가능한.

in·oc·u·lant [inάkjulənt / -5k-] *n.* = inoculum.

in·oc·u·late [inάkjulèit / -5k-] *v.* (-lat·ed, -lat·ing) *vt.* **1** …에 예방 접종하다, 〔병균〕을 심다. ¶ (~+目 前+名) *inoculate* a person *with* a virus; *inoculate* a

in·oc·u·la·tion [inàkjuléiʃ(ə)n / -ʃ-] n. ①© 1 접종, 종두. ¶ protective *inoculation* 예방 접종. 2 [사상 따위의] 부식(扶植), 감화(infection). 3 눈접, 접목. 4 [농업] 토양의 개량.

in·oc·u·la·tive [inákjuléitiv / -ʃkjulə-] adj. 접종의.
in·oc·u·la·tor [inákjuléitər / -ʃk-] n. 1 접종하는 사람. 2 [사상 따위의] 고취자. 3 접목하는 사람.
in·oc·u·lum [inákjuləm / -ʃk-] n. (pl. **-la** [-lə]) 접종 재료(세균·포자(胞子)·바이러스 따위).

in·o·dor·ous [inóudərəs] adj. 냄새가 없는, 무취의, 향기가 없는(odorless).

in·of·fen·sive [ìnəfénsiv] adj. 해롭지 않은(harmless), 모난 데가 없는, 눈에 띄지 않는, 악의 없는. ~**ly** adv. ~**ness** n.

in·of·fi·cious [ìnəfíʃəs] adj. 1 [법률] 도덕적 의무에 어긋나는(를 무시한) (undutiful). 2 맡은 일(직무)이 없는, 3 쓸모없는, 무효의.

in·op·er·a·ble [inápərəbl / -ɔ́p-] adj. 1 실행(실시)할 수 없는. 2 수술 불가능의. ¶ an *inoperable* cancer 수술 불가능의 암.

in·op·er·a·tive [inápəréitiv, -ətiv, -ɔ́p-(ə)rətiv] adj. 1 [법률 따위가] 효력이 없는. 2 작용하지 않는, 효력이 없는. ¶ *Inoperative* remedies 효력이 없는 의약. ~**ness** n.

in·op·por·tune [ìnàpərt(j)úːn / ìnɔ́pətjùːn] adj. 때가 나쁜, (때(형편)가 좋지 않은, 시기를 놓친(unseasonable). ¶ An *inopportune* call delayed us. 뜻밖의 방문을 받아 우리는 늦어졌다. ~**ly** adv. ~**ness** n.

in·or·di·na·cy [inɔ́ːrdinəsi] n. ① 도에 넘침, 터무니없음; ⓒ 터무니없는 행위.

in·or·di·nate [inɔ́ːrd(i)nit] adj. 1 어이없는, 과도한. ⇨ EXCESSIVE [類語] ¶ *inordinate* demands 어이없는 요구. 2 무질서한, 혼란된(disorderly). 3 [행동 따위가] 무절제한, 멋대로의. 4 불규칙한(irregular). ¶ *inordinate* working hours 불규칙한 노동 시간. ~**ly** adv. ~**ness** n.

*in·or·gan·ic [ìnɔːrɡǽnik] adj. 1 생활 기능이 없는, 생명력이 없는(inanimate). 2 [정치·사회 따위가] 조직·체계가 없는. 3 [화학] 무기(無機)의. opp. organic ¶ an *inorganic* matter 무기물 / *Inorganic* compound 무기 화합물 / *Inorganic* chemistry 무기 화학. 4 본질적이 아닌(extraneous). 5 [음성·문자 등이] 어원적이 아닌.

in·or·nate [ìnɔːrnéit] adj. 꾸밈이 없는; 간소한(simple), 수수한(plain).

in·os·cu·late [inάskjulèit / -ɔ́s-] v. (**-lat·ed, -lat·ing**) vi. 1 [혈관 따위가] 접합하다. 2 [사물 따위가] 서로 얽히다. 3 [밀접하게] 합체(合體)하다, 섞이다(blend). — vt. 1 [혈관 따위를] 접합시키다. 2 [사물 따위를] 서로 얽히게(꼬이게) 하다. 3 …을 합체시키다; …을 섞다.

in·os·cu·la·tion [inàskjuléiʃ(ə)n / -ɔ́s-] n. ① [혈관 따위의] 접합, 문합(吻合). 2 결합, 도합, 섞임.

in·o·si·tol [inóusitòul, -tɔ̀ːl / -tɔ̀l] n. ① [생화학] 이노시톨[동물 따위의 발육에 필요한 비타민 B 복합체의 하나].

in·o·trop·ic [ìnətrápik / -trɔ́p-] adj. [의학] 근육의 수축을 지배하는, 변력(變力)(성)의.

INP (略) index number of *p*rices(물가 지수); *I*nternational *N*ews *P*hoto.

in·pa·tient [ínpèiʃ(ə)nt] n. 입원 환자. cf. outpatient
in per·pe·tu·um [in pərpétʃuəm / -tju-] (라틴) (= in perpetuity) 영구히.

in·phase [ínfèiz] adj. [물리·전기] 동위상(同位相)의.
in·plant [ínplæ̀nt / -plάːnt] adj. 공장 안의. ¶ an *in-plant* training program 공장내 훈련 계획.

INPO (略) *I*nstitute of *N*uclear *P*ower *O*perations (원자력 발전 운영 협회).

in pos·se [in pάsi / -pɔ́si] (라틴) (= in possibility) 잠재적으로, 본위, 본위 으로. cf. in esse

in·pour [ínpɔ́ːr / -pɔ́ː] vi., vt. 흘러들다, 쏟아지다.
in·pour·ing [ínpɔ́ːriŋ / -pɔ́ːr-] n. ①© 유입(流入); 증가(addition), 쇄도.

in pro·pri·a per·so·na [in próupriə pərsóunə] (라틴) (= in one's own person) 자신이, 본인 스스로, 몸소.

*in·put [ínput] n. ①© 1 [전기] 입력(入力). [컴퓨터] 입력, 인풋[코드화하여 컴퓨터에 넣기; 그 정보]. cf. output 2 [경제] 투입(량). 3 [스코] 기부(contribution). — vt., vi. (**-put·ted, -put·ting**) [컴퓨터] [정보 따위를] 넣다(기억시키다).

in·quest [ínkwest] n. 1 [배심(陪審) 앞에서 하는] 사문(查問), 심리. 2 검시(檢屍) (coroner's inquest). ¶ hold an *inquest* 검시하다. 3 [집합적·복수 취급] 사문 위원; 검시 배심원. 4 결정, 판결(decision).

in·qui·et [inkwáiət] (고어) adj. 조용하지 않은, 불안한, 혼란된. — vt. …의 평화를 깨뜨리다, …을 불안하게 하다(disquiet).

in·qui·e·tude [inkwáiit(j)ùːd / -tjùːd] n. ① 1 불안, 마음의 동요(uneasiness). 2 (~s) 불안한 생각, 걱정.

*in·quire [inkwáiər], (**enquire**) v. (**-quired, -quir·ing**) vt. …을 묻다, 문의하다. 1 ASK 類語 ¶ *inquire* the way to …으로 가는 길을 묻다 // (~+目+前+名) *inquire* weather conditions *of* the weather bureau 기상대에 날씨를 알아보다. // (~+目+前+名+副, 節) I *inquired* [*of* him] *when* he would come. 그에게 언제 오겠느냐고 물었다 // (~+wh. to do) He *inquired* how to handle it. 그는 그것을 어떻게 다루느냐를 물었다. — vi. 1 질문을 하다, 묻다(*of*…). ¶ (~+前+名) I *inquired* of him about the result of the game. 그에게 경기의 결과를 물었다. 2 [일을] 조사하다(*into*…). ¶ (~+前+名) *inquire into* a murder case 살인 사건을 조사하다.

inquire after …의 안부(건강)를 묻다, 병문안을 하다.
inquire for ① …의 안부를 묻다. ② [가게의 물품]에 대하여 문의하다. ③ …에게 면회를 청하다.
◇ inquíry, inquisítion n. inquísitive adj.

*in·quir·er [inkwáiərər / -kwáiərə] n. 심문하는 사람, 조사하는 사람, 탐구자.

in·quir·ing [inkwáiəriŋ / -kwáiər-] adj. 1 듣고 싶어 하는, 캐묻기 좋아하는, 호기심 많은(curious). 2 묻고 싶은 듯한, 미심쩍은. ~**ly** adv.

*in·quir·y [inkwáiri, ≟≟-, ínkwəri / inkwáiəri], (**enquiry**) n. ①© (pl. **-quir·ies**) 1 질문(question); 문의, 조회. ¶ make *inquiries about* …에 대하여 묻다. 2 [사건 따위의] 조사, 취조, 심리. ⇨ EXAMINATION 類語 ¶ on *inquiry* 조사한 결과 / a court of *inquiry* (군사 관계의) 사문 회의 // make *inquiries into* a bribery case 뇌물 사건을 조사하다 / The committee held (made) an official *inquiry into* the matter. 위원회는 그 문제를 공식적으로 조사했다. 3 연구, 탐구.
◇ inquíre v.

inquíry àgency n. (英) 흥신소.
inquíry àgent n. (英) 사립 탐정.
inquíry òffice n. (英) [호텔·역 등의] 접수처, 안내소(美) information desk).

*in·qui·si·tion [ìnkwizíʃ(ə)n] n. 1 ① [철저한] 조사, 탐구(inquiry). 2 [배심·공적 기관의] 사실 심리, 심문; 취조; 조서, 조사 보고서. 3 (the I-) [가톨릭] 종교 재판소, 이단 심문소(異端審問所) [13-19세기 유럽에서 이교(異敎)의 적발과 이단자의 처벌에 종사].

◇ inquíre v., inquísitive adj.
in·qui·si·tion·al [ìnkwizíʃ(ə)l] adj. 조사의, 심리의; 종교 재판소(이단 심문소)의.
***in·quis·i·tive** [inkwízitiv] adj. 1 자꾸 무엇을 알고 싶어하는, 호기심이 강한(curious) (about, after ...). 2 캐묻기 좋아하는, 꼬치꼬치 캐묻는(prying).
— n. 캐묻기 좋아하는 사람.
~·ly adv. ~·ness n. ◇ inquíre v., inquisítion n.
in·quis·i·tor [inkwízitər] n. 1 취조하는 사람, [관직으로서의] 심문관, 조사관. 2 (I-) [가톨릭] 종교 재판관, 이단 심문관. ¶ the Grand *Inquisitor* 종교 재판소장, 이단 심문소장 / the *Inquisitor*-General [스페인의] 종교 재판소장.
in·quis·i·to·ri·al [ìnkwìzitɔ́:riəl / -tɔ́r-] adj. 1 심문관(종교 재판관)의. 2 엄하게 취조하는. 3 캐묻기 좋아하는(prying). ~·ly [-əli] adv. ~·ness n.
in re [in ríː, +羮 -réi] ···에 관하여. [<L in the matter of]
in-res·i·dence [inrézid(ə)ns] adj. 《보통 복합어로 만들어》[예술가·의사 등이 본업을 가지면서 대학·연구소 따위에 살며] 가르치는. ¶ a writer-(or a physician-)*in-residence* at a university 대학에 살면서 가르치는 작가(의사).
INREU 《略》 [航空] *i*nternational *n*oise *r*eference *u*nit (국제 소음측정 단위).
I.N.R.I. 《略》 [라틴] *I*esus *N*azarenus, *R*ex *I*udaeorum (유대인의 왕 나사렛 예수).
in·road [ínròud] n. 1 (보통 ~s) 침해, 잠식, 먹어들어 감(encroachment). ¶ American automobiles are going to make *inroads* into (or on, upon) the European market. 미국 자동차가 유럽 시장에 진출하려 하고 있다. 2 침입, 내습(raid), 침략(foray).
in·rush [ínrÀʃ] n. 난입, 쇄도, 침입, 유입(influx).
INS 《略》 *I*nternational *N*ews *S*ervice [UP와 합병하여 현재는 UPI]; 《美》 *I*mmigration and *N*aturalization *S*ervice(이민 귀화국); *i*nertial *n*avigation *s*ystem (관성 항법 장치); *I*nformation *N*etwork *S*ystem (고도 정보 통신 시스템).
ins. 《略》 *ins*hes; *ins*pector; *ins*ulated; *ins*urance.
in·sal·i·vate [insǽlivèit] vt. (-vat·ed, -vat·ing) [음식]에 침을 섞다.
in·sal·i·va·tion [insæ̀livéiʃ(ə)n] n. ⓤ [음식을 씹는데 따른] 타액(唾液) 혼입.
in·sa·lu·bri·ous [ìnsəlú:briəs] adj. [기후 따위가] 몸에 나쁜(해로운), 건강에 좋지 않은(unhealthy).
in·sa·lu·bri·ty [ìnsəlú:briti] n. ⓤ [기후 따위가] 건강에 좋지 않음(unhealthiness).
‡**in·sane** [inséin] adj. (-san·er, -san·est) 1 정신 이상의, 미친. ⇨ MAD [類語] 2 광인(용)의. ¶ an *insane* asylum (or hospital) 정신 병원. 3 미치광이 같은, 비상식적인(senseless). ¶ an *insane* attempt 엉뚱한 시도. ~·ly adv. ~·ness n. ◇ insánity n.
in·san·i·tar·y [insǽnitèri / -t(ə)ri] adj. 비위생적인, 건강에 좋지 않은(unhealthy).
***in·san·i·ty** [insǽniti] n. (pl. -ties) 1 ⓤ 정신 이상, [법률] 정신 착란[형법에서 책임질 능력이 없는 정신 이상]; 광기(madness). 2 미친 짓, 어리석은 짓 (extreme folly). ◇ insáne adj.
in·sa·tia·bil·i·ty [insèiʃ(i)əbíliti] n. ⓤ 만족할 줄 모름, 탐욕.
in·sa·tia·ble [inséiʃ(i)əbl] adj. 만족할 줄 모르는, 매우 탐욕스러운(very greedy) (of...). ¶ an *insatiable* desire for wealth 부(富)에의 한없는 욕망.
~·ness n. -bly adv.
in·sa·ti·ate [inséiʃiit] adj. 만족할 줄 모르는, 매우 탐욕스러운(insatiable) (of...). ~·ly adv. ~·ness n.
in·scape [ínskeip] n. 구성 요소, 본질.
***in·scribe** [inskráib] vt. (-scribed, -scrib·ing) 1 [문자·기호 따위]를 쓰다, [비석 따위]에 적다, 새기다 (engrave). ¶ (~+圄+前+图) *inscribe* one's name in a book (a page) 책(페이지)에 이름을 적다/*inscribe* the monument *with* the poet's name and one of his poems 기념비에 시인의 이름과 그의 시 한 편을 새기다. 2 [헌사(獻辭)·이름 따위]를 적어(책·사진)를 헌정하다, 보내다(dedicate). ¶ (~+圄+前+图) *inscribe* a book *to* a person. 남에게 책을 바치다. 3 ···을 마음에 새기다. ¶ The scene is deeply *inscribed in* her memory. 그 광경은 그녀의 기억에 깊이 새겨져 있다. 4 [공식적인 명부 따위에] ···을 기입하다, 등록하다; 《英》 [주주]를 등록하다. ¶ an *inscribed* stock 등록 주식. 5 [기하] ···을 내접(內接)시키다. cf. circumscribe ¶ an *inscribed* circle 내접원(圓).
◇ inscríption n., inscríptive adj.
in·scrib·er [inskráibər] n. 1 [비 따위에] 새기는 사람. 2 헌정인(獻呈人).
in·scrip·tion [inskríp(ə)n] n. 1 [비·화폐 따위의] 명각(銘刻), 비문, 제명(題銘), 명(銘). 2 [책의] 헌정사(서명). 3 《英》 [증권의] 등록; (~s) 등록 공채(중권). ◇ inscríbe v.
in·scrip·tion·al [inskríp(ə)l] adj. 비문의, 헌사의.
in·scrip·tive [inskríptiv] adj. 명(銘)의, 각명(刻銘)의, 비명의; 비명 같은.
in·scru·ta·bil·i·ty [inskrù:təbíliti] n. ⓤ 헤아릴 수 없음, 불가해, 불가사의.
in·scru·ta·ble [inskrú:təbl] adj. 헤아릴 수 없는, 불가해한, 수수께끼 같은. ⇨ MYSTERIOUS [類語] ¶ the *inscrutable* decrees of Providence 헤아릴 수 없는 신의 섭리.
~·ness n. -bly adv.
in·seam [ínsìːm] n. [바지의] 가랑이에서 단까지의 솔기; [구두·장갑 따위의] 안쪽 솔기.
‡**in·sect** [ínsekt] n. 1 [곤충] 곤충. 2 [일반적으로] 벌레, 3 [벌레같은] 하찮은 인간, ── adj. 1 곤충의 (같은). ¶ an *insect* cabinet 곤충 표본상자 / an *insect* net 포충망(捕蟲網). 2 천한.
in·sec·tar·i·um [ìnsektέ(ː)riəm / -tέər-] n. (pl. -i·ums or -i·a [-tέ(ː)riə / -tέəriə]) 곤충 사육장, 곤충관.
in·sec·ti·cid·al [insèktisáidl] adj. 살충(제)의.
in·sec·ti·cide [inséktisàid] n. 살충[제].
in·sec·ti·fuge [inséktifjùːdʒ] n. 제충제, 구충제.
in·sec·ti·vore [inséktivɔ̀ːr / -vɔ̀ː] n. 식충 동물(식물).
in·sec·tiv·o·rous [ìnsektívərəs] adj. 벌레를 먹는, 식충(성)의.
in·sec·tol·o·gy [ìnsektáládʒi / -tɔ́l-] n. ⓤ 곤충학.
ínsect pówder n. ⓤ 제충(살충)분(粉).
in·se·cure [ìnsikjúər] adj. 1 위험한, 안전하지 않은(unsafe). 2 불안한, 걱정스러운, 확신할 수 없는. 3 [토대 따위가] 튼튼하지 못한, [지위·처지 따위가] 불안정한. ⇨ UNCERTAIN [類語] ¶ an *insecure* position 불안정한 지위. 4 믿을 수 없는(unreliable). ¶ an *insecure* promise 믿을 수 없는 약속.
~·ly adv. ~·ness n. ◇ insecúrity n.
in·se·cu·ri·ty [ìnsikjú(ː)riti / -kjúəri-] n. (pl. -ties) 1 ⓤ 불안정, 불확실(uncertainty); 위험. 2 불안정(불확실)한 것. ◇ insecúre adj.
in·sem·i·nate [insémənèit] vt. (-nat·ed, -nat·ing) 1 [씨]를 뿌리다(sow); [씨]를 심다(implant). 2 ···에 수정(受精)시키다(impregnate).
in·sem·i·na·tion [insèmənéiʃ(ə)n] n. 1 씨뿌리기, 파종. 2 [생물] 매정(媒精), 수정(授精). ¶ artificial *insemination* 인공 수정.
in·sen·sate [insénseit, -sit] adj. 1 감각(지각)이 없는; 생명이 없는(inanimate), 비정의. 2 무정한(unfeeling), 잔혹한(brutal); [···에 대한] 감수성이 없는. 3 이성이 없는(senseless), 어리석은(stupid).
~·ly adv. ~·ness n.
***in·sen·si·bil·i·ty** [insènsəbíliti] n. ⓤ 1 무감각, 둔감(to...); 무의식, 인사 불성(unconsciousness). 2 무심경; 무정, 냉담(to...). ◇ insénsible adj.
‡**in·sen·si·ble** [insénsəbl] adj. 1 느끼지 못하는, 무감

각한(*of, to...*). ¶ be *insensible to* pain (shame) 고통 (부끄러움)을 느끼고자 못하다. **2** [인사 불성의(unconscious), 감각이 마비된. ¶ a hand *insensible* from cold 추위로 곱은 손 / fall *insensible* 인사 불성이 되다. **3** 느끼지(알지) 못하는, 감수성이 없는, 무신경한, 냉담한 (*of*...). **4** [알아볼 수 없을 만큼] 근소한 (imperceptible), 아주 느린. ¶ by *insensible* degrees 매우 서서히. ~ness *n*. -bly *adv*. ◇ insensibílity *n*.
in·sen·si·tive [insénsitiv] *adj*. 무감각한, 둔감한, 감각이 무딘. ¶ the *insensitive* sole of a foot 감각이 무딘 발바닥 // *insensitive to* cold 추위를 느끼지 않다.
~ly *adv*. ~ness *n*.
in·sen·si·tiv·i·ty [insènsitíviti] *n*. ⓤ 무감각, 둔감.
in·sen·ti·ence [insénʃ(i)əns] *n*. ⓤ 비정, 생명(지각력) 이 없음.
in·sen·ti·ent [insénʃ(i)ənt] *adj*. 지각력이 없는, 비정의, 생명이 없는(lifeless).
insep. 《略》 inseparable.
in·sep·a·ra·bil·i·ty [insèpərəbíliti] *n*. ⓤ 분리 하지 못함, 불가분(不可分).
*****in·sep·a·ra·ble** [insép(ə)rəbl] *adj*. 분리할 수 없는, 헤어질 수 없는, 나눌 수 없는. —— *n*. (보통 ~s) 분리할 수 없는 것, 떨어질 수 없는 사람, 친우.
~ness *n*. -bly *adv*.
‡**in·sert** *vt*. [insə́ːrt → *n*.] **1** ...을 삽입하다, 끼워 넣다 (thrust); 써넣다. ¶ (~+图+前+图) *insert* a coin *into* the slot 구멍에 돈을 넣다 / *insert* a word *between* two words 두 단어 사이에 한 단어를 써넣다. **2** ...을 신문에 게재하다. ¶ (~+图+前+图) *insert* an ad *in* a magazine 잡지에 광고를 싣다. —— *n*. [ínsəːrt] 삽입물; [신문 따위에] 끼워넣는 페이지; [영화·텔레비전 따위의] 삽입 자막(cut-in). ◇ insértion *n*.
in·sert·ed [insə́ːrtid] *adj*. **1** 삽입한. **2** [해부] [근육의 일단(一端) 따위에] 부착한. **3** [식물] [꽃의 부분 따위에] 착생(着生)한.
in·sert·er [insə́ːrtər] *n*. 삽입하는 사람.
*****in·ser·tion** [insə́ːrʃ(ə)n] *n*. **1** ⓤ 삽입, 끼워 넣기. **2** 삽입물, [어구 따위의] 써넣기; [신문·잡지 따위의] 끼워 넣는 광고(문). ¶ an *insertion into* a text 교과서에 써넣기. **3** ⓤⓒ [동·식물] [기관의 일부의] 착생(着生) [점]. **4** ⓤⓒ [레이스나 자수 따위의] 끼워넣기. **5** ⓤ [우주선의(을)] 어떤 천체를 도는 궤도에 들어가기(올려놓기). ◇ insért *v*.
in·serv·ice [ínsə́ːrvis] *adj*. 근무중의, 재직중의. ¶ *in-service* training 현직 교육.
in·set *n*. [ínset → *v*.] **1** 삽입물, 끼워넣는 페이지. **2** [지도·사진 따위의 구석에 넣은] 작은 지도, 삽입한 그림. **3** 유입, 침입(influx). —— *vt*. [insét] (-set, -set·ting) ...을 끼워 넣다, 삽입하다.
in·shoot [ínʃùːt] *n*. [야구] 인슈트. opp. outshoot
in·shore [ínʃɔ̀ːr / -ʃɔ́-] *adj*. 해안에 가까운, 근해의, 연안의. opp. offshore ¶ *inshore* patrol 연안 패트롤 / The ship lay *inshore*. 배는 연안에 정박하고 있었다.
—— *adv*. 해안에, 근해에; 해안을 향하여. ¶ The boat went closer *inshore*. 보트는 차츰 해안 쪽으로 접근했다. *inshore of* ...보다도 해안에 가까이; 해안 가까이.
in·shrine [inʃráin] *vt*. (-shrined, -shrin·ing) 《고어》 = enshrine.
‡**in·side** [ínsáid, ´-`] *prep*. **1** ...의 내부에, ...의 안쪽에. ¶ *inside* a box 상자 안쪽에. **2** 《시간》 ...이내에. ¶ *inside* an hour 1시간 이내에.
—— *adv*. **1** 내부에, 안쪽에(internally). **2** 옥내에[서] (indoors). ¶ go (play) *inside* 실내에 들어가다 (에서 놀다). **3** 마음속에.
inside of ...이내에(within), ...되기 전에. ¶ He'll be back *inside of* an hour. 그는 한 시간 안에 돌아올 것이다.
—— *adj*. **1** 안쪽의, 내부의. ¶ an *inside* seat 안쪽 자

리. **2** 옥내에서 일하는. ¶ an *inside* man 내근자. **3** 내막의, 비밀의; 잘 아는. ¶ *inside* information 내부의 소식. **4** [야구] [투구가] 내각구(内角球)의.
〖類語〗 **inside** 어떤 것의 표면·어떤 일의 한계·범위 안에 있는: an *inside* story 내막 이야기. **inner** 어떤 것보다도 더 중심에 가까운: the *inner* layer of skin 피부의 안쪽 층. **inward** 방향이 안으로 향한: an *inward* movement 안쪽으로의 운동. **internal** 주로 추상적으로 외부에 대하여 내부에 있음을 뜻하는 말: *internal* affairs 국내 문제. **interior** 어떤 것의 표면에 대하여 내부의: *interior* decoration 옥내(내부) 장식.
—— *n*. (보통 the ~) **1** 안쪽, 내부, 내면. ¶ the *inside* of a house 집의 내부 / the *inside* of the hand 손바닥. **2** [인도의] 인가에 가까운 부분, 안쪽. **3** 《종종 ~s》《구어》 배, 위, 창자; 내심(衷中)의 생각. ¶ This is not good for the *inside*. 이것은 몸에 나쁘다. **4** 〖역마차 등의〗 차내석[의 승객]. **5** 내정, 내막.
the inside of a week 《英구어》 주(週)의 중간쯤.
inside out ① 뒤집어서, 뒤엎어서. ¶ turn a coat *inside out* 코트를 뒤집다. ② 《구어》 전적으로, 완전히.
ínside bòok *n*. [내막 따위의] 폭로물 《서적》.
ínside jòb *n*. 《구어》 내부 사람에 의한 범죄. ¶ The robbery was an *inside job*. 그 도난 사건은 내부 사람의 짓이었다.
ínside làne *n*. [서행 쪽의] 주행 차선.
in·sid·er [ínsáidər] *n*. **1** [특정 단체 따위의] 내부 사람, 회원, 부원. *opp*. outsider **2** 《구어》 내막을 잘 알고 있는 사람, 소식통. **3** 《구어》 유리한 지위의 사람.
insider tráding *n*. [증권] 내부자 거래 (insider deal·ing) [내부 사람이 내부의 비밀 정보를 이용해 행하는 불법 거래].
ínside-the-párk hóme rún [ínsáidðəpɑ́ːrk-] *n*. [야구] 펜스를 넘지 않는 홀런, 러닝 홀런.
ínside tráck *n*. **1** [경기장 따위의] 안쪽의 주로(走路). **2** 유리한 지위(입장). ¶ have (or be on) the *inside track* 유리한 입장을 차지하다.
in·sid·i·ous [insídiəs] *adj*. **1** 남을 함정에 빠뜨리려고 하는, 방심할 수 없는, 교활한. ¶ an *insidious* plot 간계. **2** [병 따위가] 모르는 사이에 진행되는, 잠행성의. ¶ an *insidious* disease 잠행성 질병 / the *insidious* approach of inflation 사람들이 모르는 사이에 진행되는 인플레. ~ly *adv*. ~ness *n*.
‡**in·sight** [ínsàit] *n*. ⓤⓒ 통찰, 식견, 안식, 통찰력. ¶ a man of keen *insight* 통찰력이 날카로운 사람. ¶ have (or gain, get) an *insight into* ...을 꿰뚫어 보다.
in·sig·ni·a [insígniə] *n*. (*pl*. ~, -ni·a or -ni·as) (*sing*. -ni·e [-ni:]) ⓒ (*pl*. -ni·a or -ni·as) 기장(記章) (badge), 훈장 [직업 등의] 표지. ¶ an *insignia* of mourning 상장(喪章) / the *insignia* of an order 훈장. 〖것일〗은, 쓸모없는것.
in·sig·nif·i·cance [ìnsignífikəns] *n*. ⓤ 무의미; 보잘 것 없음.
in·sig·nif·i·can·cy [ìnsignífikənsi] *n*. (*pl*. -cies) = insignificance. **2** 보잘것없는 사람, 쓸모없는 것.
‡**in·sig·nif·i·cant** [ìnsignífikənt] *adj*. **1** 중요하지 않은, 보잘것없는, 가치가 없는, 시시한 (contemptible). ¶ an *insignificant* policy 보잘 것 없는 정책 / *insignificant* details 아무래도 좋은 사소한 것. **2** 〖금액따위가〗 얼마 안 되는, 근소한 (petty). ¶ an *insignificant* sum 얼마 안 되는 금액. **3** 의미가 없는, 무의미한 (meaningless). ¶ *insignificant* phrases 말이 되지 않는 어구. ~ly *adv*. ◇ insignificance *n*.
in·sin·cere [ìnsinsíər] *adj*. 성의가 없는, 불성실한; 거짓의, ~ly *adv*. 위선, 표리. **2** 불성실한 언행.
in·sin·cer·i·ty [ìnsinsériti] *n*. (*pl*. -ties) ⓤ 불성실.
*****in·sin·u·ate** [insínjuèit] *vt*. (-at·ed, -at·ing) **1** ...을 넌지시(돌려서) 말하다, 암시하다, 빗대어 말하다. ◆HINT〖類語〗(~+*that* 節) He *insinuates that* you are a liar. 그는 네가 거짓말쟁이라고 넌지시 말하고 있다. **2** 〖교묘하게〗 〖사상 따위〗를 심다, 주입하다. ¶ (~+图+前+图) *insinuate* doubt *into* a person 남의 마음에 의심

을 심어주다. **3** 《재귀적》[서서히] …에 들어가다, …에게 교묘히 환심을 사다(... into). ¶ (~+囹+前+名) He *insinuated* himself *into* her favor. 그는 교묘히 그녀의 비위를 맞췄다 / She *insinuated* herself *into* good society. 그녀는 상류 사회에 교묘히 끼어들었다.
◇ insinuátion *n.*, insínuative *adj.*

in·sin·u·at·ing [insínjuèitiŋ] *adj.* **1** 암시하는, 돌려서 말하는, 빗대어 말하는. **2** 교묘히 환심을 사는, 아첨하는. ¶ an *insinuating* flattery 교묘히 환심사려는 아첨. **~·ly** *adv.*

in·sin·u·a·tion [insìnjuéiʃ(ə)n] *n.* Ⓤ **1** 빗대어 말함, 넌지시 말함, 암시(hint). **2** [사상 따위를 남의 마음에 교묘히] 불어넣기. **3** 교묘히 끼어들기. **4** 남의 환심을 사기, 영합, 아부. ¶ make one's way by *insinuation* 아부로 출세하다.

in·sin·u·a·tive [insínjuèitiv] *adj.* **1** 빗대어 말하는, 암시적인. **2** 교묘히 환심을 사는, 아첨하는.

in·sin·u·a·tor [insínjuèitər] *n.* **1** 빗대어 말하는 사람. **2** 교묘히 환심을 사는 사람.

in·sip·id [insípid] *adj.* **1** 재미없는, 무미건조한, 지루한. ¶ an *insipid* lecture 지루한 강의 / an *insipid* beauty 아름답지 하지만 재미가 없는 여성. **2** [식사·음료가] 맛이 없는, 풍미가 없는, 김빠진.
~·ly *adv.* **~·ness** *n.*

in·si·pid·i·ty [ìnsipíditi] *n.* (*pl.* -**ties**) **1** Ⓤ 무미[건조]; 지루함. **2** 지루한 것(사람), 평범한 말(생각).

in·sip·i·ence [insípiəns] *n.* Ⓤ 《고어》 바보, 우둔(foolishness).

‡**in·sist** [insíst] *vi., vt.* **1** 강요하다 (*on, upon*...). ¶ (~+前+名) (~+that 節) *insist* on obedience 복종을 강요하다 / I *insist* [*on* it] *that* you shall go there. 네가 그곳에 꼭 가주어야겠다. **2** [자신을 가지고] 강조하다, 단언하다, 주장하다, 역설하다 (*on, upon*...). ¶ (~+前+名) *insist* on a point 어떤 점을 역설하다 // (~+that 節) He *insists* [*on* it] *that* his brother is innocent. 그는 자기 형이 무죄라고 주장하다.
◇ insístent *adj.*, insístence *n.*

*‡**in·sist·ence** [insíst(ə)ns] *n.* Ⓤ 강요; 강조, 주장; 역설 (*on, upon*...). ¶ the teacher's *insistence on* strict discipline 엄하게 교육해야 한다는 그 교사의 주장.

in·sist·en·cy [insíst(ə)nsi] *n.* (*pl.* -**cies**) **1** =insistence. **2** 고집하는 것.

*‡**in·sist·ent** [insíst(ə)nt] *adj.* **1** 강요하는, 주장하는, 역설하는; 고집하는 (*on, upon*...). ¶ an *insistent* demand 강제적인 요구 // He was *insistent on* paying the bill. 그는 자기가 돈을 내겠다고 고집했다. **2** [빛깔·모양·소리 따위가] 눈에 띄는, 주의를 끄는, 두드러진. **~·ly** *adv.* ◇ insíst *v.*, insístence *n.*

in si·tu [in sáit(j)uː / -tjuː] 《라틴》(=in the site) 제자리에, 본래의 장소에.

in·snare [insnέər] *vt.* (-**snared, -snar·ing**) 《고어》 =ensnare.

in·soak [ínsòuk] *n.* Ⓤ [물이] 스며들기; [물을] 흡수[하기].

in·so·bri·e·ty [ìnsou(u)bráiəti] *n.* Ⓤ 부절제(intemperance), 폭음, 폭주(暴酒) (drunkenness).

in·so·far [ìnsoufάːr] *adv.* 《보통 as 와 함께》 …으로는, …하는 한에 있어서는. ¶ *Insofar as* I know, he lives in London. 내가 아는 한 그는 런던에 살고 있다.

insol. (略) insoluble.

in·so·late [ínsouleit] *vt.* (-**lat·ed, -lat·ing**) [건조·소독 따위를] …에 햇볕을 쬐다(쏘이다).

in·so·la·tion [ìnsouléiʃ(ə)n] *n.* Ⓤ **1** 햇볕에 쬐기; 일광욕. **2** 일사병 (日射病) (sunstroke). **3** 《기상》 일사 (日射)〔어떤 물체 또는 어떤 지역으로의 태양의 방사〕.

in·sole [ínsòul] *n.* [구두의] 안창, 깔개 가죽.

***in·so·lence** [íns(ə)ləns] *n.* **1** Ⓤ 오만, 거만, 건방짐, 무례. **2** 오만(거만, 무례)한 언행. ◇ ínsolent *adj.*

***in·so·lent** [íns(ə)lənt] *adj.* 오만한, 거만한, 무례한.
⇒ IMPERTINENT [類語] ── *n.* 거만한 사람. **~·ly** *adv.* ◇ ínsolence *n.*

in·sol·u·bil·i·ty [insὰljubíliti / -sɔ̀l-] *n.* Ⓤ **1** 불용성. **2** 해결할 수 없음, 난해.

in·sol·u·ble [insάljubl / -sɔ́l-] *adj.* **1** 녹지 않는, 녹일 수 없는, 불용성의. ¶ This substance is *insoluble* in water. 이 물질은 물에 녹지 않는다. **2** 풀(해결할) 수 없는, 설명 불능의. ¶ an *insoluble* event 해결할 수 없는 사건. **~·ness** *n.* **-bly** *adv.* ◇ insolubílity *n.*

in·solv·a·ble [insάlvəbl / -sɔ́l-] *adj.* **1** 해결할 수 없는. ¶ an *insolvable* problem 풀 수 없는 문제. **2** 녹지 않는(insoluble). **-bly** *adv.*

in·sol·ven·cy [insάlv(ə)nsi / -sɔ́l-] *n.* Ⓤ 지불 불능, 파산.

in·sol·vent [insάlv(ə)nt / -sɔ́l-] *adj.* **1** 《법률》 지불 불능의, 불충분한 유산. **2** 파산(자)의. ¶ *insolvent* laws 파산법. ── *n.* 지불 불능자, 파산자.

in·som·ni·a [insάmniə / -sɔ́m-] *n.* Ⓤ 〔특히 만성적인〕 불면, 불면증.

in·som·ni·ac [insάmniæk / -sɔ́m-] *n.* 불면증 환자.

in·som·ni·ous [insάmniəs / -sɔ́m-] *adj.* 불면증의, 잠 못 이루는(sleepless).

in·so·much [ìnsou(u)mʌ́tʃ] *adv.* 《that 또는 as 와 함께》 […할] 정도까지, …할 만큼은 (to such a degree), 매우 …이므로(so). ¶ The snow fell in a heavy storm, *insomuch* that all the traffic was interrupted. 심한 폭설로 교통이 끊어버렸을 정도였다.

in·sou·ci·ance [insúːsiəns] *n.* Ⓤ 무관심 (indifference), 부주의, 무사 태평. ⟨<F⟩

in·sou·ci·ant [insúːsiənt] *adj.* 무관심한, 부주의한, 무사태평한 (carefree). **~·ly** *adv.* ⟨<F⟩

insp. (略) inspected, inspector.

in·span [inspǽn] *vt.* (-**spanned, -span·ning**) 〔南아프리카〕 [말·소]를 수레에 매다 (yoke, harness).

in·spect [inspékt] *vt.* **1** …을 점검(검사, 검열)하다 (examine). ¶ He *inspects* our work every evening. 그는 매일 저녁 우리 일을 점검한다. **2** [시찰관 등이] 공식적으로 …을 시찰하다, 검열하다. ¶ *inspect* rear guards 후방 부대를 사열하다. ◇ inspéction *n.*

‡**in·spec·tion** [inspékʃ(ə)n] *n.* Ⓤ© **1** 점검, 검사, 검열. ⇒ EXAMINATION [類語] ¶ a close *inspection* 엄밀한 검사 / a medical *inspection* 건강 진단, 신체 검사 / on the first *inspection* 일단 조사한 뒤에 / *Inspection* free. 《게시》 열람 자유. **2** [시찰관 등의 공식적인] 시찰, 사열. ¶ the consul's *inspection* 영사의 시찰. **3** 검열관(사열관)의 감독 구역. ◇ inspéct *v.*, inspéctional *adj.*

in·spec·tion·al [inspékʃ(ə)nl] *adj.* 점검(검사, 검열)의; 시찰(사열)의.

in·spec·tive [inspéktiv] *adj.* **1** 주의 깊은(watchful). **2** 시찰(검열)하는; 시찰(검열, 점검)의.

‡**in·spec·tor** [inspéktər] *n.* **1** 검사인, 검열자. **2** 사열(검열)관, 감독 (overseer). ¶ an *inspector* of mines 광산 감독관 / an *inspector* of schools; a school *inspector* 장학관. **3** 경위(警部).

in·spec·tor·ate [inspékt(ə)rit] *n.* Ⓤ **1** 검열관(사열관, 검사관)의 직(소관 구역). **2** [집합적] 검열관(사열관)의 일단.

inspéctor géneral *n.* (*pl.* **inspectors g-**) **1** 《주로 美》 감찰 위원장(장관). **2** 《美》 감찰관(監察官).

in·spec·to·ri·al [ìnspektɔ́ːriəl / -tɔ́ːri-], **-to·ral** [inspékt(ə)rəl] *adj.* 검사원의, 검열자(관)의; 감독의; 경위(警部)의.

in·spec·tor·ship [inspéktərʃìp] *n.* Ⓤ 검열관(사열관)의 직.

in·spec·tress [inspéktris] *n.* (inspector 의 여성형) 여성 검열관(사열관) (호텔에서 객실 담당 여종업원의 일을 감독하는 여성).

‡**in·spi·ra·tion** [ìnspiréiʃ(ə)n] *n.* Ⓤ **1** 자극, 격려, 고무; 감화, 영향. ¶ the *inspiration* of one's parents 양

친의 감화. **2** 인스피레이션, 영감, 감흥; ⓒ 영감에 의한 착상, 멋진 생각(착상). ¶ He wrote it with *inspiration*. 그는 영감이 떠올라 그것을 썼다 / have an *inspiration* 좋은 생각이 떠오르다. **3** ⓒ 감화(격려, 영감)를 주는 사람. ¶ The captain was an *inspiration* to his men. 선장은 있음으로 해서 선원들에게 격려가 되었다. **4** [신학] [예언자·사도 등이 받는] 신령의 인도, [특히 성서의 저자가 받은] 영감. *cf.* revelation ¶ moral *inspiration* 도덕적 영감 / verbal *inspiration* 어구 영감. **5** 숨을 들이마심(吸入). *opp.* expiration ◇ inspire *v.*, inspíratory *adj.*

in·spi·ra·tion·al [ìnspiréiʃ(ə)l] *adj.* **1** 영감을 주는, 고무적이라 하는. ¶ an *inspirational* speech 영감적 연설. **2** 영감을 받은(inspired). **3** 신령(神靈)의, 영감의. **~·ly** [-nəli] *adv.*

in·spi·ra·tion·ism [ìnspiréiʃ(ə)nìz(ə)m] *n.* ⓤ〔신학〕영감설(靈感說).

in·spi·ra·tion·ist [ìnspiréiʃ(ə)nist] *n.* 영감설론자.

in·spi·ra·tor [ínspirèitər] *n.* 흡입기; 주사기.

in·spir·a·to·ry [ìnspáirətɔ̀:ri / -spáiərət(ə)ri] *adj.* 흡기(吸氣)의, 흡입의.

‡**in·spire** [inspáiər] *v.* (**-spired, -spir·ing**) *vt.* **1** …을 기운나게 하다, 고무하다, 격려하다. ¶ This success *inspired* us. 이 성공으로 우리는 힘을 얻었다. **2** (감정·사상 따위를) 일으키게 하다, 갖게 하다, 품게 하다. ¶ (~+图+前+名) *inspire* self-confidence in others 남의 마음에 자신감을 품게 해주다. **3** (감정·사상 따위를) 불어넣다, 주입하다(infuse), 고취하다. ¶ (~+图+前+名) *inspire* a person *with* suspicion(patriotism) 남에게 의심(애국심)을 품게 하다. **4** (감화력·감정·사상 따위)에 고무하다, 격려하다(animate). **5** …에 영감을 주다; [영감에 의해서] …을 이끌다. ¶ a meeting *inspired* by God 신의 영감(인도하심)을 받은 집회. **6** …을 부추기다; [소문 따위를] 퍼뜨리게(쓰게) 하다; …을 시사하다(suggest). ¶ His enemies *inspired* false stories about him. 그의 적이 그에 관한 헛소문을 퍼뜨렸다. **7** 〔공기·가스 따위를〕들이마시다(inhale). ─ *vi.* 숨을 쉬다, 숨을 들이마시다. *opp.* expire ◇ inspirátion *n.*, inspíratory *adj.*

in·spired [inspáiərd] *adj.* 영감을 받은; 영감에 의한. ¶ an *inspired* prophetess 영감을 받은 여자 예언자 / an *inspired* word 영감을 받아 한 말. **2** [당국의] 내의(內意)를 받은. ¶ an *inspired* article 어용 기사. **3** 들이마신(inhaled).

in·spir·er [inspáiərər / -páiərə-] *n.* 영감을 주는 사람, 사상을 불어넣는 사람.

in·spir·ing [inspáiəriŋ / -páiər-] *adj.* 기운나게 하는, 고무적인, 활기띠게 하는. ¶ an *inspiring* telegram (speech) 격려 전보(연설). **~·ly** *adv.*

in·spir·it [inspírit] *vt.* …을 힘나게 하다(cheer), 고무하다, 격려하다. ¶ *inspirit* a person *to* an action (*or* to do something) 남을 격려하여 …하게 하다.

in·spir·it·ing [inspíritiŋ] *adj.* 기운나게 하는, 활기띠게 하는. ¶ *inspiriting* words 남의 힘을 북돋우주는 말.

in·spis·sate [inspíseit] *vt., vi.* (**-sat·ed, -sat·ing**) (증기 따위로) 짙게 하다(되다).

in·spis·sa·tion [ìnspiséiʃ(ə)n] *n.* ⓤ [증발 따위로 한] 농밀화(濃密化).

in·spis·sa·tor [ínspisèitər] *n.* 농축기.

inst. (略) instant, instantaneous; institute, institution; instruction, instructor; instrument, instrumental.

in·sta·bil·i·ty [ìnstəbíliti] *n.* ⓤ **1** 불안정. **2** 변덕; 우유 부단. [(stable).

in·sta·ble [instéibl] *adj.* 불안정한; 변덕스러운 (un-

‡**in·stall** [instɔ́:l] *vt.* **1** 〔장치 따위〕를 설치하다(설비하다), 비치하다. ¶ *install* a telephone 전화를 달다. **2** (의식 따위)를 올려 정식으로 취임·지위에 [남]을 임명하다(appoint). ¶ (~+图+前+名) *install* a person *in* an office 남을 어떤 직위에 임명하다. **3** …을 앉히다, 정착하게 하다(settle). ¶ (~+图+前+名) *install* oneself *in* a seat 자리에 앉다.

◇ installátion, instállment *n.*

in·stal·la·tion [ìnstəléiʃ(ə)n, +英 -stɔ:l-] *n.* **1** ⓤ [기계·기구 따위의] 설치, 장치; ⓒ [설치된] 설비, 장치. **2** ⓤ *heating installation* 난방 장치. **2** ⓤ 임명, 임관, 취임. **3** [군사] 군사 시설 [기지·야영 진지 따위].

◇ instáll *v.* [사람. **2** 임명자.

in·stall·er [instɔ́:lər] *n.* **1** [장치 따위]를 설치하는

in·stall·ment¹ [instɔ́:lmənt], (**in·stal·ment**) *n.* **1** 할부[의 1회 불입금]. ¶ buy furniture by ten months' *installments* 10개월 할부로 가구를 사다. **2** [수회에 걸쳐 공급(발행)되는 것의] 1회분. ¶ a serial in six *installments* 6회 연속물 / The story was published in *installments*. 이야기는 몇 차례에 걸쳐 발표되었다.

in·stall·ment² [instɔ́:lmənt], (**in·stal·ment**) *n.* 《고어》= installation.

instállment plán *n.* 《주로 美》할부제(割賦制).

‡**in·stance** [ínstəns] *n.* **1** 경우, 사실(case). ¶ fresh *instances* of cruelty 잔학 행위의 새로운 사실 / in this *instance* 이 경우. **2** [설명·증거 따위로 드는] 예, 실례, 예증. ⇒ EXAMPLE [類語] ¶ an *instance* of carelessness 부주의의 실례. **3** 요구(request), 권유 (solicitation), 의뢰, 시사(suggestion). ¶ at a person's *instance*; at the *instance* of a person 남의 의뢰(시사)에 의하여. **4** 《법률》 소송 [절차]. ¶ a court of first *instance* 제1심 법원. **5** 《고어》 긴급(urgency).

for instance 예를 들면(for example).

in the first instance ⇒ FIRST.

─ *vt.* (**-stanced, -stanc·ing**) **1** …을 예로 들다. **2** …을 예증하다(exemplify).

in·stan·cy [ínstənsi] *n.* ⓤ (*pl.* **-cies**) 긴급; 강요.

‡**in·stant** [ínstənt] *n.* **1** 잠깐, 즉시, 찰나, 일순간. [MOMENT 類語] ¶ for an *instant* 일순간 / in an *instant* 곧, 당장. ¶ […의] 순간, ¶ on the *instant* 즉각 그 자리에서, 즉각, 즉시, 곧바로 / die at the *instant* of contact 접촉하는 순간에 죽다. **3** ⓤ 《구어》 인스턴트 식품.

the instant [*that*] 《접속사적으로 써서》…하자마자, …하자 곧바로. ¶ *The instant* [*that*] he saw the policeman, he ran away. 그는 경찰을 보자 즉각 도망쳤다.

─ *adj.* **1** 즉시의, 즉각적인(immediate). ¶ an *instant* relief 긴급(응급) 구조 / an *instant* death 즉사 / an *instant* response 즉답. **2** 긴박한, 긴급의(pressing). ¶ an *instant* need 긴급의 필요. **3** 이 달의(* 이 뜻으로는 보통 생략형으로 쓴다). *cf.* proximo, ultimo; (略) 현재의(current). ¶ the 10th *inst*. 이달 10일. **4** 곧 사용할 수 있는, 즉석 요리용의. ¶ *instant* coffee 인스턴트 커피. **5** 준비 없는. **6** 열심인, 간절한.

─ *adv.* 급히, 즉각적으로(instantly).

◇ instantáneous *adj.*, ínstantly *adv.*

in·stan·ta·né [F èstɑ̃tane] 《프랑스》 **1** 스냅, 속성 사진(snapshot). **2** 단평(短評)(sketch).

*****in·stan·ta·ne·ous** [ìnst(ə)ntéiniəs] *adj.* **1** 즉석의, 즉시의; 순간적인(immediate). ¶ an *instantaneous* decision 즉결 / an *instantaneous* death 즉사 / the *instantaneous* position of a thing 어떤 것의 순간적인 위치. **2** 동시에 일어나는, 동시적인. **~·ly** *adv.* **~·ness** *n.*

◇ ínstant *n.*

ínstant bóok *n.* 인스턴트 북〔선집(選集)·리프린트처럼 편집이 거의 필요치 않은 책〕.

ínstant cámera *n.* 인스턴트 카메라〔촬영 직후에 카메라 내에서 인화되는 것, Polaroid〔상표명〕따위〕.

in·stan·ter [instǽntər] *adv.* 즉시로.

in·stan·ti·ate [instǽnʃièit] *vt.* (**-at·ed, -at·ing**) 〔추상적·보편적인 것〕을 구체적 예를 들어 나타내다, 예시하다.

in·stant·ize [ínstəntàiz] *vt.* (**-ized, -iz·ing**) 인스턴트 식품화하여 만들다. ¶ *instantized* breakfast. 즉석 아침 식사.

ínstant lóttery *n.*《주로 美》즉석 복권(제비).

ín·stant·ly [ínstəntli] *adv.* 1 즉시, 즉각.
[類語] *instantly* 조금의 지체도 없이 동시에: He was killed *instantly*. 그는 즉사했다. **immediately** *instantly* 와 같은 뜻일 때도 있으나 보통은 약간 뒤짐을 암시: I'm coming *immediately*. 곧 가겠다. **directly, presently** *immediately* 보다 더 늦어짐을 암시; 둘 다 예스러운 말: *Presently* it cleared up. 곧 개었다.
2《고어》한결같이, 절실히(urgently).
— *conj.* …하자마자(as soon as). ¶ I recognized her *instantly* I saw her. 그 여자를 보자마자 곧 그녀임을 알아차렸다.

in·stan·to·graph [instǽntəgrӕf / -grɑ́:f] *n.* 스냅사진.

ínstant repláy *n.* (TV) [스포츠 중계 따위에서 특정 장면을 보여주는] 비디오의 즉시 재생.

in·state [instéit] *vt.* (**-stat·ed, -stat·ing**) **1**《남》을 [직위·지위에] 앉히다, 임명하다(install). **2**《폐어》《남》에게 [물건을] 주다(endow) (…*with*).

in-state [ínstéit] *adj.* 주내(州內)의.

in·state·ment [instéitmənt] *n.* ⓤ 임명.

in státu quo [in stéitju:kwóu, -인美 -stǽtʃu:-] (라틴) (= in the state in which [anything was or is]) 현상 유지로, 과거 그대로. 「부흥(restoration).

in·stau·ra·tion [instɔːréiʃ(ə)n] *n.* ⓤ《고어》회복,

in·stead [instéd] *adv.* 대신에, 대신으로. ¶ Since we had no sugar, we used honey *instead*. 우리는 설탕이 없었으므로 그 대신 꿀을 썼다.
instead of …대신에, …이 아니라. ¶ He gave me a check *instead of* cash. 그는 나에게 현금이 아니라 수표로 주었다.

in·step [ínstèp] *n.* **1** 발등. **2** [구두·양말 따위의] 등의 부분. **3** [마소 따위의] 뒷다리의 정강이 부분. **4** 발등 모양의 것.

in·sti·gate [ínstigèit] *vt.* (**-gat·ed, -gat·ing**) **1**《남》을 부추기다, 교사(敎唆)하다(set on). ¶ (~+国+前+名*to do*) *instigate* workers *to* go on strike 노동자를 부추겨서 파업을 하게 하다. **2** [어떤 일을] 선동하다, 유발하다(foment). ¶ *instigate* a quarrel (a plot) 싸움(음모)을 선동하다 / They *instigated* a rebellion. 그들은 반란을 선동했다.

in·sti·ga·tion [instigéiʃ(ə)n] *n.* ⓤ 부추김, 교사, 선동(incitement). ¶ *at* (*or by*) *the instigation of* …에 사주되어, …의 선동으로.

in·sti·ga·tive [ínstigèitiv] *adj.* 선동적인, 부추기는.

in·sti·ga·tor [ínstigèitər] *n.* 선동자.

in·still [instíl], (**in-stil**) *vt.* **1** [서서히] …《사상·주의》를 불어넣다, 주입하다; 가르치다(…*into, in*). ¶ *instill* consideration for aged people 경로심을 가르치다 // (~+国+前+名) *instill* ideas *into* a person's mind 남에게 사상을 서서히 주입하다. **2** …을 한 방울씩 떨어뜨리다, 적하(滴下)하다.

in·stil·la·tion [instiléiʃ(ə)n] *n.* **1** ⓤⓒ 서서히 사상·주의 따위를] 가르치기, 스며들게 하기, 주입하기. **2** ⓤⓒ 적하(滴下). **3** 적하물.

in·still·er [instílər] *n.* **1** 서서히 가르치는 사람. **2** 한 방울씩 떨어뜨리는 것.

‡in·stinct [ínstiŋ(k)t] ―*n.* ⓤⓒ **1**《심리》본능, 본성, 본능적 충동; [특히] 동물의 갖가지 고유의 본능. ¶ the *instinct* of self-preservation 자기 보존의 본능 / by (*or* from) *instinct* 본능적으로 / act *on instinct* 본능에 따라 행동하다. **2** [타고난] 소질, 천성;《천성적인》직각력, 직관. ¶ an *instinct* for music 음악에 대한 소질.
— *adj.* [instíŋ(k)t]《서술 형용사》가득 찬 (filled); [생기·정열 따위에] 가득하게, 발랄한, 약동하는(*with* …); ¶ a picture *instinct with* life 생명이 약동하는 그림.

◇ **instínctive, instínctual** *adj.*

*in·stinc·tive [instíŋ(k)tiv] *adj.* 본능의, 본능적인, 직각(直覺)의, 천성의. ¶ an *instinctive* taste for art 타고난 예술 취미 / an *instinctive* dread of darkness 어둠에 대한 본능적인 공포. ◇ **instínct** *n.*

in·stinc·tive·ly [instíŋ(k)tivli] *adv.* 본능적으로, 직관(직각)적으로, 천성적으로. [stinctive).

in·stinc·tu·al [instíŋktʃ(u)əl/-tju-] *adj.* 본능의(in-

‡in·sti·tute [ínstit(j)ùːt/-tjùːt] *vt.* (**-tut·ed, -tut·ing**) **1** [규칙·관례 따위를] 마련하다, 제정하다; 설립하다(establish). ¶ *institute* a custom 관례를 만들다 / *institute* an association 회를 만들다. **2** [조사·소송 따위를] 시작하다, 창시하다; 일으키다; 시행하다. ¶ *institute* a new course 새로운 진로를 열다 / *institute* a suit 소송을 제기하다 / *institute* laws 법률을 시행하다. **3** [교회] 《남》을 성직에 임명하다. ¶ (~+国+前+名) *stitute* a person *into* a benefice 남에게 성직을 부여하다.
— *n.* **1**《학술·예술·교육 등에 관한》협회, 학회; [공공 복지 등의] [협]회; 회관, 연구소. ¶ an art *institute* 미술 연구소 / an *institute* for the blind 맹인 협회. **2**《교육》[특히 이공계의] 전문 학교; [교원 등을 위한] 단기 강좌. ¶ a teacher *institute*《美》교원 강습회. **3** (~s)《초학자용의 법률학 따위의》원론, 강요(綱要). **4** 관행, 관습(custom). ◇ **institútion** *n.*

in·sti·tu·tion [ìnstit(j)úːʃ(ə)n/-tjúː-] *n.* **1** ⓤ 설립, 창립, 제정(establishment), 개시. ¶ the *institution* of laws 법률의 제정 / the *institution* of a school 학교의 설립. **2** (사회) 제도, 관례, 관습; 규정(regulation). ¶ the *institution* of polygamy 일부 다처제. **3**《학술적·사회적인》회, 학회, 협회, 공공 단체(기관); 그 건물, 회관. ¶ an educational *institution* 교육 기관 / an academic (a charitable) *institution* 학술(자선) 단체. **4**《소매상·중개인 등의》상사. **5**《구어》잘 알려진 사람 (well-known personality), 명물. ¶ He is quite an *institution* of this town. 그는 이 도시에서는 명물이다. **6**《교회》**a**) [그리스도에 의한] 성찬(Eucharist)의 창시; 그 의식의 제정. **b**) 성직 서임(聖職敍任).
◇ **ínstitute, institútionalize** *v.*, **institútional, institútionary** *adj.*

*in·sti·tu·tion·al [ìnstit(j)úːʃən(ə)l/-tjúː-] *adj.* **1** 제도[상]의, 제도화된, 규정의; 관례적인, 습관상의. **2** 회의, 학회(협회)의; 회관의. **3** 사회(자선, 교육) 사업적인. **4**《광고주》매출 증가보다도 이름을 알리기 위한, 기업 이미지를 좋게 하기 위한. **5** 대량 소비자층을 위한, 영업용의. **~·ly** [-nəli] *adv.*

Institútional ádvertising *n.* 기업 광고[기업의 이미지 개선을 위한 광고].

in·sti·tu·tion·al·ism [ìnstit(j)úːʃ(ə)nəlìz(ə)m / -tjúː-] *n.* ⓤ **1**《교회》[자선] 단체 등의] 조직, 제도. **2** [종교 등의] 제도 존중주의.

in·sti·tu·tion·al·ize [ìnstit(j)úːʃ(ə)nəlàiz/-tjúː-] *vt.* (**-ized, -iz·ing**) **1** …을 제도화하다, 규정하다. **2** …을 공공 단체(협회 등)에 두다(로서 취급하다). **3**《구어》…을 병원(양로원, 시설)에 수용하다.

in·sti·tu·tion·ar·y [ìnstit(j)úːʃ(ə)nèri/-tjúː(ə)nəri] *adj.* **1** 학회(협회)의. **2** 제도의, 규정의. **3** 성직 수여의.

in·sti·tu·tive [ìnstit(j)úːtiv/-tjúː-] *adj.* 제정(制定)(설립, 개시)에 이바지하는[을 위한]; 관습적인; 설립된. **~·ly** *adv.*

in·sti·tu·tor [ínstit(j)ùːtər/-tjùː-] *n.* **1** 제정자, 설립자, 창시자, 조직자(organizer). **2**《신교·감독 교회》성직 임명자.

instn.(略) institution.

instns.(略) instructions. [mental.

instr.(略) instruction, instructor; instrument, instru-

‡in·struct [instrʌ́kt] *vt.* **1** …에 지시하다, 명령하다. ⇨ ORDER [類語] ¶ (~+国+*to do*) *instruct* a person *to do* something 남에게 어떤 일을 하도록 명령하다 / The

doctor *instructed* me *to* fast that day. 의사는 나에게 그날 단식하라고 일렀다. **2** 〔남〕에게 가르치다, 〔남〕을 교육하다. ⇨ TEACH 類語 ¶ *instruct* the young 젊은이를 가르치다 // (~+圓+前+名) *instruct* a person *in* a subject 남에게 어떤 과목을 가르치다. **3** …에게 정보를 주다, 알리다 (inform). ¶ (~+圓+*that* 節) I *instructed* him *that* he had passed the examination. 그에게 시험에 합격했다고 일렀다 // (~+圓+前+名) He is *instructed in* the matter. 그는 그 일을 잘 알고 있다. **4** 〔법률〕〔소송 의뢰인이〕〔변호사〕에게 사실 따위를 알리다; 〔재판관〕〔배심원〕에게 사건 내용을 설명하다. ¶ 〔컴퓨터〕…에게 명령하다.
◇ instrúct *n.*, instrúctive *adv.*

‡**in·struc·tion** [instrʌ́kʃ(ə)n] *n.* ⓤ **1** 교육, 교수. ¶ give (receive) *instruction* in French 프랑스어의 교육을 하다(받다) / Over 100 pupils are under his *instruction*. 백 명 이상의 학생이 그의 교육을 받고 있다. **2** 〔배운〕 지식(knowledge); 교훈(lesson). ¶ a woman of fine *instruction* 교육을 잘 받은 여성. **3** ⓒ (보통 ~s) 지시, 지휘, 명령(order); 〔사용〕 설명서. ¶ give *instructions* to wait 기다리도록 지시하다 / follow (*or* obey) a person's *instructions* 남의 지시에 따르다 / Please follow the *instructions* when you use it. 설명서대로 사용하시오. **4** ⓒ 〔컴퓨터〕 명령. **5** (~s) 〔법률〕〔변호인에 대한 사건의〕 설명.
◇ instrúct *v.*, instrúctional, instrúctive *adj.*

in·struc·tion·al [instrʌ́kʃən(ə)l] *adj.* 교육적인, 교육상의(educational). 〔회로 텔레비전(비디오)〕.

instrúctional télevísion *n.* ⓤ《美》교육용 폐쇄

‡**in·struc·tive** [instrʌ́ktiv] *adj.* 교육적인, 교훈적인; 지식을 주는. ¶ an *instructive* book 교육상 도움이 되는 책. **~·ly** *adv.* **~·ness** *n.*

‡**in·struc·tor** [instrʌ́ktər] *n.* **1** 교사, 가르치는 사람 (teacher) (in…). ¶ an *instructor in* mathematics 수학 교사. **2** 《美》〔대학의〕 전임 강사.

in·struc·tor·ship [instrʌ́ktərʃip] *n.* ⓤ 교사의 신분(임무); 강사의 직(지위).

in·struc·tress [instrʌ́ktris] *n.* instructor의 여성형.

‡**in·stru·ment** [ínstrəmənt] *n.* **1** 기구, 기계, 도구. ⇨ IMPLEMENT 類語 ¶ medical *instruments* 의료기계 / optical *instruments* 광학 기계. **2** 악기. ¶ percussion *instruments* 타악기 / wind *instruments* 관악기. **3** 수단(means); 기관(agency). ¶ an *instrument* of government 정부의 기관. **4** 〔법률〕 증서(document), 계약서, 약속 어음, 인정서. ¶ an *instrument* of surrender 항복문서. **5** 〔남의〕 앞잡이, 피뢰, 도구. ¶ be the *instrument* of a person's crime 남의 범죄의 앞잡이가 되다. **6** 계기(計器). ¶ nautical *instruments* 항해 계기.
◇ instruméntal *adj.*

‡**in·stru·men·tal** [ìnstrəméntl] *adj.* **1** 수단이 되는, 도움이 되는. ¶ He was greatly *instrumental* in making Korea understood to the world. 그는 세계에서 한국을 알리는 데 큰 도움이 되었다. **2** 기구의, 기계의 관한. ¶ *instrumental* drawing 용기화(用器畵), 기하화법 (幾何畫法). **3** 악기로 연주되는, 악기용으로 작곡된. *cf.* vocal ¶ *instrumental* music 기악. **4** 〔문법〕 조격(助格)의. **5** 〔심리〕〔학습에 있어〕 보상을 조건으로 삼는, 시행 착오를 통해 올바른 조건을 부여하는. ── *n.* **1** 〔문법〕 조격(instrumental case). **2** 기악곡.
◇ instrumentálity *n.*, instruméntally *adv.*

in·stru·men·tal·ism [ìnstrəméntəlìz(ə)m] *n.* ⓤ 〔철학〕 기구(도구)주의〔미국의 철학자·교육가 John Dewey(1859-1952)의 학설로서, 인간의 지성은 그 목적·이상에 도달하기 위한 도구이다는 설〕.

in·stru·men·tal·ist [ìnstrəméntəlist] *n.* **1** 기악가. *cf.* vocalist **2** 기구(도구)주의자.

in·stru·men·tal·i·ty [ìnstrəməntǽliti] *n.* ⓤ 수단, 방법(means), 방편; 〔수단으로서의〕 유용성, 유효성. ¶ by (*or* through) the *instrumentality* of …을 수단으로 하여.

in·stru·men·tal·ly [ìnstrəméntəli] *adv.* **1** 방법(방편)을 써서; 방편으로서. **2** 악기를 써서.

in·stru·men·ta·tion [ìnstrəməntéiʃ(ə)n] *n.* ⓤ **1** 기악 편곡, 관현악 편곡법(orchestration). **2** 기계(기구)의 사용. **3** 방법, 수단 (instrumentality).

ínstrument bòard(pànel) *n.* 계기판(計器板)

ínstrument flìght(flýing) *n.* ⓤ 〔항공〕 계기 비행. *cf.* contact flying 〔ILS〕.

ínstrument lànding *n.* ⓤ 〔항공〕 계기 착륙 (*cf.*

in·stru·men·tol·o·gy [ìnstrəməntálədʒi / -tɔ́l-] *n.* 계측기학(計測器學) 〔정밀 계측 기계의 설계·제작 따위를 연구한다〕.

in·sub·or·di·nate [ìnsəbɔ́ːrd(i)nit] *adj.* **1** 〔권력 따위에〕 순종하지 않는, 반항하는 (rebellious). ¶ an *insubordinate* crew 반항적인 승무원. **2** 낮지 않은(not lower), 하위가 아닌. ── *n.* 순종하지 않는 사람, 반항자.
~·ly *adv.* ⓤ 불복종, 불순종, 반항.

in·sub·or·di·na·tion [ìnsəbɔ̀ːrdinéiʃ(ə)n / fin-] *n.*

‡**in·sub·stan·tial** [ìnsəbstǽn(ʃ)(ə)l] *adj.* **1** 실체가 아닌; 비현실적인, 환상적인. ¶ Ghosts are *insubstantial*. 유령은 상상 속의 것이다. **2** 연약한, 가냘픈. ¶ an *insubstantial* cobweb 가느다란 거미줄.

in·sub·stan·ti·al·i·ty [ìnsəbstæ̀nʃiǽliti] *n.* ⓤ 비실체성, 비현실성 (unreality).

in·suf·fer·a·ble [insʌ́f(ə)rəbl] *adj.* 못 견디게 싫은, 견딜 수 없는, 참을 수 없는 (unbearable). ¶ an *insufferable* person 견디기 싫은 녀석 / an *insufferable* insolence 견딜 수 없는 모욕. **~·ness** *n.* **-bly** *adv.*

in·suf·fi·cien·cy [ìnsəfíʃ(ə)nsi] *n.* ⓤ 부족, 불충분; 부족량. ¶ *insufficiency* of supplies 공급 부족.

‡**in·suf·fi·cient** [ìnsəfíʃ(ə)nt] *adj.* 불충분한, 부족된; 부적당한. ⇨ INCAPABLE 類語 ¶ *insufficient* evidence 불충분한 증거 / a person *insufficient* to a high position 높은 지위에 부적당한 사람. **~·ly** *adv.*
◇ insufficiency *n.*

in·suf·flate [ínsəflèit, 美 insʌ́fleit] *vt.* **(-flat·ed, -flat·ing)** **1** 〔공기·약품 따위를〕〔폐·코 따위에〕 불어 넣다 (blow in); 〔방 안에〕〔소독제 따위를〕 뿌리다. **2** 〔교회〕〔세례받는 사람 또는 성수(聖水)〕에 입김을 뿜다.

in·suf·fla·tion [ìnsəfléiʃ(ə)n] *n.* 입김을 뿜음으로써 성령이 강림함을 상징하기.

in·suf·fla·tor [ínsəflèitər, insʌ́flei- / ìnsəfléi-, insʌ́flei-] *n.* 취입기(吹入器); 뿜어넣는 기구; 〔분말 살포 따위에 의한〕 지문 현출기(現出器).

*****in·su·lar** [íns(j)ulər / -sju-] *adj.* **1** 섬의; 섬사람의; 섬 모양의. 〔하나의〕 섬을 이루는. ¶ the *insular* population 섬의 인구 / *insular* rocks 섬을 형성하는 바위. **2** 섬에 사는, 섬에 있는. **3** 〔섬처럼〕 고립된 (isolated). **4** 섬나라 근성의, 편협한, 옹졸한 (narrow-minded). ¶ *insular* prejudices 섬나라 근성의 편견. **5** 〔병리〕 섬모양의; 〔해부〕 섬〔뇌의 외측과 외측(外側窓)의 하면을 이루는 삼각부〕의. ── *n.* 섬사람 (islander). **~·ly** *adv.*
◇ ísland, ísle, insulárity *n.* 〔군성.

in·su·lar·ism [íns(j)ulərìz(ə)m / -sju-] *n.* ⓤ 섬나라

*****in·su·lar·i·ty** [ìns(j)uléəriti / -sju-] *n.* ⓤ **1** 섬(나라)임, 도서성(島嶼性). **2** =insularism. ◇ ínsular *adj.*

in·su·late [íns(j)uléit / -sju-] *vt.* **(-lat·ed, -lat·ing)** **1** 〔전기·열·소리 따위의 전도를〕 절연하다. ¶ *insulate* a wire 전선을 절연하다. **2** 〔사람·물건〕을 고립시키다, 격리하다, 분리시키다 (segregate). **3** 〔육지〕를 섬으로 만들다, 물로 둘러싸다.

in·su·lat·ed [íns(j)uléitid / -sju-] *adj.* 격리된; 〔전기〕 절연된. ¶ an *insulated* wire 절연 전선.

ín·su·lat·ing tàpe [íns(j)uléitiŋ- / -sju-] *n.* 《英》 = friction tape.

in·su·la·tion [ìns(j)uléiʃ(ə)n / -sju-] *n.* ⓤ **1** 〔전기·열·소리 따위의〕 절연; 절연제, 절연 재료. **2** 절연 상태, 고립, 격리.

in·su·la·tor [ínsjuleitər / -sju-] n. **1** 〖전기〗 절연체(물). **2** 애자(碍子). **3** 격리물.

in·su·lin [ínsjulin / -sju-] n. ⓤ **1** 〖생화학〗 인슐린 〖췌장 안의 랑게르한스섬(islets of Langerhans)에서 혈액으로 분비되는 호르몬〗. **2** 〖약〗 인슐린제(劑) 〖당뇨병 치료약〗.

in·su·lin·ize [ínsjulinàiz / -sju-] vt. (-ized, -iz·ing) …에 인슐린 요법을 쓰다.

ínsulin shóck n. ⓤ 〖병리〗 인슐린 쇼크〖인슐린의 대량 주사 때문에 일어나는 충격〗.

‡**in·sult** vt. [insʌ́lt →] **1** 〖행동·말로〗 …에게 창피 주다, 모욕하다(affront), …에 무례하게 대하다. ¶ *insult* a man by calling him a simpleton 바보라고 불러 남을 모욕하다. **2** 〖고어〗 …을 공격하다(attack).
[類語] **insult** 남의 자존심을 몹시 건드려서 굴욕감을 느끼게 하다. **affront** 고의로 남의 감정을 해치거나 대의를 무시하여 크게 화나게 하다. **offend** 고의 또는 무의식적으로 남의 감정을 해치거나 불쾌하게 하다. **outrage** 남의 자존심을 건드려 참을 수 없을만큼 offend 시키다.
— n. [ínsʌlt] ⓤ ⓒ **1** 모욕, 무례. ¶ suffer an *insult* 모욕을 받다 / put up with an *insult* 모욕을 참다. **2** 〖고어〗 공격.

in·sult·er [insʌ́ltər] n. 모욕하는 사람, 무례한 사람.

in·sult·ing [insʌ́ltiŋ] adj. 모욕적인, 무례한. **-ly** adv.

in·su·per·a·bil·i·ty [insùːpərəbíləti / -sjùː-] n. ⓤ 이겨내기 어려움, 극복하기 어려움.

in·su·per·a·ble [insúːpərəbl / -sjúː-] adj. 이겨내기 어려운, 극복하기 어려운(invincible).
~·ness n. **-bly** adv.

in·sup·port·a·ble [insəpɔ́ːrtəbl / -pɔ́ːt-] adj. 견딜 수 없는, 참을 수 없는(unendurable).
~·ness n. **-bly** adv.

in·sup·press·i·ble [insəprésəbl] adj. 누를 수 없는, 억제(억압)할 수 없는. **-bly** adv.

in·sur·a·bil·i·ty [inʃùərəbíləti / -ʃɔ̀ːr-] n. ⓤ 보험의 대상이 될 수 있음, 피보험성.

in·sur·a·ble [inʃúərəbl / -ʃɔ́ːr-] adj. 보험에 들 수 있는, 보험의 대상이 되는. ¶ *insurable* interests 피보험이익.

‡**in·sur·ance** [inʃúərəns / -ʃɔ́ːr-] n. ⓤ **1** 보험, 보험업, 보험 계약. ¶ accident (fire, health, life, unemployment) *insurance* 상해(화재, 건강, 생명, 실업) 보험 / an *insurance* company 보험 회사 / an *insurance* agent 보험 대리점 / *insurance* for life 종신 보험 / *insurance* against traffic accidents 교통 상해 보험 / carry *insurance* 보험에 들다. **2** 보험금, 보험료; 보험 증권(insurance policy). ¶ issue *insurance* 보험 증권을 발행하다 / His *insurance* is $5,000 a year. 그의 보험료는 1년에 5천 달러이다. ◇ **insúre** v. 「증.

insúrance cértificate n. 험 인수증, 보험 계약
insúrance pólicy n. 보험 증권(증서).

in·sur·ant [inʃú(ː)rənt / -ʃúər-] n. 〖드물게〗 보험 계약자.

‡**in·sure** [inʃúər] v. (-sured, -sur·ing) vt. **1** 〖가입자가〗 …에 보험을 들다; 보험 회사가 … 의 보험을 계약하다(인수하다)(…against, for). ¶ (~+囲+图+名) *insure* oneself (or one's life) *for* $5,000 5천 달러의 생명 보험을 들다 / *insure* one's property *against* fire 재산을 화재 보험에 넣다 / *insure* a person *against* death 남에게 생명 보험을 들게 하다 / The insurance company will *insure* your jewelry *against* loss. 보험 회사는 귀하의 보석에 대하여 손해 보증을 합니다. **2** 〖남〗을〖위험에서〗 지키다, 안전하게 하다. ¶ (~+图+前+名) Care *insures* us *against* errors. 주의는 우리를 실수로부터 지켜준다. **3** …을 확실하게 하다, 보증하다, 보장하다(ensure). ¶ *insure* one's safety 안전을 확보하다. — vi. 보험에 가입하다; 보험 증권을 발행하다. ◇ **insúrance** n.

in·sured [inʃúərd] adj. 보험에 가입한; (the ~) 〖명사적 용법〗 피보험자.

in·sur·er [inʃú(ː)rər / -ʃúər-] n. **1** 〖보험〗 보험업자(underwriter). **2** 보증인. ¶ the *insurer* of peace 평화의 보증인.

in·sur·gence [insə́ːrdʒ(ə)ns] n. ⓤⓒ 폭동, 반역, 반란(insurrection).

in·sur·gen·cy [insə́ːrdʒ(ə)nsi] n. ⓤⓒ 반란, 폭동.

in·sur·gent [insə́ːrdʒ(ə)nt] n. **1** 폭도, 모반자(rebel). **2** 〖美〗〖정치〗〖정당 내의〗 반대 분자. — adj. **1** 폭동(모반)을 일으키는, 반항적인. **2** 〖파도 따위가〗 밀려오는, 다가드는.

in·sur·mount·a·ble [ìnsərmáuntəbl] adj. 넘을 수 없는, 이겨내기 힘드는, 극복할 수 없는(insuperable). **-bly** adv.

*__in·sur·rec·tion__ [ìnsərékʃ(ə)n] n. ⓤⓒ 폭동, 반란, 모반. ⇒ REVOLUTION 〖類語〗 ¶ rise in *insurrection* 모반(반란)을 일으키다. ◇ **insurréctionary** adj.

in·sur·rec·tion·ar·y [ìnsərékʃənèri / -ʃ(ə)nəri], (in·sur·rec·tion·al [-ʃ(ə)nl]) adj. 폭동의, 반란을 좋아하는, 반란을 일삼는. — n. (pl. **-ar·ies**) 폭도, 반도.(叛徒).

in·sus·cep·ti·bil·i·ty [ìnsəsèptəbíləti] n. ⓤ 감수성이 모자람, 무감각, 밖으로부터의 영향을 받지 않음.

in·sus·cep·ti·ble [ìnsəséptəbl] adj. 감수성 없는, …에 움직여지지 않는, 영향받지 않는; 〖육체적으로〗 받아들이지 않는, 무감각한(insensible) (of, to…). ¶ *insusceptible* to mercy 자비심이 없는 / *insusceptible* of medical treatment 〖몸이〗 치료를 받아들이지 않는.

in·swept [ínswèpt] adj. 〖비행기의 날개·자동차의 앞부분 따위의〗 끝이 가느다란.

int. (略) intelligence; interest; interim; interior; interjection; internal; international; interpreter; interval; interview; intransitive.

in·tact [intǽkt] adj. 〖서술 형용사〗 손상되지 않은, 완전한 (⇒ COMPLETE 〖類語〗); 손을 대지 않은, 원상 그대로의, 불변의. ¶ remain *intact* 다치지 않은 채 있다 / keep (or leave) a thing *intact* 물건에 손을 대지 않은 채로 두다. ~·**ness** n.

in·tagl·i·at·ed [intǽlieitid, -tǽgli-] adj. 음각(陰刻)의.

in·tagl·io [intǽljou, -táːl- / -táːliòu, -ljou] n. (pl. **-ios**) **1** 음각(陰刻), 오목하게 새김. cf. fraction relievo **2** ⓤⓒ 음각 무늬. **3** 음각 세공을 해놓은 것〖보석·인장·장식품 따위〗. — vt. …을 음각하다, 오목하게 새기다.

*__in·take__ [ínteik] n. **1** 〖물·공기 따위의〗 끌어(빨아)들이는 곳, 흡입구. opp. outlet ¶ The sewer *intake* is too narrow. 하수관의 흡입구가 너무 좁다. **2** ⓤⓒ 끌어들임, 흡입, 흡입량, 섭취량; 흡입물, 섭취물. ¶ the *intake* of sulphur dioxide 아황산 가스의 흡입량 **3** 〖관 따위의〗 잘록한 부분. **4** 수입, 매상고. **5** 채용 인원. **6** 〖英〗 담을 둘러친 땅(enclosure); 〖소택지의〗 매립지. **7** 〖광산의〗 통기공.

in·tan·gi·bil·i·ty [intǽndʒəbíləti] n. ⓤ **1** 만질 수 없음(없는 것), 무형의 것. **2** 막연하여 종잡을 수 없음.

*__in·tan·gi·ble__ [intǽndʒəbl] adj. **1** 만질 수 없는, 무형의. **2** 막연한, 불명료한(vague). — n. 만질 수 없는 것, 무형 재산. ~·**ness** n. **-bly** adv.

in·tar·si·a [intáːrsiə] n. ⓤ 상감 세공.

in·te·ger [íntidʒər] n. **1** 〖수학〗 정수(整數), 완전수 (whole number). **2** 완전한 것.

in·te·gra·ble [íntigrəbl] adj. 〖수학〗 적분(積分)할 수 있는.

*__in·te·gral__ [íntigrəl] adj. **1** 전체를 구성하는〖데 절대로 필요한〗, 필수의. ¶ the *integral* parts of the human body 인체를 구성하는 부분. **2** 완전한, 빠진 것이 없는 (entire). **3** 〖수학〗 정수의, 적분의. ¶ *integral* equation 적분 방정식. — n. **1** 완전체, 전체. **2** 〖수학〗 정수, 적분. ~·**ly** [-grəli] adv.

íntegral cálculus n. ⓤ 〖수학〗 적분학. 「성.

in·te·gral·i·ty [ìntigrǽləti] n. ⓤ 완전, 무결; 불가결

in·te·grant [íntigrənt] *adj.* 완전체를 구성하는, 구성 요소의, 성분의(constituent), 요소로서 불가결한, 필수의. — *n.* 불가결한 구성 요소(성분, 일부분).

in·te·grate *v.* [íntigrèit → *adj.*] (**-grat·ed, -grat·ing**) *vt.* **1** [부분·요소들]을 전체로 합치다, 통합하다, 완전한 것으로 하다, 완성하다; [부분·요소가][전체]를 구성하다(constitute). **2** [풍속계·한냉계 따위가] …의 총화(평균치)를 나타내다. **3** [수학] …을 적분하다. **4** 《美》[사람·교육 기관 등]에서 인종 차별을 철폐하다. *opp.* segregate — *vi.* 《美》[학교 등이] 인종 차별을 철폐하다. — *adj.* [íntigrit] 부분으로 이루어진, 통합된, 완전화된.

in·te·grat·ed [íntigrèitid] *adj.* **1** [학교 등이] 인종 차별을 하지 않는. *opp.* segregated **2** 통합된, 합성된. **3** 일관 생산의. **4** [심리] [인격이] 원만한, 융합된.

íntegrated báttlefield *n.* [군사] 통합 전장(戰場) [화생방 무기와 재래식 무기가 개별적으로 또는 통합적으로 사용되는 전투 형태의 전장].

íntegrated círcuit *n.* [전기] 집적 회로(集積回路) [略 IC].

íntegrated dáta prócessing *n.* [컴퓨터] 집중 데이터 처리[略 IDP].

íntegrated óptics *n.* [물리] 광집적 회로(光集積回路) [광의 분기, 변조, 스위치 따위의 미소한 회로를 동일 기판(基板) 위에 집적한 것].

*in·te·gra·tion** [ìntigréi∫(ə)n] *n.* U [부분·요소의] 통합, 집성, 완성. **2** [심리] [인격의] 통합, 융화. **3** [수학] 적분(법). *cf.* differentiation **4** 《美》인종 차별의 폐지. *opp.* segregation

in·te·gra·tion·ist [íntigréi∫ənist] *n.* 인종 차별 폐지론자. — *adj.* 인종 차별 폐지론의.

in·te·gra·tive [íntigrèitiv, -grə-] *adj.* **1** 통합하는, 완전화하는. **2** 인종 차별 폐지의.

in·te·gra·tor [íntigrèitər] *n.* **1** 완성(통합)자(물). **2** [수학] 적분기(積分器), 구적기(求積器).

*in·teg·ri·ty** [intégriti] *n.* U **1** 성실, 정직. ⇨ HONESTY [類語] ¶ a man of *integrity* 성실한 사람. **2** 완전, 무결, 원상 그대로의 상태; 보전. ¶ territorial *integrity* 영토 보전 / preserve the *integrity* 가 …을 완전한 상태로 유지하다, …의 영토를 보전하다.

in·teg·u·ment [intégjumənt] *n.* **1** [동식물의] 피부, 외피, 껍질. **2** [일반적으로] 덮개(covering, coating).

in·teg·u·men·tal [intègjumént(ə)l], **-ta·ry** [-t(ə)ri] *adj.* [동식물의] 피부의, 외피의의.

in·tel·lect [ínt(i)lèkt] *n.* **1** U 지능, 사유력(思惟力). **2** 예지, 지력(知力). ¶ a man of *intellect* 식자, 이지적인 사람 / train the *intellect* 지능을 닦다. **2** (~s 또는 집합적) 식자[들], 지식인[들]. ¶ the *intellect* of the country 그 나라의 지식인들. **3** (보통 ~s) (방언) 분별, 이성.
◇ intelléctive, intelléctual *adj.*

in·tel·lec·tion [ìntilék∫(ə)n] *n.* U 사고, 사유(思惟) 작용, 이해; C 관념; 개념.

in·tel·lec·tive [ìntiléktiv] *adj.* **1** 지적인, 총명한 (intelligent, intellectual). **2** 지력의, 지성의.
~·ly *adv.*

‡**in·tel·lec·tu·al** [ìnt(i)léktʃu(ə)l/ -tju-, -tʃu-] *adj.* **1** 지적력; 지능(두뇌)적인. ¶ *intellectual* faculties 지능 / an *intellectual* crime 지능 범죄 / an *intellectual* occupation 지적 직업. **2** 지적인, 총명한. ⇨ CLEVER [類語] ¶ the *intellectual* class 지식 계급. — *n.* 식자, 지식인, 인텔리; (종종 the ~s) 지식(인텔리) 계급.
~·ness *n.* ◇ íntellect, intellectuálity *n.*, intelléctual·ize *v.*

in·tel·lec·tu·al·ism [ìnt(i)léktʃuəliz(ə)m / -tju-, -tʃu-] *n.* U **1** 지성 중심주의, 지력을 사용하기, 지적 활동. **2** [철학] 주지(主知)주의, 이지주의. **3** [철학] 주지(主知)주의, 이지주의.

in·tel·lec·tu·al·ist [ìnt(i)léktʃuəlist / -tju-, -tʃu-] *n.* 주지(이지)주의자.

in·tel·lec·tu·al·i·ty [ìnt(i)lèktʃuǽliti / -tju-, -tʃu-] *n.* U 지적임; 지력, 지능, 지성.

in·tel·lec·tu·al·ize [ìnt(i)léktʃu(ə)làiz / -tju-, -tʃu-] *v.* (**-ized, -iz·ing**) *vt.* …을 지적(논리적)으로 생각하다 (행하다, 처리하다, 분석하다). — *vi.* 이지적으로 말하다(쓰다).

intelléctual júnk-food [-dʒʌŋkfùːd] *n.* 손쉽게 입수할 수 있으나 별로 가치가 없는 정보.

*in·tel·lec·tu·al·ly** [ìnt(i)léktʃuəli / -tju-, -tʃu-] *adv.* 지적으로, 이지적으로.

intelléctual próperty [ríghts] *n.* 지적 소유권(재산권).

‡**in·tel·li·gence** [intélidʒ(ə)ns] *n.* U **1** 지성, 이지, 이해력; [심리] 지능. ¶ defective in *intelligence* 지성이 없는. **2** 예지, 뛰어난 지력, 총명. ¶ far-seeing *intelligence* 선견지명. **3** (종종 I-) 지적인 존재, 영(靈) (spirit). ¶ the Supreme *Intelligence* 신. **4** 정보, 첩보; 정보(첩보) 기관; 소식(information); 보도, 통신.
◇ intélligent *adj.*

intélligence bùreau (depártment, óffice, sèrvice) *n.* [특히 군의] 정보국(부).

intélligence óffice *n.* 정보국(부).

intélligence quótient *n.* 지능 지수[略 IQ, I.Q.].

in·tel·li·genc·er [intélidʒ(ə)nsər] *n.* 통신원(reporter), 제보자(informer); 첩보원, 스파이.

intélligence tèst *n.* [심리] 지능 검사.

‡**in·tel·li·gent** [intélidʒ(ə)nt] *adj.* **1** 지성의, 총명한, **2** [언행이] 영리한, 재치있는. ⇨ CLEVER [類語] ¶ an *intelligent* satire 재치있는 풍자. **3** 지성(이해력)을 가진. ¶ Man is an *intelligent* being. 인간은 지성을 가진 생물이다. **4** 전자 제어 장치를 갖춘, 자체 정보 처리 능력을 갖춘(smart).
◇ intélligence *n.*, intelligéntial *adj.*

intélligent búilding *n.* 정보화 빌딩[건물 관리, 정보 보안, 통신 등이 중앙의 컴퓨터 시스템으로 자동 제어 되는 건물] (smart building).

in·tel·li·gen·tial [intèlidʒén∫(ə)l] *adj.* **1** 지성의, 이해력의(의 있는). **2** 정보를 주는, 통보하는.

*in·tel·li·gent·ly** [intélidʒ(ə)ntli] *adv.* 총명하게.

intélligent róbot *n.* 지능 로봇.

in·tel·li·gent·si·a [intèlidʒéntsiə, -gén-], (**intelligent·zi·a**) *n.* (보통 the ~) [집합적] 지식 계급, 인텔리겐챠. [< Russ *intelligentsiya*]

in·tel·li·gi·bil·i·ty [intèlidʒəbíliti] *n.* (*pl.* **-ties**) **1** U 이해할 수 있음, 알기 쉬움; 명료함(clarity). **2** 이해할 수 있는(명료함).

*in·tel·li·gi·ble** [intélidʒəbl] *adj.* **1** 알기 쉬운, 명료한. ¶ plain and *intelligible* 단순 명쾌한. **2** [철학] 지성만으로 알 수 있는. *cf.* sensible ~·ness *n.* ·bly *adv.*

In·tel·sat [íntelsæt] *n.* 인텔샛, 국제 상업 위성 통신 기구. [< *Int*ernational *Tel*ecommunications *Sat*ellite Consortium]

in·tem·per·ance [intémp(ə)rəns] *n.* U **1** 술 타령 (drunkness); 폭음, 폭식. **2** 방종; 부절제, 과도.

in·tem·per·ate [intémp(ə)rit] *adj.* **1** 술 타령만 하는. ¶ *intemperate* habits 폭주벽. **2** 절도가 없는, 도가 지나친, 과도한(excessive); 삼가는 데가 없는. ¶ an *intemperate* language 폭언. **3** [날씨가] 온화하지 않은, 혹한(폭서)의. ~·ly *adv.* ~·ness *n.*

‡**in·tend** [inténd] *vt.* **1** …할 작정이다, …하려고 생각하다(purpose). ¶ (~ + *ing*) (~ + *to* do) He *intends* going there. = He *intends* to go there. 그는 그곳에 갈 작정이다 / (~ + *that* 절) We *intend* that the work shall be finished immediately. 우리는 그 일을 당장 끝낼 작정이다.
[類語] **intend** 구체적으로 어떤 일을 달성하고자 하다. **mean** 목적 달성의 결심이 intend 보다 막연함을 암시: I *mean* to take a trip. 나는 여행할 생각이다. **design** 신중히 생각하고 계획하여 intend 하다; 흔히 은밀한 의

도를 암시: *design* to give a surprise party 뜻밖의 파티를 열어주려고 계획하다. **propose** 의도를 명확히 공언하다, 또한 자기에게 다짐하다: The government *proposes* to keep down the expenditures. 정부는 지출 억제를 의도하고 있다.

2 …을 의도하다, 계획(기획)하다, 고의로 하다. ¶ I *intended* no harm *to* you. 별로 나쁜 뜻이 있었던 것은 아니다 // (~ + *to do*) I did not *intend to* insult you at all. 너를 모욕할 생각은 털끝만큼도 없었다.

3 …할 셈으로 말하다(mean, signify), …을 표현한 셈으로 그러다. ¶ (~ + 目 + 前 + 名) What does he *intend by* those words? 그가 그런 말을 한 것은 무슨 속셈입니까?

4 …을[어떤 목적으로] 돌리려 하다, 예정하다, [남]에게 …시키려 하다 (…*for*). ¶ (~ + 目 + 前 + 名) a program primarily *intended for* entertainment 주로 오락을 목적으로 한 프로 / That remark was *intended for* you. 그 의견은 너에게 한 말이다 // (~ + 目 + *as* 補) This is not *intended as* a joke. 이것은 농담이 아니다 // (~ + 目 + *to do*) The building was *intended to* be a library. 그 건물은 도서관으로 쓸 예정이었다.

5 〔고어〕〔시선·마음 따위를〕 …에게〕 돌리다(direct) (…*to, toward*).
— *vi*. **1** 의도하다; 계획하다. ¶ *intend* otherwise 달리 생각하고 있다. **2** 〖페어〗 〔어떤〕 방침을 취하다; 〔어떤〕 방향으로 가다, 나아가다. ◇ inténtion, intént *n*.

in·tend·ance [inténdəns] *n*. **1** 행정청, 관리청; 관리부. **2** ⓤ〔행정〕 관리, 감독(superintendence).

in·tend·an·cy [inténdənsi] *n*. ⓤⓒ (*pl.* **-cies**) **1** intendant 의 직위(지위, 신분). **2** 〔집합적〕 감독관, 관리관. **3** intendant 의 관할구, 지방 행정구.

in·tend·ant [inténdənt] *n*. 관리, 관리관, 감독관(superintendent); 지방 행정 장관.

*in·tend·ed** [inténdid] *adj*. **1** 의도된, 고의의. **2** 미래의, 약혼자의(betrothed). ¶ my *intended* wife 나의 미래의 아내. **3**.〔구어〕약혼자(여: fiancée, 남: fiancé).

in·tend·er [inténdər] *n*. 계획자, 입안자.

in·tense [inténs] *adj*. (때로 **-tens·er, -tens·est**) **1** 강렬한, 극도의, 굉장한; 〔색 따위가〕 매우 짙은(very deep); 〔천후 따위가〕 극심한. ¶ *intense* cold (heat) 혹한(혹서). **2** 〔감정 따위가〕 격렬한(intensive), 열렬한, 격하기 쉬운; 〔행동 따위〕 열심인, 열성적인. ¶ *intense* love 열렬한 사랑 / an *intense* life 분투 노력의 일생 / an *intense* person 열정가, 격하기 쉬운 사람. **~·ness** *n*.
◇ inténsive *v.*, inténsity *n*., inténsion *adj.*

*in·tense·ly** [inténsli] *adv*. 맹렬히, 극도로; 열심히.

in·ten·si·fi·ca·tion [intènsifikéiʃ(ə)n] *n*. ⓤ **1** 강화, 격화, **2** 〔사진〕 증도(增度), 보력(補力) 〔법〕.

in·ten·si·fi·er [inténsifàiər] *n*. **1** 강화하는 사람(것). **2** 〔수압 따위를〕 강화하는 장치. **3** 〔사진의〕 증감제(增感劑), 증도액(增度液). **4** 〔문법〕 강조어(强調語)(intensive).

*in·ten·si·fy** [inténsifài] *v*. (**-fied, -fy·ing**) *vt*. **1** …을 강하게 하다(strengthen), 심하게 하다, …의 도를 더하다(increase). **2** 〔사진〕〔음화〕의 명암도를 늘리다. ¶ *intensify* heat 한층 고온으로 하다. — *vi.* 한층 강해지다(grow stronger).

in·ten·sion [inténʃ(ə)n] *n*. ⓤ **1** 강화, 증도(增度). **2** 긴장, 강렬. **3** 정신적 긴장, 노력(努力). **4** 〔논리〕 내포(内包). *opp.* extension

‡**in·ten·si·ty** [inténsiti] *n*. ⓤ **1** 강렬함, 격렬함. **2** 〔성질·감정·아픔 따위의〕 격렬함, 열렬함, 극단. ¶ *intensity* of cold 극도의 추위, 혹한 / lessen the *intensity* of one's exertion 마음의 긴장을 풀다. **3** 〔물리〕 〔빛·열·소리·색·진동 따위의〕 세기, 크기(magnitude). ¶ *intensity* of illumination 조도(照度) / sound *intensity* 소리의 강도 / seismic *intensity* 진도(震度).
◇ inténse *adj.*

*in·ten·sive** [inténsiv] *adj*. **1** 강한; 격렬한, 맹렬한 (intense). **2** 강화하는, 고도화하는. **3** 집중적인, 철저한. ¶ *intensive* fire from machine guns 기관총의 집중 사격 / *intensive* training 집중 훈련. **4** 〔농업〕 집약적. **5** 〔의학〕〔접종법이〕 접종적인〔점차 접종 재료의 강도를 늘리기〕, 집약법(集約法)의. **6** 〔문법〕 강의(强意)의, 강조의, 강세의. ¶ an *intensive* adverb 강조 부사[ever, very 따위] / an *intensive* plural 강조 복수 [heavens, snows 따위] / an *intensive* pronoun 강조 대명사[myself 따위]. **7** 〔논〕 내포적인. *opp.* extensive — *n*. 강하게 하는 것; 〔문법〕 강조어 [itself 등의 -self 따위].
~·ly *adv*. **~·ness** *n*.

inténsive cáre únit *n*. 〔의학〕 집중 치료실(병동), 중환자실[略 ICU].

in·ten·si·vism [inténsivìz(ə)m] *n*. 집중 축산(사육) 〔좁은 지역에서 가축을 집중적으로 번식 사육 하기〕.

‡**in·tent**[1] [intént] *n*. **1** ⓤ〔주로 법률〕의지, 의도, 목적, 계획, 의향, 의사. ⇒ INTENTION 〔類語〕 ¶ criminal *intent* 범의(犯意) / murderous *intent* 살의 / with malicious *intent* 악의를 가지고 // He worked with *intent to* steal the secret. 그는 그 비밀을 훔쳐낼 목적으로 일했다. **2** ⓤⓒ〔페어〕의미, 취지.

to (*or* **for**) **all intents and purposes** 사실상(practically), 결국; 모든 점에서. ¶ I was *to all intents and purposes* kept at a respectful distance. 나는 결국 따돌림을 당했던 것이다.
◇ inténd *v.*

*in·tent**[2] [intént] *adj*. **1** 〔마음·눈 따위가〕 주의를 기울이고 있는(concentrated); 열의가 있는(earnest). ¶ an *intent* gaze 응시 / an *intent* person 열심인 사람. **2** 〔서술용법〕 〔사람이 …에〕 전력하는, 몰두하는, 빠져 있는 (*on, upon*…). ⇒ EAGER 〔類語〕 ¶ a person *intent on* work 일에 몰두하고 있는 사람 / be *intent on* pleasure (study) 쾌락에 빠져(공부에 열중하고) 있다.
~·ness *n*.

‡**in·ten·tion** [inténʃ(ə)n] *n*. **1** ⓤⓒ 의지, 의도, 목적(purpose), 계획. ¶ by *intention* 고의로 / without *intention* 무심코, 우연히 / with all the best *intentions* 그 호의에도 불구하고. ⇒ WITH 19 / carry out one's original *intention* 초지를 관철하다 / His *intention* is to travel abroad. 그의 의도는 해외 여행을 하는 것이다 // I have no *intention* of flattering (*or to* flatter) him. 나는 그에게 아첨할 생각이 없다.
〔類語〕 **intention** 「의도」의 뜻의 일반적인 말. **intent** intention 보다 명확하며 또한 신중히 고려한 의도를 암시하는 격식을 차리는 말: break into a house with an *intent to* steal 훔칠 의도로 가택 침입을 하다.
2 (보통 ~s) 〔구어〕 결혼할 의사. ¶ her *intentions* toward (*or* with regard to) him 그와 결혼하고자 하는 그녀의 의사. **3** 〔논리〕 개념, 관념. ¶ the first *intention* 제1차 개념 〔사물의 직접적인 인식에서 얻어지는 개념. 종이·책상·개 따위〕. **4** 〔의학〕 유합(癒合). ¶ heal by the first *intention* 〔상처·골절 따위가 굳지 않고〕 직접 유합하다. **5** 의미(meaning), 취지(import). ¶ the *intention* of his words 그의 말의 뜻. **6** 〔고어〕 전력, 몰두. ◇ inténd *v.*, inténtional *adj.*

*in·ten·tion·al** [inténʃ(ə)l] *adj*. 고의적인, 의식적인; 계획적인. ⇒ DELIBERATE 〔類語〕 *opp*. accidental
~·ly [-nəli] *adv*.

inténtional báse on bálls *n*. 〔야구〕 고의(故意)의 사구(四球), 경원(敬遠)의 사구(intentional walk).

in·ten·tioned [inténʃ(ə)nd] *adj*. 〔종종 복합어를 만들어〕 …할 작정의. ¶ well-*intentioned* action 호의적인 행위.

*in·tent·ly** [inténtli] *adv*. 열심히.

in·ter [intə́ːr] *vt*. (**-terred, -ter·ring**) 〔시체〕를 매장하다, 묻다(bury).

inter- *pref*. between, among, mutually, during,

together, within 의 뜻. 예: *inter*continental; *inter*national.

inter. 《略》intermediate; interrogation, interrogative.

in·ter·a·bang [íntərəbæŋ] *n.* = interrobang. 〔다〕.

in·ter·act [ìntərǽkt] *vi.* 서로 작용하다〔영향을 미치

in·ter·ac·tion [ìntərǽk∫(ə)n] *n.* ⓊⒸ 상호 작용.

in·ter·ac·tive [ìntərǽktiv] *adj.* 1 서로 작용하는, 2 대화형(식)의, 쌍방향의. ¶ *interactive* video 대화형 비디오.

interáctive TV *n.* 대화형 텔레비전.

in·ter·a·gen·cy [ìntəréidʒ(ə)nsi] *n.* 〔정부의〕관계 부처. —— *adj.* 〔정부의〕관계 부처간의, 각 기관간의.

in·ter a·li·a [ìntəréiliə]《라틴》(=among other things) 그 중에서도, 무엇보다도.

in·ter a·li·os [ìntəréiliòus]《라틴》(=among other persons) 〔사람에 대하여〕 그 중에서도, 유난히.

in·ter-Al·lied [ìntərəláid, -ǽlaid] *adj.* 〔특히 제1차 세계 대전의〕 연합국간의.

in·ter-A·mer·i·can [ìntərəmérikən] *adj.* 남북 아메리카 대륙 여러 나라 사이의.

in·ter·blend [ìntərblénd] *vt., vi.* (**-blend·ed** or **-blent, -blend·ing**) …을 혼합하다, 섞다; 섞이다. 〔alon〕.

in·ter·brain [íntərbrèin] *n.* 간뇌(間腦) (diencephalon).

in·ter·breed [ìntərbríːd] *vt., vi.* (**-bred, -breed·ing**) 이종(異種) 교배시키다〔하다〕 (crossbreed).

in·ter·ca·lar·y [intə́ːrkəlèri / -ləri] *adj.* 1 삽입 된 (inserted). ¶ an *intercalary* dividend 임시 중간 배당. 2 윤(閏)의. ¶ an *intercalary* year 윤년 (leap year).

in·ter·ca·late [intə́ːrkəlèit] *vt.* (**-lat·ed, -lat·ing**) 1 …을 삽입하다, 사이에 끼우다. 2 달력에〔윤달·윤일〕을 넣다.

in·ter·ca·la·tion [intə̀ːrkəléi∫(ə)n] *n.* 1 Ⓤ 윤달 (윤일)을 두기; 삽입. 2 삽입물.

in·ter·cede [ìntərsíːd] *vi.* (**-ced·ed, -ced·ing**) 1 사이에 들어 중재(조정)하다. ¶ (~+圈) *intercede with* the parents for their child 아이를 위해 양친에게 변명해주다. 2 〔로마 역사〕〔호민관이〕 거부권을 행사하다. 〔는.

in·ter·cel·lu·lar [ìntərséljulər] *adj.* 세포 사이에 있

*****in·ter·cept** [ìntərsépt] *vt.* 1 …을 도중에서 빼앗다, 가로막다, 가로채다. 2 〔빛·열·통로 따위를〕 차단하다 (interrupt); 〔도주 따위를〕 저지하다; 〔효과 따위를〕 방해하다. ¶ *intercept* a passage 통로를 차단하다 / *intercept* a view 전망을 가로막다. 3 〔무전 따위를〕 도청하다, 엿듣다. 4 〔수학〕 …을 두점(선)으로 자르다 (구분하다). 5 〔군사〕 〔적기〕를 요격하다, 6 〔스포츠〕 〔방어측이〕 〔패스〕를 차단하다. —— *n.* 1 가로채기, 차단, 방해. 2 〔수학〕 절편(截片).

◇ *interception* *n.*, *interceptive* *adj.*

in·ter·cept·er [ìntərséptər] *n.* = interceptor.

in·ter·cep·tion [ìntərsépʃ(ə)n] *n.* ⓊⒸ 1 가로채기, 방해, 저지, 차단. 2 〔무전의〕 도청, 엿들은 신호. 3 〔군사〕 요격, 저지. 〔는.

in·ter·cep·tive [ìntərséptiv] *adj.* 방해하는, 차단하

in·ter·cep·tor [ìntərséptər] *n.* 1 가로채는 사람 (것); 방해자, 장해물. 2 〔군사〕 요격기; 요격 미사일.

in·ter·ces·sion [ìntərséʃ(ə)n] *n.* 1 〔일반적으로〕 중재, 조정, 알선(to...). ¶ through a person's *intercession* 남의 알선으로 // make an *intercession* to a person for one's friend 친구를 위해 남에게 잘 말해주다. 2 〔종교〕 〔신에 대한〕 간구. ¶ the *intercession* of Christ 그리스도의 간구[←히브리서 (Heb.) 7:25]. 3 〔로마 역사〕 〔호민관 등의〕 거부권 행사.

in·ter·ces·sor [ìntərsésər, ⸺ ⸺] *n.* 중재인, 조정자, 알선인 (mediator). 〔인의, 알선인의.

in·ter·ces·so·ri·al [ìntərsisɔ́ːriəl / -sɔ́ːr-] *adj.* 중재

in·ter·ces·so·ry [ìntərsésəri] *adj.* 중재의, 알선의. ¶ an *intercessory* prayer 〔신에의〕 간구의 기도.

*****in·ter·change** *v.* [ìntərt∫éindʒ → *n.*] (**-changed,

-chang·ing**) *vt.* 1 …을 교환하다, 바꾸다. ⇨EXCHANGE 類語 ¶ *interchange* opinions freely 자유로이 의견을 주고받다 / Amicable talk was sweetly *interchanged*. 우호적인 대화가 친밀하면서 오갔다. 2 〔2개의 것〕을 교체시키다, 뒤바꾸다; …을 번갈아 일어나게 하다. ¶ *interchange* seats 자리를 뒤바꾸다 / *interchange* work and rest 일과 휴식의 시간을 번갈아 두다 (~+圈+ 前+图) Sad moments were *interchanged with* hours of merriment. 슬픔의 순간과 기쁨의 순간이 서로 엇갈렸다. —— *vi.* 1 교체하다. 2 번갈아 일어나다.

—— *n.* [íntərt∫èindʒ / ⸺ ⸺] 1 ⓊⒸ 교환, 주고받기; 교체; 번갈아 일어나기. ¶ an *interchange* of information 정보의 교환 / the *interchange* of fair weather and rainy days 맑은 날과 비오는 날이 번갈아 찾아오기 / an *interchange* of work with rest 일과 휴식의 교체. 2 《美》〔고속 도로의〕 입체 교차로, 인터체인지.

in·ter·change·a·bil·i·ty [ìntərt∫èindʒəbíliti] *n.* Ⓤ 교환 가능성, 교체할 수 있음.

in·ter·change·a·ble [ìntərt∫éindʒəbl] *adj.* 〔두 개의 것이〕 서로 바꿔 놓을 수 있는, 교환할 수 있는; 〔다른 것과〕 교체할 수 있는. **~·ness** *n.* **·bly** *adv.*

in·ter·ci·ty [íntərsíti] *adj.* 대도시간(間)의, 〔교통 따위가〕 도시와 도시를 연결하는. ¶ *intercity* traffic 도시 〔도시의〕 교통.

Íntercity Tráin *n.* 인터시티 트레인〔유럽의 각국을 달리는 특급 열차, 略 IC〕.

in·ter·class [ìntərklǽs, -kláːs] *adj.* 클라스 대학의, 계급간의 (between classes).

in·ter·col·lege [ìntərkálidʒ / -kɔ́lidʒ] *adj.* = intercollegiate.

in·ter·col·le·gi·ate [ìntərkəlíːdʒi(i)it] *adj.* 대학 간의, 대학 대항의, 대학 연합의. ¶ an *intercollegiate* regatta 대학 대항 보트 레이스.

in·ter·co·lo·ni·al [ìntərkəlóuniəl] *adj.* 식민지간의, 식민지 상호의, **~·ly** *adv.*

in·ter·co·lum·nar [ìntərkəlʌ́mnər] *adj.* 〔건축〕 기둥 사이의.

in·ter·co·lum·ni·a·tion [ìntərkəlʌ̀mnié(i)(ə)n] *n.* Ⓤ 〔건축〕 1 기둥 사이. 2 기둥 간격 배정, 주측(柱軸) 과 주축 사이의 거리.

in·ter·com [íntərkàm / -kɔ̀m] *n.* 《구어》 기내(機內) 〔함내〕 통화 장치 (intercommunication system). [<INTERCOM[MUNICATION]]

in·ter·com·mu·ni·cate [ìntərkəmjúːnikèit] *v.* (**-cat·ed, -cat·ing**) *vi.* 1 〔사람이〕 서로 사귀다 (왕래하다), 정보 등을 교환하다. 2 〔방 등이〕 서로 통하다. —— *vt.* 〔전갈·정보 등을〕 교환하다 (exchange).

in·ter·com·mu·ni·ca·tion [ìntərkəmjùːnikéi-∫(ə)n] *n.* Ⓤ 상호간의 왕래 (교제, 통신, 연락).

Íntercommùnicátion sýstem *n.* 〔비행기·탱크·사무실 따위의〕 내부 통화 장치, 인터컴.

in·ter·com·mu·ni·ca·tive [ìntərkəmjúːnikèitiv / -kətiv] *adj.* 서로 통하고 있는, 서로 통신(연락)가 있는.

in·ter·com·mun·ion [ìntərkəmjúːnjən] *n.* Ⓤ 1 상호간의 왕래 (교제) (mutual communion), 친교. 2 〔교회〕 종파가 서로 다른 사람들 사이에서 행해지는 성찬식.

in·ter·com·mu·ni·ty [ìntərkəmjúːniti] *n.* Ⓤ 공통성, 공유, 공용. —— *adj.* 공유의.

in·ter·con·nect [ìntərkənékt] *vt.* …을 서로 연결 (연락)하다.

in·ter·con·nec·tion [ìntərkənékʃ(ə)n] *n.* (*《英》에서는 보통 **interconnexion** 이라고 쓴다) *n.* Ⓤ 상호 연결 (연락).

in·ter·con·ti·nen·tal [ìntərkàntinéntl / -kɔ̀n-] *adj.* 대륙간의. ¶ an *intercontinental* ballistic missile 대륙간 탄도 미사일〔略 ICBM〕. 〔기.

in·ter·cool·er [íntərkùːlər] *n.* 인터쿨러, 중간 냉각

in·ter·cos·tal [ìntərkástəl / -kɔ́st-] *adj.* 〔해부〕 늑간 (肋間)의 〔에서 일어나는〕. ¶ *intercostal* muscles 늑간

근(筋) / intercostal neuralgia 늑간 신경통.
~**ly** [-təli] *adv*.

‡**in·ter·course** [íntərkɔ̀ːrs / -kɔ̀ːs] *n*. ⓤ **1** 교제, 친교(fellowship); 교류. ¶ have commercial *intercourse with* …과 통상 관계를 갖다. **2** 영교(靈交). ¶ a devout *intercourse with* God 신과의 경건한 교제. **3** 정교(情交) (copulation), 성교. ¶ sexual *intercourse* 성교 / illicit *intercourse* 간통 / promiscuous *intercourse* 난교(亂交).

in·ter·crop [íntərkráp / -krɔ́p] *vt*., *vi*. (**-cropped, -crop·ping**) [농작물을] 간작(間作)하다.

in·ter·cross [ìntərkrɔ́ːs, -krɑ́s / -krɔ́s] *vt*., *vi*. **1** [선 따위를] 교차시키다. **2** = INTERBREED. ── *n*. 이종 교배(異種交配); 잡종.

in·ter·cru·ral [ìntərkrú(ː)rəl / -krúərəl] *adj*. 하지(下肢) (가랑이) 사이의.

in·ter·cul·tur·al [ìntərkʌ́ltʃ(ə)rəl] *adj*. 이(異)문화 간의.

in·ter·cur·rence [ìntərkə́ːr(ə)ns / -kʌ́r-] *n*. ⓤⓒ 사이에 일어나기; [병의] 병발.

in·ter·cur·rent [ìntərkə́ːr(ə)nt / -kʌ́r-] *adj*. **1** 사이에 일어나는, 중간의(에 생기는) (intervening). **2** [의학] 병발하는. ¶ an *intercurrent* disease 병발증(complication).

in·ter·cut [ìntərkʌ́t] *vt*. [영화·TV] 화면에 대조적인 장면을 삽입하다.

in·ter·date [ìntərdéit] *vi*. (**-dat·ed, -dat·ing**) (美) 종교(종파)가 다른 사람과 데이트하다.

in·ter·de·nom·i·na·tion·al [ìntərdinàminéiʃ(ə)nəl / -nɔ̀m-] *adj*. 여러 종파(교파) 간의.

in·ter·den·tal [ìntərdéntl] *adj*. [음성] 혀끝이 이에 있는. ¶ *interdental* consonants 치간(齒間) 자음 [θ, ð 따위].

in·ter·de·part·men·tal [ìntərdipɑ̀ːrtméntl] *adj*. 부문간의; 각 부(국, 성)간의; [특히 교육 기관 등에서] 학부(학과) 간의.

in·ter·de·pend [ìntərdipénd] *vi*. 서로 의존(의지)하다.

in·ter·de·pend·en·cy [ìntərdipéndənsi] *n*. ⓤ 상호 의존.

in·ter·de·pend·ent [ìntərdipéndənt] *adj*. 서로 의존(의지)하는. ~**ly** *adv*.

in·ter·dict *n*. [íntərdìkt → *v*.] **1** 금지(명령), 금제(禁制), 제지. **2** [가톨릭] 성직 금지(정지). **3** [로마법률] 소유권 다툼에 관한, 집정관의 명령. ── *vt*. [ìntərdíkt] **1** …을 금지하다, 제지하다 (forbid, prohibit). ¶ (~ + 目 + 前 + 名) *interdict* a person *from* an action 누구에게 어떤 행동을 하는 것을 금하다. **2** [드물게] …의 성직(聖務)을 정지시키다. **3** [연속 포격으로] [적]을 방해하다, [적]의 진격을 막다.

in·ter·dic·tion [ìntərdíkʃ(ə)n] *n*. ⓤⓒ **1** 금지, 금제, 금령(禁令). **2** = INTERDICT 2. **3** [민법] 금치산 선고. **4** 통상 금지. **5** 연속 폭격(적의 진격 저지용).

in·ter·dic·tive [ìntərdíktiv] *adj*. = INTERDICTORY.

in·ter·dic·tor [ìntərdíktər] *n*. 금제(령) 집행자.

in·ter·dic·to·ry [ìntərdíkt(ə)ri] *adj*. 금제(금지)의.

in·ter·dig·i·tate [ìntərdídʒitèit] *vt*. (**-tat·ed, -tat·ing**) [손가락을] 깍지끼다, …을 깍지끼듯 하다.

in·ter·dis·ci·pli·nar·y [ìntərdísiplinèri / -nəri] *adj*. 많은 학문 분야에 관계가 있는, 다른 학문 분야 사이에 제휴하는.

‡**in·ter·est** [ínt(ə)rist → *v*.] *n*. ⓤ **1** 흥미, 관심, 감흥, 호기심(*in*…). ¶ places of *interest* 명소 / a question of great *interest* 크게 흥미있는 문제 / arouse the *interest* of the audience 청중의 흥미를 돋우다 / I have a great *interest* in the sonnets of Shakespeare. 나는 셰익스피어의 소네트에 큰 흥미를 갖고 있다.
2 관심사, 취미. ¶ a man with varied *interests* 취미가 다양한 사람.
3 ⓤ 중대함, 중요성, 긴요(importance). ¶ a matter of no little *interest* 상당히 중대한 일.
4 소유권(property right), 권리, 이권, 주(株)(share) (*in*…). ¶ French *interests* in Indo-China 인도차이나에 있어서의 프랑스의 권익 / own (*or* have) an *interest in* a firm 어떤 회사의 주식을 가지고 있다(출자하고 있다) / have vested *interests* …에 기득권을 갖다.
5 (종종 ~s) 이해(관계); 이익(profit), 이(利)(good). ¶ the public *interests* 공중의 이익, 공익 / in the common *interest* 공동의 이익을 위하여 / know one's own *interest* 빈틈이 없다 / It is to your own *interest* to keep silence. 입을 다물고 있는 것이 네 신상에 이롭다. / have an *interest* in …과 이해 관계가 있다.
6 ⓤ 이식, 이자; 이율; (비유적) 덤. ¶ simple (compound) *interest* 단리(복리) / daily (annual) *interest* 일변(日邊)(연리) / free of *interest* 무이자로 / at high (low) *interest* 고리(저리)로 / at 3 percent *interest* 3부 이자로 / return an insult with *interest* 모욕을 되로 받고 말로 갚다.
7 ⓤ 세력(influence), 지배력(controlling power), 영향력, 연줄(*with*…). ¶ have *interest with* …에 세력이 있다, 영향력이 있다 / obtain one's position through *interest* [*with*] […과의] 연줄로 지위를 얻다 / use one's *interest with* …에 진력하다.
8 (종종 ~s) 이해 관계자, 동업자; …측; 재벌, 대기업. ¶ the shipping *interest* 해운업자 / the landed *interest* 지주층 / the banking *interests* 금융계, 재계.
9 ⓤ 사리(私利), 사권(私權)(self-interest).
in the interest (*or* *interests*) *of* …을 위하여,
── *vt*. [+目+ínt(ə)rèst] **1** [남]에게 흥미(호기심)를 갖게 하다, [남]을 흥미있게 해주다, 관심을 갖게 하다. ¶ a book that *interested* her greatly 그녀의 흥미를 몹시 일으키게 한 책 // (~ + 目 + 前 + 名) *interest* boys *in* science 소년들에게 과학에의 흥미를 갖게 하다 / be *interested in* …에 관심(흥미)이 있다.
── *Usage* be interested in 과 be interested to *do* ── 전자는 습관적 동작으로서 쓰여서 「성질상 또는 습관적으로 으레 그런 일(것)에 흥미·관심을 갖고 있다」라는 뜻. 후자는 앞으로 행해지려 하고 있는 하나의 구체적인 행위로서 쓰여 「어떤 일을 하는 데 흥미·관심을 갖고 있다」라는 뜻으로 'be inclined to *do*'의 뜻에 가깝다. 그리고 후자는 전자만큼 빈번하게 쓰이지는 않는다. I'd be *interested to* see it.
2 …을 관계시키다, 관여시키다. ¶ (~+目+前+名) *interest* oneself *in* …에 관여하다, 관계하다 / Every member is *interested in* this regulation. 회원은 모두 이 규칙의 적용을 받는다. **3** 끌어들이다. ¶ (~+目+前+名) Can I *interest* you *in* a chess? 체스 한번 둘까?

‡**in·ter·est·ed** [ínt(ə)ristid, -rèstid] *adj*. **1** 흥미를 가진, 호기심이 생긴; 흥미로운, 재미있는. ¶ *interested* spectators 호기심이 동한 관중 / an *interested* look 흥미있는 표정. **2** [이해] 관계가 있는, 관여된, 당해의 (concerned). ¶ *interested* parties [법률] 이해 당사자 / Those *interested* should apply immediately. 희망자는 즉시 신청하시오. **3** 타산적이, 이해 관계에 좌우된, 사심이 있는. ¶ *interested* marriage 정략(타산)적인 결혼 / He has done it from *interested* motives. 그는 불순한 동기에서 그 일을 했다.
~**ly** *adv*. ~**ness** *n*.

ínterest gròup *n*. (사회) 이익 공동체, 이익(압력)단체 (공통의 목적·이익을 위한 단체).

interest-free [ínt(ə)restfríː] *adj*. 무이자의.

‡**in·ter·est·ing** [ínt(ə)ristiŋ, -rèst-] *adj*. 주의(관심)을 끄는, 흥미로운, 재미있는. ⇒ AMUSING [類語] ¶ an *interesting* article 흥미로운 기사 / an *interesting* person 흥미를 돋구는 (재미있는) 사람 / His story was very *interesting* to me. 그의 이야기는 흥미진진했다. [*be*] *in an interesting condition* 임신하여.
~**ly** *adv*. ~**ness** *n*.

in·ter·face [íntərfèis] *v.* (**-faced, -fac·ing**) — *vt.* 1 …을 […에] 잇다(연결시키다); [서로 다른 것을] 조화(결합) 작동하게 하다. ¶ The contemporary technology provides a means to *interface* a computer and a typesetting machine. 현대 기술은 컴퓨터와 식자기를 결합시키는 수단을 마련해 주고 있다. 2 …에 결합 수단을 제공하다.
— *vi.* [서로 다른 것의] 작동이 결합(연계)하다.
— *n.* **1** 경계면. **2** [인물, 사상 따위] 서로 다른 종류의 사이의 경계. **3** 경계 영역 사이를 잇는 수단(기계). **4** [컴퓨터] 인터페이스[서로 다른 구실을 하는 기계 장치 사이의 경계에서 공용(共用)되는 부분, 또는 양자를 중개하는 장치].

ínterface verificátion *n.* [로켓 공학] 인터페이스 검사[로켓 발사시 관련 기기(機器) 작동 여부를 점검하는 검사].

in·ter·fa·cial [ìntərféiʃ(ə)l] *adj.* 접촉(중간)면의, 공유 영역의.
in·ter·faith [ìntərféiθ] *adj.* 이교(異敎) 단체 (교민) 사이의. ¶ *interfaith* marriage 이교도 사이의 결혼.
‡**in·ter·fere** [ìntərfíər] *vi.* (**-fered, -fer·ing**) **1** [이해 따위가] 충돌하다, 상충하다; 방해하다, 지장을 주다. ¶ Their interests *interfered*. 그들의 이해가 상충했다 / You may go if nothing *interferes*. 지장이 없으면 가도 된다 // (~+*前*+*名*) *interfere with* cultural development 문화의 발전을 방해하다. **2** 손상하다, 해치다. ¶ (~+*前*+*名*) *interfere with* health 건강을 해치다. **3** 쓸데(없는) 참견을 하다, 간섭하다(meddle). ¶ (~+*前*+*名*) *interfere in* another's life 남의 생활에 간섭하다. **4** 사이에 끼어들다, 중재(조정)하다(mediate). ¶ He *interfered* and separated the two. 그는 사이에 끼어들어 둘을 떼어놓았다. **5** [말이] 보행에 발을 부딪치다. **6** [美] [球技] 불법적으로] 방해하다. **7** [물리] [광파·음파·전파 등이] 간섭하다. ◇ **interférence** *n.*
*****in·ter·fer·ence** [ìntərfí(:)rəns / -fíər-] *n.* U C **1** 충돌, 방해, 지장, 상반, 간섭, 알력. **2** [물리] [빛·음· 전파의] 간섭; [무선] 혼신(混信). **3** [球技] [반칙적인] 방해. **4** [2개 국어 사용시의] 언어의 간섭; [기억의] 방해. ◇ **interfére** *v.*

in·ter·fe·ren·tial [ìntərfiréns(ə)l] *adj.* 간섭의.
in·ter·fer·ing [ìntərfí(:)riŋ / -fíər-] *adj.* **1** 간섭하는, 참견하는, 남의 일에 잘 나서는. ¶ an *interfering* old lady 쓸데없이 참견하는 노파. **2** 충돌하는. **3** 방해하는. ~·ly *adv.*

in·ter·fer·om·e·ter [ìntərfirámitər / -rɔ́m-] *n.* [光學] 간섭계[광파의 간섭에서 빛의 파장 따위를 재는 장치].
in·ter·fer·on [ìntərfí(:)rən / -fíərən] *n.* [생물] 인터페론[바이러스 증식 억제 물질].
in·ter·flow *vi.* [ìntərflóu → ⌐] 합류하다; 서로 흘러들다, 혼합하다. — *n.* [íntərflòu] 합류; 혼류; 혼합.
in·ter·flu·ent [ìntərflúːənt, +美 intəːfluː] *adj.* 혼류(합류)하는, 서로 흘러드는; 혼합하는.
in·ter·fold [ìntərfóuld] *vt.* …을 접다, 접어넣다.
in·ter·fuse [ìntərfjúːz] *vt.* (**-fused, -fus·ing**) *vt.* **1** …을 스미게 하다, 침투시키다. ¶ *interfuse* water *through* a fissure 틈에 물을 스미게 하다. **2** …을 섞다, 혼합시키다. — *vi.* **1** 스며들다. **2** 서로 섞이다, 혼합하다.
in·ter·fu·sion [ìntərfjúːʒ(ə)n] *n.* U C 침투; 혼합.
in·ter·ga·lac·tic [ìntərgəlǽktik] *adj.* 은하와 은하 사이의, 은하간(間)의.
in·ter·gen·er·a·tion·al [ìntərdʒènəréiʃən(ə)l] *adj.* 세대간의.
in·ter·gla·cial [ìntərgléiʃəl / -ʃjəl] *adj.* [지질] 간빙기(間氷期)의.
in·ter·gov·ern·men·tal [ìntərgʌ̀vərnmèntl / -v(ə)n-] *adj.* 정부간의. ¶ an *intergovernmental* agreement 정부간 협정.
in·ter·grade *n.* [íntərgrèid → *v.*] 중간 단계. — *vi.*

[ìntərgréid] (**-grad·ed, -grad·ing**) 단계적으로 이행하다.
in·ter·group [ìntərgrúːp] *adj.* [사회] 집단간의.
*****in·ter·im** [íntərim] *n.* **1** 사이, 잠시(meantime), ¶ in the *interim* 그 사이에; 당분간. **2** 잠정적인 결정, 잠정 협정. **3** (the I-) [역사] [종교 개혁 당시, 독일에서 개신 교도와 가톨릭 교도 사이에 맺어졌던] 잠정 협약.
— *adj.* 당분간의, 일시적인, 임시의(temporary); 중간의. ¶ an *interim* government 임시 정부 / an *interim* report 중간 보고. — *adv.* 그 사이에(meantime).
‡**in·te·ri·or** [intí(ː)riər / -tíər-] *adj.* **1** 안에 있는, 안쪽의, 내부의. ⇨ INSIDE [類語] *opp.* exterior ¶ an *interior* view 내부의 광경. **2** 해안(국경)에서 먼, 내지(오지)의(inland). **3** 국내의(domestic). *cf.* foreign ¶ *interior* trade 국내 무역. **4** 내심의; 비밀의; 사적인. ¶ an *interior* monologue [문학에서] 내적 독백. — *n.* (보통 the ~) **1** 내부, 안쪽(inside). **2** [건축] 건조물의 내부, 실내, 옥내. **3** 실내 사진, 실내도(圖). **4** 내지, 오지. ¶ travel in the distant *interior* of Mongolia 몽고의 오지를 여행하다. **5** 내정(內政), 내무(domestic affairs). ¶ the Department of the *Interior* (美)내무부. **6** 내심, 본성. ~·ly *adv.*
◇ **interiórity** *n.*

intérior ángle *n.* [수학] 내각. *cf.* exterior angle
intérior decorátion (desígn) *n.* U C 인테리어 디자인, 실내장식.
intérior decorátor (desígner) *n.* 실내 장식가.
in·te·ri·or·i·ty [intèriɔ́ːriti, +美 -ɑ́r-] *n.* U 내적(內的)임, 내재(성); 본성.
interj. (略) interjection.
in·ter·ja·cent [ìntərdʒéisnt] *adj.* 중간에 있는, 개재 하는.
in·ter·ject [ìntərdʒékt] *vt.* …을 별안간 끼워넣다, 삽입하다; [말] 참견을 하다. ¶ *interject* bright remarks 재치있는 말을 던지다. ◇ **interjéction** *n.*
‡**in·ter·jec·tion** [ìntərdʒékʃ(ə)n] *n.* U C **1** 별안간 끼워넣기. **2** 별안간의 말(외침), 외침, 탄성. **3** [문법] 간투사, 감탄사 [略 int., interj.].
◇ **interjéct** *v.*, interjéctional, interjéctory *adj.*
in·ter·jec·tion·al [ìntərdʒékʃən(ə)l] *adj.* 간투(감탄) 사의, 감탄사적의, 고함 소리의; 삽입적인.
~·ly [-nəli] *adv.*
in·ter·jec·tor [ìntərdʒéktər] *n.* 별안간 가로막는 사람, 말참견 하는 사람.
in·ter·jec·to·ry [ìntərdʒékt(ə)ri] *adj.* 간투사적인, 별안간 끼워넣은.
in·ter·knit [ìntərnít] *vt.* (**-knit·ted** or **-knit, -knitting**) …을 짜맞추다, 엮어 맞추다.
in·ter·lab·o·ra·to·ry [ìntərlǽb(ə)rətɔ̀ːri / -làb-ɔ̀rət(ə)ri] *adj.* 연구실간의, 여러 연구실에 걸친, 상이 (相異) 분야 공동 연구의.
in·ter·lace [ìntərléis] *v.* (**-laced, -lac·ing**) *vi.* 섞어 짜이다, 합쳐 꼬이다, 얽히다, 교착(交錯)하다(intertwine). ¶ *interlacing* boughs 뒤얽힌 가지들. — *vt.* …을 섞어짜다, 합쳐꼬다; 얽히게 하다. ¶ (~+*目*+*前*+*名*) *interlace* flowers with sprigs 꽃과 잔가지를 얽어 맞추다 / a narrative *interlaced with* anecdotes 일화가 섞인 이야기.
in·ter·laced [ìntərléist] *adj.* [紋章] 어긋매낀, 엇갈린.
ínterláced scánning *n.* U [TV] 비월주사(飛越走査) 방식.
in·ter·lac·ing [ìntərléisiŋ] *n.* =interlaced scanning.
in·ter·lard [ìntərláːrd] *vt.* **1** …에 섞다(…하다). ¶ *interlard* one's speech with foreign words 외국어를 섞어 가며 이야기하다. **2** [폐어] [살코기]에 라드(비계) 따위를 섞다.
in·ter·lay [ìntərléi] *vt.* (**-laid** [-léid], **-lay·ing**) **1** …의 사이에 넣다(놓다). **2** [안에 집어넣어] …에 변화를 주다, 장식하다, 꾸미다. ¶ silver *interlaid with* gold 사이에 금을 끼워 장식한 은.

in·ter·leaf [íntərlìːf] *n.* (*pl.* **-leaves** [-lìːvz]) 〔책 따위〕에 끼워넣은 백지.

in·ter·leave [ìntərlíːv] *vt.* (**-leaved, -leav·ing**) 〔책 따위〕에 〔메모용의〕 백지를 끼워넣다.

ín·ter·lí·brar·y lóan [íntərláibrèri-/-brəri-] *n.* Ⓤ 도서관 상호 대차〔제도〕.

in·ter·line[1] [ìntərláin] *vt.* (**-lined, -lin·ing**) 1 〔책 따위〕의 행간에 글씨를 써넣다(인쇄하다). ¶ *interline* a draft 초고의 행간에 써넣다. 2 〔번역·정정 따위〕를 행간에 끼우다. ¶ *interline* a translation *in* a text 교과서의 행간에 번역을 써넣다.

in·ter·line[2] [ìntərláin] *vt.* (**-lined, -lin·ing**) 〔의류 따위〕에 심을 넣다. ¶ *interline* a coat 저고리에 심을 넣다.

in·ter·lin·e·ar [ìntərlíniər] *adj.* 1 〔책의〕 행간에 있는, 행간에 써넣은(인쇄한). 2 〔화학〕 중간 생성물(화합물). 3 매개체; 중개인; 중개물. 2 〔본문〕과 번역을 번갈아 인쇄한. ¶ the *interlinear* Bible 행간 번역의 성서. —— *n.* 행간 번역서.

in·ter·lin·e·a·tion [ìntərlìniéiʃ(ə)n] *n.* ⓊⒸ 행간에 써넣기; 행간에 써넣은 어구. 〔용 인공어(人工語)〕

In·ter·lin·gua [ìntərlíŋgwə] *n.* Ⓤ 인터링구아〔과학자

in·ter·lin·ing [íntərlàiniŋ] *n.* Ⓤ 의류의 심(心); 심감. ¶ (link).

in·ter·link [ìntərlíŋk] *vt.* …을 잇다, 연결(연쇄)하다

in·ter·lock [ìntərlák/-lɔ́k] *vi.* 1 서로 맞잡다, 서로 겹치다. ¶ *interlocking* branches 서로 겹친 가지 / *interlocking* fingers 서로 엉킨 손가락. 2 〔기계 따위의 부분이〕 서로 맞물리다, 연동하다. ¶ an *interlocking* device 연동 장치 / The gear *interlocks* well. 기어가 잘 맞물린다. 3 〔철도〕 〔신호기 등이〕 연동 장치로 움직이다. ¶ an *interlocking* signal 연동식 신호. —— *vt.* 1 …을 짜맞추다, 겹치게 하다. 2 …을 맞물리다, 연동시키다. 3 〔철도〕 〔신호기 따위〕를 연동 장치로 하다. ¶ 맞물린 상태, 2 영둔 장치. 3 〔영화〕 촬영과 녹음을 연동시키는 장치. 4 〔컴퓨터〕 인터록〔진행중인 동작이 끝날 때까지 다음 동작을 개시하지 못하게 하기〕.

in·ter·lóck·ing diréctorate [ìntərlákiŋ-/-lɔ́k-] *n. pl.* 겸임 이사회(제) 〔이사가 서로 다른 회사의 이사직을 겸임하는 경영체〕.

in·ter·lo·cu·tion [ìntərlo(u)kjúːʃ(ə)n] *n.* ⓊⒸ 대화, 대담, 회담, 담화.

in·ter·loc·u·tor [ìntərlákjutər/-lɔ́k-] *n.* 1 대화자, 대담자, 회화자; 질문자. ¶ one's *interlocutor* 이야기 상대. 2 흑인 쇼의 사회자〔열의 중앙에서 좌우 양 끝에 있는 연기자(end men)와 이야기를 주고받는다〕.

in·ter·loc·u·to·ry [ìntərlákjutɔ̀ːri/-lɔ́kjut(ə)ri] *adj.* 1 대화의; 대화체의, 문답체(식)의. ¶ *interlocutory* instruction 문답식 교수. 2 대화 사이에 끼워 넣은. ¶ *interlocutory* observations 대화 속에 끼워넣은 의견. 3 〔법률〕 중간의. *cf.* final ¶ an *interlocutory* judgment 중간 판결.

in·ter·loc·u·tress [ìntərlákjutris/-lɔ́k-], **-trice** [-tris], **-trix** [-triks] *n.* (*pl.* **-tress·es; -tri·ces**) interlocutor 의 여성형.

in·ter·lope [ìntərlóup] *vi.* (**-loped, -lop·ing**) 1 남의 장사를 침범하다, 허가없이 영업을 하다. 2 남의 일에 간섭하다, 참견하다.

in·ter·lop·er [íntərlòupər] *n.* 무허가 영업자. 2 남의 일에 참견하는 사람, 주제넘은 자(intruder).

*****in·ter·lude** [íntərlùːd] *n.* 1 사이, 틈; 중간에 생긴 일; 삽화, 에피소드. ¶ enjoy an *interlude* of repose 일의 틈을 즐기다. 2 막간; 〔도덕극 따위의〕 막간 희극; 〔일반적으로〕 막간의 여흥, 막간 촌극. 3 〔Tudor 왕조 시대의〕 소극(笑劇), 희극. 4 〔음악〕 간주곡.

in·ter·mar·riage [ìntərmǽridʒ] *n.* Ⓤ 1 서로 다른 종족〔인종, 계급〕간의 혼인. 2 혈족(근친, 동족) 결혼.

in·ter·mar·ry [ìntərmǽri] *vi.* (**-ried, -ry·ing**) 1 서로 다른 종족〔인종, 계급〕 사이에서 결혼하다. 2 혈족 결혼을 하다.

in·ter·max·il·lar·y [ìntərmǽksiləri/-ləri] *adj.* 상악골(上顎骨)의 (maxillary) 사이에 있는.

in·ter·med·dle [ìntərmédl] *vi.* (**-dled, -dling**) 간섭하다, 참견하다(*in, with*…). 〔사람.

in·ter·med·dler [ìntərmédlər] *n.* 간섭〔참견〕하는

in·ter·me·di·a [ìntərmíːdiə] *n.* 1 intermedium 복수형의 하나. 2 Ⓤ 인터미디어 〔음악·영화·무대·회화 따위를 복합한 예술〕.

in·ter·me·di·ar·y [ìntərmíːdièri/-djəri] *adj.* 1 중간의(에 있는), 중계의, 개재하는. ¶ an *intermediary* post office 중계 우체국. 2 중개의, 매개의. ¶ *intermediary* business 중개업. —— *n.* (*pl.* **-ar·ies**) 1 중개자, 매개자(물) (go-between); 중재자(mediator). ¶ an *intermediary* for A and B A 와 B 의 중개자. 2 매개, 수단. ¶ through (or by) the-*intermediary* of…의 수단에 의해서, …의 손을 거쳐. 3 중간 단계, 중간체.

*****in·ter·me·di·ate** [ìntərmíːdiit/-djət/ → *v.*] *adj.* 중간의, 중간에 있는 (일어나는). ¶ an *intermediate* range ballistic missile 중거리 탄도탄 〔略 IRBM〕/ an *intermediate* examination 《英》중간 시험 / *intermediate* colors 중간색 / a being *intermediate* between ape and man 원숭이와 인간과의 중간에 있는 생물. —— *n.* 1 중간물. 2 〔화학〕 중간 생성물(화합물). 3 매개물; 중개인; 중개물. —— *vi.* [ìntərmíːdièit] (**-at·ed, -at·ing**) 사이에 끼다, 중개하다, 매개하다; 중재하다(mediate). **~·ly** *adv.* **~·ness** *n.*
◇ *intermédiate adj.*, *intermédiation n.*

◇ **intermédiate hóst** *n.* 〔기생충의〕 중간 숙주(宿主).

intermédiate schóol *n.* 1 《美》 중학교(junior high school), 국민 학교 과정 4·6학년의 3개 학년으로 구성되는 학교. 2 《英》 국민 학교 상급과 중학교 사이의 중간인 12-14세의 학생을 수용하는 학교.

intermédiate technólogy *n.* 중간 공학〔소규모의 간단한 방법이나 기술을 현대의 최첨단 기술 또는 기계와 결부시킨 공학〕.

in·ter·me·di·a·tion [ìntərmìːdiéiʃ(ə)n] *n.* Ⓤ 개재, 중개, 중재, 조정. 〔재인 (mediator).

in·ter·me·di·a·tor [ìntərmíːdièitər] *n.* 중개인, 중

in·ter·me·di·um [ìntərmíːdiəm, -djəm] *n.* (*pl.* **-di·a** or **-di·ums**) 중개물; 매개물. 〔ial).

in·ter·ment [intə́ːrmənt] *n.* ⓊⒸ 매장(埋葬) (bur-

in·ter·mez·zo [ìntərmétsou, -médzou] *n.* (*pl.* **-mez·zos** or **-mez·zi** [-métsiː, -médziː]) 1 〔극·A의 막〕 막간의 연예 (여흥, 촌극). 2 〔음악〕 〔소나타·심포니·가극 따위의〕 간주곡. 3 간주곡의 독립된 기악곡.

in·ter·mi·gra·tion [ìntərmaigréiʃ(ə)n] *n.* Ⓤ 상호 이주.

*****in·ter·mi·na·ble** [intə́ːrminəbl] *adj.* 1 영구히 계속되는, 끝없는, 무한의. ¶ *interminable* sufferings 끝없는 괴로움. 2 긴, 지루한. ¶ an *interminable* talk 지루한 이야기. **~·ness** *n.* **-bly** *adv.*

in·ter·min·gle [ìntərmíŋgl] *v.* (**-gled, -gling**) *vi.* 섞이다, 서로 섞이다(mingle, blend). ¶ (~+前+名) They soon *intermingled* with the crowd. 그들은 곧 군중속에 섞였다. —— *vt.* …을 섞다. ¶ (~+前+名) *intermingle* A *with* B A 와 B 를 섞다.
◇ *intermínglement n.*

in·ter·min·gle·ment [ìntərmíŋglmənt] *n.* Ⓤ 혼합, 혼화 (混和).

in·ter·mis·sion [ìntərmíʃ(ə)n] *n.* ⓊⒸ 중절, 중지 (休止), 중지(interruption). ¶ work from 8 a.m. until noon without *intermission* 오전 8시에서 정오까지 쉴 사이 없이 일하다. 2 《美》 a) 〔극장의〕 막간(《英》 interval). b) 〔학교 따위의〕 휴게 시간 (《英》 break). ¶ You can smoke during *intermission*. 휴게중에는 담배를 피워도 된다. 3 〔병의〕 발작과 발작 사이의 휴지

in·ter·mit [ìntərmít] v. (-mit·ted, -mit·ting) vt. …을 일시 중지하다, 중단하다(suspend); …을 단속(斷續)하다. ¶ intermit one's efforts 노력을 중단하다.
— vi. 일시 멎다, 중단하다; 단속하다; [맥이] 결체(結滯)하다. ¶ His fever intermits. 그의 열은 간헐적으로 오르내린다(단속된다).
in·ter·mit·tence [ìntərmít(ə)ns] n. ⓤ 때때로 끊기기, 중절, 중단, 단속, 간헐. [tence.
in·ter·mit·ten·cy [ìntərmít(ə)nsi] n. = intermit-
in·ter·mit·tent [ìntərmít(ə)nt] adj. 때때로 끊기는, 단속하는, [열·흐름 따위가] 간헐성의. ¶ an intermittent rainfall 오락가락 하는 비 / an intermittent pulse 때때로 끊기는 맥박, 부정맥(不整脈) / an intermittent spring 간헐천 / an intermittent fever [말라리아의] 간헐열. ~·ly adv.
in·ter·mit·ter, -tor [ìntərmítər] n. 1 중단하는 사람. 2 [영화] [카메라·영사기의] 간헐 기구(機構).
in·ter·mix [ìntərmíks] vt., vi. 섞다(섞이다), 혼합하다. ¶ smiles intermixed with tears 눈물 섞인 미소.
in·ter·mix·ture [ìntərmíkstʃər] n. 1 ⓤ 섞기, 섞이기, 혼합, 혼효(混淆). 2 혼합물(mixture). 3 혼입물.
in·ter·mod·al [ìntərmóud(ə)l] adj. 각종 수송 기관을 통합한.
in·ter·mon·tane [ìntərmάntein / -mɔ́n-] adj. 산간의. ¶ an intermontane hamlet 산간의 촌락.
in·ter·mu·ral [ìntərmjúrəl / -mjúər-] adj. 여러 기관 단체의, 여러 도시의. ¶ an intermural athletics 기관(도시) 대항 운동 시합.
in·tern[1] vt. [intə́ːrn] n. [포로·교전국의 선박 따위]를 억류하다, …의 행동을 제한하다. — n. [ìntəːrn] 피억류자(internee).
in·tern[2] [íntəːrn] n. (interne) n. 1 인턴, 병원에서 기숙하는 실습생. cf. extern 2 [교육] = student teacher. — vi. 인턴으로 근무하다.
‡**in·ter·nal** [intə́ːrn(ə)l] adj. 1 안의, 내부의; 체내의. opp. external ⇒ INSIDE [類語] ¶ internal structure 내부 구조 / internal medicine 내과 의학 / internal organs 내장 / the internal ear 내이(內耳) / for internal use [약 따위가] 내복용의. 2 내재적(內在的)인, 본질적인(intrinsic). ¶ internal evidence 내적 증거[사물 그 자체에서 나타나는 증거]. 3 국내의, 내국의, 내정의(domestic). cf. foreign ¶ internal debts (or loans) 내국채 / internal trade 국내 무역 / internal wars 내란 / internal revenue 내국세 수입. 4 내면적인, 정신적인; 주관적인(subjective), ¶ internal peace 정신적 평화. — n. (~s) 1 내장, 창자(entrails). 2 [사람·사물의] 본질. ~·ly adv. ◇ internálity n.
intérnal ángle n. = interior angle.
in·ter·nal-com·bus·tion [ìntə́ːrn(ə)lkəmbʌ́stʃ(ə)n] adj. 내연(內燃)의. ¶ an internal-combustion engine 내연 기관. [질.
in·ter·nal·i·ty [ìntərnǽliti] n. ⓤ 내재성, 내적 성
in·ter·nal·i·za·tion [ìntə̀ːrnəlàizéiʃən / -lizéi-] n. [심리] 내면화(內面化); (증권) 증권 거래소의 입회장이 아닌 증권 회사에서 주식 매매하기.
in·ter·nal·ize [intə́ːrnəlàiz] vt. (-ized, -iz·ing) …을 내면화(내재화)하다, [사상 따위]를 받아들이다.
intérnal pollútion n. [약품·식품 속의 유해 물질로 인한] 체내 오염.
Intérnal Révenue Sérvice n. (the ~) 미국 국세청 [略 IRS].
intérnal stórage n. [컴퓨터] 내부 기억 장치[중앙 연산 처리 장치(CPU)가 직접 지정하여 데이터를 써넣거나 해석할 수 있는 기억 장치].
internat. [略] international.
‡**in·ter·na·tion·al** [ìntərnǽʃ(ə)n(ə)l] adj. 1 국가간의, 국제적인, 국제의. ¶ an international conference 국제 회의 / an international language 국제 어 / inter-

national law 국제법 / an international official record 세계 공인 기록 / international trade 국제무역. 2 (I-) 국제 신호(International Code)의. — n. 1 (I-) 인터내셔널[국제적인 사회주의적 노동자 조직]. ¶ the First International 제1 인터내셔널 [1864년 Karl Marx를 중심으로 London에서 결성] / the Second International 제2 인터내셔널 [1889년 Paris에서 결성] / the Third International 제3 인터내셔널 (Comintern) [1919년 Moscow에서 결성]. 2 (the I-) = internationale. 3 국제경기 출장자. 4 두 나라에 관계하는 인물(기업, 조직). ~·ly [-nəli] adv.
◇ internatiónality n., internationalíze v.
Internátional Bánk for Reconstrúction and Devélopment n. (the ~) 국제 부흥 개발 은행 [略 IBRD; 보통 the World Bank 라고 함].
Internátional cándle n. 국제 표준 촉광[1940년까지 적용했던 광도의 단위].
Internátional cívil sérvant n. 국제 공무원[유엔을 위시한 국제 기구 사무국에서 일하는 직원의 총칭].
Internátional Códe n. (the ~) [선박의] 국제[깃발]
Internátional cópyright n. 국제 저작권. [신호.
Internátional Cóurt of Jústice n. (the ~) 국제 사법 재판소.
Internátional dáte líne n. (the ~) = date line.
in·ter·na·tio·nale [ìntə̀ːrnæ̀ʃənǽl, -nά:l / -nά:l] n. (the ~) 인터내셔널의 노래 [1871년 프랑스의 Eugène Pottier 작사, Adolphe Degeyter 작곡의 공산주의자·노동자가 부르는 혁명가]. [<F] [略 IFF].
Internátional Fílm Féstival n. 국제 영화제
in·ter·na·tion·al·ism [ìntərnǽʃ(ə)nəlìz(ə)m] n. ⓤ 1 국제주의. cf. nationalism 2 국제적 성격, 세계성. 3 (I-) [인터내셔널의] 국제 공산주의.
in·ter·na·tion·al·ist [ìntərnǽʃ(ə)nəlist] n. 1 국제주의자. 2 국제 법학자. 3 (I-) [인터내셔널의] 국제 공산주의자. 4 국제 경기 출장자. [성.
in·ter·na·tion·al·i·ty [ìntə̀ːrnæ̀ʃənǽliti] n. ⓤ 국제
in·ter·na·tion·al·i·za·tion [ìntə̀ːrnæ̀ʃ(ə)nəlàizéiʃ(ə)n / -laiz-, ìn-] n. ⓤ 국제화; 국제 관리하에 두기.
in·ter·na·tion·al·ize [ìntərnǽʃ(ə)nəlàiz] (《英》 에서는 internationalise 로도 쓴다) vt. (-ized, -iz·ing) …을 국제화하다, [영토 따위]을 국제 관리하다, 국제 관리하에 두다.
Internátional Lábor Organizátion n. (the ~) 국제 노동 기구[略 ILO].
Internátional Mónetary Fúnd n. (the ~) 국제 통화 기금 [略 IMF].
Internátional Phonétic Álphabet n. (the ~) 국제 음표 문자[略 IPA].
in·terne [íntəːrn] n. = intern[2].
in·ter·ne·cine [ìntərníːsin, -sain, -nésiːn / -níːsain] adj. 1 서로 죽이는, 서로 죽고 죽죽고 죽이는 식의. ¶ an internecine fight 둘 다 목숨을 건 결투. 2 살인적인, 사상자가 많은, 피비린내 나는. ¶ an internecine battle 피비린내 나는 격전.
in·tern·ee [ìntəːrníː] n. 피억류자.
In·ter·net [íntəːrnèt] n. 《상표명》 인터넷 [세계 최대 규모인 미국의 국제 컴퓨터 통신망. 미 국방부에서 1969년 R&D(연구·개발) 통신망으로 시작했으나 그 뒤 상업화되어 일반에 개방됨. (* the Net 로도 약해 씀).
in·tern·ist [intə́ːrnist] n. 내과 의사. cf. surgeon
in·tern·ment [intə́ːrnmənt] n. ⓤ [포로 등의] 억류, 유치, 수용. ¶ an internment camp 포로 수용소.
in·ter·node [íntərnòud] n. [해부] 마디 사이[마디와 마디 사이의 부분].
in·ter nos [ìntər nóus] 《라틴》 (= between ourselves) 우리끼리의[이 자리만의] 이야기이지만, 이것은 비밀이지만.
in·tern·ship [íntəːrnʃìp] n. ⓤ 인턴의 지위(기간).
in·ter·nun·cial [ìntərnʌ́nʃəl] adj. [해부] [신경 세포

가〕 개재된, 각 기관을 연락하는.

in·ter·nun·ci·o [ìntərnʌ́nʃiòu, -si-] n. (pl. **-ci·os**) 로마 교황 공사[nuncio의 아랫 자리].

in·ter·o·ce·an·ic [ìntəròuʃiǽnik] adj. 양 대양간의. ¶ an *interoceanic* canal 양 대양을 잇는 운하.

in·ter·o·cep·tor [ìntərouséptər] n. 〔생리〕 〔체내에 발생하는 자극에 감응하는〕 내수용기(內受容器).

in·ter·op·er·a·ble [ìntəráp(ə)rəbl / -ɔ́p-] adj. 공동 운전 가능한, 상호 사용 가능한.

in·ter·pel·lant [ìntərpélənt] n. 〔의회에서 장관에 대한〕 질문자(interpellator). ── adj. 질문[자]의.

in·ter·pel·late [ìntərpéleit, ìntə́ːrpiléit / ìntəːpélit] vt. (**-lat·ed, -lat·ing**) 〔의회에서 정책 등에 관하여〕 〔장관〕에게 질문하다, 설명을 요구하다.

in·ter·pel·la·tion [ìntərpəléiʃ(ə)n, ìntə́ːrpi-/ ìntəːpe-] n. 〔U〕〔C〕〔의회의 장관에 대한〕 질문, 설명의 요구. ¶ address an *interpellation* 질문 연설을 하다.

in·ter·pel·la·tor [ìntərpéleitər, ìntə́ːrpiléi-/ ìntəːpéleit-] n. 〔의회에서 장관에 대한〕 질문자.

in·ter·pen·e·trate [ìntərpénitreit] vi., vt. (**-trat·ed, -trat·ing**) 1 스며들다, 침투하다(permeate), 관통하다. 2 서로 침투(관통)하다.

in·ter·pen·e·tra·tion [ìntərpènitréiʃ(ə)n] n. 〔U〕 상호 침투(관통).

in·ter·pen·e·tra·tive [ìntərpénitrèitiv / -trətiv] adj. 서로 침투하는, 서로 관통하는.

in·ter·per·son·al [ìntərpə́ːrsn(ə)l] adj. 사람과 사람 사이의.

in·ter·phone [íntərfòun] n. 구내 전화, 인터폰〔옥내용의 간단한 유선 통화 장치〕.〔<상표명〕

in·ter·plane [íntərplèin] adj. 1 비행기 상호간의. 2 양쪽 날개 사이에 있는.

in·ter·plan·e·tar·y [ìntərplǽnitèri / -t(ə)ri] adj. 〔천문〕 행성간의; 행성과 태양간의.

in·ter·play n. [íntərplèi / ˌ-ˈ-ˈ // → v.] 〔U〕〔C〕 상호 작용, 상호 운동, 교차(交叉). ¶ the *interplay* of light and shadow 빛과 그림자의 교차. ── vi. [ìntərpléi] 상호 작용하다(영향을 미치다).

in·ter·plead [ìntərplíːd] v. (**-plead·ed** or **-plead** or **-pled, -plead·ing**) vi. 〔법률〕 경합 권리자 확인 소송을 밟다〔소송을 제기하다〕. ── vt. …을 경합 권리 확인을 위해 법정에 소환하다.

in·ter·plead·er [ìntərplíːdər] n. 〔U〕 〔법률〕 경합 권리자 확인 절차(소송).

In·ter·pol [íntərpàl/-pɔ̀l] n. 국제 경찰.〔<*Inter*national Criminal *Pol*ice Organization 국제 형사 경찰 기구〕

in·ter·po·late [intə́ːrpo(u)lèit] vt. (**-lat·ed, -lat·ing**) 1 〔책·문서〕을 변조하다, …에 가필(加筆)하다; 개찬하다. 2 〔어구 따위〕를 써넣다, 끼워넣다(interject). 3 〔수학〕 〔중간항〕을 급수(級數)에 삽입하다. ── vi. 가필하다.

in·ter·po·la·tion [ìntə̀ːrpo(u)léiʃ(ə)n] n. 1 〔U〕 가필, 써넣기; 개찬(改竄). 2 가필한 문구. 3 〔U〕〔수학〕 〔중간항의〕 삽입, 보간법(補間法).

in·ter·po·la·tive [intə́ːrpəlèitiv] adj. 가필의, 개찬의.

in·ter·po·la·tor [intə́ːrpəlèitər] n. 가필하는 사람, 가필자; 개찬자.

in·ter·pop·u·la·tion·al [ìntərpàpjuléiʃ(ə)n(ə)l / -pɔ̀p-] adj. 다른 집단(문화) 사이의, 다른 집단 사이에 일어나는.

in·ter·pos·al [ìntərpóuz(ə)l] n. = interposition.

***in·ter·pose** [ìntərpóuz] v. (**-posed, -pos·ing**) vt. 1 …을 사이에 놓다, 끼우다(insert); 〔장애물〕을 도중에 놓다. ¶ *interpose* oneself 가로막다. ¶ (~+图+前+图) A certain formality is *interposed* between the reader and the author. 어떤 딱딱함이 독자와 저자를 떼어 놓고 있다. 2 〔말·이의·반대 따위〕를 제기하다, 간섭하다. ¶ *interpose* an objection 이의를 제기하다 ¶ He *inter-*

posed his authority. 그는 그 권한을 이용하여 간섭했다. ── vi. 1 사이에 끼다; 사이를 가로막다, 개입하다; 중재하다. ¶ (~+前+图) *interpose* in a dispute 다툼을 중재하다 / *interpose* between combatants 싸우고 있는 사람 사이에 끼어 중재하다. 2 참견을 하다, 이의를 제기하다; 간섭하다. ◇ interposítion *n*.

in·ter·po·si·tion [ìntərpəzíʃ(ə)n / ìntə-ˈ-ˈ] n. 1 〔U〕 사이에 두기, 사이에 있기; 개재, 중재, 간섭. 2 사이에 놓은 것, 삽입물, 개재물. 3 〔U〕〔美〕 각주가 연방 정부의 조치에 반대할 수 있다는 설. ◇ interpose *v*.

‡**in·ter·pret** [intə́ːrprit] vt. 1 …의 뜻을 풀다, …을 설명하다(explain). ¶ *interpret* a difficult passage in a book 책 속의 난해한 대목을 해석하다. 2 …을 해석하다, 판단하다. ¶ (~+图+as 图) I *interpreted* his silence *as* a refusal. 나는 그의 침묵을 거절의 뜻으로 해석했다. 3 〔극·음악 따위〕를 〔자기의 해석으로〕 연출(연주)하다. ¶ The theatrical company *interpreted* Shakespeare's *Julius Caesar* in the light of modern political conflicts. 극단은 셰익스피어의 「줄리어스 시저」를 현대의 정쟁이라는 관점에서 연출했다. 4 〔외국어〕를 통역하다(translate). 5 〔컴퓨터〕 〔데이터 따위〕를 기계 번역하다. ── vi. 1 통역하다(translate). 2 설명하다, 해석하다. ◇ interpretátion *n*., intérpretative *adj*.

in·ter·pret·a·bil·i·ty [intə̀ːrpritəbíliti] n. 〔U〕 해석 가능(성), 풀이할 수 있음.

in·ter·pret·a·ble [intə́ːrpritəbl] adj. 뜻을 풀이할 수 있는, 판단할 수 있는; 통역할 수 있는.

‡**in·ter·pre·ta·tion** [intə̀ːrpritéiʃ(ə)n] n. 〔U〕〔C〕 1 해석, 해설(explanation); 판단, 설명. ¶ put a wrong *interpretation* on a passage 어구를 잘못 해석하다. 2 〔극·음악 따위의 독특한 해석에 의한〕 연출, 연주. ¶ the pianist's *interpretation* of the sonata 그 피아니스트의 독특한 해석에 의한 소나타 연주. 3 통역. ◇ intérpret *v*., interpretátional, intérpretative *adj*.

in·ter·pre·ta·tion·al [intə̀ːrpritéiʃən(ə)l] adj. 해석상의, 통역의.

in·ter·pre·ta·tive [intə́ːrpritèitiv / -tətiv] adj. 1 해석[상]의, 해설의. 2 설명적인, 해설적인(explanatory).

‡**in·ter·pret·er** [intə́ːrpritər] n. 1 해석자, 해설자. 2 통역. 3 연출자. 4 〔컴퓨터〕 번역기, 통역기.

in·ter·pre·tive [intə́ːrpritiv] adj. = interpretative.

in·ter·pre·tress [intə́ːrpritris] n. interpreter (1, 2, 3)의 여성형.

in·ter·pro·vin·cial [ìntərprəvínʃ(ə)l] adj. 주(州) 사이의, 주 사이에 존재하는.

in·ter·ra·cial [ìntəréiʃ(ə)l] adj. 다른 인종간의, 각 인종간의. ¶ an *interracial* marriage 다른 인종간의 결혼.

in·ter·reg·num [ìntərrégnəm] n. (pl. **-nums** or **-na** [-nə]) 1 〔국왕·원수 등의〕 궐위(闕位) 기간. 2 〔내각의 경질에 따른〕 정치의 공백 기간. 3 〔일반적으로〕 중절(중단) 기간.

in·ter·re·late [ìntərrəléit] vt. (**-lat·ed, -lat·ing**) …을 서로 관계시키다. ── vi. …가 있다.

in·ter·re·lat·ed [ìntərrəléitid] adj. 서로[밀접한] 관계가 있는.

in·ter·re·la·tion [ìntərrəléiʃ(ə)n] n. 〔U〕〔C〕 상호 관계.

in·ter·re·la·tion·ship [ìntərrəléiʃ(ə)nʃìp] n. 〔U〕 상호 관계가 있음.

in·ter·rex [íntərrèks] n. (pl. **-re·ges** [-ríːdʒiːz]) 군주(원수) 부재 기간의 통치자; 섭정.

in·ter·ro·bang [íntərəbæ̀ŋ], (**in·tér·ra·bàng**) n. 의문부[?]와 감탄부[!]를 합친 구두점[‽].

interrog. interrogation, interrogative.

in·ter·ro·gate [intérəgèit] v. (**-gat·ed, -gat·ing**) vt. 1 〔남〕에게 묻다, 캐묻다. 2 〔남〕을 심문하다, 신문하다. ⇨ ASK 類語. ¶ They were *interrogated* by the police. 그들은 경찰의 심문을 받았다. ── vi. 질문하다; 심문하다. ◇ interrogátion *n*., intérrogative, interrógatory *adj*.

in·ter·ro·ga·tion [intèrəgéiʃ(ə)n] n. 1 ⓤⓒ 질문, 심문; 의문. 2 =의문 부호[?].
◇ intérrogate v., interrógative adj.

intèrrogation màrk(pòint) n. 〔문법〕 의문 부호 [?] (question mark).

in·ter·rog·a·tive [intərágətiv / -rɔ́g-] adj. 1 의문을 나타내는, 질문하는 듯한, 미심쩍어 하는. ¶ an *interrogative* look 미심쩍어 하는 표정. 2 〔문법〕 의문의(을 나타내는). ¶ an *interrogative* sentence 의문문 / an *interrogative* adjective (adverb, pronoun) 의문 형용사(부사, 대명사). ── n. 〔문법〕 의문사. ~·ly adv.
◇ intérrogate v., interrogátion n.

in·ter·ro·ga·tor [intərəgèitər] n. 질문자, 심문자.

in·ter·rog·a·to·ry [intərágətɔ̀ːri / -rɔ́gət(ə)ri] adj. 의문의, 질문의, 심문의, 의문을 나타내는. ¶ an *interrogatory* tone of voice 질문하는 말투. ── n. (pl. **-ries**) 1 질문, 심문; 의문. 2 〔법률〕 심문(질문)서. ~·ly adv.

in ter·ro·rem [in teráːrem / -rɔ́ː-] 〔라틴〕 (=in terror) 경고로서(by way of warning).

‡in·ter·rupt [intərʌ́pt] vt. 1 …의 훼방을 놓다, …을 방해하다; 〔경치·전망 따위〕를 가로막다. ¶ A tall building *interrupts* the view from our window. 높은 건물이 우리 창문으로 부터의 전망을 방해한다. 2 일시적으로 …을 중절시키다, 중단하다. ¶ The war *interrupted* free travel among the countries. 전쟁 때문에 나라 사이를 자유롭게 여행할 수 없었다 / Traffic was *interrupted* by the heavy snow. 폭설로 교통이 두절되었다. 3 〔남의 이야기 따위〕를 방해하는, 훼방놓는; 〔이야기〕를 중단시키다. ¶ *interrupt* a conversation 대화를 중단시키다 / *interrupt* a person 남의 이야기를 방해하다. ── vi. 방해하다, 훼방놓다. ¶ Please don't *interrupt*. 방해를 하지 마라! ── n. 중단; 단절.
◇ interrúption n., interrúptive adj.

*in·ter·rupt·ed [intərʌ́ptid] adj. 중단된, 방해받은, 차단당한; 단속적인. ¶ an *interrupted* current 단속 전류. ~·ly adv.

interrúpted scréw n. 〔기계〕 나선이 단속적으로

in·ter·rupt·er [intərʌ́ptər] n. 1 가로막는 사람, 방해자; 가로막는 것. 2 〔전기〕 전류 단속기, 단류기(斷流器).

‡in·ter·rup·tion [intərʌ́pʃ(ə)n] n. ⓤⓒ 방해, 방해물; ⓒ 장애물. 2 중단, 중절; 휴지(休止). ¶ without *interruption* 간단없이. 교 interrúpt v., interrúptive adj.

in·ter·rup·tive [intərʌ́ptiv] adj. 방해하는, 훼방놓는; 중단(중절)하는.

in·ter·scho·las·tic [intərskəlǽstik] adj. 〔특히 중학교의〕 학교간의, 학교 대항의. ¶ an *interscholastic* tournament 학교 대항 경기.

in·ter·school [intərskúːl] adj. =interscholastic.

in·ter se [intər síː] 〔라틴〕 (=between themselves) 그들 사이에, 비밀로.

*in·ter·sect [intərsékt] vt. …을 가로지르다, …과 교차하다. ¶ The road *intersects* the railroad. 도로가 철도와 교차되어 있다 / The highway *intersects* the city. 고속 도로가 그 도시를 가로질러 있다. ── vi. 〔선·면 따위가〕 서로 만나다, 교차하다.

*in·ter·sec·tion [intərsékʃ(ə)n] n. 1 교차점, 네거리; 〔수학〕 교점(交點), 교선. 2 ⓤ 교차, 횡단.

in·ter·sec·tion·al [intərsékʃən(ə)l] adj. 횡단의, 교차하는, 교차점의.

in·ter·serv·ice [intərsə́ːrvis] adj. 〔육·해·공의〕 3 군간의.

in·ter·ses·sion [intərséʃ(ə)n] n. 학기와 학기의.

in·ter·sex [íntərsèks] n. 1 〔생물〕 간성(間性) 〔의 상태〕. 2 =unisex.

in·ter·sex·u·al [intərsékʃuəl / -sékjuəl] adj. 남녀 양성간의; 〔생물〕 간성의. ── n. 간성인 사람.

in·ter·space [íntərspèis / ─ ─ ─ / → v.] n. ⓤ 1 물건 사이의 빈 곳, 빈틈. 2 〔시간적〕 사이, 동안, 중

── vt. [intərspéis / ─ ─ ─] (-spaced, -spac·ing) 1 …의 사이에 빈 곳(틈)을 마련하다. ¶ *interspace* one's visits 사이를 두고 방문하다. 2 …의 빈 곳(틈)을 채우다.

in·ter·spe·cif·ic [intərspisífik] adj. 〔생물〕 〔잠종 따위〕 두 개의 종(種) 사이에서 생기는.

in·ter·sperse [intərspə́ːrs] vt. (-spersed, -spers·ing) 1 …을 흩뿌리다, 산재(散在)시키다. ¶ The grass is *interspersed* with beds of flowers. 잔디밭 여기저기에 꽃밭이 있다 〔산재되어 있다〕. 2 …에 변화를 주다, …을 장식하다. ¶ *intersperse* a book with pictures 책 군데군데에 그림을 넣다 / His speech was *interspersed* with touches of humor. 그의 연설에는 여기저기에 유머가 섞여 있었다.

in·ter·sper·sion [intərspə́ːrʒ(ə)n, -ʃ(ə)n / -ʃ(ə)n] n. ⓤ 흩뿌리기, 살포, 산재, 점재(點在).

in·ter·sta·di·al [intərstéidiəl] n. =interglacial.

*in·ter·state [íntərstèit / ─ ─ ─] adj. 〔미국 등지의〕 각 주간의. cf. intrastate ¶ *interstate* roads 주간(州間) 도로.

Interstàte Cómmerce Commìssion n. 미국 주간 통상 위원회.

in·ter·stel·lar [intərstélər] adj. 별과 별 사이의, 행성간의. ¶ *interstellar* space 행성간의 공간.

in·ter·stice [intə́ːrstis] n. 빈틈, 쪼깬〔쪼개진〕 틈, 공간.

in·ter·sti·tial [intərstíʃ(ə)l] adj. 1 빈틈의, 쪼갠〔쪼개진〕 틈의, 빈틈을 이루는. 2 〔해부〕 세포 조직 사이에 있는. ~·ly [-ʃəli] adv.

in·ter·sub·jec·tive [intərsəbdʒéktiv] adj. 〔철학〕 상호(공동, 집합) 주관적인〔몇 사람의 주관 사이에서 일치점을 발견할 수 있다〕.

in·ter·tex·tu·al·i·ty [intərtekstʃuéliti / -tju-] n. 〔문학〕 작품 사이의 관련성.

in·ter·tex·ture [intərtékstʃər] n. ⓤ 섞어서 짜기, 교직(交織). 2 합쳐 짠 것, 교직의 천.

in·ter·tid·al [intərtáidl] adj. 만조(滿潮)와 간조 사이의, 간조(間潮)〔조간〕의; 〔생물의〕 〔潮間帶〕의 해안에서 서식하는. ¶ *intertidal* marsh 조간 소택지. ~·ly adv.

in·ter·trib·al [intərtráib(ə)l] adj. 〔다른〕 종족간의. ¶ *intertribal* warfare 종족간의 전쟁.

in·ter·trop·i·cal [intərtrápik(ə)l / -trɔ́p-] adj. 〔지리〕 양 회귀선간의, 열대 지방의.

in·ter·twine [intərtwáin] v. (-twined, -twin·ing) vt. …을 서로 얽히게 〔꼬이게〕 하다, 짜넣다. ── vi. 얽히다, 꼬이다.

in·ter·twist [intərtwíst] vt. …을 서로 꼬이게〔얽히게〕 하다. ── vi. 서로 얽히다〔꼬이다〕. ── n. 얽히기.

in·ter·u·ni·ver·si·ty [intərjùːnivə́ːrsiti] adj. 대학 사이의, 대학 대항의.

in·ter·ur·ban [intərə́ːrbən] adj. 도시간의. ── n. 도시 연결 철도.

‡in·ter·val [íntərv(ə)l] n. 1 〔시간적〕 간격, 사이. ¶ at regular *intervals* 규칙적인 〔긴〕 간격을 두고 / after ten minutes' *interval*; after an *interval* of ten minutes 10분 지난 뒤 / without *interval* 간단없이, 끊임없이. 2 휴지(休止)의 기간. ¶ *intervals* between attacks 공격이 끊긴 사이. 3 〔공간적〕 간격, 거리; 〔정도·질·양의〕 차(差), 차이. ¶ an *interval* of ten feet between columns 기둥 사이 10피트의 거리. 4 〔英〕 〔연극·연주회〕 막간, 휴식 시간 〔〔美〕 intermission〕. 5 〔음악〕 음정(音程). ¶ a harmonic *interval* 화성적 음정 / a melodic *interval* 선율적 음정. 6 〔군사〕 〔distance에 대하여〕 간격. 7 〔美·캐나다〕 =intervale. **at intervals** ① 이따금. ② 군데군데.

in·ter·vale [íntərvèil] n. 〔美·캐나다〕 강가에〔산에 둘러싸인〕 저지대.

in·ter·var·si·ty [intərvɑ́ːrsiti] adj. 《英》 =inter-university.

‡in·ter·vene [intərvíːn] vi. (-vened, -ven·ing) 1 사

이에 있다(들어가다, 일어나다), 개재하다. ¶ Nothing interesting *intervened*. 그 사이 재미있는 일은 하나도 없었 다 // (~+前+名) a period which *intervened between* A and B A 와 B 사이의 기간. 2 사이에 끼어들다, 지장을 주다. ¶ I'll start on Sunday if nothing *intervenes*. 지장이 없으면 일요일에 떠나겠다. 3 중재하다; 간섭하다. ¶ (~+前+名) *intervene* in a dispute 분쟁의 중재를 하다 / *intervene between* two persons who are quarreling 싸우고 있는 두 사람을 중재하다. 4 [법률] [제 3 자가] 소송에 참가하다.
◇ intervéntion *n.*, intervéniént *adj.*

in·ter·ven·er [ìntərvíːnər], (in·ter·ve·nor) *n.* 사이에 끼어드는 사람, 중재자, 간섭자; [특히 소송] 참가인.

in·ter·ven·ient [ìntərvíːnjənt] *adj.* 1 사이에 끼어드는, 사이에 일어나는, 간섭하는. 2 중재하는, 간섭하는. 3 부수적인, 2차적인. — *n.* 사이에 끼어드는 사람; 중재자.

*in·ter·ven·tion [ìntərvénʃ(ə)n] *n.* ⓤⓒ 1 사이에 끼어들기, 개재. 2 조정, 조절. 3 [다른 나라 내정에 대한] 간섭. ¶ armed *intervention* 무력 간섭.
◇ intervéne *v.*

in·ter·ven·tion·ist [ìntərvénʃ(ə)nist] *n.* [다른 나라 내정에 대한] 간섭주의자. — *adj.* 간섭주의의.

ìn·ter·vér·te·bral disk [ìntərvə́ːrtibrəl-] *n.* 추간(椎間)연골, 추간판(板) (《구어》disk).

‡in·ter·view [íntərvjùː] *n.* 1 [신문·잡지 기자의] 인터뷰, 취재 방문, 기자 회견(press interview). ¶ give an *interview* to the papers 신문 기자에 회견을 허락하다 // have (ask for) an *interview with* …과 회견하다 (…에 회견을 요청하다). 2 회견의 보도, 방문기, 회견기. 3 [공식적인] 회견, 면담, 회담; [입학, 취업 때의] 면접[시험]; [의사의] 진찰 (for, with...). — *vt.* …과 회담(회견)하다; [기자가 취재를 위하여] …과 회견하다.

ìn·ter·view·ee [ìntərvjuː(ː)íː] *n.* 인터뷰를 당하는 사람, [기자; 면접자].

in·ter·view·er [íntərvjùːər] *n.* 회견하는 사람.

In·ter·vi·sion [íntərvìʒ(ə)n] *n.* 동유럽 8개국의 텔레비전 프로그램 교환 방식. *cf.* Eurovision

in·ter vi·vos [íntər váivous, -víːv-] 생존자 사이의(의). [<L among living persons>]

in·ter·vo·cal·ic [ìntərvo(u)kǽlik] *adj.* 모음 사이의(에 있는).

in·ter·volve [ìntərválv / -vɔ́lv] *vt., vi.* (-volved, -volv·ing) 한데 감다, 서로 얽히게 하다(달리다).

in·ter·war [íntərwɔ́ːr] *adj.* 양 대전 사이의.

in·ter·weave [ìntərwíːv] *v.* (-wove *or* -weaved, -wo·ven *or* -weaved, -weav·ing) *vt.* 1 (실·빛깔·가지·뿌리 따위를) 합쳐서 엮다, 합쳐 짜다, 짜넣다(판을다) (weave together). 2 [섞어 짠 것처럼] …을 혼합하다, 섞다(intermingle). ¶ (~+目+前+名) *interweave* joy *with* sorrow 환희와 비애를 뒤섞다. — *vi.* 섞여 짜이다, 합쳐 엮어지다(짜이다).

in·ter·wind [ìntərwáind] *vt., vi.* (-wound *or* 《드문게》-wind·ed, -wind·ing) 감아넣다, 한데 얽다(얽히다).

in·ter·work [íntərwə̀ːrk] *v.* (-worked *or* wrought [-rɔ́ːt], -work·ing) *vt.* …을 합쳐 짜다, 섞어 엮다. — *vi.* 상호 작용하다.

in·ter·zon·al [ìntərzóun(ə)l], -zone [-zóun] *adj.* [복수의] 구역간의(에서 일어나는).

in·tes·ta·cy [intéstəsi] *n.* ⓤ 유언장을 남기지 않고 죽기.

in·tes·tate [intéstèit] *adj.* 1 유언(장)이 없는, 유언(장)을 남기지 않은. ¶ die *intestate* 유언장을 남기지 않고 죽다. 2 유언에 의한 처분과 관계가 없는. ¶ *intestate* succession 유언 처분과 관계가 없는 법정 상속. — *n.* 유언을 남기지 않은 사망자.

in·tes·ti·nal [intéstin(ə)l] *adj.* 장(腸)의; 장 안에 있는, the *intestinal* canal 장관(腸管); 장 / *intestinal* catarrh 장 카타르 / *intestinal* parasites 장내 기생충. ~·ly [-nəli] *adv.*

intéstinal flú *n.* 설사를 일으키는 유행성 감기.

intéstinal fórtitùde *n.* ⓤ 《美》용기, 근성.

*in·tes·tine [intéstin] *n.* 1 (보통 ~s) 장[전체] (bowels). 2 소장(small intestine). 3 대장(large intestine). — *adj.* 내부의, (보통 바람직하지 않은 일에 써서) 국내의. ¶ *intestine* dissensions 국내의 불화.
◇ intéstinal *adj.*

in·thrall, -thral [inθrɔ́ːl] *v.* (-thralled, -thral·ling) = enthrall. ⇒enthrone

in·throne [inθróun] *v.* (-throned, -thron·ing) = enthrone.

*in·ti·ma·cy [íntiməsi] *n.* ⓤⓒ 1 친밀, 친분, 친교. ¶ be on terms of *intimacy* with …과 친한 사이이다. 2 [사물에 관한] 자세한 지식, 잘 알고 있음. ¶ one's *intimacy* with the history of the Middle Ages 중세사에 관한 지식. 3 친밀함의 표현. 4 친해질 수 있는 분위기. 5 (·cies) 《완곡적》 간통, 밀통, 정교(情交).

*in·ti·mate¹ [íntimit] *adj.* 1 친밀한, 친한, 사이가 좋은; 친한 사람들의. ⇒ FAMILIAR 類語 ¶ an *intimate* connection 친밀한 관계(사이) / an *intimate* gathering 친한 사람들의 모임 / be on *intimate* terms with …과 친한 사이이다. 2 개인적인, 사적인(private), 은밀한. ¶ one's *intimate* affairs 사사로운 일. 3 [지식 따위에] 정통한, 잘 알고 있는; 상세한. ¶ an *intimate* knowledge of …에 관한 상세한 지식 / *intimate* analysis 상세한 분석. 4 [남녀가] 불의의 관계에 있는, 정을 통하고 있는. 5 본질적인, 근본적인. ¶ the *intimate* structure of an organism 유기체의 본질적 구조. 6 내심의, 마음 속의 (inmost). ¶ an *intimate* impulse 내심의 충동. — *n.* 친구. ~·ness *n.*
◇ íntimacy *n.*, íntimately *adv.*

in·ti·mate² [íntimèit] *vt.* (-mat·ed, -mat·ing) 1 …을 넌지시 비추다, 암시하다, 은연중에 말하다. ⇒ HINT 類語 2 《드물게》 [특히] 공식적으로 …을 알리다, 선언하다, 공표하다(announce).

*in·ti·mate·ly [íntimitli] *adv.* 친하게, 친밀하게; 상세하게; 깊이, 마음속으로부터.

in·ti·ma·tion [ìntimèiʃ(ə)n] *n.* ⓤⓒ 1 암시, 넌지시 비춤(hint). 2 통고, 통지; 공표.

in·tim·i·date [intímidèit] *vt.* (-dat·ed, -dat·ing) 1 …을 두려워하게 하다, 겁주게 하다. 2 …을 협박하다, 위협하다. [위협하여] …하게 하다. ⇒ THREATEN 類語 ¶ *intimidate* a person *into* silence (doing something) 남을 위협하여 입을 다물게 하다(어떤 일을 하게 하다).

in·tim·i·da·tion [intìmidéiʃ(ə)n] *n.* ⓤ 위협, 협박. ¶ Don't surrender to *intimidation*. 협박에 굴하지 마라.

in·tim·i·da·tor [intímidèitər] *n.* 위협자, 협박자.

in·tim·i·da·to·ry [intímidətɔ̀ːri / -dèit(ə)ri] *adj.* 협박의, 위협적인.

in·tim·i·ty [intíməti] *n.* ⓤ 1 친밀(한 사이) (intimacy). 2 은밀. ¶ in *intimity* 은밀히.

in·tinc·tion [intíŋkʃ(ə)n] *n.* ⓤ [가톨릭] [성찬식에서] 축성(祝聖)된 빵을 축성된 포도주에 적시기.

in·ti·tle [intáitl] *v.* (-tled, -tling) = entitle.

in·tit·ule [intítjuːl, 美 -tʃuːl] *vt.* (-uled, -ul·ing) 《고어》 [법안 따위에] 이름을 붙이다, 제목을 달다(entitle).

intl., int'l 《略》international.

‡in·to [모음 앞에서 íntu, íntə; 자음 앞에서 íntə; 주로 문미에서 íntuː] *prep.* 1 [내부를 향한 동작·운동] …으로, …안으로(에). ¶ go (*or* come) *into* a house 집으로 들어가다 / put a cake *into* an oven 과자를 오븐에 넣다 / a journey *into* Spain 스페인으로의 여행 / imports *into* France 프랑스로의 수입품 / go *into* business 실업계에 투신하다 / get *into* difficulties 곤경에 빠지다 / look *into* the future 장래를 바라보다 / inquire *into* a matter 사건을 조사하다 / work far *into* the night 밤 늦게까지 일하다. 2 [변화·추이·결과] …으로. ¶ a prince turned *into* a swan 백조로 변한 왕자 / divided *into* two 둘로 나누어진 / collect things *into* heaps 물건을 모아 더미로 쌓다 / burst *into* tears 갑자기 울음을 터뜨리다 / flog a

intoed / **intricate**

person *into* submission 남을 때려 굴복시키다 / persuade a person *into* doing something 남을 설득하여 …시키다 / The rain turned *into* snow. 비가 눈으로 변했다 / Put this sentence *into* English. 이 글을 영어로 번역하라.
3 (수학) **a)** 나누어. ¶ 3 *into* 21 is 7. 21 나누기 3은 7. **b)** (드물게) 곱하여. ¶ 3 *into* 7 is 21. 3 곱하기 7은 21.
4 (속어) =in. ¶ live *into* a new house 새집에 살다.
5 (美속어)…에 관심을 가져; …에 열중(몰두)하여. ¶ He is *into* poetry. 그는 시에 미쳐 있다.
6 …에 빚을 지고. ¶ They're *into* us for $50,000. 그들은 우리에게 5만 달러의 빚이 있다.
in·toed [íntòud] *adj.* 발가락이 안쪽으로 굽은.
in·tol·er·a·bil·i·ty [intàlərəbíliti / -tɔ̀l-] *n.* ⓤ 견딜 수 없음.
***in·tol·er·a·ble** [intálərəbl / -tɔ́l-] *adj.* 참을 수 없는, 견딜 수 없는(unbearable); 대단한, 굉장한(excessive). ¶ *intolerable* heat 견디기 어려운 더위 / *intolerable* insolence 참을 수 없는 거만함. ~·ness *n.* -bly *adv.*
in·tol·er·ance [intálərəns / -tɔ́l-] *n.* ⓤ **1** 마음이 좁음, 완고함; (특히 종교적으로) 이설(異說)을 받아들이지 않기. **2** 견딜(참을) 수 없는 성질. ¶ *intolerance* of light (heat) 빛(더위)에 대한 약성(弱性). **3** (음식물·약에 대한) 과민성, 알레르기.
in·tol·er·ant [intálərənt / -tɔ́l-] *adj.* **1** 완고한, 이설을 받아들이지 않는; (특히 종교적으로) 불관용한. **2** 견딜(참을) 수 없는(*of*...). ¶ *intolerant* of laziness 나태를 용서하지 않는 / trees *intolerant* of shade 그늘에서는 자라지 않는 나무. ~·ly *adv.*
in·tomb [intúːm] *vt.* =entomb.
in·to·nate [ínto(u)nèit] *vt.* (**-nat·ed, -nat·ing**) = intone.
‡in·to·na·tion [ìnto(u)néiʃ(ə)n] *n.* **1** ⓤⓒ 억양, 어조, 음조(音調), 인토네이션. **2** 올림(내림)조, a rising (a falling) *intonation* 상승(하강)조 / speak with a foreign *intonation* 외국어의 억양으로 말하다. **2** ⓤ (음악) 발성법, 조음(調音). **3** 그레고리 성가의 첫머리; ⓤ 그 영창(詠唱). ◇ intóne *v.*
in·tone [intóun] *v.* (-**toned, -ton·ing**) *vt.* **1** …을 억양을 붙여 말하다(이야기하다), …에 억양을 붙이다. **2** (성가 등)을 영창하다; …의 첫구절을 노래하다, …을 선창(先唱)하다. — *vi.* 영창하다; 억양을 붙여 말하다, 노래하다.
in·ton·er [intóunər] *n.* 억양을 붙여 말하는 사람; 음창(吟唱)하는 사람.
***in tó·to** [in tóutou] (라틴) (=in the whole) 전부, 모조리, 완전히; 전체적으로. 〔廣國(局)〕
In·tour·ist [intú(ː)rist / -túər-] *n.* 소련의 외국인 관광국(局).
in·tox·i·cant [intáksikənt / -tɔ́ks-] *adj.* 취하게 하는 (intoxicating). — *n.* 취하게 하는 것; 마취제; 알코올 음료.
***in·tox·i·cate** [intáksikèit / -tɔ́ks-] *vt.* (**-cat·ed, -cat·ing**) **1** …을 도취시키다. **2** …을 도취시키다, 열광케 하다, 흥분시키다. ¶ (~ + 圓 + 前 + 阁) be *intoxicated* with success 성공에 도취하다. **3** (병리) …을 중독시키다. ◇ intoxicátion *n.*, intóxicative *adj.*
in·tox·i·cat·ing [intáksikèitiŋ / -tɔ́ks-] *adj.* 취하게 하는; 열광케 하는. ¶ *intoxicating* beauty 사람을 도취시키는 아름다움. ~·ly *adv.*
in·tox·i·ca·tion [intàksikéiʃ(ə)n / -tɔ̀ks-] *n.* ⓤ **1** 취하게 함, 명정(酩酊); 취하게 함. **2** 도취, 열광, 흥분. **3** (병리) 중독.
in·tox·im·e·ter [intàksímitər / -tɔ̀ks-] *n.* 취기(醉氣) 측정기(검사기).
intr. (略) intransitive; introduce, introduced, introducing, introduction, introductory.
intra- within 의 뜻의 연결형 (* 주로 학술용어로 쓰인다). *cf.* intro- 예: *intra*mural.

in·trac·ta·bil·i·ty [intræktəbíliti] *n.* ⓤ 고분고분하지 않음, 다루기 힘듦, 고집스러움.
in·trac·ta·ble [intræktəbl] *adj.* **1** (사람·성질이) 순박하지 않은, 고분고분하지 않은, 다루기 어려운, 고집센. ⇨ WILLFUL 類語 ¶ an *intractable* delinquent 다루기 어려운 깡패. **2** (물건이) 처리(가공)하기 어려운(unmanageable). ~·ness *n.* -bly *adv.*
in·tra·day [íntrədèi] *adj.* 하루 동안에 일어나는, 하루 내의.
intradérmal tést [ìntrədə́ːrm(ə)l-] *n.* (의학) 피내(皮內) 테스트(면역 시험).
in·tra·dos [íntreidɑs, -dous, íntrədɑ̀s / intréidɔs] *n.* (아치 따위의) 안쪽 만곡선, 내호면(內弧面). ⇨ ARCH¹ 그림. 〔 ')에 있는〕.
in·tra·ga·lac·tic [ìntrəgəlǽktik] *adj.* 한 은하계 내의.
in·tra·mu·ral [ìntrəmjú(ː)rəl / -mjúər-] *adj.* **1** 대학내의. **2** 성벽내의, 도시내의, 건물내의, 교회내의. ¶ *intramural* burial 교회내 매장. **3** (해부) (기관의) 장벽(臟壁)내의.
***in·tra mú·ros** [íntrə mjúrous] 《라틴》 (=within the walls) (성벽의) 성벽내에서.
in·tra·mus·cu·lar [ìntrəmʌ́skjulər] *adj.* (주사 따위가) 근육 내의.
in·tra·na·tion·al [ìntrənǽʃən(ə)l] *adj.* 한 나라 안의, 국내의.
In·tra·net [íntrənèt] *n.* 구내 인터넷 통신망.
intrans. (略) intransitive.
in·tran·si·gence [intrǽnsidʒ(ə)ns], (**in·tran·si·gen·cy** [-si]) *n.* ⓤ 타협하지 않음; (주로 정치상의) 비타협적 태도.
in·tran·si·gent [intrǽnsidʒ(ə)nt] *adj.* (정치상) 양보하지 않는, 비타협적인. — *n.* 비타협적인 사람. ~·ly *adv.*
‡in·tran·si·tive [intrǽnsitiv] (문법) *adj.* 자동(사)의, 자동(의). *cf.* transitive. — *n.* 자동사. ~·ly *adv.*
intrán·si·tive vérb *n.* (문법) 자동사.
in·trant [íntrənt] *n.* 신참자(新參者), 가입자(entrant).
in·tra·par·ty [ìntrəpɑ́ːrti] *adj.* 당내의. ¶ *intraparty* factions 당내 파벌.
in·tra·per·son·al [ìntrəpə́ːrs(ə)n(ə)l] *adj.* 개인의 마음에 생기는, 개인 내에서 일어나는, 개인내의.
in·tra·pop·u·la·tion [ìntrəpɑ̀pjuléi(ʃ)(ə)n / -pɔ̀p-] *adj.* 주민내의, 주민간에 생기는(행해지는).
in·tra·pre·neur [ìntrəprən(j)úər] *n.* (경영) 사내(기업내) 기업가(대기업 조직에 있으면서 기업가 정신을 발휘하여 신제품 개발이나 새 사업을 이끄는 인재).
in·tra·pre·neur·ship [ìntrəprən(j)úərʃìp] *n.* 기업내 기업 제도; (부·과 등을 단위로 하는) 독립 채산 제도.
in·tra·state [íntrəstèit] *adj.* (美의) 주내(州內)의. *cf.* interstate.
In·tra·u·ter·ine devíce [ìntrəjúːtərin-] *n.* (피임용) 자궁내 링(略 IUD). 〔 ' 내의.〕
in·tra·ve·hic·u·lar [ìntrəvìːhíkjələr] *adj.* 우주선내의.
in·tra·ve·nous [ìntrəvíːnəs] *adj.* 정맥내의; 정맥 주사의. ¶ an *intravenous* injection 정맥 주사. — *n.* 점적(點滴).
intravénous féeding *n.* ⓤⓒ 점적.
in-tray [íntrèi] *n.* 미결 서류함. *cf.* out-tray
in·treat [intríːt] *v.* 《고어》 =entreat.
in·trench [intréntʃ] *v.* =entrench.
in·trep·id [intrépid] *adj.* 용맹스러운, 용기있는, 대담무쌍한. ¶ an *intrepid* attitude 대담 무쌍한 태도 / *intrepid* courage 용맹. ~·ly *adv.*
in·tre·pid·i·ty [ìntripíditi] *n.* (*pl.* **-ties**) ⓤ 용맹, 대담; (ⓒ 대담한 행위).
in·tri·ca·cy [íntrikəsi] *n.* (*pl.* **-cies**) **1** ⓤ 복잡함, 착잡함. **2** 복잡한 것(문제).
***in·tri·cate** [íntrikit] *adj.* **1** 뒤얽힌, 얽히고 설킨. ¶ an *intricate* path 꼬불꼬불한 길. **2** 복잡한, 난해한,

⇒ COMPLEX 類語 ¶ an *intricate* plot 복잡한 줄거리.
~·ly *adv.* ~·ness *n.* ◇ íntricacy *n.*

in·tri·gant, -guant [íntrigənt] *n.* 음모가; 간통자.
in·tri·gante, -guante [ìntrigá:nt, +美 -gænt] *n.* intrigant의 여성형.

***in·trigue** [intrí:g ~ n. ~] *v.* (**-trigued, -tri·gu·ing**) *vt.*
1 …의 호기심을 자극하다, 흥미를 돋구다. ¶ The new plan *intrigues* us all. 우리들은 모두 그 새로운 계획에 흥미를 가지고 있다. **2** …을 당혹케 하다, 어찌할 바를 모르게 하다. ¶ He was *intrigued* by the event. 그는 그 사건으로 인해 당혹됐다. **3** [음모·계략을 꾸며] …을 손에 넣다, 야기시키다. ¶ [~+目+前+名] *intrigue* oneself *into* a high position 음모를 꾸며서 높은 지위에 오르다. — *vi.* **1** 음모를 꾸미다, 술책을 부리다. **2** 간통하다, 불의(不義)의 관계를 맺다. — *n.* [+美 íntri:g] **1** U C 음모, 계략. ¶ a political *intrigue* 정치적 음모. **2** 불의, 간통. **3** U [소설·연극의] 복잡한 줄거리.

in·trigu·er [intrí:gər] *n.* 음모가; 간통자.
in·trigu·ing [intrí:giŋ] *adj.* **1** 음모를 꾸미는. **2** 흥미(호기심)를 돋구는. ¶ an *intriguing* item of news 흥미를 끄는 뉴스 / an *intriguing* young woman 매혹적인 젊은 여성. ~·ly *adv.*

***in·trin·sic** [intrínsik] *adj.* 본질적인, 고유의, 본래 갖추어진. *cf.* extrinsic ⇒ ESSENTIAL 類語 ¶ the *intrinsic* value of a postage stamp 우표의 본질적(소재적) 가치.

in·trin·si·cal [intrínsikəl] *adj.* = intrinsic.
~·ly *adv.*

intrínsic semiconductor *n.* [물리] 고유(진성) 반도체.

in·tro [íntrou] *n.* (*pl.* **-tros**) [구어] [대중 음악의] 시작 부분, 인트로.

intro., introd. (略) introduce, introduced, introducing, introduction, introductory.

intro- *pref.* into, within의 뜻. *cf.* intra- 예: *intro*spect, *intro*vert.

‡**in·tro·duce** [ìntrəd(j)ú:s / -djú:s] *vt.* (**-duced, -duc·ing**) **1** [남]을 소개하다, 대면시키다. ¶ *introduce* oneself 자기 소개를 하다 ¶ [~+目+前+名] Please *introduce* me *to* Mr.Jones. 존즈씨에게 소개해 주십시오 / Allow me to *introduce* my mother [*to* you]. 저의 어머니를 소개합니다.

類語 **introduce**「소개하다」라는 뜻의 보통의 말: *introduce* a friend to one's family 친구를 가족에게 소개하다. **present** introduce 보다 격식을 차린 말로서, [신분·지위 등이] 높은 사람에게 어느 정도 예의를 갖추어서 소개하는 것을 암시: *present* a new ambassador to the Prime Minister 신임 대사를 수상에게 소개하다.

2 [공식적으로] …을 소개하다; …을 사교계에 내보내다. ¶ [~+目+前+名] *introduce* one's daughter *to* society 딸을 사교계에 내보내다.
3 …에게 초보를 가르치다, 처음으로 경험시키다. [~+目+前+名] *introduce* a person *to* chess 남에게 서양 장기를 가르치다.
4 …을 안내하다. ¶ [~+目+前+名] *introduce* a person *into* a drawing room 남을 응접실로 안내하다.
5 [화제 등을] 꺼내다, [법안 등]을 제출하다. ¶ *introduce* a topic of conversation 화제를 꺼내다 // [~+目+前+名] *introduce* a bill *into* Congress 법안을 의회에 제출하다.
6 …을 삽입하다, 끼워넣다. ¶ 의회에 제출하다.
7 …을 초래하다, [문물]을 전하다, 소개하다. ¶ *introduce* a new fashion 유행을 전하다 / *present* a new product by an advertising campaign 광고로 신제품을 소개하다 // Tobacco was *introduced into* Europe from America. 담배는 아메리카에서 유럽으로 전해졌다.
8 …을 도입하다, 받아들이다, 덧붙이다. ¶ [~+目+前+名] *introduce* a new fashion *in* hats 모자에 새 유행을 반영시키다.
9 …을 시작하다, …에 서문을 달다, 서론을 말하다. ¶ [~+目+前+名] He *introduced* his speech *with* a joke. 그는 농담으로 연설을 시작했다.
10 [문법] …을 이끌다. ¶ A relative pronoun usually *introduces* an adjective clause. 관계 대명사는 보통 형용사절을 이끈다.
◇ introdúction *n.*, introdúctory, introdúctive *adj.*

in·tro·duc·er [ìntrəd(j)ú:sər ‧ -djú:sə] *n.* 소개자; 수입자; 제출자.

‡**in·tro·duc·tion** [ìntrədÁkʃ(ə)n] *n.* **1** U 도입, 채택, 받아들이기, 수입, 전래(傳來). ¶ foreign words of recent *introduction* 최근의 외래어 // the *introduction* of Christianity *into* Korea 기독교의 한국 전래. **2** U 도입물, 전래물. **3** U 소개, 피로(披露). ¶ a letter of *introduction* 소개장 // make *introduction* to …에게 소개하다. **4** 서론, 서문, 머리말. ⇒ PREFACE 類語 **5** [음악] 서곡, 전주곡 (prelude). **6** 입문서, 안내서. ¶ an *introduction* to English literature 영문학 입문서. **7** U 끼워넣기, 삽입.
◇ introdúce *v.*, introdúctory, introdúctive *adj.*

in·tro·duc·tive [ìntrədÁktiv] *adj.* = introductory.
***in·tro·duc·to·ry** [ìntrədÁkt(ə)ri] *adj.* 소개하는, 서문의, 서론의. ¶ an *introductory* chapter 서론 / *introductory* remarks 머리말.
◇ introdúce *v.*, introdúction *n.*

in·tro·gres·sion [ìntrəgréʃ(ə)n] *n.* **1** 비집고 들어가기. **2** [유전] 유전적 침투, 잡종(因子) 확산.

in·tro·it [íntrouit, íntroit] *n.* **1** [가톨릭] [미사가 시작될 때에] 입당송(入堂頌). **2** [영국 국교회] 성찬식 전에 부르는 노래.

in·tro·ject [ìntrədʒékt] *vt.* [정신 분석] [타인의 행동 양식·생각]을 무의식적으로 자기 것으로 받아들이다.

in·tro·mis·sion [ìntrou(u)míʃ(ə)n] *n.* U **1** 삽입. **2** 입장(가입) 허가.

in·tro·mit [ìntrou(u)mít] *vt.* (**-mit·ted, -mit·ting**) (드물게) …을 삽입하다, 들어오게 하다, 들이다.

in·tro·mit·tent [ìntrou(u)mít(ə)nt] *adj.* 들어오게 하는, 끼워넣는.

in·trorse [intrɔ́:rs] *adj.* [식물] 내향(內向)의. *cf.* extrorse ¶ an *introrse* anther 내향 꽃밥.

in·tro·spect [ìntrou(u)spékt] *vi.* 내성(內省)하다, 내관(內觀)하다. — *vt.* …을 내성(내관)하다. ¶ He *introspected* his true feelings. 그는 자기의 참된 감정을 내성했다.

in·tro·spec·tion [ìntrou(u)spékʃ(ə)n] *n.* U 내성, 내관, 자기 반성.

in·tro·spec·tive [ìntrou(u)spéktiv] *adj.* 내성(내관)의, 내성(내관)적인. ~·ly *adv.* ~·ness *n.*

in·tro·ver·si·ble [ìntrou(u)vɔ́:rsibl] *adj.* **1** 내성적인, 내향적인. **2** [동물] 안으로 집어넣을 수 있는.

in·tro·ver·sion [ìntrou(u)vɔ́:rʒ(ə)n, -ʃ(ə)n / -ʃ(ə)n] *n.* U **1** 내향. **2** [음악] [기관 따위의] 내향, 내곡(內曲), 내 전(內轉). **3** [심리] 내향성. *opp.* extroversion

in·tro·ver·sive [ìntrou(u)vɔ́:rsiv] *adj.* **1** [심리] 내성적인, 내향성의. **2** [의학] [기관따위가] 내전성의.

in·tro·vert [ìntrou(u)vɔ̀:rt ~ n. ~] *n.* [심리] 내향성인 사람, 내성적인 사람. *cf.* ambivert, extrovert **2** [동물] 함입문(陷入吻) [달팽이의 뿔 따위]. — *adj.* = introversive. — *vt.* [생각 따위]를 안으로 향하게 하다. **2** [동물]을 안으로 집어넣다, 함입시키다.

in·tro·ver·tive [ìntrou(u)vɔ́:rtiv] *adj.* = introversive.

‡**in·trude** [intrú:d] *v.* (**-trud·ed, -trud·ing**) *vt.* **1** …을 억지로 밀어넣다, 들이밀다(…*into*). ¶ [~+目+前+名] *intrude* one's presence *into* a conference 회의에 억지로 끼어들다. **2** …을 억지로 밀어붙이다, 강요하다 (force) (…*on, upon*). ¶ [~+目+前+名] *intrude* one's views *upon* others 남에게 자기의 견해를 밀어붙이다.

3〔지질〕…을 관입(貫入)시키다. — vi. **1** 〔허가 없이〕밀고 들어가다, 침입하다(*into*...). ¶ I hope I'm not *intruding*. 방해가 되지 않았는지요 // (~ +젠+名) *intrude into* another's company 다른 패에 끼어들다. **2** 주제넘게 나서다, 참견하다(*on, upon*...). ¶ (~ +젠+名) *intrude upon* another's privacy 남의 사생활에 간섭하다. ◇ intrúsion *n.*, intrúsive *adj.*

*in·trud·er [intrúːdər] *n.* 침입자, 주제넘게 나서는 사람, 방해자.

*in·tru·sion [intrúːʒ(ə)n] *n.* ⓤⓒ **1** 침입, 밀고 들어가기; 주제넘게 나서기, 방해; 강제, 강요. **2** 〔법률〕 토지 불법 점유, 횡령. **3** 〔지질〕 관입(貫入).
◇ intrúde *v.*, intrúsive *adj.*

in·tru·sive [intrúːsiv] *adj.* **1** 침입하는, 밀고 들어오는; 주제넘게 나서는, 방해가 되는; 강요하는. **2** 〔지질〕관입의. ¶ An *intrusive* rock 관입암. — **ly** *adv.* — **ness**

in·trust [intrʌ́st] *vt.* = entrust.

in·tu·bate [int(j)ubéit / -tjuː-] *vt.* (-bat·ed, -bat·ing) 〔의학〕〔후두 따위〕에 관을 끼워넣다.

in·tu·ba·tion [ìnt(j)ubéi(ə)n / -tjuː-] *n.* ⓤ 〔의학〕 삽관(挿管) 〔법〕.

in·tu·it [ìnt(j)uːit, -́-- / intjuː-, intjúː-́] *vt., vi.* 직관으로 알다, 직관하다.

*in·tu·i·tion [ìnt(j)u(ə)n/-tju(ː)-] *n.* ⓤ 직관〔력〕, 직각(直覺). **2** ⓤⓒ 〔철학〕 직관, 직각, 직관적 진리, 직관적 지식. ◇ intuítional, intúitive *adj.*

in·tu·i·tion·al [ìnt(j)u(ə)nəl / -tju(ː)-] *adj.* 직관의, 직각의, 직관의거한, 직관(직각)에 의한. — **ly** [-nəli] *adv.*

in·tu·i·tion·al·ism [ìnt(j)uʃ(ə)nəlìz(ə)m / -tju(ː)-] *n.* = intuitionism.

in·tu·i·tion·ism [ìnt(j)uʃ(ə)nìz(ə)m / -tju(ː)-] *n.* ⓤ 〔윤리·형이상학〕 직관(직각)주의.

in·tu·i·tion·ist [ìnt(j)uʃ(ə)nist / -tju(ː)-] *n.* 직관주의의, 직관적의; 직관의; 직관력이 풍부한. *opp.* discursive — **ly** *adv.* — **ness** *n.*

in·tu·i·tiv·ism [ìnt(j)úːitivìz(ə)m / -tjú(ː)-] *n.* **1** 〔윤리〕 직관주의. **2** 직관(직각)주의, 명찰(明察).

in·tu·mes·cence [ìnt(j)uːmésns / -tju(ː)-] *n.* **1** ⓤ 팽창, 부어오르기. **2** 종기(swelling), 팽창물.

in·tu·mes·cent [ìnt(j)uːmésnt / -tju(ː)-] *adj.* 팽창한, 부어오른.

in·tus·sus·cept [ìntəs(s)əsépt] *vt.* 〔병리〕 〔창자의 일부 따위〕를 다른 창자 속에 끼게 하다.

in·tus·sus·cep·tion [ìntə(s)səsép(ə)n] *n.* ⓤ **1** 〔사상 따위〕 수용, 동화. **2** 〔생물〕 영양 섭취. **3** 〔병리〕 장중적(腸重積).

in·twine [intwáin] *v.* (-twined, -twin·ing) = entwine.

in·twist [intwíst] *vt.* = entwist.

In·[n]u·it [ínjuit, ínjuː-] (*pl.* ~, ~s) *n.* 이누잇〔북미·그린란드의 에스키모; 캐나다에서의 에스키모족에 대한 공식 명칭〕; 이누잇어(語).

in·u·lin [ínjulin] *n.* ⓤ 〔화학〕 이눌린〔달리아·돼지감자 따위 국화科식물의 구근·지하경에 함유된 다당류의 일종〕.

in·unc·tion [inʌ́ŋk(ə)n] *n.* ⓤ **1** 도유(塗油). **2** 〔의학〕 도찰(塗擦) 요법, 고찰요법.

in·un·date [ínəndèit, ---́] *vt.* (-dat·ed, -dat·ing) **1** 〔물이〕 〔토지〕를 침수시키다, 〔토지〕에 범람하다, 넘치다. **2** 〔비유적〕 침수처럼, 쇄도하다. ¶ (~ +名+젠+名) *inundate* a community *with* counterfeit money 사회에 위조 지폐를 범람시키다.

in·un·da·tion [ìnəndéi(ə)n, -nʌn-] *n.* ⓤⓒ 홍수, 범람, 침수(⇨ FLOOD 類語) 〔비유적〕 쇄도, 충만. ¶ an *inundation* of tourists 관광객의 쇄도.

in·un·da·tor [ínəndèitər, -nʌn-] *n.* 범람하는 것, 쇄도하는 것.

in·ur·bane [ìnəːrbéin] *adj.* 버릇없는; 촌스러운.

in·ur·ban·i·ty [ìnəːrbǽniti] *n.* ⓤ 버릇없음, 촌스러움.

in·ure, en- [in(j)úər / -njúə] *v.* (-ured, -ur·ing) *vt.* …을 단련하다; 〔어려운 따위〕에 익숙하게 하다(*to*...). — *vi.* 소용되다, 효과가 있다; 〔법률적〕 효력을 발생하다, 적용되다(*to*...). ¶ (~ +젠+名) The agreement *inures* to the benefit of the employees. 그 협약은 종업원의 이익이 된다. 〔해뜸, 유효.

in·ure·ment [in(j)úərmənt / injúə-] *n.* ⓤ 단련, 익숙.

in·urn [inə́ːrn] *vt.* **1** 〔화장한 뼈〕를 유골 단지에 넣다. **2** 〔시체〕를 매장하다 (bury).

in·u·tile [injúːt(i)l / -tail] *adj.* 무익한, 무용의.

in·u·til·i·ty [ìnjuːtíliti] *n.* (*pl.* -ties) ⓤ 무익, ⓒ 쓸모없는 사람, 무용지물, 무익한 것(사람).

inv. (略) 〔라틴〕 *invénit* (= he (she) invented it); invented, invention, inventor, inventory; invoice.

in vá·cu·o [in vǽkjuòu] 〔라틴〕 (= in a vacuum) 진공 내에서〕; 본문에서 벗어나; 현실과 동떨어져.

‡in·vade [invéid] *v.* (-vad·ed, -vad·ing) *vt.* **1** 〔군대가〕 …으로 침입하다, 쳐들어가다, …을 침략하다. ⇨ TRESPASS 類語 **2** 〔병이〕 …을 침범하다; 〔공포 따위가〕 …을 엄습하다. **3** …에 몰려들다, 쇄도하다 〔비유적〕 …을 점령하다. ¶ a city *invaded* by tourists 관광객이 몰려드는 도시. **4** 〔권리 등〕을 침해하다. — *vi.* 침입하다, 침략하다; 쇄도하다; 침해하다. ◇ invásion *n.*, invásive *adj.*

‡in·vad·er [invéidər] *n.* 침입자, 침략자; 침해자.

in·vag·i·nate [invǽdʒinèit →*adj.*] *v.* (-nat·ed, -nat·ing) *vt.* **1** 〔칼 따위〕를 집에 넣다, 끼워넣다. **2** 〔관(管)·기관(器官) 따위〕의 일부분을 안으로 집어넣다, 함입시키다. — *vi.* 〔관·집 따위〕에 들어가다, 끼이다, 함입하다. — *adj.* [invǽdʒinit] 〔드물게〕 칼집에 넣은; 안으로 끼워넣은, 함입한.

‡in·va·lid¹ [ínvəlid / -liːd, -lid → *v.*] *n.* 병약자, 환자, 상병(傷病) 군인. — *adj.* 병약한, 병든; 환자용의. — *v.* 〔英〕 [ìnvəlíːd, -́--̀] *vt.* **1** …을 병들게 (병약하게)하다. ¶ be *invalided* for a year 1년 동안 병을 앓다. **2** …을 환자(상병 군인)로 다루다. ¶ (~ +名+副) be *invalided* home 상병 군인으로서 송환되다 // (~ +名+젠+名) be *invalided* out of the army 상병 군인으로서 제대되다. — *vi.* **1** 병약해지다, 병들다, 상병 군인으로 되다. **2** 환자 취급을 받다, 상병 군인으로서 제대되다.

in·val·id² [invǽlid] *adj.* 쓸모없는, 무가치한; 〔법률적〕으로 무효의. — **ly** *adv.*

in·val·i·date [invǽlidèit] *vt.* (-dat·ed, -dat·ing) …을 무용지물로 만들다, 무력하게 하다; …을 〔법률적〕으로 무효로 하다.

in·val·i·da·tion [invælidéi(ə)n] *n.* ⓤ 무효로 하기, 실효(失効); 무가치, 무효.

in·val·i·da·tor [invǽlidèitər] *n.* 무용지물(무효)로 만드는 사람.

in·va·lid·ism [ínvəlidìz(ə)m / -liːdìz(ə)m] *n.* ⓤ 〔약, 병든 몸.

in·va·lid·i·ty¹ [ìnvəlíditi] *n.* ⓤ 무효, 무가치, 무력.

in·va·lid·i·ty² [ìnvəlíditi] *n.* = invalidism.

invalídity bénefit *n.* 〔英〕〔국민 보험에 의한〕질병 수당 지급.

*in·val·u·a·ble [invǽljuəbl] *adj.* 평가할 수 없을 정도의, 매우 귀중한. *cf.* valuable — **ness** *n.* — **bly** *adv.*

In·var [invɑ́ːr] *n.* 《상표명》 불변강(不變鋼), 인바르 〔정밀 계기 따위에 쓰이다〕.

in·var·i·a·bil·i·ty [invὲ(ː)riəbíliti / -vὲər-] *n.* ⓤ 불변성; 일정 불변.

*in·var·i·a·ble [invὲ(ː)riəbl / -vὲər-] *adj.* **1** 바꿀 수 없는, 불변의, 일정한. **2** 〔수학〕 상수(常數)의. — *n.* **1** 불변인 것, 일정한 것. **2** 〔수학〕 상수 (constant). — **ness** *n.*

‡in·var·i·a·bly [invὲ(ː)riəbli / -vὲər-] *adv.* 일정 불변하게; 변함없이, 언제나 똑같이.

in·var·i·ant [invὲ(ː)riənt / -vὲər-] *adj.* 불변의,

in·va·sion [invéiʒ(ə)n] *n.* ⓊⒸ **1** 〖무력에 의한〗 침입, 침략, 침공. **2** 쇄도, 내습. **3** 〖권리 등의〗 침해.
◇ **inváde** *v.*, **invásive** *adj.*

in·va·sive [invéisiv] *adj.* 침입하는; 침략적인; 침해하는. ¶ *an invasive war* 침략 전쟁.

in·vec·tive [invéktiv] *n.* Ⓤ 〖맹렬한〗 비난, 공격; Ⓒ 비난의 말, 욕설, 독설. ── *adj.* 악담하는, 욕하는, 비난하는.

in·veigh [invéi] *vi.* 맹렬히 비난하다(욕하다), 독설을 퍼붓다(*against...*).

in·veigh·er [invéiər] *n.* 맹렬히 비난하는(욕하는) 사람, 독설가. **2** 〖수학〗 반비례하여.

in·vei·gle [invíːgl, -véi-] *vt.* (**-gled, -gling**) 〖감언 따위로〗 〖남〗을 교묘히 꾀어들이다(끌어들이다), 속이다, 부추기다(*...into*). ¶ ~+몽+웹+몡 *inveigle* a person *into* playing cards 남을 카드놀이에 꾀어들이다 / He *inveigled* her *out of* all her savings. 그는 그녀를 속여서 저축한 돈을 몽땅 털어갔다.

in·vei·gle·ment [invíːglmənt, -véi-] *n.* Ⓤ 유혹, 농락.

in·vei·gler [invíːglər, -véi-] *n.* 유혹자, 농락자.

in·ve·nit [invéinit, -víː-] (라틴) (= he(she) invented it) 〖발명품·예술 작품 따위에 적어서〗 ··· 작, 고안 〖略 *inv.*〗.

‡**in·vent** [invént] *vt.* **1** ···을 발명하다, 창안(創案)하다, 고안하다. ¶ *invent* the telephone 전화를 발명하다.

〖類語〗 **invent** 연구·노력의 결과 또는 상상력을 구사하여 새롭고 유용한 것을 만들어내다, 처음으로 만든 것을 강조. *invent* a new machine 새로운 기계를 발명하다. **devise** 종종 **invent**와 같은 뜻으로 쓰이지만 머리를 써서 연구하는 것을 강조하는 말. *devise* a new method of teaching 새로운 교수법을 생각해내다. **contrive** 계획·고안의 교묘함을 강조하며, 좋은 결과에나 나쁜 결과에나 쓰이는 말: *contrive* a clever way of doing one's job 일을 현명하게 처리하는 방법을 생각해 내다.

2 ···을 상상력을 써서 만들다, 창작하다. **3** ···을 날조(조작)하다, 꾸며내다. ¶ *invent* an excuse 구실을 꾸며대다. **4** 〖폐어〗 ···을 찾아내다.
◇ **invéntion** *n.*, **invéntive** *adj.*

in·vent·er [invéntər] *n.* 〖드물게〗 = inventor.

‡**in·ven·tion** [invén∫(ə)n] *n.* **1** Ⓤ 발명, 창안, 고안. ¶ *Necessity is the mother of invention.* 〖속담〗 필요는 발명의 어머니. **2** Ⓒ 발명품, 고안물. **3** Ⓤ 발명의 재능; 창작력. **4** Ⓒ 창작물〖문학, 날조(물), 허구(虛構), 지어낸 이야기〗. **5** 〖음악〗 인벤션〖환상적인 짧은 즉흥곡〗. **6** 〖(고어) 발견. ¶ the Invention of the Cross 성(聖)십자가 발견 기념일〖5월 3일〗.
◇ **invént** *v.*, **invéntive** *adj.*

***in·ven·tive** [invéntiv] *adj.* 발명의, 발명의 재능이 있는, 창의성이 풍부한, 재주있는. ¶ *inventive* powers 발명의 재능. ~**·ly** *adv.* ~**·ness** *n.*

‡**in·ven·tor** [invéntər] *n.* 발명자, 창안자.

in·ven·to·ri·al [ìnvəntɔ́ːriəl / -tɔ́ː-] *adj.* 재산(재고품) 목록의, 재고 정리표의. ~**·ly** [-əli] *adv.*

in·ven·to·ry [ínvəntɔ̀ːri / -tri] *n.* (*pl.* **-ries**) 재산 목록, 재고 정리표, 상품 목록, 재고품 목록. ⇒ LIST 〖類語〗 ¶ draw up (or make, take) an *inventory* of articles 물품의 재고 정리표를 만들다. **2** 물품, 재고품. **3** Ⓤ 〖美〗 재고 조사, 재고 정리(stocktaking).
── *vt.* (**-ried, -ry·ing**) 〖재산·상품 따위의〗 목록을 만들다, 〖재산(상품) 따위〗를 목록에 기입하다; 〖美〗 ···의 재고 정리를 하다.

in·ven·tress [invéntris] *n.* inventor의 여성형.

in·ve·rac·i·ty [ìnvərǽsiti] *n.* (*pl.* **-ties**) **1** Ⓤ 불성실. **2** 허위, 거짓말.

In·ver·ness [ìnvərnés] *n.* **1** (= **In·ver·ness·shire** [-∫ə(r)]) 스코틀랜드 서북부의 주. **2** 인버네스주의 주도(州都). **3** 〖종종 i-〗 (= **Ínverness cápe**) 케이프가 달린 외투.

in·verse [invə́ːrs, ─ ─ / ─ ─ // ─ ─] *v.*] *adj.* **1** 〖위치·순서 따위가〗 반대의, 역(逆)의. **2** 〖수학〗 역의, 반대의. ¶ *inverse* function 역함수 / *inverse* ratio 반비례 / in *inverse* proportion to ···에 반비례하여. ── *n.* 반대, 역; 반대인 것. ¶ Good is the *inverse* of evil. 선은 악의 반대이다. ── *vt.* [invə́ːrs] (**-versed, -vers·ing**) ···을 거꾸로 하다, 반대로 하다.

in·verse·ly [invə́ːrsli, ─ ─ / ─ ─ , ─ ─] *adv.* **1** 반대로, 거꾸로. **2** 〖수학〗 반비례하여.

***in·ver·sion** [invə́ːrʒ(ə)n, -(ə)n / -∫(ə)n] *n.* ⓊⒸ **1** 거꾸로 하기, 전도(顚倒), 전환, 전치(轉置). **2** 〖문법·修辞〗 어순 전도〖법〗, 도치〖법〗. **3** 〖논리〗 환위법(換位法). **4** 〖음악〗 자리바꿈, 전회(轉回). **5** 〖음성〗 반전(反轉). **6** 〖화학〗 전화(轉化). **7** 〖생물〗 역위(逆位). **8** 〖성육〗 도착(倒錯). **9** 〖의학〗 내반(內反); 〖해부〗 역위(逆位). **10** 〖수학〗 전도, 전위, 반전. **11** 〖기상〗 기온의 역전.
◇ **invért** *v.*, **invérse, invérsive** *adj.*

in·ver·sive [invə́ːrsiv] *adj.* 전도(轉倒)의, 역의, 반대의.

***in·vert** *vt.* [invə́ːrt] ─ *adj., n.*] **1** ···을 거꾸로 하다, 뒤집다. ¶ *invert* a glass 컵을 거꾸로 세우다. **2** 〖위치·방향·순서 따위〗를 거꾸로 하다, 순서를 바꾸다. **3** 〖성질·효과 따위〗를 거꾸로 하다, 반대로 하다, 뒤바꾸다. **4** 〖음악〗 〖음정 중의 어떤 음〗을 자리 바꿈하다. **5** 〖화학〗 전화(轉化)하다. **6** 〖음성〗 〖혀〗를 상반전(上反轉)하다. ── *adj.* [ínvə́ːrt] 〖화학〗 전화한의. ── *n.* [ínvə(r)t] 〖정신병〗 성욕 도착자, 〖건축〗 역(逆)아치. ◇ **invérse, invérsive** *adj.,* **invérsion** *n.*

in·ver·tase [invə́ːrteis] *n.* ⓊⒸ 〖생물〗 전화(轉化)효소, 자당(蔗糖) 분해 효소.

in·ver·te·brate [invə́ːrtibrit, -brèit] *adj.* **1** 〖동물〗 척추가 없는, 무척추 동물의. **2** 줏대가 없는, 우유 부단한. ── *n.* **1** 무척추 동물. **2** 줏대없는 사람.

in·vert·ed [invə́ːrtid] *adj.* **1** 거꾸로 된, 전도된; 역의, 반대의. ¶ an *inverted* arch 역아치. **2** 〖음성〗 반전의. ¶ an *inverted* consonant 반전 자음〖혀끝을 위로 말아 발성하는 r음 따위〗. **3** 성욕 도착의(homosexual).

invérted cómma *n.* 〖英〗 인용부〖호〗 (quotation mark).

invérted snób *n.* 자기보다 아래 계급으로 위장해 자신이 속하는 계급 그룹의 관습·기질을 경멸하는 사람.

in·vert·er [invə́ːrtər] *n.* 〖전기〗 직류를 교류로 바꾸는 인버터, 변환 장치(converter).

ínvert súgar *n.* Ⓤ 전화당(轉化糖).

‡**in·vest** [invést] *vt.* **1** ···에 투자하다; 〖돈〗을 쓰다(spend); 〖비유적〗 〖시간·노력 등〗을 들이다(*...in*). ¶ *invested* capital 투하 자본 / (~+몽+웹+몡) *invest* one's money *in* stocks 증권에 투자하다 / *invest* a lot of money *in* helping the handicapped 신체 장애자 구제를 위해 많은 돈을 쓰다.
2 〖남〗에게 〖의복〗을 걸치게 하다(...*in, with*), 〖드물게〗 ···을 입다, 착용하다(put on). ¶ (~+몽+웹+몡) *invest* a baby *in* (or *with*) her dress 아기에게 옷을 입히다.
3 ···을 덮다, 싸다, 둘러싸다(...*with*). ¶ (~+몽+웹+몡) a town *invested with* fog 안개에 싸인 마을.
4 〖군사〗 〖마을·요새〗를 포위하다 (besiege).
5 ─── 〖어떤 성질·능력 등〗을 띠게 하다(...*with*). ¶ (~+몽+웹+몡) *invest* a story *with* humor 이야기에 익살을 섞다.
6 〖남〗에게 〖권력·지위·훈장 등〗을 수여하다(...*with*). ¶ (~+몽+웹+몡) *invest* a person *with* rank 남에게 지위를 주다.

7 〔권한 등〕을 주다, 〔관리 등〕을 맡기다(...*in*). ¶ (~+圈+前+图) He *invests* the management of the store *in* his agent. 그는 그 가게의 관리를 대리인에게 맡기고 있다.
— *vi.* 투자하다, 출자하다(*in*...); 돈을 쓰다(*in*...).
◇ invéstment, invéstiture *n*.

in·ves·ti·ga·ble [invéstigəbl] *adj.* 조사할 수 있는, 연구할 수 있는.

‡**in·ves·ti·gate** [invéstigèit] *vt., vi.* (-**gat·ed**, -**gat·ing**) 〔…을〕조사하다, 연구하다, 음미(吟味)하다. ¶ *investigate* the causes of unemployment 실업(실직)의 원인을 조사하다.
◇ investigátion *n*., invéstigative *adj*.

‡**in·ves·ti·ga·tion** [investigéiʃ(ə)n] *n.* **1** ⓤⓒ 조사, 연구, 심사. ⇨ EXAMINATION 類語 **2** 조사서, 연구 논문.
◇ invéstigate *v.*, invéstigative *adj*.

in·ves·ti·ga·tive [invéstigèitiv] *adj.* 조사의, 연구의; 조사(연구)에 종사하는; 연구를 좋아하는, 연구적인.

***in·ves·ti·ga·tor** [invéstigèitər] *n.* 조사자, 연구자.

in·ves·ti·ga·to·ry [invéstigətɔ̀ːri / -gèitə(ə)ri] *adj.* =investigative.

in·ves·ti·ture [invéstitʃər] *n.* **1** ⓤⓒ(英) 칭호·지위·훈장 등의 수여(식), 임명(식). **2** ⓤ 입힌 상태; 의복, 옷차림. **3** ⓤ 성질·능력 등의 부여(된 상태).

‡**in·vest·ment** [invés(t)mənt] *n.* **1** ⓤⓒ 투자, 출자, ⓒ 투자의 대상; 투자금, 출자금(*in*...). ¶ *investment* trust 〔경제〕투자 신탁 // make an *investment* in ···에 투자하다. **2** (군사) 포위. **3** ⓤ 싸기, 입히기; 《고어》 의복. **4** 〔생물〕 외피, 피부, 껍질. **5** ⓤ 임명, 작위 수여(investiture).

invéstment bànk *n.* 〔금융〕투자 은행〔주식(사채) 따위를 인수하는 금융 기관. 보통 은행 업무는 하지 않는다〕.

invéstment retúrns *n.* 《美》〔증권〕투자 수익.

***in·ves·tor** [invéstər] *n.* 투자가, 출자자. *cf.* speculator

in·vet·er·a·cy [invét(ə)rəsi] *n.* **1** ⓤ 〔습성 따위의〕 뿌리 깊음, 집요함, 견딜김; 숙원(宿怨). **2** 만성, 고질(痼疾).

in·vet·er·ate [invét(ə)rit] *adj.* **1** 〔감정 따위가〕뿌리 깊은; 〔병이〕고질적인, 만성의. ¶ an *inveterate* prejudice (disease) 뿌리 깊은 편견(고질병). **2** 상습적인, 굳어진. ~·**ly** *adv.* ~·**ness** *n*.

in·vi·a·ble [inváiəbl] *adj.* **1** 생활력이 없는, 생존 불가능한. **2** 〔회사 등이 특히 재정적으로〕유지 불능인. ¶ an *inviable* company 구제 불능의 회사.

in·vid·i·ous [invídiəs] *adj.* **1** 비위에 거슬리는, 불쾌한; 질투심나게 하는. **2** 몹시 차별적인, 괘씸한.
~·**ly** *adv.* ~·**ness** *n*.

in·vig·i·late [invídʒilèit] *vi.* (-**lat·ed**, -**lat·ing**) **1** 《주로 英》시험 감독을 하다. **2** 《고어》망보다, 경계하다.

in·vig·i·la·tion [invìdʒiléiʃ(ə)n] *n.* ⓤ 《英》시험 감독. **2** 《고어》망보기.

in·vig·i·la·tor [invídʒilèitər] *n.* 《英》시험 감독관.

in·vig·or·ant [invígərənt] *n.* 강장제 (強壯劑) (tonic).

in·vig·or·ate [invígərèit] *vt.* (-**at·ed**, -**at·ing**) …을 기운나게 하다, 활기띠게 하다; …을 격려하다. ¶ The fresh air *invigorated* the tired men. 지친 사람들은 신선한 공기에 생기가 돌았다.

in·vig·or·at·ing [invígərèitiŋ] *adj.* 기운나게 하는, 기분을 상쾌하게 하는; 격려의. ~·**ly** *adv*.

in·vig·or·a·tion [invìgərèiʃ(ə)n] *n.* ⓤ 기운나게 하기, 격려, 고무.

in·vig·or·a·tive [invígərèitiv] *adj.* 기운나게 하는, 상쾌한; 격려하는.

in·vig·or·a·tor [invígərèitər] *n.* 기운나게 하는 사람 (것), 격려자; 강장제.

in·vin·ci·bil·i·ty [invìnsibíliti] *n.* ⓤ **1** 무적, 불패 (不敗). **2** 극복(정복) 불가능.

invincible [invínsəbl] adj. **1** 무적의, 불패의, 정복하지 않는. **2** 극복하기 어려운, 이겨내기 어려운 (insuperable). ¶ *invincible* ignorance 구제하기 어려운 무식.

類語 **invincible** 패배할 것 같지 않은: an *invincible* army 무적의 군대. **unconquerable** 정복하려는 자에 대하여 완강하여 (방비가) 완전한: an *impregnable* castle 난공불락의 성. **impregnable** 모든 공격을 격퇴할 수 있을만큼 강한 (방비가) 완전한: an *impregnable* castle 난공불락의 성. **indomitable** 반대·곤란에 절대로 굴복하지 않는 정신적 힘이 있는: *indomitable* perseverance 불굴의 인내력. **invulnerable** 상처를 입힐 수 없는, 꿰뚫을 수 없는: *invulnerable* armor 탄환이 뚫을 수 없는 갑옷〔장갑〕.

Invíncible Armáda *n.* (the ~) 스페인의 무적 함대〔1588년 영국 해군에 패하고 폭풍으로 전멸했다〕.

in·vin·ci·bly [invínsəbli] *adv.* 무적으로; 극복하기 어렵게.

in·vi·o·la·bil·i·ty [invàiələbíliti] *n.* ⓤ 불가침〔성〕.

in·vi·o·la·ble [inváiələbl] *adj.* 불가침의; 신성한 (sacred); 〔맹세 등〕어기게 할 수 없는.
~·**ness** *n.* -**bly** *adv*.

in·vi·o·la·cy [inváiələsi] *n.* ⓤ침범당하지 않고 있음, 〔법률 등이〕지켜지고 있음, 준법(遵法).

in·vi·o·late [inváiəlit, +美 -lèit] *adj.* 침범되지 않은, 신성한; 〔약속·법률 등이〕잘 지켜지고 있는; 흐트러지지 않은. ~·**ly** *adv.* ~·**ness** *n*.

in·vis·i·bil·i·ty [invìzibíliti] *n.* (*pl.* -**ties**) **1** ⓤ 불가시성(不可視性); 숨어 있음. **2** 보이지 않는 것.

‡**in·vis·i·ble** [invízəbl] *adj.* **1** 눈에 보이지 않는, 눈에 띄지 않는 (*to*...). ¶ *invisible* defects 눈에 띄지 않을 만큼 미미한 결점 // *invisible to* the naked eye 육안으로는 보이지 않는. **2** 모습을 나타내지 않는, 들어박힌, 숨은(hidden).

invisible exports and imports 〔상업〕무역외 수지.
— *n.* 눈에 보이지 않는 것; (the ~) 영계(靈界); (the I·) 신(God). ~·**ness** *n*.

invísible bálance *n.* 〔경제〕무역외 수지.

invísible góvernment *n.* 《美》보이지 않는 정부 〔CIA의 별칭〕.

invísible gréen *n.* ⓤ (때로 an ~) 〔검정과 구별하기 어려운〕암흑색 (暗綠色).

invísible hánd *n.* 〔경제〕보이지 않는 손〔Adam Smith의 경제학에서, 각자의 이기심에 바탕을 둔 경제 행위를 종국적으로는 공공의 복지로 이끈다고 한 예정조화적(豫定調和的) 사상〕.

invísible ínk *n.* ⓤ 은현 (隠顕) 잉크(secret ink).

invísible ménding *n.* 〔남이 알아차리지 못할 만큼 잘 기운〕짜깁기.

invísible tráde *n.* 보이지 않는 무역〔관광·서비스 등 상품 거래 이외의 무역〕.

in·vis·i·bly [invízəbli] *adv.* 눈에 보이지 않을 정도로; 숨어서.

‡**in·vi·ta·tion** [ìnvitéiʃ(ə)n] *n.* **1** ⓤⓒ 초대, 초청, 안내. ¶ an *invitation* ticket 초대권 / admission by *invitation* only 입장은 초대 손님에 한함 / at (or on) the *invitation* of ···의 초대에 / I shall be glad to accept your *invitation*. 초대에 기꺼이 응하겠습니다. **2** 초대장, 안내장. ¶ send out *invitations* to a wedding 결혼식 초대장을 보내다. **3** ⓒ ⓤ 꿈, 유혹, 유인(attraction). — *adj.* (=**in·vi·ta·tion·al** [-ʃən(ə)l]) 〔스포츠〕초대받은 사람〔팀〕만 참가 가능한, 초대의.
◇ invíte *v.*, invítatory *adj*.

in·vi·ta·to·ry [inváitətɔ̀ːri / -t(ə)ri] *adj.* 초대의; 권유의, 유혹하는.

‡**in·vite** *vt.* [inváit →] (-**vit·ed**, -**vit·ing**) **1** 〔남〕을 초대하다, 초청하다, 안내하다(...*to*). ¶ (~+图+前+图) *invite* a person *to* one's house 남을 집으로 초대하다

다 / invite a person for lunch 남을 점심에 초대하다 // (~+圖+ to do) We invited her to have dinner with us. 함께 만찬을 들자고 그녀를 초대했다 // (~+圖+副) invite a person in 그녀를 집으로 들어가자고 말하다 / She is seldom invited out. 그녀는 초대받아 나가는 일이 거의 없다. **2** 〔남〕에게〔정중히〕 부탁하다(요구하다);…을 요청하다. ¶ invite an opinion 의견을 구하다 / (~+圖+ to do) invite a person to sing 남에게 노래를 부탁하다. **3** 〔사태〕를 초래하다, 가져오다, 야기하다. ¶ invite war 전쟁을 일으키다. **4** …을 매혹하다, 유혹하다; 〔남의 눈〕을 끌다. ¶ (~+圖+ to do) The cool water of the lake invited us to swim. 호숫물이 차가와 우리는 수영하고 싶어졌다. ── n. [invait / -ˊ-] 〔구어〕 초대〔장〕, 안내〔장〕. ◇ invitátion n., ínvitatory
in·vít·er, -ví·tor [inváitər] n. 초대자.
in·vít·ing [inváitiŋ] adj. 초대하는, 권유하는; 남의 눈을 끄는, 마음을 설레게 하는, 매혹적인(attractive). ~ly adv. ~ness n.
in vi·tro [in víːtrou] 〔생물〕 시험관 내에서〔의〕. [<L in glass]
in vi·vo [in víːvou] adv., adj. 〔생물〕 생체〔조건〕 안에서〔의〕. ¶ the cultivation of tissues in vivo 조직의 생체내 배양. [<L]
in·vo·cá·tion [ìnvou(ə)kéiʃ(ə)n] n. [UC] **1** 〔신에의〕 기도, 기원(祈願) (to…). **2** 〔시신(詩神) 뮤즈(Muse)의〕 영감을 구하기, 영호출하기, 〔법의〕 발동. **4** 〔악마를 불러내는〕 주문(呪文).
in·vo·ca·to·ry [inváket̀ɔ̀ːri / -vɔ́kət(ə)ri] adj. 기원(祈願)의.
in·voice [ínvɔis] n. **1** 송장(送狀), 인보이스. **2** 송장 기재(記載) 상품(화물). ── v. (-voiced, -voic·ing) vt. …의 송장을 작성하다; …을 송장에 기입하다. ── vi. 송장을 작성하다.
ínvoice bòok n. 구입 대장; 송장 대장.
in·voke [invóuk] vt. (-voked, -vok·ing) **1** 〔신의 가호〕를 빌다, 축원하다; 〔신의 이름〕을 부르다. ¶ invoke God's blessing 신의 축복을 간청하다. **2** 〔자비·원조 등〕을 간청하다, 구하다. ¶ The criminal invoked the judge's mercy. 그 죄수는 판사의 자비를 간청했다. **3** 〔법〕 등에 호소하다 (appeal to). **4** 〔악마 따위〕를 주문을 외어 불러내다. invocátion n.
in·vo·lu·cre [ínvəlùːkər] n. **1** 〔식물〕 총포(苞). **2** 〔해부〕 〔막 모양의〕 피포(被包), 피막.
in·vo·lu·crum [ìnvəlúːkrəm] n. (pl. **-cra** [-krə]) = involucre.
***in·vol·un·tar·y** [inválentèri / -vɔ́lənt(ə)ri] adj. **1** 자발적이 아닌, 본의아닌, 마음 내키지 않는(unwilling) **2** 실수의, **2** 무의식의, 무심결의(unintentional), 본능적인(instinctive). ¶ involuntary movement of fear 공포에 대한 무의식적인(본능적인) 동작. **3** 〔생리〕 불수의(不隨意)의, 무의식의. ¶ involuntary muscles 불수의근(筋). **-tar·i·ly** adv. **-tar·i·ness** n.
in·vo·lute [ínvəlùːt] adj. **1** 복잡한, 뒤얽힌(intricate). **2** 〔식물〕 안쪽으로 말린, 내선(內旋)의. **3** 〔동물〕 〔조개껍질이〕 안으로 감긴. ── n. 〔수학〕 신개선(伸開線), 인볼루트 곡선. cf. evolute ── vi. **-lut·ed, -lut·ing** 내선하다.
in·vo·lut·ed [ínvəlùːtid] adj. **1** =involute. **2** 〔생리〕 퇴축(退縮)한.
***in·vo·lu·tion** [ìnvəlúːʃ(ə)n] n. [UC] **1** 얽혀 있음(있는 것), 복잡함, 뒤얽힘; 복잡한 것. **2** 말아 넣기, 안쪽으로 말리기(말린 것), 〔법〕 위임. **3** 〔생물〕 퇴화. **4** 〔생리〕 퇴축. **5** 〔문법〕 복구문〔주어와 술부 사이에 삽입구를 포함하는 구문〕. **6** 〔수학〕 대합(對合); 누승(累乘), 거듭제곱.
in·vo·lu·tion·al [ìnvəlúːʃən(ə)l] adj. 뒤얽힌, 복잡한; 말아넣은, 안으로 감긴; 〔생물〕퇴화의.
***in·volve** [inválv / -vɔ́lv] vt. (-volved, -volv·ing) **1** 〔필연적으로〕, 의미하다, 초래하다. ¶

CONTAIN 類語 ¶ Surrender does not always involve submission. 항복은 반드시 복종을 뜻하지는 않는다 // (~+ -ing) It involved [my] borrowing money from him. 그래서 나는 그에게서 돈을 빌지 않을 수 없게 되었다.
2 〔범죄·곤란 따위에〕〔남〕을 끌어들이다, 연루(連累) 시키다. ¶ (~+圖+图) involve a person in a quarrel 남을 싸움에 끌어들이다 / be involved in debt 빚으로 옴짝달싹 못하다 / We got involved in a traffic accident. 우리는 교통 사고에 휘말렸다.
類語 involve 복잡하고 성가신 일에 깊이 관계시키다: involve a person in a lawsuit 남을 소송(訴訟)에 끌어들이다. entangle 복잡하게 얽힌 속으로 끌어들여 옴짝달싹 못하게 하다: be entangled in debt 빚으로 옴짝달싹 못하다. implicate 좋지 않은(불명예스러운) 일에 끌어들이다: implicate a person in a conspiracy 남을 음모에 끌어들이다.
3 〔보통 수동형 또는 재귀용법으로〕〔남〕을 […에〕 열중시키다, 〔남〕의 마음을 사로잡다(absorb); 성적 관계를 갖다 (in, with…). ¶ Don't get involved with her.
4 …을 싸다, 덮다, 감싸다 (roll, wrap). ¶ Smog involved all the city. 스모그가 시가지를 뒤덮었다.
5 …을 똘똘 감다 (coil); 〔뱀이〕〔또아리〕를 틀다.
6 〔수학〕〔수〕를 누승(거듭제곱)하다.
***in·volved** [inválvd / -vɔ́lvd] adj. **1** 복잡한, 뒤얽힌. ⇨ COMPLEX 類語 ¶ an involved style 복잡한 문체. **2** 〔재정이〕 곤란한. **3** 혼란한, 또렷하지 않은.
***in·volve·ment** [inválvmənt / -vɔ́lv-] n. [U] **1** 말려듦, 휘말림, 연루. **2** 말썽, 분쟁; 곤혹. **3** 〔재정적〕 곤란. **3** 포함. 「란에 빠뜨리는 것.
in·volv·er [inválvər / -vɔ́lvə] n. 끌어들이는 것;
invt. (略) inventory.
in·vul·ner·a·bil·i·ty [invʌ̀ln(ə)rəbíləti] n. [U] 상처를 입힐 수 없음, 불사신; 타파(논파)되지 않음.
in·vul·ner·a·ble [invʌ́ln(ə)rəbl] adj. **1** 상처를 입힐 수 없는, 불사신의. ⇨ INVINCIBLE 類語 **2** 깨뜨릴 수 없는, 논파할 수 없는. ¶ invulnerable arguments 논파할 수 없는 토론. ~ness n. -bly adv.
***in·ward** [ínwərd] adv. (=inwards) **1** 안으로, 내부로; 안쪽에; 〔폐어〕 안쪽에서는, 마음속에서. ¶ bend a thing inward 물건을 안쪽으로 구부리다. **2** 〔폐어〕 마음(머리) 속(에서); 정신적으로 (spiritually). ¶ turn one's thought inward 생각을 내면(內面)으로 돌리다. ── adj. **1** 안으로 향하는(향해진). opp. outward ⇨ INSIDE 類語 ¶ an inward curve 안쪽으로 굽은 곡선 / an inward room 안방, 깊은 방, 오지(奧地)(inland). ¶ inward Asia 아시아의 내륙부. **3** 본질적인(essential), 선천적인. ¶ the inward nature of a thing 물건의 본질. **4** 마음속의, 정신의; 개인적인; 비밀의. **5** 〔목소리가〕 낮춘, 〔목소리가〕 분명치 않은. ¶ speak in an inward voice 낮은 목소리로 말하다. ── n. **1** 내부, 안쪽. **2** (~s) 배, 창자(entrails).
◇ ínwardly adv., ínwardness n.
***in·ward·ly** [ínwərdli] adv. **1** 내부에(에서), 안쪽으로(에서), 안쪽에. **2** 남몰래(secretly); 마음속으로. ¶ be inwardly resentful 마음속으로 분개하다. **3** 낮은 목소리로. ¶ speak inwardly 낮은 목소리로 말하다. **4** 〔폐어〕 안쪽(중심)으로(= 향하여).
in·ward·ness [ínwərdnis] n. [U] **1** 내부(안)에 있음. **2** 내적(내성적)임; 정신지적임, 영성(靈性)(spirituality). **3** 본질(essence), 고유성. **4** 본의(本義), 진의. **5** 친밀(intimacy).
in·wards [ínwərdz] adv. = inward.
in·weave [ìnwíːv / ín-], **en-** [in-] vt. (-wove [-wóuv] or -weaved, -wo·ven [-wóuvn] or -wove or -weaved, -weav·ing) …을 짜넣다, 섞어 짜다, 합쳐 짜다.
in·wind [inwáind] vt. (-wound [-wáund], -wind·ing) = enwind. 「wrap.
in·wrap [inrǽp] vt. (-wrapped, -wrap·ping) = en-

in·wreathe [inríːð] *vt.* =enwreathe.
in·wrought [inrɔ́ːt / ín-], **en-** [en- / én-] *adj.* **1** [무늬를] 짜넣은, 상감(象嵌)한. **2** [고어] 잘 혼합된.
in-your-face [injərféis] (구어) *adj.* 도발적인, 도전적인, 강압적인; 방약무인한, 불손한. ¶ take an *in-your-face* attitude 도발적 태도를 취하다.
I·o [áiou] *n.* [그리스 신화] 이오[제우스(Zeus)의 사랑을 받은 여자. 질투심이 많은 헤라(Hera)에 의해 휜 암소로 변했다].
Io (화학) ionium 의 원소 기호.
Io. (略) Iowa.
IO (略) *i*ndirect *o*bject; *i*nformation(*i*ntelligence) *o*fficer; *i*nput / *o*utput; *i*ssuing *o*ffice.
I / O (略) *i*nput / *o*utput(입출력). [림픽 위원회].
IOC (略) *I*nternational *O*lympic *C*ommittee(국제 올
IOCS (略) *i*nput / *o*utput *c*ontrol *s*ystem.
IOCU (略) *I*nternational *O*rganization of *C*onsumers' *U*nions(국제 소비자 연맹 기구).
iod- ⇨ IODO-.
i·o·date [áiədèit] *n.* [화학] 요오드산염, 옥소산염.
—— *vt.* (-dat·ed, -dat·ing) =iodize.
i·od·ic [aiɔ́dik / -ɔ́d-] *adj.* [화학] 요오드의. ¶ *iodic acid* 요오드산.
i·o·dide [áiədàid] *n.* [화학] 요오드화물.
i·o·dine [áiədàin, -din / -díːn] *n.* ⓤ [화학] 요오드, 옥소[원소 기호 I]. ¶ *tincture of iodine* 요오드팅크.
i·o·dism [áiədìzm] *n.* ⓤ [병리] 요오드 중독.
i·o·dize [áiədàiz] *vt.* (-dized, -diz·ing) …을 요오드로 처리하다, …에 요오드를 함유시키다.
iodo- iodine 의 뜻의 연결형(* 모음 앞에서는 iod- 를 쓴다). 예: *iodo*form, *iod*ic.
i·o·do·form [aióudəfɔ̀ːrm, -ɔ́d- / -ɔ́d-] *n.* ⓤ [화학] 요오드포름[살균제·화농 방지제].
i·o·dous [aióudəs, -ɔ́d- / -ɔ́d-] *adj.* 요오드의; 요오드 값
IOE (略) *I*nternational *O*rganization of *E*mployers (국제 경영자 단체 연맹).
I. of M.(W.) (略) the *I*sle of *M*an(*W*ight).
IOJ (略) *I*nternational *O*rganization of *J*ournalists (국제 저널리스트 기구); [국제 이주(移住) 기구].
IOM (略) *I*nternational *O*rganization of *M*igration
i·on [áiən, áiɑn / -ɔn, -ɔn] *n.* [물리·화학] 이온. ¶ a positive *ion* 양(陽)이온(cation) / a negative *ion* 음(陰)이온(anion).
-ion *suf.* 과정·상태·동작 따위를 나타내는 명사를 만든다. 예: complex*ion*, correct*ion*, fus*ion*, leg*ion*, opin*ion*, *ion*.
íon éngine *n.* [우주] 이온 엔진((美) ion jet)[가속한 대전입자(帶電粒子)를 이용한 반동 엔진].
íon exchánge *n.* ⓤ [물리·화학] 이온 교환.
I·o·ni·a [aióuniə, -njə] *n.* 이오니아[소아시아 서해안 및 인접한 제도를 포함하는 고대 그리스의 식민지].
I·o·ni·an [aióuniən, -njən] *adj.* 이오니아[인]의(Ionic). —— *n.* 이오니아인. [이오 전도.
i·on·ic [aiɑ́nik / -ɔ́n-] *adj.* 이온의. ¶ *ionic conduction*
I·on·ic [aiɑ́nik / -ɔ́n-] *adj.* **1** [건축] 이오니아식의. ⇨ CAPITAL². 그림. *cf.* Corinthian, Doric **2** [韻律] 이오니아 운각(韻脚)의. ¶ the *Ionic* foot 이오니아 운각. **3** 이오니아[인]의. ¶ [韻律] 이오니아 운각을 갖는 시[행]. ¶ the greater *Ionic* 장장단단격(長長短短格) (the lesser (*or* the smaller) *Ionic* 단단장장격. **2** (i-) ⓤ [인쇄] 이오닉체 활자. **3** ⓤ [고어] 이오니아어[고대 그리스의 방언].
iónic bónd *n.* [화학] 이온 결합.
Iónic mobílity *n.* [화학] 이온 이동도(度).
Iónic órder *n.* (the ∼) [건축] 이오니아식.
iónic propúlsion *n.* (우주) =ion propulsion
íon implantátion *n.* [전자] 이온 주입(법).
i·o·ni·um [aióuniəm] *n.* ⓤ [화학] 이오늄[토륨의 방사성 동위 원소; 원소 기호 Io].
i·on·i·za·tion [àiənizéiʃ(ə)n / -naiz-] *n.* ⓤ 이온화, 전

리(電離). [전리학의].
i·on·ize [áiənàiz] *vt., vi.* (-ized, -iz·ing) 이온화하다.
i·on·iz·er [áiənàizər] *n.* 이온화(전리) 장치.
i·on·o·sonde [aiɑ́nəsɑ̀nd / -ɔ́nəsɔ̀nd] *n.* [전자공학] 이온존드[전리층의 이온층 높이를 측정·기록하는 장치].
i·on·o·sphere [aiɑ́nəsfìər / -ɔ́n-] *n.* (the ∼) 전리층.
ionosphéric wáve *n.* 전리층파(波).
íon propúlsion *n.* (우주) 이온 추진. [리기].
IOP (略) (컴퓨터) *i*nput / *o*utput *p*rocessor(입출력 처
-ior¹ *suf.* 라틴계 형용사의 비교급을 만든다. 예: inferior, senior, superior.
-ior² *suf.* one that does (a specified thing)(…하는 사람)이라는 뜻의 명사를 만든다(* -iour 의 변형). 예: pav*ior*[u]r, sav*ior*[u]r, warr*ior*.
i·o·ta [aióutə] *n.* **1** 이오타[그리스 알파벳의 아홉째 자 (I, ι)의 명칭; 영어의 I, i 에 해당한다]. **2** 조금, 미량.
i·o·ta·cism [aióutəsìz(ə)m] *n.* **1** 이오타화(化)[현대 그리스어에서 모음이나 이중 모음을 이오타음[영어의 [i] 음]으로 발음하기]. **2** 이오타나 이오타를 많이 쓰기.
IOU, I.O.U. [àiòujúː / -́-́-́] *n.* 차용 증서[IOU ＄50 따위로, ＝I owe you의 뜻].
-iour *suf.* ⇨ -IOR².
-ious *suf.* full of, having the qualities of 의 뜻의 형용사를 만든다. *cf.* -ous 예: od*ious*, anx*ious*.
*****I·o·wa** [áiəwə / -ouə] *n.* 미국 중부의 주(주도(州都) Des Moines; 略 Ia.). ◇ **Íowan** *adj., n.* (주 사람.
I·o·wan [áiəwən] *adj.* Iowa 주 [사람]의. —— *n.* Iowa
IP (略) *i*nformation *p*rovider(정보 공급자); [야구] *i*nnings *p*itched; *I*nternet *P*rotocol(인터넷 전송방식).
IPA, I.P.A. (略) *I*nternational *A*ssociation for *C*hild's *R*ight for *P*lay(아이들의 놀 권리를 위한 국제 협회); *I*nternational *P*honetic *A*lphabet; *I*nternational *P*honetic *A*ssociation(국제 음성학 협회); *I*nternational *P*ress *A*ssociation(국제 신문 협회).
IPC (略) *I*nternational *P*atent *C*lassification(국제 특허 분류); (컴퓨터) *i*ndustrial *p*rocess *c*ontrol(산업 정보 처리 제어).
ipe·cac [ípikæ̀k], **ipe·cac·u·an·ha** [ìpikækjuǽnə] *n.* **1** [남미산(產)] 꼭두서닛과(科)의 식물. **2** ⓤ 토근(吐根)[위의 뿌리로서, 토제(吐劑)·하제(下劑)로 쓴다]; 토근제.
Iph·i·ge·ni·a [ìfidʒəníːə, ə-] [그리스 신화] 이피게니아(Agamemnon 의 딸). [집인 협회).
IPI (略) *I*nternational *P*ress *I*nstitute(국제 신문 편
IPL (略) (컴퓨터) *i*nitial *p*rogram *l*oader(loading) (초기 프로그램 적재기(적재)).
IPM (略) *I*nstitute of *P*ersonnel *M*anagement.
IPO (略) (증권) *i*nitial *p*ublic *o*ffering(첫 주식 공개).
IPPF (略) *I*nternational *P*lanned *P*arenthood *F*ederation(국제 가족 계획 연맹).
IPPNW (略) The *I*nternational *P*hysicians for the *P*revention of *N*uclear *W*ar(핵전 반대 국제 의사 기구 [1985년도 노벨 평화상 수상 단체]).
ips, i.p.s., IPS (略) *i*nches *p*er *s*econd(테이프 리코더의 스피드 표시).
ip·se dix·it [ípsi-díksit] *n.* (라틴) (＝he himself said it) 독단, 독단적인 말(언사).
ip·si·lat·er·al [ìpsilǽt(ə)rəl] *adj.* [둘 이상의 종창(腫瘍) 따위가] 몸의 같은 쪽에 난, 동측(同側)[성]의.
ip·sis·si·ma ver·ba [ipsísimə vɔ́ːrbə] *n. pl.* (라틴) (＝the very words) 바로 그대로의 어구.
ip·so fac·to [ípsou fǽktou] *adv.* 바로 그 사실에 의하여, 사실상. (＜L by the fact itself)
ip·so ju·re [ípsou dʒúː(ə)ri / -dʒúəri] (라틴) (＝by the law itself) 법률 그 자체로의 의하여.
IPTC (略) *I*nternational *P*ress *T*elecommunications *C*ommittee(국제 신문 통신 위원회).
IPU (略) *I*nter-*P*arliamentary *U*nion(국제 의원 연맹).
IPY (略) *I*nternational *P*olar *Y*ear(국제 극년(極

年)).

IQ, I.Q. 《略》〔심리〕 *i*ntelligence *q*uotient; *i*mproved *q*uality(품질 향상).

i.q. 《略》《라틴》 *idem quod* (=the same as) (…과 같음(게)).

Ir 〖화학〗 iridium 의 원자 기호.

ir- *pref.* ⇒ IN-¹, IN-².

Ir. 《略》 Ireland, Irish.

IR 《略》〔경영〕 *i*nvestor *r*elation(투자자를 위한 홍보 활동).

I.R. 《略》 *I*nland (*or I*nternal) *R*evenue(내국세 수입); *i*nformation *r*etrieval; *i*ntelligence *r*atio.

I.R.A., IRA 《略》 *I*rish *R*epublican *A*rmy (아일랜드공화국군[북아일랜드의 독립을 목표로 하는 과격한 반영 지하 조직]).

i·ra·de [iráːdi] *n.* 터키 황제(회교 통치자)의 칙령(勅令).

I·rak [i(ː)ráːk] *n.* =Iraq.

Ira·ki [i(ː)ráːki] *n., adj.* =Iraqi.

I·ran [irǽn, ai-, -ráːn / i(ə)ráːn] *n.* 이란[아시아 서남부의 나라. 옛 이름 Persia(1935년까지). 수도 Teh[e]ran]. ¶ the Plateau of *Iran* 이란 고원.

IRANAIR 《略》 *Iran* National *Air*lines(이란 항공).

I·ra·ni·an [iréinian] *adj.* 이란의, 이란인의. —— *n.* **1** ⓤ 이란어[계]. **2** 이란인, 페르시아인.

I·raq [iːrάːk] *n.* 이라크[아시아 서남부의 공화국. Saudi Arabia 의 북쪽, Iran 의 서쪽에 위치하며, 티그리스(Tigris)강과 유프라테스(Euphrates)강의 유역에 해당한다. 수도 Baghdad].

I·ra·qi [i(ː)ráːki] *n.* 이라크인; ⓤ 이라크어.
—— *adj.* 이라크의; 이라크인(어)의.

IRAS 《略》 *I*nfrared *A*stronomical *S*atellite(적외선 천문 위성; 1982년 발사).

i·ras·ci·bil·i·ty [irӕsibíləti, air-] *n.* ⓤ 성마름, 화를 냄(irritability).

i·ras·ci·ble [irǽsibl, air-] *adj.* 성마른, 화를 잘 내는. ~**·ness** *n.* ~**·bly** *adv.*

i·rate [áireit, - ´ -] *adj.* 화난(angry), 격노한. ~**·ly** *adv.* ~**·ness** *n.*

IRBM 《略》 *i*ntermediate *r*ange *b*allistic *m*issile(중거리 탄도탄). *cf.* ICBM

IRC 《略》 *I*nternational *R*ed *C*ross(국제 적십자사); *i*nternational *r*eply *c*oupon(국제 답신 우표권).

ire [aiər] *n.* ⓤ《詩》화(anger), 분노(wrath).

Ire. 《略》 Ireland.

ire·ful [áiərfəl] *adj.*《詩》**1** 화난(angry), 격노한. **2** 성마른, 화를 잘 내는(irascible).
~**·ly** [-fəli] *adv.* ~**·ness** *n.*

‡**Ire·land** [áiərlənd] *n.* **1** 아일랜드섬[영국 제도 서부의 섬. 중남부의 아일랜드 공화국(the Republic of Ireland)과 북부의 북아일랜드(Northern Ireland)로 나뉜다. **2** 아일랜드 공화국[아일랜드섬의 대부분을 차지한다. 1937년 영국으로부터 독립. 옛 이름 에이레 (Eire) (1937-49). 수도 Dublin]. ◇ *Í*rish *adj.*

I·rene [airíːni] *n.* 〖그리스 신화〗 에이레네[평화의 여신].

i·ren·ic [airénik, -ríːn-/ai(ə)-], (**i·ren·i·cal** [-k(ə)l]) *adj.* 평화적인, 협조적인; 평화주의의.

i·ren·ics [airéniks, -ríːn-/ai(ə)-] *n. pl.* 〔단수 취급〕 평화 신학[전체 기독교도·전체 교회·교파간의 협조를 제창하는 신학].

IRFB 《略》 *I*nternational *R*ugby *F*ootball *B*oard (럭비 축구 국제 기구; 통칭 IB).

irid- *comb. form* ⇒ IRIDO-.

i·ri·da·ceous [àiridéiʃəs, ìri-/ài(ə)-] *adj.* 붓꽃(iris)과(科)의.

ir·i·des·cence [ìridésns] *n.* ⓤ 무지개 색깔, 진주색, 훈색(暈色).

ir·i·des·cent [ìridésnt] *adj.* 각도에 따라 색깔이 달리 보이는, 무지갯빛의, 진주색의, 훈색의. ~**·ly** *adv.*

i·rid·ic [airídik, irʃd-] *adj.*〖화학〗이리듐의(을 함유하는).

i·rid·i·um [airídiəm, ir-] *n.* ⓤ〖화학〗이리듐[백금과 비슷한 금속 원소의 하나; 원자 기호 Ir].

irido- iris[of the eye]; rainbow; iridium 의 뜻의 연결형 (*모음 앞에서는 irid-을 쓴다). 예: *irid*ectomy (홍채(虹彩) 절제), *irid*escent, *irido*smine.

ir·i·dol·o·gy [ìrid́ɑlədʒi / -d́ɔl-] *n.*〔안과〕홍채(虹彩) 진단법〔안구의 홍채를 검사하여 악질을 진단하는 방법〕.

ir·i·dos·mine [àiridάsmin, -dǽz-, ìr-/ài(ə)ridɔ́s-, ìr-] *n.* ⓤ이리도스민〔천연산(產)의 이리듐·오스뮴 따위의 합금〕.

‡**iris** [áiris / áiər-] *n.* (*pl.* **i·ris·es** *or* **ir·i·des**) **1**〔해부〕〔안구의〕 홍채. **2**〔식물〕 붓꽃과(科)의 식물; 그 꽃, 창포. **3** 무지개(rainbow); 무지개 모양의 물건; ⓤ 무지갯빛. **4** = iris *d*iaphragm.

I·ris¹ [áiris / áiər-] *n.*〖그리스 신화〗이리스[무지개의 여신; 신들의 심부름꾼]. [<Gk *Íris*]

I·ris² [áiris / áiər-] *n.* 적외선 경보 시스템〔외부 침입자가 적외선을 적외선을 차단하면 경보가 울리는 시스템〕. [<*i*nf*r*ared *i*ntruder *s*ystem]

íris díaphràgm *n.*〔光學·사진〕〔카메라 따위의〕 홍채 조리개.

‡**I·rish** [áiriʃ / ái(ə)r-] *adj.* 아일랜드의, 아일랜드인의 —— *n.* **1** (the ~)〔집합적〕 아일랜드인, 아일랜드 국민. **2** ⓤ 아일랜드어. **3** =Irish English. **4** (one's ~)《미국구어》 짜증, 분통. ¶ get one's *Irish* up 분통을 터뜨리다. ◇ *Í*reland *n.*

Írish búll *n.* 우스운 모순, 앞뒤가 맞지 않는 이야기 ["이 편지를 받지 못할 경우는 돌려 주십시오."라고 하는 따위].

Írish cóffee *n.* 아이리시 커피[뜨거운 커피에 위스키를 타서 향료를 내고 생크림을 얹은 것].

Írish dáisy *n.* 민들레(dandelion).

Írish Énglish *n.* ⓤ 아일랜드[사투리]의 영어.

Írish Frée Státe *n.* 아일랜드 자유국[아일랜드 공화국의 옛 이름].

Írish Gáelic *n.* ⓤ 아일랜드의 게일어(語)[이 언어는 오늘날 쇠퇴 경향에 있다].

I·rish·ism [áiriʃìz(ə)m / ái(ə)r-] *n.* ⓤⓒ 아일랜드 어법, 아일랜드 사투리; 아일랜드풍(풍습, 기질).

I·rish·ize [áiriʃàiz / ái(ə)r-] *vt.* (-**ized**, -**iz·ing**) (*英*에서는 **I·rish·ise** 로도 쓴다) *vt.* (때로 i-) …을 아일랜드풍으로 하다, 아일랜드풍이 되다.

I·rish·man [áiriʃmən / ái(ə)r-] *n.* (*pl.* **-men** [-mən]) 아일랜드인.

Írish móss *n.* ⓤ 식용 해초(海草)의 일종; 그것을 건조 표백한 것[체리·블라망즈(blancmange)의 재료].

Írish potáto *n.* 감자.

Írish Séa *n.* (the ~) 아일랜드해(海) [Ireland 와 England 사이에 있는 바다].

Írish sétter *n.* 아일랜드종의 세터 개.

Írish stéw *n.* ⓤⓒ 양고기 또는 쇠고기를 감자·양파 따위와 함께 삶은 진한 스튜. ¶ [붉은 개].

Írish térrier *n.* 아이리시 테리어[중키이고 털이 어선 종류의 개].

Írish whískey *n.* [보리로 만드는] 위스키.

Írish wólfhound *n.* 아이리시 울프하운드[아일랜드산(產)의 개. 늑대 사냥에 쓰였다].

I·rish·wom·an [áiriʃwùmən / ái(ə)r-] *n.* (*pl.* **-wom·en** [-wìmin]) 아일랜드 여성.

i·ri·tis [airáitis] *n.* ⓤ〔안과〕홍채염(虹彩炎).

irk [əːrk] *vt.* …을 지치게 하다; …을 지루하게 하다(weary), 진저리나게 하다; …을 괴롭히다, 안달나게 하다 (annoy). ¶ It *irks* me to read fifty pages an hour. 1시간에 50 페이지 읽는 데는 진저리난다.

irk·some [ə́ːrksəm] *adj.* 지루한, 진저리나는; 귀찮은, 번거로운, 번잡스러운(troublesome). ◇ TEDIOUS [類語] ¶ an *irksome* task 지루한(귀찮은) 일. ~**·ly** *adv.* ~**·ness** *n.*

Ir·kutsk [iərkúːtsk, iəːr-] *n.* 이르쿠츠크[시베리아

IRL (略)《국제 자동차 식별 기호》Republic of Ireland.
IRLS (略) infrared *linescan*(적외선 라인스캔 장치); TV 같은 화상에서 냉랭한 곳은 어둡게, 훈훈한 곳은 밝게 비치는 장치.
IRO (略) International Refugee Organization ([유엔국제 난민 구제 기관]).
‡**i·ron** [áiərn] *n.* **1** 〖화학〗철〖금속 원소의 하나; 원자 기호 Fe〗. ¶ cast (pig) *iron* 주철(선철) / [as] hard as *iron* 쇠처럼 단단한 / *Strike while the iron is hot.* 《속담》쇠는 달았을 때 쳐라, 좋은 기회를 놓치지 마라. **2** 〖U〗〖쇠처럼〗강함, 단단함. ¶ a man of *iron* 의지가 강한 사람; 냉혹한 사람 / a will of *iron* 무쇠 같은 의지 / muscles of *iron* 쇠같이 단단한 근육. **3** 철제 기구(器具), 철기(鐵器). **4** 다리미, 인두. **5**〖골프〗쇠제 헤드가 달린 골프채, 아이언. **6** 소인(燒印), 낙인. **7** 대빠날. **8**《속어》권총. **9**〖포경용(捕鯨用)〗작살 (harpoon). **10**〖의학〗철제, 철분제(鐵劑). **11** (~s) 수갑, 쇠고랑, 족쇄(足鎖)(fetters). **12**〖철제의〗하지 교정기(下肢矯正器). **13**〖고어〗검(劍).
have [*too*] *many* (*several*, *etc.*) *irons in the fire* 한꺼번에 [너무] 많은(몇 가지) 일에 손을 대다.
in irons ①〖항해〗〖배가〗좌우 어느 쪽으로도 방향을 돌릴 수 없어. ②〖족쇄(수갑)가 채워져, 《비유적》갇힌 몸이 되어.
pump iron《속어》역기를 들어 올리다, 역도 선수가 되다.
rule with a rod of iron ⇒ ROD.
The iron entered into his soul. [그는 대단한 고뇌를 느꼈다(맛보았다)][←시편 (Ps.) 105 : 18. 그 히브리어 원전 (His person entered into the iron.)의 오역에서].
— *adj.* **1** 철의, 철제의. ¶ an *iron* bar 철봉. **2** 쇠 같은, [쇠처럼] 강한(단단한); 강건한(robust). ¶ an *iron* will 굳은 의지. **3** 엄한, 가혹한(harsh); 냉혹한. ¶ an *iron* heart 냉혹한 마음. **4** 쇠빛의.
— *vt.* **1** ···을 다리미질하다. ¶ *iron* a shirt 샤쓰를 다림질하다. **2** ···에 쇠를 붙이다, 씌우다, 박다. **3** ···에게 족쇄(수갑)를 채우다. — *vi.* 다림질하다.
iron out 《구어》① ···을 다림질로; 다림질하여 ···의 주름을 펴다. ② [로울러로] [길]을 고르다. ③ ···을 원활하게 하다; [장애물]을 없애다, 화해시키다. ¶ *iron out* difficulties 곤란을 없애다.
◇ frony² *adj.*
Íron Áge *n.* (the ~) **1**〖考古〗철기 시대. *cf.* Bronze Age, Stone Age **2** (i- a-)〖그리스 神話〗철의 시대[인류의 최후이며 최악의 시대]. **3** (i- a-)〖고어〗〖인류의〗타락(사악) 시대.
í·ron·bound [áiərnbáund] *adj.* **1** 쇠를 감은, 쇠틀 댄. **2** 해안 등이 바위가 많은, 절벽이 깎아지른 듯한 (rugged). **3** 구부러지지 않는, 단단한(hard), 엄한.
í·ron·clad [áiərnklǽd] *adj.* **1**〖군함 따위의〗철갑의; 장갑(裝甲)의. **2** 엄격한; 어길 수 없는. — *n.* 〖19세기의〗철갑함.
Íron Cróss *n.* 철십자 훈장[이전에 독일에서 전공이 있는 용사에게 수여되었으며; 1813년 제정].
íron cúrtain *n.* (the ~) 철의 장막[서유럽과 소련 세력권의 경계선; 1946년 영국 수상 Winston Churchill이 썼다]. *cf.* bamboo curtain
i·ron-fist·ed [áiərnfístid] *adj.* **1** 무자비한(ruthless), 무정한, 냉혹한. **2** 인색한(stingy).
íron fóundry *n.* 주철소, 제철소.
íron gráy *n.* (때로 como ~) 철회색.
íron hánd *n.* 엄격(가혹)한 통제(감독), 압제.
í·ron-hánd·ed [áiərnhǽndid] *adj.* 가혹한, 냉혹한; 엄한(rigorous); 압제적인.
i·ron-heart·ed [áiərnhá:rtid] *adj.* 《구어》무정한 (unfeeling); 잔혹한, 잔인한(cruel).
íron hórse *n.*〖고어〗기관차 (locomotive).

*i·ron·ic [airánik / -rón-], -i·cal [-ik(ə)l] *adj.* **1** 반어(反語)의, 반어적인; 빈정대는, 비꼬는. ¶ an *ironic* compliment 비꼬아서 하는 아첨의 말[본심과는 반대의 아첨의 말]. **2** 비꼬아 말하는, 빈정대기 좋아하는. ¶ an *ironical* speaker 빈정대기 좋아하는 사람.
-i·cal·ly [-ikəli] *adv.* **-i·cal·ness** *n.* ◇ frony¹ *n.*
í·ron·ing [áiərniŋ] *n.*〖U〗**1** 다리미질. **2** 다리미질하는 옷가지.
íroning bóard *n.* 다리미질판.
i·ro·nist [áiərənist] *n.* 빈정거리기 좋아하는 사람, 빈정대는 풍의 작가.
i·ro·nize [áiərənàiz / áiərə-] *vt.*, *vi.* (**-nized, -niz·ing**) **1** (···을) 빗대어 말(행동) 하다 / [매사를] 삐딱하게 다루다. **2** [영양으로서] ···에 철분을 섞다.
Íron Lády *n.* 철의 여인[영국의 Margaret Thatcher 전 수상의 별명].
í·ron·like [áiərnlàik] *adj.* 〖힘·견고함 따위가〗무쇠 같은.
íron lúng *n.* 철폐(鐵肺)〖철제의 호흡 보조기〗.
íron mán *n.* **1** 뛰어나게 힘이 센 사람, 철완 투수(鐵腕投手). **2**《美속어》**1** 달러 지폐(은화).
í·ron·mas·ter [áiərnmǽstər / -mà:s-] *n.* 〖주로 英〗제철업자; 철공소 주인.
íron móld ((英)) **móuld** *n.*〖U〗〖천 따위에 묻은〗쇠녹.
í·ron-mold, (英) **-mould** [áiərnmóuld] *vt.* ··· 을 쇠녹으로 더럽히다. — *vi.* 쇠녹으로 더러워지다.
í·ron·mon·ger [áiərnmʌ̀ŋgər] *n.* 〖주로 英〗철물상(인) (hardware dealer), 철기상(鐵器商) (인).
í·ron·mon·ger·y [áiərnmʌ̀ŋg(ə)ri] *n.* (*pl.* **-ger·ies**)〖英〗〖집합적〗철물류, 철물(hardware); 〖U〗철물점, 철물상.
íron óxide *n.*〖U〗〖화학〗산화철.
íron pýrites *n.*〖광물〗황철광(fool's gold); 백철광; 자황(磁黃).
íron rátions *n. pl.* 비상 휴대 식량.
í·ron·side [áiərnsàid] *n.* **1** 용감무쌍한 사람. **2**(보통 I -s)〖단수 취급〗영국의 장군 Oliver Cromwell의 별명; (복수 취급) 그가 지휘했던 철기병대(鐵騎兵隊). **3** (~s)〖보통 단수 취급〗철갑선.
í·ron·smith [áiərnsmìθ] *n.*〖U〗철공장이, 철공.
íron stóne [áiərnstòun] *n.*〖U〗철광석, 철광.
íron tríangle *n.* 철의 삼각 지대[미국내의 기업이나 민간 단체를 대변하는 로비스트, 의원, 관료 기구 등 3개의 세력 연합체를 말하며 이들이 정부의 정책에 영향을 주는 압력 그룹을 형성].
í·ron·ware [áiərnwɛ̀ər] *n.*〖U〗철기, 철물(hardware).
í·ron·wood [áiərnwùd] *n.*〖U〗경질재 (硬質材) 의 나무[미국산(產)의 서나무(hornbeam) 따위].
í·ron·work [áiərnwə̀:rk] *n.*〖U〗**1** 철제품, 철 세공(細工). **2**〖건축의〗철제 부분.
í·ron·work·er [áiərnwə̀:rkər] *n.* **1** 제철소(철공소) 공원. **2** 철골 조립공.
í·ron·works [áiərnwə̀:rks] *n. pl.* 〖단·복수 양용〗제철소, 제철 공장.
‡**i·ro·ny¹** [áirəni / áiə-] *n.* (*pl.* **-nies**) **1**〖U〗반어 (反語), 빈정댐, 비꼼, 풍자; 《修辭》반어법.
[類語] irony 실제로 표현된 뜻과 의도한 진짜 뜻이 반대이며, 격렬하고 익살·비꼼의 효과를 가진 것. **sarcasm** 남에게 상처를 입히는 격렬하고 조소적이며 경멸적인 의도를 가지는 것. **satire** 악덕·어리석은 행동, 또는 관습·제도 따위의 불합리성을 폭로, 적발해서 비판하는 것; 보통은 문학 작품에 대해서 말한다.
2 [뜻밖의] 결과, 기이한 만남. ¶ the *irony* of fate 운명의 장난 / life's *ironies* 인생의 아이러니. **3** = Socratic irony. **4**〖U〗극적인 아이러니 (dramatic irony) [관객은 알고 있지만 등장 인물은 모르는 것으로 되어 있는 상태방의 말(아이러니컬한 상황)].
◇ irónic, irónical *adj.*
í·ro·ny² [áiərni] *adj.* 철제의, 철을 함유한; 무쇠 같은.
Ir·o·quoi·an [ìrəkwɔ́iən] *adj.* 이로쿼이언(人)(족, 어)의. — *n.* 이로쿼이(족);〖U〗이로쿼이어(語).

Ir·o·quois [írəkwɔ̀i] n. (pl. **-quois**) 이로쿼이인(족) [New York 주 중부에 살았던 아메리카 인디언의 부족 연합]. — adj. 이로쿼이인(족)의.

ir·ra·di·ance [iréidiəns] n. ⓤ **1** 빛을 냄, 발광(發光); 광휘(光輝) (irradiation). **2** (pl. **-cies**) [물리] [방사열의] 방사 강도(放射强度).

ir·ra·di·an·cy [iréidiənsi] n. (pl. **-cies**) = irradiance.

ir·ra·di·ant [iréidiənt] adj. 빛나는, 휘황찬란한.

ir·ra·di·ate v. [iréidièit → adj.] (**-at·ed, -at·ing**) vt. **1** …에 빛을 던지다, …을 비추다 (illuminate). **2** (지적(知的)·정신적으로) …을 계발(啓發)하다 (enlighten). **3** [얼굴 따위]를 밝게 하다, 시원하게 하다. ¶ a face irradiated by(or with) a smile 미소로 빛나는 얼굴. **4** [친절 따위]를 베풀다, [애교 따위]를 부리다. **5** [빛 따위]를 방사하다; [방사선(자외선)]을 조사(照射)하여 치료하다; …을 방사선에 쬐다. — vi (고어) 빛나다, 번쩍거리다(shine). — adj. [iréidiit / -èit] 빛나는.

ir·ra·di·at·ed [iréidièitid] adj. 조사(照射)된.

ir·ra·di·a·tion [irèidiéiʃ(ə)n] n. **1** 조사(照射)하기, 조사되기, 발광(發光); 광휘 (irradiance). **2** [지적·정신적] 계발 (enlightenment), 광명, **3** 광선, 열선 [광線]; 복사, 조사, **4** [광學] 광삼(光滲) [발광체를 어두운 곳에서 보면 실제보다 크게 보이는 현상]. **5** 방사선 (뢴트겐) 치료. **6** 방사선에의 노출. **7** 복사 강도 도 등사면의 단위 면적에 대한 단위 시간 중의 복사역].

ir·ra·di·a·tive [iréidièitiv] adj. 빛나는; 계몽적인.

*__ir·ra·tion·al__ [irǽʃən(ə)l] adj. (opp. rational) **1** 이성(理性)이 없는, 분별이 없는. ¶ an irrational animal 이성이 없는 동물. **2** 이치에 어긋나는, 불합리한; 어리석은 (absurd). ¶ an irrational fear 당찮은 공포 / It is irrational to believe... …을 믿는 것은 어리석은 일이다. [類語] irrational 보통 이성의 힘을 잃고 바보스러운: an irrational belief in superstition 미신을 믿는 불합리한 신앙. **unreasonable** 이성(理性)으로 옳다고 인정할 수 없고 부당한: an unreasonable price 터무니없이 비싼 값. **3** [수학] 무리수의. — n. **1** 불합리한 것(일). **2** [수학] = irrational number. **—ly** [-nəli] adv. **~·ness** n. ◇ irrationálity n.

ir·ra·tion·al·ism [irǽʃ(ə)nəlìz(ə)m] n. ⓤ 비합리주의; 무분별, 불합리.

ir·ra·tion·al·i·ty [iræ̀ʃənǽləti] n. ⓤⓒ (pl. **-ties**) 불합리, 이성이 없음, 분별이 없음.

ir·ra·tion·al·ize [irǽʃ(ə)nəlàiz] (*《영》에서는 **ir·ra·tion·al·ise** 로도 쓴다*) vt. (**-ized, -iz·ing**) **1** …의 이성을 잃게 하다, 불합리하게 하다. **2** [수학] …을 무리수로 하다.

irrational númber n. [수학] 무리수.

ir·re·claim·a·ble [ìrikléiməbl] adj. **1** 돌이킬 수 없는; 교화(敎化)할 수 없는. **2** 매립(개간)할 수 없는. **-bly** adv.

ir·rec·og·niz·a·ble [irékəgnàizəbl] adj. 인정되지 않는, 인식할 수 없는, 분간할 수 없는 (unrecognizable).

ir·rec·on·cil·a·bil·i·ty [irèkənsàiləbíliti] n. ⓤ 화해할 수 없음, 불화(不和).

ir·rec·on·cil·a·ble [irékənsàiləbl] adj. **1** 화해할 수 없는, 타협할 수 없는, **2** 조화되지 않는, 양립하지 않는, 모순되는 (incompatible). — n. 화해할 수 없는 사람; [정치에서] 비타협파의 사람, 정적(政敵). **~·ness** n. **-bly** adv.

ir·re·cov·er·a·ble [ìrikʌ́v(ə)rəbl] adj. **1** 되돌릴 수 없는, [대손 따위] 회수할 가망이 없는. **2** 회복할 수 없는, [병 따위] 불치의. **-bly** adv.

ir·re·cu·sa·ble [irikjúːzəbl] adj. 거절(거부)할 수 없는.

ir·re·deem·a·ble [ìridíːməbl] adj. **1** 되살 수 없는, [국체 따위] 무상환의. **2** [지폐 따위] 태환(兌換)할 수 없는 (inconvertible). **3** [사람이] 구제(교화) 불능의. **4** 불치의, 돌이킬 수 없는, 가망이 없는 (hopeless). **-bly** adv.

ir·re·den·tism [irıdéntiz(ə)m] n. **1** (I-) 이탈리아 민족 통일주의. **2** [일반적] 민족 통일(영토 회복)주의.

ir·re·den·tist [irıdéntist] n. **1** (I-) 이탈리아 민족 통일당원. **2** 민족 통일(영토 회복)주의자.

ir·re·duc·i·ble [ìrid(j)úːsəbl / -djúːs-] adj. **1** 줄일 수 없는. ¶ the irreducible minimum 최소한. **2** 환원할 수 없는; 돌이킬 수 없는 (to...). **3** [외과] 정복(整復) 불능의. **~·ness** n. **-bly** adv.

ir·re·form·a·ble [ìrifɔ́ːrməbl] adj. **1** 교정(矯正)할 수 없는, 고칠(손 쓸) 수 없는. **2** [이론·판단이] 개선할 여지가 없을 정도로 훌륭한, 결정적인. ¶ an irreformable theory 결정적인 학설.

ir·re·frag·a·bil·i·ty [irèfrəgəbíliti] n. ⓤ 논박(부정)할 수 없음.

ir·re·frag·a·ble [iréfrəgəbl] adj. 논박할 수 없는, 논쟁의 여지가 없는 (undeniable). **-bly** adv.

ir·re·fran·gi·ble [ìrifrǽndʒibl] adj. **1** [법률 등이] 깨뜨릴 수 없는. **2** [광선 따위가] 굴절하지 않는. **-bly** adv. **~·ness** n.

ir·re·fut·a·bil·i·ty [irèfjutəbíliti] n. ⓤ 반박(논파) 불능.

ir·re·fut·a·ble [iréfjutəbl, ìrifjúːt-] adj. 반박(논파)할 수 없는. **-bly** adv.

irreg. (略) irregular, irregularly.

ir·re·gard·less [ìrigáːrdlis] adj., adv. 《속어》 《익살》 = regardless.

*__ir·reg·u·lar__ [irégjulər] adj. (opp. regular) **1** [모양·배치 등이] 가지런하지 않은, 고르지 않은; 울퉁불퉁한 (uneven). ¶ an irregular coastline 불규칙한 해안선. **2** 불규칙한, 변칙적인. ¶ He is irregular in his attendance at school. 그는 출석이 불규칙하다. [類語] irregular 정해진 방식·규칙·법칙에 따르지 않는: irregular fluctuations in prices 물가의 불규칙한 변동. **abnormal** 생상·보통의 상태에서 벗어났기 때문에 기이한: abnormal cleanliness 이상한 결벽성(潔癖性). **exceptional** 예외적이며 드문, 또는 보통보다 뛰어난: an exceptional talent 남보다 빼어나게 우수한 재능. **anomalous** 그 물건의 종류·환경 따위의 예상되는 상태에서 벗어난: an act anomalous in a man of his intellect 그 사람만한 지성을 지닌 사람으로서는 이례적인 행위. **unnatural** 자연의 이치에 어긋나는; 도덕적인 비난을 암시할 만한 일이 많은 것: unnatural cruelty to children 어린이에 대한 상식 밖의 학대. **3** 반칙(불법)의, 정식이 아닌. ¶ an irregular physician 무면허 의사. **4** [행동·생활 따위가] 난잡한, 방탕한. ¶ He was a wild irregular man in his youth. 그는 젊은 시절에 방탕하고 난폭하기는 사나이 었다. **5** [식물] 부정형(不整形)의. **6** [문법] 불규칙 변화의. ¶ an irregular verb 불규칙 동사. **7** [군사] 비정규(非正規)의. ¶ irregular troops 비정규군. **8** [제품이] 규격에서 벗어난. — n. **1** 불규칙적인 사람. **2** (보통 ~s) 비정규병(兵). **~·ly** adv. ◇ irregulárity n.

*__ir·reg·u·lar·i·ty__ [irègjulǽriti] n. (pl. **-ties**) **1** ⓤ 고르지(가지런하지) 않음; 변칙, 불규칙[성]. **2** 불법 행위, 행실이 좋지 않은 짓. **3** ⓤ 울퉁불퉁한 상태. **4** ⓤⓒ [문법] 불규칙 변화. ◇ irregular adj.

ir·rel·a·tive [irélətiv] adj. 연고(관계)가 없는; 부적절한, 엉뚱한 (irrelevant) (to...).

ir·rel·e·vance [iréləvəns], **-van·cy** [-vənsi] n. (pl. **-vanc·es, -van·cies**) **1** ⓤ 부적절함, 엉뚱함, 무관계. **3** 엉뚱한 말(진술, 행위). **3** 사회나 현실 문제와 관계가 없음.

ir·rel·e·vant [iréləvənt] adj. **1** 엉뚱한, 부적절한, 관계가 없는 (to...). **2** [법률] [증거 따위가] 아무런 관련성이 없는. **3** 사회와 관련성이 없는. **~·ly** adv.

ir·re·li·gion [ìrilídʒ(ə)n] n. ⓤ **1** 반(反)종교. **2** 무종교, 무신앙.

ir·re·li·gion·ist [ìrilídʒənist] n. 반종교자; 무종교자, 신앙이 없는 사람.

ir·re·li·gious [ìrilídʒəs] *adj.* **1** 무종교의, 신앙이 없는. **2** 반종교적인; 모독적인. ~**ly** *adv.*

ir·re·me·di·a·ble [ìrimí:diəbl] *adj.* 치료할 수 없는, 불치의; 교정(矯正)할 수 없는; 돌이킬 수 없는. ~**ness** *n.* **-bly** *adv.*

ir·re·mis·si·ble [ìrimísibl] *adj.* **1** 〔죄 따위가〕 용서할 수 없는. **2** 〔의무 따위가〕 면하기 어려운; 면제(경감)할 수 없는. **-bly** *adv.*

ir·re·mov·a·bil·i·ty [ìrimù:vəbíliti] *n.* ⓤ 이동(제거)할 수 없음, 면직할 수 없음.

ir·re·mov·a·ble [ìrimú:vəbl] *adj.* 이동(제거)할 수 없는; 면직시킬 수 없는, 종신직의. **-bly** *adv.*

ir·rep·a·ra·ble [irép(ə)rəbl] *adj.* 수리(치료)할 수 없는; 회복할 수 없는; 보상할 수 없는. ~**ness** *n.* **-bly** *adv.*

ir·re·pa·tri·a·ble [ìripéitriəbl] *n.* 〔정치적인 이유로 본국으로〕송환할 수 없는 사람.

ir·re·peal·a·ble [ìripí:ləbl] *adj.* 폐지(파기)할 수 없는, 취소(철회)할 수 없는.

ir·re·place·a·ble [ìripléisəbl] *adj.* 〔다른 것과〕대치(교환)할 수 없는; 둘도 없는, 다시 없는. **-bly** *adv.*

ir·re·press·i·bil·i·ty [ìriprèsəbíliti] *n.* ⓤ 억제할 수 없음.

ir·re·press·i·ble [ìriprésəbl] *adj.* 억제할 수 없는, 감당할 수 없는; 억누를 수 없는; 참기 어려운. ~**ness** *n.* **-bly** *adv.*

ir·re·proach·a·bil·i·ty [ìripròutʃəbíliti] *n.* 〔죄·잘못〕이 없음.

ir·re·proach·a·ble [ìripróutʃəbl] *adj.* 나무랄 데 없는, 결점(잘못)이 없는, 말할 나위 없는. ~**ness** *n.* **-bly** *adv.*

ir·re·sist·i·bil·i·ty [ìrizìstəbíliti] *n.* ⓤ 저항할 수 없음, 억제할 수 없음, 방해할 수 없음.

*****ir·re·sist·i·ble** [ìrizístəbl] *adj.* **1** 저항할 수 없는, 견디기 어려운, 압도적인, 싫다 좋다할 수 없는; 〔감정 따위를〕억누를 수 없는. ¶ *an irresistible* force 불가항력. **2** 사람을 매혹하는(fascinating). **3** 아주 귀여운. ― *n.* 저항할 수 없는 (압도적인) 사람. ~**ness** *n.* **-bly** *adv.*

*****ir·res·o·lute** [irézəlù:t] *adj.* 결단력 없는, 의지 박약한, 우물쭈물하는, 우유부단한. ~**ness** *n.* **-ly** *adv.* ◇ **ir·resolution** *n.*

ir·res·o·lu·tion [irèzəlú:ʃ(ə)n] *n.* ⓤ 결단력 없음, 우유부단.

ir·re·solv·a·ble [ìrizálvəbl / -zɔ́lv-] *adj.* 분리(분해)할 수 없는; 해결되지 않는. ~**ness** *n.*

ir·re·spec·tive [ìrispéktiv] *adj.* (※ 보통 of를 수반하여 부사적으로 쓴다) ⋯을 돌아보지 않고, ⋯에 관계하지 않고, ⋯에 개의치 않고. ¶ He was loved by any person *irrespective of* age and sex. 그는 남녀노소를 불문하고 모든 사람의 사랑을 받았다. **-ly** *adv.*

ir·re·spir·a·ble [ìrispáirəbl / -spáiər-] *adj.* 호흡에 적당하지 않은.

ir·re·spon·si·bil·i·ty [ìrispὰnsəbíliti / -spɔ̀n-] *n.* 〔무책임〕.

*****ir·re·spon·si·ble** [ìrispánsəbl / -spɔ́n-] *adj.* **1** 책임을 지지 않는, 책임을 질 수 없는(*for*...), 책임감 없는, 부당적인 하는. ¶ *an irresponsible* conduct 무책임한 행위. ― *n.* 책임(감)이 없는 사람. ~**ness** *n.* **-bly** *adv.* ◇ **irresponsibílity** *n.*

ir·re·spon·sive [ìrispánsiv / -spɔ́n-] *adj.* 반응(반향)이 없는(*to*...). ~**ness** *n.*

ir·re·ten·tion [ìriténʃ(ə)n] *n.* ⓤ 유지하지 못함, 지구력(持久力)이 없음.

ir·re·ten·tive [ìriténtiv] *adj.* 〔특히 정신적으로〕지구력이 없는, 유지하지 못하는. ~**ness** *n.*

ir·re·trace·a·ble [ìritréisəbl] *adj.* 돌이킬 수 없는, 회복할 수 없는; 뒤를 밟을 수 없는, 생각해 낼 수 없는.

ir·re·triev·a·bil·i·ty [ìritrì:vəbíliti] *n.* ⓤ 돌이킬 수 없음, 회복시킬 수 없음.

ir·re·triev·a·ble [ìritrí:vəbl] *adj.* 돌이킬 수 없는, 원상태로 돌릴 수 없는, 회복할 수 없는.

~**ness** *n.* **-bly** *adv.*

ir·rev·er·ence [irév(ə)rəns] *n.* ⓤ **1** 불경(不敬), 불손. **2** 불손(무례)한 행위(말). **3** 면목없음, 불명예.

ir·rev·er·ent [irév(ə)rənt] *adj.* 불손한, 무례한. **-ly** *adv.*

ir·re·vers·i·bil·i·ty [ìrivə̀:rsəbíliti] *n.* ⓤ 취소(폐지, 변경)할 수 없음; 뒤집을 수 없음, 거꾸로 할 수 없음.

ir·re·vers·i·ble [ìrivə́:rsəbl] *adj.* **1** 취소(폐지, 변경)할 수 없는, **2** 뒤집을 수 없는, 거꾸로 할 수 없는. ~**ness** *n.* **-bly** *adv.*

ir·rev·o·ca·bil·i·ty [irèvəkəbíliti] *n.* ⓤ 돌이킬 수 없음; 변경할 수 없음.

ir·rev·o·ca·ble [irévəkəbl] *adj.* 돌이킬 수 없는, 변경할 수 없는, 최종적인. ~**ness** *n.* **-bly** *adv.*

ir·ri·ga·ble [írigəbl] *adj.* 관개(灌漑)할 수 있는.

*****ir·ri·gate** [írigèit] *vt.* (**-gat·ed, -gat·ing**) **1** 〔토지를〕관개(灌漑)하다, 물을 대다(water); 〔사막 따위〕을 끌어들이다. **2** 〔의학〕〔상처 따위〕를 관주(灌注)하다, 씻다. **3** 〔드물게〕⋯을 적시다, 축축하게 하다 (moisten). ◇ **irrigation** *n.*

*****ir·ri·ga·tion** [irigéiʃ(ə)n] *n.* ⓤ **1** 관개, 관수. ¶ canal *irrigation* 용수로(用水路) 관개. **2** 〔의학〕관주, 세정(洗滌). ◇ **írrigate** *v.*

ir·ri·ga·tion·al [ìrigéiʃənl] *adj.* 관개의; 관주의.

ir·ri·ga·tor [írigèitər] *n.* **1** 관개하는 사람, 관개용 차(車). **2** 〔의학〕관주기, 이리가토르.

ir·ri·ta·bil·i·ty [ìrətəbíliti] *n.* ⓤ **1** 성마름, 성급함; 민감. **2** 〔생물·생리〕〔외계에 대한〕반응성, 피(被)자극성.

*****ir·ri·ta·ble** [írətəbl] *adj.* **1** 화를 잘 내는, 성마른, 짜증내는. **2** 민감한, 화나기 쉬운. **3** 〔생물·생리〕자극 반응성의. **4** 〔병리〕염증을 일으키기 쉬운, 감응성의. ~**ness** *n.* **-bly** *adv.* ◇ **irritabílity** *n.*

ir·ri·tan·cy[1] [írətənsi] *n.* ⓤ 짜증, 부아, 흥분.

ir·ri·tan·cy[2] [írətənsi] *n.* ⓤ〔법률〕무효, 취소, 폐기.

ir·ri·tant[1] [írət(ə)nt] *adj.* 자극하는, 흥분시키는(irritating); 염증을 일으키는. ― *n.* 자극물; 자극(흥분)제.

ir·ri·tant[2] [írət(ə)nt] *adj.* 〔법률〕무효로 하는. 〔법〕.

ir·ri·tate[1] [írətèit] *v.* (**-tat·ed, -tat·ing**) *vt.* **1** ⋯을 짜증나게 하다, 약올리다, 화나게 하다, ⋯에 분통이 터지게 하다(*... against, by, with*). ¶ I was *irritated* by her. 나는 그녀 때문에 화가 나 있었다.

〔類語〕**irritate** 가볍게 일시적으로 짜증나게 하는 것부터 분노를 격하게 하는 것까지를 뜻하는 넓은 뜻의 말: be *irritated* by hunger 배가 고파 짜증이 나다. **exasperate** 자제심을 잃을 정도로. irritate 하는 것: be *exasperated* at repeated insults 여러 차례의 모욕에 격분하다. **provoke** 언행으로 갑자스러운 분노를 유발하다: *provoke* a dog 개에게 장난을 쳐서 화나게 하다. **aggravate** 위의 세 말 대신 쓰이는 구어(口語). **nettle** 따끔따끔 쩌르듯이 자극을 주어 irritate 하다: be *nettled* by a sarcastic smile 비꼬는 듯한 웃음에 신경질이 나다.

2 ⋯을 따끔거리게 하다, 자극하다. ¶ Harsh soaps may *irritate* the skin. 거친 비누는 피부를 자극할 우려가 있다. **3** 〔병리·생리〕⋯을 자극하다, ⋯에 염증을 일으키다. ― *vi.* 짜증이 나다, 신경질이 나다. ◇ **irritation** *n.* **írritative** *adj.*

ir·ri·tate[2] [írətèit] *vt.* (**-tat·ed, -tat·ing**) 〔법률〕무효로 하다, 폐기하다.

ir·ri·tat·ing [írətèitiŋ] *adj.* **1** 짜증나게 하는, 약올리는, 화나게 하는, 귀찮은. **2** 〔몸의 일부를〕자극하는, 〔피부 따위를〕따끔거리게 하는; 염증을 일으키는. **-ly** *adv.*

*****ir·ri·ta·tion** [ìrətéiʃ(ə)n] *n.* **1** ⓤ 화나게 하기, 짜증나게 하기. **2** ⓤ 화냄, 초조. **3** ⓒ〔생리·병리〕자극, 흥분; 염증. **4** 자극하는 것. ◇ **írritate** *v.* **írritative** *adj.*

ir·ri·ta·tive [íritèitiv] *adj.* **1** 자극하는, 약올리는, 화나게 하는. **2** 〖병리〗 자극성의.

ir·rupt [irʌ́pt] *vi.* **1** 침입(난입, 돌입)하다; [군중 등이] 노여움을 폭발시키다. **2** 〖생태〗 〖개체수(個體數)가〗 급격히 불어나다, 집단 이입하다.

ir·rup·tion [irʌ́p(ə)n] *n.* ⓊⒸ 난입, 돌입; 침입.

ir·rup·tive [irʌ́ptiv] *adj.* **1** 난입(돌입, 침입)하는. **2** 〖암석〗 관입(貫入)하는(intrusive).

IRS《略》《美》*I*nternal *R*evenue *S*ervice(국세청; 재무부 산하의).

IRSG《略》*I*nternational *R*ubber *S*tudy *G*roup(유엔 국제 고무 연구회).

I.R.T《略》*I*nterborough *R*apid *T*ransit [New York 시 지하철 노선의 하나].

ir·tron [ə́ːrtran · -trɔn] *n.* 〖천문〗 적외선 천체.

‡**is** [강 iz, 약 z, s] (＊약형의 발음에서 모음 또는 [z, ʒ] 이외의 유성 자음 다음에는 [z], [s, ʃ]이외의 무성 자음 다음에는 [s]로 된다) *v.* be 의 3인칭 단수 직설법 현재형.

is- ⇨ ISO-.

Is.《略》*I*saiah; *i*sland; *i*sle.

IS, I.S.《略》*I*ntermediate *S*chool.

Isa.《略》*I*saiah.

ISA《略》*i*nternational *s*tandard *a*tmosphere; *I*nternational *S*ugar *A*greement(국제 설탕 협정).

I·saac [áizək] *n.* 〖성서〗 이삭[Abraham 과 Sarah 의 아들; Jacob 의 아버지. ◀창세기(Gen.) 21 : 3]. 〖의.

is·a·cous·tic [àisəkúːstik, +英 -kóu-] *adj.* 같은 음향의 〖의미〗, 입조.

i·sa·go·ge [àisəgóudʒi, +美 ˗ ˗ ˗ ˗] *n.* 〖어떤 학문으로의〗 안내, 입문.

i·sa·gog·ic [àisəgádʒik / -gɔ́dʒ-] *adj.* 〖특히 성서에의〗 입문의, 서설적인. ― *n.* (보통 ~s) 〖단수 취급〗 서설; 성서 서론(입문).

I·sa·iah [aizéiə / -záiə] *n.* 〖성서〗 **1** 이사야[기원전 8세기의 히브리의 예언자]. **2** 〖구약 성서 중의〗 이사야서.

is·al·lo·bar [aisǽlɔbàːr] *n.* 〖기상〗 기압 등변선(等變線) [일기도(日氣圖) 상에서 일정 시간내의 기압 변화의 같은 점을 이은 선].

ISAM《略》〖컴퓨터〗 *I*ndexed *S*equential *A*ccess *M*ethod(색인 순차 액세스법), 〖함몰〗.

i·sa·tin [áisətin] *n.* ⓊⒸ〖화학〗 이사틴[디 결정(結晶) 화합물].

IS auditor *n.* 정보 처리 시스템 감사 기술자.
(< *i*nformation *s*ystem *auditor*)

ISBN《略》*I*nternational *S*tandard *B*ook *N*umber (국제 표준 도서 번호). 〖상(州)間通商〗

ISC《略》*i*nterstate *c*ommerce [《미국 동지의》 주간 통상]

Is·car·i·ot [iskǽriət] *n.* **1** 이스카리옷[그리스도를 배반한 유다(Judas)의 성. ◀마가 복음(Mark) 3 : 19, 14 : 10-11]. **2** 배반자(traitor).

is·che·mi·a [iskíːmiə] *n.* ⓊⒸ〖병리〗〖혈관의 수축에 의한〗 국소 빈혈.

is·chi·ad·ic [iskiǽdik] *adj.* = ISCHIAL.

is·chi·al [ískiəl] *adj.* 〖해부〗 좌골(坐骨)의.

is·chi·at·ic [ìskiǽtik] *adj.* = ISCHIAL.

is·chi·um [ískiəm] *n.* (*pl.* **-chi·a**) 〖해부〗 좌골.

ISD《略》*i*nternational *s*ubscriber *d*ialing(국제 다이얼 통화).

ISDN《略》*I*ntegrated *S*ervice *D*igital *N*etwork(종합 디지털 통신망).

-ise¹ *suf.* ⇨-IZE.

-ise² *suf.* 물체의 성질·상태·기능을 나타내는 명사 어미. 예: merchand*ise*, franch*ise*.

IS **I·seult** [isúːlt / izúːlt] *n.* 〖중세 전설〗 이졸트(*cf.* Tristram). **1** 아일랜드 왕 Angush 의 딸, Cornwall 왕 Mark 의 아내이며 Tristram (Tristan)의 애인. **2** Brittany 왕의 딸이며 Tristram 의 아내.

-ish¹ *suf.* 다음 뜻의 형용사 어미. **1** 명사에 붙여서 **a)** 「…의」 「…에 속하는」 (belonging to). 예: Dan*ish*, Engl*ish*. **b)** 「…의 성질을 가지는」 「…과 같은」 (like).
예: baby*ish*. **c)** 「…의 경향이 있는」 (addicted to). 예: book*ish*. **2** 형용사에 붙여서 「…을 띤」, 「…의 기미가 있는」 (somewhat, rather). 예: old*ish*, redd*ish*. **3** 《구어》 「수의」 「…쯤」 「대략 …쯤」. 예: twenty*ish*.

-ish² *suf.* 동사 어미. 예: fin*ish*, pun*ish*.

Ish·ma·el [íʃmiəl, -meiəl / -mei(ə)l, -miəl] *n.* **1** 〖성서〗 이스마엘[Abraham 과 Hagar 의 아들; ◀창세기(Gen.) 16 : 11-12]. **2** 따돌림받는 자, 세상의 미움을 받는 자.

Ish·ma·el·ite [íʃmiəlàit, +美 -meiəl-] *n.* **1** Ishmael 의 자손. **2** 방랑자; 따돌림받는 자, 세상의 미움을 받는자. 〖사랑과 풍요의 여신〗. *cf.* Astarte

Ish·tar [íʃtɑːr] *n.* 〖이슈타르[바빌로니아와 앗시리아의 사랑과 풍요의 여신〗. *cf.* Astarte

i·sin·glass [áizinglæs / -glàːs] *n.* Ⓤ **1** 부레풀[물고기의 부레로 만드는 젤라틴 모양의 물질]. **2** 운모(雲母).

I·sis [áisis] *n.* 〖이집트 신화〗 이시스[고대 이집트의 풍요의 여신. 오시리스(Osiris)의 아내].

isl.《略》*isl*and; *isl*e.

Is·lam [íslɑːm, íz-, -ləm, -læm, islɑ́ːm / ízlɑːm, -læm] *n.* **1** 회교, 〖집합적〗 회교도. **3** 회교 문화(의), 회교권(圈).

Is·lam·a·bad [islɑ́ːməbɑ̀ːd] *n.* 이슬라마바드 [파키스탄의 수도].

Is·lam·ic [islǽmik, -lɑ́ː-, iz-/izlǽmik, is-] *adj.* 회교(도)의; 회교 문화의, 회교국의.

[Isis]

Is·lam·ism [ísləmìz(ə)m, íz-/íz-] *n.* 회교.

Is·lam·it·ic [ìsləmítik, ìz-/ìz-] *adj.* = Islamic

Is·lam·ize [ísləmàiz, íz-/íz-] (＊《英》에서는 **-lam·ise** 로도 쓴다) *vi., vt.* (**-ized, -iz·ing**) 회교화(化)하다, 회교로 개종하다(시키다); 회교를 믿다(게 하다).

‡**is·land** [áilənd] *n.* **1** 섬. **2** 섬 비슷한 것. **3** 고립된 언덕. **4** 〖가로상의〗 안전 지대(street island, safety island). **5** 〖철도〗 = **island plátform** (양쪽에 선로가 있는) 플랫폼. **6** 〖해군〗 〖항공 모함·전함의〗 아일랜드 [함교(艦橋)·포대(砲臺)·굴뚝 따위의 총칭]. **7** 〖美〗 대초원내의 삼림 지대. **8** 〖해부〗 섬 [주위와 이질인 세포군]. **9** 〖동물사적으로〗 섬의, 섬나라의. 〖별칭〗
the Island of Saints 성인도(聖人島) 〖아일랜드의 별칭〗 **the Islands of the Blessed** 〖그리스 신화〗 극락도 (極樂島) 〖영웅이나 착한 사람의 영혼이 사후에 산다는 세계의 서쪽 끝에 있는 섬〗.
― *vt.* **1** …을 섬으로 만들다, 섬처럼 만들다. **2** …을 점재(點在)시키다; …을 고립시키다. 〖의 주민〗
◇ **ínsular** *adj.*, **ínsulate** *v.*

is·land·er [áiləndər] *n.* 섬사람, 도민(島民); 섬나라 사람.

ísland úniverse *n.* 〖천문〗 섬 우주(galaxy 의 옛 이름).

‡**isle** [ail] *n.* 섬, 작은 섬. ¶ the *Isle* of Man 맨 섬.
― *v.* (**isled, ísl·ing**) *vt.* **1** …을 작은 섬으로(처럼) 만들다. **2** …을 격리하다(from). ― *vi.* 섬에 살다.

*‡**is·let** [áilit] *n.* 작은 섬; 작은 섬 모양의 것.

isls.《略》*isl*and*s*.

ism [íz(ə)m] *n.* 주의, 설, 학설, 체계.

-ism *suf.* 다음 뜻의 추상 명사를 만든다. **1** 「행위」「상태」를 나타낸다. 예: critic*ism*, terror*ism*, barbar*ism*. **2** 「특유의 행동·특질」을 나타낸다. 예: scoundrel*ism*, patriot*ism*. **3** 「학설·주의」의 「…으로의 경주(傾注)」를 나타낸다. 예: atom*ism*, social*ism*, Darwin*ism*, national*ism*. **4** 「특성」을 나타낸다. 예: Gallic*ism*. **5** 「이상(異常)」을 나타낸다. 예: alcohol*ism*.

‡**isn't** [íznt] *i*s *not* 의 단축형.

iso- *equal* 의 뜻의 연결형 (＊모음 앞에서는 is-를 쓴다). *opp.* aniso- 예: *iso*tope.
I.S.O. 《略》*I*nternational *S*tandardization *O*rganization (국제 표준화 기구).
i·so·ag·glu·ti·na·tion [àiso(u)əglùːtinéiʃ(ə)n] *n.* ⓤ 〔의학〕〔수혈에 따른〕동종(同種) 응집[반응].
i·so·bar [áiso(u)bɑːr] *n.* **1** 〔기상〕등압선. **2** 〔물리·화학〕동중핵(同重核).
i·so·bar·ic [àiso(u)bǽrik] *adj.* **1** 〔기상〕 등압선의, 등압을 나타내는. **2** 〔물리·화학〕동중핵의.
i·so·bath [áiso(u)bæθ] *n.* 〔지도〕에서 바다(지층까지)의 깊이를 나타내는 등심선(等深線).
i·so·cheim [áiso(u)kàim] *n.* 〔기상〕〔지도상의〕동계(冬季)등온선, 등한선(等寒線).
i·so·chro·mat·ic [àiso(u)kro(u)mǽtik] *adj.* **1**〔光學〕같은 색깔의. **2** 〔물리〕일정한 파장(주파)의. **3**〔사진〕정색성의(整色性的).
i·soch·ro·nal [aisákrənl / -sɔ́k-] *adj.* **1** 등시(等時)성의, **2** 같은 시간의. **3**〔운동·진동 따위가〕등시 지속하는.
i·soch·ro·nism [aisákrənìz(ə)m / -sɔ́k-] *n.* ⓤ 등시성.
i·soch·ro·nous [aisákrənəs /-sɔ́k-] *adj.* = isochronal.
i·so·cli·nal [àiso(u)kláin(ə)l] *adj.* **1**〔지질〕등(경)사(等傾斜)의. ¶ an *isoclinal* valley 등사곡(等斜谷). **2** 등복각(等伏角)의.
i·so·cline [áiso(u)klàin] *n.* 〔지질〕등사 습곡(褶曲).
i·so·clin·ic [àiso(u)klínik] *adj.* = isoclinal.
i·soc·ra·cy [aisákrəsi / -sɔ́k-] *n.* ⓤⓒ (*pl.* **-cies**) 만민 동권(等權) 정치, 권력 평등주의.
i·so·crat·ic [àisəkrǽtik] *adj.* 만민 등권 정치, 권력 평등주의의.
i·so·dy·nam·ic [àiso(u)dainǽmik], (**i·so·dy·nam·i·cal** [-ik(ə)l]) *adj.* **1** 등력(等力)의. **2** 〔지구 표면의〕등자력선(等磁力線)의. — *n.* 등자력선.
i·so·gam·ete [àisogǽmiːt, -gəmíːt] *n.* 〔생물〕동형(同形)배우자. *cf.* heterogamete
i·sog·a·mous [aiságəməs /-sɔ́g-] *adj.* 〔생물〕〔2개의〕동형 배우자를 가진. *cf.* heterogamous
i·so·gloss [áiso(u)glɔ̀ːs, -glɑ̀s / -lɔ̀s] *n.* 〔언어〕 등어선(等語線)〔언어적 특징이 다른 두 지방을 분리하는 상상의 선〕.
i·so·gon·ic [àiso(u)gánik / -gɔ́n-] *adj.* **1** 등각(等角)의. **2** 등편각(等偏角)〔선〕의. *cf.* agonic — *n.* 등편각선(isogonic line).
i·so·la·ble [áisələbl, +美 ísə-] *adj.* 격리(유리(遊離)·분리)시킬 수 있는.
‡**i·so·late** [áisəlèit, +美 ísə-] *vt.* (**-lat·ed, -lat·ing**) **1** …을 떼어놓다, 격리시키다, 고립시키다. ¶ a community that had been *isolated* from civilization 문명으로부터 격리되어 온 사회. **2**〔의학〕을 격리하다. ¶ *isolate* people with contagious diseases 전염병에 걸린 사람들을 격리하다 / …을(+图+前+名)*isolate* oneself *from* all society 일체의 교제를 끊다. **3**〔화학〕을 유리(遊離)시키다; 〔세균〕…을 분리하다(...*from*). **4**〔전기〕…을 절연하다. — *adj.* = isolated.
◇ isolátion *n.*
*****i·so·lat·ed** [áisəlèitid, +美 ísə-] *adj.* **1** 고립된. ¶ an *isolated* house 외딴 집. **2**〔의학〕격리한. **3**〔화학〕유리(遊離)한. **4**〔전기〕절연한. **5**〔수학〕고립의.
i·so·lat·ing lánguage [áisəlèitiŋ-] *n.* 고립어〔중국어 따위의〕. *cf.* agglutinative language (교착어(膠着語)), inflectional language (굴절어).
‡**i·so·la·tion** [àisəléiʃ(ə)n, +美 ísə-] *n.* ⓤⓒ **1** 고립, 고독; 분리. ¶ *in isolation* 고립하여. **2**〔의학〕격리. ¶ an *isolation* hospital (ward) 격리 병원(병동). **3**〔화학〕유리, 단리(單離). **4**〔전기〕절연. **5**〔세균〕분리.
i·so·la·tion·ism [àisəléiʃ(ə)nìz(ə)m, +美 ísə-] *n.* 〔정치상의〕고립주의, 불간섭주의.
i·so·la·tion·ist [àisəléiʃ(ə)nist, +美 ísə-] *n.* 〔정치상〕고립〔불간섭〕주의자.

i·so·la·tive [áisəlèitiv, -lətiv] *adj.* 〔언어〕〔음 변화가〕고립적으로 생기는, 독립(고립)의. ¶ an *isolative* change 고립적인 변화.
i·so·la·tor [áisəlèitər, +美 ísə-] *n.* 격리(분리)하는 사람(구); 〔전기〕절연체(insulator).
i·so·mer [áiso(u)mər] *n.* **1** 〔화학〕〔동질〕이성체(異性體). **2** 〔물리〕이성핵의.
i·so·mer·ic [àiso(u)mérik] *adj.* 〔동질〕이성의.
i·so·mer·ism [aisámərìz(ə)m, -sɔ́m-] *n.* ⓤ〔화학〕〔동질〕이성(異性).
i·som·er·ous [aisámərəs / -sɔ́m-] *adj.* 같은 수의 부분을 가진. **2** 〔식물〕〔꽃의 각 부분이〕같은 수의.
i·so·met·ric [àiso(u)métrik], (**i·so·met·ri·cal** [-rik(ə)l]) *adj.* **1** 크기(부피, 각, 용적, 길이)가 같은. **2** 〔결晶〕등축(等軸)의. **3**〔韻律〕동등한 운율을 가진, 운각(韻脚)이 규칙적인. **-ri·cal·ly** [-rikəli] *adv.*
ìsométric éxercise *n.* 등척(等尺)운동, 아이소메트릭스(isometrics)〔벽·책상 등 움직이지 않는 것을 세게 밀거나 당김으로 근육을 강화하는 운동〕. — 동.
i·so·met·rics [àiso(u)métriks] *n. pl.* 근육 강화 운동.
i·som·e·try [aisámitri /-sɔ́m-] *n.* **1** 같은 크기(ижа 따위), 같은 양(치수); 〔지리〕등거리법; 등고(等高). **2** 〔수학〕등장(等長)변환. **3**〔생물〕등(等)(상대)생장(生長).
i·so·morph [áiso(u)mɔ̀ːrf] *n.* **1** 동형체〔기원이 달라도 형태가 같은 생물〕. **2**〔언어〕형태론적 등어선(等語線).
i·so·mor·phic [àiso(u)mɔ́ːrfik] *adj.* **1** 〔생물〕동종(異種)의, 동형(同形)의, 동일 구조의. **2** = isomorphous.
i·so·mor·phism [àiso(u)mɔ́ːrfiz(ə)m] *n.* ⓤ〔생물〕동상; 〔등표현형(等表現型)〕. **2** 〔화학·結晶〕이질동상(同像).
i·so·mor·phous [àiso(u)mɔ́ːrfəs] *adj.*〔화학·結晶〕이질동상의. [라지드(항결핵제)].
i·so·ni·a·zid [àisənáiəzid] *n.* ⓤ 이소니코틴산 히드
i·son·o·my [aisánəmi /-sɔ́n-] *n.* ⓤ 등권 평등.
i·so·oc·tane [àiso(u)áktein / -ɔ́k-] *n.* 이소옥탄.
i·so·phote [áisəfòut] *n.* 〔光學〕등광선(等光線)〔광원(光源)으로 부터 같은 강도의 빛을 받는 지점을 지도 위에서 연결시킨 선〕.
i·so·pod [áiso(u)pɑ̀d / -pɔ̀d] *n.* 〔갑각류 중의〕등각류(等脚類). — *adj.* 등각류의.
i·so·prene [áisəpriːn] *n.* ⓤ 이소프렌〔고무의 구성 물질〕.
ì·so·pró·pyl álcohòl [àisəpróupil-] *n.* ⓤ 이소프로필 알코올〔살균용 등〕.
i·sos·ce·les [aisásəlìːz / -sɔ́s-] *adj.* 이등변의, 등각(等)脚)의. ¶ an *isosceles* triangle 이등변 삼각형.
i·so·seis·mal [àiso(u)sáizm(ə)l, +美 -sáis-] *n.* 등진선(等震線). — *adj.* 등진의, 등진선의.
i·so·seis·mic [àiso(u)sáizmik, +美 -sáis-] *adj.* = isoseismal.
i·so·spin [áisəspìn / áizə-] *n.*〔물리〕하전(荷電) 스핀, 동위 스핀.
i·sos·ta·sy [aisástəsi /-sɔ́s-] *n.* ⓤ〔지질〕〔지각(殼)의〕평형, 균형; 아이소스타시.
i·so·stat·ic [àisəstǽtik] *adj.* 〔지각(殼)의〕 평형(균형)을 이루는. [溫線].
i·so·therm [áiso(u)θɔ̀ːrm] *n.*〔기상·물리〕등온선(等
i·so·ther·mal [àiso(u)θɔ́ːrm(ə)l] *adj.* 등온[선]의. **-ly** *adv.*
ìsothérmal région *n.* 성층권(stratosphere).
i·so·tone [áiso(u)tòun] *n.*〔물리〕동(同)중성자핵, 아이소톤.
i·so·ton·ic [àiso(u)tánik / -tɔ́n-] *adj.* **1** 〔물리·화학〕등장(等張)의〔두 가지 용액의 삼투압이 같은〕. **2** 〔생리〕〔용액·근육이〕등장의, 동긴장(同緊張)의. **3** 〔음악〕같은 가락의.
ìsotónic drínk *n.* 아이소토닉 음료〔운동중 많으로 상실한 미네랄 등을 수분과 함께 보충하기 위한 스포츠

i·so·ton·ic·i·ty [àiso(u)tounísiti] n. ⓤ 등장(等張).
i·so·tope [áisə(u)tòup] n. 〖화학〗 아이소토프, 동위 원소, 동위 원소체의.
i·so·top·ic [àisə(u)tápik / -tɔ́p-] adj. 〖화학〗 동위 원소의.
i·so·tron [áisə(u)trɑ̀n / -trɔ̀n] n. 〖물리〗 아이소트론 〖동위 원소 전자(電磁) 분리기〗.
i·so·trop·ic [àisə(u)trápik / -trɔ́p-] adj. 1 〖물리〗 등방성(等方性)의. 2 〖동물〗 〖알 따위가〗 선천적으로 결정된 축(軸)을 가지지 않은.
i·sot·ro·py [aisátrəpi / -sɔ́t-] n. ⓤ 1 〖물리〗 등방성. opp. aeolotropy 2 〖동물〗 〖알 따위에〗 선천적으로 결정된 축이 없음.
i·so·type [áisə(u)tàip] n. 1 〖생물·식물·분류학의〗 복(複)기준 표본(isotype specimen). 2 그림 그래프〖동형의 약도의 수로 인구나 생산고 따위를 나타낸다. 약도 한 개가 일정 수량을 표시한다〗.
i·so·zyme [áisəzàim / áizə-] n. 〖화학〗 이소 효소〖동질 촉매(觸媒) 반응을 하는 이구조(異構造)의 효소〗.
Isp [isp] n. ⓤ 〖로켓〗 추진력. [< impulse specific]
I spy n. ⓤ 숨바꼭질.
Isr. (略) Israel; Israeli.
*Is·ra·el [ízriəl, -rei(ə) / ízrei(ə)l, -riəl] n. 1 〖성서〗 이스라엘〖Jacob의 별칭. ←창세기(Gen.) 32 : 28〗. 2 《집합적》 이스라엘 사람〖Jacob의 자손〗, 유대인(the Jews), 헤브라이 사람(the Hebrews). 3 이스라엘 공화국〖1948년 5월에 건설된 유대인 국가. 수도 Jerusalem〗. 4 〖고대 헤브라이 사람의〗 이스라엘 왕국〖왕국이 분열했을 때의 북왕조의 명칭으로, 수도는 Samaria〗. 5 신의 선민(選民) (the elect), 기독교도(Christians).
Is·rae·li [izréili] n. (pl. -lis or -li) 〖현대의〗 이스라엘인. — adj. 〖현대의〗 이스라엘인의.
Is·ra·el·ite [ízriəlàit, -re(ì)-] n. 1 Jacob의 자손, 고대 헤브라이 사람; 이스라엘 왕국의 국민; 유대인. 2 신의 선민. — adj. (=Is·ra·el·it·ic [ìzriəlítik], -el·it·ish [ízriəlàitiʃ]) 고대 헤브라이 사람의, 헤브라이 〖사람〗의.
ISRD (略) International Society for Rehabilitation of the Disabled〖신체 장애자 갱생 국제협회〗.
ISSN (略) 〖美〗 International Standard Serial Number〖국제 표준 간행물 일련 번호〗.
is·su·a·ble [íʃu(ː)əbl, +英 ísju(ː)-] adj. 1 발행(발포)할 수 있는. 2 〖법률〗 〖소송 따위의〗 쟁점이 될 수 있는.
is·su·ance [íʃu(ː)əns, +英 ísju(ː)-] n. ⓤ 1 배급, 지급, 교부. 2 발행(publication), 발포(發布).
is·su·ant [íʃu(ː)ənt, +英 ísju(ː)-] adj. 1 《드물게》 …에서 나오는. 2 〖紋章〗 〖짐승이〗 상반신만 그려져 있는.
‡is·sue [íʃuː, +英 ísjuː] v. (-sued, -su·ing) vi. 1 나오다(go out), 흘러나오다(flow out), 내다, 나타나다 (emerge). ¶ (~+前+名) (~+副) Many people issued from the hall. 많은 사람들이 홀에서 나왔다 / smoke issuing forth from a volcano 화산에서 뿜어나오는 연기. 2 유래하다, 생기다(from…). 3 〖고어〗 […의] 결과가 되다(result) (in…). ¶ (~+前+名) The attempt issued in failure. 그 시도는 실패로 끝났다. 4 〖자손으로서〗 …에게서 태어나다 […의] 자손이다. 5 〖법률〗 〖토지 따위에서〗 이익으로서 나오다(생기다).
— vt. 1 …을 내다, 발하다. 2 …을 출판(발행)하다(publish), 〖어음〗을 발행하다. ¶ issue a book (an invitation) 책을 출판하다(초대장을 보내다) // (~+目+前+名) issue an order to soldiers 병사들에게 명령을 내리다. 3 〖군대〗 …을 지급(배급)하다 (deliver). ¶ (~+目+前+名) issue ammunition to troops 군대에 탄약을 지급하다. 4 〖피 따위를〗 내다(discharge).
— n. 1 ⓤⓒ 공포, 발행, 발간(publication); 〖어음 따위의〗 발행. ¶ the issue of a newspaper (stamps) 신문(우표)의 발행. 2 발행물, 발행 부수; 〖출판물의〗 …쇄(刷) (판, 호). ¶ the May issue of the Time magazine 타임지(誌)의 5월호 / the daily issue of a newspaper 신문의 매일의 발행 부수. 3 출구, 유출구, 강 어귀. ¶ a river whose source and issue are unknown 수원지도 강어귀도 알려지지 않은 강. 4 ⓤⓒ 밖으로 나오기[내기], 유출; ⓒ 유출물(outflow). ¶ an issue of blood from the nose 코피. 5 〖계쟁(係爭)〗 문제, 논쟁점; 논쟁, 토의. ¶ an issue of law 〖법률〗 법률상의 쟁점. 6 결과, 결말, 소산(所産). ⇒ EFFECT 類語 ¶ bring a case to an issue 사건에 결말을 짓다. 7 ⓒ 〖군대〗 지급(배급)[품]. 8 ⓤ 자녀, 자손 (offspring). ¶ die without issue 자녀를 두지 않고 죽다. 9 〖법률〗 〖토지 따위에서 나오는〗 이득, 수익. 10 〖의학〗 〖고름을 짜내기 위한〗 절개(切開).
at issue ① 계쟁(논쟁) 중인. ¶ the question at issue 논쟁중인 문제. ② 불화하여 (with…). ¶ be at issue with a person 남과 의견이 맞지 않다.
face the issue 사실을 사실로 인정하고 대처하다.
in the issue 결국은, 요컨대.
join issue ① 〖법률〗 쌍방이 쟁점을 제기하고 재결(裁決)을 구하다. ② =take issue.
make an issue of …을 문제로 삼다. ¶ make a political issue …을 정치 문제화하다.
take issue 대립하다, 의견이 맞지 않다; 논의하다 (dispute) (with…). ¶ take strong issue with a person on a matter 어떤 문제로 남과 날카롭게 대립하다.
◇ íssuance n.
is·sue·less [íʃuːlis, +英 ísjuː-] adj. 자녀(자손)가 없는; 결과가 없는; 쟁점이 없는.
is·su·er [íʃu(ː)ər, +英 ísju(ː)ə] n. 발행인.
ís·su·ing bànk [íʃu(ː)iŋ-, +英 ísju(ː)iŋ-] n. 〖상업〗 신용장 개설 은행.
-ist suf. 「…하는 사람」의 뜻의 명사를 만든다. 1 -ize 로 끝나는 동사의 동작주를 나타낸다. 예: apologist. 2 -ism 으로 끝나는 명사에서 「…주의자」. 예: socialist. 3 「특수한 연구 등에 종사하는 사람」 「…가(家)」. 예: violinist.
Is·tan·bul [ìstænbúːl, -taːn-] n. 이스탄불〖터키 서북부의 도시, 옛 이름 Constantinople〗.
isth·mi·an [ísmiən, +英 ísθ-] adj. 1 지협(地峽)의. 2 (I-) 파나마(Panama) 지협의; 코린트(Corinth) 지협의. 3 지협의 주민. [Canal]
Ísthmian Canál n. (the ~) 파나마 운하(Panama
Ísthmian Gámes n. pl. 코린트 지협 경기 대회〖옛날에 코린트 지협에서 2년마다 벌어진 고대 그리스 4대 경기 대회의 하나〗.
*isth·mus [ísməs, +英 ísθ-] n. (pl. -mus·es or -mi [-mai]) 1 지협. 2 〖해부·동·식물〗 협(峽), 협부.
◇ ísthmian adj.
-istic suf. -ist, -ism 으로 끝나는 명사에서 형용사를 만든다. 예: deistic, puristic, artistic. [물의 섬유]
is·tle [ístli], (ixtle) n. ⓤ 이스틀리〖열대 아메리카산 식
ISV (略) International Scientific Vocabulary.
‡it¹ [it] pron. 〖인칭 대명사, 3인칭·단수·중성의 주격 및 목적격; 소유격 its〗 (pl. 주격 they, 소유격 their, 목적격 them) 1 그것을(이); 그것을(에), 8 《이미 나온 무생물·어구 따위를 가리킨다》 ¶ I made a pretty doll and gave it to her. 나는 예쁜 인형을 만들어 그녀에게 주었다 / Beauty is everywhere and it is a source of joy. 아름다움은 도처에 있고, 그것은 기쁨의 원천이 된다 / What is this (that) ? — It is a kennel. 이것(저것)은 무엇입니까 ? — 개집입니다 / Is he angry ? — Does he look it ? 그는 화가 나 있니 ? — 그렇게 보이니 ? b) 《성별을 따지지 않는 유아·동물, 성별 불명의 것을 가리킨다》 ¶ The baby took its toy. 갓난아기는 장난감을 집었다 / The cat licked its paws. 고양이는 발을 핥았다.
2 《문제가 되고 있거나 또는 심중에 있는 사람·물건·

사정·행위 따위를 가리킨다》 ¶ *It* can't be helped. 어쩌할 도리가 없다 / That's *it*. 그것[이 문제]이다, 그렇다 / What can we do about *it*? 어떻게 안 될까? / There *it* is! 일이 여기에 이르렀다! / *It*'s all the same with me. 내게는 어느 편이건 마찬가지다 / Who is *it*? ── *It*'s me. 누구야? ── 나야.
3 《비인칭 동사의 주어로서, 또 날씨·시간·온도·명암·거리·그밖의 사정 따위를 막연히 나타낸다》 ¶ *It* will snow this afternoon. 오후에는 눈이 올 것이다 / *It* is three o'clock. 3시입니다 / *It* is spring. 봄입니다 / *It* is getting cold. 추워졌다 / *It* is growing light. 밝아졌다 / How long does *it* take from here to the station? 여기서 역까지는 얼마나 걸립니까? / *It* is two kilometers to the station. 역까지 2킬로미터입니다 / *It* says in the Bible that ... 성서에 …이라고 씌어 있다 / How goes *it* with you? 어떻게 지내십니까?
4 《형식 주어·목적어로서 문장의 처음 또는 가운데에 두어, 뒤에 오는 사실상의 주어·목적어를 받는다》 **a)** 《부정사[구]를 받아서》 ¶ *It* is good to see you. 너를 만나서 정말 기쁘다 / *It* is very kind of you to invite me. 초대해 주셔서 매우 감사합니다 / I make *it* a rule never to watch television on Sunday. 일요일에는 텔레비전을 전혀 보지 않기로 하고 있다.
b) 《동명사[구]를 받아서》 ¶ *It* is no use shouting. 소리를 질러도 소용없다 / *It* is no use crying over spilt milk. 엎질러진 물이다.
c) 《절(節)을 받아서》 ¶ *It* is true that the pen is mightier than the sword. 과연 문(文)은 무(武)보다 강하다 / *It* [so] happened that I was with him. 나는 우연히 그와 함께 있었던 것입니다 / *It* is said that he died in poverty. 그는 가난 속에서 죽었다고 한다 / *It* is quite natural that he should be angry. 그가 화내는 것은 당연하다 / *It* may be that he has known the truth since that time. 그는 그때 이후 진상을 알고 있었는지도 모른다 / *It* seems that my remark has hurt his feelings. 내 말이 그의 감정을 상하게 한 것 같다 / *It* is a question whether he will succeed or not. 그가 성공할지 어떨지는 의문이다 / *It* is not clear which is better. 어느 것이 좋은지 분명치 않다 / *It* was uncertain why she drowned herself. 그녀가 어째서 투신 자살했는지 확실치 않았다 / I think *it* possible that he will be here again. 그는 이곳에 다시 올 수 있으리라 생각한다.
d) 《부정사[구]를 받아서》 ¶ *It* is a problem, this contest of a will. 유언에 대한 이런 논의는 문제다.
e) 《문장을 받아서》 ¶ *It* never should have happened. She went out and left the baby unattended. 세상에 이럴 수가 있나. 그녀가 아기를 내버려두고 외출을 하다니.
5 《It is(was) *X* that(which, who, whom, when, etc.)의 구문에서 *X*의 부분을 강조》 ¶ *It*'s you that (or who) are to blame. 야단맞을 사람은 너다 / What is *it* that I have mentioned? 내가 무슨 말을 했었지? / *It* was your brother that we spoke of. 우리가 이야기한 것은 네 형에 대한 것이었어 / *It* was Mr. Martin whom I saw here yesterday. 어제 여기서 만난 사람은 마틴 씨였다 / *It* is doubt which turns good into bad. 좋은 일을 나쁜 일로 바꾸는 것은 의혹이다 / *It* will be tomorrow that the schedule will be announced. 계획의 발표는 내일 있을 것이다 / *It* is in America that he has lived for ten years. 그가 지금까지 10년 간 살고 있는 곳은 미국이다 / *It* is four o'clock when school is over. 수업이 끝나는 것은 4시이다.
6 《어떤 종류의 명사가 동사로서 사용될 때 그 목적어가 된다》 ¶ bus *it* 버스로 가다 / foot *it* 걸어서 가다 / hotel *it* 호텔에 묵다 / king *it* over a person 남에게 왕처럼 굴다.
7 《it 에는 의미가 없고, 주어·동사의 목적어·전치사의 목적어가 된다》 **a)** 《주어로서》 ¶ He is, as *it* were, a grown-up baby. 그는, 말하자면 어른이 된 아기다.
b) 《동사의 목적어로서》 ¶ cut *it* 《구어》 도망가다; 《명

령》 도망쳐라; 그만두어라 / give *it* hot 혼내 주다 / have *it* out with a person 남과 끝까지 토론하다 / put *it* on 《구어》 터무니없는 값을 부르다; 허풍떨다; 점잔빼다 / take *it* out of a person 남에게 화풀이하다 / Brave *it* out! 용감하게 해내라! / Confound *it*! 젠장맞을 / Deuce take *it*! 제기랄!, 아뿔싸! / Fight *it* out! 끝까지 싸워라! / Go *it* while you have time. 시간이 있을 때 실컷 해라 / He has done *it*. 그는 실수를 했다 / Hook *it*! 도망쳐라! / I can't make *it*. 약속할 수 없다, 시간을 지킬 수 없다 / You will catch *it* for that. 《구어》 그런 짓하면 혼날 줄 알아라.
c) 《전치사의 목적어로서》 ¶ run for *it* 도망치다 / Depend upon *it*, he will succeed in the examination. 걱정없어, 그러면 틀림없이 시험에 붙을 거야 / He is at *it* again. 또 하고 있군[지겨운 녀석이야] / He never gives himself any rest; he's always at *it*. 그는 조금도 쉬지 않고 언제나 열심히 일을 한다 / He is beyond (*or* past) *it* long. 그가 정상적인 생활을 하지 못한 지 오래 된다 / I had a good time of *it* yesterday. 어제는 즐겁게 지냈다. ⇒ OF (Usage) / I'm feeling rather off *it* today. 오늘은 기분이 별로 좋지 않다 / I was put to *it*. 곤란하다 / Now then, get to *it*. 자, 일을 시작하세요 / Oh, the pity of *it*! 아아, 가엾어라!
It **isn't worth** *it*. 그럴 가치도(필요) 없어.
It's **you**. 《구어》 네게 꼭 맞는다(어울린다).
── *n*. **1** 〔술래잡기의〕 술래(tagger). **2** 《U》《구어》 극치, 완전, 이상, 〔바로〕 그것. ¶ As a doctor he was *it*. 의사로서 그는 정말 숙달된 사람이었다. **3** 《U》《속어》 성적 매력 (sex appeal). ¶ She has really *it*. 그녀는 참으로 성적 매력이 있다.

it² [it] *n*. 《U》《英구어》 이탈리아산(產) 베르무트. 〔<IT[ALIAN]〕

IT (略) inclusive *t*our(포괄 여행); income *t*ax; Indian *T*erritory; *I*nformation *T*echnology(정보 기술).

ITA *I*nternational *T*in *A*greement (국제 주석 협정); *I*nitial *T*eaching *A*lphabet; 〔로켓〕 *i*ntegrated *t*est *a*rticle(종합 시험 항목).

ital. (略) italic.

Ital. (略) Italian, Italy; Italic.

I·ta·li·a [itáːliə] *n*. Italy 의 이탈리아 이름.

‡**I·tal·ian** [itǽljən] *adj*. 이탈리아의; 이탈리아인(의)의.
── *n*. 이탈리아인; 《U》 이탈리아어. ◇ Italy *n*.

I·tal·ian·ate *adj*. [itǽljənèit, -it] 이탈리아화한, 이탈리아풍(식)의. ── *vt*. [itǽljənèit] (-at·ed, -at·ing) = Italianize.

Itálian clóver *n*. 유럽산(產) 1년생 클로버.
Itálian éarth *n*. 적갈색.
Itálian fóotball *n*. 《美속어》〔수제(手製)〕 폭탄, 수류탄.
Itálian gréyhòund *n*. 이탈리아종 그레이하운드.
I·tal·ian·ism [itǽljənìz(ə)m] *n*. 《U》《C》 **1** 이탈리아식, 이탈리아 말투(사투리). **2** 이탈리아인 기질. **3** 친(親)이탈리아주의.
I·tal·ian·ize [itǽljənàiz] (*英》에서는 **I·tal·ian·ise** 로도 쓴다》 *v*. (-ized, -iz·ing) *vi*. 이탈리아화하다(식으로 되다). ── *vt*. …을 이탈리아화(식으로) 하다.
Itálian sónnet *n*. = Petrarchan sonnet.
i·tal·ic [itǽlik] *adj*. **1** 이탤릭체의. ¶ *italic* type 이탤릭체. **2** (I-) 이탈리아의, 〔특히〕 고대 이탈리아(민)족의. ── *n*. **1** 《종종 ~s》 이탤릭체 문자. *cf*. roman **2** (I-) 《U》〔언어〕 이탤릭 어파(어계).
I·tal·i·cism [itǽlisìz(ə)m] *n*. = Italianism.
i·tal·i·cize [itǽlisàiz] 《*英》에서는 **i·tal·i·cise** 로도 쓴다》 *v*. (-cized, -ciz·ing) *vt*. **1** …을 이탤릭체로 인쇄하다. **2** 이탤릭체를 나타내기 위하여 …에 밑줄을 긋다. ── *vi*. 이탤릭체 활자를 쓰다.
Italo- 「이탈리아」의 뜻의 연결형. 예: *Italo*phile.
I·tal·o·phile [itǽləfàil] *adj*., *n*. 이탈리아[풍]를 좋아하는 [사람].

‡**It·a·ly** [ít(ə)li] *n.* 이탈리아[유럽 남부의 공화국. 수도 Rome]. ◇ Itálian *adj.*, *n.*

ÍTAR-TÁSS [ítɑrtǽs, -tǽs] (略) 《러시아》이타르 타스 통신[러시아의 국영 통신사].

I.T.C. (略) *I*nternational *T*in *C*ouncil(국제 주석 이사회); *I*nternational *T*rade *C*harter (국제 무역 헌장); *I*nternational *T*rade *C*ommission(국제 무역 위원회); *I*nternational *T*raders *C*lub.

*****itch** [itʃ] *n.* **1** (보통 the ~, an ~) 가려움. **2** (보통 단수형으로 the ~) [병리] 옴, 개선(疥癬). ¶ have (or suffer from) the *itch* 옴에 걸리다. **3** (보통 the~, an ~)(비유적) 근질근질할 정도의 욕망, 갈망(*for* ..., *to do*). ¶ have an *itch for* money 돈이 갖고 싶어 못견디 다 / the (or one's) *itch* to go abroad 외국에 가고 싶어 못 견디는 기분. — *vi.* **1** 가렵다, 근질근질하다. ¶ Mosquito bites *itch*. 모기에 물린 데가 가렵다. **2** …이 탐이 나서 (하고 싶어서) 못견디다(*for*...). ¶ (~+图+图) be *itch*ing for honor 명예가 탐이 나서 못견디다 / My fingers *itch for* a quarrel. 싸우고 싶어서 손이 근질 거린다 // (~+*to do*) I *itch*ed to do so. 그렇게 하고 싶다. ◇ ítchy *adj.*

itch·ing [ítʃiŋ] *n.* ⓤⓒ (종종 an~) 가려움; 열망, 갈망 (*for* ...). ¶ have an *itching for* …이 탐나서(하고 싶어) 견딜 수 없다. — *adj.* 가려운, 근질근질한; 하고 싶어 (탐나서) 못견디는. ¶ have an *itching* palm [돈에 대한] 욕심이 많다 / have *itching* ears 몹시 듣고 싶어하는.

ítch mìte *n.* 옴벌레, 개선충(疥癬蟲). [느낌.

itch·y [ítʃi] *adj.* (**itch·i·er, itch·i·est**) **1** 가려운, 옴 오른. **2** [하고 싶어서·탐나서] 좀이 쑤시는, 갈망하는. **itch·i·ness** *n.*

-ite¹ *suf.* 다음과 같은 뜻을 나타내는 명사를 만든다. **1** 「…의 주민」,「…의 신봉자」,「…에 소속된 사람」. 예: Brooklyn*ite*, Israel*ite*, labor*ite*. **2** 광물·화석 따위의 명칭. 예: anthrac*ite*, ammon*ite*. **3** 폭발물 따위 새 합성물의 명칭. 예: dynam*ite*, vulcan*ite*. **4** 염류(鹽類)를 나타낸다. 예: sulf*ite*. **5** 몸의 일부를 나타낸다. 예: som*ite*. 「expéd*ite*, fávor*ite*, ópos*ite*.

-ite² *suf.* 형용사·동사·명사를 만든다. 예: compos*ite*,

‡**i·tem** *n.* [áitəm, +英 -tem → *adv.*] **1** [제 2 下 독립된] 항목, 조항, 품목, 세목(detail); 종목. ¶ fifty *items* on the list 목록에 있는 50항목(품목) / *items* in a bill 계산서의 내역. **2** [신문 기사의] 한 항목. ¶ local *items* 지방 기사 / an interesting item of news 재미있는 신문 기사. **3** (속어) 이야기(소문)거리.

item by item 한 항목씩, 품목별로.

— *adv.* [áitəm] (폐어·고어) 그리고 또, 마찬가지로 (likewise). ◇ ítem*ize* *v.* 「(조목별) 기재.

i·tem·i·za·tion [àitəmizéiʃ(ə)n / -maiz-] *n.* ⓤ 항목별

i·tem·ize [áitəmàiz] *vt.* (**-ized, -iz·ing**) 《美》…을 조목별로 쓰다, 항목별로 나누다.

ítem véto *n.* (美) [의결 법안에 대한 대통령 주지사의] 부분 거부권(line-item veto).

it·er·ance [ítərəns] *n.* = iteration.

it·er·ate [ítərèit] *vt.* (**-at·ed, -at·ing**) **1** …을 되풀이 하여 말하다. ⇨ REPEAT 類語 **2** …을 되풀이하여 하다.

it·er·a·tion [ìtəréiʃ(ə)n] *n.* ⓤⓒ 되풀이, 반복.

it·er·a·tive [ítərèitiv, -rət-/-rət-, -rèit-] *adj.* **1** 되풀이 하는, 반복의(repeating). **2** [문법] [동사의] 반복 (相)의(frequentative).

ITF (略) *I*nternational *T*rade *F*air (국제 무역 박람회); *I*nternational *T*ennis *F*ederation (국제 테니스 연맹). 「오누이 제도의 섬. Ulysses 의 고향」.

Ith·a·ca [íθəkə] *n.* 이타카[그리스 서부 해안 앞바다의

Í·thunn [íːðuːn] *n.* [북유럽 신화] Bragi 의 아내 (Idun) [청춘을 유지하는 황금 사과의 보관자].

i·thy·phal·lic [ìθəfǽlik] *adj.* **1** 주신 Bacchus 의 축제때 떠받들고 다닌 남근상(男根像)(phallus)의. **2** 외설한; [그림·조각에서] 음경(陰莖)을 발기시킨. **3** [韻律] Bacchus 축제 행렬 때 기도·찬가에 쓴 운율의.

— *n.* **1** ithyphallic 운율로 쓴 시. **2** Bacchus 찬가, 외설시. 「itinerancy.

i·tin·er·a·cy [aitín(ə)rəsi, itín-] *n.* (*pl.* **-cies**) =

i·tin·er·an·cy [aitín(ə)rənsi, itín-] *n.* (*pl.* **-cies**) **1** ⓤⓒ 순력(巡歷), 편력, 순회. **2** [판사·설교자 등] 순회자의 단체. **3** [감리 교회의] 순회 조직.

*****i·tin·er·ant** [aitín(ə)rənt, itín-] *adj.* **1** 순회(편력)하는, 떠돌아다니는(wandering); 전전하는. ¶ an *itinerant* trader 행상인, 도부 장수. **2** 지방 순회의, 이동식의. ¶ an *itinerant* judge (library) 순회 판사(이동 도서관) / an *itinerant* preacher 순회 설교사. — *n.* 순회 설교자(판사); 행상인; 순회 공연 배우; 편력(순회)자. **~·ly** *adv.* ◇ ítiner*ate* *v.*

i·tin·er·ar·y [aitínərèri, itín- / -rəri] *n.* (*pl.* **-ar·ies**) **1** 여정(旅程), 여로; 여행 일정. **2** 여행 일기, 여행기. **3** 여행 안내서. — *adj.* **1** 여행(여정)의. **2** 순회(편력)하는.

i·tin·er·ate [aitínərèit, itín-] *vi.* (**-at·ed, -at·ing**) **1** 순회(편력)하다. **2** 순회 설교(재판)를 하다.

i·tin·er·a·tion [aitìnəréiʃ(ə)n, itìn-] *n.* ⓤ 순회; 순회 설교(재판).

-ition *suf.*「동작」,「상태」를 나타내는 명사를 만든다. 예: exped*ition*, extrad*ition*, aud*ition*.

-itious *suf.* -ition 으로 끝나는 명사로부터 「…의 성질을 가진」을 뜻하는 형용사를 만든다. 예: nutr*itious*, sed*itious*.

-itis *suf.* 다음의 뜻의 명사 어미. **1** [의학]「…염」,「…증」. 예: bronch*itis*, gastr*itis*, neur*itis*. **2** 《구어》「…광」,「…열」을 뜻함. 예: telephon*itis* (전화광).

-itive *suf.* 형용사·명사 어미. 예: defin*itive*, fug*itive*, infin*itive*.

it'll [ítl] it will, it shall 의 단축형.

ITO (略) *I*nternational *T*rade *O*rganization ([유엔 의] 국제 무역 기구).

-itol *suf.* [화학] 「수산기(水酸基群) (one hydroxyl group) 이상을 함유하는 알코올의 이름에 쓴다. 예: mann*itol*.

-itous *suf.* 형용사를 만든다. 예: calam*itous*.

its [its] *pron.* (it 의 소유격) 그것의, 저것의. *cf.* it's ¶ The book has lost *its* cover. 책의 커버가 없어졌다.

it's [its] it is, it has 의 단축형.

it·self [itsélf] *pron.* (*pl.* **them·selves**) **1** [강조용법] 그〔저〕 자신(자체), 바로 그것. ¶ She is kindness *itself*. 그녀는 매우 친절하다. **2** [재귀용법] 그 자신(자체)을. ¶ History repeats *itself*. 역사는 되풀이 된다.

by itself 그것만으로, (다른 것과) 떨어져서 (따로). ¶ a door that works *by itself* 자동 개폐문.

for itself 단독으로, 혼자 힘으로. ¶ The affair speaks *for itself*. 그것은 자명(自明)한 일이다.

in itself 본래, 본질적으로. ¶ Diamond is hard *in itself*. 다이아몬드는 본디 단단하다.

of itself 자연히, 저절로. ¶ The tree fell *of itself*. 나무는 저절로 넘어졌다.

it·sy-bit·sy [ítsibítsi] *adj.* =itty-bitty.

ITT (略) *I*nternational *T*elephone and *T*elegraph *C*orporation ((美) 국제 전신 전화 회사).

ITTF (略) *I*nternational *T*able *T*ennis *F*ederation (국제 탁구 연맹).

it·ty-bit·ty [ítibíti] *adj.* 《구어》조그마한, 작은.

I.T.U. (略) *I*nternational *T*ypographical *U*nion (국제 인쇄 동맹); *I*nternational *T*elecommunication *U*nion (국제 전기 통신 연합).

ITV (略) *i*ndustrial *tel*evision (공업용 텔레비전); *i*nstructional *tel*evision; *I*ndependent *T*elevision ((美) 상업 텔레비전 방송).

-ity *suf.*「상태」,「성질」따위를 나타내는 추상명사를 만든다. 예: joll*ity*, chast*ity*.

IU (略) *i*nternational *u*nit ([비타민의 양·효과 따위를 측정하는] 국제 단위).

IUB (略) *I*nternational *U*nion of *B*iochemistry(국제 생화학 연맹).
IUCN (略) *I*nternational *U*nion for *C*onservation of *N*ature and *N*atural *R*esources(국제 자연보호 연맹).
IUCW (略) *I*nternational *U*nion for *C*hild *W*elfare (국제 아동 복지 연맹).
IUD (略) intra*u*terine *d*evice(자궁내 피임 기구).
IUGG (略) *I*nternational *U*nion of *G*eodesy and *G*eophysics(국제 측지(測地)학·지구 물리학 연합).
IULA (略) *I*nternational *U*nion of *L*ocal *A*uthorities(국제 지방 자치체 연합).
-ium *suf.* 1 라틴어계 명사에 붙인다. 예: med*ium*, prem*ium*. 2 금속 원소 이름에 붙인다. 예: irid*ium*, sod*ium*.
IUS (略) *I*nternational *U*nion of *S*tudents(국제 학생 연맹).
i.v., IV (略) *i*ntra*v*enous[ly].
I·van [áivən/*Russ* iváːn] *n.* 러시아 사람, [특히] 러시아 병사.
I·van·hoe [áivənhòu] *n.* 아이반호[Sir Walter Scott 의 소설(1819); 그 주인공].
‡**I've** [aiv] I have의 단축형.
-ive *suf.* 「…의 성질(기능)을 가진」, 「…의 경향이 있는」 따위의 뜻의 형용사를 만든다. 예: nat*ive*, substant*ive*, creat*ive*, destruct*ive*.
IVF-ET (略) *i*n *v*itro *f*ertilization and *e*mbryo *t*ransfer(체외 수정(受精)).
i·vied [áivid] *adj.* 담쟁이 덩굴(ivy)로 덮인.
i·vo·ried [áivərid] *adj.* (고어) 상아로 만든; 상아 같은.
‡**i·vo·ry** [áivəri] *n.* (*pl.* **-ries**) 1 Ⓤ 상아, [하마·해마 따위의] 엄니. ¶ imitation *ivory* 모조 상아. 2 (-ries) 상아 제품, (속어) 주사위(dice), 당구공, 피아노의 건반; 이(teeth). 3 Ⓤ 상아빛. ― *adj.* 상아로 만든, 상아의(같은); 상아빛의. ¶ an *ivory* skin 상아빛 피부.
ívory bláck *n.* Ⓤ 아이보리 블랙[상아를 태워서 만든 흑색 안료].
Ívory Cóast *n.* 코트디부아르(Côte d'Ivoire) [상아 해안이라는 이름으로 알려진 아프리카 서해안의 공화국; 수도 Abidjan].
ívory gáte *n.* [그리스 신화] [잠의 집의] 상아문[이 문에서 허망한 꿈이 나온다고 한다]. *cf.* gate of horn
ívory nùt *n.* 상아 야자(ivory palm)의 열매.
ívory pálm *n.* 상아 야자[열대 아메리카산(產)].
ívory páper *n.* 화가가 쓰는 광택나는 고급 마분지.
ívory tówer *n.* 상아탑[현실을 떠난 장소·상태].
i·vo·ry-tow·er·ism [áivə(ə)ritáu(ə)rìz(ə)m/-táuər-] *n.* Ⓤ 현실 도피주의.
IVS (略) *I*nternational *V*oluntary *S*ervices(국제 의용 봉사단); *S*CI(국제 시민 봉사단)와 같은 단체).
*‡**i·vy** [áivi] *n.* Ⓤ Ⓒ (*pl.* **i·vies**) 담쟁이덩굴.

Ívy Léague *n.* (the ~) 아이비 리그[미국 동북부의 명문 대학들; 특히 Yale, Harvard, Princeton, Columbia, Dartmouth, Cornell, Pennsylvania, Brown 대학]; 이 대학들의 경기 연맹. ― *adj.* 아이비 리그[식]의, 동북부 명문대학[출신]의. ¶ an *Ivy League* suit (education) 아이비 리그식 복장(교육).
I.W. (略) the *I*sle of *W*ight (와이트섬).
IWA (略) *I*nternational *W*haling *A*greement (국제 포경(捕鯨) 협정); *I*nternational *W*heat *A*greement (국제 소맥(小麥) 협정).
IWC (略) *I*nternational *W*haling *C*ommission; *I*nternational *W*heat *C*ouncil(국제 소맥 이사회).
i·wis [iwís] *adv.* (폐어) 확실히, 틀림없이(certainly). *cf.* ywis
IWS (略) *I*nternational *W*ool *S*ecretariate(국제 양모(羊毛) 사무국).
I.W.T.D. (略) *I*nland *W*ater *T*ransport *D*epartment((英) 국내 수운(水運) 관리국).
I.W.W., IWW (略) *I*ndustrial *W*orkers of the *W*orld (세계 산업 노동자 조합).
-ix *suf.* -or로 끝나는 남성 명사에 붙여서 여성 명사를 만든다. 예: execut*rix*.
ix·i·a [íksiə] *n.* 익시아[남아프리카 원산 붓꽃과의 식물].
Ix·i·on [iksáiən] *n.* [그리스 신화] [텟살리아왕] 익시온.
Ixíon's whèel *n.* [그리스 신화] 신벌(神罰)을 받은 Ixion이 묶인 [영원히 회전하는] 불의 수레바퀴.
ix·tle [í(k)stli] *n.* =istle.
IYAS (略) *I*nternational *Y*ears of the *A*ctive *S*un (태양 활동기 국제 관측년).
IYRU (略) *I*nternational *Y*acht *R*acing *U*nion(국제 요트 경기 연맹).
-ization *suf.* -ize로 끝나는 동사로부터 명사를 만든다 (*《英》에서는 **-isation**으로도 쓴다. ⇨-IZE). 예: civil*ization*, real*ization*.
-ize *suf.* 다음과 같은 뜻을 나타내는 동사를 만든다(* 《英》에서는 **-ise**로도 쓴다). **1** 《자동사》**a)** 「…의 행동·정책 따위에」 따르다. 예: theor*ize*, tyrann*ize*. **b)** 「…화하다」, 「…이 되다」. 예: crystall*ize*, democrat*ize*. **2** 《타동사》**a)** 「…으로 하다」, 「…화시키다」. 예: civil*ize*, legal*ize*, real*ize*. **b)** 「…으로 취급(처리)하다」. 예: oxid*ize*, mesmer*ize*. [<Gk]
Iz·mir [ízmiər] *n.* 이즈미르[터키 서부의 항구. 예이름 Smyrna].
Iz·ves·ti·a [izvéstiə] *n.* 이즈베스티아[러시아의 유력 신문]. *cf.* Pravda
iz·zard [ízərd] *n.* 《주로 방언》Z 자.
from A to izzard 처음부터 끝까지, 모조리.
iz·zat [ízət] *n.* Ⓤ 체면(honor), 명성(reputation).
[<Hindi *izzat* glory]

J

J, j [dʒei] *n.* (*pl.* **J's** *or* **Js; j's** *or* **js**) **1** 영어 알파벳의 열째 자. ¶ **J** for **Jack** Jack의 J [국제 전화 통화 용어]. **2** J(j)가 나타내는 소리. **3** [연속된 것 중의] 열 번째 사람 (물건). **4** J자 형의 물건[볼트·열쇠 따위].
J 《略》《성서》Jahwistic Source 《야훼 자료[모세 5서를 구성하는 자료의 하나], J자료).
J, j 《略》《물리》 joule.
J. 《略》 Journal; Judge; Justice.
ja [jaː] *adv.* 《독일》 (=*yes*) 예, 네, 그렇습니다.
Ja. 《略》 January.
J.A. 《略》 joint account; judge advocate.
já·al góat [dʒéiəl-] *n.* 야생산양[에티오피아·이집트의 산지에 살며 뿔이 길다.
jab [dʒæb] *vt., vi.* (**jabbed, jab·bing**) **1** [끝이 예리한 것 따위로] 찌르다, 콱(푹) 께뚫다. **2** 《권투》 잽을 치다, 날카롭게 치다. ── *n.* **1** [날쌔게] 찌르기, 겨눠르기 [짧은 총검을 뽑지 않고 거듭 찌르는 일]. **2** 《권투》 잽.
jab·ber [dʒǽbər] *vt., vi.* 재잘거리다[분명치 않게], 무의미하게] 지껄이다, 나불나불 지껄이다(chatter); 《원숭이 따위가》 꽥꽥 소리지르다. ¶ How can I understand you when you *jabber* like that? 그렇게 빨리 지껄이면 무슨 말을 하는지 알 수가 없잖니? ── *n.* ⓤ 빠른, 불명료한, 의미없는] 재살거림, 수다; [원숭이 나부위의] 꽥 꽥거리는 소리. ¶ the *jabber* of monkeys 원숭이가 외치는 소리.
Jab·ber·wock·y [dʒǽbərwὰki / -wɔ̀k-], (**Jab·ber·wock**[-wὰk / -wɔ̀k]) *n.* ⓤ 알아들을 수 없는 말 (이야기).
jab·o·ran·di [dʒæ̀bərǽndi] *n.* 남아메리카산(産) 운향과(科) 식물; ⓤ 그 잎을 말린 것[이뇨·발한제].
ja·bot [(d)ʒæbóu / ʒæbóu] *n.* 자보[옷의 앞가슴으로 늘어지는 주름 장식]. [<F]
jac·a·ran·da [dʒæ̀kərǽndə] *n.* 능소화과(科)의 나무[열대 아메리카산(産)]; ⓤ 그 목재.
ja·cinth [dʒéisinθ, dʒǽs- / dʒǽs-, dʒéis-] *n.* **1** 《광물》 히아신스석(石) [zircon의 일종으로 투명한 분홍색 보석] (hyacinth). **2** ⓤ 적황색(赤黃色).
***jack**[1]* [dʒæk] *n.* **1** 《기계》 잭, 밀어 올리는 기계. ¶ a hydraulic *jack* 수압(水壓) 잭. **2** 《카드놀이》 잭(knave). ¶ the *jack* of spades 스페이드의 잭. **3** 〖고기 굽는〗 꼬치 돌리는 기구. **4** 〖시계의〗 종 치는 인형. **5** (~s) 《유희》=JACKSTONE. **6** (때로 J-)《구어》사나이, 녀석(fellow); (J-)[모르는 사람을 부를 때 써서] 여보시오, 형씨(guy). ¶ every man *jack* (*or* Jack) 너나없이 모두 / *Jack* and Jill 젊은 이와 아가씨, 젊은 남녀 / Every *Jack* has his Jill. 《속담》 짚신도 제 짝이 있다. **7** 〖론 볼링의〗 표적을 나타내는 작은 공. [기]. **8** 선수기(船首旗) 〖뱃머리에 걸어 국적을 나타내는 작은 물체 가로장(jack crosstree). **9** 《항해》 웃돛대(topgallant mast)의 꼭대기에 가로지른 물체 가로장(jack crosstree). **10** 《항해》 쌍돛대의 종범식(縱帆式) 어선 [Newfoundland 부근에서 쓰인다]. [물의 수컷. **11 a**) =JACKASS. **b**) =jack rabbit. **c**) [일반적으로] 동 **12** 〖전기〗 잭, 플러그 구멍. *cf.* plug **13** (J-) 선원. **14** 나무꾼; 벌채 인부(lumberjack). **15** 《속어》돈(money). **16** [하프시코드의] 잭. **17** ⓤ《美》사과 브랜디(applejack). **18** 《美》[야간에 물고기·짐승을 모으는] 모닥불 (jacklight). ── *vt.* **1** …을 잭으로 들어 올리다(…*up*). **2** 《구어》[임금·가격·속력 따위]를 올리다, 끌어올리다, 매달아 올리다(…*up*); …의 수준을 높이다(…*up*). **3** 《美》[모닥불을 써서] 사냥하다 [사냥감을 찾다(잠다). ── *vi.* 《美》[모닥불을 써서] 물고기를 잡다, 사냥하다.
jack up ① …을 잭으로 들어올리다. ⇒ *vt.* 1. ② [가격·임금·속력 따위]를 올리다, 끌어올리다. ⇒ *vt.* 2. ¶ The company *jacked up* the oil price. 그 회사는 석유값을 인상했다.
jack[2] [dʒæk] *n.* 인도빵나무 [Polynesia 산(産)] 빵나무의 일종]; 그 열매.
jack[3] [dʒæk] *n.* **1** 소매없는 가죽 상의[중세에 보병이 방호용으로 착용]. **2** 《고어》[타르 따위를 바른] 혁제(革製)의 술 담는 그릇, 조끼(jug).
jack- **1** male, fellow 의 뜻의 연결형. 예: *jack*ass, *jack*anapes. **2** strong, large 의 뜻의 연결형. 예: *jack*knife, *jack*boot.
jack-a-dan·dy [dʒæ̀kədǽndi] *n.* (*pl.* **-dies**) 멋쟁이.
jack·al [dʒǽkɔːl] *n.* **1** 재칼[개(犬) 科)의 포유 동물, 인도·아프리카 등지에 분포]. **2** 앞잡이, 주구; 악당.
jack·a·napes [dʒǽkənèips] *n.* **1** 건방진 놈, 눈꼴 사나운 녀석. **2** 개구쟁이, 장난꾸러기. **3** 《고어》 원숭이. [eroo.
jack·a·roo [dʒæ̀kərúː] *n.* (*pl.* **-roos**) 《濠》 =JACK-
jack·ass [dʒǽkæ̀s] *n.* **1** 수탕나귀. **2** 바보, 얼간이.
jack·boot [dʒǽkbùːt] *n.* **1** [무릎 위까지 오는] 장화. **2** 위협하여 남을 복종시키는(jackboot tactics). **3** 위협하여 남을 복종시키는 사람. ── *vt.* [남]을 위협하여 복종시키다.
jack·daw [dʒǽkdɔ̀ː] *n.* 갈가마귀.
jack·e·roo [dʒæ̀kərúː] *n.* (*pl.* **-roos**) 《濠》[목양업의] 신출내기 일꾼.
‡jack·et [dʒǽkit] *n.* **1** 짧은 웃옷, 자켓. **2** 몸의 윗부분에 걸치는 것. ¶ a life *jacket* 구명 조끼. **3** [때벗어 있는 책의] 커버, 자켓(book jacket); 종이 표지 책의 종이 [음반의] 커버, 자켓. **4** [포신(砲身)을 덮는] 피통(被筒), [자켓], **5** [기관총 따위의 과열을 방지하는] 물자켓, 냉각통(water jacket) [보일러·스팀 파이프 따위의 방열(放熱)을 막는] 피복. **5** [동물의] 모, 외피. **6** [감자의] 껍질. ¶ potatoes boiled in their *jackets* 껍질째 삶은 감자. **7** [공문서를 넣은] 봉하지 않은 봉투.
dust a person's jacket 《구어》 남을 때리다.
── *vt.* **1** …에 자켓을 입히다; …을 피복(被覆)하다; [책]에 커버(자켓)를 씌우다. **2** 《구어》[남]을 때리다.
Jáck Fróst *n.* [의인화(擬人化)하여] 서리, 혹한. ¶ when *Jack Frost* comes 추위지면. [聲信機).
jack-ham·mer [dʒǽkhæ̀mər] *n.* 수동(手動) 착암기.
jack-in-a-box [dʒǽkinəbὰks, -bɔ̀ks] *n.* (*pl.* **-box·es** *or* **jacks-**) **1** 연밀오동과(科)의 열대 식물. **2** = jack-in-the-box.
jack-in-of·fice [dʒǽkinɔ̀ːfis, -ɔ̀f-] *n.* (*pl.* **jacks-**) (때로 J-) 거만한 공무원, 전방진 하급 공무원.
jack-in-the-box [dʒǽkinðəbὰks, -bɔ̀ks] *n.* (*pl.* **-box·es** *or* **jacks-**) **1** 깜짝(도깨비) 상자. **2** 차동(差

jack-in-the-green [dʒǽkinðəgrìːn] *n.* (*pl.* **-greens** *or* **jacks-**) (보통 J-) 푸른 잎 속의 잭[5월제(May Day) 놀이에서 푸른 잎으로 덮인 틀 속에 들어 있는 사내아이].

jack-in-the-pul·pit [dʒǽkinðəpúlpit] *n.* (*pl.* **-pulpits** *or* **jacks-**) 천남성류(類) [북아메리카산(產)의 식물].

Jáck Kétch [-kétʃ] *n.* 《英俗語》교수형 집행인(hangman). 〔영국의 사형 집행인 John Ketch (1663?-86) 의 이름〕

jack·knife [dʒǽknàif] *n.* (*pl.* **-knives** [-nàivz]) 1 잭나이프, 대형 접(摺)칼. 2 《수영》잭나이프[새우처럼 고부리는 형의 다이빙].

jáck làdder *n.* 〔항해〕= Jacob's ladder 2.

jack·leg [dʒǽklèg] *adj.* 1 미숙한, 풋내기의(unskilled). 2 임시 변통의(makeshift). —— *n.* 미숙한 사람, 풋내기.

jack·light [dʒǽklàit] *n.* 〔수렵(어로)용의〕모닥불, 횃불.

jack-of-all-trades [dʒǽkəvɔ́ːltrèidz] *n.* (*pl.* **jacks-**) (때로 J-) 팔방미인, 만물 박사. ¶ *Jack of all trades, and master of none.*《속담》백 가지 재주는 무 재주와 같다.

jack-o'-lan·tern [dʒǽkəlæ̀ntərn] *n.* 1 호박등 [Halloween 축제 따위에서 호박에 눈·코를 파내어 만 든다]. 2 도깨비불.

jáck plàne *n.* 건목 대패, 막대패.

jack·pot [dʒǽkpɔ̀t / -pɔ̀t] *n.* 1 〔카드놀이에서〕 계속 태우는 돈. 2 《구어》〔보통 예기치 않은〕대히트; 대성공.

hit the jackpot 《속어》 히트를 치다; 대성공하다. ¶ *hit the jackpot* with new inventions 신발명품으로 대성공을 거두다.

jack-pud·ding [dʒǽkpùdiŋ] *n.* (때로 J-) 어릿광대.

jáck ràbbit *n.* 〔다리와 귀가 긴 북미 서부산(產)의〕 산토끼.

Jáck Róbinson *n.* ＊다음 숙어로만 쓰인다.
before you can say 'Jack Robinson' 눈깜짝할 사이 에.

jack·screw [dʒǽkskrùː] *n.* 나사식 잭.

jack·snipe [dʒǽksnàip] *n.* (*pl.* **-snipes** *or* **-snipe**) 〔유럽·아시아산(產)〕 작은 도요.

jáck stàff *n.* 〔항해〕뱃머리의 깃대.

jack·stone [dʒǽkstòun] *n.* 1 (~s)《단수 취급》공기 놀이. 2 〔공기놀이에 쓰는〕 작은 돌, 쇳조각.

jack·straw [dʒǽkstrɔ̀ː] *n.* 1 짚인형. 2 하찮은 사 람. 3 (~s)《단수 취급》잭스트로 〔짚·나뭇조각·뼛 조각 따위를 뒤섞어 쌓고 다른 것이 움직이지 않게 하나 씩 빼내는 놀이〕. 4 〔잭스트로 놀이에 쓰는〕짚·나뭇조각·뼛조각.

jack-tar [dʒǽktɑ́ːr] *n.* (종종 J- T-) 《구어》수병, 선원.

jáck tòwel *n.* 〔양끝을 맞대고 꿰맨 회전식의〕고리 타월.

jack-up [dʒǽkʌ̀p] *n.* 1 증가. 2 밀어 올릴 장치.

＊**Ja·cob** [dʒéikəb] *n.* 〔성서〕 야곱〔Isaac의 차남, Israel 사람의 조상. ←창세기(Gen.) 25 : 24-34〕

Jac·o·be·an [dʒæ̀kou(b)íːən] *adj.* 〔영국 왕〕James 1 세(1603-25)〔시대〕의. —— *n.* James 1세 시대의 사람 〔특히 작가·정치가 등〕.

Jac·o·bi·an [dʒəkóubiən] *n.* 《수학》함수 행렬식, 야 코비 행렬식.〔독일의 수학자 K.G.J. Jacobi(1804-51) 의 이름〕

Jac·o·bin [dʒǽkəbin] *n.* 1 〔역사〕프랑스 혁명 때 의〕자코뱅 당원. 2 과격 정치가, 과격 혁명가. 3 〔프 랑스〕도미니코 수사(修士). 4 (j-) 집비둘기의 일 종〔목의 도미니코 수사의 두건 비슷한 깃털이 있 다〕.

Jac·o·bin·i·cal [dʒæ̀kəbínik(ə)l] *adj.* 자코뱅 당의, 자코뱅주의의, 과격한.

Jac·o·bin·ism [dʒǽkəbinìz(ə)m] *n.* ⓤ 자코뱅주의.

Jac·o·bite [dʒǽkəbàit] *n.* 〔英역사〕〔1688년의 혁명으로 왕위에서 쫓겨난〕James 2세 지지파 사람.

Jácob's ládder *n.* 1 〔성서〕야곱이 꿈에서 본 하늘까지 닿는 사닥다리〔←창세기(Gen.) 28: 12〕. 2 〔항해〕줄사다리〔디딤판이 목제 또는 철제인 것〕(jack ladder).

Jácob's stáff *n.* 1 〔측량기 따위의〕단각가(單脚架). 2 고도(거리) 측정기.

ja·co·bus [dʒəkóubəs] *n.* 영국 James 1세 시대의 금화 〔20-24 shillings 에 상당했다〕.

jac·o·net [dʒǽkənèt] *n.* ⓤ 1 얇고 보드라운 흰 무명. 2 〔염색한〕한 면에 윤을 낸 무명.

Jac·quard lòom [dʒəkɑ́ːrd-, dʒǽkərd-] *n.* 자카드식 문직기(紋織機).

Jac·que·rie [ʒɑːkríː] *n.* 1 자크리의 반란〔1358년에 있은 북부 프랑스의 농민 반란〕. 2 (j-) 〔일반적으로〕농민 반란.

jac·ta·tion [dʒæktéi(ə)n] *n.* ⓤⓒ 1 자랑, 허풍떨기. 2 〔병리〕〔열병 따위로〕피로와 몸부림치기, 전전 반측 (輾轉反側).

jac·ti·ta·tion [dʒæ̀ktitéi(ə)n] *n.* ⓤⓒ 1 〔법률〕 사칭(詐稱). 2 〔병리〕= jactation 2.

Ja·cúz·zi bàth [dʒəkúːzi-] *n.* 거품(기포(氣泡)〕목욕 (whirlpool bath).〔< 상표명〕

jade[1] [dʒeid] *n.* 1 ⓤ 비취, 옥(玉) 〔경우〔硬玉〕· 연옥 을 포함〕. *cf.* jadeite; ⓒ 비취 제품. 2 ⓤ 비취색.

jade[2] [dʒeid] *n.* 1 야윈 말, 노쇠한 말. 2 닳고 닳은 〔굴러먹은〕여자. —— *v.* (**jad·ed, jad·ing**) *vt.* ···을 지치게 하다. — *vi.* 지치다.

jad·ed [dʒéidid] *adj.* 1 지쳐 빠진. 2 지겨운, 넌더리 나는. 3 〔여자가〕닳고 닳은, 굴러먹은.

jáde gréen *n.* = jade[1] 2.

jade·ite [dʒéidait] *n.* ⓤ 경옥(硬玉). *cf.* jade[1], nephrite.

jae·ger [jéigər], (**jager**) *n.* 1 도둑갈매기. 2 (= jäger) 사냥꾼(hunter).

Jaf·fa [dʒǽfə] *n.* 야파〔이스라엘(Israel) 서부의 항구, 현재는 Tel Aviv의 일부〕. 2 《英》오렌지의 일종.

jag[1] [dʒæg] *n.* 〔바위 따위의〕뾰족한 모서리, 〔톱날 모양의〕깔쭉깔쭉함. —— *vt.* (**jagged, jag·ging**) ···을 깔 쭉깔쭉하게 만들다; ···을 들쭉날쭉하게 찢다.

jag[2] [dʒæg] *n.* 1 《방언》〔소량의〕짐. ¶ *a jag of wheat* 밀 한 짐. 2 취하기. ¶ *have a jag on* ···에 취 해 있다. 3 《구어》주연(酒宴).

J.A.G. (略) *Judge Advocate General*.

ja·ger [jéigər] *n.* = jaeger.

jä·ger [jéigər] *n.* = jaeger 2.

jag·ged [dʒǽgid] *adj.* 깔쭉깔쭉한, 톱날 같은. ¶ *jagged* rocks 뾰족뾰족한 바위. **~·ly** *adv.* **~·ness** *n.*

jag·ger·y [dʒǽgəri] *n.* ⓤ〔인도의 야자나무 수액(樹液)에서 뽑는〕조당(粗糖).

jag·gy [dʒǽgi] *adj.* (**-gi·er, -gi·est**) = jagged.

jág hòuse *n.* 《美俗》남성 동성 연애자들을 위한 매춘굴.

jag·uar [dʒǽgwɑːr, -gjuɑːr / -gjuə, -gwə] *n.* (*pl.* **-uars** *or* **-uar**) 재규어, 아메리카 표범.

Jah·ve, -veh [jɑ́ːvei] *n.* = Yahweh.

Jah·we, -weh [jɑ́ːwei] *n.* = Yahweh.

jai a·lai [hái lài, hài əlái] *n.* ⓤ〔스포츠〕하이알라이 〔중남미에서 성행하며 라켓을 사용하는 handball 비슷한 실내 경기〕.

‡**jail**, 《英》**gaol** [dʒeil] *n.* 감옥, 교도소. ¶ *put a person in jail* 남을 투옥하다. —— *vt.* ···을 교도소에 넣 다.

jail·bait [dʒéilbèit] *n.* 《속어》육체 관계를 가질 경우 그 상대가 미성년 근거로서 처벌받게 되는 소녀; 〔범죄를 무릅쓸 만큼〕성적 매력이 있는 소녀.

jail·bird, 《英》**gaol-** [dʒéilbə̀ːrd] *n.* 《구어》1 죄 수. 2 전과자. 3 상습범.

jail·break, 《英》**gaol-** [dʒéilbrèik] *n.* 탈옥.

jáil delívery n. **1** 탈옥, 강제 석방. **2** 배심 심리를 위해 교도소를 떪.
jáil·er, -or, 《英》**gaol·er** [dʒéilər] n. [교도소의] 교도관.
jáil féver n. ⓤ 티푸스[옛날에는 교도소에서 흔히 발생했다].
jáil·house, 《英》**gaol-** [dʒéilhàus] n. (pl. **-hous·es** [-hàuziz]) 《口》 =JAIL.
jáilhóuse láwyer n. **1** 교도소 출입 변호사. **2** 법률에 밝은 수형자(受刑者).
Jain [dʒain] n. 자이나교도. ― adj. 자이나교[도]의.
Jain·ism [dʒáiniz(ə)m] n. ⓤ 자이나교[기원전 6세기에 인도에서 일어난 종교. 불교 비슷하며 성자와 현자의 숭배가 특징].
Ja·kar·ta [dʒəká:rtə] n. =Djakarta.
jake [dʒeik] adj. 《美俗》 나무랄 데 없는. ¶ Is everything jake with you? 모든 일이 잘 되어 가고 있느냐?
JAL 《略》 Japan Air Lines(일본 항공).
jal·ap [dʒǽləp] n. ⓤ 할라파[멕시코 원산의 덩굴 식물]; 그 뿌리 [하제용(下劑用)].
ja·lop·y [dʒəlɑ́pi / -lɔ́pi] n. (pl. **-lop·ies**) 《口》 털털이(구식) 자동차(비행기). [메슈 블라인드, 덧문. 〈F〉
jal·ou·sie [dʒǽləsì: / ʒǽlu(:)zì:, ˋ-ˋ-ˊ] n. 널폭 발, 베
‡**jam**¹ [dʒæm] v. (**jammed, jam·ming**) vt. **1** …을 잔뜩 밀어 넣다, 쑤셔 넣다, 가득히 채우다(cram); 틈바위를 메우다. ¶ Crowds jammed the door. 군중이 문을 꽉 메웠다 // (~+圓+前+图) The hall was jammed with people. 홀은 사람으로 꽉 차 있었다 // He jammed all his clothes into a suitcase. 그는 옷가지를 모조리 수트케이스에 쑤셔 넣었다 // (~+圓+前+图) The road was jammed up with cars. 도로는 차가 밀려 옴짝달싹할 수가 없었다. **2** [손가락 따위를] 끼우다, 눌러 찌그러뜨리다. ¶ I get jammed 눌려 찌그러지다 // (~+圓+前+图) jam a finger in a machine 기계에 손가락을 물려 다치다. **3** [난폭하게, 힘껏] …을 밀다, 찌르다, 질러 넣다(on). ¶ (~+圓+前+图) jam a fist into a person's chest 주먹으로 남의 가슴을 내지르다 // (~+圓+圃) He jammed his hat on. 그는 힘껏 모자를 눌러썼다. **4** [기계 따위를] 일부가 걸려서] 움직이지 않게 하다, 고장나게 하다. ¶ A stray thread jammed the sewing machine. 재봉틀에 실이 감겨 움직이지 않게 되었다. **5** [무선] [가까운 주파수의 전파를 보내어] [방송·신호]를 방해하다. **6** 《美俗》 [모임 따위에서] 슬쩍 빠져 나오다, [수업 따위를] 빼먹다.
Quit jamming me 《口》 쓸데없이 참견 마.
― vi. **1** [기계 따위가] 걸리어 움직이지 않게 되다. **2** 좁은 곳에서] 밀고 당기고 하다, 확 들어서다, 억지로 끼어들다. ¶ (~+前+图) The crowd jammed into the room. 많은 사람들이 방에 꽉 들어섰다. **3** [재즈] 즉흥적으로 연주하다.
― n. **1** [꼼짝할 수 없을 정도의] 혼잡, 꽉 들어참, 서로 밀고 당김, 잡답(雜踏). ¶ a traffic jam 교통의 혼잡. **2** [기계의] 고장. **3** 《美口》 곤란, 궁지. ◇ PREDICAMENT 類語 ¶ get into a jam 궁지에 빠지다. **4** =jam session.
jam² [dʒæm] n. ⓤ (종류는 ⓒ) **1** 잼. ¶ strawberry jam 딸기잼 / spread jam on a slice of bread 빵에 잼을 바르다. **2** 《英口》 기분좋은 것(편안한 일)(것). **3** 《美口》 레코드, [카세트] 테이프. ◇ **jámmy** adv.
Jam. 《略》 Jamaica.
Ja·mai·ca [dʒəméikə] n. 자메이카[서인도 제도 중의 섬, 자메이카 내의 독립국; 수도 Kingston].
Ja·mai·can [dʒəméikən] adj. 자메이카의; 자메이카 사람의. ― n. 자메이카 사람.
Jamáica rúm n. 《俗》 [입구·창·벽로 따위의 양편의] 설주, 옆기둥. ¶ a jamb post [문] 설주.
jam·ba·lay·a [dʒʌ̀mbəláiə] n. **1** 잠 발 라 야 [Creole 요리의 하나·새우·굴·굴·조개 따위가 든 밥]. **2** 뒤범벅.

jam·bo·ree [dʒæ̀mbərí:] n. **1** 《口》 명랑한 잔치, 떠들썩한 놀이판. **2** Boy Scouts의 대회, 잼버리. cf. camporee
James [dʒeimz] n. **1** [성서] (=**Jámes the Gréater**) 사도 야고보[Zebedee의 아들, 사도 John의 형제]. **2** [성서] 야고보[그리스도의 형제. 신약 야고보서의 필자]. **3** [성서] (=**Jámes the Léss**) 사도 야고보[Alphaeus의 아들].
jam·ming [dʒǽmiŋ] n. 방해 전파[적성 국가의 방송을 듣지 못하도록 내보내는 전파].
Jám·mu and Káshmir [dʒʌ́mu:-] n. 자무캐시미르 [인도와 파키스탄에 인접한 땅].
jam·my [dʒǽmi] adj. (**-mi·er, -mi·est**) **1** 잼이 묻어 (묻은 것처럼) 끈적(진득)거리는(sticky). **2** 《英》 기분좋은, 편안한.
jam-pack [dʒǽmpǽk] vt. …에 꽉 채워넣다, …을 가득 채우다.
jam-packed [dʒǽmpǽkt] adj. 《美口》 빽빽이 들어찬, 초만원의, 혼잡한. [영 쨈츠
jams [dʒæmz] n. pl. **1** =pajamas. **2** 파자마 같은 것
jám séssion n. 잼세션[즉흥 재즈 연주회].
*****Jan.** 《略》 January. [n. 국영 통신사].
JANA, Jana 《略》 *J*amahiriya *N*ews *A*gency(리비
Ja·na·ta [dʒənɑ́:tə] n. [인도의] 인민당.
jane [dʒein] n. 《美俗》 여자(woman), 소녀(girl).
jan·gle [dʒǽŋgl] v. (**-gled, -gling**) vi. **1** 땡랑땡랑 울리다. ¶ a jangling noise 땡랑땡랑하는 소리. **2** 말다툼하다(wrangle). ― vt. **1** …을 땡랑땡랑 울리다. ¶ The child jangled the used cans. 아이는 빈 깡통을 땡랑땡랑 울렸다. **2** …을 산란하게 하다. ¶ jangle the nerves 신경을 곤두서게 하다. ― n. **1** 음조가 맞지 않는 소리, 땡땡 울리는 소음. **2** 싸움, 말다툼.
Jan·glish [dʒǽŋgliʃ] n. =Japlish.
Jan·is·sar·y [dʒǽnisèri/-səri], **-i·zar·y** [-izèri/-zəri] n. (pl. **-sar·ies, -zar·ies** [-ri:z]) **1** 터키왕의 근위 보병. **2** [일반적으로] 터키 병사.
jan·i·tor [dʒǽnitər] n. **1** 《美》 [아파트·빌딩 따위의] 관리인, [건물의] 소사(小使). **2** 문지기, 수위. ◇ **janitórial** adj.
jan·i·tress [dʒǽnitris] n. janitor **1**의 여성형.
Jan·i·zar·y [dʒǽnizèri / -zəri] n. (pl. **-zar·ies** [-ri:z]) =Janissary.
Jan·sen·ism [dʒǽns(ə)nìz(ə)m] n. ⓤ 얀센주의. [<네덜란드 신학자 Cornelis Jansen(1585-1638)의 이름]
Jan·sen·ist [dʒǽns(ə)nist] n. 얀센파의 사람.
Jan·u·ar·y [dʒǽnjuèri / -əri] n. 1월(略 Jan., Ja.) [<L Jānuārius [mensis] [month] of Janus 양면신(兩面神) 야누스의 달; 동계어 Janus]
Ja·nus [dʒéinəs] n. [로마 신화] 야누스신[앞뒤가 다른 두 얼굴을 가진 문의 수호신이며, 또 사물의 시작과 끝을 맡음].
Ja·nus-faced [dʒéinəsfèist] adj. **1** [Janus와 같이] 얼굴이 둘 있는. **2** 두 마음을 가진, 사람을 속이는(deceiving).
Jap [dʒæp] n. 《경멸적》 =Japanese.
Jap., Jap 《略》 Japanese.
ja·pan [dʒəpǽn, +美 dʒæ-] n. ⓤ **1** 옻(lacquer). **2** 칠기, 옻칠. **3** 일본식 자개 세공. ¶ a japan table 옻칠한 책상 / japan ware 칠기. ― vt. (**-panned, -pan·ning**) …에 옻칠을 하다, 검은 윤이 나게 하다.
*****Ja·pan** [dʒəpǽn, +美 dʒæ-] n. 일본.
◇ Japanése adj., n., Jápanize v.
Japán Áir Línes n. 일본 항공[略 JAL].
Ja·pan-bash·ing [dʒəpǽnbæ̀ʃiŋ] n. 일본을 골탕먹이기, 일본 배격[미일(美日) 무역 마찰로 인한 미국의 강경한 태도].
Japán bláck n. ⓤ 일본 흑(黑漆). [흑조(黑潮).
Japán Cúrrent (Stréam) n. (the ~)일본 해류,
*****Jap·a·nese** [dʒæ̀pəní:z, -ˊ-ˋ, -ˊ-ˊ] adj. 일본의; 일본인의, 일본어의. ¶ a Japanese garden 일본식 정원. ― n. (pl. **-nese**) **1** 일본인. ¶ the Japanese 일본인

전체 / a *Japanese* 한 사람의 일본인 / many *Japanese* 많은 일본인. **2** ⓤ 일본어, 일어. ¶ speak good *Japanese* 일본어를 잘하는다. ◇ Japán *n*.
Japanése beetle *n.* 알롱풍이[녹색과 갈색의 풍뎅이. 1916년경 일본에서 미국으로 건너가 과수의 잎을 해침].
Japanése cédar *n.* 삼나무.
Japán Inc.《구어》일본 주식회사〔정부와 업계가 일체가 되어 대외 경제 정책을 펴고 있는 데서〕.
Japanése ísingláss *n.* ⓤ 한천(寒天), 우무.
Japanése ívy *n.* 담쟁이덩쿨.
Japanése níghtingále *n.* 휘파람새.
Japanése persímmon *n.* 감; 감나무.
Japanése prínt *n.* 일본의 목판화[특히 풍속화].
Japanése quínce *n.* 산당화(山棠花).
Japanése róse *n.* 쩔레나무.
Jap·a·nesque [dʒæpənésk] *adj.* 일본식(풍)의.
Ja·pan·ism [dʒǽpəniz(ə)m] *n.* **1** 일본 심취(애호). **2** 일본적 기풍, 일본인 기질. [본화.
Jap·a·ni·za·tion [dʒæpənizéi(ʃ)ən / -naiz-] *n.* 일
Jap·a·nize [dʒǽpənàiz] *vt.* (**-nized, -niz·ing**) ···을 일본화하다, 일본식으로 하다. ¶ a *Japanized* American 일본화한 미국인.
Japano- Japan 의 뜻의 연결형. 예: the *Japano*-Russian War (노일 전쟁).
Jap·a·nol·o·gy [dʒæpənɑ́lədʒi / -nɔ́l-] *n.* ⓤ 일본학.
Ja·pan·o·phile [dʒəpǽno(u)fàil] *n.* 친일가, 일본을 좋아하는 사람.
Japán wáx (tállow) *n.* ⓤ 목랍(木蠟).
jape [dʒeip] *v.* (**japed, jap·ing**) *vi.* 농담하다. — *vt.* ···을 놀리다, 조롱하다. — *n.* 농담, 조롱; 장난.
jap·er·y [dʒéip(ə)ri] *n.* ⓤ 농담; 야바위; 장난.
Já·pheth [dʒéifiθ / -feθ] *n.* 〔성서〕야벳[Noah의 세째 아들, 유럽인의 시조](Gen.) 5 : 32).
Ja·phet·ic [dʒəfétik, dʒei-] *adj.* **1** 야벳(Japheth)의. **2** 〔언어〕야벳어(系)의, 아리아계의.
Jap·lish [dʒǽpliʃ] *n.* ⓤ《경멸적》일본식 영어, 일제(日製) 영어. [의 물건].
ja·po·nai·se·rie [ʒapɔːnezɾíː] *n.*《프랑스》일본식
ja·pon·i·ca [dʒəpɑ́nikə / -pɔ́n-] *n.* **1** 동 백 나 무 (camellia). **2** =Japanese quince.
Jap·o·nism [dʒǽpəniz(ə)m] *n.* =Japanism.
‡**jar**¹ [dʒɑːr] *n.* **1** 아가리가 넓은 병, 항아리, 단지. ¶ a honey *jar* 꿀단지. **2** 한 병(단지)의 양(jarful). ¶ a *jar* of pickles 한 병의 피클.
*jar² [dʒɑːr] *v.* (**jarred, jar·ring**) *vi.* **1** 〔삐걱삐걱·끼이끼이〕소리내다, 〔귀에 거슬리는〕불쾌한 소리를 내다. ¶ The brakes *jarred*. 브레이크가 날카로운 소리를 냈다 /(~+圖+图) The nail *jarred against* the window. 못이 창문에 긁혀 날카로운 소리를 냈다. **2**〔사람의 귀·신경 등에〕불쾌감을 주다. (~+圖+图) His loud laugh *jarred on* (*upon*) my ears (nerves). 그의 큰 웃음소리는 내 귀(신경)에 거슬렸다. **3** 덜컹덜컹 흔들리다 (rattle); 진동하다, 요동하다. ¶ The window *jarred*. 창문이 덜컹컹 소리를 냈다. **4** 〔의견·행동 따위가〕충돌하다, 맞지 않다; 달라들어다. ¶ (~+圖+图) Your ideas *jar with* mine. 네 생각과 내 생각이 맞지 않는다. — *vt.* **1** ···을 〔삐걱삐걱〕 소리나게 하다, 귀에 거슬리는 소리를 내게 하다. **2** ···을 〔덜컹덜컹〕 진동시키다. ¶ The strong gusts *jarred* the houses. 강한 돌풍이 집들을 덜컹거렸다. **3** 〔사람의 감정·신경 따위에〕불쾌감을 주다; 〔충격 따위로〕 깜짝 놀라게 하다. ¶ The news of the accident *jarred* them. 사고 소식을 그들은 가슴이 덜컥 내려앉았다.
— *n.* **1** 삐걱거리는 소리, 불쾌한 소리, 〔귀에 거슬리는〕잡음. **2** 불쾌한 진동, 충격. ¶ I felt a *jar* to my spine. 등뼈에 충격을 느꼈다. **3** 〔정신·정신心에의〕 거스름, 충격(shock). ¶ The bad news was a *jar* to me. 그 나쁜 소식에 나는 흠칫했다. **4**〔의견 등의〕충돌, 불화(discord), 다툼(strife). ¶ be at [a] *jar* 사이

가 나빠져 있다.
jar³ [dʒɑːr] *n.*《고어》〔문 따위의〕회전(swinging). ✴ **on** [**a** (or **the**)] **jar**〔문이〕조금 숙이로만 쓰이다.
jar·di·niere [dʒɑ̀ːrd(i)níər / ʒɑ̀ːdinjéə] *n.* 장식용 화분, 화분대.
jar·ful [dʒɑ́ːrful] *n.* 병〔단지〕가득〔한 양〕.
jar·gon¹ [dʒɑ́ːrɡɑn, +美 -ɡən] *n.* **1** ⓤⓒ〔특수한 직업·집단 따위의 사람에게 쓰는〕특수 용어, 변말, 곁말, 은어. ¶ journalistic *jargon* 언론계 용어. **2** ⓤ 뜻을 알 수 없는 말, 횡설수설(gibberish). ¶ talk *jargon* 무슨 소린지 알 수 없는 말을 하다. **3** ⓤ 조잡한 혼합어; 사투리. **4** ⓤ〔새의〕지저귐. — *vi.* 알아듣을 수 없는 말을 하다.
jar·gon² [dʒɑ́ːrɡɑn / -ɡən], **-goon** [-ɡúːn] *n.* ⓤ〔광물〕자곤〔지르콘(zircon)의 일종〕.
jar·go·naut [dʒɑ́ːrɡənɔ̀ːt] *n.*《익살》전문 용어 (jargon)를 필요 이상으로 많이 쓰는 사람. [< JARGO[N] + ARGO[NAUT]]
jar·go·nelle [dʒɑ̀ːrɡənél] *n.* 올배의 일종.
jar·gon·ize [dʒɑ́ːrɡənàiz] *v.* (**-ized, -iz·ing**) *vi.* 알아들을 수 없는 말로 이야기하다(쓰다). — *vt.* **1** ···을 전문어(은어)로 바꿔 말하다. **2** ···을 전문어(은어)로 나타내다. [長].
jarl [jɑːrl] *n.* 〔역사〕〔스칸디나비아의〕 수령, 귀족(族
ja·ro·vize, iar-, yar- [jɑ́ːrəvàiz] *vt.* (**-vized, -viz·ing**) =vernalize.
jár·ring [dʒɑ́ːriŋ] *n.* ⓤⓒ **1** 삐걱거림. **2** 진동, 충격. **3** 충돌, 알력, 불화, 부조화. — *adj.* **1** 삐걱거리, 끼이끼이 하는, 귀에 거슬리는. **2** 조화되지 않은, 불화의, 알력의. **-·ly** *adv.*
jár·vey [dʒɑ́ːrvi] *n.*《아일》**1** 경 (輕) 2 륜 마차의 마부. **2** 세내 마차의 마부(hackney coachman).
Jas.《略》James.
ja·sey [dʒéizi] *n.*《英구어》〔털실로 만든〕가발(wig).
jás·mine, jés·sa·mine [dʒǽzmin / dʒǽs-], **jes·sa·mine** *n.* 재스민. **2** ⓤ 재스민 향수; 향기; 엷은 청황색.
Ja·son [dʒéisn] *n.* 〔그리스 신화〕이아손〔아르고 선대(船隊)(Argonauts)를 이끌고 Colchis 국으로 가서 금빛 양털(Golden Fleece)을 획득한 영웅〕.
jas·per [dʒǽspər] *n.* ⓤ〔광물〕 벽옥(碧玉), 재스퍼.
Jat [dʒɑt, +美 dʒæt] *n.* 〔인도의〕자트족(族).
Ja·ta·ka [dʒɑ́ːtəkə] *n.* 〔불교〕자타카, 본생경(本生經), 강생경(降生經)〔석가의 전생(前生) 이야기를 모은 것〕. [<Skt]
ja·to [dʒéitou] *n.* ⓤⓒ (*pl.* **-tos**)〔항공〕분사식 이륙 (jato unit 의 보조에 의한 이륙).
[<J[ET] -A[SSISTED] -T[AKE] -O[FF]]
játo únit *n.* 〔항공〕이륙 보조 로켓.
jaun·dice [dʒɔ́ːndis, +美 dʒɑ́ːn-] *n.* **1**〔병리〕황달(icterus). **2**〔질투·시기 따위에 의한〕비뚤어짐, 편견. — *vt.* (**-diced, -dic·ing**) **1**〔사람을〕황달에 걸리게 하다. **2**〔사람에게〕편견을 갖게 하다; ···을 비뚤어지게 하다. ¶ His circumstances *jaundiced* his view of life. 환경이 그의 인생관을 비뚤어지게 했다.
jaun·diced [dʒɔ́ːndist, +美 dʒɑ́ːn-] *adj.* **1** 황달에 걸린. **2** 〔질투 따위로〕 비뚤어진, 편견을 가진. ¶ take a *jaundiced* view of ···에 대해서 비뚤어진 견해를 가지다.
jaunt [dʒɔːnt, +美 dʒɑːnt] *vi.* 소풍〔들놀이〕을 가다.
— *n.* 소풍, 들놀이. ⇒ TRIP 類語
jáunt·ing cár *n.* 〔아일랜드의〕경쾌한 4 인승 2 륜 마차〔승객은 등을 서로 돌리고 탄다〕.
jaun·ty [dʒɔ́ːnti, +美 dʒɑ́ːn-] *adj.* (**-ti·er, -ti·est**) **1** 명랑한, 쾌활한. ¶ walk with *jaunty* step 경쾌한 걸음걸이로 걷다. **2** 멋부리는, 말쑥한, 멋진. ¶ a *jaunty* hat 멋들어진 모자. **-ti·ly** *adv.* **-ti·ness** *n.*
Jav.《略》Javanese.
*__**Ja·va** [dʒɑ́ːvə, dʒǽvə] *n.* **1** 자바섬〔인도네시아 공화

Java man *n.* 자바 원인(原人), 피테칸트로푸스 에렉투스[1891년 Java 섬에서 발견된 화석 인류].

Ja·van [dʒɑ́ːvən / dʒɑ́ːvɑːn] *adj.* 자바의. ── *n.* (*pl.* Javan) 자바[토]인(Javanese).

Jav·a·nese [dʒæ̀vəníːz / dʒɑ̀ːv-] *adj.* 자바섬의; 자바섬 사람(말)의. ── *n.* (*pl.* -nese) 1 자바섬 사람. 2 ◎ Javanese *adj.*, *n.*

Java sparrow *n.* 문조(文鳥). │ ⓤ 자바어.

*****jave·lin** [dʒǽv(ə)lin] *n.* 1 던지는 창. 2 (=**jávelin thròw**) ⓤ 《경기》 투창.

Ja·vel (Ja·velle) water [ʒəvél-] *n.* ⓤ 《화학》 자벨수(水) [차아염소산칼륨과 염화칼슘의 혼합 수용액. 표백·살균용].

‡**jaw** [dʒɔː] *n.* 1 턱 (mandible, maxilla). *cf.* chin │ the upper (the lower) *jaw* 위(아래) 턱. 2 (~) 입부분[위아래 턱·이 따위를 포함함]. 3 (~s) 턱 모양의 것; [골짜기 따위의] 좁은 입구; [바이스 따위에] 끼우는 부분. ¶ the *jaws* of a vise 바이스의 턱. 4 《속어》 수다, 잔소리, 욕. ¶ Hold your *jaw*! 입 닥쳐!

into (*out of*) *the jaws of death* 사지(死地)에 빠져서(사지를 벗어나).

── *vi.* 《속어》 1 지껄이다(talk), 수다떨다(jabber). 2 꾸짖다, 잔소리하다. ── *vt.* 《속어》…을 꾸짖다, …에게 잔소리하다(scold).

Ja·wan [dʒəwɑ́ːn] *n.* 인도군의 병졸, 인도병.

jaw·bone [dʒɔ́ːbòun] *n.* 1 턱뼈, 악골. *cf.* maxilla, mandible 2 《특히》 하악골. 3 《속어》 신용(credit) 하다. ── *vt.* (**-boned, -bon·ing**) 《속어》…을 강력히 설득하다.

jaw·bon·ing [dʒɔ́ːbòuniŋ] *n.* ⓤ 《美속어》 유력자에 의한 경제·노동 관계의 강력한 설득.

jaw·break·er [dʒɔ́ːbrèikər] *n.* 1 《구어》 발음하기 어려운 말. 2 딱딱한 캔디(hard candy). 3 광석 파쇄기.

jaw·break·ing [dʒɔ́ːbrèikiŋ] *adj.* 《구어》 발음하기 어려운 [chamber of commerce].

jaw-jaw [dʒɔ́ːdʒɔ́ː] *n.* 《英속어》 ⓤ 긴 논의(토론). ── *vi.* 길게 이야기하다.

*****jay** [dʒei] *n.* 1 어치류(類)의 새. 2 잘 지껄이는(수다스러운) 사람. 3 《구어》 잘 속는 사람, 바보, 얼간이 (simpleton). [chamber of commerce].

jay·cee [dʒéisíː] *n.* 청년 상공 회의소 회원(junior chamber of commerce).

jay·gee [dʒéidʒíː] *n.* 《美》 중위(lieutenant junior grade). *cf.* lieutenant

Jay·hawk·er [dʒéihɔ̀ːkər] *n.* 1 Kansas 주 주민의 별명. 2 (때로 j-) 약탈자[특히 남북 전쟁 당시 Kansas, Missouri 그 밖의 주에서 약탈을 자행한 게릴라대].

jay·vee [dʒéivíː] *n.* 《美속어》 대학 운동부의 보결 팀 (junior varsity), 《보통 ~s》 그 선수.

jay·walk [dʒéiwɔ̀ːk] *vi.* 《美속어》 교통 규칙(신호)을 무시하고 도로를 횡단하다.

jay·walk·er [dʒéiwɔ̀ːkər] *n.* 《美속어》 교통 신호(규칙)를 무시하는 도로 횡단자.

‡**jazz** [dʒæz] *n.* ⓤ 1 재즈(음악). 2 재즈 춤. 3 《美속어》 활발 (liveliness), 활기 (spirit); 흥분, 열광 (enthusiasm), 광란. 4 《美속어》 과장, 허튼 소리, 허풍. ── *adj.* 재즈의, 재즈적인, 재즈식의. ¶ a *jazz* band 재즈 밴드 / a *jazz* dance 재즈 춤 / a *jazz* song 재즈 노래. ── *vt.* 1 …을 재즈식으로 연주(편곡)하다(...*up*). 2 《美속어》…의 활기를 돋우다, 흥분시키다(...*up*). ── *vi.* 1 재즈에 맞추어 춤추다. 2 재즈를 연주하다. 3 《美속어》 흥분하다, 떠들다, 신바람 나 하다. ◇ **jázzy** *adj.*

and all that jazz 《속어》 …따위, 등등. ¶ I played baseball, tennis, golf, *and all that jazz*. 나는 야구, 테니스, 골프 따위를 즐겼다.

[<미국의 흑인어 *jass* (Congo 의 춤)]

jazz·er·cise [dʒǽzərsàiz] *n.* 《美》 재즈 댄스의 일종[재즈 음악에 맞추어 추는 에어로빅보다 자유롭고 격렬한 춤].

jazz·man [dʒǽzmæ̀n] *n.* (*pl.* **-men** [-mèn]) 재즈 연주가.

jaz·zo·thèque [dʒǽzətèk] *n.* 생연주의 재즈와 레코드 음악이 있는 나이트 클럽. [<*jazz*+*disc*o*thèque*]

jazz-rock [dʒǽzràk / -rɔ̀k] *n.* ⓤ 재즈록[재즈 연주의 록 음악].

jazz·y [dʒǽzi] *adj.* (**jazz·i·er, jazz·i·est**) 《美속어》 재즈적인; 광란적인, 활발한. **jázz·i·ly** *adv.* **jázz·i·ness** *n.*

J.C. 《略》 Jesus Christ; Julius Caesar; Jurisconsult.

JCAE 《略》 Joint Committee on Atomic Energy([미] 국 상하 양원의) 원자력 합동 위원회), 《공》 회의소).

J.C.C. 《略》 Junior Chamber of Commerce (청년 상공 회의소).

J.C.D. 《라틴》 *Juris Canonici Doctor* (=Doctor of Canon Law) (교회법 박사); *Juris Civilis Doctor* (=Doctor of Civil Law) (민법 박사).

JCI 《略》 Junior Chamber International (국제 청년 회의소[40세 이하의 경제인의 친목 단체]).

JCL 《略》 《컴퓨터》 *job control language* (job 제어 언어).

J.C.S. 《略》 joint chiefs of staff.

jct., jctn. 《略》 junction.

JD 《略》 *juvenile delinquency* (청소년 범죄); *juvenile delinquent* (비행 청소년).

J.D. 《略》 Doctor of Jurisprudence; 《라틴》 *Jurum Doctor* (=Doctor of Laws).

JDL, J.D.L. 《略》 Jewish Defence League (유대인 방위 연맹; 유대인의 우익 과격파 조직).

Je. June.

‡**jeal·ous** [dʒéləs] *adj.* 1 시샘하는, 시기하는 (*of*...); 질투심 많은, 강새암하는, 질투심 내는. ¶ a *jealous* husband 투기심 많은 남편 / a *jealous* spite 질투심에서 나온 앙심 / He is *jealous* because I got the prize. 내가 상을 받았기 때문에 그는 시기하고 있다 // He is *jealous* of his rival. 그는 경쟁 상대를 시기하고 있다. 2 (잃지[빼앗기지] 않으려고) 방심하지 않는(vigilant), [의심할 정도로] 조심하는(watchful) (*of*...). ¶ keep a *jealous* eye on …을 방심하지 않고 경계하다 // a man *jealous* of his reputation 명성을 잃지 않으려고 신경을 쓰는 남자. 3 《성서》 [신에 대해] 절대적인 예배와 사랑을 구하는. ¶ I the Lord the God is a *jealous* God. 나 여호와 너의 하나님은 질투하는 하나님이니라 《하나움금기》 (Exod.) 20:3-5). **~·ly** *adv.* **~·ness** *n.* ◇ **jéalousy** *n.*

*****jeal·ous·ly** [dʒéləsli] *adv.* 1 시기하여, 질투하여. 2 방심하지 않고.

*****jeal·ous·y** [dʒéləsi] *n.* (*pl.* **-ous·ies**) 1 ⓤⓒ 질투, 시기, 새암, 투기. ¶ *jealousies* and quarrels 질투와 싸움. 2 ⓤ 빈틈없는 경계(배려). ◇ **jéalous** *adj.*

*****jean** [dʒiːn, +英 dʒein] *n.* 1 ⓤ (종종 ~s) 진즈, [올이 가늘고 질긴) 능직(綾織) 무명. 2 (~s) 진즈제 의류 [바지·작업복 따위]. 진바지. 3 (~s) 《美속어》 《일반적으로》 바지(trousers).

jed·gar [dʒédɡər] *n.* 《美속어》 역(逆) 스파이 프로그램 [자기의 단말기(端末機)에 있는 데이터가 남에게 읽혀지고 있음을 알리는 프로그램]. [<FBI 의 국장이었던 J. Edgar Hoover 의 이름]

jee [dʒiː] *interj.* = gee³. [소형 자동차].

jeep [dʒiːp] *n.* 지프; (J-) 그 상표명[4륜 구동의 강력한 소형 자동차].

jéep càrrier [dʒiːp] *n.* 《美해군》 대잠수함 호위 항공 모함.

jee·pers [dʒíːpərz] *interj.* 《美속어》 =gee.

*****jeer¹** [dʒiər] *vi.* 조소하다, 야유하다, 비양거리다, 비웃다(mock) (*at*...). ¶ (~+團+名) *jeer at* a person's idea 남의 생각을 비웃다. ── *vt.* …을 조소하다, 야유하다, 조롱하다, 놀리다(scoff at). ¶ Don't *jeer* the losing team. 지고 있는 팀을 놀리지 마라 // (~+目+團) They *jeered* me *out*. 그들은 나를 우습게 보고 밖에서 내쫓았다. ── *n.* 조롱, 비양거림, 조소, 야유(taunt). ¶ the *jeers* from the spectators 구경꾼들의 야유.

jeer² [dʒiər] *n.* 〔항해〕 (종종 ~s) 아래쪽 활대를 오르

jeerer

내리게 하는 복활차.
jeer·er [dʒí(:)rər] n. 비웃는 (야유하는) 사람.
jeer·ing·ly [dʒí(:)riŋli / dʒíər-] adv. 조롱조로, 깔보고, 야유하여 (derisively).
jeez [dʒi:z] interj. 《속어》제기랄!, 빌어먹을!
Jéf·fer·son Cíty [dʒéfərsn-] n. 미국 Missouri 주의 주도(州都).
Jef·fer·so·ni·an [dʒèfərsóuniən] adj. 제퍼슨적인(식의), 민주주의적인. ── n. 제퍼슨 숭배자. 〔《미국의 정치가 · 제3대 대통령 Thomas Jefferson(1743-1826)의
je·had [dʒihá:d] n. =jihad.
Je·hosh·a·phat [dʒihɑ́ʃəfæt, -hás- / -hɔ́ʃ-] n. 《성서》여호사밧〔기원전 9 세기의 유다 왕. ←열왕기(상) (1 Kings) 22 : 41-50〕.
*__Je·ho·vah__ [dʒihóuvə] n. 여호와《구약 성서의 신의 이름 Yahweh 을 잘못 읽은 호칭》. cf. Yahweh
Jehóvah's Wítness n. 여호와의 증인《watch tower》《기독교의 한 종파》.
Je·ho·vist [dʒihóuvist] n. =Yahwist.
Je·hu [dʒí:hju:] n. 1 《성서》예후〔기원전 9 세기의 이스라엘 왕, 난폭한 전차(戰車) 운전자. ←열왕기(하) (2 Kings) 9〕. 2 (j-)《익살》난폭하게 모는 운전사(마부). 3 (j-)《속어》운전자, 마부.
je·june [dʒidʒú:n] adj. 1 《영양》결핍된, 빈약한; 〔토지가〕메마른, 불모의. ¶ *jejune* food 영양가가 낮은 음식. 2 무미건조한, 재미없는. ¶ a *jejune* story 재미없는 이야기. ── **·ly** adv. ── **·ness** n.
je·ju·nec·to·my [dʒidʒu:néktəmi] n. Ⓤ Ⓒ (pl. -mies) 《의학》공장(空腸) 절제.
je·ju·ni·ty [dʒidʒú:*niti] n. Ⓤ 빈약함; 무미 건조.
je·ju·num [dʒidʒú:*nəm] n. (pl. -na [-nə]) 《해부》공장(空腸).
Jé·kyll and Hýde [dʒí:kil-, dʒékil-/dʒí:kil-, dʒékil-] n. 이중 인격자. 〔《R. L. Stevenson 의 소설 *Dr. Jekyll and Mr. Hyde*(1886)의 주인공 이름〕
jell [dʒel] vi. 1 젤리 모양으로 되다. 2 《방침 · 생각 따위가》굳어지다. ¶ Our plans haven't *jelled* yet. 우리의 계획은 아직 확정되어 있지 않다. ── vt. 1 ···을 젤리 모양으로 만들다. 2 《방침 따위》를 굳히다. ── n. Ⓤ 젤리 (jelly).
jel·lied [dʒélid] adj. 젤리 모양으로 된, 젤리를 바른.
jel·li·fy [dʒélifài] vt., vi. (-fied, -fy·ing) 젤리로 만들다(되다), 젤리 모양으로 하다(되다).
Jell-O [dʒélou] n. 《상표명》젤리 과자의 일종.
†**jel·ly** [dʒéli] n. (pl. -lies) n. 1 Ⓤ Ⓒ 젤리, 한천, 우무; Ⓤ Ⓒ 젤리〔과자, 요리〕. 2 Ⓤ Ⓒ 젤리 모양의 것. 〔*beat a person to* (or *into*) *jelly* 남을 호되게 때려 주다.── vt., vi. (-lied, -ly·ing) 젤리 〔모양〕으로 만들다(되다). ◇ **jell** v., **jéllylike** adj.
jélly bàg n. 젤리 받는 주머니 〔자〕.
jel·ly·bean [dʒélibì:n] n. 젤리빈《콩 모양의 젤리 과자》.
*__jélly·fìsh__ [dʒélifìʃ] n. (pl. -**fish** or -**fish·es**) 1 해파리(medusa). 2 《구어》의지가 박약한 사람. 〔스물.
jélly ròll n. 젤리 롤《젤리가 든 카스텔라 롤》, 스위
jem·a·dar [dʒémədɑ̀:*r*] n. (인도) 1 공무원, 2 고용인(하인)의 우두머리. 3 토민병(土民兵) (sepoy)의 장교.
je·mi·mas [dʒimáiməz] n. pl.《英구어》목이 긴 고무 [신.
jem·my [dʒémi] n. (pl. **-mies**) 1 =jimmy. 2 《속어》오버, 외투. 3 《요리용》양의 머리. ── vt. (-mied, -my·ing) =jimmy.
Jéna glàss [jeinə-] n. Ⓤ 예나 유리《독일의 예나에서 만든 붕소(硼素)와 아연 따위를 함유하는 유리》.
je ne sais quoi [F ʒə nə se kwɑ] 《F구어》(= I don't know what) 형언하기 어려운 것(일), 설명 곤란한 것(일).
Jen·ghis Khan [dʒéŋgis kɑ́:n, dʒéŋgis-] n. = Genghis Khan. [Khan.
Jen·ghiz Khan [dʒéŋgiz-, dʒéŋgis-] n. = Genghis

jerry

jen·net [dʒénit] n. 1 《스페인종의》조랑말. 2 당나귀의 암컷.
jen·net·ing [dʒénitiŋ] n. 제넷종의 조생종 사과.
jen·ny [dʒéni] n. (pl. -**nies**) 1 방적기 (spinning jenny). 2 이동식 기중기. 3 《당나귀 · 새 따위의》암컷; 〔특히〕당나귀의 암컷 (jenny ass). cf. jackass
jeop·ard [dʒépərd] vt. = jeopardize.
jeop·ard·ize [dʒépərdàiz] vt. (* 《英》에서는 **jeop·ard·ise** 로도 쓴다) (**-ized, -iz·ing**) ···을 위험에 빠뜨리다. ¶ He *jeopardized* his life to save his friend. 그는 친구를 구하기 위해 목숨을 걸었다.
jeop·ard·ous [dʒépərdəs] adj. 위험한 (risky).
jeop·ard·y [dʒépərdi] n. Ⓤ 위험, 위난. ⇒ DANGER 〔類語〕¶ The ship was in *jeopardy* of being wrecked. 배는 파선의 위험에 빠져 있었다.
Jeph·thah [dʒéfθə] n. 《성서》입다〔이스라엘의 사사 (士師). ←사사기 (Judg.) 11, 12〕.
Jer. (略) Jeremiah; Jersey; Jerusalem.
jer·bo·a [dʒə*r*bóuə / dʒɔ:-] n. 날쥐《북아프리카 · 아시아산 (産). 뒷다리가 발달하여 잘 뛴다》.
je·reed [dʒirí:d] n. 〔아라비아 · 페르시아 등지에서 말을 타고 던지는 경기용 창.
jer·e·mi·ad [dʒèrimáiəd, -æd] n. 비탄, 한탄 (lamentation); 하소연.
Jer·e·mi·ah [dʒèrimáiə] n. 1 예레미야〔기원전 7세기의 이스라엘의 예언자〕. 2《구약 성서의》예레미야서 (書).
Jer·e·mi·as [dʒèrimáiəs] n. = Jeremiah.
Jer·i·cho [dʒérikòu] n. 여리고〔팔레스티나의 옛도시〕. *Go to Jericho!* 《속어》 없어져라!, 꺼져라!
je·rid [dʒirí:d / dʒe-] n. = jereed.
jerk[1] [dʒə:*r*k] n. 1 급격한 동작, 갑자기 힘껏 당기기 (찌르기, 비틀기). ¶ give a rope a *jerk* 밧줄을 홱 잡아당기다 / The fisherman pulled the fish with a *jerk*. 그 어부는 물고기를 홱 당겼다. 2 《근육의》경련, 쥑; (the ~s)《종교적 흥분 따위에 의한》안면 기의 발작적인 경련. 3《속어》멍청이, 얼간이, 바보. 4《역도》용상 (聳上), 저크. 5 (~s)《英구어》= physical jerks. ── vt. 1 《급격히》···을 홱 움직이다(당기다, 밀다, 찌르다, 비틀다, 던지다). ¶ He *jerked* the carpet *from* under my feet. 그는 내 발 밑의 융단을 홱 잡아당겼다. 2 《내던지듯이》···을 불쑥 말하다. ¶ (~+图+剾) He *jerked out* words. 그는 그 말들을 불쑥 했다. ── vi. 1 《갑자기》홱 움직이다, 덜컥거리며 움직이다 2 실룩실룩 움직이다, 쥐나다 (twitch). ¶ (~+剾) The train *jerked along*. 열차는 덜컥거리며 나아갔다. 2 내뱉듯이 말하다. 3《美구어》《소다수 판매장에서》판매원으로서 일하다.
jerk off 《美속어》자위 행위를 하다.
◇ **jérky** adj.
jerk[2] [dʒə:*r*k] vt. 《쇠고기 따위》를 길쭉하게 썰어 말리다. ── n. Ⓤ 육포 (肉脯), 〔특히〕말린 쇠고기〔보존용〕 (jerky).
jer·kin [dʒə́:*r*kin] n. 1 〔16-17세기에 남자가 입었던〕가죽 조끼, 저킨. 2《여성용》의 조끼.
jer·kin·head [dʒə́:*r*kinhèd] n. 《건축》상부를 일부 쳐 낸 듯한 꼴의 지붕.
jerk·wa·ter [dʒə́:*r*kwɔ̀:tə*r*, +美 -wàt-] 《美구어》 n. 지선 (支線)의 열차. ── adj. 1 지선의. 2 작은, 보잘 것없는, 하찮은. ¶ a *jerkwater* town 조그만 읍.
jerk·y[1] [dʒə́:*r*ki] adj. (**jerk·i·er, jerk·i·est**) 1 홱 움직이는, 덜컹덜컹 움직이는. 2 경련하는. ¶ a *jerky* movement 경련적인 동작. 3《속어》어리석은.
jerk·i·ly adv. **jerk·i·ness** n.
jerk·y[2] [dʒə́:*r*ki] n. Ⓤ《美》육포, 말린 고기 (jerk[2]).
Jer·o·bo·am [dʒèrəbóuəm] n. 1《성서》여로보암〔이스라엘의 초대 왕〕〔←열왕기(상) (1 Kings) 11, 12〕. 2 (j-) 보통의 8-12배 크기의 포도주병. 3《英》야구용 변기. 〔병사).
jer·ry[1] [dʒéri] n. (pl. -**ries**) 《보통 J-》《英》독일 사람

jer·ry² [dʒéri] *n.* (*pl.* **-ries**) 《英》 실내용 변기.

jer·ry³ [dʒéri] *adj.* (**-ri·er, -ri·est**) 《건축 속어》 날림으로 지은.

jer·ry-build [dʒéribìld] *vt.* (**-built, -build·ing**) **1** …을 날림으로 짓다. **2** 〖안(案)·조직 따위〗를 아무렇게나 만들어내다.

jer·ry-build·er [dʒéribìldər] *n.* 날림 공사 전문 목수〖물〗.

jer·ry-build·ing [dʒéribìldiŋ] *n.* Ⓤ 날림으로 지은 건물.

jer·ry-built [dʒéribìlt] *adj.* **1** 날림으로 지은, 급히 만든. **2** 〖안(案)·조직 따위〗 아무렇게나 만들어 낸.

jer·ry·can [dʒérikæn] *n.* 석유통.

jer·ry·man·der [dʒérimændər] *v., n.* 《英》 = gerrymander.

jérry shòp *n.* 《英》 싸구려 맥주집〖술집〗.

jer·sey [dʒə́ːrzi] *n.* (*pl.* **-seys**) **1** 〖선원·운동가 등이 입는 몸에 꼭 맞는〗 스웨터, 샤스. **2** 〖털실로 뜬〗 여자용 스웨터. **3** Ⓤ 저지〖모직 양복감〗. **4** (J-) 저지종(種) 〖젖소의 일종〗.

***Je·ru·sa·lem** [dʒərúːsələm] *n.* 예루살렘〖이스라엘의 수도〗, 고대 팔레스티나(Palestine)의 수도로 기독교도·유대교도·회교도의 성지. (¶ 그 땅의 식물).

Jerúsalem ártichòke *n.* 돼지감자〖뿌리 뚱딴지〗.

JES 《略》 *J*apan *E*ngineering *S*tandard(일본 기술 표준 규격).

Jes. 《略》 *Jes*us.

jess [dʒes] *n.* (*※* 《英》에서는 **jesse**로도 쓴다) 《보통 ~es》 〖매사냥에서 매의 발에 매는〗 젓갓. — *vt.* 〖매〗에 젓갓을 매다.

jes·sa·mine [dʒésəmin] *n.* = jasmine.

Jes·se [dʒési] *n.* 〖성서〗 이새〖다윗의 아버지〗. ←사무엘기(상) (1 Sam. 16).

Jésse wìndow *n.* Jesse 에서 Christ 에 이르는 계도(系圖)〖이새 계도〗를 새긴 유리창.

jest [dʒest] *n.* **1** 농담, 익살, 우스갯 소리. ⇒JOKE〖類語〗 ¶ break(*or* drop) a *jest* 농담하다, 익살을 부리다 / He said so half in *jest*, half in earnest. 그는 그런 말을 반 진담 반으로 그렇게 말했다. **2** 조롱, 야유(raillery), 희롱(sport). **3** 조롱거리, 웃음거리. ¶ be a standing *jest* 언제나 웃음거리가 되다 / make a *jest* of …을 조롱하다, 웃음거리로 삼다. — *vi.* **1** 농담을 하다, 장난으로 말하다. **2** 놀치다〖*with*…〗; 조롱하다 (jeer, banter); 야유하다(scoff). ¶ (~+圈+㓉) *jest* at a person 남을 조롱(야유)하다 / Don't *jest* with him. 그에게 농지거리를 해서는 못쓴다. — *vt.* …을 비웃다, 야유하다; 조롱하다 (ridicule).

jést·book [dʒéstbùk] *n.* 소화집(笑話集), 익살책.

jest·er [dʒéstər] *n.* **1** 농담하는 사람. **2** 〖특히 중세의 귀족·왕 등이 거느리던〗 어릿광대(clown).

jest·ing [dʒéstiŋ] *adj.* **1** 농담의, 농담을 좋아하는. **2** 시시한(trivial). ¶ It is no *jesting* matter. 농담이 아니다. — *n.* Ⓤ 익살, 희롱, 장난.

Je·su [dʒíːzuː, -suː / -zjuː] *n.* 《詩》 = Jesus.

Jes·u·it [dʒéʒuit, -zuː- / -zjuː-] *n.* **1** 예수회 수사(修士). **2** (j-) 《경멸적》 음모가, 궤변가.

Jes·u·it·ic [dʒèʒuítik, -zuː- / -zjuː-], **-i·cal** [-ik(ə)l] *adj.* **1** 예수회〖수사〗의(같은). **2** (j-) 음흉한, 교활한 (crafty). **-i·cal·ly** [-ikəli] *adv.*

Jes·u·it·ism [dʒéʒuitìzm, -zuː- / -zjuː-] *n.* **1** Ⓤ 예수회의 교리〖주의〗. **2** (종종 j-) = Jesuitry.

Jes·u·it·ry [dʒéʒuitri, -zuː- / -zjuː-] *n.* (종종 j-) 《경멸적》 **1** 궤변, 음모, 교활(craftiness), 속임수(casuistry). **2** = Jesuitism.

Jésuits' (**Jésuit**) **bàrk** *n.* 기나 껍질(cinchona) 〖말라리아 치료제인 키니네를 채취한다〗.

‡**Je·sus** [dʒíːzəs] *n.* 예수(4 B.C.?-A.D. 29?) 〖기독교의 창시자〗, Jesus Christ, Jesus of Nazareth. '구세주'의 뜻〗. — *interj.* 어머나!

Jésus Chríst *n., interj.* = Jesus.

Jésus frèak *n.* 《美》 가두 전도(街頭傳道)를 하는 기독교의 열광적 신자.

Jésus Mòvement *n.* (the ~) 《美》 젊은이의 열광적인 무교회파 기독교 운동.

Jésus Pèople *n. pl.* 《美》 열광적인 무교회파 기독교 운동에 종사하는 사람들.

‡**jet**¹ [dʒet] *n.* **1** 〖액체·가스 따위의〗 분출, 분사, 사출; 분출(분사)물. ¶ shoot a *jet* of water from a squirt 물총으로부터 물을 사출하다. **2** 분출구, 노즐(nozzle), 물뿜지(spout). ¶ a gas *jet* 가스등(燈)의 화구(火口). **3** = jet plane. **4** = jet engine. — *v.* (**jet·ted, jet·ting**) *vt.* …을 분출(분사) 하다(spout). — *vi.* **1** 분출하다, 뿜어나오다. **2** 〖제트 추진으로〗 움직이다(나아가다); 급속히 움직이다(나아가다); 제트기로 여행하다. ¶ (~+圈+㓉) He *jetted* to the Bahama Islands. 그는 제트기로 바하마 제도로 날아갔다. — *adj.* **1** 제트기의, 제트에 의한. ¶ a *jet* trip 제트기 여행. **2** 분출(분사)하는; 분사 추진되는.

jet² [dʒet] *n.* Ⓤ **1** 〖광물〗 흑옥(黑玉), 패갈탄(貝褐炭) 〖새까만 석탄〗. **2** 흑옥색, 칠흑(漆黑). — *adj.* **1** 흑옥(제)의. ¶ *jet* beads 흑옥제(製) 구슬. **2** 흑옥색의, 칠흑의.

JET 《略》 *J*oint *E*uropean *T*orus(EC 9개국이 공동개발한 Tokamak 형 핵융합 실험장치).

jét àge *n., adj.* 제트기 시대(의).

jét àirlìner *n.* 정기 제트 여객기.

jét àirplàne *n.* = jet plane.

jet-black [dʒétblæk] *adj.* 새까만, 칠흑의.

jet-borne [dʒétbòːrn / -bɔ̀ːn] *adj.* 제트기로 수송되는.

jét èngine (mòtor) *n.* 제트 엔진, 분사 추진 엔진.

jét fatígue (exhàustion) *n.* = jet lag.

jet-hop [dʒéthàp / -hɔ̀p] *vi.* 제트기로 여기저기 여행하다.

Jeth·ro [dʒéθrou] *n.* 이드로〖모세의 장인〗. ←출애굽기 (Exod.) 3 ; 1]

jét làg *n.* 제트기 피로〖제트기 여행의 시차에 의한 피로·신경과민 따위〗.

jet·lin·er [dʒétlàinər] *n.* 제트 여객기.

je·ton [dʒétn] *n.* 《프랑스》 전화용 동전.

jet·pack [dʒétpæ̀k] *n.* 등에 짊어지게 된 개인용 분사추진기.

‡**jét plàne** *n.* 제트기.

jét·pòrt [dʒétpɔ̀ːrt / -pɔ̀ːt] *n.* 제트기용 공항.

jét pówer *n.* Ⓤ 제트 동력.

jet-pro·pelled [dʒétprəpéld] *adj.* 제트 추진식의.

jét propúlsion *n.* Ⓤ 〖항공〗 제트 추진.

JETRO 《略》 *J*apan *E*xternal *T*rade *O*rganization (일본 무역 진흥회).

jet·sam [dʒétsəm] *n.* 〖해상 보험〗 투하(投荷) 〖조난 때 바다에 버린 짐〗; 버려진 물건;〖집합적〗 부랑자(flotsam).

jét sèt *n.* 제트족(族) 〖제트기로 날아다니는 부자들〗.

jét-sèt·ter [dʒétsèṭər] *n.* 제트족의 한 사람.

jét strèam *n.* 제트 기류; 로켓 엔진의 배기류(排氣流).

jét sýndrome *n.* 제트기 증후군(jet lag).

jet·ti·son [dʒéṭisn] *n.* Ⓤ 〖해상보험〗 = jetsam.〖비유적〗 포기. — *vt.* 〖배에서〗〖짐〗을 내던지다;〖무익한 것〗을 버리다.

jet·ton [dʒétn] *n.* 〖카드놀이 따위에서 득점을 세는 데 쓰이는〗 금속·상아 따위의 산가지(counter).

jet·ty¹ [dʒéti] *n.* (*pl.* **-ties**) **1** 방파제, 돌제(突堤). **2** 부두, 선창, 잔교(wharf, pier);〖잔교 보호용의〗 목조 구축물, 말막이. **3** 〖건축〗 돌출부.

jet·ty² [dʒéti] *adj.* (**-ti·er, -ti·est**) 흑옥의, 흑옥질의; 흑옥색의, 새까만.

jeu [F ʒø] *n.* (*pl.* **jeux** [ʒø]) 《프랑스》 (= play) **1** 놀이, 유희(diversion); 경기, 내기(game). **2** 연주; 연

jeu de mots [F ʒø də mo] *n.* (*pl.* **jeux d-** [ʒø-z-/ F ʒø-]) 《프랑스》 (= play of words) 익살, 재담(pun).

jeu d'es·prit [F ʒø dɛspri] *n.* (*pl.* **jeux d-** [ʒø-]) 《프랑스》 (= play of wit) 경구(警句), 재치있는 재담(witticism).

jeu·nesse do·rée [F ʒœnɛs dɔre] n. (the ~)《프랑스》(=gilded youth) 멋있고 돈많은 젊은 신사, 귀공자.

‡**Jew** [dʒuː] n. **1** (* 여성형은 **Jewess**) 유대인; 유대교도. **2** 욕심많은 사람; 수전노(miser); 고리 대금업자. ¶ [as] rich as a *Jew* 큰 부자인 / worth a *Jew's* eye 매우 가치 있는.
go to the Jews 고리 대금업자에게서 돈을 빌다.
— adj. 《경멸적》 유대인의(Jewish).
— vt. (j-) 《경멸적》 …을 속이다, 속여넘기다.
jew down 《미구어》 …의 값을 깎다.
◇ Jéwish adj.

Jew-bait·ing [dʒúːbèitiŋ] n. ⓤ 유대인 박해.

‡**jew·el** [dʒúːəl/dʒúəl, dʒuəl] n. **1** 〔잘라서 연마한〕 보석, 보옥(gem); 보석을 박은 장신구.
類義 jewel 보통 귀금속에 보석을 곁들인 장신구; gem 을 의미하기도 한다. gem precious stone 을 커트하여 연마한 것; 진주를 포함. precious stone 가공하지 않은 자연 그대로의 보석.
2 〔시계 따위의 베어링에 쓰이는 천연·인조의〕 보석. ¶ a watch [set] with 17 *jewels* 17석의 시계. **3** 소중한 사람(것); 지보(至寶), 드문 사람(물건). **4** 보석 비슷한 것 〔별·이슬 따위〕. — vt. (-eled, -el·ing;《英》 -elled, -el·ling)…을 보석으로 장식하다, …에 보석을 박다; 〔시계에〕 〔보석〕을 넣다 (* 보통 과거 분사형으로 쓴다). ¶ a *jeweled* crown 보석을 박은 왕관 / a *jeweled* watch 보석을 넣은 시계 // (~+前+名) the sky *jeweled with* stars 별이 총총한 하늘.

jéwel bòx (càse) n. 보석 상자.

*jew·el·er, 《英》 -el·ler [dʒúːələr/dʒúː(ː)ələ] n. 보석상, 귀금속상; 보석 세공인.

*jew·el·ry,《英》 -el·ler·y [dʒúːəlri/dʒúː(ː)əl-] n. ⓤ 〔특히 장신구로서의〕 보석류; 보석 귀금속 세공.

jew·el·weed [dʒúːəlwìːd] n. 북미산(產)의 봉선화의 일종(touch-me-not).

Jew·ess [dʒúː(ː)is] n. (Jew 의 여성형) 《종종 경멸적》

jew·fish [dʒúːfìʃ] n. (pl. **-fish** or **-fish·es**) 대서양 열대산(產)의 농어과(科)의 큰 물고기.

*Jew·ish [dʒúːiʃ] adj. 유대인의; 유대인식(특유)의, 유대인다운; 유대교의. — n. ⓤ 이디시어(語)(Yiddish). ~**·ly** adv. ~**·ness** n. ⓤ.

Jéwish cálendar n. 유대력(曆)〔천지창조의 해로서 3761 B.C.를 유대 기원으로 하여 기산(起算)한다〕.

Jéwish congregátions n. 유대 교회파.

Jew·ry [dʒúː(ː)ri/dʒúəri] n. (pl. **-ries**) **1** 〔집합적〕 유대 민족, 유대인; ¶ American *Jewry* 미국의 유대인. **2** 유대인 거리(ghetto), 유대인 사회. **3** 〔고어〕 유대 (Judea).

Jew's-ear [dʒúːzìər] n. 목이(木耳)버섯〔식용〕.

Jéw's (Jéws') hàrp n. 〔음악〕 구금(口琴) 〔입에 물고 손가락으로 퉁겨 소리내는 쇠틀 악기〕.

Jez·e·bel [dʒézəbèl / -bl] n. **1**〔성서〕이세벨(이스라엘왕 Ahab 의 아내. 희대(稀代)의 독부. =열왕기(상)(1 Kings) 16 : 31). **2** 악녀, 간부, 독부, (Jew's harp) 닳고먹은 여자. ¶ a painted *Jezebel* 화장을 짙게 한 악녀.

JFK, J.F.K. (略) *J*ohn *F*itzgerald *K*ennedy.

jg, j.g. (略) *j*unior *g*rade (《美해군》의).

jib[1] [dʒib] n. 《항해》 지브, 뱃머리의 삼각돛.
the cut of a person's jib 《구어》 옷차림, 풍채, 복장.
— vt., vi. (**jibbed, jib·bing**) 〔돛·활대 따위를〕 한쪽 뱃전에서 다른 쪽 뱃전으로 돌리다. [동이] 빙그르르 돌다.

jib[2] [dʒib] v. (**jibbed, jib·bing**) n. =jibe[1] 〔다.

jib[3] [dʒib] vi. (**jibbed, jib·bing**) 《주로 英》 **1** 〔말·마소 따위가〕 뒷걸음질치며 앞으로 나아가기를 싫어하다(거부하다), 갑자기 멈춰 서다(balk). **2** 움찔하다, 주저하다, 뒷걸음질치다(*at*, *on*…). ¶ (~+前+名) He *jibbed at* the stiff climb. 그는 등산길이 가팔라서 망설였다 / He *jibbed at* setting about the job. 그는 그 일을 시작할 엄두를 못내고 있었다. — n. 앞으로 나아가려고 하지 않는 말(동물). 〔것〕.

jib[4] [dʒib] n. 〔기계〕 지브〔기중기의 돌출된 팔 모양의〕.

jib·ber [dʒíbər] n. 《주로 英》 갑자기 멈춰 서는 버릇이 있는 〔뒷걸음질 치는〕 말; 망설이는 사람.

jíb bòom n. 〔항해〕 지브 붐, 제2사장(斜檣). cf. bow-

jíb cràne n. 〔기계〕 지브 크레인 〔jib(기중기의 팔)를 돌출시켜서 달아 올리는 기중기〕.

jíb dòor n. 〔건축〕 벽과 같은 평면에 눈에 띄지 않게 만든 문.

jibe[1], **gybe** [dʒaib] v. (**jibed, jib·ing**) 〔항해〕 vi. **1** 〔순풍을 받고 배가 달릴 때〕 세로돛이나 활대가 반대쪽 뱃전으로 방향을 바꾸다. **2** 〔세로돛의 방향이 바뀌도록〕 배의 방향을 바꾸다. — vt. 〔세로돛의 방향을〕 바꾸다.
— n. ⓤ 세로돛의 방향이 바뀌기.

jibe[2] [dʒaib] v. (**jibed, jib·ing**), n. =gibe.

jibe[3] [dʒaib], (**gibe**) vi. (**jibed, jib·ing**) 《미구어》 일치하다(agree); 조화되다(be in harmony) (*with*…).

jiff [dʒif] n. (pl. **jiffs**) 《속어》 =jiffy.

jif·fy [dʒífi] n. (pl. **-fies**) 《구어》 잠깐 동안, 순간(moment, instant) * 주로 다음 성구로 쓴다.
in a jiffy 곧, 즉시.

jig[1] [dʒig] n. **1** 〔기계〕 지그〔절삭 공구를 정해진 위치로 인도하는 장치〕. **2** 〔낚시〕 추(錘)가 달린 낚싯 바늘; 가짜 미끼. **3** 〔광산〕 선광기, 체(jigger). 〔도자기〕 녹로(轆轤). — vt., vi. (**jigged, jig·ging**) 〔광석〕을 체로 치다.

jig[2] [dʒig] n. **1** 지그〔속도가 빠르고 변화가 많은 춤〕; 지그 춤곡. **2** 농담, 장난(prank, trick). **3** 《미구어》 《경멸적》 흑인(Negro), 검둥이.
The jig is up. 《속어》 다 틀렸다, 볼장 다 봤다.
— v. (**jigged, jig·ging**) vt. **1** 〔지그 템포로〕 …을 추다, 노래하다, 연주하다. **2** …을 급격히 위아래(앞뒤)로 움직이다. ¶ (~+目+副) He *jigged* his thumb *up* and *down.* 그는 엄지손가락을 위아래로 흔들었다.
— vi. **1** 지그를 추다; 뛰어다니다. **2** 급격히 위아래(앞뒤)로 움직이다.

jig·a·boo [dʒígəbùː] n. (pl. **-boos**) 《경멸적》 흑인, 검둥이(Negro).

jig·a·ma·ree [dʒígəmǎríː] n. 《미구어》 무어라 이름 붙이기 힘든 새로운 고안물.

jig·ger[1] [dʒígər] n. **1** 지그를 추는(노래하는) 사람. **2** 〔항해〕 옛날 쓰던 슬루프형 어선; 보조돛; 미즌마스트; 〔낚시〕 추가 달린 낚싯 바늘. **3** 《구어》 〔덜커덩 덜커덩 흔들리는〕 기계 장치, 장치; 〔정확한 명칭을 모를 때 쓴다〕; 작은 부품. **4** 〔도자기〕 녹로(轆轤). **5** 〔골프〕 〔타면(打面)이 작은〕 철제 골프클럽. **6** 《美》 작은 컵〔1½온스들이〕; 〔칵테일용의〕 지거. **7** 〔통신〕 진동 변성기 (變成器). **8** 〔광산〕 선광기(選鑛機). **9** 〔당구〕 큐걸이. — adj. 지거마스트(jiggermast)의.

jig·ger[2] [dʒígər] n. =chigger.

jig·gered [dʒígərd] adj. 《구어》 damned 의 완곡한 대용어. ¶ I'll be *jiggered* if I know. 내가 알고 있다니 당치도 않다.

jig·ger·mast [dʒígərmæst / -màːst] n. 〔항해〕 지거마스트〔돛대가 4개 있는 배의 맨 끝 돛대〕.

jig·ger·y-pok·er·y [dʒígəripǒukəri] n. (pl. **-er·ies**) 《주로 英속어》 속임수, 사기(sham, humbug).

jig·gle [dʒígl] vt., vi. (**-gled, -gling**) 위아래(앞뒤)로 빨리 움직이다; 가볍게 흔들다(흔들리다). — n. 위아래(앞뒤)로의 빠른 움직임; 흔들림.

jíg sàw n. 실톱.

jig·saw [dʒígsɔː] vt. (**-sawed, -sawed** or **-sawn, -saw·ing**) 을 실톱으로 자르다. — adj. 실톱으로 만든.

jígsaw pùzzle n. 조각 그림〔끼워 맞추어서 본래의 그림을 만드는 어린이 장난감, 또는 그 놀이〕 (picture

ji·had [dʒihá:d], (jehad) *n.* [이교도에 대한] 회교도의 성전(聖戰); [주의 따위를 위한] 싸움(crusade).

jill [dʒil] *n.* (때로 J-) 《드물게》 소녀, 여자 아이(girl); 애인(sweetheart).

jil·lion [dʒíljən] 《구어》 *n.* 매우 많은 수량을 나타내는 공상적인 수, 방대한 수. ── *adj.* 방대한 [수(양)의]. ¶ a *jillion* problems 숱한 문제.

jilt [dʒilt] *vt.* [특히 여자가 마음을 끈 뒤에] 〔애인 등〕 을 버리다, 차버리다. ── *n.* 바람둥이 여자.

Jim Crow [dʒím króu] *n.* (종종 j-c-) 《美속어》 **1** 《경멸적》 흑인(Negro). **2** ⓤ 흑인 격리(차별 대우) [정책]. ── *adj.* 흑인 격리(차별)의; 흑인 전용의. ¶ a *Jim Crow* bus 흑인 전용 버스. ── *vt.* (보통 j-c-) 〔흑인〕을 격리하다, 차별하다. [<흑인의 유명한 민요의 한 절 'Jump, Jimcrow'라는 후렴에서〕

Jím Crów·ism [-króuiz(ə)m] *n.* (종종 j-c-) ⓤ《美속어》 흑인 차별 대우주의, 흑인 격리 정책.

jim-dan·dy [dʒímdǽndi] 《美구어》 *adj.* [사람·물건이] 굉장한, 멋진. ── *n.* 굉장한(멋진) 사람.

jim·i·ny [dʒímini] *interj.* 《놀람·가벼운 저주를 나타내어》 아이고!, 정말!

jim·jams [dʒímdʒæmz] *n. pl.* (the ~) 《속어》 **1** 알 코올 중독증. **2** 안절부절 못함, 조마조마함(jitter).

jim·my [dʒími], 《英》 **jem-** [dʒé-] *n.* (*pl.* -**mies**) 밤 도둑이 쓰는 작은 쇠지레. ── *vt.* (-**mied**, **-my·ing**) 〔문·창 따위〕를 작은 쇠지레로 억지로 열다.

Jímmy Wóod·ser [-wúdzər] *n.* 《濠구어》 혼자서 술 마시는 사람; 혼자 마시는 술, 독작.

jimp [dʒimp] *adj.* 《스코·英방언》 **1** 날씬한(slender); 잘 정돈된. **2** 모자라는(scanty).

jím·son wéed [dʒímsn-] *n.* (때로 J-) 흰꽃독말풀.

*****jin·gle** [dʒíŋgl] *v.* (-**gled**, **-gling**) *vi.* **1** 딸랑딸랑 소리나다, 짤랑짤랑 울리다; 딸랑딸랑 울리며 가다(움직이다). **2** [시나 말이 운(韻)을 밟아] 듣기좋게 울리다. ── *vt.* …을 딸랑딸랑 울리다. ── *n.* **1** 딸랑딸랑 울리는 소리(것). **2** [음조가 좋은] 같은 음의 반복; [운을 밟아] 듣기좋게 울리는 시나 말. **3** 《아일·濠》 말 한 필이 끄는 2륜 포장 마차. ◇ **jínglly** *adv.*

jíngle béll *n.* 썰매의 방울; 선박 기관실의 방향 신호종.

jin·gly [dʒíŋgli] *adj.* 방울 소리 같은, 딸랑딸랑 울리는.

jin·go [dʒíŋgou] *n.* (*pl.* -**goes**) 강경 외교론자, 주전론자(主戰論者), 맹목적(호전적) 애국주의자(chauvinist). **by** [**the living**] **jingo** ! 《구어》 맹세코!, 틀림없이!, 이럴 수가! * 확신·강조·놀라움 따위를 나타낸다. jingo is Jesus의 완곡한 대용어. ── *adj.* 강경 외교론자의, 맹목적 애국자의; 주전론의 (적인). ── *vi.* 호전적 애국주의를 주장하다. [〈러시아 터키 전쟁(1877-78) 때 러시아에 대해 영국에서 당시 유행한 애국적인 가요에 나오는 'We don't want to fight, but by Jingo! if we do', or 'by Jingo'에서 유래한. jingo는 옛날에 Hey (*or* High) Jingo!로 사용한 마술사의 기합 소리]

jin·go·ism [dʒíŋgouìz(ə)m] *n.* ⓤ 강경 외교 정책 (론), 주전론, 맹목적 애국주의(chauvinism).

jin·go·ist [dʒíŋgouist] *n.* 강경 외교론자; 맹목적 애국주의자(chauvinist).

jin·go·is·tic [dʒìŋgouístik] *adj.* 강경 외교론의, 맹목적 애국주의의.

jink [dʒiŋk] *vi., n.* 《주로 英구어》 **1** 〔추격자 등으로부터〕 잽싸게 몸을 비키다(비키기). **2** 대공 포화를 피해서 비행하다(하기).

jinks [dʒiŋks] *n. pl.* 흥청대며 놀기(pranks, frolics).

jinn [dʒin], (**jin·ni, jin·nee** [dʒiníː]) *n.* (*pl.* **jinns** 《집합적》 **jinn**) 〔회교 신화〕 정령(精靈) (demon) 〔천사 보다 하위에 있는 영〕.

JINS [dʒinz] *n.*《美》 감독을 필요로 하는 미성년자, 청소년 비행자. [<*J*uvenile[*s*] *I*n *N*eed of *S*upervision]

jinx [dʒiŋks] *n.*《美구어》 징크스, 재수없는 것(사람); 불길한 것. ¶ break the *jinx* 징크스를 깨다, 〔경기의〕 연패의 늪에서 벗어나다. ── *vt.* …에게 불행을 가져오다, 트집을 잡다.

jir·ga, -gah [dʒə́ːrgə] *n.* [아프가니스탄의] 족장(族長) 회의. [격].

JIS《略》*J*apanese *I*ndustrial *S*tandard (일본 공업 규격).

jis·som [dʒísəm] *n.*《卑語》= SEMEN.

jit·ney [dʒítni] *n.* **1** 〔요금이 싼〕 소형 버스. **2** 《美속어》 5센트 백동전. ── *vt., vi* 소형 버스로 운반하다, 소형 버스에 타다.

jit·ter [dʒítər] 《美속어》 *n.* (the ~s) 〔단·복수 양용〕 신경 과민(nervousness); 안절부절 못함의 기분(fidgets). ¶ have the *jitters* 안절부절 못하다. ── *vi.* 신경질적으로 행동하다, 안절부절 못하다, 불안해하다.

jit·ter·bug [dʒítərbʌ̀g] *n.* **1** (the ~) 〔2박자의〕 광적인 춤, 지르박. **2** 스윙광(狂)인 사람. **3** 《英》몹시 신경질적인 사람. ── *vi.* (-**bugged, -bug·ging**) 스윙광처럼 춤추다, 지르박을 추다.

jit·ter·y [dʒítəri] *adj.*《美속어》 신경 과민인, 침착성을 잃은, 안절부절 못하는(nervous, jumpy), 불안해하는. ¶ They get *jittery*. 그들은 안절부절 못하고 있다.

jive [dʒaiv] *n.* ⓤ **1**《美속어》 허튼 소리, 터무니없는 말. **2** 〔재즈계(界)·마약 상용자들의〕 은어, 변말. **3** 광적인 재즈, 스윙〔음악〕. ── *v.* (**jived, jív·ing**) *vi.* 광적인 재즈(스윙)를 연주하다; 광적인 재즈에 맞추어 춤추다. ── *vt.*《美속어》〔남〕에게 터무니없는 말을 하다.

JJ.《略》*j*udges; *j*ustices.

Jl.《略》*J*uly.

Jn.《略》*J*une; *J*unior; *J*unction.

Jno.《略》*J*ohn.

JNTA《略》*J*apan *N*ational *T*ourist *A*ssociation (일본 관광 협회).

jo [dʒou] *n.* (*pl.* **joes**) 《스코》 애인(sweetheart).

Jo·ab [dʒóuæb] *n.* 〔성서〕 요압[David 왕의 조카로 군의 지휘자. ←사무엘기(하) (2 Sam.) 18:2].

joad [dʒoud] *n.*《美》이주(移住) 노동자.

job¹ [dʒab] *n.* **1** 일; 삯일, 품팔이일, 청부(도급)일 ¶ a bad(a good) *job* 별이가 신통치 않은(좋은) 일 / odd *jobs* 잔일, 잡일 / He did a good *job* of painting the fence. 그는 울타리의 페인트칠을 훌륭하게 해냈다. **2** 직분, 의무(duty), 책임(responsibility).
3 직, 직업, 일자리. ⇒ POSITION 類語 ¶ out of a *job* 실직해서 / get a *job* 직장을 얻다 / lose one's *job* 실직하다 / get a *job* as a secretary 비서직을 얻다.
4《주로 英》일(affair), 사건(matter), 일어난 일 (occurrence); 어려운 일, 문제. ¶ a bad *job* 난처한 사태 / It's a *job* for him to bring up his children. 그가 아이들을 키우는 것은 힘겨운 일이다. ¶ I had a *job* finding the way out. 출구를 찾는 데 한참 고생했다.
5 제품, 만들어진 것.
6《英》〔공직(公職)을 이용한〕 부당 이득 행위, 독직.
7《속어》 도둑질(theft), 강도(robbery), 범죄 행위. ¶ do a *job*《英속어》죄를 짓다.
8《속어》〔특히 두드러진〕 물건, 사람; 상대하기 벅찬(냉소적인) 사람.
9《속어》 망가진 것; 때려부수기.
10〔컴퓨터〕 잡(컴퓨터가 처리하는 일의 단위; 보통 하나의 잡은 몇개의 프로그램으로 구성된다).

by the job 청부로; 작업 단위의 〔계약〕으로.
do a job on …을 때려부수다; 〔남〕을 해치우다. ¶ The collision *did a job on* his car. 그 충돌로 그의 차 는 엉망이 되었다.
do a person's job for him; *do the job for a person* ① 남을 대신해서 일을 하다. ② 남을 파멸시키다(해치우다), 죽이다.
fall (or《속어》*lie*) *down on the job* 게으름 피우다, 우물쭈물 성의없이 일하다; 일을 완수하지 않다.
make a [*good*] *job of it* 잘 해내다.

off the job 일을 쉬고.
on the job ① 근무중[에]; 일에 몰두하여. ②《속어》방심하지 않고(alert), 경계하여.
That job's jobbed.《속어》그 일은 끝났다.
── v. (jobbed, job·bing) vi. 1 삯(품팔이) 일을 하다, 잔일을 하다. 2 〔주식〕 중개를 하다. 3 《英》〔공직을 이용하여〕 사복을 채우다. ── vt. 1 〔주식〕을 매매하다; 중개하다, 도매상을 하다. 2 …을 (계약으로) 을 도급으로 주다(…out). ¶ (~+囲+前+名) He jobbed [out] the work to a number of building contractors. 그는 그 공사를 몇 명의 건축 도급업자에게 도급으로 맡겼다. 3 《英》〔공직을 이용하여〕〔일〕을 부정하게 추진하다. ¶ (~+囲+前+名) He jobbed his nephew into a good post. 그는 직권을 이용해서 조카를 좋은 지위에 앉혔다. 4 《속어》…을 속이다(deceive), 사기 쳐서 빼앗다(swindle). ¶ (~+囲+前+名) He was jobbed out of his money. 그는 사기에 걸려 돈을 털렸다. 5 〔말·마차 따위〕를 세주다(내다).
── adj. 1 삯(품팔이)일의, 도급맡은. 2 〔몽뚱그려 대량으로〕 매매(취급)되는.
job² [dʒab / dʒɔb] v. (jobbed, job·bing), n. 《주로 방언》 = jab.
Job [dʒoub] n.《성서》1 〔구약 성서의〕 욥기(the Book of Job). 2 욥(히브리의 족장으로 고난을 이겨낸 전형적인 인물). ¶ [as] poor as Job (or Job's turkey) 몹시 가난한 / It would try the patience of Job. 그것은 대단한 인내심을 요한다.
jób áction n. 《美》근무 태업 투쟁; 준법(遵法) 투쟁.
jób análysis n. ① ⓒ 〔작업의 순서, 재료, 기계 기구, 작업원의 적성 따위를 연구하는〕 작업 분석.
job-a·thon [dʒábəθɑ̀n / dʒɔ́bəθɔ̀n] n.《美》자버톤(장시간에 걸친 텔레비전 구직(求職)·구인(求人) 프로). [<JOB+[MAR]ATHON]
jo·ba·tion [dʒo(u)béiʃ(ə)n] n.《주로 英》지루한 잔소리.
jób bànk n.《美》〔정부 기관에 의한〕 인재 은행〔컴퓨터 처리에 의한 직업 알선 업무를 행한다〕.
job·ber [dʒábər / dʒɔ́bə] n. 1 중개인, 도매 상인(wholesaler). 2 〔대량으로 사들이는〕 염가품(廉價品) 상인. 3 삯(품팔이)일을 하는 사람. 4 《英》공적인 명목으로 사복을 채우는 사람. 5 《英》〔거래소의〕 장내(場內) 주식 중개인(stockjobber).
job·ber·nowl [dʒábərnòul / dʒɔ́b-] n.《英구어》얼간이.
job·ber·y [dʒábəri / dʒɔ́b-] n. ①《英》〔공공 사업을 이용한〕 부정 행위(수단), 관공서·공단 따위의 독직(graft).
job·bing [dʒábiŋ / dʒɔ́b-] n. = piecework, jobbery, broking. ── adj. 임시 일을 하는. ¶ a jobbing gardener 임시 고용 정원사.
jób classificátion n. 직종 구분(분류)〔적성, 기술, 경험, 교육에 따른 종업원의 분류〕.
jób contról lànguage n. 〔컴퓨터〕 잡 제어 언어 〔略 JCL〕.
Jób Córps n.《美》직업 공단(公團)〔OEO(Office of Economic Opportunity)가 주관하는 기술 교육 기관〕.
jób fáir n. 〔사원을 모집하는 회사가 개최하는 공개 취직 설명회(* job festival 이라고도 한다)〕.
job·hold·er [dʒábhòuldər / dʒɔ́b-] n. 1 《美구어》정부 직원, 공무원. 2 일정한 직업이 있는 사람.
job·hop [dʒábhɑ̀p / dʒɔ́bhɔ̀p] vi. 〔조금이라도 나은 임금을 찾아서〕 직업을 자주 바꾸다.
job·hop·per [dʒábhɑ̀pər / dʒɔ́bhɔ̀pə] n. 직업을 자주 바꾸는 사람.
job·less [dʒáblis / dʒɔ́b-] adj. 1 실직의 (unemployed), 일이 없는; 실직자를 위한. ¶ jobless insurance 실직 보험. 2 (the ~)《명사적 용법》실직자〔들〕. ~·ness n.
jób lòt n. 1 〔중개인(jobber)이 취급하는〕 대량의 물건. 2 〔대량으로 구입하는〕 염가 판매품, 〔무더기로 파는〕 하등품.
in job lots ① 도매로(wholesale). ② 대량으로, 도매

job·mas·ter [dʒábmæ̀stər / dʒɔ́bmà:s-] n.《英》말(마차) 임대업자.
jób prínter n. 〔명함·초대장·삐라 따위〕 잡물 전문의 인쇄업자.
Jób's cómforter n. 달갑지 않은 동정자, 위로하는 척하면서 실은 남을 더욱 비통하게 하는 사람〔욥기(Job) 16 : 2〕.
jób sèeker n. 구직자.
job-shar·ing [dʒɔ́bʃɛ̀(ə)riŋ / dʒɔ́bʃɛ̀ər-] n. 〔노동〕 한 가지 정규 고정 업무를 두 사람이 나누어서 하는 취업 형태.
jób tícket n. 작업 전표(지시표).
jób wórk n. ① 삯일; 삯(품팔이)일, 도급일.
joc.《略》jocose; jocular.
Jo·cas·ta [dʒo(u)kǽstə] n. 〔그리스 신화〕 요카스타〔Laius 왕의 아내. 자기 아들인 줄도 모르고 Oedipus 와 결혼했다가 나중에 자살했다〕.
jock¹ [dʒɑk / dʒɔk] n. 1 《구어》= jockey 1. 2 = jockstrap.
Jock [dʒɑk / dʒɔk] n. 1 스코틀랜드 병사. 2 〔스코 · 아일〕 시골뜨기; 소년. 〔=Jack〕(騎手).
Jock·ette [dʒɑkét / dʒɔk-] n.《美》여성〔경마〕 기수.
***jock·ey** [dʒáki / dʒɔ́ki] n. 1 〔직업적〕 경마 기수. 2 《卑》젊은이, 소년, 녀석(laddie, fellow). 3 《구어》〔탈것의〕 운전자, 운전 담당자(driver), 조종사 (pilot), 〔기계〕의 조작자. ¶ 〔말〕에 기수로서 타다. ¶ The winning horse was jockeyed by the prince. 우승한 말의 기수는 왕자였다. 2 《구어》…을 조종하다, 움직이다(drive). 3 …을 능숙하게 조작해서 움직이다〔가져오다, 놓다〕(maneuver). 4 …을 속여서…시키다, 속여먹다(cheat), 사취하다(swindle). ¶ (~+囲+前+名) He jockeyed me into doing that. 그는 나를 속여서 그 것을 하게 했다 / He jockeyed me out of my property. 그는 내 재산을 사취했다. ── vi. 1 기수 노릇을 하다. 2 교묘하게 움직여 우위를 꾀하다. ¶ The opposing factions jockeyed to win the popular mind. 반대파는 민심을 얻으려고 교묘하게 행동했다 // (~+囲+前+名) The runners jockeyed for position. 경주자들은 상대를 제치고 유리한 위치를 차지하려고 했다. 3 속이다, 비열한 짓을 하다.
jóckey càp n. 기수 모자.
jóckey clùb n. 경마 클럽; 경마 클럽의 집합소.
jock·o [dʒákou / dʒɔ́k-] n. (pl. ~s) 1 침팬지(chimpanzee). 2 원숭이(monkey).
jock·strap [dʒákstræ̀p / dʒɔ́k-] n. 1 〔남자 운동 선수의 국부용〕 서포터. 2 《구어》운동 선수.
jo·cose [dʒo(u)kóus] adj. 우스꽝스러운, 익살맞은, 웃기는(facetious). 까부는(joking). ~·ly adv. ~·ness n.
jo·cos·i·ty [dʒo(u)kásiti / -kɔ́s-] n. (pl. -ties) 1 ① 우스꽝스러움, 우스움. 2 ⓒ 농담하기. 3 농담, 익살맞은 짓 (joke, jest).
joc·u·lar [dʒákjulər / dʒɔ́k-] adj. 우스꽝스러운, 익살맞은, 웃기는(facetious). ~·ly adv.
joc·u·lar·i·ty [dʒàkjulǽriti / dʒɔ̀k-] n. (pl. -ties) ① 우스꽝스러움, 익살맞음; ⓒ 익살맞은 말투(짓).
***joc·und** [dʒákənd / dʒɔ́k-, dʒóuk-] adj. 명랑한(cheerful), 유쾌한(merry). ⇨ GAY 〖類語〗 ~·ly adv.
jo·cun·di·ty [dʒo(u)kʌ́nditi] n. (pl. -ties) 1 ① 명랑함, 쾌활함(gaiety), 유쾌함. 2 희희낙락한 언행, 명랑한 행동거지.
jodh·purs [dʒádpərz / dʒɔ́dpuəz] n. pl. 승마용 바지.
joe¹ [dʒou] n.《스코》= jo.
joe² [dʒou] n.《美속어》= coffee.
Joe [dʒou] n. 1 (종종 j-)《美속어》사나이, 놈(fellow). 2 여보, 형씨〔모르는 사람을 부르는 말〕.
Not for Joe!《英구어》결코 …아니다!, 죽어도 싫다!
Joe Blów n. 《美속어·濠속어》평균적 (보통) 시민, 보통 사람(남자). 2 《속어》음악가, 연주가; 허풍선이, 잘난 체하는 사람.
Jóe Cóllege n. 《美속어》전형적인 대학생.

Jo·el [dʒóuəl/-el] *n.* 〖성서〗 **1** 요엘〔히브리의 예언자〕. **2** 〖구약 성서의〕요엘.

Jóe Míller *n.* 우스운 이야기책(jestbook); 〔케케묵은〕 익살, 농담(stale joke).

jōe-ṕye wéed [dʒóupái-] *n.* 등골나물.

jo·ey[1] [dʒóui] *n.* 〖濠〗 **1** 동물의 새끼, 〔특히〕 캥거루의 새끼. **2** 유아(young child).

jo·ey[2] [dʒóui] *n.* 〖英속어〗 3페니 동전(threepenny piece)〔원래는 4페니 동전〕.

*****jog**[1] [dʒag / dʒɔg] *v.* (**jogged, jog·ging**) *vt.* **1** …을 흔들다; …을 홱 잡아당기다(밀다). ¶ *jog* a horse 말을 힘껏 몰다 / *jog* a motor 모터를 덜커덕 시동시키다. **2** 〔주의를 끌려고〕…을 살짝 찌르다(밀다) (nudge). ¶ *jog* a person's elbow 남의 팔꿈치를 살짝 찌르다. **3** 〔기억〕을 되살아나게 하다, 일깨우다. — *vi.* **1** 덜커덕 (홱) 움직이다. **2** 〔말 따위에〕 흔들리며 가다; 터벅터벅 걸어가다(타고 가다). ¶ (~+*圖*)(~+*前*+*名*) They *jogged down to* town on horseback. 그들은 말잔등에 흔들리며 읍내로 갔다. **3** 천천히 진행되다, 슬슬〔단조로이, 그럭저럭〕 해나가다(*on*, *along*). ¶ Let's be *jogging*. 슬슬 가 볼까 / (~+*圖*) We must *jog* along quietly. 차분히 어떻게 해나가지 않으면 안 되겠다.

— *n.* **1** 〔팔꿈치 따위로〕 살짝 찌르기(밀기); 가벼운 자극, 기억을 일깨우는 것; 가볍게 흔들기. **2** 느릿한 걸음걸이; 〔말의〕 서행(徐行).

jog[2] [dʒag / dʒɔg] *n.* 〖美〗〔선·면의〕울퉁불퉁함, 들쭉날쭉함, 돌출부, 칼금; 〖연극〗 실내 세트의 벽면에 만든 좁고 긴 돌출부.

jog·a·thon [dʒágəθɑn / dʒɔ́gəθɔn] *n.* 조깅 마라톤, 장거리 조깅.

jog·ger [dʒágər / dʒɔ́g-] *n.* 터벅터벅 걸어가는 사람; 천천히 나아가는 것.

jog·ging [dʒágiŋ / dʒɔ́g-] *n.* ⓤ 조깅〔가벼운 구보가 섞인 건강법으로서의 도보 운동〕.

jog·gle[1] [dʒágl / dʒɔ́gl] *vt.* (**-gled, -gling**) 〔가볍게〕…을 흔들다, 흔들리게 하다 (shake lightly). — *vi.* 덜커덕덜커덕 움직이다, 〔가볍게〕 흔들리다. — *n.* 흔들기, 〔가벼운〕 요동, 진동.

jog·gle[2] [dʒágl / dʒɔ́gl] *vt.* (**-gled, -gling**) …을 장부로 잇다, 맞물리게 하다. — *n.* 맞물려서 잇기; 장부.

jóg tròt *n.* 〔말 따위의〕 서행(徐行); 틀에 박힌 단조로운 방법(살림), 아주 평범한 양식. ¶ at a *jog trot* 아주 평범하게.

Jo·han·nine [dʒouhǽnin, -nain] *adj.* 〖성서〗 사도 요한(John)의, 요한 복음의.

Jo·han·nis·ber·ger [dʒou(h)ǽnisbɜ̀ːrɡər] *n.* ⓤ 서독 요하니스베르거산(産)의 백포도주.

john [dʒan / dʒɔn] *n.* 〖속어〗 변소(toilet, bathroom).

***John** [dʒan / dʒɔn] *n.* **1** 〖성서〗 사도 요한 (John the Apostle) 〔그리스도의 12사도 중 한 사람〕. **2** 〖성서〗 〔요한의 저작으로 되어 있는〕 요한 복음〔신약 성서의 한 서〕, 요한의 편지. **3** 〖성서〗 = John the Baptist. **4** (종종 j-) 〖속어〗 정부(情夫), 매춘부의 단골 손님; 남자 (man), 녀석(fellow).

Jóhn Bárleycòrn *n.* ⓤ 〔의인(擬人)〕 〔맥주·위스키 따위의〕 맥아주성(麥芽酒性) 음료.

Jóhn Bírcher *n.* Bircher.

Jóhn Búll *n.* **1** 영국; 〔집합적〕 영국인. **2** 전형적인 영국인. *cf.* Uncle Sam

Jóhn-Bull·ism [dʒánbúliz(ə)m / dʒɔ́n-] *n.* ⓤ 영국 기질.

Jóhn Chínaman *n.* 전형적인 중국인; 중국.

Jóhn Cítizen *n.* 평범한 시민, 일반 시민〔특히 신문 용어〕.

Jóhn Dóe *n.* **1** 〖英법률〗 〔본래 부동산 점유 회복 소송 (ejectment) 에서의〕 가상적인 원고 이름. ⇨ RICHARD ROE. **2** 〖일반적〕 가상적인 이름; 무명 인사, 범인(凡人). 〔한 물고기의 총칭.

Jóhn Dó·ry [-dóːri / -dɔ́ː-] *n.* 달고기과(科)의 남부

Jóhn Hán·cock [-hǽnkɔk / -kɔk] *n.* 〖美구어〗 자서

(自署), 서명(signature). 〔< 미국 독립 선언 중 John Hancock의 서명이 대담하고 읽기 쉬웠던 데서〕

joh·nin [jóunin] *n.* ⓤ 〖獸醫〗 요닌〔요네 간균(桿菌) (Johne's bacillus)을 배양해서 만든 무균 용액(無菌溶液)으로, 소의 결핵의 진단에 사용〕.

John·ny [dʒáni / dʒɔ́ni] *n.* (*pl.* **-nies**) **1** (때로 j-) 사나이, 녀석(fellow); 〔특히〕 멋쟁이 남자. **2** (때로 j-) 〖속어〗 깃이 없는 짧은 가운.

John·ny·cake [dʒánikèik / dʒɔ́ni-] *n.* ⓤⓒ 〖美〗 옥수수빵의 일종. 〔인.

Jóhnny Canúck *n.* 캐나다〔인〕; 전형적인 캐나다

John·ny-come-late·ly [dʒánikʌ̀mléitli / dʒɔ́ni-], *n.* (*pl.* **-lies** or **John·nies-**) 신참자(運參者), 지각자; 신참자; 신입자.

John·ny-jump-up [dʒáinidʒʌ́mpʌ̀p / dʒɔ́ni-] *n.* 〖美〗 제비꽃; 야생 삼색 제비꽃 (wild pansy).

John·ny-on-the-spot [dʒánianɔ̀aspɑt / dʒɔ́nionɔ̀aspɔ̀t] *n.* 사태에 즉각 대처할 수 있는 사람, 즉각 일해 주는 사람, 궁둥이가 가벼운 사람.

Jóhnny Ráw *n.* 〖속어〗 신참자, 신병 (greenhorn).

Jóhnny Réb [-rèb] *n.* 〖구어〗 〖美역사〗 〔남북 전쟁 당시의〕 남군 병사, 〖속어〗 남부 백인 (Rebel).

Jóhn o'Gróat's (**Hóuse**) [-əɡróuts-] *n.* Great Britain 섬 최북단의 땅. ¶ *from Land's End to John o'Groat's* 영국의 끝에서 끝까지.

John·son·ese [dʒɑ̀nsəníːz / dʒɔ̀n-] *n.* ⓤ 〔영국의 사전 편찬가인 Samuel Johnson(1709-84) 〖식〗의 문체; 어려운 말이 많은 과장된 문체.

John·so·ni·an [dʒɑnsóuniən / dʒɔn-] *adj.* 〔문체 따위가〕 Samuel Johnson(연구자). — *n.* Samuel Johnson 숭배자(연구자).

Jóhn the Báptist *n.* 〖성서〗 세례 요한 〔요단강에서 그리스도에게 세례를 베풀었다. ⇨마태 복음 (Matt.) 3 : 13-17, 마가 복음(Mark) 1 : 4-11〕.

joie de vi·vre [ʒwa də viːvr] *n.* 〖프랑스〗(= joy of living) 삶의 기쁨.

☨join [dʒɔin] *vt.* **1** …을 결합하다, 접합(接合)하다, 연결하다, 붙이다, 잇다. ¶ *join* two cities by telephone 두 도시를 전화로 연결하다 // (~+*圖*+*前*+*名*) *join* end *to* end 끝과 끝을 이어 매다 // (~+*圖*+*圖*) *join* two things together 두 개의 것을 하나로 결합하다.

類語 join 직접 맞닿도록 결합하다: *join* bricks with cement 벽돌을 시멘트로 붙이다. **combine** 공통의 목적을 갖고 결합하다; 원래의 요소가 식별할 수 없도록 결합하다. *combine* efforts 힘을 합치다. **connect** 각기 독립된 것을 끈·재료 따위로 잇다: a bridge *connecting* two islands 두 섬을 잇는 다리. **link** 단단히 connect 하다: The common language *links* the two nations. 공통의 국어가 두 나라를 단단히 맺어주고 있다. **unite** combine 하여 새로운 통일체를 만들다: The two colonies were *united* into a new state. 두 식민지가 합체하여 새 국가가 되었다. **associate** 대등·우호적인 관계로 결부시키다: be *associated* in business 제휴하여 사업을 하다.

2 〔강·길 따위가〕…과 합류하다, 합쳐지다. ¶ The Ohio *joins* the Mississippi. 오하이오강은 미시시피강에 합류한다.

3 …을 합치다, 하나가 되게 하다 (unite). ¶ *join* forces 힘을 합치다 / *join* one's allies in attacking the enemy 동맹국의 군대를 합쳐 적을 공격하다.

4 …에 가입하다, 참가하다, 입회하다, 함께 …하다(가다). ¶ *join* a club 클럽에 입회하다 / *join* a church 교회의 신도가 되다 / I'll *join* you later. 나중에 함께 합류하겠습니다 / (~+*圖*+*前*+*名*) Will you *join* us *for* (or *in*) a game? 함께 게임을 하지 않겠습니까?

5 〔군대〕에 입대하다. ¶ *join* the Navy 해군에 들어가다.

6 〔결혼 등으로〕〔남〕을 결부시키다. ¶ (~+*圖*+*前*+*名*) *join* two persons *in* marriage 두 사람을 결혼시키다.

7 〔부서 등〕에 착임(着任)하다, 돌아가다. ¶ *join* one's regiment 소속된 연대로 돌아가다. **8** 〔전투〕를 벌이다. ¶ battle *joined* in Gettysburg 게티즈버그 전투. **9** …과 (에) 인접하다(adjoin). ¶ His yard *joins* mine. 그의 집 뜰은 우리집 뜰과 인접해 있다. **10** 〔기하〕〔두 점을〕 잇다, …의 사이에 선을 긋다. ¶ *join* two points by a straight line 두 점을 직선으로 잇다.
— *vi*. **1** 합하다, 연결하다, 결합하다(come together, meet). ¶ The two roads *join* here (at this point). 두 도로는 여기서(이 지점에서) 하나가 된다(만난다). **2** 합체(合體)하다, 합하다, 동맹하다. ¶ (~+*前*+*名*) *join with* the enemy 적과 손을 잡다. **3** 가입하다, 참가하다, 〔남과〕함께 하다. ¶ (~+*前*+*名*) May I *join in* your conversation? 이야기하는 데 끼어도 되겠습니까? / I must have you *join with* us in prayer. 댁도 우리들과 함께 기도를 해주셔야겠습니다. **4** 인접하다, 맞닿아 있다. ¶ (~+*前*+*名*) Our land *joins* along the brook. 우리의 땅은 개울에 붙어 있다. **5** 입대하다(up).
— *n*. **1** 접합, 결합, 합류, 합체. **2** 접합점(면, 선), 합류 지점, 이음매 (joint).
◇ joint, júnction *n*.

jóin·der [dʒɔ́indər] *n*. [U][C] **1** 접합, 결합, 합동. **2** 〔법률〕 a) 연합 소송. b) 〔소송 당사자의〕 병합(倂合), 공동. c) 소송 수리.

jóin·er [dʒɔ́inər] *n*. **1** 결합자(물). **2** 소목장이, 가구 목수. **3** 《美구어》 여러 단체에 즐겨 가입하는 사람.

jóin·er·y [dʒɔ́inəri] *n*. [U] **1** 소목일, 가구 제조업; 목공일. **2** [集合的] 소목세공품, 가구류.

‡**joint** [dʒɔ́int] *n*. **1** 접합 부분, 이음매, 접합한 곳; 접합 (juncture). **2** 〔기계〕 조인트, 이음쇠. **3** 〔식물〕 [가지·잎이] 붙어 있는 부분, 마디. **4** 〔해부·동물〕 관절(部). ¶ an elbow *joint* 팔꿈치의 관절. **5** 〔푸줏간에서〕 마디를 따라 자른 큰 고깃덩이, [주로 英] a *joint* of beef 뼈마디를 따라 자른 쇠고기 덩어리. **6** 〔지질〕 바위의 갈라진 금, 절리(節理). **7** 《美속어》 마리화나 담배. **8** 《美속어》 〔저속한〕 싸구려 술집, 아편굴, 도박장, 카바레.
out of joint ① 관절이 빠진. ② 혼란된, 흐트러진. ¶ The times are *out of joint*. 세상은 혼란스럽다.
put a person's nose out of joint ⇨ NOSE.
— *adj*. 공동의, 공통의, 공유의, 연대의. ¶ a *joint* declaration 공동 성명 / *joint* property 공유 재산 / *joint* efforts 일치된 노력, 협력 / *joint* responsibility 공동(대) 책임. — *vt*. **1** 〔이음매에서〕…을 접합하다. **2** 〔관절〕에서 나누다. **3** …에 회반죽을 바르다, 줄눈을 바르다. — *vi*. 접합하다, 달라붙다.
◇ join *v*.

jóint accóunt *n*. [U] 공동 계정.

Jóint Chíefs of Stáff *n. pl*. (the ~) 《美》 [육해공군] 통합 참모 본부(略 JCS).

jóint committee *n*. [의회의] 양원 협의회; 합동 위원회.

jóint cónference *n*. 《美》 [의회 상·하원의] 양원 협의회. — [원] 공동 회의.

jóint convéntion *n*. 《美》 〔국회·주(州) 의회의〕 양원 합동 회의.

jóint·ed [dʒɔ́intid] *adj*. 이음매가 있는. ¶ a *jointed* fishing rod 끼워 맞추게 된 낚싯대.

jóint·er [dʒɔ́intər] *n*. **1** 접합하는 사람(것); 접합기(器), 접합기. **2** 〔美공〕 〔판자의 접합면을 다듬는〕 긴 대패. **3** 〔석공의〕 줄눈 흙손.

Jóint Fórce *n*. 《美軍》 통합군 《육·해·해병대·공군 중 두 가지 이상의 주요 부대로 구성된 군대》.

jóint ill *n*. [U] 〔獸醫〕 망아지 따위의 일종의 관절염.

jóint·ing rùle [dʒɔ́intiŋ-] *n*. 〔석공〕 접자.

joint·less [dʒɔ́intlis] *adj*. 이음매가 없는, 관절이 없는.

*joint·ly [dʒɔ́intli] *adv*. 함께, 공동으로, 연대하여.

jóint resolútion *n*. [양원] 공동 결의.

joint·ress [dʒɔ́intris] *n*. 〔법률〕 과부 급여 (jointure) 를 받은 부인.

jóint retúrn *n*. 〔부부의 수입을 합쳐 한몫으로 한〕 〔소득세 종합 신고〕 〔서〕.

jóint séssion (méeting) *n*. 《美》 양원 합동 회의.

Joint-STARS [dʒɔ́intstɑ́:rz] *n*. 《軍》 통합 감시 목표 공격 레이더 시스템. (< Joint surveillance target attack radar system)

jóint stóck *n*. [U] 주식 조직; 공동 자본. ¶ a *joint-stock* company 주식 회사.

jóint stóol *n*. 조립식 의자.

join·ture [dʒɔ́intʃər] *n*. 〔법률〕 과부 급여 [남편이 자기가 죽은 뒤 아내가 평생토록 쓸 수 있게 해놓은 재산·연금 등].

jóint vénture *n*. 합작 투자 〔사업〕.

joist [dʒɔ́ist] 〔건축〕 *n*. 〔마루의〕 장선, 들보. — *vt*. …에 장선을 대다.

joist·ed [dʒɔ́istid] *adj*. 장선을 댄〔붙인〕.

‡**joke** [dʒouk] *n*. **1** 농담, 재담, 우스개 소리, 익살, 장난. ¶ a good *joke* 멋진 재담 / a practical *joke* 〔실제 행동도 따르는〕 장난, 짓궂은 장난 / in *joke* 농담으로 / for a *joke* 농담삼아 / take a matter as a *joke* 어떤 일을 농담으로 듣고 흘려버리다 / have a *joke* with a person 남과 농담을 주고받다 / play a *joke* on a person 남을 놀리다 (조롱하다) / crack (or make) a *joke* about …에 대해서 농담을 하다 / see a *joke* 재담을 알다.
類語 joke 남을 웃기기 위한 말·행동. jest 가벼운 비꼼·비웃음이 담긴 말: make a *jest* of a person's innocence 남의 순진함을 조롱하다. humor 그 말 보다 문어적; 보통 비웃음이 함축된 말을 재미있게 표현해서 남에게 공감하는 미소를 띄게 하는 일; 마음의 아늑함을 나타낸다: mellow *humor* 원숙한 유머. wit 시청자를 웃기기 위해서 대본에 있는 대사 따위를 임기응변으로 표현해서 사람들을 즐겁게 하는 일; 지성의 날카로움을 나타낸다: sharp *wit* 날카로운 재치. gag 연극에서 관객을 웃기기 위해 짜여진 우스꽝스러운 대사나 사건.
2 웃기는 것(일), 웃음거리. ¶ His son is the *joke* of the town. 그의 아들은 온 동네의 웃음거리다. **3** 농담〔거리〕, 매우 쉬운 일. ¶ It's no *joke*. 웃을 일이 아니야 / The test was just a *joke* for us. 시험은 그야말로 누워서 떡먹기였다.
— *v*. (joked, jok·ing) *vi*. 농담을 하다, 우스개 소리를 하다, 희룽거리며 말하다, 놀리다. ¶ Our teacher often *jokes* with us. 선생님은 우리들과 자주 농담을 한다 / He was only *joking*. 그는 그저 농담으로 말했을 뿐이야.
— *vt*. **1** …을 조롱하다, 놀리다; …을 농담으로 하다. ¶ (~+*目*+*前*+*名*) He *joked* me *on* my accent. 그는 내 발음을 놀려댔다 // (~+*目*+*前*) The question was *joked away* between them. 그 문제는 그들 사이에서는 농담으로 처리되고 말았다. **2** 〔우스갯 말을 하여〕 〔돈 따위를〕 모으다 (얻다).
joking apart ⇨ APART.
◇ jóky *adj*.

joke·book [dʒóukbùk] *n*. 우스운 짧은 이야기책 〔jestbook〕.

*jok·er** [dʒóukər] *n*. **1** 농담하는 사람, 재담꾼, 익살꾼. **2** 〔카드놀이〕 조커. **3** 《美》 위장 조항 〔법안·조약 따위의 효력을 감쇠시키기 위해 눈에 띄지 않게 넣어 두는 조항〕. **4** 계략, 속임수. **5** 사태를 결정적으로 바꾸어 놓는 사건(요인). **6** 〔구어〕 사나이, 녀석.

jok·ing·ly [dʒóukiŋli] *adv*. 농담으로, 장난으로, 우스갯 소리로.

jok·y [dʒóuki] *adj*. (**jok·i·er, jok·i·est**) 농담을 좋아하는; 장난으로 하는.

jo·lie-laide [ʒɔːliːléd] *n*. 《프랑스》 미인은 아니나 매

jol·li·er [dʒáliər / dʒɔ́li-] n. 《구어》남이 기뻐할 말을 하는 사람, 추어 주는 사람, 놀리는 사람.

jol·li·fi·ca·tion [dʒàlifikéiʃ(ə)n / dʒɔ̀li-] n. 1 ⓤ 명랑[하게 하기(되기)]. 2 ⓤ ⓒ 환락, 흥청대며 놀기 (revel).

jol·li·fy [dʒálifài / dʒɔ́li-] vt., vi. (**-fied, -fy·ing**) 《구어》명랑하게 하다(되다); [술마시게] 흥청대게 하다(흥청대다). [미영.

jol·li·ly [dʒálili / dʒɔ́li-] adv. 유쾌하게, 명랑하게, 재

jol·li·ness [dʒálinis / dʒɔ́li-] n. ⓤ 유쾌, 명랑.

jol·li·ty [dʒáliti / dʒɔ́li-] n. (pl. **-ties**) 1 ⓤ 명랑, 즐거움, 환희(gaiety). 2 (**-ties**) 유쾌한 모임, 흥청대기.

‡jol·ly [dʒáli / dʒɔ́li] adj. (**-li·er, -li·est**) 1 명랑한, 쾌활한, 유쾌한(gay, merry); 기분이 좋은. ⇒ GAY 類語 ¶ a *jolly* party 떠들썩한 연회 / He felt quite *jolly* at the class reunion. 그는 반 친목회에서 매우 명랑했다. 2 《주로 英구어》즐거운, 기분좋은, 매력있는, 유쾌한. ¶ a *jolly* fellow 유쾌한 친구 / a *jolly* room 기분좋은 방 / *jolly* weather 좋은 날씨. 3 《英구어》큰, 대단한, 굉장한. ¶ a *jolly* number of people 대단한 군중 / a *jolly* blunder 큰 실수 / a *jolly* nuisance 굉장한 폐 / a *jolly* fool 대단한 바보. 4 《英속어》한잔 마신, 들뜬, 거나하게 취한 (tipsy).
— v. (**-lied, -ly·ing**) 《구어》 vt. 1 〔남〕을 기쁘게 하다, 치켜세우다(…*along*). 2 〔남〕을 조롱하다, 놀리다.
— vi. 남을 치켜세우다, 아첨하다; 놀리다.
— n. (pl. **-lies**) 1 《英》유쾌하게 하기, 추켜세우기.
2 《英구어》영국 해병대.
— adv. 《英구어》대단히, 매우, 몹시(extremely, very). ¶ It was *jolly* generous of them. 그들은 아주 인심이 좋았다. / I'll show you something *jolly* rare. 아주 진기한 물건을 보여 주지.
◇ **jól·li·ly** adv., **jól·li·ness, jól·li·ty** n.

jólly bóat n. 《항해》〔선박에 달린〕소형 보트, 잡용 보트. [(flag).

Jólly Róg·er [-rádʒər / -rɔ́dʒə] n. 해적기(旗) (black

‡jolt [dʒoult] vt. 1 …을 거칠게 (덜컹덜컹) 흔들다, 덜컹거리게 하다. ¶ (~+몸+前+영) The bus *jolted* its passengers *over* the rough road. 버스는 울퉁불퉁한 길을 덜컹거리며 승객을 태우고 갔다. 2 …을 세게 치다; …에 충격을 주다, …에 간섭하다, [기억 따위]을 갑자기 되살리다, 갑자기 …시키다 [정신적으로] 에 동요를 일으키다. ¶ (~+몸+훼) He tried to *jolt* the nail free. 그는 짱짱 쳐서 못을 빼려고 하려고 했다. ¶ (~+몸+前+영) The event *jolted* them *into* action. 그 사건으로 그들은 갑자기 행동을 개시했다. — vi. 덜컹거리다 흔들리다; 흔들리면서 나아가다. ¶ The car *jolted* along. 자동차는 덜컹덜컹 흔들리면서 나아갔다.
— n. 1 급격한 충격(동요). 2 감정적인 동요, 충격을 주는 것. ¶ The news gave us all a *jolt*. 그 뉴스는 우리에게 큰 충격을 주었다. 3 예기치 않은 갑작스런 거부(패배). 4 《美속어》입감(入監) 언도, 유치장에 들어가기. 5 〔술〕한 모금, 〔담배〕한 모금. ¶ a *jolt* of whisky 위스키 한 모금. ◇ **jól·ty** adj.

jolt·er·head [dʒóultərhèd] n. 바보, 멍청이, 얼간이.

jolt·y [dʒóulti] adj. (**jolt·i·er, jolt·i·est**) 심하게 흔들리는, [덜컹]거리는, 울퉁불퉁한.

Jo·nah [dʒóunə] n. (* Jonas 는 이것의 변형) 1 〔성서〕요나〔히브리의 예언자〕. 2 〔성서〕〔구약 성서의 요나, 3 불운한 사람, 불길한 사람.

Jo·nas [dʒóunəs] n. = Jonah.

Jon·a·than[1] [dʒánəθ(ə)n / dʒɔ́n-] n. 1 〔성서〕요나단〔Saul 왕의 아들로 David 의 친구〕 ~ 사무엘기(상) (1 Sam.) 18-20]. 2 〔전형적인〕 미국인, 〔특히〕 New England 의 주민 (* Brother Jonathan 이라고도 한다).

Jon·a·than[2] [dʒánəθ(ə)n / dʒɔ́n-] n. 〔미〕 〔산〕 홍옥 〔사과의 일종〕.

jon·gleur [dʒáŋglər / ʒɔː(ŋ)gléː] n. 〔중세 프랑스의〕 음유(吟遊) 악사.

jon·quil [dʒáŋkwil, dʒán- / dʒɔ́ŋ-] n. 노랑수선화.

jor·dan [dʒɔ́ːrdn] n. 《英방언》침실용 변기 (chamber pot). 〈JORDAN[-BOTTLE]: 순례자가 Jordan 강의 물을 넣어 오고 있었던 데서〉

Jor·dan [dʒɔ́ːrdn] n. 1 요르단〔정식 명칭 Hashemite Kingdom of Jordan (요르단 하시미테 왕국); 아시아 서남부의 왕국. 수도 Amman〕. 2 (the ~) 요르단 강 〔Lebanon 남부에서 사해 (Dead Sea) 로 흘러 들어간다〕.

Jórdan álmond n. 스페인 원산의 아먼드의 우량종.

Jor·da·ni·an [dʒɔːrdéiniən, -njən] adj. 요르단의.
— n. 요르단인(人).

jo·rum [dʒóːrəm / dʒɔ́ːr-] n. 〔음료를 넣는〕 큰 컵, 큰 컵 가득(한 양). a *jorum* of punch 펀치 한 컵.

Jos. 《略》 Joseph; Josiah.

*Jo·seph [dʒóuzif] n. 1 〔성서〕요셉〔히브리의 족장 Jacob 의 아들〕 ~ 창세기(Gen.) 30 : 22-24]. 2 〔성서〕요셉〔성모 마리아의 남편. ~ 마태 복음(Matt.) 1 : 16-25]. 3 (j-) 품행이 단정한 남자. 4 (j-) 〔여자의 승마용〕 케이프가 달린 긴 웃옷.

Jóseph of Ar·i·ma·thǽ·a [-ærimǽθi(ː)ə] n. 〔성서〕 아리마태의 요셉〔이스라엘의 부자; 그리스도의 유해를 자기 무덤에 안치했다. ~ 마태 복음(Matt.) 27 : 57-60〕.

josh [dʒɑʃ / dʒɔʃ] 《美구어》 vt., vi. 조롱하다, 놀리다.
— n. 조롱, 농담.

Josh. 《略》〔성서〕 Joshua (여호수아).

josh·er [dʒáʃər / dʒɔ́ʃə] n. 놀리는 사람.

Josh·u·a [dʒáʃuə / dʒɔ́ʃwə, -ʃuə] n. 1 〔성서〕 여호수아〔Moses 의 뒤를 이은 이스라엘의 지도자, ~ 출애굽기(Exod.) 17 : 9-14 ; 신명기(Deut.) 31 : 14, 23〕. 2 〔성서〕〔구약 성서의〕 여호수아 서(書) 〔略 Josh.〕.

Jo·si·ah [dʒóu(u)sáiə, ~ 英 -záiə] n. 〔성서〕기원전 7 세기경의 유대의 왕〔~ 열왕기(하) (2 Kings) 22, 23〕.

jos·kin [dʒáskin / dʒɔ́s-] n. 《주로 英속어》시골뜨기.

joss [dʒɑs, dʒɔːs / dʒɔs] n. 〔중국인이 예배하는〕 우상.

jos·ser [dʒásər / dʒɔ́sə] n. 《英속어》놈, 녀석 (fellow); 〔특히〕 얼간이.

jóss hòuse n. 〔중국의〕 절, 사원.

jóss stìck n. 〔중국의 절에서 피우는〕 선향(線香).

*jos·tle [dʒásl / dʒɔ́sl] v. (**-tled, -tling**) vt. 1 …을 〔난폭하게〕떠밀다, 찌르다(push), …에 부딪치다; …을 밀어제치다, 밀어제치고 나아가다. ¶ The passengers *jostled* one another on the bus. 버스 승객은 서로 밀치고 있었다 // ¶ (~+몸+훼) He *jostled* me away. 그는 나를 밀어냈다 // ¶ (~+몸+前+영) He *jostled* his way *out of* the bus. 그는 남을 밀어제치고 버스에서 내렸다. 2 …과 겨루다. — vi. 1 찌르다, 밀다, 부딪치다; 서로 밀치락달치락하다; 밀어제치고 나아가다. ¶ (~+前+영) The students *jostled against* the police. 학생들은 세차게 경관에 부딪쳤다 / I *jostled through* the crowd. 나는 군중을 밀어제치고 나아갔다. 2 다투다, 겨루다 (compete). ¶ (~+前+영) They *jostled with* one another for the wreath. 그들은 서로 화환을 차지하려고 밀치락달치락 했다. 3 《英속어》 소매치기를 하다.
— n. 서로 밀치기, 서로 찌르기, 혼잡.

*jot [dʒɑt / dʒɔt] vt. (**jot·ted, jot·ting**) …을 간단히 적다, 적어 두다, 메모하다(…*down*). ¶ (~+몸+훼) He *jotted down* one's passport number 여권 번호를 적어 두다.
— n. 《보통 부정문에서》 약간, 극소량, 아주 조금 (a bit). ¶ She doesn't care a *jot* for him. 그녀는 그에게 조금도 관심을 보이지 않는다. [모장.

jot·ter [dʒátər / dʒɔ́tə] n. 1 메모를 하는 사람. 2 메

jot·ting [dʒátiŋ / dʒɔ́tiŋ] n. 〔보통 pl.〕 간단히 적어 두기, 메모하기; 메모, 간단한 비망록(memorandum).

Jo·tun [jóːtun], (**Jo·tunn, Jö·tun, Jö·tunn**) n. 〔북유럽 신화〕 거인〔자연의 파괴력의 상징〕.

Jo·tun·heim [jɔ́:tunhèim], (**Jo·tunn·heim**, **Jö·tunn·heim, Jö·tunn·heim**) n. [북유럽 신화] [세계의 서북쪽 끝에 있었다고 하는] 거인의 나라.

jou·al [dʒuːél] n. ⓤ 캐나다프랑스어[의 사투리].

joule [dʒuːl, dʒaul] n. [물리] 줄[에너지의 절대 단위. 에르그(erg)의 10⁷배; 略 J, j]. [<영국의 물리학자 James Prescott Joule (1818–89)의 이름]

jounce [dʒauns] vt., vi. (**jounced, jounc·ing**) 위아래로 심하게(덜커덕) 흔들다(흔들리다). — n. 진동, 동

jour. (略) journal; journey; journeyman.

‡**jour·nal** [dʒə́:rn(ə)l] n. 1 일기, 일지. ¶ keep a *journal* during one's trip 여행중에 일기를 적다. 2 의사록, [J-s] 영국 국회 의사록. 3 신문, [특히] 일간 신문. 4 잡지, 정기 간행물. ¶ a monthly *journal* 월간 잡지. 5 [부기] 분개장(分介帳). 6 [항해] 항해 일지(logbook). 7 [기계] [차축의] 저널 부분[= 축 부분].

jóurnal bòx n. [기계] 저널 박스[차축의 베어링이 들어 있는 상자].

jour·nal·ese [dʒə̀:rn(ə)líːz] n. ⓤ [문체·어법 따위의] 신문어, 신문 기자 용어. — adj. [문체·용어 따위가] 신문투의.

‡**jour·nal·ism** [dʒə́:rn(ə)lìz(ə)m] n. ⓤ 1 저널리즘, 신문(잡지) [편집(경영)]업, 문필업. 2 [집합적] 신문 잡지(계) [류]. 3 신문(잡지) 특유의 문체.

‡**jour·nal·ist** [dʒə́:rn(ə)list] n. 1 신문(잡지) 기자(기고가), 신문인, 저널리스트. 2 일기를 쓰는 사람.

*****jour·nal·is·tic** [dʒə̀:rnəlístik] adj. 신문(잡지)의, 신문(잡지)적인; 신문(잡지) 기자적인.
-ti·cal·ly [-kəli] adv. ⇨ jóurnalist n.

jour·nal·ize [dʒə́:rnəlàiz] (* (英)에서는 **jour·nal·ise** 로도 쓴다) v. (**-ized, -iz·ing**) vt. 1 …을 일기(일지, 의사록)에 기입하다. 2 [부기] …을 분개장에 기입하다. 3 …을 신문(잡지)에 보도하다. — vi. 1 일기(의사록)를 쓰다. 2 신문(잡지)계에 들어가다.

‡**jour·ney** [dʒə́:rni] n. [보통 비교적 긴, 육상의] 여행. *cf.* voyage ⇨ TRIP [類語] ¶ make (*or* take) a *journey* 여행을 하다 / break one's *journey* 여행을 중지하다; 도중 하차하다 / a *journey* on foot (by rail) 도보 (기차) 여행 / go on a *journey* to Mexico 멕시코로 여행을 떠나다. 2 여정(旅程), 행정(行程). ¶ Edinburgh is about five hours' *journey* from London. 에든버러는 런던에서 약 5시간의 여정이다. 3 […에의] 길, …의 여로. ¶ a *journey* to success 성공에의 길 / a *journey* of life 인생의 여로.
go on one's *last journey* 죽음의 길을 떠나다.
one's journey's end 여로의 끝, 목적지;《비유적》인생의 종착역.
— vi. 여행을 하다 (travel).

jour·ney·man [dʒə́:rnimən] n. (*pl*. **-men** [-mən]) 1 [도제(徒弟)로서의 수습 기간을 끝낸] 직공, 제구실을 하는 직공 (cf. apprentice). 2 [비유적] 단순한 고용인.
[이일, 잡일.

jour·ney·work [dʒə́:rniwə̀:rk] n. ⓤ [직공의] 품팔

joust [dʒaust, dʒuːst; dʒust, dʒuːst, dʒuːst], **just** [dʒʌst] n. 마상(馬上)의 창(槍) 시합 ((~s) 마상 창시합 대회 (tournament)). — vi. 말타고 창 시합을 하다.

Jove [dʒouv] n. 1 [로마 신화] = Jupiter. 2 [詩] 목성(木星) (Jupiter).
by Jove 맹세코, 반드시; 천만에, 어림없이[놀람·강조 따위를 나타낸다].
◇ jóvial, Jóvian adj.

jo·vi·al [dʒóuviəl, -vjəl] adj. 1 유쾌한, 명랑한, 쾌활한, 즐거운. ⇨ GAY [類語] 2 (J-) 목성의, 주피터의.
~·ly [-əli] adv. ~·ness n. ◇ Jove n.

jo·vi·al·i·ty [dʒòuviǽliti] n. (*pl*. **-ties**) 1 ⓤ 유쾌, 명랑, 기분이 좋음. 2 (-ties) 유쾌(명랑)한 언행.

Jo·vi·an [dʒóuviən] adj. Jove 신의(같은); 위풍 당당한(majestic). 2 목성(Jupiter)의.

jow [dʒau, dʒou] (스코) 종소리, 방울 소리.

— vt. 1 (종·방울)을 울리다. 2 (특히 머리를) 때리다, 치다.

jowl¹ [dʒaul, +美 dʒoul] n. 1 턱, (특히) 아래턱. *cf.* jaw 2 볼(cheek).
cheek by jowl [*with*] ⇨ CHEEK.

jowl² [dʒaul, +美 dʒoul] n. 1 [뚱뚱한 사람 등의] 목의 늘어진 살. 2 [소의] 목의 늘어진 살 (dewlap); [칠면조 따위의] 목의 늘어진 살 (wattle). 3 물고기의 머리 부분.

‡**joy** [dʒɔi] n. 1 ⓤ기쁨, 즐거움, 환희. ⇨ PLEASURE [類語] ¶ in *joy* and in sorrow 기쁠 때나 슬플 때나 / to one's *joy* 기쁘게도 / cry for *joy* 기뻐서 울다 / jump for *joy* 기뻐 날뛰다 / He was beside himself with *joy*. 그는 너무나도 기뻐서 정신이 없었다. 2 기쁘게 해주는 것, 기쁨의 원인, 즐거움. ¶ A thing of beauty is a *joy* forever. 아름다운 것은 영원한 기쁨이다[← Keats 작 *Endymion*].
wish a person joy [*of, in*] 남의 …을 축하하다, 남에게 …의 기쁨을 말하다. ¶ I *wish* you *joy* of your success. 성공을 축하합니다.
— vi. (주로 문어) 기뻐하다 (rejoice). ¶ (~+前+图) He *joyed* in my good luck. 그는 내 행운을 기뻐해 주었다. ◇ jóyful, jóyous adj.

joy·ance [dʒɔ́iəns] n. (고어·詩) 기쁨, 즐거움; 오락.

joy·bells [dʒɔ́ibèlz] n. pl. (英) [축제·경사를 알리는] 경축의 종.

jóy bòy n. (속어) 미동(美童) [동성 연애자 상대역의

‡**joy·ful** [dʒɔ́ifəl] adj. 1 [사람이나 마음이] 기쁨에 넘치는, 즐거운, 기쁜 (delighted); [언행이] 기쁜 듯한, 즐거워 보이는. ⇨ GLAD [類語] 2 [일 따위가] 즐거운, 기쁜.
~·ness n. ◇ joy n.

*****joy·ful·ly** [dʒɔ́ifəli] adv. 기뻐서, 기쁜 듯이; [결말 따위가] 행복하게.

jóy jùice n. (美 속어) 알코올 음료(alcoholic drink).

joy·less [dʒɔ́ilis] adj. 기쁨(즐거움)이 없는; 슬픈, 적적한; 재미없는, 시시한. ~·ly adv. ~·ness n.

*****joy·ous** [dʒɔ́iəs] adj. = joyful. ~·ness n.

*****joy·ous·ly** [dʒɔ́iəsli] adv. 즐겁게, 유쾌하게, 기뻐서.

joy·pop [dʒɔ́ipɑ̀p / -pɔ̀p] vt. (**-popped, -pop·ping**) (속어) [중독이 안 될 정도로] 가끔 마약을 쓰다, 마약을 피하 주사하다.

jóy rìde n. (美구어) 장난삼아 하는 드라이브 [남의 차를 허락없이 타고 다니거나 난폭하게 운전하는 것].

joy·ride [dʒɔ́iràid] vi. (**-rode, -rid·den, -rid·ing**) (美구어) 장난삼아 드라이브를 하다.

jóy stick n. 1 (구어) [항공] [비행기의] 조종간 (桿) (control stick). 2 (구어) [컴퓨터 등의] 수동(手動) 제어 장치. 3 (속어) 음경(陰茎).

JP (略) jet propulsion.
J.P. (略) justice of the peace (치안 판사).
JPG (略) Job Performance Guide (직무 수행 기준).
JPL (略) Jet Propulsion Laboratory (세트 추진 연구
JPN, Jpn. (略) Japan; Japanese. [소].
Jr., jr. (略) Junior (…2세).
J.R.C. (略) Junior Red Cross (소년 적십자단).
JSA (略) Joint Security Area.
JSC (略) Joint Staff Council (통합 참모회의); Johnson Space Center (존슨 우주 센터; 미국의 유인 우주 비행 관제 센터).
JSNP (略) Japan Satellite News Pool (일본 위성 중계 협력 기구 [NHK 와 민방(民放) 4사(社)가 1970년 3월 결성]).

ju·ba [dʒúːbə] n. 주바 춤 [미국 남부의 농장에서 일하는 흑인의 춤에서 발달한 활발한 춤].

Ju·bal [dʒúːb(ə)l, +英-bæl] n. 유발 [가인 (Cain) 의 자손으로 악기 발명자라고 한다. ⇨ 창세기(Gen.) 4:21].

ju·bi·lance [dʒúːbiləns] n. ⓤ 환희, 환호. [르는
ju·bi·lant [dʒúːbilənt] adj. 환희에 넘친, 환성을 지

ju·bi·late [dʒúːbileit] vi. (-lat·ed, -lat·ing) **1** 환성을 지르며 기뻐하다, 환희하다. **2** 기념제(jubilee)를 축하하다.

Ju·bi·la·te [juːbiláːtei, dʒùː-/-láːti] n. **1** [성서의] 시편 제100편(영국 국교회에서 찬송가로 사용된다]. **2** (=Júbilâte Súnday) 부활절 다음의 제3 일요일.

ju·bi·la·tion [dʒùːbiléiʃ(ə)n] n. **1** U 환희, 환호(exultation). **2** 기쁨의 축전(祝典), 축하.

***ju·bi·lee** [dʒúːbiliː, ˌ-ˌ-ˋ-] n. **1** [25년·50년·60년·75년 따위의] 기념(축)제. ¶ the silver *jubilee* 25년제 / the golden *jubilee* 50년제 / the diamond *jubilee* 60(또는 75)년제. **2** 50년제(의 해); [가톨릭] [보통 25년마다 행하는] 성년(聖年), 대사(大赦)의 해. **3** [유대 역사] 요벨의 해, 50년절(節) [고대 히브리 사람이 이집트에서 탈출하여 Canaan의 땅으로 들어간 해부터 50년마다 행한 성년]. **4** 축전, 축제. **5** U 기쁨, 환희(jubilation).
◇ jubiláte *v.*

jud. (略) judge, judgment; judicial, judiciary.

Jud. (略) [성서] Judges; Judith.

Ju·dae·a [dʒuːdíːə / -díːə] n. =Judea.

Ju·dae·an [dʒuːdíːən] *adj.*, *n.* =Judean.

Ju·dah [dʒúːdə] n. **1** 유다[Jacob과 Leah의 넷째 아들, ←창세기(Gen.) 29 : 35]; [유다의 자손인] 유다족. **2** 유다 왕국[팔레스티나 남부의 고대 유대 국가, 수도 Jerusalem]. 대국의.

Ju·da·ic [dʒuː(ː)déiik] *adj.* 유대의(민족, 문화)의; 유.

Ju·da·i·cal [dʒuːdéiik(ə)l] *adj.* =Judaic.

Ju·da·ism [dʒúːdiːiz(ə)m /-dei-] n. U **1** 유대교. **2** 유대교주의(신봉). **3** U(C) 유대식. **4** (집합적) 유대인.

Ju·da·ist [dʒúːdiist /-dei-] n. **1** 유대교도; 유대교주의(신봉)자. **2** 초기의 유대인 그리스도교 신자.

Ju·da·ize [dʒúːdiàiz /-de(i)-] *vt.*, *vi.* (-ized, -iz·ing) 유대인식으로 되다(하다); 유대적 풍습(신앙)을 채용하다(시키다); 유대교화하다.

Ju·das [dʒúːdəs] n. **1** [가룟의] 유다[12사도 중 한 사람, 돈 때문에 그리스도를 배반했다. ←마가 복음(Mark) 3 : 19]. **2** 배반자, 배신자(betrayer). **3** (j-) [문의] 엿보는 구멍.
― *adj.* [사냥에서] 후림 짐승으로 쓰는.

Ju·das-col·ored, (英) -oured [dʒúːdəskʌləːrd] *adj.* [머리털이] 붉은, 붉은 머리털의. [<배반자 Judas의 머리털이 붉다는 전설에서]

Júdas kíss n. 유다의 키스 [←마태 복음(Matt.) 26 : 48]; (비유적으로) 겉치레만의 호의, 배반 행위.

Júdas trée n. 서양땅목[가룟 Judas가 목을 매단 나무라고 한다].

jud·der [dʒʌdər] (주로 英) *vi.* [기계 따위가] 소리를 내며 흔들리다, 삐걱거리다. **1** [기계 따위의] 진동, 삐걱거림. **2** [음악] [소프라노의] 급격한 음조의 변화.

Jude [dʒuːd] n. **1** 유다[그리스도의 12제자 중 한 사람, Judas와 다른 사람이다. ←누가 복음(Luke) 6 : 16]. **2** [신약 성서의] 유다서(書).

Ju·de·a [dʒuːdíːə /-díːə], (**Ju·dae·a**) n. 유대[고대 팔레스티나 남부의 로마 영토].

Ju·de·an [dʒuːdíːən /-diən], (**Ju·dae·an**) *adj.* 유대(Judea)의; 유대인(민족)의(Jewish). ― *n.* 유대인(Jew). ― [baiting] [조직적인] 유대인 박해.

Ju·den·het·ze [júːd(ə)nhètsə] n. [독일] (=Jew-

Judg. (略) [성서] Judges.

‡judge [dʒʌdʒ] n. **1** 재판관, 판사. ¶ a preliminary (*or* an examining) *judge* 예심 판사 / a presiding *judge* 재판장 / as grave (*or* sober) as a *judge* 자못 엄숙한, 진지한 체하는. **2** [경기·토론 따위의] 심판관, 심사원, 판정자. ¶ a *judge* of a speech contest 웅변 대회의 심사원.
類語 **judge** 판결·판정의 권한이 있는 사람; 지식·경험·공정한 판단력이 풍부함을 암시: a *judge* of a photo contest 사진 콘테스트의 심사원. **referee**, **umpire** 둘 다 조정자의 의견이 일치하지 않을 때 최종 판결을 내리는 사람; 스포츠 용어로서는 규칙에 따라 시합을 순조롭게 진행시키는 임원을 뜻하는데, 어느냐는 각 스포츠의 관용에 따른다: a soccer *referee* 축구 심판 / a baseball *umpire* 야구 심판.

3 감정가, 감식가. ¶ He is a good *judge* of cattle. 그는 가축 감정을 잘 한다 / I'm no *judge* of whisky(poetry). 나는 위스키(시)의 좋고 나쁨을 모른다. **4** (종종 J-) [유대 역사] 사사(士師), 심판자. **5** (J-) [인간의 심판자로서] 신(god).
― *v.* (**judged**, **judg·ing**) *vt.* **1** …을 재판(심판)하다; …에게 판결을 내리다. ¶ God will *judge* all men. 하느님은 모든 사람을 심판하실 것이다. // (~+目+補) The court *judged* him guilty. 법정은 그에게 유죄를 선고했다.
2 …을 심리하다(try). ¶ The court is *judging* the case. 법정은 그 소송을 심리중이다.
3 …에 판단을 내리다, …을 비판하다, 비난하다. ¶ Don't *judge* others too harshly. 남을 너무 호되게 비판해서는 안 된다. // (~+目+前+图) You must not *judge* a man *by* his income. 남을 수입의 다과에 따라 판단해서는 안 된다.
4 …을 심사하다, 심판하다, 감정하다. ¶ *judge* a beauty contest 미인 선발 대회의 심사를 하다.
5 …이라고 판단하다, 생각하다(think); 추측하다(estimate). ¶ (~+目+[*to be*]) I *judge* him [*to be*] an honorable man. 그는 훌륭한 분이라고 나는 생각한다 // (~+*that* 節) I *judged that* it was better to speak out. 분명하게 말해 두는 편이 좋겠다고 나는 생각했다.
6 [성서] [사사(士師)로서] …을 통치하다.
― *vi.* **1** 재판을 하다, 판결을 내리다; 심판하다. ¶ *judge at a beauty contest* 미인 선발 대회에서 심사를 하다 / *Judge not, that ye be not judged.* 비판을 받지 아니하려거든 비판하지 마라[←마태 복음(Matt.) 7 : 1] // (~+前+图) I cannot *judge between* the two things. 둘 중에 어느 것을 취해야 할지 나로서는 판단이 서지 않는다.
2 판단을 내리다, 판정하다. ¶ (~+前+图) Don't *judge of* a man *by* his appearances. 외관만으로 남을 판단해서는 안 된다.

judging from (*or* **by**) …으로 판단하건대(미루어 보아). ¶ *Judging from* what I hear, he is a man of high birth. 내가 들은 바에 의하면 그는 집안이 좋은 것 같다.
◇ júdgment *n.*, judícial, judgmátical *adj.*

júdge ádvocate n. [군대] 법무관.

jùdge ádvocate géneral n. (pl. **j- advocates g-** *or* **j- a- generals**) (美) [군대] 법무국장(감).

judge-made [dʒʌdʒmèid] *adj.* [법률] 재판관이 작성한. ¶ the *judge-made* law 판례법.

Judg·es [dʒʌdʒiz] n. *pl.* [단수 취급] [구약 성서의] 사사기(士師記) [Deborah로부터 Samuel까지의 사사들(judges)의 역사를 쓴 서; 略 Judg.]. [위].

judge·ship [dʒʌdʒʃip] n. U 재판관의 직무(직권, 지위).

judg·mat·i·cal [dʒʌdʒmætik(ə)l], (**judg·mat·ic**) *adj.* [구어] 사려 분별이 있는, 현명한(judicious). **~ly** [-kəli] *adv.*

‡judg·ment, (英) **judge-** [dʒʌdʒmənt] n. U **1** 재판, 심판. ¶ *judgment* by default; default *judgment* 결석 재판. **2** U(C) [법률] 판결; 판결에 의해 생기는 채무; (C) 판결의 취지. ¶ a *judgment* of acquittal (conviction) 무죄(유죄)의 판결 / give (*or* pass, make) [a] *judgment* 판결을 내리다 / The *judgment* was against (in favor of) him. 판결은 그에게 불리(유리)했다. **3** U 비판력, 비판력, 사려 분별, 양식; 판단, 평가, 감정, 비평. ¶ a man of good (sound) *judgment* 뛰어난 (올바른) 판단력의 소유자. **4** 비판, 비난. **5** 의견, 견해(opinion) (on...). ¶ in my *judgment* 내 판단으로는 // form an

judgmental   1237   **jujube**

independent *judgment on* …에 대해서 독자적인 의견을 가지다. **6** ([the] J-) 《성서》 최후의 심판 (the Last Judgment). **7** 신벌(神罰), 천벌. ¶ It is a *judgment on* you *for* getting up late. 그건 네가 늦잠 잔 죄야. *sit in judgment on* (or *upon*) ① …을 재판하다. ② …을 비판하다. ◇ *judge* v.

judg·men·tal [dʒʌdʒmént(ə)l] *adj.* 재판[상]의, 판결[상]의; 판단[상]의.

júdgment créditor *n.* 《법률》 판결 채권자.

Júdgment Dày *n.* 《말세의》 최후의 심판일 (시) (doomsday). *cf.* Last Judgment

júdgment dèbt *n.* 판결 채무[판결로 확정된 채무].

júdgment dèbtor *n.* 《법률》 판결 채무자.

júdgment sèat *n.* **1** 최후의 심판일에 사람이 앉는 다는 심판의 자리. **2** 판사석; 법정, 법원 (tribunal).

ju·di·ca·to·ry [dʒúːdikətɔ̀ːri / -t(ə)ri] *adj.* 재판[상] 의, 사법의. ─ *n.* (*pl.* -ries) **1** 재판, 법정. **2** ⓤ 사법 행정.

ju·di·ca·ture [dʒúːdikətʃər] *n.* **1** ⓤ 재판권. **2** ⓤ 재판관의 직권; 재판 관할권이 미치는 범위. **3** ⓤ 《집합적》 사법 기관. **4** 법원. ¶ the Supreme Court of *Judicature* 영국 대법원.

*****ju·di·cial** [dʒuː(ː)díʃ(ə)l] *adj.* **1** 사법의, 재판의; 재판상의. ¶ *judicial* legislation 재판관 입법 / *judicial* murder 법의 살인(부당하다고 생각되는 사형 선고] / *judicial* police 사법 경찰 / *judicial* power[s] 사법권 / a *judicial* precedent 판례/*judicial* proceedings 사법 절차. **2** 법관다운(같은). ¶ with *judicial* gravity 법관다 운 위엄으로. **3** 비판적인 (critical); 판단력이 있는, 식 별력이 있는, 공정한 (fair), 공평한 (impartial). ¶ a *judicial* mind 공정한 마음. **4** 신벌(神罰)의, 천벌의. ~·ly [-ʃəli] *adv.*

judícial múrder *n.* 법의 살인[부당한 사형 선고].

judícial revíew *n.* 《美》 《사법부의》 합헌(合憲) 심 사, 사법 심사.

judícial separátion *n.* 《법률》 《결혼 해소(解消) 에는 이르지 않은》 재판상의 별거 (legal separation).

ju·di·ci·ar·y [dʒuː(ː)díʃièri, -ʃəri / -ʃiəri] *adj.* 사법[의, 판결]의; 법원(법관)의 (judicial). ─ *n.* **1** 사법부. **2** [한 나라의] 사법 조직. **3** 《집합적》 법관.

ju·di·cious [dʒuː(ː)díʃəs] *adj.* 사려 분별이(양식) 있 는, 현명한 (wise). ¶ a *judicious* selection 현명한 선택. ~·ly *adv.* ~·ness *n.*

Ju·dith [dʒúːdiθ] *n.* **1** 유디스[Assyria 의 장수를 죽 이고 동포를 구출한 유대의 여걸]. **2** 유디스서(書) [구 약 외경].

ju·do [dʒúːdou] *n.* ⓤ 유도. [J-]

Ju·dy [dʒúːdi] *n.* **1** 〔인형극 *Punch and Judy* 의〕 Punch 의 아내. **2** (j-) 《英속어》 여자 아이.

‡jug¹ [dʒʌɡ] *n.* **1** 《英》 [도자기・금속・유리 따위로 된, 보통 아가리가 넓고 손잡이가 달린] 주전자, 단지; 《美》 [보통 도자기제로 만들어지며, 코르크 마개가 있고 목이 가는 형의] 물주전자. **2** 물주전자(단지)에 하나 가득 든 분량 (jugful). **3** 《속어》 교도소, 감옥 (prison); 《美속 어》 은행 (bank). ¶ in *jug* 감옥에 갇혀. ─ *vt.* (jugged, jug·ging) **1** 《주로 물주전자(단지, 조기)에 넣 다. **2** 《고기 따위를》 단지에 넣어서 고다. **3** 《속어》 … 을 감옥에 넣다 (imprison).

jug² [dʒʌɡ] *n.* 적적, 《새, 특히 nightingale의 울음 소 리》. ─ *vi.* (jugged, jug·ging) 적적 울다. [빼]

ju·gal [dʒúːɡ(ə)l] *adj.* 볼의, 광대뼈의. ─ *n.* 광대뼈.

ju·gate [dʒúːɡeit, -ɡit / -ɡeit] *adj.* 《식물》 대생엽 (對生 葉) (소엽)이 있는.

júg bànd *n.* 〔하모니카・냄비 따위를 사용하는〕 잡동 사니 악대.

jug·ful [dʒʌɡfùl] *n.* 주전자 (단지 등) 하나 가득.

Jug·ger·naut [dʒʌɡərnɔ̀ːt] *n.* **1** 〔인도 신화〕 크리슈 나신(神) (Krishna) [비슈누 (Vishnu) 신의 제 8 화신(化 身)], 크리슈나 신상(像). **2** (종종 j-) [희생을 무릅 쓰고] 맹목적 미신(습관, 제도). **3** (종종 j-) [전쟁・정치・사회 위] 엄청난 파괴력, 불가항력.

jug·gins [dʒʌɡinz] *n.* 《英속어》 잘 속는 사람, 얼간이, 바보 (simpleton).

***jug·gle** [dʒʌɡl] *v.* (**-gled, -gling**) *vt.* **1** 〔구슬・날붙이 따위]로 마술을 부리다, …에 요술을 쓰다. ¶ *juggle* three apples and an orange 사과 3개와 오렌지 하나로 마술을 부리다 // (~+圄+副) *juggle* a cigarette *away* 요술을 부려서 권련을 한 대 사라지게 하다 // (~+圄+ 前+名) *juggle* a sheet of paper *into* a walking stick 요 술로 종이 지팡이로 바꾸다. **2** 떨어뜨 릴 뻔하다가 잡다. ¶ The shortstop *juggled* the ball. 유 격수는 공을 놓칠 뻔했다가 잡았다. **3** …을 속이다, 속 이려고 조작하다. ¶ They desperately *juggled* the accounts. 그들은 혈안이 되어 장부의 숫자를 조작했다. **4** …을 속이다, 속여서 …로부터 빼앗다. ¶ (~+圄+ 前+名) *juggle* a person *out of* his money 남을 속여서 돈을 빼앗다. ─ *vi.* **1** 마술을 부리다, 요술을 쓰다. ¶ (~+前+名) *juggle* with three knives 나이프 3 개를 가지고 요술을 부리다. **2** 기만하다, 사기치다 (cheat). ¶ (~+前+名) *juggle* with words 말로 속이다. ─ *n.* ⓤ ⓒ **1** 마술, 요술. **2** 속이기, 사기. ◇ *júggery* n.

jug·gler [dʒʌɡlər] *n.* **1** 마술사. **2** 사기꾼, 협잡꾼.

jug·gler·y [dʒʌɡləri] *n.* ⓤ ⓒ (*pl.* **-gler·ies**) **1** 요술, 마술. **2** 속이기, 사기.

júg·head *n.* 《美속어》 얼간이.

Ju·go·slav, Ju·go-Slav [júːɡo(u)slàːv] *n., adj.* =Yugoslav.

Ju·go·sla·vi·a [júːɡo(u)slàːviə, -vjə] *n.* =Yugoslavia.

Ju·go·sla·vi·an [júːɡo(u)slàːviən, -vjən] *n., adj.* = Yugoslavian.

jug·u·lar [dʒʌɡjulər] *adj.* **1** 〔해부〕 경부(頸部)의, 경 정맥 (頸靜脈)의. **2** 〔물고기가〕 목에 배지느러미가 있 는. ─ *n.* **1** 경정맥 (jugular vein). **2** 상대방의 최대 약점.

ju·gu·late [dʒúːɡjulèit] *vt.* (**-lat·ed, -lat·ing**) **1** 〔병〕 을 거칠게 치료하여 막다. **2** …의 목을 따서 죽이다.

‡juice [dʒuːs] *n.* **1** ⓤ ⓒ 〔과일・야채・고기 따위의〕 즙, 액, 주스. ¶ a glass of grape *juice* 포도 주스 한 잔. **2** ⓤ ⓒ 〔동물체의〕 액, (특히 ~) 체액 (體液). ¶ digestive *juice* 소화액 / gastric *juice* (or *juices*) 위액. **3** ⓤ 정 (精), 정수 (essence); 《美속어》 힘, 활력, 원기. ¶ the *juice* of life 생명력 / the *juice* and sap of the Evangelical teaching 복음의 가르침의 진수 (眞髓). **4** ⓤ 《속 어》 **a**) 전기, 전력. **b**) 〔동력원으로서의〕 가솔린, 연료 유, 석유, 디젤유. **d**) 《종종 the ~》 술, 《특히》 위스 키. **e**) 고리 (高利).

stew in one's *own juice* ⇒ STEW.

─ *vt.* (**juiced, juic·ing**) 《구어》 …에서 즙을 짜다; 《美속어》 〔소〕에서 젖을 짜다.

juice up 《美》 ① …을 가속 (加速)하다 (accelerate). ② …을 기운나게 하다.

juiced up 《美속어》 술취한.

júicy *adj.*

júice·head [dʒúːshèd] *n.* 《美속어》 알코올 중독자.

juice·less [dʒúːslis] *adj.* 즙이 없는, 액즙 없는.

júice màn *n.* 《美속어》 고리 대금업자; 빚 독촉꾼.

juic·er [dʒúːsər] *n.* **1** 주서 〔과즙을 짜는 기구〕. **2** 무대의 전기 (조명) 담당. **3** 《美속어》 술고래.

***juic·y** [dʒúːsi] *adj.* (**juic·i·er, juic·i·est**) **1** 즙 (액)이 많은. **2** 〔이야기・일삯 따위가〕 그럴 듯한, 재미있는 (spicy); 흥미진진한, 생기있는 (lively); 《美속어》 윤기 나는. **3** 《구어》 〔날씨가〕 습한 (wet). **4** 수지맞는.

juic·i·ly *adv.* **juic·i·ness** *n.* ◇ *juice* n.

ju·ju [dʒúːdʒuː] *n.* **1** 〔서아프리카 원주민의〕 마귀 쫓 는 상(像); 주물 (呪物) (fetish); 부적. **2** 《주물 (呪物)・ 부적이》 지니는 마력 (魔力) (magic, spell). **3** 금기 (禁 忌) (taboo).

ju·jube [dʒúːdʒuːb] *n.* **1** 대추 [나무]. **2** 대추 젤리

jújú mùsic *n.* 〔음악〕 쥬쥬 음악〔아프리카의 리듬과 최신 일렉트릭 사운드를 융합시킨 새로운 팝뮤직〕.

juke [dʒuːk] *n.* 《美속어》=jukebox. — *vi.* (**juked, juk·ing**) 《美속어》〔보통 이성과 함께〕이집저집 돌아다니며 술을 마시다.

júke-bòx [dʒúːkbàks / -bɔ̀ks] *n.* 주크 박스〔동전 투입식 음반 연주 장치〕.

júke jòint *n.* 《美속어》〔jukebox 가 있는〕 값이 식당 〔춤도 출 수 있다〕.

Jukes [dʒuːks] *n. pl.* (the ~) 주크가(家)〔미국 New York 주에 실존했던 한 집안에 붙여진 가상적인 명칭. 악질 유전(遺傳)의 전형으로 인용된다〕. *cf.* Kallikak

*****Jul.** (略) July.

ju·lep [dʒúːlip / -ləp, -lip] *n.* Ⓤ **1** 〔약을 먹기 쉽게 하기 위한〕 감미(甘味) 음료. **2** 줄렙〔위스키나 브랜디에 설탕이나 박하 따위를 넣은 청량 음료〕. ¶ gin *julep* 진 줄렙.

Jul·ian [dʒúːljən] *adj.* **1** Julius Caesar의(같은). **2** 율리우스력(曆)의.

Júlian cálendar *n.* 율리우스력〔Julius Caesar가 기원전 46년에 종래의 로마 고력(古曆)을 고쳐 제정한 것〕.

ju·li·enne [(d)ʒùːliːén] *adj.* 〔야채 따위를〕 잘게 썬, 가늘게 자른. — *n.* 〔잘게 썬 야채의〕 묽은 수프.

Ju·liet [dʒúːljət] *n.* Shakespeare 작의 비극 *Romeo and Juliet*의 여주인공.

Júliet càp *n.* 줄리엣 모자〔종종 진주나 보석 따위로 장식되며, 반(半)정장인 경우나 결혼식에서 신부가 쓰는 모자〕.

Jú·lius Cáesar [dʒúːljəs-, -iəs-] *n.* ⇨ CAESAR

Ju·ly [dʒu(ː)lái] *n.* 7월〔略 Jul., Jl., Jy.〕.

jum·bal [dʒʌ́mb(ə)l] *n.* 잠발〔한가운데에 구멍이 있는 삭고 둥글납작한 과자〕.

*****jum·ble** [dʒʌ́mbl] *v.* (**-bled, -bling**) *vt.* …을 마구 뒤섞다; 〔정신적으로〕 혼란시키다(muddle). ¶ (~+目+圖) *jumble up* things in a box 상자 속의 물건을 마구 뒤섞다. — *vi.* 뒤범벅이 되다, 뒤죽박죽이 되다; 밀치락달치락 하다(jostle).
— *n.* **1** 뒤범벅, 잡동사니; 혼란〔상태〕; 동요. ⇨ CONFUSION 類語 ¶ Plates and dishes were in a *jumble* on the table. 식탁 위에는 음식 접시가 뒤죽박죽 널려 있었다. **2** 《주로 英》잡화, 싸구려 시장의 상품. **3** = jumbal. ◇ **júmbly** *adv.*

júmble sàle *n.* 《주로 英》〔자선 등의〕 싸구려 시장〔염가 판매〕.

júmble shòp *n.* 《주로 英》 잡화점.

jum·bly [dʒʌ́mbli] *adj.* 뒤범벅이 된, 뒤죽박죽의.

jum·bo [dʒʌ́mbou] *n.* (*pl.* ~**s**) **1** 〔구어〕 덩칠이 큰 기괴만하고 꼴사나운 사람(동물, 물건). **2** 《英》 크게 성공한 사람. **3** 점보 제트기. ¶ a *jumbo* jet plane 점보 제트기. [<19세기 말렵던 동물원에서 미국으로 보낸 P. T. Barnum의 서커스에서 인기를 끈 거대한 코끼리의 이름]

júmbo jèt *n.* 점보 제트〔수백명이 탈 수 있는 대형 여객기〕.

‡**jump** [dʒʌmp] *vi.* **1** 뛰다, 뛰어오르다, 도약하다 (leap); 갑자기 (재빨리) 일어나다. ¶ (~+圖) *jump about* 뛰놀며 돌아다니다 / *jump aside* 뛰어 비키다 / *jump down* 뛰어내리다 // (~+前+名) *jump for* (or *in*) joy 기뻐 날뛰다 / *jump into* the air 공중으로 뛰어오르다 / *jump on* a moving bus 움직이는 버스에 뛰어오르다 / *jump out of* bed 잠자리에서 뛰쳐나오다 / *jump over* a puddle 웅덩이를 뛰어넘다 / *jump to* one's feet 갑자기 일어서다.

類語 jump「도약하다」라는 뜻의 가장 일반적인 말; 도약의 방향은 어느 쪽이든 좋다. **leap** jump와 같은 뜻이나 특히 jump 해서 위치가 이동하는 것을 강조하는 일이 많다: *leap* over a fence 울타리를 뛰어넘다. **hop** 〔한쪽 발 따위로〕 짧게 도약하다: a *hopping* bird 깡충깡충 뛰는 새. **bound** 뛰듯이 높이 뛰다: A kangaroo *bounds*. 캥거루는 높이 뛴다. **skip** 경쾌한 도약으로 이동하다: *skip* about 가볍게 뛰어다니다. **spring** 갑자기 뛰어오르다: *spring* from the bed 침대에서 벌떡 일어나다. **vault** 양손 또는 장대 같은 연장을 써서 뛰어넘다.

2 움찔(덜컥, 오싹) 하다; 〔종기·충치 따위가〕 욱신거리다. ¶ She *jumped* when the mouse ran before her. 그녀는 쥐가 자기 앞을 달려가는 것을 보고 오싹했다. / (~+前+名) My heart *jumped at* the news. 그 소식을 듣고 가슴이 덜컥했다.

3 〔양·물가 따위가〕 뛰어오르다, 급등하다; 갑자기 뛰어서 이동하다, 갑자기 변하다. ¶ (~+圖) The price of green vegetables *jumped up* this month. 이달에는 채소값이 급등했다 // (~+前+名) The conversation *jumped* from one topic *to* another. 이야기는 한 화제에서 딴 화제로 갑자기 옮아갔다.

4 〔결론 따위를〕 서두르다, 비약하다. ¶ (~+前+名) *jump to* (or *at*) conclusions 성급하게 결론을 내리다.

5 일치하다, 부합하다(agree, coincide). ¶ (~+前+名) Your statement doesn't *jump with* the facts. 너의 진술은 사실과 부합하지 않는다.

6 〔영화의 화면이〕 뛰다; 〔타자기 따위가〕 뛰어넘다.

7 〔서양장기〕 상대방의 말을 뛰어넘어 잡다.

8 《속어》큰 소란을 떨다, 웅성거리다; 〔파티 따위가〕 활기를 띠다.

— *vt.* **1** …을 뛰어넘다 (jump over). ¶ *jump* a stream (a fence) 개울(울타리)을 뛰어넘다 / The train *jumped* the track. 기차가 탈선했다.

2 …을 뛰어넘게 하다 (cause to leap). ¶ (~+目+前+名) *jump* a horse across a ditch (*over* a fence) 말에게 개천(울타리)을 뛰어넘게 하다.

3 …을 뛰어오르게 하다, 〔뛰어오르게 해서〕 달래다. ¶ (~+目+圖+圖) *jump* a baby *up* and *down* [on one's knees] 아기를 [무릎 위에서] 가동가동 어르다.

4 〔중간 단계를〕 뛰어넘어 승진 (진급) 하다 (시키다); 〔주제·책의 일부 따위를〕 뛰어넘기다(skip over); 〔신문〕 〔기사나 페이지를〕 넘겨주어 계속시키다, 다른 페이지로 이어 나가다. ¶ *jump* three chapters 3장을 뛰어넘고 읽다 / He *jumped* the fourth grade in school. 그는 학교에서 4학년은 거치지 않고 진급했다 / The university *jumped* him from instructor to full professor in three years. 대학은 그를 3년 만에 강사에서 정교수로 승진시켰다.

5 〔물가 따위를〕 급상승시키다, 폭등시키다; 〔급료 따위를〕 단숨에 올리다 (increase sharply). ¶ The store *jumped* the prices. 그 상점은 물건 값을 갑자기 올렸다.

6 〔사냥감을〕 날아오르게 하다; 〔사람이나 신경을〕 놀라게 하다(startle).

7 〔서양장기〕 〔상대방의 말을〕 뛰어넘어 잡다; 〔브리지〕 …에 필요 이상으로 많은 점수를 매기다.

8 …에 덤벼들다; 《美속어》…을 불시에 덮치다(… *on*).

9 《美속어》…을 나오다, …에서 도망치다, 삼십 육계를 놓다. ¶ The bank robbers *jumped* town. 은행 강도들은 시내에서 줄행랑쳤다.

10 〔남의 채권 따위를〕 불법(강제)으로 빼앗다(횡령하다).

11 《美》〔열차·버스·비행기 등을〕 〔차차〕에 몰래 올라타다. ¶ He *jumped* a plane for New York. 그는 뉴욕행 비행기로 허둥지둥 떠났다.

12 〔과거 분사형으로〕 〔감자 따위를〕 프라이팬에서 흔들어 튀기다.

jump aboard (**on board**) 패거리(활동)에 가담하다.
jump all over a person 《美속어》 남을 호되게 매도하다, 남을 격렬하게 〔화가 나서〕 비난하다.
jump at ① …에 덤벼들다. ② 〔초대·거래 등에〕 기꺼이 응하다.
jump down a person's throat ⇨ THROAT.
jump on (or **upon**) ① …을 벌안간 덮치다. ② …을 비난하다, 꾸짖다.
jump out of one's skin ⇨ SKIN.

— *n.* **1** 뛰기, 도약, 점프; 도약 경기; 도약 거리, 도

jump area

약 장애물. ¶ the long (or the broad) *jump* 멀리뛰기 / the [running] high *jump* [도움닫기] 높이뛰기 / the pole *jump* 장대 높이뛰기 / a racecourse with *jumps* [경마의] 장애물 경주로(路). **2** [물가·온도 따위의] 급상승, 급등; 급증. ¶ a *jump* in the price of gold 금값의 급등. **3** 《구어》 짧은(서둘러 하는) 여행. **4** [비행기로부터의] 낙하산 강하. **5** [논리·화제 따위의] 비약, 급전; [무답의] 단층. **6** 《美》 움직임, 행동. **7** [흥분·공포 따위로] 덜컥(흠칫) 놀람; (the ~s) 초조, 걱정, 신경의 경련. **8** 기사가 다른 페이지로 계속되는 부분(breakover). **9** [서양장기] [뛰어넘어] 상대방의 말을 잡기.
all of a jump 흠칫흠칫하며, 신경질이 되어.
at a jump 한번 뛰어.
 〔앞지르다〕.
get (or *have*) *the jump on* …에 한발 앞서다, …을 *on the jump* 《美》 동분서주하여.
stay a jump ahead of …보다 한 걸음 앞에 나가 있다, …보다 한 발 앞서 있다.
— *adj.* [재즈] 스윙 음악의; 급템포의.
◇ *júmpy adj.*

júmp àrea n. 《군사》 낙하산 부대의 착륙지.
júmp báll n. 《농구》 점프 볼 [시합의 개시·재개(再開) 때에 심판이 양팀 선수 사이에서 위로 던지는 공].
júmp bíd n. 《카드놀이》 《브리지》 불필요하게 높은 비드.
júmp cút n. 《영화》 [연속성이 없어지도록] 화면을 전환.
jumped-up [dʒʌm(p)tʌp] *adj.* 신흥의, 최근에 나타난.
***júmp•er¹** [dʒʌmpər] n. **1** 도약자(선수). **2** 《美》 천공기(穿孔機), 착암기(鑿岩機). **3** 셀매의 일종. **4** 《시계의 역회전을 방지하는》 폴(watch pawl). **5** 웨일스의 칼빈파 감리교의 한 종파 사람[1760년경의 예배중에 춤을 추는 신자]. **6** 《항해》 (돛의) 지삭(支索). **7** 뛰는 벌레(등).
***júmp•er²** [dʒʌmpər] n. **1** 《여자·어린이용의》 소매없는 원피스, 잠바 스커트. **2** 《주로 英》 풀오버식 스웨터. **3** 《특히 노동자·선원 등이 입는》 낙낙한 웃옷, 잠바. **4** 《보통 ~s》 《어린이의》 바지가 달린 놀이옷(rompers).
júmp•ing [dʒʌmpiŋ] n. 도약. — *adj.* 도약하는, 뛰는.
júmping bèan n. 《멕시코산(産)》 등대풀의 씨[작은 나방이 기생하기 때문에 춤추듯이 움직인다].
júmping jáck n. 《실 따위에 의해》 조종되는 인형, 춤추는 인형.
júmp•ing-óff plàce [dʒʌmpiŋɔ́(ː)f- / -ɔ́f-] n. 《美》 **1** 외딴 장소; 세계의 끝. **2** 【기획 계획 등의】 출발점.
júmp jèt n. 《英》 단거리 이착륙 제트기.
júmp líne n. 기사의 후속 페이지를 알리는 지시.
júmp•mas•ter [dʒʌmpmæstər / -mɑ̀ːs-] n. 낙하산 부대의 지휘관.
júmp-off [dʒʌmpɔ̀(ː)f/-ɔ̀f] n. **1** 공격(경주) 개시[지]점. **2** 《마술(馬術)》 경기에서 동점일 때의 우승 결정전.
júmp ròpe n. 줄넘기[의 줄] (jumping rope).
júmp sèat n. 《자동차 따위의》 접는 식 좌석.
júmp shót n. 《농구》 점프 슛.
júmp-start [dʒʌmpstɑ̀ːrt] vt. **1** 【배터리가 나가거나 약한 자동차】를 밀거나 부스터 케이블을 이용해 시동시키다 《엔진을 걸기 위해》. **2** 활성화하다, 재생시키다.
— n. 《자동차를》 밀어서 시동걸기. 〔슷한 여성복〕.
júmp sùit n. 낙하산 강하용 복장. **2** 그것과 비
***júmp•y** [dʒʌmpi] *adj.* (**júmp•i•er, júmp•i•est**) **1** 뛰는, 뛰어오르는. **2** 《공포·흥분 따위의》 흠칫하는; 신경질적인(nervous), 흥분하기 쉬운. **3** 신경에 거슬리는. **4** 뛰어오르게 하는, 갑자기 변동하는.
júmp•i•ly adv. *júmp•i•ness n.*
Jun. (略) June; Junior.
Junc. (略) Junction. 〔미산(産)〕.
jun•co [dʒʌŋkou] n. (pl. **-cos**) 검은방울새의 일종 [북
***junc•tion** [dʒʌŋ(k)ʃ(ə)n] n. **1** [U] 결합, 접합. **2** 합

체, 연합, 합동(union). **3** 【철도의】 접속점, 갈아 타는 역, 연락역. ¶ a *junction* station 연락역. **4** 접합점(개소), 【강 따위의】 합류점. **5** [U]【문법】 연접(連接) [Jespersen의 용어로 the red rose처럼 1차어와 2차어의 결합으로 이루어지는 어군]. ◇ NEXUS. ◇ *join v.*
***junc•ture** [dʒʌŋktʃər] n. **1** [U] 《중대한》 시기, 경우; [C] 위기(crisis), 중대한 형세, 절박한 고비. ¶ reach a *juncture* 위기에 이르다 / at this *juncture* 이 중대한 시비를 맞이하여, 이 기회에. **2** [U] 접합; 연접, 연결; [C] 접합점(선), 이음매, 접합물. **3** [U][C] 【언어】 연접 [구조 언어학의 용어].
‡**June** [dʒuːn] n. 6월 《略 Je., Jun., Ju.》.
Júne bèetle (**bùg**) n. 풍뎅이류 《미국산》.
‡**jun•gle** [dʒʌŋgl] n. **1** (보통 the ~) 【인도 등지의】 총림(叢林) [지대], 밀림 [지대], 정글. **2** 혼란 [된 집적(集積)], 뒤범벅, 잡동사니(jumble). ¶ an industrial *jungle* 공업 밀집 지역. **3** 미로(迷路)(maze); 수수께끼, 퀴즈. **4** 비정한 경쟁 사회. **5** 《美속어》 부랑자의 캠프 《숙박소》; 실업자 집합소. ◇ *júngly adj.*
júngle búnny n. 《美속어》 《경멸적》 흑인.
júngle cát n. 인도의 살쾡이.
júngle féver n. [U] 《병리》 정글열(熱) 《열대 지방에서 발생하는 악성 학질》. 〔는 야생닭〕.
júngle fówl n. 멧닭 《동인도, 기타의 밀림 속에서 사
júngle gým n. 정글집 《철골로 만든 놀이 시설》.
júngle júice n. **1** 《美속어》 빚은 저질의 독주; 《특히 군대의》 밀주. **2** (濃속어) 등유(kerosene).
jun•gli [dʒʌŋgli] n. 인도의 밀림에서 사는 사람.
— *adj.* **1** 밀림에서 사는. **2** 《인도》 거친(rude), 예절을 모르는.
jun•gly [dʒʌŋgli] *adj.* **1** =jungli. **2** 밀림의; 밀림 같은.
‡**jun•ior** [dʒuːnjər] *adj.* **1** 나이 어린, 손아래의 《younger》; 연소자의, 연소자로 이루어진. ¶ a *junior* division 소년(청년)부 / I'd like to talk to the *junior* Mr. Han. 나이가 적은 한군과 이야기하고 싶습니다.
【주의】 특히 두 형제 중의 동생, 성명(full name)이 같은 부자(父子)간의 아들, 또는 성이 같은 학생 중 연소자를 가리키며, 종종 Jr., jr., Jun., Jun. 으로 줄여 쓰고, 성명 다음에 붙인다: James Dawson, *Junior*; James Dawson, *Jr.*; James Dawson, *jr.* Dawson 다음의 코머는 생략하는 일이 많다. *cf.* senior
2 후진의, 하급의, 하위의. ¶ *junior* officers 하급 장교 / a *junior* partner 《조합·회사의》 하급 사원 / a *junior* official 하급 공무원. **3** 《美》【4년제 대학·고교의】 3학년생의; [3학년에서 2학년생의; [2학년에서 1학년생의. **4** 《기일이》 뒤에 오는, 늦은 편의. **5** 《美》 admission into the club was *junior* to mine by three months. 그의 클럽 입회가 허락된 것은 나보다 3개월 뒤였다. **7** 소형의, 소규모의.
— *n.* **1** 연소자, 손아래 《사람》. ¶ He is my *junior* by six years.=He is six years my *junior*. 그는 나보다 여섯 살 손아래이다. **2** 하위자, 후진자, 후배 (subordinate). **3** 《美》【4년제 대학·고교의】 3학년생; [3학년에서 2학년생; [2학년에서 1학년생. *cf.* freshman, sophomore, senior **4** 《美》 주니어 사이즈 《마른 여성·젊은 여성용의 옷 치수》. **5** 《때로 J-》 아들(son). ¶ *Junior* is improving in his understanding of numbers. 아들은 숫자에 대한 이해가 깊어가고 있다. **6** (J-, j-) 《속어》《부르는 말로》 젊은이, 애송이, 풋내기.
◇ *juniórity n.*
júnior cóllege n. 《美》 단기 대학 《보통 2년제》.
júnior hígh schòol n. 《美》 하급 고등 학교 《우리나라의 중학교에 해당》.
jun•ior•i•ty [dʒuːnjɔ́riti / dʒuːniɔ́r-] n. [U] **1** 손아래 《후배, 하위》. **2** 후진, 하위. *cf.* seniority
Júnior Léague n. 《美》 여자 청년 연맹 《미국의 젊은 상류 부인들로 조직되어 사회 복지 사업 등에 종사한다》.
júnior míss n. 《美구어》 **1** [10대의] 처녀. **2**

junior *n.* 4. 학교.
júnior schóol *n.* 《英》[7-11세 아동이 다니는] 국민 학교.
júnior vársity *n.* 《美》[대학의] 운동 팀의 보결 선수단.
ju‧ni‧per [dʒúːnipər] *n.* 향나무속(屬)의 식물.
junk[1] [dʒʌŋk] *n.* ① **1** 못쓰는 물건, 폐물; 고철, 오래된 물건; 《구어》 부스러기, 잡동사니(trash). **2** 실 없는 소리(nonsense). **3** 낡은 밧줄. **4** 《속어》 《항해》 배에서 식용으로 하는 소금에 절인 딱딱한 고기. **5** 말향(抹香)고래의 두부(頭部) 조직[경뇌유(鯨腦油)을 얻는다]. ― *vt.* **1** 《구어》 폐물로서 …을 버리다(scrap). **2** 을 두껍게 자르다. ― *adj.* 싸구려의(cheap), 볼펼품의.
junk[2] [dʒʌŋk] *n.* 정크[바닥이 평평한 중국의 돛배].
junk[3] [dʒʌŋk] *n.* 《속어》 마약[특히 헤로인].
júnk árt *n.* 폐품 미술[금속·나무·유리 따위의 폐품으로 구성된 미술].
júnk bónd *n.* 《금융》 정크채(債), 쓰레기 채권[위험도가 높으나 값싸고 고수익의 사채나 주식].
jun‧ker [dʒʌŋkər] *n.* 낡은 자동차, 망가진 기계; 《美俗》 마약 상용자; 마약 밀매자.
Jun‧ker [júŋkər] *n.* **1** 융커[사회적·정치적 특권 유지에 전력한 동프러시아의 편협한 지주 귀족]. **2** 《독일》청년 귀족. 《 <G *junkher*》
jun‧ket [dʒʌŋkit] *n.* **1** (달콤한) 응유(凝乳) 제품. **2** 《美》유람 여행; 《공무원 등의》 시찰을 빙자한 관광여행. ¶ TRIP 類語 ¶ go on a *junket* 관비 여행을 하다. **3** 향연(饗宴), 연회(feast, banquet); 유람 여행, 피크닉(picnic). ― *vi.* **1** 《美》 관비 여행을 하다. **2** 피크닉을 가다; 홍청거리며 놀다. ― *vt.* …을 대접하다(entertain); …에게 한턱 내다.
jun‧ke‧teer [dʒʌŋkətíər], (**jun‧ket‧er** [dʒʌŋkitər]) *n.* **1** 홍청내어 노는 사람. **2** 《美》 관비 여행자.
jun‧ket‧ing [dʒʌŋkitiŋ / -kət-] *n.* 향연(feasting), 환락(merry-making).
júnk fóod *n.* 포테이토칩처럼 칼로리는 높지만 영양가가 낮은 식품; 즉석에서 만드는 맛없는 식품(立食) 식품; 시시한(아무 쓸모 없는) 것.
junk‧ie [dʒʌŋki] *n.* 《구어》 마약(헤로인) 상용자.
júnk jéwelry *n.* 싸구려 장신구. [물.
júnk máil *n.* ① 《다이렉트메일 따위》 잡동사니 우편.
júnk‧man [dʒʌŋkmæn] *n.* (*pl.* **-men** [-mèn]) **1** 《美》 고물상, 폐품 수집업자. **2** junk[2]의 선원.
júnk scúlpture *n.* 버린 금속 따위로 만든 폐품 조각품; 폐품 조각.
júnk shóp *n.* 고물상, 넝마 가게, 낡은 선구점(船具店); [이류(二流) 상품을 파는] 중고품 가게.
junk‧y [dʒʌŋki] *adj.* 잡동사니의, 폐품의, 폐물 같은; 질이 나쁜. ― *n.* =junkie.
júnk‧yard [dʒʌŋkjàːrd] *n.* 고물 집적소, 폐품 처리장.
Ju‧no [dʒúːnou] *n.* (*pl.* **-nos**) **1** 《로마 신화》 주노[Jupiter의 아내로 모든 신의 여왕. 결혼과 여성의 여신. 그리스 신화의 Hera에 해당한다]. **2** 기품 있고 의젓한 여성. ¶《천문》 주노(3번). 〈<L〉
Ju‧no‧esque [dʒùːnou(e)ésk] *adj.* 〔여성이〕 기품있는, 의젓한(stately).
jun‧ta [húːntə, dʒʌ́ntə / dʒʌ́ntə] *n.* **1** 쿠데타 직후 정권을 장악하는 군사 정부. **2** [스페인·남미 등지의] 의회. **3** =junto.
jun‧to [dʒʌ́ntou] *n.* (*pl.* **-tos**) [특히 정치상의] 비밀 결사, 음모단(cabal).
‡Ju‧pi‧ter [dʒúːpitər] *n.* **1** 〔로마 신화〕 주피터 [모든 신의 왕으로 하늘(天)의 최고신. Jove 라고도 불리며, 그리스 신화의 Zeus에 해당한다]. **2** 기품 있고 의젓한 사람. ¶ by *Jupiter* 〈고어〉 맹세코(by Jove). **3** 《천문》 목성.
ju‧ra [dʒúərə] *n.* jus의 복수형.
Ju‧ra [dʒú(ː)rə / dʒúərə] *n.* **1** (the~) Jura Mountains (쥐라 산맥 〔프랑스와 스위스 사이에 있다〕). **2** =Jurassic.

ju‧ral [dʒú(ː)rəl / dʒúər-] *adj.* **1** 법률(상)의, 법률에 관한; 법의(legal). **2** 권리 및 의무에 관한. ~‧ly [-rəli] *adv.*
Ju‧ras‧sic [dʒu(ː)rǽsik / dʒúər-] 《지질》 *adj.* 쥐라기(紀)의; [암석] 쥐라계(系)의. ― *n.* (the ~) 쥐라계.
ju‧rat [dʒú(ː)ræt / dʒúər-] *n.* **1** 〔법률〕 [선서 공술의] 끝맺음 말. **2** 〔영국 Cinque Ports의〕 시청 참사관(市政參事官); [Channel Islands의] 종신 치안 판사. [Law].
Jur. D. 《라틴》 Juris Doctor (= Doctor of
ju‧ri‧dic [dʒu(ː)rídik / dʒuər-] *adj.* = juridical.
ju‧rid‧i‧cal [dʒu(ː)rídik(ə)l / dʒuər-] *adj.* 사법상의; 법률(상)의. ¶ a *juridical* person 법인. ~‧ly [-kəli] *adv.*
jurídical dàys *n. pl.* 재판일, 개정일(開廷日).
ju‧ri‧met‧rics [dʒù(ː)rimétriks / dʒùəri-] *n.* ① 계량법학 [과학적 분석 방법을 도입한 법학].
ju‧ris‧con‧sult [dʒú(ː)riskənsʌlt, -kánsʌlt / dʒúəriskɔ́nsʌlt] *n.* **1** 〔로마 법률〕 법률 고문. **2** 〔민법〕 법률(가).
***ju‧ris‧dic‧tion** [dʒù(ː)risdíkʃ(ə)n / dʒùər-] *n.* ① **1** 사법권, 재판권. ¶ *jurisdiction* over foreigners 외국인에 대한 재판권 / exercise *jurisdiction* 재판권을 행사하다. **2** 권력(authority); 지배권, 관할권. **3** 사법권이 미치는 범위; 〔사법〕 관할 지역. ¶ within the *jurisdiction* of …의 관할내에. ◇ jurisdictional *adj.*
ju‧ris‧dic‧tion‧al [dʒù(ː)risdíkʃ(ə)nəl / dʒùər-] *adj.* 사법(권)의, 재판 관할상의. ~‧ly [-nəli] *adv.*
jùrisdíction dispúte *n.* 관할권 분쟁.
jurisp. 《略》 jurisprudence.
ju‧ris‧pru‧dence [dʒù(ː)risprúːd(ə)ns / dʒùərisprúː-, -,-ː-] *n.* ① **1** 법학, 법리학. **2** 법 조직, 법 형태, 법 체계. **3** 법의 한 부문. ¶ medical *jurisprudence* 법의학.
ju‧ris‧pru‧dent [dʒù(ː)risprúːd(ə)nt / dʒúərisprúː-] *adj.* 법률에 정통한, 법률 전공의. ― *n.* 법(리)학자. ~‧ly *adv.*
ju‧ris‧pru‧den‧tial [dʒù(ː)risprudénʃ(ə)l / dʒùər-] *adj.* 법(리)학, 법리학상의.
ju‧rist [dʒú(ː)rist / dʒúər-] *n.* **1** 법(리)학자, 《英》 법학생. **2** 법률에 정통한 사람; 법률 문제의 저술가. **3** 《美》 변호사(lawyer).
ju‧ris‧tic [dʒu(ː)rístik / dʒúər-] *adj.* 법(리)학자의; 법(리)학의; 법률(상)의(legal). **-ti‧cal‧ly** [-kəli] *adv.*
jurístic áct *n.* 법률 행위.
jurístic pérson *n.* 《법률》 법인.
ju‧ror [dʒú(ː)rər / dʒúər-] *n.* **1** 배심원 〔jury의 한 사람〕. **2** 선서자. **3** 콩쿠르 따위의 심사원.
***ju‧ry**[1] [dʒú(ː)ri / dʒúəri] *n.* (*pl.* **-ries**) **1** 배심원 〔전원〕; 배심. ¶ a common *jury* 보통 배심 / a special *jury* 특별 배심 〔특별한 자격을 가진 사람으로 구성된다〕 / a trial by *jury* 배심 재판. **2** ⇒ GRAND JURY, PETTY JURY. **3** 콩쿠르 따위의 심사원 〔전원〕. ¶ the *jury* of art 미술 심사원.
be (sit) on a jury 배심원이다(이 되다).
ju‧ry[2] [dʒú(ː)ri / dʒúəri] *adj.* 〔항해〕 응급의, 임시의.
júry bóx *n.* 배심원석. [일시적인.
júry‧man [dʒú(ː)rimən / dʒúəri-] *n.* (*pl.* **-men** [-mən]) 배심원(juror).
júry mást *n.* 〔항해〕 응급(임시) 돛대.
ju‧ry‑pack‧ing [dʒúːripækiŋ / dʒúəri-] *n.* 《美》 배심원 매수.
júry róom *n.* 배심원실, 배심원 대기실.
ju‧ry‑wom‧an [dʒú(ː)riwùmən / dʒúəri-] *n.* (*pl.* **-wom‧en** [-wímin]) 여(女) 배심원.
jus [dʒʌs] *n.* ① ⓒ (*pl.* **ju‧ra** [dʒú(ː)rə / dʒúərə]) 권리(right); 법률; (추상적 의미의) 법(law). ¶ *jus* ad rem [-ædrém] 대물권(對物權) / *jus* civile [-sivǽili] 시민법 / *jus* criminale [-kriminá:li] 형법 / *jus* divinum [-diváinʌm] 신법(神法) / *jus* gentium [-dʒénʃiəm] 만민법(萬民法);

jus. 국제법 / *jus* in re [-in ri:] 물권(物權).
[< L law, right]

jus. (略) justice.

jus·sive [dʒʌ́siv] 〖문법〗 *adj.* [온건한] 명령법을 나타내는. —*n.* [온건한] 명령법(구문, 어).

‡**just**¹ [dʒʌst] // (→) *adv.*] *adj.* **1** [사람·행위 등이] 올바른, 공정한, 공평한. ⇨ FAIR [類語] ¶ a *just* decision (ruler) 공정한 판결(지배자) / God is *just*. 신은 옳다 / be *just* to all concerned 모든 관계자에게 공평하다 / He is always *just* in his dealings. 그의 조처는 항상 공정하다. **2** 지당한, 충분한 근거가 있는(reasonable). ¶ *just* anger 극히 당연한 분노 / a *just* opinion 충분한 근거가 있는(지당한) 의견 / He had a *just* dislike for rude people. 그가 버릇없는 사람을 싫어하는 것은 지극히 당연한 일이다. **3** [보수·가격·요구·상벌 따위가] 당연한, 정당한(deserved); 적정한, 합법적인(lawful). ¶ a *just* indictment 정당한 고발. **4** [성서] [신에 대하여] 의로운(righteous). **5** [계량·보고 따위가] 정확한, 실제 그대로의.

— *adv.* [dʒʌst, dʒəst] **1** [완료형과 함께 써서] 지금 막, 방금[…을 끝내고]; 직전에. ¶ I've *just* come here. 방금 여기에 도착했습니다 / She has *just* got her job back. 그녀는 그때 막 복직했었다.

[주의] 보통 just는 현재완료형과, just now 는 과거형과 함께 쓰이지만 특히 구어에서는, just 가 종종 과거형과 함께 쓰이기도 한다: We *just* finished supper. ⇨ NOW.

2 틀림없이, 바로, 꼭, 정말로(exactly, precisely); 엄밀히, 정확히. ¶ It is *just* half past two. 꼭 2시 반이다 / It is *just* long enough. 꼭 알맞은 길이이다 / That's *just* the trouble. 그것이 바로 문제이다 / *Just* how much damage has been done? 엄밀히 말해서 어느 정도의 손해를 입었습니까? / Little does he dream *just* how busy I am! 내가 얼마나 바쁜지를 그는 조금도 생각지 않는다 / This is *just* what I mean. 이것이야말로 바로 내가 말하고자 하는 바이다.

3 [종종 only 와 함께] 겨우, 간신히, 가까스로(barely). ¶ The ball [only] *just* missed him. 그는 하마터면 공에 맞을 뻔했다 / I could *just* see the weathercock of the church. 나는 가까스로 교회당의 풍향계를 볼 수 있었다.

4 단지(only), 다만, 그저 …뿐이(merely). ¶ We *just* wanted a smoke. 우리는 그저 담배를 피우고 싶었을 뿐입니다 / He is *just* an ordinary man. 그는 지극히 평범한 사나이에 불과하다.

5 [강조적] 실제로(actually), 아주(quite), 정말로(really). ¶ That's *just* wonderful. 그건 정말 좋은 일이다 / Why, that sounds *just* great, doesn't it? 아! 그건 아주 굉장한 것 같은데, 안 그래? / *Just* so. 바로 그래.

6 [명령형과 함께 써서] **a)** 《부드럽게 만들어》 괜찮으니 …하세요. (* please 보다 더 친밀하므로 불릴없는 사이라는 뜻이 있고, 종종 will you?가 덧붙여진다) ¶ *Just* have a look at this. = *Just* have a look at this, will you? 글쎄, 이걸 좀 보라니까. **b)** 《감정이 담긴 용법》 (* 때때로 only 가 선행한다) ¶ [Only] *Just* listen to her. 그녀가 하는 말을 좀 들어 봐 / *Just* imagine. 좀 상상이라도 해 보게나 / *Just* drink it. 군소리 말고 마셔.

just about 그럭저럭, 거의(approximately), 그런대로, 간신히. ¶ In this sense the casting of the play is *just about* perfect. 이런 뜻에서 이 연극의 배역은 그런대로 완벽하다고 할 수 있다.

Just a minute [*or moment, second*]. ① 잠깐만[기다리시오]. ② [언동을 막을 때] 잠깐!

just like that ① 간단히. ② 아무 예고(설명)없이. ③ 《美구어》 [말을 받아] 방금 말한 그대로이다.

just now ⇨ NOW *adv.* 2. *just yet* ⇨ YET.
◇ jústice, jústness *n*., jústify *v*., jústly *adv.*

just² [dʒʌst] *n., vi.* = joust.

‡**jus·tice** [dʒʌ́stis] *n.* **1** ① 정의, 공정, 공명정대. 공평. ¶ a man of *justice* 정의의 사나이 / a sense of *justice* 정의감 / achieve social *justice* 사회 정의를 구현하다 / You should use *justice* in dealing with your students. 학생을 다룰 때에는 공평하게 해야 한다 / You must treat him with *justice*. 그를 공평(공정)하게 대우하십시오. **2** 정당(rightness); 지당, 타당(validity); 조리, 이치. ¶ the *justice* of a claim 요구의 정당성 / He complained with *justice* of his treatment. 그는 처우에 대해 불평했는데 그것은 당연했다. **3** [당연한] 상벌, 응보(應報), 처벌. **4** 사법, 재판. ¶ a court of *justice* 법원 / the Minister of *Justice* 법무 장관 / the Department of *Justice*; the *Justice* Department 《美》 법무부 / He was impartial in administering *justice*. 그는 재판에 임해서 공정 무사(無私)했다. **5** ⓒ 법관, 재판관, 판사(judge); (J-) 《美》 대법원 판사, 최고 법관. ¶ a chief *justice* 법원(재)판장 / the Chief *Justice* of the U.S. Supreme Court. 미국 대법원장 / a *justice* of the peace 치안 판사 (略 J.P.). **6** (J-) 정의의 여신.

bring a person *to justice* 남을 법에 비추어 처벌하다. *do* a person (a thing) *justice*; *do justice to* a person (a thing) 남(어떤 것)을 정당(공평)하게 다루다; 남(어떤 것)을 올바로 평가하다. ¶ To *do* her *justice*, she is a good-natured woman. 공평하게 말하면 그녀는 마음씨 고운 여자이다 / The music requires a great conductor to *do* it *justice*. 그 곡이 진가를 발휘하려면 훌륭한 지휘자가 있어야 한다 / The photo does not *do* him *justice*. 그 사진은 그의 실물보다 못 나왔다. *do oneself justice* 자기의 역량을 충분히 발휘하다. *do justice to* …을 충분히 먹다. ¶ We *did* full *justice to* the good meal. 우리는 그 훌륭한 식사를 실컷 먹었다. *in justice to* a person 남을 공정하게 평가하면.
◇ just¹ *adj.*

jústice cóurt *n.* 치안 판사 법원[치안 판사(justice of the peace)가 경미한 사건의 재판이나 중대 사건의 예심을 하는 하급 법원].

jus·tice·ship [dʒʌ́stisʃìp] *n.* ① 법관(재판관)의 신분

jústice's wárrant *n.* 【법률】 치안 판사의 영장. *cf.* bench warrant.

jus·ti·ci·a·bil·i·ty [dʒʌ̀stiʃiəbíliti] *n.* ① 재판에 회부할 수 있음.

jus·ti·ci·a·ble [dʒʌstíʃiəbl] *adj.* 【법률】 재판에 회부되어야 할, 재판할 수 있는.

jus·ti·ci·ar [dʒʌstíʃiər / -ʃià:] *n.* **1** 〖英 역사〗 [Norman 왕조, 초기 Plantagenet 왕조 시대의] 최고 사법관. **2** 재판관 (justiciary).

jus·ti·ci·a·ry [dʒʌstíʃièri, -ʃiəri] *adj.* 사법[상]의.
— *n.* (*pl.* **-ar·ies**) = justiciar 1, 2.

jus·ti·fi·a·bil·i·ty [dʒʌ̀stifaiəbíliti] *n.* (*pl.* **-ties**) ① 정당함, 이치에 맞음.

jus·ti·fi·a·ble [dʒʌ́stifàiəbl, ⌐-´-´-] *adj.* 정당화되는, 옳다고 증명할 수 있는, 〖옳다고〗 옹호할 수 있는 (defensible). ¶ *justifiable* homicide 정당 방어에 의한 살인. **~·ness** *n.* **-bly** *adv.*

‡**jus·ti·fi·ca·tion** [dʒʌ̀stifikéiʃ(ə)n] *n.* ① **1** 정당화, 옹호, 변호, 변명. ¶ the *justification* of the accused 피고를 위한 변호 / in *justification* of …을 옹호하기 위하여, …을 정당화하기 위하여. **2** 〖신학〗 의롭다고 하기 [신이 인간을 심판하여 무죄로 인정하기, 또는 죄를 사하기](justification by faith). **3** 〖인쇄〗〖행의〗 정돈, 정판(整版). **4** 〖컴퓨터〗 조정(調整).

jus·ti·fi·ca·tive [dʒʌ́stifikèitiv] *adj.* = justificatory.

jus·ti·fi·ca·to·ry [dʒʌstífikətɔ̀:ri, dʒʌ́stifikèitəri] *adj.* 정당함을 뒷받침하는, 변명이 서는.

jus·ti·fi·er [dʒʌ́stifàiər] *n.* **1** 정당화하는 사람(것); 옹호자. **2** 〖인쇄에서 활자의 행간을 정돈하는〗 공목, 인테로; 정판공.

‡**jus·ti·fy** [dʒʌ́stifài] *v.* (**-fied, -fy·ing**) *vt.* **1** [행위·진술 등] 을 옳다고 하다, …의 정당함을 증명하다, …을 정당화하다, …을 옳다고 변명(변호)하다, …을 해

명하다, …을 뒷받침하는 이유가 되다. ¶ *justify* oneself 변명하다, 결백을 주장하다 / My worry has now been to some extent *justified*. 내가 염려했던 것도 이제 와서는 어느 정도 옳았다고 할 수 있다 / *The end justifies the means*. 《속담》목적은 수단을 정당화한다 // (~+圉+前+名) Nothing can *justify* him *in* refusing it. 그가 그것을 거절했다는 것은 아무래도 변명의 여지가 없다 / They are *justified in* their apprehension. 그들이 우려한 것도 당연하다. **2** 〔신학〕…을 죄가 없다고 하다; …을 용서하다, 무죄로 하다(acquit). **3** 〔인쇄〕…의 행의 길이를 가지런히 하다. **4** 〔컴퓨터〕…을 조정(調整)하다. — *vi.* **1** 〔법률〕충분한 이유(구실)를 제시하다. **2** 〔인쇄〕행의 길이가 가지런해지다, 행이 바르게 편판되다(fit).
◇ **justification** *n*.
Jus·tin·i·an Code [dʒʌstíniən-] *n.* (the ~) 유스티니아누스 법전[로마법 대전이라고 한다].〔＜비잔틴 제국의 황제 유스티니아누스(483-565)의 이름〕
just-in-time [dʒʌstintaim] *n.* 〔경영〕저스트 인 타임 방식, 적기 납입 방식〔원자재, 부품, 제품 따위를 수요 직전에 납입해 비용 절감을 꾀하는 재고·품질 관리의 한 방식〕.
jus·ti·ti·a om·ni·bus [dʒʌstíʃiə ámnibəs / -ɔ́m-] *n.* 《라틴》(=justice for all) 만인을 위한 공평 [District of Columbia 의 표어].
jus·tle [dʒʌ́sl] *v.* (**-tled, -tling**), *n.* =jostle.
*****just·ly** [dʒʌ́stli] *adv.* **1** 공정하게, 공평하게(fairly); 정당하게(deservedly). **2** 정확히(accurately). ◇ just¹ *adj.*
just·ness [dʒʌ́stnis] *n.* Ⓤ **1** 공정, 공평; 정당; 타당성. **2** 정확.
jut [dʒʌt] *vi.* (**jut·ted, jut·ting**) 돌출하다, 튀어나오다 (project) (*out*). — *n.* 돌출물, 돌출부, 튀어나온 것, 돋기(projection).
jute [dʒuːt] *n.* Ⓤ **1** 황마(黃麻); 그 섬유. **2** 주트 〔돛·삭구(索具) 따위의 재료〕.
Jute [dʒuːt] *n.* 주트인(人); (~s) 주트족 [5세기에 잉글랜드 동남부에 침입한 게르만 민족의 한 부족].
Ju·tur·na [dʒuːtə́ːrnə] *n.* 〔로마 신화〕샘·우물의 요정 [Jupiter 의 사랑을 받았다].

juv.《略》juvenile.
ju·ve·nes·cence [dʒùːvinésns] *n.* Ⓤ 젊음, 청춘; 회 젊어지는; 젊은(youthful); 회춘하는.
ju·ve·nes·cent [dʒùːvinésnt] *adj.* 청소년기에 이른, 젊어지는; 젊은(youthful); 회춘하는.
*****ju·ve·nile** [dʒúːvin(i)l, -nàil / -nàil] *adj.* **1** 나이 어린, 소년(소녀)의; 어린이를 위한; 어린이다운. ¶ a *juvenile* performance 아동극 / *juvenile* literature 아동 문학 / *juvenile* delinquency 청소년 범죄 / a *juvenile* court 소년 심판소. **2** 어린, 연소한(young); 발육기의. → YOUNG 類語 ¶ *juvenile* days 어린 시절. **3** 어린 같은, 유치한. — *n.* **1** 청소년, 아동, 어린이. **2** 〔연극〕 **a)** 어린이역. **b)** 어린이 배우, 아역. **3** 아동용 도서. **4** 배내털이 남은 새; 두 살이 된 경주마(競走馬).
~**·ly** [-n(i)li, -nàili / -nàili] *adv.
júvenile hórmone *n.* 〔생물〕알라타체(體) 호르몬.
júvenile láw *n.* 〔법률〕소년법.「경찰법」
júvenile ófficer *n.* 소년 보도관(保導官), 소년 선도
jú·ve·nile-ón·set diabétes [dʒúːvin(i) lánsèt-, -nàil -nàilɔ́nsèt-] *n.* 〔의학〕소년기[발생] 당뇨병[20세 이하의 경증].
ju·ve·nil·i·a [dʒùːvinílíə] *n. pl.* **1** 어린 시절의 작품집. **2** 어린이를 위한 문학(예술 작품).
ju·ve·nil·i·ty [dʒùːvinílíti] *n.* (*pl.* **-ties**) **1** Ⓤ 연소함, 유년; 젊음(youthfulness). **2** (**-ties**) 어린이다운 행동(성향).
ju·ve·noc·ra·cy [dʒùːvinákrəsi / -nɔ́k-] *n.* 젊은 세대에 의한 정치, 청년 정치; 청년 정치가 행해지고 있는 나라(사회).
ju·vie, ju·vey [dʒúːvi] *n.* 《미국어》소년 범죄자; 소년 [감화]원.
juxta- beside, near 의 뜻의 연결형.
jux·ta·pose [dʒʌ̀kstəpóuz, ´-`-`-] *vt.* (**-posed, -pos·ing**) …을 나란히 놓다(put side by side).
jux·ta·po·si·tion [dʒʌ̀kstəpəzíʃ(ə)n] *n.* Ⓤ Ⓒ 병렬 (竝列), 병치(並置).
JV《略》junior varsity.
J.X.《略》《라틴》*Jesus Christus* (=Jesus Christ)
Jy.《略》July.

K

K, k [kei] *n.* (*pl.* **K's** *or* **Ks**; **k's** *or* **ks**) **1** 영어 알파벳의 열 한째 자. ¶ *K for King* King 의 K[국제 전화 통화 용어]. **2** K(k)가 나타내는 소리. **3** [연속된 것 중의] 열 한 번째 사람(물건). **4** K(k)자 형[의 물건].
K [화학] potassium (=Kalium) 의 원자 기호.
k. [略] [전기] [독일] *kapazität* (=capacity); karat; kilogram; [서양장기] king; kilo; knight; [항해] knot; kopeck.
KA (略) *K*orean *A*rmy(대한 민국 육군).
KAAA (略) *K*orea *A*mateur *A*thletic *A*ssociation (대한 체육회).
Kaa·ba, Ka'ba [káː(ə)bə], (**Ka'bah, Caa·ba**) *n.* 카바 신전[Mecca 에 있는 회교 총본산 안의 작은 사각형 건물].
kab [kæb] *n.* =cab².
kab·a·la, kab·ba- [kǽbələ, kəbáː-] *n.* =cabala.
ka·bob [kəbáb / -bɔ́b] *n.* (보통 ~s) [요리] 카보브[양념한 채소와 고기의 꼬치 구이] (cabob, kebab).
Ka·bul [káːbul / kɔ́ːb(u)l] *n.* 카불[아프가니스탄의 수도].
Ka·byle [kəbáil] *n.* **1** [북아프리카의] 카바일족. **2** ⓤ 카바일어.
Kad·dish [káːdiʃ / kǽd-] *n.* (*pl.* **-di·shim** [-díʃim]) [유대교] 카디시. **1** 예배가 끝날 무렵에 부르는 송영(頌詠). **2** 회장자(會葬者)를 위하여 부르는 감사와 찬미.
ka·di [káːdi, kéi-] *n.* =cadi.
KADU (略) *K*enya *A*frican *D*emocratic *U*nion(케냐·아프리카 민주주의 동맹).
kaf·fee·klatsch [káːfeikláːtʃ, kɔ́ːfikláetʃ] *n.*(美) = coffee klatch. [<G]
Kaf·fir, Kaf·ir [kǽfər] *n.* (*pl.* **-firs** *or* **-fir**) **1** 카피르인[남아프리카의 반투(Bantu) 어족(語族) 중 한 부족]. **2** ⓤ 카피르어. **3** [경멸적] [일반적으로] 남아프리카의 토인. **4** (k-) =kaffir corn. **5** (~s) 《英》남아프리카 광산의 주(株). **6** (k-) [회교] 이교도(infidel).
káffir còrn *n.* 수수의 일종.
kaf·tan [kǽftən, kɑːftáːn] *n.* =caftan.
kail [keil] *n.* =kale.
kail·yard [kéiljɑ̀ːrd] *n.* 《스코》=kaleyard.
kai·nite [káinait, kéi-], (**kai·nit** [káinit]) *n.* ⓤ 카이닛[칼리염류(鹽類)의 원료].
*****kai·ser** [káizər] *n.* **1** (the ~) 독일 황제·오스트리아 황제의 칭호. **2** [역사] 신성 로마 제국 황제의 칭호. **3** 황제(emperor); 독재자.
kai·ser·in [káizərin] *n.* kaiser 의 황후.
kai·ser·ship [káizərʃip] *n.* ⓤ 황제의 지위(대권).
KAIST (略) *K*orea *A*dvanced *I*nstitute of *S*cience & *T*echnology(한국 과학 기술원; KIST 의 후신).
ka·ka [káːkə] *n.* [New Zealand 산(産)] 앵무새의 일종.
kak·is·toc·ra·cy [kækistákrəsi / -tɔ́k-] *n.* (*pl.* **-cies**) 국내 최고 악당(惡黨)에 의한 정치, 악덕 정치.
kak·o·to·pi·a [kækətóupiə / -pjə] *n.* 절망향(絕望鄕)(cacotopia). *opp.* Utopia
KAL (略) *K*orean *A*ir *L*ines(대한 항공[Korean Air 의 구칭(舊稱)]).
ka·la·a·zar [kɑ̀ːlɑːɑːzɑ́ːr] *n.* ⓤ [병리] 칼라아자르 [아시아 열대 지방의 말라리아성 전염병].
kale, kail [keil] *n.* ⓤⓒ **1** 꽃양배추[구상(球狀)으로 되지 않는다]. **2** 《스코》양배추(cabbage); 야채; 양배추 수프. **3** 《美俗》현찰, 돈(money), [특히] 지폐 (paper money).
ka·lei·do·scope [kəláidəskòup] *n.* 만화경(萬華鏡). ¶ the *kaleidoscope* of life 변화 무쌍한 인생.
ka·lei·do·scop·ic [kəlàidəskápik / ·skɔ́p-], (**ka·lei·do·scop·i·cal** [·ik(ə)l]) *adj.* **1** 만화경의 [같은]. **2** 변화 무쌍한, **3** 매우 복잡한, 변화가 많은. ¶ *kaleidoscopic* patterns 복잡한 무늬. **-i·cal·ly** [·ikəli] *adv.*
kal·ends [kǽlindz] *n. pl.* =calends.
Ka·le·va·la [kɑ̀ːliváːlə] *n.* 칼레발라[핀란드의 민족 서사시. 1835년에 초판 출판].
kale·yard [kéiljɑ̀ːrd] *n.* 《스코》채소밭(kitchen garden), [특히] 양배추밭(cabbage garden).
káleyàrd schòol *n.* (the ~) 채원파(菜園派)[스코틀랜드 농민의 일상 생활을 방언으로 써서 묘사한 19세기 말의 작가들]. [물(glasswort)
kal·i [kǽli, kéi-] *n.* (*pl.* **kal·is**) 퉁퉁마디속(屬)의 식
Ka·li·nin·grad [kəlíːningràːd] *n.* 칼리닌그라드[러시아 서부의 항구 도시, 전에는 Königsberg 라고 했다].
ka·liph [kǽlif, kéil-] *n.* =caliph.
Ka·li·um [kéiliəm] *n.* =potassium. [<D]
Kal·li·kak [kǽlikæ̀ks] *n. pl.* (the ~) 캘리캑가(家)[질병자·범죄자 등이 속출하여 악질 유전의 전형으로 꼽는다. 미국에 실재로 있던 집안에 붙인 가공적인 명칭].
kal·mi·a [kǽlmiə] *n.* 칼미아[북미산(産)] 석남과의 식
ka·long [káːlɔŋ / -lɔŋ] *n.* [동물] 말레이 지방의 큰 박쥐.
kal·pa [kʌ́lpə] *n.* [힌두교] 겁(劫) [우주의 생성과 멸망 사이의 아주 긴 시간](day of Brahma). [<Skt]
kal·so·mine [kǽlsəmàin, -min] *n., vt.* (**-mined, -min·ing**) =calcimine.
Ka·ma [káːmə] *n.* **1** [인도 신화] 카마[사랑과 색욕의 신]. **2** ⓤ 색욕, 색정(色情). [<Skt]
ka·ma·graph [káːməgrǽf / -grɑ̀ːf] *n.* 카머그래프 [인쇄식 원화(原畫) 복제기, 또는 복제된 그림].
Ka·ma·su·tra [kɑ̀ːməsúːtrə] *n.* (the ~ K·S·) 카마수트라[인도의 힌두교 성전(性典)]. *cf.* Kama
Kam·chat·ka [kæmtʃǽtkə] *n.* (the ~) 캄차카 반도.
kame [keim] *n.* [지질] 케임[빙하에 의해 운반된 모래와 자갈의 언덕].
kamp·tu·li·con [kæm(p)tjúːlikən / ·tjúːlikɔ̀n] *n.* ⓤ 고무 양탄자.
Kam·pu·che·a [kæmputʃíːə] *n.* 캄푸치아[1976년 이후 Cambodia 의 칭호].
Kan. (略) *Kan*sas.
Ka·nak·a [kənǽkə, kǽnəkə] *n.* 카나카인(人) [하와이 및 남양 여러 섬의 원주민].
*****kan·ga·roo** [kæ̀ŋgərúː] *n.* (*pl.* **-roos** *or* **-roo**) 캥거루.
kángaròo clòsure *n.* 캥거루식 토론 종결[의장 또는 위원장이 가치있다고 인정한 수정안만을 채택하고 다른 것은 제외해 버리는 방법]. [단 구다.
kángaròo cóurt *n.* 《인민 재판, 사형(私刑) 재판, 집
kàngaròo rát *n.* 캥거루쥐[미국 서부와 멕시코에 사는 뛰어다니는 쥐].
Kans. (略) *Kans*as. [《주 사람.
Kan·san [kǽnzən] *adj.* Kansas 주의. **——** *n.* Kansas
*****Kan·sas** [kǽnzəs] *n.* **1** 미국 중부의 주[주도 Topeka; 略 Kans., Kan.]. **2** (the ~) Kansas 강.
Kánsas Cíty *n.* **1** 미국 Missouri 주 서부 Kansas 강

과 Missouri 강의 합류점에 있는 도시. **2** 미국 Kansas 주 동북부의 도시[Missouri 주의 Kansas 시에 인접해 있다].

Kant·i·an [kǽntiən] *adj.* 칸트의, 칸트 철학의. — *n.* 칸트 학파의 사람; 칸트 철학 신봉자. [<독일의 철학자 Immanuel Kant(1724-1804)의 이름]

Kant·i·an·ism [kǽntiənìz(ə)m] *n.* ⓤ 칸트 철학(주의).

Kant·ist [kǽntist] *n.* =Kantian.

KANU [káːnu] *n.* 《略》 *K*enya *A*frican *N*ational *U*nion(케냐 아프리카 민족 동맹; 케냐의 정당).

Kao·hsiung [káuʃiuŋ, gáu-] *n.* 가우슝(高雄)[대만의 항구 도시].

ka·o·li·ang [kàːouliǽŋ] *n.* 고량(高粱) [주로 중국·만주산(産)의 수수의 일종].

ka·o·lin [kéiəlin], **(ka·o·line)** *n.* ⓤ 고령토, 도토(陶土).

ka·on [kéian / -ɔn] *n.* 《물리》 K 중간자, K 입자.

Ka·pell·meis·ter [kaːpélmàistər / kæ-] *n.* (*pl.* **-ter**) 《G》 성가대·오케스트라·악단의〕 지휘자, 악장(樂長). [《G》의 속에 넣는 솜]

ka·pok [kéipak / -pɔk] *n.* ⓤ 케이폭, 판야[베개 따위

kápok trèe *n.* 케이폭 나무.

kap·pa [kǽpə] *n.* 카파[그리스어 알파벳의 열째 자(K, k)의 명칭; 영어의 K, k 에 해당].

ka·put [kapúː)t], **(ka·putt)** *adj.* 《서술 형용사》(속어) 두들겨 맞아서, 패배되어, 끝장이 나서(finished); (속어) (dead).

kar·a·bi·ner [kærəbíːnər] *n.* (등산용) 로프 고정 고리.

Ka·ra·chi [kərɑ́ːtʃi] *n.* 카라치[파키스탄의 구(舊) 수도].

Ka·ra·ko·ram [kὰːrəkóːram / kǽrəkɔ̀ːram] *n.* (the ~) 캐라코람 산맥[인도 서북부의 중국 국경 가까이에 있는 산맥].

Ka·ra·ko·rum [kὺːrəkóːrəm] *n.* 카라코럼[몽고 북부에 있는, 13세기에 번영했던 몽고 제국의 수도].

kar·a·kul [kǽrəkəl], **(car·a·cul)** *n.* 카라쿨양[새끼 때는 털이 검으나 자라면 갈색 또는 회색으로 변한다(ⓤ). 카라쿨 새끼양의 검은 모피(진귀하다).

kar·at, car- [kǽrət] *n.* 캐럿[순금 함유도를 나타내는 단위; 순금은 24 karats 로 한다.] ¶ 14-*karat* gold 14금.

kar·ma [káːrmə] *n.* **1** ⓤ 《힌두교·불교》 카마, 갈마(羯磨), 업보, 인연. **2** 숙명.

kar·mic [káːrmik] *adj.* 갈마(羯磨)의, 업보의; 숙명적인.

ka·ross [kərɑ́s / -rɔ́s] *n.* 〔남아프리카 원주민이 입는〕 소매없는 모피 외투.

kar·roo, ka- [kərúː] *n.* (*pl.* **-roos**) **1** 〔남아프리카의〕 흙으로 된 건조성 고원(高原). **2** (K-) 카루 고원〔남아프리카 공화국의 남부〕.

karst [kɑːrst] *n.* 《지질》 카르스트 지형[침식된 석회암 대지(臺地)].

kart [kɑːrt] *n.* 어린이의 놀이용 차; 고카트(go-kart).

kar·tel [káːrtl] *n.* 〔남아프리카에서 소달구지에 매다는〕 나무 침대.

kar·tell [káːrtel] *n.* =cartel.

karyo- *pref.* 《생물》 nucleus of a cell 의 뜻으로 복합어를 만든다. 예: *karyo*tin.

kar·y·o·ki·ne·sis [kæ̀riouki·níːsis, -kai-] *n.* ⓤ 《생물》 핵분열, (특히) 유사(有絲) 분열의 핵분열.

kar·y·o·plasm [kǽriəplæ̀z(ə)m] *n.* ⓤ 《생물》 〔세포〕 핵질(核質).

kar·y·o·tin [kæ̀rióutin] *n.* ⓤ 《생물》 핵질, 염색질.

Käsch·in-Béck disèase [kǽʃinbék-] *n.* ⓤ 카신벡병[음료수 중의 유기산에 의한 뼈의 변형].

Ka·sha [kǽʃə] *n.* 《상표명》 모직 옷감의 일종.

ka·sher [kɑ́ːʃər] *adj., n., v.* = kosher.

kash·mir [kǽʃmiər] *n.* = cashmere.

Kash·mir [kǽʃmíər] *n.* **1** 캐시미르[인도 서북부의 지방, 현재는 Jammu and Kashmir 의 일부]. **2** = Jammu and Kashmir.

Kash·mi·ri, Cash- [kæʃmíː(ː)ri] *n.* (*pl.* **-ris** or **-ri**) **1** ⓤ 캐시미르어(語). **2** 캐시미르인.

Kash·mir·i·an [kæʃmí(ː)riən] *adj.* 캐시미르의; 캐시미르인(어)의. — *n.* = Kashmiri.

kat·a·bat·ic [kæ̀təbǽtik] *adj.* 《기상》〔바람·기류가〕 하강하는, 하강 기류에 의한. *opp.* anabatic.

ka·tab·o·lism [kətǽbəliːz(ə)m] *n.* = catabolism.

ka·tal [kətɑ́ːl] *n.* 효소 촉매 활성의 국제 단위[略 kat].

kat·a·ther·mom·e·ter [kæ̀təθərmάmitər / -mɔ́m-] *n.* 공랭(空冷) 온도계[공랭의 기류를 알코올로 측정].

kath·ode [kǽθoud] *n.* = cathode.

kat·i·on [kǽtàiən] *n.* = cation.

Kat·man·du [kὰːtmɑːndúː] *n.* 카트만두[Nepal 의 수도].

KATUSA, Katusa 《略》 *K*orean *A*ugmentation to *U.S. A*rmy(카투사).

ka·ty·did [kéitidìd] *n.* 미국산(産) 여치의 일종.

katz·en·jam·mer [kǽtsndʒæ̀mər] *n.* 《美》 대소동; 짜증, 숙취〔에 의한 두통〕.

kau·ri [káuri / káuəri] *n.* **1** 〔뉴질랜드산(産)의〕 카우리소나무. **2** ⓤ 카우리소나무 재목.

kau·ry [káuri / káuəri] *n.* (*pl.* **-ries**) = kauri.

ka·va, ca- [káːvə], **(ka·va·ka·va** [kὰːvəkάːvə]) *n.* **1** 카바카바[폴리네시아산(産)의 식물]. **2** ⓤ 〔그 뿌리로 빚은〕 카바카바주(酒).

ka·vass [kəváːs] *n.* 〔터키의〕 고관의 호위병; 경찰관.

kay [kei] *n.* = key².

kay·ak [káiæk] *n.* **1** 카약〔에스키모인의 수렵용 작은 가죽배〕. **2** 카약 같은 배.

kay·o [kéióu] 《美 속어》 〔권투〕 *vt.* (kay·oed, kay·o·ing) ···을 케이오시키다. — *n.* (*pl.* **-os**) 케이오, 녹아웃. [<*k*nock *o*ut 의 머리 글자 발음]

[kayak 1]

Ka·zakh, Ka·zak [kazάːk] *n.* (*pl.* **~s, -zakhs, -zaks**) **1** 카자흐 사람, 카자흐 족〔터키계 인종〕. **2** 카자흐어.

Ka·zakh·stan, -zakh- [kὰːzɑːkstάːn] *n.* 카자흐 공화국〔중앙 아시아의 공화국으로 소련 해체로 1991년 12월에 독립; CIS 회원국. 정식 명칭 Republic of Kazakhstan, 수도는 Alma-Ata〕.

Ka·zan [kəzǽn] *n.* 러시아 볼가(Volga)강에 가까운 도시[타타르(Tatar) 자치 공화국의 수도].

ka·zoo [kəzúː] *n.* (*pl.* **-zoos**) 카주 피리[장난감 피

KB 《略》〔서양장기〕 *k*ing's *b*ishop.

K.B. 《略》 *K*ing's *B*ench; *K*night *B*achelor.

K.B.E. 《略》 *K*night *C*ommander of the *B*ritish *E*mpire(대영 제국 제2급 훈위(動位) 보유자).

KBP 《略》〔서양장기〕 *k*ing's *b*ishop's *p*awn.

KBS 《略》 *K*orean *B*roadcasting *S*ystem(한국 방송 공사).

kc 《略》 *k*ilocycle; *k*ilocycles per second.

K.C. 《略》 *K*ing's *C*ounsel; *K*night *C*ommander; *K*nights of *C*olumbus.

K.C.B. 《略》 *K*night *C*ommander of the *B*ath(바스 상급 훈작사(動爵士)).

KCCI 《略》 *K*orea *C*hamber of *C*ommerce and *I*ndustry(대한 상공 회의소).

KCIA 《略》 *K*orean *C*entral *I*ntelligence *A*gency(한국 중앙 정보부; 1980년 「국가 안전 기획부」로 개편).

K.C.M.G. 《略》 *K*night *C*ommander of the *O*rder of *S*t. *M*ichael and *S*t. *G*eorge(성미카엘·성조지 상급 훈작사).

K.C.S.I. 《略》 *K*night *C*ommander of the *O*rder of the *S*tar of *I*ndia(인도성(星) 상급 훈작사).

K.C.V.O. 《略》 *K*night *C*ommander of the [*R*oyal] *V*ictorian *O*rder(빅토리아 상급 훈작사).

K.D. 《略》〔상업〕 *k*nocked *d*own(낙창).

KDI 《略》 *K*orea *D*evelopment *I*nstitute(한국 개발 연구원).

KE 《略》 *K*orean *A*ir(대한 항공의 국제 항공 약칭).

ke·a [ké(i)ə, +美 kíːə] n. 케아잉꼬[뉴질랜드산(産)의 큰 잉꼬].

ke·bab [kéibab, kəbáb / kibǽb] n. =kabob.

keck [kek] vi. **1** 웩 하다, 욕지기(구역질)나다(at...). **2** 혐오하다, 혐오하는 감정을 나타내다(of...).

ked·dah [kédə] n. [인도에서 쓰는] 코끼리를 잡는 울(kheda).

kedge [kedʒ] [항해] v. (**kedged, kedg·ing**) vt. [작은 닻으로] [배]를 움직이다. — vi. [배가] 작은 닻에 의해 움직이다. — n. (=**kédge ánchor**) [배를 움직이는 데 쓰이는] 작은 닻.

ked·ger·ee, keg·er- [kédʒəriː, ᐟ-ᐟ] n. 케저리[쌀밥·생선·달걀·콩·향신료 따위를 쓴 인도 요리].

keek [kiːk] [스코·北英] vt. …을 들여다보다. — n. 들여다보기(peep), 한번 보기(look).

keel[1] [kiːl] n. **1** [선박] 용골(龍骨) [선저(船底) 중앙을 선수에서 선미에 걸쳐 관통하는 주요 재료]. ¶ a false keel 부(副)용골 / lay down a keel 용골을 놓다, 조선을 착공하다. **2** 《詩》배(ship). **3** 용골 비슷한 것; [항공기의] 용골. 〖식물〗[꽃의] 용골판, 〖동물〗[새의] 용골돌기. **4** (K-) 〖천문〗용골좌(Carina).

on an even keel [배가] 수평의(으로), 홀수(吃水)가 균일한(하게); 《비유적》완만하게, 잔잔하게(evenly, calmly).

— vt. **1** [배]를 뒤집다(overturn) (...over, up). ¶ (~+图+副) A blast of wind keeled over the yacht. 돌풍이 요트를 뒤집었다. **2** [남]을 넘어뜨리다, 졸도시키다(...over). ¶ (~+图+副) The excessive heat keeled over the boy. 지나친 더위로 그 소년이 졸도했다.

— vi. **1** [배가] 뒤집어지다, 전복하다(over, up). ¶ (~+副) The yacht keeled over. 요트는 전복했다. **2** 졸도하다(over). ¶ (~+副) He keeled over from the fit. 그는 발작을 일으켜 졸도했다.

keel[2] [kiːl] n. [英 방언] **1** [특히 영국 Tyne 강에서 석탄을 운반하는] 평저선(平底船). **2** 킬[석탄의 중량 단위; 21.2 긴 톤에 해당].

keel·age [kíːlidʒ] n. ⓤ [배의] 입항세, 정박세.

keel·block [kíːlblɑ̀k / -blɔ̀k] n. 용골 받침.

keel·boat [kíːlbòut] n. 《美》 Mississippi 강 따위에 쓰인 화물선.

Kéel·er pólygraph [kíːlər-] n. 킬러식 거짓말 탐지기(lie detector). [<미국의 범죄학자 L.Keeler (?-1949)의 이름]

keel·haul [kíːlhɔ̀ːl] vt. **1** [海事] [선원]에게 잠수시켜 용골 밑을 지나가게 하다 [옛날의 형벌]. **2** …을 호되게 꾸짖다.

keel·less [kíːllis] adj. [선박] 용골이 없는; 〖鳥類〗용골 돌기가 없는.

kéel líne n. [선박] 킬선(線), 수미선(首尾線) [배의 중심선].

keel·son [kélsn, kíːl-], (**kelson**) n. [선박] 내용골(內龍骨).

‡**keen**[1] [kiːn] adj. **1** [날 따위가] 날카로운, 예리한. opp. blunt ⇒ SHARP 類語. ¶ a keen edge of a razor 날카로운 면도날.

2 [바람·추위 따위가] 매서운(piercing), 살을 에는 듯한(biting); 통렬한, 신랄한; [소리·냄새 따위가] 강렬한, 코를 찌르는. ¶ a keen slap 손바닥으로 호되게 때리기 / keen sarcasm 통렬한 비꼼 / a keen cross-examination 준엄한 반대 심문 / a keen scent 코를 찌르는 냄새.

3 〖감각 등이〗 날카로운, 예민한(of...). ¶ keen hearing 예민한 청력(聽力) / keen reasoning 명민한 추리 / a keen face 영리하게 생긴 얼굴 / as keen as a razor 면도 날처럼 날카로운 / 아주 영리한 // The dog is keen of scent. 개는 후각이 예민하다.

4 [경쟁·기질 등이] 격한, 격렬한, 드센(intense). ¶ keen competition 격렬한 경쟁 / keen ambition 강한 야심.

5 열심인; …을 갈망하고 있는; …에 열중하고 있는; 아주 좋아하는 (about, at, for, on...). ⇒ EAGER 類語 ¶ He is keen about money. 그는 돈에 미쳐 있다 / He is not very keen on music. 그는 음악을 별로 좋아하지 않는다 / He is keen on promotion (or being promoted). 그는 승진하기를 몹시 바라고 있다 // He is keen to go to Paris. 그는 파리에 가고 싶어하고 있다 // He is keen that his son should enter the political world. 그는 아들이 정계에 투신하길 갈망하고 있다.

6 〖속어〗훌륭한(wonderful), 멋진; 대단한; 바람직한. [as] **keen as mustard** [구어] 매우 열심인.

~**ness** n. ◇ **kéenly** adv.

keen[2] [kiːn] 《아일》 n. 장례식 따위에서 망인을 애도하는 곡, 통곡(lament); 비가(悲歌), 애가(哀歌). — vi. [망인을 애도하여] 곡하다, 소리내어 울다.

keen-edged [kíːnédʒd] adj. 날이 날카로운; 예리한.

keen·er [kíːnər] n. [장례식에서 품삯을 받고] 곡을 하는 남자(여자).

keen-eyed [kíːnáid] adj. 눈이 날카로운.

*keen·ly [kíːnli] adv. 날카롭게, 통렬하게; 예민하게; 열심히.

keen-set [kíːnsét] adj. 배고픈; 갈망하는, 학수 고대하는 (for...).

‡**keep** [kiːp] v. (**kept, keep·ing**) vt. **1** [어떤 동작·상태]를 계속하다, 유지하다; [결·따위]를 계속 가지다. ¶ keep guard 감시하다 / keep step 계속 걷다 / keep hold of …을 잡고 놓지 않다, 쥐고 있다 / keep silence 가만히 있다 / keep the center of the road. 그녀는 길 한복판을 계속 걸어갔다.

2 [사람·사물]을 [어떤 위치·상태 따위로] 가지하다, […]하여 두다; 계속 …하게 하다. ¶ (~+图+副) keep an edge sharp 날을 날카롭게 갈아두다 / keep oneself well 건강을 유지하다 // (~+图+前+图) One's children 아이들을 밖에 내보내지 않다 // (~+图+前+图) keep a cat in a house 고양이를 집 안에만 있게 하다 / keep oneself in good health 좋은 건강 상태를 유지하다 // (~+图+done) Keep the door shut. 문을 닫아두세요 // (~+图+-ing) keep the light burning 계속 불을 켜두다 / Sorry to have kept you waiting so long. 오래 기다리시게 해서 죄송합니다.

3 …을 계속 지니다, 가지고 있다, 간직하다, 쥐고 있다; …을 [마음에] 간직하다. ¶ You may keep it. 가져도 좋아, 너한테 주지 / You may keep this book for a week. 이 책을 1주일간 너에게 빌려주겠지 // (~+图+图) keep something in mind …을 기억해 두다.

類語 keep 어떤 물건을 계속 가지다, 어떤 상태를 유지하다; 가장 일반적인 말. **retain** keep 보다 딱딱한 말; 빼앗으려는 힘에 대항해서 keep하다: retain one's title 선수권을 유지하다. **reserve** 장차 쓰기 위해 간직해 두다; 어떤 이유로 해서 잠깐 동안 보류해 두다: reserve one's judgment 판정을 일시 보류하다. **withhold** 주기(내놓기)를 보류하다: withhold one's promise 약속을 보류하다.

4 〖사람〗을 가두다, 구류하다, 감금하다; 붙들다 (hold, detain). ¶ I won't keep you long. 오래 기다리게 하지는 않겠습니다 // (~+图+前+图) keep a person in custody 남을 구류하다 / (~+图+副) What kept you there so long? 왜 그토록 오래 그곳에 머물러 있었니?

5 [상품 따위]를 비치해 두다; …을[상품으로서] 팔다 (취급하다). ¶ Does that store keep canned goods? 그 가게에서는 통조림 식품을 팔고 있습니까?

6 [남]을 고용하다(...on); [차 따위]를 소유하다; [가족]을 먹여 살리다, 부양하다(support); [가축 따위]를 기르다, 사육하다; [숙박자] 따위를 묵게하다; [정부 관계의 여자]를 두다; …과 교제하다, 어울리다(associate with). ¶ keep a cook (a maid) [on] 요리인을 두다 / He keeps an automobile. 그는 자가용차를 가지고 있다 / I can't keep myself yet. 나는 아직 자립하지 못하고 있다.

7 …을 관리하다, 맡다(have charge of); …을 간직해 두다, 보존하다, 남겨 두다(reserve); …을 따로 떼어 두

다(set aside). ¶ keep old letters 묵은 편지를 보존하다 / He kept the hardest question until the end of the examination. 그는 가장 어려운 문제를 시험이 끝날 때까지 남겨 두었다//(~+目+前+名) keep valuables under lock and key 귀중품을 자물쇠를 채워서 보관해 두다 / Please keep this seat for me. 이 자리를 좀 잡아놓아 주십시오.
8 [남에게] [어떤 일]을 알리지 않다, 숨기다(conceal); …을 허락하지 않다, 시키지 않다(withhold); …을 방해하다, 제지하다(prevent) (...from). ¶ keep one's counsel 자기의 의견을 [가슴에 간직하고] 알리지 않다/ keep one's temper 화를 억누르다 // (~+目+前+名) keep the sad news from one's parents 슬픈 소식을 부모에게 알리지 않다 / The heavy rain kept us from going out. 비가 많이 와서 우리는 외출할 수가 없었다 / Nothing kept him from going through with it. 그 무엇도 그가 그것을 관철하는 것을 막지 못했다.
9 [일기·장부·학부]를 적다, 기입하다, 기장(記帳)하다, [규칙적으로] 기록하다. ¶ keep a diary (books, records) 일기(장부, 기록)를 적다 / She kept an account of sales in the store. 그녀는 가게의 매출액을 기장했다.
10 [법률·규칙 따위]를 지키다, …에 따르다; [약속·비밀 따위]를 지키다, 이행하다. ¶ keep a promise (or one's word) 약속을 지키다.
11 [축제·의식 등]을 거행하다; …을 축하하다. 제사 지내다(observe, celebrate). ¶ keep the Sabbath 안식일을 지키다 / keep Christmas 크리스마스를 축하하다 / We keep January the first as a holiday. 우리는 1월 1일을 휴일로 하여 축하한다.
12 [상점·학교 등]을 경영하다, 관리하다 (manage, carry on). ¶ keep a school (a hotel) 학교(호텔)를 경영하다 / keep house 집안 살림을 꾸려나가다.
13 …을 지키다, 보호하다(guard). ¶ keep one's ground 자기 입장(진지, 주장)을 지키다, 한 걸음도 물러서지 않다 / God keep you! 신의 가호가 있기를 // (~+目+前+名) keep a town against the enemy 적의 공격으로부터 도시를 지키다 / She was anxious to keep her son from illness and accident. 그녀는 아들을 병과 사고로부터 지키려고 정성을 쏟고 있었다.
14 …을 돌보다, 손질하다(take care of). ¶ keep a garden 뜰을 손질하다 / This room is always well kept. 이 방은 언제나 잘 정리되어 있다.
15 [집회·법정·장 따위]를 열다, 개최하다(hold). ¶ keep an assembly 집회를 열다.
16 [어떤 곳]에 머무르다, 틀어박히다. ¶ keep one's bed [병으로] 자리에 누워 있다.
17 [음악] [박자·가락]을 맞추다. ¶ keep the rhythm 리듬을 맞추다. [용 신문].
18 [신문 따위]를 완전히 장악하다. ¶ a kept press 어
— vi. **1** [어떤 상태를] 유지하다, …인 채로 있다, [어떤 동작을] 계속하다, 줄곧 …하다. ¶ (~+補) keep quiet 조용히 하고 있다 / keep indifferent 계속 냉담하다 / Weather keeps fine. 좋은 날씨가 계속되고 있다 // (~+副) Keep on, boys! [그런 식으로] 다들 계속 힘내라! / How are you keeping? 요즘 어떠십니까? // (~+前+名) The wind kept to the east all day. 바람은 온종일 동쪽으로 불었다 // (~+ing) The fire kept burning all night. 화재는 밤새도록 계속되었다.
— **Usage** keep ~ing와 keep on ~ing — keep ~ing 는 상태를 나타내는 동사나, 써서 상태의 계속을 뜻하고, keep on ~ing는 동작을 나타내는 동사에 써서 동작의 계속·반복을 뜻하는 것이 보통이다: It kept raining for a week. / He kept on reading the magazine. 다만 keep ~ing 가 동작을 나타내는 동사에 사용되면「그 동안」의 뜻을 나타내므로, keep on ~ing는「여지껏 …하고 있다」를 뜻하는 데 주의하라: He kept smoking all the time. / He kept on smoking after the doctor told him to stop.

2 [어떤 장소·위치에]머무르다, 틀어박히다(stay, remain). ¶ (~+副) (~+前+名) keep indoors (or at home) 집 안에 틀어박혀 있다 / keep out of the way [방해가 되지 않도록] 떨어져 있다 / keep to one's bed [병으로] 자리에 누워 있다 / I'll keep in the house if it rains. 비가 오면 집에 있겠습니다.
3 [음식이 썩지 않고] 오래가다, 보존이 가능하다(last). ¶ This food will keep for a long time. 이 식품은 오래간다. **4** 뒤로 미룰 수 있다, 기다릴 수 있다. ¶ The news will keep. 그 이야기는 나중에 해도 늦지 않다. **5** […을] 삼가다, 하지 않다(restrain oneself) (from...). ¶ (~+前+名) keep from drinking 술을 삼가다 / They could not keep from laughing. 그들은 웃지 않을 수 없었다. **6** [비밀 따위]를 지켜지다, 새지 않다. ¶ I knew the secret would keep if I told nobody. 나만 말하지 않으면 비밀이 새지 않는다는 것을 나는 알고 있었다. **7** 〈구어〉 열리고 있다; 수업이 있다. ¶ School keeps till four o'clock. 수업은 4시까지 있다. **8** 〈英구어〉 살다, 거주하다(reside); 숙박하다; 체류하다.
keep at 꾸준히 노력하다, 열심히 하다. ¶ Keep at it! 꾸준히 하게나, 힘내라!
keep away ① (vi.) 가까이 가지 않다, 피하다 (from...). ¶ keep away from liquor 술을 삼가다. ② (vt.) …를 접근시키지 않다. ¶ keep a child away from fire 아이를 불 옆에 가지 못하게 하다.
keep back ① [물건]을 간수해 두다. ② [남]을 붙들다; [남]을 억제하다(from...). ¶ The police kept the crowd back. 경찰은 군중이 앞으로 나오는 것을 억제했다. ③ [일 따위]를 지연시키다(retard). ④ [비밀 사정 등]을 숨기다. ⑤ (vi.) 뒤로 물러나 있다.
keep down ① [반란 따위]를 진압하다. ¶ keep down scandal 추문을 얼버무려 없애다. ② [감정 등]을 억누르다, 꾹 참다.
keep one's end up ⇒ END.
keep going ① (vi.) [일 따위]를 계속하다; 바쁘게 일하다. ② (vt.) [남]을 재정적으로 원조하다.
keep in ① [감정 따위]를 억누르다. ¶ keep a secret in 비밀을 가슴 속에 접어 두다. ② [남]을 가두다. ⇒ vt. 2, 4; [벌로써 학과 후에] [학생]을 교실에 남아 있게 하다. ③ 〈英어에서는 고어〉 [불]을 계속 태우다. ④ 를 억제하다. ⇒ vi. 2. ⑤ (vi.) [불]에 타고 있다. ⑥ (vi.) 〈구어〉 사이좋게 지내다(with ...).
keep it up 계속하다, 계속 해 나가다.
keep off ① (vt.) …을 접근시키지 않다, …의 출입을 금하다, …을 피하다. ¶ Keep off the grass. 〈게시문〉 잔디밭에 들어가지 마시오. ② (vt.) [술·담배 따위]를 삼가다. ③ (vi.) 가까이 가지 않다, 떨어져 있다.
keep on ① …을 몸에 걸치고 있다, 착용하고 있다. ② …을 고용하다. ⇒ vt. 6. ③ 계속하다. ⇒ vi. 1. ¶ keep on reading all day long 하루종일 책을 읽다. ④ (vi.) 전진하다. ⑤ 붙어 있다, 떨어지지 않고 있다. ¶ The buttons of this coat never keep on. 이 상의의 단추는 제대로 붙어 있은 적이 없다.
keep on at [남]에게 딱딱거리다, 귀찮게 잔소리하다.
keep out ① (vt.) …을 안에 들이지 않다, 따돌리다; …을 밖에 내쫓다. ② (vi.) 권외에 머무르다, 참가하지 않다. ¶ Keep out.〈게시〉 출입 금지. ③ (vi.) 따로 두다.
keep out of …을 멀리하다, 피하다; 간섭하지 않다.
keep to ① [약속·계획 등]을 지키다; […에서] 떨어지지 않다. ⇒ vi. 1. ¶ Keep to the right. 우측 통행. ② 틀어박혀 있다. ⇒ vi. 2.
keep to oneself ① (vi.) 남으로부터 떨어져서 초연하게 있다. ② (vt.) …을 남에게 알리지 않다. ¶ keep a secret to oneself 비밀을 남에게 알리지 않다.
keep under ① …을 복종시키다. ② [감정 등]을 억누르다.
keep up ① …을 계속하다, 유지하다. ¶ keep a talk up until midnight 밤중까지 이야기를 계속하다. ② [체면·신용·용기·가격 따위]를 유지하다. ¶ They are

very anxious to *keep up* the reputation of the firm. 그들은 회사의 평판을 유지하기 위해 안간힘을 쓰고 있다. ③ (*vi.*) [세기·빠르기 따위에서] 서로 엇비슷하다; [시대의 추세 등에] 뒤지지 않다(*with*...). ¶ He walked so fast that his wife could not *keep up with* him. 그가 너무 빨리 걸었기 때문에 그의 아내는 따라가지 못했다 / The international situation changes so quickly nowadays that you cannot *keep up with* it. 현재는 국제 정세의 변화가 너무 급격하기 때문에 도저히 따라가지 못한다. ④ (*vi.*) [...의] 정보에 정통해 있다(*on*, *with*...). ¶ *keep up on* international relations 국제 관계에 관한 정보에 밝다.
— *n*. ⓤ **1** 음식; 의식(衣食); 생활비; 생계(livelihood). ¶ earn one's *keep* 생활비를 벌다. **2** [소·말 따위의] 사료의 비축. **3** ⓒ 성곽중심부의 탑(donjon); 성, 요새. **4** (드물게) 보유, 유지, 관리(maintenance). **5** (~s) (단수 취급) 구슬치기 놀이의 일종.
be in good (or *high*) *keep* 잘 보존되어 있다.
for keeps (구어) ① [아이들의 놀이 따위에서] 한번 딴 것은 돌려주지 않는다는 약속하에; 진짜로. ② 영원히, 완전히. ¶ Is this mine *for keeps*? 이것을 제게 주시는 것입니까(제가 가져도 좋습니까)?
‡keep·er [kíːpər] *n*. **1** 지키는 사람, 보호자; 양육자; (종종 복합어를 만들어) 파수꾼, 감시원; 간수; 사냥터지기(gamekeeper); [미치광이의] 보호자. ¶ a lighthouse *keeper* 등대지기. **2** (종종 복합어를 만들어) 관리인; 경영자; 가게 주인; 소유자; 사육자. **3** (경기의) 수비자; [시간] 기록 담당원. **4** [어떤 장소에] 묶어두는 것; 죔쇠, 고쇠, 빗장(latch); 빗장 구멍; [결혼반지가 빠지지 않도록 덧끼는] 덧반지(guard ring). **5** 보존이 가능한 과실(채소). **6** (英) (특히 영국 왕실의) 보관관(보관인), 관리관. **7** 잡아 도법에 걸리지 않을 만큼 자란 물고기.
the Keeper of the Privy Seal (英) 국새(國璽) 보존관, 궁내 대신.
the Lord Keeper of the Great Seal (英) 국새를 보관하는 대신, 국새상서(國璽尚書).
‡keep·ing [kíːpiŋ] *n*. ⓤ **1** 일치, 조화(conformity) (*with*...). ¶ out of *keeping with* ...과 일치(조화)하지 않고 / The curtain is in *keeping with* the room. 그 커튼은 방에 잘 어울린다. **2** 보존, 보유; 저장; 보관(custody), 관리; 유지(maintenance). ¶ have the *keeping of* ...을 맡고 있다 / I will leave it to your *keeping*. 너에게 그것을 보관시키겠다 / The manuscript is in my *keeping*. 그 사본은 내가 보관하고 있다 / Finding is *keeping* (속담) 주운 사람이 임자. **3** 양육, 부양; 사육; 사료; 음식물. **4** (종종 복합어를 만들어) [의식·관습의] 준수, 축하, 의식을 거행하기. ¶ The *keeping* of Thanksgiving Day is an old American custom. 추수 감사제를 올리는 것은 미국의 오랜 관습이다.
kéeping ròom *n*. (美고어) 거실(sitting room).
*keep·sake [kíːpseik] *n*. **1** 기념품, 유품(memento). ¶ I accept a ring as a *keepsake* 유품으로 반지를 받다. **2** [19세기 초두에 유행한] 선물용 장식책.
kees·hond [kéishànd / -hònd] *n*. (*pl.* -hon·den [-hàndən / -hòn-]) 케이스혼드[네덜란드산(産) 삽살개].
kef [ke(i)f] *n*. ⓤ **1** (中東) [마약 따위에 의한] 황홀경, 도취 상태. **2** (특히 대마로 만든) 흡연용 마약.
keg [keg] *n*. **1** [5-10갤론 들이] 작은 나무통. **2** 못의 중량 단위[100파운드에 해당].
keg·ler [kéglər] *n*. (俗語) 볼링의 경기자(bowler).
keg·ling [kéglin] *n*. 볼링(bowling).
keis·ter [kíːstər] *n*. (美속어) **1** 궁둥이(buttocks). **2** 가방.
Kél·logg-Bri·ánd Páct [kéləːgbriáːnd- / -ɔg-] 1928년 전쟁의 불법화와 국제 분쟁의 평화적 해결을 다짐한 조약[미·영·불·독 등 49개국이 조인]. [<미국의 정치가 F.B. Kellogg(1856-1937)와 프랑스의 정치가 A. Briand(1862-1932)의 이름]
ke·loid [kíːlɔid] *n*. (병리) 켈로이드[화상 따위의 상처가 아문 후에 생기는 종양].
ke·loi·dal [kiːlɔ́id(ə)l] *adj*. 켈로이드의.
kelp [kelp] *n*. ⓤ **1** 켈프[다시마 따위의 큰 해초]. **2** 켈프회(灰) [요드 따위의 원료].
kel·pie [kélpi], (kel·py) *n*. (*pl.* -pies) (스코 전설) 물의 요정, 물의 괴물[말처럼 생겼고, 사람을 익사시킨다].
kel·son [kélsn] *n*. (선박)=keelson.
kelt [kelt] *n*. 산란 직후의 쇠빠진 연어.
Kelt [kelt] *n*.=Celt.
kel·ter [kéltər] *n*. (英방언)=kilter.
Kél·vin scàle [kélvin-] *n*. (물리) 켈빈 눈금, 절대 온도 눈금[절대 0도를 0으로 하고, 눈금의 간격은 섭씨(攝氏)와 같다]. [<영국의 물리학자 William Thomson Kelvin(1824-1907)의 이름]
kemp [kemp] *n*. ⓤ 질이 나쁜 양털 부스러기.
kempt [kempt] *adj*. (집 따위가) 아담한; [머리털 따위를] 산뜻하게 빗은, (모양이) 가지런한.
*ken[1] [ken] *n*. ⓤⓒ 이해, 지식; 지력(知力)의 범위, 인식의 범위(cognizance); 시야, 시계(視界). ¶ beyond (or out of) one's *ken* 시야 밖에, 인지(人知)가 미치지 않는 곳에. — *v*. (kenned or kent, ken·ning) *vt*. **1** (주로 스코) a) ...을 알다, 이해하다. **b**) ...과 교제하다. **2** (고어) ...을 보다(see); ...을 인정하다(recognize). — *vi*. (英방언) [어떤 것에 관해서] 지식을 가지다, 알다, 이해하다.
ken[2] [ken] *n*. (속어) [도둑 따위의] 소굴, 은신처.
Ken. Kentucky.
Kén Dóll [kén-] *n*. (美) **1** 미국 남자 아이 인형. **2** 전형적인 미국인.
Kén·ne·dy Róund [kénidi-] *n*. 케네디 라운드[미국이 GATT를 무대로 벌인 관세의 일괄 인하 교섭]. [<미국 35대 대통령 John Fitzgerald Kennedy (1917-63)가 제창]
*ken·nel[1] [kén(ə)l] *n*. **1** 개집. **2** [여우 따위의] 굴, 숨는 장소. ¶ go to *kennel* 도망쳐 들어가다, 피난하다. **3** (종종 ~s) 개 사육장, 사냥개 집결소, 개 무리. **4** (사냥개 따위의) 떼(pack). **5** 오두막집, 판자집.
— *v*. (-neled, -nel·ing; (英) -nelled, -nel·ling) *vt*. (개)를 개집에 넣다, 개집에서 기르다. — *vi*. (개)개집에서 자다 (살다); [사람이] 숙박하다(lodge), 숨다.
ken·nel[2] [kén(ə)l] *n*. 하수도, 도랑, 시궁창(gutter).
Kénnel Clùb *n*. 애견가 클럽; 개 사육자 협회.
Kén·ny méthod [kéni-] *n*. (의학) 케니식 치료법[오스트레일리아의 간호사 Elizabeth Kenny (1886-1952)가 시작한 소아마비 치료법].
ke·no [kíːnou] *n*. ⓤ lotto 식으로 행하는 도박의 일종.
ke·no·sis [kinóusis] *n*. ⓤ (신학) (예수의 성육신과 고난에 있어서의) 자기 비하(自己卑下) [←빌립보서 (Phil.) 2:7].
ken·o·tron [kénətràn / -trɔn] *n*. (전기) 고전압용 고진공 정류기.
Ken·sing·ton [kénziŋtən] *n*. 영국 London 서부의 자치구 [Kensington Gardens나 박물관 따위가 있다].
Kent·ish [kéntiʃ] *adj*. 영국 Kent 주(사람)의.
Kéntish fíre *n*. ⓤ (英) 그칠 줄 모르는 박수 갈채; 요란한 비난(반대).
Kent·ish·man [kéntiʃmən] *n*. (*pl.* -men [-mən]) Kent 사람, Kent 출신자(* Medway 강 서쪽에서 출생한 사람을 가리키며, 그 동쪽에서 태어난 사람은 a man of Kent라 부른다). ¶용의 선발.
kent·ledge [kéntlidʒ] *n*. ⓤ (선박) 밸러스트(바닥쇠).
Ken·tuck·i·an [kəntʌ́kiən / ken-] *adj*. Kentucky 주의, Kentucky 주민의. — *n*. Kentucky 주의 주민.
*Ken·tuck·y [kəntʌ́ki / ken-] *n*. 미국 중동부의 주[주도 Frankfort; 略 Ky., Ken.].
Kentúcky blúegrass *n*. [특히 Mississippi 강 유

역산(産)의] 왕포아풀[목초로서 유용].
Kentúcky Dérby n. 켄터키 경마[미국 Kentucky 주 Louisville에서 매년 개최되는 세 살짜리 말의 경마].
Ken·ya [kénjə, kíːn-] n. **1** 케냐[아프리카 동부의 공화국; 수도 Nairobi]. **2** Mount~ 케냐산[케냐 중앙부의 화산].
Ken·ya·pith·e·cus [kènjəpíθikəs / kíːn-] n. 케냐 원인(原人), 케냐피테쿠스[1962-67년에 발견].
Ké·ogh plàn [kíːou-] n. 《美》 자영업자 퇴직 기금 제도. [<미국 국회의원 E.J. Keogh(1907-)의 이름]
kep·i [képi, kéi-] n. [위가 납작한] 프랑스 육군의 모자.
‡**kept** [képt] v. keep의 과거·과거분사.
ke·ram·ic [kirǽmik] adj. =ceramic.
ke·ram·ics [kirǽmiks] n. pl. =ceramics.
kerat- ⇒ KERATO-.
ker·a·tin [kérətin] n. [U] 《동물》 케라틴, 각질(角質) [뿔·손톱·머리털 따위를 형성하는 경(硬)단백질].
ker·a·ti·tis [kèrətáitis] n. [U] 《병리》 각막염.
kerato- horn, hornlike 라는 뜻의 연결형 (* 모음 앞에서는 kerat-을 쓴다). 예: keratitis, keratoid(뿔의, 뿔 모양의).
ker·a·tose [kérətòus], **cer·a-** [sérə-] adj. 각질(角質)로 된. — n. [U] 각질, 각질 섬유.
kerb [kə́ːrb] n., vt. 《英》 =curb. — 량.
kérb wèight n. 《英》 [자동차의] 장비 중량, 차량중량.
ker·chief [kə́ːrtʃif] n. (pl. **-chiefs**) 여성이 머리에 쓰는 사각형 천; 네커치프, 목도리(neckerchief); 손수건(handkerchief). [쓰고 있는(in...).
ker·chiefed [kə́ːrtʃift] adj. kerchief를 쓴, [...을]
kerf [kəːrf] n. [도끼, 톱 따위로 낸] 자른 자국; 톱날한 자국, [자른 가지 따위의] 잘린 곳. — vt. [목재]에 자른 자국을 내다.
ker·mes [kə́ːrmiːz] n. **1** [U] 케르메스[연지벌레의 암컷을 말려서 만든 적색 염료]. **2** [연지벌레가 사는] 떡갈나무의 일종.
ker·mess, -mis [kə́ːrmis] n. **1** [네덜란드 등지에서 정기적으로 서는] 큰 장(축제). **2** 바자, 자선시(慈善市).
kern [kəːrn], (**kerne**) n. 《고어》 **1** 고대 아일랜드의 경무장(輕武裝) 보병단. **2** [아일랜드·스코틀랜드 고지대에서] 병사. **3** 아일랜드의 농부; 시골뜨기(rustic).
*‡**ker·nel** [kə́ːrnl] n. **1** [과일의] 인(仁), 핵(核). **2** [보리 따위의] 낟알(grain). **3** [사물의] 중심부, 핵심, 속맹(nucleus), 요점. **4** 《문법》 핵, 핵문(核文). — vt. (**-neled, -nel·ing**; 《특히 英》 **-nelled, -nel·ling**) [핵처럼] …을 둘러싸다.
ker·neled, (《특히 英》) **-nelled** [kə́ːrn(ə)ld] adj. 인이 있는, 핵이 있는.
kérnel séntence n. = kernel 4.
*‡**ker·o·sene, -sine** [kérəsìːn, ˌ-ˈ-] n. [U] 등유(燈油).
Ker·ry [kéri] n. (pl. **-ries**) (보통 K-) 케리종의 젖소 [Kerry 주 원산의 검은색의 소형종]. [드 산(産)].
Kérry blúe térrier n. 케리테리어견(犬) [아일랜 (rish).
ker·sey [kə́ːrzi] n. 커지천[바탕이 거친 능직 모직.
ker·sey·mere [kə́ːrzimìər] n. =cassimere. [는 새].
ke·ryg·ma [kəriɡmə] n. (pl. **-ma·ta** [-mətə]) 《성서》 선교, 케리그마[마태 복음(Matt.) 12 : 41, 고린도 전서 (1 Cor.) 1 : 21]. [케리그마의.
ker·yg·mat·ic [kèriɡmǽtik] adj. 선교의, 선교적인,
kes·trel [késtrəl] n. 황조롱이; 미국황조롱이[매과의 작은 새].
ketch [ketʃ] n. 케치 [쌍돛대의 연안 무역선.
*‡**ketch·up** [kétʃəp] n. [U] 케첩. ¶ tomato ketchup 토 마토 케첩.
keto- ketone 이라는 뜻의 연결형(* 모음 앞에서는 ket-를 쓴다). 예: ketogenesis (케톤체 생성).
ke·tone [kíːtoun] n. 《화학》 케톤.
‡**ket·tle** [kétl] n. **1** 솥, 가마. **2** 주전자, 물 끓이는 그릇(teakettle).
a kettle of fish 혼란, 엉망인 상태 (mess).
ket·tle·drum [kétldrʌm] n. **1** 케틀드럼[볼칙] 팀파니. **2** 《구어》 [19세기에 유행한] 오후의 다과회.

[kettledrum 1]

ket·tle·drum·mer [kétldrʌmər] n. 케틀드럼 연주자.
ket·tle·hold·er [kétlhòuldər] n. 주전자를 잡는 행주.
ke V (略) kiloelectron volt.
kev·el [kévəl] n. 《선박》 계주주(繫索柱).
Kéw Gárdens [kjuː-] n. pl. Kew에 있는 국립 식물원. [<Kew는 영국 London의 Richmond upon Thames 자치구 내의 한 교구(教區)]
Kew·pie [kjúːpi] n. 《상표명》 [인형의] 큐피.
‡**key**[1] [kiː] n. **1** [문 따위의] 열쇠. cf. lock. ¶ a master key 마스터 키 / a key to a door 문의 열쇠 / under lock and key 단단히 자물쇠를 잠그고 / turn a key in … 에 자물쇠를 잠그다.
2 [획득·해결 따위의] 수단, 단서, 비결; [암호·기호·약호(略號) 따위를 해독하는] 열쇠; [시험 문제 따위의] 해답집(to…); [국면을 지배하는] 열쇠. ¶ the key to success 성공의 비결 / the key to a problem 문제 해결의 열쇠 / hold the key of …의 열쇠를 쥐다, …을 지배하다.
3 [어떤 지역으로 들어가기 위한] 요소, 요지, 관문(to…); 중심인물, 열쇠를 쥔 사람. ¶ the key to the Mediterranean 지중해의 관문 / He is the key to this city. 그는 이 도시에서 없어서는 안될 인물이다 / You are the key to the whole thing. 만사가 네 두 어깨에 달려 있다.
4 [기계 장치의] 핀, 볼트, 코터(cotter).
5 나사돌리개, 드라이버, 스패너(wrench).
6 [전신기의] 전건(電鍵), 키; [타자기의] 키; 《음악》 [피아노·오르간·취주악기의] 키, 건(鍵). ¶ a natural (a chromatic) key [피아노의] 흰(검은) 건.
7 《음악》 주조음(主調音) (keynote, tonic), [장조의] 조, [한 악곡의] 조. ¶ the major (the minor) key 장조(단조) / a symphony in the key of C minor 교향곡 C 단조 / related keys 근접조(近接調).
8 [목소리의] 어조(tone, pitch). ¶ speak in a high (a low) key 높은(낮은) 어조로 말하다 / He sings off key. 그는 이상한 가락으로 노래한다.
9 [표현·색채 따위의] 경향, 특징. ¶ paint in a low key 차분한 색채로 그리다 / all in the same key 단조롭게, 똑같은 투로. [「鍵」.
10 [전기] 회로 개폐기, [전화 회로 개폐용의] 전건 (電.
11 [동·식물] 검색표(檢索表), 종족 식별 검색표 [소속을 모르는 동·식물의 식별에 이용한다].
12 [식물] 시과(翅果), 익과(翼果) (samara).
13 [석공] 쐐기 의(와) 사이로 비어져 나온 회삭물, 판자면의 거칠음. [알아내기 위한] 부호.
14 [광고] [광고에 대한 반응이 어느 신문으로부터 온가를]
15 (~s) [교황권과 같은] 교회 권력. * 특히 the power of the keys 의 숙어로 쓴다 [←마태 복음(Matt.) 16 : 19].
16 《형용사적으로 써서》 주된(chief), 중요한(important), 필수적인(essential). ¶ key man in the murder case 살인 사건의 열쇠를 쥔 인물.
get (or *have*) *the key of the street* 《익살》 [밤에] 내쫓기다.
lay (or *put*) *the key under the door* 살림(가게)을 — vt. **1** [연행 따위]를 분위기에 맞추다. ¶ (~ + 囸 + 전+图) key one's speech to the occasion 그 자리의 분위기에 맞추어서 말하다. **2** [그림] 어떤 색조로 [그

림]을 그리다, (그림)의 색조를 다듬다. **3** 〖음악〗〖악기〗를 조정하다, …의 음조를 맞추다. ¶ (~+围+團) She *keyed* the piano *down*. 그녀는 피아노의 음조를 낮추었다. **4** …에 자물쇠를 채우다, …을 자물쇠로 잠그다, …을 쇠기로 고정시키다(fasten). **5** 〖석공〗(아치 따위)에 사북돌을 넣다. **6** (광고 속)에 부호를 넣다.
kéy úp ① (악기)의 음조를 높이다. ② …을 복돋우다, 긴장시키다. ¶ He was extremely *keyed up*. 그는 극도로 긴장했다. ③ (요구 따위)를 강화하다.

key² [kiː] *n*. 낮은 섬, 모래톱, 암초(岩礁), 산호초(cay).

kéy accòunt *n*. (회사 등의) 주요 거래처[고객].

***kéy·board** [kíːbɔ̀ːrd / -bɔ̀ːd] *n*. (피아노·타자기의) 건반, 키보드. — *vt*. 키를 두드려서 (정보)를 입력하다.

kéy búgle *n*. 키가 있는(有鍵) 나팔.

kéy chíld *n*. (아파트 따위의 열쇠를 갖고 다니는) 맞벌이 부모를 가진 아이.

kéy clúb *n*. 회원에게 열쇠를 주는 나이트클럽(바).

keyed [kiːd] *adj*. **1** 〖음악〗〖악기〗 건이 있는. **2** 〖기계〗 키가 있는, 키로 멈추게 하는. **3** 〖건축〗(아치에) 사북돌이 있는.   [(ara)].

kéy frúit *n*. 〖식물〗 시과(翅果), 익과(翼果)(samkey-hole [kíːhòul] *n*. 열쇠 구멍. ¶ listen at a *keyhole* 열쇠 구멍으로 몰래 엿듣다. — *adj*. 은밀한; 고십의.

kéyhole jóurnalism *n*. U (열쇠 구멍으로 방 안을 들여다보듯이) 집요하게 속사정을 캐내려는 저널리즘.

kéyhole sáw *n*. 열쇠 구멍 따위를 뚫기 위한) 둥근 톱. *cf*. compass saw

kéy índustry *n*. 기간 산업 (철강업 등).

key·less [kíːlis] *adj*. **1** 열쇠가 없는, 열쇠가 필요없는. **2** 〖악기〗 건(鍵)이 없는. **3** 〖英〗 〖시계가〗 용두(龍頭)로 감는.   [(의) 중심 인물].

kéy·man [kíːmæ̀n] *n*. (*pl*. -men [-mèn]) 〖기업 따위

kéy máp *n*. 윤곽 지도, 개념도(槪念圖).

kéy móney *n*. U(英) (집에 세들 때 사람에게 열쇠를 줄 때 지불하는) 보증금, 권리금.

kéy móve *n*. 〖서양장기〗 〖체스에서〗 승부를 결정짓는 최종 판국의 첫 수.

Keynes·i·an [kéinziən] *adj*. 케인즈(경제학)의(에 관한). — *n*. 케인즈 경제학자. [<영국의 경제학자 John Maynard Keynes(1883-1946)의 이름]

***kéy·note** [kíːnòut] *n*. **1** 〖음악〗 주음(主音) (tonic). **2** 〖정책 따위의〗 기조, 기본 방침; [연설 따위의] 요지, 주안점, 요지. ¶ the *keynote* of one's oration 연설의 골자, the *keynote* of a verse 시구(詩句)의 밑바닥에 흐르는 것. — *vt*. (-**not·ed, -not·ing**) **1** (정당 따위)의 기본 방침을 발표하다. **2** 〖음악〗 …의 주음을 가리키다.

kéynòte addréss(spéech) *n*. (정당 대회 따위에서의) 기조 연설, 기본 정책 연설.   [표자.

kéy·not·er [kíːnòutər] *n*. 기조 연설자, 기본 정책 발

kéy·pad [kíːpæ̀d] *n*. 〖컴퓨터〗 키패드(컴퓨터나 텔레비전의 부속 장치로서 손바닥에 놓고 수동으로 정보를 입력하거나 채널을 선택하거나 할 때 쓴다).

kéy páttern *n*. 뇌문(雷紋), 만자(卍字) 무늬(fret).

kéy pérsonnel *n*. 기간요원, 필수요원.

key-phone [kíːfòun] *n*. 〖英〗 버튼식 전화기.   [〖機〗

kéy púnch *n*. (컴퓨터 따위 천공기의) 천공기(穿孔

kéy-punch [kíːpʌ̀ntʃ] *vt*. …에 천공기로 구멍을 뚫다.

kéy-punch·er [kíːpʌ̀ntʃər] *n*. 키펀처 (key punch를 조작하는 사람).

kéy ríng *n*. (많은 열쇠를 꿰어 두는) 열쇠 고리.

kéy sèat *n*. 〖기계〗 키 홈(쇄기 전(栓)이 들어앉게 판 홈).   [키보드.

kéy·set [kíːsèt] *n*. (타자기·컴퓨터 따위의) 건반(鍵盤).

kéy sígnature *n*. 〖음악〗 조표(調表) (악곡의 첫머리에 붙이는 #, ♭). *cf*. time signature

kéy·smith [kíːsmìθ] *n*. 열쇠 제조인; 맞쇠 제조기를 조작하는 사람.

kéy státion *n*. 주요국(局), 본국(本局), 키 스테이션 (한 방송망의 프로 제작에서 중심이 되는 방송국).

kéy·stone [kíːstòun] *n*. **1** 〖건축〗 〖아치의〗 쐐기돌, 종석(宗石). ⇨ ARCH¹ 그림. **2** 중심이 되는 것, 중추; (학설 따위의) 근본 원리. **3** (=**kéystòne sàck**) 〖야구〗 속어) 2루.

Kéystone Státe *n*. (the ~) 미국 Pennsylvania 주의 별칭(독립 당시 13개 주의 중앙에 위치했기 때문).

kéy vísual *n*. 〖TV〗 텔레비전 광고에서 가장 중요한 포인트가 되는 한 화면.

Kéy Wést *n*. **1** 미국 Florida 주 남부 Florida Keys의 서쪽 끝에 위치한 섬. **2** 그 섬의 항구·해군 기지.

kéy wórd *n*. 핵심어(核心語), 주요 단어(문제의 해결·의미 해석에서 열쇠가 되는 말).   [유 외환).

KFX (略) *K*orean *F*oreign *E*xchange (한국 정부 보

kg (略) kilogram.

kg. (略) keg; kilogram.   [훈작사).

K.G. (略) *K*night of [the Order of] the *G*arter (가터

KGB (略) (러시아) *K*omitet *G*osudarstvennoi *B*ezopasnosti (구소련의 국가 보안 위원회).

K.G.C. (略) *K*night *G*rand *C*ross.

K.G.F. (略) *K*night of the *G*olden *F*leece.

Kha·ba·rovsk [kɑːbɑ́ːrɑfsk] *n*. 하바로프스크(러시아 시베리아 동부의 행정·경제·군사의 중심 도시).

khad·dar [kɑ́ːdər, kʌ́d- / kǽdə] *n*. U 카다르천(인도산(産)의 손으로 짠 무명).

***khak·i** [kɑ́ːki, kǽki] *n*. **1** U 카키색. **2** U (군복용의) 질긴 카키색 면직물. **3** (종종 ~s) (특히) 카키색 군복. — *adj*. **1** 카키색의. **2** 카키색 옷감으로 만든.

khákí eléction *n*. 전쟁 기분에 편승해서 실시하는 선거.

kha·lif [kéilif, kǽl-, kəlíːf, kɑ́ː-], **-li·fa** [-fə] *n*. = caliph.   [phate.

khal·i·fat [kǽlifǽt], **-fate** [-fèit, -fit] *n*. = cali

kham·sin [kǽmsin, kæmsíːn] *n*. 캄신 열풍(3월 중순께 사하라 사막에서 이집트로 불어오는 뜨거운 바람).

khan¹ [kɑːn, 美 kæn] *n*. 한(汗) (중세의 몽고·타타르 등의 황제 칭호, 현재의 중앙 아시아 등의 지방의 통치자·고관의 칭호).

khan² [kɑːn, 美 kæn] *n*. 대상(隊商) 숙박소 (caravansary).

khan·ate [kɑ́ːneit, -nit, 美 kǽn-] *n*. **1** 한(汗)(khan)이 지배하는 지역(국민). **2** U 한의 지위(권력).

khan·sa·mah [kɑːnsɑ́ːmɑː] *n*. 〖印度〗 〖영국의 가정의〗 하인(butler).

Khar·toum [kɑːrtúːm] *n*. (**Khar·tum**) 하르툼(수단의 수도; 백나일·청나일의 두 강이 합류하는 곳).

khe·dive [kidíːv] *n*. (1867-1914년에 터키가 준) 이집트 총독(태수)의 칭호.

khi [kai] *n*. = chi.

khid·mut·gar [kídmətgɑ̀ːr] *n*. 〖印度〗 〖영국에서 가정의〗 남자 급사, 보이(male waiter).

Khmer [kmeər] *n*. **1** 크메르족(인도지나 반도 남부에 사는 민족). **2** U 크메르어.   [혁명 세력).

Khmér Róuge *n*. 붉은 크메르(캄보디아의 공산주의

khud [kʌd] *n*. 〖印度〗 산허리의 급경사; 협곡.

Khu·fu [kúːfuː] *n*. 쿠푸(이집트 제 4 왕조의 왕. 기자(Giza)에 있는 이 왕의 피라밋은 현존하는 것 중 최대이다)(Cheops).

khur·ta, kur- [kɔ́ːrtɑ] *n*. 쿠르타(칼라가 없고 헐거우며 기장이 긴 인도의 샤쓰).

kHz (略) kilohertz.

KIA (略) (美육군) *k*illed *i*n *a*ction(전사).

kib·ble¹ [kíbl] *n*. 〖英〗 키블(광산에서 광석이나 폐석 따위를 달아올리는 통).

kib·ble² [kíbl] *vt*. (**-bled, -bling**) (곡식 등을) 굵은 낱알로 타다. — *n*. 〖굵게 탄〗 낱알(곡식).

kib·butz [kibúː(ː)ts] *n*. (*pl*. **-but·zim** [-bùtsíːm]) 키부츠(이스라엘의 집단 농장).

kibe [kaib] *n*. 《古語》 〖의학〗 (특히 발뒤꿈치의) 튼 곳.

kib·itz [kíbits] *vi.* 《구어》 카드 놀이를 하는 사람의 어깨 너머로 그 패를 엿보다; [카드 놀이를 하는 사람에게] 쓸데없는 참견을 하다, 옆에서 훈수하다, 중뿔나게 끼어들다.

kib·itz·er [kíbitsər] *n.* 《구어》 1 [카드놀이를 구경하면서] 참견하는 사람. 2 쓸데없이 참견하는 사람.

kib·lah, -la [kíblɑː] *n.* 1 [회교도가 기도할 때 향하는] 메카(Mecca)의 방향. 2 Mecca 망배(望拜).

ki·bosh [káibɑʃ / -bɔʃ], **(ky·bosh)** *n.* (the ~) 《구어》 허튼 소리, 도레미 소리. ¶ 주로 다음 숙어로 쓴다.
put the kibosh on …을 처부수다.

K.I.C. (略) Knight of the Iron Crown.

‡**kick** [kik] *vt.* 1 [발로] …을 차다, 걷어차다. ¶ *kick a ball* 공을 차다 // (~+图+前+图) *kick a person out of a house* 남을 차서 집밖으로 내쫓다 / *kick a person to death* 남을 차 죽이다 / (~+图+前) *He kicked off his shoes.* 그는 발을 차듯하여 구두를 벗었다. 2 [특히 경주에서] [자동차나 말]의 속도를 더하다. ¶ (~+图+前+图) *I kicked the car into top gear.* 나는 기어를 [골]고속으로 넣어 자동차의 속도를 올렸다. 3 [축구] [공을 차넣어] *kick a goal* 골을 차넣다, 득점하다. 4 [물건이] 튀어서 …에 부딪치다. ¶ *The rifle kicked my shoulder.* 소총이 [발사의 반동으로] 어깨에 부딪혔다. 5 [카드놀이] …보다 많이 걸다(raise). 6 (주로 美방언) [구혼 따위를] 퇴짜놓다, 거부하다, 차다(reject); 《美속어》 [마약의 상용을] 끊다. — *vi.* 1 차다(*at*…). ¶ (~+前+图) *kick at a dog* 개를 차다. 2 [말 따위가] 차는 버릇이 있다. ¶ *This horse kicks when men approach him.* 이 말은 사람이 다가가면 차는 버릇이 있다. 3 《구어》 거스르다, 반항하다(resist), 반대하다(object), 투덜거리다, 불평하다(complain). ¶ (~+前+图) *kick at a rule* 규칙에 반항하다 / *kick against restrictions* 구속에 반항하다 / *kick about low grades* 나쁜 점수에 대해 불평하다. 4 [발사한 총 따위가] 반동으로 되튀어오다(recoil). 5 [크리켓] [공이] 튀어오르다(*up*). 6 원기왕성하다. ¶ *He is still alive and kicking at 70 years old.* 그는 나이 일흔에 아직도 정정하다.

kick against the pricks (or *goad*) ⇨ PRICK.
kick around 《속어》① …을 학대하다, 혹사하다. ② [제안·계획]을 숙고하다; 토의하다. ③ (*vi.*) 집이나 직업을 자주 옮기다.
kick back ① 갑자기 뛰다. ② [훔친 물건·돈 따위]를 주인에게 돌려주다. ③ 《美속어》 [환불금으로서] [돈]을 돌려주다.
kick downstairs …을 차서 아래층으로 내쫓다; [남]을 집에서 내쫓다.
kick one's heels ⇨ HEEL.
kick in 《속어》 ① (*vt., vi.*) 현금하다. ② [돈]을 결제하다. ③ 《속어》 죽다, 뒈지다(die). ¶ *He kicked in after a long illness.* 그는 오래 앓은 끝에 죽었다.
kick off ① (*vi.*) [축구] 시합을 시작하다, 킥 오프하다. ② 《속어》 = kick in. (*vt., vi.*) 《구어》 […을] 시작하다(initiate). ¶ *We kicked the meeting off.* 우리는 회의를 시작했다.
kick out ① 《구어》 …을 발로 차서 내쫓다, 해고하다. ¶ *They kicked him out.* 그들은 그를 내쫓았다. ② (*vi.*) [축구] 공을 라인 밖으로 차내다.
kick over 《구어》 (*vi.*) [내연 기관이] 점화되다, 타기 시작하다; (*vt.*) [내연 기관]을 점화시키다.
kick over the traces ⇨ TRACE.
kick the beam ⇨ BEAM.
kick the bucket 《속어》 ⇨ BUCKET.
kick the wind 《속어》 ⇨ WIND.
kick up ① [발]을 높이 차올리다; [먼지 따위]를 일으키다. ¶ *kick up dust* 먼지를 일으키다. ② [소동]을 벌이다. ¶ *kick up a row* (or *a fuss*) *about a very trivial matter* 극히 사소한 일로 소란을 피우다. ③ (*vi.*) 고르지 (순종하지) 않게 되다; 반항적으로 행동하다.

kick up one's heels ⇨ HEEL. [하다.
kick upstairs 《익살》 [이름뿐인 높은 자리에] …을 앉 — *n.* 1 차기, 발길질, 걷어차기. ¶ *give a person a kick* 남을 차다 / *give a kick at* …을 한번 걷어차다. 2 차는 힘; [말의] 차는 버릇; [헤엄칠 때 물을 차는 발의] 규칙적인 움직임; [경기에서] 최후의 안간힘. 3 [총 따위의] 반동, 되튀기(recoil), 반발력. 4 《구어》 반대(objection), 불평, 불만(complaint), 반항(resistance), 항의(protest), 거부(refusal); (the ~) 해고, 면직. ¶ *get the kick* 해고되다 / *give the kick* 해고하다. 5 《구어》 [위스키 따위의] 자극성. ¶ *This whisky has no kick in it.* 이 위스키는 쏘는 맛이 없다. 6 《보통 ~s》 《구어》 전율, 스릴(thrill), [쾌감을 느끼는] 흥분. ¶ *get a kick out of the journey* 여행에서 짜릿한 흥분을 맛보다 / *just for kicks* 다만 스릴을 맛보기 위해서. 7 《구어》 [강하지만 일시적인] 관심, 흥미(interest). ¶ *He is on a chess kick.* 그는 서양 장기에 미쳐 있다. 8 《속어》 호주머니(pocket); 수첩. 9 《축구》 공을 차기, 차는 사람, 차는 기술, 찰 차례. 10 《英속어》 6 펜스. 11 《美속어》 깜짝 놀랄 귀추(결말). 12 (~s) 《美속어》 구두(shoes).

get (or *receive*) *more kicks than halfpence* 칭찬을 듣기커녕 도리어 꾸중을 듣다.
a kick in one's gallop 《속어》 변덕, 일시적인 기분.
on (or *off*) *a kick* 《美속어》 일시적으로 어떤 일에 열중하여.

kick·back [kíkbæk] *n.* 《美구어》 1 [특히 급격한] 반동, 반발. 2 환불금, 리베이트. 3 [종업원 임금의] 일부를 가로채기.

kick·ball [kíkbɔːl] *n.* [공을 배트로 치는 대신 발로 차는] 야구 비슷한 아이들의 공놀이.

kick boxing *n.* ⓤ 킥 복싱.

kick·er [kíkər] *n.* 1 차는 사람. 2 차는 버릇이 있는 말(따위). 3 [미식 축구팀의] 차는 선수. 4 덮어놓고 반대하는 사람. 5 《경당사어》 [외륜, 탈달자 따위). 6 [크리켓] pitch 에서 높이 튀어오른 공. 7 [계약 따위의] 부당 조항 부분. 8 《선박》 보트의 소형 엔진. 9 《美속어》 뜻밖의 어려움; 깜짝 놀랄 결말.

kick·ing strap [kíkiŋ-] *n.* 1 [말이 차지 못하게 궁둥이에 채운] 가죽띠. 2 《복수 취급》 《익살》 《군용》 배낭의 가죽끈.

kick·off [kíkɔːf / -ɔf] *n.* 1 [미식구] [시합 개시의] 킥오프. 2 《구어》 개시, 시작(commencement).

kick·out [kíkàut] *n.* [미식축구] 킥아웃.

kick·shaw [kíkʃɔː] *n.* 1 별난 요리, 진미(珍味) (fancy dish). 2 시시한 것, 겉만 번드르한 것.

kick·stand [kíkstænd] *n.* [자전거 따위를 세워놓을 때] 뒤를 받치는 장치.

kick stárter *n.* (= kíck stárt) [오토바이 따위의] 발로 밟는 시동대(始動臺).

kick·tail [kíktèil] *n.* [스케이트보드 뒤끝의] 위로 휜 부분.

kick túrn *n.* 킥 턴. 1 [스키] 급경사면 등에서 일단 정지했다가 스키를 한발씩 180도로 방향 전환하는 일. 2 [스케이트 보드] 앞바퀴를 좀 위로 올리고 방향을 바꾸는 일.

kick·up [kíkʌp] *n.* 1 [발을] 치올리기. 2 《구어》 법석, 소동.

kick·y [kíki] *adj.* (**-i·er, -i·est**) 《美속어》 씩씩한, 활기에 넘치는; [말의] 차는 버릇이 있는; 최신의.

‡**kid**[1] [kid] *n.* 1 [보통 한 살 미만의] 염소 새끼; [일반적으로] 어린 짐승. 2 ⓤ 염소 새끼의 가죽; 키드[염소 새끼의 무두질한 가죽]. (~s) 키드 가죽 장갑(구두). 3 ⓤ 염소 새끼 고기. 4 《구어》 어린이, 젊은이, 풋내기. — *v.* (**kid·ded, kid·ding**) *vi.* [염소가] 새끼가 태어나다. — *vt.* [염소가] [새끼]를 낳다. — *adj.* 1 키드 [가죽]으로 만든. 2 《구어》 손아래뻘의(younger). ¶ *one's kid sister* 여동생.

kid[2] [kid] *v.* (**kid·ded, kid·ding**) 《구어》 *vt.* 1 …을

리다, 조롱하다(tease). **2** …을 속이다, 협잡하다 (humbug), — *vi.* 남을 속여먹다, 농담하다, 장난치다 (jest); 속임수를 쓰다.
No kidding ! = *You're kidding !* = *You must be kidding !*《美구어》농담 마라!, 설마!
kid[3] [kid] *n.* 〔하급 선원의 식사를 담는〕나무통; 작은 통.
kid·der [kídər] *n.*《구어》사기꾼, 협잡꾼; 〔남〕을 놀리는 사람.
kid·die, -dy [kídi] *n.* (*pl.* -**dies**)《구어》어린이.
kíddie cár *n.* **1** 〔어린이용〕세발 자전거. **2**《美속어》스쿨 버스.
kid·dle [kídl] *n.* 〔물고기를 잡는〕통발(weir); 〔해변의〕정치망(定置網).
kid-glove [kídglʌ̀v] *adj.* **1** 얌전한, 화사한. **2** 미지근한. ¶ a *kid-glove* method 미온적인 방법. **3** 매우 신중한. **4** 〔굴 따위의〕껍질이 쉽게 벗겨지는.
kíd glóves *n. pl.* 키드 가죽 장갑.
handle with kid gloves《구어》…을 신중히 다루다.
*kid·nap** [kídnæp] *vt.* (**-napped** *or* **-naped, -napping** *or* **-nap·ing**) 〔어린이〕를 유괴하다, 훔치다; 〔사람〕을 납치하다(abduct).
kid·nap·per, -nap·er [kídnæpər] *n.* 유괴자, 납치자.
*kid·ney** [kídni] *n.* **1** 신장(腎臟). **2** 〔식용이 되는〕소·양 따위의 콩팥. ¶ grilled *kidneys* 콩팥 구이. **2** 기질, 성질(temperament); 종류, 유형(type). ¶ a fellow of a right *kidney* 질이 좋은 사람 / a man of his *kidney* 그와 같은 기질의 사람.
kídney básin *n.* 〔의학〕고름 따위를 받는 그릇.
kídney bèan *n.* 강낭콩; 붉은꽃콩두.
kídney machìne *n.* 인공 신장.
kídney potáto *n.* 달걀 모양의 감자. 〔모양의〕.
kíd·ney-shaped [kídnìʃèipt] *adj.* 신장형의, 강낭콩 모양의.
kídney stòne *n.* 〔광물〕연옥(軟玉)(nephrite); 〔병리〕신장 결석.
kid·skin [kídskìn] *n.* Ⓤ 새끼 염소의 가죽; 키드 가죽. —*adj.* 키드 가죽의.
kíd stúff *n.* Ⓤ **1** 치기(稚氣)어린 짓. **2** 어린애 장난.
kid·ult [kídʌlt] *n.*《TV》어린이·어른을 위한 연속 모형 영화. 〔<KID+ [AD]ULT〕
kid·vid [kídvìd] *n.*《속어》어린이를 위한 텔레비전 방송 프로.〔<KID+VID[EO]〕
kiel·ba·sa [kilbɑ́ːsə, kiːl-] *n.* (*pl.* -**sas** *or* -**sy** [-si]) 폴란드의 훈제(燻製) 소시지.
kier [kiər] *n.* 〔표백·염색용의〕큰 가마솥, 표백 탱크.
kie·sel·guhr [kíːzlgùər] *n.* Ⓤ 규조토(珪藻土).
Ki·ev [kíːef, kiːév] *n.* **1** 키예프〔우크라이나 공화국의 수도〕. **2**《군사》구소련 해군 수직 이착륙기 항공모함.
ki·fi [kíːfiː] *n.* = kef.
kike [kaik] *n.*《美 속어》《경멸적》유대인(Jew).
Ki·ku·yu [kikúːjuː] *n.* (*pl.* -**yus** *or* -**yu**) 〔케냐의〕키쿠 유족; Ⓤ 키쿠유어.
kil.(略) kilometer.
kil·der·kin [kíldərkin] *n.* **1** 〔16-18갤론 들이〕중간 크기의 통(cask). **2**《英》용량의 단위〔18영《英》갤론〕.
Kil·i·man·ja·ro [kìliməndʒɑ́ːrou] *n.* 킬리만자로〔아프리카의 탄자니아(Tanzania) 북부에 있는 화산으로 아프리카의 최고봉〕.
‡**kill**[1] [kil] *vt.* **1** …을 죽이다, 살해하다(slay), 〔동물〕을 도살하다, 도살하여 고기를 얻다; 〔식물〕을 말라죽게 하다. ¶ *kill* down …을 죽이다. 목 매달아 죽이다 / *kill* oneself 자살하다 / *kill* beef 〔소를 잡아〕쇠고기를 얻다 / *kill* a person by poison 남을 독살하다 / He was *killed* in an auto accident. 그는 자동차 사고로 죽었다 / Cancer *killed* him. 그는 암으로 죽었다 / *Kill* two birds with one stone.《속담》일석이조(一石二鳥).
〔類語〕**kill** 생명을 빼앗는다는 뜻의 가장 넓은 뜻의 말. **slay** 〔문어적〕폭력을 써서 죽이다. **murder** 불법적으로 살인하다. **assassinate** 정치상의 중요 인물을 비겁하게 죽이다. **slaughter, butcher** 동물을 도살

하다, 무참하게 죽이다. **massacre** 많은 사람을 닥치는 대로 마구 죽이다. **dispatch** 〔고통을 없애기 위해〕숨통을 끊다. **execute** 사형을 집행하다.
2 …을 파괴하다(destroy), 〔애정 따위〕를 소멸시키다; …을 억압하다. ¶ Her answer *killed* my hopes. 그녀의 대답은 내 희망을 꺾어 놓았다.
3 〔특성·효과〕를 잃게(약하게) 하다, 망쳐놓다; 〔색 따위〕를 중화(中和)시키다, 〔소리 따위〕를 지우다(muffle, deaden); 〔스포트라이트 따위〕를 끄다(turn off). ¶ The drum *kills* the strings. 북소리가 현악기의 효과를 망치고 있다 / The vermillion *kills* the blue. 주황색이 너무 강해서 청색이 죽어버렸다.
4 〔시간〕을 보내다, 〔시간·세월〕을 허송하다. ¶ *kill* time reading a magazine 잡지를 읽으며 시간을 보내다 //(→+圓+前+图) She *killed* five years on that study. 그녀는 그것을 연구하느라 5년을 허송세월했다.
5 〔눈짓·옷·태도가〕…을 뇌쇄하다, 압도하다,《구어》〔…〕〔일상어〕〔남〕을 포복 절도케 하다. ¶(→+圓+前+图) *kill* a person *with* a glance 한눈에 남의 간장을 녹이다 / The funny play *killed* me. 그 희극을 보고 우스워 죽을 뻔했다.
6 …을 녹초가 되게 하다, 몹시 지치게 하다(tire out), 약하게 하다, 〔기쁨·슬픔·숨 따위〕의 죽음을 재촉하다, 〔병·사고 따위〕…의 목숨을 앗아가다; 《구어》…을 몹시 괴롭히다. ¶ The long walk *killed* me. 오래 걸어서 녹초가 되고 말았다.
7 〔인쇄〕〔단어·항목 따위〕를 삭제하다(delete); 〔컴퓨터〕〔구어〕…를 〔파일에서〕지우다; 〔우표 따위〕에 소인을 찍다(cancel).
8 〔의안 따위〕를 부결하다(veto), 깔아뭉개다; 〔기사 따위〕를 삭제하다. ¶ *kill* the story 기사를 삭제하다.
9 〔전기〕〔회로〕를 끊다; 〔기계 따위〕를 멈추게 하다.
10 〔정구〕〔공〕을 받아치지 못할만큼 세게 치다, 〔축구〕〔공〕을 기세를 죽여 차다.
11《속어》…을 다 써버리다, 〔술 따위〕를 다 마셔버리다. — *vi.* **1** 살생하다, 살인하다. ¶ Thou shall not *kill*. 살인하지 말지니라《출애굽기》20:13). **2** 살해당하다(be killed); 〔식물이〕말라 죽다. **3** 남을 뇌쇄하다. **4** 지치게 하다. **5** 〔동물이〕도살되어 좋은(많은)고기가 생기다.
kill off …을 몰살시키다, 대량으로 죽이다.
kill or cure 죽기 아니면 살기로. — **n. 1** (the ~) 죽이기. **2** 사냥감을 죽이기. **2** 사냥감. **3** 격추, 격침; 격파된 적기(적함).
in at the kill 사냥감을 죽일 때 그 자리에 있어; 〔행동 따위를〕끝까지 지켜보아. 〔(stream).
kill[2] [kil] *n.*《美방언》수로(水路) (channel), 시내
kíll-and-rún wár [kílənrʌ́n-] *n.* 게릴라전.
Kil·lar·ney [kilɑ́ːrni] *n.* **1** 아일랜드 공화국 서남부의 도시. **2 the Lakes of** ~ 그 도시 부근에 있는 3개의 아름다운 호수.
kill·dee [kíldi] *n.*《美방언》= killdeer.
kill·deer [kíldər] *n.* 북미산(産) 물떼새의 일종.
*kill·er** [kílər] *n.* **1** 살해자, 도살자, 죽이는 것, 〔특히 상습적인〕살인마. **2** (=**kíller whále**) 흰줄박이돌고래. **3** 우표 소인 장치, 소인(消印). **4**《속어》대단히 위력적인 것.
kíller ráy wéapon *n.*《군사》살인 광선 병기.
kíller sátellite *n.* =hunter-killer satellite.
kil·lick [kílik], (**kil·lock** [kíːlək]) *n.* **1** 닻(anchor), 작은 닻. **2** 닻 대신 쓰는 돌.
*kill·ing [kílin] *n.* **1** 〔Ⓤ Ⓒ〕죽이기, 살해(murder), 도살(slaughter). **2** 〔사냥에서〕잡은 동물. **3**《구어》대성공, 큰 벌이. — *adj.* **1** 죽이는, 고사(枯死)시키는. ¶ *killing* frost 〔식물을 얼어 죽게 하는〕된서리. **2** 지치게 하는, 몹시 힘든(exhausting). ¶ a *killing* pace 심신을 지치게 하는 속도. **3** 굉장히 아름다운, 뇌쇄시키는. ¶ a *killing* glance 사람을 뇌쇄시키는 눈짓. **4**《구

kill-joy [kíldʒɔ̀i] *n.* 흥을 깨는 사람.
kil·lock [kílɑk] *n.* =killick.
kíll ràte(ràtio) *n.* 〔전쟁·폭동 등의〕 살생률(殺生率)〔일〕.
kill-time [kíltàim] *n.* 소일거리, 심심풀이[로 하는 일].
kiln [kil(n)] *n.* 〔벽돌 따위를 굽는〕 가마, 노(爐) (oven, furnace). — *vt.* …을 가마(노)에서 굽다(말리다).
kiln-dry [kíl(n)drài] *vt.* (**-dried, -dry·ing**) …을 가마(노)에서 말리다.
kíl·ner jàr [kílnər-] *n.* 〔종종 K-〕 〔상표명〕 식품 보존용 유리 그릇.
kilo- ⇨ KILOMETER.
kil·o [kíː(ː)lou / kíːlou] *n.* (*pl.* **kil·os**) =kilogram, kilometer.
kilo- thousand 라는 뜻의 연결형. 예: *kilo*ampere.
kil·o·am·pere [kílou(ː)æ̀mpiər / -æ̀mpɛə] *n.* 〔전기〕 킬로암페어〔전류의 단위; 1,000암페어; 略 kA〕.
kil·o·bar [kílo(u)bɑ̀ːr] *n.* 킬로바〔압력의 단위; 1,000 bar; 略 kbar〕. 〔1,000 baud〕.
kil·o·baud [kílo(u)bɔ̀ːd] *n.* 킬로보〔통신 속도의 단위;
kil·o·bit [kílo(u)bìt] *n.* 〔컴퓨터〕 킬로비트〔1,000 bits〕.
kil·o·cal·o·rie [kílo(u)kæ̀ləri] *n.* 〔물리〕 킬로칼로리〔열량의 단위; 1,000칼로리; 略 kcal, Cal〕.
kil·o·cy·cle [kílo(u)sàikl] *n.* =kilohertz.
*__kil·o·gram__, 〔英〕 **-gramme** [kílo(u)græ̀m] *n.* 킬로그램〔1,000그램; 略 kg〕.
kílogràm cálorie *n.* =kilocalorie.
kil·o·gram·me·ter, 〔英〕 -gramme-me·tre [kílo(u)græ̀mmíːtər] *n.* 〔물리〕 킬로그램미터〔일의 단위. 1킬로그램의 무게를 높이 1미터로 올리는 일량; 略 kg·m〕.
*__kil·o·hertz__ [kílo(u)hə̀ːrts] *n.* (*pl.* **-hertz**) 킬로헤르츠〔주파수의 단위; 略 kHz〕.
*__kil·o·li·ter__, 〔英〕 **-tre** [kílo(u)lìːtər] *n.* 킬로리터〔1,000리터; 略 kl〕.
kilom. 〔略〕 kilometer.
*__kil·o·me·ter__, 〔英〕 **-tre** [kilʌ́mitər, kílo(u)mìːtər / kilɔ́mitə, kílo(u)mìːtə] *n.* 킬로미터〔1,000미터; 略 km〕.
kil·o·met·ric [kìlo(u)métrik], **(kìl·o·met·ri·cal** [-rik(ə)l]) *adj.* 킬로미터의.
kil·o·rad [kílo(u)ræ̀d] *n.* 〔물리〕 킬로래드〔방사선의 흡수선량의 단위. 1,000 rads; 略 krad〕.
kil·o·stere [kílo(u)stìər] *n.* 킬로스티어〔미터법의 체적 단위. 1,000방미터〕.
kil·o·ton [kílo(u)tʌ̀n] *n.* **1** 1,000톤, 킬로톤〔略 kt〕. **2** 〔원자 폭탄·수소 폭탄 따위의〕 TNT 1,000톤으로 당하는 폭파력.
kil·o·volt [kílo(u)vòult] *n.* 〔전기〕 킬로볼트〔전압의 단위; 1,000볼트; 略 kV, kv〕.
*__kil·o·watt__ [kílo(u)wɑ̀t / -wɔ̀t] *n.* 〔전기〕 킬로와트〔전력의 단위; 1,000와트; 略 kw〕.
kil·o·watt-hour [kílo(u)wɑ̀tàuər / -wɔ̀t-] *n.* 〔전기〕 킬로와트시(時)〔에너지·전력량의 단위; 略 kWh, kwhr〕.
Kil·roy [kílrɔ̀i] *n.* 가상 미국 군인〔여행을 많이 하는 사람〕.
kilt [kilt] *n.* **1** 킬트〔스코틀랜드 고지인(高地人) 남자가 입는 스커트〕. **2** (the ~) 스코틀랜드 고지인의 복장. — *vt.* **1** 〔스커트의 자락〕을 접어올리다. **2** 〔옷〕에 주름을 잡다(tuck up). **2** 〔스커트〕에 주름을 잡다.
kilt·ed [kíltid] *adj.* **1** 킬트를 입은. **2** *kilted* regiments 킬트를 착용한 스코틀랜드 고지인 연대 (連隊). **2** 〔길이로〕 주름을 잡은(pleated).
kil·ter [kíltər] *n.* Ⓤ 〔美구어〕 양

호한 상태, 호조(good condition). * 주로 다음 구로 쓰인다. ¶ out of *kilter* 컨디션이 나빠서, 나쁜 상태에서.
kilt·ie [kílti] *n.* **1** 킬트를 입은 사람. **2** 스코틀랜드 고지의 병사. **3** 〔플랩(flap)이 달린 여성용〕 구두.
Kim·ber·ley [kímbərli] *n.* 킴벌리〔남아프리카 공화국 케이프주 북부의 광산 도시; 다이아몬드를 산출한다〕.
Kim·chi [kímtʃi], **(Kim-chee)** *n.* 〔한국의〕 김치.

*__kin__ [kin] *n.* **1** Ⓤ〔집합적〕친척, 친족(relatives, kinsfolk); 친척〔혈족〕 관계(kinship). **2** Ⓤ〔고어〕혈통, 가문, 씨족, 일족(family, clan, tribe). **3** 〔고어〕일가 사람(kinsman). **4** Ⓤ 동질(同質), 동류, 유사한(*to*…). A diamond is of the same *kin* as coal. 다이아몬드는 석탄과 동질이다.
count kin with… 〔스코〕 …과 친척이다.
near of kin 근친(近親)인. ¶ They are *near of kin*. 그들은 가까운 친척이다.
next of kin 가장 가까운 친척인.
of kin 친척의, 같은 종족의(akin) (*to*…). ¶ The cat is *of kin* to the tiger. 고양이는 호랑이와 같은 종족이다.
— *adj.*〔서술 형용사〕**1** 친척의, 혈족의, 동족의 (kindred) (*to*…). ¶ He is *kin* to me. 그는 내 친척이다. **2** 같은 종류의, 동류인, 유사한(*to*…).
more kin than kind 친척이지만 애정이 없는[← Shakespeare 작 *Hamlet* 1 : 2].
kin- ⇨ KINE-.
-kin *suf.* little의 뜻. 예: fir*kin*, lamb*kin*.
ki·nase [káineis, kín-] *n.* Ⓤ〔생물〕키나제〔효소의 일종〕.
kin·chin [kíntʃin] *n.* 〔주로 英구어〕 어린이(child), 꼬마.

kind[1] [kaind] *adj.* **1** 친절한, 마음씨 고운, 인정 많은, 다정한(benevolent) (*to*…). ¶ a *kind* mother 다정한 어머니 / Give my *kind* regards to your parents. 부모님께 안부 전해 주세요 / Be *kind* enough (or so *kind* as) to tell me the truth. 제발 사실대로 말씀해 주십시오 // It is very *kind* of you *to* help me. 도와주셔서 감사합니다 // *Be* kind *to* the old. 노인에게 친절히 해라.
類語 *kind* 천성으로서 친절하고 동정적인 성격·성품을 말한다. *kindly* 친절한 성격이 밖으로 나타나는 것을 말한다. *kindhearted* 동정적이며; 남에게 이용당하기 쉬운 성격을 암시하는 경우가 있다.
2 〔고어〕사랑하는(loving), 애정이 있는(affectionate). **3** 〔방언〕다루기 쉬운, 순진한, 온순한, 다듬기 쉬운(*for, in*…). ¶ a horse *kind* in harness 온순하게 마구를 지을 말 / be *kind* for dressing 〔돌이〕다듬기(가공하기) 쉽다. ◇ **kíndly** *adj., adv.,* **kíndness** *n.*

kind[2] [kaind] *n.* **1** a) 종류. ⇨ SORT 類語 ¶ a *kind* of fish 일종의 물고기 / a *kind* of gentleman 그런대로의 신사. ⇨ OF A KIND / all *kinds* of books; books of all *kinds* 모든 종류의 책 / the best *kind* of soap 최상급 비누 / a house of this *kind*; this *kind* of house 이런 종류의 집 / these *kind* of people 〔구어〕; these *kinds* of people; this *kind* (of) people 이러한 사람들 / something of the *kind* 〔무엇인가〕 그러한 것 / She will do nothing of the *kind*. 그녀는 결코 그런 짓을 하지 않을 거야 / What *kind* of man is he? ⇨ Of what *kind* is he? 그는 어떤 사람입니까? // He is not the *kind* to betray his promise. 그는 약속을 어기는 그런 남자가 아니다.

—— **Usage**[1] '형용사 + kind of + 명사'의 용법 ——(1) three *kind* of apples, three *kinds* of apples 이것들은 어느 것이든지 옳은 용법이라고 생각해도 좋다. a *kind* of apple, this *kind* of apple 따위에서 복수명사 kind of 가 형용사로 생각되므로, 또한 명사 kind는 원래 무변화 복수였던 따위의 이유에서 three *kinds* of apples 의 용법이 생겨났다. 또 kind 를 명사로 생각하고 수(數)의 호응 원칙에 따라 three *kinds* of apples 라고도 한다. 전자는 구어체, 후자는 문어체에 주로 쓰인다. 단 many *kinds* of apples(많은 종류), these *kind* of apples (한 종류)와 같은 대조적인 용법에 주

[kilt 1]
1 glengarry bonnet
2 sporran 3 kilt
4 brooch 5 plaid

의. (2) kind of에 이어지는 명사는 단·복수 양형이 모두 가능: three kind[s] of *apple*, three kind[s] of *apples*. 전자는 문어체, 후자는 구어체의 용법으로 보며, 현재는 후자의 형이 많다.
b) [동식물의] 유(類) (class), 족(species), 속(屬) (genus). ¶ the human *kind* 인류.
── **Usage**² 생물의 종·속을 나타내는 말이며, sort 보다 엄밀한 뜻을 갖는다: Fruits of this *kind* soon go bad. 또한 sort 는 kind와 비교해서 경멸·비난의 뜻을 내포하는 일이 있다.
2 ⓤ (질(質), 성질, 본질, 특질(nature, character). **3** [특별한 성격·계급에 속하는] 특이한 사람(것). **4** ⓤ [고어] 자연(nature), 타고난 성질(natural disposition). ¶ the law of *kind* 자연법. **5** ⓤ [고어] [그 사람 본래의] 방법, 방식(manner). ¶ They act after their *kind*. 그들은 그들의 방식에 따라 행동한다. **6** [신학] 성체로서 성별(聖別)할 수 있는 질료(質料) [빵과 포도주].
in kind ① 본질적으로, ¶ differ *in kind* 본질적으로 다르다. ② [지불을 금전이 아니라] 물품으로. ¶ payment *in kind* 물납(物納). ③ [보복 따위의] 같은 종류의 것으로, 같은 방법으로. ¶ retaliate *in kind* 같은 방법으로 보복하다.
in a kind 다소, 얼마간, 어느 정도로; 말하자면.
kind of (구어)《부사적으로 써서》 얼마간, 얼마간, 비슷한, 대체로. ¶ look *kind of* pale 좀 창백한 얼굴을 하고 있다.
── **Usage**³ kind of는 구어에서는 동사나 형용사를 수식하는 부사어로 쓰이며, 특히 《미》에서는 이 용법이 많다: I *kind of* like it. I am *kind of* tired tonight. 이 kind of 가 전 와 (轉訛) 해서 kind o', kind a, kinda, kinder 따위로 되는 수가 있다: She's *kinda* a soft on me. (그녀는 내게 매우 상냥하게 대해 준다.) 또한 sort of 에도 이 용법이 있다: It was *sort of* interesting.
of a kind ① 같은 종류의, ¶ all *of a kind* 모두 같은 종류인. ② 이름뿐인, 엉터리인, 대단찮은. ¶ coffee *of a kind* 이름뿐인 맛없는 커피.
kind-a, kind-er [káindər] *adv.* 《속어》 =kind of.
***kind-er-gar-ten** [kíndərgà:rtn] *n.* 유치원. [<G]
kin-der-gart-ner [kíndərgà:rtnər], (**kin-der-gar-ten-er**) *n.* **1** 유치원아(생). **2** 유치원의 보모(선생).
kind-heart-ed [káindhá:rtid] *adj.* 친절한, 마음이 고운, 인정 많은. ⇨ KIND¹ 類語 **~·ly** *adv.* **~·ness** *n.*
‡**kin-dle** [kíndl] *v.* (-dled, -dling) *vt.* **1** …을 태우다, [연료·가연물을] 태우다, 점화하다(set fire to, ignite). ¶ *kindle* a lamp 램프에 불을 붙이다.
類語 kindle 비교적 잘 붙지 않는 것에 불을 붙여 서서히 태우다. **light** 조명·난방·흡연 따위의 목적으로 불을 붙이다. **fire** 타기 쉬운 것에 불을 붙이다. **ignite** 갑자기 폭발적으로 발화시키다. **inflame** 문어적이며, 주로 비유적으로 감정을 불타게 하는 따위의 뜻으로 쓰인다.
2 [비유적] [감정·흥미 따위를] 부채질하다, 북돋우다, 불타게, 선동하다(excite, stir up). ¶ *kindle* love 애정을 불타게 하다 // (~+목+전+명) The policy *kindled* them *to* revolt. 그 정책이 그들의 폭동을 유발했다.
3 …을 밝게 하다, 비추다(light up, illuminate). ¶ Happiness *kindled* his eyes. 그의 눈은 행복으로 빛났다.
── *vi.* **1** [불·가연물이] 타기 시작하다, 타다. **2** [감정 따위가] 격해지다, 흥분하다, 발끈하다. **3** [하늘·얼굴 등이] 빛나다, 반짝이다(flash, grow bright) (*with* …). [불꽃놀이]
kin-dler [kíndlər] *n.* 태우는(불붙이는) 사람; 선동자.
kind-li-ly [káindlili] *adv.* 친절하게, 상냥하게.
***kind-li-ness** [káindlinis] *n.* **1** 친절, 온정. **2** 친절한 행위(kindly deed). **3** ⓤ [기후 따위의] 온화 (mildness). ◇ **kíndly** *adj., adv.*
kin-dling [kíndliŋ] *n.* **1** ⓤ 불쏘시개. *《미》* 에서는

보통 kindlings 의 형으로 쓰인다. **2** ⓤⓒ 점화, 발화; 흥분, 선동.
‡**kind-ly** [káindli] *adj.* (-li-er, -li-est) **1** 친절한, 인정 많은, 마음씨 고운. ⇨ KIND 類語 ¶ a *kindly* person 친절한 사람. **2** [규칙·법률이] 관대한(mild). **3** [기후 따위가] 온화한, 쾌적한(pleasant). ¶ a *kindly* climate 온화한 기후. **4** [토지 따위가] …에 알맞은(favorable) (*for* …). ¶ The land is *kindly for* hops. 그 토지는 홉 재배에 알맞다. **5** [고어] 자연의, 천연의(natural); 타고난; 토착의. ¶ *kindly* fruits 천연의 과일. ── *adv.* **1** 친절하게, 다정하게, 상냥하게. ¶ speak *kindly* to a person 남에게 상냥하게 말을 걸다 / be *kindly* welcome 따뜻한 환영을 받다. **2** 진심으로(cordially, heartily). ¶ I thank you *kindly*. 충심으로 감사드립니다. **3** 쾌히, 기꺼이(favorably). ¶ take [it] *kindly* 기꺼이 받아들이다, 선의로 해석하다. **4** 부디(please). ¶ Would you *kindly* give me your phone number? 전화 번호를 가르쳐 주시겠습니까? **5** 저절로, 무리없이.
take kindly to ① …을 자연히 좋아하다, …에 친밀감을 갖다. ② …에 정들다.
◇ **kíndlily** *adv.*, **kíndliness** *n.*
‡**kind-ness** [káin(d)nis] *n.* ⓤ **1** 친절, 상냥함, 인정이 많음, 다정함. ¶ *kindness* of heart 마음씨 고움 / She did it out of *kindness*. 그녀는 친절한 마음에서 그것을 했다. ¶ *kindness* to a stranger 낯선 사람에 대한 친절 // have the *kindness to* do 친절하게도 …하다. **2** ⓒ 친절한 행위 (kind act). ¶ return a *kindness* 친절에 보답하다 / Will you do me a *kindness*? 부탁드릴 말씀이 있는데요 / He has shown many *kindnesses* to us. 그는 나에게 여러가지로 친절을 베풀어 주었다. **3** 친절한 행동(태도) (kind behavior). ¶ Thank you for your *kindness*. 친절히 해주셔서 감사합니다 / His *kindness* was just great. 그의 친절은 정말 훌륭했다. **4** 우정(friendly feeling), [고어] 호의, 애정. ¶ by the *kindness* of …의 호의로 / have a *kindness* for a person 남에게 호의를 가진다, 호감을 품다, 애정을 갖다.
‡**kin-dred** [kíndrid] *n.* **1** 일족, 동족(clan, family). **2** ⓤ [집합적] 《복수 취급》 일족, 친척인 사람들 (kinfolk). **3** ⓤⓒ 혈연, 혈족 관계(kinship). **4** ⓤ 유연(類緣), [질의] 유사, 근사, 동종, 동질(affinity). ── *adj.* **1** [기원·성질·목적 따위가] 근연의, 동족의, 동류의, 유사한. ¶ *kindred* languages 동족어 / *kindred* natures 유사한 성질. **2** [신앙·태도·의견 따위가] 유사한, 마음이 맞는. **3** 같은 혈족의, 같은 혈통의, 혈연의. ¶ *kindred* tribes 같은 혈통의 부족. **4** 혈연의, 친척의. ¶ *kindred* people 혈연인 사람들. 친척.
kine [kain] *n. pl.* [고어·방언·시] 암소(cows), 소.
kine- motion, action 이라는 뜻의 연결형 (* 모음 앞에서는 kin-을 쓴다. cino-, cin-은 이것의 변형). 예: *kine*scope / *kine*sthesia.
kin-e-ma [kínəmə] *n. 《영》* =cinema.
kin-e-mat-ic [kìnəmǽtik / kàin-, kìn-], (**kin-e-mat-i-cal** [-ik(ə)l]) *adj.* 운동학[상]의.
kin-e-mat-ics [kìnəmǽtiks / kàin-, kìn-] *n. pl. 《단수 취급》* **1** [물리] 운동학. **2** [기계 장치의] 운동 전달의 이론.
kin-e-mat-o-graph [kìnəmǽto(u)græf / kàinəmǽto(u)grà:f, kìn-] *n., v.* =cinematograph.
kin-e-scope [kíniskòup] [TV] *n.* **1** 키네스코프[고진공(高眞空) 브라운관의] ; (K-) 그 상표명. **2** 텔레비전 녹화. ── *vt.* (-scoped, -scoping) …을 녹화하다.
ki-ne-sics [kiní:siks, kai-] *n. pl. 《단수 취급》* 전달수단으로서의 몸짓이나 표정 연구.
ki-ne-si-ol-o-gy [kinì:siálədʒi / kàini:si5-, kìn-] *n.* 근(筋)운동학.
kin-es-the-sia [kìnisθí:ʒə, kài-] *n.* ⓤ 근운동 감각.
kin-es-thet-ic [kìnisθétik, kài-] *adj.* 근운동 감각의.
kinet- ⇨ KINETO-.

ki·net·ic [kinétik, kai-] *adj.* 1 《물리》 운동의, 운동에 의한. *cf.* static 2 활력적인, 정력적으로 활약하는. 3 움직이는 예술의.

kinétic árt *n.* ⓤ 움직이는 예술.

kinétic énergy *n.* ⓤ《물리》운동 에너지.

ki·net·i·cism [kinétisiz(ə)m, kai-] *n.* =kinetic art.

ki·net·i·cist [kinétisist, kai-] *n.* 운동 역학 전문가.

ki·net·ics [kinétiks, kai-] *n. pl.* 《단수 취급》《물리》동력학(dynamics). *cf.* statics

kinétic théory *n.* 〔물리〕운동론.

ki·ne·tin [káinətin] *n.* 〔생화학〕 키네틴〔식물 성장 호르몬의 하나〕.

kineto- motion 이라는 뜻의 연결형(* 모음 앞에서는 kinet-를 쓴다. cineto-, cinet-는 이것의 변형). 예: *kinetoscope, kinetic.*

ki·ne·to·graph [kiní:tou(u)græf, kai- /-grɑ:f] *n.* 활동 사진 촬영기[kinetoscope 용의 것을 촬영한다].

ki·ne·to·phone [kiní:tou(u)fòun, kai-] *n.* [초기의] 발성 활동 사진〔영사〕기

ki·ne·to·scope [kiníto(u)skòup, kai-] *n.* 〔혼자서 구멍으로 들여다보는 초기의〕 활동 사진 영사기.

kin·folk [kínfòuk], **(kins·folk** [kínz-]) *n. pl.* ⓒ《주로 美》 친족, 친척, 일가 사람들.

‡**king** [kiŋ] *n.* 1 왕, 국왕, 군주, 제왕. ¶ *King* George Ⅴ 조지 5세〔영국왕〕/ the *King* of England 영국왕 / an uncrowned *king* 무관(無冠)의 제왕 / crown (*or* make) a person *king* 남을 왕으로 삼다 / overthrow (*or* dethrone) a *king* 왕을 폐위시키다 / Long live the *king* ! 국왕 폐하 만세!.

2 (K-) 천제(天帝), 하나님, 신(the King of Kings); 왕중의 왕〔옛날에는 동방의 어느 나라 왕이 쓰던 칭호〕. ¶ the *King* of Heaven 하늘에 계시는 하나님〔그리스도〕/ the *King* of Hades 악마의 왕.

3 왕에 비길 만한 것, 왕좌를 자시하는 것, 가장 우수한 것, 〔과일 따위의〕 최상 품종. ¶ the *king* of birds 백조(百鳥)의 왕〔독수리〕/ the *king* of beasts 백수의 왕〔사자〕/ the *king* of metals 금 / the *king* of the forest 숲의 왕 〔큰 참나무〕/ the *king* of the jungle 밀림의 왕〔호랑이〕/ the *king* of day 태양 / the *King* of Terrors 죽음 〔←욥기(Job). 18 : 14〕/ the *King* of the Waters 여러 강의 왕〔아마존강〕.

4 거물, 대세력가, 최고 권력자, …왕. ¶ a pearl (an oil) *king* 진주(석유) 왕 / a home-run *king* 홈런왕 / the *king* of a village 마을의 대세력가.

5 〔카드놀이〕 킹; 〔서양장기〕〔체스에서〕 장군(略 k〕; 〔서양장기〕〔체커에서〕 상대방의 궁에 들어가서 왕이 된 말. ¶ the *king* of diamonds 다이아몬드의 킹.

6 〔곤충〕 생식 능력이 있는 흰개미의 수컷. 〔tant〕.

7 〔형용사적으로 써서〕 주요한(chief), 중요한(important). ¶ *the King of the Castle* 높은 데서 서로 밀어 떨어뜨리는 어린이 놀이.

— *vt.* …을 임금으로 삼다, …의 왕이 되다.
— *vi.* * 다음 숙어로 쓰다.

king it 왕자처럼 행동하다〔over …〕. ¶ *king it* over all the children 모든 아이들에 대해서 왕자처럼 행동하다.
◇ kíngly·like *adj.* 〔왕〕.

Kíng Árthur *n.* 아서왕〔6 세기 경의 전설적인 영국왕〕.

kíng at árms *n.* (*pl.* kings-) 《종종 K-a-A-》= king of arms.

king·bird [kíŋbə̀:rd] *n.* 1 킹버드〔북미산(產) 타이 란새의 일종〕. 2 풍조(風鳥)의 일종〔뉴기니산(產)〕.

king·bolt [kíŋbòult] *n.* 1 〔기계〕 킹볼트〔마차의 앞바퀴를 차체에 고정시키는 굴대로, 앞바퀴의 방향 전환을 가능하게 함〕. 2 〔건축〕 중심 볼트, 중심 볼트.

Kíng Chárles spániel *n.* 흑갈색의 스파니엘〔털이 길고 귀가 늘어진 작은 애완용 개〕.
〔<영국왕 찰즈 2세의 애완용을 개였다〕〔사〕.

kíng cóbra *n.* 킹 코브라〔동남 아시아산(產)의 독사〕.

kíng cráb *n.* 투구게(horseshoe crab).

king·craft [kíŋkræft / -krɑ:ft] *n.* ⓤ 왕도, 왕정 기

kíng·cup [kíŋkʌ̀p] *n.* 1 꽃송이가 큰 미나리아재비(buttercup). 2 《주로 英》=marsh marigold.

‡**king·dom** [kíŋdəm] *n.* 1 왕국, 왕령. ¶ the *kingdom* of Sweden 스웨덴 왕국 / the United *Kingdom* of Great Britain and Northern Ireland 연합 왕국〔통칭 영국; 略 the U.K.〕. 2 신의 나라, 신의 통치, 신정(神政). ¶ the *kingdom* of Heaven 신의 나라, 천국. 3 왕의 통치, 왕의 통령, 왕권, 왕의 지위. 4 〔학문·예술 따위의〕 범위, 분야, 영역(realm, sphere). ¶ the *kingdom* of science 과학계 / the *kingdom* of poetry 시의 영역. 5 〔박물학의〕 계(界). 6 〔동물, 식물, 광물 등의〕 the animal (the vegetable, the mineral) *kingdom* 동(식, 광)물계.

come into one's kingdom 권력을 잡다.

kíngdom cóme *n.* ⓤ 저승, 천국(heaven). ¶ be gone to *kingdom* come 저승에 가 있다.〔<the Lord's prayer(주기도문): 중의 구 Thy kingdom come.〕

King-Em·per·or [kíŋémpərər] *n.* 〔역사〕 영국왕 겸 인도 황제.

king·fish [kíŋfìʃ] *n.* (-fish *or* -fish·es) 1 왕어(王魚) 〔크기·식용 가치 따위가 뛰어난 물고기의 총칭〕. 2 〔민어과(科)의 바닷물고기(drumfish)와 비슷한 식용어. 3 붉은개복치(opah), 삼치류의 물고기(Spanish mackerel). 4 《美어구》 거물, 거두.

king·fish·er [kíŋfìʃər] *n.* 물총새류의 새.

king-hit [kíŋhìt] *n.* 〔豪구어〕〔특히 부당한〕 녹아웃 블로.
— *vi.* …에게 녹아웃 블로를 먹이다.

Kíng Jámes Vérsion *n.* (the ~) 〔1611년 제임스 1세가 만들게 한〕 흠정(欽定) 영역 성서(Authorized Version).

King Kong [kíŋ kɔ́:ŋ, -káŋ] *n.* 1 킹콩〔미국의 동명 (同名)의 영화에 등장하는 거대한 고릴라〕. 2 거한(巨漢). 3 (k- k-) 싸구려 독주(毒酒).

king·less [kíŋlis] *adj.* 국왕이 없는.

king·let [kíŋlit] *n.* 1 작은 나라의 왕. 2 상모솔새류의 작은 새.

king·like [kíŋlàik] *adj.* 왕다운, 당당한. — *adv.* 《주로 詩》왕답게, 당당히.

king·li·ness [kíŋlinis] *n.* ⓤ 왕다움, 군주의 위엄.

king·ling [kíŋliŋ] *n.* 작은 나라의 왕(petty king).

Kíng Lóg *n.* 실력이 없는 왕. ⇒ KING STORK.

*****king·ly** [kíŋli] *adj.* (-li·er, -li·est) 1 왕의, 왕위의. ¶ a *kingly* crown 왕관 / *kingly* power 왕의 권력. 2 왕에 어울리는(kinglike); 위엄있는, 당당한. ¶ a *kingly* air 왕자다운〔당당한〕 태도. — *adv.* 왕답게; 위풍 당당하게. ◇ kíngliness *n.*

king·mak·er [kíŋmèikər] *n.* 1 국왕 옹립자〔특히 Henry 6 세와 Edward 4 세를 옹립했던 Earl of Warwick을 가리킨다〕. 2 입후보 지명자, 정당의 실력자.

kíng of árms *n.* (*pl.* kings-) 《종종 K·o·A-》 〔영국의〕 문장원(紋章院) 장관.

kíng of the cástle *n.* 《英》 1 골목 대장 놀이 〔모래로 만든 성 따위에서 남을 밀어내어 독차지하는 어린이의 놀이〕. 2 《구어》 명령하는 사람, 우두머리.

king·pin [kíŋpìn] *n.*
1 〔볼링〕 킹핀〔5번 핀 또는 headpin을 가리킨다〕. 2 《구어》 주요 인물, 수령, 두목; 중조 따위의 중심, 중심 핀, 중심 볼트 (kingbolt).

kíng pòst *n.* 〔건축〕 [king post]
왕대공. *cf.* queen post

Kings [kiŋz] *n.* 〈이상 이야기〉
열왕기 상·하 (1Kings, 2Kings) 〔70인 역 (譯) (Septuagint) 및 불가타 역 (譯) (Vulgate) 성서에서는 사무엘기 (상)·(하)를 1 Kings, 2 Kings로 하기 때문에 열

king salmon 1255 **kissing crust**

왕기(상)·(하)는 3 Kings 와 4 Kings 로 불린다].
kíng sálmon n. =chinook salmon.
King's Bénch n. (the ~) [英俗法律] 왕좌부(王座部) [고등 법원(High Court of Justice)의 한 부문]. cf. Queen's Bench
King's Counsel n. [英法律] 왕실 고문 변호사[Lord Chancellor 의 지명으로 국왕이 임명한 변호사].
King's Énglish n. [U] (the ~) 순정(純正) 영어; [특히 영국의] 표준 영어.
king's évidence n. [英法律] 공범자에게 불리한 (유죄의) 증언을 하는 범죄인; 그 증언. ¶ turn king's evidence 불리한 공범 증언을 하다.
kíng's évil n. (the ~) 연주창(scrofula). [<왕이 손을 대면 낫는다고 믿었었다]
king's híghwày n. [英] (천하의) 대로, 국도.
king-ship [kíŋʃìp] n. 1 왕의 신분, 왕위; 왕의 위엄. 2 왕의 지배, 왕정(王政). 3 왕다운 자질. 4 (K-) 왕을 가리키는 칭호(Majesty). ¶ his (or your) Kingship 국왕 폐하.
king-size [kíŋsàiz], **-sized** [-sàizd] adj. (구어) 보통보다 큰(긴), 특대의; 다른 것보다 뛰어난.
king-snake[kíŋsnèik] n. [미국 남부산(産)의] 독 없는 큰 뱀.
kíng's ránsom 왕이 잡혔을 때 지불하는 몸값; 막대한 돈. [군 복무 규제.
King's Regulátions n. pl. [영국·영연방에서의]
Kíng's Schólar n. [英] 왕실 장학금을 받는 학생 [연구자]. [의 수도·항구.
Kings-ton [kíŋstən, +美 kíŋz-] n. 킹스턴[자메이카
King Stórk n. [우화에서] (6 이솝 이야기].
King Tút n. 고대 이집트 벽화 인물의 동작과 비슷한 손발 동작을 가진 춤.
king trúss n. [건축] 왕대공 지붕틀[왕대공(king post)이 있는 가옥의 뼈대].
ki-nin [káinin] n. [약·생화학] 키닌[펩타이드의 일종, 식물의 세포 분열을 자극하고 동물의 평활근을 수축시킨다].
kink [kiŋk] n. 1 [실·머리카락 따위의] 꼬임, 얽힘 (twist), 곱슬함(curl). 2 [목·등 따위의] 근육 경련, 쥐 (crick). 3 변덕(whim); 외고집; [마음의] 비꼬임 (perversity). 4 결함, 결점, 불비(不備) (flaw).
— vi. 비틀어지다, 뒤틀리다, 얽히다.
— vt. …을 비틀리게 하다, 뒤틀다, 얽히게 하다.
kin-ka-jou [kíŋkədʒù:] n. 킨카주 [미국남구리 비슷한 수상(樹上)생활을 하는 중남미산(産)의 야행성 동물].
kink-y [kíŋki] adj. (kink-i-er, kink-i-est) 1 [머리카락 따위가] 곱슬한, 뒤틀린. 2 꼬이기 쉬운. 3 《주로 英속어》비뚤어진, 괴퍅한, 변덕스러운, 이상한(queer); 변태성의, 가학피학성의(加虐被虐性) 있는.
kink-i-ly adv. **kink-i-ness** n.
kínky bóot n. 여성용의 긴 검은 가죽 부츠.
kin-less [kínlis] adj. 친척이 없는, 의지가지 없는.
ki-no [kí:nou] n. 키노[열대산의 콩과(科) 식물]; [U] 그 수지(樹脂).
Kín-sey Repórts [kínzi-] n. 킨제이 보고서[인간의 성행위에 관한 연구 보고]. [<미국 동물학자 Alfred Charles Kinsey(1894-1956)의 이름]
kins-folk [kínzfòuk] n. pl. =kinfolk.
Kin-sha-sa [kinʃɑ́:sɑ:] n. 킨샤사[자이레 공화국의 수도, 구칭 Leopoldville]. [2 유사, 근사(affinity).
kin-ship [kínʃìp] n. [U] [C] 1 혈족 관계, 친척 관계.
***kins-man** [kínzmən] n. (pl. -men [-mən]) 1 친척, 일가되는 남자. 2 인척의 사람. 3 동족의 사람.
kins-wom-an [kínzwùmən] n. (pl. -wom-en [-wìmin]) [여자] 친척, 일가되는 여자.
ki-osk [kí:ɑsk / kí(:)ɔsk], (**ki-osque**) n. 1 키오스크[터키·이란 등의 일종의 정자]. 2 키오스크식 간이 건물[신문 매점·공중전화 박스 등의].

kip[1] [kip] n. 1 [U] [송아지·양새끼 따위] 짐승의 가죽, 킵 가죽. 2 그 가죽의 다발.
kip[2] [kip] n. 《속어》 n. 1 잠자리(bed). 2 하숙, 여인숙. 3 잠, 수면(sleep). — vi. (**kipped, kip-ping**) 잠자다(sleep). [《오스의 화폐 단위]
kip[3] [kip] n. 1 킵[중량의 단위; 1000파운드]. 2 킵[라
kip-per [kípər] n. 1 산란기[직후]의 연어(송어)의 수컷. 2 소금에 절여 말린(훈제(燻製)한) 청어. — vt. [연어 따위]를 소금에 절여 말리다, 훈제하다.
Kir-ghiz, Kirgiz [kiərgíːz / kə́:giz] n. (pl. **-ghiz** or **-ghiz-es**) 1 키르기즈인[중앙 아시아의 몽고인종의 일종]. 2 키르기즈어(語).
Kir-ghi-zia [kiərgíːziə / kə:gíː-] n. 키르기즈 공화국[중앙 아시아의 공화국으로 소련에서 1991년 독립. CIS 회원국, 정식 명칭 Republic of Kyrgyzstan, 수도는 Frunze].
Ki-ri-ba-ti [kíərìbɑ̀:s] n. 키리바시 공화국[태평양 중부 Gilbert Islands 가 독립, 수도 Tarawa].
kirk [kə:rk] n. 1 《스코·北英》 교회(church). 2 (the K-) 스코틀랜드 교회(the Church of Scotland).
kirk-man [kə́:rkmən] n. (pl. **-men** [-mən]) 1 《스코·北英》스코틀랜드 교회의 신자. 2 성직자, 목사
kir-mess [kə́:rmis] n. =kermess. [(churchman).
kirsch [kiərʃ], (**kirsch-was-ser** [kíərʃvà:sər]) n. [U] 버찌술. [숙명(fate, destiny).
kis-met [kízmet, kís-], (**kis-mat** [-mət]) n. [U] 운명,
*****kiss** [kis] vt. 1 [인사·애정·존경의 표시로서]…에 입맞추하다, 키스하다. 2 …에게 가벼이 닿다. [속어] 애인에게 키스하다 // (~+图+图) kiss a person good-by 남에게 이별의 키스를 하다 // (~+图+图+图) kiss a person on the cheek; kiss a person's cheek 남의 볼에 키스하다. 2 …에 가볍게 닿다. ¶ The wind kissed the trees. 바람이 살짝 나무들을 스쳤다. 3 [당구공의] [다른 공에] 가볍게 닿다. — vi. 1 입맞추다, 키스하다. ¶ Kiss and be friends. 키스하고 화해하라. 2 [당구에서 두 공이] 가볍게 닿다.
***kiss and téll** 《미구어》① 비밀을 누설하다. ② 신뢰를 저버리다. ③ 중대한 약속을 어기다.
kiss awáy …을 키스하고 없애다(씻어내다). ¶ kiss away a person's tears 키스하여 남의 눈물을 씻어주다.
kiss góod-bý ① 키스하고 헤어지다. ⇒ vt. 1. ②《美구어》[잘 될] 희망을 버리다.
kiss hánds (or **the hánd**) [장관 등이 취임 의식으로서] 국왕의 손에 입맞추다.
kiss one's hánd to a pérson 남에게 키스를 보내다.
kiss óff 《美속어》…을 거절하다, 무시하다, 해고하다.
kiss the bóok (or **the Bible**) 성서에 입맞추고 선서하다.
kiss the dúst ⇒ DUST.
kiss the gróund ⇒ GROUND.
kiss the ród ⇒ ROD.
— n. 1 입맞춤, 키스. ¶ give a person a kiss 남에게 입맞추다. 2 가볍게 닿기. 3 [당구에서 공과 공의] 접촉. 4 당과(糖果)의 일종.
the kíss of déath 《구어》죽음의 키스; 파멸(파국)을 가져오는 것.
the kíss of lífe ① 입을 통한 인공 호흡. ② 숨을 되돌리게 하는 것.
kiss-a-ble [kísəbl] adj. [여성의 육체적 매력이] 키스하고 싶은 마음을 일으키는.
kíss cúrl n. 《英》=spit curl.
kiss-er [kísər] n. 1 키스하는 사람. 2 《속어》얼굴 (face), 입(mouth), 입술(lips).
kís-sing búg n. 키신[사회적 항의로 한자리에 모여 키스를 계속하기].
kíss-ing búg [kísiŋ-] n. 1 침노린재류의 흡혈(吸血) 곤충. 2 키스를 즐기는 사람; 키스하고 싶은 욕망.
kíssing cóusin(**kín**) n. [만나면 키스하는 정도의] 먼 친척.
kíssing crúst n. 《속어》[구울 때 다른 빵에 닿아서

kíssing dis·ease *n.* ⓤⓒ 키스병, 전염성 단핵증(單 核症).
kíssing gàte *n.* 《英방언》[한 사람씩 지나가게 되어 있는] V 자 형 회전문.
kiss-in-the-ring [kísinðəríŋ] *n.* ⓤ 키스놀이〔젊은 남자가 둥글게 서서, 그 주위를 달리는 술래가 이성(異性)의 한 사람에 닿거나 그 뒤에 손수건을 놓으면 그 사람을 술래로 쫓아가서 키스하는 놀이〕.
kiss-me-quick [kísmikwík] *n.* **1** [19세기 후반의] 일종의 작은 보넷(bonnet). **2** 귀 앞에 늘어뜨린 머리, 애교 머리(ringlet). **3** 야생의 3색(色) 오랑캐꽃(wild pansy). 「고(dismissal).
kiss-off [kísɔ̀:f, -àf/-ɔ̀f] *n.* 《美속어》목숨자르기, 해
KIST《略》 *K*orean *I*nstitute of *S*cience and *T*echnology(한국 과학 기술 연구소; 1981년 KAIST 로 발
Kis·wa·hi·li [kiswa:hí:li] *n.* =Swahili 2. 「족.
*kit¹ [kit] *n.* **1** 도구 일습(한 벌), 용구 한 세트, ¶ a golfing *kit* 골프 용구 한 세트. **2** 도구 상자, 용구 상자(통); 도구와 그것을 넣는 상자. **3** =kit bag. **4** ⓤⓒ 《주로 英》장비, 복장 일습. **5** 《구어》한 조(組), 일단, 일습. **6** 잡동사니, 작은 통.
the whole kit and caboodle 《구어》전부, 이것저것 [너나없이] 모두.
— *vt.* (**kit·ted, kit·ting**) 《주로 英》…에 장비를 갖추게 하다, 옷차림을 시키다.
kit² [kit] *n.* [17, 18세기에 댄스 교사가 썼던] 일종의 작
kit³ [kit] *n.* 새끼 고양이. 「은 바이올린.
kít bàg *n.* **1** 〔병사의〕잡낭(雜嚢) **2** 〔아가씨가 큰〕여행용 가죽 가방.
Kit-Cat [kítkæ̀t] *n.* **1** Kit-Cat Club 의 회원. **2** (k-) 반신(半身)보다는 작으나 양손을 포함한 초상화.
— *adj.* Kit-Cat Club 의.
Kít-Càt Club *n.* 키트캣 클럽 [18세기 초기 영국 London 에 있던 Whig 당원의 클럽].
‡**kitch·en** [kítʃin] *n.* **1** 부엌, 취사장, 주방. **2** [호텔 따위의] 조리부(調理部) (cuisine).
kítchen cábinet *n.* **1**《美》[대통령·장관 등의] 사설 고문단(brain trust). **2** [부엌의] 붙박이 식기장(찬장).
kitch·en·er [kítʃinər] *n.* **1** 특히 수도원의 요리 담당, 요리인. **2** 《英》요리용 화덕. 「2」 간이 취사장.
kitch·en·ette [kítʃinét], (**kitch·en·et**) *n.* [아파트 등
kítchen gàrden *n.* 〔가정〕 채원, 야채밭, 남새밭.
kítchen gàrdener *n.* 야채(과수) 재배가.
kitch·en·maid [kítʃinmèid] *n.* 식모, 쿡 밑에서 일하는 하녀.
kítchen mídden *n.* 〔考古〕패총(貝塚), 조개무지.
kítchen políce *n.* ⓤ 《군대》**1** 취사 근무 (略 K. P.). **2** 〔집합적〕취사병.
kitch·en-sínk dráma [kítʃinsíŋk-] *n.* ⓤⓒ 〔생활의 지저분한 면을 묘사한〕 극단적으로 사실주의적인 드라마.
kítchen stúff *n.* ⓤ **1** 요리의 재료〔특히 야채 따위〕. **2** 부엌 찌꺼기.
kítchen téa *n.*《濠》[여자 친구들이 결혼 전의 신부를 위해 선물로 부엌 용품을 가져와서] 축하하는 파티.
kítchen únit *n.* 《英》부엌 세트〔개수대·찬장 따위〕. 「품(세간).
kitch·en·ware [kítʃinwɛ̀ər] *n.* ⓤ 조리 용구, 부엌 용
*kite [kait] *n.* **1** 연. **2** 솔개. **3** (~s) 《항해》[안정이 잘 때의] 가벼운 돛(flying kites). **4** 〔상업〕 융통 어음, 공(空)어음. **5** 《주로 英》욕심꾸러기, 탐욕스러운 사람. **6** [kite] 비행기 (aeroplane).
[*as*] *higher as a kite* 《구어》〔술, 마약 따위에〕취하여, 몽롱하여.
fly (or *send up*) *a kite* ① 연을 날리다. ② 여론을 살피다. ③ 융통 어음을 발행하다.
Go fly a (*one's*) *kite* 꺼져! 귀찮게 굴지 말고 가거라! — *v.* (**kit·ed, kit·ing**) *vi.* **1** 《구어》〔솔개처럼〕빨리

날다, 재빨리 움직이다. **2** 〔상업〕 융통 어음을 발행하다. — *vt.*〔상업〕…을 융통 어음으로서 사용하다.
kíte ballòon *n.* 〔소시지형〕 관측(실험) 용 계류(繫留) 기구. 「[한국의 KS 마크에 해당].
kite-mark [káitmɑ̀ːrk] *n.* 《英》영국 규격의 검사증
kith [kiθ] *n.* ∗ 다음 숙어로만 쓰인다.
kith and kin 친지와 친척, 일가 친척.
kitsch [kitʃ] *n.*《독일》저속한 작품(공예품).
kitsch·y [kítʃi] *adj.* 천박한, 야한, 대중 취미의.
‡**kit·ten** [kítn] *n.* **1** 새끼 고양이. **2** 말괄량이(처녀).
have kittens《美속어》안절부절 못하다, 가슴이 두근거리다; 몹시 화를 내다.
— *vt., vi.* 〔고양이가〕새끼를 낳다.
kit·ten·ish [kítniʃ] *adj.* **1** 고양이 새끼 같은, 재롱부리는, 장난치는. **2** 말괄량이의; 〔여성이〕 장난기가 있는.
kit·ti·wake [kítiwèik] *n.* 세가락갈매기.
kit·tle [kítl] 《스코》*vt.* (**-tled, -tling**) **1** …을 손가락으로 간질이다. **2** 〔아정이나 강한 말로〕 …을 흥분시키다. — *adj.* (**-tler, -tlest**) **1** 간지러워하는, 침착성을 잃은. **2** 다루기 힘든, 귀찮은(troublesome).
kíttle cáttle *n.* 〔집합적〕 **1** 다루기 어려운 난폭한 소. **2** 《美방언》 다루기 힘든 무리.
*kit·ty¹ [kíti] *n.* (*pl.* **-ties**) **1** 새끼 고양이(kitten). **2**〔어린이말〕 야옹이〔고양이의 애칭〕.
kit·ty² [kíti] *n.* (*pl.* **-ties**) 〔카드놀이〕 **1** 자릿세 따위로 하는 적립금, 건 돈; 〔건 돈을 넣는〕 항아리. **2** 도르고 남은 패. **3** 공동 준비금.
kit·ty-cor·nered [kítikɔ́ːrnərd] *adj., adv.*《美구어》 =catercornered.
ki·va [kíːva] *n.* 키바〔북미 Pueblo Indian 의 지하 의식장. 종교 의식·회의 등에 쓰인다〕. 「Kiwanis 회원.
Ki·wa·ni·an [kiwɑ́ːnian] *adj.* Kiwanis 의. — *n.*
Ki·wa·nis [kiwɑ́ːnis] *n.* 키와니스 클럽〔미국·캐나다의 실업가의 사교 단체; 1916년 결성〕.
ki·wi [kíːwi(ː)] *n.* **1** 키위〔뉴질랜드산(産)의 날개 없는 새〕. **2** =Kiwi fruit. **3**《英공군속어》[비행대의] 지상 근무원. **4** (보통 K-)《구어》뉴질랜드 사람(팀).
kíwi frùit *n.* 키위 프룻〔뉴질랜드산의 과일〕.

[kiwi 1]

K.J.V.《略》 *K*ing *J*ames *V*ersion.
K.K.K., KKK《略》 *K*u *K*lux *K*lan.
kl.《略》 kiloliter. 「의 지부.
Klan [klæn] *n.* **1** =Ku Klux Klan. **2** Ku Klux Klan
Klans·man [klǽnzmən] *n.* (*pl.* **-men** [-mən]) Ku Klux Klan 단원.
klatch, klatsch [klætʃ/klɑːtʃ] *n.* 잡담회, 간담회.
klax·on [klǽksn] *n.* 클랙슨〔자동차의 전기 경적〕 (K-) 그 상표명. 「[paper 의 일종].
Kleen·ex [klíːneks] *n.*《상표명》 클리넥스 [tissue
klep·to- *t*hief 의 뜻의 연결형(∗ 모음 앞에서는 Klept-를 쓴다). 예: *klepto*mania
klep·to·cra·cy [kleptɑ́krəsi] *n.* 부정 축재 정치.
klep·to·ma·ni·a [klèptə(u) méiniə, -njə], (**cleptomania**) *n.*ⓤ 〔심리〕 절도광(狂), 병적 도벽(盜癖).
klep·to·ma·ni·ac [klèptə(u) méiniæ̀k], (**cleptomaniac**) *n.* 병적 도벽자.
klfeg líght [klíːg-] *n.* 클리그등〔영화 촬영용의 강력한 아크등〕. 「의 침강 반응.
Klíne tést [kláin-] *n.* 〔의학〕 클라인 시험〔매독 혈청
klíp·spring·er [klípsprìŋər] *n.* 남아프리카산(産)의 산에서 사는 영양(羚羊)의 일종.
klis·ter [klístər] *n.* ⓤ 클리스터 왁스〔축축한 눈에 사용하는 스키용 왁스〕.
KLM《略》*K*oninklijke *L*uchtvaart *M*aatschappij (= Royal Dutch Airlines) (네덜란드 항공). 〔<Du〕

Klon·dike [klándaik / klɔ́n-] *n.* **1** 캐나다 서북부에 걸친 지역 [1897-98년의 gold rush로 유명]. **2** (k-) Ⓤ 〖카드놀이〗혼자 노는 게임의 일종.

kloof [klu:f] *n.* 〖남아프리카의〗깊은 협곡.

klutz [klʌts] *n.* 《美속어》손재주가 없는 사람.

klux [klʌks] *vt.* 《美속어》때리다, 사형(私刑)을 가하다.

Klys·tron [kláistrən, klís-] *n.* 《상표명》〖전자 공학〗클라이스트론 진공관, 속도 변조관(變調管) 〖극초단파의 발진(發振)·증폭용〗.

km, km. 《略》kilometer[s].

KMAG 《略》《美軍》*Korean Military Advisory Group* (주한 군사 고문단).

K-meson [kéimí:zan, -méz- / -zɔn] *n.* 〖물리〗K중 간자(kaon).

kn. 《略》kronen.

*****knack** [næk] *n.* (보통 단수형으로) **1** (연습한 결과 얻은) 익숙한 솜씨, 기교; 비결, 요령(*for, of ...*). ¶ the *knack for* making omelettes 오믈렛을 만드는 요령 / He has the *knack of* treating animals well. 그는 동물을 잘 다루는 요령을 알고 있다. **2** 습관, 버릇. **3** 물건이 깨질 때 따위의 날카로운 소리. **4** 〖마술사 등의〗재빠른 솜씨. **5** 《드물게》하찮은 장식품.
◇ **knácky** *adj.*

knack·er [nǽkər] *n.* 《英》**1** 폐마(廢馬) 도살업자. **2** 폐가(廢家) 매입 해체업자.

knack·ered [nǽkərd] *adj.* 《英속어》기진맥진한.

knácker's yárd *n.* 《英》도살장.

knack·er·y [nǽkəri] *n.* (*pl.* **-er·ies**) 《英》폐마 도살장.

knack·wurst [nákwə̀ːrst, -wùrst] *n.* 짧고 굵은 독일의 매운 소시지.

knack·y [nǽki] *adj.* (**knack·i·er, knack·i·est**) 《주로 방언》요령(비결)을 안; 교묘한, 솜씨 좋은(훌륭한).

knag [næg] *n.* **1** 〖폐어〗나무의 옹이, 마디(knot). **2** 〖고어〗(물건을 거는) 나무 못(wooden peg).

knag·ged [nǽgid, nægd] *adj.* 〖폐어〗=knaggy.

knag·gy [nǽgi] *adj.* (**-gi·er, -gi·est**) 옹이(마디)가 많은(knotty); 울퉁불퉁한.

knap¹ [næp] *n.* 《방언》**1** 〖언덕·작은 산의〗꼭대기 (top). **2** 언덕, 작은 산.

knap² [næp] *vt.* (**knapped, knap·ping**) 《주로 英방언》 **1** 〖돌 따위〗를 딱 깨다(부수다); …을 딱 하고 꺾다. **2** …을 덥석 물다.

knap·per [nǽpər] *n.* 돌 깨는 사람; 쇄석용(碎石用) 망치, 파쇄기(器).

*****knap·sack** [nǽpsæk] *n.* 〖병사·여행자 등의〗배낭, 등에 지는 자루, 냅색.

knap·weed [nǽpwìːd] *n.* 달구지국화류(類)의 식물.

knar [naːr] *n.* 〖나무의〗옹이, 마디(knot).

knar·ry [náːri] *adj.* (**knarred** [naːrd]) 옹이(마디) 가 많은.

‡**knave** [neiv] *n.* **1** 불량배, 건달, 무뢰한. **2** 〖카드놀이〗잭. **3** 〖고어〗머슴; 신분이 낮은 남자; 사내아이.
〖類語〗 **knave** 교활하며 남을 속이는 사람. **blackguard** 상습적으로 타락 행위를 하는 사람; gentleman 의 반대로 쓰다. **rascal** 매우 부정직하며 멸시할 만한 사람, **rogue** 폭력·사기를 일삼으고 세상 사람을 희생시키는 사람; rascal 과 rogue 는 뜻을 약하게 해서 단지 익살스럽게 쓸 때도 있다. **scoundrel** 가장 나쁜 blackguard 이며 rogue. **villain** 철저히 나쁜 짓·범죄만 저지르는 타고난 악당.
◇ **knávish** *adj.*

knav·er·y [néivəri] *n.* (*pl.* **-er·ies**) **1** 악한(불량배) 같은 행위; 못된 짓. **2** Ⓤ 속임수, 부정, 사기(trickery).

knav·ish [néiviʃ] *adj.* **1** 불량배(악당)의(같은), 악 랄한. **2** 옳지 못한, 교활한. **3** 심술궂은.
~·ly *adv.* **~·ness** *n.*

*****knead** [niːd] *vt.* **1** 〖가루·흙 따위〗를 반죽하다, 이기 다, 개다. **2** 〖빵·도자기 따위〗를 빚어 만들다. **3** 〖어 깨 등〗을 주무르다. **4** …을 혼합하다, 단접(鍛接)하

다. **5** 〖인격〗을 도야하다.

knead·er [níːdər] *n.* **1** 반죽하는 사람(것); 반죽기 (器). **2** 빵 장수.

knead·ing-trough [níːdiŋtrɔ̀ːf / -trɔ̀f] *n.* 반죽통.

‡**knee** [niː] *n.* **1** 무릎, 무릎 마디, 무릎 관절. ⇨ FOOT 그림. ¶ on one's hands and *knees* 네 발로 기어서 / rise on the *knees* 무릎으로 서다 / kneel upon one's *knees* 무릎을 꿇다. **2** 〖옷의〗무릎 부분. **3** 무릎[관절] 비슷한 것; 완목(腕木); 〖기계〗곡재(曲材), 〖공작 기계 의〗무릎 모양의 지지대; 〖건축〗모서리 재료. ¶ ~에. *at one's mother's knees* 어머니 슬하에서, 어린 시절 *bend* (or *bow*) *the knees*[s] 무릎을 꿇고 예배하다, 간청하다, 굴복하다(*to, before ...*). *bring a person to his knees* 〖남〗을 굴복시키다. *drop* (or *fall on, go* [*down on*]) *one's knees* 무릎을 꿇다; 무릎을 꿇고 탄원하다(빌다). *get knee to knee with* …과 무릎을 맞대고 이야기하다. *give* (or *offer*) *a knee to* …에게 무릎을 베게 하여 쉬게 하다; 〖권투 시합에서〗…을 돌봐 주다. *gone at the knees* 〖구어〗〖말〗이 비실비실하여, 늙어빠져서. *on the knees of the gods* 사람의 지력이 미치지 못하는; 〖장래가〗 미결정인, 확실치 않은.
— *vt.* (**kneed, knee·ing**) **1** …을 무릎으로 건드리다, …을 무릎으로 쩌르다(치다). **2** …에 곡재(曲材)를 대다, …을 곡재로 떠받치다. **3** 〖바지〗의 무릎을 불룩하게 하다.
◇ **kneel** *v.* 〖…〗에 하다.

knée áction *n.* 앞바퀴가 상하(上下動) 장치〖자동차의 앞바퀴가 따로따로 상하 운동을 할 수 있게 한 장치〗.

knée brèeches *n. pl.* 〖무릎까지 오는〗반바지.

knee·cap [níːkæ̀p] *n.* **1** 슬개골(膝蓋骨), 종지뼈(patella). **2** 무릎 받이, 무릎 쐬우개.

knee-deep [níːdíːp] *adj.* **1** 〖깊이가〗무릎까지 오는. ¶ *knee-deep* grass 무릎까지 닿는 풀. **2** 무릎까지 잠긴 (빠진). ¶ stand *knee-deep* in water 무릎까지 빠져서 물 속에 서 있다. **3** 〖비유적〗몰두하여, 깊이 잠긴(빠진).

knee-high [níːhái] *adj.* 〖높이가〗무릎까지 오는.

knee·hole [níːhòul] *n.* 〖책상 아래 따위의〗두 무릎을 넣는 공간.

knéehòle désk *n.* 양쪽에 층층 서랍이 달린 책상.

knée jèrk *n.* 〖의학〗슬개건 반사〖각기(脚氣)의 진단 따위에서 무릎 건(腱)을 가볍게 두드릴 때 일어나는 반동〗.

knee-jerk [níːdʒə̀ːrk] *adj.* 저절로 반응하는, 판에 박은 듯한 반응을 보이는.

knée jòint *n.* **1** 무릎 관절(마디). **2** 〖기계〗토글 조인트(toggle joint).

‡**kneel** [niːl] *vi.* (**knelt** *or* **kneeled, kneel·ing**) 무릎을 꿇다, 무릎을 굽히다. ¶ (~+圖) *kneel down* 무릎을 꿇다 / *kneel up* 무릎을 대고 일어서다 // (~+前+图) *kneel to* …에 무릎을 꿇다, …을 예배하다, …에게 간청하다. — *n.* 무릎을 꿇기; 무릎을 꿇은 자세.
◇ **knee** *n.*

knee-length [níːléŋ(k)θ] *adj.* 〖한정적〗〖구두·스커트 따위가〗무릎까지 오는. — *n.* 무릎까지의 길이[의] 옷.

kneel·er [níːlər] *n.* **1** 무릎을 꿇는 사람(것). **2** 무릎에 까는 방석; 무릎에 대는 것.

knee·let [níːlit] *n.* 〖보호용〗무릎받이.

knee-in [níːìn] *n.* 항의 예배 〖흑인이 인종 차별에 항의하여 배인 전용 교회로 몰려가서 예배보기〗.

knee·pad [níːpæ̀d] *n.* 〖보호용 따위로〗무릎에 대는 것.

knee·pan [níːpæ̀n] *n.* 슬개골(kneecap).

knee·room [níːrù(ː)m] *n.* 〖자동차·비행기 따위의〗좌석 사이의 충분한 간격.

knee-slap·per [níːslæ̀pər] *n.* 《美》〖탄복할만큼〗 유쾌한 농담. 〖增音器〗

knée swèll *n.* 〖무릎으로 움직이는〗 풍금의 증음기

knee·sy, -sie [níːsi] *n.* 《美속어》〖남녀가 탁자 밑에

knell [nel] *n.* **1** 「사람의 죽음을 알리는 느린」 종소리, 조종(弔鐘). **2** 「죽음·실패 따위를 경고하는」 전조, 징조. **3** 구슬픈 소리.
ring (*out*) *the knell of* …의 조종을 울리다; …의 소멸(폐지)을 알리다.
— *vi.* **1** [종처럼] 울려 퍼지다. **2** 구슬픈 소리를 내다, 불길하게 울리다. — *vt.* [종을 울려] (흉사)를 알리다, (사람)을 모으다.

‡**knelt** [nelt] *v.* kneel의 과거·과거 분사의 하나.

Knes·set, -seth [knéset] *n.* 이스라엘 국회.

‡**knew** [n(j)uː / njuː] *v.* know의 과거형.

***Knick·er·bock·er** [níkərbɑ̀kər / -bɔ̀kə] *n.* **1** New Amsterdam[현재의 New York]의 네덜란드 이민. **2** [특히 네덜란드계의] 뉴욕 사람. **3** (k-s) = knickers. 〈< W. Irving(1783-1859)이 Diedrich Knickerbocker 라는 이름으로 쓴 *History of New York*(1809)중에서 네덜란드 이민의 반바지를 입고 있었다.〉

knick·ers [níkərz] *n. pl.* **1** 니커보커[무릎 부분에서 매는 헐거운 반바지] (knickerbockers). **2** 블루머 비슷한 여성용 속옷.

knick·knack [níknæ̀k] *n.* **1** 「작은」장식품, 작은 장신구, 노리개. **2** 「장식용의」 골동품.

knick·knack·er·y [níknæ̀kəri] *n.* 「집합적」 작은 장식품, 장신구류, 골동품류.

‡**knife** [naif] *n.* (*pl.* **knives**) **1** 나이프, 작은 칼, 식칼. ¶ a clasp *knife* 잡는 칼. **2** 단검, 단도. **3** [기계·도구의] 날. **4** [외과 의사의] 수술용 칼, 메스; (the ~) 외과 수술. ¶ *be* (*or go*) *under the knife* 수술을 받고 있다(받다).
before one can say knife (영) 순식간에.
cut like a knife [바람 따위가] 살을 에는 듯하다.
get one's (*or a*) *knife into* …에 대해서 원한을 품다; …에 악의를 갖다. ¶ *He seems to get his knife into me.* 그는 내게 악의를 갖고 있는 것 같다.
a knife and fork [식사용의] 한 벌의 나이프와 포크; 식사. ¶ *play a good* (*or a capital*) *knife and fork* 배불리 먹다.
a war to the knife 사투, 백병전.
— *v.* (**knifed, knif·ing**) *vt.* **1** …을 나이프로 자르다, 잘라내다; …을 단도로 찌르다(찔러 죽이다). **2** …을 손으로 치다; …을 나이프로 베듯이 나아가다. **3** (미 구어) …을 음흉한 수단으로 해치우려고 하다. **4** [그림물감]을 나이프로 칠하다. — *vi.* (나이프로) 베듯이 나아가다. ¶ (~+圖) *A hot sun knifed down through the haze.* 뜨거운 햇빛이 안개를 통하여 비쳤다.
◇ **knífelìke** *adj.*

knife-board [náifbɔ̀ːrd / -bɔ̀ːd] *n.* **1** 칼 가는 대(臺). **2** (영) [합승 마차의 옥상에 설치한] 등을 맞대고 앉게 된 좌석.

knife èdge *n.* **1** 나이프의 날; 예리한 것. **2** [기계] [천칭 따위의 지점(支點)이 되는] 쐐기 모양의 날. **3** [등산] 가파른 산등성이.

knife-edged [náifèdʒd] *adj.* 날카로운 날이 달려 있는.

knife grìnder *n.* 칼 가는 사람(기구).

knife·like [náiflàik] *adj.* 나이프 같은; 날카로운.

knife machìne *n.* **1** 칼 가는 기계. **2** 금속제 지렛대의 대(臺) [시계의 추대 따위].

knife plèat *n.* 칼날 주름 [칼날처럼 곧게 세운 주름].

knife rèst *n.* 나이프 대(臺) [식탁 위에서 carving knife를 얹어 놓는 대].

knife swìtch *n.* [전기] 나이프 스위치 [칼날 모양의 스위치].

‡**knight** [nait] *n.* **1** [중세의] 기사(騎士). **2** [명문의 자제가 무술·예절 따위의 훈련을 받으면서 page, squire를 거쳐 knight가 되었다.] **2** [16세기 이후 영국의] 나이트, 훈작사(勳爵士) [최하급의 비세습 귀족. Sir의 칭호가 허용된다.] **3** [어떤 정치 또는 자선 단체·결사의] 회원. **4** [고대 그리스·로마의] 기사 계급의, [고대 그리스의 아테네의] 제2계급의 시민. **5** [주인이나 큰 목적 따위를 위해서 힘쓰는] 의인(義人), 용사. **6** (영 역사) [shire 또는 county 선출의] 국회 의원 [1858년 폐지]. **7** [서양장기] 나이트. **8** [일상] [관계가 있는 기물·도구의 이름과 함께 써서] 그것을 잡는 사람, 그 방면의 선생, 전문가. ¶ *a knight of the air* (the brush, the needle, the pen, the road) 비행가(화가, 재봉사, 문사(文士), 노상 강도).
a knight of the carpet [무훈 이외의 공적으로 knight를 수여받은] 훈작사.
— *vt.* …에게 나이트 작위를 수여하다. ¶ *He was knighted by the queen.* 그는 여왕으로부터 나이트 작위를 수여받았다.

knight·age [náitidʒ] *n.* **1** 《집합적》 나이트, 훈작사[의 일단]. **2** 훈작사록(錄), 훈작사 명부.

knìght báchelor *n.* (*pl.* **knights bachelors** *or* **k-bachelors**) [어느 훈작사단에도 속하지 않는] 최하급 훈작사.

knìght bánneret *n.* (*pl.* **knights bannerets**) 배너렛 기사 [baron의 아래, knight bachelor의 위에 위치했던 기사의 한 계급].

knìght commánder *n.* (*pl.* **knights commanders**) [Bath 훈위(勳位) 등의] 제2계급 훈작사.

knight-com·pan·ion [náitkəmpǽnjən] *n.* (*pl.* **knights-companions** *or* **knight-companions**) [Garter 훈위 등, 그 계급 밖에는 없는 훈작사단의] 훈작사.

knight-er·rant [náitèrənt] *n.* (*pl.* **knights-er-**) **1** [역사] 수업 중인 기사, 편력 기사. **2** [동키호테 같은] 의협가 (遊俠家).

knight-er·rant·ry [náitèrəntri] *n.* ⓤ **1** 기사업. **2** 의협적인 행위; 동키호테식 의협.

knìght grànd cróss *n.* (*pl.* **knights g- c-**) [Bath 훈위의] 최고 훈작사.

***knight·hood** [náithùd] *n.* ⓤ **1** 기사(나이트)의 지위, 나이트 작위. **2** 기사의 임무, 기사의 신분. **3** 기사다움, 기사도, 기사 기질. **4** 《집합적》 기사단, 훈작사들.

Knìght Hóspitaler *n.* 호스피틀 기사단(Knights Hospitalers)의 일원.

knight·like [náitlàik] *adj.* 기사(나이트)다운; 의협심 있는.

knight·li·ness [náitlinis] *n.* ⓤ 기사(나이트)다움.

***knight·ly** [náitli] *adj.* **1** 기사의, 나이트 (훈작사)의. **2** 기사적인, 나이트다운; 용기 있는, 의협적인 (chivalrous). **3** 기사로 구성되는. — *adv.* 〈고어〉 기사답게, 기사에 알맞게.

knìght sérvice *n.* ⓤ **1** [토지를 보유하는 조건으로 행하는] 기사의 봉사, 군무(軍務); [군무를 조건으로 하는] 토지 보유. **2** [기사가 하는 것과 같은] 훌륭한 봉사.

Knìghts Hóspitalers *n. pl.* 호스피틀 기사단 [자군 원정때 성지 순례자·상병자(傷病者)의 보호·원조를 목적으로 결성되었다].

Knìghts of Colúmbus *n.* 콜럼버스 기사회 [미국 가톨릭의 국체 우애 자선 협회. 1882년 창립].

Knìghts of the Róund Táble *n. pl.* 원탁의 기사단 [Arthur 왕의 부하의 기사들].

Knìghts Témplars *n. pl.* **1** 템플(성당) 기사단 [12 세기 초 Jerusalem 과 그 순례자 보호를 위해서 결성되었다]. **2** 미국의 Freemason단 [템플 기사단의 후계자라고 자칭한다].

knish [kniʃ] *n.* (유태 요리) 크니시 [감자나 쇠고기를 얇은 밀가루 반죽으로 싸서 튀기거나 구운 것].

‡**knit** [nit] *v.* (**knit·ted** *or* **knit, knit·ting**) *vt.* **1** …을 짜다, 뜨다. ¶ (~+圓+名) *knit* wool into gloves 털실로 장갑을 짜다. **2** (~+圓+圖) …을 밀착시키다; …을 결합시키다. ¶ *knit* bricks together 벽돌을 맞붙이다 / *They were closely knit by affection.* 그들은 애정으로 굳게 맺어져 있었다. **3** (눈살)을 찌푸리다. ¶ *knit* the brow (*or* one's brows) 이맛살을 찌푸리다. **4** …을 짜내다, 만들어내

knitted

다. ¶ knit a new plan 새 계획을 짜내다. **5** 《보통 과거 분사로》 …을 졸라매다, 단단하게 하다. ¶ a closely knit argument 빈틈없는 정연한 논리／《복합어를 만들어》 a well-knit frame 튼튼한 체격. — vi. **1** 뜨개질을 하다. **2** 밀착하다, 결합하다; 친밀해지다. ¶ The broken bones knit together. 부러진 뼈가 유착(癒着)했다. **3** [이마에] 주름이 지다.

knit up ① [편물의 뜯어진 곳 따위]를 감치다, 깁다. ② …을 원상태로 하다. ¶ I think we can knit up the friendship. 우정을 회복할 수 있을 것으로 생각한다. ③ [논의 따위]를 끝맺다, 결말짓다.

— n. 편물, 메리야스.

knit·ted [nítid] adj. 뜬, 짠, 편물의; 메리야스의.
knit·ter [nítər] n. 뜨는(짜는) 사람, 메리야스공; 편물(메리야스) 기계.
knit·ting [nítiŋ] n. U C **1** 뜨개질. **2** 편물(knitted work); 메리야스천. **3** 접합, 결합.
knitting machine n. 편물 기계, 메리야스 기계.
knitting needle n. 뜨개 바늘.
knit·wear [nítwɛər] n. U 니트웨어[손으로 뜬 옷].
‡**knives** [naivz] n. knife 의 복수형.
***knob** [nab / nɔb] n. **1** [문·서랍 따위의] 손잡이. **2** [나무의] 마디, 옹이, 혹; 여드름, 사마귀. **3** [건축] 부조(浮彫) 장식, [주두(柱頭) 따위의] 둥근 장식, [깃대 따위의] 둥근 장식; 《속어》머리. **4** 《美》둥근 언덕(산). **5** [설탕·석탄 따위의] 둥근 덩어리.
with knobs on 《속어》[상대방의 말을 비꼬아 시인해서] 더군다나 [그렇다].

— v. (**knobbed, knob·bing**) vt. …에 혹(손잡이)을 붙이다. — vi. 혹이 생기다. **-bi·ness** n. kn**ób**by adj.

knobbed [nabd / nɔbd] adj. 혹이 있는, [끝이] 혹모양으로 된, 손잡이가 달린.
knob·bing [nábiŋ] n. [석재(石材)의] 초벌다듬질.
knob·ble [nábl / nɔ́bl] n. 작은 혹(마디). knobby.
knob·bly [nábli / nɔ́bli] adj. (**-bli·er, -bli·est**) = knobby.
knob·by [nábi / nɔ́bi] adj. (**-bi·er, -bi·est**) **1** 혹이 많은, 사마귀가 많은, 울퉁불퉁한. **2** 혹 모양의 마디 모양의. **3** 둥근 언덕(작은 산)이 많은.
knob·ker·rie [nábkèri / nɔ́b-] n. [남아프리카] 원주민이 쓰는] 끝이 둥근 투봉(投棒).
knob·stick [nábstìk / nɔ́b-] n. **1** 끝이 둥근 막대기. **2** = knobkerrie. **3** 《英》파업 파괴자(blackleg).
‡**knock** [nak / nɔk] vi. **1** 치다; [문 따위를] 두드리다, 노크하다. ¶ (~+몐)(~+몐+ 젠+몡) knock at (or on) the door 문을 두드리다／knock for admittance 들여보내 달라고 문을 두드리다.

— **Usage** knock at 와 knock on—knock at a window, knock on the head 처럼, at 은 연속적인 동작, on 은 위에서 아래로 향한 운동 또는 강한 동작을 나타내는 것이 원칙. 단, 문을 두드리는 경우 따위에는 양자를 다 쓰고 있다. 《美》에서는 knock on 이 정형으로 간주되며, knock 이 명사로 쓰이는 경우도 일반적으로 There is a knock at the door. 쪽이 바람직하다. 또한 knock the door 라는 용법은 드물다.

2 [기계 따위가 상태가 좋지 않아서] 덜커덩덜커덩 소리를 내다, 노킹을 일으키다. ¶ This motor knocks badly. 이 모터는 몹시 덜커덩거린다.
3 《美구어》심술궂게 비평하다, 헐뜯다, 흠을 들추어내다.
4 부딪치다, 충돌하다; 딱 마주치다(against …). ¶ (~+젠+몡) He knocked against one person after another in the crowd. 그는 군중 속에서 잇따라 다른 사람과 부딪쳤다／I knocked against my old friend on the way. 도중에서 옛 친구와 딱 마주쳤다.

— vt. **1** …을 치다, 두드리다, 때리다. ¶ knock the door 문을 두드리다 (⇒ Usage). ⇒ BEAT 頤語 // (~+몐+젠+몡) knock a person on the head 남의 머리를 때리다.
2 …을 처서 …이 되게 하다, …하게 만들다. ¶ knock a hole in the wall 벽을 쳐서 구멍을 내다 // (~+몐+젠+몡) knock something to pieces 물건이 산산조각이 나게 하다. ¶ (~+몐+몡) He knocked the boy senseless. 그는 아이를 때려서 기절시켰다.
3 …을 부딪치다, 처서 맞히다(… against). ¶ (~+몐+젠+몡) knock one's head against the wall 머리를 벽에 부딪치다.
4 …을 두드려서 털다, 쫓아내다, 처서 떨어뜨리다. ¶ (~+몐+젠+몡) knock the dust out of one's clothes 옷의 먼지를 털다／knock the head off the statue 상(像)의 목을 쳐서 떨어뜨리다 / I'll knock such notions out of your head. 그 따위 생각을 네 머리에서 내몰아 주마. [cize]
5 《美구어》…을 헐뜯다, …의 흠을 들추어내다(criti-
6 《英구어》…을 깜짝 놀라게 하다; …에 강한 인상을 주다. ¶ His cool impudence knocked me completely. 그의 태연한 뻔뻔스러움에는 정말 말문이 막히고 말았다.

***knock about** (or **around**) 《구어》 ① 방황하다, 헤매고 다니다. ¶ I used to knock about the vicinity. 나는 자주 그 주변을 배회하곤 했다. ② …을 학대하다, 난폭하게 다루다; …을 마구 때리다. ¶ He was badly knocked about. 그는 형편없이 얻어 터졌다.

***knock at an open door** 헛수고를 하다.
***knock back** 《주로 英속어》[술]을 단숨에 마시다.
***knock cold** = knock out ②.
***knock down** ① …을 때려눕히다. ¶ A child was knocked down by a car. 아이가 차에 치였다. ②〔집 따위〕를 때려 부수다; [기계 따위]를 해체하다. ③ 〔적 따위〕를 뒤집어엎다, 패배시키다. ④ [경매에서] [물건이 낙찰된 것]을 망치로 탕탕 쳐서 알리다; …을 낙찰하다. ⑤ …의 값을 깎다(내리다). ⑥ …을 빼앗다, 벌다. ¶ He knocked down about $20,000 last year. 그는 작년에 2만 달러를 벌었다.

***knock for a loop** ⇒ LOOP¹.
***knock in** ① …을 때려 넣다. ¶ knock in a nail 못을 때려 박다. ②《英大學》폐문 후에 문을 열어달라고 해서 들어가다.

***knock … into a cocked hat** ⇒ COCKED HAT.
***Knock it off !** 조용히 해 ! (Be quiet !), 시끄러워 ! (stop that noise !)
***knock something into the head** [잊지 않도록] …을 머리 속에 새겨넣다, 잘 가르쳐주다. [WEEK.
***knock a person into the middle of next week**
***knock off** ① …을 쳐서 떨어뜨리다, 떨어버리다. ②《구어》[어떤 금액]을 빼다, 공제하다 (deduct). ③ (vt., vi.) [일 따위]를 중지하다. ¶ Let's knock off for the day. 오늘 일은 이만 하자. (마무르다). ¶ knock a task off as fast as one can 일을 가급적 빨리 해치우다. ⑤《美속어》…을 죽이다; (vi.) 죽다. ⑥《英구어》…을 급히 작성하다. ⑦ = knock up ⑤.

***knock out** ① [파이프의 재 따위]를 털어내다, 털다. ② 【권투】…을 녹아웃시키다. ③ 【야구】 [투수]를 맹타하여 물러나게 하다. ④ …을 쓸 수 없게 만들다, 망쳐놓다. ⑤ [경매에서] 담합하여 …을 싸게 낙찰시키다. ⑥《구어》[계획 따위]를 급히 생각하다, [소설 따위]를 휘갈겨 쓰다. ⑦ [재귀용법] …을 녹초가 되게 하다. ⑧《英大學》폐문 후에 문을 열어 달라고 해서 나가다.

***knock out of the box** = knock out ③.
***knock over** ① …을 때려눕히다, 쳐서 넘어뜨리다; …을 정신나가게 하다. ②《美》…을 훔치다 (steal), 강탈하다.
***knock the bottom out of** ⇒ BOTTOM.
***knock together** ① 부딪치게 하다; 부딪치다. ¶ My knees knocked together from fear. 무서워서 두 무릎이 딱딱 마주쳤다. ②《황급히》…을 만들다, 조립하다.
***knock under** 굴복하다, 항복하다(to …).
***knock up** ① …을 쳐올리다. ② 《美속어》…을 임신시키다. ③《英구어》[문 따위를 두드려서] [남]을 깨우다, 억지로 일어나게 하다. ¶ Knock me up at seven. 7시에 깨워 주

knockabout

게. ④《英구어》…을 녹초가 되게 하다; 지치다. ⑤…을 황급히 만들다. ⑥《크리켓》계속《접수를》얻다 (knock off).
— n. 1 두드리기, 때리기; 타격, 구타; 불운. ¶ give (or get) a knock on the head 머리를 때리다《얻어맞다》. 2 《출입구 등을》두드리는 소리, 노크〔하는 소리〕. a loud knock at (or on) the door 문을 두드리는 큰 소리. 3 《美구어》악의에 찬 비평, 심한 비난. 4 〔고장난 기계 따위의〕덜컹거리는 소리. 5 《야구》노크〔수비 연습을 위한 타격〕; 《크리켓》칠 차례, 공격 차례.
get the knock 《구어》① 해고되다. ② 〔배우 등이〕평판이 나빠지다, 인기를 잃다.
take the knock 《속어》재정상의 타격을 입다, 돈에 몰리다.

knock·a·bout [nákəbàut / nɔk-] n. 1 〔항해〕 소형 요트의 일종. 2 《濠》 목양《牧羊》이동 노동자. 3 난폭하게《손없게》사용할 수 있는 것. 4 법석을 떠는 희극〔배우〕. — adj. 1 〔옷 따위가〕 막일용의, 거칠게 쓸 수 있는. 2 시끄러운, 거친; 〔연극 따위가〕 법석을 떠는. 3 목표가 없는, 방황하는.

*knock·down [nákdàun / nɔk-] adj. 1 때려눕히는, 압도적인, 저항하기 어려운(irresistible). 2 해체할 수 있는, 조립·분해가 간단한. 3 〔경매 따위에서 그 이하로는 팔 수 없는〕 최저 가격의.
— n. 1 해내할 수 있는 물품〔가구 따위〕. 2 때려눕히기; 때려눕히는 것; 압도하는 것. 3 〔가격·수량의〕 할인, 삭감. 4 U 《속어》 독한 술〔맥주〕. 5 난투. 6 현지 조립.

knock·down-and-drag-out [nákdàunəndræɡàut/nɔk-] adj. 지독한, 가차 없는.

knockdown export 녹다운 수출〔부품을 수출하고 현지에서 조립한 다음 판매하는 방법〕.

knóckdown príce n. 〔경매 따위에서이〕 최저 한도 가격, 《구어》 아주 싼 가격.

knocked-down [nákdàun / nɔk-] adj. 〔상업〕 〔물품 따위가〕 조립식인(의). ¶ a knocked-down building 조립식 건물.

*knock·er [nákər / nɔkə] n. 1 두드리는 사람(것). 2 노커〔내방《來訪》을 알리기 위해 현관에 장치한 쇠붙이〕. 3 《구어》 헐뜯는 사람, 독설가. 4《속어》〔특히 여성의〕가슴. 5 《英》 호별 판매하는 외판원.
up to the knocker 《속어》완전히, 더할 나위 없이.

knock·ing [nákiŋ / nɔk-] n. 문을 두드리기〔두드리는 소리〕, 때림기〔의 노킹, 폭음.

knock·ing-shop [nákiŋʃàp / nɔkiŋʃɔp] n. 《英속어》 매음굴.

knock-knee [náknì / nɔk-] n. 1 〔다리의〕 외반슬《外反膝》. 2 X자 다리. 2 〔~s〕 안짱다리. cf. bowleg

knock-kneed [náknìːd / nɔk-] adj. 안짱다리의. 2 연약한; 근거 박약한.

knock·nock [náknák / nɔknɔk] n. 《美》〔경찰의〕 강제 침입권〔가택 수사권〕.

knock-off [nákɔ́ːf, -ɑ̀f / nɔkɔ̀f] n. 1 〔일 따위를〕 중지하기; 중지하는 시간. 2 〔기계 따위의 상태 불량으로 인한〕급정지; 〔상태가 좋지 않을 때의〕 작동 정지 기구. 3 《美》속어〕〔복식〕 디자인의 복제〔개작〕.

knock-on [nákàn / nɔkɔ̀n] n. 소입자《素粒子》따위가 충격에 방출되는.

*knock-out [nákàut / nɔk-] n. 1 〔권투〕 케이오 〔略 K.O., KO〕. 2 철저한 대타격. 3 《구어》 매력적인 사람; 멋있는 것(사람). 4 《英》〔경매에서〕 공모하여 싸게 낙찰시키기. — adj. 1 녹다운의, 타도하는.

knock-over [nákòuvər / nɔk-] n. 《속어》 강탈, 강도질.

knock-up [nákÀp / nɔkÀp] n. 〔시합 전에 하는〕 가벼 운 연습.

knoll¹ [noul] n. 작고 둥근 언덕(hillock), 둥근 언덕; 둔덕.

knoll² [noul] n., v. 《고어》=knell.

knop [nap / nɔp] n. 1 작은 손잡이. 2 둥근 장식. 3 〔건축〕 꽃봉오리 장식.

Knos·sos [násəs / knɔ́usɔs, knɔ́s-] n. 크놋소스〔크레타(Crete)섬 중앙에 있는 옛 도시. 미노스(Minoan) 문

know

명의 중심지〕.

‡knot¹ [nat / nɔt] n. 1 매듭. ¶ make (or tie) a knot 매다, 매듭을 짓다. 2 장식 매듭, 매는 리본; 〔견장 따위의〕장식. 3 〔사람·나무 따위의〕 소집단, 떼(group). ¶ a knot of boys 일단의 소년 / gather in knots 삼삼오오 모이다. 4 〔나무나 풀 따위의〕마디, 옹이; U〔식물〕혹병. 5 〔해부〕〔근육 따위의〕 결절(結節). 6〔항해〕노트〔배의 속도의 단위. 1시간에 1해리(海里)의 속도〕; 《넓은 뜻으로》 해리. 7 곤란, 난국, 난문 (difficulty); 분규. 8 인연, 연분(bond). ¶ tie the knot 연분을 맺다, 혼인하다. 9 《英》〔짐을 나를 때〕 어깨나 머리에 대는 것.
cut the knot 어려운 일·난국을 영단을 내려 처리하다.
tie oneself [up] in (or into) knots 곤경〔혼란〕에 빠지다.
— v. (knot·ted, knot·ting) vt. 1 …을 매다, …에 매듭을 짓다. ¶ (~+圄+團) knot two together 두 개의 끈을 매다. 2 …에 마디〔혹〕가 생기게 하다. 3 …을 을 하게 하다(entangle). — vi. 1 맺어지다, 매듭이 지어지다. 2 얽히다. ¶ This cord does not knot. 이 끈은 얽히지 않는다. 3 장식〔매듭〕을 짓다. 4 마디〔혹〕가 생기다. ◇ knótty adj.

knot² [nat / nɔt] n. 붉은어깨도요.

knot-grass [nátɡræs / nɔ́tɡrɑ̀ːs] n. 마디풀.

knot·head [náthèd / nɔ́t-] n. 《美》 바보, 멍청이.

knot·hole [náthòul / nɔ́t-] n. 〔판자 따위의〕 옹이 구멍.

knot·ted [nátid / nɔ́t-] adj. 1 매듭이 있는, 매듭 모양의. 2 마디〔옹이〕가 있는, 옹이투성이의. 3 뒤얽힌, 해결하기 어려운.

knot·ting [nátiŋ / nɔ́t-] n. U C 1 맺는 매듭, 결절 (結節). 2 매듭 장식, 레이스 뜨기. 3 〔천에서〕실의 매듭을 제거하기. 4 〔셸락 도료(塗料) 따위에서〕 밑칠을 하여 나무의 마디로 하는 것.

knot·ty [náti / nɔ́ti] adj. (보통 -ti·er, -ti·est) 1 매듭이 있는, 매듭 많은. 2 마디〔옹이〕가 있는. 3 얽힌, 곤란한. → COMPLEX [類語] -ti·ly adv. -ti·ness n.

knout [naut] n. 1 〔옛날 러시아에서 형구(刑具)로 썼던〕가죽 채찍. 2 (the ~) 가죽 채찍으로 때리는 형벌.
— vt. …을 가죽 채찍으로 때리다.

‡**know** [nou] v. (knew, known, know·ing) vt. 1…을 알고 있다, 이해하다. ¶ know facts 사실을 알고 있다/How do you come to know it? 어떻게 그것을 알고 있습니까? 2 …을 anh다 ; …은 알고 있다. …에게 명해한 것은 모두에 알고 있다 //(~+圄+as 圄) She is known as a pop singer. 그녀는 유행가 가수로 알려져 있다 // (~+圄+to be 圄) I know him to be honest. 나는 그가 정직하다는 것을 알고 있다 // (~+〔that〕節) I know 〔that〕 she is a liar. 나는 그녀가 거짓말쟁이라는 것을 알고 있다 // (~+wh. to do) I know how to drive a car. 자동차의 운전법을 알고 있다 // (~+wh. 節) I don't know whether he will come or not. 그가 올지 안 올지 모른다 / Who knows if it may be so? 그럴지도 모른다.

— **Usage**¹ be known to ~ Everybody knows this book. 의 수동형은 This book is known to everybody. 로 생각해도 좋다. 아주 드물게는 This book is known by everybody. 라고도 쓰는 경우가 있는 것 같다. 다만 전자가 「…에 알려져 있다」라는 상태를 나타내는 데 대하여 후자는 「…에 인정되다」라는 동작에 중점이 있다는 견해도 있다. 아래의 문장은 행위의 동작주(主)가 아니라 수단을 나타내는 데 주의: A person is known by the company he keeps. 《친구를 보면 그 사람의 인품을 알 수 있다》/ A tree is known by its fruits. 《그 과실을 보면 나무를 알 수 있다; 콩심은 데 콩 나고, 팥 심은 데 팥 난다》.

2 …을 기억하고 있다, 기억하고 있다. ¶ I know the poem by heart. 나는 그 시를 암기하고 있다 / Do you know the route to the point? 그 지점까지의 경로를 기억하고 있습니까?

3 …과 아는 사이다. ¶ I have *known* him since I was a child. 어릴 때부터 그를 알고 있다 / I would like to *know* Mr. Jones. 존스 씨와 사귀고 싶은데요 // (~+目+前+名) *know* a person *by* name (sight) 이름만은 알고 있다(안면은 있다). **4** [경험 따위로] …을 알다, …을 체험하다, …을 이해하다, …을 알고 있다 / ¶ *know* life 인생의 쓴맛을 알고 있다 / I *know* English a little. 영어를 약간 안다 / He has *known* hardships. 그는 고생을 겪어 왔다 // (~+目+*do*) I have never *known* him *break* his word. 그가 약속을 어긴 적은 없다 // (~+*wh.* 節) We *know* what it is to be poor. 가난이 어떤 것인가는 체험해서 알고 있다. **5** …을 분간하다, 식별하다, 구별할 수 있다. ¶ I *know* good music when I hear it. 좋은 음악은 들으면 안다 / (~+目+前+名) You should *know* right *from* wrong. 너도 선악의 구별쯤은 할 수 있을 것이다.
— *vi.* 알다, 알고 있다. ¶ *know* for certain 확실히 알고 있다 / as far as I *know* 내가 알기에는 / How should I *know*? 내가 어찌 알겠는가? // (~+前+名) He didn't *know about* it. 그는 그 일을 알지 못했다.
— **Usage**² *know*, *know of*, *know about* — *know* 는 「직접 알고 있다」, *know of* 는 「간접적으로 알고 있다(남에게서 듣고)」, *know about* 은 「…에 관해서 잘(자세히) 알고 있다」의 뜻: I *know of* him, but I do not *know* him. 이름은 듣고 있으나 어떤 사람인지 모른다 / I *know* all *about* him. 그의 일이라면 무엇이든지 알고 있다. 또한 *of* 의 유무가 가져오는 뜻의 차이는 I have *heard [of]* it.의 경우에도 인정되나.

all one knows ① [명사적] 할 수 있는 모든 일. ¶ I did *all I know*. 나는 전력을 다했다. ② [부사적] 가급적, 전력을 다해서.
as I know on [美俗] 내가 아는 한(알기에는).
don't you know [삽입구적으로] 물론 아시겠지만; 정말, 참으로.
for all I know 내가 아는 한에서는, 아마도.
God (or *Heaven*) *knows* ⇨ GOD, HEAVEN.
I want to know [美俗] 저런, 이런, 설마, 정말!
know a person to speak to 만나면 말을 건넬 정도로 알고 있다.
know a thing or two [口語] 빈틈이 없다; 세상 물정에 밝다.
know better ⇨ BETTER.
know what one is about 만사에 빈틈이 없다.
not know (or *know not*) *what* (*where, how, why, when*) 무엇인지 모르는 것(곳에, 방법으로, 이유로, 때에). ¶ The boy has gone *no one knows where*. 그 아이는 어딘지 모르는 곳으로 가버렸다 / She began to talk she *knew not what*. 그녀는 뜻도 모르는 소리를 지껄이기 시작했다.
— **Usage**³ *know not* 에 관해서 — 이 형태는 옛 영어의 용법이 현재까지 유지되어 온 것으로서, 흠정역(欽定譯) 성서(1611년)에는 용례가 많다. 조동사 *do* 의 발달로 I *do not know* 의 형태가 확립되어 왔으나 I *know not* 도 쓰이며, 예스럽고 우아한 효과를 표현하고 있다. 이 용법이 현재까지 남아 있는 이유로는 빈도가 높다는 것과 *know* 와 *not* 이 두운(頭韻)을 밟고 있다는 점을 들 수 있다. 비슷한 예로 care, doubt, mistake (if I mistake not) 따위가 있다. 또한 I believe (hope, imagine) *not* 따위의 *not* 은 동사를 부정하는 것이 아니라 표현되어 있지 않은 동사의 보어절을 부정하고 있다: I don't think it will rain tomorrow. — I hope *not*. = I hope it will not rain tomorrow. (내일은 비가 오지 않겠지요. — 그렇게 되기를 바랍니다.)
not…that I know of [口語] 내가 알기에는 …이 아니다.
What do you know? [口語] 요즘 어때(어떻게 지내나)?; 「놀랐는데?, 설마?」
What do you know [*about*] *that?* [美俗] 저것 참!
Who knows? 알게 뭐야!, 그럴지도 모르지!, 경우에 따라서는!
you know ① [글머리에] 저, 있잖아; 그런데(by the way); ② [글 중간·끝에], 저; 알다시피; 어때 [그렇지]. ¶ He is such a bore, *you know*. 그에게는 정말 넌더리가 난단 말이야.
You know what (*something*)? [口語] 저 있잖아., 내 이야기 들어봐.
— *n.* (the ~) [口語] 숙지(熟知); 알고 있는 사람.
in the know 내막에 밝아, 사정을 잘 알아.
◇ knówledger *n.*

know·a·ble [nóuəbl] *adj.* **1** 알 수 있는, 인식될 수 있는. **2** 붙임성 있는, 가까이 하기 쉬운. — *n.* (보통 ~s) 인식할 수 있는 것. **~ness** *n.*
know-all [nóuɔ̀ːl] *n.* [口語] = know-it-all.
know·er [nóuər] *n.* **1** 알고 있는 사람, 이해하고 있는 사람. **2** [철학] 인식 주체.
know-how [nóuhàu] *n.* ⓤ [일을 하기 위한] 지식, 전문 기능, 노하우; 요령, 비결.
‡**know·ing** [nóuiŋ] *adj.* **1** 빈틈없는, 기민한 (shrewd). **2** 아는 체하는. ¶ a *knowing* look 아는 체하는 표정. **3** 알고 있는, 지식이 있는 (intelligent); 영리한 (wise). **4** 의식적인, 고의(故意)의 (intentional). **5** [口語] 멋진, 스마트한. **~·ly** *adv.* **~ness** *n.*
know-it-all [nóuitɔ̀ːl] *n.* [口語] 아는 체하는. — *n.* 박식한 체하는 사람.
‡**knowl·edge** [nálidʒ / nɔ́l-] *n.* ⓤ **1** 인식, 이해. ¶ the *knowledge* of life 인생에 대한 인식 / *knowledge* of good and evil 선악의 분별. **2** 지식, 학식, 학문; 숙지, 정통. ⇨ INFORMATION [類語] systematized *knowledge* 체계적인 지식 / practical *knowledge* 실제적인 지식 / every branch of *knowledge* 지식(학문)의 모든 분야 / have a little *knowledge* of French 프랑스어를 조금 알고 있다 / have a good *knowledge* of London 런던을 잘 알고 있다 / *Knowledge* is power. 지식은 힘이다. **3** 소식, 보도; 식견. ¶ the fact of common *knowledge* 주지의 사실 / The *knowledge* of our victory caused great joy. 우리가 승리했다는 소식은 큰 기쁨을 가져왔다 / He married without the *knowledge* of his parents. 그는 양친에게 알리지 않고 결혼했다. 「다.
be within a person's knowledge …이 알고 있는 바이
come to a person's knowledge 남에게 알려지다, 남이 알게 되다.
not to a person's knowledge …이 아는 바가 아니다.
to [*the best of*] *a person's knowledge* …이 알고 있는 한. ◇ *know* v.

knowl·edge·a·ble [nálidʒəbl / nɔ́l-] *adj.* **1** 지식 있는, 박식한, 총명한. **2** 교활한, 아는 체하는.
knówledge bàse *n.* [컴퓨터] 지식 베이스 [필요한 모든 지식을 언제든지 액세스할 수 있도록 계통적으로 정리 축적한 것].
knówledge ìndustry *n.* 지식 산업 [신문·통신·출판·영화·음악 등 지적 요구를 충족시키는 산업].
knówl·edge-in·tén·sive ìndustry [nálidʒintènsiv- / nɔ́l-] *n.* 지식 집약 산업.
knówledge mòdule *n.* [컴퓨터와 전화기를 이용한] 가정 학습 시스템.
‡**known** [noun] *v.* know 의 과거 분사.
know-noth·ing [nóunʌ̀θiŋ] *n.* **1** 무식한 사람, 무학자. **2** 불가지론자(不可知論者). **3** (K- N-) [美역사] 미국 불가지주의당(American Party) 당원 [미국 태생이 아닌 사람의 관직 취임에 반대한 비밀 결사(1853–56)의 당원으로, 법정에서 당에 관한 심문을 받으면 항상 I know nothing.이라고 대답했음].
know-noth·ing·ism [nóunʌ̀θiŋiz(ə)m] *n.* (K- N-) **1** 불가지론(不可知論)(agnosticism). **2** (K- N-) 불가지주의, 배외(排外) 아메리카주의.
knówn quántity *n.* **1** [수학] 기지수(量). **2** [비유] 주지되는 (기지의) 사람(것). 「십자사).
KNRC (略) *K*orean *N*ational *R*ed *C*ross (대한 적

K
n

Knt. (略) Knight.

knuck·le [nʌ́kl] n. 1 손가락 관절, 손가락 마디, 손가락의 밑동 마디; [손가락을 구부렸을 때의] 관절부의 융기(隆起); (~s) 주먹. 2 [네발 짐승의] 무릎 관절; 무릎살. 3 [기계의] 암톨쩌귀, [연결된 것의] 팔꿈치 모양의 부분.
give (*get*) *a rap on the knuckles* ⇨ RAP.
go near the knuckle 《구어》 《풍기상》 아슬아슬한 곳까지 가다.
── vt., vi. (-led, -ling) 1 손가락 마디로 치다(비비다); 주먹으로 치다. 2 주먹을 쥐다. 3 [구슬을 튀기기 위해서] 손가락 마디를 땅에 꼭 대다.
knuckle down ① 손가락 마디를 땅에 대고 돌을 튀길 자세를 취하다. ② 일에 정성을 쏟다. ¶ Tom *knuckled down* for an hour or so. 톰은 1시간 정도 일에 정성을 쏟았다. ③ 항복하게 되다(*to...*).
knuckle under 항복하다, 굴복하다(*to...*). ¶ I *knuckled under* to him. 나는 그에게 굴복했다.

knúckle báll n. 〔야구〕 너클 볼.

knuck·le·bone [nʌ́klbòun] n. 1 손가락 관절부의 뼈. 2 〔양 따위의〕 한쪽 끝이 혹으로 된 지골(趾骨). 3 (~s) 〔단수 취급〕 [양의 지골로 만든 구슬을 쓰는] 구슬치기 놀이.

knuck·le·dust·er [nʌ́kldʌ̀stər] n. 〔격투할 때 손가락 관절에 끼는〕 금속 조각(brass knuckles). 〔이〕.

knuck·le·head [nʌ́klhèd] n. 《美구어》 바보, 열간이.

knuck·le·head·ed [nʌ́klhèdid] adj. 《美구어》 바보인, 어리석은.

knuck·le·walk [nʌ́klwɔ̀ːk] vi. [두 팔을 땅에 대고 침팬지처럼 걷다.

knur [nəːr] n. 1 [나무의] 마디, 옹이(knot). 2 [영국 북부에서 하는 공놀이용의] 나무공.

knurl [nəːrl] n. 1 작은 돌기, 옹이, 혹. 2 울퉁불퉁한 곳, [화폐·손잡이 따위의 가장자리의] 깔쭉깔쭉한 데, 융기. 3 〔스코〕 난쟁이, 키가 작고 뚱뚱한 사람, 땅딸보. ── vt. …을 깔쭉깔쭉하게 하다.

knurled [nəːrld] adj. 1 도돌도돌[깔쭉깔쭉]한, 2 마디[옹이, 혹]가 있는, 옹이투성이의.

knurl·y [nə́ːrli] adj. (때로 knurl·i·er, knurl·i·est) 마디[옹이]가 있는[많은].

knut [kənʌ́t, nʌt] n. 《약살》 멋쟁이, 맵시꾼.

KO [kéióu] 《美구어》 〔권투〕 vt. (KO'd, KO'ing) …을 케이오시키다(knock out). ── n. (pl. KO's) 케이오, 녹아웃(knockout).

ko·a [kóuə] n. [하와이산(產)의] 아카시아과의 일종.

ko·a·la [ko(u)ɑ́ːlə] n. 코알라〔오스트레일리아산(產)의 유대(有袋) 동물〕.

ko·bo [kóubòu] n. pl. 나이지리아의 통화 단위.

ko·bold [kóubəld, -bould / kɔ́bould] n. 〔독일 민간 전승〕 1 〔인가에 나타나서 심부름이나 장난 따위를 하는〕 작은 도깨비(brownie), 집의 요정. 2 〔광산 따위에 나타나는〕 작은 도깨비, 땅의 요정(gnome).

KOC (略) *K*orean *O*lympic *C*ommittee.

Köch·el [**númber**] [kǽk(ə)l-] n. Mozart의 작품을 연대순으로 정리하여 매긴 번호[略 K.].

Ko·dak [kóudæk] n. 〔상표명〕 코닥 카메라. 〔기〕.

ko·el [kóuəl] n. [인도·오스트레일리아산(產)의 뻐꾸기.

K. of C. (略) *K*night[s] *of C*olumbus.

Koh·i·noor [kóuinùər] n. 코이누르[인도산(產)의 큰 다이몬드로, 영국 왕관 보석의 일부].

kohl [koul] n. U 콜 먹이[회교국의 여성이 눈썹 따위를 검게 칠하는 데 쓰는 화장먹].

kohl·ra·bi [kòulrǽbi, -rɑ́ːbi / kóulrɑ́ːbi] n. 구경(球莖) 양배추[순무처럼 비대한 지상경(地上莖)은 식용이 된다].

koi·ne [kɔ́ini:, +美 kɔinéi] n. (보통 K-) U 코이네[로마 제국 시대의 표준 그리스어].

ko·la [kóulə] n. 1 = cola¹. 2 = kola nut.

kóla nùt n. 콜라(cola) 나무의 열매(cola nut).

Ko·lar·i·an [koulɛ́(ː)riən / -lɛ́ər-] n. 〔벵골 산지에 사는〕 콜래리아족(族). ── adj. 콜래리아족의.

ko·lin·sky, -ski [ko(u)línski] n. (pl. -skies) 시베리아산(產) 밍크의 일종; U 그 모피.

kol·khoz [kɑlkɔ́ːz / kɔl-], (kol·koz, kol·khos [kɑlkɔ́ːz / kɔl-]) n. 〔옛 소련의〕 집단 농장, 콜호스. [< Russ KOL[LEKTIVNOE] + KHOZ[YAISTVO]].

Köln [G køln] n. 쾰른[Cologne의 독일 철자].

Kom·in·tern [kɑ́mintəːrn / kɔ́m-] n. = Cominterm.

Kom·so·mol [kɑ́msəməː, -ˌɑːl / kɔ́msəmɔ́ːl] n. 〔옛 소련의〕 공산주의 청년 동맹, 콤소몰; 그 단원. [< Russ KOM[MUNISTICESKIJ] + SO[YUZ] + MOL[ODEZHI]: Communist Union of Youth] 〔기〕.

ko·nim·e·ter [kounímitər] n. 공기 속의 먼지 측정기.

Kon·zern [kəntsέərn / kɔn-] n. 《독일어》 콘체른[기업 활동의 일종]; 재벌.

koo·doo, ku·du [kúːduː] n. (pl. -doos, -dus) [남아프리카산(產) 영양의 일종] 얼룩영양(羚羊).

kook [kuːk] n. 《美어》 괴짜, 별난 사람.

kook·a·bur·ra [kúkəbəːrə, -bàrə] n. 웃는물총새[오스트레일리아산(產)].

kook·ie, kook·y [kúːki] adj. kook·i·er, kook·i·est) 《美어》 괴짜의; 미친.

koo·lah [kúːlə] n. = koala.

kop [kɑp / kɔp] n. 《南아프리카》 언덕, 작은 산(hill).

ko·peck, ko·pek, co·peck [kóupek] n. 코페이카[옛 소련의 화폐 단위, ruble의 100분의 1]; 코페이카 동전.

kop·je, kop·pie [kɑ́pi / kɔ́pi] n. 《南아프리카》 작은 언덕(hillock).

ko·ra [kɔ́ːrə] n. 류트 비슷한 21현(絃)의 아프리카 악기.

Ko·ran, Qu·ran [ko(u)rǽn, -rɑ́ːn / kɔrɑ́ːn] n. (the ~) 〔종교〕 코란[회교의 경전].

Ko·ran·ic [ko(u)rǽnik / kɔ-] adj. 코란의(에 관한).

Ko·re·a [kəríːə] n. 한국.

Ko·re·an [kəríːən / ko(u)ríːən] adj. 한국의; 한국인(의). ── n. 1 한국인. 2 U 한국어.

Ko·re·a·na [kɔ̀ːriːɑ́ːnə] n. 한국 관계의 문헌, 한국 사정, 한국지(誌).

Koréan Áir n. 대한 항공[略 KAL; 기호 KE].

Koréan azálea n. 진달래.

Koréan gínseng n. 한국 인삼.

Koréan láwn gráss n. 금잔디.

Ko·re·a·nol·o·gy [kɔ̀ːriːənɑ́lədʒi / -nɔ́l-] n. 한국학, 한국 연구.

Koréan píne n. 잣나무.

Koréan vélvet gráss n. 잔디의 일종.

Koréan Wár n. (the ~) 한국 전쟁(1950-53), 6·25동란.

Koréa Stráit n. (the ~) 대한 해협.

korf·ball [kɔ́ːrfbɔ̀ːl] n. 코프볼[남녀 6인이 하는 농구 비슷한 경기].

ko·ru·na [kɔ́ːrənɑ̀ː] n. (pl. **ko·run** [-ruːn] or **ko·ru·ny** [-rəni] or **ko·ru·nas**) 코루나[체코의 화폐 단위]; 코루나화(貨).

KOSDAQ, Kosdaq (略) *K*orean *S*ecurities *D*ealers' *A*utomated *Q*uotation (코스닥: 한국의 장외 주식 시장).

ko·sher [kóuʃər → v.], **ka·sher** [kɑ́ːʃər] adj. 1 〔유대교〕 〔식품 따위가〕 법에 맞는, 정결한; 〔상점 따위가〕 적법(정결) 식품을 파는. 2 《속어》 진짜의(genuine); 합법적인, 정당한(legitimate). ── n. 적법한 식품. ── vt. [美 kóʃər] 〔식품〕을 법에 맞게 하다, 정결하게 하다.

Ko·tex [kóutəks / ＂-] n. 〔상표명〕 코텍스[1회용 생리대]. ¶ *a Kotex machine* 코텍스 자동 판매기.

ko·tow [káutáu, kóu-] n., vi. = kowtow.

KOTRA (略) *K*orea *T*rade-*I*nvestment *P*romotion *A*gency (대한 무역 투자 진흥 공사).

kot·wal [kóutwɑːl] *n.* [인도의] 경찰서장; 도시 장관.
kot·wa·li, -lee [kóutwɑːliː] *n.* [인도의] 경찰서.
kou·miss [kuːmíːs, ⁼ ⁻] *n.* =kumiss.
kour·bash [kúərbæʃ] *n., vt.* =kurbash.
kow·tow, ko·tow [káutáu, kóu⁻] *vi.* 1 [중국식으로] 고두(叩頭)의 예를 올리다 [무릎을 꿇고 머리를 땅에 대다], 머리를 조아리다. 2 아첨하다, 추종하다. ── *n.* 고두[의 예].
KP (略) [서양장기] *k*ing's *p*awn.
K.P. (略) *k*itchen *p*olice.
K̃ pärticle *n.* =kaon.
kpc (略) *k*iloparesec[s].
KPH (略) *k*ilos *p*er *h*our.
K.P.H., kph (略) *k*ilometers *p*er *h*our.
Kr [화학] krypton 의 원자 기호.
KR (略) [서양장기] *k*ing's *r*ook.
kr. (略) kreutzer; krona; króna; krone; kroner; kronor; krónur.
kraal [krɑːl, krɔːl] *n.* 1 [목책으로 둘러친 남아프리카 원주민의] 마을, 부락; 그 오두막. * 집합적으로도 쓴다. 2 [소·양 따위를 가두는] 울타리, 우리. ── *vt.* (가축)을 우리로 돌려싸다.
k-rad [kéiræd] *n.* =kilorad.
kraft [kræft / krɑːft] *n.* ⓤ 크라프트지(紙) [시멘트 부대용 따위].
krait [krait] *n.* [인도·동남 아시아산(產)의] 독사.
kra·ken [krɑ́ːkən] *n.* (종종 K-) [노르웨이 앞바다에 나타난다는] 전설상의 바다 괴물.
K̃ rätion *n.* [美軍] 응급 야전 휴대 식량 [세끼분을 하나로 싼 것].
Kraut [kraut] *n.* (俗語·경멸적) 독일 사람, 독일군.
KREEP [kriːp] *n.* [천문] [달표면에서 채취한] 황갈색 유리상(狀) 광물.
Krem·lin [krémlin] *n.* 1 (the ~) a) 크레믈린 궁전. b) 소련 정부. 2 (k-) [러시아 도시의] 성새(城塞), 성곽(citadel).
Krem·lin·ol·o·gist [krèmlinálədʒist / ⁻ɔ̀l⁻] *n.* 소련 문제 연구가, 소련 학자.
Krem·lin·ol·o·gy [krèmlinálədʒi / ⁻ɔ̀l⁻] *n.* ⓤ 소련 [정부의 정책] 연구.
kreut·zer, kreu·zer [krɔ́itsər] *n.* 크로이처 동전 [옛날 독일·오스트리아의 화폐]. [<G *kreuzer*]
krieg·spiel [kríːgspíːl] *n.* (때로 K-) 반상(盤上) 작전 놀이, 병기(장교의 전술 지도에 이용하는 반상 유희). [<G *Kriegsspiel*]
Kriem·hild [kríːmhild] *n.* 중세 독일의 영웅 서사시 「니벨룽겐의 노래 (*Nibelungenlied*)」의 여주인공 [살해된 남편 Siegfried 의 원수를 갚는다].
krim·mer [krímər] *n.* ⓤ 크리미아 지방산(產) 새끼양의 모피.
kris, kriss [kriːs] *n.* [말레이인의] 날이 물결 모양으로 된 단검.
Krish·na [kríʃnə] *n.* (힌두교) 크리슈나신(神) [배.
Krish·na·ism [kríʃnəìz(ə)m] *n.* ⓤ 크리슈나신 숭배.
Kriss Krin·gle [krís kríŋgl] *n.* (美) =Santa Claus.
kro·mes·ki, -ky [krouméski] *n.* (*pl.* **-kis**; **-kies**) [베이컨 따위로 싸서 기름에 튀긴] 러시아식 크로켓.
kro·na [króunə] *n.* (*pl.* **-nor** [-nɔːr]) 크로나[스웨덴의 화폐 단위]; 크로나 은화(銅貨).
kró·na [króunə] *n.* (*pl.* **-nur** [-nər]) 크로나[아이슬란드의 화폐 단위]; 크로나 동전.
kro·ne¹ [króunə] *n.* (*pl.* **-ner** [-nər]) 크로네[덴마크·노르웨이의 화폐 단위]; 크로네(貨).
kro·ne² [króunə] *n.* (*pl.* **-nen** [-nən]) 옛날 독일의 금화.
Kroo [kruː] *n.* (*pl.* **Kroo**) 크루족(인) [아프리카 Liberia 해(海) 지방의 원주민] (Kru).
Krou [kru] *n.* =Kroo.
Kru [kruː] *n.* (*pl.* **Kru** or **Krus**) =Kroo.
krul·ler [krʌ́lər] *n.* =cruller.

kryp·ton [kríptɑn / ⁻tɔn] *n.* ⓤ [화학] 크립톤[회(稀)가스 원소의 하나; 원자 기호 Kr].
KS (略) *K*orean [*I*ndustrial] *S*tandards (한국 공업 규격).
KSC (略) *K*ennedy *S*pace *C*enter(케네디 우주 센터 [NASA 의 우주 로켓 발사 기지]).
Kshat·ri·ya [kʃǽtrijə / kʃɑ́ːt⁻] *n.* 크샤트리야[인도 4성(姓) 제도의 둘째 계급; 왕후·무사의 계급].
KST (略) *K*orean *S*tandard *T*ime(한국 표준 시간).
kt (略) *k*arat(carat); *k*iloton; *k*not.
Kt (略) [서양장기] *k*night.
Kt. (略) *K*night.
K.T. (略) *K*night[s] *T*emplar[s]; *K*night of the Order of the *T*histle ([영국의] 엉겅퀴 훈장 훈작사(勳爵士)). [會]
KTA (略) *K*orean *T*raders *A*ssociation (한국무역협회).
K̃T̃W̃ büllet [kéitíːdʌ́blju(ː)⁻] *n.* 강력 탄환[끝에 테플론 수지(樹脂)를 씌운 강력 탄환].
K2 [kéitúː] *n.* 인도에서 둘째로 큰 카라코람(Karakoram) 산맥에 있는 ─ 세계에서 둘째로 높은 산[높이 8611m] (Godwin Austen).
Kua·la Lum·pur [kwɑ́ːlə lúmpuər, +美 ⁼ ⁻ ⁻ ⁼] *n.* 콸라룸푸르[말레이시아의 수도].
ku·chen [kúːkən / G kúxən] *n.* (*pl.* **-chen**) [건포도 따위를 넣은] 독일식 케이크.
ku·dos [k(j)úːdɑs / kjúːdɔs] *n.* ⓤ 칭찬; 명성, 평판; 영광.
ku·du [kúːduː] *n.* =koodoo.
kud·zu [kúdzu] *n.* (식물) 칡[다년생 덩굴 식물; 미국 남부에서는 토지의 침식 방지를 위해 식재(植栽)된다].
Ku·fic [k(j)úːfik / kjúː⁻], **(Cufic)** *adj.* 1 이라크의 중앙에 있는 도시 쿠파(Kufa) [주민]의. 2 고대 아라비아 문자의. — *n.* 고대 아라비아 문자.
ku·gel·blitz [kúːg(ə)lblits] *n.* (때로 K-) 구전(球電) [방전(放電) 현상이라 여겨지는 원인 불명의 전광].
Ku Klux [kjúː klʌks] *n.* 1 = Ku Klux Klan. 2 3K 단원.
Ku Klux·er [kjúː klʌ̀ksər] *n.* 3K 단원.
Ku Klux Klan [k(j)úː klʌks klǽn/kjúː⁻] *n.* 큐클럭스단(團), 3K 단 a) 남북 전쟁 후 미국 남부에 일어난 비밀 결사로, 흑인·북부 사람을 탄압했다. b) 1915 년에 결성된, 백인 우월주의를 계승하는 국수주의를 주창하는 비밀 결사].
kuk·ri [kúkri] *n.* [인도의 Gurkha 족이 쓰는] 폭이 넓고 휜 단검.
ku·lak [kuːlɑ́ːk / kúːlæk] *n.* 1 [혁명 전 러시아의] 부농(富農). 2 [혁명 후 러시아에서 근대 기계를 도입하고 머슴을 사용하여 공산당원으로부터] 부농으로 간주된 농부.
Kul·tur [kultúər] *n.* (때로 k-) ⓤ 1 [한 나라·한 시대의] 문화; 정신 문화. 2 나치스 독일의 고도로 조직화된 사회 기구; (경멸적) 독일 문화. [<G *culture*]
Kul·tur·kampf [kultúərkɑ̀ːm(p)f] *n.* (때로 k-) 문화 투쟁[Bismarck 가 독일의 가톨릭 교회의 교육·종교상의 특권을 제한하려고 한 데서 일어난 투쟁]. [<G]
ku·miss, ku·mys, ku·myss [kúːmis] *n.* ⓤ 쿠미스[말이나 낙타의 젖으로 만든 술]; 젖술(koumiss).
küm·mel [kím(ə)l / kúm⁻, kím⁻] *n.* ⓤ 퀴멜술 [Baltic 해(海) 동쪽 해안 지방산(產)의 리큐르].
kum·quat [kʌ́mkwɑt / ⁻kwɔ̀t] *n.* 금귤(의 열매). [<Chin. *golden orange* 金橘(金橘)]
Kung fu [kʌ́ŋ fúː] *n.* ⓤ [중국의] 권법(拳法), 쿵후.
Kuo·min·tang [kwóumintǽŋ] *n.* [중국] 국민당(Nationalist Party) [1911년 손문이 창립했다].
kur·bash, kour·bash [kúərbæʃ] *n.* 가죽 채찍[터키·이집트 등의 옛날 형구(刑具)]. — *vt.* …을 가죽 채찍으로 때리다.
kur·cha·to·vium [kə̀ːrtʃətóuviəm] *n.* (화학) 쿠르

차토븀[인공적으로 만든 초(超)우라늄 원소의 소련 명칭].
Kurd [kəːrd, +美 kuərd] *n.* 쿠르드인 [Kurdistan에 사는 회교도 유목민].
Kur·di·stan [kúːrdistæn / ·tàːn] *n.* 쿠르디스탄[터키·이란·이라크에 걸친 산악·고원 지대].
Kú·rile Íslands [kúːril-, kuríːl-/kuríːl-] *n. pl.* (the~) 쿠릴 열도.
Kur·saal [G kúːrzaːl] *n.* (*pl.* **Kur·sa·le** [-zeilə])(독일) (=treatment hall) [온천장 따위의] 오락관.
ku·ru [kúru?] *n.* [병리] 쿠루병[바이러스가 뇌신경에 침범하는 뉴기니의 풍토병].
Ku·wait [kuwéit, +美 -wáit] *n.* 쿠웨이트[아라비아 반도 동부의 페르시아 만(灣)에 면한 회교국; 원래는 영국 보호령이며, 1961년에 독립]; 그 나라의 수도.
kv, kv. 《略》 kilovolt.
kvass [kvɑːs] *n.* Ⓤ 크바스[자가 양조한 러시아의 호밀 맥주].
kvell [kvel] *vi.* 《美속어》 《철저하게》 즐기다; 싱글벙글 하다.
kvetch [kvetʃ] 《美속어》 *n.* 불평가. —— *vi.* 불평을 하다.
kw. 《略》 kilowatt.
K.W. 《略》 *K*night of *W*indsor.
Kwang·tung [kwǽŋtúp] *n.* 광동성(廣東省) [중국 동남부의 성].
kwash·i·or·kor [kwàːʃiːɔ́ːrkɔːr] *n.* Ⓤ [병리] [아프리카의] 소아 영양 실조증.
kWh, kwhr, K.W.H. 《略》 kilowatt-hour.

KWIC [kwik] 【컴퓨터】 *k*ey-*w*ord-*i*n-*c*ontext.
KWOC [kwɑk / kwɔk] 【컴퓨터】 *k*ey-*w*ord-*o*ut-of-*c*ontext.
Kwók's diséase [kwɑ́ks-] *n.* 쿠악병[글루타빈산 소다의 과용으로 인한 권태감].
Ky. 《略》 *K*entucky.
ky·a·nite [káiənàit] *n.* =cyanite.
ky·an·ize [káiənàiz] (*英)에서는 **ky·an·ise** 로도 쓴다) *vt.* (-ized, -iz·ing) [재목]을 승홍(昇汞) 용액으로 방부하다.
kyat [kjɑːt, kiːɑ́ːt] *n.* 키아트[미얀마의 화폐 단위]; 키아트화(貨).
ky·lin [kíːlin / káilin] *n.* 기린(麒麟) [중국의 가공의 신수(神獸)].
ky·loe [káilou] *n.* [스코틀랜드 고지산(産)의] 뿔이 긴 작은 소.
ky·mo·graph, cy·mo- [káimo(u)græf / -grɑ̀ːf] *n.* 카이머그래프, 파동(波動)곡선 기록 장치 [혈압·맥박곡선 따위가 자동적으로 기록되는 기계].
ky·pho·sis [kaifóusis] *n.* Ⓤ [병리] 척추 후만증(後彎症).
Kyr·gyz·stan [kirgistǽn, -stɑ́ːn] *n.*=Kirghizia
Kyr·i·e [kíriei / ·ii] *n.* =Kyrie eleison.
Kýrie e·lé·i·son [·e(i) léi(i) sàn / ·sɔ̀n] *n.* **1** [종교] 기리에, 「주여 우리를 불쌍히 여기소서」라는 기도문 [그리스 정교회와 가톨릭 교회 등에서 미사에 쓰이는 「긍휼을 바라는 찬송가」. 영국 교회에서는 십계(十戒)의 응창(應唱)으로도 쓰인다]. **2** 【음악】 [미사곡 중의] 기리에, 「긍휼을 바라는 찬송가」.

L

L, l [el] *n.* (*pl.* **L's** *or* **Ls**; **l's** *or* **ls**) **1** 영어 알파벳의 열 두째 자. ¶ *L for London* London 의 L〖국제 전화 통화 용어〗. **2** L(l)이 나타내는 소리. **3** 〔연속된 것 중의〕열 두번째 사람(물건). **4** L 자형〔의 것〕. **5** 〖기계〗 L 자관; 〔건축〕 L 자형 날개. **5** 《美구어》 고가 철도 (elevated railroad). ¶ ride on the *L* 고가 철도를 타다. **6** 〔로마 숫자의〕 50. ¶ *LV*＝55 / *LX*＝60 / *CL*＝150.
L (略) Latin; 〔라틴〕 *libra* (＝pound).
£ 〔라틴〕 *libra*[e] (＝pound[s])의 기호.
l. land; large; latitude; law; leaf; league; left; length; (*pl.* **ll.**) line; link; lira; liter; lumen.
L. Lady; Lake; large; Latin; latitude; law; left; 《라틴》 *liber* (＝book); Liberal; lira; 〔라틴〕 *locus* (＝place); London; Lord; Low.
la[1] [lɑː] *n.* 〖음악〗 음계의 여섯째 음, 라; 가조(調).
la[2] [lɔː, ＋美 lɑː] *interj.* 저런, 저봐, 어머나, 야 〔강조(强調)·놀람 따위의 소리〕.
La 〔화학〕 lanthanum 의 원자 기호.
La. (略) Louisiana.
L.A. (略) Latin America; Law Agent(법정 대리인); Legislative Assembly(입법 의회); Library Association(도서관 협회); Los Angeles.
laa·ger [lɑ́ːɡər] *n.* **1** 《南아프리카》〔차량 따위로 주위를 둘러싼〕야영소 (encampment), 차진(車陣). **2** 《군대》〔장갑차로 둘러싸서 만든〕야영지; 방어 태세. — *vt.* 《南아프리카》차진으로 배치하다; 《군대》〔병사를〕차진에 야영시키다. — *vi.* 《南아프리카》차진을 치고 야영하다.
lab [læb] *n.* 《구어》＝laboratory.
Lab. (略) Labor; Laborite; Labrador.
La·ban [léibən, ＋英-bæn] *n.* 〖성서〗 라 반〔야곱 (Jacob)의 수양 아버지〕: 창세기 (Gen.) 24 : 29, 29〕.
lab·a·rum [lǽbərəm] *n.* (*pl.* **-ra** [-rə]) **1** 〔종교적 행렬 등에서 들고 가는〕 기(旗). **2** 로마 황제의 군기(軍旗), 〔특히〕 Constantine 대제(大帝)의 군기.
lab·e·fac·tion [læ̀bəfǽk(ə)n] *n.* 〖U〗동요; 쇠약, 쇠퇴, 몰락.
‡la·bel [léibl] *n.* **1** 벽로, 부전(附箋), 딱지, 꼬리표, 라벨, 레테르, 〔레코드 회사 따위의〕상표 (trademark). **2** 〔고무줄을 칠한〕우표. **3** 〔사람·단체·운동 따위의 특색을 간단히 나타내는〕부호, 호칭, 표지 (標識). **4** 형용 어구; 〔사전에서 뜻풀이 앞에 내세우는〕용법 지시어구. **5** 〔紋章〕장자(長子)의 신분을 나타내기 위해 문장위에 붙인 무늬. **6** 〔건축〕〔입구 따위에 있는〕낙수받이돌 (dripstone).
— *vt.* (**-beled, -bel·ing**;《英》**-belled, -bel·ling**) **1** …에 표〔딱지〕를 붙이다, 라벨을 붙이다; 《英》…을 표(라벨)로 나타내다. ¶ *label* a bottle 병에 라벨을 붙이다 // (～＋图＋前＋名) *label* a trunk *for* Seoul 트렁크에 서울행 딱지를 붙이다 // (～＋图＋前) *label* a bottle 'Danger' 병에 「위험」이라는 라벨을 붙이다. **2** 〔라벨을 붙여〕…을 분류하다 (classify), 〔…이라고〕부르다 (designate). ¶ (～＋图＋前) They *label* him a liar. 그들은 그를 거짓말쟁이라고 한다 // (～＋图＋as 표) It is unjust to *label* him *as* a mere agitator. 그를 단순한 선동자라고 부르는 것은 부당하다.
la·bel·lum [ləbéləm] *n.* (*pl.* **-la** [-lə]) 순판(脣瓣). **1** 〔곤충〕파리류의 입의 끝 부분 〔먹이를 핥는 데 쓴다〕. **2** 〔식물〕난초과 따위의 화관(花冠) 중 뚜렷하게 큰 꽃

la·bi·a [léibiə] *n.* labium 의 복수형.
la·bi·al [léibiəl, -bjəl] *adj.* **1** 입술 모양의, 입술의. **2** 《음성》 순음의 (脣音의). ¶ a *labial* sound 순음. — *n.* 《음성》 순음 〔[p] [b] [m] [v] 따위〕. **~·ly** [-əli] *adv.*
la·bi·al·ism [léibiəlìz(ə)m] *n.* 〖U〗〔음성〕순음화(化)하는〔순음으로 발음하는〕경향; 순음적 발음.
la·bi·al·i·za·tion [lèibiəlizéi(ə)n / -laiz-] *n.* 〖U〗〔음성〕순음화(化).
la·bi·al·ize [léibiəlàiz] (＊《英》에서는 **la·bi·al·ise** 로도 쓴다) *vt.* (**-ized, -iz·ing**) 〔음성〕…을 순음화하다, 순음적으로 말하다.
la·bi·ate [léibièit, -biit] *adj.* **1** 입술이 있는, 입술 모양의, **2** 〔식물·꽃잎받침이〕입술 모양의. — *n.* 차조기과(科)의 식물.
la·bile [léibil / -bail] *adj.* **1** 변화를 일으키기 쉬운, 불안정한 (unstable). **2** 〔물리·화학〕 불안정한.
labio- lip 의 뜻의 연결형. 예: *labio*dental.
la·bi·o·den·tal [lèibio(u)déntl] 〔음성〕 *adj.* 치순음의 (脣齒의). — *n.* 순치음 [[f] [v] 따위].
la·bi·um [léibiəm] *n.* (*pl.* **-bi·a** [-biə]) **1** 〔해부〕입술 (lip); (-bia) 음순 (陰脣). **2** 〔식물〕양순형 (兩脣形) 화관의 하순판 (下脣瓣). **3** 〔동물〕아랫 입술. *cf.* labrum
‡la·bor, 《英》**-bour** [léibər] *n.* **1** 〖U〗 노동; 노력 (努力); 〔이익을 얻기 위한〕생산 활동, 노력, 수고. ¶ brain (manual) *labor* 두뇌 노동 (손으로 하는 노동) / hard *labor* 〔형벌로서의〕 중노동 / division of *labor* 분업. **2** 〔구체적인 하나하나의〕일. ¶ a Herculean *labor* 매우 힘드는 일 / a *labor* of love 〔보수를 바라지 않고〕자진해서 하는 일. **3** 〖U〗 〔자본·경영에 대한〕노동, 노동 계급 (*opp.* capital); 《집합적》 노동자, 〔집합적〕 노동자, 노동자. *opp.* management ¶ the rights of *labor* 노동자 〔계급〕의 권리 / cheap *labor* 값싼 노동력 / *labor* and capital 노사 / the Department (the Secretary) of *Labor* 《美》 노동성 (노동성 장관) / the Ministry (the Minister) of *Labour* 《英》 노동성 〔노동성 장관〕. **4** (보통 L-) 《英》〔英〕노동당 (the Labour Party). **5** (～s) 세상사, 속세의 일. ¶ His *labors* are over. 〔죽어서〕이 세상에서의 책무는 끝났다. **6** 〖U〗 진통, 산고 (travail). ¶ easy (hard) *labor* 순산 (난산) / be in *labor* 해산 (분만) 중이다. **7** 〖U〗 〔항해〕 〔폭풍우 때 따위의 배의〕 큰 동요.
— *vi.* **1** 노동하다, 열심히 일하다 (work); 애쓰다, 노력하다 (strive). ¶ (～＋前＋名) *labor at* a dictionary 사전을 편집하다 / Let us *labor for* a better future. 보다 나은 미래를 위해서 노력하자 // (～＋*to* do) He *labored to* complete the task. 그는 그 일을 완성하고자 노력했다. **2** 고생하다, 괴로와하다; 힘들어 〔애써〕 나아가다. ¶ (～＋前＋名) *labor under* difficulties 곤경에서 고생하다 / *labor under* a delusion (a mistake) 착각을 하고 있다 (잘못을 저지르고 있다). **3** 〔항해〕 배가 몹시 흔들리다, 난항하다. ¶ (～＋前＋名) The ship was *laboring through* the heavy seas. 배는 험한 파도 속에서 난항을 계속하고 있었다. **4** 산고를 겪다, 진통을 일으키다 (travail). ¶ (～＋前＋名) She is *laboring with* child. 그녀는 진통을 하고 있다. — *vt.* **1** …을 자세히 설명하다, 장황하게 논하다. ¶ You need not *labor* the point. 그 점에 대해 장황하게 설명할 필요는 없다. **2** …을 지루하게 하다 (tire); 괴롭히다 (distress). ¶ (～＋图＋前＋名) I won't *labor* you *with* the trifles. 사소한

일로 당신을 괴롭히고 싶지 않다. **3** 《고어》 [토지]를 경작하다 (till).
lábor *one's* **wáy** 애써(어려움을 무릅쓰고) 나아가다.
◇ labórious, láborsome, belábor v. ◇ 의.

lab·o·ra·to·ri·al [læ̀b(ə)rətɔ́ːriəl -tɔ́ː-] *adj.* 실험실의.

‡**lab·o·ra·to·ry** [lǽb(ə)rətɔ̀ːri / ləbɔ́rət(ə)ri] *n.* (*pl.* **-ries**) **1** 실험실(소), 시험소, 연구실(소); [약품 따위의] 제조소. ¶ a chemical(a physical) *laboratory* 화학(물리) 실험실(소) / a hygienic *laboratory* 위생 시험소. **2** [수업으로서의] 실험 [시간]; [어학] 실습실. ── *adj.* 실험실 [용]의, 실험실에 관한. ¶ *laboratory* animals 실험용 동물 / *laboratory* work 실험 작업.
◇ laboratórial *adj.*

láboratòry diséase *n.* 〖의학〗 [특히 실험 동물의] 실험용 질환, 실험병(病).

láboratòry schóol *n.* 《美》 [교육 방법의 실제 연구·훈련 따위를 위한 대학 부속의] 실험 학교.

lab·o·ra·to·ry-test·ed [læ̀b(ə)rətɔ̀ːritéstid / ləbɔ́rət(ə)ri-] *adj.* 독립 기관 시험의, 공정(公正) 시험소시험(검사)의.

Lábor Bánk *n.* 노동 금고 [노동 조합이 주주가 되어 경영].

lábor cámp *n.* **1** 강제 노동 수용소. **2** 계절 농업 노동자 숙박소.

lábor contént *n.* 〖경제〗 [이윤 상품의 원가 중 원료 가치에 대하여] 가공(노동) 가치.

Lábor Dáy *n.* 노동절 [미국의 대부분의 주와 Canada 에서 행하는 노동을 찬양하는 법정 휴일. 9월의 첫째 월요일]. *cf.* May Day

lábor dispúte *n.* 노동 쟁의.

la·bored 《英》 **-boured** [léibərd] *adj.* **1** 애쓴, 들인, 고심한 흔적이 보이는. ⇒ ELABORATE [類語] **2** [무리하여 애썼기 때문에] 부자연스러운, 어색한. ¶ a *labored* dialogue 어색한(스스럼 듯한) 대화 / a *labored* style 부자연스러운 문체. **3** [동작 따위가] 드는 (not easy), 괴로운; 느린, 둔중한(heavy). ¶ His walking is *labored*. 그는 보행이 힘이 든다.

‡**la·bor·er** 《英》 **-bour-** [léibərər] *n.* [육체] 노동자, 인부. ⇨ WORKER [類語] ¶ a day *laborer* 일용(日傭) 노동자, 날품팔이꾼.

Lábor Exchánge *n.* = Labour Exchange.

lábor fórce *n.* Ⓤ 노동력; 노동 인구.

la·bor·ing 《英》 **-bour-** [léibəriŋ] *adj.* **1** [특히 손일·기계 작업 따위의] 노동에 종사하는; 괴로운; 진통을 겪고 있는. ¶ the *laboring* class[es] 노동 계급. **2** 물결 따위가] 몹시 흔들리는. ~·**ly** *adv.*

la·bor-in·ten·sive [léibərinténsiv] *adj.* 노동 집약적의.

*‡**la·bo·ri·ous** [ləbɔ́ːriəs, -bɔ́ː-] *adj.* **1** 힘드는, 고된, 어려운. **2** 열심히 일하는, 근면한. **3** [문체 따위가] 부자연스러운, 어색한. ~·**ly** *adv.* ~·**ness** *n.* lábor *n.*

La·bor·ism, 《英》 **-bour-** [léibəriz(ə)m] *n.* 《英》 노동당의 강령 (방침, 정책); 노동[자] 존중 [주의].

La·bor·ite, 《英》 **-bour-** [léibəràit] *n.* **1** 《英》 (보통 -bour-) 영국 노동 당원. **2** 〔一〕 노동자의 권익을 추진하는 단체의 회원.

lábor léader *n.* 노동 조합 간부.

la·bor-man·age·ment, 《英》 **-bour-** [léibərmǽnidʒmənt] *n.* 노사(勞使). ── *adj.* 노사의. ¶ *labor-management* issues 노사 문제, 노사 분쟁.

lábor márket *n.* 노동 시장.

lábor móvement *n.* **1** 노동 운동, 노동 조합 운동. **2** 〔집합적〕 노동 조합 (labor unions).

lábor òrganizátion *n.* 노동 단체 [노동 조합 따위].

lábor páins *n. pl.* 〖해산〗 진통; [새로운 일을 시작할 때의] 진통.

lábor párty *n.* [일반적으로] 노동당. ⇨ LABOUR PARTY.

lábor relátions *n. pl.* 노사(勞使) 관계. ¶ The firm had excellent *labor relations* and therefore few work stoppages. 그 회사는 노사 관계가 원만했기 때문에 조업이 중단되는 일이 거의 없었다.

la·bor-sav·ing, 《英》 **-bour-** [léibərsèiviŋ] *adj.* [기계·방법 따위의] 손 (수고)를 덜어주는, 노동력 절약의, 생력(省力)의.

lábor skàte *n.* 《속어》 노동 조합원.

la·bor·some, 《英》 **-bour-** [léibərsəm] *adj.* 힘든; [배가] 흔들리기 쉬운.

lábor spý *n.* [노조 활동을 감시하는] 노동 스파이.

lábor tùrnover *n.* 노동자 이동 [그만둔 사람 대신 고용되는 신규 노동자의 수·비율].

lábor ùnion *n.* 《美》 노동 조합. *cf.* trade union

‡**la·bour** [léibər] *n., v.* 《英》 = labor.

Lábour Exchánge *n.* 《英》 〖공립〗 직업 소개소, 직업 안정소.

Lábour Párty *n.* (the ~) 영국 노동당 [영국 2대 정당의 하나]. *cf.* Conservative Party

Lab·ra·dor [lǽbrədɔ̀ːr] *n.* 래브라도 반도 [캐나다 동부의 큰 반도].

lab·ra·dor·ite [lǽbrədɔ̀ːrait, ˌ-- -́-] *n.* Ⓤ [광물] 조회장석(曹灰長石).

Lábrador retríever *n.* 래브라도 리트리버 [캐나다 원산의 새 사냥·경찰·맹도견(盲導犬)].

la·bret [léibret] *n.* [일부 미개 민족이 아랫 입술에 구멍을 뚫어서 다는] 입술 장식[조가비·나뭇조각 등].

la·brum [léibrəm, lǽb-] *n.* (*pl.* **-bra** [-brə]) **1** 입술; 입술 모양의 것. **2** 〖동물〗 [근지 동물의] 상순(上脣); [조개의] 외순(外脣). *cf.* labium **3** 〖해부〗 상순, 관절순(關節脣).

LABS (略) [군사] *l*ow-*a*ltitude *b*ombing *s*ystem (저공(低空) 폭격 시스템).

la·bur·num [ləbə́ːrnəm] *n.* 노란등 [콩과(科) 식물; 부활제에 장식으로 쓴다].

*‡**lab·y·rinth** [lǽbərìnθ] *n.* **1** 미로, 미궁 (maze). **2** 복잡하게 뒤얽힌 것; 뒤얽힌 사건; 분규. ¶ a *labyrinth* of streets(words) 미로같이 복잡한 거리 (얽히고 설킨 말). **3** (the L-) [그리스 신화] 라뷔린토스 [Crete 왕 Minos가 Minotaur를 감금하기 위해 Daedalus에게 짓게 한 미궁]. **4** [해부] 내이(內耳) 미로.
◇ labyrínthal, labyrínthine *adj.*

lab·y·rin·thi·an [læ̀bərínθiən] *adj.* = labyrinthine.

lab·y·rin·thine [læ̀bərínθi(ː)n / -θàin] *adj.* **1** 미로의, 미궁의. **2** 미로(미궁) 같은; 뒤얽힌, 복잡한.

lac¹ [læk] *n.* **1** Ⓤ 라크 [라크깍지진디(lac insect)가 나뭇가지에 분비하는 수지(樹脂)모양의 물질, 와니스·봉랍·적색 염료 따위의 원료]. **2** 라크칠한 기구.

lac² [læk] *n.* Ⓘ = lakh.

lac³ [læk] *adj.* 락토스 (lactose)의. 〔군 하사관〕.

LAC, L.A.C. (略) *l*eading *a*ir*c*raftsman (《英》 공군 일등병).

LACA (略) *L*atin *A*merica *C*offee *A*greement (중남미 커피 협정).

‡**lace** [leis] *n.* **1** [구두 따위의] 끈, 졸라매는 끈. ¶ shoe *laces* 구두끈. **2** Ⓤ 레이스; 몰, 장식끈. ¶ gold (silver) *lace* 금 (은) 몰 / a dress trimmed with *lace* 가두리에 레이스를 단 드레스. **3** [홍차 따위에 타는] 소량의 알코올 음료. ── *v.* (**laced, lac·ing**) *vt.* **1** 끈으로 장식하다, …에 가선 (가두리 장식)을 달다. **2** …을 끈으로 묶다 (졸라매다). ¶ (~+圎+圎) *lace* [*up*] one's shoes 구두끈을 매다 / *lace* one's waist in 끈으로 허리를 졸라매다. **3** [구멍 따위에] 〔끈〕을 꿰다. (~+圎+圎+圎) *lace* a cord *through* a hole 구멍에 끈을 꿰다. **4** …을 짜맞추다, 섞어 짜다 (interlace), 자수하다 (embroider); 줄무늬로 짜다 (streak) (... *with*). **5** [커피 따위에] 〔알코올〕을 타다, 가미하다 (... *with*). **6** 〔구어〕 …을 때리다, 매질하다 (... *with*). ── *vi.* **1** 끈으로 매어지다 (매다). ¶ These boots *lace*. 이 구두는 구두끈으로 매다. **2** 〔구어〕 …을 공격하다, 헐뜯다 (*into*...). ¶ (~+圎+圎) *lace into* a person 남을 쏘아내리다.

lace *a person's* **jácket** (or **cóat**) 남을 매로 때리다.

◇ enlace v.
laced [leist] adj. **1** [구두 따위가] 끈으로 매는. **2** 끈(레이스)[장식]이 달린. **3** [음료 따위에] 소량의 알코올 음료를 섞은.
Lac·e·dae·mon [læsidí:mən] n. 라케다이몬 [고대 스파르타(Sparta)의 별명].
Lac·e·dae·mo·ni·an [læsidimóuniən, -njən] adj. **1** 스파르타(사람)의. **2** 간결한. —— n. 스파르타 사람(Spartan).
láce gláss n. 레이스 무늬가 있는 유리 그릇.
láce pàper n. ⓤ 레이스 무늬가 있는 종이, 레이스지.
láce píllow n. [무릎 위에 놓는] 레이스 뜨개판.
lac·er·a·ble [læsərəbl] adj. 찢을 수 있는, 찢어지기 쉬운.
lac·er·ate vt. [læsəreit → adj.] (-at·ed, -at·ing) **1** [난폭하게] …을 찢다, 잡아 찢다, 갈기갈기 찢다. **2** [감정 따위]를 괴롭히다, …을 괴롭히다 (distress).
—— adj. [læsərèit, -rit] = lacerated.
lac·er·at·ed [læsəreitid] adj. **1** 찢어진, 찢긴, [갈기갈기] 찢어진. **2** [마음이] 상처 입은, 고민하는. **3** [생물] 깔쭉깔쭉한, 톱니 모양의.
lac·er·a·tion [læsəréiʃ(ə)n] n. **1** ⓤ 잡아 찢기; [감정 따위] 상처 입힘, 고뇌. **2** 찢어진 자국, 열상(裂傷), 찢긴 상처.
la·cer·tian [ləsə́:rʃ(ə)n] adj., n. = lacertilian.
lac·er·til·i·an [læsərtíliən, -ljən] adj. 도마뱀의.
—— n. 도마뱀 무리.
la·cet [leiséi] n. [레이스 무늬를 넣은] 끈목.
lace·wing [léiswiŋ] n. 풀잠자리.
lace·work [léiswə̀:rk] n. ⓤ 레이스(lace); 레이스 모양으로 비치게 짜는 세공.
lach·es [lætʃiz] n. pl. 《단수 취급》《법률》 나태, 태만 [권리 행사를 게을리함]; 지연.
Lach·e·sis [lækisis] n. 《그리스·로마 신화》 라케시스 [운명의 3 여신(Fates)의 하나, 인간의 수명을 결정한다].
lachrym- 「눈물(tear)」의 뜻의 연결형. 예: lachry-[matory.
lach·ry·mal, lac·ri- [lækrim(ə)l] adj. **1** 눈물의; 눈물이 나는(나게 하는). ¶ lachrymal glands 누선(淚腺). **2** 금방 울 것 같은. **3** [해부] 누액(淚液)의. —— n. **1** (~s) [해부] 누선. **2** = lachrymatory.
lach·ry·ma·tion, lac·ri- [lækriméiʃ(ə)n] n. ⓤ 눈물을 흘림, 낙루(落淚).
lach·ry·ma·to·ry, lac·ri- [lǽkrimətɔ̀:ri / -t(ə)ri] adj. 눈물의, 눈물을 흘리는, 눈물이 나게 하는. ¶ lachrymatory gas 최루 가스 / a lachrymatory shell 최루탄. —— n. (pl. -ries) 눈물 단지 [고대 로마인의 무덤에서 발견되는 목이 가는 작은 병으로서, 전에는 애도자의 눈물을 담았던 것으로 생각되었다].
lach·ry·mose [lækrimòus] adj. **1** 눈물이 글썽한, 눈물을 흘리는, 눈물이 많은 (tearful). **2** 눈물나게 하는, 애절한. ~·ly adv.
lac·ing [léisiŋ] n. **1** 끈으로 매기; 레이스(몰)의 꾸미기; 섞어 짜기. **2** [구두·코르셋 따위의] 끈. **3** 몰 장식. **4** [홍차 따위 음료에 타는] 소량의 알코올 음료. **5** [꽃 또는 그 밖의 깃털의] 색무늬.
la·cin·i·ate [ləsínièit, -niit, -at·ed [-èitid] adj. **1** 톱니 모양[의 가장자리]가 있는. **2** [동·식물] 길쭉하고 불규칙적으로 짜진, 톱니 모양이 된.
lác ínsect n. 락깍지진디.
✱**lack** [læk] n. (opp. plenty, surplus) **1** ⓤ 결핍, 부족 (want, shortage), 없음 (absence) of. ¶ lack of funds 자금 부족 / lack of intelligence 지성의 결여. [類語] lack 바람직하거나 바람직하지 않거나 간에 필요한 것이 전혀 없거나 결여된 상태. want 결여된 것을 보충할 필요가 있음을 나타내며, lack 보다 적용 범위가 좁고 뜻이 강하다: live in want 가난한 생활을 하다. absence 전혀 존재하지 않는, 그 자리에 없는 상태: a long absence of rain 오랜 가뭄. dearth 충분하지 않고 비참한 상태: a dearth of water 물 기근. scarcity 보통 때 같으면 충분히 있는 것의 부족, 수요에 비해 존재량이 근소함을 암시: the wartime scarcity of food 전시의 식량 부족. shortage 필요를 충족시키지 못한 상태: a housing shortage 주택 부족. deficiency 필요한 요소·특성이 충분히 존재하지 않아서 결함이 있는 상태: a slight deficiency of vitamins 약간의 비타민 부족.
2 결핍된[부족한] 것, 필요한 것. ¶ supply the lack 필요한 물건을 보충하다 / Money is the chief lack. 무엇보다도 우선 돈이 부족하다.
for (or **by, from, through**) **lack of** …이 없기 때문에.
no lack of 많은, 충분한. ¶ There is no lack of food. 식량은 부족하지 않다.
—— vt. …이 없다, …이 결핍되다, …을 필요로 하다. ¶ She lacks common sense. 그녀는 상식이 없다.
—— vi. 결여되어 있다, 부족하다 (in…) (* 종종 현재분사형으로 쓴다). ¶ (~+前+图) She is lacking in common sense. 그녀는 상식이 부족하다 (→ vt.) / She did not lack for love. 그녀는 남의 사랑에 부족하지는 않았다.
lack ~ of …중에서 ~이 부족하다. ¶ It lacks ten won of being one thousand won. 1,000원에 10원이 모자라다.
lack·a·dai·si·cal [læ̀kədéizik(ə)l] adj. 수심에 찬 듯한, 고민하는, 생각에 잠긴, 감상적인; 뽐내는; 께느른한, 기력이 없는. ~·ly [-kəli] adv. ~·ness n.
lack·a·dai·sy [læ̀kədéizi] interj. 《고어》 = lackaday.
lack·a·day [læ̀kədèi] interj. 《고어》 아! [비애·회한·놀람 따위를 나타낸다] (alack).
lack·er [lækər] n. v. = lacquer.
lack·ey, lac·quey [læki] n. (pl. -eys; -queys) **1** [대개 제복을 입은] 하인, 종복. **2** 아첨꾼. —— v. (-eyed, -ey·ing; -queyed, -quey·ing) 종복으로서 (처럼) 섬기다; …에게 아첨하다. —— vi. [폐어] 종복으로서 [처럼] 섬기다.
✱**lack·ing** [lækiŋ] adj. 《서술 형용사》 결여되어, 부족한. → LACK vi. —— prep. …이 없어서 (wanting). ¶ Lacking equipment, we couldn't continue climbing the mountain. 장비가 없어서 등산을 계속할 수 없었다.
lack-in-of·fice [lǽkinɔ́:fis, -áf- / -ɔ́f-] n. 관직을 구하는 사람, 엽관 운동자(office seeker).
lack·land [læklænd] n. **1** 토지가 없는 사람, 영지(領地)를 잃은 사람. **2** (L-) 영국왕 John의 별명.
—— adj. 토지를 갖지 않은, 영지가 없는.
lack·lus·ter, 《영》 -tre [lǽklʌ̀stər] adj. 광채(빛, 윤기) 없는, 흐릿한, 활기 없는 (dull). ¶ lackluster eyes 흐리멍덩한 눈. —— n. 광채(빛, 윤기) 없음.
La·co·ni·a [ləkóuniə, -njə] n. 라코니아 [그리스 남부, Peloponnesus에 있었던 고대 왕국, 수도 Sparta].
la·con·ic [ləkánik / -kɔ́n-] adj. [말이나 문체가] 짧으면서 의미심장한, 간결한; 말수가 적은.
-i·cal·ly [-kəli] adv.
la·con·i·cal [ləkánik(ə)l / -kɔ́n-] adj. 《고어》 = laconic.
la·con·i·cism [ləkánisìz(ə)m / -kɔ́n-] n. = laconism.
lac·o·nism [lækənìz(ə)m] n. **1** 《말이나 표현의》 간결함 (brevity), 간결한 표현(말투). **2** 간결한 말(문장).
lác óperon n. 《생화학》 라크 오페론 [락토스의 신진 대사에 관여하는 유전자군(群); 이 연구가 오페론설(說)의 모체가 되었다].
✱**lac·quer** [lækər] n. ⓤ **1** 래커 [도료]; [한국·중국산(産)의] 옻칠. ¶ sprinkled lacquer 점점 무늬의 옻칠 / gold lacquer 금가루 옻칠. **2** 《집합적》 칠기 (lacquer ware). **3** 헤어 스프레이.
—— vt. **1** …에 래커(옻)를 칠하다. **2** …의 겉치레를 하다, 그럴싸하게 얼버무리다 (gloss) (…over). [conic.
lac·quer·er [lǽkərər] n. 래커칠 하는 사람, 옻칠장

lac·quey [lǽki] *n.* (*pl.* **-queys**), *v.* (**-queyed, -queying**) =lackey.

lac·ri·mal [lǽkrim(ə)l] *adj., n.* =lachrymal.

la·crosse [ləkrɔ́ːs, -krɑ́s / -krɔ́s, lɑː-] *n.* 〔경기〕 라크로스 〔양 팀 10명씩 하는 하키 비슷한 구기. 원래 북미·토인들 사이에서 생겨 발달한 것〕.

La Crosse virus *n.* 〔병리〕 라크로스 바이러스 〔모체를 통해서 태아에 감염되면 출생시에 뇌염이나 경련·발작·지능 장애 따위를 일으킨다〕.

lact- ⇒ LACTO.

lac·ta·ry [lǽktəri] *adj.* 〔드물게〕 젖의(같은), 젖 같은 액이 나는.

lac·tase [lǽkteis] *n.* ⓤ 〔생화학〕 락타제 〔유당 분해 효소〕.

lac·tate¹ [lǽkteit] *n.* 〔화학〕 유산염(乳酸鹽).

lac·tate² [lǽkteit] *vi.* (**-tat·ed, -tat·ing**) 1 젖이 나다, 젖을 분비하다. 2 젖을 주다(빨리다), 포유하다.

lac·ta·tion [læktéi(ə)n] *n.* ⓤ 1 젖의 분비; 젖의 분비(기). 2 젖먹이기(기간).

lac·te·al [lǽktiəl, -tʃəl] *adj.* 1 젖의, 젖으로 된; 젖 같은 (milky); 포유시〔哺乳時〕의. 2 〔해부〕 유미(乳糜)를 나르는(넣는). — *n.* 유미관.

lac·te·ous [lǽktiəs] *adj.* 〔고어〕 젖 같은 (milky); 유백색(乳白色)의.

lac·tes·cence [læktésəns] *n.* ⓤ 1 유상화(乳狀化); 젖 모양임, 젖 같음; 젖빛, 유백색. 2 〔식물·곤충〕 유(상)액 분비.

lac·tes·cent [læktésnt] *adj.* 1 젖같이 되는, 유상화(乳狀化)하는; 젖 같은, 유백색의. 2 〔식물·곤충〕 유(상)액을 분비하는.

lac·tic [lǽktik] *adj.* 젖의, 젖에서 얻은(얻는), 유산의. ¶ *lactic acid* 유산.

láctic ácid bactèria *n. pl.* 〔세균〕 유산균.

lac·tif·er·ous [læktífərəs] *adj.* 1 〔식물〕 유즙(乳汁)을 내는(분비하는). 2 유즙(유(상)액)을 보내는.

lacto- milk 의 뜻의 연결형(＊ 모음 앞에서는 lact-를 쓴다). 예: *lacto*meter, *lacto*ary.

lac·to·ba·cil·lus [lǽkto(u)bəsíləs] *n.* (*pl.* **-cil·li** [-sílai]) 〔생화학〕 유산균.

lac·to·fla·vin [lǽkto(u)fléivin] *n.* 〔생화학〕 =riboflavin.

lac·tom·e·ter [læktɑ́mitər / -tɔ́m-] *n.* 유즙 비중계(比重計), 검유기(檢乳器).

lac·to·scope [lǽktəskòup] *n.* 검유기, 검유경(鏡).

lac·tose [lǽktous] *n.* ⓤ 〔생화학〕 락토스, 유당(乳糖).

lac·to·veg·e·tar·i·an [lǽkto(u)vèdʒité(ː)riən / -tèər-] *n.* 〔유제품은 먹지만 계란은 먹지 않는〕 채식주의자.

la·cu·na [ləkjúːnə] *n.* (*pl.* **-nas** *or* **-nae** [-niː]) 1 구멍, 오목한 곳, 소공〔小孔〕 (pit, cavity). 2 〔사본·원고 따위의〕 탈락, 탈루, 탈문(脫文), 공백 (hiatus), 빈틈 (gap). ¶ *a lacuna in a book* 책의 탈락 부분. 3 〔해부〕 골질 중의 골소강(骨小腔), 열공(裂孔), 소와 (小窩); 〔동·식물 조직의〕 세포간의 공극(空隙). 4 〔식물〕 잎〔조직의〕 세포 간극, 기포〔氣胞〕.

la·cu·nal [ləkjúːn(ə)l] *adj.* 1 오목한 곳(소공〔小孔〕)의; 공극의; 탈루의. 2 오목한 곳(공극, 탈루)이 있는.

la·cu·nar [ləkjúːnər] *n.* (*pl.* **-nars** *or* **lac·u·nar·i·a** [lækjunɛ́(ː)riə]) 〔건축〕 1 우물 반자. 2 〔우물 반자식의〕 간(間), 개판(蓋板). — *adj.* =lacunal.

la·cus·trine [ləkʌ́strin / -train] *adj.* 1 호수의; 호상에서 생활하는, 호수에 사는〔사용되는〕. ¶ the *lacustrine* age 호상 생활 시대 / *lacustrine* plants 호(변) 식물. 2 〔지층(地層) 따위의〕 호성(湖成)의.

lac·y [léisi] *adj.* (**lac·i·er, lac·i·est**) 레이스〔모양〕의, 레이스로 만든.

‡**lad** [lǽd] *n.* 1 젊은이, 청년 (youth), 소년 (boy) (＊《英》에서는 보통소년·청년에게 《美》에서는 문어적으로, 《口》에서는 친밀감을 나타내는 말로서 연령에 관계 없이) 사나이 (chap), 녀석. ¶ My *lad*! 자네, 여보게! 3 《口》 팔팔한 남자; 칠칠찮은 남자.

‡**lad·der** [lǽdər] *n.* 1 사다리. ¶ *a rope ladder* 줄사다리 / *put* (*or* set) *up a ladder* 사다리를 세우다. 2 사다리 모양의 것. 3 〔주로 《英》〕〔양말·뜨개질 한 것의〕 사다리꼴〔세로〕로 풀림(《美》 run). 4 〔비유적〕〔입신 출세 따위의〕 연줄, 길, 방법. ¶ the *ladder* to stardom 스타로 오르는 길. 5 계급, 위계, 지위. ¶ begin from the bottom of the *ladder* 밑바닥에서부터 시작하다.

get *one's* **foot on the ladder** 일을 시작(착수)하다.

get up (*or* **mount**) **the ladder** ① 사다리를 오르다. ②《속어》 교수형에 처해지다 (be hanged).

kick down (*or* **away**) **the ladder** 출세에 도움을 준 친구〔직업 따위〕를 저버리다.

see through a ladder 뻔한 사실을 알다, 뻔히 알고 — *vi.* 〔주로 《英》〕〔양말 따위가〕 세로올이 풀리다(《美》 get a run). — *vt.* 1 ...을 사다리로 오르다. 2 ...에 사다리를 세우다. 3 〔英〕〔양말 따위〕를 세로 올이 풀리게 하다.

lád·der·bàck [**cháir**] [lǽdərbæ̀k-] *n.* 등받이가 사다리 모양으로 된 의자.

lád·der·pròof [lǽdərprúːf] *adj.* 〔스타킹 따위가〕 세로 올이 풀리지 않는.

ládder stitch *n.* 〔자수에서〕 사다리 모양으로 놓는 법, 십자수 놓기.

ládder tòurnament *n.* 〔정구·탁구 등의 시합에서〕 사다리 토너먼트.

ládder trùck *n.* 〔소방·구조용〕 사다리 자동차.

lad·die [lǽdi] *n.* 〔주로 스코〕 1 젊은이, 소년 (young lad, boy). *cf.* lassie 2 〔부르는 말로〕 아가야, 도련님; 〔속어〕 오브게, 자네.

lade [leid] *v.* (**lad·ed, lad·en** *or* **lad·ed, lad·ing**) *vt.* 1 (배·차 따위)에 싣다 (...*with*) (＊ load 보다 문어적); (배·차 따위)에 ...을 싣다. 2 〔비유적〕〔주로 수동형으로〕〔책임 따위〕를 ...에게 지우다 (burden), ...을 괴롭히다 (oppress)(...*with*). *cf.* laden 3 〔주로 수동형으로〕 ...을 채우다, ...을 온통 뒤덮다 (...*with*). *cf.* lade 4 〔국자 따위로〕 ...을 퍼내다. — *vi.* 짐을 싣다. 2 물을 푸다.

＊**lad·en** [léidn] *v.* lade 의 과거 분사. — *adj.* 1 짐을 실은 (loaded) (*with*...). ¶ *a laden* vessel 짐 실은 배 // *a cart laden with* hay 건초를 실은 수레 / trees heavily *laden with* fruit 가지가 휘어지도록 열매가 열린 나무들. 2 〔책임·죄·슬픔 따위의〕 무거운 짐이 지워진 (burdened); 〔짐지고〕 괴로워하는, 고민하는 (*with*...). ¶ a heart *laden with* sorrow 슬픔으로 가득 찬 가슴.

la·di·da [láːdiːdáː] 《口》 *interj.* 뽐내는 태도를 비웃는 말. — *adj.* 뽐내는, 맵시 부리는. ¶ a *la-di-da* pronunciation 뽐내는 발음〔투〕. — *n.* 뽐내는 사람, 멋부리는 사람.

ládies chàin *n.* (종종 L- C-) 스퀘어 댄스의 일종.

Ládies' Dày *n.* 〔야구 따위의〕 여성 우대일.

ládies' gállery *n.* 〔영국 하원의〕 여자 방청석.

ládies' [**lády's**] **mán** *n.* 여자와의 교제를 좋아하는 사람; 여자를 즐겁게 해주고 호감을 사려는 남자.

ládies' ròom *n.* 여성용〔공중〕 변소.

La·din [lɑdíːn] *n.* 1 ⓤ 라딘말〔스위스의 일부 지역에서 쓰이는 레토로만 말〕. 2 라딘말을 쓰는 사람.

lad·ing [léidiŋ] *n.* 1 짐을 싣기, 적재, 선적. 2 뱃짐, 선하(船荷), 화물. ¶ a bill of *lading* 선하 증권.

la·dle [léidl] *n.* 국자. — *vt.* (**-dled, -dling**) ...을 국자로 푸다, 뜨다, 퍼내다. ¶ (~+圖+副) *ladle* water *out* 물을 퍼내다 // (~+圖+副+名) *ladle* soup *into* a plate 수프를 떠서 접시에 담다.

la·dle·ful [léidlfùl] *n.* 한 국자 분〔의 양〕.

La·do·ga [láːdo(u)ɡàː, lǽd-] *n.* Lake ~ 라도가호(湖) 〔러시아 서북부에 있는 유럽 최대의 호수〕.

La·don [léidɑn] *n.* 〔그리스 신화〕 라돈 〔헤스페리데

스(Hesperides)를 도와 금사과를 지킨 100개의 머리를 가진 용.

‡**la·dy** [léidi] *n.* (*pl.* **-dies**) **1** 귀부인, 숙녀. *cf.* gentleman ¶ I do not call her a *lady*. 저런 여자는 숙녀라고 할 수 없다 / She is a *lady* by birth. 그녀는 좋은 집안에서 태어났다. **2 a)** 숙녀 [일반적으로 여성에 대한 정중한 대용어]. **b)** -(dies) (청중에 대해 부르는 말) 숙녀 여러분. ¶ *Ladies* and Gentlemen! 신사 숙녀 여러분! **3** [일반적으로] 여자, 여성, 여인(woman). ¶ a cleaning *lady* 세탁부. **4** 아내, 처(wife). **5** (L-) (英) 《성명에 붙여》 **a)** …부인 [Lord 및 Sir 의 칭호를 가진 자의 부인에 대한 경칭]. ¶ *Lady* Churchill 처칠 부인. **b)** …양 [earl 이상의 귀족의 딸에 대한 경칭]. **6** 지배력을 가진 여성, 여자 영주. ¶ the *lady* of a manor 자 영주, 영주 부인. **7** (L-) 성모 마리아(Virgin Mary). **8** [중세] 기사의 애인; [일반적으로] 연인; 정부(mistress). ¶ my young *lady* (속어) 나의 약혼녀. **9** (-dies) 《청중급》《俗》《美》여자용 화장실. ¶ *cf.* gentleman **10** (형용사적으로) 여성의, 여류···. ¶ a *lady* clerk 여자 서기 / a *lady* doctor (novelist) 여의사 (여류 작가). ◇ ládylike *adj.*
Ladies first (구어) 숙녀(여성)우선(* 차례 따위에서 여성을 우대할 때 쓰인다).
Lády áltar *n.* 성모 성당(Lady chapel)의 제단.
lády bèar *n.* (美속어) 여자 교통 순경.
la·dy·bird [léidibə̀ːrd] *n.* = ladybug.
Lády Bóuntiful *n.* **1** 영국의 극작가 G. Farquhar (1678-1707)작 *The Beaux' Stratagem*(1707)에 등장하는 돈 많고 자비로운 여인, 자비로운 여성, 자애로운 여성. **2** 자비로운 듯이 굴며 사람들을 자기에게 의존케 하는 여성.
la·dy·bug [léidibʌ̀ɡ] *n.* 무당벌레.
Lády chàir *n.* 손가마 [두 사람이 손을 마주 잡아 가 마처럼 만드는 것].
Lády chápel *n.* 성모 성당 [대성당에 부속되어 있다].
Lády Dày *n.* **1** 성모 마리아의 날(3월 25일). **2** (英) [4계(季) 지불일 중] 춘계 지불일. *cf.* quarter day
lády fèrn *n.* 참새발고사리.
la·dy·fin·ger [léidifíŋɡər] *n.* 손가락 모양의 길쭉한 카스텔라 비슷한 과자.
la·dy·fy, la·di- [léidifài] *vt.* (**-fied, -fy·ing**) (남)을 귀부인답게 만들다, 귀부인답게 하다, Lady 의 칭호로 부르다.
la·dy·help [léidihélp] *n.* (英) 가정부.
la·dy·hood [léidihùd] *n.* ⓤ **1** 귀부인(숙녀)임; lady 의 신분. **2** (집합적) 귀부인(숙녀)들.
la·dy-in-wait·ing [léidiinwéitiŋ] *n.* (*pl.* **la·dies-**) 여왕(공주)의 시녀(女官).
la·dy-kill·er [léidikìlər] *n.* **1** (구어) 레이디킬러, 여자 가 반할 남자. **2** (lady); [애칭으로서] 아가씨.
la·dy·kin [léidikìn] *n.* 작은 귀부인, 꼬마 숙녀.
la·dy·like [léidilàik] *adj.* **1** 귀부인다운, 기품 있는. **2** [남자가] 여자 같은, 갸날리는.
la·dy·love [léidilʌ̀v] *n.* (구어) 연인, 애인, 사랑하는 여성.
Lády Máyoress *n.* (英) 시장 부인(특히 런던 시장 부인). *cf.* Lord Mayor
lády of léisure *n.* 유한 마담(부인). [쓰인다.
la·dy's-fin·ger [léidizfíŋɡər] *n.* 콩과의 식물[사료로
la·dy·ship [léidiʃìp] *n.* **1** (종종 L-) Lady 칭호를 가 진 여성의 신분(* 보통 구어, 부인 따위를 붙여서 쓴다). ¶ your *ladyship* (부르는 말로) 부인, 아씨. **2** ⓤ 귀부인의 신분, 귀부인(숙녀)임.
lády's máid *n.* 귀부인(숙녀)의 시녀, 몸종.
la·dy's-slip·per [léidizslìpər] *n.* 개불알꽃속(屬).
la·dy's-smock [léidizsmàk / -smɔ̀k] *n.* 꽃황새냉이속. [십자화와 황새냉이속. [종.
lá·dy's-thumb [léidiθʌ́m] *n.* (식물) 마디풀의 일
La·er·tes [leiə́ːrtiːz] *n.* **1** (그리스 신화) 라에르테스 (오뒷세우스(Odysseus)의 아버지). **2** Shakespeare 작 *Hamlet* 에 등장하는 인물(오필리아(Ophelia)의 오빠).
La·e·trile [léiətrìl] *n.* ⓤ (상표명) 살구나 복숭아의 씨에서 얻는 제암제(制癌劑).

lae·vu·lose [líːvjulòus] *n.* (英) = levulose.
Láf·fer cùrve [lǽfər-] *n.* (경제) 래퍼 곡선 [세율과 경제 관계의 상관 그래프; 세수(稅收)는 세율이 오르면 이에 따라 상승하지만 어느 최적점(最適點)을 초과하면 거꾸로 저하한다는 이론을 나타내는 것].
[<20세기의 미국의 경제학자 Arthur B. Laffer 의 이름]
LAFTA(略) Latin American Free Trade Association(라틴 아메리카 자유 무역 연합).
*‡**lag¹** [læɡ] *vi.* (**lagged, lag·ging**) **1** 처지다, 뒤떨어지다; 꾸물거리다, 느릿느릿 걷다. ⇒ LOITER [類語] ¶ (~ + 嗣)*lag* behind in an embarrassment 당황하여 꾸물거리다. **2** 흥미·관심 따위가 줄어들다, 시들해지다. **3** (당구) 차례를 정하기 위해) 공을 치다(굴리다).
— *n.* ⓒ ⓤ 뒤떨어짐, 늦어짐, 지연. ¶ an intellectual *lag* 지식의 뒤짐(낙후(落後)). **2** (전기·기계) (흐름·운동의) 지체(량). **3** (당구) 차례를 정하기 위해) 공을 치기(굴리기).
lag² [læɡ] (俗어) *vt.* (**lagged, lag·ging**) …을 체포하다, 투옥하다. — *n.* 죄수, 수인; 전과자; 복역 기간. ¶ an old *lag* 상습범.
lag³ [læɡ] *n.* **1** (보일러 따위의) 외피, 피복재(被覆材). **2** 통널; 무늬판. — *vt.* (**lagged, lag·ging**) (단열을 위해) (보일러 따위)에 외피를 씌우다, 피복하다.
lag·an [lǽɡən] *n.* ⓤ ⓒ (해상법) 부표 달린 투하물 [난파시에 후일 인양할 수 있도록 부표를 달아 부하(附荷)한 화물].
lág bòlt *n.* 래그나무못 [대가리가 4각 또는 6각인 나무못].
Lag b'O·mer [lɑːɡ bóumər] *n.* (유대교) 오메르의 제33일 [유월절(逾越節)의 제2일부터 33일째에 해당하는 축제일]. [맥주.
la·ger [lɑ́ːɡər] *n.* (= láger béer) ⓤ ⓒ 라거 맥주, 저장
lag·gard [lǽɡərd] *n.* **1** 느린 사람, 꾸물거리는 사람, 느림보. **2** (증권) 실기주(失機株). — *adj.* 느린, 굼뜬, 느릿느릿한.
lag·gard·ly [lǽɡərdli] *adv., adj.* 꾸물꾸물(꾸물거리는). ¶ He behaved in a *laggardly* fashion. 그는 꾸물거렸다.
lag·ger [lǽɡər] *n.* = laggard.
lag·ging¹ [lǽɡiŋ] *n.* ⓤ 꾸물거리기, 뒤떨어짐, 지연.
— *adj.* 늦은, 느린, 꾸물거리는, 뒤떨어지는.
~·ly *adv.*
lag·ging² [lǽɡiŋ] *n.* ⓤ **1** (보일러 따위의) 피복, 단열. **2** 단열재, 보온재.
lágging índicator *n.* (경제) [경기 동향 지표로서의] 지행(運行) 지표.
La Gio·con·da [lɑ̀ː dʒɔkɔ́ːndə] *n.* = Mona Lisa.
la·gniappe, -gnappe [lænjǽp, +美 ́-] *n.* **1** (美방언) [물건을 산 손님에게 주는] 덤, 경품. **2** 팁, 행하.
*‡**la·goon** [ləɡúːn], (**la·gune**) *n.* **1** 석호(潟湖). **2** 초호(礁湖) [환초(環礁)에 둘러싸인 바다]. [도.
La·gos [lɑ́ːɡɔs] *n.* 라고스 [나이지리아(Nigeria)의 수
LAIA Latin American Integration Association (중남미 통합 연합); LAFTA 의 뒤를 이어 1981년 발족).
la·ic [léiik] *adj.* (= **la·i·cal** [léiik(ə)l]) [성직자에 대하여] 속인의(lay), 세속의, 현세의(secular). — *n.* 속인, 평신도(layman). **la·i·cal·ly** [-kəli] *adv.*
la·i·cize [léiisàiz] (* (英)에서는 **la·i·cise** 로도 쓴다.) *vt.* (**-cized, -ciz·ing**) **1** (성직자)를 환속시키다. **2** …을 세속화시키다, 속인의 손에 맡기다(옮기다), 속인에게 개방하다.
‡**laid** [leid] *v.* lay¹ 의 과거·과거 분사.
laid-back [léidbǽk] *adj.* (美속어) 한가로운, 마음 편한, 느긋한; 무감동의, 냉담한.
laid-off [léidɔ́ːf] *adj.* 일시 해고된. ¶ *laid-off* construction workers 일시 해고된 건설 노동자들.
láid páper *n.* ⓤ 평행선 무늬가 비쳐 보이는 종이.
‡**lain** [lein] *v.* lie² 의 과거 분사. [*cf.* wove paper
lair [lɛər] *n.* **1** 짐승의 굴(집, 잠자리). **2** 은신처, 피난처. **3** (英) 쉬는 곳, 잠자리(bed). **4** (스코) 매장지, 묘지. — *vt.* (짐승)을 굴(집, 잠자리)에 넣다.

2 …의 집(보금자리)이 되다. —— vi. **1** 굴(집, 잠자리)에 가다(들다); 굴(보금자리)에서 쉬다(자다) (rest). **2** 《스코》진창(수렁)에 빠지다(가라앉다).

laird [lɛərd] n. 《스코》지주 (landowner); 영주.

lais·ser-al·ler [F lɛsɑːle], (**lais·sez-al·ler**) n. 《프랑스》(=let go) 구속 없음, 방종.

lais·sez(**lais·ser**) **faire** [lè(i) sei fέər] n. U 《경제상의 무간섭주의, 자유 방임주의(정책), 레세페르. [<F *laissez faire* let [people] do [as they choose]: 정부의 지나친 산업 규제에 항의한 18세기 프랑스 경제학자들의 표어]

lais·sez-faire [lè(i) seifέər], (**lais-ser-faire**) adj. 무간섭주의(정책)의, 자유 방임의.

lais·sez-pas·ser [lè(i) seipɑ:séi] n. (pl. **-ser**) 《프랑스》 통과 허가증; (특히 여권 대신 발행되는) 통행 허가증, 입장권.

la·i·ty [léiiti] n. (the ~) 《집합적》 **1** 《성직자에 대하여》 신도, 속인, 일반인. cf. priest **2** 《전문가에 대하여》 잘 속는 사람; 서투른 투기꾼. **5** (the L-) 하나님의 어린양, 그리스도.

La·ius [léijəs, léiiəs] n. 《그리스 신화》라이오스 《테베 (Thebes)의 왕. 그의 아들 에디푸스 (Oedipus)에게 살해되었다》.

‡**lake**[^1] [leik] n. **1** 호수. ¶ the Great *Lake* 대서양 / the Great *Lakes* 미국의 5대호 / the *Lakes* 호수 지방 (the Lake District). **2** (공원 따위의) 못, 연못.
◇ láky adj.

lake[^2] [leik] n. UC **1** 레이크 《안료(顔料)》. **2** 진홍색.

láke dwèller n. 《특히 유사 이전의》호상 거주자 (생활자).

láke dwèlling n. 《특히 유사 이전의》호상 주거 (가옥).

lake-front [léikfrʌ̀nt] n. 호안(湖岸), 호반, 호숫가.

lake·let [léiklit] n. 작은 호수.

Láke Pòets n. pl. 호반 시인 《영국의 the Lake District에 거주한 Wordsworth, Coleridge, Southey 등》.

Láke Schóol n. (the ~) Lake Poets의 일파.

láke tròut n. 《미국 5대호 이북에서 나는 송어의 일종》.

lake-view [léikvjù:] adj. 《호텔 방 따위의 창에서》호수가 보이는.

lakh [læk/lɑːk, læk] n. 《인도》 **1** 10만. **2** 다수. [<Hindi]

La·ko·da [ləkóudə] n. U 윤이 나는 흑박래피.

lak·y[^1] [léiki] adj. (**lak·i·er**, **lak·i·est**) 호수의(같은); 호수가 많은; 호수에서 발워하는.

lak·y[^2] [léiki] adj. 《피 따위의》레이크색의, 진홍색의.

la·la·pa·loo·za, lal·la- [làləpəlú:zə/lɔ̀-] n. 매우 두드러진 것(사람), 일류인 것(사람), 모범이 되는 것.

Lal·lan [lǽlən] adj. 《스코》스코틀랜드의.

Lal·lans [lǽlənz] n. pl. **1** 스코틀랜드 저지(低地) (the Lowlands). **2** 스코틀랜드 저지의 주민. **3** 《단수 취급》스코틀랜드 저지 방언.

lal·la·tion [læléiʃ(ə)n] n. U 《음성》 r음을 l음으로 발음하기; r음 또는 l음을 부정확하게 발음하기.

lam[^1] [læm] 《속어》 v. (**lammed**, **lam·ming**) vt. …을 치다, 때리다, 매질하다. —— vi. 치다, 때리다(beat) (out, into). ¶ *lam* into a person 남을 치다.

lam[^2] [læm] 《속어》 n. (the ~) 줄행랑치기. ¶ on the *lam* 도망(기) 하여/take it on the *lam* 걸음아 날 살려라고 도망치다. —— vi. (**lammed**, **lam·ming**) 쏜살같이 뛰다(도망치다).

Lam. (略) Lamentations.

la·ma[^1] [lɑ́:mə] n. 라마교의 승려(중). [<Tibetan *blama* chief, high priest]

la·ma[^2] [lɑ́:mə] n. = llama.

La·ma·ism [lɑ́:məìz(ə)m] n. U 라마교.

La·ma·ist [lɑ́:məist] n. 라마교 신자, 라마교도.

La·marck·i·an [ləmɑ́:rkiən] adj. 라마르크의, 라마르크[의 진화론]의 신봉자. [<프랑스의 진화론자 Jean Baptiste Pierre Antoine de Monet de Lamarck (1744-1829)의 이름]

La·marck·ism [ləmɑ́:rkiz(ə)m] n. U 라마르크의 진화설, 용불용설(用不用說).

la·ma·ser·y [lɑ́:məsèri/-səri] n. (pl. **-ser·ies**) 라마교의 승원, 라마 사원.

La·maze [ləmɑ́:z] adj. 라마즈 방식의《정신 요법을 이용한 자연 무통 분만법》. [<1950년대에 이 방식을 최초로 개발한 프랑스의 산부인과 의사 Fernand Lamaze의 이름]

‡**lamb** [læm] n. **1** 《특히 만 1세 이하의》새끼양. ¶ You may as well be hanged for a sheep as [for] a *lamb*. 《속담》바늘 도둑도 소 도둑이나 마찬가지, 이왕 할 바에는 크게 하라. **2** U 어린양의 고기. cf. mutton **3** 《새끼양처럼》순진한 어린애, 착한 아이, 온유한 사람. **4** 잘 속는 사람; 서투른 투기꾼. **5** (the L-) 하나님의 어린양, 그리스도.

a fox (or *a wolf*) *in lamb's skin* 양의 탈을 쓴 여우 (이리), 위선자.

like a lamb 유순하게, 주뼛주뼛《머뭇머뭇》하며.
—— vi. 《양》새끼를 낳다. —— vt. 《새끼양》을 낳다.
◇ lámblike adj.

lam·bast, -baste [læmbéist] vt. (**-bast·ed**, **-bast·ing**) 《구어》 **1** …을 세게 치다, 때리다. 매질하다. **2** …을 엄하게 꾸짖다, 비난하다.

lamb·da [lǽmdə] n. 람다《그리스어 알파벳의 열 한 번째 자《Λ, λ》의 명칭. 영어의 L, l 에 해당》.

lamb·da·cism [lǽmdəsìz(ə)m] n. 《음성》 **1** = lallation. **2** l자(음) 과다 사용.

lamb·doid [lǽmdɔid], (**lamb·doi·dal** [læmdɔ́id(ə)l]) adj. 람다(Λ) 형의, 산 모양의, 삼각형의.

lam·ben·cy [lǽmbənsi] n. (pl. **-cies**) U **1** 어른어른 흔들림; 부드럽게 빛남; 경묘(輕妙)함. **2** 어른어른 흔들리는 것, 부드럽게 빛나는 것.

lam·bent [lǽmbənt] adj. **1** 《불길·빛 따위가》 어른어른 흔들리는, 가볍게 흔들리는; 깜박깜박하는. ¶ *lambent* fire 어른거리는 불. **2** 《재치 따위가》경묘한. **3** 부드럽게 빛나는. ¶ eyes *lambent* with love 사랑으로 빛나는 눈. **~·ly** adv.

Lam·bert [lǽmbərt] n. 《光學》램버트《휘도의 c.g.s. 단위》.

Lam·beth [lǽmbiθ, -beθ] n. 영국 London 남부의 자치구.

Lámbeth degrée n. Canterbury 대주교가 수여하는 명예 학위.

Lámbeth Pálace n. 램베스궁《London 남부 Lambeth 자치구에 있는 Canterbury 대주교의 공관》.

lamb·ing [lǽmiŋ] n. U 《면양(綿羊)의》 분만; 《양의》 출산을 돌보기.

lamb·kin [lǽmkin] n. **1** 작은 새끼양 (little lamb). **2** 《주로 애칭》귀여운 (착한) 아기.

lamb·like [lǽmlàik] adj. **1** 새끼양 같은. **2** 상냥한, 온순한, 유순한.

lam·bre·quin [lǽmbərkin, -brə-] n. **1** 중세의 투구 위에 걸친 천(두건). **2** 문·창문의 윗부분, 또는 선반 따위에 드리우는 드림 천, 드림 장식. **3** 《紋章》 방패꼴 문장의 배경으로서 그려진 휘장(장막) 무늬.

lamb·skin [lǽmskìn] n. **1** 새끼양의 모피. **2** U 새끼양의 무두질한 가죽. **3** U 양피지 (parchment).

lamb's-quar·ters [lǽmzkwɔ̀:rtərz] n. (pl. **-ters**) 《식물》명아주(類) (pigweed).

lámb's wòol n. U **1** 새끼양의 털. **2** 새끼양털 직물. **3** 《설탕·향료·구운 사과를 넣은 일종의 음료》.

‡**lame** [leim] adj. (**lam·er**, **lam·est**) **1** 절름발이의 (crippled), 불구의(impaired) (in, of...). ¶ be *lame* of (or in) one's arm 팔이 불구이다 // go (or walk) *lame* 절뚝거리다. **2** 《돈 따위가》 빠진 한, 《돈이》불충분한 (insufficient). **3** 서투른(poor), 결함 있는(defective). ¶ a *lame* story 서투른 이야기. **4** 《美 속어》뒤진, 아무것도 모르는. —— vt. (**lamed**, **lam·ing**) **1** …을 절름발이로

lame 만들다, 불구로 만들다. **2** …을 불완전하게 하다. ~**ly** adv. ~**ness** n. [편].
lame² [leim] n. 갑옷 미늘[갑옷을 만드는 얇은 금속 편].
la‧mé [læméi] n. ⓤ 라메, 금란(金襴)[금속실을 견사·모사 따위와 같이 짜넣은 직물].
lame‧brain [léimbrèin] n. 《속어》 바보, 얼간이.
láme dúck n. **1** 《미구어》 [재선에서 떨어져] 남은 임기만 채우고 있는 낙선자(의원). **2** 《구어》 불구자, 쓸모없는 사람(것), 불완전한 것. **3** 《속어》 증권 투기에서 큰 돈을 날린 사람.
la‧mel‧la [ləmélə] n. (pl. **-lae** [-liː] or **-las**) **1** [조직·세포 따위의] 얇은 판(막, 층), 박판, 박막. **2** 〖식물〗 버섯의 주름(gill).
la‧mel‧lar [ləmélər] adj. **1** 얇은 판(막, 층)의 (에 관한); [버섯의] 주름의(에 관한). **2** =lamellate.
lam‧el‧late [læməléit, -lit/-lit] adj. **1** 얇은 판으로 된. **2** 납작한 (flat). **3** 얇은 판 모양의 (lamelliform).
lamelli- lamella의 뜻의 연결형(*모음 앞에서는 lamell-을 쓴다). 예: lamellate; lamelliform.
la‧mel‧li‧branch [ləmélibræŋk] n. 《동물》 판새류(瓣鰓類)의 백합 같은; 판새류 따위].
la‧mel‧li‧form [ləmélifɔ̀ːrm] adj. 얇은 판 모양의.
‡la‧ment [ləmént] vt. …을 슬퍼하다, 비탄하다, 애도하다. ¶ *lament* one's hard fate 자신의 불운을 한탄하다 / We *lament* his death. 우리는 그의 죽음을 애도한다.
— vi. 슬퍼하다, 애도하다(regret). ¶ (~+前+图) *lament for* (or *over*) the death of a friend 친구의 죽음을 애도하다. [영전에] 추도하다. **2** n. 비탄, 슬픔 (wail), 애도, **2** 애도시, 비가(悲歌).
◇ lamentation n.
‡la‧men‧ta‧ble [læməntəbl] adj. **1** 슬픈, 애처로운, 통탄할, 유감스러운. ¶ a *lamentable* event 애처로운 사건. **2** (드물게) 슬픈 (mournful). **3** 《구어》 서투른, 졸렬한, 빈약한 (poor). ¶ a *lamentable* performance ~**ness** n. **-bly** adv.
‡lam‧en‧ta‧tion [læməntéiʃ(ə)n / -men-, -mən-] n. ⓤ 비탄, 애도, **2** 비탄의 소리, 애도의 말; 비가(悲歌). **3** (L-) 〖단수 취급〗〖성서〗 예레미아의 애가.
◇ lamént v.
la‧ment‧ed [ləméntid] adj. [죽은 사람에 대하여] 애도받는. ¶ the late *lamented* 고인; [특히] 망부(亡夫).
La‧mi‧a [léimiə] n. (pl. **-mi‧as** or **-mi‧ae** [-miː]) **1** 〖그리스신화〗 라미아[하반신이 뱀의 모습을 한 흡혈여자 괴물]. **2** 흡혈귀(vampire); 마녀(witch).
lam‧i‧na [læmínə] n. (pl. **-nae** [-niː] or **-nas**) **1** [암석·금속·뼈·조직 따위의] 얇은 판(조각, 층), 박판, 박편, 박층, 박막. **2** 〖식물〗 엽신(葉身), 엽편(葉片).
lam‧i‧nal [læmín(ə)l] adj. =laminar.
lam‧i‧nar [læmínər] adj. 얇은 판(조각, 층)으로 된; 얇은 층을 이루는, 얇은 층 모양의.
lam‧i‧nate v. [læmínèit → adj., n] **(-nat‧ed, -nat‧ing)** vt. **1** …을 얇게 자르다, 쪼개다, 얇은 층으로 가르다. **2** [금속을] 얇게 잡아늘이다, 박(箔)으로 만들다. **3** …을 얇은 판(조각)으로 포개어 만들다. **4** …에 얇은 판(막)을 씌우다. — vi. 얇게 갈라지다, 얇은 층(판)이 되다, 박이 되다. — adj. [læmínit] (**=lam‧i‧nous** [læmínəs]) 얇은 판(조각)으로 된. — n. [læmínit] 박판(薄板) 제품, 합판(合板) 제품.
lam‧i‧nat‧ed [læmínèitid] adj. 1 박판(박편) 모양의, **2** 얇은 판으로 된; 박판이 겹쳐져서 된; 박층으로 된. ¶ *laminated* wood 합판재.
lam‧i‧na‧tion [læminéiʃ(ə)n] n. **1** ⓤ 박판(박편)으로 하기(되기). **2** ⓤⓒ 박판이 겹쳐져 있음; 박층 구조, 성층(成層). **3** 박층, 박판, 박편(lamina).
Lam‧mas [læməs] n. (=Lámmas Dày) **1** 수확제, 초수제(初穗祭) 〖옛날 영국에서 8월 1일에 새 밀가루로 빵을 만들어 축하했다〗. **2** 〖교회〗 성베드로의 쇠사슬 기념일(Feast of St. Peter's Chains) [8월 1일].

lam‧mer‧gey‧er, -gei‧er [læmərgàiər] n. 수염 수리.
‡lamp [læmp] n. **1** 등, 등불, 등화, 램프. ¶ a *spirit lamp* 알코올 램프 / a fluorescent *lamp* 형광등 / turn on (off) a *lamp* 등불을 켜다(끄다). **2** [정신·지혜 따위의] 광명, 지혜의 원천. ¶ the *lamp* of hope 희망의 빛. **3** 《고어》(비유적) 천체, 태양, 달, 별. ¶ the *lamps* of heaven 천체. **4** 《고어》 횃불(torch). **5** (~s) 《미속어》 눈(eyes). ¶ Turn your *lamps* on the dame. 저 여자 좀 봐라.
pass (or **hand**) **on the lamp** 지식이나 지혜를 끊이지 않고 전하다, 발전에 공헌하다.
smell of the lamp ① 밤 늦게까지 공부한 흔적이 있다. ② 〖작품 따위에〗 고심한 흔적이 나타나다.
— vt. **1** 《고어》 [등불로] …을 비추다. **2** 《미속어》 …을 보다(look at). [蓋炎].
lam‧pas¹ [læmpəs / -pæz] n. ⓤ 〖獸醫〗 말의 구개염(口蓋炎).
lam‧pas² [læmpəs] n. ⓤ 장식(무늬) 비단.
lamp‧black [læmpblæ̀k] n. ⓤ 그을음, 검댕, 유연(油煙) [인쇄용 잉크·흑색 안료의 원료].
lámp chímney n. 등피.
lám‧per éel [læmpər-] n. =lamprey.
lámp hólder n. [전등의] 소켓.
lam‧pi‧on [læmpiən] n. 꽃등 〖색유리 등피를 쓴, 야외에서 장식용으로 쓰는 작은 석유등〗.
lamp‧light [læmplàit] n. ⓤ 등불, 등화.
lamp‧light‧er [læmplàitər] n. **1** [석유나 가스 따위의] 가로등의 점등부(點燈夫). ¶ *like a lamplighter* 급히, 서둘러. **2** 점등 용구 〖등불을 붙이는 막대기 따위〗.
lam‧poon [læmpúːn] n. 풍자문, 풍자시. — vt. …을 풍자문으로 비방하다, 호되게 풍자하다.
lam‧poon‧er [læmpúːnər] n. 풍자문(시)을 쓰는 사람, 풍자문(시) 작자, 풍자 작가.
lam‧poon‧er‧y [læmpúːnəri] n. ⓤ 풍자문(시) 쓰기; 풍자성, 풍자적 정신.
lam‧poon‧ist [læmpúːnist] n. =lampooner.
lamp‧post [læmppòust] n. 가로등[의 기둥].
lam‧prey [læmpri] n. 칠성장어, 뱀장어.
lamp‧shade [læmpʃèid] n. 등(전등 따위)의 갓.
lamp‧stand [læmpstænd] n. 램프스탠드, 램프대.
lamp‧wick [læmpwìk] n. 등의 심지, 등심.
LAN(略) *local area network* (기업내 종합(정보) 통신망).
lan‧ac [lænæk] n. 〖항공〗 레이다 착륙 장치.
(< *lan*ar *air navigation and anti*collision)
la‧na‧i [ləːnáːi] n. (하와이어) 베란다.
la‧nate [léineit], (**la‧nat‧ed** [-neitid]) adj. 양털 모양의 [털로 덮인] (woolly), 부드러운 털이 있는.
Lan‧cas‧ter [læŋkəstər] n. **1** 랭커스터 집안〖영국 왕가의 하나(1399-1461)〗; 랭커스터 집안의 한 사람. **2** 영국 Lancashire 주의 옛 주도.
Lan‧cas‧tri‧an [læŋkǽstriən] adj. **1** 랭커스터(Lancaster) 왕가[출신]의; [장미 전쟁중의] 랭커스터 집안을 도운] 랭커스터 당의, 붉은 장미당의, **2** Lancaster (Lancashire) [출신]의. — n. **1** 랭커스터 집안의 사람; [장미 전쟁중의] 랭커스터 당원, 붉은 장미 당원. **2** Lancaster (Lancashire) 의 사람.
‡lance [læns / lɑːns] n. **1** 창. **2** 창기병(lancer). **3** 창 모양의 것; [물고기를 찌르는] 작살. **4** =lancet 1.
break a lance with a person 남과 겨루다, 경쟁하다; 남과 논의하다.
— vt. (**lanced, lanc‧ing**) **1** [창으로] …을 절개하다, ¶ *lance* an abscess 농양(膿瘍)을 절개하다. **2** [창으로] …을 찌르다.
lánce córporal n. 〖英軍〗 상병 근무 일병.
lance‧fish [lǽnsfìʃ / láːns-] n. 양미리의 일종.
lánce jàck n. 《英속어》 =lance corporal.
lance‧let [lǽnslit / láːns-] n. 활유어 (蛞蝓魚) [원삭(原索) 동물].

Lan·ce·lot [lǽnsəlɑt, -lɔ̀t / láːnslət] *n.* 〔아서왕 이야기〕원탁 기사 중 가장 뛰어난 용사.

lan·ce·o·late [lǽnsialit, -lèit / láː n-], (**lan·ce·o·lar** [-lər], **lan·ce·o·lat·ed** [-lèitid]) *adj.* 창끝 모양의; 〔잎 따위가〕끝이 뾰족한, 피침형(披針形)의.

lanc·er [lǽnsər / láːnsə] *n.* 창기병(槍騎兵).

lanc·ers [lǽnsərz / láːns-] *n. pl.* 〔단수 취급〕4인조로 춤추는 무도〔곡〕.

lánce sérgeant *n.* 〔英軍〕병장 근무 상병.

lan·cet [lǽnsit / láː n-] *n.* **1** 란셋〔외과 수술용 작은 칼〕.
2 =lancet arch. **3** =lancet window.

láncet árch *n.* 〔건축〕〔정점(頂點)이 뾰족한〕첨두 (失頭) 아치 (홍예). 〔뾰족한 창문〕.

láncet wíndow *n.* 〔건축〕예첨창(銳尖窓) 〔정점이 뾰족한 창문〕.

lance·wood [lǽnswùd / láː ns-] *n.* 열대 아메리카산의 단단하고 탄력성이 풍부한 나무; ⓤ 그 목재.

lan·ci·form [lǽnsifɔ̀ːrm / láː ns-] *adj.* 창끝 모양의, 첨예한.

lan·ci·nate [lǽnsinèit / láː n-] *vt.* (**-nat·ed**, **-nat·ing**) …을 쑤시다(stab), 꿰뚫다(pierce).

lan·ci·na·tion [lǽnsinéi(ə)n / lɑ̀ː n-] *n.* ⓤ 찌르기, 쑤시는 듯한 아픔(고통), 격통.

Lancs, Lancs. (略) Lancashire.

‡**land** [lænd] *n.* **1** ⓤ 〔sea, water 에 대하여〕뭍, 육지. ¶ on *land* 지상에서, 육상에서 / reach *land* 육지에 닿다; 항해를 마치다 / travel over *land* and sea 육지와 바다를 여행하다 / travel by *land* 육로로 여행하다 / They brought the crew safe to the *land.* 그들은 선원들을 무사히 육지로 구조했다.

2 ⓤ 〔어떤 성질을 특징으로 하는〕토지, 땅(ground); 지면, 토양(soil). ⇨ FAMILY (Usage) ¶ arable *land* 경작지 / barren *land* 불모지 / cultivated *land* 경지 / forest *land* 삼림지 / green *land* 〔英방언〕목초지.

3 ⓤ 〔법률〕〔부동산으로서의〕토지, 소유지; ⓒ (~s) 토지 재산. ¶ a house with 100 acres of *land* 100에이커의 토지가 딸린 집 / divide *lands* among one's sons 토지 재산을 자식들에게 나눠주다 / *Land* is a good investment. 토지는 좋은 투자 대상이다.

4 ⓤ 〔경제〕〔산업 개발 요인으로서의〕토지, 〔천연〕자원.

5 나라(country); 국토; 영토(domain, realm), 지역(territory). ¶ people from foreign *lands* 외국인 / one's native *land* 모국, 고국/no man's *land* 무인 지대. ⇨ NO MAN'S LAND / throughout the *land* 전국에.

6 〔특정한〕지역의 사람들, 국민(nation). ¶ The *land* rose in rebellion. 국민이 반란을 일으켰다.

7 (the ~) 전원, 시골(rural regions). ¶ Back to the *land.* 전원 생활로 돌아가라.

8 영역(realm), 지방, 지역(region). ¶ mountain *lands* 산악 지방 / the *land* of dreams 꿈나라 / *land* of the living 현세 / the *Land* of Promise; the Promised *Land* 약속의 땅(Canaan 을 일컬음) / *Land* of the Rose 잉글랜드의 별칭.

9 〔라이플총의 총신 내부나 맷돌 따위의〕홈과 홈 사이.

10 〔도랑으로 구획된〕경지(목초지)의 한 구획; 〔경지 가운데에 일부러 남긴〕미경작지의 섬; 〔南아프리카〕을 친 경지.

11 ⓤ 신(Lord). * 완곡어법으로서 Lord 대신에 여러 감탄사에 쓰인다. ¶ for *land's* sake; [for] *land* sakes 제발, 부탁이니 / The *land* knows! 하나님만이 안다! / Good *lands*! 저런!, 아이고!

12 〔스코〕공동 주택.

clear the land 〔항해〕〔배가 자유롭게 조종할 수 있도록〕육지에서 떠나다.

go (*work*) *on the land* 농부가 되다(이다).

the land of Nod ⇨ NOD.

lay (or *shut in*) *the land* 〔항해〕육지가 안 보일 만큼 먼 바다로 나오다.

lie along (or *keep in with*) *the land* 〔항해〕육지를 따라 항행하다.

make [*the*] *land* 육지를 보다(에 도착하다).

see how the land lies with …의 사태가 어떠한지 살펴보다.

take a land tack; take one's *land tacks on board* 육로로 여행하다.

── *vt.* **1** …을 상륙시키다, 양륙하다(disembark), 〔비행기〕를 착륙(착수)시키다. ¶ *land* a cargo 짐을 양륙하다 // (~+몸+前+名) *land* an airplane *in* an airport 비행기를 공항에 착륙시키다.

2 〔남〕을 탈것에서 내리게 하다, …을 하차(하선) 시키다. ¶ (~+몸+前+名) He was *landed on* a lonely island. 그는 외딴 섬에 내려졌다 / The driver *landed* him *at* the railroad station. 운전 기사는 그를 기차역에서 내려주었다.

3 〔남〕을 어떤 상태에 두다 (place); (英) …을 나쁜 상태에 빠뜨리다 (in, with…). ¶ be nicely *landed* 〔반어적〕곤경에 빠져 있다 // (~+몸+前+名) *land* a man *with* a coat that doesn't fit 남에게 맞지 않는 상의를 입히 다 / His recklessness *landed* him *in* great difficulties. 그는 무모했기 때문에 매우 어려운 처지에 빠졌다.

4 〔타격 따위〕를 가하다 (deal). ¶ (~+몸+前+名) *land* a punch on a person's head 남의 머리에 일격을 가하다 / (~+몸+前) He *landed* me a punch in the face. 그는 내 얼굴에 일격을 가했다.

5 (구어) …을 얻다, 차지하다, 획득하다(gain). ¶ *land* a job (a prize) 일자리를 얻다(상을 타다) / The salesman managed to *land* the order. 그 외판원은 그 주문을 따내는 데 성공했다.

6 〔육지·배 따위로〕〔물고기〕를 낚아올리다, 끌어올리다. ¶ *land* a trout 송어를 낚아 올리다.

7 〔기수가〕〔말〕을 결승점에(1등으로) 들어서게 하다.

── *vi.* **1** 〔배가〕육지(항구)에 닿다, 〔비행기 따위가〕 착륙하다, 착수하다, 〔일반적으로〕도착하다 (in, at …). ¶ (~+前+名) The boat *landed at* the port. 배가 항구에 도착했다 / I *landed in* Seoul *at* noon. 나는 정오에 서울에 도착했다 / The spacecraft *landed on* the moon. 우주선이 달에 착륙했다. **2** 〔탈것에서〕내리다, 상륙하다. ¶ (~+前+名) *land from* a train 기차에서 내리다. **3** 뛰어내리다, 떨어지다, 땅에 닿다, 착지하다. ¶ (~+前+名) He *landed on* the head. 그는 넘어져서 머리를 땅에 부딪쳤다. **4** 〔불쾌한 입장에〕빠지다, 처해지다, 어떤 상태로 되다 (up). ¶ (~+前+名) *land in* trouble 곤란한 상태에 빠지다 // (~+前) *land up in* prison 감옥에 갇히는 신세가 되다. **5** 〔말이〕결승점에 들어서다, 1등이 되다.

land on 《美구어》…을 꾸짖다, 비판하다, 비난하다, 욕하다. ¶ *land on* a person for neglecting his duty 의무 태만에 대해 남을 꾸짖다.

land on one's *feet; land like a cat* ① 넘어지지 않고 서다. ② 난관을 타개하다.

lánd ágency *n.* **1** (美) 토지 매매 소개소(업). **2** (英) 토지 관리소.

lánd ágent *n.* **1** (美) 부동산 중개업자, 복덕방. **2** (英) 토지 관리인.

lánd ármy *n.* (英) 〔1, 2차 세계 대전 때〕여성 농경 (農耕)부대(Women's Land Army).

land·base [lǽndbèis], **-based** [bèist] *adj.* 〔항공기·미사일 따위의〕지상 발진(發進)의.

lan·dau [lǽndau, -dɔ̀ː / -dɔ̀ː] *n.* **1** 랜도 마차〔접을 수 있는 포장 달린 4륜마차〕. **2** 랜도형 자동차. [< G *Landau* 독일의 Bavaria 의 마을 이름. 이 마차가 처음으로 만들어진 곳]

[landau 1]

lan·dau·let [lændɔːlét], (**lan·dau·lette**) *n.* 소형 랜도형 자동차.

ménd bánk *n.* 토지 저당 은행[토지를 저당잡고 대부하는 은행].

ménd brèeze *n.* 뭍바람, 육연풍(陸軟風) [보통 해가 진 후 육지에서 바다로 부는 바람]. *opp.* sea breeze

ménd cárriage *n.* 육상 운반.

ménd cráb *n.* 참게[번식할 때만 바다에 들어가는 육지성의 큰 게].

*****lánd·ed** [lǽndid] *adj.* **1** 토지를 소유한. ¶ a landed proprietor 토지 소유자, 지주 / the landed interest 지주층. **2** 토지로 된, 소유지의. ¶ a landed estate 토지 재산, 소유지, 부동산. **3** 양륙한, 상륙한.

lánd·er [lǽndər] *n.* **1** 상륙자; 양륙하는 사람. **2** [광산 입구에서] 원광을 받는 작업원. **3** 〔우주〕 착륙선.

lánd·fall [lǽndfɔ̀ːl] *n.* **1** 〔선박에서〕 육지를 처음 보기; 육지 접근. **2** 처음 본 육지, 육지 도착. **3** 〔산〕 사태(landslide).
make a good (a bad) landfall 〔항해〕 예측대로 (와는 다르게) 육지가 보이다.

lánd·fill [lǽndfìl] *n.* ⓊⒸ 매립식 쓰레기 처리.

ménd fórce *n.* (종종 ~s) 육군, 지상 부대.

lánd·form [lǽndfɔ̀ːrm] *n.* 〔형성된〕 지세(地勢), 지형.

ménd frèeze *n.* 토지 동결[매매 금지 따위].

ménd gírl *n.* 《영》〔특히 전시중에〕 인원 부족을 보충하기 위해 고용되어 농업에 종사하는 여성.

lánd-gráb·ber [lǽndgræ̀bər] *n.* 토지 불법 점유자, 토지 횡령자. **land-grab·bing** *n.* 무상 불하 토지.

ménd gránt *n.* 〔학교·철도 시설 등에 정부가 주는〕 하사지.

lánd·grave [lǽndgrèiv] *n.* 〔중세 독일에서 지방의 넓은 토지의 관할권을 가진〕 백작; 백작 영주.

lánd·gra·vine [lǽndgrəvìːn] *n.* landgrave 의 부인; landgrave 의 지위를 가진 부인. [차지인]

lánd·hold·er [lǽndhòuldər] *n.* 토지 보유자[지주 및].

lánd·hold·ing [lǽndhòuldiŋ] *n.* Ⓤ 토지 보유.
— *adj.* 토지 보유의.

lánd·hun·ger [lǽndhʌ̀ŋgər] *n.* ⓊⒸ《주로 영》 토지획득열(熱), 영토 확장열.

lánd·hun·gry [lǽndhʌ̀ŋgri] *adj.* 《주로 영》 토지 소유욕(획득욕)이 강한, 영토 확장에 열중하는.

‡lánd·ing [lǽndiŋ] *n.* **1** Ⓤ 상륙, 양륙; 착안(着岸), 착륙. ¶ a forced *landing* 불시착 / make a *landing* 상륙(착륙)하다. **2** 상륙장, 양륙장, 착륙장(landing place). **3** 〔건축〕 층계참.

lánding cárd *n.* 〔海事〕 〔선원·승객에게 발부하는〕 상륙 허가서(증).

lánding cráft *n.* 《미해군》 상륙용 주정.

lánding fíeld *n.* 비행장.

lánding fláp *n.* 〔항공〕 착륙 플랩 〔주익(主翼) 뒷부분 가장자리의 착륙용 보조 날개〕.

lánding fórce *n.* 적전(敵前) 상륙 부대.

lánding géar *n.* 〔비행기의〕 착륙 (착수) 장치 [바퀴·플로트 따위].

lánding nét *n.* 〔낚시〕 〔잡은 고기를 뜨는〕 사내끼.

lánding párty *n.* 상륙 부대, 해병 부대.

lánding pláce *n.* 상륙장, 양륙장; 선창; 〔계단의〕 층계참.

lánding shíp *n.* 《미해군》 〔외양 항행도 할 수 있는〕 상륙용 주정.

lánding stáge *n.* 〔상륙·양륙용〕 부잔교(浮棧橋).

lánding stríp *n.* 〔비행장의〕 활주로(airstrip).

lánding véhicle *n.* 〔우주〕 착륙선(lander).

lánd-jób·ber [lǽn(d)dʒɔ̀bər / -dʒɔ̀bə] *n.* 토지 투기사 (거간꾼).

‡lánd·la·dy [lǽn(d)lèidi] *n.* (*pl.* **-dies**) **1** 여자 집주인; 여자 지주. **2** 〔여관·하숙집 등의〕 여주인.

ménd láw *n.* Ⓤ 토지[소유] 법.

Lánd Léague *n.* 〔아일랜드〕의 소작인 동맹 (1879-81).

Länd·ler [léntlər] *n.* (*pl.* **-ler** *or* **-lers**) 랜틀러〔왈츠의 기원이 된 3박자의 느린 오스트리아 무용[곡]〕.

lánd·less [lǽndlis] *adj.* 토지가 없는; 토지가 없는; 육지가 없는.

lánd·line [lǽndlàin] *n.* 《미》 수송로; 〔통신〕 〔전시의〕 지상 통신선; 땅과 바다의 경계; 지평선.

lánd·locked [lǽndlɑ̀kt / -lɔ̀kt] *adj.* **1** 육지에 둘러싸인, 바다에 면하지 않는. ¶ a *landlocked* bay 내해. **2** 〔물고기 따위가〕 육봉(陸封)된, 민물에서 사는.

lánd·lop·er, -loup- [lǽndlòupər] *n.* 〔스코〕 부랑자, 모험가.

‡lánd·lord [lǽn(d)lɔ̀ːrd] *n.* **1** 지주, 집주인. *cf.* lord **2** 〔하숙집·여관 따위의〕 주인.

lánd·lord·ism [lǽn(d)lɔ̀ːrdìz(ə)m] *n.* Ⓤ **1** 지주임. **2** 지주의 특성, 지주 기질. [의.

lánd·lord·ly [lǽn(d)lɔ̀ːrdli] *adj.* 지주의; 지주 특유

lánd·lub·ber [lǽndlʌ̀bər] *n.* **1** 육상 생활자(landsman). **2** 바다에 익숙하지 않은 사람, 신출내기 선원.

‡lánd·mark [lǽndmɑ̀ːrk] *n.* **1** 〔항행에 좋은 징표가 되는 육지의〕 안표, 육표. **2** 획기적인 사건. ¶ *landmarks in* history 역사상의 대사건. **3** 〔토지의〕 경계

lánd·mass [lǽndmæ̀s] *n.* 광대한 토지; 육괴(陸塊) [특히] 대륙. [표.

ménd míne *n.* 〔군대〕 **1** 지뢰. **2** 〔낙하산 달린〕 공중 기뢰(aerial mine).

land·oc·ra·cy [lændɑ́krəsi / -ɔ́k-] *n.* ⓊⒸ (*pl.* **-cies**) 지주 계급, 지주 소유자들.

land·o·crat [lǽndəkræ̀t] *n.* 《익살》 지주 계급의 사람.

Lánd of Enchántment *n.* (the~) New Mexico 주의 속칭.

ménd óffice *n.* 공유지 관리국.

lánd-óf·fice búsiness [lǽndɔ̀ːfis-, -ɑ̀f- / -ɔ̀f-] *n.* 《미》 번어기는 좋은 장사.

Lánd of the Mídnight Sún *n.* (the ~) **1** 백야(白夜)의 나라〔특히 노르웨이·스웨덴·핀란드〕. **2** = Lapland.

‡lánd·own·er [lǽndòunər] *n.* 토지 소유자, 지주.

lánd·own·ing [lǽndòuniŋ] *n.* Ⓤ 토지 소유.
— *adj.* 지주의, 토지를 소유하고 있는.

ménd pátent *n.* 토지 권리증.

lánd·plane [lǽn(d)plèin] *n.* 육상 〔비행〕기.

lánd-poor [lǽn(d)púər] *adj.* 토지는 많이 가지고 있으나 현금 수입이 없는(가난한).

ménd pówer *n.* **1** 육상국. **2** 육군 (지상) 병력.

ménd ráil *n.* 뜸부기의 일종(corn crake).

ménd refórm *n.* ⓊⒸ 토지 개혁.

Lánd Róver *n.* 〔상표명〕 랜드로버〔지프와 비슷한 영국제 황무지·농공업용 자동차〕.

lánd·sail·ing [lǽn(d)sèiliŋ] *n.* 돛이 달린 3륜차에 타고 모래 위를 달리기. *cf.* windsurfing

Land·sat [lǽn(d)sæ̀t] *n.* 미국의 지구 자원 연구용 인공 위성. [< LAND + SAT[ELLITE]]

‡lánd·scape [lǽn(d)skèip] *n.* **1** 〔한군데서 바라보이는〕 풍경, 경치, 조망, 전망. ⇒ VIEW 類語 **2** 풍경화, 산수화. — *v.* (**-scaped, -scap·ing**) *vt.* 〔조경 (造景) 기사로〕 〔어떤 장소의〕 풍경을 미화하다, 조경하다. — *vi.* 조경사 노릇을 하다.

lándscape árchitect *n.* 조경가(造景家), 조원가(造園家). [원술.

lándscape árchitecture *n.* Ⓤ 조경술, 풍치적 조

lándscape gárdener *n.* 조원 기사, 정원사.

lándscape gárdening *n.* Ⓤ 정원술, 조원술.

lándscape márble *n.* 대리석의 일종〔자연 풍경을 연상케 하는 무늬가 있는〕.

lándscape páinting *n.* Ⓤ 풍경화법; Ⓒ 풍경화.

lánd·scap·er [lǽn(d)skèipər] *n.* = landscape gardener.

land·scap·ist [lǽn(d)skèipist] *n.* 풍경화가.

Lánd's Énd *n.* 영국 Cornwall 주 서남단의 갑(岬)

lánd·serv·ice [lǽn(d)sə̀ːrvis] *n.* 〔해군에 대하여〕

육군 병역; 육상 근무.
lánd shárk n. 1 [상류한 선원을 전문적으로 속이는] 부두 사기꾼. 2 =land-grabber.
land·sick [lǽndsìk] adj. 1 [항해] [배가] 해변에 너무 접근하여 기동이 자유롭지 못한. 2 육지를 동경하는.
***lánd·slide** [lǽn(d)slàid] n. 1 산사태, 사태. 2 무너져 내린 토사. 3 [선거에서 한 후보 또는 한 당이 대다수의 표를 획득하는] 압도적 대승리. ¶ a Democratic landslide 민주당의 대승리. 4 [일반적으로] 대승리.
— vi. (-slíd, -slíd or -slíd·den [-slìdn], -slíd·ing) 1 [산] 사태가 나다. 2 선거에서 압도적으로 승리하다.
land·slip [lǽndslìp] n. [英] = landslide 1, 2.
lands·man [lǽn(d)zmən] n. (pl. -men [-mən]) 1 [seaman 에 대하여] 육상 생활자, 지상 근무자, 육지 사람. 2 [海] a) [폐어] 첫 항해하는 선원. b) 신출내기 선원(landlubber), 견습 선원.
lánd stéward n. 토지 관리인.
Land·sturm [G lántʃtùrm] n. 1 [전시의] 국민군 총동원(소집) (general levy). 2 국민군. [<G landstorm]
lánd subsídence n. 지반 침하.
lánd survéying n. [토지·건물의 대장(臺帳)을 만들기 위한] 토지 측량[술].
land-swell [lǽn(d)swèl] n. [해안에 가까운] 파도의 넘실거림.
Land·tag [G lánttà:k] n. [역사] [독일 특히 프로이센의] 주의회. [<G land parliament]
lánd táx n. 지세(地稅).
land-to-land [lǽndtəlǽnd] adj. [미사일이] 지대지(地對地)의(ground-to-ground).
land·wait·er [lǽndwèitər] n. [英] 수출입세 담당 세관원.
land·ward [lǽndwərd] adv. (= **land·wards** [-wərdz]) 육지쪽을(으로) 향하여, 내륙쪽으로. — adj. 1 육지를 향한, 육지에 면한. 2 육지쪽에 있는.
land·wash [lǽndwɔ̀ʃ/-wɔ̀ʃ] n. 1 고조선(高潮線). 2 [바닷가로] 파도가 밀려옴.
Land·wehr [G lántvɛ̀:r] n. [독일·오스트리아 등의] 후비군(後備軍). [<G country defense]
lánd wínd n. = land breeze.
lánd yácht n. = sand yacht.
‡**lane** [lein] n. 1 [담·울타리·집 따위 사이의] 좁은 길, 골목길, 샛길. ¶ a blind lane 막다른 골목 / the red (or the narrow) lane 목구멍 / It is a long lane that has no turning. (속담) 구부러지지 않은 길은 없다; 구멍에도 별든 날이 있다. 2 [양쪽이 구분되어 있는] 좁은 길, 통로; 차선; [육상·수영 경기 따위의] 코스. ¶ a four-lane highway 4차선 고속 도로 / exclusive bus lanes 버스 전용 차선 / Lane No. 1 제1 코스. 3 [배·비행기 따위의] 규정 항로. 4 [볼링] 레인(bowling alley).
láne chánge (**chánging**) n. [자동차 등의] 차선 변경.
láne róute n. 대양 항로선. ¶ 경.
lang. (略) language.
lang·lauf [lɑ́:ŋlàuf] n. [스키] 장거리 경주.
lan·gouste [lɑ̀:ŋgúːst] n. [동물] 태평양 암초에서 나는 새우의 일종(spiny lobster).
lan·gous·tine [lɑ̀:ŋgustíːn] n. [동물] 유럽북서양산(産)의 작은 새우.
lang·syne [lǽŋsáin, +ǽn -záin] (스코) adv. 훨씬 전에(long ago), 옛날에. — n. [U] 지난날, 옛날. cf. auld lang syne
‡**lan·guage** [lǽŋgwidʒ] n. 1 [한 나라·인종의] 언어, 국어, 말. ¶ the English language 영어 / a foreign language 외국어 / a dead language 사어 / a language master [근대 외국어의] 어학 교사 / He speaks three languages. 그는 3개 국어를 말한다.
2 [U] [일반적으로] 언어, 말. ¶ spoken (written) language 구어(문어) / colloquial (literary) language 구어 (문어).
類語 **language** 언어라는 뜻의 일반적인 말; 국어의 뜻으로는 표준어를 암시. **tongue** 주로 구어, 특정한 민족·지역의 말: one's mother tongue 모국어 / the local tongue 지방 사람들의 말. **speech** 구어; 어떤 언어의 [특히 개인적으로] 현재 쓰여지고 있는 모습: modern Korean speech 현재 쓰여지고 있는 한국어.
3 [U] [음성 소리 따위에 의한 동물의] 말; [음성·문자를 쓰지 않은] 전달 수단. ¶ gesture language 몸짓 언어 / Animals possess language. 동물에도 나름대로 말이 있다.
4 [U] 말씨, 어법, 문체, 표현법. ¶ bad language 천한 말씨 / strong language 격렬한 말, 욕 / fine language 미문체(美文體) / a man with a great command of language 언어 구사에 뛰어난 사람 / in one's own language 자기의 말로 / You watch your language! 말 조심해!
5 술어, 전문어, 용어. ¶ the language of the army (the law) 군대(법률) 용어 / the language of art 미술 용어.
6 [U] (英속어) 욕, 독설. ¶ He used language to her. 그는 그녀에게 욕을 퍼부었다.
7 [U] 어학, 언어학(linguistics).
8 컴퓨터 언어.
lánguage árts n. pl. [美] 언어 과목 [초등 학교·중학교 학교에서 가르치는 읽기·글짓기·말하기·철자법·연기술 등].
lánguage lábratòry n. 어학 실습실. ¶ 회.
lánguage plánning n. 언어 정책, 언어 표준화 계획.
lánguage prócessor n. [컴퓨터] 언어 프로세서, 언어 번역 프로그램.
langue d'oc [F lɑ̃:gdɔk] n. [U] 오크어 [중세 프랑스 남부에서 사용]. [<F language of oc: oc 는 프로방스 지방에 남아 있는 고대 프랑스어로 yes 를 뜻하는 말]
langue d'oïl [F lɑ̃:gdɔil] n. [U] 오일어 [중세 프랑스 북부에서 쓰인 언어로서 현대 프랑스어의 근원]. [<F language of oïl: oïl 은 북프랑스에서 yes 를 뜻하는 말]
*__lan·guid__ [lǽŋgwid] adj. 1 노곤한, 나른한, 기운 없는. ¶ I feel languid. 나른하다. 2 흥미없는, 열의 없는. ¶ a languid attempt 마음내키지 않는 시도, 3 활발하지 않은, 침체한, 힘없는, 지지부진한. ¶ languid market 활기 없는 시황. **~·ly** adv. **~·ness** n.
◇ lánguid·ly v., lánguor n.
*__lan·guish__ [lǽŋgwiʃ] vi. 1 약해지다, 기력이 없어지다, 쇠하다, 수척해지다(droop); 시들다, 이울다. ¶ Flowers languished in the drought. 가뭄에 꽃들이 시들었다. 2 활발성을 잃다, 맥이 풀리다, 활기가 없어지다. ¶ Conversation languished. 대화가 시들해졌다 / My appetite languished. 나는 식욕이 떨어졌다. 3 괴로운 생활을 하다. ¶ (~ + 前 + 名) languish in poverty 가난에 시달리다 / languish in prison 감옥에서 신음하다. 4 번민하는, 애타게 그리워하다, 갈망하다(pine). ¶ (~ + 前 + 名) languish for home 고향을 그리워하다 // (~ + to do) languish to return 돌아가고 싶어 못견디다. 5 수심에 잠긴 체하다. ¶ (~ + 前 + 名) She languished at him. 그녀는 슬픈 듯한 표정을 지으며 그를 보았다.
◇ lánguish adj., lánguor, lánguishment n.
lan·guish·er [lǽŋgwiʃər] n. 번민하는 사람.
lan·guish·ing [lǽŋgwiʃìŋ] adj. 1 쇠약해지는, 활발치 않게 되는. 2 슬픈 듯한, 번민하는, 그리워하는, 연모하는. ¶ languishing looks 수심에 찬 듯한 표정. 3 꾸물거리는, 질질 끄는. ¶ a languishing disease 오래 끄는 병. **~·ly** adv.
lan·guish·ment [lǽŋgwiʃmənt] n. [U] (고어) 1 쇠약, 나른함, 권태, 무기력. 2 수심에 잠긴 표정.
lan·guor [lǽŋgər] n. [U] 1 권태, 나른함, 피로. ¶ feel languor 노곤함을 느끼다. 2 맥빠짐, 무기력, 침체(stagnation). 3 번민, 수심, 사랑의 고뇌. 4 [날씨 따위의] 울적함, 답답함. ¶ the languor of a summer afternoon 깨나른한(울적한) 여름날 오후.
lan·guor·ous [lǽŋg(ə)rəs] adj. 1 나른한, 게느른한,

langur

기운 없는(languid). **2** 지루한; 울적한. ~**ly** *adv*.

lan·gur [lʌŋɡúər], (**lun·goor**) *n*. [아시아산(產)] 긴꼬리원숭이의 일종.

lani- wool 의 뜻의 연결형(＊모음 앞에서는 lan-을 쓴다). 예: *laniferous*, *lanolin*.

lan·iard [lǽnjərd] *n*. =lanyard.

la·ni·a·ry [léinièri, lǽni-/-niəri] *adj*. [이가] 물건을 찢기에 알맞은, 송곳니의(canine). — *n*. 송곳니(canine tooth).

la·nif·er·ous [lənífərəs], (**la·nig·er·ous** [-dʒərəs]) *adj*. 양털이 있는(나는).

Lan·i·tal [lǽnitæ̀l] *n*. 《상표명》 라니탈〔카세인으로 만드는 인조 양털〕. 〔<It *lan*(a) wool+*Ital*(ia) Italy〕

lank [læŋk] *adj*. **1** [머리털이] 곱슬하지 않은, 곧은. **2** 여윈, 껑충한. ~**ly** *adv*. ~**ness** *n*.

lank·y [lǽŋki] *adj*. (**lank·i·er**, **lank·i·est**) 여윈 편인, [보기 싫도록] 껑충한. ⇨THIN 類語 **lank·i·ly** *adv*. **lank·i·ness** *n*.

[히] 그 앞잡이. *cf*. lanneret

lan·ner [lǽnər] *n*. 송골매의 일종. 《매사냥》 [특히] 그 암잠이. *cf*. lanneret

lan·ner·et [lǽnərèt] *n*. 송골매의 수컷. *cf*. lanner

lan·o·lin [lǽnəlin, -lin], (**lan·o·line**) *n*. Ⓤ 라놀린, 양모지(羊毛脂).

lan·sign [lǽnsàin] *n*. 《언어》 언어 기호 〔어떤 사물을 가리키는 말·문자·음 따위〕. 〔<LAN[GUAGE]+SIGN〕

Lan·sing [lǽnsiŋ] *n*. 미국 Michigan 주의 주도.

lans·que·net [lǽnskənèt] *n*. **1** [16-17세기 독일의] 용병. **2** Ⓤ 카드놀이의 일종.

lan·ta·na [læntǽinə, -tάː-/-tάː-] *n*. 용선화(龍船花) 〔향기로운 노란꽃이 피는 열대 식물. 관상용〕.

‡**lan·tern** [lǽntərn] *n*. **1** 랜턴, 제등(提燈), 각등(角燈), 등롱(燈籠). ¶ a paper *lantern* 종이 제등 / a *lantern* parade (or procession) 제등 행렬. **2** 〔등대 꼭대기의〕 등〔불〕넣는 곳. **3** 환등(기)(magic lantern). **4** 《건축》 [탑이나 둥근 지붕 위의] 정탑(頂塔); 채광창치, 채광창; 통풍 장치.

[lantern 1]

lántern flỳ *n*. 꽃매미〔열대산(産)〕 곤충〕.

lántern jàw *n*. 말라서 홀쭉한 턱.

lan·tern-jawed [lǽntərndʒɔ̀ːd] *adj*. 턱이 홀쭉한, 얼굴이 마른.

lántern slìde *n*. 〔환등용〕 슬라이드, 양화판(陽畫板).

lan·tha·nide [lǽnθənàid] *n*. Ⓤ 《화학》 란타니드 〔란타늄에서 루테슘까지 15개 희토류(稀土類) 원소들〕.

lan·tha·num [lǽnθənəm] *n*. Ⓤ 《화학》 란탄〔희토류 금속 원소의 하나; 원자 기호 La〕.

lant·horn [lǽntərn, -hɔ̀ːrn] *n*. 《주로 英》 =lantern.

Lán·tian mán [lǽntjən-] *n*. 《고인》 남전 원인(藍田原人) 〔중국 섬서성 남전현(縣)에서 1964년에 발견된 홍적세(洪積世) 중기의 화석 인류〕.

la·nu·gi·nous [lən(j)úːdʒinəs/-njúː-], (**la·nu·gi·nose**) *adj*. [부드러운] 솜털로 덮인. **2** 솜털 같은.

lan·yard [lǽnjərd], (**laniard**) *n*. **1** 《항해》 잡아매는 짧은 밧줄. **2** 《항해》 [나이프·피리 따위의] 맬끈; 《美》 경찰·권총용] 맬끈. **3** 《군대》 [대포에 점화하기 위한 갈고리 달린 담긴줄.

Lao [lau] *adj*., *n*. (*pl*. **Lao** or **Laos**) =Laotian.

La·oc·o·on [leiάkou(ə)n/-ɔ́ku(ə)n] *n*. 《그리스 신화》 라오콘〔트로이 전쟁에서 목마를 트로이 성내에 들여서는 안 된다고 경고하여 Athena 의 노여움을 사서 두 아들과 함께 거대한 바다뱀에게 목졸려 죽은 Apollo 신전의 사제(司祭)〕.

La·o·di·ce·an [lèiòudisíːən, leiàd-/-sían] *adj*. 〔종교·정치에〕 냉담한, 열의 없는. — *n*. 〔종교·정치에〕 냉담한 사람.

La·om·e·don [leiάmidὰn/-dɔ̀n] *n*. 《그리스 신화》 라오메돈〔Troy 의 창건자. Priam 의 아버지〕.

La·os [lάːous, léiαs/lauz, -s] *n*. 라오스 〔인도차이나 반도 동북부의 공화국. 수도 비엔티안(Vientiane)〕.

La·o·tian [leióu(ə)n/láu̯ʃiən] *adj*. 라오스의; 라오스 사람(말)의. — *n*. 라오스 사람; Ⓤ 라오스 말.

‡**lap**[1] [læp] *n*. **1** 무릎〔앉은 자세로 허리에서 무릎까지의 부분〕. ¶ hold a baby on one's *lap* 아기를 무릎에 앉히다. **2** 〔스커트의〕 무릎 부분; 〔옷의〕 늘어진 자락. **3** (비유적) 양육하는 장소, 기르는 곳; 책임(responsibility), 보살핌(care), 보호, 관리(control, custody). ¶ in Fortune's *lap* 행운을 타고 / in the *lap* of the God 하느님의 뜻대로 / Everything falls into his *lap*. 매사가 그의 뜻대로 된다. **4** 산간의 분지, 산에 안긴 곳. ¶ the *lap* of a valley 골짜기의 분지. **5** 〔경기장의〕 한 바퀴, 일주; 〔실의〕 한 번 감기(감은 양). ¶ on the last *lap* 마지막 한 바퀴에. **6** 겹쳐짐, 겹쳐진 부분; 〔강편(鋼片)의〕 접혀짐.

make a lap 《美속어》 앉다(sit down).

— *v*. (**lapped**, **lap·ping**) *vt*. **1** …을 싸다(wrap), …에 입히다(…in), …에 옷을 두르게 하다(…about, around), …을 접어 개다(…up). ¶ (~+目+副) *lap* a blanket around 몸에 담요를 두르다 / *lap up* a letter 편지를 접다 / (~+目+前+名) *lap* a bandage around the leg; *lap* the leg in a bandage 다리에 붕대를 감다. **2** …을 이다, …을 겹치다, 겹치다, 미늘닿게 하다(overlap)(…on, over). ¶ (~+目+前+名) *lap* a board over another 판자를 다른 판자 위에 포개다. **3** (비유적) …을 에워싸다(surround), …을 안다, 소중히 하기르다. ¶ (~+目+前+名) a house *lapped in* woods 숲에 둘러싸인 집 / They are *lapped in* luxury. 그들은 사치에 파묻혀 있다 / (~+目+副) Joy *lapped* him *over*. 그는 온통 기쁨에 싸였다. **4** 〔경기에서〕 …을 한 바퀴 앞서다; …을 한 바퀴 돌다. **5** 〔건축〕 …을 미늘달다.

— *vi*. **1** 겹쳐지다, 포개지다, 씌워지다(over…); 〔어떤 범위 밖에〕 미치다, 비어져나오다. ¶ (~+副) The shingles *lap over* elegantly. 지붕널이 우아하게 미늘달려 있다. **2** 싸이다, 입다, 둘러싸이다, 에워싸이다. **3** 접혀지다, 걷어지다. ¶ The edges of the dress *lap* deeply. 그 드레스의 가장자리가 젖혀져 있다.

lap[2] [læp] *v*. (**lapped**, **lap·ping**) *vt*. **1** 〔물결이〕 …을 찰싹찰싹 치다(씻다), …에 밀려오다. ¶ The waves *lapped* the shore. 파도가 물가를 철썩철썩 쳤다. **2** …을 핥다(lick), …을 핥아먹다(…up). ¶ (~+目+副) The dog *lapped up* the milk. 개가 우유를 다 핥아먹었다. **3** 〔아첨하는 말을〕 기꺼이 듣다, …에 열심히 귀 기울이다(…up). ¶ (~+目+副) The students *lapped up* his illuminating lecture. 학생들은 그의 계몽적인 강연을 열심히 경청했다. — *vi*. **1** 〔물결 따위가〕 씻다, 찰싹찰싹 밀려오다(소리내다). ¶ The ripples are *lapping* at my feet. 잔물결이 내 발밑에 찰싹찰싹 밀려온다 // (~+目+前+名) *lap* against the shore 물가를 씻다. **2** 핥다, 혀로 할짝할짝 핥아먹다. — *n*. **1** 파도소리가 밀려듦, 〔물가를 치는〕 잔물결 소리. **2** 〔잔잔한 물결의 소리〕 the quiet *lap* of the sea 바다의 잔잔한 물결 소리. **2** 핥기, 한번 핥기(핥는 양). ¶ take a *lap* 한번 핥다. **3** 개의 유동식; 묽은 음료.

lap[3] [læp] *n*. 〔보석 따위를 가는〕 연마반(盤), 랩반. — *vt*. (**lapped**, **lap·ping**) 〔보석 따위를〕 랩반으로 갈다, 랩반으로 마무리하다.

laparo- abdominal wall (복벽)의 뜻의 연결형(＊모음 앞에서는 lapar-을 쓴다). 예: *laparo*tomy.

lap·a·ro·scope [lǽpərəskòup] *n*. 복강경(腹腔鏡) 〔기관을 직접 보고 수술하기 위해 복벽으로 삽입하는 광학기계〕.

lap·a·rot·o·my [læ̀pərάtəmi/-rɔ́t-] *n*. Ⓤ Ⓒ (*pl*. **-mies**) 〔외과〕 개복술, 개복 수술, 측복(側腹) 절개술.

La Paz [lə pάːz/lɑː pǽz] *n*. 라파스〔볼리비아의 수도의 하나; 정부 소재지〕. *cf*. Sucre

láp-bèlt [lǽpbèlt] *n*. 《주로 美》 자동차의 좌석용 안전벨트.

láp·bòard [lǽpbɔ̀ːrd/-bɔ̀ːd] *n*. 무릎 판자〔무릎 위에

lapboard

láp compúter n. 휴대용 컴퓨터.
láp dissólve [-] n. ⓤ [영화] 랩 디졸브[2중 영사에의 한 장면 전환].
láp dòg n. 애완용 작은 개, 무릎에 앉히는 작은 강아지.
la·pel [ləpél] n. [양복 상의의] 접은 깃, 접힌 것.
la·pelled [ləpéld] adj. 옷깃이 접힌, 접힌 깃이 달린.
lapél mìke n. [양복 상의의] 접은 옷깃에 꽂는 소형 마이크.
lap·ful [lǽpfùl] n. 무릎 가득, 앞치마 가득. ¶ a lapful of apples 앞치마에 가득한 사과. [lapel]
la·pid·ar·ist [lǽpídərist] n. 보석 전문가.
lap·i·dar·y [lǽpidèri / -dəri] n. (pl. -dar·ies) 1 보석 세공인(lapidist). 2 ⓤ 보석 세공술. 3 ⓤ 보석에 관한 문헌. 4 보석 전문가, 보석 수집가(감정가) (lapidarist). — adj. 1 보석 세공의. 2 돌에 새긴, 비문의. ¶ lapidary inscriptions 비명(碑銘) / a lapidary style 비문체.
lap·i·date [lǽpidèit] vt. (-dat·ed, -dat·ing) …에 돌을 던지다, 돌로 …을 쳐죽이다.
la·pid·i·fy [ləpídəfài] v. (-fied, -fy·ing) vt. [고어] …을 돌로 변하게 하다, 석화(石化)하다(petrify). — vi. 돌로 변하다.
lap·i·dist [lǽpidist] n. 보석 세공인, 보석공.
la·pil·lus [ləpíləs] n. (pl. -li [-lài]) [지질] 화산력(礫).
lap·in [lǽpin] n. 1 토끼(rabbit). 2 ⓤ 토끼 모피.
lap·is laz·u·li [lǽpis lǽz(j)ulài / -˙-˙-] n. ⓤ 1 청금석(靑金石), 유리(瑠璃). 2 유리색(deep blue), 하늘색(azure).
láp jòint n. [건축] 접첨 이음, 미늘달기.
Lap·land [lǽplænd] n. 라플란드[스칸디나비아 반도 북부, 콜라 반도 일대].
Lap·land·er [lǽplændər] n. = Lapp 1.
LAPN (略) local area private network (구내 사설 통신망).
Lapp [læp] n. 1 라플란드 사람. 2 ⓤ 라플란드 말.
lap·pet [lǽpit] n. 1 [의복·모자 따위의] 늘어뜨린 부분, 늘어뜨린 주름. 2 [새의] 육수(肉垂), 처진 살; 귓불.
Lap·pish [lǽpiʃ] n. = Lapp. — adj. 라플란드의, 랍 사람의.
Lap·po·ni·an [læpóuniən / ləp-] a. = Lapp.
láp ròbe n. 무릎 덮개[차에 탔을 때 따위에 쓴다].
laps·a·ble, laps·i- [lǽpsəbl] adj. 1 타락하기(빠지기) 쉬운. 2 변하기(흘러가 버리기) 쉬운. 3 무효가 되는.
‡lapse [læps] n. 1 옆길로 벗어남; 일탈(逸脫), 도덕적 과실, 타락. ¶ a lapse into crime 죄를 저지름 / a lapse from virtue; a moral lapse 타락. 2 과실, 실책(failure). ¶ a lapse of the pen (the tongue) 잘못 쓰기(말하기) / a lapse of memory 깜빡 잊음, 기억 착오. 3 [시간의] 경과, 추이; 경과된 시간. ¶ the rapid lapse of time 시간의 빠른 경과 / after the lapse of time 시간이 지나고 나서. 4 [법률] [권리의] 소멸, 상실; [유산·보험의] 실효. 5 [습관 따위의] 쇠퇴, 폐지. — vi. (lapsed, laps·ing) 1 길에서 벗어나다, 타락하다, 실수하다. ¶ (~+前+名) lapse into a bad habit 나쁜 습관에 빠지다. 2 [법률] [권리 따위가] 소멸하다, 무효가 되다. ¶ Rights may lapse if they are not made use of. 권리는 행사하지 않으면 소멸된다. 3 […한] 상태가 되다, 빠지다. ¶ (~+前+名) lapse into silence 침묵하다. 4 [시간이] 경과하다.
◇ lápsus. n.
lapsed [læpst] adj. 1 지나간, 폐지된. 2 타락한, 신망을 잃은. 3 남의 손에 넘어간, 무효가 된. 4 [법률]

[의미] 실효한.
lápse ràte n. [기상] [고도의 상승에 따르는] 기온 저하율.
lap·size [lǽpsáiz] adj. 무릎에 올려놓을 정도 크기의.
láp·strake [lǽpstrèik], (**láp·streak** [-strì:k]) adj. [보트] 판자를 미늘단(clinker-built). — n. 미늘판자로 된 보트.
láp stràp n. [비행기의] 좌석 벨트(seat belt, lapbelt).
láp·streak [lǽpstrì:k] adj., n. = lapstrake.
lap·sus [lǽpsəs] n. (pl. -sus) 실수, 잘못, 착오.
lap·sus ca·la·mi [lǽpsəs kǽləmài] n. (라틴) (= slip of the pen) 잘못 쓰기, 오기(誤記).
lapsus lin·guae [-líŋgwi:] n. (라틴) (= slip of the tongue) 실언, 잘못 말하기. [時]
láp tìme n. 랩타임(왕복 경기의 도중 계시)(途中時).
lap·top [lǽptɑp / -tɔp] n. [컴퓨터] 랩톱[무릎에 올려놓고 쓸 만한 크기의 휴대용 컴퓨터].
La·pu·ta [ləpjúːtə] n. Swift 작 Gulliver's Travels에 묘사된 공중에 뜬 섬[기상(氣想)·공상에 잠기는 철학자들이 살고 있다].
La·pu·tan [ləpjúːtən] adj. Laputa 섬의[주민 같은], 공상적인, 기상천외의, 엉뚱한. — n. Laputa 섬의 주민 [같은 몽상가].
lap·wing [lǽpwìŋ] n. 댕기물떼새(pewit).
lar [lɑːr] n. lares의 단수형.
LARA, La·ra [láːrə] (略) Licensed Agency for Relief of Asia (공인 아시아 구제 기관). ¶ LARA goods 라라 물자.
lar·board [láːrbərd] n. [항해] 좌현(port). cf. starboard — adj. 좌현의. * starboard와 혼동하지 않도록 지금은 주로 port를 쓴다. [비행 제어]
LARC (略) (군사) Low Altitude Ride Control (저공
lar·ce·ner [láːrsənər] n. 절도범, 도둑.
lar·ce·nous [láːrs(ə)nəs] adj. 절도의. ¶ a larcenous act 절도를 범한 행위. ~·ly adv.
lar·ce·ny [láːrs(ə)ni] n. (pl. -nies) [법률] 절도죄; ⓒ 절도(행위). ⇒ THEFT [類語] ¶ grand (petty or petit) larceny 중(경)절도죄.
larch [lɑːrtʃ] n. 낙엽송; ⓤ 낙엽송 재목.
*****lard** [lɑːrd] n. ⓤ 라드[돼지 비계로 만든 반(半)고체의 기름]. — vt. 1 …에 래드를 바르다. 2 [맛을 돋구기 위해] [살코기에] 돼지고기·베이컨 따위를 끼워넣다. 3 [이야기·문장 따위에] 윤색하다, 수식하다. ¶ (~+ 目+前+名) lard one's conversation with quotations 대화를 인용으로 수식하다. ◇ lárdy adj.
lar·da·ceous [lɑːrdéiʃəs] adj. 라드[모양, 질]의; 지방질의.
lar·der [láːrdər] n. 식량 저장실(pantry); ⓤ 저장 식품.
lar·der·er [láːrdərər] n. [고어] 고깃관리기; 식품실 담당자.
lárd òil n. ⓤ 라드유[윤활유로 사용].
lar·doon [lɑːrdúːn], (**lar·don** [láːrd(ə)n]) n. [살코기 따위에 끼워넣는] 베이컨이나 돼지고기의 조각.
lard·y [láːrdi] adj. (lard·i·er, lard·i·est) 1 라드 모양의, 라드를 바른. 2 살찐, 지나치게 살찐, 지방이 많은.
lar·dy-dar·dy [láːrdidáːrdi] adj. 《주로 英속어》 뽐내는, 젠체하는, 멋부리는, 여자투로 간들거리는.
lar·es [léiriːz, lɑ́(ː)r- / léər-] n. pl. (sing. lar) [고대 로마의] 가정의 수호신; 집을 지켜주는 조상의 영혼.
láres and penátes n. pl. 1 [고대 로마의] 가정의 수호신. 2 [비유적] 가보, 가산(家産).
‡large [lɑːrdʒ] adj. 1 큰, 커다란. ⇒ BIG [類語] ¶ a large book 큰책 / a large house 큰집. 2 [수·양이] 큰, 다수의, 다량의. ¶ a large population 대인구 / a large amount of money 큰 액수의 돈. 3 [규모·범위가] 큰, 광대한, 광범위한. ¶ a large area 광대한 지역 / large powers 광범위한 권력 / large views 넓은 견식 / a large manufacturer 대제조업자 /

on a *large* scale 대규모로. **4** 과장된. ¶ a *large* talk 허풍. **5** [작동(作風)에 따위가] 자유스러운, 호방한. **6** 《고어》관대한, 도량이 큰(generous). ¶ a man of *large* and generous nature 관대한 성격의 소유자. **7** 〖항해〗순풍의(favorable).
large of limb; with large limbs 팔다리가 큰.
be on the large side [비교적] 큰 편이다.
— *n.* * 다음 숙어로만 쓴다.
at large ① [범인 따위가] 자유로운, 잡히지 않은. ¶ The kidnaper is still *at large*. 유괴범은 아직 잡히지 않고 있다. ② 상세히, 충분히. ¶ explain *at large* 자세히 설명하다. ③ 전체로서, 일반적으로. ¶ people *at large* 일반 민중. ④《美》전주(全州)를 대표하는. ¶ a representative *at large* 전주 선출 의원. ⑤ 특정한 임무가 없는. ¶ a gentleman *at large* 무임소의 궁정 관리; 무직자. ⑥ 미정으로. ¶ leave a matter *at large* 문제를 미정인 채로 두다.
in [the] large 대규모로, 대체적으로.
— *adv.* **1** 크게. ¶ write *large* 크게(큰 글씨로) 쓰다. **2** 과대하게, 과장하여. ¶ talk *large* 큰소리치다, 호언 장담하다 / go *large* 화려하게 행동하다. **3** 〖항해〗
by and large ⇒ BY.   ┃순풍을 받고.
◇ lárgely *adv.*, lárgeness *n.*, enlárge *v.*
large-hand-ed [láːrdʒhǽndid] *adj.* 《폐어》탐욕한(grasping). **2** 후한, 활수한(openhanded).
large-heart-ed [láːdʒháːrtid] *adj.* 도량이 큰, 너그러운, 활수한(generous); 인정많은. ~ness *n.*
lárge intéstine *n.* 대장(大腸). *cf.* small intestine
large-ish [láːrdʒiʃ] *adj.* = largish.
‡**large-ly** [láːrdʒli] *adv.* **1** 대부분, 주로. ¶ I owe my success *largely* to your help. 내가 성공할 수 있었던 것은 주로 당신이 도와준 덕택이다. **2** 크게, 충분히. **3** 대량으로; 대규모로. **4** 손크게. ¶ give *largely* 손크게 주다.
large-mind-ed [láːrdʒmáindid] *adj.* 마음이 넓은, 도량이 큰, 관대한(generous).
large-ness [láːrdʒnis] *n.* ⓤ **1** 큼, 광대, 다대(多大). **2** 광범위함. **3** 관대. **4** 위대(greatness). **5** 과장, 과대(bigness).
larg-er-than-life [láːrdʒərðənláif] *adj.* **1** 실물 크기보다 큰. **2** 실제보다 과장하는; 전설적의.
lárger trúth *n.* 〖저널리즘〗전체적 진실, 종합적 실정, 전체상(全體像).
large-scale [láːdʒskéil] *adj.* **1** 대규모의. ¶ a *large-scale* business (disaster) 대사업(대재해). **2** [지도 따위가] 축척률이 큰, 대축척의.   〖略 LSI〗
lárge-scále integrátion *n.* 고밀도 집적 회로법
lar-gess, -gesse [laːrdʒés, láːrdʒis] *n.* **1** ⓤ 손크게 줌. **2** ⓤⓒ [손크게 주어진] 선물, 축의(祝儀).
lar-ghet-to [laːrgétou] [음악] *adj.* 조금 느리게 (느린). — *n.* (*pl.* -tos) 조금 느린 템포, 라르겟토; 라르겟토의 악장. 〖< It.〗
larg-ish [láːrdʒiʃ] *adj.* 조금 큰, 다소 넓은.
lar-go [láːrgou] [음악] *adv., adj.* 엄숙하고 느리게 (느린). — *n.* (*pl.* -gos) 엄숙하고 느린 템포, 라르고; 라르고의 악장. 〖< It.〗
lar-i-at [lǽriət] *n.* **1** [말·소 따위를 잡기 위한] 던지는 올가미(lasso). **2** [가축을 매어 두는] 맷줄. — *vt.* …을 올가미 밧줄을 던져 잡다; …을 밧줄로 매어 두다.
‡**lark¹** [laːrk] *n.* **1** 종달새〖특히 skylark〗. ¶ be up (*or* rise) with the *lark* 아침 일찍 일어나다. ¶ *If the sky fall, we shall catch larks*. 《속담》하늘이 무너지면 종달새를 잡을 수 있다; 부질없는 걱정은 할 필요가 없다.
lark² [laːrk] *n.* **1** 장난, 희롱, 떠들고 놀기(frolic). ¶ for a *lark* 장난삼아 / have (*or* take, go on) a *lark* 즐겁게 놀다; 희롱하다. / be up to one's *lark* 장난치고 있다 / What a *lark*! 정말 신난다! **2** 농담.
— *vi.* 장난치다, 희롱하다. 떠들고 놀다. ¶ Stop *larking* about with the club. 막대기를 가지고 장난 그것은 그만두어라. — *vt.* …을 희롱하다, 놀리다.
lark-ish [láːrkiʃ] *adj.* 들뜬, 장난 좋아하는.
lark-some [láːrksəm] *adj.* 들뜬, 장난의.
lark-spur [láːrkspə̀ːr] *n.* 참제비고깔속(屬)의 식물 〖꽃받침잎과 꽃잎이 며느리발톱(spur)모양을 이룬다〗.
lark-y [láːrki] *adj.* (*lark-i-er, lark-i-est*) 장난치는, 들뜬; 농담 좋아하는.
lar-ri-gan [lǽrigən] *n.*《美·캐나다》유피(油皮) 장화 〖기름으로 무두질한 가죽으로 만든 장화. 벌목 인부와 사냥꾼 등이 신는다〗.
lar-ri-kin [lǽrikin] [濠洲語] *n.* 깡패, 건달, 무뢰한, 불량배.   — *adj.* 난폭한, 불량한.   [다.
lar-rup [lǽrəp] *vt.*《방언》⟨아이⟩를 세게 때리다, 매질하
*lar-va** [láːrvə] *n.* (*pl.* -vae [-viː]) 〖동물〗**1** [곤충의] 유충. **2** [변태하는 동물의] 유생(幼生) [올챙이 따위].
◇ lárval *adj.*
lar-val [láːrv(ə)l] *adj.* 〖동물〗유충(유생)의(같은). ¶ a *larval* organ 유생 기관(器官) / the *larval* stage 유
laryng- ⇒ LARYNGO-.   ┃충(유생)기.
la-ryn-ge-al [lərindʒiəl / lǽrindʒi(ː)əl] *adj.* **1** 후두(喉頭)의. **2** [음성] 후두음의, 후두음의. — *n.* [음성]
la-ryn-ges [lərindʒiːz] *n.* larynx의 복수형의 하나.
lar-yn-git-ic [lǽrindʒítik] *adj.* 후두염의.
lar-yn-gi-tis [lǽrindʒáitis] *n.* ⓤ 〖병리〗후두염.
laryngo- larynx 라는 뜻의 연결형〖* 모음 앞에서는 laryng- 을 쓴다〗.
la-ryn-go-phone [ləríŋgəfòun] *n.* [목에 대고 말하는] 후두 송화기.   〖頭鏡〗
la-ryn-go-scope [ləríŋgəskòup] *n.* 〖의학〗후두경(喉
la-ryn-gos-co-py [lǽriŋgáskəpi / -gɔ́s-] *n.* ⓤ [후두경에 의한] 후두 검사[법].
la-ryn-got-o-my [lǽriŋgátəmi / -gɔ́t-] *n.* ⓤⓒ (*pl. -mies*) 〖의학〗후두 절개[술].
lar-ynx [lǽriŋks] *n.* (*pl.* **laryn-ges** *or* **lar-ynx-es**) [해부·동물] 후두.
LASA(略) *large aperture seismic array*(지하핵폭발 실험 탐지를 위해 개발된 초(超)원거리지진 검출 장치).
la-sa-gna [ləzáːnjə] *n.* ⓤ 라자냐〖치즈·토마토소스·다진 고기 따위로 맛을 낸 넓적한 국수의 이탈리아 요리〗.
las-car [lǽskər] *n.* **1** 인도인 선원. **2**〖영국 육군의〗인도인 포병.
las-civ-i-ous [ləsíviəs, +美 læs-] *adj.* **1** 색을 좋아하는, 음탕한. **2** 색정을 돋구는, 음란한.
~ly *adv.* ~ness *n.*
lase [leiz] *vi., vt.* (*lased, las-ing*) 레이저 광선을 발하다, …에 레이저 광선을 쪼이다.
la-ser [léizər] *n.* 레이저〖전자파의 유도 방출에 의한 빛의 증폭 장치〗. 〖< *l*ight *a*mplification by *s*timulated *e*mission of *r*adiation〗
láser béam *n.* 레이저 광선.
láser bòmb *n.* 〖군사〗레이저 광선 유도 폭탄.
láser cáne *n.* [시력 장애자를 위한] 레이저 적외선 보행 지팡이.
láser fúsion *n.* 〖물리〗레이저 핵 융합〖막대한 에너지의 레이저 광선을 이용하여 일으키는 핵 융합 반응〗.
láser mémory *n.* 〖컴퓨터〗레이저 기억 장치〖레이저 광선을 주사시켜 정보를 읽는 컴퓨터용 기억 장치〗.
láser rádar *n.* 〖물리〗레이저 레이더〖종래의 레이더가 마이크로 파(波)를 이용하는 것과는 달리 레이저 광을 이용하는 레이더〗.
láser ránger *n.* 레이저 거리 측정기.
láser súrgery *n.* 〖외과〗레이저 수술〖레이저 광선에 의한 생체 세포의 파괴〗.
‡**lash¹** [læʃ] *n.* **1** 채찍(whip) [특히 낭창낭창한 끝 부분]; 채찍 끈. **2** 〖종종 the~〗채찍으로 때리는 형벌, 태형(笞刑). **3** 통렬한 비난; 빈정댐. **4** [채찍 따위의] 한 번 휘두르기, 한번 후려치기. **5** [파도·바람·비 따위의] 격렬한 충격. **6** [보통 ~es] 속눈썹(eyelash).

have a lash [at]《속어》[…]을 시도하다.
under the lash ① 체형을 받아. ② 통렬한 비난을 받고. — vt. **1** [채찍 같은 것으로] …을 때리다. **2** [파도·바람·비 따위가] …을 세차게 때리다. **3** [남]을 몰아세우다. ¶ (~+图+前+图) *lash* a person *to fury* (*into* a frenzy of anger) 남을 격노(격앙)시키다. **4** [매·손발·꼬리 따위로] 살짝 흔들다(움직이다). **5** [남]을 통렬히 비난하다; 마구 빈정대다. ¶ (~+图+前+图) *lash* a person *with* one's pen (tongue) 글(말)로 남을 통렬히 공격하다. **6**《주로 英방언》[돈]을 낭비하다. — vi. **1** 매질하다, [채찍으로] 세게 치다, [손발·꼬리 따위를] 살짝 흔들다, 휘두르다 (*out*). **2** [파도·바람·비 따위가] 세차게 부딪치다 (*out*), **3** 돌진하다(dash), [한꺼번에] 밀어닥치다; 세차게 내뿜다, [빛 따위가] 갑자기 퍼지다. **4** 비난을 퍼붓다, 욕설하다 (*out*). *lash out at* militarism 군국주의를 격렬하게 비난하다. **5** [달이] 발길질하다, 차다 (*out*). **6**《주로 英방언》돈을 낭비하다.

lash² [læʃ] vt. [밧줄·끈 따위로] …을 묶다, 매다. ¶ *lash* a thing *down* 물건을 단단히 동여매다 / *lash* things *together* 한데 묶다 // *lash* one thing *to* another 어떤 물건을 다른 것에 동여매다.

LASH [læʃ], (lash) n. 래쉬선(船) [거룻배를 함께 싣고 다니는 화물선].《lighter aboard ship》

lash·er [læʃər] n.《주로 英방언》보(洑), 둑(weir); 아래 고인 물.

lash·ing¹ [læʃiŋ] n. **1** ⓤⓒ 매질, 채찍질(whipping). **2** 통렬한 비난(견책). ¶ He got a tongue *lashing*. 그는 지독하게 꾸중을 먹었다. [밧줄(rope).
lash·ing² [læʃiŋ] n. ⓤⓒ 동여매기, 묶기, 끈,
lash·ings [læʃiŋz] n. pl.《주로 英구어》다량, 많음; [음료술의] 수북한 컵 (of…). ¶ *lashings of* chocolate 많은 초콜릿.
lash·less [læʃlis] adj. 속눈썹이 없는.   [는 초롱불.
lash-up [læʃʌp] n.《구어》급한 경우의 임시 변통, 즉
L-as·pa·rag·i·nase [élæspərǽdʒəneis] n. ⓤ 엘 아스파라기나제 [암 억제 효과가 있는 세균 효소].

‡**lass** [læs] n. **1** 소녀, 아가씨, cf. lad **2** [여자] 애인. **3**《스코》하녀(maidservant).

las·sie [læsi] n.《스코》**1** 소녀, 아가씨. cf. laddie **2** [여자] 애인(sweetheart).   [른함, 권태, 무기력.

las·si·tude [læsit(j)uːd·tjuːd] n. ⓤ 나른함, 께느

las·so [læsou, læsúː] n. (pl. **-sos** or **-soes**) [던지는] 올가미가 달린 밧줄(lariat). — vt. …을 올가미로 잡다.

‡**last¹** [læst / laːst] adj. (late의 최상급의 하나. cf. latest) **1** [시간·순서·공간적으로] 최후의, 마지막의, 맨끝의. ¶ the *last* line of the page 그 페이지의 마지막 행 / the *last* page but one (two); the second (the third) *last* page 끝에서부터 2(3)페이지째 / the three *last* stanzas; the *last* three stanzas 마지막 3연(聯)《*오늘날에는 후자가 보통. 전자는 last+명사가 구(句)로 되는 경우이거나 에스러운 표현》/ He was the *last* [man] to leave the room. 그가 마지막으로 그 방에서 나갔다.

[類義] *last* 연속되는 것의 마지막을 나타내는 가장 일반적인 말. *final* 순서의 마지막으로서 사물의 종결을 나타낸다; *last*와는 달리 구체적인 사물에 관해 쓰는 일은 드물다: the last day of the *final* examinations 최종 시험의 마지막 날. *terminal* 말단을 나타낸다: the *terminal* stage 말기(末期). *ultimate* 진행·노력 등이 더 이상 나아갈 수 없는 한계의: the *ultimate* results of an investigation 조사의 결과.

2 바로 전의, 요전의, 최근의. ¶ the *last* election 요전 선거 / my *last* letter 전번의 편지 / these *last* few days 2,3일 전부터 / I was ill in bed, [the] *last* time he came here. 전번에 그가 여기 왔을 때 나는 앓아 누워 있었다.

3 지난…, 작(昨)…, 앞선…, 현재에서 가장 가까운 지나간…《*부사구로 쓸 경우에 the를 붙이지 않는다》. ¶ *last* night (evening, week, month, year) 어젯밤(어젯 저녁, 지난 주, 지난 달, 작년)《* last morning, last afternoon, last day 라고는 말하지 않는 점에 주의. 이들은 yesterday morning, yesterday afternoon, yesterday 라고 말해야 옳으며,《英》에서는 yesterday evening으로도 쓴다》/ on Monday *last* week 지난 주 월요일에 / last Monday; on Monday *last* 지난 월요일에, 지난 주 월요일에 / *last* February; in February *last* 지난 2월에《* last 가 뒤에 오는 것은 격식차린 표현》/ *last* summer 지난 여름, 작년 여름.

4 최근의, 최신의, 현재 유행하는. ¶ his *last* book 그의 최근의 저서 / the *last* news 최신 뉴스 / the *last* cry《美》최신 유행품 / the *last* thing in skirts 스커트의 최신 유행형.

5 최후로 남은. ¶ the *last* hope 최후의 희망 / one's *last* dollar 마지막 남은 1달러 / fight to the *last* man 최후의 한 사람까지[전멸할 때까지] 싸우다.

6 최종의, 마지막의, 임종의. ¶ the *last* day [최후의] 심판날 / the four *last* things [신학] 사종(四終) 《종교·심판·천국·지옥》《*어순(語順)에 주의 cf. 1) / in the *last* days of his life 그의 만년에 / in one's *last* hours (or moments) 임종 순간에, 죽음에 임해서 / draw one's *last* breath 마지막 숨을 거두다 / see something for the *last* time 어떤 것을 마지막으로 보다.

7 최종적인, 결정적인.

8 최상의(utmost); 비상한(extreme). ¶ of [the] *last* importance 극히 중요한 / the *last* term of contempt 더없는 경멸의 말.

9 최하위의, 꼴찌의. ¶ the *last* prize 꼴찌상 / He is the *last* boy in the class. 그는 반에서 꼴찌다.

10 가장 …할 것 같지 않은, 가장 부적당한. ¶ That is the *last* thing one would expect. 그것은 사람이 가장 예상치 못할 일이다 / He is the *last* person to deceive you. 그는 결코 당신을 속일 사람 같지는 않다.

11 [강조됨] = single. ¶ Every *last* thing was the best of its kind. 어느 것을 보아도 최상품이었다.

[the] last thing at night《부사적》① 밤 늦게. ② 《구어》자기 전에.

on (or **upon**) **one's last legs** ① 죽음에 이르러. ② 이도저도 못하여, 궁지에 빠져.   [다.
put the last hand to …을 마무리짓다, …을 완성하
take one's last (or **long**) **count**《美속어》죽다.
take one's last drink 《캐나다 속어》익사하다.

— adv. (late의 최상급의 하나) **1** 최후에, 마지막에, 맨끝에. ¶ *last* of all [강조절] 최후에 / He arrived *last*. 그가 마지막으로 도착했다 / *He laughs best who laughs last*.《속담》마지막에 웃는 웃음이야말로 최고다, 미리 좋아하는 것은 금물.

2 전번에, 요전에, 최근. ¶ It's a long time since I saw him *last*. 전번에 그를 만나고 나서 상당히 오래 되었다.

[주의] 종종 합성어의 제1요소로 쓰인다: *last*-born 마지막에 태어난 / *last*-mentioned 마지막으로(요전에) 말한.

last but not least 차례는 맨 끝이지만 중요성은 어느 것에 뒤지지 않는, 끝으로도 중요한 점을 말하겠지만.

last in, first out 후입선출(後入先出)의, 마지막에 채용된 사람이 먼저 해고되는.

— n. (the ~, one's ~) **1** 최후의 사람(것), 최근의 것. ¶ the night (the month) before *last* 그저께 밤[지난달] / This is the *last* of the apples. 이것으로 사과는 마지막이다 / These *last* will not change. 마지막으로 말한 이것들은 번치 않을 것이다 // the *last* in the row 열의 맨 끝 사람. **2** 최후, 종말, 끝말, 끝, 임종. ¶ from first to *last* 처음부터 끝까지, 시종 / He is near his *last*. 그의 임종이 가깝다. **3** [보고 듣는 기회의] 마지막. ¶ That was the *last* we saw her on the screen. 그것을 마지막으로 그녀는 두번 다시 영화에 출연하지 않았다. **4** [월·주의] 마지막. ¶ He came home the *last* of May. 그는 5월말에 돌아왔다. **5** 전번

편지(last letter); 최근에 한 농담. ¶ I said it in my *last*. 요전번에 그것을 말씀드렸습니다 / Have you heard his *last*? 그의 최근의 농담을 들은 적이 있나요? **6** 己에 태어난 자식, 막내둥이. ¶ Mrs. Smith's *last* 스미스 부인의 이번 아이.
at lást 드디어, 마침내, 끝내.
at lóng lást [강조적] [끝에 가서] 간신히, 마침내.
bréathe one's lást 숨을 거두다, 죽다.
héar the lást of …을 마지막으로 듣다. ¶ We shall never *hear the last of* it. 그같은 소문은 언제까지나 끊이지 않을 것이다.
lóok one's lást …을 마지막으로 보다.
sée the lást of ① …을 마치다, 해치우다(finish). ② [남]을 해치다, 쫓아버리다; …의 최후를 지켜보다.
to (or ***till***) ***the lást*** 최후까지; 죽을 때까지. ¶ be faithful *to the last* 최후까지 충실하다.
◇ **lástly** *adv*.

‡**last**² [læst / lɑːst] *vi*. **1** 계속하다, 지속(존속)하다. ⇨ CONTINUE [類語] ¶ as long as the world *lasts* 이 세상이 존속하는 한 / How long will this fine weather *last*? 이 맑은 날씨는 언제까지 지속될까? / The lecture *lasted* an hour. 강의는 1시간 계속됐다.
2 [손상되지 않고] 지탱되다, 견디다; [건강이] 유지되다. ¶ while my health (strength) *lasts* 내 건강(정력)이 지속되는 한 / This color *lasts*. 이 색은 변치 않는다.
3 [없어지지 않고] 오래 가다, 족하다. ¶ He really enjoyed himself while his money *lasted*. 그는 돈이 떨어질 때까지 마음껏 놀았다.
— *vt*. [略] **1** 계속시키다, …에 족하다, 충분하다. ¶ This coat *lasted* me full six years. 이 저고리는 만 6년간 입을 수 있었다 / I have enough money to *last* me [for] a year. 나는 1년 동안 살아갈 수 있을 만큼의 돈을 갖고 있다. **2** …의 끝까지 지탱하다, …을 견디어내다 (…*out*). ¶ (~+目+副) He could not *last out* the apprenticeship. 그는 도제(徒弟) 기간을 견디어 내지 못했다.

last³ [læst / lɑːst] *n*. 구두 골.
stíck to one's lást 자기의 직분(본분)을 지키다, 남의 일에 쓸데없이 말참견을 하지 않다.
— *vt*. [구두]를 골에 맞춰 만들다.

last⁴ [læst / lɑːst] *n*. 라스트 [중량 단위; 지방과 물건에 따라 다르다. 보통 4,000 pounds).

lást acróss *n*. 《英》 가까이 오는 차(열차) 앞을 누가 맨 마지막에 건너가는지를 경쟁하는 놀이.

lást ágony *n*. 임종의 고통, 단말마(斷末魔)(death agony).

lást crý *n*. (the ~) 최신 유행(물). ¶ Our shop always features the *last cry* in shoes and bags. 우리 가게는 항상 최신 유행의 구두와 가방을 준비해 놓고 있습니다.

lást dáy *n*. (종종 L- D-) (the ~) 최후의 심판일, 세상의 마지막 날(Day of Judgment).

last-ditch [lǽs(t)dít∫ / lɑ́ːs(t)-] *adj*. 진퇴유곡의, 막판에 몰린, 끝까지 버티는. ¶ *last-ditch* resistance 최후의 저항.

last-ditch·er [lǽs(t)dít∫ər / lɑ́ːs(t)-] *n*. 최후까지 버티는 사람.

Las·tex [lǽsteks] *n*. 《상표명》 라스텍스 [고무와 면의 혼합 섬유].

lást hurráh *n*. 최후의 시도(노력). [《미국의 작가 Edwin O'Connor의 노정치가의 최후의 선거전을 쓴 소설 *The Last Hurrah* (1956)에서]

‡**last·ing** [lǽstiŋ] *adj*. 영속적인, 오래 지속(지탱)되는, 영구적인. ⇨ ETERNAL [類語] ¶ a *lasting* peace 항구적인 평화. — *n*. [U] **1** 영속, 내구(耐久). **2** 능직(綾織)의 질긴 모직물.
~**ly** *adv*. ~**ness** *n*.

Lást Júdgment *n*. (the ~) [세계의 종말 때의 그 리스도에 의한] 최후의 심판. *cf*. Judgment Day

*****lást·ly** [lǽstli / lɑ́ːst-] *adv*. [논술 따위에서] 마지막으로,

로, 끝으로.

last-min·ute [lǽstmínit / lɑ́ːst-] *adj*. 최후 순간의, 마지막 판의; 임시 변통의. ┌NAME [主意]

lást náme *n*. 성(姓), *cf*. first name ⇨ CHRISTIAN

lást óffices *n. pl*. 장례식, 초상. └啓차.

lást póst *n*. **1** 《英군대》 소등나팔. **2** 장례식의 나팔

lást stráw *n*. (the ~) 참을 수 없게 되는 마지막 짐. [<It is the last straw that breaks the camel's back. (지푸라기 같은 것이라도 한도 이상으로 실게 되면 낙타의 등이 부러진다)라는 속담에서]
Thát's the lást stráw! (구어) 그건 너무 지나치다!, 뭔가 손을 쓰야겠다.

Lást Súpper *n*. (the ~) **1** [그리스도의] 최후의 만찬. **2** [그리스도의 수난과 죽음을 기념하는] 예배 집회, 성찬식. **3** 최후의 만찬 광경을 그린 그림 [Leonardo da Vinci 작품(1495-98)].

lást thíng *n*. (the ~) 최신 유행품. — *adv*. 《구어》 잠자리에 들기 전에, 결국으로. ¶ She locked the door *last thing*. 그녀는 자기 전에 마지막으로 문을 잠그었다.

lást wórd *n*. (the ~) **1** 최후의 말, 결정적인 말(논설·사실). ¶ He determined to have the *last word* on the matter. 그는 그 문제에 관해 최후의 단정을 내리기로 결심했다. **2** 개선의 여지가 없는 것, 결정본. **3** (구어) 최신형(식), 신품. ¶ [부의 도시 「도박으로 유명」.

Las Ve·gas [lɑːs véigəs] *n*. 미국 Nevada주 동남

lat [lɑːt] *n*. (*pl*. **lats** or **la·ti** [lɑ́ːti]) 라트 [라트비아(Latvia) 공화국의 통화·화폐 단위].

lat. (略) latitude.

Lat. (略) Latin.

La·ta·ki·a [lætəkíːə, +美 lɑːtɑːkíːɑː] *n*. **1** 라타키아 [시리아 서북부, 지중해 연안의 항구 도시]. **2** [U] 터키(産)의 질 좋은 담배.

*****latch** [læt∫] *n*. [문·창·대문 따위의] 걸쇠, 빗장.
óff the látch 걸쇠를 벗기고.
ón the látch [자물쇠를 채우지 않고] 걸쇠만 걸고.
— *vt*. …에 걸쇠를 걸다. ¶ *latch* a window 창문에 걸쇠를 걸다; 걸쇠가 걸리다. ¶ This door won't *latch*. 이 문은 걸쇠가 걸리지 않는다.

latch·et [lǽt∫it] *n*. (古) 구두끈.

latch·key [lǽt∫kìː] *n*. 걸쇠를 벗기는 열쇠 [특히 현관문을 밖에서 열 때 쓰는 것]. ┌ 녀는 아이.

látchkèy chíld *n*. [맞벌이 부부의] 열쇠를 갖고 다

latch-string [lǽt∫strìŋ] *n*. 걸쇠의 끈 [밖에서 걸쇠를 벗기도록 매달아 놓은 끈].

‡**late** [leit] *adj*. (**lat·er** or **lát·ter**, **lát·est** or **last**) (*opp*. *early*) ∗ later, latest는 시간에, latter, last는 순서에 관해 쓴다) **1** 늦은; [정각보다] 지체된. ¶ The train is ten minutes *late*. 열차는 10분 늦어지고 있다 / It is never too *late* to mend. 《속담》 잘못을 고치는 데는 너무 늦다는 법은 없다 // be *late* for dinner (the train) 식사(열차)에 늦다.
[類語] *late* 일반적인 말; 예정된 시각·시기에 늦은에: be *late* for school 학교에 늦다. **tardy** 동작의 완만·태만 따위로 늦은: a *tardy* worker 느리게 일하는 사람.
2 철늦은, 늦되는. ¶ a *late* flower 늦게 피는 꽃.
3 늦게까지 계속되는. ¶ a *late* session 밤늦게까지 계속되는 회합.
4 [시각이] 늦은. ¶ a *late* dinner 늦은 저녁 식사 / a *late* riser 늦잠꾸러기 / keep *late* hours 늦게 자고 늦게 일어나다.
5 바로 전의, 요전의, 최근의 (recent). ¶ a *late* invention 최근의 발명품 / my *late* illness 내가 최근에 앓은 병.
6 전의, 앞서의(former). ¶ his *late* residence 그의 전 주소 (그전 집) / the *late* Administration 전 내각.
7 [최근] 돌아가신, 작고(별세)한, 고…. ⇨ DEAD [類語] ¶ the *late* king 선왕(先王) / the *late* Dr. A 고 A 박사.
8 [연령적으로] 늘그막의, 만년의. ¶ a *late* marriage 만혼.

late bloomer 1280 **latifundist**

9 후기의, 말기의. ¶ *late* spring 늦봄, 만춘 / the *late* Gothic architecture 후기의 고딕 건축 / the *late* Middle Ages 중세 후기. * 비교급 later 쪽이 기간의 한정면에서는 더욱 막연하다.
of late 최근[에], 요즘. ⇒ LATELY 類語
of late years 근년[에].
— *adv.* (lat·er, lat·est or last) **1** [어떤 시각에] 늦어, 지각하여. ¶ arrive *late* for the train 기차에 한 뒤 도착하다 / Better late than never. 《속담》 늦어도 하지 않은 것보다는 낫다. **2** [시각·시기가] 늦어져, 밤늦게. ¶ go to bed *late* 늦게 자리에 들다 / succeed *late* in life 만성(晩成)하다 / It rained *late* in the afternoon. 오후 늦게에 비가 왔다. **3** 늦게까지, 밤늦도록. ¶ study (work) *late* 밤늦도록 공부(일)하다 / sit (or stay) [up] *late* 밤늦도록 일어나 있다. **4** 이전에는, 전에는(formerly). **5** 최근, 요사이(recently). ¶ I saw him as *late* as yesterday. 바로 어제 그를 보았다.
early and late ⇒ EARLY. *early or late* ⇒ EARLY.
late in the day 《구어》너무 늦게, 때늦게, 뒤늦게. ¶ He has begun rather *late in the day*. 그는 좀 뒤늦게 시작했다.
~·ness *n.* ◇ lately *adv.*, láten *v.*

láte blóomer *n.* 만성형(晩成型)의 사람.
late-bloom·ing [léitblúːmiŋ] *adj.* 늦게 피는; 늦되는, 늦게 번성하는, 만성형(晩成型)의.
late·com·er [léitkλmər] *n.* **1** 늦게 오는 사람, 지각자. **2** 최근에 나타난 것, 신참자.
la·teen [lætíːn, lə-/lə-] *adj.* 큰 삼각돛의(이 있는).
— *n.* 큰 삼각돛. 큰 삼각돛 배.
la·teen-rigged [lætíːnrìgd, lə-/lə-] *adj.* 큰 삼각돛 식의.
láte fée *n.* 《영》[전보·우편 따위의] 시간외 특별 요금, 지체료.
Láte Látin *n.* ⓤ 후기 라틴어. ⇒ LATIN.
‡late·ly [léitli] *adv.* 요즘, 요사이에, 최근[말기 (of late). ¶ I haven't seen him *lately*. 요즘 그를 보지 못했다 / It is only *lately* that he has been well enough to go out. 그가 외출할 수 있을만큼 건강해진 것은 극히 최근이다.
類語 **lately** 의문문·부정문에 쓰며, 긍정문에서는 종종 only를 동반한다. 또 과거·현재형과 함께 쓰는 일은 드물고, 보통 현재완료형에 쓰인다. *of late*=lately; 긍정문에도 쓰인다: The days have been getting shorter *of late*. 요사이 해가 짧아졌다. **recently**는 완료형 또는 과거형과 함께 쓰인다: He was promoted *recently*. 그는 최근 승진했다 / Environmental pollution has been greatly discussed *recently*. 최근 환경 오염이 크게 문제화되고 있다. [시키다].
~·ly *adv.* ◇ látency *n.*

lat·en [léitn] *vi., vt.* 늦어지(게) 하(다), 지각하다.
la·ten·cy [léitnsi] *n.* ⓤ 숨어 있음, 보이지 않음, 잠복, 잠재; [병 따위의] 잠복기(latent period).
látency tíme *n.* ⓤ《컴퓨터》대기 시간, 호출 시간.
late-night [léitnàit] *adj.* 심야의, 심야 영업의. ¶ a *late-night* show [TV의] 심야 프로.

‡la·tent [léitnt] *adj.* **1** 숨은, 잠복하는, 보이지 않는, [植] *latent* heat 잠복열. **2** [병리] 잠복하는, 잠복성의. ¶ the *latent* period 잠복기. **3** [식물] 잠복의, 휴면 (休眠)의. ¶ a *latent* bud 잠복아(芽). **4** [심리] 잠재의.
類語 **latent** 존재하지만 겉으로는 나타나지 않는. **potential** 현재는 미발달 상태의 있으나 장차 언젠가는 충분히 발달하여 나타날 가능성이 있는: a *potential* enemy 언젠가는 적이 될 수 있는 존재.
~·ly *adv.* ◇ látency *n.*

látent ímage *n.* 《사진》[현상하면 나타나는] 잠상(潛像).
late-on·set [léitànset/-ɔ́n-] *adj.* 《의학》지발성(遲發性)의, 후발성의, 만년에 증상이 나타나는.
‡lat·er [léitər] *adj.* (late의 비교급의 하나. *cf.* latter) *adj.* 보다 늦은, 후의, 후기의. ¶ *later* mail 후의 우편 / in *later* life 만년. — *adv.* 뒤에, 후에, ¶ three days *later* 3일 후에 / See you *later*. 나중에 뵙겠습니다.
sooner or later ⇒ SOON.
later on 나중에, 추후로.

‡lat·er·al [lǽtərəl] *adj.* **1** 측면의, 옆의, 옆으로의; 〔식물〕측생(側生)의. *cf.* longitudinal ¶ a *lateral* branch [가계의] 방계(傍系) / *lateral* movement 횡(橫) 측면(側面)의. ¶ *lateral* consonant 측음 [[l] 따위].
— *n.* **1** 측면, 측부; 측면에서 생기는 것, 옆부분에 있는 것. **2** [식물] 측생아(側生芽), 옆가지. **3** [음성] 측음 (lateral sound). **4** [축구] 옆 패스. ~·ly [-rəli] *adv.*
láteral thínking *n.* ⓤ 수평 사고[상식·기성 관념의 틀에 얽매이지 않는 사고 방식].
cf. vertical thinking

Lat·er·an [lǽtərən] *n.* **1** (the ~) 라테란 성당 (Church of St. John Lateran) [로마의 대성당으로 교황의 성좌(聖座)가 있는 최고위의 성당]. **2** 라테란 궁전 [원래는 교황의 궁전. 현재는 박물관]. — *adj.* 라테란 교회의 (궁전)의.
Láteran Cóuncil *n.* (the ~) 라테란 공회의(公會議) [1123, 1139, 1179, 1215, 1512-17에 개최되었다].
lat·er·day [léitərdèi] *adj.* 근년의, 근대의.
lat·er·ite [lǽtəràit] *n.* ⓤ [지질] 라테라이트, 홍토(紅土).
lat·er·it·ic [lǽtərítik] *adj.* 홍토질(상(狀))의 (上).
‡lat·est [léitist] *(late*의 최상급의 하나. *cf.* last) *adj.* **1** 가장 늦은, 최후의, 최신의. ¶ the *latest* book 그 최근의 책 / the *latest* fashions 최신 유행. **3** 《고어·詩》최후의(last).
at [the] latest 늦어도, ¶ Be here by five *at [the] latest*. 늦어도 5시까지는 이리 오시오.
the latest 최신의 것, 최신 뉴스(유행 따위).
— *adv.* 맨 나중에(last).

la·tex [léiteks] *n.* ⓤⓒ *(pl.* lat·i·ces [lǽtisìːz] or la·tex·es) [고무·옻속 등의 식물이 분비하는] 유액, 라텍스.
lath [læθ/lɑːθ] *n.* *(pl.* laths [læðz, -θs/lɑːðz, -ðz]) **1** 욋가지, 외 [회반죽칠의 바탕이 되는 얇고 가는 나무 조각]; 〔집합적〕 외(lathing). ¶ as thin as a *lath* 말라 빠진. **2** 욋가지 비슷한 것. **3** 마른 (야윈) 사람. ◇ ~에 욋대를 붙이다, 욋가지를 대다.
lathe [leið] *n.* 선반(旋盤); [도공용] 녹로(轆轤).
— *vt.* (lathed, lath·ing) …을 선반으로 깎다.
lath·er¹ [lǽðər/lάː-] *n.* **1** 비누 거품. ⇒ FOAM 類語. ¶ work up a *lather* with a sponge 스폰지로 거품을 일으키다. **2** [말 따위의] 거품 같은 땀(foamy sweat). **3** 《구어》흥분 상태. ¶ [all] in a *lather* 땀에 흠뻑 젖어서, **3** 《구어》흥분 상태. — *vi.* **1** 거품이 일다. **2** [말 따위가] 비지땀을 흘리다, 땀투성이가 되다. — *vt.* **1** 《…에 비누 거품을 일으키다. **2** 《구어》…을 때리다, 두들겨 패다(beat, flog). **3** …을 흥분시키다 (…up) (excite).
lath·er² [lǽðər/lάː-] *n.* 욋가지를 만드는 직공.
lath·er·y [lǽðəri/lάː-] *adj.* **1** 거품투성이의. **2** 거품 같은, 공허한.
láth·house [lǽθhàus/lάː-] *n.* *(pl.* -hous·es [-hàuziz]) 《원예》차광 육모실(遮光育苗室).
la·thi [lάːti] *n.* 쇠테를 씌운 곤봉 [흔히 대나무로 만들며 경찰이 무기로 쓴다].
lath·ing [lǽθiŋ/lάː-] *n.* ⓤ **1** 욋가지 만들기, 욋대 엮기. **2** 〔집합적〕욋가지 (laths).
lath·like [lǽθlàik/lάː-] *adj.* 욋가지 (욋대) 같은.
lath·work [lǽθwɚːrk/lάː-] *n.* = lathing.
lath·y [lǽθi/lάː-θi] *adj.* (lath·i·er, lath·i·est) 욋가지 같은; 가느다란, 홀쭉한(long and slender).
lat·i·ces [lǽtisìːz] *n.* latex의 복수형의 하나.
lat·i·cif·er·ous [lǽtəsífərəs] *adj.* 〔식물〕유액(乳液)을 내는 (분비하는); 유액을 함유한.
lat·i·fun·dism [lǽtəfʌ́ndizəm] *n.* ⓤ 대토지(大土地) 소유. [주
lat·i·fun·dist [lǽtəfʌ́ndist] *n.* [라틴 아메리카의] 대지

lat·i·fun·di·um [lætəfʌ́ndiəm] *n.* (*pl.* **-di·a**) [로마역사]/ 라티푼디움[부재 지주(자본가)가 노예를 부려서 경영한 광대한 소유지].

‡**Lat·in** [lǽt(i)n / -tin] *n.* **1** ⓤ 라틴어. ¶ *Old Latin* 고대 라틴어[약 600 B.C.부터 80 B.C.경까지]/*Classical Latin* 고전 라틴어[약 80 B.C.부터 A.D. 180년경까지]/*Late Latin* 후기 라틴어[고전시대 이후부터 약 A.D. 700년경까지]/*Medieval* (*or* **Middle**) *Latin* 중세 라틴어 [약 A.D. 700년부터 1500년경까지]/*Modern* (*or* **New**, **Neo**-) *Latin* 근대 라틴어[르네상스 이후 과학 용어로서 널리 쓰이고 있다]/*Low Latin* 저(低) 라틴어[Late Latin, Medieval Latin, Vulgar Latin 따위]. ⇒ VULGAR LATIN. **2** 라틴 사람 [고대 Latium 의 주민]; 고대 로마인. **3** 라틴계의 사람, 라틴 민족의 사람.
── *adj.* **1** 라틴어의; 라틴 민족의. ¶ the *Latin* races 라틴 민족 [라틴어에 연유를 말하는 이탈리아·프랑스·스페인·포르투갈·루마니아 등의 여러 민족]. **2** 라틴 교회의 [로마 가톨릭 교회의]. **3** 고대 Latium 의, Latium 인(라틴 사람)의; 고대 로마인의. ¶ *Latin* statesmen 고대 Latium (로마)의 정치가들. **4** 라틴어의. ¶ *Latin* grammar 라틴어 문법.
◇ Látinize *v.*, Latínic *adj.*, Latínity, Látium *n.*

***Látin América** *n.* 라틴 아메리카[라틴계 언어를 말하는 중남미 제국].

Látin Américan *n.* 라틴 아메리카인.

Lát·in-A·mer·i·can [lǽtinəmérikən] *adj.* 라틴 아메리카[인]의.

Látin Chúrch *n.* 라틴 교회, 서방 교회[동방 교회와는 다르게 로마의 전통 아래 라틴어를 사용하는 교회].

Látin cróss *n.* 라틴 십자가[세로 막대의 아래쪽이 긴 보통의 십자가].

La·tin·ic [lətínik] *adj.* 라틴어(어, 사람, 민족)의.

Lat·in·ism [lǽtinìz(ə)m] *n.* ⓤⓒ 라틴어법, 라틴풍.

Lat·in·ist [lǽtinist] *n.* 라틴어 학자.

Lat·in·i·ty [lətíniti, +美 lei-] *n.* **1** 라틴어 사용[법], 라틴어의 지식. **2** 라틴어체(어법, 어풍).

Lat·in·ize, lat- [lǽt(i)nàiz / -tin-] (* 《英》에서는 **Lat·in·ise** 로도 쓴다) *v.* (**-ized, -iz·ing**) *vt.* **1** ···을 라틴식으로 하다; 라틴화하다. **2** ···을 라틴 교회화하다. **3** ···을 라틴어로 번역하다(고쳐 쓰다). ── *vi.* 라틴 어구(어법)를 사용하다. ¶ She *latinizes* frequently in her poetry. 그녀는 시에 라틴 어구를 자주 사용한다.

La·ti·no [lɑːtíːnou] *n.* (*pl.* **-nos**) [미국의] 라틴 아메리카 시민.

Látin Ríte *n.* (the ~) 라틴 양식의 전례(典禮)[로마 가톨릭 교회의].

Látin róck *n.* 라틴 로크 [보사노바 따위의 라틴 음악과 로크 음악의 혼합].

lat·ish [léitiʃ] *adj.* 조금 늦은, 느지막한. ─ *adv.* 조금 늦게.

‡**lat·i·tude** [lǽtit(j)uːd / -tjuː-] *n.* ⓤ **1** [지리·천문] 위도. *cf.* longitude. ¶ 20 degrees 30 minutes north (south) *latitude* 북(남) 위 20도 30분. **2** (보통 ~s) 어떤 위도의 장소(지방). ¶ in cold (warm) *latitudes* 한(온)대 지방에/high *latitudes* [적도에 가까운] 저위도. **3** (행동·사상·활동 따위의) 자유, 허용 범위. ¶ be out of a person's *latitudes* 남의 한계에 넘치다. **4** [의미·적용 따위의] 범위, 한도(scope). **5** [사진] 필름의 노광 래티튜드, 관용도(寛容度)[적정 노출 범위]. **6** [고어] 폭(width).
◇ latitúdinal, latitudinárian *adj.*

lat·i·tu·di·nal [lǽtit(j)uːdinl / -tjuː-] *adj.* 지리 위도의. **~·ly** [-nəli] *adv.*

lat·i·tu·di·nar·i·an [lǽtit(j)uːd(i)néə(:)riən / -tjuː-]: -dinéər-] *adj.* [사상 따위에] 관대한, 자유주의적인. ── *n.* **1** 관대한 사람, 자유주의자. **2** (종종 L-) [영국 국교의] 광교회파.

lat·i·tu·di·nar·i·an·ism [lǽtit(j)uːd(i)néə(:)riənìz(ə)m / lǽtitjuːdinéər-] *n.* ⓤ 종교·신앙상의 자유주의.

La·ti·um [léiʃiəm] *n.* 라티움[현재의 로마(Rome) 동남쪽에 있었던 고대 국가].

la·trine [lətríːn] *n.* [특히 야영·병영·공장 따위의] 변소.

-latry worship의 뜻의 연결형. 예: biblio*latry*, ido*latry*, Mario*latry*.

lat·ten [lǽtn] *n.* ⓤ 래튼[놋쇠 비슷한 합금]; 생철, 양철.

‡**lat·ter** [lǽtər] *adj.* (late의 비교급, *cf.* later) **1** (the ~) [양자 중] 뒤에 말한, 후자의; (the ~) 《대명사적으로》 후자. *opp.* former. ¶ The *latter* explanation is better. 후자의 설명이 더 낫다. **2** 나중의[쪽의]; 끝의, 가까운. ¶ the *latter* part of the week 수(週)의 후반/the *latter* years of a person's life 만년(晚年). **3** 근래의, 근년의(recent). ¶ in these *latter* days 근간에, 요사이. **4** [詩] 종말의, 최후의. ¶ a person's *latter* end 사람의 최후, 죽음. ◇ látterly *adv.*

lat·ter-day [lǽtərdèi, +美 -déi] *adj.* 다음 대(代)의; 근대(현대)의.

Látter-dày Sáint *n.* 말일 성도(末日聖徒), 모르몬 교도(Mormon).

lat·ter·ly [lǽtərli] *adv.* **1** 최근(에), 요즘(lately). **2** 후에, 후기에, 말기에, 만년에.

lat·ter·most [lǽtərmòust, -məst] *adj.* 최후의; 최신의.

***lat·tice** [lǽtis] *n.* **1** 창살, 격자(格子). **2** 격자문(창 따위), **3** (집합적) 격자 세공. **4** 격자 석는 것; (敎會) 격자형 문장; [물리] 결정 격자(結晶格子); [수학] 격자, 속(束). ── *vt.* (**-ticed, -tic·ing**) **1** ···에 격자를 붙이다, ···을 격자로 만들다. **2** ···을 격자(모양)으로 짜다.

lat·ticed [lǽtist] *adj.* 격자로 된; 격자 모양의.

lat·tice·work [lǽtiswə̀ːrk] *n.* 격자 만들기(세공), 격자 무늬; (집합적) 격자.

lat·tic·ing [lǽtisiŋ] *n.* = latticework.

Lat·vi·a [lǽtviə] *n.* 라트비아[발트해(the Baltic Sea) 연안의 공화국;1991년 소련으로부터 독립. 수도 Riga].

Lat·vi·an [lǽtviən] *adj.* 라트비아의; 라트비아 사람 (말)의. ── *n.* **1** 라트비아 사람. **2** ⓤ 라트비아 말 (Lettish).

lau·an [ləwɑ́ːn] *n.* **1** [식물] 나왕. **2** ⓤ 나왕 목재.

laud [lɔːd] *vt.* ···을 기리다, 찬양하다, 찬미하다 (praise, extol). ¶ *laud* a reporter for his accomplishments 신문 기자의 업적을 찬양하다. ── *n.* **1** ⓤ 찬양, 찬미(praise). **2** 찬가(讃歌), 찬미가. **3** (~s) (단·복수 양용) [교회] [신을 찬미하는] 아침 기도(찬가), [교회 기도의] 찬과(讃課), 아침 기도.

laud·a·bil·i·ty [lɔ̀ːdəbíliti] *n.* ⓤ 칭찬받을 만함.

laud·a·ble [lɔ́ːdəbl] *adj.* 칭찬받을 만한 (praiseworthy). **~·ness** *n.* **-bly** *adv.*

lau·da·num [lɔ́ːd(ə)nəm / lɔ́ːdnəm, lɔ́ːd-] *n.* (종종 L-) ⓤ **1** 아편 정기(阿片丁幾). **2** 【옛날의】 아편제(劑).

lau·da·tion [lɔːdéiʃ(ə)n] *n.* ⓤ 찬양, 찬미(eulogy).

lau·da·tor [lɔːdéitər] *n.* 찬양자, 칭찬자, 찬미자.

lau·da·tor tem·po·ris ac·ti [+témpəris ǽktai] *n.* (=praiser of time past) 과거 찬양가.

laud·a·to·ry [lɔ́ːdətɔ̀ːri / -t(ə)ri] *adj.* 기리는, 찬미하는, 찬양의(eulogistic). ¶ *laudatory* words 찬사.

‡**laugh** [læf / lɑːf] *vi.* **1** 웃다 (은), ── *vt.* ···을 함으로 웃다. ¶ *laugh* aloud 큰소리로 웃다/*laugh* scornfully (*or* with scorn) 비웃다/He *laughs* best who *laughs* last. 《속담》 최후에 웃는 자가 가장 잘 웃는 자.
[類語] **laugh** 소리내어 웃다;「웃다」를 나타내는 가장 일반적인 말. **smile** 소리를 내지 않고 얼굴에 웃음을 띄우다; 또한 호의를 나타내는 말. 악의일 때도 있다. **chuckle** 혼자 즐거워하면서 킥킥 laugh 하다. **grin** 이 빨을 드러내놓고 크게 smile 하다; 쾌활·순진한 우둔함 따위를 나타낸다. **giggle** [소녀 등이] 약간 소리를 죽여서 킥킥 웃다. **sneer** 픽하고 냉소하며 smile 하다; 경멸감을 나타낸다. [하다.

2 재미있어 하다, 우스워하다, 즐거워하다; 웃으면서 말

laughable

3 [산·강·들판·꽃 따위가] 화창한(명랑한) 기운을 띠다; [파도가] 유쾌하게 출렁이다, 희롱하다.
Don't make me laugh! 《구어》웃기는 소리 하지 마!
You make me laugh! 《구어》웃기고 있네!, 정신 나갔군!
— *vt.* **1** 웃음으로 …을 나타내다. ¶ *laugh one's consent* (*approbation, thanks*) 웃으며 동의(찬성, 감사)를 표시하다 // (~+图+副) *laugh out* a loud *applause* 큰소리로 웃으면서 갈채하다.
2 [남]을 웃겨서 …하게 하다; 웃어서 …이 되다. ¶ (~+图+前+名) *laugh oneself into convulsions* (*to death*) 배꼽을 쥐고(숨이 막힐만큼) 웃다 / *laugh a person to scorn* 남을 조롱하며 웃다 / *laugh a child into* a better *humor* 아이를 웃겨서 기분을 풀어주다 / *laugh a person out of* his foolish *opinion* 남의 어리석은 생각을 비웃어서 버리도록 하다 // (~+图+副) *laugh oneself helpless* 한없이 웃다.
laugh at ① …을 듣고(보고) 웃다. ¶ *laugh at* a *story* 이야기를 듣고 웃다. ② …을 조소하다, 비웃다. ¶ *laugh at* a person for his rustic manners 남의 촌스러운 태도를 비웃다. ③ …을 일소에 부치다, 무시하다, 콧방귀를 뀌다. ¶ *laugh at misfortunes* (*threats*) 불행(위협)에 동요하지 않다.
laugh away ①…을 일소에 부치다. ¶ *laugh one's regrets away* 미련을 웃어 넘기다. ② …을 웃음으로 넘기다.
laugh down …을 웃음으로 침묵시키다(중지시키다). ¶ *laugh down* a *speaker* 웃어대어 연설자를 입다물게 하다.
laugh in a person's face 남을 대놓고 비웃다.
laugh like a hyena 깔깔거리며 심하게 웃다.
laugh off ① …을 일소에 부치다. ¶ *They just laughed off* our *advice*. 그들은 우리의 충고를 일소에 부쳤다. ② …을 웃어넘기다, 농담으로 얼버무리다.
laugh on the other (or *the wrong*) *side of the* (or *one's*) *face* (or *mouth*) [특히 의기양양하던 사람이 갑자기] 울상을 짓다, 풀이 죽다.
laugh a person out of court 남을 웃어버려 문제삼 지 않다.
laugh over …을 생각해내고(말하고) 웃다.
— *n.* 웃음; 웃음 소리; 웃는 모습. ¶ *give a loud laugh* 크게 웃음 소리를 내다 / *laugh a merry* (*a sad*) *laugh* 즐겁게 (슬프게) 웃다 / *raise a laugh* 남을 웃기다 / *on the laugh* 웃으며 / *join in the laugh* [특히 놀림당한 사람 등이] 여러 사람과 함께 웃다 // *have a good* (or *a hearty*) *laugh at* (*about, over*) *a joke* 농담을 듣고 크게 웃다.
for laughs 농담으로.
get (or *have*) *the laugh of a person* 남을 되웃어주다, 앙갚음하다, 역습하다.
have the last laugh 최후의 승리를 얻다.
have the laugh on one's side [이번에는] 자기가 웃을 차례가 되다; 우위(優位)에 서다.
◇ *laugher n.*

laugh·a·ble [lǽfəbl / lɑ́ːf-] *adj.* 웃기는(comical), 우스운, 우스꽝스러운, 재미있는; 바보 같은(absurd).
~**ness** *n.* ~*ly adv.*
laugh·er [lǽfər / lɑ́ːf-] *n.* 웃는 사람, 비웃는 사람.
laugh·in [lǽfìn / lɑ́ːf-] *n.* 웃기는 프로, 웃는 모임.
*laugh·ing [lǽfiŋ / lɑ́ːf-] *n.* ⓤ 웃기, 웃음 (laughter). ¶ *hold one's laughing* 웃음을 참다. — *adj.* **1** 웃고 있는; 명랑한(merry); [꽃·시냇물 따위가] 웃고 있는 듯한, 즐거운 듯한. **2** 재미있는, 웃을 만한(laughable). ¶ *Juvenile delinquency is no laughing matter.* 청소년의 비행은 웃어넘길 일이 아니다.

láughing gás *n.* 《화학》=nitrous oxide.
láughing hyéna *n.* =spotted hyena.
láughing jáckass *n.* 웃음물총새[호주산(産)].《게.
laugh·ing·ly [lǽfiŋli / lɑ́ːf-] *adv.* 웃으면서, 명랑하게.
laugh·ing·stock [lǽfiŋstɑ̀k / lɑ́ːfiŋstɔ̀k] *n.* 웃음거리, 웃기는 일.

láugh líne *n.* **1** [눈가의] 웃을 때의 주름. **2** 웃기 **[는 말.
‡laugh·ter [lǽftər / lɑ́ːf-] *n.* ⓤ 웃음; 웃음 소리. ¶ *roars* (or *peals*) *of laughter* 큰웃음 / *break out* (or *burst*) *into laughter* 웃음을 터뜨리다 / *be in fits of laughter* 연방 웃어대다 / *roar with laughter* 크게 웃다.
láugh tráck *n.* 《방송》관객 등의 웃음 소리를 담은 녹음 테이프. 미리녹음된 것을 내보낸다.
launce [læns / lɑːns] *n.* =sand lance.
launch¹ [lɔːntʃ / lɑːntʃ] *n.* **1** 함선의 대형 보트, **2** 란치, 소형 증기선(steam launch), 기정(汽艇).
‡launch² [lɔːntʃ / *美* lɑːntʃ] *vt.* **1** [보트]를 물에 띄우다; [새로 만든 배]를 진수시키다. ¶ *a launching ceremony* 진수식. **2** [남]을 [···에] 내보내다, [남]을 […에] 진출시키다. ¶ (~+图+前+名) *launch one's son into* the *world* 자식을 세상에 내보내다 / *launch a person on* his *course* 남을 그 자신의 갈 길에 나서게 하다 / *launch a person in business by lending him money* 남에게 돈을 빌려주어 사업을 일으키게 하다. **3** [기업·계획 따위]에 착수하다. ¶ *launch a scheme* (*an enterprise*) 계획(기업)에 착수하다. **4** [어뢰·유도탄·로켓 따위]를 발사하다, 쏘아 올리다(send forth); [비행기 따위]를 발진시키다; [돌·창 따위]를 던지다. **5** [타격·공격]을 가하다; [욕설 따위]를 퍼붓다. ¶ (~+图+前+名) *launch threats* (*an invective*) *against a person* 남을 협박하다(남에게 독설을 퍼붓다).
— *vi.* 진수하다; [비행기 따위가 공중으로] 날아 오르다; [큰 바다·사업 따위에] 나서다 (*out, forth; into...*), [위세좋게] 시작하다 (*into...*). ¶ (~+前+名) *launch into politics* 정계에 나서다 / (~+副)(~+前+名) *launch out into a voyage* 항해에 나서다.
launch out into …에 나서다, …을 시작하다.
— *n.* 진수; 발사; 진수식.

láunch cómplex *n.* [유도탄의] 발사 시설.
launch·er [lɔ́ːntʃər, lɑ́ːntʃ-] *n.* [미사일·로켓·항공기의] 발사 장치.
láunch·ing pád [lɔ́ːntʃiŋ- / lɑ́ːntʃ-] *n.* [로켓 따위의] 발사대(launch pad).
láunching plátform (**síte**) *n.* 발사 기지.
láunching wáys *n. pl.*《단·복수 양용》《조선》진수대(로(路)).
láunch véhicle *n.* [인공 위성·우주선의] 발사용 로켓.
láunch wíndow *n.* 로켓의 발사에 적당한 시간.
laun·der [lɔ́ːndər, lɑ́ːn-] *vt.* **1** …을 세탁하다, 빨래하여 다림질하다; …의 때를 빼다. ¶ *He launders his clothes himself*. 그는 자기 옷을 손수 빤다. **2** …을 정화(淨化)하다; 검열하다. **3** 《美속어》[정치 자금]을 그럴 듯하게 위장하다. — *vi.* **1** 세탁하다. **2** 잘 빨아지다, 세탁에 견디다. ¶ (~+副) *These socks launder pretty well.* 이 양말은 잘 빨아진다.
laun·der·er [lɔ́ːndərər, lɑ́ːn-] *n.* 세탁소 주인.
laun·der·ette [lɔ̀ːndərét, lɑ̀ːn-] *n.* [세탁기·건조기 등을 비치한] 셀프서비스식 세탁소.
laun·der·ing [lɔ́ːndəriŋ] *n.* 돈세탁, 부정소득 합법화.
laun·dress [lɔ́ːndris, lɑ́ːn-] *n.* 세탁부(婦).
Laun·dro·mat [lɔ́ːndrəmæ̀t, lɑ́ːn-] *n.* 《상표명》자동 세탁 건조기 등을 갖춘 셀프서비스식 세탁소.
‡laun·dry [lɔ́ːndri, lɑ́ːn-] *n.* (*pl.* -**dries**) **1** (the ~) 《집합적》세탁물, 빨랫감. **2** 세탁장(실); 세탁소.
◇ *laundry n.*

láundry líst *n.* **1** 세탁물 목록. **2** 《美》상세한 표.
laun·dry·man [lɔ́ːndrimən, lɑ́ːn-] *n.* (*pl.* -**men**) 세탁업자 [주로 주문받으러 다니는 사람을 가리킨다].
laun·dry·wom·an [lɔ́ːndriwùmən, lɑ́ːn-] *n.* (*pl.* -**women** -wìmin) =laundress.
lau·ra [lɑ́ːvrə] *n.* 《그리스 정교의》수도원.
Lau·ra·sia [lɔːréiʒə] *n.* 라우라시아 대륙 [6천만 년 전의 북미·유럽·아시아가 한 덩어리를 이루었던 옛 대륙].

lau·re·ate [lɔ́ːriit → vt.] adj. 1 [영예의 표시로서] 월계관을 쓴. 2 《종종 명사의 뒤에 놓아》영예있는; [특히 시인이] 월계관을 받을만한. ¶ a poet *laureate* 계관 시인. 3 월계수로 된. ¶ a *laureate* crown 월계관. — n. 1 월계관을 쓴 사람. 2 =poet laureate. — [lɔ́ːrièit] (-at·ed, -at·ing) [영예의 표시로] …에게 월계관을 씌우다; …을 계관 시인에 임명하다.
◊ láurel n.

lau·re·ate·ship [lɔ́ːriitʃìp] n. ⓤ 계관 시인의 지위(임기).

lau·rel [lɔ́ːrəl, lάr-/lɔ́r(ə)l] n. 1 월계수, 월계수와 비슷한 관목. 2 (~s) 《집합적》[영예의 표시로서] 월계수의 잎(가지); 월계관. 3 (보통 ~s) 《단·복수 양용》영예, 영관(榮冠); 승리. ¶ win (or gain, reap) *lau·rels* (or the *laurel*) 영관(榮冠)을 얻다 / look to one's *laurels* 영예를 유지하도록 애쓰다 / rest on one's *laurels* 이미 얻은 명예에 만족하다. — vt. (-reled, -rel·ing; 《英》-relled, -rel·ling) 1 〔남〕에게 월계관을 씌우다. 2 〔남〕에게 영예를 안기다. ◊ láureate adj.

lau·reled, 《英》-relled [lɔ́ːrəld, lάr-/lɔ́r(ə)ld] adj. 월계관을 쓴, 영관(榮冠)을 얻은.

Lau·ren·tian [lɔːrénʃən] adj. 1 St. Lawrence 강의. 2 〔지질〕로렌시아 암계(岩系)의.

Lauréntian Plateáu n. 로렌시아 대지(臺地), 캐나다 순상지(楯狀地)〔캐나다 지방의 전(前) 캄브리아기(紀)의 지층〕(Canadian Shield).

Lau·sanne [lo(u)zǽn] n. 로잔 〔스위스 서부, 제네바(Geneva)호의 북쪽 연안의 도시〕.

laus De·o [lɔ́ːs díːou, laus déiou] 《라틴》(=praise to God) 신을 찬미하라.

lav. 《略》lavatory.

la·va [lάːvə, +美 lǽvə] n. ⓤ 〔유동체 또는 고체의〕용암, 화산액; ⓒ 화산암층. ¶ a *lava* flow (or stream) 용암의 흐름.

la·va·bo [ləvéibou, -vάː-] n. (pl. -boes) 〔교회〕 1 세수식(洗手式)〔미사에서 봉헌 뒤에 사제가 손을 씻는 식〕. 2 세수식을 거행하면서 외는 문구 〔←시편(Ps.) 26: 6-12, Vulgate 등의 성서에서는 시편 25: 6-12, lavabo 란 말로 시작된다〕. 3 〔세수식용〕 세수대야; 수건. 4 〔중세의 수도원에서 쓰던〕 세면대. 5 세면기.

lav·age [ləvάːʒ, lǽvidʒ] n. ⓤⓒ 〔의학〕〔위·장 따위의〕세척.

la·va·lier, -liere [lævəlíər/lάːv-] n. 보석이 박힌 펜던트.

la·va·tion [lævéiʃ(ə)n] n. ⓤ 씻기, 세정(洗淨); 세정수.

***lav·a·to·ry** [lǽvətɔ̀ːri/-t(ə)ri] n. (pl. -ries) 1 변소, 세면소, 화장실. 2 〔수도 꼭지가 있는〕 세면대; 욕조.

lave [leiv] vt. (laved, lav·ing) 1 …을 씻다(wash), 담그다(bathe). 2 〔물결이〕〔기슭 따위〕를 씻다. 3 《문어》…을 국자로 뜨다(ladle); …을 따르다, 붓다.

lave·ment [léivmənt] n. ⓤⓒ 씻기; 〔의학〕관장(灌腸).

lav·en·der [lǽvindər] n. 1 ⓤ 라벤더 색 〔연한 자주색〕. 2 라벤더 〔유럽 원산의 꿀풀과(科)의 관목〕. 3 ⓤ 말린 라벤더의 꽃·잎·줄기〔의복의 좀약·향료〕. 4 = lavender water.
lay a thing [up] in lavender ① 장래를 위해 물건을 소중히 보관하다. ② 《속어》물건을 전당잡히다. ③ 물건의 손상을 막다.
— adj. 라벤더〔색〕의. — vt. …에 라벤더〔의 향기〕를 묻히다; 〔의복 사이에〕 라벤더를 넣다.

lávender óil n. ⓤ 라벤더 기름 〔향료·약용〕.

lávender wáter n. ⓤ 라벤더 향수 〔향수·화장수〕.

la·ver[léivər] n. 1 〔성서〕〔고대 유대의 사제가 손발과 제물을 씻었던〕 대야. 2 〔교회〕세례반; 세례수.

la·ver[léivər] n. ⓤⓒ 김; 김류에 속하는 식용 해초류의 총칭.

la·ver·bread [léivərbrèd] n. ⓤ 김가루를 말려서 만든 빵 비슷한 식품〔영국 서부 지방의 식품〕.

***lav·ish** [lǽviʃ] adj. 1 〔종종 지나치게〕활수한; 낭비하는, 사치스러운(of, with, in…). ¶ be *lavish of* (or *with, in*) giving) one's money 돈 씀씀이가 헤프다. 2 풍부한, 남아도는(superabundant). ¶ *lavish* entertainment 호화로운 환대.
〔類語〕*lavish* 지나치게 관대히, 또는 아낌없이 주는(쓰는). **profuse** 넘칠만큼 풍부함; lavish 보다는 뜻이 약함: a *profuse* supply of funds 풍부한 자금 공급. **prodigal** 장래의 고갈을 생각지 않고 무모하게 낭비하는: *prodigal* expenditures 장래를 생각지 않는 낭비적 지출. **extravagant** 과도히 소비하는: an *extravagant* wife 낭비하는 아내.
— vt. …을 아낌없이 주다(사용하다); …을 낭비하다. ¶ *lavish* care 아낌없이 돌보다 // (~+图+前+图) *lavish* money *on* (or *upon*) the poor 가난한 사람에게 인심좋게 베풀다. ~**ness** n.

lav·ish·er [lǽviʃər] n. 낭비가, 사치스러운 사람.

***lav·ish·ly** [lǽviʃli] adv. 아낌없이, 낭비적으로; 남아돌아.

***law**[lɔː] n. 1 ⓒⓤ 〔종종 the~〕〔일반적으로〕법, 법률; 〔보통 the~〕국법. ¶ the spirit of the *law* 법 정신 / the *law* of the land 국법 / *law* and order 법과 질서 / the written (the unwritten) *law* 성문법(불문법) / the Roman *Law* 로마법 / the *laws* of England 영국의 국법 / break (or violate) the *law* 법을 어기다 / keep (or observe) the *law* 법을 지키다 / obey the *law* 법을 따르다 / We are equal before the *law*. 우리는 법 앞에 평등하다.
2 ⓒⓤ 〔보통 the~〕〔개개의〕 법률, 법령. ¶ the constitutional *law* 헌법 / the civil *law* 민법 / the commercial (or the mercantile) *law* 상법 / the criminal *law* 형법 / the administrative *law* 행정법 / the international *law* 국제법 / the military *law* 군법.
〔類語〕*law* 「법」이라는 뜻의 가장 일반적인 말; 국가의 권력 기관 또는 입법부가 제정하는 성문법과 관습에 의한 불문법이 있다. **act** 입법부가 제정하는 성문법: the Anti-Trust *Act* 반(反)트러스트법. **rule** 질서·규율 유지를 위해 일반적으로 지켜지는 것 〔보통 개인적 행동이나 절차에 관한〕 규칙: the *rules* of boxing 권투경기의 규칙. **regulation** 어떤 조직의 통제·운영을 위해 권한을 갖고 제정한 규약: traffic (school) *regulations* 교통법규(교칙). **statute** = act. **ordinance** 지방 공공 단체가 제정하는 조례(條例): the *ordinance* of New York City 뉴욕시 조례.
3 ⓤ 〔법의〕 구속력, 〔법에 의한〕 치안. ¶ maintain *law* and order 치안질서를 유지하다 / My word is *law*. 내 말에 절대 복종해야 한다 / *Necessity* has (or knows) no *law*. 《속담》 필요 앞에는 법이 없다.
4 ⓤ 〔보이로서〕 합법, 적법. ¶ The decision was good (bad) *law*. 그 판결은 적법한 것이었다(아니었다).
5 ⓤ 법학, 법률학; 법률의 지식. ¶ a Doctor of *Laws* 법학박사 〔略 LL.D.〕/ School of *Law* of Boston University 보스턴 대학 법과 대학 / read (or study) *law* 법률을 공부하다.
6 ⓤ (the~) 법률을 다루는 직업, 변호사업; (the~) 〔집합적〕법률업자, 법조계. ¶ follow the *law*; practice [the] *law* 법률을 업으로 삼다, 변호사를 하다 / enter the *law* 법조계에 들어서다 / go in for *law* 변호사(법률가)를 지망하다.
7 ⓤ 소송, 법정. ¶ resort to *law* 법에 호소하다 / be at *law* 소송중에 있다.
8 ⓤ 〔일반적으로 일상 생활의〕 규칙(rule), 예의 범절, 관례; 〔종종 ~s〕〔개개의〕 규정; 관습. ¶ the moral *law* 도덕률 / the *laws* of honor 결투의 격식; 예의 범절 / That's a *law* in the household. 그것은 그 집의 가법(가헌)이다.
9 ⓤ 〔일반적으로 철학·과학·수학 따위의〕 원리, 〔자연·우주의〕 법칙; ⓒ 〔개개의〕 법칙. ¶ the *law* of inheritance 〔생물〕 유전의 법칙 / the *law* of supply

and demand 〖경제〗 수요 공급의 법칙.
10 (종종 L-) 〖신의〗 율법, 계율; (the L-) [종종 복음(gospel)과 대비하여] 모세의 율법(Mosaic law); 모세 5경[구약 성서의 최초의 5서]. 〖비해서〗 율법.
11 〖U〗 [성서 특히 신약 성서에서, 약속(promise)과 대
12 〖U〗《주로英》〖스포츠〗[사냥에서 짐승에게 도망칠 여유를 주는, 혹은 경주 따위에서 핸디캡으로서 주는] 선발(先發)시간, 선진(先進) 거리; [일반적으로도] 유예. ¶ give a person five minutes' *law* 남에게 5분간의 유예
13 (the ~)《구어》경관; 경찰. 를 주다.
be a law to (or *unto*) *oneself* [관습을 무시하고] 제 마음대로 하다.
by law 법률로.
give the law to ⋯을 절대적으로 지배하다, 멋대로 하
go to law against (or *with*) *a person*; *have* (or *take*) *the law of* (or *on*) *a person* 남을 법에 고소하다.
the laws of the Medes and Persians 바꾸기 어려운 제도(습관) [←다니엘서(Dan.) 6 : 12].
lay down the law ① 고압적으로 단정(명령)하다, ② 꾸짖다.
take the law into one's own hands 린치를 가하다.
◇ **láwful** *adj.*   [다].
law² [lɔː] *interj.*《방언》아이쿠, 저런 [놀람을 나타냄
law-a·bid·ing [lɔ́ːəbàidiŋ] *adj.* 법률을 지키는, 준법하는. ~**ness** *n.*
law-and-or·der [lɔ́ːəndɔ́ːrdər] *adj.* 법과 질서를 지키려 하는.   [위법자.
law·break·er [lɔ́ːbrèikər] *n.* 법률을 위반하는 사람,
law·break·ing [lɔ́ːbrèikiŋ] *n.* 〖U〗 법률을 위반하기, 위법. ── *adj.* 법률 위반의.
*★**láw cóurt** *n.* 법정(court of law), 재판소.
láw enfórcement *n.* 법의 집행. ¶ a *law enforcement* officer 법의 집행관; 경관; 보안관(lawman).
láw fírm *n.* 법률 사무소.
‡**law·ful** [lɔ́ːfəl] *adj.* **1** 법으로 허용된, 합법적인, 적법한. ¶ a *lawful* act (claim) 합법적 행위(요구).
2 법적으로 자격이 있는; 법적으로 인정된, 법정(法定)의. ¶ a *lawful* owner [법적 자격을 갖춘] 정당한 소유자 / a *lawful* man 적법자 [증인으로서 선서·증언을 할 자격이] 있는 사람] / a *lawful* day 재판소 개정일; 〖법률로 규정된〗영업일.
〖類語〗 lawful 법의 해석상 허용되는; 국가의 법률, 종교상의 율법 등 모든 law에 쓰이는 말. **legal** 법률의 조문에 정해진, 법률의 조문에 어긋나지 않는; 성문화된 법령에 대해서만 쓰이는 말: a *legal* heir 법정 상속인.
legitimate 법률·관습·전통 따위에 의해 정당하다고 인정되는: a *legitimate* lie 정당한 거짓말[병자를 격려하기 위한 거짓말 따위]. **licit** 방법·절차 따위가 법의 규정대로 엄밀하게 하는: a *licit* way of business 법률대로 따르는 영업 방식.
3 [결혼시] 법적으로 정당한(valid), [자식의] 적출(嫡出)의(legitimate). ──**ly** [-fəli] *adv.* ~**ness** *n.*
law·giv·er [lɔ́ːgìvər] *n.* 입법자, 법률 제정자.
law·giv·ing [lɔ́ːgìviŋ] *n.* 〖U〗 입법.
lawk [lɔːk], **lawks** [lɔːks] *interj.*《英속어》 저런, 야단났군[놀라움을 나타낸다].
*★**law·less** [lɔ́ːlis] *adj.* **1** 법률을 지키지 않는; 비합법적인, 위법의(illegal). **2** 법의 지배를 받지 않는, 무법의(unruly). ¶ *lawless* passions 분방한 정열. **3** 법률이 없는(행해지지 않는). ──**ly** *adv.* ~**ness** *n.*
láw lórd *n.*《英》법관 귀족 [최고 재판소로서의 상원의 사법관으로 임명된 상원 의원].
law·mak·er [lɔ́ːmèikər] *n.* 입법자(legislator).
law·mak·ing [lɔ́ːmèikiŋ] *n.* 〖U〗 입법. ── *adj.* 입법의.   [관, 경관; 보안관.
law·man [lɔ́ːmæn] *n.* (*pl.* **-men** [-mèn]) 법의 집행
láw mérchant *n.* 〖U〗 (종종 the~) 상(商) 관습법(commercial law).

‡**lawn¹** [lɔːn] *n.* **1** 잔디, 잔디밭; 잔디 코트. **2** 《고어》=glade. ◇ **láwny** *adj.*
lawn² [lɔːn] *n.* **1** 론, 한랭사(寒冷紗)[아주 얇은 고급 면포 또는 아마포]. **2** 〖비유적〗영국 국교회의 bishop 직(職).
láwn bówling *n.* 〖U〗 잔디밭에서 하는 볼링.
láwn mówer *n.* 잔디 깎는 기계.
láwn párty *n.* 원유회(園遊會) (garden party).
láwn sléeves *n. pl.* 〖단·복수 양용〗 **1** [영국 국교회 주교(bishop)의 성직복의] 론 천으로 만든 소매. **2** 〖비유적〗주교의 자리 (지위). **3** 주교[들].
láwn ténnis *n.* 〖U〗 론 테니스.
láwn tráctor *n.* 트랙터식 잔디 깎는 기계.
lawn·y [lɔ́ːni] *adj.* **1** 잔디밭(가 있는), 잔디 같은; 잔디로 덮인. **2** 론 천으로 된, 론 천 비슷한.
Láw of Extradítion *n.* 〖법률〗[국제간의] 도망범죄자 인도법.
láw óffice *n.* [변호사 등의] 법률 사무소.
láw ófficer *n.* **1** 법무 장관, 검찰 총장(law officer of the crown). **2** 《미국의》군법 회의 사법 고문.
láw of máss áction *n.* 〖물리·화학〗집단 작용의 법칙.
Láw of Móses *n.* (the ~) 모세의 율법(Mosaic
law·ren·ci·um [lɔːrénsiəm] *n.* 〖U〗〖화학〗로렌슘 [인공 방사성 원소의 하나; 원자 기호 Lr].
laws [lɔːz] *interj.* =law².
láw schóol *n.* 〖U〗 법과 대학.
law·suit [lɔ́ːsùːt/-sjùːt] *n.* 소송. ¶ bring in (or enter) a *lawsuit* against ⋯에 대해 소송을 제기하다.
láw térm *n.* 법률 용어, 리갈 개정기(開廷期).
‡**law·yer** [lɔ́ːjər] *n.* **1** 법률업자, 변호사; 법학자; 법률학자. ¶ a good(a poor) *lawyer* 법률에 정통한 사람 (법률에 어두운 사람)/He is no *lawyer*. 그는 법률을 모른다.
〖類語〗 lawyer '변호사'라는 뜻의 가장 일반적인 말. **barrister**《英》, **counsel**《英》 또는 **counselor**《美》법정에서 의뢰인을 위해 소송 사건을 다루는 법정 변호사. **solicitor**《英》, **attorney** [**at law**]《美》의뢰인을 위해 법률 서류를 작성하거나 법정 변호사를 위해 소송 준비를 하는 사무 변호사;《美》에서는 attorney가 널리 lawyer의 뜻으로 쓰이는 일이 많다.
2 〖성서〗율법 학자 [모세 율법의 해석가].
lax [læks] *adj.* **1** 해이된, 조심성 없는, 단정치 못한(careless) (*in*...). ¶ be *lax* in one's conduct 품행이 단정치 못하다. **2** 명확하지 않은, 모호한(vague). **3** 느슨한, 느즈러진(loose, slack). ¶ a *lax* cord 느슨해진 끈. **4** 〖내장이〗이완된(loose, open), [사람이] 설사하는. **5** 〖음성〗〖모음이〗발음 기관의 근육이 풀린 상태로 발음되는, 이완된, opp. tense ──**ly** *adv.* ~**ness** *n.*
lax·a·tion [læksèi(ə)n] *n.* 〖U〗 **1** 느슨하게 하기, 이완 [상태]. **2** 변통(便通).
lax·a·tive [læksətiv] *adj.* 완하제(緩下劑), 하제. 〖의학〗〖약·음식으로〗변통 효과가 있는. 〖고어〗 **a)** 설사하는. **b)** [병이] 설사성의. ──**ly** *adv.* ~**ness** *n.*
lax·i·ty [læksiti] *n.* 〖U〗〖C〗 **1** 느슨함; 해이됨, 단정치 못함. **2** 모호함, 부정확. **3** 설사.
‡**lay¹** [lei] *v.* (**laid** [leid], **láy·ing**) *vt.* **1** ⋯을 놓다; [어떤 위치에] [물건·몸을] 두다, 눕히다 (...*on*). ⇒ PUT¹
〖類語〗 ¶ (~+目+前+名) *lay* a book *on* a desk 책을 책상 위에 놓다.
2 〖토대·마루·벽돌 따위를〗 설계대로 설치하다; 〖도로·철도 따위를〗 부설하다; 〖가스·수도 따위를〗 끌어들이다. ¶ *lay* a floor 마루를 깔다 / *lay* the foundation of a house 집의 기초를 놓다 / *lay* a pavement 도로 포장을 하다 / *lay* a railway 철도를 부설하다.
3 ⋯을 처서 [던져, 불어] 넘어뜨리다. ¶ The storm *laid* the crops. 폭풍우를 만나 농작물이 쓰러졌다 // (~+目+圖) (~+目+前+名) *lay* a person low [*in* the

lay

dust] 남을 [땅바닥에] 쓰러뜨리다.
4 …을 진정시키다, 억누르다, 가라앉히다(calm). ¶ *lay* a person's anger (fears) 남의 노염(불안)을 진정시키다 / The sea (The wind) was *laid*. 파도(바람)가 가라앉았다. [(smooth down).
5 [보풀 따위]를 판판하게 재우다, 쓰다듬어 재우다
6 a) …을 [신체의 일부]를 대다(place) (…*to*, *upon*). ¶ (~+目+前+名) Don't dare to *lay* a finger *on* her. 그녀에게 손가락 하나라도 대서는 안 된다/I can't *lay* my hands *on* it. 그것을 손에 만져볼 수가 없다(찾아낼 수가 없다). **b)** [애정·희망·신뢰 따위]를 두다. ¶ (~+目+前+名) *lay* trust *upon* a person 남에게 신뢰를 두다 / *lay* one's hopes *on* …에 희망을 걸다 / *lay* emphasis (stress, weight) *on* …을 강조(중요시)하다. **c)** [어떤 위치·장소에] …을 놓다(locate); [적당한 위치·순서에] …을 두다. ¶ *lay* a trap (an ambush) 덫을 놓다(복병을 매복시키다) / *lay* bricks 벽돌을 쌓다 // (~+目+前+名) He *laid* the scene of the story *in* the Far East. 그는 이야기의 장면을 극동에 설정했다.
7 [식기 따위]를 차리다, [식사 따위]를 준비하다. ¶ *lay* the table 밥상(식탁)을 차리다.
8 [알]을 낳다. ¶ *lay* eggs 알을 낳다.
9 …을 걸다(bet) (…*on*, *down*). ¶ *lay* one's head 목걸다 / ¶ (~+目+前+名) I *lay* five dollars *on* it. 그것에 5달러를 건다 // (~+*that* 節) I'll *lay that* he will not come. 그가 오지 않는다는 쪽에 내기를 걸겠다; 그는 절대로 오지 않는다.
10 [원예] …의 취목(取木)을 하다.
11 [실·새끼 따위]를 꼬다 (…*up*). ¶ *lay* a rope 새끼를 꼬다 / (~+目+前+名) *lay* yarns *into* a rope 실을 꼬아 로프를 만들다.
12 [계획 따위]를 세우다.
13 …을 덧칠하다(입히다), [그림 물감]을 캔버스에 칠하다 (…*on*, *over*); …의 표면을 덮다, …에 깔다 (…*with*); …을 깔다 (~+目+前+名) *lay* a floor *with* a carpet; *lay* a carpet *on* a floor 마루에 융단을 깔다.
14 a) [권리 등]을 주장하다. ¶ (~+目+前+名) *lay* claim *to* …의 권리(소유권)를 주장하다. **b)** [고소]를 제기하기 위해] …을 제시하다 (…*before*). ¶ *lay* papers [장관 등이] 의회에 보고하다. **c)** [고소]를 제기하다. ¶ (~+目+前+名) *lay* an information *against* …을 기소(고발)하다. **d)** [손해액]을 산출하다. ¶ (~+目+前+名) The damage was *laid* at $100. 피해액은 1백 달러로 산출됐다. **e)** [죄·과실 따위]를 씌우다 (…*to*, *on*).
15 [벌·명령·의무·무거운 짐]을 지우다, 부과하다 (impose); [비난]을 퍼붓다; [매질·폭력]을 가하다 (…*on*, *upon*).
16 [종속·수동(受動)·폭로·위험 따위의 상태에] …을 두다 (…*in*, *to*, *under*); …을 매장하다(bury). ¶ (~+目+補) *lay* a secret bare 비밀을 폭로하다 / He *laid* himself open to the danger. 그는 위험에 일신을 노출시켰다 / (~+目+補) (~+目+前+名) *lay* a person asleep; *lay* a person *to* sleep (*or* rest) 남을 잠재우다, 쉬게 하다, 매장하다 / (~+目+前+名) *lay* a city *in* ashes 도시를 잿더미로 만들다 / *lay* a person *under* obligation (necessity) 남에게 은혜를 입히다(필요에 직면케 하다) / *lay* a friend *in* a churchyard 친구를 묘지에 매장하다.
17 [군사] [포]를 조준하다.
18 [美속어] …과 성교하다. ¶ I thought you wanted to get *laid*. 나와 잠자리를 같이 하고 싶은 줄 알았어.
— *vi.* **1** 알을 낳다. ¶ *lay* well 알을 잘 낳다. **2** [내기에] 걸다(*on*). **3** 전념하다, 전력을 기울이다 (*to*…).
4 매복하다 (*for*…). **5** [구어·방언] 계획하다(plan) (*out*, *off*…). ¶ *lay off*. **6** [항해] 어떤 위치에 자리잡다. ¶ *lay* at anchor 닻을 내리고 정박하다. **7** [비표준 어법] 드러눕다(lie).
lay about one …을 전후좌우로 마구 치다; 필사적으로 분투하다.

lay aside ① …을 따로 떼어 놓다, 비축하다. ② …을 [한동안] 중지하다; 버리다.
lay at [방언] …에 덤벼들다, 덮치다.
lay…*at* (or *to*) *a person's door* …을 남의 탓으로 돌리다.
lay away ① …을 따로 떼어놓다, 저축하다(save). ② …을 그만두다; …을 버리다. ③ [지불 완료 또는 배달될 때까지] [상품]을 따로 챙겨 놓게 하다. ④ [보통 수동형으로]…을 묻다, 매장하다(bury).
lay by ① = *lay aside*. ② = *lay to*.
lay down ① …을 아래 (위)에 내려놓다. ¶ *lay* oneself *down* 드러눕다. ② …을 버리다(abandon), 사임하다 (resign). ¶ *lay down* one's life for one's country 나라를 위해 목숨을 버리다. ③ …을 단언(斷言)하다; …을 규정하다(ordain). ¶ *lay it down that* …이라고 단언(斷言)하다 / *lay down* rules 규칙을 정하다. ④ [술·달걀 따위]를 저장하다. ⑤ [작물·목초 따위]를 심다; [땅]에 심다 (…*in*, *to*, *with*, *under*). ¶ *lay down* land *in* (*to*, *with*, *under*) grass 땅에 풀을 심다. 토지를 목초지로 바꾸다. ⑥ [美] [상품]을 배달하다.
lay for [美구어] …을 매복하여 기다리다.
lay in ① …을 사들이다, 사재기하다, 저장하다. ② [속어] …을 게걸스럽게 먹다.
lay in for …을 손에 넣으려고 꾀하다.
lay into ① …을 때려눕히다. ② …을 습격하다.
lay it on [*thick*]; *lay it on with a trowel* ① 터무니없는 값을 부르다. ② 심하게 나무라다. ③ 지나치게 칭찬하다.
lay off ① [특히 일시적으로] [남]을 해고하다, 일시 휴무시키다. ¶ *lay off* workers 노동자를 일시 해고하다. ② [美] [밭 따위]를 구분하다. ③ [구어] …을 그만두다; [美속어] [남]을 괴롭히기(골탕먹이기)를 그만두다. ④ [美구어] (*vi.*) […하려고] 꾀(기도)하다 (*to do*). ⑤ (*vi.*) 쉬다.
lay on ① …을 칠하다. ② …을 타격하다; (*vi.*) 타격 따위를 가하다. ③ [英] [가스·수도·전기 따위]를 끌어들이다, 놓다. ¶ *lay on* gas(water) 가스(수도)를 끌어들이다. ④ [세금 따위]를 부과하다. ⑤ [사냥개]에 사냥감(냄새자국)을 쫓도록 하다.
lay on to be [英속어] …인 척하다.
lay oneself out 전력을 다하다 (*for*…; *to do*).
lay out ① …을 펼치다. ② [가지런히] 늘어놓다, 전시하다. ② [입관하기 위해] [시체]를 매만지다. ③ [구어] [돈]을 쓰다, 투자하다 (…*on*, *in*). ④ [구어] …을 때려눕히다, 죽이다. ⑤ [속어] …을 꾸짖다. ⑥ [도시·정원 따위]를 설계하다, [토지]를 구획하다. ⑦ [美] …을 진열하다 [신문·잡지]를 레이아웃하다. ⑧ [美중남부] (*vi.*) [학교 따위를] 무단 결석하다(*from*…).
lay over ① [美] 도중 하차하다(stop over). ② [구어] …을 연기하다, 다음으로 미루다. ③ …의 위를 덮다 (가리다)(…*with*).
lay to [항해] [뱃머리를 바람 불어오는 쪽을 향해] 정선(停船)하다. [러 생각하다.
lay together ① …을 모으다. ② …을 비교하다, 아울*lay up* ① …을 모아두다, 따로 간직하다. ② [많이] 쌓아올리다, 포개어 쌓다. ③ [보통 수동형으로] [병 따위가] [사람]을 집에 틀어박히게 하다. ¶ He is *laid up* with a cold. 그는 감기가 들어 집 안에 틀어박혀 있다. ④ [배]를 도크에 집어넣다. ⑤ (*vi.*) [배가] 진로를 잡다(*for*…). ⑥ [밭]의 이랑을 돋우다. ⑦ [美俚] [벽돌로] [건물]을 세우다. ⑧ [몸]을 쭉 뻗고 눕다.
lay…*up against a person* [美구어] …을 남의 책임이라고 말하다(나쁘게 생각하다).
lay upon a person 남에게 …을 조르다.
— *n.* **1** 위치, 배치, 상태, 지형, 지세, 방향. **2** [밧줄·끈 따위의] 꼬는 법, 꼬임새. **3** 이익의 배분(몫). **4** a long (a short) *lay* 배당률이 나쁜(좋은) 분배. **4** [속어] 계획, 방침. **5** [속어] 장사일, [나쁜 짓의] 일. **6** [美구어] 가격; 조건. **7** [美속어] [정사(情事) 상대로서의] 여자.

lay² [lei] v. lie² 의 과거형.
lay³ [lei] adj. 《한정 형용사》 1 〖성직자에 대한〗 신도의, 속인의, 평신도의. 2 〖특히 법률·의학의 전문가에 대한〗 비전문가의, 문외한의, 속인의.
lay⁴ [lei] n. 1 〖노래로 불리어지는 짧은〗 서정시, 이야기체의 시(ballad). 2 《詩》노래(song), 곡조〖새의 지저귐 등〗(melody).
lay⁵ [lei] n. 〖메들에 딸린〗 바다.
láy·a·bòut [léiəbàut] n.《英구어》부랑자.
láy ánalyst 〖학위 없는〗 아마추어 정신 분석가.
láy·a·wày plàn [léiəwèi-] n. 예약 월부제 〖완불시에 납품〗.
láy bróther n. 평수사(平修士).
láy-by [léibài] n. 1 《英》〖다른 차가 통과할 동안 정차할 수 있도록〗 도로를 넓혀 놓은 부분, 또 서로 지나갈 수 있도록〗 운하를 넓힌 부분. 3 〖철도의〗 대피선(待避線).
láy dày n. (보통 ~s) 1 〖상업〗〖용선 계약서에서 인정된〗 선적(양륙)기간, 정박 기간. 2 〖항해〗〖출항 예정〗 초과 정박일〖수〗.
‡**láy·er** [léiər] v. 1 층(層), 겹쳐 쌓음, 칠하기(입히기) (stratum). ¶ in alternate layer 번갈아 층을 이루어 / the middle layers of society 사회의 중간층. 2 놓는〖쌓는, 까는, 칠하는〗 사람, 〖계획 따위를〗 세우는 사람, 〖군사〗 조준병. ¶ a brick layer 벽돌 쌓는 직공. 3 〖경마〗 돈 거는 사람(backer). 4 알 낳는 닭〖원예〗 취목(取木)〖또〗〖폐어〗 굴 양식장. — vt. [+英 léə] 1 ···을 층으로 놓다. 5 〖원예〗〖식물〗을 취목으로 번식시키다.

[layer 4]

láy·er càke n. 층을 이룬 카스텔라 과자.
láy·ered [léiərd] adj. 층을 이룬.
láyered defénse n. 〖군사〗 층상(層狀) 다중 방어, 복수 방위선 방어.
láyered lóok n. 《服飾》 겹쳐(포개어) 입기 스타일〖밑에 입은 셔츠·스웨터가 슬쩍 비치게 하는 효과를 노린 옷 입는 스타일〗.
lay·ette [leiét] n. 신생아 용품 일습 〖의류·침구 따위〗.
láy fígure n. 1 인체 모형, 모델 인형. 2 시시한 사람, 〖소설 따위의〗 개성이 없는 인물.
lay·ing [léiiŋ] n. 1 놓기, 쌓기; 〖가스 따위의〗 부설(敷設), 2 칠하기, 3 〖실·새끼의〗 꼬는 법. 4 〖砲術〗 조준, 5 한 배에 까는 알; 산란(産卵).
láy lórd n. 〖영국 상원의〗 비(非)법관 의원. *cf.* Law Lord
*l**ay·man** [léimən] n. (pl. -**men** [-mən]) 1 〖성직자에 대한〗 신도, 속인. 2 〖전문가에 대한〗 비전문가, 문외한, 아마추어.
lay·off [léiɔ̀ːf / léiɔ̀f] n. 일시 해고(휴직)〖기간〗.
láy of the lánd n.《美》(the~) 지세(地勢), 〖비유적으로〗 형세, 정세, 실정, 실태, 현상《英》lie of the land). ¶ see (find out) the *lay of the load* 형세를 보다〖지켜 보다〗.
*l**ay·out** [léiàut] n. 1 ⓤⓒ 펼치기, 차리기, 2 ⓤⓒ 설계, 배치; 〖토지·도로의〗 구획; 〖신문·광고·책 따위의〗 지면 배정, 레이아우트, 3 〖속어〗 진열품〖요리 따위〗. 4 〖도구·기구 따위의〗 한 벌;《美》도박 도구〖한 벌〗. 5 《美구어》〖여러 설비를 갖춘〗 저택, 시설, 6 《美》형세.
lay·o·ver [léiòuvər] n. 도중 하차(stopover).
láy réader n. 〖영국 국교회·가톨릭〗 주교의 인가를 받아 예배의 한 부분을 주재하는 평신도.
láy·shaft [léiʃæ̀ft / -ʃɑ̀ːft] n. 〖기계〗 부축(副軸).
láy sìster n. 평(平) 수녀. *cf.* lay brother
láy·stall [léistɔ̀ːl] n.《英》 쓰레기장.

láy-up [léiʌ̀p] n. 1 〖농구〗 레이업 〖바스켓의 바로 밑에서 한 손으로 하는 슛〗. 2 쉼, 휴식, 휴양.
láy·wom·an [léiwùmən] n. (pl. -**wom·en** [-wìmin]) 〖성직자에 대한 여신도, 보통 여자, 속세의 여인.
laz·ar [léizər, lǽz-/lǽz-] n. 〖특히〗 문둥이 거지.
laz·a·ret·to [læ̀zərétou] n. (laz·a·rets, laz·a·rettes [lǽzəréts]) 1 격리 병원, 검역소 2 나병원(癩病院). 2 검역소, 검역선. 3 〖항해〗〖상선 따위의〗 식품 저장소.
Laz·a·rus [lǽz(ə)rəs] n. 〖성서〗 1 나사로 〖베다니의 마르다와 마리아의 동생; 예수에 의해 죽음에서 소생하였음. →요한 복음(John) 11 : 1-44 ; 12 : 1-18〗. 2 a) 나사로 〖예수의「부자와 거지」이야기에 나오는 문둥병에 걸린 거지. ←누가 복음(Luke) 16 : 19-31〗. b) (때로는 l-) 문둥병에 걸린 거지.
laze [leiz] v. (**lazed, laz·ing**) vi. 게으름 피우다, 빈둥빈둥 놀고 지내다(idle). — vt. 〖시간〗을 허송 세월하다. — n. 빈둥거리는 시간, 한가하게 쉬는 시간〖…*away*〗.
laz·u·li [lǽzjulài] n. lapis lazuli.
‡**la·zy** [léizi] adj. (-**zi·er**, -**zi·est**) 1 게으른, 빈둥거리는, 나태한. → IDLE 〖類語〗 ¶ a *lazy* fellow 게으른 사람. 2 졸음이 오게 하는, 나태하게 하는, ¶ a *lazy* summer afternoon 나른한 여름철 오후. 3 느릿느릿한, 느린, 굼뜬(slow-moving), ¶ a *lazy* stream 완만한 흐름. 4 〖목축〗〖낙인의 글씨가〗 옆으로 찍힌.
-zi·ly adv. **-zi·ness** n.
lá·zy·bònes [léizibòunz] n. pl. 《보통 단수 취급》〖구어〗 게으름뱅이, 나태한 사람.
Lázy Dóg n.《美军 속어》〖공중에서 폭발하는〗 산탄(散裂彈).
lázy èye(èyes) n. (=**lázy-èye blíndness**) 〖특히 물이나 수정 실조로 인한〗 약시(弱視) (amblyopia).
lázy jàck n. 〖기계〗 신축 잭.
Lázy Súsan n. 〖식탁의 중앙에 놓는〗 회전식 음식접시.
lázy tòngs n. pl. 〖좀 먼 곳에 있는 물건을 집을 때 쓰는〗 신축 집게.

laz·za·ro·ne [læ̀zəróuni] n. (pl. -**ni** [-niː]) 〖이탈리아〗〖특히 나폴리 거리의〗 거지, 부랑자. 〖<It〗

[lazy tongs]

*l**b.** [páund] (略) (pl. **lbs.** [páundz] or **lb.**) (라틴) *libra* (=pound) (중량 단위).
L.B. (略) 1 (라틴) *Literarum Baccalaureus* (= Bachelor of Letters) (문학사). 2 *letter box*; *letter bomber*; *local board* (지방국). 〖단파〗
L-band [élbæ̀nd] n. 엘밴드〖390-1550 메가헤르츠의 주파수대〗.
L̄ bàr(bèam) n. L형 강철봉.
lbf (略) *pound force* (1파운드의 물체의 중력에 해당하는 가속력).
LBJ (略) *Lyndon B. Johnson*.
LBO (略) *leveraged buyout*(차입금에 의한 기업 매수).
lbr (略) *labor; lumber*.
lbs. (略) *pounds*.
LC (略) *landing craft*.
l.c. (略) *left center* [of the stage] (무대의 왼쪽 중앙); (라틴) *loco citato* (=in the place cited); *letter of credit* (신용장); 〖인쇄〗 *lower case*.
L.C. (略) *Library of Congress* (미국 국회 도서관).《英》*Lower Canada; Lord Chamberlain; Lord Chancellor*.
L/C, l/c (略) *letter of credit* (신용장). 〖cellor.
LCC (略) *launch control center*(발사 관제 센터).
L.C.C. (略) *London City (County) Council*.
LCD (略) 〖전자 공학〗 *Liquid Crystal Display* (액정(液晶) 표시 장치, 액정 소자(素子)).
L.C.D., l.c.d. (略) 〖수학〗 *lowest (or least) common denominator*(최소 공분모).
LCDR *Lieutenant Commander*.
L.C.F., l.c.f. (略) 〖수학〗 *lowest (or least) com-*

mon factor(최소 공인수).
L.C.J. (略) Lord Chief Justice.
L.C.M., l.c.m. (略) 〔수학〕 lowest (or least) common multiple (최소 공배수).
LC mail n.〔美〕 Lettres et Cartes mail. 국제 제1종 우편물[엽서, 봉합엽서, 항공엽서 따위]. 〔<F Letters and Cards〕
LCpl (略) Lance Corporal.
LCT (略) local civil time (지방 상용시);〔美해군〕 Landing Craft Tank (탱크 상륙용 주정).
'ld [d] (드물게) would.
LD (略) 《라틴》 laus Deo (=praise to God); lethal dose (치사량); long distance; Laser Disk.
Ld. (略) limited; lord.
L.D.C. (略) less developed country(저개발국).
LDDC (略) least developed among developing countries(후진 개발 도상국).
LDEF (略)〔우주공학〕 long duration exposure facility(장시간 노출 위성).
ldg. (略) landing; loading.
L-Do·pa [éldóupə] n.〔L〕엘도파 [파킨슨병 등의 약으로 쓰이는 아미노산의 일종].
Ldp. (略) lordship; ladyship.
L-driv·er [éldráivər] n.〔英〕임시 면허 운전자. 〔<learner driver〕
Ldry. (略) laundry.
L.D.S. (略) Latter-day Saint; Licentiate in Dental Surgery (치과 의원 개업 면허 소지자). 〔瘡〕.
LE (略) lupus Erythematosus (홍반성 낭창).
-le suf. **1** 반복의 의미를 가진 동사를 만든다. 예: babble, prattle. **2**「…하는 경향이 있다」이라는 뜻의 형용사를 만든다. 예: brittle, fickle. **3**「작은…」이라는 뜻의 명사를 만든다. 예: icicle, thimble. **4**「행위자·도구」를 나타내는 명사를 만든다. 예: beadle, bridle, handle.
lea¹ [li:] n. 〔詩〕 풀밭, 초원, 초지; 목초지.
lea² [li:] n. 리 〔직조 실의 길이의 단위〕.
leach [li:tʃ] vt. **1** 〔액체〕를 거르다, 여과하다. **2** 〔물 따위에〕담가 〔가용 성분(可溶成分)〕을 걸러내다. ¶ leach out lye from wood ashes 나무재에서 잿물을 걸러내다. — vi. 〔재 따위의 가용성분이 여과에 의해〕 녹아나오다, 스며나오다. — n. **1** 거르기, 여과. **2** 걸러지는 물질. **3** 여과 액.
leach·ing [líːtʃiŋ] n. U 걸러내기, 침출(浸出).
leach·y [líːtʃi] adj. (leach·i·er, leach·i·est) 〔토양 등이〕 다공질(多孔質)의, 침투성의.
‡**lead¹** [liːd] v. (led, lead·ing) vt. **1** …을 이끌다, 인도하다, 안내하다, 데리고 가다(오다). ⇨ GUIDE 類語¶ (~+图+前+名) lead a person to a place 남을 어떤 장소로 데리고 가다 // (~+图+副) lead a person in (out) 남을 안(밖)으로 안내하다.
2 〔손 따위를 잡고〕 데리고 가다(끌고). ¶ (~+图+前+名) lead a person by the hand 남의 손을 잡고 남을 인도하다.
3 …을 권유하다, 〔마음이〕 내키게 하다(induce); …을 불러 일으키다, 〔어떤 결과에〕 이르게 하다. ¶ He was easily led. 그는 쉽게 마음이 동했다 / (~+图+to do) lead a person to read books 남을 독서하고 싶은 마음이 나게 하다 / I am led to believe that... 〔여러가지 일로 미루어〕 나는 …이라고 믿는다 / His troubles led him to drink. 그는 골칫거리 때문에 술을 마시게 됐다.
4 〔물〕을 끌다, 〔빗물〕을 빼다. ¶ (~+图+前+名) lead a rope through a hole 구멍에 밧줄을 꿰다 / lead water through a pipe 도관에 물을 통과시키다.
5 〔길 따위가〕 〔사람〕을 인도하다, 데리고 가다. ¶ (~+图+前+名) That path will lead you straight to the house. 그 길을 곧장 따라가면 그 집에 이른다.
6 〔군대·조직 따위〕를 거느리다, 지휘하다. ¶ lead an army (a political party) 군대(정당)를 이끌다 / lead
an orchestra 오케스트라를 지휘하다.
7 〔행렬 따위〕의 선두에 서서 가다, …을 앞장서다, 〔경기 따위에서〕 …을 앞지르다; 〔학급 따위에서〕 일등이다. ¶ lead a procession 행렬의 선두에 서서 가다 / lead a fashion 유행의 첨단을 걷다 / lead the way 앞서 인도하다, 안내하다.
8 〔운동 따위〕의 지도적 역할을 담당하다; …의 수석 변호인이 되다. ¶ lead a flank movement 측면 운동을 지휘하다 / lead a case 소송 사건의 수석 변호인으로서 일하다. 〔cussion 토론을 시작하다.
9 〔춤·토론 따위〕를 시작하다(begin). ¶ lead a dis-
10 〔세월〕을 보내다, 지내다(pass); …에게 생활하게 하다. ¶ lead a happy life 행복한 생활을 하다 / (~+图+名) lead a person a dog's life 남에게 비참한 생활을 시키다.
11 〔카드놀이·도미노〕 〔특정한 패 또는 조(組)〕를 첫 수로 내놓다(치기 시작하다). ¶ lead trumps 첫 패를 내놓다.
12 〔이동 목표의〕 앞쪽을 겨냥 쏘다. ¶ lead a duck 〔도망치는〕 오리의 앞쪽을 겨냥 쏘다.
— vi. **1** 이끌다, 인도하다, 안내하다, 길을 가리키다. **2** 끌려가다, 〔동물이〕 다루기 쉽다. ¶ This horse leads easily. 이 말은 다루기가 쉽다. **3** 〔길 따위가〕 …으로 통하다, 이르다(extend, go). ¶ (~+前+名) This road leads to the city. 이 길은 그 도시로 통한다 / All roads lead to Rome. 〔俗談〕 모든 길은 로마로 통한다. **4** 〔어떤 결과에〕 이르다 (to...). ¶ (~+前+名) Idleness leads to ruin. 게으르면 패가 망신하게 된다 / Broad is the way that leadeth to destruction. 멸망으로 인도하는 길은 넓다 〔←마태 복음(Matt.) 7 : 13〕. **5** 선두를 가다, 솔선해서 하다, 앞장서다; 앞지르다, 리드하다, 능가하다(outstrip); 〔야구〕 〔주자가〕 베이스에서 리드하다 (away...). ¶ lead in a race 경주에서 선두를 달리다. **6** 지휘하다, 거느리다; 지도적 역할을 하다; 수석 변호인의 노릇을 하다. ¶ lead in prayer 앞장서서 기도하다. **7** 시작하다(begin) (off...). ¶ lead off a conversation 회화를 시작하다. **8** 〔권투〕 상대방을 한대 치고서 공세를 취하다 (with...). **9** 〔카드놀이〕 첫패를 내놓다, 치기 시작하다.

lead a person a chase (or **a dance**) ⇨ CHASE¹.
lead away ① …을 데리고 가다. ② 《주로 수동형으로》 …을 유인하다, 맹종(盲從)시키다; …을 속이다, 빗나가게 하다. ③ 〔야구〕 〔주자가〕 베이스에서 리드하다.
lead a person nowhere ⇨ NOWHERE. 〔다. — vi. **5.
lead off ① …을 시작하다. ⇨ vi. **7**. ② 〔야구〕 일번 타자가 되다; 〔…회의〕 선두 타자가 되다.
lead on ① …을 유인하다, 꾀어내다. ② 〔어떤 문제로〕 이야기를 가져가다 (to...). ¶ He led on to the subject. 그는 이야기를 그 문제로 돌렸다.
lead out ① 앞장서서 …을 시작하다. ② 〔여인〕을 댄스 상대로 끌어내다.
lead up to ① …에 차츰 다가가다. ② 〔화제 따위를〕 차츰 …쪽으로 이끌다, 화제를 돌리다 / What're you leading up to? 도대체 무얼 말하고 싶은 거야?
— n. **1** (the ~) 지도적 지위; 수위(首位), 선두. **2** take the lead 지도적 지위를 차지하다; 선두에 서다. **2** 〔경기 따위에서의〕 리드, 우세, 앞서기, 앞선 거리(시간, 접수차). ¶ a lead of three yards 3야드의 리드. **3** 선도(先導者), 지도자. **4** 교도(敎導), 인도, 지시; 모범(example), 도표(道標), 길잡이 되는 것(guide). ¶ follow the lead of a person 남의 지시에 따르다 / give a person a lead 남에게 모범을 보이다 / be under the lead of a person 남의 지도를 받고 있다. **5** 〔문제 해결의〕 단서, 실마리. **6** 〔극의〕 주역; 주연 배우. **7** 〔개·가축의〕 끄는 줄(leash); 〔海事〕 리드, 삭도기(索導器). **8** 〔카드놀이·도미노〕 선수(先手) 〔의 권리〕, 맨 처음 내놓는 패. **9** 〔권투〕 상대방을 한번 치고서 공세를 취하기. **10** 〔야구〕 베이스에서 주자의 리드. **11** 〔신문

따위에서 기사의 개요를 쓴] 머리글, 전문(前文), 리드. **12** [전기] 도선(導線); [안테나 따위의] 인입선(引入線); [기계] 리드, 앞서기. **13** 빙원(氷原) 가운데의 수로; [물레방아 따위의] 도수구(導水溝); [광산] 광맥.

lead² [led] *n.* U **1** [화학] 납[금속 원소의 하나, 원자기호 Pb]. ¶ **as heavy as** *lead* [납처럼] 매우 무거운. **2** C 납 화살. **3** C [낚시용] 추(錘); 측연(測鉛) [수심 측정기의 추] (plummet). ¶ **heave** (*or* **cast**) **the** *lead* 측연으로 수심을 재다. **4** [집합적] 납으로 만든 탄환. ¶ **a shower of** *lead* 탄우(彈雨). **5** 흑연. ¶ C 연필의 심 (graphite). **6** C [인쇄] 인테르[활판의 행간에 끼워넣는 납판]. **7** (~s) [英] 지붕용 납판, 납판으로 인 지붕; [납으로 만든] 창틀.

get (*or* **shake**) **the** *lead* **out** 《美속어》 서두르다 (hurry up), 힘을 내다[하다.
***swing* the** *lead* 《英속어》 꾀병을 앓다; 직무를 태만히 ── *vt.* **1** …에 납을 씌우다, 납을 가하다; [지붕]을 납으로 이다. **2** …에 납으로 추를 달다. **3** [인쇄] [행간]에 인테르를 끼우다. **4** [창유리]를 납으로 고정시키다. ── *adj.* 납으로 만든, 납을 함유한.
◇ **léaden**, **léady** *adj.*

lead·ed [lédid] *adj.* **1** [특히 가솔린에] 납을 넣은. ¶ leaded gasoline 가연(加鉛) 가솔린. **2** [인쇄] [행 사이에] 인테르를 넣어서] 사이가 뜬.

lead·en [lédn] *adj.* **1** 납의, 납으로 만든, 납을 함유한. ¶ **a** *leaden* pipe 연관(鉛管). **2** [납처럼] 무거운. ¶ **a** *leaden* burden 무거운 짐. **3** [공기·분위기·기분 따위가] 답답한, 음침한, 활기 없는(dull, spiritless). ¶ *leaden* air 답답한 공기 / *leaden* silence 갑갑한 침묵. ¶ the *leaden* skies 음침하게 흐린 하늘. **5** [손발·걸음걸이 따위가] 무거운, 느린. ¶ *leaden* footsteps 무거운 발걸음 / *leaden* arms tired from working 일에 지쳐서 나른한 팔. **6** 싸구려의, 값어치 없는. **~ness** *n.*

lead·en-eyed [lédnáid] *adj.* 졸린 눈을 한, 거슴츠레한.
Lead·en·hall [lédnhɔ́ːl] *n.* London의 [새·짐승의] 육류(肉類) 시장.
lead·en·heart·ed [lédnhɑ́ːrtid] *adj.* 무자비한(unfeeling), 무기력한, 활기없는.

‡**lead·er** [líːdər] *n.* **1** 선도자(先導者), 인도자, 안내자, 지도자, 지휘자, 리더; [법률] 수석 변호인. ¶ the *leader* of the opposition [영국 의회의] 야당 당수. **2** 지휘자. **a)** 콘서트 마스터, 밴드 리더, 각 악기 (합창부)의 제 1연주자(가수). **b)** [마차 뒤위의] 선두 말. cf. pole horse ¶ [주로 英] [신문 뒤위의] 사설, 논설 (leading article). **5** [손님을 끌기 위한] 특매품, 봉사 상품. **6** 도수관(導水管), 세로 홈통. **7** (~s) [인쇄] 리더, 파선(破線), 점선. **8** [낚시 바늘을 매다는] 목줄; [본 口絵로 유도하는] 보조 그물; [향해] 싸도기(索導品). **9** 필름·테이프 따위의 앞글의 되감기용 리더, 집는 부분. **10** [광산] [큰 광맥으로 이어지는] 도맥(導脈). **11** [건] 건(腱), 근(筋)(tendon, sinew).

lead·er·ette [líːd(ə)rét] *n.* [신문의] 짧은 사설.
lead·er·less [líːdərlis] *adj.* 지도자(지휘자)가 없는.
Léader of the House *n.* 《英》 하원(상원) 원내 총무.

‡**lead·er·ship** [líːdərʃip] *n.* **1** 지도자(지휘자)의 지위. **2** 통솔력, 지도력. **3** 지휘, 통솔. ¶ **take** (*or* **assume**) **the** *leadership* **of** …을 지휘하다. **4** [집합적] 지도자들, 지휘자들.

lead-free [lédfríː] *adj.* [휘발유가] 무연(無鉛)의.
léad gláss [léd-] *n.* U 납유리 (산화납 함유).
lead-in [líːdín] *n.* 《TV·라디오》 **1** 안테나로의 인입선(引入線). **2** [광고 방송으로의] 도입 부분. ── *adj.* 인입선의, 도입의.

‡**lead·ing**¹ [líːdiŋ] *adj.* **1** 주요한, 주된, 일류의, 뛰어난(chief, principal). ¶ **a** *leading* writer 뛰어난 작가. **2** 앞쪽에 있는, 인도하는. **3** 지도하는, 통솔하는. ── *n.* 인도, 선도(先導), 지도, 지휘, 통솔; 지도력. ¶ **a man of light and** *leading* 백성을 계발하는 지도력이 있는 사람.

lead·ing² [lédiŋ] *n.* U **1** 납으로 덮기[틀을 만들기]. **2** [집합적] 납 세공. **3** [인쇄] 인테르. ⇒ LEAD² *n.* 6.
léading árticle [líːdiŋ-] *n.* 《주로 英》 [신문의] 사설, 논설 《주로 美》 editorial; [정기 간행물의] 주요 기사. [가 되는 판례.
léading cáse [líːdiŋ-] *n.* [법률] 지도적 판례, 전례.
léading édge [líːdiŋ-] *n.* **1** 항공기의 날개 및 프로펠러의 앞쪽 끝. **2** 자동차의 보닛 앞 가장자리. **3** 움직이고 있는 것의 앞쪽. ¶ the *leading edge* of the cold air mass. 한(寒) 기단의 최전부.
léading indicator [líːdiŋ-] *n.* 《美》 [경제] [경기 동향을 나타내는] 선행 지표.
léading lády [líːdiŋ-] *n.* 주연 여배우.
léading líght [líːdiŋ-] *n.* **1** 길잡이 등(燈). **2** 지도적 인사, 대가.
léading mán [líːdiŋ-] *n.* 주연 남배우.
léading mótive [líːdiŋ-] *n.* **1** [행위의] 주요한 동기. **2** [음악] 시도 동기(示導動機), 라이트모티프(leitmotif).
léading nóte [líːdiŋ-] *n.* [음악] = leading tone.
léading quéstion [líːdiŋ-] *n.* [호의적인] 유도 심문. [삐.
léading réin [líːdiŋ-] *n.* [말 뒤위의] 끄는 줄, 고
léading stríngs [líːdiŋ-] *n. pl.* **1** 이끌어주는 끈[유아의 보행 연습용]. **2** 지도(guidance), 엄격한 교육, 속박. ¶ **in** *leading strings* 독립하지 못하고.
léading tóne(**nóte**) [líːdiŋ-] *n.* [음악] 도음(導音) [음계의 제 7음].

lead·less [lédlis] *adj.* [휘발유가] 무연(無鉛)의.
léad líne [léd-] *n.* [향해] 측연선(測鉛線), 측연(索) [수심 측정용 강삭(鋼索)] (sounding line).
léad nítrate [léd-] *n.* [화학] 질산연(窒酸鉛).
lead-off [líːdɔ́ːf/-ɔ́f] *n.* **1** 개시, 착수(start, beginning). **2** [야구] 1번 타자. ⑇회의 선두 타자.
lead-off [líːdɔ́ːf/-ɔ́f] *adj.* 처음의, 첫번째의. ¶ **a** *lead-off* man [야구의] 1번 타자.
léad óxide [léd-] *n.* [화학] 산화연. [필.
léad péncil [léd-] *n.* [심이 흑연으로 된 보통의] 연
léad-pipe cínch [lédpàip-] *n.* 《속어》 아주 쉬운 일; 아주 확실한 것.
léad póisoning [léd-] *n.* U [병리] 연(납) 중독.
léads and lágs [léd-] *n.* 《금융》 한 시세의 변동을 내다보고 결제나 거래 자체를 앞당기거나 늦추는 일.
leads·man [lédzmən] *n.* (*pl.* **-men** [-mən]) [향해] [수심 측정을 하는] 측심원(測深員).
léad stóry [léd-] *n.* [신문 뒤위의] 톱기사.
léad·swing·ing [lédswìŋiŋ] *n.* U 《英속어》 농땡이 부리기.
léad tetraéthyl [léd-] *n.* [화학] =tetraethyl lead.
léad tíme [líː-] *n.* U 기획에서 제품화까지의 시간.
léad·work [lédwɔ́ːrk] *n.* U 납 세공(공작).
léad·y [lédi] *adj.* (**lead·i·er**, **lead·i·est**) 납 같은, 납을 함유한, 납빛의.

‡**leaf** [líːf] *n.* (*pl.* **leaves** [líːvz]) **1** 잎, 잎사귀. ¶ **a simple** (**a compound**) *leaf* 단(복)엽 / **a** *leaf* **blade** 엽신(葉身) / **be hidden by the** *leaves* **of trees** 나뭇잎에 가려져 보이지 않다. **2** U [집합적] 군엽(群葉), 잎들 (foliage). ¶ **the fall of the** *leaf* 낙엽기, 가을 / **come into** *leaf* 잎이 돋아나다 / **be in** *leaf* [낙엽수의] 잎이 나 있다. **3** 꽃잎, 화판(petal). ¶ **a poppy** *leaf* 양귀비 꽃잎. **4** [책의] 한 장 [앞뒤 2페이지], ¶ **turn over a** *leaf* 한 장 넘기다 / The *leaves* of the book are not cut. 그 책은 페이지가 잘리지 않았다. **5** [접어 여는 문·덧문 뒤위의] 문짝, [책상·화장대의] 자재판(自在板); 도개교(跳開橋) (leaf bridge); [총의] 가늠자. **6** [집합적] 박도 써서 [금·은 뒤위의] 박(箔) (foil); [동물] 박편(薄片); [화학] 엽상(單層); [기계] 판 용수철을 구성하는 한 장의 용수철판 (cf. leaf spring).

leafage

take a leaf out of a person's book ⇒ BOOK.
turn over a new leaf [마음을 고쳐먹고] 새로 시작하
— *vi.* **1** 잎이 나다(*out*). **2** 《美》책장을 급히 넘기다
(*through*...). ◇ *leáfy adj.*
leaf·age [líːfidʒ] *n.* [U] 〔집합적〕 잎 (foliage).
léaf bùd *n.* 〔식물〕 잎눈.
léaf fàll *n.* 잎이 짐; 낙엽.
léaf fàt *n.* 〔지방〕 돼지 콩팥 둘레의 지방층.
léaf-hop·per [líːfhɑpər / -hɔ̀p-] *n.* 〔곤충〕 멸구 (과)의 각종 멸구.
leaf·i·ness [líːfinis] *n.* [U] 잎이 무성함; 엽상을 이룸.
léaf lárd *n.* [U] 돼지 콩팥 둘레의 지방으로 만든 라드.
***leaf·less** [líːflis] *adj.* 잎이 없는, 낙엽진. ~**ness** *n.*
***leaf·let** [líːflit] *n.* **1** [배포용] 낱장으로 된 인쇄물, 전단, 광고용 뼈라. **2** 소엽(小葉), 소엽편[복엽의 한 조각]. **3** 어린 잎, 작은 잎. **4** 소엽 모양의 부분(구조).
leaf·let·eer [lìːflitíər] *n.* **1** [선전을 위해 거리에서] 전단을 뿌리는 사람. **2** [종종 경멸적] 전단 문안 작성자.
léaf mòld(《英》 **mòuld**) *n.* [U] 부엽토, 부식토.
léaf spring *n.* 판 용수철.
leaf·stalk [líːfstɔ̀ːk] *n.* 〔식물〕 잎꼭지(petiole).
***leaf·y** [líːfi] *adj.* (**leaf·i·er, leaf·i·est**) **1** 잎이 많은, 잎이 우거진, 잎으로 덮인; 잎으로 된. ¶ *a leafy* shrub 잎이 많은 관목 / *a leafy* wood 울창한 숲 / *a leafy* season 나뭇잎이 우거지는 계절 / *a leafy* shade 나무 그늘. **2** 잎 같은, 잎 모양의, 엽상의. **3** 넓은 잎을 가진.
¶ *leafy* vegetables 이파리가 넓은 야채. ◇ leaf *n.*
‡**league**[1] [liːɡ] *n.* **1** 동맹, 연맹, 맹약(盟約). ⇒ ALLIANCE 〔類語〕 ¶ in *league* with …과 동맹하여. **2** 동맹 (맹)의 참가자(국가, 단체), 가맹자(국, 단체). **3** 〔야구·축구 따위의〕 경기 연맹. **4** 동류, 부류, 동료.
— *vt.*, *vi.* (**leagued, lea·guing**) 동맹을 맺게 하다(맺다), 맹약을 맺게 하다(맺다). ¶ (~+目+前+名) be *leagued* with low company 불량배들과 한패가 되다 / (~+目) We three were *leagued* together. 우리 셋은 동맹을 맺고 있었다.
league[2] [liːɡ] *n.* **1** 리그, 거리의 단위 [英·美에서는 약 3마일]. **2** 면적의 단위 [1평방 리그].
Léague of Nátions *n.* (the ~) 국제 연맹 [1919년 결성된 세계 평화와 협동을 목적으로 한 조직, 1946년 해산].
lea·guer[1] [líːɡər] *n.* **1** 포위, 포위 공격(siege), 포위진.
— *n.* 포위, 포위 공격(siege), 포위진.
lea·guer[2] [líːɡər] *n.* 동맹자(국), 가맹자(국, 단체), 연맹국; 〔야구〕 리그 소속 선수. [조표.
léague tàble *n.* 《英》 **1** 〔스포츠의〕 기록표. **2** 비교 대
Le·ah [líːə / líːɑ] *n.* 〔성서〕 레아 〔야곱(Jacob)의 처음 아내. ← 창세기(Gen.) 29:23–26〕.
***leak** [liːk] *n.* **1** 새는 곳, 새는 구멍; [비밀 따위의] 누설처. ¶ *a leak* in a roof 지붕의 새는 구멍 / stop (or plug) *a leak* 새는 곳을 막다. **2** 누출, 새어나옴, 새는 양; [비밀 따위의] 누설. **3** 〔전기〕 누전 [장소].
— *vi.* **1** [용기·지붕·배 따위가] 새다. ¶ The boat is *leaking*. 그 보트는 물이 새어 들어왔다. **2** [액체·기체 따위가] 새다, 누출하다. ¶ (~+前+名) water *leaking* from a pipe 관에서 새는 물. **3** [비밀 따위가] 새다, 누설되다(*out*). ¶ (~+副) The secret *leaked out*. 비밀이 샜다. — *vt.* **1** …을 새게 하다, 누출(누설)시키다. ¶ That pipe *leaks* gas. 저 관은 가스가 샌다. **2** [비밀 따위를] 누설하다.
◇ *léakage n., léaky adj.*
leak·age [líːkidʒ] *n.* [U] **1** 누출, 새어나옴; [비밀 따위의] 누설. **2** 누출(누입)물, 누출(누입)량. **3** 〔상업〕 누손(漏損).
leak·proof [líːkprùːf / -≤] *adj.* 《美》기밀·정보 따위의 누설 방지의, 기밀이 누설되지 않는. ¶ The White House will never be *leakproof* as long as there are rivalries among the staff. 직원들 사이에서 경쟁이 있는 한 백악관으로부터의 기밀 누설을 완전히 방지할 수는 없을 것이다.

leak·y [líːki] *adj.* (**leak·i·er, leak·i·est**) **1** 새는. ¶ *a leaky* roof 비가 새는 지붕. **2** 비밀을 누설하기 쉬운. ¶ *a leaky* person 비밀을 지키지 못하는 사람.
leak·i·ness *n.*
leal [liːl] *adj.* 《古·스코》 충실(성실·진실) 한 (loyal), 의리가 굳은. ¶ the land of the *leal* 천국(heaven).
‡**lean**[1] [liːn] *v.* (**leaned** *or* 《특히 英》 **leant** [lent], **lean·ing**) *vi.* **1** 몸을 구부리다, 굽히다, 뒤로 젖히다. ¶ (~+前+名) *lean out of* a window 창문에서 상체를 내밀다 / *lean over* a book 책 위에 몸을 구부리다 / (~+副) *lean back* in a chair 의자에서 상체를 뒤로 젖히다.
2 기울다, 경사지다(slant, incline). ¶ The *Leaning* Tower of Pisa 피사의 사탑(斜塔) // 《The tower *leans* to the south. 탑은 남쪽으로 기울고 있다.
3 〔사상·감정에〕…의 쪽을 좋아하다, …에 기울어지다, …의 경향이 있다. ¶ (~+前+名) *lean toward* socialism 사회주의로 기울다 / I rather *lean to* your view. 대체로 자네의 의견에 찬성한다. **4** 기대다, 의지하다. ¶ (~+前+名) *lean against* a wall 벽에 기대다 / *lean on* a person's arm 남의 팔에 기대다/*Lean off* the chair! 의자에 기대지 마라. **5** 의지하다, 기대다, 매달리다(*on, upon*...). ¶ (~+前+名) *lean on* the help of a friend 친구의 도움에 기대다.
— *vt.* **1** …을 기울이다, 구부리다. ¶ (~+目+副) *lean* one's head *forward* 머리를 앞으로 기울이다.
2 …을 기대게 하다, 의지하게 하다. ¶ (~+目+前+名) *lean* one's stick *against* a wall 지팡이를 벽에 기대 세우다 / *lean* one's back *against* a tree 나무에 등을 기대다.

lean (or bend) over backward[s] ⇒ BEND.
— *n.* 기울기, 경사(inclination); 치우침, 편향(偏向). ¶ a wall with a slight *lean* 약간 기울어 있는 벽.

‡**lean**[2] [liːn] *adj.* **1** 〔사람·동물이〕 여윈, 마른. opp. *fat* ⇒ THIN 〔類語〕 ¶ a *lean* body 여윈 몸. **2** 〔고기가〕 지방이 적은, 살코기의. **3** 모자라는, 수확이 적은, 영양분이 적은; 〔토지가〕 메마른(barren). ¶ a *lean* diet 조식(粗食) / a *lean* harvest 흉작 / a *lean* year 흉년. **4** [페인트·인쇄 잉크 따위가] 기름보다 안료가 많이 든.
— *n.* **1** [U] 지방이 적은 고기, 살코기. **2** 마른 부분.
~**ness** *n.*
Le·an·der [li(ː)ǽndər] *n.* 〔그리스 신화〕 레안드로스 〔헤로(Hero)의 연인〕. ⇒ Hero
lean·er [líːnər] *n.* 기대는 사람; 기운 것(사람); 남을 의지하는 사람.
lean·ing [líːniŋ] *n.* **1** [U] 기울임, 경사. **2** 경향, 성향, 기호. ⇒ INCLINATION 〔類語〕 ¶ a *leaning to* ritualism 의식존중의 경향 / have a *leaning toward* pacifism 평화주의로의 경향.
Léaning Tówer of Písa *n.* (the ~) 피사의 사탑(斜塔) [이탈리아의 Pisa에 있는 높이 약 55m의 종루(鐘樓)].
***leant** [lent] *v.* 《주로 英》 *lean*[1]의 과거·과거 분사의 하나.
lean-to [líːntùː] *n.* (*pl.* **-tos**) **1** 〔원래에 잇대어 지은〕 달개. **2** 달개집, 달개의. ¶ a *lean-to* roof 달개 지붕.
‡**leap** [liːp] *v.* (**leaped** *or* **leapt** [liːpt, lept], **leap·ing**) *vi.* [껑충]뛰다, 뛰어오르다, 도약하다. ⇒ JUMP 〔類語〕 ¶ (~+前+名) *leap at* a person 남에게 달려가다 / *leap at* a proposal 제의에 기꺼이 응하다 / *leap for* (or *with*) joy 기뻐서 날뛰다 / *leap to* a conclusion 성급히 결론에 이르다 / *Look before you leap*. 《속담》 돌다리도 두드려 보고 건너라.
— *vt.* (※ 말의 경우에는 종종 [lep]로 발음) **1** …을 뛰어넘다. ¶ *leap* a wall 담을 뛰어넘다. **2** …을 뛰어넘게 하다. ¶ (~+目+前+名) *leap* a horse *across* a ditch 말에게 도랑을 뛰어넘게 하다.

leap out of one's **skin** ⇨ SKIN.
leap to the eye 당장 눈에 띄다, 곧 알다.
One's **heart leaps into** *one's* **mouth.** ⇨ HEART.
── *n.* **1** 뜀, 도약, 비약(jump, bound); 약동, 약진(movement); 『 take a *leap* 뛰다 / with a *leap* 껑충 뛰어, 단번에. **2** 한번 뛰는 거리[높이]; 뛰어넘은 곳. **3** 급격한 변화, 급증. 『 take a great *leap* forward 비약적 진보를 이루다, 대약진을 하다. **4** 교미.
a leap in the dark 무모한 행동, 폭거(暴擧).
by leaps and bounds ⇨ BOUND².
léap dày *n.* 윤일(閏日) [2월 29일].
leap·er [líːpər] *n.* 뛰는 사람, 날뛰는 말; 아크로바트 곡예사. 곡예사.
leap·frog [líːpfrɔ̀(ː)ɡ, -frɑ̀ɡ / -frɔ̀ɡ] *n.* ⓤ 등 짚고 뛰어넘기[구부린 사람의 등을 뛰어넘는 놀이].
── *vi.* (**-frogged, -frog·ging**) 등짚고 뛰어넘기를 하다 (*over*...).
leapt [lept, liːpt] *v.* leap 의 과거·과거 분사의 하나.
léap yèar *n.* 윤년. *cf.* common year 『 a *leap year* proposal〔윤년에만 허용되는〕여자가 남자에게 하는 청혼.
‡**learn** [ləːrn] *v.* (**learned** *or* **learnt, learn·ing**) *vt.* **1** …을 배우다, 익히다, 학습(습득)하다, 가르침받다, 공부하다; …을 할 수 있게 되다. 『 *learn* English 영어를 배우다 / We *learn* much from experience. 우리는 경험에서 많은 것을 배운다 / What is *learned* in the cradle is carried to the grave. 《속담》 요람에서 배운 것 무덤까지, 세 살적 버릇 여든까지 // (~ + [wh.] to do) *learn to* swim (ride) 수영(승마)을 배우다, 배워서 수영(승마)할 수 있게 되다 / You must *learn to* be more careful. 너는 더 조심성을 배워야만 되겠다 / I'm *learning to* dance. 나는 댄스를 배우고 있다.
〖類語〗 **learn** 공부나 연습에 의해서 또는 가르침을 받아서 지식이나 기술을 얻다. 특히 '익히다'는 뜻이다. 『 *learn* French 프랑스어를 배우다. **study** 노력하여 체계적으로 연구하다란 뜻이다: *study* physics 물리학을 연구하다.
2 …을 알다, 들어서 알다, …을 알게 되다. 『 *learn* the truth 진실을 알다 // (~ + 目 + 前 + 名) *learn* a thing *from* a person 남에게서 어떤 말을 듣다 // (~ + *that* 節) I *learned* that he had been sick. 그가 앓고 있었다는 것을 알았다 // (~ + *wh.* 節) He is (or has) yet to *learn* where she came from. 그녀가 어디에서 왔는가 그는 아직 모른다. **3** …을 기억하다, 외다, 암기하다. 『 (~ + 目 + 前 + 名) *learn* a poem *by* heart 시를 외다. **4** 〖고어·속어·익살〗 …을 가르치다(teach). 『 (~ + 目 + *wh.* to do) He *learned* me how to play chess. 그는 나에게 서양장기 두는 법을 가르쳤다.
── *vi.* **1** 배우다, 익히다, 터득하다, 외다. 『 *learn* by experience 경험에 의하여 배우다 / He *learns* very slowly (rapidly). 그는 총기가 없다(있다) / Never too late to *learn*. 《속담》 배움에 너무 늦다는 법은 없다. **2** 들어서 알다, 알다(*of* ...). 『 (~ + 前 + 名) *learn of* an accident 사고에 관해서 알다.
◇ **léarned** *adj.*
‡**learn·ed** [lə́ːrnid] *adj.* **1** 학문(학식)이 있는, 정통한, 박식한. 『 a *learned* man 학자 / the *learned* 학자들 / my *learned* friend (*or* brother) 《英》 귀하, 박식한 벗 〔하원·법정에서 의원·법률가가 동료를 부르는 경칭〕be *learned* in …에 정통한, 밝은. **2** 학문의, 학구적인; 학식을 나타내는; 학자가 쓰는. 『 a *learned* society 학회 / a *learned* book 학술 서적.
~**·ly** *adv.* ~**·ness** *n.* ◇ learn *v.*
léarned proféssion [the ~] 학문적 직업 〔종교·법률·의학의 세 가지 직업 중의 하나〕.
‡**learn·er** [lə́ːrnər] *n.* 학습자; 초학자; 《英》 임시 면허운전자.
léarn·er-drív·er [lə́ːrnərdráivər] *n.* = L-driver.
‡**learn·ing** [lə́ːrniŋ] *n.* ⓤ **1** 학문, 학식. ⇨ INFORMATION 〖類語〗 『 a man of *learning* 학자. **2** 배우기, 익

기, 학습, 교습. **3** 〖심리〗학습.
léarning cùrve *n.* 학습(숙련) 곡선〔숙련도나 습득도를 그래프로 나타낸 것〕.
‡**learnt** [ləːrnt] *v.* learn 의 과거·과거 분사의 하나. *英 미국에서 분사로는 형용사로는 사용되는 일이 많다.
LEAs 《略》《英》 *L*ocal *E*ducation *A*uthorities (지방 교육 당국). 있는.
leas·a·ble [líːsəbl] *adj.* 〔토지·가옥이〕 임대차할 수 *‡**lease**¹ [liːs] *n.* **1** ⓤ 〔토지·가옥의〕 임대차 계약; 임대; ⓒ 임대차 계약서. 『 on (*or* by) *lease* 임대차 계약으로 / put out something to *lease* …을 임대하다. **2** 임차한 토지(집). **3** 임대차 계약 기간. **4** 〖생명 등의〗 정해진 기간, 『 take a new *lease* of life 〔병이 회복되어〕 수명이 연장되다. ── *vt.* (**leased, leas·ing**) **1** 〔토지·가옥〕을 임대하다, 세놓다. ⇨ HIRE 〖類語〗 **2** …을 임차하다, 차용하다. 『 a *leased* territory 조차지(租借地).
lease² [liːs] *n.* 베틀의 날실의 교차〔하는 곳〕.
lease-back [líːsbæ̀k] *n.* 매각 차용〔매각하여 임차하기〕.
léase cràft *n.* 《우주》 임대 우주 공급.
lease·hold [líːshòuld] *n.* 토지 임차권; 차지(借地).
── *adj.* 임차한. 차인.
lease·hold·er [líːshòuldər / -(h)òuld-] *n.* 차지인, 임차인.
lease-lend [líːslénd] *n.,* *v.* = lend-lease.
leash [liːʃ] *n.* **1** 〔개 따위를 매어두는〕 가죽끈, 밧줄. **2** 〖사냥〗 〔토끼·여우·개 따위의〕 세 마리 1조. 『 a *leash* of dogs 개 세 마리 / two *leashes* of hares 여섯 마리의 토끼. **3** = leash².
hold (*or* **keep**) ...*in* (*or* *on*) *leash* …을 가죽끈으로 매어 두다; …을 속박하다, 억제하다.
strain at the leash 〔가죽끈을〕 벗어나려고 몸부림치다; 자유를 얻으려고 몸부림치다. 다.
── *vt.* **1** …을 가죽끈(밧줄)으로 매다. **2** …을 속박하
leas·ing [líːsiŋ] *n.* ⓤⓒ 〖고어〗 거짓말 〔하기〕, 허위(lie).
‡**least** [liːst] *adj.* (little 의 최상급) **1** 〔크기·양·정도따위가〕 최소의, 가장 작은(적은). 『 the *least* distance 최단 거리 / You have the *least* chance of success. 너에게는 전혀 성공할 가망이 없다 / There is not the *least* danger. 《not 에 강세를 두고》 적음은 위험이 있다 / He had not the *least* knowledge of me. 《least 에 강세를 두고》 그는 나에 관해서는 조금도 아는 것이 없었다. **2** 가장 가치가 적은. 『 the *least* mercy 최소의 자비.
── *n.* (보통 the~) 최소, 최소량, 최소한도. 『 That is the *least* you can do. 네가 할 수 있는 최소한의 것이다.
at [*the*] *least* ① 적어도, 최소한. 『 You might *at least* apologize. 적어도 사과 정도는 해야 하지 / I would like to read three books a month *at least*. 적어도 월 3권의 책은 읽고 싶다. ② 여하튼, 아무든.
not in the least 조금도 …않다(not at all). 『 He is *not in the least* concerned about it. 그는 그런 것은 조금도 걱정하지 않는다.
to say the least [*of it*] 줄잡아 말해도. 『 We are vexed with your lying, *to say the least of it*. 줄잡아 말해도 우린 너의 거짓말에 화가 나 있다.
── *adv.* (little 의 최상급) 가장 적게, 가장 소량으로. *opp.* most 『 He is *least* wanted here. 그는 여기에서 가장 필요없는 사람이다 / That is the *least* important. 그것은 가장 중요하지 않다 / He is the *least* likely to come. 그가 가장 올 것 같지 않다 / Last but not *least*. 중요한 말이 하나 남았는데 / *Least* said soonest mended. 《속담》 말은 적을수록 좋다.
least of all 가장 …이 아니다, 특히 …하지 않다. 『 I like that *least of all*. 나는 특히 그것이 싫다.
léast cómmon denóminator *n.* (the~) 〖수학〗 최소 공분모(公分母) 《略 LCD》.
léast cómmon múltiple *n.* =lowest common multiple 《略 LCM》.
léast signíficant dígit *n.* 최하위수〔가장 우측의

least·ways [líːstwèiz] *adv.* 《방언》 =leastwise.
least·wise [líːstwàiz] *adv.* 《구어》 적어도, 하다못해.
leat [liːt] *n.* 《英방언》 물레방아에 물을 대는 수로.
‡**leath·er** [léðər] *n.* **1** U 무두질한 가죽, 피혁. ~의 頑韻 **2** 피혁 제품; 등자(鐙子) 가죽(stirrup leather), 가죽끈, 고삐(rein); 《속어》 《야구·축구 따위의》공. **3** (~s) 가죽제 승마 바지. **4** U 《속어》 《사람의》 피부. ¶ lose *leather* 살갗이 벗어지다. **5** 지갑. **There is nothing like leather.** 제것보다 더 소중한 것은 없다[도시 방위에는 가죽이 제일이라고 가죽 장수가 말한 데서].
— *adj.* 무두질한 가죽의, 가죽 제품의; 가죽 같은.
— *vt.* **1** …에 가죽을 씌우다(가죽을 대다). **2** 〔가죽〕을 무두질하다. **3** …을 가죽 채찍으로 때리다.
◇ **léathery, léathern** *adj.*
leath·er·back [léðərbæk] *n.* 장수거북[열대산 (產) 바다거북의 일종] (trunkback turtle).
Leath·er·ette [lèðərét] *n.* 《상표명》 인조 가죽.
leath·er·head [léðərhèd] *n.* **1** 바보, 멍청이 (blockhead). **2** 꿀새 《오스트레일리아산 (產)》.
leath·er·jack·et [léðərdʒækit] *n.* **1** 경피 (硬皮) 류. **2** 꾸정모기의 애벌레.
leath·er-lunged [léðərlʌ́ŋd] *adj.* 큰 소리로 〔장시간〕 떠들 수 있는. ¶ The *leather-lunged* senator carried on the filibuster for 18 hours. 큰 목소리를 가진 그 상원 의원은 18시간 의사 방해 연설을 계속했다.
leath·ern [léðərn] *adj.* **1** 가죽의, 가죽제의. **2** 가죽 같은, 피혁질의.
leath·er·neck [léðərnèk] *n.* 《美속어》 해병대원.
Leath·er·oid [léðərɔ̀id] *n.* 《상표명》 인조 피혁.
leath·er·ware [léðərwɛ̀ər] *n.* U 피혁 제품.
léather wédding *n.* 혁혼식(革婚式) 〔결혼 4주년 기념〕.
leath·er·wood [léðərwùd] *n.* 미국산(產) 〔과(科)의〕 관목. 팥꽃나무
leath·er·y [léðəri] *adj.* 가죽 같은; 강인한 (tough).
‡**leave**¹ [liːv] *v.* (**left, leav·ing**) *vt.* **1** 〔장소·인물〕로 부터 떠나다, …을 떠나다, …과 작별하다. ¶ I *leave* the room 방에서 나가다 / We *leave* here tomorrow. 우리는 내일 출발한다 / The pain *left* him for a time. 그의 고통은 잠시 사라졌다 // (~+图+前+名) He *left* Kimpo for London yesterday. 그는 어제 김포를 떠나 런던으로 향했다.
2 〔소속 단체 따위〕를 그만두다, 물러나다; …의 곁을 떠나다; 〔가정·사람〕을 버리다, …와 인연을 끊다. ¶ *leave* a job 직장을 그만두다 / *leave* school 퇴학〔졸업〕 하다 / *leave* the table 〔식사가 끝나고〕 식탁을 떠나다 // (~+图+前+名) Her husband *left* her for another woman. 그녀의 남편은 그녀를 버리고 딴 여자에게 갔다 / He *left* his employer without notice. 그는 예고없이 이 직장을 그만두었다.
3 〔어떤 상태로〕 놔두다, 남겨두다, 방치하다; …을 〔어떤 상태로〕 되게 하다. ¶ (~+图+補) *leave* the window open 창문을 열어두다 / The story *left* me cold. 그 이야 기에 나는 아무런 흥미도 느끼지 못했다 / The insult *left* him speechless. 그 모욕으로 해서 그는 말이 나오지 않았다 / The illness has *left* him a wreck. 그 병 때문에 그는 폐인이 되고 말았다 // (~+图+as 補) *Leave* things *as* they are. 그대로 놔두시오 // (~+图+-ing) Don't *leave* the baby crying. 아기를 울도록 놔두지 마라 // (~+图+done) *leave* something undone …하지 않은 채로 내버려두다 / Better *leave* it unsaid. 그 말은 하지 않는 것이 낫다 / We *left* no plan untried. 우리는 모든 방책을 강구하였다.
4 〔간섭하지 않고〕 〔남〕이 하는 대로 내버려두다. ¶ (~+图+前+名) *leave* a person *to* himself 남이 마음대로 하게 하다, 멋대로 하게 하다 // (~+图+*to* do) *leave* a person *to* do as he pleases 남이 좋아하는 대로 마음대로 하게 하다 / I shall *leave* you *to* think what you like. 상상에 맡기겠다. 〔*drinking* 금주하다.
5 …을 그만두다, 중지하다(stop). ¶ (~+*-ing*) *leaves*
6 …에게 맡기다, 위탁하다 (...*to*). ¶ (~+图+前+名) He *leaves* such decisions up *to* me. 그는 그와 같은 결정은 나에게 일임한다 / He leaves everything to chance. 그는 만사를 운에 맡기고 있다 / *Leave* it *to* me. 그것은 내게 맡겨 주시오 / It may be safely *left* to his judgment. 그것은 그의 판단에 맡겨도 괜찮을 것이다 / I'll *leave* that *to* you. 〔대금은〕 처분대로 해주십시오.
7 …을 두고 가다, 놓고 가다; …을 빼놓고 가다; …을 뒤에 남기고 있다. ¶ (~+图+前+名) *leave* a book *on* a table 책상 위에 책을 두고 가다 / *leave* a card *on* a person 남을 방문하여 명함을 두고 오다 / *Leave* your personal effects *in* the locker. 소지품은 로커에 넣어주시오 / I *left* my umbrella *in* the train. 전차 안에 우산을 두고 내렸다 / He had gone to America *leaving* his family *in* Korea. 그는 가족을 한국에 두고 미국으로 가버렸다.
8 〔결과·흔적으로서〕 …을 남기다. ¶ *leave* a deep impression 깊은 감명을 남기다 / The wound *left* a scar. 상처가 남았다.
9 〔가족·재산 따위〕를 남기고 죽다; 〔재산〕을 유언으로 물려주다, 유산으로 남기다. ¶ *leave* a wife and five children 아내와 다섯 아이를 남기고 죽다 / be well *left* 〔유족으로서〕 생활이 윤택하다 // (~+图+前+名) (~+图+前+名) *leave* one's wife a large fortune; *leave* a large fortune *to* one's wife 아내에게 많은 재산을 남기고 죽다 / *leave* no heir *to* one's property 재산 상속인 없이 죽다 / He *left* debt *behind* him. 그는 빚을 남기고 죽었다 // (~+图+補) He was *left* orphan at the age of five. 그는 다섯 살때 고아가 되었다.
10 〔뺀 뒤에〕 〔수〕를 남기다; 〔사용한 뒤에〕 …을 남기다. ¶ Two from four *leaves* two. 4에서 2를 빼면 2가 남는다/There is some coal *left*. 석탄이 조금 남아 있다 //(~+图+图) The payment of his debts *left* him nothing to live on. 그는 빚을 갚고 나니 먹고 살 것이 없어졌다//(~+图+前+名) *Leave* some bone *for* the dog. 개한테 뼈를 남겨 주어라.
11 …을 전달하다, 배달하다; …을 맡기다. ¶ The postman *left* three letters. 우편 배달부가 편지 3통을 놓고 갔다 // (~+图+前+名) *leave* a message *with* a person 남에게 전갈을 맡기다 (부탁하다).
12 〔일정한 방향을 유지하면서〕 …을 지나다가, 지나다(pass). ¶ I *left* the village on my right. 마을을 바른쪽에 보면서 지나갔다.
13 《속어》 〔남〕에게 …하게 하다(let). ¶ (~+图+*do*) *Leave* us go now. 이제는 가도록 해주시오.
— *vi.* **1** 떠나다, 출발하다(go away, depart, set out). ¶ It's time to *leave* now. 이제는 갈 시간이다 // I'm *leaving* for America tomorrow. 내일 미국을 향해 떠납니다. **2** 〔고어〕 중지하다, 그만두다.
be (or **get**) **nicely left** 속아 넘어가다(be taken in).
get left 《美속어》 ① 버림받다. ② 지다.
leave ... alone ⇒ ALONE.
leave ... behind ① …을 두고〔놓고〕 가다, 잊고 가다; 뒤에 …을 남겨놓다. ¶ *leave* a person *behind* 남을 뒤에 두고 가다. ② …을 앞지르다, …을 능가하다. ¶ He *left* all other pupils *behind*. 그는 다른 모든 학생을 능가했다.
leave go (or **hold, loose**) **of** 놓아주다, 해방하다(set free) (*of*...). ¶ He *left go of* the rope. 그는 밧줄을 놓았다.
leave ... in the air …을 불안정한 상태로 두다.
leave ... in the dark …을 모르게 하다 (*about*...).
leave a person in the lurch ⇒ LURCH².
Leave it at that. 《속어》 그쯤 해두어라.
Leave it to me. 《구어》 내게 맡게, 내가 할게.
leave nothing (**much**) **to be desired** 더할 나위 없다(아쉬운 점이 많다).
leave off ① (*vt., vi.*) 그만두다; 그치다. ¶

leave off drinking 금주하다 / It's time to *leave off* work. 일을 그만할 시간이다 / Where did we *leave off* last time? 전번에는 어디까지 했던가요? / The rain has *left off*. 비가 그쳤다. ② …을 벗다, 버리다. ¶ *leave off* one's coat 상의를 벗다 / *leave off* a bad habit 악습을 버리다.
leave out ① …을 빼다, 생략하다(omit). ¶ *leave out* the word "that" that 를 생략하다 / He was *left out* in the list. 그 명단에는 그의 이름이 없었다. ② …을 고려치 않다(neglect).
leave over (英) ① …을 남겨두다. ② …을 연기하다.
leave a person to it (구어) 남에게 맡겨버리다, 내버려두다.
— n. (당구) (알사람이 친 뒤의) 공의 위치; (볼링) 제1투 뒤에 남은 핀.

‡**leave**² [liːv] n. **1** 허락, 허가. ¶ without *leave* 허가없이, 무단으로 / ask (get) *leave* to do …할 허가를 청하다 / You have my *leave* to do as you like. 너는 하고 싶은 대로 해도 좋다. **2** 휴가; ⓒ 휴가 기간. ¶ have (or go on) *leave* 휴가를 얻다 / be home on *leave* 휴가로 고향에 와 있다 / They had a two weeks' *leave*. 그들은 2주간의 휴가를 얻었다. **3** 작별, 고별. ¶ I shall take my *leave*. 작별 인사드립니다.
a ticket of leave (英) 가출옥 허가증.
beg leave to do 삼가 …합니다. ¶ I *beg leave to* inform you that… (삼가) …을 통지하는 바입니다(편지의 문구).
by (or *with*) *your leave* 미안하지만, 실례지만. ¶ neither with your *leave* nor by your *leave* 당신 마음에 들든 안 들든 (간에).
get one's leave 해고되다, 면직되다.
take leave of one's senses 미치다.

leave³ [liːv] vi. (**leaved, leav·ing**) 잎을 내다, 잎이 나다(leaf).

leaved [liːvd] adj. 잎이 있는, (보통 복합어를 만들어) …의 잎이 있는. ¶ broad-*leaved* 광엽의 / a four-*leaved* clover 네잎 클로버. **2** (보통 복합어를 만들어) (문 따위가) …짝으로 된. ¶ a two-*leaved* screen 두 폭 병풍.

leave-look·er [líːvlùkər] n. (英) (시영(市營) 시장의) 감시원.

***leav·en** [lév(ə)n] n. **1** Ⓤ 효모, 발효소. **2** (서서히) 감화·영향을 주는 것; […을 빚어내는) 잠재 세력; 기운(氣運), 기미(tinge). ¶ the *leaven* of charity 자선이 빚어내는 힘 / the *leaven* of reform 개혁의 기운.
the old leaven 고칠 수 없는 옛 습관, 폐습[←고린도 전서 (1 Cor.) 5 : 7-8].
— vt. **1** (빵)을 발효시키다. **2** …에 감화를 주다, …을 감염시키다. ¶ a life *leavened* by hypocrisy 위선에 물든 생활.

leav·en·ing [lév(ə)niŋ] n. **1** Ⓤ 효모, 발효소. **2** 영향을 주는 것, 감화력; 영향, 감화.

‡**leaves** [liːvz] n. leaf 의 복수형.

leave-tak·ing [líːvtèikiŋ] n. Ⓤ 작별, 고별.

leav·ing [líːviŋ] n. **1** 남은 것 (residue). **2** (~s) 찌꺼기, 쓰레기(refuse).

Leb·a·nese [lèbəníːz] adj. 레바논의, 레바논 사람의.
— n. (pl. -**nese**) 레바논 사람.

*__Leb·a·non__** [lébənən] n. 레바논(지중해 동쪽 연안, Israel 북쪽의 공화국; 수도 Beirut).
◇ **Lebanése** adj.

Le·bens·raum [léibənsràum] n. 생활권(정치적·경제적 발전에 필요한 영토, 나치스 독일의 이념). [<G]

lech [letʃ] (속어) n. Ⓤ 호색(好)(가). — vi. 색을 탐하다.

lech·er [létʃər] n. 호색가.

lech·er·ous [létʃ(ə)rəs] adj. 호색의; 욕정을 도발하는. ~ly adv. ~ness n.

lech·er·y [létʃəri] n. Ⓤ 호색(好色), 음탕, 음란.

lec·i·thin [lésiθin] n. Ⓤ (생화학) 레시틴(신경 조직이나 노른자위 따위 속에 있는 인지질(燐脂質)).

lec·tern [léktərn] n. **1** (교회의) 성서 낭독대. **2** 독서대.

lec·tion [lékʃ(ə)n] n. (예배식에서 읽는) 성구(聖句), 일과; 낭독, 독송(讀誦).

lec·tion·ar·y [lékʃ(ə)nèri / -nəri] n. (pl. -**ar·ies**) (예배식에서 읽는) 낭독, 성서, 성구집, 일과서(表).

‡**lec·ture** [léktʃər] n. **1** 강의, 강연.
⇒ SPEECH [類語] ¶ give (or deliver) a *lecture* 강의를 하다 // a *lecture on* (or *upon*) history 역사 강의 / a *lecture in* English 영어로 하는 강연. **2** 설교, 훈계, 잔소리. ¶ read a person a *lecture* 남에게 잔소리하다. — v. (-tured, -tur·ing) vi. 강의(강연) 하다. ¶ (~+웹+웹) *lecture on* foreign affairs 국제 상황에 관해서 강의를 하다. — vt. **1** …에게 강의(강연) 하다. **2** …을 설교(훈계)하다. **3** …에게 잔소리하다.

[lectern 1]

lécture háll n. 강당.

‡**lec·tur·er** [léktʃ(ə)rər] n. **1** 강연자, 강사. **2** (대학 등의) 강사. **3** 훈계자.

lécture róom n. 강당, 강의실.

lec·ture·ship [léktʃərʃip] n. Ⓤ 강사의 지위(신분).

lécture théater n. 계단식 교실(강당).

‡**led** [led] v. lead¹의 과거·과거 분사.

LED (略) light-emitting diode (발광(發光) 다이오드).

Le·da [líːdə] n. (그리스 신화) 레다(스파르타 왕 Tyndareus 의 아내였으나 백조의 모습으로 찾아간 Zeus 의 사랑을 받아 Helen 을 낳았다).

ledge [ledʒ] n. **1** (벽에서 튀어나온) 선반, 돌출부. **2** (절벽에서 튀어나온) 암붕(岩棚). **3** (해안 근처의) 암초. **4** 광맥.

ledge·ment [lédʒmənt] n. = ledgment.

ledg·er [lédʒər] n. **1** (簿記) 원장, 대장, 원부. **2** (건축) (비계의) 가로대, 발판으로 걸터진 통나무; 대석(臺石). **3** (무덤의) 대석.

lédger báit n. (던질낚시의) 바다 미끼.

lédger bóard n. (올타리 위에 얹은) 가로대; (계단의) 난간 위에 가로 댄 널빤지. [line.

lédger líne n. **1** 던질낚시의 낚싯줄. **2** (음악) = leger

ledg·ment, ledge- [lédʒmənt] n. Ⓤ (건축) (기부(基部) 따위의) 돌림띠 쇠시리.

ledg·y [lédʒi] adj. (**ledg·i·er, ledg·i·est**) 선반(암붕, 암초)이 있는.

*__lee__**¹ [liː] n. (the ~) **1** 보호, 비호. **2** 바람을 받지 않는 곳, 가리워진 곳. ¶ the *lee* of a mountain 산의 후미진 곳 / under the *lee* of…의 그늘에, …에 숨어서. **3** (주로 항해) 바람이 불어가는 쪽. opp. windward. ¶ on the *lee* side 바람이 불어가는 쪽의. — adj. (주로 항해) 바람이 불어가는 쪽의. opp. weather, windward. ¶ the *lee* side 바람이 불어가는 쪽. ◇ **léeward** adj.

lee² [liː] n. (보통 ~s) (주류의) 앙금, 찌꺼기; (일반으로) 찌꺼기. ¶ wine on the *lees* 그릇 밑바닥에 남은 포도주. *drink* (or *drain*) *to the lees* 남김없이 다 마시다; 온갖 고통을 다 겪다.

lee-board [líːbɔ̀ːrd / -bɔ̀ːd] n. (항해) 리보드, 측판 (항해중 범선이 바람 불어가는 쪽으로 밀리지 않도록 뱃전에 붙이는 널빤지).

*__leech__**¹ [liːtʃ] n. **1** 거머리; (특히 의료용) 거머리. ¶ stick like a *leech* 달라붙어서 떨어지지 않는다, 고착하다. **2** 흡혈기(吸血器). **3** 흡혈귀; 고리 대금업자, 착취자. **4** (고어) 의사(physician), 외과 의사. — vt. **1** …에 달라붙어서 착취하다. **2** …에 거머리로 피를 빨게 하다. **3** (古) …을 치료하다(cure). — vi. 매달리다, 달라붙다.

leech² [liːtʃ] n. **1** (횡범(橫帆)의) 수직 가장자

lée gàuge *n.* 〔해〕 바람 불어가는 쪽의 거리.
leek [liːk] *n.* 리크 〔부추의 일종〕.
eat the (or one's) **leek** 굴욕을 참다, 굴종(屈從)하다 [← Shakespeare 작 *Henry V* 5:1].
leek-green [líːkgrìːn] *adj.* 청록색의.
leer[1] [liər] *vi.* 결눈질하다; 치뜨며 보다; 짓궂게 노려보다. ¶ He was *leering* at the girls as they passed. 그는 지나가는 여자들을 짓궂은 눈초리로 보고 있었다. ── *n.* 결눈질, 흘겨보기; 짓궂은 눈길.
leer[2] [liər] *n.* 유리 융해로(融解爐).
leer·ing [líərɪŋ / líər-] *adj.* 결눈질하는, 흘겨보는; 심술궂게 눈초리의. ~·ly *adv.*
leer·y [líəri / líəri] *adj.* (leer·i·er, leer·i·est) **1** 결눈질하는. **2** 《口》조심스러운, 의심 많은 (suspicious) (of...). ¶ be *leery* of a proposal 제안에 쉽사리 응하지 않다. **3** 《속어》교활한, 빈틈없는 (cunning). ¶ a *leery* old bird 교활한 사나이, 만만찮은 녀석.
lée shòre *n.* 바람 불어가는 쪽의 해안. ¶ on a *lee shore* 곤란에 빠져.
leet[1] [liːt] *n.* 〔英역사〕 장원 영주(莊園領主)의 법정 〔관〕.
lée tìde *n.* 순풍조(順風潮) 〔바람이 부는 방향으로 흐르는 조류〕.
lee·ward [líːwərd, 〔해〕 lúːərd] *adj.* 바람 불어가는 쪽의, 바람 부는 쪽으로 향하는, *opp.* windward ── *n.* 〔배〕 바람 불어가는 쪽; 바람 불어가는 쪽의 방향. ¶ on the *leeward* of ...의 바람 불어가는 쪽에/to *leeward* 바람 불어가는 쪽으로 향해서. ── *adv.* 바람 불어가는 쪽에(으로). ~·ly *adv.*
lee·way[líːwèi] *n.* Ⓤ **1** 〔항해〕 풍압〔배가 바람 불어가는 쪽으로 밀려감〕; 풍압차〔이물 축선과 실제 항로와의 편차〕. **2** 〔비유〕 편류(편향)〔엽바람 때문에 비행기가 밀리는 편차〕. **3** 〔시간·장소·돈 따위의〕 여유; 활동의 여지. ¶ He asked his creditors to allow him a little *leeway*. 그는 채권자에게 잠깐 동안의 유예를 부탁했다. **4** 시간 손실. ¶ make up *leeway* 뒤진 것을 회복하다.

‡**left**[1] [left] *adj.* **1** 왼쪽의, 왼편의, *opp.* right ¶ the *left* side 왼쪽 / the *left* wing of an army 군의 좌익 / on the *left* hand of ...의 좌측에 **2** 〔정치상의〕 좌파의, 좌익의, 급진적인(radical). ¶ *marry with the left hand* 신분이 낮은 상대와 결혼 ── *n.* **1** (보통 the ~, one's ~) 왼쪽, 왼편, 왼쪽에 있는 것; 왼쪽으로 구부러짐. ¶ on one's *left* 좌측에 / turn to the *left* 왼쪽으로 돈다. **2** 〔정치〕 〔의장석에서 본〕 좌측석, 〔관용적으로〕 좌파; 〔종종 L~〕 좌익 정당, 급진당. **3** 〔권투〕 왼손으로 치기; 〔야구〕 좌익, 좌익수.
over the left 거꾸로 말하면. ── *adv.* 왼쪽으로, 왼편에. ¶ turn *left* 왼편으로 돌다 / Eyes *left*! 좌로 나란히! / *Left* turn! 좌향좌! / *Left* wheel ! 좌로 돌아.
left[2] [left] *v.* leave[1]의 과거·과거 분사.
léft fíeld *n.* (the ~) 〔야구〕 좌익; 좌익수의 위치.
léft fíelder *n.* 〔야구〕 좌익수.
left-foot·ed [léftfútid] *adj.* 외발잡이의; 어색한, 서투른 (clumsy). ~·ness *n.*
left-hand [léfthǽnd] *adj.* **1** 왼손의, 좌측의. **2** 왼손으로 하는, 왼손으로 도는, 왼쪽으로 감는.
left-hand·ed [léfthǽndid] *adj.* **1** 왼손잡이의; 왼손의, 왼손용의, 왼손을 사용하는. ¶ a *left-handed* blow 왼손 타격. **2** 왼손(좌측)에 있는, 왼쪽으로 도는. ¶ a *left-handed* screw 왼나사로 좌측으로 도는 나사. **3** 모호한 (ambiguous); 의심스러운 (doubtful); 성의 없는 (insincere). ¶ a *left-handed* compliment 결발림의 칭찬. **4** 어색한, 서투른 (awkward). **5** 〔결혼이〕 신분이 차이가 나는, 내연의. ¶ a *left-handed* marriage 신분이 틀리는 결혼. ── *adv.* 왼손으로, 왼편으로, 시계 방향과 반대로. ¶ He writes *left-handed*. 그는 왼손으로 쓴다. ~·ly *adv.* ~·ness *n.*

left-hand·er [léfthǽndər] *n.* **1** 왼손잡이 사람; 〔야구〕 좌완 투수. **2** 《口》왼손으로 치기; 불시에 치기. **3** 왼손으로 사용하는 것.
left·ish [léftiʃ] *adj.* 〔사상 따위가〕 좌로 기운, 좌파의.
left·ism [léftiz(ə)m] *n.* Ⓤ〔정치〕 좌익(급진)주의(사상).
left·ist [léftist] *n.* 〔정치〕 좌파, 급진 당원. *cf.* rightist ── *adj.* 좌파의, 좌익의, 급진주의의.
left-laid [léftléid] *adj.* 〔밧줄, 실, 식물의 줄기 따위가〕 왼쪽으로 꼬인, 왼쪽 감은, s자 모양으로 꼰.
léft-lúg·gage òffice [léftlʌ́gidʒ-] *n.* 《英》 수하물 보관소 《美》 checkroom).
left·ments [léftmənts] *n. pl.* 나머지, 남은 것, 찌꺼기.
left·most [léftmòust] *adj.* 가장 왼쪽의, 극좌의.
left-off [léftɔ́ːf / -ɔ́f] *adj.* 벗은, 쓰지 않은, 벗어버린.
left-o·ver [léftòuvər] *n.* 나머지, 남은 것 (remainder); 먹다 남은 것, 남은 음식. ── *adj.* 나머지의, 먹다 남은.
léft stáge *n.* (the ~) 무대 왼쪽. ── *adj., adv.* 무대 왼쪽의(으로).
léft-ventrícular-assíst devíce [léftventrikjulər-əsíst-] *n.* 〔의학〕 인공 심장.
left·ward [léftwərd] *adj.* 왼쪽에(으로), 왼쪽 방향의(으로). ── *adv.* 왼쪽에 있는, 왼쪽에; 왼쪽으로 향한.
léft wíng *n.* **1** 좌익(좌파)의 사람; 〔당내〕 좌파, 좌익; 좌익 정당. **2** 〔스포츠〕 좌익수. ── 〔의, 좌익 정당〕.
left-wing [léftwíŋ] *adj.* **1** 좌익(좌파)의; 좌익 정당의.
left-wing·er [léftwíŋər] *n.* 좌익(좌파)의 사람.
left·y [léfti] *n.* (*pl.* left·ies) 《口》 왼손잡이; 〔야구〕 좌완 (왼손잡이) 투수; 좌파의 사람.

‡**leg** [leg] *n.* **1** 〔사람·동물의〕 다리 〔발목 위의 부분, 넓은 의미로는 foot도 포함〕. ⇒ FOOT 그림; 〔해부〕 다리, 하지(下肢). ¶ an artificial *leg* 의족 / a wooden *leg* 나무 의족 / the *legs* of a dog 개의 다리. **2** 〔옷의〕 다리 부분. ¶ the *leg* of trousers 바지의 다리 부분, 바짓가랑이 /의자·책상·콤파스 따위의 다리; 삼각형의 빗변; 〔항해〕 마디 〔맞줄의 두 매듭 사이〕. ¶ the *legs* of a chair 의자의 다리. **4** 〔건조물·기계의〕 지주(支柱), 버팀 기둥. **5** 〔어떤 행정의 한 구분, 한 여정(旅程)〕; 〔범선의〕 한 구간의 항주(航走) 거리. ¶ the last *leg* of a trip 여행의 마지막 행정(行程). **6** 〔크리켓〕 〔제2회 또는 3회에서 승패가 결정되는 경우의〕 제1회전의 승리, 선승(先勝). **7** 〔크리켓〕 타자의 왼쪽 후방; 좌익수(野手). ¶ the short(the long) *leg* 3 주문(柱門)에서 가까운(먼) 수비 위치의 야수. **8** 〔식품으로서의〕 동물의 다리. **9** 《英》 사기꾼, 협잡꾼 (swindler).
all legs [*and wings*] 〔젊은이가〕 너무 성장하여.
break a leg 《口》힘을 내다, 전투하다. ¶ Break a *leg*! 〔시합·시험을 앞두는 사람에게〕 힘내! / I hope you *break a leg*. 꼭 성공하길 빈다.
change the leg 〔말이〕 보조를 바꾸다.
fall on one's legs 용케도 헤어나다, 잘 되어지다.
feel (or *find*) *one's legs* ① 유아가 걷게 되다. ② 《비유적》자신이 붙다.
get a leg in ...《속어》① ...의 신용을 얻다. ② ...의 비밀에 관계하다.
get on one's [*hind*] *legs* ① 〔말이〕 뒷발로 일어서다. ② 《익살》〔사람이〕 화를 낸다.
get (or *be*) *on one's legs* ① 〔연설하기 위해〕 일어서다. ② 〔병이 회복되어〕 기동할 수 있게 되다. ③ 번성하다. ④ 기다리며 서성거리다.
give a person a leg up 남을 거들어 말 따위에 태우다; 《비유적》남을 도와 어려움을 헤어나게 하다.
hang a leg 주춤거리다, 꽁무니를 빼다.
have good sea legs 〔배의 동요에도 잘 견딜 수 있는〕 훌륭한 선원이다.
have not a leg to stand on ① 지지물(支持物)이 없

have one's leg over the harrows 다룰 수 없다, 통제할 수 없다.
have the legs of *a person* 남보다 빠르다.
keep one's legs 계속 서 있다(걷다), 쓰러지지 않다.
make a leg (고어)[한쪽 발을 뒤로 빼고] 절하다.
on(or **upon**) *one's* **last legs** ⇨ LAST¹.
pull(or **draw**) *a person's* **leg** (구어) 남을 놀리다, 희롱하다.
put(or **set**) **the**(or **one's**) **best leg foremost** (or **forward**) ① 전속력으로 가다. ② 전력을 다하다.
put one's legs under the table 식탁에 앉다.
run off one's legs [의무·일이 많아서] 지쳐 빠지다.
scrape a leg 정중하게 절하다, 큰절을 하다.
set *a person* **on**(or **upon**) *his* **legs** 남을 원조하여 건강상·경제상 재기시키다.
shake a leg (美속어) ① 서두르다 (hurry up). ② 춤추다 (dance).
shake a loose (or **a free**) **leg** 방종한(제멋대로의) 생활
show a leg ① 나타나다. ② 기상하다. ③ 도망치다 (run away).
stand on one's own legs 독력으로 하다, 남에게 의지
stretch one's legs ① 다리를 뻗다. ② (오래 앉아 있은 뒤 다리를 풀기 위해) 걷다, 산책하다.
take to one's legs 도주하다 (run away).
walk(**dance**) *a person* **off** *his* **legs** 남을 지치도록 걷게(춤추게) 하다.
— *vi.* (**legged, leg·ging**) 급히 걷다(walk), 달리다 (run).
leg it (구어) 급히 걷다, 달리다. ¶ We had to *leg it* back. 우리는 급히 되돌아가야만 했다.
◇ **léggy** *adj.*

leg. (略) legal; legate; legato; legend; legislative, lature.

***leg·a·cy** [légəsi] *n.* (*pl.* **-cies**) **1** [법률] (특히 동산의) 유증(遺贈)(bequest); 유산, 유물. ¶ a *legacy* duty 유산세. **2** 조상 전래의 것, 조상의 유물. ¶ a *legacy* of hatred 조상 대대로의 숙원(宿怨).

légacy hùnter *n.* 유산을 노려 남의 비위를 맞추는 사람

***le·gal** [líːg(ə)l] *adj.* **1** 법정(法定)의, 강제(의무)적인. ¶ a *legal* holiday 법정 휴일/a *legal* person 법인/a *legal* reserve 법정 준비금 / *legal* separation 법정 별거 / *legal* tender 법화, 본위 화폐/ *legal* interest 법정 이자 / a *legal* representative 법정 대리인. **2** 법률의, 법률에 관한. ¶ a *legal* adviser 법률 고문 / *legal* knowledge 법률 지식 / a *legal* mind 법률을 존중하는 마음 / the *legal* profession 변호사업. **3** 합법의, 적법의, 법률이 인정하는. *opp.* illegal ⇨ LAWFUL ¶ a *legal* act 합법적 행위. **4** [신학] 모세(Moses) 율법의; 율법주의의. — *n.* (~s) 법정 투자 (피신탁인·저축 은행 등이 투자를 인정받고 있는 유가 증권).
◇ **legality** *n.*, **legalize** *v.*

légal áge *n.* 법정 연령, 성년 (lawful age).
légal áid *n.* [U] (英) 소송 구조(救助) [재력이 없는 사람의 소송 비용을 정부가 부담하기].
légal cáp *n.* (美) 법률 서류 용지.
le·gal·ese [líːgəlíːz] *n.* [U] 난해한 법률 문체(文體).
légal fíction *n.* 법적 의제(擬制) (회사를 의인화하여 법인으로 삼는 따위).
légal hóliday *n.* (美) 법정 휴일 ((英) bank holi-
le·gal·ism [líːgəlìz(ə)m] *n.* **1** 준법; (극단적인) 법률 존중주의; (관료적인) 형식주의, 원리 원칙대로 주장하기. **2** [신학] 율법(존중)주의 [선행에 의한 구원을 주장하는 설].
le·gal·ist [líːg(ə)list] *n.* 법률 존중주의자; 형식주의자; [신학] 율법 [존중] 주의자.
le·gal·is·tic [lìːgəlístik] *adj.* 법률을 존중하는; 형식주의의
le·gal·i·ty [liːg(ə)ləti] *n.* [U] (*pl.* **-ties**) **1** 적법, 합법성 (lawfulness). **2** 준법, 법률 엄수. **3** [신학] 율법 존중. **4** (-ties) 법적 의무.
le·gal·i·za·tion [lìːgəlɪzéɪʃ(ə)n / -laɪ-] *n.* **1** 법률

(법문)화; 합법화. **2** 공인, 인가.
le·gal·ize [líːgəlàɪz] (*英)에서는 **legalise** 로도 씀) *vt.* (**-ized, -iz·ing**) ···을 법률화 (합법화) 하다; 공인하다.
***le·gal·ly** [líːgəli] *adv.* 법률적으로, 합법적으로.
lég árt *n.* [U] (美속어) 여성의 각선미를 강조한 사진.
leg·ate¹ [légit] *n.* 로마 교황의 사절; [일반적으로] 사절, 특사, 공사 (envoy). **2** [로마 역사] 총독 (집정관, 장군)의 보좌관; 지방 총독.
le·gate² [ligéit] *vt.* (**-gat·ed, -gat·ing**) ···을 유산으로써 양도하다.
leg·a·tee [lègətíː] *n.* 유산 수령자 (양수인).
leg·ate·ship [légitʃìp] *n.* [U] legate 의 지위(권력, 임기).
le·ga·tine [légətàɪn, -tìn] *adj.* 로마 교황의 사절
le·ga·tion [ligéiʃ(ə)n] *n.* **1** [집합적] 공사 일행, 공사관원 전원. *cf.* embassy **2** 공사관. **3** [U] 공사의 직(위); 사절 파견.
le·ga·to [ligáːtou / lə-] *adj., adv.* [음악] [음을 끊지 않고] 부드럽게 연결한(하여), 레가토의(로). *opp.* staccato (< It.)
le·ga·tor [ligéitər] *n.* 유증자 (遺贈者) (유언자 (testator).
lég báil *n.* 도망, 탈주 (flight). ¶ give (or take) *leg bail* 도망하다, 탈옥하다.
lég bỳe *n.* [크리켓] 레그 바이[타자의 손 이외의 몸부분에 공이 맞았을 때의 득점].

‡**leg·end** [lédʒ(ə)nd] *n.* **1** 전설, 구전(口傳), 전해 오는 이야기; 고전(古傳), 신화 (myth); 전설적인 일; [U] 전설 문학. ¶ *Greek legend* 그리스 전설. ¶ [옛날, 특히 중세의] 성인전 (聖人傳), 성인 이야기; 성인 전집; [일반적으로] 위인전. **3** [화폐·문장(紋章) · 비(碑) 따위의] 제명(題名), 명(銘) (inscription). **4** [삽화·지도 따위의] 표제, 해설 (caption). ◇ **legendary** *adj.*

***leg·end·ar·y** [lédʒ(ə)ndèri / -d(ə)ri] *adj.* 전설의; 전설적의; 믿기 어려운. — *n.* (*pl.* **-ar·ies**) 전설집; 성인전집.
leg·end·ize [lédʒ(ə)ndàɪz] *vt.* (**-ized, -iz·ing**) ···을 전설로 만들어내다, 전설화하다.
leg·end·ry [lédʒ(ə)ndri] *n.* [U] [집합적] 전설, 전설집.
leg·er·de·main [lèdʒərdəméin] *n.* [U] **1** 요술 (jugglery). **2** 속임수, 술책. **3** [일반적으로] 교묘한 솜씨.
léger líne [lédʒər-] *n.* [음악] 가선 (加線).
le·ges [líːdʒiːz, léigeis] *n.* lex 의 복수형.
legged [lég(i)d / légd] *adj.* (보통 복합어를 만들어) [···개의] 다리가 있는, ···다리를 가진. ¶ long-*legged* 다리가 긴 / four-*legged* 네 다리의.
leg·ger [légər] *n.* = legman.
***leg·ging** [légiŋ] *n.* **1** 각반(脚絆), 정강이받이. **2** (~s) 레깅스 [어린이용 겨울 바지의 일종].
lég guàrd *n.* [야구 · 크리켓] 정강이받이.
leg·gy [légi] *adj.* (**-gi·er, -gi·est**) **1** 다리가 긴; [관목 따위가] 줄기가 길쭉한. **2** (구어) 다리가 미끈한.
-**gi·ness** *n.*
leg·horn [légəːrn, léghɔːrn / léghɔːn / -→2] *n.* **1** 밀짚 노끈의 일종; 그것으로 엮은 밀짚 모자. **2** [légərn, léghɔːrn / leghɔːn] (종종 L-) [지중해 지방산의] 레그혼닭, ¶ a white *Leghorn* 백색 레그혼.
leg·i·bil·i·ty [lèdʒəbíliti] *n.* [U] 읽을 수 있음, 읽기 쉬움, 판독하기 쉬움; 명료함, -**bly** *adv.*
leg·i·ble [lédʒəbl] *adj.* 필적·인쇄 문자가 읽기 쉬운, 판독하기 쉬운; 명료한, 명료한, -**bly** *adv.*

***le·gion** [líːdʒ(ə)n] *n.* **1** [고대 로마의] 보병 군단 [3,000~6,000명의 군인으로 이루어진]. **2** 군단, 군대 (army). ¶ a foreign *legion* 외인 부대. **3** 재향 군인회. **4** [사람·물건의] 다수, 무수 (multitude) (of...). **5** (생물) [생물 분류상의] 아강 (亞綱), 아목 (亞目).
the Legion of Honor [프랑스의] 레종 도뇌르 훈장.
Legion of Merit (美육군) 훈공장.
Their name is Legion. [성서] 그들 (악마 또는 악이

나 고난)은 무수하다 [←마가 복음(Mark) 5:9].
◇ légionary adj.
le·gion·ar·y [líːdʒ(ə)nèri / -nəri] adj. **1** [고대 로마의] 보병 군단의, 군단으로 이루어진; [일반적으로] 군단을 형성하는. **2** 다수의, 무수한. —— n. (pl. **-ar·ies**) **1** [고대 로마의] 군단병. **2** 《英》 영국 재향 군인회(British Legion)의 회원.
légionàry ànt n. =army ant.
le·gioned [líːdʒ(ə)nd] adj. 군단에 편성된, 부대에 속한.
le·gion·naire [lìːdʒənέər] n. **1** 《종du L-》 미국 재향 군인회(American Legion)의 회원. **2** 군단병(legionary).
lègionnáires' (lègionnáire's) diséase n. U 《의학》 무거운 대엽성(大葉性) 폐렴. [<1976년 미국 필라델피아의 American Legion 대회 때 발생한 데서]
lég'ionnaires' diséase n. =legionnaires' disease.
leg·is·late [lédʒislèit] v. (**-lat·ed, -lat·ing**) vi. 법률을 제정하다, 입법하다. —— vt. 《남》을 법률에 의하여 …시키다. ¶ *legislate* a person *out of* (*into*) office 법률에 의하여 남을 퇴임(임관)시키다.
‡**leg·is·la·tion** [lèdʒisléi(ʃ)n] n. **1** U 법률 제정, 입법. **2** [제정된] 법률, 법규.
◇ législation v., législative adj.
*‡**leg·is·la·tive** [lédʒislèitiv / -lət-] adj. **1** 입법권이 있는; 입법 기관(부)의. ¶ a *legislative* body 입법부〔의회·국회 등〕. **2** 입법상의. ¶ *legislative* proceedings 입법 절차. **3** [입법 기관에 의하여] 제정된. —— n. 입법권; C 입법 기관(부). ~·ly adv.
◇ législate v., législation n.
leg·is·la·tor [lédʒislèitər] n. 법률 제정자, 입법자; 입법부원, 의회(국회) 의원.
*‡**leg·is·la·ture** [lédʒislèitʃər] n. 입법부, 입법 기관 [국회 따위]; 《美》 주(州)의회.
le·gist [líːdʒist] n. 법률가, 법률에 능통한 사람.
le·git [lidʒít] n. 《俗》 《속어》 =legitimate. —— adj. [영화에 대하여] 무대극, 연극 (legitimate drama).
le·git·i·ma·cy [lidʒítimə(ə)si] n. U **1** 적법(성), 정당. **2** 적출(嫡出); [군주의] 정통, 정계(正系).
*‡**le·git·i·mate** adj. [lidʒítimit → v.] **1** 합법의, 정당한. ⇒ LAWFUL 類語 ¶ a *legitimate* claim 정당한 요구. **2** 도리에 맞는 (reasonable), 논리적인 진짜의 (genuine). ¶ a *legitimate* argument 이치에 맞는 토론. **3** 적출의; 정통(正統)의, 정계의. ¶ a *legitimate* sovereign 정통의 군주. **4** 《연극》 본격적인; [영화 따위에 대하여는] 정식 무대극의. ¶ a *legitimate* drama 본격극. —— vt. [lidʒítimèit] (**-mat·ed, -mat·ing**) **1** …을 합법으로 인정하다, …을 합법화하다, 정당화하다 (justify). **2** [비적자(非嫡子)]를 적자로 인정하다. ¶ *legitimate* bastards 사생아를 적자로 하다.
~·ly [-mitli] adv. ~·ness [-mitnis] n.
◇ légitimacy, legitimátion n.
le·git·i·ma·tion [lidʒìtiméi(ʃ)n] n. U 합법화; 정당화.
le·git·i·ma·tize [lidʒítimətàiz] vt. 《英》에서는 **le·git·i·ma·tise**로도 쓴다》 (**-tized, -tiz·ing**) =legitimate.
le·git·i·mism [lidʒítimìz(ə)m] n. U 《종du L-》 정통주의 [특히 프랑스에서 Bourbon 왕조를 옹호한].
le·git·i·mist [lidʒítimist] n. 정통주의자; 정통 왕조파.
le·git·i·mi·za·tion [lidʒìtimizéi(ʃ)n / -mai-] n. U =legitimation.
le·git·i·mize [lidʒítimàiz] 《*《英》에서는 **le·git·i·mise**로도 쓴다》 vt. (**-mized, -miz·ing**) =legitimate.
leg·man [légmæn] n. (pl. **-men** [-mən]) **1** 취재 기자, 정보 수집자. **2** 심부름꾼, 외판원, 외근자.
leg-of-mut·ton [légə(v)mʌ́tn] adj. 《소매·돛 따위가》 양(羊) 다리꼴의, 삼각꼴의. ¶ a *leg-of-mutton* sail 삼각 돛.
leg-pull [légpùl] n. 희롱, 장난, 속이기(hoax).
leg-rest [légrèst] n. [환자용의] 발 없는 대(臺).

leg·room [légrùːm] n. U 다리를 뻗을 공간.
lég shòw n. 《俗어》 각선미를 보이는 레뷰.
leg·ume [légjuːm, +美 ligjúːm] n. U 《식량·사료·비료가 되는》 콩과의 식물, 콩과 식물의 꼬투리(pod).
le·gu·men [ligjúːmən] n. (pl. **-mens** or **-mi·na** [-mi·nə]) =legume.
le·gu·min [ligjúːmin] n. U 《생화학》 레구민 [완두 따위의 씨에서 얻는 단백질].
le·gu·mi·nous [ligjúːminəs, le-] adj. 꼬투리의, 꼬투리 [콩] 같은, 콩과의, 콩이 여는.
leg·work [légwəːrk] n. U 걸어다님; [신문 기자 등의] 취재, 탐방; [범죄의] 상세한 조사; [계획의] 실제적 관리.
le·ha·yim, -cha·yim [ləháːjim] int. 건배(toast) 〔종종 감탄사적으로 쓰인다〕.
le·hu·a [leihúːɑː] n. 레후어〔태평양 제도에서 나는 도금양과(科)의 식물로서 선홍색 꽃이 핀다〕; 그 꽃 [Hawaii의 주화].
lei¹ [lei, léii / léii] n. 레이[하와이 제도에서 목이나 머리에 장식하는 꽃이나 잎으로 만든 화환].
lei² [lei] n. leu의 복수형. 		[름].
Lei·ca [láikə] n. 《상표명》 라이카 [독일제 카메라의 이
Leices·ter [léstər] n. **1** 잉글랜드 중부의 도시[Leicestershire 주의 주도]. **2** 레스터주(種)의 양.
Léi Dày n. 하와이의 May Day.
Leip·zig [láipsig, -sik / -zig / G láiptsiç], (**Leip·sic** [-sik]) n. 라이프치히 [독일 동남부의 도시. 출판업이 발달].
leis·ter [líːstər] n. 〔물고기를 찌르는〕 작살. —— vt. 〔물고기〕를 작살로 찌르다.
*‡**lei·sure** [líːʒər, léʒər / léʒə] n. U **1** 한가(함), 안일 (ease). ¶ enjoy a life of *leisure* 안일한 생활을 하다. **2** 여가, 틈, 여가 시간, 자유 시간, 레저. ¶ wait a person's *leisure* 남의 여가가 생길 때까지 기다리다 / How to deal with one's *leisure* will be an important problem. 여가의 선용법은 중요한 문제일 것이다 // *leisure* for reading; *leisure* to read 독서의 여가.
at leisure ① 한가하여. ② 천천히, 서두르지 않고.
at one's leisure 틈이 있을 때, 형편이 좋을 때.
—— adj. 《한정 형용사》 **1** 한가한, 바쁘지 않은, 할 일 없는 (free). ¶ *leisure* time (*or* hour) 여가. **2** 여가 시간이 많은, 유한(有閑)의. ¶ the *leisure* classes 유한 계급. **3** 레저복(용)의, 평상복용의.
◇ léisurely, léisured adj.
lei·sured [líːʒərd, léʒ- / léʒəd] adj. 한가한, 놀고 지낼 수 있는; 여가가 많은. ¶ the *leisured* classes 유한 계급. 		[빠].
lei·sure·less [líːʒərlis, léʒ- / léʒ-] adj. 여가가 없는, 바
*‡**lei·sure·ly** [líːʒərli, léʒ- / léʒ-] adj. **1** 서두르지 않는, 유유한. **2** 《성미가》 느긋한, 여유있는. —— adv. 느릿느릿, 서두르지 않고, 유유하게, 유유히. **-li·ness** n.
lei·sure-time [líːʒərtàim, léʒ- / léʒ-] adj. 여가의.
leit·mo·tif, -tiv [láitmou(ː)tìːf, +美 ⁻⁻⁻] n. **1** 〔음악〕 시도 동기(示導動機), 주악상징(主樂想), 라이트모티프. **2** 〔어떤 행동에 일관된〕 주(主)목적, 중심 사상. [<G]
lek [lek] n. 렉 [알바니아 공화국의 화폐 단위].
LEM 《略》 lunar excursion module (달 착륙선).
lem·an [lémən] n. 《고어》 연인 (sweetheart); 정부(情婦) (mistress).
Le·man [líːmən] n. Lake ~ 레만호 [스위스 최대의 호수로서 the Lake of Geneva 라고도 한다].
lem·ma [lémə] n. (pl. **-mas** or **-ma·ta** [-mətə]) **1** [수학·논리 따위의] 전제, 명제, 보제(補題). **2** [시·토론 따위의] 주제, 테마; [사전의] 표제어, 찬(讚)〔그림에 써넣은〕 시나 글〕.
lem·ming [lémiŋ] n. 레밍, 나그네쥐 [북극산(産)].
*‡**lem·on** [lémən] n. **1** 레몬 [열매], 레몬나무; U 레몬의 맛. **2** U 레몬빛, 담황색 (pale yellow). **3** 《구어》

달갑지 않은 것, 실망시키는 것, 시시한 것; 매력없는 여성. ¶ My car is a *lemon*. 나의 차는 고물이다.
◇ **lémony** *adj.*

lem·on·ade [lèmənéid] *n.* ⓤ 레모네이드, 레몬스쿼시 [소다수에 레몬즙과 설탕을 탄 음료]; 레몬 탄산수.

lémon cúrd (**chéese**) *n.* 레몬에 계란·버터·설탕을 섞고 가열하여 잼 모양으로 만든 것 [빵에 바르거나 파이 속에 넣는다].

lémon dróp *n.* 레몬 드롭[캔디의 일종]. ¶ (산수).

lémon kál·i [-kǽli, -kéi-] *n.* ⓤ 《英》 레몬 칼리수 (탄산수).

lémon láw *n.* 《美》 결함 상품 보상법 [결함이 있는 상품의 수리, 교환, 환불 따위의 소비자 보호를 위한 법률].

lémon líme *n.* ⓤ 무색 투명한 탄산 음료의 일종.

lémon sóda *n.* ⓤ 레몬맛이 나는 탄산음료의 일종.

lémon sóle *n.* 넙치.

lémon squásh *n.* 《英》 = lemonade.

lem·on·y [léməni] *adj.* 레몬 맛(향)이 있는.

lem·pi·ra [lempíːrə] *n.* 렘피라 [온두라스(Honduras)의 화폐 단위; 기호 L]; 렘피라 지폐.

le·mur [líːmər] *n.* 여우원숭이 [Madagascar 섬산(産)의 야행성 원숭이].

lem·u·res [lémjuriːz] *n. pl.* [고대 로마인들이 믿고 있던] 야행성 (夜行性)하는 혼령, 유령.

le·mu·ri·form [ləmjúː(ː)rifɔ̀ːrm · -mjúərifɔ̀ːm] *adj.* 여우원숭이의, 여우원숭이 비슷한.

lem·u·roid [lémjurɔ̀id] *adj.* 여우원숭이의, 여우원숭이 비슷한. — *n.* 여우원숭이 (lemur).

¦lend [lend] *v.* (**lent, lend·ing**) *vt.* **1** [물건]을 빌려주다, 대여하다(...*to, on*). opp. borrow ¶ *lend* a book 책을 빌려주다 / *lend* money at interest (on goods) 이자를 받고[물품을 저당하고] 돈을 빌려주다 ¶ (~+目+目) Lend me a nickel. 5센트 주화 하나를 빌려주게 // (~+目+前+名) I can't *lend* it to you. 그것은 빌려줄 수 없네. **2** [손·귀]을 빌려주다; [취지·힘·원조]를 주다, 더하다(impart) (... *to*). ¶ (~+目+前+名) *lend* one's aid *to* a person 남에게 조력하다 / This fact *lends* probability *to* the story. 이러한 사실로 보아 그 이야기는 진실인 것 같다 // (~+目+目) Could you *lend* me a hand with these parcels ? 짐을 꾸리는(푸는) 것을 도와주시겠습니까 ? **3** [재귀용법] [물건]이 …에 적합하게 하다, […에] 적합하도록 하다; [남이] …을 때맞게 하다, […에] 참가시키다 (... *to*). ¶ Some of his novels *lend* themselves *to* adaptation as plays. 그의 소설 중 몇몇은 각색하여 극으로 고칠 수 있다.
— *vi.* 돈을 빌려주다, 융자하다.

lend out [돈을 받고] …을 대출하다.

lend·er [léndər] *n.* 빌려주는 사람; 대여, 대금업자.

lend·ing [léndiŋ] *n.* ⓤ **1** 빌려주기, 대여. **2** 대여물, 차용물, 부속물. **3** (~s) 빌려 입는 옷; 입체금.

lénding líbrary *n.* 대본집(rental library); [공립의] 대출 도서관.

lend-lease [léndlíːs] *n.* ⓤ 대여; [동맹국에 대한] 무기 대여 [정책]. — *vt.* (**-leased, -leas·ing**) 무기 대여법에 의하여 [무기·물자]를 대여하다.

Lénd-Léase Áct *n.* (the~) [제2차 세계 대전 당시 미국의 연합국에 대한] 무기 대여법.

le·nes [líːniːz] *n.* lenis의 복수형.

¦length [leŋ(k)θ] *n.* **1** ⓤⓒ 길이, 키, 세로; [책·서술 따위의] 길이. *cf.* breadth, thickness ¶ the *length* of a line 선의 길이 / 12 feet in *length* 길이 12피트. **2** ⓤ [시간의] 길이, 기간(duration). ¶ the *length* of a day 하루의 길이. **3** 일정한 길이, […만큼의] 길이, 거리, 길게 뻗음 (long stretch). ¶ a *length* of colonnade 긴 주랑(柱廊). **4** ⓤⓒ [행동이나 의견 따위의] 범위, 정도 (degree). **5** 1마신(馬身); 1정신(艇身). ¶ The horse won by two *lengths*. 그 말은 2마신 차이로 이겼다. **6** ⓤⓒ [음성] 모음(음절)의 (양); 모음의 질. **7** ⓤⓒ [크리켓] 투구 거리 [3주문과 그곳에서 던진 공의 낙하점과

의 거리]; [弓術] 사정 (射程). ¶ keep a good *length* 투구 거리(사정)를 그르치지 않다.

at arm's length ① 팔이 닿는 거리에. ② 가급적 멀리 하여. ¶ keep a person *at arm's length* 남을 경원하다. 〔다행, 상세하게.

at full length ① 네 활개를 쭉 뻗고, 큰 대자로. ② *at great length* 장황하게, 지루하게, 상세하게.

at length ① 충분히, 상세하게; 장황하게, 지루하게. ② [오랜 시간 끝에] 결국은, 마침내.

find (or *get, have, know*) *the length of a person's foot* ⇨ FOOT. 〔하다.

go [*to*] *a great length* 상당한 정도까지 하다, 마음껏
go [*to*] *all length* 어떤 일도 서슴지 않다, 철저히 하다. 〔이든지 하다, 모든 노력을 다하다.

go [*to*] *any length* 필요한 것(할 수 있는 것)은 무엇
go [*to*] *the length of doing* …까지도 하다, …할만큼 극단에 흐르다. ¶ I will not *go the length of* saying such things. 차마 그런 말까지 할 생각은 없다.

one's length of days 장수(長壽).

measure one's [*own*] *length* 큰 대자로 넘어지다.

of some length 상당히 긴.

over the length and breadth of …의 전체에 걸쳐, …의 사방 팔방에, …을 남김없이.

◇ **lengthen** *v.*, **long**, **lengthy** *adj.*, **lengthwise** *adv.*

¦length·en [léŋ(k)θ(ə)n] *vt.* …을 길게 하다, 늘이다, 연장하다 (make longer).

[類語] lengthen 시간적 또는 공간적으로 길게 하다: *lengthen* a chain 사슬을 길게 하다. extend 당초의 계획이나 현재의 점을 넘어서 더욱 연장하다: *extend* a road to the next city 다음 시까지 도로를 연장하다. elongate = lengthen, extend; 주로 기술 용어: *elongate* the final sound of a word 낱말의 마지막 음을 길게 하다. prolong 정상·예정·할당 시간 이상으로 길게 하다: *prolong* an interview 면접 시간을 [예정보다] 연장하다. protract 시간적으로 부당하게 질질 끌다: *protract* a speech 끝없이 말을 질질 끌다.
— *vi.* **1** 길어지다, 늘어나다 (grow longer). ¶ The days have begun to *lengthen*. 해가 길어지기 시작했다. **2** 늘어나서 …이 되다, …으로 변해 가다 (pass into). ¶ (~+前+名) Summer *lengthens into* autumn. 여름이 가을로 옮아간다.

length·ways [léŋ(k)θwèiz] *adv., adj.* = lengthwise.

length·wise [léŋ(k)θwàiz] *adv., adj.* 길게, 길이로, 세로로. 기, 세로의. ◇ **length** *n.*

length·y [léŋ(k)θi] *adj.* (**length·i·er, length·i·est**) 긴, [특히 연설·문장 따위가] 장황한, 지루하게 긴.
length·i·ly *adv.* **length·i·ness** *n.*

le·ni·ence [líːniəns, -njəns], **-en·cy** [-ənsi] *n.* (*-ences; -en·cies*) ⓤ 인자함, 관대함; 연민, 자비 (로움); ⓒ 인자(관대)한 행위.

le·ni·ent [líːniənt, -njənt] *adj.* **1** [대우·마음씨·성향 따위가] 인자한, 관대한(mild), 자비로운. **2** 【古語】 완화하는, 가라앉히는. ~**ly** *adv.*

Len·in·grad [léninɡræ̀d, -ɡrὰːd] *n.* 레닌그라드 [러시아 서북부의 항구 도시, 옛 러시아 제국의 수도. 소련 붕괴 후 Petersburg 라는 이름으로 환원].

Len·in·ism [lénin‐ìzm] *n.* ⓤ 레닌주의 [Nikolai Lenin (1870-1924)의 주창한 「프롤레타리아 독재」를 강조하는 공산주의]. 〔레닌주의의. — *adj.* 레닌의.

Len·in·ist [léninist] *n.* 레닌주의자.

Len·in·ite [léninàit] *adj., n.* = Leninist.

le·nis [líːnis] *adj.* 연음 (軟音)의; *cf.* fortis.
— *n.* (*pl.* **le·nes**) 연음, 약자음 [b][g][j][z] 따위].

len·i·tive [lénitiv] *adj.* [약 따위가] 완화하는, 완화성의, 진정하는. *n.* [의학] 진통제, 완화제; 완하제 (緩下劑) (mild laxative).

len·i·ty [léniti] *n.* (*pl.* **-ties**) ⓤ 인자함, 인정 많음, 자비로움, 관대함 (gentleness); ⓒ 관대한 행위.

le·no [líːnou] *n.* ⓤⓒ (*pl.* **-nos**) 사직 (紗織); 사직 천

[커튼 따위에 쓰는 일종의 가제 직물]. — *adj.* 사직의.

‡**lens** [lenz] *n.* **1** 렌즈; [사진기 따위의] 결합 렌즈. ¶ a concave (a convex) *lens* 오목(볼록)렌즈 / an object *lens* 대물 렌즈. **2** [해부] [안구의] 수정체.

lens·man [lénzmən] *n.* (*pl.* **-men** [-mən]) 《구어》 사진가(사) (photographer).

‡**Lent** [lent] *v.* lend 의 과거 · 과거 분사.

Lent [lent] *n.* **1** [교회] 사순절(Ash Wednesday 에서 Easter Eve 까지의 일요일을 제외한 40일간). **2** (~s) 《영》[Cambridge 대학의] 춘계 보트 레이스.

-lent full of 의 뜻의 연결형. 예: viru*lent*, pesti*lent*.

Lent·en [léntən] *adj.* (때로 l-) **1** 사순절의. ¶ the *Lenten* fast 사순절의 단식. **2** 빈약한, 검소한; 음침한.

len·tic·u·lar [lentíkjulər] *adj.* **1** 렌즈의; [안구의] 수정체의. **2** 양면 볼록의, 렌즈콩 모양의, 볼록 렌즈 모양의.

len·ti·form [léntifɔ̀:rm] *adj.* = lenticular.

len·til [lént(i)l] *n.* 렌즈콩, 편두(扁豆).

len·tisk [léntisk] *n.* 유향수(乳香樹) (mastic).

Lént líly(róse) *n.* **1** 《영방언》나팔수선화 (daffodil). **2** 횐백합 (Madonna lily).

len·to [léntou] 《음악》*adj.* 느린(slow). — *adv.* 느리게(slowly). [< It]

len·toid [léntɔid] *adj.* 양면 볼록 렌즈 모양의. — *n.* 양면 볼록 렌즈 모양의 것.

Lént tèrm *n.* 《영》[대학의] 봄 학기.

Le·o [líːou] *n.* 【천문】사자좌(the Lion); [점성] 사자궁(황도(黃道) 12궁의 제5궁).

Le·o·nids [líːənidz] *n. pl.* 【천문】사자좌 유성군.

le·o·nine [líːənàin] *adj.* **1** 사자의. **2** 사자 같은; 용맹스러운, 당당한.

*****leop·ard** [lépərd] *n.* **1** 표범(panther). ¶ Can the *leopard* change his spots? 표범이 그 반점을 변할 수 있느뇨, 사람의 성품은 평생 변치 않는다[←예레미야서 (Jer.) 13 : 23]. **2** 표범의 털가죽.

leop·ard·ess [lépərdis] *n.* 암표범.

leop·ard·ine [lépərdìːn] *n.* ⓤ 토끼가죽을 표범 비슷하게 가공한 모피.

leop·ard-skin cease-fire [lépəːrdskìn síːsfàiər] *n.* 【군사】[적군과 아군이 각각 점령 지점을 확보한 상태에서의] 전투 중지, 얼룩 휴전.

léopard spòt *n.* 《군사》[특히 정전(휴전) 시점에서의] 산재 점령 지역.

Lé·o·pold·ville [líːəpo(u)ldvìl] *n.* 레오폴드빌【콩고 공화국의 수도 Kinshasa 의 옛이름】.

le·o·tard [líːətɑ̀ːrd] *n.* 레오타드【댄서 · 곡예사가 입는 소매없는 타이츠】.

Lep·cha [léptʃə] *n.* (*pl.* **-cha** *or* **-chas**) **1** 렙차 사람 [히말라야 산맥 남쪽 시킴 지방 주변에 사는 민족]. **2** ⓤ 렙차 말.

lep·er [lépər] *n.* 문둥이, 나병 환자.

léper cólony *n.* 《외딴 섬 등의》 나환자 수용소.

léper hóuse *n.* 나병원(leprosarium).

lepido- scale 의 뜻의 연결형. 예: *lepido*lite.

le·pid·o·lite [lipídəlàit, —美 lépid-] *n.* ⓤ 《광물》 비늘 운모, 리티아 운모(lithia mica).

lep·i·dop·ter·al [lèpidɑ́ptər(ə)l / -dɔ́p-] *adj.* 〖곤충〗= lepidopterous.

lep·i·dop·ter·an [lèpidɑ́ptər(ə)n / -dɔ́p-] 〖곤충〗*adj.* = lepidopterous. — *n.* 인시류(鱗翅類)의 곤충【나비 · 나방 따위】.

lep·i·dop·ter·ous [lèpidɑ́ptərəs / -dɔ́p-] *adj.* 〖곤충〗인시류의.

lep·o·rine [lépəràin, -rin] *adj.* 〖동물〗토끼의, 토끼 같은.

lep·ra [léprə] *n.* 【병리】 = leprosy.

lep·re·chaun [léprəkɔ̀ːn, —美 -kɑ̀ːn] *n.* 〖아일 전설〗 작은 노인 모습을 한 요정【보물을 숨긴 곳을 알려준다고 한다〗.

lep·ro·sar·i·um [lèprəsɛ́(ː)riəm / -sɛ́ər-] *n.* (*pl.* **-sar·i·a** [-sɛ́(ː)riə / -sɛ́ərə] *or* **-ums**) 나병원, 나병 요양소 (leper house).

lep·ro·sy [léprəsi] *n.* ⓤ 〖병리〗나병, 한센병 (Hansen's disease).

lep·rot·ic [lepráːtik / -rɔ́t-] *adj.* 나병의(에 걸린).

lep·rous [léprəs] *adj.* **1** 〖병리〗나병에 걸린; 나병의, 나병 같은. **2** 〖동 · 식물〗비늘(인분(鱗粉))로 덮인. ~**ly** *adv.* ~**ness** *n.*

-lepsy seizure 라는 뜻의 연결형. 예: cata*lepsy*(전신 강직증(强直症)).

lepto- fine, small, thin 의 뜻의 연결형. 예: *lepto*phyllous (협엽(狹葉)의).

lep·ton [léptɑn / -tɔn] *n.* (*pl.* **-ta** [-tə]) **1** 그리스의 화폐 단위(drachma 의 1/100). **2** 〖물리〗경입자(輕粒子).

le roi le veut [F lə rwɑ l(ə) vǿ] 《프랑스》 (=the king wills it) 재가[국왕의 의안에 대하여 재가를 내릴 때의 형식 어구].

le roi s'avisera [F lə rwɑ savizrɑ] 《프랑스》 (=the king will consider) 거부[국왕이 의안에 대한 재가를 거부할 때의 형식 어구].

les [lez] *n.* 《속어》 여자 동성애자.

Les·bi·an [lézbiən] *adj.* **1** Lesbos 섬의. **2** (l-) 〖여자의〗동성애의, 애욕의. — *n.* **1** Lesbos 섬의 사람. **2** (l-) 여자 동성애자.

les·bi·an·ism [lézbiənìz(ə)m] *n.* ⓤ 《여자의》 〖애.

lése májesty [líːz-] *n.* ⓤ **1** 〖법률〗불경죄, 대역죄 (high treason). **2** 〖습관 · 제도 · 신앙 따위에 대한〗공격, 모독.

le·sion [líːʒ(ə)n] *n.* ⓤ **1** 손해, 상해, 부상 (injury, hurt). **2** 〖병리〗〖조직 · 기능의〗장애, 병소(病巢); 병변(病變).

Les·lie [lésli / léz-] *n.* 《속어》 여자 동성 연애자.

Le·so·tho [lesóuθou] *n.* 레소토 왕국【남아프리카의 영연방내의 자치국】.

‡**less** [les] *adv.* (little 의 비교급) 보다 적게, 더 적게, …만큼은 아니고. ¶ *less* exact 그다지 정확하지 않은 / The heat has grown *less* intense. 더위가 덜해졌다. / He is *less* intelligent than his brother. 그는 동생만큼 현명하지 않다 / He was *less* angry than perplexed. 그는 노했다기보다는 오히려 당황했다.

less than 오히려 …이 아니다, 결코 …않다 (far from). ¶ I was *less than* interested in jazz. 나는 재즈에는 전혀 흥미가 없었다.

little less than …과 거의 같은 정도로. ¶ It is *little less than* murder. 그것은 살인과 다름없다.

more or less ⇒ MORE.

much (*or still*) *less* 《부정문 뒤에서》 하물며 (더구나) …은 아니다. ¶ I never think of it, *much* less say it. 나는 그런 것은 생각지도 않거니와 더구나 말하지도 않는다 / He cannot speak English, *much* less Russian. 그는 영어를 못한다, 하물며 러시아어는 더 못한다.

no less than ① 꼭 …만큼, …만큼의, …도. ¶ He has *no less than* 100 dollars. 그는 100 달러나 가지고 있다 / It cost him *no less than* his whole fortune. 그것 때문에 그는 전재산을 잃었다. ② …에 못지않게, …만큼이나. ¶ She is *no less* beautiful *than* her sister. 그녀는 언니에 못지않게 아름답다. ③ 다름아닌 …이다. ¶ He is *no less* a person *than* the President. 그가 바로 다름아닌 대통령이다.

none the less; not the less; no less 그럼에도 불구하고. ¶ She has some faults, but I love her *none the less.* 그녀에게는 더러 결점도 있으나 그래도 나는 사랑한다.

not … any the less 조금도 …되지는 않다. ¶ I don't dislike her *any the less* for her faults. 그녀에게 결점이 있다고 해서 싫어지지는 않는다.

not less than ① …보다 나을망정 못하지 않다. ¶

This book is *not less* amusing *than* that one. 이 책은 재미있는 점에서는 저 책보다 나을망정 못하지는 않다. ② 적어도(at least). ¶ pay *not less than* 5 dollars 적어도 5달러를 지불하다.

nothing less than ① 적어도 …이상, 꼭 …만큼. ② 바로 …이다. ¶ It is *nothing less than* an invasion. 그것은 바로 침략 행위이다. ③《드물게》전혀 …않다. ¶ They expected *nothing less than* an attack. 설마 공격이 있으리라고는 생각지 않았다.

— *adj.* **1** (little 의 비교급의 하나) 보다 적은, 더욱 적은; 더욱 작은. ¶ *less* speed 보다 덜한 속력 / drink wine 주량을 줄이다 / *Less* noise, please. 좀더 조용히 してください / *Less* people study French today than formerly. 프랑스어를 공부하는 사람은 현재는 그전보다 적다 (* 숫자의 경우는 less 보다 fewer 가 보통이다) / *More* haste *less* speed.《속담》바쁠수록 천천히. **2** 더 작은. ¶ May your shadow never grow *less*. 더욱 번창하시기를 빕니다. **3** 열등한 (inferior), 그다지 중요하지 않은, 신분이 낮은.

— *n.* [U] 보다 적은 수(양, 액수). *opp.* more; 보다 작은 편의 것, 보다 못한 사람. ¶ in *less* than a year 일 년도 채 못되어 / *Less* than twenty of them remain. 그중에서 20명도 남아있지 않다 / *Less* of your nonsense. 허튼 소리 좀 작작해라.

in less than no time 《익살》곧, 당장

— *prep.* …만큼 모자라는 (lacking), …을 감한 (minus), …을 빼고 (without). ¶ a year *less* three days 3일 모자라는 1년.

◇ **léss·en** *v.*, **léss·ness** *n.*

-less *suf.* **1** 명사에 붙어서 without 의 뜻의 형용사를 만든다. 예: childless, peerless. **2** 동사에 붙어서 fail to, unable to 라는 뜻의 형용사를 만든다. 예: resistless, countless.

less-de·vel·oped [lésdivéləpt] *adj.* 저개발[국]의. ¶ a *less-developed* country 저개발국. *cf.* LDC, underdeveloped 3

les·see [lesí:] *n.* 임차인; 차지(借地)인, 세든 사람 (tenant). *cf.* lessor

less·en [lésn] *vi.* 작아(적어)지다, 감소하다 (diminish). ⇨ DECREASE 頻語 ¶ Light *lessens* as evening comes on. 저녁이 다가오면서 해가 저물어간다. — *vt.* **1** …을 작게 (적게) 하다, 감소시키다 (diminish). ¶ This circumstance *lessens* danger. 이런 상황에서는 위험이 덜해진다. **2**《고어》…을 헐뜯다, 깔보다, 멸시하다 (depreciate, disparage).

*less·er [lésər] *adj.* (little 의 비교급의 하나)《한정 형용사》보다 작은 (적은) [쪽의], 보다 중요치 않은[쪽의]. ¶ *lesser* nations 약소국 / a *lesser* evil 경미한 해악.

Lésser Béar *n.* (the ~)《천문》소웅좌(小熊座) (Ursa Minor). [(Canis Minor).
Lésser Dóg *n.* (the ~)《천문》소견좌(小犬座)
lésser pánda *n.* 레서 팬더, 작은 팬더 [고양이보다 약간 큰 곰의 일종]. *cf.* PANDA.

less·ness [lésnis] *n.* [U] 보다 적음, 열등.

*les·son [lésn] *n.* **1** 학과, 과업. ¶ She is not very bright at her *lessons*. 그녀의 학과 성적은 그다지 좋지 않다. **2**《교과서 안의》과(課). ¶ *Lesson* Six 제6과. **3**《종종 ~s》수업, 교수, 교습(in...), 레슨. ¶ music *lessons* 음악 교습 / give *lessons* in French 프랑스어를 가르치다 / take (or have) *lessons* in Latin from a person 남에게서 라틴어를 배우다. **4** 교훈, 질책 (reproof), 징계. ¶ learn a (one's) *lesson* 교훈을 얻다, 경험으로 배우다 / teach him a *lesson* 그에게 교훈을 주다(따끔한 맛을 가르치다) / Let it be a *lesson* to you. 이것을 교훈삼아 다시는 하지 마라. **5**《교회》성서일과 [예배 때 읽는 성서의 일부]. — *vt.* …을 훈련하다; …을 훈계하다, 타이르다.

les·sor [lésɔ:r, -´] *n.* 임대인; 대지(貸地)인, 대가(貸家)인, 세놓는 주인. *cf.* lessee

‡**lest** [lest] *conj.* **1** …하면 안 되니까, …하지 않도록. ¶ Be careful *lest* you [should] fall from the tree. 나무에서 떨어지지 않도록 조심해라 / Mother hid it *lest* her daughter [should] see it. 어머니는 말이 보지 않도록 그것을 감추었다. * lest 는 격식차린 표현이며, 구어에서는 so that ... not, so as not to ... 를 많이 사용한다.《美》에서는 lest 뒤의 should 는 종종 생략된다. ¶《fear, afraid, danger 따위와 함께 써서》…하지나 않을까〔하고〕. ¶ I fear *lest* he [should] fall from the tree. 그가 나무에서 떨어지지나 않을까 걱정이다 / I was afraid *lest* she [should] fail. 그녀가 실패하지나 않을까 하고 걱정했다.

‡**let**¹ [let] *v.* (**let, let·ting**) *vt.* **1** …에게 …하게 하다, …시키다, …을 허락하다. *cf.* auxil. *v.* 2 ⇨ ALLOW 頻語 ¶ (~+目+*do*) Don't *let* the fire go out. 불을 꺼뜨리지 마라 / He *let* her go. 그는 그녀를 가게 했다 / I'll *let* you *know* what was decided. 결정된 일을 알려드리지요 / Will you *let* me *have* a holiday today? 오늘 하루 쉬도록 해주시겠습니까?

— **Usage**¹ *let* 의 수동형은 현재에는 잘 사용되지 않으나, 수동형의 경우는 to-부정사를 쓰기도 한다: I was never *let* [to] go. 그러나 이런 경우는, be allowed to 를 사용하는 것이 보통이다. *let* 의 수동형으로서는 let in, let into, let off, let loose 등 부사·전치사·형용사와 결부된 것이 많다. 숙어. (2) 때로 원형 부정사가 바로 뒤에 오는 경우가 있다. 예: *let fall* a word 무심코 말해 버리다.

2 …을 가게 하다, 오게 하다, 다니게 하다. ¶ (~+目+副) She *let* me in her study. 그녀는 나를 서재로 안내했다 // (~+目+副) They would not *let* the cars *through*. 그들은 자동차를 지나가지 못하도록 했다. **3**《공기·액체 따위》를 빠지게 하다, 새게 하다 (~, *out*). ¶ *let* blood 〔수술에서〕피를 뽑다, 방혈(放血)하다 / *let* a sigh 한숨을 쉬다 / (~+目+副) *let out* a scream 비명을 지르다 / *let off* a joke 농담을 하다.

4《주로 英》〔토지·건물〕을 임대하다(...*off, out*). ⇨ HIRE 頻語 ¶ *let* a house 집을 세놓다 / a house to *let* 셋집 // (~+目+副) *let out* a car by the day 하루 계약으로 차를 임대하다.

5〔일〕을 계약〔도급〕시키다. ¶ (~+目+前+名) *let* work *to* a carpenter 목수에게 일을 도급시키다.

6 …을 어떤 상태가 되게 하다 (해놓다). ¶ (~+目+補) You shouldn't *let* your dog loose. 개를 풀어놓지 마라.

— *vi.* **1** 빌려주다, 빌어쓸 사람이 있다. ¶ (~+前+名) This room *lets for* fifteen pounds a month. 이 방세는 한 달에 15파운드다. **2**〔비행기가 착륙을 위해〕고도를 낮추다.

— *auxil. v.* **1** (Let us, 구어에서는 Let's 의 형태로 권유·제안을 나타낸다) …하자 (* 이 용법에서는 Let us 로 써도 [lets]로 발음하는 것이 보통). ¶ *Let's* play baseball. 야구를 하자 / *Let's* go to the movies, shall we? — Yes, *let's*. 영화 구경하러 가지 않겠어요? — 예, 갑시다.

— **Usage**² (1) let 의 부정에는 구어에서는 do 를 쓰는 것이 통례: Don't *let's* open the window. 문어체에서는 do 를 사용하지 않는다: Let us not go. 단, Let's not go. 는 구어체임을 주의할 것. (2) 매우 구어적인 용법에서는, let's 가 let me 대신 사용되기도 한다: Let's(=Let me) give you a hand.

2《제1인칭·제3인칭의 명령형으로 명령·요구·가정을 나타낸다》…하게 하라, …하라; …하라, …으로 하라 (* let me 이외는 예스러운 표현). ¶ *Let* him wait. 그를 기다리게 해라 / *Let* me go. 가게 해주세요; 놓아주세요 / *Let* me be your guide. 길 안내를 하도록 해주세요 / *Let* me know what to do. 무엇을 해야 할지 가르쳐주시오 / *Let* it be done at once. 곧 그것을 하도록 해라 / *Let* come what may. 될 대로 되라지 / *Let* him say what he likes, I still believe we were right to act

as we did. 그가 말하고 싶은 대로 하게 하라. 우리가 한 행동이 옳았다고 나는 믿고 싶다 / Let AB be equal to CD. AB는 CD와 같다고 가정하라 / Let sleeping dogs lie. 《속담》 잠자는 개를 깨우지 마라, 벌집을 건드리지. **let alone** ⇨ ALONE.
let ... be …을 내버려두다, 상관치 않다. ¶ Let it be. 그것은 상관치 마라 / Let bygones be bygones. 《속담》 과거는 잊어버려라.
let by …을 [옆을] 통과시키다. ¶ Let me by, please.
let down ① …을 내리다, 낮추다. ¶ let down a shutter 덧문을 내리다. ② …을 실망시키다, 배반하다, 저버리다. ¶ Your friends needed you, but you let them down. 친구들은 네가 필요했는데 너는 그들을 배반했다 / He felt that he had been let down by his friends. 그는 친구들로부터 버림받았다고 생각했다. ③ 《재귀용법》 자기의 면예를 손상시키다, …의 위신을 떨어뜨리다. ④ (vi.) 긴장을 풀다, 한숨 돌리다(slacken).
let drive at ⇨ DRIVE.
let fall (or drive) ① …을 떨어뜨리다, 넘어뜨리다, 흘리다. ② 《비밀 따위를》 무심코 누설하다. ③ 《선》을 긋다, 내려(내리) 긋다. ¶ let fall a perpendicular on a line 선에 수직선을 내려(내리) 긋다.
let fly at ⇨ FLY¹.
let go ① …을 해방하다, 석방하다(release). ¶ let a prisoner go free 죄수를 석방하다. ②《재귀용법》…에게 자제를 잃게 하다; (vi.) 자제를 잃다. ③ …을 해고하다(dismiss). ④ …을 너그럽게 봐주다, 눈감아주다. ⑤ …을 발하다(emit).
let go of 〔쥐고 있던〕 …을 놓다. ¶ let go of the rope 밧줄을 놓다.
let a person have it 《구어》 남을 심하게 공격하다.
let in ① …을 들어오게 하다, 통과케 하다. ⇨ vt. 2. ¶ let in light and air 빛과 공기를 들이다. ② …을 동료로 넣다. ¶ let a team in 팀을 참가시키다 / I'll let you in on a secret. 당신에게 비밀을 말해 주겠소. ③ …을 관련시키다(involve), 곤란에 빠뜨리다; …을 속이다. ¶ let a person in for trouble 남에게 폐를 끼치다 / Through his carelessness I was let in for a thousand pounds over a business. 그의 부주의 탓으로 나는 장사에서 1000파운드의 손해를 봤다. ④ …을 벽 따위에 끼워넣다.
let into ① …을 …에 들이다; …을 …에 끼워넣다. ¶ let a person into a game 남을 게임에 참가시키다. ② …에게 …을 알리다. ¶ let a person into the mysteries of a trade 남에게 장사의 비결을 전수하다. ③ …을 공격하다, 욕설하다; 때리다.
let it go at that 그대로 두다, 〔그 일에 관해서〕 더 이상 말(論)하지 않기로 하다. ¶ We are not satisfied with it all, but we'll let it go at that. 우리는 그 일에 전면적으로 만족한 것은 아니나, 더이상 언급은 않겠다.
let loose ⇨ LOOSE.
Let me have it!, Let's have it! 《구어》 뭔데?, 말해 봐! ¶ I didn't want to tell you this. — What is it? Let me have it! 이걸 네게 말하고 싶지 않았는데 — 뭔데? 말해 봐! 〔Usage² (2).
let me see; let's see 글쎄, 어디 보자, 뭐더라.
let off ① …을 나가게 하다; …을 발설하다. ⇨ vt. 3. ② …을 발사하다, 폭발시키다(explode). ¶ let off a gun (a firework) 총을 쏘다(불꽃을 쏘아올리다). ③ …을 가벼운 벌만으로 그치다, 용서하다, 방면하다. ¶ I was let off with a fine. 나는 벌금만으로 용서되었다. ④ …에게 …을 면제해 주다. ¶ The teacher let the class off their homework. 선생은 학급 학생들에게 숙제를 면제해 주었다.
let on 《구어》 ① 〔비밀 따위〕를 누설하다, 고자질하다. ¶ She let on to the police that she had seen him there. 그녀는 거기에서 그를 보았다고 경찰에 알렸다. ② …인 체하다. ¶ He let on that he was sick. 그는 병이 난 체했다.
let out ① …을 밖으로 내보내다, 유출시키다; …을 홀

리다. ⇨ vt. 3. ②《주로 英》…을 임대하다 ⇨ vt. 4. ③ …을 자유롭게 해주다, 해방하다, 석방하다; …의 책임을 면제하다. ¶ let a person out of jail 남을 형무소에서 석방하다 / let a person out of paying reparations 남에게 배상 지불을 면제하다. ④ 〔의복을〕 늘리다, 늦추다. ¶ The waist must be let out. 허리는 여유가 있어야 한다. ⑤ 〔비밀 따위〕를 무심코 누설하다, 입밖에 내다(reveal). ¶ let out a secret 비밀을 누설하다. ⑥ 〔학교·집회·연극 등이〕 끝나다, 파하다(terminate). ¶ The meeting has let out. 집회가 끝났다. ⑦ (vi.) 호되게 때리다(비난하다), 욕지거리를 퍼붓다. ¶ let out at a person 남을 심하게 때리다, 남에게 대들다.
let pass ⇨ PASS vi. 6. **let slip** ⇨ SLIP.
let up 《구어》 ① 느슨해지다(slacken); 긴장을 풀다, 한숨 돌리다. ②〔비〕 따위가 덜해지다, 멎다.
let up on《구어》…에 대한 엄한 태도를 완화하다. ¶ Let up on him. He probably meant no harm. 그에게 모질게 굴지 마라, 아마 악의가 있었던 것은 아닐 거야.
— n. 《英》 빌려주기, 대부, 임대(lease). ¶ I cannot get a let for my house. 집에 세들 사람을 구하지 못하고 있다.

let² [let] n. **1** 〔정구·배드민턴 따위에서〕 레트〔네트를 스치고 들어간 서브의 공〕. **2** 《고어》 방해, 장애. — without let or hindrance 아무런 장애도 없이. — vt. **(let or let·ted, let·ting)** 《고어》 …을 방해하다, 훼방놓다(hinder). 〔armlet, booklet.
-let suf. 명사에 붙어서 small의 뜻의 명사를 만든다: 예:
letch [letʃ] n., vi. = lech.
let-down [létdàun / -ㄴ] n. **1** 〔기능·작용·노력의〕 감소, 감퇴, 쇠퇴, 이완. ¶ a letdown in sales 매상의 감소. **2** 환멸, 실망. **3** 〔항공〕 〔비행기의〕 강하.
LETF 〔로켓〕 Launch Equipment Test Facility 〔미국 케네디 우주센터에 있는〕 발사장치 시험 시설.
le·thal [lí:θəl] adj. 죽음을 초래하는, 치사의, 치명적인. ➡ FATAL 類語 ¶ a lethal dose 치사량.
~ly [-θəli] adv.
léthal chámber n. 도살실, 사형실.
léthal dóse n. 〔약의〕 치사량 (略 LD). 〔자〕.
léthal géne (fáctor) n. 〔생물〕 치사 유전자(인).
le·thal·i·ty [li:θǽləti] n. U 치사율, 치명률; 치명성, 치명적임(mortality).
le·thar·gic [liθɑ́:rdʒik], **(le·thar·gi·cal** [-dʒik(ə)l]**)** adj. **1** 혼수 상태의; 졸음이 오는, 졸리는. **2** 둔감한, 활발치 못한(sluggish), 감동이 없는.
-gi·cal·ly [-dʒikəli] adv.
leth·ar·gize [léθərdʒàiz] vt. **(-gized, -giz·ing) 1** …을 혼수 상태에 빠지게 하다. **2** …을 무기력(무감각)하게 하다.
leth·ar·gy [léθərdʒi] n. U **1** 무기력, 활발치 못함, 무감각, 권태. **2** 〔병리〕 혼수; 혼수(기면[嗜眠]) 상태.
Le·the [lí:θi(:)] n. **1** 〔그리스 신화〕 레테, 망각의 강 〔저승의 강. 그 강물을 마시면 과거를 잊는다고 한다〕. **2** U 망각. 〔하는.
Le·the·an [li:θí:ən] adj. 망각의 강(江)의; 과거를 잊게
Le·to [lí:tou] n. 〔그리스 신화〕 레토 〔Zeus의 애인. Apollo와 Artemis의 어머니. 로마 신화의 Latona〕.
let-off [létɔ̀:f / -ɔ̀f] n. **1** 《구어》 원기왕성. **2** 〔벌을〕 모면하기. **3** 〔크리켓〕 적의 실책으로 아웃이 되지 않는 일. **4** 〔방직〕 〔紡績絲〕의 송출 장치. **5** 〔총의〕 발사.
let-out [létàut] n. 《英》 빠져나갈 길(구멍).
Let·ra·set [létrəsèt] n. 〔상표명〕 레트라셋〔인쇄용 사식(寫植)문자; 시트에 붙은 것을 떼어서 사용한다〕.
‡let's [lets] let us의 단축형.
Lett [let] n. **1** 레트 사람〔Baltic해 동부 연안의 Latvia 공화국을 건설한 민족〕. **2** U 레트 말, 라트비아 말(Lettish).
Lett. 《略》 Lettish.
‡let·ter¹ [létər] n. **1** 편지, 서한. ¶ a business letter 상업 신문서 / a letter of introduction 소개장 / a letter of recommendation 추천장 / by letter 편지로 / write a

letter to ...에게 편지를 쓰다 / address a *letter* 편지의 주소를 쓰다 / answer a *letter* 편지의 답장을 쓰다. **2** (종종 ~s) 공식 문서, 증서. ¶ a *letter* of advice 송하(送荷) 통지서, 어음 발행 통지서 / a *letter* of attorney 위임장 / a *letter* of credit [은행이 발행하는] 신용장 (or *letters*) of credence; *letters* credential [대사·공사에 대한] 신임장 / *letters* of administration 유산 관리 위임장 / *letters* of orders [주교가 발행하는] 성직 취임 증서. **3** 글자, 문자. ¶ the *letters* of the alphabet 알파벳 26문자 / a capital (a small) *letter* 대(소)문자. **4** 글씨체, 자체(字體); 활자;(집합적) 활자. ¶ a block *letter* 블록 자체, 목판(木版) 자체 / a cursive *letter* 필기체 문자. **5** [진술·성명 따위의] 자구(字句); Ⓤ 문자 그대로의 뜻, 어의(語義). *cf.* spirit ¶ the *letter* of the law 법률의 조문 / in *letter* and in spirit 형식·내용이 모두, 명실 공히. **6** (~s)《단·복수 양용》문학 (literature), 학문 (learning), 읽기와 쓰기의 초보; 학식; 문필(저술)업. ¶ a man of *letters* 학자, 문학자 / art and *letters* 미술과 문예 / the republic (*or* the commonwealth, the world) of *letters* 문단/do not know one's *letters* 읽기 쓰기도 못하다. **7** [운동 선수 등에게 수여하는] 학교의 마크. ¶ win one's *letter* 선수가 되다.
to the letter 글자 그대로, 엄밀히, 정확히. ¶ His instructions were followed *to the letter*. 그의 지시는 충실히 이행되었다.
— *vt.* **1** ...에 글자를 넣다; ...을 적어 넣다(인쇄하다) (...out). (~+圖+젼+图) He lettered his name *on* the blank page. 그는 빈 페이지에 자기 이름을 적어 넣었다. **2** [책·등에] (제목 등)을 넣다. **3** ...을 글자로 분류하다.
— *vi.* [운동 경기 등에서 상으로] 학교 마크를 받다.
◇ líteral, líterate *adj.*

let·ter[létər] *n.* 《주로 英》빌려주는 사람, 대주(貸主), 임대인(賃貸人).

lètter bálance *n.* 편지를 다는 저울.
létter bòmb *n.* 편지 폭탄 [우편물에 폭탄을 장치한 것].
létter bòok *n.* 서신 대장(臺帳)[발송되는 편지 대장].
létter bòx *n.* 《주로 英》=mailbox.
lètter-càrd [létərkɑːd] *n.* 《英》봉함 엽서.
létter càrrier *n.* 우체부 (postman).
létter càse *n.* 편지를 넣어서 가지고 다니는 케이스.
létter chùte *n.* [고층 건물에서 우편물을 한 장소에 모으기 위한] 우편물 활송(滑送) 장치.
létter dàter *n.* 소인(消印) 일부인(日附印).
létter dròp *n.* 우편물 투입구.
let·tered [létərd] *adj.* **1** 학문이 있는, 교육을 받은(educated). **2** 문학적 소양이 있는, 文字대인 (的인). **3** 글자로 쓴 [박은], 명(銘)의 (inscription).
léttered díal *n.* 문자 다이얼 [구미(歐美)의 전화기 등에서 볼 수 있다].
létter-fòrm [létərfɔːrm] *n.* **1** 활자의 디자인. **2** 편지의 한 장.
létter fòunder *n.* 활자 주조공(업자) (type founder).
lètter-gràm [létərɡræm] *n.* 간송(間送) 전보 [보통 전보보다 늦으며 요금이 싼 서신 전보].
lètter-héad [létərhèd] *n.* **1** 편지지 윗 부분에 인쇄된 문구 [발신인 또는 회사의 주소, 이름 따위]. **2** 그러한 편지지.
let·ter·ing [létəriŋ] *n.* Ⓤ **1** 글자를 써 넣기(적기, 새기기), (製圖) 문자 넣기; 레터링. **2** 써 넣은(인쇄한, 새겨 넣은) 글자; 명(銘)(inscription).
lètter·less [létərlis] *adj.* **1** 글자가 없는, **2** (고어) 무식한.
létter lòck *n.* 글자를 맞추어 열게 된 자물쇠.
lètter·màn [létərmæn] *n.* (*pl.* **-men**[-mèn]) 모교의 머리 글자 마크의 착용이 허락된 운동 선수.
létter míssive *n.* (*pl.* letters missive) **1** [상급자]가 발부하는 명령(권고, 허가)서. **2** [국왕이 교회에 내리는] 감독 후보자 지명서.

létter[s] of márque[and reprísal] *n.* [국가가 개인에게 주는] 타국 상선 나포(拿捕) 면허장.
létter pàd *n.* [한 장씩 페어 쓰게 된] 편지지.
létter pàper *n.* Ⓤ 편지지.
lèt·ter-pér·fect [létərpɔːrfikt] *adj.* **1** 〔자기의 역과·대사 따위를〕좌다 외고 있는. **2** 〔문서·교정 등이〕완전한.
létter pòst *n.* 《英》제1종 우편((美)) first-class matter).
lètter·prèss [létərprès] *n.* **1** Ⓤ 철판(凸版) 인쇄 [물]; Ⓒ 철판 인쇄기. **2** =copying press. **3** 《주로 英》[삽화와 구별하여] 본문.
létter shèet *n.* 봉함 엽서.
létters pátent *n.* 《英》[전매] 특허장, 개봉 칙허주 (開封勅許狀). ⇨ PATENT.
létter stòck *n.* 비공개주(株).
lèt·ter·wèight [létərwèit] *n.* 문진(文鎭) (paperweight).
létter wríter *n.* 편지를 쓰는 사람, 편지 대서인; 편지투(틀).
Let·tic [létik] *adj.* 레트 사람(말)의.
Let·tish [létiʃ] *adj.* 레트 사람(말)의. — *n.* Ⓤ 레트말, 라트비아 말(Latvian).
let·tre de ca·chet [F letr də kaʃe] *n.* (*pl.* **lettres de c-** [F letr-])《프랑스》(=sealed letter) 〔역사〕 프랑스 국왕이 발행한 구속 영장, 체포 영장.
*let·tuce** [létis] *n.* Ⓤ **1** 양상치, 상치. **2** 《속어》지폐, 현금(cash).
let·up [létʌp] *n.* 《구어》휴지, 정지, 완화, 감소. ¶ There was no *letup* in the applause. 박수 갈채는 그칠 줄을 몰랐다.
le·u [léu] *n.* (*pl.* **lei**) 레우 [루마니아의 화폐 단위; 略 L].
leuc- ⇨ LEUCO-.
leu·ce·mi·a, -cae- [luːsíːmiə / 1(j)uː-] *n.* =leukemia.
leu·cine [lúːsiːn / 1(j)úː-] *n.* Ⓤ 〔화학〕 류신 [백색 결정성 아미노산].
leu·cite [lúːsait / 1(j)úː-] *n.* Ⓤ 백류석(白榴石).
leuco- white 의 뜻의 연결형 (* 모음 앞에서는 leuc-를 사용). 예: leucocyte.
leu·cor·rhe·a [lùːkərɪ́ə / 1(j)úː-] *n.* 〔병리〕 =leukorrhea.
Leu·coth·e·a [luːkóuθiə / 1(j)uː-] *n.* 〔그리스 신화〕 류코시어 [바다의 여신; 옛이름 Ino].
leu·co·tome [lúːkətòum / 1(j)úː-] *n.* 〔외과〕 뇌엽(腦葉) 절제용 메스.
leu·cot·o·my [luːkɑ́təmi / 1(j)uː kɔ́t-] *n.* Ⓤ Ⓒ (*pl.* **-mies**) 〔외과〕 전두엽 백질(前頭葉白質) 절제, 뇌엽 절제(lobotomy).
leuk- ⇨ LEUKO-.
leu·ke·mi·a, -kae- [luːkíːmiə / 1(j)uː(ː)-] *n.* Ⓤ 〔병리〕 백혈병.
leu·ke·mic, -kae- [luːkíːmik / 1(j)uː(ː)-] *adj.* 〔병리〕 백혈병의.
leuko- =leuco- (* 모음 앞에서는 leuk-를 사용).
leu·ko·cyte [lúːkəsàit / 1(j)úː-] *n.* 〔해부〕 백혈구.
leu·ko·pe·ni·a [lùːkəpíːniə / 1(j)úː-] *n.* 〔의학〕 백혈구 감소증.
leu·kor·rhe·a [lùːkərɪ́ə / 1(j)úː-] *n.* 〔병리〕 백대하(白帶下).
lev [lef] *n.* (*pl.* **lev·a** [lévə]) **1** 레프 [불가리아의 화폐 단위; 略 L., LV.]. **2** 레프 금화.
Lev. (略) Leviticus.
le·vant [livǽnt] *vi.* 《英속어》〔빛·내깃돈 등을 갚지 않고〕 도망하다.
Le·vant [livǽnt] *n.* **1** (the ~) 레반트 [동부 지중해 연안의 여러 나라들, 특히 Syria, Lebanon, Israel]. **2** =Levant morocco. **3** =levanter. 〔東風〕.
le·vant·er [livǽntər] *n.* 〔지중해 특유의〕강한 동풍.
Le·van·tine [lév(ə)ntàin, -tìːn, 美 livǽntin] *adj.* 레반트(Levant)의, 레반트와 무역을 하는. — *n.* 레반트 사람.
Levánt morócco *n.* Ⓤ [레반트 (Levant) 특산의]

le·va·tor [livéitər] *n.* (*pl.* **lev·a·to·res** [lèvətɔ́:ri:z, -tɔ́:-] *or* **-tors**) **1** 〔해부〕 거근(擧筋). **2** 〔외과〕 두개골의 꺼진 부분을 들어올리는 수술 기구 (elevator).

lev·ee[1] [lévi] *n.* **1** 〔하천의〕 제방; 충적제(沖積堤) 〔하천에 밀려온 토사로 자연히 생긴 제방〕 (natural levee); 둑. **2** 〔농업〕 논두렁. **3** 〔美〕 상륙 지점, 부두 (quay). — *vt.* (**lev·eed, lev·ee·ing**) …에 제방(둑, 두렁)을 쌓다.

lev·ee[2] [lévi, + 美 ləvíː] *n.* **1** 〔英〕 〔군주가 이른 오후에 남자에 대해서만 하는〕 알현식. **2** 〔대통령 등의〕 접견회, 리셉션. ¶ **a presidential** *levee* 대통령의 접견회. **3** 〔美〕 〔군주·고관의〕 기상(起床) 직후의 접견.

‡**lev·el** [lév(ə)l] *adj.* **1** 평평한, 평탄한, 높낮이가 없는. ¶ **a** *level* **field** 평야 / **a** *level* **cup of sugar** 〔고봉이 아닌〕 밀어서 한 컵의 설탕.

〔類語〕 *level* 어떤 물건의 표면이 어디에서 보나 지(수)평선과 평행을 이루고 있는 상태: *level* **land** 평탄한 땅. **flat** 물건의 표면에 두드러진 만곡(彎曲)이나 기복이 없는 상태: **a** *flat* **roof** 평평한 지붕. **plane** 〔과학적 법칙에 비추어〕 완전히 평평한(수평의): **the** *plane* **sides of a crystal** 수정의 수평면. **plain** 형용사적 용법은 적고, 주로 땅표면이 평평한 상태임을 나타내는 데 사용: **run on** *plain* **ground** 평평한 땅위를 달리다. **even** 반드시 *level* 이나 *plane* 의 상태는 아니나, 표면에 울퉁불퉁한 데가 없는: **He trimmed the top of the hedge to make it** *even***.** 그는 생울타리의 꼭대기를 고르게 깎아 다듬었다. **smooth** 울퉁불퉁한 데가 조금도 없이 표면이 완전히 판판한: **the** *smooth* **surface of a polished table** 닦아서 반들반들한 탁자의 표면.

2 수평의, 기울지 않은. **3** 같은 높이의; 동등한, 호각(互角)의(*with*...); 〔음성·음악〕 고저(강약)의 차가 없는. ¶ **a** *level* **race** 막상 막하의 경주 / **pronounce a word with** *level* **stress** 말을 평조(平調)로 발음하다 // **The river is** *level* **with its bank.** 그 강의 수위는 강둑과 같은 높이에 있다 // 〈종종 복합어를 만들어〉 **college-***level* **institute** 대학교의 단과 대학〔급〕과 동등한 연구소. **4** 균일한, 일정한, 평등한. **5** 분별있는, 냉정한, 공평한. ¶ **speak in** *level* **tones** 차분한 투로 말하다 / **keep a** *level* **head** 냉정을 유지하다. **6** 〔美속어〕 **one's** *level* **best** 〔구어〕 최선.

— *n.* **1** 수준기(水準器), 수평기. **2** 〔측량〕 수준의(儀), 레벨(surveyor's level); 수준 측량. ¶ **take a** *level* 고저를 측량하다. **3** 수평선, 수평면. **4** 평평한 면, 평원(平原), 수면; 〔다른 것과의〕 동일 평면. ¶ **a dead** *level* 아주 평평한 면 / **the** *level* **of the lake** 호수의 수면 / **a picture at eye** *level* 눈높이에 있는 그림 / **out of the** *level* 기복이 있는 / **Water tends to find its own** *level*. 물은 낮은 데로 흐르게 마련. **5** 표준 높이, 표준 고도. ¶ **above the sea** *level* 해발 / **rise to a (or the)** *level* **of 7 meters** 7미터의 높이에 이르다. **6** 〔지위·정도 따위의〕 수준, 단계, 표준, 수준. ¶ **rise to a higher** *level* 보다 높은 수준에 이르다 / **talk at the cabinet minister's** *level* 각료급(級) 회담 / **She performs on the** *level* **of a professional.** 그녀는 전문가와 맞먹는 연기를 한다. **7** 〔광산〕 수평 갱도.

find one's [own] *level* 알맞는 곳〔지위〕에 자리잡다. **on the** *level* 〈속어〉 진솔(眞率)한〔하게〕, 정직한〔하게〕. ¶ **He is on the** *level***.** 그는 정직한 사람이다 / **On the** *level***, I am at a loss what to say.** 터놓고 말해서 나는 뭐라 말해야 할지 모르겠네.

— *v.* (**-eled, -el·ing**; 〔英〕 **-elled, -el·ling**) **1** 평평하게 하다, 고르게 하다. ¶ *level* **the ground** 땅을 고르게 하다. **2** …을 …과 같은 높이로 하다(... *up, down*). ¶ (~+囹+젠+图) *level* **a road up (down) before building** 건축에 앞서 길을 높여(낮추어) 고르게 하다. **3** 넘어뜨리다, 무너뜨리다, 〔구어〕 〔사람〕을 때려 눕히다(knock down). ¶ (~+囹+젠+图) **The city was** *leveled* **to (or** *with***) the ground.** 그 도시는 철저하게 파괴되었다. **4** …을 평등하게 하다, 균등하게 하다, 〔색깔〕을 한가지로 하다; …을 단음화(單音化)하다, *level* **the various classes** 계급의 차를 없애다. **5** 〔총 따위를〕 겨누다; 〔비난·욕설 따위를〕 퍼붓다. ¶ (~+囹+젠+圖) *level* **a gun at** …에게 총을 겨누다〔돌리다〕 / *level* **a satire at** …에게 비꼬는 말을 퍼붓다. **6** 〔측량〕 …을 수준(레벨) 측량하다.

— *vi.* **1** 같은 높이가 되게 하다, 평면화하다. **2** 〔총 따위의〕 겨냥을 하다(보다), 겨누다, 조준하다. **3** 〔측량〕 수준 측량을 하다, 고저를 측량하다. **4** 〔항공〕 〔착륙 전에〕 수평 비행을 하다(*off*...). **5** 〔美속어〕 **a)** 참말을 말하다, 있는 그대로 말하다, 터놓고 말하다(*with*...). ¶ **I'm going to** *level* **with you.** 터놓고 얘기하겠다. **b)** 공평하게 취급하다(*with*...). ¶ *level* **with the kid** 아이들을 수준〔레벨〕 측량하다.

〔하게〕.

— *adv.* 〔俗〕 수평으로, 똑바로, 같은 높이로; 평등하게. **~·ly** [-vəli] *adv.* **~·ness** *n.*

lével cróssing *n.* 〔美〕 =grade crossing.

lev·el·er, 〔英〕 **-el·ler** [lév(ə)lər] *n.* **1** 평등하게 하는 사람. **2** 고저(高低)가 없게 고르는 물건(기구·기계). **3** 수준 측량자.

lev·el-head·ed [lév(ə)lhédid] *adj.* 상식이 있는, 온건한, 분별있는 (sensible); 빈틈없는. **~·ness** *n.*

lev·el·ing, 〔英〕 **-el·ling** [lév(ə)liŋ] *n.* ⓤ **1** 평평하게 하기, 고르기, 땅고르기. **2** 수준 측정. **3** 수평(계급 타파) 운동. **4** 〔언어〕 어형 변화의 단일화.

léveling ròd *n.* 〔측량〕 수준 측간(測桿), 수준(표)척, 함척(函尺).

lev·el·ler [lév(ə)lər] *n.* 〔英〕 =leveler. **2** (L-) 〔英속어〕 평등파(수평파)의 일원, 레벨러〔퓨리턴 혁명 당시의 좌익당파의 일원〕. ~·ism *n.* 유지파이다.

lével-peg [-pèg] *vi.* 〔英〕 대항자 사이의 평형을 유지하다.

‡**lev·er** [lév(ə)r, líːvər; líːvə] *n.* **1** 지레, 지렛대, 레버, 공간(槓杆). ¶ **a control** *lever* 조종간 / **a** *lever* **brake** 지레 브레이크. **2** 〔목적 달성의〕 수단, 힘. ¶ **Fashion is the** *lever* **that moves society.** 유행은 사회를 움직이는 힘이다. — *vt.* …을 지레로 움직이다(... *out, up*). — *vi.* 지레를 사용하다, 지레를 대다.

◇ léverage *n.*

lev·er·age [lév(ə)ridʒ, líːv-/líːv-] *n.* ⓤ **1** 지레의 작용. **2** 지레 장치. **3** 지레비(比). **4** 〔영향을 미치는〕 수단, 효력, 세력; 〔지레 대기 따위〕 보강(강화) 조치. **5** 〔경제〕 지렛대 비율. — *vt., vi.* (**-aged, -ag·ing**) 〔美〕 〔이율보다도 더 많은 이익을 얻으려고〕 차입금으로 투기하다〔하게 하다〕.

léveraged búyout *n.* 차입금을 이용한 기업 매수 〔略 LBO〕.

lev·er·et [lév(ə)rit] *n.* 새끼 토끼, 한 살된 토끼.

léver scáles *n. pl.* 대저울(steelyard).

Le·vi [líːvai] *n.* **1** 〔성서〕 레위〔야곱(Jacob) 과 레아(Leah)의 셋째 아들. ←창세기(Gen.) 29: 34〕. **2** 레위 사람(Levite).

lev·i·a·ble [léviəbl] *adj.* **1** 〔세금 따위〕 거둘 수 있는, 부과할 수 있는. **2** 〔물품 등이〕 과세 대상이 되는.

le·vi·a·than [liváiəθ(ə)n] *n.* **1** 〔성서〕 레비아단〔거대한 바다 동물; 악어류인 듯. ←욥기(Job) 41〕. **2** 〔일반적으로〕 거대한 바다 동물, 〔특히〕 고래. **3** 거대한 것; 거선(巨船). **4** (L-) Hobbes 의 정치 철학서 「리바이어던(1651)」.

lev·i·gate [lévigèit] *vt.* (**-gat·ed, -gat·ing**) **1** …을 매끄럽게 하다, …을 고운 가루로 만들다; 〔가루〕를 풀로 양으로 하다. **2** 〔화학〕 …을 〔겔(gel) 따위와 같이〕 동질 혼합물로 하다. — *adj.* 〔식물〕 〔표면이〕 매끄러운.

lev·i·ga·tion [lèvigéi(ə)n] *n.* ⓤ 매끄럽게 만들기; 고운 가루〔풀모〕로 하기; 〔화학〕 동질 혼합.

lev·in [lévin] *n.* 〔고어〕 전광(電光), 번갯불.

lev·i·rate [lévirit, líːvirèit] *n.* ⓤ 〔성서〕 레비레이트혼(婚) 〔남편이 죽고 그 뒤에 아이가 없을 때 그 처를 남편의 형제 또는 근친자가 아내로 삼아야 한다는 옛 유대

Le·vis [líːvaiz, -viz] *n.* 《美》《상표명》[술기 부분을 구리 짓으로 보강하여 놓은] 데님 천의 바지. *cf.* blue jeans

lev·i·tate [lévɪtèit] *v.* (-tat·ed, -tat·ing) *vt.* [강령술 (降靈術)따위에서] 공중으로 뜨(오르)다. —*vt.* 공중으로 뜨게 하다. [승].

lev·i·ta·tion [lèvɪtéɪʃ(ə)n] *n.* ⓤ 공중 부양(浮揚) (상

Le·vite [líːvait] *n.* **1** 레위족(族) 사람. **2**《성서》레위 (Levi)의 자손 [특히 유대 신전에서 사제를 보좌하던 사람].

Le·vit·i·cal [lɪvítɪk(ə)l] *adj.* **1** 레위 사람의. **2** 《성서》레위기의.

Le·vit·i·cus [lɪvítɪkəs] *n.* 《성서》레위기 [구약 성서 중의 제 3서; 略 Lev., Levit.].

lev·i·ty [lévɪti] *n.* (*pl.* -ties) **1** ⓤ 경망(輕妄), 경솔; 변덕; ⓒ 경솔한 행위. **2** ⓤ 가벼움 (lightness).

levo- left (왼쪽으로, 좌선(左旋)의)의 뜻의 연결형(*모음 앞에서는 lev-을 사용). 예: *levo*rotation(좌선), *levo-*glucose(좌선성 포도당), *levu*lose.

lev·u·lose [lévjəlòus] *n.* ⓤ 《화학》 과당 (fructose).

*****lev·y** [lévi] *n.* ⓤⓒ (*pl.* **lev·ies**) **1** 과세, 징세; 강제 할당; 징수액; [종류별] 부과. ¶ **a capital *levy*** 자본 과세 / **a *levy* in kind** 현물 징세 // **heavy *levies* on the people** 국민에 대한 중세(重稅). **2** 소집, 징모(徵募); 소집 병원(兵員); 징모군 군대. ¶ **a *levy* in mass** 국민군 군대, 전 병역(兵役)의 총동원. —*v.* (**lev·ied, lev·y·ing**) *vt.* **1** [세금 따위를] 부과하다, 거두(건)다, 할당하다; …을 강탈하다. ¶ ***levy*** **a large fine** 많은 벌금을 물리다 /(~＋图＋前＋名) ***levy* taxes on a person** 남에게 세금을 부과하다. **2** [병사를] 소집(징모)하다. **3** [전쟁 따위]을 걸다, 시작하다. ¶ (~＋图＋前＋名) ***levy* war on** (or **upon, against**) …에 대하여 전쟁을 시작하다. **4**《법률》…을 차압하다 (seize). —*vi.* 과세 하다; [금전을] 징수하다, 압수하다.

*****lewd** [luːd] *adj.* **1** 음탕한, 음란한; 방탕한. **2** 《폐어》천한, 저속한 (low); [사람이] 비열한, 용렬한 (base); [물건이] 하찮은. **~·ly** *adv.* **~·ness** *n.*

lew·is [lúːɪs] *n.* 돌 등을 들어올리는 쇠로 만든 쐐기.

Léw·is gùn [lúːɪs- / líː(ː)ɪs-] *n.* 루이스식 경기관총.

lew·is·ite [lúːɪsàit] *n.* ⓤ 루이사이트 [미란성(糜爛性) 독가스]. 〔＜미국의 화학자 W. L. Lewis (1878-1943) ＋-ITE¹〕

lex [leks] *n.* (*pl.* **le·ges** [líːdʒiːz]) 법, 법률.

lex. (略) lexicon.

lex·eme [léksiːm] *n.* 《언어》 어휘소(素), 어휘 항목 [보통 사전(辭書)의 항목의 하나로 생각되는 낱말].

lex·i·cal [léksɪk(ə)l] *adj.* **1** 어휘의, **2** 사전[편집] 의, 사전적인.

lexicog. (略) lexicographer, lexicographic, lexicography.

lex·i·cog·ra·pher [lèksɪkάɡrəfər / -kɔ́g-] *n.* 사전 편집자.

lex·i·co·graph·ic [lèksɪkou)ɡrǽfɪk], **-i·cal** [-ɪk(ə)l] *adj.* 사전 편집(상)의. **-i·cal·ly** [-ɪkəli] *adv.*

lex·i·cog·ra·phist [lèksɪkάɡrəfɪst / -kɔ́g-] *n.* ＝lexicographer.

lex·i·cog·ra·phy [lèksɪkάɡrəfi / -kɔ́g-] *n.* ⓤ 사전 편집[법]. 〔辭書學名〕

lex·i·col·o·gist [lèksɪkάlədʒɪst / -kɔ́l-] *n.* 사서 학자

lex·i·col·o·gy [lèksɪkάlədʒi / -kɔ́l-] *n.* ⓤ 사서학[언어학의 한 부문으로서, 어형·어의 및 그 역사를 다루는 학문].

lex·i·con [léksɪkən / *pl.* **lex·i·ca or lex·i·cons**] *n.* **1** [특히 그리스어·라틴어·헤브라이어 따위의] 사전. **2** [특정의 언어·분야 따위의] 어휘[집]. **3** [언어] 어휘 목록. **4** 목록; 대요(大要).

Lex·ing·ton [léksɪŋtən] *n.* 미국 Massachusetts주 동부의 도시[독립 전쟁때의 최초의 전투지].

lex·is [léksɪs] *n.* 어휘; 사전.

lex non scrip·ta [lèks nɑn skríptə / -nɔn-] *n.* (법

률] 불문율(不文律), 불문법, 관습법 (unwritten law, common law). 〔<L〕

léx scrípta *n.* [법률] 성문법 (written law). 〔<L〕

léx tā·li·ō·nis [-tæliόunis] *n.* ⓤ 동태(同態) 복수법 [범행한 죄와 같은 피해를 벌로 주는 형법] (talion).〔<L law of retaliation〕

ley¹ [lei] *n.* 초지(草地), 목초지(lea).

ley² [lei] *n.* ＝leu.

léy·den blúe [láɪdn-] *n.* (종종 L-) ⓤ (때로 a～) 라이덴 블루(청색).

Léyden jár *n.*〔전기〕 라이덴병(瓶)〔축전기 종].

lèze májesty [líːz-] *n.*〔법률〕＝lese majesty.

LF (略) *low frequency.*

lf. (略)〔야구〕*left field[er].*

LG, L.G. (略) Low German.

L.G.B. (略) Local Government Board.

LGk. (略) Late Greek.

LGP (略)《英》＝LPG.

lgth. (略) length.

LH (略)《생화학》/*uteinizing hormone* (황체 형성 호르몬).

l.h., L.H. (略)〔음악〕*left hand*(왼손 사용).

Lha·sa [lάːsə] *n.* 라사 (Tibet의 수도, 라마교의 성도 (聖都)).

l.h.b. (略)〔축구〕*left halfback* (왼쪽 중위 (中衛) [수]).

L.H.D (略)《라틴》*Litterārum Humāniōrum Doctor* (＝Doctor of Humanities) (인문학 박사).

li [liː] *n.* (*pl.* **li**) 리(里)〔중국의 거리 단위; 약 0.5km〕.

Li [화학] lithium의 원자 기호. 〔*I*sland.

L.I. (略)《英》*light infantry* (경[무장] 보병대); Long

*****li·a·bil·i·ty** [làɪəbíləti] *n.* (*pl.* **-ties**) **1** ⓤ 책임(이 있음), 부담, 의무(responsibility). ¶ **limited (unlimited)** *liability* 유한(무한) 책임 // *liability* **to pay taxes** 납세의 의무 // *liability* **for damages** 손해 배상의 책임. **2** (-ties) 부채, 채무, 빚(debts). ¶ **assets and *liabilities*** 자산과 부채 / **meet one's *liabilities*** 부채를 갚다. **3** 불이익, 불리. ¶ **It will be a *liability* in getting a job.** 그것은 취직할 때에 불리할 것이다. **4** ⓤ 〔…하기〕쉬움, [...의] 경향(버릇); [...에] 걸리기(빠지기) 쉬움. ¶ *liability* **to error** (**disease**) 잘못하기(병에 걸리기) 쉬움.

liabílity insúrance *n.* 책임 보험.

*****li·a·ble** [láɪəbl] *adj.* 〔서술 형용사〕 **1** 책임을 져야 할, 의무가 있는. ¶ **be *liable* to pay debts** 빚을 갚아야 할 의무가 있다. **2** 〔…을〕받아야 할, ¶ **be *liable* for damage** 손해 배상의 책임이 있다. **2** 〔…을〕면할 수 없는. ¶ **be *liable* to a fine** 벌금형에 처해지다 / **be *liable* to the law** 법의 적용을 받다. **3**《美》…할 것 같다 (likely). ¶ **It is *liable* to rain.** 비가 올 것 같다. **4** …하기 쉬운(apt); 〔병 따위에〕걸리기 쉬운. ¶ **be *liable* to catch cold** 감기에 걸리기 쉽다 / **Glass is *liable* to break.** 유리는 깨지기 쉽다 // **He is *liable* to disease.** 그는 병에 잘 걸린다.

〔類題〕**liable** 좋지 (바람직하지) 못한 상태에 빠지기 쉬운: **be *liable* to error** 잘못을 저지르기 쉽다. **apt** 날 때부터 또는 습관상 어떤 상태가 되기 쉬운 경향이 있는: **be *apt* to get mad** 곧잘 화를 내다 (*cf.* **likely**). **prone** apt 보다 의미가 강하고, 격식을 차리는 말: **be *prone* to cause an accident** 사고를 잘 내는 성향이 있다. **subject** 어떤 일을 견디거나 참아야 할 사정에 있는: **be *subject* to invasion** 침략을 면하기 어렵다. **susceptible** 성격적·체질적으로 어떤 바람직하지 못한 일을 이겨내지 못하는: **be *susceptible* to temptations** 유혹에 걸려들기 쉽다.

~·ness *n.*

li·aise [liéɪz] *vi.* (**-aised, -ais·ing**) **1** 연락을 하다 (**with**…). **2** 연락 장교 노릇을 하다. 〔<liaison〕

*****li·ai·son** [líːəzὰn, liːéɪzɑn / liːéɪzɔ̃ːn] *n.* **1** ⓤⓒ 〔군대〕[각 부대 사이의] 연락; [일반적으로] 연락. ¶ **a**

líaison ófficer n. 연락 장교.

li·a·na [liáːnə, liǽnə] n. 열대산(產)의 덩굴 식물.

Liao-tung [ljáutúŋ] n. 요동(遼東) 반도[중국 동북부에 있는 반도로 공해쪽으로 돌출해 있음].

‡**li·ar** [láiər] n. 거짓말쟁이.

Li·as [láiəs] n. 1 [지질] 흑(黑)쥐라통(統). 2 (l-) [U] [영국 서남부 지방산(產)의] 청색 석회암, 라이스.

Li·as·sic [laiǽsik] adj. [지질] 흑쥐라통의.

lib [lib] n. [U], adj. 여성 해방 운동(women's lib) [의].

lib. (略) (라틴) liber (= book), librarian, library.

Lib. (略) Liberal; Liberia.

li·ba·tion [laibéiʃ(ə)n] n. [U] 1 헌주(獻酒) [신전(神前)에 술 따위를 땅위나 제물에 따름]; 제주(祭酒). 2 (익살) 제주, 술; 음주.

líb·ber [líbər] n. (美俗語) 여성 해방 운동가.

li·bel [láib(ə)l] n. 1 [법률] [문서에 의한] 명예 훼손, 비방[죄]. cf. slander; [C] 비방(중상)문. ¶ spread *libels* against a person 남에 대한 비방 문서를 뿌리다. 2 (구어) 불명예가(모욕이) 되는 것. ¶ This picture is a *libel on*(or *upon*) her. 이 사진은 그녀에게 모욕이 된다. — vt. (-beled, -bel·ing; (英) -belled, -bel·ling) 1 …을 중상(모욕)하다; …에 대한 비방 문서를 공개하다. 2 …을 고소하다. 3 [사진 따위가] …을 충분히 표현하지 않다.

li·bel·ant, -bel·lant [láib(ə)lənt] n. [법률] 명예 훼손자, 중상하는 사람; [종교 재판소 따위에서의] 고소인, 원고.

li·bel·ee, -bel·lee [làib(ə)líː] n. [법률] [명예 훼손 소송에서의] 피고, [   ]상자.

li·bel·er, -bel·ler [láib(ə)lər] n. 명예 훼손자, 중상자.

li·bel·ist, -bel·list [láib(ə)list] n. = libeler.

li·bel·ous, -bel·lous [láib(ə)ləs] adj. 1 중상적(中傷的)인, 비방하는 (slanderous). 2 남을 중상하기 좋아하는. ~·ly adv.

‡**lib·er·al** [líb(ə)rəl] adj. 1 너그러운, 물건을 아끼지 (인색하지) 않는 (generous). ¶ a *liberal* sponsor 인색하지 않은 후원자 / be *liberal* of (or with) one's money 돈을 아끼지 않다 / be *liberal* in giving something …을 아낌없이 잘 준다. 2 공정한, 편견이 없는, 관대한 (open-minded). ¶ be *liberal* to one's enemy 적에 대하여 관대하다 / be *liberal* in opinion 의견이 공정하다. 3 많은, 풍부한 (abundant). ¶ a *liberal* donation 거액의 기부금. 4 자유주의의; (종종 L-) 자유당의. 5 교양적인; (고어) 신사로서 적절한. 6 자의(字義)에 구애되지 않는, 자유로운. ¶ *liberal* translation 의역, 자유역.
— n. 자유주의자; (종종 L-) [특히 영국의] 자유당원. ~·ly [-rəli] adv. ~·ness n.

◇ liberálity, líberty n., líberate, líberalize v.

***líberal árts** n. pl. (the ~) 1 [대학의] 교양 학과 [어학·예술·역사·철학·문학 등]. 2 [중세의] 학예 [문법·논리학·수사학·산술·기하·음악·천문학].

líberal educátion n. [U] 일반 교양 교육 [직업·전문 교육이 아닌 인격·교양 교육을 주로 한다].

líberal féminism n. 자유주의적·개량주의적 남녀 동권주의.

***lib·er·al·ism** [líb(ə)rəlìz(ə)m] n. [U] 1 자유주의. 2 (때로 L-) [정당의] 자유당주의.

lib·er·al·ist [líb(ə)rəlist] n. 자유주의자(liberal).
— adj. 자유주의의.

lib·er·al·is·tic [lìb(ə)rəlístik] adj. 자유주의의.

lib·er·al·i·ty [lìbərǽliti] n. (pl. -ties) 1 [U] 인색하지 않음, 마음이 후함(generosity). 2 [U] 관대, 아낌없이 줌; 공평 무사. 3 선사, 선물(gift). 4 = liberalism.

lib·er·al·i·za·tion [lìb(ə)rəlizéiʃ(ə)n / -laiz-] n. [U] 1 자유화, 자유주의화. 2 관대하게 하기(되기).

lib·er·al·ize [líb(ə)rəlàiz] (英) **liberalise** 로도 쓴다) v. (-ized, -iz·ing) vt. 1 …을 자유화하다, 자유주의화하다. 2 [마음]을 관대하게 하다.
— vi. 자유주의화하다.

lib·er·al·iz·er [líb(ə)rəlàizər] n. 자유[주의]화하는 사람(것); 관대하게 하는 사람(것).

Líberal Párty n. (the ~) (영국의) 자유당.

líberal stúdies n. (英) [과학·기술 등을 전공하는 학생을 위한] 일반 교양 과정.

***lib·er·ate** [líbərèit] vt. (-at·ed, -at·ing) 1 …을 자유롭게 하다, 해방하다, …을 석방하다, 방면하다(set free). ⇒ FREE [類語] liberate a slave 노예를 해방하다 // (~+目+前+名) *liberate* a person *from* bondage 남을 석방하다 / *liberate* a person *from* anxiety 남의 걱정을 덜어주다. 2 [화학] …을 유리시키다; [물리] [힘]을 작용시키다. 3 (美軍 속어) …을 훔치다(steal).
◇ líberal adj., liberátion n.

lib·er·at·ed [líbərèitid] adj. [사회적 제약·성적(性的) 편견에서] 해방된. ¶ a *liberated* slave 해방된 노예.

lib·er·a·tion [lìbəréiʃ(ə)n] n. [U] 1 해방; 석방, 방면. 2 [화학] 유리 (遊離).

lib·er·a·tion·ism [lìbəréiʃənìz(ə)m] n. [U] (英) 국교(國教) 폐지론.

lib·er·a·tion·ist [lìbəréiʃənist] (英) n. 국교 폐지론(해방주의)자. — adj. 국교 폐지론(해방주의)의.

liberátion theólogy n. [종교] 해방 신학(운동).

lib·er·a·tor [líbərèitər] n. 해방자; 석방하는 사람.

Li·be·ri·a [laibí(ː)riə / -bíər-] n. 라이베리아 [아프리카 서부의 공화국; 수도 Monrovia].

Li·be·ri·an [laibí(ː)riən / -bíər-] adj. 라이베리아의.
— n. 라이베리아 사람.

Li·ber·man·ism [líbərmənìz(ə)m] n. 리베르만 사회주의 경제 이론 [사회주의 경제에도 이윤 동기가 도입되어야 한다는 소련 경제학자 Yevsei Liberman의 주장].

lib·er·tar·i·an [lìbərtέ(ː)riən / -tέər-] n. 1 자유의지론자. *opp.* necessitarian 2 [사상·행동의 자유를 주장하는] 자유론자. — *adj.* 자유 의지론의; 자유론의.

lib·er·tin·age [líbərtìːnidʒ] n. = libertinism.

lib·er·tine [líbərtìːn / -tàin] n. 1 난봉꾼, 방탕한 사람. 2 (종교상의) 자유 사상가. — *adj.* 방탕한.
2 (종교상의) 자유 사상의.

lib·er·tin·ism [líbərtinìz(ə)m] n. [U] 1 방탕, 난봉. 2 (종교상의) 자유 사상.

***lib·er·ty** [líbərti] n. (pl. -ties) 1 [U] 자유. ⇒ FREEDOM [類語] ¶ religious *liberty*; *liberty* of conscience 종교(宗教)의 자유 / *liberty* of speech 언론의 자유 / defend one's *liberty* 자유를 지키다. 2 [U] 해방, 석방. ¶ grant *liberty* to a prisoner 죄수를 석방하다. 3 방종, 방자 [한 언동]. ¶ be guilty of *liberties* 방자하게 굴다 // I took the *liberty* of using your pen. = I took the *liberty* to use your pen. 양해도 구하지 않고 당신의 펜을 좀 썼습니다. 4 (the ~) [출입(사용)의] 자유; […의] 권리, 허가(permission). ¶ You have the *liberty* of the room. 너는 그 방을 마음대로 써도 좋다 / I have the *liberty* of doing so. = I have the *liberty* to do so. 나는 그렇게 하도록 허가를 받았다. 5 (-ties) 특권, 특전 (privileges). 6 (-ties) [단기의] 상륙 허가 (shore leave). 7 (英口語) 특별 행정 지구. 8 (-ties) 특별 허가 구역 [교도소 등의 밖의 구역으로 죄수가 출입할 수 있다].

at liberty ① 자유로. ¶ set a prisoner *at liberty* 죄수를 석방하다 ② 제멋대로 …해도 되는. ¶ You are *at liberty* to take it. 마음대로 가져도 좋다. ③ [사람이] 한가하여. ¶ He was *at liberty* then. 그때 그는 한가했다. ④ [물건이] 사용되고 있지 않다.

take liberties with ① …에게 너무 추근추근하게 굴

다, 버릇없는 짓을 하다. ¶ He *takes liberties with* women. 그는 여자들에게 지나치게 친하게 군다 / He *was rebuked for taking liberties with* the name of God. 그는 함부로 하나님의 이름을 들먹이다가 야단맞았다. ② …을 제멋대로 바꾸다.

Líberty Béll n. (the ~) 자유의 종[미국의 Philadelphia에 있는 독립 선언 때 쓰인 종].

Líberty bónd n. 자유 공채[미국의 제1차 세계 대전 중에 모집한 전시 공채].

líberty cáp n. 자유의 모자[고대 로마에서 노예를 해방할 때 준 삼각의 두건. 자유의 상징]. 〔집〕.

líberty háll n. [손님이] 제멋대로 행동할 수 있는 집.

Líberty Ísland n. 미국 New York만 입구에 있는 작은 섬[자유의 여신상이 있다. 옛 이름 Bedloe's Island].

lib·er·ty·man [líbərtimæn] n. (pl. **-men** [-mèn]) 《英》상륙 허가를 받은 선원.

Líberty shíp n. 리버티선(船)[미국이 제2차 세계 대전중에 대량으로 건조한 중형 규격의 수송선].

li·bid·i·nal [libíd(i)nəl] adj. 【정신 분석】 리비도의; 성적 충동의.

li·bid·i·nous [libíd(i)nəs] adj. 1 육욕적인, 호색적인, 음란한. 2 【정신 분석】 리비도의. **~·ly** adv. **~·ness** n.

li·bi·do [libí:dou, -bái-] n. 【정신 분석】 리비도 [인간의 모든 행동의 숨은 동기가 되는 본능적 활동력과 욕망]. 2 【일반적으로】 본능, 욕망. 3 성적 충동.

Lib-Lab·er·y [líblæbəri] n. 《英》 자유당원과 노동당 지지자와의 공동 전선.

LIBOR [líbɔr] n. 〔금융〕 London Interbank Offered Rate (런던 은행간 거래 금리[국제 금융 거래의 기준 금리]).

li·bra[1] [láibrə] n. (pl. **-brae** [-bri:]) 1 고대 로마의 중량 단위[5053 grains]. 2 중량 파운드[略 lb.]. 3 통화 파운드[略 £].

li·bra[2] [lí:brə] n. 페루의 금화[지금은 sol이라 한다].

Li·bra [láibrə] n. 1 〔천문〕 천칭좌(the Balance). 2 천칭궁(天秤宮) 〔황도(黃道) 12 궁의 제7궁〕.

*****li·brar·i·an** [laibrέ(:)riən-brέər-] n. 도서관원, 사서(司書).

li·brar·i·an·ship [laibrέ(:)riənʃìp / -brέər-] n. ⓤ 도서관원(사서)의 지위(직).

‡**li·brar·y** [láibrèri, -brəri / -brəri] n. (pl. **-brar·ies**) 1 도서관, 도서실, ¶ *a circulating* (or *a traveling*) *library* 순회 도서관 / *a school library* 학교 도서관 / the *Library* of Congress [미국의] 국회 도서관. 2 [개인의] 장서, 문고, 서고; 서재(書齋). ¶ *a fine library* 훌륭한 장서. 3 총서, 문고. 4 대본하는 책(가게). 5 [레코드 따위의] 수집; 【컴퓨터】 라이브러리, 표준 프로그램의 수집.

líbrary edítion n. 도서관용 특제판.

library ráte n. 《美》 〔출판〕 도서관 요금[서적을 도서관이나 교육 기관에 보낼 때 적용되는 특별 우편 요금].

líbrary schóol n. 도서관 학교, 사서(librarian) 양성소.

líbrary science n. ⓤ 도서관학.

li·brate [láibreit] vi. (**-brat·ed, -brat·ing**) 1 저울처럼 좌우로 흔들리다, 진동하다. 2 균형을 이루다, 평형하다.

li·bra·tion [laibréiʃ(ə)n] n. ⓤ 1 진동, 평균동(平均動). 2 균형, 밸런스. 3 〔천문〕 달의 칭동(秤動).

li·bret·tist [librétist] n. 가극 대본 작가.

li·bret·to [librétou] n. (pl. **-bret·tos** or **-bret·ti** [-bréti]) 가극 대본; 가극 대본집. 〔<It.〕

Li·bre·ville [li:brəví:l] n. 리브르빌[가봉 공화국의 수도].

Lib·ri·um [líbriəm] n. 〔상표명〕 리브리움[안정제의 일종].

Lib·y·a [líbiə] n. 1 고대 리비아[이집트 서쪽의 아프리카 북부]. 2 리비아[아프리카 북부의 공화국; 정식 명칭 Libyan Arab Republic (리비아 아랍 공화국)].

Lib·y·an [líbiən] adj. 리비아(인)의. — n. 1 리비아

아 사람. 2 ⓤ [고대 리비아의] 베르베르[어] (語) (Berber).

LIC (略) Low Intensity Conflict (저강도 분쟁).

lice [lais] n. louse 의 복수형.

‡**li·cence** [láis(ə)ns] n. 《주로 英》 = license.

li·cenced [láis(ə)nst] adj. 《주로 英》 = licensed.

li·cens·a·ble [láis(ə)nsəbl] adj. 허가(면허, 인가) 할 수 있는.

‡**li·cense, -cence** [láis(ə)ns] n. 1 ⓒⓤ 면허, 인허, 관허, 특허; 승낙(permission). ¶ *under license* 면허를 받아 / grant a *license* to a person 남에게 면허를 내주다 // a *license* to sell liquor 주류 판매 허가 / a *license* to fish 어획 면허. 2 면허증, 허가증, 인가증, 감찰; 《英》 [대학의] 수료 증서. ¶ a driver's *license* 운전 면허증 / issue a *license* 면허증을 발급하다. 3 ⓤ 방자, 방종, 무법. ⇨ FREEDOM 〔類語〕 ¶ sexual *license* 성적 방종. 4 ⓒ 〔시·미술·음악 따위의〕 파격(破格). cf. poetic license — vt. (**-censed, -cens·ing**) 1 …에 면허(인가, 허가, 특허)를 주다, 허용하다(allow). ¶ (~ +目+ *to* do) The office *licensed* me to sell tobacco. 관청(전매청)은 나에게 담배 판매를 허가해 주었다. 2 …의 출판(흥행)을 허가하다.

li·censed [láis(ə)nst] adj. 1 공적으로 인가된, 감찰(면허)을 받은. ¶ a *licensed* house 주류 판매 면허점 / *licensed* quarters 유곽. 2 세상이 인정하는, 천하가 다 아는. ¶ a *licensed* libertine (satirist) 천하가 다 아는 난봉꾼(험구가).

lícensed prémises n. pl. 《단·복수 양용》《英》 주류 판매 면허점(지역).

lícensed vocátional núrse n. 《美》 환자 시중전문 간호사.

li·cen·see [làisənsí:] n. 〔특히 주류 판매의〕 면허를 받은 사람, 피면허인, 감찰을 받은 사람.

lícense númber n. 《美》 자동차의 면허판의 번호.

lícense pláte n. 〔공식 인가를 나타내는〕 번호판, 감찰.

li·cens·er [láis(ə)nsər] n. 허가(인가)하는 사람.

li·cen·sor [láis(ə)nsər] n. 〔법률〕 허가(인가)자.

li·cen·ti·ate [laisénʃiit, +英 -ʃièit] n. 1 〔대학 등이 인가하는〕 개업 유자격자. 2 〔유럽의 일부 대학에서〕 석사(碩士).

li·cen·tious [laisénʃəs] adj. 1 부도덕한, 〔특히〕 방탕한, 성적으로 음탕한(lewd). 2 무법한; 파격의, 규칙을 무시한. **~·ly** adv. **~·ness** n.

li·cet [láiset / L líːket] adv. 《라틴》 (=it is allowed) 〔그것은〕 허가되어 있다(합법적이다).

lich [litʃ] n. 《英폐어》 신체, 동체; 시체(corpse).

li·chee [líːtʃíː] n. =litchi.

*****li·chen** [láikin, -kən] n. ⓤ 1 지의류 (地衣類). 2 〔병리〕 태선 (苔癬).

li·chened [láikind, -kənd] adj. 지의(地衣)가 난(낀), 지의로 덮인.

li·chen·ous [láikinəs, -kən-] adj. 1 지의의, 지의와 같은; 지의가 많은(로 뒤덮인). 2 〔병리〕 태선의(에 걸린).

lích gàte n. 《특히 英》 지붕이 달린 묘지문[이 밑에 관을 내려놓고 목사가 오기를 기다린다].

lich-house [lítʃhaus] n. 임시 시체 안치소, 영안실.

lic·it [lísit] adj. 허가된; 합법적인, 정당한, opp. illicit ⇨ LAWFUL 〔類語〕 **~·ly** adv.

‡**lick** [lik] vt. 1 (~+目 / ~+目+*off, up, from*); …을 핥아…으로 하다. ¶ The dog *licked* its paws. 개는 발을 핥았다 // (~ +目 +副+名) *lick* the honey *off* (or *from*) one's lips 입에 묻은 꿀을 핥아 없애다 / (~ +目+副+名) *lick up* sugar 설탕을 말끔히 핥아먹다 / (~ +目+副+名) The cat *licked* the plate clean. 고양이가 접시를 깨끗이 핥아 먹었다. 2 【화염·파도 따위가】; …을 핥다, 휩쓸다. ¶ The flames *licked* everything. 불꽃이 모든 것을 삼켜버렸다. 3 (구어) …을 치다, 때리다, 매질하다(whip). ¶ be well *licked* 되게 얻어맞다 // (~ +目+副+名) *lick*

a fault *out of* a person 남을 두둘겨 패서 결점을 고치다. **4** 《구어》…을 지게 하다(defeat); …을 능가하다(surpass). ¶ This *licks* me. 이건 두 손 들었다(도무지 모르겠다) / It *licks* me how he did the work. 그가 어떻게 그 일을 해냈는지 통 알 수가 없다.
— *vi.* **1** 《구어》전속력으로 나가다; 서둘다(hasten). ¶ run away as hard as one can *lick* 전속력으로 달아나다. **2** 《불꽃 따위가》핥는 것처럼 움직이다, 너울거리다(*about*...). ¶ (~+*前*+*名*) The waves *licked about* her feet. 파도가 그녀의 발을 씻고 지나갔다.

lick one's *chops* (or *lips*) ⇨ CHOP.³
lick ... into shape 《구어》…을 제구실을 하게 하다, 온전한 것으로 만들다; …에게 형체(이목구비)를 갖추게 하다.
lick a *person's shoes* (or *boots, spittles*) 남에게 굴복하다, 아부(아첨)하다.
lick the dust ⇨ DUST.
lick one's *wounds* 패배에서 재기하다.
That licks [*all*] *creation.* ⇨ CREATION.

— *n.* **1** 핥기; 한번 핥기. **2** 한번 핥는 분량; 소량, 페인트 칠함] 한번 칠하는 분량. ¶ a *lick* of sugar 소량의 설탕. **3** 《美》《동물이 소금을 핥으러 가는》 암염지(岩鹽地)(salt lick). **4** 《구어》강타. **5** 한바탕의 수고(일[努力]. **6** 《구어》속력(speed). ¶ at a great *lick* 전속력으로. **7** 《종종 ~s》《속어》기회(chance). **8** 《美속어》《재즈》삽입 장식음[의 일종].
give ... a lick and a promise …을 대충대충(적당히) 하다.

lick·er·ish [líkəriʃ] *adj.* 《고어》**1** 미식을 좋아하는. **2** 탐욕스러운, 게걸스러운(greedy). **3** 음란한, 호색적인(lustful). **‑ly** *adv.* **‑ness** *n.*
lick·e·ty‑split [líkitisplít] *adv.* 《美속어》급히, 서둘러, 빨리(rapidly).
lick·ing [líkiŋ] *n.* **1** 《구어》때리기, 매질하기. ¶ give a person a good *licking* 남을 흠씬하게 패주다. **2** 《U C》 핥기, 한번 핥기. **3** 《구어》패배(defeat); 좌절. **4** 《속어》《많이 드는 것》.
lick·pen·ny [líkpèni] *n.* (*pl.* **-nies**) 《고어》매우 돈이 드는 것.
lick·spit·tle [líkspìtl] *n.* 아첨꾼, 알랑쇠.
lic·o·rice [líkəris], (**liquorice**) *n.* **1** 감초(甘草)《콩과 식물》. **2** 《U》건조한 감초 뿌리, 그 엑스《약용·감미료》.
lic·tor [líktər] *n.* 릭토르《고대 로마에서 속간(束桿)(fasces)을 들고 고관의 앞장을 서서 죄인을 포박하던 관리》.
‡**lid** [lid] *n.* **1** 뚜껑. **2** 눈꺼풀(eyelid). **3** 《식물》선개(蘚蓋), 개과(蓋果). **4** 《광산》렘멜. **5** 《美속어》모자(hat). **6** 《美속어》제한, 단속. ¶ put a *lid on* gambling 도박을 단속하다. **6** 《美속어》22 그램 또는 1 온스의 마리화나 꾸러미.
blow the lid off 《속어》…을 폭로하다, 공중 앞에 드러내다.
flip one's *lid* ⇨ FLIP.
put the lid on ① 《英속어》을 능가하다. ②《英구어》을 못쓰게 만들다, …을 끝장내다.
with the lid off 《속어》 그(결점)을 보여주어.
li·dar [láidɑːr] *n.* 《U》 광선 레이더.
[<LI[GHT] + [RA]DAR]
lid·ded [lídid] *adj.* **1** 뚜껑이 있는. **2** 《주로 복합어를 만들어》 눈꺼풀이 …인. ¶ heavy‑*lidded* 눈꺼풀이 두꺼운.
lid·less [lídlis] *adj.* **1** 뚜껑이 없는. **2** 눈꺼풀이 없는. **3** 조심성 있는, 뜬눈으로 밤을 새우는, 잠자지 않는.
Li·do [líːdou] *n.* **1** 리도《이탈리아 동부에 있는 연해상의 모래섬들》. **2** (l‑) 해변의 휴양지. **3** (l‑) 설비가 좋은 수영 풀장.
‡**lie**¹ [lai] *n.* **1** 거짓말, 허언. *opp.* truth ¶ a white *lie* 악의없는 거짓말, 편의상 하는 거짓말 / a black *lie* 악의적인 거짓말 / act a *lie* 《행위로》 거짓말하다 / tell a *lie* 거짓말을 하다.

類語 lie 악의에서 나온 완전한 거짓말; 강한 비난의 기분을 나타내는 말. falsehood 사실이 아닌 것; lie 보다 넓은 뜻으로 비난의 기분이 약하거나 전혀 없을 경우도 있다: *falsehood* in a historical novel 역사 소설의 거짓말. untruth lie, falsehood를 완곡하게 뜻하는 말: tell an *untruth* to cheer up a sick person 환자에게 용기를 주기 위하여 거짓말하다. fib 사소한 거짓말, 격식차리지 않는 어린애다운 용어.

2 남을 오신케 하는 (속이는) 것, 거짓, 사기; 그릇된 신념(습관). ¶ His pose of humility was a *lie*. 그의 겸손한 태도는 거짓이었다. **3** 거짓이라는 비난. ¶ I wouldn't take the *lie*. 거짓말이라는 비난을 받고서는 참을 수가 없다.

give the lie to ① 거짓말을 했다고 [남]을 책망(비난)하다. ② …이 거짓이라는 것을 나타내다; …에 반(反)하다, 모순되다. ¶ His act *gives the lie to* his words. 그의 행동을 보면 그가 말하고 있는 것이 거짓이라는 것을 알 수 있다.
a lie with a latchet 새빨간 거짓.

— *v.* (**lied, ly·ing**) *vi.* **1** 거짓말을 하다. ¶ (~ + *前*+*名*)*lie to* a person 남에게 거짓말을 하다. **2** 《어떤 것이 사람을》 속이다, 호리다. ¶ a *lying* rumor 헛소문 / Mirages *lie*. 신기루는 사람의 눈을 홀린다. — *vt.* 거짓말을 하여 …을 빼앗다(...*away, out of*); …을 속여 …을 하게 하다(...*into*). ¶ (~+*目*+*副*)*lie* a person's reputation *away* 거짓말을 하여 남의 명성을 떨어뜨리다 / (~+*目*+*前*+*名*) *lie* a person *out of* his money 남의 돈을 속여서 빼앗다 / *lie* a person *into* going 남을 속여서 가게 하다 / He managed to *lie* himself *out of* difficulties. 그는 거짓말을 하여 가까스로 곤경을 벗어났다.
lie in one's *throat* (or one's *teeth*) 새빨간 거짓말 하다.

‡**lie**² [lai] *vi.* (**lay, lain, ly·ing**) **1** 《사람·동물이》 눕다, 드러눕다, 드러누워 있다(*down*); 《물건이》 가로 놓여 있다; 기대다, 기대어 있다(*back*). ¶ (~+*前*+*名*)a book that *lies on* the floor 마루 위에 놓여 있는 책 / a ladder *lying against* the wall 벽에 기대 세워놓은 사다리 / *lie in* one's back (one's face, one's side) 벌렁(배를 깔고, 옆으로) 드러눕다 / *lie in* bed 침대에 눕다 // (~+*副*)*lie down* on the grass 풀 위에 드러눕다 / *lie back* in an armchair 팔걸이 의자의 등에 기대다.
2 […의 상태에] 있다, 놓여 있다, …인 채로 있다 (remain). ¶ (~+*副*) *lie* asleep 잠자고 있다 / *lie ill* in bed 병으로 누워 있다 / His son *lay* motionless on the ground. 그의 아들은 꼼짝도 않고 땅바닥에 누워 있었다 / The stagnant water *lies* dead in the ditches. 도랑에는 썩은 물이 흐르지 않고 괴어 있다 / Snow *lay* thick on the fields. 들판에는 눈이 두껍게 쌓여 있었다 / (~+*done*) *lie* hid(or hidden) 숨어 있다 / (~+*‑ing*)*lie watching* television 텔레비전을 보면서 누워 있다 // (~+*前*+*名*) the obstacles that *lie in* our way 우리 앞길을 가로막고 있는 장해 / *lie in* ambush 매복하다 / The whole city *lay* at the mercy of the conqueror. 도시 전체가 정복자의 뜻대로 되어 있었다 / The building *lies* in ruins. 건물은 폐허가 되어 있다 / The house on that hill *lies under* a curse. 저 언덕 위에 서 있는 집은 재앙이 깃들어 있다 / He left his papers *lying about*. 그는 서류를 흐트려놓은 채로 내버려두었다 // *Let sleeping dogs lie*. 《속담》 잠자는 개는 건드리지 마라. **3** 《책임 따위가 …에》 걸리다, 압박하다(press, weigh) (*on, upon*...); 있다, 존재하다(exist); […에] 달려 있다, …나름이다 (depend) *on, upon*...). ¶ (~+*前*+*名*) the mystery *lying behind* his action 그의 행동의 배후에 있는 수수께끼 / The choice *lies between* going or staying. 가느냐 남아 있느냐 선택은 둘 중 하나이다 / The truth *lies between* the extremes. 진리는 중용에 있다 / Happiness *lies in* contentment. 행복은 만족하는 데 있다 / Her fate *lies in* his hands. 그녀의 운명은 그의 손에 달려 있다 / It *lies with* you to decide. 정하는 것은

너에게 달려 있다 / It *lies on* the government to save the poor. 가난한 사람들을 구제하는 것은 정부의 책임이다 // (~+團)The real reason *lies* deeper. 참된 이유는 더 깊은 곳에 있다 // (~+團)Many difficulties *lay ahead*. 많은 어려움이 앞길에 가로놓여 있었다.
4 […의 위치에] 있다, 위치하다, [평야 따위가] 펼쳐져 있다(stretch), [길이] 통하고 있다. ¶ (~+團) The land *lies* high. 그 땅은 높은 곳에 있다 // (~+團+图) a village *lying across* the mountain 산 너머에 있는 마을 / Ireland *lies* to the west of England. 아일랜드는 영국의 서쪽에 있다 / The path *lies along* a stream (*through* the woods). 길은 물길을 따라(숲을 가로질러) 나 있다 / The valley *lies* at our feet. 발밑에 골짜기가 펼쳐져 있다 / Life *lies before* (or *in front of*) you. 너의 인생은 지금부터이다.
5 땅밑에 잠들어 있다, 묻혀 있다(be buried). ¶ (~+團+图)His ancestors *lie in* the cemetery. 그의 조상은 공동 묘지에 묻혀 있다.
6 [돈이나 물건이] 잠자고 있다, […인 채로] 있다, 놀고 (정지되어) 있다. ¶ (~+團+图) the money that *lies at* (or *in*) the bank 은행에서 잠자고 있는 돈 // (~+團)*lie fallow* [밭 따위가] 묵혀 있다.
7 [배가] 정박하고 있다; [군대가] 야영하고 있다;《고어》숙박하다(lodge), 체재하다(stay); [새가] 잠자고 있다. ¶ (~+團+图) The ship is *lying at* No. 3 Berth. 배는 제3 부두에 정박중이다.
8 【법률】 [소송 따위가] 성립되다, 이유가 서다, 인정되고 있다. ¶ This action will not *lie*. 이 소송은 성립되지 않을 것이다.
as far as in one lies 자기의 힘이 미치는 한.
lie along ①《고어》큰 (大)자로 눕다. ②【항해】 [배가] 옆바람을 받아 기울다.
lie by 쉬다, 쓰이지 않은 채로 있다.
lie down ① 눕다, 자다. ⇒1. ② …에 굴복하다 (*to*…).
lie down on the job ⇒ JOB.
lie down under [모욕 따위]를 감수하다.
lie heavy on ①…을 괴롭히다. ②[음식 따위가] [위]에 묵직하게 쓰여 있다. …눕다.
lie in ① …에 있다(consist in). ⇒3. ② 해산 자리에 눕다.
lie off ① 【항해】[육지 따위]에서 조금 떨어져 있다. ② 잠시 동안 일을 쉬다.
lie on [*a person's*] *hand*[*s*] ⇒ HAND.
lie on a person's head ⇒ HEAD.
lie over ① 연기되다. ② [기한이 도래해도] 지급되지 않은 채로 있다.
lie to 【항해】[뱃머리를 바람이 불어오는 쪽으로 놓고] 정선하다.
lie up ① [병으로] 틀어박혀 있다 (keep one's room). ②【배가】도크로 가다. ③ 은퇴하다.
lie with …의 직책(의무)이다, [죄·책임 따위가] …에 있다. ⇒3. ②《고어》…과 동침하다(동숙하다).
take …*lying down*《구어》[말없이] …을 받다 (따르다). ¶ He won't *take* such an insult *lying down*. 그는 그런 모욕을 받고 가만 있지만은 않을 것이다.
── *n.* **1** 방향, 위치; 상태, 형세(state). ¶ the *lie* of the land 지세;《비유적》사태. **2** [동물의] 둥지, 동우리. **3** [골프] [공의] 위치, 라이.
lie-a‧bed [láiəbèd] *n.* 늦잠 자는 사람.
Liech‧ten‧stein [líkt(ə)nstàin / G líçtənʃtàin] *n.* 리히텐슈타인《오스트리아와 스위스 사이에 있는 입헌 군주국》.
lied [li:t / li:d] *n.* (*pl.* **lied‧er** [líːdər]) 리트, 가곡(歌曲). 〈G song〉
Lie‧der‧kranz [líːdərkràːnts] *n.* **1**《상표명》리더크란츠 치즈《부드럽고 강한 향기가 있다》. **2** 노래의 꽃다발《가곡집이나 독일의 남성 합창단의 이름으로 쓰인다》. 〈G〉
líe detèctor *n.* 거짓말 탐지기.
lie-down [láidàun] *n.* 드러눕기, 휴식, 낮잠; 드러누워

버티는 동맹 파업. *cf.* sit-down
lief [liːf] *adv.*《폐어》쾌히, 자진해서(gladly, willingly). ¶ 현재는 다음 숙어로만 쓰인다.
lief or loath《폐어》좋건 싫건.
would (or《고어·방언》*had*) *as lief do as* …하기보다 …하는 편이 낫다(좋다). ¶ I *would as lief* go as stay here. 이곳에 있기보다는 가는 편이 낫겠다.
would (or *had*) *liefer do than do* …하려면 차라리 …하는 편이 낫다. * 16세기까지는 liefer = rather 와 같은 정도로 쓰이고 있었다. ¶ I *would liefer* die *than* do it. 그 일을 하기보다 차라리 죽는 편이 낫겠다.
liege [liːdʒ] *n.* **1** [봉건] 군주, 영주. ¶ my liege《부르는 말로》나리. **2** (보통 the ~s) 신하, 가신(subjects). ¶ His Majesty's *lieges* 폐하의 신하. ── *adj.* **1** 군주의. *a liege lord* 군주. **2** 신하의. **3** 군신(주종) 관계의. **4** 충실한(loyal).
liege‧man [líːdʒmən] *n.* (*pl.* **-men** [-mən]) **1** 신하, 가신. **2** 충실한 지지자.
Líe gròup [líː-] *n.*【수학】리군(群)《위상군(位相群)의 구조를 가진 실해석적(實解釋的) 다양체》.
lie-in [láiíːn] *n.* 연좌[파업]. ¶ {*on*…)
lien [líː(ə)n/liən] *n.* 선취 특권, 유치권(留置權)
li‧er [láiər] *n.* [매복 등을 하여] 누워 있는 사람(것).
lie-test [láitèst] *vt.* 거짓말 탐지기로 조사하다.
lieu [luː / ljuː] *n.*【고어】곳. * 현재는 다음 숙어로만 쓰인다.
in lieu of …대신에(instead of).
Lieut. (略) lieutenant.
Lieut. Col. (略) *lieutenant colonel.*
Lieut. Comdr. (略) *lieutenant commander.*
lieu‧ten‧an‧cy [luːténənsi /육군 lefténˌ 해군 leténˌ] *n.* (*pl.* **-cies**) **1** lieutenant 의 지위(직무, 임기, 관할). **2** [집합적] 중위; 소위; 대위 (lieutenants).
***lieu‧ten‧ant** [luːténənt /육군 lefténˌ 해군 leténˌ] *n.* **1**【육군】중(소)위.¶ a first *lieutenant*《美》중위 / a second *lieutenant* 소위. **2**【해군】대위(중위),《英》대위. ¶ a *lieutenant* senior (junior) grade《美》대(중)위 / a sub*lieutenant*《英》중위. **3** 부관, 상관(上官) 대리. **4**《美》[경찰·소방서의] 지서(支署) 차장, 부(副) 대장.
lieutenant cólonel *n.*《美》육(공)군 중령.
lieuténant commánder *n.*《美》해군 소령.
lieuténant géneral *n.*《美》육(공)군 중장.
lieuténant góvernor *n.* **1**《美》부지사. **2**《英》 [식민지·속령의] 부총독, 총독 대리.
Lieut. Gen. (略) *lieutenant general.*
Lieut. Gov. (略) *lieutenant governor.*
life [laif] *n.* (*pl.* **lives** [laivz]) **1** ① 목숨, 생명, 생존, 인명. ¶ eternal *life* 영원한 생명 / the origin of *life* 생명의 기원 / the struggle for *life* 생존 경쟁 / the matter of *life* and death 생사 문제/safe in *life* and limb 신체·생명에는 별 이상 없이 / escape with *life* and limb 큰 상처도 입지 않고 도망치다 / hover between *life* and death 생사의 사이를 오락가락하다 / take a person's *life* 남을 죽이다 / take one's own *life* 자살하다 / bring a person to *life* 남을 소생시키다 / lay down one's *life* 생명을 희생하다 / While there is life, there is hope.《속담》목숨이 붙어 있는 한 희망은 있다.
2 [개인의] 생명, 한 목숨. ¶ attempt (*or* seek) the *life* of a person …의 암살을 기도하다 / Five *lives* were lost in the accident. 그 사고로 5명이 죽었다.
3 ⓒⓊ [개인의] 생애, 일생, 수명; [기계의] 내구(耐久) (연한). ¶ a long (short) *life* 장수 (단명) / the *life* of a car 차의 사용 가능 연한 / all one's *life* through; through *life* 한평생 / for the rest of *life* 죽을 때까지 / in later *life* 만년 / close one's *life* 일생을 마치다.
4 Ⓤ [집합적] 생물 (living things). ¶ animal (vegetable) *life* 동(식)물 / forest (marine) *life* 삼림(해중) 동물 / Is there any *life* on Mars? 화성에는 어떤 생

물이 있느냐?
5 [C] U] 생애, 일생, 생계. ¶ a simple *life* 소박한 생활 / single (married) *life* 독신(결혼) 생활 / country (city) *life* 시골(도시) 생활 / a dog's *life* 비참한 생활 / high (low) *life* 상류(하층) 생활 / lead a comfortable *life* 평안한 생활을 하다 / She lived many *lives*. 그녀는 여러 가지 생활을 했다.
6 [U] 인생, 인간사, 세상. ¶ this (the other) *life* 이승(저승) / in after *life* 저승에서 / begin (*or* start in) *life* 세상에 나오다 / get on in *life* 입신 출세하다.
7 전기, 일대기(biography). ¶ a *life* of Franklin 프랭클린전(傳).
8 [U] 실물[크기], 진짜. ¶ [a] still *life* 그림] 정물[화] / draw something from the *life* …을 사생하다.
9 [U] 원기, 생기(liveliness); 생기가 도는 것, 활력; 탄력; 신선함, 싱싱함. ¶ full of *life* 생기에 가득 찬 / give *life* to …에 생기를 주다 / put *life* into one's work 일에 정성을 쏟다 / She is the *life* of our party. 그녀는 우리 모임의 꽃이다 / The boy is all *life*. 그 아이는 생기 그 자체이다.
10 [U] (포도주 따위의) 거품 일기.
11 [U] (美어) 종신형. ¶ The judge gave the murderer *life*. 재판관은 그 살인범에게 종신형을 언도했다.
12 [종교] 구원(salvation); 새로운 삶, 재생.
13 (야구·크리켓) (아웃이 되지 않고 타자가) 다시 한 번 칠 수 있는 기회; (당구·카드놀이) 다시 할 기회.
14 (보험) 피보험자. ¶ a good (a bad) *life* 평균 여명 (餘命)에 달할 가망이 있는(없는) 사람.
15 (부르는 말로) 가장 사랑하는 사람(것). ¶ My dear *life*! 사랑하는 그대여!
all one's life 평생, 태어나서 줄곧.
as I have life 분명히(surely).
as large (or *big*) *as life* ① 실물 크기의, 등신대(等身)의. ⇒8. ② (구어) 틀림없이(indeed). ¶ There he was, *as large as life*. 틀림없이 그가 그곳에 있었다.
come to life ① 되살아나다, 의식을 되찾다. ⇒1. ② 활기에 넘치다. ③ 살아 있는 것처럼 보이다.
fix a person for life ⇒ FIX.
for life ① 평생(종신) [의], 무기의. ¶ imprisonment *for life* 종신형. ② 필사적으로. ¶ run *for life* 필사적으로 달리다.
for one's life; for dear life 필사적으로, 열심히, 목숨 걸고. ¶ *For the life of* me I can't tell. 도저히 말할 수가 없다.
for the life of one (부정문에서) 목숨을 걸고라도, 도저히.
get a life (美어) 다시 한번 기회를 얻다.
have the time of one's life (구어) 난생 처음으로 재미있는 시간을 보내다.
in life ① 생전에, 목숨이 있는 동안에, 이승에서. ¶ early in *life* 젊은 시절 / He was a Buddhist in *life*. 그는 생전에 불교 신자였다. ② 전혀, 전연. ¶ Nothing *in life* can induce her to marry him. 그녀를 그와 결혼시킬 방도가 도무지 없다.
in one's life 태어나서부터, 지금까지. * 보통 부정문 또는 최상급의 형용사를 동반하는 명사와 함께 쓰인다. ¶ He has never seen Korea *in his life*. 그는 태어난 뒤 지금까지 한국을 본 일이 없다 / It was the happiest time *in his life*. 그것은 그의 생애에서 가장 행복했던 때였다.
not on your life ①(구어) 결코(분명히) …이 아닌. ¶ Will I trust a person like him?—*Not on your life*! 내가 그와 같은 사람을 믿을까?—천만에! ② 무슨 일이 있어도.
on (or *upon*) *my life* 목숨을 걸고, 맹세코. ¶ *Upon my life*, it is true. 맹세코 그것은 사실이다.
see (or *learn*) *life* 세상을 보다(알다). ¶ She has *seen* nothing *of life*. 그녀는 정말 철부지다.
That's life. (구어) 인생이란 그런 것이다., 세상이 그러니 어쩌겠니.
This is the life. ① (만족감을 나타내어) 기분이 최고

다. ② 이것이 인생이라는 것이다.
to the life 생긴 그대로, 박진하게, 실물 그대로. ¶ a portrait drawn *to the life* 실물 그대로의 초상화.
a walk of life 신분, 지위, 계급, 직업.
What a life! (불만을 나타내어) 무슨 소리야!
You bet your life! (美어) 두 말하면 잔소리지!, 그렇고 말고!
◇ live *v.*, lively *adj*.

life-and-death [láifənde̊̌θ], (**life-or-death** [láifər-dè̊θ]) *adj*. 사활이 걸려 있는; [극히] 중대한(vital).
life ánnuity *n.* (보험) 종신 연금, 은급.
life assúrance *n.* (주로 英) = life insurance.
life bèlt *n.* 구명대.
life-blood [láifblʌd] *n.* [U] **1** (생명 유지에 필요한) 혈액, 생혈. **2** (비유적) 활력(원기)의 근원. **2** (눈꺼풀 따위의) 경련.
*life-boat [láifbòut] *n.* 구명정(보트), 구조선.
lifeboat éthic(éthics) *n.* 긴급시의 윤리[긴급시엔 도덕 원리보다 사태의 긴급도를 행동 원리로 삼는 방식].   [정신적 양식.
life brèath *n.* [U] 생명을 지탱해 주는 호흡; (비유적)
life bùoy *n.* 구명 부륜(浮輪) [부표, 부이).
life càre *n.* (종종 한정적) 종신 의료 혜택을 받으며 영주 가능한 아파트식의 주거.   [mask
life càst(màsk) *n.* 라이프 마스크. *cf.* death
life clàss *n.* 모델을 사용하는 미술 교실.
life cycle *n.* (생물) 생활 주기, 라이프 사이클.
life estáte *n.* [U][C] (법률) 종신 부동산[권].
life expéctancy *n.* [U] (보험) 예상(평균) 여명(餘命).
life fòrce *n.* = élan vital.   [命).
life-gìv·ing [láifgìviŋ] *adj.* **1** 생명(활력)을 주는, **2** 생기를 돋우는.
life-guard [láifgà:rd] *n.* **1** [수영장 따위의] 감시(구조)원, 라이프 가드. **2** 호위(병).
Life Guárds *n. pl.* (the ~) (英) 근위 기병 연대.
Life Guárdsman *n.* (*pl.* -men [-mən]) (英) 근위 기병.
life hístory *n.* (생물) 생활사(史) [발생에서 죽을 때까지의 생활 과정·변화); (사람의) 일대기, 전기(傳記).
life insúrance *n.* [U] 생명 보험.
life interest *n.* (법률) = life estate.
life jàcket *n.* 구명 자켓. [공 호흡법의 일종]
life-kiss [láifkìs] *n.* (구어) (救命) 키스[에 의한 인
*life-less [láiflis] *adj.* **1** 생명이 없는, 죽은. ⇒ DEAD
[類語] ¶ *lifeless* matter 무생물 / *lifeless* bodies 사체. **2** 죽은 듯한, 활기 없는. ¶ a *lifeless* planet 생물이 없는 행성. **3** 활기(생기)가 없는(dull). **4** 기절한(faint).
~*ly adv.* ~*ness n.*
life-like [láiflàik] *adj.* (초상화 등이) 살아 있는 듯한, 실물과 꼭 닮은, 실물 그대로의. ~*ness n.*
life lìne *n.* **1** 구명 밧줄; 붙드는 생명선; (잠수부·광주 유영인의) 생명줄. **2** 생명선(중요한 항로·수송로 따위); 의지하는 목숨줄.
*life-long [láiflɔ́(:)ŋ, -lɒ̀ŋ] *adj.* 일생의, 평생의, 생애의.
lifelòng emplóyment *n.* (경제) 종신(終身) 고용.
life-man·ship [láifmənʃìp] *n.* [U] 허세부리기(전술).
life mèmber *n.* 종신 회원(사원).
life nèt *n.* [소방용의] 구명망.
life óffice *n.* (英) 생명 보험 회사(사무소).
life-or-death [láifɔːrdèθ] *adj.* =life-and-death.
life pèer *n.* (英국의) 일대(一代) 귀족.
life pèerage *n.* (英국의) 일대 귀족의 작위.
life pólicy *n.* 생명 보험 증서.
life presérver *n.* **1** 구명구. **2** (英美어) [호신용으로) 안에 무기가 장치되어 있는 지팡이.
life président *n.* (종종 L·P·) [아프리카에 있는 나라의) 종신 대통령.   [직업 군인.
lif·er [láifər] *n.* **1** (속어) 종신 징역수. **2** (美軍 속어)

life raft n. 구명 뗏목.
life-sav·er [láifsèivər] n. **1** 인명 구조원, [특히] 수난 구조 대원. **2** 《주로 英》=lifeguard. **3** 《구어》[곤경에서] 건져내 주는 사람(것).
life·sav·ing [láifsèiviŋ] adj. 구명(용)의. — n. ⓤ 수난(인명) 구조.
life science n. 생명 과학[생물학·생화학·의학·심리학 등].
life sentence n. ⓤ 《법률》 종신형, 무기 징역.
life-size [láifsáiz], **(life-sized** [-sáizd]) adj. 실물 크기의, 등신대(等身大)의. ¶ a life-size nude statue 등신 나상(裸像).
life span n. 수명.
life·spring [láifspriŋ] n. 생명의 원천(근원).
life strings n. pl. 명줄, 생명선.
life·style [láifstàil], **(life style)** n. 《미구어》 개인에 맞는 생활 방식, 살아가는 모습.
life-sup·port system [láifsəpò:rt- ·pò:t-] n. 생명 유지 장치[우주나 해저 탐험용].
life table n. 《보험》 생명표(表) (mortality table).
life tenant n. 《법률》 종신 부동산권자.
life test n. 내구(耐久) 시험.
:life·time [láiftàim] n. 일생, 생애, 평생. ¶ a limited lifetime 한정된 일생. — adj. 일생의, 생애의, 평생의. ¶ a lifetime job 평생의 일.
life vest n. =life jacket.
life-work [láifwə̀:rk] n. 평생의 일(사업).
life zone n. 생물 분포대(帶), 생물 지리대.
li·fo [láifou] n. ⓤ 《회계 따위의》 후입 선출법 (後入先出). 〔<last-in-first-out〕

:lift [lift] vt. **1** 들어올리다, 올리다, 게양하다 (hoist); …을 공수하다(airlift). ¶ (~+옥+젠+명) lift a box from (or off) a shelf 선반에서 상자를 내리다 / lift a baby in one's arms 두 팔로 아기를 안아올리다 / lift a load out of a truck 트럭에서 짐을 내리다 / lift a child over a ditch 아이를 안아올려 도랑을 건네주다.
유의어 **lift** [힘들여] 들어올리다. **raise** lift 보다 힘은 덜 드나 수직으로 세우거나 보다 높은 위치로 옮긴다는 뜻이 있다: raise a ladder 사다리를 세우다 / raise a flag 깃발을 게양하다. cf. lift a flag 깃발을 쳐들다. **rear** raise 와 같은 뜻의 문어. **hoist** 기계·장치 따위를 써서 천천히 raise, lift 하다: hoist a sail 돛을 올리다. **heave** 불끈 힘주어 들어올리다 lift 하다: heave up a huge box 큰 상자를 힘주어 들어올리다. **boost** 밑에서 밀어 올리는 힘을 이용해서 lift 하는; 힘들이는 암시가 없는 말: boost a rocket 로켓을 쏘아 올리다. **elevate**=lift, raise; 현재로는 보통 비유적 뜻으로만 쓰는 말: be elevated to a professor 교수로 승진되다.
2 [손·머리·몸의 부분]을 올리다, 위로 향하게 하다, [탑 따위]를 치솟게 하다(…up; from). ¶ (~+옥+젠+명) lift [up] one's eyes 올려다보다, 쳐다보다 // (~+옥+젠+명) lift one's face from a book 책에서 얼굴을 들다 // The church lifts its spire. 교회의 첨탑이 높이 치솟아 있다.
3 [소리]를 높이다(…up). ¶ (~+옥+젠) lift up one's voice (or a shout, a cry) 소리를 높이다(고함지르다).
4 《때로 재귀용법》 [남]의 신분 등을 높이다, 향상시키다, 고상하게 하다. ¶ (~+옥+젠+명) lift oneself from poverty (obscurity) 가난을 일으켜서 / lift a man out of obscurity 무명인을 출세시키다 / It lifted him to national recognition. 그것으로 그는 전국적인 인정을 받았다.
5 [가격 따위]를 올리다. ¶ lift the official rice price 쌀의 공정 가격을 올리다.
6 …을 제거하다(remove); [포위 따위]를 풀다; 《군사》 포위의 목표를 바꾸다, [포화]를 거두다(cease). ¶ lift a siege 포위를 풀다 / lift the controls 규제를 풀다 // (~+옥+젠+명) lift anxiety from a person 남의 불안을 제거해 주다.
7 …을 표절하다; 《속어》 …을 훔치다(steal). ¶ lift a shop 들치기 하다 // (~+옥+젠+명) lift a passage from Milton 밀턴의 한 대목을 표절하다.
8 [감자 따위]를 파내다(dig out); [모]를 뽑다.
9 《美》 [저당물]을 찾아내다; [부채]를 지불하다(pay off). ¶ lift a mortgage 저당물을 찾아내다.
10 《골프》 [볼]을 들어올리다; 《크리켓》 [공]을 쳐 올리다.
11 [정형 수술로] [사람]의 얼굴 주름살을 없애다(펴다).
12 《여우사냥》 [사냥개]를 불러모으다.
— vi. **1** 오르다(go up); [뚜껑 따위가] 열리다. ¶ The lid won't lift. 아무리 해도 뚜껑이 열리지 않는다. **2** [구름·안개 따위가] 걷히다; [비가] 그치다. ¶ The mist lifted. 안개가 걷혔다. **3** [배가] 파도를 타다. **4** [자리·깔개 따위가] 들리다, 뒤다, 부풀어 오르다. **5** [유지 따위가] 수평선상에 떠오르다. **6** 들어 올리려 애쓰다(at…). ¶ (~+젠+명) lift at a heavy stone 무거운 돌을 들어올리려고 하다.
lift one's hand ⇨ HAND. *lift one's hat* ⇨ HAT.
lift [up] *one's hands* (or *one's heart*) 기도를 올리다.
lift up one's head ⇨ HEAD.
lift up one's heel against ⇨ HEEL.
lift up one's horn ⇨ HORN.
lift up one's voice ⇨ VOICE.
— n. **1** [들어]올리기; 들어올리는 힘; 들어올리는 방법; 한번에 들어올리는 양(짐); 들어올리는 거리(정도). ¶ a lift of one's eyebrows 눈썹을 찡긋 올림 / give a stone a lift 돌을 들어올리다. **2** [정신적] 고양. A glass of beer will give you a lift. 맥주 한 잔 마시면 기운이 날거야. **3** 승진, 출세. **4** [보행자를 도중에서 차에] 태우기; 거들기, 조력(help) (with…). ¶ Give me a lift, please. 차 좀 태워 주세요. ¶ give a person a lift with a job 남의 일을 거들어주다. **5** [기계·항공] 양력(揚力); 공수, **6** 기중기; [스키장의] 리프트; 《주로 英》 엘리베이터(《美》 elevator); 요리 운반용 승강기 (dumbwaiter). **7** [항해] 돛가름대를 들어올리는 맛줄. **8** [땅]의 응기. **9** [구두의] 뒤축 가죽의 1장. **10** 물건을 들치기, 절도(theft).
on the lift 《병 따위로》 쇠약해져서; 일어설 수도 없어.
lift-back [líftbæ̀k] n. 리프트백 승용차[차체 뒷면에 들어올리는 식의 문짝을 달아 짐을 실을 수 있게 설계된 차].
lift·boy [líftbòi] n. 《주로 英》 엘리베이터 보이.
lift bridge n. 승개교(昇開橋).
lift·er [líftər] n. 들어올리는 사람(기계); 《속어》 도둑, 소매치기, 들치기(shoplifter).
lift·ing body [líftiŋ-] n. 항공 겸용 우주선.
lift·man [líftmən] n. (pl. **-men** [-mən]) 《주로 英》= liftboy.
lift-off [líftɔ̀:f / -ɔ̀f] n. **1** [항공기·로켓의] 이륙, 수직 이륙, 쏘아 올리기, 발사. **2** 발사(이륙)의 순간.
lift pump n. 양수(汲水) 펌프. cf. force pump
lift truck n. 들어올리는 차, 소형 운반차.
lig·a·ment [lígəmənt] n. **1** 《해부》 인대(靭帶). **2** 유대(bond).
lig·a·men·tal [lìgəméntl] adj. =ligamentous.
lig·a·men·tous [lìgəméntəs] adj. 《해부》 인대(질)의, 인대를 형성하는.
li·gan [láigən] n. 《법률》 =lagan.
lig·ase [lágèis, -èiz / lígeis] n. 《생화학》 리가제[핵산 (核酸) 분자를 결합하는 효소].
li·gate [lágeit] vt. (**-gat·ed, -gat·ing**) …을 잡아매다; 《의학》 …을 결찰(結紮)하다 (tie up).
li·ga·tion [laigéiʃ(ə)n] n. ⓤ 잡아매기; 결찰.
lig·a·ture [lígətʃùər, -tʃər] n. **1** ⓤ 잡아매기, 연결. **2** 잡아매는 것; 《외과》 결찰사(結紮絲). **3** 유대(tie). **4** [인쇄·書法] 연자(連字) 기호[—]; [인쇄] 합자(合字), 연자(連字)[æ, fi 따위]. **5** 《음악》 연결선, 슬러(slur). — vt. (**-tured, -tur·ing**) …을 묶다, 매다(tie up); 결찰하다(ligate).
li·ger [láigər] n. 라이거[수사자와 암호랑이와의 교배에 의한 잡종]. 〔<LI[ON]+[TI]GER〕

light¹ [lait] *n.* **1** ⓤ 빛, 광선, 밝기(brightness); [눈따위의] 반짝임(in...). ¶ *light* and shade 빛과 그늘, 두드러진 대비 / the *light* of star 별빛 / a fiery *light* in her eyes 그녀의 눈의 이글거리는 빛 / in *light* 빛을 받아서 / in a good light 잘 보이는 곳에.
類語 light「빛」이라는 뜻의 가장 보통인 말. **ray** 광원에서 방사상으로 나오는 빛 중의 한 가닥; a *ray* of light through a slit in the curtain 커튼의 째진 틈에서 새어나오는 한 가닥 빛. **beam** ray 가 다발로 된 빛; the *beam* of light from a lighthouse 등대 불빛.
2 ⓤ 일광(daylight); 낮 동안(daytime); 새벽(dawn). ¶ before *light* 동트기 전에 / between the *lights* 저녁 무렵에, 황혼에 / between two *lights* 밤에 (at night), 어둠을 틈타서 / The *light* began to fail. 날이 저물기 시작했다.
3 ⓤ 밝은 데, 드러남(exposure). ¶ bring something to *light* …을 밝은데에 드러내다; 백일하에 드러내다, 폭로하다 / come to *light* 밝은 대로 나오다; 백일하에 드러나다.
4 ⓤ《고어》시각, 시력(eyesight); (~s)《속어》눈(eyes). **5** 발광체, 광원; (the ~) 태양, 천체; 등화, 램프, 등대; 등대; 등화(beacon); 교통 신호등. ¶ put out a lamp *light* 램프의 불을 끄다 / The *lights* went out. 불이 꺼졌다.
6 점화물, 성냥; [담배 따위의] 불. ¶ strike a *light* 불을 붙이다(켜다) / put (*or* set) a *light* to the fire 불을 밝히다 / Please give me a *light*. 담뱃 불 좀 빌립시다.
7 선각자, 지도자, 대가, 권위자. ¶ the *lights* of history 역사상의 대인물들.
8 ⓤ [정신적인] 광명, 계몽·(교화) [의 빛] (enlightenment); 지식(knowledge); [영적인] 빛, 영감(spiritual inspiration); [신의] 영광. ¶ a man of *light* and leading [빛이 되어 세상을 이끄는] 식자(識者) / by the *light* of nature 직감으로, 배우지 않고서의 / by the *light* of conscience 양심의 빛에서 / throw (*or* shed) *light* on (*or* upon) …의 해명에 빛을 던지다, …을 밝혀내다.
9 (~s) 정신적 능력, 재능. ¶ according to one's *lights* 자기 능력에 따라.
10 [사물의] 양상(aspect); 견해, 견지(view). ¶ in that *light* 그런 식으로 / place a matter in a good (*or* bad) *light* 일을 좋게 (나쁘게) 보이다 (보게) / see a thing in a favorable *light* 어떤 일을 유리하게 해석하다 / throw new *light* on (or upon) …의 양상(체계)을 일변시키다.
11 ⓒⓤ [해명으로 이끄는] 사실. ¶ new *lights* on (or upon) a matter 문제 해명에 도움이 되는 새로운 사실.
12 ⓤ [예술] 명암의 효과; [그림의] 가장 밝은 부분.
13 ⓤ [법률] 채광권(採光權); ⓒ 채광창, 창문, 유리 지붕.
14 (~s) [무대의] 각광(footlights). ¶ before the *lights* 무대에 서서, 각광을 받아.
get out of the light (속어) 방해하지 않도록 하다.
hide *one's light* (*or* **candle**) **under a bushel** 겸손하게 자기의 재능(아름다운 곳, 선행)을 숨기다 [←마태복음(Matt.) 5:15].
in the light of ① …에 비추어, 고려하여(considering). ¶ in the *light of* these facts 이들 사실에 비추어 보면(생각해서), ② …으로서(as), …처럼, …같이. ¶ view a person's action *in the light of* a crime 남의 행위를 범죄시하다.
in the light of *a person's* **countenance** ⇒ COUNTENANCE. 「는 것.
the light of *one's* **eyes** 가장 사랑하는 사람, 마음에 **see the light [of day]** ① 태어나다. ¶ She first *saw the light* in this room. 그녀는 이 방에서 태어났다. ② 출판되다, 발표되다(as), ¶ His works never *saw the light*. 그의 작품은 햇빛을 본 일이 없었다. ③ [반대하고 있던 일을] 이해(용인)할 수 있게 되다. ④ 기독교에 입교하다.

stand (or *get*) *in a person's light* 남 앞에 불빛을 가리고 서다, 남의 [행복(출세)의] 방해를 하다.
stand in one's own light [어리석은 짓을 하여] 스스로를 [함정에] 빠뜨리다, 자기의 평판(명성)을 손상시키다.
— *v.* (**light·ed** *or* **lit, light·ing**) (* 한정 형용사적으로 쓰는 과거 분사는 lighted가 보통) *vt.* **1** …에 점화하다, …을 밝히다; [불]을 지피다(태우다). ⇒ KINDLE
類語 ¶ a *lighted* match 불이 붙은 성냥 / *light* a candle (a cigarette) 양초(담배)에 불을 붙이다. **2** …에 불을 밝히다, …을 밝게 하다, 비추다(*up*); 불을 밝혀 …을 안내하다(...*to*). ¶ Gas lamps *lit* the streets. 가스등이 거리를 밝히고 있었다 / (~+图+圖) *light* a person *upstairs* 불을 밝혀 남을 2층으로 안내하다 / The hall was brightly *lit up*. 홀에는 불이 환하게 켜져 있었다 / The room was *lighted up* with candles. 그 방은 촛불로 밝혀져 있었다 // (~+图+前+名) *light* a person *to* a room 불을 밝혀 남을 방으로 안내하다. **3** [얼굴 등을] 환하게 하다, 밝아지게 하다(...*up*). ¶ (~+图+圖) Her face was *lit up* by a smile. 그녀의 얼굴은 미소로 밝아졌다.
— *vi.* **1** 불 (등불)이 붙다, 타다(*up*). ¶ (~+图+圖) The street *lit up*. 거리에 불이 켜졌다. **2** 밝아지다, [눈·얼굴이] 밝아지다, 반짝이다, 생동하다(*up*). ¶ (~+圖) His eyes *lit up* with joy. 그의 눈은 기쁨으로 빛났다. **3** [담배·파이프에] 불을 붙이다(*up*). ¶ (~+圖) take out a cigar and *light up* 여송연을 꺼내서 불을 붙이다.
— *adj.* (opp. dark) **1** 밝은. ¶ a *light* room 밝은 방. **2** [색깔이] 엷은, 희미한(pale). ¶ a *light* color 밝은 색 / a *light* blue 담청색(淡青色).
⇒ lighten¹ *v.*, lightsome², alight², *adj.*, lightness¹ *n.*

‡**light**² [lait] *adj.* **1** 가벼운(opp. heavy); [화폐의] 법정 중량 이하의. ¶ a *light* box 가벼운 상자 / a *light* coin 근량이 모자라는 화폐 / [as] *light* as a feather 깃털처럼 (매우) 가벼운 / give *light* weight 저울눈을 속이다 // This baggage is *light* to lift. 이 손짐은 아주 가볍다.
2 가볍게 장비한, 경장(輕裝)의, 짐이 가벼운; 경편한, ¶ a *light* cruiser 경순양함 / *light* infantry 경보병 / a *light* truck 경트럭.
3 [벌·부담 따위가] 무겁지 않은, [일 따위가] 쉬운, [병 따위가] 가벼운. ¶ *light* punishment 가벼운 벌 / a *light* task 손쉬운 일 / a *light* illness 가벼운 병.
4 [양·정도 따위가] 적은, [밀도·농도 따위가] 작은, [잠 따위가] 깊이 들지 않은, 얕은, 사소한, 경미한; 산들바람의. ¶ a *light* rain 가랑비 / a *light* haze 엷은 안개 / a *light* sleep 얕은 잠 / a *light* loss 사소한 손실 / a *light* wind 산들바람.
5 힘이 들지 않은, 부드러운; 불명료한. ¶ a *light* push 살짝 밀기 / His writing is always very *light*. 그의 글씨는 언제나 명료하지 않다.
6 [음식이] 담백한, 소화가 잘 되는, 부담을 안 주는; [음료가] 알코올 성분이 적은. ¶ a *light* meal 담백한 식사 / *light* beer 약한 맥주.
7 현기증이 나는, 어질어질한(dizzy). ¶ be *light* in the head 현기증이 나다.
8 스폰지 모양의(spongy); [토양이] 푸석푸석한. ¶ *light* bread 부픈 빵 / *light* soil 푸석푸석한 땅.
9 [책의 내용 따위가] 가볍게 읽을 수 있는, 부담스럽지 않은(not serious); 재치있는. ¶ *light* reading 가벼운 읽을거리 / a *light* jest 재치있는 익살(농담).
10 [여자가] 엉덩이가 가벼운, 바람기 있는(wanton); 경솔한, 경박한; 즉흥적인(fickle), [마음이] 변하기 쉬운. ¶ a *light* woman 바람기 있는 여자 / *light* conduct 경솔한 행위 / a *light* man 변덕쟁이. 「한.
11 [모습·모양이] 우아한, 날씬한(delicate), 호리호리 **12** 쾌활한; 들뜬; 걱정이 없는(carefree) (*of*...). ¶ *light* laugh 태평스러운 웃음 / with a *light* heart 쾌활한

게; 속 편하게 // be *light of* heart 걱정이 없다, 쾌활하다.
13 잽싼, 민첩한(nimble); 경쾌한, 가벼운(*of*, *on*...). ¶ *light* footsteps 가벼운 발걸음 // be *light of* foot; be *light on* one's feet 발이 빠르다(가볍다).
14 〔음성〕 강세(악센트)가 없는, 약음(弱音)의, 가벼운.
15 〔카드놀이〕 〔포커에서〕 판돈을 빚지고 있는.
have a light hand (or ***a light touch***) 손끝이 날렵하다, 손재주가 있다.
light in hand 다루기 쉬운.
light of finger[s] 손버릇이 나쁜 (light-fingered).
make light of …을 가볍게 여기다, 경시하다, 얕보다, 깔보다.
— *adv.* 가볍게, 경쾌하게(lightly); 가벼운 차림으로; 용이하게(easily); 얕게. ¶ I travel *light* 가벼운 차림으로 여행하다 / sleep *light* 선잠을 자다 / get off *light* 〔구어〕 가벼운 벌로 그치다 / *Light come, light go.* 《속담》 쉬 번 돈은 쉬 달아난다.
◇ **líghten**² *v.*, **líghtsome**¹ *adj.*, **líghtly** *adv.*, **líghtness**²

light³ [lait] *v.* (**líght·ed** or **lit, líght·ing**) *vi.* **1** 〔방언〕 〔말·탈것에서〕 내리다(*down*). 〔*down*〕 from one's horse 말에서 내리다. **2** 〔새가〕 내려앉다(*on, upon*...). **3** 우연히 찾아내다(마주치다); 일어나다(*on, upon*...). 〔~ + 前 + 图〕 *light on* a clue 우연히 단서를 찾아내다. **4** 〔불행 따위가〕 닥치다(*on, upon*...).
— *vt.* 〔항해〕 밧줄 따위를 끌어당기다.
light into 〔구어〕 …을 공격하다, 비난하다.
light on *one's feet* (or *one's legs*) 〔떨어졌을 때 따위, 넘어지지 않고〕 두 다리로 서다; 운이 좋다, 잘 해내다.
light out 《속어》 갑자기 떠나다, 도망치다.
líght adaptátion *n.* [U] 어두운 곳에서 밝은 곳으로 나왔을 때의 눈의〕 명순응(明順應). *cf.* dark adaptation
líght áir *n.* 〔기상〕 실바람〔시속 1-3마일의 바람〕.
líght-armed [láitá:rmd] *adj.* 〔군대가〕 경장비의.
líght artíllery *n.* 〔군사〕 경포(輕砲) 〔미군은 구경 105밀리 이하〕.
líght bómber *n.* 〔군사〕 경폭격기 〔총중량 10만 파운드 미만〕.
líght bréeze *n.* 〔기상〕 남실바람〔시속 4-7마일의 바람〕.
líght búlb *n.* 백열 전구. 〔람〕.
líght-day [láitdèi] *n.* 〔천문〕 광일(光日) 〔1광년 (light-year)의 1일에 상당〕.
líght dúe (dúty) *n.* 등대세(燈臺稅).
líght·ed pén [láitid-] *n.* 소형 전구 부착 펜.
‡**líght·en**¹ [láitn] *vt.* **1** …을 밝게 하다, 비추다(illuminate). **2** …의 색깔(음영)을 엷게 하다. **3** …을 밝히다. **4** 〔얼굴·눈 따위의〕 표정을 밝게 하다(up하다).
— *vi.* **1** 밝아지다. **2** 〔고어〕 빛나다, 반짝이다. **3** 환해지다. **4** 번갯불이 번득이다. * it 는 주어로서 비인칭적으로 쓴다. ¶ It *lightened.* 번갯불이 번쩍했다.
‡**líght·en**² [láitn] *vt.* **1** 〔배·뱃짐 따위를〕 가볍게 하다. ¶ *lighten* a ship 뱃짐을 가볍게 하다. **2** 〔부담·고통·걱정 따위를〕 경감하다. ¶ *lighten* taxes 세금을 경감하다. **3** …을 기쁘게 하다, 활기띠게 하다.
— *vi.* **1** 〔짐이〕 가벼워지다. **2** 〔기분·마음이〕 편해지다.
líght·en·er [láitnər] *n.* 밝히는 사람(것).
*light·er¹ [láitər] *n.* **1** 점등(점화)하는 사람, 인부. **2** 점등(점화)기, 라이터. **3** 불 붙이는 것, 관솔.
líght·er² [láitər] *n.* 거룻배. — *vt.* 〔거룻배로〕 …을 운반하다.
líght·er·age [láitəridʒ] *n.* [U] 거룻배 운반(료).
líght·er·man [láitərmən] *n.* (*pl.* **-men** [-mən]) 거룻배의 사공.
líght·er-than-áir [láitərðənéər] *adj.* 〔항공〕 〔비행선·기구 따위의〕 공기보다 가벼운; 비행선(기구)의.
líght-face [láitfèis] *n.* [U] 〔인쇄〕 획이 가는 활자. *cf.* boldface
líght-fáced [láitfèist] *adj.* 〔인쇄〕 획이 가는.
líght-fást [láitfæst / -fá:st] *adj.* 햇볕을 쬐어도 영향을 받지 않는.
líght-fín·gered [láitfíŋɡərd] *adj.* **1** 손끝이 날렵한, 손재주가 있는. **2** 손버릇이 나쁜(thievish).
líght-fóot [láitfùt] *adj.* = light-footed.
líght-fóot·ed [láitfútid] *adj.* 발이 빠른; 민첩한(nimble). ~·ly *adv.* ~·ness *n.*
líght-hánd·ed [láithǽndid] *adj.* **1** 손끝이 날렵한, 손재주가 있는. **2** 손에 든 것이 적은. **3** 손이 모자라는(short-handed). ~·ly *adv.* ~·ness *n.*
líght-héad·ed [láithédid] *adj.* **1** 변덕스러운, 경솔한, 생각이 가벼운. **2** 현기증나는, 어쩔어쩔한(giddy). ~·ly *adv.* ~·ness *n.*
líght-héart·ed [láithá:rtid] *adj.* 근심이 없는(carefree), 속편한; 즐거운(gay); 유쾌한. ~·ly *adv.* ~·ness *n.*
líght héavyweight *n.* 〔복싱·레슬링·역도의〕 라이트 헤비급 선수.
líght-hórse·man [láithó:rsmən] *n.* (*pl.* **-men** [-mən]) 경기병. 〔대.
‡**líght·house** [láithàus] *n.* (*pl.* **-hous·es** [-hàuziz]) 등
líghthòuse kèeper *n.* 등대지기.
líght hòusekèeping *n.* 《미속어》 동서(同棲) 생활.
líght índustries *n. pl.* 경공업. *cf.* heavy industries
***líght·ing** [láitiŋ] *n.* [U] **1** 점화, 점등. **2** 조명(법). **3** 〔조명 효과에 의한〕 명암.
líght·ish¹ [láitiʃ] *adj.* 〔색〕 약간 밝은.
líght·ish² [láitiʃ] *adj.* 〔무게가〕 약간 가벼운.
líght-légged [láitlègd] *adj.* 걸음이 빠른.
líght·less [láitlis] *adj.* 빛이 없는, 어두운; 빛을 발하지 않는. ~·ness *n.*
‡**líght·ly** [láitli] *adv.* **1** 가볍게, 살며시(softly). ¶ put a dish *lightly* on the table 접시를 테이블 위에 살짝 올려놓다. **2** 조금, 선선히. **3** 쉬이하게(easily). ¶ *Lightly come, lightly go.* 《속담》 쉬 번 돈은 쉬 달아난다. **4** 즐겁게, 쾌활하게(gayly). **5** 경솔하게, 경박하게. ¶ behave *lightly* 경솔하게 행동하다. **6** 〔종종 부정문으로〕 으스대지 않고서. **7** 민첩하게, 잽싸게(quickly). **8** 냉담하여. **9** 〔거의〕 처벌되지 않고서.
líght métal *n.* 경금속〔비중 4 이하〕. 〔meter〕.
líght méter *n.* 〔카메라의〕 노출계 (exposure
líght míddleweight *n.* 라이트미들급 권투선수 〔67~71kg급〕. — *adj.* 라이트미들급의.
líght-mínd·ed [láitmáindid] *adj.* 경박한, 사려가 없는(frivolous), 경솔한(thoughtless). ~·ly *adv.* ~·ness *n.*
líght-mónth [láitmʌ̀nθ] *n.* 광월(光月) 〔빛이 1개월
líght músic *n.* 경음악. 에 나가는 거리〕.
líght·ness¹ [láitnis] *n.* [U] **1** 밝음, 밝기(brightness). ¶ the *lightness* of the sky 하늘의 밝음. **2** 〔색이〕 엷음, 엷은 색채.
líght·ness² [láitnis] *n.* **1** 가벼움. **2** 경쾌함, 민첩(nimbleness). **3** 명랑함, 쾌활(gaiety). **4** 성가시지 않음, 편함. **5** 경박함, 경솔(flippancy); 불성실; 품행이 좋지 않음.
‡**líght·ning** [láitniŋ] *n.* [U] 전광(電光), 번갯불, 번개. ¶ forked (or chain[ed]) *lightning* 분지(分枝)(굴절) 전광 / zigzag *lightning* 절곡전(折曲電) / a flash of *lightning* 전광 〔번득임〕 / The tree was struck by *lightning.* 그 나무에 벼락이 떨어졌다.
like [*greased*] *lightning* 번개처럼, 굉장히 빠르게.
— *vi.* 〔종종 비인칭의 it 를 주어로 하여〕 전광을 내다, 번개치다. ¶ It began to *lightning.* 번개치기 시작했다.
— *adj.* 전광같은; 전광석화의; 굉장히 빠른, 전격적인. ¶ a *lightning* strike 기습 파업 / a *lightning* war 전격전 / with *lightning* speed 전광석화(번개)처럼 빠르게, 순식간에.

líghtning arréster n. 〔전기〕 피뢰침.
líghtning bùg n. 반디(firefly).
líghtning condúctor n. 피뢰침의 도선(導線).
líghtning ròd n. 1 낙뢰, 벼락. 2 전격 파업.
líghtning stríke n. 1 낙뢰, 벼락. 2 전격 파업.
líghtning wàr n. 전격전.
líght òil n. 〔輕油〕.
líght-o'-lòve [láitəlÀv] n. 바람둥이 여자; 매춘부.
líght ópera n. 경가극, 오페레타(operetta).
líght pèn n. 〔컴퓨터〕 라이트 펜〔브라운관 위에 신호를 그려 컴퓨터에 입력하기〕.
líght plòt n. 무대 조명법.
líght pollútion n. 〔도시의 네온사인이나 야간 조명 따위의〕 광해(光害).
líght-proof [láitprù:f] adj. 광선을 통하지 않는.
líght quántum n. 〔물리〕 광자(photon).
líght ráilwày n. 경편(輕便) 철도, 협궤(狹軌) 철도.
líghts [laits] n. pl. 〔특히 양·돼지 따위의〕 허파, 폐.
líght·shìp [láit·ʃìp] n. 등대선.
líght shòw n. 슬라이드나 빛에 의한 전위 예술 표현.
líght-skìrts [láit·skə̀:rts] n. pl. 〔단수 취급〕 몸가짐이 헤픈 여자, 바람둥이 여자.
líght·some¹ [láit·səm] adj. 1 우아한, 얌전한(graceful); 경쾌한(nimble). 2 즐거운, 쾌활한(gay). 3 경박한, 변덕스러운. **~·ly** adv. **~·ness** n.
líght·some² [láit·səm] adj. 1 빛을 내는, 반짝이는. 2 조명이 잘된, 밝은(bright). **~·ly** adv. **~·ness** n.
líghts óut n. ⓤ 〔군대〕 소등 나팔[시간].
líght-strùck [láit·strÀk] adj. 〔사진〕 〔필름 따위〕 광선을 쬔, 빛이 닿아 못쓰게 된.
líght tòwer n. 등대(lighthouse).
líght trácer n. 예광탄(曳光彈).
líght tràp n. 1 유아등(誘蛾燈). 2 〔커튼·도어 따위의 암실의〕 차광 장치, 〔암실로 통하는〕 차광된 통로.
líght wáter n. ⓤ 〔중수(重水)에 대하여〕 보통의 물.
líght wáter (núclear) reáctor n. 〔원자력〕 경수로(輕水爐), 경수형 원자로.
líght wàve n. 〔光學〕 광파(光波).
líght-wèek [láitwì:k] n. 광주(光週)〔빛이 1주간에 나가는 거리〕.
líght·wèight [láitwèit] adj. 1 경량의; 표준 이하의; 라이트급의. 2 보잘것없는, 쓸모없는. ── n. 1 표준 중량 이하인 사람. 2 〔구어〕 보잘것없는 사람; 쓸모없는 사람. 3 〔복싱·레슬링·역도〕 라이트급 선수.
líght wélterweight n. 라이트웰터급의 권투선수〔아마튜어의 60~63.5kg〕. ── adj. 라이트웰터급의.
líght·wòod [láitwùd] n. ⓤ 〔美남부〕 불쏘시개용 나무, 진이 많은 소나무 목재.
líght-yèar [láitjə̀r] n. 〔천문〕 광년(光年)〔빛이 1년에 나가는 거리. 1광년은 약 9조 4670억 킬로미터〕; 略 lt-yr〕.
lign- ⇒ LIGNI-.
líg·nè·ous [lígniəs] adj. 나무 같은, 목질의.
ligni- wood의 뜻의 연결형 (* 모음 앞에서는 lign-을 쓴다). 예: lignify, lignin.
líg·ni·fi·cá·tion [lìgnəfikéiʃ(ə)n] n. ⓤ 목질화하다.
líg·ni·fy [lígnəfài] vt., vi. (-fied, -fy·ing) 목질화하다.
líg·nin [lígnin] n. ⓤ 〔식물〕 목질소(木質素), 리그닌.
líg·nite [lígnait] n. ⓤ 〔광물〕 갈탄.
líg·nit·ic [lignítik] adj. 〔鑛〕 갈탄의.
líg·nose [lígnous] n. 〔화학〕 목질소(木質素).
líg·num ví·tae [lígnəm váiti] n. 〔열대 아메리카산〕 유창목(癒瘡木); ⓤ 그 목재. 〔<L〕
líg·u·late [lígjulèit, -lit / -lit] adj. 〔식물〕 1 혀 모양의 작은 꽃이 있는, 설상화(舌狀花)가 있는. 2 〔화관(花冠) 따위의〕 혀 모양의(strap-shaped).
líg·ule [lígju:l] n. 〔식물〕 엽설(葉舌), 설상편; 혀 모양의 화관(花冠).
lík·a·ble, **like-** [láikəbl] adj. 마음에 드는, 호감이 가는. **~·ness** n.

‡like¹ [laik] adj. (**more like**, **most like** or 〔드물게·詩〕 **lík·er**, **lík·est**) (* 종종 목적어를 동반하는데, 그럴 때는 전치사로도 간주된다) 1 …을 닮은(resembling), …과 같은; 서로 닮은. ¶ eyes like stars 별처럼 빛나는 눈 / He is just like his father. 그는 아버지를 꼭 닮았다 / The two sisters are very like each other. 그 자매는 서로 아주 닮았다 / They are as like as two peas. 그들은 쌍둥이처럼 닮았다 / No two sisters are more like. 그 녀들만큼 닮은 자매는 없다 / His house is like a barn. 그의 집은 마치 헛간과도 같다 / Do it like this. 이렇게 하여라 / What does it sound like? 그것은 어떻게 (무엇처럼) 들리느냐? / What is he like? 그는 어떤 사람이냐? / drink like a fish 술을 물마시듯 하다 / He was sleeping like a log. 그는 죽은 듯이 잠들어 있었다 / He is liker to God than man. 그는 인간이라기보다 오히려 신에 가깝다 (* 비교급의 경우는 전치사를 동반하는 수가 있다) / There's no place like home. 〈속담〉 내 집보다 나은 곳은 아무 데도 없다 / Like father, like son. 〈속담〉 그 아버지에 그 자식, 부전 자전 / Like master, like man. 〈속담〉 그 상전에 그 종.
2 …의 특징을 나타내는, 과연 …다운. ¶ That's just like him. 그것은 과연 그다운 짓이다 / It's just like him to do such a thing. 그런 일(짓)을 하다니 과연 그 사람답다.
3 마찬가지의, 유사한(similar); 동일한(equal); 〔실물·제재(題材) 따위의〕 비슷한(alike). ¶ a like instance 비슷한 예 / a like sum 같은 액수 / in like manner 〔고어〕 마찬가지로 / a cup of sugar and a like amount of flour 한 컵의 설탕과 같은 양의 밀가루 / The finished portrait is very like. 완성된 그 초상화는 꼭 닮았다.
4 〔고어·방언〕 아마(likely).
5 〔고어·속어〕 거의 …할 듯한. ¶ The noise is like to drive me crazy. 소음 때문에 미칠 것 같다.
anything like ⇒ ANYTHING. **feel like** ⇒ FEEL.
look like ① …할 것 같다. ¶ It looks like rain (or raining). 비가 올 것 같다. ② …인 것처럼 보이다. ¶ It looks like gold. 그것은 금처럼 보인다.
nothing like ① …에 미치는 것이 없다. ¶ There is nothing like doing so. 그렇게 하는 것이 상책이다. ② 조금도 …답지 않다.
nothing like as good 견줄 만한 것이 없는. ¶ His performance is nothing like as good. 그의 연주에는 아무도 따르지 못한다.
something like ⇒ SOMETHING.
What is ... like? 〔사람·사물은〕 어때? ¶ What's your new school like? 새 학교는 어때?
── adv. (* 형용사와 마찬가지, 뒤에 목적격의 말이 올 경우에는 전치사로도 간주된다) 1 …와 똑같이, …와 동일하게; 같은만큼. 2 〔구어〕 아마, 십중팔구 (probably). ⇒ like enough. 3 〔문어의 말미에 붙여서〕 〔방언·속어〕 a) 말하자면, 마치(as it were). b) 어느 정도까지; 다소간에. ¶ He seemed angry like. 그는 마치 화난 것처럼 보였다. 4 〔문장 첫머리나 구 사이 또는 문장 끝에 붙여서〕 〔美속어〕 말하자면, 이를테면, 마치… (* 거의 의미가 없으며, 하던 말을 이을 때 접속사처럼 쓰인다). ¶ Like I dig it. 알 것 같군.
[as] like as not 〔구어〕 아마, 십중팔구.
like anything (or **blazes**, **crazy**, **the devil**, **mad**, **fun**) 〔구어〕 몹시, 맹렬히, 지독히; 매우. ¶ swear like anything 심하게 욕설을 퍼붓다.
like as ... 〔고어〕 마치 …처럼(마치 같이) (just as).
like so many 동수의 …처럼, 마치 …〔인 것〕처럼. ¶ They were working like so many ants. 그들은 마치 개미처럼 일하고 있었다.
very like; like enough 〔삽입적〕 아마도. ¶ Like enough it will rain. 아마 비가 올 것 같다.
── conj. 〔구어〕 …와 똑같이(as); 〔美〕 마치 …처럼(as if). ¶ I can not do it like you do. 나는 너처럼은 할 수

없다 / It looks *like* she means to go. 그녀는 갈 작정인 것 같다.
— **Usage** 접속사로서 as 와 같은 뜻으로 쓰는 것은 올바른 용법이 아니며, 구어 또는 비어(卑語)로 간주되어 왔으나, 현재는 상당히 일반적으로 쓰이고, 특히 《美》에서는 접속사로 흔히 쓰는 추세에 있다.
— *prep.* …처럼, …과 마찬가지로; …인 듯이; …과 같은 정도로. ⇨ *adj., adv.*
— *n.* 1 비슷한 것(닮은 사람(것), 동류. ¶ the *like* of it 그 같은 것. 2 필적하는 것, 동등한 것 (* 보통 대명사의 소유격 또는 the 뒤에 온다). ¶ We shall not see his *like* again. 그 같은 사람은 두번 다시 볼 수 없을 것이다 / Mix with your *likes*. 비슷한 사람과 어울려라 / *Like* attracts *like*. 《속담》 유유상종(類類相從) / *Like* cures *like*. 《속담》 독은 독으로 푼다.
and the like 그밖에 같은 것, 기타 등등(* 격식적인 말투). ¶ wheat, oats *and the like* 밀·귀리 등등.
or the like 또는 그와 비슷한 것, 기타.
the likes of 《구어》…과 같은 사람들. ¶ the *likes* of me 나 같은 사람들 / the *likes of* you 당신같이 훌륭한 사람 ◇ lĩkely *adj.*, lĩken *v.*, lĩkewise *adv.* 「람.
‡**like**² [laik] *v.* (**liked, lik·ing**) *vt.* 1 …을 좋아하다, 마음에 들다. ¶ I *like* it best of all my suits. 내 수트(양복) 중에서 그것이 제일 마음에 든다 / I *like* that. [시비조로] 야, 이거 재미나는데 / Which do you *like* better, tea or coffee? 홍차와 커피 중 어느 쪽을 좋아합니까? 2 …을 바라다, 탐내다. …하고 싶다 (* 보통 앞에 would, should 를 붙인다). ¶ (~+ *ing*)(~+ *to* do) He *likes* smoking (or to smoke). 그는 담배를 좋아한다 / I would *like to* see it. 그것을 보고 싶은데요 / I should *like to* see you again. 또 다시 만나고 싶군요 / Would you *like to* see it ? 그것을 보고 싶습니까? (* would like to 와 should like to 에 관하여는 should 를 참조) / (~+ 目+ *to* do) I would *like* you *to* go there. 네가 그곳에 가주었으면 좋겠다 / (~+目+[*to be*]補]) I *like* my tea hot. 내 차는 따끈하게 해주었으면 좋겠다 / I don't *like* it too sweet. 나는 너무 단 것은 좋아하지 않는다.
— **Usage** 'like+to 부정사'와 'like+동명사' ─ like 는 부정사, 동명사를 둘 다 목적어로 하나, 일반적으로 부정사는, 일반적인 일을 가리켜, 그러나 「습관」의 뜻을 지니는 일이 많다: I *like* to go for a walk early in the morning. (*cf.* I *like* going for a walk early in the morning. (산책이라면 이른 아침이 좋다)는 뜻을 갖는다.) 또 I don't like to smoke. (지금은) 담배를 피우고 싶지 않다)와 I don't like smoking. (나는 담배를 좋아하지 않는다)의 차이에도 주의. 영어에서는 대체로 'like+to 부정사'보다도 'like+동명사'가 많이 쓰이는 것 같다. 그리고, would 와 should 는 그 뒤에 'like+to 부정사'를 동반하고, 'like+동명사'가 동반하지 않는 데 주의. ⇨ SHOULD.
3 [지방(地方)·음식 등이] [건강]에 적합하다, 맞다 (suit); [색·복장 따위가] …에 어울리다. ¶ Mackerel does not *like* me. 고등어는 내 몸에 맞지 않는다.
— *vi.* 좋아하다, 바라다. ¶ Go wherever (whenever) you *like*. 어디든지(언제든지) 가고 싶은 대로(때) 가거라.
as you like [*it*] 뜻대로, 마음이 내키는 대로.
How do you like…? ① …은 어떻습니까? ② …은 어떻게 해 드릴까요? ¶ *How do you like* your shrimp? 새우는 어떻게 해드릴까요?
if you like ① 그렇게 하고 싶다면, ¶ You will come *if you like*. 그렇다면 와주십시오. ② 그렇게 말한다면, …이라고도 말할 수 있을 듯한. ¶ He is a poet *if you like*. 그를 시인이라 부르겠다면 그래도 좋다.
like for 《美구어》…이. ¶ He would *like for* you to sing. 그는 네가 노래부르기를 원하는 것이겠지.
What do you like? 뭘로 할까요?. 뭘 드시겠습니까요?
¶ *What do you like* for dinner? 저녁은 뭘로 할까요?

— *n.* (보통 ~s) 취미, 취향; 기호(preference). ¶ *likes* and dislikes 좋고 싫어함.
-like *suf.* 명사에 붙어 like¹ (…과 같은, …비슷한, …에 맞는)의 뜻의 형용사를 만든다 (* -ll 로 끝나는 명사에 붙일 때는 -의 필요). 예: child*like*; ball-*like*.
like·a·ble [láikəbl] *adj.* = likable.
*****like·li·hood** [láiklihùd] *n.* [U] 1 있음직함, 가망, 가능성(probability). ¶ in all *likelihood* 아마, 십중팔구 / There is a strong *likelihood* of his appearing. 그가 나타날 가능성은 크다. 2 《주로 英》유망함(promise).
like·li·ness [láiklinis] *n.* =likelihood.
‡**like·ly** [láikli] *adj.* (-**li·er, -li·est**) 1 (주로 서술용법) (보통 부정사를 동반하여) 할 것 같은, 있음직한 [APT (Usage) ¶ The president is *likely* to resign. 대통령은 사임할 것 같다 / He is *likely* to succeed. =It is *likely that* he will succeed. 그는 성공할 것 같다. * that 節을 동반할 경우에는 it 가 주어.
[題義] **likely** 어떤 일의 실현성이 상당히 큰, **possible** 어떤 일의 실현성이 아주 없는 것은 아닌, **probable** 절대적인 증거는 없으나 어떤 일의 실현을 믿을 만한 충분한 사정이 있는: His success is *likely* (*possible, probable*). 그는 성공할 것 같다(성공 못할 것도 없다. 성공은 거의 틀림없다).
2 [진실·사실처럼] 생각되는, 있을 법한, 그럴싸한 (credible, probable). ¶ That's a *likely* story. 그것은 있을 법한 이야기이다. ¶ 《종종 반어로서》설마. 3 알맞은, 안성맞춤인. ¶ a *likely* man for the job 그 일에 안성맞춤인 사나이 / a *likely* spot to build a house on 집을 짓기에 알맞은 장소 / call at every *likely* house 마음에 집히는 집을 모조리 찾다. 4 유망한, 가망이 있는 (promising). ¶ a *likely* young fellow 전도 유망한 젊은이. 5 《美》남을 끄는 것, 어쨌든.
— *adv.* 《구어》 아마. ¶ I shall *very likely* see you again. 꼭 다시 만나게 될 것입니다.
as likely as not 어쩌면 …일지도 모른다, 아마 …일 것이다. ¶ He knows nothing about it *as likely as not*. 그는 아마도 그 일을 전혀 모르고 있는 것이리라.
likely enough 아마도, 십중팔구.
Not [bloody] likely! 《구어》 ① 천만에! (* 강한 부정), ② 그럴 리 없어!
◇ like *adj.*, lĩkelihood *n.*
like-mind·ed [láikmáindid] *adj.* 동지의, 같은 의견 (목적, 취미)을 가진, ~**·ly** *adv.* ~**·ness** *n.* [(…to).
lik·en [láik(ə)n] *vt.* …을 [**·to**]에 비유하다, 닮게 하다
‡**like·ness** [láiknis] *n.* 1 화상(畵像), 닮은 얼굴, 초상 (portrait), 사진(photograph), 꼭 닮은 것(사진). ¶ a living *likeness* 빼쏜 듯이 닮은 것(사람) / take a person's *likeness* 남의 사진(초상화) 을 찍다(그리다). 2 [U] 외관, 겉보기(guise). ¶ assume the *likeness* of a lady 귀부인을 가장하다. 3 [U] 닮기, 유사(resemblance) (between, to…). ¶ the boy's *likeness* to his father 그 소년이 아버지를 닮은 것 / I cannot see much *likeness between* them. 그(것)들은 별로 닮은 데가 없습니다.
[題義] **likeness** 외견·성질 따위의 크게 닮음: physical (mental) *likeness* 신체(정신)적으로 크게 닮음. **similarity** 외견상 약간 닮음: a *similarity* in tastes 취미가 약간 닮은 점. **resemblance** 외견상·표면적인 닮음: a strong *resemblance* between the twins 쌍둥이의 용모가 닮은 것. **analogy** 근본적으로는 전혀 다른 사물에서 볼 수 있는 유사한 관계: an *analogy* between life and a journey 인생과 여행의 유사성. 「brand-new
like-new [làikn(j)ú:, -nju:] *adj.* 신품과 다름없는, ‡**like·wise** [láikwàiz] *adv.* 1 그 위에, 그밖에, 게다가 (moreover), …도 또한(too). 2 마찬가지로(similarly). ◇ like *v.*
li·kin [lí:kí:n] *n.* [U] 《중국》이금세(釐金稅) 《옛날에 시행되었던 현내(縣內) 운반세》.
*****lik·ing** [láikiŋ] *n.* [U][C] 취향, 기호(taste), 성향(inclination); 취미, 낙(*for…*). ¶ to one's *liking* 마음에 들

어 / Is it to your *liking*? 취미에 맞습니까? // have a *liking for* …을 좋아하다.

lil [lil] 《略》《美俗》= little.

***li·lac** [láilək] n. **1** 라일락, 리라. **2** ⓤ 열은 자색, 라일락 색. — *adj.* 라일락 색의.

li·la·ceous [lailéiʃəs] *adj.* 라일락 색의.

li·las [lilɑ́ː] n. ⓤ 라일락 색, 열은 자색. [<F]

lil·i·a·ceous [lìliéiʃəs] *adj.* 나리(백합)의(같은);〔식물〕백합과(科)의.

lil·ied [lílid] *adj.* **1** 나리(백합)가 많은, 나리(백합)로 장식된. **2** 《고어》나리(백합)와 같은(lilylike), 나리(백합)처럼 흰.

Lil·li·put [lílipʌ̀t] n. 〔영국의 풍자 작가 Swift 작 *Gulliver's Travels* 중의〕 소인국. *cf.* Brobdingnag

Lil·li·pu·tian [lìlipjúː(ə)n / -ʃ(i)ən] *adj.* **1** 소인국 (Lilliput) 의. **2** 매우 작은. — n. **1** Lilliput 사람. **2** 소인, 난쟁이, 꼬마. *cf.* Brobdingnagian

li·lo [láilou] n. (*pl.* **-los**) 《英》〔해수욕 등에서 쓰이는〕 공기 주머니, 에어 매트〔상표명은 Lilo〕.

lilt [lilt] n. 쾌활하고 가락이 좋은 리듬(곡, 노래, 동작). — *vi.* 경쾌하게 노래부르다(움직이다). — *vt.* …을 경쾌하게 노래부르다.

‡**lil·y** [líli] n. (*pl.* **lil·ies**) **1** 나리, 백합; 나리꽃, 백합화. ¶ a Madonna *lily* 흰 백합 / a tiger *lily* 참나리. **2** 백합처럼 아름다운(깨끗한, 흰색의) 사람(것). **3** 백합을 닮은 백합과 또는 다른 과의 식물. **4** (보통 lilies) 프랑스 왕가의 문장(fleur-de-lis). **5** 〔볼링〕릴리〔5·7·10번 핀의 스플릿〕. **6** 《美》약질, 여성적인 남자. *the lilies and roses* 《비유적》미모. — *adj.* **1** 백합의, 백합처럼 흰. **2** 우아한; 맑은, 깨끗한. ◇ liliáceous *adj.*

líly ìron n. 측을 떼어다 박았다 할 수 있는 작살.

lil·y-liv·ered [lílilívərd] *adj.* 겁많은(cowardly).

líly of the válley n. (*pl.* lilies of-) 은방울꽃.

líly pàd n. 수련의 잎.

lil·y-white [líli(h)wáit] *adj.* **1** 백합처럼 흰. **2** 《美》 순결의

L.I.M. 《略》 *l*inear-*i*nduction *m*otor.

Li·ma [líːmə] n. 리마〔Peru의 수도〕.

lí·ma bèan [láimə- / líːmə-] n. 아욱콩, 리마콩〔특히 북미산(産)의 흰 강낭콩 비슷한 콩〕.

‡**limb**[1] [lim] n. **1** 〔사람·동물의〕 손(arm), 발(leg); 〔새의〕 날개(wing). ¶ the upper *limbs* 상지(上肢) / with large *limbs* 큰 수족으로 / be large of *limb* 〔사람의〕 수족이 크다 / escape with life and *limb* 몸 성히 다친 데 없이) 빠져나오다. **2** 〔나무의〕 큰 가지. ⇒ BRANCH **類語 3** 〔물건의〕 갈라져 나온 부분. ¶ four *limbs* of a cross 십자가의 네 팔 / a *limb* of a river 강의 지류 / a *limb* of a sentence 글의 일부〔구·절〕. **4** 앞잡이, 졸개;〔구어〕 장난꾸러기, 개구쟁이. ¶ a *limb* of the devil (*or* Satan) 악마의 앞잡이(개구쟁이 따위) / a *limb* of the law 〔경멸적〕 법률의 앞잡이〔변호사나 경관〕. *limb from limb* 갈기갈기. *out on a limb* 〔美구어〕《종종 go, climb을 수반하여》 위험〔불리〕한 입장에, 위험한 처지에. ¶ He is prepared to go *out on a limb*. 그는 위험한 처지에 대처할 각오가 되어 있다. — *vt.* …의 사지(날개)를 자르다(dismember), 동강강 내다;…의 가지를 치다;…을 불구로 만들다.

limb[2] [lim] n. **1** 〔천문〕〔태양·달·행성 따위의〕 언저리, 가장자리(edge). **2** 〔사분의(四分儀) 등의〕 눈금 언저리, 분도호(分度弧). **3** 〔식물〕 잎 가장자리, 엽변(葉邊).

lim·bate [límbeit] *adj.* 〔동·식물〕 〔꽃이〕 다른 색의 가장자리가 있는.

-limbed [-limd] *adj.* 《보통 복합어를 만들어》 수족(가지)이 …한. ¶ crooked-*limbed* 가지가 굽은.

lim·ber[1] [límbər] *adj.* 휘기 쉬운; 나긋나긋한, 유연한. ⇒ FLEXIBLE **類語** — *vi.* 몸을 유연하게 하다(up). ¶ The dancers were *limbering up*. 댄서들은 몸을 유연 하게 하고 있었다. — *vt.* …을 나긋나긋하게 하다(…up). — *vt.* *i.* 〔포차에〕 앞차를 매다(…up). ~**ness** n.

lim·ber[2] [límbər] 〔군사〕 n. 〔포차(砲車)의〕 앞차. — *vt., vi.* 〔포차에〕 앞차를 매다(…up).

lim·ber[3] [límbər] n. (보통 ~s) 〔항해〕〔배바닥의〕 오수(汚水)로, 오수구(汚水孔).

lim·bic [límbik] *adj.* **1** 가장자리의, 둘레의, 가의. **2** 〔의학〕〔대뇌〕번연(邊緣)〔계〕의. ¶ *limbic* system 〔대뇌〕 번연계.

limb·less [límlis] *adj.* 수족(날개, 가지)이 없는.

lim·bo [límbou] n. (*pl.* **-bos**) **1** (종종 L-) ⓤ 지옥의 변방〔지옥과 천당 사이에 있으며, 세례를 받지 않은 아이나 그리스도가 태어나기 전에 죽은 착한 사람의 넋이 죽은 뒤에 머문다고 하는 곳〕. **2** 〔사람·물건이〕 잊혀진 상태. **3** ⓤ 교도소, 감옥(prison, jail); 감금. **4** 중간 단계. **5** 림보춤〔처음처음 낮추는 막대기 밑을 몸을 뒤로 젖혀서 빠져나가는 춤〕.

límb regenerátion n. 〔생물〕 사지(四肢) 재생.

Lim·burg·er [límbəːrɡər] n. (= **Límburger chèese, Límburg chèese**) ⓤ 림버거 치즈〔벨기에의 Limburg 산 (産)의 흰 치즈〕.

lim·bus [límbəs] n. (*pl.* **-bi** [-bai])〔생물〕경계, 가장자리, 가의.

‡**lime**[1] [laim] n. ⓤ **1** 석회. ¶ caustic (*or* quick) *lime* 생석회 / slaked (*or* slack) *lime* 소(消)석회. **2** 끈끈이(birdlime). — *vt.* (**limed, lim·ing**) **1** 〔토양 따위에〕 석회를 뿌리다, …을 석회로 소독하다. 〔새〕석회수에 담그다. **2** 〔잔가지 따위에〕 끈끈이를 바르다, 〔새〕 끈끈이로 잡다;《비유적》…에게 올가미를 씌우다, 함정에 빠뜨리다. ◇ límy *adj.*

lime[2] [laim] n. **1** 라임〔열대산(産)의 레몬 비슷한 과일. 청량 음료용〕. **2** 라임 나무.

lime[3] [laim] n. = linden.

lime·ade [láimeid] n. ⓤ 라임에이드〔라임 과즙(과 juice)에 설탕·물 따위를 섞은 음료〕.

líme bùrner n. 석회 굽는 사람.

líme glàss n. ⓤ 석회 유리.

Lime·house [láimhàus] n. 영국 London의 East End 의 한 지구〔더럽기로 유명한 빈민가〕.

lime-juic·er [láimdʒùːsər] n. 《美속어》영국 수병, 영국인; 영국인(Englishman).

lime·kiln [láimkìl(n)] n. 석회 굽는 가마.

lime·light [láimlàit] n. **1** ⓤ 석회광(石灰光), 라임라이트〔옛날 무대에서 스포트라이트로 썼다〕;《주로 英》조명, 〔특히〕 스포트라이트. **2** (the ~) 세상의 주목을 받는 입장. *in the limelight* ① 〔무대에서〕 스포트라이트를 받아. ② 세상의 주목을 받아.

li·men [láimən] n. (*pl.* **li·mens, lim·i·na**) 〔심리〕 역(閾), 식역(識閾)〔의식의 한계〕.

lim·er·ick [límərik] n. 5행(行) 속요(俗謠)〔약약강조(調)의 5행으로 된 회시(戱詩). aabba 라 압운(押韻)한다〕.

*‡**líme·stone** [láimstòun] n. ⓤ 석회석, 석회암.

líme trèe n. = linden. 〔(snare).

líme twìg n. **1** 끈끈이를 바른 잔가지. **2** 올가미

lime·wash [láimwɔ̀ʃ] n., *v.* = whitewash.

lime·wa·ter [láimwɔ̀ːtər, +美 -wɑ̀t-] n. ⓤ 석회수.

lim·ey [láimi] n. 《속어》 **1** 영국 수병, 영국인(艦)〔승무원이 괴혈병 예방을 위해 라임 과즙을 마시던 데서〕. **2** 영국인. — *adj.* 영국의(British).

lim·i·nal [límin(ə)l] *adj.* 역(閾)의 (limen)의.

‡**lim·it** [límit] n. **1** 〔때·장소·능력 따위의〕 한계, 경계, 한도, 극한. ¶ the inferior (the superior) *limit* 최소(최대)한 / the age *limit* 정년. *¶ There is a *limit* to everything*. 모든 일에는 한도라는 것이 있다. **2** (~s) 〔나라·땅 따위의〕 경계선, 범위(border); 관내, 구역. ¶ outside (within) the city *limits* 시 외(시 내)에 /

within (without) the *limits* of …의 구역(범위) 안(밖)에서. **3**〔수학〕극한. ¶ *limit* value 극한치. **4**〔내기에서 한번에 거는〕최대 한도〔액〕. **5**〔증권〕지정가(指定價). ¶ buy at *limit* 지정가로 사다. **6**(the ~)〔구어〕인내의 극한. **7** That's the *limit*. 더 이상 못 참겠다.
go to any limit 무슨 일이건 하다.
off (on) limits《美》〔군인의〕출입 금지(자유) 구역.
out of all limits 무제한으로, 터무니없이.
set a limit (or limits) to …을 제한하다.
to the limit《美》극단적으로.
to the utmost limit 극도로, 극한까지.
within limits 알맞게, 지나치지 않게.
without limit 무제한으, 한없이.
— *vt.* …을 제한(하다(restrict), …에 한계를 두다; …을 범위 안에 멈추다. ¶ (~+目+前+名) *limit* one sentence *to* 15 words 한 문장을 15개 단어로 제한하다.
〖類語〗**limit** 시간·공간·범위·정도 따위에 관하여 그 앞으로 더 나갈 수 없는 한계점을 정하다: *limit* the speed of automobiles 자동차의 속도를 제한하다. **bound** 울타리·경계 안에 둘러치다: *bound* a garden by a fence 마당을 울타리로 둘러싸다. **restrict** 완전히 둘러친 경계선을 설정하여 그 안에 한정하여 자유의 뜻을 나타내는 일이 많다: We *restricted* the discussion to the legal aspect of the matter. 우리는 토론을 문제의 법률면에 압축시켰다. **confine** 일정한 범위·경계 안에 억지로 가두어 넣다: *confine* a person in his room 남을 방에 감금하다. **circumscribe** 매우 좁은 범위·경계 안에 restrict 하다: *circumscribe* the freedom of expression 표현의 자유를 엄격히 제한하다.
◇ limitátion *n.*, límitary, límitless *adj.*

lím·it·a·ble [límitəbl] *adj.* 제한할 수 있는, 규제 가능인.
lim·i·tar·y [límitèri / -təri] *adj.* **1** 제한하는, 제한적인. **2**〔고어〕제한된.
‡**lim·i·ta·tion** [lìmitéiʃ(ə)n] *n.* **1**〔U,C〕제한, 한정, 규제(restriction). ¶ a *limitation* of imports 수입 제한. **2** 한계, 한도. ¶ *limitations* of the human intellect 인지(人智)의 한계 / know one's *limitations* 자기의 한계를 알다 / Every man has his *limitations*. 어떤 사람에게나 능력의 한계가 있다. **3**〔법률〕〔특히 부동산에 관한 권리의〕기한; 〔법률 효력 등의〕기한.
◇ límit *v.*, límitative *adj.*

lim·i·ta·tive [límitèitiv / -tət-] *adj.* 제한하는; 제한적인.
‡**lim·it·ed** [límitid] *adj.* **1** 제한된, 한정된, 유한한; 좁은(narrow); 부족한(scanty). ¶ *limited* ideas 편협한 생각 / a *limited* space 좁은 장소 / *limited* resources 부족한 자원 / *limited* war 국지전. **2**〔열차·버스 따위가〕특별 급행인. ¶ a *limited* express 특별 급행〔열차〕/ a *limited* mail 특별 우편열차. **3**〔정치〕입헌의. — *n.* 《美》특별 급행 열차(버스).
~·ly *adv.* ~·ness *n.*

lím·it·ed-ác·cess híghway [límitidǽkses-] *n.* 〔출입을 제한하는 방식의〕고속도로(expressway).
lím·it·ed-as·sórt·ment stòre [límitidəsɔ́ːrtmənt-] *n.* 〔포장·장식 등을 생략하고 저렴한 값으로 판매하는〕실용 위주 상품의 가게.
límited [liabílity] cómpany *n.*《英》유한〔책임〕회사〔회사 이름 뒤에 Limited 또는 Ltd., L'd.를 붙인다; 略 incorporated).
límited edítion *n.* 〔책의〕한정판.
límited eugénics *n. pl.*《단수 취급》한정(限定) 우생학.
límited liabílity *n.* 〔주주·선주(船主) 등의〕유한 책임.
límited mónarchy *n.* 〔U〕입헌 군주 정치(政體).
límited wár *n.* 제한 전쟁, 국지전.
lím·it·er [límitər] *n.* 제한하는 사람(것).
lím·it·ing [límitiŋ] *adj.* **1** 제한(한정)하는. **2**〔문법〕

〔형용사가〕제한(한정)적인. ¶ a *limiting* adjective 제한적 형용사 〔명사를 한정하기만 하는 some, this 따위〕.
lim·it·less [límitlis] *adj.* 제한이 없는, 무기한의, 광대한. ~·ly *adv.*
límit líne *n.*《美》보행자 횡단로의 흰 선.
límit màn *n.* 〔핸디캡이 붙는 경주에서〕최대의 핸디캡이 붙는 경주자.
límit órder *n.*〔상업〕지정가 주문.
lim·i·trophe [límitròuf] *adj.* 변경의, 국경 지방의.
lím·its-to-grówth mòdel [límitstəgróu-] *n.*〔경제〕성장 한계설.
limn [lim] *vt.*《고어》**1** …에 그림을 그리다(paint). **2** …을 말로 나타내다(describe).
lim·ner [lím(n)ər / límnə] *n.* 화공, 〔특히〕초상화가.
lim·nol·o·gy [limnɔ́lədʒi / -nɔ́l-] *n.*〔U〕호소학(湖沼學), 육수학(陸水學).
lim·o [límou] *n. (pl. -os)*〔구어〕= limousine.
li·mo·nite [láimənàit] *n.*〔U〕〔광물〕갈철광(褐鐵鑛).
lim·ou·sine [líməzìːn, ˋˋˋ / líməzìːn] *n.* **1** 리무진〔3-5인승으로 운전석과 뒷좌석에 칸막이가 있는 것이 보통〕. **2** 디럭스의 대형 승용차. **3**〔공항의 〕여객 수송용 소형 버스. 〔<F hood: 프랑스의 Limousin 주에서 사용된 의장(衣裝)에서〕
límousìne líberal *n.*《美》부유한 자유주의자.
limp[1] [limp] *vi.* **1** 발을 절다, 느릿느릿 걷다. **2**〔시의〕운율(韻律)이 흐트러지다, 말이 막히다. **3** 어려움을 겪다. — *n.* **1** 절름걸이, **2**〔시의〕운율 따위의 흐트러짐.
limp[2] [limp] **1**〔물질이〕유연한, 흐늘흐늘한, 나긋나긋한. **2**〔신체가〕축 처진(weary), 호느적거리는. **3**〔성격이〕유약한. **4**〔제본〕표지가 부드러운, 얇은 지의. ~·ly *adv.* ~·ness *n.*
limp·en [límp(ə)n] *vi.* 지쳐빠지다, 기력이 없어지다. ¶ My spirits *limpened* as I waited my turn for the job interview. 나는 취직 면접 시험의 차례를 기다리는 동안에 기가 꺾이고 말았다.
lim·per [límpər] *n.* 절름발이.
lim·pet [límpit] *n.* **1** 삿갓조개 비슷한 권패(圈貝)의 총칭 〔암초 지대에 분포한다〕. **2** 달라붙어 떨어지지 않는 사람.
lim·pid [límpid] *adj.* **1**〔물·공기·마음 따위가〕맑은, 투명한. **2**〔문체 따위가〕명쾌한, 명석한.
~·ly *adv.* ~·ness *n.*
lim·pid·i·ty [limpíditi] *n.*〔U〕맑음, 투명; 명석.
limp·ing·ly [límpiŋli] *adv.* 절름거리면서.
limp·kin [límpkin] *n.* 뜸부기류의 새〔미국 Florida 주 중미·서인도 제도에 분포〕.
limp-wrist [límprìst] *adj.*《美속어》동성애의.
lim·y [láimi] *adj. (lim·i·er, lim·i·est)* **1** 석회의(와 같은), 석회질의. **2** 끈끈이를 바른, 끈끈한.
lin.《略》lineal, linear; liniment.
lin·a·ble [láinəbl], *(lineable) adj.* 일직선으로 세울 수 있는.
lin·ac [línæk] *n.*〔물리〕= linear accelerator.
lin·age [láinidʒ, *(lineage)* *n.*〔U〕〔원고·인쇄물의〕행수〔원고료의〕행수에 의한 지불.
li·nar [láinɑːr] *n.*〔천문〕라이너〔특별한 스펙트럼선을 가진 전파(電波)별〕. 〔<*lin*e *star*〕
linch·pin [líntʃpìn] *n.* **1** 차바퀴를 바퀴에 고정시키는 쐐기. **2**〔전체 중에서〕가장 중심적인 것, 중심 인물, 핵심. ¶ A *linchpin* of Canada's stability is low inflation. 캐나다 안정의 핵심적인 것은 낮은 인플레이션이다.
Lín·coln's Bírthdày [líŋkənz-] *n.* 링컨 탄생일〔2월 12일. 미국의 많은 주에서 축제일로 되어 있다〕. 〔<미국의 제16대 대통령 Abraham Lincon(1809-65)의 이름〕
Líncoln's Ínn *n.* → INN *(Inns of Court)*.
lin·co·my·cin [lìŋkəmáisin] *n.*〔U〕〔약〕린코마이신〔페니실린이 듣지 않는 세균에 유효〕.

Lincs. 《略》 Lincolnshire. [시럽 모양의 기침약.
linc·tus [líŋktəs] *n.* (*pl.* **-tuses**) 〔약〕 빨아(핥아) 먹는
lin·dane [líndein] *n.* ⓤ 〔화학〕 린덴〔살충제〕.
***lin·den** [líndən] *n.* 보리수.
‡**line**¹ [lain] *n.* **1** ¶ 〔펜 따위로 그린(그은)〕 선, 줄, 직선; 〔공구(工具) 따위로 그은〕 선, 금, 〔시구장의 출발점이나 골의〕 라인. ¶ the boldness (purity) of *line* 대담한(깨끗한)선; 강한(정확한) 운필(運筆) / a picture in *line* 선화(線畫) / *line* and color 선과 색. **2** 〔수학〕 선, 직선. ¶ a curved (straight) *line* 곡선(직선) / parallel *lines* 평행선 / a dotted *line* 점선. **3** 줄무늬(stripe), 솔기(seam); 〔음악〕 〔5선보의〕 선; 홈, 두렁. **4** 〔얼굴 따위의〕 주름(wrinkle); 〔인체 표면의〕 선. ¶ the *lines* of the palm 수상 / deep *lines* of care 근심 걱정으로 생긴 깊은 주름살. **5** 일렬로 세워진 것, 줄, 열(row); 〔美〕〔차례를 기다리는〕 사람의 열〔英〕queue). ¶ a *line* of houses 줄지어 선 집 / a *line* of trees 줄지어 선 나무. **6** a) 일행. ¶ the first line of the page 페이지의 제 1 행 / read between the *lines* 행간을 읽다, 언외(言外)의 뜻을 알아내다. b) 〔시의〕 일행, 시구(詩句)〔연(聯)〕; (~s) 시(詩). ¶ Marlowe's mighty *line* 말로의 힘찬 시구. c) (~s) 〔英〕 벌과(罰課) 〔벌로 학생에게 쓰이 라틴어의 시 따위〕. d) (보통 ~s) 〔배우의〕 대사. ¶ He forgot his *lines*. 그는 대사를 잊었다. e) 단신(短信), 일필(一筆). ¶ Drop (*or* Send) me a *line* (*or* a few *lines*). 한 줄 써 보내다오. f) (~s) 〔구어〕 결혼 허가증(marriage lines). **7** 경계〔선〕(boundary), 사이(between...); 한도, 한계(limit) (at...). ¶ go over the *line* 한도를 넘다 / know when to draw the *line* 한계선을 그을 때를 알다; (비유적) 제 분수를 알다 // a *line* between right and wrong 옳고 그름의 사이 / draw a *line* between public and private affairs 공과 사를 분명히 구분짓다. **8** (종종 ~s) 〔행위·정책 등의〕 방침, 경향. ¶ a *line* of policy 정책의 방향 / on the same *lines* 동일 방침으로 / go on wrong *lines* 방침을 그르치다 / take (*or* keep) to one's own *line* 자기의 방침을 끝까지 지키다. **9** 진로, 길(course, route); 〔연락·정보 등의〕 선(*on*...). ¶ the *line* of march 행진로 / the *line* of communication 〔군사〕 〔기지와의〕 연락선. **10** 가게, 혈통, 계열; 〔같은 시대의〕 일가 친척들, 동족(同族). ¶ the female *line* 여계(女系) / a *line* of great kings 역대의 위대한 왕들 / He perished with all his *line*. 그는 일족과 함께 멸망했다. **11** (~s) 윤곽, 외형(outline); 〔造舶〕 선체 선도(線圖). ¶ a ship of fine *lines* 홀륭한 윤곽의 배 / have good *lines* in one's face 얼굴 윤곽이 번듯하다. **12** (~s) 운명; 처지, 환경. ¶ hard *lines* 불운. **13** a) 사업, 직업(profession). ¶ What *line* of business are you in? 하시는 사업은 무엇입니까? b) 취미(tastes); 장기, 특기, 전문. ¶ Cards are in my *line*. 카드놀이가 내 장기이다 / It is not in my *line* to complain. 나는 불평하기를 좋아하는 사람은 아니다. **14** 〔선박·항공기·차량 따위의〕 수송 회사(망); 노선, 항로, 항공로. ¶ the Great Northern *Line* 〔미국의〕 그레이트 노던 철도 회사 / the Kyongbu *Line* 경부선 / the main *line* 본선 / the European *line* 유럽 항로. **15** a) 실(thread), 끈(string), 밧줄, 새끼(cord, rope); 〔美〕(~s) 고삐, 낚싯줄. ¶ a rod and *line* 낚싯대와 낚싯줄 / throw a good *line* 낚싯질에 능하다 / wet one's *line* 낚싯줄을 드리우다. c) 〔측량사·목수 따위가 쓰는〕 측선(測線) (measuring line). **16** 전신(전화)선, 전화〔접속〕. ¶ telegraph (telephone) *lines* 전신(전화)선 / *Line*'s busy. 〔美〕〔전화에서〕 통화 중이에요 /〔英〕Number's engaged.). **17** 〔TV〕 주사선(走査線) (scanning line). **18** 〔천문·지리〕 〔경선·위선 따위의 천체·지구상의〕 상적인 선, 궤도; (the ~) 적도. ¶ under the *line* 적도 바로 아래에 / cross the *line* 적도를 통과하다. **19** 〔상〕 〔상품의〕 종류, 구입품; 종류; 〔보험의〕 …형(型). ¶ the cheap *line* in hats 값싼 모자류. **20** 〔카드놀이〕〔브리지의〕 표준점. ¶ about (below) the *line* 〔브리지에서〕 표준점 이상(이하)의; 〔일반적으로〕 표준 이상(이하)의. **21** 〔군사〕 a) 전선(戰線), 전선(前線). ¶ the front *line* 전선(前線). b) 참호, 누벽(壘壁), 보루, c) 횡대(橫隊). *cf.* column ¶ draw up in *line* 횡대로 정렬하다. d) 〔합선의〕 횡대 전열(戰列), 전열함(艦). ¶ the *line* astern 〔군함의〕 종진(縱陣). e) 〔부대·보초 따위의〕 배치, 포진. ¶ the *line* abreast (ahead) 횡진(종진) / within the enemy's *line* 적진에서. f) 〔육군의〕 전투부대, 〔집합적〕 전투병과 장교(line officers). g) 정규 부대(regular forces). **22** 〔미식 축구〕 전위. 〔관. **23** 도관(導管), 파이프, 호스. ¶ a steam *line* 스팀 **24** 라인〔길이의 단위, 1인치의 12분의 1〕.
all along the line ① 전 전선에 걸쳐, 도처에서. ② 전면적으로, 모든 점에서 (entirely).
bring ... *into* [*a*] *line* ⓛ …을 일렬로 세우다, 정렬시키다. ② 을 일치시키다(*with* ...).
by [*rule and*] *line* 정확하게. 〔하다.
come into line ① 일렬로 늘어서다. ② 일치하다, 협력
down the line 〔주로 美구어〕 ① 길 저쪽(앞쪽)에; 시내 중심지에 ② 철저하게, 완전히.
draw a (*or the*) *line at* (…으로 선을 긋다; …이상은 하지 않다, 에 반대하다 〔행동〕에 한계를 두다. ¶ I *draw the line at* heavy drinking. 나는 폭음을 하지 않겠다. 〔막다른 곳.
the end of the line 〔철도의〕 종착역, 종점, 종착점,
fall into line ① …에 서다. ② […과] 행동을 함께 하다
form into line 정렬하다. 〔(*with* ...).
get a line on 〔美구어〕 …에 관한 지식을 얻다, 정보를 얻어 듣다. ¶ I've got *a line on* a house for rent. 나는 임대 주택 정보를 갖고 있다.
get into (*or in*) *line* = come into line.
give a person line enough 〔앞으로의 이익을 위해〕 얼마 동안 남을 자유롭게 두어 두다.
go up in one's *lines* 〔美〕〔배우가〕 대사를 잊다.
hit the line ① 〔미식 축구〕 공을 가지고 상대편의 라인을 돌파하려 하다. ② 대담하게 〔강경하게〕 시도하다.
hold the line ① 현상을 유지하다; 물가 따위를 안정시키다. ② 전화를 끊지 않고 기다리다. ¶ *Hold the line*, please. 끊지 말고 기다려 주십시오.
in line ① 〔군대〕 횡대로, 정렬하여. ② 〔의견이〕 일치하여. ③ 준비가 되어서, 준비하여.
in line for 〔美〕 …을 얻을 가망이 있어서, …에 입후
in line of duty 근무중에; 직무로. 〔보하여.
in line with ①… 와 일직선으로. ② 〔美〕 …와 조화되어, …에 순응하여, …에 따라.
lay it on the line 〔美속어〕 ① 돈을 지불하다 (pay). ② 분명하게 말하다, 솔직하게 말하다.
the line of beauty 〔미술〕 미(美)의 선 〔S 꼴 곡선〕.
on a line 동등하게 (하게).
on the line ① 눈 높이로. ¶ pictures hung *on the line* 〔전람회에서〕 눈 높이로 걸린 그림. ② 이도저도 아니게, 애매하게. ③ 〔속어〕 출싹거리는, 경박한.
out of line ① 정렬하지 않고. ② 일치되지 않고. ③
shoot one's line 〔속어〕 허풍을 떨다.
take a firm (*or hard, tough*) *line* …에 대해 강경책을 쓰다.
toe the line ① 〔경주에서〕 출발선에 발끝을 대고 정렬하다. ② 〔비유적〕 규율 〔명령, 습관 따위〕에 따르다(을 지키다). 〔(*up*).
— *v.* (lined, lin·ing) *vi.* 정렬하다, 일렬로 늘어서다
— *vt.* **1** …을 일렬로 세우다, 정렬시키다. ¶ (~ + 目 + 圖) The general *lined up* his troops. 장군은 부대

를 정렬시켰다. **2** …에 선을 치다(긋다);《보통 과거 분사형으로》…에 주름지게 하다. ¶ a face *lined* by age 나이가 들어 주름살이 잡힌 얼굴 / a face *lined* with care 근심 걱정으로 주름진 얼굴. **3** 〔구두·문자로〕 …의 대강을 진술하다(…*out*) (outline). **4** 〔선으로〕 …의 윤곽을 그리다〔선으로〕…에 아이 라인을 긋다(…*in, out, off*). **5** 〔가로·벽 따위를〕따라 나란히 세우다(…*with*), 〔사람·물건이〕…을 따라 늘어서 다. ¶ Cars *lined* the road for a mile. 자동차가 도로에 1마일이나 늘어섰다 // (~+目+前+名) *line* the walk *with* flowers 보도〔가를〕를 따라 꽃을 심다. **6** …을 확보하다, 예약하다(…*up*).
line out ① 〔찬송가를 따라 부르게 하기 위해〕 한 줄 먼저 읽다. ② 〔야구〕 라이너로 안타를 치다. ③ …을 연주하다. 〔노래를〕 부르다.
line through 선을 그어 …을 지우다.
line up …을 정돈 (정비)하다; …을 준비하다, …을 정렬시키다; 〔야구·축구에서〕 각자 자기 위치에 서다.
◇ líneal, línear, líneate, líny *adj.*, líneament *n.*
*line² [lain] *vt.* (líned, línïng) **1** 〔의복에〕 안감을 대다, 안을 받치다, 〔상자의〕 안을 바르다. ¶ (~+目+前+名) *line* a coat *with* silk 상의에 명주 안감을 대다. **2** …을 가득하게 하다, 채우다, …에 집어넣다. ¶ (~+目+前+名) a library *lined with* bookcases 책장이 즐비한 서재 / *line* one's pocket *with* money 《구어》 〔부정한 수단으로〕 호주머니를 불리다.
*line³ [lain] *vt.* (líned, lín·ïng) 〔수컷이〕 〔암컷에〕 대들다, 교미하다.
líne·a·ble [láinəbl] *adj.* = linable.
lín·e·age¹ [líniidʒ] *n.* ⓤ 〔보통 명문의〕 혈통, 가계, 집안; 〔집합적〕 a man of good *lineage* 가문이 좋은 사람.
líne-age² [láinidʒ] *n.* = linage.
líne ahéad *n.* 《영》〔군대의〕 종대(縱隊).
lín·e·al [líniəl] *adj.* **1** 직계의, 정통의. *cf.* collateral ¶ a *lineal* ascendant (descendant) 직계 존속(비속). **2** 조상 전래의, 조상으로부터의. **3** 선 〔상〕의(linear). ~·ly [-əli] *adv.*
lín·e·a·ment [líniəmənt] *n.* (보통 ~s) **1** 얼굴 생김새, 인상(人相); 〔신체의〕 윤곽. ¶ fine *lineaments* 단정한 용모. **2** 특징, 특수한 양상. ¶ the *lineaments* of the time 세태(世態). ◇ line *v*.
líne and staff organization *n.* 〔경영〕 직계 참모 조직〔지휘 명령 계통의 장점을 살리는 동시에 전문·기술적 지식을 통해 측면에서 라인 부문을 보좌할 수 있도록 참모 부문을 편성한 조직〕
*lín·e·ar [líniər] *adj.* **1** 선의, 직선의, 직선으로 되어 있는. ¶ a *linear* design 줄무늬. **2** 선 모양으로 뻗는, 선〔실〕 모양의. ¶ *linear* series 선 모양의 연속. **3** 길이의. ¶ *linear* measure 척도. **4** 〔수학·물리〕 1차의, 선형(線形)의. ¶ a *linear* equation 1차 방정식. **5** 〔동·식물〕 실 모양의, 선 모양의. ¶ a *linear* leaf 선형〔線形葉〕. ~·ly *adv.*
línear accélerator *n.* 〔물리〕 선형(線型) 가속기.
lín·e·ar-in·dúc·tion mótor [líniəríndʌkʃ(ə)n-] *n.* = linear motor.
línear mótor *n.* 리니어 모터 〔선형 모터〕.
línear mótor cär *n.* 리니어 모터 카 〔선형 유도 전동기(線型誘導電動機)를 추진력으로 이용한 차〕.
línear perspéctive *n.* ⓤⓒ 선투시도(線透視圖)〔법〕.
línear prógramming *n.* ⓤ 〔수학〕 선형 계획〔법〕.
lin·e·ate [líniiit, -èit], (**lin·e·at·ed** [-èitid]) *adj.* 〔특히 평행한〕 선이 있는.
lin·e·a·tion [lìniéiʃ(ə)n] *n.* ⓤ 선을 긋기, 선으로 나누기; 〔시〕 따위의〕 선상 배열; 선의 배열; 윤곽.
líne-bàck·er [láinbækər] *n.* 〔미식축구〕 라인배커 〔linemen의 바로 뒤에서 수비하는 선수〕
líne-brèed·ing [láinbrìːdiŋ] *n.* ⓤ 〔유전〕 동계교배법. *cf.* inbreeding

líned [laind] *adj.* 선(줄)을 그은(친).
líne dráwing *n.* ⓤⓒ 〔펜이나 연필 따위의〕 선화(線畫).
líne drive *n.* 〔야구〕 라이너(liner).
líne éditor *n.* 〔저자와 긴밀한 연락을 유지하며 완성된 원고를 일일이 점검하는〕 편집자.
líne engráving *n.* ⓤⓒ 선조각(線彫刻)〔화(畫)〕, 선조각법.
líne físhing *n.* 〔그물이 아니고 낚싯줄로 하는〕 낚시 〔어법(漁法)〕.
líne gráph *n.* 선 그래프, 꺾은선 그래프.
líne ítem *n.* 〔상업〕 품목명〔주문서, 송장(送狀)상에 기재된 상품명〕.
líne-ítem véto *n.* 《미》= item veto.
líne júdge *n.* 〔미식축구〕 선심(線審) 〔스크리미지 라인 부근에서의 오프사이드나 쿼터백의 패스 플레이를 감시하며 또 시간 재는 담당자도 보좌하는〕.
line·man [láinmən] *n.* (*pl.* **-men** [-mən]) **1** (= línesman) 〔전신·전화선의〕 가설공. **2** 〔측량〕 측선수 〔測線手〕. **3** 〔미식축구〕 전위.
lín·en [línin] *n.* **1** ⓤ 아마포(亞麻布), 린네르; 아마사. **2** ⓤ (~s) 린네르류. ⓤ 〔집합적〕 린네르 제품, 캘리코 제품〔특히 시트·속옷·테이블보 따위〕. **4** = linen paper.
wash one's *dirty linen at home* (*in public*) 내부(집안)의 수치를 밖으로 드러내지 않다(드러내다).
— *adj.* 린네르(제)의. ¶ a *linen* blouse 린네르제 블라우스.
línen dráper *n.* 《영》 린네르(직물) 상인.
línen páper *n.* ⓤⓒ 린네르 종이.
línen wédding *n.* 아마혼식〔결혼 12주년 기념〕.
líne-of-bát·tle [láinəvbǽtl] *n.* 〔군대·함대의〕 전열 〔戰列〕; 전열함(艦) (ship of the line).
líne ófficer *n.* 〔군대〕 전투 병과(兵科) 장교. *cf.* staff officer
líne of fórce *n.* 〔물리〕〔전장(電場)·자장(磁場) 따위의〕 역선(力線) (field line).
líne-of-síght *adj.* 〔통신〕 송수신 선이 직결된, 송수신자 간에 교신 가능한.
líne organizátion *n.* 〔경영〕 라인 조직, 직계(直系) 조직. *cf.* line and staff organization
líne-òut [láinàut] *n.* 〔럭비·야구〕 라인 아웃.
líne prínter *n.* 〔컴퓨터〕 라인 프린터, 행(行) 인자 장치(印字裝置).
*lín·er¹ [láinər] *n.* **1** 정기선, 정기 항공기. **2** 선을 긋는 사람(도구), 눈 화장용 붓. **3** 〔야구〕 라이너.
lín·er² [láinər] *n.* **1** 안감을 대는 사람. **2** 안감으로 대는 것. **3** 〔기계의 마찰 방지용의〕 덧입힌 쇠, 깔판; 〔레코드의〕 자켓.
líner pòol *n.* 간이 수영장.
lín·er-tràin [láinərtrèin] *n.* = freightliner.
líne scóre *n.* 〔야구〕〔득점·안타·에러 따위의〕 각 팀의 기록표.
líne ségment *n.* 〔수학〕 선분(線分).
líne shóot *n.* 《영속어》 제자랑.
líne shóoter *n.* 《영속어》 자랑쟁이, 허풍선이.
lines·man [láinzmən] *n.* (*pl.* **-men** [-mən]) **1** = lineman 1. **2** 〔스포츠〕 〔구기 종목의〕 선심(線審).
líne-up, líne·up [láinʌp] *n.* **1** 〔사람·물건의〕 정렬, 정렬된 사람(것). **2** 〔스포츠〕 〔축구·야구 따위에서〕 라인 업, 진용, 〔야구에서〕 타순; 〔시합 전의〕 선수의 정렬. **3** 〔공동의 목적을 가진 사람들의〕 면면, 구성. **4** 〔범인을 색출하기 위해 경찰이 줄 세워 놓은〕 용의자의 열.
líng¹ [lin] *n.* (*pl.* **líng** *or* **língs**) 〔Greenland 나 북구 근해산(産)의〕 대구류의 식용어.
líng² [liŋ] *n.* 〔식물〕 히스(heather)의 일종.
-líng¹ *suf.* 〔종종 경멸적〕 **1** small 의 뜻, 명사에 붙여 지소사(指小辭)를 만든다. 예: duck*ling*, prince*ling*. **2** 명사·형용사·부사에 붙여 one concerned with (…에 관계되는 것)의 뜻을 만든다. 예: hire*ling*,

-ling² **, -lings** *suf.* 방향·위치·상태 따위를 뜻하는 부사를 만든다. 예: dark*ling*, flat*ling*.

lin·gam [líŋɡəm], **-ga** [-ɡə] *n.* 〖힌두교의 Siva 신의 표상인〗남근상(男根像).

‡**lin·ger** [líŋɡər] *vi.* **1** 〖떠나기 싫어서〗꾸물거리다, 떠나기를 망설이다. ⇒ LOITER 類語 ¶ He *lingered* after all had gone. 모두가 떠난 뒤에도 그는 꾸물거리고 있었다. **2** 〖병 따위가〗오래가다; 〖환자가〗간신히 목숨을 부지하다, 쉽게 죽지 않다; 〖습관 따위가〗좀체 없어지지 않다; 〖겨울 따위가〗지루하게 계속되다(on). ¶ Such customs are still *lingering on*. 그같은 습관이 아직도 남아 있다. **3** 시간이 걸리다, 질질 끌다. ¶ (~+圈+图) *linger over* one's work 일을 질질 끌다. **4** 한없이 생각에 잠기다; 즐거움을 음미하다 (on, over...); [...하기를] 망설이다. ¶ (~+to do) *linger to* say good-by 좀체 작별 인사를 하려 하지 않다. **5** 어슬렁어슬렁 걷다, 어슬렁거리다, 느릿느릿 걷다 (about, around). —— *vt.* **1** 〖시간을〗빈둥빈둥 보내다 (허비하다) (...away, out). ¶ (~+图+副) *linger out* one's life 헛되이 목숨을 이어가다. **2** 〖고어〗…을 질질 끌게 하다.

lin·ge·rie [làːn(d)ʒəréi, -rí:/læ̀nʒəríː] *n.* U 〖여성의〗속옷류, 란제리. **2** 〖고어〗〖일반적으로〗린네르 제품. 〈F〉

lin·ger·ing [líŋɡ(ə)riŋ] *adj.* **1** 우물쭈물하는, 질질 끄는. ¶ a *lingering* disease 오래 가는 병 / *lingering* snow 잔설(殘雪). **2** 망설이는, 주저하는, 미련이 있는.

lin·go [líŋɡou] *n.* (pl. **~es** or **-gos**) 〖구어〗〖경멸적·익살〗뜻도 통하지 않는 말〖외국어·전문어 등〗, 개인 특유의 말, 말버릇, 귀에 익지 않은 말. ¶ seaman's *lingo* 선원 용어.

-lings *suf.* =ling².

lin·gua [líŋɡwə] *n.* (pl. **-guae** [-ɡwiː]) **1** 혀 (tongue). **2** 혀모양의 기관(器官). 〈L〉

lín·gua fránca [-fræŋkə] *n.* (pl. **~ fran·cas** or **lin·guae fran·cae** [-ɡwiː frǽnsiː]) **1** 국제 혼성어 〖pidgin English 등〗. **2** (L·F-) U 링과 프랭커어(語) 〖이탈리아어·프랑스어·그리스어·스페인어·아라비아어·터키어의 혼성어. 지중해 연안 지방에서 사용〗. **3** 국제어. 〈< It. Frankish language〉

lin·gual [líŋɡwəl] *adj.* 혀의, 설상부(舌狀部)의. **2** 언어의. **3** 〖음성〗설음(舌音)의. —— *n.* 〖음성〗설음, 설음기호〖[d, n, s, r] 따위〗. **~·ly**-ɡwəli *adv.*

Lin·gua·phone [líŋɡwəfòun] *n.* 어학 자습용 레코드, 링귀폰.

lin·gui·form [líŋɡwifɔ̀ːrm] *adj.* 혀 모양의.

lin·gui·ne [liŋɡwíːni] *n.* 〖이탈리아 요리의〗 가느다란 스파게티.

*****lin·guist** [líŋɡwist] *n.* **1** 여러 외국어에 능통한 사람. **2** 언어학자.

*****lin·guis·tic** [liŋɡwístik], (**lin·guis·ti·cal** [-tikəl]) *adj.* 언어의; 언어학의, 어학상의. ¶ *linguistic* change 언어상의 변화 / *linguistic* studies 언어 연구. **-ti·cal·ly** [-tikəli] *adv.*

linguístic geógraphy *n.* 언어 지리학 (dialect geography).

lin·guis·ti·cian [lìŋɡwistíʃ(ə)n] *n.* 《드물게》 언어학자 (linguist).

linguístic insecúrity *n.* 〖언어〗 언어적 불안 정.

*****lin·guis·tics** [liŋɡwístiks] *n. pl.* 〖단수 취급〗 언어학. ¶ historical *linguistics* 역사언어학 / descriptive *linguistics* 기술(記述)〖적〗 언어학.

lin·gu·late [líŋɡjuleit], (**lin·gu·lat·ed** [-lèitid]) *adj.* 혀 모양의, 혀꼴의.

lin·guo·cen·tric [lìŋɡwəséntrik] *adj.* 자국어 중심주의의.

lin·i·ment [línimənt] *n.* U C 도찰제(塗擦劑), 도포제.

*****lin·ing** [láiniŋ] *n.* **1** U 안감을 대기, 안감 받치기. **2** U C 안, 안감. ¶ Every cloud has a silver *lining*. 《속담》 궂은 일에도 좋은 면이 있는 법. **3** 〖지갑 따위의〗속. **4** 내장(內裝), 내면, 내층(內層). **5** U 〖제본〗 등붙이기. **6** U 〖기계〗 실린더 따위의 안쪽 붙이기; 〖기관(汽罐)의〗 기투(汽套). **7** 〖옷의〗 대는 천. **8** 《英 방언》 하의, 〖특히〗 팬츠, 속옷.

lin·ing [láiniŋ] *n.* U C **1** 정렬(整列). **2** 선으로 무늬를 긋기, 선무늬. ¶ *lining* 〖낚시질의 일종〗.

‡**link**¹ [liŋk] *n.* **1** 〖쇠사슬의〗 고리. ¶ a *link* in a chain 쇠사슬의 한 고리. **2** 연결하는 것(사람), 유대, 연줄. ⇒ BOND 類語 ¶ a *link* line 연락선 / a *link* with the past 과거와의 연결. **3** 〖편물의〗 코, 끈 구멍, 고리 모양의 것. **4** 〖사슬 모양의 소시지 따위의〗 한 토막; (~s) 사슬 모양의 소시지. **5** (~s) 커프스 단추(cuff link). ¶ a pair of coral *links* 산호의 커프스 단추. **6** 〖측량·토목〗 링크 〖100분의 1체인(chain), 7.92인치에 상당〗. **7** 〖화학〗 연쇄(連鎖)(bond). **8** 〖전기〗 가용 접해편(可鎔接解片). **9** 〖기계〗 링크, 연결봉(連桿棒). **10** 〖스코〗 〖강의〗 만곡부(bend).
—— *vt.* **1** …을 연결하다, 잇다 (... together, to, with) ⇒ JOIN 類語 ¶ (~+图+前+图) *link* the human heart with nature 사람의 마음과 자연을 잇다 / The ferryboat *links* the island to the mainland. 그 연락선은 섬과 본토를 연결하고 있다. **2** 〖손〗을 쥐다(clasp); 팔짱을 끼다 (hook) (...in, through). ¶ (~+图+前+图) *link* one's arm in (or through) another's 남과 서로 팔짱을 끼다. —— *vi.* 연결하다, 잇다, 끼다 (up, on, to ...).

link up with …와 연결 (동맹)하다.

◇ línkage *n.*, enlínk *v.*

link² [liŋk] *n.* 횃불 (torch).

link·age [líŋkidʒ] *n.* **1** 결합, 연결. **2** 〖생물〗 연관(連關); 〖유전〗 연쇄. **3** 〖기계〗 연동〖장치〗, 링크 장치. **4** 〖전기〗 연쇄. **5** 〖경영〗 연계(連繫), 링키지 〖한 사안을 다른 사안에 연계시키는 외교 전략〗.

línkage éditor *n.* 〖컴퓨터〗 연계(連繫) 편집 프로그램 〖두 개 이상의 프로그램을 결합하여 하나의 완전한 프로그램으로 편집하는 프로그램〗.

link·boy [líŋkbɔ̀i] *n.* 〖옛날의〗 횃불잡이 [위].

link·ing vérb [líŋkiŋ-] *n.* 연결 동사 〖be, seem 따위〗.

link·man [líŋkmən] *n.* (pl. **-men** [-mən]) **1** 횃불잡이. **2** 〖극장 따위에서 차를 돌보는〗 수행원. **3** 《英》 〖축구·럭비·하키의〗 센터 포워드와 백을 연결시켜 주는 선수. **4** 《英》 〖방송의〗 사회자; 중개자.

link mòtion *n.* 〖기계〗 링크 장치, 연동 장치.

links [liŋks] *n. pl.* **1** 《스코》 〖해안을 따라 기복이 있는〗 모래 언덕. **2** 〖단·복수 양용〗 골프장(場).

links·man [líŋksmən] *n.* (pl. **-men** [-mən]) 골퍼 (golfer).

Línk tráiner *n.* 〖항공〗 〖상표명〗 〖지상에서의〗 링크식 비행 연습 장치.

link·up [líŋkʌ̀p] *n.* 연결; 〖우주선의〗 도킹.

línk vérb *n.* =linking verb.

link·work [líŋkwə̀ːrk] *n.* U 사슬 세공; 연동 장치 (기구(機構)).

linn [lin] *n.* 《주로 스코》 **1** 폭포(waterfall); 용소(龍沼). **2** 험한 협곡, 절벽.

Linn. (略) Linn[a]ean.

Lin·nae·an, -ne- [liníːən / -níː(ː)ən] *adj.* 린네 (Linnaeus)의; 린네식 생물 분류법의. ¶ the *Linnaean* classification (or system) 린네식 생물 분류법. 〖< 스웨덴의 식물학자 Carolus Linnaeus(1707-78)의 이름〗

lin·net [línit] *n.* 홍방울새.

li·no [láinou] *n.* 《주로 英》=linoleum. [畵]

li·no·cut [láinoukʌ̀t] *n.* 리놀륨 판(版), 그 판화(版

*****li·no·le·um** [linóuliəm / -ljəm] *n.* U 리놀륨 〖내화성·탄성(彈性)이 있으며, 마루깔개 따위로 쓰인다〗.

Lin·o·type [láinoutàip] *n.* 〖상표명〗 라이노타이프.
—— *vt., vi.* (l-) (-typed, -typ·ing) 〖인쇄〗 …을 라이노타이프로 찍다. [공].

lin·o·typ·er [láinoutàipər] *n.* 라이노타이프 식자공.

lin·o·typ·ist [láinoutàipist] *n.* =linotyper.

lin·sang [línsæŋ] n. [동인도 제도산(產)의] 사향고양이, 마의 쥐.

lin·seed [línsiːd] n. ⓤ 아마인(亞麻仁) (flaxseed); 아마씨.

línseed cáke n. ⓤ 아마인 찌꺼기[가축의 사료].

línseed óil n. ⓤ 아마인유(油) [도료·인쇄 잉크·리놀륨 따위에 쓰인다].

lin·sey [línzi] n. = linsey-woolsey.

lin·sey-wool·sey [línziwúlzi] n. ⓤ **1** 아마(亞麻)와 모(毛)(면(綿)과 모)의 교직물. **2** [일반적으로] 뒤범벅(jumble).

lin·stock [línstɑk / -stɔ̀k] n. [역사] 도화간(導火桿) [옛날 대포의 화승(火繩)에 점화하는 데 쓰였다].

lint [lint] n. ⓤ **1** 린트 천[린네르 천을 기모 가공(起毛加工)해서 만든 부드러운 붕대, 습포용의 천]. **2** 실보무라지. **3** [조면(繰綿)한] 면화, 조면(ginned cotton).

lin·tel [líntl] n. [건축] 상인방(上引枋) [창·입구 따위의 위쪽 가로대], 상인방돌.

lin·teled, -telled [líntld] adj. 상인방(상인방돌)이 있는.

lint·er [líntər] n. **1** (~s) 린터[조면 후 아직도 씨에 붙어 있는 짧은 솜 부스러기]. **2** 린터 채취기 [직물 따위에서 린터를 떼어내는 기계], 그 기계공.

lin·y [láini] adj. (**lin·i·er, lin·i·est**) **1** 선을 그은, 선이 많은; 주름진(wrinkled). **2** 선 같은(linelike). **3** [미술] 선을 너무 많이 쓴.

‡**li·on** [láiən] n. **1** 라이온, 사자. cf. lioness(사자의 암컷), cub(사자 새끼) **2** 용맹한 사람. **3** 명사, 명물인 사람, 인기있는 사람. ¶ the lion of the day 시대의 총아. **4** (英) 명소, 명물[옛날에는 명물인 구경꾼들은 반드시 런던탑의 사자를 구경하도록 안내되었던 데서]. ¶ see (show) the lions 명소 구경을 하다 (데려가다). **5** [천문·점성술] (the L-) 사자좌(궁) (Leo). **6** [紋章] [영국의 상징으로서의] (the lion) 사자, 영국의 왕실의 문장을 떠받치는 동물]. **7** (L-) 라이온즈 클럽 (the International Association of Lions Clubs)의 회원. **8** [화폐] [사자상이 새겨져 있는 옛날] 금화.

beard the lion in his den 죽음을 걸고 대결하다, 대담하게 맞서다.

the British Lion 영국 [국민].

a lion in the way (or path) [특히 상상에 의한] 앞날의 장해 (난관) ← [잠언 (Prov.) 26 : 13].

the lion's skin 용감, 용기.

make a lion of a person 남을 대단하게 추어올리다 (극구 칭찬하다).

put (or place) one's **hand into the lion's mouth** 엄청난 짓(대모험)을 하다.

twist the lion's tail [특히 미국의 신문 기자가] 영국을 헐뜯는 글을 쓰다 (말을 하다).

◇ **léonine** adj., **líonize** n.

li·on·ess [láiənis] n. 라이온의 암컷, 암사자.

li·on·et [láiənit, -nèt] n. 새끼 사자.

li·on·heart [láiənhɑ̀ːrt] n. **1** 용맹한 사람, 담대한 사람. **2** (L-) 사자왕(영국왕 리처드 1세의 별명).

li·on·heart·ed [láiənhɑ̀ːrtid] adj. 용감한, 담대한. **~ly** adv. **~ness** n.

li·on·hood [láiənhùd], (**li·on·ship** [-ʃip]) n. ⓤ 인기인(人氣人)임, 명사(名士)임.

li·on·hunt·er [láiənhʌ̀ntər] n. **1** 특히 스포츠로서 사자 사냥꾼. **2** 인기인(명사) 꽁무니를 쫓아다니는 사람, 남의 눈을 끌기 위해 명사를 초대하기 좋아하는 사람.

li·on·i·za·tion [làiənizéiʃ(ə)n / -nai-] n. ⓤ **1** [남을] 추어올리기, 명사 취급하기. **2** (英) 명소를 안내하기.

li·on·ize [láiənàiz] (英) **li·on·ise** vt. **1** 남을 추어올리다, 명사 취급을 하다. **2** (英) [명소를] 안내하다. — vi. **1** (英) 명소를 구경하다. **2** (英) 명사의 꽁무니를 쫓아다니다.

li·on·like [láiənlàik] adj. 사자 같은 (비슷한).

Líons Clùb n. 라이온즈 클럽 [시민 정신 함양과 복지사회 건설을 위한 봉사 단체로 1917년 미국에서 창립]. [< *l*iberty, *i*ntelligence, *o*ur *n*ation's *s*afety]

Líons (Clùbs) Internátional n. 라이온즈 클럽 국제 협회[1917년 창립].

líon's shàre n. (the ~) [분배 따위에서] 가장 큰 몫, 단물. ¶ **take the lion's share** 가장 큰(좋은) 몫을 차지하다.

‡**lip** [lip] n. **1** 입술. ¶ **the upper (the lower or the under)** lip 윗 (아랫) 입술. **2** (보통 ~s) 입기관으로서의) 입술, 입(mouth). ¶ **The words escaped from my** lips. 그 말이 저절로 입 밖에 나왔다 / **My** lips are sealed. 비밀은 지키겠다. **3** (one's ~) 《속어》 건방진 (주제넘은) 말, 참견. ¶ **None of your** lip ! = **Stop your** lip ! 입 닥쳐!. **4** [공기·사발·구멍 따위의] 가장자리 (edge, rim), 귀, 부리. **5** [식물] [박하 따위의] 순형 화판 (脣形花瓣), 순판. **6** [동물] 음순(陰脣) (labium). **7** [음악] [취주 관악기의] 부는 주둥이, 순관(脣管).

bite one's **lip (or lips)** [분통·노여움·웃음 따위의 감정을 숨기기 위하여] 입술을 깨물다.

button (or seal, zip) one's **lip** 《속어》 입을 다물다.

curl one's **lips** [냉소로] 입을 삐죽이다.

hang one's **lip** [굴욕으로] 울상을 짓다.

hang on one's **lips (or words)** 남의 말을 경청하다.

keep (or carry, have) a stiff upper lip 《구어》 [어려움에 부딪쳐도] 겁내지 않다, 버티다, 꺾이지 않다.

lick one's **lips (or chops)** ⇨ CHOP³. [표정].

make [up] a lip 입술을 부루퉁하게 하다 [불평·모멸의

pass (or escape) one's **lips** [말이] 저도 모르게 입에서 튀어나오다; [음식이] 입으로 들어가다.

put (or lay) one's **finger to** one's **lips** 입술에 손가락을 대다[입을 다물라는 신호].

read one's **lips** 주의해 듣다.

smack (or lick) one's **lips** 입맛을 다시다; [맛있는 음식을 먹고 싶어서] 혀로 입술을 핥다, 침을 삼키다.

— v. (**lipped, lip·ping**) vt. **1** …에 입술을 대다;《폐어》…에 키스하다(kiss). **2** [골프] [공을] 쳐서 구멍 언저리에 걸어 놓다. **3** …을 중얼거리다, 속삭이다 (murmur). **4** [물·물결이] [기슭을] 씻다 (lap).

— vi. [관악기의 연주에서] 입술을 쓰다.

— adj. **1** 입술의. ¶ **lip rouge** 루즈. **2** 말뿐인, 겉치레의 (superficial). ¶ **a lip Christian** 말뿐인 기독교도.

lip- ⇨ LIPO-.

lip·ase [láipeis] n. ⓤ [생화학] 리파제 [지방을 분해하는].

lip-balm [lípbɑ̀ːm] n. ⓤ (英) 입술용 크림.

líp cómfort [lípˈ] n. 입술의 위로, 일시적인 위안.

líp contról n. [음악] [입술 모양을 바꾸어 음색을 조절하는] 금관 악기 연주법의 하나.

lip-deep [lípdíːp] adj. 말뿐인, 겉치레의(insincere).

lip·ec·to·my [lipéktəmi] n. 피하 지방 절제 수술.

lip·id, lip·ide [lípid, láipaid] n. [생화학] 지방질(脂肪質) [지방·납(蠟)·유지방질(類脂肪質)의 총칭].

líp lánguage n. 시화(視話) [벙어리 등이 입술의 움직임으로 서로 소통하는 법].

líp mícrophone n. [잡음 방지식] 가두용 마이크.

lipo- fat 의 뜻의 연결형 (＊모음 앞에서는 lip-을 씀).

li·pog·ra·phy [lipɑ́grəfi / -pɔ́g-] n. ⓤ [부주의로 인한] 글자 또는 음절의 누락.

lip·oid [lípɔid, láipɔid] adj. [생화학] 지방의, 지방 비슷한. — n. 리포이드, 유지(類脂) (체).

lip·o·suc·tion [lípəsʌ̀kʃ(ə)n / láipə-] n. [의학] 지방흡인(술) [피하 지방을 진공펌프로 뽑아내는 미용 외과 수술].

lipped [lipt] adj. **1** 입술이 있는; 따르는 주둥이가 달린, ¶ **a lipped jug** 따르는 주둥이가 달린 주전자 / **thick-lipped** 입술이 두툼한. **2** [식물] 순형(脣形)의, 입술 모양의(labiate).

lip·per [lípər] n. [항해] **1** [해면의] 잔물결, 작은 파문. **2** 비말(飛沫).

Lip·pes loop [lípəs-] *n.* 이중(二重) S자형 플라스틱제(製) 피임링. [<발명자인 미국 의사 Jack Lippes]
lip·pie [lípi(ː)] *n.* (濠속어) =lipstick. [의 이름]
lip print *n.* 순문(脣紋) [입술 표면의 무늬; 지문과 마찬가지로 개인적 특색을 지님].
lip·py [lípi:] *adj.* 1 《구어》큰 입술의, 입술이 튀어나온. 2 《속어》 건방진, 주제넘은, 버릇없는(impertinent). **~pi·ness** *n.*
lip-read [líprí:d] *v.* (**lip-read** [-rèd], **lip-read·ing**) *vt.* (말)을 독순술(讀脣術)로 이해하다. — *vi.* 입술을
líp rèader *n.* 독순술을 익힌 사람. [읽다.
líp rèading *n.* ⓤ 독순술.
lip·salve [lípsӕv / -sàːv] *n.* ⓤ 1 입술용의 연고. 2 아첨(flattery)
líp sèrvice *n.* ⓤ입에 발린 말; 말뿐인 호의(신앙심, 충성). ¶ pay *lip service* to 입에 발린 말을 하다.
lip-speak·ing [lípspìːkiŋ] *n.* 순화술(脣話術)[입술의 움직임만으로 말을 전하는 일].
*lip·stick [lípstìk] *n.* ⓤⒸ 입술 연지, 루즈.
lip-sync [lípsìŋk] *vt.*, *vi.* 녹음(녹화)에 입을 맞춰 말하다(노래하다). — *n.* ⓤ [입을 맞춘](노래하[기). [LIP SYNC[HRONIZATION]]
líp tàlk *n.* 잡담, 세상 살아가는 이야기.
liq. (略) liquid; liquor.
li·quate [láikweit / líːk-] *v.* (**-quat·ed, -quat·ing**) *vt.* (야금)(금속)을 용해 분리(석출)하다, 용리(溶離)시키다, 녹이다. — *vi.* 용해 분리하다(out).
li·qua·tion [laikwéiʃ(ə)n / líː-] *n.* (야금) 용해 분리 (석출).
liq·ue·fa·cient [lìkwifέiʃ(ə)nt] *n.* (의학) 액화제, 용제(溶劑).
liq·ue·fac·tion [lìkwifǽkʃ(ə)n] *n.* ⓤ 액화(液化). [해](상태).
liq·ue·fac·tive [lìkwifǽktiv] *adj.* 액화의, 용해성의.
liq·ue·fi·a·ble [lìkwifáiəbl] *adj.* 액화(용해)할 수 있는.
liq·ue·fi·er [lìkwifáiər] *n.* 기체 액화 장치[를 조작하는 사람].
liq·ue·fy [líkwifài] *v.* (**-fied, -fy·ing**) *vt.* …을 액화(용해)시키다. ¶ *liquefied* natural gas 액화 천연 가스[略 LNG] / *liquefied* petroleum gas 액화 석유 가스[略 LPG]. — *vi.* 액화(용해)하다. [용해]
li·ques·cence [likwésns], **-cen·cy** [-si] *n.* ⓤ 액화, 융해.
li·ques·cent [likwésnt] *adj.* 1 액화(용해)하는(melting). 2 액화 상태의, 액화되기 쉬운, 용해성의.
li·queur [likə́ːr / -kjúə] *n.* ⓤ 리큐르 [방향·감미가 있는 독한 양주, 큐라소 따위]; Ⓒ 리큐르 한 잔. [<F]
‡**liq·uid** [líkwid] *adj.* 1 액체(상)의 (*cf.* solid, gas, fluid), 유동성의; 물 같은(watery). ¶ *liquid* air 액체 공기 / *liquid* food 유동식(流動食). 2 (주의·신념 따위가) 불안정한, 변하기 쉬운(unstable). ¶ *liquid* opinions 변하기 쉬운 의견. 3 (눈동자·하늘 따위가) 맑은, 투명한(transparent), 밝은(bright); (눈)이 눈물에 젖은. 4 (소리·시의 가락 따위가) 흐르는 듯한(fluent); (동작이) 우아한, 부드러운(graceful). ¶ *liquid* tones 유려한 가락. 5 (재산 담보 따위가) 쉽게 돈으로 바뀌는. ¶ *liquid* assets (capital) 유동 자산 (자본). 6 (음성) 유음(流音)의. — *n.* 1 ⓤⒸ 액체. *cf.* solid, gas
類語 **liquid** 고체·기체에 대하여 「액체」; **fluid** 액체·기체를 가리지 않고 「유동체」; **liquor** 질은 용액; 보통 알코올 음료를 뜻하며 문어.
2 (음성) 유음(流音) [[l, r], 때로는 [m, n, ŋ]도 포함]; 유음문자.
◇ **liq·úid·i·ty** *n.*, **líq·uid·ize** *v.* **~ly** *adv.* **~ness** *n.*
liq·ui·date [líkwidèit] *v.* (**-dat·ed, -dat·ing**) *vt.* 1 (부채)를 지불하다(pay), 청산하다, 변제하다. 2 (회사·상회 따위)를 해산하다. 3 (부채·손해액)을 결정하다. 4 (증권·상품)을 현금으로 바꾸다. 5 (사람·물건)을 치우다, 없애다, 죽이다(kill); 제거하다(get rid

of). ¶ He tried to *liquidate* religion. 그는 종교를 말살시키려 했다. — *vi.* 청산하다, 정리하다.
liq·ui·da·tion [lìkwidéiʃ(ə)n] *n.* ⓤ 1 (회사·상사 따위의 정리)에 의한 부채의 청산, 정리, 변제. 2 (증권·상품 등)을 돈으로 바꾸기, 환전. 3 일소, 제거; 살해.
go into liquidation (회사를 해산하기 위해) 정리하다.
liq·ui·da·tor [líkwidèitər] *n.* (특히 공무의) 청산인.
liq·uid-cooled [líkwidkùːld] *adj.* (기관이) 수(水)(액) 냉식의.
líquid crýstal *n.* (화학) 액정(液晶).
líquid díet *n.* 유동식(流動食).
líquid fíre *n.* ⓤ (군사) 액화(液火) [화염 방사기용 (放射器用)의 타는 액체].
líquid gláss *n.* 물유리 [규산나트륨의 농수용액(濃水溶液)].
li·quid·i·ty [likwíditi] *n.* ⓤ 1 유동성. 2 유창.
liquídity rátio *n.* 유동성 비율 [은행의 유동 자산이 총예금액에서 차지하는 비율].
liq·uid·ize [líkwidàiz] (* 〈英〉에서는 **liquid·ise** 로도 쓴다) *vt.* (**-ized, -iz·ing**) …을 액화하다. 2 …을 유동화하다; 자극하다; 활발하게 하다.
líquid méasure *n.* 액량(液量) [gill, pint, quart, gallon 등].
‡**liq·uor** [líkər→3] *n.* 1 ⓤⒸ 알코올 음료, (특히) 증류주. = LIQUID [題] ¶ *intoxicating liquor* [일반적으로] 술 / malt *liquor* 맥주류[ale, beer, porter 따위] / spirituous *liquor* 증류주, 화주(火酒) [brandy, gin, rum, whisky 따위]. 2 ⓤ (영국) 액체, 분비액, 삶은 국물, 달인 즙. ¶ meat *liquor* 육즙(肉汁). 3 [+英 láikwɔː] ⓤ (약) (약품의 용액, (美) 물약.
be in liquor; be the worse for liquor 《구어》술에 취해 있다.
take (or *have*) *a liquor* 《구어》 한잔 하다.
— *vt.* 1 …을 용액에 담그다; …에 기름을 바르다. 2 《구어》…에게 술을 (많이) 마시게 하다(... *up*). — *vi.* 술을 (많이) 마시다 (*up*). ◇ **líquorish** *adj.*
liq·uo·rice [lík(ə)ris / líkəris] *n.* 〈英〉=licorice.
liq·uor·ish [lík(ə)riʃ] *adj.* 1 = lickerish. 2 술을 좋아하는, 술 냄새 나는. **~ness** *n.*
li·ra [lí(ː)rə / líərə] *n.* (*pl.* **li·re** [lí(ː)rei / líəri] or **li·ras**) 1 리라 [이탈리아의 화폐 단위]; 1리라 화폐 [略 L.]. 2 〔옛날의〕터키의 화폐 단위.
Lis·bon [lízbən] *n.* 리스본 [포르투갈의 수도].
lisle [lail] *n.* ⓤⒸ (美) 라일사(糸), 레이스사; 라일사 편물류. — *adj.* 라일사로 만든.
lísle thréad *n.* =lisle.
lisp [lisp] *n.* 1 을 혀짤은 소리로 (어린애처럼) 발음하다 [s, z를 [θ, ð]로 발음하는 따위]. 2 (어린애 등이) …을 혀짤은 소리로 말하다, 혀짤배기 소리로 말하다 (... *out*). — *vi.* 혀짤은 소리를 하다. — *n.* 1 혀짤배기(의 발음), 혀짤은 소리. ¶ speak with a *lisp* 혀짤은 소리로 말하다. 2 (나뭇잎·물결·시냇물 따위의) 졸졸(살랑살랑)하는 소리.
LISP [lisp] *n.* (컴퓨터) 리스프 [리스트 형식으로 된 데이터를 처리하도록 설계된 프로그래밍 언어].
[< LIS[T] +P[ROCESSOR]]
lisp·er [líspər] *n.* 혀짤배기 발음을 하는 사람.
lisp·ing [líspiŋ] *n.* ⓤ 혀짤음. — *ly adv.*
lis·some [lísəm], (**lis·som**) *adj.* 1 (특히 몸이) 날씬한, 유연한(limber). 2 민첩한(agile), 날렵한(active).
~ly *adv.* **~ness** *n.*
‡**list**[1] [list] *n.* 1 표, 일람표, 리스트; 명부(roll); 목록(catalog); 가격표(price list). ¶ a black *list* 블랙 리스트 / a free *list* 입장료 면제자 명부; 면세 품목 / make (*or* draw up) a *list* of …의 표를 만들다 / put a person's name on (off) the *list* 남의 이름을 명부에 올리다 (에서 빼다) / pass first (last) on the *list* 으뜸(꼴찌)으로 합격하다. 2 상장주(上場株) 명부.
類語 **list** 명칭·숫자 따위의 항목을 늘어놓은 것; a

shopping *list* 장보기 메모. **catalog** A B C 순, 또는 그 밖의 일정한 방식에 따라 늘어놓고 각 항목에 간단한 설명을 붙인 list: a mail order *catalog* 통신 판매용 카탈로그. **inventory** 영업·법률 관계를 목적으로 해서 작성한 재산·상품 따위의 list: a store *inventory* 상품 대장. **register** 사건·이름 따위가 공식적으로 기입된 기록부: a family *register* 호적부. **roll** 어떤 단체의 구성원의 출결 상황을 확인하기 위한 list: class *roll* 학급 명부. **schedule** 시간표·예정표: a bus *schedule* 버스 시간표.
an active (a reserve, a retired) list 현역(예비역, 퇴역) 군인 명부.
close the list (or *lists*) 모집을 마감하다.
lead (or *head*) *the list* 으뜸을 차지하다.
on the sick list 병으로.
── *vt.* **1** ···을 명부(목록)에 기입하다(싣다). **2** [주식]을 상장 명부에 싣다. ¶ *listed* shares (stock) 상장주(上場株)(거래소에 상장되어 있는 주식). **3** [고어] ···을 병적에 올리다, 입대시키다(enlist).
── *vi.* **1** [목록·명부·가격표에] 실리다(*at* ...). ¶ (~+前+名) This dictionary *lists at* 10,000 won. 이 사전은 [가격표에 따르면] 만 원이다. **2** [고어] 병적에 오르다, 군인이 되다.

list² [list] *n.* **1** [천의] 가장자리, 가(border, bordering strip) · 변폭(邊幅), 식서(飾緣)(selvage). **2** [변폭을 잘라낸] 가장자리 천. **3** [일반적으로] 가늘고 긴 것(strip, band). **4** [짐승 몸의] 색줄무늬. **5** [머리털·수염 따위의] 가리마. **6** [밭의] 이랑, 두렁. ── *adj.* 변폭으로 만든. ── *vt.* [고어] ···에 변폭을 대다(edge). **2** (美) [땅]을 갈다, ···에 이랑을 만들다. **3** [널빤지 따위]의 귀를 자르다.

list³ [list] *n.* [배·건물 따위가] 한쪽으로 기울기, 경사(to ...). ¶ The ship has a *list* to starboard. 그 배는 우현(右舷)으로 기울어 있다. ── *vi.* [배 따위가] 기울다(tilt). ── *vt.* ···을 기울이다.

list⁴ [list] *v.* (**list** *or* **list·ed, list·ing**; 《3인칭 단수 현재》 **list** *or* **list·eth**) [고어] *vt.* ···의 마음에 들다(please). **2** ···을 좋아하다(like); ···을 바라다(desire). ── *vi.* 좋아하다, 바라나(wish), 고르다(choose). ¶ The wind bloweth where it *listeth*. 바람이 임의로 불다 [←요한복음(John) 3 : 8]. ◇ **listless** *adj.*

list⁵ [list] *n.* [고어·詩] 귀. 듣다(listen). ── *vt.* ···에 귀를 기울이다, ···을 경청하다.

lísted búilding [lístid-] *n.* (英) 문화재로 지정(등록)된 건조물.

lísted stóck *n.* (美) 상장(上場) 주식.

lis·ten [lísn] *vi.* 귀를 기울이다, 경청하다(to ...). ¶ (~+前+名) *listen* to the music 음악을 듣다. [類語] **listen** 듣고 이해하려고 주의를 기울이다: *listen* to a speech 이야기에 귀를 기울이다. **hear** 단순히 소리를 듣다; *listen* 과 같은 뜻일 때도 있다: *hear* a telephone ring 전화 울리는 소리를 듣다(※ listen 대신 hear처럼 [+ 目 + 현재 분사]나 [+ 目 + 원형 부정사]의 꼴로 쓰이는 수도 있다: We *listened to* him *playing* the violin. 우리는 그가 바이올린을 연주하고 있는 것을 들었다.)
2 [충고 따위에] 귀를 기울이다, ···의 말에 따르다(obey, yield)(to ...). ¶ (~+前+名) *listen* to reason (protests) 도리에 따르다(항의에 귀를 기울이다) / *Listen to* what he says on the matter. 그 문제에 대한 그의 말을 귀담아 들어라. **3** (美속어)···처럼 들리다, 생각되다(sound). ¶ (~+圖)(~+前+名) It doesn't *listen* right *to* me. 나에게는 그것이 옳다고 생각되지 않는다.
── *vt.* (고어·詩) ···을 경청하다, ···에 귀를 기울이다.
listen for [소리가 나지 않을까 기다리며] [전화의 벨·시보·발소리 따위에] 귀를 곤두세우다, ···에 귀를 기울이다.
listen in ① 라디오를 듣다(*on, to ...*). ¶ *listen in* [*on*]

the radio 라디오를 듣다 / *listen in to* the President 대통령의 방송을 듣다. ② [전화·남의 말을] 도청하다, 훔쳐 듣다(overhear). ③ [재적생 이외의 사람이] 청강하다((美) audit).

lis·ten·a·ble [lísnəbl] *adj.* 듣기좋은, 들어 기분이 좋은.

※lis·ten·er [lísnər] *n.* **1** 듣는 사람, [라디오의] 청취자. ¶ a good *listener* 열심히 듣는 사람. **2** 청강생.

lís·ten·er-ín [lísnəríŋ] *n.* (*pl.* **listeners-in**) **1** 라디오 청취자. **2** 도청하는 사람.

lísten-ín [lísnìn] *n.* ⓤ [라디오 따위의] 청취; 도청.

***lís·ten·ing** [lísniŋ] *n.* 경청; [정보 따위의] 청취.
── *adj.* 경청하는; 조심성 있는.

lístening póst *n.* **1** [군대] 청음초(聽音哨)[적군에 접근하여 들리는 소리로 그 동정을 살핀다]. **2** [일반적으로] 정보 청취소.

list·er¹ [lístər] *n.* [특히 감정인·재산 평가인 등] 명부 작성자, 리스트(카탈로그) 작성자.

list·er² [lístər] *n.* (美) 이랑 만드는 농기구[흔히 파종 장치도 달려 있다].

Lis·ter·ism [lístəriz(ə)m] *n.* ⓤ 리스터 소독법[석탄산을 살포하여 국부를 소독하는 방법]. [＜영국의 외과의사 Joseph Lister(1827-1912)의 이름]

lis·ter·ize [lístəràiz] (* (英)에서는 **lis·ter·ise** 로도 다) *vt.* (**-ized, -iz·ing**) [의학] [환자]에게 리스터 소독법을 쓰다.

list·ing [lístiŋ] *n.* ⓤ **1** (美) 표(명단)에 올리기. **2** [직물 따위의] 귀(가장자리 천)를 대기. **3** [밭 따위에] 이랑을 만들기. ── *adj.* 기우는, 몰락하는. ¶ Poland's *listing* economy 폴란드의 기우는 경제.

list·less [lístlis] *adj.* 마음 내키지 않는; 노곤한, 귀찮은(languid); 무관심한(indifferent).
~·ly *adv.* **~·ness** *n.*

líst príce *n.* [상업] [카탈로그에 실려 있는] 표시 가격. *cf.* price list

lists [lists] *n. pl.* [단·복수 양용] **1** [중세 시대의 시합장에 둘러쳐진] 대울타리. **2** 시합장, 경기장. **3** [일반적으로] 경쟁의 마당; 경쟁.
enter the lists against ···에 도전하다.

lit¹ [lit] *v.* light¹의 과거·과거 분사.
lit² [lit] *v.* light³의 과거·과거 분사.
lit³ [lit] *n.* [구어] 문학(literature).
lit. (略) liter[s]; literal; literally; literary; literature.

lit·a·ny [lít(ə)ni] *n.* (*pl.* **-nies**) **1** [교회] 연도(連禱)[기도의 한 형식으로 선창자가 외는 기도에 따라 회중이 제창한다]. **2** (the L-) 영국 국교회의 기도서 중의 १원. **3** 소원을 늘어놓기; 지루한 설명(이야기).

Lit. B. (略) = Litt. B.

li·tchi [líːtʃiː] *n.* 여지(中國 원산(原產)의 상록 교목); ¶ 그 열매.

lit-crit [lítkrít] *n.* (구어) 문학 비평, 문예 평론(가).

Lit. D. (略) = Litt. D.

-lite, -lyte stone 의 뜻의 연결형[광물·암석의 이름에 쓰인다]. 예: chryso*lite*, aero*lite*.

***li·ter, (英) -tre** [líːtər] *n.* 리터[미터법의 용량의 단위; 略, lit.].

***lit·er·a·cy** [lít(ə)rəsi] *n.* ⓤ 읽고 쓰는 능력[이 있음]; 교육(교양)이 있음; 식자율(識字率). *opp.* illiteracy ¶ *Literacy* is nearly universal. 거의 모두가 읽고 쓸 줄 안다.

lit·er·ae hu·ma·ni·o·res [lítəriː hjuːmèniːóːriːz] *n. pl.* (라틴) (=humane literature) 인문학(人文學) [Oxford 대학의 B.A.의 학위를 얻기 위한 고전 연구 과정 및 그 시험의 이름. 보통 greats 라 한다].

***lit·er·al** [lít(ə)rəl] *adj.* **1** 문자[상]의. ¶ a *literal* error 오자, 오식. **2** 문자 그대로의, 자구(字句)의 구애받는, 낱말 하나하나의; 축어(逐語)적인. *opp.* free ¶ a *literal* translation 축어역, 직역 / in the *literal* sense of the word 문자 그대로의 뜻으로. **3** 융통성이 없는; 상상력이 없는(unimaginative), 멋이 없는(prosaic). ¶ a *literal* person 상상력이 없는 사람. **4** [이야기 따위가]

literalism

사실에 충실(정확)한, 과장(꾸밈)이 없는; 에누리없는, 진짜인. ¶ the *literal* truth 문자 그대로의 진실. — *n.* 오식, 오자. ~**·ness** *n.* ◇ liter**·ál·i·ty** *n.*, **líter·al·ize** *v.*

lit·er·al·ism [lítərəlìzəm] *n.* ⓤ 1 직해(直解), 직역(直譯). 2 직역조(調). 3 [문예] 사실(寫實)주의. 4 인문주의.

lit·er·al·ist [lítərəlist] *n.* 1 자구에 구애되는 사람, 직역(直解)주의자. 2 [문예] 사실주의자.

lit·er·al·is·tic [lìtərəlístik] *adj.* 직역주의의; 직역체의; [문예의] 사실주의의.

lit·er·al·i·ty [lìtərǽliti] *n.* ⓤⓒ (*pl.* -ties) 1 자구에 구애됨, 문자 그대로임. 2 문자 그대로의 해석, 직역.

lit·er·al·ize [lít(ə)rəlàiz] (*예英*) **lit·er·al·ise** 로도 쓴다) *vt.* (**-ized, -iz·ing**) …의 자구에 구애되다; …을 문자 그대로 해석하다. *cf.* spiritualize

‡**lit·er·al·ly** [lít(ə)rəli] *adv.* 1 문자 그대로; 축어적으로, 한마디 한마디. ¶ translate *literally* 직역하다/ interpret a statement *literally* 성명서를 문자 그대로 해석하다. 2 [강조하여] 정말로, 정확히 (exactly); 실제로 (actually). ¶ He was *literally* drenched to the skin. 그는 문자 그대로 피부에 배일 정도로 흠뻑 젖었다.

lit·er·ar·i·ly [lítərèrəli / lít(ə)rəri-] *adv.* 문학상; 문학적으로.

lit·er·ar·ism [lít(ə)rərìz(ə)m] *n.* 문예주의; 문학(인문학) 본위.

‡**lit·er·ar·y** [lítərèri / -rəri] *adj.* 1 문학(상)의, 문예의, 문필의, 문학적인; 학문(상)의. ¶ *literary* property 저작권(물) / *literary* works (writings) 문학 작품(어구) 물). 2 문학에 통한, 문필에 조예가 깊은. ¶ He is quite a *literary* person. 그는 상당한 문학통이다. 3 저술업의. ¶ a *literary* man 문학가, 저술가. 4 문어(文語)의, 문어적인. *cf.* colloquial, spoken ¶ *literary* language 문어 / *literary* style 문어체. 5 딱딱한, 학자 티를 내는 (pedantic). **lit·er·ar·i·ness** *n.*

líterary àgency *n.* 저작권 대리업(체).

líterary àgent *n.* [작가와 출판사 사이에서의] 저작권 따위의 알선 대행(업)자.

lit·er·ate [lítərit] *adj.* 1 글을 쓰고 읽을 수 있는. *opp.* illiterate 2 학문이 있는 (educated); 박학한, 박식한 (well-read). 3 문학에 통한, 문학상의 (literary). — *n.* 1 쓰고 읽을 수 있는 사람. 2 학문이 있는 사람. 3 [영국 국교회] 학위없이 성직 취임을 허가받은 사람.

lit·e·ra·ti [lìtərɑ́:ti, +美 -réitai] *n. pl.* (*sing.* -**tus**) 문학자들; 지식 계급, 인텔리. [<L]

lit·e·ra·tim [lìtəréitim / -rɑ́:-] *adv.* 한 자 한 자, 축어적(逐字的)으로(letter for letter); 문자 그대로(literally). [<L] [man]

lit·e·ra·tor [lítərèitər] *n.* 문학가, 저술가(literary

‡**lit·e·ra·ture** [lít(ə)ritʃər, +美 -tʃùər] *n.* ⓤⓒ 1 문예, 문학(작품). ¶ English *literature* 영문학 / light (polite) *literature* 대중(순) 문학 / Journalistic writing often reaches the dignity of *literature*. 저널리즘 저작에는 이따금 문학이라 할 수 있을만큼 품위 높은 것이 있다. 2 문학연구; 저술(업). 3 [특정 학술 분야에 관한] 문헌. ¶ the *literature* on China 중국에 관한 문헌 / the *literature* on socio-linguistics 언어 사회학에 관한 문헌. 4 [광고·팜플렛 따위의] 인쇄물 (printed matter); 삐라, 전단. 5 [고어] 학문, 학식 (learning). ◇ líterary *adj.*

lith. (略) lithograph; lithographic; lithography.

Lith. (略) Lithuania; Lithuanian.

lith- ⇨ LITHO-.

-**lith** stone 의 뜻의 연결형. 예: acro*lith*, mega*lith*.

lith·arge [líθɑːrdʒ, +美 -́] *n.* ⓤ 일산화연(一酸化鉛), 밀타승(密陀僧) [페인트의 안료나 도자기의 유약 따위에 쓰이다] (lead monoxide).

lithe [laið] *adj.* (**lith·er, lith·est**) 나긋나긋한, 유연한

(supple, flexible). ¶ be *lithe* of body 몸이 유연하다. ~**·ly** *adv.* ~**·ness** *n.*

lithe·some [láiðsəm] *adj.* 나긋나긋한, 유연한 (lithe).

lith·i·a [líθiə] *n.* ⓤ [화학] 산화 리튬.

lith·ic [líθik] *adj.* 1 돌의, 돌로 된. 2 [병리] 결석(結石)의, [특히] 방광 결석의. 3 [화학] 리튬의(을 함유한).

-**lithic** [考古] lithic 의 뜻의 연결형. 예: neo*lithic*, paleo*lithic*.

lith·i·um [líθiəm] *n.* ⓤ [화학] 리튬 [금속 원소의 하나; 금속 중 제일 가볍다; 원자 기호 Li].

lith·o [líθou] *n.* (*pl.* -os), *vt.* = lithograph.

litho- stone 의 뜻의 연결형 [*모음 앞에서는 lith-를 쓴다]. 예: *litho*graphy.

lith·o·graph [líθəgrǽf / -grɑ̀ːf] *n.* 석판(石版) [화]. — *vt.* …을 석판으로 인쇄하다. [석판공.

li·thog·ra·pher [liθɑ́grəfər / -ɔ́g-] *n.* 석판 기술자,

lith·o·graph·ic [lìθəgrǽfik] *adj.* 석판의, 석판술의, 석판 인쇄의. ¶ a *lithographic* press 석판 인쇄기.

-**i·cal·ly** [-ikəli] *adv.* [인쇄.

li·thog·ra·phy [liθɑ́grəfi / -ɔ́g-] *n.* ⓤ 석판술, 석판

lith·oid [líθɔid], (**li·thoi·dal** [-d(ə)l]) *adj.* 돌과 같은, 석상(石狀) [질(質)]의.

li·thol·o·gy [liθɑ́lədʒi / -ɔ́l-] *n.* ⓤ 1 암석학. 2 [의학] 결석학(結石學).

lith·o·phyte [líθəfàit] *n.* 1 [생물] 석회질 생물 [산호처럼 석회질의 골격을 가진 생물]. 2 [식물] 암생(岩生) 식물.

lith·o·print [líθəprìnt] *vt., vi.* [… 을] 석판으로 인쇄하다 (lithograph). — *n.* 석판 인쇄물.

lith·o·sphere [líθəsfìər] *n.* (the ~) [지질] 암석권 (岩石圈).

li·thot·o·my [liθɑ́təmi / -ɔ́t-] *n.* ⓤⓒ (*pl.* -**mies**) [외과] 절석술(切石術) [방광 결석을 제거하는 수술].

Lith·u·a·ni·a [lìθ(j)uéiniə] *n.* 리투아니아 [발트해 연안의 공화국; 정식 명칭은 the Republic of Lithuania; 1991년 소련방으로부터 분리·독립; 수도 Vilnius].

Lith·u·a·ni·an [lìθ(j)uéiniən] *adj.* 리투아니아의; 리투아니아인(어)의. — *n.* 리투아니아인; ⓤ 리투아니아어.

lit. hum. (略) (라틴) (종종 L- H-) *literae humaniores* (= humane literature). [(lithe).

lith·y [láiði] *adj.* (**lith·i·er, lith·i·est**) [고어] 유연한

lit·i·ga·ble [lítigəbl] *adj.* 소송할 수 있는, 법정에서 다툴 수 있는.

lit·i·gant [lítigənt] *n.* 소송 당사자. — *adj.* 소송에 관계된. ¶ the parties *litigant* 소송 당사자.

lit·i·gate [lítigèit] *v.* (**-gat·ed, -gat·ing**) *vt.* 1 [문제]를 소송으로 옮기다, 법정에서 다투다. 2 [고어] …을 둘러싸고 논쟁하다 (dispute). — *vi.* 소송하다.

lit·i·ga·tion [lìtigéiʃ(ə)n] *n.* ⓤⓒ 소송 (lawsuit). ¶ *litigation* over damages 손해 배상의 소송. 3 [고어] 논쟁.

lit·i·ga·tor [lítigèitər] *n.* 소송인, 기소인. [쟁.

li·ti·gious [lití dʒ(i)əs] *adj.* 1 소송(상)의. 2 소송 (논쟁)을 좋아하는. 3 소송할 수 있는 (해야 할). ~**·ly** *adv.* ~**·ness** *n.*

lit·mus [lítməs] *n.* ⓤ [화학] 리트머스 [청색 색소].

lítmus pàper *n.* ⓤ [화학] 리트머스 시험지.

lítmus tèst *n.* 1 [화학] 리트머스 시험. 2 [비유적으로] 그것만 보면 사태·본질 등이 분명해지는 한 가지 일.

li·to·tes [láitətìːz] *n.* 1 [修辭] 곡언법(曲言法), 완서법 (緩敍法) [긍정을 나타내는 데 부정을 써서 뜻을 강조하는 표현. many 라 하는 대신 not a few 라 하는 따위].

‡**li·tre** [líːtər] *n.* (英) = liter.

Litt. B. (略) (라틴) *Lit[t]erarum Baccalaureus* (= Bachelor of Letters (Literature)) (문학사).

Litt. D. (略) (라틴) *Lit[t]erarum Doctor* (= Doctor of Letters (Literature)) (문학 박사).

lit·ten [lítn] *adj.* 《고어》 밝혀진(lighted).

***lit·ter** [lítər] *n.* **1** ⓤ 흐트러진(어질러진) 것, 잡동사니, 쓰레기, 찌꺼기. **2** 난잡, 난맥. ¶ in a [state of] *litter* 《방 따위가》 난잡해져서 / make a *litter* 어지럽다. **3** 《동물의》 한배의 새끼. ¶ a *litter of* puppies 한배의 강아지. **4** 들것(stretcher). **5** 《옛날의》 가마. **6** ⓤ 《동물을 위한》 잠자리에 까는 짚, 풀, 《식물을 보호하기 위한》 깔짚, 두엄《짚·분뇨 따위가 섞인 것》. **7** 《숲속의 땅을 뒤덮는》 썩은 낙엽의 켜(층).
at a (or *one*) *litter* 《돼지 따위가》 한 배에.
in litter 《개·돼지 따위가》 새끼를 배어서.
— *vt.* **1** 《방 따위》 어지르다(... *up*). ¶ (~+恩+名) *litter up* one's room *with* books and papers 방을 책과 종이로 어지르다. **2** 《물건을 흐트러뜨리다》. ¶ *litter* toys *all over* the floor 온 마룻바닥에 장난감을 늘어놓다. **3** 《방 따위에》 널리다(... *up*). ¶ (~+恩+副) Toys *littered up* the floor. 장난감이 마룻바닥에 널려 있었다. **4** 《동물의》 잠자리에 짚을 깔아주다; 《식물에》 짚을 깔아주다(... *down*). ¶ (~+恩+副) *litter down* a horse (a stable) 마구간에 잠자리 짚을 깔아주다. **5** 《동물이》 《새끼》를 낳다(give birth to).
— *vi.* **1** 《동물이》 새끼를 낳다. **2** 물건을 어지르다.
◇ *littery adj.*

lit·té·ra·teur, -te- [lìtərətə́:r] *n.* 문인, 문학자.《<F》

lit·ter·bag [lítərbæ̀g] *n.* 차내 따위에서 쓰는 쓰레기 주머니.

lit·ter·bas·ket [lítərbæ̀skit / -bà:s-] *n.* 《英》《공공 장소의》 쓰레기통.

lit·ter·bin [lítərbìn] *n.* 《英》쓰레기통.

lit·ter·bug [lítərbə̀g] *n.* 《헌 종이 따위를 버려서》 공공 장소를 더럽히는 사람.

lit·ter·i·ness [lítərinis] *n.* ⓤ 난잡.

lit·ter·lout [lítərlàut] *n.* 《英구어》쓰레기를 공공 장소에 버려서 어지르는 사람.

lit·ter·mate [lítərmèit] *n.* 《개·고양이·돼지 따위의》 한배의 새끼.

lit·ter·y [lítəri] *adj.* **1** 잠자리 짚의. **2** 어지럽힌, 난잡한.

lit·tle [lítl] *adj.* (**less** *or* **less·er**, **least**;《美》 **lit·tler**, **lit·tlest**)
주의 littler, littlest 는 《美》에서, 어의(語義) 1, 2, 4, 8, 10의 경우에 쓴다. lesser 는 한정용법뿐이다. 그리고 「꼴이 작은」의 경우는 smaller, smallest 를 쓴다.

1 《꼴·수·규모가》 작은. *opp.* big, large (* 대구(對句)로서는 보통 big and little 이라 하고 large and little 이라 하지는 않는다. *cf.* great and small, large and small) ¶ a *little* village (island) 작은 마을(섬) / a *little* farmer 소농 / a *little* finger 새끼손가락 / a *little* man 몸집이 작은 사내 / a *little* poem 단시(短詩).
類語 little 꼴·수량·정도·중요도 따위가 작은; 애정·경멸 따위의 감정적 색채를 포함하는 수가 많다: a *little* boy 작고 귀여운 남자 아이. small 상대적으로 작고, 그 정도가 수량적으로 잴 수가 있으며 감정을 포함하지 않는 경우가 많다: a *small* boy 《나이가》 작은 남자 아이. tiny 동종의 다른 것과 비교가 되지 않을 만큼 아주 작은: a *tiny* baby 정말로 작은 아기. diminutive 보통보다 상당히 작고; 섬세함을 암시하는 수가 있다: a baby's *diminutive* fingers 아기의 조그만 손가락. minute 아주 미소한; 다른 것과 비교의 뜻이 있다: a *minute* grain of sand 미소한 모래의 한 알. miniature 매우 작으나 완전한 형·부분을 갖춘 만든: *miniature* golf 미니 골프.

2 《사람·동물이》새끼의, 작은. ¶ a *little* family 아이들 / the *little* Browns 브라운 집안의 어린 아이들 (Brown's children) / our *little* ones (or people) 우리 집 어린 아이 / [my] *little* man(woman) 《부르는 말로》 도련님(아씨).

3 《시간이》짧은(short); 《거리가》 짧은, 근소한(short). ¶ a *little* distance 근소한 거리 / I will go a *little* way with you. 조금만 함께 가십시다 / our *little* life 우리의 짧은(초로와 같은) 인생 / in a *little* while 조금 있으면, 곧.

4 소수의, 인원수가 적은. *opp.* much ¶ a *little* group of people 인원수가 적은 집단 / a *little* household 적은 식구.

5 《추상 명사·물질 명사와 함께》**a)** 《a 를 붙여서 긍정적으로》조금은 있는(some), 다소간의, 어느 정도의. ¶ a *little* food (water, rain) 조금밖에 안 되는 음식(물·비) / I can speak a *little* English. 영어는 조금은 할 수 있다 / You still have a *little* time left. 아직 시간이 조금 남아 있다 / A *little* learning is a dangerous thing. 《속담》어설픈 지식은 위험하다. **b)** 《a 를 붙이지 않고 부정적으로》조금밖에 없는, 거의 없는(scanty, scarcely any), 아주 적은 (not much). *opp.* much, a lot of ¶ have *little* water (money, hope) 물(돈, 희망)이 거의 없다 / have *little* concern 거의 관심이 없다 / She had very *little* experience in business. 그녀는 실무 경험이 거의 없었다 / There was *little* change for the better. 도무지 호전될 기미가 없었다 / There is but *little* hope. 가망이 거의 없다.
—— **Usage**[1] a little 은 「적지만 있기는 있다」와 「있다」란 뜻에 중점을 두고, little 은 「거의 없다」와 「없다」란 뜻에 중점을 두고 있다. 양자의 부정형은 little, not a little 이다. ⇨ FEW (Usage): I have *a little* money. 돈을 좀 가지고 있다 / I have *little* money. 돈을 거의 가지고 있지 않다. 그리고 실질량(實質量)에서 little >a little 의 경우도 있는 데 주의: "Is there much?" "No, there is *little*." 「많이 있습니까?」 「아니요, 많지는 않습니다.」 / "Is there any?" "Yes, there is *a little*." 「조금은 있습니까?」 「예, 조금은 있습니다.」

6 사소한, 보잘것없는(trivial, unimportant). ¶ *little* things 사소한 일.

7 인색한, 천한(mean), 편협한(narrow-minded); 어린애 같은(childish). ¶ a *little* soul 소인 / *little* ways 인색한 방식 / So that's your *little* game! 네가 한다는 것이야 뭐 그런 거겠지 (그런 어린애 같은 수작에 넘어갈 내가 아니야) / *Little* things amuse *little* minds. 《속담》소인은 작은 일에 즐거워한다. 《한정》.

8 (the ~)《명사적 용법》중요하지 않은 사람들, 사소

9 《소리·말 따위가》 작은, 약한(weak). ¶ in a *little* voice 작은 소리로.

10 사랑스러운, 귀여운. ¶ a nice *little* thing 귀여운 여자 / Bless your *little* heart! 가엾기도 하지!

no little; not a little 《美》적지 않은, 정말로 많은(very much). ¶ I took *no little* pains over it. 그 일에는 적지 않은 애를 먹었다 / He has given me *not a little* trouble. 그는 나한테 적지 않은 애를 먹였다.
—— **Usage**[2] no little, not a little —— 둘 다《적지않게》 「상당히 많은」을 뜻하며, no little 의 형은 not a little 보다 뜻이 강하나 쓰이는 일은 적다. 둘 다 문어체의 표현으로, 구어에서는 a lot of, considerably, very much 따위의 표현을 쓰는 편이 많다. 예를 들면 He has *no little* (or *not a little*) money. (그는 상당한 부자다)보다는 He has quite a lot of money.와 같이 쓰는 쪽이 많다.

very little ① 아주 적은. ② 전혀 없는. ¶ He has *very little* sense. 그는 매우 지각이 없는 사람이다.
—— *adv.* (**less**, **least**) **1** 《a 를 붙여서 긍정적으로》조금은, 조금. ¶ I can speak English *a little*. 영어는 조금은 할 줄 안다 / The patient is *a little* better today. 그 환자는 오늘 다소 좋아졌다. **2** 《a 를 붙이지 않고 부정적으로》거의 …이 아니다; 그리 …하지 않다. ¶ *little* known writers 유명한 작가들 / I was *little* surprised. 나는 거의 놀라지 않았다. **3** 《동사의 앞과 글머리에서》전혀 …않다(not at all) (* know, think, care, dream, imagine, expect 따위의 앞에 쓴다》. ¶ We can *little* expect his

success. 그의 성공은 거의 기대할 수 없다 / Little did I dream that he was here. 나는 그가 여기 와 있으리라고는 꿈에도 생각지 못했다.
little better than ⇨ BETTER.
little less than ⇨ LESS.
little more than ⇨ MORE.
little short of ⇨ SHORT.

— n. 1 《정도·분량에 관해서》 a) 《a를 붙여서》 조금, 소량; 잠시; 조금의 거리. ¶ after a *little* 조금 있다가 / for a *little* 잠시동안 / He knows a *little* of everything. 그는 무엇이든 조금은 알고 있다 / There is a *little* of it left. 그것이 조금은 남아 있다 / He will be back in a *little*. 조금만 있으면 돌아올 것이다 / Many a *little* makes a mickle. 《속담》 티끌 모아 태산. b) 《a를 붙이지 않고》 소량[밖에], 조금[밖에]. ¶ I have *little* of it. 나는 그것을 거의 가지고 있지 않다 / He has seen *little* of life. 그는 세상을 거의 모른다 / Very *little* is known of her past. 그녀의 과거는 거의 알려진 바가 없다 (*이 예에서처럼 little 은 very, rather, so, as, too, how 따위의 부사로 수식되는 수도 있다). 2 (the ~, 또는 what ~) 적으나마 할 수 있는 한의 것, 최소한의 것. ¶ I did the *little* (or what *little*) I could. 나는 미력이나마 전력을 다했다.
by little and little; *little by little* 조금씩, 차츰.
in little 소규모로. *opp*. in large
little or nothing [*of*] 거의 없다. ¶ I have seen *little or nothing* of her lately. 나는 최근 그녀를 통 만나지 못했다. ⌐(ate).
make little of ···을 가볍게 보다, 깔보다 (depreci-
not a little 적지 않은, 크게. ¶ He was *not a little* surprised at the news. 그는 그 소식을 듣고 크게 놀
quite a little 《미구어》 다량.   ⌐랐다.
think little of ···을 경시하다, ···을 서슴지 않다.

Líttle América n. 남극 Ross 해 남부의 미국 남극 탐험대 기지.
Líttle Bḗar n. (the ~) 〔천문〕 소웅좌(小熊座) (Ursa Minor). *cf*. Great Bear
Líttle Córporal n. 작은 하사 〔나폴레옹 1세의 별명〕.   ⌐주성(土星).
Líttle Dípper n. (the ~) 〔천문〕 소웅좌의 7개의
Líttle Dȫg n. (the ~) 〔천문〕 소견좌(小犬座) (Canis Minor). *cf*. Great Dog
Líttle Énglander n. 《영》 소영국주의자, 제국주의
líttle fínger 〔손의〕 새끼손가락.   ⌐반대자.
líttle gȫ n. 《영구어》 [Cambridge 대학에서] B.A. 학위 예비 시험.
líttle hȫurs n.pl. 《때로 L· H·》 〔가톨릭〕 소시과 (小時課) 〔보통 prime(1시과)·tierce(3시과)·sext(6시과)·nones(9시과)를 말한다〕.
Líttle Lȇague n. 〔야구〕 리틀 리그.
líttle magazíne (revíew) n. 동인지(同人誌).
líttle mȯ́ther n. 〔동생들을 돌보는〕 어머니를 대신하는 말.
lit·tle·neck [lítlnèk] n. 대합의 새끼 조개. 《<미국 New York 주 Littleneck 만(灣) 이름》
Líttle Néddy n. 《영》 《영국의》 경제 개발 위원회의 하나.
lit·tle·ness [lítlnis] n. ⓤ 1 작음. 2 조금, 소량. 3 협량, 쓸모없음. 4 천함.
líttle pȇople n. 1 〔민간 전승에서〕 요정들, 꼬마 요정들(fairies, leprechauns). 2 아이들, 꼬마들, 난쟁이들(midgets). 3 일반 서민.
Líttle Rhȯ́dy n. (the ~) Rhode Island 주의 속칭.
Líttle Rȯ̏ck n. 리틀 로크 〔미국 Arkansas 주의 주도(州都)〕.
Líttle Rȗssia n. 소(小)러시아 〔러시아의 Ukraine 및 그곳에 인접된 여러 지방〕.
líttle théater (《영》 théatre) n. 1 소극장, 실험 극장 〔종종 실험적인 연극을 상연〕. 2 소극장용의 연극.

líttle tȫe n. 새끼발가락. *cf*. little finger
lit·to·ral [lítərəl] *adj*. 1 해안의, 연해의, 연안의. 2 the *littoral* zone 연안 지대. 2 〔생물〕 연안에 사는(생기는). — n. 연안 지방. ~·ly *adv*.
li·tur·gi·cal [litə́:rdʒik(ə)l], (**li·tur·gic** [-dʒik]) *adj*. 예배식(용)의, 전례(典禮)(용)의. **-gi·cal·ly**[-kəli] *adv*.
li·tur·gics [litə́:rdʒiks] n. pl. 《단수 취급》 전례학(禮學), 예배학; 전례 신학.   〔《식서》 편집자.
lit·ur·gist [lítərdʒist] n. 1 전례학자. 2 의식서(儀
lit·ur·gy [lítərdʒi] n. (pl. **-gies**) 1 예배식, 전례; 〔예배식에 쓰는〕 전례식문, 의식서(ritual). 2 (the L·) 〔영국 국교회의〕 기도서.
liv·a·ble [lívəbl], (**liveable**) *adj*. 1 〔기후·집 따위가〕 살기에 알맞은, 살기 좋은. 2 〔인생이〕 사는 보람이 있는(worth living). ¶ It makes life *livable*. 그것이 인생을 산 보람이 있게 한다. 3 〔사람이〕 함께 살 수 있는, 사귀기 쉬운(*with* ...). ~·ness n.

‡**live¹** [liv] *v*. (**lived, liv·ing**) *vi*. 1 〔동·식물이〕 살아 있다(be alive), 살다, 생존하다. ¶ Plants cannot *live* without moisture. 식물은 물 없이 살 수 없다.
2 오래 살다, 살아 남다(remain alive). ¶ (~+前+名) *live* to a ripe old age 고령까지 오래 살다 // (~+to do) He *lived* to see his grandchildren. 그는 장수하여 손자까지 보았다 // Live and let live. 《속담》 나도 살고 남도 살리자, 공생공존.
3 〔물건이〕 손상되지 않고 그대로 있다, 〔원상대로〕 남다(survive); 사람들의 기억에 남다. ¶ His memory *lives*. =His name *lives* in our memory. 그의 이름은 아직도 우리 기억 속에 남아 있다 // (~+前) No boat could *live* afloat. 침몰을 면한 배는 한 척도 없었다.
4 〔···으로〕 생계를 잇다(*on, upon, by* ...); 살아 나가다, 생활하다. ¶ (~+前+名) *live on* one's income (thirty dollars a week) 수입(1주간에 30달러)으로 생활하다 / *live on* one's friend 친구에게 신세지고 살아가다 / *live by* teaching French 프랑스어를 가르쳐 생계를 이어가다.
5 〔···을〕 상식(常食)(주식)으로 하다(feed, subsist) (*on, upon* ...). ¶ (~+前+名) They *live* largely *on* (or *upon*) rice. 그들은 쌀을 주식으로 한다.
—— **Usage** live on 과 live upon 은 「···을 상식으로 하다」를 뜻하며, 특정 음식을 가리킬 때에는 live on, live upon 중 어느 것을 써도 무방하다. 다만 「···으로 생계를 유지하다, ···을 먹고 살아 가다」를 뜻할 경우는 live on 을 쓰는 일이 많다. He *lives on* his pension. (그는 연금으로 살아가고 있다). ⇨ *feed on* (or *upon*).
6 살다, 거주하다(dwell, reside) (*at, in, by* ...); 동거하다, 함께 살다(cohabit) (*with* ...). ¶ (~+前+名) *live in* town (*in* the country, *on* a farm) 도시에 (시골에, 농장에) 살다 / *live at* Mr. Smith's 스미스가에서 동거하다 / *live with* the Smiths 스미스씨의 가족과 함께 살다 / They are *living* in Seoul. 그들은 지금 서울에 살고 있다. * 일시적이라는 주관적 감정을 나타내어 진행형이 사용된다.
〔類義〕 live 일상 생활을 영위하다; 「살다」의 뜻의 가장 일반적인 말. **reside** 일상 생활을 위해 어떤 장소에 거주하는 것을 강조하는 말: He *resides* in Texas, but he *lives* most of the year in Washington. 그는 텍사스에 집을 가지고 있지만 1년의 태반은 워싱턴에서 지낸다. **dwell**, **abide** 고풍의 문어(文語). **inhabit** 건물이나 지역을 차지하고 있다; 인간 이외의 동물에도 쓴다.
7 〔부사(구), 보어를 수반하여〕 ···한 생활(생활 방식)을 하다, 으로서 지내다. ¶ (~+前) *live* happily (close) 행복하게 (갑소하게) 살다 / *live* alone 혼자서 살다 / (~+前) He *lived* a saint. 그는 성자(성인) 로서 살았다 / (~+前+名) *live* by faith 신앙으로 살아가다 / *live in* comfort (luxury) 편하게(호화롭게) 살다 / *live in* peace 평화롭게 살다 / *live beyond* one's means 신분

live

에 어울리지 않는 생활을 하다.
8 인생을 즐기다(향유하다), 즐겁게 지내다. ¶ I have never really *lived*. 나는 정말로 인생을 즐긴 일은 한 번도 없다 / Let us *live* while we may. 살아 있는 동안에 즐겁게 지내다.
— *vt.* **1** 《동족목적어를 수반하여》〔…의 생활〕을 하다(보내다) (pass life). ¶ *live* an idle (a happy) life 게으른(행복한) 생활을 하다 / *live* a double life 이중의 인격자로 살다 / *live* the life of a saint 성인처럼 지내다.
2 〔자기의 생활 속〕…을 보이다(exhibit); …을 실천하다(carry out). ¶ *live* a lie 거짓된 생활을 하다/*live* one's *ideals* 이상을 실천하다 / *live* romance 소설 같은 일생을 보내다.
as [*sure as*] *I live* 아주 확실하게, 틀림없이.
live and learn 경험으로 알다, 뜻밖의 것을 알다.
live and let live 서로 간섭하지 않고 공존하다; 〔타인〕에게 관대하다.
live down ① 〔오명 따위〕를 오랜 세월을 살아가면서 씻다(회복하다). ② 〔슬픔〕을 세월이 감에 따라 잊다.
live in ① 〔고용인이〕 입주(入住) 근무하다. cf. live out ② 〔실내에서〕 살아 보내다. ¶ *live* in a library 도서관에 틀어박히다.
live in oneself 고독하게 살다. 〔서관에 틀어박히다〕.
live it up 〔속어〕 유쾌한 방탕 생활을 하다. (on).
live off …에 의지해 지내다, …의 신세를 지다 (live on).
live out ① 〔고용인이〕 통근하다. ② 삶을 이어가다. ③ He will never *live out* another month. 그는 앞으로 한 달을 더 살기 어려울 것이다. ③ 〔폭풍 따위에서〕 견디어 내다, 빠져나오다.
live through …을 이겨내다, 견디다.
live to oneself 고독하게 살다; 이기적인 생활을 하다.
live under …의 점원(소작인)이다.
live up to …에 부끄럽지 않은 생활을 하다, …에 어울리는 생활을 하다. 〔주의 따위〕에 따라 행동하다.
live well ① 유복하게(불편없이) 지내다. ② 도덕적인 생활을 하다.
live with ① …와 함께 살다; 〔이성과〕 동거하다. ② …을 참고 견디다(endure).
live within oneself 자기 일에만 몰두하다.
where one lives 〔미속어〕 급소에(에). ¶ It hit me *where I live*. 그것은 나의 아픈 데를 찔렀다. ◇ life *n.*

‡**live**[laiv] *a.* (**liv·er, liv·est**) 〔한정 형용사〕 **1** 살아 있는, 산〔그대로의〕 (living, alive), 〔익살〕 진짜. opp. dead ¶ a *live* bait 산 미끼 / a *live* fence 산울타리, 생울타리 / a real *live* burglar 진짜 강도.
2 〔생물이〕 많이 있는; 활기찬; 〔그려진 인물 등이〕 생동하는. ¶ the *live* sounds of the forest 숲의 동물들의 소리
3 〔구어〕 〔사람이〕 정력적인, 활동적인. ¶ …넌더리.
4 〔사람이〕 빈틈이 없는(alert); 현대적인, 최신식의 (up-to-date); 〔미〕 당면한; 미해결의(unsettled). ¶ a *live* topic (question) 당면한 화제(문제) / *live* ideas 최신의 사상.
5 〔석탄 따위가〕 타고 있는; 〔색이〕 선명한(bright, vivid); 〔감정 등이〕 격한(ardent). ¶ *live* coals 타고 있는 석탄. 〔tennis ball 잘 튀는 테니스 볼.〕
6 〔공이〕 잘 튀는(resilient); 〔기계가〕 경기중인.
7 유효한; 〔탄환이〕 아직 폭발하지 않은, 화약이 충전되어 있는; 〔성냥이〕 아직 켜지지 않은; 〔전기〕 〔전선 따위의〕 전류가 통하고 있는; 〔인쇄〕 〔조판이〕 아직 쓸 수 있는; 〔음악당 따위에〕 소리가 잘 울리는. ¶ a *live* cartridge 실탄이 들어 있는 탄환통, 실포(實包) / a *live* wire 손이 닿으면 감전되는 전기가 통하고 있는 전선.
8 〔기계가〕 움직이고 있는. ¶ a *live* machine 돌아가고 있는 기계.
9 〔식용 따위가〕 천연의(native); 아직 잘리지 않은 (unquarried), 〔공기가〕 신선한(fresh).
10 〔라디오·텔레비전이〕 녹음(녹화)이 아닌 생…, 실황의, 실연의.
◇ enliven, liven *v.*, lively *adj.* [<[A]LIVE]
live·a·ble [lívəbl] *adj.* = livable.
líve bírth [láiv-] *n.* 정상 출산; 정상 출산. cf. still-

líve cénter (《英》 **céntre**) [láiv-] *n.* 〔기계〕 회전 센터(선반의 주축 센터).
-lived [-laivd, -livd] *adj.* 《보통 복합어를 만듦》 …명의. ¶ long (short) -*lived* 장수(단명)의.
live-in [lívìn] *adj.* 〔입주〕 근무하는. cf. live-out
‡**live·li·hood** [láivlihùd] *n.* 《보통 단수형》 살림살이, 생계. ⇒ LIVING 類語 ¶ earn (or gain, make, get) a *livelihood* by …으로 생계를 꾸려가다 / pick up a scanty *livelihood* 가까스로 살아가다 / He wrote for a *livelihood*. 그는 살기 위해 글을 썼다.
live·li·ly [láivlili] *adv.* (**-li·er, -li·est**) 힘차게, 활발하게, 발랄하게; 쾌활하게; 생생하게, 강력하게(vividly); 밝게(brightly).
live·li·ness [láivlinis] *n.* [U] 원기, 활기; 명랑, 선명.
líve lóad [láiv-] *n.* 동하중(動荷重) 〔교량에 대한 자동차 따위〕.
live·long [lívlɔ̀ːŋ, -lɑ̀ŋ] *adj.* 《詩》 〔시간이〕 긴, 길고 긴; 만…. ¶ the *livelong* day 하루 종일, 만 하루.
‡**live·ly** [láivli] *adj.* (**-li·er, -li·est**) **1** 활기찬, 활발한(spirited), 발랄한. ⇒ GAY 類語 ¶ a *lively* boy 발랄한 소년 / a *lively* discussion 활발한 토론. **2** 〔곡 따위가〕 쾌활한(gay), 떠들썩한. ¶ *lively* music 쾌활한 음악. **3** 〔표현·에 따위가〕 효과적인(effective); 〔색채·빛·시상 따위가〕 강렬한, 선명한(vivid); 〔감정 따위가〕 센, 격한(intense). ¶ a *lively* description 박진감 있는 묘사 / a *lively* recollection 생생한 추억 / a *lively* sense of gratitude 지극한 감사의 마음. **4** 〔포도주가〕 거품이 이는 (sparkling). **5** 〔공기가〕 신선한, 상쾌한(fresh). **6** 〔공이〕 잘 뛰는(resilient); 〔배 따위가〕 파도 위에 춤추는. **7** 〔익살〕 힘든, 위험한(exciting).
have a lively time [*of it*] 대혼란을 겪다.
make it (or *things*) *lively for* a person 남을 어렵게 만들다.
— *adv.* 힘차게, 활발하게, 발랄하게(briskly).
liv·en [láiv(ə)n] *vt., vi.* 쾌활(활발)하게 하다(되다) (up). The party is beginning to *liven up*. 파티는 활기를 띠기 시작하고 있다.
líve óak [láiv-] *n.* 떡갈나무의 일종〔북미 동남부 원산; 재목이 단단해서 조선용(造船用)〕.
live-out [lívàut] *adj.* 통근하는. cf. live-in
líve párking [láiv-] *n.* 운전자가 타고 있는 주차.
liv·er[lívər] *n.* **1** 〔해부〕 간장 (* 옛날에는 감정·욕망이 솟는 곳이라 생각되었다). ⇒ ALIMENTARY 그림. ¶ *liver* oil 간유. **2** [U] 〔식용의〕 간. **3** [U] 간장색, 다갈색.
a cold (*a hot, a lily or a white*) *liver* 냉담(열정, 겁).
◇ líverish, lívery[2] *adj.*
‡**liv·er**[lívər] *n.* **1** …의 생활자. ¶ a clean *liver* 결백한 사람 / a fast *liver* 난봉꾼 / a good *liver* 미식가. **2** 주민, 거주자(dweller). ¶ a *liver* in a city 도시 거주자.
liv·er-col·ored, 《英》 **-our-** [lívərkʌ̀lərd] *adj.* 간장 빛깔의, 다갈색의.
-liv·ered [-lívərd] *adj.* 《보통 복합어를 만듦》 …의 간장인 있는. ¶ white-*livered* 겁 많은.
líver éxtract *n.* 간장 엑스〔빈혈 치료제〕.
líver flúke *n.* 간흡충(肝吸蟲).
liv·er·ied [lívərid] *adj.* 제복을 입은; 정복을 입은.
liv·er·ish [lívəriʃ] *adj.* 〔구어〕 간장병에 걸린, 간장이 나쁜; **2** 성미가 까다로운(bilious). **3** 간장색의.
líver óil *n.* 간유.
Liv·er·pud·li·an [lìvərpʌ́dliən] *adj.* 리버풀의, 리버풀 시민의. *n.* 리버풀 시민.
líver sáusage *n.* [U][C] 리버 소시지(liverwurst).
líver spót *n.* 간반(肝斑) 〔간장병으로 얼굴에 생기는 갈색 기미〕.
liv·er·wort [lívərwɜ̀ːrt] *n.* 〔식물〕 우산이끼.
liv·er·wurst [lívərwɜ̀ːrst] *n.* [U][C] 《美》 리버 소시지

[간장으로 만든 소시지].

liv·er·y¹ [lívəri] n. (pl. **-er·ies**) 1 ⓒ 《집합적》 [하인·고용인에게 입히는] 일정한 옷, 제복; [동업 조합원 등의] 제복, 조합복. ¶ a servant in *livery* 제복을 입은 하인 / out of *livery* 평복으로 / take up [one's] *livery* 동업 조합원이 되다. 2 《특수한》 의상, 옷차림. ¶ *trees in the livery of summer* 여름 옷을 입은 나무들. 3 ⓤ 《페어》 말에게 먹이는 일정량의 사료. 4 《美》 =livery stable. 5 ⓤ 《법률》 교부, 양도. 6 =livery company.

liv·er·y² [lívəri] adj. 간장과 같은; 간장병의(liverish).

lívery còmpany n. 동업 조합 [원래 London 에 있었으며, 그 조합원은 특수한 제복을 입고 있었다].

liv·er·y·man [lívərimən] n. (pl. **-men** [-mən]) 1 마차 대여업[자]. 2 《英》 (London 의) 동업 조합원.

lívery stàble n. 말 보관소; 마차 대여업[자].

:lives [laivz] n. life 의 복수형.

líve stéam [láiv-] n. ⓤ 생증기(生蒸氣) [보일러에서 갓 뿜어나낸 전압력이 있는 증기].

***live·stock** [láivstàk / -stɔ̀k] n. ⓤ 가축. ¶ raise *livestock* 가축을 기르다 / *livestock* farming (or raising) 목축.

live-trap [láivtræp] vt. (**-trapped, -trap·ping**) 《짐승》을 덫으로 생포하다. ¶ *livetrap* birds 새를 덫으로 생포하다.   [정.

líve tràp [láiv-] n. [짐승을 사로잡기 위한] 덫, 함

live·ware [láivwɛər] n. 컴퓨터 조작(종사)자[프로그래머·시스템 분석자 등].

líve wíre [láiv-] n. 1 활선(活線), 전기가 통하고 있는 와이어. 2 《속어》 활동가, 정력가.

liv·id [lívid] adj. 1 《타박상으로 피부 따위가》 검푸른; 흙빛의, 납빛의. ¶ be *livid* with anger(cold) 분노(추위)로 얼굴이 창백하다(푸르러) 되어 있다. 2 격노한 (enraged). **~·ly** adv. **~·ness** n.

li·vid·i·ty [livíditi] n. ⓤ 흙빛, 납빛, 잿빛.

:liv·ing [lívin] adj. 1 생명이 있는, 살아 있는. opp. **dead**. ¶ all *living* beings (or things) 살아 있는 (생명이 있는) 모든 것 / *living* animals 살아 있는 동물 / a *living* corpse 산 송장.
2 현존의, 현대의(contemporary); 현용(現用)의. ¶ *living* English 현대 영어 / a *living* language 현용어 / the greatest *living* poet 현대 최대의 시인.
3 활발한, 활기가 있는(active); 《신앙 따위가》 깊은 (strong). ¶ a *living* dispute 활발한 논의 / a *living* faith 강렬한 신앙.
4 《석탄 따위가》 타고 있는(burning); 《물 따위가》 끊임없이 흐르고 있는; 《바위 따위가》 자연 그대로의 (native). ¶ *living* water 유수.
5 《초상·아야기 따위가》 실물 그대로의; 꼭닮은(lifelike). ¶ He is the *living* image of his father. 그는 아버지를 꼭 닮았다.
6 생활의, 생활에 충분한; 거주의. ¶ a *living* standard 생활 수준 / *living* quarters 거처, 거주 지역.
7 현존하는 사람들의; (the ~) 《명사적 용법》 살아 있는 사람들. ¶ within *living* memory 현존하는 사람들의 기억에 남아 있는.
the land of the living 현세. ¶ the goodness of the Lord in *the land of the living* 산 자의 땅에 있음이여 여호와의 은혜 - 시편 (Ps.) 27 : 13.
— n. 1 ⓤ 생존, 살아 있음. 2 생활 방식, 생활 편. ¶ make a plain (a high, a poor, a good) *living* 검소한(호화로운, 가난한, 윤택한) 생활을 하다. 3 《보통 단수형》 생계, 생활책(livelihood). ¶ earn one's *living* 생활비를 벌다 / She must work for a *living*. 그녀는 생계를 위해 일하지 않으면 안 된다 / What do you do for a *living*? 어떤 일을 하십니까? (What's your occupation?)
[類語] living 생활, 생활비. livelihood living 과 같은 뜻일 경우도 많으나, 종종 living 을 얻을 수단으로서의 일 또는 얻는 수입: make a *livelihood* out of fishing 고

기잡이를 생업으로 삼다. **maintenance** 의식주와 그 밖의 생활에 필요한 것의 모두; living 보다 범위가 넓다: provide for the *maintenance* of one's parents 양친의 생활비를 대다, 양친을 부양하다. **subsistence** 의 식주의 최저한: earn nothing more than *subsistence* 빠듯한 생계비 밖에는 더 벌지 못하다. **support** = maintenance: pay one's own *support* 자기의 생활비를 지불하다. **sustenance** 충분히 건강을 유지하는 데 필요한 것; 음식물: provide *sustenance* for displaced people 난민에게 필요한 식품류를 마련해주다.
4 《英》 《종교》 성직록(聖職祿) [목사의 수입] (benefice). **~·ly** adv. **~·ness** n.

líving cóst n. 생계비(cost of living).   [활.

líving déath n. 즐거움이 전혀 없는 생활; 비참한 생

líving fóssil n. 1 살아 있는 화석, 현생 동물[경골어(硬骨魚) 실러캔드 따위]. 2 《구어》 시대에 뒤진 사람.

liv·ing-in [lívinin] n., adj. [고용인 등이] 주인집에서 숙식하기(하는).

líving líkeness n. ⓤ 꼭 닮음.   [in

liv·ing-out [lívinaut] n., adj. 통근[하는]. opp. living-

líving pícture n. 활인화(活人畫) (tableau vivant).

:líving róom n. 《美》 거실(parlor). cf. sitting room

líving spáce n. ⓤ 생활권[한 나라가 인구 증가 등으로 말미암아 필요로 하는 영토].   [ing).

líving stándard n. 생활 수준 (standard of liv-

líving théater n. (the ~) 《텔레비전·영화에 대하여》 무대 연극.   [한 임금.

líving wáge n. 생활 임금[최저 생활을 할 수 있을 만

líving will n. 《美》 《법률》 사망 선택 유언, 사망 희망서. cf. right-to-die   [단위].

li·vre [lívər] n. (pl. **-vres**) 리브르[프랑스의 옛 화폐

lix·iv·i·ate [liksíviéit] vt. (**-at·ed, -at·ing**) …을 거르다, 여과하다(leach).

***liz·ard** [lízərd] n. 도마뱀. ¶ a house *lizard* 수궁.

liz·zie [lízi] n. 《美속어》 《관》 소형 자동차 [원래 포드 각종 차형의 별명].

L.J. 《略》 Lord *J*ustice.   [위].

'll 《구어》 will, shall 의 단축형 [I'll, You'll, He'll 따

LL, L.L. 《略》 Late Latin; Low Latin; long life(고온 살균하여 상온에서의 보존이 가능한 우유).

ll. 《略》 lines.

l.l. 《略》 (라틴) *loco laudato* (=in the place quoted) (인용문 중의); *loose-leaf*.

lla·ma [lɑ́:mə] n. 《動》 라마 《南아메리카 낙타》 ¶ 라마의 털; 라마의 모직 나사.

lla·ne·ro [lɑːnérou, jɑː-] n. (pl. **-ros**) llano 의 주민; 카우보이.

lla·no [lɑ́ːnou] n. (pl. **-nos**) 《南미 북부 지방의》 대초원.

[llama 1]

LL.B. 《라틴》 *Legum Baccalaureus* (=Bachelor of Laws) (법 학사).

LL.D. 《라틴》 *Legum Doctor* (=Doctor of Laws) (법학 박사).

LLDC 《略》 *L*east [among] *L*ess-*D*eveloped Countries (후발(後發) 도상국).

LL.JJ. 《略》 《英》 *L*ords *J*ustices (고등 법원 판사).

LL.M. 《略》 *M*aster of *L*aws (법학 석사).

Lloyd's [lɔidz] n. 《영국 London 의》 로이드 보험 조합 [1688년경 창설. 선박의 등록·해상 보험 그밖에 현재는 각종 보험업을 경영].

Lloyd's Líst n. 로이드 일보(日報) [주로 해사(海事) 뉴스를 실는다].

Lloyd's Régister n. 로이드 선박 연감.

L.M. 《略》 *L*icentiate in *M*edicine; *L*icentiate in *M*idwifery; *L*ord *M*ayor; *l*unar *m*odule.

LMG, L.M.G. 《略》 *l*ight *m*achine *g*un(경기관총); *l*iquefied *m*ethane *g*as(액화 메탄 가스).

L.M.S. (略) London Missionary Society; London Midland Scottish.

L.M.S.R. (略) London, Midland & Scottish Railway.

LMT (略) Local Mean Time(지방 평균시).

lndry. laundry.

L.N.E. (W.) R. (略) London & North-Eastern (Western) Railway.

LNG (略) liquefied natural gas (액화 천연 가스).

lo [lou] *interj.* (고어) 보라, 자!, 저런(look, see, behold). ¶ *Lo* and behold! 자, 보시오 ! [놀라움을 나타내는 익살스런 표현].

loach [loutʃ] *n.* 미꾸라지 [미꾸라지(科)의 담수어].

‡load [loud] *n.* 1 [특히] 무거운 짐, 적 하(積荷)(burden). ¶ bear a *load* 짐을 지다. / Branches bent low with their *load* of fruit. 가지는 과실의 무게로 낮게 처졌다.
[類語] *load* 사람·동물·탈것 따위로 운반되는 것: a *load* of coal carried by a truck 트럭으로 운반되는 석탄 짐. *burden* 매우 무거운 load; 현재는 심신의 무거운 짐을 뜻하는 것이 보통: a *burden* of duty 의무의 무거운 짐. *freight* 특히 장거리 수송중인 화물·상품: a *freight* train 화물 열차. *cargo* 배·비행기의 freight: a ship with a heavy *cargo* 짐을 무겁게 실은 배.
2 [짐의 양이나 무게의 단위로서의]한 짐, 한 차; 적재량; [사람·기계 등의]작업량. ¶ a *load* of hay 한 차 (車)분의 건초.
3 (비유적)부담; [정신적인] 무거운 짐, 고생, 걱정. ¶ a *load* of care (sin) 심로(心勞)(죄)의 무거운 짐. **4** [전기·기계] 하중(荷重), 부하(負荷). ¶ a dead (a live) *load* 정하중 (동하중) / a working *load* 사용 하중 / a *load* test 하중 시험. **5** (화약의)장전; 장약, 장탄. **6** (~s) (of ~) 다수, 많음(of ...). ¶ *loads* of people (money, time) 많은 사람(돈, 시간). **7** (美俗어)흠뻑 취할 정도의 주량.

get a load of (俗어) ① ... 을 듣다. ② ... 을 보다.
have a load on (美俗어) 취해 있다.   (observe).
make ... loads of it 그것을 ...번으로 나르다. ¶ I *made* three *loads of it*. 그것을 3회로 날랐다.
take a load off a person's mind 마음의 무거운 짐을 덜다, 걱정을 없애다.
Thanks loads ! (구어) 정말 고마워 ! (Thanks a lot!)
— *vt.* **1** (차·배 따위에) 짐을 싣다; (짐을)싣다, 태우다. ¶ (~+囯+前+名) *load* a cargo of cotton into a car (on a boat) 면화를 차에 (배에) 싣다 / *load* a ship with coal 배에 석탄을 싣다. **2** (식탁에) ...을 차려놓다, 쌓아올리다(heap up); (위 따위에) [위 따위(의 胃)] 잔뜩 넣어 넣다. ¶ (~+囯+前+名) *load* a table (the stomach) *with* food 식탁에 음식을 차려놓다(위(胃)에 음식을 들어넣다). **3** (남에게) ...을 마구 주다, [남을]괴롭히다; ...에게 무거운 짐을 지우다. ¶ (~+囯+前+名) *load* a person *with* favors (insults) 남에게 은혜를 마구 베풀다(남을 마구 모욕하다) / *load* a heavy work *on* a person 남에게 힘든 일을 시키다. **4** (총포)에 장전하다; (사진) (카메라)에 필름을 넣다. **5** (무게를 더하기 위해) 주사위·지팡이 따위에 납을 박다; [술]에 다른 것을 섞다. **6** (보험) (순純)보험료에 ... 을 덧붙이다, 부가하다.
— *vi.* **1** [배·차에]짐을 싣다; [손님을]태우다 *(up)*. **2** [배·차가]짐을 싣다; [승객으로서]타다 *(into ...)*. **3** 총에 장전하다. **4** (구어) 듬뿍 싣다. **5** 배가 터지도록 잔뜩 먹다, 배를 채우다 *(up)*.

load·age [lóudidʒ] *n.* ⓤ 적재량.

lóad displácement *n.* ⓤ 〖항해〗만재 배수량(톤수). 〚 ... 吃水線〛

lóad dráft ((英) **dráught**) *n.* 〖항해〗만재 흘수선.

load·ed [lóudid] *adj.* **1** 짐을 실은, 답례 실은. ¶ a *loaded* bus 만원 버스 / a *loaded* table 음식을 듬뿍 차린 식탁, 성찬의 밥상. **2** 탄환을 잰, 장전된; [감정 따위가] 폭발할 것 같은; (비유적) 위험을 안고 있는. **3** [납 따위를] 박아넣은. ¶ a *loaded* dice [납을 박은] 협잡 주사위. **4** [술 따위가] 섞음질을 한. **5** (美속어) 취한; 마약으로 정신이 흐려진. **6** (美속어) 돈 많은.

lóad·er [lóudər] *n.* **1** 짐 싣는 사람. **2** 짐 싣는 기계, 적재기 (積載機). **3** (총 따위가)의 장전자, 장탄기(裝彈器). **4** ... 장 (裝)총 (포). ¶ a breech (a muzzle) *loader* (후)장총 (포).

lóad fáctor *n.* ⓤⓒ 〖전기〗부하율. **2** 〖항공〗좌석 이용률(seat load factor); 하중 배수(倍數).

***lóad·ing** [lóudiŋ] *n.* ⓤ **1** 짐싣기, 선적, 하역. **2** 선하 (船荷), 적하 (cargo). **3** 장전 (裝塡). **4** 〖전기〗장하 (裝荷), **5** 〖보험〗부가 보험료.

lóading brídge *n.* 로딩 브리지(공항의 터미널 빌딩에서 항공기까지를 잇는 피복(披覆)된 브리지).

lóading cóil *n.* 〖전기〗장하(裝荷)코일.

lóad líne (wáterlíne) *n.* 〖항해〗만재 흘수선.

lóad·mas·ter [lóudmæstər, -mà:s-] *n.* 〖항공〗기상 (機上) 수송계.

LoADS [lóudz, lóudz] *n.* 〖군사〗저공 방위 시스템. [< *low altitude defense system*]

lóad shédding [-ʃédiŋ] *n.* ⓤ 〖전기〗전력 평균 분배[법].

lóad·star [lóudstà:r] *n.* =lodestar.

lóad·stone [lóudstòun] *n.* =lodestone.

lóad wáterlíne *n.* =load line.

‡loaf¹ [louf] *n.* (*pl.* **loaves** [louvz]) **1** 빵의 한 덩어리, 구워낸 빵 한덩어리. ¶ two *loaves* of bread 두 덩어리의 식빵 / a white (a brown) *loaf* 흰(검은) 빵 덩어리 / Half a *loaf* is better than no bread. (속담) 절반의 빵 덩어리라도 없는 것보다는 낫다. **2** 막대 설탕(sugar loaf, loaf sugar). **3** (美) (캐비지·레터스의) 덩어리. **4** (요리) 로프(다진 고기·어육 따위를 빵가루·계란 따위와 섞어 틀모양으로 구워낸 것). **5** (英속어) 머리(head), 두뇌(brains).
loaves and fishes 현세의 이득, 사리(私利).
— *vi.* (英)(양배추 따위가) 둥글게 덩어리지다, 결구(結球)하다.

loaf² [louf] *vi.* 빈둥거리다(saunter), 빈둥빈둥 살아가다, 놀며 살다. ¶ (~+副) *loaf about* 빈둥빈둥 돌아다니다 // (~+前+名) *loaf along* a street 거리를 어슬렁거리다 / *loaf through* life 평생을 보내다 / *loaf on* one's job 빈둥빈둥 일을 하다 / *loaf on* a person (美 구어) 남에게 빈둥빈둥 살아가다, 더부살이를 하다. ¶ (시간)을 놀면서 빈둥빈둥 보내다, 빈둥빈둥 살아가다 (... *away*). ¶ (~+囯+副) *loaf* one's life *away* 일생을 놀면서 지내다. — *n.* 빈둥거리기, 놀며 지내기. ¶ have a *loaf* 빈둥거리다.
on the loaf 빈둥거리며.   (위).

lóaf cáke *n.* ⓤ(美)막대 케이크(파운드 케이크 따위).

loaf·er [lóufər] *n.* **1** 게으름뱅이(idler), 건달, 부랑자 (vagrant). **2** (moccasin 풍의) 간편화(簡便靴).

lóaf súgar *n.* 막대 설탕, 각설탕(角雪糖).

loam [loum] *n.* ⓤ **1** 롬, 양토(壤土)(모래와 점토로 된 흙인데, 경작에 적합하다). **2** 롬, 찰흙 (주형 (鑄型)·벽돌을 만드는 데 사용).

loam·y [lóumi] *adj.* (**loam·i·er, loam·i·est**) 흙이) 롬(양토)질의.

‡loan [loun] *n.* ⓤ 빌려주기, 대여, 대부. ¶ give a person the *loan* of 남에게 ... 을 빌려주다 / ask for the *loan* of ... 의 차용을 부탁하다 / May I have the *loan* of this book ? 이 책을 좀 빌려줄 수 없을까요 ? **2** 대여물; 대부금, 국채, 차관. ¶ a public (a government) *loan* 공채 (국채). / a domestic (a foreign) *loan* 내국(외국)채 / raise a *loan* 공채를 모집하다. **3** 외래어, 차용어 (借用語) (loan word); 외래의 풍습.
on loan 차용하여; 대부하여.
— *vt., vi.* (주로 美) 빌려주다 (※(英)에서는 보통 lend를 쓴다); [이자를 받고] 대출하다.

lóan colléction *n.* [전람회 개최를 위해서] 빌려서 모은 그림.

lóan cómpany *n.* [개인에게 융자하는] 금융 회사.

loan·er [lóunər] *n.* 대여인, 채권자.

lóan hólder *n.* 공채증서 보유자, 채권자, 저당권자.

loan·ing [lóuniŋ] *n.* 《스코·방언》오솔길(lane); [소의] 착유장(搾乳場).

lóan óffice *n.* **1** 대금(금융) 사무소. **2** 전당포.

lóan shárk *n.* 《美》 고리 대금업자(usurer).「금융.

loan-shark·ing [lóunʃɑ̀ːrkiŋ] *n.* 《美어》 고리 대

lóan translátion *n.* 《언》 차용 번역어구[외국어를 축어역(逐語譯)하여 자국어로 한 것. 프랑스어의 raison d'etat 는 reason of State 로 하는 따위].

lóan wórd *n.* 외래어, 차용어.

***loath** [louθ] *vt.,* (**loth**) *adj.* 《서술 형용사》싫어하는, 꺼림칙한(unwilling). ⇒ RELUCTANT 類語 ¶ He is *loath* to go there. 그는 그 곳에 가기를 싫어하고 있다 / I'm *loath* for him to go. 나는 그가 가는 것이 싫다 / He is *loath* that I will do so. 내가 그렇게 하는 것을 그는 싫어하고 있다 / *nothing loath* [싫기는커녕] 기꺼이, ...있다. ◇ **loathe** *v.,* **lóathly** *adv.,* **lóathful, lóathsome** *adj.*

***loathe** [louð] *vt.* (**loathed, loath·ing**) ......을 몹시 싫어하다(abhor), [음식 따위로] 속이 메스꺼워지다. ¶ I *loathe* snakes. 나는 뱀을 아주 싫어한다.

loath·ful [lóuðfəl] *adj.* **1** 《스코》 꺼림칙한, 싫어하는. **2** 《드물게》 지긋지긋한, 몸서리나는.

loath·ing [lóuðiŋ] *n.* Ⓤ 혐오, ⇒ AVERSION 類語 ¶ be filled with *loathing* 몹시 싫다. ~**·ly** *adv.*

loath·ly[1] [lóuθli, lóuð-] *adv.* 싫어하면서(unwillingly).

loath·ly[2] [lóuðli] *adj.* (고어)=loathsome.

***loath·some** [lóuðsəm] *adj.* 몹시 싫은, 지긋지긋한(hateful), ¶ a *loathsome* stench 속이 메스꺼워지는 악취. ~**·ly** *adv.* ~**·ness** *n.* 「결구된.

loaved [louvd] *adj.* 《英》 [캐비지 따위가] 둥글게 감긴,

***loaves** [louvz] *n.* loaf[1]의 복수형.

lob[1] [lɑb / lɔb] *n.* **1** (정구) 로브[상대방 머리 위로 지나 코트 구석으로 떨어지게 치는 높고 느린 타구]. **2** [크리켓] 낮게 밑으로 던지기. **3** 《英방언》머리가 둔한 사람, 미련한 사람. —— *v.* (**lobbed, lob·bing**) *vt.* **1** [정구] 공을 로브하다, 공을 느리게 밑으로 던지다. **3** [탄환]을 고사각(高射角)으로 발사하다. —— *vi.* **1** [정구] 공을 로브하다. **2** 느릿느릿 움직이다(*along* ...).

lob[2] [lɑb/lɔb] *n.* 갯지렁이의 일종(lobworm, lugworm).

LOB [略] 《야구》 left on bases(잔루(殘壘)).

lo·bar [lóubər] *adj.* **1** 엽(葉)의, 열편(裂片)의. **2** 폐엽성(폐葉性)의. ¶ *lobar* pneumonia 엽성폐염(葉性肺炎).

lo·bate [lóubeit], (**lo·bat·ed** [-id]) *adj.* **1** 《식물》 열편이 있는, 열편 모양의. **2** 《鳥類》 발가락 사이에 엽상(葉狀)의 막이 있는. ~**·ly** *adv.*

lo·ba·tion [lo(u)béiʃ(ə)n] *n.* Ⓤ 열편상(裂片狀)을 이룸. **2** 귓불, 열편, 판(瓣) (lobe).

lob·ber [lɑ́bər / lɔ́bə] *n.* **1** 느릿느릿 걷는 사람. **2** (정구) 로브하는 사람.

‡**lob·by** [lɑ́bi / lɔ́bi] *n.* (*pl.* **-bies**) **1** 로비[호텔·극장·아파트 따위의 현관의 넓은 홀, 대기실·휴게실로 쓰이는] 큰 복도. **2** [특히 영·미국의 의회에서 원외 인사와 만나는] 회견실, 면회실, [영국 하원에서 의결을 위해 의원이 찬반으로 갈라지는] 투표자 대기실 (division lobby). **3** 《美》《집합적》 [의회에 출입하며 로비에서 의원에게 공작을 가하는] 의원, 압력 단체, 로비스트. ——*v.* (**-bied, -by·ing**) *vi.* [의원에게 공작하기 위해] 로비 활동을 하다, 로비 활동을 하다, ¶ *lobby* against (for) a bill 의안 저지 (통과)의 로비 운동을 벌려 공작하다. —— *vt.* [의안]의 통과 운동을 하다; ......의 이면 공작을 하다; [의원]에게 로비 공작을 하다, 진정(陳情)하다. ¶ *lobby* a bill through Congress 로비 활동으로 의회에서 법안을 통과시키다.

lóbby correspóndent *n.* 《英》 의회 출입기자, 정치 기자.

lob·by·ism [lɑ́biz(ə)m / lɔ́bi-] *n.* Ⓤ 《美》 의안 통과 운동, 로비 활동, 원외 운동, 의회 공작.

lob·by·ist [lɑ́biist / lɔ́bi-] *n.* 《美》 의안 통과운동자, 로비 활동가, 압력 단체의 대표자.

lobe [loub] *n.* **1** [해부] 엽(葉) [기관의 둥근 돌출부]. ¶ the *lobe* of the brain (the lung) 대뇌엽(大腦葉) (폐엽(肺葉)). **2** 《식물》[잎의] 열편. **3** 귓불.

lo·bec·to·my [lo(u)béktəmi] *n.* Ⓤ Ⓒ (*pl.* **-mies**) 《외과》 폐엽(肺葉) 절제술.

lobed [loubd] *adj.* **1** 열편이 있는. **2** 《식물》 [잎이] 열게 째진.

lo·bel·ia [lo(u)bíːljə] *n.* 로벨리아[숫잔대류(類)의 식물]. [<플란다스의 식물학자 Matthias de Lobel(1538 -1616)의 이름에서]

lob·lol·ly [lɑ́blɑ̀li / lɔ́blɔ̀li] *n.* (*pl.* **-lies**) **1** 테다소나무; Ⓤ 그 재목. **2** 《방언》 진구렁, 진창(mudhole). **3** Ⓤ 《방언》 된 죽.

lóblòlly bòy *n.* 《페어》 선의(船醫)의 조수.

lo·bo [lóubou] *n.* (*pl.* **-bos**) (=**gráy wólf**) [미국 서부에 사는] 잿빛의 큰 느대.

lo·bot·o·mized [lo(u)bɑ́təmàizd /-bɔ́t-] *adj.* 뇌전엽(腦前葉) (백질(白質)) 절제수술을 받은; 둔한, 생기없는.

lo·bot·o·my [lo(u)bɑ́təmi /-bɔ́t-] *n.* (*pl.* **-mies**) 《외과》 뇌전엽(腦前葉) (백질(白質)) 절제술.

lob·scouse [lɑ́bskàus / lɔ́b-] *n.* 《항해》 고기·야채·비스켓 따위를 끓인 스튜의 일종.

***lob·ster** [lɑ́bstər / lɔ́b-] *n.* (*pl.* **-sters** *or* **-ster**) **1** 바닷가재[식용의 큰 새우]; Ⓤ 그 고기. **2** 왕새우, 대하 (spiny lobster). **3** 《英》《경멸적》 영국 병사.

lob·ster-eyed [lɑ́bstəràid / lɔ́b-] *adj.* 눈이 튀어나온, 부리부리한 눈의.

lóbster jóint *n.* [파이프 따위의] 접합부.

lob·ster·man [lɑ́bstərmən / lɔ́b-] *n.* (*pl.* **-men** [-men]) 바닷가재잡이 어부.

lóbster pót *n.* 새우잡이 통발. 「새우잡이 속임수.

lóbster shíft (**tríck**) *n.* 《美어》 야근.

lob·u·lar [lɑ́bjulər / lɔ́b-] *adj.* 소엽(小葉)의, 소엽편의

lob·ule [lɑ́bjuːl / lɔ́b-] *n.* 소엽(小葉), 소엽편(小裂片); 귓불.

lob·worm [lɑ́bwə̀ːrm / lɔ́b-] *n.* =lugworm.

LOC (略) 《군사》 lines of communication (후방 연락선, 병참선; 작전 지역과 후방의 보급지를 잇는 교통·연락 통로 전체의 총칭).

‡**lo·cal** [lóuk(ə)l] *adj.* **1** 장소의, 장소에 관한. ¶ *local* situation 위치 / the *local* sense of 'by' 'by'의 장소적 의미. **2** 지방의, 지역적인, 어떤 지방 특유의(* 이 경우에는 「전국, 전역」에 대한 「지방」의 뜻이며, 「도시」에 대한 「시골」의 뜻은 내포되지 않는다. *cf.* provincial. ¶ *local* affairs 지방 문제 / a *local* custom 지방 관습 / *local* celebrities 지방의 유지(명사) / *local* taxes 지방세. **3** 《의학》 국부(국소)의; 《수학》 소역(小域)적인. ¶ a *local* disease 국부적 질환 / a *local* pain 국부의 통증 / *local* anesthesia 국부 마취 / *local* maximum (minimum) 극값(극소). **4** (견해 따위의) 편협한. ¶ a person of *local* ideas 견해가 좁은 사람. **5** 《英》 동일 구내의, 시내 우편의[우편지의 표시]. **6** 단거리 구간을 달리는, 각역 정차의. ¶ a *local* train [a through train 에 대하여] 단거간 열차; [an express train 에 대하여] 보통 열차.

—— *n.* **1** 구간 열차(버스); [각역 정차의] 보통 열차. **2** [신문의]지방 기사, 《美》[노동 조합 따위의]지부. **4** (종종 ~s) 지방의 주민, 지방인; 지방 변호사, 지방 설교사. **5** (종종 ~s) 지방 운동팀. ¶ the *locals* versus the state champion 미국 전국 우승팀대 지방팀. **6** 지역내 우표. **7** (the ~) 《英구어》 집 근처의 목로 주점 (neighborhood pub).

◇ **locálity** *n.,* **lócalize, lócate** *v.,* **lócally** *adv.*

lócal áction *n.* 〔법률〕속지적(屬地的) 소송〔특정 지역에 관련된 원인에 의한 소송; 토지의 침해에 관한 소송 따위〕.

lócal anesthésia *n.* 〔의학〕국소 마취법.

lócal área nètwork *n.* 기업내(지역) 통신망〔略 LAN〕.

lócal authórity *n.* 〔英〕지방 자치체.

lócal autónomy *n.* 지방 자치제.

lócal cáll *n.* 〔기본 요금 구간의〕통화, 시내 통화. *cf.* long-distance

lócal cólor(《英》 **cólour**) *n.* ① 지방색, 향토색. **2** 〔미술〕〔그림의〕부분적 색채.

lo·cale [lo(u)kǽl / -ká:l] *n.* **1** 현장, 장소. **2** 장면, 신(scene).

lócal góvernment *n.* ⓤ 지방 자치; ⓒ 지방 자치체.

lócal gróup *n.* (때로 L-G-) 〔천문〕 국부 성운군〔은하계・마젤란운(雲)・안드로메다 성운을 포함한 소우주단(小宇宙團)〕.

lo·cal·ise [lóuk(ə)làiz] *v.* 〔英〕= localize.

lo·cal·ism [lóuk(ə)lìz(ə)m] *n.* **1** 지방 사투리, 방언; 지방색 ⓤ. **2** ⓤ 지방주의, 향토 편애(sectionalism). **3** ⓤ 협량.

***lo·cal·i·ty** [lo(u)kǽliti] *n.* (*pl.* **-ties**) **1** 어떤 장소, 지방, 소재지; 산지(産地); 현장; 부근. ¶ *the locality of a mineral* 광물의 산지 / *a crime* 범죄 현장. **2** ⓤ 어떤 장소에 위치하기, 배속하기. ¶ *a good sense of locality* 뛰어난 지역(位치) 감각.

lo·cal·iz·a·ble [lóuk(ə)làizəbl] *adj.* 한 지방(국지)에 한한; 지방화할 수 있는.

lo·cal·i·za·tion [lòuk(ə)lizéi(ə)n / -lai-] *n.* ⓤ 국한, 국지화(化). ⓤ 지방화.

lo·cal·ize [lóuk(ə)làiz] (*《英》에서는 **localise**로도 쓴다) *v.* (**-ized**, **-iz·ing**) *vt.* **1** …을 지방에 국한시키다. ¶ *localize* a war 전쟁을 국지화하다. **2** …을 어떤 장소에 배치하다, 배속하다. **3** …을 지방화하다, …에 지방적 성격을 부여하다. **4** […에][주의 등]을 집중하다(...**upon**). — *vi.* 한 지방에 모이다.

lo·cal·iz·er [lóukəlàizər] *n.* 〔항공〕로컬라이저[비행 착륙용 유도 전파 발신기].

lo·cal·ly [lóukəli] *adv.* **1** 장소적으로, 위치상으로. **2** 국부적으로, 지방적으로.

lócal óption *n.* ⓤⓒ 지방 선택권〔특히 주류 판매의 가부를 지방 주민의 투표에 의해 결정할 수 있는 권리〕.

lócal tíme *n.* 〔standard time 에 대해〕지방시(地方時).

Lo·cár·no Páct [lo(u)káːrnou-] *n.* 로카르노 조약〔스위스 Locarno 에서 1925년 영국・프랑스・독일・이탈리아・벨기에 등의 나라들 사이에 체결된 상호 안전 보장 조약〕.

‡lo·cate [lóukeit, lo(u)kéit / lo(u)kéit] *v.* (**-cat·ed**, **-cat·ing**) *vt.* **1** …의 장소를 알아내다, 찾아내다, 가리키다. ¶ *locate* a leak in a gas pipe 가스 파이프의 새는 곳을 찾아내다 / *locate* a person in a barn 남이 헛간에 있는 것을 찾아내다 / *Locate* Puerto Rico on a map. 지도상에 푸에르토리코의 위치를 가리켜라. **2** …의 장소를 […에]정하다, [가게・주거 따위]를 […에] 잡다; 〔수동형 또는 ~oneself로〕 재외동하다, 이사하다. ¶ Where is Cincinnati *located*? 신시내티는 어디에 있습니까? // (~+⽬+前+㊅) *locate* one's office *on* Main Street (*in* Chicago) 사무소를 시카고(의 메인 가)에 두다. **3** 〔美〕〔토지의 권리를 주장하다, 〔토지〕를 점취하다; 〔법률〕〔토지・가옥 따위〕를 임대하다. **4** 〔美〕〔집이나 직장〕을 정하다. ¶ Are you *located* yet? 정착할 곳〔거처〕은 정했습니까? — *vi.* 거주(정주)하다, 정착하다(settle); 가게를 내다.

◇ **lócal, lócative** *adj.*, **locátion** *n.*

‡lo·ca·tion [lo(u)kéi(ə)n] *n.* **1** ⓤ 위치의 선정. ¶ the matter of industrial *location* 공업 지대 선정의 문제. **2** 〔공장・집 따위를 설치할〕장소, 용지, 부지; 소재지. ¶ a fine *location* for a house 집을 세우기에 알맞은 장소. **3** 지정 구역. ¶ a mining *location* 광업 지정지. **4** ⓤ 〔법률〕〔토지・가옥 따위의〕임대차. **5** 〔컴퓨터〕기억 장소(위치), 로케이션. **6** ⓤⓒ 〔영화〕로케이션, 야외 촬영(장). ¶ **on** *location* 로케중에. ◇ **lócate** *v.*

loc·a·tive [lákətiv / lɔ́k-] 〔문법〕*adj.* 위치를 가리키는. — *n.* **1** 위치격(位置格), 소격(所格). **2** 위치어(소격어).

lo·ca·tor [lóukeitər, lo(u)kéi- / lo(u)kéi-] *n.* 〔美〕 **1** 토지〔광구(鑛區)〕경계 설정자. **2** 전파 탐지기, 청음기(radiolocator).

loc. cit. 《略》〔라틴〕*loco citato*. *cf.* op. cit.

loch [lak, lax / lɔk, lɔx] *n.* 《스코》호수(lake); 좁다란 후미.

lo·chi·a [lóukiə, lák- / lóukiə, lɔ́k-] *n.* 〔의학〕오로(惡露) 산후 분비물.

Lóch Néss mónster *n.* (the~) 네스호(湖)의 괴물, 네시(Nessie)〔스코틀랜드의 Ness 호에 살고 있다고 한다〕.

lo·ci [lóusai] *n.* locus 의 복수형의 하나.

loci clas·si·ci [lóusai klǽsisài] *n.* 〔라틴〕 *locus classicus* 의 복수형.

‡lock[1] [lak / lɔk] *n.* **1** 자물쇠. ¶ a combination *lock* 숫자・문자 따위를 맞추어 여는 자물쇠 / a time *lock* 시한 자물쇠. **2** 〔차바퀴의〕멈추개. **3** 〔총기(銃機)〕총의 발사 장치(gunlock). **4** 〔운하・강의〕갑문, 수문. **5** 〔기계〕기강(氣閘), 기밀실(air lock). **6** 〔차량 바퀴의〕혼잡, 붐빔. **7** 〔레슬링〕맞잡기, 맞붙들기. ¶ **an arm (a leg)** *lock* 팔〔다리〕굳히기. **8** 〔英〕= Lock Hospital. **9** 〔속어〕유치장, 구치소.

lock, stock, and barrel 이것 저것 모두(entirely).

under lock and key 자물쇠를 채워서 보관되어. ¶ The documents were *under lock and key*. 서류는 자물쇠를 채워 보관되어 있었다.

— *vt.* **1** …에 자물쇠를 채우다 (... *up*). ¶ Don't forget to *lock* [*up*] all the windows. 모든 창문에 자물쇠 채우기를 잊지 마라. **2** 〔자물쇠를 채워서〕〔남〕을 가두다; 〔물건〕을 넣어 두다(... *up*, *in*); 〔비유적〕〔비밀 따위〕를 마음에 간직하다(... *in*). ¶ (~+⽬+前) *lock up* a prisoner in a cell 죄수를 독방에 가두다 // (~+⽬+前+㊅) *lock* oneself *in* a room 방에 틀어박히다 / She *locked* the secret *in* her heart. 그녀는 그 비밀을 가슴 깊이 간직했다. **3** …을 움직이지 않게 하다, 고착시키다; …에 바퀴 멈추개를 괴다; …을 활발하지 않게 하다. ¶ (~+⽬+前+㊅) I can't *lock* this key *in* the socket. 이 열쇠가 구멍에 맞지 않는다. **4** …을 껴안다(embrace tightly); 〔팔・손가락 따위〕를 단단히 깍지끼다. ¶ *lock arms* 팔을 꽉 끼다 // (~+⽬+前+㊅) *lock* a child *in* one's arms 아이를 팔로 꼭 껴안다. **5** 〔운하 따위〕에 갑문을 설치하다; 〔배〕를 수문으로 지나게 하다. — *vi.* 자물쇠가 잠기다. ¶ This trunk doesn't *lock*. 이 트렁크는 자물쇠가 잠기지 않는다. **2** 얽히다, 고착되다. **3** 〔자재축(自在軸)의 부착으로 차의〕앞바퀴가 좌우로 회전할 수 있다. **4** 〔군대〕열의 앞뒤 간격을 좁혀 나아가다. **5** 〔배〕갑문을 통과하다; 〔운하가〕갑문으로 통하다.

be locked in …에 갇혀있다, …에 열중(몰두)해 있다.

lock away 〔자물쇠를 채워〕 …을 간수해두다.

lock up ① 〔인쇄〕〔조판〕을 죄어 고정시키다. ② 〔자본〕을 고정하다. ③ …을 감금하다(imprison).

◇ **lóckless** *adj.*

lock[2] [lak / lɔk] *n.* **1** 머리의 타래. ¶ a *lock* of hair 한 타래의 머리. **2** (~s) 머리털. **3** 〔양털・솜 따위의〕뭉치.

lock·age [lákidʒ / lɔ́k-] *n.* **1** 갑문 구축(용 자재). **2** 배의 갑문 통과(세). **3** 〔갑문 조작에 의한〕수면의 고저차(高低差).

lock·a·way [lákəwèi / lɔ́k-] *n.* 〔英〕장기 증권.

locked [lakt / lɔkt] *adj.* 짜맞춘, 꺼꾸레게 된.

lock·er [lákər / lɔ́kə] *n.* **1** 로커. **2** 〔항해〕〔의복·식량 따위를 넣는〕 상자, 보관실. **3** 냉동고, 냉동 식품 저장고. **4** 자물쇠를 채우는 사람(것).
lócker pàper *n.* 냉동 식품용의 부드러운 포장지.
lócker plànt *n.* 〔유료〕 냉동 식품 저장고. 〔실.
lócker ròom *n.* 〔체육관·클럽 따위의〕 로커룸, 탈의
lock·et [lákit / lɔ́k-] *n.* **1** 로켓〔보통 사진 따위를 넣어 목걸이 줄에 매다는〕. **2** 〔칼집 최상부의 가죽띠를 걸기 위한〕 걸쇠.
lóck gàte *n.* 수문, 갑문(閘門). 〔전투기.
Lock·heed [lákhi:d / lɔ́k-] *n.* 〔미국의〕 록히드 1인승
Lóck Hòspital *n.* 〈英〉 성병 병원. 〔학의.
Lock·i·an [lákiən / lɔ́k-] *adj.* John Locke 의, 로크 철
lock·in [lákin / lɔ́k-] *n.* 감금, 연금; 점거.
lock·jaw [lákdʒɔː / lɔ́k-] *n.* [U] 〔병리〕 〔파상풍 등의〕 교경(咬痙)〔구강(開口) 불능, 아관긴급(牙關緊急) (trismus)〕: 파상풍.
lock·keep·er [lákkìːpər / lɔ́k-] *n.* 수문〔갑문〕 관리 인(lockkeeper). 〔인.
lock·less [láklis / lɔ́k-] *adj.* **1** 자물쇠가 없는, 폐쇄되지 않은. **2** 수문이 없는.
lock·man [lákmən / lɔ́k-] *n.*(*pl.* **-men** [-mən]) 수문 관리인(lockkeeper).
lock·mas·ter [lákmæstər / lɔ́k-] *n.* 갑문〔수문〕 관리인 (lockkeeper).
lóck nùt *n.* 〔기계〕 **1** 〔헐거워지지 않게 하는 장치가 달린〕 로크 너트. **2** 잼너트〔2중 너트 중 얇은 쪽〕.
lock·on [lákàn / lɔ́k-] *n.* [U][C] **1** 레이다에 의한 자동 추적. **2** 잠수함과 구조정 등과의 사이의 기밀(氣密) 통로의 연결.
lock·out [lákaut / lɔ́k-] *n.* [U][C] **1** 로크아웃, 〔경영자에 의한〕 공장 폐쇄, 노동자 축출. **2** 공기압으로 물을 차단한 수중 시설의 개구부(開口部). **3** 자물쇠가 채워져 잠겨버리기. — *vt.* **1** 축출하다. **2** 〔노동자〕에게 대해 공장을 폐쇄하다; 〔학생〕에 대해 학교를 폐쇄하다.
lock·smith [láksmiθ / lɔ́k-] *n.* 자물쇠 제조업자(공).
lóck stèp *n.* [U] 〔대열의 간격을 좁혀서 하는〕 밀집 행진. **2** 융통성 없는〔물샐틈 없는〕 배열(配列).
lóck stìtch *n.* 재봉틀 박음질, 이중 박음질.
lock·up [lákʌp / lɔ́k-] *n.* **1** 유치장, 감옥(jail). **2** [U][C] 유치, 감금. **3** 자본의 고정; 고정 자본. **4** 〔인쇄〕 조판. **5** 〔주로 英〉(자물쇠로 잠그고 열리게 된〕 임대 로커〔차고, 창고〕.
lock·wash·er [lákwɑ̀ʃ-, -wɔ̀ːʃər / lɔ́kwɔ̀ʃər] *n.* 〔기계〕 용수철 와셔라; 〔생물〕 〔단백질내에 전위(轉位)로 생기는〕 나선 구조.
lo·co[lóukou] *n.*(*pl.* **-cos**) **1** =locoweed. **2** (=**lóco disèase**) [U]〔獸醫〕로코병(病)〔locoweed 를 먹은 가축이 걸리는 신경 계통의 악성 중독〕(locoism). **3** 로코병 감염 동물. **4** 〈속어〉 정신 이상자. — *vt.* **1** 〈美〉 〔가축〕을 로코병에 걸리게 하다. **2** 〈속어〉 …을 미치게 하다. — *adj.* 〈속어〉 정신 이상의.
lo·co² [lóukou] *n.* =locomotive.
lo·co[lóukou] *n.* 〔라틴〕〔상업〕 현장도(現場渡) 조건.
loco- from place to place 라는 뜻의 연결형. 예: *loco*motion.
loco ci·ta·to [lóukou sitéitou, -sai-]〔라 틴〕(=in the place cited) 상기 인용문중〔略 loc. cit.〕.
lo·coed [lóukoud] *adj.* 〈美속어〉 미친. ⇒ LOCO¹.
lo·co·mo·bile [lóukəmóubiːl] *adj.* 자동 추진의. 〔동하다.
lo·co·mote [lóukəmòut] *vi.* (**-mot·ed, -mot·ing**) 이
lo·co·mo·tion [lóukəmóuʃ(ə)n] *n.* [U] **1** 이동〔력〕. **2** 여행. **3** 교통 기관.
lo·co·mo·tive [lóukəmóutiv / ˌ] *n.* **1** 〔철 도〕 기관차. ¶ a steam *locomotive* 증기 기관차 / an electric *locomotive* 전기 기관차. **2** 〔기관차 처럼 처음에는 천천히, 점점 속도를 빨리하는〕 응원. **3** (~ s) 〈속어〉 다리 (legs). ¶ Use your *locomotives*. 걸으세요. **4** 운동성 (性) 동물. — *adj.* **1** 이동〔운동〕하는; 이동〔운동〕력이 있는; 운동의, 운동을 일으키는. ¶ *locomotive* organs 〔다리 따위〕 이동 기관(器官) / *locomotive* animals 운동력이 있는 동물. **2** 〈익살〉 여행의, 여행을 좋아하는. ¶ a *locomotive* mania 여행광 / a *locomotive* person 여행을 좋아하는 사람. ◇ locomótion *n.*
lo·co·mo·tor [lóukəmóutər] *adj.* 운동의. — *n.* **1** 운동〔이동〕력이 있는 것, 이동 발동기. **2** 〈익살〉 여행을 좋아하는 사람.
locomòtor atáxia *n.* [U] 〔병리〕 운동 실조증(失調症).
lo·co·weed [lóukouwìːd] *n.* 로코풀〔미국 서남부 평원에 많이 나는 콩과(科)의 식물, 가축에 유해〕 (loco).
loc·u·lus [lákjuləs / lɔ́k-] *n.* (*pl.* **-li** [-lài]) **1** 〔생물·해부〕 소실(小室), 소방(小房), 소강(小腔). **2** 〔식물〕 방실(房室), 포실(胞室), 실(室).
lócum té·nens [-tíːnenz, + 美 -ninz] *n.* (*pl.* **lo·cum te·nen·tes** [-tənénti:z])《주로 英》대리인; 〔특히〕 대리 목사; 대진(代診).
lo·cus [lóukəs] *n.* (*pl.* **-ci** *or* **-ca**) **1** 장소, 위치. **2** 〔수학〕 궤적(軌跡). **3** 〔유전〕〔염색체의〕 인자좌위(因子座), 좌(座). 〔< L place〕
locus clas·si·cus [lóukəs klǽsikəs] *n.* (*pl.* *loci clas·si·ci*) 〔라틴〕(=classical passage) 전거(典據)가 있는 구, 표준구(standard passage).
locus in quo [lóukəs in kwóu] *n.* 〔라틴〕(=place in which) 사건의 현장.
lo·cust [lóukəst] *n.* **1** 〔특히 떼를 지어 농작물에 큰 해를 끼치는〕 메뚜기. ¶ the *locust years* 메뚜기의 해를 입은 흉년 같은〈불황과 반곤의 시대〉. **2** 〈美〉 탐욕스러운 사람, 파괴적인 사람. **3** 〈美〉 매미(cicada). **4** (=*lócust trèe*) 〔북미산〕 아카시아 나무. **5** 구주콩〔나무〕.
lo·cu·tion [lo(u)kjúː(ə)n] *n.* **1** 관용어 법(idiom). **2** [U] 화법, 말씨, 말투.
loc·u·to·ry [lákjutɔ̀ːri / lɔ́kjut(ə)ri] *n.* (*pl.* **-ries**) 〔수도원의〕 담화실. **2** 〔수도원 따위의 면회용〕 격자창 (格子窓).
lode [loud] *n.* **1** 광 맥(鑛脈). **2** 〈英방언〉 통로 (path), 수로(watercourse). **3** =lodestone.
lode·star, load- [lóudstɑ̀ːr] *n.* **1** 길잡이가 되는 별, (the ~) 북극성(Polaris). **2** 〈비유적〉 사람들의 관심의 대상; 지침이 되는 것, 지도 원리.
lode·stone, load- [lóudstòun] *n.* **1** [U][C] 천연자석. **2** 흡인력(吸引力)이 있는 것, 사람을 끌어들이는 것.
‡**lodge** [lɑdʒ / lɔdʒ] *n.* **1** 〔일시적으로 사용하는〕 오두막집, 여름 별장. **2** 〔대저택·공원 따위의〕 파수꾼집, 문지기집, 수위실. **3** 관광지의 여관. **4** 〔비밀 결사·동우회 따위의〕 지방 집회소, 지부; 〔집합적〕 지부회원. ¶ The *lodge* has accepted the proposal. 지부회원은 그 제안을 수락했다. **5** 〈英〉〔Cambridge 대학의〕 학장 관사. **6** 〈美〉〔북미 인디언의〕 천막식 오두막집. **7** 〔해리(海狸) 따위의〕 소굴.
— *v.* (**lodged, lodg·ing**) *vi.* **1** 묵다, 숙박하다; 하숙하다(*at, with* …). ¶ (~+前+名) *lodge at a hotel* 호텔에 묵다 / He *lodged at* Mrs. Smith's (*with a* French family) during his school days. 학생 시절에 그는 스미스 부인댁(프랑스인 가정)에 하숙하고 있었다. **2** 〔탄환 따위가〕 박히다, 〔화살 따위가〕 꽃히다; 〈비유적〉 머물다. ¶ (~+前+名) The fish bone *lodged in* his throat. 생선 뼈가 그의 목구멍에 박혔다. The fact *lodged in* his mind. 그 사실이 그의 마음에서 떠나지 않았다. **3** 〔비바람 따위로〕 농작물이〕 쓰러지다(fall down).
— *vt.* **1** …을 숙박시키다; …을 하숙시키다. ¶ a house *lodging* students 학생용 하숙집 / Could you *lodge* me for the night? 하룻밤 묵게 해주시겠습니까? **2** 〔금품·귀중품 따위〕를 맡기다(… *in, with*). ¶ (~+目+前+名) *lodge* money *in* a bank (*with a person*) 돈을 은행에 (남에게) 맡기다. **3** 〔정보·소장(訴狀)〕 따위〕를 제출하다, 〔불평〕을 호소〔신고〕 하다(… *against*,

lodgement

with). ¶ (~+囹+前+名) *lodge* an information *against* a swindler 사기꾼을 밀고하다 / *lodge* a complaint *with* (or *before*) the City authorities 시 당국에 불평(항의)를 제기하다. **4** [탄환·화살 따위가] …을 꽂다, 박혀 있게 하다. ¶ He *lodged* an arrow *in* the bear's chest. 그는 곰 가슴에 화살을 쏘아박았다. **5** [직권 따위]에게 부여하다, 위임하다 (…*in, with*). **6** [비바람이] [농작물을] 쓰러뜨리다(fell). **7** [사냥감] 을 소굴까지 추적하다, 몰아넣다.
◇ **lódgment** *n*.

lodge·ment [ládʒmənt / lɔ́dʒ-] *n*. 《英》=lodgment.

lodg·er [ládʒər / lɔ́dʒə] *n*. 숙박인; 하숙인. *cf.* boarder ¶ take in *lodgers* 하숙인을 두다, 하숙을 치다.

‡**lodg·ing** [ládʒiŋ / lɔ́dʒ-] *n*. **1** ⓒⓤ 숙박; 하숙. ¶ furnish board and *lodging* 식사를 제공하는 하숙을 치다. **2** [일시적인] 거주지, 숙소. **3** (~s) 셋방, 하숙집; 《英》[대학 구내 밖에 있는] 학생 기숙사. ¶ live in *lodgings* 셋방살이하다.

lódging hòuse *n*. 하숙집. ¶ a common *lodging house* 《英》[식사는 제공하지 않는] 간이 숙박소.

lódg·ing-room [ládʒiŋrùːm / lɔ́dʒ-] *n*. 침실(bedroom).

lódging tùrn *n*. [철도] [승무원이 도착역에서 일박하는] 외박 근무(기간).

lodg·ment, 《英》 **lodge-** [ládʒmənt / lɔ́dʒ-] *n*. **1** 숙박(소). **2** 침전물, 퇴적물; ¶ a *lodgment* of sand 모래의 퇴적. **3** [군대] 점령; 거점, 발판. **4** [법률] 담보의 공탁; 예금. **5** [항의 따위의] 제기, 신고.

lo·ess [lóuis, -es] *n*. [지질] 황토, 로이스 [Rhine, Mississippi 강 유역이나 중국 북부의 풍성층(風成層)].

L of C (略) [군대] lines of communication 병참선 [兵站線].

lo-fi [lóufái] *adj., n.* 하이파이(hi-fi)가 아닌[재생 장치].

*‡**loft** [lɔːft / lɔft] *n.* **1** 고미다락(방); [헛간 따위의] 다락; [교회·강당 따위의] 맨 위층, 높이 만든 관람석; [창고·상업용 건물 따위의] 맨 위층; [헛간 따위의] 건초다락(hayloft). **2** [골프] 로프트 [골프채 머리의 경사도], 높이치기. **3** 비둘기 집; 비둘기 떼.
— *vt.* **1** …을 지붕 밑에 저장하는지, [고어] (집)에 고미다락방을 들이다. **2** [비둘기]를 비둘기 장에 넣다, 기르다. **3** [골프] [골프채]를 경사지게 하다, (공)을 높이 치다. **4** [우주]로 발사하다. — *vi.* [골프] 공을 높이 쳐올리다; [공 따위가] 높이 날다.

LOFT [lɔːft, lɔft] *n*. [천문] 저주파 전파 망원경[0.5-1 MHz의 주파대(帶)의 전파 관측을 한다].
[< *low* frequency radio *telescope*]

loft-bomb·ing [lɔ́ːftbɑ̀miŋ / lɔ́ftbɔ̀m-] *n*. 원·수폭 투하법의 일종[폭탄 투하 비행기가 방사능의 영향을 받지 않도록 급상승하면서 폭탄을 투하한다].

loft·er [lɔ́ːftər / lɔ́ft-] *n*. [골프] 로프터 [공을 쳐올리는 데 쓰는 머리가 쇠로 된 골프채] (lofting iron).

lóft jàzz *n*. ⓤ 창고의 위층 따위를 빌어서 하는 혁신적인 재즈.

‡**loft·y** [lɔ́ːfti / lɔ́fti] *adj.* (**loft·i·er, loft·i·est**) **1** 우뚝 솟은, 매우 높은. ⇒ HIGH [類語] ¶ a *lofty* tree 높이 솟은 나무 / a *lofty* peak in the Alps 알프스의 고봉. **2** 고상한, 고결한; 당당한; 지위가 높은. ¶ a *lofty* ideal 높은 이상 / a *lofty* speech 당당한 연설. **3** 거만한. ¶ *lofty* manners 거만한 태도. **lóft·i·ly** *adv.* **lóft·i·ness** *n*.

‡**log¹** [lɔːg, lɑg / lɔg] *n*. **1** 통나무. ¶ be [as] easy as rolling off a *log* 통나무를 굴리는 일처럼 아주 쉽다, 식은 죽 먹기다 / float (lie) like a *log* 통나무처럼 떠 있다 (누워 있다) / sleep like a *log* 세상모르고 자다. **2** 몸놀림이 둔한 사람, 느림보. **3** 〔항해〕 [배의 속도를 재는] 측정기(測程器). ¶ heave (or throw) the *log* 배의 속도를 재다. **4** (=**lóg·bòok**) 항해(항공) 일지; 자동차 일지; [일반의 기록] 여행 일지; [엔진 따위의] 공정(工程) 일지, 실험 일지. **5** [컴퓨터] 로그 [오퍼레이션 또는 입출력(入出力) 데이터의 기록].
roll logs for *a person* 협력해서 애쓰다, 남을 동료 입장으로 칭찬하다. *cf.* logrolling
— *v.* (**log·ged, log·ging**) *vt.* **1** [나무]를 잘라 쓰러뜨려 통나무로 만들다; [목재]를 벌채하다. ¶ *Logging* too many trees destroys nature. 나무를 너무 많이 베면 자연이 파괴된다. **2** [항해] [배의 속도 및 기타의 것]을 항해 일지에 기입하다. **3** [배가] [몇 노트의 속력]을 내다; [하루에] […의 거리]를 항해하다. ¶ The ship *logged* 20 knots the first day. 그 배는 첫날 20노트로 항행했다.
— *vi.* 목재를 벌채하다; 벌채업을 하다. ◇ **lóg·y** *adj*.

log² [lɔːg, lɑg / lɔg] *n*. =logarithm.

log- ⇒ LOGO-.

-log ⇒ -LOGUE.

log. (略) logic.

lo·gan·ber·ry [lóugənbèri / -b(ə)ri] *n*. (*pl.* **-ries**) 로건베리 [raspberry와 blackberry의 잡종]; 그 열매.

lógan·stòne [-stòun] *n*. =rocking stone.

log·a·rithm [lɔ́ːgəriθ(ə)m, lɑ́g-, -θ(ə)m / lɔ́g-] *n*. [수학] 대수(對數) [略 log]. ¶ common *logarithms* 상용(常用) 대수 / natural *logarithms* 자연 대수 / the table of *logarithms* 대수표.

log·a·rith·mic [lɔ̀ːgəríθmik, lɑ̀g-, -ríθ- / lɔ̀g-], (**log·a·rith·mi·cal** [-mik(ə)l]) *adj.* [수학] 대수의. ¶ a *logarithmic* scale 대수 계산척.
-mi·cal·ly [-mikəli] *adv.*

lóg·bòok [-gbùk, -lág- / -lɔ́g-] *n*. =log¹의 4.

lóg càbin *n*. 통나무 집.

lóg chìp *n*. [항해] 측정판(測程板) (* log ship이라고도 한다). (booth).

loge [louʒ] *n*. [극장의] 특별 관람석(box); 칸막이 좌석

logged [lɔːgd, lɑgd / lɔgd] *adj.* **1** 움직임이 둔해진. **2** [재목이나 배 따위가] 물에 젖어 무거워진 (waterlogged).

log·ger [lɔ́ːgər, lɑ́g- / lɔ́gə] *n*. **1** 벌목하는 사람, 벌목꾼, 나무꾼. **2** [벌채지에서 통나무를 나르는] 통나무 운반 트럭; 통나무 적재기.

log·ger·head [lɔ́ːgərhèd, lɑ́g- / lɔ́g-] *n*. **1** 얼간이, 바보. **2** (=**lóggerhèad tùrtle**) 왕바다거북. **3** [타르 따위를 녹일 때 쓰는] 끝에 둥근 쇠뭉치가 달린 교반봉(攪拌棒). **4** [포경선의 고물에 있는] 작살 밧줄을 감는 기둥 [작살 밧줄이 너무 빨리 풀려나가는 것을 억제한다]. **5** (=**lóggerhèad shríke**) 백설조의 일종[북미산(産)].

at loggerheads [*with*] […과] 언쟁하여, 싸움하여.

fall (or *get, go*) *to loggerheads* 서로 주먹질을 시작하다.

log·gia [ládʒ(i)ə, lɔ́ːdʒ- / lɔ́dʒ-] *n*. (*pl.* **-gias** or **-gie** [ládʒe, lɔ́ːdʒe, lɔ́dʒe]) 로지아 [한쪽에 벽이 없는 트인 복도]. [< It.]

(loggia)

log·ging [lɔ́ːgiŋ, lɑ́g-/lɔ́g-] *n*. 목재를 베어내기, 벌채.

log·i·a [lágiə / lɔ́g-] *n*. logion의 복수형의 하나.

‡**log·ic** [ládʒik / lɔ́dʒ-] *n*. ⓤ **1** 논리학; ⓒ 논리학 서적. ¶ deductive (inductive) *logic* 연역 (귀납) 논리학 / pragmatic *logic* 실용주의적 논리학. **2** 논리, 논법, 추론법. ¶ His *logic* is at fault. 그의 논법은 옳지 못하다. **3** 올바른 논리, 이치, 조리. **4** 이치로 따짐, 꼼짝 못하게 하는 이유(설득력), 필연적인 귀결. ¶ the *logic of* facts 어쩔 수 없는 사실의 힘, 사실이라는 불가항력. **5** [컴퓨터] 조직, 논리 조작(操作).

chop logic 억지 이론을 늘어놓다.
◇ **lógical** *adj.*

-logic *suf.* -logy로 끝나는 명사에서 형용사를 만든다. 예: geo*logic*.

log·i·cal [lάdʒikəl / lɔ́dʒ-] adj. 1 논리적인, 이치에 맞는; [사고 방식이] 논리적인. ¶ a logical argument 논리적인 의론 / a logical person 논리적인 사람. 2 [논리상] 당연한, 필연적인. ¶ the logical result 당연한 결과. 3 논리학[상]의. ¶ logical terms 논리학 용어.

-logical suf. =-logic. ∟~ness n.

log·i·cal·i·ty [lὰdʒikǽliti / lɔ̀dʒ-] n. 1 논리에 맞음, 논리적 타당성. 2 논리(추론)의 정확함.

***log·i·cal·ly** [lάdʒikəli / lɔ́dʒ-] adv. 논리상, 논리적으로; 필연적으로.

lógical operátion n. 〖컴퓨터〗 논리 연산(演算).

lógical pósitivìsm n. 〖철〗논리적 실증주의(實證主義).

lógic círcuit n. 〖컴퓨터〗 논리 회로.

lo·gi·cian [loudʒí(ə)n] n. 논리학자; 논리에 능한 사람.

lo·gie [lóugi] n. [연극에 사용하는] 모조 보석.

log·i·on [lάgiàn / lɔ́giɔn] n. (pl. **-i·a** or **-i·ons**) 1 [성인 등의] 명구, 금언(金言). 2 〖종종 L-〗 [성서] [복음서 외의] 그리스도의 말.

-logist suf. 「…학(-logy)」에서 「…학자」, 「…연구자」라는 뜻의 명사를 만든다. 예: geologist < geology, philologist < philology.

lo·gis·tic[1] [lo(u)dʒístik], **-ti·cal** [-tik(ə)l] adj. 병참(兵站)의, 병참[업무]의.

lo·gis·tic[2] [lo(u)dʒístik] n. 〖U〗 기호 논리학.

lo·gis·tics [lo(u)dʒístiks] n. pl. (단·복수 양용) 병참술(兵站術) (학) [수송·보급·야영에 관한 군사학의 한 부문].

log·jam [lɔ́:gdʒæm, lάg- / lɔ́g-] n. 1 [강의 한 곳으로 떠내려가 모인] 통나무의 몰림. 2 《美》 막다름; 정지; 봉쇄(blockade).

lóg líne n. 〖항해〗 측정선(測程線), 측정삭(索).

log·o [lɔ́:gou, lάg / lɔ́g] n. =logotype.

LO·GO, Lo·go [lóugou, lάg- / lɔ́g-] n. 〖컴퓨터〗 로고 [미국 MIT 에서 개발한 PC 용 프로그래밍 언어; 주로 교육·인공지능 연구용].

logo- word, speech 의 뜻의 연결형 (* 모음 앞에서는 log- 를 쓴다). 예: logomachy.

log·off [lɔ́:gɔ̀:f, lάg- / lɔ́g-] n. 〖컴퓨터〗 로그오프 [단말(端末)의 사용을 끝내는 기계 조작의 절차·수순(手順)].

log·o·gram [lɔ́:gəgræ̀m, lάg- / lɔ́g-] n. 1 어표(語標) [dollar 를 $로, won 을 ₩로, and 를 &로 표시하는 따위]; 약호[cent 를 c.로 나타내는 따위]. 2 일종의 글자 수수께끼.

log·o·gram·mat·ic [lɔ̀:gəgrəmǽtik / lɔ̀g-] adj. 어표(생략 부호)의, 어표(생략 부호)를 쓴.

log·o·graph [lɔ́:gəgræ̀f, lάgə- / lɔ́gəgrὰ:f] n. 1 =logogram. 2 《드물게》 =logotype.

lo·gog·ra·pher [lo(u)gάgrəfər / lɔgɔ́g-] n. 고대 그리스의 산문 작가(역사가).

lo·gom·a·chy [lo(u)gάməki / lɔgɔ́m-] n. 〖U〗〖C〗 (pl. **-chies**) 1 말다툼, 언쟁. 2 글자 맞추기 놀이.

lo·go·man·i·ac [lὸ(u)gəméiniæ̀k / lɔ̀gə-] n. 병적 다변증인 사람; 다변가.

lo·go·pho·bi·a [lɔ̀:gəfóubiə / lɔ̀gə-] n. 〖U〗 〖병리〗 언어 공포증.

lo·gos [lóugəs / lɔ́g-] n. 〖U〗 (보통 L-) 1 〖철학〗 로고스, 이성(理性), 우주의 법칙. 2 (L-) 〖신학〗 로고스, 하나님의 말씀; 그리스도 [←요한 복음(John) 1: 1-14].

log·o·type [lɔ́:gətàip, lάg- / lɔ́g-] n. 1 〖인쇄〗 합자 활자(合字活字) [ing, and, on 따위 한 음절 또는 한 말을 하나로 주조한 활자]. 2 [회사명 따위의] 디자인; 상표 (trademark).

log·roll [lɔ́:gròul, lάg- / lɔ́g-] vt. (의원이 협력하여) (의안)을 통과시키다. ── vi. 의안을 통과시키기 위하여 서로 협력하다.

log·roll·er [lɔ́:gròulər, lάg- / lɔ́g-] n. 협력하여 의안을 통과시키는 의원.

log·roll·ing [lɔ́:gròuliŋ, lάg- / lɔ́g-] n. 1 의안을 통과시키기 위한 의원의 협력, 서로 돕기. 2 [작가 등이] 서로 칭찬하기. 3 [서로 협력하여 통나무를 한데 모으는] 통나무 굴리기.

-logue, -log a specified kind of discourse 라는 뜻의 연결형. 예: monologue, dialogue.

log·wood [lɔ́:gwùd, lάg- / lɔ́g-] n. 〖U〗 로그우드[중미나 서인도 제도산(産)의 콩과(科)의 나무. 심재(心材)에서 갈색 염료를 채취한다].

lo·gy [lóugi] adj. (**-gi·er, -gi·est**) 《美구어》 [동작·두뇌 활동이] 둔한, 느린, 탄력성이 없는, 활기가 없는 (dull).

-logy 1 the department of study 또는 science 라는 뜻의 연결형. 예: geology, philology. 2 word, discourse 라는 뜻의 연결형. 예: eulogy, martyrology.

loid [lɔid] n., vt. 《속어》 셀룰로이드 조각[으로 자물쇠를 열다].

***loin** [lɔin] n. 1 (보통 ~s) 허리, 요부(腰部); (~s 주로 문어) [옷을 걸쳐야 할 곳, 또는 힘·정력·생식력의 근원으로 여겨진] 허리. ¶ a fruit (or a child) of one's loins 자기의 자식 / be sprung from a person's loins 어떤 사람의 자식으로 태어나다. 2 〖U〗 [짐승의] 허리 고기.

gird up one's **loins** 허리띠를 졸라매다, …의 태세를 갖추다.

loin·cloth [lɔ́inklɔ̀:θ / -klɔ̀(:)θ] n. [미개인 등이] 허리에 걸치는 간단한 옷.

loir [lɔ́iər, 美 lwɑ́:r] n. 큰 산쥐(dormouse) [유럽산(産)의 다람쥐와 비슷한 동물].

Loire [lwɑ́:r] n. (the ~) 르와르강 [프랑스 남부에서 발원하여 Biscay 만으로 흘러드는 프랑스 최장의 강].

loi·ter [lɔ́itər] vi. 1 [어떤 장소에서] 어슬렁거리다, 어정거리다, 어정버정 걷다(가다). ¶ (~+前+名) loiter along 어슬렁어슬렁 가다 // (~+前+名) They were loitering around the park. 그들은 공원을 어슬렁어슬렁 거닐고 있었다 // Don't loiter on your way home. 돌아오는 길에 늑장부리지 마라. 2 하는 일 없이 시간을 보내다, [일에] 늑장부리다. ¶ (~+前+名) loiter over one's homework 숙제하는 데 늑장부리다.

[類語] loiter 할일없이 멈춰서거나 하면서 느릿느릿 움직이다; 시간의 낭비를 암시: loiter around till late at night 밤늦게까지 어슬렁거리며 다니다. linger 어떤 장소에서 떠나기 싫어 늑장부리다: linger at one's mother's side 어머니 곁에서 떠나기를 싫어하다. lag 필요한 속도를 지키지 않고 남보다 늦게 가다: lag behind the other hikers 다른 하이커들보다 늦게 가다. dally =loiter; 우유부단 또는 태평스러운 무책임을 암시: dally on one's way home 집에 돌아가는 길에 꾸물거리다. dawdle 멈춰서다, 또는 열성이 없어서 시간을 낭비하다: dawdle over one's meal 천천히 식사를 하면서 시간을 보내다. idle 목표없이 움직이다, 아무 일도 하지 않고 시간을 보내다: idle away one's days 빈둥거리며 살다.

── vt. [시간]을 빈둥거리며 보내다(…away). ¶ (~+ 目+副) loiter away the afternoon 오후를 빈둥거리며 보내다.

loi·ter·er [lɔ́itərər] n. 빈들거리는 사람, 게으름 피우는 사람.

loi·ter·ing·ly [lɔ́itəriŋli] adv. 빈들빈들, 어슬렁어슬렁.

Lo·ki [lóuki] n. 〖북유럽 신화〗 로키 [파괴·재난의 신].

loll [lɑl / lɔl] vi. 1 축 늘어져 기대다. ¶ (~+前+名) loll on a sofa 소파에 축 늘어져 기대다 / loll against a wall 몸을 축 늘어뜨려 벽에 기대다. 2 [혀 따위가] 축 늘어지다. ¶ (~+副) The dog's tongue was lolling out. 그 개의 혀가 축 늘어져 있었다. 3 축 늘어지다, 빈둥거리다. ── vt. [혀]를 축 늘어뜨리다. ¶ (~+ 目+副) The dog lolled its tongue out. 개가 혀를 축 늘어뜨리고 있었다. ── n. 〖고어〗 축 늘어져 기대기(기대는 사람); 혀를 축 늘어뜨리는 동물).

lol·la·pa·loo·za, -sa [lὰləpəlú:zə / lɔ̀l-] n. 《美속어》

Lol·lard [lάlərd/lɔ́l-] *n.* [14-16세기 영국의] John Wycliffe의 설을 신봉하는 사람.

Lol·lard·ism [lάlərdìz(ə)m / lɔ́l-] *n.* ⓤ 롤라드주의 [영국의 John Wycliffe가 주창한 혁신적 종교 사상].

Lol·lard·ry [lάlərdri / lɔ́l-] *n.* = Lollardism.

lol·li·pop, -ly- [lάlipὰp / lɔ́lipɔ̀p] *n.* **1** 막대기에 붙인 캔디. **2**《英》학교 아동들의 교통 정리원이 드는 교통 지시판.

lóllipòp màn *n.* 아동의 등·하교시의 교통 정리원.

lóllipòp wòman *n.* 아동의 등·하교시의 여자 교통 정리원.

lol·lop [lάləp / lɔ́l-] *vi.*《英방언》**1** 느릿느릿 걷다, 단정치 못하게 움직이다, 비틀비틀 걷다(loll). **2** 튀듯이 나아가다.

lol·ly [lάli / lɔ́li] *n.* (*pl.* -lies) **1** = lollipop. **2**《英구어》딱딱한 엿. **3**《英구어》한턱[냄] (treat); 약소한 사례; ⓤ 돈 (money).

Lom·bard [lάmbərd, lʌ́m-, -bɑːrd / lɔ́m-] *n.* **1** [16세기에 이탈리아를 정복한 게르만족] 롬바르디아족의 사람. **2** 롬바르디아인(人). **3** 대금업자, 금융업자, 은행가. ── *adj.* 롬바르디아족의; 롬바르디아인의.

Lom·bar·dic [lɑmbάːrdik, lʌm- / lɔm-] *adj.* = Lombard.

Lómbard Strèet *n.* **1** 영국 London에 있는 금융 중심가. **2** 영국 금융계; [일반적으로] 금융시장, 금융계. *cf.* Wall Street

Lo·mé [louméi] *n.* 로메[아프리카 서부 토고 공화국의 수도].

lon. longitude.

‡**Lon·don** [lʌ́ndən] *n.* 런던[영국의 수도]. ¶ the Port of *London* 런던 항 / the *London* County Council 대(大)런던 의회 [略 L.C.C.].

the City of London the County of London 중앙부의 구시가지 [상업 중심지; 보통 the City로 호칭된다].

the County of London the City of London 및 28개의 자치구(metropolitan boroughs)로 이루어진 행정구.

Greater London the City of London, the County of London, Middlesex 및 Essex, Kent, Surry, Hertfordshire 각주의 일부로 이루어진 지역.

Lóndon Brídge *n.* Thames 강 북안의 the City of London과 남안의 Southwark를 연결하는 다리.

Lóndon bróil *n.* ⓤⓒ《美》[영구이살을 얇게 벤] 런던식 스테이크.

Lon·don·er [lʌ́ndənər] *n.* 런던 사람, 런던 시민.

Lon·don·ism [lʌ́ndənìz(ə)m] *n.* ⓤ 런던 풍(風), 런던 사투리, 런던 말씨. *cf.* cockney

Lóndon ívy *n.* (the ~) 런던의 짙은 안개 (매연).

Lon·don·ize [lʌ́ndənàiz] *vt.* (**-ized, -iz·ing**) …을 런던 [사람]식으로 하다, 런던 풍으로 하다.

Lóndon partícular *n.* (the ~)《구어》런던 특유의 짙은 안개.

Lóndon príde *n.* 범의귀의 일종 [서유럽산(産) 다년초 (多年草)].

‡**lone** [loun] *adj.*《한정 형용사》**1** 동반자가 없는, 혼자의, 고독한. ⇒ ALONE 類語 ¶ a *lone* traveler 길동무가 없는 나그네. **2** 외딴, 고립된 (isolated). ¶ a *lone* house 외딴집 / a *lone* pine 외로이 서 있는 소나무. **3** 《詩》쓸쓸한 (lonesome), 인가에서 떨어진, 인적이 드문 (unfrequented). ¶ a *lone* land 인적이 드문 땅. **4** 독신의, 과부의 (widowed). ¶ *lone* women 독신녀들.

play a lone hand ① [카드놀이에서] 몇 사람을 상대로 혼자서 승부하다. ② 혼자서 하다, 고립해서 하다.

◊ *a*lóne·*ly* *adv.*

***lone·li·ness** [lóunlinis] *n.* ⓤ 홀몸, 고독, 쓸쓸함.

‡**lone·ly** [lóunli] *adj.* (**-li·er, -li·est**) **1** 외로운, 홀로의. ⇒ ALONE 類語 **2** 쓸쓸한, 마음이 안 놓이는. ¶ a *lonely* exile 외로운 유배 / feel *lonely* 외롭다. **3** 인가에서 떨어진, 고립한. ¶ a *lonely* wood 인가에서 멀리 떨어진 숲. **-li·ly** *adv.*

lónely héarts *n. pl., adj.* [결혼 상담소를 찾거나 신문 광고란에 이름을 내서] 결혼 상대를 찾는 고독한 사람들[의] [주로 여성].

lon·er [lóunər] *n.* 고독을 사랑하는 사람; 독불장군.

‡**lone·some** [lóunsəm] *adj.* 외로운, 쓸쓸한. ⇒ ALONE 類語 적막한, 인가에서 떨어진. **~·ly** *adv.* **~·ness** *n.*

Lóne Stár Státe *n.* 미국 Texas 주의 별명.

lóne wólf *n.* **1** 불독장군; 프리 랜서 기자; 독립사업가; 단독범. **2** 남과 사귀지 않는 사람, 자기 중심적인 사람.

‡**long**¹ [lɔːŋ / lɔŋ] *adj.* **1** [거리·물건 따위가] 긴, 길쭉한. *opp.* short ¶ a *long* finger 가운뎃손가락 (middle finger) / a *long* journey 장거리 여행 / a *long* shawl 길고 긴 쇼울.

2 [길이·시간·거리 따위가] …길이의, …길이인. ¶ a book fifty pages *long* 50 페이지의 책 (* 동사적 표현으로는 …fifty pages *in length* 도 쓰인다) / holidays six weeks *long* 6주간의 휴가 / This river is two miles *longer* (*long*er by two miles). 이 강은 2 마일이 더 길다.

3 [시간적으로] 긴, 장기간에 걸친; [어음 따위가] 장기의. ¶ a *long* friend (custom) 오랜 친구 (풍습) / a *long* date 장기 (長期) / a *long* illness 오래 앓는 병 / a *long* note 장기 어음.

4 [연속되는 것이] 긴; [리스트 따위에] 항목이 많은; 많은, 많이 있는. ¶ a *long* bill 내역이 많은 계산서, 많이 들린 외상 / a *long* family 아이들이 많은 대가족 / a *long* figure (price) 거액 (고가(高價)) / *long* hours 시계가 종을 많이 치는 시간 [밤중의 11, 12 시].

5 오랫동안 계속되는 (too long), 지루한. ¶ a *long,* boring speech 지루하며 오래 끄는 연설 / a *long* game 시간이 너무 걸리는 경기, 연장전 / *be long on* advice 장황하게 충고를 늘어놓다.

6 [공간적·시간적으로] 멀리까지 미치는 (도달하는)(far-reaching). ¶ a *long* 《야구》장타 / a *long* memory 옛날 일까지 기억하고 있는 / 좋은 기억력 / the *long* arm of the law 멀리까지 미치는 법의 힘 / *take long* views 장기적인 전망을 하다. [로 되었다.

7 대충의, 되는 대로의. ¶ a *long* guess 억측, 제멋대

8 [수량이] 표준보다 많은, 넉넉한. ¶ We had to walk *long* two miles. 2마일은 더 걸어야 했다.

9 키가 큰. ¶ a *long* tree 높은 나무 / *long* Will 키다리 윌.

10 [음성] 장음 (長音)의; [韻律] [고전시에서] 장음의. ¶ *long* vowels 장모음.

11 [상업] 사려는 쪽이 많은, 강세의 (*of*…).

12 [내기 따위에서] 승률의 차가 큰; 가망이 적은.

13 운두가 높은 술잔에 따른. ¶ *long* drinks 운두가 높은 컵에 따라서 내는 술.

as broad as it is long ⇨ BROAD.

in the long run ⇨ RUN¹.

Long time no see.《美구어》오랜만이야. ¶ Hi! ― Hi! *Long time no see.* 안녕! ― 안녕! 오랜만이야.

── *adv.* **1** 길게, 오래, 오래도록. ¶ I've *long* 여러 번 다 / I've *long* been intending to call on you. 오래 전부터 당신을 방문하려고 생각하고 있었습니다. **2** [특정시기를 나타내어] 그 시점에서; 어느 시점까지. ¶ *How long* will you stay? 얼마 동안 계시겠습니까? **3** 시간이 걸려, 꾸물거려. ¶ He is awfully *long* [in] getting here. 그가 여기 도착하는 데 되게 시간이 걸리는 군. **4**《시간을 나타내는 명사 다음에 쓰여서 뜻을 강조하여》…중 내내. ¶ *all day* (night) *long* 온종일 (밤새껏) / *all one's life long* 한평생 내내.

5 [어떤 시점보다] 훨씬 전 (뒤)에. ¶ *long before* (before) 아주 옛날에 (전에) / *long after his death* 그가 죽은 지 훨씬 뒤에.

as (or *so*) *long as* …하는 동안은, …하는 한은, …하기만 하면. ¶ I'll never forget your kindness *so* (or

long

as) long as I live. 이 은혜는 평생 잊지 않겠습니다 / You may keep the book *as long as* you like. 그 책을 언제까지든지 원하시는 대로 가지고 계십시오. / You may bring it *so long as* you keep it clean. 깨끗하게만 지닌다면 가지고 가도 됩니다.

── **Usage** *as long as* 와 *so long as* ── *as long as* 는 「…하는 동안은」의 뜻이며, *so long as* 는 「…하는 한」의 뜻을 지닌다. 전자는 「때」를, 후자는 「조건」을 나타내는 것으로 흔히 설명되지만, 실제로는 의미에 의한 용법의 차이가 별로 인정되지 않고, 구어체에서는 *as long as* 가 곧잘 사용된다.

at [the] longest 오래 걸려도, 늦어도.
no longer; not ...any longer 이미 …아니다. ¶ He's *no longer* living here. 그는 이미 이곳에 살고 있지 않다.
So long ! 《구어》 안녕! (good-bye).
── *n.* **1** 오랫동안, 장시간, 장기간. ¶ for *long* 오랫동안/take *long* 오래 걸리다. **2** 긴 것; [모르스식 전신 부호 따위의] 긴 부호(信號). ¶ He tapped out a *long* and a short. 그는 하나는 길고, 하나는 짧은 신호를 쳤다. **3** 장신용(長身用) 사이즈; (~s) 장신용 사이즈의 것. **4** [상업] 강세추, 사들이려는 편. **5** [음성·韻律] 장모음, 장(강)음절. **6** [음악] 《중세기의 기보법(記譜法)으로 두 번째로 긴》 장음부. **7** (the ~) 《英구어》 [법정·학교의] 여름 휴가.
before long 곧(soon). ¶ I'll see you *before long*. 곧 뵙겠습니다.
the long and [the] short 요점, 대충 추려낸 골자 (*of* ...). ¶ *The long and the short* of it is that he will be forced to go. 결국 그는 가지 않고는 못배길 것이다.
longs and shorts [건축] 서로 어긋맞추어 쌓은 길고 짧은 각석(角石).
【주의】「오랫동안」이라는 뜻의 표현에는 long, for a long time, for long; this long time, this long while, for long years, for ages 따위가 있다. long 은 가장 가벼운 표현이고, for long 은 for long 이처럼 강조되기도 하여 「오랫동안 내내」로 뜻이 강화된다. 단리 들 및 어조에 대한 배려에서 for a long time 및 for long 은 문장 중간보다는 끝에 놓이는 경우가 많다: I have *long* wanted to see this butterfly. / I have not seen him *for a long time*. / I shall not be away *for long*. (곧 돌아오겠어요). 또한 long time (while)은 그대로 부사구로서 사용되지만, a long time (while) 으로 하는 것이 보통. this long time (while)은 「지금까지의 오랫동안」으로 시점을 현재에다 맞춘 어법이며, for long years 는 문학적인 강조 표현. for ages (for an age)는 주로 구어체에서 흔히 사용된다: I haven't seen you *for ages (for an age)*. (정말 오래간만입니다).
◇ *length n.*

‡**long**² [lɔːŋ / lɔŋ] *vi.* 열망하다, 갈망하다, 동경하다, 사모하다. ¶ (~ + 前 + 图) *long* for something new 뭔가 새로운 것을 갈망하다 (* long *after*...는 고어임) // She *longed* for him to say something. 그녀는 그가 무슨 말을 해 주기를 간절히 바랐다 // (~ + *to do*) I *long* to go home. 나는 집에 돌아가기를 간절히 바란다.
[類語] **long** 멀리 있는, 또는 쉽게 입수할 수 없는 것을 충심으로 바라다. **crave** 목마르게(애타게) 원하다: *crave* affection 애정을 갈구하다. **yearn** 그리움·애정을 가지고 절실히 바라다: *yearn* to see one's mother 몹시 어머니를 만나고 싶어하다. **hanker** 차분하지 못한 마음 상태로 갈망하다; 뜻이 약해져서 그냥 want 와 같은 뜻이 될 때도 많다: *hanker* after fame 명성을 바라다. **pine** 몸이 여윌 정도로 애타게 그리워하다.

-long *suf.* 「…쪽으로」라는 뜻의 부사 어미. 예: headlong, sidelong.
long. 《略》 longitude, longitudinal.
long-a·go [lɔ́ːŋəɡóu / lɔ́ŋ-] *adj.* 옛날의, 왕년의.
lon·gan [lɑ́ŋɡən / lɔ́ŋ-] *n.* **1** 용안(龍眼) 《중국산 무환수과(科)의 상록 교목》; 그 열매. **2** ⓤ 용안육(肉).

long-a·wait·ed [lɔ́ːŋəwéitid / lɔ́ŋ-] *adj.* 대망(待望)의, 오랫동안 기다렸던.
lóng bíll *n.* [상업] [30일 이상의] 장기 어음.
long-bill [lɔ́ːŋbìl / lɔ́ŋ-] *n.* 부리가 긴 새 [도요새 따위].
long·boat [lɔ́ːŋbòut / lɔ́ŋ-] *n.* [항해] [범선에 싣는] 대형 보트.
long·bow [lɔ́ːŋbòu / lɔ́ŋ-] *n.* 큰 활, 긴 활.
draw (or *pull*) *the longbow* 과장하여 말하다, 허풍을 떨다.
long·cloth [lɔ́ːŋklɔ̀(ː)θ / lɔ́ŋklɔ̀(ː)θ] *n.* ⓤ 가볍고 폭신폭신한 면직물, 고급 무명 《옥양목의 일종》.
lóng clóthes *n. pl.* (갓난 아기의) 배내옷.
lóng dáte *n.* [상업] 지불 날짜(상환) 기일. 『의.
long-dat·ed [lɔ́ːŋdèitid / lɔ́ŋ-] *adj.* [어음 따위] 장기
lóng dístance *n.* ⓤ 《美》 장거리 전화, 시외 전화.
long-dis·tance [lɔ́ːŋdístəns / lɔ́ŋ-] *adj.* 《美》 1 장거리의, 장거리 전화의. ¶ make a *long-distance* call 장거리 전화를 걸다. **2** [일기 예보가] 장기의.
lóng divísion *n.* ⓤ 《수학》 장제법(長除法) [12 이상의 수로 나누는 나눗셈].
lóng dózen *n.* 13, 13개. ⇨ BAKER'S DOZEN.
long-drawn [lɔ́ːŋdrɔ́ːn / lɔ́ŋ-], **long-drawn-out** [-drɔ̀ːnáut] *adj.* 길게 끈, 길게 잡아늘인; 장황한.
lóng drínk *n.* 길쭉한 컵에 따라 마시는 음료 《맥주나 물·소다수 따위를 타서 마시는 술》.
longe [lʌndʒ] *n.* 말 다루는 고삐. ── *vt.* (longed, longe·ing) [말] 고삐로 [말]을 조련하다.
long-eared [lɔ́ːŋiərd / lɔ́ŋ-] *adj.* 긴 귀가 있는; 당나귀 같은; 어리석은.
lóng éars *n. pl.* (비유적) 바보, 당나귀; 귀밝음.
lon·ge·ron [lándʒərən / lɔ́n-] *n.* (보통 ~s) [항공] [비행기 동체의] 세로대, 주종재(主縱材). [< F girder]
lon·geur [lɔːŋɡə́ːr] *n.* [저작물의] 지루하고 장황한 부분.
lon·ge·val [lɑndʒéːval / lɔn-] *adj.* (고어) 장수의.
*·**lon·ge·vi·ty** [lɑndʒévəti / lɔn-] *n.* ⓤ 장명(長命), 장수, 오래 살기; 수명, 생명. ¶ *longevity* pay 연공 가봉(年功加俸).
lóng fáce *n.* 음산한 얼굴, 시무룩한 얼굴. ¶ *pull* (or *make*) *a long face* 시무룩한 표정을 짓다.
long-faced [lɔ́ːŋféist / lɔ́ŋ-] *adj.* 1 얼굴이 긴. 2 침울한 표정의, 슬퍼 보이는. 3 엄숙한 표정의.
lóng fínger *n.* 1 가운뎃손가락. 2 (~s) 집게손가락과 가운뎃손가락의 악산가락. 『리.
lóng fírm *n.* 《英》 사기(엉터리) 회사; 사기꾼 패거
lóng gáme *n.* 《골프》 비거리(飛距離) 블럭이 큰 게임.
lóng gréen *n.* (the ~) 《美속어》 지폐; 돈.
long-hair [lɔ́ːŋhɛ̀ər / lɔ́ŋ-] *n.* 《美구어》 **1.** 고전 음악 애호 《연주, 작곡가》; 《때로 경멸적》 지식인. **2** [특히 히피족의] 머리를 길게 기른 사람, 장발족. ── *adj.* = long-haired.
long-haired [lɔ́ːŋhɛ̀ərd / lɔ́ŋ-] *adj.* 고전 음악 애호하는, 재즈 음악을 싫어하는.
long·hand [lɔ́ːŋhænd / lɔ́ŋ-] *n.* ⓤ (속기에 대하여) 보통의 필기법(체). ── *adj.* 보통의 필기체로 쓴. *cf.* shorthand
lóng hául *n.* 장기간, [화물의] 장거리 수송; 《구어》 걸친 어려움(일). ¶ for (over, in) the *long haul* 《구어》 긴 안목으로 보면, 결국은 (in the long run).
long·haul [lɔ́ːŋhɔ̀ːl / lɔ́ŋ-] *adj.* 장거리 《수송》의.
long·head [lɔ́ːŋhèd / lɔ́ŋ-] *n.* 머리가 긴 사람; 긴 머리. *cf.* shorthead
long-head·ed [lɔ́ːŋhédid / lɔ́ŋ-] *adj.* (*cf.* shortheaded) 1 머리가 긴. 2 두뇌가 명석한, 선견지명이 있는, 현명한. ~·ness *n.*
long·hop [lɔ́ːŋhɑ̀p / lɔ́ŋhɔ̀p] *n.* [크리켓] 퉁튐(튀었다가 비교적 멀리 나는 공).

lóng hórn n. [원통형의] 치즈의 일종.
Long·horn [lɔ́:ŋhɔ̀:rn / lɔ́ŋ-] n. **1** 영국종(種)의 뿔이 긴 소의 일종. **2** 《속어》 텍사스 사람(Texan).
lóng hórse n. 《체조》 목마, 뜀틀.
lóng hóurs n. pl. (the~) 밤 11시·12시 등[시계가 종을 오래 치는 시간대]. cf. small hours
lóng hóuse n. **1** 이로쿼이족(Iroquois) 등 인디언의 길쭉한 공동 주택. **2** (the L-H-) 이로쿼이족 연합, 5족 연합.
lóng húndred n. 120(great hundred).
longi- long 의 뜻의 연결형. 예: longicorn.
lon·gi·corn [lándʒikɔ̀ːrn / lɔ́n-] adj. **1** [하늘소처럼] 촉각이 긴. **2** 장촉각류에 속하는. ━ n. 하늘소.
long·ies [lɔ́ːŋiz / lɔ́ŋ-] n. pl. [어린이용] 긴 바지; 긴 속옷.
‡**long·ing** [lɔ́ːŋiŋ / lɔ́ŋ-] n. 《U C》 열망, 갈망, 동경(for, after, to do..). ━ adj. 열망하는, 그리워하는. ~ly adv.
long·ish [lɔ́ːŋiʃ / lɔ́ŋ-] adj. 기름한(somewhat long).
Lòng Ísland n. 미국 New York 주 동남부의 섬.
*lon·gi·tude [lándʒit(j)ùːd / lɔ́ndʒitjùːd] n. 《U》 **1** [지리] 경도. cf. latitude **2** 《천문》 황경(黃經) (celestial longitude).
lon·gi·tu·di·nal [làndʒit(j)úːd(i)n∂l / lɔ̀ndʒitjúː-di-] adj. **1** 길이의. **2** 세로의, 세로 방향의. cf. lateral **3** 경도의. ━ n. 세로대, 종재(縱材), 세로 침목(枕木). ~·ly [-n∂li] adv.
lóng jóhns n. pl. 〔손목·발목까지 덮는〕 긴 속옷.
lóng júmp n. 《英》 넓이뛰기(broad jump).
lóng-leaf píne [lɔ́ːŋliːf- / lɔ́ŋ-] n. 〔식물〕 대왕송(미국 남부산(産)〕
long-legged [lɔ́ːŋlégd / lɔ́ŋ-] adj. 다리가 긴; 빠른.
long·line [lɔ́ːŋlàin / lɔ́ŋ-] n. 연승(延繩); 주낙.
long-lived [lɔ́ːŋláivd, -lívd] adj. 목숨이 긴, 영속하는. (sure).
lóng méasure n. 척도, 길이의 단위(linear measure).
lóng óff n. 〔크리켓〕 투수의 왼쪽 뒤편의 야수.
lóng ón n. 〔크리켓〕 투수의 오른쪽 뒤편의 야수.
Lòng Párliament n. (the ~) 〔英역사〕 장기 의회 (英국 1640-53년, 1659-60년).
lóng pláy n. 장시간 레코드, LP 음반 (略 LP).
long-play·ing [lɔ́ːŋpléiiŋ / lɔ́ŋ-] adj. 장시간 연주 레코드의, LP 음반의. ¶ a long-playing record 장시간 연주 레코드.
lóng púll n. 《英》〔선술집에서〕 덤으로 주는 것〔술〕.
long-range [lɔ́ːŋréindʒ / lɔ́ŋ-] adj. **1** 장거리에 미치는. ¶ a long-range gun 장거리포. **2** 장래의 일을 고려에 넣은. 〔법률가.
lóng róbe n. 법의〔법관의 제복〕; (the ~) 변호사업.
lóng rún n. 〔영화·연극의〕 장기 흥행, 롱런. ¶ in the long run 장기에 걸쳐서.
long·shore [lɔ́ːŋʃɔ̀ːr / lɔ́ŋʃɔ̀ː-] adj. 해안(변)의, 해안 (변)에 있는〔에서 일하는〕.
long·shore·man [lɔ́ːŋʃɔ̀ːrm∂n / lɔ́ŋʃɔ̀ː-] n. (pl. -men [-m∂n]) **1** 항만 노동자, 부두 인부, 하역 인부. **2** 연안 어민.
lóng shót n. **1** 〔도박에서의〕 큰 차이. **2** 〔경마에서〕 승산이 없는 말. **3** 흥하느냐 망하느냐의 큰 도박. **4** 《영화》 원사(遠寫).
by a long shot 《보통 not와 함께 써서》 전혀 …않다 (아니다).
lóng síght n. 《U C》 **1** 먼 데 것을 볼 수 있음; 원시. **2** 선견지명; 통찰력.
long-sight·ed [lɔ́ːŋsáitid/lɔ́ŋ-] adj. **1** 원시의; 먼 데 것을 볼 수 있는. **2** 선견지명이 있는(far-seeing), 현명한. ~·ness n.
long·some [lɔ́ːŋs∂m] adj. 《고어·방언》 기다란, 장황한
long·spun [lɔ́ːŋspʌ́n / lɔ́ŋ-] adj. 장황한, 지루한.
long·stand·ing [lɔ́ːŋstǽndiŋ / lɔ́ŋ-] adj. 오랜 동안

(여러 해)에 걸친.
lóng stóp n. 〔크리켓〕 포수 바로 뒤의 야수. **2** 《英》 바람직하지 못한 것을 저지하는 사람.
long-suf·fer·ing [lɔ́ːŋsʌ́f∂riŋ / lɔ́ŋ-] adj. 오래 참는, 참을성이 있는. ━ n. 《U》 오랜 인내력, 끈기, 참을성이 있음. ~·ly adv.
lóng súit n. **1** 〔카드놀이에서〕 넉 장 이상 짝맞춘 패. **2** 《비유적》 장점, 장기(長技). ¶ Cooking is her long suit. 요리는 그녀의 장기이다.
lóng-term [lɔ́ːŋt∂ːrm / lɔ́ŋ-] adj. 장기의. 〔의.
long·time [lɔ́ːŋtàim / lɔ́ŋ-] adj. 여러 해의, 오랫 동안
long·timer [lɔ́ːŋtàim∂r / lɔ́ŋ-] n. 고참자(long-termer).
lóng tóm n. **1** 《군대 속어》 큰 야포, 장거리포. **2** 〔옛날의〕 함재포(艦載砲) (cannon).
lóng tón n. 영(英) 톤[2,240파운드에 상당하는 중량 단위] 略 L T〕.
lóng tóngue n. 장광설, 수다.
long-tongued [lɔ́ːŋtʌ́ŋd / lɔ́ŋ-] adj. 말많은, 수다스러운(talkative).
longue ha·leine [lɔ̀ːŋ ɑːléin / lɔ̀ŋ ɑːléin / F lɔ̀ːgalɛn] 《F》 (= long breath) n. 오랜 각고(刻苦). ¶ a work of (or de) *longue haleine* 오랜 각고 끝에 만든 작품, 노작(勞作). 〔옷.
lon·guette [lɔŋgét] adj. 〔옷이〕 미디의. ━ n. 미디
lóng vacátion n. 《英》〔법정·대학 등의〕 하기 휴가.
lóng wáve n. 〔무선〕 장파(長波)〔파장 60미터 이 (longwise).
long·ways [lɔ́ːŋwèiz / lɔ́ŋ-] adv. 세로로, 길이로
long-wear·ing [lɔ́ːŋwé(:)riŋ / -wé∂r-] adj. 《美》〔옷 따위가〕 질긴, 내구성 있는.
long-wind·ed [lɔ́ːŋwíndid / lɔ́ŋ-] adj. **1** 장황하게 말하는 (쓰는); 〔연설·문장의〕 장황한. **2** 숨이 오래가는. ~·ly adv. ~·ness n.
long·wise [lɔ́ːŋwàiz / lɔ́ŋ-] adv. 세로로, 길이로.
long·wool [lɔ́ːŋwùl / lɔ́ŋ-] n. 털이 길고 거친 양(羊).
loo¹ [luː] n. 《U》 루〔카드놀이의 일종〕; 이 루[노름]에 건 돈, 벌금. ━ vt. 〔루 노름에서〕 …에게 벌금을 물게 하다.
loo² [luː] n. 《英속어》 변소, 화장실(toilet).
loo·by [lúːbi] n. (pl. -bies) 투박스러운 사람, 멍청이, 바보.
Loo·choo [lúːtʃúː] n. 유구(琉球) 〔열도〕.
Loo·choo·an [lùːtʃúː∂n] adj., adv. 유구 [의], 유구 사람
loo·ey, -ie [lúːi] n. 《속어》 = lieutenant. 〔의〕.
loo·fah [lúːf∂ / -fɑː] n. 수세미 외; 그 열매(섬유) (luffa).
‡**look** [luk] vi **1** 보다, 바라보다, 주목하다. ¶ look questioningly 미심쩍은듯이 보다 / look off 외면하다 / look aside 옆을 보다 // (~+쪤+閤) the way to look at things 사물을 보는 방법 / look at a picture 그림을 보다 / What are you looking at? 무엇을 보고 있느냐? (* look at 은 see와 똑같이 「+목적어+현재 분사」, 「+목적어+원형 부정사」의 형식으로 사용되는 경우가 있다: I looked at him lying in bed. 나는 그가 침대에 누워 있는 것을 보았다 / Look at him run. 그가 달리는 것을 보세요) // 《명령형에서 주의를 환기시키는 감탄사적으로 써서》 Look, here he comes. 저봐, 그가 온다.
類語 look 시선을 보내다: Look at me. 나를 보세요. see 눈으로 모습을 포착하다: Can you see me? 내가 보이느냐? view 조사·연구·감상 따위를 위하여 잘 보다: view a movie 영화를 보다. watch 감시·경계 따위의 목적으로 주의깊게 지켜보다: watch TV 텔레비전을 보다. behold see 보다 명료하고 인상적인 시각의 뜻이 강하다; 예스럽고 문어적: *Behold* the rainbow! 무지개를 보라!
2 보고 찾다, 조사하다. ¶ (~+쪤+閤) look into a population problem 인구 문제를 조사하다 / The workmen have come to look at the drains. 인부들이

3 [정세 따위가] …의 경향이 있다, …으로 기울다, 쏠리다(tend), …으로 향하다 (*to, toward* …). ¶ (~+前+名) These circumstances *look* to an alliance. 이와 같은 사정으로 동맹이 성립될 듯한 움직임이다.
4 [눈에] …처럼 보이다, …인 것 같다. ⇒ SEEM 類語 ¶ (~+補) *look* big (black, blue) 잘난 체하다(불쾌한 표정을 짓다, 우울한 표정을 짓다) / *look* ill (well) 앓는 (건강한) 것 같다; [사태가] 나쁘게(좋게) 될 듯하다 / She *looks* pale. 그녀는 얼굴이 창백하다.
5 [느낌에] …으로 생각되다, …인 것 같다. ⇒ SEEM 類語 ¶ (~+補) The case *looks* promising. 사태가 유망한 듯하다 / It *looks* as if it's going to rain. 비가 올 것 같다 / (~+前+名) It *looks like* rain (snow). 비(눈)가 올 것 같다 / Which team *looks like* winning? 어느 팀이 이길 것 같은가?
── **Usage** (1) He *looked* an honest man.과 He *looked* like an honest man.은 의미상의 차이는 없지만, 전자는 《英》의 표준 용법이다. 《美》에서는 He *looked* to be an honest man. 으로 하거나 He *looked* honest.로 하는 것이 보통. 또 《英》에서도 'look like+명사', 'look+형용사'의 표현은 사용되고 있지만, 'look to be'와 같은 어법은 피한다. (2) look to be 와 seem to be 의 차이도 영미의 관용법에 바탕을 둔 것으로, look to be 가 《美》에서 흔히 사용되는 데 반해, 《英》에서의 용법은 seem to be, look like 따위: It *seems to be* (*looks to be*) the usual thing here to dress for dinner. (이곳에서는 만찬 때 정장을 하는 것이 관인인 모양이다).
6 주의하다, 주목하다. ¶ *look* deeper 보다 깊이 보다 / *Look before you leap.* 《속담》 돌다리도 두드려보고 건너라 / (~+前+名) *look* at the facts 사실에 주목하다 / *Look* at the camera, please. 카메라를 잘 보세요 / (~+*that* 節) *Look that* nothing is wanting. 부족한 것이 없도록 주의하세요.
7 […] 보이다, […쪽으로] 향해 있다, 면하다. ¶ The terrace *looks* seaward. 테라스는 바다 쪽을 향해 있다 // (~+前+名) The room *looks* to the south. 방은 남향이다.
── *vt.* **1** …을 주시하다, 눈여겨보다; …을 조사하다, 관찰하다(...*over*), ¶ (~+目+前+名) *look* death in the face 용감하게 죽음에 직면하다 / He *looked* me straight *in* the face. 그는 내 얼굴을 똑바로 보았다 // (~+目+副) *look* a person *through and through* 남을 철저히 조사하다.
2 …에 어울리는 모습이다. ¶ *look* oneself 평상시와 다름없어 보이다, 건강해 보이다 / *look* oneself again 원상태가 된 것 같다, 회복된 것 같다 / *look* one's years 나이에 어울리는 모습이다.
3 찾다(seek)(...*up*).
4 눈초리(얼굴 표정)로 …을 나타내다, …한 눈초리(표정)를 짓다. ¶ *look* compassion (one's thanks) 동정(감사)의 표정을 짓다 / *look* unutterable things 말로 할 수 없는 것을 눈으로 나타내다.
5 …을 노려(흘겨) 보아 …시키다(…*into, out of, to*). ¶ (~+目+前+名) *look* a person *to* shame 남을 노려보아 무안하게 하다 / *look* a person *out of* countenance 남을 노려보아 쑥스럽게 하다 / He *looked* the boy *into* silence. 그는 소년을 노려보아 입을 다물게 했다.
6 …을 보다, 확인하다(ascertain). ¶ (~+*wh.* 節) *Look* who it is. 누군지 알아보아라 / *Look whether* the postman has come yet. 우편 배달부가 벌써 왔는지 안 왔는지 알아보아라.
7 기대하다(expect). ¶ (~+*to* do) I did not *look* to meet you. 너를 만나리라고는 생각도 못했다.
look about (*vi., vt.*) 둘러보다, 여기저기 보고 돌아다니다. ② 찾아 돌아다니다 (*for* ...). ¶ *look about for* something …을 찾아 돌아다니다.
look about one 자세히 둘러보다, 바라보다. ② 망보다, 경계하다. ③ 주위의 상황을 검토하다, 신중히 고려하다. ¶ We hardly had time to *look about* us. 우리는 주위의 상황을 고려할 틈이 없었다.
look after ① …을 눈으로 쫓다, 배웅하다. ② …에 주의하다, 유의하다. ¶ *look after* one's own interest 자기 자신의 이익을 지키다. ③ …을 구하다, 요구하다. ④ …을 보살펴 주다, 감독하다(take care of, watch over). ¶ He needs a wife to *look after* him. 그는 자신을 보살펴 줄 아내가 필요하다.
look ahead 전방을 보다. ¶ [보트 젓는 이가 뒤돌아서] 진행 방향을 보다; 장래의 일을 생각하다.
Look alive ! ⇒ ALIVE.
look around ①둘러보다; …을 찾아 돌아다니다 (*for* ...). ②[일을 결정하기 전에] 이것저것 고려하다. ③구경하다. ¶ Do we have time to *look around* [the town] before lunch ? 점심 전에 [시내] 구경할 시간이 있습니까?
look at ① …을 보다, 바라보다. ⇒ *vi.* 1. ② …에 주목하다, 주의를 기울이다. ⇒ *vi.* 6. ③ …을 조사하다, 검사하다. ⇒ *vi.* 2. ④ 《정중한 부탁》 …을 읽다. ¶ Will you please *look at* this letter ? 이 편지 좀 읽어 주시겠습니까? ⑤ [will, would 를 수반한 부정형(否定形)으로] …을 상대하지 않다, 거절하다. ¶ He wouldn't *look at* the proposal. 그는 그 제의를 거들떠보려고도 하지 않았다.
look back ① 뒤돌아보다 (*at, to* ...) ② 추억하다 (*to, into, on, upon* ...). ¶ *look back* upon the past 과거를 돌이켜 보다. ③ 거슬러 올라가다 (*into* ...). ④ [시작한 사업 따위에] 마음이 내키지 않다;《never 를 수반하여》진보하다. ¶ Since then he has never *looked back*. 그 때 이래로 그는 진보를 계속해 왔다.
look down ① 내려다보다, 아래를 보다. ② …을 노려보아 제압하다. ¶ *look* a boy *down* 아이를 노려보아 얌전하게 있도록 하다. ③ [상업] [값이] 내리다, 떨어지다, 내림세로 돌아서다.
look down on (or *upon*) ① …을 내려다보다. ② …을 깔보다, 얕보다; 경멸하다. *cf.* look up to ¶ You should never *look down on* a person only because he is poor. 가난하다는 이유만으로 사람을 깔보아서는 안 된다.
look down one's nose at ⇒ NOSE.
look for ① …을 찾다, 구하다(seek, search for). ¶ *look for* a job 일자리를 찾다 / *look for* trouble 《구어》 고생을 자초하다, 경솔한 행동을 하다. ② …을 기대하다, 예기하다(anticipate, expect). ¶ *look for* much profit from the business 그 사업에서 많은 이익을 예기하다.
look forward to ⇒ FORWARD.
Look here ! 《구어》 나좀 봐!, 있잖아! (Look !)
look in ① 안을 보다, 잠깐 들여다보다. ② 잠깐 들르다 (*at* ...); [남]을 잠깐 방문하다 (*on, upon* ...).
look into ① …의 속을 들여다보다. ¶ He *looked into* her eyes. 그는 그녀의 눈 속을 들여다보았다. ② …을 주의깊게 살피다.
look on 방관하다. *cf.* looker-on
look on (or *upon*) ①《비유적》 …을 보다, 바라보다. ¶ *look on* the (dark) side of things 사물의 좋은 (나쁜) 면을 보다, 낙관(비관)하다 / *look on* a person with distrust 남을 의심하는 눈으로 보다, 신용하지 않다. ② …을 [...로] 간주하다, 생각하다. ¶ *look on* a person as an authority …을 권위자로 여기다. ③ …에 면하다. ⇒ *vi.* 7. ¶ The window *looks upon* the street. 창에서 거리가 보인다.
look out ① 밖을 보다. ¶ *look out of* window 창에서 밖을 보다. *《美》에서는 종종 of 를 생략함. ② 주의하다, 경계하다(be on guard)(*for* ...). ¶ *Look out !* 주의해라! / *look out for* trouble 말썽이 일어나지 않도록 조심하다. ③ 충분히 주의하여 돌보다(take watchful care) (*for* ...). ¶ *look out for* one's health 자신의 건강에 유의하다. ④ …을 전망하다. ¶ …에 면하다(*on, upon, over* ...). ⇒ *vi.* 7. ¶ The room *looks out on* the garden. 방은 뜰에 면하고 있다. ⑤ 잘 조사

look-ahead

하여 …을 골라내다; …을 찾다 (*for* …). ¶ *look out* a suitable design for a dress 옷의 적절한 디자인을 골라내다 / Go and *look out* for John. 존을 찾아오너라. ⑥ 맞을 보다, 면하다 (*for* …).
look over ①…을 조사하다, …을 훑어보다 (examine, inspect). *cf. vi.* 2 ¶ *look over* a letter 편지를 훑어보다. ②…을 간과하다, 눈감아 주다 (overlook).
look round =look around.
look through ①…을 통해서 보다. ¶ *look through* a telescope 망원경으로 보다. ②…을 대강 보다. ¶ *look through* a book 책을 대강 훑어보다. ③…을 간파하려는 듯이 보다; [외면을 통해서] [속마음을 꿰뚫어 보다. ¶ *look* a man *through* 남을 그 속마음을 알아내려는 듯이 보다, 속마음을 꿰뚫어보다. ④…을 샅샅이 조사하다. ⑤…을 돌봐 보이다. ¶ My toes *look through* the shoes. 구두의 터진 틈으로 내 발가락이 보인다.
look to ①…을 돌보다; …을 보살피다; …에 마음을 쓰다. ②…에 주의하다 (give attention to); …에 조심하다 (take care of); …을 경계하다, 살피다. ¶ *Look to* your manners. 몸가짐에 조심하시오. ¶ *Look to* it that everything is ready. 모든 일이 잘 준비되도록 주의하시오. ③…에 기대를 걸다; …을 기대하여 기다리다. ¶ *look to* a person for help 남의 도움을 기대하다 / *look to* a person to put things right 남이 일을 제대로 처리해 주리라 기대하다 / We all *look to* peace. 우리 모두가 평화를 기대하고 있다. ④…쪽을 보다; [집 따위가] …향하다. *vi.* 7. ¶ The house *looks to* the east. 그 집은 동향이다. *vi.* 3.
look toward 《구어》 ①…쪽으로 향하다. ②…을 위해 건배하다.
look up ①쳐다보다. ②좋아지다, 향상하다. ¶ Business is *looking up*. 사업이 잘 되어가고 있다. ¶ …을 찾다, 조사하다. ¶ *look up* a word in a dictionary 사전에서 단어를 찾아보다. ③…을 방문하다. ¶ *look up* an old friend 옛친구를 찾아가다.
look up and down ①샅샅이 찾다. ②…을 아래위로 자세히 훑어보다. ¶ *look* a person *up and down* 남을 아래위로 훑어보다.
look up to ①…을 쳐다보다. ②…을 존경하다 (respect). *cf. look down on* ¶ A boy needs a father he can *look up to*. 남자 아이에게는 존경할 수 있는 아버지가 필요하다.
Look who's here ! 《구어》 이게 누구야!
Look who's talking ! 《구어》 사돈 남 말 하네!
to look at a person 남의 동태로 판단하건대.
— *n.* **1** 봄, 보기, 일별 (一瞥) (glance). ¶ have (or take, throw, cast, etc.) a *look* at the picture 그림을 한번 보다 (일별하다) / He shot a scornful *look* at me. 그는 경멸적인 눈초리로 나를 보았다 / She took a good *look* of the house. 그녀는 시간을 들여 차분히 그 집을 살펴보았다. **2** 조사하기, 찾기. ¶ He had a *look* at the papers. 그는 서류를 한번 훑어보았다. **3** 《사물의》 모양, 외관. — APPEARANCE 類義 ¶ from the *look* of the sky 하늘 모양을 보아서는 / The house has a dismal *look*. 그 집은 외관이 음산하다. **4** 눈빛, 얼굴 표정. ¶ a proud (a mild) *look* 거만 (유순)한 얼굴 표정 / an ugly *look* in one's eyes 보기 싫은 눈초리. **5** 《보통 ~s》 [전체의] 모양, 외모, 용모, 풍채. ¶ judge a person by his *looks* 남을 외모로 판단하다. ¶ ***by the look of it*** 보기에, 아무래도.

look-a-head [lúkəhéd] *n.* 1 《컴퓨터》 예견(예지) 능력 [미리 다른 가능성 · 단계 등을 예지 · 계산할 수 있는 능력]. **2** 선견(지명), 통찰(력) (foresight). — *adj.* 《컴퓨터》 《컴퓨터의》 예견 능력이 있는, 예지 능력의.
look-a-like [lúkəlàik] *n.* 《美구어》 꼭 닮은 것. — *adj.* 꼭 닮은, 흡사한.
look·er [lúkər] *n.* 보는 사람, 《美속어》 미남, 미녀.

look·er-on [lúkərán / lúkərɔ́n] *n.* (*pl.* **look·ers-**) 방관자, 구경꾼. ¶ *Lookers on* see most of the game. 《속담》 구경꾼이 한수 더 본다.
look-in [lúkìn] *n.* 1 일견, 일별 (一瞥) (brief glance). **2** 잠깐 동안의 방문. ¶ give a person a *look-in* 남을 잠깐 동안 방문하다. **3** 승산 (勝算). ¶ have a *look-in* 승산이 있다.
look·ing [lúkiŋ] *adj.* 《종종 복합어를 만들어》 얼굴 표정(모습)이 …한, …처럼 보이는. ¶ cold-*looking* 냉담한 표정의 / good (ill)-*looking* 잘(못)생긴.
look·ing-glass [lúkiŋɡlæ̀s / -ɡlàːs] *n.* **1** 거울, 면경. **2** 거울용 유리. — *adj.* 뒤바뀐, 반대의.
look·ism [lúkìz(ə)m] *n.* 용모에 의한 차별(편견).
*****look·out** [lúkàut / -´-] *n.* **1** 망보기, 경계, 감시, 조심 (watch). ¶ keep (or take) a sharp *lookout* for …을 빈틈없이 경계(감시)하다. **2** 망보는 사람, 파수꾼; 감시(대), 경비대. ¶ His grandfather was a *lookout* in the West. 그의 할아버지는 서부에서 파수병 노릇을 하고 있었다. **3** 망보는 곳, 감시소; 〖항해〗 돛대 위의 망대. **4** 《주로 英》 조망(view); 〖장래의〗 전망 (prospect). **5** 《구어》 일, 관심사. ¶ That's not my *lookout*. 그것은 내가 알 바 아니다, 나와 관계없는 일이다.
be on (or ***upon***) ***the lookout*** [*for*] …을 망보고 있다, 조심하고 있다.
place (or ***put***) a person ***on the lookout*** 남에게 망을 보게 하다, 경계시키다.
look-o·ver [lúkòuvər] *n.* 음미(吟味). ¶ give it a *look-over* 그것을 대충 훑어보다.
look-see [lúksíː] *n.* 《속어》 일견, 일별 (quick look), 간단한 검사.
look-up [lúkʌ̀p] *n.* 조사, 검사; 〖특히 전산기에 의한 문헌 기억과의〗 자동 조회.
*****loom**[^1] [luːm] *n.* **1** 직조기, 직기, 베틀. ¶ a hand *loom* 수직기(手織機) / a power *loom* 동력 직조기. **2** 직조기 조작법; 직조법. **3** 노 (櫓)의 자루[물에 잠기는 부분과 손잡이의 중간부]. **4** 《주로 스코》 도구 (tool); 뚜껑이 없는 그릇, 용기. — *vt.* …을 직조기로 짜다, 베틀에 걸다.
loom[^2] [luːm] *vi.* **1** 어렴풋이 나타나다; 무시무시하게 보이다 (생각되다). ¶ (~ + ⊞) anxieties *looming* ahead 앞길에 어른거리는 걱정거리 // (~ + ⊞ + ⊞) Through the fog a ship *loomed* on our port bow. 안개 속에서 배 한 척이 좌현 전방에 희미하게 나타났다. **2** 거대한 모습을 나타내다 (*up* …); 매우 중대하게 생각되다. ¶ (~ + ⊞) The peak *loomed up* in front of us. 우리의 정면에 산꼭대기의 거대한 모습이 불쑥 나타났다 / (~ + ⊞) Trifles *loom* large to an anxious mind. 하찮은 일이라도 걱정있는 사람에게는 중대하게 여겨진다. — *n.* **1** 흐릿하게 나타남(나타나는 것); [안개 속에서 불쑥 나타나는] 거대한 모습.
loom[^3] [luːm] *n.* 《英방언》 =loon[^1].
*****loon**[^1] [luːn] *n.* 되강오리. ¶ as crazy as a *loon* 완전히 미친.
loon[^2] [luːn] *n.* **1** 게으름쟁이, 건달. **2** 《스코》 소년. **3** 바보, 멍청이. **4** 방탕아.
lóon pànts (**tròusers**) *n. pl.* 《英》 젊은이가 입는 나팔 바지. [<panta*loon pants*]
loon·y [lúːni] *adj.* (**loon·i·er, loon·i·est**) **1** 미친 듯한. **2** 《속어》 어리석은 (foolish). — *n.* (*pl.* **loon·ies**) 《속어》 정신 이상자.
lóony bìn *n.* 《속어》 정신 병원.
‡**loop**[^1] [luːp] *n.* **1** 〖실 · 끈 따위의〗 고리, 올가미; [속 따위의] 고리 테; [선 · 도로 · 강 따위의] 동그라미, 윤상부 (輪狀部), 만곡부 (彎曲部). ¶ the *loop* of the letter "e" e자의 고리 부분. **2 a)** [철도 · 전차 따위의] 환상선 (環狀線). **b)** [입체 교차로 따위의] 본선으로 이어진 지선 (支線). **3 a)** 〖항공〗 공중제비. **b)** [피겨 스케이트] 루프 [한쪽 날로 그리는 동그란 선]. **4** [물리] 파복 (波腹) [현 (弦) 의 진동 (振動) 이 가장 큰 부분] (antinode). **5** 〖전기〗 **a)** 폐회로 (閉回路). **b)** [고리 모

양의] 자기 감응(磁氣感應) 곡선. **6** 〖컴퓨터〗 루프〔프로그램 중에서 일련의 명령을 반복 실행하기; 반복 실행되는 일련의 명령〕. **7** 〖세균〗 〔세균을 배양(基)에 심을 때 쓰는〕 백금루(白金縷). **8** 〖해부〗 환상(環狀) 신경, 환상관(管). **9** (the L-) 미국 Chicago 시의 상업 중심 지구. **10** (the ~) 피잉용 자궁내 링(고리).
knock for a loop 〖美俗〗 ① …을 호되게 때리다. ② …에 강한 인상을 주다.
— *vt*. **1** 〔실·끈 따위〕를 고리로 만들다; …을 고리 모양으로 감다(… *up*). ¶ (~+图+圖) *loop up* draperies 피륙을 고리로 감다. **2** …에 귀를 달다; …을 고리로 싸다; …을 고리로 해서 묶다. **3** 〖도체(導體)를 결합하여〕 〔회로〕를 폐쇄하다. **4** …을 활모양의 궤도를 그리듯 던지다(발사하다).
— *vi*. **1** 고리로 되다; 〔자벌레 따위가〕 고리를 이루어 움직이다. **2** 원을 그리며 비행하다; 공중제비 비행을 하다.
loop the loop 공중 제비 비행을 하다; 〖자전거로〕 공중 재주넘기를 하다.
◇ lóopy *adj*.
loop[2] [lu:p] *n*. (《고어》) 〖벽 따위의〗 작은 구멍; 좁은 틈; 총안(銃眼) (loophole).
lóop anténna *n*. 루프 안테나. ⌈한.
lóoped [lu:pt] *adj*. **1** 고리 모양의. **2** 〖美俗〗 술취
lóop·er [lú:pər] *n*. **1** 고리를 만드는 사람(것). **2** 자벌레. **3** 〖재봉틀의〕 실의 고리를 만드는 장치 (shuttle).
*****loop·hole** [lú:phòul] *n*. **1** 작은 창문, 〖성벽의〕 총안(銃眼), 틈새기. **2** 빠져나가는 구멍(길), 〖법률 따위의〕 허점. **3** (허점의 시 *vt*. (**-holed**, **-hol·ing**) …에 작은 창(총안)을 내다.
lóop knòt *n*. 〖가장 간단한〕 매듭짓는 방법의 일종.
lóop lìne *n*. 〖철도〗 환상선(環狀線).
loop-the-loop [lú:pðəlú:p] *n*. 공중 제비 비행; 〖자전거 따위의〕 공중 회전 재주넘기.
loop·y [lú:pi] *adj*. (**loop·i·er, loop·i·est**) **1** 고리가 많은. **2** 《스코》 교활한(sly). **3** 《구어》 미친, 머리가 돈; 〔취해서〕 머리가 혼란된.
‡**loose** [lu:s] *adj*. (**loos·er, loos·est**) **1** 자유로운, 풀려난, 구속되어 있지 않은(free). ¶ a *loose* dog 사슬에 매어 있지 않은 개 // a horse *loose* of its tether 밧줄 풀린 말.
2 풀린, 매어 있지 않은, 헐렁헐렁한. ¶ the *loose* end of a rope 밧줄의 매어 있지 않은 쪽의 끝.
3 묶지 않은; 철하지 않은; 흐트러진. ¶ *loose* hair 묶지 않아 흐트러진 머리칼 / *loose* papers 철하지 않은 서류.
4 용기(그릇)에 들어 있지 않은, 포장하지 않은, 낱개로 된. ¶ *loose* coins 푼돈, 잔돈 / *loose* salt 〔그릇에 담지 않고〕 덮어서 파는 소금.
5 〔시간·돈이〕 자유로이 쓸 수 있는. ¶ a *loose* funds 언제든지 마음대로 쓸 수 있는 자금.
6 〔육체적으로〕 축 늘어진; 〔골격 따위가〕 응골차지(다부지지) 못한; 설사하는; 멎게 할 수 없는. ¶ a *loose* tongue 방정맞은 입〔수다〕 / *loose* bowels 설사.
7 도덕 감각이 없는, 단정치 못한, 무책임한. ¶ a *loose* life 무절제한 생활 / a *loose* fish 난봉꾼, 품행이 단정치 못한 사람.
8 품행이 단정치 못한, 바람둥이인. ¶ a *loose* woman 바람둥이 여자.
9 〔문·이·못·기계의 부품 따위가〕 꼭 끼어(박혀) 있지 않은, 느슨한, 흔들리는, 덜커덕거리는; 변색하기 쉬운, 벗겨지기 쉬운. ¶ a *loose* window 덜커덕거리는 창 / a *loose* dye 바래기 쉬운 염색.
10 〔옷 따위가〕 헐거운, 헐렁헐렁한. *opp*. tight ¶ a *loose* belt 느슨한 허리띠 / a *loose* sweater 헐렁헐렁한 스웨터.
11 올이 성긴, 촘촘하지 못한; 속이 가득 차 있지 않은; 엉성한. ¶ cloth with a *loose* texture 올이 성긴 천 / *loose* handwriting 질질 끌어 쓴 필체. ⌈동의.
12 〔통제력 등이〕 느슨한. ¶ a *loose* federation 어설픈
13 〖화학〗 〔원소 따위가〕 유리(遊離)된(uncombined).
14 〔흙 따위가〕 점착성(粘着性)이 없는. ¶ *loose* sand 푸석푸석한 모래.
15 부정확한, 되는 대로의, 산만한. ¶ *loose* thinking 산만한 사고 / *loose* play 어설픈 연기 / a *loose* style 엉성한 문체.
16 a) 〖대형(隊形)〗 따위가〕 산개(散開)한. ¶ a *loose* formation 〖미식축구 따위에서〕 스크럼을 짜지 않고 산개한 대형. **b)** 〖미식축구·아이스하키〗 〔공이 먹이〕 경기자의 통제를 벗어나 잡히지 않는 상태에 있는. **c)** 〖크리켓〗 부정확한, 서투른.
break loose from ⇒ BREAK. ⌈아주다.
cast loose 〖배의 계류구(繫留具) 따위〕를 풀다; …을 놓
come loose 풀리다, 벗겨지다, 느슨해지다.
cut loose ⇒ CUT.
get loose 달아나다 (*from* …).
go loose 제멋대로 돌아다니다.
let loose ① …을 풀어 놓다. ¶ He *let loose* his indignation. 그는 분노를 터뜨렸다. ② 〔물건이 압력에 못 이겨〕 구부러지다, 기울어지다, 무너지다.
set (or *turn*) *loose* …을 해방하다, 석방하다 (set free). ⌈워지다.
— *adv*. =loosely. ¶ work *loose* 〔나사 따위가〕 헐거
hold loose 냉담한 태도를 취하다.
play fast and loose ⇒ PLAY.
sit loose on (or *upon*) …에게는 무거운 짐이 되지 않다, 마음에 걸리지 않다. ¶ His crimes *sit loose on* his conscience. 그가 저지른 죄가 조금도 그의 양심에 거리끼지 않는다.
— *v*. (**loosed, loos·ing**) *vt*. **1** 〔속박 따위로부터〕 …을 풀어주다, 자유롭게 해주다, 해방하다. ¶ *loose* a horse in a field 말을 들판에 풀어놓다. **2** 〔항해〕 〔묶은 것을 풀다〕; 〔~+图+圙〕 *loose* a boat *from* its moorings 계선구(繫船具)에서 배를 풀어놓다. **3** 〔매듭 따위〕를 풀다. ¶ *loose* a knot 매듭을 풀다 / *loose* fetters 족쇄를 풀다 / *loose* sail 〔항해〕 돛을 풀어서 펼치다. **4** 〔활·총 따위〕를 쏘다, 발사하다 (*off*). ¶ (~+图+圙+图) *loose* an arrow *at* an enemy 적에게 화살을 쏘다 // (~+图+圙+图) *loose off* a pistol 권총을 발사하다. **5** …을 느슨하게 하다. ¶ *loose* one's hold 〔잡고 있던〕 손을 늦추다, 자유롭게 하다.
— *vi*. **1** 잡고 있던 것을 놓다. **2** 닻을 올려서 출범하다. **3** 화살을 쏘다, 발포하다 (*off* …). ¶ (~+圙) The hijacker *loosed off* a pistol. 그 납치범은 권총을 발사했다. **4** 〔고어〕 느슨해지다, 헐거워지다.
— *n*. **1** 활을 쏘기, 활시위를 벗어나기. **2** ⓤⓒ 〖폐어〗 방출, 제멋대로 함. ¶ give [a] *loose* to …의 하는 대로 맡게두다. **3** 〔문제의〕 결말, 귀추. **4** 무른 바위. **5** (종종 the~) 〖럭비〗 포워드가 산개(散開)한 플레이. *cf*. tight
on the loose ① 자유로운 상태로, 속박되지 않고. ② 《구어》 삼가지 않는, 방종한.
~**ness** *n*. ◇ lóosen *v*., lóosely *adv*.
loose-bod·ied [lú:sbádid / -bɔ́d-] *adj*. 〔옷 따위가〕 헐렁헐렁한, 헐거운.
loose-box [lú:sbàks / -bɔ̀ks] *n*. 말이 걸어다닐 수 있게 해놓고 기르는 마구간.
lóose énd *n*. **1** 〔천·끈 따위의〕 늘어진(매지 않은) 끝. **2** 미결(미처리) 사항.
at [*a*] *loose end*[*s*] ① 일정한 직업 없이, 빈들빈들. ② 정돈을 할 것인지 못인지, 이렇다할 작정도 없이.
loose-fit·ting [lú:sfítiŋ] *adj*. 〔의복이〕 헐거운.
lóose-jòint bùtt *n*. 경첩의 일종.
loose-joint·ed [lú:sdʒɔ́intid] *adj*. **1** 관절이 헐거운; 〔몸이〕 짜임새가 없는, 옹골차지 못한. **2** 유연한 (limber), 나긋나긋한.
lóose jùice *n*. 〖俗語〗 알코올 음료(liquor).
loose-leaf [lú:slì:f] *adj*. 페이지를 마음대로 뺐다 끼웠다 할 수 있는, 루스리프식(式)의.
loose-lipped [lú:slípt] *adj*. =loose-tongued.

loose·ly [lúːsli] *adv.* **1** 느슨하게, 헐겁게, 헐렁헐렁하게. **2** 대충, 조잡하게, 산만하게, 막연하게. ¶ novels *loosely* grouped as mysteries 대충 미스터리로 분류되어 있는 소설들. **3** 방종하게, 되는 대로, 품행이 단정치 못하게, 아무렇게나. ¶ live *loosely* 방종한 생활을 하다.

loose-mind·ed [lúːsmáindid] *adj.* 머리가 산만한.

loos·en [lúːsn] *vt.* **1** (새끼 따위를) 풀다, 끄르다. ¶ *loosen* a knot 매듭을 풀다. **2** (단단히 매어놓은 것 따위를) 느슨하게 하다 / *loosen* one's grasp of (or one's hold on) …을 잡은 손을 늦추다 / Please *loosen* your tie and relax. 넥타이를 느슨히 하고 편히 하세요. **3** (속박 따위에서) …을 해방하다, 자유롭게 하다. **4** (흙이 촘촘한 것 따위를) 풀다, 너덜너덜하게 하다. **5** (용변을 보아 장(腸))을 편하게 하다. ¶ *loosen* the bowels 뒤를 보다. **6** (규율·속박 따위를) 완화하다, 느슨하게 하다. ── *vi.* 느슨해지다, 헐거워지다. 풀리다, 흐트러지다. *loosen up* ① 돈 씀씀이가 헤퍼지다. ② 긴장을 풀다, 편하게 쉬다. ③ …을 완화하다. ¶ *loosen up* the economy 경제 사정을 완화하다.

loose-prin·ci·pled [lúːsprínsipld] *adj.* 지조가 없는.

loose·strife [lúːsstràif] *n.* 까치수염과(屬)의 초본(草本), [특히] 좁쌀풀.

loose-tongued [lúːstʌ́ŋd] *adj.* 수다스러운, 입이 싼.

loos·ish [lúːsiʃ] *adj.* 풀어질 듯한, 느슨해 보이는, 팽팽한 맛이 없는.

loot [luːt] *n.* ⓤ **1** 전리품, 약탈품; 훔친 물건; 부정 소득, 강탈품, 약탈. **2** (구어) 가치있는 것, 귀중품으로 여겨지는 것[선물 따위]. **3** (속어) 돈(money). ── *vt.* …을 약탈하다, 강탈하다, …을 부정한 방법으로 취득하다; …을 황폐케 하다. ── *vi.* 강탈하다, 훔치다.

loot·er [lúːtər] *n.* 강탈자, 약탈자; 도둑; 부정 취득자.

lop¹ [lap / lɔp] *v.* (**lopped, lop·ping**) *vt.* **1** (나무의) 가지를 잘라내다, (가지를) 치다(... *off, away*); …을 다듬다. ¶ (~+⽬+副) *lop* branches *off* (or *away*) 가지를 잘라내다 // *lop* a tree 가지를 쳐 나무를 다듬다. **2** (사람의 목·손발 따위를) 잘라내다; …의 일부를 잘라내다; (불필요한 것을) 깎다, 삭감하다. ¶ (~+⽬+副) *lop off* a page 페이지를 줄이다. ── *vi.* 나무의 가지 따위를 잘라 다듬다; …의 일부를 잘라내다. ── *n.* **1** 잘라낸 가지(부분). **2** [집합적] 잔가지, 잘라낸 가지.

lop² [lap / lɔp] *v.* (**lopped, lop·ping**) *vi.* **1** 축 늘어지다. **2** 단정히 못하게(생줏맞게) 걷다; 어슬렁거리다(*about*…). **3** (토끼 따위가) 뛰다. ── *vt.* …을 축 늘어뜨리다. ── *adj.* 축 늘어진.

lop³ [lap / lɔp] *vi.* (**lopped, lop·ping**) (바닷물이) 작은 파도로 부서지다, 잔물결이 일다. ── *n.* 잔물결[이 일기].

lope [loup] *v.* (**loped, lop·ing**) *vi.* [토끼 따위가] 껑충껑충 뛰다; [말 따위가] 경중경중 달리다. ── *vt.* (말 따위)를 경중경중 달리게 하다. ── *n.* 경중경중 달리기.

lóp éar *n.* 늘어진 귀; 귀가 늘어진 토끼.

lop-eared [lápiərd / lɔ́p-] *adj.* 늘어진 귀의, 귀가 늘어진.

lo·pho·phor·ate [lóufəfɔ̀ːreit] *n.* (동물) 촉수(觸手).

lop·py [lápi / lɔ́pi] *adj.* (**-pi·er, -pi·est**) 축 늘어진.

lop·sid·ed [lápsáidid / lɔ́p-] *adj.* **1** (배·건물 따위가) 한쪽으로 기운. **2** 한쪽이 너무 무거운(큰), 균형이 잡히지 않은(unbalanced), 좌우 불균형의. ¶ The bar is *lopsided.* 그 막대는 한쪽이 너무 무겁다. ~**ly** *adv.*

loq. (略) *loquitur.* ── ~**ness** *n.*

lo·qua·cious [loukwéiʃəs] *adj.* 수다스러운, 말이 많은, ★ TALKATIVE 類語. **2** (주로 詩) (새 따위가) 시끄럽게 지저귀는; (시냇물이) 졸졸 소리를 내는. ~**ly** *adv.* ~**ness** *n.*

lo·quac·i·ty [lo(u)kwǽsiti] *n.* ⓤⓒ (*pl.* **-ties**) 수다, [다변.

lo·quat [lóukwɑt, -kwæt / -kwɔt] *n.* 비파나무[의 열매].

lo·qui·tur [lákwitər / lɔ́k-] 《라틴》(= he or she speaks) 그(그녀)가 이야기(말)하다.

lor [lɔːr / lɔː] *interj.* 이런! (lord).

lo·ral [lɔ́ːrəl / lɔ́ː-] *adj.* (동물) 새의 눈과 윗부리 사이 부분(lore)의.

lo·ran [lɔ́ːræn / lɔ́ː-] *n.* ⓤⓒ 로란(비행기나 선박이 2개의 무선국으로부터 발신된 두 전파의 시간차에 의해서 자기의 위치를 측정하는 장치). [<*lo*ng *ra*nge *n*avigation].

lor·cha [lɔ́ːrʃə / -tʃə] *n.* (서양형 선체의) 중국 범선.

lord [lɔːrd] *n.* **1** 주인, 우두머리, 지배자(ruler). **2** 국왕의 존칭. ¶ our *lord* the King 우리 국왕. **3** 지주, 집주인; 영주. *cf.* landlord **4** (업계 따위의) 거두, [사계의] 권위자, 거장. ¶ a money *lord* 금융계의 실력자. **5** (英) 귀족. **6** (보통 L-s) (英) 상원 의원. ¶ the House of Lords 상원. **7** (L-) (英) **a)** 고위 관직명의 일부로서 사용하는 칭호. ¶ the *Lord* President of the Council 추밀원(樞密院) 의장. **b)** 주교의 정식 존칭. ¶ the *Lord* Bishop of Durham 더럼의 주교. **c)** 경(卿) [후작·백작·자작·남작 및 공작·후작의 아들, 백작의 맏아들에게 쓰는 존칭. of 없이 성(姓) 앞에 붙인다. BARON 參照]. ¶ *Lord* Derby 더비 백작 / my *Lord* [miló́ːrd] 각하 [부를때 쓰는 경칭]. ★ 변호사는 종종 [miláːd]로 발음. **8** (보통 the L-) **a)** 하느님, 하나님, [구약성서에서는] 여호와(God). ¶ *Lord* knows! 신만이 알고 있다. **b)** (보통 our) 구세주, 그리스도 (Jesus Christ). ¶ in the year of our *Lord* 1900 서기 1900년. **9** (점성) [사람·시간·장소 따위를 지배하는] 사성(司星).

be lord of …을 영유(領有)하다.

drunk as a lord ⇨ DRUNK.

[*Good*] *Lord* ! 오오!, 이런!, 어머나![놀람·유쾌함 따위를 나타낸다].

like a lord 호화롭게, 정중하게. ¶ live *like a lord* 호화스럽게 살다.

swear like a lord 무턱대고 맹세하다.

one's lord and master (익살) 남편.

Lord bless me (or *us*, *you*, *my soul*)! 오오!, 이런!

the Lord of all [*things*] 만물의 주, 신.

the Lord of hosts 만군(萬軍)의 주(主) [여호와를 가리키는 말]. [도.

the Lord of Lords [여러 신들의] 주신(主神), 그리스

the Lord of Misrule (영국사) [15-16세기 궁정, 귀족의 저택 따위의] 크리스마스 파티나 여흥의 사회자.

the lord of [*the*] *creation* ⇨ CREATION.

── *vi.* 뽐내다, 안하무인으로 빼기다. ¶ I will not be *lorded* over. 큰소리치게 놔두지는 않겠다, 빼기는 꼴을 보고 있지 않겠다.

── *vt.* (고어) …을 귀족으로 만들다; …에 작위를 수여하다(ennoble).

── *interj.* 이런!, 어머나!

◇ **lórdly** *adj.*

Lórd Ádvocate *n.* [스코틀랜드의] 검찰 총장, 법 [무 장관.

Lórd Bíshop *n.* (英) (공식적인 칭호).

Lórd Chámberlain *n.* (英) 궁내(宮內) 장관.

Lórd Chíef Jústice *n.* (英) [고등 법원의] 수석 재판관.

Lórd Hígh Ádmiral *n.* (英역사) 해군 장관.

Lórd [**Hígh**] **Cháncellor** *n.* (英) 대법관 [영국 최고의 사법권]. [Privy Seal.

Lórd Kéeper of the Prívy Séal *n.* = Lord

Lórd Lieutenant *n.* **1** [1922년 이전의] 아일랜드 총독. **2** (英) 주지사.

lord·li·ness [lɔ́ːrdlinis] *n.* ⓤ 귀족다움, 거만함.

lord·ling [lɔ́ːrdliŋ] *n.* (보통 경멸적) 보잘것없는 귀족, 소(小)귀족.

***lord·ly** [lɔ́ːrdli] *adj.* (**-li·er, -li·est**) **1** 군주(귀족)다운, 당당한, 장대(壯大)한, 훌륭한(grand). **2** 거만한,

뽐내는. **3** 군주(귀족)의(다운). —— *adv.* 군주(귀족)처럼, 당당하게, 거만하게.

Lòrd Máyor *n.*《英》[London 따위 대도시의] 시장. cf. Lady Mayoress ¶ the *Lord Mayor's* Day 런던 시장 취임식 날짜 [11월 9일]. [증].

lor·do·sis [lɔːrdóusis] *n.* ⓤ 〖병리〗 척주 전만(前彎)

Lòrd Prívy Séal *n.*《英》옥새관(玉璽官).

Lòrd Protéctor *n.*〖英역사〗호민관(護民官) 〖공화제 시대의 Oliver Cromwell 과 그의 아들 Richard 의 칭호〗.

Lord's [lɔːrdz] *n.* London 에 있는 Lord's cricket ground 의 약칭.

Lórd's dày *n.* (the ~) 주일, 일요일.

***lord·ship** [lɔ́ːrdʃip] *n.* ⓤ **1**《英》(종종 L-)《your, his 따위를 앞에 두어》 〖공작 이외의 귀족·지사·판사 등을 높여 부르는 말로 쓰이지만, 때로 신분이 높지 않은 사람을 우스개로 이렇게 부르기도 한다〗. **2** 〖일반적으로〗 지배권, 억제력(*over* ...), ¶ *lordship over* oneself 자신에 대한 통제. **3** 〖역사〗 **a)** 영주의 신분; 영주의 권력, 지배권. **b)** ⓒ 영지, 영역(domain).

Lòrd Spirítual *n.* (*pl.* **Lords S-**)《영국의》 성직(聖職) 관계의 상원 의원 〖주로 영국 국교회의 주교〗.

Lórd's Práyer *n.* (the ~) 주기도문[그리스도가 제자들에게 가르친 기도. ~마태 복음 (Matt.) 6: 10-13].

Lórd's Súpper *n.* (the ~) 주의 만찬; 최후의 만찬 (Last Supper), 성찬식.

Lòrd Témporal *n.* (*pl.* **Lords T-**) 〖영국의〗 성직 관계 이외의 상원 의원.

***lore**[lɔːr/lɔː] *n.* ⓤⓒ **1** 〖민족·단체 따위의, 또는 어떤 특정 제목·분야에 관한 전승적인〗 지식, 학문. ⇒ INFORMATION [類語] ¶ the *lore* of the Egyptians 고대 이집트인의 지식 / a ghost *lore* 유령에 관한 지식, 유령 전설. **2** 〖일반적으로〗 학문, 지식(knowledge). **3**《고어》가르치기; 가르침, 교훈.

lore[lɔːr/lɔː] *n.*〖鳥類〗콧등〖새의 눈과 윗부리 사이의 부분〗.

Lor·e·lei [lɔ́ːrəlài] *n.* 로렐라이〖Rhine 강의 바위 위에 나타나서 그 아름다운 모습과 목소리로 뱃사람들을 유혹하여 배를 침몰시켰다는 독일 전설의 마녀〗.

Ló·rentz fòrce [lɔ́ːrents-] *n.*〖물리〗 로렌츠힘〖자계 중(磁界中)에 있는 하전체를 운동하는 전하(電荷)에 작용하는 힘〗.〖<네덜란드 물리학자 H.A. Lorentz (1853-1928)의 이름〗

lor·gnette[lɔːrnjét] *n.* **1** 긴 손잡이가 달린 안경. **2** 〖손잡이가 달린〗 오페라 글라스.

lor·gnon [lɔːrnjɔ́ːŋ] *n.*《프랑스》**1** = lorgnette. **2** 코안경 (pince-nez).

lor·i·keet [lɔ́ːrikìːt, lár-, lɔ́rikìːt] *n.* 진홍잉꼬(lory)의 일종. [lorgnette 1]

lo·ris [lɔ́ːris/lɔ́ː-] *n.* (*pl.* **-ris**) 로리스, 늘보원숭이 〖남부 아시아산(産)〗.

lorn [lɔːrn] *adj.*《詩》버려진, 의지할 데 없는, 고독한(forsaken). **2**《폐어》멸망한, 파멸한. **~ness** *n.*

***lor·ry** [lɔ́ːri, lári / lɔ́ri] *n.* (*pl.* **-ries**) **1**《英》〖특히 대형의〗화물 자동차, 트럭. **2** 〖광산 따위에서 사용하는〗 작은 무개차(無蓋車). **3** 〖주로 영국에서 사용하는〗 차체가 낮은 4륜 짐마차.

lor·ry-hop [lɔ́ːri-/lɔ́rihɔ̀p] *vi.* (**-hopped, -hop-ping**)《英속어》lorry를 이용하여 무전 여행을 하다.

lo·ry [lɔ́ːri/lɔ́ːri] *n.* (*pl.* **-ries**) 진홍잉꼬〖오스트레일리아산(産)〗.〖기 쉬운.

los·a·ble [lúːzəbl] *adj.* 잃어버릴 수도 있는, 잃어버리

Los Al·a·mos [lɔːs ǽləmòus/lɔs-] *n.* 미국 New Mexico 주(州) 북부의 도시〖원자력 연구의 중심지〗.

Los An·ge·les [lɔːs ǽndʒələs, -líːz, ǽŋɡl-/lɔs-] *n.* 미국 California 주(州) 서남부의 항구 도시.

‡**lose** [luːz] *v.* (**lost, los·ing**) *vt.* **1** 〖부주의 따위로〗 잃다, 잃어버리다, 분실하다, 어디엔가 놓고 그냥 오다; 〖사별하여〗 〖사람〗을 잃다. *opp.* gain ¶ *lose* a ring 반지를 잃어버리다 / *lose* one's money 돈을 잃어버리다 / *lose* one's bag 가방을 잃어버리다, 놓고 그냥 오다 / *lose* a leg in an auto crash 자동차 충돌 사고로 한쪽 다리를 잃다 / *lose* one's life 죽다 / She *lost* her son in the war. 그녀는 전쟁에서 아들을 잃었다.

2 〖능력·건강·명성·인내력 따위〗를 잃다, 유지하지 못하게 되다. ¶ *lose* one's balance 평형을 잃다 / *lose* one's temper (or head) 화를 내다 / *lose* one's dash 기력이 쇠퇴하다 / *lose* one's hearing 귀먹다 / *lose* one's memory 기억을 잃다 / *lose* one's mind (or reason) 미치다, 발광하다 / *lose* [one's] face 체면을 잃다, 창피를 당하다 / *lose* one's job 실업 하다 / The cloth *lost* its color. 천이 퇴색되었다 / This magazine has *lost* interest. 더 잡지는 재미가 없어졌다.

3 〖병·공포 따위〗를 면하다, 벗어나다 (get rid of). ¶ *lose* all fear 무서운 것이 없어지다 / I've *lost* my cold. 감기가 나았다.

4 《주로 수동형으로》 파멸하다, 죽다; 〖배가〗 침몰하다. ¶ The ship was *lost* with all hands. 배는 전승무원과 함께 침몰했다.

5 …을 놓치다, 못 보고 넘어가다, 주의해서 보지 〖듣지〗 못하다; 〖말 따위〗를 잊어버리다. ¶ *lose* sight of …을 못 보고 놓치다 / I did not *lose* a word of his lecture. 그의 강의를 한마디도 놓치지 않고 들었다 / *lose* one's friend in a crowd 군중 속에서 친구를 놓치다.

6 〖길·방향 따위〗를 잃다, …을 알 수 없게 되다; 《재귀법 또는 수동형으로》 길을 잃다. ¶ *lose* one's way 길을 잃다 / *lose* one's bearings 방향(위치)을 잃다 / *lose* oneself (or be *lost*) in a wood 숲속에서 길을 잃다 / The boy was *lost* in the crowd. 그 소년은 군중 속에서 길을 잃었다.

7 〖경주 따위에서〗 〖상대방〗을 떼어놓다. ¶ *lose* one's pursuers 뒤쫓는 사람을 떼어놓다.

8 〖시간·기회·돈·노력 따위〗를 허비하다, 놓치다; …에 대어가지 못하다. ¶ *lose* one's labor 헛수고를 하다 / *lose* a good opportunity 호기를 놓치다 / *lose* one's train 기차를 놓치다 / There is not a moment to *lose*. 잠시도 헛되이 보낼 수 없다 / No time should be *lost* in doing it. 당장에 그것을 해야 한다, 그런 일을 하는 데 시간을 허비해서는 안 된다.

9 〖경기·승부·노력을 따위〗를 놓치다; 〖시합·소송·싸움 따위〗에 패하다; 〖동의〗를 부결당하다. *opp.* win ¶ *lose* a prize 상을 받지 못하다 / *lose* a game (a lawsuit) 시합 (소송)에 지다 / *lose* the day ⇒ DAY 6 / *lose* a motion 동의를 부결당하다.

10 …에게 …을 잃게 하다. ¶ The delay *lost* the battle for them. 지체한 것이 그들의 패인이었다 // (~+똅+똅) His negligence *lost* him his job. 그는 태만해서 직장을 잃었다.

11 《재귀법 또는 수동형으로》 …에 넋을 잃다, 열중 (몰두)하다(*in* ...); …의 모습이 보이지 않게 되다. ¶ (~+똅+똅) *lose* oneself (or be *lost*) *in* thought (reverie) 사색(공상)에 잠기다.

12 〖시계가〗〖몇 분〗 늦다. *opp.* gain ¶ My watch *loses* twenty seconds a day. 내 시계는 하루에 20초 늦는다.

13 〖임산부가〗〖애기〗를 사산(死産)하다; 〖의사가〗〖환자〗를 죽게 하다.

—— *vi.* **1** 잃다; 손해를 보다. ¶ The poem *loses* considerably in translation. 그 시는 번역하면 원래의 맛을 상당히 잃게 된다 / The investors *lost* heavily. 투자한 사람들은 큰 손해를 보았다. **2** 지다, 패하다. ¶ We played well but we *lost*. 우리는 잘 싸웠지만 지고 말았다. **3** 약해지다, 쇠퇴하다; 〖가치·효력 따위가〗 감소되다(*in* ...). ¶ The invalid is *losing*. 환자는 기력을 잃어가고 있다 // (~+젠+뗑) *lose in* beauty 아름다움이 시들다. **4** 〖시계가〗 늦다. *opp.* gain ¶ This watch *loses*

losel 1340 **lot**

twenty seconds a day. 이 시계는 하루에 20초 늦는다.
be lost on (or **upon**) ⇨ LOST.
be lost to ⇨ LOST.
lose out 《구어》 ① 지다. ②〔원하는 것 따위〕를 얻지 못하다.
◇ loss n.

lo·sel [lóuzəl] n.《고어》난봉꾼, 건달(scoundrel).
— adj. 쓸모없는(useless); 방탕한, 불량한.

***los·er** [lúːzər] n. 1 실패자; 손실자; [시합의] 패자, 〔경마에서〕진 말. opp. gainer 2《속어》범죄자, 전과자.

los·ing [lúːziŋ] adj. 지는, 손해를 보는. — n. 1 ⓤ 지기, 짐. 2 (~s)〔투기 따위에서의〕손실.

lósing stréak n. 연패(連敗). opp. winning streak
¶ a six-game losing streak 6연패.

‡**loss** [lɔːs / lɔs] n. ⓤⓒ 1 손실, 손해; 손실물, 손해액. gain ¶ meet with a loss 손해를 보다, 잃다 / a dead loss 완전 손해, 전손(全損). 2 잃음, 상실, 소실(消失). ¶ the loss of one's eyesight 시력의 상실 / without loss of time 당장에. 3 잃어버림, 분실, 유실. ¶ I discovered the loss of the document. 나는 그 서류가 분실되었음을 알았다. 4 실패, 패배. ¶ the loss of a battle 전투에서의 패배. 5 낭비; 감퇴, 쇠퇴, 감손(減損). the loss of time 시간의 낭비 / the loss of health 건강이 나빠짐. 6《군대》 a) 병력의 손실, 사상〔자〕. b) 종종 ~es 사상자수(數); [보험] 사망, 손해.
at a loss ① 난처하여, 어찌할 바를 몰라서. ¶ I was at a loss for an answer to the question. 질문에 어찌 대답해야 좋을지 몰랐다. ② 밑지고, ¶ sell all the stock at a loss 전체 재고품을 손해를 보고 팔다.
cut a (or **the**) **loss** (or **one's losses**) 손해는 사업 따위를〕재빨리 손을 떼다, 적당한 때에 그만두다.
for a loss 우울하여, 아주 지쳐서.
loss of face 체면 손상, 체면이 깎임.
◇ lose v.

lóss léader n.《美》〔손님을 끌기 위해〕손해를 보고 싸게 파는 상품.

loss·mak·er [lɔ́ːsmèikər / lɔ́s-] n.《英》적자(赤字)

‡**lost** [lɔːst / lɔst] v. lose 의 과거·과거 분사, 기업.
— adj. 잃어버린, 유실된, 이미 가지고 있지 않은; 소멸한, 놓쳐버린. ¶ lost honor 실추된 명예 / lost art 잃어버린 예술 / a person lost in a crowd 군중 속으로 사라진 사람.
2 길 잃은; 당황한; 절망적인(hopeless). ¶ a lost look 난감한 표정 / a lost child 미아 / a lost sheep 길 잃은 양, 정도(正道)를 벗어난 사람 [←마태 복음(Matt.) 18 : 12] / He got lost in the wood. 그는 숲속에서 길을 잃었다.
3 허비한, 쓸모없게 된; 놓쳐버린. ¶ a lost day 허송한 하루 / lost opportunities 잃어버린 기회.
4 진, 패배한; [상 따위를] 놓친. ¶ a lost battle 진 싸움 / a lost prize 놓쳐버린 상 / a lost cause 실패한(성공할 가망이 없는) 운동.
5 파멸한, 파괴된(destroyed); 죽은. ¶ a lost ship 난파선 / a lost soul 지옥에 떨어진 영혼.
6 열중한, 몰두하여(preoccupied)(in ...). ¶ a man lost in reverie (thought) 환상(사색)에 잠겨 있는 사람.
7 [골프] [공이] 5분 이내에 발견되지 않는.
be lost on (or **upon**) …에 낭비되어, …에 전혀 영향을 안 끼치는. ¶ His eloquence was lost upon his audience. 그의 웅변도 청중을 움직이기는 동했다 / My hint was not lost upon him. 나의 암시를 그는 알아차렸다.
be lost to ① …에서 상실되다; 이미 …의 수중에 없다. ¶ The island was lost to sight. 그 섬은 보이지 않게 되었다. ② …에게 가능성이 없다. ¶ The opportunity was lost to him. 그 기회는 그에게 다시 오지 않았다. ③ …에 대하여 무감각하다(be insensible to). ¶ He is lost to pity. 그는 인정머리가 없다.
for lost 죽은 것으로, 안 되는 것으로. ¶ They gave him up for lost. 그들은 그를 이미 죽은 것으로 단념했다.
Get lost !《美속어》어서 꺼져버려라(나가라).

the lost and found [**office**]《美》분실물 센터.

Lóst Generation n. (the ~) 잃어버린 세대 [제1차 세계 대전중에 정신이 황폐를 보내고, 전후 미국의 문화적 전통에 대하여 불만과 환멸을 느껴 정신의 안정을 잃은 사람들의 세대; 그 작가 집단. Hemingway, Fitzgerald, Dos Passos 등].

lóst próperty n. ⓤ 〔기차역 따위의〕분실물. ¶ a lost property office 분실물 취급소.

‡**lot** [lat / lɔt] n. 1. 제비; 당첨; ⓤ 제비뽑기, 추첨. ¶ draw (cast) lots for turns 차례를 정하기 위하여 제비를 뽑다〔물건을 던지다〕/ choose a person by lot 사람을 제비로 뽑다 / The lot fell upon (or came to) me. 내가 당첨되었다.
2 몫(share, portion). ¶ He received his lot of the inheritance on his father's death. 그는 아버지가 돌아가셔서 자기 몫의 유산을 받았다.
3 운명(destiny). ¶ Her lot was not a happy one. 그녀의 운명은 행복한 것이 못 되었다.
[類語] **lot** 우연한 계기로 사람이 놓이게 된 처지: It was my happy lot to escort her home. 나는 그녀를 집까지 바래다 주는 행운을 얻었다. **fortune** 우연을 지배하는 힘; vicissitudes of fortune 운명의 변천. **luck** fortune 의 구어적인 말. **fate** 초자연적인 것으로 주로 붙은: It was her fate to die young. 요절이 그녀의 운명이었다. **destiny** 자연적인 귀결; 좋은 운명에 쓰이는 일도 많다: It was his destiny to save his country. 나라를 구하는 것이 그의 운명이었다. **doom** 불행한 fate 또는 destiny 를 초래하는 최종 결과: meet one's doom 죽다, 멸망하다.
4 [토지의] 한 구획, 한 구역. ¶ house lots 주택용 부지 / pasture lots 목초지 / Each settler was awarded a lot. 입주자들은 토지를 한 구획씩 얻었다.
5 [영화] 촬영소, 스튜디오[주위의 토지를 포함한다].
6 [경매품·상품 따위의] 한 뭉, 한 무더기, 한 세트; [생산] 로트.
7 [사람이나 물건의] 떼, 패. ¶ a queer and stubborn lot 별나고 완고한 패거리 / a lot of cattle 한 떼의 소.
8《구어》놈, 작자. ¶ a bad lot 악인, 악당.
9 (종종 a~, ~s)《구어》많음, 다량. cf. many opp. little; (the [whole]~) 전부. ¶ a lot of boxes 많은 상자 / lots of money 많은 돈.
— **Usage** a lot of 와 lots of —— 수·량 어느 쪽에나 쓸 수 있지만, a lot of 는 (美), lots of 는《美》에서 주로 사용되며, 모두 구어적 표현, 가령 He has many friends.는 격식을 차린 표현이며, 구어에서는 He has a lot of (or lots of) friends.라고 하는 것이 보통이다. 또 한 a lot of, lots of 는 긍정의 평서문에 한하여 사용되며, 의문문·부정문·조건문에서는 many, much 를 사용한다. 「a lot of (or lots of) + 명사」와 일치하는 동사는, 수일 경우에는 복수, 양일 경우에는 단수형을 취한다: As Xmas business was very bad this year, there are a lot of articles left. 올해 크리스마스는 장사가 잘 안 되어서 많은 상품이 남아 있다 / A lot of milk was given to the children. 아이들에게 우유를 많이 주었다.
10 ⓤ《주로 英》〔세〕(稅), 과세. cf. scot
11 (the ~)《구어》전부, 전체, 전원. ¶ He discharged [all] the lot of them as incompetents. 그는 전원을 무능력자라고 하여 해고했다.
cast (or **throw**) **in** one's **lot with** …와 운명을 함께 하다.
That's the lot.《구어》그게 전부이다.
— v. (**lot·ted, lot·ting**) vt. 1〔상품〕을 구분하다 (... out). ¶ (~+명+閊) lot out apples by the basketful 사과를 한 바구니씩 나누다. **2** …을 할당하다(allot).
3 〔토지〕를 구획으로 나누다. **4** 〔페어〕…을 추첨으로 결정하다.
— vi. 제비를 뽑다, 추첨으로 결정하다(cast lots).
lot on (or **upon**)《주로 방언》…에 기대를 걸다, 의지하다(count on).

— *adv.* (종종 a ~, ~s) 《구어》 아주, 매우. ¶ You look a *lot* better today. 오늘은 훨씬 건강해 보인다 / I want a *lot* more. 나는 더 많이 얻었으면 싶다 / I care *lots* about him. 나는 그의 일을 무척 걱정하고 있다.

Lot [lɑt / lɔt] *n.* 〖聖〗 롯[Abraham의 조카. 그의 처는 Sodom에서 도망칠 때 뒤를 돌아보았기 때문에 소금 기둥으로 변했다. ←창세기(Gen.) 13: 1-12, 19].

lo·ta, lo·tah [lóutə] *n.* 〖인도〗 놋쇠·구리로 만든 공 모양의 물 단지.

loth [louθ] *adj.* =loath.

Lo·thar·i·o [lo(u)θɛ́(ː)riòu / -θέːr-, -θέər-] *n.* (*pl.* -os) (때로 l-) 방탕자, 색골. [<Nicholas Rowe의 희곡 *The Fair Penitent* 중에 등장하는 인물]

Lo·thi·ans [lóuðiənz, -θi-] *n. pl.* (the ~) 스코틀랜드의 East Lothian, Midlothian, West Lothian의 3주 (州).

lo·tion [lóuʃ(ə)n] *n.* ⓤⓒ **1** 〖약〗 외용(外用) 물약, 세제. ¶ an eye *lotion* 안약. **2** 화장수, 로션.

lo·tos [lóutəs] *n.* = lotus.

lot·ta [lɑ́tə / lɔ́tə] *adj.* 《美속어》 많은 (a lot of).

lot·ter·y [lɑ́təri / lɔ́t-] *n.* (*pl.* -ter·ies) **1** 복권, 제비뽑기. **2** 운, 운수. **3** 〖놀이〗

lot·to [lɑ́tou / lɔ́t-] *n.* ⓤ 숫자가 기입된 카드를 맞추는

*lo·tus [lóutəs], (**lotos**) *n.* **1** 〖그리스신화〗 로터스〖그 열매를 먹으면 황홀경에 들어가, 집이나 친구를 잊어버리게 된다는 식물]; 그 열매. **2** 연(蓮). **3** 〖이집트의 고대 건축 따위의〗 연꽃 장식, 수련(水蓮) 무늬.

lo·tus-eat·er [lóutəsìːtər] *n.* 〖그리스신화〗 lotus의 열매를 먹고 황홀경에 들어가 세상 일을 잊은 사람. **2** 쾌락주의자.

lo·tus-eat·ing [lóutəsìːtiŋ] *n., adj.* ⓤ 열락(悅樂)의 [을].

lótus lànd *n.* ⓒⓤ lotus-eater가 사는 나라, 일락(逸樂)의 나라, 도원경(桃源境).

lótus posítion *n.* 결가부좌(結跏趺坐).

‡loud [laud] *adj.* **1** 〖목소리나 소리가〗 큰, 강한. *opp.* quiet, soft.

〖類語〗 *loud* 「소리·목소리가 큰(강한)」의 뜻. 불쾌함과는 직접적인 관계가 없다. a *loud* voice (음)의 목소리(소리), *noisy* 계속 또는 큰 음성을 내어 귀에 거슬리는, 불쾌한: the *noisy* sound of a telephone 시끄러운 전화벨 소리.

2 큰 소리를 내는, 시끄러운, 소란한(noisy). ¶ a *loud* trumpet 소리가 큰 나팔 / a *loud* party 소란한 파티. **3** 열성인, 강조적인(emphatic); 성가신, 집요한. ¶ a *loud* denial 강한 부정 / be *loud* in demands 집요하게 요구하다. **4** 〖색깔·복장 따위가〗 화려한, 야한 (showy). ¶ a *loud* pattern in clothes 의복의 야한 무늬 / a *loud* dresser 화려하게 차려입은 사람. **5** 〖태도가〗 품위없는, 불쾌한. ¶ a *loud* and unpleasant person 품위없고 불쾌감을 주는 사람. **6** 〖냄새가〗 역겨운, 독한.

— *adv.* **1** 높은 소리를 내면서, 큰 목소리로(loudly). ¶ laugh *loud* and long 크게 웃다 / Don't talk so *loud*. 그렇게 큰 소리로 말하지 마라. **2** 〖복장·태도 따위가〗 야하게, 천하게. **3** 〖악취가〗 강하게, 불쾌하게. ¶ smell *loud* 심한 냄새를 풍기다.

loud and clear 분명하게, 명료하게.

out loud 《구어》 큰 소리로, 명확하게. ¶ I haven't said that name *out loud* for ten years. 그 이름을 10년 동안 입에 담은 일이 없어.

◇ **alóud** *adv.*

loud·en [láudn] *vt.* …의 소리를 크게 하다, 목소리를 크게 하다. — *vi.* 소리가 커지다, 목소리가 커지다.

loud-hail·er [láudhéilər] *n.* 강력 확성기, 메가폰.

loud·ish [láudiʃ] *adj.* 소리가 좀 높은.

‡loud·ly [láudli] *adv.* **1** 큰 소리를 내어, 큰 목소리로; 소란스럽게; 강하게. *cf.* aloud **2** 화려하게, 야하게. ¶ be *loudly* dressed 옷을 화려하게 입고 있다.

loud-mouth [láudmàuθ] *n.* (*pl.* -mouths [-màuðz]) 큰 소리로 떠드는 사람.

loud-mouthed [láudmáuðd, -máuθt] *adj.* 목소리가 큰, 시끄러운. 〖야함〗

*loud·ness [láudnis] *n.* ⓤ **1** 큰 소리; 소란스러움. **2**

loud·speak·er [láudspìːkər] *n.* 확성기.

lóudspeaker vàn 《英》 = sound truck.

loud-spo·ken [láudspóukən] *adj.* 목소리가 큰.

lough [lɑk, lax / lɔk, lɔx] *n.* 《아일》 **1** 호수. **2** 후미.

lou·is [lúː(ː)i] *n.* (*pl.* **lou·is** [lúː(ː)iz]) = louis d'or.

lóuis d'ór [lùː(ː)i dɔ́ːr] *n.* (*pl.* **louis d**- [lùː(ː)iː-]) 루이 금화 1640-1795 발행의 프랑스 금화. [<F]

*Lou·i·si·an·a [lùː(ː)iziǽnə, luː(ː)ìːzi- / luː(ː)ìːzi-] *n.* 미국 남부의 주[주도(州都) Baton Rouge; 略 La.].

Louisiána Púrchase *n.* (the ~) 루이지애나 구입지(購入地) 〖1803년에 미국이 프랑스로부터 사들인 현재의 합중국 중앙부의 광대한 지역〗.

Lou·i·si·an·i·an [lùː(ː)iziǽniən / luː(ː)ìːzi-] *adj.* Louisiana 주 〖사람〗의. — *n.* Louisiana 주의 주민.

Lóu·is Quatórze [lùː(ː)i kɑːtɔ́ːrz] *adj.* Louis 14세 (1638-1715) 시대의, 〖건축·장식 따위가〗 Louis 14세 시대풍(양식)의 〖Louis 13세 시대보다 한층 더 고전적이며 호화로운 것이 특색〗.

Lóuis Quínze [-kǽnz] *adj.* Louis 15세 (1710-74) 시대의, 〖건축·장식 따위가〗 Louis 15세 시대풍(양식)의, 로코코 양식의〖Louis 14세 시대 양식보다 규모가 작고 섬세한 것이 특색〗.

Lóuis Séize [-séz] *adj.* Louis 16세 (1754-93) 시대의, 〖건축·장식 따위가〗 Louis 16세 시대풍(양식)의.

Lóuis Tréize [-tréz] *adj.* Louis 13세 (1601-43) 시대의, 〖건축·장식 따위가〗 Louis 13세 시대풍(양식)의 〖초기 르네상스보다 경쾌·우아함이 덜한 고전 형식을 썼다〗.

*lounge [laundʒ] *v.* (**lounged, loung·ing**) *vi.* **1** 빈둥거리다, 빈둥빈둥 살아가다. **2** 축 늘어져 기대다(눕다). ¶ (~+前+名) *lounge in* the sun 양지에 한가로이 드러눕다. **3** 어슬렁어슬렁 걷다 (*around, along, off, out...*).

— *vt.* 〖시간을〗 빈둥빈둥 보내다 (…*away, out*). ¶ (~+目+副) We *lounged away* the afternoon at the seashore. 우리는 해변에서 오후의 시간을 빈둥빈둥 지냈다.

— *n.* **1** 안락 의자, 〖머리 기대는 데가 있는〗 긴 의자. **2** 휴게실, 담화실, 오락실, 사교실, 라운지. **3** 《고어》 어슬렁어슬렁 거닐기; 산책〖그 한때〗.

lóunge bàr *n.* 〖호텔 안의〗 고급 바.

lóunge càr *n.* 《美》〖철도〗 〖안락 의자 따위를 설비한〗 특등차.

lóunge chàir *n.* = easy chair. 〖한〗 특등차.

lóunge lìzard *n.* 《속어》 건달, 난봉꾼, 제비족.

loung·er [láundʒər] *n.* 어슬렁어슬렁 걷는 사람, 게으름뱅이. 〖suit.〗

lóunge sùit *n.* 《주로 英》 신사복 (《美》 business

loung·ing [láundʒiŋ] *adj.* **1** 〖옷을〗 편하게 입는, 레저용의. **2** 기운 (활기) 없는; 게으른; 편한(relaxed).

loung·ing·ly [láundʒiŋli] *adv.* 빈둥빈둥, 빈들빈들.

lour [lauər] *v., n.* = lower².

lour·ing [láuəriŋ / láuər-] *adj.* = lowering².

lour·y [láuri / láuəri] *adj.* = lowery.

louse *n.* [laus → *v.*] (*pl.* **lice** → 3) **1** 이. **2** 동물이나 식물에 기생하는 여러 가지 곤충, 기생충. **3** (*pl.* **lous·es** [láusiz]) 《속어》 경멸할 인간. — *vt.* [lauz] (**loused, lous·ing**) …에서 이를 잡아 없애다. 〖총칭〗

louse·wort [láuswɔ̀ːrt] *n.* 〖식물〗 송이풀〖속(屬)〗의

lou·sy [láuzi] *adj.* (**lous·i·er, lous·i·est**) **1** 이가 많이 끓는, 이투성이의. **2** 《구어》 몹시 더러운, 불결한; 천한, 비천한(mean); 비참한(miserable). ¶ have a *lousy* time 끔찍한 시간을 보내다. **3** 《구어》 듬뿍 있는, 남아돌만큼 있는 (*with*…). ¶ be *lousy with* kids 꼬마들로 득실거리다.

lous·i·ly *adv.* **lous·i·ness** *n.*

lout [laut] *n.* 버릇 없는 사람, 시골뜨기; 얼간이.

lout·ish [láutiʃ] *adj.* 버릇없는, 세련되지 아니한; 얼간이 같은. **~·ly** *adv.* **~·ness** *n.*

lou·ver, -vre [lúːvər] *n.* **1** 미늘 모양의 창살대기; 미늘문, 미늘창. **2** [중세의 건물에 흔한 통풍·채광용의] 정탑(나무·돌 등으로 된 탑 모양의 것); 지붕창. **3** [자동차나 식품 저장고 따위의] 통풍 구멍, 방열공(放熱孔).

lóuver bòard *n.* [미늘창 따위에 댄] 미늘살.

***Lou·vre** [lúːvr(ə), luːv, lúːvər] *n.* (the ~) 루브르 박물관[파리 소재. 원래는 왕궁이며 1793년 이후 그 대부분은 국립 미술 박물관으로 사용].

[louver 1]

***lov·a·ble** [lʌ́vəbl], (**loveable**) *adj.* 사랑스러운, 호감이 가는, 애교가 있는. **~ness** *n.* **-bly** *adv.* [초

lov·age [lʌ́vidʒ] *n.* 당귀류(類)의 미나릿과(科)의 약

‡**love** [lʌv] *n.* ⓤ **1** [이성에 대한] 사랑, 연모, 연애. ¶ Platonic *love* 정신적 연애, 플라토닉 러브 / *love* in a cottage 가난하지만 아기자기한 부부 생활 / be in *love* with …에게 반해 있다 / fall in *love* with …에게 반하다, …을 사랑하게 되다 / *Love* is blind.《속담》사랑은 맹목적이다 / All's fair in *love* and war.《속담》사랑과 전쟁은 수단을 가리지 않는다.

2 [육친·친구 등에 대한] 애정, 호의. ¶ the *love* of brothers and sisters 형제간의 우애 / a mother's *love* for her children 자식에 대한 어머니의 애정.

[類語] **love** 사람 또는 물건에 대한 강한 사랑. **affection** 사람에 대한 love 보다 온건하고 영속적인 애정; *affection* for one's son 아들에 대한 자애로운 애정. **attachment** 사람·물건에 마음이 끌려 그것에 애착을 느끼는 일: *attachment* to one's country 국가에 대한 애착. **devotion** 사람·주의 따위에 대한 일신을 희생해도 후회없는 강력한 애정과 충성심: *devotion* to one's daughter 딸에 대한 헌신적인 사랑.

3 호의, 안부의 말(인사). ¶ Give my *love* to your brother. 너의 형에게 안부 전해 다오.

4 성애, 색정, 성욕(sexual desire).

5 ⓒ 사랑하는 사람, 애인, 연인(sweetheart) (※ 특히 여성에 대하여 쓰인다). *cf.* lover ¶ off with the old *love*, on with the new 애정의 대상을 차례차례 바꾸어.

6 여보, 이봐[남편·아내(남편)·자식 등을 부르는 말]. ¶ Would you like to go to the theater tonight, *love*? 여보, 오늘밤 연극 보러 안 가겠소?

7 ⓒ (L-) 사랑의 신(Eros 나 Cupid, 드물게 Venus); (l-) 사랑의 신의 상(像).

8 ⓤⓒ 좋아함, 애호, 애호심(*of, for, to*...); ⓒ 좋아하는 것. ¶ *labor of love* 사랑의 수고[정말 좋아서 하는 일]《←데살로니가 전서(1 Thess.) 1 : 3》/ *love* of books 책을 좋아함 / *love* of [one's] country 애국심 / Automobiles are his first *love*. 자동차는 그가 제일 좋아하는 것이다.

9 〔신학〕 [신의] 사랑, 자비; [신에 대한 인간의] 사랑.

10 〔주로 경기〕 영점. ¶ *love* forty 러브 포티[0:40].

11 ⓒ 〔구어〕 유쾌한(사랑스러운) 사람, 예쁘고 귀여운 사람(물건). ¶ He is an old *love*. 그는 유쾌한 노인이다 / What *loves* of teacups! 찻잔이 어쩌면 저렇게 예쁠까!

for love 사랑하여; 좋아서; 무상으로, 거저; [승부 따위에서] 내기를 하지 않고. ¶ marry *for love* 사랑 때문에 결혼하다 / play *for love* 내기 하지 않고 승부하다.

for love or money 〔부정문에서〕 의리로든 돈으로든[…않다], 아무리 해도. ¶ We cannot get it *for love or money*. 우리는 아무리 해도 그것을 입수할 수 없다.

for the love of …때문에, …에 까닭을 말해, 〔for the sake of〕.

for the love of Heaven (or *mercy*) 제발.

make love 애정 행위(키스, 포옹 따위)를 하다; 성교하다(*to*...).

There is no love lost between them. 그들은 서로 증오하고 있다; 〈고어〉 [그래도 역시] 그들은 서로 사랑하고 있다.

— *v.* (**loved, lov·ing**) *vt.* **1** …을 사랑하다. *opp.* hate ¶ *love* one's parents 어버이를 사랑하다 / *love* God 신을 사랑하다. **2** [남]을 연모하다, 반하다, …을 사랑하다. ¶ *love* one's wife 아내를 사랑하다 / *Love* me, *love* my dog.《속담》나를 좋아하면 나의 개도 사랑하라; 아내가 귀여우면 처갓집 말뚝 보고도 절한다. **3** …을 좋아하다, 애호하다. *cf.* like² ¶ *love* music 음악을 좋아하다 // (~ + *ing*) *love* playing bridge 브리지를 좋아하다 // (~ + *to do*) She *loves* to go dancing. 그녀는 댄스하러 가는 것을 좋아한다. **4** [동·식물 따위가] …을 좋아한다. ¶ The rose *loves* sunlight. 장미는 햇볕을 좋아한다. **5** …에게 구애(구혼)하다; …와 성적 관계를 가지다; …을 껴안다, 애무하며 귀여워하다. **6** …하고 싶다, …하면 좋겠다. ¶ (would (〔英〕 should) + ~ + *to do*) Well, I'd *love* to, but I better not. 그래, 그러고 싶은 생각은 굴뚝같지만 그러지 않는 게 좋겠다.

— *vi.* 사랑하다; 그리워하다; 좋아하다. ¶ *Love* little and *love* long.《속담》애정은 가늘고 길게.

Lord love you! 맙소사〔남의 잘못 따위에 대해 놀라면서 하는 말〕.

Love it! 〔美구어〕 정말 멋있다 ! (I love it!)

love·a·ble [lʌ́vəbl] *adj.* = lovable.

lóve affáir *n.* 연애 사건, 정사(情事).

lóve ápple *n.* 〔고어〕 토마토 (tomato). [이

lóve béads *n. pl.* [히피족 등의] 염주 모양의 목걸

love·bird [lʌ́vbə̀ːrd] *n.* **1** 모란 잉꼬[아프리카산 (産)]. **2** (~s) 〔구어〕 사이좋은 부부(연인)들.

love·bug [lʌ́vbʌ̀g] *n.* 미국 남부에 많은 날벌레의 일종 〔교미기에는 떼지어 날며 자동차 교통을 방해한다〕.

lóve chíld *n.* (*pl.* -*chil·dren*) 사생아(bastard).

lov·ee [lʌví] *n.* 사랑받는 사람, 애인.

lóve féast *n.* **1** 애찬 (愛餐) 〔초기 기독교도 사이에 형제애의 상징으로서 행한 회식〕; 애찬식, **2** 〔일리 메이즈로〕 친목회. [한 게임〕

lóve gáme *n.* 〔정구〕 제로 게임〔패자가 득점하지 못

lóve generátion *n.* (the ~) 히피족.

love-in [lʌ́vìn] *n.* 러브인[히피족 등의 사랑의 모임].

love-in-a-mist [lʌ́vinəmíst] *n.* 검은버밀.

love-in-i·dle·ness [lʌ́vináidlnis] *n.* 야생의 3 색 제비꽃. [시〕.

lóve knót *n.* [리본 따위의] 사랑 매듭〔사랑의 표

Love·lace [lʌ́vleis, + 美 -lis] *n.* 난봉꾼, 탕아(libertine).

love·less [lʌ́vlis] *adj.* **1** 사랑이 없는. ¶ *loveless* marriage 사랑이 없는 결혼. **2** 애정을 느끼지 않는, 매정한. **3** 사랑받지 못하는, 귀염받지 못하는.

~·ly *adv.* **~·ness** *n.*

lóve lètter *n.* 연애 편지, 러브 레터.

love-lies-bleed·ing [lʌ́vlàizblíːdiŋ] *n.* 줄맨드라미.

love·li·ly [lʌ́vlili] *adv.*《드물게》사랑스럽게, 아름답게

***love·li·ness** [lʌ́vlinis] *n.* ⓤ 사랑스러움, 멋짐. [게.

love·lock [lʌ́vlɑ̀k / -lɔ̀k] *n.* **1** [여자의 이마나 빰에 늘어뜨린] 애교 머리. **2** [옛날 상류층의 남자가 얼굴 양쪽에 리본으로 매어 늘어뜨린] 느림머리.

love·lorn [lʌ́vlɔ̀ːrn] *adj.* 애인에게 버림받은, 사랑에 우는; 사랑에 번민하는. **~·ness** *n.*

‡**love·ly** [lʌ́vli] *adj.* (**love·li·er, love·li·est**) **1** 아름다운, 귀여운, 어여쁜. ⇒ BEAUTIFUL 〔類語〕 ¶ a *lovely* girl (flower, melody) 아름다운 소녀(꽃, 선율). **2** 〔구어〕 즐거운, 유쾌한, 멋진. ¶ We had a *lovely* time. 우리는 즐거운 한때를 보냈다. **3** 〔美〕 뛰어난, 훌륭한. **4** 〔부사적 용법으로 뒤의 형용사를 강조하여〕 〔구어〕 굉장히 (splendidly). ¶ It was *lovely* cool in there. 거기는 매우 시원했다. — *n.* (*pl.* -*lies*) 〔구어〕 예쁜 여자, 미인〔특히 직업 댄서 등〕. ¶ stage *lovelies* 무대의 미녀들. **2** 아름다운 것, 멋진 것. **-li·ly** *adv.* **-li·ness** *n.*

love·mak·ing [lʌ́vmèikiŋ] *n.* ⓤ 구애, 구혼; 애무, 포옹; 사랑의 행위, 성교.

lóve mátch *n.* 연애 결혼.

love·mate [lʌ́vmèit] *n.* 연인, 애인(lover).

lóve nèst *n.* 사랑의 보금자리.
love-phil·ter [lÁvfìltər] *n.* 반하게 하는 약, 미약(媚藥)(philter).
lóve pòtion *n.* =love-philter.
‡**lov·er** [lÁvər] *n.* **1** (보통 one's ~) 애인(＊남성); 정부(情夫)(＊정부(情婦)는 mistress); 연인(＊여성. 남성은 one's boyfriend). **2** (~s) 애인끼리. **3** 애호자, 찬미자.
lov·er·ly [lÁvərli] *adj., adv.* 애인과 같은(같이).
lóvers' láne *n.* 사랑의 산책길(공원 따위의 으슥한 길).
lóvers' léap *n.* 실연자가 자주 투신 자살하는 낭떠러지. 「사 장면.
lóve scène *n.* (연극 등의) 사랑의 장면, 러브 신, 정
lóve sèat *n.* 2인용 의자, 로맨스 시트.
lóve sèt *n.* 〔정구〕 패자가 상대로부터 1 게임도 따지 못한 세트. 「에 번민하는. ~**ness** *n.*
love-sick [lÁvsìk] *adj.* 상사병에 걸린, 상사병의, 사랑
love·some [lÁvsəm] *adj.* 귀여운; 다정스런.
lóve sòng *n.* 연가, 사랑의 노래, 러브 송.
lóve stòry *n.* 연애 소설.
lóve tòken *n.* 사랑의 표시[의 선물], 정표.
lov·ey [lÁvi] *n.* 《英구어》 [애인에 대하여] 여보, 당신 (darling); [어린이에 대하여] 아가.
‡**lov·ing** [lÁviŋ] *adj.* 사랑하는, 애정이 있는(affectionate), 사랑(인정)이 깃든. *cf.* beloved ¶ *a loving act* 애정 어린 행동 / *our loving subjects* 짐(朕)의 충성스러운 신민(臣民) [조칙(詔勅)의 상투어].
~**ly** *adv.* ~**ness** *n.* 「큰 술잔.
lóving cùp *n.* (友誼) 의 술잔, 돌아가며 마시는
lov·ing-kind·ness [lÁviŋkáin(d)nis] *n.* ⓤ [신 구약] 의 자애, 자비, 연민.
lov·ing·ly [lÁviŋli] *adv.* 사랑하여; 친절히.
‡**low**¹ [lou] *adj.* **1** [키·높이 따위가] 낮은, 낮은 위치에 있는. *opp.* high ¶ *a low* shelf 낮은 선반 / *low* ground [주위의 장소보다] 낮은 땅 / *a man of low* stature 신장이 작은 사람 / *a low and fat man* 땅딸막한 남자.
2 [아래로 향하는 움직임이] 낮은. ¶ *a low bow* 깊이 머리 숙이는 절.
3 [옷의] 깃이 깊이 패인 (low-necked). *cf.* décolleté
4 돋을새김이 얕은, 얕은. ¶ *low* relief 얕은 돋을새김.
5 [수위(水位) 따위가] 낮은, 준; [달 따위가] 수평선(지평선)에서 멀지 않은. ¶ The river is often *low* at this time of year. 매년 이맘때는 종종 강물이 준다.
6 약한(weak), 기운이 없는(feeble), 침울한, 활기가 없는. ¶ *low* spirits 의기소침 / feel *low* 기운이 없다, 무기력하다.
7 [식사 따위가] 영양가가 낮은, 조악한(poor). ¶ *a low* diet 조식(粗食) / *low* tea 《美》 간단한 식사.
8 [수량·정도·가치 따위가] 낮은, 적은. ¶ *a low* number 낮은 [적은] 수 / *a low* cost 적은 비용 / the *low* income bracket 저소득층[급] / *low* marks 표준 이하의 성적 / *low* pressure 저압(低壓) / a *low* estimate of a new book 신간 서적에 대한 낮은 평가 / *a low* teen-ager 10대로서 비교적 나이가 어린 자 / The illiteracy rate is very *low*. 문맹율은 극히 낮다.
9 모자라는, 부족한, 무에 가까운. ¶ *a low* purse 돈이 얼마 없는 지갑 / be *low* on funds 자금이 부족하다 / be *low* in one's pocket 주머니 형편이 좋지 않다.
10 [신분·계급이] 낮은(humble), [태생이] 비천한.
11 《英》 저학년의, ¶ *a lower* school ¶ *a lower* boy 하급생, 저학년생 [lower school 의 학생].
12 품위·질이 낮은, 저속한, 야비한. ⇒ MEAN 題語 ¶ *low* ideals 낮은 이상 / *a low* type of intellect 열등한 지성 / *low* taste 저속한 취미 / *low* passions 열정(劣情), 음란한 욕정.
13 [음악] [음·음조가] 낮은; [소리가] 낮은(soft). *opp.* loud ¶ in a *low* voice 낮은 목소리로.
14 [서술용법] 넘어진, 엎어진, 엎드린(prostrate), 죽은(dead), 매장된, 숨은. ¶ Will you weep when I am *low*? 내가 죽어 매장된다면 너는 비탄해할까? / I stay *low* until the trial is over. 나는 재판이 끝날 때까지 숨어 있어야 한다.
15 비교적 근년(近年)의. ¶ an event of a *lower* date 그보다 더 근년에 일어난 일. 「의나 관례의.
16 《주로 英》 저교회파(低敎會派) (Low Church)의 주
17 [권투] [타격이] 벨트 아래의.
18 [생물] 하등의. ¶ *lower* animals 하등 동물.
19 [음성] [모음이] 혀를 낮게 하여 발음하는. ¶ *low* vowels 저모음(低母音) [hat, hot 에 있어서의 모음 따위]. *opp.* high vowels 「gear 저속 기어.
20 [자동차] 저속의, 저속단(低速段)의. ¶ *a low*
21 특정한 성분의 함유율이 적은. ¶ *low*-carbon steel 저탄소강(低炭素鋼), 연강(軟鋼).
at [the] lowest 저속도로.
be low on [구어] ① …이 부족하다, 얼마 안 남다. ② [과목 따위에] 약하다.
bring a person low ① 남을 쇠퇴하게 하다, 몰락하게 하다. ② 남을 경멸하다, 창피를 주다.
in low water ⇒ LOW WATER.
— *adv.* **1** 낮게, 낮은 곳으로. ¶ bow *low* 머리를 깊이 숙여 절하다 / burn *low* 다 탈만큼 타다, 꺼질 듯이 되다 / hang *low* 낮게 드리워지다 / sink *low* 깊이 앉다. **2** 비열하게(meanly), 경멸하여. **3** 조식(粗食)을 하여. ¶ live *low* 조식으로 지내다. **4** 적은 내기 돈으로. ¶ play *low* 적은 돈으로 내기를 하다. **5** 싸게(cheaply). ¶ buy (sell) *low* 싸게 사다(팔다). **6** [목소리·바람 소리 따위가] 작게, 낮게(softly); 낮은 음조로. ¶ speak *low* 낮은 소리로 이야기하다.
fall low 낮은 곳에 떨어지다; 타락하다, 전락하다.
lay low ① …을 쓰러뜨리다, 패배시키다; 죽이다 (kill). ② [남]을 자리에 눕게 하다. ¶ be *laid low* by typhoid fever 장티푸스 때문에 자리에 눕다. ③ …을 매장하다. ④ …을 경멸하다, 창피를 주다.
lie low ① 저자세로 드러눕다, 웅크리고 앉다(crouch). ② 땅 위(속)에 눕다, 뻗어 있다, 죽어 있다. ③ 창피를 당하다, 납작하게 되다. ④ 《속어》 세상을 숨어서 지내다, 가만히 때가 오기를 기다리다.
play it low (*down*) *upon* …을 학대하다, 냉대하다.
run low 모자라게 되다, 다하여 [떨어져] 가다. ¶ The provisions are running *low*. 식량이 떨어져 간다.
— *n.* **1** [장소·위치·값 따위가] 낮은 것. ¶ the recent *low* in the stock market 주식 시세의 최근의 싼값. **2** ⓤ [자동차] [기어 (제1) 기어, 저 1 속도. **3** [기상] 저기압, 저압부(低壓部). **4** [카드놀이] 끗수가 가장 낮은 으뜸패. **5** [시합의] 최하점; 최하점의 사람 [팀]. **6** 《美》 최저 수준(기록). ¶ at a new *low* 최저 기록의(으로). ◇ *lówer* n., *lówly* adj.
low² [lou] *vi.* [소가] 음매하고 울다(moo). — *vt.* …을 울부짖듯이(소의 울음 소리처럼) 말하다(…*forth*). — *n.* 소의 울음 소리, 음매; 음매하고 울기.
LOW 《略》 [군사] launch on warning(경보 즉시 발사; 적의 ICBM 발사를 감지하는 즉시 대응 ICBM을 발사한다고 하는 미국의 핵전략).
lów béam *n.* [자동차의] 하향(下向) 근거리용 헤드라이트 광선. *cf.* high beam
low-born [lóubɔ́ːrn] *adj.* 태생이 비천한.
low·boy [lóubɔ̀i] *n.* 《美》 짧은 다리가 붙은 낮은 옷장. *cf.* highboy
low-bred [lóubréd] *adj.* 버릇없이 자란, 예의 범절이 없는, 야비한 (ill-bred).
low-brow [lóubràu] *n.* 《구어》 지성(교양)이 낮은 사람, 무지(저속)한 사람. — *adj.* 교양 없는, 저속한; 야비한.
low-browed [lóubráud] *adj.* 이마가 좁은; [바위가] 튀어나온; [건물] 입구가 낮은;《美속어》 교양이 낮은.
low-cal [lóukǽl] *adj.* 칼로리가 낮은.
lów cámp *n.* ⓤ *adj.* 예술적으로 진부하고 통속적인

Lów Chúrch n. 저교회파(低敎會派) [영국 국교회의 일파, 교의·의식·사제직 따위를 경시하는 비교적 자유로운 파]. cf. High Church

Lów Chúrchman n. (pl. **-men** [-mən]) 저교회파의 사람.

low-class [lóuklǽs / -klá:s] adj. 하층 계급의; 저급의, 하급의(lower-class).

lów cómedy n. ⓊⒸ 저속한 희극, 시시한 익살극.

low-cost [lóukɔ́:st / -kɔ́st] adj. 싼 값의, 값이 싼.

Lów Cóuntries n. pl. 북해 연안의 저지대(低地帶) [현재의 네덜란드·벨기에·룩셈부르크 지방].

low-down n. [lóudàun → adj.] (the ~)《속어》진상, 내막. ── [lóudáun / ⌐⌐]《속어》천한, 비천한, 비열한(mean).

Lów Dútch n. = Low German.

‡**low·er**[1] [lóuər] vt. **1** …을 낮게 하다, 낮추다, 내리다 (let down). opp. raise ¶ lower a flag 깃발을 내리다 / lower a boat 보트를 내리다 / lower a sail 돛을 내리다. **2** [양·가격·정도·힘 따위]를 줄이다, 내리다(reduce). ¶ lower the price of goods 물품의 값을 내리다 / lower one's ambition 목표를 한 단계 낮은 데에 두다. **3** [소리·목소리]를 낮추다. ¶ lower the volume of the radio (the television) 라디오(텔레비전)의 음[량]을 낮추다. **4** [남의 지위·인격·위엄·가치 따위]를 떨어뜨리다(degrade), 낮게 평가하다, …을 비하하다 (humble); [자존심 따위]를 꺾다. ¶ I would not lower myself to do such a thing. 그런 짓까지 하면서 자신을 비하하고 싶지는 않다. **5** 《음악》…의 음조를 낮추다; 《음섭》[허의 위치]를 낮게 하다.
── vi. **1** [양·힘·정도 따위가] 줄다, 떨어지다. ¶ The prices of staple commodities rise and lower constantly. 주요 물가는 언제나 올라가고 내려가고 한다. **2** [고도가] 낮아지다, 강하되다. **3** 보트(돛)를 내리다. **4** [목소리의 음조가] 낮아지다. ¶ His voice lowered impressively. 그의 목소리의 음조가 현저하게 낮아졌다. ── adj. (low 의 비교급) **1** 한층 낮은, 하급의. ¶ the lower classes 하층 계급 / the lower lip 아랫 입술 / lower animals 하등 동물. **2** 《종종 L-》[지질] 지층 하부의. ¶ the Lower Devonian 하부(下部) 데본기(紀)(系).

low·er[2] [láuər], (**lour**) vi. **1** [날씨가] 험악해지다, [뇌우 따위가] 올 것 같다. ¶ The clouds lower. 비가 올 것 같은 구름이다. **2** 얼굴을 찌푸리다, 못마땅한 얼굴을 하다《at, on, upon …》. ¶ (~+젠+图) He lowers at people when he is annoyed. 그는 짜증이 날 때 남에게 못마땅한 얼굴을 한다. ── n. **1** 험악한 날씨. **2** 못마땅한 얼굴, 찌푸린 얼굴(scowl).

lówer cáse n. 《인쇄》소문자반(小文字盤) [소문자·숫자·구두점 부호 따위를 넣어 두는 하단(下段)의 활자 상자]. cf. upper case

low·er-case [lóuərkèis] adj. 소문자의; 《인쇄》 소문자함(函)의. ── vt. (**-cased, -cas·ing**)《인쇄》…을 소문자로 쓰다(인쇄하다), 《교정》에서 대문자를 소문자로 바꾸다《略 l.c.》. ── n. Ⓤ 소문자.

lówer chámber n. = lower house.

low·er·class·man [lóuərklǽsmən / -klá:s-] n. (pl. **-men** [-mən]) 《대학·고등 학교의》 하급생[1·2학년의].

lówer críticism n. Ⓤ 본문 비평《성서의 자구(字句)에 관한 비평》(textual criticism). cf. higher criticism

lówer déck n. 《항해》 **1** 하갑판. **2** (~s)《주로 英》 수병실; 《집합적》수병.

lówer hóuse n. (the ~)《종종 L- H-》양원제의 하원. cf. upper house

low·er·ing[1] [lóuəriŋ] adj. **1** 낮게 하는. **2** 상스럽게 하는, 품위를 떨어뜨리는(degrading). **3** 《식물 따위가》 체력을 약화시키는, 낮은 영양의. ── n. ⓊⒸ 저하, 저감(低減).

low·er·ing[2] [láuəriŋ / lóuər-], (**lour·ing**) adj. **1** [날씨 따위가] 험악한, [비·눈 따위가] 금방 쏟아질 듯한. **2** 기분이 좋지 않은(sullen), 찌푸린 얼굴을 한. ¶ a lowering face 찌푸린 얼굴. ── **~ly** adv.

low·er·most [lóuərmòust, +英 -məst] adj. 가장 낮은, 최저의, 최하의(lowest). cf. uppermost

lówer schóol n.《英》[보통 public school 에서] 5년 이하의 학급; [상급 학교에 진학하는 앞 단계의] 하급 학교.

lówer wórld n. (the ~) **1** 지옥, 저 세상, 저승, 황천. **2** [천계(天界)에 대해] 하계(下界), 이 세상, 이승.

low·er·y [láu(ə)ri / láuəri], (**lour·y**) adj. [하늘 따위가] 음산한(gloomy), 험악한, 꾸물한.

low·est [lóuist] adj. (low 의 최상급) 최하의; 최저의; 최소의; 가장 값싼. ¶ at the lowest 적어도; 낮아도 / lowest (least) common denominator 최소 공분모《略 L.C.D.》.

lówest cómmon múltiple n. (the ~) 《수학》 최소 공배수(least common multiple) 《略 L.C.M.》.

low-fly·ing [lóuflàiiŋ] adj. 저공 비행의.

lów fréquency n. 《라디오》 장파(長波) 《매초 30-300킬로헤르츠》.

low-fre·quen·cy [lóufrí:kwənsi] adj. 장파의.

lów géar n. 《자동차의》 최저속 기어(low).

Lów Gérman n. Ⓤ 저지(低地) 독일어; 저지 독일어.

low-grade [lóugréid] adj. 저급한, 하급의 《방언》.

lów-in·come gróup [lóuìnkʌm-] n. 저(低)소득층, 저소득 계급.

low·ing [lóuiŋ] adj. 음매하고 우는. ── n. ⓊⒸ 소의 울음 소리.

low-key [lóukí:] adj. **1** 억제한, 삼가는. **2** 《사진》 화면이 어두워 콘트라스트가 적은. cf. high-key

low-keyed [lóukí:d] adj. = low-key.

*****low·land** [lóulænd, -lənd / -lənd] n. **1** 저지(低地). cf. highland **2** (~s) 저지 지방. **3** (the L-s) 스코틀랜드의 남부 및 동부의 저지 지방. ── adj. **1** 저지[지방]의, 저지 특유의 ¶ Highlands ── adj. **1** 저지[지방]의, 저지 특유의. **2** (L-) 스코틀랜드 저지 지방[특유]의.

Low·land·er [lóuləndər, -lənd- / -ləndə] n. **1** 스코틀랜드 저지의 사람. cf. Highlander **2** (l-) 저지방의 주민.

Lów Látin n. Ⓤ 저(低)라틴어. ⇨ LATIN.

low-lév·el lánguage [lóulév(ə)l-] n. 《컴퓨터》 저수준(低水準) 언어 《기계어(machine language)와 1대 1로 대응하는 언어》. cf. high-level language

low-life [lóuláif] n. 《속어》 **1** 사회의 하층의 사람; 몹쓸 사람; 범죄자, 타락된 인간.

low·li·ness [lóulinis] n. Ⓤ **1** 초라함. **2** 치사함, 천함, 비천함, 비열함. **3** 굽실거리기, 겸손.

low-lived [lóuláivd, -lívd] adj. **1** 천한(하류의) 생활의. **2** 비천한(mean), 비열한.

*****low·ly** [lóuli] adj. (**-li·er, -li·est**) **1** 초라한, 검소한, 보잘것없는. ¶ a lowly cottage 황폐한 오두막집. **2** 신분이 낮은, 지위가 낮은. **3** 겸손한, 유전한, 굽실거리는. ⇨ HUMBLE《類語》. ── adv. **1** 초라하게. **2** 겸손하여, 자기를 낮추어. **3** 낮은 소리로.

low-ly·ing [lóuláiiŋ] adj. 낮은, 저지(低地)의.

Lów Máss n. 《가톨릭》독창(讀唱) 미사《성가대나 음악 없이 사제의 전례문(典禮文) 독창만으로 행하는 미사》. cf. High Mass

low-mind·ed [lóumáindid] adj. 마음이 더러운, 치사한 근성의, 야비한. **~·ly** adv. **~·ness** n.

low-neck [lóunék] adj. = low-necked.

low-necked [lóunékt] adj. 《여성복이》 목 부분이 깊이 패어있는.

low·ness [lóunis] n. Ⓤ **1** 낮음. **2** 천함, 신분이 낮음. **3** 기운이 없음, 의기소침.

low-num·bered [lóunʌ́mbərd] adj. 번호가 이른, 앞선 번호의.

low-pitched [lóupítʃt] adj. **1** 음조가 낮은, 저조(低調)의. **2** [지붕의] 물매가 뜬.

lów pósture n. 저자세(low profile).

low-pres·sure [lóupréʃər] *adj.* 1 저압의. 2 기운이 없는. 3 조용히 설득하는.

lów prófile *n.* 저자세.

low-pro·file [lóupróufail] *adj.* 1 [직업이] 화려하지는 않으나 실속있고 안정된. ¶ *low-profile* professions 안정되고 착실한 직업들. 2 저자세의, 삼가는(low-key); 눈에 띄지 않는.

lów-pró·file tíre *n.* [자동차] 편평(扁平)타이어[높이에 비해 폭이 넓음].

lów relíef *n.* 얕은 돋을새김(bas-relief).

low-rise [lóuráiz] *adj.* 《美》 [건물 따위가] 층수가 적은.

lów silhouétte *n.* = low profile. ①

low-spir·it·ed [lóuspíritid] *adj.* 기운이 없는, 의기소침한, 울적해하는, 우울한. ~**ly** *adv.* ~**ness** *n.*

Lów Súnday *n.* 부활제(Easter) 다음의 일요일, 부활제 제2 주일.

low-ten·sion [lóuténʃ(ə)n] *adj.* [전기] 저압 (저전압)(용)의.

low-test [lóutést] *adj.* [가솔린이] 비등점이 높은, 휘발도가 낮은.

lów tíde *n.* Ⓤ 썰물, 간조(干潮); 썰물(간조) 때. 2 최저점, 저조.

lów wáter *n.* Ⓤ 1 [강·호수 따위의] 저수위(低水位). 2 썰물, 간조(low tide). 3 부진(궁핍) 상태. *in low water* ① 썰물인. ② 돈에 궁핍하여.

lów-wáter márk [lóuwɔ́ːtər-, +美 -wàt-/ -wɔ́ːtə-] *n.* 1 저수위계(低水位票). 2 저조계(低潮界), 저조수위표. 3 최저 수준; 부진, 궁핍. ¶ be at the *low-water mark* 최저 상태에 있다.

Lów Wéek *n.* 부활절 주(週)의 다음 주(1주일).

lox¹ [lɑks / lɔks] *n.* Ⓤ 액체 산소. — *vt.* [로켓]에 액체 산소를 공급하다. [< L [IQUID] +OX [YGEN]]

lox² [lɑks / lɔks] *n.* 연어의 훈제(燻製).

lox·o·drom·ic [lɑ̀ksədrámik / lɔ̀ksədrɔ́m-] *adj.* 1 [항해] 등사 항법(等斜航法)의, 항정선(航程線)의. 2 메르카토르 도법(圖法)의.

*‡**loy·al** [lɔ́i(ə)l, +美 lɔ́ːjəl] *adj.* 1 [군주·정부·국가 등에] 충성스러운, 충의가 있는. ⇒ FAITHFUL 類語 ¶ be *loyal* to one's country 나라에 충성을 다하다. 2 [맹세·약속·의무 따위에] 충실한. ¶ be *loyal* to a vow 맹세를 충실히 지키다. 3 성실한, 의리가 있는, 고결한(upright). ¶ one's *loyal* husband 성실한 남편. — *n.* (종종 ~s) 충신, 애국자. ~**ly** [-əli] *adv.* ◇ lóyalty *n.*

◇ lóyal *adj.*

loy·al·ism [lɔ́iəlìz(ə)m, +美 lɔ́ːjəl-] *n.* Ⓤ 충성(심), 충의(심).

loy·al·ist [lɔ́iəlist, +美 lɔ́ːjəl-] *n.* 1 충신, 충성스러운 사람, 왕(보수)당원(Tory). 2 (때로 L-) [미국 독립전쟁 당시의] 영국 정부지지자, 영국당원. 3 (L-) [스페인 내란 당시의] 공화당원.

*‡**loy·al·ty** [lɔ́iəlti, +美 lɔ́ːjəl-] *n.* Ⓤ Ⓒ (*pl.* -**ties**) 충의, 충성, 충절, 성실; 정절(貞節).

類語 *loyalty* 사랑하는 사람·믿는 사람에게 절대로 배신하지 않겠다는 개인적인 감정: *loyalty* to one's family 자기 가족에 대한 성실(충성). *allegiance* 개인적 감정이 아니라 국민(단체의 구성원)으로서 나라(단체)를 지지해야 하는 의무감: *allegiance* to one's country 국가에 대한 충성. *fidelity* 확고한 충성·성실: *loyalty*보다 애착심의 암시가 적고 의무감의 암시가 강한 말: *fidelity* to one's friends 친구에 대한 성실.

loz·enge [lázindʒ / lɔ́z-] *n.* 1 약이 든 당과(糖菓) [원래는 마름모꼴이었음]. 2 [기하] 마름모꼴 (diamond). 3 마름모꼴의 것; [보석의] 마름모꼴의 면(面); [여성용의] 마름모꼴 방패. 4 [紋章] 마름모꼴 무늬.

LP¹ [élpíː] *n.* (*pl.* **LPs** or **LP's**) (상표명) [레코드의] LP 반(盤) [매분 33⅓ 회전(long-playing record)].

LP² 《略》 *l*inear *p*rogramming; *l*ine *p*rinter.

l.p. 《略》 *l*arge *p*aper; *l*ow *p*ressure.

L.P. 《略》 *L*abor *P*arty; *L*ord *P*rovost.

LPG 《略》 *l*iquefied *p*etroleum *g*as(액화 석유 가스).

LPGA 《略》 *L*adies *P*rofessional *G*olf *A*ssociation(여자 프로골프 협회).

L-plate [élplèit] *n.* 《英》 가면허용·(假免許用) 넘버 플레이트(번호판).

LPM, lpm 《略》 [컴퓨터] *l*ines-*p*er *m*inute(행/분).

LPTV 《略》 *l*ow *p*ower *t*ele*v*ision(저출력 TV).

Lr [화학] *l*awrencium 의 원자 기호.

LRBM 《略》 *l*ong-*r*ange *b*allistic *m*issile.

L.R.C.S. 《略》 *L*eague of *R*ed *C*ross *S*ocieties(적십자사 연맹).

LRL 《略》 *L*unar *R*eceiving *L*aboratory.

LRV 《略》 *l*unar *r*oving *v*ehicle (월면(月面) 작업차).

L.S. 《略》 *L*icentiate in *S*urgery(외과 유자격자); *L*innaean *S*ociety (린네 식물학회); (라틴) *l*ocus *s*igilli(=place of the seal) (조인(調印) 장소).

LSD, LSD-25 《略》 *l*ysergic *a*cid *d*iethylamide (리세르그산(酸) 디에틸아미드 [환각제의 일종]).

l.s.d., L.S.D. 《略》 *L*ightermen, *S*tevedores & *D*ockers.

L.S.D., L.s.d., l.s.d. *p*ounds, *s*hillings, *p*ence. [< L L[IBRAE] S[OLIDI] D[ENARII]]

LSI 《略》 *l*arge *s*cale *i*ntegration (고밀도 집적 회로).

LSS 《略》 *l*ife-*s*upport *s*ystem.

LST 《略》 *l*anding *s*hip *t*ank (상륙용 주정(舟艇)).

l.s.t. 《略》 *l*ocal *s*tandard *t*ime (지방 표준시).

L.S.W.R. 《略》 *L*ondon & *S*outh-*W*estern *R*ailway.

Lt. 《略》 *l*ieutenant.

l.t. 《略》 [축구] *l*eft *t*ackle; *l*ocal *t*ime; *l*ong *t*on.

'lt [lt] *auxil.* *v.* wilt; shalt 의 단축형.

LTA 《略》 *l*ighter *t*han *a*ir(공기보다 가벼운 항공기).

L.T.A. 《略》 *L*awn *T*ennis *A*ssociation; *L*ondon *T*eachers' *A*ssociation. [금지 조약)

LTBT 《略》 *L*imited *T*est *B*an *T*reaty(부분적 핵실험

Lt. Col. 《略》 *l*ieutenant *col*onel.

Lt. Comdr. 《略》 *l*ieutenant *com*man*d*er.

Ltd., ltd. 《略》 (주로 英) *l*imite*d*.

Lt. Gen. 《略》 *l*ieutenant *gen*eral.

Lt. Gov. 《略》 *l*ieutenant *gov*ernor.

LTJG 《略》 *l*ieutenant *j*unior *g*rade.

LTL 《略》 *l*ess-*t*han-truck*l*oad *l*ot.

ltr. 《略》 *l*etter.

Lu [화학] *l*utetium 의 원자 기호.

LUA 《略》 *l*etter of *u*ndertaking and *a*uthorization (보증 수권서(授權書).

lu·an·da [luændə] *n.* 루안다 [앙골라의 수도·항구도시].

lu·au [luːáu / ‐ ‐] *n.* 《美》 루아우. 1 하와이 요리의 연회 [보통 여흥이 따른다]. 2 타로토란의 잎 따위를 사용한 하와이 요리.

lub·ber [lʌ́bər] *n.* 1 덩치가 큰 멍청이, 무뚝뚝한 사람, 거칠고 낮고 둔한 사람. 2 [항해] 미숙한 선원(landlubber). — *adj.* = lubberly.

lúbber(lúbber's) líne(márk, póint) *n.* [항해] [나침반 반 따위의] [방향] 기선(점).

lub·ber·ly [lʌ́bərli] *adj.* 덩치만 크고 메떨어진, 무뚝뚝한, 서투른, 솜씨없는(clumsy). — *adv.* 서투르게, 어설프게, 솜씨없이. **-li·ness** *n.*

lúbber's hóle *n.* [항해] 장루(檣樓) 승강구.

lube [luːb] *n.* Ⓤ (구어) 윤활유.

lu·bri·cant [lúːbrikənt] *n.* 매끄럽게 하는 것, 윤활유, 감마제(減摩劑), 윤활제(潤滑劑). — *adj.* 매끄럽게 하는.

lu·bri·cate [lúːbrikèit] *v.* (**-cat·ed, -cat·ing**) *vt.* 1 [기계 따위에] 기름(윤활유)을 치다(바르다). 2 …을 매끄럽게 하다. 3 《속어》 [이야기 따위가] 원활하게 진행되기 위하여 …에게 술을 마시게 하다. 4 《속어》 …을 매수하다(bribe). — *vi.* 1 윤활제의 구실을 하다. 2 《속어》 술을 마시다; 취하다.

lú·bri·càt·ing óil [lúːbrikèitiŋ-] *n.* Ⓤ [기계에 치는]

lu·bri·ca·tion [lùːbrikéiʃ(ə)n] *n.* ⓤ 매끄럽게 하기, 윤활, 감마(減摩), 기름치기, 주유, 급유. 「활성의.
lu·bri·ca·tive [lúːbrikèitiv] *adj.* 매끄럽게 하는, 윤활
lu·bri·ca·tor [lúːbrikèitər] *n.* 매끄럽게 하는 사람(것); 주유하는 사람, 주유기; 윤활유(lubricant), 윤활제.
lu·bri·cious [luːbríʃəs], **-cous** [-kəs] *adj.* 1 [표면 따위가] 매끄러운, 미끈미끈한(slippery). 2 종잡을 수 없는, 믿을 수 없는, 불안정한. 3 음란한, 외설스러운(lecherous).
lu·bric·i·ty [luːbrísəti] *n.* ⓤⓒ (*pl.* **-ties**) 1 매끄러움, [표면의] 반들반들함. 2 종잡을 수 없음, [마음이] 변하기 쉬움, 불안정(instability), 동요. 3 음란.
lu·bri·to·ri·um [lùːbritóːriəm / -tɔ́ːr-], (**lu·bri·ca·to·ri·um**) *n.* [자동차] 서비스장(윤활유 파는 곳).
Lu·can [lúːkən] *adj.* 성(聖) 누가(St. Luke)의.
luce [luːs] *n.* 1 [유럽·아시아 북부산(産)의] 꼬치고기 [특히 다 자란 것] (pike). 2 [紋章] 꼬치고기 무늬.
lu·cen·cy [lúːsnsi] *n.* ⓤ 1 광휘(光輝). 2 투명.
lu·cent [lúːsnt] *adj.* 1 빛나는, 번쩍이는(luminous). 2 반투명의(translucent), 맑은(clear). ~·ly *adv.*
lu·cerne [luːsə́ːrn], (**lu·cern**) *n.* (주로 英) 자주개자리 (英), alfalfa.
lu·ces [lúːsiːz] *n.* lux 의 복수형의 하나.
lu·cid [lúːsid] *adj.* 1 빛나는, 번쩍이는. 2 깨끗한, 맑은, 투명한(transparent). ¶ a *lucid* water 맑은 물. 3 알기 쉬운, 명백한. ¶ a *lucid* explanation 알기 쉬운 설명. 4 [머리 따위가] 명석한, 맑은; [지각이] 정상인, 제정신의. ~·ly *adv.* ~·ness *n.*
lu·cid·i·ty [luːsídəti] *n.* ⓤ 1 광휘. 2 맑음, 투명, 명쾌, 명료, 선명; 명석. 3 평정, 정상 상태.
Lu·ci·fer [lúːsifər] *n.* 1 [하늘에서 떨어진] 오만한 반역 천사장(天使長); 마왕, 사탄 [←이사야서(書) (Isa.) 14:12]. ¶ as proud as *Lucifer* 루시퍼와 같이 오만한. 2 샛별. 3 (l-) 황린(黃燐) 성냥.
lu·cif·er·ase [luːsífərèis] *n.* ⓤ (생화학) 루시퍼라제 [개똥벌레 따위의 체내에 있는 luciferin 을 산소가 있는 데에서 발광시키는 효소].
lu·cif·er·in [luːsífərin] *n.* ⓤ (생화학) 루시페린 [개똥 벌레 따위의 체내에 있는 단백질로, luciferase 와 작용하여 발광함].
lu·cif·er·ous [luːsífərəs] *adj.* (고어) 1 빛나는, 번쩍이는, 밝게 하는. 2 계발(啓發)하는, 계몽하는, 밝히는(illuminating).
lu·cif·u·gous [luːsífjugəs] *adj.* (생물) 일광을 피하는, 배일성(背日性)의. 「(주로 유리의 대용).
Lu·cite [lúːsait] *n.* (상표명) 루사이트(투명 합성 수지)
‡**luck** [lʌk] *n.* ⓤ 1 운, 운수, 운세(fortune). ¶ good (bad, ill) *luck* 행(불)운 / have hard *luck* 운이 나쁘다 / try one's *luck* 운을 시험해 보다, 되든 안 되든 해보다 / The *luck* is in favor of me. 나에게 운이 트였다 / I am afraid I have lost *luck*. 나는 어쩐지 이제 운이 다된 것 같다 / I had the good *luck* to succeed in the examination. 나는 운좋게 시험에 합격했다. 2 행운, 좋은 수(good fortune). ¶ a run of *luck* 행운의 연속 / a repeated stroke of *luck* 되풀이되는 요행수 / in (out of) *luck* 운좋게(나쁘게) / have no *luck* 운이 없다 / wish a person *luck* 남의 행운을 빌다 / There's *luck* in leisure. (속담) 기다리면 행운이 온다. 3 행운을 초래하는 것, 재수있는 물건.
as luck would have it ① 다행히도, 운 좋게(fortunately). ② 운 나쁘게(unfortunately).
be in luck's way 운이 좋아지고 있다.
Best of luck [to you]. (구어) 행운을 빌어.
change one's *luck* (美俗) [백인 남자가] 흑인 여자와 성교하다.
crowd (or *push*) one's *luck* (구어) 빈틈없이 기회를 이용하다.
down on one's *luck* 운이 나빠져서. ¶ She was desperately *down on her luck*. 그녀는 매우 운이 나빴다.

for luck 운이 좋도록, 재수를 빌어.
Good luck [*to you*]! 행운을 빕니다 [헤어지거나 할 때 하는 말].
Just (or *It is just*) *my luck*! 나는 언제나 이렇다 (실패한다, 운이 나쁘다), 또 글렀다.
Lots of luck! ① 행운을 빌어! ② (반어적으로) 잘해봐!, 쉽지 않을 걸!
take pot luck 마침 그곳에 있는 것만으로 식사하다.
worse luck (삽입구적으로 써서) 나쁘게, 공교롭게, 재수없게, 난처하게도. ¶ I, *worse luck*, was there. 나는 재수없게 거기에 있었다.
◇ **lúcky**, **lúckless** *adj.*
‡**luck·i·ly** [lʌ́kili] *adv.* 《문·절을 수식하여》운좋게, 요행히, 재수좋게. ¶ *Luckily* he succeeded in passing the exam. 다행히도 그는 시험에 합격했다.
◇ **lúcky** *adj.*
luck·i·ness [lʌ́kinis] *n.* ⓤ 운이 좋음, 다행, 행운.
*luck·less [lʌ́klis] *adj.* 운이 나쁜, 불운한, 불행한.
~·ly *adv.* ~·ness *n.*
luck·pen·ny [lʌ́kpèni] *n.* ⓤ (英) 행운의 돈(재수 좋으라고 가지고 다니거나, 가축 따위의 매매에서 재수 좋도록 판 사람이 산 사람에게 돌려주는 돈].
‡**luck·y** [lʌ́ki] *adj.* (**luck·i·er**, **luck·i·est**) 1 운이 좋은, 행운의(fortunate). *opp.* unlucky ¶ He was always *lucky* in what he undertook. 그는 무엇을 해도 운이 좋았다 / You are a *lucky* dog. 너는 행운아다[약혼한 사람 등에게 하는 말] // The sailor was *lucky* to reach shore in a boat. 뱃사람은 운좋게도 보트로 해안에 이르렀다 / He was *lucky* enough to avoid the danger. 그는 운좋게도 위험을 면했다 // He is *lucky* that he could pass the examination. 그가 시험에 합격할 수 있었던 것은 행운이다.
[類語] *lucky* 노력이나 특질에 의한 것이 아니라, 우연한 행운의; 구체적인 말: a *lucky* gambler 운좋은 도박사, *fortunate* 흔히 중요하고도 다소 영속적인 행운에 쓰며, *lucky* 보다는 격식을 차리는 말: be *fortunate* in one's choice of friends 좋은 친구를 고르다.
2 운좋게 생기는; [결과가] 다행한; 행운을 가져오는, 재수좋은. ¶ a *lucky* mistake 행운(전화 위복)의 실수 / a *lucky* hit 요행으로 맞힘, 요행수 / a *lucky* day 길일(吉日) / a *lucky* penny 재수를 위해 지니고 다니는 돈(luckpenny).
3 《주로 스코》풍부한(full, ample).
— *n.* (*pl.* **luck·ies**) 1 행운의 것, 재수가 좋은 것. 2 (one's ~) (英속어) 도망(escape). ¶ cut (or make) one's *lucky* 도망가다. 3 (=**luck·ie**) 《스코》[보통 부르는 말로 써서] 할머니(granny).
◇ **lúcky**, **lúckless** *adv.*
lúcky bág *n.* 1 [자선(慈善市) 따위의] 복주머니(grab bag). 2 [軍함의] 유실물 보관실(로커).
lúcky díp *n.* (英) 복주머니(grab bag).
lu·cra·tive [lúːkrətiv] *adj.* 이익이 있는, 유리한, 수지 맞는, 돈벌이되는(profitable). ¶ a *lucrative* business 유리한 사업. ~·ly *adv.* ~·ness *n.*
lu·cre [lúːkər] *n.* ⓤ 이익, 금전, 부(富) [부정적인 뜻]. ¶ filthy *lucre* 부정한 이득.
Lu·cre·tia [luːkríːʃ(i)ə / -ʃjə] *n.* 1 (로마 전설) [정녀 (貞女)] 루크레티아. 2 (일반적으로) 정절(貞節)의 귀감.
lu·cu·brate [lúːkjubrèit, +美 -ku-] *vi.* (**-brat·ed**, **-brat·ing**) 1 (특히 밤늦게까지) 열심히 공부하다(일하다). 2 깊이 연구하다, 학술적으로 쓰다; 상세히 설명하다.
lu·cu·bra·tion [lùːkjubréiʃ(ə)n, +美 -ku-] *n.* ⓤ 1 [특히 밤늦게까지] 열심히 공부(연구, 일)하기. 2 (종종 ~s) 고심해서 낸 저서, 노작(勞作); 학구적 작품; 학구적 저작.
lu·cu·lent [lúːkjulənt] *adj.* 1 명백한, 알기 쉬운. 2 승복시키는, 납득시키는(convincing). ~·ly *adv.*

Lu·cul·lan [luːkʌlən], **-cul·li·an** [-kʌliən] *adj.* [사치스러운 생활로 유명했던 로마의 장군 Lucullus 처럼] 사치스러운, 유복한; [식사 따위가] 호화스러운.

lu·cus a non lu·cen·do [lúːkəs ei næn luːséndou / -nɔ̀n-] *n.* [라틴] *lucus* (숲)의 어원은 *non lucendo* (밝지 않은)이라는 설; 역설적인 불합리한 어원설, 비논리적인 추론(推論), 모순된 이야기.

Lúcy Stóner [lúːsi-] *n.* 《美》 여권 옹호자, [특히] 기혼 여성의 개성(改姓) 반대자. [<제창자인 Lucy Stone (1818-93)의 이름]

lud [lʌd] *n.* 《英》 =lord. ¶ My *lud* [변호사가 재판관을 부를 때 쓰는 말].

Lud·dism [lʌ́diz(ə)m] *n.* 러다이트 (Luddite)주의; 반(反)기계화(자동화)주의.

Lud·dite [lʌ́dait] *n.* 1 영국의 산업 혁명 당시 (1811-16) 실직을 두려워하여 기계를 파괴하려는 폭동을 일으킨 직공 단원(團員). 2 (l-) 기계화나 자동화에 반대하는 사람.

*lu·di·crous [lúːdikrəs] *adj.* 우스운, 익살맞은, 바보 같은 (ridiculous). ⇨ FOOLISH 類語 **~·ly** *adv.* **~·ness** *n.*

lu·do [lúːdou] *n.* Ⓤ 주사위 놀이의 일종.

lu·es [lúːiːz] *n.* Ⓤ 〖병리〗 1 매독 (syphilis). 2 역병, 전염병. [<L] [litic).

lu·et·ic [luː(ː)étik] *adj.* 매독의, 매독에 걸린 (syphi-

luff [lʌf] 〖항해〗 *n.* 1 종범(縱帆)의 앞쪽 가장자리. 2 러프 [뱃머리를 바람 불어오는 쪽으로 돌려서 달리기]. 3 뱃머리의 만곡부. ─ *vt.* 1 뱃머리를 바람 불어오는 쪽으로 돌리다. 2 [요트 경기에서] 상대방의 바람을 막으며 앞으로 나아가다.

luf·fa [lʌ́fə] *n.* 수세미외, 수세미외의 [섬유].

Lúft·han·sa Gérman Áirlines [lúfthænzə-] *n.* 루프트한자 독일 항공 회사.

Luft·waf·fe [lúftvàːfə] *n.* (*pl.* **-fen** [-fən]) (독일) (=air weapon) 독일 공군.

lug[1] [lʌg] *v.* (**lugged, lug·ging**) *vt.* 1 (무거운 것을) 힘껏 끌다, 운반하다. 2 (남을) 억지로 데리고 가다. ¶ *lug* a suitcase *along* 여행 가방을 무거운 듯이 나르다 / *lug* a heavy baggage upstairs 무거운 짐을 2층까지 질질 끌어 올리다. 2 (관계없는 이야기 따위를) 꺼내다. ¶ *lug* a personal matters *into* a discussion 토의 중에 개인적인 화제를 꺼내다. ─ *vi.* 1 무거운 듯이 움직이다, 세게 끌다 (pull hard). ─ *n.* 1 세게 끌기, 질질 끌기, 잡아당김. 2 야채나 과일을 수송하는 데 쓰는 나무 상자. 3 (~s) 《美속어》 뻐김, 젠체하는 태도. ¶ put on *lugs* 뻐내다, 젠체하다. 4 (the~) 《속어》 정치 헌금의 강요(징수). ¶ put the *lug* on a person …에게 정치 헌금을 강요하다.

lug[2] [lʌg] *n.* 1 [기구 따위의] 손잡이, 자루. 2 돌기, 불쑥 나온 부분, 돌출부. 3 [마구(馬具)의] 나룻걸이. 4 《속어》 느림보, 열간이. 5 〖스코〗 귀 (ear).

lug[3] [lʌg] *n.* =lugsail.

lug[4] [lʌg] *n.* =lugworm.

luge [luːʒ] *n.* 루지 [썰매의 일종]. ─ *vi.* (**luged, luge·ing**) 루지로 미끄러질하다. [것.

lug·ga·ble [lʌ́gəbəl] *adj.* 힘겹게 운반할 정도로 무거운

luggage [lʌ́gidʒ] *n.* 《英》 =baggage.

lúggage ràck *n.* [열차 따위의] 선반, 그물 선반.

lúggage vàn *n.* =baggage car.

lug·ger [lʌ́gər] *n.* 〖항해〗 러그세일(lugsail을 단 2-3개의 돛이 있는 작은 배).

lug·hole [lʌ́ghòul] *n.* 《英속어》 귀 (ear).

Lú·gol's solútion [lúːgɑlz- / l(j)úːgɔlz-] *n.* Ⓤ 루골액(液) [편도선 따위에 바르는 외용액(外用液)].

lug·sail [lʌ́gsèil, 〖항해-sl〗] *n.* 〖럭슬[뒷폭이 앞폭

[lugger]

보다 더 넓은 네모꼴의 종범(縱帆)].

lu·gu·bri·ous [luːɡ(j)úːbriəs] *adj.* 슬픈 듯한, 가련한, 애처로운 (mournful). **~·ly** *adv.* **~·ness** *n.*

lug·worm [lʌ́gwə̀ːrm] *n.* 갯지렁이의 일종, 갯지네 [낚시 미끼용].

Lu·kan [lúːkən] *adj.* =Lucan.

Luke [luːk] *n.* 1 〖성서〗 누가 [신약 성서의 누가 복음 및 사도 행전의 저자]. 2 〖신약 성서의〗 누가 복음서 (누가 복음서).

luke·warm [lúːkwɔ́ːrm] *adj.* 1 미적지근한, 미온의 (tepid). ¶ *lukewarm* water 미지근한 물. 2 열의가 없는, 미온적인, 마음이 내키지 않는 (half-hearted). **~·ly** *adv.* **~·ness** *n.*

LULAC (《略》) League of United Latin-American Citizens 《美》 라틴 아메리카 시민 연맹.

‡**lull** [lʌl] *vt.* 1 (어린이를) 달래서 재우다, 어르다. ¶ *lull* one's baby [*to* sleep] by singing 자장가를 불러주어 아기를 재우다. 2 (을) 부드럽게 (누그러지게) 하다 (soothe), [(보통 수동형으로)(파도·폭풍우 따위)을 가라앉히다. ¶ *lull* a person's suspicions 남의 의심을 풀다 / The waves were *lulled*. 파도가 잠잠해졌다. 3 [남을 속여서] …시키다. ¶ (~+목+전+명) *lull* a person *into* contentment 남을 속여서 만족시키다. ─ *vi.* 누그러지다, 잠잠해지다, 가라앉다, 자다 (become quiet).

─ *n.* 1 마음을 달래주는 듯한 [듣기 좋은] 소리. 2 (폭풍우 따위의) 잠잠함, 자기; [병·고통 따위의] 소강 상태; [대화 따위의] 일시적인 중단. ¶ The drug has put me in a *lull.* 약을 먹었더니 좀 편해졌다.

*lull·a·by [lʌ́ləbài] *n.* (*pl.* **-bies**) 1 자장가 (cradle-song). 2 졸음이 오는 가락. ─ *vt.* (**-bied, -by·ing**) …을 자장가를 불러서 재우다. [*adv.*

lull·ing [lʌ́liŋ] *adj.* 달래듯 하는, 어르듯 하는, **~·ly**

lu·lu [lúːluː] *n.* 《美속어》 뛰어난 사람(것), 특별한 것.

lumb- ⇨ LUMBO-.

lum·ba·gi·nous [lʌmbéidʒinəs] *adj.* 요통의.

lum·ba·go [lʌmbéigou] *n.* Ⓤ 〖병리〗 요통(腰痛).

lum·bar [lʌ́mbər] *adj.* 허리 (요부(腰部))의, 요추(腰椎)의. ¶ *lumbar* anesthesia 요추 마취. ─ *n.* 요추, 요신경, 요동(경)맥.

‡**lum·ber**[1] [lʌ́mbər] *n.* Ⓤ 1 《美·캐나다》 제재(製材), 제재목, 판재(板材) (plank, board) 《英》 timber). 2 [낡은 가구 따위의] 잡동사니, 페물, 쓰레기. 3 《英》 원목 [가공하지 않은 목재]. ─ *vt.* 1 《美·캐나다》 제재하다, 나무를 벌채하여 제재하다. 2 [물건이] 쓸모 없게 되다, 무용지물이 되다. ─ *vt.* 1 …에 잡동사니(나무를) 베어내다. 2 …을 난잡하게 쌓아올리다. 3 [장소를] 잡동사니로 메우다, 어지르다(... up). ¶ (~+목+부)(~+목+전+명) *lumber up* a room *with* papers 방을 서류로 어지르다.

lum·ber[2] [lʌ́mbər] *vi.* [전차 따위가] 무겁게 움직이다 (move heavily), 뒤뚱거리며 나아가다; 육중하게 걷다 (*along, by, past* ...).

lum·ber·er [lʌ́mbərər] *n.* 목재 벌채인. [업.

lum·ber·ing[1] [lʌ́mb(ə)riŋ] *n.* Ⓤ 《美·캐나다》 제재

lum·ber·ing[2] [lʌ́mb(ə)riŋ] *adj.* 육중하게 움직이는 (걷는); 맥이 없는, 꼴사나운 (awkward). 2 《고어》 덜거덕거리며 나아가는. **~·ly** *adv.*

lum·ber·jack [lʌ́mbərdʒæ̀k] *n.* 《美·캐나다》 목재 벌채인, 벌목꾼.

lúmber jàcket *n.* 《美》 두터운 울로 만든 웃옷.

lum·ber·man [lʌ́mbərmən] *n.* (*pl.* **-men** [-mən]) 《美·캐나다》 목재 벌채인; 제재업자; 재목상.

lum·ber·mill [lʌ́mbərmil] *n.* 제재소 (sawmill).

lúmber ròom *n.* [특히 가구의] 잡동사니를 두는 방, 광.

lum·ber·some [lʌ́mbərsəm] *adj.* 성가신, 귀찮은.

lum·ber·yard [lʌ́mbərjɑ̀ːrd] *n.* 《美·캐나다》 재목 쌓아 두는 곳.

lumbo- loin(허리)의 뜻의 연결형(* 모음 앞에서는 lumb-을 쓴다). 예: lumbago.
lum·brous [lÁmbrəs] adj. =lumbering².
lu·men [lúːmin] n. (pl. **-mi·na** [-minə]) 1 【光學】 루멘(光束)의 단위). 2 【해부】 【관상(管狀) 기관의】 내강(內腔). 3 【식물】 세포벽으로 둘러싸인 세포의 내강.
lú·mi·nal árt [lúːmin(ə)l-] n. ①빛의 예술, 빛을 내는 예술.
lu·mi·nant [lúːminənt] adj. 빛나는, 빛을 발하는. — n. 발광체(發光體).
lu·mi·nar·y [lúːmineri / -nəri] n. (pl. **-nar·ies**) 1 발광체(태양·달 따위). 2 [비유적] 선각자, 지도자.
lu·mi·nesce [lùːminés] vi. (**-nesced, -nesc·ing**) [열은 나지 않고] 빛을 발하다, 냉광(冷光)을 발하다.
lu·mi·nes·cence [lùːminésns] n. ① [열은 나지 않는] 발광(現象), 냉광, 루미네슨스[인광·형광 따위를 포함].
lu·mi·nes·cent [lùːminésnt] adj. [열을 내지 않고] 발광하는, 냉광을 발하는.
lu·mi·nif·er·ous [lùːminífərəs] adj. 빛을 내는(전하는); 발광성의.
lu·mi·nol [lúːminɔːl / -nɔl] n. 【화학】 루미놀[루미놀 반응(血液)의 검출에 쓰이다].
lu·mi·nos·i·ty [lùːminásəti / -nɔ́s-] n. (pl. **-ties**) 1 ① 발광[성], 광휘, 광명. 2 ①발광물(체). 3 ① 【항성】 광도(光度).
‡**lu·mi·nous** [lúːminəs] adj. 1 빛을 발하는, 빛나는, 번쩍이는. ⇨ BRIGHT 類語. ¶ a luminous body 발광체. 2 밝은(bright), 빛이 좋은(illuminated). 3 [작가·작품 따위가] 지적으로 뛰어난, 총명한; 계몽(계발)적인(enlightening). 4 명백한, 이해하기 쉬운. ¶ a luminous remark (explanation) 알기 쉬운 말(설명).
~·ly adv. **~·ness** n. ◇ **luminosity** n.
lúminous flúx n. 【光學】광속(光束). cf. lumen 1
lúminous inténsity n. 【광학】광도(光度) [보통 candle 로 나타낸다; 기호 Iv].
lúminous páint n. 발광(야광) 도료.
lum·me, -my [lÁmi] interj. 《英俗어》 오오!, 아아! [놀람·흥미·찬동을 나타내는 소리]. └벵코.
lum·mox [lÁməks] n. 《美구어》 뒤뚱바리, 멍청이, 굼 ‡**lump** [lʌmp] n. 1 [부정형(不定形) 물체의] 덩어리(mass), 괴. ¶ He is a lump of arrogance. 그는 오만 덩어리다. 2 각설탕(lump of sugar). 3 혹, 부스럼. ¶ a lump on the head 머리에 난 혹. 4 집합체, 모임, 집단(aggregation, mass). 5 《구어》 얼간이, 땅딸보. 6 《종종 ~s》 많음, 다수, 다량(lot). ¶ the great lump of voters 대단히 많은 수의 유권자. 7 (~s) 매로 때리(매리는 벌); 당연한 응보. ¶ get (or take) one's lumps 당연한 응보를 받다. 8 (the~) 《英》 《집합적》 미조직(未組織) 건설 노동자.
all of a lump 한 덩어리가 되어, 통틀어.
by (or **in**) **the lump** 전체로서, 총괄하여.
in a (or **one**) **lump** 전부 한 뭉큼으로 하여, 한 번에.
a lump in the (or one's) **throat** [감동으로] 목이 메이는 듯한 느낌, 가슴이 벅차는 느낌. ¶ I felt a lump in my throat at the scene. 그 장면을 보고 가슴이 꽉 메이는 듯 했다.
— adj. 1 덩어리로 되어 있는, 덩어리의. ¶ lump sugar 각설탕. 2 한 묶음으로 되어 있는, 총괄의; 일시 불의. — vt. 1 [각각의 것을] 한 덩어리로 하다, 하나로 묶다(... together). ¶ Let us lump all the expenses. 비용은 전부 하나로 합치자 // (~+圓+園+엠) They lumped the old things with the new. 그들은 헌 것과 새 것을 한데 합쳤다. 2 …을 일괄하여(묶어서) 다루다(생각하다), 총괄하여 한 덩어리로 만들다; …을 부풀어 덩어리지게 하다. ¶ (~+圓+前+엠) His pockets were lumped with balls. 그의 호주머니는 공이 들어 있어 불룩했다. 4 …에 [어떤 금액을] 전부로 하여

다(... on). — vi. 덩어리로 되다; 부풀어 덩어리지다. 2 육중하게 움직이다(along ...); 털썩 주저앉다 (down ...).
◇ **lúmpish, lúmpy** adj.
lump² [lʌmp] vt. 《구어》 [싫은 일을] 참다, 견디다(put up with). ¶ If you don't like it, you may lump it. 싫더라도 참아라; 싫으니 할 수 없다.
lum·pen [lúmpən, lÁm-] adj. 사회에서 탈락한, 룸펜
lump·er [lÁmpər] n. 1 부두 노동자; 하역 인부; 소청 부인(小請負人). 2 [세세한 구분을 피하고] 총괄적으로 매듭짓는 사람.
lump·fish [lÁmpfìʃ] n. (pl. **-fish** or **-fish·es**) 성대류(類)의 물고기[대서양산(産)].
lump·ing [lÁmpiŋ] adj. 《구어》 많은; 무거운; 부피가 큰; 커다란.
lump·ish [lÁmpiʃ] adj. 1 덩어리 같은. 2 [신체 등이] 땅딸막한. 3 미련한, 둔한. **~·ly** adv. **~·ness** n.
lump-suck·er [lÁmpsÀkər] n. =lumpfish.
lump-sum [lÁmpsÁm] adj. 일괄의, 총액의. ¶ lump-sum return [보험금·소득세의] 일괄 환불.
lump·y [lÁmpi] adj. (**lump·i·er, lump·i·est**) 1 덩어리 투성이의(full of lumps). ¶ lumpy bread 덩어리가 많은 빵. 2 [표면이] 우툴두툴한, 울퉁불퉁한. ¶ a lumpy surface 울퉁불퉁한 면. 3 땅딸막하고 굼뜬, 둔중한(dull). 4 [수면이] 물결이 이는, 파도가 큰(rough).
lump·i·ly adv. **lump·i·ness** n.
Lu·na [lúːnə] n. 1 [로마 신화] 루나[달의 여신]. 2 [의인화(擬人化)된] 달. 3 (l-) ① 【錬金】은(silver).
lu·na·cy [lúːnəsi] n. ① 1 [예전에 달의 모양에 따라 강도(强度)가 변한다고 믿어졌던] 간헐성 정신병 (intermittent insanity). 2 [일반적으로 백치(idiocy)와 구별하여] 정신 이상, 정신 착란; 【법률】심신 상실(神喪失). 3 바보짓, 미친 짓. └미산(産).
lúna mòth n. (종종 L-) 천잠아(天蠶蛾)의 일종[북
lu·na·naut [lúːnənɔ̀ːt] n. 달 여행 우주인.
‡**lu·nar** [lúːnər] adj. 1 달의, 태음(太陰)의. cf. solar the lunar orbit 달의 궤도. 2 달의 영향력의 3 달의 공전(公轉)에 의하여 측정된, 태음력의. 4 달의 같은, 초승달 모양의(crescent). 5 [빛 따위가] 푸르스름한. 6 은의, 은에 관한. — n. 【항해 따위를 위한】 달의 관측.
lúnar cálendar n. 태음력(太陰曆), 음력.
lúnar cáustic n. ①【의학·화학】[막대 모양의] 질
lúnar dáy n. 태음일(太陰日). └산은.
lúnar dístance n. 【항해】월거(月距) [해상에서 경도(經度)를 정하는] 달에서 태양, 또는 다른 별까지의 각.
lúnar eclípse n. 월식(月蝕). └리].
lúnar excúrsion mòdule n. 《우주 공학》 달 착륙선(lunar module) 《略 LM, LEM》 └평선.
lúnar horízon n. (the ~) 월평선(月平線) [달의 지
lu·nar·i·an [luːnɛ́(ː)riən /-nέər-] n. 1 [상상의] 달 세계에 사는 사람, 달나라 사람. 2 《드물게》 달 연구가, 월리학(月理學) 연구자(selenographer). — n. 달의, 달 연구자의.
lúnar lánder n. 달 착륙선. └달에 있는.
lúnar mòdule n. =lunar excursion module.
lúnar mónth n. 태음월(太陰月), 삭망월(朔望月) [29일 12시간 44분].
lu·nar·naut [lúːnərnɔ̀ːt] n. =lunanaut.
lúnar órbit n. 1 【천문】 달의 공전(公轉) 궤도 2 [달탐사기의] 달 주위를 도는 궤도.
Lúnar Órbiter n. 《美》 루나 오비터[아폴로 계획 준비를 위해 발사된 미국의 무인 월면 탐사기].
lúnar próbe n. 《우주》 달 탐사기[기] (moon probe).
lúnar ráinbow n. 달밤의 무지개.
Lúnar Recéiving Labóratory n. 달 수용(收容) 연구소[달 여행 우주인과 월석(月石)을 검역(檢疫)·수용하는 Houston의 연구소; 略 LRL].
lúnar róver n. 월면(月面) 작업차(lunar roving

vehicle). [scape).
lu·nar·scape [lúːnərskèip] n. 월면의 경치 (moon-
lúnar yéar n. 태음년(太陰年) [354일 8시간].
lu·nate [lúːneit, -nit] adj. 초승달 모양의(crescent-shaped).
***lu·na·tic** [lúːnətik], (**lu·nat·i·cal** [luːnǽtik(ə)l]) adj. 1 정신 이상의, 발광한(insane). 2 미치광이 같은, 어이없는. 3 정신 이상자의(를 위한). ¶ a lunatic asylum 정신 병원. — n. 1 미치광이, 광인. 2 [법률] 정신 이상자, [정신이상에 의한] 금치산자(禁治產者), 심신 상실자(喪失者). 3 미련퉁이, 괴짜.
-i·cal·ly [luːnǽtikəli] adv. ◇ lúnacy n.
lúnatic frínge n. 《美구어》 [주의·운동 따위의] 극단파, 열광적 지자파.
lu·na·tion [luːnéiʃ(ə)n] n. 태음월(lunar month) [초승달부터 다음 초승달까지의 기간].
‡**lunch** [lʌntʃ] n. 1 Ⓤ Ⓒ 점심, 주식(晝食), 런치. cf. luncheon 2 Ⓤ Ⓒ [시간에 관계 없이] 간단한 식사, 도시락. 3 간이 식당(lunchroom).
do lunch 《구어》 점심을 먹다. ¶ Let's do lunch sometime. 언제 점심이나 같이 합시다. **out to lunch** 점심하러 외출 중이어서;《구어》 현실과 동떨어져. — vi. 점심을 먹다, 가벼운 식사를 하다. — vt. 에게 점심을 주다(내다). [< LUNCH[EON]]
lúnch bòx n. 도시락[통]; 《속어》 남자 성기(penis).
lúnch còunter n. 《美》 [요리점 등의] 런치용 식탁; 간이 식당.
‡**lunch·eon** [lʌ́ntʃ(ə)n] n. 1 Ⓤ Ⓒ 점심, 오찬[격식차린 점심 식사]. ¶ a luncheon party 오찬회. 2 가벼운 식사, 도시락, 런치. — vi. 점심을 먹다. [< nuncheon (낮의 식사)가 luncheon이라는 뜻의 고어()의 변형]
lúncheon bàr n. 《美》 = snack bar.
lunch·eon·ette [lʌ̀ntʃənét] n. 간이 식당.
lúncheon mèat n. Ⓤ 런천 미트[고기와 곡류를 갈아 섞어 포장한 음식].
lúncheon vòucher n. 《英》 고용주가 내는 식권.
lunch·er [lʌ́ntʃər] n. 점심을 먹는 사람.
lun·che·te·ri·a [lʌ̀ntʃití(ː)riə / -tíər-] n. 《美》 셀프 서비스의 간이 식당. [< LUNCH + [CAF]ETERIA]
lúnch pàil n. 《美》 노동자의 점심 그릇.
lunch·room [lʌ́ntʃrù(ː)m] n. 간이 식당.
lunch·time [lʌ́ntʃtàim] n. Ⓤ Ⓒ 점심 시간.
lune [luːn] n. 궁형(弓形); 초승달(반달) 모양의 물건.
lu·nette [luːnét] n. 1 초승달 모양의 물건(공간). 2 [건축] 아치형의 채광창(窓), 반월창. 3 [둥근 천장이 벽에 닿아서 이루는] 반월 모양의 공간, 그 곳을 장식한 벽화. 4 [성(城) 따위의] 안경 모양의 보루, 안경보(眼鏡堡). 5 (~s) [안경용] 요철(凹凸) 양면 렌즈; 안경(spectacles) [시계의] 평면 유리 뚜껑. 6 [말의] 눈가리개; 말굽(horseshoe). 7 [단두대의] 목 끼우는 구멍. 8 초승달 모양의 장식 물.
‡**lung** [lʌŋ] n. 1 폐, 폐장, 허파. ¶ the right(the left) lung 우(좌)폐. 2 인공호흡장치. ¶ an iron lung 철의 폐[호흡 보조기]. 3 《英》 [도시 안쪽의 교외의] 빈 터, 공원, 광장.
at the top of one's lung 목청껏(as loudly as possible).
lunge[1] [lʌndʒ] n. 1 《펜싱》 따위의] 찌르기(thrust), 꿰찌르기. 2 돌진, 돌출, 튀어나옴. — v. (**lunged, lung·ing**) vi. 1 찌르다(make a thrust), 꿰찌르다, 스트레이트로 치다(at ...). 2 돌진(돌출)하다, 뛰어나오다. 3 [말의] 차다(kick). — vt. …을 쭉 내밀다(thrust), 돌진(돌출)시키다.

lunge[2] [lʌndʒ] n. 1 말 다루는 고삐. 2 원형 조마장(調馬場). — vt. (**lunged, lung·ing**) [말 다루는 고삐를 사용하여 또는 조마장에서] [말]을 조련(調敎)하다.
lunged [lʌŋd] adj. 폐가 있는; 《복합어를 만들어》 […의] 폐를 가진. ¶ one-lunged 한쪽 폐만 있는.
lung·er [lʌ́ŋər] n. 《구어·속어》 폐결핵 환자.
lung·fish [lʌ́ŋfìʃ] n. (pl. -fish or -fish·es) 폐어(肺魚) (dipnoan).
lun·gi [lʌ́ŋgi] n. 1 [인도·파키스탄 등에서 허리·어깨 따위에 두르거나 터번으로 쓰는] 긴 헝겊. 2 [인도에서 남자가] 허리에 두르는 헝겊, 허리두르개(loincloth).
lúng pòwer n. 《英》 발성력(發聲力), 성량(聲量).
lung·wort [lʌ́ŋwə̀ːrt] n. 지치과(科)의 식물〔美國·유럽산〕.
luni- moon 의 뜻의 연결형. 예: luniform (달 모양의), lunisolar.
lu·ni·form [lúːnifɔ̀ːrm] adj. 달 모양의, 반달 모양의.
Lunik [lúːnik] n. 〔옛 소련의〕 달 로켓.
lu·ni·so·lar [lùːnisóulər] adj. 달과 태양의; 태음 태양(太陰太陽)의. ¶ a lunisolar period 태음 태양기(期).
lu·ni·tid·al [lùːnitáidl] adj. 월조(月潮)의, 태음조(太陰潮)의.
lùnitídal ínterval n. 월조 간격〔어느 지점에서 달이 자오선을 통과한 후 고조(高潮) 또는 저조(低潮)가 될 때까지의 시간〕.
lun·kah [lʌ́ŋkə] n. 인도산(產)의 독한 엽궐련.
lun·ker [lʌ́ŋkər] n. 《구어》 큰 것, (특히 낚시의) 월척. [blockhead].
lunk·head [lʌ́ŋkhèd] n. 《美속어》 멍텅구리, 바보
lunk·head·ed [lʌ́ŋkhèdid] adj. 우둔한, 바보의.
Lun·o·khod [lúːnəkəd, lùːnəxɔ́ːt / lúːnəkɔ̀d] n. 루노호트 [옛 소련의 자동 월면차(月面車)].
lu·nu·la [lúːnjulə] n. (pl. -lae [-lìː]) 초승달 모양의 [물건].
lu·nu·lar [lúːnjulər] adj. 초승달 모양의.
lun·y [lúːni] adj. (**lun·i·er, lun·i·est**), n. (pl. **lun·ies**) = loony.
Lu·per·ca·li·a [lùːpərkéiliə, -ljə] n. 루페르쿠스제(祭) 〔고대 로마의 다산(多產)과 풍요의 신 Lupercus의 축제, 2월 15일〕.
lu·pin, -pine[1] [lúːpin] n. 루핀 [콩과(科)에 속하는 다년생 풀] 그 종자.
lu·pine[2] [lúːpain] adj. 1 이리의; 이리와 같은, 이리와 동류(同類)의. 2 흉맹(凶猛)한(savage), 게걸스러운(ravenous).
lu·pous [lúːpəs] adj. 〔병리〕 낭창성(狼瘡性)의.
lu·pus [lúːpəs] n. 1 Ⓤ 〔병리〕 낭창〔얼굴이나 목 따위에 많이 발생하는 피부·점막의 병〕. 2 (the L-) 〔천문〕 이리자리(座).
lurch[1] [ləːrtʃ] n. 1 배나 비틀거리는 사람의] 갑작스러운 기울어짐; 비틀 걸음, 갈짓자 걸음. ¶ The car gave a lurch and upset. 그 자동차는 갑자기 기울더니 뒤집혔다. 2 경향(inclination). — vi. 〔배가〕 한쪽에 기울다, 기울어지다; 〔사람이〕 비틀거리다, 비틀거리며 건다(stagger).
lurch[2] [ləːrtʃ] n. (the ~) 곤경; 〔승부의〕 완패, 대패 (* 보통 다음 숙어로 쓰인다).
leave a person in the lurch 남이 곤경에 처해 있는 것을 버려두다(못 본 체하다).
lurch·er [lə́ːrtʃər] n. 1 〔고어〕 어정거리는 수상한 사람; 좀도둑, 사기꾼; 간첩; 밀렵꾼(poacher). 2 〔주로 밀렵꾼이 쓰는〕 잡종의 사냥개.
‡**lure** [luər / ljuə] n. 1 사람의 마음을 끄는 것, 유혹물(enticement); 매력. ¶ the lure of adventure 모험의 매력. 2 미끼(decoy); 산 미끼. 〔특히 낚시의〕 가짜 미끼(artificial bait). 3 미끼새〔매사냥에서 매를 불러들이는 데에 쓰는 새모양의 미끼〕; 올가미(trap). — vt. (**lured, lur·ing**) 1 …을 유인하다, 꾀어들이다, 낚아들

이다, 유혹하다(... away, into). ◇ TEMPT 類語 ¶ (~+目+前+名) Don't let money *lure* you *into* a job you don't like. 돈에 유혹되어 좋아하지도 않는 직업을 갖지 마라. **2** [미끼 등을 사용하여] …을 가까이 끌어당기다, 유인하다(... on). **3** [매]를 미끼에로 불러들이다.
lur·er [lú(:)rər / ljúərə] *n*. 유인(유혹)하는 사람.
lur·gy [lə́:rgi] *n*. (英)(익살) 병(illness) [1950년대 영국의 라디오 코메디 The Goon Show 에서 만들어낸 가공의 병명].
lu·rid [lú(:)rid / lúərid] *adj*. **1** 무서울이만큼(타는 듯이) 붉게 빛나는. ¶ a *lurid* sunset 타는 듯이 붉은 저녁놀 / The sky was *lurid* with the flames of the burning city. 하늘은 타오르는 도시의 불꽃으로 새빨갰다. **2** [빛깔 따위가] 짙은, 선정적인(sensational). **3** 전율적인, 무서운, 끔찍한(gruesome). ¶ *lurid* crimes 흉악 범죄. **4** [안색 따위가] 창백한(wan), 핏기없는 / 무서운(ghastly).
cast (or *throw*) *a lurid light on* …을 무시무시하게(을 비극적으로) 보이게 하다, …을 비극적으로 보이게 하다. ~·ly *adv*. ~·ness *n*.
‡**lurk** [lə:rk] *vi*. **1** 숨어 기다리다, 잠복하다; 숨어 있다, 잠적하다(hide). ¶ a *lurking* place 은신처, 잠복처 // (~+前+名) *lurk* in the mountains 산악 지대에 잠복하다.
類語 **lurk** 보통 사냥감을 숨어서 기다리다: an enemy *lurking* in the dark 어둠 속에 숨은 적. **skulk** 공포심 또는 사악한 의도를 가지고 숨다, 비겁히 움직이다: a deserter *skulking* in a cave 동굴 속에 숨은 탈주병. **slink** 남몰래 가만히 움직이다: a thief *slinking* about a house 집 주위를 살금살금 돌아다니는 도둑. **sneak** 들키지 않게 가만히 출입하다: *sneak* out while the others are asleep 다른 사람들이 잠자고 있는 틈에 빠져 나오다. **prowl** 사냥감을 찾아 살금살금 배회하다: a lion *prowling* about a camp 야영장 주위를 배회하는 사자.
2 숨어 다니다, 잠행하다(about, along, away ...). ¶ (~+前+名) *lurk* about the country 사람의 눈을 피해 시골로 가다. **3** 눈에 띄지 않게 존재하이다(exist unobserved), 잠재하다. ¶ (~+前+名) Resentment *lurked* in his heart. 원한이 그의 가슴속에 잠재해 있었다.
— *n*. 잠복 장소; 숨어 기다리다, 잠행, 밀행. **2** (英속어) 사기, 협잡.
on the lurk 살살 냄새를 맡고 다니며, 염탐질하며(spying).
lurk·er [lə́:rkər] *n*. 살금살금 냄새를 맡고 다니는 사람.
lurk·ing [lə́:rkiŋ] *adj*. 숨어있는; 잠재적인. ~·ly *adv*.
lus·cious [lʌ́ʃəs] *adj*. **1** 맛(냄새)좋은, (달콤하고) 있는(sweet and delicious), 감미로운; 향기로운. ◇ DELICIOUS 類語 **2** (감각적으로) 상쾌한, 쾌적한. **3** 관능적인, 요염한(voluptuous). **4** (고어) 너무 달콤한; 싫증나는, 물리는(cloying). ~·ly *adv*. ~·ness *n*.
lush[1] [lʌʃ] *adj*. **1** [식물 따위가] 푸른, 싱싱한(succulent). **2** 푸른 풀이 많은, 무성한. **3** 풍부한; 유리한(profitable)는. ~·ly *adv*. ~·ness *n*.
lush[2] [lʌʃ] (속어) *n*. ⓤ **1** 술, 알코올 **2** 술주정꾼, 술취한 사람(drunkard). — *vi*. 술을 마시다(up). — *vt*. (술을) 마시다(drink)(... up).
lush·y [lʌ́ʃi] *adj*. (**lush·i·er**, **lush·i·est**) (속어) 술취한, 곤드레만드레가 된.
Lu·si·ta·ni·a [lù:sitéiniə] *n*. **1** 루시타니아 [이베리아 반도의 한 지방으로 고대 로마령(領). 대체로 현재의 포르투갈에 해당한다]. **2** 루시타니아호[1915년 5월 7일 북대서양에서 독일 잠수함에게 격침된 영국의 호화 여객선. 이 사건으로 미국의 제1차 세계 대전 참전을 촉발했음].
Luth. (略) Lutheran.
‡**lust** [lʌst] *n*. ⓤⓒ **1** 색욕, 육욕, 색정. **2** (성서)(죄악·오점으로 여겨지는) 관능적 욕망. **3** 강한 욕망, 열망, 갈망(*for, of* ...). ¶ a *lust* for fame 명예욕 / a *lust* of conquest 정복욕. **4** 열정, 정열(zest)(*for* ...). **5** (폐어) 쾌락; 기호(嗜好) (inclination), 소망. — **1** 강한 색정을 품다(일으키다). **2** 열망하다 (*after, for* ...). ◇ **lústful, lústy** *adj*.
‡**lus·ter**[1], (英) **-tre**[1] [lʌ́stər] *n*. ⓤ **1** 광택, 윤. **2** 광 내는 재료, 광택제. **3** 광채, 빛. **4** 영광, 영예, 명예. **5** 윤나는 모직물. **6** ⓒ 샹들리에, [가지 이는] 촛대.
— *v*. (**-tered, -ter·ing**; (英) **-tred, -tring**) *vt*. **1** …에 광택을 내다. **2** …에 영광(명예)을 주다.
— *vi*. 윤(광택)이 나다. ◇ **lústrous** *adj*.
lus·ter[2], (英) **-tre**[2] [lʌ́stər] *n*. = lustrum.
lus·tered [lʌ́stərd] *adj*. 광택이 있는.
lus·ter·ware, (英) **-tre-** [lʌ́stərwɛ̀ər] *n*. ⓤ 러스터 [표면이 금속빛의 광채를 띠는 값 싼 도자기의 일종].
lust·ful [lʌ́stfəl] *adj*. **1** 탐욕스러운, 욕망이 강한, **2** 호색의, 음탕한(libidinous). **3** (고어) 강장한, 원기 있는(lusty). ~·ly [-fəli] *adv*. ~·ness *n*.
lust·i·ly [lʌ́stili] *adv*. 기운 좋게, 왕성하게, 활발히.
lus·tra [lʌ́strə] *n*. lustrum의 복수형의 하나.
lus·tral [lʌ́strəl] *adj*. **1** 깨끗하게 하는, 부정(不淨)을 씻는. **2** 5년마다의, 5년에 한 번의.
lus·trate [lʌ́streit] *vt*. (**-trat·ed, -trat·ing**) [공물(供物)·의식 따위에 의하여] …을 깨끗하게 하다, 청정(淸淨)하게 하다(purify).
lus·tra·tion [lʌstréiʃ(ə)n] *n*. ⓤⓒ 정하게 함, 불제(祓除), 정화(淨化).
‡**lus·tre** [lʌ́stər] *n., v*. (**-tred, -tring**) (英) = luster[1].
lus·trine [lʌ́strin] *n*. (英) = lutestring.
lus·tring [lʌ́striŋ] *n*. (英) = lutestring.
lus·trous [lʌ́strəs] *adj*. **1** 빛다는(광택(윤)이 나는, 번쩍이는(shining). **2** 빛나는(brilliant), 훌륭한(splendid). ~·ly *adv*. ~·ness *n*.
lus·trum [lʌ́strəm] *n*. (*pl*. **-trums** or **-tra**) **1** 5년간 (five-year period). **2** [로마 역사] 고대 로마에서 5년 마다 인구 조사를 마친 뒤에 행했던] 재계(齋戒)(式), 대(大)재계.
‡**lust·y** [lʌ́sti] *adj*. (**lust·i·er, lust·i·est**) **1** 원기 있는, 생기가 넘치는. **2** 기운 센, 강건한, 튼튼한(robust). **3** [식사 따위가] 충분한; 양이 차는(hearty). **4** [사람이] 몸집이 큰, 뚱뚱한. **lust·i·ness** *n*. ◇ **lust** *n*.
lu·sus na·tu·rae [lú:səs nətj(j)ú(:)ri: / -tjúəri:] 자연의 장난; 이형(異形), 기형물, 기형의 사람(freak).
lu·tan·ist [lú:t(ə)nist], (**lutenist**) *n*. lute[1]의 연주자.
lute[1] [lu:t] *n*. 류트[기타 비슷한 15-17 세기의 현악기]. — *v*. (**lut·ed, lut·ing**) *vi*. 류트를 켜다.
— *vt*. …을 류트로 타다.
lute[2] [lu:t] *n*. ⓤ 봉니(封泥) [용기·관(管) 따위의 이음매에 바르는 진흙 또는 점성(粘性) 물질]. — (**lut·ed, lut·ing**) *vt*. …을 봉니로 밀봉하다, …에 봉니를 바르다.
lu·te·ci·um [lu:tí:ʃiəm] *n*. [화학] = lutetium.
lu·te·in [lú:tiin] *n*. ⓤ (생화학) 루테인[어떤 종류의 동·식물의 지방·노른자위 따위의 황체(黃體)에서 얻는 호르몬의 일종].
lu·te·nist [lú:t(ə)nist] *n*. = lutanist.
lu·te·ous [lú:tiəs] *adj*. 진한 주황색의.
lute·string [lú:tstrìŋ] *n*. ⓤ 윤이 나는 견직물.
Lu·te·tian [lu:tí:ʃ(i)ən] *adj*. Lutetia(파리의 옛이름)의, 파리의.
lu·te·ti·um [lu:tí:ʃ(i)əm], (**lutecium**) *n*. ⓤ [화학] 루테튬[금속 원소의 하나; 원자 기호 Lu].
Luth. (略) Lutheran.
Lu·ther·an [lú:θərən] *adj*. 루터의, 루터파(주의, 교회)의. — *n*. 루터파의 신도(교회원). [<독일의 종교 개혁자 Martin Luther(1483-1546)의 이름]
Lu·ther·an·ism [lú:θərəniz(ə)m] *n*. ⓤ 루터주의.
Lu·ther·ism [lú:θəriz(ə)m] *n*. = Lutheranism.

lut·ist [lúːtist] *n.* 류트 연주자(lutanist); 류트 제조자.
luv [lʌv] *n.* 《특히 英英어》《친밀한 사람에 대한 부르는 말로》 당신, 자네, 여보(darling, dear).
lux [lʌks] *n.* (*pl.* **lux·es** [lʌ́ksiz] *or* **lu·ces** [lúːsiːz]) 《光學》 럭스[조명도(照明度)의 국제 단위].
Lux. 《略》 Luxembourg.
lux·ate [lʌ́kseit] *vt.* (**-at·ed, -at·ing**) …의 관절을 삐다, …을 탈구(脫臼)시키다(dislocate).
lux·a·tion [lʌkséiʃ(ə)n] *n.* ⓤ 탈구, 탈골.
luxe [luːks, lʌks] *n.* ⓤ 호화, 호사, 사치. ¶ an edition de *luxe* 호화판. *cf.* deluxe
Lux·em·bourg, -burg [lʌ́ks(ə)mbəːrg] *n.* 룩셈부르크[독일·프랑스·벨기에에 둘러싸인 대공국(大公國); 또 그 수도].
lux·u·ri·ance [lʌgzú(ː)riəns, lʌkʃú(ː)r-/lʌgzjúər-, lʌksjúər-] *n.* ⓤ 1 번성, 무성, 다산, 풍부. 2 화려, 호화.
lux·u·ri·an·cy [lʌgzú(ː)riənsi, lʌkʃú(ː)r-/lʌgzjúər-, lʌksjúər-] *n.* = luxuriance.
*****lux·u·ri·ant** [lʌgzú(ː)riənt, lʌkʃú(ː)r-/lʌgzjúər-, lʌksjúər-] *adj.* 1 [식물 따위가] 무성한, 울창하게 우거진. ¶ *luxuriant* vegetation 울창하게 우거진 초목. 2 [토지 따위가] 기름진, 비옥한, 다산의. ¶ *luxuriant* soil 기름진 땅. 3 풍부한. ¶ a *luxuriant* imagination 풍부한 상상력. 4 [장식·문장에] 현란한, 화려한. **~·ly** *adv.* ◇ luxúriance, lúxury *n.*
lux·u·ri·ate [lʌgzú(ː)rièit, lʌkʃú(ː)r-/lʌgzjúər-, lʌksjúər-] *vi.* (**-at·ed, -at·ing**) 1 사치스럽게 지내다, 호사하다. 2 무성하다(grow profusely), 우거지다. ¶ The tree *luxuriated* in the new soil. 새로운 땅에서 그 나무는 무성하게 자랐다. 3 탐닉하다, 즐기다(*in* …). ¶ *luxuriate in* the warm sunshine 따뜻한 햇볕을 즐기다.
lux·u·ri·a·tion [lʌgzù(ː)riéiʃ(ə)n, lʌkʃù(ː)r-/lʌgzjùər-, lʌksjùər-] *n.* ⓤ 사치; 향락; 무성.
‡**lux·u·ri·ous** [lʌgzú(ː)riəs, lʌkʃú(ː)r-/lʌgzjúər-, lʌksjúər-] *adj.* 1 사치스러운, 사치를 좋아하는; 방탕한, 쾌락을 추구하는. 2 호화로운, 호사한. ¶ a *luxurious* hotel 호화로운 호텔. 3 남아 돌아갈만큼의. **~·ly** *adv.* **~·ness** *n.* ◇ lúxury *n.*
‡**lux·u·ry** [lʌ́kʃ(ə)ri] *n.* (*pl.* **-ries**) 1 ⓤ 사치, 호사. ¶ live in *luxury* 호사스럽게 지내다. 2 사치품, 호사한 (값비싼, 구하기 힘든) 물건. ¶ Asparagus is a *luxury* at this season. 아스파라거스는 요즈음에는 구하기 힘든 물건이다. 3 ⓤ 쾌락, 만족, 유쾌(enjoyment). ¶ the *luxury* of health 건강의 기쁨. — *adj.* 사치스러운, 호화로운. ¶ *luxury* goods 사치품.
◇ luxúrious *adj.*, luxúriate *v.*
Lu·zon [luːzán/-zɔ́n] *n.* 루손섬[필리핀 제도 중에서 가장 큰 섬; Manila 와 수도 Quezon City 가 있다].
LV 《略》 luncheon voucher.
lv. 《略》 leave[s].
LVM project *n.* 달, 금성, 화성 탐사 계획[구소련의 우주 개발 계획]. 〈*L*una, *V*enus and *M*ars+*project*〉
Lw 《略》 lawrencium.
lwop 《略》 *l*eave *w*ithout *p*ay.
lx 《略》 lux.
LXX 《略》 Septuagint.
-ly *suf.* 1 형용사·명사에 붙어 부사를 만든다. a) 양식·양태·정도·방향 따위를 나타낸다. 예: glad*ly*, gradual*ly*, southward*ly*, pleasing*ly*. b) 순서를 나타내는 말에 붙어 '…번째에'의 뜻. 예: second*ly*. 2 시간의 단위를 나타내는 말에 붙어 'every'의 뜻의 부사·형용사를 만든다. 예: hour*ly*, month*ly*. 3 명사에 붙어 '다운, …에 어울리는'의 뜻의 형용사를 만든다. 예: man*ly*, king*ly*.
ly·can·thrope [láikənθròup] *n.* 낭광병(狼狂病)에 걸린 사람[자신을 이리로 생각하고 그런 동작을 하는 미친 사람].
ly·can·thro·py [laikǽnθrəpi] *n.* ⓤ 1 낭광(狼狂)[자

신을 이리 따위의 야수라고 믿고 그러한 동작을 하는 정신병의 일종]. 2 《민간 전승》인간이 이리로 둔갑하는 마술.
ly·cée [liːséi/-́-] *n.* (*pl.* **-cées** [liːséiz/-́-]) 《프랑스》의 국립 고등 학교.
〈F 〈L *lycēum*〉
ly·ce·um [laisíːəm] *n.* 1 강당; 학회; 문화 회관. 2 《美》문화 강좌, 문화 운동 단체. 3 (the L-) 아테네의 학원[아리스토텔레스(Aristotle)가 철학을 가르쳤던 곳]. 4 (L-) 《美》아리스토텔레스 학파. 5 = 〈L *Lycēum* 〈Gk *Lykeion* the Lyceum at Athens 〈*Lykeios* wolf-slaying: Apollo 신에 대한 형용사이며, 이 학원 가까이에 Apollo 의 신전이 있었던 데서〉
lych [litʃ] *n.* 《英俚어》= lich.
lých gàte *n.* = lich gate.
lych·nis [líknis] *n.* 선옹초속(仙翁草屬)의 식물.
Ly·ci·a [líʃiə/-siə, -ʃiə] *n.* 리시아[소아시아 서남부의 고대 국가, 후에 로마령(領)이 되었다].
ly·co·pod [láikəpɒd/-pɔ̀d] *n.* = lycopodium.
ly·co·po·di·um [làikəpóudiəm] *n.* 석송속(石松屬)의 식물.
lyd·dite [lídait] *n.* ⓤ 《화학》 리다이트[고성능 폭약].
Lyd·i·a [lídiə] *n.* 리디아[소아시아 서부의 고대 왕국].
Lyd·i·an [lídiən] *adj.* 1 리디아의; 리디아 사람(말)의. 2 [음악의] 감미로운; 관능적인(voluptuous). — *n.* 리디아 사람; ⓤ 리디아말.
Lýdian áirs *n. pl.* 애조(哀調), 애곡(哀曲).
Lýdian stóne *n.* =touchstone.
lye [lai] *n.* ⓤ 1 잿물[나무 재를 걸러서 만든 알칼리액 (液)]. 2 [세탁용] 알칼리액.
*****ly·ing**[1] [láiiŋ] *v.* lie[1]의 현재 분사. — *n.* ⓤ 거짓말하기, 허위, 거짓. — *adj.* 거짓말하는, 허위의 (false). ¶ a *lying* rumor 터무니없는 소문.
~·ly *adv.*
‡**ly·ing**[2] [láiiŋ] *v.* lie[2]의 현재 분사. — *n.* ⓤ 드러눕기, 드러누워 있는 장소. — *adj.* 드러누워 있는, 엎드려 있는.
ly·ing-in [láiiŋín] *n.* ⓤⓒ (*pl.* **ly·ings-in, ly·ing-ins**) 산욕(産褥) 상태에 눕기, 해산, 분만. — *adj.* 출산의 (을 위한). ¶ a *lying-in* hospital 산부인과[병원].
lying-in-state [láiiŋinstéit] *n.* [매장 전의] 유해(遺骸)의 공개.
lyke·wake [láikwèik] *n.* 《주로 스코》 철야, 밤샘.
lýme gràss [láim-] *n.* 갯보리류(類).
lymph [limf] *n.* ⓤ《해부·생리》림프, 임파(淋巴), 임파액(液).
lymph- ⇒ LYMPHO-.
lym·phan·gi·og·ra·phy [limfæn(d)ʒiágrəfi/-ɔ́g-] *n.* ⓤ 임파선의 뢴트겐 촬영(법).
lym·phat·ic [limfǽtik] *adj.* 1 [해부] 임파(액)의, 임파선의, 임파선을 이루는, 임파를 나르는(분비)하는. 2 [체질의] 임파질의, 지둔(遲鈍)한, 근육이 약약한, [안색 따위가] 창백한. ¶ *lymphatic* temperament 임파질. — *n.* [해부] 임파관(管), 임파선(腺).
lýmph glànd (nòde) *n.* [해부] 임파선(절(節)).
lympho- lymph 의 뜻의 연결형(* 모음 앞에서는 lymph- 를 쓴다), 예: *lympho*cyte, *lymph*oid.
lym·pho·cyte [límfəsàit] *n.* 임파구(球) (세포).
lym·phog·ra·phy [limfágrəfi/-f5g-] *n.* = lymphangiography.
lym·phoid [límfoid] *adj.* 임파(성)의, 임파 비슷한.
lym·phous [límfəs] *adj.* = lymphoid.
lyn·ce·an [linsíːən] *adj.* 1 스라소니(lynx)의, 스라소니와 같은. 2 눈이 날카로운(sharp-sighted), 안광이 예리한.
*****lynch** [lintʃ] *vt.* …을 사형(私刑)으로 죽이다. *cf.* lynch law 〈美 Virginia 주 치안 판사 Captain William Lynch(1742-1820)의 이름〉
lynch·er [líntʃər] *n.* 사형(私刑)을 가하는 사람.
lynch·ing [líntʃiŋ] *n.* ⓤⓒ 사형(私刑)[으로 죽이기].

lýnch láw *n*. U 사형(私刑), 린치[집단으로 불법적인 처벌, 특히 살인을 하는 일].
lynx [liŋks] *n*. **1** (*pl.* **lynx·es** [-iz] *or* **lynx**) 스라소니; U 그 모피. **2** (the L-) 〖천문〗 살쾡이좌(座).
lynx-eyed [líŋksàid] *adj*. 눈이 날카로운, 안광이 예리한.
Ly·on [láiən] *n*. **1** =Lyons. **2** 《스코》 문장 장관(紋章長官) (Lyon King of Arms). [<lion 의 옛 철자]
Ly·ons [láiənz, F ljɔ̃] *n*. 리옹 [프랑스 중동부의 도시].
ly·on·naise [làiənéiz] *adj*. [감자 따위를] 얇게 썬 양파와 함께 기름에 튀긴, 리용식의.
Ly·ra [láirə / láiərə] *n*. 〖천문〗 금좌(琴座) (the Lyre).
ly·rate [láireit, -rit / láiər-], (**ly·rat·ed** [láireitid, -rit- / láiər-]) *adj*. 〖동·식물〗 수금(竪琴) 모양의, 수금 같은.
lyre [láiər] *n*. **1** 〖고대 그리스의〗 7현(絃)으로 된 수금, 라이어. **2** (the ~) 서정시(lyric poetry). **3** (the L-) 〖천문〗 =Lyra.
◇ lýric, lýrical *adj*.

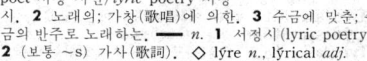
〔lyre 1〕

lyre·bird [láiərbə̀ːrd] *n*. 〖오스트레일리아산(産)의〗 금조(琴鳥).
***lyr·ic** [lírik] *adj*. 서정시[의]의; 서정[시]적인. *cf*. epic ¶ a *lyric* poet 서정 시인/ *lyric* poetry 서정시. **2** 노래의; 가창(歌唱)에 의한. **3** 수금에 맞춘; 수금의 반주로 노래하는. ── *n*. **1** 서정시(lyric poetry). **2** (보통 ~s) 가사(歌詞). ◇ lýre *n*., lýrical *adj*.
***lyr·i·cal** [lírik(ə)l] *adj*. **1** 서정 시조(調)(풍)의, 서정미가 있는, 감상적인. **2** =lyric.
~·ly [-kəli] *adv*. ~·ness *n*.
lýric dráma *n*. 가극(歌劇).
lyr·i·cism [lírisìz(ə)m] *n*. U **1** 서정미(味); 서정시풍(조). **2** 감상, 정서의 발로, 고조된 감정.
lyr·i·cist [lírisist] *n*. 서정 시인.
lyr·i·co·dra·mat·ic [lìriko(u)drəmǽtik] *adj*. 서정시와 극시의 특색을 결합한.
lýric ténor *n*. 경쾌하고 높은 테너의 목소리; 그런 목인] 가극(歌劇), 오페라; 오페라 극장.
lyr·i·form [láirifɔ̀ːrm] *adj*. lyre 처럼 생긴.
lyr·ism [líriz(ə)m→2] *n*. **1** =lyricism. **2** [láiriz(ə)m / láiər-] lyre 연주; lyre 에 맞추어 부르는 노래.
lyr·ist *n*. **1** [láirist, lír- / laíər- // →2] 수금 탄주자(彈奏者). **2** [lírist] 서정 시인(lyric poet).
lys-, lysi- 「늦추다」, 「분해하다」, 「용해하다」의 뜻의 연결형. 예: *lysin*, *lysi*meter (침누계(浸漏計)).
-lyse 《주로 英》 ⇒ -LYZE.
Ly·sen·ko·ism [lisénkouìz(ə)m, lwi-] *n*. 리셍코 학설 [소련의 생물학자 T. D. Lysenko(1898-1976) 의 유전학설].
ly·sér·gic ácid [laisə́ːrdʒik-] *n*. U 〖화학〗 리세르긴산(酸). *cf*. LSD
lysérgic ácid di·éth·yl·am·ìde [-daiéθiləmàid] *n*. 〖약학〗 리세르긴산(酸) 디에틸아미드 [복용하면 일시적인 정신분열증을 일으키는 환각제의 하나; 略 LSD].
ly·sin [láisn] *n*. 〖면역·생화학〗 리진, 세포 용해소(溶解素).
ly·sine [láisiːn, -sin] *n*. U C 〖생화학〗 라이신 [아미노산(酸)의 일종].
ly·sis [láisis] *n*. U C (*pl*. **ly·ses** [-siːz]) **1** 〖면역·생화학〗[리진에 의한] 세포의 용해. **2** 〖의학〗 병세의 감퇴.
-lysis 「분해」, 「용해」, 「파괴」의 뜻의 연결형. 예: electro*lysis*, auto*lysis*, ana*lysis*, para*lysis*.
ly·sol [láisɑl, -sɔːl / -sɔl] *n*. U 리졸 [소독약].
ly·so·some [láisəsòum] *n*. 〖생물〗 리소좀 [세포내에 침입하는 이물(異物)을 파괴하는 조직체].
ly·so·zyme [láisəzìm, -zaim] *n*. 세균 용해 효소의 일종.
lys·sa [lísə] *n*. 〖의학〗 광견병, 공수병(恐水病) (rabies).
-lyte[1] 「분해물」의 뜻의 연결형. 예: electro*lyte*, hydro*lyte* (가수 분해물).
-lyte[2] = -lite.
-lytic -lysis 에 대응하는 형용사를 만드는 연결형. 예: ana*lytic*.
-lyze -lysis 에 대응하는 타동사를 만드는 연결형. 예: cata*lyze*, electro*lyze*.
LZ, L.Z. 《略》 *l*anding *z*one (상륙(착륙) 지역).

M

M, m [em] *n.* (*pl.* M's *or* Ms; m's *or* ms) **1** 영어 알파벳의 열 셋째 자. ¶ *M* for Mary Mary의 M[국제 전화 통화 용어]. **2** M(m)이 나타내는 소리. **3** [연속된 것 중의] 열 세 번째의 사람(물건). **4** M(m)자 형[의 물건]. **5** [로마 숫자의] 1,000. **6** [인쇄] =em.
M 《略》 *magnitude* 진도(震度);《英》 *mature*(성인용 영화).
M- 《略》《英》 *motorway*. ¶ *M*-1 고속 도로 1호선.
'm[1] [m] =am.
'm[2] [-(ə)m] =ma'am.
M'- =Mac-. 예: *M'*Dowell, *M'*Coy.
m. *male*; *mark*[s] *married*; *masculine*; 〔기계〕 *mass*; *medium*;〔다림〕 *meridies*; *meter*[s]; *middle*; *mile*[s]; *minim*; *minute*[s]; *mix* 〔처방전으로〕;〔수학〕 *modulus*,〔일반적으로〕 *멋쟁이*,〔치 과〕 *molar*; *month*; *moon*; *morning*; *mouth*.
M. *Majesty*; *Manitoba*; *Marquis*; *Marshal*; *Master*; *Medicine*; *Medium*; *Meridian*; *Monday*; *Monsieur*; *mountain*.
*ma [maː] *n.* 《구어》 엄마(mamma).
MA 《略》 *Merger and Acquisition*(〔회사 등의〕 합병과 매수).
M.A. 《略》 *Master of Arts*;〔심리〕 *mental age*; *Military Academy*.
MAAG 《略》 *Military Assistance Advisory Group*.
:ma'am *n.* **1** [mæm, m→] 《구어》마님, 아주머니 〔하녀가 안주인에게, 점원이 여자 손님에게 부르는 말〕; 선생님〔여교사에 대한 호칭〕. * 문중 또는 문장 끝에 가볍게 붙여 쓴다. ¶ Yes, *ma'am*. 네, 마님(선생님). **2** [mæm, mɑːm] 《英》마마〔여왕·왕족 부인에 대한 호칭〕.〔<MA[D]AM〕
maar [mɑːr] *n.* 마르〔평평한 폭렬(爆裂) 분화구〕.
Máas·tricht Tréaty [mɑ́ːstrikt-] *n.* 마스트리히트 조약〔1991년 네덜란드의 소도시 Maastricht에서 EC 수뇌들이 모여 체결한, EC를 EU(유럽 연합)로 개조하는 조약; ECB(유럽 중앙은행)의 설립, 공통 통화 제정 등을 통한 유럽 통합 촉진이 주 내용. *cf.* Treaty of Union
M.A.B. 《略》 *Metropolitan Asylums Board*.
MABE 《略》 *Master of Agricultural Business and Economics* (농업 경영학 석사).
Má Béll *n.* 《美구어》 마벨〔the American Telephone & Telegraph Company의 별명〕.
mac [mæk] *n.* 《속어》 =mackintosh.
Mac [mæk] *n.* 《속어》 이봐, 자네〔이름을 모르는 남자를 부르는 말〕.
Mac [mæk] *n.* U(C) 《상표명》 =Macintosh.
MAC 《略》 *Military Armistice Commission*;《美》 *Military Airlift Command* (군사 공수 사령부).
Mac- *pref.* son of 의 뜻. * 스코틀랜드·아일랜드계의 성 앞에 붙여서 쓴다. Mc-, M'으로도 생략. 예: *Mac*adam, *Mac*Adam, *Mc*Adam, *M'*Adam.
Mac. 《略》〔성서〕 Maccabees.
ma·ca·bre [məkɑ́ːbrə, -bər], **(ma·ca·ber** [-bər]) *adj.* **1** 무시무시한, 소름끼치는, 어쩐지 무서운(ghastly). **2** 죽음의 무도의. *cf.* danse macabre
ma·ca·co [məkɑ́ːkou, -kéi-] *n.* (*pl.* **-cos** [-kouz]) 여우원숭이(lemur); 검은여우원숭이(black lemur).
mac·ad·am [məkǽdəm] *n.*〔토목〕 **1** 머캐덤 도로 〔자갈을 여러 겹으로 깔아 포장한 도로〕(macadamized road). **2** Ⓤ〔포장용의〕자갈, 쇄석(碎石).〔<Scotland의 도로 기사 John McAdam(1756-1836)의 이름〕
mac·ad·am·i·za·tion [məkædəmizéiʃ(ə)n / -maiz-] *n.* Ⓤ〔토목〕 머캐덤 공법에 의한 포장[자갈을 깔고 아스팔트로 굳힌것].
mac·ad·am·ize [məkǽdəmàiz] (*《英》에서는 mac·ad·am·ise 로도 쓴다*) *vt.* (**-ized, -iz·ing**)〔토목〕〔도로〕를 머캐덤 공법으로 포장하다.
Ma·cao [məkáu] *n.* 마카오〔중국 남부 남지나 해변에 있는 해항·포르투갈령 식민지〕.
ma·caque [məkɑ́ːk] *n.* 머카크〔아시아·아프리카산 (産)으로 볼에 주머니가 있는 짧은꼬리원숭이〕.
*mac·a·ro·ni [mæ̀kəróuni] *n.* (*pl.* **-nis** *or* **-nies**) **1** Ⓤ 마카로니. ¶ *macaroni* cheese 마카로니 치즈〔가루 치즈를 뿌린 마카로니 요리〕. **2**〔18세기 영국에서 대륙풍의〕 멋쟁이,〔일반적으로〕멋쟁이. **3**《속어》이탈리아인.
mac·a·ron·ic [mæ̀kərɑ́nik / -rɔ́n-] *adj.* **1** 라틴어와 라틴어 어미를 모방한 현대 속어와의 아속(雅俗) 혼체체(混淆體)〔시〕의. **2** 각종 언어가 뒤섞인. **3** 뒤범벅이 된, 혼동된. — *n.* **1** (~s) 아속 혼체체. **2** 아속 혼체의 시(詩).
mac·a·roon [mæ̀kərúːn] *n.* 머캐론〔계란 흰자·설탕·아몬드 또는 야자 열매 가루를 섞어 만든 과자〕.
ma·cart·ney [məkɑ́ːrtni] *n.* (보통 M-) 머카트니 꿩 〔말레이산(産), 등이 붉다〕(fireback).
ma·caw[1] [məkɔ́ː] *n.* 사랑앵무새의 일종〔열대 아메리카산(産)〕.
ma·caw[2] [məkɔ́ː] *n.* 머고 야자(macaw palm)〔열대 아메리카산(産). 열매에서 향료를 채취〕.
Mac·beth [məkbéθ] *n.* Shakespeare작 4대 비극의 하나인 *Macbeth*의 주인공.
Macc. 《略》〔성서〕 Maccabees.
mac·ca·baw [mǽkəbɔ̀ː] *n.* =maccaboy.
Mac·ca·be·an [mæ̀kəbíː(ː)ən] *adj.* **1** Maccabee 족의. **2** Maccabaeus 의.
Mac·ca·bees [mǽkəbìːz] *n. pl.* **1** 마카베가(家) 〔기원전 2세기의 유대 애국자의 일족〕. **2**〔단수 취급〕〔성서〕 마카베오서〔구약 성서 경외서(經外書)의 하나, 마카베족의 전쟁 기록〕.
mac·ca·boy [mǽkəbɔ̀i] *n.* Ⓤ〔장미꽃 향기를 풍기는〕 냄새맡는 담배의 일종.
mace[1] [meis] *n.* **1** 철퇴〔끄트머리에 쇠갈고리가 달린 중세 때의 무기〕. **2** 권표(權標), 직장(職杖)〔시장·대학 총장 등의 직권의 상징으로 삼는 직권봉〕; (the M-)《英》 하원 의장의 직장(職杖). **3** =macebearer. **4**〔당구〕 옛날 bagatelle 에서 cue 대신에 사용하던 머리가 납작한 막대. **5** (M-)《美》 지대CS(地對地) 핵유도탄. **6** (M-) 최루(催淚) 신경 가스.
mace[2] [meis] *n.* Ⓤ 육두구(肉荳蔲) (nutmeg)의 겉껍질을 말려서 만든 향미료(香味料).
mace·bear·er [méisbɛ̀(ː)rər / -bɛ̀ərə] *n.* 권표·직장을 받드는 사람.
Maced. *Macedonia, Macedonian*.
mac·é·doine [mæ̀seidwɑ́ːn] *n.* **1** 마세드완〔야채 또는 과일을 잘게 썰어서 섞은 샐러드 요리. 때로는 젤리로 굳히기도 한다〕. **2** 뒤범벅(medley).〔<F〕
Mac·e·do·ni·a [mæ̀sidóuniə, -njə] *n.* **1** 마케도니아〔고대 그리스 북방에 있던 왕국〕. **2** 그리스·불가리아·

Macedonian 유고슬라비아의 일부를 포함하는 지방. **3** 마케도니아 공화국[발칸 반도 내륙의 공화국으로 1991년 유고슬라비아로부터 분리 독립; 정식 명칭은 Republic of Macedonia, 수도는 Skopje].
Mac·e·do·ni·an [mæsidóuniən, -njən] *adj.* 마케도니아의; 마케도니아인(어)의. —— *n.* **1** 고대 마케도니아인; ⓤ고대 마케도니아어. **2** ⓤ마케도니아의 슬라브어.
mac·er·ate [mǽsərèit] *v.* (**-at·ed, -at·ing**) *vt.* **1** …을 [액체에 담가] 부드러워지게 하다, 물려서 연해지게 하다; (음식을 씹어) 녹이다. ¶ flax *macerated* in water 물에 담가서 부드럽게 된 아마(亞麻). **2** …을 쇠약하게 하다, 야위게 하다; 괴롭히다. —— *vi.* **1** (물에 담겨) 부드러워지다, 부풀다. **2** 쇠약해지다.
mac·er·at·er [mǽsərèitər] *n.* 물에 담가서 부드럽게 하는 것; 펄프 제조기.
mac·er·a·tion [mæ̀səréi∫(ə)n] *n.* ⓤ **1** 물에 담가서 부드럽게 함(됨). **2** 쇠약해짐(하게 함).
mac·er·a·tor [mǽsərèitər] *n.* =macerater.
mach. (略) machine, machinery, machinist.
ma·chet·e [mə(t)∫éti / -t∫éi-] *n.* 날이 넓은 벌채용 칼 [중남미의 원주민이 벌채 도구·무기로서 사용].
Mach·i·a·vel·li·an [mækiəvéliən] *adj.* **1** 마키아벨리의; 마키아벨리주의의; 마키아벨리적인 (유의), 권모술수를 부리는. ¶ resort to *Machiavellian* tactics in order to get ahead 출세하기 위하여 권모술수를 쓰다. **2** 음험한, 교활한. —— *n.* 마키아벨리주의자, 권모술수가, 모사(謀士). ¶ 〈=이탈리아의 정치가〉 Niccolò di Bernardo Machiavelli(1469-1527)의 이름].
Mach·i·a·vel·li·an·ism [mækiəvéliənìz(ə)m] *n.* ⓤ 마키아벨리주의, 권모술수(론).
Mach·i·a·vel·lism [mækiəvéliz(ə)m] *n.* =Machiavellianism. ~·ian.
Mach·i·a·vel·list [mækiəvélist] *n.* = Machiavellian.
ma·chic·o·late [mət∫íko(u)lèit, mæ-] *vt.* (**-lat·ed, -lat·ing**) (흉장(胸檣) 따위에) 돌출한 총안(성혈(城穴))을 내다.
ma·chic·o·lat·ed [mət∫íko(u)lèitid, mæ-] *adj.* 돌출한 총안(성혈)이 있는(성).
ma·chic·o·la·tion [mət∫ìko(u)léi∫(ə)n] *n.* **1** (築城) 돌출 총안(성혈) (중세의 성에서 성벽이나 돌출한 회랑·흉장 따위에 설치된 구멍, 여기에서 적에게 돌이나 녹인 납 따위를 투하했다). **2** 돌출한 총안(성혈)이 있는 회랑(흉장 따위).
ma·chi·cou·lis [mà:∫ikú:li] *n.* (*pl.* **-lis** *or* **-lises**) = machicolation.
machin. (略) machinery.
mach·i·nate [mǽkinèit, + 美 mǽ∫-] *vi., vt.* (**-nat·ed, -nat·ing**) [음모를 꾸미다, 모의하다.
mach·i·na·tion [mæ̀kinéi∫(ə)n, + 美 mæ̀∫-] *n.* ⓤ **1** 음모를 꾸미기(모의하기), 책동. **2** (보통 ~s) 간계(奸計), 음모.
mach·i·na·tor [mǽkinèitər, + 美 mǽ∫-] *n.* 음모가, 모사(謀士).
‡**ma·chine** [mə∫í:n] *n.* **1** 기계. **2** 기계 장치, 기계 설비. **3** 기계 장치로 움직이는 것; 자전거(bicycle), 3륜차, 자동차, 비행기, 재봉틀, (英) [동력식] 인쇄기, (美) [소방용] 증기 펌프. **4** (기계) 운동(력)의 전도(傳導) 장치[활차·지렛대·나사·윤축(輪軸)따위](simple machine); 이것들을 조립한 것(complex machine). **5** (고전극에서) 무대 효과를 내기 위한 초자연적 힘, [문학 작품에서 효과를 거두기 위해 사용되는 초자연적 힘(인물, 사건 따위). cf. deus ex machina **6** 기관, 기구. ¶ the *economic machine* 경제 기구 / *the machine* of government 정부 기관. **7** (정당 따위를 조종하는) 간부, 보스들, 흑막; (일반적으로) 정당 조직(기구). **8** 기계적으로 움직이는 사람(기구). —— *vt., vi.* (**-chined, -chin·ing**) […을] 기계로 만들다(만들 수 있다).
◇ **mechánical** *adj.,* **méchanize** *v.*
machíne code *n.* [컴퓨터] =machine language.

machíne cótton *n.* 재봉틀용 무명실.
machíne gún *n.* 기관총.
[machine gun] 1 trigger 방아쇠 2 tripod 3각다리 3 gas cylinder 가스통구 barrel 총신, stock 개머리판, flash hider 소염장치, grip 손잡이, feed belt 탄띠
ma·chine-gun [mə∫í:ngÀn] *vt.* (**-gunned, -gun·ning**) …을 기관총으로 쏘다, 기총 소사하다.
machíne gúnner *n.* 기관총 사수.
ma·chine-hour [mə∫í:náuər] *n.* 기계의 1시간당 작업량.
machíne lánguage *n.* ⓤ [컴퓨터] 기계 언어 [전자 계산기를 작동시키기 위한 명령어].
ma·chine·like [mə∫í:nlàik] *adj.* 기계 같은.
ma·chine-made [mə∫í:nmèid] *adj.* **1** 기계로 만든. cf. handmade **2** 틀에 박힌, 일정한.
ma·chine·man [mə∫í:nmən, +美 -mæ̀n] *n.* (*pl.* **-men** -mən, +美 -mèn) 기계공; ⓒ [印] 인쇄공.
machíne pístol *n.* 자동 권총; 경기관총(burp gun).
ma·chine-read·a·ble [mə∫í:nrì:dəbl] *adj.* [컴퓨터] 기계 판독이 가능한, 그대로 컴퓨터로 처리할 수 있는.
machíne rífle *n.* 자동소총(automatic rifle).
machíne róom *n.* (英) [인쇄소 안의] 인쇄실 (美 press-room).
‡**ma·chin·er·y** [mə∫í:nəri] *n.* ⓤ **1** (集合的) 기계, 기계류. ¶ The *machinery* is driven by electricity. 그 기계는 전기로 작동된다. **2** 기계 장치. ¶ the *machinery* of a sewing machine 재봉틀의 기계 장치. **3** 무대 효과를 내기 위한 장치. **4** (시·소설·연극 따위의) 줄거리(짜임새), 취향; [특히 소설 줄거리의 발전을 위해 쓰이는] 초자연적 힘(인물, 사건). **5** [사회·정치 따위의] 기구, 기관.
machíne scréw *n.* 기계 나사, 나사못.
ma·chine-sewed [mə∫í:nsòud] *adj.* 재봉틀로 박은.
machíne shóp *n.* 기계(제작, 수리) 공장.
machíne tíme *n.* ⓤ [컴퓨터 따위의] 총작동 시간, 작동 연(延) 시간.
machíne tóol *n.* 공작 기계(선반(旋盤)·프레이즈반(盤)·보로반(盤) 따위).
machíne transláton *n.* 기계 번역, 자동 번역.
machíne vísion *n.* 기계가 물체를 시각적으로 인식하는 일[산업 로봇 따위의 눈 기능을 일컫는다].
machíne wórd *n.* [컴퓨터] 기계어.
machíne wórk *n.* ⓤ 기계로 하는 일; 기계 마감일. cf. handwork
machín·ing cénter [mə∫í:niŋ-] *n.* [기계] 머시닝 센터, 복합 공작 기계[여러 공정을 한번에 할 수 있는 수치 제어 공작 기계].
ma·chin·ist [mə∫í:nist] *n.* **1** 기계의 운전자; 기계사; (특히) 공작 기계 숙련공. **2** 기계 제작(수리)공. **3** (극장의) 도구 담당자. **4** (美) 정당의 간부 (요원).
ma·chis·mo [mɑ:t∫í:zmou] *n.* 《스페인》 ⓒ =manliness) 남자다움.
Mach·me·ter [mɑ́:kmì:tər, mǽk-] *n.* (항공) 초음속 도계, 마하 미터계(計).
Mách númber [mɑ:k-, mæk- / *G* max-] *n.* [물리] 마하, 마하수(數) [비행기 따위, 물체의 속도의 음속에 대한 비(比)].
ma·cho [mɑ́:t∫ou] *n.* (*pl.* **-chos**) 사내다운 남자. —— *adj.* 씩씩한, 사내다운. (<Sp *male*)
Macht·pol·i·tik [*G* mɑ́xtpolitìk] *n.* 《독일》 [= power politics] 무력(무단(武斷)) 정치.
-machy battle, fighting 의 뜻의 연결형. 예: logo*machy*.

mac·in·tosh [mǽkintɑ̀ʃ / -tɔ̀ʃ] *n.* =Mackintosh.
Mac·in·tosh [mǽkintɑ̀ʃ / -tɔ̀ʃ] *n.* 《상표명》 매킨토시 개인용 컴퓨터 [미국 Apple 사 제품].
mack [mæk] *n.*《구어》=mackintosh.
mack·er·el [mǽk(ə)rəl] *n.* (*pl.* **-el** *or* **-els**) 《북대서양산(産)의》 고등어.
máckerel brèeze (**gàle**) *n.* 고등어 바람[고등어잡이에 알맞은 센 바람].
máckerel shárk *n.* 악상어 (porbeagle).
máckerel ský *n.* 비늘 모양의 구름이 덮인 하늘.
mack·i·naw [mǽkinɔ̀ː] *n.* **1** 두꺼운 나사로 만든 더블의 반코트(Mackinaw coat). **2** 두꺼운 격자 무늬의 모포 [본래 미국 서북부의 인디언이나 벌목 노동자 등이 사용하였음].
mack·in·tosh [mǽkintɑ̀ʃ / -tɔ̀ʃ] *n.* **1** 고무를 입힌 레인코트, 방수 외투. **2** Ⓤ 고무를 입힌 방수포. [<그고안자인 Scotland 의 화학자 Charles Macintosh (1766-1843)의 이름].
mack·le [mǽkl] *n.* [인쇄] 이중쇄(二重刷); 잘못된 인쇄. — *vt., vi.* (**-led, -ling**) 이중 인쇄하다, 인쇄를 잘못하다.
ma·cle [mǽkl] *n.* [광물] [다이아몬드의] 쌍정(雙晶) (twin crystal).
ma·con [méik] *n.* [제2차 대전중의] 양고기 베이컨. [<M[UTTON]+[B]ACON]
Mâ·con [mɑːkɔ́ːn / F mɑkɔ̃] *n.* Ⓤ 《프랑스산(産)의》붉은 포도주.
ma·con·o·chie [məkɑ́nəki / -kɔ́n-] *n.* Ⓤ《英》스튜 통조림[제1차 세계 대전중의 군용 식량].
mac·ra·mé [mǽkrəmèi / məkrɑ́ːmi] *n.* Ⓤ 마크라메[실·끈으로 엮은 레이스 또는 술 ; 가구 장식용].
macro- large, long, great, excessive 라는 뜻의 연결형(* 모음 앞에서는 macr- 를 쓴다). *opp.* micro- *cf.* macrocosm.
mac·ro·bi·ot·ic [mækro(u)baiátik / -ɔ́t-] *adj.* 장수의.
mac·ro·bi·ot·ics [mǽkro(u)baiátiks / -ɔ́t-] *n.* Ⓤ 장수 식품 연구[이론] [동양의 음양설에 따른 식품의 배합].
mac·ro·ce·phal·ic [mæ̀krousəfǽlik], **-ceph·a·lous** [-séfələs] *adj.* [의학] 두개(頭蓋) 측정학적으로 대두(大頭) [장두(長頭)]의, 머리가 큰(긴).
mac·ro·ceph·a·ly [mæ̀kro(u)séfəli] *n.* Ⓤ 이상 대두(異常大頭); 대두증(大頭症). *cf.* microcephaly
mac·ro·chem·is·try [mæ̀kro(u)kémistri] *n.* 현미경이나 미량 분석을 요하지 않는 [거시(巨視) 화학.
mac·ro·cosm [mǽkro(u)kɑ̀z(ə)m / -kɔ̀z-] *n.* (the ~) 대우주, 대세계 (*cf.* microcosm); 전범위의 (全範圍).
mac·ro·cos·mic [mæ̀kro(u)kázmik / -kɔ́z-] *adj.* 대우주의.
mac·ro·cyte [mǽkrəsàit] *n.* 대(大) 적혈구 [빈혈증에 보임].
mac·ro·e·co·nom·ics [mæ̀kro(u)ìːkənámiks / -nɔ́m-] *n. pl.* 《단수 취급》거시(巨視) 경제학, 매크로 경제학, *cf.* microeconomics
mac·ro·en·gi·neer·ing [mæ̀kro(u)èndʒiníːriŋ / -nɪə̀r-] *n.*《종종 형용사적》 거대 프로젝트 공학[규모가 거대하고 복잡한 계획을 다루는 공학].
mac·ro·graph [mǽkrəgræ̀f / -grɑ̀ːf] *n.* 육안도(肉眼圖), 확대도[실물 크기 또는 그 이상되는 사진·그림].
ma·crog·ra·phy [məkrɑ́grəfi / -krɔ́g-] *n.* Ⓤ 육안 검사[현미경을 사용하지 않은 관찰]. *cf.* micrography **2** 이상 대서(異常大書) [큰 글자를 쓰는 버릇; 정신 이상의 증후기].
mac·ro·in·struc·tion [mæ̀kro(u)instrʌ́kʃ(ə)n] *n.* [컴퓨터] 매크로 명령[1회의 명령으로 보통의 기계어의 복수 명령이 되는 동작을 하게 하는 일].
mac·ro·lin·guis·tics [mæ̀kro(u)liŋgwístiks] *n. pl.*《단수 취급》[언어] 대(大)언어학[언어 연구 부문의 총칭].
mac·ro·me·te·or·ol·o·gy [mæ̀kro(u)mìːtiərɑ́lədʒi / -rɔ́l-] *n.* Ⓤ 거(巨) 기상학[지상 수백 킬로미터 이

상의 기상 현상의 연구]. 「遠略」.
mac·rom·e·ter [məkrɑ́mitər / -rɔ́m-] *n.* 측원기(測遠略).
mac·ro·mol·e·cule [mæ̀kro(u)mɑ́likjù:l / -mɔ́l-] *n.* [화학] 거대 분자(巨大分子).
ma·cron [méikrɑn, -rən, mǽk- / mǽkrɔn] *n.* 장음(長音) 기호[fāte 의 ā 처럼 장모음임을 나타내는 「¯」].
mac·ro·phys·ics [mæ̀kro(u)fíziks] *n.* 거시적(巨視的) 물리학.
mac·ro·scop·ic [mæ̀krəskɑ́pik · skɔ́p-], (**mac·ro·scop·i·cal** [-(ə)l]) *adj.* **1** 육안으로 보이는. *cf.* microscopic **2** 거시적인. **-i·cal·ly** [-ikəli] *adv.*
mac·ro·spore [mǽkrəspɔ̀ːr / -spɔ̀ː] *n.* [식물] 대포자(大胞子).
M.A.C.T. (略) *m*aster of *a*rts in *c*ollege *t*eaching.
mac·u·la [mǽkjulə] *n.* (*pl.* **-lae** [-liː]) **1** [피부의] 반점, 기미, 멍; [태양 달의] 반점, 흑점 [다이 위의] 반점(斑紋) [백반, 황반 따위]. **2** [태양·달의] 반점, 흑점. [<L spot]
mac·u·lar [mǽkjulər] *adj.* 반점(흠, 얼룩점)이 있는.
mac·u·late *vt.* [mǽkjulèit] *adj.* [-ləted, -làtiŋ] …을 더럽히다, …에 반점(오점)을 남기다. — *adj.* [mǽkjulit] 반점(오점)이 있는, 얼룩진; 더러워진.
mac·u·la·tion [mæ̀kjuléiʃ(ə)n] *n.* Ⓤ 반점(오점)을 남기기[있음]; Ⓒ 반점, 오점.
‡**mad** [mæd] *adj.* (**mad·der, mad·dest**) **1** 미친, 발광한, 실성한. ¶ She was nearly driven *mad* by grief. 그녀는 슬픔으로 거의 미칠 지경이었다 / He has gone (*or* run) *mad*. 그는 실성했다. ¶ He was *mad* of him to try to do such an imprudent thing. 그가 그런 무분별한 행동을 하려 했다니 제정신이 아니었던 모양이다.
類語 *mad* 정신이 이상하거나 심해져, 난폭하게 굴거나 아우성치다. **crazy** 질병·노쇠·강한 심리적 충격 따위에 의해 정신이 이상하게 된다. **insane** 통상의 사회 생활을 영위할 수 없는, 또는 자신의 행위에 책임을 지지 못할 정도로 정신이 이상한(나간). **lunatic** insane 과 거의 같은 뜻이며, 일반적으로 행위가 정상이 아닐 정도의 바보스러움에 쓰인다. **demented** 정신 이상의 뚜렷한 징후가 있는 상태를 말하는 딱딱한 말. **deranged** 뇌·신경계통의 기능장애로 인한 정신 이상. 딱딱한 말.
2 불같은, [앞뒤를 가릴 수 없을 정도로] 욱한, 미칠듯이 흥분한 (frantic) (*with* …). ¶ He is *mad with* anger. 그는 미칠듯이 화가 나 있다. **3**《구어》성난, 화가 난 (*at, about* …). ¶ He is *mad at* me. 그는 나에게 화를 내고 있다 // They were *mad* because they flunked. 그들은 낙제를 한데 대해 화를 냈다. **4** [바람 따위가] 맹렬한, 휘몰아치는 (furious); [동물이] 미친 듯이 사나운. ¶ a *mad* wind 휘몰아치는 바람 / a *mad* bull 미친 듯 날뛰는 황소. **5** …에 열중한, 후끈 달아오른, 열광한 (infatuated) (*for, after, about, on* …). ¶ run (*or* go) *mad after* …에 열중(몰두)하다 / She is *mad about* him. 그녀는 그에게 반해서 후끈 달아 있다 / He goes *mad over* (*or* after) baseball. 그는 야구에 미쳐 있다. **6** 어리석은, 미치광이 같은, 무모한. ¶ a *mad* project 어리석은(무모한) 계획. **7** 크게 들뜬, 떠들어대는. ¶ have a *mad* time 들떠서 떠들어대다. **8** 광견병에 걸린 (rabid). ¶ a *mad* dog 미친 개, 광견.
[*as*] **mad as a hatter** (*a* [*March*] **hare**) 정신이 완전히 돈, 아주 미친; 크게 들뜬.
like **mad** ① 미친 듯이. ②《속어》격렬하게, 맹렬히.
mad as **mad** 《구어》노발대발하여.
— *v.* (**mad·ded, mad·ding**) 《드물게》*vt.* …의 정신을 돌게 하다, 미치게 하다.
— *vi.* 미치다, 미친 듯이 행동하다. 「내다」.
— *n.* 분개, 화냄. ¶ have a *mad on* …에 화내다(성).
Mad. 《略》Madam.
MAD[1] [mæd] *n.* 《군사》상호 확실 파괴[핵강대국이 상대방의 핵 선제 공격을 받더라도 상대방에게 보복적인 대규모 피해를 입힐 만한 핵전력을 유지하는 일].
[<*M*utual *A*ssured *D*estruction]

MAD[2] [mæd] *n.* 〔군사〕 자기(磁氣) 이상 탐지 장치〔대(對) 잠수함 항공기에 장비하는 잠수함 탐지장치의 하나〕. [<*m*agnetic *a*nomaly *d*etector]

Mad·a·gas·can [mædəgǽskən] *n.* 마다가스카르인. — *adj.* 마다가스카르[인]의.

Mad·a·gas·car [mædəgǽskər] *n.* 마다가스카르〔아프리카 동남부 인도양상의 섬나라. 정식 명칭 the Democratic Republic of Madagascar; 구칭은 the Malagasy Republic; 수도 Antananarivo〕.

‡**mad·am** [mǽdəm] *n.* 부인, 마님, 아가씨〔기혼·미혼을 가리지 않고 여성에 대한 공손한 호칭, 또 편지의 서두에도 사용한다. ma'am이라 줄여 쓰기도 한다; 원래는 성 앞에 붙여 쓰던 칭호로 지금은 관직명에 쓰였다〕. ¶ Dear *Madam* 근계(謹啓). **2** 〔한 집안의〕 주부(housewife). **3** 〔매춘굴의〕 안주인, 여자 포주.

***mad·ame** [mǽdəm, mədǽm, + 美 méidm] *n.* (*pl.* **mes·dames** [meidá:m, -dǽm / méidæm]) 부인, 마님 〔본래 귀부인에 대한 호칭으로 프랑스에서 사용, 영어의 Mrs.에 해당된다; 지금은 보통 기혼 여성에 대한 호칭으로 쓰이나 (英)(美)에서는 외국의 기혼 여성에 대해서 쓴다; 略 Mme.〕. [<F my lady]

mád ápple *n.* 가지(eggplant).

mad-brained [mǽdbrèind] *adj.* 흥분(열광)하기 쉬운, 성을 잘 내는, 앞뒤 안가리는(hotheaded, rash).

mad·cap [mǽdkæ̀p] *adj.* 앞뒤를 헤아리지 않는, 무모한. ¶ a *madcap* girl 무모한 아가씨. — *n.* 무모한 사람(아가씨), 앞뒤를 헤아리지 않는 사람.

màdców disèase *n.* 광우병(狂牛病)〔소의 뇌·신경장애를 일으켜 비틀거리고 쓰러지거나 미친 듯 날뛰게 한다〕〔정식 명칭은 bovine spongi-form encephalopathy; 略 BSE〕.

MADD(略) (美) *M*others *A*gainst *D*runk *D*rivers (음주운전 반대 어머니회).

***mad·den** [mǽdn] *vt.* **1** …을 미치게 하다. **2** …을 [미친 사람처럼] 성나게 하다, 화가 치밀게 하다. — *vi.* 발광하다, 사납게 날뛰다. ○ mad *adj.*

mad·den·ing [mǽdniŋ] *adj.* **1** 미치게 하는, 미칠듯한. **2** 화나게 하는, 격노시키는. **3** 사납게 날뛰는. ~**·ly** *adv.*

mad·der [mǽdər] *n.* **1** 꼭두서니속(屬)의 식물. **2** 꼭두서니뿌리〔옛날에는 이로부터 적색 염료를 채취〕. **3** ⓤ 꼭두서니 염료. **4** ⓤ 꼭두서니 빛(주황색).

mad·ding [mǽdiŋ] *adj.* 《드물게》 **1** 미친, 미친 듯한, 광란의. ¶ *far from the madding crowd's ignoble strife* 미친 것 같은 세상 사람들의 추잡한 다툼에서 멀리 떠나 〔← T. Gray 작 *Elegy* xix〕. **2** 미치게 하는 (distracting).

mad·dish [mǽdiʃ] *adj.* 미친 것 같은; 실성에 가까운.

mad-doc·tor [-dɑ̀ktər /-dɔ̀k-] *n.* 정신과 의사.

‡**made** [meid] *v.* make의 과거·과거 분사. — *adj.* **1** 《보통 복합어를 만들어》 **a)** 만든, 조립한, 제작한, 꾸며진, 구성된. ¶ a well-*made* play 잘 구성된 연극 / ready-*made* articles 기성품. **b)** ··· 한 몸매의, 모습이 ···. ¶ well-*made* 잘 생긴, 볼품있는 / slightly-*made* 홀쭉하게 생긴. **2** 인공적으로 만들어진, 매립해서 만든(토지 따위). ¶ *made* ground 매립지. **3** 발명한, 고안해 낸. ¶ a *made* word 만들어 낸 말, 조어(造語) / a *made* story 꾸며낸 이야기. **4** 성공한, 성공이 확실한. ¶ a *made* man 성공자. [trée).

máde díʃ ··· 한 접시에 이것저것 결들인 요리(en-

Ma·dei·ra [mədí(ː)rə / -díərə] *n.* **1** 마데이라 제도 〔아프리카 서북, 모로코 서쪽 대서양상의 5개 섬으로 이루어진 제도, 포르투갈령. 수도 Funchal〕; 그 본섬. **2** (종종 m-) ⓤ 마데이라포도주〔이 섬에서 산출되는 백

Madéira cáke *n.* ⓤⓒ 카스텔라의 일종. [포도주〕.

***mad·e·moi·selle** [mædəmwəzél] *n.* (*pl.* **mad·e·moi·selles** *or* **mes·de·moi·selles** [mèidə-]) **1** 양 (孃), 영애 (令愛) 〔소녀 또는 미혼 여성에 대한 프랑스어의 경칭; 영어의 Miss에 해당되며, 단독 또는 이름에

붙여 사용된다; 略 Mlle. 복수형은 Mlles.〕. **2** (英) 프랑스인의 여[가정]교사. [<F]

made-o·ver [méidóuvər] *adj.* 다시 만든, 고쳐 만든.

made-to-meas·ure [méidtəméʒər] *adj.* 〔옷 따위가〕 몸에 맞게 만든, 맞춘. ¶ The job is *made to measure* for Jane. 그 일자리는 제인에게 십상이다.

made-to-or·der [méidtɔ́ːrdər] *adj.* 맞춘, 주문하여 만든(custom-made) (*opp.* ready-made); 안성맞춤의, 맞춤의. ¶ a *made-to-order* house 안성맞춤의 집, 주문에 맞춰 세운 집.

made-up [méidʌ́p] *adj.* **1** 〔이야기 따위〕 만들어낸, 꾸며낸. ¶ a *made-up* story 꾸며낸 이야기. **2** 인공적인, 인위적인, 인공의(artificial); 화장한. **3** 완성된, 정리된, 끝마친(finished). **4** 결심한(decided).

Mád Hátter's disèase *n.* ⓤ 미나마타병(病) 〔공해병의 일종〕. *cf.* hatter's shakes

mad·house [mǽdhàus] *n.* (*pl.* **-hous·es** [-hàuziz]) **1** 정신 병원(insane asylum). **2** 혼란한 장소, 광란의 도가니. 〔식물〕.

ma·di·a [máːdiə / méi-] *n.* 마디아 〔해바라기 비슷한

mádia óil *n.* ⓤ 마디아유(油) 〔올리브유의 대용〕.

Mad·i·son [mǽdisn] *n.* 미국 Wisconsin 주(州)의 수도(州都).

Mádison Ávenue *n.* **1** 미국 New York 시의 광고 중심가. **2** 광고업[계]. [어.

Mad·i·son·ese [mæ̀disəníːz] *n.* 광고에 쓰는 특수 용

Mádison Squáre Gárden *n.* 미국 New York 시의 Eighth Avenue에 있는 스포츠 센터.

***mad·ly** [mǽdli] *adv.* **1** 미치광이처럼, 미쳐서. **2** 맹렬히, 격렬하게; 광포스럽게. ¶ They worked *madly* all night long to keep their word. 그들은 약속을 지키기 위하여 밤새도록 미친 듯이 일했다. **3** 대단히, 극단적으로.

Madm. (略) madam.

***mad·man** [mǽdmən, +美 -mèn] *n.* (*pl.* **-men** [-mən, +美 -mèn]) *n.* 정신 이상자, 미치광이.

mád mòney *n.* ⓤ 《구어》 데이트할 때 여성이 준비하는 비상금 〔만일의 경우 도망쳐 나올 때의 준비금〕.

***mad·ness** [mǽdnis] *n.* ⓤ **1** 광기(狂氣), 정신 착란. ¶ He was driven to *madness*. 그는 미쳤다. **2** 광견병(狂犬病) (rabies). **3** 격노(激怒). **4** 미친 짓, 바보 짓. ¶ It would be utter *madness* to do such a thing. 그런 짓을 하다니 꼭 미친 짓이다. **5** 열광, 열중. ¶ have *madness* for flowers 꽃에 열중하다 / love a person to *madness* 미칠 듯이 남을 사랑하다.

***Ma·don·na** [mədɑ́nə / -dɔ́nə] *n.* **1** (보통 the ~) 성모 마리아(Virgin Mary). **2** 성모 마리아의 (화)상.

Madónna líly *n.* 흰나리.

ma·dras [mǽdrəs, -drɑ́ːs, +美 mədrǽs] *n.* ⓤⓒ **1** 마드라스 무명〔줄무늬가 있는 무명으로 셔츠·드레스용〕. **2** 〔성기게 짠〕 얇은 커튼용 천. **3** 터번용 명주 또는 면포.

ma·dre [Sp máːdre] *n.* (*pl.* **-dres** [-dres]) 《스페인》 (=mother) 어머니, 모(母).

mad·re·pore [mǽdrəpɔ̀ːr / mæ̀drəpɔ́ː] *n.* 녹석(綠石) 〔열대 해양에 산호초를 만드는〕. 〔나라의 수도〕.

Ma·drid [mədríd] *n.* 마드리드〔스페인 중부에 있는 그

mad·ri·gal [mǽdrigəl] *n.* **1** 서정 소곡(抒情小曲), 소연가(小戀歌) 〔16세기 이후 이탈리아·프랑스·영국 등지에서 유행〕. **2** 〔음악〕 마드리갈〔대위법에 의한 무반주 합창곡〕. **3** 〔일반적으로〕 합창곡 (part song); 〔일반적으로〕 가곡 (song). 〔(가수).

mad·ri·gal·ist [mǽdrig(ə)list] *n.* 마드리갈 작곡자

mad·ri·lène [mǽdrəlèn, -lèin] *n.* 마드릴렌〔토마토로 맛들인 마드리드식 콩소메〕.

Ma·du·ra [mɑːdúːrɑː] *n.* 마두라섬 〔Java 섬 동북에 있는 인도네시아 공화국의 하나〕.

ma·du·ro [mədúrou] *adj.* (*pl.* **-ros** [-rouz]) 거무스름한 색 맛이 독한 엽궐련. — *adj.* 《한정적으로》 거무스름하고 맛이 독한. [<Sp]

mad·wo·man [mǽdwùmən] *n.* (*pl.* **-wo·men**[-wìmin])미친 여자, 광녀(狂女).

mad·wort [mǽdwə̀ːrt] *n.* 〔식물〕 **1** 알리섬(alyssum)〔겨자과〕; 옛날 정신병을 고친다고 믿어졌다. **2** 개구슬냉이의 일종.

M.A.E. ⦅略⦆ *m*aster of *ae*ronautical *e*ngineering; *m*aster of *a*rt *e*ducation.

Mae·ce·nas [misíːnəs, +英 -næs] *n.* 문학·예술의 보호자(patron). [<고대 로마의 정치가로 문예의 보호자 Gaius Maecenas 의 이름].

M.A. Ed. ⦅略⦆ *m*aster of *a*rts and *ed*ucation.

Mael·strom [méilstrəm / -stròum] *n.* **1** (the ~) 노르웨이 서북쪽의 큰 소용돌이. **2** (m-) 큰 소용돌이, 화방수(large whirlpool). **3** (m-) 대혼란, 동란, 격동. ¶ the *maelstrom* of passion 열정의 소용돌이 / the *maelstrom* of war 전쟁의 대혼란.

mae·nad [míːnæd] (**me·nad**) *n.* **1** 〔그리스·로마신화〕 주신(酒神) 바카스(Bacchus)의 시녀(무녀(巫女)) (bacchante). **2** 열광(광란)한 여인.

ma·es·to·so [maistóusou, -zou / màːs-] 〔음악〕 *adj.* 장엄한, 장중한. —— *adv.* 장엄하게, 장중하게. [<It]

ma·es·tri, Maf·fi·a [máistrou / maːés-] *n.* (*pl.* **-tros** *or* **It -tri** [-tri]) **1** 대작곡가, 명지휘자; 뛰어난 음악 교사. **2** (M-) …씨[뛰어난 음악가에 대한 경칭]. **3** 〔예술〕의 대가, 거장(巨匠), 명인. [<It. master]

Mãe Wést [méi-] *n.* **1** 〔선원·비행사용〕 구명 조끼 (life jacket). **2** ⦅美俚⦆〔낙하산의〕 중앙 조리개.

Maf·fé·i gàlaxy [maːfféi-] *n.* 마페이 소우주〔은하계를 에워싸는 국부적(局部的)의 우주〕.

maf·fick [mǽfik] *vi.* ⦅英⦆ 흥겨워서 떠들며 축하한다, 기뻐 날뛰다. [<Mafeking 에서 역성(逆成): 남아프리카 전쟁중인 1900년 5월 17일, 남아연방 북부의 도시 Mafeking 이 Boer 군의 포위에서 구출되었을 때, 영국 국민들이 축제를 벌이며 기뻐했던 사실에서 유래]

Ma·fi·a, Maf·fi·a [mɑ́ːfiːə / mæːfíːə] *n.* **1** ⦅미국 등의⦆ 범죄 비밀 결사 (Black Hand). **2 a)** (m-) 〔Sicily 섬사람의〕 과격한 반정부(반법률) 감정〔종종 범죄 행위에 이른다〕. **b)** 〔19세기 Sicily 섬의〕 반정부(반법률) 비밀결사.

ma·fi·o·so [màːfiːóusou] *n.* (*pl.* **ma·fi·o·si** [màːfiːóusi:]) 〔이탈리아〕 마피아의 한 사람.

mag[¹] [mæg] *n.* ⦅英속어⦆ 반페니화(貨)(halfpenny).

mag[²] [mæg] *n.*⦅구어⦆ **1** 잡지(magazine 의 단축형).
2 자석(磁石)발전기(magneto 의 단축형). [tude.

mag. *m*agnesium; *m*agnetic; *m*agnetism; *m*agni·

mag·a·logue, ⦅英⦆ [mǽɡəlɔ̀ːɡ] *n.* 통신 판매용의 상품 카탈로그 잡지. [MAGA(ZINE)+(CATA)LOG]

‡**mag·a·zine** [mǽɡəzìːn, +美 ⎯ ⎯ ⎯] *n.* **1** 잡지. ¶ take [in] a *magazine* 잡지를 받아보다. **2** 군수, 〔특히 요새·군함 따위의〕 화약고, 탄약고; 〔연발총 따위의〕 탄창; 〔창고 안의〕 군수품. ¶ explode a *magazine* 화약고를 폭발시키다. **3** 〔사진〕 매거진, 필름 감는 통. **4** 〔연료 자급 난로의〕 저탄실, 연료실. **5** 창고(warehouse).

Mag·da·len [mǽɡdəlin →3], **-lene** [mǽɡdəlìːn, mǽɡdəlìːn →3] *n.* **1** ⦅성서⦆ (the ~) 막달라의 마리아 (Mary Magdalene). **2** (m-) 개심(改心)한 매춘부; 매춘부 갱생(保護) 시설. **3** [mɔ́ːdlin] *a)* (-len) Oxford 대학의 학료(學寮) (Magdalen College). *b)* (-lene) Cambridge 대학의 기숙사(Magdalene College).

Mag·da·le·ni·an [mǽɡdəlíːniən] *adj.* 〔考古〕 막달레니안기(期)〔구석기 시대 최종기〕의.

Mág·de·bùrg hémisphère [mǽɡdəbə̀ːrɡ-] *n.* 〔물리〕 막데부르크의 반구(半球) 〔대기압의 실험에 사용되었다〕.

mage [meidʒ] *n.*⦅고어⦆마법사, 박학한 사람.

Ma·gel·lan [mədʒélən] *n.* the Strait of ~ 마젤란 해협 〔남미 대륙 남단과 Fuego 섬 사이의 해협; 대서양·태평양을 잇는다. 길이 580km]. [<발견자인 포르투갈의 해양 탐험가 Ferdinand Magellan (1480 ? -1521) 의 이름].

Màg·el·lán·ic clóud [mæ̀dʒəlǽnik- / -ɡel-] *n.* 〔천문〕 마젤란운(雲) 〔남반구에서 볼 수 있는 은하계 밖의 성운(星雲)〕.

ma·gen·ta [mədʒéntə] *n.* Ⓤ **1** 마젠타〔짙은 분홍색 아닐린 염료〕. **2** 마젠타색(色)〔심홍색(深紅色)〕.

mag·got [mǽɡət] *n.* **1** 〔파리 따위의〕 구더기. **2** 변덕, 기상(奇想) (whim, odd fancy). ¶ He has a *maggot* in his head. 그는 엉뚱한 생각을 하고 있다.

mag·got·y [mǽɡəti] *adj.* **1** 〔음식 따위가〕 구더기투성이의. **2** 변덕스러운.

Ma·gi [méidʒai, +英 -gai] *n. pl.* (*sing.* **Ma·gus**) (the ~) 〔그리스도의 탄신을 알고 찾아온 동방의 세 박사 [←마태 복음(Matt.) 2 : 1-12]. **2** (m-) 마기승(僧) 〔고대 페르시아의 조로아스터교(敎)의 승려〕.

Ma·gi·an [méidʒiən] *adj.* 마기승(僧)의. **2** (m-) 마술의(magical). [「마기교(敎).

Ma·gi·an·ism [méidʒiənìzm] *n.* 〔고대 페르시아〕

‡**mag·ic** [mǽdʒik] *n.* Ⓤ **1** 마법, 마술; (~s) 마술 부리기; 주문(呪文). ¶ black *magic* 〔악마의 힘을 빌리는〕 흑마술 (黑魔術) / white *magic* 〔선한 귀신의 힘을 빌리는〕 백(白)마술 / as [if] by *magic* 신기하게도, **2** 매력, 마력, 불가사의한 힘. ¶ the *magic* of love 사랑의 마력 / the *magic* of great poetry 위대한 시가 가지는 신비한 매력. **3** 기술(奇術), 요술. —— *adj.* ⦅한정 형용사⦆ **1** 마법의, 마술의; 기술(奇術)의. ¶ *magic* arts 마술 / *magic* words 마법의 주문(呪文) / *magic* wand 마법의 지팡이. **2** 불가사의의, 마법 같은; 이상하게 매력이 있는(아름다운). ¶ *magic* beauty 이상야릇한 아름다움 / the *magic* influence of jazz 재즈의 매력.
◇ **mágical** *adj.*

*mag·i·cal** [mǽdʒik(ə)l] *adj.* 마술의, 이상한, 불가사의의. —— **ly** [-kəli] *adv.*

mágic cárpet *n.* 〔전설적인〕 마법의 융단.

mágic círcle *n.* 마법의 원〔마술사가 지면에 그런 것으로 그 안에 있는 것은 악마의 힘으로부터 보호된다고 한다〕.

Mágic Eye *n.* ⦅상표명⦆ 〔라디오 따위의 동조(同調) 상태를 나타내는〕 매직 아이. [〔종 기계의 손〕.

mágic hánd *n.* 매직 핸드〔원자로 따위의 원거리 조

*ma·gi·cian** [mədʒíʃ(ə)n] *n.* **1** 마법사, 마술사(sorcerer). **2** 요술쟁이(conjurer).

mágic lántern *n.* 환등(幻燈).

Mágic Márker *n.* ⦅상표명⦆ 매직 마커, 속건성(速乾性) 방수 잉크펜.

mágic mírror *n.* 〔미래를 비춘다는〕 마법의 거울.

mágic númber *n.* **1** 〔핵물리〕 마술수(魔術數), 마법수〔비교적 안정성이 높은 원자핵 중의 양자(陽子)와 중성자의 수를 나타내는 수〕, 당성수. **2** 〔야구〕 매직 넘버〔프로야구의 페넌트 레이스 종반중, 제2위의 팀이 나머지 시합을 전승(全勝)해도 제1위 팀이 우승할 수 있다는 승수(勝數)의 숫자〕.

mágic squáre *n.* 마방진(魔方陣) 〔수(數)의 합이 가로·세로·대각선이 모두 같은 숫자 배열할〕.

ma·gilp [məɡílp] *n.* Ⓤ 유화(油畫)용의 휘발성 용해유 〔보통 아마인유와 테레빈 와니스를 섞어서 만든다〕.

Má·gi·nòt líne [mǽʒinòu-] *n.* 마지노선〔프랑스가 1925-35년에 독불 국경에 구축했던 요새선〕.

mag·is·te·ri·al [mǽdʒistí(ː)riəl / -tíər-] *adj.* **1** 주인의, 주인다운, 위엄 있는, 당당한. **2** 횡포한, 고압적인. **3** 행정 장관(치안 판사)의(다운). ¶ *magisterial* rank 장관의 지위. ~**ly** *adv.* ~**ness** *n.*

mag·is·tra·cy [mǽdʒistrəsi] *n.* (*pl.* **-cies**) **1** Ⓤ 행정 장관(치안 판사)의 직(지위, 임기, 권능). **2** (the ~) ⦅집합적⦆ 장관(판사)들. **3** 〔장관·판사의〕 관할(행정) 구역.

mag·is·tral [mǽdʒistrəl / +英 mədʒís-] *adj.* **1** 〔약학〕 의사 처방의. *opp.* officinal **2** 〔築城〕 기본의(principal). **3** 〔드물게〕 = magisterial. —— *n.* 〔축성의〕

주선(主線) (magistral line).

‡**mag·is·trate**[mǽdʒistrèit, -trit] *n.* **1** [사법권을 가진] 행정 장관, 지사, 시장. ¶ the chief (*or* the first) *magistrate* 대통령, 원수. **2** 치안 판사(justice of the peace) [경범죄의 심문권 및 중범죄자의 예심권을 가진 다]. ◇ magistérial *adj.*

mag·is·trate·ship [mǽdʒistrèitʃip, -trit-] *n.* =magistracy 1.　　　　　　　　　　　　　[magistracy.

mag·is·tra·ture [mǽdʒistrèitʃər / -trətjuə] *n.* =

Mag·le·mo·si·an [mæ̀gliməusiən / -zjən] *adj.* 마글레모제 문화(중석기 시대 중기 북구(北歐) 문화)의.

mag·lev [mǽglev] *n.* 자기 부상식(磁氣浮上式) 고속철도. [<MAG[NETIC]+LEV[ITATION]]

mag·ma [mǽgmə] *n.* (*pl.* **-mas** or **-ma·ta** [-mətə]) **1** [광물·유기물 등의 부드러운 덩어리, 연괴(軟塊). **2** [지질] 마그마, 암장(岩漿) [지각 밑에서 용융되어 있는 물질]. **3** [화학·약] 진니(津泥), 유제(乳劑) [풀 모양의 현탁액] (suspension).

magn- ⇨ MAGNI-.

magn. (略) magnetic; magnetism; magneto.

Mág·na Cár·ta (-Chár·ta) [mǽgnə ká:rtə] *n.* **1** 마그나 카르타, 대헌장[영국왕 John 이 1215년 6월 15일 귀족들의 압력에 승인한 칙허장(勅許狀). 영국 헌법의 기초]. **2** [일반적으로] 국민의 권리를 보장하는 기본법. [<L great charter]

mag·na cum lau·de [mǽgnə kam lɔ́:di] (美) 제2 위로 [대학 등의 졸업 성적]. *cf.* cum laude, summa cum laude [<L with great praise]

mag·na·li·um [mægnéiliəm, -njəm] *n.* ⓤ 마그날륨 [알루미늄과 마그네슘의 경합금].

mag·na·nim·i·ty [mæ̀gnəníməti] *n.* (*pl.* **-ties**) **1** ⓤ 도량이 큼, 관대(寬大), 큰 배짱(베포), 아량. **2** 관대한 행위.

mag·nan·i·mous [mægnǽniməs] *adj.* **1** 도량이 큰, 관대한, 아량이 있는(generous). **2** 고결한(noble). ~·ly *adv.*

mag·nate [mǽgneit, -nit] *n.* **1** 거물, …왕; 유력자, 권력가, 부호. ¶ an oil *magnate* 석유왕 / a literary *magnate* 문호(文豪) / *magnates* of a city 시(市)의 유력자들. **2** 옛날 형가리·폴란드의 상원 의원.

mag·ne·sia [mægníːʃə, +美 -ʒə] *n.* ⓤ [화학] 산화마그네슘, 마그네시아, 고토(苦土) [제산재·완하제]; 탄산마그네슘.

mag·ne·sian [mægníːʃ(ə)n] *adj.* 마그네시아의(를 함유한).

mag·ne·si·um [mægníːʃiəm, -ʒiəm / -zjəm] *n.* ⓤ [화학] 마그네슘 [원자 기호 Mg].

magnésium líght *n.* ⓤ 마그네슘광(光) [야간 촬영·발광·신호용].

‡**mag·net** [mǽgnit] *n.* **1** 자석(磁石), 천연 자석, 자철(磁鐵)(loadstone). ¶ a *magnet* coil 전자(電磁) 코일 / a bar *magnet* 막대 자석, **2** 남을 끄는(매혹하는) 사람 (물건). ◇ magnétic *adj.*, mágnetize *v.*

*****mag·net·ic** [mægnétik] *adj.* **1** 자석의, 자기의, 자기를, **2** a *magnetic* substance 자석체. **2** 자화(磁化) 되는, 자석에 끌리는; 지자기(地磁氣)의. **3** 끌어당기는 힘이 있는, 매력이 있는(attractive). **4** 최면술의 (mesmeric). 최면(술)의. **-i·cal·ly** [-ikəli] *adv.*

magnétic círcuit *n.* [물리] 자기 회로.

magnétic declinátion *n.* ⓤ [항해] 자기 편차(偏

magnétic detéctor *n.* 자침 검파기.　　　　　[角].

magnétic dísk *n.* [컴퓨터] 자기 디스크.

magnétic equátor *n.* =aclinic line.

magnétic fíeld *n.* 자장(磁場), 자계(磁界).

magnétic flúx *n.* [물리] 자속(磁束) [어떤 면의 주어진 단면적 (斷面積)을 지나는 자력선의 수].

magnétic levitátion propúlsion sýstem *n.* 자기 부상 추진 시스템. *cf.* maglev

magnétic míne *n.* [해저에 부설하는] 자기 기뢰(磁氣機雷).

magnétic móment *n.* [물리] 자기 모멘트, 자기 능률 [입자(핵자·전자·분자) 등의 고유한 전기 능력].

magnétic néedle *n.* [전기] [나침반 위의] 자침(磁針).

magnétic nórth *n.* (the ~) 자북(磁北) [자침이 가리키는 북].

magnétic póle *n.* **1** 자석의 양끝(자극(磁極)). **2** (M- P-) [지구의] 자극.

magnétic poténtial *n.* ⓤ 자위(磁位).

magnétic recórding *n.* 자기 녹음.

mag·net·ics [mægnétiks] *n. pl.* (단수 취급) 자기학.

magnétic stórm *n.* 자기 폭풍 [태양 흑점의 변동으로 일어나는 지구 자장의 이변].

magnétic strípe *n.* 자기(磁氣)띠 [현금 카드·신용 카드 따위에 붙어서 데이터를 기록하는 데 사용].

magnétic tápe *n.* 자기 테이프.

magnétic tápe recòrder *n.* 테이프 레코더.

magnétic wíre recòrder *n.* 와이어 레코더.

*****mag·net·ism** [mǽgnitìz(ə)m] *n.* ⓤ **1** 자성(磁性), 자기; 자기 작용; 자력(磁力). ¶ earth *magnetism* 지자기(地磁氣). **2** 자기학. **3** [지적(知的)] 인력(引力), 매력.

mag·net·ist [mǽgnitist] *n.* 자기학자.　　　　　[력.

mag·net·ite [mǽgnitàit] *n.* ⓤ 자철광(磁鐵鑛).

mag·net·iz·a·ble [mǽgnitàizəbl] *adj.* 자화(磁化)할 수 있는.

mag·net·i·za·tion [mæ̀gnitizéiʃ(ə)n / -taiz-] *n.* ⓤ 자화(磁化).

mag·net·ize [mǽgnitàiz] (* (英)에서는 **mag·net·ise** 로도 쓴다) *vt.* (**-ized**, **-iz·ing**) **1** …을 자화하다, …에 자력(磁力)을 띠게 하다. ¶ *magnetize* a bar of steel 강철봉을 자화하다. **2** (남의 마음을) 끌다, 매료하다. **3** (고어) …에 최면술을 걸다.

mag·net·iz·er [mǽgnitàizər] *n.* 자화하는 것; [남을] 끌어당기는 사람.

mag·ne·to [mægníːtou] *n.* (*pl.* **-tos**) [전기] [내연 기관의 점화용] 자석 발전기, 마그네토. [<MAGNETO[ELECTRIC MACHINE]]

magneto- magnetic, magnetism 의 뜻의 연결형 (* 모음 앞에서는 magnet-를 쓴다. 예: *magnet*ometer.

mag·ne·to·bell [mægníːto(u)bèl] *n.* 자기 전령(電鈴).

mag·ne·to·car·di·o·graph [mægníːto(u)káːrdio(u)græ̀f/-gràːf] *n.* 자력 심동(心動) 측정기, 자기 심전계(心電計).

mag·ne·to·e·lec·tric [mægníːto(u)iléktrik], **(mag·ne·to·e·lec·tri·cal)** *adj.* 자전기(電氣)의.

mag·ne·to·e·lec·tric·i·ty [mægníːto(u)iléktrísəti] *n.* ⓤ 자전기(電氣)[학]. 　　　　　　　　　[력) 기록.

mag·ne·to·gram [mægníːto(u)græ̀m] *n.* 자력(磁

mag·ne·to·graph [mægníːto(u)græf/-gràːf] *n.* 기록 자력계(磁力計).

mag·ne·to·hy·dro·dy·nam·ics [mægníːto(u)hàidro(u)dainǽmiks, -di-] *n. pl.* (단수 취급) [물리] 자기 유체 역학(流體力學).　　　　　　　　　　[磁力計).

mag·ne·tom·e·ter [mæ̀gnitámitər / -tɔ́m-] *n.* 자력

mag·ne·tom·e·try [mæ̀gnitámitri / -tɔ́m-] *n.* ⓤ 자기 측정(磁氣測定).

mag·ne·ton [mǽgnitàn / -tɔ̀n] *n.* [물리] 자자(磁子).

mag·ne·to·plas·ma·dy·nam·ics [mægníːto(u)plæ̀zmədainǽmiks] *n. pl.* (단수 취급) =magnetohydrodynamics.　　　　　　　　　　　　　　[검출기].

mag·ne·to·scope [mægníːtəskòup] *n.* [물리] 자력

mag·ne·to·sphere [mægníːtəsfìər] *n.* (the ~) [천체의] 자기권(圈).

mag·ne·to·tel·e·phone [mægníːto(u)téləfòun] *n.* 자석식 전화기.

mag·ne·tron [mǽgnitràn / -trɔ̀n] *n.* [전자 공학] 마그네트론, 자전관(磁電管) [극초단파 발진용(發振用)]. [<MAGNE[T]+[ELEC]TRON]

magni- great, large 의 뜻의 연결형 (* 모음 앞에서는 magn-을 쓴다). 예: *magnify*.
mag·ni·cide [mǽgnisàid] *n.* 요인(要人) 살해.
mag·ni·fi·a·ble [mǽgnifàiəbl] *adj.* 1 확대할 수 있는. 2 칭찬할만한.
mag·nif·ic [mægnífik], **(mag·nif·i·cal** [-k(ə)l]) *adj.* (고어) 1 장려한; 장엄한, 당당한. 2 과장된, 허풍치는.
Mag·nif·i·cat [mægnífikæt] *n.* 〔교회〕 마리아의 송가(頌歌), 마니피캇[← 누가 복음(Luke) 1:46-55].
mag·ni·fi·ca·tion [mæ̀gnifikéi∫(ə)n] *n.* U 1 확대, 과장, 2 칭찬, 찬미(praise). 3 〔光學〕 배율(倍率) (magnifying power). 4 C 확대도(복사, 복제).
*****mag·nif·i·cence** [mægnífisns] *n.* U 장대(壯大)함; 장엄, 화려, 훌륭함. ◇ magnificent *adj.*
‡**mag·nif·i·cent** [mægnífisnt] *adj.* 1 장대한, 장려한, 화려한, 훌륭한, 당당한. ¶ a *magnificent* palace 장려한 궁전. 2 〔사상·시 따위가〕 격조 높은, 고상한, 숭고한(noble). ¶ a *magnificent* poem 격조 높은 시. 3 멋진, 근사한, 기막힌. ¶ a *magnificent* prospect 멋진(기막힌) 전망. 4 (보통 M-) 위대한, 위업(偉業)을 이룩한[현재는 칭호적으로 쓰인다]. ¶ Sultan Suleiman the *Magnificent* 위대한 터키 황제 슐레이만. 5 활수한, 재물을 아끼지 않는. ◇ magnificence *n.*
mag·nif·i·cent·ly [mægnífisntli] *adv.* 장려하게, 장대하게, 훌륭하게.
mag·nif·i·co [mægnífikòu] *n.* (*pl.* **-coes**) 1 (옛날의) Venice 공화국의 귀족. 2 (일반적으로) 귀족, 거인, 고관; 거물(grandee).
mag·ni·fi·er [mǽgnifàiər] *n.* 1 과장(찬미)하는 사람(것). 2 확대경(렌즈), 돋보기.
‡**mag·ni·fy** [mǽgnifài] *v.* (**-fied, -fy·ing**) *vt.* 1 〔렌즈 따위로〕 ···을 확대시켜 보이는; ···을 확대하다. ¶ This lens *magnifies* the letter five times. 이 렌즈는 글자를 5배로 확대시킨다. 2 ···을 과장하다, 과장하여 말하다 (exaggerate). ¶ She *magnified* her sufferings in telling about them. 그녀는 자신이 겪은 고통을 과장해서 이야기하였다. 3 (고어) ···을 찬미하다, 칭찬하다(praise). — *vi.* (렌즈 따위가) 확대력이 있다, 확대시켜 보이다.
magnify oneself *against* ···에 대하여 거드름부리다, 으스대다, 뽐내다.
◇ magnification *n.*
— [보기](magnifier).
mág·ni·fỳ·ing gláss [mǽgnifàiiŋ-] *n.* 확대경, 돋보기.
mag·nil·o·quence [mægníləkwəns] *n.* U 과장된 (표현, 문체), 호언장담, 허풍.
mag·nil·o·quent [mægníləkwənt] *adj.* 과대(誇大)의; 호언장담하는. **-ly** *adv.*
*****mag·ni·tude** [mǽgnit(j)ùːd / -tjùːd] *n.* 1 U C 크기, 〔헤아릴 수 있는〕 양, 규모(size). 2 U 중요함, 중대성(importance). 3 U 큼, 다량, 광대함. 4 U 숭고함·인격의 위대함. 5 U C 〔천문〕〔별의〕 광도, 〔광도의〕 등급; 〔지진의〕 진도(震度).
of the first magnitude ① 일등성(星)의. ②지극히 중요한. ¶ a writer *of the first magnitude* 일류의 작가.
mag·no·li·a [mægnóuliə, -ljə] *n.* 목련류(類)의 식물.
Magnólia Státe *n.* (the ~) 미국 Mississippi 주(州)의 속칭.
mag·nox [mǽgnɑks / -nɔ̀ks] *n.* 마그녹스로(爐) 〔영국 초기에 개발한 탄산 가스 냉각 원자로로; 마그네슘 합금을 핵의 피복재(被覆材)로 사용한다〕.
〔< *mag*nesium *no ox*idation〕
mag·num [mǽgnəm] *n.* 대형의 술병〔약 2, 3 리터들이〕. 〔< L *big* 의 〕
mágnum bónum [-bóunəm] *n.* 1 알이 굵은 누런 서양자두. 2 감자의 일종. 〔< L *big good*〕
mágnum ópus [-óupəs] *n.* 1 〔문학·예술의〕 결작, 대작(masterpiece). 2 〔최〕대사업.
〔< L *great work*〕

ma·got [məgóu] *n.* 〔중국·일본의 도자기·상아제의〕 괴상한 형상의 작은 상(像)(인형).
mag·pie [mǽgpài] *n.* 1 까치〔새의 이름〕. 2 수다쟁이. 3 과녁의 밖으로부터 두 번째의 원; 그 명중탄.
M. Agr. 〔略〕 *M*aster of *Agr*iculture.
mags·man [mǽgzmən] *n.* (*pl.* **-men** [-mən])《주로 英속어》 사기꾼(swindler).
mag-stripe [mǽgstràip] *adj.* 자기(磁氣) 판독식의, 자기띠(magnetic stripe)가 붙어 있는.
〔< *magnetic stripe*〕
mag·uey [mǽgwei] *n.* 1 〔식물〕 용설란. 2 U 용설란의 섬유.
Ma·gus [méigəs] *n.* (*pl.* **-gi** [-dʒai]) 1 동방의 세 박사(Magi)의 한 사람. 2 (m-) 〔고대의〕 점성학자, 마술사.
Mag·yar [mǽgjɑːr] *n.* 1 마자르족(族) 〔헝가리 인구의 대부분을 이루고 있는 민족〕. 2 U 마자르어(語), 헝가리어. — *adj.* 마자르인(어)의.
Ma·ha·bha·ra·ta [məhɑ́ːbɑ́ːrətə] *n.* 마하바라타 〔고대 인도의 2대 서사시의 하나. 산스크리트(범어(梵語))로 씌어 있다. 다른 하나는 *Ramayana* (라마야나)〕.
〔< Skt *great story*〕
ma·ha·lo [mɑːhɑ́ːlou] = thank you. ¶ *Mahalo* nuiloa (= Thank you very much.). 〔< Hawaii〕
ma·ha·ra·ja, -jah [mɑ̀ː(h)ərɑ́ːdʒə] *n.* 마하라자, 대군(大君) 〔인도의 회교 군주의 위계(位階); rajah 보다 높은 자리〕.
ma·ha·ra·nee, -ra·ni [mɑ̀ː(h)ərɑ́ːni] *n.* maharajah 의 비, 왕비(王妃)   〔 〕의 칭호〕.
ma·ha·ri·shi [mɑ̀ːhərí:ʃi] *n.* 힌두교의 도사(導師)
ma·hat·ma [məhǽtmə, -hɑ́ːt-] *n.* 1 〔바라문교의〕 대성(大聖), 성인, 성자. 2 〔주로 인도에서〕 성자로 숭앙받는 사람. ¶ *Mahatma* Gandhi 성(聖) 간디. 〔< Skt〕
Ma·ha·ya·na [mɑ̀ːhəjɑ́ːnə] *n.* 〔불교〕 대승(大乘). *cf.* Hinayana 〔< Skt〕
Mah·di [mɑ́ːdi] *n.* 1 〔회교의〕 종교적·정치적 지도자(Moslem messiah). 2 Mahdi 라 칭하는 사람; 〔특히〕 Muhammad Ahmed (1843-85) 〔반란을 일으켜 수단(Sudan)에 독립 정부를 세웠다(1883-98)〕. 〔신앙〕
Mah·dism [mɑ́ːdìz(ə)m] *n.* U Mahdi 강림(降臨)의
Ma·hi·can [məhíːkən], **Mo-** [mou-] *n.* (*pl.* **-cans** or **-can**) 모히칸족(族) 〔원래 Hudson 강 상류 지방에 거주하고 있던 북미 인디언〕. 2 = Mohegan.
mah·jongg, -jong [mɑ́ːdʒɔ́(ː)ŋ, -dʒɑ́p / -dʒɔ́ŋ] *n.* U 마작(麻雀) — *vi.* 마작에서 이기다.
〔< Chin *ma-ch'iao*(마작) *hemp-bird, sparrow*〕
mahl-stick [mɔ́ːlstìk, + 美 mɑ́ːl-] *n.* = maulstick.
*****ma·hog·a·ny** [məhɑ́gəni / -hɔ́g-] *n.* (*pl.* **-nies**) 1 마호가니〔단향과(科)에 속하는 상록 교목〕; U 마호가니 재목. 2 U 마호가니색(色), 적갈색. 3 U 마호가니재의 테이블, 〔특히〕 식탁. 4 《종종 형용사적으로》 마호가니 (재목)의, 마호가니색(色)의.
have one's knees under a person's mahogany 남의 식사를 함께 하다, 남의 대접을 받다.
Ma·hom·et [məhɑ́mit / -hɔ́m-] *n.* = Muhammad.
Ma·hom·e·tan [məhɑ́mit(ə)n / -hɔ́m-] *adj., n.* = Muhammadan.
Ma·hound [məhɑ́und, -húːnd] *n.* 1 《고어》 = Muhammad. 2 《스코》 악마(the Devil). 〔부리는 사람.
ma·hout [məhɑ́ut] *n.* 〔인도·동인도 제도의〕 코끼리
Mah·rat·ta [mərɑ́tə] *n.* 마라타인(人) 〔인도의 중부·서부에 사는 Hindu 족의 한 지족(支族)〕.
‡**maid** [meid] *n.* 1 소녀, 아가씨, 미혼의 젊은 여성. 2 처녀, 가정부(female servant). ¶ a *maid of* all work 잡역부. 3 (드물게) 〔혼기를 지난〕 미혼 여성, 독신녀(spinster) 《오늘날에는 old maid 의 형태로만 쓴다〕. 4 《고어》 처녀(virgin).
a maid of hono[u]r ① 《종종 M- of H-》 〔여왕·왕녀에 시중드는〕 시녀(侍女), 여관(女官). ②《美》 신부의

들러리 서는 미혼 여성 (*《英》에서는 bridesmaid 라고 한다). ③ 일종의 치즈 케이크.
◇ máiden n., adj. (<MAID[EN])
mai·dan [maidá:n] n.《英·인도》광장, 연병장.
‡**maid·en** [méidn] n. **1** 아가씨, 소녀; 처녀, 미혼 여성. **2** [옛날 스코틀랜드에서 사용되었던] 단두대. **3**【크리켓】= maiden over. **4**〖경마〗입상해 본 적이 없는 경마말. — adj. **1** 소녀(처녀)의, 처녀의, 미혼 여성의. ¶ *maiden* innocence 소녀다운 순진함 / a *maiden* name 여성의 결혼전의 성(姓). **2** 미혼의. ¶ a *maiden* sister 미혼의 누이(동생). **3** 처음의, 첫무대의, 처녀 …의. ¶ a *maiden* voyage 처녀 항해 / a *maiden* work 처녀작. **4**〖경마에서〗이긴 적이 없는. ¶ a *maiden* race 이긴(입상한) 적이 없는 말끼리의 경주. **5**〖英법률〗재판 사건이 없는. ¶ a *maiden* assize 재판 사건이 없는 순회 재판소. **6** 미(未)사용의, [무기 따위가] 아직 시험해 보지 않은, [무사 등이] 아직 싸운 경험이 없는. ¶ a *maiden* knight 첫 출진(出陣)의 기사 / a *maiden* sword 아직 써보지 않은 검(칼).
◇ maid n., máidenly, máidenlike, máidenish adj.
maid·en·hair [méidnhɛ̀ər] n.〖섬공작고사리·공작고사리 따위의〗양치류(類)[식물].
maid·en·hair-tree [méidnhɛ̀ərtrì:] n. 은행 나무 (ginkgo).
maid·en·head [méidnhèd] n. **1** ⓤ 처녀임, 처녀성(性) (maidenhood). **2** 처녀막(hymen).
maid·en·hood [méidnhùd] n. ⓤ 처녀임, 처녀 시대.
maid·en·ish [méidniʃ] adj. 처녀인 체하는, [겉으로는] 처녀 같은.
maid·en·like [méidnlàik] adj. 처녀 같은, 처녀다운; 조심성있는, 얌전한, 얌전(modest).
maid·en·li·ness [méidnlinis] n. ⓤ 처녀다움, 얌전.
maid·en·ly [méidnli] adj. **1** 처녀의, 처녀다운. ¶ *maidenly* years 소녀 시대. **2** 처녀(소녀, 아가씨)다운, 조심성있는, 상냥한, 얌전한(gentle). ¶ with *maidenly* modesty 처녀다운 겸손함으로 / *maidenly* behavior 조심스럽고 겸손한 행동. — adv.《古語》처녀답게, 처녀처럼.
máiden óver n.〖크리켓〗득점없는 오버(6회의 투구까지 적이 1점도 얻지 못한 것). ⇨ OVER (n.).
máiden spéech n.《英》(특히 의회에서의) 처녀 연설.
maid·hood [méidhùd] n. **1** = maidenhood. **2** 메이드(하녀)의 신분.
maid-in-wait·ing [méidinwèitiŋ] n. (pl. maids-) 시녀, 여관(女官).
maid·ish [méidiʃ] adj. = maidenish.
maid·serv·ant [méidsə̀:rvənt] n. 하녀, 가정부. cf. manservant
ma·ieu·tic [meijú:tik] adj.〖철학〗산파술(産婆術)의 [문답에 의해 사람의 마음속에 잠재해 있는 생각을 끄집어 내는 Socrates 의 방법을 비유하여 이르는 말].
mai·gre [méigər] n. 고기(고깃국물)이 안 든, 소찬(채식 요리)의.
‡**mail**¹ [meil] n. **1**《美》ⓤ〖집합적〗우편물, 우편; ⓒ [1회분의] 우편물 (*《英》에서는 일반적으로 post 를 쓰며, mail은 해외 우편물에만 쓴다). ¶ an express *mail* 속달 우편 / I have a lot of *mail* every day. 나는 매일 많은 우편물을 받는다. / The *mails* were lost. 우편물이 분실되었다. **2** 우편 수송 기관(우편 열차(배) ·집배원 등); 우편 행낭. ¶ a night *mail* 야간 우편 열차 / The letter may have been lost in [the] *mails*. 그 편지는 우송중에 분실되었는지도 모른다. **3** ⓤ (종종 ~s) 우편 제도, 우편. ¶ air *mail* 항공 우편 / by *mail*《美》우편으로((英) by post). **4** ⓤ [일정 시간에 행하는] 우편물의 집배, 배달. ¶ The morning *mail* is late. 아침의 우편 배달이 늦다. **5** (종종 형용사적으로) 우편의. — vt. ···을 우송하다, 우체통에 넣다(post), 우편에 부치다.
mail² [meil] n. **1** 쇠미늘 갑옷(작은 쇠고리를 엮어 만든 갑옷). **2** 갑옷, 갑주(甲胄) (denfensive armor). **3** [거북·곤충 따위의] 갑각(甲殻), 등딱지, 딱딱한 비늘.
— vt. ···에 쇠미늘 갑옷을 입히다, 무장시키다. ¶ be *mailed* in armor 쇠미늘 갑옷을 입고 있다.
mail·a·ble [méiləbl] adj. 우송할 수 있는, 우편으로 부칠 수 있는.
mail·bag [méilbæ̀g] n. 우편 가방, 우편 행낭.
mail·boat [méilbòut] n. 우편선.
máil bómb n. 우편 폭탄 [수취인이 열면 폭발하게 되어 있다].
*****mail·box** [méilbɑ̀ks /-bɔ̀ks] n. **1** 〔가정에 있는〕우편함. **2**《美》[도로 따위에 있는] 우체통, 우편 상자. *《英》에서는 letter box 라고 한다. **3** 〖컴퓨터〗발신된 전자 우편을 수취인이 찾아갈 때까지 저장하는 기억 영역.
máil cár n.〖철도〗우편차.
máil cárrier n. 우체국.〖로 미는〗유모차.
mail-cart [méilkɑ̀:rt] n. **1**《英》우편차. **2** [손으로 따위가] 아직 시험해 보지 않은, [무사 등이] 아직 싸운
mail-catch·er [méilkæ̀tʃər] n.〖철도〗우편물 적하 (積荷) 장치 [진행중인 열차에 우편 행낭을 싣는 장치].
máil chúte n. 우편물 전송(傳送) 슈트 [고층 건물의 위층에서 우편물을 아래층의 우편통으로 떨어뜨리는 장치].
mail-clad [méilklæ̀d] adj. 갑옷을 입은.
máil clérk n. **1** 우체국 직원. **2**〖철도 우편차의〗우편물 분류 담당 직원. **3**〔관청·회사 따위의〕우편물 취급 직원.
*****mail-coach** [méilkòutʃ] n.《英》**1** 우편차. **2** [옛날에 사용되었던] 우편 마차.
máil dróp n. [가정의] 우편함; 우편 투입구; [거처 별의] 우편 전용 주소.
mailed [meild] adj. **1** 갑옷을 입은, 무장한. **2** [동물이] 갑각으로(딱딱한 비늘로) 덮인.
máiled físt n.〖특히 위협적〗무력, 완력; 무력 행사, 무력에 의한 위협.
mail·er [méilər] n. **1** 우편물 우송자(발송자). **2** = mailing machine. **3**〖古語〗우편선(mailboat).
Mail·gram [méilgræ̀m] n.《상표명》메일그램, 정보 우편 [발신국에서 전신으로 수신국의 우체국까지 보내지며 그곳에서 수취인까지는 보통우편과 같이 배달되는 것].
mail·ing [méiliŋ] n.《스코》**1** 임대 농지. **2** 소작료.
máiling líst n. 우송용 고객(회원) 명부.
máiling machíne n. 수취인 주소·성명 인쇄기; 소인 인쇄기.
mail·lot [ma:jóu] n. **1** 〔원피스형의〕여성용 해수욕복, 수영복. **2** [무용·등에 입는] 타이츠.
‡**mail·man** [méilmæ̀n] n. (pl. -men[-mèn])《美》우편 집배원. *《英》에서는 postman 을 쓴다.
máil méssenger n. 우체국이나 공항이나 역 사이의 우편물 운송자.
máil órder n.〖상업〗통신 주문, 통신 판매.
mail-or·der [méilɔ̀:rdər] adj. 통신 판매의. ¶ a *mail-order* house 통신 판매 회사.
*****maim** [meim] vt. **1** ···을 불구로(병신으로) 만들다 (cripple). ¶ He was seriously *maimed* in the war. 그는 전쟁에서 심한 불구자가 되었다. **2** ···을 쓸모없게 만들다, 손상시키다(impair). ¶ *maim* the bill in its vital points 의안에서 중요 내용을 빼버리다. — n. [페어] 중상(重傷), 불구(mutilation); 결함(defect).
maimed [meimd] adj. 절름발이가 된(crippled), 불구의.
‡**main**¹ [mein] adj. **1** 주된, 주요한 (⇨ CHIEF 類題); 가장 큰(principal). ¶ the *main* office 본국, 본점 / the *main* line 〔철도 따위의〕본선 / for the *main* part 대부분. **2** 온힘을 다한, 충분한, 집중된(sheer, utmost). ¶ by *main* force (or strength) 전력을 다하여 / I opened the door by *main* force: 나는 문을 있는 힘을 다해 열었다. **3** 〔바다·토지·공간 따위가〕광대한. ¶ the *main* sea 대해(大海). **4**〖문법〗주절(主節)의. **5**〖항해〗메인마스트 (큰 돛대, 대장 (大檣))의.
— n. **1** 〔수도·가스 따위의〕주된 관(管), 본관

main

(principal pipe). ¶ a collecting *main* 집수(集水) 본관 / a gas (a water) *main* 가스(수도) 본관 / a service *main* 배수 본관. **2** (the ~) 주요부, 주요점. **3** (詩) 대해, 대양(大洋) (high sea). *cf.* Spanish Main **4** 본토(mainland). **5** [철도의] 본선, 간선(幹線). **6** ⓤ 힘.
in the main 대개, 대체적으로, 대부분; 근본적으로.
[*with*] *might and main* ⇨ MIGHT².
◇ máinly *adv.*

main² [mein] *n.* **1** [주사위 노름에서 주사위를 흔드는 사람이 미리 말하는] 5에서 9 사이의 임의의 수. **2** 투계(鬪鷄) 시합.

Main [mein / *G* main] *n.* (the ~) 마인강(江) [독일 서부로부터 흘러 라인강으로 합류되는 강].

máin bráce *n.* 〖항해〗메인마스트(대장(大檣))의 밑가름대를 조작하는 밧줄.
splice the main brace 〖항해 속어〗승무원(선원)에게 럼주(酒)를 향응하다; [일반적으로] 술에 취하다(get drunk).

máin chánce *n.* 가장 유리한 기회.
have an eye to the main chance ⇨ EYE.

máin cláuse *n.* 〖문법〗주절, 독립절(independent clause) [복문에서, 독립된 문장이 될 수 있는 절: When I last heard from him, *he was living in London* 그의 글 중의 *he was living in London* 따위]. *cf.* subordinate clause

máin cóurse *n.* 〖항해〗(帆) (mainsail).

máin cóurse *n.* 〖항해〗〖횡범선(橫帆船)의〗주범(主帆).

máin déck *n.* 〖항해〗주갑판(主甲板).

máin drág *n.* 《미·속어》도시의 번화가(중심가).

*****Máine** [mein] *n.* 미국 동북부 대서양 연안의 주(州) [주도 Augusta; 略 Me.].
from Maine to California 전미국을 통하여.

máin·frame [méinfrèim] *n.* 〖컴퓨터〗 [주변 단말부(端末部)에 대하여] 컴퓨터의 본체; [전기] 본배선반.

*****máin·land** [méinlænd, -lənd] *n.* (보통 the ~) 본토, 대륙 [섬이나 반도와 구별하여].
máin·land·er [méinlændər] *n.* 본토(대륙)의 사람.

máin líne *n.* **1** [철도의] 본선. **2** 《미》 간선 도로. **3** [마약 주사를 놓는] 간(肝)정맥.
—— *adj.* 주류(主流)의. —— *vt.* 《미·속어》[마약]을 정맥에 주사하다.

máin·lin·er [méinlàinər] *n.* 주류(主流)에 속하는 사람.

‡**máin·ly** [méinli] *adv.* **1** 주로(chiefly). **2** 대부분은 (for the most part).

máin·mast [méinmæst, 항해 -məst / -mɑ̀:st, 항해 -məst] *n.* 〖항해〗대장마스트, 큰 돛대, 메인마스트.

máin·per·nor [méinpərnər] *n.* 〖법률〗보석 보증인.

máin·prize [méinpràiz] *n.* 〖법률〗조건부(附) 석방영장; 조건부 보석(保釋).

máin ríg·ging *n.* 〖항해〗대장 삭구(大檣索具).

máin róy·al *n.* 〖항해〗대장(大檣)의 로얄(돛).

máin·sail [méinsèil, 항해 -sl] *n.* 대장범(大檣帆), 주범(主帆).

máin·sheet [méinʃìːt] *n.* 〖항해〗메인시트(mainsail 의 각도를 잡는 밧줄).

máin·spring [méinspriŋ] *n.* **1** [시계 따위의] 큰 (어미) 태엽. **2** 주요 동기, 주인(主因) (chief motive).

máin·stay [méinstèi] *n.* **1** 〖항해〗대장(大檣)의 지삭(支索). **2** 주된 지지자(물), 크게 의지하는 것, 대들보 (chief support). [(main drag); 본선, 본류.

máin stém *n.* 《미·속어》 [도시의] 중심가, 번화가.

máin·stream [méinstrìːm] *n.* [활동·영향·사상 따위의] 주류 (主流). —— *v.* 《미》 장애아 등 특수 아동을 될 수 있는 한 정상 학급에 편입시키다, 특별(차별) 교육을 하지 않다.

Máin Stréet *n.* 《미》 **1** [중서부 시골 도시의] 번화가, 중심가. *cf.* High Street **2** [인습적·실리적인] 전형적 시골 도시의 사람들(가치관).

máin·street [méinstrìːt] *vi.* 《미·캐나다》도시의 중심가에서 선거 운동을 하다.

‡**main·tain** [meintéin, mən-] *vt.* **1** …을 계속하다, 유

1361

majesty

지하다(carry on). ¶ *maintain* correspondence 통신을 계속하다 〖끊이지 않고〗…을 보존하다, 유지하다; [어떤 상태로] …을 보유(보지)하다 (sustain); …을 지키다. ⇨ SUPPORT 類語 ¶ *maintain* order 질서를 유지하다 / *maintain* one's health (reputation) 건강(명성)을 유지하다. **3** …을 주장하다, 단언하다(assert); …을 옳다고 주장하다. ¶ (~+*that* 節) He *maintained* that he was innocent. =He *maintained* his innocence. 그는 무죄라고 주장하였다. **4** [의론·연설 따위에서] …을 옹호(변호)하다, 후원하다(support). ¶ *maintain* the law 법을 옹호하다. **5** [돈 따위를 지출하여] …을 유지하다, 지탱하다; [가족 등]을 부양하다(support). ¶ *maintain* one's family 가족을 부양하다. ¶ ◇ máintenance *n.*

main·tain·a·ble [meintéinəbl] *adj.* **1** 보지할 수 있는; 유지(보존)할 수 있는. **2** 부양할 수 있는. **3** 주장(지지)할 수 있는.

maintáined schóol *n.* 《英》공립 학교. ¶ *a maintained* primary (secondary) *school* 공립 초등(중등)학교.

*****main·te·nance** [méintinəns] *n.* ⓤ **1** 계속, 지속 (continuance); 보존, 유지 (upkeep). **2** 생계 (livelihood), 생활 수단. ⇨ LIVING 類語 ¶ Her job provided a mere *maintenance*. 그녀의 직업으로는 겨우 생계를 유지할 수 있을 뿐이다. **3** 부양(support); 부양비. **4** 주장, 지지, 옹호. **5** 〖법률〗소송 불법 원조.
◇ maintáin *v.*

máintenance órder *n.* 〖법률〗[법원이 남편에게 내리는 처자에 대한] 부양료 지불 명령.

main-top [méintàp / -tɔ̀p] *n.* 〖항해〗대장루(大檣樓), 큰 돛대의 망루.

main-top·gal·lant [méintɔpgǽlənt, 항해 -təgǽl- / -tɔp-, 항해 -tə-] *n.* 〖항해〗메인마스트(대장(大檣))의 윗 돛대·돛 및 돛대의 활대.

main-top·gal·lant·mast [méintɔpgǽləntmæ̀st, -təgǽləntmɑ̀st / -tɔpgǽləntmɑ̀st, 항해 -təgǽləntməst] *n.* 〖항해〗메인마스트(대장(大檣))의 윗돛대 [maintopmast 바로 위의 마스트].

main-top·mast [méintɔpmæ̀st, 항해 -məst / -tɔ́p, 항해 -məst] *n.* 〖항해〗메인마스트(대장(大檣))의 중간 돛대 [main lower mast 바로 위의 마스트].

main-top·sail [méintɔ́psèil, 항해 -sl / -tɔ̀p, 항해 -sl] *n.* 〖항해〗대장(大檣)의 중간 돛대의 돛.

máin yárd *n.* 〖항해〗대장(大檣), 대장의 활대.

mai·son·ette [mèizo(u)nét] *n.* 《주로 英》**1** 작은 집. **2** [종종 2층에 딸린] 아파트. [〈F small house]

mai tai [mái tài] *n.* (*pl.* **mai tais**) 마이타이주(酒) [럼주·레몬즙·파인애플의 칵테일. 달게 해서 얼음을 넣어 마신다. 〈Tahitian]

maî·tre d' [mèi(i)trə díː] *n.* 《구어》 급사장.

maî·tre d'hô·tel [mè(i)trə doutél, +美 -tər-] *n.* (*pl.* **maî·tres d-**) **1** [고관·대가족의 살림을 총괄하는] 가령(家令), 집사, 청지기 (butler). **2** 급사장 (headwaiter). **3** 호텔 지배인(경영자). **4** ⓤ 〖요리〗메트르도텔 소스 [버터·젤리·레몬즙·초 따위로 만든 소스]. [〈F master of house]

maize [meiz] *n.* 《주로 英》**1** 옥수수 (Indian corn; 《美·캐나다》corn). **2** ⓤ 옥수수 빛, 노르스름한 빛 (pale yellow).

mai·ze·na [meizíːnə] *n.* ⓤ 《英》옥수수 가루.

maj. ⓛ major, majority.

Maj. ⓛ Major.

‡**ma·jes·tic** [mədʒéstik], **ma·jes·ti·cal** [-k(ə)l] *adj.* 위엄이 있는, 당당한, 장대한(stately).
-ti·cal·ly [-tikəli] *adv.* ◇ májesty *n.*

‡**maj·es·ty** [mǽdʒisti] *n.* (*pl.* **-ties**) **1** ⓤ 위엄, 존엄 (dignity), 장대(壯大)함, 장관(壯觀) (grandeur). ¶ the *majesty* of the starry heavens 별이 반짝이는 하늘의 장관. **2** ⓤ 주권, 통치권. **3** 왕; [집합적] 왕(황)족 (보통 M-) 폐하 [왕·여왕·황제·황후에 대한 경칭] (*

Maj. Gen.

his, her, your 따위의 소유격을 앞에 붙여서 쓴다. ¶ Your *Majesty* 《부르는 말로》폐하 / Your *Majesties* 《부르는 말로》양(兩)폐하 / His (Her) *Majesty* 폐하 [略 H.M.] / His Imperial *Majesty* 황제 폐하 [略 H.I.M.] / Her Imperial *Majesty* 여황(후)폐하 [略 H.I.M.] / the King's (the Queen's) Most Excellent *Majesty* 국왕(여왕) 폐하 / Their [Imperial] *Majesties* The Emperor and Empress) 황제 황후 양폐하 [略 T.I.M., T.M.]. **4** 【미술】《왕조 따위에 장식된》신(그리스도, 마리아)의 상(像). ◇ majéstic *adj.*

Maj. Gen. (略) *Major General*.

Maj·lis [médʒlis] *n.* 〔이란·이라크 등의〕의회(Parliament).

ma·jol·i·ca [mədʒálikə, -jɔ́l-, -jɔ́l-, -dʒɔ́l-] *n.* ⓊⒸ 마졸리카 도자기[이탈리아의 장식적인 칠보 도자기].

‡**ma·jor** [méidʒər] *adj.* (*opp.* minor) **1** 〔둘 중에서 크기·수량·범위 따위가〕 큰(또는) 쪽의, 대부분의(greater); 대다수의, 과반수의. ¶ the *major* part of an income 수입의 대부분 / the *major* vote 다수표. **2** 중요한, 주요한(principal). (⇔ CHIEF 類語); 보다 상위의, 일류의, 뛰어난(superior). ¶ *major* poets 일류시인. **3** 성년의, 어른이 된. **4** (보통 M-) 연상의(senior). (* 영국의 public school에서 성(姓)이 같은 학생이 있을 때, 연장자의 이름 뒤에 붙여 쓴다). ¶ Brown *Major* 연상의 브라운. **5** 《美》전공〔과목〕의. ¶ a *major* field of study 전공의 연구 분야. **6** 【음악】장조 (長調)의, 장음계(長音階)의. ¶ a *major* interval 장음정(長音程) / a *major* chord 장화음. **7** 【논리】〔전체 可위가〕대(大)....

— *n.* **1** 〔군대〕 《英》 육군 소령, 《美》육군(공군) 소령; (군대 속어)〔특무〕상사(sergeant major). **2** 보다 상위의(중요한) 인물(단체). **3** 〔법률〕성년자, 성인. *opp.* minor. **4** 《美》전공 과목(분야); 〔특정 과목의〕 전공자. ¶ an economics *major* 경제학 전공 학생. **5** 〔음악〕장음계(major scale); 장조(長調), 장음, *opp.* minor. **6** 〔고어〕대명사(大名辭), 대전제.

— *vi.* 《美》전공하다(specialize)(*in* ...). ¶ (~+前+图) *major* in mathematics 수학을 전공하다.

◇ majórity *n.*

Ma·jor·ca [mədʒɔ́ːrkə, -jɔ́ːr-] *n.* 마조르카섬〔지중해 서부에 있는 스페인령(領)의 섬. Balearic 제도 중에서 가장 큰 섬〕.

ma·jor·do·mo [mèidʒərdóumou] *n.* (*pl.* -**mos**) 〔왕가·귀족 집안 등의〕가령(家令), 집사(執事).

ma·jor·ette [mèidʒərét] *n.* = drum majorette.

májor géneral *n.* 〔군대〕 소장.

ma·jor·i·tar·i·an [mədʒɔ̀ːrité(ː)riən, -dʒɑ̀r-/-dʒɔ̀ri-tɛər-] *n.* 다수결주의(자), 많았는 다수의 일원.

— *adj.* 다수결주의의; 다수당 지지의.

‡**ma·jor·i·ty** [mədʒɔ́ːriti, -dʒɑ́r-/-dʒɔ́r-] *n.* (*pl.* -**ties**) (*opp.* minority) **1** (the ~) 대부분, 대다수, 태반 (greater number). ¶ the *majority* of mankind 인류의 대다수 / in the *majority* of cases 대부분의 경우, 대개. **2** 〔투표·투표자·배심원 등의〕과반수; 다수파(당). ¶ a *majority* 다수당 / an absolute *majority* 절대 다수 / in *majority* 과반수로 / gain a *majority* 과반수를 획득하다 / The *majority* are (*or* is) against it. 다수파는 그것에 반대이다. **3** 〔승자측에서 본〕득표의 차(差)〔승자의 득표수와 남은 사람 모두를 합계한 득표수와의 차〕. *cf.* plurality ¶ by a small (large) *majority* 근소한(큰) 차로 / be elected by a *majority* of 30 out of a total of 200 votes cast 전체 투표수 200에서 30표의 차로 당선되다. **4** Ⓤ 〔법률〕 성년, 성인. ¶ attain (*or* reach) one's *majority* 성년에 달하다, 성인이 되다. **5** Ⓤ 소령의 계급(직).

join (*or* go **over to**, **pass over** **to**) **the** [**great**] *majority* 죽은 사람 축에 들다, 죽다(die).

◇ májor *adj.*   [minority leader

majórity léader *n.* 다수당(여당) 원내 총무. *cf.*

majórity rúle *n.* 〔정치〕다수결 원리.

májor léague *n.* 《美》**1** 〔야구〕 메이저 리그 [American League와 National League의 두 개가 있다]. *cf.* minor league **2** 〔각종 스포츠의〕메이저 리그.

ma·jor·lea·gue [méidʒərliːg] *adj.* 《美》메이저 리그 소속의; 최고의, 중요한 위치에 있다.

ma·jor·lea·guer [méidʒərliːgər] *n.* 메이저 리그의 그의 선수, 메이저 리거.

ma·jor·med·i·cal [méidʒərmédik(ə)l] *n.* 《美》 고액 의료비 보험〔수술·입원 따위 큰 지출에 대해서 지급할 수 있는 건강 보험〕. — *adj.* 고액 의료비 보험의.

májor párty *n.* 제1당, 대정당, 다수당.

májor prémise *n.* 〔논리〕 대전제(大前提). *cf.* syllogism

Májor Próphets *n. pl.* (the ~) 〔성서〕 대예언자 〔Isaiah, Jeremiah, Ezekiel 의 3인〕. *cf.* Minor Prophets

ma·jor·ship [méidʒərʃip] *n.* Ⓤ 소령의 직(지위).

májor súit *n.* 〔카드놀이〕〔브리지〕스페이드(하트)의 갖추어진 패〔득점이 많다〕.

májor térm *n.* 대명사(大名辭)

ma·jus·cule [mədʒʎskjuːl, mǽdʒəskjùːl] *adj.* 대문자의; 대문자로 쓰인. *cf.* minuscule — *n.* 대문자.

‡**make** [meik] *v.* (**made**, **mak·ing**) *vt.* **1 a**)...을 만들다, 제작하다, 조립하다. ¶ *make* a cake 과자를 만들다 / *make* a machine 기계를 조립하다 // (~+图+图) (~+图+前+图) I will *make* you a new suit. = I will *make* a new suit *for* you. 너에게 새옷을 만들어 주겠다 // (~+图+图) (~+图+前+图) *make* an instrument *with* glass 유리로 기구(器具)를 만들다 / *make* rice *into* chungju 쌀로 청주를 만들다 (* 원료·재료를 가공하거나, 사람을 감화시켜 변하게 하는 경우에는 *into*를 쓴다) / a boat *out of* wood 나무로 보트를 만들다 / a house *made of* stone 돌로 지은 집 (* 원료·재료의 질을 변화시키지 않은 채로 무언가를 만드는 경우에는 *of*, *out of*를 쓴다) / Cheese is *made from* milk. 치즈는 우유로 만들어진다 (* 원료·재료의 질이 변화하는 경우에는 *from*을 쓴다) / Bread is *made from* (*or of*) flour. 빵은 밀가루로 만들어진다 (* 재료의 질이 변화하는지의 여부를 구별하기 어려운 경우는 *from*, *of* 어느 것을 사용하여도 좋으나, *from*을 쓰는 경우가 많다).

類語 *make* 유형·무형의 것을 생기게 하다; 가장 일반적인 낱말: *make* a desk (progress) 책상을 만들다(진보를 이루다). **form** 어떤 뚜렷한 윤곽·구조·장치를 형성하다: *form* a bust (a club) 흉상(클럽)을 만들다. **shape** form과 같은 뜻으로 쓰일 경우도 많으나, 특히 외부의 힘으로 어떤 형체를 이루는 것을 암시하다: *shape* a candle out of wax 밀랍(왁스)으로 양초를 만들다. **fashion** =form; 특히 창의·교묘함을 암시: *fashion* a camping tent out of canvas scraps 마포(麻布)의 조각으로 야영용 천막을 만들다. **forge** 단조하다; 꾸며내다: *forge* a chain (a lie) 쇠사슬을 단조(鍛造)하다(거짓말을 꾸며대다). **manufacture** 기계를 사용하여 (본래의 뜻은 손으로), 원재료를 일정한 과정을 거쳐 제품화하다: *manufacture* textiles 섬유 제품을 제조하다. **fabricate** 재료·부품으로 규격화된 양식·기술에 의해 전체를 만들다: *fabricate* a house 집을 조립하여 세우다. **assemble** 부품을 결합하여 어떤 목적물을 조립하다; 일관 작업에 쓰이는 경우가 많다: *assemble* cars 자동차를 조립하다.

b) (시) 따위를 창작하다; 〔문서 따위를〕 작성하다. ¶ *make* a poem 시를 짓다 / *make* a document 문서를 작성하다

2 ...을 마련하다, 준비하다. ¶ *make* beds 잠자리를 깔다 / *make* a fire 불을 피우다 / *make* tea 차를 끓이다.

3 ...을 제정하다(enact). ¶ *make* a law 법을 제정하다.

4 ...을 야기하다, ...의 원인이 되다. ¶ *make* a noise 소음을 내다 / *make* a wound 상처내다 / *make* a difference 차이가 생기게 하다 / *make* trouble 말썽을 일으키다 / *make* peace 화평하다, 평화 조약을 맺다.

5 a) ...을 ...(의 상태)로 하다. ¶ (~+图+图/補) *make* a

person happy 남을 행복하게 하다 / *make* it public 그것을 공개(公表)하다 / (~+圓+*done*) *make* oneself *respected* 존경 받다 / I could not *make* myself *understood* in English. 나는 자신의 의사를 영어로 전달할 수가 없었다 / He failed to *make* himself *heard*. 그의 목소리는 들리지 않았다. **b)** [남 등]을 …이 되게 하다, [남]을 …에 임명하다. ¶ (~+圓+圍) He *made* her his secretary. 그는 그녀를 비서로 채용했다 / I *make* it a rule to take a walk every morning. 나는 매일 아침 산책을 하기로 하고 있다.

6 …을 …으로 만들다 (… *of*). ¶ (~+圓+前+圍) *make* a friend *of* an enemy 적을 친구로 만들다 / I will *make* a good pitcher *of* you. 너를 훌륭한 투수로 만들어 주겠다 / The man *makes* a meal *of* (or *on*) grass. 저 사람은 풀을 [음식으로서] 먹는다.

7 a) [남]을 (남게 하게 하다) (cause); …을 강제로 …하게 하다 (compel). ¶ (~+圓+*do*) *make* a person *understand* 그 남에게 이해시키다 / They *made* him *go*. 그들은 그를 가게 했다 (* 수동태에서는 He was *made* to *go*.가 되어 to- 부정사를 쓴다) / It *makes* me *think* you are right. 아무래도 네가 옳은 것 같은 생각이 든다. **b)** …을 …으로 보다 (간주하다), …을 …으로 표현하다. ¶ (~+圓+*do*) The chronicles *make* the King *die* in 1232. 기록에 따르면 그 왕은 1232년에 죽은 것으로 되어 있다.

8 a) …을 얻다, [돈 따위]를 벌다 (gain). ¶ *make* a profit (a fortune) 이익을 얻다 (재산을 모으다) / *make* one's living 생활비를 벌다. **b)** [상]을 타다, [성적・득점]을 얻다 (score). ¶ *make* first honors 1등을 타다 / *make* good marks at school 학교에서 좋은 성적을 얻다 / Our team *made* five points in the game. 우리 팀은 그 시합에서 5점을 얻었다.

9 [성장하여] …이 되다 (become). ¶ He will *make* a good lawyer. 그는 훌륭한 변호사가 될 것이다 // (~+圓+圓) She will *make* him a good wife. 그녀는 그의 좋은 아내가 될 것이다.

10 [생각 등]을 품다; [마음으로] …을 …이라고 생각하다 (… *of*), …을 판단하다 (consider), 어림하다 (estimate). ¶ *make* one's judgment 판단을 하다 / I *make* no doubt of your succeeding. 너의 성공을 의심하지 않는다 / (~+圓+圓) What do you *make* the time? = What time do you *make* it? 몇 시라고 생각하지? / I *make* the distance about ten miles. 거리는 10마일쯤 되리라고 생각한다 / How large do you *make* the congregation? 집회에 모인 사람은 몇 명이나 된다고 생각하느냐? / (~+圓+前+圍) I could *make* nothing *of* his words. 그가 말한 것이 무엇인지 전혀 알 수 없었다 / What do you *make of* it? 그것을 어떻게 생각하느냐?

11 …으로서 쓸모가 있다 (serve for). ¶ This *makes* good reading. 이것은 좋은 읽을거리가 된다 / Cold tea *makes* an excellent drink in summer. 냉차는 여름에 훌륭한 음료가 된다.

12 a) [계산 따위가] …이 되다 (amount to). ¶ Two and two *makes* four. 2에 2를 더하면 4가 된다, 2+2=4 / Another week will *make* a year. 이제 1주일이면 1년이 된다. **b)** …을 구성하다 (constitute), 이루게 하다, 형성시키다. ¶ Oxygen and hydrogen *make* water. 산소와 수소로 물이 형성된다 / One swallow does not *make* a summer. 《속담》 제비 한 마리가 왔다고 해서 여름이 온 것은 아니다, 《속담》 속단은 금물이다 / *Fine clothes make the man*. 《속담》 옷이 날개다. **c)** …에 이르다(달하다), …이 되다. ¶ *make* a bag [사냥에서] 많은 짐승을 잡다.

13 모습이 …이다, 몸매가 …이다. ⇒ MADE.

14 a) [동작・운동]을 하다. ¶ *make* a bargain 계약하다 / *make* a speech (*or* an address) 연설을 하다 / *make* war 전쟁을 하다 / *make* long hours 장시간 노동을 하다 / *make* love 정을 통하다, 성교하다 / *make* a present 선물을 하다. **b)** …을 먹다 (eat). ¶ *make* a good breakfast 조반을 충분히 먹다.

[참고] *make* 의 이 용법은 대개 동작 명사를 목적어로 취하며, 동작 명사에 대응하는 동사와 같은 뜻의 동작을 나타낸다.

15 …을 성공하게 하다, 번영하게 하다. ¶ This lucky venture *made* him. 그 모험이 다행히 그를 성공시켰다.

16 [어느 거리]를 가다, 나아가다, 답파(踏破)하다 (pass); 《美》[어떤 장소(上)]로 행상을 나가다. ¶ *make* a circuit 1주(周)하다 / *make* headway 나아가다 / They *made* the distance in five hours. 그들은 그 거리를 5시간에 답파하였다.

17 a) …에 도착하다 (arrive at); [도중에] …에 들르다. ¶ *make* Rome on the way to London 런던으로 가는 도중에 로마에 들르다 / The ship *made* port. 배가 항구에 도착했다. **b)** [야구] [루(壘)]에 나가다, 닿다; [타격]을 날리다.

18 《구어》[팀 따위]에 지위를 얻다, 입단하게 되다. ¶ He *made* the football team. 그는 축구 팀에 입단하게 되었다.

19 [카드놀이] [으뜸패]를 정하다; [한 장의 패로] [1회분의 패]를 따다; [브리지의 경쟁]에서 이기다; [패]를 떼다. ¶ *make* the trump 으뜸패를 정하다 / *make* a trick 1회 이기다.

20 [항해] [육지]를 확인 (발견)하다, …이 보이기 시작하다.

21 [전기] [전기 회로]를 닫다 (close). [다 (train).

22 《주로 英》[말・개・매 따위]를 훈련하다, 길들이다

23 [시각]을 알리다. ¶ *make* eight o'clock [종을 8회 쳐서] 8시를 알리다. [다.

24 《구어》…에 대하다. ¶ *make* a train 기차 시간에 대

25 《美속어》[여자]를 잘 설득하다.

— *vi.* **1** …하려고 하다, […하기]로 하다 (begin). ¶ (~+to *do*) He *made* to go. 그는 가려고 하였다.

2 …처럼 행동(처신)하다 (behave) (* as if, as though, like 따위와 함께 쓰이는 경우가 많다). ¶ He *made* as if he would escape. = He *made* as if to escape.《구어》그는 도망한 듯한 태도를 보였다 / The clown *made* like a bear.《속어》그 어릿광대는 곰의 흉내를 내었다.

3 …[의 상태]가 되다, …하다 (make oneself). ¶ (~+圍) *make* ready 준비하다, 마련하다 / *make* sure 보증하다, 확신하다 / *make* again 회복하다, 원래의 상태로 되다 (recover).

4 《구어》[…을 향해서] 가다, 나아가다 (go); […쪽으로] 뻗다 (*to, toward* …). ¶ (~+前+圍) *make for* home 귀로에 오르다 / The road *makes toward* Rome. 길은 로마 쪽으로 뻗는다.

5 [조수(潮水)가] 차다 (밀려들다) (rise), [깊이・체적 따위가] 붇다. ¶ (~+圍) The tide is *making fast*. 조수가 점점 밀려들어오고 있다.

6 […에] 영향을 주다, [유리 (불리)하게] 작용하다 (tell) (*for, against* …). ¶ (~+前+圍) It *makes for* (against) his advantage. 그것은 그의 이익이 된다 (이익에 반한다).

7 만들어지다, 제작되다. ¶ Bolts are *making* in this shop. 이 공장에서 볼트가 제작되고 있다 // (~+圍) Hay *makes* better in small heaps. 너무 올려 쌓지 않은 쪽이 건초 마르기에 좋다.

8 《구어》이익을 얻다, 벌다 (make a profit). ¶ (~+前+圍) He *made* pretty handsomely *on* that bargain. 그는 그 거래에서 상당히 벌었다. [다.

have [*got*] *it made*《美속어》대성공이다, 이제 됐*make after* [고어] …을 추적하다 (pursue).

make away 급히 떠나다, 도망가다 (run away).

make away with ① …을 면하다 (벗어나다), 쫓아버리다 (get rid of). ② …을 멸하다, 죽이다 (kill). ¶ *make away with* oneself 자살하다. ③ …을 낭비하다; …을 다 써버리다, 소비해 버리다 (consume completely). ¶ He *made away with* most of his wife's money. 그는 아내의 돈을 거의 다 써버렸다. ④ …을 훔치다,

make believe […인] 체하다, 가장하다(pretend). ¶ He *makes believe* to be wise (*or* that he is wise). 그는 현명한 것처럼 보이려 하고 있다.

── **Usage** make believe ── 색다른 형의 표현인데, 원래는 프랑스어 *faire croire* 를 번역 차용한 것으로서, 'cause people to believe'(남을 믿게 하다)의 뜻이었다. 최근에는 I shut my eyes and *make-believe* to slumber. (눈을 감고 잠들어 있는 시늉을 하다)처럼, 하이픈으로 연결시켜, 한 낱말로 취급하는 경우도 있다.

make do 임시변통하다, 때우다, [최소한의] 만족하다 (with, without ...). ¶ We hadn't time for lunch, but we *made do* with sandwiches. 우리는 점심을 먹을 사이가 없어서 샌드위치로 때웠다. [do with a thing].

make a thing do …으로 임시변통하다(때우다)(make do).

make for ①…의 이익이 되다, …을 조장하다. ②…에 기여하다. ¶ Conduct of that kind does not *make for* good relations between them. 그러한 행동은 그들의 사이를 좋게 만들지 못한다. ②…에 향하다, 접근하다. ③…을 공격하다(attack).

make it 《美口》 ①[어떤 일을] 이룩하다(때우다); [시간을] 대다. ¶ *make it* to a train 기차 시간에 대다. ②[일반적으로] 성공하다. ③《美俗》성교하다(with ...).

Make it two.《口》 [식사 따위를 주문할 때] 같은 걸로 주세요.

make it up ①…와 화해하다(with ...). ②《口》[손해 따위를] 보상하다. ③…에 보답하다(to, for).

make off 서둘러 떠나다, 도망가다(run away).

make off with …을 가지고 달아나다.

make one's day《반어적으로》…을 즐겁게 하다. ¶ Go ahead, *make my day* ! [싸움 따위에서] 자, 덤벼.

make or mar 성패(운명)을 좌우하다.

make out ①[증서·수표 따위를] 작성하다, …을 정식으로 쓰다. ¶ *make out* a bill 증서를 쓰다. ②…을 증명하다(prove), 주장하다. ¶ How do you *make that out* ? 어떻게 해서 그런 결론이 나오지요? ③…을 이해하다(comprehend), 판독하다. ¶ I can't *make* him *out*. 나로서는 그의 말을 이해할 수가 없다 / The signature could not be *made out*. 그 서명은 판독할 수 없었다. ④…을 발견하다(descry), 인식하다(discern). ¶ They *made out* a figure in the distance. 그들은 먼 곳에서 사람의 그림자를 보았다. ⑤…은 …인 듯이 말하다(pretend), 암시하다, …인 체하다(pretend). ¶ He is *made out* to be a patriot. 그는 애국자로 되어 있다 / She *made out* that she had been working all day long. 그녀는 하루 종일 일한 체 하였다. ⑥《口》잘 해내다(succeed); 그럭저럭 해나가다(manage). ⑦《美속어》애무(성교)하다, 패팅하다.

make over ①…을 고쳐 만들다(make anew). ¶ *make over* a dress 옷을 고쳐 만들다. ②[재산 등을] 양도하다, 이관하다. ¶ *make* a fortune *over* to one's son 아들에게 재산을 물려주다.

make up ①[각 부분으로] …을 구성하다(constitute), 형성하다. ¶ *make up* a dress 옷을 짓다. ②…을 모으다 (put together); …을 조제하다(concoct), 편집하다 (compile). ¶ *make up* a medicine 약을 조제하다. ③[이야기 따위를] 날조하다(invent). ¶ *make up* excuses 핑계를 찾아내다. ④…을 보상하다(compensate); [구멍 따위]를 막다; [집 따위]를 꼭 닫아 두다. ¶ *make up* a loss 손해를 보상하다 / *make up* lost ground 실지를 회복하다. ⑤…을 채우다, …을 완전하게 하다(complete). ¶ *make up* an amount 일정량을 채우다. ⑥…을 준비하다(prepare), 정돈하다(put in order). ⑦…을 결정하다. ¶ *make up* a treaty 조약을 맺다. ⑧[분쟁 따위]를 우호적으로 해결하다. ¶ *make up* a difference 분쟁을 해결하다. ⑨[인쇄] [활자 따위]를 짜다, 배열하다(arrange). ⑩[열차를] 연결하다, 편성하다. ⑪화장하다, [배역으로] 분장하다(as, for ...). 메이크업 하다. ⑫

[oneself] *up for* an old man 노인으로 분장하다. ⑫ [계산] 을 청산하다, 조정하다(balance). ¶ *make up* accounts 결산하다. ⑬ [보고서]를 준비하다, 작성하다. ⑭[불합격이 된 과정을] 재수하다, [재(추가)시험]을 치르다. ¶ *make up* an examination 재시험을 치르다. [for].

make up for …을 보상하다, 벌충하다(compensate

make up to ①《口》…에 접근하려고 하다, […의] 환심을 사려고 하다(fawn on). ¶ He was trying to *make up to* one or two of the wealthier people. 그는 돈 많은 한두 사람의 환심을 사려고 시도해 왔다. ②…에게 구애하다(flirt with). ③[남]에게 보상을 하다. ¶ We must *make* it *up to* him somehow. 무엇으로든 그에게 보상을 해주지 않으면 안 된다.

make with 《美속어》《보통 'the+명사'를 수반하여》①…을 만들어 내다, 행하다. ¶ She *made with* tears. 그녀는 눈물을 흘렸다. ②…을 사용하다, 써서 하다. ¶ *make with* the knife 칼을 사용하다.

── *n.* [U|C] **1** 만듦새, 구조; 모양, 형(型)(form); 체격. ¶ a new *make* of motor 신형(新型)의 모터 / a man of slender *make* 체격이 날씬한 사람. **2** 종류 (sort), 형식, 형태(form). **3** [제작자·제조소 따위를 나타내어] …제(製), …산(産); 제조, 제작; 생산액 (output). ¶ an automobile of English *make* 영국제 자동차 / our own *make* 자가제(自家製). **4** 기질(disposition), 성격(character), 성질. ¶ a man of this *make* 이러한 성격의 사람. **5** [전기] [회로의] 접속. *cf.* break ¶ at *make* 접속하여. **6** [카드놀이] 패를 떼기 (뗄 차례). **7** 《美 속어》 승진, 임명.

on the make《口》《남을 밀어내면서까지》 성공·승진·이익 따위를 얻는 데 열을 올려, 급급하여. ②《속어》《여자》애인을 구하려고 애쓰는; [일반적으로] 이성과의 교섭을 찾아서.

make-and-break [méikənbréik] *adj.* [전기] 회로 단속기(斷續器)의.

make-be·lieve [méikbilìːv] *n.* ① 겉꾸밈, 가장, 거짓, 속임수(pretence). **2** …체하는 사람, 거짓 꾸미는 사람(pretender). ── *adj.* 《한정형용사》 거짓의, 속임수의, …인 체하는. ¶ *make-believe* sleep 꾀잠.

make-do [méikdùː] *n.* (*pl.* **-dos**) 임시 변통의 것. ── *adj.* 임시 변통의. [(말뚝).

make·fast [méikfæst / -fàːst] *n.* 《美》계선(繫船) 부

make-game [méikgèim] *n.* 《고어》조롱거리.

make-or-break [méikɔːrbrèik] *adj.* 성패(成敗)의 양단간의 결과가 극단적인. ¶ a *make-or-break* fiscal policy 성공이냐 실패냐가 이 문제에 달려 있는 금융 정책.

†mak·er [méikər] *n.* **1** 만드는 사람, 제작자; 제조업자. **2** (the M- *or* our M-) 신(神), 조물주(God). **3** [법률] 증서 작성자. **4** [특히] 약속 어음 발행인. **4** [카드놀이] [브리지의] 선언자. **5** 《고어》시인(poet).

go to (*meet*) **one's maker** 죽다. [제공판.

mak·er-up [méikərʌ́p] *n.* (*pl.* **mak·ers-up**)

make·shift [méikʃìft] *n.* 임시 변통의 것, 대용품; 미봉책. ── *adj.* 임시 변통의, 일시적 방편의.

***make-up, make·up** [méikʌ̀p] *n.* **1** 조성, 구성 (composition), 구조(construction); 체격. **2** 성질 (nature), 기질(disposition). **3** [U|C] 얼굴 단장, 분장 [배역]의 분장, 메이크업; 화장품(cosmetics), 분장 도구. **4** [인쇄] 조판, 정판; [신문의] 전면 구성. **5** 지어낸 이야기. **6**《美口》재(추가) 시험.

make·weight [méikwèit] *n.* **1** 중량 부족을 메꾸는 첨가물; 평형추(平衡錘). **2** [잡지 등의] 여백을 메우는 짧은 기사; 하찮은 사람(것).

make-work [méikwɜːrk] *n.* [U] [노동자를 놀리지 않기 위하여] 만들어 주는 불필요한 일.

***mak·ing** [méikiŋ] *n.* **1** [U] 만들기, 제조(production). **2** [U] 구조, 구성(constitution). **3** [U] 성공·발전의 수단 또는 원인. ¶ Early hardships were the *making* of him. 초년 고생이 그의 성공의 밑받침이 되었다. **4** (종

mal- ~s) 원료, 재료(materials); 성분; 소질. ¶ She has the *makings* of a novelist in her. 그녀에게는 소설가가 될 소질이 있다. **5** ⓊⒸ [1회의] 생산량, 제조량. **6** 제작(제)품.
in the making 제작중의, 발전중의. ¶ *a dictionary in the making* 편찬중인 사전.

mal- bad, wrongful, ill 의 뜻의 연결형. 예: *mal*adjustment, *mal*practice.

Ma·lac·ca [məlǽkə] *n.* **the Strait of ~** 말래카 해협.

Malácca cáne *n.* 말래카 단장[동인도산(產)의 등나무 줄기로 만든 단장].

Mal·a·chi [mǽləkài] *n.* **1** 말라기[기원전 5세기의 헤브라이 예언자]. **2** [구약 성서의] 말라기서(書)

mal·a·chite [mǽləkàit] *n.* Ⓤ 공작석(孔雀石) [녹색의 동광(銅鑛)].

mal·a·co·derm [mǽləkədə̀ːrm] *n.* 연피류(軟皮類); [특히] 말미잘(sea anemone).

mal·a·col·o·gy [mæ̀ləkάlədʒi / -kɔ́l-] *n.* Ⓤ [동물] 연체(軟體) 동물학.

mal·ad·ap·ta·tion [mæ̀lædæptéi(ə)n] *n.* ⓊⒸ 순응 불량, 부적응.

mal·a·dapt·ed [mæ̀lədǽptid] *adj.* 순응(적응)하지 않는, 부적합한.

mal·a·dap·tive [mæ̀lədǽptiv] *adj.* 순응성(적응성)이 없는(나쁜).

mal·ad·just·ed [mæ̀lədʒʌ́stid] *adj.* **1** 조정이 잘못된, 조절이 충분히 되지 않은. **2** [환경에] 적응하지 못하는. ¶ *a maladjusted* child 부적응아.

mal·ad·just·ment [mæ̀lədʒʌ́stmənt] *n.* ⓊⒸ 부조정(不調整), 부조절; [환경에 대한] 부적응.

mal·ad·min·is·ter [mæ̀lədmínistər] *vt.* [공사(公事)]를 그르치다, …의 처리를 잘못하다.

mal·ad·min·is·tra·tion [mæ̀lədmìnistréi(ə)n] *n.* Ⓤ 그릇된 처리, 잘못함; 실정(失政), 비정(批政); 경영의 실패.

mal·a·droit [mæ̀lədrɔ́it] *adj.* 솜씨 없는, 서투른, 어줍은, 어색한(awkward). **-ly** *adv.* **~·ness** *n.*

*mal·a·dy [mǽlədi] *n.* (*pl.* **-dies**) **1** [특히 만성적인] 병, 질병(disease). ⇒ ILLNESS 類語 **2** [사회적] 혼란 (disorder).

ma·la fi·de [mǽlə fáidi, méilə-] *adj., adv.* (라틴) (= in bad faith) 불성실한(하게), 악의의(로). *cf.* bona fide

ma·la fi·des [mǽlə fáidiːz, méilə-] *n.* (라틴) (= bad faith) 불신, 악의, 불성실. *cf. bona fides*

Mal·a·ga [mǽləgə] *n.* **1** (=**Mál·a·ga**) 말라가 [스페인 남부의 해항]. **2** Ⓤ 말라가산(產)의 백포도주.

Mal·a·gas·y [mæ̀ləgǽsi] *n.* (*pl.* **-gas·y** *or* **-gas·ies**) Madagascar 사람; Ⓤ Madagascar 섬 말. — *adj.* Madagascar 사람(말)의.

ma·la·gue·na [mὰːləɡéinjə] *n.* 말라게냐 [스페인의 Málaga 지방에서 생겨난 춤].

ma·laise [mæléiz] *n.* ⓊⒸ 기분이 언짢음, 불쾌. [<F discomfort]

mal·a·mute, mal·e·mute [mǽləmjùːt] *n.* (때로 M-) 말라뮤트[알라스카 산(產)의 썰매 끄는 개].

mal·a·pert [mǽləpə̀ːrt] (고어) *adj.* 염치없는, 뻔뻔스러운(impudent). — *n.* 염치없는 사람, 뻔뻔스러운 사람.

Mal·a·prop [mǽləpràp / -prɔ̀p] *n.* **Mrs. ~** 맬러프롭 부인[Sheridan 의 극 *The Rivals*(1775) 에 나오는 노부인; 말의 오용(誤用)으로 유명].

mal·a·prop·i·an [mæ̀ləprάpiən / -prɔ́p-] *adj.* 말을 터무니없이 오용하는; 엉뚱한.

mal·a·prop·ism [mǽləpràpiz(ə)m / -prɔ̀p-] *n.* Ⓤ [동음 혼동에 의한] 말의 우스꽝스런 오용; 오용된 말.

mal·à·pro·pos [mæ̀ləpròupóu, ---'-] *adj.* 시기가 좋지 않은, 기회(시기)가 나쁜, 부적절한. — *adv.* 시기에 맞지 않게, 부적절하게. — *n.* 시기에 맞지 않(않)는 언행. [<F]

*ma·lar·i·a [məlέ(ː)riə / -léər-] *n.* Ⓤ **1** [병리] 말라리아. **2** [습지에서 나는] 독기, 장기(瘴氣).
◇ malárial *adj.*

ma·lar·i·al [məlέ(ː)riəl / -léər-], **(ma·lar·i·an** [məlέ(ː)riən / -léər-]) *adj.* 말라리아의; 독기의. ¶ *malarial fever* 말라리아열.

ma·lar·i·ous [məlέ(ː)riəs / -léər-] *adj.* =malarial.

ma·lar·key [məlάːrki], **(ma·lar·ky)** *n.* (구어) 과장된(허황된) 이야기, 거짓말, 허튼 소리.

Mal·a·thi·on [mæ̀ləθáiən / -ɔn] *n.* (상표명) 말라티온 [황색 액체의 살충제].

Ma·la·wi [mɑːlάːwi / mə-] *n.* 말라위 [아프리카 동남부의 공화국으로 영역방의 하나. 수도 Zomba].

Ma·lay [məléi, ─ méilei] *adj.* 말레이인(人)의; 말레이 반도의; 말레이어(語)의. — *n.* 말레이 사람; Ⓤ 말레이어 [인도네시아어파(語派)에 속한다].
◇ Maláyan *adj., n.*

Ma·la·ya [məléiə] *n.* **1** 말레이 반도 (the Malay Peninsula). **2** **the Federation of ~** 말레이시아 연방[현재는 말레이시아에 통합].

Mal·a·ya·lam [mæ̀ləjάːləm / -liάː-] *n.* Ⓤ 말라얄람어 (語)[인도의 서남단 Malabar 해안 지방에서 사용되는 드라비다 어족 중의 한 언어].

Ma·lay·an [məléiən] *adj.* 말레이 사람의; 말레이 반도(군도)의; 말레이어의. — *n.* 말레이 사람(Malay); Ⓤ 말레이어.

Málay Árchipélago *n.* (the ~) 말레이 군도.

Ma·lay·o-Pol·y·ne·sian [məléiouρὰlinίːʒən, -(ə)n] *n., adj.* 말레이폴리네시아인(의), 말레이폴리네시아 어족(語族)(의).

Málay Península *n.* (the ~) 말레이 반도.

Ma·lay·sia [məléiʒə, -ʃə / -ziə, -zjə] *n.* **1** 말레이 군도. **2** 말레이시아[동남 아시아의 국가; 수도 Kuala Lumpur].

Ma·lay·sian [məléiʒ(ə)n, -ʃ(ə)n / -ziən, -zjən] *n.* 말레이 군도 주민. — *adj.* 말레이시아의, 말레이 군도[주민]의.

mal·con·for·ma·tion [mæ̀lkὰnfərméi(ə)n / -kɔ̀n-] *n.* Ⓤ 보기 흉한 꼴, 추한 모양.

mal·con·tent [mǽlkəntènt] *adj.* 만족스럽지 못한 (discontented); [현상·정치에] 불평을 품는, 반항적인. — *n.* 불평가; [현실 정치에 대한] 반항자, 선동자; 반주류파.

mal de mer [F mal də mεːr] *n.* (프랑스) (=sickness of the sea) 뱃멀미.

mal de siè·cle [F mal də sjekl] *n.* (프랑스) 삶에 대한 권태[감], 염세[기분].

Mal·dive [mǽldaiv] *n.* 맬다이브[스리랑카의 서남방, 인도양상의 약 2 천 개의 산호초로 이루어진 맬다이브 군도(Maldive Islands)로 된 공화국. 수도 Malé].

*male [meil] (*opp.* female) *adj.* **1** 남자의, 수컷의, 수의. ¶ *a male* animal 동물의 수컷 / *male* hormone 남성 호르몬.

類語 **male** 동·식물에 함께 쓰며, 다만 성(性)이「남자=수컷의」. **masculine** 성질·특색이 남성적인: *a masculine* voice 남자 목소리. **manly** 성인 남자의 소망스러운 특징에 쓰이는 말: *manly* frankness 남자다운 솔직함. **manful** 아주 남자다운; 특히 불굴·단호함 따위의 특징을 나타내는 말: *a manful* struggle against imperialism 제국주의에 대한 과감한 투쟁. **manlike** 특히 masculine 한 성질·특색에 쓰이는 말: his *manlike* bluntness 그의 남자다운 무뚝뚝함. **mannish** 여성의 남자 같은 복장이나 태도에 쓰이는 말. **virile** 성인 남자의 적극성·억셈·생식 능력 따위에 쓰이는 말: *a virile* young man 억센 남성적인 청년.

2 남성적인, 남자다운; 억센(strong). ¶ *male* vigor (courage) 남자다운 원기(용기). **3** [식물] [종자 식물이] 수술이 있는, 수술만 있는; [기계] 웅부(雄部)의. ¶

a *male* flower 수꽃 / a *male* screw 수나사.
— n. **1** 남(男), 남자, 남성(man); 동물의 수컷. **2** 〔식물〕 웅성 식물(staminate plant). ~·ness n.

male- *pref.* evil 의 뜻의 명사를 만든다. 예: *male*diction.

mâle cháuvinism n. ⓤ 남성 우월(중심)주의.

mâle cháuvinist n. 남성 우월(중심)주의자.

mal·e·dic·tion [mæ̀lidíkʃ(ə)n] n. 저주(curse). (opp. benediction); 욕, 험담, 중상(slander).

mal·e·dic·to·ry [mæ̀lidíkt(ə)ri] adj. 저주의, 저주하는; 험담의.

mal·e·fac·tion [mæ̀lifǽkʃ(ə)n] n. [못된 짓](crime).

mal·e·fac·tor [mǽlifæ̀ktər] n. (여성형은 malefactress [-tris]) **1** 범인, 범죄자(criminal). **2** 악인.

mâle fêrn n. 면마, 관중(양치류의 일종으로, 유럽·북미산(產), 그 근경(根莖)은 구충제).

ma·lef·ic [məléfik] adj. (특히 요술 따위가) 화를 일으키는, 해로운(harmful).

ma·lef·i·cence [məléfisns] n. ⓤ 나쁜 짓, 악행; 유해. opp. beneficence

ma·lef·i·cent [məléfisnt] adj. 해가 되는, 유해한 (to..). opp. beneficent

mal·e·mute [mǽləmjùːt] n. (때로 M-) = malamute.

ma·lev·o·lence [məlévələns] n. ⓤ 악의, 해치려는 마음, 적의(ill will). opp. benevolence ⇨ MALICE [類語]

ma·lev·o·lent [məlévələnt] adj. **1** 악의있는, 해치려는 마음이 있는. opp. benevolent **2** 〔점성〕 불길한 (ill-omened). ~·ly adv.

mal·fea·sance [mælfíːz(ə)ns] n. 〔법률〕 불법 행위; 〔특히 공무원의〕 위법 행위(misconduct).

mal·fea·sant [mælfíːz(ə)nt] adj. 위법의, 불법의 (illegal). — n. 위법 행위자, 범죄인(criminal).

mal·for·ma·tion [mæ̀lfɔːrméiʃ(ə)n] n. ⓤⓒ 〔특히 생물체의〕 불구, 기형(奇形). 〔게 생긴, 기형의.

mal·formed [mælfɔ́ːrmd] adj. 잘못 만들어진; 흉하

mal·func·tion [mælfʌ́ŋkʃ(ə)n] n. ⓤ 〔기계 따위의〕 부조(不調), 기능 부전. — vi. 〔기계·장치 따위가〕 제대로 움직이지 않다. 〔Bamako〕.

Ma·li [máːli] n. 말리〔아프리카 서부의 공화국; 수도

máli·bù bôard[mǽlibùː] n. 말리부 보드〔길이 약 9피트(2.7m)의 유선형 플라스틱제 파도타기판〕.

málic ácid[mǽlik-, méil-] n. ⓤ 〔화학〕 능금산(酸).

mal·ice [mǽlis] n. ⓤ 악의(ill will), 해치려는 마음, 원한; 〔법률〕 범의(犯意). ¶ bear *malice* to a person 남에게 악의를 품다 / He didn't speak out of *malice*. 그는 악의가 있어서 한 말이 아니다.

[類語] *malice* 타인의 고통을 기뻐하는 뿌리깊은 악의; 가벼운 장난기를 나타내는 수도 있다. *ill will* 종종 특별한 이유도 없이 남(사물)에게 품는 나쁜 감정. **malevolence** 마음속에 맺혀 있는 ill will. **malignity, malignancy** 마음속 깊이 뿌리박혀 배출구를 찾고 있는 강렬한 malevolence. **grudge** 남에게 부당한 취급을 받았거나 받았다고 생각하여 앙갚음을 노리는 마음. **rancor** 오랫 동안 마음을 병들게 한 지울 수 없는 증오·적의. **spite** 사소한 행위에 나타나는 원망·새앙 따위의 도량이 없는 ill will.

◇ malícious a.

*****ma·li·cious** [məlíʃəs] adj. 악의(적의)가 있는, 심술궂은(malevolent); 〔법률〕 범의가 있어서 저지른. ~·ly adv. ~·ness n. ◇ málice n.

ma·lign [məláin] vt. 〔남〕을 나쁘게 말하다, 헐뜯다, 중상하다(speak ill of). ¶ *malign* a kind man 친절한 사람을 나쁘게 말하다. — adj. 〔어떤 것이〕 영향이 나쁜, 유해한; 〔사람이〕 악의가 있는(malevolent); 〔질병이〕 악성의. ¶ a *malign* influence 악영향.

ma·lig·nance [məlígnəns] n. = malignancy.

ma·lig·nan·cy [məlígnənsi] n. ⓤ **1** 심한 악의, 심술. ⇨ MALICE [類語] **2** 유해. **3** 〔병리〕 악성, 불치성.

*****ma·lig·nant** [məlígnənt] adj. **1** 악의(적의)가 있는 (malicious); 유해한. **2** 〔병리〕 악성의, 불치의(opp. benign). **3** 〔고어〕 반항적인. **4** 〔英역사〕 왕당(王黨)의. — n. **1** 〔고어〕 〔권력에 대한〕 반항자. **2** 〔英역사〕 〔Charles 1세를 지지하는〕 왕당파. ~·ly adv.

◇ malígn v., malígnity n.

ma·lig·ni·ty [məlígniti] n. (pl. -ties) **1** ⓤ 악의의, 적의의 malevolence) (⇨ MALICE [類語]); ⓒ 악의있는 행위; 불상사. **2** ⓤ 〔질병의〕 악성(virulence).

ma·lign·ly [məláinli] adv. 악의(적의)에 차서; 운수 사납게도, 괘씸하게도.

ma·line [məlíːn / mæ-] n. = malines 1.

ma·lines [məlíːn / mæ-] n. **1** 말린〔벨기에산(產)의 엷고 단단한 실크 망사천〕. **2** = Mechlin (lace). 〔< F〕

ma·lin·ger [məlíŋɡər] vi. 〔특히 사병 등이 근무를 빼먹기 위해〕 꾀병을 부리다(앓다).

ma·lin·ger·er [məlíŋɡərər] n. 꾀병하는(을 앓는) 사람(사병).

ma·lin·ger·y [məlíŋɡəri] n. 〔특히 병사등의〕 꾀병.

ma·lism [méiliz(ə)m] n. ⓤ 현세 사악설(性惡說).

mal·i·son [mǽlizn, —美 -lisn] n. 〔고어〕 저주(curse).

mall[1] [mɔːl, + 美 mɑːl, mæl + 3] n. **1** 나무 그늘이 진 산책길, 산책로에 나무가 늘어선 길. **2** (美) 〔산책형의〕 상점가〔넓은 주차 공간에 산책로처럼 꾸며진 보행자 전용의 상점가〕(shopping mall). **3** (美) 〔고속도로의〕 중앙 분리대. **4** ⓤ 〔옛 영국의 구기(球技)〕 〔pall-mall〕; ⓒ 펠멜 구희장, 펠멜구희용 타구봉. **5** [mæl] (the M-) 런던의 St. James 공원의 산책터.

mall[2] [mɔːl] n., v. = maul.

mal·lard [mǽlərd] n. (pl. -lards or -lard) 청둥오리; 그 수컷; 〔일반적〕 들오리.

mal·le·a·bil·i·ty [mæ̀liəblíti] n. ⓤ **1** 〔금속의〕 가단성(可鍛性), 전성(展性). **2** 순응성, 유순한 성질.

mal·le·a·ble[mǽliəbl] adj. **1** 〔금속의〕 두들겨 펼 수 있는, 가단성의. **2** 순응성이 있는, 유순한(tractable). ~·ness n.

mal·lee [mǽli] 〔(小)유칼리나무. 〔남오스트레일리아산(產)의〕 소

mal·le·o·lus [məlíːo(u)ləs] n. (pl. -li [-lài]) 〔해부〕 복사뼈. 〔구봉. 〔< F〕

mal·let [mǽlit] n. 나무 망치; 〔croquet 나 polo 의〕 타

mal·le·us [mǽliəs] n. (pl. -le·i [-liài]) 〔해부〕 〔중이(中耳)의〕 추골(槌骨). 〔욱.

mal·low [mǽlou] n. 아욱과(科)의 식물; 〔특히〕 당아

malm [mɑːm] n. ⓤ 석회암의 일종, 백악암(白堊岩); 백악토.

mal·mai·son [mæ̀lməzɔ́ːŋ, mæ̀lmeizɔ́ːŋ] n. (보통 M-) 카네이션의 일종.

malm·sey [mɑ́ːmzi] n. ⓤ 독하고 단 백포도주.

mal·nour·ished [mælnʌ́ːriʃt / -nʌ́r-] adj. 영양 불량의.

mal·nu·tri·tion [mæ̀ln(j)uːtríʃ(ə)n / -njuː-] n. ⓤ 영양 불량, 영양 실조.

mal·oc·clu·sion [mæ̀ləklúːʒ(ə)n/mæ̀lɔk-] n. 〔치과〕 〔윗니와 아랫니의〕 부정 교합(不正咬合).

mal·o·dor, (英) **-dour** [mælóudər] n. 악취 (stench).

mal·o·dor·ant [mælóudərənt] n. 악취가 나는 것.

mal·o·dor·ous [mælóudərəs] adj. 악취를 풍기는. ~·ly adv. ~·ness n.

Mal·pígh·i·an tùbe [mælpíːɡiən-] n. 말피기관(管) 〔곤충의 배설기관〕. 〔< 이탈리아의 해부학자 Marcello Malpighi(1628-94)의 이름〕

mal·po·si·tion [mæ̀lpəzíʃ(ə)n] n. ⓤ 〔병리〕 〔기관·태아 따위의〕 변위(變位).

mal·prac·tice [mælprǽktis / -/] n. **1** 〔무지·태만·범의 따위에 의한〕 직무상의 과실, 배임 행위, 위법 행위; 〔의사의〕 부정 치료; 의료 과오. **2** 〔일반적으로〕 부정 행위, 오용.

mal·prac·ti·tion·er [mæ̀lpræktíʃənər] n. 배임(위

*malt [mɔːlt] n. ① 1 〔양조용〕 엿기름; 맥아. 2 맥아주; 맥주, 에일; 위스키. 3 《美구어》=malted [milk].
— vt. 1 〔보리 따위〕를 엿기름으로 만들다. 2 …에 엿기름을 쓰다. 3 〔술〕을 엿기름[맥아]으로 만들다. — vi. 엿기름이 되다; 엿기름을 만들다.
Mal·ta [mɔ́ːltə] n. 말타〔지중해의 섬나라로 영연방의 일원; 수도 Valletta〕.
Málta féver n. ① 〔병리〕 말타열.
malt·ase [mɔ́ːlteis] n. ① 〔생화학〕 말타아제〔맥아당을 포도당으로 분해시키는 효소〕.
malt·dust [mɔ́ːltdʌ̀st] n. ① 엿기름 지게미.
malt·ed [mɔ́ːltid] a., n. ① 《美》 몰트 밀크〔우유·아이스크림·맥아가루로 만드는 단 음료〕.
Mal·tese [mɔːltíːz, ≠≠, +美 -tíːs] adj. 말타의, 말타인(의) n. (pl. -tese) 1 말타인. 2 ① 말타어.
Máltese cát n. 말타 고양이〔푸른 잿빛깔의 고양이〕.
Máltese cróss n. 말타 십자〔십자가의 일종〕.
Máltese dóg n. 말타견(犬) [Malta 섬 원산의 소형개〕.
mált éxtract n. ① 맥아 엑스.
mal·tha [mǽlθə] n. ① 말사〔아스팔트의 일종〕.
malt·house [mɔ́ːlthàus] n. 맥아 제조소.
Mal·thu·si·an [mælθ(j)úːziən, +美 -ʒən] adj. Malthus의; 맬더스주의의. — n. 맬더스주의자.
〔<영국의 경제학자 Thomas Robert Malthus (1766-1834)의 이름〕
Mal·thu·si·an·ism [mælθ(j)úːziəníz(ə)m] n. ① 맬더스학설, 맬더스의 인구론.
malt·ing [mɔ́ːltiŋ] n. 1 맥아 제조〔과정〕. 2 맥아 제조소(malthouse).
malt-kiln [mɔ́ːltkìln] n. 엿기름 건조용 가마.
mált líquor n. ① 맥아주〔맥아를 발효시켜 빚은 술, 맥주 따위. 특히 양조인이 사용하는 조어〕.
malt·man [mɔ́ːltmən] n. (pl. -men [-mən]) 맥아 제조인.
malt·ose [mɔ́ːltous] n. ① 〔화학〕 말토오스, 맥아당(糖).
mal·treat [mæltríːt] vt. …을 거칠게 다루다, 혹사하다, 학대하다.
mal·treat·ment [mæltríːtmənt] n. ① 잘못 다룸, 혹사, 학대.
malt·ster [mɔ́ːltstər] n. 맥아 제조〔판매〕인.
mált sùgar n. =maltose.
malt·worm [mɔ́ːltwə̀ːrm] n. 《고어》 대주가〔大酒家〕.
malt·y [mɔ́ːlti] adj. (**malt·i·er, malt·i·est**) 1 엿기름(맥아)의, 맥아와 같은, 맥아를 함유하는. 2 애주가인.
mal·va·ceous [mælvéiʃəs] adj. 아욱과(科)의.
mal·ver·sa·tion [mæ̀lvərséiʃ(ə)n] n. ① 《주로 법률》 〔관리의〕 부정 행위, 배임 행위, 오직(汚職).
mam [mæm] n. 《英구어》《어린이 말》 엄마.
***ma·ma** [máːmə / məmáː] n. 《구어》=mamma¹.
mam·ba [máːmbɑː] n. 맘바〔남아프리카산의 독사〕.
mam·bo [máːmbou] n. (pl. -bos) 맘보[⁴/박자의 춤〕; 그 음악. — vi. 맘보를 추다.
mam·e·lon [mǽmilən] n. 유방 모양의 작은 언덕, 원구(圓丘).
Mam·e·luke [mǽmilùːk] n. 1 〔역사〕 이집트의 무사(武士) 계급의 일원〔원래는 노예. 한때 정치적 실권을 잡았으나 Mohammed Ali에 의해 멸망〕. 2 (m-) 《회교국의》 노예.
‡**ma·ma** [máːmə / məmáː] n. 《구어》 마마, 엄마. cf. papa
mam·ma² [mǽmə] n. (pl. -mae [-miː]) 《해부·동물》 유방, 유선(乳腺).
***mam·mal** [mǽm(ə)l] n. 포유 동물. ◇ **mámmary** adj.
mam·ma·li·a [mæméiliə, -ljə] n. pl. 포유류.
mam·ma·li·an [məméiliən, -ljən] adj. 포유류의. — n. 포유 동물.
mam·mal·o·gy [mæmǽlədʒi] n. ① 포유 동물학.
mam·ma·ry [mǽməri] adj. 〔해부·동물〕의 유방(乳腺)의; 유방 모양의. ¶ the *mammary* gland 유선.
mam·mee [mæmíː, +美 -méi, mɑː-] n. 마미〔열대

아메리카산(産)의 금사과(科)의 교목; 그 열매〕.
mam·mif·er·ous [mæmífərəs] adj. 유방이 있는; 포유류의(mammalian).
mam·mi·form [mǽmifɔ̀ːrm] adj. 유방〔젖꼭지〕 모양의.
mam·mil·la [mæmílə] n. (pl. -milae [-mílíː]) 〔해부〕 젖꼭지〔같은 돌기〕(突起).
mam·mock [mǽmək] n. 《고어·방언》 조각, 단편. — vt. 산산조각으로 자르다, 토막내다, 분쇄하다.
mam·mo·gram [mǽməgræ̀m], **-graph** [-grǽf / -grɑ̀ːf] n. ① 〔유방 X선 사진〕.
mam·mog·ra·phy [mæmɑ́grəfi / -mɔ́g-] n. ① 〔유방암 검사용의〕 유방 엑스선 조영(造影)법.
mam·mon [mǽmən] n. ① 《성서》 〔특히 죄악을 가져오는 것으로서의〕 부(富), 재물, 금전〔←누가 복음(Luke) 16:9-13〕. ¶ the *mammon* of unrighteousness 부정한 재물(부). 2 (M-) 부의 신, 탐욕의 신.
mam·mon·ish [mǽməniʃ] adj. 부(富)의, 재물의; 배금(拜金)주의의.
mam·mon·ism [mǽməniz(ə)m] n. ① 배금주의.
mam·mon·ist [mǽmənist] n. 배금주의자, 황금 만능주의자, 탐욕스러운 사람.
mam·mon·ite [mǽmənàit] n. =mammonist.
mam·mo·plas·ty [mǽməplæ̀sti] n. 유방 정형〔수술〕.
***mam·moth** [mǽməθ] n. 맘모스. — adj. 거대한(gigantic). ¶ a *mammoth* parade 대(大)행렬.
***mam·my** [mǽmi] n. (pl. -mies) 1 《구어》=mamma¹. 2 《美남부》유모.
mámmy cháir n. 《항해 속어》〔정박중인 선박과 육지간에〕 손님을 나르는 데 쓰는 바구니 의자.
mámmy wàgon n. 《서아프리카의 사람·짐 운반용》 소형 버스(트럭).
‡**man** [mæn] n. (pl. **men** [men]) 1 남자(cf. woman); 성년 남자, 어른 (cf. boy). ¶ grow into a *man* 성인이 되다 / The child is father of the *man*. 아이는 어른의 아버지 《Wordsworth 작 *My heart leaps up*》.
2 《무관사 단수》 사람, 인간, 인류. ¶ *Man* is the lord of the creation. 인간은 만물의 영장이다 / *Man* is mortal. 사람은 죽게 마련이다 / *Man* shall not live by bread alone. 사람이 떡으로만 살 것이 아니요〔←마태복음(Matt.) 4:4〕.
3 《성별에 관계 없이 개개의》 사람(human being, person). ¶ any *man* 누구든지 / some *man* 어떤 사람 / some *men* 몇몇 사람 / a few *men* 두세 사람 / a young *man* 젊은이 / a *man* of years 나이가 지긋한 사람 / an average *man* 보통 사람 / a learned *man* 학자 / a *man* of good birth 가문이 좋은 사람 / a *man* of ability (culture) 재능(교양)이 있는 사람 / a *man* of courage 용감한 사람 / a *man* of strong will 의지가 강한 사람 / a *man* of the world 세상 물정에 밝은 사람 / the right *man* in the right place 적재적소 / He is not a *man* to tell a lie. 그는 거짓말할 사람이 아니다 / So many *men*, so many minds. 《속담》 십인십색(十人十色).
4 남편(husband). ¶ *man* and wife 부부.
5 〔남자〕하인, 하인, 시종; (보통 men) 〔공장 등의〕 종업원, 노동자; (보통 men) 병사, 사병; (보통 one's men) 부하, 아랫사람. ¶ an odd *man* 임시 고용인 / officers and *men* 장병 / Like master, like *man*. 《속담》 그 주인에 그 하인.
6 사나이다운 사나이. 대장부. ¶ a *man* of *men* 사나이 중의 사나이 / make a person a *man* 남을 훌륭한 사나이로 만들다 / Bear it like a *man*. 사나이답게 참아라 / He was every inch a *man*. 그는 하나도 나무랄 데가 없는 사나이였다.
7 자네, 여보게, 이봐 《 * 경멸·초조·친밀감 등을 나타내어 부르는 말》 *interj*. 《구어》〔손아랫 사람에게〕 이봐, 자네 / my little *man* 애야, 아가야 / Come, *man*, we must go. 이 사람아, 빨리 가자구.
8 (the ~) 제격인 사람, 적격자. ¶ You are just the *man* to do it. 너는 그 일에 적격자다.

9 (one's ~ or a person's ~) 상대자, […이] 바라는 사람. ¶ Let him choose his weapons, and I'm the man. 그가 원하는 무기를 고르게 해라, 내가 상대해 주지. **10** [서양 장기 따위의] 말. **11** [역사] [봉건 시대의] 신하, 봉신(封臣) (vassal). **12** [복합어를 만들어] 배(ship). ¶ a *man-of-war* 군함. **13** (the M-) [속어] 두목, 우두머리; [흑인의 입장에서] [서] 백인, 경관.
as one man 일치해서, 다 함께; [일제히](unanimously).
be one's own man ① 독립해 있다. 남의 지배를 받지 않다. ② [기개가] 꿋꿋하다.
between man and man 남자와 남자 사이에, 남자대 남자로서.
the inner man ① 사람의 정신면, 영혼. ② [익살] 배, 밥통.
a man about town 도회지 생활에 익숙한 사람, 오락가, 사교가.
a man and a brother 동료, 동포.
man and boy 어릴 때부터 쭉.
man for (or *to*) *man* ① 한 사람 한 사람을 비교하면. ② 1대1로. ③ 마음을 터놓고, 솔직히 말해서, 사실 말이지. ¶ Now, *man to man*, what did you do with the money? 그러면, 솔직히 말해서 그 돈을 어떻게 했단 말이냐?
the man in the street ⇨ STREET.
a man of God ⇨ GOD.
a man on horseback [정부에 압력을 가할 수 있을 정도로] 위력이 있는 군인, 군의 독재자.
the outer man ① 육체, ② 외관, 풍채.
to a man, to the last man 한 사람도 남김 없이, 다.
— *vt.* (manned, man·ning) **1** …에 사람을 배치하다, 승무원으로 근무하게 하다. ¶ *man* a ship 배에 승무원을 배치하다 / *man* a fort 요새에 병사들을 배치하다. **2** …의 위치에 자리잡다, …을 조작하다. ¶ *Man* the guns! 사격 준비! **3** [주로 재귀용법] …을 힘내게 하다, 격려하다, 기운을 내게 하다. ¶ *man* oneself for an ordeal 용기를 내서 시련에 대항하다. **4** [매 따위를] 길들이다.
man it out 사나이답게 해내다, 훌륭히 행동하다.
— *interj.* 《美 속어》와아! 어렵고! 저런! (boy); 이 사람아, 이봐 (* 주의를 끌든가 놀라움을 강조할 때에 사용). ¶ Go, *man*, go. 좋아, 이 사람아, 좀더 힘내! ⇨ *n.* 7.
◇ mánlike, mánly, mánnish, mánful *adj.*
Man [mæn] *n.* **the Isle of ~** [영국의] 아일랜드 해상의 섬.
-man 다음의 뜻의 연결형 **1** …나라 사람, …에 사는 사람. 예: French*man*, country*man*. **2** …을 직업으로 하는 사람. 예: clergy*man*, dust*man*, laundry*man*, post*man*. **3** ship. 예: India*man*, merchant*man*.
man. (略) manual.
Man. (略) Manila [paper]; Manitoba.
ma·na [máːnɑː] *n.* **1** 마나 [자연계에 내재(內在)하며 그곳에서 발현하여 우주의 질서를 유지하는 초자연력; 인간에게 구현하여 권위 마력이 된다]. **2** 위신, 권력, 권위. [< Polynesian]
man-a-bout-town [mǽnəbàuttáun] *n.* (*pl.* men- [mén-]) [고급 클럽·극장·식당 등의] 사교계에서 지내는 한량(閑量).
man·a·cle [mǽnəkl] *n.* **1** 수갑, 쇠고랑 (handcuff). **2** (보통 s~) 구속, 속박 (restraints). ¶ *vt.* (-cled, -cling) **1** …에 수갑을 채우다, 쇠고랑을 채우다. **2** …을 구속하다, 속박하다.
‡**man·age** [mǽnidʒ] *v.* (-aged, -ag·ing) *vt.* **1** …을 잘 해내다, 애를 써서 …을 하다; 《종종 비꼬아서》감쪽같이 …을 하다, 분에 아니게 …하다. ¶ I'll *manage* it somehow. 어떻게든 해보겠습니다 // (~ + *to* do) He *managed* to be in time. 그는 용케 그 시간에 댔다 / He *managed* to fail in the examination. 그는 본의 아니게 시험에서 떨어졌다. **2** …을 경영(관리)하다, 단속하다, 지배하다. ¶ *manage* a business 상사(商社)를 경영하다 / *manage* a household 집안살림을 경영하여 나가다. **3** [남]을 마음대로 부리다, 다루다. ¶ *manage* a spoilt child 떼쓰는 아이를 잘 다루다. **4** …을 조종하다, 취급하다. ⇨ TREAT [類語] ¶ *manage* a boat 보트를 조종하다 / *manage* an oar 노를 젓다 / *manage* a machine 기계를 취급하다. **5** [말]을 조련하다, 훈련시키다. **6** (can, be able to 를 수반하여) …을 처분하다, 먹다. ¶ I can't *manage* it alone 나 혼자서는 다 먹을 수 없다 (처분할 수 없다).
— *vi.* **1** 취급하다, 조작하다, 처리하다. **2** 이럭저럭 해나가다, 꾸려나가다. ¶ I shall *manage* somehow. 어떻게든 해보죠 / We can *manage* without money. 돈이 없어도 이력저럭 해나갈 수 있다. ⇨ TREAT [類語]
man·age·a·bil·i·ty [mǽnidʒəbíliti] *n.* ⓤ 처리하기 쉬움, 지배하기 쉬움, 취급하기 쉬움.
man·age·a·ble [mǽnidʒəbl] *adj.* 처리하기 쉬운, 지배할 수 있는, 다루기 쉬운, 유순한. ¶ a *manageable* horse 다루기 쉬운 말. **~ness** *n.* **-bly** *adv.*
mán·aged cúrrency [mǽnidʒd-] *n.* ⓤ 관리 통화.
mánaged néws *n.* [발표자 측에 편리하게] 사실이나 수치(數値)를 왜곡한 뉴스; [정부(경찰) 발표 뉴스.
‡**man·age·ment** [mǽnidʒmənt] *n.* **1** ⓤ 처리, 조치, 취급; 경영, 관리, 지배, 제어. ¶ a school under private *management* 사립 학교 / the *management* of a company 회사의 경영. **2** ⓤ 능란한 솜씨; 변통, 술책, 경영의 재능, 취급 수완. ¶ It requires a very adroit *management*. 그것은 아주 능란한 솜씨를 필요로 한다. **3** ⓤⓒ [집합적] 경영자측, 자본가측. *opp.* labor ¶ conflicts between labor and *management* 노사간의 분쟁 / a strong *management* 강력한 경영진.
mánagement accóunting *n.* = cost accounting.
mánagement búyout *n.* [경영] 경영진의 자사주 (自社株) 매입 (略 MBO.)
mánagement informátion sýstem *n.* [컴퓨터를 사용한] 경영(관리) 정보 시스템 [略 MIS].
‡**man·ag·er** [mǽnidʒər] *n.* **1** 처리(취급)하는 사람. **2** 감독인, 지배인, 경영자, 간사. ¶ a general *manager* 총지배인. **3** [남편·가계 따위를] 꾸려 나가는 사람. ¶ a good *manager* 잘 꾸려나가는 사람. **4** [英법률] 수익(收益) 관리인, 관재인(管財人). **5** (~s) [영국 의회의] 양원 협의회의원. ◇ managérial *adj.*
man·ag·er·ess [mǽnidʒ(ə)ris, ⁺英 -rès] *n.* 《주로 英》manager의 여성형.
man·a·ge·ri·al [mæ̀nədʒí(ː)riəl / -dʒíər-] *adj.* **1** 지배인(경영자, 관리인, 처리자)의. ¶ *managerial* functions 경영자의 직능. **2** 경영(관리, 취급)의. ¶ *managerial* problems 경영상의 문제들. **-ly** [-əli] *adv.*
man·ag·er·ship [mǽnidʒərʃip] *n.* ⓤ 지배인(간사, 감독)의 지위(직, 임기).
man·ag·ing [mǽnidʒiŋ] *n.* ⓤ manage 하기, — *adj.* **1** manage 하는; 수뇌의. ¶ a *managing* editor [신문·잡지·출판사의] 편집[국]장 / a *managing* partner [합명 회사의] 업무 집행 사원. *cf.* sleeping partner **2** 경영(처리)을 잘하는, **3** 검소한, 알뜰한; 인색한. **4** 참견하기 좋아하는, 성가신.
mánaging diréctor *n.* 전무 이사.
Ma·na·gua [mənɑ́ːgwɑː] *n.* 중앙 아메리카의 니카라과 (Nicaragua) 공화국 수도.
man·a·kin [mǽnəkin] *n.* **1** 마나킨새 [중남미산 (產) 의 깃이 아름다운 새]. **2** = manikin.
Ma·na·ma [mənǽmə] *n.* 마나마 [바레인 수도].
ma·ña·na [mənjɑ́ːnə] *n.*, *adv.* 《스페인》 (= tomorrow). 내일; 오래지 않아, 머지 않아, 언젠가.
Man·a·slu [mǽnəsluː] *n.* 마나슬루 [히말라야 산맥 중 제 8위의 고봉; 8,125m].
Ma·nas·seh [mənǽsə / -si] *n.* [성서] Joseph 의 아들 [← 창세기(Gen.) 41 : 51].
man-at-arms [mǽnətáːrmz] *n.* (*pl.* men- [mén-]) **1** 병사(soldier). **2** [중세의] 중기병(重騎兵).

man·a·tee [mǽnətì, ˌ-ˈ-ˌ] n. 해우 (海牛)〖해우과(科)의 바다 짐승〗(sea cow).

ma·nav·el·ins [mənǽvəlinz], **(ma·nav·il·ins** [-il-]) n. pl.〖항해 속어〗선구류의 파편이나 음식 찌꺼기 따위〗 잡동사니, 찌꺼기, 파치.

*Man·ches·ter [mǽntʃestər, -tʃis-] n. 잉글랜드 서북부 Lancashire 주의 상공업 도시. ◇ Mancúnian adj., n.

Mánchèster gòods n. pl.〖英〗면직물류.

man·ches·ter·ism [mǽntʃestərìz(ə)m, -tʃis-] n. 〖보통 M-〗Ⓤ〖Manchester School 이 제창한〗자유 무역주의.

Mánchèster Schóol n. (the ~) 맨체스터 학파〖1830년대에 자유 무역주의를 주장〗.

man·child [mǽntʃàild] n. (pl. **men·chil·dren** [méntʃìldr(ə)n]) 남자 아이, 소년 (male child, boy).

man·chi·neel [mæ̀ntʃiníːl] n. 열대 아메리카산(産) 대극과(大戟科)의 나무〖젖모양의 유독성 수액을 분비〗.

Man·chu [mæntʃúː] n. (pl. **-chus** or **-chu**) 1 만주인(滿州人). 2〖Ⓤ〗만주어. — adj. 만주의; 만주인(어)의.

Man·chu·ri·a [mæntʃú(ː)riə / -tʃúər-] n. 만주.

Man·chu·ri·an [mæntʃú(ː)riən / -tʃúər-] adj. 만주의; 만주인의. — n. 만주인.

Manchúrian cándidate n. 세뇌받은 사람〖앞잡이〗, 꼭두각시.

man·ci·ple [mǽnsipl] n. 〖대학, 수도원 따위의〗식료계.

Man·cu·ni·an [mænkjúːniən, -njən] n. Manchester 의 주민. — adj. Manchester 의.

-mancy divination 의 뜻의 연결형. 예: necro*mancy*.

M & A(略) merger *and* acquisition (합병과 매수).

man·da·la [mʌ́nd(ə)lə] n. 〖불교〗만다라(曼陀羅)〖심리〗〖Jung 심리학에서〗만다라〖꿈속에서의 자기 통일과 완성에의 노력을 상징하는〗.

man·da·mus [mændéiməs] n. 〖법률〗직무 집행 영장. — vt.〖구어〗…에게 직무 집행 영장을 발부하다.

man·da·rin [mǽndərin] n. 1〖중국 제정시대의〗관원, 관리. 2 (M-) Ⓤ 북경 관화(官話)〖중국의 표준어·공용어〗. *cf.* Chinese 3〖중국 종(種)〗귤 (mandarin orange).

mándarin cóllar n. 〖흔히 중국 관리들이 입는〗폭이 좁고 꼿꼿이 세운 양복 깃의 총칭.

mándarin dúck n. 〖중국 원산의〗원앙새.

mándarin órange n. = mandarin 3.

man·da·tar·y [mǽndətèri / -t(ə)ri] n. (pl. **-tar·ies**) 1 수탁자(受託者), 수임자(受任者). 2 위임 통치국.

*man·date [mǽndeit, -dit ─ ˈ-ˈ] n. 1〖국제 연맹의〗통치 위임; 위임 통치령. *cf.* trusteeship, trust territory 2 〖정치〗〖선거인이 의회·의원에 대하여 하는〗지시, 요구; 권한 부여. 3 상급 재판소(관리)의 명령. ¶ a *mandate* on remission 반송(返送) 명령. 4 명령. 5 〖가톨릭〗로마 교황이 내리는 명령〖특히 성직 수임(授任) 명령〗. 6 〖로마법·민법·교회법〗위임, 무상(無償) 수탁 계약. — vt. [mǽndeit, +英-ˈ-] (**-dat·ed, -dat·ing**)〖영토·식민지 등의〗통치를 위임하다. ◇ mándatory adj.

man·da·tor [mændéitər] n. 명령자, 지령자, 위임자.

man·da·to·ry [mǽndətɔ̀ːri / -t(ə)ri] adj. 1 명령의, 지령의, 명령적인. 2 위임의; 위탁의. 3〖법률〗강제적인, 의무의, 필수의. ¶ a *mandatory* clause 필수 조항. 4 통치를 위임받은. ¶ a *mandatory* power 위임 통치국. — n. (pl. **-ries**) = mandatary.

man·day [mǽndèi] n. 인일(人日)〖1인 1일간의 작업량(量)〗. *cf.* man-week

man·di·ble [mǽndəbl] n. 1 하악골. 2〖새의〗아래 부리; (~s) 부리. 3〖절족(節足) 동물의〗큰 턱.

man·dib·u·la [mændíbjulə] n. (pl. **-lae** [-lìː]) =

mandible.

man·dib·u·lar [mændíbjulər] adj. 〖래〗부리의. 턱의; 아래턱의; 아래턱뼈의.

man·do·la [mændoulə] n. 〖옛날의〗큰 만돌린.

man·do·lin [mǽnd(ə)lin, ˌ-ˈ-ˌ] n. 만돌린.

man·do·lin·ist [mǽnd(ə)linist] n. 만돌린 주자.

man·dor·la [mændɔ́ːrlə / -dɔː-] n. 〖美〗아몬드 모양의 부분; 〖특히〗성인상(聖人像) 등의 후광(後光). [< It. almond]

man·drag·o·ra [mændrǽgərə] n. = mandrake.

man·drake [mǽndreik] n. 1 맨드레이크〖지중해 지방에 나는 가지과(科)의 유독 식물. 마취제·하제로 사용〗. 2〖美〗May apple.

man·drel [mǽndrəl], (**man·dril** [-dril]) n. 1〖기계〗굴대, 축주(軸柱). *cf.* arbor 2〖야금〗심축. 3〖광상〗곡괭이.

man·drill [mǽndril] n. 〖서아프리카산(産)의〗큰 비비.

man·du·cate [mǽndʒukèit / -dʒu-] vt. (**-cat·ed, -cat·ing**) …을 섭다, 저작(咀嚼)하다, 먹다(masticate).

man·du·ca·tion [mæ̀ndʒukéiʃ(ə)n / -dʒu-] n. Ⓤ 씹기, 저작(咀嚼).〖는, 저작의,

man·du·ca·to·ry [mǽndʒukətɔ̀ːri / -təri] adj. 씹

*mane [mein] n. 1〖말·사자 따위의〗갈기. 2〖갈기와 같이〗길고 술 같은 머리털.

man-eat·er [mǽnìːtər] n. 1 식인종 (cannibal). 2 식인 동물〖범·사자·상어 따위〗.

maned [meind] adj. 갈기 있는.

ma·nege, ma·nège [mænéʒ, -néiʒ / -néiʒ], (**ma·nège**) n. 1 Ⓤ〖말의〗조련술(調練術); 승마술, 마술. 2 Ⓤ 조련된 말, 마술. 3 승마 학교.

ma·nes [méiniːz, +英 máːneiz] n. pl. 1 (종종 M-)〖고대 로마의〗죽은 자의 영혼, 조상의 영혼. 2 《단수 취급》〖특정한 망자의〗영혼.

*ma·neu·ver [英] **-noeu·vre** [mənúːvər] n. 1〖군대·군함 등의〗전략적 행동, 기동(機動). 2 (~ s) 대연습, 기동 훈련. 3 교묘한 안, 책략, 술책. ¶ try various *maneuvers* 온갖 수를 쓰다. — v. (**-vered, -ver·ing**;〖英〗-vred, -vring) vt. 1〖군대·군함〗을 전략적으로 기동 훈련시키다. 2 …을 책략으로 움직이다, …하게 하다; …을 교묘히 쓰다. ¶ (~ +目 +副) *maneuver* a person *into* a room 술책을 써서 남을 방 안으로 끌어들이다. — vi. 1 기동(機動)하다, 연습하다. 2 교묘히 일을 처리하다, 임기응변하다. 3 일을 꾸미다 (scheme).

ma·neu·ver·a·bil·i·ty,〖英〗**-noeu·vra-** [mənùːv(ə)rəbíləti] n. 조종성(操縦性), 기동성.

ma·neu·ver·a·ble,〖英〗**-noeu·vra·ble** [mənúːv(ə)rəbl] adj. 조종(운동, 기동)할 수 있는.

mán Fríday n. (pl. **men Friday** or **men Fridays**) 남을 헌신적으로 따르는 사람, 충복(忠僕).〖< Friday: 영국 작가 D. Defoe(1660?-1731)의 *Robinson Crusoe* (1719)에 등장하는 사람〗.

man·ful [mǽnfəl] adj. 사내다운, 씩씩한, 용감한, 과단성(果斷性) 있는. ⇨ MALE 類語
~·ly [-fəli] adv. ~·ness n.

man·ga·nate [mǽŋgənèit] n.〖화학〗망간산염(酸鹽).

man·ga·nese [mǽŋgəniːz, +美 mǽŋgəniːs] n. Ⓤ〖화학〗망간〖금속 원소의 하나; 원자 기호 Mn〗.

mánganese nódule n. 심해에 많이 존재하는 망간 단괴(團塊).

man·gan·ic [mæŋgǽnik] adj.〖화학〗〖특히 3가(價)의〗망간의, 망간을 함유한.

mange [meindʒ] n. Ⓤ〖주로 가축의〗개선(疥癬), 옴.

man·gel [mǽŋgl] n. = mangel-wurzel.

man·gel-wur·zel [mǽŋglwə́ːrz(ə)l], (**mangold-wurzel**) n. 사탕무〖beet 의 일종, 가축의 사료〗.

*man·ger [méindʒər] n. 1 여물통, 구유. 2〖항해〗뱃머리의 물막이관.
a dog in the manger ⇨ DOG.

mánger bóard *n.* 뱃머리의 물막이 널빤지.
man·gi·ly [méindʒili] *adv.* 옴투성이로; 불결하게.
***man·gle**¹ [mǽŋgl] *vt.* (**-gled, -gling**) **1** …을 난도질하다, 갈기갈기 찢다, 엉망으로 만들다. **2** 《비유적》 …을 망그러뜨리다, 망쳐놓다(mar, spoil). ¶ mangle a text by poor typesetting 서투른 식자로 원문을 엉망으로 만들다.
man·gle² [mǽŋgl] *n.* 맹글, 주름 펴는 기계[시트 따위의 주름을 펴는 기계]. —— *vt.* (**-gled, -gling**) …의 주름을 펴다.
man·gler¹ [mǽŋglər] *n.* **1** 난도질하는 사람, 망그러뜨리는 사람. **2** 고기 써는 기계(meat-chopping machine).
man·gler² [mǽŋglər] *n.* =mangle².
man·go [mǽŋgou] *n.* (*pl.* **-goes** 또는 **-gos**) 망고[열대산(產) 식물]; 그 열매.
man-god [mǽngàd/-gɔ̀d] *n.* (때로 M- G-) **1** 신인(神人). **2** 신이 되는 사람; 사람의 모습을 한 신.
man·gold [mǽŋgould] *n.* =mangel-wurzel.
man·gold-wur·zel [mǽŋgəldwə́ːrzl] *n.* =mangel-wurzel.
man·go·nel [mǽŋgənèl] *n.* 투석기(投石機) [중세의 무기].
man·go·steen [mǽŋgo(u)stìːn] *n.* 망고스틴[동인도 제도에 나는 식물]; 그 열매.
man·grove [mǽŋgrouv] *n.* 맹그로브[열대의 강가 따위의 습지에 널리 밀생하는 삼림성(森林性) 식물]. 〔mangrove〕
man·gy [méindʒi] *adj.* (**-gi·er, -gi·est**) **1** 개선(疥癬)(옴)에 걸린; 개선(옴)에 걸린(옴) 과 같은. **2** 업신여길 만한, 천한. **3** 누추한, 불결한(squalid), 초라한. **-gi·ly** *adv.* **-gi·ness** *n.*
man·han·dle [mǽnhæ̀ndl] *vt.* (**-dled, -dling**) **1** …을 거칠게 다루다. **2** 《기계가 아닌》인력으로 움직이다.
man-hat·er [mǽnhèitər] *n.* **1** 사람을 싫어하는 사람(misanthrope). **2** 남자와의 접촉을 싫어하는 사람, 남자를 싫어하는 사람.
***Man·hat·tan** [mænhǽt(ə)n] *n.* **1** 미국 Hudson 강과 East 강 사이에 있는 New York 시내의 섬 (Manhattan Island). **2** New York 시의 한 행정구《상업·연극의 중심지》. ⇨ BOROUGH. **3** 《종종 m-》 ⓤⓒ 위스키와 베르무스를 섞은 칵테일.
Manháttan Dístrict *n.* (the ~) 미국 육군원자력 연구 기관 [1942-47년].
Man·hat·tan·ize [mænhǽt(ə)nàiz] *vt.* 〔도시〕를 맨해턴화하다, 고층화하다.
Manháttan Próject *n.* (the~)《美》맨해턴 계획[2 차 대전중의 미육군의 원자탄 개발 계획].
***man·hole** [mǽnhòul] *n.* 맨홀.
‡**man·hood** [mǽnhùd] *n.* ⓤ **1** 남자임; 〔남자〕의 성년이 되다. *cf.* boyhood, womanhood ¶ arrive at *manhood* 성년이 되다. **2** 남자다움; 용기. **3** 《집합적》 남자(men). **4** 인간임; 인간성. **5** ⓒ 남자 성기.
mánhood súffrage *n.* ⓤ 성년 남자 선거권.
man-hour [mǽnàuər] *n.* 1인 1시간의 노동량(量). *cf.* man-minute.
man-hunt [mǽnhʌ̀nt] *n.* 《美》사람 사냥, 〔특히〕범인 수사.
***ma·ni·a** [méiniə, -njə] *n.* **1** ⓤⓒ 열광, 열중, 광, …열. ¶ the horse race *mania* 경마열 / a sport *mania* 스포츠 열 / a *mania* for collecting stamps 우표 수집열. **2** ⓤ《정신 의학》 조병(躁病).
-mania mania 의 뜻의 연결형. 예: klepto*mania*, biblio*mania*.
ma·ni·ac [méiniæ̀k] *n.* 미치광이, 광적인 열중가, …광. —— *adj.* (=**ma·ni·a·cal** [mənáiəkəl]) 광적인, 정신 이상의. **-a·cal·ly** [mənáiəkəli] *adv.*
man·ic [mǽnik, méi-] *adj.* 《정신 의학》 조병(躁病)의 [과 같은].

man·ic-de·pres·sive [mǽnikdiprésiv] 《정신의학》 *adj.* 조울병(躁鬱病)의. —— *n.* 조울병 환자.
Man·i·chae·an, -che·an [mǽnikíː(ː)ən] *n.* 마니교도(教徒). —— *adj.* 마니 교도의.
Man·i·chae·ism, -che·ism [mǽnikíːiz(ə)m], **(Man·i·chae·an, -che·an-**[mǽnikíːən-] *n.* 마니교(教) [3-7세기 페르시아에서 교세를 떨쳤던 2원적 종교, 광명과 암흑의 대립을 설법, 창시자 Mani (216?-276?)].
Man·i·chee [mǽnikìː] *n.* =Manichaean.
man·i·chord [mǽnikɔ̀ːrd] *n.* =clavichord.
***man·i·cure** [mǽnikjùər] *n.* **1** ⓤ 매니큐어, 미조술(美爪術). *cf.* pedicure ¶ a *manicure* parlor 미조원(美爪院). **2** =manicurist. —— *vt., vi.* (**-cured, -cur·ing**) 〔손과 손톱〕을 다듬다, 매니큐어를 하다. 〔어사(師)〕
man·i·cur·ist [mǽnikjù(ː)rist-kjùər-] *n.* 매니큐어사.
‡**man·i·fest** [mǽnifèst] *adj.* 명백한, 분명한 ⇨ CLEAR 類語 ¶ a *manifest* error(truth) 명백한 잘못(사실). —— *vt.* **1** …을 명백히 하다, 분명하게 보여주다, 명시하다. ⇨ SHOW 類語 ¶ *manifest* one's approval 찬의를 나타내다 / The ghost *manifested* itself. 유령이 나타났다. **2** …을 증명하다(prove), …의 증거가 되다. ¶ The evidence *manifests* his remark. 그 사실이 그의 말을 입증해 주고 있다. **3** 《상업》적하(積荷) 목록. **~·ly** *adv.* **~·ness** *n.*
◊ manifestátion *n.*, manifestative *adj.*
man·i·fes·tant [mǽnifèstənt] *n.* 시위 운동 참가자.
***man·i·fes·ta·tion** [mǽnifestéi(í)n] *n.* ⓤⓒ **1** 명시, 표명, 발표 ¶ a *manifestation* of Zionism 시오니즘의 발로(發露). **2** 〔정당 따위의〕정견 발표, 태도 표명. **3** 《심령》 출현. ◊ mánifest *v.*, manifestative *adj.*
man·i·fes·ta·tive [mǽniféstətiv] *adj.* 명시(표명)의.
man·i·fes·to [mǽnifestou] *n.* (*pl.* **-toes** or 《英》 **-tos**) 정부 등이 행하는 성명, 선언(proclamation). —— *vi.* 《드물게》성명하다, 선언하다.
mánifest sýstem *n.* 〔환경〕매니페스트 시스템〔산업 폐기물 불법 처리 방지 제도〕.
***man·i·fold** [mǽnifould] *adj.* **1** 다양한, 갖가지의; 다방면에 걸친. ⇨ NUMEROUS ¶ *manifold* duties 잡무 / a *manifold* plan for educational reform 다방면에 걸친 교육 개혁 계획. **2** 〔장치 따위가〕복합의, 여러 부분으로 구성된. **3 1** 다양한 것, 다양성. **2** 복사, 사본(copy); 복사 용지, 카본지. **3** 《기계》 다기관(多岐管). **4** 《수학》 다양체. —— *vt.* …을 복사하다.
~·ly *adv.* **~·ness** *n.*
mánifold pàper *n.* ⓤ 복사 용지.
man·i·kin [mǽnikin] *n.* **1** 난쟁이(dwarf). **2** =mannequin. **3** 인체 해부 모형.
Ma·ni·la [mənílə], (**Ma·nil·la**) *n.* **1** 마닐라[필리핀 제도의 Luzon 섬 중부의 항구 도시로 수도]. **2** = Manila hemp. **3** = Manila paper.
Maníla hémp *n.* ⓤ 마닐라삼.
Maníla páper *n.* ⓤ 마닐라지(紙)〔마닐라삼으로 만든 질긴 종이; 포장용〕. 〔튼한 밧줄〕
Maníla rópe *n.* 마닐라 로프, 마닐라삼으로 만든 튼튼한
Ma·nil·la [mənílə] *n.* =Manila.
man·i·oc [mǽniɑ̀k, méin-/mǽniɔ̀k] *n.* = cassava.
man·i·ple [mǽnipl] *n.* **1** 소대[고대 로마의 군단 구성 단위; 60-120인]. **2** 《교회》 성대(聖帶)〔미사 집전 때 사제가 왼팔에 두르는 장식용 띠. 지금은 폐지〕.
ma·nip·u·lar [mənípjulər] *adj.* **1** 고대 로마의 보병 중대의. **2** = manipulative. **3** 고대 로마의 보병 중대원.
ma·nip·u·lat·a·ble [mənípjuléitəbl] *adj.* 교묘하게 다룰 수 있는; 속일 수 있는.
***ma·nip·u·late** [mənípjulèit] *vt.* (**-lat·ed, -lat·ing**) **1** 〔기계 따위〕를 잘 다루다, 조작(操作)하다. ¶ *manipulate* levers 지레를 조작하다. **2** 〔사람〕을 조종

manipulation 1371 **manoeuvre**

하다, 끌고 다니다; [시장·여론 따위를] 부정한 수단으로 조작하다. ¶ *manipulate* voting 투표를 조작하다 / *manipulate* the market 시장 가격을 조작하다. **3** [숫자·장부 따위를] 속이다, 조작하다. ¶ He *manipulated* the account to conceal his theft. 그는 자기의 도둑질을 감추기 위해 계정을 속였다.

****ma·nip·u·la·tion** [mənìpjuléiʃ(ə)n] *n.* [U][C] **1** [기계·기구 따위의] 조작(操作), 조종; 취급[법]; 솜씨좋은 처치. **2** [부정한] 조작, 조종하기. **3** [숫자·장부 따위의] 속이기.

ma·nip·u·la·tive [mənípjulèitiv / -lət-] *adj.* 손으로 다루는, 손끝의; 솜씨있게 다루는; 속임수의.

ma·nip·u·la·tor [mənípjulèitər] *n.* **1** [손으로] 교묘하게 다루는 사람; 조종자. **2** 속이는 사람. **3** 조종기(器). **4** 전자계산기 등을 사용하여 제어되는 인공의 손. **5** [방사성 물질 따위] 위험 물질을 다루는 기계 장치, 로봇의 손. [manipulative.

ma·nip·u·la·to·ry [mənípjulətɔ̀:ri / -t(ə)ri] *adj.* =

man·i·tou, -tu [mǽnitù:] *n.* [북아메리카 원주민이 숭배하는] 혼령, 마(魔).

‡man·kind [mǽnkáind→2] *n.* [U] **1** 인류(human race), [집합적] 사람, 인간(human beings). ¶ the welfare of *mankind* 인류의 복지. **2** [mǽnkàind] 남자, 사내(men); 남성(male sex). ¶ *mankind* and womankind at large 일반 남녀.

man-lean [mǽnlì:n] *adj.* 남자가 적은(귀한).

man-like [mǽnlàik] *adj.* **1** 사람을 닮은. **2** 사나이다운; [여자가] 남자 같은, 여장부의. ⇨ MALE [類語]

man·li·ness [mǽnlinis] *n.* [U] 사나이다움, 용감, 굳셈.

‡man·ly [mǽnli] *adj.* (-li·er, -li·est) (*cf.* womanly) **1** 남자다운, 씩씩한, 용감한. **2** 남자에게 알맞은, 남성적인. ¶ *manly* sports 남성적인 스포츠. — *adv.* [폐어] 남자답게, 용감하게.

mán-ma·chìne sýstem [mǽnmː-] *n.* [전자공학] **1** 인간-기계계(系)[인간 및 인간이 조작하는 장치나 기계를 구성요소로 하는 체계]. **2** [좁은 뜻으로] 인간과 컴퓨터와의 대화 형식에 의한 작업이나 업무를 추진하는 시스템(man-machine communication system).

man-made [mǽnméid] *adj.* 인조의, 인공의; [섬유가] 합성의. ¶ a *man-made* satellite 인공위성.

man-mil·li·ner [mǽnmílinər] *n.* (*pl.* **-mil·li·ners** *or* **men-mil·li·ners**) 숙녀용 모자(장신구) 제조 판매업자[남자]. [*cf.* man-hour

man-min·ute [mǽnmínit] *n.* 1인 1분간의 작업량.

man-month [mǽnmʌ̀nθ] *n.* 1인 1개월간의 작업량. *cf.* man-week

man·na [mǽnə] *n.* **1** [U][성서] 만나[아라비아 광야를 헤매던 옛 이스라엘인이 신에게서 받은 음식〉—출애굽기(Exod.) 16:14-36]. **2** 천혜(天惠)의 음식, 마음의 양식. **3** 만나와 같은 것, 위안의 말. **4** [U]만나[만나나무(manna ash)의 수액, 하제].

mánna àsh *n.* 만나 나무[물푸레나무류의 식물. 여기에서 만나(manna)가 채취됨]. [유인의.

manned [mǽnd] *adj.* [우주선 따위에] 승무원이 탄,

mánned expedítion *n.* [우주선의] 유인 탐사.

mánned spácecraft *n.* 유인 우주선.

man·ne·quin [mǽnikin] *n.* **1** 패션 모델, 마네킹. **2** 마네킹 인형, 인체 모형, 모델 인형.

‡man·ner [mǽnər] *n.* **1** 방식, 방법, 투. ⇨ METHOD [類語] ¶ a scientific *manner* 과학적인 방법 / in (*or* after) this *manner* 이와같이 하여. **2** [특정의 사람의] 작풍(作風), …류, …풍. ¶ houses built in the Scandinavian *manner* 스칸디나비아 풍의 가옥. **3** (~s) 풍습, 풍속, 습관, 생활 양식. ⇨ CUSTOM [類語] ¶ the *manners* of the age 그 시대의 풍속 / a comedy of *manners* 풍속 희극. **4** (~s) [특히 좋은] 예절, 예법, 몸가짐, 버릇. ¶ table *manners* 식사 예절 / have good (bad) *manners* 예절이 바르다(바르지 못하다) / Where's your *manners*? 예절을 잊었니? **5** 태도, 거동, 몸가짐(behavior). ¶ an arrogant *manner* 거만한 태도 / speak in an earnest *manner* 진지하게 이야기하다 / She has a graceful *manner*. 그녀는 몸가짐이 우아하다.

[類語] **manner** 사람의 특징적·습관적인 행동, 태도, 몸가짐·몸놀림 따위: a kindly *manner* 친절한 태도. **air** 어떤 특징을 분명하게 나타내는 태도: an *air* of modesty 겸손한 태도, **bearing** 자세, 몸놀림, 걸음걸이 따위 전체적인 신체적 특징이나 심리적 태도: a noble *bearing* 고상한 몸가짐. **carriage** 특히 머리, 등줄기, 손발 따위의 자세: a military *carriage* 군인풍의 자세. **demeanor** 특히 남을 대하는 태도: a friendly *demeanor* 친밀감을 주는 태도. **deportment** 주로 자람·가정 교육을 반영하는 태도: an upperclass *deportment* 상류 계층 출신다운 태도. **attitude** 어떤 생각·기분의 표출로서의 심리적 태도, 신체적 자세: an *attitude* of exhaustion (respect) 지친(존경하는) 태도. **pose** 어떤 효과를 노린 자세, 태도: the *pose* of a model 모델의 포즈, **posture** 특징적, 습관적, 또는 어떤 필요에서 취하는 carriage, bearing: a kneeling *posture* 무릎 꿇은 자세.

6 [미술·문학 따위의] 형식, 양식, 작풍. ¶ a *manner* of his own 그의 독자적인 양식 / the *manner* of Wordsworth 워즈워드의 작풍. **7** 종류(kind, sort); [복수 취급] 종류(kinds, sorts). ¶ all *manner* of 모든 종류의 / What *manner* of man is he? 그는 어떤 사람입니까? * manner 를 쓰는 것은 구식 표현이고, 최근에는 kind, sort 를 쓰는 것이 보통.

by all [*manner of*] *means* ⇨ MEAN³.
by no [*manner of*] *means* ⇨ MEAN³.
in a manner 어떤 의미로는; 어느 정도, 얼마간.
in a manner of speaking [고어] 말하자면(so to
in like manner [고어] 마찬가지로 또. [speak).
make (*or do*) *one's manners* [모자를 벗거나 머리를 숙여] 인사하다, 경의를 표하다.
to the manner born ① [어떤 관습에] 나면서부터 따르게 만들어진. ② [어떤 지위 따위에] 맞게 태어난, 생래적으로 어울리는.
◇ **mánnerly, mánnerless** *adj.*

man·nered [mǽnərd] *adj.* **1** [복합어를 만들어] 태도(예절)가 …한. ¶ decent-*mannered* tourists 점잖은 관광객. **2** [미술·문학 따위가] 개성있는(affected), 버릇이 있는, 매너리즘의.

man·ner·ism [mǽnərìz(ə)m] *n.* [U] 매너리즘[문학·미술 따위가 독창성을 잃고 어떤 틀에 박힘, 기교(技巧) 등의 새로움만을 추구하는 경향], 틀에 박힌 작풍. **2** [언어·동작의] 투, 버릇; 일부러 꾸밈, 부자연스러움. **3** (M-) 마니에리스모[16세기 후반 유럽에서 발달한 회화·조각 따위의 예술 양식].

man·ner·ist [mǽnərist] *n.* **1** 매너리즘에 빠진 작가(예술가). **2** [언행에] 특이한 버릇이 있는 사람.

man·ner·is·tic [mǽnərístik] *adj.* 매너리즘에 빠진, 구태 의연한. **-ti·cal·ly** [-tikəli] *adv.* [릇없는.

man·ner·less [mǽnərlis] *adj.* 예절바르지 못한, 버

man·ner·ly [mǽnərli] *adj.* 몸가짐이 좋은, 예절바른, 기품있는. — *adv.* 예절바르게, 기품있게. **-li·ness** *n.*

man·ni·kin [mǽnikin] *n.* **1** [아시아·아프리카 산(産)] 멧새과(科) 멧쟁이새의 일종. **2** = manikin.

man·nish [mǽniʃ] *adj.* **1** [여자가] 남자 같은, 남자 모양의; 남자풍의. ⇨ MALE [類語] ¶ *mannish* strides 남자같은 걸음걸이. **2** [아이가] 어른티가 나는. ~**·ly** *adv.*

man·nite [mǽnait] *n.* = mannitol. [~**·ness** *n.*

man·ni·tol [mǽnitɔ̀:l, -tòul / -tɔ̀l] *n.* [화학] 마니톨, 마니테, 만나당(糖) [만나(manna ash)에서 채취하는 단 결정, 하제 따위로 사용].

****ma·noeu·vre** [mənú:vər] *n., vt., vi.* (-vred, -vring)

man-of-war 《英》=maneuver. 「(軍艦).
man-of-war [mǽnəvwɔ́:r] n. (pl. **men-** [mén-]) 군
ma·nom·e·ter [mənámitər / -nɔ́m-] n. [기체·액체의] 유체 압력계, 마노미터.
man·o·met·ric [mǽnəmétrik], (**man·o·met·ri·cal** [-k(ə)l]) adj. 유체 압력계(의)에 의한).
man-on-man [mǽnənmǽn] adj.《美·캐나다》[스포츠에서] 상대 선수를 1대 1로 마크하는.
ma non trop·po [mà: nɑn trápou/-nɔn trɔ́p-] (이탈리아어)(=but not too much)《음악》그러나 너무 지나치지 않게.
*****man·or** [mǽnər] n. 1《英역사》[봉건 시대의] 장원(莊園). ¶ the lord of a *manor* 장원 영주(領主). **2** 영주의 저택. **3**《美》영대차지(永代借地).
mánor hòuse n. 장원 영주의 저택(mansion).
ma·no·ri·al [mənɔ́:riəl / -nɔ́:r-] adj. 장원의; 영주의.
mán-o'-wár bìrd(hàwk) [mǽnəwɔ́:r-] n. = frigate bird.
man·pack [mǽnpæk] adj. 혼자서 나를 수 있는, 휴대용의. ¶ a *manpack* radio 휴대용 라디오.
man·port·a·ble [mǽnpɔ̀:rtəbl /-pɔ̀:t-] adj. [특히 무기 따위] 혼자서 운반(이동) 가능한.
mán pòwer n. 1 ⓤ 사람의 힘, 인력, 일손. **2** 인력《공률(工率)의 단위》. 1/10 manpower.
man·pow·er [mǽnpàuər] n. ⓤ [한 나라·지역의 군사·산업 등의] 총인적, 인적 자원. 「(수.
man·que [mà:k] n.《프랑스》룰렛의 1에서 18까지의
man·qué [mɑ:ŋkéi] adj.《프랑스》(=missed) 아깝게도 실패한, 되다가 만《*명사 뒤에 붙여서 쓴다*》. ¶ a poet *manqué* 되다가 만 시인.
man-rate [mǽnrèit] vt. (**-rat·ed, -rat·ing**) [로켓·우주선]을 유인(有人) 비행에 안전하다는 것을 증명하다.
man·rope [mǽnròup] n.《항해》[현문(舷門)·사다리의] 손잡이 밧줄.
man·sard [mǽnsɑ:rd] n. **1**《건축》맨사드 지붕[이중경사의 지붕으로 아래쪽보다 구배(勾配)가 가파르다]. **2** 그 지붕 밑의 다락방. 「사관.
manse [mǽns] n. 특히 스코틀랜드 장로 교회의 목
man·serv·ant [mǽnsə̀:rvənt] n. (pl. **menserv·ants**) [남자] 하인, 종복(從僕). cf. maidservant
man·shift [mǽnʃìft] n. [집단적인] 근무 교대; 1인 1교대의 작업량[노동일의 단위].
*****man·sion** [mǽn(ʃ)ən] n. **1** 큰 저택. **2** =manor house. **3** (종종 ~s)《英》=apartment house. **4**《천문》(宿) [달 운행의 28수(宿)의 하나].
mánsion hòuse n.《英》[영주·지주의] 저택; (the M-H-) 런던 시장 관저.
man-size [mǽnsàiz], **-sized** [-sàizd] adj.《구어》**1** 어른에게 맞는 크기의, 어른용의. **2** 어른이 아니면 못하는. ¶ a *mansized* job 힘든 일.
man·slaugh·ter [mǽnslɔ̀:tər] n. ⓤ **1** 살인. **2**《법률》고살(故殺) cf. murder 「HOM·ICIDE 類語」
man·slay·er [mǽnslèiər] n. 살인자(homicide).
man·sue·tude [mǽnswit(j)ù:d / -tjù:d] n. ⓤ 온순, 유순, 온화, 유화(mildness).
man·teau [mǽntou, -´] n. [특히 숙녀용] 망토, 외투. <F mantle>
man·tel [mǽntl] n. **1** 벽난로의 앞·옆면 장식. **2** 벽난로 선반(mantelpiece).
man·tel·et [mǽntlit, +美 -lèt] n. **1** 짧은 망토. **2**《군대》총탄막이, 방패.
*****man·tel·piece** [mǽntlpì:s] n. =mantel.
man·tel·shelf [mǽntlʃèlf] n. (pl. **-shelves** [-ʃèlvz]) 난로 선반.
man·tel·tree [mǽntltrì:] n. **1** 벽난로 가로장[난로 아궁이의 윗부분을 버티어주는 나무]. **2**《고어》= manteshelf.
man·til·la [mæntílə, +美 -tí:ə] n. **1** 만틸라[스페

인·멕시코 등지의 여자의 머리와 어깨를 덮는 베일의 일종]. **2** [여성용] 짧은 망토, 소형 케이프.
man·tis [mǽntis] n. (pl. **-tis·es** or **-tes** [-tì:z]) 《곤충》사마귀.
man·tis·sa [mæntísə] n.《수학》[대수(對數)의] 가수(假數). cf. characteristic
*****man·tle** [mǽntl] n. **1** 망토, [소매는 헐거운] 외투. **2** 덮개, 감싸개, 차폐물(遮蔽物). 옷. ¶ the *mantle* of night 밤의 장막. **3**《동물》[연체 동물·원삭(原索)동물 우렁쉥이류 따위의] 외투막(腺). **4**《가스등》맨틀[이것을 가열해서 발광하게 한다]. **5** =mantel.
One's *mantle* falls on another. 어떤 사람의 정신적 감화가 남에게 미치다; 갑의 의발(衣鉢)을 을이 물려받다
take the *mantle* [and ring] [미망인이] 평생 수절(守節)할 것을 맹세하다.
— v. (**-tled, -tling**) vt. …을 망토로 감싸다(덮다); …을 덮다, 싸다; …을 가리다, 감추다. ¶ The trunk was *mantled* with ivy. 나무 줄기에 온통 담쟁이가 휘감겨 있었다. — vi. **1** [홍조가 얼굴 등에] 온통 퍼지다. **2** [얼굴이] 붉어지다, 빨개지다(blush). ¶ Her cheeks *mantled* at the praise. 그녀는 칭찬을 받고 두 볼을 붉혔다. **3** [매가] 다리를 뻗고 날개를 한쪽만 펼치다. **4** [액체 표면이] 거품 따위로 뒤덮이다, 더껑이가 앉다, 거품이 나다.
mántle ròck n.《지질》[토양석(體)의] 표토(表土), 상암층(上岩層) (regolith).
mant·let [mǽntlit] n.《군대》=mantelet 2.
man-to-man [mǽntəmǽn] adj. 솔직한, 개방적인. ¶ I have a *man-to-man* talk with … 와 터놓고 이야기하다.
mán-to-mán defénse n.《球技》맨투맨 디펜스, 대인 방어법[수비측의 선수가 각기 공격측의 특정한 상대를 정하고 1대1로 방어하는 방법].
Mán·toux tèst [mæntu:-] n.《의학》망투 반응[결핵검사의 하나].
man·tra [mǽntrə], **-tram** [-trəm] n. [힌두교] 만트라, 주문(呪文), 기도. 〈Skt. speech〉
man·trap [mǽntræp] n. **1** [불법 침입자를 사로잡기 위한] 함정. **2**《구어》남자를 호리는 여자, 매혹적인 여
man·tu·a [mǽntʃuə / -t(j)uə] n. **1** [17-18세기에 유행했던] 헐거운 여성용 상의. **2** =mantle.
*****man·u·al** [mǽnjuəl] adj. **1** 손의; 손으로 하는, 손으로 쓰는, 수동식의. ¶ a *manual* fire engine 수동식 소방 펌프 / *manual* exercises《군대》집총 훈련 / a sign *manual* 자서(自署). **2** 수동의, 수세공의. ¶ *manual* labor 손일(自筆) / *manual* art 수공예(手工藝). **3** [책이] 소형의. **4** [법률] 수중에 있는, 지금 가지고 있는.
— n. **1** 소책자, 편람, 안내서, 입문서. ¶ a teacher's *manual* 교사용 편람. **2**《군대》교범. **3**《음악》건반(鍵盤). **~·ly** [-əli] adv.
mánual álphabet n. 수화(手話) 알파벳[농아자의 수화법의 글씨].
mánual tráining n.《美》[목공·금속 세공 등을 가르치는] 공작 과목.
man·u·code [mǽnjukòud] n. [뉴기니·오스트레일리아산(產)] 극락조의 일종.
manuf. (略) manufactory, manufacture, manufacturer, manufacturing.
man·u·fac·to·ry [mǽnjufǽkt(ə)ri] n. (pl. **-ries**)《고어》공장, 제작소, 제조소.
man·u·fac·tur·al [mǽnjufǽkt(ə)rəl] adj. 제조(제작)의, 제조업의.
*****man·u·fac·ture** [mǽnjufǽktʃər] n. **1** ⓤ 제조, 제작, 제조업. ¶ glass *manufacture* 유리 제조업 / home (foreign) *manufacture* 국산(외국산)의. **2** 제품. ¶ a cotton *manufacture* 면제품. **3** ⓤ [문학 작품 따위의] 남작(濫作). — vt. (**-tured, -tur·ing**) **1** [특

manufactured gas 1373 **maquillage**

히 대규모로] …을 제작하다, 생산하다(produce). ⇨ MAKE 語 **2** (재료)를 제품화하다, …으로 만들다(*into …*). ¶ (~+目+前+名) *manufacture* leather *into* shoes 가죽으로 구두를 만들다. **3** (구실 따위)를 만들어 내다, (이야기)를 조작(날조)하다. **4** (문학 작품 따위)를 남작(濫作)하다. ◇ manufáctural *adj.*

màn·u·fác·tured gás [mænjufǽktʃərd-] *n.* [천연가스에 대하여] 제조 가스, 도시 가스.

‡**man·u·fac·tur·er** [mæ̀njufǽktʃ(ə)rər] *n.* **1** 공장주, 제조(제작)자; 제조업자.

man·u·fac·tur·ing [mæ̀njufǽktʃ(ə)riŋ] *adj.* 제조(공업)의, 제조(제작)하는. ¶ a *manufacturing* country 공업국. ― *n.* 제조 공업. 해업.

man·u·mis·sion [mæ̀njumíʃ(ə)n] *n.* ⓤ 노예(농노) 해방.

man·u·mit [mæ̀njumít] *vt.* (**-mit·ted, -mit·ting**) (노예·농노)를 해방하다(liberate). 해방자.

man·u·mit·ter [mæ̀njumítər] *n.* [노예·농노] 해방자.

man·u·mo·tive [mæ̀njumóutiv] *adj.* 수동식의, 손으로 운전하는.

****ma·nure** [mən(j)úər / -njúə] *n.* ⓤ 비료, 거름. ¶ artificial *manure* 인조 비료 / chemical *manure* 화학비료 / nitrogenous *manure* 질소 비료. ― *vt.* (**-nured, -nur·ing**) (땅)에 거름을 주다.

ma·nur·er [mən(j)ú(ə)rər / -njúərə] *n.* 시비자(施肥者), 거름을 주는 사람.

ma·nus [méinəs] *n.* (*pl.* **-nus**) **1** [해부·동물] (척추동물의) 손, 앞발. **2** [로마 법률] 수권(手權) [남편이 아내에 대하여 갖는 권력]. [<hand]

‡**man·u·script** [mǽnjuskrìpt] *n.* **1** 손으로 쓴 것, 필사본. **2** [필기했거나 타이프한 인쇄용의] 원고 [略 MS., *pl.* MSS.]. ¶ be in *manuscript* 원고 상태로 있다 [아직 인쇄되지 않았다]. **3** ⓤ 필기, 손으로 쓰기. *opp.* print ― *adj.* 손으로 쓴, 필기한, 타이프한.

man·ward [mǽnwərd] (*cf.* Godward) *adv.* 사람을 향하여, 사람에 대하여. ― *adj.* 사람을 향한.

man·week [mǽnwì:k] *n.* 1인 1주간의 작업량. *cf.* man-month

Manx [mæŋks] *adj.* 맨섬(the Isle of Man)의; 맨섬 사람(말)의. ― *n.* **1** [집합적] 맨섬 사람. **2** ⓤ 맨섬말.

mánx(Mánx) cát *n.* 맨섬 고양이[꼬리가 퇴화되어 있음].

Manx·man [mǽŋksmən, +美 -mèn] *n.* (*pl.* **-men** [-mən, +美 -mèn]) 맨섬 사람.

‡**man·y** [méni] *adj.* (**more, most**) **1** 많은, 다수의, 다대한(numerous). *cf.* much *opp.* few ¶ *many* apples 많은 사과 / *many* times 여러 번 / I do not have so *many* books as you. 내게는 너만큼 책이 없다 / *So many* men, *so many* minds. (속담) 십인십색.

2 [뒤에 '부정관사+단수 명사'를 수반하여] 많은, 허다한, 다수의. ¶ *many* a day 몇날 며칠 / *many* a time (and oft) (詩) 몇 번이고, 여러 번 / *Many* a man has tried. 많은 사람들이 시도했다.

— **Usage** *many* a man 과 *many* men 의 뜻은 거의 같으나, 전자는 문어적(文語的)이고 또한 형식을 차리는 어법이며, 개별적으로 보는 데에 비해서 후자는 문어·구어 양쪽으로 쓰이고 총괄적으로 본다는 차이가 있다. 「many a+명사」는 단수 동사로 받는 것이 보통.

a good many 상당한 수[의].

a great many 아주 많은 수[의], 매우 많은[* a good many 보다도 의미가 강하다]. ¶ *A great many* tourists visit Kyungju all the year round. 경주에는 아주 많은 관광객이 1년 내내 찾아든다.

as many [그것과] 같은 수만큼의. ¶ He made twenty blunders in *as many* lines. 그는 20행에서 20개나 틀렸다.

as many as …만큼이나. ¶ He ate *as many as* five pears. 그는 배를 다섯 개나 먹었다.

be one too many for …보다 한 수 위다, …의 힘에 겹다. ¶ He *is one too many for* me. 그는 나보다 한수 위다.

not many (속어) = *not much* (⇨ MUCH).

one too many 하나가 더 많은(남는).

so many ① [그것과] 같은 수만큼의. ¶ He took the ostriches to be *so many* horsemen. 그는 타조들을 기수(騎手)로 잘못 보았다. ② [수를 명시하지 않고] 몇몇의, 얼마. ¶ I read *so many* verses before bedtime 자기 전에 몇 편의 시를 읽다.

n. **1** (복수 취급) 다수, 많은 사람(것). ¶ *Many* knew him. 많은 사람이 그를 알고 있었다 / I did not see *many*. 나는 많이는 보지 않았다. **2** (the ~) 대다수[의 사람들], 대부분 (of the *many*); 일반 사람들, 대중 (the multitude). ¶ The *many* demanded his death. 대다수가 그를 사형에 처해야 한다고 주장했다.

as many again (수가) 갑절의, 2배의. ¶ a good deal more, if not *as many again* 갑절은 아니지만 그보다는 훨씬 많이.

man·y-head·ed [ménihèdid] *adj.* **1** 다두(多頭)의. **2** 인민(민중)의 (* 보통 비난의 뜻으로 사용). ¶ the *many-headed* beast (*or* monster) 민중, 대중.

man·y·plies [méniplàiz] *n. pl.* (보통 단수 취급) (동물) 중판위(重瓣胃), 엽위(葉胃) [반추 동물의 제3위(胃)] (omasum).

man·y-sid·ed [ménisáidid] *adj.* **1** 다변(다 각)의 (multilateral). ¶ a *many-sided* figure 다변형(多邊形). **2** 다방면에 걸친; 다재다능(多才多能)한. ¶ a *many-sided* question 다방면에 걸친 질문 / a *many-sided* man 다재다능한 사람. **~·ness** *n.*

man·y-val·ued [ménivæ̀lju:d] *adj.* **1** (수학) 다가 (多價)의. **2** (논리) 다치(多値)의.

man·za·nil·la [mæ̀nzəníljə, -ní:ə] *n.* ⓤ 만사닐랴[스페인산(産)] 달콤한 도수의 셰리주(酒). (<Sp)

man·za·ni·ta [mæ̀nzəní:tə] *n.* [미국 서부산(産)의] 철쭉과(科)의 상록 관목; 그 열매.

Mao [mau] *adj.* (복어복)의 중국식[스타일]의. ¶ a *Mao* cap(jacket) 인민복(복).

Máo flú *n.* 홍콩 감기 (Hong Kong flu).

Mao·ism [máuizm] *n.* ⓤ 모택동(毛澤東)주의.

Mao·ist [máuist] *adj.* 모택동주의의. ― *n.* 모택동주의(자)자.

Máo jácket *n.* (중국의) 인민복. *cf.* Nehru jacket

Mao·ri [máuri, mɑː(:)ri, +美 máːou-] *n.* **1** 마오리사람[New Zealand 의 원주민]. **2** ⓤ 마오리 말. ― *adj.* 마오리 사람(말)의.

mao tai [máu tái] *n.* ⓤ (중국의) 마오타이주(酒) [밀로 누룩을 원료로 한 독한 증류주].

‡**map** [mæp] *n.* **1** 지도. *cf.* atlas, chart ¶ a *map* of the world 세계 지도 / consult a *map* 지도를 살피다 / The island is not found in (*or* on) any *map*. 그 섬은 어느 지도에도 실려 있지 않다. **2** 천체도, 성도(星圖). **3** (지도처럼 정확한) 도해(圖解), 묘사. **4** (美속어) 얼굴(face).

off the map 존재하지 않은, 중요하지 않은, 잊혀진.

put on the map (구어) …을 유명하게 하다.

wipe off the map 말살하다, 전멸시키다.

― *vt.* (**mapped, map·ping**) **1** …의 지도를 만들다, 지도로 그리다. **2** …을 계획하다, 배치하다(… *out*).

MAP (略) *Military Assistance Program* (미국의) 대외 군사 원조 계획.

‡**ma·ple** [méipl] *n.* **1** 단풍나무. **2** ⓤ 단풍나무 재목.

máple léaf *n.* 단풍나무 잎 [캐나다의 표장(標章)].

máple súgar *n.* ⓤ 단풍 당(糖).

máple sýrup *n.* 단풍 당밀(糖蜜).

map·per [mǽpər] *n.* 지도 제작자(cartographer).

map·ping [mǽpiŋ] *n.* **1** (천체도) 작성; [작업 등의) 계획, [시간의] 할당. **2** (수학) 사상(寫像), 함수(function). [도].

Ma·pu·to [məpú:tou] *n.* 마푸토[모잠비크 공화국의 수도].

ma·quil·lage [mɑ:kijáːʒ] *n.* (프랑스) 화장품.

ma·quis [maːkíː, mæ-/-´-] *n.* (*pl.* **-quis**) (종종 M-) 마키단(團) [제2차 대전중의 프랑스 항독(抗獨) 게릴라].

ma·qui·sard [mæ̀kizάːr] *n.* (종종 M-) 마키단의 일원.

*****mar** [maːr] *vt.* (**marred, mar·ring**) **1** …을 손상(훼손)하다, 망쳐놓다. ⇨ INJURE【類語】 ¶ *mar* a person's enjoyment 남의 즐거움을 망쳐놓다. **2** …의 모양을 망치다, …을 보기 흉하게 하다.
make or mar ⇨ MAKE.
— *n.* 흠, 결점(drawback).

MAR [maːr] *n.*《美》전방향 동시 주사(走査) 레이다 시스템. [<*m*ultifunction *a*rray *r*adar].

mar. (略) marine, maritime; married.

Mar. (略) March; Maria.

mar·a·bou [mǽrəbùː] *n.* **1** 아프리카 무수리[황새과(科)의] 회교 수도사(修道士). **2** 그 무덤. **3** = marabou.

ma·ra·ca [mərάːkə, +美 -rǽkə] *n.* 마라카스[말린 표주박 따위 속에 돌멩이 따위를 넣고 손잡이를 단 타악기].

ma·ras·ca [mərǽskə] *n.* 야생 버찌[마라스키노주(酒)의 원료].

mar·a·schi·no [mæ̀rəskíːnou] *n.* (U) 마라스키노 술 [야생 버찌로 만든 리큐르주].

màraschíno chérry *n.* 마라스키노 술에 담근 버찌.

ma·ras·mic [mərǽzmik] *adj.* 쇠약한, 허탈한, 소모성의.

ma·ras·mus [mərǽzməs] *n.* (U)《병리》소모(증).

*****mar·a·thon** [mǽrəθὰn, -θən/-θ(ə)n] *n.* **1** 장거리 경주. **2** 마라톤 경주[26마일 385야드; 42,195km]. **3**《댄스·퀴즈 따위의》오래하기 경쟁.

Mar·a·thon [mǽrəθὰn, -θən/-θ(ə)n] *n.* 마라톤 평원 [아테네 동북의 평원. 아테네군이 페르시아군을 무찌른 (490 B.C.) 곳 싸움터].

ma·raud [mərɔ́ːd] *vi.* 약탈하다, 약탈하고 다니다; 습격하다 (*on, upon* …). — *vt.*《보통 수동형으로》…을 습격하다, …으로부터 약탈하다 (plunder). — *n.*《고어》약탈(foray).

ma·raud·er [mərɔ́ːdər] *n.* 약탈자 (plunderer).

mar·a·ve·di [mæ̀rəvéidi] *n.* **1** 옛 스페인 금화. **2** 옛 스페인 동화(銅貨).

‡**mar·ble** [mάːrbl] *n.* **1** (U) 대리석. **2** 대리석의 조각물. **3** 대리석 무늬. **4** [단단함·차가움·매끄러움·흰 빛 따위가] 대리석 같은 것. **5** 무정한 것(사람). **6** 구슬; (~s) (單수 취급) 구슬놀이. ¶ play [at] *marbles* 구슬놀이 하다. — *adj.* **1** 대리석으로 만든. **2** 대리석같이 단단한 (차가운, 매끄러운, 흰). **3** 차가운, 무정한. ¶ a *marble* heart 무정한 마음. **4** 대리석 무늬의. — *vt.* (**-bled, -bling**)《종이·책의 도련친 면 따위에》대리석 무늬를 넣다. ¶ *marbled* paper 대리석 무늬를 넣은 종이, 마블지 / a book with *marbled* edges 가장자리에 대리석 무늬가 든 책. ◇ márbleize *vt.*, márbly *adj.*

márble cáke *n.* (U)(C) 마블 케이크 [대리석 무늬를 넣은 케이크]. **2** 대리석 장식품, **3** 대리석 무늬를 넣은 케이크.

mar·bled [mάːrbld] *adj.* **1** 대리석으로 만든, 대리석 무늬의.

mar·ble-heart·ed [mάːrblhάːrtid] *adj.* 무정한, 냉혹한.

mar·ble·ize [mάːrblàiz] *vt.* (**-ized, -iz·ing**) = marble.

mar·bling [mάːrbliŋ] *n.* **1** (U) 대리석 무늬 넣기(넣는 방법). **2** (U)(C) 《제본》 책의 도련친 가장자리·면지 따위의) 대리석 무늬.

mar·bly [mάːrbli] *adj.* = marble *adj.* 2.

marc [mαːrk] *n.* (U) 특히 포도의) 짜고 난 찌꺼기; 그것으로 만든 브랜디.

MARC [mαːrk] *n.* 기계 가독(可讀) 목록 [컴퓨터 처리가 가능한 출판물 데이터 베이스]. [<*ma*chine *r*eadable *c*atalog]

Mar·can [mάːrkən] *adj.* 성(聖) 마가(St. Mark) 의.

Mar·can·do [mαːrkάːndou] *adj., adv.* 《이탈리아》= marcato.

mar·ca·site [mάːrkəsàit] *n.* (U) 《광물》 백철광(白鐵)

mar·ca·to [mαːrkάːtou] *adj.* 《음악》 마르카토, 강조된. [<It. marking]

mar·cel [mαːrsél] *vt.* (**-celled, -cel·ling**) 《두발》에 마르셀식(式) 웨이브로 하다. — *n.* 마르셀식 웨이브 [미용법].

mar·cel·la [mαːrsélə] *n.* (U) 능직(綾織) 면포(마포).

márcel wáve *n.* [머리털의] 마르셀식 웨이브.

‡**march**¹ [mαːrtʃ] *vi.* **1** [대열을 지어] 행진하다, 행군(진)하다. ¶ (~+前+名) *march* along the streets 거리로 행진하다 / *march* into the enemy's country 적의 영토로 진격하다 / *march* on a fortress 성채를 향해 진격하다. **2** 〔당당히〕 걷다, 전진하다. ¶ (~+前+名) *march* straight to the seat 그 자리로 똑바로 전진하다. **3** 〔일이〕 진전하다. ¶ Science has *marched* in tremendous strides these few decades. 과학은 최근 몇 십 년 동안에 장족의 발전을 했다. — *vt.* **1** …을 행진시키다, 행군시키다. **2** …을 [강제로] 걷게 하다, 끌고 가다. ¶ (~+目+副) *march* a person *off* captive 남을 포로로 잡아 끌고 가다.
Double time (*Quick time*) *March !* 《구령》 보통 걸음으로 갓! (빠른 걸음으로 갓!)
Forward March ! 《구령》 앞으로 갓!
Mark time, March ! 《구령》 제자리 걸음!
To the Rear, March ! 《구령》 뒤로 돌아 갓!
— *n.* **1** (U) 행진, 행군, 진군; (C) 행군의 행정(行程). ¶ a day's *march* 하루의 행군 거리 / a forced *march* 강행군 / a triumphal *march* 개선 행진. **2** (the ~) 나아감, 전진; 진행, 전진. ¶ the *march* of time 시간의 진행 / the *march* of civilization 문명의 진전. **3** 《음악》 행진곡. ¶ a wedding *march* 결혼 행진곡 / a quick *march* 속보 행진. **5** (古) 국경.
be on the march 행진(행군)중이다.
steal (or *get*) *a march on* (or *upon*) *a person* 남을 모르게 앞지르다.

march² [mαːrtʃ] *n.* **1** 〔보통 ~es〕 국경, 경계 (boundary, border). **2** 분쟁이 잘 일어나는 국경 지대. **3** (the Marches) 《英역사》 England and Scotland, 또는 England 와 Wales 와의 사이의 국경 지방. — *vi.* 경계를 접하다 (border) (*upon, with* …).

‡**March** [mαːrtʃ] *n.* 3월 〔略 Mar.〕

March. (略) Marchioness.

Mär·chen [G mɛ́ːrxən] *n.* 《독일》 (=story) 메르헨, 동화, 옛날 이야기, 민화.

march·er¹ [mάːrtʃər] *n.* 도보 행진자; 데모 참가자.

march·er² [mάːrtʃər] *n.* 《역사》 **1** 국경 지역의 주민. **2** 국경 관할관, 변경 영주.

márch·ing órder [mάːrtʃiŋ-] *n.* **1** (~s) (군대) 행군 명령. **2** 행군 통치.

mar·chion·ess [mάːrʃ(ə)nis, mὰːrʃ(ə)nés] *n.* **1** 후작(侯爵) 부인, 후작 미망인. **2** 여(女)후작. *cf.* marquis.

march·pane [mάːrtʃpèin] *n.* = marzipan.

march-past [mάːrtʃpæst/-pὰːst] *n.* 행렬, 분열 행진.

mar·co·ni·gram [mαːrkóunigræm] *n.* 《드물게》 무선 전신 (radiogram). 〔<이탈리아의 전기학자 Guglielmo Marconi (1874-1937) 의 이름〕

mar·co·ni·graph [mαːrkóunigræf /-grὰːf] *n.* 마르코니식 무선 전신기.

Márdi grás [mάːrdi grάː] *n.* 〔사육제 마지막 날의〕 참회 화요일, 식욕 화요일. 〔<F〕

*****mare**¹ [mɛər] *n.* 암말; 노새·당나귀 따위의 암컷. ¶ *Money makes the* mare *[to] go.* 《속담》 돈만 있으면 귀신도 부릴 수 있다.

ma·re² [mɛ́(ː)ri, mάːrei/méəri] *n.* (*pl.* **ma·ri·a**) 〔달〕 바다.

máre cláu·sum [mɛ́(ː)ri klɔ́ːsəm/méəri-] *n.* 영해. 〔<L closed sea〕

máre li·be·rum [-líbərəm, -lái-] *n.* 공해 (公海). 〔<L open sea〕

ma·rem·ma [mərémə] *n.* (*pl.* **-me** [-mi]) 〔특히 이탈

Ma·ren·go [mərɛ́ŋgou] *n.* 마렝고 [이탈리아 서북부의 마을; 나폴레옹이 Austria 군을 격파한 곳].

mare's-nest [mɛ́ərznèst] *n.* 실제로는 아무것도 아닌 대발견.

mare's-tail [mɛ́ərtèil] *n.* **1** 쇠뜨기말 [수초의 일종]. **2** (~s) 말꼬리구름 (권운의 일종).

marg. 《略》 margin, marginal.

mar·gár·ic ácid [mɑːrgǽrik-/-gɑːr-] *n.* Ⓤ 《화학》 진주산(眞珠酸).

mar·ga·rine [mɑ́ːrdʒ(ə)rin, -ríːn, ⁓⁓-, 英 -gə-], (**mar·ga·rin**) *n.* Ⓤ 마가린, 인조 버터.

mar·ga·ri·ta [mɑ̀ːrgərí:tə] *n.* Ⓤ 마가리타 [테킬라를 바탕으로 만든 칵테일].

mar·gay [mɑ́ːrgei] *n.* 《중남미산(産)의》 삵쾡이.

marge¹ [mɑːrdʒ] *n.* 《고어》 가장자리 (edge).

marge² [mɑːrdʒ] *n.* 《주로 英방언》 = margarine.

‡**mar·gin** [mɑ́ːrdʒin] *n.* **1** 가장자리, 가. ⇨ EDGE 類語 ¶ the *margin* of a leaf 잎의 가장자리. **2** 〔인쇄물 따위의〕 난외(欄外), 여백, 방주 ¶ a bottom *margin* 〔페이지의〕 아래 여백 / leave a *margin* 여백을 남기다. **3** 〔가능성 따위의〕 한계, 극한, 국한(limit). ¶ by a narrow *margin* 간신히, 겨우 / He is on the *margin* of subsistence. 그는 굶기를 밥먹듯 하며 살아가고 있다. **4** 〔시간·돈 따위의〕 여지, 여유. ¶ a *margin* of free activity 자유 행동의 여지. **5** 〔주식 거래 따위의〕 위탁 증거금 (security). **6** 〔상업〕 차익금, 마진, 판매 수익; 〔경제〕 〔생산비를 보상하기에 족한〕 최저(한계) 수익.

go near the margin 위험에 다가가다, 아슬아슬한 짓을 하다.

— *vt.* **1** …에 가장자리를 붙이다. **2** …을 난외에 써넣다, …에 방주(傍註)를 달다. **3** 〔경제〕 〔주식〕의 위탁 증거금을 걸다. ◇ márginal *adj.*

*****mar·gin·al** [mɑ́ːrdʒin(ə)l] *adj.* **1** 가장자리의, 가의. ¶ a *marginal* space 가장자리의 여백. **2** 난외(欄外)의. ¶ a *marginal* note 난외의 주(註). **3** 한계의, (특히) 최저한의; 〔경제〕 가까스로 수지가 맞는. ¶ *marginal* ability 최저한의 능력 / *marginal* returns 한계 수익. **~·ly** [-nəli] *adv.*

márginal cóst *n.* 〔경제〕 한계 원가.

mar·gi·na·li·a [mɑ̀ːrdʒinéiliə, -ljə] *n. pl.* 난외의 주.

mar·gin·al·ize [mɑ́ːrdʒinəlàiz] *vt.* (-**ized**, -**iz·ing**) …을 〔특히 사회의 진보에서〕 처지게 하다, 사회에서 소외하다, 사회적으로 무시하다.

márginal mán *n.* 〔사회〕 주변인(周邊人), 경계인(境界人) 〔성질이 다른 두 개의 문화에 속하여 어느 쪽에도 충분히 동화되지 못하는 사람〕.

márginal séa *n.* (the~) 〔법률〕 영해 〔해안선으로부터 3.5 법정 마일 이내의 해역〕.

márginal utility *n.* 〔경제〕 한계 효용.

mar·gin·ate [mɑ́ːrdʒinit/-nèitid] *adj.* (= **mar·gin·at·ed** [-nèitid]) **1** 가장자리가 있는. **2** 〔곤충〕 가장자리의 빛깔이 뚜렷한. — *vt.* (-**at·ed, -at·ing**) …에 가장자리를 붙이다(border).

mar·gin·a·tion [mɑ̀ːrdʒinéiʃ(ə)n] *n.* Ⓤ 가장자리 붙이기.

mar·grave [mɑ́ːrgreiv] *n.* 〔역사〕 〔신성 로마 제국의〕 변경 수령(邊疆守令); 중세 독일 귀족의 칭호.

mar·gra·vine [mɑ́ːrgrəviːn] *n.* 변경 수령 부인.

mar·gue·rite [mɑ̀ːrgərí:t] *n.* 마거리트 〔데이지의 일종〕. [< F *marguerite* daisy]

Ma·ri·a [mé(:)riə/mərí:-] *n.* mare² 의 복수형.

ma·ri·a·chi [mɑ̀ːriɑ́ːtʃi] *n.* 마리아치 〔멕시코의 떠돌이 악사〕; 그 음악.

ma·riage à la mode [F marjɑːʒ a la mɔd] *n.* 《프랑스》 (= marriage in fashion) 〔이해 본위 등에 의한〕 세태를 좇은 결혼.

ma·riage de con·ve·nance [F marjɑːʒ də kɔ̃vnɑ́ːs] *n.* 《프랑스》 (= marriage of convenience) 정략 결혼.

Mar·i·an [mɛ́(:)riən/mǽr-] *adj.* **1** 성모 마리아의. **2** 영국 〔스코틀랜드〕 여왕 Mary 의. — *n.* **1** 성모 마리아 숭배자. **2** 〔스코틀랜드 여왕〕 Mary 의 편〔지지자, 옹호자〕.

Mar·i·á·na Íslands [mɛ̀(:)riǽnə-, mɛ̀ər-/mɛ̀ər-, mǽr-] *n.* (the ~) 마리아나 제도 〔필리핀 제도의 동쪽에 있다〕.

Mar·i·anne [mɛ̀(:)riǽn/mɛ̀ər-] *n.* 프랑스 공화국의 의인명(擬人名) 〔화폐 등에 기입〕. 〔殖〕

mar·i·cul·ture [mǽrikʌ̀ltʃər] *n.* Ⓤ 바다 양식 (養殖)업.

mar·i·gold [mǽrigòuld] *n.* 금잔화 〔천수국속(屬)의 식물〕.

ma·ri·hua·na, -jua·na [mæ̀rihwɑ́:nə, mɑ̀:ri-] *n.* Ⓤ 〔인도산(産)의〕 삼, 마리화나〔그 잎·꽃을 말린 것. 마취제로서 궐련을 빨듯이 빨아 마신다〕.

ma·rim·ba [mərímbə] *n.* 마림바 〔목금의 일종〕.

[marimba]

ma·ri·na [mərí:nə] *n.* 《美》 마리나 〔요트 계선장(繫船場)〕.

mar·i·nade *n.* [mæ̀rinéid → ⁓⁓⁓] 마리네이드 〔포도주·올리브유·식초·향신료·야채 따위를 요리하기 전에 여기에 담근다〕; 마리네이드에 담근 고기 또는 생선. — *vt.* [mæ̀rinéid/-⁓⁓] = marinate.

ma·ri·na·ra [mɑ̀ːrinɑ́ːrə] *n.* Ⓤ 마리나라 〔토마토·양파·마늘·향신료로 만든 이탈리아 소스〕. — *adj.* 마리나라를 친.

mar·i·nate [mǽrinèit] *vt.* (-**nat·ed, -nat·ing**) 〔고기·생선 따위〕를 마리네이드에 담그다.

‡**ma·rine** [mərí:n] *adj.* 바다의, 해사(海事)의, 해산(海産)의. ¶ *marine* animals 해생(海生) 동물 / *marine* products 해(수)산물 / *marine* wonders 바다의 경이. **2** 해운상의(nautical); 해군의. ¶ a *marine* chart 해도 / *marine* transport 해상 수송. **3** 〔군인이〕 함상의(艦上); 〔美〕 해병대의. **4** 선박용의. ¶ a *marine* engine 선박용 기관.

— *n.* **1** (the ~) 〔집합적〕 〔한 나라의〕 선박, 함선; 해상 세력. ¶ the mercantile *marine* 상선대, 해운력 / the military *marine* 함대, 해군력. **2** 해병대원 〔특히〕 미국(영국) 해병대원. **3** 해양화(畫); 배의 그림. **4** 〔고어〕 함상 근무의 해군병대. ¶ the French Minister of *Marine* 프랑스 해군상(相).

***Tell that to the [horse] marines!** = *That will do for the marines!* 《구어》 그따위 소리를 누가 믿는담! 〔거짓말 마라〕.

◇ máritime *adj.*

maríne bélt *n.* 〔국제법〕 영해(territorial waters).

maríne biólogy *n.* 해양 생물학.

Maríne Córps *n.* 《美》 해병대.

maríne insúrance *n.* Ⓤ 해상 보험.

*****mar·i·ner** [mǽrinər] *n.* **1** 선원, 뱃사람; 항해자(sailor). **2** (M-) 《美》 마리너 〔화성·금성 탐사용 우주선〕.

máriner's cómpass *n.* 〔항해〕 나침반.

maríne snów *n.* 바다눈 〔죽은 플랑크톤 따위의 세포로 이루어진 눈과 비슷한 바닷속의 강하물(降下物)〕.

maríne stóre *n.* **1** (~s) 고(古) 선구류. **2** 선구 고선구점〔古船具店〕.

Mar·i·ol·a·try [mɛ̀(:)riɑ́lətri/mɛ̀əriɔ́l-] *n.* Ⓤ 〔경멸적〕 〔지나친〕 성모 마리아 숭배; 여성 숭배.

mar·i·on·ette [mæ̀rinét] *n.* 마리오네트, 꼭둑각시 (puppet). [< F]

mar·i·pó·sa líly(túlip) [mæ̀ripóusə-, -zə-] *n.* 마리포사 튤립 〔미국 서부·멕시코산의 나리과의 식물〕.

Mar·i·sat [mǽrisæt] *n.* 〔미국의〕 해양 기상 위성. [< MARI[TIME] + SAT[ELLITE]]

mar·ish [mǽriʃ] 《고어》 n. 소택(沼澤)[지], 늪[지대] (swamp). — adj. 늪의(과 같은), 소택성의.

mar·i·tal [mǽritl] adj. **1** 결혼의, 부부간의. ¶ *marital* status 배우자의 유무. **2** 《고어》 남편의. ~**ly** [-təli] adv.

***mar·i·time** [mǽrətàim] adj. **1** 바다의, 해사의; 항해의, 해운의. ¶ *maritime* affairs 해사 / *maritime* insurance 해상 보험. **2** 연해의, 해변의; 해변에 사는. ¶ a *maritime* provinces 연해(沿海) 지방. **3** 수원다운, 선원 특유의. **4** 《고어》《군인의》 함상 근무의(marine). ◇ marine n., adj.

Máritime Próvinces n. (the~) 캐나다의 연해주(沿海州) [Nova Scotia 주, New Brunswick 주, Prince Edward 섬의 총칭].

mar·jo·ram [mɑ́ːrdʒ(ə)rəm] n. ⓤ 마요라나 《박하를 닮은 약용·요리용 식물》.

†mark¹ [mɑːrk] n. **1** 표, 자국, 흔적, 흉터, 멍; 얼룩, 오점 (spot, stain). ¶ the *mark* of a wound 상처 자국, 흉터.

[類語] **mark** 사물의 성격을 밖으로 나타내는 것; 흔적, 식별 따위를 위해 붙이는 표지: the *marks* of a tire 타이어 자국. **sign** 어떤 사실·의미를 나타내는 모든 기호·신호·몸짓 따위; 가장 포괄적인 말: *signs* of noble birth 고귀한 태생의 티(표) / a road *sign* 도로 표지. **signal** 특정의 의미를 나타냄을 곧 알 수 있게 하는 관습적 방법에 의한 sign: traffic *signals* 교통 신호. **symbol** 어떤 것을 뜻하는 기호 따위: a chemical *symbol* 화학 기호. **token** 감정·추억 따위 추상적인 것을 물적으로 표현한 것: a gift as a *token* of gratitude 감사의 표시로서의 선물.

2 (비유적) …의 표(token), 특징, …의 징조(표시) (indication). ¶ as a *mark* of scorn 경멸의 표시로서 / Gray hair is a *mark* of old age. 백발은 노령의 한 징조이다.

3 표장(標章) (badge); 인장, 낙인(seal); 표딱지(label), 상표. ¶ an assayer's *mark* 검정 필인(畢印) / a price *mark* 정찰 / a shipping *mark* 하물 표지 / a trade *mark* 상표.

4 부호(sign), 기호(symbol). ¶ punctuation *marks* 구두점 / quotation *marks* 인용 부호.

5 표지물(sign); 지표, 표. ¶ a ground *mark* 지상 표지 / the *mark* of a channel 수로 표지.

6 [성적의] 평점, 점, 점수. ¶ gain full *marks* 만점을 따다 / have good *marks* in mathematics 수학 점수가 좋다.

7 (통상의) 표준; 한계, 정도. ¶ up to the *mark* 표준에 도달하여 / His master's thesis was below the *mark*. 그의 석사 논문은 표준점에 미치지 못했다.

8 과녁, 표적(target); (노력 따위의) 목표, 목적. ¶ It is far from the *mark*. 얼토당토 않다.

9 ⓤ 명성, 저명; 중요성. ¶ a man of *mark* 명사, 요인.

10 감명(impression); 영향, 감화(influence). ¶ Good teachers leave their *mark* on their students. 훌륭한 교사는 학생들에게 감화를 끼치는 법이다.

11 《속어》 (비웃음 따위의) 표적(대상) 〔이 되는 사람〕, 봉. ¶ Don't be an easy *mark* for others. 남의 비웃음거리가 (봉이) 되지 마라.

12 (경기) 출발점 (starting point).

13 (항해) 측표(測標) 〔측연선(測鉛線)에 붙인 길이를 나타내는 표지〕.

14 《영군》 〔무기·장비 따위의〕 형(model); 〔로마 숫자와 함께 써서〕 …식(式), *Mark* VI 6식(式).

15 (럭비) 마크(heel-mark) 〔페어캐치 때 경기자가 발꿈치로 땅바닥에 긋는 표〕.

16 (볼링) 마크 〔스트라이크나 스페어를 따기〕.

17 십(十)자, ×표 〔글씨를 쓸줄 모르는 사람이 서명 대신에 씀〕.

beside (or **wide of**) **the mark** 얼토당토 않은, 빗나갔다. ¶ Your calculation is *beside* the mark. 네 추산은 빗나갔다.

fall short of the mark 표준(목표)에 미치지 못하다.

get off the mark [경쟁 따위에서] 스타트를 끊다; 일을 시작하다.

[**God**] **bless** (or **save**) **the mark !** ① 아 실례했군, 미안해요 [심한 말을 한 뒤 사과하는 말]. ② 아니 이럴 수가; 이런 (경멸·경악·놀람의 말).

hit (**miss**) **the mark** ① 적중하다(빗나가다). ② 목적을 이루다 (이루지 못하다).

make one's mark ① 이름을 떨치다. ¶ He made his *mark* in baseball. 그는 야구에서 이름을 떨쳤다. ② [글씨를 못쓰는 사람이 ×표로] 서명하다.

On your mark (or **marks**) **!** 〔경기에서〕 제자리에. ¶ *On your mark !* Get set ! Go ! 제자리에 ! 준비 ! 땅 !

within the mark 틀리지 않은, 오산(誤算)이 아닌.

— vt. **1** …을 눈에 띄게 하다, 두드러지게 하다 (distinguish), 특징짓다. ¶ Great scientific discoveries *marked* the 19th century. 과학상의 대발견이 19세기를 특징짓다. **2** …에 〔얼룩·오점·상처 따위의〕 자국을 내다. ¶ a face *marked* with smallpox 마마 자국이 있는 얼굴. **3** (표지·부호 따위를) …에 붙이다 (*with*); 〔표지·기호〕를 붙이다 (…*on*); 〔표지·기호 따위로〕 …을 나타내다 (…*with*). ¶ (~+图+前+名) *mark* something *with* a cross …에 십(十)자 표시를 하다 / *mark* accents *on* words 단어에 악센트 부호를 붙이다 / *mark* the boundary *with* a dotted line 점선으로 경계를 표시하다. **4** …을 확실하게 지정하다 (designate); …을 운명 짓다 (destine). ¶ (~+图+前+名) his abilities that *mark* him for success 그를 성공으로 이끌게 될 그의 재능 / be *marked* for death 죽을 운명에 놓이다. **5** [득점 따위]를 기록하다 (record), …을 채점하다. ¶ *Mark* a paper 답안을 채점하다. **6** …을 나타내다, 보이다. ¶ Her smile *marked* her happiness. 그녀의 미소는 그녀가 행복하다는 것을 나타냈다. **7** …에 유의(주의)하다. ¶ *Mark* me (or my words). 내 말을 잘 들어요. 「하다 (observe).

— vi. **1** 부호를 하다, 부호를 달다. **2** 주의하다, 주목

mark down ① …을 적어 두다, …을 노트해 두다. ② 값을 내려 가격표를 달다, 값을 내리다. ③ (사냥) [짐승이] 숨을 곳을 알아 두다.

***Mark my word(s) !** 《구어》 괜찮지?; 잘 들어 !

mark off ① 〔경계선 따위를 그어서〕 …을 구분하다, 구획하다. ② …와 구별하다, 가르다 (separate) (*from* …). ¶ This feature *marked* him *off from* the rest of them. 이 특징 때문에 그는 다른 사람들과 아주 달랐다.

mark out ① …을 구획하다, 가르다. ② …을 설계하다; …의 계획을 세우다. ¶ *mark out* a course of action 행동 방침을 세우다.

mark out for ① …으로 선발하다, 점찍다. ¶ He was *marked out for* promotion. 그는 발탁되어 승진했다. ② …을 예정하다, 운명짓다. ¶ be *marked out for* slaughter 도살당할 운명에 놓여 있다.

mark time ⇒ TIME.

mark up …에 비싼 값을 매기다, 값을 올리다. ② [술집의 계산서 따위에] …을 덧붙여 써넣다.

mark² [mɑːrk] n. 마르크 〔독일의 돈위〕.

Mark [mɑːrk] n. **1** 〔성서〕 마가 〔마가 복음의 저자〕. **2** 〔성서〕 마가 복음 〔신약 성서 중의 제2복음서〕.

mark·down [mɑ́ːrkdàun] n. 가격 인하.

***marked** [mɑːrkt] adj. **1** 두드러진, 현저한 (conspicuous). ¶ a *marked* feature 두드러진 특징 / a *marked* success 눈부신 성공. **2** 주목을 받는, 점찍힌. ¶ a *marked* man 악명높은 사람, 점찍힌 사람, 《미》 전과자. **3** 표(마크)가 붙어 있는. ¶ a *marked* car 《구어》 순찰차. **4** [언어] 유표(有標)의. *cf.* unmarked ~**ly** [mɑ́ːrkidli] adv. ~**ness** n.

mark·er [mɑ́ːrkər] n. **1** 표시 (부호)를 하는 사람 (것). **2** 표지〔가 되는 것〕; 서표(書標) (bookmark), 묘표(墓標), 기념표, 이정표 (milestone). **3** [게임 따위

의]득점 기록자(장치). **4** 《英》[폭격의 목표를 정하기 위한] 조명탄.

not a marker to 《美俗어》 …과는 비교도 되지 않는.

‡**mar·ket** [má:rkit] *n*. **1** [식품·가축류의] 저자, 장; 시장(marketplace); 장날(market day); 장에 모인 사람들. **2** 마켓, 식료품점. ¶ a fish *market* 생선 시장, 생선 가게. **3** [특히 어떤 특별한 상품의] 거래, 상거래 (trade, traffic); 거래 시장. ¶ the cotton *market* 면화 거래 [시장] / the stock *market* 주식 시장 / come into the *market* 시장에 나오다, 시판되다. **4** 상거래의 분야, 업계. **5** [상품의] 팔곳, 판로, 시장; [상품의] 수요. ¶ the foreign (the domestic) *market* 외국(국내) 시장 / seek a new *market* 새 판로를 구하다 / find a *market* for goods 상품 팔 상대(수요처)가 나서다. **6** 시가, 시세(market price); 시황, 경기. ¶ a brisk (a dull, a quiet, a steady) *market* 활발한(침체한, 한산한, 견실한) 시황 / at the *market* 시가(時勢)로 / govern the *market* 시가를 좌우하다 / The *market* is rising (falling). 시가가 상승(하락) 중이다. **7** 거래의 기회, 상기(商機). ¶ lose one's *market* 상기를 놓치다.

bring one's eggs (or *hogs*) *to a bad* (or *the wrong*) *market* 예상이 어긋나다, 계획에 실패하다.

go badly to market 밑지는 거래를 하다.

go to market ① [시장에] 장보러 가다. ② [구어] 꽤 세게 한 방 먹이다 [보다].

in (or *on*) *the market* 팔려고 내놓은. ¶ the best bags *in the market* 팔리고 나놓은 가장 좋은 가방.

in the market for …을 사려고, …을 구하여. ¶ I'm *in the market for* a house. 나는 사들일 집을 구하고 있다. [를 조작하다.

make a market 경기를 돋우다; [주식 시세에서] 인기

make a (or *one's*) *market of* …으로부터 이익을 얻다; …을 이용하다, [남]을 이용물(희생물)로 삼다.

play the market 《美》[증권에] 투기하다.

── *vi*. 시장에서 거래하다, 시장에서 사다(팔다). ¶ go *marketing* [시장에서] 사러(팔러) 가다; 장보러 가다.

── *vt*. …을 시장에 내놓다, 팔러 내놓다.

mar·ket·a·bil·i·ty [mà:rkitəbíliti] *n*. U 팔릴 가능성, 시장성.

mar·ket·a·ble [má:rkitəbl] *adj*. **1** 팔만한, 팔리는. **2** 매매의, 시장에 어울리고 있는. ¶ *marketable* prices 시가(市價). **~ness** *n*. **-bly** *adv*.

márket bàsket *n*. 장바구니; [경제] 마켓 바스켓[생계비의 변동을 산출하기 위해 지표(指標)가 되는 연도를 100으로 계산하여 어떤 연도의 비교 구매 능력].

márket bèll *n*. 시장의 개장을 알리는 시장의 종.

márket bòat *n*. 어선에서 어시장까지의 어류 수송선; 보급품 수송선.

márket cróss *n*. (중세 유럽의) 시장에 세워 놓은 십자가.

márket dày *n*. 장서는 날, 장날.

mar·ket·eer [mà:rkitíər] *n*. 시장 상인.

mar·ket·er [má:rkitər] *n*. 《美》장꾼, 장보러 가는 사람; 시장에서 매매하는 사람. *cf*. shopper

márket fluctuàtion *n*. 시가(市價) 변동. [는 밭.

márket gàrden *n*. 시판용 (市販用) 채소를 재배하

márket gàrdener *n*. 시판용 (市販用) 채소 재배자.

márket gàrdening *n*. U 시판용 채소 재배.

****mar·ket·ing** [má:rkitiŋ] *n*. U **1** 시장에서의 물건 사기; 시장 매매 (거래). ¶ do *marketing* 시장에서 쇼핑하다. **2** 마케팅 [제조에서 판매까지의 전 과정].

márketing resèarch *n*. U 시장 조사, 시장 분석 [제품 계획에서 판매에 이르는 기업 활동 전반에 유용한 정보를 수집하기 위한 조사].

márket máker *n*. 증권 시장의 큰 손.

márket òrder *n*. [증권] [값을 지정하지 않는] 시세 대로의 매매 위탁. [레이드.

****mar·ket·place** [má:rkitplèis] *n*. 장이 서는 넓은 터.

márket príce *n*. 시장 가격, 시가, 시세. ¶ issue at the *market price* [증권] 시가 발행.

márket resèarch *n*. U 시장 조사 [어떤 상품에 대한 수요 예측을 주목적으로 하는 조사]. *cf*. marketing

márket shàre *n*. 시장 점유율. [research

márket tòwn *n*. 장이 서는 소도시.

márket vàlue *n*. U **1** 시장 가치. *cf*. book value
2 =market price.

mar·khor [má:rko:r] *n*. [히말라야 지방의] 야생 염소.

mark·ing [má:rkiŋ] *n*. **1** U 표지(부호) 붙이기. **2** 표지, 부호, [동·식물의] 반점, 얼룩, 무늬.

márking gàuge *n*. [건축] 턱촌목.

márking ìnk *n*. U 불변색 잉크.

márking ìron *n*. 화인(火印), 낙인.

mark·ka [má:rkka:] *n*. (*pl*. **-kaa** [-ka:] *or* **-kas**) 마르카[핀란드의 화폐 단위. 100 pennia에 해당].

Már·kov chàin [má:rko:f-] *n*. [통계] 마르코프 연쇄.

marks·man [má:rksmən] *n*. (*pl*. **-men** [-mən]) **1** 사격의 명수, 활의 명수. **2** [군대] 저격병.

marks·man·ship [má:rksmənʃìp] *n*. U 사격의 정확성 (솜씨).

Márk Táp·ley [-tǽpli] *n*. 매우 쾌활한 사람. [<Dickens의 소설 *Martin Chuzzlewit*에 등장하는 인물 이름]. [다].

márk tòoth *n*. 말의 앞니[나이를 나타내는 홈이 있

mark·up [má:rkʌp] *n*. **1** 가격 인상. **2** [상업] 원가에 가산되는 금액, 원가와 최종 판매 가격과의 차액; 이윤. ¶ a 50% *markup* on cameras 카메라 원가에 대해 50퍼센트의 가산.

marl¹ [ma:rl] *n*. U **1** 말, 이회토(泥灰土) [점토·비료·시멘트 제조용]. **2** 부드럽고 무른 지층. **3** 《문어》 흙, 땅(earth). ── *vt*. [밭]에 이회토를 주다.

marl² [ma:rl] *vt*. [항해] [굵은 밧줄]에 가는 밧줄을 감다. ⇒ MARLINE.

mar·la·ceous [mɑ:rléiʃəs] *adj*. 이회질 (泥灰質)의.

mar·lin [má:rlin] *n*. (**-lin** *or* **-lins**) 녹새치·청새치의 일종 [큰 바다고기].

mar·line [má:rlin] *n*. [항해] 말린, 가는 밧줄 [굵은 밧줄의 끝을 감아두어 풀리지 않게 하는 데 쓴다].

mar·line·spike [má:rlinspàik] *n*. [항해] 밧줄 스파이크 [밧줄의 꼬인 가닥을 푸는 데 쓰는 바늘 모양의 연장].

marl·ite [má:rlait] *n*. U 말라이트 [marlstone (이회암)의 일종, 공기에 쐬어도 부스러지지 않는다].

marl·pit [má:rlpìt] *n*. 이회토(marl) 채굴장.

marl·stone [má:rlstòun] *n*. U [광물] 이회암(岩).

marl·y [má:rli] *adj*. (**marl·i·er, marl·i·est**) **1** 이회토 모양의, 이회질 (質)의. **2** 이회토로 된.

marm [ma:rm] *n*. 《속어》 =ma'am.

mar·ma·lade [má:rm(ə)lèid, +美 -´-] *n*. U 마말 레이드.

MARMAP [má:rmæp] 《美》 *M*arine *R*esources *M*onitoring *A*ssessment *a*nd *P*rediction (해양생물 자원 조사).

Mar·ma·ra [má:rm(ə)rə] *n*. the Sea of ∼ 마르마라해 [터키 서북부에 있는 내해 (內海)].

mar·ma·tite [má:rmətàit] *n*. U [광물] 마마타이트, 철섬 (鐵閃)아연광.

mar·mite [má:rmait, mɑ:rmí:t] *n*. [금속 또는 사기로 만든] 큰 요리 냄비. [백온석 (白溫石).

mar·mo·lite [má:rməlàit] *n*. U [광물] 마멀라이트,

mar·mo·re·al [mɑ:rmɔ́:riəl / -mɔ́:r-], **-ri·an** [-riən] *adj*. 대리석의 (수 같은).

mar·mo·set [má:rmo(u)zèt] *n*. [중 남 미 산 (産)의] 비단털원숭이과(科)의 작은 원숭이.

mar·mot [má:rmət] *n*. 마못[뜰을 파고 구멍에 사는 설치(齧齒)류의 동물. 모르못 (guinea pig)과는 별종].

Marne [ma:rn] *n*. (the ∼) 마른강 [프랑스 동북부의 강. 파리 부근에서 센강과 합류].

mar·o·cain [mǽrəkèin, +美 -´-] *n*. U 마로케인 [견직 또는 모직의 골지게 짠 묵직한 여자 옷감].

ma·roon¹ [mərúːn] *n.* **1** ⓤ 밤색, 적갈색(赤褐色). **2** 《주로 英》대포 같은 폭음을 내는 일종의 폭죽, 딱총 [건널목지기가 위험 신호로 씀]. — *adj.* 밤색의.

ma·roon² [mərúːn] *vt.* …을 무인도에 버리다; …을 고립시키다. — *vi.* **1** 빈둥거리다, 어정거리다. **2** 《美》캠프여행을 하다. — *n.* **1** 〔서인도·네덜란드령 기아나 등의 미개지에서 사는〕 탈주한 노예; 그 자손. **2** 〔무인도 따위에〕 버림받은 사람.

ma·roon·er [mərúːnər] *n.* 해적; 섬에 유배(流配)된 사람; 망치는 사람.

mar·plot [máːrplɑ̀t / -plɔ̀t] *n.* 〔참견을 하여〕 계획을 망치는 사람.

Marq. (略) Marquess, Marquis.

marque [maːrk] *n.* 〔메이커〕 ⓤ 〔적국 상선의〕 나포(拿捕) 면허장; ⓒ 〔제품의〕 상표, 형.

letter of marque 적국 선박 나포 면허장.

mar·quee [mɑːrkíː] *n.* **1** 〔호텔·극장 따위의 입구 위에 있는〕 차양, 닫집(canopy). **2** 《주로 英》 옥외에서의 축제·전시회 따위에 쓰이는 대형 천막.

mar·quess [máːrkwis] *n.* =marquis.

mar·que·try [máːrkitri], **(mar·que·te·rie)** *n.* ⓤ 〔가구·마루 따위의〕 상감(象嵌) 세공, 쪽매붙임 세공.

***mar·quis** [máːrkwis] (*《英》 marquess로도 쓴다) *n.* 후작(侯爵)《…후(侯)》 ⇨ BARON (주의)

mar·quis·ate [máːrkwizit] *n.* ⓤ 후작의 신분(지위); ⓒ 후작령.

mar·quise [mɑːrkíːz] *n.* **1** 후작 부인, 후작 미망인. **2** 《영국인 이외의》 여자 후작. **3** 끝이 뾰쪽한 장원형(長圓形) 보석, 그런 보석을 박은 반지. **4** 《英》 큰 천막 (marquee).

mar·qui·sette [màːrk(w)izét] *n.* ⓤ 마키젯 《커튼·부인복용의 가볍고 얇은 직물》.

mar·quois scale [máːrkwɔiz-] *n.* 〔측량〕 평행선을 긋는 기구.

mar·ram [mǽrəm] *n.* 해변에 나는 벼과(科)의 잡초.

mar·riage [mǽridʒ] *n.* **1** ⓤⓒ 결혼, 혼인, 연분. ¶ a civil *marriage* 〔종교적 의식에 의하지 않은〕 신고 결혼 / an arranged *marriage* 중매 결혼 / a *marriage* of convenience 정략(政略) 결혼 / contract (break) a *marriage* 혼인하다(이혼하다) / give one's daughter in *marriage* to …에게 출가시키다, 시집보내다 / take a person in *marriage* 남을 남편(아내)로 맞다, 사위(며느리)로 맞다. **2** ⓤ 결혼 생활, 부부 관계. ¶ in *marriage* 결혼 생활에서. **3** 결혼식, 혼례(wedding). **4** 〔비유적〕 긴밀한 결합(융합) (close union). ¶ the *marriage* of theory and practice 이론과 실천의 일치. **5** 〔카드놀이〕 같은 패의 킹과 퀸의 짝지음.

[類] **marriage** 〔결혼 (생활, 식)〕의 뜻의 가장 일반적인 말: be joined in *marriage* 결혼하여 합치다 / attend a friend's *marriage* 친구의 결혼식에 참석하다. **matrimony** 정식 결혼 생활, 종교적·법적으로 인정된 사실을 암시: holy *matrimony* 신성한 결혼 생활. **wedlock** 주로 법률용 또는 고풍의 말. **wedding** 결혼식과 식후의 잔치를 가리킴: a *wedding* dress 혼례 의상. **nuptial[s]** 호화판 wedding 의 뜻의 딱딱한 표현.
◇ **márry** *v.*

mar·riage·a·ble [mǽridʒəbl] *adj.* 결혼해도 좋을, 혼기에 달한. ~**ness** *n.*

márriage àrticles *n. pl.* 결혼 약정서(約定書) 〔결혼 전에 미리 재산·상속 등을 정해 놓는 문서〕.

márriage bèd *n.* 부부 잠자리, 부부의 인연. ¶ They defiled the *marriage bed*. 그들은 간통했다.

márriage bròker *n.* 결혼 브로커 〔돈을 받고 중매를 서는 사람〕.

márriage bùreau *n.* 결혼 상담소.

márriage guìdance *n.* 결혼 생활 지도.

márriage lícense(cértificate) *n.* 결혼 허가(증).

márriage lìnes *n. pl.* 〔단수 취급〕《英》 결혼 증서.

márriage pòrtion *n.* 〔결혼〕 지참금(dowry).

márriage sèrvice *n.* 〔교회의〕 결혼식.

márriage séttlement *n.* 부부 재산 계약 〔부부의 한편이 사망할 경우 생존한 배우자에게 재산권의 일부를 주고 그 나머지를 적게 비속에게 주는 약정〕.

‡**mar·ried** [mǽrid] *adj.* **1** 결혼한, 기혼의. ¶ a *married* man (woman) 기혼 남자(기혼 여자). **2** 부부의. ¶ a *married* life 결혼 생활 / *married* love 부부애. **3** 〔비유적〕 밀접하게 결합된.

mar·ron [mǽrən, mərúːn] *n.* 밤 〔특히 요리용·제과용〕. 〔< F chestnut〕

mar·rons gla·cés [F marɔ̃ glase] *n. pl.* 마롱 글라세 〔시럽에 담갔다가 설탕을 입힌 밤 과자〕. 〔< F iced chestnuts〕

*__**mar·row** [mǽrou] *n.* **1** ⓤ 〔해부〕 〔뼈의〕 골, 골수 (骨髓)(medulla). ¶ spinal *marrow* 척수(脊髓). **2** 〔사물의〕 정수(精髓), 중심부(essential part). **3** 힘, 활력, 정력 (vitality). **4** 영양이 풍부한 음식물. **5** ⓤ 《英》 서양 호박의 일종.

to the marrow [*of one's bones*] 뼛속까지, 철저하게, **be chilled** (*or* **frozen**) **to the marrow** 뼛속까지 얼어붙다 / He is a patriot *to the very marrow of his bones*. 그는 철저한 애국자이다.
◇ **márrowy** *adj.*

mar·row·bone [mǽro(u)bòun] *n.* **1** 〔요리용〕 골이 든 뼈. **2** (~s) 〔익살〕 무릎(knees). ¶ **go** (**fall**) **down on one's** *marrowbones* 무릎을 꿇다(kneel down); 종자.

mar·row·fat [mǽro(u)fæ̀t] *n.* 큰 완두콩의 일종.

mar·row·y [mǽroui] *adj.* **1** 골이 많은; 골수와 같은. **2** 활력에 찬, 〔문장 따위가〕 간결하고 힘찬.

‡**mar·ry**¹ [mǽri] *v.* (**-ried**, **-ry·ing**) *vt.* **1** …과 결혼하다, …을 남편으(아내)로 삼다. ¶ He *married* my daughter. 그는 내 딸과 결혼했다. **2** …을 결혼시키다, 부부를 맺게하다 (*to* …); 〔수동형으로〕 결혼하고 있다(하고 있다); 〔목사가〕 …의 결혼식을 집행하다. ¶ I get *married* 결혼을 하다 / They have been *married* for fifteen years. 그들은 결혼한 지 15년이 되었다 / (~+圓+图) She is *married to* a foreigner. 그녀는 외국인과 결혼했다 / Friar Lawrence *married* Romeo to Juliet. 로렌스 신부는 로미오와 줄리엣을 결혼시켰다. **3** 〔부모가〕 〔자식〕을 시집(장가) 보내다(…*off*). ¶ (~+圓+前+图) He *married* his daughter *off* to a rich man. 그는 딸을 부자에게 시집보냈다. **4** …을 밀착시키다, 융합시키다 (unite intimately). **5** 〔항해〕 〔이음매가 굵지 지지 않도록〕 〔밧줄을〕 꼬아서 잇다. — *vi.* 결혼하다, 며느리(사위)를 보다, 시집(장가) 가다. ¶ *marry* young 젊어서 결혼하다 / *marry* for love (money) 〔돈〕 때문에 결혼하다 / (~+前+图) *marry* into a family 어느 집안에 시집가다 // *Marry in haste and repent at leisure*. 〔속담〕 서둘러 결혼하고 두고두고 후회한다.

marry into the purple ⇨ PURPLE.
marry over a broomstick ⇨ BROOMSTICK.
marry with the left hand ⇨ LEFT¹.
◇ **márriage** *n.*

mar·ry² [mǽri] *interj.* 〔고어〕 아니!, 저런!, 어머나! 그야 물론!, 맹세코. 〔< Virgin Mary의 완곡한 변형〕

mar·ry·ing [mǽriiŋ] *adj.* 결혼할 생각이 있는.

*__**Mars** [mɑːrz] *n.* **1** 〔로마 신화〕 마르스 〔군신(軍神)〕. 그리스 신화의 Ares 에 해당〕. **2** 〔천문〕 화성(火星).
◇ **Mártian, Mártial** *adj.*

MARS (略) **m**anned **a**stronautical **r**esearch **s**tation (유인 우주 조사 스테이션).

Mar·sa·la [mɑːrsɑ́ːlə] *n.* ⓤ 〔Sicily 섬의〕 마르살라(産) 포도주.

Mar·seil·laise [màːrs(ə)léiz, -seiéiz] *n.* (*La* ~) 라 마르세이즈 〔프랑스의 국가(國歌)〕.

mar·seilles [mɑːrséilz] *n.* ⓤ 마르세이유 직(織) 〔돋을무늬가 있는 두터운 무명〕.

Mar·seilles [mɑːrséilz] *n.* 마르세유[프랑스 동남부의 해항(海港)].
‡**marsh** [mɑːrʃ] *n.* 늪, 습지, 소택지(沼澤地).
◇ **márshy** *adj.*
‡**mar·shal** [máːrʃ(ə)l], (**mar·shall**) *n.* 1 [프랑스 등의] 육군 원수(元帥); 군의 고관, 사령관. ¶ a *marshal* of the air 공군 원수 / an air *marshal* 공군 중장 / an air vice-*marshal* 공군 소장. 2 [미 연방 법원의]집행관. 3 (英) 사법 (司法) 비서관. ¶ a judge's *marshal* [순회 재판의] 판사 비서관. 4 (美) [어떤 도시의] 경찰관; 경찰 서장; 소방 서장. 5 (英) [왕실·궁정의] 고관; 의전관(儀典官). 6 의전 담당, 접대·의식 담당.
— *v.* (-**shaled**, -**shal·ing**; (英) -**shalled**, -**shal·ling**) *vt.* 1 …을 순서대로 정리하다, 배열하다, 정렬시키다; …을 제자리에 서게 하다. 2 …을 정리하다. ¶ *marshal* facts 사실을 정리하다. 3 …을 안내하다, 선도하다.
— *vi.* 순서대로 정리되다; 정렬하다, 제자리에 서다.
mar·shal·cy [máːrʃ(ə)lsi] *n.* U marshal 의 직(職)(지위).
már·shal·ing yárd [máːrʃ(ə)liŋ-] *n.* 철도의 조차장(操車場).
Márshall Íslands [máːrʃ(ə)l-] *n.* (the ~) 1 마셜 제도(諸島) [서태평양의 환초]. 2 마셜 군도 공화국 [정식 명칭은 Republic of the Marshall Islands. 수도 Majuro].
Márshall Plán *n.* 마셜 플랜[제2차 세계 대전 후 미국이 실시한 유럽 부흥 계획(復興計劃) (European Recovery Program)].
(<제창자인 미 국무 장관 George C. Marshall)
mar·shal·ship [máːrʃ(ə)lʃip] *n.* = marshalcy.
márʃh féver *n.* 말라리아(malaria).
márʃh gás *n.* U [화학] 메탄 가스, 소기(沼氣)[늪의 유기물 부패 가스].
márʃh háwk *n.* 개구리매속(屬)의 매[미국산(産)].
márʃh mállow *n.* 양아욱 [접시꽃류의 다년생 식물].
marsh·mal·low [máːrʃmèlou, -mæl-] *n.* 마시맬로 [원래는 marsh mallow 의 뿌리로 만든 과자]; 마시맬로 식 과자.
márʃh marigòld *n.* 눈동이나물.
marsh·y [máːrʃi] *adj.* (**marsh·i·er**, **marsh·i·est**) 1 질척한; 늪의, 습지의. 2 늪(습지)에 나는.
marsh·i·ness *n.* [지진].
Márs·quake [máːrzkwèik] *n.* 화진(火震)[화성의 지진].
mar·su·pi·al [mɑːrsúːpiəl /-s(j)úː-] *adj.* (동물) 유대(有袋) 동물의, 주머니가 있는; 주머니의, 주머니 모양의. — *n.* 유대 동물.
mar·su·pi·um [mɑːrsúːpiəm /-s(j)úː-] *n.* (*pl.* -**pi·a** [-piə]) [유대 동물의] 주머니, 육아낭(育兒囊).
***mart** [mɑːrt] *n.* 1 시장(market); 상업 중심지. 2 (고어) [정기적으로 서는] 장(fair).
Mart. (略) Martial.
mar·tel [máːrtel /-´-] *n.* 쇠 망치(hammer); [특히] 무기로 이용되는 망치.
mar·tel·lo [mɑːrtélou] *n.* (= martéllo tówer) (종종 M-) [해안 경비용의] 원형 포탑(圓形砲塔). [그 모비.]
mar·ten [máːrt(i)n] *n.* (*pl.* -**tens** or -**ten**) 담비; U 담비 털가죽.
mar·tial [máːrʃ(ə)l] *adj.* 1 호전적인(warlike); 용맹의, 용감한(brave). ¶ *martial* spirit 용맹한 정신. 2 군대의, 군인 생활의, 군사의. opp. civil ¶ a court *martial* 군법회의. 3 전쟁의, 전쟁에 알맞은. 4 (M-) 군신(軍神) Mars 의. ¶ *martial* songs 군가. — *ly* [-ʃəli] *adv.*
mártial árts *n. pl.* [동양 기원의] 무도, 무술[태권도·유도·쿵후 등].
mar·tial·ism [máːrʃ(ə)lizm] *n.* 상무(尙武), 군사.
mar·tial·ize [máːrʃ(ə)làiz] *vt.* (-**ized**, -**iz·ing**) 1 …에게 전쟁 준비를 하게 하다. 2 …에게 군인 정신을 불어 넣다.
mártial láw *n.* U 계엄령.
Mar·tian [máːrʃ(i)ən, -ʃjən] *adj.* 1 화성(火星)의, 화성인의. 2 군신 Mars 의. — *n.* 화성인.
Mar·tian·ol·o·gist [mɑ̀ːrʃənάlədʒist /-nɔ́l-] *n.* 화성(火星)학자.
mar·tin [máːrt(i)n] *n.* 흰털발제비, 갈색제비 따위의 총칭.
mar·ti·net [mὰːrtinét, -´-´] *n.* [특히 육군 등에서] 엄격한 교관; [일반적으로] 엄격한 사람, 규율가, 까다로운 사람.
mar·tin·gale [máːrt(i)ŋgèil] *n.* 1 [말의] 가슴걸이 끈. 2 [항해] jib boom 을 아래쪽에 고정시키는 밧줄. 3 곱지르기[노름에서 지는 판마다 판돈을 곱으로 지르는 방식].
mar·ti·ni [mɑːrtíːni] *n.* U ⓒ 마티니 [진·베르무스 따위의 칵테일], 베르무스 (vermouth).
(<Martini & Rossi: 베르무스 제조 회사의 이름)
Mar·tin·mas [máːrtinməs] *n.* 마르틴 축일 [성 마르틴의 축일 (11월 11일). 스코틀랜드에서는 추계(秋季) 지불일 (quarter days)의 하나]. *cf.* Michaelmas
mart·let [máːrtlit] *n.* 1 (英방언) 바위제비 (martin). 2 [紋章] 발 없는 새 [넷째 아들의 분가를 나타냄].
Mar·ty [máːrti] *n.* = Mart.
***mar·tyr** [máːrtər] *n.* 1 [특히 기독교의] 순교자; [주의·신념 등을 위해] 목숨을 바치는 사람, 희생자, 열사, 의사(*to* …). ¶ a *martyr* to business (duty) 사업의 희생자(순직자 (殉職者)) / die a *martyr* to one's principle 자기의 주의를 위해 목숨을 바치다. 2 [질병 따위로] 항상 시달리는 사람(*to* …). 3 순교자인 척하는 사람.
make a martyr of …을 희생시키다, 괴롭히다.
make a martyr of oneself [신용을 얻기 위하여] 일부러 순교자인 척하다, 희생적 행동을 하다.
— *vt.* 1 [신앙·주의주장 등으로] …을 사형에 처하다. 2 …을 괴롭히다(torture), 박해하다(persecute).
◇ **mártyrize** *v.*
mar·tyr·dom [máːrtərdəm] *n.* U ⓒ 1 순교자임; 순교, 순사 (殉死), 헌신. 2 고민, 고뇌, 고난; 고통.
mar·tyr·i·um [mɑːrtíːriəm /-tɪ́ər-] *n.* (*pl.* -**tyr·i·a** [-tí·riə /-tɪ́əriə]) 1 순교자의 유물 보관소, 순교자의 유적; 순교자 기념 성당(교회). 2 [초기 기독교도가 매장 장소로 썼던] 납골당.
mar·tyr·i·za·tion [mὰːrtərizéiʃ(ə)n /-raiz-] *n.* U 순교(殉教).
mar·tyr·ize [máːrtəràiz] *v.* (-**ized**, -**iz·ing**) (* (英) 에서는 **mar·tyr·ise** 로도 쓴다) *vt.* …을 순교자로서 죽이다, 박해하다, 괴롭히다. — *vi.* 순교자가 되다.
mar·tyr·ol·a·try [mὰːrtərάlətri /-rɔ́l-] *n.* U 순교자 숭배.
mar·tyr·ol·o·gist [mὰːrtərάlədʒist /-rɔ́l-] *n.* 순교사(殉教史) 학자, 순교자 열전 (列傳) 작가.
mar·tyr·ol·o·gy [mὰːrtərάlədʒi /-rɔ́l-] *n.* (*pl.* -**gies**) 1 U 순교자사학, 순교사. 2 순교자 열전, 순교자 명단.
mar·tyr·y [máːrtəri] *n.* (*pl.* -**tyr·ies**) 순교자를 기념하는 성당(예배당).
MARV [mɑːrv] *n.* 기동 핵탄두 [장거리 미사일의]. — *vt.* …에 기동 핵탄두를 갖추다.
(<**M**aneuverable **R**eentry **V**ehicle)
‡**mar·vel** [máːrv(ə)l] *n.* 놀랄만한 일(것), 불가사의한 일(것); 놀랄만큼 … 한 사람(것) (prodigy); 경이. ¶ the *marvels* of science 과학의 경이 / a *marvel* of patience 놀랄만큼 인내심이 강한 사람 / He is a perfect *marvel*. 그는 아주 놀라운 걸물이다 // It is a *marvel* [for me] that …이라고 하는 것은 [나에게는] 불가사의한 일이다. 2 U (고어) 놀람, 경악.
— *v.* (-**veled**, -**vel·ing**; (英) -**velled**, -**vel·ling**) *vt.* 1 …에 놀라다, 놀라워하다. ¶ (~ + *that* 節) I *marveled that* you spoke Bhutanese. 나는 자네가 부탄어를 말한다니 놀랐다. 2 …을 이상히(수상히) 여기다, 의심하다. ¶ (~ + *that* 節) (~ + *wh*. 節) She *marveled where* he was. 그녀는 그가 어디에 있을까 하고 이상하게 생각했다.
— *vi.* 놀라다, 경탄하다 (*at* …). ¶ (~ + 前 + 图) I *marveled at* his boldness. 나는 그의 대담성에 놀랐다.
◇ **márvelous** *adj.*

marvel-of-Pe·ru [máːrv(ə)ləvpərúː] *n.* 분꽃.

‡**mar·vel·ous, (英) -vel·lous** [máːrv(ə)ləs] *adj.* **1** 놀라운, 경탄할만한. **2** 이상한, 믿을 수 없는 (incredible); 기괴한. **3** 《구어》 아주 훌륭한, 멋진 (excellent). **4** (the ~) 《명사적 용법》불가사의한, 함 이. ~**ness** *n.* ◇ márvel *n.*

***mar·vel·ous·ly, (英) -vel·lous-** [máːrv(ə)ləsli] *adv.* 이상하게; 놀랍게.

mar·vie, mar·vy [máːrvi] *interj.* 《美속어》멋져! [< marvelous]

Marx·i·an [máːrksiən, -sjən] *adj.* 마르크스의; 마르크스주의의. [<독일의 경제학자·철학자·과학적 사회주의의 창시자 Karl Marx (1818-83)의 이름] [크시즘

Marx·ism [máːrksiz(ə)m] *n.* ⓊⓄ 마르크스주의, 마르

Marx·ism-Len·in·ism [máːrksiz(ə)ménin-iz(ə)m] *n.* 마르크스 레닌주의. ── *adj.*

Marx·ist [máːrksist] *n.* 마르크스주의자. ── *adj.*

Marx·ist-Len·in·ist [máːrksistléninist] *n.* 마르크스 레닌주의자. ── *adj.* 마르크스 레닌주의(자)의.

Mar·y [mɛ́(ː)ri / méəri] *n.* **1** 〔성모〕마리아. **2** 〔성서〕〔베다니의〕마리아〔←누가 복음 (Luke) 10:38-42〕. **3** 『U』《美속어》마리화나. **4** (m-) 《美속어》위 (胃), 배 (belly). **5** (m-) 《濠》원주민의 여성.

Máry Jáne *n.* 『U』《美속어》마리화나.

***Mar·y·land** [mériənd, 英 méəriænd] *n.* 미국 동부 대서양에 면한 주〔주도 Annapolis, 略 Md.〕.

Máry Mágdalène *n.* 〔성서〕 막달라의 마리아 〔예수가 일곱 귀신을 그 몸에서 쫓아버려 준 여자: 누가 복음 (Luke) 8:2; 마가 복음 (Mark) 16:9〕.

Mar·y·mass [mɛ́(ː)riməs / méəri-] *n.* 성모 마리아의 축일〔3월 25일〕.

mar·zi·pan [máːrzipæn, 美 -tsipáːn] *n.* ⓊⓇ 아먼드를 으깨어 설탕과 버무려 만든 과자.

-mas festival의 뜻의 연결형. 예: Christmas.

MAS (MH) (略) Malaysian Airline System (말레이시아 항공).

mas., masc. (略) masculine. [시아 항공].

mas·car·a [mæskǽrə / -káːrə] *n.* 『U』마스카라〔여성의 눈썹에 칠하는 화장품〕.

mas·con [mǽskɑn / -kɔn] *n.* 마스콘〔달의 질량 (質量) 집중 지대〕. [< MAS[S] + CON[CENTRATION]]

mas·cot [mǽskət, 美 -kɑt] *n.* 마스코트, 행운을 가져다 주는 것.

‡**mas·cu·line** [mǽskjulin, 英 máːs-] (*opp.* feminine) *adj.* **1** 남성적인, 사내다운 (manly); (英 MALE(類語)〕; 씩씩한, 굳센, 강한. ¶ a *masculine* voice 사내다운 목소리. **2** 남자의, 남자에 어울리는. ¶ *masculine* attire 남장 (男裝). **3** 《문법》남성의. **4** 〔여자가〕 남자 같은 (mannish). ¶ a *masculine* face 사내와 같은 얼굴 모습.
── *n.* **1** 《문법》남성, 남성형(어). **2** 남자 (male person).
~**ly** *adv.* ~**ness** *n.* ◇ masculínity *n.,* másculinize *v.*

másculine énding *n.* 〔韻律〕남성 행말 〔行末〕〔1의 행말이 강음절로 끝나는 것〕. *opp.* feminine ending

másculine génder *n.* (the ~) 《문법》남성.

másculine rhýme *n.* 〔韻律〕남성운(韻) 〔행끝의 강세가 있는 음절만으로 압운 (押韻)하기〕.

mas·cu·lin·i·ty [mæskjulíniti] *n.* 『U』사내다움.

mas·cu·lin·ize [mǽskjulináiz, 英 máːs-] *vt.* (-ized, -iz·ing) 〔의학〕〔암컷〕을 웅성화 (雄性化)하다. *opp.* feminize

mas·cul·ism [mǽskjuliz(ə)m] *n.* 남권 (男權) 옹호론. *opp.* feminism

ma·ser [méizər] *n.* 〔전기〕메이저, 분자 (分子) 중폭 장치. [< microwave amplification by stimulated emission of radiation]

mash [mæʃ] *n.* **1** (종종 a~) 갈아 으깨놓은 것, 짓이긴 곤죽처럼 만든 것. **2** boil to *mash* 흐물흐물하게 끓이다. **2** 곡식·밀가루 따위를 걸쭉하게 끓인 가축 사료. **3** 갈아서 으깬 엿기름. **4** Ⓒ 《속어》사랑에 열중하는 사람. **5** 《英속어》짓이긴 감자요리. ── *vt.* **1** …을 분쇄하다, 갈아 으깨다, 짓이기다(crush). **2** 〔끓이거나 짓이겨서〕 …을 걸쭉하게 곤죽으로 하다. ¶ *mashed* potatoes 짓이긴 감자 요리, 매시드 포테이토. **3** 〔엿기름을 만들기 위해〕 갈아서 으깬 엿기름 따위에 더운 물을 타다. **4** 《속어》〔장난삼아〕…과 연애하다 (flirt with). ¶ be *mashed on* …과 사랑에 빠지다.

MASH (略) mobile army surgical hospital (육군 이동 외과 병원).

mash·er [mǽʃər] *n.* **1** 짓이기는〔으깨는〕 요리 기구. **2** 난봉꾼, 플레이 보이. [나, 5번 아이언.

mash·ie [mǽʃi] *n.* 〔골프〕매시, 중거리용 골프채의 하

máshie níblick *n.* 〔골프〕 채끝의 경사도가 mashie 와 niblick의 중간의 채, 6번 아이언.

másh nòte *n.* 《속어》짧은 연애 편지.

másh tùb *n.* 〔양조용〕매아슘 (麥芽汁) 제조용 통.

mash·y [mǽʃi] *n.* (*pl.* **mash·ies**) 〔골프〕 = mashie.

mas·jid [mǽsdʒid] *n.* = mosque.

‡**mask** [mæsk / mɑːsk] *n.* **1** 가면 (假面), 복면; 〔고전극 따위에서 쓰는〕 탈; 〔보호용〕 마스크. ¶ a flu *mask* 유행성 감기 예방 마스크 / a gas *mask* 방독 마스크 / a comedy *mask* 희극 탈 / a burglar in *mask* 복면 강도. **2** 덮어씌워서 가리는 것, 변장, 가장, 거짓꾸밈 (pretense). ¶ under the *mask* of friendship 우정의 탈을 쓰고 / throw off (*or* pull) one's *mask* 정체를 드러내다. **3** 가면 (복면)을 쓴 사람, 가장자. **4** 가면 무도회 (masquerade); 가면극 (masque). **5** 〔석고·밀랍의〕 면형 (面型). ¶ a death *mask* 데스 마스크. **6** 〔여우 사냥을 기념하는〕 여우 대가리. **7** 〔건축〕 〔보통 기괴한 꼴의〕 가면 장식, **8** 〔築城〕 〔포대나 군사 활동 따위를 가리는〕 차폐물 (遮蔽物). **9** 〔전자공학〕 마스크〔회로 패턴이 인쇄되어 있는 유리판; 이 패턴을 반도체 웨이퍼에 프린트하여 IC를 만든다〕. ── *vt.* **1** …을 가리다, 숨기다. ¶ *mask* one's intentions 의도를 숨기다 // (~+ 目+前) *mask* one's anger with a grin 쓴웃 웃음으로 노여움을 감추다. **2** …에게 가면을 씌우다, …을 덮다. ¶ *mask* oneself (*or* one's face) 탈을 쓰다, 변장하다. **3** 〔군사 행동 따위〕를 엄폐 (掩蔽)하다; 〔적의 행동〕을 방해하다. ¶ *mask* a battery 포대를 엄폐하다. ── *vi.* 가면을 쓰다, 가장하다.

másk báll *n.* 가면 무도회.

masked [mæskt / mɑːskt] *adj.* **1** 탈을 쓴, 복면한; 가장한, 변장한. ¶ a *masked* ball 가면 무도회, **2** 가리운, 덮어 가린. ¶ a *masked* evil 숨은 악. **3** 《군사》엄폐 (掩蔽)한. ¶ a *masked* battery 엄폐된 포대. [자.

mask·er [mǽskər / máːskə] *n.* 복면한 사람, 가장

mask·ing [mǽskiŋ / máːsk-] *n.* ⓊⓄ **1** 가면을 쓰기, 가장, 변장. **2** 덮어 가리기, 엄폐. ── *adj.* **1** 가면의, 가장을 쓴. **2** 숨기는, 〔냄새·맛 따위〕를 없애는.

másking tàpe *n.* 보호 테이프〔페인트 따위를 칠할 때 칠하지 않는 다른 부분을 가리기 위해 붙이는 테이프〕.

mas·lin [mǽzlin] *n.* 『U』ⓒ《英방언》**1** 잡곡〔의 혼합물〕. **2** 잡곡 빵. **3** 혼합물.

mas·och·ism [mǽsou(u)kiz(ə)m, 美 mǽz-] *n.* 매저키즘, 피학성 (被虐性) 변태 성욕. *cf.* sadism [<이를 묘사한 오스트리아의 소설가 Leopold von Sacher-Masoch (1836-95)의 이름 + -ISM] [트.

mas·och·ist [mǽsoukist, 美 mǽz-] *n.* 매저키스

‡**ma·son** [méisn] *n.* **1** 석수 (石手), 석공, 벽돌공. **2** (종종 M-) = Freemason. ── *vt.* 〔돌·벽돌 따위로〕 …을 세우다, 보강하다.

ma·son·ic [məsánik / -sɔ́n-] *adj.* (종종 M-) 프리메이슨 (Freemason) 「(의).

Ma·son·ite [méisənàit] *n.* 《상표명》메이소나이트〔건재, 방수·방열용 섬유판〕.

***ma·son·ry** [méisnri] *n.* **1** 『U』석공 (石工) 직, 석공 기술. **2** 『U』석공물, 석조물, 석조 건축. **3** (종종 M-) = Freemasonry.

ma·son·work [méisnwɜ̀ːrk] *n.* = masonry 2.

Masorah / **master**

Ma·so·rah [məsóurə] n. 《성서》 마소라 [구약 성서의 히브리어 원전(原典)에 관한 비판적 주해(註解)].

masque [mæsk / mɑːsk] n. **1** 가면극 [16-17세기에 영국 귀족 사이에서 유행했다]. **2** 가면극의 각본. **3** 가장 무도회.

mas·quer [mǽskər / mάːskə] n. =masker.

*****mas·quer·ade** [mæ̀skəréid, +ㅼ mὰːsk-] n. **1** 가면(가장) 무도회, 가장(가면) 파티. **2** 가면, 가장. **3** 거짓, 거짓말, 핑계. **4** (속다른) 걸 행동. ─ v. (-ad·ed, -ad·ing) vi. **1** ─에 체하다, 속이다. ¶ (+前+名) masquerade as a beggar 거지인 체하다. **2** 가장(변장)하다; 가면 무도회(가장 파티)에 참석하다.
─ vt. [가면으로] ─을 가리다, ─을 숨기다.

mas·quer·ad·er [mæ̀skəréidər, +ㅼ mὰːsk-] n. 가장 무도회 참가자.

‡**mass** [mæs] n. **1** 덩어리 (lump). ¶ a mass of earth 흙덩어리 / in a mass 한덩어리로 해서. **2** [밀집한] 무리, 집단 (group); 다수, 많음. ¶ a mass of troops 일단의 군대 / a mass of errors 숱하게 많은 실수. **3** [색·빛·그림자 따위의] 퍼짐. **4** (the ~) 대부분, 태반(majority). ¶ the mass of audience (imports) 청중(수입품)의 대부분. **5** ⓤ 크기, 분량, 부피. **6** ⓤ [물리] 질량(質量). **7** (the ~es) 일반 대중; 노동자 계급.
be a mass of ─투성이다. ¶ He was a mass of boils. 그는 온몸이 부스럼투성이였다.
in the mass 전체적으로, 통틀어.
─ vi. 한덩어리가 되다, 모이다. ¶ The soldiers massed on the road. 병사들은 도로상에 모였다.
─ vt. ─을 한덩어리로 만들다, 모으다, 집중시키다.
─ adj. 대중의; 대량의, 대규모의; 전체의 (total). ¶ mass education 대중교육 / a mass game 단체경기, 매
◇ massive, mássy adj. 스 게임.

*‡**Mass** [mæs] n. **1** ⓤⓒ 《가톨릭》 미사, 미사 전례(典禮). ¶ High Mass 《성대한 음악이 따르는》 장엄 미사 / Low Mass 《성대하지 않은》 독창(讀唱) 미사 / hear Mass 미사를 배청하다 / celebrate (or read, say) Mass 미사를 올리다 / go to (or attend) Mass 미사에 참례하다. **2** (때로 m-) 미사곡(曲).

mas·sa [mǽsə] n. 주인 [master의 흑인 사투리].

*****Mas·sa·chu·setts** [mæ̀sətʃúːsits] n. 미국 동북부의 대서양 연안의 주(州) [주도 Boston; 略 Mass.].

Màssachúsetts bállot n. 《美정치》후보자 이름을 정당 별로 함께 알파벳순으로 배열한 투표지(* office-block ballot 이라고도 한다).

*****mas·sa·cre** [mǽsəkər] n. 대학살, 대살육. ¶ the Massacre of the Innocents 헤롯왕의 유아 대학살 / the Massacre of St. Bartholomew 성 바돌로메의 대학살. ⇨ BARTHOLOMEW. ─ vt. (-cred, -cring) 〔사람·동물 등〕을 대량으로 학살하다, 살육하다. ⇨ KILL 類語

*****mas·sage** [məsάːʒ / mǽsɑːʒ] n. ⓤⓒ **1** 마사지, 안마 치료, 안마 (술). **2** 《英》〔숫자·자료 따위의〕 조작, 분석. ─ vt. (-saged, -sag·ing) **1** ─에게 마사지를 하다, 안마 치료를 하다. **2** 《英》〔숫자·자료 따위〕를 조작(분석)하다.

mas·sag·er [məsάːʒər / mǽsɑːʒə] n. 안마사(師), 안마; 안마기.

mas·sag·ist [məsάːʒist / mǽsɑːʒist] n. 마사지사, 안마사.

Máss bòok n. 《가톨릭》 =missal.

máss communicátion n. ⓤⓒ 매스컴, 대량 전달.

mass-cult [mǽskʌ̀lt] n. ⓤ 《美구어》 대중 문화. [<MASS CULT[URE]]

máss defect n. 〔물리〕 질량 결손.

máss driver n. 〔우주〕 우주 기재 송출 장치.

mas·sé [mæséi] n. 〔당구〕 마세, 큐로 세워 치기. [<F masse kind of cue]

máss-én·er·gy equátion [mæ̀sénərdʒi-] n. 〔물리〕 질량과 에너지와의 항등식(恒等式) [A. Einstein 이 정식화(定式化)했다].

mas·seur [mæsə́ːr] n. 〔남자〕 안마사, 마사지사. [<F <masser massage (v.)]

mas·seuse [mæsǿːz / -sə́ːz] n. 여자 마사지사.

máss gráve n. 공동 묘지.

mas·sif [mǽsi(ː)f] n. 대산괴(大山塊), 단층 지괴(地塊). [<F massive]

‡**mas·sive** [mǽsiv] adj. **1** 크고 묵직한, 육중한. ¶ a massive rock 육중한 바위. **2** 〔용모·체격이〕 큼직한, 건장한. ¶ a massive jaw 튼튼한 턱. **3** 〔정신이〕 단단한, 굳센, 당당한. ¶ a massive character 당당한 사람. **4** 〔금·은제〕 속이 차 있는, 흠이 없는. **5** 〔광물〕 괴상(塊狀)의. ─**ly** adv. ~**ness** n.

máss léave n. 〔인도에서 회사측에 항의하기 위해 다수의 종업원이 취하는〕 일제 휴가.

máss mán n. 대중 사회인[개성을 잃고 mass media 의 영향을 받는 사람].

máss-màrket páperback [mǽsmɑ̀ːrkit-] n. 문고본 [7×4¹/₁₆인치의 크기가 일반적이며, 대개는 하드 커버의 염가판이다].

máss média n. pl. 매스 미디어, 대량 전달 매체 [TV, radio, newspaper 를 가리킴].

máss méeting n. 〔특히 정치적〕 대회, 군중 집회.

máss móvement n. 집단 이동; 〔사회〕 대중 운동.

máss nóun n. 〔문법〕 질량 명사 〔셀 수 없고 부정관사가 붙지 않는 물질 명사 따위. 예: sand, beer〕.

máss númber n. 〔물리〕 질량수(質量數).

Máss Observátion n. 《英》〔상표명〕여론 조사.

máss príest n. **1** 《고어》 교구에 딸린 사제(司祭). **2** 위령 미사 집전 사제; 재속 (在俗) 사제.

mass-pro·duce [mæ̀sprəd(j)úːs / -djúːs] vt. (-duced, -duc·ing) 《美》 ─을 대량 생산하다.

mass-pro·duc·er [mæ̀sprəd(j)úːsər / -djúːsə] n. 대량 생산자.

máss prodúction n. ⓤ 대량 생산, 양산.

máss psychólogy n. ⓤ 군중 심리〔학〕.

máss socíety n. ⓤ 대중 사회.

máss spéctrogràph n. 〔물리〕 질량 분석기.

máss tránsport n. 대중 수송〔기관〕.

mass·y [mǽsi] adj. (mass·i·er, mass·i·est) =massive.

‡**mast**¹ [mæst / mɑːst] n. **1** 돛대, 마스트. **2** 높은 기둥, 장대; 〔기중기 따위의〕기둥; 〔항공〕 비행선의 계류 주(駐)柱).
at [the] mast 〔항해〕 상감판(후갑판) 큰 돛대 아래에서 〔훈련이나 공식 행사 때 선원들이 모이는 장소〕.
before or afore the mast 〔항해〕 **a)** 돛대 앞에서. **b)** 평(平)선원으로서. ¶ He decided to serve before the mast. 그는 선원이 되려고 결심했다.
─ vt. 〔배〕에 돛대를 세우다.

mast² [mæst / mɑːst] n. 〔떡갈나무·너도밤나무 따위의〕 나무 열매 〔돼지 따위의 가축 먹이다〕. 〔트목이〕.

mas·ta·ba [mǽstəbə] n. 석실(石室) 분묘〔고대 이집트〕.

mas·tec·to·my [mæstéktəmi] n. (pl. -mies) 〔외과〕 유방 절제〔술〕.

mast·ed [mǽstid / mɑ́ːst-] adj. 〔복합어를 만들어〕 돛이 ─개 달린. ¶ a three-masted ship 세 개의 돛이 달린 배.

‡**mas·ter** [mǽstər / mɑ́ːs-] n. **1** 정통한 사람, 숙련자, 《종종 무관사》 어떤 것을 뜻대로 지배(구사)할 수 있는 사람. ¶ a master of several languages 수개 국어에 능통한 사람 / You must be master of your circumstances. 당신은 당신의 환경을 극복하여야 한다 / He is his own master. 그는 자기 뜻대로 살아가는 자주인(自主人)이다.
2 고용주, 주인(employer), 〔노예 등의〕 주인, 〔가축 따위의〕 소유자, 임자. ¶ master and man 주인과 하인 / the young master 서방님(도련님) / Like master, like man. 《속담》 그 주인에 그 하인, 약장(弱將) 밑에 강졸(强卒) 없다.
3 〔일가의〕 주인, 가장; 〔상선의〕 선장(captain); 교장. ¶ the master of the house 호주.

4 《주로 英》[남자]교사, 선생; [철학·종교·예술 따위의] 스승, 정신적 지도자. ¶ a *master* of Yoga 요가의 스승 / learn English without a *master* 독학으로 영어를 공부하다.
5 명인, 대가, 거장(巨匠); [장인(匠人)의] 우두머리. ¶ a *master* of piano 피아노의 명인 / old *masters* [유럽 18세기 이전의] 거장.
6 (고어)《거장·대가의》예술 작품; [특히] 명화. ¶ This painting is an old *master*. 이 그림은 옛 거장의 명화이다.
7 (M-)주, 예수 그리스도(Jesus Christ) (* the, our 따위가 선행한다) [←마태 복음(Matt.) 23:10].
8 승리자(victor, conqueror). ¶ the *master* of other runners in a race 경주의 승리자.
9 [법률] 법원 서기[진술서나 보고서 등을 작성한다]. ¶ a *master* of the High Court 고등 법원 서기.
10 (M-)석사; 석사 학위. *cf.* bachelor ¶ *Master* of Arts 문학 석사.
11 도련님, 서방님[하인이 주인의 아들을 부를 때에 쓰는 높임말]. ¶ [my] young *master* Tom [우리] 톰 도련님.
12 (M-)《스코》[자작·남작의] 계승자(장남)에 대한
13 《英》[Oxford, Cambridge 대학의] 학장(학료장)에 대한 존칭.
make oneself *master of* ... …에 정통하다, 숙달하다.
Master of Ceremonies ① 《궁중의 연회 따위를 관장하는》 의전관(儀典官). ② [파티·라디오 방송 따위의] 사회자, 진행 담당[略 MC].
Master of the Horse 《英》주마료(主馬寮)의 장관.
Master of the Household 《英》궁내부 차관.
Master of [*the*] ***Revels*** 《英》옛날의 궁중 연회 사무국장.
Master of the Rolls 《英》[법률] 기록 보관관 [현재는 고등 법원 판사].
— *adj.* **1** 지배(구사)할 수 있는; 정통한; 주인(임자)의. **2** 주요한, 최상의. ¶ the *master* bedroom 최고급의 침실. **3** 뛰어난(dominating). ¶ a *master* work 걸작, 우두머리의; 솜씨가 훌륭한, 숙달한, 명인의. ¶ a *master* carpenter 도목수(都木手).
— *vt.* **1** …의 주인이 되다, …을 정복하다, 굴복시키다(conquer); …을 억제하다(control); …을 길들이다(tame). ¶ *master* unruly children 개구쟁이들을 말 잘 듣게 하다 / *master* one's anger 노여움을 억제하다. **2** …을 지배하다, 관리하다(rule, direct). ¶ The foreman *masters* the shop. 십장이 작업장을 관리한다. **3** [기술·기능 따위를] 터득하다, 습득하다, …에 정통(숙달)하다. ¶ *master* a foreign language in half a year 반년 만에 외국어를 습득하다.
◇ **masterless**, **masterly** *adj.*, **mastery** *n.*
máster anténna *n.* 마스터 안테나[TV의 전파를 대형 안테나로 수신하여 케이블을 통해 가입자에게 전파하는 CATV 안테나].
mas·ter-at-arms [mǽstərətɑ́ːrmz / mɑ́ːs-] *n.* (*pl.* **mas·ters-**) [해군] 함내 경찰권을 쥐고 있는 선임 위병 하사관.
máster búilder *n.* 건축 공사 청부업자; [뛰어난] 건축가.
máster clóck *n.* **1** [전기 시계의] 어미시계, 시표(時針) 조정 시계. **2** [컴퓨터] 마스터클록[펄스의 타이밍을 제어하는 신호원].
mas·ter·dom [mǽstərdəm / mɑ́ːs-] *n.* =mastery.
máster fíle *n.* [컴퓨터] 마스터(기본) 파일[데이터 처리 과정에서 중심이 되는 기본적 사항을 담은 파일].
máster fílm *n.* 필름 원판, 네가티브 필름.
mas·ter·ful [mǽstərfəl / mɑ́ːs-] *adj.* **1** 주인 티 내는, 뽐내는, 건방진. **2** =masterly.
—**ly** [-fəli] *adv.* —**ness** *n.*
máster glánd *n.* [해부] 뇌하수체 (pituitary gland).
máster hánd *n.* **1** 대가, 명인(名人), 숙련자. **2** 뛰어난 솜씨, 숙련된 기량. ¶ show a *master hand* 뛰어난 솜씨를 보이다.
mas·ter·hood [mǽstərhùd / mɑ́ːs-] *n.* Ⓤ master 임[의 직].
máster kéy *n.* **1** 맞쇠, 곁쇠. **2** 난문제의 해결책.
mas·ter·less [mǽstərlis / mɑ́ːs-] *adj.* 주인 없는; 떠돌이(방랑)의, 정처 없는.
mas·ter·ly [mǽstərli / mɑ́ːs-] *adj.* 대가의 솜씨를 보이는, 명인 솜씨의, 교묘한. — *adv.* 명인다운 솜씨로, 교묘하게. —**li·ness** *n.*
máster máriner *n.* [항해] [상선의] 선장.
máster máson *n.* **1** (종종 M- M-) 프리메이슨단(圖) (Freemason)의 제 3급 회원. **2** 석수의 숙련공(우두머리). [련공.
máster mechánic *n.* 기사장(技士長), 직공장. |
mas·ter·mind [mǽstərmàind / mɑ́ːs-] *vt.* …을 교묘히 계획 지도하다, 배후에서 조종하다. — *n.* 지도자, 주도자, 흑막, 두목.
†mas·ter·piece [mǽstərpìːs / mɑ́ːs-] *n.* **1** 걸작, 명작, 대작, [작가 등의] 대표작. **2** 뛰어난 것; 위대한 업적.
máster plán *n.* 종합 기본 계획, 전체 계획.
máster pólicy *n.* [보험의]모(母)증서(권)[다수의 피보험자를 단일 계약으로 보험에 가입시키는 경우의 증권].
máster's degrée *n.* 석사 학위. ¶ get one's *master's degree* at Princeton 프린스턴 대학에서 석사 학위를 받다.
máster sérgeant *n.* 《美》[군대] 특무 상사.
mas·ter·ship [mǽstərʃìp / mɑ́ːs-] *n.* Ⓤ **1** master의 지위(직책, 의무, 권위). **2** 지배, 지배력, 지배권. **3** 숙달, 정통, 탁월한 지식(기술).
más·ter-sláve manípulàtor [mǽstərsléiv- / mɑ́ːs-] *n.* 매직핸드.
máster strókè *n.* 빛나는 업적(달성), 훌륭한 솜씨, 절묘한 처리(surpassingly skillful act).
máster tápe *n.* [컴퓨터] 마스터 테이프[지워지지 않도록 기본이 되는 데이터를 담은 자기(磁氣) 테이프].
mas·ter·work [mǽstərwə̀ːrk/mɑ́ːs-] *n.* =masterpiece.
***mas·ter·y** [mǽstəri / mɑ́ːs-] *n.* (*pl.* **-ter·ies**) Ⓤ **1** 지배, 지배력(권), 통솔력. ¶ the *mastery* of the seas (the air) 해상(제공)권 / exercise *mastery* over …에 지배력을 행사하다. **2** 승리(victory), 우월, 우세. ¶ gain the *mastery* of …에 이기다. **3** 숙련, 숙달, 정통; ⓒ 정통(탁월)한 지식(기술), 전문적 지식(기술). ¶ acquire a *mastery* of French 프랑스어에 통달하다.
mástery léarning *n.* [교육] 완전 습득 학습[낙제생·성적 불량 학생을 발생시키지 않는 교육 사고].
mast·head [mǽsthèd / mɑ́ːst-] *n.* **1** [항해] 돛대의 꼭대기. **2** [신문·잡지의] 발행인 명의란(欄). — *vt.* **1** [돛·깃발 따위를] 마스트 꼭대기에 올리다. **2** [벌로] [선원]을 마스트 꼭대기에 올라가게 하다.
mást hòuse *n.* 마스트 가까이에 있는 작은 감판실[증기의 받침대 구실을 한다].
mas·tic [mǽstik] *n.* Ⓤ **1** 유향(乳香)[향료·약품용]. **2** 유향 수지(樹脂). **3** 유향수(樹). **4** 회반죽의 일종. **5** 담황갈색(淡黃褐色).
mas·ti·ca·bil·i·ty [mæ̀stikəbíləti] *n.* Ⓤ 씹을 수 있음, 저작(咀嚼)할 수 있음.
mas·ti·ca·ble [mǽstikəbl] *adj.* 씹을 수 있는.
mas·ti·cate [mǽstikèit] *vt.* (**-cat·ed**, **-cat·ing**) **1** [음식물]을 씹다, 저작하다(chew). **2** [고무 따위]를 죽으로 하다.
mas·ti·ca·tion [mæ̀stikéiʃ(ə)n] *n.* Ⓤ 씹기, 저작.
mas·ti·ca·tor [mǽstikèitər] *n.* **1** 씹는 사람(동물). **2** 고기 가는 기구; 분쇄기, 혼합기(碎草器).
mas·ti·ca·to·ry [mǽstikətɔ̀ːri / -kèitəri] *adj.* 저작의; 씹기에 알맞은. — *n.* (*pl.* **-to·ries**) [약학] 타액(唾液)의 분비를 촉진하기 위한 저작물, [견].
mas·tiff [mǽstif] *n.* 매스티프[털이 짧고 덩치가 큰 맹

mas·ti·tis [mæstáitis] *n.* ⓤ 〖병리〗 유선염(乳腺炎).
masto- breast 라는 뜻의 연결형 (* 모음 앞에서는 mast- 를 사용한다). 예: *masto*pathy.
mas·to·don [mǽstədɑn / -dɔn] *n.* 마스토돈 〖코끼리와 비슷한 고대의 대형 포유(哺乳)動物〗.
mas·toid [mǽstɔid] *adj.* 유두(乳頭) 모양의. ¶ a *mastoid* process 유상(乳狀) 돌기(突起). — *n.* 유상돌기.
mas·tur·bate [mǽstərbèit] *vi.* (-bat·ed, -bat·ing) 수음(手淫)을 하다, 자위 행위를 하다.
mas·tur·ba·tion [mæstərbéiʃ(ə)n] *n.* ⓤ 마스터베이션, 수음, 자독(自瀆), 자위.
ma·su·ri·um [məsú(:)riəm, məz- / -sjúər-] *n.* 〖화학〗 마수륨 〖금속 원소의 하나, technetium 의 옛 이름〗.
‡**mat**¹ [mæt] *n.* **1** 〖짚·대마·골풀 따위로 만든〗 돗자리, 거적, 자리, 〖고무 따위의〗 깔개, **2** 신발 바닥 닦개 (doormat), 〖욕실의〗 발 닦개 (bath mat). **3** 접시·꽃병 따위 기물의 장식용 깔개. **4** 매트 〖체조·레슬링용의 두꺼운 깔개〗. **5** 〖털·잡초 따위의〗엉클어짐, 뭉치. ¶ a *mat* of weeds (hair) 엉클어진 잡초(머리 털). **6** 커피·설탕 따위에 넣는 마대, 포대. **7** 〖인쇄〗 지형 (紙型). **8** 〖항해〗 밧줄이 맞닿아 닳지 않도록 덧대는 거적.
go to the mat 〖주로 이데올로기에 관한〗 격심한 언쟁을 하다, 격론을 벌이다 (*with*...).
leave a person **on the mat** 남을 문간에서 쫓아버리다.
on the mat 〖군대 속어〗 처벌받게 되어, *cf*. on the carpet ¶ have a person **on the mat** 남을 처벌하다. — *v.* (mat·ted, mat·ting) *vt.* **1** …에 돗자리를 깔다, …으로 덮다 (매트로) 덮다. **2** …을 엉클어지게 하다 (tangle); …을 꼬다 (interweave) (...*together*). ¶ (~+图+閒) The swimmer's wet hair was *matted together*. 수영하는 사람들의 젖은 머리 카락은 엉클어져 있었다. — *vi.* 꼬이다, 엉클어지다.
mat² [mæt] *n.* 대지(臺紙) 〖사진들 안의 그림이나 사진 밑에 대는 두꺼운 종이〗 (mat board). — *vt.* (mat·ted, mat·ting) 〖그림에〗 대지를 대다.
mat³, **matt** [mæt] *adj.* 〖표면·빛깔 등이〗 반들거리지 않는, 광택이 없는, 칙칙한, 광택 없애는. — *n.* **1** 〖금·은의〗 윤을 지운 면(지우기). **2** 윤 지우는 도구. — *vt.* (mat·ted, mat·ting) …의 표면의 윤기를 없애다.
mat⁴ [mæt] *n.* 〖구어〗 = matrix.
mat. 〖略〗 matins; matinee; maturity.
M.A.T. 〖略〗 *m*aster of *a*rts in *t*eaching.
mat·a·dor [mǽtədɔ̀ːr] *n.* **1** 투우사. **2** 〖카드의〗 으뜸패의 한 장. **3** (M-) 〖美〗 지대지 미사일. 〖< Sp〗
mát bòard *n.* 사진틀에 대는 대지 (mat).
‡**match**¹ [mætʃ] *n.* **1** 성냥. ¶ a safety *match* 안전 성냥 / a box of *matches* 성냥 한 갑 / strike (light) a *match* 성냥을 켜다(긋다). **2** 〖옛날의 총·대포 따위에 쓴〗 화승(火繩), 도화선.
‡**match**² [mætʃ] *n.* **1** 〖어떤 면에서〗 동등(대등)한 사람(것), 엇비슷한 사람(것); 호적수, 〖경쟁〗상대. ¶ meet (or find) one's *match* 호적수를 만나다 / be a *match* for …의 호적수이다, …에 필적하다 / He is no *match* for you. 그는 당신의 상대가 될 수 없다 / I don't believe there is his *match* anywhere for goodness. 그 사람만큼 착한 사람은 아무데도 없을 것이다. **2** 〖다른 한쪽의〗 짝이 되는 것(사람); 서로 어울리는 것; 걸맞는 한 쌍. ¶ The tie is a *match* for the coat. 그 넥타이는 그 상의에 잘 어울린다. **3** 〖주로 英〗경기, 시합(contest, game); 경기에의 참가. ¶ a cricket (football) *match* 크리켓 (풋볼) 시합 / play a *match* at tennis 테니스 시합을 하다. **4** 결혼 상대. ¶ He is an excellent *match*. 그는 아주 훌륭한 신랑감이다. **5** 결혼, 혼인. ¶ make a *match* of it 결혼을 성립시키다, 결혼하다 / She made a good *match*. 그녀는 좋은 배필을 만나 시집갔다.
— *vt.* **1** …에 필적하다, …과 대등하다. ¶ No one can *match* him in swimming. 수영에서 그와 겨룰만한 사람은 없다. **2** …에 어울리다, 조화되다. ¶ The trimming does not *match* the hat. 그 장식은 그 모자에 어울리지 않는다. **3** …을 어울리게 하다, 조화시키다; …과 어울리는 것을 찾아주다. ¶ (~+图+閒+图) *match* one's shoes to one's coat 구두를 상의에 맞추다. **4** …을 꼭 들어맞게 하다; 〖관자 따위를〗 이어 맞추다 (붙이다). **5** …을 적대(대항) 하게 하다, …을 […과] 겨루게 하다 (...*with, against*). ¶ (~+图+閒+图) *match* a person *against* 남을 …과 대항하게 하다 / We will *match* him [up] *with* John. 그와 존을 대전시키다. **6** …을 결혼시키다. ¶ *match* a person *with* 남을 …과 결혼시키다. **7** 〖내기 따위에서〗 〖돈〗을 손가락으로 튕기다 (내던지다).
— *vi.* **1** 어울리다, 조화되다. ¶ The carpets and curtains do not *match* well. 그 융단과 커튼은 잘 조화되지 않는다. **2** 결혼하다. ¶ (~+閒+图) *match with* a person 남과 결혼하다.
match up to …과 일치하다; …의 표준에 달하다.
to match 〖명사 뒤에서 형용사구·부사구로서〗 어울리는, 조화되는. ¶ She was wearing a brown dress with a hat and gloves *to match*. 그녀는 갈색 드레스를 입고 그에 잘 어울리는 모자와 장갑을 끼고 있었다.
MATCH [mætʃ] *n.* 〖美〗 자식 곁을 떠나는 어머니의 모임 〖때가 오면 자식 양육의 일에서 손을 떼고 사회활동을 해야 한다고 생각하는 어머니들의 단체〗.
〖< *M*others *A*part *F*rom *T*heir *C*hildren〗
match·a·ble [mǽtʃəbl] *adj.* 필적(대항)할 수 있는, 대등한; 어울리는, 조화된.
match·board [mǽtʃbɔ̀ːrd / -bɔ̀ːd] *n.* 사개 물림 판.
match·board·ing [mǽtʃbɔ̀ːrdiŋ / -bɔ̀ːd-] *n.* ⓤ 사개 맞춤; 사개 재료.
match·book [mǽtʃbùk] *n.* 성냥첩, 하나씩 떼어 쓰는 성냥 책.
match·box [mǽtʃbɑ̀ks / -bɔ̀ks] *n.* 성냥갑.
mátched órder [mǽtʃit-] *n.* 〖증권〗 〖서로 짜고 사는〗 주식의 담합 매매.
match·er [mǽtʃər] *n.* **1** 걸맞는 사람(것). **2** 사개널 제작기(인).
match·et [mǽtʃit] *n.* = machete.
match·fold·er [mǽtʃfòuldər] *n.* = matchbook.
match·ing [mǽtʃiŋ] *adj.* 〖특히 색·외관이〗 조화되는, 갖춰진.
mátching fùnd *n.* 공모 (公募) 기부금만큼 공모 주체 재단 따위가 내놓는 출연금(出捐金).
match (mátched) jóint *n.* 〖건축〗 사개〖접합법의 일종〗.
*match·less** [mǽtʃlis] *adj.* 무쌍의, 무비(無比)의. ¶ her *matchless* beauty 비길 데 없는 그녀의 아름다움.
~·ly *adv.* **~·ness** *n.*
match·lock [mǽtʃlɑ̀k / -lɔ̀k] *n.* 화승(火繩)총; 화승식 방아쇠 장치.
match·mak·er¹ [mǽtʃmèikər] *n.* **1** 중매하는 사람; 중매들기 좋아하는 사람. **2** 경기의 대진표 작성자.
match·mak·er² [mǽtʃmèikər] *n.* 성냥 제조자.
match·mak·ing¹ [mǽtʃmèikiŋ] *n.* ⓤ **1** 중매 들기, 결혼 중매. **2** 시합(경기)의 대진 짜기.
match·mak·ing² [mǽtʃmèikiŋ] *n.* ⓤ 성냥 제조.
mátch pláy *n.* **1** 매치 플레이. **2** 〖골프〗 득점 경기 〖1홀마다 득점을 계산하는 경기 방식〗.
mátch póint *n.* 매치 포인트 〖승패를 좌우하는 마지막 1점〗.
match·stick [mǽtʃstìk] *n.* 성냥 개비. 〖막 1점〗.
match·up [mǽtʃʌp] *n.* 대전(경쟁) 상대, 호적수, 대등한 사람.
match·wood [mǽtʃwùd] *n.* ⓤ **1** 성냥개비 재목. **2** 지쳐깨비. ¶ break (or reduce) something to (or into) *matchwood*; make *matchwood* of something …을 산산 조각 내다, 완패시키다.
‡**mate**¹ [meit] *n.* **1** 〖쌍을 이루는 것의〗 한 짝. **2** 배우자, 부부의 한 쪽, 〖동물·새 따위의〗 한 쌍의 한 쪽. **3** 동료, 친구; 〖친근하게 부르는 말〗형, 여보게. *〖동료〗〖친구〗의 뜻으로는 class*mate*, room*mate* 따위와 같이 종

종 복합어의 일부로서 사용된다. **4** 〖항해〗〖상선의〗 항해사; 〔선내의〕 조수(助手); 〖美해군〗 하사관. ¶ The first (*or* chief) mate 일등항해사 / a cook's mate 조리사 조수.
── *v.* (**mat·ed, mat·ing**) *vt.* **1** …을 동료로 하다. **2** …을 결혼시키다; 〔새 따위를〕 짝지우다. **3** …을 〔남과〕 일치(합치)시키다. ¶ (~+뫰+前+명) mate one's words *with* deeds 언행을 일치시키다. ── *vi.* 동료가 되다; 부부가 되다; 결혼하다, 짝짓다 (*with*…).
mate² [meit] 〖서양장기〗 *n.* 〖외통〗장군! (checkmate). ── *vt.* (**mat·ed, mat·ing**) 〔장군 수〕로 몰다.
── *interj.* 장군!
mate³ [máːtei / mǽt-] *n.* =maté.
ma·té, ma·te [máːtei / mǽt-] *n.* **1** 마테 차(茶)〔나무 〔남미산(產)의 감탕나무과(科)의 소목〕. **2** 〖마테(파라과이)〗 차 〔의 잎〕. **3** 마테 차 그릇.
〔<Sp *mate* vessel: 마테 차를 끓이는 그릇〕
mat·e·las·sé [mǽtlaːséi] *n.* U 마들라세직(織)〔돋을무늬가 있는 견직 또는 견모(絹毛) 교직 천〕. 〔<F〕
mate·lot [mǽtlou] 〖英속어〗 선원(sailor).
mat·e·lote [mǽt(ə)lòut] *n.* U 마틀로테〔포도주·양파·버섯 따위를 넣고 끓인 생선 스튜〕.
ma·ter [méitər] *n.* (*pl.* **-ters**, **-tres** [-triːz]) **1** 〖英구어〗 어머니, 엄마. *cf.* pater **2** 〖해부〗 뇌막(腦膜).
Ma·ter Do·lo·ro·sa [méitər dòulouróusa] *n.* 〔라틴〕 (=sorrowful mother) 〔특히 그림 등에 그려진〕 슬픔에 잠긴 성모 마리아.
ma·ter·fa·mil·i·as [mèitərfəmíliəs] *n.* 어머니, 주부. 〔<L〕
ma·te·ri·al [mətí(ː)riəl / -tíər-] *n.* **1** UC 구성물질(요소); 재료, 원료. ━ MATTER 〘頭鑑〙 ¶ building *materials* 건축 재료 / raw *material*[*s*] 원료 / teaching *materials* 교재. **2** U 〔자료로서의〕 소재; 논거(論據), 자료; 제재(題材). ¶ collect *material* for a dictionary 사전의 자료를 모으다. **3** U 인재(人材). **4** U 옷감, 복지. ¶ dress *material* 복지. **5** ~용구(用具), 기구. ¶ writing *materials* 문방구. **6** 적합한 사람(것). ¶ I'm not salesman *material*. 나는 세일즈맨 체질이 아니야.
── *adj.* **1** 물질로 된, 물질의; 실체적인, 구체적인, 유형의. *opp.* formal ¶ the *material* universe 물질계 / *material* civilization 물질 문명 / a *material* noun 〖문법〗 물질 명사 / *material* forces 물질력.
〘類鑑〙 **material** 물질로 구성된, 물질에 관한, 정신적인 데 대하여 물질적인: *material* well-being 부족한 것이 없는 물질적 행복. **physical** 감각 기관으로 인식이 되는, 과학적으로 측정할 수 있는: *physical* well-being 감각적 욕망이 충족된 신체적 행복. **corporeal** 구체적으로 촉감할 수 있는: 꿈을 지닌.
2 신체(육체)의, 육체적인; 감각적인, 관능적인. ¶ *material* pleasure 육체적 쾌락. **3** 물질적인; 세속적인, 천한. ¶ *material* success 세속적 성공. **4** 중요한, 긴요한(important); 필수적인. ¶ be *material* to …에게 중요하다. **5** 〖법률〗 〔증거 따위가〕 재판의 판결에 큰 영향을 주는. ¶ a *material* fact 중대한 사실 / *material* evidence 중대한 증거 / a *material* witness 〔사건의〕 중요 참고인. **6** 〖철학〗 실질적인, 질료적(質料的)인. *opp.* formal
◇ matérialize *v.*, mátter, materíality *n.*, matérially *adv.*
ma·te·ri·al·ism [mətí(ː)riəlìz(ə)m / -tíər-] *n.* U **1** 〖철학〗 유물론, 유물주의. *cf.* idealism **2** 물질주의, 실리주의.
ma·te·ri·al·ist [mətí(ː)riəlist / -tíər-] *n.* 유물론자; 물질(실리)주의자.
ma·te·ri·al·is·tic [mətì(ː)riəlístik / -tíər-] *adj.* 유물론[자]의, 물질주의[자]의. **-ti·cal·ly** [-kəli] *adv.*
ma·te·ri·al·i·ty [mətì(ː)riǽliti / -tíər-] *n.* (*pl.* **-ties**) **1** U 물질성, 실체성, 유형성. *opp.* spirituality **2** UC 실재물; 물적 존재. **3** U 〖법률〗 중요성.

ma·te·ri·al·i·za·tion [mətì(ː)riəlizéiʃ(ə)n / -tìəriəl·aiz-] *n.* U 유형화, 구체화; 물질화, 실체화; 〖영혼의〗형체화.
ma·te·ri·al·ize [mətí(ː)riəlàiz / -tíər-] (*※*〖英〗에서는 **ma·te·ri·al·ise** 로도 쓴다) *v.* (**-ized, -iz·ing**) *vt.* …을 구체화(유형화)하다; 〔소망 따위를〕 실현시키다; …을 체현(體現)시키다; …을 실리(實利)적으로 하다. ¶ *materialize* a vague idea by putting it into words 막연한 생각을 말로 표현하는 것으로 구체화하다 / *materialize* one's dream 꿈을 실현하다. ── *vi.* 〔영혼 등이〕 체현하다; 〔소망·계획 따위가〕 실현되다. ¶ Our hopes never *materialized*. 우리의 희망은 내내 실현되지 않았다. ◇ matérial, materializátion *n.*

*****ma·te·ri·al·ly** [mətí(ː)riəli / -tíər-] *adv.* **1** 물질(유형)적으로, **2** 〖철학〗 실질에 관하여. **3** 크게, 현저히.
ma·te·ri·als-in·ten·sive [mətí(ː)riəlzinténsiv / -tíər-] *adj.* 〖산업·기술 등이〕 기재(機材) 설비 집약형의, 대량의 기재(설비)를 필요로 하는.
matérials science *n.* U 재료 과학, 재료학.
ma·te·ri·a méd·i·ca [mətí(ː)riə médikə / -tíəriə-] *n.* 약물; 약물학. 〔<L medical stuff〕
ma·té·ri·el, -te- [mətì(ː)riél / -tíər-] U **1** 물질적 재료, 설비. **2** 〖군대〗 무기; 장비.
〔<F matter, stuff〕
*****ma·ter·nal** [mətəː́rn(ə)l] *adj.* (*※* paternal) **1** 어머니의; 어머니로서의; 어머니다운. ¶ *maternal* love 모성애. **2** 어머니에게서 이어받은. **3** 〖혈연이〕 모계(외가)의. ¶ *maternal* grandparents 외조부모(外祖父母). **~·ly** [-nəli] *adv.* **matérnity** *n.*
ma·ter·nal·ism [mətəː́rn(ə)líz(ə)m] *n.* U 모성애, 모정(motherliness).
ma·ter·ni·ty [mətəː́rniti] *n.* (*pl.* **-ties**) **1** U 어머니임; 모성, 어머니다움. **2** 산부인과 병원, 산원(maternity hospital) 〖형용사적〗 산과 병원.
matérnity hòspital *n.* 산부인과 병원, 산원(產院).
matérnity lèave *n.* 출산·육아휴가. *cf.* childcare leave, paternity leave.
matérnity núrse *n.* 조산원, 산파(產婆).
matérnity róbe *n.* 임부복(姙婦服), 산부 옷 (maternity dress).
mat·ey [méiti] *n.* 〖주로 英구어〗 친구, 동료.
mat·ey² [méiti] *adj.* 〖주로 英구어〗 친한; 붙임성 있는.
math [mæθ] *n.* 〖구어〗 =mathematics. *cf.* maths
math·e·mat·i·cal [mæ̀θimǽtik(ə)l], (**math·e·mat·ic** [-tik]) *adj.* **1** 수리의, 수학[상]의; 수학적인. **2** 아주 정확한, 엄밀한. **~·ly** [-kəli] *adv.*
◇ mathemátics *n.*
*****math·e·ma·ti·cian** [mæ̀θimətíʃ(ə)n] *n.* 수학자.
‡math·e·mat·ics [mæ̀θimǽtiks] *n. pl.* 〔단수 취급〕 수학. ¶ applied (*or* mixed) *mathematics* 응용 수학 / pure *mathematics* 순수 수학.
maths [mæθs] *n.* 〖英구어〗 =mathematics. *cf.* math
ma·tière [matyɛ́r] *n.* 〖프랑스〗 마티에르〔작품 표면에 나타나는 재질감〕.
ma·til·da [mətíldə] *n.* 〖濠〗 〔방랑자·광부·산지 여행자 등의〕 휴대품 보따리(swag).
mat·in [mǽtin] *n.* **1** (~*s or* 종종 M-*s or* 〖주로 英〗 mattins) 〔단수 취급〕 **a)** 〖가톨릭〗 〖교회 성무(聖務)〕 일과의 아침 기도, **b)** 〖영국국교회〗 조도(早禱), 아침 기도(Morning Prayer). **2** (때로 ~s) 〖詩〗 새의 아침 지저귐. ── *adj.* **1** 〔종종 M-〕 아침 기도의. **2** 아침의 (matinal).
mat·in·al [mǽtin(ə)l] *adj.* =matin.
mat·i·nee, -née [mæ̀t(i)néi / -́--] *n.* **1** 〔연극·음악회 등의〕 주간 흥행, 마티네. **2** 여성의 실내복. 〔<F〕
matinée còat *n.* 유아용 모직 상의.
mat·ing [méitiŋ] *n.* U 교배(交配), 교접.
mat·lo, -low [mǽtlou] *n.* 〖英속어〗=matelot.
ma·trass [mǽtrəs] *n.* 〖화학〗 〔목이 긴〕 계란 모양의 플라스크.

matri-, matr- mother의 뜻의 연결형. 예: *matriarchy*.

ma·tri·arch [méitriɑ̀ːrk] n. **1** 여가장(女家長), 여족장; 가장의 아내. *cf.* patriarch **2** 위엄있는 노부인.

ma·tri·ar·chal [mèitriɑ́ːrk(ə)l] adj. 여가장(족장)제의.

ma·tri·ar·chy [méitriɑ̀ːrki] n. ⓤ 여가장(족장)제. *cf.* patriarchy

ma·tric [mətrík] n. 《英구어》 《대학》 입학시험(matriculation).

ma·tri·ces [méitrisìːz, mǽt-] n. matrix 의 복수형의 하나.

mat·ri·cid·al [mèitrisáidl, +美 mǽt-] adj. 모친을 살해(의 죄)의.

mat·ri·cide [méitrisàid, +美 mǽt-] n. ⓤ 모친 살해(의 죄); ⓒ 모친을 살해한 사람. *cf.* patricide

ma·tric·u·lant [mətríkjulənt] n. 《대학》 입학이 허용된 사람; 《대학》 입학 지원자.

ma·tric·u·late v. [mətríkjulèit → n.] (-lat·ed, -lat·ing) vt. 《대학》 《지원자에》 입학을 허가하다. — vi. 《대학》 입학을 허가받다. — n. [mətríkjulit] 《대학》 입학이 허용된 사람.

ma·tric·u·la·tion [mətrìkjuléi(ə)n] n. **1** ⓤⓒ 《대학》 입학(허가). **2** 입학 시험.

ma·tri·fo·cal [mǽtrifòuk(ə)l, mèi-] adj. 어머니 중심 [주의]의. ¶ a *matrifocal* society 모계 사회.

mat·ri·lin·e·age [mǽtrilíniidʒ, mèit-] n. 〔모계(母系)〕. [머니쪽의.

mat·ri·lin·e·al [mǽtrilíniəl] adj. 모계(母系)의, 어

mat·ri·lin·y [mǽtrilìni, -lài-] n. (pl. -lin·ies) 모계제(母系制) [계보 관계나 지위의 계승·재산 상속을 어머니로부터 받는 제도].

mat·ri·lo·cal [mǽtrilòuk(ə)l, mèit-/ mǽt-] adj. 처가(妻家) 거주의[부부가 처의 가족과 동거하는 양식]. ¶ *matrilocal* marriage 모처혼(母處婚), 모거혼[부거혼]. 〔부부의〕. ~·ly adv.

mat·ri·mo·ni·al [mǽtrimóuniəl, -njəl] adj. 결혼의, *

mat·ri·mo·ny [mǽtrimòuni/-mə-] n. ⓤ (pl. -nies) **1** 결혼식; 결혼. ⇒ MARRIAGE 類語 **2** 결혼 생활; 부부 관계. **3** 《카드놀이》 게임의 일종; 《이 게임에서》 으뜸패의 킹과 퀸의 짝패.

ma·trix [méitriks, +英 mǽt-] n. (pl. -tri·ces [-trìsìːz] or -trix·es) **1** 모체, 기반(基盤), 발생지. **2** 《손톱·이빨 따위의》 형성부; 《생물》 세포간질(間質), 기질(基質). **3** 《해부》 자궁. **4** 《광산》 모암. **5** 주형(鑄型); 《인쇄》 모형(母型), 지형(紙型). **6** 《수학·물리》 매트릭스, 행렬. **7** 《식물》 지의(地衣)·균류의 모체.

***ma·tron** [méitr(ə)n] n. **1** 《품위있고 지체가 높은》 기혼녀, 부인. ¶ a *matron* of honor 《美》신부들러리를 서는 기혼녀. **2** 집안일의 감독; 간호원장; 보모, 사감(舍監), 여자 보도원(補導員). ◇ **mátronly** adj.

ma·tron·age [méitr(ə)nidʒ] n. ⓤ **1** matron 임. **2** 〔집합적〕 matron 들. 〔적인.

ma·tron·al [méitr(ə)n(ə)l] adj. matron 의, matron

ma·tron·ize [méitr(ə)nàiz] v. (-ized, -iz·ing) vt. **1** …을 보호하고 침착한 부인답게 하다, 집안의 안주인답게 하다. **2** …을 [matron 으로서] 감독하다. ¶ *matronize* the young girls 젊은 아가씨들을 돌보다. — vi. matron 이 되다.

ma·tron·ly [méitr(ə)nli] adj. (나이 지긋한) 기혼 여성다운; 품위있는, 점잖은. — adv. 기혼 여성답게, 침착하게. -li·ness n.

ma·tron·ship [méitr(ə)nʃip] n. ⓤ matron 임; matron 의 직(職).

MATS (略) 《美》 Military Air Transport Service (육군 항공 수송부).

matt [mæt] adj., n., vt. =mat³.

Matt. (略) 《성서》 Matthew.

mat·ta·more [mǽtəmòːr/ -mɔ̀ː] n. 지하실(창고).

mat·ted [mǽtid] adj. **1** 잡초 따위가 빽빽이 난. **2** 돗자리(거적)를 깐. **3** 헝클어진. ¶ *matted* hair 헝클어진 머리.

‡**mat·ter** [mǽtər] n. **1** ⓤ 물질(opp. spirit); 물체, 질(質), …체(體), …소(素). ¶ vegetable (mineral) *matter* 식물(광물)질 / solid *matter* 고체 / coloring *matter* 색소.

類語 **matter** 공간을 차지하고 감각으로 인식되는 물질; spirit, mind 에 대한 말. **material** 일정한 종류·성질·수량을 가진 어떤 재료로서의 matter: silk *material*. **stuff** material 과 같은 뜻이나, 보다 구어적 표현. **substance** 어떤 화학적·물리적 특성을 가진 특정한 종류의 matter. 〔…을 내다.

2 ⓤ 《상처 따위의》 고름(pus). ¶ let *matter* out 고름

3 ⓤ 《책·연설·논문 등의》 내용(substance) (*cf.* form); 재료, 제재(題材). ¶ the *matter* of one's speech 연설의 내용.

4 ⓤ 《쓰인·인쇄된》 것; 우편물(mail). ¶ printed *matter* 인쇄물 / reading *matter* 읽을거리 / postal *matter* 우편물 / third class *matter* 제3종 우편물.

5 문제(subject); 일, 사건(affair). ¶ a serious *matter* 중대한 일 / money (political) *matters* 금전(정치) 문제 / It is another *matter*. 그것은 별문제다.

6 (~s) 〔막연히〕 사태, 사정. ¶ take *matters* easy 사태를 수월하게 생각하다 / as *matters* stand; as the *matter* stands 현 상태하에서는 / *Matters* are very different in France. 프랑스에서는 사정이 매우 다르다. / Words will not help *matters*. 말만 가지고는 사태에 도움이 안 된다.

7 (the~) 고장, 어려움(*with*…). ¶ What's the *matter* [*with* you]? 무슨 일이 있느냐?/ Something is the *matter* with this machine. = There is something the *matter* with this machine. 이 기계는 무언가 이상하다 / Nothing is the *matter* with me. = There is nothing the *matter* with me. 나는 아무렇지 않다(아무 일도 없다).

8 ⓤ 중요성, 중대함(importance). ¶ What *matter* is that? 무슨 큰일이 있느냐(아무러면 어떠냐)? / It is 〔of〕 (or makes) no *matter*. 대수로운 일이 아니다 / It is no *matter* what happens. 무엇이 일어나건 알 바 아니다 / No *matter*! 괜찮다, 걱정 마라!

9 원인, …의 씨(*of, for*…). ¶ It is a *matter* for (or *of*) congratulation (regret) that … …은 기뻐해야 할 (유감될) 일이다.

10 ⓤ 《철학》 질료(質料) (opp. mind); 《논리》 명제의 본질(내용) (opp. form).

11 ⓤ 《인쇄》 조판, 원고. ¶ dead *matter* 폐판(廢版).

a matter of ① …의 문제. ¶ a *matter of* life and death 생사 문제, 중대사(* 본래는 결사적인 임무에 관해서만 사용). ② 대충, 약(about). ¶ a *matter of* two days (three miles) 약 이틀(3마일).

as a matter of course 물론, 당연히(naturally). ¶ All goods are tested *as a matter of course* before they leave the factory. 전 제품은 당연히 출고 전에 검사를

as a matter of fact ⇒ FACT. 〔받고 있다.

as near as no matter 아슬아슬하게, 거의.

for that matter; for the matter of that 그 일이라면, 그것에 관해서는.

in the matter of …에 관하여(는) (as regards). ¶ We are of one mind *in the matter of* this problem. 이 문제에 관해서는 우리의 의견이 일치되고 있다.

no matter what (**which, who, when, where, how**) 비록 무엇이(어느 것이, 누가, 언제, 어디, 어떻게) 일지라도. ¶ *No matter what* may come, I shall be prepared. 설사 어떤 일이 닥쳐온다 하더라도, 나는 그에 대처할 것이다. / *No matter* how cold it is outside, the rooms are comfortably heated. 밖이 아무리 춥더라도 실내는 따뜻하게 난방이 되어 있다. 〔으로.

to make matters (or **the matter**) **worse** 설상가상

— vi. **1** 《주로 의문문·부정문에 사용되나 때로는 긍정문에서 뜻을 강조하여 쓰임》 중요(중대)하다, 문제가

되다. ¶ What does it *matter* ? 그것이 어떻든 무슨 상관이냐 ? (* what 은 부사적 용법) / It does *matter*. 그것은 큰 문제이다, 그것은 아주 중요하다 / It does not *matter* if we flunk. 우린 낙제하더라도 아무렇지도 않다 // (~+圖) It *matters* little (*much*) to me who will be elected. 누가 선출될 것인가는 나에게 대수로운 일이 아니다(큰 일이다). **2** 곪다, 고름이 나오다.
◇ matérial, máttery *adj.*

mat·ter-of-course [mǽt(ə)rəvkóːrs/-kóːs] *adj.* 당연한, 말할 나위없는.

mat·ter-of-fact [mǽt(ə)rə(v)fǽkt] *adj.* **1** 있는 그대로의, 사실대로의. **2** 평범한, 무미건조한, 사무적인. ~**·ly** *adv.* ~**·ness** *n.*

mat·ter·y [mǽtəri] *adj.* 고름이 나는.

*Mat·thew [mǽθjuː] *n.* **1** 〔성서〕 마태 〔그리스도 12사도 중의 한 사람, 마태 복음의 저자〕. **2** 〔성서〕 마태 복음 〔신약 성서 첫 권의 이름; 略 Matt.〕.

Mat·thi·as [məθáiəs] *n.* 〔성서〕 맛디아 〔유다 대신에 뽑혀 12사도의 한 사람이 됨. ←사도 행전(Acts) 1 : 23-26〕.

mat·ting [mǽtiŋ] *n.* **1** 〔집합적〕 매트 〔돗자리, 멍석 따위〕, 매트의 재료. **2** 〔매트 따위를〕 짜기. **3** 〔항해〕 덧대는 거적.

mat·tins [mǽtinz] *n. pl.* 〔종종 M-〕〔주로 英〕〔보통 단수 취급〕=matins. *cf.* matin

mat·tock [mǽtək] *n.* 곡괭이의 일종.

mat·toid [mǽtɔid] *n.* 《드물게》 〔미치광이에 가까운〕 정신이상자.

*mat·tress [mǽtris] *n.* **1** 〔침대용〕 요, 매트리스, **2** 〔호안 공사용의〕 섶나무 다발, 침상(沈床) 기초.

mat·u·rate [mǽtjureit/-tju-] *vi.* (-**rat·ed**, -**rat·ing**) **1** 〔병리〕 화농(化膿)하다, 곪다. **2** 무르익다.

mat·u·ra·tion [mǽtjuréiʃən/-tju-] *n.* U 화농; 성숙; 원숙.

ma·tu·ra·tive [mǽtʃurèitiv/mətjúrətiv] *adj.* 화농(성)을 촉진하는. *n.* 화농제, 성숙제(成熟劑).

*ma·ture [mət(j)úər, -tʃúər/-tjúə] *adj.* (**-tur·er, -tur·est**) **1** 무르익은, 성숙한, 잘 익은. ⇨ RIPE 類語 *opp.* immature. ¶ *mature* wine 잘 익은 포도주. **2** 〔정신 등이〕 충분히 발달한, 원숙한. ¶ a man of *mature* age (*or* years) 분별있는 나이의 사람. **3** 〔생각·계획 등이〕 사려 깊은, 신중한, 공을 들일[잘 된]. ¶ a *mature* plan 공들여 짠(빈틈 없는) 계획. **4** 〔상업〕 〔어음 따위가〕 만기의(due). — *v.* (-**tured, -tur·ing**) *vt.* …을 잘 익게 하다, 성숙하게 하다 ; …을 완성하다, 끝마무리하다. ¶ *mature* one's plans 계획을 완성하다. — *vi.* **1** 성숙〔원숙〕하다. **2** 〔상업〕 〔어음 따위가〕 만기가 되다. ~**·ly** *adv.* ~**·ness** *n.* ◇ matúrity *n.*

*ma·tu·ri·ty [mət(j)ú(ː)riti, -tʃú(ː)-/-tjúəri] *n.* U **1** 성숙, 원숙, 완성; 성숙기. ¶ come to *maturity* 성숙하다. **2** 〔상업〕 〔어음 따위의〕 만기, 지불 기일. **3** 〔병리〕 화농. ◇ matúre *adj.*

matúrity márket *n.* 숙년(熟年) 시장〔45세부터 65세까지의 연령층은 수입이 가장 높은 연대(年帶)로서 최근 중요한 미개척 시장으로 주목을 받고 있다〕.

ma·tu·ri·ty-ón·set díabetes [mət(j)ú(ː)ritiánsèt-, -tʃú(ː)-/-tjúəriɔ́n-] *n.* 〔의학〕 성년기 발생 당뇨병.

matúrity stàge *n.* 〔마케팅〕 제품 성숙 단계〔제품의 라이프 사이클의 한 단계; 매상 증가 속도가 떨어지고 이윤이 안정되는 것이 특징〕.

ma·tu·ti·nal [mət(j)ú(ː)tinəl/mǽtjutáinəl] *adj.* 아침의, 이른 아침의. ~**·ly** [-nəli] *adv.*

MATV (略) **m**aster **a**ntenna **TV** system.

mat·y [méiti] *adj.* 사교적인, 붙임성 있는(sociable), 친밀한(*with*).

mat·zo, -zah [máːtso] *n.* (*pl.* **-zos, -zahs**[-z]) 무교병(無酵餅)〔유대인이 유월절(Passover)에 먹는 것〕.

maud [mɔːd] *n.* U **1** 스코틀랜드 남부의 양치기 등이 입는 회색 격자 무늬의 모직물. **2** 〔그 직물로 만든〕 여행용 무릎 덮개(담요, 어깨걸이).

maud·lin [mɔ́ːdlin] *adj.* **1** 눈물이 헤픈, 감상적인. **2** 걸핏하면 우는. — *n.* U 눈물이 헤픔, 심약한 감상. —— 〔구하고 (in spite of).

mau·gre [mɔ́ːgər], (**mau·ger**) *prep.* 《고어》 …에도 불구하고.

maul [mɔːl], (**mall**) *n.* 〔나무로 만든〕 큰 메. —— *vt.* **1** …을 난폭하게〔거칠게〕 다루다; 혹평하다. **2** 《美》 〔가로목·그루터기 따위를〕 큰 메와 쐐기로 쳐서 쪼개다. **3** …을 때려 상처를 입히다. —— 〔평가.

maul·er [mɔ́ːlər] *n.* 물건을 난폭하게 다루는 사람; 혹평가.

maul·ey, -ie [mɔ́ːli] *n.* 《속어》 손(hand); 주먹(fist).

mául·stick, máhl- [mɔ́ːlstik] *n.* 〔화가가 화필을 쥔 손을 받치는〕 팔 받침, 몰스틱.

mau·vi [máulvi], (**moulvi**) *n.* (*pl.* **-vies or -vis**) 〔인도의〕 회교의 율법 학자; 선생 〔인도의 회교도 사이에서 통용되는 존칭〕.

Mau Mau [máu màu] *n.* (*pl.* **Mau Maus** *or* 〔집적〕 **Mau Mau**) 마우마우 단원 〔케냐의 반(反)백인 비밀결사 단원, 主로 Kikuyu 족 토착어의〕 —— 〔…아프리카의 토착어의〕

maund [mɔːnd] *n.* 〔인도·터키·이란 등지의〕 중량 단위 〔25-82, 286파운드, 공정 환산치는 82 ²/₇파운드〕.

maun·der [mɔ́ːndər] *vi.* **1** 두서없이 길게 지껄이다, 밀도 끝도 없이 길게 늘어놓다. **2** 어슬렁거리다 〔작업 따위를〕 질질 끌다.

maun·dy [mɔ́ːndi] *n.* **1** 〔주로 the~〕 〔교회〕 세족식(洗足式) [Maundy Thursday 에 신도의 발을 씻어 주는 의식]. **2** =maundy money. —— 〔빈민 구제의.

máundy mòney *n.* U 〔英〕 〔세족식에서 분배되는〕

Máundy Thúrsday *n.* 〔세족식이 거행되는〕 성(聖) 목요일 〔부활절(Easter) 직전의 목요일〕. *cf.* Holy Thursday —— 〔드 여행.

Mau·reen [mɔːríːn, +英 ―-] *n.* Mary 에 대한 아일랜

Mau·re·ta·ni·a [mɔ̀ːritéiniə, -njə/mɔ̀ri-] *n.* 모리타니아 〔아프리카 서북부에 있던 고대 왕국. 현재는 Morocco 및 Algeria 의 일부를 포함〕.

Mau·ri·ta·ni·a [mɔ̀ːritéiniə, -njə/mɔ̀ri-] *n.* 모리타니 아〔서아프리카의 회교 공화국, 수도 Nouakchott〕.

Mau·ri·tius [mɔːríʃəs, -ʃiəs/mə-] *n.* 모리셔스 〔인도양의 Madagascar 섬 동쪽에 있는 섬나라〕.

Mau·ser [máuzər] *n.* 모제르 총(銃). 〔〔독일의 발명가 P. P. Mauser 의 이름〕

mau·so·le·um [mɔ̀ːsəlí(ː)əm] *n.* (*pl.* **-le·ums** *or* **-le·a** [-líːə]) **1** 웅장한 묘(墓), 영묘(靈廟), 능. **2** (M-) Caria 의 왕 Mausolus 의 묘 〔기원전 350년에 소아시아에 건립; Seven Wonders of the World 의 하나〕. **3** 음침하고 큰 건물(방).

mau·vaise honte [mouvɛ́ːzɔ̃ːt] *n.* 〔프랑스〕 =false modesty〕 수줍음; 가장된 (거짓) 수줍음.

mauve [mouv] *n.* U 엷은 자줏빛. **2** 담자색(淡紫色)의 아닐린 염료. —— *adj.* 엷은 자줏빛의. —— 〔람.

ma·ven, ma·vin [méivin] *n.* 《美》 전문가, 통달한 사

mav·er·ick [mǽv(ə)rik, -ver-] *n.* 《美남부》 소유주의 낙인이 없는 송아지 〔특히 젖이 갓떨어진 송아지〕. **2** 무소속 정치가; 독불장군. —— *vi.* 무리에서 벗어나다.

ma·vis [méivis] *n.* 《英·詩》 〔유럽산(産)의〕 개똥지빠귀.

ma·vour·neen [məvúərniːn], (**ma·vour·nin**) *n.* 《아일》 내 사랑, 귀여운 사람, 《부르는 말로》 여보.〔<Ir *mo mhurnín* my darling〕

maw¹ [mɔː] *n.* **1** 〔육식 동물의〕 입, 목구멍, 턱. **2** 〔새의〕 소낭(嗉囊), 밥통. **3** 〔반추 동물의〕 제4위. 《익살》 〔인간의〕 위. **4** 나락(奈落).

maw² [mɔː] *n.* 양귀비 열매(poppy seed).

mawk·ish [mɔ́ːkiʃ] *adj.* **1** 메스꺼운, 구역질나는. **2** 싱거운(insipid). **3** 유난히 감상적인, 심약한. ~**·ly** *adv.* ~**·ness** *n.* —— 〔자(hypocrite).

máw·wòrm [mɔ́ːwə̀ːrm] *n.* **1** 회충(蛔蟲). **2** 위선

max [mǽks] *vt.* …을 최대한으로 사용하다. —— *vi.* 〔컴퓨터의 능력이〕 한계에 달하다. —— *n.* 《美속어》

maximum.
to the max 《美俗語》 최대한으로; 철저히.
max. (略) maximum.
max·i [mǽksi] *n.* 맥시 스커트, 맥시 코트. — *adj.* 맥시의, 발목까지 오는.
maxi- 「최대의」, 「최장의」라는 뜻의 연결형.
max·i·bop·per [mǽksibɑ́pər / -bɔ́pə] *n.* 《美俗語》 젊은 사람의 옷차림을 하기 좋아하는 중년 남자.
max·i·coat [mǽksikòut] *n.* 맥시[코트].
max·il·la [mæksílə] *n.* (*pl.* **-lae** [-li:]) **1** 턱, 악골(顎骨), (특히) 상(上) 악골. **2** 《절족(節足) 동물의》 소악(小顎), 작은 아가미.
max·il·lar·y [mǽksilèri, mæksílə- / mæksílə-] *adj.* 턱의, 악골의, 작은 턱[아가미]의. — *n.* (*pl.* **-lar·ies**) =maxilla.
***max·im** [mǽksim] *n.* **1** 격언(格言), 금언, 처세훈(adage). ▷ PROVERB 類語 ¶ a golden *maxim* 금언. **2** 처세법, 주의(主義).
max·i·ma [mǽksimə] *n.* maximum 의 복수형의 하나.
max·i·mal [mǽksim(ə)l] *adj.* 최대한의, 최고의. **~·ly** [-məli] *adv.*
max·i·mal·ist [mǽksim(ə)list] *n.* (*cf.* Minimalist) **1** 최대한의 요구를 내세워 타협하지 않는 사람. **2** (M-) 사회주의자의 극좌 분자(과격파) (Bolshevik).
Máxim gùn *n.* 맥심식(式) 속사 기관포, 맥심포. 〈<발명자인 미국인 H. S. Maxim (1840-1916)의 이름〉
max·i·mi·za·tion [mæ̀ksimizéiʃ(ə)n / -maiz-] *n.* U **1** 최대(극대)화. **2** 가장 넓은 뜻으로 해석하기.
max·i·mize [mǽksimàiz] (*《英》*에서는 **max·i·mise** 로도 쓴다) (*opp.* minimize) *v.* (**-mized, -miz·ing**) *vt.* …을 최대(극대)로 하다, 극한까지 증가(확대, 강화)하다. — *vi.* [교리 등을] 가장 넓은 뜻으로 해석하다.
‡**max·i·mum** [mǽksiməm] *n.* (*pl.* **-mums** *or* **-ma**) (*cf.* minimum) **1** 최대량, 최대值(수), 최고점, 극한. ¶ the rainfall *maximum* 최대 강우량 / The excitement was at its *maximum*. 흥분이 극도에 이르렀다. **2** 《수학》 극대, 최대, 급 최대의, 최고의. ¶ the *maximum* speed 최고 속도.
◇ máximal *adj.*, máximize *v.*
máximum thermómeter *n.* 최고 온도계.
max·i·skirt [mǽksiskə̀:rt] *n.* 맥시(長) 스커트.
max·well [mǽkswel, -wəl] *n.* 자속(磁束)의 단위[略 Mx]. [mayn't [meint]]
‡**may**¹ [mei] *auxil. v.* (**might**) ‡ 부정형은 may not, 주의 (1) 원형 부정형을 수반하나 문맥상 뚜렷한 경우에는 생략하는 때도 있다. (2) 고어(古語) thou 에 대응하는 may[e]st, might[e]st 이외에는 주어에 대응하는 어형 변화가 없다.
1 《기원》〈원천대〉…하여 주시옵기를, …하도록 하옵소서 (※ 보통 어순은 「may+주어+동사」). ¶ *May* you live long! 장수하시길 빕니다! / *May* he rest in peace! 그의 영혼이 편히 잠드시기를! / *May* they all be damned! 그들 모두가 저주를 받도록! / 괘씸한 놈들!
2 《가능성·추측》…일지도 모른다, 어쩌면 …일 것이다, […일 일도] 있을지도 모른다(※ 부정은 may not). ¶ He *may* come, or he *may* not. 그는 올지도 안 올지도 모른다 / With the sky like this, it *may* rain at any moment. 이러한 날씨라면 비가 어느 때(언제) 쏟아질지도 모른다 / It *may* or *may* not be true. 그것은 사실일지도 모르고 사실이 아닐지도 모른다 / He *may* have been hurt. 그는 부상을 당했을지도 모른다 (※ 과거의 일에 대한 추측에는 「may+have+과거 분사」의 형을 쓴다).
— **Usage**¹ 이 뜻의 부정형, 부정 의문형; may ... but — (1) 이런 뜻의 may 는 보통 의문문에는 쓰이지 않고, can, might 가 쓰인다: *Can* (or *Might*) it be true? 그것은 사실일까? / It *may* be true. (*cf.* can) (2) 전면적 부정은 may not 이 아니고 cannot 또는 조동사 없는 부정으로 표현된다: It *cannot* be (or is not) true. 그것은 사실일 리가 없다(사실이 아니

다). (3) 뒤에 but 로 이어지는 글이 오면 may 의 내용은 혼히 「양보」를 나타낸다: Progress *may* be slow, but it is sure. 진보는 더딜지라도 확실하다.
3 《용인》…해도 좋다, …해도 무방하다 (※ 부정은 cannot). ¶ He *may* be called a first-class novelist. 그는 일류 소설가라고 해도 무방하다 / We *may* expect a good harvest. 풍작이라고 생각해도 좋으리라.
4 《허가》…해도 괜찮다, [법령·증서 등에서] …해야 하다 (shall, must). ¶ You *may* go now. 이제 가도 괜찮다 (※ 때로는 명령에 가까운 뜻이 된다) / The topic *may* be freely discussed. 그 화제는 자유롭게 토론해도 좋다 / No alcoholic liquors *may* be sold. 주류 판매는 해선 안 된다 / *May* I come in? — Yes, you *may*. (No, you *may* not.) 들어가도 됩니까? — 좋아요, 들어와요(아뇨, 안 돼요) (※ May I...?는 Can I...?보다 공손한 용법. 그 대답의 you *may* not은 you cannot 라 해도 좋고, 강한 금지는 you must not 을 쓴다) / *May* I help you? 제가 거들어 드릴까요? / You *may* not smoke here. 여기에서 담배는 피우어선 안 된다(※ may not 은 가벼운 금지(부정)를 나타낸다) / No one *may* enter. 출입 금지.
— **Usage**² 이 뜻의 부정 의문은 [Why] *mayn't* I...? 와 같이 말하지 않고, [Why] *can't* I...?라고 말한다: Why *can't* I enter? 어째서 들어가선 안 됩니까?
5 《가능》…할 수 있다. ※ 숙어·상투어 따위 이외는 고어(古語)나 시어(詩語)에 ※ CAN 類語 ¶ He who runs *may* read. 달리면서도 읽을 수 있다(명백하다) / Gather ye rosebuds while ye *may*. 《고어》가능할 때 장미꽃 송이를 따라; 즐길 수 있을 때(젊을 때) 마음껏 즐겨라.
6 《불확실》 ※ 의문문에서의 용법이나 넓게는 사용치 않는다) 〔도대체〕…일까? / What *may* that mean ? 도대체 그것은 무슨 뜻인지요 ?
7 《명사절로》 (※ 주절이 가능성·두려움·희망 등을 나타내는 경우) ¶ It is possible that he *may* come. 《가능성》그는 아마도 올지도 모른다 / It is feared that he *may* fail. 그가 실패할지도 모른다고 걱정들을 하고 있다 / I hope he *may* succeed. 《기원》나는 그가 성공하기 바란다 / I wish it *may* never be realized. 나는 그것이 결코 실현되지 않기를 바란다.
8 《부사절로》 **a)** 《목적절》 ¶ Leave the book here, [so] that I *may* read it later. 나중에 내가 읽을 수 있도록 그 책을 여기에 놓고 가라 / He flatters so that he *may* win her favor. 그녀의 호감을 사려고 그는 알랑거리고 있다. **b)** 《양보절》 No matter how difficult the work *may* be, he will go through with it. 그 일이 아무리 어렵더라도 그는 해내고야 말 것이다 / Whatever faults he *may* have had, it cannot be denied that he was a great man. 그에게 어떤 결점이 있었다 하더라도 그가 위인이었다는 것은 부인할 수 없다 / Come what *may*, I will go. 무슨 일이 일어나더라도 나는 가겠다.
as best one *may* ▷ BEST.
be that as it may 아뭏든, 그것은 어쨌든 (however that may be). ¶ Be that as it *may*, you are wrong. 그것은 어쨌든 네가 나쁘다.
may as well do [**as not**] ▷ WELL.
may well do ▷ WELL.
may² [mei] *n.* 《고어》 소녀(maiden).
‡**May** [mei] *n.* **1** 5월. **2** 《종종 m-》 청춘(youth), 한창. **3** 5월 축제 《행사·놀이》. **4** (m-) 《英》산사나무 (hawthorn). 그 꽃(~s) 《英》《Cambridge 대학 의》 5월 시험; 5월 경조(競漕). — *vi.* 《英》 5월제를 경축하다. **2** 《봄의》 꽃을 따다.
ma·ya [mɑ́:jə] *n.* 《힌두교》 U 환상의 세계를 만들어내는〔신 동의〕힘, 마력; 환영(幻影), 허망(虛妄). **2** (M-) 환영의 여신. ▷ Skt
Ma·ya [mɑ́:jə] *n.* (*pl.* **-yas** *or* **-ya**) **1** 마야인(人) 《중앙 아메리카 원주민의 한 종족》. **2** U 마야(語).
— *adj.* 마야인(어)의. ¶ the *Maya* culture 마야 문명.

Ma·yan [máːjən] *adj.* 마야 사람(족)의; 마야어의.
— *n.* 마야 사람; ⓤ 마야어(계).

May ápple *n.* 포도필름[퓨] [미국산(産)의 포도필름속(屬) 다년초, 뿌리는 하제(下劑)]; 그 열매[노란 난형(卵形)의 열매이며 식용].

‡**may·be** [méibi(ː)] *adv.* 아마(perhaps), 어쩌면. ¶ *Maybe* he'll come. 아마 그는 을 거다 / You're right, *maybe.* 아마 그럴 겁니다.
I don't mean maybe 《美속어》 정말이다, 거짓이 아니다. ¶ He fell for that chick, and *I don't mean maybe.* 그는 그녀에게 홀딱 반했어, 정말이야.
〔< *it may be* 의 단축형〕

Máy bèetle *n.* 왕풍뎅이(June bug).

may·bush [méibùʃ] *n.* 산사나무(hawthorn).

*****Máy Dày** *n.* **1** 5월제(祭) [5월 1일에 올리는 봄 축제]. *cf.* Maypole, May queen **2** 메이 데이, 노동절. *cf.* Labor Day

Máy·day [méidèi] *n.* ⓤ 〔선박·항공기의〕 국제 무선 전화 구조 신호.

Máy-De·cém·ber márriage [méidisémbər-] *n.* 나이 많은 남성이 젊은 여성과 결혼하는 것[같은 연령의 차이가 너무 심해서 어울리지 않는 결혼.

Máy dèw *n.* 5월[초하루]의 아침 이슬[미용에 좋고 의약적 효과가 있다고 믿었다].

may·est [méist] *auxil. v.* 《古어》 may¹의 직설법·2인칭·단수형〔주어가 thou 일 때〕.

May·fair [méifɛ̀ər] *n.* 영국 London 의 Hyde Park 동쪽에 있는 고급 주택지.

*****May·flow·er** [méiflàuər] *n.* **1** (the ~) 메이플라워 호(號) [1620년에 영국에서 미국 대륙으로 Pilgrim Fathers 를 운반했던 선박]. **2** 5월에 피는 꽃[hawthorn 따위].

may·fly [méiflài] *n.* (*pl.* **-flies**) **1** 하루살이류. **2** [낚시의] 파리낚시의 일종.

Máy gàme *n.* (~s) 5월제의 놀이; [일반적으로] 흥겨운 놀이; 장난(frolic).

may·hap [méihæ̀p, ˈˈˈ] *adv.* 《古어》 아마, 어쩌면 (perhaps, maybe). 〔< *it may happen* 의 단축형〕

may·hem [méihem, ˈˈ méiəm] *n.* ⓤ **1** 〖법〗 신체 상해 [남의 자기 방위에 필요한 사지(四肢) 등을 폭력으로 상해하는 행위〗. **2** 〖문예 등의 비평·논설의〗 필요 이상(古의) 공격.

May·ing [méiiŋ] *n.* (종종 m-) ⓤ 5월제의 축하 놀이.

Máy mèetings *n.* 5월 회의 [5월에 London 에서 열리는 종교·자선 등을 위한 집회].

mayn't [meint] may not 의 단축형.

*****may·on·naise** [mèiənéiz, ˈˈˈ] *n.* ⓤ **1** 마요네즈. **2** 마요네즈를 친 요리. 〔< F *magnonaise, mahonnaise* < Mahon 프로방스 지방의 항구 이름〕

‡**may·or** [méiər, mɛər / mɛə] *n.* 시장(市長).
◇ **máyoral** *adj.*

may·or·al [méiərəl, mɛ(ː)r- / méər-] *adj.* 시장의.

may·or·al·ty [méiərəlti, mɛ(ː)r- / méər-] *n.* ⓤ 시장의 직(職)(임기).

may·or·ess [méiəris, mɛ(ː)r- / méər-] *n.* **1** 여자 시장. **2** 《英》 시장에 의해 그 도시의 first lady 로 뽑힌 여성[보통 시장 부인·딸·자매 등]. 「직(지위)

may·or·ship [méiərʃip, mɛər- / méə-] *n.* ⓤ 시장의

May·pole [méipòul] *n.* (종종 m-) 5월제의 기둥[광장에 세우고 꽃·리본 따위로 장식한 기둥. 5월제 때 그 둘레에서 춤추고 논다].

may·pop [méipàp / -pɔ̀p] *n.* **1** 〔미국 남부산(産)의〕 시계풀의 열매[식용]. **2** 시계풀(passion flower).

Máy quèen *n.* 5월의 여왕 [5월제에서 여왕으로 뽑힌 소녀].

mayst [meist] *auxil. v.* 《古어》 may 의 직설법·2인칭·단수형〔주어가 thou 일 때〕.

May·thorn [méiθɔ̀ːrn] *n.* =hawthorn. 「절.

May·tide [méitàid], **-time** [-tàim] *n.* ⓤ 5월의 계

máy trèe *n.* 《英》 산사나무(hawthorn).

Máy Wèek *n.* 《英》 Cambridge 대학에서 보트레이스 따위의 경기가 거행되는 주(週) [5월 하순부터 6월 초].

maz·ard [mǽzərd] *n.* 《古어》 머리(head); 얼굴 (face).

maz·a·rine [mæ̀zəríːn, +美 ˈˈˈ] *n.* **1** 짙은 남빛. **2** 〔17세기의 여자용〕 두건의 일종. — *adj.* 짙은 남빛의.

Maz·da [mǽzdə] *n.* **1** 〔조로아스터교〕 최고신 아후라 마즈다(Ahura Mazda). **2** ⓤ 광명(light).
〔< Old Pers *Ahura Mazda* god of light〕

Maz·da·ism [mǽzdəìz(ə)m] *n.* =Zoroastrianism.

*****maze** [meiz] *n.* **1** 미궁, 미로(labyrinth). **2** 혼란, 당혹, 낭패. ¶ *in a maze* 어리둥절하여.
— *v.* (**-mazed, maz·ing**) *vt.* 〔주로 수동태로〕…을 당황하게 하다. ¶ be *mazed* 당황하다. — *vi.* 헤매다.
◇ **mázy** *adj.*

ma·zel tov [máːzel tɔ̀ːv, -tɔ̀ːf, -tòuv] *interj.* 축하합니다(congratulation) [주로 유대인끼리 쓰는 말].
〔< Heb *good luck*〕

ma·zer [méizər] *n.* 금속제의 큰 술잔 [옛날에는 목제].

ma·zu·ma [məzúːmə] *n.* ⓤ 《美속어》 돈.

ma·zur·ka [məzə́ːrkə, +美 -zúər-], (**ma·zour·ka**) *n.* 마주르카 [폴란드의 경쾌한 춤]; 마주르카 무곡.
〔< Pol. woman of Mazovia 폴란드 동북부의 한 지방〕

ma·zut [məzúːt] *n.* ⓤ 연료유(fuel oil).

ma·zy [méizi] *adj.* (**-zi·er, -zi·est**) **1** 미로(maze)와 같은, 꾸불꾸불한. **2** 어떤 줄 모르게 하는, 얼떨떨하게 하는, **-zi·ly** *adv.* **-zi·ness** *n.*

mb (略) millibar[s]; millibarn[s].

Mb (略) mega bit.

M.B. (略) 《주로 英》 《라틴》 *M*edicinae *B*accalaureus (=Bachelor of Medicine 의학사). 「관리학 석사).

M.B.A (略) *m*aster of *b*usiness *a*dministration (경영

M.B.E. (略) *M*ember [of the Order] of the *B*ritish *E*mpire (영국의 훈사·훈사).

MBO (略) 《경영》 *m*anagement *b*y *o*bjectives (목표 관리); *m*anagement *b*uy*o*ut. 「tem.

M.B.S., MBS (略) 《美》 *M*utual *B*roadcasting *S*ys-

MBT (略) 〖군사〗 *m*ain *b*attle *t*ank (주(主) 전투 전차, 주력 전차).

mc (略) megacycle; millicurie; millicycle.

MC (略) *M*arine *C*orps; *M*edical *C*orps (의무대(醫務隊)); *M*ember of *C*ongress (미국 국회 의원); *M*aster of *C*eremonies (사회자); *m*achining *c*enter (복합 공작 기계).

Mc- *pref.* ⇨ MAC-.

Mc·Car·thy·ism [məkáːrθiìz(ə)m] *n.* ⓤ 매카시주의, 극단적인 반공 운동. 〔미국 상원 의원 J. R. McCarthy (1908-57) 의 이름〕

MCC-H (略) *M*ission *C*ontrol *C*enter at *H*ouston (휴스턴의 미션 관제 센터).

Mc·Coy [məkɔ́i] *n.* (보통 the~) 본인, 진짜(* the real McCoy 라고도 함). 〔< KidMcCoy (권투선수 이름)〕

Mac·in·tosh [mǽkəntɔ̀ʃ] *n.* 〖상표명〗 매킨토시 컴퓨터 [미국 Apple Computer 사의 개인용 컴퓨터].

Mc·In·tosh [mǽkintɔ̀ʃ/-tɔ̀ʃ] *n.* 빨간 사과의 일종 [초가을에 익는]; 그 나무. 〔<최초의 재배자였던 캐나다의 John McIntosh 의 이름〕

Mc·Kin·ley [məkínli] *n.* **Mount** ~ Alaska 중부의 산 [북미의 최고봉. 높이 6,192m].

Mc·Lu·han·ism [məklúːəniz(ə)m] *n.* ⓤ 맥루안 이론(理論) [캐나다 학자 Marshall McLuhan (1911-1981) 에 의한 매스컴 이론].

M.C.S. (略) *m*aster of *c*ommercial *s*cience; *m*aster of *c*omputer *s*cience; *m*issile *c*ontrol *s*ystem.

Md 〖화학〗 mendelevium 의 원자 기호.

Md. (略) *M*aryland.

MD (略) *M*ini *D*isk [미니 디스크 [compact cassette 를

대신하기 위해 개발된 광자기(光磁氣) 디스크에 의한 소형 녹음 재생기(?).

M/D (略) *m*onths after *d*ate (일부후(日附後)) …달 후

M.D. (略)《라 틴》*M*edicinae *D*octor (의 학 박사) (Doctor of Medicine)(※「면허증이 있는 의사의」뜻으로 쓴다); *M*iddle *D*utch.

MDAP (略) *M*utual *D*efense *A*ssistance *P*rogram (상호 방위 지원 계획). 「의 그 날」

M-day [émdèi] *n*. 《군대》 동원[개시] 일 (mobilization (day)).

MDL (略) *M*ilitary *D*emarcation *L*ine.

Mdlle. (*pl*. **Mdlles.**) (略) Mademoiselle.

Mdm. (*pl*. **Mdms.**) (略) Madam.

Mdme. (*pl*. **Mdmes.**) (略) Madame.

MDS (略) *m*ulti-point *d*istribution *s*ervice ([유료 TV 에서] 다지점(多地點) 분배 서비스).

mdse. merchandise.

me [강 míː, 약 mi] *pron.* **1** (I의 목적격) 나를, 나에게. **a)** 《동사의 목적어로서》 ¶ He dislikes *me*. 그는 나를 좋아하지 않는다 / Give *me* the book. 그 책을 내게 주십시오. **b)** 《전치사의 목적어로서》 ¶ He bought it for *me*. 그는 그것을 나에게 사주었다. **2** 《구어》= I **a** (보어로서 be의 뒤, than, as, but의 뒤에서) ¶ It's *me*. 나다. ＊ It is 다음의 대명사는 주격 보어로서 문법적으로는 I가 정식 용법이나, 실제로는 me를 쓰는 경우가 훨씬 많다. 이는 구어로 《美》《英》에서 모두 허용된 용법 / He is taller than (as tall as) *me*. 그는 나보다 키가 크다(나와 키가 같다). 《복음서로》 ¶ *Me*, too. 나도. **3** 《고어·詩》《재귀용법》나 자신을(에게) (myself). ¶ I will lay *me* down. 누워야겠다 / I'll get *me* a wife. 나는 결혼을 해야겠다. ¶ 《감탄사적》 ¶ Ah *me*! 아! / Poor *me*! 이런, 한심한! **5** 《구어》《동명사의 의미상 주어로서》=my. ¶ Do you mind *me* leaving? 떠날까 합니다.

Me and you! 《美속어》《싸울 때》자, 일대일로 해보자. ＊ It's going to be me and you.의 단축형.

Me (略) 《화학》 methyl.

ME, M.E. (略) *M*iddle *E*nglish; *m*acro-*e*ngineer.

Me. (略) Maine.   「ing.

M.E. (略) *m*anaging *e*ditor (편집장); *M*aster of *e*ducation (교육학 석사[학위]); *M*aster of *E*ngineering (공학 석사[학위]); *m*echanical *e*ngineer (기계 기사); *M*ethodist *E*piscopal (메디디스트 성공회); *m*ining *e*ngineer (광산 기사); *m*yalgic *e*ncephalomyelitis ([의학] 근통성(筋痛性) 뇌척수염).

mead¹ [míːd] *n*. **① 1** 벌꿀술. **2** 각종 비알코올성 음료.

mead² [míːd] *n*. 《고어》= meadow.   「료.

Mead [míːd] *n*. **Lake ~** 미국 Boulder Dam 의 건설에 의하여 Colorado 강에 생긴 세계 최대의 인공 호수.

‡**mead·ow** [médou] *n.* ⓤⓒ **1** 목초지, 초지(草地). **2** 강가의 낮은 초지. **3** 《고원(高原)의 산림으로》

méadow clóver *n*. =red clover. 「러쌓인] 초지.

méadow fóxtail *n*. 큰뚝새풀의 일종[목초].

méadow gráss *n*. 포아풀과(科) 식물의 일종[목초] (Kentucky bluegrass).

mead·ow·lark [médoulàːrk] *n*. 《미국(産)》 쩌르레기과(科)의 종달새 비슷한 새. 「[식용].

méadow mùshròom *n*. 서양송이속(屬)의 일종

mead·ow·sweet [médouswìːt] *n*. 조팝나무과(屬)의 일종, 는 피리풀속(屬)의 식물.

mead·ow·y [médoui] *adj*. 목초지의 (같은).

＊**mea·ger**, 《英》 **-gre** [míːgər] *adj*. **1** 빈약한, 결핍되(poor); 불충분한; 풍부하지 못한. ⇒ SCANTY 類語 opp. ample ¶ *meager* fare 검소한 음식. **2** 마른(lean). ¶ a *meager* man 마른 사람. **3** =maigre.

~·**ly** *adv*. ~·**ness** *n*.

‡**meal**¹ [míːl] *n*. **1** 식사; 식사 시간. ¶ at *meals* 식사 때에 / eat between *meals* 간식하다 / have (or take) a *meal* 식사하다. **2** 한끼의 식사, 한끼분. ¶ a light (a square) *meal* 가벼운(충분한) 식사. **3** 《英방언》 젖짜

기, 젖짜는 시간; 한 번 짠 젖의 양(量).

in meal or in malt 직접 간접으로, 어떻든, 결국.

make a good (or **a hearty**) **meal of** …을 배불리 먹다.   「식사 봉사 활동.

meals on wheels 노인이나 못 다니는 사람을 위한

with a good meal under one's belt 잔뜩 먹고.

— *vi*. 식사하다.

‡**meal**² [míːl] *n*. ⓤ **1** 《곡물의》 굵은 가루; 《美》 굵게 간 밀가루; 오트밀(oatmeal); 옥수수가루(Indian meal). **2** 《일반적으로 견과(堅果)·씨 따위를》 맷돌에 탄 것, 굵은 가루.   「수수 이삭.

meal·ie [míːli] *n*. 《아프리카》 **1** (~s) 옥수수. **2** 옥

méal tícket *n*. **1** 식권. **2** 《속어》 부양해 주는 사람, 생활 수단; 《속어》 의지가 되는 사람.

meal·time [míːltàim] *n*. ⓤ 식사 시간.

meal·y [míːli] *adj.* (**meal·i·er, meal·i·est**) **1** 굵은 가루의 (같은), 굵은 가루가 포함된; 가루 모양의; 부드럽고 부서지기 쉬운. **2** 《삶은 감자가》 가루에 뒤덮인, 가루가 배어 나온. **3** 《달 따위에》 반점이 있는, 《색깔 따위가》 얼룩진. **4** 《안색이》 창백한(pale). **5** =mealy-mouthed. **meal·i·ness** *n*.

meal·y·bug [míːlibÀg] *n*. 진디의 일종(포도의 해충).

meal·y-mouthed [míːlimáuðd, ~美 -mauθt] *adj*. 완곡하게 말하는, 듣기 좋게 말하는, 말솜씨 좋은.

‡**mean**¹ [míːn] *v*. (**meant, mean·ing**) *vt*. **1** …을 의도하다, 할 작정이다. ⇒ INTEND 類語 ¶ (~+to do) I *mean* to stay. 머무를 작정이다 / You don't *mean* to say so. 설마(농담이겠죠) / I *meant* to have come. 올 예정이었다 // (~+图+to do) I *mean* you to go. 너를 보낼 작정이다 // (~+图+to be 圉) I *mean* him to be a doctor. 그를 의사로 만들 생각이다.

2 …을 계획하다, 예정하다, 꾀하다. ¶ *mean* mischief 좋지 않은 일을 꾀하는 있다 // (~+图+圉) I *mean* you no harm. 너에게 악의는 없다 // (~+图+전+图) I *meant* it *for* your good. 나는 너를 생각해서 한 일이다 // (~+图+to be 圉) He was *meant* to be a soldier. 그는 군인이 될 예정이었다.

3 …을 의미하다, …의 뜻으로 말하다. ¶ I *mean* what I say. 나는 진심으로 하는 말이다 // (~+图+전+图) What do you *mean* by that? 무슨 뜻으로 그런 말을 하느냐? / There is no knowing how much he *means* for what he says. 어디까지가 본심인지 알 수가 없다 / I *meant* it *for* (or *as*) a joke. 나는 농담으로 한 말이다 // (~+*that* 節) I *mean* that you are a fool. 너는 바보란 말이야.

4 …만의 의미(중요성)를 가지다; …을 가져오다. ¶ Money *means* nothing to me. 돈은 나에게 아무런 중요성이 없다 // His promises don't *mean* a thing. 그의 약속은 전혀 믿을 수 없다.

— *vi*. [···에] 마음을 가지고 있다. ¶ (~+圉) *mean* ill 악의를 품다 / *mean* well by (or to, toward) a person 남에게 호의를 가지고 있다.

I mean [əmíːn] 《삽입구로 쓰여》 즉···, 아니···(＊ 보충 설명이나 잘못된 표현을 바로 잡을 때 쓴다).

I mean it (or **that, what I say**). 진짜야., 농담이 아냐.; 악의는 없어.

mean business ⇨ BUSINESS.

‡**mean**² [míːn] *adj*. **1** 《정도·품질이》 낮은; [재능 등이] 열등한 (inferior); 평범한, 보통의 (ordinary). ¶ He is no *mean* scholar. 그는 비범한 학자다. **2** 천한, 비천한. **3** 가치가 없는, 보잘것없는. **4** 《풍채 등이》 초라한 (shabby), 빈약한. ¶ a *mean* appearance 초라한 외모. **5** 도랑이 좁은, 인색한, 심술궂은, 불친절한; 이기적인 (selfish). ¶ *mean* thoughts 인색한 생각 // be *mean* *about* (or *over*) money 돈에 인색하다 / be *mean* to one's sister 누이동생에게 대해서 야량이 없다 / It's *mean* of you to do that. 그런 짓을 하다니 넌 야비하다.

類語 **mean** 도량이 좁고 비열한, 심술궂은은: How *mean* of you! 너는 정말 비열해! **abject** 자존심이 없고 비

열한: *abject* servility 비열한 굴종. **base** 사리 사욕이 앞서고 비열한; *base* corruption 비열한 독직(瀆職). **ignoble** 높은 덕성·지성이 결여된: an *ignoble* act 비열한 행위. **low** 힘없는 사람을 착취해서 비열한; 대단히 천박한: be *low* enough to steal from fire victims 비열하게도 불난 곳에서 도둑질을 하다. **sordid** 극도로 불결하거나 욕심이 많은: a *sordid* way of business 더러운 상행위. **vile** 넌더리나게 비열한, 천한: a *vile* treachery 극도로 비열한 배신 행위.
6 《구어》부끄러운, 떳떳하지 못한(ashamed). ¶ I feel *mean* for what I have done. 나 자신이 한 일이 부끄럽다. **7** 《구어》건강 상태가 나쁜. ¶ I feel *mean* with a cold 감기에 걸려 컨디션이 나쁘다. **8** 《구어》[말버릇가] 버릇이 나쁜, 다루기 힘든. **9** 《속어》잘하는, 훌륭한, 솜씨가 뛰어난. ¶ She plays a *mean* piano. 그녀는 피아노를 잘 친다.
mean as hungry Tyson 《濠》아주 인색한.
〔<매우 인색했다는 오스트레일리아의 농부 James Tyson(1819-98)의 이름〕
◇ méanly *adv.*, méanness *n.*

‡**mean**³ [míːn] *adj.* **1** 중간의, 중위(中位)의(intermediate); 중용의(moderate); 보통의. ¶ a man of *mean* stature 중키의 사람. **2** 평균의(average). ¶ the *mean* error 평균 오차.
for the mean time 그 동안만, 일시적으로.
in the mean time(or **while**) 그 동안에, 이럭저럭하는 동안에, 이야기는 바꾸어서(in the meantime, in the meanwhile).
── *n.* **1** (보통 the~) 중간, 중위(中位), 중용. ¶ the golden(*or* the happy) *mean* 중용 / the moral *mean* 도덕적 중용.
2 (종종 the~)《수학》중수(中數), 중항(中項), 평균; 【논리】중명사(中名辭); 【음악】중음부. ¶ the arithmetical *mean* 산술 평균, 상가(相加) 평균 / the geometric *mean* 기하 평균, 상승(相乘) 평균.
3 (~s) 《종종 단수 취급》방법, 수단(way), 기관, 매개. ¶ a *means* of living (*or* livelihood) 생계 수단 / the *means* of transportation 교통 기관 / by fair *means* 정당한 수단으로 / use every *means* 모든 수단을 다 쓰다 / There is (*or* are) no *means* of helping him. 그를 도울 방법이 없다 // a *means* to an end 목적 달성의 수단.
4 (~s) 자력, 재산(wealth) (⇨ POSSESSION 類語); 수입(income). ¶ a man of *means* 재산가 / live beyond (within) one's *means* 분수에 넘치는(맞는) 생활을 하다 / His *means* are limited. 그의 자력은 한정되어 있다.
by all [**manner of**] **means** ① 꼭, 반드시, 기어이(at any cost). ¶ Come by all *means*. 꼭 오십시오. ② 《구어》《승낙의 뜻을 강조하여》좋다뿐인가, 그렇고 (certainly). ¶ Can I use the telephone?——By all *means*. 전화 좀 써도 됩니까?——그럼요[어서 쓰세요].
by any means 《부정문으로》어떻게든지, 어떻게 해서라도.
by fair means or foul 온갖 수단을 다 써서, 수단 방법을 가리지 않고.
by means of …에 의하여, …을 써서, …으로. ¶ by *means of* words 말로.
by no [**manner of**] **means** 결코 …아니다(않은) (not...at all). ¶ It is *by no means* costly. 그것은 결코 비싸지 않다.
by some means or other 그럭저럭, 어떻게든. ¶ I am getting on *by some means or other*. 그럭저럭 해나가고 있습니다.

me·an·der [miǽndər] *vi.* **1** 꾸불꾸불 나아가다 (wind), 이리 ㄹ(轉)도(주). ¶ The brook *meanders* through fields. 개천이 들판을 꾸불꾸불 흐르고 있다. **2** 정처없이 걷다(*along*...); 어슬렁어슬렁 거닐다. ⇨ STROLL 類語
── *vt.* …을 구부러지게 하다; …의 굴곡을 따라서 가다.
── *n.* (보통 ~s) 〔강줄기의〕굽이, 굴곡, 꼬부랑길, 미로(maze); 우회(迂回)하는 여행. **2** 어슬렁어슬렁 슬렁 거닐기, 만보. **3** 〔건축〕뇌문(雷紋), 만(卍)자 모양의 무늬.

me·an·der·ing [miǽnd(ə)riŋ] *n.* **1** 구불구불한 길. **2** 어슬렁어슬렁 거닐기. **3** 종작없는 이야기. ── *adj.* **1** 굽이쳐 흐르는. **2** 〔이야기 따위가〕두서없는, 〔화제가〕일정하지 않은.
me·an·der·ing·ly [miǽnd(ə)riŋli] *adv.* 꾸불꾸불; 정처없이, 지향없이; 두서없이.
méan deviátion *n.* ⓤⓒ 〔통계〕평균 편차.
mean·ie, mean·y [míːni] *n.* (*pl.* **mean·ies**) 《구어》**1** 속이 좁고 심술궃은 사람. **2** 혹평을 일삼는 불공평한 비평가. **3** 〔극·소설 등의〕악역.
‡**mean·ing** [míːniŋ] *n.* ⓤⓒ **1** 의미, 뜻, 의의. ¶ a literal *meaning* 문자 그대로의 의미 / a remark full of *meaning* 의미 심장한 말 / in every *meaning* of the word 그 말의 모든 의미에서, 아무리 보아도 / look at a person with *meaning* 의미있는 듯이 남을 쳐다보다 / What's the *meaning* of this? 〔화가 나서〕이건 대체 어떻게 된 일이야?
類語 **meaning** 말·행위·그림 등이 나타내는 내용. 「의미」를 나타내는 가장 일반적인 말: the *meaning* of a sentence (his visit, her smile) 문장(그의 방문, 그녀의 미소)의 의미. **sense** 말이나 구(句)의 특정한 meaning: the literal *sense* of a word 말의 자의(字義) 그대로의 뜻. **significance** 밖으로 표현되기보다는 오히려 안에 포함되는 〔종종 깨닫기 어려운〕중요한 meaning: the real *significance* of his action 그의 행동의 진정한 의미. **signification** 기호 따위의 관습적으로 이해되는 meaning: the *signification* of a plus sign 더하기 (+) 부호의 의미. **purport** 문장·담화 등의 취지·요지: the *purport* of a report 보고서의 요지. **import** 말이 전체적으로 나타내는 〔종종 중요한〕 meaning: the *import* of the President's words 대통령의 말의 의미.
2 의도(intent); 취지, 목적(purpose). ¶ the *meaning* of life 인생의 목적 / get(take) one's *meaning* …의 의도(취지)를 이해하다 / My *meaning* was innocent. 나에게 악의는 없었다.
── *adj.* **1** 《복합어를 만들어》…의 기분이 있는, …할 생각(작정)의. ¶ a well-*meaning* person 선의의 사람. **2** 의미심장한, 의미가 있는 듯한. ¶ a *meaning* glance 의미있는 듯한 눈짓.
~·ly *adv.*
*__**mean·ing·ful** [míːniŋfəl] *adj.* 의미있는; 의미심장한 (significant). ~·ly [-fəli] *adv.*
*__**mean·ing·less** [míːniŋlis] *adj.* 무의미한(senseless); 목표가 없는. ~·ly *adv.* ~·ness *n.*
mean·ly [míːnli] *adv.* **1** 가난하게, 빈약하게, 초라하게(humbly). **2** 열악하게, 못하게, 나쁘게(badly). ¶ think *meanly* of a person 남을 경멸하다. **3** 째째하게, 치사하게(stingily); 비열하게.
mean·ness [míːnnis] *n.* ⓤ **1** 빈약, 초라함. **2** 열등 (劣等). **3** 인색. **4** 비열. **5** ⓒ 비열한 행위.
‡**means** [míːnz] *n. pl.* ⇨ MEAN³.
méan séa lével *n.* 평균 해면 〔만조시와 간조시의 평균〕.
mean-spir·it·ed [míːnspíritid] *adj.* 비열한, 천한, 천박한, 속 좁은.
méans tést *n.* 〔英〕〔실업 구제를 받을 자의〕가계 조사. 〔보조금·수당 등의 지급과 관련하여〕자산 상태를 조사하는.
means-test [-tèst] *vt.* 〔보조금·수당 등의 지급과 관련하여〕자산 상태를 조사하다.
‡**meant** [ment] *v.* mean¹의 과거·과거 분사.
‡**mean·time** [míːntàim] *n.* ⓤ 짬, 그동안, 중간 시간.
in the meantime ① 그 사이에, 그럭저럭하는 동안에. ② 이야기는 바꾸어, 한편에서는 (으로는).
── *adv.* **1** 그 사이에, 그럭저럭하는 사이에. **2** 한편 이야기는 바꾸어. **3** 동시에(at the same time).
‡**mean·while** [míːn(h)wàil] *n., adv.* =meantime.
mean·y [míːni] *n.* (*pl.* **mean·ies**) =meanie.

meas. 《略》 measure.

mea·sled [míːzld] *adj.* 1 홍역의, 홍역에 걸린. 2 〔가축의〕 낭충증(囊蟲症)에 걸린.

***mea·sles** [míːzlz] *n. pl.* 1 〔단·복수 양용〕〔병리〕홍역, 마진(痲疹), 홍진. ¶ German *measles* 풍진(風疹) / catch [the] *measles* 홍역에 걸리다. 2 〔단수 취급〕〔獸醫〕 낭충증 〔촌충의 유충에 의한 가축의 병〕. 3 촌충의 유충. ◇ méasly *adj.*

mea·sly [míːzli] *adj.* (**-sli·er, -sli·est**) 1 낭충증에 걸린. 2 홍역의 〔에 걸린〕, 홍역과 비슷한. 3 《구어》비열한, 빈약한, 하찮은(worthless) 〔있음〕.

meas·ur·a·bil·i·ty [mèʒ(ə)rəbíləti] *n.* Ⓤ 측정할 수 있음.

***meas·ur·a·ble** [méʒ(ə)rəbl] *adj.* 잴 수 있는, 측정할 수 있는. ¶ be within a *measurable* distance of ruin 붕괴될 것 같다. **~·ness** *n.* **-bly** *adv.*

‡**meas·ure** [méʒər] *n.* 1 Ⓤ 측정, 측량, 계측(計測) (measurement). ¶ by *measure* 치수를 재어(에 따라). 2 Ⓤ 치수, 두량(斗量), 분량, 무게, 넓이. ¶ waist *measure* 허리 둘레의 치수 / a suit made to *measure*《英》치수에 맞추어서 지은 양복 / give full (short) *measure* 넉넉하게 (모자라게) 재어(달아) 주다. 3 계량 기구. ¶ a pint *measure* 파인트되 / a tape *measure* 줄자 / a yard *measure* 야드 자. 4 도량의 단위. ¶ a *measure* of length 길이의 단위. 5 일정량, 분량. ¶ have a *measure* of meal 일정량의 식사를 취하다. 6 계량법, 도량법. ¶ cubic (square) *measure* 체적(면적)/liquid (dry) *measure* 액량(液量) (전량(乾量)). 7 (the ~) 〔판단·평가 따위의〕기준, 표준, 척도(standard). ¶ Money is the *measure* of worth. 금전은 가치의 척도이다 / It shows the *measure* of his ability. 그것에 의하여 그의 능력을 알 수 있다. 8 ⓊⒸ 정도, 도수(degree); 한도(limit), 제한, 적당 〔한〕양. ¶ a *measure* of indulgence 어느 정도의 방종 / a great *measure* of truth 많은 진실성 / beyond 〔or above, out of〕 *measure* 매우, 지나치게 / in a great (or a large) *measure* 꽤 많이, 상당히 / in a (or some) *measure* 어느 정도, 다소 / in no small *measure* 상당히, 크게, 꽤 많이 / within (without) *measure*[s] 알맞게 (과도하게) / keep (or observe) *measure*[s] 중용을 지키다 / know no *measure* 한도를 모르다, 한이 없다 / set *measures* to one's ambitions 야망에 제한을 가하다. 9 (보통 ~s) 수단, 조치, 방책 (against...). ¶ They took strong *measures* against outlaws. 그들은 무법자들에 대한 강력한 조치를 취하였다 // take (or apply) *measures* to prevent ruin 파산 방지책을 강구하다. 10 법안, 의안; 조례(條例), 법령. ¶ adopt (reject) a *measure* 안을 채택(부결)하다. 11 〔수학〕약수(約數). ¶ A common *measure* 공약수. 12 Ⓤ 운율, 리듬, 박자, 멜로디. ¶ keep *measure* 박자를 맞추다. 13 〔음악〕소절(bar). 14 〔느리고 장중한〕무용. ¶ tread a *measure* 춤을 추다. 15 (~s) 〔지질〕지층(地層). 16 Ⓤ〔인쇄〕행갈, 페이지, 난〕폭.

for good *measure* 넉넉하게, 덤으로.
have a person's *measure* to an inch 남의 사람됨을 죄다 꿰뚫어보다.
measure* for *measure 앙갚음, 보복.
take (or **have**) **the *measure* of** a person ① 남의 치수를 재다. ② 남의 인물됨 (역량)을 살펴 보다.
take the *measure* of a person's **foot** 남의 의향(역량)을 꿰뚫어 보다.

—— *v.* (**-ured, -ur·ing**) *vt.* 1 ...을 측정하다, ...의 치수를 재다. ¶ *measure* a room 방의 치수를 재다 / (~+圄+前+名) be *measured* for new clothes 옷을 새로 맞추기 위해 치수를 재다 / We *measure* distance by the mile and yard. 거리를 재는 데 마일과 야드를 사용한다. 2 ...을 계측해서 내다, 재어서 할당(주)하다 (구할 분)하다 (...off, out). ¶ (~+圄+副) *measure off* a cup of salt 소금을 1컵 되어 내다 / *measure out* food to the poor 빈민에게 먹을 것을 배급하다.
3 ...의 정도를 나타내다, 척도가 되다, ...을 가리키다. ¶ *measure* the degree of his love. 그것을 보면 그의 애정의 정도를 알 수 있다.
4 〔비교하여〕...을 판단하다, 평가하다; 유심히(찬찬히) 보다; ...을 비교하다, 겨루게 하다. ¶ *measure* intelligence 지력을 판단하다 // (~+圄+前+名) *measure* this *against* that 이것과 저것을 비교하여 판단하다 / *measure* one's strength *with* another's 남과 힘을 겨루다.
5 ...을 조정하다 (adjust), 어울리게 하다, 적응시키다. ¶ (~+圄+前+名) *measure* one's desire *by* (or *to*) one's income 욕망을 수입에 맞추다.
6 (詩) ...을 가다, 걷다, 여행하다 (traverse). ¶ *measure* twenty miles a day 하루에 20마일을 가다.
—— *vi.* 1 재다, 측정되다, 치수를 재다. 2 재어지다. ¶ It *measures* more easily this way. 이렇게 하는 편이 더 쉽게 재어진다. 3 〔길이·크기 따위가〕 ...이 되다, ...이다. ¶ (~+圄) This stick *measures* three feet. 이 막대기의 길이는 3피트이다.

measure* a person's *corn* by one's own *bushel ⇨ CORN¹.
measure* one's [own] *length ⇨ LENGTH.
measure swords with ⇨ SWORD.
measure up ① 〔희망·표준 등에〕들어맞다, 부합되다, 달하다 (*to*...). ¶ My paper didn't *measure up* to the standard of merit. 나의 논문은 청찬받을 만한 것이 아니었다. ② 〔...의〕 재능(자격)이 있다. ¶ As a director he can't quite *measure up*. 그는 이사의 자격이 있다고는 말할 수 없다.

◇ **méasurement** *n.*

meas·ured [méʒərd] *adj.* 1 잰, 측정한. 2 조정된, 기준에 맞는, 균형이 잡힌. 3 한결같은 (uniform), 박자가 맞는, 정연한; 율동적인. ¶ with *measured* tread 보조를 맞추어. 4 〔말(씀) 등이〕조심스러운, 신중한 (deliberate), 고려한. 5 운(韻)을 밟은, 운율적인 (metrical). **~·ly** *adv.* **~·ness** *n.*

meas·ure·less [méʒərlis] *adj.* 헤아릴 수 없는, 무한의, 광대한. **~·ly** *adv.* **~·ness** *n.*

‡**meas·ure·ment** [méʒərmənt] *n.* 1 Ⓤ 측정, 측량. 2 ⒸⓊ (보통 ~s) 크기, 치수, 양, 면적, 깊이, 두께; (~s) 몸의 사이즈 (* 여성은 bust, waist, hip 이고 남성은 chest, waist, hip). ¶ The *measurements* of a room 방의 크기. 3 Ⓤ 측정법, 도량법.

méasurement càrgo (gòods, frèight) *n.* 〔통상〕 용적 〔계산〕 화물.
méasurement tòn *n.* 용적 톤.
meas·ur·er [méʒərər] *n.* 재는 사람; 계량기.
méas·ur·ing chàin (lìne) [méʒəriŋ-] *n.* 측쇄(測鎖), 측선(測線).
méasuring cùp *n.* 계량컵, 눈금을 새긴 컵.
méasuring rùle *n.* 자(尺).
meas·ur·ing·worm [méʒəriŋwə̀ːrm] *n.* 자벌레.

‡**meat** [miːt] *n.* 1 Ⓤ 식용 짐승 고기 (*cf.* fish, poultry); 〔조개·알·과일 따위의〕살, 속, 알맹이, 식용 부분. ¶ butcher's *meat* 가축의 고기 / a piece of *meat* 고기 한 조각. 2 내용, 실질(substance), 속살, 골자. ¶ the *meat* of a story 이야기의 골자. 3 음식물; 《고어》식사(食事), 〔특히〕만찬(dinner). ¶ at *meat* 식사 때에 / One man's *meat* is another man's poison. 《속담》 갑의 약은 을의 독. 4 《구어》 좋아하는 것, 낙, 취미.

as full of ... as an egg is of *meat* ...투성이다.
be *meat* and drink to a person ...에게 있어 더할 나위 없는 즐거움(낙)이다.
***meat* and potatoes** 《속어》 기본, 근본.

◇ **méaty** *adj.*

meat-and-po·ta·toes [míːtənpətéitouz] *adj.* 《구어》기본(근본)적인; 현실적인, 일상적인; 만족할 만한.

meat-ax [míːtæks] n. **1** 고기 쎄는 식칼(cleaver). **2** [예산안 등에 대한] 삭감, 큰 칼질. — vt. **1** …을 베어 넘어뜨리다; …을 파괴하다. **2** …을 크게 삭감하다, 깎다.

meat-ball [míːbɔ̀ːl] n. **1** 고기 단자. **2** 《美속어》얼간이.

meat chópper n. =meat grinder.

méat flỳ n. 쉬파리(flesh fly).

méat grìnder n. 고기 쎄는 기계(meat chopper).

meat-head [míːthèd] n. 《美속어》멍청이, 바보.

méat hòoks n. pl. **1** 고기 매다는 갈고리. **2** 《美속어》손, 주먹.

méat lòaf n. 《美》다진 고기를 구운 덩어리 [얇게 저며서 낸다].

meat-man [míːtmæ̀n] n. (pl. -men [-mèn]) 푸주한.

méat màrket n. 식육 시장;《美》정육점《英》butcher's shop》.

méat mèal n. ⓤ 가금(家禽)의 사료[동물의 심줄 따위를 말려서 바순 것]. [需].

méat òffering n. 《성서》[밀가루와 기름의] 제수(祭).

meat-pack·er [míːtpæ̀kər] n. **1** 정육업자. **2** 《美속어》[전차속에 손님을 우겨 넣는] 밀어 넣는 사람.

meat-pack·ing [míːtpæ̀kiŋ] n. ⓤ [도축·가공·도매 따위를 하는] 정육업. [는 찬장.

méat sàfe n. 《英》[쥐·파리가 못 들어가는] 고기 두

méat scrèen n. 고기 굽는 데 쓰는 화열 반사판(火熱反射板). [(high tea).

méat tèa n. ⓤⓒ《英》고기 요리가 따라 나오는 차

me·a·tus [miéitəs] n. (pl. -tus·es or -tus) [해부] 관(管), 도관(導管). [< L passage]

meat·y [míːti] adj. (meat·i·er, meat·i·est) **1** 고기의 (같은); 고기가 많은. **2** 내용이 충실한; 간결한(pithy). **méat·i·ly** adv. **méat·i·ness** n.

mec, mech [mek] n. 기계공. [< MEC[HANIC]]

*Mec·ca [mékə] n. **1** 메카 [사우디 아라비아(Saudi Arabia)의 수도; Muhammad의 탄생지, 회교의 성지]. **2** 《종종 m-》동경의 땅(대상); 발상지. [< Arab Makkah]

mech. mechanical, mechanics, mechanism.

me·chan·ic [mikǽnik] n. **1** 직인(職人), 공원; 기계공. **2** 《속어》[도박 따위의] 책략사, 야바위꾼.

***me·chan·i·cal** [mikǽnikəl] adj. **1** 기계[상]의; 기계로 만든, 기계에 의한. ¶ mechanical products 기계 제품. **2** 기계공(직공, 직인)의. **3** 기계적인; 기계 같은; 무의식의, 자동적인(automatic); 자발성(개성)이 없는; 무표정한. ¶ a mechanical smile 무표정한 미소 / a mechanical performance 개성이 없는 연기. **4** 기계학(역학)의. — n. **1** 대지(臺紙)에 붙인 사진(pasteup). **2** 기구, 기계적인 부분. ~·ness n. ◇ máchine n. méchanize v.

mechánical advántage n. [기계] [지레·도르래·수압기 따위의] 기계에 의한 힘의 확대율.

mechánical dráwing n. ⓤⓒ 용기화(用器畫) 제도.

mechánical enginéering n. ⓤ 기계 공학.

***me·chan·i·cal·ly** [mikǽnikəli] adv. 기계공으로, 자동적으로.

mechánical péncil n. 샤프 펜슬.

mech·a·ni·cian [mèkəníʃ(ə)n] n. 기계공, 정비사(공).

***me·chan·ics** [mikǽniks] n. pl. **1** 《단수 취급》역학(cf. dynamics, kinetics, kinematics, statics); 기계학. ¶ applied mechanics 응용 역학. **2** 기구, 장치(system), 기교, 기술 〔정해진 면의〕; 〔정해진〕 절차. ¶ the mechanics of writing 작문의 기법.

***mech·a·nism** [mékənìz(ə)m] n. ⓤⓒ **1** 기계(장치), 얼개, 메카니즘; 기구(system), 조직; ⓤ 기계 작용. ¶ the mechanism of a clock 시계의 메카니즘 / the mechanism of society 사회 기구. **2** 〔심리〕 과정, 기제(機制). **3** 〔예술의〕 수법, 기교(technique). **4** 〔정해진〕 절차. **5** 〔철학〕 기계론, 우주 기관론. cf. vitalism **6** 〔언어〕 기계주의. cf. mentalism

mech·a·nist [mékənist] n. **1** 기계공. **2** 《드문

=mechanician.

mech·a·nis·tic [mèkənístik] adj. 기계론[자]의; 기계학의. **-ti·cal·ly** [-tikəli] adv.

mech·a·ni·za·tion [mèkənizéiʃ(ə)n / -naiz-] n. ⓤ 기계화.

mech·a·nize [mékənàiz] (《英》에서는 mech·a·nise로도 쓴다) vt. (-nized, -niz·ing) **1** …을 기계적으로 하다; …의 자발성을 뺏다. **2** …을 기계로 하다. **3** …을 기계화하다, 기계 장치로 하다. **4** 〔군대〕…을 기동화하다.

mech·a·no·ther·a·py [mèkəno(u)θérəpi] n. ⓤ 기계 요법(機械療法).

mech·a·tron·ics [mèkətróniks / -trɔ́n-] n. 〔컴퓨터·기계〕메카트로닉스, 기계 전자 공학〔기계와 전자 공학을 결합시키는 기술〕. 〔< MECHA[NICS] + [ELEC]TRONICS]

Mech·lin [méklin] n. (= **Méchlin láce**) 메클린 레이스 〔벨기에의 Mechlin산의 무늬 넣은 손뜨개 레이스〕.

med. (略) medalist; medical; medicine; medieval; medium. 〔위〕.

M.Ed. (略) Master of Education (교육학 석사〔학

‡**med·al** [médl] n. **1** 메달, 훈장, 기장. ¶ a prize medal 상패/the reverse of a medal 문제의 이면. — vt. (-aled, -al·ing;《英》-alled, -al·ling) …에게 메달을 수여하다.

Medal for Merit 《美》[시민에게 수여하는] 공로 훈장 (메달).

Medal of Freedom 《美》[시민·군인에게 수여하는] 자유 훈장(메달).

Medal of Honor 《美》명예 훈장 〔최고의 훈장〕.

med·al·et [médlèt, +美 -lit] n. 작은 메달.

med·al·ist, 《英》-al·list [médlist] n. **1** 메달 제작자(의장가〔意匠家〕). **2** 메달 수령자. **3** 〔골프〕 medal play의 최상위 입선자.

me·dal·lic [mədǽlik] adj. 메달의(에 관한).

me·dal·lion [mədǽljən] n. **1** 큰 메달. **2** 〔고어〕 원형 약장. **3** 〔고어〕 〔둥·나무·레이스 따위의〕 원형 장식. **4** 《美》〔메달 모양의〕 택시 면허증. [play

médal pláy n. 〔골프〕 타수(打數) 경기. cf. match

‡**med·dle** [médl] vi. (-dled, -dling) **1** 간섭하다, 참견하다, 말참견하다. ¶ He is always meddling. 그는 늘 참견을 한다 // (~+|||+图) meddle in other people's lives 남의 생활에 간섭하다 / meddle with other people 남에게 말참견을 하다. **2** 〔고어〕 주무르다 (with…). ¶ (~+||+图) Don't meddle with the clock. 시계를 만져서는 안 된다.

◇ méddlesome adj. [낯 넓은 사람.

med·dler [médlər] n. 쓸데없이 참견하는 사람, 오지

med·dle·some [médlsəm] adj. 오지랖 넓은, 간섭(참견)하기 좋아하는. ~·ness n.

Mede [miːd] n. 메디아(Media)의 주민, 메디아 사람.

Me·de·a [midíː(ː)ə] n. 〔그리스 신화〕 메데이아 〔콜키스(Colchis)의 왕 아이에테스(Aeëtes)의 딸. 이아손(Jason)을 도와 금빛 양모(Golden Fleece)를 획득하게 했다〕.

med·e·vac [médəvæ̀k] n. 《美》〔군대〕 부상자 구출용 헬리콥터. [< MED[ICAL] EVAC[UATION]]

medi-, medio- middle의 뜻의 연결형. 예: mediate, medieval.

me·di·a[1] [míːdiə] n. **1** medium의 복수형. **2** (the ~) 《집합적, 단·복수》mass media.

me·di·a[2] [míːdiə] n. (pl. -di·ae [-diːi]) **1** 〔음성〕 유성자음(有聲破裂音). **2** 〔해부〕 〔동맥의〕 중막(中膜).

Me·di·a [míːdiə] n. 메디아 〔카스피해(海) 남부에 있던 고대 왕국. 현재의 Iran 서북부〕.

média cóverage n. 매스컴의 취급, 보도, 〔媒介〕

me·di·ae·val [míːdiáːv(ə)l / mèd-] adj. =medieval.

média event n. 보도 기관이 만든 사건, 〔텔레비전의〕 특별 프로.

me·dia·gen·ic [mìːdiədʒénik] *adj.* 〖매스 미디어, 특히 텔레비전 시청자에게〗 알맞은.

me·di·al [míːdiəl] *adj.* **1** 중간의, 중앙의. ¶ *a medial line* 중간선. **2** 평균의, 보통의 (average). **3** 〖문자 또는 소리가〗 말 또는 형태소의 중간쯤에 있는. *cf.* initial, final **4** 〖음성〗 유성 파열음 [p,t,k 와 b,d,g 의 중간음]의. **~·ly** *adv.*

média mìx *n.* 미디어 믹스〖필름·테이프·슬라이드 따위의 동시 상영〗.〖왜곡 보도〗.

me·di·a·mor·pho·sis [mìːdiəmɔːrfóusis] *n.* 사실

me·di·an [míːdiən, -djən] *adj.* 중간의, 중앙의 (medial); 〖해부〗 정중(正中)의; 〖수학〗 중수(中數)의. ¶ *median strip* 중앙 분리대 / *a median line* (point) 중선 (中線) 〖중점〗. — *n.* **1** 〖해부〗 정중 동맥(정맥, 신경). **2** 〖수학〗 메디안, 중위수(中位數); 〖기하〗 중선, 중점. **~·ly** *adv.*

Me·di·an [míːdiən, -djən] *adj.* 메디아의; 메디아 사람 (말)의. — *n.* **1** 메디아 사람 (Mede). **2** 〖U〗 메디아 말.

médian (médial) strìp *n.* 〖美〗〖고속 도로의〗 중앙 분리대 (〖英〗 central reserve).

me·di·a·shy [míːdiəʃài] *adj.* 매스컴 공포증인, 인터뷰를 싫어하는, 보도에 신경 과민인.

me·di·ate *v.* [míːdièit → -dìt] (**-at·ed, -at·ing**) *vt.* **1** 〖중재하여〗 …을 달성하게, 가져다 주다. ¶ *mediate peace* 화평을 주선하다. **2** 〖분쟁〗을 조정하다. **3** 〖말 (言)·선물 등〗을 전해 주다, 전달하다. — *vi.* **1** 조정 (중재)하다, 중개하는 수고를 하다. ¶ *mediate between two nations* 두 나라 사이에 서서 화해시키다. **2** 개재하다, 중간에 있다. — *adj.* [míːdiit] 중개의, 간접의. ¶ *a mediate copy* 복복사 (複複寫). **~·ly** [míːdiːtli] *adv.*

me·di·a·tion [mìːdiéi(ə)n] *n.* 〖U〗 중재, 주선, 조정.

me·di·a·ti·za·tion [mìːdiətizéi(ə)n / -tai-] *n.* 〖U〗 병합.

me·di·a·tize [míːdiətàiz] (* 〖英〗 에서는 **me·di·a·tise** 로도 쓴다) *v.* (**-tized, -tiz·ing**) 〖영국의 주권 등을 남기고 큰 나라가〗 〖작은 나라〗를 합병하다.

me·di·a·tor [míːdièitər] *n.* **1** 중개인; 중재인, 조정자. **2** (the M-) 신과 인간과의 중개자, 그리스도.

me·di·a·to·ri·al [mìːdiətóːriəl / -tɔ́-] *adj.* =mediatory.

me·di·a·to·ry [míːdiətòːri / -təri] *adj.* **1** 중개의; 중재의, 조정의. **2** 중개 (조정) 역할을 하는.

me·di·a·tress [míːdièitris] *n.* mediator 의 여성형.

me·di·a·trix [míːdièitriks] *n.* (*pl.* **-a·tri·ces** [-ətráisiːz / -éitrisìːz] *or* **-a·trix·es**) =mediatress.

med·ic¹ [médik] *n.* 〖속어〗 의사, 의학생; 위생병.

med·ic² [médik] *n.* 거여목속(屬)의 식물 (able).

med·i·ca·ble [médikəbl] *adj.* 치료할 수 있는 (curable).

Med·i·caid [médikèid] *n.* (때로 m-) 〖美〗 〖정부의〗 저소득층 의료 보험 (계획). [<<MEDIC(AL) AID]

‡med·i·cal [médik(ə)l] *adj.* **1** 의학의, 의술의, 의료의. ¶ *medical art* 의술 / *medical attendance* 진료, 치료 / *medical care* 의료 / *a medical college* 의학 대학 / *a medical examination* 건강 진단 / *a medical practitioner* 개 업 의 / *medical jurisprudence* 법 의 학 / be under *medical treatment* 치료중이다. **2** 내과의. *cf.* surgical. ¶ *a medical ward* 내과 병동. — *n.* 〖구어〗 **1** 의사, 의학도. **2** 신체 검사, 건강 진단. **~·ly** [-kəli] *adv.*

médical atténdant *n.* 주치의(醫).

médical cénter *n.* 〖美〗 의료 센터 [대도시의 의과 대학·부속 병원 등의 총칭].

médical imáging *n.* 의학 화상 (畫像) 〖각종 기기로 체내의 상태를 화상화하는 방법〗.

med·ic·a·ment [médikəmənt] *n.* 약제, 의약, 약물.

Med·i·care [médikèər] *n.* (때로 m-) 〖U〗 〖美〗 〖정부의〗 고령자·장애자 의료 보험 (계획). [<MEDIC(AL) CARE]

med·i·cate [médikèit] *vt.* (**-cat·ed, -cat·ing**) **1** …을 약으로 치료하다, …에게 투약하다. **2** …에 약을 섞어 넣다 (침투시키다). ¶ *medicated* soap 약용 비누.

med·i·ca·tion [mèdikéi(ə)n] *n.* 〖U〗〖C〗 **1** 약물 치료 (처리), 투약. **2** 의약, 약물 (medicament).

med·i·ca·tive [médikèitiv/-kətiv] *adj.* =medicinal.

med·i·ca·tor [médikèitər] *n.* 〖약제의〗 투약 기구.

Med·i·ce·an [mèdisíː(ː)ən, -tʃíː(ː)ən] *adj.* 메디치가(家) 〖가문〗의.

Med·i·ci [méditʃiː/ -ditʃi] *n.* 메디치가(家) 〖15-16세기에 상인·은행가로서 번영한 이탈리아 Florence 의 명문·재벌. 그 집안에서 3명의 교황이 나왔다〗.

me·dic·i·nal [mədísin(ə)l] *adj.* 약의, 의약의, 약효가 있는; 〖병〗을 고치는. ¶ *medicinal* herbs 약초. **~·ly** [-nəli] *adv.*

‡med·i·cine [méd(i)sn / méds(i)n] *n.* **1** 〖U〗〖C〗 약, 내복약. ¶ patent *medicine* 매약 (賣藥) / a *medicine* for a cold 감기약 / a *medicine* for external application 외용약 / the virtue of *medicine* 약의 효능 / take *medicine* 약을 먹다. **2** 〖U〗 의학, 의술. ¶ clinical *medicine* 임상 의학 / preventive *medicine* 예방 의학 / a college of *medicine* 의과 대학, 의학부 / practice *medicine* 의사를 개업하다. **3** 〖U〗 내과 의학, 내과 치료. *cf.* surgery, obstetrics **4** 〖북미 인디언 등이〗 병·악령을 쫓는다고 믿는〗 주술 (呪術), 마술.

give *a person a* **taste** (or *a dose*) *of his own medicine* 당한 것과 같은 방법으로 남에게 보복하다.

take *one's* **medicine** 〖벌로써〗 싫은 일을 감수하다 (참다).

— *vt.* (**-cined, -cin·ing**) …에게 약을 먹이다.

◇ médical, medícinal *adj.*

médicine bàll *n.* 메디신 볼 〖운동용의 가죽제 공〗.

médicine chèst *n.* 약상자.

médicine dànce *n.* 〖병마를 쫓기 위한〗 주술 댄스, 푸닥거리춤.

médicine màn *n.* 〖북미 인디언 등의〗 주술사.

med·i·co [médikòu] *n.* (*pl.* **-cos**) 〖구어〗 의사, 의원, 의학도.

medico- medical 의 뜻의 연결형. 예: *medico*legal.

med·i·co·bo·tan·i·cal [mèdiko(u)bətǽnikl] *adj.* 약용 식물학의.

med·i·co·gal·van·ic [mèdiko(u)ɡælvǽnik] *adj.* 전기 요법의.

med·i·co·le·gal [mèdiko(u)líːɡ(ə)l] *adj.* 법의학의.

‡me·di·e·val, -di·ae·val [mìːdiíːv(ə)l / mèd-] *adj.* 중세의; 중세풍의, 중세적인. ¶ ancient, modern / *medieval* architecture 중세 건축 / *medieval* history 중세사. **~·ly** [-vəli] *adv.* ◇ medíevalize *v.*

Medíeval (Míddle) Gréek *n.* 〖U〗 중기 (中期) 그리스어 〖보통 700-1500년 사이의 것을 말한다; 略 MGK〗.

me·di·e·val·ism [mìːdiíːvəlìz(ə)m / mèd-] *n.* 〖U〗 **1** 중세 정신, 중세 사상. **2** 중세 취미 (주의). **3** 중세적 신념.

me·di·e·val·ist [mìːdiíːvəlist / mèd-] *n.* **1** 중세 연구가, 중세사 (문학, 미술) 전문가. **2** 중세주의자 (존중자).

me·di·e·val·ize [mìːdiíːvəlàiz / mèd-] *vt., vi.* (**-ized, -iz·ing**) 중세식으로 하다 (되다); 중세의 습관 (이상)을 좇다.

Medíéval Látin *n.* 〖U〗 중세 라틴어 (Middle Latin).

Me·di·na [mədíːnə, +美 me-] *n.* 메디나 〖Saudi Arabia 서부의 도시; Mohammed 의 무덤이 있고 회교의 성지〗.

medio- middle 의 뜻의 연결형 (* 모음 앞에서는 midi- 를 쓴다).

me·di·o·cre [mìːdióukər, ꜛ-ꜛ-ꜛ] *adj.* 보통의, 평범한, 중간의; 이류의, 열등한.

*me·di·oc·ri·ty [mìːdiákriti / -5k-] *n.* (*pl.* **-ties**) **1** 〖U〗 보통, 평범, 중질. **2** 〖U〗 평범한 (범용한) 재능. **3** 평범한 사람, 범인. ◇ mediócre *adj.*

me·di·oc·ri·tize [mìːdiákritàiz / -5k-] *vt.* …을 평범

Medit. (略) Mediterranean.

‡**med·i·tate** [méditèit] v. (-tat·ed, -tat·ing) vt. 1 …을 기도하다, 꾀하다(intend), 계획하다(plan). ¶ *meditate* a quick return 이내 돌아올 것을 꾀하다 / *meditate* a visit 방문을 계획하다. 2 《드물게》 …을 묵상(默想)하다, 곰곰 생각하다. — vi. 묵상하다, 숙고하다, 깊이 생각하다 (on, upon...). ⇨ PONDER 類語. ¶ (~+前+名) *meditate on* one's misfortunes 제 자신의 불운을 숙고하다. méditàtion n., méditative adj.

med·i·ta·tion [mèditéi∫(ə)n] n. U 1 심려(深慮), 숙고, 묵상. 2 《종교적인》 명상, 묵상, 심사. ¶ be buried in *meditation* 명상에 잠기다. ◇ méditate v.

*med·i·ta·tive [méditèitiv / -tətiv] adj. 명상에 잠기는, 명상(묵상)적인. ⇨ PENSIVE 類語. ~·ly adv., ~·ness n. ◇ méditate v., meditation n.

med·i·ta·tor [méditèitər] n. 묵상하는 사람, 명상가.

Med·i·ter·ra·ne·an [mèditəréiniən, -njən] n. 1 (the~) 지중해 (Mediterranean Sea). 2 지중해 인종. — adj. 1 지중해의; 지중해 연안에 있는(사는). 2 지중해 인종의. 3 (m-) 《땅이》 해안에서 먼, 내륙의 (inland); [바다가] 육지로 둘러싸인 (landlocked).

Mediterránean Séa n. (the~) 지중해.

*med·i·um [míːdiəm, -djəm] n. (pl. -ums or -di·a) 1 중간, 중위(中位), 중용. ¶ strike the happy *medium* 용케 중용을 얻다. 2 《주위에 있는 것, 중위의 것》. 3 매개물, 매체, 매질(媒質); 매개, 수단, 방법(means). ¶ an advertising *medium* 광고 매체 [신문·텔레비전 따위] / mass media 매스 미디어 [신문·라디오·텔레비전 따위] / the *medium* of circulation 통화(通貨) / by (or through) the *medium* of …을 매개로 하여, …을 통하여. 5 《생활 환경, 생활 조건. ⇨《생물》 표본의 보존액. 6 《세균》 배지(培地), 배양기(培養基). 7 a) [그림] 매재(媒材), 전색제(展色劑) [그림 물감을 녹이는 물·기름 따위]. b) [미술] 소재. 8 무당, 영매(靈媒). 9 중판 (中判) [종이의 크기]. 10 [컴퓨터] 매체 [데이터나 정보를 기억시켜 두는 자기 테이프·카세트 따위]. — adj. 중간의, 중위의, 보통의. ¶ *medium* quality 중급의 품질 / a man of *medium* height 중키의 사람. médial, médian adj. 【기업】

médium and smáll énterprises n. 중소(中小)기업.

médium fréquency n. 중파(中波).

me·di·um·ism [míːdiəmìz(ə)m, -djəm-] n. U 영매법, 심령술. 【무당의; 심령술의】

me·di·um·is·tic [mìːdiəmístik, -djəm-] adj. (-ized, -iz·ing) …을 영매(靈媒)로 삼다.

me·di·um·ize [míːdiəmàiz, -djəm-] vt.

me·di·um-sized [míːdiəmsáizd, -djəm-] adj. 중형의, 중판의, 보통형의.

médium wáve n. 중파(中波).

med·lar [médlər] n. 서양모과나무; 그 열매.

MEDLARS, Med·lars [médləːrz] n. 《미》 의학 정보 제공 시스템. *cf.* MEDLINE [< *Medical Literature Analysis and Retrieval System*]

*med·ley [médli] n. 1 뒤죽박죽, 뒤범벅, 잡동사니 (mixture); [잡다한 사람의] 뒤섞임. ¶ a *medley* of noises 잡다한 소음. 2 [음악] 혼성곡, 메들리. 3 잡록 (雜錄) (miscellany). — adj. 《美에서는 고어》 잡동사니의, 주위 모은(mixed); 잡다한.

médley ràce n. 1 (= médley rèlay) 메들리 경주 [팀의 각 주자가 어느 일정한 거리를 뛴다]. 2 [경영 (競泳)] [팀의 각 수영 선수가 서로 다른 영법(泳法)을 사용].

MEDLINE [médlàin] n. 《미》 직접 의학 정보 제공 시스템. [< MED[LARS] + [ON-]LINE]

Mé·doc [méidɑk / médɔk, méi-] n. 1 메도크 [프랑스 서남부의 지방]. 2 《Médoc 산(産)의》 붉은 포도주.

me·dul·la [medΛlə] n. (pl. -dul·las or -dul·lae [-dΛliː]) 1 《해부》 골수; 수질부(髓質部) [신장 따위의 기관의 중심부]; =*medulla oblongata*. 2 《식물》 목수(木髓), 나뭇고갱이.

medúlla òblongáta n. (pl. ~s or medullae oblongatae) 《해부》 연수(延髓), 숨골. ⇨ BRAIN 그림. [< L prolonged medulla]

med·ul·lar·y [méduléri / -ləri] adj. 1 《해부》 골수의; 수질부(髓質部)의; 연수의. 2 《식물》 목수(木髓) (나뭇고갱이)의.

me·du·sa [midj(uː)sə, -zə / -djuː-] n. (pl. -sas or -sae [-siː, -zi]) 해파리(jellyfish).

Me·du·sa [midj(uː)sə, -zə / -djuː-] n. [그리스 신화] 메두사 [마녀 3자매 Gorgons 중의 하나]. *cf.* Perseus

meed [miːd] n. 《고어》 1 포상, 보수. 2 당연히 받아야 할 것, 보답(reward). ¶ one's *meed* of praise 정당한 칭찬.

‡**meek** [miːk] adj. 1 얌전한, 유화한, 온순한. ⇨ HUMBLE 類語. 참을성 있는. ¶ be [as] *meek* as a lamb 매우 얌전하다. 2 기백 (기개)이 없는, 썩썩하지 (엽렵치) 못한, 굴종적인(submissive). ~·ness n.

*meek·ly [míːkli] adv. 얌전하게, 참을성 있게; 기백없이, 썩썩하지 못하게.

meer·kat [míərkæt] n. 《남아프리카산(產)》 몽구스류의 육식 동물.

meer·schaum [míər∫əm, +美 -∫ɔːm] n. 1 U 해포석(海泡石). 2 해포석 담배 파이프, 미어섬 파이프.

‡**meet¹** [miːt] v. (met, meet·ing) vt. 1 …을 만나다, 마주치다, 맞닥뜨리다, 조우하다(encounter). ¶ I *met* the lady by chance. 나는 우연히 그 부인을 만났다. 2 …과 면회(담판)하다(interview); 아는 사이가 되다. ¶ I'm glad to *meet* you. 뵙게 되어 영광입니다; 처음 뵙겠습니다 [첫인사의 말] / I'll *meet* you at my office at two this afternoon. 오늘 오후 두 시에 연구실에서 면담합시다. 3 …을 마중(출영)하다, [탈것이] …에 연락(접속)하다. ¶ *meet* travelers at a railroad station 역에서 여객을 마중하다 / *meet* a train 기차 시간에 맞추어 대다 / The buses *meet* all ships. 버스는 모든 배에 연락되고 있다. 4 …에 닿다, 접촉하다(touch), 부딪치다(collide). ¶ My hand *met* a hard substance. 손이 딱딱한 것에 닿았다. 5 《반대·비난》에 잘 대응하다, …을 논박하다. ¶ *meet* objections 이의에 대응하다. 6 《길·강 따위》 …에서 만나다, 합류하다, …와 교차하다(join). ¶ The river *meets* another below this bridge. 그 강은 이 다리의 하류에서 다른 강과 합류하고 있다. 7 《요구 따위》를 채우다, 만족(충족)시키다(satisfy), …에 부응하다, 《부채 따위》를 지불하다. ¶ *meet* a person's wishes 남의 희망을 충족시켜 주다 / *meet* the case 충분하다, 안성마춤이다 / *meet* debts 빚을 갚다 / *meet* a bill 어음을 지불하다. 8 …와 싸우다, 회전(會戰)하다, 〔곤란·운명 따위〕에 직면하다, 대항하다(face, confront). ¶ *meet* a danger 위험에 직면하다 / *meet* a person in a duel 남과 결투하다. 9 《눈》에 보이다, 《귀》에 들리다. ¶ *meet* one's eyes (ears) 보이다(들리다) / A pungent odor *met* his nostrils. 자극적인 냄새가 코를 찔렀다. 10 …을 경험하다(experience). — vi. 1 만나다; 회합하다; 아는 사이가 되다. ¶ We *met* on the street. 우리는 거리에서 만났다. ¶ (~+副) *meet together* 회합하다. 2 [의회 등이] 열리다. ¶ The National Assembly will *meet* early next month. 국회는 내달초에 열릴 것이다. 3 〔길·강 따위가〕 합치다, 교차하다, 〔실 따위의 양끝이〕 서로 접하다. ¶ The two roads *meet* there. 두 길이 거기에서 합친다 / *Extremes meet.* 《속담》 두 극단은 서로 통한다 // (~+前+名) This belt won't *meet round* your waist. 이 혁

대는 당신의 허리에는 너무 짧아서 채워지지 않는다. **4** 〔성질 따위〕 결합하다, 겸비하다. ¶ Many virtues *meet* in her. 그녀에게는 여러 가지 미덕이 겸비되어 있다. **5** 회전(會戰)하다, 대전하다(encounter).
make both ends meet ⇒ END.
meet a person halfway ⇒ HALFWAY.
meet trouble halfway ⇒ TROUBLE. 잡다.
meet up with ① …와 〔우연히〕 만나다. ② …을 따라
meet with ① …을 〔우연히〕 만나다; …을 우연히 발견하다. ¶ *meet with* a friend 친구와 딱 마주치다; 친구를 만나다(※「사람과 만나다」라고 할 때 그것이 우연이건 약속한 것이건 *meet* [*with*] a person 이라 하며, with 의 유무는 별로 관계가 없다) / *meet with* a rare book 진본(珍本)을 우연히 발견하다. ②《美》…와 회견(면회)하다 (※《英》에서는 단지 meet 를 쓴다). ③ …을 경험하다, …을 겪다, 당하다. ¶ *meet with* an accident 사고를 당하다 / The proposal *met with* no opposition. 제안은 전혀 반대를 받지 않았다.
— *n*. **1** 〔운동 경기의〕 회(會), 대회, 경기회. MEETING [類語] ¶ an air *meet* 비행 대회 / an athletic *meet* 운동회 / a swimming *meet* 수영 경기 대회 / a track *meet* 육상 경기 대회. **2** 〔모임의〕 집합자; 집합장소. **3** 《英》 사냥을 하기 위한 모임. **4** 〔수학〕 교점(交點), 교선(交線) (intersection).

meet² [miːt] *adj*. 〔드물게〕 적당한, 알맞은, 어울리는 (suitable, proper, fit). ~**ly** *adv*. ~**ness** *n*.

meet·ing [míːtiŋ] *n*. **1** ⓊⒸ 만남, 집합. **2** 모임, 회합, 회견. ¶ an academical *meeting* 학회의 모임 / He made a proposal at the *meeting*. 그는 회합에서 제안을 하나 했다.
[類語] meeting 어떤 목적을 위한 공사(公私)의 모임: a doctors' *meeting* 의사의 회의. meet 일반적으로 운동 경기의 모임; 《英》에서는 「사냥을 위한 모임」을 가리킨다: a swimming *meet* 수영 대회. **assembly** 정치적·사회적·종교적 따위의 목적을 가진 공동 행동의 모임: freedom of *assembly* 집회의 자유. **gathering** 비공식적인 허물없는 모임: a social *gathering* 사교적인 모임. **party** 손님을 초대하는, 재미를 위한 모임: a bridge *party* 브리지의 모임. **rally** 공동의 목적·주의에 대한 지지를 북돋우기 위한 대중 집회: an antiwar *rally* 반전(反戰) 집회. **conference** 보통 업무상의 의견 교환·협의를 위한 meeting: an executives' *conference* 중역 회의. **convention** 각 지부의 대의원이 모이는 정치적·사회적·종교적 대회.
3 (the ~) 〔집합적〕 회중(會衆), 회합에 나온 사람들. **4** 회전(會戰), 결투(duel). **5** 예배 집회.

meet·ing·house [míːtiŋhàus] *n*. (*pl.* **-hous·es** [-hàuziz]) **1** 교회당, 예배당. ※《英》에서는 비국교파의 교회당을 가리키며, 퀘이커 교도의 예배당을 경멸적으로 쓴다. **2** 퀘이커 교도의 예배당, 교회당.

méeting pláce *n*. 회장, 집회소; 합류점.

mega- 다음의 뜻을 가진 연결형(※ 모음 앞에서는 meg-를 쓴다) **1** great. 예: *megace*phalic, *mega*lith. **2** 〔주로 물리〕 a million of. 예: *mega*hertz; *meg*ohm.

meg·a·bit [mégəbìt] *n*. 〔컴퓨터〕 메가비트〔기억 용량의 단위; 100만 bits〕.

meg·a·buck [mégəbʌ̀k] *n*. 《美俗》 100만 달러.

meg·a·byte [mégəbàit] *n*. 메가바이트〔컴퓨터 정보의 기억 단위; 대략 100만 바이트〕.

meg·a·ce·phal·ic [mègəsifélik] *adj*. 머리가 큰, 〔개〕(頭蓋)가 큰.

meg·a·chip [mégətʃìp] *n*. 〔전자공학〕 메가칩〔단일 소자(素子)에 100만 비트의 정보량을 기억시킬 수 있는 반도체 메모리; 1M bit RAM 을 말한다〕.

meg·a·cit·y [mégəsìti] *n*. (*pl.* **-cit·ies**) 인구 100만 도시, 거대 도시.

meg·a·cu·rie [mégəkjù(ə)ri / -kjùəri] *n*. 〔물리〕 메가큐리〔100만 큐리의 힘; 略 Mc, MCi〕.

meg·a·cy·cle [mégəsàikl] *n*. 메가사이클〔megahertz 의 옛 명칭〕.

meg·a·death [mégədèθ] *n*. ⓊⒸ 100만 명의 죽음〔원자 폭탄 따위에 의한 대량 살해〕.

meg·a·dyne [mégədàin] *n*. 〔물리〕 메가다인〔C.G.S 단위계(單位系)의 힘의 단위; 100만 다인〕.

meg·a·far·ad [mégəfærəd, +美-æd] *n*. 〔전기〕 100만 패러드.

meg·a·flop [mégəflɑ̀p] *n*. 〔컴퓨터〕 메가플로프〔연산 능력의 단위; 초당 1백만 부동 소수점〕.

meg·a·fog [mégəfɔ̀ːg, -fɑ̀g / -fɔ̀g] *n*. 경무확음〔警霧擴音器〕.

meg·a·hertz [mégəhə̀ːrts] *n*. (*pl.* **-hertz**) 메가헤르츠〔100만 헤르츠〕.

meg·a·lith [mégəlìθ] *n*. 거석(巨石)〔유사 이전의 유물〕.

meg·a·lith·ic [mègəlíθik] *adj*. 거석의. 〔물〕.

megalo- large, great 의 뜻의 연결형(※ 모음 앞에서는 megal- 을 쓴다). 예: *megalo*mania.

meg·a·lo·ma·ni·a [mègəlo(u)méiniə] *n*. 〔정신병〕 Ⓤ 과대 망상광(증).

meg·a·lo·ma·ni·ac [mègəlo(u)méiniæ̀k] *n*. 과대 망상증 환자.

meg·a·lop·o·lis [mègəlɑ́pəlis / -lɔ́p-] *n*. 메갈로폴리스, 거대 도시.

meg·a·lo·pol·i·tan [mègəlo(u)pɑ́lit(ə)n / -pɔ́l-] *adj*. 대도시의, 대도시권의. — *n*. megalopolis 의 주민.

meg·a·lo·saur [mégəlo(u)sɔ̀ːr] *n*. 메갈로사우루스〔육식 공룡의 일종〕.

meg·a·ma·chine [mégəməʃì:n] *n*. 〔비인간적으로 기능하는〕 테크놀로지 지배하의 거대 사회, 초과학 기술. *cf.* megatechnics

meg·a·me·ter [mégəmì:tər] *n*. 100만 미터.

meg·a·phone [mégəfòun] *n*. 메가폰, 확성기.
— *vt., vi.* (**-phoned, -phon·ing**) 메가폰으로 전하다.

meg·a·scope [mégəskòup] *n*. 확대용 카메라.

meg·a·scop·ic [mègəskɑ́pik / -skɔ́p-] *adj*. 확대된; 육안으로 보이는.

meg·a·star [mégəstɑ̀ːr] *n*. 슈퍼 스타. 〔물〕.

meg·a·struc·ture [mégəstrʌ̀ktʃər] *n*. 거대 고층 건축.

meg·a·tank·er [mégətæ̀ŋkər] *n*. 〔특히 20만 톤 이상의〕 거대 유조선.

meg·a·tech·nics [mégətékniks] *n. pl.* 〔과학 기술이 고도로 진보한 사회의〕 거대 과학 기술화. *cf.* megamachine

meg·a·ton [mégətʌ̀n] *n*. **1** 100만 톤. **2** 메가톤〔TNT 화약 100만 톤에 상당하는 핵무기의 폭발력의 단위〕. 메가톤 수.

meg·a·ton·nage [mégətʌ̀nidʒ] *n*. 원자〔파괴〕력의 총량.

meg·a·trend [mégətrènd] *n*. 〔시대의〕 큰 흐름, 대조류.

meg·a·tron [mégətrɑ̀n, -trɔ̀n] *n*. 〔전자공학〕 메가트론〔넓은 주파수 범위와 큰 전력이 쓰이는 삼극관〕.

meg·a·ver·si·ty [mègəvə́ːrsiti] *n*. (*pl.* **-ties**) 초대형(超大型) 종합 대학.

meg·a·volt [mégəvòult] *n*. 100만 볼트〔略 MV, Mv〕.

meg·a·watt [mégəwɑ̀t, -wɔ̀t] *n*. 〔전기〕 100만 와트, 메가와트.

mé generàtion *n*. (때로 M- G-) 《美》 미 제너레이션, 자기중심의 세대〔meism 의 세대〕.

meg·ger [mégər] *n*. 〔속어〕〔전기〕 =megohmmeter.

me·gil·lah [məgílə / *Heb* migilá:] *n*. 《속어》 복잡한 이야기; 장황한 설명. 〔＜Heb〕 〔물감의 용제〕.

me·gilp [məgílp], (**ma·gilp**) *n*. Ⓤ 메길프〔유화용 그림 물감의 용제〕.

meg·ohm [mégòum] *n*. 〔전기〕 100만 옴, 메그옴.

meg·ohm·me·ter [mégòummìːtər] *n*. 〔전기〕 절연 저항계.

me·grim [míːgrim] *n*. **1** (~s) 〔병적인〕 우울, 울적. **2** ⓊⒸ 《고어》 변덕, 공상, 환상. **3** ⓊⒸ 《폐어》〔병리〕 편두통(migraine).

mei·o·sis [maióusis] *n*. (*pl.* **-ses** [-siːz]) **1** 〔생물〕〔세포핵의〕 감수(減數) 분열. **2** 〔수사〕 =litotes.

me·ism [míːiz(ə)m] *n*. 미이즘, 자기 중심주의.

Mek·ka [mékə] *n*. =Mecca.

Me·kong [méikáŋ / -kɔ́ŋ] n. (the ~) 메콩 강(티벳 고원에서 발원하여 남지나해로 흘러가는 강).
mel·a·mine [méləmìːn] n. ① 1 〖화학〗 멜라민. 2 멜라민 수지.
mel·an·cho·li·a [mèlənkóuliə] n. 〖정신병〗 ① 우울증, 울병(鬱病).
mel·an·cho·li·ac [mèlənkóuliæ̀k] adj. 울증의, 울증에 걸린.
 — n. 울증 환자.
mel·an·chol·ic [mèlənkálik / -kɔ́l-] adj. 1 우울한, 침울한(gloomy). ¶ a melancholic temperament 우울한 기질. 2 울병의, 우울증의. **-i·cal·ly** [-ikəli] adv.
‡**mel·an·chol·y** [mélənkàli / -kəli] n. ① 우울, 울적함, 우울증, 의기소침(depression). 2 깊은 명상. 3 〖고어〗 검은 담즙〖과다〗. — adj. 1 우울한, 침울한, 풀이 죽은. ⇨ SAD 〖類語〗 ¶ a melancholy mood 우울한 기분. 우울하게 하는, 울적하게 만드는. ¶ a melancholy occasion (scene) 구슬픈 사건(광경). 3 생각에 잠긴. ◇ melanchólic adj.
Mel·a·ne·sia [mèlən íːʒə, -ʃə / -zjə] n. 멜라네시아 〖오스트레일리아 대륙 동북쪽의 남태평양상에 흩어져 있는 뉴기니아·솔로몬 따위의 여러 섬의 총칭〗.
Mel·a·ne·sian [mèləníːʒən, -ʃən / -zjən] adj. 멜라네시아의; 멜라네시아 사람(말)의. — n. 1 멜라네시아 사람. 2 ① 멜라네시아 말.
mé·lange [meilɑ́ːʒ] n. 혼합물, 뒤범벅, 잡동사니. 〔(<F mix)〕
mel·a·ni·an [mìléiniən] adj. 〖인종〗 머리숱·피부가 검은, 흑색 인종의.
mel·a·nin [mélənin] n. ① 〖생화학〗 멜라닌, 검은 색소.
mel·a·nism [mélənìz(ə)m] n. ① 1 〖인종〗 흑색증(黑色症)〖모발·피부·눈 따위에 갈색 또는 흑색 색소가 많은 것〗. 2 〖동물〗 〖피부·깃털 따위의〗 검은 색소 과다증. *opp.* albinism
melano- black, dark 의 뜻의 연결형 (* 모음 앞에서는 melan-을 쓴다). 예: *melano*sis, *melan*in.
mel·a·noch·ro·i [mèlənákrouài / -nɔ́k-] n. pl. (종종 M-) 흑발 백안(黑髮白眼)의 코카서스 인종.
mel·a·no·ma [mèlənóumə] n. (pl. **-mas, -ma·ta** [-mətə]) 〖병리〗 흑[색] 종(腫), 흑색소 세포종.
mel·a·no·sis [mèlənóusis] n. 〖병리〗 흑색증, 흑색소 침착증.
mel·a·not·ic [mèlənátik / -nɔ́t-] adj. 흑색증의.
mel·a·to·nin [mèlətóunən] n. 〖생화학〗 멜라토닌〖송과선(松果腺)에서 분비되는 호르몬. 바이오 리듬 조절 기능을 하며 노화 방지, 정력증진, 암·AIDS 따위의 질병 억제 작용을 하는 것으로 알려진〗.
Mél·ba tôast [mélbə-] n. 〖바삭바삭하게 구운 얇은 토스트〗〖동남부의 항구 도시〗.
Mel·bourne [mélbərn] n. 멜버른 〖오스트레일리아 동남부의 항구 도시〗.
meld[1] [meld] vt., vi. 〖카드놀이〗 패를 보이고 득점을 선언하다. — n. 득점의 선언; 득점이 되는 패의 짝을 맞추기.
meld[2] [meld] vt., vi. 《美》 결합시키다(하다) (merge), 섞다(되다) (blend).
Mel·ea·ger [mèlíːidʒər / -gər] n. 〖그리스 신화〗 멜레아그로스〖Argonauts 의 한 사람으로 Calydon 의 멧돼지를 죽인 영웅〗.
me·lee, mê·lée [méilei, -꠶ / méilei, méil-] n. 1 난투, 혼전. 2 혼란(confusion).
mel·ic [mélik] adj. 〖시구(詩句)〗 따위에〗 노래하기에 알맞은, 가곡[용]의; 〖주로 그리스 문학〗 〖정교한〗 서정시 형식의.
mel·i·nite [mélinàit] n. 〖화학〗 멜리나이트〖피크린산을 포함한 강력한 폭약〗.
me·lio·rate [míːljərèit, -liə-] v. (-**rat·ed, -rat·ing**) vt. …을 좋게 하다, 개량하다, 개선하다. — vi. 좋아지다, 개선되다.
me·lio·ra·tion [mìːljəréiʃ(ə)n, -liə-] n. 개선.
me·lio·ra·tive [míːljərèitiv, -liə- / -rətiv] adj. 개선하는, 개량에 도움이 되는, 개선의.
me·lio·rism [míːljərìz(ə)m, -liə-] n. ① 〖윤리〗 사회(세계) 개선론〖인간은 자기의 노력에 의해 개선된다는 주장〗.

me·lio·rist [míːljərist, -liə-] n. 사회(세계) 개선론자.
me·lio·ris·tic [mìːljərístik] adj. 사회(세계) 개선론의.
mel·ler [méler] n. 《美俗》= melodrama 1. 의.
mel·lif·er·ous [millfərəs] adj. 꿀이 나는, 꿀을 내는.
mel·lif·lu·ence [məliflùəns / mel-] n. ① 거침이 없음, 유창함.
mel·lif·lu·ent [məliflùənt / mel-] adj. = mellifluous.
mel·lif·lu·ous [məliflùəs / mel-] adj. 1 〖말·음악 따위가〗 꿀같이 달콤한; 감미롭게 매끄럽게 흐르는. 2 꿀로 달게 한. **~·ly** adv. **~·ness** n.
‡**mel·low** [mélou] adj. 1 〖과실 따위가〗 익은, 익어서 보드라운(연한). ⇨ RIPE 〖類語〗 ¶ a mellow apple 익은 사과. 2 〖술이〗 향기로운, 익은. ¶ mellow wine 익은 포도주. 3 〖소리·빛깔·문체 등이〗 푸짐하고 아름다운, 보드랍고 고운. ¶ a mellow tone 부드럽고 아름다운 음색. 4 원만한, 원숙한. ¶ a mellow character 원숙한 인격. 5 〖토질이〗 기름진. 6 《구어》 약간 취기가 돈, 얼근한, 거나한; 상냥한, 명랑한. — vt. 을 익게 하다(ripen), 보드랍게 하다, …을 원숙하게 하다. — vi. 익다, 보드라워(부드러워)지다; 원숙하여지다.
~·ly adv. **~·ness** n.
me·lo·de·on, -di- [milóudiən] n. 1 리드 오르간의 일종(melodion). 2 아코디언의 일종.
me·lod·ic [milɔ́dik / -lɔ́d-] adj. 1 가락이 아름다운, 선율적인(melodious). 2 선율의. **-i·cal·ly** [-ikəli] adv.
me·lod·i·ca [milɑ́dikə / -lɔ́d-] n. (pl. **-cas**) 멜로디카〖피아노 모양의 건반이 있고 하모니카와 닮은 조그만 취주악기〗.
me·lod·ics [milɑ́diks / -lɔ́d-] n. pl. (단수 취급) 〖악〗 선율학, 선율법.
‡**me·lo·di·ous** [milóudiəs] adj. 가락이 아름다운, 음악적인, 선율적인. **~·ly** adv. **~·ness** n. melody n.
mel·o·dist [mélədist] n. 선율적으로 뛰어난 작곡가, 성악가.
mel·o·dize [mélədàiz] (*《英》* mel-o-dise) v. (**-dized, -diz·ing**) vt. …을 선율적으로 하다, …의 가락을 아름답게 하다. — vi. 선율을 만들다; 작곡하다.
‡**mel·o·dra·ma** [mélədræ̀mə, -mɑ̀ːmə +美 드라마] n. ① ② 1 멜로드라마, 통속극. 2 〖17-19세기초 무렵에 유행한〗 뮤지컬풍의 연극. 3 멜로드라마적인〖연극적인〗 언동·사건. ◇ melodramátic adj., melodrámatize v.
mel·o·dra·mat·ic [mèlo(u)drəmǽtik] adj. 멜로드라마의, 멜로드라마적인, 감상적이고 과장된, 신파조의. **-i·cal·ly** [-ikəli] adv.
mel·o·dra·mat·ics [mèlədrəmǽtiks] n. pl. 〖단·복수 양용〗 멜로드라마적인 언동(작품).
mel·o·dram·a·tist [mèlədrǽmətist] n. 멜로드라마 작가.
mel·o·dram·a·tize [mèlədrǽmətàiz] (*《英》*에서는 **mel-o-dram-a-tise**로도 쓴다) v. (**-tized, -tiz·ing**) …을 멜로드라마풍으로 하다; 〖문학 작품을〗 멜로드라마화하다.
‡**mel·o·dy** [mélədi] n. ① ② (pl. **-dies**) 1 아름다운 가락; 즐거운 곡조, 해조(諧調). 2 〖음악〗 a) 멜로디, 선율 〖음악의 요소로서 harmony, rhythm에 대비되는〗. b) 주선율〖다성(多聲) 합창곡의 주요 성부(聲部), 또는 기악곡에서의 주요 선율부〗. 3 ② 노래하기에 적합한 시. ◇ melódious, melódic adj., melódize v.
mel·o·ma·ni·a [mèlouméiniə, -njə] n. 음악광(狂).
*****mel·on** [mélən] n. 1 멜론, 참외〖유〗. 2 ① 진한 핑크(deep pink). 3 《美俗》 〖주주에게〗 특별 배당; 〖주주에게〗 특별 배당금. **cut a melon** 〖주주에게〗 특별 배당을 하다.
mélon cùtting n. ①《美俗》노획물(이익)의 분배.
Me·los, Mi·los [míːlɑs / -lɔs] n. 밀로스섬〖에게 해의 Cyclades 제도 중의 한 섬. 밀로의 비너스(Venus of Milos)가 이 섬에서 발견되었음〗.
Mel·pom·e·ne [melpɑ́mini / -pɔ́m-] n. 〖그리스 신화〗 멜포메네〖비극을 다스리는 여신; 9명의 Muses 의 하나〗.
‡**melt** [melt] v. (**melt·ed, melt·ed** or 〖고어〗 **mol·ten**

[móult(ə)n, mélt·ing] vi. 1 [열로] 녹다, [액체 안에서] 녹다, 용해하다. ¶ I'm simply *melting*. 《구어》 꼭 녹을 듯이 덥다 // (~+전+명) Sugar *melts in* water. 설탕은 물에 녹는다.

類語 **melt** 고체가 열로 천천히 액체 상태로 변하다: Butter *melts*. 버터가 녹는다. **thaw** 언 것이 액체 상태로 돌아가다: Ice *thaws*. 얼음이 녹는다. **dissolve** 고체가 액체 속에 섞여 퍼지다: Sugar *dissolves in* water. 설탕은 물에 녹는다. **fuse** 보통 2종 이상의 금속이 고온에서 melt 하다.

2 사라지다, 없어지다 (**away**...); 차츰 변하다, 녹아서 …이 되다 (**into**...). ¶ (~+부) The fog *melted away*. 안개는 걷혔다 // His money *melted away* on unexpected expenses. 뜻밖의 지출로 그가 가진 돈은 모두 없어져 버렸다 // (~+전+명) The clouds have *melted into* a chilly and drizzling rain. 구름은 차가운 이슬비로 변했다. **3** [감정 따위가] 누그러지다; [남이] 불쌍한 생각이 들다; 마음이 누그러져 …하기 시작하다 (**into** ...). ¶ (~+전+명) *melt into* tears 울기 시작하다 / Her heart *melted with* pity. 그녀의 마음은 측은한 생각으로 풀렸다. **4** 소리가 매끄럽게 울리다.

— vt. **1** …을 녹이다, 용해하다 (...**down**). ¶ Great heat *melts* iron. 높은 열은 철을 녹인다. **2** …을 소산 (消散)시키다, 흩다 (...**away**). ¶ (~+부) The mist [*away*] the mist 안개를 흩뜨리다. **3** [빛깔·윤곽 따위] 를 녹이들게 하다, 융합시키다 (**blend**) (... **into**). ¶ (~+전+명) The mist *melted* the hills *into* a grey mass. 산들은 안개에 흐려져서 잿빛 일색으로 보였다. **4** [감정 따위] 를 차츰 누그러뜨리다, 감동시키다. ¶ Pity *melted* her heart. 동정심이 그녀의 마음을 누그러뜨렸다. **5** 《英속어》…을 낭비하다 (**waste**); 〔수표 따위]을 현금으로 바꾸다 (**cash**).

melt away ① 녹아 없어지다, 스러지다; …을 소산시키다. — vi. 2, vt. 2. ② 황홀해지다; …을 황홀하게 하다.

melt down ① 〔금속〕을 녹이다. ⇒ vt. 1. ② 《악실》 〔재산〕을 현금으로 바꾸다.

— n. **1** 용해[된 금속]. **2** 1회의 용해[량].

melt·a·ble [méltəbl] *adj.* 녹기 쉬운.

melt·down [méltdàun] n. **1** 용해 (溶解) [아이스크림 따위가] 녹기; [금속의] 용융 (熔融); [원자로의] 노심 (爐心) 의 용융. **2** 〔주가의〕 폭락 (**crash**), 파국. ⇒ vt. 1.

melt·er [méltər] n. 녹이는 사람(것). **2** 용해업자.

melt·ing [méltiŋ] *adj.* **1** 녹는; 누그러지게 하는, [감정·마음] 을 녹이는. ¶ the melting mood 눈물겨운 기분. **2** 〔얼굴·표정이〕 감상적인. **3** 〔소리가〕 애수를 자아내는, 온화한. — n. ⓤ 용해, 융해. ¶ *melting point* 융해[융]점.

melt·ing·ly [méltiŋli] *adv.* **1** 〔감정 따위가〕 누그러져서, 동정하여, 몹시 감동하여, 감상적으로. **2** 〔요리따위가〕 마음을 녹일 듯이, 감미롭게, 달콤하게. **3** 〔소리가〕 애수를 자아내게.

mélting póint n. (the ~) 〔물리〕 융점(融點), 용해점[略 **m·p**].

mélting pót n. **1** 도가니 (**crucible**). **2** 갖다른 이종이 뒤섞어 사는 곳〔종종 미국을 가리킴〕.

go into the melting pot 크게 변혁되다, 완전히 개조되다.

mel·ton [méltn] n. 멜튼 〔모직 옷감의 일종〕.

Mélton Mów·bray [-móubri] n. ⓤ ⓒ 일종의 돼지고기 파이.

melt·wa·ter [méltwɔ̀:tər] n. ⓤ 눈〔얼음〕 녹은 물.

mem [mem] n. 헤브라이어 알파벳의 열 셋째 자〔영어의 M, m 에 해당〕.

mem. (略) member; memento; memorandum; memoranda; memorial.

‡**mem·ber** [mémbər] n. **1** [단체의] 일원, 회원, 사원, 당원, 부원; (M-) 〔영 · 미 하원의〕 의원. ¶ an honorary *member* 명예 회원 / a *member* of a club 클럽의 회원 / a *Member* of Congress 《美》하원 의원〔略 M. C.〕 / a *Member* of Parliament 《英》하원 의원〔略 M. P.〕. **2** [사람·동물의] 신체의 일부, 한 기관(器官); [특히] 손발. ¶ a *member* of Christ 《비유적》 기독교도 / The tongue is an unruly *member*. 혀는 다스리기 힘든 기관이다. **3** 〔조직체의〕 한 부분, 구성 요소; 정당 지부. **4** 《수학》 변, 항; 〔건축〕 부재(部材), 구재(構材).

mémber bánk n. 《美》 회원 은행〔연방 준비 제도 (Federal Reserve System)에 가맹한 은행〕; 어음 교환 가맹 은행.

mem·bered [mémbərd] *adj.* 《주로 복합어를 만들어》 …한 손발이 있는. ¶ large-*membered* 손발이 큰.

‡**mem·ber·ship** [mémbərʃip] n. **1** ⓤ〔어떤 단체의〕 일원임, 회원 자격. ¶ lose one's *membership* 회원 자격을 잃다. **2** 회원수;〔집합적〕 회원, 사원.

mem·bra·na·ceous [mèmbrənéiʃəs] *adj.* =**membranous**.

‡**mem·brane** [mémbrein] n. **1** 〔동·식물 조직의〕 막, 얇은 막, 피막(皮膜). **2** ⓤ 양피지, 독피지(犢皮紙).
◇ mémbranous *adj.*

mem·bra·nous [mémbrənəs] *adj.* 막(膜)의, 막으로 이루어진, 막 모양의; 〔병 따위가〕 막을 만드는, 막형성성(性)의.

mem·brum vi·ri·le [mémbrəm viráili] n. 〔라틴〕 (= male member) 음경(陰莖) (penis).

me·men·to [miméntou] n. (*pl.* **-tos** or **-toes**) **1** 추억거리가 되는 것; 기념〔품〕, 유물. **2** 경고(警告) (**warning**). **3** (M-) 〔가톨릭〕 [미사 봉헌문(奉獻文)의] "Memento"로 시작되는 기도. [< L remember thou]

memén·to mó·ri [-mɔ́:rai / -mɔ́:-] **1** 그대는 이윽고 죽어야 할 운명임을 상기하라. **2** 죽음의 경고, 죽음을 연상시키는 것〔해골 따위〕. [< L]

Mem·non [mémnɒn / -nɔn] n. **1** (the ~) 멤논[이집트 Thebes 근처에 있는 고대 이집트왕의 거상(巨像)]. **2** 〔그리스 신화〕 멤논〔에티오피아왕; 트로이 전쟁에서 Achilles에게 살해되었다〕.

mem·o [mémou] n. (*pl.* **mem·os**) 《구어》 = memorandum.

‡**mem·oir** [mémwɑ:r, -wɔ:r] n. **1** (~s) 회고록; 자서전. **2** 전기(biography), 행장, 실록. **3** (~s) 〔학회의〕 회보, 기요(紀要), 연구 논문집. **4** 연구 논문.

mem·o·ra·bil·i·a [mèm(ə)rəbíliə, -ljə] n. *pl.*(*sing.* **-ra·bil·e**[-ræbili, -ræbili:]) 기억할 만한 일〔사건〕의 기록. [< L memorable]

mem·o·ra·bil·i·ty [mèm(ə)rəbíliti] n. ⓤ 잊을 수 없음(잊혀지지 않는) 상태, 기억할 수 있음(있는 상태).

‡**mem·o·ra·ble** [mém(ə)rəbl] *adj.* **1** 기억할 만한, 현저한, 잊혀지지 않는. **2** 〔사건이〕 기억나는, 외기 쉬운; 중대한. ~**ness** n. **-bly** *adv.*

‡**mem·o·ran·dum** [mèmərǽndəm] n. (*pl.* **-dums or -da**[-də]) **1** 메모, 비망록. ¶ make a *memorandum* of …의 메모를 하다. **2** 기록 (**record**). **3** 〔법률〕 계약서, 정관. ¶ the *memorandum* of an association 회사정관. **4** 〔외교〕 각서. **5** 〔상업〕 각서 송장 (送狀).

‡**me·mo·ri·al** [mimɔ́:riəl / -mɔ́:-] n. **1** 기념물(상, 비, 관), 기념제 [일]. ¶ erect a *memorial* to …을 위해 기념비를 세우다. **2** 전의서, 청원서, 진정서. **3** 〔외교상의〕 비공식 문서, 각서. **4** (보통 ~s) 기록 (**record**), 연대기 (**chronicle**). — *adj.* **1** 기념의, 추억의; 추도의. **2** 기억의, 기억에 남아 있는, 기억의.
◇ mémory n., memórialize v.

Memórial (Dècorátion) Dáy n. 《美》 전몰 장병 추도 기념일 〔미국의 기념일로서 5월 30일. 남부에서는 주에 따라 4월 26일, 5월 10일, 6월 3일 따위〕.

me·mo·ri·al·ist [mimɔ́:riəlist / -mɔ́:-] n. **1** 청원 (건의)서 기초자. **2** 회고록(각서) 작자.

me·mo·ri·al·i·za·tion [mimɔ̀:riəlizéiʃ(ə)n/-mɔ̀:riəlaiz-] n. ⓤ 기념하기; 청원서 제출.

me·mo·ri·al·ize [mimɔ́:riəlàiz / -mɔ́:-] (**《英》** 에서는 **me·mo·ri·al·ise** 로도 쓴다) *vt.* (**-ized, -iz·ing**) **1** …을 기념하다. **2** …에게 청원서를 제출하다.

memórial párk n. 《美》 공동 묘지 (**cemetery**).

me·mo·ri·a tech·ni·ca [mimɔ́:riə tékniəkə / -mɔ́:-] n. 〔라틴〕 (= artificial memory) 기억술, 암기술.

mem·o·ried [mém(ə)rid] *adj.* 1 (보통 복합어를 만들어) 기억[력]이 …한. ¶ well-*memoried* 기억력이 좋은. 2 추억이 많은, 추억이 어린.

me·mo·ri·ter [mimɔ́ːritər /-mɔ́ːritə] *adv., adj.* 기억(암기)에 의해서(의한), 암기(기억)할 필요가 있는. ¶ a *memoriter* course 암기 과목. 　　　　　　[억, 암기.

mem·o·ri·za·tion [mèmərizéi(ʃ)ən /-raiz-] *n.* ⓤ 기

mem·o·rize [méməraiz] (* ⟨英⟩에서는 **mem·o·rise** 로도 쓴다) *vt.* (-rized, -riz·ing) 1 …을 기억하다, 암기하다. 2 ⟨고어⟩ 기록하다(record).
◇ **mémory, memorization** *n.*

‡**mem·o·ry** [mém(ə)ri] *n.* (*pl.* **-ries**) 1 ⓤ 기억, 상기(想起); ⓒ 개인이 가지는 기억력, 총기. ¶ artificial *memory*; the art of *memory* 기억술 / associative *memory* 연상적 기억 / from *memory* 기억으로, 암기서 / to the best of one's *memory* 기억하고 있는 한[에서는] / be fresh in one's *memory* 기억에 새롭다 / bear (or keep, have) … in *memory* …을 옹게 기억하고 있다 / call … to *memory* …을 생각해 내다 / come to one's *memory* …이 문득 생각나다 / have a good (a bad) *memory* 기억력이 좋다 (나쁘다) / have a long (a quick, a short) *memory* 기억력 좋다 (기억이 빠르다, 잘 잊어버리다) / if my *memory* serves me [correctly]; if my *memory* is not at fault 내 기억이 틀리지 않는다면 / My *memory* is failing. 나는 기억력이 나빠졌다 / I have a good *memory* for faces. 나는 사람의 얼굴을 잘 기억한다.
2 추억, 회상(recollection); 기억으로서 남는 사람(것); 전(全) 기억. ¶ *memories* of childhood 어린 시절의 추억 / to the *memory* of a person 아무의 영전에 바치어 / To the *memory* of my brother. 돌아가신 형님께 바친 [(저자의 헌사).
[類語] **memory** 기억력; 잊어버리지 않고 마음에 품고 있는 회상. **recollection** 잊고 있었던 일을 생각해 내려 하는 노력; 노력의 결과 마음에 떠오르는 회상: A moment's *recollection* brought the scene to my mind. 조금 기억을 더듬자 그 광경이 머리에 떠올랐다. **remembrance** 기억하고(되어 있는) 상태, 생각해 내는 과정. **reminiscence** 과거를 회상하기; 과거의 회상.
3 ⓤ 기억의 범위, 생각해 낼 수 있는 범위(기간). ¶ beyond (within) the *memory* of man 인간의 기억에 없는 (있는); 유사 이전 (이래) 의 / within living *memory* 현존하는 사람의 기억에 남아.
4 ⓤ 기념, 유물, 유품.
5 ⓤ 사후(死後)의 명성(악명, 평판). ¶ a man of notorious *memory* 사후 악평이 높은 사람 / of blessed (or happy, glorious) *memory* 선왕(先王)의, …고(故) …의 [죽은 왕후(王侯)·위인의 이름에 경의를 표하기 위해 첨가한다].
6 (컴퓨터의) 기억 장치; 기억 용량.
if [*my*] *memory serves me right* (or *correctly*, *well*) 내 기억이 정확하다면.
in memory of… …을 기념하여; 애도하여 (* 묘비명에서). ¶ *In memory of* John king. 존 왕을 애도하여.
◇ memórial *adj.*, mémorize *v.*

mémory bànk *n.* (컴퓨터) 기억 장치.
mémory drùm *n.* (컴퓨터) 기억용 드럼[전자 계산기의 드럼형 보조 기억 장치].
mémory tràce *n.* 1 (심리) 기억 흔적[학습의 물리적 기초가 되는 뇌수(腦髓) 따위가 지속적으로 나타내는 변화]. 2 (생물) 세포내의 기억의 흔적(engram).
Mem·phis [mémfis] *n.* 멤피스[이집트의 Cairo 남쪽, Nile 강 어귀 가까이에 있던 고대 이집트의 수도).
mem·sa·hib [mémsɑ̀ː(h)ib] *n.* (인도) 마님, 아씨(인도 사람이 유럽 기혼녀에 대해 쓰는 경칭).
‡**men** [men] *n.* man의 복수형.
MENA (略) *M*iddle *E*ast *N*ews *A*gency (중동통신).
men·ace [ménəs] *n.* 1 ⓤⓒ 협박, 위협, 공갈, 으름장(threat). ¶ under *menace* 협박을 받아. 2 위협하는 것; 골칫거리, 거리는 자. — *v.* (-aced, -ac·ing) *vt.* 1 위협하다, 위협하다. ⇨ THREATEN [類語] ¶ (~+囸+前+名) *menace* a person *with* a pistol 남을 권총으로 위협하다. — *vi.* 협박하다, 위협하다, 으르다, 접주다.

men·ac·ing·ly [ménəsiŋli] *adv.* 위협하듯, 협박하듯.
me·nad [míːnæd] *n.* = maenad. [(⟨F mansion⟩
mé·nage [me(i)náːʒ] *n.* 가정, 세대; 가사, 살림.
mé·nage à qua·tre [F mena:ʒ a katr] *n.* (프랑스) (=household of four) [각기 혹은 서로간에 성적 관계를 갖는 남녀 두쌍의] 4인 공동 생활.
mé·nage à trois [F mena:ʒ a trwa] *n.* (프랑스) (=household of three) 한 부부 및 그 한쪽 애인의 3자가 함께 사는 세 사람 살림; 그런 형태의 삼각관계.
me·nag·er·ie [mináedʒəri] *n.* 구경시키는 동물; (이동하는) 동물원. [⟨F⟩
men·ar·che [mɑnɑ́ːrki, me-/mináːki] *n.* 월경 개시기, 초경(初經).

‡**mend** [mend] *vt.* 1 …을 고치다, 수선하다. ¶ *mend* clothes 옷을 깁다 / *mend* shoes 구두를 수선하다.
[類語] **mend** 비교적 간단하고 규모가 작은 것을 수리하다. **repair** 복잡하고 규모가 큰 것을 수리하다: *repair* a watch (a car, a road) 시계(자동차, 도로)를 수리하다. **darn** 실로 꿰매어 수리하다: *darn* a net 그물을 감치어 수리하다. **patch** 구멍·터진 곳에 헝겊을 대고 수리하다: *patch* a tire 타이어에 조각을 대다. **fix** 수리·조정·준비하다: fix a watch (supper) 시계를 수리하다(저녁을 짓다).
2 (행실 따위를) 고치다(reform); …을 개선하다. ¶ *mend* one's ways (or manners) 소행을 고치다 / That won't *mend* matters. 그래 가지고는 사태가 개선되지 않을 것이다.
3 [지연·부조(不調) 따위의] 부족을 대다, 보충하다; [걸음 따위를] 빨리하다; [꺼져 가는 불을] 일으키다, 살리다. ¶ *mend* one's pace 걸음을 빨리하다 / *mend* the fire 꺼질 듯한 불을 살리다 / *Least said, soonest mended.* ⟨속담⟩ 말수는 적을수록 좋다; 입은 재앙의 근원이니라.
— *vi.* 1 (사태가) 좋아지다, 호전하다; (환자가) 차도가 있다; (결점 따위가) 고쳐지다. ¶ His conduct does not *mend*. 그의 행실은 조금도 고쳐지지 않는다. 2 개심하다. ¶ *It's never too late to mend.* ⟨속담⟩ 허물을 고치기를 꺼리지 마라.
mend or end 개선하느냐 폐지하느냐. 　　　　　[자리.
— *n.* 1 고치기, 수선; 개선; 차도(差度). 2 수선한 *on the mend* (병이) 나아져 가고; [사태가] 호전하여.
mend·a·ble [méndəbl] *adj.* 고칠 수 있는, 개량할 수 있는.
men·da·cious [mendéiʃəs] *adj.* 1 거짓의, 허위의 (false). 2 거짓말하는(lying), 부정직한(dishonest). ¶ a *mendacious* account 거짓 이야기(보도) / a *mendacious* person 거짓말쟁이. **~·ly** *adv.* **~·ness** *n.*
men·dac·i·ty [mendǽsiti] *n.* (*pl.* **-ties**) 1 ⓤ 거짓임; 허위성. 2 거짓말; 허언(falsehood).
Mèn·de·lé·ev's láw [mèndəléifs-] *n.* (화학) 주기율(periodic law). [⟨러시아의 화학자 Dmitri Ivanovich Mendeleev (1834-1907)의 이름]
men·de·le·vi·um [mènd(ə)líːviəm] *n.* ⓤ (화학) 멘델레븀 [초 우라늄 원소의 하나; 원자 기호 Md].
Men·de·li·an [mendíːliən, -ljən] *adj.* 멘델의, 멘델의 법칙의. ¶ a *Mendelian* 멘델 학파 사람. [⟨오스트리아의 생물학자 Gregor Johann Mendel(1822-84)의 이름]
men·del·ism [ménd(ə)lìz(ə)m] *n.* ⓤ 멘델의 유전학 설. 　　　　　[칙.
Mèn·del's láws [méndlz-] *n. pl.* (유생) 멘델의 법
mend·er [méndər] *n.* 수리자, 개량자.
men·di·can·cy [méndikənsi] *n.* ⓤ 거지 생활, 구걸.
men·di·cant [méndikənt] *adj.* 1 걸식하는, 탁발하는, 구걸하는(begging). ¶ a *mendicant* friar 탁발승

(托鉢僧). **2** 거지와 같은. — n. 거지(beggar); 탁발승.

men·dic·i·ty [mendísiti] n. Ⓤ 걸식을 함, 구걸, 거지임, 동냥, 탁발 생활, 비럭질.

mend·ing [méndiŋ] n. **1** 수선. **2** (~s) 꿰매는 실. **3** 〖드물게〗 고칠 것, 파손품; 수선할 곳.

Men·e·la·us [mènəléiəs] n. 〖그리스 신화〗 메넬라오스〖스파르타 왕; Atreus 의 아들, Agamemnon 의 아우, Helen 의 남편〗.

men·folk [ménfòuk], **-folks** [-fòuks] n. pl. 〖특히 가정·공동체의〗 남자들(men).

M. Eng. (略) *M*aster of *Eng*ineering (공학 석사).

men·ha·den [menhéidn] n. (pl. **-den** or **-dens**) 청어의 일종.

men·hir [ménhiər] n. 〖考古〗 멘히르〖비석 모양의 거석(巨石)으로 유사 이전의 유물〗.

me·ni·al [míːniəl, -njəl] adj. 머슴의; 천한. — n. 머슴, 하인, 하녀. **-ly** [-əli] adv.

Mé·nière's disease [meinj*rz-] n. 〖병리〗 메니에르병(病) (Ménière's syndrome).
[＜프랑스의 의사 이름].

me·nin·ges [mɪnɪ́ndʒiːz] n. pl. (sing. **me·ninx** [míːninks]) 〖해부〗 수막(髓膜).

men·in·gi·tis [mènindʒáitis] n. Ⓤ 〖병리〗 수막염.

me·nis·cus [mɪnɪ́skəs] n. (pl. **-nis·ci** [-nɪ́s(k)ai] or **-nis·cus·es**) **1** 초승달, 현월(弦月); 초승달 모양의 것. **2** 〖光學〗 요철(凹凸) 렌즈. **3** 〖액체 표면의〗 오목한(볼록한) 면, 메니스커스.

Men·non·ite [ménənàit] n. 메노파(派) 교도 〖16세기에 창시된 기독교 신교의 한 파〗.

me·no [méinou] adv. 〖음악〗 보다 적게(less).
[<It ＜L *minus* less]

meno- month 의 뜻의 연결형 (* 모음 앞에서는 men-을 쓴다). 예: *meno*pause.

men·o·pause [ménəpɔ̀ːz] n. Ⓤ 〖생리〗 월경 폐지, 폐경(閉經), 갱년기.

mens [menz] n. 〖라틴〗 마음, 정신. [ly).

men·sal[1] [méns(ə)l] adj. 매월의, 달마다의(month-

men·sal[2] [méns(ə)l] adj. 식탁(용)의.

mensch [menʃ, mentʃ] n. (pl. **mensch·en** [-n]) 〖이디시〗 훌륭한 사람.

men·serv·ants [ménsə̀ːrv(ə)nts] n. manservant 의 복수형.

men·ses [ménsiːz] n. pl. 〖단·복수 양용〗 〖생리〗 월경, 멘스, 생리.

Men·she·vik [ménʃəvìk] n. (pl. **-vik**[-vɪ́(ː)ki] or **-viks**) 멘셰비키 당원 〖옛 러시아 사회 민주당의 소수·온건파의 일원〗. — adj. 멘셰비키의.

Men·she·vism [ménʃəvìz(ə)m] n. Ⓤ 멘셰비키당의 주장(주의).

Men·she·vist [ménʃəvist] n. 멘셰비키 당원. — adj. 멘셰비키의. (동맹).

Mén's Líb(**Liberátion**) n. 《美》 남성 해방 운동

mén's róom n. 남자〖공중〗 변소.

mens sa·na in cor·po·re sa·no [menz séinou in kɔ́ːrpəriː séinou] 〖라틴〗 (= a sound mind in a sound body) 건전한 신체에 건전한 정신이 깃든다〖깃들기를〗.

men·stru·al [ménstruəl] adj. **1** 〖생리〗 월경의, 멘스의. **2** 달마다의, 매월의(monthly).

ménstrual extráction n. 〖산부인과〗 월경 추출 임신 중절법(中絶法).

men·stru·ate [ménstruèit] vi. (**-at·ed, -at·ing**) 월경(멘스)하다. 〖Ⓒ 월경 기간〗.

men·stru·a·tion [mènstruéi(ə)n] n. Ⓤ 월경, 멘스의.

men·stru·ous [ménstruəs] adj. 월경의, 월경이 있는.

men·stru·um [ménstruəm] n. (pl. **-stru·ums** or **-stru·a**) 용매(溶媒), 용제(溶劑)(solvent).

men·sur·a·bil·i·ty [mènʃərəbíliti] n. Ⓤ 측정할 수 있음, 가측성(可測性).

men·sur·a·ble [ménʃərəbl] adj. **1** 잴 수 있는, 측정할 수 있는(measurable). **2** 〖음악〗 정량식(定量式)의 (mensural).

men·su·ral [ménʃərəl] adj. **1** 도량(度量)(측정)의. **2** 〖음악〗 정량식(定量式)의 (mensurable).

men·su·ra·tion [mènʃuréi(ə)n, -sju(ə)r-] n. Ⓤ **1** 〖수학〗 구적법(法), 측정법. **2** 측정.

mens·wear [ménzw*ər] n. Ⓤ 신사복, 남자옷.

-ment suf. **1** 동사에 붙어 동작·상태 따위를 나타내는 명사를 만든다. 예: enjoy*ment*, amaze*ment*. **2** 동사에 붙어 결과·수단을 나타내는 명사를 만든다. 예: frag*ment*, orna*ment*.

‡**men·tal**[1] [méntl] adj. **1** 마음의, 정신의. opp. physical ¶ *mental* culture 정신 수양 / *mental* disorder 정신 착란 / *mental* hygiene 정신 위생 / *mental* deficiency 정신 박약 / *mental* reservation 〖법률〗 심리 유보(心裡留保). **2** 지력(知力)의, 지능의. ¶ *mental* age 정신(지능) 연령 / a *mental* test 지능 테스트. **3** 정신병의; 〖구어〗 정신 박약의; 정신병 환자를 위한. ¶ a *mental* patient 정신병 환자 / a *mental* hospital (or home) 정신 병원. **4** 머리(마음) 속에서 하는, 암산의. ¶ *mental* arithmetic 암산 / make a *mental* note of …을 기억해 (외어) 두다. — n. 정신병 환자, 정신 박약자.
◇ mentality n.

men·tal[2] [méntl] adj. 〖해부〗 턱의.

méntal crúelty n. 정신적 학대〖종종 이혼의 사유로 인정된다〗.

méntal deféctive n. 정신 박약자.

méntal héalth n. 〖醫〗 정신 건강(보건).

men·tal·ism [méntəlìz(ə)m] n. 〖철학〗 유심론 (idealism) (cf. materialism); 〖언어·심리〗 심리주의의 (cf. mechanism).

men·tal·ist [méntəlist] n. **1** 유심론자, 심리주의자. **2** 독심술가; 역자(易者), 점쟁이.

men·tal·is·tic [mèntəlístik] adj. 〖철학〗 유심론의; 〖심리〗 의식(심리)주의의.

***men·tal·i·ty** [mentǽliti] n. (pl. **-ties**) **1** Ⓤ 정신 활동, 심성(心性). **2** Ⓤ 정신(능력), 지능. **3** ⓊⒸ 정신 상태, 성향(性向); 사물을 보는 방법, 사고 방식, 정신 구조.

***men·tal·ly** [méntəli] adv. **1** 정신면에서(cf. physically), 정신적으로, 지적으로(intellectually). **2** 마음(머리) 속에서.

men·ta·tion [mentéi(ə)n] n. Ⓤ 정신 작용(상태).

men·thene [ménθiːn] n. Ⓤ 〖화학〗 멘틴〖무색 유상(狀)의 탄화수소〗. 〖하뇌 (薄荷腦)〗.

men·thol [ménθoul, -θɔːl / -θɔl] n. Ⓤ 〖화학〗 멘톨, 박

men·tho·lat·ed [ménθəlèitid] adj. 멘톨을 함유한.

men·ti·cide [méntisàid] n. Ⓤ 〖고문·약물·세뇌 따위의〗 두뇌 살해, 정신 파괴. cf. brainwashing

‡**men·tion** [ménʃ(ə)n] vt. …에 대해 말하다(이야기 하다), 언급하다(refer to); …의 이름을 말하다(들다) (name). ⇒ ALLUDE 類語 ¶ *mention* a single example 일례를 들다 / Don't *mention* it. 〖감사·사과에 대해〗 천만에, 별말씀을 // (~ + 囧 + 前 + 옙) He often *mentions* you *to* me. 그는 곧잘 당신의 이름을 입에 올립니다 // (~ + *that* 옙) We need hardly *mention* that his views are broader than the average. 그의 견해가 보통보다 넓다는 것은 말할 필요조차 없다.

not to mention; without mentioning …은 말할 것도 없고, …은 고사하고, …은 물론.

— n. **1** Ⓤ Ⓒ 언급, 진술, 기재(記載). ¶ make *mention* of …에 대해 말하다, 언급하다, …을 들다. **2** 〖칭찬하기 위해 짧게〗 이름을 들기.

men·tion·a·ble [ménʃ(ə)nəbl] adj. 언급할 수 있는, 말할 수가 있는, 언급할 가치가 있는.

Men·tor [méntər, -tɔːr] n. **1** 〖그리스 신화〗 멘토르 〖Odysseus 가 자기 아들의 보호·교육을 맡겼던 좋은 벗〗. **2** (m-) 현명하고 성실한 조언자; 교사, 지도자.

men·u [ménjuː, +美 méin-] *n.* **1** 메뉴, 식단표(食單表). **2** 식품, 요리, 음식. **3** 예정 [표].

me·ow, mi·aow [miáu, mjau], **(mi·aou, me·aou)** *n.* 야옹[고양이 우는 소리]. — *vi.* [고양이가] 야옹하고 울다.

MEP (略) *M*ember of the *E*uropean *P*arliament (유럽[의회] 의원(議員)).

Me·phis·to·phe·le·an, -li·an [mèfisto(u)fíːliən, -ljən] *adj.* 메피스토펠레스의(와 같은), 악마적인, 냉소적인.

Meph·is·toph·e·les [mèfistáfiliːz / -tɔ́f-] *n.* **1** 메피스토펠레스[중세의 Faust 전설 중의 악마; 특히 Goethe의 *Faust* 속에서 Faust가 부와 권력을 위해 영혼을 판 악마]. **2** 간계(奸計)에 능한 사심(邪心)에 찬 악마; 악마적인 사람, 극악인.

me·phit·ic [mefítik], **(me·phit·i·cal** [-k(ə)l]) *adj.* **1** 악취가 나는. **2** 유독한, 유해한(poisonous).

me·phi·tis [mefáitis] *n.* (U) **1** 땅속에서 발산하는 악기(惡氣), 독기. **2** 악취, 취기(臭氣) (bad smell).

me·pro·ba·mate [məpróubəmèit] *n.* (U) [약] 메프로바메이트[정신 안정제].

mer. *adj.* meridian; meridional.

mer·can·tile [mə́ːrk(ə)ntìːl, -tàil / -tàil] *adj.* **1** 상업(商業)의, 상인의. ¶ the *mercantile* law 상법. **2** [경제] 중상주의의. ¶ the *mercantile* school 중상주의파.

mércantîle ágency *n.* (드물게) [상업] 상업 홍신소 (commercial agency). — 상인력.

mércantîle maríne *n.* (the~) [집합적] 상선, 해군.

mércantîle páper *n.* [상업] 상업 어음.

mer·can·til·ism [máːrk(ə)ntìlìz(ə)m, -tail-] *n.* **1** [경제] 중상주의. **2** 상인 기질(commercialism).

mer·can·til·ist [máːrk(ə)ntìlist, -tàil- / -tàil-] *n.* 중상주의자. — *adj.* 중상주의의.

mer·cap·tan [mərkǽptən] *n.* (U) 메르캅탄 [도시 가스 착취제(着臭劑)].

Mer·ce·des [máːrsíːdiːz, +美 mərséidiːz, -síː-] *n.* Mercedes Benz의 약어.

Mércedes Bénz [-bénts] *n.* 메르세데스 벤츠, 벤츠 자동차[독일 Daimler-Benz 사에서 제조한 고급 승용차].

****mer·ce·nar·y** [máːrs(i)nèri / -n(ə)ri] *adj.* **1** 보수를 목적으로 하는, 돈을 위한, 욕심 많은. **2** [외국 군대에] 고용된(hired). — *n.* (pl. **-nar·ies**) **1** 용병(傭兵). **2** 고용된 사람. **-nar·i·ly** *adv.* **-nar·i·ness** *n.*

mer·cer [máːrsər] *n.* (英) 복지 장수, 포목상; 견직물 장수.

mer·cer·i·za·tion [məːrsərìzéiʃ(ə)n / -raiz-] *n.* (U) 머서법 [으로 가공하기].

mer·cer·ize [máːrsəràiz] (*(英)*에서는 **mercer·ise** 로도 쓴다) *vt.* (**-ized, -iz·ing**) [면사·면직물을] 머서법으로 가공하다.

mer·cer·y [máːrsəri] *n.* (pl. **-cer·ies**) (英) (U) 피륙, 포목, 업무; © 포목점.

‡**mer·chan·dise** [n. -máːrt(ʃ)(ə)ndàiz, +美 -dàis → *v.*] (U) **1** [집합적] 상품(goods). ¶ general *merchandise* 잡화. **2** (古어) 상업, 매매. — *vt., vi.* [máːrt(ʃ)(ə)n·dàiz] (= **merchandize**) (**-dised, -dis·ing**) 매매하다, 거래하다, 장사하다.

mer·chan·dis·er [máːrt(ʃ)(ə)ndàizər] *n.* 상인.

‡**mer·chant** [máːrt(ʃ)(ə)nt] *n.* **1** 상인; (英) 도매 상인, 무역상인; (美) 소매 상인(storekeeper). ¶ a wholesale *merchant* 도매 상인. **2** (古어) 놈, 녀석(fellow). **3** …광(狂). ¶ a speed *merchant* 스피드 광. ¶ *merchants of death* 죽음의 상인, 무기 제조 판매 조직 — *adj.* 상업의, 무역의; 상인의; 상선의. ¶ a *merchant* prince 호상(豪商) / a *merchant* ship (or vessel) 상선.

mer·chant·a·ble [máːrt(ʃ)(ə)ntəbl] *adj.* 매매할 수 있는, 장사에 적합한, 시장에 내놓을 만한(marketable).

mérchant bánk *n.* (英) 머천트 뱅크 [환어음 인수・사채 발행을 주업무로 하는 개인 은행].

mer·chant·man [máːrt(ʃ)əntmən] *n.* (pl. **-men** [-mən]) **1** 상선. **2** (古어) 상인(merchant).

mérchant maríne *n.* (the~) [집합적] (美) [한 나라의] 전[보유] 상선; 그 선원.   [선박.

mérchant sérvice *n.* (U) 해상 무역, [집합적] 무역

mer·ci [mèərsí] *interj.* (프랑스) (= thanks, thank you) 고맙습니다, 감사합니다.

Mer·ci·an [máːrsiən, -ʃiən, +美 -ʃən] *adj.* 머시아(Mercia)의. — *n.* 머시아 사람; (U) 머시아 말(방언).

mer·ci beau·coup [mèərsí boukúː] (프랑스) (= thank you very much) 대단히 고맙습니다.

‡**mer·ci·ful** [máːrsifəl] *adj.* 자비로운, 인정(동정심) 많은(compassionate); [벌 따위가] 관대한. **~ly** [-fəli] *adv.* **~·ness** *n.* ◇ **mércy** *n.*

****mer·ci·less** [máːrsilis] *adj.* 무자비한(pitiless), 무정한, 잔인한(cruel). **~ly** *adv.* **~·ness** *n.*

MERCOSUR (略) (스페인) *Mer*cado *Co*mundel *Co*no *Sur* (= Southern Cone Common Market) [남미 공동 시장; 1995년 발족한 지역 경제 협력 기구].

mer·cu·rate [máːrkjurèit] *vt.* (**-rat·ed, -rat·ing**) [화학] …을 수은으로 처리하다, 수은과 화합시키다.

mer·cu·ri·al [məːrkjú(ː)riəl / -kjúər-] *adj.* **1** 수은의(이) 든). ¶ a *mercurial* barometer 수은 기압계 / *mercurial* poisoning 수은 중독. **2** (M-) [로마 신화] 머큐리 신의. **3** 쾌활(명랑)한(lively); 잽싼, 빈틈없는(shrewd); 유창한(eloquent); 변덕스러운; 기민한; 재치 있는(witty). **4** [약] 수은제(劑). **~ly** [-riəli] *adv.* **~ness** *n.*

mer·cu·ri·al·ism [məːrkjú(ː)riəlìz(ə)m / -kjúər-] *n.* (U) [병리] 수은 중독증.

mer·cu·ri·al·i·ty [məːrkjú(ː)riǽliti / -kjúər-] *n.* (U) 기민, 민활; 쾌활; 변덕(fickleness); 재치 있음.

mer·cu·ri·al·ize [məːrkjú(ː)riəlàiz / -kjúər-] (*(英)*에서는 **mer·cu·ri·al·ise** 로도 쓴다) *vt.* (**-ized, -iz·ing**) **1** …을 기민(쾌활, 활발)하게 하다, 변덕스럽게 하다. **2** [의학] …에 수은 요법을 쓰다, 수은제로 치료하다. **3** [사진] …을 수은으로 처리하다.

Mer·cu·ri·an [məːrkjú(ː)riən / -kjúər-] *adj.* [천문] 수성(水星)의; [로마 신화] 머큐리 신의.

mer·cu·ric [máːrkjú(ː)rik / -kjúər-] *adj.* [화학] **1** 수은의, 수은이 든. **2** 제2 수은을 함유한.

mercúric chlóride *n.* (U) [화학] 승홍, 염화 제2 수은 [무색의 결정].

mer·cu·rize [máːrkjuràiz] *vt.* (**-rized, -riz·ing**) [화학] …을 수은과 화합시키다, …을 수은[염]으로 처리하다.

Mer·cu·ro·chrome [məːrkjú(ː)rəkròum / -kjúər-] *n.* (U) (상표명) ¶ 머큐로크롬.

mer·cu·rous [məːrkjúrəs, +美 -÷-] *adj.* [화학] **1** 수은의, 수은이 든. **2** 제1 수은을 함유한. ¶ *mercurous* chloride (oxide) 염화(산화) 제1 수은 / *mercurous* salt 제1수은염.

‡**mer·cu·ry** [máːrkjuri] *n.* (pl. **-ries**) **1** (M-) [로마 신화] 머큐리 [신들의 사자(使者), 웅변・장사・기지・도적의 신. 그리스 신화의 Hermes에 해당한다]. **2** 사자(messenger), 안내인; [신문・잡지 이름으로써] …보도 (報道). ¶ The Leeds *Mercury* 리즈 신문. **3** (M-) [천문] 수성(水星). **4** (U) [화학] 수은 [금속 원자의 하나, 원소 기호 Hg]. **5** (the~) 수은주(柱) [약] 수은제(劑). **6** (U) 활기. **7** 산쪽풀류의 식물. **8** (美) (미국의) 1인승 우주선. ◇ **mercúrial, Mercúrian, mercúric, mércurous** *adj.,* **mércurize** *v.*

mércury barómeter *n.* 수은 기압계(한란계).

[Mercury 1]

mércury céll n. 수은 전지.
mércury pollútion(contaminátion) n. 수은 오염(공해).
mér·cu·ry-vá·por lámp [məːrkjurivéipər-] n. 수은등, 영 고압 태양등.
‡**mer·cy** [mɔ́ːrsi] n. (pl. **-cies**) **1** ⓤ 자비, 연민, 인정, 동정. ¶ without mercy 인정사정없이, 무자비하게 / beg (or implore) the mercy of a person 남의 자비를 빌다 / have (or take) mercy on (or upon) a person 남을 가엾어하다, 자비를 베풀다 / show mercy to (or on, upon) a person 남에게 자비를 베풀다, 용서하다 / spare a person in mercy 가엾게 여겨 남을 용서하다. **2** 행운, 은혜(blessing). ¶ That's a mercy! 고마와라 / It's a mercy that...! …하다니 고마와라. 영 친절한 행위.
at the mercy of …의 마음대로 되어, …에 좌우되어.
for mercy; for mercy's sake 제발, 부디.
leave...to the tender mercy (or *mercies*) *of* 《반어》 …을 (…이) 하는 대로 내맡기다, …의 손으로 혼줄을 내주다.
Mercy [on me] *!* = *Heaven have mercy upon me!* 아이고, 저런, 어쩌면.
◇ **mérciful** adj.
mércy flíght n. 〔벽지로부터 환자·부상자를 운반하는〕 구급 비행.
mércy kílling n. ⓤ 자비살(慈悲殺)〔가족 또는 제3자가 환자를 가엾이 여겨 편하게 해 주기 위해 죽이는 일; 안락사(euthanasia)〕는 다르다.
mércy séat n. **1** 〔성서〕속죄소(贖罪所)〔계약의 궤(the ark of the covenant)의 순금 뚜껑. 출애굽기 (Exod.) 25 : 17-22〕. **2** 하나님의 자리.
mércy stróke n. = *coup de grace*.
merde [merd] n. 《프랑스》 대변, 더러운 것.
mere[1] [miər] adj. (**mer·er, mer·est**) 단순한, …에 불과한, 단지(그저) …에 지나지 않는. ¶ a mere child 아주 어린아이 / a mere fancy 단순한 공상 / Mere words won't help. 입만으로는 아무런 도움이 되지 않는다 / The mere sight of a snake makes him shudder. 그는 뱀을 보기만 해도 무서워 부들부들 떤다.
類語 *mere* 단지 …일뿐 그 이상은 아니다 : Singing is a mere livelihood for me. 노래부르는 일은 나에게는 생계의 수단에 불과하다. / bare 겨우(간신히) …에 도달해 있다 : Singing is a bare livelihood for me. 노래부르는 일은 나에게는 가까스로 생계를 꾸릴 정도밖에 되지 않는다.
2 《폐어》 순수한; 절대의, 완전한. ¶ the merest folly 더할 나위 없는 어리석음. ◇ **mérely** adv.
mere[2] [miər] n. **1** 《주로 英방언》 호수, 못. **2** 《폐어》 바다.
-mere part 의 뜻의 연결형. ex: blastomere〔분세포 가〕.
mere·ly [míərli] adv. **1** 단지, 그저, 다만(* only 보다는 딱딱한 말). ¶ say it merely as a joke 그것을 그저 농담삼아 말하다. **2** 《폐어》 아주, 전혀(absolutely). **3** 《폐어》 순전히(purely).
not merely...but [also] 단순히 …뿐만 아니라 …이다.
me·ren·gue [məréŋgei, -(məréŋge)] n. 메렝게〔아이티·도미니카의 무용; 또한 그 곡(曲)〕.
mer·e·tri·cious [mèritríʃəs] adj. **1** 야한, 난한, 저속한. **2** 겉만 번지르르한, 성실성이 없는, 허점한. **3** 매춘부의(같은). **~·ly** adv. **~·ness** n.
mer·gan·ser [məːrgǽnsər] n. (pl. **-sers** or **-ser**) 〔새〕 **1** 바다비오리류(類)의 새. **2** 비오리속(屬)의 새.
*****merge** [məːrdʒ] v. (**merged, merg·ing**) vt. **1** …을 녹아들게 하다, 섞다 … 으로 변하게 하다, …을 혼합하다, …의 속으로 동화(해소)시키다, 몰입시키다 (…*in, into*). ¶ (~+目+쥡+名) All fear was merged into curiosity. 모든 두려움은 점차 호기심으로 바뀌었다. **2** …을 합병(통합)하다 (…*in, into*). ¶ (~+目+쥡+名) The two enterprises were merged into a big one. 그

두 기업은 합병하여 하나의 대기업으로 되었다 / The enterprise was merged into a greater one. 그 기업은 더욱 큰 기업으로 흡수 합병되었다. — vi. 녹아들다, 몰입하다; 합병(통합) 하다 (…*in, into, with...*). ¶ (~+쥡+名) The sky seemed to merge in (or into) the sea. 하늘이 바다로 녹아들어 하나로 된 것처럼 보였다 / The voices of children merged with the song of insects. 어린이들의 목소리가 벌레 소리와 합창을 이루었다. ◇ **mérgence** n.
merg·ee [məːrdʒíː] n. 합병의 상대방.
mer·gence [məːrdʒ(ə)ns] n. ⓤ 흡수, 합병, 융합, 몰입.
merg·er [məːrdʒər] n. **1** ⓤⓒ 〔회사·사업 따위의〕 〔흡수〕 합병, 합동; 〔법률〕 혼동(混同). **2** 흡수 〔합병〕 하는 사람(것).
*****me·rid·i·an** [mərídiən] n. **1** 〔천문〕 자오선, 〔지리〕 경선(經線). ¶ the magnetic meridian 자기(磁氣) 자오선. **2** 〔고어〕 정오. **3** 〔태양과 별의〕 최고점;《비유적》〔행복·번영·건강 따위의〕 절정, 전성기. ¶ the meridian of life 한창때, 〔인생의〕 전성기. **4** 〔고어〕 취미, 특성; 장소, 환경. ¶ calculated for the meridian of …의 취미〔특성, 습관, 능력〕에 맞춘. — adj. **1** 자오선의. ¶ the meridian altitude 자오선 고도(高度). **2** 정오의. ¶ the meridian hour 정오. **3** 정점(頂點)의, 전성의. ¶ meridian glory 영화(榮華)의 극치.
◇ **merídional** adj.
me·rid·i·o·nal [mərídiənl] adj. **1** 자오선의. **2** 남방의, 남유럽의, 〔특히〕 남부 프랑스의. — n. 남쪽 사람, 〔특히〕 남부 유럽인, 남부 프랑스인.
me·ringue [məræŋ] n. ⓤ 메랭게〔달걀의 흰자와 설탕을 섞어서 살짝 구운 것〕; ⓒ 메랭게 과자.
me·ri·no [məríːnou] n. (pl. **-nos**) **1** 메리노양(羊). **2** ⓤ 메리노 양모(羊毛); 메리노 모직물. — adj. 메리노양(양모)의. 〔<Sp〕
mer·i·stem [méristèm] n. ⓤ 〔식물〕 분열(分裂) 조직.
‡**mer·it** [mérit] n. **1** ⓤ 뛰어남, 빼어남, 가치(worth, excellence); ⓒ 장점, 좋은 점, 취할 점, 쓸모. *cf.* demerit. ¶ a man of merit 훌륭한 사람 / Everybody has his merits. 모든 사람은 각각 장점을 가지고 있다. **2** ⓤⓒ 공훈, 공적, 훈공, 공로; 〔가톨릭〕 공덕. ¶ a matter of merit 공훈으로 삼을 만한 일, 명예의 문제. **3** 〔학교 따위에서 벌점(罰點)에 대하여〕 상점(賞點). **4** (종종 ~s) 〔상응하는〕 상(벌), 공죄(功過), 공과(功過) (desert); 진가. ¶ according to one's merits 공과에 따라 / give a person his merit 남에게 상응하는 상벌을 주다.
5 (~s) 〔법률〕 〔사안 본래의〕 시비, 곡직. ¶ decide a case on its merits 사건을 시비에 따라 판결하다.
make a merit of …을 자랑하다, 자만하다, …을 자기 공로인 체하다.
the Order of Merit 《英》 메릿 훈장(훈위) 〔略 O.M.〕. — vt. ¶ 〔상벌·감사·비난 따위를〕 받을만하다(deserve). ¶ merit attention (reward, punishment) 주의(상, 벌)를 받을만하다. **2** …을 공에 따라 얻다. — vi. 〔신학〕 공덕을 쌓다.
◇ **meritórious** adj.
mérit bónus n. 공로 보너스〔공헌도와 실력에 따른 〔보너스〕〕.
mer·it·ed [méritid] adj. 가치가 있는, 당연한, 상응한 (deserved).
mérit íncrease n. 공헌도와 실력에 입각한 승급.
mer·i·toc·ra·cy [mèritɑ́krəsi, -tɔ́k-] n. ⓤⓒ (pl. **-cies**) **1** 영재(英才) 교육 제도〔일반 제도 따위〕. **2** 실력상회. **3** 엘리트 지배층.
mer·i·to·crat [méritəkræ̀t] n. 실력 사회의 실력자.
mer·i·to·ri·ous [mèritɔ́ːriəs / -tɔ́ːr-] adj. 칭찬할 만한, 공적(장점)이 있는, 가치 있는; 〔종종 가감된 찬사에서〕 뜻이 기특한 (갸륵한) (well-meant, well-meaning); 〔결과는 그렇지 않지만〕 노고만은 인정되는.
~·ly adv. **~·ness** n.

mérit ràting n. 〔경영〕인사고과(考課), 근무 평정.
mérit sýstem n. 〔美〕〔공무원의〕 능력 본위 임용(승진) 제도.
merl, merle [mə:rl] n. 〔주로 스코〕 〔보통의 유럽산의〕 지빠귀과(科)의 명금류(blackbird).
mer·lin [mə́:rlin] n. 쇠황조롱이 〔매과(科)의 새〕.
Mer·lin [mə́:rlin] n. 〔아서왕 전설〕 멀린 〔마술사이며 예언자, Arthur 왕 편〕.
mer·lon [mə́:rlən] n. 〔총안(銃眼)을 낸 보루의〕 돌출부, 밀론. ⇨ BATTLEMENT 그림.
*mer·maid** [mə́:rmèid] n. (cf. merman) **1** 〔여자〕 인어. **2** 〔美〕 여자 수영 선수, 헤엄 잘 치는 여자.
mer·man [mə́:rmæn] n. (pl. -men [-mèn]) (cf. mermaid) **1** 〔남자〕 인어. **2** 〔美〕 남자 수영 선수; 수영을 잘하는 남자. 〔分割의.
mer·o·blas·tic [mèrəblǽstik] adj. 〔발생〕 부분할(部
mer·o·hed·ral [mèrəhí:drəl / -héd-] adj. 〔결정(結晶)이〕 면(面)이 없는.
-merous having parts 의 뜻의 연결형. 예: tri**merous** (3부분으로 이루어진).
Mer·o·vin·gi·an [mèro(u)vínʤ(i)ən] adj. 〔프랑크 (Frank) 왕국의〕 메로빙 왕조(5-8세기 중엽)의. — n. 메로빙 왕조의 사람.
*mer·ri·ly** [mérili] adv. 즐겁게, 유쾌하게, 명랑하게.
*mer·ri·ment** [mérimənt] n. ⓤ 유쾌, 환락(歡樂), 왁자지껄하게 웃고 떠듦(gaiety); ⓤ 유쾌한 파티.
‡**mer·ry** [méri] adj. (mer·ri·er, mer·ri·est) **1** 유쾌한, 명랑한, 쾌활한; 들뜬, 떠들썩한(mirthful). ⇨ GAY 〔類語〕. ¶ A **merry** Christmas (to you)! 크리스마스를 축하합니다. **2** 〔보조 따위가〕 힘찬. ¶ a **merry** pace 가벼운 발걸음. **3** 얼근히 취한, 술에 취해 기분좋은. **4** 〔고어〕 기분좋은, 즐거운 〔기분으로 만드는〕 (pleasant, agreeable). ¶ **merry** England 즐거운 영국.
[*as*] **merry as a cricket** ⇨ CRICKET.
make merry 흥겨워하다, 즐겁게 놀다, 떠들고 놀다.
make merry over (or **at, of, with**) …을 웃음거리로 삼다, 놀리다.
-**ri·ness** n. ◇ **mérriment** n., **mérrily** adv.
mer·ry-an·drew [mériǽndru:] n. 어릿광대, 까불이(clown), 익살꾼(buffoon); 돌팔이 약장수의 앞잡이.
mérry dáncers n. =aurora borealis.
*mer·ry-go-round** [mérigouràund] n. **1** 회전 목마(carrousel), 메리고라운드. **2** 빙글빙글 돌기, 선회(旋回).
mer·ry·mak·er [mérimèikər] n. 들떠 떠드는 사람.
mer·ry·mak·ing [mérimèikiŋ] n. ⓤ 환락, 들떠 떠들기, 잔치 소동; 주연(酒宴). — adj. 명랑한, 유쾌한, 떠들며 노는.
mer·ry·man [mérimən] n. (pl. -men [-mən]) 〔옛날의 기사·산적 따위의〕 종자(從者), 수행원(follower).
mer·ry·thought [mériθɔ̀:t] n. 《주로 英》 〔새가슴의〕 창사골(暢思骨)(wishbone).
Mér·sey sóund [mə́:rzi-] n. 1960년대 잉글랜드 그 서부 Liverpool에서 발생한 비틀즈 등의 팝음악.
Mer·thi·o·late [mərθáiəlèit] n. 《상표명》 〔약〕 메티올레이트 〔방부·살균제〕.
mes- ⇨ MESO-.
me·sa [méisə] n. 〔지질〕 메사, 대지(臺地) 〔미국 서남부의 건조 지방에 많은 주위가 절벽으로 된 탁상의 암층 대지〕.
mé·sal·li·ance [meizǽliəns, + 美 mèizəljɑ́:ns, mèizəlɑ́i-] n. 신분이 낮은 사람과의 결혼.
mes·cal [meskǽl] n. **1** ⓤ 메스칼주(酒). **2** 〔메스칼 주의 원료가 되는〕 용설란(agave). 〔제〕.
mes·ca·line [méskəlì:n] n. ⓤ 〔약〕 메스컬린 〔환각
mes·dames [meidɑ́:m, -dǽm / méidæm] n. **1** madam 의 복수형. **2** madame 의 복수형 〔略 Mmes.〕.
mes·de·moi·selles [mèid(ə)m(w)əzél / F medmwazél] n. mademoiselle 의 복수형 〔略 Mlles.〕.

me·seems [mi(:)sí:mz] vi. 《비인칭 동사》 (pt. **me·seemed**) 《고어》 생각컨대 …이다, …으로 생각되다(it seems to me).
me·sem·bri·an·the·mum, -bry- [mizèmbriǽnθiməm] n. 솔잎국화.
mes·en·ter·y [més(ə)ntèri / -t(ə)ri] n. (pl. **-ter·ies**) 〔해부〕 장간막.
*mesh** [meʃ] n. **1** 〔그물·체 따위의〕 눈(코); (~es) 망사, 그물, 그물 세공. ¶ a net of half-inch **meshes** 반인치 코의 그물. **2** (~) 그물을 만들고 있는 실(철사); 〔비유적〕 올가미, 덫, 망. ¶ the **meshes** of a spider's web 거미집의 거미줄 / the **meshes** of the law 법망(法網). **3** ⓤ 〔톱니 바퀴의〕 맞물림. ¶ in **mesh** 〔톱니 바퀴가〕 맞물려서. **4** 〔전기〕 〔회로의〕 메시 〔폐로 회로 속의 최소 단위; 여러 가닥의 지선으로 이루어지며, 그 중의 한 지선을 제외하면서도 개구 회로로 되는 것〕. **5** 〔금속〕 메시, 사안(篩眼) 〔단위 면적당의 그물코의 수〕. — vt. **1** …을 그물로 잡다, 함정에 빠뜨리다. **2** 〔그물〕을 뜨다. **3** 〔톱니 바퀴〕를 맞물리다(engage).
— vi. **1** 그물(올가미)에 걸리다. **2** 〔톱니바퀴가〕 맞물리다. **3** 아주 꼭 맞다.
◇ en**mesh** v. 〔머리가 돈.
me·shu·ga, -shug·ga [məʃúgə] adj. 《美속어》 미친.
me·shu·ga·zine [məʃúgəzì:n / -nə-] n. 〔주로 美 학생에 의해 취미로 편집·발행되는〕 반체제적이고 풍자적인 잡지. 〔work〕.
mesh·work [méʃwə̀:rk] n. ⓤ 그물 세공, 망(net
mesh·y [méʃi] adj. (mesh·i·er, mesh·i·est) 그물 모양의, 그물 세공의.
me·si·al [mí:ziəl, -ʒəl] adj. 중앙 〔부분〕의(medial).
mes·mer·ic [mezmérik, + 美 mes-] adj. 최면〔술〕의. **-i·cal·ly** [-ikəli] adv.
mes·mer·ism [mézmərìz(ə)m, + 美 més-] n. ⓤ 최면술(hypnotism); 최면 상태〔로의 유도〕. 〔< 오스트리아의 의사 F. A. Mesmer (1733-1815) + -ISM〕
mes·mer·ist [mézmərist, + 美 més-] n. 최면술사.
mes·mer·i·za·tion [mèzm(ə)rizéiʃ(ə)n, mès- / mèzm(ə)raiz-] n. ⓤ 최면술 걸기; 최면 상태.
mes·mer·ize [mézməràiz, + 美 més-] (* 英에서는 **mes·mer·ise** 로도 쓴다) vt. (**-ized, -iz·ing**) **1** …에게 최면술을 걸다(hypnotize). **2** …을 매혹하다, 감화(感化)하다.
mesne [mi:n] adj. 〔법률〕 중간의, 중간에 개재하는.
meso- middle 의 뜻의 연결형 (* 모음 앞에서는 mes- 를 쓴다). 예: **meso**carp.
mes·o·blast [mézo(u)blæ̀st, més- / méso(u)blɑ̀:st] n. 〔발생〕 중배엽(中胚葉).
mes·o·blas·tic [mèzo(u)blǽstik, mès- / mès-] adj. 〔발생〕 중배엽의.
mes·o·carp [mézo(u)kɑ̀:rp, més- / més-] n. 〔식물〕 중과피(中果皮). cf. pericarp
mes·o·derm [mézo(u)də̀:rm, més- / més-] n. 〔발생〕 중배엽. cf. ectoderm, endoderm
Mes·o·lith·ic [mèzo(u)líθik, mès- / mès-] adj. 〔고고〕 중석기 시대의.
mes·o·morph [mézo(u)mɔ̀:rf, més-, mí:z-, mí:s- / més-] n. 〔식물〕 중생(中生) 식물; 〔심리〕 중등대(中等大) 체격의 사람.
me·son [mésɑn, mí:s-, -zɑn / mí:zɔn, mésən] n. 〔물리〕 중간자(中間子)(mesotron). (< MESO [TRO] N)
méson fáctory n. 〔물리〕 중간자 공장, 중간자 발생 장치.
mes·o·pe·lag·ic [mèzo(u)pilǽʤik] adj. 중심해(中深海)(180m-900m)에 서식하는.
Mes·o·po·ta·mi·a [mès(ə)pətéimiə, -mjə] n. 메소포타미아 〔아시아 서남부, Tigris, Euphrates 두 강 유역에 있었던 고대 왕국〕. ◇ **Mesopotámian** adj.
Mes·o·po·ta·mi·an [mès(ə)pətéimiən, -mjən] adj. 메소포타미아〔인, 문명〕의. — n. 메소포타미아인.

mes·o·scale [mézo(u)skèil, més-/ més-] *adj.* 〔기상〕 바람·구름 따위의〕 중간 규모의.

mes·o·scaph, -scaphe [mésouskǽf] *n.* 중심해 잠수정(中深海潛水艇). 〔지상 50-80km 의 대기〕.

mes·o·sphere [mésəsfìər] *n.* 〔기상〕 중간층

mes·o·tho·rax [mèzo(u)θóːræks, mès-/ mèso(u)θóːr-] *n.* (*pl.* **-rax·es** *or* **-ra·ces** [-θóːrəsìːz]) 〔곤충의〕 중흉(中胸).

mes·o·tron [mézo(u)trɑ̀n, més-/ méso(u)trɔ̀n] *n.* 〔물리〕 중간자(meson), [< MESO- + |ELEC|TRON]

Mes·o·zo·a [mèzo(u)zóuə, mès-/ mèso(u)-] *n. pl.* 〔동물〕 중생(中生) 동물 [Protozoa 와 Metazoa 와의 사이의].

Mes·o·zo·ic [mèzo(u)zóuik, mès-/ mèso(u)-] *adj.* 〔지질〕 중생대의. ¶ the *Mesozoic era* 중생대. — *n.* (the ~) 중생대; 중생대 암석.

mes·quite [meskíːt], (**mes·quit**) *n.* 메스키트 [미국 서남부·멕시코 지방산(產)의 사료용 콩과(科) 식물].

mess [mes] *n.* **1** 어수선함, 혼잡, 뒤죽박죽; 불결(不潔). ¶ clear up a *mess* 〔구어〕 정돈하다 / His room was a *mess* 그의 방은 엉망으로 어지러져 있었다. **2 a)** 혼란, 분규(⇒CONFUSION 類語) b) 고경(苦境), 궁경(difficulty). ¶ get into a *mess* 곤란(궁지)에 빠지다 / The affairs are in a precious *mess*. 사태는 큰 혼란을 빚고 있다. **b)** 실수, 실패. **3** 더러운 것, 어지러진 것, 쓰레기더미(litter, jumble). ¶ a *mess* of papers 흩어진 서류. **4** 〔군대에서〕 식사를 함께 하는 동료; 식당; 〔군대〕 회식. ¶ He belongs to my *mess*. 그는 나의 회식 동료이다 / a *mess* sergeant 취사 담당 하사관 / an officers' *mess* 장교 식당 / at *mess* 식사중. **5** 한 접시 분의 음식; 〔죽 따위의〕 유동식 1식분; 맛없어 보이는 음식; 〔개 따위의〕 혼합식. **6** 〔美구어〕 얼뜨기, 얼간이, 품행이 나쁜 사람.

lose the mess of one's number 〔속어〕 죽다.

make a mess of ...을 망쳐놓다, 엉망으로 만들다.

make a mess of it 실수를 저지르다.

a mess of pottage 〔성서〕 한 그릇의 죽, 값비싼 희생을 치르고 얻은 물질적 폐리.〔←창세기(Gen.) 25: 29-34〕.

— *vt.* **1** ...을 더럽히다, 흩뜨리다. 어지러뜨리다 (...up). ¶ (~+图+圍) *mess up* a room 방을 어수선하게 어지르다. **2** ...을 망쳐놓다, 혼란시키다, 뒤죽박죽(엉망진창)으로 만들다(muddle, spoil) (...*up*). ¶ (~+图+圍) *mess up* matters 사태를 뒤얽히게 만들다. **3** 〔英방언〕 〔식사를〕 주다, ...에게 급식하다. — *vi.* **1** 회식하다(*together, with...*). **2** 쓸데없는 참견을 한다 (*in, with...*), 거칠게 다루다 (*with* ...). **3** 무모한 짓을 하다, 엉망으로 만들다.

mess around (or *about*) ① 〔구어〕 장난삼아 ...하다, 가지고 놀다. ¶ Tom spent the whole morning *messing around* with the motorbike. 톰은 모터바이클을 가지고 오전 내내 시간을 보냈다. ② 〔속어〕 제멋대로(빈둥거리며) 지내다. ③ 〔속어〕〔좋지 않은 목적으로〕 교제하다. ¶ Don't *mess around* with gamblers. 노름꾼과는 어울리지 마라.

mes·sage [mésidʒ] *n.* **1** 알림, 통지, 전갈, 전언; 통신, 정보, 서신; 인사말. ¶ give a farewell *message* to a person 남에게 작별 인사를 고하다 / leave a *message* with a servant 하인에게 전갈을 남기다 / send a congratulatory *message* by mail 서신으로 축사를 보내다 / Wireless *messages* told us that the ship was sinking. 무전 연락은 배가 침몰하고 있다는 것을 전해 왔다. **2** 〔공식적인〕 메시지, 통서(敎書). ¶ the President's *message* to Congress 대통령의 의회에 보내는 교서. **3** 신탁(神託), 탁선(託宣); 계시적인 말, 경고. ¶ He had a *message* to deliver to the world. 그는 세상에 전할 탁선을 가지고 있었다. **4** 심부름; 사명, 용건(errand, mission). ¶ go on a *message* 심부름가다. **5** 〔상업 방송의〕 선전 광고 (commercial message). **6** 요지, 취지, 의도, 의미.

get the message 의미를 파악하다.

— *vt., vi.* 통신하다, 〔신호 전보 따위로〕 전하다.

méssage switching *n.* 〔컴퓨터〕 메시지 스위칭〔컴퓨터를 통하여 어떤 단말(端末) 장치에서 다른 단말 장치로 message 를 보내는 방식〕.

mes·sa·line [mèsəlíːn, ≏-⹁] *n.* ① 〔얇은〕 능직 또는 새틴직의 비단천, 모슬린.

mess·boy [mésbɔ̀i] *n.* 〔배의 식당〕 급사.

mess·deck [mésdèk] *n.* 《주로 英》〔함매〕 하갑판(下甲板)〔선원의 식당·침실 따위가 있는 갑판〕.

Mes·sei·gneurs [mèsenjə́ːrz] *n.* (때로 m·) Monseigneur 의 복수형.

mes·sen·ger [mésindʒər] *n.* **1** 사자(使者), 전달자, 전령; 심부름꾼, 배달꾼, 사환꾼. ¶ an Imperial *messenger* 칙사(勅使) / the Queen's (the King's) *messenger* 〔英〕 공문서 송달 리(送達吏) / send a *messenger* 심부름을 보내다. **2** 〔고어〕 선통군(herald), 선구자. **3** 〔연말리기에서 연줄을 따라 연까지 올려보내는〕 종이 조각. **4** 〔항해〕 닺줄·밧줄·그물 따위를 끌어올릴 때 쓰는 보조삭(補助索). **5** 〔생물〕 메신저〔유전 정보를 전하는 물질〕.

méssenger RNÁ *n.* 〔생물〕 메신저 리보핵산.

mess hàll *n.* 〔군대·공장 따위의〕 식당.

Mes·si·ah [misáiə] *n.* **1** 〔성서〕 구세주, 메시아; 그리스도〔기름 부음을 받은 자라는 뜻〕. *cf.* Christ **2** (보통 m-) 〔피압박 민족·국가 등의〕 구세주(교화자); 주도자.

Mes·si·ah·ship [misáiəʃìp] *n.* ⓤ 구세주(구원자)임; 구세주(그리스도)의 사명.

Mes·si·an·ic [mèsiǽnik] *adj.* 구세주의(와 같은).

Mes·si·as [misáiəs] *n.* = Messiah 1. [MM]

mes·sieurs [mesjə́ːr] *n.* monsieur 의 복수 형(略 **MM.**)

méss jàcket *n.* **1** 〔상당히 의식적인 모임이나 장소를 드나들 때 입는〕 준(準) 예복. **2** 〔英〕 회식용 정장.

méss kìt(gèar) *n.* 반합(飯盒), 휴대용 식기세트.

mess·mate [mésmèit] *n.* 〔군대, 특히 배의〕 회식 동료.

mess·room [mésrùː)m] *n.* = mess hall.

***Messrs.** [mésərz] *n.* Mr.의 복수형. 〔< F *Messieurs*〕

méss tàble *n.* 공동 식탁.

mess·tin [méstìn] *n.* 반합.

mes·suage [méswidʒ] *n.* 〔법률〕 가옥〔부속 건물이나 토지·정원 따위도 포함한다〕.

mess·y [mési] *adj.* (**mess·i·er, mess·i·est**) 뒤범벅의, 혼란된; 너절한(untidy); 적확(的確)함을 잃은; 난처한 입장의. ¶ ~ *mess·i·ly adv. mess·i·ness n.*

mes·ti·zo [mestíːzou] (여성형은 **mes·ti·za** [-zə]) *n.* (*pl.* **-zos** *or* **-zoes**) 혼혈아〔특히 스페인인과 인디언의 혼혈아〕.

met [met] *v.* meet 의 과거·과거 분사.

Met [met] *n.* 〔美구어〕 Metropolitan Museum; Metropolitan Opera House.

met. (略) metaphor; metaphysics; metropolitan.

meta- *pref.* **1** after, along with, beyond, among, behind 의 뜻의 연결형 * 모음 앞에서는 met-, 무기음(無氣音) 앞에서는 meth- 를 쓴다. 예: *meta*physics. **2** change 의 뜻의 연결형. 예: *meta*morphosis.

me·tab·a·sis [metǽbəsis] *n.* ⓤ ⓒ (*pl.* **-ses** [-sìːz]) **1** 〔병리〕 병상 전이(病狀轉移). **2** 〔수사〕 주제 전이.

met·a·bol·ic [mètəbálik / -bɔ́l-] *adj.* 〔생물〕 신진 대사 (新陳代謝)의, 대사 작용의.

me·tab·o·lism [metǽbəlìz(ə)m] *n.* ⓤ 〔생물〕 신진 대사, 대사 작용. *cf.* anabolism, catabolism

me·tab·o·lite [metǽbəlàit / me-] *n.* 〔생물〕 대사 산물(代謝產物).

me·tab·o·lize [metǽbəlàiz] (* 〔英〕에서는 **me·tab·o·lise** 로도 쓴다) *vt.* (-lized, -liz·ing) ...을 신진 대사시키다, 대사 작용으로 변화시키다.

met·a·car·pal [mètəkáːrp(ə)l] *adj.* 〔해부〕 장부(掌部)의, 손바닥(뼈)의. ¶ a *metacarpal bone* 장골(掌骨), 손바닥뼈. — *n.* 장골, 손바닥뼈.

met·a·car·pus [mètəkáːrpəs] *n.* (*pl.* **-pi** [-pai]) 〔해

부;〔손가락과 손목 사이의〕장부(掌部), 손바닥; 〔특히〕장골.

met·a·cen·ter, 《英》-tre [métəsèntər] n. 〔물리〕〔부력의〕경심(傾心).「까운.
met·a·cen·tric [mètəséntrik] adj. 경심의, 경심에 가
met·a·fic·tion [mètəfíkʃ(ə)n] n. 메터픽션〔소설의 소설; 소설에 관해 생각하는 소설; 소설을 비판하는 소설〕.
met·a·gal·ax·y [mètəgǽləksi /-- - -] n. (pl. -ies) 〔천문〕〔은하와 성운을 포함한〕전우주(全宇宙).
met·age [mí:tidʒ] n. ① **1** 〔공공 기관에 의한 하물의〕계량, 검량(檢量). **2** 계량(검량) 수수료, 검량세.
met·a·gen·e·sis [mètədʒénisis] n. ① 〔생물〕순정(純正) 세대 교번〔유성(有性) 생식과 무성(無性) 생식을 번갈아 행한다〕.「대 교번의.
met·a·ge·net·ic [mètədʒinétik] adj. 〔생물〕순정 생식
‡**met·al** [métl] n. ①ⓒ **1** 금속, 쇠붙이. ¶ base metal 비금속 / corrugated metal 파형판금(波形板金) / hard metal 경(硬)금속 / heavy metal 중(重)금속 / light metal 경(輕)금속. **2** a) 〔화학〕〔순〕금속(cf. alloy); 금속 원소. b) 금속 화합물, 합금(合金). **3** 〔비유적〕재료, 소지(素地), 지금(地金)〔인간의〕본성, 본질. ¶ He is made of true metal. 그는 진짜 남자다. **4** 용해(熔解) 유리(molten glass); 용융주철(熔融鑄鐵)(molten cast iron). **5** 금속 제품, 검(劍). **6** 〔인쇄〕활자금(type metal); 조판(composed type). **7** 〔紋章〕금속색〔금 또는 은색〕. **8** 《英》도로(철도)용 자갈(쇄석) (road metal). **9** (~s) 《英》철도 선로, 레일(railway lines). ¶ The train left (or ran off) the metals. 열차가 탈선했다. **10** 〔군사〕전차, 장갑차; 〔군함의〕장비된 총 포수(總砲數), 총위력(威力). **11** 〔구어〕=HEAVY METAL 4. —— vt. (-aled, -al·ing;《英》-alled, -al·ling) **1** …에 금속을 덮어씌우다. **2** 《英》〔도로·선로)에 자갈(쇄석)을 깔다.

◇ metallic, metalliferous, métalline adj., métallize v.
metal. (略) metallurgical, metallurgy.
met·a·lan·guage [métəlæ̀ŋgwidʒ] n. ①ⓒ 〔언어〕메타 언어, 이차 분석용 언어.
met·a·lin·guis·tics [mètəliŋgwístiks] n. pl. 〔단수 취급〕〔언어〕후단(後段) 언어학.「lize.
met·al·ize [métəlàiz] v. (-ized, -iz·ing) =METAL-
metall. (略) metallurgy.
*metal·lic [mitǽlik] adj. **1** 금속(질)의. **2** 금속적인, 금속성의. ¶ metallic sound 금속음 / a metallic road (美) 포장 도로(paved road). **3** 〔화학〕금속을 함유하는. ¶ metallic mineral 금속 광물.
-li·cal·ly [-kəli] adv. métal n.
metállic cúrrency n. 경화(硬貨).「피막법(皮膜法).
met·al·lid·ing [métəláidiŋ] n. 〔화학〕금속 피막법.
met·al·lif·er·ous [mèt(ə)lífərəs] adj. 금속을 함유하는, 금속을 산출하는. ¶ a metalliferous ore 금속광.
met·al·line [mét(ə)làin, -+美-lin] adj. **1** 금속〔상(狀), 성질〕의(metallic). **2** 금속〔염〕을 함유하는.
met·al·li·za·tion [mèt(ə)lizéiʃ(ə)n /-laiz-] n. ① 금속화, 〔고무의〕경화(硬化).
met·al·lize [mét(ə)làiz] vt. (* 《美》에서는 met·al·ize 로도 쓰고, 《英》에서는 met·al·lise 로도 쓴다》 vt. (-lized, -liz·ing) **1** …에 금속을 입히다, 금속화하다. **2** 〔고무)를 경화(硬化)하다.
me·tal·lo·graph [mitǽləɡrəf / -grà:f] n. **1** 〔인쇄〕금속판 인쇄(물). **2** 금속용 현미경.
met·al·log·ra·phy [mèt(ə)lάɡrəfi / -lɔ́g-] n. ① **1** 금속 조직학; 금상학(金相學). **2** 〔인쇄〕금속판 인쇄〔술〕.
met·al·loid [métəlɔ̀id] n. **1** 비(非)금속. **2** 반(半)금속〔규소·비소·창연 따위〕. —— adj. 비금속 숙한; 〔화학〕비(非)금속〔성, 질〕의.
met·al·lur·gi·cal [mètələ́:rdʒik(ə)l], **met·al·lur·gic** [-dʒik] adj. 야금(冶金)〔술〕의. ~·ly [-kəli] adv.
met·al·lur·gist [métələ́:rdʒist / metǽlədʒist] n. 야

금가, 야금학자.「〔야금학(금).
met·al·lur·gy [métələ̀:rdʒi / metǽlədʒi] n. ① 야금,
métal tápe n. 〔전자공학〕메탈 테이프〔고밀도 자기(磁氣) 테이프〕.
met·al·ware [métlwɛ̀ər] n. ① 철물, 〔특히 주방용의〕금속 제품.「품.
met·al·work [métlwə̀:rk] n. ① 금속 세공,
met·al·work·er [métlwə̀:rkər] n. 금속 세공사.
met·al·work·ing [métlwə̀:rkiŋ] n. ① 〔금속세공(업)〕금속 세공술.「(isomer).
met·a·mer [métəmər] n. 〔화학〕이성체(異性體)
met·a·mere [métəmìər] n. 〔동물〕〔절족 동물의〕체절(體節), 몸마디.
met·a·mer·ic [mètəmérik] adj. **1** 〔동물〕체절의(로 이루어진), **2** 〔화학〕이성(체)의.
met·a·mer·ism [metǽməriz(ə)m] n. ① **1** 〔동물〕체절성; 체절 형성. **2** 〔화학〕이성(isomerism).
met·a·mor·phic [mètəmɔ́:rfik] adj. **1** 변화의, 변화하는, 변형의, 변태의, 변성(變性)의. **2** 〔지질〕변성의, 변성한. ¶ metamorphic rocks 변성암(變成岩).
met·a·mor·phism [mètəmɔ́:rfiz(ə)m] n. ① **1** 변형, 변화, 변태. **2** 〔지질〕변성(作用).
met·a·mor·phose [mètəmɔ́:rfouz, +美 -fous] v. (-phosed, -phos·ing) vt. …을 변형(변태)시키다. 〔모습·성질을 변화시키다. → TRANSFORM〔類語〕; 〔지질〕…을 변성시키다 (…into). ¶ These green caterpillars are metamorphosed into butterflies. 이들 풀쐐기는 나비로 변한다. —— vi. 변태하다, 변형하다, 변질하다 (into…).
met·a·mor·pho·sis [mètəmɔ́:rfəsis] n. ①ⓒ (pl. -ses [-sì:z]) **1** 〔마법에 의한〕변형, 변모(變貌). **2** 〔일반적으로〕대변화, 두드러진 변질; 변형된 모습, 갖춘 물〕 변태. ¶ the metamorphosis of a tadpole into a frog 올챙이에서 개구리로의 변태. **4** 〔병리〕〔조직·기관의〕변형, 변태. ◇ metamórphose v., metamórphic, metamórphous adj.「phic.
met·a·mor·phous [mètəmɔ́:rfəs] adj. =METAMOR-
met·a·nal·y·sis [mètənǽlisis] n. ① (pl. -ses [-sì:z]) 〔언어〕이(異) 분석〔두 말의 단락을 잘못 지은 탓으로 신어(新語)가 생기는 현상〕.
metaph. (略) metaphor; metaphysical; metaphysics.
met·a·phase [métəfèiz] n. 〔생물〕세포의 유사(有絲) 분열 중기(中期).
*met·a·phor [métəfər, +美 -fɔ̀:r] n. ①ⓒ 〔수사〕은유(隱喩), 암유(暗喩) 〔as, like 따위를 쓰지 않고 넌지시 비유를 의미하는 것, 예: the curtain of night 밤의 장막 / All the world is a stage. 인간 세계는 모두 무대이다〕. 〔일반적으로〕비유. ¶ a mixed metaphor 혼유(混喩). cf. simile ◇ metaphórical adj.
met·a·phor·i·cal [mètəfɔ́:rik(ə)l, -fár-/ -fɔ́r-], **met·a·phor·ic** [-ik] adj. 은유의, 비유적인.
~·ly [-kəli] adv.
met·a·phrase [métəfrèiz] n. 번역(translation), 〔특히〕직역, 축어역(逐語譯). —— vt. (-phrased, -phras·ing) …을 번역하다, 〔특히〕직역하다, 축어역하다. cf. paraphrase
met·a·phras·tic [mètəfrǽstik], **-ti·cal** [-tik(ə)l] adj. 직역의, 축어역적인. **-ti·cal·ly** [-tikəli] adv.
*met·a·phys·i·cal [mètəfízik(ə)l] adj. **1** 형이상학(形而上學)의, 형이상학적인. **2** 〔철학〕형이상의, 추상론의. **3** 〔이론 따위가〕극히 추상적인; 아주 세밀히 파고드는. **4** 형이상학파(의). ~·ly [-kəli] adv.
met·a·phy·si·cian [mètəfizíʃ(ə)n] n. 형이상학자.
*met·a·phys·ics [mètəfíziks] n. pl. 〔단수 취급〕 **1** 형이상학. **2** 〔통속적으로 추상적인 논의, 공론(空論).
met·a·plasm [métəplæ̀z(ə)m] n. **1** ① 〔생물〕〔세포중의〕후형질(後形質). **2** ①ⓒ 〔언어〕어형 변이.
met·a·plas·mic [mètəplǽzmik] adj. **1** 〔생물〕후형질의, 어형 변이의.

met·a·pol·i·tics [mètəpálitks / -pól-] *n. pl.* 〔단수 취급〕**1** 정치 철학. **2**《경멸적》공론(空論) 정치학.
met·a·psy·chic [mètəsáikik], **-chi·cal** [-kik(ə)l] *adj.* 심령 현상 연구의.
met·a·psy·chol·o·gy [mètəsaikálədʒi / -kól-] *n.* 〔심리〕초(超)심리학.
met·a·se·quoi·a [mètəsikwóiə] *n.* 〔식물〕메타세쿼이어.
met·a·sta·ble [métəstèibl, ⌒ー⌒/⌒ー⌒] *adj.* 〔물리·화학·야금〕준(準) 안정의. — *n.* 준안정 원자〔분자, 이온, 원자핵 따위〕.
me·tas·ta·sis [mitǽstəsis] *n.* ⓤⓒ (*pl.* **-ses** [-siːz]) **1**〔병리〕〔병소(病巢)·암 세포 따위의〕전이(轉移). **2** 변질, 변성, 변형. **3**〔修辭〕화제의 급변. **4**〔생물〕=metabolism.
me·tas·ta·size [mitǽstəsàiz] *vi.* (**-sized, -siz·ing**)〔병리〕〔병소·암 세포 따위가〕퍼지다, 전이하다.
met·a·tar·sal [mètətɑ́ːrsəl] 〔해부·동물〕*adj.* 척골(蹠骨)의. — *n.* 척골.
met·a·tar·sus [mètətɑ́ːrsəs] *n.* (*pl.* **-si** [-sai])〔해부·동물〕**1** 척골. **2**〔새의 발의〕경골(脛骨)에서 지골(趾骨)까지의 부분.
me·tath·e·sis [mətǽθisis] *n.* ⓤⓒ (*pl.* **-ses** [-siːz]) **1**〔음성〕음위(音位)·자위(字位)의 전환〔예: OE의 bridd가 bird로 변화한 일 따위〕. **2**〔화학〕치환(置換), 복분해 (double decomposition).
met·a·thet·i·cal [mètəθétik(ə)l], (**met·a·thet·ic** [-ik]) *adj.* 〔음성〕음위〔자위〕전환의; 〔화학〕치환하는, 복분해하는.
mé·ta·yage [mètəjɑ́ːʒ, mèi-] *n.* ⓤ 반타작, 소작 제도, 분익(分益) 소작 제도. 〔<F〕
mé·ta·yer [mètəjéi, mèi-] *n.* 반타작 소작인. 〔<F〕
Met·a·zo·a [mètəzóuə] *n. pl.* 〔동물〕후생(後生) 동물. *cf.* Protozoa
mete[¹] [miːt] *vt.* (**met·ed, met·ing**) **1**〔상·벌 따위〕를 배분(配分)하다, 할당하다 (allot) (... *out*). **2**〔고어〕…을 재다, 측정하다.
mete[²] [miːt] *n.* **1** 경계표〔석〕. **2** 경계.
met·em·pir·i·cal [mètimpírik(ə)l] *adj.* **1** 경험〔의 범위〕를 초월한. **2** 초경험론적인, 선험 철학적인.
met·em·pir·i·cist [mètimpírisist] *n.* 초경험론자.
met·em·pir·ics [mètimpíriks] *n. pl.* 〔단수 취급〕초경험론, 선험 철학.
me·tem·psy·cho·sis [mitèm(p)sikóusis, -saik-] *n.* ⓤⓒ (*pl.* **-ses** [-siːz]) 영혼의 재생, 윤회(輪廻), 전생(轉生).
***me·te·or** [míːtiər, -tjər] *n.* **1**〔천문〕유성(流星), 별똥별; 운석(隕石), 별똥. **2** 일시적으로 반짝하는 사람〔것〕. **3**〔기상〕대기 대상(大氣現象). ◇ **metéoric** *adj.*
meteor.〔略〕meteorological, meteorology.
me·te·or·ic [mìːtiɔ́(ː)rik, -ár-/ -ɔ́r-] *adj.* **1** 유성의, 별똥별의. ¶ a *meteoric* shower 유성우(流星雨) / a *meteoric* stone 운석. **2** 유성과 같은, 유성처럼 잠시 빛났다가 사라지는. **3** 대기〔현상〕의. ¶ a *meteoric* phenomenon 기상 현상. **-i·cal·ly** [-ikəli] *adv.*
***me·te·or·ite** [míːtiəràit] *n.* **1** 운석. **2** =meteoroid. ◇ **meteorític** *adj.*
me·te·or·it·ic [mìːtiərítik], **-i·cal** [-ik(ə)l] *adj.* 운석의 〔流星學〕.
me·te·or·it·ics [mìːtiərítiks] *n. pl.* 〔단수 취급〕유성학〔流星學〕.
me·te·or·o·graph [míːtiɔ́(ː)rəgræf / -grɑ̀ːf] *n.* 기상 자기기(氣象自記器).
me·te·or·oid [míːtiərɔ̀id] *n.* 〔천문〕유성체, 운성체(隕星體), 소유성〔小流星〕.
me·te·or·o·log·i·cal [mìːtiərəládʒik(ə)l / -lɔ́dʒ-], (**me·te·or·o·log·ic** [-ik]) *adj.* 기상학상의, 기상의. ¶ a *meteorological* observatory 기상대 / a *meteorological* chart 일기도. **-ly** [-kəli] *adv.*
mèteorológical sátellite *n.* 기상 위성(衞星) 〔자.
me·te·or·ol·o·gist [mìːtiəráləd̲ʒist / -rɔ́l-] *n.* 기상학
me·te·or·ol·o·gy [mìːtiəráləd̲ʒi / -rɔ́l-] *n.* ⓤ **1** 기상학. **2**〔한 지방의〕기상.
‡meter[¹], (英) **-tre** [míːtər] *n.* 미터. ◇ **métric** *adj.*
***meter**[²], (英) **-tre** [míːtər] *n.* 〔韻律〕격조(格調), 운율; ⓒ 보격(步格). **2**〔음악〕박자.
***meter**[³] [míːtər] *n.* 〔전기·가스·수도 따위의〕계량기, 미터. — *vt.* …을 미터로 재다.
-meter measure 라는 뜻의 연결형. 예: altim*eter*, barom*eter*.
me·ter·age [míːtəridʒ] *n.* ⓤ **1** 계량(計量). **2** 미터 사용료. **3**〔전기·가스 따위의〕사용 요금.
mé·tered máil [míːtərd-] *n.* 《美》요금 별납 우편.
méter máid *n.* 《美》주차 위반을 단속하는 여자 경관.
mete·wand [míːtwɑ̀nd, -wɔ̀nd], **-yard** [-jɑ̀ːrd] *n.* 〔고어·방언〕자, 막대 자 (measuring rod).
meth [meθ] *n.* 《美속어》=methamphetamine.
meth.〔略〕method; methylated.
Meth.〔略〕Methodist.
meth·a·cryl·ic ácid [mèθəkrílik-] *n.* ⓤ 〔화학〕메타크릴산(酸).
meth·a·done [méθədòun], (**meth·a·don** [-dɑ̀n /-dɔ̀n]) *n.* ⓤ〔약〕메타돈 〔진통제·헤로인 중독 치료약〕. 〔< METH[YL]+A[MINO]+D[IPHENYL]+[HEPTAN]ONE〕
meth·am·phet·a·mine [mèθæmfétəmìːn] *n.* ⓤ 탐페타민〔각성제〕.
meth·ane [méθein] *n.* 〔화학〕메탄, 소기(沼氣). 〔<METH[YL]+-ANE〕
méthane séries *n.* 〔화학〕메탄열〔列〕.
meth·a·nol [méθənɔ̀ul, -nɔ̀l / -nɑ̀l] *n.* 〔화학〕=methyl alcohol. 〔진정·수면제〕
meth·a·qua·lone [məθɑ́kwéiloun] *n.* 〔약〕메타쿠알론
Meth·e·drine [méθədrìːn] *n.* 〔상표명〕메서드린 [methamphetamine hydrochloride의 약품명. 각성제〕.
me·theg·lin [miθéglin / mə-] *n.* 벌꿀 술 (mead).
me·thinks [miθíŋks] *vi.* 〔비인칭 동사〕(*pl.* **me·thought**)〔고어〕…이라 생각되다.
‡meth·od [méθəd] *n.* **1** 〔조직적인〕방법, 방식, 절차, 순서. ¶ a deductive (an inductive) *method* 연역〔귀납〕법 / a direct *method* 〔외국어의〕직접 구두 교수법.
〔類語〕**method** 이론적·체계적으로 일정한 절차를 따르는 방법; various *methods* (=*ways*) of teaching 각가지 교수법. **manner** 개성적 또는 특수한 방법; his *manner* (=*way*) of teaching 그의 가르치는 방법. **mode** 습관적인, 또는 기호에 따른 방법; 다소 형식적인 딱딱한 말: the Korean *mode* (=*way*) of life 한국적 생활 양식. **fashion** 유행되고 있는 mode 를 나타내는 일이 많고, 특히 in, after 와 함께 전치사구 속에서 쓰는 말: behave in a strange *fashion* (=*way*) 이상한 행동을 하다. **system** 신중하게 정해진 정연한 체계적 방법: teaching without *system* 체계없이 가르치는 방법. **way** 일반적으로 위의 여러 말 대신에 쓰이는 구어적인 말.
2〔논문 따위의〕규율; 〔사상·표현 따위의〕조리, 정연한 차례, 질서 정연함. ¶ work with *method* 질서 정연하게 일하다 / There is *method* in his madness. 그는 미쳤기는 했으나 조리가 있다〔← Shakespeare 작 *Hamlet* 2 : 2〕. **3**〔생물〕분류법.
◇ **méthodize** *v.*, **methódical** *adj.*
me·thod·i·cal [miθɑ́dik(ə)l / -θɔ́d-], (**me·thod·ic** [-ik]) *adj.* **1**〔일의 진행이나 행동이〕정연한, 질서있는, 조직적인. **2**〔구체적으로 사물이〕정연한, 공들인, 꼼꼼한. **-ly** *adv.*
Meth·od·ism [méθədìz(ə)m] *n.* ⓤ **1** 감리교, 메서디스트 교회(파). **2** (m-) 일정한 방식에 따르기〔따름〕, 지나치게 규칙적임, 지나치게 꼼꼼함.
***Meth·od·ist** [méθədist] *n.* **1** 감리교 신자, 메서디스

트 교도. 2 (m-) 일정한 방식을 따르는 사람;《경멸적》종교적으로 딱딱한 사람. —— *adj.* 감리교 신자(파)의. ◇ Methodístic *adj.*

Meth·od·is·tic [mèθədístik] *adj.* 감리교 신자(파)의, 메서디스트 교도(파)의.

meth·od·ize [méθədàiz] (*《영》에서는 **meth·od·ise** 로도 쓴다) *vt.* (-ized, -iz·ing) …을 방식화하다, 조직화하다.

meth·od·o·log·i·cal [mèθədəládʒik(ə)l / -lɔ́dʒ-] *adj.* 방법학의, 방법론[적]의(인).

meth·od·ol·o·gist [mèθədálədʒist / -dɔ́l-] *n.* 방법학자, 방법론자.

meth·od·ol·o·gy [mèθədálədʒi / -dɔ́l-] *n.* U 방법학.

me·thought [miθɔ́:t] *v.* methinks의 과거형.

meths [meθs] *n.* U 변성 알코올(methylated spirits).

Me·thu·se·lah [miθ(j)ú:z(ə)lə] *n.* 1 《성서》 므두셀라 [969세까지 살았다는 유대의 족장(族長). ←창세기(Gen.) 5:27]. 2 아주 나이 많은 고령자. 3 6.5쿼트들이 포도주병.

meth·yl [méθil] *n.* 《화학》 메틸, 메틸기(基)[알킬기의 하나].

méthyl álcohòl *n.* U 《화학》 메틸 알코올, 목정(木精).

meth·yl·ate [méθilèit] 《화학》 *n.* U 메틸레이트[메틸알코올의 수산기 중의 수소를 금속으로 치환한 화합물]. —— *vt.* (-at·ed, -at·ing) 〔알코올〕에 메틸을 섞다, …에 메틸알코올을 섞다. ¶ *methylated* spirits (*or* alcohol) 변성 알코올.

meth·yl·a·tion [mèθiléiʃ(ə)n] *n.* U 《화학》 메틸화(化).

méthyl chlóride *n.* U 《화학》 염화메틸[유독성 기체. 냉각·국부 마취용].

meth·yl·ene [méθilì:n] *n.* U 《화학》 메틸렌.

meth·yl·ic [meθílik] *adj.* 메틸의, 메틸을 함유하는.

meth·yl·mer·cu·ry [méθəlmə̀ːrkjuri] *n.* U 메틸수은.

me·tic·u·los·i·ty [mitìkjulásiti / -lɔ́s-] *n.* U 좀스러움, 소심함.

me·tic·u·lous [mitíkjuləs] *adj.* 작은 일에 신경을 쓰는, 소심한, 좀스러운, 꼼꼼한. ~·ly *adv.*

mé·tier [méitjei, -́] *n.* 1 장사, 직업. 2 〔일의〕 특기 분야, 전문. 〔<F〕

mé·tis [meitíː(s) / míːtis] *n.* (*pl.* **-tis**) 1 혼혈아. 2 《캐나다》 〔특히〕 프랑스계 백인과 북미 인디언 사이의 혼혈아.

M.E.T.O. (略) *M*iddle *E*ast *T*reaty *O*rganization (중동 조약 기구) 〔1955년에 체결된 반공 군사 동맹〕.

Me·tol [míːtoul, -tɔl / -tɔl] *n.* 《상표명》《화학》 메톨 〔사진 현상 주약(主藥)〕.

Me·tón·ic cýcle [mitánik-/-tɔ́n-] *n.* 《천문》 메톤 주기 〔같은 달 같은 날에 같은 월령이 돌아오는 주기(19년)〕.

met·o·nym [métənim] *n.* 《수사》 환유어(換喩語), 전유어(轉喩語).

met·o·nym·ic [mètənímik], **-i·cal** [-ik(ə)l] *adj.* 환유(換喩)[법]의, 환유법적인. **-i·cal·ly** [-ikəli] *adv.*

me·ton·y·my [mitánəmi / -tɔ́n-] *n.* 《수사》 환유, 전유(轉喩) 〔어떤 것을 직접 가리키는 대신 그 속성이나 특징있는 것으로 나타내는 방법. 예를 들면 crown으로 king, the cradle로 childhood를 나타내는 것〕. *cf.* synecdoche

me-too [míːtúː] *adj.* 《미 속어》 다른 사람의 성공 따위를 모방하는. 〔<me too〕

me-too·er [míːtúːər] *n.* =me-tooist.

me-too·ism [míːtúːìz(ə)m] *n.* U 모방주의.

me-too·ist [míːtúːist] *n.* 《미》 모방자.

me·to·pe [méto(u)pi:, -toup / -toup] *n.* 〔건축〕 메토프, 소간벽(小間壁) 〔도리아식 건축의 좌우의 트리글리프(triglyph)에 끼인 네모난 벽면(壁面)〕.

Met. R. (略) *M*etropolitan *R*ailway.

‡**me·tre** [míːtər] *n.* 《영》 =meter.

Met·re·cal [métrəkæ̀l] *n.* 《상표명》 메트리컬 [비만 방지용 저(低) 칼로리 정력 증진제].

*‡**met·ric** [métrik] *adj.* 미터〔법〕의.
go metric 미터법을 채택하다.

met·ri·cal [métrikəl] *adj.* 1 운율(운문)의. 2 측량(계량)〔용〕의, 측량(측정)법의. ~·ly [-kəli] *adv.*

met·ri·cate [métrikèit] *vt.* (-cat·ed, -cat·ing) 《영》=go metric.

met·ri·ca·tion [mètrəkéiʃ(ə)n] *n.* U 미터화(化).

met·rics [métriks] *n. pl.*《단수 취급》 1 운율학(韻律學). 2 작시법(作詩法).

métric sýstem *n.* (the ~) 미터법.

métric tón *n.* 미터톤(t) 〔1,000 킬로그램〕.

met·ro[1] [métrou] *n.* (*pl.* **-ros**) 지하철(subway); (M-) 파리의 지하철.

met·ro[2], **Met-** [métrou] *n.* 《미·캐나다》 도시권의 행정부. —— *adj.* 〔구어〕 =metropolitan; 도시권 행정[부]의.

metro- measure의 뜻의 연결형. 예: *metro*nome.

Met·ro·lin·er [métro(u)làinər / -trou-] *n.* 《미》 〔전국 철도 여객 공사(Amtrak)의〕 고속 열차〔특히 Washington, D.C.와 New York City 사이의 것〕.

met·ro·log·i·cal [mètrəládʒik(ə)l / -lɔ́dʒ-] *adj.* 도량형(度量衡)의, 도량형학의.

me·trol·o·gy [mitrálədʒi / -trɔ́l-] *n.* (*pl.* **-gies**) 도량형; U 도량형학.

met·ro·ma·ni·a [mètrəméiniə, -njə] *n.* U 작시광(作詩狂).

met·ro·nome [métrənòum] *n.* 〔음악〕 메트로놈〔박자 측정기〕.

met·ro·nom·ic [mètrənámik / -nɔ́m-] *adj.* 메트로놈의.

me·tro·nym·ic [mìːtrənímik, ♠ mèt-] (*cf.* patronymic) *adj.* 어머니 (모계의 조상)의 이름을 딴. —— *n.* 어머니(모계의 조상)의 이름에서 딴 이름.

‡**me·trop·o·lis** [mitrápəlis, -trɔ́p-] *n.* 1 수도, 대도시, 수도. ¶ the *Metropolis* 《영》 런던. 2 〔산업·예술 따위의〕 중심지. 3 모도(母都) 〔고대 그리스에서 식민지에 대한 본국의 도시〕. 4 〔교회〕 수도 대주교 관구(管区).

‡**met·ro·pol·i·tan** [mètrəpálit(ə)n / -pɔ́l-] *adj.* 1 주요 도시의, 대도시의, 수도의. ¶ a *metropolitan* area (*or* district) 대도시권 / a *metropolitan* newspaper 〔지방 신문에 대한〕 중앙지 / the *Metropolitan* Railway 런던 지하철도. 2 모국(母國)의, 본국의; 모국인. 3 〔교회〕 대주교 관구의. —— *n.* 1 주요 도시의 주민; 도시인. 2 〔교회〕 수도 대주교. 3 〔역사〕 〔고대 그리스의〕 모국 시민, 본국인. ◇ metrópolis *n.*

metropólitan cóunty *n.* 《영》 특별 도시, 수도권 주(州) 〔1974년 행정 개혁으로 신설된 런던 교외의 여섯 자치구; Tyne and Wear, West Midland, Merseyside, Greater Manchester, West Yorkshire, South Yorkshire를 가리킨다; 이 밑에 36개의 metropolitan districts가 있다〕.

Metropólitan Ópera Hòuse *n.* (the ~) 〔뉴욕시의〕 메트로폴리탄 오페라 극장〔1883년 뉴욕시에 설립되었으며 1966년 Lincoln Center로 이전했다〕.

-metry process of measuring의 뜻의 연결형. 예: chrono*metry*.

met·tle [métl] *n.* U 1 성미, 기질. 2 혈기, 기력, 용기, 정열. ¶ *a man of mettle* 기개가 있는 사람.
be on one's mettle 분발하고 있다.
put (or *set*) *a person on* (or *upon, to*) *his mettle* 남을 분기하게 하다, 분기해서 최선을 다하게 하다.

met·tled [métld] *adj.* =mettlesome.

met·tle·some [métlsəm] *adj.* 기운찬, 혈기 왕성한, 기개가 있는.

me·um et tu·um [míːəm et t(j)úːəm] 〔라틴〕 (= mine and thine) 내 것과 네 것, 자타(自他)의 소유〔권〕.

meu·nière [mənjéər] *adj.* 〔요리〕 뫼니에르의. 〔<F〕
mev, Mev [mev] *n.* 100만 전자 볼트. (<*m*illion *e*lec*tron v*olts) 〔「고양이가」야옹야옹하고 울다.
mew¹ [mju:] *n.* 야옹[고양이]의 울음 소리. — *vi.*
mew² [mju:] *n.* 갈매기(sea mew).
mew³ [mju:] *n.* 1 매장[매가 털갈이할 때 가두어 둔 다]. 2 숨는 곳, 은신처. 3 (~s) 〔단수 취급〕 (주로 英) 〔안뜰·통로를 따라 있는〕 마구간. 4 (~s) 뒷길, 뒷골목〔아파트 따위가 늘어선 운치있는 구역〕.
— *vt.* 1 〔매〕를 매장에 넣다. 2 …을 가두다, 숨기다. 3 〔깃털〕을 갈다(shed). 4 〔사슴이〕〔뿔〕을 떨어뜨리다. — *vi.* 〔깃·뿔이〕 빠지고 다시 나다(molt).
mewl [mju:l] *vi.* 〔갓난애처럼 가냘프게〕 울다; 〔고양이가〕 야옹야옹 하고 울다. — *n.* 가냘픈 울음소리; 야옹〔고양이〕의 울음 소리.
mews [mju:z] *n. pl.* 〔단수 취급〕 (英) 〔마차·말을 넣어 두는 광장 주위의〕 마구간.
Mex. (略) Mexican, Mexico.
‡**Mex·i·can** [méksikən] *adj.* 멕시코의, 멕시코인의.
— *n.* 1 멕시코 사람. 2 ⓤ 멕시코의 스페인어.
Méxican Wár *n.* (the ~) 멕시코 전쟁〔미국과 멕시코와의 싸움(1846-48)〕
Méxican (México) Wáve *n.* 인간 물결〔경기장의 관객들이 파도치는 모양으로 집단 응원하는 것. 1986년 Mexico World Cup 축구 대회에서 유래〕.
‡**Mex·i·co** [méksikòu] *n.* 멕시코〔북미 남부의 공화국. 수도 Mexico City〕. ◇ Méxican (của), ...
Méxicò Cíty *n.* 멕시코 공화국의 수도.
MEY (略) 〔수산〕 *m*aximum *e*conomic *y*ield〔어업 관리 목표로서의〕 최대 경제 생산량〕.
MEZ (독 일) *M*ittel*e*uropäische *Z*eit (=Central European Time) 〔중앙 유럽 표준시〕.
mez·za·nine [mézənì:n, mèz-] *n.* 1 〔층과 층 사이의〕 가운데 층; 중(中) 2층(entresol). 2 〔극장의〕 2층 정면 좌석; 〔특히〕 그 앞 부분의 몇 개 열(列). — *adj.* 〔금융〕 메자닌 형(型)의 〔채무 변제 순위가 담보부 채무와 보통주의 중간인〕, 무담보의. ¶ *mezzanine* debt 무담보 채무 / *mezzanine* financing 메자닌형 자금 조달.
mez·zo [métsou, mé(d)zou / médzou-] *adj.* 〔음악〕 중간 정도의, 적당한, 알맞은. 〔<It〕
mez·zo·ri·lie·vo [métsourilí:vou, mé(d)z- / médzou-] *n.* (*pl.* -**vos**) 중간 돋을새김, 반양각(半陽刻).
mez·zo·so·pran·o [métsousəprǽnou, mé(d)z- / médzousəprɑ́:-] [음악] *n.* (*pl.* -**pran·os** *or* -**pran·i** [-prǽni:, -prɑ́:ni:]) 1 ⓤ 메조소프라노, 차고음(次高音) 〔부〕 〔soprano 와 contralto 의 중간〕, 2 메조소프라노 가수, 차고음 가수. — *adj.* 메조소프라노〔가수〕의. 〔<It〕
mez·zo·tint [métsoutìnt, mé(d)z-/ médz-] *n.* 1 ⓤ 메조틴트 조법(彫法) 〔명암이 잘 나타나는 동판〕. 2 메조틴트 판(版). — *vt.* …을 메조틴트판에 새기다.
MF (略) *m*edium *f*requency.
mf. (略) 〔음악〕 *m*ezzo *f*orte (약간 강하게); *m*icro-
M.F. (略) *M*aster of *F*orestry(임학(林學) 석사); *M*iddle *F*rench.
MFA (略) *M*obilization *f*or *A*nimals Coalition (동물 연합을 위한 동원〔국제적인 민간 동물 보호 단체의 하나〕); *m*ulti-*f*iber *a*rrangement (다국간 섬유 협정).
M.F.A. (略) *M*aster of *F*ine *A*rts.
mfd. (略) *m*anufactured; *m*icrofarad.
mfg. (略) *m*anu*f*acturin*g*. 〔우두머리〕
M.F.H. (略) (英) *m*aster of *f*ox*h*ounds (여우 사냥의
MFl. (略) *M*iddle *Fl*emish.
M.F.N. (略) *m*ost *f*avored *n*ation (최혜국).
MFO (略) *M*ultinational *F*orces and *O*bservers (다국적 감시군).
M-14 [émfɔ́:rtí:n / -fɔ́:-] *n.* (*pl.* **M-14's**) (美軍) M-1 을 개량한 완전 자동 소총.
mfr. (略) *m*anu*f*acture; (*pl.* **mfrs.**) *m*anu*f*acturer.

MFS (略) *m*odern *f*iction *s*tudies (현대 소설 연구).
mfs. (略) *m*anu*f*actures.
mg (略) *m*ili*g*ram.
Mg (화학) *m*agnesium 의 원자 기호.
M.g. (略) *m*achine *g*un; *m*ilitary *g*overnment.
MG *n.* 영국의 스포츠카의 상품명.
M.G. (略) *M*ichael and St. *G*eorge.
MGB (略) (러 시 아) *M*inisterstvo *G*osudarstvennoi *B*ezopasnosti (=Ministry of State Security) 〔구소련의 비밀 경찰(1946-54)〕.
MGC (略) *M*achine-*G*un *C*orps.
MGM (略) *M*etro-*G*oldwyn-*M*ayer (미국의 영화사).
MGR (略) *m*obile *g*uided *r*ocket (이동식 유도 로켓).
mgr., Mgr. (略) *m*ana*g*e*r*; *M*onsei*g*neu*r*; *M*on-
mgt. (略) *m*ana*g*emen*t*. ∟*signor*.
M.H. (略) *M*edal of *H*onor.
MHD (略) *m*agneto*h*ydro*d*ynamics.
MHG, M.H.G. (略) *M*iddle *H*igh *G*erman.
mho [mou] *n.* (*pl.* **mhos**) 〔전기〕 모〔전기 전도도(傳導度)의 단위. 저항 1Ω(옴)인 도선의 전도도〕. *cf.* ohm
M.H.R. (略) *M*ember of the *H*ouse of *R*epresentatives (미 하원 의원).
MHS (略) *m*essage *h*andling *s*ystem (서로 다른 정보 단말장치끼리의 상호통신을 위한 변환 시스템).
MHT (略) *m*anned *h*ypersonic *t*ransport (유인(有人) 극초음속기).
M.H.W. (略) *m*ean *h*igh *w*ater (평균 고수위).
MHz, Mhz (略) *m*ega*h*ertz.
*****mi** [mi:] *n.* (음악) 미〔전음계의 제3음〕. 〔<It〕.
mi. (略) *mi*le; *mi*ll.
M.I. (略) *M*ounted *I*nfantry; (英) *M*ilitary *I*ntelligence (군사 첩보부). ¶ *M. I.* 5 국내 첩보부 / *M. I.* 6 국외 첩보부. 〔방불명 병사〕.
M.I.A., MIA (略) (美) *m*issing *i*n *a*ction (전투후 행
Mi·am·i [maiémi] *n.* 미국 Florida 주 동남부의 해안 도시·피한지(避寒地).
mi·aow [miáu, mjau] *n., vi.* =meow.
mi·as·ma [maiǽzmə, mi-] *n. (pl.* -**ma·ta** [-mətə] *or* -**mas**) 늪지 따위에서 발생하며, 말라리아의 원인이라 생각되었던 독기(毒氣).
mi·as·mal [maiǽzm(ə)l, mi-] *adj.* 독기의, 유독한.
mi·as·mat·ic [màiæzmǽtik, mi-] *adj.* =miasmal.
mi·au [miáu], **mi·aul** [miául, miɔ́:l] *n., vi.* = miaow. 〔행〕.
MIB (略) *m*arketing *i*nformation *b*ank (시장 정보 은
MIC (略) *m*ilitary-*i*ndustrial *c*omplex.
Mic. (略) *Mic*ah.
mi·ca [máikə] *n.* ⓤ 운모(isinglass).
mi·ca·ceous [maikéiʃəs] *adj.* 운모(상)의, 운모를 함유하는.
Mi·cah [máikə] *n.* 〔성서〕 1 미가〔기원전 8세기의 유대의 예언자〕. 2 미가서(書) 〔구약 성서의 한 서〕.
Mi·caw·ber [mik5:bər] *n.* Wilkins ~ Dickens 의 소설 *David Copperfield* 중의 인물. 철저한 낙천주의자.
Mi·caw·ber·ism [mik5:bərìz(ə)m] *n.* ⓤ 낙천주의.
mice [mais] *n.* mouse 의 복수형.
Mich. (略) *Mich*aelmas; *Mich*igan. 〔10:13〕.
Mi·chael [máikl] *n.* 대천사 미가엘 〔←다니엘서 (Dan.)
Mich·ael·mas [míklməs] *n.* 미카엘제(祭) 〔대천사 미가엘의 축일 (9월 29일); 영국에서는 추계 지불일, 사계(四季) 지불일의 하나〕. *cf.* Martinmas
Míchaelmas dáisy *n.* (英) 〔식물〕 쑥부쟁이, 개미취(aster). 〔(學期).
Míchaelmas tèrm *n.* (the ~) 〔영국 대학의〕 가을
*****Mich·i·gan** [míʃigən] *n.* 1 미국 중북부의 주〔주도(州都) Lansing; 略 Mich.〕. 2 **Lake** ~ 북미 5대호의 하나.
Mich·i·gan·der [mìʃigǽndər] *n.* 미시간주 사람.
Mich·i·gan·ite [míʃigənàit] *n.* =Michigander.
Mick [mik] *n.* (때로 m-) (구어) 아일랜드인.
Mick·ey [míki] *n.* 〔속어〕 1 ~ Mickey Finn. 2 (종

종 m-) 감자, [특히] 구운 감자. **3** (the m-) 기력.
***take the mickey out of** a person*《英속어》…을 놀리다, 웃음거리로 만들다.
—— *adj.* (종종 m-) =mickey mouse. 〔은 술.
Míckey Fínn *n.*《속어》마취약이나 하제 따위를 넣
míckey mòuse *adj.* (종종 M- M-)《美속어》《음악 따위의》케케묵은; 유치; 싸구려의, 시시한, 하찮은.
—— *n.* **1** (M- M-)《英공군 속어》전동(電動) 폭탄 투하 장치. **2**《美속어》어떻든 상관없는 일; 혼란;《美학생 속어》쉬운 과목. 〔< Walt Disney 의 만화 영화의 쥐〕
míck·ey-mouse [míkimàus] *v.* (-moused, -mousing) *vi.* [만화 영화 따위에서] 동작과 음악을 일치시키다. —— *vt.* 필름에 화면 동작과 맞추어 음악을 넣다.
míck·le [míkl]《고어·스코》*adj.* 큰(great); 많은 (many), 다량(~을 다음 속담 속에서 쓰인다.) ¶ *Many a little makes a mickle.*《속담》티끌 모아 태산.
MICR《略》〔컴퓨터〕*m*agnetic *i*nk *c*haracter *r*eader (자기(磁氣) 잉크 문자 판독 장치).
mi·cra [máikrə] *n.* micron 의 복수형의 하나.
mi·cro [máikrou] *n.* 아주 작은 것, 마이크로스커트.
—— *adj.* 아주 작은.
micro- 다음 뜻을 나타내는 연결형 (* 모음 앞에서는 micr- 를 쓴다). **1** very small. 예: *micro*cosm. **2** enlarging. 예: *micro*scope. **3** microscopic. 예: *micro*chemistry. **4** one millionth part. 예: *micro*gram.
mi·cro·a·nal·y·sis [màikro(u)ənǽlisis] *n.* Ⓤ〔화학〕미량 분석.
mi·cro·bal·ance [màikro(u)bǽləns] *n.* 〔화학〕미량 천칭(天秤). 〔(病原菌).
mi·crobe [máikroub] *n.* 미생물, 세균(germ); 병원균
mi·cro·bi·al [maikróubiəl] *adj.* 미생물의(에 의한).
mi·cro·bi·an [maikróubiən], **-cro·bic** [-bik] *adj.* =microbial.
mi·cro·bi·ol·o·gy [màikro(u)baiάlədʒi / -ɔ́l-] *n.* Ⓤ 미생물학, 세균학.
mi·crob·ism [máikro(u)bìz(ə)m] *n.* Ⓤ〔병리〕〔세균·미생물에 의한〕감염증, 부패, 화농(化膿).
mi·cro·burst [máikrəbə̀:rst /-ʌ́-] *n.* 순간 돌풍〔구름의 밑부분에서 분출하는 것으로 비행기 사고의 원인의 하나〕.
mi·cro·bus [máikro(u)bʌ̀s] *n.* 마이크로버스.
mi·cro·cam·er·a [màikro(u)kǽm(ə)rə] *n.* (*pl.* ~**·es**) 현미경 사진용 카메라.
mi·cro·cap·sule [màikro(u)kǽpsjuːl] *n.* 〔약품학〕미소 캡셀. 〔(寫) 사진 카드.
Mí·cro·càrd [màikro(u)kɑ̀ːrd] *n.*《상표명》축사(縮
mi·cro·ce·phal·ic [màikro(u)səfǽlik, +英 -kéf-], (**mi·cro·ceph·a·lous** [-séfələs, +英 -kéf-]) *adj.* **1**〔頭蓋 측정〕소두(小頭)의. **2**〔병리〕이상(異常) 소두의. *cf.* megacephalic
mi·cro·ceph·a·ly [màikro(u)séfəli, +英 -kéf-] *n.* Ⓤ 이상 소두증. *cf.* macrocephaly 〔량 화학.
mi·cro·chem·is·try [màikro(u)kémistri] *n.* Ⓤ 미
mi·cro·chip [màikro(u)tʃíp] *n.*〔전자공학〕마이크로칩, 반도체 집적 회로 소자〔전자 회로를 싣고 있는 실리콘의 작은 조각〕.
mi·cro·chro·nom·e·ter [màikro(u)krənάmitər /-nɔ́m-] *n.* 초(秒) 시계.
mi·cro·cir·cuit [màikro(u)sə́ːrkit] *n.* 〔전자 공학〕미소(微小) 회로.
mi·cro·cli·mate [màikro(u)kláimit] *n.* 미(微) 기후, 미(微) 기상〔매우 작은 환경내의 기상〕.
mi·cro·coc·cus [màikro(u)kάkəs /-kɔ́k-] *n.* (*pl.* -**coc·ci** [-kάksai /-kɔ́k-])〔세균〕미구균(微球菌).
mi·cro·code [màikro(u)kòud] *n.* 〔컴퓨터〕microprogramming 〔미소 프로그램 작성〕에 쓰이는 코드.
mi·cro·com·put·er [màikro(u)kəmpjúːtər] *n.* 마이크로컴퓨터〔소형 전자 계산기〕.
mi·cro·cop·y [máikro(u)kὰpi / -kɔ̀pi] *n.* (*pl.* **-cop-**

ies) 축소 복사〔microfilm 에 담은 것〕.
mi·cro·cosm [máikro(u)kὰz(ə)m /-kɔ̀z-] *n.* **1** 소우주. *cf.* macrocosm **2** 소세계〔세계의 축도(縮圖)로서의 사회·시가지·마을 따위〕. **3**〔우주의 축도로서의〕인간. 〔우주의, 소세계의.
mi·cro·cos·mic [màikro(u) kάzmik / -kɔ́z-] *adj.*
mi·cro·crack [màikro(u)krǽk] *n.*〔유리 따위의〕미소(微小) 균열. —— *vi., vt.* 미소 균열이 생기다, 미소 균열을 만들다.
mi·cro·crys·tal·line [màikro(u)krístəl(ə)làin, +美 -lìn] *adj.* 미정질(微晶質)의, 미세한 결정으로 이루어진.
mi·cro·cul·ture [máikro(u)kʌ̀ltʃər] *n.* **1** Ⓤ Ⓒ〔소수 사람들의〕소문화, 소수 민족의 문화. **2** Ⓤ 미생물·세포 따위의 배양.
mi·cro·cu·rie [màikro(u)kjúː(ː)ri / -kjúəri] *n.* 〔물리·화학〕마이크로퀴리〔방사능의 세기의 단위. 100만분의 1 curie〕.
mi·cro·dis·sec·tion [màikro(u)disékʃ(ə)n] *n.* Ⓤ 현미 해부(顯微解剖).
mi·cro·dot [máikro(u)dὰt / -dɔ̀t] *n.* 마이크로돗〔점의 크기까지 축소한 사진〕.
mi·cro·eco·nom·ics [màikro(u)iːkənάmiks / -nɔ́m-] *n. pl.* 〔단수 취급〕미시(微視) 경제학.
mi·cro·e·lec·trode [màikro(u)iléktroud] *n.* 현미 전극(電極).
mi·cro·e·lec·tron·ics [màikro(u)ilèktrάniks / -trɔ́n-] *n. pl.*〔단수 취급〕미소 전자학.
mi·cro·el·e·ment [máikro(u)èlimənt] *n.* 〔식물〕미량(微量) 원소〔생육(生育)에 필요한 극미(極微) 화학 원소〕.
mi·cro·en·cap·su·la·tion [màikro(u)enkæpsjuléiʃ(ə)n] *n.* Ⓤ〔약품학〕미소 캡셀화.
mi·cro·far·ad [màikro(u)fǽrəd] *n.*〔전기〕마이크로패러드〔전기 용량의 실용 단위. 100만분의 1 패러드〕.
mi·cro·fiche [máikro(u)fìːʃ] *n.* 마이크로피시〔여러 페이지 분의 내용을 수록하는 마이크로필름 카드〕.
mi·cro·film [máikro(u)fìlm] *n.* Ⓤ Ⓒ 마이크로필름, 축소 사진 필름. —— *vt.* …을 마이크로필름에 담다.
mi·cro·form [máikro(u)fɔ̀ːrm] *n.* Ⓤ 마이크로폼〔미소 축사(縮寫)용 재료〕. —— *vt.* …을 마이크로폼 상에 미소 축사(縮寫)하다.
mi·cro·fos·sil [màikro(u)fάs(ə)l / -fɔ́sl] *n.* 〔생물〕미화석〔현미경을 사용하여야 식별 가능한 미세한 화석〕.
mi·cro·gram, 《英》-gramme [máikro(u)grǽm] *n.* 마이크로그램〔100만분의 1그램〕.
mi·cro·graph [máikro(u)grǽf / -grὰːf] *n.* **1** 세서(細書) 용구. **2** 현미경 사진〔도〕. **3** 미동(微動) 확대 측정기.
mi·crog·ra·phy [maikrάgrəfi / -krɔ́g-] *n.* Ⓤ **1** 현미 경도(圖). **2** 현미경에 의한 검사〔연구〕. *cf.* macrography **3** 세서술(細書術).
mi·cro·grav·i·ty [máikro(u)grǽvəti] *n.* 마이크로 중력〔인공 위성의 무중력 상태 및 이를 이용한 실험기술〕.
mi·cro·groove [máikro(u)grùːv] *n.* **1** LP 레코드의》미소 홈. **2** 〔microgroove 가 붙은〕LP 레코드.
mi·cro·in·jec·tion [màikro(u)indʒékʃ(ə)n] *n.* Ⓤ Ⓒ 〔생물〕현미(顯微) 주사.
mi·cro·lith [máikrəlìθ] *n.* 〔考古〕세석기(細石器).
mi·crol·o·gy [maikrάlədʒi / -krɔ́l-] *n.* **1** 미소물(微小物) 연구. **2** 미세한〔하찮은〕점이나 차이에 지나치게 구애됨.
mi·cro·ma·nip·u·la·tion [màikro(u)mənìpjuléiʃ(ə)n] *n.* Ⓤ 현미(顯微) 조작(수술)〔현미경하에서의 세포 조작〕.
mi·cro·ma·tion [màikro(u)méiʃ(ə)n] *n.* 〔컴퓨터〕컴퓨터 출력 microfilming (COM) 등에 의하여 컴퓨터 처리 결과를 마이크로필름에 출력하는 방법.

mi·cro·mesh [máikrou)meʃ] *adj.* [스타킹 따위] 올이 매우 촘촘한.

mi·cro·me·te·or·ite [màikro(u)míːtiərait] *n.* 〖천문〗 우주진(塵) (cosmic dust).

mi·cro·me·te·or·oid [màikro(u)míːtiərɔid] *n.* 미소 유성체.

mi·cro·me·te·or·ol·o·gy [màikro(u)mìːtiərálədʒi / -rɔ́l-] *n.* ⓤ 미(微)기상학.

mi·crom·e·ter [maikrám-itər / -krɔ́m-] *n.* 1 〖망원경이나 현미경에 붙어 있는〗 측미척(測微尺) (계), 마이크로미터. 2 = micrometer caliper. [micrometer 2]

micrómeter cáliper *n.* 측미(測微) 칼리퍼스, 마이크로미터 칼리퍼스.

micrómeter scréw *n.* [마이크로미터용] 측미 나사.

mi·crom·e·try [maikrámitri / -króm-] *n.* ⓤ 측미법(술), 마이크로미터에 의한 계측[법].

mi·cro·mi·cron [màikro(u)máikrən / -krɔn] *n.* micron의 100만분의 1[기호 μμ, mu mu].

mi·cro·min·i·a·ture [màikro(u)míniətʃər] *adj.* 〖전자 부품의〗 초소형(超小型)의.

mi·cro·min·i·a·tur·i·za·tion [màikro(u)mìn(i)-ətʃəraizéiʃ(ə)n, -tʃuə- -njətʃurəiz-] *n.* 초소형화.

mi·cro·min·i·a·tur·ize [màikro(u)míniətʃəraiz] *vt.* (-ized, -iz·ing) 〖전자 장치 따위〗를 초소형화하다.

mi·cro·mod·ule [màikro(u)mádʒuːl / -mɔ́dʒuːl] *n.* 〖인공 위성 따위에 쓰이는〗 초(超) 소형 전자 회로.

mi·cron [máikrən / -krɔn] *n.* (*pl.* **-crons** *or* **-cra**) 1 미크론.[100만분의 1미터; 기호 μ]. *cf.* bicron 2 〖물리 화학〗〖직경 0.2-10μ의〗 교상(膠狀) 미립자, 미자.

mi·cro·nee·dle [máikro(u)níːdl] *n.* 미소 침(針) [microdissection 이나 microinjection 에 쓰는 바늘].

Mi·cro·ne·sia [maikrəníːʒə, -krouníːziə] *n.* 미크로네시아[태평양 북서부의 군도로 연방국. 정식 명칭은 The Federated States of Micronesia. 수도 Palikir].

Mi·cro·ne·sian [màikrəníːʒən, -ʃən / -ʒən] *adj.* 미크로네시아의, 미크로네시아인(어)의. — *n.* 미크로네시아인; ⓤ미크로네시아어.

mi·cron·i·za·tion [màikrənizéiʃ(ə)n / -naiz-] *n.* 미분화(微粉化).

mi·cron·ize [máikrənaiz] *vt.* (-ized, -iz·ing) …을 미분화하다.

mi·cro·nu·cle·us [màikro(u)n(j)úːkliəs / -nju-] *n.* (*pl.* **-clei** [-kliài]) 〖동물〗〖섬모충(纖毛蟲)의〗 소핵(小核), 부핵(副核).

mi·cro·nu·tri·ent [màikro(u)n(j)úːtriənt / -njúː-] *n.* 미량 영양소〖철분 따위처럼 미량으로 작용하는 영양소〗.

mi·cro·or·gan·ism [màikro(u)ɔ́ːrɡənìz(ə)m] *n.* 미생물.

mi·cro·pho·bi·a [màikro(u)fóubiə] *n.* 〖정신 의학〗 미생물 공포증[병원균 따위의 미생물에 대한 공포증].

‡**mi·cro·phone** [máikrəfòun] *n.* 마이크로폰(mike).
◇ **microphónic** *adj.*   [폰의.

mi·cro·phon·ic [màikrəfánik / -fɔ́n-] *adj.* 마이크로

mi·cro·pho·to·graph [màikro(u)fóutəɡræf / -ɡràːf] *n.* 1 = microfilm. 3 = photomicrograph.

mi·cro·phys·ics [màikro(u)fíziks] *n.* 미시적(微視的) 물리학. *cf.* macrophysics

mi·cro·phyte [máikro(u)fait] *n.* 1 미소 식물. 2 〖병리〗 미생물.

mi·cro·pop·u·la·tion [màikro(u)pàpjuléiʃ(ə)n / -pɔp-] *n.* 〖생태〗〖특정 환경 내의〗 미생물 집단; 협역(狭域) 인간 집단.

mi·cro·print [máikrəprìnt] *n.* 마이크로프린트, 축

mi·cro·proc·es·sor [màikro(u)práːsesər / -próu-] *n.* 〖컴퓨터〗 마이크로 프로세서[마이크로 컴퓨터의 중앙 처리 장치].

mi·cro·pro·gram [màikro(u)próuɡræm] *n.* 〖컴퓨터〗 마이크로프로그램, 미소 프로그램.

mi·cro·read·er [máikro(u)ríːdər] *n.* 마이크로리더 [마이크로필름을 확대 투사하는 장치].

mi·cro·rev·o·lu·tion [màikro(u)revəlúːʃ(ə)n] *n.* 마이크로 혁명[유전공학 등 이공분야의 미세 기술에 의한 대변혁].

‡**mi·cro·scope** [máikrəskòup] *n.* 현미경.
◇ **microscópic** *adj.*

*****mi·cro·scop·ic** [màikrəskápik / -skɔ́p-], **-i·cal** [-ik(ə)l] *adj.* 1 현미경으로밖에 보이지 않는; 극미(極 微)의. ¶ *a microscopic* organism 미생물. 2 현미경 〖사용〗의. ¶ *a microscopic* examination 현미경 검사. 3 극 미세 범위의. ¶ with *microscopic* care 매우 주의 깊게. **-i·cal·ly** [-ikəli] *adv.*   〖사용〗숙련기.

mi·cros·co·pist [maikráskəpist / -krɔ́s-] *n.* 현미경

mi·cros·co·py [maikráskəpi, máikrəskòupi / maikrɔ́skəpi] *n.* ⓤ 1 현미경 사용[법]. 2 현미경 검사.

mi·cro·sec·ond [máikrəsèk(ə)nd] *n.* 마이크로초(秒)[100만분의 1초].

mi·cro·sec·tion [màikrəsékʃ(ə)n] *n.* 현미경 검사용의 얇은 절편(切片).

mi·cro·seism [máikro(u)sàiz(ə)m / -ː-] *n.* 〖지질〗 맥동(脈動) 미소의 미약한 진동.

mi·cro·seis·mic [màikrosáizmik] *adj.* 맥동의.

mi·cro·seis·mo·graph [màikro(u)sáizməɡræf / -ɡràːf] *n.* 미진계(微震計).

mi·cro·seis·mom·e·try [màikro(u)saizmámitri / -mɔ́m-] *n.* ⓤ 미진 측정법.

mi·cro·skirt [máikro(u)skə̀ːrt] *n.* 마이크로스커트 [미니스커트보다 짧은 것].

mi·cro·sleep [máikrəslìːp] *n.* 〖생리〗 〖깨어 있을 때의〗 순간적인 잠, 깜박 졸기.   [미립자.

mi·cro·some [máikrəsòum] *n.* 〖생물〗 〖원형질내의〗

mi·cro·spec·tro·scope [màikro(u)spéktrəskòup] *n.* 현미 분광기(分光器).

mi·cro·spore [máikrəspɔ̀ːr / -spɔ̀ː-] *n.* 〖식물〗 1 〖양치 식물의〗 소포자(小胞子). 2 화분립(花粉粒) (pollen grain).   [수술(외과술).

mi·cro·sur·ger·y [màikro(u)sə́ːrdʒəri] *n.* 극미소

mi·cro·tome [máikrətòum] *n.* 마이크로톰[현미경 검사용 조직의 얇은 절편을 만드는 기기].

mi·cro·wave [máikrəwèiv] *n.* 마이크로웨이브, 극초단파(極超短波).

mícrowàve óven *n.* 전자 레인지.

mícrowàve síckness *n.* 〖병리〗 극초단파 심신 장해[레이다 따위의 극초단파를 쐬면 발생한다고 믿어지는 순환 기관·심장·중추 신경 따위의 장해].

mi·cro·world [máikro(u)wə̀ːrld] *n.* 극미 세계[현미경하의 미세한 세계].   〖물〗.

mi·cro·zyme [máikrəzaim] *n.* 발효 미생물(醱酵微生

mic·tu·rate [míktʃurèit / -tjur-] *vi.* (-rat·ed, -rat·ing) 방뇨(放尿)하다, 오줌을 누다(urinate).

mic·tu·ri·tion [mìktʃuríʃ(ə)n / -tjuər-] *n.* ⓤ 방뇨.

MICV (略) 〖군사〗 mechanized infantry combat vehicle(기계화 보병 전투차).

*****mid**[1] [mid] *adj.* 1 중앙의, 한가운데의, 중부의, 중간의. ¶ in *mid* air 공중에 / in *mid* career 중도에서. 2 〖음성〗 중위(中位) 모음의, 반개음(半開音)의.
◇ **middle** *n.*

mid[2] [mid] *prep.* 《詩》= amid.

mid-, middle, middle part of 의 뜻의 연결형. 예: *mid*-brain, *mid*day, *mid*-Victorian.

mid. (略) middle.

mid·af·ter·noon [mídæ̀ftərnúːn, -àːftər- / -ːàːftər-] *n. adj.* 오후 중반(의) 〖오후 3-4시 전후〗.

mid·air [mídɛ́ər] *n.* ⓤ 공중, 상공.

Mi·das [máidəs, +英 -dæs] *n.* 1 〖그리스 신화〗 미다스〖Phrygia의 왕. Dionysus 로부터 손에 닿는 것을 모두 황금으로 바꾸는 힘을 받았다〗. 2 부자(富者), 부호; 돈벌이 명수.

MIDAS [máidəs] *n.* (군사) 미사일 방어 경보 시스템. [<*Missile Defense Alarm System*]
mid·brain [mídbrèin] *n.* [해부] 중뇌(中腦).
mid·course [mídkɔːrs] *adj.* (우주선의) 궤도 중간의.
— *n.* 중간 궤도.
mid·cult [mídkʌlt] *n.* ⓤⓒ(美) 중간 문화. [<MID[DLEBROW]+CULT[URE]]
*míd·day [míddèi, -díː] *n.* 정오, 한낮(noon).
— *adj.* 정오의, 한낮의. ¶ a *midday* meal 점심 식사.
mid·den [mídn] *n.* **1** (英방언) 퇴비(dunghill), 쓰레기더미(refuse heap). **2** (英) (考古) 패총(貝塚)(kitchen midden).
‡míd·dle [mídl] *adj.* **1** [거리·시간·수 따위] 중간의, 중앙의, 한가운데의, 개재(介在)하는(intermediate). ¶ a *middle* brother 3형제중 둘째 / the *middle* point of a line 선분의 중점 / the *middle* term (논리) 중항(中項) / take a *middle* point of view 중간 견해를 취하다. **2** 중위(中位)의(medium), 중등의. ¶ a man of *middle* height (size) 보통 키(몸집)의 남자 / the *middle* course 중용(中庸). **3** (종종 M-) 중기(中期)의. ¶ the *middle* Devonian 중기 데본기(紀)의. **4** (언어) [그리스어 등의] 중간태(中間態)의.
— *n.* (the ~) **1** [위치·시간의] 중점(中點), 중앙, 한가운데, 복판. ¶ heads, *middles*, and roots of plants 식물의 잎, 줄기, 뿌리의 부분 / the *middle* of the land 국토의 중앙부 / the *middle* of the night 한밤중 / about the *middle* of the 19th century 19세기 중엽에.
[類語] **middle** 시간·공간·활동 과정의 중심(중간)부: the *middle* of the year (the discussion) 1년의 중간 무렵(그 토의의 중간). **center** 원(圓)모양·구(球)모양의 정확한 중심점; 사물이 거기에 집중하는, 또는 거기에서 방사상(放射狀)으로 발하는 중심: the *center* of a circle (the auto industry) 원(자동차 산업)의 중심.
midst = middle; in, into, from, out of 따위와 함께 전치사구 안에서 쓰이다: in the *midst* of a crowd (fight) 군중의 한가운데(싸움이 한창일 무렵)에.
2 [인체의] 몸통, 허리(waist). **3** [행위의] 중도, 한창. ¶ in the *middle* of a meal (study) 식사(연구)의 한창때(중도)에. **4** [받이랑의] 사이. **5** [논리] = middle term. **6** [문법] [그리스어 동사의] 중간태(態) [형태상으로는 수동태이면서 의미는 능동태의 태]. **7** (~s) = middle article. **8** (보통 ~s) (商) 중급품. **9** (축구) 라이트(레프트) 윙 전위선(前衛線) 중앙으로 공을 차보내기; (크리켓, 중앙 문주(門柱)를 막는 타자채 자세.
— *vt.* (-dled, -dling) **1** …을 한가운데에 두다. **2** (항해) (돛·돛 따위를) 한가운데에서부터 둘로 개다.
◇ mid *adj.* [(접다).
míddle áge *n.* ⓤ 중년, 초로(初老).
*míd·dle-áged [mídléidʒd] *adj.* 중년(초로)의; 중년다운, 중년에 어울리는.
Míddle Áges *n. pl.* (the ~) 중세(기).
Míddle América (美) 중류 중도(中流中道)의 미국인 전체, 미국의 중간층.
míddle árticle *n.* (英) 중간 기사, 수필 기사(신문·잡지 따위에서 보통 시설과 서평·소개 기사의 사이에 놓인다].
Míddle Atlántic Státes *n. pl.* (the ~) New York, New Jersey 및 Pennsylvania의 세 주(Delaware 와 Maryland를 포함할 수도 있다).
míd·dle-bréak·er [mídlbrèikər] *n.* 받이랑 만드는 경운기. [정도인 사람.
míd·dle·brow [mídlbràu] *n.* 교양이나 지식이 중간 **míddle cláss** *n.* (the ~) 중산 계급, 중류 계급.
*míd·dle-cláss [mídlklǽs / -kláːs] *adj.* 중산 계급의, 중류 사회의.
míddle cóurse *n.* [행동·의견의] 중간, 절충안.
míddle dístance *n.* **1** (그림) 중경(中景). **2** 중거리 경주.
Míddle Dútch *n.* ⓤ 중세네덜란드어(1100-1500년경

의 네덜란드어; 略 MDu).
míddle éar *n.* (해부) 중이(中耳).
míd·dle-earth [mídlə:rθ] *n.* (the ~) [천국과 지옥의 사이에 있는] 지구.
Míddle Éast *n.* (the ~) 중동. *cf.* Near East, Far [East
Míddle Éastern *adj.* 중동의.
Míddle Énglish *n.* ⓤ 중세 영어(1150-1500년경의 영어; 略 ME).
míddle fínger *n.* 가운뎃손가락, 중지(中指).
Míddle Flémish *n.* ⓤ 중세 플람드르어(語) [1100-1500년 경의 플람드르어; 略 MFl].
Míddle Frénch *n.* ⓤ 중세 프랑스어(1300-1500년경의 프랑스어; 略 MF].
míddle gáme *n.* [체스 따위의] 중반전.
míddle gróund *n.* **1** = middle distance 1. **2** 중용 (中庸), 중도.
míd·dle-ground·er [mídlgráundər] *n.* 중도를 걷는 (중용을 택하는) 사람.
Míddle Hígh Gérman *n.* ⓤ 중세 고지(高地) 독일어[1100-1500년경의 고지 독일어; 略 MHG].
Míddle Kíngdom *n.* (보통 the ~) **1** (고대 이집트의) 중기 왕국(대략 2000-1785 B.C.). **2** 중국 본토 18성(省); 중국.
Míddle Látin *n.* = Medieval Latin.
míddle lífe *n.* **1** = middle age. **2** (英) 중류 생활.
Míddle Lów Gérman *n.* ⓤ 중세 저지(低地) 독일어[1100-1500년경의 저지 독일어; 略 MLG].
míd·dle·man [mídlmæ̀n] *n.* (*pl.* **-men** [-mèn]) **1** 중매인(仲買人), 중개업, 중간 상인. **2** 중신아비, 매개자(媒介者), 중재자(仲裁者).
míddle mánagement *n.* (기업·관공서의) 중간 관리자 층(層). [의.
míd·dle·most [mídlmòust] *adj.* 한가운데의, 한복판
*míddle náme *n.* **1** 중간 이름[William Samuel Johnson의 Samuel]. ⇨ CHRISTIAN NAME [주의] **2** (구어) (one's ~) [눈에 띄는] 특징, 자랑거리.
míd·dle-of-the-road [mídləvðəróud] *adj.* 중용의, 중도적인 정책의.
míd·dle-of-the-road·er [mídləvðəróudər] *n.* 중도파(온건파)의 사람.
míddle pássage *n.* (the ~) (종종 M-P-) (역사) 중간 항로[아프리카 서안에서 대서양을 횡단하여 서인도 제도에 이르는 노예선에게 가장 긴 항해].
Míddle Páth *n.* (불교) 쾌락과 금욕의 양 극단에 치우치지 않는 온건한 생활 태도. [roader.
míd·dle-road·er [mídlróudər] *n.* = middle-of-the-
míd·dl·es·cence [mídlésəns] *n.* 중고년기[40-65세의 시기], 숙년(熟年). [의 서북부와 접한다].
Míd·dle·sex [mídlsèks] *n.* 영국 동남부의 주[London
míddle-sízed [mídlsáizd] *adj.* 중형의.
míddle térm *n.* **1** (논리) [3단 논법의] 중(中) (매)(媒)명사. **2** (수학) 중항(中項).
Míd·dle·town [mídltàun] *n.* (美) (가공의) 전형적인 중류 도시. [(dle).
míddle vóice *n.* (the ~) (그리스어의) 중간태(mid-
míddle wátch *n.* (the ~) (항해) 야반직(夜半直) [자정부터 새벽 4시까지의 당직].
míddle wáy *n.* (양극단으로 치우치지 않는) 온건한 길.
míd·dle·weight [mídlwèit] *n.* **1** 평균 체중인 사람. **2** (권투) 미들급 선수. — *adj.* (권투) 미들급[선수]의.
Míddle Wést *n.* (the ~) 미국 중서부.
Míddle Wéstern *adj.* 미국 중서부의.
Míddle Wésterner *n.* 미국 중서부의 사람.
míd·dling [mídliŋ] *adj.* **1** [크기·품질·정도·등급·지위가] 중위(중간)인, 보통의(medium), 이류의(secondrate). ¶ a *middling* performance 보통의 연주 / a town of a *middling* size 중간 규모의 도시. **2** (구어) 웬만한, 어지간히 건강하; 그러 원기 왕성하다고는 할 수 없는. — *adv.* 제법, 알맞게, 상당히.

—— *n.* (보통 ~s) 중급품, 2급품, [특히] 2급품 밀가루.
mid·dy [mídi] *n.* (*pl.* **-dies**) **1** 〔구어〕=midshipman. **2** =middy blouse.
míddy blòuse *n.* [여자·어린이용의] 세일러복형의
Mid·east·ern [mídì:stərn] *adj.* =Middle Eastern.
mid-Eu·ro·pe·an [mìdjù(:)rəpí(:)ən / -jùərə-] *adj.* 중부 유럽의.
mid·eve·ning [mídì:vniŋ] *n.* ⓤ 저녁때; 밤중.
mid·field [mídfì:ld] *n.* 〔경기의〕 미드 필드; 필드의 중앙부.
Mid·gard [mídgɑ̀:rd] *n.* 〔북유럽 신화〕 지상, 이 세상, 지구.
midge [midʒ] *n.* **1** 작은 벌레[등에·각다귀·모기 따위]. **2** 꼬마, 작은 사람.
midg·et [mídʒit] *n.* **1** 꼬마, 난쟁이. ➪ DWARF 類語 **2** 초(超)소형의 물건. —— *adj.* 대단히 작은, 초소형의.
mid·heav·en [mídhèvn] *n.* ⓤ 중천(中天), 중공(中空).
mi·di [mídi] *n.* 미디 (midi dress 또는 midi skirt).
Mi·di [midí:] *n.* **1** 남녘, 남쪽, 남방(the south). **2** 남부 프랑스. 〔<F midday, south〕
mid·i·nette [mìd(i)nét] *n.* 〔파리의〕 여점원; 〔양장점의〕 여자 재봉사.
mid·i·ron [mídàiərn] *n.* 〔골프〕 2번 아이언(iron).
mid·land [mídlənd] *n.* **1** (보통 the ~) 중부 지방, 내륙부. ¶ the *Midlands* 영국 중부 지방 제주(諸州). **2** (M-) 영국 중부 지방의 방언. —— *adj.* 중부 지방의, 내륙부의; 육지로 둘러싸인. ¶ the *midland* sea 지중해 (the Mediterranean sea).
Mídland díalect *n.* (the ~) **1** 미들랜드 방언[중기(中期) 영어 방언의 하나로 London을 포함한 동부 지방 방언이 근대 영어의 표준이 되었다]. **2** 미국 중부 방언.
mid·leg *n.* [mídlèg → *adv.*] **1** 발의 중앙부. **2** 곤충의 두번째의 발. —— *adv.* [mídlég] 다리의 중간쯤에, 다리의 한가운데까지.
Míd-Lènt Súnday [mídlènt-] *n.* 사순절(Lent) 중의 네번째 일요일. *cf.* Refreshment Sunday
mid·life [mídlàif] *n.* =middle age.
mídlife crísis *n.* 중년의 위기[특히 중년이 되어 겪는 위기(초조)감].
mid-mash·ie [mídmæ̀ʃi] *n.* 〔골프〕 3번 아이언.
mid·morn·ing [mídmɔ̀:rniŋ] *n.* ⓤ 오전의 중간쯤.
mid·most [mídmòust] *adj.* 한가운데의, 중심부의 (middlemost). —— *adv.* 한가운데에, 중심부에.
midn. (略) midshipman.
‡**mid·night** [mídnàit] *n.* ⓤ **1** 야반(夜半), 한밤중. **2** 깜깜한 어둠. —— *adj.* **1** 야반의. **2** 〔한밤중처럼〕 깜깜한.
burn (or *consume*) *the midnight oil* ➪ OIL.
mídnight sún *n.* (the ~) 〔극지에서 여름철에 볼 수 있는〕 한밤중의 태양.
mid·noon [mídnú:n] *n.* ⓤ 한낮, 정오(noon).
míd óff *n.* 〔크리켓〕 투수의 왼쪽에 있는 야수[의 위치].
míd ón *n.* 〔크리켓〕 투수의 오른쪽에 있는 야수[의 위치].
mid·point [mídpɔ̀int] *n.* 중심점, 중앙 (중간) 지점; 〔수학〕 중점(中點); 〔시간적인〕 중간점.
mid·rib [mídrìb] *n.* 〔식물〕 〔잎의〕 중륵(中肋) 〔잎의 한복판을 지나는 선처럼 볼록한 잎맥〕, 주맥(主脈).
mid·riff [mídrìf] *n.* **1** 횡격막(橫隔膜) (diaphragm). **2** 몸통의 중앙부〔가슴과 배의 사이〕. **3** 미드리프 〔몸통 중앙부를 노출하는 녹색복〕. —— *adj.* 몸통 중앙의; 몸통부가 트인, 미드리프의.
mid·sec·tion [mídsèk(ʃ)ən] *n.* **1** 〔양탄자의〕 중간부, 동체의 중간부; 몸통 부분 (midriff).

mid·se·mes·ter [mídsiméstər] *n.*, *adj.* 《美》 학기 중간(의).
mid·ship [mídʃip] *n.* 배의 중앙부. —— *adj.* 배의 중앙에 있는, 배의 한가운데의.
mid·ship·man [mídʃipmən] *n.* (*pl.* **-men** [-mən]) **1** 《美》 해군 사관 학교 생도. **2** 《英》 해군 소위 후보생.
mid·ships [mídʃìps] *adv.* =amidships.
***mid·st** [midst] *n.* **1** (the ~, one's ~) 〔장소·물건·군집 따위의〕 중앙, 한가운데, 한복판(middle). ➪ MIDDLE 類語 ¶ in our (your, their) *midst* 우리들(당신들, 그들) 가운데 / He felt so lonely in the *midst* of all these people. 이들 많은 사람들 가운데 있으면서도 그는 쓸쓸하여 어쩔 줄을 몰랐다. **2** (보통 the ~) 〔어떤 상태·행위 따위의〕 한가운데, 한창 때, 중도. ¶ in the *midst* of a heavy rain 억수처럼 퍼붓는 비속에. —— *prep.* =amidst. 〔장소·때의〕 가운데에, 한창 때에. ¶ *first*, *midst*, and *last* 처음부터 끝까지, 시종 일관하여, 철두철미, ◇ *amídst prep*.
mid·stream [mídstrì:m] *n.* ⓤ 흐름의 한복판, 중류.
***mid·sum·mer** [mídsʌ̀mər, +美 ⌐ ⌐] *n.* ⓤ **1** 하지 무렵. **2** 한여름, 성하(盛夏).
Mídsummer Dáy *n.* 〔주로 英〕 요한제(祭) 〔세례 한의 축일(6월 24일); 《英》에서는 하계 지불일(quarter days의 하나)〕. *cf.* Lammas
mídsummer mádness *n.* ⓤ 극도의 광란 〔더위먹은 탓이라 생각되고 있다〕.
mid·term [mídtə̀:rm] *n.* **1** 〔학기·임기의〕 중간, 한가운데. **2** (종종 ~s) 〔구어〕 중간 시험. —— *adj.* 〔임기·학기 따위의〕 중간의.
mid·town [mídtáun, ⌐⌐] *n.*, *adj.* 《美》 상업 지구와 주택 지구의 중간 지역(의).
mid-Vic·to·ri·an [mídviktɔ́:riən / -tɔ́:-] *adj.* **1** 중기 빅토리아조의, 〔문화·예술 등의〕 빅토리아조(朝)적인. **2** 구식의; 엄격한. —— *n.* **1** 중기 빅토리아조의 사람(작가). **2** 중기 빅토리아조적인 사상(취미)을 가진 사람.
***mid·way** [mídwéi → *n.*] *adj.* 중앙의, 중도의. —— *adv.* 중도에, 중간쯤에 (halfway). ¶ It is located *midway* between A and B. 그것은 A와 B의 중간에 위치하고 있다. —— *n.* [mídwèi] **1** (종종 M-) 〔축제일·박람회 등에서 양쪽에 오락장 따위가 늘어서는〕 가운데 광장. **2** 〔드물게〕 중도(中道).
mid·week [mídwì:k] *n.* ⓤ **1** 일주(一週)의 중간쯤. **2** (M-) 〔퀘이커 교도의 사이에서〕 수요일. —— *adj.* 일주의 중간쯤의.
mid·week·ly [mídwí:kli] *adj.* =midweek. —— *adv.* 주(週)의 중간쯤에.
Mid·west [mídwést] *n.* 《美》=Middle West. —— *adj.* =Middle Western.
Mid·west·ern [mídwéstərn] *adj.* =Middle Western.
Mid·west·ern·er [mídwéstərnər] *n.* = Middle Westerner.
mid·wife [mídwàif] *n.* (*pl.* **-wives**[-wàivz]) **1** 조산원, 산파. **2** 〔비유적〕 〔일을 하는 데〕 산파역을 하는 사람.
mid·wife·ry [mídwàif(ə)ri] *n.* ⓤ 조산술, 산파학.
***mid·win·ter** [mídwíntər] *n.* ⓤ **1** 동지 무렵. **2** 한겨울, 엄동.
mid·year [mídjìər / -jɑ̀:] *n.* ⓤ **1** 1년의 중간쯤. **2** (종종 ~s) 〔구어〕 중간 시험. —— *adj.* 1년의 중간의.
mien [mi:n] *n.* 〔문학〕 태도, 풍채, 〔사람을 대하는〕 자세. ¶ a man of noble *mien* 고상한 태도의 사람.
miff [mif] 〔구어〕 *n.* **1** 발끈하기, 앵돌아짐, 뾰로통함. ¶ in a *miff* 울컥 화를 내어서. **2** 친한 사이의 싸움, 언쟁, 승강이. —— *vi.* 발끈하다; 부질없는 싸움을 하다. —— *vt.* …을 화나게 하다.
miff·y [mífi] *adj.* (**miff·i·er, miff·i·est**) 〔구어〕 화를 잘 내는, 성미가 급한. 〔정보 활동 제5부〕
MI-5 [èmáifáiv] *n.* 〔영국 정부의〕 국내 정보부, 군사
Mig, MIG [mig] *n.* 미그 〔구 소련 (러시아)의 제트 전투

mig·gle [mígl] *n.* 1 《주로 방언》《공기놀이의》 공깃돌. 2 《~s》《단수 취급》공기놀이.

†**might**[1] [mait] *auxil. v.* (* 부정형 mightn't [máitnt] 부가 의문문에 쓰일 정도이며, 보통 쓰이지 않는다) I 《may 의 과거형》 * 과거 시제의 문맥에 쓰이지만, 시제의 일치에 의한 경우가 많다. 1《가능》 ¶ In those days scholars *might* be adults, or they *might* be children. 당시의 학생은 어른일 수도 있었고 아이일 수도 있었다 / I thought he *might* be a criminal. 나는 그가 범인일지도 모른다고 생각했다 / The garden *might* perhaps be nearly 100 yards long. 《드물게》 그 정원은 안쪽으로 길이가 100 야드 가까웠으리라. * 현재는 보통 may have been 을 쓴다.

2 《가》 ¶ No one but the Duke *might* build castles. 군주 이외는 누구도 성을 쌓을 수 없었다 / He asked if he *might* enter. 들어가도 되냐고 그는 물었다. * if he *might* enter 의 might 는 가정법 과거일 수도 있다 (⇨ II 3).

3 《소원》 ¶ He begged us that some of us *might* help him. 그는 우리들에게 누군가 자기를 도와달라고 애결했다.

4《부사절 중에 써서》 ¶ He saved money so that he *might* buy a house. 그는 집을 사기 위하여 돈을 모았다 / Try as he *might*, he could not persuade her to go. 시도해 보았지만, 그는 그녀를 설득해 가게 할 수가 없었다.

II 《may 의 가정법 과거형》 * 가정법 과거 또는 그에 따른 용법으로서, 현재의 가능성 · 가정 등을 나타낸다. 1 《추측·가능성》 ¶ 일반적으로 may 의 경우보다 가능성이 적은 것을 나타낸다. ¶ Be careful. If you slipped here, you *might* kill yourself. 주의해라. 여기서 발을 헛디디면 목숨을 잃을지도 모르니까 / That *might* be true. 어쩌면 그것은 정말일지도 모른다 / *Might* he be there now? 어쩌면 지금쯤 그는 그곳에 도착해 있지 않을까? / You *might* not want to come back. 어쩌면 너는 돌아오고 싶지 않은지도 몰라.

2 《~+have+p.p.의 형으로 과거의 비현실적인 일을 나타낸다》 ¶ World history *might* have been changed if they had won the war. 만약 그들이 전쟁에서 이겼더라면 세계의 역사는 바뀌었을지도 모른다 / I *might* have won the first prize. 1등상을《타려고 생각했더라면》 탈 수 있었을지도 모르는데.

3 《허가》 ¶ *Might* I use your phone? 전화를 써도 괜찮을까요? (* May I ...보다 정중한 표현) / If I *might* venture an opinion, I would think it is quite useless. 감히 말씀을 드린다면, 그것은 전혀 쓸데없는 일인 것 같습니다. * may 보다 사양·주저·겸손을 더 느끼게 한다. 또한, 독립문에서는 의문문에만 쓰인다.

4《희망·충고》…하면 좋겠다[좋을 텐데]. ¶ You *might* tell me what he said. 그가 말한 것을 가르쳐주면 좋겠는데《이야기해 주시지 않겠어요》/ You *might* listen to me. 내가 말한 것을 잘 들어주면 좋을 텐데《어떻겠니》/ You *might* have helped me with the work. 내 일을 거들어 주었더라면 좋았을 것을.

5 《시제의 일치》 ¶ She wished that her son *might* be safe. 그녀는 아들이 무사하기를 빌었다.

might as well [... *as* ~] ⇨ WELL[1].
might well ⇨ WELL[1].

†**might**[2] [mait] *n.*《구어》[신체·정신의] 힘; 세력; 완력(腕力); 능력, 실력. ◇ POWER 類語 ¶ by *might* 힘으로, 우격다짐으로 / beyond one's *might* 자기의 힘 밖의 일이어서 / *Might* makes (or is) right. 《속담》힘이 정의.
with [all] **one's might; [with] might and main** 전력을 다하여, 힘껏.
◇ **míghty** *adj.*

might-have-been [máitə(v)bìn, +美 -bìːn] *n.* 어쩌면 일어났을지도 모르는 일; 좀더 훌륭한 인물이 되었을 지도 모를 사람.

might·i·ly [máitili] *adv.* 1 세게, 힘차게, 씩씩하게 (strongly). 2 매우, 대단히, 심히.

might·i·ness [máitinis] *n.* 1 ⓤ 힘셈, 강대(强大), 위대(偉大). 2 [His M-] [칭호로서] 각하, 전하(殿下). ¶ His *Mightiness* 각하.

†**might·y** [máiti] *adj.* (**might·i·er, might·i·est**) 1 힘이 있는, 강한, 힘센(powerful, strong); 위대한(great). ¶ a *mighty* nation 강대국(强大國) / *mighty* works 〔성서〕 기적(奇蹟), 크나큰 위업 / high and *mighty* 매우 교만한 / a *mighty* hit 큰 성공(성과). 2 큰, 거대한, ¶ a *mighty* oak 커다란 떡갈나무 / *mighty* waters 큰 파도. 3 〔정도·분량이〕 상당한; 엄청난, 대단한, 굉장한. ¶ a *mighty* delight 크나큰 기쁨. — *adv.* 《구어》 대단히, 매우, 몹시, 극히 (extremely). ¶ *mighty* well (weak) 대단히 좋은(약한) / He had a *mighty* hard time. 그는 크나큰 어려움에 직면했다.
◇ might *n.*

mi·gnon [mínjən / míːnjɔːŋ] *adj.* 작고도 아름다운, 귀여운, 우아하고 아름다운. [< F]

mi·gnon·ette [mìnjənét] *n.* 1 〔식물〕 목서초(木犀草) [목서초과(科)의 1년초]. 2 ⓤ 회록색(灰綠色). 3 ⓤ [특히 프랑스제의] 가는실로 뜬 레이스의 일종.

mi·graine [máigrein / míː-] *n.* ⓤⓒ 편두통(偏頭痛).

mi·grant [máigrənt] *adj.* 이주성(移住性)의(migratory). ¶ *migrant* birds 철새. — *n.* 1 이주자, 《美》 이동 농장 노동자. 2 철새.

mi·grate [máigreit / -ː] *vi.* (**-grat·ed, -grat·ing**) 1 이주하다. ¶ (~+前+名) *migrate from* Korea *to* South America 한국에서 남미로 이주하다. 2 〔새·물고기·동물 따위가 떼 따라〕 옮겨 살다. 3 〔영국의 대학에서〕 다른 학료(學寮)로 옮기다.

類語 migrate 어떤 나라·지역으로부터 다른 곳으로 이주하는; 사람·새·물고기 따위에 쓰는 말. emigrate 사람이 어떤 나라(보통 모국)에서 다른 나라로 이주하다: *emigrate* from Korea 한국에서 이주하다. immigrate [다른 나라에서] 이주해 오다: *immigrate* to Brazil 브라질로 이주하다.

◇ migration *n.*, migratory *adj.*

†**mi·gra·tion** [maigréiʃ(ə)n] *n.* 1 ⓤⓒ 이주, 이동, 옮겨 살기 2 이주자단(團), 이주자의 무리. 3 〔화학〕 영동(泳動), 이동. ◇ migrate *v.*

mi·gra·tion·al [maigréiʃən(ə)l] *adj.* 이주의, 이동의.

mi·gra·tive [máigrətiv] *adj.* = migratory.

mi·gra·tor [máigreitər] *n.* 이주자; 철새(migrant).

mi·gra·to·ry [máigrətɔ̀ːri / -t(ə)ri] *adj.* 1 이동하는. *cf.* resident. ¶ *migratory* birds 철새 / a *migratory* worker 계절 노동자. 2 방랑성의.

M.I.J.(略) *M*ember of *I*nstitute of *J*ournalists.

†**mike**[1] [maik] *n.*《구어》마이크(microphone).

mike[2] [maik] *n.* [법정의] 소형 대포의 지주.

mike[3] [maik]《英속어》*n.* 게으름피움; 빈둥거림. ¶ on the *mike* 빈둥빈둥 / do (or have) a *mike* 게으름피우다. — *vi.* (**miked, mik·ing**) [일을] 게을리하다, 빈둥거리다.

míke fríght 《구어》[마이크 앞에서 절쩔매는] 마이크 공포증.

mil [mil] *n.* 1 밀[1/1000인치, 전선(電線)의 직경 측정의 단위]. 2 밀리리터[약의 처방전에 썼다]. 3 《군사》 밀[사격 측각(測角)의 단위]. 4 [원래 근동에서 쓰였던] 화폐 단위. 1/100 파운드.

mil.(略) *mil*itary; *mil*itia.

mi·la·dy [miléidi] *n.* (*pl.* **-dies**) 부인, 숙녀, 아씨. 마님. * 종종 영국 귀부인에 대한 호칭으로 쓰인다.

mil·age [máilidʒ] *n.* = mileage.

Mi·lan [milǽn] *n.* 밀라노[이탈리아 북부의 도시, 이탈리아명 Milano].

Mi·lan·ese [mìlənːz, +美 -nːs] *n.* 1 밀라노의 주민. 2 ⓤ [이탈리아어의] 밀라노 방언. — *adj.* 밀라노의, 밀라노인(人)의, 밀라노 방언의.

milch [miltʃ] *adj.* [소·염소 따위가] 젖을 내는, 젖을 짜내기 위한.

milch cow *n.* **1** 젖소. **2** 《비유적》돈줄, 달러 박스.

‡**mild** [maild] *adj.* **1** [태도·말 따위가] 온순한, 유순한, 상냥한, 부드러운. ⇨ GENTLE 類語 ¶ *mild* as a dove 매우 유순한 / be *mild* in disposition 기질이 온순하다 / be *mild* of manner 태도가 점잖다. **2** [날씨·기후가] 따뜻한, 온화한, 포근한, 알맞은. ¶ a *mild* winter 따뜻한 겨울, 난동(暖冬). **3** [맛·향기 따위가] 독하지 않은, 부드러운, 순한. ¶ a *mild* cigarette 순한 궐련. **4** [벌 따위가] 엄하지 않은, 가벼운, 관대한. **5** [병이] 가벼운, 양성(良性)의. ¶ a *mild* case 경증(輕症) 환자. **6** [약효가] 느린. **7** 《英방언》[토양·목재 따위가] 부드러운, 가공하기 쉬운. ¶ *mild* steel 연강(軟鋼). ━ *n.* ⓤ《英구어》호프가 적게 든 맥주(mild ale). ━**ness** *n.*

mild and bitter *n.* ⓤ《英》쓴맛 단맛의 생맥주를 반씩 섞은 맥주.   [무 짜지 않게 한.

mild-cured [máildkjúərd] *adj.* 《베이컨·햄 따위》너

mild·en [máild(ə)n] *vt., vi.* 온화하게 하다(되다).

mil·dew [míld(j)ùː / -djùː] *n.* **1** [식물 병리] 노균병(露菌病). **2** [습기로 가죽, 의류 따위에 생기는] 흰 곰팡이. ━ *vt.* …을 노균병에 걸리게 하다; …에 곰팡이가 생기게 하다. ━ *vi.* 노균병에 걸리다; 곰팡이가 생기다.   [팡이가 생긴.

mil·dew·y [míld(j)ùːi / -djùːi] *adj.* 노균병에 걸린; 곰

*****mild·ly** [máildli] *adv.* 온화하게, 부드럽게.

*****mile** [mail] *n.* **1** (=státute míle) [영어권 국민간의 법정] 마일[5,280 피트, 1,760 야드, 약 1,609 미터]. ¶ the geographical (the nautical) *mile* 지리 마일(해리) / the international nautical (air) *mile* 국제 해리(海里)《공리(公里)》의 거리의 단위, 1,852 m, 약6,076 피트]. **2** 1마일 경주. **3** 상당한 거리. ¶ not 100 *miles* from …의 가까이에서, …과 그리 멀지 않은 곳에 / It is *miles* easier. 그쪽이 훨씬 더 쉽다. ¶ *be miles away* ① 멀리 떨어져 있다. ② 《구어》예측(예견)하다.

miss by a mile ① …으로 대실패하다. ② 잘못 짚다; 과녁을 크게 벗어나다.

run a mile 《구어》…으로부터 도망치다; …을 피하다, 경원하다

see (or *tell*) *…a mile off* 《구어》…을 분명히 알다, …인 것이 뻔하다.

*****mile·age** [máilidʒ] (**mil·age**) *n.* ⓤ **1** 마일 수. **2** 《공무원 등의 여비의》마일 계산. **3** [철도의] 마일 연산 운임. **4** [일정량의 연료에 의한] 교통 기관의 주행 거리. **5** ⓒ《일정한 마일을 승차할 수 있는》마일수 수권(mileage ticket).

mile·post [máilpòust] *n.* 마일표(標), 이정표(里程標).

mil·er [máilər] *n.* 1마일 경주《전문》의 선수(경주마).

Mi·le·sian [mailíːʒ(ə)n, -ʃ(ə)n / mailíːzjən, -ziən] *n.* **1** 아일랜드인의 전설적 조상《기원전 1300년에 아일랜드를 정복했다는 스페인왕 Milesius 와 그 일당》. **2** 《때로 m-》 아일랜드인. ━ *adj.* 《때로 m-》 아일랜드[인]의.

*****mile·stone** [máilstòun] *n.* **1** 이정표 석(石). **2** 《역사·인생 등에서》획기적인 일.

mil·foil [mílfɔil] *n.* 서양톱풀.   [《粟粒疹》

mil·i·ar·i·a [mìlié(ː)riə / -éər-] *n.* ⓤ《병리》속립진

mil·i·ar·y [mílièri, -ljəri / -liəri] *adj.* 속립상(狀)《성질》의.

míliary féver *n.* ⓤ 속립열.   [(性)]의.

míliary tubèrculósis *n.* ⓤ《병리》속립 결핵.

mi·lieu [mi(ː)ljóː, -ljúː / mí(ː)ljəː] *n.* 주위, 환경, 《略》． [《F》

milit. military.

mil·i·tan·cy [mílit(ə)nsi] *n.* ⓤ 교전 상태, 호전[적]임; 투지(fighting spirit).

*****mil·i·tant** [mílit(ə)nt] *adj.* **1** 호전적인, 투쟁적인. **2** 교전중의, 전쟁의. ━ *n.* **1** 호전적인 사람. **2** 싸우고 있는 사람, 병사, 투사. ━**ly** *adv.*

mil·i·tar·i·a [mìlit(ː)riə / -tèəriə] *n.* 《복수 취급》

군용품의 수집물[군복·훈장·화기 따위].

mil·i·tar·i·ly [mílitèrili / -t(ə)ri-] *adv.* 무력으로, 군사적으로.

*****mil·i·ta·rism** [mílitərìz(ə)m] *n.* ⓤ **1** 군국주의, 군사 중심 정책; 군국주의적 국가 체제. **2** 군인 정신, 상무심(尚武心).   [가(연구가).

mil·i·ta·rist [mílitərist] *n.* **1** 군국주의자. **2** 군사 전

mil·i·ta·ris·tic [mìlitərístik] *adj.* 군국주의의, 군인 정신의. **-ti·cal·ly** [-tikəli] *adv.*

mil·i·ta·ri·za·tion [mìlitərizéi(ʃ)(ə)n / -raiz-] *n.* ⓤ 군국[주의]화; 군국화의 고취.

mil·i·ta·rize [mílitəràiz] *vt.* (**-rized, -riz·ing**) **1** …을 군국화하다, 전시 체제로 바꾸다. **2** …에 군국주의를 고취하다, …을 호전적으로 만들다.

*****mil·i·tar·y** [mílitèri / -t(ə)ri] *adj.* **1** 군의, 군사의, 군용의; 육군의. ¶ *military* affairs 군사《軍事》/ *military* authorities 군부, 군 당국 / a *military* band 군악대 / *military* forces 병력 / *military* headquarters 군사령부 / *military* police 헌병, 헌병대 / *military* training (or drill) 군사 훈련. **2** 군인의, 군인에 어울리는. ¶ *military* administration (or government) 군정 / the *military* age 징병 연령 / *military* draft 징병 / *military* discipline 군기(軍紀), 군율. **3** 군대 경력이 있는, 군인의 특징을 갖춘. ¶ assume *military* airs 군인다운 태도를 취하다. ━ *n.* (the ~) **1** 군대. **2** 《집합적》군인, 《특히》장교. ◇ **mílitarize** *v.*

mílitary acádemy *n.* **1** 육군 사관 학교. **2** 《美》군대식 교육을 하는 사립 학교.

mílitary attaché *n.* 대사관(공사관)부 무관.

Mílitary Cróss *n.* 《英》전공 십자 훈장《제1차 대전초 제정; 略》M.C.

mìl·i·tar·y-in·dús·tri·al cómplex [mìlitèri-indʌ́striəl / -t(ə)ri-] *n.* 군산 복합체《軍產複合體》.

mílitary intélligence *n.* 군사 정보, 《육》군정보부.

mílitary sátellite *n.* 《군사》군사 위성《군사 목적의 정찰·통신·기상·항법·조기 경계용 인공 위성》.

mílitary sérvice *n.* **1** 《봉건 시대에 차지인《借地人》이 영주에 대해서 지는》군역《軍役》. **2** 《특히 육군의》 병역, 군무.   [서 하는》구두 유언.

mílitary tèstament(**will**) *n.* 《군인이 싸움터에

mil·i·tate [mílitèit] *vi.* (**-tat·ed, -tat·ing**) **1** 작용하다, 영향을 미치다. ¶ *militate* against (in favor of) achievement 성취를 방해하다(에 도움을 주다). **2** 《폐어》군에 복무하다.

*****mi·li·tia** [milíʃə] *n.* **1** 시민군, 민병. **2** 《美》국민군 [18-45세의 정규 군인 이외의 남자]. [병, 국민병.

mi·li·tia·man [milíʃəmən] *n.* (*pl.* **-men** [-mən]) 민

‡**milk** [milk] *n.* ⓤ **1** 젖, 우유 (煉乳), 당유 (糖乳) / dried (or powdered) *milk* 분유 / homogenized *milk* 균질 (均質) 우유 / skimmed *milk* 탈지유 / whole *milk* 전유 (全乳) / a cow in *milk* [젖을 짜는] 젖소 / It's no use crying over spilt *milk*. 《속담》엎지른 물이로다, 복수(覆水)는 불반분(不返盆)이라. **2** [초목의] 유액. ¶ the *milk* of a coconut 야자나무 열매의 유액. **3** 《약제 따위의》유상액, 유제(乳劑) (emulsion). ¶ *milk* of lime 석회유, 소석회.

come home with the milk 《구어》외박하고 아침에 집에 돌아오다.

milk and honey 《성서》젖과 꿀; 풍부한 산물《의 땅》; 갖가지 즐거움. ¶ a land flowing with *milk and honey* 젖과 꿀이 흐르는 땅《⇨출애굽기》(Exod.) 3 : 8

milk and water 묽은 우유; 김빠진 이야기《구어》. [등].

milk for babes [쉬운] 어린이용의《초보적인》읽을거리 [speare 작 Macbeth I.v. 18].

the milk of human kindness 따뜻한 인정【Shake-

━ *vt.* **1** [소·염소 따위의] 젖을 짜다. ¶ *milk* a cow 소젖을 짜다. **2** 《수액》을 짜내다; 《독사 따위의》독을 뽑다; 《젖을 짜듯》…을 추출(抽出)하다(extract). ¶ *milk*

a snake 뱀의 독을 뽑다. **3** …을 부정하게 짜내다, 억지로 빼앗다, 착취하다(exploit). ¶ *milk* a person 남으로부터 돈을 우려내다 / *milk* an enterprise 사업을 망치면서 단물만 빨아먹다 / *milk* a street (or a market) 증권 시장을 조작하여 돈을 벌다. **4** 〔전신·전화〕를 도청하다, 〔정보〕를 캐내다.
— *vi.* **1** 젖이 나다. **2** 착유를 하다. **3** 〔날씨가〕 흐려지다(up). 〔일을 하다.
milk the bull (or ***the ram***) 가망없는 일을 하다, 헛 ◇ mílky adj.
milk-and-wa·ter [mílkənwɔ́ːtər, +美 -wɑ́t-] adj. 약하고 무기력한; 싱거운; 〔문학 등이〕 김빠진.
mílk bàr n. 밀크 바〔음료·샌드위치 따위를 파는 매점〕.
mílk chócolate n. ⓤⓒ 밀크 초콜릿.
milk·er [mílkər] n. **1** 착유자; 착유기. **2** 젖소; 젖이 나오는 가축. ¶ A good *milker* 젖이 잘 나오는 젖소(가축). **3** 유액을 분비하는 나무.
mílk féver n. ⓤ 〔병리〕 수유열(授乳熱), 유열(乳熱)〔최초의 착유에 따르는 미열〕.
milk-float [mílkflòut] n. 〔英〕 우유 배달용의 소형차.
mílk gláss n. 젖빛 유리.
mílking machìne [mílkiŋ-] n. 착유기(milker).
mílk lèg n. ⓤ 〔병리〕 〔산후에 일어나는〕 고간백종(股間白腫).
milk-liv·ered [mílklìvərd] adj. 소심한, 겁많은.
***milk-maid** [mílkmèid] n. 젖 짜는 여자, 착유녀.
milk·man [mílkmæn, -mən / -mən] n. (pl. -**men** [-mèn, -mən / -mən]) 우유 장수, 우유 배달원.
mílk of magnésia n. ⓤ 마그네시아 유제(乳劑).
mílk pówder n. = dry milk.
mílk púdding n. 〔英〕 쌀이나 타피오카 따위에 우유를 섞어 만든 푸딩.
mílk púnch n. ⓤⓒ 밀크 펀치.
mílk rànch n. 〔美〕 우유 농장(酪農場).
mílk rùn n. 〔속어〕 〔새벽에 규칙적으로 실시하는〕 폭격(정찰) 비행; 정기 단비행(短飛行); 간단히 해낼〔무사한〕 일.
mílk shàke n. 밀크 셰이크. 〔한〕 비행.
milk-shed [mílkʃèd] n. 〔한 도시의 우유 수요를 채워 주는〕 낙농 지역.
mílk síckness n. ⓤ 〔병리〕 우유병(病)〔독풀을 먹은 소의 젖을 마시고 걸리는 중독성 질환〕. 〔큰 뱀〕.
mílk snáke n. 밀크뱀〔미국 동북부산(産)의 독없는
milk-sop [mílksɑp / -sɔ̀p] n. 나약한(겁많은) 사람.
mílk súgar n. ⓤ 유당(乳糖), 락토오스(lactose).
mílk tóast n. 밀크 토스트〔버터가 발린 토스트를 뜨거운 우유에 적신 것〕.
milk-toast [mílktòust] adj. 심약한; 미지근한, 미온적인, 활기가 없는. = milquetoast.
mílk tóoth n. 젖니, 배냇니(baby tooth)
mílk tráin n. 〔지선(支線)의〕 새벽 기차〔각 지역에 정차해서 우유를 싣는다〕; 완행 열차.
mílk vétch n. 〔유럽산(産)〕 목황기속(木黃芪屬)의 초본.
mílk wálk n. 우유 배달 구역. 〔칭〕.
milk-weed [mílkwìːd] n. 흰 유액을 분비하는 풀의 총
milk-white [milk(h)wáit] adj. 젖빛의, 〔식물〕.
milk-wood [mílkwùd] n. 유액을 분비하는 열대 식물.
milk-wort [mílkwə̀ːrt] n. 애기풀속(屬)의 목초〔옛날, 젖소를 많이 나게 하는 풀로 믿었다〕.
***milk·y** [mílki] adj. (**milk·i·er**, **milk·i·est**) **1** 우유 같은; 젖빛의, **2** 젖이 많이 나는, 젖을 함유하는; 〔식물〕 유액을 분비하는, **3** 순한, 연약한, **milk·i·ness** n.
Mílky Wáy n. (the ~) 〔천문〕 은하, 은하수(Galaxy).
‡**mill**¹ [mil] n. **1** 제분소, 가루 빻는 곳. ¶ a water *mill* 물방앗간. **2** 분쇄기, 분쇄기, 맷돌. ¶ a coffee *mill* 커피 분쇄기 / The mills of God grind slowly. 〔속담〕 하늘이 무심한 듯하나 빠짐없이 살피시니라. **3** 공장, 제작소, 〔규격 따위의〕 제조소. ¶ a cotton (a paper, a steel) *mill* 방적 공장(제지, 강강소) / a saw *mill* 제재소 / a diploma *mill* 〔학교 등〕 졸업증 발행소. **4** 〔낱엽판(捺染版)·지폐 인쇄판 따위를 만드는〕 압축 제판기(製版機); 〔주화(鑄貨)의〕 제조기; 〔보석 따위의〕 연마기; 절단기; 〔과즙을 짜는〕 압착기. **5** 〔주화 가장자리의〕 깔쭉깔쭉한 부분. **6** 〔속어〕 권투 시합, 주먹질. **7** 〔美속어〕 〔자동차 따위의〕 엔진.
draw water to one's ***mill*** 아전인수하다, 이로운 점을 모두 이용하다.
through the mill 괴로운 경험을 쌓아서, 고생 끝에.
— *vt.* **1** …을 제분기(연마기·절단기·압착기 따위)에 걸다. **2** 〔화폐 주조〕 〔주화의 가장자리를〕 깔쭉깔쭉하게 만들다. **3** 〔초콜릿 우유 따위를〕 휘저어서 거품을 일게 하다. **4** …을 치다, 때리다, …과 싸우다, …을 해치우다.
— *vi.* **1** 〔물레방아·제분기 따위를〕 쓰다. **2** 〔가축 따위가〕 떼를 지어〕 빙빙 돌다(about, around). **3** 〔속어〕 권투를 하다, 서로 주먹질하다. 〔1〕.
mill² [mil] n. ⓤ 밀〔화폐의 계산 단위. 1달러의 1,000분의
mil·lage [mílidʒ] n. ⓤ 〔美〕 〔특히〕 부동산 매매에 쓰이는 세율〔1,000분의 1달러〕.
mill·board [mílbɔ̀ːrd / -bɔ̀ː] n. ⓤ 〔제본〕 두꺼운 마분지〔표지용〕. 〔못〕.
mill-dam [míldæm] n. 물방아 보(洑); 물방아용의 연
mil·le·nar·i·an [mìliné(ː)riən / -néər-] adj. 천년의, 지복(至福) 천년(millennium)의. — n. 지복 천년설을 믿는 사람.
mil·le·nar·i·an·ism [mìliné(ː)riənìz(ə)m / -néər-] n. ⓤ 지복 천년설.
mil·le·nar·y [mílinèri, miléneri / miléneri, mílin-] adj. **1** 일천(년)의, 천년으로 된. **2** 지복 천년의. — n. (pl. -**nar·ies**) **1** 천년간. **2** 지복 천년. **3** 지복 천년설 신봉자(millenarian).
mil·len·ni·al [miléniəl] adj. 천년의; 지복 천년의.
mil·len·ni·al·ism [miléniəlìz(ə)m] n. = millenarianism.
mil·len·ni·al·ist [miléniəlist] n. = millenarian.
mil·len·ni·um [miléniəm] n. (pl. -**ni·ums** or -**ni·a**) **1** 천년〔간〕. **2** 천년 기념일. **3** (the ~) 지복 천년〔그리스도가 재림해서 세상을 다스린다고 하는 신성한 천년간. 요한 계시록(Rev.) 20: 1-7〕. **4** 황금 시대.
millénnium búg n. 〔컴퓨터의〕 2000년 인식 오류 [Y2K].
mil·le·pede [mílipìːd] n. = millipede. 〔瑚〕
mil·le·pore [mílipɔ̀ːr / -pɔ̀ː] n. 의혈산호(擬穴珊
‡**mill·er** [mílər] n. **1** 방앗간 주인, 제분업자. ¶ *Every miller draws water to his own mill.* 〔속담〕 아전 인수 / *Too much water drowns the miller.* 〔속담〕 지나침은 모자람만 못하다. **2** = milling machine. **3** 날개에 가루가 있는 각종 나방. 〔光〕.
mill·er·ite [mílərait] n. ⓤ 〔광물〕 침상(針狀) 니켈
mill·er's-thumb [mílərzθʌ̀m] n. 둑중개류(類)의 작은 민물고기.
mil·les·i·mal [milésim(ə)l] adj. 1,000분의 1의.
mil·let [mílit] n. 기장〔벼과(科)의 1년초〕. ¶ Italian *millet* 조.
míllet gràss n. 〔식물〕 나도겨이삭.
mill-hand [mílhæ̀nd] n. 제분공; 공원; 방직공.
míll hòrse n. 연자매 말.
mill-house [mílhàus] n. (pl. -**hous·es** [-hàuziz]) **1** 제분소. **2** 프레이즈반(盤) 작업장.
milli- thousand, one thousandth의 뜻의 연결형. 예: *milli*pede, *milli*meter.
mil·li·am·pere [mìliǽmpiər / -pèə] n. 〔전기〕 1,000분의 1암페어.
mil·liard [míljɑːrd, +美 -jərd] n. 〔英〕 10억〔〔美〕 billion).
mil·li·bar [mílibɑ̀ːr] n. 밀리바〔기압의 단위〕.
mil·li·gram, 〔英〕 -gramme [míligræm] n. 밀리그

mil·li·li·ter, 《英》 -tre [mílilìːtər] n. 밀리리터[略 ml].

*mil·li·me·ter, 《英》 -tre [mílimìːtər] n. 밀리미터 [略 mm].

mil·li·mi·cron [mílimàikrɑn / -krɔn] n. (pl. -crons or -cra [-krə]) 밀리미크론[1,000분의 1미크론, 기호 mμ].

mil·li·ner [mílinər] n. 여성 모자 가게.

míll-line ràte [míllàin-] n. 신문·잡지 광고의 단위 효율을 판단하는 척도로 쓰이는 수치[agate line 당의 요금을 100만 배하여 해당 매체의 발행 부수로 나눈 것].

mil·li·ner·y [mílinèri / -n(ə)ri] n. ⓤ 1 여성용 모자류. 2 여성 모자 제조(판매)업(점).

mill·ing [mílin] n. ⓤ 1 맷돌로 갈기, 제분. 2 [금속면을] 평평하게 깎기; [모직물의] 축융(縮絨) (fulling). 3 [화폐 주조] [주화의 가장자리를] 깔쭉깔쭉하게 만들기; [주화 따위의 가장자리가] 깔쭉깔쭉함.

mílling cùtter n. [기계] 프레이즈반(盤)용의 커터.

mílling machìne n. [기계] 프레이즈반.

‡**mil·lion** [míljən] n. 1 100만. ¶ a (or one) million 100만 / two million and a half; two and a half millions 250만 / one million 50만 / a quarter of a million 25만 / ten millions 1,000만. 2 [화폐 단위를 생략하여] 100만 달러(원, 파운드, 프랑 따위). ¶ He is said to be worth a hundred millions. 그는 1억의 재산가라고 한다 / He spent millions on the enterprise. 그는 그 사업에 막대한 자금을 투입했다. 3 (~s) 다수, 무수. ¶ millions of people 무수한 사람들. 4 (the ~) 일반 대중, 민중, 서민. — adj. 1 100만의. 2 많은, 무수한. ¶ There's a million ways to get the money. 돈 버는 방법은 얼마든지 있다.
look like a million [*dollars*] 《구어》 근사해 보이다.
one in a million 백만 명(개) 가운데 하나, 아주 드문 사람(것).

‡**mil·lion·aire** [mìljənέər], (**mil·lion·naire**) n. 백만장자; 큰 부자, 갑부. *cf.* billionaire

mil·lion·air·ess [mìljənέ(:)ris / -έəris], (**mil·lion·nair·ess**) n. millionaire 의 여성형; millionaire 의 아내.

mil·lion·fold [míljənfòuld] adj., adv. 백만 배의(로).

mil·lionth [míljənθ] n. 백만째의, 백만 번의; 100만분의 1의. — n. 백만 번째의 것; 100만분의 1 [인 것].

mil·li·pede, **mil·le-** [míləpìːd] n. 노래기[절족(節足)동물].

mil·li·rem [mílirèm] n. 밀리렘[인체에 대한 방사선의 작용을 나타내는 단위. 1,000분의 1렘; 略 mrem].

mill·pond [mílpɑ̀nd / -pɔ̀nd] n. 물방아용 저수지, 물방아용 연못.

mill·pool [mílpùːl] n. =millpond. [흐르는 물.

mill·race [mílrèis] n. 물방아용의 도랑; [그 도랑을]

mill-run [mílrʌ̀n] adj. 1 공장에서 나온 상태 그대로 인. 2 [상품이] 아직 등급별로 분류되지 않은; 보통의.

mill·run [mílrʌ̀n] n. 1 millrace. 2 광석의 성분 테스트; 그에 의해 얻은 광물. 3 혼한(평범한) 사람(사물).

Mílls bòmb(grenàde) [mílz-] n. 《군대》 밀즈 수류탄[달걀형 고성능 수류탄].

***mill·stone** [mílstòun] n. 1 맷돌[아래 위 2개의 돌이 운데 하나], 맷돌로서의 돌, 규석(burrstone). 2 [일반적으로] 빻는(찧는, 짓누르는) 것. 3 무거운 짐[←마태복음 (Matt.) 18:6]. ¶ a millstone around one's neck 사람을 얽매는 굴레[특히 결혼을 가리킴].
between the upper and the nether millstone (or *millstones*) 궁지에 빠져서, 진퇴양난의.
hard as the nether millstone 무자비한, 무정한.
see far into (or *through*) *a millstone*; *look into* (or *through*) *a millstone* 《보통 반어·비꼬아서》 감각(통찰력 따위)이 매우 예민한; 이용되는 물질기.

mill·stream [mílstrìːm] n. 물방아용 개울, 물방아에 물을 끌어오는 물.

mill·tail [míltèil] n. 물방아를 돌린 후의 방수(放水).

míll whèel n. 물방아의 바퀴). [랑].

mill·work [mílwə̀ːrk] n. ⓤ 1 제조 공장용[목공] 제품[공·창틀 따위]. 2 물방아(제작소)의 기계 장치 [그 설치 또는 운전].

mill·wright [mílràit] n. 물방아 목수, 물방아 설계사; [공장의] 기계 기술자(수리공).

mi·lord [milɔ́ːr(d)] n. 1 나리, 각하, 주인님[유럽 대륙에서 my lord 의 뜻으로 영국 신사·주인에 대해 쓰는 호칭]. 2 《유럽에서》 영국 신사.

milque·toast [mílktòust] n. (종종 M-) 《미》 [특히 남자에 대해서] 나약한 사람, 겁보. [<만화의 인물 Caspar Milquetoast 의 이름]

mil·reis [mílrèis] n. (pl. -reis [-rèis, +英 -rèiz]) 1 브라질의 옛 은화·화폐 단위[1,000 reis]. 2 포르투갈의 옛 금화[1,000 reis].

MILSTAR [mílstɑ̀ːr] n. 《미군사》 전략·전술·중계용 군사 통신위성 계획. (< *mil*itary *s*trategic, *t*actical, *a*nd *r*elay satellite communications program)

milt [milt] n. ⓤ [물고기 수컷의] 어백(魚白), 이리. 2 [포유 동물의] 비장(脾臟), [물고기 수컷의] 생식 기관. — vt. [물고기 수컷이] [알]을 수정시키다.
— adj. [물고기 수컷이] 번식기에 있는.

milt·er [míltər] n. [산란기의] 물고기 수컷. 2 ⓤ 어백, 이리.

Mil·ton·ic [miltánik / -tɔ́n-] adj. 1 밀턴[의 저작]의. 2 밀턴 시풍(詩風)의; [문체 등이] 장엄한, 장중한. [<영국의 시인 John Milton(1608-74)의 이름]

Mil·town [míltàun] n. 《상표명》 밀타운[진정제 메프로바메이트].

mim [mim] adj. 《英방언》 시치미 떼는, 점잔빼는.

MIM (略) *m*obile *i*ntercepter *m*issile (이동식 요격 미사일).

mime [maim, +美 miːm] n. 1 흉내(mimic). 2 a) [고대 그리스·로마의] 무언 익살극(pantomime). b) 그 극의 배우. 3 희극 배우, 광대. — v. (mimed, mim·ing) vt. …을 흉내내다(mimic). — vi. [무언의] 익살극을 하다. — vt. =mimeograph.

mim·e·o [mímiòu] n. 《구어》 등사판(謄寫板) 인쇄물.

Mim·e·o·graph [mímiəgrὲf / -grὰː] n. 《상표명》 등사판, 등사 기계. — vt. (m-) …을 등사 인쇄하다.

mim·er [máimər, +美 míːm-] n. =mime 2 b), 3.

mi·me·sis [mimíːsis, +美 mai-] n. 1 《修辭》 모사 (模寫), 모방. 2 [생물] 의태(擬態). 3 [병리] 히스테리성 의병(擬病), 동감병(同感病).

mi·met·ic [mimétik, +美 mai-] adj. 1 흉내내는; 거짓의, 2 [생물] 의태의(擬態). ◇ **-i·cal·ly** [-ikəli] adv.

mimétic díagram n. 《전자공학》 모식도(模式圖) [표시판. 《공장 기계의 작동 상태 등을 램프의 점멸(點滅) 등으로 표시한다.

***mim·ic** [mímik] adj. 1 모방의, 모조의, 의의 모의(模擬)의. ¶ a mimic battle 모의 전투. 2 흉내를 잘 내는; [동작·표정에 관해서] …인 체하는. ¶ mimic tears 거짓 울음. — n. 1 모방자; 흉내(모방)를 잘 내는 사람; 흉내장이; 광대. 2 흉사한 것, 모조품(imitation). 3 [생물] 의태 동물. — vt. (-icked, -ick·ing) 1 《종종 조소적》 [남의 말·행동]을 흉내내다, 시늉을 하며 놀리다; [바보스럽게, 비열하게] …을 본뜨다, …과 흉사하게 굴다. ◇ IMITATE 類語. 2 [다른 것]과 꼭 닮다(resemble). 3 [생물] 자기 방어를 위해] …을 의태하다. ◇ **mímicry** n.

mim·ic bóard n. 미믹보드[컴퓨터를 이용하여 복잡한 시스템을 램프의 점멸 등으로 도식화하여 나타내는 표시판]. [방자.

mim·ick·er [mímikər] n. 흉내내는 사람(물건), 모

***mim·ic·ry** [mímikri] n. (pl. -ries) 1 ⓤ 흉내, 모방. 2 모조품. 3 ⓤ 《생물》 의태. ◇ **mímic** adj.

mim·i·ny-pim·i·ny [míminipímini] adj. 새침 떠는, 취미가 몹시 까다로운.

Mi·mir [míːmiər] n. 《북유럽 신화》 Yggdrasill 나무 뿌리 근처에 있는 지혜의 샘을 지키는 지혜의 신.

mim-mem [mímmém] *n.* ⓤ [반복] 모방 기억법.
〔<*mimicry-memorization method*〕
mi·mo·sa [mimóusə, -zə/ -zə] *n.* 미모사속(屬)의 식물; 함수초(含羞草).
min. (略) mineralogical; mineralogy; minim; minimum; mining; minor; minute.
Min. (略) Minister; Ministry.
mi·na[1] [máinə] *n.* (*pl.* **-nae** [-nɪ:] *or* **-nas**) **1** 고대 그리스의 화폐 단위[¹/₆₀ talent]. **2** 고대 그리스·이집트 등지의 중량의 단위[약 1파운드].
mi·na[2] [máinə] *n.* =myna.
mi·na·cious [mináiʃəs] *adj.* 위협(협박)적인.
mi·nac·i·ty [mináesiti] *n.* ⓤ 위협, 협박.
Min·a·ma·ta disease [mìnəmáːtə-] *n.* 미나마타병 [오염된 해산물로 인한 수은 중독].
mi·nar [mináːr] *n.* [특히 인도의] 등대; 작은 탑 (turret).
min·a·ret [mìnərét, ＋ᆻ ᆞ-ᆢ] *n.* [회교 사원의] 뾰족탑, 첨탑.
min·a·to·ri·al [mìnətóːriəl/-tɔ́ː-] *adj.* =minatory.
min·a·to·ry [mínətòːri / -t(ə)ri-] *adj.* 접주는, 협박(위협)적인 (menacing, threatening). **-ri·ly** *adv.*
mi·nau·dière [mìːnoudyér] *n.* [프랑스] 작은 보석함.

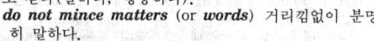
(minaret)

mince [mins] v. (**minced, mincing) vt. **1** [고기 따위를] 잘게 썰다, 저미다. **2** [말을] 삼가서 하다; [일]을 완곡하게 말하다, …을 뽐내어 말하다. — *vi.* [점잔 빼며] 종종걸음으로 걷다(걷다), 행동하다.
do not mince matters (*or* ***words***) 거리낌없이 분명히 말하다.
— *n.* ⓒ 잘게 썬 고기, 저민 고기(minced meat).
mince·meat [mínsmìːt] *n.* ⓤ 다진 고기(사과·전포도·사탕·다진 고기 따위를 섞은 mince pie 의 재료).
make mincemeat of …을 잘게 저미다. ② [토론에서] [상대]를 완전히 논파하다, [설]을 완전히 뒤엎다.
mince pie *n.* ⓒⓤ mincemeat가 든 파이.
minc·ing [mínsiŋ] *adj.* **1** [걸음걸이·태도 따위가] 뽐내는, 으스대는, 거드름피우는. **2** 뽐내며 종종걸음치는. **-ly** *adv.*
Mincing Lane *n.* 《英》차(茶) 도매업.
‡**mind** [maind] *n.* **1** ⓤ 마음, 정신(soul). *cf.* body ¶ *mind* and *body* 심신(心身) / one's *mind*'s eye 심안(心眼), 상상 / *A sound mind in a sound body.* 《속담》건전한 정신은 건전한 신체에 깃든다.

[類語] *mind* 인간의 지정의(知情意)의 작용을 하는 부분; 특히 지적인 작용을 가리키는 경우가 많다. **heart** 정적인 작용을 가리키는 말: have no *heart* 전혀 인정미가 없다. **brains** 특히 이해력·사고력 따위를 강조하는 말: have no *brains* 머리가 아주 나쁘다. **soul** body에 생명을 부여하여 종교적으로는 죽은 후에도 존재하는 것으로 생각되는 영[혼]: the *soul* of a dead person 죽은 사람의 영혼. **spirit** soul과 같은 뜻이지만 특히 육체적·물질적인 존재와 상반된다는 느낌이 강한 말: the *spirit* of a law [조문의 글뜻과 대립하여 그것으로서의] 법의 정신.

2 ⓤ 기억[력] (memory), 회상(recollection). ¶ with...in *mind* …을 염두에 두고 / bear (*or* keep)...in *mind* …을 마음(에) 새겨두다 / bring (*or* call)...to *mind* …을 마음에 떠올리다 / pass (*or* go) out of a person's *mind* 남의 기억에서 사라지다 *cf.* 4 / put a person in *mind* of 남에게 …을 마음에 떠올리게 하다 / *Out of sight, out of mind.* 《속담》거자일소(去者日疎).
3 지성, 지력(知力) (intellect), 두뇌; 이해력.
4 ⓤ 이성적인 상태, 건전한 정신 상태, 바른 정신; absence of *mind* 방심, 정신이 빠짐 / out of one's

mind 미쳐서 / presence of *mind* 침착, 냉정, 제정신 / in one's right *mind* 《보통 부정문에서》제정신으로 / lose one's *mind* 미치다.
5 《집합적》[정신·지적 능력의 소유자로서의] 인간, 인물. ¶ He is the sharpest *mind* on the staff. 그는 간부들 중에서 가장 뛰어난 인물이다 / *No two minds think alike.* 《속담》똑같은 생각을 하는 사람은 없다.
6 ⓤⓒ 정신적인 특질, 정신 상태; 사고 방식; 기질, 성품. ¶ a frame (*or* a state) of *mind* 기분, 느낌 / a turn (*or* a cast) of *mind* 기질 / a cheerful *mind* 쾌활한 기질 / *So many men, so many minds.* 《속담》십인 십색(十人十色).
7 ⓒⓤ 의견(opinion), 의향; 의지, 결의; 원망, 기호; 목적(purpose). ¶ the public *mind* 여론 / be of a (*or* one) *mind* with …와 같은 의견(마음)이다 / a meeting of *minds* 의견의 완전한 일치 / be of a person's *mind* 남과 같은 의견이다 / be of a *mind* to do …할 생각을 가지고 있다 / be in two *minds* [about, whether] […에 관해] 갈피를 못잡고 있다, 어중간한 상태에서 망설이고 있다 / break one's *mind* 마음(의향, 목적)을 털어놓다 / change one's *mind* 자기 의견(목적, 희망)을 바꾸다, 생각이 달라지다 / give one's [whole] *mind* to …에 전념하다 / keep one's *mind* on …에 끊임없이 마음을 쓰다 / know one's own *mind* 확고한 생각을 가지고 있다, 마음이 굳어 있다 / let a person know one's *mind* 남에게 뜻(목적, 의견)을 알리다 / set one's *mind* on …에 심혈을 쏟다 / take one's *mind* off …으로부터 마음을 돌아서게 하다 / have a [good(*or* great)] *mind* to do …할 생각이 있다 / have half a *mind* to do …하고 싶은 생각이 있다, …을 할까 하고 있다 / have little (no) *mind* to do …할 생각이 거의(전혀) 없다.
8 ⓤ 《부정문에서》주의(attention); 생각(thought).
9 ⓤ [정신 분석] 정신; [철학] [사고의 주체로서의] 마음, 정신; [심리] 의식(consciousness).
10 ⓤ ① 심령, 영혼, 혼백, 정령(精靈), 정기(精氣) (soul).
cast one's mind back 옛날을 생각하다.
come (*or* *spring*) *to mind* 떠오르다.
give (*or* *tell*) *a person a piece* (*or* *a bit*) *of one's mind* 남에게 거리낌없이 [잔소리를] 말하다.
have...in mind ① …을 기억하고 있다. ② …에 관해 생각하고 있다. ③ …을 뜻하다, 계획하다.
in two minds 마음이 이러지도 저러지도 못하는, 마음에 망설이는.
make up one's mind ① 결심하다. ¶ We must *make up* our *minds* to study. 우리는 공부할 결심을 하지 않으면 안 된다. ② 결론을 내리다. ¶ I *made up* my *mind* that he was antiquated. 나는 그가 구식 인간이라는 결론을 내렸다. ③ 체념하고 인정하다 (*for, to...*). ¶ You will have to *make up* your *mind* to the worst. 당신은 체념을 하고 최악의 사태를 인정하지 않으면 안 될 것이다.
off one's mind ① 마음을 떠나. ② 잊혀져서.
on one's mind ① 마음에 걸려. ② 머리 속에 박혀 있는.
out of one's *mind* 정신이 나가서.
to one's mind 자기 생각으로는, ② 마음에 들어, 기분에 맞아. ¶ He found his life in India very much *to* his *mind*. 그는 인도 생활이 대단히 마음에 들었다.
— *vt.* **1** 《주로 명령문에서》…에 주의하다, 조심하다, 마음을 쓰다; [남의 충고·교훈 따위를] 유념하다, 유의하다, 경청하다; [남]의 말을 듣다, …을 따르다(obey). ¶ *Mind* the step (the dog). 발(개) 조심 / *Mind* what you say. 말을 조심해요 / *Mind* your eye ! 조심해 ! (Look out)! / *Mind* what I tell you. 내 말을 잘 들어요. / *Mind* what you are about (*or* doing). 공연한 짓은 마라, 일은 신중히 생각해서 하라 / *Mind* you go. 꼭 가야 해요.
2 …을 돌보다(look after), 보살피다(tend), 지키다

mind-bender

(tend); …에 신경을 쓰다, …에 관심을 가지다. ¶ *mind a baby* 아기를 보살피다 / *Mind* your own business. 쓸데없는 참견은 그만두세요(남의 일에 참견 마라).
3 《주로 부정·의문·조건문에서》 …을 염려하다, 걱정하다(care about); …에 골치를 앓다, 반감을 가지다, …을 싫어하다. ¶ Do you *mind* my cigar ? —No, not at all. 담배를 피워도 괜찮을까요 ? — 그럼요, 염려 말고 피우세요. / I shouldn't *mind* a glass of beer. 맥주를 한잔 마시고 싶구나(* I should like to have a glass of beer.보다도 완곡한 표현) / Never *mind* her. 그녀 걱정은 마라. // (~ *-ing*) Do (or Would) you *mind holding* your tongue ? 제발 가만히 있을 수 없습니까 ? (* Would 를 쓰는 편이 보다 더 정중하다) / I don't *mind telling* you that... 나는 당신에게 감히 …라고 말한다.

— **Usage** Would you mind doing...? 에 대한 "네, 좋습니다" 라는 대답은 "No, not at all." 또는 "Certainly not."이라고 한다. 구어에서는 문법적으로 틀렸다고 하지만 "Sure." "Surely."를 많이 쓴다.

4 《방언》…을 알아채다, …을 인지(認知)하다(perceive, notice).
5 《고어·방언》…을 기억하다(remember); …을 마음에 떠올리게 하다.
— *vi.* **1** 《주로 명령문에서》 귀 기울이다, 조심(주의)하다, 경계하다. ¶ *Mind* [you] ! 《구어》 알겠나 !, 잘 들어라 !, 그렇지 ! (다짐을 할 때). **2** 《명령·규칙 따위에》 복종하다, 따르다(obey). ¶ (~+圖) My dog *minds* well. 내 개는 말을 잘 듣는다. **3** 《주로 부정·의문·조건문에서》 언짢게 여기다, 반대하다(object), 싫어하다. ¶ Never *mind*. 상관 마라, 신경쓰지 않아; 천만에요; 당신이 상관할 바 아니다 / I don't *mind* if I do. 그렇게 해도 좋지요, 나쁠 것 없지요(* Will you have some more ? 따위에 대한 회답 ◁ *vt.* 3) / Do you *mind* if I smoke ? — No, not at all. 담배 피워도 괜찮을까요 ? — 네, 피우셔도 상관치 않습니다만 / if you don't *mind* 주의하지 않으면; 반대하시지 않는다면 // (~+圖+舀) Never *mind about* that. 그 일에는 신경을 쓰지 마십시오.
mind out 《속어》① …에 주의하다. ② 《조심해서》옆으로 피하다.
mind one's *p's and q's* ⇨ P.
◇ **míndful** *adj.*

mind-bend·er [máindbèndər] *n.* 《속어》**1** 환각제〔사용자〕. **2** 깜짝 놀라게 하는 것. **3** 회유책을 쓰는 사람.
mind-bend·ing [máindbèndiŋ] *adj.* 《속어》**1** 환각을 일으키는, 환각적인. **2** 정신을 혼미케 하는(착란시키는); 기가 꺾이게 하는, 압도하는.
mind-blow [máindblòu] *vt.* (**-blew, -blown, -blowing**) 《속어》 (남)에게 충격을 주다, 흥분시키다.
mind-blow·er [máindblòuər] *n.* 《속어》 환각제〔사용자〕, 환각(쇼크) 상태로 만드는 것.
mind-blow·ing [máindblòuiŋ] *adj.* 《속어》 환각 작용을 하는, 환각제의, 압도하는.
mínd cùre *n.* [신경병에 대한] 정신 요법.
mínd dòctor *n.* 정신병 의사(psychiatrist).
mind·ed [máindid] *adj.* **1** …하고 싶은 생각(의향)이 있는, …하고자 하는(disposed, inclined). ¶ if she is so *minded* 만약 그녀가 그런 의향이라면 / Are you *minded* to help him ? 그를 도울 생각이 있으십니까 ? **2** 《보통 복합어를 만들어》 [마음이] …한 기질인, …한 마음인, …에 열중하는, …에 관심을 가지는, …한 정신의. ¶ commercially *minded* people 상인 기질의 사람들 / high(low)-*minded* 고상(비열)한 마음의 / strong(weak)-*minded* 성질이 드센(약한) / air-*minded* 항공기(사업)에 열중하는 / telephone-*minded* 전화 미치광이의.
mind·er [máindər] *n.* 《주로 英》**1** 경호원, 정치 고문 **2** 《보통 복합어를 만들어》 돌보는 사람, …지기, 관리자. ¶ a baby-*minder* 아기 보는 사람.
mind-ex·pand·er [máindikspændər] *n.* 환각제.

mind-ex·pand·ing [máindikspændiŋ] *adj.* 정신 확장의; 환각(증상)을 일으키는, 환각적인.
mind-fuck [máindfÃk] 《속어》 *vt.* [남]을 자유자재로 조종하다. — *n.* 남을 마음대로 조종하는 사람.
‡mind·ful [máin(d)fəl] *adj.* 《서술 형용사》 조심하는, 주의하는(careful); 염두에 둔, 마음에 새겨 잊지 않는(*to do, of...*). ¶ She is *mindful* only *of* her own interest. 그녀는 자기 일만을 생각하고 있다 / Be *mindful* not to forget your duty to the people. 국민에 대한 의무를 잊지 않도록 명심하십시오. **~·ly** [-fəli] *adv.* **~·ness** *n.*
mind·less [máindlis] *adj.* **1** 지성이 없는, 무지한, 지성적이 아닌(unintelligent), 어리석은. **2** 《보통 서술용법》 부주의한, 경솔한(careless)(*of*...).
~·ly *adv.* **~·ness** *n.*
mínd rèader *n.* 독심술사(師).
mínd rèading *n.* Ⓤ 독심술.
mínd-sèt [máindsèt] *n.* 《구어》 심적 태도(경향); 사고 방식, 사물을 보는 법.
mínd's éye *n.* Ⓤ 마음의 눈, 심안(心眼), 상상력. ¶ in my *mind's eye* 나의 상상(생각)으로는.

‡mine[1] [main] *pron.* (* I 의 소유 대명사, "my+명사"에 해당한다) **1** 나의 소유물, 나의 가족; 나의 것, 해야 할 일. ¶ a friend of *mine* 나의 친구 / this (that) book of *mine* 나의 이(저) 책 (* 「나의 이 책」은 this my book 으로 하지 않고, this book of *mine* 이라고 한다. 이와 같은 소유 대명사의 용법을 이중 소유격(Double Possessive)이라고 하며 같은 예로서 a friend of *his*, this house of *ours* 따위가 있다) ¶ ⇒ FRIEND / This is no business of *mine*. 이것은 내가 알 바 아니다 / His family are alive, but *mine* are not. 그의 가족은 살아 있지만 내 가족은 그렇지 않다 / It is *mine* to judge. 판단은 나에게 맡겨 주십시오 / *Mine* is a large family. 우리 집은 대가족입니다 (* My family is a large one. 이라고 하는 편이 보다 더 구어적이다) / That book is *mine*. 저 책은 내 것이다 / The game is *mine*. 게임의 승자는 나다.
— *adj.* 《詩·고어》 나의(my). * 모음 또는 h 로 시작되는 말의 앞이나 명사 다음에 쓴다. ¶ *mine* eyes (heart) 나의 눈(그리운 마음) / the lady *mine* 나의 연인.
‡mine[2] [main] *n.* **1** 광갱(鑛坑), 광산 (鑛床). ¶ a coal *mine* 탄광 / a gold *mine* 금광 / work a *mine* 채광하다. **2** 채광소, 광업소; (the ~s) 광(산)업. **3** 《비유적》 보물의 산, 보고 (寶庫), 부원 (富源). ¶ a *mine* of information 지식의 보고, 풍부한 지식 / a *mine* of wealth 막대한 부. **4** 《군대》 [적의 진지를 지뢰로 폭파하기 위해 파는] 갱도; 지뢰, 수뢰, 기뢰, [항공기에서 떨어뜨리는] 공뢰 (空雷). ¶ a moored *mine* 계류 기뢰 / a surface (or a floating) *mine* 부유(浮遊) 기뢰. **5** 은밀한 계획.
lay a mine ① 지뢰(기뢰)를 부설하다. ② 놀라게 하기 위해 계략을 쓰다(*for*...); 뛰놀다, 되우다.
spring a mine [*on*] [… 을] 기습하다, 불시에 덮치다.
— *v.* (**mined, min·ing**) *vt.* **1** …에 갱도를 파다. ¶ *mine* the ground for coal 석탄을 캐기 위해 땅을 파다. **2** 《광석 따위》를 채굴하다. **3** [지하도·굴]을 파다, 만들다. **4** [지뢰·기뢰]를 부설하다; [지뢰·기뢰로] …을 폭파하다. **5** [은밀한 방법으로] 을 서서히 해치다, …을 파괴하다, 뒤엎다(undermine). — *vi.* **1** 갱도를 파다; 지하도를 파다 (동물)이 굴을 파다. **2** 채광하다. **3** 지뢰(기뢰)를 부설하다.
míne detèctor *n.* 지뢰 탐지기.
mine·field [máinfìːld] *n.* 광석 매장지; 《군대》 지뢰(기뢰)원, 지뢰밭, 기뢰(수뢰) 부설 구역.
mine·lay·er [máinlèi(ə)r] *n.* 《해군》 기뢰 부설함.
‡min·er [máinər] *n.* **1** 광산 노동자, 탄광 노동자. **2** 《군대》 지뢰 공병.
‡min·er·al [mínərəl] *n.* **1** 광석, 광물, 조금(粗金) (ore). **2** 무기물, 무기 화합물. **3** (~s) 《英》 청량음료, 탄산수, 광천수. — *adj.* **1** 광물의, 광물성의. ¶ a *mineral* vein 광맥. **2** 광물을 함유한, 무기질의.

mineral. 1418 **minimum**

◇ **míneralize** v.
mineral.〖略〗mineralogical; mineralogy.
míneral chárcoal n. U 천연 목탄, 목질 탄모(炭
míneral detéctor n.〖무선〗광석 검파기(檢波機).
min·er·al·i·za·tion [mìn(ə)rəlizéiʃ(ə)n / -laiz-] n.
U 광화(鑛化) 작용, 광물을 함유하게 하는 것.
min·er·al·ize [mín(ə)rəlàiz] (* 《英》에서는
min·er·al·ise 로도 쓴다) v. (-ized, -iz·ing) vt. …을 광
물화하다; …을 돌이 되게 하다; [금속]을 광석화하다; …
에 광물(무기물)을 함유하게 하다. —— vi. 광물 채집을
하다, 탐광하다.
min·er·al·iz·er [mín(ə)rəlàizər] n. **1** 광 화(鑛化)
가스. **2** 광소(鑛素), 광화제(鑛化劑). **3** 광물 채집자,
탐광자.
míneral jélly n. U〖화학〗와셀린의 일종.
míneral kíngdom n. 광물계. cf. animal kingdom,
plant kingdom
min·er·al·og·i·cal [mìn(ə)rəládʒik(ə)l / -lɔ́dʒ-],
(**min·er·al·og·ic** [mìn(ə)rəládʒik / -lɔ́dʒ-]) adj. 광 물 학
의, 광물학적의. ——**·ly** [-kəli] adv. [학.
min·er·al·o·gist [mìnərǽlədʒist, -+美 -rǽl-] n. 광물
min·er·al·o·gy [mìnərǽlədʒi, -+美 -rǽl-] n. U 광물
míneral óil n. U 광유(鑛油). [학.
míneral pítch n. U 천연 아스팔트(asphalt).
míneral ríght n.〖법률〗[한 구역내의] 채굴권(採掘
權).
míneral sóil n. U 광질(鑛質) 토양.
míneral spríng n. 광천.   [트].
míneral tár n. U 광물 타르[점도가 높은 아스팔
míneral wáter n. U〖특히 약용의〗광〖천〗수. **2**
《英구어》탄산수, 청량 음료. [rite).
míneral wáx n. 광랍(鑛臘), 지랍(地臘)(ozoke-
míneral wóol n. U 광물면(綿), 광모(毛).
míner's diséase n. 광부병(십이지장충에 의한 빈
혈증).
Mi·ner·va [minə́ːrvə] n. **1**〖로마 신화〗미네르바(공
예·지혜·전쟁의 여신; 그리스 신화의 Athena에 해당
한다). **2** 고대의 지혜와 학문이 있는 여성.
min·e·stro·ne [mìnəstróuni] n. U〖닭고기 국물 속에
야채·보리·버미첼리 따위를 넣어서 끓인〗진한 수프.
mine·sweep·er [máinswìːpər] n.〖해군〗소해정(掃
海艇).   [〖작업〗.
mine·sweep·ing [máinswìːpiŋ] n. U〖지 뢰〗소 해
míne thrówer n.《군사》=trench mortar.
min·e·ver [mínivər] n. =miniver.
míne wáter n.《광산》갱내수(坑內水).
míne wórker n. 광산 노동자(miner).
Ming [miŋ] n.《중국의》명(明)나라, 명 조[1368-1644
년].
‡**min·gle** [míŋgl] v. (-gled, -gling) vi. **1** 섞이다,
합되다(mix, blend) (with…). ⇒ MIX〖類語〗¶ mingle well
잘 섞이다. **2** 끼이다, 참가하다(join) (in, with…). ¶
(～+前+名) mingle in (or with) the crowd 군중 속에
섞이다. **3** 교제하다, 어울리다(with…). ¶ (～+前+名)
mingle with important people 높은 양반들과 교제하다.
—— vt. …을 섞다, 혼합하다; 《드물게》…을 조합(調合)
하다, 합성하다. ¶ mingle wine and soda 술에 소다수
를 타다 / mingled feelings 기쁨과 슬픔이 뒤섞인 감정,
만감(萬感).
min·gle-man·gle [míŋglmǽŋgl] n. 혼합, 뒤죽박죽.
míng trée [míŋ-] n. 분재(盆栽).
min·gy [míndʒi] adj. (-gi·er, -gi·est) 인색한, 다라운.
min·i [míni] n.《구어》소형인 것; 미니스커트; 소형 자
동차. —— adj. 소형의.
mini-「작은」, 「소형」의 뜻의 연결형. 예: minibus,
miniskirt.
min·i·ate [mínièit] vt. (-at·ed, -at·ing) …을 붉은 색
을 칠하다; 〖사본〗을 채색 문자로 꾸미다(illuminate).
‡**min·i·a·ture** [mìn(i)ətʃər, -tʃùər / -njətʃər] n. **1** 축

건의〗소형 모형, 축소물(형); 《비유적》축도. **2** 미세화
(微細畵), 세밀 초상화. **3** U 미세 화법. **4**〖사본·고
본(稿本) 따위의〗채색 장식.
in miniature 소규모의(로), 축소한(해서); 미세화의
(로). ¶ Korea *in miniature* 한국의 축도.
—— adj. 소규모의, 소형의, ⇒ LITTLE〖類語〗; 미세화의.
¶ a *miniature* decoration 약장(略章).
—— vt. (-tured, -tur·ing) …을 미세화로 그리다, 축사
(縮寫)하다. ◇ **míniaturize** v.
míniature cámera n.〖사진〗[35밀리판 이하의〗소
형 카메라.
min·i·a·tur·ist [mín(i)ətʃərist, -tʃuə- / -njətʃuə-] n.
〖사본의〗채색화가; 미세화가.
min·i·a·tur·i·za·tion [mìn(i)ətʃərizéiʃ(ə)n, -tʃuə- /
-njətʃuəraiz-] n. U 소형화.
min·i·a·tur·ize [mín(i)ətʃəràiz, -tʃuər- / -njətʃər-] vt.
(-ized, -iz·ing) …을 소형화하다.
min·i·bike [mínibàik] n.《美》소형의 오토바이, 미니
바이크 (moped).
min·i·bi·ki·ni [mìnibikíːni] n. 초소형의 비키니, 미
min·i·budg·et [mínibʌ̀dʒit] n.〖특히 재정 위기 때 충
당되는〗보정(補正) 예산.
min·i·bus [mínibʌ̀s] n. 소형 버스, 마이크로 버스.
min·i·cab [míniki̇̀æb] n.《英》소형 택시.
min·i·cam [mínikæ̀m], (**min·i·cam·er·a** [mìnikǽm-
(ə)rə]) n. =miniature camera.
min·i·com·put·er [mìnikəmpjúːtər] n. 소형 컴퓨터.
min·i·cop·ter [minikɑ́ptər / -kɔ́p-] n.《항공》미니콥
터 [1인승 헬리콥터].
min·i·fy [mínifài] vt. (-fied, -fy·ing) **1** …을 작게 하
다, 축소하다. **2** …을 최소[한도]로 만들다 (mini-
mize).
min·i·kin [mínikin] n. **1** 작은 물건(사람). **2** U
〖인쇄〗미니킨 활자〖약 3¹/₂포인트〗. —— adj. 가냘픈
(delicate); 점잔빼는; 아주 작은.
min·im [mínim] n. **1** 미님〖약액량(藥液量)의 최소
단위, ¹/₆₀ dram〗. **2** 〖음악〗2분 음표. **3** 미량, 한 방
울; 미소한 물건; 시시한 물건(사람). **4**〖글자의〗내리긋
는 획. **5** (M-) 미님회의 수도사. —— adj. 최소의,
극소의.
min·i·ma [mínimə] n. minimum 의 복수형.
min·i·mag·a·zine [mínimæ̀gəzìːn] n. 소수의 특정
독자만을 위해 발행되는 잡지.
min·i·mal [míniməl] adj. **1** 최소량(수)의, 미량
(소)의. **2** 극히 작은, 최소한도의. **3** 미니멀 아트의.
¶ 미니멀 아트의 작품.
mínimal árt n. 미니멀 아트[최소한의 조형 수단
으로 제작된 그림이나 조각].
mínimal bráin dysfúnction n.〖의학〗미세 뇌
기능 장애, 미세 뇌 기능 부전(不全).
Min·i·mal·ist [mínəməlist] n. **1**〖옛 러시아 혁명당
원 중의〗온건파 당원. **2** (m-) 최소한도 타협(요구)자.
cf. maximalist **3** (m-) 미니멀 아트의 미술가. —— adj.
(m-) 미니멀 아트의.
mínimal páir n.〖언어〗최소 대어(對語)〖bet와
bed 처럼 같은 위치의 한 가지 소리만 다른 한 쌍의 낱
말〗.
min·i·max [mínimæ̀ks] adj.〖수학〗[고유치(固有値)
를 얻는 원리로서의〗미니맥스 원리의.
min·i·mi·za·tion [mìnimizéiʃ(ə)n / -maiz-] n. U 최
소[한도]로 하기, 최소[한도]로 평가하기, 가볍게 보기.
min·i·mize [mínimàiz] (*《英》에서는 **min·i·mise**
로도 쓴다) (*opp.* maximize) vt. (-mized, -miz·ing) **1**
…을 최소한도로 하다, 되도록 적게 하다. **2** …을 최소
[한도]로 평가하다, 깔보다, 가볍게 보다.
min·i·miz·er [mínimàizər] n.〖일을〗최소[한도]로
하는 사람, 과소 평가하는 사람, 종교적 도그머를 최소
한으로 줄이는 사람.
‡**min·i·mum** [mínimum] n. (pl. **-i·ma** or **-i·mums**)

minimum competency testing

최소수(량), 최저[점], 최저액, 최소 한도; 〖수학〗극소. cf. maximum ¶ a *minimum* of hardship 가장 적은 어려움 / at a *minimum* of expense 최소 한도의 비용으로 / The cost per page is reduced to a *minimum*. 한 페이지당 원가는 최저로 낮추어져 있다. —*adj.* 최소의, 최저의, 최소한도의. ¶ *minimum* possibility 최소한의 가능성 / the highest *minimum* wage 최고의 최저 임금. ¶ mínimize *v.*, mínimal *adj.*

mínimum cómpetency tèsting *n.* 〖교육〗최소한 능력 테스트[미국의 고등학교 기초 학력 심사].

min·i·mus [mínəməs] *n.* (*pl.* -mi) 가장 작은 것, 가장 보잘것없는 것. —*adj.* 《英》〖같은 성을 가진 학생 중〗가장 어린. ¶ Johnson *minimus* 가장 어린 존슨.

*****min·ing** [máiniŋ] *n.* ⓤ **1** 탐광, 채굴. ¶ *an open-air mining* 노천굴(露天掘). **2** 광산업, 채광업. **3** 지뢰(기뢰) 부설.

min·ion [mínjən] *n.* **1** 〖경멸적〗총신, 추종자. **2** 귀염받는 사람, 총아 (favorite). ¶ *a minion* of *fortune* 운명의 총아, 행운아. **3** 앞잡이, 심복. ¶ *minions* of the *law* 법률의 앞잡이[간수·경관 등]. **4** 〖인쇄〗미니언 활자[7포인트]. **5** 〖폐어〗정부(情夫), 정부(情婦). —*adj.* 고상한, 우아한, 깔끔한, 예쁘장한.

min·i·pants [mínipænts] *n. pl.* 미니팬츠[대단히 짧은 바지].

min·i·pill [mínipìl] *n.* 작은 경구(經口) 피임용 알약.

min·is·cule [mínəskjù:l] *adj., n.* = minuscule.

min·i·se·ries [míni(:)rìz-/-sìər-] *n.* (*pl.* -series) **1** 〖TV 드라마의〗미니 시리즈. **2** 단기 공연(행사).

min·ish [míniʃ] *vt., vi.* 《고어》작게 만들다(되다); 적게 하다(되다) (diminish).

min·i·ski [míniskì] *n.* 미니스키[짧은 스키].

min·i·skirt [mínisə̀:rt] *n.* 미니스커트.

min·i·state [mínistèit] *n.* 극소국가·소국.

‡**min·is·ter** [mínistər] *n.* **1** 〖유럽 제국·한국의〗장관, 대신, 각료. cf. secretary ¶ *a cabinet minister* 각료 / *a prime minister* 국무 총리, 수상 (premier) / the *Minister* of *Education* 〖한국의〗교육부 장관 / the *Council of Ministers* 〖소련의〗각료 회의. **2** 공사 (ambassador (대사) 다음의 외교관); 사절(使節). **3** 성직자, 《英》〖비(非)국교회의〗목사. cf. clergyman **4** 하인; 대리인; 대행자. ¶ *act as a minister of* (*or* to) *a person's will* 남의 뜻을 만족시키기 위해 힘쓰다. —*vi.* **1** 〖하인·대리·가신으로서〗모시다, 봉사하다 (serve) (*to*...). **2** 〖즐거움·위안·행복에〗도움이 되다, 공헌하다. 〖희망·필요 등을〗충족시켜 주다, 힘이 되다, 도움을 주다 (*to*...). ¶ (~+圖+图) *minister to a person's necessities* 남의 필요를 충족시켜 주다. —*vt.* **1** 〖치료〗를 베풀다; 〖약〗을 바르다. **2** 〖성찬〗을 나누어 주다. **3** 《고어》···에 대비하다.

min·is·te·ri·al [mìnistíəriəl / -tíəri-] *adj.* **1** 성직자의, 목사의(clerical). **2** 〖유럽 제국에서〗대신의, 각료의, 장관의, 내각의; 행정상의, 정부의. ¶ *ministerial level talks* 장관급 회담 / the *ministerial benches* 〖영국의〗정부 여당석. **3** 행정상의, 행정권을 가진. **4** 대리인의, 보조의. **5** 수단이 되는, 이바지하는. ~·ly [-əli] *adv.*

min·is·te·ri·al·ist [mìnistíəriəlist / -tíəri-] *n.* 《英》〖정치〗정부(여당) 의원; 여당 의원.

mínistering ángel [mínistəriŋ-] *n.* 구원의 천사 [특히 외로운 자를 돌봐주는 여성].

mínister plènipoténtiary *n.* (*pl.* ministers p-) 전권 공사 [略 Min. Plen.].

mínister résident *n.* (*pl.* ministers r-) 변리 공사 (辨理公使).

mínister without pórtfòlio *n.* 무임소 장관.

min·is·trant [mínistrənt] *adj.* 봉사하는, 보좌하는. —*n.* 봉사하는 사람, 보좌인.

min·is·tra·tion [mìnistréiʃ(ə)n] *n.* ⓤⓒ **1** 봉사, 원조, 조력. **2** (보통 ~s) 〖목사의〗직무, 근행(勤行).

min·is·tra·tive [mínistrèitiv / -trə-] *adj.* 〖종교적 의식을〗집행하는, 원조하는, 돕는.

min·is·tress [místris] *n.* minister 의 여성형.

‡**min·is·try** [mínistri] *n.* (*pl.* -tries) **1** 성직자(목사)의 임무(직무). **2** (the ~) 〖집합적〗성직자(목사)의 (the clergy). **3** 장관(대신)의 직무(지위). **4** (the M-) 〖특히 영국의〗내각(the Cabinet). **5** (보통 M-) 〖한국·유럽 제국의〗부(省); 부(省)의 건물. ¶ the *Ministry of Defence* (*Education*, *Food*) 《英》국방(문교, 식량)부. **6** 〖종교 의식의〗집행, 봉사, 원조. **7** 〖성직자·장관·내각의〗임기.

min·i·sub [mínisʌ̀b] *n.* 〖해저 탐험용〗소형 잠수함.

min·i·tank·er [mínitæ̀ŋkər] *n.* 《英》소형 탱커.

min·i·track [mínitræ̀k] *n.* 미니트랙[인공위성 추적 장치]. ¶ **2** 붉은 색 (vermilion).

min·i·um [míniəm] *n.* ⓤ **1** 연단(鉛丹) (red lead).

min·i·ver [mínivər], (**min·e·ver**) *n.* ⓤ **1** 〖중세의 장식용 의상에 쓴〗백색[과 회색 반점이 있는] 모피. cf. vair **2** 〖특히 족제비의〗흰 모피.

***mink** *n.* (*pl.* minks *or* mink) **1** 밍크〖족제비류〗. **2** ⓤ 그 모피. **3** 〖여성의〗밍크로 만든 각종 코트.

Minn. 《略》Minnesota.

min·ne·sing·er [mínisìŋər] *n.* 〖중세 독일의〗음유(吟遊) 시인. 〖< G *minne* love+*singer* singer〗

*****Min·ne·so·ta** [mìnisóutə] *n.* 미국 중북부의 주〖주도 St. Paul; 略 Minn.〗. ◇ Minnesótan *adj.*, *n.*

Min·ne·so·tan [mìnisóutən] *adj.* 미네소타주의. —*n.* 미네소타주 사람.

min·now [mínou] *n.* (*pl.* -nows *or* -now) **1** 연준모치〖잉어과(科)의 작은 물고기〗. **2** 〖일반적으로〗작은 물고기, 잡어(雜魚). **3** 비교적 작은 (하찮은) 것 (사람). ¶ *throw out a minnow to catch a whale* 새우로 고래를 낚다.

a Triton among the minnows 군계 일학(群鷄一鶴).

Mi·no·an [minóuən] *adj.* 미노스(크레타) 문명의 〖3,000-1,100 B.C.경〗. —*n.* 고대 크레타 (Crete) 섬의 주민.

‡**mi·nor** [máinər] *adj.* (*opp.* major) **1** 〖양·수가〗보다 적은 (lesser); 〖범위·크기가〗보다 작은 (smaller); 〖둘 중에서〗작은 쪽의. ¶ *minor planets* 소행성 / *a minor share* 작은 쪽의 몫. **2** 대수롭지 않은, 이류의 (inferior). ¶ *a minor fault* 사소한 실수 / *a minor poet* 이류 시인. **3** 미성년의〖보통 21세 이하〗. **4** 〖영국의 public school 에〗같은 성을 가진 둘〖또는〗나이 적은. cf. minimus ¶ *Johnson minor* 어린 쪽의 존슨. **5** 〖음악〗단음계의, 단조의. ¶ *a minor scale* 단음계 / F *minor* 바단조. **6** 〖논리〗소(小)···. **7** 〖연구 과목 따위가〗부차적인. ¶ *a minor subject* 부전공 과목. **8** 〖5의 뜻에서〗우울한, 기분이 무거운, 서글픈. —*n.* **1** 미성년자. **2** 〖논리〗소전제 (minor premise), 소명사 (小名辭) (minor term). **3** 〖음악〗단조 (minor key), 단음계. *opp.* major **4** 《교육》부전공 〖과목〗. **5** (the ~s) 《美》 = minor league. **6** (M-) = Minorite. —*vi.* 부전공 과목으로서 연구(공부)하다 (*in*...). ¶ (~+圖+图) He will *minor in history*. 그는 역사를 부전공 과목으로서 연구할 것이다.

Mi·nor·ca [minɔ́:rkə] *n.* **1** 미노르카도(島)〖지중해 서부 Balearic 제도 중의 한 섬〗. **2** 〖이 섬 원산의〗미노르카 닭.

Mi·nor·ite [máinəràit] *n.* 프란체스코회의 수도사.

‡**mi·nor·i·ty** [minɔ́:riti, -nár-, mai-, -nɔ́r-] *n.* (*pl.* -ties) **1** 소수; 소수당(파); 소수자 투표(득표)수; 소수 민족. ¶ *a minority group* 소수파 / *be in the minority* 소수파이다. **2** 미성년. ¶ *during the minority of a person* 아무의 미성년 중에.

minórity léader *n.* 《美》〖의회의〗소수당 지도자; 야당 원내 총무.

mínor léague *n.* 《美》마이너 리그〖프로 야구의 메이저 리그 외의 소(小)리그에 대한 총칭〗. cf. major league

mi·nor-lea·guer [máinərlí:gər] *n.* 《美》 minor

minor prémise *n.* [논리] 소전제.
Mínor próphets *n. pl* (the ~) [성서] [구약의 12명의] 소(小) 예언자. *cf.* Major Prophets
mínor súit *n.* [카드놀이] [브리지에서] 다이아몬드 또는 클럽의 짝패.
mínor térm *n.* [논리] 소명사(小名辭).
Mi·nos [máinəs, -nɑs / -ɒs] *n.* [그리스신화] 미노스 왕 [크레타(Crete) 섬의 왕].
Min·o·taur [mínətɔ̀:r / máinə-/máinɔ-] *n.* [그리스 신화] 미노타우루스 [사람의 몸에 소의 머리를 한 괴물].
Min. Plen. (略) *Minister Plenipotentiary.*
MINS [minz] *n.* 《美》 [법률] 후견인을 필요로 하는 미성년자. [< *M*inor[s] *I*n *N*eed of *S*upervision]

(Minotaur)

Minsk [minsk] *n.* 민스크 [벨라루스 공화국의 구 소비에트 연방 백러시아 공화국의 수도].
min·ster [mínstər] *n.* 1 《주로 英》 수도원 부속 교회당. 2 대교회당, 대성당. *cf.* cathedral
***min·strel** [mínstr(ə)l] *n.* 1 [중세의] 음유 시인. 2 음악가, 가수, 시인. 3 흑인 연예 단원 [흑인으로 분장하여 밴조 따위에 맞추어서 노래한다] (negro minstrel).
mínstrel shòw *n.* [흑인으로 분장한 백인 연예인에 의한] 노래와 춤.
min·strel·sy [mínstr(ə)lsi] *n.* ⓤ 1 [음유시인의] 음창(吟唱), 연주, 가창. 2 [집합적] 음유 시인들 2 음창가 [집]. 『쓰는 그 일』. 2 박자가 든 과자.
***mint**[1] [mint] *n.* 1 박하 [식물]. 2 ⓒ박하 [향료로서의 박하].
mint[2] [mint] *n.* 1 조폐소, 주조소. 2 [발명·음모 따위의] 근원, 기원. 3 [금전 따위의] 거액, 막대한 양. ¶ a *mint* of ideas 온갖 사상 / a *mint* of money 거액의 돈. — *adj.* [화폐·우표·인쇄물 따위가] 갓 발행된, 아직 쓰지 않은. ¶ a postage stamp in *mint* condition (*or* state) 갓 인쇄한 우표. — *vt.* 1 [화폐를] 주조하다. 2 [말 따위를] 만들어 내다.
mint·age [míntidʒ] *n.* 1 ⓤ [화폐의] 주조, 조폐; [주조된] 화폐. 2 ⓤ [어구·단어를] 새로 만듦. 3 ⓤ 주조료, 조폐비. 4 [화폐에 찍는] 각인 (mintmark).
mint·er [míntər] *n.* 화폐 주조자.
mínt júlep *n.* ⓤ 박하술, 박하수.
mínt·màrk [míntmɑ̀:rk] *n.* 조폐소를 나타내는 화폐 표면의 각인. — *vt.* [화폐]에 각인을 누르다.
mínt·màs·ter [míntmæ̀stər / -mɑ̀:s-] *n.* 조폐국 장관.
mínt sàuce *n.* ⓤ 민트 소스 [설탕·초에 잘게 썬 박하잎을 넣어 만든 소스. 어린 양고기 구이 요리에 쓴다]. [subtrahend
min·u·end [mínjuènd] *n.* [수학] 피감수(被減數). *cf.*
min·u·et [mìnjuét] *n.* 미뉴에 [프랑스에서 일어난 3박자의 우아한 춤]; 미뉴에 곡.
mi·nus [máinəs] *prep.* (*opp.* plus) 1 …을 마이너스 한, …을 뺀, …만큼 적은. ¶ Seven *minus* two is five. 7에서 2는 5. 2 《구어》 …이 없는, …이 빠진, …을 잃은. ¶ a book *minus* its cover 표지가 떨어진 책 / He came back from the war *minus* a leg. 그는 한쪽 다리를 잃고 전쟁에서 돌아왔다. — *adj.* 1 마이너스의; 음(陰)의 (negative). 2 《美》 *minus* electricity 음전기 / a *minus* charge 음전하(陰電荷) / a *minus* quantity 음수(陰數) / the *minus* sign 마이너스 부호. 2 《구어》 …이 없는, 결핍된. ¶ The profits were *minus*. 이익은 제로였다. 3 [식물] 《균사체(菌絲體)가》 음성의, 자성(雌性)의. — *n.* 마이너스 부호[-]; 음수(陰數), 부족, 손해, 결손.
mi·nus·cule [mínʌskjù:l, --́-] *adj.* 1 [문자가] 소문자인, 소문자[체]로 쓴. *cf.* majuscule 2 대단히 작은. — *n.* [인쇄] 소문자체; [고 사본의 초서체의] 소문자체.

‡**min·ute**[1] [mínit] *n.* 1 분 [1시간 또는 1도의 60분의 1]. ¶ ten *minutes* to six 6시 10분 (10분전) / to (*or* on) the *minute* 1분도 어김없이, 꼭. 2 촌각(寸刻), 잠간, 순간 (instant). ⇒ MOMENT 類語 ¶ at the last *minute* 마지막 순간에, 임박해서 / Do it this [very] *minute*. 지금 당장 그것을 하십시오 / We are expecting you every (*or* any) *minute*. 이제나 저제나 당신을 기다리고 있습니다 / Wait [half] a *minute*. 잠깐 기다려. 3 [문서 따위의] 초안, 초고 (rough draft); (주로 英) 비망록, 메모, 기록 (note). ¶ make a *minute* of …을 기록하다. 4 (~s) [회의·위원회 등의] 의사록. *in a minute* 즉각, 당장. *not for a minute* [구어] 결코 (조금도) …하지 않다. *There's one born every minute.* 《구어》 봉으로 삼을 놈은 늘 있다. *the minute [that]* 《접속사적》 …하자마자 (as soon as). ¶ He ran off *the minute that* he saw me. 그는 나를 본 순간 달아났다. *up to the minute* 최신식의 (up-to-date), 유행의. — *vt.* (-ut·ed, -ut·ing) 1 정밀하게 …의 시간을 재다. ¶ *minute* a race 경주의 시간을 재다. 2 [문서 따위]의 초안을 잡다; …을 메모하다, 기록하다 (…*down*); [회의 따위의] 기록을 의사록에 적어넣다.
◇ mínutely *adv.*
mi·nute[2] [main(j)ú:t, mi-/-njú:t] *adj.* (-nut·er, -nut·est) 1 미세(미소)한 (very small). ⇒ LITTLE 類語 ¶ *minute* difference 근소한 차이 / *minute* particles of dust 미세한 티끌. 2 사소한, 하찮은, 미미한. 3 [사람이] 세밀하게 주의하는, 세심한; 상세한, 정밀한, 엄밀한. ¶ a *minute* observer 세심한 관찰자. ~·**ness** *n.*
◇ minútely *adv.*, minútia *n.*
mínute bòok [mínit-] *n.* 메모 수첩, 기록부; 의사록.
mínute-glàss [mínitglæ̀s / -glɑ̀:s] *n.* 1분 모래 시계.
mínute gùn [mínit-] *n.* 분시포 (分時砲) [1분마다 쏘는 조포(弔砲)·조난 신호 대포].
mínute hànd [mínit-] *n.* (the ~) [시계의] 분침, 긴 바늘. *cf.* hour hand
min·ute·ly[1] [mínitli] *adj.* 1분마다의; 끊임없이 이어지는. — *adv.* 1분마다; 끊임없이.
mi·nute·ly[2] [main(j)ú:tli, mi-/-njú:t-] *adv.* 미세하게, 상세히, 정밀하게.
Min·ute·man [mínitmæ̀n] *n.* (*pl.* -men [-mèn]) 1 (때로 m-) 《美》 [미국 독립 전쟁 때 소집에 당장 응할 수 있도록 대기한] 민병. 2 미니트맨 [대륙간 탄도탄].
mínute stèak [mínit-] *n.* 《美》 얇은 스테이크.
mi·nu·ti·a [min(j)ú:ʃ(i)ə, mai-/mainjú:-, min-] *n.* (*pl.* -ti·ae [-ʃiì:]) (보통 -tiae) 자질구레하고 상세한 점, 세목; 소상한 사정.
minx [miŋks] *n.* 말괄량이, 왈가닥.
Mi·o·cene [máiousì:n] *adj.* [지질] 중신세 (中新世) [기(紀)]의. — *n.* 중신세기 [신생대 제3기 Oligocene 과 Pliocene 과의 중간층].
mi·o·sis [maióusis, (my·o·sis) *n.* (*pl.* -ses [-sì:z]) [의학] 동공 축소; 축동 (縮瞳).
mi·ot·ic [maiɑ́tik / -ɔ́t-] *adj.* 축동(縮瞳)의. — *n.* 축동제(劑).
MIPS [mips] 《컴퓨터》 초당 100만 명령 횟수 [컴퓨터의 1초 동안의 처리 가능한 명령 횟수를 나타내는 연산 속도의 단위]. [< *m*illion *i*nstructions *p*er *s*econd]
mir [miər] *n.* (*pl.* miri) 《러시아》 미르 [제정 러시아 시대의 촌락 공동체]. [적은 브랜디.
mir·a·belle [mìrəbél, --́-] *n.* 프랑스산 (産)의 단맛이
mir·a·cle [mírəkl] *n.* 1 기적, 신기 (神技); [그리스도 교의] 기적. ¶ work *miracles* 기적을 행하다. 2 불가사의한 일(것), 경이 (驚異)의 (marvel); 이상한 (놀라운) 예. ¶ He is a *miracle* of fortitude. 그는 놀라울 정도로 인내심이 강하다 / She was a *miracle* of an actor. 그녀는 비범한 여배우였다. 3 =miracle play.
to a miracle 기적적으로; 놀랄 만큼 잘 (훌륭히).

◇ **miráculous** *adj.*
míracle drúg *n.* [새로 발명된] 특효약, 영약(靈藥).
míracle frúit *n.* [식물] 적철과(赤鐵科)의 관목[다육질 과실이 열린다]. [<이 과실을 먹으면 그 뒤에 먹는 신 것이 달아지는 데서]
míracle màn *n.* 기적을 행하는 사람; 우수한 기술을 가진 사람. ¶ a *miracle man* on skis 스키의 귀재.
míracle plày *n.* 기적극(奇蹟劇) [중세의 종교극].
míracle rìce *n.* 기적의 벼 [재래종보다 2-3배나 수량이 많은 신교배종의 벼].
*mi·rac·u·lous [mirǽkjuləs] *adj.* 1 기적적의, 초자연 (기적)적인, 놀라운, 불가사의한. ¶ a *miraculous* restoration 기적적인 부흥. 2 기적을 행하는, 신기한 힘이 있는. ¶ *miraculous* medicine 신기하게 잘 듣는 약. ~·ly *adv.* ~·ness *n.*
mi·rage [mirɑ́ːʒ / ⁼ ⁻ , ⁻ ⁼] *n.* 신기루; 망상, 환상. [<F]
Mi·rán·da cárd [mirǽndə-] *n.*《美》 미란다 카드 [경관이 체포한 범인에게 읽어주기 위하여 휴대하는 묵비권에 관한 헌법 조항이 인쇄된 카드]. [<1963년 사건의 피고 Ernesto Miranda 의 이름]
Miránda rùle *n.*《美》 묵비권.
*mire [maiər] *n.* 1 ⓤ 진창[의 땅], 수렁(marsh). 2 ⓤ 진흙(mud). 3 (보통 the ~) 수렁 같은 곳; 궁지. ¶ find oneself (*or* stick) in the *mire* 궁지에 몰리다.
— *v.* (mired, mir·ing) *vt.* 1 …을 진흙 속에 처박다. 2 …을 궁지에 몰아 넣다. 3 …을 진흙으로 더럽히다.
— *vi.* 진흙(수렁)에 빠지다, 진흙으로 더러워지다. ◇ míry *adj.*
‡**mir·ror** [mírər] *n.* 1 거울(looking glass); [光學] 반사경(speculum). ¶ a convex (a concave, a plane) mirror 볼록(오목, 납작)거울 / look in a *mirror* 거울을 보다. 2 있는 그대로(충실히) 반영하는 것. ¶ Literature is a *mirror* of society. 문학은 사회상을 반영하는 거울이다. 3 모범, 본, 귀감(examplar).
— *vt.* 1 [거울처럼] 비추다, 반사하다; [비유적] …을 반영하다.
mírror ímage *n.* 경상(鏡像)[납작거울의 반사로 만들어진 좌우 대칭의 상].
‡**mirth** [məːrθ] *n.* ⓤ 환희, 유쾌한 법석, 떠들썩한 소동; 즐거운 웃음 소리. ◇ **mírthful** *adj.*
*mirth·ful [məːrθfəl] *adj.* 명랑한, 떠들썩하게 웃는, 즐거움에 겨운, 기쁨게 해주는.
~·ly [-fəli] *adv.* ~·ness *n.*
mirth·less [məːrθlis] *adj.* 재미 없는, 음울한, 서글픈. ~·ly *adv.* ~·ness *n.*
MIRV [məːrv] (略) *m*ultiple *i*ndependently-targeted *r*e-entry *v*ehicle (다탄두 각개 목표 재돌입 미사일).
mir·y [máiri / máiəri] *adj.* (mir·i·er, mir·i·est) 1 수렁의; 진흙투성이인. 2 더러운, 불결한.
MIS (略) *m*anagement *i*nformation *s*ystem(경영 정보 시스템); *m*arketing *i*nformation *s*ystem(마케팅 정보 시스템).
mis-¹ *pref.* 동사·명사·형용사 따위에 붙여서 ill, mistaken, wrong, not 라는 뜻의 말을 만든다. 예: *mis*adventure, *mis*conduct.
mis-² ⇒ MISO-.
mis·ad·min·is·tra·tion [mìsədmìnistréiʃ(ə)n] *n.* ⓤ 실정(失政).
mis·ad·ven·ture [mìsədvéntʃər] *n.* ⓤⓒ 불운[한 일], 불행, 재난(mishap). ¶ by *misadventure* 재수없이, 잘못되어 / homicide by *misadventure* [법률] 과실 치사.
mis·ad·vise [mìsədváiz] *vt.* (-vised, -vis·ing) …에게 그릇된(나쁜) 조언을 하다.
mis·al·li·ance [mìsəláiəns] *n.* 부적당한 결합; 어울리지 않는 짝지음(혼인).
mis·al·ly [mìsəlái] *vt.* (-lied, -ly·ing) …을 실수로(부적당하게) 결합시키다; …에게 어울리지 않는(분수에 맞지 않는) 결혼을 시키다.
mis·an·thrope [mís(ə)nθròup, míz-] *n.* 인간을 혐오하는 사람, 염세가.
mis·an·throp·ic [mìs(ə)nθrɑ́pik, mìz- / -θrɔ́p-], (**mis·an·throp·i·cal** [-ik(ə)l]) *adj.* 인간 혐오의, 염세적인. -i·cal·ly [-ikəli] *adv.*
mis·an·thro·pize [misǽnθrəpàiz, miz-] *vi.* 사람을 싫어하게 되다. [오, 염세.
mis·an·thro·py [misǽnθrəpi, miz-] *n.* ⓤ 인간 혐
mis·ap·pli·ca·tion [mìsæplikéiʃ(ə)n] *n.* ⓤⓒ 오용, 남용, 악용.
mis·ap·plied [mìsəpláid] *adj.* 오용(악용)된.
mis·ap·ply [mìsəplái] *vt.* (-plied, -ply·ing) …을 악용(오용, 남용)하다; 부정하게 쓰다.
mis·ap·pre·hend [mìsæprihénd] *vt.* …을 허방짚다, 오인하다, 오해하다 (misunderstand).
mis·ap·pre·hen·sion [mìsæprihénʃ(ə)n] *n.* ⓤⓒ 허방짚기, 오인, 오해. [기 쉬운.
mis·ap·pre·hen·sive [mìsæprihénsiv] *adj.* 오해하
mis·ap·pro·pri·ate [mìsəpróuprièit] *vt.* (-at·ed, -at·ing) 1 …을 악용(오용)하다. 2 [남의 돈 따위를] 착복하다, 유용하다, [법률] 횡령하다.
mis·ap·pro·pri·a·tion [mìsəpròupriéiʃ(ə)n] *n.* ⓤⓒ 악용, 남용; [법률] 배임 횡령.
mis·ar·range [mìsəréind3] *vt.* (-ranged, -rang·ing) …의 배열(배치)을 틀리다. [린 배열,
mis·ar·range·ment [mìsəréind3mənt] *n.* ⓤⓒ 틀
mis·be·come [mìsbikʌ́m] *vt.* (-came, -come, -com·ing) …에 어울리지 않다, 부적당하다.
mis·be·com·ing [mìsbikʌ́miŋ] *adj.* 어울리지 않는, 부적당한(unsuitable).
mis·be·got·ten [mìsbigɑ́tn / -gɔ́tn] *adj.* 사생아의, 서출의(illegitimate).
mis·be·have [mìsbihéiv] *vi.* (-haved, -hav·ing) *vi.* 나쁜 짓을 하다, 부정을 저지르다, 버릇없이 굴다.
— *vt.* (재귀용법) …에게 버릇없는(품행이 고약한) 짓을 하다. [된.
mis·be·haved [mìsbihéivd] *adj.* 버릇 없는; 행실이 못
mis·be·hav·ior, 《英》 **-hav·iour** [mìsbihéivjər] *n.* ⓤ 나쁜 행실, 못된 짓; 부정 행위.
mis·be·lief [mìsbilíːf] *n.* ⓤⓒ (*pl.* -liefs) 그릇된 신념(신앙, 의견); 이단 (정통이 아닌) 신앙.
mis·be·lieve [mìsbilíːv] *v.* (-lieved, -liev·ing) *vi.* (폐어) 그릇 믿다; [종교의] 이단설을 신봉하다. — *vt.* (고어) …을 의심하다, 믿지 않다.
mis·be·liev·er [mìsbilíːvər] *n.* 오신자(誤信者); 이단설 신봉자. [설을 신봉하는.
mis·be·liev·ing [mìsbilíːviŋ] *adv.* 그릇 믿는, 이단
mis·be·seem [mìsbisíːm] *vt.* = misbecome.
mis·be·stow [mìsbistóu] *vt.* …을 부당하게 주다.
mis·birth [mìsbɔ́ːrθ] *n.* ⓤⓒ 유산(流産) (abortion).
mis·brand [mìsbrǽnd] *vt.* …에 엉터리(가짜) 상표를 붙이다.
misc. (略) miscellaneous, miscellany.
mis·cal·cu·late [mìskǽlkjulèit] *vt., vi.* (-lat·ed, -lat·ing) 잘못 계산(판단)하다, 오산하다.
mis·cal·cu·la·tion [mìskælkjuléi(ə)n] *n.* ⓤⓒ 오산, 계산 착오, 허방짚기.
mis·call [mìskɔ́ːl] *vt.* 1 …을 잘못 부르다, 틀린 이름으로 부르다(misname). 2 (방언) …을 욕하다.
mis·car·riage [mìskǽrid3] *n.* ⓤⓒ 실패, 실책. ¶ a *miscarriage* of justice 오심(誤審). 2 [편지 따위의] 불착(不着), 배달 착오. 3 유산(abortion).
mis·car·ry [mìskǽri] *vi.* (-ried, -ry·ing) 1 실패하다. 2 [우편물 따위가] 도착하지 않다; 그릇 배달되다. 3 유산하다.
mis·cast [mìskǽst / -kɑ́ːst] *vt.* (-cast, -cast·ing) [남]에게 부적당한 일을 맡기다; [배우]에게 부적당한 역을 주다; [부적당한 배우에게] 역을 맡기다, [극에서]

서투른 배역을 하다.

mis·ce·ge·na·tion [mìsidʒinéiʃ(ə)n] n. ⓤⓒ 이종족(異種族) 결혼(혼교(混交)); [특히 미국에서] 백인과 흑인의 결혼.

mis·cel·la·ne·a [mìsiléiniə] n. pl. 《종종 단수 취급》 [작품·문학 논문 따위의] 잡록(雜錄), 작품집, 논문집.

***mis·cel·la·ne·ous** [mìsiléiniəs, -njəs] adj. **1** 종류가 잡다한[것으로 된], 뒤섞인, 잡다한. ¶ *miscellaneous* accomplishments 잡다한 재주 / *miscellaneous* goods 잡화(雜貨).

類語 **miscellaneous** 성질·종류가 다른 것들이 뒤범벅으로 섞여 있는. **assorted** 필요·취미에 따라 여러 가지가 잘 섞이도록 배려된: a box of *assorted* candies 여러 종류를 갖춘 캔디의 한 상자. **motley** 질 나쁜 것이 아무런 조화도 통제도 없이 어지럽게 뒤섞인: a *motley* army 오합지졸로 된 군대. **indiscriminate** 선택 없이 닥치는 대로 잡다하게 모은: *indiscriminate* reading 무차별적인 잡다한 독서. **promiscuous** 사려·양식·도덕성이 없는 무차별성으로써 비난하는 뜻을 내포하는 말: *promiscuous* dates 상대를 가리지 않는 마구잡이 데이트.

2 갖가지 특성(형태)을 가진, 다방면에 걸친. ¶ a *miscellaneous* collection 다방면에 걸친 수집.
~·ly adv. ~·ness n.

mis·cel·la·nist [mísilèinist / misélə-] n. 잡문가(雜文家).

mis·cel·la·ny [mísilèini / misélani] n. (pl. -nies) **1** 혼합물, 뒤범벅. **2** [저술가 수명의] 잡록집. **3** (-nies) [한 권으로 묶은] 논문집, [한 권의 문집에 수록된] 여러 작품.

mis·chance [mistʃǽns / -tʃɑ́ːns] n. ⓤⓒ 불행, 불운, 재난. ⇨ HARDSHIP 類語 ¶ by *mischance* 운수 사납게.

‡mis·chief [místʃif] n. (pl. -chiefs) **1** 《정신적 도덕적인》 해, 해독; ⓤⓒ 《물질적인》 손해, 재해, 위해(危害)(damage); 악영향, 폐. ¶ inflict great *mischief* on the community 사회에 큰 해독을 끼치다 / make *mischief* between …의 사이를 갈라놓다 / work great *mischief* 큰 악영향을 미치다(만들어 내다) / The mother said to her child, "Don't do any *mischief* while I am out shopping." 어머니는 「장보러 갔다 오는 동안 장난쳐서는 안 돼요」라고 아이에게 말했다.

2 해[해독·손해]의 원인[이 되는 사람]; 난처한 사태, 고민; [몸·기계 따위의] 고장. ¶ The *mischief* is that … 곤란한 점은 …이다 / He is a positive *mischief*. 그는 정녕 골칫거리다.

3 ⓤ 장난, 장난기. ¶ a piece of childish *mischief* 어린애 같은 장난 / out of *mischief* 장난삼아서 / get (or go) into *mischief* 장난을 시작하다(하다).

4 (the ~) (구어) 《감탄사적인 강조어로서》 도대체(the devil). ¶ What the *mischief* do you want? 도대체 무엇을 바라는가?

play [the] *mischief* with [건강 따위를] 해치다; [기계 따위를] 부수다; …을 엉망으로 만들다, 어지럽히다.
up to *mischief* 장난할 생각을 품고, 장난을 쳐서.
◇ míschievous adj.

mis·chief-mak·er [místʃifmèikər] n. [협담·고자질로] 이간질하는 사람, 남들 사이에 불화의 씨를 뿌리는 사람.

mis·chief-mak·ing [místʃifmèikiŋ] n. ⓤ 사람 사이를 갈라놓기, 이간질. —— adj. 사람 사이를 갈라놓는, 이간질하는.

***mis·chie·vous** [místʃivəs] adj. **1** 해로운, 악영향을 미치는(harmful). ¶ a *mischievous* action (influence) 유해한 행위(영향). **2** 장난꾸러기의, 짓궂은, 개구쟁이의; [눈빛 따위로] 장난기가 넘치는. ¶ as *mischievous* as a monkey 몹시 짓궂은 / You *mischievous* little monkey! 정말 장난이 심한 아이로구나!
~·ly adv. ~·ness n. ◇ míschief n.

mis·ci·bil·i·ty [mìsibíliti] n. ⓤ 혼화성(混和性).

mis·ci·ble [mísəbl] adj. 섞을 수 있는(with…).

mis·cite [missáit] v. (-cit·ed, -cit·ing) vt. …을 잘못 인용하다. —— vi. …의 인용을 잘못하다.

mis·con·ceive [mìskənsíːv] v. (-ceived, -ceiv·ing) vt. …을 오해(오인)하다, 허방짚다. —— vi. 오해하다. 잘못 생각하다(of…).

mis·con·cep·tion [mìskənsépʃ(ə)n] n. ⓤⓒ 오해, 착각, 틀린 생각.

mis·con·duct n. [miskɑ́ndʌkt / -kɔ́n- / → v.] ⓤ **1** [공무원·변호사 따위의] 위법 행위, 직권 남용. **2** [회사의] 졸렬한 경영, 그릇된 관리(조처). **3** 못된 짓, 비행; 부정, 간통. —— vt. [mìskəndʌ́kt] **1** …의 처리를 그르치다, …을 실수하다. **2** 《재귀용법》…에 못된 짓을 하게 하다, …에게 간통을 시키다. ¶ *misconduct* oneself with a person 남과 간통하다.

mis·con·struc·tion [mìskənstrʌ́kʃ(ə)n] n. ⓤⓒ 잘못된 조립(구문), 오해, 그릇된 해석.

mis·con·strue [mìskənstrúː, +英 mìskɔ́nstruː] vt. (-strued, -stru·ing) …의 뜻을 잘못 잡다, 잘못 해석하다 《상대방의 의도》를 오해하다.

mis·count [mìskáunt] vt., vi. 잘못 헤아리다, 오산하다. —— n. 계산 착오, 틀린 투표수 계산, 오산.

mis·cre·ant [mískriənt] adj. **1** 고약한, 사악한, 비열한. **2** 믿음이 없는, 이단의. —— n. **1** 악당, 악한. **2** 신심이 없는 자, 이단자.

mis·cre·at·ed [mìskriéitid] adj. 기형적인, 불구의, 잘못 생긴.

mis·cue [mìskjúː] n. **1** 《당구》 잘못 치기, 《게임상의》 미스. **2** 《야구의》 에러, 잘못, 실패, 실수, 실책. —— vi. (-cued, -cu·ing) **1** 《당구》 《공》을 잘못 치다; 《야구》 에러를 내다. **2** 틀리다, 그르치다, 잘못하다 (mistake). **3** 《연극》 대사의 계기(cue)에 바로 응하지 못하다.

MISD (略) 《컴퓨터》 multi-instruction, single data stream(복수 명령렬[列] / 단일 데이터열 처리 방식).

mis·date [mìsdéit] vt. (-dat·ed, -dat·ing) …의 날짜(연대)를 틀리다, …에 틀린 날짜를 매기다. —— n. 틀린 날짜.

mis·deal [mìsdíːl /]] vi., vt. (-dealt, -deal·ing) [특히 카드놀이에서] 패를 잘못 나누어주다. —— n. 잘못 나누어주기.

mis·deed [mìsdíːd] n. 나쁜 짓, 비행, 범죄.

mis·deem [mìsdíːm] vt., vi. 《英에서는 고어·詩》그릇 판단하다 (misjudge); 잘못 알다 (of…).

mis·de·mean [mìsdimíːn] vt. 《드물게》《재귀용법》 …에게 못된 짓을 하게 하다, 몸가짐을 그르치다.

mis·de·mean·ant [mìsdimíːnənt] n. 품행(몸가짐)이 바르지 못한 사람. **2** 《법률》경범죄자.

mis·de·mean·or, (英) -our [mìsdimíːnər] n. **1** 죄, 나쁜 행실, 비행. **2** 《법률》 경범죄. cf. felony

mis·de·scribe [mìsdiskráib] vt. (-scribed, -scrib·ing) …의 잘못 기술(記述)하다.

mis·de·scrip·tion [mìsdiskríp(ə)n] n. ⓤⓒ 부정확(미비)한 기술, [계약서 따위의] 오기(誤記).

mis·di·rect [mìsdirékt] vt. **1** …의 지휘(지도)를 잘못하다, [길·장소 따위]를 잘못 가리키다. **2** [편지 따위]의 주소 성명을 잘못 쓰다. **3** [판사가] [배심원]에게 틀린 설명을 하다. **4** …의 겨냥을 잘못하다; [에너지·정력 따위]를 그릇된 방향으로 돌리다. ¶ *misdirect* a blow 잘못 치다.

mis·di·rec·tion [mìsdirékʃ(ə)n] n. ⓤⓒ **1** 그릇된 지시(지도), [길 따위]를 잘못 가리키기. **2** 《법률》 [배심원에 대한] 판사의 그릇된 설명.

mis·do [mìsdúː] v. (-did, -done, -do·ing) vt. …을 잘못하다, 실수하다. —— vi. (폐어) 나쁜 짓을 하다, [죄].

mis·do·ing [mìsdúː(i)ŋ] n. (보통 ~s) 나쁜 짓, 악행, 비행.

mis·doubt [mìsdáut] vt. 《英에서는 고어》…을 의심하다, 염려하다. —— n. ⓤⓒ 의심, 의혹; 염려.

mise [miːz, +美 maiz] n. **1** 협정, 협약. **2** 《법률》

mise en scène [miːzɑːséin, +美 -sén] n. 《프랑스》 (=setting on the stage) 1 연출[법]. 2 무대 장치. 3 주위의 상황, 환경(surroundings).

mis·em·ploy [mìsimplɔ́i] vt. …을 오용(악용)하다.

mis·em·ploy·ment [mìsimplɔ́imənt] n. U 오용.

‡**mi·ser** [máizər] n. 1 구두쇠, 수전노, 인색한 사람. 2 [폐어] 비참(불행)한 사람. ◇ **miserly** adj.

‡**mis·er·a·ble** [míz(ə)rəbl] adj. 1 [사람·기분이] 비참한, 불행한, 슬픈. ⇨ WRETCHED 類語 ¶ a miserable fellow 가련한 친구 / I am so miserable. 나는 참으로 슬프다. 2 [사정·사건 따위가] 비참한; 불쾌한. ¶ miserable news 비참한 소식 / miserable weather 꿈찍한 날씨. 3 처량한, 빈약한; [양이] 부족한; 하찮은. ¶ a miserable meal 빈약한 식사. 4 부끄러운(shameful); 비열한, 경멸해 싼. ¶ You mean that miserable John? 그 존이라는 놈 얘기야? ~·**ness** n.

*__mis·er·a·bly__ [míz(ə)rəbli] adv. 1 처량하게, 비참히, 불쌍하게. ¶ She was miserably dressed. 그녀는 초라한 옷차림을 하고 있었다. 2 몹시(very). ¶ fail miserably 대실패를 하다.

Mis·e·re·re [mìzərέː(ː)ri, -rí(ː)- / -rí-] n. 1 [성서] 미제레레 [시편 제51편. Septuagint, Vulgate, Douay 성서에서는 제50편]. 2 (m-) 애원, 탄원. 3 (m-) =misericord 2. [< L]

mis·er·i·cord, -corde [mizérikɔ̀ːrd, mízəríkɔ̀ːrd] n. 1 ⓤ 특면(特免) [수도원의 계율로 금지되어 있는 음식 따위를 특별히 허락하는 것]; 특면실(室). 2 중세 교회의 수도사석·성가대석의 접히는 의자 뒤에 달린 받침 [일어서면 여기에 편하게 기댈 수 있다]. 3 [중세에 싸움터에서 적의 숨통을 끊는 데 사용된] 칼날이 가느다란 단검.

mi·ser·li·ness [máizərlinis] n. U 탐욕, 인색, 구두쇠 근성.

mi·ser·ly [máizərli] adj. 인색한, 욕심많은, 탐욕스러운.

‡**mis·er·y** [míz(ə)ri] n. U©(pl. **-er·ies**) 1 비참, 비탄함, 궁핍, 곤궁, ¶ I live in misery 궁핍한 생활을 하다. 2 불행한 상태(처지), 궁상. 3 [정신적인] 고민. ⇨ DISTRESS 類語 4 《방언》 육체적인 고통. ¶ be in misery from headache 두통으로 몹시 괴로와하다.

mísery ìndex [경제] 궁핍지수 [국민의 생활 불쾌(實感)을 지수화한 것으로, 지수가 높을수록 경제적 불쾌감이 높아진다].

mis·es·teem [mìsistíːm] vt. …을 공연히 얕잡아보다.

mis·es·ti·mate vt. [misέstimèit → n. -mət] (**-mat·ed, -mat·ing**) …을 부당(부정확)하게 평가하다, …을 잘못 평가하다. — n. [misέstimət] 그릇된 판단(부당한) 평가.

mis·fea·sance [misfíːz(ə)ns] n. U [법률] 부당 행위.

mis·fire [misfáiər / ⊢⊣] vi. (**-fired, -fir·ing**) 1 [내연 기관이] 점화되지 않다, (총·포 따위가) 불발이 되다, 발화하지 않다. 2 방향이 빗나가다, 과녁에서 빗나가다, 실패하다. — n. 점화되지 않기, 불발, 실패.

mis·fit vt., vi. [misfít → n.] (**-fit·ted, -fit·ting**) [옷 따위가] 잘 맞지 않다. ¶ a misfitting coat 몸에 맞지 않는 코트. — n. [⊣⊢] 1 [옷 따위가] 맞지 않음, 어울리지 않음; 맞지 않는 것[옷·구두 따위]. 2 [지위·환경 따위에] 적합하지 않은(적응할 수 없는) 사람 (in…).

mis·form [misfɔ́ːrm] vt., vi. 잘못 만들다 [만들어지다].

‡**mis·for·tune** [misfɔ́ːrtʃ(ə)n] n. 1 U 불행(bad luck), 불운, 역경. ¶ suffer misfortune 언짢은 일을 당하다 / to complete one's misfortune 게다가 또 불행하게도 / by misfortune 불행히도, 재수없이도. 2 불행(불운)한 일, 재난. ⇨ HARDSHIP 類語 ¶ provide against misfortune 불행(불운)에 대비하다 / He had the misfortune to break his leg during his first season. 그는 첫 시즌 동안에 불행히도 다리가 부러졌다 / Misfortunes never come singly. 《속담》 설상가상; 엎친 데 덮친 격.

mis·give [misgív] v. (**-gave, -giv·en, -giv·ing**) vt. [마음이] [에게] 두려움(의심)을 일으키게 하다, …을 걱정하게 하다; …은 아닌가라는 의심을 품게 하다. ¶ His heart misgave him. 그는 불안감을 느꼈다. — vi. 불안해지다, 걱정하다.

*__mis·giv·ing__ [misgívin] n. U© (종종 ~s) 의혹, 염려, 불안, 걱정, 불길한 예감. ¶ dispel misgivings 걱정을 떨어버리다 / have misgivings about …에 불안을 느끼다.

mis·gov·ern [mìsgʌ́vərn] vt. …의 통치(지배·단속)를 그르치다, …에게 악정을 펴다. [실정.

mis·gov·ern·ment [mìsgʌ́vərnmənt] n. U 악정.

mis·guid·ance [misgáid(ə)ns] n. U 그릇된 지도.

mis·guide [misgáid] vt. (**-guid·ed, -guid·ing**) 《주로 과거 분사형으로》…의 지도를 그르치다, …을 그르치게 하다, 그릇된 방향으로 이끌다.

mis·guid·ed [misgáidid] adj. 잘못 안, 잘못 지도된(misled), 엉뚱한. ~·**ly** adv.

mis·han·dle [misháendl] vt. (**-dled, -dling**) 1 …을 혹독(서투르게) 다루다, …의 처리(처치)를 잘못하다. 2 …을 학대하다.

*__mis·hap__ [míshæp, ⊣⊢] n. U© 불행한 일; 불행, 재난. ⇨ HARDSHIP 類語 ¶ perform without mishap 탈없이 해내다.

mis·hear [mishíər] vt. (**-heard, -hear·ing**) …을 잘못 듣다(…for). [것.

mish·mash [míʃmæʃ] n. 뒤범벅, 잡동사니, 긁어모은

Mish·nah [míʃnə], (**Mish·na**) n. (pl. **Mish·na·yoth** [mìʃnɑːjóut]) 《유대교》 미슈나 [유대교의 불성문율집(不成文律集)으로서 A.D. 200년경에 편집되었다] (cf. Talmud); 미슈나의 한 구절.

mis·in·form [mìsinfɔ́ːrm] vt. …에 잘못 전하다, 틀린 지식을 전하다.

mis·in·for·ma·tion [mìsinfərméiʃ(ə)n] n. U 오보.

mis·in·ter·pret [mìsintə́ːrprit] vt. …을 오해하다, 잘못 해석하다, 오역하다(mistranslate).

mis·in·ter·pre·ta·tion [mìsintə̀ːrprit̀éiʃ(ə)n] n. U© 오해, 오역.

MI-6 [ˈɛmàisíks] n. [영국 정부의] 해외 정보부, 해외 군사 정보 활동 제6부. cf. MI-5
[< Military Intelligence, section 6]

mis·judge [misdʒʌ́dʒ] v. (**-judged, -judg·ing**) vt. …의 판단(평가, 어림)을 잘못하다, …을 오해하다. ¶ misjudge a length 길이를 잘못 짐작하다. — vi. 잘못 판단하다.

mis·judg·ment, 《英》 **-judge-** [misdʒʌ́dʒmənt] n. U© 그릇된 판단(평가).

mis·lay [misléi] vt. (**-laid, -lay·ing**) 1 [그 장소도 생각나지 않을만큼] …을 어디엔 두고 잊어버리다. 2 [특히 가구 따위를] 틀린 자리에 잘못 놓다, 놓는 장소를 틀리다.

*__mis·lead__ [mislíːd] vt. (**-led, -lead·ing**) 1 [남을 잘못 인도하다, 잘못 이끌다. ¶ Our guide misled us in the woods. 안내인이 숲속에서 우리를 잘못 안내했다. 2 [사람의] 행위(사상) 따위를 잘못되게 하다. ¶ Bad companions misled him. 나쁜 친구가 그를 그릇된 길로 끌어갔다. 3 [남]을 속이다, 갈피를 못잡게 하다, …에게 오해하게 하다. ¶ His lies misled me. 그의 거짓말에 속았다.

*__mis·lead·ing__ [mislíːdiŋ] adj. 잘못 인도하는, 갈피를 못잡게 하는, 오해하게 만드는(것 같은). ~·**ly** adv.

mis·like [misláik] vt. (**-liked, -lik·ing**) 1 …을 싫어하다, …에 찬성하지 않다(dislike). 2 《고어》 …의 마음에 거슬리다(displease). ¶ His behavior mislikes thee. 그의 행동이 당신을 불쾌하게 만든다. — n. 싫증, 싫어함, 불찬성(dislike).

mis·man·age [mismǽnidʒ] vt. (**-aged, -ag·ing**) …의 관리(처치)를 잘못하다, …을 잘못 다루다.

mis·man·age·ment [mismǽnidʒmənt] n. U 부주의, 단속 소홀, 그릇된 관리(처리), 실수.

mis·match [mismǽtʃ] vt. …을 어울리지 않게 짝지어 주다, 짝을 잘못 짓다. — n. 어울리지 않는 혼인, 짝

mis·mate [misméit] *vt., vi.* (**-mat·ed, -mat·ing**) 짝을 잘못 짓다, 어울리지 않는 상대와 혼인시키다(혼인하다).

mis·name [misnéim] *vt.* (**-named, -nam·ing**) …을 틀린 이름으로 부르다, 이름을 잘못 부르다, 이름을 잘못 붙이다.

mis·no·mer [misnóumər] *n.* **1** 잘못된 명칭, 오칭(誤稱). **2** 〔인명·지명의〕잘못 부르기, 오기(誤記).

miso- hatred, hating의 뜻의 연결형(* 모음 앞에서는 mis-를 쓴다). *opp.* philo- 예: misogyny, misanthrope.

mi·sog·a·mist [miságəmist, mai-/-ság-] *n.* 결혼을 싫어하는 사람. ~·y [-i] *n.* Ⓤ 싫어하기.

mi·sog·a·my [miságəmi, mai-/-ság-] *n.* Ⓤ 결혼을 싫어하기.

mi·sog·y·nist [misádʒinist, mai-/-sɔ́dʒ-] *n.* 여자를 싫어하는 남자(사람).

mi·sog·y·ny [misádʒini, mai-/-sɔ́dʒ-] *n.* Ⓤ 여자를 싫어하기, 가정하기.

mi·sol·o·gist [misálədʒist, mai-/-sɔ́l-] *n.* 토론을 싫어하는 사람, 이치를 따지기 싫어하는 사람.

mi·sol·o·gy [misálədʒi, mai-/-sɔ́l-] *n.* Ⓤ 토론을 싫어하기, 이치를 따지기 싫어하기.

mis·o·ne·ism [mìsou(n)í:iz(ə)n, màis-] *n.* Ⓤ 새로운 것을 싫어하기, 개혁 기피, 보수주의.

mis·o·ri·ent [mìsɔ́ːriənt, -ènt/-ɔ́(ː)ri-] *vt.* …의 방향을 그르치다, 잘못 배치하다.

mis·place [mispléis] *vt.* (**-placed, -plac·ing**) **1** …의 놓을 장소를 틀리다, 잘못 놓다; …을 놓고 잊어버리다. **2** 〔신용·애정 따위를〕 그 가치가 없는 자에게 잘못 두다. ¶ *misplaced* confidence 그릇된(과대 평가된) 신뢰.

mis·place·ment [mispléismənt] *n.* ⓊⒸ 잘못 놓기; 〔애정 따위의〕 엉뚱한 자에게 주기.

mis·play [mispléi] *n.* **1** 〔놀이·경기 따위의〕 실수, 실책, 틀린 연주(연기). **2** 반칙. — *vt.* **1** 〔연기·연주 따위를〕 잘못하다, 실수하다. **2** 〔카드놀이의 패·서양 장기의 말 따위를〕 부정하게 쓰다.

mis·print [*n.* mísprint, -́ -́ → *v.* ˋ -́] *n.* 오식(誤植), 미스프린트. — *vt.* [misprínt] …을 잘못 인쇄하다, …을 오식하다.

mis·pri·sion[1] [misprɪ́ʒ(ə)n] *n.* Ⓤ **1** 〔공무원의〕 비행, 직무 태만. **2** 〔법률〕 〔역모 따위의〕 중죄의 은닉.

mis·pri·sion[2] [misprɪ́ʒ(ə)n] *n.* Ⓤ 얕보기, 경멸.

mis·prize [mispráiz], **(mis·prise)** *vt.* (**-prized, -priz·ing**) …을 멸시하다, 깔보다(undervalue).

mis·pro·nounce [mìsprənáuns] *v.* (**-nounced, -nounc·ing**) *vt.* …을 잘못 발음하다. — *vi.* 틀리게 발음하다.

mis·pro·nun·ci·a·tion [mìsprənʌ̀nsiéiʃ(ə)n] *n.* Ⓒ 틀린 발음, 발음의 실수.

mis·pro·por·tion [mìsprəpɔ́ːr∫(ə)n/-pɔ́ː-] *n.* Ⓤ 어울리지 않음, 불균형. — *vt.* 〔용하기〕, 틀린 인용문(구).

mis·quo·ta·tion [mìskwoutéiʃ(ə)n] *n.* ⓊⒸ 그릇 인용.

mis·quote [miskwóut] *v.* (**-quot·ed, -quot·ing**) *vt.* …을 잘못 인용하다. — *vi.* 틀리게 인용하다. — *n.* 틀린 인용[구].

mis·read [misríːd] *vt.* (**-read** [-réd], **-read·ing**) …을 잘못 읽다, 잘못 해석하다, 오해하다.

mis·reck·on [misrék(ə)n] *vt., vi.* 잘못 세다, 오산하다.

mis·re·mem·ber [mìsrimémbər] *vt., vi.* **1** 잘못 기억하다, 틀리게 기억하다. **2** 〔방언〕 잊어버리다.

mis·re·port [mìsripɔ́ːrt/-pɔ́ː-] *vt.* …을 잘못(틀리게) 보고하다, …의 허보(虛報)를 전하다. — *n.* ⓊⒸ 오보, 허보.

mis·rep·re·sent [mìsrèprizént] *vt.* **1** …을 잘못 전하다(뜻하다), 부정확하게 말하다. **2** …을 올바로 대표(대변)하지 않다.

mis·rep·re·sen·ta·tion [mìsrèprizentéiʃ(ə)n] *n.* Ⓒ **1** 그릇되게(속여서) 전하기, 오보, 잘못된(거짓) 이야기. **2** 〔법률〕 거짓(부당) 표시. **3** 부적당한 대표.

mis·rep·re·sent·er [mìsrèprizéntər] *n.* 잘못(거짓) 전하는 사람, 가짜 대표자.

mis·rule [misrúːl] *n.* Ⓤ **1** 실정, 악정. **2** 소동, 무질서. ¶ Lord (*or* Abbot, Master, King) of *Misrule* 〔영국사〕 중세 때 크리스마스 연회의 사회자. — *v.* (**-ruled, -rul·ing**) …에게 악정을 펴다, …의 통치(정치)를 잘못하다 (misgovern). — *vi.* 악정하는 사람.

mis·rul·er [misrúːlər] *n.* 악정을 행하는 사람, 통치를 잘못하는 사람.

‡**miss**[1] [mis] *vt.* **1** 〔겨냥한 것을〕 빗맞히다, 놓치다; 잡지 못하다; 〔목표에〕 도달하지 못하다; 〔사람〕 을 만나지 못하다, 〔기차 따위〕 를 놓치다. ¶ *miss* a ball 공을 놓치다 / *miss* one's chance 기회를 놓치다 / *miss* one's desire 욕망을 이루지 못하다 / *miss* one's footing 발을 헛디디다 / *miss* one's way 길을 잃다 / I *missed* the 9: 30 train. 나는 아홉 시 반 기차를 놓쳤다.
2 〔수업을〕지키지 못하다; …에 참가(출석)하지 못하다. ¶ *miss* an appointment 약속을 지키지 못하다 / He *missed* class. 그는 수업에 결석했다.
3 …이 없는 것을 깨닫다; …이 없는 것을 섭섭하게(슬프게, 분하게, 불편하게) 생각하다. ¶ When did you *miss* your purse? 언제 지갑이 없다는 것을 알았습니까? / We will terribly *miss* you if you leave Korea. 당신이 한국을 떠나면 우리는 대단히 쓸쓸해집니다 / He wouldn't *miss* 1,000 won if he lost it. 천 원쯤 잃어버려도 그는 불편하지 않을 것이다.
4 …을 피하다, 면하다. ¶ (~+*ing*) I barely *missed* being caught. 나는 아슬아슬하게 잡히는 것을 면했다.
5 …을 이해하지 못하다, …을 알아채지 못하다. ¶ I *missed* the first part of his speech. 그의 연설의 첫 부분을 이해하지 못했다 / I must have *missed* the notice. 주의서를 알아채지 못했음에 틀림없다.
6 …을 빼다, 빠뜨리다. ¶ (~+前+图) He *missed* my name *out of* his list. 그는 내 이름을 명단에서 뺐다.
— *vi.* **1** 헛방놓다, 맞히지 못하다, 빗나가다. **2** 실패하다, 잘 안 되다.

miss one's **dinner** ⇒ DINNER.
miss **fire** ⇒ FIRE. *miss* **the bus** ⇒ BUS.
miss **out** 〔구어〕 ① …에 빠지다(*on*…) ② …을 지나치다, 놓치다(*on*…) ③ 빼다, 제외하다, 무시하다.
miss **the** (*or* one's) **mark** ⇒ MARK[1].
miss one's **tip** ⇒ TIP[3].

— *n.* **1** 헛맞기, 빗나가기; 실수, 실패; 얻지 못함. ¶ It's hit or *miss*. 성공이냐 실패냐다 / A *miss* is as good as a mile. 〈속담〉 약간 빗나가도 빗나가기는 매일반; 아무리 성공 직전까지 가도〕 실패는 실패다. **2** 빠짐, 탈락, 누락. **3** 모면, 피함. ¶ a lucky *miss* 운 좋게 면하는 것. **4** 상실〔의 슬픔〕. **5** 유산.

‡**miss**[2] [mis] *n.* **1** (M-) …양(미혼 여성의 이름 앞에 붙이는 경칭).
— **Usage** 원칙적으로 미혼 여성에게 쓰지만 미혼인지 기혼인지 분명하지 않을 경우 및 결혼의 경험은 있으되 현재는 독신인 여성에게도 쓰인다. 한 가족의 2명 이상인 딸에게는 the *Misses* White, the *Miss* Whites로 두 가지 용법이 있으며, 전자는 격식을 차린 의례적인 인상을 풍기고, 구어체에서는 후자를 쓰는 것이 보통이다. 또 Yes, *Miss*. 〈네, 그렇습니다〉처럼 *Miss* 하나만을 부르는 소리로 쓰는 것은 특히 영국에서는 저속한 용법으로 생각하고 있다. 그리고 최근에는 *Miss* 와 Mrs. 양편에 공용되는 Ms. 도 많이 쓰이고 있다. **2** (M-) 아가씨〔하인이나 점원 등이 여성을 부르는 말로 쓴다〕. **3** 처녀, 소녀. ¶ school *misses* 여학생 / She's a saucy *miss*. 그녀는 전방진 소녀이다.
〔< mistress의 단축형〕

miss. (略) mission; missionary.
Miss. (略) Mississippi.
mis·sal [mís(ə)l] *n.* **1** (때로 M-) 〔특히 가톨릭〕 미사 전례서 (典禮書). **2** 〔미사의 기도문을 포함한〕 기도서.
Mis·sa So·lem·nis [mísə soulémnis] *n.* 〔라틴〕

mis·say [misséi] *v.* (**-said, -say·ing**) 〈고어〉 *vt.* 1 …의 악담을 하다, 비난하다, 욕하다. 2 …을 잘못 말하다. — *vi.* 잘못 말하다, 비난하다.

mis·sel [mís(ə)l, +英 míz-] *n.* 지빠귀의 일종〔겨우살이(mistletoe)의 열매를 먹는다. 유럽산(産)〕

mis·shape [misʃéip] *vt.* (**-shaped, -shaped** or 《고어》 **-shap·en, -shap·ing**) …의 모양을 보기 흉하게 만들다, …을 기형으로 만들다; …을 잘못 만들다.

mis·shap·en [misʃéip(ə)n] *adj.* 잘못 만든, 보기 흉한, 기형의.

‡**mis·sile** [mís(i)l / -sail] *n.* 1 날아가는 무기〔돌·창·탄환 따위〕. 2 유도탄, 탄도탄, 미사일. ¶ a ballistic (a guided) *missile* 탄도(유도)탄. — *adj.* 1 던질 수 있는. 2 유도(탄도)탄의.

mis·sil·eer [mìs(i)líər / -sáil-] *n.* =missileman.

mis·sile·man [mís(i)lmən / -sáil-] *n.* (*pl.* **-men** [-mən]) 미사일 설계(제조, 조종)자.

mis·sile·ry [mís(i)lri / -sáil-], (**mis·sil·ry**) *n.* ⓤ 1 〔집합적〕 미사일. 2 미사일 공학.

mis·sil·ese [mìsailí:z] *n.* 미사일 전문 용어.

míssile véhicle *n.* 미사일 운반 기구.

miss·ing [mísiŋ] *adj.* 1 〔있을 (있어야 할) 것이〕 없는, 사라진; 빠진. ¶ a *missing* number 〔잡지 따위의〕 결권(缺卷) / There are two pages *missing* from this book. 이 책은 2페이지가 빠졌다. 2 보이지 않는, 분실한, 행방 불명의; (the ~) 《명사적 용법》 행방 불명자. ¶ a *missing* child 미아 / He is among the *missing*. 그는 행방 불명자 가운데 한 사람이다.

míssing línk *n.* 1 (the ~) 〔동물〕 잃어버린 고리〔진화의 과정에서 유인원과 인간의 중간에 존재했다고 가상되는 동물〕. 2 계열상에서 빠져 있는 것.

‡**mis·sion** [míʃ(ə)n] *n.* 1 〔외국에 파견되는〕 사절단, 파견단. 2 〔사절단(파견단)의〕 특별 임무, 사명. ¶ on a *mission* 사명을 띠고 / carry out one's *mission* 임무를 수행하다 3 〔美〕 재외 대사(공사)관. 4 〔군대〕 〔작전상의〕 비행 임무, 우주 비행 계획. 5 전도단, 포교단, 선교사단. ¶ follow the sacred *mission* 선교사가 되다. 6 포교 시설; 포교구, 전도구. 7 (~s) 전도 사업, 전도 활동, 포교 활동; 자선 시설. ¶ foreign *missions* 국외 전도. 8 사명, 천직(calling). ¶ one's *mission* in life 인생의 사명. — *vt.* 1 …을 파견하다. 2 〔지역〕에 포교하다, 전도하다.

◇ *míssionary adj., míssionize v.*

mis·sion·ar·y [míʃ(ə)nèri / -nəri] *n.* (*pl.* **-ar·ies**) 1 〔교회에서 외국으로 파견되는〕 선교사, 전도사. 2 〔어떤 주의의〕 선전자, 주창자, 사자. — *adj.* 1 선교의, 전도의; 선교사에 관한; 선교사다운. ¶ a *missionary* meeting 전도(포교) 집회. 2 전도(포교)에 종사(헌신)하는.

míssion contról *n.* 우주 비행의 지상 관제 센터, 우주 관제 센터.

mis·sion·er [míʃ(ə)nər] *n.* =missionary.

mis·sion·ize [míʃ(ə)nàiz] *v.* (**-ized, -iz·ing**) *vt.* …에게 전도하다. — *vi.* 전도사(선교사) 노릇을 하다.

míssion spécialist *n.* 〔우주〕 〔우주선의〕 탑승 과학 기술자.

míssion schóol *n.* 《美》 선교 단체가 경영하는 학교; 전도(포교) 학교.

mis·sis [mísiz, +美 -sis], **-sus** [mísəz, +美 -səs] *n.* 1 (the ~ 또는 one's ~) 〈구어〉 처, 〔자기의〕 아내, 〔남의〕 부인(wife). 2 〈방언〕 마님〔하녀 등이 여주인에 대해서 쓴다〕.

miss·ish [mísiʃ] *adj.* 아가씨티를 내는, 얌전빼는, 수줍은.

‡**Mis·sis·sip·pi** [mìsisípi] *n.* 1 미국 남부의 주〔주도 (州都) Jackson; 略 Miss.〕. 2 (the ~) Minnesota 주에서 발원하여 Mexico 만으로 흐르는 북미에서 제일 긴 강.

◇ *Mississíppian adj., n.*

Mis·sis·sip·pi·an [mìsisípiən] *adj.* 1 Mississippi 주의, Mississippi 강의. 2 〔지질〕 미시시피계(系)의. — *n.* 1 Mississippi 주의 사람(주민). 2 〔지질〕 미시시피계(系).

mis·sive [mísiv] *n.* 서한(書翰), 신서(信書), 공문서. — *adj.* 보내진(sent).

Míss Náncy *n.* (*pl.* **M- Náncys**) 〈구어〉 역약한 남자(사내아이).

***Mis·sour·i** [mizú(:)ri / -zúəri] *n.* 1 미국 중부의 주〔주도(州都) Jefferson City; 略 Mo.〕. 2 (the ~) Montana 주에서 발원하여 St. Louis 지방에서 Mississippi 강에 합류하는 강.

be (or *come*) *from Missouri* 《美속어》 쉽게 납득하지 않다(믿지 않다), 의심이 많다.

◇ *Missóurian adj., n.*

Mis·sour·i·an [mizú(:)riən / -zúər-] *adj.* Missouri 주(사람)의(에 특유한). — *n.* Missouri 주 사람.

mis·speak [misspí:k] *vi.* (**-spoke, -spok·en, -speak·ing**) …을 잘못 말하다(이야기하다), 발음하다.

*mis·spell [misspél] vt. (-spelled [-spélt, -spéld] or -spelt, -spell·ing) …의 철자를 틀리다, 잘못 철자하다.

mis·spell·ing [misspéliŋ] *n.* ⓤⓒ 틀린 철자.

mis·spend [misspénd] *vt.* (**-spent, -spend·ing**) …을 잘못 쓰다, 낭비하다, 허비하다.

mis·state [misstéit] *vt.* (**-stat·ed, -stat·ing**) …을 잘못(틀리게) 말하다, 허위 진술하다.

mis·state·ment [misstéitmənt] *n.* ⓤⓒ 허위 진술.

mis·step [misstép] *n.* 1 헛(잘못) 디딤, 실족(失足). 2 과실, 실수, 실책. — *vi.* (**-stepped, -step·ping**) 헛(잘못) 디디다.

mis·sus [mísəz, +美 -səs] *n.* =missis.

miss·y [mísi] *n.* (*pl.* **miss·ies**) 〈구어〉 아가씨.

‡**mist** [mist] *n.* 1 ⓤⓒ 〔fog 보다는 엷은〕 안개, 연무, 아지랭이. ⇨ FOG 類語 ¶ The hills were hidden in *mist*. 언덕은 안개로 가려져 있었다 / The *mist* has cleared off. 안개가 걷혔다. 2 ⓤⓒ 〔먼지·연기·가스 따위의〕 자욱한 연막, 구름(cloud). 3 흐리게 하는 것; 〔기억·이해 따위의〕 어렴풋해진 상태. ¶ cast (or throw) a *mist* before a person's eyes 남의 눈을 흐리게 하다. 4 〔눈물 따위로 눈이〕 흐려짐, ¶ She smiled with a *mist* of tears before her eyes. 그녀는 눈물 어린 눈으로 미소지었다.

in a mist 어리둥절하여, 난처하여, 당혹하여.

— *vi.* 〔종종 비인칭의 it 를 주어로 하여〕 안개가 끼다; 이슬비가 내리다(drizzle), 흐려지다, 희미해지다. — *vt.* …을 안개로 덮다, 흐리게 하다, 흐릿하게 하다.

◇ *místy adj.*

mis·tak·a·ble [mistéikəbl] *adj.* 오해받기 쉬운, 틀리기 쉬운, 알쏭달쏭한, 헷갈리기 쉬운.

‡**mis·take** [mistéik] *n.* 〔행위·견해·판단 따위의〕 잘못, 틀림, 과실; 착각, 오해. ¶ make a *mistake* 잘못하다, 잘못 생각하다 / I was laboring under a *mistake*. 나는 착각하고 있었다 / *mistakes* in grammar 문법상의 과오.

類語 *mistake* 이해·판단·의견 따위의 잘못. *error* 무심코 어떤 원칙·기준·정확함 따위에서 빗나가기; *mistake* 보다는 비난의 암시가 강하다: a typographical *error* 인쇄의 잘못, 오식. *blunder* 어리석은 큰 잘못; 우둔·부주의 따위를 비난하는 암시가 강한 말. *slip* 부주의·성급(性急) 따위에 의한 사소한 잘못; a *slip* of the pen 약간 잘못 쓰기. *fallacy* 잘못된 생각.

beyond mistake 틀림없이, 꼭.

by mistake 잘못되어, 실수로.

make (or *and*) *no mistake* 〈구어〉 틀림없이, 꼭, 확실히. ¶ He flunked an economics exam, *make no mistake*. 그는 분명히 경제학 시험에 떨어졌다.

— *v.* (**-took, -tak·en, -tak·ing**) *vt.* 1 …을 틀리다, 잘못 생각하다, 오해하다. ¶ *mistake* the road 길을 잘못 들다 / There is no *mistaking* the fact. 〔그 사실은〕

틀릴 리가 없다. **2** 잘못 알다, 혼동하다(...for). ¶ (~+ 囲+前+名) They *mistook* license *for* liberty. 그들은 방종과 자유를 혼동했다. — *vi.* 틀리다, 잘못하다, 잘못 생각하다, 오해하다.

‡**mis·tak·en** [mistéik(ə)n] *v.* mistake 의 과거 분사. — *adj.* **1** [사람이] 잘못 생각하고 있는, 틀린, 잘못된, 오해한. ¶ Please correct me if I am *mistaken*. 잘못되었으면 정정하여 주십시오. **2** [생각·사상 따위가] 틀린, 판단을 잘못한; 오해에 기인한. ¶ *mistaken* kindness 귀찮은(잘못 베푼) 친절 / a *mistaken* opinion 잘못된 의견. **~·ly** *adv.*

mis·teach [místí:tʃ] *vt.* (**-taught, -teach·ing**) …을 잘못 가르치다, 틀리게 가르치다.

***mis·ter** [místər] *n.* **1** (M-) …님, …귀하, …씨 [남자의 성·관직명 앞에 붙이는 경칭] (∗ 보통 Mr.로 줄여 쓴다). ⇒ MR. **2** (《미구어》) 여보세요 (∗ 남자를 부르는 말로 쓴다). ¶ What time is it, *mister*? 여보세요, 몇 시입니까? **3** [Mr. 이외의 경칭이 없는] 평민. **4** 《미》 육군 준(準)사관, 사관 생도; 해군 중령 이하의 군인·선장을 제외한 고급 선원을 부르는 말. **5** 《구어》 남편 (husband).
— *vt.* 《구어》 …을 mister (Mr.)을 붙여 부르다.

Míster Chárlie(Chárley) *n.* 《미속어》 백인.

mis·ter·y [místəri] *n.* =mystery².

mist·ful [místf(ə)l] *adj.* =misty.

mist·i·ly [místili] *adv.* 안개가 짙게(자욱하게), 안개 모양으로, 희미하게, 호리게.

mis·time [mistáim] *vt.* (**-timed, -tim·ing**) **1** …을 부적당한 때에 하다 (말하다), …을 하는 (말하는) 시기를 놓치다. **2** …의 시간(시대)을 틀리다.

mis·timed [mistáimd] *adj.* (주로 《英》 방언) 생활의 페이스가 흐트러진.

***mis·tle·toe** [mísltou, mízl-] *n.* **1** 《식》 겨우살이 [유럽산(産)의 크리스마스 장식으로 쓰이며 그 밑에서는 소녀와 키스해도 좋다는 습관이 있다]; 그 작은 가지.

mis·took [mistúk] *v.* mistake 의 과거형.

[mistletoe]

mis·tral [místr(ə)l, mistrá:l] *n.* 프랑스 지중해 연안 지방의 차고 건조한 서북풍.

mis·trans·late [mìstrænsléit, -trænz-] *vt.* (**-lat·ed, -lat·ing**) …을 오역하다.

mis·trans·la·tion [mìstrænsléiʃ(ə)n, -trænz-] *n.* ⓤ 오역.

mis·treat [mistrí:t] *vt.* …을 학대하다, 혹사하다.

mis·treat·ment [mistrí:tmənt] *n.* ⓤⓒ 학대, 혹사.

‡**mis·tress** [místris] *n.* **1** 여주인, 주부; [노예·동물 따위의] 여성 소유자(사육주). *cf.* master ¶ Is your *mistress* at home? 부인은 집에 계십니까? **2** 《주로 《英》》 여선생 (female teacher). ¶ a music (a history) *mistress* 음악(역사)의 여교사. **3** (때로 M-) 여성 지배자, 지배권을 가진 여자; 《비유적》 여왕. ¶ the *Mistress* of the Adriatic 아드리아해(海)의 여왕[Venice의 별칭] / the *Mistress* of the Robes 《英》 여관장(女官長) [여왕의 의장(衣裝) 담당자] / the *Mistress* of the Seas 바다의 여왕[영국의 별칭] / the *Mistress* of the World 세계의 여왕[로마 제국의 별칭]. **4** 첩, 정부. ¶ keep a *mistress* 첩을 두다. **5** 《고어》 연인, 애인. **6** 《고어》 = madam (∗ 미혼 여성의 이름 뒤에 부르는 말로서 성명 앞에 붙여 쓴다). **7** 어떠한 기술·학문을 습득한 여자; 여석사. ¶ *Mistress* of Music 여자 음악 석사.

be mistress of the situation 국면(局面)을 잘 다스리다.

be one's own mistress 자유의 몸이다, 남에게 구속되지 않다.

mis·tress·ship [místriʃìp] *n.* ⓤ 여주인(주부)임; 그 지위.

mis·tri·al [mistrái(ə)l] *n.* [법률] **1** 오판, 무효 심리 [기본적 절차에 과오가 있어서 무효로 되는 재판]. **2** 미결정 재판 [배심원의 의견이 일치하지 않아서 생긴다].

***mis·trust** [mistrʌ́st] *n.* ⓤ 불신(용), 의심, 의혹(suspicion, distrust). ⇨ DOUBT 類語 ¶ intensify one's *mistrust* 불신의 도를 더하다. — *vt.* **1** …을 신용하지 않다, 수상히 여기다, 의심하다. **2** …이 아닌가 하고 생각(억측)하다. — *vi.* 의심하고 있다.

◇ mistrústful *adj.*

mis·trust·ful [mistrʌ́stfəl] *adj.* 신용하지 않는, 의심 많은. **~·ly** [-fəli] *adv.* **~·ness** *n.*

mis·trust·ing·ly [mistrʌ́stiŋli] *adv.* 신용하지 않고, 의심하여.

***mist·y** [místi] *adj.* (**mist·i·er, mist·i·est**) **1** 안개가 자욱한(짙은), 안개로 싸인. ¶ a *misty* view 안개 낀 경치. **2** 안개 모양의, 안개로 이루어진. **3** 몽롱한, 희미한, 어렴풋한, 안개가 낀 듯한(obscure, dim). ¶ a *misty* notion 모호한 생각. ◇ mist, místiness *n.* místily *adv.*

mist·y-eyed [místiáid] *adj.* 쉽게 눈물을 글썽거리는.

‡**mis·un·der·stand** [mìsʌndərstǽnd] *vt.* (**-stood, -stand·ing**) …을 오해하다, 잘못 해석하다.

***mis·un·der·stand·ing** [mìsʌndərstǽndiŋ] *n.* ⓤⓒ **1** 오해, 들린 생각. **2** 의견의 상이, 말다툼, 불화.

mis·us·age [misjú:sidʒ, -jú:z-] *n.* ⓤⓒ **1** (말 따위의) 오용. **2** 학대, 혹사.

***mis·use** [n. misjú:s → ~, ~s; v.] *n.* ⓤⓒ **1** 오용, 악용. **2** (폐어) 학대, 혹사. — *vt.* [misjú:z] (**-used, -us·ing**) **1** …을 오용하다, 악용하다. **2** …을 학대(혹사)하다. ◇ misúsage, misúser *n.*

mis·us·er¹ [misjú:zər] *n.* ⓤⓒ [법률] [특권·직권·은전 따위의] 남용(濫用).

mis·us·er² [misjú:zər] *n.* 오용자, 남용자; 학대자.

mis·val·ue [misvǽlju:] *vt.* (**-ued, -u·ing**) …의 평가를 잘못하다; …을 과소 평가하다(undervalue).

mis·word [miswə́:rd] *vt.* …을 잘못 말하다, …의 말을 잘못 쓰다.

M.I.T. (略) *M*assachusetts *I*nstitute of *T*echnology (매사추세츠 공과 대학).

mite¹ [mait] *n.* 진드기.

mite² [mait] *n.* **1** 소액이나마 정성어린 기부, 미력. ¶ the widow's *mite* 빈자(貧者)의 일등(一燈), 가난한 과부의 연보금 [← 마가 복음 (Mark) 12:41-44] / contribute one's *mite* to …을 위해서 미력을 다하다. **2** 소화폐, 잔돈, 《英속어》 반(半)파딩(farthing). **3** 작은 조각, 소량; 매우 작은 생물, 작은 동물; 아이. ¶ not a *mite* 조금도 …아니다(하지 않다)(=not at all).

mi·ter, 《英》 -tre [máitər] *n.* **1** [교회] 주교관(主教冠), 투관자[bishop 이 의식 때에 쓰는 관]. **2** 주교의 직(지위). **3** [고대 유대교의] 대사제(大司祭)의 관. **4** 고대 그리스 여성이 쓴 머리 장식. **5** [건축] = miter joint. — *vt.* **1** …에게 주교관을 수여하다; …을 주교로 임명하다. **2** [건축] …을 연귀로 잇다.

mi·tered, 《英》 -tred [máitərd] *adj.* **1** 주교관과 같은 (모양의), 주교관 모양의 끝이 뾰족한. **2** 주교관을 쓴; 주교로 임명된.

míter jóint *n.* [건축] 연귀 이음, 사접(斜接) [두 널 빤지의 끝을 등각으로 잘라 그 벤 자리를 접합하는 방법].

míter squáre *n.* [목공] 45도 자(尺).

Mith·ra·ism [míθrəìz(ə)m] *n.* ⓤ 미트라교 [고대 페르시아의 종교, Mithras를 숭배했다].

Mith·ra·ist [míθrəist] *n.* 미트라교 신자.

Mith·ras [míθræs] *n.* [페르시아 신화] 미트라 [빛과 진리, 후에 태양의 신].

mith·ri·date [míθridèit] *n.* ⓤ [고대에 만능 해독제로 믿었던] 당과(糖菓).

mith·ri·da·tism [mìθridéitiz(ə)m] *n.* ⓤ [독의 복용량을 차츰 늘려서 얻어지는] 항독력(抗毒力); 면독성(免毒性).

mith·ri·da·tize [mìθridèitaiz / miθridátaiz] (∗ 《英》에서는 **mith·ri·da·tise**로도 쓴다) *vt.* (**-tized, -tiz-**

mit·i·ga·ble [mítigəbl] *adj.* 완화할 수 있는, 경감할 수 있는.

***mit·i·gate** [mítigèit] *v.* (**-gat·ed, -gat·ing**) *vt.* **1** [분노·고통·슬픔·고민 따위]를 누그러뜨리다, 가라앉히다. ¶ *mitigate* pain (wrath, grief) 고통(분노, 슬픔)을 덜다. **2** [고통·병·형벌 따위]를 경감하다, 가볍게 하다. **3** [드물게] [남]을 온화(온순)하게 하다, [남의 마음 따위]를 달래다. ── *vi.* 누그러지다, 가라앉다.
◇ mitigátion *n.*, mítigative, mítigatory *adj.*

mít·i·gat·ing círcumstances [mítigèitiŋ-] *n. pl.* [법률] [손해 배상액·형기(刑期)의] 경감 사유.

mit·i·ga·tion [mìtigéiʃ(ə)n] *n.* **1** ① 완화, 경감, 진정; 누그러뜨리는 것, 완화하는 것; 진정제. **2** ⓒ 완화 (경감) 시키는 것(일, 인).

mit·i·ga·tive [mítigèitiv] *adj.* 누그러뜨리는, 완화적인.

mit·i·ga·tor [mítigèitər] *n.* 누그러뜨리는(완화하는) 사람(것), 진통약, 완화제.

mit·i·ga·to·ry [mítigətɔ̀:ri / -gèitəri] *adj.* =mitigative.

mi·to·chon·dri·on [màitəkándriən, mìtə-/-kɔ́n-] *n.* (*pl.* **-dri·a** [-driə]) [생물] 미토콘드리아.

mi·to·sis [maitóusis, mi-] *n.* ⓤ(ⓒ) (*pl.* **-ses** [-si:z]) [생물] [세포의] 유사(有絲) 분열. *cf.* amitosis

mi·tot·ic [maitátik, mi- /-tɔ́t-] *adj.* [생물] 유사 분열의. **-i·cal·ly** [-ikəli] *adv.*

mi·trail·leuse [F mitrɑjɔ̈ːz] *n.* (*pl.* **-leuses** [F -jɔ̈ːz]) (프랑스) (=machine gun, small missiles) 기관총.

mi·tral [máitrəl] *adj.* **1** 주교관 (主敎冠) [모양]의, 승모(僧帽) 모양의. **2** [해부] 승모판(瓣)의. ¶ the *mitral* valve [심장의] 승모판. ⇨ HEART¹ 그림.

mi·tre [máitər] *n.*, *v.* (**-tred, -tring**) (英) =miter.

mi·tred [máitərd] *adj.* (英) =mitered.

mitt [mit] *n.* **1** [레이스 따위로 만든] 손가락 부분이 없는 여성용의 긴 장갑. **2** [야구] =mitten. **4** (속어) 손. (<MITT[EN])

***mit·ten** [mftn] *n.* **1** [엄지 손가락만 떨어져 있는] 벙어리 장갑, 미튼. *cf.* glove **2** 긴 장갑(mitt). **3** (~s) (속어) 권투용 글러브.

get the mitten (구어) 애인에게 퇴짜맞다; 내쫓기다.

give (or **send**) **a person the mitten** (구어) 남을 퇴짜놓다, 뿌리치다.

mit·ti·mus [mítiməs] *n.* **1** [법률] 수감 영장. **2** [어떤 법원에서 다른 법원으로의] 재판 기록 이송 영장.

mitz·vah [mitsvə́:, +英 mítsvə] *n.* (*pl.* **-voth** [-vout], **-vahs**) (유대교) 성경·율법 학자의 계율; 선행(善行).

‡**mix** [miks] *v.* (**mixed** *or* **mixt, mix·ing**) *vt.* **1** …을 섞다, 혼합하다. ¶ *mix* paints 그림 물감을 섞다 / *mix* flour and salt 밀가루와 소금을 섞다 // (~+目+前+名) *mix* water *with* whisky 위스키에 물을 타다.

類語 **mix** 「섞다」의 뜻의 가장 일반적인 말. **blend** 잘 조화해서 mix해서 원래의 성분의 특징을 살린 새로운 것을 만들다: *blend* several flavors of coffee 양 이 다른 몇 종류의 커피를 섞다. **mingle** 원래의 성분이 남도록 mix 하다: *mingle* boys' with girls' voices 소년과 소녀의 목소리를 혼성으로 하다. **commingle** mingle 보다도 각 성분의 조화·일체감이 강한 말: *commingled* kindness and compassion 친절과 동정 이 한데 얽힌 감정.

2 …을 혼입하다, 섞다, 첨가하다. ¶ (~+目+前+名) *mix* a little butter *into* flour 밀가루에 소량의 버터를 섞다.

3 [여러 성분을 혼합해서] …을 만들다; …을 조합(調合)하다. ¶ *mix* a cake 케이크를 만들다 / *mix* a poison 독약을 조합하다.

4 …을 결부시키다, 결합하다, 하나로 하다, 혼동하다. ¶ *mix* feelings of joy and sorrow 희비가 엇갈린 느낌을 갖다 / *mix* work and play 일과 노는 것을 혼동하다.

5 [동물]을 교배시키다 (crossbreed).

6 [사람]을 사귀게 하다, 교제시키다. ¶ *mix* people of different classes 계층이 다른 사람들을 사귀게 하다 // (~+目+前+名) *mix* oneself *among* people 사람들 속에 끼다 / *mix* boys *with* girls 남자 아이들과 여자 아이들을 교제시키다.

7 (英구어) [남]을 헛소문 따위로 이간질하다.

── *vi.* **1** 섞이다, 섞여 잘 어울리다. ¶ Oil and water do not *mix*. 물과 기름은 섞이지 않는다. **2** [사람이] 사귀다, 교제하다(associate); 사이좋게 지내다(*in, with*...). ¶ (~+前) They don't *mix* well. 그들은 사이가 나쁘다 // (~+前+名) *mix in* society 사교계에 드나들다 / *mix with* strangers 낯선(잘 모르는) 사람들과 교제하다. **3** 교배(交配)하다.

mix it [**up**] (속어) 말다툼하다, 싸우다, 서로 치고받다.

mix up ① …을 잘 섞다. ② …을 혼동하다, (다른 물건)을 잘못 알다(…*with*). ③ (수동형으로) [나쁜 짓 따위에] …을 관계시키다, 말려들게 하다(…*in, with*).

── *n.* **1** 혼합물, 혼합약, 술에 섞는 음료. **3** [물이나 불을 가하면 되는] 믹스, 원료. ¶ an ice cream *mix* 아이스크림의 원료. **4** (구어) 혼란, 뒤죽박죽(mess). ◇ mixture *n.*

‡**mixed** [mikst] *adj.* **1** 섞인, 혼합된, 뒤섞인. ¶ have *mixed* feelings 복잡한 감정을 품다. **2** 잡다한 사람들로 이루어진; 다른 종류의, 다른 종교간의. ¶ a *mixed* company (*or* meeting) 여러 잡다한 사람들의 모임 / a *mixed* marriage [다른 종족간의] 잡혼. **3** 남녀 혼합의. ¶ a *mixed* chorus 혼성 합창 [대] / a *mixed* school 남녀 공학의 학교 / *mixed* doubles [경기·따위의] 혼합복식. **4** [법률] [계쟁점(繫爭點)·관점 따위가] 복잡한. **5** (구어) [술 따위로] 머리가 어지러운, 지리멸렬의. **6** [음성] [모음] 중설음(中舌音)의(central).

míxed bág *n.* (美) 뒤섞임, 잡동사니, 긁어 모은 것.

míxed bléssing *n.* 좋기도 하고 나쁘기도 한 것, [이도 저도 아닌] 어정쩡한 상태.

míxed ecónomy *n.* 혼합 경제 [현재의 자본주의 체제하에서 국유화 기업이나 공공 부문이 시장 경제 활동에 중요한 역할을 할 수 있게 되어 있는 경제 체제].

míxed fárming *n.* ⓤ 혼합 농업 [농업과 축산의 혼합 경영].

míxed gríll *n.* (英) 믹스 그릴 [불고기·버섯·토마토 따위 몇 가지를 볶은 요리].

míxed média *n. pl.* 혼합 매체(媒體) [영상·회화·음악 따위의 종합 예술 표현].

míxed·ness [míkstnis] *n.* ⓤ 혼합, 혼성, 뒤범벅.

míxed númber *n.* [수학] 대분수(帶分數).

míxed tráin *n.* 혼재(貨客) 열차.

mixed-up [míkstʌ́p] *adj.* (美) 혼란된, [정서적으로] 불안정한, 미숙한.

mix·er [míksər] *n.* **1** [콘크리트용·주방용·방송용 따위 각종의] 믹서, 혼합기, 혼합하는 사람. **2** (보통 형용사를 붙여서) 사람성이 …한 사람. ¶ He is a good (a bad) *mixer*. 그는 사람성이 좋다(나쁘다). **3** (구어) 친목회, 댄스 파티. **4** 알코올 음료에 섞는 것[소다 나 진저 에일]. **5** (英구어) 이간질을 하는 사람.

mix·i [míksi] *n.* 믹시 [미니·미디·맥시를 합친 것].

mix-in [míksìn] *n.* (美구어) 언투, 분쟁, 시비.

mix·ing [míksiŋ] *n.* **1** 혼합, 혼화(混和). **2** [영화] [녹음재생에 있어서] 음성과 음악 따위의 혼성. [바텐더].

mix·ol·o·gist [miksálədʒist / -ɔ́l-] *n.* (익살) 명(名)

mixt [mikst] *v.* mix의 과거·과거 분사의 하나.

‡**mix·ture** [míkstʃər] *n.* **1** 혼합물, 혼합약; [감정의] 교착(交錯). ¶ a smoking *mixture* 혼합 담배 / with a *mixture* of joy and anxiety 기쁨과 불안이 뒤섞인 심정으로. **2** ⓤⓒ 혼합, 혼화(混和). ¶ form by *mixture* 혼합해서 만들다. **3** ⓒ 혼합물, 첨가물. ¶ without *mixture* 섞은 것이 없는, 순수한. **4** [물리·화학] 혼합물. *cf.* compound¹ 혼방(混紡) 직물. [난투.

mix-up [míksʌ́p] *n.* 혼란, 뒤얽힘, **2** (구어)혼전,

Miz [miz] *n.* (美) Miss 와 Mrs.를 합친 경칭 [여권 확장 운동의 주장; 略 Ms.].

miz·zen [mízn] [항해] *n.* **1** 뒷돛대에 치는 세로 돛. **2** =mizzenmast. ── *adj.* 뒷돛대의, 뒷돛대에 치는.

miz·zen·mast [míznmæst, 항해 -məst/-máːst, 항해 -məst] n. 〖항해〗 뒷돛대, [돛대가 셋 이상 있는 배의] 제3돛대.

miz·zle¹ [mízl] 〖방언〗 vi. (-zled, -zling) 이슬비(가랑비)가 내리다. — n. ⓤ ⓒ 이슬비, 가랑비.

miz·zle² [mízl] vi. (-zled, -zling) 〖英속어〗도망치다, 갑자기 모습을 감추다.

miz·zly [mízli] adj. 〖방언〗가랑비가 내리는; 이슬비 같은.

mk. (略) (pl. **mks.**) mark.

mkd. (略) marked.

mks, M.K.S. (略) meter-kilogram-second.

mkt. (略) market.

ml (略) milliliter[s].

ML (略) Medieval Latin (중세 라틴말).

M.L. (略) Master of Law (법학 석사).

M.L.A. (略) Master of Landscape Architecture; Member of the Legislative Assembly (입법 의회 회원); Modern Language Association.

MLD, M.L.D. (略) minimum lethal dose (최소 치사량).

MLF (略) multilateral nuclear force (다각적 핵전력).

MLG. (略) Middle Low German.

Mlle. (略) (pl. **Mlles.**) Mademoiselle.

MLP (略) mobile launcher platform (이동 발사대 플랫폼).

MLR (略) minimum lending rate [Bank of England의 최저 대출 금리].

MLRS (略) Multiple Launch Rocket System (다발[多発] 로켓 발사기).

MLS (略) microwave landing system (마이크로파(전기) 착륙 장치). — **ing weight** (최대 착륙 중량).

MLW (略) mean low water; 〖항공〗 maximum landing weight.

mm, mm. (略) millimeter[s].

MM. (略) Messieurs.

M.M. (略) 〖英〗 Military Medal.

Mme. (略) (pl. **Mmes.**) Madame.

MMI (略) man-machine interface (인간-컴퓨터 시스템 인터페이스).

MMRBM (略) mobile mid-range ballistic missile (기동 중거리 탄도탄).

MMU (略) 〖우주공학〗 manned maneuvering unit (인간 조종 유닛).

Mn 〖화학〗 manganese 의 원자 기호.

M.N., MN (略) magnetic north; Merchant Navy

MNC (略) multinational corporation (다국적 기업).

MNE (略) multinational enterprises (다국적 기업).

mne·mon·ic [niːmánik / -mɔ́n-] adj. 기억을 돕는; 기억의, 기억술의. ¶ a **mnemonic** code 〖컴퓨터〗 기억하기 쉬운 부호.

mne·mon·ics [niːmániks / -mɔ́n-] n. pl. [단수 취급] 기억술.

Mne·mos·y·ne [niːmɑ́sɪniː / -máz-/-mɔ́z-] n. 〖그리스 신화〗 무네모슈네 [기억의 여신].

mne·mo·tech·ny [niːmo(u)tékni] n. 〖英〗= mnemonics.

mngr. manager.

mo [mou] n. (pl. **mos**) 〖英 구어〗일순, 순식간 (moment). ¶ Wait a **mo**! 잠깐 기다려줘. ⇒ <MO[MENT]>

Mo 〖화학〗 molybdenum 의 원자 기호.

-mo suf. 수사(數詞) 또는 수를 나타내는 말에 붙어서 「종이의 ……절(折)」이라는 뜻의 명사를 만든다. 예: duodecimo. cf. folio, quarto

mo. (略) (pl. **mos.**) month; months.

Mo. (略) Missouri.

m.o. (略) mail order; manually operated (수동식의); medical officer (군의관); method of working (일의 순서); money order.

mo·a [móuə] n. 모아 〖타조 비슷한 New Zealand 산(産)의 멸종조(鳥)〗.

Mo·ab [móuæb] n. 모아브 〖사해(死海) 동쪽(현재의 요르단)에 있었던 고대 왕국〗.

Mo·ab·ite [móuəbàit] n. 1 모아브 사람. 2 ⓤ 모아브말. — adj. 모아브의, 모아브 사람(말)의.

‡**moan** [moun] n. 1 〖슬픔·고통 따위의〗 신음 소리, 끙끙거리는 소리. ⇒ GROAN 類語 2 〖바람 따위의〗 신음하는 듯한 구슬픈 소리, 신음 소리, 애음(哀音). 3 〖고어·詩〗한탄, 불평(complaint). — vi. 1 신음하다, 끙끙거리다. ⇒ CRY¹ 2 〖바람 따위가〗 신음하는 (끙끙거리는) 듯한 소리를 내다. — vt. 1 ……을 끙끙거리며 말하다. ¶ **moan** one's grief 신음 소리로 슬픔을 나타내다, 구슬프게 신음 소리를 내다. 2 ……을 한탄하다, 슬퍼하다. ⋄ móanful adj.

moan·ful [móunfəl] adj. 구슬픈, 애처로운; 구슬프게 신음하는. ~**ly** [-fəli] adv.

moan·ing·ly [móuniŋli] adv. 신음 소리를 내며, 구슬프게.

*__moat__ [mout] n. 〖築城〗 〖외적에 대비하여 성읍이나 도시 주변에 판〗 호(壕), 해자(垓字). — vt. ……에 호(해자)를 두르다.

‡**mob** [mɑb / mɔb] n. 1 〖집합적〗 폭도, 폭민(暴民), 구경꾼. ⇒ CROWD 類語 2 〖종종 경멸적〗 〖사람·동물·물건 따위의〗 떼. 3 (the ~) 〖경멸적〗 민중, 대중, 하층민 (masses). 4 〖구어〗 〖소매치기·도둑 등의〗 일단. 5 (the M-) 마피아. 6 〖英구어〗한패, 동아리. — vt. (**mobbed, mob·bing**) 1 〖호기심·적의(敵意) 따위를 품고〗……에 떼지어 모이다, ……을 둘러싸다. 2 ……을 떼를 지어 습격하다. ⋄ móbbish adj.

mob·bish [mɑ́biʃ / mɔ́b-] adj. 폭도 같은, 무질서한, 소란스러운(disorderly, lawless).

mob·cap [mɑ́bkæp / mɔ́b-] n. 〖주머니 모양이며 귀위까지 쓰고 턱 아래에서 매게 된〗 실내용 여성 모자 〖18-19세기에 유행〗.

*__mo·bile__ [móub(i)l, -biːl / -bail, -biːl] adj. 1 움직이기 쉬운, 이동하기 쉬운, 가동성의. ¶ a **mobile station** 이동 방송국. 2 〖군대〗 기동력이 있는. ¶ **mobile troops** 기동 부대. 3 흐르기 쉬운, 유동성이 있는. 4 표정이 풍부한, 갖가지 표정을 짓는. 5 〖마음이〗 변하기 쉬운, 변덕스러운. 6 〖사회〗〖집단끼리의〗혼합할 수 있는, 유동성이 있는. — n. 1 움직이는 조각, 모빌. cf. stabile 2 가동물(可動物), 가동 부분. 3 〖美속어〗자동차. ⋄ mobílity n., móbilìze v.

móbile communicátion n. 이동 통신.

móbile gas(oil) n. 〖美〗 자동차용 가솔린.

móbile hóme n. 트레일러 주택, 이동 주택.

móbile intercépter míssile n. 지상 이동식 대공 미사일 [略 MIM].

móbile líbrary n. 〖英〗이동 도서관.

móbile phóne n. 휴대폰, 카폰(cellular phone).

móbile únit n. 이동 차량〖텔레비전 중계 시설·X-ray 장비 따위를 갖춘 대형 자동차〗.

*__mo·bil·i·ty__ [mo(u)bíləti] n. ⓤ 1 이동성, 운동성, 움직이기(움직임) 쉬움. 2 〖사회〗〖주민의 주소·직업 따위의〗유동(성), 이동. 3 변덕. 4 기동력. ⋄ móbile adj., móbilìze v.

mo·bi·li·za·tion [mòubəlizéiʃ(ə)n / -laiz-] n. ⓤ 1 동원. 2 [부 따위의] 유동화(流動化)시키기.

mo·bi·lize [móub(i)làiz] (〖英〗에서는 **mo·bi·lise** 로도 쓴다) v. (-lized, -liz·ing) vt. 1 〖군대·함대〗를 동원하다. 2 〖산업·자원 따위〗를 전시 체제로 편성하다, 동원하다. 3 ……을 움직이다, 사용할 수 있도록 하다, 〖부(富) 따위〗를 유동시키다. ¶ **mobilize** the wealth of a country 나라의 부를 유동시키다. — vi. 〖전쟁을 위하여〗 조직되다, 동원되다.

Mö·bi·us stríp [méibiəs strìp/mɔ́ː-] n. 〖수학〗 뫼비우스의 띠 〖직사각형의 종이 조각을 180° 비틀어서 끝을 이어 붙인 곡면(曲面)〗.

mób láw(rúle) n. 〖미〗 폭민 정치; 사형(私刑).

mob·oc·ra·cy [mɑbɑ́krəsi / mɔbɔ́k-] n. (pl. -**cies**) 1 ⓤ 폭민 정치, 우민(愚民) 정치. 2 지배 계급으로서의 폭민.

MOBS [mɑbz / mɔbz] 〖略〗 multiple orbit bombardment system (다궤도 [多軌道] 폭탄).

mobs·man [mɑ́bzmən / mɔ́b-] n. (pl. -**men** [-mən]) 1 폭도의 일원. 2 〖英〗 신사 차림의 소매치기.

mob·ster [mɑ́bstər / mɔ́b-] n. 갱(도둑)의 일원.

mo·by [móubi] adj. 〖美속어〗1 거대한, 복잡한. 2 초

mo·camp [móukæmp] *n.* 《美》 트레일러 캠프장.

moc·ca·sin [mákəsin, -z(i)n / mɔ́kəsin] *n.* **1** 〔원래 북미 인디언이 쓰던〕 사슴 가죽의 구두, 모카신; 〔현대의〕 모카신식의 구두. **2** 〔미국 남부에서 물가·물속에 사는〕 독사의 일종.

móccasin flòwer *n.* 개불알꽃·치마란류 (lady's-slipper).

mo·cha [móukə/mɔ́kə, móu-] *n.* ⓊⒸ **1** 모카 커피. **2** 모카 조미료. **3** 장갑 제조용의 무두질한 가죽. 〔<원산지인 홍해 연안의 항구 Mocha의 이름〕

‡**mock** [mak, mɔːk / mɔk] *vt.* **1** …을 비웃다, 업신여기다. **2** 〔남의 말씨·동작 따위〕를 흉내내다, 흉내내어 놀리다. **3** …을 흉내내다, 모방하다. ⇨ IMITATE 類語 **4** …을 무시하다. **5** …을 속이다; …을 꾀어 들여 실망시키다. — *vi.* 업신여기다, 비웃다, 조롱하다, 놀리다 (*at* …), ¶ (~+前+名) He *mocked at* my fears. 그는 내가 무서워하는 것을 비웃었다.
mock up …의 실물 크기의 모형을 만들다.
— *n.* **1** ⓊⒸ 놀림, 비웃음, 조롱. **2** 놀림감, 웃음거리, ¶ make a *mock* of …을 놀림감으로 삼다, 놀리다, 야유하다. **3** 흉내. — *adj.* 《한정 형용사》 가짜의, 모조의, 거짓의. ¶ a *mock* battle 모의전(模擬戰) / *mock* modesty 거짓 겸손. ◇ **móckery** *n.*

mock·er [mákər, mɔ́ːk- / mɔ́kə] *n.* **1** 비웃는 사람. **2** 흉내내는 사람.

*mock·er·y [mákəri, mɔ́ːk- / mɔ́k-] *n.* (*pl.* **-er·ies**) ⓊⒸ 깔보기, 놀림, 비웃음, 조롱 (ridicule). **2** 웃음거리, 조소의 대상, 놀림감. ¶ make a *mockery* of …을 비웃다, 놀림감으로 삼다. **3** 〔어리석은〕흉내, 가짜, 모조품; 빗대기. ¶ a *mockery* of a great original 위대한 원작을 흉내낸 것. **4** ⓊⒸ 무시, 경시. **5** 헛수고, 도로(徒勞). **6** 아주 부적당한 것 〔로 삼다.
hold a person *up to mockery* 남을 웃음거리(놀림감)으로 ◇ mock *v*.

mock-he·ro·ic [mákhiróuik, mɔ́k-] *adj.* **1** 영웅의 흉내를 내는, 영웅티를 내는; 영웅을 조롱하는. **2** 영웅시를 모방한. — *n.* 영웅시를 모방한 해학시(諧謔詩).

mock·ing·bird [mákiŋbə̀ːrd, mɔ́ːk- / mɔ́k-] *n.* 지빠귀 비슷한 새(미국산(產)). 〔흉내쟁이.

mock·ing·ly [mákiŋli, mɔ́ːk- / mɔ́k-] *adv.* 비웃어,

móck mòon *n.* 〔기상〕 환월(幻月) (paraselene).

móck órange *n.* 고광나무 (syringa).

móck sún *n.* 〔기상〕 환일(幻日) (parhelion).

móck tùrtle sòup *n.* ⓊⒸ 송아지의 머리고기 따위로 만든 가짜 거북 수프.

mock-up [mákʌ̀p / mɔ́k-] *n.* 실물 크기의 모형.

mod [mad / mɔd] *n.* **1** 〔때로 M-〕 모드족(族) 〔Edward조(朝)의 복장·화장 따위를 초현대적으로 흉내내는 청춘 남녀〕. **2** ⓊⓁ 모드조(調)의 스타일. — *adj.* 〔구어〕 =modern. **2** (M-) 모드족〔풍〕의. 〔<MOD〔ERN〕〕

MOD 〔略〕 《英》 *M*inistry *o*f *D*efence.

mod. *mo*derate; *mo*derato; *mo*dern.

mod·al [móudl] *adj.* **1** 양식(樣式)의, 형식상의. **2** 〔음악〕 선법(旋法)의, 음계의. **3** 〔문법〕 법(mood)의. **4** 〔철학〕 〔실제에 대하여〕 형식의, 형태상의. **5** 〔논리〕 양상을 나타내는, 양식의. ¶ a *modal* proposition 양식 명제(命題). **6** 〔법률〕 〔유언 따위에〕 실행 방법이 지정되어 있는. **-ly** *adv.*

módal auxíliary *n.* 〔문법〕 법조동사, 서법(敘法) 조동사 〔can, dare, do, may, must, need, shall, will 따위〕; 화자(話者)의 심적(心的) 태도를 나타내는 조동사〕.

mod·al·ism [móudəlìz(ə)m] *n.* ⓊⒸ 〔신학〕 모달리즘, 삼위 양식론 (三位樣式論).

mod·al·ist [móudəlist] *n.* 〔신학〕 모달리스트, 삼위양식론자.

mo·dal·i·ty [mo(u)dǽliti] *n.* ⓊⒸ (*pl.* **-ties**) **1** 양식(형식)적임, 양식. **2** 양식, 형식, 형태. **3** 〔논리〕 양상, 양식. **4** 〔의학〕 전기적 또는 물리적 요법. **5** 〔문법〕 법성(法性).

mod cons, mod. cons. [mád kánz / mɔ́d kɔ́nz] *n. pl.* 《英구어》〔욕탕·난방 등의〕 최신식 설비〔신문 따위의 주택 광고에 흔히 쓰인다〕. ¶ a flat with all *mod cons*. 최신식 설비를 갖춘 아파트.
〔<MOD〔ERN〕+CON〔VENIENCE〕S〕

ModE, Mod. E. 〔略〕 *Mod*ern *E*nglish.

‡**mode** [moud] *n.* **1** 방법, 양식, 방식. ⇨ METHOD 類語 ¶ a *mode* of life (*or* living) 생활 양식 / His *mode* of thinking is unusual. 그의 사고 방식은 별나다. **2** 형태. ¶ Heat is a *mode* of motion. 열은 운동의 한 형태이다. **3** Ⓤ 〔때로 the~〕 유행, 풍조. ⇨ FASHION 類語 ¶ be allthe *mode* 대유행이다 / in (out of) *mode* 유행하여 (유행하지 않아) / follow the *mode* 유행을 따르다. **4** 〔철학〕 양태, 양상; 〔논리〕 양식, 〔삼단 논법의〕 논식(論式). **5** 〔음악〕 선법(旋法), 음계(scale). **6** 〔문법〕 법(mood). **7** 〔통계〕 최빈치(最頻值), 최빈값. **8** 〔암석〕 모드 〔암석의 실제 광물 조성(組成)을 중량의 비율로 나타낸 것〕. ◇ **módal** *adj.*

‡**mod·el** [mádl / mɔ́dl] *n.* **1** 〔모방·비교 따위의〕 기준, 모범, 본보기. ¶ make a *model* of …을 모범으로 삼다 / supply a *model* for …에게 모범을 보이다 / on the *model* of …을 모범 삼아. **2** 〔배·건축 따위의〕 모형; 표본; 축도. ⇨ EXAMPLE 類語 ¶ a relief *model* of the Alps 알프스의 기복(起伏) 모형 / a *model* for a factory 공장의 모형. **3** 〔점토·밀랍 따위로 만든 조각상의〕 원형 (prototype). **4** 〔화가·조각가의〕 모델. ¶ She served as the *model* for his paintings. 그녀는 그가 그리는 그림의 모델로 봉사했다. **5** 〔양장점의〕 모델 여성, 마네킹 〔인형〕. **6** 〔자동차, 의상 따위의〕 모델, 형(型). ¶ an automobile of last year's *model* 작년 형의 자동차. **7** 전형, 모범적인 것. ¶ a *model* of architectural beauty 건축미의 전형. **8** 〔구어〕 아주 닮은 사람(것). ¶ The boy is a perfect *model* of his father. 그 소년은 그의 아버지를 꼭 닮았다.
— *adj.* 〔한정 형용사〕 **1** 모형이 되는, 축소 모형으로서 알맞은. ¶ a *model* ship 모형선. **2** 모범의, 전형적인, 표준적인. ¶ a *model* farm 시범(모범) 농원 / a *model* wife 전형(모범)적인 아내.
— *v.* (**-eled, -el·ing**; 《英》 **-elled, -el·ling**) *vt.* **1** …을 만들다, 설계하다. **2** …의 모형을 만들다. **3** 〔물건〕을 모형(본)에 맞추어 만들다 (…*after, on, in*). ¶ 〔행위 따위〕를 모범에 맞추다, 모방하다, 본뜨다 (… *on, upon*). ¶ (~+目+前+名) *model* oneself *on* (or *upon*) a person 남을 본보기로 삼다, 본받다, 따라하다. **5** 〔모델이〕 〔견본의 옷〕을 입어 보이다. — *vi.* **1** 모형을 만들다; 〔조각의〕 원형을 만들다. ¶ She *models* in clay. 그녀는 점토로 모형〔원형〕을 만든다. **2** 모델이 되다. **3** 〔제작중의 그림 따위〕이 선명하게 떠오르다, 입체감을 낳다.

módel ágency *n.* 모델 알선업; 모델 (알선)회사.

mod·el·er, 《英》 **-el·ler** [mádlər / mɔ́dlə] *n.* 모형(소상(塑像)) 제작자.

mod·el·ing, 《英》 **-el·ling** [mádliŋ / mɔ́dl-] *n.* ⓊⒸ **1** 모형 제작. **2** 소상술, 살 붙이기. **3** 입체감 표현법.

Módel Ṫ *adj.* **1** 발달 초기의. **2** 유행에 뒤진, 구식의 (old-fashioned). 〔<Ford 제 자동차의 초기형〕

mo·dem [móudèm] *n.* 〔컴퓨터〕 변복조기(變復調機) 장치. 〔MO〔DULATOR〕+DEM〔ODULATOR〕〕

‡**mod·er·ate** [mád(ə)rit/mɔ́d- // ~v.] *adj.* **1** 〔사람·행동 따위가〕 극단으로 흐르지 않는, 온건한, 온화(穩和)한. ¶ A man of *moderate* opinions 온건한 생각을 가진 사람. ¶ be *moderate* in one's views (temper) 의견 〔기질〕이 온당하다. **2** 〔양·정도 따위가〕 적도(適度)의, 알맞은, 절제(절도)있는. *cf.* excessive ¶ *moderate* distance (height, weight) 알맞은 거리(높이, 무게).
類語 *moderate* 과도·극단은 아닌: a *moderate* drinker 주량이 적당한 사람. **temperate** moderate 와 바꾸어 쓸 수 있는 경우도 많으나, 특히 자제심·절제를 강조

하는 일이 많다: a *temperate* drinker 주량이 도를 넘지 않도록 자제하고 있는 사람. [통의 능력.
3 〔질이〕 보통인, 중간의, 중위의. ¶ *moderate* ability 보 **4** 〔날씨 따위가〕 온화한(mild).
— *n*. 온건한 사람; 〔정치·종교상〕 온건파의 사람; (보통 M-) 온건 개혁파(당)의 사람.
— *v*. [mád(ə)rèit / mɔ́d-] (**-at·ed, -at·ing**) *vt*. **1** …을 적당히 만들다; …을 완화하다(mitigate); …을 가감하다, 누그러지게 하다. **2** 〔토론회·집회 따위〕의 사회를 보다(preside over). — *vi*. **1** 누그러지다, 가라앉다, 온화해지다. **2** 사회를 보다.
~ness [-ritnis] *n*. ◇ **moderátion** *n*., **móderately** *adv*.
móderate bréeze *n*. 〔기상〕 화풍(和風) 〔풍속 6-8 m/초(秒)〕 [m/초].
móderate gále *n*. 〔기상〕 강풍(強風) 〔풍속 14-17
***mod·er·ate·ly** [mád(ə)ritli / mɔ́d-] *adv*. 적절하게, 알맞게, 적당히; 제법, 꽤.
***mod·er·a·tion** [màdəréi∫(ə)n / mɔ̀d-] *n*. ① **1** 적도(適度), 알맞음, 중용; 온건, 절제(節制)를 지키기; 완화, 평온(mildness). ¶ in *moderation* 알맞게; 조심스럽게 / use (or exercise) *moderation* in drinking 술을 알맞게 마시다. **2** (~s, 종종 M-) 〔英〕 [Oxford 대학에서] Bachelor of Arts 의 학위를 취득하기 위한 제1차 학위 시험 [略 mods]. ◇ **móderate** *v*., *adj*.
mod·er·a·tism [mádərətìz(ə)m / mɔ́d-] *n*. ① 〔특히 정치·종교상의〕 온화주의, 온건주의.
mod·er·a·tist [mádərətist / mɔ́d-] *n*. 온건(온화) 주[의자.
mod·e·ra·to [màdərá:tou / mɔ̀d-] *adj*., *adv*. 〔음악〕 모데라토, 중간 정도 속도의(로). ¶ allegro *moderato* 적당히 빠르게. [< It. moderate]
mod·er·a·tor [mádərèitər / mɔ́d-] *n*. **1** 조정자, 완화자, 중재자, 조정자; 조절기. **2** 의장, 사회자; 〔장로파 교회 따위의〕 총회 사회자. **3** 〔물리〕 〔원자로 속 중성자(中性子)의〕 감속재(減速材). **4** 〔英〕 Oxford 대학의 제1차 학위 시험의 시험관.
móderàtor lámp *n*. 석유 조절등.
mod·er·a·tor·ship [mádərèitərʃip / mɔ́d-] *n*. ① moderator 의 직(임무).
‡**mod·ern** [mádərn / mɔ́d-] *adj*. **1** 요즈음의, 근래의, 지금의; 신식의, 현대식의(up-to-date). ¶ *modern* times 현대 / *modern* fashions 최신의 유행 / *modern* ideas 현대 사상. **2** 근대의, 근세의, 현대의. *cf*. ancient, medieval ¶ *modern* literature 근대 문학. — *n*. **1** 현대인; 현대적인 사람, 새 사상을 가진 사람. **2** ①〔인쇄〕신식 활자체〔종선이 굵고 횡선이 가늘다〕.
~·ly *adv*. **~·ness** *n*. ◇ **modérnity** *n*., **módernìze** *v*.
Módern Énglish *n*. ① 근대 영어〔1500년경 이후의 영어〕.
módern hístory *n*. ① 근대(근세)사.
mod·ern·ism [mádərnìz(ə)m / mɔ́d-] *n*. ① **1** 근대주의, 현대풍; 근대적 방법, 근대(현대) 사조, 현대 어법. **2** (때로 M-) 〔신학〕 모더니즘, 근대주의. *cf*. fundamentalism
mod·ern·ist [mádərnist / mɔ́d-] *n*. **1** 근대주의자, 근대사상·방법을 취하는 사람. **2** (M-) 〔신학〕 〔신학상의〕 모더니스트, 근대주의자. ◇ *adj*. 근대주의(자)의.
mod·ern·is·tic [màdərnístik / mɔ̀d-] *adj*. **1** 근대(현대)의, 근대적(現代的)인(modern). **2** 근대주의(자)적인.
mo·der·ni·ty [madə́:rniti, mou(u)d-/mɔd-, mou(u)d-] *n*. ①(*pl*. **-ties**) **1** 근대성, 현대성, 현대식(풍). **2** 현대적인 것.
mod·ern·i·za·tion [màdərnizéi(ə)n / mɔ̀dənaiz-] *n*. ① 근대화, 현대화.
***mod·ern·ize** [mádərnàiz / mɔ́d-] *v*. (**-ized, -iz·ing**) *vt*. …을 현대화하다, 현대적으로 하다. — *vi*. 근대적으로 되다, 근대화 방법(견해 따위)을 취하다.
◇ **módern** *adj*., **modernizátion** *n*.
módern jázz *n*. ①〔음악〕모던 재즈.
módern pentáthlon *n*. (the ~) 근대 5종 경기.

módern schóol *n*. 〔英〕모던 스쿨〔일반 교육을 하는 중등 학교〕.
‡**mod·est** [mádist / mɔ́d-] *adj*. **1** 겸손한, 신중한, 삼가는. ⇨ HUMBLE, SHY 類語 ¶ Really great men are *modest*. 정말 위대한 사람들은 겸손하다. **2** 허식이 없는, 수수한. ¶ a *modest* home 아담(조촐)한 집. **3** 알맞은, 적당한, 분수를 지킨, 온당한(moderate). ¶ a *modest* request 온당한 요구. **4** 대단한 것이 아닌, 소규모의. **5** 〔태도·말·의복 따위가〕 얌전한, 고상한, 품위 있는, 정숙한(decent, decorous). ¶ *modest* in speech 말씨가 품위 있는. ◇ **módesty** *n*., **módestly** *adv*.
***mod·est·ly** [mádistli / mɔ́d-] *adv*. 겸손하게, 조심성 있게, 알맞게, 적당히; 얌전하게, 정숙하게, 점잖게.
‡**mod·es·ty** [mádisti / mɔ́d-] *n*. ① **1** 겸손, 겸허, 조심성, 사양. **2** 고상함, 정숙함, 수수함. **3** 알맞음, 중용(moderation); 검소, 소박. **4** 조끼, 베스트.
◇ **módest** *adj*.
módesty pánel *n*. 책상이나 식탁 앞면에 댄 가림[판자.
mo·di [móudai] *n*. [라틴] modus 의 복수형.
mod·i·cum [mádikəm / mɔ́d-] *n*. (보통 a ~) 소량, 소액.
mod·i·fi·a·ble [mádifàiəbl / mɔ́d-] *adj*. 변경(수정)할 수 있는; 경감할 수 있는; 수식할 수 있는.
***mod·i·fi·ca·tion** [màdifikéi(ə)n / mɔ̀d-] *n*. ① ⓒ **1** 〔부분적〕 변경, 수정. ¶ This essay is subject to *modification*. 이 논문은 수정을 받게 될 것이다. **2** ⓤⓒ 가감, 조절. **3** ⓒ 변경(변경)된 것, 변형, 변태. ¶ This automobile is a *modification* of last year's model. 이 자동차는 작년 형을 바꾼 것이다. **4** ⓤⓒ〔생물〕일시적 변이(變異). **5** ⓤⓒ〔문법〕제한, 한정, 수식; 수식용법. **6** ⓤⓒ 어형 조정; [mutation 에 의한] 모음 변화, 곡음(曲音). ◇ **módify** *v*., **módificatory** *adj*.
mod·i·fi·ca·to·ry [mádifikèitəri / mɔ́d-] *adj*. 수정하는; 한정(수식)하는(modifying).
‡**mod·i·fi·er** [mádifàiər / mɔ́d-] *n*. **1** 변경(수정)하는 사람(것). **2** 〔문법〕 수식 어구.
‡**mod·i·fy** [mádifài / mɔ́d-] *v*. (**-fied, -fy·ing**) *vt*. **1** 〔부분적으로〕〔모양·성질 따위〕를 변경(변경)시키다, 수정하다. ¶ *modify* one's opinions 의견을 고치다(수정)하다.
類語 **modify** 과도·극단을 완화할 수 있게 부분적으로 수정하다: *modify* the terms of payment 지불 조건을 수정하다. **qualify** 예외·조건을 붙여서 제한하다: *qualify* private rights for public benefit 공공의 이익을 위하여 사권(私權)을 제한하다. **temper** 강함·엄하기가 누그러질 수 있게 수정하다: *temper* justice with mercy 법의 준엄성을 자비로 누그러지게 하다.
2 …을 완화하다, 가감하다. ¶ *modify* one's tone 어조를 부드럽게 하다. **3**〔문법〕〔어구의 뜻〕을 수식하다, 한정하다. **4**〔모음〕을 움라우트(umlaut)에 의하여 변화시키다.
— *vi*. 변화하다, 변경(수정)되다(change).
◇ **modificátion** *n*., **módificatory** *adj*.
mo·dil·lion [mo(u)díljən] *n*. 〔건축〕〔코린트 양식의〕 처마(장식) 까치발, 모딜리온〔연속된 쇠시리가 있는 치받이〕.
mod·ish [móudi∫] *adj*. 유행의, 유행을 좇는(따르는); 현대풍의.
~·ly *adv*. **~·ness** *n*.
mo·diste [moudí:st] *n*. 〔여자의 옷·모자 따위 유행 복식품(服飾品)의〕 제조 업자(상인).
Mo·dred [móudrid] *n*. 〔아서왕 전설〕 Arthur 왕을 배반한 왕의 조카.
mods 《略》 moderations.
mod·u·lar [mádʒulər / mɔ́dju-] *adj*. module 의; modulus 의. [산(時計算).
módular aríthmetic *n*. ① 모듈 산수(算數), 시계
módular hóme *n*. 조립형 건축 방식의 주택.
mod·u·lar·i·ty [màdʒuláriti / mɔ̀-] *n*. 모듈 방식〔컴퓨터나 공작 기계의 생산에 표준화(규격화)된 부품을 사

mod·u·late [mádʒuleit / módju-] v. (**-lat·ed, -lat·ing**) vt. **1** …을 조절하다, 조정하다; …을 가감하다, 완화하다. **2** [목소리의 음조]를 바꾸다. **3** [음악] 전조(轉調)하다. ⓔ …을 변조하다. **5** [억양을 붙여서] …을 말하다, 노래하다. ── vi. [무선] 변조하다. **2** [음악] 전조하다.

mod·u·la·tion [màdʒuléiʃ(ə)n / mòdju-] n. ⓤⓒ] **1** 조정, 조절, 가감. **2** [소리 따위의] 음조를 맞추기, 조음(調音), 변화, 억양. **3** [음악] 전조. **4** [무선] 변조. ¶ amplitude modulation 진폭 변조[略 AM] / frequency modulation 주파수 변조[略 FM]. **5** [문법] 억양, 억양법.

mod·u·la·tor [mádʒuleitər / módju-] n. **1** 조정하는 사람(것). **2** [무선] 변조기(器).

mod·u·la·to·ry [mádʒulətò:ri / módjulət(ə)ri] adj. 조절의; 변조를 일으키는.

mod·ule [mádʒu:l / módju:l] n. **1** 측정의 표준이; 기준 치수. **2** (~s) [건축] 모듈도(度)[건물 각부의 비율 측정 단위], 기본 단위. **3** 모듈, …선(船)[우주선의 구성 단위], 기본 단위. ¶ a lunar module 달 착륙선. **4** [수학] 가군(加群), 가법군(加法群).

mod·u·lus [mádʒuləs / módju-] n. (pl. **-li** [-lài]) **1** [물리] 율, 계수. **2** [수학] 정수론 (整數論) 의 법.

mo·dus [móudəs] n. (pl. **-di** [-dai]) [라틴] (=measure, manner) 방법, 양식.

mo·dus o·pe·ran·di [móudəs ɔ̀pərǽndai / -5p-, mɔ́dəs ɔ̀pərǽndi:] n. [라틴] (=mode of operating) 행동 방식, 운용법.

mo·dus vi·ven·di [móudəs vivéndai, +英 mɔ́dəs vivéndi:] n. (pl. **mo·di**-[móudai-, +英 mɔ́di:-]) **1** 생활 양식(태도). **2** 잠정 협정, 타협(compromise). (<L mode of living)

mo·fette [moufét] n. **1** ⓤ [화산 활동의 최후기에 분출하는 이산화탄소를 주로 한 유독한] 탄산 분기(噴氣). **2** 그 분기구(口).

mo·fus·sil [mo(u)fʌ́sil] n. [인도의] 지방, 시골.

Mo·ga·di·scio [màgədíʃiòu, -díʃou / mɔ̀gədíʃ-], (**Mo·ga·di·shu** [mɔ̀:gɑ:díʃu:]) n. 모가디시오[아프리카 동부, 소말리아 민주 공화국의 수도].

mo·gul [móugʌl, -´] n. [스키] 쿠베의 단단한 눈더미.

Mo·gul [móugʌl, -´] n. **1** 무갈 사람[16세기에 인도를 정복한 몽고계 사람 및 그 자손]. ¶ the Great Mogul 무갈 제국 황제. **2** (m-) 중요 인물, 거물. **3** 몽고 사람. cf. Mongol, Mongolian **4** [철도] 무갈형 증기 기관차. ── adj. 무갈 사람의, 무갈 제국의. [Health.

M.O.H. (略) Medical Officer of Health; Ministry of

mo·hair [móuhɛər] n. **1** ⓤ 모헤어[앙고라 염소의 털]. **2** ⓤⓒ 모헤어직(織), 모헤어직의 의복.

Mo·ham·med [mo(u)hǽmid, +英 -med] n. =Muhammad.

Mo·ham·med·an [mo(u)hǽmid(ə)n, +英 -med-] n., adj. =Muhammadan.

Mo·ham·med·an·ism [mo(u)hǽmid(ə)nìz(ə)m, +英 -med-] n. =Muhammadanism.

Mo·ha·ve [mo(u)hɑ́:vi], (**Mojave**) n. (pl. **-ves** or **-ve**) 모하비 사람[원래 Colorado 강 연안에 살고 있었던 북미 인디언]. ── adj. 모하비족의.

Moháve Désert n. (the ~) =Mojave Desert.

Mo·hawk [móuhɔ:k] n. (pl. **-hawks**) **1** 모호크족의 사람[원래 Mohawk 강 연안에 살고 있었던 북미 인디언]. **2** ⓤ 모호크말.

Mo·he·gan [mouhí:g(ə)n] n. (pl. **-gans** or **-gan**) 모히간족의 사람[원래 Connecticut 주(州)에 살고 있었던 북미 인디언]. **2** =Mahican.

Mo·hi·can [mouhí:k(ə)n / móui-] n. (pl. **-cans** or **-can**) =Mahican.

Mo·ho [móuhou] n. =Mohorovičić discontinuity.

Mo·hock [móuhɑk, -hɔk] n. 모호크 단원[18세기 초 기에 영국에서 밤중에 London 시가를 휩쓸고 다닌 귀족 출신 악당의 일원].

Mo·hole [móuhoul] n. 모홀 계획[미국 과학 아카데미에 의한 지구 내부 구조 구명 계획].

Mo·ho·ro·vi·čić discontinuity [mòuho(u)róuvitʃitʃ diskəntin(j)ú(:)iti -diskɔ̀ntinju:-] n. [지질] 모호로비치치 불연속면, 모호면[지각과 맨틀 사이의 경계면]. [計].

Móhs scále [móuz-] n. [광물] 모스 경도계(硬度 of the Interior.

M.O.I. (略) (英) Ministry of Information; Ministry

moi [mwɑ:] pron. 《익살조로》 나(me), 나 자신(myself). (<F me)

moi·dore [mɔ́idɔ:r / -dɔ:] n. 모이도르[이전에 포르투갈 및 브라질에서 쓰던 금화].

moi·e·ty [mɔ́iəti, mɔ́ii-] n. (pl. **-ties**) **1** [법률] 반, 절반, 2분의 1. **2** [대충 나눈] 반의 분량, 일부분.

moil [mɔil] vi. 부지런히 일하다, 열심히 일하다, 흠뻑 성이가 되어 일하다. ¶ toil and moil 억척스럽게(부지런히) 일하다. ── n. **1** 애씀, 힘든 일, 고역. **2** 혼란 (confusion), 소동, 골칫거리, 귀찮은(trouble).

moil·ing·ly [mɔ́iliŋli] adv. 꾸준히, 부지런히, 억척스럽게. [紋版).

moire [mwɑ:r] n. ⓤ 물결 무늬가 있는 직물, 파문지(波

moi·ré [mwɑːréi / -´-] adj. 물결 무늬(파문)가 있는. ── n. **1** [직물의] 물결 무늬, 파문. **2** =moire. **3** [인쇄] 망판(網版)의 므와레. (<F)

‡**moist** [mɔist] adj. **1** 축축한, 습한, 습기를 머금은 (humid). ○ DAMP (語圈) ¶ moist colors 이겨서 만든 수채화 물감 / be moist with dew 이슬에 젖어 있다. **2** 눈물어린. **3** 비가 많은(rainy). ¶ a moist season 우기. **4** [병리] 분비물의 (젖은). ~·**ly** adv. ~·**ness** n.
◇ móisten v., móisture n.

‡**mois·ten** [mɔ́is(ə)n] vt. …을 축축하게 하다, 적시다. ── vi. 축축해지다, 젖다. [(것).

moist·en·er [mɔ́isnər] n. 축축하게(젖게) 하는 사람

móist súgar n. ⓤ 습당(濕糖)[정제하지 않아 아직 끈적끈적한 설탕].

‡**mois·ture** [mɔ́istʃər] n. ⓤ 습기, 수분; 작은 물방울.

Mo·ja·ve [mo(u)hɑ́:vi] n. =Mohave.

Mojáve Désert n. (the ~) 모하비 사막(Mohave Desert) [미국 California 주 남부의 사막].

moke [mouk] n. **1** 《경멸적》 흑인(negro). **2** 《英속어》 당나귀. **3** 《英속어》 얼간이, 바보 (donkey). **4** 《濠속어》 볼품이 없는 말.

mo·ko [móukou] n. ⓤ 마오리 사람(the Maori) 사이에서 행해지는 문신법(文身法); 그 무늬.

mol [moul] n. [화학] =mole[4].

MOL (略) Manned Orbiting Laboratory(유인 궤도 실

mol. (略) molecular, molecule.

mo·lar[1] [móulər] n. 어금니, 구치(臼齒), 대(大)구치. ○ DENTITION 그림. ── adj. 갈아 부수는, 씹어 부수는; 어금니의.

mo·lar[2] [móulər] adj. **1** [물리] [molecular, atomic에 대하여] 물체 전체의. **2** [화학] 몰(mole)의.

mo·las·ses [məlǽsiz] n. pl. (단수 취급) 당밀(糖蜜).

‡**mold**[1], (英) **mould**[1] [mould] n. **1** [주물 따위의] 형 (型), 거푸집, 주형(鑄型) / [과자 따위의] 틀. **2** 빼다, 테, 대롱, 틀 [석공 등이 쓰는] 형판(型板). **3** 틀에 넣어 만든 것, ¶ a mold of jelly 젤리 한 개. **4** [틀에 의하여 만들어진] 형체, 형상; [일반적으로] 모양, 생김새; 형(型) ⓤⓒ 특성, 특질; 성질, 성격. ¶ a man of base mold 성질이 비천한 사람 / be of gentle mold 냥한 성질이다 / be cast in a heroic mold 영웅 기질의 사람이다. ── vt. **1** [틀에 넣어] …을 만들다 [형 모양으로) …을 만들다. ¶ (~+囲+圃+圏) mold clay into busts 점토로 흉상(胸像)을 만들다 / mold a face in (or out of) clay 점토로 사람의 얼굴을 만들다 / mold one's style on the writer 그 작가를 본보기로 하여 자기

mold

의 문제를 만들다. **2** 〔인물·성격 따위〕를 형성하다, 〔인격〕을 도야하다. ¶ *mold one's character* 자기의 인격을 도야하다.

mold², 《英》**mould²** [mould] *n.* **1** 〔전면에 생긴〕 곰팡이, ¶ blue (*or* green) *mold* 푸른 곰팡이. **2** 사상균(絲狀菌). ── *vt.* ⋯을 곰팡이 슬게(나게) 하다. ── *vi.* 곰팡이 슬다(나다).

mold³, 《英》**mould³** [mould] *n.* Ⓤ **1** 기름진 땅, 옥토〔지질이 비옥하고 부드러운 농경지〕. **2** 〔英·방언〕 토지, 대지, 지면(ground, earth). ── *vt.* 〔경작물〕에 흙을 덮다; ⋯을 양토(壤土)로 덮다. ¶ *a man of mold* 〔죽어서 흙이 되는〕 인간. ── *vt.* 〔경작물〕에 흙을 덮다; ⋯을 양토(壤土)로 덮다.

Mol·da·vi·a [maldéiviə, -vjə / mɔl-] *n.* **1** = Moldova. **2** 루마니아의 옛 공국(公國).

Mol·da·vi·an [maldéiviən, -vjən / mɔl-] *adj.* Moldavia 의. ── *n.* **1** Moldavia 사람. **2** Ⓤ Moldavia 말.

mold·board, 《英》**mould-** [móuldbɔ̀ːrd / -bɔ̀ːd] *n.* **1** 〔농업〕 쟁기의 볏. **2** 불도저의 흙밀이 판.

mold·er¹, 《英》**mould·er¹** [móuldər] *vi.* **1** 썩다, 허물어지다, 붕괴하다(decay) (*away*). **2** 타락하다, 저하(低下)하다. ── *vt.* ⋯을 썩게 하다, 붕괴시키다.

mold·er², 《英》**mould·er²** [móuldər] *n.* **1** 형체를 만드는 사람; 형(틀, 거푸집)을 만드는 사람, 주형 제조자. **2** 〔인쇄〕 복제용의 (複製用의) 전기판(版).

mold·ing, 《英》**mould-** [móuldiŋ] *n.* **1** 형체 만들기, 소조(塑造), 주조. **2** 소조물, 주물(鑄物). **3** 〔건축〕 쇠시리; 쇠시리 나무 (돌).

mólding bòard *n.* 빵 따위의 받침판.

móld lòft *n.* 현도장(現圖場) 〔조선소·항공기 제작소에서 재료 크기를 실물대로 제도하는 작업장〕.

Mol·do·va [mɑldóuvə/mɔl-] *n.* 몰도바〔구소련의 공화국이었으나 1991년 독립, CIS 의 일원; 정식 명칭은 Republic of Moldova. 수도 Kishinev〕.

[molding 3]

mold·y, 《英》**mould·y** [móuldi] *adj.* (**mold·i·er, mold·i·est**; 《英》 **mould·i·er, mould·i·est**) **1** 곰팡이난(슨). **2** 곰팡이 같은, 진부한. **mold·i·ness** *n.*

móldy fíg *n.* 〔美속어〕 **1** 정통파 재즈의 팬(애호가). **2** 유행에 뒤진 사람(것), 고루한 사람.

mole¹ [moul] *n.* 사마귀, 검은 점.

***mole²** [moul] *n.* 두더지. ¶ [*as*] *blind as a mole* 아주 눈이 먼.

mole³ [moul] *n.* **1** 방파제. **2** 〔방파제로 둘러싼〕 항구.

mole⁴ [moul] *n.* 〔화학〕 몰, 그램 분자(gram molecule).

móle crícket *n.* 땅강아지.

mol·ec·tron·ics [màliktróniks / mɔ̀liktrɔ́n-] *n. pl.* 〔단수 취급〕 몰렉트로닉스, 극소(極小) 전자 공학.

***mo·lec·u·lar** [mo(u)lékjulər] *adj.* 분자의, 분자에 의한; 분자로 이루어진, 분자 사이의(에 있는). ¶ a *molecular* formula 분자식. **~·ly** *adv.*

molécular biólogy *n.* 분자 생물학.

molécular diséase *n.* 〔생화학·유전〕 분자병〔생체 물질의 분자 이상으로 생기는 유전병〕.

molécular electrónics *n.* 〔전자공학〕 분자(미소) 전자공학.

mo·lec·u·lar·i·ty [mo(u)lèkjuláriti] *n.* Ⓤ 분자로 이루어짐, 분자 작용에 의함; 분자 작용.

molécular wéight *n.* 〔화학〕 분자량.

***mol·e·cule** [máləkjùː/ mɔ́l-] *n.* **1** 〔화학·물리〕 분자. **2** 그램 분자(gram molecule). **3** 미분자.
◇ **molécular** *adj.*

mole·hill [móulhìl] *n.* **1** 두더지가 파놓은 흙두둑. *make a mountain* [*out*] *of a molehill* 하찮은 일을

과장해서 떠들어대다, 침소봉대하다.

móle rát *n.* 고슴도치 비슷한 설치류(齧齒類)의 동물.

móle shréw *n.* 고슴도치의 일종.

mole·skin [móulskìn] *n.* Ⓤ **1** 두더지의 모피. **2** 몰스킨〔무명의 털을 세운 두꺼운 면직물〕. **3** (~s) 몰스킨의 의복〔특히 작업복 바지〕.

***mo·lest** [məlést] *vt.* **1** ⋯을 방해하다(interfere), ⋯을 괴롭히다(annoy), ⋯에 간섭하다. **2** 〔여자〕에게 짓궂게 굴다, 음란한 짓(말)을 하다.

mo·les·ta·tion [mòulestéiʃ(ə)n] *n.* Ⓤ 간섭, 훼방.

mo·lest·er [məléstər] *n.* 치한.

mol·et [málit / mɔ́l-] *n.* = mullet².

moll [mal, mɔːl / mɔl] *n.* 《속어》 **1** 〔갱의〕 정부(情婦). **2** 매춘부(prostitute).

mol·lah [málə / málə] *n.* = mullah.

mol·li·fi·ca·tion [màlifikéiʃ(ə)n / mɔ̀l-] *n.* Ⓤ Ⓒ 그러지게 하기, 가라앉히기, 달래기, 완화, 경감.

mol·li·fy [máləfài / mɔ́l-] *vt.* (**-fied, -fy·ing**) 〔사람의 감정·기분 따위〕를 누그러지게 하다, 달래다; 〔분노 따위〕를 진정시키다.

mol·lusc [máləsk / mɔ́l-] *n.* = mollusk. 〔動物學〕

Mol·lus·ca [məláskə / mɔl-] *n. pl.* 연체 동물문(軟體動物門).

mol·lus·can [məláskən / mɔl-] *adj.* 연체(軟體) 동물의. ── *n.* 연체 동물(mollusk).

mol·lus·coid [məláskɔid / mɔl-] *adj.* 의연체(擬軟體) 동물〔문(門)〕의; 연체 동물의. ── *n.* 의연체 동물.

mol·lus·cous [məláskəs / mɔl-] *adj.* 연체 동물에 속하는(을 닮은).

mol·lusk, -lusc [máləsk / mɔ́l-] *n.* 연체 동물.

Moll·wéi·de projéction [malváidə-, moulwáidə-, mɔlváidə-, moulwáidə-] *n.* 몰바이데 투영 도법(投影圖法)〔지도의 정칙(正轍) 도법의 일종〕.

mol·ly [máli / mɔ́li] *n.* (*pl.* **-lies**) = mollycoddle.

mol·ly·cod·dle [málikàdl/ mɔ́likɔ̀dl] *n.* 응석받이로 자란 남자(소년), 사내답지 못한 사람, 나약한 사람. ── *vt.* (**-dled, -dling**) ⋯의 응석을 받다, ⋯을 과보호하다.

Mo·loch [móulɑk, mál- / móulɔk] *n.* **1** 몰렉〔셈족(族)의 신. 아이를 태워서 이 신에게 바쳤다. ←레위기(Lev.) 18 : 21〕. **2** 희생을 요구하는 것. ¶ the *Moloch of war* 희생을 요구하는 전쟁. **3** (m-) 도마뱀의 일종 〔오스트레일리아산(産)〕.

Mó·lo·tòv cócktàil [máləṭàf- / mɔ́lətɔ̀f-] *n.* 〔대전차용〕 화염병 〔<구소련의 정치가 V. M. Molotov (1890-1986) 의 이름〕.

molt [moult] *vi.* **1** 〔새·곤충·파충류 따위가〕 깃털〔질〕을 벗다. **2** 털갈이하다. ── *vt.* 〔깃털〕을 벗다, 갈다(cast). ── *n.* **1** 탈모, 탈피(脫皮); 털갈이〔털 벗기, 깃털 감기〕. **2** 탈락한 깃털(껍질).

***mol·ten** [móult(ə)n] *v.* melt 의 과거 분사의 하나. ── *adj.* **1** 〔열로〕 녹은, 용해된. ¶ *molten lead* 용해한 납. **2** 〔녹여서〕 주조한(cast).

mol·to [móultou / mɔ́l-] *adv.* 〔음악〕 몰토, 매우, 대단히 (very). (< It much)

mol. wt. 〔略〕 *molecular weight*.

mo·ly [móuli] *n.* (*pl.* **-lies**) 〔그리스 신화〕 마법(魔法)의 풀.

mo·lyb·de·nite [məlíbdinàit / mɔ-] *n.* Ⓤ 〔광물〕 휘수연광(輝水鉛鑛) 〔몰리브덴의 원광〕.

mo·lyb·de·num [məlíbdinəm / mɔ-] *n.* Ⓤ 〔화학〕 몰리브덴 〔금속 원소의 하나; 원자 기호 Mo〕.

mom [mam / mɔm] *n.* 《구어》 = mother.

M.O.M., m.o.m. 〔略〕 *middle of month*. 〔소매점.

móm and póp stòre *n.* 〔美〕 부부만으로 경영하는

‡**mo·ment** [móumənt] *n.* **1** 순간, 찰나, 일각(一刻). (~s) 잠깐 동안, 어느 시각. ¶ for *a moment* 잠깐 사이(동안)/ 〔부정문에서〕 잠시도(조금도) ⋯않다 / in *a moment* 순식간에, 곧 / in spare *moments* 여가에 / at a *moment's* notice 즉석에 / Just a *moment.* = Wait a *moment.* = Half a *moment.* 잠깐 기다려 주십시오.

momenta 1433 **Monday**

類語 **moment, minute, second** 거의 같은 뜻으로 쓰이나 이 순서에 따라 길이·여유를 느끼게 한다: Wait a *moment* (or *minute, second*). 잠깐 기다려 주십시오. **instant** 길이·여유의 느낌이 없고 긴급감을 강조한다: Come this *instant*. 지금 곧 오시오.
2 (보통 the ~) 현재, 지금; 그때. ¶ on the *moment* 곧, 당장에 / this very *moment* of his life 그의 인생의 바로 이 시기에 / At the *moment* a servant entered. 그때 하인이 들어왔다 / I have nothing to do for (or at) the *moment*. 지금으로서는 아무것도 할 일이 없다.
3 [어느 특정한] 시기, 시점, 기회, 호기, 경우. ¶ seize the *moment* 기회를 잡다 / at the last *moment* 마지막 (위급한) 순간에 / an unguarded *moment* 깜빡할 사이, 방심한 찰나 / to the [very] *moment* 꼭 시간대로, 정각에 / at any *moment* 언제든지, 한시라도 / at the *moment* of death 막 죽으려고 할 때에 / arrive at the same *moment* 동시에 도착하다.
4 U 중대, 중요[성] (importance), 긴요. ¶ of little (no) *moment* 별로(조금도) 중요하지 않은 / a matter of great *moment* 매우 중대한 일.
5 [통계] 적률(積率), 모멘트.
6 [철학] 계기, 요소.
7 U [기계] 모멘트, 회전 우력(力); [물리] 역률(力率), 능률, 벡터적(積).
the [very] moment [접속사적으로] …하는 순간에, …하자마자. ¶ He ran out of the house *the moment* his mother appeared. 그는 어머니의 모습을 보자마자 집을 뛰쳐 나갔다. [*this moment.* 곧 오너라.
this moment 곧, 바로, 즉석에; 방금. ¶ Come here ◇ mómentary, moméntous, moméntal *adj.*, mómently *adv.*

mo·men·ta [mo(u)méntə] *n.* momentum의 복수형의 하나. [운동량의.
mo·men·tal [mo(u)mént(ə)l] *adj.* [기계] 모멘트의.
mo·men·tar·i·ly [móuməntèrili /-t(ə)ri-] *adv.* **1** 잠시, 잠깐. **2** 시시각각으로, 끊임없이. **3** 언제라도, 금방이라도.
‡**mo·men·tar·y** [móuməntèri /-t(ə)ri] *adj.* **1** 순간의, 일시의, 찰나의. ⇒ TEMPORARY 類語. 덧없는(transitory). **2** 시시 각각의, 당장에(언제)마다 일어나는. **3** [드물게] 끊임없이 반복되는. **-tar·i·ness** *n.*
moment·ly [móuməntli] *adv.* 시시각각으로, 끊임없이. **2** 잠시, 잠깐. **3** 곧, 즉시, 당장(instantly).
môment of trúth *n.* (the ~) **1** [투우에서 소를 죽이는] 최후의 일격의 순간. **2** 결정적 순간, 중대한 고비; 위기의 때, 위급의 때.
*****mo·men·tous** [mo(u)méntəs] *adj.* 중대한, 중요한, 소중한. ¶ a *momentous* decision 중대한 결정.
~·**ly** *adv.* ~·**ness** *n.*
*****mo·men·tum** [mo(u)méntəm] *n.* (*pl.* **-ta** or **-tums**) **1** U C [움직이는 물체 따위의] 타성(惰性), 타력(惰力), 여세(impetus). **2** 탄력, 세(勢), 힘. **3** [기계] 운동량. **4** [철학] 모멘트(moment), 계기, 요소.
mom·ism [mámiz(ə)m / mɔ́m-] *n.* (때로 M-) [U] 모친 중심주의[모친의 지나친 보호 때문에 아이의 독립심이 없어지는 것].
mom·ma [mámə / mɔ́mə] *n.* =mamma¹.
mom·my [mámi / mɔ́mi] *n.* (*pl.* **-mies**) (어린이 말) 엄마(mammy).
mo·mo [móumðu] *n.* (美俗) 얼간이, 저능아(moron).
Mo·mus [móuməs] *n.* (*pl.* **-mus·es** or **-mi** [-mai]) **1** [그리스 신화] 모모스(비난과 조소의 신). **2** (때로 m-) 흠을 들추어 내는 사람.
mon- 《모음앞에》 = MONO-.
mon. (略) monastery; monetary.
Mon. (略) Monday; Monsignor.
mon·a·chal [mánək(ə)l / mɔ́n-] *adj.* = monastic.
mon·a·chism [mánəkìz(ə)m / mɔ́n-] *n.* = monasticism.
mon·ac·id [mɔnǽsid / mɔn-] *adj.* monoacid.

Mon·a·co [mánəkòu / mɔ́n-] *n.* 모나코 공국(公國); 그 수도[지중해 연안에 있다].
mon·ad [mǽnæd, móun- / mɔ́n-, móun-] *n.* **1** [생물] 단세포 생물. **2** [화학] 1가(價) 원소(원자, 기(基)). **3** [철학] 단자(單子), 모나드[존재의 궁극 단위]. **4** 개체, 단일체(unity).
mon·a·del·phous [mànədélfəs / mɔ̀n-] *adj.* [식물] **1** [수술이] 하나로 합착한, 단체(單體)의. **2** 단체 수술을 가진.
mo·nad·ic [mənǽdik, mo(u)-, mə- / mɔ-, mo(u)-] *adj.* [생물] 단세포 생물의(같은); 단일체의.
mo·nad·i·cal [mənǽdik(ə)l, mo(u)-, ma-/mɔ-, mo(u)-] *adj.* [고어] 단일체의.
mon·ad·ism [mǽnədìz(ə)m, móun- / mɔ́n-, móun-] *n.* [철학] **1** 단자론(單子論), 모나드론(論)[monad를 존재의 궁극 단위로 한다; 특히 라이프니츠의 학설]. **2** (때로 M-) 라이프니츠의 철학. [丘).
mo·nad·nock [mənǽdnak / -nɔk] *n.* [지질] 잔구(殘
mon·ad·ol·o·gy [mànədáləd͡ʒi, mòunædǽl- / mɔ̀nədɔ́l-] *n.* = monadism.
Mo·na Lí·sa [móunə líːsə, -zə / -zə] *n.* 모나리자 [레오나르도 다빈치 작의 여인 초상화]. La Gioconda 라고도 한다.
mo·nan·drous [mənǽndrəs / mɔ-] *adj.* **1** 일부(一夫)의, 일부제의. **2** [식물] [꽃이] 수술이 하나인, 홑수술의.
mo·nan·dry [mənǽndri / mɔ-] *n.* (*pl.* **-dries**) **1** [U] 일부제. *cf.* polyandry **2** [식물] 홑수술.
‡**mon·arch** [mánərk / mɔ́n-] *n.* **1** 세습 군주, 왕, 황제. **2** 절대 *monarch* 전제 군주. **2** (비유적) 왕자, 거물, 동류의 것들 중에서 뛰어난 것. ¶ the *monarch* of the forest 삼림의 왕, 뛰갈나무 / the *monarch* of the textile world 섬유계의 왕자. **3** 제 왕나비(milkweed butterfly).
◇ monárchic, monárchal, monárchial *adj.*
mo·nar·chal [mənáːrk(ə)l / mɔ-] *adj.* **1** 군주의, 왕다운. **2** 《고어》 군주제(君主制)의, 왕제(王制)의.
~·**ly** [-kəli] *adv.*
mo·nar·chi·al [mənáːrkiəl / mɔ-] *adj.* = monarchal.
mo·nar·chic [mənáːrkik / mɔ-], **-chi·cal** [-kik(ə)l / mɔ-] *adj.* **1** 군주의, 군주다운, 군주국의. **2** 군주제의, 군주제를 지지하는. **-chi·cal·ly** [-kikəli] *adv.*
mon·ar·chism [mánərkìz(ə)m / mɔ́n-] *n.* [U] 군주[정치]주의.
mon·ar·chist [mánərkist / mɔ́n-] *n.* 군주제주의자.
—— *adj.* 군주제주의의. [주의의.
mon·ar·chist·ic [mànərkístik / mɔ̀n-] *adj.* 군주제
*****mon·ar·chy** [mánərki / mɔ́n-] *n.* (*pl.* **-chies**) **1** [U] 군주제, 군주 정체(政體). *cf.* dyarchy **2** 군주국. **3** [U] 독재 군주제, 독재.
mon·as·te·ri·al [mànəsti(ː)riəl / mɔ̀nəstíəri-] *adj.* 수도원의, 수도 생활의.
mon·as·ter·y [mánəstèri / mɔ́nəstri] *n.* (*pl.* **-ter·ies**) 수도원. (드물게) 수녀원.
◇ monastérial, monástic *adj.*
*****mo·nas·tic** [mənǽstik] *adj.* **1** 수도원의. **2** 수도사의, 수도자의; 금욕적인(ascetic), 은둔적(隱遁的)인 (secluded). ¶ *monastic* vows 수도 서원(誓願) [빈곤·정결(貞節)·복종의 3개 종목]. —— *n.* 수도사, 수도자(monk). **-ti·cal·ly** [-tikəli] *adv.* ·mónastery *n.* [tic.
mo·nas·ti·cal [mənǽstik(ə)l] *adj.* (고어) = monas-
mo·nas·ti·cism [mənǽstisìz(ə)m / mɔ-] *n.* [U] 수도원 제도; 수도원 생활; 금욕 생활.
mon·a·tom·ic [mànətámik / mɔ̀nətɔ́m-] *adj.* [화학] (분자가) 1원자로 이루어진; 1가(價)의.
mon·au·ral [manɔ́ːrəl / mɔn-] *adj.* **1** = monophonic **2**. 한 귀의, 한 쪽 귀(용)의. *cf.* binaural
‡**Mon·day** [mʌ́ndi, -dei] *n.* 월요일 [略 Mon.]. ¶ on

Monday [morning] 월요일[아침]에 (*《美》에서는 전치사 없이 부사적으로도 쓴다. 예: The accident occurred *Monday*. 그 사고는 월요일에 일어났다).
◇ móndayish *adj.*

mon·day·ish [mʌ́ndiiʃ, -dei-] *adj.* (보통 M-) 월요일의; [목사 등이 일요일의 피로로] 기분이 좋지 않은, 녹초가 되어, 나른한.

Mónday mórning quárterbàck *n.* 《속어》 뒤에 이러니저러니 말하는 사람.

Mon·days [mʌ́ndiz, -deiz] *adv.* 월요일마다(on Mondays).

monde [F mɔ̃:d] *n.* 《프랑스》(=world) 세상, 사회; 사교계, 상류 사회.

mon Dieu [F mɔ̃djǿ] 《프랑스》(=my God) 어머나!, 저런!, 아이 참!

M-1 [émwán] *n.* (*pl.* **M-1's**) 《美軍》 [제2차 대전·한국 전쟁 때의] 반 자동식 소총.

mo·ne·cious [mʌní:ʃəs] *adj.* =monoecious.

Mo·nél mètal [mounél-] *n.* 《商표》 모넬[니켈·구리의 내식(耐蝕) 합금].

M1 rìfle *n.* =M-1.

mon·e·tar·ism [mʌ́nitərìz(ə)m, mʌ́n-/ mʌ́n-] *n.* ⓤ 통화주의(通貨主義).

mon·e·tar·ist [mʌ́nitərist, mʌ́n-/ mʌ́n-] *n.* 통화주의자.

***mon·e·tar·y** [mʌ́ntèri, mʌ́n-/ mʌ́nit(ə)ri] *adj.* 1 화폐의, 통화의. ¶ a *monetary* unit 화폐 단위. 2 금전[상]의(pecuniary), 재정적인. 3 FINANCIAL 類語. ¶ *monetary* difficulties 금전적인 곤란. **-tar·i·ly** *adv.*
◇ móney *n.*

mon·e·ti·za·tion [mʌ̀nitizéiʃ(ə)n, mʌ̀n-/ mʌ̀nitai-] *n.* ⓤ 통화를 정하기; 화폐 주조.

mon·e·tize [mʌ́nitaiz, mʌ́n-/ mʌ́n-] (*《英》에서는 **mon·e·tise** 로도 쓴다 *vt.* (**-tized, -tizing**) 1 …을 통화로 정하다, 법화(法貨)로 하다. 2 …을 화폐로 주조하다.

‡**mon·ey** [mʌ́ni] *n.* (*pl.* **mon·eys** or **mon·ies**) 1 ⓤ 돈, 금전, 화폐, 통화. ¶ hard *money* 경화(硬貨)/ paper *money* 지폐/ soft *money* 《美구어》 지폐/ standard (subsidiary) *money* 본위(本位)(보조) *money* 잔돈/ for (or at) the *money* 그 값으로는/ pay in *money* 돈으로 지불하다/ get one's *money's* worth 지불한 만큼의 대가를 얻다/ put *money* into …에 투자하다, 돈을 들이다/ put *money* on …에 돈을 걸다/ raise *money* on …을 저당하여 돈을 마련하다/ make *money* of …을 팔아서 돈을 마련하다/ be out of *money* 《속어》 돈에 궁하다, 자금이 없다/ lie out of one's *money* 지급받지 못하고 있다/ He has no *money* about (or with) him. 그는 가진 돈이 없다/ *Money* begets *money*. 《속담》 돈이 돈을 번다/ *Money* makes the mare [to] go. 《속담》 돈만 있으면 귀신도 부릴 수 있다. 2 ⓤⓒ 화폐의 역할을 하는 것[수표, 미개인의 물질 화폐]; 《경제》 교환의 매개물. 3 ⓤ [특정한 종류·명칭의] 통화, 통화의 종류(명칭). ¶ *money* of account 계산 화폐[화폐의 계산 단위]. 4 ⓤ 부(富), 자산, 재산(wealth, property). ¶ lose all one's *money* 전 재산을 잃다/ make (or get) *money* out of …으로 돈을 벌다, 자산을 만들다/ marry *money* 돈(부자)과 결혼하다. 5 (~s) 《법률》 금액.
be made of money 돈이 엄청나게 많다.
coin money ⇨ COIN.
every man's money 누구에게나 가치가 있는 것, 만인의 마음에 드는 것.
for many's money 《상업》 직접 거래로.
for one's money 《구어》 ①…에 관한 한은. ②기호·희망에 들어맞아서, 마음에 드는, 안성맞춤의. ¶ She is the very woman *for my money*. 그녀야말로 마음에 꼭 드는 여성이다.
in the money 《속어》① 부자로, 유복하여. ②〔특히 경마·개 경주에서〕 승자가 되어, 입상하여.
keep a person in money 남에게 돈을 대주다.

money down 맞돈[으로]; 현금[으로].
money for jam (or *old rope*) 《英구어》수월한 벌이, 엄청나게 벌기.
money out of hand 현금.
see the color of a person's money ⇨ COLOR.
sink money 돈을 낭비하다.
*There is money in …*으로 돈벌이가 되다, …은 돈이 되다.
throw good money after bad 가망이 없는 일[투자]을 계속하다, 거듭 손해를 보다.
◇ mónetary *adj.*, mónetize *v.*

mon·ey-back [mʌ́nibæk] *adj.* 대금 환불의. ¶ *money-back* guarantee [산물건이 마음에 안들 때의] 환불 보증.

mon·ey·bag [mʌ́nibæg] *n.* 1 돈주머니, 지갑. 2 (~s) 《단수 취급》 부자.

móney bìll *n.* 재정 법안.

móney bòx *n.* 저금통, 현금통. [전기].

mon·ey·chang·er [mʌ́nitʃèindʒər] *n.* 환전업자; 환

mon·eyed [mʌ́nid], (**monied**) *adj.* 1 돈이 있는, 부자의, 부유한(wealthy). 2 금전[상]의. ¶ *moneyed* interest 금전상의 이해; [집합적] 재계(財界).

mon·ey-grub·ber [mʌ́nigrʌ̀bər] *n.* 수전노, 축재자.

mon·ey-grub·bing [mʌ́nigrʌ̀biŋ] *adj., n.* 악착스럽게 돈을 모으는(모으기).

mon·ey·lend·er [mʌ́nilèndər] *n.* 대금업자, 돈놓이꾼.

mon·ey·less [mʌ́nilis] *adj.* 돈이 없는.

mon·ey·mak·er [mʌ́nimèikər] *n.* 1 돈을 벌어서 모으는 사람, 돈벌이를 잘하는 사람. 2 돈벌이가 되는 물건(일, 것).

mon·ey·mak·ing [mʌ́nimèikiŋ] *adj.* 1 돈벌이가 되는, 돈벌이를 하고 있는. — *n.* ⓤ 1 돈벌이. 2 조폐(造幣).

mon·ey·man [mʌ́nimæn] *n.* (*pl.* **-men** [-mèn]) 재정가; 자본가(financier), 투자자; 후원자(backer).

móney màrket *n.* 금융 시장.

móney òrder *n.* 환(換), 우편환.

móney smàsh *n.* 《美속어》《야구》 훌런.

móney spìnner *n.* 《주로 英》 1 왕거미의 일종[이것이 몸에 기어다니면 돈을 벌 행운이 온다고 한다]. 2 돈벌이가 되는 것.

móney supplỳ *n.* 통화 공급량[시장에 나돌고 있는 돈].

móney wàges *n. pl.* = nominal wages. [자금].

mon·ey-wash·ing [mʌ́niwɑ̀ʃiŋ, -wɔ̀:ʃ-/ -wɔ́ʃ-] *n.* 돈 세탁[비합법적으로 얻은 돈의 출처를 감추기 위해 은행에 돈을 넣었다 빼다하는 일].

mon·ey·wort [mʌ́niwə̀:rt] *n.* 종가지풀속(屬)의 덩굴풀.

'mong [mʌŋ] *prep.* 《詩》 = among.

mon·ger [mʌ́ŋgər] *n.* 1 《보통 복합어를 만들어》《로 英》상인, …상(商), …장수. ¶ a fish*monger* 생선장수. 2 하찮은(시시한) 일에 종사하는 사람. ¶ a scandal*monger* 험담꾼, 욕을 하고 다니는 사람.

Mon·gol [mʌ́ŋgəl, -goul/ mɔ́ŋgəl] *n.* 1 몽골 사람. 2 《몽골어》. 3 (종종 m-) 《병리》다운증(몽골병) 환자. — *adj.* 1 = Mongolian. 2 (종종 m-) 《병리》다운증(몽골병)의. ◇ Mongólian *adj., n.*

Mon·go·li·a [mʌŋgóuliə, -ljən/ mɔŋ-] *n.* 1 몽골[몽골 인민 공화국(Mongolian People's Republic)과 중국의 내몽골 자치구(Inner Mongolia)를 포함한 지역명]. 2 몽골국[1992년 8월, 신헌법 시행으로 Mongolian People's Republic이 Mongolia(몽골국)로 바뀜; 수도 Ulan Bator].

Mon·go·li·an [mʌŋgóuliən, -ljən/ mɔŋ-] *adj.* 1 몽골의, 몽골 사람(말)의. 2 《인류》 = Mongoloid. 3 《종종 m-》 다운증에 걸린. — *n.* 1 ⓤ 몽골 사람, 몽골 인종의 사람. 2 ⓤ 몽골 말[알타이 어족에 속하는]. 3 다운증(몽골병) 환자. [환자].

Mongólian ídiot *n.* 《병리》 다운증(몽골병) 아동

Mon·gol·ism [mʌ́ŋgəlì̀z(ə)m/ mɔ́ŋ-] *n.* 《종종 m-) ⓤ

Mon·gol·oid [máŋgɔlɔid / mɔ́ŋ-] *adj.* 1 몽골 사람과 비슷한. 2 〔인류〕 몽골 인종의(특징을 구비한). 3 〔종종 m-〕〔병리〕 다운증(多)의(에 걸린). — *n.* 1 〔인종〕 몽골 인종의 사람. 2 〔종종 m-〕〔병리〕 다운증(몽골병) 환자.

mon·goose [máŋguːs / mɔ́ŋ-, máŋ-] *n. (pl. -goos·es)* 몽구스〔사향 고양이과(科)의 육식 동물〕.

mon·grel [máŋgr(ə)l, máŋ- / máŋ-] *n.* 1 〔동식물의〕 잡종; 〔특히〕 잡종 개. 2 혼혈아, 트기(half-breed). — *adj.* 잡종의, 혼혈의.

mongst, 'mongst [mʌŋst] *prep.* 〔詩〕 = amongst.

mo·ni·li [móunjəl] *n.* 〔고어〕〔건축〕 = mullion.

mon·ick·er, -ik·er [mánikər / mɔ́n-] *n.* 《속어》〔사람의〕이름, 별명(nickname).

mon·ied [mánid] *adj.* = moneyed.

mon·ies [mániz] *n.* money 의 복수형의 하나.

mo·nil·i·form [mo(u)nílifɔ̀ːrm] *adj.* 1 〔동·식물〕〔줄기·뿌리·촉각 따위가〕 염주 모양의. 2 〔일반적으로〕 염주 모양의.

mon·ism [mániz(ə)m / mɔ́n-] *n.* U 〔철학〕 일원론(一元論). *cf.* dualism, pluralism ¶ idealistic (materialistic) *monism* 유심(유물)론적 일원론.

mon·ist [mánist / mɔ́n-] *n.* 일원론자.

mo·nis·tic [mo(u)nístik / mɔ́-], **(mo·nis·ti·cal** [-k(ə)l]) *adj.* 일원론의, 일원론적인.

mo·ni·tion [mo(u)níʃ(ə)n] *n.* U,C 1 경고, 주의. 2 〔공식적인〕 고시, 포고. 3 〔법률〕〔법원의〕 출두 명령, 소환. 4 〔종교상의 위반에 대하여 bishop 이 발부하는〕 계고장(戒告狀).

‡**mon·i·tor** [mánitər / mɔ́n-] *n.* 1 〔학교에서〕 풍기를 유지하거나 출결 상태를 조사하기 위하여 선출되는〕 클라스위원, 규율위원, 반장, 2 〔풍기 따위에 대한〕 훈계자, 충고자, 감시자. 3 경고가 되는 것. 4 〔위험물의〕 감시장치, 탐지기. 5 〔해군〕 모니터함(艦)〔회전 포탑이 있는 뱃전이 낮은 장갑함〕. 6 〔공장·창고 따위의〕 한 단 높게 올린 채광창·환기통 지붕. 7 〔럼프 따위의〕 지유 회전 방사전(放射栓). 8 〔아프리카·오스트레일리아·남아시아 등지의〕 육식 큰도마뱀의 일종. 9 〔라디오·TV〕 a) 〔방송 전파의〕 감시 장치. b) 〔방송 내용 따위에 대한 감상을 보고하는〕 모니터. 10 〔컴퓨터 모니터〕 〔시스템의 작동을 감시하는 소프트웨어나 하드웨어; 또는, 데이터 처리 시스템의 움직임을 관찰·통제·제어하는 프로그램〕. — *vt., vi.* 1 〔라디오·TV〕 a) 〔방송 전파 따위를〕 감시하다. b) 〔검열·검토 따위를 위하여 방송을〕 청취하다. 〔외국 방송을〕 듣다, 엿듣다. 2 〔사람이나 물건을〕 감시하다. ◇ monitórial *adj.*

mon·i·to·ri·al [mànitɔ́ːriəl / mɔ̀nitɔ́ː-] *adj.* 1 감독생의, 감시자의. 2 = monitory.

mon·i·tor·ship [mánitərʃìp / mɔ́n-] *n.* U 감독생의 역할(임기), 임기.

mon·i·to·ry [mánitɔ̀ːri / mɔ́nit(ə)ri] *adj.* 경고(주의, 권고)하는; 경고(훈계)를 주는. — *n. (pl. -ries)* [bishop 이 발부하는] 계고장(戒告狀) (monition).

mon·i·tress [mánitris / mɔ́n-] *n.* monitor 1, 2 의 여성형.

‡**monk** [mʌŋk] *n.* 수도사, 수도승; 〔일반적으로 모든 종교의〕성직자. ◇ mónkish *adj.*

monk·er·y [máŋkəri] *n. (pl. -er·ies)* 《속어》 1 U 수도자의 생활(태도). 2 (-eries) 《경멸적》 수도 생활. 3 U 〔집합적〕 수도자; 수도원.

‡**mon·key** [máŋki] *n. (pl. -keys)* 1 원숭이, 2 U 원숭이 모피. 3 원숭이 같은 사람(아이); 장난꾸러기; 흉내를 잘 내는 사람(아이). ¶ *monkey* tricks 장난. 4 〔말뚝 박는 기계의〕 추(錘), 공이, 드롭 해머(ram). 5 〔탄광의〕 작은 통로, 공기 통로. 6 《속어》 마약 중독. 7 《英속어》 500파운드. 8 《漕구어》 양(sheep). 9 (the ~) 멍키 댄스. 10 (one's ~) 《英속어》 성, 화, 짜증 (anger, temper). ¶ have *(or* get) one's *monkey* up 성대다, 노하다, 짜증내다 / put a person's *monkey* up 남을 노하게 하다. 11 《美속어》 손작업을 하는 사람. ¶ a grease *monkey* 기계공.

have a *monkey* on one's back 《美속어》 마약 중독이다

make a *monkey* [out] of …을 조롱하다, 놀리다.

a *monkey* with a long tail 《속어》 저당(抵當).

suck *(or* sup) the *monkey* 술을 병째로 마시다.

— *vi.* 《구어》 장난치다, 가지고 놀다, 만지작거리다 *(about, around, with...).* — *vt.* 《드물게》 …의 흉내를 내다(mimic, ape); …을 조롱하다, 놀리다(mock). ◇ mónkeyish *adj.*

mónkey blòck *n.* 〔항해〕 고리 달린 소형 돛 활차.

mónkey bréad *n.* 바오밥(baobab)의 나무; 그 열매 〔원숭이의 먹이〕.

mónkey búsiness *n.* U 《속어》 장난, 농담, 놀리기; 사기, 협잡.

mónkey èngine *n.* 말뚝 박는 기계.

món·key-fáced ówl [máŋkifèist-] *n.* 올빼미의 일종 (barn owl).

mónkey flòwer *n.* 물꽈리아재비류의 식물.

mónkey·ish [máŋkiiʃ] *adj.* 원숭이(같은); 장난치기 좋아하는(mischievous); 어리석은(foolish). ~ness *n.*

mónkey jàcket *n.* 〔이전에 하급 선원이 입던〕 짧은 자켓.

mónkey méat *n.* 《美속어》 통조림 쇠고기.

mónkey nùt *n.* 〔주로 英속어〕 땅콩(peanut).

mónkey púzzle *n.* 칠레삼나무.

mon·key·shine [máŋkiʃàin] *n.* (보통 ~s) 《美속어》 장난, 못된 장난.

mónkey sùit *n.* 《美속어》 1 제복. 2 〔남자용〕 예복.

mónkey wrènch *n.* 멍키 스패너. 2 《美》 장애 (hindrance).

monk·fish [máŋkfìʃ] *n. (pl. -fish or -fish·es)* 〔어류〕 아귀.

monk·hood [máŋkhùd] *n.* U 수도자임, 수도자의 직(신분). 2 〔집합적〕 수도자, 수도사.

monk·ish [máŋkiʃ] *adj.* 《보통 경멸적》 수도자의(같은), 수도자적 체하는; 수도 생활의. ~ly *adv.* ~ness *n.*

monks·hood [máŋkshùd] *n.* 바꽃류의 식물.

mon·o [mánou / mɔ́n-] *adj.* 1 = monaural. 2 monophonic. — *n.* 《속어》 = mononucleosis.

mono- alone, single, one 의 뜻의 연결형 (* 모음 앞에서는 mon- 을 쓴다). 예: *mon[o]*acid, *mon*aural, *mono*gamy, *mono*graph.

mon·o·ac·id [mànou ǽsid / mɔ̀n-], **(monacid)** *adj.* 〔화학〕 일산(一酸)의.

mon·o·ba·sic [mànou béisik / mɔ̀n-] *adj.* 1 〔화학〕 〔산(酸)이〕 일염기(一鹽基)의. 2 〔생물〕 단형(單型)의 (monotypic).

mon·o·buoy [mánəbɔ̀i / mɔ́nəbɔ̀i] *n.* 〔海事〕 모노부이 〔입항할 수 없는 대형 유선조 등을 계류하기 위하여 앞바다에 설치한 계선(繫船) 부표〕.

mon·o·chord [máno(u)kɔ̀ːrd / mɔ́n-] *n.* 〔음정(音程) 측정용의 일현금(一弦琴)〕.

mon·o·chro·mat·ic [mànəkroumǽtik / mɔ̀n-] *adj.* 단색의, 한 가지 빛깔의; 단일 파장(波長)의.

mon·o·chrome [mánəkròum / mɔ́n-] *n.* 1 단색화, 모노크롬〔사진〕; U 단색 화법. 2 《英》 흑백 텔레비전 프로(영화). — *adj.* = monochromatic.

mon·o·chro·mic [mànəkróumik / mɔ̀n-], **(mon·o·chro·mi·cal** [-mik(ə)l]) *adj.* 단색의, 일색의.

mon·o·cle [mánəkl / mɔ́nə-] *n.* 단안경(單眼鏡), 외알 안경.

mon·o·cled [mánəkld / mɔ́nə-] *adj.* 단안경을 쓴.

mon·o·cli·nal [mànou kláin / mɔ̀n-] 〔지질〕 〔지층이〕 단사(單斜) 〔층〕의, 단사 지층의. — *n.* = monocline.

mon·o·cline [máno(u)klàin / mɔ́n-] *n.* 〔지질〕 단사 〔완만한 경사 중에서 국부적으로 급경사를 이룬 구조〕.

mon·o·clin·ic [màno(u)klínik / mɔ̀n-] 〔結晶〕

단사정(單斜晶)의. ¶ a *monoclinic* system 단사정계(系).

mon·o·cli·nous [máno(u) kláinəs / mɔ̀n-] *adj.* 〖식물〗자웅 동화(雌雄同花)의, 암수 한 꽃의, 양성화(兩性花)의.

mon·o·cot·y·le·don [màno(u) kàtilí:d(ə)n / mɔ́n-o(u) kɔ̀t-] *n.* 단자엽(單子葉) 식물, 외떡잎 식물. *cf.* dicotyledon

mon·o·cot·y·le·don·ous [màno(u) kàtilí:d(ə)nəs / mɔ̀no(u) kɔ̀t-] *adj.* 단자엽 〖식물〗의.

mo·noc·ra·cy [mo(u)nákrəsi / mɔnɔ́k-] *n.* (*pl.* **-cies**) ① 독재 정치, 단독 정치(autocracy); ⓒ 독재국.

mon·o·crat [máno(u)kræt / mɔ́n-] *n.* 독재 주의자, 독재자(autocrat). [치의.

mon·o·crat·ic [màno(u)krǽtik / mɔ̀n-] *adj.* 독재 정

mo·noc·u·lar [mənákjulər / mɔnɔ́k-] *adj.* ① 외눈의. ② 단안(單眼)의, 단안용의.

mon·o·cul·ture [máno(u)kλltʃər / mɔ́n-] *n.* ⓤ 〖농업〗단작(單作), 일모작; 단식 농법(單式農法).

mon·o·cy·cle [mánəsàikl / mɔ́n-] *n.* ① 륜차.

mo·nod·ic [mənádik /-nɔ́d-], (**mo·nod·i·cal**[·ik(ə)l]) *adj.* ① 〖음악〗독창가의. ② 애도시(哀悼詩)의. **-i·cal·ly** [-ikəli] *adv.* [자.

mon·o·dist [mánədist / mɔ́n-] *n.* 독창가 (애도시) 작

mon·o·dra·ma [máno(u)drὰ:mə, -dræ̀mə / mɔ́n-] *n.* 혼자서 하는 연극, 1인극; 그 각본.

mon·o·dy [mánədi / mɔ́n-] *n.* (*pl.* **-dies**) ① 그리스 비극의(의), 애가, 비가. ② 애도시, 추도시. ③ 〖음악〗단성부곡(單聲部曲).

mo·noe·cious, -ne- [məní:ʃəs / mɔn-] *adj.* ①〖생물〗자웅 동체의, 암수 한몸의. ②〖식물〗자웅 동주(同株), 암수 한 그루의.

mo·nog·a·mist [mənágəmist / mɔnɔ́g-] *n.* 일부 일처주의자.

mo·nog·a·mous [mənágəməs / mɔnɔ́g-] *adj.* ① 일부일처(주의)의. ② 〖동물〗일자일웅의(雌一雄)의.

mo·nog·a·my [mənágəmi/mɔnɔ́g-] *n.* ⓤ ① 일부일처제(주의). ② bigamy, polygamy 〖동물〗일자일웅의 습성. ③ 〖평생〗한번 결혼(結婚)(주의). *cf.* digamy, deuterogamy

mon·o·gen·e·sis [màno(u)dʒénisis / mɔ̀n-] *n.* ⓤ ① 인류 일원(人類一元)〖설〗. ② 일원 발생〖설〗. *cf.* polygenesis

mo·nog·e·nism [mənádʒiniz(ə)m / -nɔ́dʒ-] *n.* ⓤ 인류 일원설. [esis.

mo·nog·e·ny [mənádʒini / mɔnɔ́dʒi-] *n.* =monogen-

mon·o·glot [mánəglàt / mɔ́nəglɔ̀t] *adj.* =monolingual. — *n.* 한 나라 말만 쓰는 사람.

mon·o·gram [mánəgræ̀m / mɔ́n-] *n.* 모노그램, 짜맞춘 글자, 합일(合一) 문자[머리 글자 따위를 짜맞추어 도안화한 것].

mon·o·gram·mat·ic [mànəgrəmǽtik / mɔ̀n-] *adj.* 모노그램(합일 문자)의(같은).

mon·o·graph [mánəgræ̀f / mɔ́nəgrὰ:f] *n.* 〖특정한 제목에 관하여 논한〗전공 논문, 모노그래프. — *vt.* …에 관한 전공 논문을 쓰다.

mo·nog·ra·pher [mənágrəfər / mɔnɔ́g-] *n.* 전공 논문(모노그래프)의 필자.

mon·o·graph·ic [mànəgrǽfik / mɔ̀n-], (**mon·o·graph·i·cal** [-ik(ə)l]) *adj.* 전공 논문(모노그래프)의.

mo·nog·ra·phist [mənágrəfist / mɔnɔ́g-] *n.* =monographer. [처의.

mo·nog·y·nous [mənádʒinəs / mɔnɔ́dʒ-] *adj.* 일부일

mo·nog·y·ny [mənádʒini / mɔnɔ́dʒ-] *n.* 일부일처(주의). *cf.* polygyny

mon·o·ki·ni [màno(u)kí:ni / mɔ̀n-] *n.* 모노키니〖토플리스의 비키니〗; 〖남성용의〗극히 짧은 팬츠.

mon·o·la·try [mənálətri / mɔnɔ́l-] *n.* ⓤ 일신(一神)숭배, [를 사용하는 사람.

mon·o·lin·gual [mànəlíŋgwəl / mɔ̀n-] *adj.* 1개 국어

mon·o·lith [mánəlìθ / mɔ́n-] *n.* ① 모놀리스〖건축·조각용의 상당히 큰 돌덩어리, 큰 바위 덩어리〗; 〖돌 하나로 만든 기둥, 석상(石像) 따위〗. ② 하나로 통제된 조직체.

mon·o·lith·ic [mànəlíθik / mɔ̀n-] *adj.* ① 모놀리스 (monolith)의, 돌(바위) 하나로 된. ② 〖비유적〗하나로 통제되어 이질 부분이 없는. ③ 〖전자공학〗한 개의 반도체 침속에 만들어진; 모놀리식〖집적〗회로로 이루어진〖를 이용한〗.

monolíthic círcuit *n.* 〖전자 공학〗반도체 집적 회로. [logue.

mon·o·log [mánələ̀:g, -lὰg / mɔ́nəlɔ̀g] *n.* = mono-

mon·o·log·ist [mənálədʒist / mɔnɔ́l-] *n.* 독백자; 〖회화를〗독점하는 사람; 혼자서 연극을 하는 사람.

mo·nol·o·gize [mənálədʒàiz / mɔnɔ́l-] *vi.* (**-gized**, **-giz·ing**) 독백하다, 혼잣말하다; 회화를 독점하다.

mon·o·logue [mánələ̀:g, -lὰg / mɔ́nəlɔ̀g], (**monolog**) *n.* ① 독백; 긴 이야기, 회화의 독점. ② 독백 형식의 시. ③ 〖극의〗독백. ④ 혼자 하는 연극, 일인극.

mon·o·logu·ist [mánələ̀:gist, -lὰg- / mɔ́nəlɔ̀g-] *n.* = monologist.

mon·o·ma·ni·a [màno(u)méiniə, -njə / mɔ̀n-] *n.* ⓤ ① 편집광(偏執狂). ② 한 가지 일에 열중하기.

mon·o·ma·ni·ac [màno(u)méiniæ̀k / mɔ̀n-] *n.* 편집 광자; 한 가지 일에 열중하는 사람.

mon·o·ma·ni·a·cal [màno(u)mənáiək(ə)l / mɔ̀n-] *adj.* 편집광적인.

Mon·o·mark [máno(u)mὰ:rk / mɔ́n-] *n.* 《英》《상표명》〖소유자·상품명·제작자 등을 등록한〗짜맞춘 기호(문자).

mono·mer [mánomər, mánə- / mɔ́n-] *n.* 〖화학〗모너머, 단량체(單量體). *cf.* polymer

mon·o·me·tal·lic [màno(u)mitǽlik / mɔ̀n-] *adj.* ① 한 가지 금속의; 한 가지 금속만을 사용하는. ② 〖화폐의〗단본위(單本位)〖제〗의.

mon·o·met·al·lism [màno(u) métəliz(ə)m / mɔ̀n-] *n.* ⓤ 〖화폐의〗단본위제〖설, 주의, 정책〗.

mon·o·met·al·list [màno(u)métəlist / mɔ̀n-] *n.* 단본위제주의자.

mo·no·mi·al [mo(u)no(u)míəl, mə- / mɔn-] *adj.* ①〖대수〗단항(單項)의. ¶ a *monomial* expression 단항식. ② 〖생물〗〖명칭이〗단명법(單名法)의, 한 말로 된. — *n.* ①〖대수〗단항식. ②〖생물〗단명법의 명칭, 한 말로 된 명칭.

mon·o·mo·lec·u·lar [màno(u) mo(u)lékjulər / mɔ̀n-] *adj.* 단분자(單分子)의; 1분자 두께의; 1(단)분자층(層)의.

mon·o·nu·cle·o·sis [mànən(j)ù:klióusis/mɔ̀nənjù:-] *n.* 〖병리〗전염성 단핵증(單核症), 《속어》키스병.

mon·o·pho·bi·a [màno(u)fóubiə / mɔ̀n-] *n.* 〖정신의학〗ⓤ 고독 공포증.

mon·o·phon·ic [mànəfánik / mɔ̀nəfɔ́nik] *adj.* ①〖음악〗단선율(單旋律)의(monodic). ②〖레코드 따위가〗1채널에 의한 음 재생의, 단일음의. *cf.* stereophonic

mon·oph·thong [mánəfθɔ̀:ŋ, -θὰŋ / mɔ́nəfθɔ̀ŋ] *n.* 〖음성〗단모음(單母音). *cf.* diphthong

mon·oph·thon·gal [mànəfθɔ́:ŋg(ə)l, -θὰŋ- / mɔ̀nəfθɔ́ŋg-] *adj.* 단모음의. ¶ a *monophthongal* vowel 단모음.

mon·oph·thong·ize [mánəfθɔ̀:ŋgàiz, -θὰŋ- / mɔ́nəfθɔ̀ŋg-] *vt.* (**-ized**, **-iz·ing**) 〖이중(二重) 모음〗을 단모음화하다, 단모음으로 발음하다.

mon·o·plane [mánəplèin / mɔ́n-] *n.* 단엽〖비행〗기. *cf.* biplane, triplane

mo·nop·o·lism [mənápəlìz(ə)m / -nɔ́p-] *n.* ⓤ 독점(전매)제; 독점(전매)주의.

mo·nop·o·list [mənápəlist / -nɔ́p-] *n.* 독점자; 독점(전매)주의자.

mo·nop·o·lis·tic [mənàp(ə)lístik / -nɔ̀p-] *adj.* 독점

mo·nop·o·li·za·tion [mənɑ́p(ə)lizéiʃ(ə)n / -nəpə-laiz-] *n.* Ⓤ 독점화, 전매.

****mo·nop·o·lize** [mənɑ́p(ə)làiz / -nɔ́p-] (*(英)에서는 **mo·nop·o·lise**로도 쓴다) *vt.* (**-lized, -liz·ing**) **1** …을 전매하다; …의 독점(전매)권을 얻다(가지다). **2** …을 독점하다, 점유하다. ¶ *monopolize* the conversation 대화를 독점하다. ◇ monópoly, monopolizátion *n.*

mo·nop·o·liz·er [mənɑ́p(ə)làizər / -nɔ́p-] *n.* 전매자.

‡**mo·nop·o·ly** [mənɑ́p(ə)li / -nɔ́p-] *n.* (*pl.* **-lies**) **1** Ⓤ Ⓒ [상품·사업 따위의] 독점(권), 전매(권); [일반적으로] 독점, 전유(專有). ¶ prohibition of private *monopoly* 사적 독점의 금지 // the *monopoly* of (or on) the trade 장사의 독점 / make a *monopoly* of …을 독점하다 / hold a *monopoly* for salt(tobacco) 소금(담배)의 전매권을 보유하다. **2** 독점(전매) 상품, 전매 사업. **3** 독점(전매)회사, 독점기업. ◇ monopolístic *adj.*, monópolize *v.*

mon·o·rail [mɑ́no(u)rèil / mɔ́n-] *n.* 모노레일, 단궤(單軌)철도.

mon·o·se·my [mɑ́nəsìːmi / mɔ́n-] *n.* Ⓤ [어구 따위의] 단의(單義). cf. polysemy

mon·o·sex·u·al [mɑ̀nəséksju(ə)l / mɔ̀nəséksju-] *adj.* **1** 단일(單一)한 성에만 관한; 양성이 아니라 남성 혹은 여성의. **2** 한 성의 사람만으로 이루어진[남자 또는 여자만으로 된].

mon·o·so·di·um glu·ta·mate [mɑ̀nəsóudiəm glúːtəmèit / mɔ̀n-] 글루타민산 소다(醱) 소다(조미료).

mon·o·syl·lab·ic [mɑ̀no(u)silǽbik / mɔ̀n-] *adj.* 단음절(單音節)의. ¶ *monosyllabic* words 단음절어(語) [yes 나 no 따위]. **2** 단음절어를 쓰는(말하는). -**i·cal·ly** [-ikəli] *adv.* ¶ *monosyllabic* answers 쌀쌀한 대답.

mon·o·syl·la·bism [mɑ̀nəsíləbìz(ə)m / mɔ̀n-] *n.* Ⓤ 단음절성(性); 단음절어 사용(성향).

mon·o·syl·la·ble [mɑ́nəsìləbl / mɔ́n-] *n.* 단음절어(語). cf. disyllable, polysyllable ¶ speak (answer) in *monosyllables* 한마디로 짤막짤막 말(대답)하다.

mon·o·tech·nic [mɑ̀nətéknik / mɔ̀n-] *adj.* [학문·연구 등] 한 분야 전문(전공)의, 단과(單科) 전문의. ― *n.* 단과[기술] 전문학교.

mon·o·the·ism [mɑ́no(u)θìːiz(ə)m / mɔ́n-] *n.* Ⓤ 일신교(一神敎), cf. polytheism

mon·o·the·ist [mɑ́no(u)θìːist / mɔ́n-] *n.* 일신교 신자, 일신론자.

mon·o·the·is·tic [mɑ̀no(u)θìːístik / mɔ̀n-] *adj.* 일신교의, 일신론적인. -**ti·cal·ly** [-tikəli] *adv.*

mon·o·tint [mɑ́no(u)tìnt / mɔ́n-] *n.* 단색화(單色畵), 단채화(單彩畵)(monochrome).

mon·o·tone [mɑ́nətòun / mɔ́n-] *n.* **1** 단조(로움), [높낮이·강약 따위] 변화가 없음; 동일 따위의) 단조 (單調). ¶ speak in a *monotone* 단조로이 말하다. **2** 단조음; 단조음으로 노래하는 사람. **3** 단색조. **4** (비유적) 단조로운, 단조로운 반복. ― *vt.* (**-toned, -ton·ing**) …을 단조로운 말(노래)로 하다. ◇ monótonous *adj.*, monótony *n.*

‡**mo·not·o·nous** [mənɑ́tənəs / -nɔ́t-] *adj.* **1** 변화가 없는, 단조로운, 한결 같은, 지루한; 반복하는(repetitious). ¶ *monotonous* occupations (scenery) 단조로운 직업(경치). **2** 음이나 목소리가 단조로운, 단음절의, 고저(억양)가 거의 없는. **~·ly** *adv.* **~·ness** *n.* ◇ mónotone *n.*

***mo·not·o·ny** [mənɑ́t(ə)ni / -nɔ́t-] *n.* Ⓤ **1** 단조(單調), 무변화, 지루함. **2** 동일음의 연속, 단조음, 단음.

mon·o·trem·a·tous [mɑ̀nətrémətəs / mɔ̀n-] *adj.* [동물] 일혈류(一穴類)의.

mon·o·treme [mɑ́nətrìːm / mɔ́n-] *n.* 일혈류의 동물 [오리너구리 따위].

Mont. (略) Montana.

Mon·o·type [mɑ́no(u)tàip/mɔ́n-] *n.* **1** 《상표명》 [인쇄] 모노타이프[활자의 자동 주조 식자 기계]. **2** (m-) 모노타이프 인쇄. **3** (m-) [생물] 단형(單型). ― *vt.* (**-typed, -typ·ing**) …을 모노타이프로 짜다(찍다).

mon·o·typ·ic [mɑ̀no(u)típik / mɔ̀n-] *adj.* **1** 모노타이프의. **2** [생물] 단형속(單型屬)의.

mon·o·va·len·cy [mɑ̀no(u)véilənsi / mɔ̀n-] *n.* Ⓤ **1** [화학] 1가(價) [인것]. **2** [세균] [특정한 병균에 대한] 항균력(抗菌力).

mon·o·va·lent [mɑ̀no(u)véilənt / mɑ̀no(u)vèil-] *adj.* **1** [화학] 1가(價)의; 단가의(univalent). **2** [세균] 특정한 한 종류의 병균에 저항할 수 있는.

mon·o·vu·lar [mɑnɑ́uvjulər / mɔn-] *adj.* [의학] 일란성(一卵性)의; 일란성 쌍생아에 특유한. cf. biovular

mon·ox·ide [mɑnɑ́ksaid, mən- / mɔnɔ́k-] *n.* [화학] 일산화물(一酸化物).

Mon·roe Doctrine [mənróu-] *n.* (the ~) 먼로주의[중남미 여러 나라에 대한 유럽 제국의 간섭을 미국은 허용치 않겠다고 한 Monroe 대통령의 정치상의 주의 (1823)]. [미국 제5대 대통령 James Monroe (1758-1831)의 이름].

Mon·ro·vi·a [mənróuviə] *n.* 먼로비아 [아프리카 서부의 라이베리아 공화국의 수도·항구].

mons [manz / mɔnz] *n.* (*pl.* **mon·tes** [mɑ́ntiːz / mɔ́n-]) [해부] 치구(恥丘).

Mons. (略) Monsieur.

Mon·sei·gneur, mon- [mɑ̀nseinjə́ːr / mɔ̀nse-] *n.* (*pl.* **Mes·sei·gneurs; mes-** [mèseinjə́ːrz / -se-]) **1** 전하 (殿下), 예하(猊下), 각하[왕족·사교·추기경 기타 지위가 높은 사람에 대한 프랑스의 존칭; 略 Mgr., Monsig.]. **2** 그 칭호를 가진 사람. [<F]

***mon·sieur** [məsjə́ːr] *n.* (*pl.* **mes·sieurs** [mesjə́ːr / F məsjǿ]) …씨, 여보시오 [영어의 Mr., Sir 에 해당하는 프랑스의 존칭·호칭; 略 M. *pl.* MM. or Messrs.]. [<F]

Mon·si·gnor, mon·si·gnore [mɑnsíːnjər / mɔn-] *n.* (*pl.* **-gnors** or **-gno·ri** [-njɔ́ːri / -njɔ́ːri]) **1** [가톨릭] 교황이 교황청의 고관이나 공적이 있는 신부에게 부여하는 존칭[略 Mgr., Msgr.]. **2** 그 칭호를 가진 사람. [<It]

mon·soon [mɑnsúːn / mɔn-] *n.* **1** 몬순[인도양·남시아 지방의 계절풍]. ¶ the dry (the wet) *monsoon* 동계(하계) 몬순. **2** [인도나 그 인접 지역의] 장마철, 하계 운수기에 부는 계절. **3** [일반적으로] 계절풍.

mons pu·bis [mɑ́nz pjúːbəs, mɔ́nz-] *n.* (*pl.* **mon·tes pu·bis** [mɑ́ntiːz- / mɔ́n-]) [해부] [남성의] 치구 (恥丘).

‡**mon·ster** [mɑ́nstər / mɔ́n-] *n.* **1** 괴물, 도깨비. **2** 기괴한 모양을 한 동물(식물, 사람). **3** 극악 무도한 사람, 사람 같지 않은 사람. ¶ a *monster* of cruelty 몹시 잔인한 사람 / a *monster* of perfection 완벽 무결한 사람. **4** 거대한 동물(식물, 물건). **5** 무서운 위력(이 있는 것), 위험. ¶ The swollen rivers are *monsters*. 물이 불은 하천은 위험적이다. ― *adj.* 거대한, 괴물처럼 생긴(huge). ◇ mónstrous *adj.*

mon·strance [mɑ́nstrəns / mɔ́n-] *n.* [가톨릭] 성체 안치기(聖體安置器).

mon·stre sa·cré [mɔ̀ːnstrə sakréi] *n.* (*pl.* **mon·stres sa·crés**) 기인(奇人); [영화 따위의] 대스타.

mon·stros·i·ty [mɑnstrɑ́siti / mɔnstrɔ́s-] *n.* (*pl.* **-ties**) **1** [형태·성질 따위의] 기괴, 기이, 기형. **2** 기괴한 물건, 거대한 것; 무도(無道)한 행위. **3** 괴물, 도깨비(monster).

***mon·strous** [mɑ́nstrəs / mɔ́n-] *adj.* **1** 거대한(huge). ¶ a *monstrous* ox 거대한 소 / a *monstrous* sum 엄청난 금액. **2** 기괴한, 소름 끼치는(weird). **3** 극악 무도한; 어처구니없는(outrageous). **3** 기괴한, 기형의. **4** 괴물처럼 생긴. **~·ly** *adv.* **~·ness** *n.* ◇ mónster, monstrósity *n.*

Mont. (略) Montana.

mon·tage [mɑntɑ́ːʒ / mɔn-] *n.* Ⓤ Ⓒ **1** 몽타즈[몇몇

Montana / **mook**

화상·사진을 배합하여 하나의 화면·사진을 만들어내는 수법]; 몽타즈 그림(사진). **2** [영화·TV] 몽타즈 [개개의 아주 짧은 장면을 많이 빨리 연속시켜 종합적인 효과를 노리는 기법(技法)]; 몽타즈 화면. **3** [영화] 필름의 편집. **4** [라디오] 혼성 음향(음성) 효과. [<F]

Mon·tan·a [mɑnténə / mɔn-] n. 미국 서북부의 주[주도(州都) Helena; 略 Mont.].

mon·tane [mɑntéin / mɔn-] [생태] adj. 산악의, 산지(山地)에 사는(자라는). — n. 저(低)산대 식물지대.

Mont Blanc [F mɔ̃ blɑ̃] n. **1** 몽블랑[프랑스와 이탈리아의 국경에 있는 알프스 산맥 중의 최고봉]. **2** 몽블랑[케이크의 일종]. ¶ 꽃與(科) 식물의 일종.

mont·bre·ti·a [mɑn(t)bríːʃ(i)ə / mɔnt-] n. [식물] 붓꽃.

mont-de-pié·té [F mɔ̃dpjete] n. (pl. **monts-** [F mɔ̃d-]) (프랑스) (=mountain of pity) 공영(公營) 전당포.

mon·te [mɑ́nti / mɔ́n-] n. (=**mónte bànk**) U 몽티[스페인·중남미의 도박 카드놀이].

Mon·te Car·lo [mɑ̀nti kɑ́ːrlou / mɔ̀n-] n. 몬테카를로 [모나코 공국(公國)의 도시, 도박장으로 유명].

Mon·te·ne·gro [mɑ̀ntinígrou / mɔ̀n-] n. 몬테네그로 [유고슬라비아 연방 공화국을 구성하는 한 나라].

Mon·te·vi·de·o [mɑ̀ntividéiou, -vídiou / mɔ̀n-] n. 몬테비데오[남미 우루과이의 수도·항구].

Mont·gom·er·y [mɑntgʌ́m(ə)ri / mən(t)-] n. 미국 Alabama 주의 주도(州都).

‡**month** [mʌnθ] n. [달력에서의] 달; 일개월, 한 달. ¶ a calendar month 역월(曆月) / a lunar month 태음월(太陰月) / a solar month 태양월 / a synodic month 삭망월(朔望月)[신월(新月)에서 다음 신월까지의 기간] / this month 이 달 / last month 지난달 / next month 내달 / the month before last 지지난달 / the month after next 내내월, 다음다음달 / in two months; in two months' time 두 달이 지나서 / for the past (or the last) two months 지난 2개월간.
month after month 매달(every month).
month by month 다달이, 달마다.
month in, month out 달이면 달마다, 다달이.
a month of Sundays ⇨ SUNDAY.
this day (or **today**) **month** 내달(지난달)의 오늘.
◇ **mónthly** adj., adv.

‡**month·ly** [mʌ́nθli] adj. **1** 한 달의, 달에 한 번의, 매달의, 월간(月刊)의. ¶ a monthly fee 월정 요금 / a monthly magazine 월간 잡지. **2** 일개월간의. ¶ the moon's monthly period 달이 운행하는 한 달 기간.
— n. (pl. **-lies**) **1** 월 1회의 간행물, 월간 잡지. **2** (-lies) (구어) 월경. — adv. 한 달에 한 번, 매달. ¶ pay monthly 매달 지불하다. ¶ (올리크) 추도 미사.

mónth's mínd n. U (가톨릭) [죽은 후 한 달 만에] 추도. **2** 축하산(側水山), 화산구(丘).

mon·ti·cule [mɑ́ntikjùːl / mɔ́n-] n. **1** 작은 산, 언덕. **2** 축하산(側水山), 화산구(丘).

Mont·mar·tre [F mɔ̃martr] n. 몽마르트르[파리 북부의 언덕진 곳에 있는 지구, 나이트클럽과 카페로 유명, 예술가의 중심지].

Mont·par·nasse [mɔːŋpɑrnɑ́s] n. 몽파르나스[프랑스 파리 Seine 강 왼쪽의 고지대; 예술의 중심지].

Mont·re·al [mɑ̀ntriɔ́ːl, mɑ̀n- / mɔ̀n-] n. 캐나다 동남부 Quebec 주의 항구 도시.

Montreál Prótocol n. [환경] 몬트리올 의정서 [유엔 환경 계획(UNEP)에 따라 1987년에 몬트리올 외교관 회의에서 채택된 오존층 보호를 위한 조약].

mon·u·ment [mɑ́njumənt / mɔ́n-] n. **1** 기념비, 기념상(像), 기념 건조물[기둥·문·탑 따위]. ¶ erect (or set up) a monument 기념비를 세우다. **2** (the M-) 런던 대화재 기념탑[1666년의 대화재를 기념]. **3** 유물, 유적; [천연] 기념물; (고어) 기록, 고문서. ¶ an ancient monument 고대의 유물 / a natural monument 천연 기념물. **4** [불후의] 사업(업적, 저작); (반어적으로) 어리석은 짓이나 실패를 후세에 남기는 것. ¶ a monument of learning 죽은 후에 남는 학문상의 업적 / a monument of stupidity 이전의 어리석었던 행위를 언제까지나 생각나게 하는 것. **5** 현저한 사례(事例). **6** [경계의] 표석(標石), 표지(標識). **7** (폐어) 묘(tomb). — vt. ⋯의 (⋯에) 기념비를 세우다.
◇ monuméntal adj.

*****mon·u·men·tal** [mɑ̀njuméntl / mɔ̀n-] adj. **1** 기념(물)의, 기념[물]이 되는. ¶ monumental inscriptions 비문 / a monumental mason 비석공(碑石工). **2** 기념비 비슷한; 묵직한, 당당한. **3** [미술] 실물보다 큰. **4** 불후(불멸)의. ¶ a monumental book 오랫동안 후세에 남을 서적. **5** (구어) 터무니없는, 엄청난. ¶ monumental stupidity (ignorance) 터무니없는 어리석음(무지). ~·ly [-təli] adv.

mon·u·men·tal·ize [mɑ̀njumént(ə)làiz / mɔ̀n-] (英) 에서는 **mon·u·men·tal·ise** 로도 쓴다) vt. (-**ized**, -**iz·ing**) 기념비 등에 의하여 (⋯)을 기념하다.

-mony suf. 결과·상태·동작을 나타내는 명사를 만든다. 예: ceremony, testimony.

moo [muː] vi. [소 따위가] 음매 하고 울다(low). — n. (pl. **moos**) 음매 하고 우는 소리.

M.O.O. (略) Money Order Office.

mooch [muːtʃ] (속어) vi. **1** 살금살금 걷다(들어오다, 나가다, 도망가다). **2** 배회하다, 어슬렁거리다, 돌아다니다(loiter)(about, along, around, round...). — vt. ⋯을 슬쩍 훔치다(steal); ⋯을 남에게 졸라서 얻어내다; 우려내다.

mooch·er [múːtʃər] n. (속어) 배회하는 사람; 부랑자; 좀도둑; 우려먹는 사람. [소리].

moo-cow [múːkàu] n. (어린이말) 음매[암소의 울음]

*****mood**[1] [muːd] n. **1** [어떤 특정한 때의] 기분, 마음, 감정, 심사. ¶ a dreamy mood 꿈꾸는 듯이 황홀한 기분 / in a laughing (melancholy, merry) mood 쾌활한 (우울한, 명랑한) 기분으로 / in a (or the) mood for (or to do) ⋯에 마음이 내켜서, ⋯할 기분이 되어 / in no mood for (or to do) ⋯에 마음이 안 내켜서, ⋯할 기분이 안 나서.

[類語] mood 일시적인 기분을 뜻하는 일반적인 말: a pleasant mood 즐거운 기분. humor 그 때의 신체적·심리적 상태에서 생기는 변하기 쉬운 기분: her hysterical humor 그녀의 히스테리적인 기분. temper 강한 감정, 특히 노여움에 지배된 기분: be in a temper 성미를 부리고 있다 / a gay temper 명랑한 기분. vein 즉히 일시적인 기분: happen to be in a joking vein 마침 농담할 기분이다.

2 [일반적인] 무드, 풍조; 분위기, [모임 따위의] 공기. ¶ The city was in a military mood. 그 도시는 군대 분위기에 있었다.

3 (~s) [발작적인] 변덕, 침울, 언짢은 기분. ¶ a man of moods 변덕스러운 사람, 변덕쟁이 / change one's moods 기분을 바꾸다 / She is in a mood. = She is in one of her moods. 그녀는 지금 저기압이다.
◇ **móody** adj.

*****mood**[2] [muːd] n. **1** [문법] 법, 서법(敍法). **2** [논리] =mode. **3** [음악] mode.

móod drùg n. 정신 신경용 약제[흥분제·진정제 따위].

móod mùsic n. U [사람을 느긋하게 만드는] 무드음악.

móod stòne n. [패용자의] 기분에 따라 색이 변한다는 인조 보석.

*****mood·y** [múːdi] adj. (**mood·i·er, mood·i·est**) **1** 변덕스러운. **2** 성미가 까다로운, 기분이 좋지 않은, 침울한. **mood·i·ly** adv. **mood·i·ness** n. ◇ mood 참조.

Móog sýnthesìzer [móuɡ-] n. 무그 신시사이저[전자음 합성 장치].

mook [muk] n. 잡지식 서적, 서적식 잡지 [how to 물(物), business book, 요리책, 대중 소설 등].
[<M[AGAZINE]+B[OOK]]

moo·la, -lah [múːlə] n. ⓤ《美속어》돈(money).

mool·vee, -vi, -vie [múːlviː] n. =maulvi.

‡**moon** [muːn] n. **1** (보통 the ~) 달 (* 형용사를 붙여서 달의 한 양상(樣相)을 말할 때에는 부정 관사를 붙일 때도 있다). ¶ a full moon 만월 / a half moon 반달 / a new moon 초승달 / an old (or a waning) moon 하현(下弦)달 / 만월 혹은 반달 / the old moon in the new moon's arms 〔지구로부터의 반사광으로〕 초승달 만곡면(彎曲面) 안쪽에 희미하게 보이는 암흑면 / below the moon 달 아래의 / beyond the moon 손이 미치지 못하는 곳에, 터무니없이 / the age of the moon 월령(月齡) / The moon is shining on the water. 달이 수면에 비치고 있다. **2** 위성(satellite), 인공 위성. ¶ an artificial (or a man-made) moon 인공 위성. **3** 태음월(lunar month); 《詩》〔일반적으로〕한 달(a month), ¶ a land where the summer is but three moons long 여름이 3개월밖에 안 되는 곳 / This is the moon of roses. 이달은 장미가 피는 달이다. **4** (the ~) 달빛(moonlight). ¶ The moon was full on her face. 달빛이 그 여자의 얼굴에 가득 비치고 있었다. **5** 달 모양의 것; 초승달 모양의 것; (the M-) 신월기(新月旗) 〔터키의 국기〕.

aim (or *level*) *at the moon* 대망을 품다, 분수에 넘치는 것을 소망하다.

believe that the moon is made of green cheese 어이없는 일을 믿다. 〔한 일을 바라다〕

cry for the moon 얻지 못할 물건을 탐내다, 불가능한 것을 바라다.

the man in the moon 달 표면의 반점; 가상적인 사람. ¶ I don't know it any more than *the man in the moon*. 나는 그것을 전혀 모른다.

once in a blue moon 매우 드물게, 좀처럼 …않는(없는) (seldom).

shoot the moon 《속어》야반도주하다.

— vi. 《구어》멍하니 보내다 (*away*); 헤매다, 서성거리다 (*about*). **2** 멍하니 바라보다 (*at, over...*); 〔사람·일〕을 이것저것 생각하다, 미친 듯이 생각하다. — vt. 《구어》**1** 〔시간〕을 멍하니 보내다 (*... away*). ¶ (~+목+부) mooning the evening *away* 저녁때를 멍하니 보내다. **2** 조롱하다. ¶ They're *mooning* us! 그들은 우릴 조롱하고 있어!

◇ móonish, móony *adj*.

moon·beam [múːnbìːm] n. 달빛, 월광.

moon·blind [múːnblàind] *adj*.〔獸醫〕〔말이〕월맹증(月盲症)의.

móon blìndness n. ⓤ〔獸醫〕〔말의〕월맹증.

moon·bound [múːnbàund] *adj*. 달을 향한.

moon·bug·gy [múːnbʌ̀gi] n. (pl. -gies) 월면차(月面車).

moon·calf [múːnkæ̀f / -kɑ̀ːf] n. (pl. -calves) 〔선천성〕 정신 박약자, 바보, 천치. 〔rover〕

móon càr(**cràwler**) n.《우주공학》월면차(lunar rover).

móon chìld n.〔점성〕게좌(蟹座) 밑에 태어난 사람.

moon·craft [múːnkræ̀ft / -krɑ̀ːft] n. (pl. **-craft**) = moonship. 〔*cf*. sundown〕

moon·down [múːndàun] n. ⓤⓒ《美》달몰(月沒).

moon·eye [múːnài] n.〔獸醫〕월맹증(月盲症)에 걸린 말의 눈.

moon·eyed [múːnàid] *adj*. **1**〔獸醫〕〔말이〕월맹증(月盲症)인(moon-blind). **2**〔공포·놀람으로〕눈을 휘둥그렇게 뜬.

moon·faced [múːnfèist] *adj*. 얼굴이 둥근.

moon·fish [múːnfìʃ] n. (pl. **-fish** or **-fish·es**) 〔남북 아메리카의 따뜻한 연해에 사는〕 전쟁어(科)의 물고기가; 둥글고 납작하며 은빛나는 생선(개복치, 앉은뱅이 따위).

moon·flight [múːnflàit] n. 달 여행, 달 비행. 〔위〕.

Moon·ie [múːni] n. 통일교 신자(신봉자).〔<교주 Sun Myung Moon 의 이름〕

moon·i·ly [múːnili] *adv*. 멍하게, 멀거니.

moon·ing [múːniŋ] n.《속어》〔달리는 차의 창문 따위에서〕엉덩이를 드러내어 남을 놀라게 하는 장난.

moon·ish [múːniʃ] *adj*. **1** 변하기 쉬운; 변덕스러운. **2** 통통한.

Moon·ism [múːniz(ə)m] n. 문선명주의, 세계 기독교 통일 신령 협회 주의. 〔<창시자인 한국인 Sun Myung Moon (文鮮明) (1920-)의 이름〕

móon jèep n. 월면차(月面車).

moon·less [múːnlis] *adj*. 달이 없는, 캄캄한. ¶ a dark *moonless* night 〔달 없는〕 캄캄한 밤.

moon·let [múːnlit] n.〔자연 또는 인공의〕작은 위성.

‡**moon·light** [múːnlàit] n. ⓤ 달빛. ¶ walk in the *moonlight* 달빛을 받으며 산책하다. — *adj*. 달빛의, 달밤에 생기는. ¶ a *moonlight* night 달밤. — vi. 《구어》〔야간에〕부업을 하다.

moon·light·er [múːnlàitər] n.〔역사〕월광단원(月光團員)〔1880년경 아일랜드에서 일어난 비밀 농민 단체의 일원〕. **2** 부업을 하는 사람. **3** 밀주업자.

móonlight flìtting n. ⓤ 야반 도주.

moon·light·ing [múːnlàitiŋ] n. ⓤ **1**〔역사〕 moonlighters의 폭동. **2** 부업을 하는 것, 아르바이트. **3** 주류 밀조(酒類密造).

móonlight schòol n.《美》미국 남부에서 시골의 청년·성인을 위한 야간 강좌.

*****moon·lit** [múːnlìt] *adj*. 달빛에 비친, 달 밝은.

moon·man [múːnmæ̀n] n. (pl. **-men** [-mèn]) 월인 (月人), 달탐험가.

moon·port [múːnpɔ̀ːrt / -pɔ̀ːt] n. 월항(月港), 달로켓(발진) 기지. 〔주 비행.〕

móon pròbe n. 달 탐사기(lunar probe), 달 탐색 주 비행.

moon·quake [múːnkwèik] n. 월진(月震).

moon·rise [múːnràiz] n. ⓤⓒ 월출; 달 뜨는 시각.

móon ròver n.《우주》월면차(月面車).

moon·scape [múːnskèip] n.〔망원경이나 사진 따위로 볼 수 있는〕달 표면(의 경치). 〔집전.〕

moon·scoop·er [múːnskùːpər] n. 자동 월면 물질 채집전.

moon·set [múːnsèt] n. ⓤⓒ 월몰, 달 지는 시각.

moon·shee [múːnʃiː] n.〔인도〕= munshi.

*****moon·shine** [múːnʃàin] n. ⓤ **1** 달빛(moonlight). **2** 쓸데없는 이야기, 어리석은 생각, 헛소리(nonsense). **3**《구어》밀수입한 술;《美》밀주.〔「밀수입」의 뜻.〕

moon·shin·er [múːnʃàinər] n.《美속어》주류 밀조자.

moon·shin·y [múːnʃàini] *adj*. **1** 달빛에 비친, 달빛의(moonlit). **2** 가공(架空)의. ¶ a *moonshiny* enterprise 비현실적인 기획.

moon·ship [múːnʃìp] n. 달 여행용 우주선.

moon·shot [múːnʃɑ̀t / -ʃɔ̀t] n. 달 로켓(발사).

moon·sta·tion [múːnstèiʃ(ə)n] n.《우주》정거장.

moon·stone [múːnstòun] n. ⓤⓒ 월장석(月長石), 문스톤〔보석의 일종〕.

moon·strick·en [múːnstrìk(ə)n] *adj*. = moonstruck.

moon·stroll [múːnstròul] n. 월면 보행.

moon·struck [múːnstrʌ̀k] *adj*. 머리가 이상해진, 미친〔옛날 점성학에서 정신병은 달빛의 영향이라고 생각했〕

moon·walk [múːnwɔ̀ːk] n. 월면 보행. 〔나〕.

moon·walk·er [múːnwɔ̀ːkər] n. 월면 보행자.

moon·ward [múːnwərd] *adv., adj*. 달로, 달을 향하는 관측자.

moon·watch·er [múːnwɑ̀tʃər / -wɔ̀tʃə] n. 인공 위성 관측자.

moon·work [múːnwɔ̀ːrk] n. ⓤ 월면 작업.

moon·wor·thy [múːnwɔ̀ːrði] *adj*. 달 여행에 알맞은 (견디어 내는).

moon·y [múːni] *adj*. (**moon·i·er, moon·i·est**) **1** 달의(과 같은); 달빛 같은. **2** 달 모양(원형)의; 초승달 모양의. **3** 달빛에 비친. **4**《구어》멍한, 꿈 같은; 얼빠진.

*****moor**[1] [muər] n. **1**〔히스 관목이 우거진〕황야, 황무지. **2** 습지 초원. **3** 사냥터. ◇ móorish, móorish *adj*.

*****moor**[2] [muər] vt. **1**〔밧줄이나 닻으로〕〔배〕를 매어두다, 정박시키다, 계류(繫留)하다. ¶ *moor* a ship at the pier 배를 선창에 계류시키다. **2** …을 고착(고

Moor

정)시키다(fix firmly); 안전하게 하다. — vi. 배를 계류하다; [배가] 투묘(投錨)하다, 정박하다; 고착되다. — n. 배를 붙잡아 매는(고착시키는) 일, 계류.
◇ móorage n.

Moor [muər] n. **1** 무어 사람[아프리카 서북부에 사는 Berber 인종과 Arab 인종의 혼혈인종의 회교도]. **2** [8세기에 스페인을 정복한] 무어 사람.

moor·age [mú(:)ridʒ / múər-] n. ⓤ ⓒ **1** [배 따위의] 정박, 계류. **2** 정박소, 계류소. **3** 계선(繫船)소 사용 요금.

móor cóck n. 붉은뇌조(雷鳥)의 수컷[영국산].

moor·fowl [múərfàul] n. (pl. -fowls or -fowl) 붉은 뇌조[영국산(產)의 사냥감].

moor·hen [múərhèn] n. **1** 쇠물닭[흰눈썹뜸부기과의 물새]. **2** 붉은뇌조의 암컷.

moor·ing [mú(:)riŋ / múər-] n. ⓤ **1** 계류(繫留), 계선, 정박. **2** (보통 ~s) 계류(계선)용구[밧줄·닻 따위]. **3** (~s) 계류(계선)소.

móoring bùoy n. [항해] 계류 부이. [류주(柱).

móoring màst(tòwer) n. [비행선의] 계류탑, 계 라는(사는); 늪지의. [식(式)의.

Moor·ish [mú(:)riʃ / múər-] adj. 황무지의, 황야에 자

Moor·ish [mú(:)riʃ / múər-] adj. 무어 사람의, 무어

moor·land [múərlænd, -lənd] n. ⓤ (주로 英) [heather가 무성한] 황무지, 황야, 늪 지대.

moor·stone [múərstòun] n. (英) 화강암의 일종.

moor·y [mú(:)ri / múər-] adj. (moor·i·er, moor·i·est) 황무지의(같은); 소택성(沼澤性)의.

*moose [mu:s] n.(pl. moose) [캐나다·미국 북부산(產)] 큰 사슴; [유럽산] 큰 사슴.

moot [mu:t] adj. **1** 논의할 여지가 있는, 의문이 있는, 미결의. **2** 이론 일변도의; [쓸데없는] 추상론의. — vt. **1** [문제점·논제·계획 따위]를 제출하다, 논의를 제기하다. **2** …을 이론 일변도로 전시키다. **3** [고어] [모의 법정에서] [사건 따위]를 논의하다. — n. **1** [초기 영국에서의] 정치·행정·사법상의 여러 문제를 논의한 인민 회의, 토론회. **2** 모의 토론, (폐어) 토론.

móot cóurt n. [법학생들을 위한] 모의 법정. [moose]

*mop [map / mɔp] n. **1** 몹, 긴 자루가 달린 걸레. ¶ Mrs. Mop (익살) 청소부 아줌마. **2** 몹 비슷한 것(도구). **3** (속어) 더부룩한 머리 뭉치. ¶ a mop of hair 더벅머리.
be mops and brooms (속어) 얼근히 취해 있다.
— vt. (mopped, mop·ping) **1** …을 몹으로 훔치다 (청소하다). ¶ Students are supposed to mop the floor everyday. 학생들은 매일 마루를 몹으로 훔치도록 되어 있다. **2** [눈물·땀 따위]를 닦다, [얼굴 따위]를
mop the floor with ⇒ FLOOR. [닦다.
mop up ① [물 따위]를 훔치다. ② (구어) [이익 따위]를 착복하다. ③ (구어) [일 따위]를 해치우다. ④ [군대] 패잔병을 소탕하다. ⑤ (英속어) …을 결딴낸 듯 먹다, …을 벌컥벌컥 마시다. ¶ mop up gin 진을 벌컥벌컥 마시다.

mop² [map / mɔp] vi. (mopped, mop·ping) 얼굴을 찡그리다, 입을 비쭉거리다.
mop and mow 상을 찌푸리다.
— n. 찌푸린 얼굴(grimace).
mops and mows 찌푸린 얼굴. [board.

mop·board [mápbɔ̀:rd / mɔ́pbɔ̀:d] n. (美) =base-

mope [moup] vi. (moped, mop·ing) **1** 의기소침하다, 울적해하다, 풀이 죽다, 멍청해지다. **2** 느릿느릿 걷다. ¶ mope about 멍하니 돌아다니다. — vt. (종종 수동형 또는 재귀용법) …을 몹시 죽게 하다, 우울하게 하다. ¶ She is moping herself in the house. 그

여자는 집에서 울적하게 지내고 있다 // (~ + 目 + 前 + 名) He was moped to death. 그는 몹시 풀이 죽어 있다. (~ + 目 + 副) mope one's time away 울적하게 시간을 보내다. **2** (~s) 침울, 의기소침, 우울(low spirits). ¶ have [a fit of] the mopes 우울해하다, 의기소침하다.
◇ mópish adj.

mo·ped [móupèd] n. 모터 달린 자전거(minibike).

mop·er [móupər] n. 잘 침울해지는 사람; 느릿느릿 걷는 사람.

mop·head [máphèd / mɔ́p-] n. **1** 몹(긴 자루 달린 걸레)의 끝. **2** (속어) [몹 같은] 더벅머리[의 사람].

mop·ish [móupiʃ] adj. 침울한, 의기소침한.
~·ly adv. ~·ness n.

mop·pet [mápit / mɔ́p-] n. **1** 아이, 청소년. **2** 소녀, 젊은 여자(damsel). **3** [천 조각으로 만든] 인형. **4** 발바리 개.

mop·ping-up [mápiŋʌ́p / mɔ́p-] adj. **1** 끝 마무리의, **2** 소탕하는. ¶ a mopping-up operation 소탕 작전.

mop·stick [mápstìk / mɔ́p-] n. 몹의 자루. [전.

mop-up [mápʌ̀p / mɔ́p-] n. (군대) [남은 적의] 소탕, [소화 작업 따위의] 마지막 마무리.

mo·quette [mo(u)két] n. ⓤ 모켓[두껍고 벨벳 비슷한 보풀이 있는 직물, 융단·의자에 쓰이는 데 사용].

MOR (略) middle of the road(중도(中道)); [음악] middle-of-the-road(아무에게나 듣기 좋은 대중용 경음

mor. (略) morocco.

mo·ra [mɔ́:rə / mɔ́:-] n. (pl. mo·rae [-ri:] or mo·ras) [韻律] 모라(평균 단음절에 해당하는 운율의 단위·기

mo·ra [mɔ́:rə / mɔ́:-] n. [이탈리아] 이탈리아 권희(拳戲) [손을 쳐들고 편 손가락의 수를 알아맞히는 놀이].

mo·raine [mouréin, mɔ:- / mɔ-] n. [지질] [빙하에 의한] 퇴석(堆石), 모레인[빙하에 의하여 옮겨진 암석·토사 따위의 더미].

*mor·al [mɔ́:rəl, már- / mɔ́r-] adj. **1** 도덕의, 도덕에 관한, 윤리적인. ¶ moral character 덕성, 품위 / moral culture 덕육(德育) / moral consciousness 도덕 의식 / moral sense 도덕 관념. **2** 도덕적인, 도의를 분별하는, 품행이 방정한. opp. immoral ¶ a moral man 도덕적인 사람 / a moral life [도덕적으로] 올바른 생활.
類語 moral 사회에서 일반적으로 인정된 도덕적 기준에 맞는, 또는 a moral person 품행이 방정한 사람. ethical 보통 이상으로 고도의, 또는 전문적인 직업에 특별히 엄격하게 요구되는 도덕적 기준에 알맞은: an ethical person 도덕적 기준을 엄수하는 사람 / Medical advertisement is not ethical. 의사의 광고는 직업 윤리에서 벗어난다. virtuous 정직·공정·정절(貞節) 등에 뛰어난 덕성을 지닌(보이는): a virtuous woman 정숙한 부인. righteous 도덕적으로 죄나 비난받을 점이 없는: a righteous deed 올바른 행위.

3 교훈적인(didactic). ¶ moral lessons 교훈 / a moral story 교훈적인 이야기. **4** 선악의 판단이 되는, 도덕 관념이 있는. ¶ Man is a moral animal. 인간은 도덕적 동물이다. **5** 정신적인. ¶ moral support 정신적인 원조. **6** 확신할 수 있는, 공산이 큰, 개연(蓋然)적인.
— n. **1** [이야기 속에 내포된] 우의(寓意), 교훈, 처세훈. ¶ draw the moral 교훈을 얻어내다, [우화 따위의] 교훈을 해설하다. **2** (~s) [단수 취급] 윤리학(ethics). **3** (~s) 도덕, 윤리; 선행, 덕행; [사회의] 풍기; [개인의] 품행, 몸가짐. ¶ social morals 공덕(公德) / a person of doubtful morals [도덕상] 의심스러운 사람.
4 (구어) 꼭같은 것, 꼭 닮은 것. ¶ He is the very moral of his father. 그는 자기 아버지를 꼭 닮았다. **5** (드물게) = morale.
◇ morálity n., móralize v., mórally adv.

móral ágent n. 도덕적 행위자, 인간.

móral cóurage n. ⓤ 도덕적 용기, 참된 용기.

[moose]

móral deféat n. [이긴 것 같이 보이나] 사실상의 (정신적인) 패배.

***mo·rále** [mo(u)rǽl / mɔrάːl] n. ⓤ 사기, 풍기. ¶ the *morale* of soldiers 군대의 사기.

moràle súrvey n. 근로 의욕 조사[근로자의 감정을 과학적으로 고려하여 이에 따라 경영관리 활동을 개선하려는 방법].

móral házard n. 〔보험〕 도덕적 위험[피보험자의 성실도가 불확실한 데서 생기는 보험 회사측의 위험; 보통 보험 사기의 위험성을 일컫는다].

mor·al·ism [mɔ́ːrəlìz(ə)m, mǽr- / mɔ́r-] n. ⓤ **1** 설교, 설법. **2** 격언, 도덕상의 훈언(訓言). **3** 〔종교와 구별된〕 도덕적 실천.

***mor·al·ist** [mɔ́ːrəlist, mǽr- / mɔ́r-] n. **1** 〔도덕을 가르치는〕 도학자, 모럴리스트. **2** 도덕가, 윤리주의자.

mor·al·is·tic [mɔ̀ːrəlístik, mæ̀r- / mɔ̀r-] adj. **1** 도덕적인, 교훈적인. **2** 도덕에 까다로운, 틀에 박힌. **-ti·cal·ly** [-tikəli] adv.

***mo·ral·i·ty** [mɔːrǽləti, mɑr- / mər-] n. (pl. **-ties**) **1** ⓤ 도덕, 행동의 선악. **2** ⓤ 〔개인의〕 덕행, 덕성; 〔특히 남녀간의〕 품행, 성 도덕(chastity). **3** ⓤⓒ 〔특정 사회의〕 도덕 체계. ¶ commercial *morality* 상업 도덕. **4** ⓤ 도덕학, 윤리학. **5** 교훈, 우의(寓意). **6** =moral- ity play.

morálity plày n. [15-16세기에 유행한] 도덕〔권선〕극.

mor·al·i·za·tion [mɔ̀ːrəlizéiʃ(ə)n, mæ̀r- / mɔ̀rəlai-] n. ⓤ 도덕적 설명[해석], 설교, 교화.

mor·al·ize [mɔ́ːrəlàiz, mǽr- / mɔ́r-] (* 英〕에서는 **mor·al·ise** 로도 쓴다〕 v. (-ized, -iz·ing) vi. 도덕적인 반성을 하다. ── vt. **1** …을 교훈적으로 생각하다, …에서 교훈을 끌어내다. **2** …을 교화하다, …의 도의를 앙양하다. ¶ 〔가르치는 사람, 도학자; 교훈 작가〕.

mor·al·iz·er [mɔ́ːrəlàizər, mǽr- / mɔ́r-] n. 도리를 캐는 사람.

móral láw n. ⓤ 도덕률, 도덕법.

***mor·al·ly** [mɔ́ːrəli, mǽr- / mɔ́r-] adv. **1** 도덕적으로, 바르게, ¶ act *morally* 도덕적으로 행동하다. **2** 도덕상, 윤리적으로, 도덕적 견지에서. ¶ be *morally* good 도덕적으로 바르다. **3** 실질적으로, 실제로. ¶ be *morally* bound to fail 거의 틀림없이 실패할 운명이다.

Móral Majórity n. (the ~) 〔美〕 도덕적 다수파〔전통적 도덕관을 지지하는 보수파 기독교 정치 단체〕.

móral obligátion n. ⓤ 도덕적 책무. ¶ (ethics).

móral philósophy n. ⓤ 도덕 철학, 윤리학.

Móral Re-Ármament n. 도덕 재무장 운동〔미국의 Frank Buchman(1878-1961)이 주창: 略 MRA.〕 ⇨ BUCHMANISM.

móral scíence n. ⓤ 정신 과학, 윤리학.

móral sénse n. 도덕 관념, 양심.

mórals squàd n. 〔매춘·도박 등의〕 풍기 단속 경찰.

móral suppórt n. 정신적 원조(지지). ¶ 반.

móral theólogy n. ⓤ 윤리 신학, 도덕 신학.

móral víctory n. 정신적 승리; 실질상의 승리.

mo·rass [mərǽs] n. **1** 저습(低濕) 지대. **2** 늪지(bog, marsh). **3** 곤경, 곤란한 입장.

mo·rass·y [mərǽsi] adj. 저습 지대의, 늪지의.

mor·a·to·ri·um [mɔ̀ːrətɔ́ːriəm, mæ̀r- / mɔ̀rətɔ́ːr-] n. (pl. **-ria** [-riə] or **-ums**) **1** 〔법률〕 지불 유예, 모라토리엄. **2** 지불 유예 기간. **3** 〔위험한 활동의〕 일시적 정지. ¶ a *moratorium on* nuclear testing 핵 실험의 일시적 정지.

mor·a·to·ry [mɔ́ːrətɔ̀ːri, mǽr- / mɔ́rət(ə)ri] adj. 유예의, 지불 유예를 인정하는. ¶ a *moratory* law 지불 유예법(法).

Mo·ra·vi·a [mo(u)réiviə] n. 체코·슬로바키아 연방 Moravia의 중부 지방.

Mo·ra·vi·an [mo(u)réiviən] adj. **1** 모라비아(Moravia)의; 모라비아 사람의. **2** 모라비아 교단(敎團)의. ── n. **1** 모라비아 사람, ⓤ 모라비아 말. **2** 모라비아 교도.

mo·ray [mɔ́rei, -́- / mɔːréi] n. 곰치과(科)의 물고

***mor·bid** [mɔ́ːrbid] adj. **1** 〔정신·사상이〕 병적인, 불건전한. ¶ a *morbid* interest in suicide 자살에 대한 병적인 관심. **2** 병의, 병에 걸린; 병적인. ¶ a *morbid* growth 병적 증식물(增殖物). **3** 병에 관한, 병리학적인. **4** 음산한, 소름 끼치는. ¶ *morbid* events 소름끼치는 무서운 사건. **~·ly** adv. **~·ness** n.
◇ mórbídity n., morbífic adj.

mórbid anátomy n. ⓤ 병리 해부학.

mor·bi·dez·za [mɔ̀ːrbidétsə] n. ⓤ **1** 〔미술〕 아주 섬세하고 우미한 효과. **2** 〔회화에서〕 살빛의 완능미.

mor·bid·i·ty [mɔːrbídəti] n. ⓤⓒ (pl. **-ties**) **1** 병적 상태, 병적 성질, 불건전. **2** 〔어떠한 병의〕 사망률. **3** 〔어느 한 지방의〕 질병률, 환자율.

mor·bif·ic [mɔːrbífik] adj. 병을 일으키는.

mor·bil·li [mɔːrbílai] n. pl. 〔단수 취급〕 〔병리〕 마진(麻疹), 홍역(measles).

mor·ceau [mɔːrsóu] n. (pl. **-ceaux** [-sóuz]) 〔프랑스〕 (=morsel) **1** 한 조각, 단편〔斷片〕 (bit, morsel). **2** 〔시·음악 따위의〕 일절, 발췌(拔萃), 소품.

mor·da·cious [mɔːrdéiʃəs] adj. **1** 무는, 무는 버릇이 있는. **2** 〔비평 따위가〕 신랄한, 통렬한.

mor·dac·i·ty [mɔːrdǽsiti] n. ⓤ **1** 신랄함. **2** 통렬한 말, 독설. ¶ 〔비꼼.

mor·dan·cy [mɔ́ːrd(ə)nsi] n. ⓤ 신랄(辛辣), 통렬;

mor·dant [mɔ́ːrd(ə)nt] adj. **1** 신랄한, 통렬한, 비꼬는. ¶ *mordant* criticism 신랄한 비평 / a *mordant* speaker 독설가. **2** 〔염색에서〕 매염성(媒染性)의. **3** 〔산(酸)의〕 부식성(腐蝕性)의(corrosive). ── n. 〔염색〕 매염제. **2** 〔인쇄〕 에칭에 사용하는 부식제 (액). **3** 금박 접착제. **~·ly** adv.

Mor·de·ca·i [mɔ̀ːrdikéiai, ＋美 mɔ́ːrdikài] n. 〔성서〕 모르드개〔에스더의 사촌 오빠, 에스더와 협력하여 유대인을 Haman의 손에서 구출하였다. ⇨에스더〔書〕 (Esth.) 2:15〕.

mor·dent [mɔ́ːrd(ə)nt] n. 〔음악〕 모르덴트〔주요음에서 위 2도의 음을 거쳐 곧 주요음으로 돌아가는 장식음〕.

‡more [mɔːr / mɔː] adj. (many, much 의 비교급) **1** 더 큰, 더 많은; 보다 중요한. ¶ He has *more* books than he can read. 그는 다 읽을 수 없을만큼 많은 책을 가지고 있다 / Five is [two] *more* than three. 다섯은 셋보다 [둘이] 더 많다 / There is *more* truth in it than you think. 거기에는 네가 생각하는 것보다 더 중요한 진실이 있다 / He is *more* than I am in the state. 그는 나보다 더 지위가 더 높다. **2** 더 부가된, 여분의, 추가적인 (additional). ¶ one word *more* 한 마디만 더 / Do not lose any *more* time. 이 이상 시간을 허비하지 마라.
── n. ⓤ **1** 다시 덧붙인 양(수); 부가적 것. ¶ *More* cannot be said. 더 이상은 말할 수 없다 / I hope to see *more* of you. 또 만나고 싶습니다. **2** 더 많은 양(수, 정도) (opp. less); 더 많은 사람(물건). ¶ He has *more* than enough. 그는 필요 이상의 것을 가졌다 / *More* is expected of him. 그에게는 더 많은 기대가 걸려 있다. **3** 더 중요한 사람(물건). ¶ the *more* and the less 신분이 높은 사람과 낮은 사람 / *More* is meant than meets the ear. 언외(言外)에 더 중요한 뜻이 있다. **4** 〔복수 취급〕 대다수, 더 많은 사람들. ¶ *More* of us are going. 우리들은 대부분 간다.
── adv. (much 의 비교급) **1** 보다 많이(크게), 더욱. ¶ You must attend *more* to details. 당신은 세밀한 점에 더 주의를 하여야 한다 / You ought to walk *more*. 당신은 더 걸어야 한다. **2** (* 보통 두 음절 이상의 형용사·부사의 앞에 붙여 비교급을 만든다) 더, 더욱, 한층. ¶ *more* rapid 더 빠른 / *more* intensely 더욱 강렬하게. **3** 더하여, 게다가, 그 위에. ¶ ever *more* 항상, 영구히 / far *more* 훨씬 더 많이 / one *more* 하나 더 / once *more* 한번 더 / some *more* 좀더 / twelve *more* 앞으로 열 둘(열 두 번). **4** 오히려 (rather). ¶ He was *more* frightened than hurt. 그는 다친 것보다는 놀란 것이 더 컸다 / She is *more* pretty than beautiful. 그녀는 아름

담다기보다는 오히려 귀엽다 / I like the dog *more* than the cat. 나는 고양이보다는 개를 좋아한다.
all the more [그만큼] 더, 더욱 더, 오히려.
and no more 그것뿐이다, …에 지나지 않다.
any more 《부정문·의문문·조건절에 사용하여》 그 (이) 이상. ¶ I don't want to speak with you *any more*. 나는 너와 더 이상 말하고 싶지 않다 / I can't walk *any more*. 이 이상 더 걸을 수 없다.
be no more 이미 없다, 벌써 죽었다.
little more than …와 마찬가지, …에 지나지 않는. ¶ It costs me *little more than* a pound. 그것은 일 파운드 밖에 안 든다.
more and more 점점 더, 더욱더. ¶ The crowd is growing *more and more*. 군중은 더욱더 불어나고 있다.
more by token 《아일》 한층 더, 또 다른 증거로서.
more or less ① 다소, 어느 정도(somewhat). ② 대강, 대체로(about). ¶ an hour's walk, *more or less* 걸어서 대체로 한 시간 정도.
more than 《동사·형용사·부사·명사 따위 앞에 붙여서》 …이상, 대단히. ¶ *more than* five books 여섯 권 이상의 책. * 다섯 권은 포함되지 않는다 / He is *more than* sixty years old. 그는 육십 세는 넘었다 / They have *more than* repaid me. 그들은 돈을 갚는 것 이상으로 해주었다.
more than all 특히, 그 중에서도, 무엇보다도.
more than ever 더욱더, 점점 더.
more than one 《단수 취급》 하나뿐 아니라, 많은. * 뜻은 복수이지만, 단수형의 동사를 취한다. ¶ *More than one* person finds it so. [한 사람 아닌] 많은 사람들이 그렇게 인정한다. * more …than one 처럼 분리된 경우에는 항상 복수형의 동사를 취한다: *More* persons *than one* were found guilty.
much (or still) more 《긍정문 뒤에 사용하여》 더구나, 하물며, cf. *much* (or *still*) *less* (⇨ LESS) ¶ He loves his enemies, *much more* his friends. 그는 적을 사랑하다, 하물며 자기편(친구)은 말할 것도 없다.
neither more nor less than 꼭, 정확히, 바로 (exactly, precisely). ¶ It is *neither more nor less than* absurd. 어리석은 일이라고밖에 할 수 없다.
never more 두번 다시 …안하다; [이미] 죽었다.
no more ① 그 이상 …하지 않다. ¶ I saw her *no more*. 그 후 그녀는 만나지 않았다. ②《부정절(節) 뒤에서》…도 또한 ~이 아니다. ¶ You did not come, *no more* did he. 너도 안 왔지만 그도 안 왔다.
no more than 오직 …에 지나지 않다, …일뿐(only). ¶ He is *no more than* a policeman. 그는 다만 경찰관에 지나지 않는다.
no more …than …이 아닌 것은 ~이 아닌 것과 같다, ~과 같이 …이 아니다. ¶ He can *no more* swim *than* fly. 그는 날 수가 없듯이 헤엄칠 줄도 모른다.
none (or **not**) **the more** 그래도 여전히, 역시.
not…any more than =no more…than.
not more than …보다 많지 않다, 많아야 …(at most).
not more…than 이상은(만큼은) …아니다. ¶ I am *not more* beautiful *than* you. 너만큼 예쁘지는 못하다.
nothing more than …에 지나지 않다. ¶ The matter is *nothing more than* an accident. 그 일은 그저 우연의 일에 지나지 않는다.
or more 그 이상, 또는 그 이상, 적어도…. ¶ three years, *or little more* 3년이나 그 정도, 적어도 3년.
the more…the more …하면 할수록 더. ¶ *The more* you have, *the more* you want. 가지면 가질수록 더욱더 욕심이 나는 법이다. * 보통 첫절이 종속절이며 뒤의 절이 주절. 이 구문 중의 the 는 모두 부사며, 앞의 the 는 관계 부사로 뒤의 the 는 지시 부사.
-more [mɔːr/mɔːr] *suf.* 형용사·부사에 붙어 비교급을 만든다. 예: further*more*, inner*more*.
mo·reen [mərín/mɔː-, -ríːn] *n*. ⓤ 커튼용 소재로

사용하는 질긴 모직물, 또는 면모(綿毛) 교직물].
mo·rel [mərél, +북 mɔr-] *n*. 곰보버섯[식용].
mo·rel·lo [mərélou] *n*. (*pl.* **-los**) 즙이 거무스름하고 매우 신 버찌.
móre or less térms *n*. 【상업】수량 과부족용인 조건[무역 계약상 계약 수량보다 약간의 과부족이 발생하는 것을 허용하는 조건].
*#**more·o·ver** [mɔːróuvər / mɔːr-] *adv.* 게다가 더, 한, 그 위에. ⇨ BESIDES 類語
mo·res [mɔ́ːriːz, -reiz / mɔ́ːriːz] *n. pl.* 【사회】사회적 관습, 습속.
Mo·resque [mərésk] *adj.* [건축·장식 따위가] 무어식의(Moorish). ── *n*. ⓤⓒ 무어식.
Mor·gan [mɔ́ːrgən] *n*. 모건종(種)의 말[마차용·승마용으로서 우수].
mor·ga·nat·ic [mɔ̀ːrgənǽtik] *adj.* 귀천 결혼(貴賤結婚)의. **-i·cal·ly** [-ikəli] *adv.*
mòrganátic márriage *n*. ⓤ 귀천 결혼[왕족과 평민 여성과의 결혼. 그 처자는 남편의 지위·재산을 계승할 수 없다].
Mor·gan le Fay [mɔ́ːrgən lə féi] *n*. [아서왕 이야기] 요정 모건[아서왕의 누이동생으로 요정이며 항상 왕을 해친다].
morgue [mɔːrg] *n*. **1** [신원 불명 시체의] 시체 공시장(公示場). **2** [신문사 등의] 자료실, 조사부. [<F]
mor·i·bund [mɔ́ːribʌ̀nd, már-/mɔ́r-] *adj.* **1** 죽어가는, 빈사(瀕死)의. **2** 소멸해 가는. ¶ a *moribund* political party 소멸해 가는 정당. **~·ly** *adv.*
mo·ri·on [mɔ́ːriən/mɔ́r-] *n*. [16-7세기에 사용된] 면갑(面甲)이 없는 모자 같은 투구.
Mo·ris·co [mərískou] *adj.* 무어식의(Moorish).
── *n*. (*pl.* **-cos** or **-coes**) **1** =Moor. **2** [스페인의] 무어 사람.
Mor·mon [mɔ́ːrmən] *n*. **1** 모르몬 교도. ¶ the Book of *Mormon* 모르몬경(經). **2** 일부다처(一夫多妻)주의자(polygamist). ── *adj.* 모르몬[도]의, ¶ the *Mormon* Church 모르몬 교회[정식 명칭은 the Church of Jesus Christ of Latter-day Saints].
Mor·mon·ism [mɔ́ːrmənìz(ə)m] *n*. ⓤ 모르몬교.
Mórmon Státe *n*. 《미》 미국 Utah 주의 속칭.
*#**morn** [mɔːrn] *n*. (詩) 아침(morning), 새벽(dawn). ¶ from *morn* to (or till) night 아침부터 밤까지.
*#**morn·ing** [mɔ́ːrniŋ] *n*. **1**ⓒ 새벽, 아침 (dawn). **2**ⓒⓤ 아침, 오전. ¶ every *morning* 매일 아침 / the early *morning* 이른 아침/in the *morning* 오전중에/on Tuesday (a summer) *morning* 화요일 (여름) 아침에 (* 특정한 날의 아침에는 보통 전치사 on을 쓴다) / from *morning* till night (or evening) 아침부터 밤까지 / Good *morning*! [인사말] 밤새 안녕하셨습니까!, 안녕하세요! **3** [어떤 일의] 초기, 처음, ¶ the *morning* of life 인생의 아침(초기), 청년 시대. **4** (M-) 여명의 여신 (Eros, Aurora).
── *adj.* 아침의, 아침에 오는(쓰는), ¶ a *morning* paper 조간 신문 / *morning* costume 아침 의상(衣裳) / *morning* coffee 아침 커피 / a *morning* draught 아침 식사 전에 마시는 술.
mórning áfter *n*. (*pl.* **mornings a-**) **1** 숙취(宿醉). **2** 쓸쓸한 뒷맛, 후회. **3** 깨어남, 각성.
mórn·ing-áf·ter píll [mɔ́ːrniŋǽftər-/-áːftə-] *n*. 성교 후에 복용하는 피임약.
mórning cáll *n*. **1** [호텔의] 모닝콜[아침에 전화로 깨워 준다]. **2** 아침 방문[실제로는 오후에 하는 사교적 방문].
mórning cóat *n*. 모닝 코트[남자의 주간(晝間)복].
mórning dréss *n*. **1** 부인용 실내복. **2** ⓤ 남자의 주간 예복.
mórning gíft *n*. 결혼 다음날 아침 남편이 아내에게
morn·ing-glo·ry [mɔ́ːrniŋglɔ̀ːri / -glɔ́-] *n*. (*pl.* **-ries**) 나팔꽃.

mórning perfórmance n. =matinée 1.
Mórning Práyer n. ⓤ〖영국 국교회〗아침 기도.
mórning ròom n. 《英》아침 식사를 하는 방〖미국의 dinette에 가깝다〗.
morn·ings [mɔ́ːrniŋz] adv. 《美구어》〖매일같이〗아침에, 아침이면〖늘〗.
mórning síckness n. ⓤ〖입덧 시기의〗아침 구역.
mórning stár n. (the ~) 〖해 뜨기 전 동쪽에 나타나는〗샛별〖금성〗〖Venus를 가리킨다〗.
morn·ing·tide [mɔ́ːrniŋtàid] n. ⓤ〖고어〗아침, 아침 나절.
mórning wátch n.〖항해〗아침 당번〖오전 4시부터 8시까지〗.
Mo·ro [móːrou/mɔ́ː-] n. (pl. -ros or -ro) 1 필리핀 군도 남부의 모로족 사람. 2 모로어.
Mo·roc·can [mərɑ́kən/-rɔ́k-] adj. Morocco의; 모로코인의. — n. 모로코인.
Mo·roc·co [mərɑ́kou/-rɔ́k-] n. 1 모로코〖아프리카 서북부의 회교 왕국; 수도 Rabat〗. 2 (m-) (=**moróccco léather**) ⓤ 무두질한 염소 가죽.
mo·ron [mɔ́ːrɑn/-rɔn] n. 1〖심리〗〖가벼운〗정신 박약자〖지능 지수가 50-69로 정신 연령 8-12세의 성인〗. 2 《구어》저능자, 바보.
mo·ron·ic [mərɑ́nik/-rɔ́n-] adj.〖심리〗우둔한, 저능의.
mo·ron·ism [mɔ́ːrənìz(ə)m/mɔ́ːrən-] n.=moronity.
mo·ron·i·ty [məráɑniti/-rɔ́n-] n. ⓤ 우둔, 저능.
***mo·rose** [məróus] adj. 시무룩한, 성미가 까다로운, 침울한. ~·ly adv. ~·ness n.
morph [mɔːrf] n.〖언어〗형태.
morph., morphol.《略》morphology, morphological.
morph- ⇨ MORPHO-.
-morph form 의 뜻의 연결형. 예 isomorph.
mor·pheme [mɔ́ːrfiːm] n.〖언어〗형태소(形態素)〖뜻을 가지는 최소의 언어 요소〗.
mor·phem·ic [mɔːrfíːmik] adj.〖언어〗형태소의, 형태소론(論)의.
mor·phem·ics [mɔːrfíːmiks] n. pl.《단수 취급》〖언어〗형태소론.
Mor·pheus [mɔ́ːrfiəs, -fjuːs] n. 1〖그리스 신화〗모르페우스〖꿈의 신. 잠의 신 Hypnos의 아들〗. 2 ⓤ 잠, 수면.
in the arms of Morpheus〖폭〗잠들어서.
mor·phi·a [mɔ́ːrfiə] n.《약》=morphine.
-morphic having a [specified] form or shape 라는 뜻의 연결형. *cf.* -morph 예: anthropo*morphic*.
mor·phine [mɔ́ːrfiːn] n. ⓤ《약》모르핀.
mor·phin·ism [mɔ́ːrfinìz(ə)n] n. ⓤ《병리》1 모르핀 중독. 2 모르핀 상용.
mor·phi·no·ma·ni·a [mɔ̀ːrfino(u)méiniə], (**mor·phi·o·ma·ni·a** [-fio(u)-]) n. ⓤ《병리》모르핀 광(狂).
mor·phi·no·ma·ni·ac [mɔ̀ːrfino(u)méiniæk], (**mor·phi·o·ma·ni·ac** [-fio(u)-]) n.《병리》모르핀 중독 환자.
morpho- form 의 뜻의 복합어를 만든다(* 모음 앞에서는 morph- 가 된다). 예: *morpho*logy.
mor·pho·gen·e·sis [mɔ̀ːrfədʒénisis] n.〖발생〗형태 형성(발생).
mor·pho·log·i·cal [mɔ̀ːrfəlɑ́dʒik(ə)l/-lɔ́dʒ-], (**mor·pho·log·ic** [-dʒik]) adj. 형태(학)상의.
~·ly [-kəli] adv.
mor·phol·o·gist [mɔːrfɑ́lədʒist/-fɔ́l-] n. 형태학자.
mor·phol·o·gy [mɔːrfɑ́lədʒi/-fɔ́l-] n. 1 ⓤ《생물》형태학, 형태, 구조. 2〖언어〗어형(語形)론, 형태론. *cf.* syntax 3〖지리〗지형학.
mor·pho·pho·neme [mɔ̀ːrfo(u)fóuniːm] n.〖언어〗형태 음소(音素).
mor·pho·pho·ne·mic [mɔ̀ːrfoufoufəníːmik] adj.

〖언어〗형태 음소론〖상〗의.
mor·pho·pho·ne·mics [mɔ̀ːrfoufou(u)níːmiks] n. pl.《단수 취급》〖언어〗형태 음소론.
mor·rice, -ris [mɔ́ːris, mɑ́r-/mɔ́r-] vi. (**-riced, -ric·ing; -rised, -ris·ing**) 도주하다; 야영(野營)을 걷어치우다.
mor·ris, -rice [mɔ́ːris, mɑ́r-/mɔ́r-] n. (=**mórris dánce**) 모리스춤〖영국에서 주로 May Day에 행하여지는 가장 무용〗.
Mór·ris cháir [mɔ́ːris-, mɑ́r-/mɔ́r-] n. 모리스식 팔걸이 의자〖W. Morris가 고안한, 뒤로 기대는 각도를 조절할 수 있는 의자〗.
mórris dánce n. 영국에서 비롯된 가장(假裝) 무도의 일종〖주로 May Day에 춘다〗.
Mórris túbe n. 모리스식 총신(銃身)〖사격 연습용으로 보통의 총신에 끼워넣어 사용하는 작은 구경(口徑)의 총신; 1881년 Richard Morris가 발명〗.
***mor·row** [mɔ́ːrou, mɑ́r-/mɔ́r-] n.〖고어·詩〗1 내일, 다음날. 2 아침. *a radiant morrow* 밝은(빛나는) 아침. 3〖사건의〗직후. ¶ *on the morrow of* …의 직후에.
Mors [mɔːrz] n.〖로마 신화〗모르스〖죽음의 의인(擬人)〗. *cf.* Thanatos
morse [mɔːrs] n.〖장식이 붙은〗법의(法衣)의 쇠단추.
Mórse códe(álphabet) 〖~-〗모르스식 전신 부호. (<미국의 전신기 발명자 Samuel Finley Bresse Morse(1791-1872)의 이름〗.
***mor·sel** [mɔ́ːrs(ə)l] n. 1〖음식물의〗한입, 한 조각. ¶ *a morsel of bread* 한 조각의 빵. 2 작은 조각, 소량, 조금(bit). ¶ *a morsel of time* 짧은 시간.
— vt. [**-seled, -sel·ing**;《英》**-selled, -sel·ling**] …을 조금씩 분배하다; …을 세분하다(...*out*).
mort¹ [mɔːrt] n. 1《사냥》잡은 짐승의 죽음을 알리는 나팔 소리. 2〖고어〗죽음(death).
mort² [mɔːrt] n. 세 살난 연어.
‡**mor·tal** [mɔ́ːrtl] adj. 1 죽어야 할, 죽음을 면할 수 없는, 죽을 운명의. *opp.* immortal ¶ *Man is mortal.* 인간은 죽게 마련이다. 2 인간의(human); 이 세상의. ¶ *this mortal life* 인생, 이 세상. ¶ *This is no mortal business.* 이것은 인간이 할 일이 아니다. 3 죽음의, 임종의, 죽음에 따르는. ¶ *mortal agony* 단말마의 고통 / *the mortal hour* 임종 / *the mortal remains* 시체, 송장. 4 영혼을 멸하는, 영원한 죽음에 이르는, 영원히 구원받을 수 없는. *opp.* venial ¶ *a mortal sin* 지옥으로 떨어질 대죄. 5 죽음을 불러일으키는, 치명적인. ⇨ FATAL 類語 ¶ *a mortal illness* 불치의 병 / *a mortal wound* 치명상 / *a mortal weapon* 흉기. 6〖전쟁 따위가〗죽을 때까지 계속되는, 죽음을 건, 목숨을 내놓은. ¶ *a mortal battle* 사투. 7〖적 따위가〗죽이고야 마는, 용서없는 (implacable). ¶ *a mortal enemy* 불구대천의(不俱戴天의) 적. 8 무서운, 지독한. ¶ *be in mortal terror* 몹시 두려워하다. 9《구어》지루한(tedious). ¶ *a sermon lasting two mortal hours* 2시간이나 끄는 장황한 설교. 10《구어》극단적인, 대단한(extreme). ¶ *in a mortal hurry* 몹시 허둥대며, 허둥지둥하여. 11《구어》가능한, 생각해 낼 수 있는. ¶ *It is of no mortal use.* 그 것은 조금도 쓸모가 없다.
— adv.《구어·방언》매우, 무섭게(mortally).
— n. 죽게 마련인 것, 인간;《익살》사람, 놈. ¶ *we, poor mortals* 우리 가련한 인간들 / *a jolly mortal* 재미있는 녀석. ◇ mortáḷity n., mórtally adv.
***mor·tal·i·ty** [mɔːrtǽliti] n. (pl. **-ties**) 1 ⓤ 죽음을 면할 수 없음(없는 운명), 죽게 마련인(인 운명). 2 ⓤ《집합적》죽게 마련인 것, 인간. 3 ⓤ 사망자수, 사망률(death rate). 4〖전쟁·질병 따위에 의한〗대량의 죽음;《폐어》죽음.
mortálity táble 《보험》사망표〖각 연령별로 사망 확률을 나타내는 표〗.
mor·tal·ly [mɔ́ːrtəli] adv. 1 죽을 정도로, 치명적으

로. **2** 지독하게, 대단히(extremely), 무섭게.

*mor·tar¹ [mɔ́ːrtər] n. **1** 절구, 약연(藥碾), 막자 사발. **2** 분쇄기. **3** 박격포; 불꽃 놀이용 구포(臼砲). —— vt. …을 박격포로 공격하다.

mor·tar² [mɔ́ːrtər] n. ⓤ 모르타르, 회반죽. —— vt. …에 모르타르를 바르다; …을 모르타르로 굳히다.
◇ mórtary adj.

mor·tar·board [mɔ́ːrtərbɔ̀ːrd / -bɔ̀ːd] n. **1** 흙받기[모르타르를 이기는 네모난 널빤지]. **2** 〖대학의 의식 따위에서 교수・학생이 쓰는〗 각모.

mor·tar·y [mɔ́ːrtəri] adj. 모르타르[mortarboard 2] 의(같은); 모르타르를 포함하는.

*mort·gage [mɔ́ːrɡidʒ] n. **1** ⓤⓒ 〖법률〗 저당, 저당잡힘. ¶ in (or on) mortgage 저당으로 잡혀 (잡고). **2** 저당권, 저당 증서. **3** 융자받은 돈; 주택 융자. ¶ take out a mortgage 융자받다 / pay off a mortgage 융자금을 갚다. —— vt. (-gaged, -gag·ing) **1** …을 저당하다. ¶ The estate is mortgaged. 그 대지는 저당이 되어 있다. **2** 〖보증으로〗…을 바치다, 〖목숨 따위〗를 내걸고 달려들다. ¶ (~+몽+젼+몽) mortgage one's life to an object 목숨을 내걸고 목적을 수행하다.

mórtgage bònd n. 〖경제〗 저당(담보)부 채권.

mort·ga·gee [mɔ̀ːrɡədʒíː] n. 〖법률〗 저당권자.

mort·ga·gor [mɔ́ːrɡidʒər, mɔ̀ːrɡədʒɔ́ːr / mɔ̀ːɡədʒɔ́ː], (mort·gag·er [mɔ́ːrɡidʒər]) n. 〖법률〗 저당권 설정자.

mor·tice [mɔ́ːrtis] n., vt. (-ticed, -tic·ing) =mortise.

mor·ti·cian [mɔːrtíʃ(ə)n] n. 장의사.

*mor·ti·fi·ca·tion [mɔ̀ːrtifikéiʃ(ə)n] n. **1** ⓤ 굴욕, 수치, 억울, 분함. **2** 수치의 원인, 억울함의 원인. **3** 고된 수행(修行), 고행, 금욕. ¶ Budhists are required to bear mortifications. 불교도는 고행을 견디내야 한다. **4** ⓤ 〖병리〗 회저(壞疽), 회사(壞死). ◇ mórtify v.

*mor·ti·fy [mɔ́ːrtifài] v. (-fied, -fy·ing) vt. …에게 굴욕감을 주다, …을 억울하게 여기게 하다, 실망시키다, 〖마음 따위〗를 상하게 하다. ¶ be mortified by (or at) one's mistake 실수를 해서 분해하다. **2** 〖정욕〗을 극복하다, 억제하다. ¶ mortify the flesh 육욕을 억제하다. **3** 〖병리〗…을 회저에 걸리게 하다, 회사케하다. —— vi. **1** 고행하다, 금욕 생활을 하다. **2** 〖병리〗 회저에 걸리다, 회사하다. ◇ mortification n.

mor·tise [mɔ́ːrtis], (mortice) n. 〖목재의〗 장부 구멍. cf. tenon ¶ a mortise and tenon joint 장부 잇기. —— vt. (-tised, -tis·ing) **1** …을 장부로 잇다. **2** 〖목재〗에 장부 구멍을 뚫다. **3** …을 접합하다.

mórtise lòck n. 박아 넣은 자물쇠.

mort·main [mɔ́ːrtmèin] n. ⓤⓒ 〖법률〗 영구〖토지〗소유(부동산을 남에게 양도할 수 없는 종교 단체 등이 소유하고 있기).

mor·tu·ar·y [mɔ́ːrtʃuèri -tju(ə)ri] n. (pl. -ar·ies) **1** 영안실, 시체 안치소. **2** 〖드물게〗 보시(布施) 〖예전에 영국에서 유족이 교구 목사에게 바친 고인(故人) 재산의 일부〗. —— adj. 죽음의; 매장(埋葬)의. ¶ a mortuaryurn 유골단지 / a mortuary monument 묘비.

MOS (略) 〖전자 공학〗 metal oxide semiconductor (silicon) (금속 산화물 반도체(실리콘)); 〖美軍〗 military occupational specialty (주특기 구분).

mos. (略) months.

*mo·sa·ic [mo(u)zéiik] n. **1** 모자이크〖갖가지 색깔의 돌・유리 따위의 작은 조각으로 짜맞춘 것〗, 쪽매 세공. **2** 모자이크 그림(무늬), 모자이크 작품, 모자이크풍의 물건. **3** 〖항공 측량〗 모자이크 지도〖공중 사진으로 짜맞추어 만든 지도〗. **4** ⓤ 〖식물〗 모자이크병(病) (mosaic disease). adj. **1** 모자이크〖세공〗의; 모자이크풍(식)의. ¶ a mosaic pavement 모자이크 모양의 포장 도로. **2** 긁어모은, 잡동사니의. —— vt. (-icked, -ick·ing) …을 모자이크로 장식하다(조립하다).

Mo·sa·ic [mo(u)zéiik], (Mo·sa·i·cal [-ik(ə)l]) adj. Moses의.

mosáic gòld n. **1** ⓤ 황화(黃化) 제2주석. **2** =ormolu.

mo·sa·i·cist [mo(u)zéiisist] n. 모자이크 기술자.

Mosáic Láw n. (the ~) **1** 모세의 율법. **2** 모세 5서(書) (Pentateuch).

*Mos·cow [máskou, -kau / mɔ́skou] n. **1** 모스크바〖러시아의 수도〗. **2** 러시아 정부.

Mo·selle [mo(u)zél] n. **1** (the ~) 모젤강〖프랑스 동북부 Vosges 산맥에서 발원하여 독일 서부에서 Rhine 강으로 합류〗. **2** ⓤ 모젤강 유역에서 나는 포도주.

*Mo·ses [móuziz, +美 -zis] n. 〖성서〗 모세〖고대 이스라엘의 입법자・지도자〗.

mo·sey [móuzi] vi. (美口語) **1** 도주하다 (decamp). **2** 발을 끌면서 걷다, 어슬렁어슬렁(느릿느릿) 걷다, 슬슬 걷날다 (stroll)(along, about).

*Mos·lem [mázləm, -lem / mɔ́z-] n. (pl. -lems or -lem) 이슬람교도, 회교도. —— adj. 이슬람교(도)의. 〖회교, 마호메트교〗.

Mos·lem·ism [mázləmìz(ə)m / mɔ́z-] n. 이슬람교, 회교.

mosque [mask / mɔsk] n. 회교 사원.

‡mos·qui·to [məskíːtou] n. (pl. -toes or -tos) 모기.

mosquíto bòat n. 〖美〗 고속 어뢰정.

mosquíto flèet n. 〖美〗 소형 함정대 (艦艇隊).

mosquíto nètting n. 모기장 감.

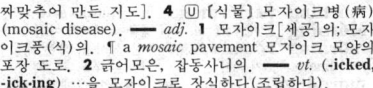
[mosque]

‡moss [mɔːs, mɑs / mɔs] n. **1** ⓤ 이끼. ¶ A rolling stone gathers no moss. 《속담》 구르는 돌에는 이끼도 앉끼다〖잦은 직업 전환은 유해무익〗. **2** —— (스코・北英) 습지, 늪 (swamp); 이탄지 (泥炭地). —— vt. 이끼로 덮다. ◇ móssy adj.

móss àgate n. 〖광산〗 이끼 마노(瑪瑙).

moss·back [mɔ́ːsbæ̀k, mɑ́s- / mɔ́s-], (mossyback) n. **1** 〖구어〗시대에 뒤진 사람; 극도로 보수적인 사람. **2** 시골뜨기 (rustic). **3** 큰놀소. **4** 〖등에 이끼가 돋은〗 늙은 바다 거북.

moss·bunk·er [mɔ́ːsbʌ̀ŋkər, mɑ́s- / mɔ́s-] n. =menhaden.

moss-grown [mɔ́ːsɡròun, mɑ́s- / mɔ́s-] adj. **1** 이끼가 난(낀). **2** 옛날식의, 시대에 뒤진.

móss róse n. 원예용 장미의 변종.

moss·troop·er [mɔ́ːstrùːpər, mɑ́s- / mɔ́s-] n. **1** 〖17세기에 잉글랜드・스코틀랜드 국경의 늪지대를 휩쓴〗 도둑. **2** 〖일반적으로〗 약탈자, 산적.

*moss·y [mɔ́ːsi, mɑ́si / mɔ́si] adj. (moss·i·er, moss·i·est) **1** 이끼가 가득 찬, 이끼투성이의. **2** 이끼 같은. **3** 시대에 뒤진, 케케묵은. moss·i·ness n.

‡most [moust] adj. (many, much의 최상급) **1** (보통 the~) 〖수량・액수・규모・정도 따위가〗 가장 많은, 최대량의, 가장 많은, 최고의. ¶ get the most money 제일 많은 액수의 돈을 얻다 / have the most skill 가장 숙련되다. **2** (보통 무관사로) 대부분(대다수)의, 대개의. ¶ Most fame is fleeting. 대체로 명성이란 덧없는 것이다 / Most people think so. 대부분의 사람들은 그렇게 생각한다. for the most part ⇒ PART. —— n. ⓤ **1** (보통 the~) 최대수; 최대량, 최대 액; 최고 한도. ¶ ask the most for it 최고의 가격을 요구하다 / This is the most [that] I can do. 이것이 내가 할 수 있는 최대한의 것이다. **2** (무관사로) 〖특정의 것의〗 대부분, 태반, 과반수. ¶ most of the loss (profit) 손해 (이

익)의 대부분 / He did *most* of the work. 그는 그 일의 태반을 했다. **3** (무관사로)《복수 취급》대다수의 사람들, 대개의 사람들. ¶ *Most* were his classmates. 대개는 그의 급우들이었다.
at [the] *most* 많아야, 기껏.
make the most of ① …을 최대한으로 활용하다, 가급적 이용하다. ¶ *Make the most of* your opportunities. 기회를 최대한으로 이용하라. ② …을 최대한으로 과장해서 말하다, …을 힘껏 좋게(나쁘게) 말하다. ③ …을 크게 중시(重視)하다.
most of all 그 중에서도, 유달리.
—— *adv.* (much 의 최상급) **1** 가장 많이, 최대한으로. *opp.* least ¶ *most* and least《詩》하나도 남김 없이, 모조리 / What pleased him *most*? 무엇이 가장 그를 기쁘게 했는가? **2**《보통 2음절 이상의 형용사·부사에 선행하여 최상급을 만들어》가장, 제일. ¶ *most* wonderful 가장 훌륭한 / *most* carefully 가장 조심스럽게. **3** 매우, 대단히(very). ¶ a *most* beautiful morning 매우 아름다운 아침.
—— **Usage** most, a most, the most —— 어느것이나 형용사에 선행하여 쓰이나, a most 는 a very 와 같은 뜻: That is *a most* beautiful lake. 저것은 매우 아름다운 호수다. the most 는 최상급을 나타내며, the most beautiful lake 는 「가장 아름다운 호수」의 뜻. *most* beautiful lakes 는 「대부분의 아름다운 호수」, 또는 *a most* beautiful lake 의 복수, 이 경우 뜻의 차이는 액센트의 위치로 구별되며, 「대부분」의 뜻일 경우는 *mόst* beautiful lakes, 「매우」의 뜻일 경우는 *most* béautiful lakes 로 발음한다.
4《구어·방언》(almost 의 단축형으로) 거의(nearly). ¶ appeal to *most* everybody 거의 모든 사람에게 호소하다. **5**《존칭의 일부로》¶ *Most* gracious King (Queen) 자애로우신 폐하(여왕 폐하).
◇ *móstly adv.*

-most *suf.* most 의 뜻. 형용사·부사·전치사 따위에 붙어 최상급의 형용사를 만든다. 예: fore*most*, inner*most*.

móst-fá·vored-ná·tion cláuse [móustféivərdnéi](ə)n-] *n.* 〔국제법상의〕최혜국 조항.

Móst Hígh *n.* (the ~) 〔지극히 높으신〕하나님, 신.

Móst Hónorable《英》**Hónourable**) *n.* 각하〔후작 및 Bath 훈등 (動等)을 가진 사람에 대한 존칭; 略 Most Hon.〕.

‡**most·ly** [móustli] *adv.* 대부분은, 대개는, 대다수는; 통상적으로는, 주로. ◇ *most adj.*

mot [mou] *n.* **1** 명언, 경구, 재담. **2**〔고어〕뿔피리·나팔 따위의 소리. 〔< F utterance〕 「(省)」.

M.O.T.(略) *M*inistry of *T*ransport (〔영국〕운수성

mote [mout] *n.* **1** 공중의 먼지, 티끌. **2** 작은 결점. ¶ a *mote* in another's eye 남의 눈속에 있는 티 (남의 작은 결점)〔←마태 복음(Matt.) 7:3〕.

mo·tel [mo(u)tél] *n.*《美》모텔〔자동차 여행자용의 간이 호텔〕. 〔< M〔OTOR〕+〔H〕OTEL〕

mo·tet [mo(u)tét] *n.*〔음악〕모테트〔성경의 문구 따위에 곡을 붙인 반주 없는 성악곡〕.

‡**moth** [mɔːθ, mαθ / mɔθ] *n.* (*pl.* **moths** [mɔːðz, mɔːθs, mαðz, mαθs / mɔːðz, mɔθs]) **1** 나방. **2** =clothes moth.

moth·ball [mɔːθbɔːl, mάθ- / mɔθ-] *n.* 좀약〔나프탈린 따위〕.
in mothballs 예비의, 퇴역 (은퇴)하여.
—— *vt.* 〔좀약과 함께〕간수하다, 〔함선 (艦船)을〕보존하다, 예비역으로 돌리다. —— *adj.* 간수해 둔, 치워둔, 쓰이지 않는.

móthbàll fléet *n.*《美》예비 함대.

moth-eat·en [mɔːθiːtn, mάθ- / mɔθ-] *adj.* **1**〔옷따지가〕좀 먹은. **2** 낡은; 진부한 뒤진, 케케묵은.

‡**moth·er**[1] [máðər] *n.* **1 a)** 어머니. ¶ a *mother* of seven children 일곱 아이의 어머니. **b)** 〔자기의〕 어머니 (* 가족 안에서는 흔히 관사 없이 대문자로 한다). **c)**《구어》장모, 시어머니; 계모(stepmother); 양모. **2** 여자 수도원장, 수녀원장(mother superior);《美》나이 지긋한 부인에 대한 부르는 말로) 할머니, 아주머니. ¶ *Mother* Finch 휜치 아주머니. **3** 어머니처럼 받드는 부인; 어머니처럼 애정과 권위가 있는 부인. ¶ The actress was a *mother* to orphans. 그 여배우는 고아들의 어머니였다. **4**《詩》모성; 모성애. **5** 낳는(기르는) 것; 원천이 되는 것, 근원, 본원(source);〔병아리의〕보육기(保育器), 사육기(飼育器). ¶ an artificial *mother* 사육기 / *Necessity* is *the mother of* invention. 《속담》필요는 발명의 어머니. **6**《卑語》=motherfucker.

every mother's son《속어》누구든지, 모두.
meet one's mother《속어》세상에 태어나다(be born).
the Mother of God 성모 마리아.
—— *adj.* 어머니의〔같은, 다운〕, 어머니로서의; 어머니 같은 관계에 있는; 모국의. ¶ *mother* Nature 어머니인 대자연 / *mother* love 모성애.
—— *vt.* **1** …의 어머니가 되다, …을 낳다(give birth to); …의 원천이 되다(produce). **2** …의 어머니임을 인정하다; 〔소설 따위의〕작자가 바로 자기라고 말하다. **3** 〔어머니로서〕…을 돌보다, 보호하다.
◇ *mótherly, mótherlike, matérnal adj.*

moth·er[2] [máðər] *n.* 〔초의 끝마지기, 초모(醋母).

Móther Cáreys chícken [-ké(ː)riz- / -kéər-] *n.*〔주로 태평양산(產)의〕바다제비과(科)의 작은 새 (stormy petrel).

Móther Cárey's góose *n.* 〔태평양산(產)의〕바다제비과(科)의 큰 새 (giant petrel).

mother church *n.* **1**〔여러 다른 교회가 거기서 갈려 나온〕모교회(母敎會) **2** 주교좌(主敎座) 대성당 (cathedral). **3** 〔어머니처럼 존경하는〕교회.

móther cóuntry *n.* **1** 모국(native land), 조국. **2** 〔식민지에서 본〕본국. 「기르는 법.

móther·craft [máðərkræft / -krɑːft] *n.* Ⓤ 아이

móther éarth *n.* 어머니인 대지.

moth·er·fuck·er [máðərfʌkər] *n.*《卑語》망할 자식, 비열한 놈, 쌍놈.

moth·er·fuck·ing [máðərfʌkiŋ] *adj.*《卑語》야비한, 비열한(despicable).

Móther Góose *n.* 머더 구스 [*Mother Goose's Melody* 라고 하는 영국 민간 동요집(1760)의 전설적 작자(作者)].

moth·er·hood [máðərhùd] *n.* Ⓤ **1** 어머니임, 모성. **2**〔집합적〕어머니. **3** 어머니로서의 의무(도리), 모성애.

Móther Húb·bard [-hʌ́bərd] *n.* **1**〔부인용의〕옷자락이 길고 느슨한 가운. **2** 옛 자장가의 여주인공.

moth·er·ing [máðəriŋ] *n.* Ⓤ《英》귀성(歸省)하기, 근친(親親) 나들이.

Móthering Súnday *n.*《英》귀성(근친) 나들이를 하는 일요일〔사순절(四旬節) (Lent)의 제4 일요일〕 (Mid-Lent Sunday).

***moth·er-in-law** [máðəriŋlɔː] *n.* (*pl.* **moth·ers-**) 장모, 시어머니.

moth·er·land [máðərlænd] *n.* 모국, 조국; 발상지.

moth·er·less [máðərlis] *adj.* 어머니가 없는.

moth·er·like [máðərlàik] *adj.* 어머니 같은, 어머니다운.

moth·er·li·ness [máðərlinis] *n.* Ⓤ 어머니다움, 자애로운 어머니임.

móther lòde *n.*〔광산〕주(主)광맥.

***moth·er·ly** [máðərli] *adj.* **1** 어머니의, 어머니로서의; 어머니다운. ¶ *motherly* affection 어머니다운 애정. **2** 정다운, 자애로운(kindly). —— *adv.* 어머니처럼〔같이〕, 어머니답게. ◇ *mótherliness n.*

moth·er-of-pearl [máð(ə)rə(v)pə́ːrl] *n.* Ⓤ 진주층 (眞珠層); 〔자개의 재료가 되는 진주 빛깔을 띤〕파란 조

mother's boy n. 나약한 사내 아이, 어리광쟁이.
Mother's Day n.《美》어머니날[5월의 제2일요일]. cf. Father's Day
mother ship n.《주로 英》모함(母艦).
mother superior n. (pl. m- superiors or mothers s-) 여자 수도원장.
moth·er-to-be [mʌ́ðərtəbíː] n. (pl. mothers-) 임부.
mother tongue n. 1 모국어. 2 [언어] 조어(祖語) [거기서부터 다른 언어가 파생한다] (parent language).
mother wit n. ⓤ 타고난 지혜(기지·재치).
moth·er·wort [mʌ́ðərwə̀ːrt] n. 익모초류의 식물; 산쑥. [유하는.
moth·er·y [mʌ́ðəri] adj. 초모(醋母) 섞의, 초모를 함
moth-proof [mɔ́ːprùːf, mɑ́θ-/mɔ́θ-] adj. 좀이 먹지 (슬지) 않는. — vt. …을 방충(防蟲) 가공하다.
moth·y [mɔ́ːθi, mɑ́θi/mɔ́θi] adj. (moth·i·er, moth·i·est) 1 좀(나방) 투성이의, 나방이 많은. 2 벌레먹은, 좀먹은.
__mo·tif__ [mo(u)tíːf] n. 1 [문학·미술·음악의] 주제, 중심 사상, 모티프. 2 [벽지 따위의] 되풀이해서 쓰이는 무늬. [< F motive]
mo·tile [móut(i)l/-tail] adj. [생물] 자력으로 움직일 수 있는, 자동성의. — n. [심리] 운동형의 사람. cf. audiles, visualizer
mo·til·i·ty [mo(u)tíləti] n. ⓤ [생물] 운동성, 자동성.
‡**mo·tion** [móuʃ(ə)n] n. 1 ⓤ 운동, 이동, 운행(運行). ¶ the motion of a top (planets) 팽이의 운동(행성의 운행) / in motion 움직여서, 움직이고 있는, 운전중인.
[類語] motion 주로「운동, 이동」의 상태를 추상 관념으로 나타내는 말: the laws of motion 운동의 법칙. movement 방향·속도·목적 따위를 지니는 특정한 구체적인 운동(이동). 이 뜻으로 motion을 쓰는 일도 있다: the movement (or motion) of heavenly bodies 천체의 운행 / the movements of a baby's head 갓난아기의 머리의 움직임.
2 몸의 움직임, 동작, 거동; 발걸음; [의미심장한] 몸짓, 신호(gesture). ¶ graceful motions 우아한 몸 움직임 / a motion of the hand 손놀림, 손짓 // She made motions (or a motion) to him to be quiet. 그녀는 그에게 조용히 하라고 몸짓했다. 3 제안, 제의(suggestion, proposal); [의회 따위의] 동의(動議), 발의. ¶ an urgent motion 긴급 동의 / on the motion of …의 동의에 따라 / second the motion 동의에 찬성하다 / The motion was adopted. 동의는 가결됐다. 4 [법률] [재판소·판사에 대한] 명령(재정) 신청. 5 의견; 의향, 의도(inclination). ¶ of one's own motion 자기의 발의로, 자진해서. 6 [음악] 선율의 진행. 7 ⓤ [기계] a) 기구(機構), 기계 장치(mechanism). b) [기계의] 운전. ¶ put (or set) a machine in motion 기계를 시동케 하다. 8 변통(便通)(보통 ~s) 배설물. ¶ have a motion 대(소)변을 보다.
— vt. (남)에게 몸짓으로 지시하다 (신호하다) ¶ (~+图+to do) motion a person to go ahead 남에게 전진하라고 알리다(신호하다) // (~+图+前+图) He motioned me to a seat. 그는 나에게 의자에 앉으라는 몸짓을 했다 / (~+图+副) He motioned me out. 그는 나에게 나가라고 몸짓으로 신호했다.
— vi. 몸짓으로 신호하다(gesture). ¶ (~+前+图+to do) motion to (or for) a person to take a seat 남에게 자리에 앉으라는 몸짓을 하다.
◇ move v., mótional adj.
mo·tion·al [móuʃ(ə)nl] adj. 운동의, 운동으로 생기는; 운동으로 생기는.
‡**mo·tion·less** [móuʃ(ə)nlis] adj. 움직이지 않는, 정지하고 있는. ~·ly adv. ~·ness n.
__mótion pícture__ n.《美》영화(moving picture).
__mo·tion-pic·ture__ [móuʃ(ə)npìktʃər] adj. 영화의; 영

화 특유의. ¶ a motion-picture camera 영화 촬영기.
mótion síckness n. ⓤ [병리] 멀미, [동요로 인한] 구역질.
__mo·ti·vate__ [móutivèit] vt. (-vat·ed, -vat·ing) …에게 …하기를 동기를 부여하다, …을 자극하다, 유발하다.
__mo·ti·va·tion__ [mòutivéiʃ(ə)n] n. ⓤⓒ 동기 부여; 자극, 유발.
mòti·vá·tion·al reséarch [mòutivéiʃ(ə)nl-] n. ⓤ [구매(購買)] 동기 조사.
‡**mo·tive** [móutiv] n. 1 [행동의] 동기, 동인, 유인. ⇨ REASON [類語] ¶ the motive of a crime 범죄의 동기 / of (or from) one's own motives 자기의 의지로, 자진해서. 2 [행위의] 진의, 목적. 3 [예술 작품의] 주제, 주지(主旨), 모티프(motif). — adj. 1 원동력이 되는, 2 운동의, 운동에 관한. 3 [행동의] 동기가 되는.
— vt. (-tived, -tiv·ing) 1 …을 동기이다; …의 동기가 되다, …에게 동기를 부여하다(motivate). …을 자극하다. 2 [예술 작품 따위로] …을 주제에 관련시키다.
◇ mótivate v., motívity n.
-motive motive라는 뜻의 연결형. 예: automotive.
mótive pówer n. ⓤ 1 [일반적으로] 물건을 움직이는 힘, 원동력. 2 [기계의] 동력, 원동력. 3 [집합적] [철도] 기관차.
mo·tiv·i·ty [mo(u)tívəti] n. ⓤ 원동력; 동력.
mot juste [móu ʒúst] n. (pl. mots justes [móu ʒúst]) 《프랑스》(=right word) 옳은(적절한) 말.
mot·ley [mátli/mɔ́t-] adj. 1 잡다한 요소로 된, 긁어 모은, 잡동사니의. = MISCELLANEOUS [類語] ¶ a motley collection 이것저것의 긁어 모음. 2 여러 가지 빛깔의 얼룩덜룩한, 얼룩덜룩한 옷을 입은. ¶ a motley fool 얼룩덜룩한 옷을 입은 어릿광대 / a motley coat 얼룩덜룩한 코트. — n. 1 잡다한 색깔의 배합 [광대가 입는 얼룩덜룩한 옷]. ¶ wear the motley 어릿광대가 되다(노릇을 하다). 2 잡다한 것의 모임, 잡동사니(medley).
mo·to·cross [móutəkrɔ̀ːs/-krɔ̀s] n. 모터크로스[오토바이 단교(斷郊) 경주]. [< MOTO[RCYCLE] + CROSS[-COUNTRY]]
‡**mo·tor** [móutər] n. 1 원동기, 내연 기관, 엔진. 2 자동차, 모터보트, 오토바이. 3 원동력을 부여하는 것(사람); 원동력; 작동 요인. 4 [전기] 전동기, 모터. 5 (~s) [증권] 자동차 증권. 6 [해부] 운동 근육(신경). — adj. 1 동력을 일으키는(전달하는); 발동(전동)기의. 2 자동차(용)의. ¶ a motor trip (highway) 자동차 여행(도로). 3 [생리] 근육에 운동을 전달하는; [심리] 운동성의. ¶ motor nerves (muscles) 운동신경(근육). — vi. 자동차로 가다(에 올라타다). — vt. 《주로 英》…을 자동차로 운반하다(옮기다). ¶ motor a friend home 친구를 차로 집에까지 태워 보내다.
◇ motórial, mótory adj., mótorize v.
mo·tor·bi·cy·cle [móutərbàisikl] n. 1 = motorcycle. 2 모터가 달린 자전거, 모터바이크.
mo·tor·bike [móutərbàik] n.《구어》 1 원동기 달린 자전거. 2 모터바이크, 소형 오토바이.
mo·tor·boat [móutərbòut] n. 모터보트.
mo·tor·bus [móutərbʌ̀s] n. 합승 자동차, 버스.
mo·tor·cab [móutərkæ̀b] n. 택시. [드].
mo·tor·cade [móutərkèid] n. 자동차 행렬(퍼레이
‡**mo·tor·car** [móutərkɑ̀ːr] n. 1 자동차. 2 전동차.
mótor cóach n. = motorbus.
mótor cóurt n.《美》모텔(motel).
__mo·tor·cy·cle__ [móutərsàikl] n. 오토바이. — vi. (-cled, -cling) 오토바이를 타다.
mo·tor·cy·clist [móutərsàiklist] n. 오토바이를 늘 타고 다니는 사람.
mo·tor·dom [móutərdəm] n. 자동차 업계. [이는.
mo·tor·driv·en [móutərdrív(ə)n] adj. 모터로 움직
mo·tor·drome [móutərdròum] n. [원형의] 자동차(오토바이) 경주장, 자동차(오토바이) 시승장(試乘場).
mo·tored [móutərd] adj. 모터로 단

mótor gènerator n. 전동 발전기.
mótor hóme n. [자동차 여행용의] 이동 주택 버스.
mótor hòtel n. 《美》모텔(motel).
mo·to·ri·al [mo(u)tɔ́:riəl / -tɔ́:-] adj. 운동의; 운동 신경의.
mo·tor·ing [móutəriŋ] n. ⓤ자동차 운전(술), 드라이브.
mótor ìnn n. 도시의 고층 모텔(motor hotel).
***mo·tor·ist** [móutərist] n. 자동차 운전 (여행)가.
mo·tor·i·za·tion [mòutərizéi(ə)n / -raiz-] n. ⓤ 자동차화(化), 전화(電化), 동력화.
mo·tor·ize [móutəràiz] (* 《英》에서는 **mo·tor·ise**로도 쓴다) vt. (-ized, -iz·ing) 1 [차 따위에] 모터를 장치하다(달다). 2 [말·마차 대신에] (자동차)를 채택하다.
mótor lódge n. 《美》모텔(motel).
mótor lòrry n. 《英》화물 자동차, 트럭(motor truck).
mo·tor·man [móutərmən] n. (pl. -men [-mən]) 1 [노면(路面)] 전차·지하철 따위의 운전사, 2 모터 담당원.
mótor pàrk n. 《西아프리카》 =car park. [당원.
mótor pòol n. 《美》모터풀 [군대·관청 따위의 배차용 자동차 집합소].
mótor scóoter n. 스쿠터.
mótor shíp n. [디젤 엔진을 갖춘] 발동기선.
mótor skíll n. 〖심리〗 운동 기능, 운동 숙달.
mótor spírit n. ⓤ《주로 英》자동차용 휘발유, [특히] 가솔린.
mótor torpédo bòat n. 〖고속〗 어뢰정(魚雷艇).
mótor trùck n. 《美》화물 자동차, 트럭.
mótor vàn n. 《英》=motor truck.
mótor vèhicle n. 《집합적》자동차.
mo·tor·way [móutərwèi] n. 《英》고속 자동차 도로.
mo·to·ry [móutəri] adj. =motorial.
Mo·town [móutaun] adj. 《美》모타운의, 요란한 박자(울림)를 가진 리듬 앤드 블루스(rhythm and blues)의.
motte, mott [mat / mɔt] n. 《美방언》[초원 지대 가운데의] 작은 숲.
M.O.T. (M.ò.T.) tèst [émòutí:-] n. 《英구어》 차량 검사 [3년 이상 경과한 자동차에 대해 운수성에서 실시한다] (《美》car safety check); 차량 검사증.
〔< Ministry of Transport test〕
mot·tle [mátl / mɔ́tl] vt. (-tled, -tling) …을 얼럭덜럭하게 하다, 잡색으로 만들다. — n. 얼럭, 얼럭 무늬, 반점. [점 모양의.
mot·tled [mátld / mɔ́tld] adj. 얼럭덜럭한, 잡색의, 반
‡**mot·to** [mátou / mɔ́t-] n. (pl. -toes or -tos) 1 좌우명, 표어, 모토, 2 격언, 금언. 3 [책머리 따위에 쓰는] 제사(題詞), 인용구. 4 〖방패·문장(紋章)〗에 주의(主義) 따위를 붙인] 제명(題銘). 4 〖음악〗주제구(主題句).
mouch [mu:tʃ] vi., vt. 《英》=mooch.
moue [mu:] n. (pl. **moues** [-]) 《프랑스》 [=pouting grimace〕 뾰로통한 (시무룩한, 젱그린) 얼굴.
mouf·lon, mouf·flon [múːflɑn / -lɔn] n. (pl. **-lons** or **-lon**) [사르디니아 섬·코르시카 섬에서 사는] 야생의 양; ⓤ 그 털.
mou·jik [mu:ʒíːk, -́-/ múː(d)ʒik] n. =muzhik.
mou·lage [mu:lá:ʒ] n. [범죄 증거로서의 발자국·타이어 자국 등의] 석고 본뜨기, 그 석고본, 물라즈.
〔< F molding〕
‡**mould**¹ [mould] n., vt. 《英》=mold¹.
mould² [mould] n., vt., vi. 《英》=mold².
mould³ [mould] n., vt. 《英》=mold³.
mou·lin [mu:lǽn] n. 빙하의 세로로 뚫린 구멍. 2 물레방아, 풍차.
moult [moult] n., v. 《英》=molt.
moul·vi [máulvi:] n. =maulvi.
‡**mound**¹ [maund] n. 1 [무덤·폐허 따위의] 흙둔덕, 고분, 흙 shell mounds 조개무지. 2 [방어를 위한] 둑, [하천의] 제방. 3 작은 산처럼 쌓아올려진 것. ¶ a *mound* of hay 한더미의 건초. 4 〖야구〗 마운드. — vt. 1 …에 둑(제방)을 쌓다. 2 …을 쌓아 올리다, 더미를 만들다.

mound² [maund] n. 보주(寶珠) [왕관 꼭대기에 붙이는, 지구 표상하는 황금의 구슬].
Móund Búilders n. pl. 유사(有史) 이전에 미국 중서부에서 동남부에 걸쳐 살면서, 토분(土墳)(Indian mounds) 따위를 쌓아올린 인디언.
mounds·man [máundzmən] n. (pl. -men [-mən])
‡**mount**¹ [maunt] vt. 1 〔산·단상 따위에〕오르다, 〔계단 따위를〕올라가다; 〔왕위 등〕에 오르다, ⇒ CLIMB 〖類語〗 ¶ *mount* a hill 언덕에 오르다 / *mount* stairs 계단을 올라가다 / *mount* the throne 왕위에 오르다, 즉위하다 / *mount* a platform 등단하다.
2 〔말 따위〕에 타다; 말에 태우다. ¶ *mount* a horse 말에 올라타다, 걸터앉다.
3 …을 〔높은 곳에〕두다, 올려놓다(...on). ¶ (~+圖+圖+名) *mount* a statue *on* a pedestal 상(像)을 대좌에 올려놓다.
4 〔탈것으로서〕 〔남〕에게 말을 공급하다. ¶ He is well *mounted*. 그는 좋은 말을 배당받았다.
5 …을 〔적당한 장소에〕 설치하다, 갖추어 놓다(...on); 〔총 따위〕를 설치하다; (요새·배 따위)에 〔병포를〕 갖추다, 설치하다, 탑재하다(... with, on). ¶ The battleship *mounts* eight guns. 그 전함은 8문의 포를 탑재하고 있다 / (~+圖+圖+名) The battleship is *mounted* with eight guns. = Eight guns are *mounted on* the battleship. 전함은 8문의 포를 탑재하고 있다.
6 〔사진 따위〕를 대지(臺紙)에 붙이다, 〔종이나 천 따위로〕 배접(背接)해서 튼튼히 하다; 〔보석 따위〕를 대(臺)에 끼워넣다, 박아넣다; …을 〔현미경의〕슬라이드 글라스 위에 올려놓다(...on). ¶ *mount* pictures 사진을 대지에 붙이다; 그림을 액자에 끼우다 / *mount* a map 지도를 배접하다.
7 〔경비·파수〕를 서다; 〔보초·파수병〕을 배치하다, 세우다. ¶ *mount* guard 보초를 두다 // (~+圖+圖+名) *mount* guard *over* …의 경비를 서다.
8 〔연극의 의상·배경 따위〕를 준비하다; 〔연극〕을 상연
9 〔동물〕을 박제로 만들다, 〔식물〕을 표본으로 만들다.
— vi. 1 오르다, 올라가다, 날아오르다; 〔핏기가 얼굴에〕오르다; 〔위상〕이 올라가다; 〔수량·정도가〕높아지다, 늘다. ¶ (~+圖+圖+名) *mount to* a hill 언덕에 오르다 / He *mounted* to the chief of a police station. 그는 경찰서장의 지위까지 올랐다 / Larks *mount* up to heaven. 종달새는 하늘 높이 날아오른다 / (~+圖) Prices are *mounting* up steadily. 물가는 꾸준히 올라가기만 한다. 2 〔말 따위에〕올라타다(*on...*). ¶ (~+圖+圖+名) *mount on* a horse
— n. 1 오르기, 올리기; 오르는(올리는) 법. 2 〔구어〕 승마하는 법; [승용(乘用)의] 동물(말·낙타 따위). 〔드물게〕 자전거. 3 〔그림·사진 따위의〕 대지(臺紙), 부석대; 〔현미경의〕 슬라이드 글라스; 포가(砲架) (carriage); 〔부채의〕 살.
mount² [maunt] n. 1 《주로 詩》산(mountain); 언덕 (hill); (보통 Mt.로 쓰고 고유 명사 앞에 붙여서)…산. ¶ *Mt.* Everest 에베레스트산. 2 〖手相〗궁(宮) 〔손바닥 살의 융기(隆起)의 하나〕.
mount·a·ble [máuntəbl] adj. 오를(올라갈) 수 있는.
‡**moun·tain** [máuntin] n. 1 산, 산악; (~s) 산맥, 연산(連山). ¶ a volcanic *mountain* 화산
〖類語〗 **mountain** 주변보다 두드러지게 높고 험악하게 우뚝 솟은 것. **hill** 주변과 비교하여 그리 높거나 험악하지도 않은 작은 산. 《英》에서는 2천 피트 이상을 mountain으로 보나, 《美》에서는 1천 피트 이상이라는 견해도 있어 단순한 높이만 가지고 잘라 말할 수는 없으며 그 지방 사람들이 부르는 대로 따를 수밖에 없다
2 〔비유적〕산 같은 것, 산더미 같은 것, 거대한 것; 막대한 양(huge amount). ¶ a *mountain* of flesh 몸집이 크고 뚱뚱한 사람 / a *mountain* of debts 산더미 같은

빛.
3 (the M-) [프랑스 역사] 산악당(山岳黨) [프랑스 혁명 당시의 과격파. 회의장의 제일 높은 자리에 있었던 데서]. *cf.* plain
make a mountain [out] of a molehill ⇒ MOLEHILL.
remove mountains [산이라도 움직일 것 같은] 기적을 행하다.
the mountain in labor 애만 쓰고 보람이 없는 일. ¶ *It's the mountain in labor.* 애만 쓰고 보람이 없다는 것은 바로 그런 일이다. 태산명동(泰山鳴動)에 서일필(鼠一匹).
— *adj.* 산의; 산에 사는, 산에 나는; 산[더미] 같은, 거대한. ◇ móuntainous, móuntainy *adj.*

móuntain àsh *n.* 마가목 [능금나무과(科)].

móuntain bíke *n.* 산악 자전거.
◇ mountain biking *n.*

móuntain càt *n.* **1** =cougar. **2** =bobcat.

móuntain cháin *n.* 산맥, 연산.

móuntain déer *n.* 영양(羚羊). [것].

móuntain déw *n.* ⓤ 〔구어〕 위스키 [특히 밀조한

*__moun·tain·eer__ [màunt(i)níə*r*] *n.* **1** 산이 많은 지방의 사람. **2** 등산가. — *vi.* 등산하다.

***moun·tain·eer·ing** [màunt(i)ní(:)riŋ / -níə*r*-] *n.* ⓤ 등산; [산의 일종.

móuntain góat *n.* [북미 Rocky 산맥 속의] 야생 염

móuntain gún *n.* 산포(山砲).

moun·tain-high [máuntinhái] *adj.* 산더미 같은.

móuntain láurel *n.* 칼미아, 미국 만병초 [미국 동부 산(産)의 철쭉과(科) 상록 관목].

móuntain líon *n.* =cougar.

‡**moun·tain·ous** [máunt(i)nəs] *adj.* **1** 산이 많은, 산지(山地)의. ¶ *a mountainous district* 산악 지방. **2** 산[더미] 같은, 거대한(huge). ◇ móuntain *n.*

móuntain óyster *n.* 〔美〕 요리로 만든 양, 또는 소

móuntain ráilway *n.* 등산 철도, [의 불알.

móuntain ránge *n.* 산맥, 연산, 산악 지방.

móuntain ríce *n.* ⓤ 밭벼.

móuntain shéep *n.* [북미 Rocky 산맥 속의] 야생 양의 일종(bighorn). [일반적으로] 야생의 양.

móuntain síckness *n.* ⓤ [병리] 고산병, 산악병.

moun·tain·side [máunt(i)nsàid] *n.* 산허리.

móuntain [stándard] tíme *n.* [종종 M-[S-] T-] ⓤ 〔美〕 산지 표준시(時).

móuntain sýstem *n.* 산계(山系).

moun·tain·top [máunt(i)ntàp / -tɔ̀p] *n.* 산꼭대기.

moun·tain·y [máunt(i)ni] *adj.* 산이 많은; 산의; 산에 사는.

moun·te·bank [máuntibæ̀ŋk] *n.* **1** [큰 길거리의] 엉터리 약장수, 돌팔이 의사. **2** 야바위꾼, 사기꾼.

moun·te·bank·er·y [máuntibæ̀ŋkəri] *n.* ⓤ 사기 행위, 야바위.

***mount·ed** [máuntid] *adj.* **1** 말[탈 것]에 올라 탄, 기마의. ¶ *mounted police* 기마 경관. **2** [군대] [수송 따위에] 기동력이 있는; [총포 따위가] 설치된; [보석 따위를] 박아(끼워) 넣은. **3** 기마 경관.

Moun·tie [máunti], (**Mount·y**) *n.* 〔구어〕 [캐나다의]

mount·ing [máuntiŋ] *n.* **1** 설치, 장비. **2** ⓤ 오르기 (올라가기); 타기, 말타기(승마). **3** [군대] 포가(砲架); (~s) 마구(馬具), 말 장식물; 대지(臺紙), 표장(表裝), 문석의 대(臺), 세공, 붙이기, 박제(剝製).

Mòunt Vér·non [-vɔ́:rnən] *n.* 미국 Virginia 주 동북부 Potomac 강가에 있는 George Washington 의 거주지 및 매장지.

‡**mourn** [mɔ:rn / mɔ:n] *vi.* **1** 한탄하다, 슬퍼하다 (*for, over...*). (~+圀+图) *mourn for* (or *over*) *one's misfortune* 불행을 한탄하다. **2** [남의] 죽음을 슬퍼하다, 죽은 사람을 애도(哀悼)하다(grieve), 거상(居喪) 하다 (*for, over ...*). ¶ (~+圀+图) *mourn for the dead* 죽은 사람을 애도하다 / *mourn over the death of one's lover* 사랑하는 이의 죽음을 슬퍼하다. — *vt.* **1** ⋯을 한탄하다, 슬퍼하다. **2** ⋯의 죽음을 애도하다, 복상(服喪) [거상] 하다. **3** ⋯을 비통하게 말하다.
◇ móurnful *adj.*

***mourn·er** [mɔ́:rnə*r* / mɔ́:nə] *n.* **1** 슬퍼하는 사람, 애도자. **2** 장례식에 모인 사람; [장례식에 고용된] 대곡(代哭)꾼. **3** 〔美〕 회개자. [bench].

móurners' bénch *n.* 〔美〕 회개자의 자리 (anxious

‡**mourn·ful** [mɔ́:rnfəl / mɔ́:n-] *adj.* **1** 슬픔에 잠긴, 한탄하는(sorrowful). **2** 애도의, 애석하게 하는. **3** 슬프게 하는, 가엾은. ¶ *mournful* news 슬픈 소식. **4** [성격 따위] 음침한; 음울한(somber). ¶ a *mournful* person 음침한 사람, 음둔, ~**ly** [-fəli] *adv.* ~**ness** *n.*
◇ móurn *v.*

‡**mourn·ing** [mɔ́:rniŋ / mɔ́:n-] *n.* ⓤ **1** 슬픔, 한탄; 죽은 사람에 대한 애도, 애석. **2** ⋯(을)(喪), 몽상(蒙喪); 상복, 상장(章). ¶ *go into* (or *put on, take to*) *mourning* 몽상하다; 상복을 입다 / *go out of mourning* 탈상(脫喪)하다. — *adj.* 애도의, 상중의.
in mourning ① 몽상중, 상중에; 상복을 입고 있어. ② 〔속어·익살〕 [눈언저리가] 얻어맞아 거무스름해져. ③ 〔속어·익살〕 [손톱에] 때가 끼어 더러워져서.
~**ly** *adv.*

móurning bánd *n.* 상장(喪章). [영구차.

móurning cóach *n.* [검은 색깔만의] 장의용 마차.

móurning dóve *n.* [구슬픈 소리로 우는] 야생비둘기의 일종 [북미·중미산(産)의 새].

móurning páper *n.* 검은 테를 두른 편지지.

móurning ríng *n.* [죽은 사람을 추억하는] 기념 반지.

móurning stúff *n.* ⓤ 상복감.

‡**mouse** *n.* [maus → *v.*] (*pl.* **mice** [mais]) **1** 새앙쥐, 생앙취속의 작은 쥐. *cf.* rat ¶ *a house* (a field) *mouse* 집(들)쥐 / *When the cat is away the mice will play.* 〔속담〕 범 없는 골에는 토끼가 스승이다. **2** 내성적인 사람, 겁쟁이. **3** 〔속어〕 〔예쁜이(아가씨), 귀여운 애(여자 아이)에 대한 애칭]. **4** 〔속어〕 맞아서 생긴 눈언저리의 검은 멍(black eye). **5** [위 아래로 여닫는 창의] 추돌, 분동(分銅). **6** [컴퓨터] 마우스.
[*as*] *drunk as a* [*drowned*] *mouse* 몹시 취해서.
[*as*] *poor as a church mouse* 몹시 가난한.
like a drowned mouse 비참한 모습(꼴)으로.
mouse and man 온갖 생물.
play like a cat with a mouse ⇒ CAT.
— *v.* [mauz] (**moused, mous·ing**) *vt.* **1** [고양이가 쥐를 잡듯이] ⋯을 몰아내다 (*hunt out*), 놀리다, 괴롭히다. **2** [항해] [갈고리(hook) 끝]을 가는 밧줄로 잡아매다. — *vi.* **1** 쥐를 잡다. **2** 무엇인가를 찾아 배회하다 (*about*). ◇ móus[e]y *adj.*

MOUSE [maus] *n.* 〔美〕 소형 지구 궤도 무인 인공 위성. (< *M*inimum *O*rbital *U*nmanned *S*atellite of *E*arth)

móuse cólor (〔英〕 **cólour**) *n.* ⓤ 쥐색, 잿빛.

mouse-ear [máusìər] *n.* **1** 조팝나무속(屬)의 식물. **2** 물망초류.

móuse potáto *n.* 〔美속어〕 컴퓨터 중독자(광).

mous·er [máuzər] *n.* **1** 쥐를 잡는 동물 [고양이·개 따위]. ¶ *a good mouser* 쥐를 잘 잡는 동물. **2** 찾아 헤매는 (섭렵하는) 사람.

mouse-trap [máustræ̀p] *n.* 쥐덫.

mous·sa·ka [mùːsɑːkɑ́ː / musáːkə] *n.* ⓤ 〔그리스·터키 요리〕 무사카 [저민 양고기나 쇠고기, 썬 가지를 번갈아 얹고 치즈·소스를 쳐서 구운 요리].

mousse [muːs] *n.* ⓤ ⓒ **1** 무스 [거품을 낸 크림·계란의 흰자위·젤라틴 따위에 감미료·향료를 넣어 얼린 크림 과자]. **2** 무스 [두발용 화장품].
(< F *moss, froth*)

mousse·line [muːslíːn, +英 −-] *n.* ⓤⓒ **1** 거품을 낸 크림이 섞인 네덜란드식 소스. **2** [거품을 낸 크림 따위를 넣어] 부드럽고 부풋하게 만든 요리. **3** =muslin.

mousse·line de laine [muːslíːn də léin] *n.* 《프랑스》(=muslin of wool) 모슬린, 메린스〔얇고 부드러운 모직물〕.

mousse·line de soie [muːslíːn də swáː] *n.* 《프랑스》(=muslin of silk) 몌주 모슬린.

*****mous·tache** [mʌ́stæʃ, məstǽʃ / məstάːʃ, mus-] *n.*〔로 英〕=mustache.

Mous·te·ri·an, -tie- [muːstí(ː)riən / -tʃər-] *adj.* 〔考古〕 구석기 시대의 무스테리안기(期)의.

mous·y, -ey [máusi, +美 -zi] *adj.* (**mous·i·er, mous·i·est**) **1** 쥐의(같은); 쥐냄새가 나는. **2** 쥐색의, 거무튀튀한, 회색의. **3** 쥐 죽은 듯이 고요한(stealthy). **4** 쥐가 많은, 쥐가 설치는.

‡mouth *n.* [mauθ → *v.*] (*pl.* **mouths**[mauðz]) (＊ 소유격은 **mouth's** [mauθs]) **1** 입, 구강(口腔); 〔말하는 맛또는 기관으로서의〕 입. ¶ keep one's *mouth* shut 입을 다물고 있다 / The dog seized a bone with the *mouth*. 개는 뼈다귀를 입에 물었다 / Out of the *mouth* comes evil. 《속담》 재앙은 입으로부터 생긴다. **2** 부양 가족, 〔먹여 살리야 할〕 사람, 동물. ¶ a useless *mouth* 밥벌레, 식객이 / I have five *mouths* to feed. 부양해야 할 식구가 5명이다. **3** 입, 표현, 발언; 사람의 입, 소문. ¶ in an English *mouth* 영어식 말투로 / in everyone's *mouth* 소문이 자자하여. **4** 〔입을 삐쭉거리는〕 찡그린 얼굴. ¶ make a [wry] *mouth* at a person 남을 향해서 얼굴을 찌푸리다[입을 삐쭉거리다]. **5** 〔구멍·용기 따위의〕 아가리, 출입구, 강어귀, 〔용기 따위의〕 입구; 총구(銃口), 〔관악기의〕 입을 대는 부분, 파이프 오르간 옆면의〕 구멍. ¶ the *mouth* of a jar (a cave) 항아리 (동굴)의 아가리(출입구) / the *mouth* of a volcano 분화구 / the *mouth* of the Seine 센강의 강어귀. **6** 거만한 말투; 지나친 허풍. ¶ The politician is all *mouth*. 그 정치가는 말뿐이다. **7** 〔재갈을 물린〕 말의 입. ¶ a horse with a good *mouth* 말을 잘 듣는(온순한) 말.
by word of mouth 말로, 구두로.
down in (or **at**) **the mouth** 〔구어〕 낙심하여, 풀이 죽어서.
from hand to mouth ⇨ HAND.
from mouth to mouth 입에서 입으로, 이 사람에게서 저 사람에게로. ¶ the story spread *from mouth to mouth* 입에서 입으로 퍼진 이야기.
give mouth ① 〔사냥개가〕 짖어대다. ② 말하기 시작하다.
give mouth to …을 입밖에 내다, 이야기하다.
have a big mouth 〔속어〕 큰소리로 말하다; 줄곧 지껄여대다; 비밀을 누설하다.
have a foul mouth 말버릇이 나쁘다, 입이 더럽다.
laugh on the wrong side of *one's* **mouth** ⇨ LAUGH.
make a *person's* **mouth water** 〔맛있는 음식이〕 남에게 군침을 흘리게 하다; 남을 부러워하게 하다.
open *one's* **mouth** [**too**] **wide** 엄청난 값을 부르다, 지나치게 요구하다.
put [**the**] **words into** *a person's* **mouth** ① 남이[말도 안한 것을] 말하였다고 하다. ② 말해야 할 것을 남에게 가르쳐주다[말하게 하다].
shoot off *one's* **mouth** 시끄럽게 떠벌리다.
stop *a person's* **mouth** 남의 말을 막다; 남에게 입을 봉하게 하다.
take the words out of *a person's* **mouth** 남이 말하려는 것을 먼저 말하다, 남의 말을 가로채다.
watch *one's* **mouth** 입(말) 조심하다.
with one mouth 이구동성으로, 입을 모아서.
with open (or **full**) **mouth** 큰 소리로.
— *v.* [mauð] *vt.* **1** …을 연설조로 말하다, 젠체하며 말하다, **2** 입놀림만으로 소리는 내지 않고 말하다. **3** 〔음식 따위를〕 입에 넣다, 우물우물 씹다(mumble), 입에 물다. **4** 〔말을〕 재갈을 고삐에 길들이다; 에…에 입을 대고 꽉 누르다, …을 입으로 핥다(lick).
— *vi.* **1** 연설조로 말하다, 젠체하며 큰 소리로 말하다. **2** 입속에서 우물거리다. **3** 입을 삐쭉거리고 얼굴을 찡그리다(grimace). **4** 〔강이〕 바다로 흘러들다(*in, into* …).
mouth it 〔闘鷄〕 주둥이로 싸우다.
mouth off 떠벌리다, 큰소리 치다.
◇ **móuthy** *adj.*, **móuthful** *n.*

mouth·breed·er [máuθbrìːdər] *n.* 알이나 새끼를 입속에 넣고 키우는 열대어.

mouthed [mauðd, +美 mauθt] *adj.* 입이 있는;《복합어를 만들어》 입이 …인; 말투가 …인. ¶ a wide-*mouthed* jar 아가리가 넓은 병 / a foul-*mouthed* man 말버릇이 고약한 사람, 독설가.

mouth·er [máuðər] *n.* 젠체하며 말하는 사람, 허풍선.

mouth·fill·ing [máuθfìliŋ] *adj.* 허풍떠는, 과장된.

*****mouth·ful** [máuθfùl] *n.* **1** 한 입 가득, 한 입의 분량. ¶ at a *mouthful* 한 입으로 / make a *mouthful* of …을 한 입으로 마시다. **2** 조금, 소량, 소량. **3** 〔구어〕 발음하기 어려운 말(, 구). **4** 〔속어〕 적절한 말, 지당한 말. ¶ You said a *mouthful*! 정말 그럴듯한 말을 하였읍니다[pipe.

móuth òrgan *n.* **1** 하모니카(harmonica), **2** =pan

mouth·part [máuθpàːrt] *n.* (보통 ~s) 절지(節肢) 동물의 구기(口器).

*****mouth·piece** [máuθpìːs] *n.* **1** 〔관·용기 따위의〕 주둥이, 꼭지뫽, 〔수도관 수도 꼭지, **2** 〔악기 따위의〕 입을 대는 부분, 〔전화의〕 송화구. **3** 〔재갈의〕 입에 무는 부분. **4** 대변자; 대변 기관[신문·잡지 따위]. **5** 《속어》 형사 사건 변호사. **6** 〔권투〕 권투 선수가 입에 넣는 마우스피스.

móuth to féed *n.* 부양 가족. ¶ He has many *mouth to feed*. 그는 부양 가족이 많다.

mouth-to-mouth [máuθtəmáuθ] *adj.* 〔인공 호흡〕 입에다 입을 대고 하는. ¶ a *mouth-to-mouth* method 입에다 입을 대고 하는 인공 호흡.

mouth·wash [máuθwɔ̀ʃ, -wɒ̀ʃ / -wɔ̀ʃ] *n.* 양치질 약.

mouth·wa·ter·ing [máuθwɔ̀ːt(ə)riŋ, +美 -wɒ̀t-] *adj.* 군침이 도는, 맛있어 보이는.

mouth·y [máuði, +美 -θi] *adj.* (**mouth·i·er, mouth·i·est**) 수다스러운, 말이 많은; 호언장담하는, 과장된. **mouth·i·ly** *adv.* **mouth·i·ness** *n.*

mou·ton [múːtɑn / -tɔn] *n.* ⓤ 〔해리(海狸)나 바다표범의 모피 비슷하게 편〕 양의 모피.

mov·a·bil·i·ty [mùːvəbíliti] *n.* ⓤ 움직일 수가 있음, 움직이기 쉬움, 가동성.

*****mov·a·ble** [múːvəbl] *adj.* **1** 움직일 수 있는, 이동할 수 있는. **2** 〔법률〕 동산(動産)의(personal). *cf.* real[1] ¶ *movable* property 동산. **3** 〔축제일 따위가〕 해에 따라 날이 바뀌는. — *n.* **1** 움직일 수 있는 물건, 〔보통 ~s〕 가구, 가재; (~s) 동산. **~ness** *n.* **·bly** *adv.*
◇ movabílity *n.*

‡move [muːv] *v.* (**moved, mov·ing**) *vi.* **1** 움직이다, 위치를 바꾸다; 이동하다; 흔들리다. ¶ The child *moved* uneasily in his sleep. 아이는 잠을 자면서 괴로운 듯이 몸을 움직였 다 / It was calm and not a leaf *moved*. 바람도 없고 나뭇잎 하나 흔들리지 않았다 // (~+圖) *move aside* 옆으로 비키다 / (~+圖+图) The earth *moves* round the sun. 지구는 태양 주위를 돈다. **2** 이사하다, 전지(轉地)하다. ¶ (~+圖) *move in* (*out*) 이사해 오다(가다) // (~+圖+图) *move into* the country 시골로 이사하다. **3** 〔차·배 따위가〕 나아가다, 전진하다(proceed, march). ¶ (~+圖+图) The ship *moved before* the wind. 배가 순풍을 타고 전진했다. **4** 〔사건·연극 따위가〕 진전되다, 발전하다(progress). **5** 〔기계 따위가〕 움직이다, 돌아가다(turn). ¶ The machine began to *move*. 기계가 움직이기 시작했다. **6** 〔상업〕 〔상품이〕 팔리다, 처분되다. ¶ The new-type TV is *moving* well. 신형 텔레비전은 잘 팔리고 있다. **7** 〔구어〕 출발하다, 나아가다, 떠나다(*away, off, on* …). **8** 배설이 되다, 변이 통하다(evacuate).

moveable

9 [특정 사회에] 출입하다, 활약하다. ¶ (~+쩐+匐) *move in* good society 상류 사회에 출입하다. **10** 행동을 하다(개시하다), 수단을 강구하다, 활동하다. ¶ (~+쩐+匐) *move against* an enemy 적대 행위를 하다 // *move* in a matter 사건에 대하여 손을 쓰다. **11** [정식으로] 요구하다, 제안(신청)하다(*for* ...). ¶ (~+쩐+匐) The defence *moved for* a new trial. 피고측은 재심을 요구했다. **12** 〔서양 장기〕 말을 움직이다. ¶ It's your turn to *move*. 너의 차례야.
— *vt.* **1** …을 움직이다, 이동시키다, …의 위치를 바꾸다; …을 흔들어 움직이다. ¶ The wind *moved* the leaves. 바람이 나뭇잎을 흔들었다 // (~+目+떢) *move* a desk *away* 책상을 치우다.
2 …을 돌리다, 운전하다. ¶ The water *moves* the mill wheel. 물이 물방아를 돌린다.
3 〔남〕을 움직이어 …하게 하다, 〔남〕에게 …할 마음이 내키게 하다. ¶ (~+目+*to do*) feel *moved to* …하고 싶은 마음이 나다 / Praise *moved* him to work harder. 그는 칭찬을 받고 더욱 열심히 일할 생각이 들었다 / What *moved* you to do this? 어째서 이런 일을 할 마음이 생겼습니까?
4 〔남〕을 감동(흥분)시키다; 〔남〕의 마음을 움직이다(*to*). ¶ *move* a person's blood 남을 격분케 하다 // (~+目+쩐+匐) *move* a person to tears (laughter, anger) 남을 울리다(웃기다, 화나게 하다) / be *moved with* pity 불쌍(가련)한 마음이 들다.
5 〔창자〕의 배설이 되게 하다. ¶ *move* the bowels 변을 통하게 하다.
6 〔법정·집회 등에서〕〔동의(動議)〕를 제안(발의)하다, 제출하다, 발의하다; 〔국왕·법정 등에〕…을 청원하다, 상신하다. ¶ *move* a resolution at a committee 위원회에 결의안을 제출하다 / (~+*that* 匐) I *move that* we adjourn. 휴회를 제안합니다(※ 이 경우 *that* 안에는 보통 가정법 현재형을 쓴다.)
7 〔상업〕〔상품〕을 팔다, 처분하다.
8 〔서양장기〕〔말〕을 움직이다.
move about ① 돌아다니다. ② 여기저기 주소를 옮기다, 자주 이사하다.
move back ① 틀어박히다; 틀어박히게 하다. ②《美속어》돈이 들게 하다(cost).
move down (*up*) …을 끌어내리다(끌어올리다).
move heaven and earth to do ⇨ HEAVEN.
move house ⇨ HOUSE.
move in on《美구어》① …에 작용하다, 공작하다. ② …을 습격하다. ③ …을 질책하다. ④ …에 간섭하다.
move off ① 떠나다. ②《속어》죽다. ③ 날개 돋친 듯 팔리다.
move on 계속 전진하다. ¶ *Move on!* 가시오! 서 있지 마시오! 〔교통 순경의 지시〕
move up to《美구어》…으로 승진하다.
— *n.* **1** 움직이기, 움직임, 동작, 운동(movement). **2** 이주(移住), 이전, 이사. **3** 수단, 조치. ¶ a clever *move* 현명한 조치. **4** 〔서양장기〕 말을 움직이는 수, 둘 차례; (the ~) 〔유리한〕 마지막 수, 장군. **5** It's your *move*. 네가 둘 차례다.
be on the move《구어》① 항상 돌아다니다; 행동하다, 이동하다. ② 여행하고 있다. ③ 〔사물이〕 진행중이다.
be up to every move on the board; *be up to* [*know*] *a move or two* 기민(민첩)하다, 빈틈이 없다.
get a move on《구어》① 움직이기 시작하다, 행동을 일으키다. ② 걸음을 재촉하다, 서두르다. ③ 잘 진척되다.
make a move ① 떠나다, 물러가다. ② 행동을 취하다, 수단을 강구하다. ③ 이사하다. ④ 〔서양장기〕말을 쓰다(움직이다), 두다.
◇ *móvement*, *mótion n.*
move·a·ble [múːvəbl] *adj.*, *n.* =movable. ~·*ness n.*

move-in [múːvìn] *n.* 이입(移入), 전입.
‡**move·ment** [múːvmənt] *n.* **1** ⓤ 움직임, 운동, 이동. ⇨ MOTION 類語 ¶ the *movement* of the eyes 눈의 움직임 / the *movement* of heavenly bodies 천체의 운동. **2** 태도, 몸짓, 동작. ¶ a *movement* of impatience 초조한 몸짓. **3** (보통 ~s) 행동, 활동, 동정. ¶ Nothing is known of his *movements*. 그의 소식은 통 모른다. **4** 〔군대〕 이동, 기동, 행동, 동정. **5** ⓤ 〔이야기·연극 따위의〕 사건의 진전; 파란; 〔미술〕〔그림·조각 따위의〕 동적(動的)인 효과. **6** 변동, 동향, 경향. ¶ the *movement* of the age 시대의 동향 / in the *movement* 시대의 추세에 뒤지지 않고 // the *movement* toward …으로의 경향. **7** 〔사회적·정치적인〕 운동. ¶ the religious (the temperance) *movement* 종교(금주) 운동. **8** ⓤ 〔가격의〕 변동, 가격 동향; 〔시황의〕 활기, 활황(活況). ¶ an upward *movement* 상향(上向) 추세. **9** 변동(便通), 배설; 배설물. **10** 기계 장치, 움직이는 부품. **11** 〔음악〕 a) 〔교향곡·소나타 따위의〕 악장. b) 박자, 속도. **12** 〔韻律〕 율동. ◇ MOVE *v.*
móvement láwyer *n.* 좌익 또는 반체제파의 활동에 동정, 이의 변호를 담당하는 변호사.
mov·er [múːvər] *n.* **1** 움직이게 하는 사람(것). **2** 이전자(移轉者);《美》〔특히 19 세기의〕 서부로 가는 이주자(migrant). **3** 이사짐 운송업자. **4** 원동력, 발동기, 모터. **5** 발기인; 동의(動議) 제출자, 발의자. ¶ the first (*or* the prime) *mover* 주동자, 주모자; 발동기, 원동력.
‡**mov·ie** [múːvi] *n.*《美구어》**1** 영화(motion picture). **2** (종종 the ~) 영화관. **3** a) (보통 the ~s)《집합적》영화. b) (~s) 영화 산업, 영화 흥행, 영화의 상영. ¶ go to the *movies* 영화를 보러 가다.
(< MOV(ING PICTURE) + -IE)
móvie cámera *n.*《美》 영화 카메라(cinecamera).
mov·ie·dom [múːvidəm] *n.* ⓤⓒ 영화계(filmdom).
mov·ie·fiend [múːviːfìːnd] *n.*《美구어》영화광(狂).
mov·ie·go·er [múːvìgòuər] *n.*《구어》영화 구경을 자주 가는 사람, 영화 팬.
mov·ie·go·ing [múːvìgòuiŋ] *n.*, *adj.* 영화 구경(을 자주 가는); The *moviegoing* public 영화를 좋아하는 대중.
móvie hóuse *n.*《속어》영화관.
mov·ie·land [múːvilænd] *n.* [Hollywood 등지] 영화제작지, 영화계, 영화 산업.
mov·ie·mak·er [múːviːmèikər] *n.* 영화 제작자.
mov·ie·tone [múːvitòun] *n.*《美구어》발성 영화.
‡**mov·ing** [múːviŋ] *adj.* **1** 움직이는, 이동하는. **2** 움직이게 하는. **3** 〔행동을 하도록〕 몰아대는, 선동하는, 동기가 되는(impelling). **4** 감정적인, 감동시키는, 애처로운. ¶ a *moving* story 감동적인 이야기.
類語 **moving** 강한 감정을 불러일으키는 a *moving scene* 감동적인 장면. **touching** 완고한 마음도 녹일 듯한 다정함과 동정을 불러일으키는: a *touching* story 가슴이 뭉클해지는 이야기. **affecting** 감동·비애 따위로 눈물을 자아내는: an *affecting* story of mother's love 가슴 아픈 모성애의 이야기. **impressive** 강렬하게 마음에 남는: an *impressive* sight 인상에 남는 광경. **poignant** 가슴을 에는 듯한(애끓는) 인상을 주는: a *poignant* scene 아주 통절한(애끓는) 장면. ~·*ly adv.*
móving pícture *n.* 영화(motion picture).
móving sídewalk *n.* 움직이는 보도.
móving stáircase *n.* 에스컬레이터(escalator).
***mow**[1] [mou] *v.* (**mowed**, **mowed** *or* **mown**, **mow·ing**)
vt. **1** 〔낫(풀베기 기계)으로〕 〔풀·곡물·잔디 따위〕를 베다. **2** 〔풀·잔디 따위〕를 베다(깎다), …을 깎아 다듬다. ¶ *mow* a lawn 잔디를 깎다. **3** …을 파괴하다(destroy); …을 베어 쓰러뜨리다, 〔사람〕을 〔칼 따위로〕 닥치는 대로 쓰러뜨리다. ¶ (~+目+떢) *mow down* an enemy 적병을 닥치는대로 쓰러뜨리다. — *vi.* **1** 〔풀·곡물·잔디 따위〕를 베다, 베어 들이다. **2** 살육을

mow² [mau / mou] *n.* 건초나 거둬들인 곡식다발의 더미; 건초나 곡식다발을 두는 곳.

mow³ [mau, +美 mou] 《고어》 *n.* 찡그런 얼굴. * 현재는 보통 다음의 숙어로 쓴다.
mops and mows =MOP².
― *vi.* 얼굴을 찡그리다. * 현재는 보통 다음의 숙어
mop and mow =MOP². ㄴ로 쓴다.

mowe [mau, +美 mou] *n., v.* (**mowed, mow·ing**) 《고어》=MOW³.

***mow·er** [móuər] *n.* 풀베는 기계(mowing machine).

mow·ing [móuiŋ] *n.* ⓊⒸ **1** 풀베기. **2** [일정 기간 내에 벤] 풀의 양. **3** 《美》목초지, 풀밭.

mówing machìne *n.* =MOWER.

mown [moun] *v.* mow¹의 과거 분사.

mox·a [máksə / mɔ́k-] *n.* Ⓤ 뜸쑥.

mox·i·bus·tion [màksibʌ́stʃ(ə)n/mɔ̀k-] *n.* 쑥뜸[질].

moy·a [mɔ́iə] *n.* Ⓤ 《지질》화산니(火山泥).

Mo·zam·bique [mòuzəmbíːk] *n.* 모잠비크 인민 공화국[1975년 독립. 아프리카 동남부의 구(舊)포르투갈령 식민지; 수도 Maputo; 1990년 모잠비크 공화국으로 개

mp. (略) 《음악》 *m*ezzo *p*iano (조금 약하게). ㄴ칭].

m.p. (略) *m*elting *p*oint.

***M.P.** (略) 《英》 *M*ember of *P*arliament (하원 의원); *M*etropolitan *P*olice (수도 경찰청); *M*ilitary *P*olice (헌병[대]); *M*ounted *P*olice (기마 경찰); *M*unicipal *P*olice (시 경찰국) ; *M*edium *P*laying [*r*ecord] (MP 레코드).

MPA (略) *m*aritime *p*atrol *a*ircraft (해양 초계기); *m*an-*p*owered *a*ircraft (인력 항공기); 《美》 *M*agazine *P*ublishers *A*ssociation (잡지 발행인 협회).

MPAA (略) *M*otion *P*icture *A*ssociation of *A*merica (미국 영화 협회).

MPC (略) *m*ilitary *p*ayment *c*ertificate (군표(軍票)).

MPD (略) *m*aximum *p*ermissible *d*ose (방사선의) 최대 허용선량).

MPEA (略) 《美》 *M*otion *P*icture *E*xport *A*ssociation ([미국의 Major 계 회사에 의한] 영화 수출 협회).

mpg (略) *m*iles *p*er *g*allon.

mph, m.p.h. (略) *m*iles *p*er *h*our (마일 시(時)).

M.Ph. (略) *M*aster of *Ph*ilosophy (철학 석사).

MPR (略) 《광고》 *m*arketing *p*ublic *r*elations (마케팅 PR). ㄴ「다목적 지원 팀].

MPST (略) 《우주공학》 *m*ulti*p*urpose *s*upport *t*eam

MPU (略) *m*icro*p*rocessor *u*nit.

MPVC (略) *m*ulti-*p*urpose *v*ehicle (다목적차).

MQ devèloper *n.* 《사진》 메톨 히드로퀴논 현상약 (*m*etol and hydroquinone *d*eveloper).

MQF (略) *m*obile *q*uarantine *f*acility (NASA의 이동식 격리 시설; 우주로부터 귀환한 비행사를 운반하기 위한 버스형의 격리실).

‡**Mr., Mr** [místər] *n.* (*pl.* **Messrs.; Messrs** [mésərz]) (*《英》에서는 보통 종지부를 생략한다) **1** …씨, …선생, …님, …군, …귀하 [*m*iste*r*의 약자. 남자의 이름 또는 관직명 앞에 붙이는 경칭). ¶ *Mr.* Long 롱씨 / *Mr.* and Mrs. Denton 덴튼씨 내외분 / *Mr.* Chairman (President) 의장(대통령) 〔귀하〕. **2** 미스터… [지명·직업 명·스포츠명 등에 붙여서 대표적 남성을 나타낸다]. ¶ *Mr.* Baseball 미스터 베이스볼.

MR (略) *m*otivational *r*esearch.

M/R (略) *m*ate's *r*eceipt.

MRA (略) *M*oral *R*e-*A*rmament. ㄴ탄도탄].

MRBM (略) *m*edium *r*ange *b*allistic *m*issile (중거리

M.R.C.A. (略) *m*ultirole *c*ombat *a*ircraft (다목적 전술기). ㄴ상법].

MRI (略) *m*agnetic *r*esonance *i*maging (자기 공명 영

mRNA (略) *m*essenger RNA.

Mr. Ríght *n.* **1** (구어) (여성이 결혼하고 싶다고 생각하는) 이상적인 남성. **2** (속어·종종) 혹탁의 거물.

‡**Mrs., Mrs** [mísiz] *n.* (*pl.* **Mmes.; Mmes** [meidá:m]) (*《英》에서는 보통 종지부를 생략한다) **1** …[씨] 부인, 님, 씨, …여사 [*m*iste*r*s의 약자. 기혼 부인의 성·성명 앞에 붙이는 경칭. 정식으로는 남편의 성명 앞]. ¶ *Mrs.* Jones 존즈 부인 / *Mrs.* Henry Smith 헨리 스미스씨 부인. **2** 미시즈 … [지명·직업명·스포츠명 따위에 붙여 대표적 여성을 나타낸다]. ¶ *Mrs.* Homemaker 미시즈 홈 메이커.

MRV (略) *m*oon *r*oving *v*ehicle (월면차(月面車)).

Mr. X *n.* X씨[정체 불명의 인사].

MS (略) *m*otor *s*hip; *m*ultiple *s*clerosis.

ms. (略) (*pl.* **mss.**) *m*anuscript.

Ms. [miz] *n.* Miss 와 Mrs.를 합친 여성의 경칭 [여권의 평등을 지향하는 여성 해방 운동의 주장에 따라 생긴 말].

MS. (略) (*pl.* **MSS.**) *m*anuscript. ㄴ[개월 지불].

M/S (略) 《상업》 *m*onths *a*fter *s*ight (일람…[一覽] 후…

M.S. (略) *M*aster of *S*cience (이학(理學) 석사); *M*aster of *S*urgery (외과학 석사); *m*ail *s*teamer (우편선).

MSA, M.S.A. (略) *M*utual *S*ecurity *A*gency (상호 안전 보장 본부); *M*aster of *S*cience in *A*griculture (농학 석사).

MSAC (略) *m*ost *s*eriously *a*ffected *c*ountries (최빈국(最貧國)[UN이 특별보조 계획을 추진 중인 인도, 방글라데시, 미얀마 등 45개국]).

MSBLS (略) 《우주》 *m*icrowave *s*canning *b*eam *l*anding *s*ystem (마이크로웨이브 주사 착륙 시스템).

MSC (略) *M*anned *S*pacecraft *C*enter (유인 우주 센

M.Sc. (略) *M*aster of *Sc*ience (이학 석사). ㄴ터].

M.S.C. (略) *m*oved, *s*econded, and *c*arried (동의되고, 지지되고, 가결된).

MS-DOS (略) *M*icrosoft *d*isk *o*perating *s*ystem [개인용 컴퓨터의 OS].

MSG (略) *m*ono*s*odium *g*lutamate.

msg. (略) *m*essa*g*e.

Msgr. (略) *M*on*s*i*g*no*r*.

M.Sgt, (**M**/**Sgt**) (略) *M*aster *S*er*g*ean*t*. ㄴ로].

MSI (略) *m*edium-*s*cale *i*ntegration (중규모 집적 회

***M'sieur** [məsjə́ːr / F məsjǿ] *n.* 《프랑스》 *m*on*s*i*eur*의 단축형.

M-16 [émsìkstíːn] *n.* 〔군대〕신형 소총.

MSK (略) *m*eter-*s*econd-*k*ilogram (미터·초·킬로그램

m.s.l (略) *m*ean *s*ea *l*evel (평균 해면). ㄴ단위계].

MSR (略) *m*issile *s*ite *r*adar (미사일 기지 레이다).

MSS (略) 〔컴퓨터〕 *m*ass *s*torage *s*ystem (대용량(大容量) 기억 시스템).

mss., Mss. (略) *m*anu*s*cript*s*.

MST (略) *m*ountain *s*tandard *t*ime.

M.S.W. (略) *M*aster of *S*ocial *W*elfare; *M*aster of (*or* in) *S*ocial *W*ork.

MSY (略) 《수산》 *m*aximum *s*ustainable *y*ield ([수산 자원 보호를 위한] 최대 지속 생산량).

Mt., mt. (略) *M*oun*t*; *m*oun*t*ain.

M.T. (略) *m*etric *t*on; *m*ountain *t*ime.

MTB (略) *m*otor *t*orpedo *b*oat.

M'ter (略) *M*anches*ter*.

mth. (略) *m*on*th*.

MTN (略) *M*ultilateral *T*rade *N*egotiation (GATT의 다각적 무역교섭 [Tokyo Round 라고도 불린다]).

mtn. (略) *m*ou*nt*ain. ㄴ무역 기구].

MTO (略) *M*ultilateral *T*rade *O*rganization (다국간

MTOGW (略) 《항공》 *m*aximum *t*ake-*o*ff *g*ross *w*eight (최대 이륙 총 중량).

MTR (略) *m*ulti-*t*rack *r*ecorder (다중 녹음기).

Mt. Rev. (略) *M*ost *R*everend (대주교).

Mts., mts. (略) *m*oun*t*ain*s*.

MTV (略) *M*usic *T*ele*v*ision [미국의 음악 전문 유선 TV 방송]. ¶ *MTV* generation 《美》 신세대. 「[M, μ].

mu [mju: / mju:] *n.* 그리스어 알파벳의 열 둘째 자

‡**much** [mʌtʃ] *adj.* (**more, most**) **1** (양이) 많은, 다량(대량)의, 다액의 (* 구어의 긍정 평서문(平敍文)에서는

보통 a lot of, a great quantity of 따위를 많이 쓴다. *cf.* many, *opp.* little ¶ *much* rain (snow) 많은 비(눈) / *Much* time was wasted. 많은 시간이 허비되었다 / There is *much* truth in what you say. 네 말에는 많은 진리가 있다 / *Much* good may it do you!《반어적》크게 도움이 되기를 바랍니다(도움이 될 리가 만무하지) / *Much* coin, *much* care.《속담》재물이 많으면 근심이 많다 / *Much* cry and little wool.《속담》헛소동; 태산명동서일필(泰山鳴動鼠一匹) **2**《부정으로 써서》솜씨가 좋은, 능숙한, 굉장히, 대단히 (very good) (on ...). ¶ He is *not much* on math. 그는 수학을 별로 잘하지 못한다.
— *n.* ⓤ **1** 다량, 다액, 많음. ¶ learn *much* from experience 경험에서 많은 것을 배우다 / He has seen *much* of bitter life. 그는 고생한 사람이다 / I didn't eat *much* for breakfast. 조반을 얼마 먹지 않았다 / *Much* you know about the matter!《반어적》너는 그 일에 대해서는 아는 게 없어! / *Much* will (or would) have *more.*《속담》욕심에는 한이 없다. **2** 중요한 것(일); 위대한 것(일); 대단한 것(일). ¶ His picture is not *much* to look at. 그의 그림은 보기에 그리 대단치가 않다 / The total did not amount to *much.* 총액은 그리 많은 액수가 아니었다.
by much 대단히, 훨씬.
come (or *amount, lead*) *to much* 대단한 일(것)이 되다. ¶ Does this *come to much?* 이것이 대단한 일이라고 하는 것입니까?
make much of ① …을 중히 여기다, 중시하다. ¶ They *made much of* the visitor. 그들은 그 손님을 정중히 대접했다. ② …을 극구 칭찬하다, 귀여워하다. ③ …을 잘 이해하다. ¶ I couldn't *make much of* what he said. 그가 말한 것을 잘 이해할 수가 없었다.
not much of 대단한 것이 아닌. ¶ He is *not much of* a scholar. 그는 대단한 학자는 아니다.
so much for ① …은(에 대하여는) 그만큼[하여 두다]. ¶ *So much for* this story. 이 이야기는 이쯤 해두자. ②《경멸적》…은(이란) 그런 것이다; …하면 그런 일을 당한다. ¶ *So much for* his learning. 그의 학식은 그저 그 정도야.
that much 그만큼, 거기까지, 그런 정도(양). ¶ I have done *that much* so far. 지금까지는 그만큼(거기까지)은 해냈다.
this (or *thus*) *much* 여기까지, 이것만은. ¶ *This much* is certain.《적어도》여기까지 확실하다.
too much for …에게 힘에 겨운, …을 당해낼 수 없는. ¶ He is *too much for* me. 그에게는 도저히 당해낼 수가 없다.
too much of a good thing 고맙기는 하지만 도리어
— *adv.* **1**《동사 또는 문장 전체를 수식하여》크게, 매우, 대단히. *cf.* very ¶ *much* discussed question 충분히 토의된 질문 / Thank you very *much.* 대단히 감사합니다 / I am *much* obliged to you. 대단히 감사합니다 / You are *much* too young. 너는 아직 너무 젊어 / He does not talk *much.* 그는 별로 말을 하지 않는다 / *Much* you care about my feelings.《반어적》너는 내 감정 따위 조금도 생각지 않는단 말야.
2《비교급·최상급을 수식해서》썩, 아주, 훨씬 (greatly). ¶ I'm feeling *much* better today. 오늘은 기분이 썩 좋아졌습니다 / This is *much* the best. 이것이 제일 좋다.
3 거의, 대개 (nearly). ¶ *much* of an age (a size) 거의 같은 나이(크기) / *much* the same as yesterday 어제와 거의 같은 / He speaks very *much* as his father used to. 그는 그의 아버지와 아주 비슷한 말투를 쓴다.
as much 꼭 그만큼, 같게.
as much again [*as*] …의 두 배만큼.
as much as ① …만큼, …한(限); 마찬가지로. ¶ Take *as much as* you like. 원하는만큼 가지세요 / It is *as much* your fault *as* mine. 나만이 아니라 너도 마찬가지로 잘못이야. ②《많음을 강조하여》…정도까지

많이. ③《양보절을 이끌어》…이지만. ④ 사실상, 거의.
as much as possible 되도록.
as much as to say ⇨ SAY.
half as much again [AS]. ⇨ HALF.
half as much [*as*] ⇨ HALF.
How much ① 어느만큼, 어느 정도. ¶ *How much* do you like her? 그녀를 얼마만큼 좋아하느냐? ②〔값이〕얼마. ¶ *How much* is it? 이것은 얼마입니까?
much good 교묘한, 솜씨가 좋은.
much less ⇨ LESS. *much more* ⇨ MORE.
not much《속어》〔강한 부정 또는 거부〕당치도 않아!, 말도 안 돼!《美》not half). ⇨ HALF.
not so much ...as …이라고 하기보다는 오히려. ¶ He is *not so much* a scholar *as* a writer. 그는 학자라기보다는 오히려 작가다.
not so much as …조차 없다(않다). ¶ He can*not so much as* write his own name. 그는 자기 이름조차 쓰지 못한다.
so much ① 완전한, 정말의, 그만큼의. ¶ It is only *so much* rubbish. 그것은 정말 쓰레기에 불과하다. ② 그만큼. ¶ If he is young, it is *so much* the better. 만약 그가 젊다면 그만큼 더 좋지. ③ 얼마[의], 얼마 만큼[의]. ¶ They work for *so much* a week. 그들은 일주일에 얼마로 일하고 있다.
so much so that ⇨ SO.
without so much as …조차 하지 않고. ¶ He left *without so much as* saying good-bye. 그는 인사도 없이 가버렸다.
◇ múchly *adv.*, múchness *n.*

much·ly [mʌ́tʃli] *adv.*《익살》대단히, 굉장히.
much·ness [mʌ́tʃnis] *n.*《고어》다량, 많음.
much of a muchness《고어》엇비슷함, 오십 보 백 보, 대동소이.
mu·ci·lage [mjúːsilidʒ] *n.* ⓤ **1** 고무풀, 아라비아 고무, 아교 (gum, glue). **2**〔식물이 분비하는〕점액.
mu·ci·lag·i·nous [mjùːsiládʒinəs] *adj.* **1** 점액의, 점액을 분비하는. **2** 점액질의, 끈적끈적한.
mu·cin [mjúːsin] *n.* ⓤ《생화학》점소(粘素), 점액소, 점액질.
muck [mʌk] *n.* ⓤ **1**〔비료로서의〕소(말)의 똥/퇴비, 거름, 비료 (manure). **2** 흑니토(黑泥土)〔비료로서 사용〕. **3** 오물, 먼지 (dirt); ⓒ 불결한 상태. **4**《주로 英구어》쓰레기 (trash), 하찮은 물건. **5**〔광산의〕폐석 (廢石)〔토사 (土砂)〕.
in [*all of*] *a muck* 진흙(때, 땀)투성이가 되어.
make a muck of …을 더럽히다, …을 망쳐놓다.
— *vt.* **1** …에 거름을 주다, 비료를 주다. **2**《구어》…을 더럽히다. **3** …에서 오물을 제거하다, 쓸데없는 것을 제거하다. **4** …을 망치다 (ruin), — *vi.*《英속어》할 일 없이 헤매다, 어슬렁거리다 (*about*).
muck in with《英구어》…와 고생을 같이 하다.
◇ múcky *adj.*
muck·er [mʌ́kər] *n.* **1**《英속어》거칠고 촌스러운 사람; 친구. **2**〔광산〕폐석을 제거하는 인부. **3**《속어》쿵하고 떨어지기; 추락, 실패; 뜻밖의〔엉뚱한〕재난.
come a mucker 되게 넘어지다, 실패하다.
go a mucker ① =come a mucker. ② 돈을 허투루 쓰다 (*on, over* ...).
muck·le [mʌ́kl] *adj.*《英방언》*n.* =mickle.
muck·rake [mʌ́krèik] *vi.* (**-raked, -rak·ing**)〔원래 美〕추문〔독직 사건〕을 들추어 내다(폭로하다).
muck·rak·er [mʌ́krèikər] *n.* 추문 폭로 기사를 쓰는 사람.
muck-up [mʌ́kʌ̀p] *n.*《英속어》뒤죽박죽, 혼란〔상태〕; 실수.
muck·worm [mʌ́kwəːrm] *n.* **1** 구더기, 풍뎅이. **2** 구두쇠, 부랑아.
muck·y [mʌ́ki] *adj.* (**muck·i·er, muck·i·est**) **1** 비료의(같은). **2** 더러운, 불결한; 흙탕의; 불쾌한. **3**《英구어》외설스러운.

mu·cos·i·ty [mju:kásiti / -kɔ́s-] n. U 점[액]성.
mu·cous [mjúːkəs] adj. 점액의, 점액을 함유하는, 점액을 분비하는. ¶ a *mucous* cough 가래가 나는 기침 / the *mucous* membrane 점막(粘膜).
mu·cus [mjúːkəs] n. U ¶ nasal *mucus* 콧물.
‡**mud** [mʌd] n. U **1** 진흙, 진창. **2** 《비유적》 하찮은 (더러운, 추잡스러운) 것. ¶ as clear as *mud* 《반어적》 진창처럼 맑은, 아주 탁(濁)한, 불투명한 / consider a person as *mud* (or the *mud* beneath one's foot) 남을 우습게 알다(형편없이 경멸하다). **3** 욕, 비방. ¶ fling (or throw) *mud* at …을 비방하다, 비난하다.
Here's mud in your eye! 《美俗》건배(乾杯)!
stick in the mud ① 진창에 빠지다. ② 궁지에 빠지다. ③ 보수적이다, 진보가 없다.
— v. (**mud·ded, mud·ding**) *vt.* …을 진흙투성이로 만들다, 더럽히다. — *vi.* 진흙 속으로 숨다. ¶ a place where eels *mud* 뱀장어가 진흙 속에서 숨는 장소.
◇ *múddy adj., múddle* n.
mu·dar [mədáːr] n. 머더르[인도 동부산(産)의 관목. 내피(內皮)는 섬유품용. 뿌리의 껍질은 약용].
múd báth n. 흙탕 목욕[류머티즘·통풍(痛風) 따위에 효과가 있음].
mud·cat [mʌ́dkæt] n. 미국산(産)의 큰메기.
mud·der [mʌ́dər] n. 진흙길을 잘 달리는 경마용 말.
***mud·dle** [mʌ́dl] v. (**-dled, -dling**) *vt.* **1** …을 뒤섞다, 뒤죽박죽을 만들다; …을 망쳐놓다, 엉망 진창을 만들다. ¶ *muddle* a plan 계획을 망쳐놓다. **2** 《머리를》 멍청하게 만들다; 《술 따위로》…을 몽롱하게 하다; …을 당황하게 하다, 심리적으로 혼란시키다. **3** 《음료 따위》을 섞다; …을 휘저어 섞다. **4** 《물 따위》을 흐려지게 하다, 흙탕물을 만들다. ¶ The children *muddled* the brook with their splashings. 아이들은 첨벙첨벙 물을 튀겨서 개천을 흐리게 했다. **5** …을 낭비하다(waste)《... away》. — *vi.* 혼란된 생각(행동)을 하다; 당황하다, 망설이다; 바보짓을 하다.
muddle about 헤매다; 아무지지 못하고 일하다.
muddle on (or *along*) 그럭저럭(어물어물) 해나가다, 적당히 얼버무리다.
muddle through 그럭저럭(간신히) 넘기다(벗어나다). — n. (보통 a-) **1** 명청한(몽롱한) 상태; 갈팡질팡, 당황, 곤혹. **2** 혼란, 어수선함, 엉망진창, 뒤범벅. ▷ CONFUSION 類語 **3** 혼란된 생각(논지(論旨)), 지리멸렬 (支離滅裂).
in a muddle 명하여, 당황하여, 어수선하게.
make a muddle of …을 망쳐놓다, 엉망을 만들다.
mud·dle-head [mʌ́dlhèd] n. 《구어》얼간이, 멍텅구리.
mud·dle·head·ed [mʌ́dlhèdid] adj. 얼빠진(stupid), 《사고(思考)·방법이》 따위가, 혼란된.
mud·dler [mʌ́dlər] n. **1** 《음료를》 휘젓는 막대기. **2** 혼란된 생각(행동)을 하는 사람.
‡**mud·dy** [mʌ́di] adj. (**-di·er, -di·est**) **1** 진흙의, 질척 질척한; 진흙투성이의. **2** 《물이》 탁한, 흐린, 뿌연. ¶ wade through the *muddy* water 흐린 강을 걸어서 건너다. **3** 《소리·빛깔 따위가》 흐린, 우중충한, 둔탁한; 《얼굴빛 따위가》 생기가 없는(dull). ¶ a sky that has a *muddy* color 우중충한 색깔의 하늘. **4** 《머리·사고 따위가》 맑지 못한, 흐리멍텅한; 모호한. **5** 비열한 (base). **6** 《경마》 비가 와서 뛰기 힘들게 된 경마장의.
— v. (**-died, -dy·ing**) *vt.* **1** …을 진흙으로 더럽히다, 흙투성이로 만들다; …을 흐리게 하다. **2** …을 혼란시키다; …을 모호하게 하다. — *vi.* **1** 흙투성이가 되다. **2** 혼란 해지다, 모호해지다.
-**di·ly** adv. -**di·ness** n. ◇ *múd* n.
mud·fish [mʌ́dfìʃ] n. (pl. **-fish** or **-fish·es**) 진흙 또는 흙탕물 속에서 사는 물고기[미꾸라지·모래무지 따위].
mud·flap [mʌ́dflæ̀p] n. 【자동차】 뒷바퀴 가까이에 단 흙받이판.
múd flát n. 【만조(滿潮)】 때는 물에 덮이고, 간조 때

지표가 드러나는] 평평한 개펄. ¶ 진흙받이
mud·guard [mʌ́dgàːrd] n. 《자동차·자전거 따위의》
múd hèn n. 늪지대에 사는 물새[쇠물닭·흰눈썹뜸부기 따위].
mud·hole [mʌ́dhòul] n. 진구렁의 저지(低地).
Mú·die's [Lénding Líbrary] [mjúː·diːz-] n. 옛날 London 에 있었던 대본(貸本) 가게.
mu·dir [muːdíər] n. **1** 《이집트의》 주지사(州知事). **2** 《터키의》 촌장(村長), 동장(洞長). ¶ 라 전사.
mud·ja·hi·dun [mùːdʒəhíːdùn] n. 회교의 전사, 게릴라.
mud·lark [mʌ́dlàːrk] n. **1** 《주로 英》늪지나 해변가를 뒤지는 넝마주이. **2** 부랑아. **3** 《英방언》= pipit.
mud·pack [mʌ́dpæ̀k] n. 《미용》 《피부의》 산성 백토 (酸性白土) 팩. ¶ 《애》 만두.
múd píe n. 《어린이들이 놀이에서 만드는》 진흙 먹기.
mud·pup·py [mʌ́dpʌ̀pi] n. (pl. **-pies**) 《북미산(産)》도롱뇽의 일종.
mud·sill [mʌ́dsìl] n. **1** 《건조물의》 토대. **2** 《속어》 최하층의 빈민.
mud·slide [mʌ́dslàid] n. 진흙탕물에 의한 벼랑의 붕괴, 진흙 사태.
mud·sling·er [mʌ́dslìŋər] n. 《정치 운동 따위에서》 상대방을 중상(비방)하는 사람.
mud·sling·ing [mʌ́dslìŋiŋ] n. U 《정치 운동에서》 상대방을 개인적으로 중상(비방)하기; 《정치에서의》 이전투구(泥田鬪狗)격의 추잡한 싸움.
mud·stone [mʌ́dstòun] n. U 이암(泥岩).
múd túrtle n. 《미국산(産)》 민물거북, 진흙거북.
múd volcáno n. 《지질》 이산(泥火山).
Múen·ster [chéese] [mʌ́nstər-, mʌ́n-, mjʌ́n-] n. U 뮌스테[달고 부드러운 황백색의 전유(全乳) 치즈]. [<프랑스 산지명 Muenster].
mues·li [mjúːsli / mjúːz-] n. 뮤즐리[cereal 의 일종].
mu·ez·zin [mjuːézin] n. 회교 사원(寺院)의 탑에서 기도 시각을 알리는 사람.
muff [mʌf] n. **1** 머프[부인들이 손을 따뜻하게 하는 데 쓰는 통 모양의 모피 토시]. **2** 《새의 대가리 양쪽의 깃털 같은 깃털(tuft of feathers). **3** 《기계》 통(筒), 통 모양의 이음쇠. **4** 《야구·크리켓 따위》 낙구(落球), 공을 받다 떨어뜨림. **5** 실책(失敗), 바보짓, 실수. **6** 바보짓을 하는 사람, 서투른 사람; 얼간이(dolt); 겁쟁이. **7** 《美卑語》여성의 음부.
make a muff of oneself 바보 같은 짓을 해서 웃음거리가 되다.
make a muff of the business 일을 그르치다.
— *vt.* **1** 《구어》…을 그르치다, 실수하다, 얼빠진 짓을 하다; …을 서투르게 하다. **2** 《야구·크리켓 따위에서》《공》을 떨어뜨리다(못 받다). — *vi.* 실수하다, 바보짓을 하다, 실수하다. ¶ 《시》 (목도리).
muf·fe·tee [mʌ̀fitíː] n. 《英》《방한용의》 털실로 짠 토시.
*muf·fin [mʌ́fin] n. 머핀[살짝 구운 둥근 빵].
múffin béll n. 머핀 장수가 울리는 방울.
múffin cáp n. 《英》 자선 학교 학생이 쓰는 머핀 모양의 모자. ¶ 어두는 그릇.
muf·fin·eer [mʌ̀finíər] n. 머핀에 치는 설탕 따위를 넣
múffin mán n. 《英》 머핀 장수.
muf·fle [mʌ́fl] v. (**-fled, -fling**) *vt.* **1** 《보호·은폐 따위를 위하여》…을 싸다, 덮다, 둘러싸다(감싸다)(wrap)《종종 ... up》. ¶ The gray smog *muffled* the whole sky. 잿빛 스모그가 하늘을 온통 뒤덮었다. **2** 《소리를 내지 못하도록 천 따위로》…을 싸다, 덮다; 《쉬우개 따위로》《소리》를 죽이다(deaden). ¶ a *muffled* voice 죽인 목소리, 틀어 막은 입에서 나오는 목소리 / a *muffled* bell 《장례식에서 쓰는》 천으로 싼 종 / *muffle* the noises of a street 거리의 소음을 죽이다. **3** 누르다, 억압하다(suppress).
— n. **1** 싸는 것, 쓰개, 덮개. **2** 소리를 지우는 것; 분명치 않은 소리. ¶ the *muffle* of distant thunder 먼데서 들리는 나직한 천둥 소리. **3** 《도자기를 굽는 가마

따위의] 머플, 간접 가열실(加熱室). **4** [반추 동물·설치(齧齒) 동물의] 코끝, 콧등.

***muf·fler**[mʌ́flər] n. **1** 목도리, 머플러. **2** [내연 기관·피아노 따위의] 소음기(消音器). **3** 벙어리 장갑.

muf·ti [mʌ́fti] n. **1** ⓤ [제복을 착용하는 사람의] 사복, 평복. *cf.* uniform ¶ in *mufti* 평복 차림으로. **2** 회교 법률 고문; 회교 법정 해석관.

***mug** [mʌɡ] n. **1** [금속 또는 도자기로 만든] 손잡이가 달린 컵; 그 한 잔[의 양]. **2** 《속어》 **a)** 얼굴. **b)** 입. **c)** 찌푸린 얼굴. **d)** [범인의] 인상서(人相書), 얼굴 사진. **3** 《美속어》 깡패, 살인 청부업자, 악한. **4** 《英속어》 잘 속는 사람, 바보. ¶ a *mug's* game 무익한 일. **5** 《英구어》 학력 공부를 하는 사람.
—— v. (mugged, mug·ging) vt. **1** 《속어》 [범인의] 얼굴 사진을 찍다. **2** 《속어》 [강도가] [사람]을 등뒤에서 습격하여 목을 조르다. **3** 《英구어》 [열심히 공부하여] [지식]을 [머릿속에] 쑤셔넣다(cram) (... *up*). —— vi. **1** 《속어》 표정을 과장하여 연기하다. **2** 《英구어》 [주입식으로] 벼락 공부를 하다.

mug·ger[mʌ́ɡər] n. **1** 등뒤에서 습격하는 강도. **2** 표정을 지나치게 과장하는 배우.

mug·ger[mʌ́ɡər] n. [동남 아시아산(產)] 악어.

mug·gins [mʌ́ɡinz] n. ⓤ **1** 카드 놀이의 일종. **2** 도미노 놀이의 일종. **3** ⓒ 《英속어》 바보, 얼간이 (fool).

mug·gles [mʌ́ɡlz] n. pl. 《속어》 마리화나 궐련; 담배.

mug·gy [mʌ́ɡi] adj. (-gi·er, -gi·est) [기후 따위가] 찌는 듯이 더운, 무더운. **-gi·ness** n.

múg shòt n. 《美속어》 얼굴 사진.

mug·wort[mʌ́ɡwɔ̀ːrt] n. 쑥의 일종.

mug·wump[mʌ́ɡwʌ̀mp] n. 《美》 **1** 1884년의 대통령 선거에서 당의 후보자 J. G. Blaine의 지지를 거부한 공화당원. **2** [특히 정치적으로] 당을 떠나 독자적인 행동을 하는 사람. **3** 《구어》 거물, 우두머리.

***Mu·ham·mad** [muhǽməd], **Mo·ham·med**[mo(u)-hǽmid, +英 -med] n. 마호메트(570-632) [아라비아의 예언자, 회교의 개조(開祖)].
[<Arab. praise worthy]

Mu·ham·mad·an [muhǽmədən], **Mo·ham·med·an** [mo(u)hǽmid(ə)n] adj. 마호메트의, 이슬람교의, 회교의. n. 마호메트 교도, 회교도.

Mu·ham·mad·an·ism [muhǽməd(ə)nìz(ə)m], **Mo·ham·med·an·ism** [mo(u)hǽmid(ə)n-] n. 마호메트교, 이슬람교, 회교(Islam).

mu·jik [muːʒíːk, -́ -] n. =muzhik.

muk·luk, muc·luc, muck·luck [mʌ́klʌk] n. [에스키모가 신는] 장화.

mu·lat·to [mju(ː)lǽtou, +美 mə-] n. (pl. -toes or 《英》 -tos) 백인과 흑인의[1대째의] 혼혈아.
—— adj. 황갈색의.

***mul·ber·ry** [mʌ́lbèri / -b(ə)ri] n. (pl. -ries) **1** 오디 (뽕나무의 열매); 뽕나무. **2** ⓤ [붉은 빛이 도는] 짙은 자줏빛.

mulch [mʌltʃ] n. 《원예》 ⓤ 뿌리 덮개(씌우개), [뿌리에] 까는 것. —— vt. …에 뿌리 덮개(씌우개)를 하다.

mulct [mʌlkt] vt. **1** …에 벌금을 과하다, …을 과료에 처하다; [남]으로부터 벌로서 …을 빼앗다. ¶ *mulct* a person [*in*] ten dollars 남에게 10달러의 벌금을 과하다. **2** [남]을 속여먹다(빼앗 아나), 강탈하다. ¶ be *mulcted* of one's money 돈을 사취당하다. —— n. 벌금, 과료(penalty).

***mule**[mjuːl] n. **1** [짐 나르는] 노새[수나귀와 암말의 잡종]. *cf.* hinny ¶ as obstinate as a *mule* 대단히 고집 센. **2** [일반적으로] 노새. **3** 《구어》 완고한 사람, 고집쟁이. **4** 《생물》 [특히 카나리아와 다른 작은 새와의] 잡종. **5** 뮬 정방기(精紡機), **6** [길가는 따라 짐을 끄는] 견인기(牽引機) (tractor). ◇ **múlish** adj.

mule[mjuːl] n. [실내용의] 슬리퍼, 샌들.

múle dèer n. [북미 서부산(產)] 귀가 큰 사슴.

múle skìnner n. 《정方機》 = muleteer.

mu·le·teer [mjùːlitíər] n. 노새 마부.

múl·ey sàw [mjúːli-] n. 《美》[위아래로 오르내리는 왕복 기계식의] 긴 제재용 톱.

mul·ish [mjúːliʃ] adj. **1** 노새 같은. **2** 고집이 센, 외고집의. **~·ly** adv. **~·ness** n.

mull¹ [mʌl] vi. 곰곰이 생각하다, 심사숙고하다, 여러 모로 궁리하다, 이것저것 생각하다. —— vt. **1** 《英》 …에 대하여 바보짓을 하다, …을 엉망으로 만들다. **2** …을 가루로 만들다, 빻다, 찧다. —— n. 《英》 혼란, 엉망 진창; 실패. ¶ make a *mull of* …을 엉망으로 만들다, …에 대하여 바보짓을 하다.   「넣다.

mull¹ [mʌl] vt. [포도주 따위]를 데워서 설탕·향료를

mull² [mʌl] n. 얇고 부드러운 모슬린 천.

mul·lah, -la [mʌ́lə, +美 mú(ː)lə], **mol·lah** [málə / mɔ́lə] n. **1** 물라《회교국의 율법 학자에 대한 존칭》. **2** [터키의] 지방 법원 판사.

mul·lein [mʌ́lin], (**mul·len**) n. 현삼과(玄蔘科) 식물.

mul·ler¹ [mʌ́lər] n. **1** [그림 물감·가루약 따위를 가는 데 쓰는] 막자. **2** 분쇄기.

mull·er [mʌ́lər] n. 포도주 따위를 데우는 그릇.

mul·let¹ [mʌ́lit] n. (pl. -lets or -let) 숭어과(科)의 식용 물고기.

mul·let², **mol·et** [mʌ́lit] n. 《紋章》 별 모양의 무늬.

mul·li·gan [mʌ́liɡən] n. **1** 《美속어》 고기나 야채로 만든 스튜. **2** 《골프》 점수에 들어가지 않는 쇼트(타격).   「든). 카레 수프.

mul·li·ga·taw·ny [mʌ̀liɡətɔ́ːni] n. ⓤ [고기 기가

mul·li·grubs [mʌ́liɡrʌ̀bz] n. pl. 《단·복수 양용》 《구어》 **1** 시무룩함; 의기 소침, 우울. **2** 복통, 산통(疝痛) (colic).

mul·lion [mʌ́ljən, -liən] n. 《건축》 창을 세로 가르는 설주, 중간 문설주. —— vt. …에 멀리언을 달다(으로 칸을 막다).

mul·lioned [mʌ́ljənd, -liənd] adj. 멀리언으로 칸을 막은, 중간 문설주가 있는.

mul·lock [mʌ́lək] n. ⓤ 《濠》 **1** 【금광의】 폐석토사 (廢石土砂). **2** 《英방언》 페물, 쓰레기, 찌꺼기.

mult- ⇨ MULTI-.

mul·tan·gu·lar[mʌltǽŋɡjulər] adj. 다각(多角)의.

multi- many의 뜻의 연결형 《* 모음 앞에서는 mult-을 쓴다》: *multi*ply, *multi*ocular 《모음 《多眼)의).

mul·ti·ac·cess [mʌ́ltiǽkses] adj. 《컴퓨터》 다중 액세스의, 동시 호출이 가능한.

múlti-bòdy cárgo àircraft n. 《항공》 복수 동체형 화물 수송기 [미래형의 대형 수송기].   「胞).

mul·ti·cel·lu·lar [mʌ̀ltisélljulər] adj. 다세포(多細胞).

mul·ti·chan·nel [mʌ́ltitʃǽn(ə)l] adj. 《통신》 다중(多重) 채널의.

mul·ti·com·pa·ny [mʌ̀ltikʌ́mp(ə)ni] adj. 다업종 복수(複數)의 기업을 산하(傘下)에 둔[모(母) 회사].

mul·ti·cul·tur·al [mʌ̀ltikʌ́ltʃər(ə)l] n. 복수 문화의, 여러 문화가 공존하는.

mul·ti·cul·tur·al·ism [mʌ̀ltikʌ́ltʃ(ə)rəlìzəm / mʌ̀ltai-] n. 다문화주의, 다(多) 문화성[다민족 사회에서 여러 문화와 가치관의 공존 공영].

mul·ti·dis·ci·pli·nar·y [mʌ̀ltidísiplinèri / -nəri] adj. 여러 전문 분야에 걸친, 각 전문 분야 협력의.

mul·ti·far·i·ous [mʌ̀ltifɛ́(ː)riəs / -fɛ́ər-] adj. **1** 여러 부분(형태, 요소)로 된. **2** 여러 종류의, 다양한, 다방면에 걸친. **~·ly** adv. **~·ness** n.

mul·ti·flash [mʌ́ltiflǽʃ] adj. 다섬광(多閃光)의. ¶ a *multiflash* photograph 다섬광 사진.

mul·ti·fold [mʌ́ltifòuld] adj. 갖가지의, 잡다한.

mul·ti·form [mʌ́ltifɔ̀ːrm] adj. 여러 모양의, 다양한. *cf.* uniform

mul·ti·for·mi·ty [mʌ̀ltifɔ́ːrmiti] n. ⓤ 다형(성) (多形(性)), 다양(성). *cf.* uniformity

mul·ti·graph [mʌ́ltiɡrǽf / -ɡrὰːf] n. (M-) 《상표명》 소형 윤전(輪轉) 등사기. —— vt., vi. …을 소형 윤전

mul·ti·ha·bit·u·a·tion [mʌltihəbìtʃuéiʃ(ə)n/-tju-] *n.* 효능상 관련성 있는 두 종류 이상의 유사 약물의 동시 복용 습성.

mul·ti·in·dus·try [mʌ̀ltíindəstri] *adj.* 2개 이상의 업종에 걸쳐 활동하는, 다각 경영의.

mul·ti·lat·er·al [mʌ̀ltilǽt(ə)rəl] *adj.* 1 다변(多邊)의(many-sided). 2 여러 나라가 참가하는, 다수국간(間)의. ¶ a *multilateral* trade 다국간(多國間) 무역. **~ly** [-əli] *adv.*

mul·ti·lat·er·al·ism [mʌ̀ltilǽt(ə)rəlìz(ə)m] *n.* 다국간의 상호 자유 무역[주의]; 다국간 공동 정책.

mul·ti·lev·el [mʌ̀ltilév(ə)l] *adj.* 다단계의. ¶ *multilevel* marketing(sales) 다단계 판매, 피라미드 상법(pyramid selling).

mul·ti·lin·e·al [mʌ̀ltilíniəl] *adj.* 다선(多線)의.

mul·ti·lin·gual [mʌ̀ltilíŋgwəl] *adj.* 여러 나라 말로 표현되는(된); 여러 나라 말을 사용하는; 몇 개국 말의(에 의한). ¶ a *multilingual* announcement 여러 나라 말에 의한 공고(고지, 발표).

mul·ti·loq·uence [mʌltílə̀kwəns] *n.* 다변(多辯).

mul·til·o·quent [mʌltíləkwənt] *adj.* 수다스러운.

mul·ti·me·di·a [mʌ̀ltimíːdiə] *n. pl.* (단수 취급) 멀티미디어(문자, 소리, 정지 화상, 동화상 등 여러 형태의 정보 매체를 동시 사용). —— *adj.* 멀티미디어의, 멀티미디어를 쓰는.

mul·ti·meg·a·ton [mʌ̀ltiméɡətʌ̀n] *adj.* 여러 메가톤급의, TNT 수백만 톤의 폭발력을 지닌.

mul·ti·mil·lion·aire [mʌ̀ltimìljənɛ́ər] *n.* 천만 장자, 대부호.

mul·ti·na·tion·al [mʌ̀ltinǽʃən(ə)l] *adj.* 다국적의.

mul·ti·no·mi·al [mʌ̀ltinóumiəl] *adj.* (수학) 다항(多項)의. —— *n.* (수학) 다항식.

mul·ti·nom·i·nal [mʌ̀ltinámin(ə)l / -nɔ́m-] *adj.* 이름이 많은, 많은 이름을 가진.

mul·ti·nu·cle·ar [mʌ̀ltinjúːkliər /-njúː] *adj.* 다핵(多核)의. ¶ a *multinuclear* cell 다핵 세포.

mul·tip·a·ra [mʌltípərə] *n. (pl. -rae* [-riː]) (산부인과) 아이를 둘 이상 낳은 여자; 두 번째의 산모. *cf.* primipara

mul·tip·a·rous [mʌltípərəs] *adj.* (동물) 한 배에 여러 새끼를 낳는; (사람에) 다산(多産)의.

mul·ti·par·tite [mʌ̀ltipáːrtait] *adj.* 1 여러 부분으로 나뉜, 여러 부분으로 된. 2 여러 나라가 참가한(multilateral).

mul·ti·par·ty system [mʌ̀ltipáːrti-] *n.* (정치) 다당제.

mul·ti·ped [mʌ́ltəpèd], **-pede** [-piːd] *adj.* 다족(多足)의. —— *n.* (드물게) 다족 동물; 다족충(蟲).

mul·ti·phase [mʌltifèiz] *adj.* (전기) 다상(多相)의.

mul·ti·plane [mʌ́ltiplèin] *n.* 다엽(복엽)식 비행기.

***mul·ti·ple** [mʌ́ltipl] *adj.* 1 많은 부분(요소)으로 이루어진, 다양한(manifold); 다수의. ¶ a *multiple* tax 복합세. 2 (수학) 배수(倍數)의. ¶ a *multiple* number 배수. 3 (전기) 복식(複式)의, 복합의. 4 (식물) 과실이 집합성(集合性)의. 5 (수학) 배수(倍數), 배량(倍量). ¶ a common *multiple* 공배수 (略 C. M.) / the least common *multiple* 최소 공배수 (略 L. C. M.).

múltiple ágriculture *n.* 다각적 농업(양계・과수 재배・양돈 따위를 겸한 농업).

mul·ti·ple-choice [mʌ́ltiplt∫óis] *adj.* 다항식 선택의, 선다식(選多式)의. ¶ a *multiple-choice* test (주어진 여러 답 중에서 맞는 것 하나를 고르는) 다항식 선택(선다식) 테스트.

múltiple crópping *n.* ① (농업) 다모작(多毛作).

múltiple-láne híghway [mʌ́ltipllèin-] *n.* (미) 다차선(多車線) 고속도로.

múltiple operátion *n.* 다각 경영.

múltiple personálity *n.* ① (심리) 다중(多重) 인격, 복합(複合) 인격. ⇒ SPLIT PERSONALITY.

múltiple píckup *n.* (택시의) 합승.

múltiple sclerósis *n.* ① (의학) 다발성(多發性) 경화증. 「(chain store).

múltiple shóp(stóre) *n.* (英) 체인 스토어 (美)

múltiple stár *n.* (천문) 다중성(3개 또는 그 이상의 별이 육안으로 한 개로 보이는 것).

múltiple vóting *n.* ① (英) (선거법 개정 이전에서) 행되었던) 복수 투표.

mul·ti·plex [mʌ́ltipleks] *adj.* 1 복합적인; 다중의 (multiple). 2 (전신) 다중(多重) (송신)의. ¶ *multiplex* telegraphy 다중 전신. —— *vt.* (전신) …을 다중 송신하다. —— *n.* (전신) 다중 송신 방식.

múltiplex bróadcasting *n.* 음성 다중 방송.

mul·ti·pli·a·ble [mʌ́ltipláiəbl] *adj.* 증가(배가)할 수 있는; (수학) 곱할 수 있는.

mul·ti·plic·a·ble [mʌ́ltiplíkəbl] *adj.* =multipliable.

mul·ti·pli·cand [mʌ̀ltiplikǽnd] *n.* (수학) 피승수(被乘數). *opp.* multiplier

mul·ti·pli·cate [mʌ́ltiplikèit] *adj.* 다수로 이루어진, 복합의, 다면적(다각적)인, 다양한.

mul·ti·pli·ca·tion [mʌ̀ltiplikéiʃ(ə)n] *n.* 1 ① 증가, 배가; 증식(增殖), 번식. 2 ② (수학) 곱셈, 승법(乘法). *opp.* division ◇ múltiply *v.*, multiplicative *adj.*

mùltiplicátion táble *n.* (곱셈의) 구구표, 곱셈표 (보통 10×10=100 또는 12×12=144까지 있다).

mul·ti·pli·ca·tive [mʌ́ltiplikèitiv, ˌ--ˈ--/mʌ̀ltiplíkət-] *adj.* 1 증가(배가)하는, 증식하는. 2 (수학) 곱셈의, 승법의. 3 (문법) 배수사(倍數詞)의. 4 (문법) 배수사 [double, treble, threefold 따위]. **~ly** *adv.*

mul·ti·pli·ca·tor [mʌ́ltiplikèitər] *n.* (물리) 배율기

mul·ti·plic·i·ty [mʌ̀ltiplísiti] *n.* ① (종종 a~) 다수; 다양성, 복잡성. ¶ a *multiplicity* of thoughts 갖가지 생각.

mul·ti·pli·er [mʌ́ltipláiər] *n.* 1 증가(증식)시키는 사람(것). 2 (수학) 승수. *opp.* multiplicand 3 (물리) 배율기(倍率器).

‡mul·ti·ply [mʌ́ltiplài] *v.* (*-plied, -ply·ing*) —— *vt.* 1 늘리다, 증가(증대)시키다, 늘이다. ⇒ INCREASE [類語] 2 (동・식물을) 번식시키다. 3 (수학) …을 곱하다(... *by*). ¶ (~+圓+圓+圖) *multiply* 4 *by* 2 4에 2를 곱하다 / 4 *multiplied by* 2 is 8. 4곱하기 2는 8. —— *vi.* 1 배가하다; 증가(증대)하다, 늘다; 증식하다. 2 (수학) 곱셈을 하다. ◇ multiplicátion, multiplícity *n.*, múltiplicative *adj.*

mul·ti·po·lar [mʌ̀ltipóulər] *adj.* (전기) 다극(多極)의.

mul·ti·probe [mʌltipróub] *n.* (우주) 다중(多重) 탐사 우주선(탐사기를 다수 실은 우주선).

mul·ti·proc·ess·ing [mʌ̀ltiprásesiŋ / -próu-] *n.* ① (컴퓨터) 다중(多重) 처리.

mul·ti·pro·gram·ming [mʌ̀ltipróugræmiŋ] *n.* ① (컴퓨터) 다중 프로그래밍.

mul·ti·pronged [mʌ̀ltiprɔ́ːŋd / -prɔ́ŋd] *adj.* 뾰족한 끝이 여러 개 달린(고기잡이 작살 따위); 다면적인. ¶ a *multipronged* problem 다각적인 문제.

mul·ti·pur·pose [mʌ̀ltipə́ːrpəs] *adj.* 여러 목적에 쓰이는, 다목적의.

mul·ti·ra·cial [mʌ̀ltiréiʃ(ə)l] *adj.* 다민족의, 여러 민족의.

mul·ti·ra·cial·ism [mʌ̀ltiréiʃəlìz(ə)m] *n.* ① 다민족주의(한 나라에 여러 민족이 동등한 기회와 권리를 갖는).

mul·ti·role [mʌ́ltiròul] *adj.* 많은 기능을 가진, 만능의.

mul·ti·sen·so·ry [mʌ̀ltisénsəri] *adj.* 다감각 응용(병용)의(몇 가지의 감각(시각과 청각 따위)를 동시에 움직이도록 하는 시청각 교육 따위를 말한다).

mul·ti·stage [mʌ́ltistèidʒ] *adj.* 다단식(多段式)의. ¶ a *multistage* rocket 다단식 로켓. 「의, 고층의.

mul·ti·sto·ry [mʌ̀ltistɔ́ːri / -stɔ̀ːri] *adj.* 다층(多層)

mul·ti·task·ing [mʌ̀ltitǽskiŋ] *n.* (컴퓨터) 다중 태

스크 처리[두가지 이상의 태스크를 병행 수행하거나 교호 배치로 실행하는 기능을 갖춘 처리 형태].

mul·ti·track [mʌltitræk] adj. [녹음 테이프가] 다중 트랙의. — vt. …을 다중 녹음하다.

mul·ti·tu·bu·lar [mʌltit(j)úːbjulər / -titjú:-] adj. 다관의(多管).

‡**mul·ti·tude** [mʌltit(j)úːd / -tjúːd] n. 1 ⓒⓊ 다수, 대량. ¶ a *multitude* of plans 많은 계획 / *multitudes* of admirers 수많은 찬양자 / A great *multitude* of students assembled in the auditorium. 아주 많은 수의 학생들이 강당에 모였다. 2 [사람의] 군집(群集), 군중, 인 파(人波) (crowd). ¶ *In the multitude of counselors there is wisdom.* (속담) 모사가 많으면 평안을 누리느니라 (구약 성서 잠언 11:14). 3 (the ~) 서민, 대중. ◇ multitúdinous adj.

mul·ti·tu·di·nism [mʌltit(j)úːd(i)nìz(ə)m / -tjúː-] n. Ⓤ 다수 복리(이익)주의. cf. individualism

mul·ti·tu·di·nous [mʌltit(j)úːd(i)nəs / -tjúː-] adj. 1 다수의, 아주 많은. 2 많은 종류(부분, 요소)로 이루어진, 갖가지 잡다한. ¶ the *multitudinous* happenings of the day 현대의 온갖 다양한 사건들. ~·ly adv. ~·ness n.

mul·ti·va·lence [mʌltivéiləns, mʌltivə-] n. Ⓤ [화학] 다원자가(多原子價). [다원자가의.
mul·ti·va·lent [mʌltivéilənt, mʌltívə-] adj. [화학]
mul·ti·ver·si·ty [mʌltivə́:rsiti] n. [부속시설·캠퍼스 따위가 여럿인] 대 종합 대학교 [몇 개의 종합 대학교와 그 부속 기관으로 이루어진다].

mul·ti·vi·bra·tor [mʌltiváibreitər] n. 진동(振動) 확대기, 멀티바이브레이터.

mul·ti·vi·ta·min [mʌltiváitəmin / -vít-, -váit-] adj. 여러 비타민 성분을 함유하는, 종합 비타민의.

mul·tiv·o·cal [mʌltív(ə)k(ə)l] adj. 여러 가지 뜻을 가진, 다의(多義)의; 뜻이 모호한.

mùl·ti-wáll bàg [mʌltiwɔ́ːl-] n. 다중(多重) 부대 [시멘트 부대처럼 질긴 종이를 겹쳐서 만든 부대].

mul·toc·u·lar [mʌltɑ́kjulər / -tɔ́k-] adj. 눈이 많은, 다안(多眼)의.

múl·tum in pár·vo [mʌ́ltəm-in pɑ́ːrvou] n. 《라틴》 (=much in little) 모양은 작으나 내용이 풍부함.

mul·ture [mʌ́ltʃər] n. Ⓤ《스코》 방앗간(물방앗간)에 지불하는 사용료.

mum[1] [mʌm] adj. 《주로 서술용법》입을 다문, 무언의, 잠자코 있는(silent). ¶ *Mum* as a mouse 입을 굳게 다물고 / sit *mum* 잠자코 앉아 있다 / keep *mum* about …에 대해서 침묵을 지키다, 아무 말도 하지 않다. — *interj*. 입 다물어!, 쉿!
— n.《아래 숙어로만 써서》침묵, 무언. *Mum's the word!* 너만 알고 있어!, 딴 데 이야기하면 안 돼!
— vi. (**mummed, mum·ming**) 무언극을 하다, 가장 (假裝)하다. ¶ go *mumming* 가장(면)을 하고 회희낙락 놀아다니다.

mum[2] [mʌm] n. 《구어》 국화. [< CHRYSANTHEMUM]
mum[3] [mʌm] n.《주로 英》《어린이말》엄마. [< MUM[MY]²]
mum[4] [mʌm] n. 《독》 알코올 도수가 높은 맥주.
mum[5] [mʌm] n. 《주로 英》 = madam.

*****mum·ble** [mʌ́mbl] vi., vt. (**-bled, -bling**) 1 입안에서 중얼중얼 말하다. ⇨ MURMUR [類語]. ¶ *mumble* to oneself 혼자서 중얼거리다. 2 [이빠진 잇몸으로] 우물우물 씹다. — n. 발음이 분명하지 않은 말, 중얼거림, 더듬거림. [씹는 사람.
mum·bler [mʌ́mblər] n. 중얼거리는 사람, 우물우물
múm·ble·ty-pèg [mʌ́mbltipèg] n. Ⓤ 나이프 던지기 놀이.
mum·bling·ly [mʌ́mbliŋli] adv. 중얼중얼, 우물우물
múm·bo júm·bo [mʌ́mbou-] n. (pl. **-bos**) 1 미신적인 숭배(외경, 공포)의 대상; 우상. 2 (M-J-) 아프리카 Sudan 지방의 수호신. 3 뜻을 알 수 없는 말, 무의미한 주문(呪文).

mú méson n. 《물리》 뮤 중간자.
mum·mer [mʌ́mər] n. 1 무언극의 배우. 2 배우 (actor). 3 《크리스마스 따위에》 가면을 쓰는 사람, 가장하는 사람.
mum·mer·y [mʌ́məri] n. (pl. **-mer·ies**) 1 (mummer에 의한) 무언극. 2 Ⓤⓒ 어마어마하고 야단스런 겉치레 의식.
mú méson n. 《물리》 뮤 중간자.
mum·mi·fi·ca·tion [mʌ̀mifikéiʃ(ə)n] n. Ⓤ 미이라화(化).
mum·mi·fy [mʌ́mifài] v. (**-fied, -fy·ing**) vt. 1 [시체]를 미이라로 만들다. 2 …을 [말려서] 미이라처럼 만들다. — vi. 미이라처럼 되다, 바싹 마르다, 시들다.

*****mum·my**[1] [mʌ́mi] n. (pl. **-mies**) 1 미이라. 2 [절묘로] 되] 미이라, [미이라처럼] 바싹 말라버린 시체(것). 3 야위어 말라빠진 사람, 생기를 잃은 사람. 4 Ⓤ 암 갈색 안료의 일종. *beat a person to a mummy* 남을 여지없이 때려눕히 다. — vt. (-**mied, -my·ing**) =mummify.

mum·my[2] [mʌ́mi] n.《주로 英》《어린이말》 마마, 엄마.
múmmy càse n. [이집트의] 미이라 관(棺).
múmmy clòth n. 1 [이집트에서] 미이라를 싸는 아마 천. 2 《美》 미이라 직물[무명(명주)와 양털을 교직한 크레이프 천].
múmmy whèat n. Ⓤ 이집트 밀.
mump[1] [mʌmp] vi.《英》시무룩(뚱)해지다; 울적해지다; 토라지다, 뿌루퉁해지다(sulk). — vt. 《방언》 …을 중얼중얼 말하다, 어물어물 입속말을 하다(mumble).
mump[2] [mʌmp] vi. 《英方言》 1 비럭질하다(beg). 2 속이다(cheat).
mump·er [mʌ́mpər] n.《英方언》 가짜 거지.
mump·ish [mʌ́mpiʃ] adj. 시무룩(뚱)한, 토라진 (sulky).
mumps [mʌmps] n. pl. 《단수 취급》 1《병리》 유행성 이하선염(耳下腺炎), 항아리 손님. 2 뿌루퉁함, 뚱함.
mu·mu [múːmùː] n. =muumuu.
mun. (略) municipal.

*****munch** [mʌntʃ] vt. …을 와삭와삭 (우둑우둑) 먹다. — vi. 와삭와삭 (우둑우둑) 먹다. ¶ (~+몸+몸) *munch at* an apple 사과를 와삭와삭 먹다.

Mun·chau·sen [mʌ́ntʃauzn, mún-, -tʃɔ̀ːzn, mʌntʃɔ́ːzn, muntʃɑ́u-] n. 1 *Baron* ~ 뮌하우젠 남작 (1720-97) 독일 군인·모험가. R.E. Raspe 작 『허풍선이 남작의 모험』(1785)의 모델]. 2 허풍선이, 요란한 떠버리.
mun·dane [mʌ́ndein, -∠] adj. 1 세계의; 우주의; 지구의. 2 지상의, 현세의, 이승의 (⇨ EARTHLY [類語]) (opp. heavenly); 세속적인 (opp. spiritual). ¶ *mundane* life 세속적인 생활. ~·ly adv.
mun·dun·gus [mʌndʌ́ŋɡəs] n.《고어》고약한 냄새가 나는 씹는 담배.
mun·go [mʌ́ŋɡou] n. (pl. **-gos**) Ⓤⓒ 몽고 / 재생 양모. cf. shoddy [goose.
mun·goos, -goose [mʌ́ŋɡuːs] n. 《고어》= **Mu·nich** [mjúːnik] n. 1 뮌헨[독일 남부의 도시; 독일명 München]. 2 굴욕적인 양보. ⇨ MUNICH PACT.
Múnich Páct n. (the ~) 뮌헨 조약[Sudetenland 를 독일에게 넘겨 주기로 한 독일·영국·프랑스·이탈리아간의 조약; 1938년 Hitler가 강압적으로 체결시켰다].

‡**mu·nic·i·pal** [mju(:)nísip(ə)l] adj. 1 시(市)의, 시정(市政)의; 지방 자치(체)의; 시영(市營)의. ¶ a *municipal* office 시청 / *municipal* authorities (government) 시당국(시정) / *municipal* elections 시의회의원 선거 / a *municipal* university 시립 대학 / a *municipal* corporation 지방 자치체. 2 내정(內政)의, 국내의. ¶ *municipal* law 국내법. ~·ly [-pəli] adv. ◇ municipálity n., munícipalize v.

mu·nic·i·pal·ism [mju(:)nísip(ə)lìz(ə)m] *n.* ⓤ 지방 자치제, 지방 자치주의.

mu·nic·i·pal·ist [mju(:)nísip(ə)list] *n.* 지방 자치체주의자; 시정 당국자.

***mu·nic·i·pal·i·ty** [mju(:)nìsipǽliti, ━━━━] *n.* (*pl.* **-ties**) **1** 자치제; 지방 자치체. **2** 시당국, 시행정 [기관]; 《집합적》 시(읍)민.

mu·nic·i·pal·i·za·tion [mju(:)nìsipəlizéiʃ(ə)n / -laiz-] *n.* ⓤ 자치체(시제(市制))실시; 시유화(市有化), 시영화.

mu·nic·i·pal·ize [mju(:)nísip(ə)làiz] *vt.* (-ized, -ing) **1** …을 자치화하다; …에 시제(市制)를 실시하다. **2** …을 시유(시영)화하다. ¶ Water supply was *municipalized*. 상수도가 시영화되었다.

munícipal políce *n.* 지방 자치체 경찰.

mu·nif·i·cence [mju(:)nífis(ə)ns] *n.* ⓤ [아낌없이 주는] 선심, 후함.

mu·nif·i·cent [mju(:)nífis(ə)nt] *adj.* 〈사람이〉 인심 좋은, 후한, 인색하지 않은; 〈선물이〉 후한, 푸짐한. opp. niggardly ¶ a *munificent* reward 후한 보수. **~ly** *adv.*

mu·ni·ment [mjúːnimənt] *n.* **1** (~s) 《법률》 부동산의 권리 증서, 증서, 증거. **2** 《드물게》 방어, 보호.

***mu·ni·tion** [mju(:)níʃ(ə)n] *n.* (보통 ~s) **1** 군수품, 군용품; 무기·탄약. ¶ *munitions* of war 군수품. **2** 필수품, 자금 (*for*...). ¶ *munitions for* an election campaign 선거 운동 자금. ━━ *vt.* …에게 군수품(자금)을 대다.

mu·ni·tion·er [mju(:)níʃ(ə)nər] *n.* 군수품 제작자.

mun·shi, moon·shee [múːnʃiː] *n.* 《인도》 《현지인》 어학 교사, 서기, 비서.

munt [mʌnt] *n.* 《로디지아 속어》 《경멸적》 아프리카 흑인.

munt·jac, munt·jak [mʌ́ntdʒæk] *n.* **1** 문착크, 《중·동남아산(産)의 개처럼 짖는 작은 사슴》. **2** 중국·티벳산의 작은 사슴.

Múntz métal [mʌ́nts-] *n.* ⓤ 먼츠 합금 [구리와 아연의 합금].

mu·on [mjúːɑn / -ɔn] *n.* 《물리》 =mu meson.

mu·ral [mjú(:)rəl / mjúər-] *adj.* 벽의, 벽에 걸린. ¶ a *mural* painting 벽화. **2** 《벽같이》 가파른. ━━ *n.* 벽화, 《美》장식 벽걸이.

mu·ral·ist [mjú(:)rəlist / mjúər-] *n.* 벽화가.

***mur·der** [mə́ːrdər] *n.* **1** ⓤⓒ 살인, 살해, 《법률》 모살 (謀殺) (cf. HOMICIDE 類語) (*cf.* manslaughter). **2** ⓒ 살인 사건. ¶ an attempted *murder* 살인 미수 / commit *murder* 살인을 저지르다 / *murder* in the first (the second) degree 《美》 제 1 급 (2 급) 모살. **2** ⓤ 매우 어려운 (위험한) 일.

cry blue murder 《속어》 야단스럽게 비명(소리)을 지르다.
get away with murder 《속어》 나쁜 일이 발각되지 않고 넘어가다.
The murder is out. 비밀이 드러나다, 수수께끼가 풀리다.
Murder will out. 《속담》 나쁜 짓은 탄로나는 법.
━━ *vt.* **1** …을 죽이다, 《=KILL 類語》 **2** 〈연극·노래 따위〉를 엉망으로 만들다, 망치다, 잡치다. ━━ *vi.* 사람을 죽이다, 살인을 저지르다. ◇ múrderous *adj.*

mur·der·ee [mə̀ːrdəríː] *n.* 피살자.

†mur·der·er [mə́ːrdərər] *n.* 살인자(killer).

***mur·der·ous** [mə́ːrd(ə)rəs] *adj.* **1** 살인의, 살인용의. ¶ a *murderous* weapon 흉기. **2** 잔인한, 흉악한. **3** 사람이라도 죽일 듯한, 무시무시한; 매우 어려운(위험한). ¶ *murderous* heat 대단한 더위.
~**ly** *adv.* ~**ness** *n.*

mure [mjuər] *vt.* (**mured**, **mur·ing**) 가두다, 유폐(幽閉)하다 (immure) **1,** **2.**

mu·rex [mjú(:)reks / mjúər-] *n.* (*pl.* **-ri·ces** *or* **-rex·es**) **1** 뿔고둥 [옛날에 이로부터 자줏빛 염료를 채취]. **2** 이 빛의 빨강.

mu·ri·ate [mjú(:)rièit, -it / mjúər-] *n.* 《주로 상업 용어》 염화물(鹽化物).

mu·ri·at·ic [mjú(:)riǽtik / mjúər-] *adj.* 《주로 상업 용어》 염화수소(鹽化水素)의.

muriátic ácid *n.* ⓤ 《주로 상업 용어》 염산 (hydrochloric acid).

murk, mirk [məːrk] *n.* ⓤ 암흑, 어둠. ━━ *adj.* 어두운, 음울한 (gloomy).

murk·y [mə́ːrki] *adj.* (**murk·i·er**, **murk·i·est**) **1** 매우 어두운, 캄캄한. ⇒ DARK 類語 **2** 아주 음울한. **3** 〈안개·연기 등〉흐린, 침침한.
murk·i·ly *adv.* **murk·i·ness** *n.*

‡mur·mur [mə́ːrmər] *n.* **1** 〈시냇물·나무·바람 따위의〉 술렁거림, 살랑거리는 소리. ¶ the *murmur* of a stream 시냇물의 졸졸 흐르는 소리 / the *murmur* of voices in a street 거리의 사람들의 웅성거림. **2** 속삭임 (whisper). **3** 투덜투덜 불평하기. ¶ without a *murmur* 한마디 불평 없이. **4** 《의학》 〈심장의〉 잡음.
━━ *vi.* **1** 졸졸·살랑살랑 소리를 내다; 속삭이다. ¶ The brook *murmured* under the ice. 얼음 밑에서 냇물이 졸졸 흐르고 있었다.

類語 **murmur** 분명하게 들리지 않을만큼 낮게 말하다: *murmur* a prayer 기도의 말을 중얼거리다. **mumble** 입을 제대로 열지도 않고 어물어물 말하다: Don't *mumble* your words. 말을 입속에서 어물어물 하지 마라. **mutter** 상대에게 뚜렷이는 들리지 않게 작은 소리로 불평·노여움 따위를 중얼거리다: *mutter* complaints 중얼중얼 불평을 말하다, 투덜거리다.

2 〔투덜투덜〕 불평을 말하다, 투덜대다. ⇒ COMPLAIN 類語 ¶(~+前+名) *murmur* at (or *against*) an unfair treatment 불공평한 대우를 한다고 투덜대다. ━━ *vt.* …을 작은 소리로 말하다. ◇ múrmurous *adj.*

mur·mur·er [mə́ːrmərər] *n.* 투덜대는 사람, 불평자.

mur·mur·ing·ly [mə́ːrmərinli] *adv.* 속삭이듯이; 중얼거리며; 투덜투덜.

mur·mur·ous [mə́ːrmərəs] *adj.* **1** 살랑거리는, 술렁(웅성)거리는, 졸졸 하는. **2** 속삭이는 (중얼거리는); 투덜거리는. ~**ly** *adv.*

mur·phy [mə́ːrfi] *n.* (*pl.* **-phies**) 《속어》 감자.

Múrphy béd [mə́ːrfi-] *n.* 머피 베드[장 속에 집어넣을 수 있는 침대]. [<미국의 발명가 William L. Murphy]

mur·rain [mə́ːrin / mʌ́r-] *n.* **1** 〔소 따위〕가축의 전염병. **2** 《폐어》 역병(疫病) (pestilence) 《지금은 다음과 같은 저주의 말로만 쓰인다》. ¶ A *murrain* on you!=A *murrain* meet (or *light*) on you! 염병할 놈!

murre [məːr] *n.* (*pl.* **murres** *or* **murre**) 바다오리.

mur·rey [mə́ːri / mʌ́ri] *n.* ⓤ 어두운 적자색 (赤紫色).

mur·rhine [mə́ːrin, -rain / mʌ́r-] *adj.* 형석(螢石)제의.

mur·ther [mə́ːrðər] *n., v.* 《폐어》 =murder.

mus. (略) museum; music, musical, musician.

mus·ca·del [mʌ̀skədél] *n.* =muscatel.

mus·ca·dine [mʌ́skədin, -dàin / -dàin] *n.* 포도의 일종 [미국 남부산 (産)].

mus·cat [mʌ́skət] *n.* 머스캣 [포도의 일종].

Mus·cat [mʌ́skət] *n.* 아라비아 반도 동남단의 오만 토후국의 수도.

mus·ca·tel [mʌ̀skətél] *n.* **1** ⓤ 머스커텔 주(酒) [머스켓 포도로 빚은 포도주]. **2** =muscat.

‡mus·cle [mʌ́sl] *n.* **1** 〔각 부분의〕 근육; ⓤ 《총칭》 근육. ¶ He has strong *muscles*. 그는 억센 근육을 가졌다 / Physical exercises develop *muscle*. 체조를 하면 근육이 발달된다. **2** ⓤ 근력, 완력. ¶ a man of *muscle* 힘 (완력)이 센 사나이. **3** ⓤ 《구어》 힘, 영향력, 압력. ¶ put military *muscle* into foreign policies 힘에 의한 강압적 외교 정책을 펴다.

do not move a muscle 꿈적도 않다, 눈 하나 깜짝하지 않다.
━━ *v.* (**-cled**, **-cling**) 《구어》 *vi.* 힘 (우격다짐)으로 밀고 나아가다, 〔억지로〕 뚫고 (비집고) 들어가다. ¶(~+前+名) *muscle through* a crowd 인파를 헤치고 (밀치고) 나아가다 / *muscle into* a conversation [억지로] 이

muscle-bound 야기에 끼어들다 // (~+副)(~+前+名) Those salesmen began to *muscle in on* our territory again. 그 세일즈맨들이 또 우리 판매 영역에 비집고 들어오기 시작했다. ― *vt.* …에 [억지로] 헤치고 들어오다, 힘으로 밀고 들어가다 《*in, on*》. ¶ (~+副) He was suddenly *muscled aside* as a swarm of his fellows rushed out. 한 패거리 친구들이 벌떼처럼 뛰어나가는 통에 그는 갑자기 옆으로 밀려났다.
◇ múscular *adj.*

mus·cle-bound [mʌ́slbàund] *adj.* 1 [운동 과다로] 근육이 경직된. 2 유연성이 없는. [pony car
múscle càr *n.* 《주로 美》 중형(中型) 강력차. *cf.*
mus·cled [mʌ́sld] *adj.* 근육이 있는. ¶ strong-*muscled* 근육이 억센.
mus·cle-flex·ing [mʌ́slfleksiŋ] *n.* 힘(무력)의 과시.
mus·cle·less [mʌ́sllis] *adj.* 근육이 없는; 연약한.
mus·cle·man [mʌ́slmæn] *n.* (*pl.* **-men** [-mèn]) 《美속어》 폭력단원.
múscle sènse *n.* [심리·생리] 근육 감각[근육의 운동을 지각하는 감각]. [學]
mus·col·o·gy [mʌskɑ́lədʒi / -kɔ́l-] *n.* ① 선태학(蘚苔
mus·co·va·do [mʌ̀skəvéidou / -váː-] *n.* ① 정제하지 않은 흑설탕.
Mus·co·vite [mʌ́skə(u)vàit] *n.* 1 모스크바 시민. 2 모스크바 공국(公國)의 주민. 3 《고어》 러시아 사람 (Russian). 4 (m-) ① 《광물》 백운모(白雲母). ― *adj.* 모스크바 주민의; 모스크바[공국]의.
Mus·co·vy [mʌ́skəvi] *n.* 1 모스크바 공국. 2 《고어》 러시아(Russia).
Múscovy dúck *n.* 남미 열대 지방산(産)의 식용 오리(musk duck).
***mus·cu·lar** [mʌ́skjulər] *adj.* 1 근(筋)의; 근육의. ¶ *muscular* fiber 근 섬유 / *muscular* strength 완력. 2 근육이 발달한, 강건한; 힘이 센. ¶ a *muscular* young man / *muscular* music 힘찬 음악.
◇ múscle, muscularíty *n.* **-ly** *adv.*
múscular Christiánity *n.* ① 근육적 그리스도교 [신앙심을 앙양하는 동시에 강건한 육체와 쾌활함을 존중한다].
múscular dýstrophy *n.* ① 《의학》 근위축증(筋萎縮症), 근 디스트로피. [강건함.
mus·cu·lar·i·ty [mʌ̀skjulǽriti] *n.* ① 근육의 억셈;
mus·cu·la·ture [mʌ́skjulətʃər] *n.* ① 근육 조직.
Mus. D. (略) 《라틴》 *Musicae Doctor* (=Doctor of Music) (음악 박사).
‡**muse** [mjuːz] *v.* (**mused, mus·ing**) *vi.* 1 묵상(명상)에 잠기다, 심사(숙고)하다 (meditate) 《*on, upon, over…*》. ⇨ PONDER [類語] 2 유심히 바라보다, 가만히 지켜보다 《*on, upon…*》. ― *vt.* 1을 깊이 생각하다, 심사(숙고)하다. ¶ I *mused* the question once more. 그 문제를 다시 생각해 보았다. ◇ múseful, musingly *adv.*
Muse [mjuːz] *n.* 1 《그리스 신화》 뮤즈 신(神) [Zeus의 말로서 시·음악·무용 따위를 관장하는 9여신의 하나]; (the ~s) 뮤즈의 아홉 여신 (Calliope, Clio, Erato, Euterpe, Melpomene, Polyhymnia, Terpsichore, Thalia, Urania). 2 (때로 m-) [시인에게 영감을 주는] 시신(詩神), 시적 영감. 3 (m-) [영의] 시재(詩才). 4 (m-) 시인.
muse·ful [mjúːzfəl] *adj.* 《고어》 생각에 잠기는, 묵상적인. [미술관학,
mu·se·ol·o·gy [mjùːziɑ́lədʒi / -ɔ́l-] *n.* ① 박물관학,
mus·er [mjúːzər] *n.* 생각(명상)에 잠기는 사람.
mu·sette [mjuːzét] *n.* 1 작은 목관악기의 일종. 2 뮈제트 [목가적인 3박자 무용곡풍(風)의 악곡]. 3 (= musétte bàg) 소잡낭(낭)(小雜囊).
‡**mu·se·um** [mjuː(ː)zíːəm / -zíəm] *n.* 박물관, 미술관; 기념관, 전시관.
muséum pìece *n.* 1 박물관의 진열품, 일품(逸品), 진품. 2 《경멸적》 [시대에 뒤떨어진] 고풍스러운 것(사람).

mush¹ [mʌʃ] *n.* ① 1 《美》 옥수수죽. 2 죽모양의 걸쭉한 것. 3 《구어》 헤픈 감상(感傷).
make a mush of 《구어》…을 망쳐놓다, 잡치다.
mush² [mʌʃ] *n.* 《美》 개썰매 여행. ― *vi., vt.* 개썰매로 여행하다 (여행시키다). ― *interj.* 출발!, 달려라! [개에 대한 명령].
mush³ [muʃ] *n.* 《英속어》 1 《보통 단수 취급》 얼굴(face). 2 《부르는 말로》 = fellow.
‡**mush·room** [mʌ́ʃru(ː)m] *n.* 1 버섯; 식용 버섯 (meadow mushroom). 2 《모양·생장 속도로》 버섯을 닮은 것. 3 《속어》 버섯 모양의 부인용 맥고모자. 4 [원자 폭탄 따위의 폭발에 따른] 버섯구름, 원자운 (mushroom cloud). 5 《고어》 벼락 출세자 (부자).
― *adj.* 버섯의(같은), 버섯 모양의; 성장이 빠른, 벼락출세(부자)의. ¶ *mushroom* growth 급속한 성장, 갑자기 성공한 것. ― *vi.* 1 급속히 번지다(성장하다). ¶ The fire *mushroomed* upstairs. 불길은 2층으로 번져갔다. 2 버섯 모양으로 되다; [총알이 물건에 맞아] 버섯 모양으로 납작해지다. 3 버섯을 따다. ¶ go *mushrooming* 버섯을 따러 가다.
mush·y [mʌ́ʃi] *adj.* (**mush·i·er, mush·i·est**) 1 죽모양의, 무른 (pulpy). 2 《구어》 감상적인, 눈물이 헤픈.
mush·i·ly *adv.* **mush·i·ness** *n.*
‡**mu·sic** [mjúːzik] *n.* ① 1 음악. ¶ instrumental (vocal) *music* 기악(성악) / folk *music* 민족(속) 음악. 2 음곡(樂曲) (tone). 3 《음악》 작품, 악곡. ¶ compose (play) *music* 작곡(연주)하다 / a piece of *music* 하나의 곡 / set a poem to *music* 시에 곡을 붙이다. 4 악보, 《집합적》 악보집. ¶ play without *music* 악보 없이 연주하다. 5 ①⑥ 듣기 좋은(아름다운) 소리(음조). ¶ the *music* of birds 새들이 지저귐 / the *music* of the spheres 천상(天上)의 묘음(妙音) [옛날 천구(天球)의 운동에서 나는 것이라 생각했던 것]. 6 음악 감상력, 음감(音感). ¶ She has no *music* in her soul. 그녀는 음치(音痴)다. 7 《사냥》 개 짖는 소리. 8 ⑥ 《군대》 악대, 합주단. ◇ músical *adj.*
face the music 《구어》 자신의 행위에 의한 결과를 떳떳이 받아들이다; 현실을 직시하고 대책을 세우다, 의연히 난국에 대처하다.
‡**mu·si·cal** [mjúːzik(ə)l] *adj.* 1 음악[연주]의. ¶ a *musical* performance 연주 / a *musical* instrument 악기 / *musical* scales 음계(音階) / a *musical* score 악보 / *musical* training 음악 교육. 2 음악적인, 음(가락)이 좋은 (melodious). 3 음악을 좋아하는; 음악에 능한 (재능이 있는). ¶ have a *musical* ear 음악을 이해하다. 4 음악이 있는 (따르는). ― *n.* 1 뮤지컬 (musical comedy). 2 《고어》 = musicale.
~ly [-kəli] *adv.* **~ness** *n.* ◇ músic, musicálity *n.*
músical bòx *n.* 《英》 = music box.
músical chàirs *n. pl.* 《단수 취급》 [음악에 맞추어 하는] 의자에 먼저 앉기 놀이.
músical cómedy *n.* 뮤지컬 (musical).
mu·si·cale [mjùːzikǽl] *n.* [사교적 행사로서의] 음악 프로그램, 사적인 연주회, 음악 파티.
músical fílm *n.* 뮤지컬 영화.
músical glàsses *n. pl.* [연주용] 유리 컵.
mu·si·cal·i·ty [mjùːzikǽliti] *n.* ①⑥ (*pl.* **-ties**) 음악적임 (melodiousness); 음악적 감수성 (재능).
músical sàw *n.* 악기로 사용하는 서양식 톱.
mu·si·cas·sette [mjúːzikæsèt, -kə-] *n.* ① 소형의 음악 테이프 카세트. [cal box]
músic bòx *n.* 《美》 자동 주악기, 오르골《英》 musi-
músic càse *n.* 악보 끼우개.
músic dráma *n.* 악극.
músic hàll *n.* 1 음악회장(會場), 음악당. 2 《주로 英》 연예장, 연예관 (vaudeville theater).
‡**mu·si·cian** [mjuː(ː)zí(ə)n] *n.* 음악가, 악사; 작곡가; 음악을 잘 하는 사람.

mu·si·cian·ly [mju(:)zíʃ(ə)nli] *adj.* 음악가다운, 음악가에 어울리는; 음악의 재능이 있는.

mu·si·cian·ship [mju(:)zíʃ(ə)nʃip] *n.* ⓤ 음악 연주의 솜씨(기술, 지식, 감수성, 안목).

mu·si·col·o·gist [mjù:zikálədʒist / -kɔ́l-] *n.* 음악학자.

mu·si·col·o·gy [mjù:zikálədʒi / -kɔ́l-] *n.* ⓤ 음악학.

mu·si·co·ther·a·py [mjúːziko(u)θèrəpi] *n.* [정신병 등의] 음악 요법.

músic pàper *n.* 악보 용지, 5선지.

músic stànd *n.* 악보대. [상.

músic stòol *n.* [높이를 조절할 수 있는] 연주용 걸

músic wìre *n.* 피아노선 (piano wire).

mus·ing [mjúːziŋ] *adj.* 생각에 잠기는, 묵상의, 명상의 (meditative). —— *n.* ⓤⓒ 명상, 묵상. **~·ly** *adv.*

mu·sique con·crète [F myzik kɔ̀kret] *n.* (프랑스) (= concrete music) 뮈직 콩크레트 [녹음 구성음악].

musk [mʌsk] *n.* **1** ⓤ 사향(麝香) [사향노루의 수컷에서 채취하는 향료]. **2** ⓤ 사향의 냄새. **3** 사향 냄새를 풍기는 식물. **4** = musk deer.

músk càt *n.* 사향고양이 (civet).

músk dèer *n.* 사향노루 [중앙아시아산(產)의 뿔이 없는 작은 사슴].

músk dùck *n.* **1** 식용 오리의 일종 (Muscovy duck) [남미 열대지방산(產)]. **2** 사향오리 [오스트레일리아산(產)]. [늦지대.

mus·keg [mʌ́skeg] *n.* 《美》 북미 대륙 북부의 이끼낀

mus·kel·lunge [mʌ́skəlʌ̀ndʒ], **(muskallonge)** *n.* (*pl.* **-lunge**) 강꼬치고기의 일종 [북미산(產)].

***mus·ket** [mʌ́skit] *n.* 머스킷총(銃), 구식 소총.

mus·ket·eer [mʌ̀skitíər] *n.* 머스킷 총병(銃兵).

mus·ket·oon [mʌ̀skitúːn] *n.* [총구가 큰] 단총(短銃).

mus·ket·ry [mʌ́skitri] *n.* ⓤ **1** [군대] 소총 사격 [술]. **2** [집합적] 머스킷총; 머스킷 총대(銃隊).

músket shòt *n.* 소총탄, 소총의 사정(射程).

Múskie Àct [mʌ́ski-] *n.* 《美》 머스키법 (法) [1970년의 대기 오염 방지법 (Clean Air Act of 1970)의 통칭].

músk màllow *n.* 사향아욱 [식물].

musk·mel·on [mʌ́skmèlən] *n.* 머스크 멜론, 사향참외.

músk òx *n.* [그린랜드 등지에 사는] 사향소.

músk plànt *n.* 사향물꽈리아재비 [북미산(產)].

musk·rat [mʌ́skræt] *n.* (*pl.* **-rats** *or* **-rat**) 사향쥐 [북미산(產)]; ⓤ 그 모피 (연한 갈색). [musk ox]

músk ròse *n.* **1** 사향장미 [지중해 연안 원산]. **2** = musk mallow.

músk trèe *n.* 사향나무 (muskwood) [오스트레일리아산 (產)].

musk·y [mʌ́ski] *adj.* (**musk·i·er, musk·i·est**) 사향의, 사향 비슷한, 사향 냄새가 나는. **músk·i·ness** *n.*

Mus·lem [mʌ́zlem, mús-, múz- / mʌ́s-, múz-] *n.* (*pl.* **-lems** *or* **-lem**), *adj.* = Moslem.

Mus·lim [mʌ́zlim, mús-, múz- / mʌ́s-, múz-] *n.* (*pl.* **-lims** *or* **-lim**), *adj.* = Moslem.

***mus·lin** [mʌ́zlin] *n.* **1** ⓤ [옷감 · 커튼감으로 쓰이는] 모슬린; 《美》 캘리코 (calico); ⓒ 모슬린제의 옷. **2** ⓤ [항해 구어] ⓒ(집합적) 돛. **3** [속어] 여성.
[< F *mousseline* 최초로 제조된 이라크의 도시 이름].

mus·lin·et [mʌ̀zlinét] *n.* ⓤ [고어] 두꺼운 모슬린.

mu·so [mjúːzou] *n.* [속어] 음악가; 음악광.

mus·quash [mʌ́skwɔʃ / -kwɔ́] *n.* = muskrat.

muss [mʌs] *n.* [구어] **1** [드물게] 뒤죽박죽, 혼란, 난잡 (disorder). **2** [속어] 언쟁, 소동 (row). —— *vt.* …을 뒤죽박죽으로 만들다, 난잡하게 흩뜨리다, 구기다 (rumple)(*... up*).

mus·sel [mʌ́sl] *n.* **1** 털격판담치[쌍각류(雙殻類)] 조개의 일종. **2** [민물에서 나는] 쌍각류 조개의 총칭.

Mus·sul·man [mʌ́slmən] *n.* (*pl.* **-mans**), *adj.* = Moslem.

muss·y [mʌ́si] *adj.* (**muss·i·er, muss·i·est**) 《구어》 뒤죽박죽의 (messy); 난잡한; 마구 구겨진. **múss·i·ness** *n.*

‡**must**[1] [강 mʌst, 약 most, 일부 자음 앞에서 məs] *auxil. v.* (무변화) * Usage 참조 **1** 《명령 · 강제》 …해야 하다, 《부정사와 함께》 《금지》 …해서는 안 되다. * 가벼운 금지에는 *may not* 을 쓸 수도 있다. ¶ You *must* do it at once. 당장 그 일을 하세요(하시오) / You *must* not tell a lie. 거짓말을 하면 안 된다.

2 (필요) …하지 않으면 되다 (have to). ⇒ HAVE 주의. ¶ You *must* pay the money, but you need not do so at once. 너는 그 돈을 내야 하지만, 지금 당장 낼 필요는 없다.

3 (의무) …해야 하다, …하지 않으면 안 된다. ¶ We *must* know it, but we need not do it. 그것은 알아는 두어야 하지만 꼭 해야 하는 것은 아니다.

—— *Usage* 위의 2, 3의 부정에는 need not 을 사용한다. 또 과거형 · 미래형 · 완료형은 must 에 없는 어형에는 have to 의 변화형을 사용한다. ⇒ HAVE.

4 (결의 · 주장) 꼭 …해야 하다. ¶ She *must* always have her own way. 그녀는 언제나 자기 하고 싶은 대로 해야만 한다 / He said that he *must* see her. 그는 꼭 그녀를 만나야겠다고 말했다. * 간접 화법의 종속절에서는 과거로서 쓸 수 있다.

5 (필연성) 반드시 …하다, …은 피할 수 없다. ¶ All men *must* die. 사람은 모두 죽게 마련이다 / War *must* follow. 반드시 전쟁이 터지고 말 것이다 / You *must* lose your position if you steal. 도둑질을 하다가는 너는 반드시 자리를 잃게 될 것이다.

6 (추정) 《임에 틀림없다, 반드시 …일 것이다 (* 부정에는 cannot (…일 리가 없다)를 사용한다. 과거는 must have + *p.p.* 로 나타낸다). ¶ That *must* be false; it cannot be true. 그런 말은 틀림없이 거짓말일 것이다. 참말일 수가 없다 / You *must* have been mistaken; she cannot have done so. 네가 잘못 생각했을 것이다. 그녀가 그런 짓을 했을 리가 없어 / You *must* have graduated from the university by then. 그때쯤이면 틀림없이 너는 대학을 졸업했을 것이다.

7 (과거의 일) 유감스럽게도 (공교롭게도) …했다. ¶ Just I was dropping off, a door *must* bang. 마침 잠이 들려던 참에 패씸하게도 문이 쾅 하고 닫혔다.

8 (고어) 《때로 go, get 따위 앞뒤 문맥으로 보아 쉽게 알 수 있는 동사를 생략하고 쓴다》 가다, 타다 [따위]. ¶ We *must* away. 우리는 떠나야 한다.

—— *n.* 절대 필요한 것, 반드시 읽어야 (보아야, 들어야) 할 것. ¶ The Statue of Liberty is a *must* in New York. 자유의 여신상은 뉴욕에서는 꼭 한번 보아야 합니다 / The concert is a *must* for me. 그 연주회는 나로선 절대 놓칠 수 없다.

—— *adj.* 절대로 필요한, 요긴한 (vital), 없어서는 안 될, 불가결의 (essential). ¶ a *must* book 필독서(必讀書) / *must* clothing 꼭 필요한 옷가지.

must[2] [mʌst] *n.* ⓤ 발효 전의 과즙; 새로 담근 포도주 (new wine).

must[3] [mʌst] *n.* ⓤ 곰팡이, 곰팡내 남. —— *vi.* 곰팡이 슬다.

must[4] [mʌst] *n., adj.* = musth. [이 슬다.

***mus·tache, (주로 英) mous-** [mʌ́stæʃ, məstǽʃ / məstɑ́ːʃ] *n.* 코밑 수염; [동물의] 수염. *cf.* beard, whisker.

mus·ta·chio [məstɑ́ːʃou] *n.* (*pl.* **-chios**) = mustache.

mus·tang [mʌ́stæŋ] *n.* **1** 무스탕 [미국 서남부 평원에 사는 반(半) 야생마]. **2** 《美해군 속어》 수병 출신의 해군 장교.

mústang grape *n.* 알이 작고 껍질 넓은 적포도 [미국 서

***mus·tard** [mʌ́stərd] *n.* ⓤ **1** 겨자. **2** [식물] 겨자(개자, 개채). ¶ black (white) *mustard* 흑(백) 겨자 /

mustard and cress 《英》 개채와 큰다닥냉이[샐러드용].
3 《美속어》 매운 맛(힘)을 더하는 것; 열정(zest).
[*as*] *keen as mustard* ⇨ KEEN.
cut the mustard 《美구어》 기대대로 되다.

mústard gàs *n.* ⓤ 이페리트[제1차 세계 대전에서 독일군이 처음 사용한 독가스].

mústard plàster *n.* 겨자 연고(軟膏).

mústard sèed *n.* ⓤⓒ 개채(겨자)의 씨. ¶ *a grain of mustard seed* 작은 알의 겨자씨; 큰 발전의 근원이 되는 것 [←마태 복음(Matt.) 13 : 31].

*****mus·ter** [mʌ́stər] *vt.* **1** [검열·점호 따위에] …을 소집하다(assemble)(…*in, into*), **2** [용기·힘 따위]를 불러일으키다(…*up*), 모으다(gather). ¶ (~+图+副) *muster up* all one's courage 있는 용기를 다 내다.
— *vi.* [검열·점호 따위를 받으려고] 집합하다; 모이 다.
muster in (*out*) 입대(제대) 시키다.
— *n.* 소집; 점호; 검열; 점호 명부. ¶ *make a muster* 점호(소집)하다. **2** [동물·사람 등의] 떼, 모임, 집합[인원]. **3** 《상업》 견본.
pass muster 검열을 통과하다; 표준에 도달하다; 목적에 알맞다.

múster bòok *n.* 《군대》 점호부.

mus·ter-mas·ter [mʌ́stərmæ̀stər / -mὰːs-] *n.* 선원 명부 기재 담당자, 병원(兵員) 명부 기재 담당 장교.

múster ròll *n.* 병원(선원) 명부(roster).

musth, must [mʌst] *n.* ⓤ [코끼리 수컷 따위의] 암내타기, 발정; ⓒ 발정한 코끼리.

‡**must·n't** [mʌ́snt] must not 의 단축형.

mus·ty [mʌ́sti] *adj.* (**-ti·er, -ti·est**) **1** 곰팡이 슨, 곰팡내 나는. **2** 케케묵은, 시대에 뒤진(antiquated); 진부한(trite). **3** 활기없는; 무감각한. **-ti·ly** *adv.* **-ti·ness** *n.*

mut [mʌt] *n.* 《속어》 1 = mutt. └ *n.*

mu·ta·bil·i·ty [mjùːtəbíləti] *n.* ⓤ 변하기 쉬움, 무상(無常), 변덕.

mu·ta·ble [mjúːtəbl] *adj.* **1** 변하기 쉬운. **2** 변덕스러운(fickle). **~·ness** *n.* **-bly** *adv.*

mu·ta·gen [mjúːtədʒən] *n.* 《생물》 돌연변이 유도물(誘導物).

mu·tant [mjúːtənt] *adj.* 돌연변이의.

mu·tate [mjúːteit / -́-] *v.* (**-tat·ed, -tat·ing**) *vt.* **1** …을 변화시키다. **2** 《생물》 …을 돌연변이시키다. **3** 《음성》 …을 모음변화시키다. — *vi.* **1** 변화하다. **2** [생물] 돌연변이하다. **3** [음성] 모음이 변화하다.

mu·ta·tion [mjuːtéiʃ(ə)n] *n.* **1** ⓤⓒ 변화(change), 변형, 변질(alteration). **2** 《생물》 돌연변이체(mutant). **3** 《음성》모음 변화, 움라우트(umlaut). **4** [인생 등의] 부침, 성쇠(vicissitude).
◇ mútate *v.*, mútative *adj.*

mu·ta·tion·al [mjuːtéiʃ(ə)nəl] *adj.* 변화의; 돌연변이의; 모음 변화의, 영고성쇠(榮枯盛衰)의.

mu·ta·tis mu·tan·dis [mjuːtéitis mjuːtǽndis] 《라틴》 (= necessary things having been made) 필요한 변경을 가하여(with necessary changes).

mu·ta·tive [mjúːtətiv] *adj.* **1** = mutational. **2** [문법] [장소·상태의] 변화를 나타내는.

mute [mjuːt] *adj.* **1** 침묵하는(silent), 무언의. ¶ We were *mute* with wonder. 놀란 나머지 말이 안 나왔다.
2 말로 나타내지 않는, ¶ *a mute* protest 무언의 항의.
3 벙어리의, 말 못하는(⇨ DUMB 類語). **4** [여우사냥] [사냥개가] 짖지 않는. **5** [법률] 침묵의, 답변하지 않는.
¶ *stand mute* of malice 고의로 묵비권을 행사하다. **5** [음성] **a)** [문자가] 묵음(默音)의, 묵자(默字)의. **¶** *a mute letter* 묵자[know 의 k 따위]. **b)** 폐쇄음의(stopped). **6** *mute* consonants 폐쇄 자음[b,d,k 따위].
— *n.* **1** 벙어리. **2** 말하지 않는 사람; [대사 없는] 무언 배우; [법률] 묵비권을 행사하는 피고, 《英고어》 [고용인] 장례식 참가자. **3** [음성] 묵음(默音); 폐쇄음. **4** [음악] [악기에 붙이는] 약음기(弱音器).

— *vt.* (**mut·ed, mut·ing**) …에 약음기를 붙이다; …의 소리를 죽이다. **~·ly** *adv.* **~·ness** *n.*

*****mu·ti·late** [mjúːt(i)lèit] *vt.* (**-lat·ed, -lat·ing**) **1** [사람·동물]의 손발을 잘라내다, [손발]을 잘라내다; …을 불구자로 만들다(maim). **2** [저작물 따위]를 [일부 삭제하여] 망쳐놓다, 골자를 빼버리다, 불완전하게 만들다.
◇ mutilátion *n.*

mu·ti·la·tion [mjùːt(i)léi(ə)n] *n.* ⓤⓒ **1** [손발 따위의] 절단, 불구. **2** 훼손, 불완전.

mu·ti·la·tor [mjúːt(i)lèitər] *n.* 절단(훼손)자.

mu·ti·neer [mjùːt(i)níər] *n.* 반항(반란)자, 폭도.
— *vi.* 《고어》 = mutiny.

mu·ti·nous [mjúːt(i)nəs] *adj.* 반항(반란, 폭동)의; 반항적인(rebellious). **-ly** *adv.* **~·ness** *n.*

*****mu·ti·ny** [mjúːt(i)ni] *n.* ⓤⓒ (*pl.* **-nies**) 반항, 반란, 모반(謀反), 폭동(⇨ REVOLUTION 類語) [특히 군대에서] 상관에 대한 저항. — *vi.* (**-nied, -ny·ing**) 반란을 일으키다; 상관에게 반항하다(revolt)(*against*…).
◇ mútinous *adj.*

mut·ism [mjúːtiz(ə)m] *n.* ⓤ **1** 벙어리 (dumbness), **2** [정신 의학] 무언증(無言症), 함묵증(緘黙症).

mu·to·scope [mjúːtəskòup] *n.* [초기의 요지경식(式)] 활동 사진 영사기. └ 《바보(fool).

mutt [mʌt], (**mut**) *n.* 《속어》 **1** 잡종개 (mongrel).

‡**mut·ter** [mʌ́tər] *vi.* **1** 중얼거리다, 속삭이다, 투덜투덜[불평]을 말하다 (grumble) (*against, at, to*…). ⇨ MURMUR 類語. ¶ (~+ 前 + 图) *mutter against* a person (*at* something) 남에게[어떤 일에] 불평을 말하다. **2** [천둥 따위가] 나지막하게 울리다. — *vt.* …을 중얼거리다, 투덜거리다. ¶ (~ + 前 + 图) *mutter threats at* a person 남에게 접 주는 말을 중얼거리다. — *n.* 중얼거림, 속삭임; 투덜거림; 불평(grumbler).

mut·ter·er [mʌ́tərər] *n.* 속삭이는 사람; 불평자(grumbler).

‡**mut·ton** [mʌ́tn] *n.* ⓤ [식용] 양고기. *cf.* lamb; ⓒ 《살》 양.
[*as*] *dead as mutton* 완전히 죽은; 아주 쇠퇴하여.
eat (or *take*) *one's mutton with* …와 식사를 함께 하다.
to return to one's muttons 본론으로 돌아가다.
◇ múttony *adj.*

mut·ton·chop [mʌ́tntʃὰp / -tʃɔ̀p] *n.* **1** 양의 옆구리 고기 토막. **2** (~s) (= múttonchòp whískers) 양고기 모양의 구레나룻[위는 좁고 아래가 넓다].

mut·ton·fish [mʌ́tnfìʃ] *n.* (*pl.* ~**fish** or ~**fish·es**) 물퉁돔의 일종.

mútton físt *n.* 《속어》 우둘두둘한 주먹(손).

mútton hàm *n.* ⓤ《주로 스코》 양고기 햄.

mut·ton·head [mʌ́tnhèd] *n.* 《구어》 바보, 멍청이(stupid).

mut·ton·y [mʌ́tni] *adj.* 양고기의, 양고기 같은.

*****mu·tu·al** [mjúːtʃuəl; 英 -tju(ə)l-] *adj.* **1** 서로의; 서로 관계가 있는. ¶ *mutual* aid (understanding) 상호 부조(이해) / *mutual* insurance 상호 보험 / by *mutual* consent 합의에 의하여. **2** 공통의, 공동의.
[類語] *mutual* 서로 상대편에 대하여 감정·책임 따위가 해 관계를 가지고 있는: *mutual* affection 서로 품고 있는 애정. *reciprocal* 한쪽이 주는 것과 동등한 가치의 것을 다른 한쪽에게도 주는: *reciprocal* promises 서로 나누는 같은 내용의 약속. *common* 어떤 그룹에 공통된(* 이런 뜻으로 mutual 을 쓸 때도 있다): our *common* (= *mutual*) friends 우리 공통의 벗.
◇ mutuálity *n.*

mútual fùnd *n.* 개방형 투자 신탁.

mu·tu·al·ism [mjúːtʃuəlìz(ə)m, +英 -tju(ə)l-] *n.* ⓤ **1** 상호 부조론(주의). **2** 《생물》 《종류가 다른 생물간의》 상리 공생(相利共生).

mu·tu·al·ist [mjúːtʃuəlist, +英 -tju(ə)l-] *n.* **1** 상호 부조론(주의)자. **2** 공생 (共生) 동물.

mu·tu·al·i·ty [mjùːtʃuǽləti / -tju-, -tʃu-] *n.* ⓤ 상호 관

mu·tu·al·ly [mjúːtʃuəli, +英 -tju(ə)li] *adv.* 서로, 상호간에; 공동(공통)으로.

Mútual Secúrity Áct *n.*《美》[대외 원조의 기본이 되는] 상호 안전 보장법[略 MSA].

mu·tu·el [mjúːtʃuəl / -tju-] *n.* =pari-mutuel.

mu·tule [mjúːtʃuːl / -tjuːl] *n.*【건축】뮤튤[도리아식(式) 처마 장식].

muu-muu [múːmùː] *n.* 무무[낙낙하고 편한 부인복]. (<Hawaiian cut off: 원래는 안에 대는 겉옷(yoke)을 대지 않았던 데서)

mux [mʌks]《주로 뉴잉글랜드》*vt.* …을 망쳐놓다, 흘뜨리다, 더럽히다. — *n.* 혼란, 난잡(mess).

MUX [mʌks] *n., adj.*【컴퓨터】다중(多重)[의]. (<multiplex)

Mu·zak [mjúːzæk] *n.*《상표명》뮤잭[사무실·공공 장소·여객기 따위의 전화 또는 FM 라디오에 의해 전달되는 배경 음악].

mu·zhik, mu·jik [muːʒí(ː)k, -́- / múːʒik] *n.* [제정 러시아의] 농민, 농부 (peasant). (<Russ peasant)

muzz [mʌz]《英속어》*vi.* 열심히 공부하다, 벼락공부를 하다. — *vt.* [머리]를 멍하게 만들다, 혼란시키다, 어리둥절하게 하다.

*muz·zle** [mʌ́zl] *n.* **1**【동물의】비구부(鼻口部), 주둥이. ⇒ COW¹ 그림. **2** 재갈, 입마개. **3** 총구(銃口), 포구(砲口). — *vt.* -zled, -zling) **1** …에 재갈을 물리다. ¶ *muzzle* a fierce dog 맹견에게 재갈을 물리다. **2** [언론]을 억압하다, …의 입을 막다(봉하다) (gag).

muz·zle-load·er [mʌ́zllòudər] *n.* 전장총(前裝銃), 전장포.

muz·zle-load·ing [mʌ́zllòudiŋ] *adj.* 총구로 탄환을 재는, 전장(前裝)의.

múzzle velócity *n.* Ⓤ【총탄·포탄의】포구(砲口) 속력, 초속(初速).

muz·zy [mʌ́zi] *adj.* (-zi·er, -zi·est)《구어》**1** [머리가] 혼란한 (confused), 머리가 멍한. **2** 흐리멍덩한, 음울한; 나쁜. -zi·ly *adv.* -zi·ness *n.*

MV 《略》megavolt[s].

M.V. 《略》*motor vessel* (발동기선).

MVD, M.V.D. 《略》*Ministerstvo Vnutrennikh Del* (소련 내무성). (<Russ Ministry of Internal Affairs)

M.V.O. 《略》*Member of the [Royal] Victorian Order.*

MVP 《略》*most valuable player* ([각종 스포츠에서] 최우수 선수).

M.W. 《略》*military works* (군수 공장); *Most Worshipful* (각하); *Most Worthy* (각하).

MWA 《略》*Mystery Writers of America* (미국 탐정 소설 작가 클럽); *Modern Woodmen of America.*

MWS 《略》[컴퓨터] *management work station* (관리자용 단말 장치).

MX [èméks] *n.*【美軍】엠엑스, 차기(次期) ICBM [대형 핵 미사일 Peacekeeper의 개발 단계에 있어서의 가칭(假稱)]. (<*m*issile, *ex*perimental)

Mx. 《略》*Middlesex.*

‡**my** [보통 mai, 약 mi] *pron.*《I의 소유격》**1** 나의. ¶ *my* father 나의 아버지 / *my* composition 내가 지은 작문 / *my* train 내가 타고 있는 기차 / *my* own car 내[소유의] 차. **2**《친밀감을 나타내는 호칭으로》¶ *my* friend 여보게, 이사람 / *my* dear 여보 / *my* dear Tom 톰군(君) / *my* son 애야. — *interj.*《구어》(놀람을 나타내어) ¶ *My!=My* eye!=*My* goodness!=Oh *my!* 이런!, 저런!, 어머나! / *My,* what a beautiful flower! 야!, 정말 예쁜 꽃이네!

my- ⇒ MYO-.

my·al·gi·a [maiǽldʒ(i)ə] *n.* Ⓤ【병리】근통(筋痛), 근육 류머티즘 (muscular rheumatism).

my·all [máiɔːl] *n.* 아카시아[오스트레일리아산(産)].

My·an·mar [mijánmɑːr] *n.* 미얀마[1989년에 개정된 Burma의 새 국명; 정식 명칭은 the Union of Myanmar].

my·ce·li·um [maisíːliəm] *n.* (*pl.* **-li·a** [-liə]) 균사(菌糸).

My·ce·nae [maisíːni(ː)] *n.* 미케네[그리스의 옛 도시].

My·ce·nae·an [màisiníːən], (**My·ce·ni·an** [maisíːniən]) *adj.* 미케네(Mycenae)의; 미케네 문화의.

myco- fungus (균)의 뜻의 연결형 (*모음 앞에서는 myc-를 쓴다). 예: *myco*logy, *myc*elium.

my·co·log·ic [màikəlɔ́dʒik/-lɔ́d-], **-i·cal** [-ik(ə)l] *adj.* 균학(菌學)의, 균류학(菌類學)의.

my·col·o·gist [maikɔ́lədʒist / -kɔ́l-] *n.* 균[류]학자.

my·col·o·gy [maikɔ́lədʒi / -kɔ́l-] *n.* Ⓤ **1** 균[류]학. **2** [어떤 특정 지역의] 균군(菌群), 균의 생태.

my·co·plas·ma [màikoːuplǽzmə] *n.* (*pl.* **-mas, -ma·ta**) 《세균》마이코 플라스마[바이러스와 세균의 중간 성질을 가진 미생물로서 호흡기 감염병을 유발시킨다].

my·co·sis [maikóusis] *n.* Ⓤ【병리】사상균(絲狀菌).

my·e·lin [máiəlin], **-line** [-lìːn] *n.*【해부】미엘린 [수초(髄鞘)를 구성하는 지방질 물질], 골수엽.

my·e·li·tis [màiəláitis] *n.* Ⓤ【병리】척수염(脊髄炎).

myg. 《略》myriagram[s].

my·na, my·nah [máinə] *n.* 구관조(九官鳥) (hill-myna).

Myn·heer [mainhɛ́ər, -hɛ́ər] *n.* **1** Sir, Mr.에 해당하는 네덜란드의 경어. **2** (m-) 네덜란드 사람 (Dutchman).

myo- muscle (근육)의 뜻의 연결형 (*모음 앞에서는 my-를 사용). 예: *myo*cardium, *my*algia.

MYOB 《略》*M*ind *y*our *o*wn *b*usiness (참견 마라).

my·o·car·di·al [màio(u)káːrdiəl] *adj.* 심근(心筋)의.

my·o·car·di·tis [màio(u)kɑːrdáitis] *n.* Ⓤ 심근염.

my·o·car·di·um [màio(u)káːrdiəm] *n.* (*pl.* **-di·a** [-diə])【해부】심근[층].

my·ol·o·gy [maiɔ́lədʒi / -ɔ́l-] *n.* Ⓤ 근학(筋學) [해부학의 한 분야].

my·ope [máioup] *n.* 근시안(近視眼)인 사람.

my·o·pi·a [maióupiə] *n.* Ⓤ (안과) 근시. *cf.* hypermetropia

my·op·ic [maiápik / -ɔ́p-] *adj.* 근시(근안)의.

my·o·py [máiəpi] *n.* =myopia.

my·o·sis [maióusis] *n.* (의학) =miosis.

my·o·sote [máiəsòut] *n.* =myosotis. [물].

my·o·so·tis [màio(u)sóutis] *n.* 물망초 [속(属)]의 식

my·ot·ic [maiátik / -ɔ́t-] *adj., n.* =miotic.

myria- ten thousand (1만)의 뜻의 연결형. 예: *myria*gram.

*myr·i·ad** [míriəd] *n.* **1** 무수; 매우 많은 사물(사람). ¶ a *myriad* (or *myriads*) of insects 무수히 많은 벌레. **2** 1만 (ten thousand), 1만인(개). — *adj.* **1** 무수한 (innumerable). **2** 1만의.

myr·i·ad-mind·ed [míriədmáindid] *adj.* 모든 일에 정통한, 재간이 무궁무진한.

myr·i·a·gram, 《주로 英》**-gramme** [míriəgræm] *n.* 미리아 그램[1만 그램].

myr·i·a·li·ter, 《주로 英》**-tre** [míriəlìːtər] *n.* 미리아 리터[1만 리터]. [리아 미터[1만 미터].

myr·i·a·me·ter, 《주로 英》**-tre** [míriəmìːtər] *n.* 미

myr·i·a·pod [míriəpàd / -pɔ̀d] *n.* 다족류(多足類)의 동물. *adj.* 다족[류]의.

myrio- countless (무수한)의 뜻의 연결형. 예: *myrio*rama.

myr·i·o·ra·ma [mìrio(u)rǽmə / -ráːmə] *n.* 미리오라마, 만경화(萬景畫) [작은 그림을 많이 결합하여 아름다운 경관을 나타낸 것].

Myr·mi·don [mə́ːrmidàn, -d(ə)n / -d(ə)n, -dɔ̀n] *n.* (*pl.* **-mi·dons** *or* **-mid·o·nes** [-mə:rmídəniːz]) **1** [그리스 신화] 뮈르미돈 [아킬레스(Achilles)를 따라 트로이

(Troy) 전쟁에 참전한 호전적인 테살리아(Thessaly) 사람). **2** (m-) [명령이면 가차없이 실행에 옮기는] 수하, 부하, 심복, 앞잡이, 호위꾼.

myrrh [mə́ːr] n. ⓤ 미르라, 몰약(沒藥) [동아프리카, 아라비아산(産) 수지(樹脂)의 일종으로 향료·약제로 사용].
myrrh·ic [mə́ːrik, míːr-] adj. 몰약의.
myrrh·y [mə́ːri] adj. 몰약 냄새가 나는.
***myr·tle** [mə́ːrtl] n. **1** 도금양(桃金孃) [남유럽산(産)의 방향성(芳香性)의 상록 관목]. **2** 《美》 빈카(periwinkle).
mýrtle wáx n. ⓤ 소귀나무(wax myrtle)에서 채취한 밀랍(蜜蠟).
‡**my·self** [maisélf, məsélf, + 자음 mi-] pron. (pl. ourselves) **1** (강조용법) 나 자신. a) (I, me와 동격으로) ¶ I myself told him. 나 자신이 그에게 말했다. b) (I, me 대신에) ¶ He is not so tall as myself. 그는 나만큼 키가 크지 않다 / My sister and myself will be glad to come. 누이하고 나하고 기꺼이 가겠습니다. c) (전치사의 목적어로서) ¶ He asked me for a picture of myself. 그는 나의 사진을 달라고 했다. **2** (재귀용법) 나 자신을 (에게). ¶ I hid myself there. 나는 거기에 숨었다 / I bought myself a watch. 나는 내 시계를 샀다. **3** 정상적인 나, 여느때의 나. ¶ I am not myself. 나는 지금 몸이 (머리가) 이상하다 / I came to myself soon. 나는 곧 내 정신으로 돌아왔다, 나는 곧 정신을 차렸다.
by myself ⇨ ONESELF. **for myself** ⇨ ONESELF.
my·so·pho·bi·a [màisəfóubiə / -bjə] n. [정신 의학] 불결 공포증.
myst. (略) mysteries; mystery.
mys·ta·gog·ic [mìstəgádʒik / -gɔ́dʒ-] adj. 비법(祕法) 해명의, 비법 전수의(傳授).
mys·ta·gogue [místəgɔ̀ːg, -gàg / -gɔ̀g] n. (고대 그리스의 엘레우시스(Eleusis)의 제전 따위의) 비법 해명(전수)자.
‡**mys·te·ri·ous** [mistí(ː)riəs / -tíər-] adj. **1** 신비로운. **2** 분명치 않은, 모호한; 불가사의, 불가해한(inexplicable). **3** 수수께끼 같은, 수상한, 까닭이 있는 듯한. ¶ a mysterious smile 수수께끼 같은 미소.
類語 **mysterious** 설명·해결이 안 되기 때문에 호기심·놀람을 자아내는: a mysterious crime 괴이한 범죄. **mystic** 숨은 뜻이나 영적(靈的)인 힘을 가진: mystic rites 비법(밀교)의 의식. **inscrutable** 그 뜻을 어떻게 해석할 것인지 몰라 곤혹감·패배감을 갖게 하는: his inscrutable intention 그의 헤아릴 수 없는 의도.
~·ly adv. ~·ness n. ◇ mýstery n.
‡**mys·ter·y**¹ [místər]i] n. (pl. -ter·ies) **1** ⓒ ⓤ 신비, 불가사의, 비밀; 불명확성; 신비스러운(불가사의한) 사물(사람). ⇨ PUZZLE 類語 ¶ the mysteries of nature 자연의 신비 / It is a mystery to us. 그것은 우리에겐 불가해하다. **2** 비결, 비법, 비전(祕傳). **3** (종교상의) 진리. **4** (기독교) 비의(祕義), 비적(祕蹟); 성찬(Eucharist); 성체식 ; (그리스도의 생애의) 신비스러운 사건; (-teries) 성체식(聖體). **5** (-teries) (고대 종교의) 비의(祕義), 비법; (비밀 결사 따위의) 비밀 의식. **6** a) (= mýstery pláy) 기적극(奇蹟劇). b) (= mýstery stóry) 괴기(추리·탐정) 소설, 미스터리.
make a mystery of …을 비밀로 하다.
◇ mystérious adj.
mys·ter·y² [místər]i] n. (pl. -ter·ies) (고어) 직업, (손으로 하는) 일 (craft); 동업 조합 (guild). ¶ the art and mystery of …의 기술과 수공에 (手工藝) [연한증서 (年限證書)에 쓰던 문구].
mýstery bòat (shìp) n. = Q-boat.
mýstery plày n. = mystery¹ 6 a).
mýstery tòur n. 행선지를 미리 알려 주지 않는 유람 여행.
mýstery vòice n. (라디오) 수수께끼 소리.
*****mys·tic** [místik] adj. **1** 비둘기가 성령(聖靈)을 상징하는 경우 따위의) 정신적(영적)인 뜻이 있는. **2** 비술(祕術)의, 비법의, 비전의. **3** 신비적인, 불가사의한 (⇨ MYSTERIOUS 類語); 수수께끼 같은 (enigmatic). **4** 신비론(주의)의. ─ n. 비법을 전수받을 사람, 신비론(주의)자. ◇ mýstify v.
***mys·ti·cal** [místik(ə)l] adj. **1** 초자연적인 (occult). **2** 영감(신비적 경험)에 의한; 신비론(주의)(자)[의]. **3** 정신적(영적) 상징의. **4** (드물게) 불가사의한 (mysterious). ~·ly [-kəli] adv. ~·ness n. ◇ mýstify v.
mys·ti·cism [místisìz(ə)m] n. ⓤ 신비주의, 신비설. **2** 모호한 사고(사변), 터무니없는 신념.
mys·ti·fi·ca·tion [mìstifikéiʃ(ə)n] n. ⓤ (사람의 마음을) 혼미하게 하기; 신비화; ⓤ 속임.
mys·ti·fy [místifài] vt. (-fied, -fy·ing) **1** …의 마음을 혼미하게 하다, 당혹시키다 (bewilder), 얼떨떨하게 만들다. **2** …을 신비화하다, 불가해하게 만들다.
mys·ti·fy·ing·ly [místifàiiŋli] adv. (사람의 마음을) 혼미하여 하듯이; 신비하게.
mys·tique [mistíːk] n. **1** (교의·신앙 따위의) 신비성, 신비로운 분위기. **2** (직업상의) 비기(祕技), 비법.
‡**myth** [miθ] n. **1** (개개의) 신화, ⓤ(집합적) 신화. cf. legend ¶ the Greek myths 그리스 신화. **2** 지어낸 이야기(일), 우화(allegory), 신화적인(근거없는) 통념. **3** 신화적 인물(사물), 가공의 인물(사물).
◇ mýthic, mýthical adj.
myth. (略) mythological; mythology.
myth·ic [míθik], **-i·cal** [-ik(ə)l] adj. **1** 신화의, 신화적의. **2** 가상적인, 상상의 (imaginary), 가공의, 허구의. **-i·cal·ly** [-ikəli] adv.
myth·i·cism [míθisìz(ə)m] n. ⓤ 신화적인 해석; 신화설, 신화주의.
myth·i·cist [míθisist] n. 신화설(주의)자.
myth·i·cize [míθisàiz] (*《英》에서는 myth·i·cise로도 쓴다) vt. (-cized, -ciz·ing) …을 신화화하다, 신화로 다루다; 신화적으로 해석하다.
myth·mak·er [míθmèikər] n. 신화 창조자.
mytho- 'myth'의 뜻의 연결형. 예: mythographer.
my·thog·ra·pher [miθágrəfər / -θɔ́g-] n. 신화 작가.
my·thog·ra·phy [miθágrəfi / -θɔ́g-] n. **1** 신화집. **2** 신화 예술 [신화를 조각·회화 따위로 표현하는 예술].
mythol. (略) mythological; mythology.
myth·o·log·i·cal [mìθəládʒik(ə)l / -lɔ́dʒ-], **(myth·o·log·ic** [-ik]) adj. 신화의; 신화학의; 상상의, 가공의. **-i·cal·ly** [-ikəli] adv.
my·thol·o·gize [miθálədʒàiz / -θɔ́l-] v. (-gized, -giz·ing) vi. 신화를 분류(설명)하다, 신화에 관하여 쓰다; 신화를 만들다(이야기하다). ─ vt. …을 신화로 만들다. (=mythicize) (mythicize).
***my·thol·o·gy** [miθálədʒi / -θɔ́l-] n. ⓤⓒ (pl. -gies) **1** (특정의 민족 또는 개인의) 신화, 《집합적》 신화 (myths). **2** A goddess in the Roman mythology 로마 신화의 여신.
◇ mytholǵical adj., mýthologize v.
myth·o·poe·ic [mìθəpíːik] adj. 신화를 짓는(만들어 내는).
my·thos [máiθɑs, mi- / -θɔs] n. (pl. my·thoi[-θɔi]) **1** (사회) 뮈토스 [특정 집단·사회를 특징짓게 하는 신앙이나 가치관]. **2** (예술작품의) 구상, 모티프(motif). **3** 신화(myth); 신화 체계(mythology). [<Gk]
myx·a·de·ni·tis, myx·oe- [mìksidí:mə] n. ⓤ (병리) 점액 수종(粘液水腫).
myxo- mucus, slime 의 뜻의 연결형 (*모음 앞에서는 myx-). 예: myxomatosis.
myx·o·ma [miksóumə] n. (pl. -mas or -ma·ta [-mətə]) (병리) 점액종(粘液腫).
myx·o·ma·to·sis [mìksou(u)mətóusis, +美 miksòumə-] n. ⓤ (병리) 점액종증(症); 점액 변성(變性).

N

N, n [en] *n.* (*pl.* **N's** *or* **Ns**; **n's** *or* **ns**) **1** 영어 알파벳의 열넷째 자. ¶ N for Nancy Nancy 의 N[국제 전화 통화 용어]. **2** N(n)이 나타내는 소리. **3** [연속된 것 중의] 열 네 번째 사람(물건). **4** N(n)자 형[의 것]. **5** [수학] 부정 정수(不定整數) (indefinite number)의 기호. **6** [로마 숫자어] 90.
N 《略》《서양장기》 knight.
N 《화학》 nitrogen 의 원자 기호.
N, N., n, n. 《略》 north, northern.
'n [n] *conj.* 《구어》 **1** and 의 단축형. ¶ Stop 'n listen. 그만 하고 이야기 들어요. **2** than 의 단축형.
-n *suf.* =-en.
N- 《略》 nuclear(핵(核))의.
n. 《略》 [라틴] *natus* (=born); nephew; net; noun;
N. 《略》 Norse; November.   note; number.
N., n. 《略》 navy; neuter; new; nominative; noon; 《화학》 normal.
na [nə] 《주로 스코》 *adv.* **1** =no. **2** =not (* 보통 조동사와 함께 wouldna 의 꼴로 사용). —— *conj.* =nor.
Na 《화학》 sodium(=natrium)의 원자 기호.
n/a 《은행》 no account (거래 없음).
N.A. 《略》 *N*ational *A*cademician; *N*ational *A*cademy; *N*ational *A*rmy; *N*aval *A*cademy; *N*orth *A*merica.
NAA 《略》 *N*ational *A*eronautic *A*ssociation(전미 비행사 협회); *N*ational *A*ssociation of *A*ccountants(전미 회계사 협회); *N*ational *A*utomobile *A*ssociation(전미 자동차 협회).
NAACP, N.A.A.C.P. 《略》 *N*ational *A*ssociation for the *A*dvancement of *C*olored *P*eople (미국 흑인 지위 향상 협회).
NAAFI 《略》《英》*N*avy, *A*rmy and *A*ir *F*orce *I*nstitute(군인용 매점).
NAAU 《略》 *N*ational *A*mateur *A*thletic *U*nion(미국 아마추어 체육 연맹).
nab¹ [næb] *vt.* (**nabbed, nab·bing**)《구어》 **1** [물건]을 거머잡다, (재빨리) 붙잡다; …을 잡아 (낚아) 채다 (snatch). **2** [특히] [범인]을 잡다, 체포하다 (arrest).
nab² [næb] *n.* ⓤ 알코올을 뺀 맥주.
  《< *no-alcohol beer*》
NAB, N.A.B. 《略》 *N*ational *A*ssociation of *B*roadcasters(미국 방송가 협회).
nabe [neib] *n.* 《美속어》 근처의 영화관.
na·bob [néibab/-bɔb] *n.* **1** [인도 등 동양 여러 나라에서] 한 재산 모은 사람 (* 특히 유럽인을 말한다); [일반적으로] 큰 부자, 권세가. **2** [인도의 무굴(Mogul) 제국 시대의] 태수(太守) (nawab); 그 애칭.
na·bob·er·y [néibəbəri/-bɔb-] *n.* ⓤ 갑부의 기질, 갑부티.   ꜀풍.
na·bob·ism [néibəbìz(ə)m/-bɔb-] *n.* ⓤ 벼락 부자
Na·both [néibɔθ/-bɒθ] *n.* 《성서》 나봇 〔아합(Ahab)왕이 그의 포도원을 원했는데도 응하지 않았던 까닭에 맞아 죽었다; ←열왕기(上) (1 Kings) 21〕.
Náboth's víneyard *n.* 나봇의 포도원; 〔일반적으로〕 어떻게 해서라도 꼭 갖고 싶어하는 물건.
NAC 《略》 *N*ational *A*dvisory *C*ouncil on *I*nternational *M*onetary and *F*inancial *P*roblems(국제 통화금융 문제 국가 자문 위원회).
NACA, N.A.C.A. 《略》 *N*ational *A*dvisory *C*ommittee for *A*eronautics(《美》 미국 항공 자문 위원회).

nac·a·rat [nǽkərӕt] *n.* ⓤ **1** 밝은 주황색. **2** 〔여성 복용의〕 주황색 린네르 또는 크레이프 천.
na·celle [nəsél/næ-] *n.* **1** 나셀〔비행기·비행선의 기관실·승객실〕. **2** 〔기구(氣球)의〕 조롱(吊籠) (car).
na·chos [náːtʃouz] *n.* 나초〔치즈를 녹여 옥수수나 기름에 튀겨 만든 콩 따위를 얹어 구운 멕시코 요리〕.
na·cre [néikər] *n.* **1** 진주층(眞珠層). **2** 진주층이 있는 조개.
na·cred [néikərd] *adj.* 진주층으로 덮인, 진주층과 같
na·cre·ous [néikriəs] *adj.* **1** 진주층의(과 같은). **2** 진주층이 있는. **3** 〔진주와 같은〕 광택이 나는.
Na·der·ism [néidəriz(ə)m] *n.* ⓤ 〔미국 Ralph Nader의〕 소비자 보호 운동.
NADGE, Nadge [næ(ː)dʒ] *n.* 나지〔나토 가맹국의 자동 방공 경계 관제 조직〕. 〔<*N*ato *A*ir *D*efense *G*round *E*nvironment〕
na·dir [néidər, -diər] *n.* **1** 〔천문〕 천구(天球)상의 천저(天底). *opp.* *zenith* **2** 〔비유적〕 밑바닥, 구렁텅이 (lowest point); 침체기(沉滯期).
  at the nadir of …의 구렁텅이에서.   ꜀no.
nae [nei] 《스코》 *adv.* **1** =no. **2** =not. —— *adj.* =
NAEB 《略》 *N*ational *A*ssociation of *E*ducational *B*roadcasters(전미 교육 방송자 협회).
nae·vus [níːvəs] *n.* (*pl.* **-vi** [-vai]) 〔주로 英〕〔의학〕 =nevus.   ꜀구닥다리의.
naff [næf] *adj.* 《속어》 취미가 좋지 못한, 신통치 않은;
NAFTA, Nafta [nǽftə] *n.* 북미 자유 무역 협정〔미국·캐나다·멕시코 3국의 자유 무역 협정; 1994년 1월 발효〕. 〔<*N*orth *A*merican *F*ree *T*rade *A*greement〕
nag¹ [næg] *v.* (**nagged, nag·ging**) *vt.* 〔남〕을 잔소리로 괴롭히다, 귀찮게 볶아치다. —— *vi.* **1** 끊임없이 잔소리하다, 귀찮게 볶아치다(*at* …). **2** 끊임없이 고통을 주다(*at* …). —— *n.* **1** 귀찮게 잔소리(불평)하는 사람, 〔특히〕 잔소리가 심한 여자 (nagger). **2** 귀찮게 잔소리를 하기].
nag² [næg] *n.* 사람이 타는 작은 말, 조랑말 (pony); 늙은 말, 보잘것없는 (쓸모없는) 말; 《속어》 경주마.
na·ga·na [nəgɑ́ːnə] *n.* ⓤ 《獸醫》 나가나병 〔체체파리의 매개로 남아프리카의 일부에서 발생하는 가축의 열병〕.   ꜀을 하는 사람.
nag·ger [nǽgər] *n.* 잔소리가 심한 사람, 불평〔잔소리〕
nag·ging [nǽgiŋ] *adj.* 끊임없이 잔소리하는, 성가시게 잔소리를 늘어놓는. —— *n.* 성가신 잔소리. **~·ly** *adv.*
nag·gy [nǽgi] *adj.* (**-gi·er, -gi·est**) =nagging.
Na·hal [nɑːhɑ́ːl] *n.* 나할 〔이스라엘의 병사들이 경작하는 농작〕.
Na·hua·tl [nɑ́ːwɑːtl] *n.* (*pl.* **-tls** *or* **-tl**) **1** 나와족(族). **2** ⓤ 나와 어족(語族) 〔멕시코 남부와 중미 일대에 거주하는 아즈텍(Aztec)족을 포함한 인디언 Uto-Aztecan 어족(語族)〕; 나와말. —— *adj.* 나와족의; 나와어의.
Na·hum [néihəm] *n.* 《성서》 **1** 나훔 〔기원전 7세기 무렵의 히브리 예언자〕. **2** 〔구약 성서 중의〕(書).
nai·ad [néiæd, nái-/nái-] *n.* (*pl.* **-ads** *or* **-a·des** [-ədìːz]) **1** 〔때로 N-〕〔그리스·로마 신화〕 나이아드(water-nymph) 〔님프, 물의 요정〕. **2** 수영을 잘하는 소녀. **3** 나자스말속(屬)의 수초의 일종.
na·if, na·if [nɑːíːf] *adj.* =naïve.
‡**nail** [neil] *n.* **1** 못. ¶ drive (*or* hammer) a *nail* into

a board 판자에 못을 박다/pull out (or draw out) a nail 못을 빼다. **2** [해부] 손톱, 발톱. *cf.* claw, talon ¶ pare (or cut, trim) one's *nails* 손(발)톱을 깎다. **3** 네일 [옛날 피륙의 길이를 재던 단위. 약 5.715cm].
[*as*] **hárd as náils** ①[몸이] 매우 건강한. ②[성격이] 매우 냉혹한(매정한).
[*as*] **ríght as náils** 똑바른; 올바른; 딱 들어맞는.
[*dówn*] *on the náil* [구어] ① 그 자리에서, 즉석에서 (on the spot). ¶ pay *on the nail* 맞돈으로 지불하다. ② 문제가 되어 있는, 논의중인. ¶ the subject *on the nail* 토의중인 문제.
hít the [**ríght**] **náil on the héad** 적절한 말(행동)을 하다, 요점(핵심)을 찌르다, 바로 맞히다.
a náil in *one's* **cóffin** 목숨을 줄이는 원인이 되는 것. ¶ Every glass of spirits you take is *a nail in your coffin.* 네가 마시는 술 한 잔 한 잔이 너의 수명을 줄인다.
to the náil 철저하게, 완벽하게.
— *vt.* **1** …을 못으로 박다, 못을 박아 붙이다(… *on, to*). ¶ (~+目+前+名) *nail* the cover *on* a box *of* apples 사과 상자에 뚜껑을 못박다 // (~+目+副) *nail* down a window 창문을 [열지 못하게] 못박다 / *nail* goods *up* in a box 물건을 상자에 넣고 못질을 하다. **2** [신발 따위]에 못(징)을 박다. ¶ I had my shoes *nailed.* 나는 구두에 징을 박게 했다. **3** [한 장소에] …을 고정시키다; [시선·주의 따위]를 한 곳에 집중시키다(쏟다) (fix) (… *to, on*). ¶ (~+目+前+名) *nail* one's eyes *on* the screen 화면에서 눈을 떼지 않고 지켜보다/Surprise *nailed* him *to* the spot. 그는 놀란 나머지 그 자리에 못박힌 듯이 서 있었다. **4** [구어] **a)** [도둑 따위]를 붙잡다. **b)** [거짓 따위]를 들추어 내다; [부정 따위]를 찾아내다(detect). **c)** 〈속어〉…을 때리다(hit). **d)** …을 훔치다(steal).
náil a líe to the cóunter 증거를 들어 거짓을 폭로하다.
náil dówn ①…을 못박아 붙이다. ⇨ *vt.* **1**. **2** [약속 따위]를 꼼짝 못하게 하다. ¶ *nail* a person *down* to his promise 남을 어김없이 약속을 지키게 하다. ③〈속어〉…을 확정시키다, 최종적으로 해결하다.
náil togéther …을 마구 아무렇게나 못질하여 두들겨 만들다.

náil-bit·ing [néilbàitiŋ] *n.* ⓤ 욕구 불만(불안 따위로) 손톱을 물어 뜯는 버릇; 〈구어〉욕구 불만, 불안, 초조; 정돈(整頓) 상태, 정체. — *adj.* 걱정하게(불안하게) 하는.

náil bòmb 못 폭탄(다이너마이트 막대기 둘레에 못을 감은 수제(手製) 폭탄).
nail·brush [néilbrʌ̀ʃ] *n.* [매니큐어용] 손톱 솔.
náil clìppers *n. pl.* 손톱깎이.
nail·er [néilər] *n.* **1** 못 제조인(nail-maker). **2** 못질 하는 사람, 자동 못질 기계. **3**〈속어〉…에 솜씨 뛰어난 명수, 명인; [일 따위에] 열심인 사람.
nail·er·y [néiləri] *n.* (*pl.* **-er·ies**) 못 제조소.
náil fìle *n.* 손톱 다듬는 줄.
nail·head [néilhèd] *n.* **1** 못대가리. **2** 못대가리 모양.
nail·head·ed [néilhèdid] *adj.* 못대가리 모양의.
nail·ing [néiliŋ] *adj., adv.* 못을 박는 데 쓰는; 〈속어〉 훌륭한(하게), 멋진. ¶ a *nailing* (good) day 멋진 날.
nail·less [néillis] *adj.* 손(발)톱이 없는; 못이 안박힌.
náil pòlish (**várnish**) *n.* ⓤ 매니큐어 액(液).
náil pùller *n.* 못뽑이.
náil scìssors (**nìppers**) *n. pl.* 손톱 가위(깎이).
náil sèt *n.* 못대가리를 처넣는 연장.
nain·sook [néinsuk, -nsə́k-] *n.* ⓤ 네인숙[인도 산의 부드러운 면직물; 속옷·유아복용].
nai·ra [náirə] *n.* 나이라[나이지리아의 통화 단위].
Nai·ro·bi [nairóubi / nàirɔ́(:)-] *n.* 나이로비[동아프리카 케냐(Kenya)의 수도].
nais·sance [néis(ə)ns] *n.* [사람·기구·활동 따위의] 탄생, 태동; 기원; 생성(生成).
na·ïve, na·ive [nɑːíːv] *adj.* **1** 순진한, 천진난만한, (innocent); 순박한; 솔직한. **2** 고지식한, 우직한. **3** 훈련이나 테스트를 받은 적이 없는. **~·ly** *adv.* 〈F *naïf*, *naif*의 여성형〉
na·ïve·té, -ive- [nɑːíːvtei, +美 nɑːìːvtéi, nai-] *n.* **1** ⓤ 순진, 천진난만; 순박성; 솔직성. **2** 순진한(숫된) 언동. 〈F inborn character〉
na·ïve·ty, -ive- [nɑːíːvti] *n.* =naïveté.
NAK(略) [통신] negative *ack*nowledge([텔레타이프에서] 부정 응답[「당신의 통신 내용은 회선 상태가 나빠서 잘 알 수 없습니다」라는 뜻).
‡**na·ked** [néikid] *adj.* **1** 벌거벗은, 나체의 (nude). ⇨ BARE 題意. ¶ the *naked* ape 벌거숭이 원숭이[인류의 별칭]/Savages go *naked.* 야만인은 늘 벌거벗고 산다. **2** [몸의 일부를] 드러낸, 가리지 않은. ¶ with *naked* fists 맨손으로. **3** [나무·가지가] 잎이 없는; [토지가] 초목이 없는, 불모(不毛)의; 덮은 것이 없는, [칼]집이 없는; [방·벽 따위가] 가구(장식물)가 없는 [눈이] 안경·망원경 따위를 쓰지 않는, 맨눈의, 육안의. ¶ a *naked* electric wire 피복(被覆)되지 않은 전선, 나선(裸線) / with the *naked* eye 육안으로. **4** …이 없는, …을 결(缺)한(*of*..). ¶ trees *naked of* leaves 잎이 다 떨어진 벌거숭이 나무/a room *naked of* furniture 가구라고는 없는 방. **5** [비유적] [공격 따위에] 노출된, 무방비의(defenseless); 드러난; 노골적인, 솔직한; 있는 그대로의. ¶ a *naked* vein of coal 노출된 석탄 광맥/*naked* facts 있는 그대로의(적나라한) 사실 // *naked* to laughter 한껏 남의 웃음거리가 되어 있는. **6** [식물] 나출(裸出)의, 덮여(쓰여져, 달려) 있지 않은, 벌거숭이의; [동물] 털(깃, 껍질, 비늘)이 없는, 벌거숭이의. **7** [법률] 증거가 없는, 불완전한. **8** [증권] 리스크가 큰. **~·ly** *adv.* ◇ nákedness *n*.

náked ápe *n.* 인간(a human being). [〈영국의 인류학자 Desmond Morris 작 *The Naked Ape*(발가벗은 원숭이)(1967)〉
náked cáll *n.*〈美〉매도 사람이 보유하지 않은 주식이나 증권을 살 수 있는 선택권.
náked éye *n.* (the~) 육안(肉眼).
na·ked·ness [néikidnis] *n.* ⓤ 벌거숭이, 적나라, 있는 그대로임; 결핍, 빈곤. ¶ the *nakedness* of the land 나라의 틈(허점); [사람·국가 등의] 무력, 무방비 상태[창세기 42:9].
NALGO, Nal·go [nǽlgou] *n.*《英》국가·지방 공무원 협회. 〈<*N*ational *a*nd *L*ocal *G*overnment *O*fficers' Association〉
Nál·line tèst [nǽlin-] *n.* [약학] 마약 길항제(拮抗劑)를 사용하여 중독자의 마약 상용(常用) 여부와 사용량을 조사하는 검사.
NAM, N.A.M.(略) *N*ational *A*ssociation of *M*anufacturers(미국 제조업자 협회).
nam·a·ble, name·a- [néiməbl] *adj.* **1** 이름지을 수 있는, 이름을 댈 수 있는. **2** 이름 댈만한, 저명한.
nam-by-pam·by [nǽmbipǽmbi] *adj.* 매우 감상적인; 맥이 빠진; 심심한, 싱거운; 유약한, 연약한. — *n.* (*pl.* **-bies**) 감상적인 시(사람); 연약한 사람; 감상.
‡**name** [neim] *n.* **1** 이름, 성명, [사물의] 명칭, 호칭(title). ⇨ CHRISTIAN NAME 主意. ¶ a family *name* 성 / a full *name* 생략되지 않은 이름 / a pet *name* 애칭 / under a false *name* 가명으로 / What *name* shall I say? 누구시라고 할까요?
2 별명(nickname); 별칭, 통칭 (epithet); 나쁜 별명, 욕, 험담. ¶ *Names* will never hurt me. 나를 욕을 먹어도 난 아무렇지도 않아.
3 ⓒⓤ 평판, 세평(reputation); 고명, 명성; 악평. ¶ a good *name* 영명(令名), 호평/a bad *name* 악평, 악명 / a man of *name* 유명인, 명사/a man of no *name* 무명인 // gain (or get, make) a *name* as a musician 음악가로서 유명해지다 // He had a *name* for bravery (= of being brave). 그는 용감한 사람으로 이름이 나 있었다 /He had the *name* of a miser. 그는 구두쇠로 이름

nameable

이 나 있었다, 그는 구두쇠로 통했다. **4** 유명인, 지명 인사, 명사. ¶ a big *name* 유명인 / the greatest *name* in science 과학계 최고의 인물. **5** 가명(家名); 가문, 일족(lineage). ¶ disgrace one's *name* 가명을 더럽히다 / She is the last of his *name*. 그녀는 그의 집안의 마지막 사람이다.
by name ① 이름 대고, 이름으로. ¶ The teacher mentioned each pupil *by name*. 선생님은 학생 한사람 한사람의 이름을 불렀다. ② [얼굴은 모르지만] 이름만은. ¶ I know him *by name* but not sight. 그의 이름은 알고 있으나 얼굴은 모른다. ③ …이라는 이름의. ¶ He is John *by name*. 그의 이름은 존이다.
by (or *of*) *the name of* (…의). ¶ He goes *by the name of* Jones. 그는 존스라는 이름으로 불리고(통하고) 있다.
call a person names 남의 험담을 하다. ⇒ 3; 남에게 욕을 퍼붓다, 남을 꾸짖다, 남에게 잔소리하다. ¶ It's rude to *call a person names*. 남의 험담을 하는 것은 무례한 일이다.
Give a dog a bad name and hang him. 《속담》 한번 악평이 나면 그 사람은 끝장난다.
have one's name up 유명해지다.
in name 이름뿐의, 명의상의. opp. in reality ¶ He was a king *in name* only. 그는 이름만의 왕이었다.
in one's own name 자기 이름으로, 독자적으로.
in the name of …; in a person's name ① …의 이름을 걸고, …에 맹세하여; 《의문을 강조하여》 도대체. ¶ *in the name of* God; *in* God's *name* 하나님의 이름을 걸고; 신께 맹세하고; 제발, 아무쪼록, 도대체 / What *in the name of* Heaven…? 도대체 〔무슨 일인가〕? ② …의 이름으로, …의 권위로, …에 호소하여. ¶ Stop! *in the* King's *name*. 멈추어라, 왕명(王命)이다. ③ …을 대신하여, …의 대리로, …을 대표하여. ¶ vote *in the name of* others 다른 사람들을 대표하여 투표하다. ④ …의 명목으로(의); …의 명목으로서(의). ¶ a bank account *in the name of* Smith 스미스씨 명의의 은행 구좌 / cruelties committed *in the name of* religion 종교의 명목으로 저질러진 잔악 행위.
the name of the game 가장 중요한 것, 본질.
of the name of = by the name of.
put one's name down for 응모(응시)하다, 예약 신청하다.
to one's name 자기 소유의. ¶ I haven't a cent *to my name*. 내 돈이라곤 한푼도 없다.
under the name of ① = by the name of. ② …이라는 명목으로(의) (in the name of).

— *vt.* (named, nam·ing) **1** …을 이름짓다, 명명하다; 《목적 보어를 취하여》 …을 …이라고 부르다(call). ¶ *name* a newborn baby 신생아에게 이름을 지어주다 // (~+ 目+ 補) *name* the child Regina 그 아이를 리지나라고 부르다. **2** 이름을 들다(대다), 지명하다. ¶ Two persons were *named* in the report. 그 보고서에 두 사람의 날짜를 들었다. **3** 〔직책·지위 따위에〕 〔남〕을 지명하다, 임명하다 (…for). ¶ (~+ 目+ 前+ 名) The president *named* him for the position. 대통령은 그를 그 자리에 임명했다 //(~+ 目+ as 補) He was *named* as chairman. 그는 의장으로 지명되었다. **4** 〔가격·날짜 따위〕를 지정하다. ¶ *name* a price 값을 지정하여 말하다 // (~+ 目+ 前+ 名) *name* the day *for* the general election 총선거의 날짜를 지정하다. **5** …의 이름을 대다(말하다). ¶ Can you *name* the capital of Brazil? 브라질의 수도 이름을 댈 수 있나? **6** …을 〔주(state), 대도〕…에 제시하다, 들다. ¶ (~+ 目+ 前+ 名) He *named* several reasons *to* me. 그는 나에게 몇 가지 이유를 댔다.
name for (or *from*, 《英》 *after*) …의 이름을 따서 명명하다. ¶ The child was *named* Henry *for* (or *from*) his father. 그 아이는 아버지의 이름을 따서 헨리라고 했다 / Trafalgar Square is *named after* a town in Spain. 트라팔가 광장은 스페인의 한 고을(읍) 이름에 따서 지은 것이다.
not to be named on (or *in*) *the same day with* …와는 비교가 안 될만큼 열등하다, …와는 비교하여 논할 바가 아니다.
— *adj.* 평이 좋은; 유명한. ¶ a *name* actor 유명한 배우 / a *name* brand of tomato juice 유명한 메이커의 토마토 주스.
◇ námeless *adj.*, námely *adv.*

name·a·ble [néiməbl] *adj.* = namable.
name·board [néimbɔ̀ːrd /-bɔ̀ːd] *n.* 간판; 〔항해〕 〔배전 같은 데 써붙인〕 배의 이름, 선명판(船名板).
name-call·ing [néimkɔ̀ːliŋ] *n.* 욕함부리기.
named, -named [neimd] *adj.* 《보통 복합어를 만들어》 지명된, 지정된. ¶ above-*named* 위에 말한.
náme dày *n.* **1** 영명(靈名) 축제일〔자기 이름과 같은 이름의 성인의 축제일〕. **2** 세례일, 명명일(day of baptism).
name-drop [néimdràp/-drɔ̀p] *vi.* 〔친하지도 않은〕 저명 인사의 이름을 마치 친구인 양 팔고 다니다.
name-drop·ping [néimdràpiŋ /-drɔ̀p-] *n.* U 〔친하지도 않은〕 유명한 사람의 이름을 친구인양 입에 올리는 일.
náme field *n.* 〔컴퓨터〕 명칭란(欄) 〔고정 포매트의 코딩 청식 또는 카드상에 명칭을 써넣는 난〕.
***name·less** [néimlis] *adj.* **1** 무명의; 이름이 없는, 이름을 모르는. ¶ a *nameless* singer 무명의 가수 / the *nameless* dead 이름을 알 수 없는 주검. **2** 이름을 밝히지 않는, 익명의(anonymous). ¶ a rogue who shall be *nameless* 이름은 이 자리에서 밝히지 못된 사람, **3** 〔법률상〕 부친이 없는, 사생(私生)의, 서출(庶出)의, 적출(嫡出)이 아닌(bastard). ¶ a *nameless* child 사생아. **4** 형언할 수 없는, 무어라 표현할 수 없는; 너무 심하여 이루 다 말할 수 없는. ¶ a *nameless* dread 말못할 공포 / *nameless* practices 이루 다 말못할 소행.
~·ly *adv.* ~·ness *n.*
‡**name·ly** [néimli] *adv.* 다시 말하면, 환언하면, 즉.
náme pàrt *n.* 연극 제목과 같은 이름의 주역 (title part).
name-plate [néimplèit] *n.* 명찰, 명패.
nam·er [néimər] *n.* 명명자, 지명(지정)자.
name·sake [néimsèik] *n.* 같은 이름의 사람; 어떤 사람의 이름을 따서 명명된 사람.
náme tàg *n.* 명찰.
náme tàpe *n.* 〔개인 소유물 따위에 붙이는〕 이름 테이프.
Na·mib·i·a [nɑːmíbiːə] *n.* 나미비아〔서남 아프리카의 공화국〕.
nan- ⇒ NANO-.
nan·a[1] [náːnə] *n.* 《潑속어》 머리(head); 《속어》 바보, 머리가 둔한 녀석.
do one's nana 격노하다, 몹시 화내다.
off one's nana 머리가 돌아, 미쳐서.
na·na[2] [nǽnə] *n.* 할머니; 유모, 아이 보는 사람.
NANA (略) North American *N*ewspaper *A*lliance (북미 신문 연합).
nance [næns] *n.* 《속어》 = nancy.
nan·cy [nǽnsi] *n.* (*pl.* -cies) 《속어》 여자 같은 남자; 여자식의 남성 동성 연애자. — *adj.* 《속어》 여자 같은, 연약한; 남색(男色)의.
NAND [nænd] *n.* U 〔컴퓨터〕 낸드, 부정적(否定積) 논리적(論理積)의 부정. 〔< N[OT]+AND〕
na·nism [néinizə]m, néin-] *n.* U 왜소(矮小), 왜소증(矮小症)(dwarfishness).
nan·keen [næŋkíːn], (**nan·kin, nan·king**) *n.* U **1** 남경(南京) 무명, **2** (~s) 남경 무명으로 지은 옷(바지). **3** 황색, 담황색(淡黃色). 〔< Chin. *N*anking 남경(南京): 원산지 이름〕
nan·ny [nǽni] *n.* (*pl.* -nies) 《英》 유모.
nánny gòat *n.* 《구어》 암염소(female goat). *cf.* billy goat
nánny státe *n.* 《경멸적으로》 복지 국가(welfare state).

nano- one billionth(10억분의 1)의 뜻의 연결형 (* 모음 앞에서는 nan-을 사용한다). 예: *nano*second.

na·no·sec·ond [néinəsèkənd, nǽnə-] *n.* 10억분의 1초 [略 ns, nsec].

na·no·sur·ger·y [nèinəsə́ːrdʒəri, nǽnə-] *n.* 〔의학〕 전자 현미경하에서 하는 세포·조직 따위의 극소부(極小部) 수술.

Nantes [nænts] *n.* **1** 낭트〔프랑스 서부, Loire 강 하구의 항구 도시〕. **2 the Edit of~** 낭트 칙령(勅令) 〔프랑스왕 Henry 4세가 1598년에 발포하여 신교도에게 신앙·정치상의 자유를 인정했다〕.

Na·o·mi [neióumi / né(i)əmi] *n.* 〔성서〕 나오미〔룻의 시어머니〕. ←룻기(Ruth) 1〕.

‡**nap**[1] [næp] *v.* (**napped, nap·ping**) *vi.* **1** 잠깐 눈을 붙이다, 선잠을 자다, 졸다(doze). **2** 방심하다, 멍하니 지내다. ── *vt.* …을 졸면서 지내다. ¶ (~+图+圖) I *napped* the afternoon *away*. 나는 그날 오후를 멍하니 졸면서 지냈다.
catch (or *take*) *a person napping* 남이 방심한 틈을 ── *n.* 선잠, 졸기; 낮잠. ¶ have (or take) *a nap* 잠깐 졸다(잠자다) / drop (or fall) into *a nap* 깜박 졸다.

nap[2] [næp] *n.* ⓤ **1** 〔직물의〕 보풀. **2** 〔식물 따위의〕 짧고 부드러운 털. ── *vt.* (**napped, nap·ping**) 〔천 따위〕에 보풀을 세우다.

nap[3] [næp] *n.* ⓤ 나폴레옹〔일종의 카드놀이〕.
go nap 큰 도박을 하다; 큰 모험을 시도하다.
[<NAP[OLEON]]

NAP 《略》 *n*aval *a*viation *p*ilot.

na·palm [néipɑːm] *n.* 〔군사〕ⓤ 네이팜 소이제(燒夷劑); ⓒ 네이팜 폭탄(napalm bomb). ── *vt.* …을 네이팜 탄으로 공격하다.
[<NA[PHTHENIC] + PALM[ITIC ACIDS]]

nape [neip] *n.* 목덜미.

na·per·y [néip(ə)ri] *n.* ⓤ 〔총칭적〕 식탁용(가정용) 런데르 제품〔식탁보·냅킨 따위〕.

naph·tha [nǽfθə, nǽp-] *n.* ⓤ〔화학〕 나프타〔석유·콜타르 따위를 증류하여 얻는 무색의 휘발성 액체〕, 석유 나프타.

naph·tha·lene [nǽfθəliːn, nǽp-], (**naph·tha·lin**[-lin], **naph·tha·line** [-liːn]) *n.* ⓤ〔화학〕 나프탈렌.

naph·thol [nǽfθɔːl, nǽp-, -θoul / -θɔl] *n.* ⓤ〔화학〕 나프톨〔방부제·염료의 원료〕.

‡**nap·kin** [nǽpkin] *n.* **1** 〔천·종이로 된 식탁용〕 냅킨(table napkin); 작은 수건. **2** 《주로 英》 〔어린애의〕 기저귀(diaper). **3** 《北英·스코》 손수건. **4** 〔월경 때의〕 생리용 냅킨.
lay up (or *hide, wrap up*) *in a napkin* 쓰지 않고 넣어두다; 〔재능 따위를〕 보람있게 쓰지 못하다〔←누가 복음(Luke) 19: 20〕.

nápkin rìng *n.* 냅킨 고리〔각자의 냅킨을 말아서 넣어두는 작은 원통 모양의 고리〕.

*****Na·ples** [néiplz] *n.* **1** 나폴리〔이탈리아의 서남부 나폴리만의 항구도시〕. **2 the Bay of ~** 나폴리만(灣) 〔경치 좋기로 유명〕. ◇ **Neapólitan** *adj.*

nap·less [nǽplis] *adj.* 보풀이 없는; 닳아서 올이 보이는. cf. nap[2].

na·po·le·on [nəpóul(i)ən, -ljən] *n.* **1** 나폴레옹 케이크〔커스터드 크림과 파이 껍질을 층으로 포갠 프랑스풍 케이크〕. **2** 나폴레옹 금화(金貨) [Napoleon 1세 또는 3세의 초상이 새겨져 있는 20프랑짜리 프랑스 예전 금화]. **3** ⓤ 〔카드놀이〕 나폴레옹(nap). **4** 나폴레옹 부츠〔기갑 장화의 일종〕.

Na·po·le·on·ic Wars [nəpòuliánik- /-ɔ́n-] *n.* (the ~) 나폴레옹 전쟁 〔프랑스 황제 나폴레옹 1세 (1769-1821)가 유럽 정복을 꾀했던 일련의 전쟁 (1796-1815)〕.

Na·po·le·on·ism [nəpóuliənìz(ə)m] *n.* ⓤ 나폴레옹 주의〔나폴레옹 방식으로 지배하려고 하는 정책〕. 〔름〕.

Na·po·li [náːpɔːli] *n.* 〔It.〕 Naples의 이탈리아 이

na·poo [nəpúː / nɑː-] *adj.* 《英속어》 못쓸, 쓸모없는, 〔총 무엇을 막론하고〕 죽은(killed). ── *interj.* 글렀다. 글렀다(No good!). ── *vt.* …을 해치우다, 죽이다(kill).

nap·per[1] [nǽpər] *n.* 한숨 자는 사람; 졸고 있는 사람.

nap·per[2] [nǽpər] *n.* 〔천의〕 보풀 일으키는 사람; 기모기(起毛機).

nap·py[1] [nǽpi] *adj.* (**-pi·er, -pi·est**) **1** 《英》〔술·맥주가〕 독한(strong), 잘 취하는, 머리에 오르는(heady), 거품이 이는(foaming). **2** 《주로 스코》 약간 취한. **3** 보풀이 선. ── *n.* ⓤⓒ (pl. **-pies**) 《주로 스코》 술, 맥주(ale).

nap·py[2] [nǽpi] *n.* (pl. **-pies**) **1** 작은 접시. **2** 《주로 英》 기저귀(diaper).

na·pu [náːpuː] *n.* 〔자바·수마트라 따위 동남아시아의〕

NARAL 《略》《美》 *N*ational *A*bortion *R*ights *A*ction *L*eague〔전미 임신 중절권 옹호 연맹〕.

narc [nɑːrk] *n.* 《美속어》 마약 단속관.

nar·ce·ine [nɑːrsiːiːn, ˈ-in] *n.* ⓤ〔화학〕 나르세인〔마취성 알칼로이드의 일종〕.

nar·cism [nɑ́ːrsiz(ə)m] *n.* = narcissism.

nar·cis·sism [nɑ́ːrsisìz(ə)m] *n.* ⓤ〔심리〕 자기 도취증, 자기 연모(戀慕), 나르시시즘〔자기의 육체적·정신적 특성에 성적 만족을 느끼는 발달 단계〕.

nar·cis·sist [nɑ́ːrsisist] *n.* 자기 도취자. 〔도취적인〕.

nar·cis·sis·tic [nɑ̀ːrsisístik] *adj.* 자기 도취의, 자기

*****nar·cis·sus** [nɑːrsísəs] *n.* (pl. **-cis·sus·es** or **-cis·si** or **-cis·sus**) **1** 수선화 [jonquil, daffodil 따위]. **2** (N-) 〔그리스 신화〕 나르시스〔물에 비친 자기 모습에 반한 나머지 물에 빠져 죽어 수선화가 되었다는 청년〕.

nar·co [nɑ́ːrkou] *n.* 《美속어》 = narc.

nar·co·a·nal·y·sis [nɑ̀ːrkouənǽlisis] *n.* ⓤ〔심리〕 마취 분석〔마취약을 사용하는 심리 분석 요법의 일종〕.

nar·co·lep·sy [nɑ́ːrkəlèpsi] *n.* ⓤ〔병리〕 나르콜렙시, 발작성(發作性) 수면, 수면 발작.

nar·co·sis [nɑːrkóusis] *n.* ⓤ 〔마취·수면제 따위에 의한〕 혼수 상태.

nar·co·syn·the·sis [nɑ̀ːrkousínθisis] *n.* ⓤ〔심리〕 마취 요법〔마취·수면제에 의한 정신·신경병치료법〕.

nár·co·tèr·ror·ìsm [nɑ̀ːrkətərɔ̀ːrìz(ə)m] *n.* ⓤ 마약 테러, 마약범죄.

*****nar·cot·ic** [nɑːrkátik /-kɔ́t-] *adj.* **1** 마취성의, 최면성의, 마취의, 마취제〔사용〕의. ¶ *narcotic* drugs 마약 / *narcotic* action 마취〔최면〕 작용. **2** 《비유적》 잠이 오게 하는, 졸리게 하는. ¶ a *narcotic* lecture 졸리게 하는 강의. **3** 마약 중독자〔치료〕 용의. ── *n.* **1** 마취제, 마약, 최면제. **2** 마약 중독(상습)자.
◇ narcósis *n.*, nárcotize *v.*

nar·co·tine [nɑ́ːrkətiːn] *n.* ⓤ〔화학〕 나르코틴〔아편 알칼로이드의 일종, 해열제 따위로 사용〕.

nar·co·tism [nɑ́ːrkətìz(ə)m] *n.* ⓤ 마약 중독, 마취 작용〔상태〕, 혼수; 기면벽(嗜眠癖).

nar·co·ti·za·tion [nɑ̀ːrkətizéi∫(ə)n / -taiz-] *n.* ⓤ 마취〔시키기, 되기〕.

nar·co·tize [nɑ́ːrkətàiz] *v.* (**-tized, -tiz·ing**) *vt.* **1** …을 마취시키다, …에 마취를 걸다(stupefy). **2** 〔지각·감각〕을 무디게 하다, 진정시키다(make dull). ── *vi.* 마취 작용이 있다〔걸리다〕.

nard [nɑːrd] *n.* **1** 나르드, 감송(甘松) 〔히말라야산 방향(芳香) 식물〕; ⓤ 〔이 식물에서 채취한〕 감송향(甘松香) 〔고대의 향유(香油)로 사용〕.

nar·es [né(ː)riːz / néər-] *n. pl.* (*sing.* **nar·is** [né(ː)ris / néər-]) 《해부》 비공(鼻孔), 콧구멍(nostrils).

nar·gi·leh [nɑ́ːrdʒilì], (**nar·g[h]i·le**) *n.* 수연통(水煙筒) 〔연기가 물을 통하게 된 담뱃대〕.

nark [nɑːrk] *n.* **1** 《英속어》〔경찰의〕 앞잡이〔개〕, 밀정, 스파이, 밀고자. **2** 《美》= narc. **3** 《주로 濠속어》 귀찮은 사람, 흥을 깨는 사람(kill-joy). ── *vi.* **1** 《英속어》 앞잡이가 되다, 스파이 노릇을 하다, 밀고하다. **2** 《주로 濠속어》 괴롭히다. ── *vt.* 《英속어》 …을 괴롭히

다(annoy).
Nark it! 《英속어》 집어치워 ! (Stop it!); 조용히 해!
nark·y [nάːrki] *adj.* **(-i-er, -i-est)** 《英속어》 성마른, [성미가] 까다로운.
N-arms [énάːrmz] *n. pl.* 핵무기(nuclear arms).
nar·ra·tage [nǽrətidʒ] *n.* Ⓤ 나라타주〔텔레비전・영화・연극 등에서 나레이터가 목소리만으로 보조 설명하는 수법〕.
nar·rate [nǽreit, +美 ´-, +英 nə-] *v.* **(-rat-ed, -rat-ing)** *vt.* 〔생긴 일・체험 따위〕를 순서대로 말하다, 이야기하다. ⇒ RELATE 類語 ¶ *narrate* one's adventures 자기의 모험담을 이야기하다. —— *vi.* 이야기하다.
*__nar·rat·er, -ra·tor__ [nǽreitər, +美 ´-´-, +英 nə-] *n.* 이야기하는 사람, 서술자, 나레이터; 〔극 따위의〕 이야기하는 사람.
nar·ra·tion [nǽréiʃ(ə)n, +英 nə-] *n.* **1** 이야기하기, 서술. ¶ the manner of *narration* 서술법, 화법. **2** 이야기, 담화. ¶ travelers' *narrations* 여행담(기). **3** Ⓤ 〔문법〕 화법. ¶ the direct (the indirect) *narration* 직접〔간접〕화법. **4** 〔修辭〕 〔고전적인 변론 형식의〕 제3단계〔문제의 해명〕. ⬦ narrate *v.*, narrative *n.*, *adj.*
*__nar·ra·tive__ [nǽrətiv] *n.* **1** 〔생긴 일・체험 따위의〕 서술하기; 이야기, 담화. ⇒ STORY 類語 ¶ give a *narrative* of one's adventures 모험담을 이야기하다. **2** 〔작품 따위의〕 서술부; 〔스코 법률〕 〔증서 따위의〕 설명부. **3** Ⓤ 서술, 이야기하기(narration). 화술.
—— *adj.* 이야기〔서술〕의; 〔미술〕 〔그림 따위가〕 이야기를 묘사〔표현〕하는. ¶ *narrative* literature 설화 문학／*narrative* style 서술체, 설화체／a *narrative* painting 설화 회화. ~·ly *adv.* ⬦ narrate *v.*, narration *n.*
‡**nar·row** [nǽrou] *adj.* **1** 〔폭이〕 좁은, 가는; 〔직물이〕 폭이 좁은. *opp.* broad, wide ¶ a *narrow* alley 좁은 골목길／*narrow* goods 폭이 좁은 물품〔리본・끈 끈 따위〕.
2 〔면적・넓이가〕 좁은, 옹색한; 〔범위・뜻 따위가〕 제한된(restricted), 좁은. ¶ in a *narrow* sense 협의의 〔로〕.
3 〔마음 따위가〕 좁은, 편협한(prejudiced). ¶ a *narrow* mind 협량(狹量)／He is *narrow* in opinion. 그의 견해는 편협하다.
4 궁핍한(meager); 옹색한. ¶ *narrow* resources 모자라는 자원／be in *narrow* circumstances 궁핍하다.
5 간신히 얻은(close), 가까스로(간신히) 된. ¶ a *narrow* victory 가까스로 얻은 승리, 신승／have a *narrow* escape 간발의 차로 위기를 모면하다.
6 세밀한, 엄밀한. ¶ make a *narrow* inspection 정사(精査)하다.
7 〔주로 英방언〕 인색한(mean, stingy) (*with* ...). ¶ He is *narrow with* his money. 그는 돈에 인색하다.
8 〔음성〕 〔모음이〕 협착음의(狹窄音의), 긴장음(緊張音)의(tense). ¶ *narrow* vowels 협모음(狹母音) [[iː], [uː] 따위].
9 〔가축의 사료가〕 단백질분이 많은.
—— *vi.* 좁아지다, 가늘어지다; 줄어들다. ¶ (~+囲+ 图) The road *narrows into* a footpath. 길이 좁아져 오솔길이 된다.
—— *vt.* **1** …을 좁게 하다, 가늘게 하다; …을 편협하게 하다. **2** …을 제한하다(limit); 〔범위 따위〕를 좁히다 (*down*). ¶ (~+囲)(~+囲+囲+图) *narrow down* the choice *to* four 선택 범위를 네 사람으로 좁히다.
—— *n.* **1** 좁은 부분(곳, 강), 〔보통 ~s〕 〔단・복수 취급〕 〔바다・강 따위의〕 좁은 부분; 해협; 하구(河口); 협로; 산길. **2** (the N-s) New York 만의 Staten Island 와 Long Island 사이의 해협.
~·ness *n.* ⬦ nárrowly *adv.*
nar·row·cast·ing [nǽroukæ̀stiŋ / -kɑ̀ːst-] *n.* 《美》 유선 텔레비전 방송(cablecasting).
nárrow gáuge(gáge) *n.* 〔철도〕 협궤(狹軌) 〔미국에서는 궤간 1.435m 이하의 것〕. *cf.* standard gauge, broad gauge

nar·row-gage [nǽrougéidʒ], **(nar·row-gaged** [-géidʒd]) *adj.* **1** 협궤의. **2** =narrow-gauge.
nárrow gáte *n.* (the ~) 좁은 문 [←마태 복음(Matt.) 7:13-14].
nar·row-gauge [nǽrougéidʒ] *adj.* 좁은(restricted), 편협한(narrow-minded).
*__nar·row·ly__ [nǽrouli] *adv.* **1** 좁게. **2** 편협하게, 협량으로. **3** 옹색하게. **4** 아슬아슬하게, 가까스로(barely). **5** 세밀(정밀)하게.
*__nar·row-mind·ed__ [nǽroumáindid] *adj.* 마음이 좁은, 협량한, 편협한(prejudiced). ~·ly *adv.* ~·ness *n.*
nárrow séas *n.* (英) 〔英국 본토에서 보아〕 좁은 바다 〔英국 해협(English Channel) 및 아일랜드해 (Irish Sea)〕.
nar·thex [nάːrθeks] *n.* 〔건축〕 배랑(拜廊), 나르텍스 (nave(교회의 본당)의 바로 앞의 널따란 홀).
nar·whal, nar·wal [nάː(r)-wəl], **nar·whale**[-(h)wèil] *n.* 일각(一角)고래 〔북극해에 사는 일각(科) 고래의 일종〕.
nar·y [nɛ́(ː)ri / nɛ́əri] *adj.* 《방언》 전혀 …없는, 단 하나도 없는 (not any, no).   [narwhal]
NAS, N.A.S. (略) *N*ational *A*cademy of *S*cience (미국 과학원); *n*aval *a*ir *s*tation (해군 항공 기지).
NASA [nǽsə, néisə] *n.* 미 국 항 공 우 주 국. [< *N*ational *A*eronautics and *S*pace *A*dministration]
NASACOM (略) *N*ational *A*eronautics and *S*pace *A*dministration *Com*munication's *N*etwork (NASA 의 우주 여행을 위한 세계적인 지상 통신 지원망).
*__na·sal__ [néiz(ə)l] *adj.* **1** 코의. ¶ a *nasal* cavity 비강(鼻腔). **2** 〔음성〕 비음의. ¶ a *nasal* sound 비음(鼻音). **3** 소리가 코에 걸린, 비음의(鼻聲의). ¶ a *nasal* twang 비성. —— *n.* **1** 〔음성〕 비음, 비음자(字) [m, n, ŋ[ŋ] 따위]. **2** 〔투구의〕 코가림. ~·ly [-zəli] *adv.*
◇ nose, nasálity *n*., nasalíze *v*.
násal cávity *n.* 〔해부〕 비강(鼻腔).
na·sal·ism [néizəlìz(ə)m] *n.* Ⓤ 코에 걸리는 발음; 비음성(性).
na·sal·i·ty [neizǽliti] *n.* Ⓤ 비음성(鼻音性), 비성(鼻聲), 비강 반향(鼻腔反響).   〔음화.
na·sal·i·za·tion [nèiz(ə)lizéiʃ(ə)n / -laiz-] *n.* Ⓤ 비
na·sal·ize [néiz(ə)làiz] *v.* **(-ized, -iz·ing)** *vt.* …을 비성으로 발음하다, 비음화하다. —— *vi.* 비성으로 말하다, 비음화하다.
nas·cence [nǽsns] *n.* =nascency.
nas·cen·cy [nǽsnsi] *n.* Ⓤ Ⓒ (*pl.* **-cies**) 발생〔하려고 하는 상태〕; 기원 (birth, origin).
nas·cent [nǽsnt] *adj.* **1** 발생(발전, 성장)하려고 하는; 초기의. ¶ a *nascent* republic 신생 공화국. **2** 〔화학〕 발생기의(에 있는). ¶ a *nascent* state (or condition) 발생기.
NASD, N.A.S.D. (略) 《美》 *N*ational *A*ssociation of *S*ecurities *D*ealers (전미 증권업 협회).
NASDAQ [nǽzdæk] *n.* 내즈댁 〔전미 증권업 협회 (NASD)가 증권 시세를 알리는 컴퓨터에 의한 정보 시스템. [< *N*ational *A*ssociation of *S*ecurities *D*ealers *A*utomated *Q*uotations]
Nash·ville [nǽʃvil] *n.* 내슈빌 〔미국 Tennessee주의 주도(州都); 남북 전쟁 때의 격전지(1864)〕.
NASL (略) *N*orth *A*merican *S*occer *L*eague(북미 축구 연맹).   〔額의〕.
naso- 'nose'의 뜻의 연결형. 예: *naso*frontal (비액(鼻
Nas·sau [nǽsɔː] *n.* 내소 〔서인도 제도에 있는 Bahama 제도의 수도〕.
na·stur·tium [nəstə́ːrʃəm, næs-] *n.* 한련(旱蓮); 그 꽃 〔원예 식물〕.

nas·ty [næsti / náːs-] *adj.* (**-ti·er, -ti·est**) **1** 몹시 더러운, 불결한. ≒ DIRTY 類語 ¶ a *nasty* room 더러운 방. **2** [맛·냄새 따위가] 메스꺼운(nauseous). ¶ a *nasty* smell 욕지기나는 냄새. **3** 불쾌한(offensive), 싫은. ¶ a *nasty* sight 불쾌한 광경. **4** [책·말 따위가] 음란한(obscene), 추잡한, 징그러운. ¶ a *nasty* language 비어(卑語)/a *nasty* book 외설 서적. **5** 심술궂은, 불쾌한, 비열한(mean). ¶ turn *nasty* 불쾌해지다 / make a *nasty* remark 싫은 소리를 하다. **6** 성가신, 감당하기 어려운, 난처한(vexatious), ¶ a *nasty* business 성가신 일 / a *nasty* situation 성가신 상황. **7** [날씨 따위가] 험악한, 궂은, 잔뜩 찌푸린(threatening). ¶ a *nasty* storm 험한 폭풍우. **8** [타격 따위가] 심한, 큰. ¶ a *nasty* blow 심한 타격.
get oneself into a nasty mess 난처한 처지에 빠지다.
leave a nasty taste in the mouth 뒷맛이 개운치 않다.
a nasty piece of work 심술궂은 행위; (구어) 심술쟁이, 싫은 녀석.
— *n.* **1** 심술쟁이, 질이 좋지 않은 녀석. **2** (구어) [주로 비디오의] 공포 영화.
-ti·ly *adv.* **-ti·ness** *n.*

nat [næt] *n.* (英속어) 민족주의자.
nat. (略) national; native; natural; naturalist.
Nat. (略) Natal; Nathan; Nathaniel; National, Nationalist.
NATA (略) *N*orth *A*merica *T*elecommunications *A*ssociation (북미 전기통신업 협회).
na·tal [néitl] *adj.* **1** 출생(탄생, 태어나면서부터)의. ¶ one's *natal* day (place) 생일(출생지). **2** 태어난 고향의.
na·tal·i·ty [neitǽliti, nə-] *n.* ⓤ 출생률. *cf.* mortality
na·tant [néit(ə)nt] *adj.* 헤엄치고 있는, [물에] 떠 있는.
na·ta·tion [neitéiʃ(ə)n] *n.* ⓤ (文) 나단(다윗(David) 왕을 나무란 예언자. ←사무엘(下) (2 Sam.) 12:1-14).
na·ta·to·ri·al [nèitətɔ́ːriəl / -tɔ́ːri-] *adj.* 헤엄치는, 헤엄치기에 알맞은, 헤엄치는 특징(습성)이 있는. ¶ *natatorial* birds 물새.
na·ta·to·ri·um [nèitətɔ́ːriəm / -tɔ́ːri-] *n.* (*pl.* **-ri·ums** or **-ri·a** [-riə]) (특히 옥내의) 수영 풀.
na·ta·to·ry [néitətɔ̀ːri / -t(ə)ri] *adj.* =natatorial.
NATCA [nǽtkə] (略) *N*ational *A*ir *T*raffic *C*ontrollers *A*ssociation (전미국 항공 관제관 조합).
natch [nætʃ] *adv.* 물론 (* naturally의 단축형).
na·tes [néitiːz] *n. pl.* 궁둥이, 둔부(臀部) (buttocks).
Na·than [néiθən] *n.* (聖書) 나단[다윗(David) 왕을 나무란 예언자. ←사무엘(下) (2 Sam.) 12:1-14].
Na·than·ael [nəθǽnjəl, -niəl] *n.* (聖書) 나다나엘[그리스도의 성실한 제자. ←요한 복음 (John) 1:45-51].
nathe·less [néiθlis], **nath-** [nǽθ-] *adv.* (古語) =nevertheless. — *prep.* =notwithstanding.
‡**na·tion** [néiʃ(ə)n] *n.* **1** 국가(state); 국민. ¶ an industrial *nation* 공업국/the British *nation* 영국민/ the United *Nations* 국제 연합. **2** 민족. ⇒ RACE 類語 ¶ the Jewish *nation* 유대 민족. **3** [북미 인디언의] 부족(tribe), 종족; 그 특별 거주 지역, 부족 연합. **4** [중세의 대학·스코틀랜드 대학에서의] 같은 지방(나라)의 학생 모임. **5** (the ~s) (詩) 세계 여러 민족. **6** (the N-) (聖書) [유대인 이외의] 이교도.
the law of nations 국제(公)법 (international law).
the League of Nations 국제 연맹(1919-1946) [유엔(the United Nations)의 전신].
◇ *national* 감.
‡**na·tion·al** [nǽʃ(ə)n(ə)l] *adj.* **1** 국가(국민)의, 국가(국민)적인; 국가(국민) 특유의; 국가(국민) 전체의, 전국적인; 한 나라의(에 국한된). ¶ *national* affairs 국사, 국무 / a *national* character 국민성 / a *national* game 국기(國技) / a *national* holiday 국경일 / a *national* language 국어. **2** 국유의, 국영의, 국정(國定)의. ¶ a *national* enterprise 국영 기업 / a *national* hospital 국립 병원(의료원) / *national* railroads 국유 철도 / a *national* park 국립 공원. **3** 애국적인(patriotic). ¶ stir up *national* sentiment 애국심을 불러 일으키는. **4** 공중의(public). — *n.* 국민의 일원(보통 ~s) [특히 외국에 거주하는] 동포, 동국인. ⇒ CITIZEN 類語 ¶ Korean *nationals* living abroad 해외 거주 한국민.
◇ *nationalize v.*, *nation, nationality n.*

nátional ádvertising *n.* [전국을 광고 대상 지역으로 삼는] 전국 광고.
nátional ánthem *n.* 애국가(의 곡).
nátional assémbly *n.* [특히 신헌법 제정을 위한] 국민 회의(의회).
Nátional Assístance *n.* (英) 극빈자 부조금.
nátional átlas *n.* 국세 지도집(國勢地圖集).
nátional bánk *n.* 국립 은행; (美) [연방 정부 인가의] 전국 은행.
Nátional Bróadcasting Cómpany *n.* NBC 방송[미국 3대 TV 네트워크의 하나; 略 NBC].
Nátional Búreau of Stándard *n.* (the~) (美) (상무부의) 국립 표준국.
nátional cémetery *n.* (美) [무공을 세운 군인의 명예를 앙양하는] 국립 묘지.
nátional chúrch *n.* 국민 교회; 국립 교회.
Nátional Convéntion *n.* **1** (the ~) [프랑스 역사] 국민 의회(1792-95). **2** (n- c-) (美) [4년마다 거행되는 정당의] 전당 대회.
Nátional Cóvenant *n.* 국민 맹약(盟約) [1638년 장로제(長老制) 옹호를 위하여 스코틀랜드의 장로 교회 신도들이 서명한 맹약].
nátional débt *n.* (the~) 국채.
nátional ecónomy *n.* ⓤ 국민 경제. [림.
nátional fórest *n.* (美) [연방정부가 관리하는] 국유 **Nátional Gállery** *n.* (the~) 영국 국립 미술관 [1838년 개설].
nátional góvernment *n.* [정치] 일국의 정부; [정당을 초월한] 거국 일치 내각.
Nátional Guárd *n.* (美) 주(州) 방위군[비상시에 대통령 명령으로 소집되는 국방군].
Nátional Héalth Sèrvice *n.* (英) 국가 의료 제도. [1948년부터 실시; 略 N.H.S.]
nátional íncome *n.* ⓤⓒ 국민 총소득.
Nátional Insúrance *n.* (英) 국민 보험.
na·tion·al·ise [nǽʃ(ə)nəlàiz] *vt.* (**-ised, -is·ing**) (英) =nationalize.
***na·tion·al·ism** [nǽʃ(ə)nəlìz(ə)m] *n.* ⓤ **1** 애국심, 애국운동; 국가주의, 내셔널리즘. **2** 독립(자주)주의, 민족(독립)주의, 민족 자결. **3** 국수주의. **4** 국민적 특징, 그 나라 특유의 관용어법(慣用語法); 국민성(nationality). **5** 산업 국유론(주의).
◇ *nationalístic adj.*
***na·tion·al·ist** [nǽʃ(ə)nəlist] *n.* 국가주의자; 민족(독립)주의자; (N-) 국민(국수)당원. — *adj.* 국가주의의; 민족(독립)주의의; (N-) 국민(국수)당원의.
Nátionalist Chína *n.* 대만의 비공식 명칭.
na·tion·al·is·tic [nǽʃ(ə)nəlístik] *adj.* 국가(민족)주의적인, 국가주의의(nationalist).
-ti·cal·ly [-tikəli] *adv.*
‡**na·tion·al·i·ty** [nǽʃ(ə)nǽliti] *n.* (*pl.* **-ties**) **1** ⓤⓒ 국적. ¶ an airplane of unknown *nationality* 국적 불명의 항공기. **2** 국가, 국민(nation) ⓤ 국민성 (national character). ¶ the various *nationalities* of Africa 아프리카 여러 나라. **3** ⓤ 국가주의(nationalism); 민족 감정. **4** 국민임, 국가적 존재(독립). ¶ The colony attained *nationality.* 그 식민지는 독립국이 되었다.
na·tion·al·i·za·tion [nǽʃ(ə)nəlizéiʃ(ə)n / -laiz-] (* (英)에서는 **na·tion·al·i·sa·tion** 으로도 쓴다) *n.* ⓤ **1** 국유화, 국영화. ¶ the *nationalization* of mines 광산의 국

유화. **2** 국민화; 전국화; 독립국화. **3** 귀화(歸化).
na·tion·al·ize [nǽʃ(ə)nəlàiz] (*《英》에서는 **na·tion·al·ise** 로도 쓴다) *vt.* (**-ized, -iz·ing**) **1** …을 국유(국영)화하다. ¶ *nationalize* land 토지를 국유화하다. **2** …을 전국에 보급시키다; …을 국가적으로 만들다; …을 독립 국가(국민)로 만들다. ¶ *nationalize* a tree-planting campaign 녹화 운동을 전국적으로 전개하다. **3** …을 귀화시키다(naturalize). ― *n.* 의자.
na·tion·al·iz·er [nǽʃ(ə)nəlàizər] *n.* 국유(국영)주의자.
nátional lákeshore *n.* 《美》국립 호안(湖岸) [연방 정부가 관리하는 레크리에이션 지역].
Nátional Léague *n.* (the ~) 내셔널 리그[미국의 2대 프로 야구 연맹의 하나]. *cf.* American League
na·tion·al·ly [nǽʃ(ə)nəli] *adv.* 국가적으로, 국가(국민)로서; 국가 본위로; 전국적으로; 일반적으로. ¶ advertise something *nationally* …을 전국적으로 광고하다.
nátional mónument *n.* 《美》[정부 지정의] 천연 기념물.
Nátional Péople's Cóngress *n.* [중국의] 전국 인민 대표 대회.
nátional séashore *n.* 《美》국립 해안 공원.
Nátional Secúrity Cóuncil *n.* (the ~) 《美정부》국가 안전 보장 회의.
Nátional Sérvice *n.* 《英》의무 병역(selective service) [18세-41세까지의 남자에 부과된다].
Nátional Sócialism *n.* [독일 나치당의] 국가 사회주의(Nazism).
Nátional Sócialist *n.* [독일의] 국가 사회당원(Nazi).
nátional tréatment *n.* [외교] 내국민 대우.
Nátional Trúst *n.* 《英》자연미나 사적의 보호를 위한 조직체.
na·tion·hood [néiʃ(ə)nhùd] *n.* ⓤ 국민임, 국민의 신분; 독립국의 지위.
na·tion-state [néiʃ(ə)nstéit] *n.* 단일 민족으로 된 국가.
na·tion·wide [néiʃ(ə)nwàid] *adj.* 전국에 걸친, 전국적인. ¶ a *nationwide* movement 전국적인 운동.
‡**na·tive** [néitiv] *adj.* **1** 태어난 땅의, 출생[지]의; 자기 나라의, 본국의(*opp.* foreign). ¶ one's *native* country 본국(고국, 태어난 나라)/a *native* speaker of Dutch 네덜란드어를 모국어로 쓰는 사람. **2** 타고난(inherent) (*to* …); 태어난 그대로의, 자연 그대로의; 소박한(simple), 꾸밈없는(unadorned). ¶ *native* rights 타고난 권리 / *native* beauty 자연 그대로의 아름다움 // a quality *native to* a person 타고난 성질. **3** [백인쪽에서 보아] 토착(원주)[민]의; 토착민이 다스리는; 토착민이 사는. ¶ *native* customs in Africa 아프리카 원주민 풍속. **4** 그 고장 고유의(*to* …); 토착의, 토산(土産)의, 원산의. ¶ Tobacco is *native* to the American continent. 담배는 아메리카 대륙이 원산지이다. **5** [광물] 자연적으로 나는, 천연의; 자생(自生)의. ¶ *native* salt 천연염.
go native [구어] 원주민과 같은 생활을 하다.
― *n.* **1** 토박이; [백인 쪽에서 보아] 토착민, 원주민; …태생의 사람(*of* …); 《濠》오스트레일리아의 백인. ¶ a *native of* New York 뉴욕 태생의 사람. **2** 토착의 동물(식물). **3** 《英》[특히 양식(養殖) 용] 영국산의 굴.
~·ly *adv.* ~·ness *n.* ◇ nativity *n.*
Nátive Américan *n., adj.* 아메리카 인디언 족(의) (American Indian).
na·tive-born [néitivbɔ́ːrn] *adj.* 그 땅(나라)태생의, 순수한, 토박이의. ¶ a *native-born* Texan 순수한 텍사스 사람.
nátive són *n.* 《美정치》자기 주 출신 입후보자; 그 고장에서 태어난 사람.
na·tiv·ism [néitiviz(ə)m] *n.* ⓤ **1** [이민보다도 토박이를 우선으로 하는] 원주민 보호주의(정책). **2** [철학] 선천설, 생득설(生得說). [득론파].
na·tiv·ist [néitivist] *n.* **1** 원주민 보호주의자. **2**
na·tiv·i·ty [nətívəti, +美 nei-] *n.* (*pl.* ~**·ties**) **1** ⓤ 출생, 탄생(birth). ¶ a man of Irish *nativity* 아일랜드 태생의 사람. **2** (the N-) 그리스도의 강탄(降誕); (N-) [미술] 그리스도 강탄도[부조(浮彫)의 조각 따위]. **3** (N-) 강탄제, 크리스마스(Christmas); 성모 마리아의 탄생제[9월 8일]; 성 요한의 탄생제[6월 24일]. **4** [점성] [사람의 탄생시의] 천궁도(天宮圖)(horoscope).
natl. (略) national.
NATO [néitou] (略) North Atlantic Treaty Organization (나토, 북대서양 조약 기구). *cf.* SEATO
na·tri·um [néitriəm] *n.* [페어] =sodium.
[<NATR[ON] + -IUM]
na·tron [néitrən / -trən, -trɒn] *n.* ⓤ 천연 탄산 소다.
nat·ter [nǽtər] *vi.* 《英》투덜거리다(grumble); 《濠》재잘재잘 지껄이다(chatter). ― *n.* (주로 英) 잡담(chat), 《캐나다》세상 이야기, 고심.
nat·tered [nǽtərd], **nat·ter·y** [nǽtəri] *adj.* 《英구어》=peevish.
nat·ter·jack [nǽtərdʒæk] *n.* [유럽산] 두꺼비.
nat·ti·er blúe [nǽtiər-] *n.* 《때로 a ~》담청색(淡靑色). [<프랑스 화가 J. M. Nattier(1685-1766)의 색채에서]
nat·ty [nǽti] *adj.* (**-ti·er, -ti·est**) [복장·외관 따위가] 산뜻한, 말쑥한, 멋진(smart); 정교한, 손재주가 있는. **-ti·ly** *adv.* **-ti·ness** *n.*
‡**nat·u·ral** [nǽtʃ(ə)rəl] *adj.* **1** 자연의, 자연에 관한; 자연계의[작용에 의한]; 자연 그대로의, 가공하지 않은, 천연의(*opp.* artificial). ¶ *natural* beauty 천연의 아름다움 / *natural* phenomena (*or* forces) 자연 현상.
2 [동·식물이] 야생의(wild); 자생(自生)의; [토지 따위가] 미개간의; [사람이] 미개의, 교화되지 않은, 신의 계시를 받지 않은. ¶ *natural* grass 자생의 풀 / a *natural* man 자연인.
3 타고난, 선천적인(inborn), 천성의. ¶ *natural* rights 타고난 권리 / a *natural* entertainer 타고난 연예인.
4 [논리적·인정적으로] 당연한, 자연스러운, 지당한. ¶ a *natural* result 당연한 결과/It is *natural* for him to succeed.=It is *natural* that he should succeed. 그가 성공한다는 것은 당연한 일이다.
5 보통의(*to* …); [정신 따위가] 정상 상태의, 정상인; 본래의, 특유의; 자연 발생적인; 자연 그대로의. ¶ a manner *natural to* a teacher 선생으로서 자연스러운 태도.
6 점잔빼지 않는, 꾸밈없는, 평상시 그대로의, 본래의. *opp.* affected ¶ a *natural* way of speaking 꾸밈없이 이야기하기.
7 꼭 닮은, 실물 그대로의(lifelike), 진짜 같은. ¶ a *natural* representation 박진성(迫眞性)이 있는 묘사.
8 사생의, 서출(庶出)의(illegitimate). ¶ a *natural* child [법률] 사생아, 비적출자(非嫡出子).
9 [음악] 본위의(本位의). ¶ a *natural* sign 본위 기호[♮].
come natural to …에게 손쉽다(어렵지 않다). ¶ Speaking in English *comes natural to* me. 영어로 이야기하기는 나에게 어렵지 않은 일이다.
― *n.* **1** [구어] 타고난 천재, 안성맞춤인 사람(것), 틀림없이 성공할 사람; 선천적인 백치(idiot). **2** [음악] 피아노·풍금의 흰 건(鍵); 본위음(本位音), 본위 기호(♮).
~·ness *n.* nàtural·ize *v.,* nàtural·ly *adv.*
nat·u·ral-born [nǽtʃ(ə)rəlbɔ́ːrn] *adj.* 그 고장(나라) 태생의, 토박이의(native-born); 타고난, 천성의.
Nátural Brídge *n.* [미국 Virginia 주에 있는 석회암의] 천연 다리[높이 65m, 경간(徑間) 27m].
nátural chíldbìrth *n.* ⓤⓒ 자연 분만(分娩)[법].
nátural dáy *n.* 자연일[해가 든 때부터 질 때까지].
nátural déath *n.* [사고 따위에 의하지 않고, 노령·질병에 의한] 자연사.

nátural énemy n. 〔생물〕 천적(天敵).
nátural fréquency n. 〔전기·기계〕 고유 진동수
nátural gás n. U 천연 가스. 〔(주파수).
nátural históriaan n. 박물학자.
nátural hístory n. 박물학.
nat·u·ral·ise [nǽtʃ(u)rəlàiz] vt., vi. (-ised, -is·ing) 《英》 =naturalize.
nat·u·ral·ism [nǽtʃ(u)rəlìz(ə)m] n. U 1 〔예술·문학〕 자연주의, 사실주의. cf. idealism, realism 2 자연의 본능(욕망)에 입각한(기인한) 행위, 자연(본능)주의. 3 〔철학〕 자연주의[초자연적·정신적인 것을 부정하의, 자연적 요소나 힘만을 고려에 넣는 견해]. 4 〔윤리〕 자연주의[인간의 자연적 소질에 의거하여 도덕적 규범을 세우는 입장]. 5 〔신학〕 자연주의[인간을 자연만으로 합리적으로 설명하려고 하는 견해]. 6 자연 숭배, 자연에 대한 사랑.
***nat·u·ral·ist** [nǽtʃ(u)rəlist] n. 1 박물학자, (특히) 동(식)물학자. 2 〔문예·철학 따위의〕 자연주의자. 3 《英》 애완 동물상(商)/박제사(剝製師) (taxidermist). — adj. =naturalistic.
nat·u·ral·ís·tic [næ̀tʃ(u)rəlístik] adj. 1 자연적인, 자연을 모방한. 2 박물학적인, 박물학[자]의. 3 〔예술·문학〕 자연주의의(적인), 사실적인.
-ti·cal·ly [-tikəli] adv.
nat·u·ral·i·za·tion [næ̀tʃ(u)rəlizéiʃ(ə)n / -laiz-] n. U 1 귀화(歸化) [수속]. 2 자연(풍토)화(化) 1 이식(移植), 이입(移入).
nat·u·ral·ize [nǽtʃ(u)rəlàiz] [(※《英》에서는 nat·u·ral·ise 로도 쓴다] v. (-ized, -iz·ing) vt. 1 …을 귀화시키다. ¶ (～+目+前+名) be naturalized in Canada 캐나다에 귀화하다. 2 〔동식물을〕 이식하다, 순응시키다 (acclimatize). 3 〔외국어 따위를〕 받아들이다. ¶ (～+目+前+名) a French word that has been naturalized in English 영어화된 프랑스어. 4 …을 자연에 따르게 하다; 〔신비적으로가 아니라〕 …을 자연율 (自然律)에 따라 설명하다. 5 〔새로운 환경·풍토 따위에〕 …을 길들이다. — vi. 1 귀화하다, 풍토에 순화하다. 2 박물학을 연구하다.
nátural lánguage n. 〔컴퓨터〕 〔인공 언어·기계 언어에 대하여〕 자연 언어.
‡**nat·u·ral·ly** [nǽtʃ(ə)rəli] adv. 1 자연(천연)적으로, 자연의 힘으로; 자연의 이치에 따라. ¶ die naturally 천수를 다하고 죽다 / The cypress grows naturally in the southeastern US. 낙우송은 미국 동남부에 자생한다. 2 나면서부터, 선천적으로(by nature). ¶ He is naturally reticent. 그는 천성이 말이 없다. 3 당연히; 물론 (of course). ¶ Are you going with him? ―Naturally. 그와 함께 갈 셈이냐? ―물론이지. 4 있는 그대로, 뽐내지 않고, 꾸밈없이; 손쉽게. 5 실물 그대로, 생생하게.
nátural mágnet n. 천연 자석(磁石) (loadstone).
nátural órder n. 〔동식물 분류상의〕 목(目) 〔略 N. O.〕. 〔son
nátural pérson n. 〔법률〕 자연인. cf. artificial per-
nátural philósophy n. U natural science 〔특히 물리학〕의 옛 이름. 〔religion
nátural relígion n. U C 자연 종교. cf. revealed
nátural resóurces n. pl. 천연 자원.
nátural ríght[s] n. 자연권, 천부 인권〔자연법에 따라 향유·주장할 수 있는 타고난 권리〕.
nátural rúbber n. U 천연 고무, 탄성(彈性) 고무.
nátural scíence n. U C 자연 과학.
nátural seléction n. U 자연 도태, 적자 생존〔다윈의 진화론의 용어〕. cf. artificial selection
nátural sýstem n. 〔생물〕 〔형태의 유사성에 의한〕 자연 분류.
‡**na·ture** [néitʃər] n. 1 U 자연, 천연; 자연 현상; 자연력(계); 전우주; 〔종종 N-〕 《의인적(擬人的)》 조물주〔여신(女神) 취급〕, 조화(造化)의 힘; 자연의 풍경, 자연의 소 [산·나무·강·동물 따위]. ¶ the beauties of nature 자연의 미관/a freak of nature 조화(造化)의 장난/the laws of nature 자연의 법칙/in the course of nature 자연히, 저절로, 자연의 결과로/God is the author of nature. 신은 만물의 조물주이시다 / Nature is the best physician. 《속담》자연은 가장 훌륭한 의사이다. 2 U 자연 그대로임, 원시(자연)상태; 실물 그 자체 (reality), 있는 그대로임; 박진성(迫眞性). ¶ return to nature 자연으로의 복귀/draw from nature 사생(寫生)하다 / true to nature 실물과 꼭 같음.
3 U C 성질, 기질, 본성, 성향 (→ QUALITY 類語); 천성; …한 성질을 가진 사람. ¶ a gentle(a brutal) nature 유순(난폭)한 기질〔의 사람〕/ human nature 인간성, 인정 / animal nature 동물성 / Habit (or Custom) is [a] second nature. 《속담》 습관은 제2의 천성.
4 U C 특질, 본질, 특징(characteristic). ¶ the nature of love 사랑의 본질 / the nature of iron 쇠의 특질.
5 C 종류(kind); 〔탄환 따위의〕 크기(size). ¶ a training of a special nature 특수 훈련.
6 U 활력(vital power), 체력; 육체적 요구. ¶ a call of nature 생리적 요구/ease (or relieve) nature 대소변을 보다 / sustain (or support) nature 체력을 유지하다.
against nature 자연의 이치에 거역하여; 부자연스러운 (스럽게); 기적적인(으로); 부도덕한(하게). ¶ You can't go against nature. 자연에 거역할 수는 없다; 부도덕한 행위는 용납될 수 없다.
all nature 《美俗》 만물, 만인; 모든 사람. ¶ He beats all nature. 그는 누구보다도 훌륭하다.
by nature 선천(천성)적으로, 천성은(innately); 본래. ¶ He is honest by nature. 그는 선천적으로 정직하다.
contrary to nature 기적적으로, 이상하게도(miraculously).
in a state of nature 미개의 상태로, 자연(야생) 그대로, 벌거숭이로; 〔아직 신의 은총을 입지 않은〕 정신적 미맹생의 상태로. ¶ live in a state of nature 원시 생활을 하다.
in nature ① 현존하여, 현실적으로. ②〔최상급의 강조〕 완전히, 더할 나위없이; 〔의문사의 강조〕 도대체; 〔부정의 강조〕 조금도. ¶ What in nature do you mean? 도대체 무슨 뜻이냐? 〔은.
in (or of) the nature of …의 성질(종류)의, …을 닮은
in (or by, from) the nature of things 사물의 도리상, 필연적으로, 당연히.
like all nature 《美俗》 전혀, 완전히(completely).
pay one's debt to nature; pay the debt of nature 죽다(die).
◇ nátural adj.
náture cùre n. =naturopathy.
na·tured [néitʃərd] adj. 〔보통 복합어를 만들어〕 성질이 …한, …한 성질의. ¶ a good-natured man 호인/an ill-natured man 성질이 나쁜 사람.
náture dèity(gòd) n. 자연신.
náture mỳth n. 자연 신화[설].
náture prìnting n. U 〔실물로 찍는〕 원물(原物) (원형) 인쇄법. 〔구, 이과(理科)
náture stùdy n. U 〔초등 교육에서의〕 자연 연
náture tràil n. 자연 관찰(탐색) 도로.
náture wòrship n. 자연〔신〕 숭배.
na·tur·ism [néitʃərìz(ə)m] n. U 1 =naturalism. 2 자연〔력〕 숭배설. cf. animism 3 《英》 나체주의 (nudism).
na·tur·ist [néitʃərist] n. 1 〔종교상의〕 자연주의자. 2 자연력 숭배론자. 3 《英》 나체주의자(nudist).
na·tur·op·a·thy [nèitʃərəpéhi, næ̀tʃ-/-rɔ́p-] n. U 자연 요법. 〔영뱅〕
N.A.U. 〔略〕 National Athletic Union(〔미국〕 체육
naught, nought [nɔ:t] n. U 1 제로[0], 영 (ci-

pher). ¶ one, six, *naught*, four 1604번 [전화 번호]. **2** 무가치, 무 (nothing). **3** 파멸 (ruin), 완전한 실패 (complete failure). 「이.
all for naught 무익하게, 헛되이, 부질없이, 쓸데없는
bring...to naught ⋯을 무효로 만들다, 실패로 끝나게
care naught for ⋯에 조금도 구애되지 않다. 」하다.
come to naught 실패로 끝나다, 실패로 끝나다.
set ...at naught ⋯을 무시하다, 가볍게 보다, 얕잡아 보다 (disdain). ¶ *She set my plan at naught.* 그녀는 내 계획을 무시했다.
— *adj.* 파멸적, 망한 (lost); 《고어》 무가치한, 무익
◇ **náughty** *adj.*

‡**naugh·ty** [nɔ́ːti] *adj.* (**-ti-er, -ti-est**) **1** [보통 아이가] 장난꾸러기인, 개구쟁이의, 말을 듣지 않는, 행실이 나쁜 (mischievous). ¶ *a naughty boy* 개구쟁이 // *It is naughty of you to do such a thing.* 그런 짓을 하다니 장난이 지나치다. **2** 천한; 음란한 (obscene) ; 《페어》 사악한 (wicked). ~·ly *adv.* ~·ti·ness *n.*

NAUI (略) 《美》 *N*ational *A*ssociation of *U*nderwater *I*nstructors (전미 수중 지도원 협회).

Na·u·ru [nɑːúːruː] *n.* 나우루 공화국 [오스트레일리아 동 북방의 섬나라].

‡**nau·sea** [nɔ́ːʒə, -siə, -ziə, -ʒə / -sjə, -siə, -sjə] *n.* [U] **1** 구역질, 욕지기; 뱃멀미 (seasickness). ¶ *feel nausea* 구역질이 나다. **2** 몹시 불쾌한 느낌, 몹시 싫음, 혐오 (disgust).

nau·se·ant [nɔ́ːʃiənt / -sjənt] 《의학》*adj.* 욕지기 나게 하는, 최토 (催吐)의. — *n.* 최토제.

nau·se·ate [nɔ́ːʃièit, -si-, -zi-, -ʒi- / -si-, -ʃi-, -sjèit] *v.* (**-at·ed, -at·ing**) *vt.* **1** ⋯에게 구역질나게 하다; ⋯을 [몹시] 불쾌하게 하다 (disgust) (*...at, by, with*). ¶ *His flattery nauseates me.* 그의 아첨에는 구역질이 난다. ¶ 《고어》⋯을 몹시 싫어하다, 혐오하다 (loathe). — *vi.* **1** 구역질나다 (*at...*). **2** 몹시 싫어지다 (*at...*).

nau·se·at·ing [nɔ́ːʃièitiŋ, -si-, -zi-, -ʒi- / -si-, -ʃi-, -sjèit-] *adj.* 구역질나게 하는; 혐오감나는. ~·ly *adv.*

nau·seous [nɔ́ːʃəs, -siəs, -ziəs, -ʒəs / -sjəs, -siəs, -ʃjəs] *adj.* **1** 구역질나는, 메스꺼운 하는. ¶ *feel nauseous* 구역질이 나다. **2** 몹시 싫은, 꺼림칙한.
~·ly *adv.* ~·ness *n.*

Nau·sic·a·ä [nɔːsíkiə] *n.* 《그리스 신화》 나우시카 [파에아케스 (Phaeacians)의 왕 알키노오스 (Alcinoŭs)의 딸. 난파한 오뒷세우스 (Odysseus)를 구조하여 아버지의 왕궁으로 안내했다].

naut. (略) nautical.

nautch [nɔːtʃ] *n.* [인도 무희가 추는] 무용. ¶ *a nautch girl* [인도의] 무희.

nau·ti·cal [nɔ́ːtikəl] *adj.* 선원의; 선박의; 항해의; 해상의, 바다의. ¶ *a nautical* almanac 항해력 (航海曆) / *nautical* astronomy 항해 천문학 / *nautical* tables 항해 용어, 선
원 용어. ~·ly [-kəli] *adv.*

náutical míle *n.* 해리 [1, 852 m].

nau·ti·lus [nɔ́ːt(ə)ləs] *n.* (*pl.* **lus·es** *or* **-li**[-lài]) **1** 앵무조개 (pearly nautilus). **2** 온대·열대산 (nautilus 1) (產)의 낙지류의 일종 (paper nautilus). **3** (N-) 노틸러스호 (號) [미국 원자력 잠수함 제1호].

nav. (略) naval; navigable; navigation; navigator; navy.

Nav·a·ho [nǽvəhòu] *n.* (*pl.* -**hos** *or* -**hoes** *or* -**ho**) **1** 나바호족 [사람] [북미 Arizona, New Mexico, Utah 의 지정 보류지 (保留地)에 사는 인디언의 한 종족]. **2** [U] 나바호어. **3** 나바호족의, 풍속 [따위]의.

Nav·a·jo [nǽvəhòu] *n.* (*pl.* -**jos** *or* -**joes** *or* -**jo**) = Navaho.

‡**na·val** [néivəl] *adj.* 해군의, 군함의. ¶ *a naval* academy 해군 사관 학교 / *a naval* base 해군 기지 / *a*

naval battle 해전 / *the Naval* Department 《美》해군부 / 《英》 the Admiralty) / *naval* forces 해군 [부대] / *naval* maneuvers 해군의 기동 훈련 / *a naval* officer 해군 사관/《美》 세관원 / *a naval* port 군항 / *naval* power 해군력 / *a naval* review 관함식 (觀艦式) / *naval* service 해군 병역. **2** 《폐어》 배의, 해운의. ¶ *naval* architecture 조선 공학. ~·ly [-vəli] *adv.* ◇ **návy** *n.*

nával cadét *n.* 해군 사관 후보생. 「의.
na·val·ism [néivəlìz(ə)m] *n.* [U] 해군 [정책 제1]주의
na·val·ist [néivəlist] *n.* 해군 [정책 제1] 주의자.

Na·varre [nəváːr] *n.* 나바르 [프랑스 서남부와 스페인 북부에 걸쳐 지방으로 옛 왕국].

*‡**nave**[1] [neiv] *n.* 《교회당의》 본당, 네이브.
nave[2] [neiv] *n.* 《차바퀴 중심부의》 바퀴통 (hub).
ná·vel [néivəl] *n.* **1** 배꼽. **2** 중심[점], 중앙부.
nável òrange *n.* 네이블 [오렌지의 일종].
nável stríng *n.* 탯줄.

nav·i·cert [nǽvisəːrt] *n.* 《전시중의》 항해 증명서.
na·vic·u·lar [nəvíkjulər] 《해부》 *adj.* 《동물의 발톱 따위》배 모양의. ¶ *a navicular* disease 주상골염 (舟狀骨炎). — *n.* 주상골 (navicular bone).

navig. (略) navigation.

nav·i·ga·bil·i·ty [nævigəbíliti] *n.* [U] 《강·바다 따위가》 항행할 수 있는, 항행 가능성; 《배·비행기 따위의》 내항성 (耐航性).

*‡**nav·i·ga·ble** [nǽvigəbl] *adj.* **1** 《강·바다 따위가》 항행할 수 있는 (하기에 알맞은). ¶ *navigable* condition (waters) 항해 가능 상태 (수역). **2** 《배가》 항행에 견딜 수 있는; 《기구 따위가》 조종 [운전]할 수 있는. ~·ness *n.*

*‡**nav·i·gate** [nǽvigèit] *v.* (**-gat·ed, -gat·ing**) *vt.* **1** ⋯을 항행 (항해, 비행)하다. ¶ *navigate* a river 강을 항행하다. **2** 《배·비행기》 이끌다 (steer) 하다. **3** 《의안 따위》 통과시키다. ¶ (~+目+前+名) *navigate* a bill *through* Congress 의회에서 법안을 통과시키다. **4** 《배처럼》 《물 위》를 통과하다, 가로지르다, 건너다 (pass over). **5** 《구어》《침착하게》⋯을 나아가다, 걸다, 걸어다니다. — *vi.* **1** 항해하다 (sail). **2** 《배·비행기》를 조종하다. **3** 《구어》《침착하게》 나아가다, 걸다, 걸어다니다. ¶ *She is well enough to navigate* on her own power. 그녀는 자기 힘으로 걸어다닐 수 있을만큼 회복되었다.
◇ **navigation** *n.*

náv·i·gàt·ing ófficer [nǽvigèitiŋ-] *n.* 항행장 (航海長); 기장 (機長).

‡**nav·i·ga·tion** [nævigéiʃ(ə)n] *n.* [U] **1** 항행; 항공, 항행. ¶ *aerial navigation* 항공 [술] / *inland navigation* [하천·운하 따위의] 내륙 항행. **2** 항해학 (술), 항공학 (술). **3** 《집합적》 선박 (shipping).

Navigátion Àct *n.* 《英역사》 항해 조례 (條例) (법) (1651-1847).

nav·i·ga·tion·al [nævigéiʃən(ə)l] *adj.* 항해 [술]의, 항공 [술]의.

navigátional sàtellite *n.* 항행 위성 [여기서 발사 되는 전파를 비행기나 선박이 수신하여 자기의 위치를 알 수 있다].

*‡**nav·i·ga·tor** [nǽvigèitər] *n.* **1** 항해장 (navigating officer), 항해사 [장]의 조종사; 《미사일 비행기의》자동 조종기. **2** 항해자, 항해술에 능한 사람; 해양 탐험가 (sea explorer). ¶ *Arctic navigators* 북극해 탐험가 / *Henry the Navigator* 항해왕 헨리. **3** 《英》《드물게》=navvy.

nav·vy [nǽvi] *n.* (*pl.* **-vies**) 《英구어》 **1** 《운하·도로 공사·철도 따위에 고용되는》인부. **2** 《a mere *navvy's* work 단순한 힘으로 하는 일 [머리를 쓰지 않는 기계적인 일]. **2** 《토목 공사용의》굴삭기 (掘削機) (steam shovel). ¶ *a steam navvy* 증기 굴삭기.

‡**na·vy** [néivi] *n.* (*pl.* **-vies**) **1** 《종종 N-》《Army, Air Forces 에 대하여》해군, 해군력;《英》 (the ~) 해군성 (the Admiralty). ¶ *a navy bill* 《英》해군성 발행 어음 / *a navy register* 《美》해군 장교 명부, 해군 요람 / *the*

Royal (or the British) *Navy* 영국 해군 [略 R.N.] / the United States *Navy* 미국 해군 / the Secretary of the *Navy* 《美》해군 장관 / 《英》First Lord of the Admiralty) / the Department of the *Navy* 《美》해군부. **2** (종종 N-) (집합적) [한 나라의] 군함 전체; 해군 군인. **3** [고어] 선대, 함대(fleet). ¶ a *navy* of ten vessels 10 척의 함대. **4** = navy blue. ◇ nával *adj*.

návy bèan *n*. 《美》 흰강낭콩. [<해군에서 늘 먹기 때문에]

návy blúe *n*. ⓤ (때로 a~) 짙은 감색 [영국 해군 제복의 색].

Návy Cróss *n*. 《美》해군 수훈장(殊勳章).

návy cùt *n*. [파이프용] 살담배.

návy dày *n*. 해군 기념일.

návy exchánge *n*. 《美》[해군 기지내의] 매점, 해군 PX. *cf*. post exchange

návy yàrd *n*. 《美》해군 공창(工廠), 해군 조선소.

na·wab [nəwá:b, -wɔ́:b] *n*. **1** [무갈 (Mogul) 제국 시대의 인도의] 태수(太守). **2** (N-) [인도·파키스탄] 회교도의 명사(名士)에 대한 존칭. **3** = nabob 1.

Nax·a·lite [nǽksəlàit] *n*. 낙살당원[인도, 특히 서 벵골의 공산주의 혁명파]. — *adj*. 낙살당의.

***nay** [nei] *adv*. **1** [고어] 아니, 아니오 (no). *opp*. yea **2** [말의 실마리로서] 그래서 (well), 글쎄 (why). **3** [접속사적으로, 보다 분명히 설명 강조한다] 그렇기는커녕, 오히려 (rather). ¶ I will permit, *nay*, encourage it. 나는 그것을 허락하겠다, 아니 오히려 격려하겠다.

nay even …조차도, …까지도. * even 보다 뜻이 강함
nay more 그 위에, 그뿐만 아니라.   [다].

— *n*. ⓤⓒ **1** 부(否), 거절, 부정 (denial); 금지. ¶ say a person *nay* 남의 요구 (부탁)를 부인 (거절, 거부)하다 / I will not take *nay*. 아니라고는 하지 않겠다 / Let your *nay* be *nay*. 아니라 하는 것은 아니라 하라 [← 야고보서 (James) 5:12, 마태 복음 (Matt.) 5:37]. **2** 반대, 반대 투표[자]. ¶ the yeas and *nays* 찬부[의 수].

na·ya pai·sa [nə́jd: paisá:] *n*. (*pl*. **na·ye pai·se** [nə́jé: paisé:]) 나야 파이사[인도의 화폐 ($^1/_{100}$ rupee)].

nay·say [néisèi] *vt*., *vi*., *n*. 거절 (반대, 부인) [하다].

Naz·a·rene [næ̀zərí:n] *n*. **1** 나사렛 사람. **2** (the ~) 그리스도. **3** 초기 기독교 교도 [유대인·회교도 등이 쓴 부르는 말]. **4** 나사렛 교도 [초기의 유대교의 전례 (典禮)를 지킨 엄격한 유대적 기독교 신자]. — *adj*. 나사렛의, 나사렛 교도의.

Naz·a·reth [nǽz(ə)riθ] *n*. [성서] 나사렛[이스라엘 북부의 도시, 그리스도가 소년 시절을 보낸 땅].

Naz·a·rite, -i·rite [nǽzəràit] *n*. **1** 고대 헤브라이의 고행자 [신에게 서원 (誓願)을 하고 엄격한 계율을 지켰다]. **2** [드물게] 나사렛 사람. **3** [드물게] 그리스 나사렛의.

naze [neiz] *n*. 곶 (cape).

Na·zi [ná:tsi, +美 nǽ-] *n*. **1** 나치당원, 독일 국가 사회당원; (the ~s) 독일 국가 사회당. **2** (종종 n-) [독일 이외 국가의] 전체주의적 국수론자 (國粹論者) (fascist). — *adj*. 나치당 [원]의, 나치주의의, 나치적인.

[< G NA[TIONALSO]ZI[ALIST] National Socialist]

na·zi·fi·ca·tion [nà:tsifikéiʃ(ə)n, +美 nǽtsi-] *n*. (종종 N-) ⓤ 나치화.

na·zi·fy [ná:tsifài, +美 nǽtsi-] *vt*. (**-fied**, **-fy·ing**) (종종 N-) …을 나치화하다; …을 나치 지배하에 두다.

Na·zi·ism [ná:tsi:z(ə)m, +美 nǽtsi-], *n*. = Nazism.

na·zir [ná:ziər] *n*. **1** 회교국의 관리의 칭호. **2** [원래 인도의] 관리자의 칭호.

Na·zism [ná:tsiz(ə)m, +美 nǽtsi-] *n*. ⓤ 나치주의, 독일 국가 사회주의, 나치즘.

Nb [화학] niobium의 원자 기호.

NB (略) Nebraska.

n.b. (略) *no ball*.

N.B.[1] (略) *New Brunswick*; *North Britain*.

N.B.[2], **NB**, **n.b.** (略) (énbí:, nóutə bí:ni) (略) (라틴) *notā bene* (= note well 주의 [하라]).

NBA (略) *National Basketball Association* (미국 농구 협회); *National Boxing Association* (미국 권투 협회).

NBC (略) 《美》 *National Broadcasting Company*; *nuclear, biological and chemical* (핵·생물·화학 병

NbE (略) *north by east* (북미동 (北微東)).   [기).

NBER (略) 《美》 *National Bureau of Economic Research* (전미 경제 조사회).

N.B.G. (略) 《英구어》 *no bloody good* (아주 못씀).

N-bomb [énbɑ̀m / -bɔ̀m] *n*. 핵폭탄.

NBR (略) *nitrile-budadience rubber* (니트릴부다디엔 러버 [특수 합성 고무; 내유성 (耐油性)이 강하다]). *cf*. SBR

NBS (略) 《美》 *National Bureau of Standards* (규격 표준국).

NbW (略) *north by west* (북미서 (北微西)).

n.c. (略) *nitrocellulose*.

N.C. (略) *North Carolina*; *New Caledonia*; *numerical control* (수치 제어 (數値制御)).

NCA (略) [군사] *National Command Authority* (Authorities) (국가 지휘 최고부, 전쟁 최고 지도부).

NCAA (略) *National Collegiate Athletic Association* (미국 대학 스포츠 협회).

N.C.B. (略) *National Coal Board* (영국 석탄 공사).

NCC (略) *National Council of Churches* (미국 기독교 협의회).

NCNA (略) *New China News Agency* (신화사 (新華社); 중국의 관영 통신사).

NCND (略) *neither confirm nor deny* (확인도 부인도 아니 하다).

N.C.O. (略) *noncommissioned officer* (육군 하사관).

NC-17 (略) *No Children Under 17* (17세 이하의 미성년자 관람 불가 영화. 영화 관객 등급 기호로 종전의 X).

NCSNP (略) *National Committee for a Sane Nuclear Policy* (전미 건전 핵 정책 위원회 [1957년에 결성된 미국 반전 평화운동 민간조직]).

NCV (略) *no commercial value*.

Nd [화학] *neodymium*의 원자 기호.

-nd *suf*. **1** 라틴어의 동사형 형용사에 유래하여, 「…하여야 할 [것]」이라는 뜻의 형용사·명사를 만든다. 예: revere*nd*, divide*nd*. **2** 라틴어의 동사형 형용사에 유래하는 형용사 어미. 예: jocu*nd*, moribu*nd*, rubicu*nd*. **3** 영어의 옛 현재 분사 어미 "-and"에 유래하는 명사를 만든다. 예: fie*nd*, frie*nd*.

n.d. (略) *no date*, *not dated* (날짜 없음).

NDAC (略) *National Defence Advisory Commission* (미국 국방 자문 위원회); *Nuclear Defence Affairs Committee* ([NATO] 핵방위 문제 위원회).

N.Dak., N.D. (略) *North Dakota*.

NDC (略) *newly democratic country* (신흥 민주국 [러시아·동유럽 제국]).

NDP (略) *New Democratic Party* [of Canada].

Ne [화학] *neon*의 원자 기호.

NE, N.E., n.e. (略) *northeast*; *northeastern*.

N.E. (略) *naval engineer*; *New England*.

N/E (略) [금융] *no effects* (예금 잔고 없음).

N.E.A (略) *National Editorial Association* (전국 편집원 협회); *National Education Association* (미국 교육 협회); *Newspaper Enterprise Association* (신문 기업 협회 [통신사]).

Ne·an·der·thal [niǽndərtà:l, +美 -θɔ̀:l] [인류] *adj*. 네안데르탈인 (人)의. — *n*. = Neanderthal man.

Neánderthàl màn *n*. [인류] 네안데르탈인 [구석기 시대에 널리 유럽에 살고 있던 인류].

neap [ni:p] *adj*. [조수의 간만의 차가] 가장 적은. ¶ a *neap* tide 소조 (小潮), 조금. *cf*. spring tide — *n*. 조금. — *vt*. (보통 수동형으로) [조금으로] [배의 항행]을 방해받다. — *vi*. [조수가] 조금이 되다 (되어가다).

Ne·a·pol·i·tan [nìːəpálit(ə)n / nìː(ː)əpɔ́l-] *adj.* 나폴리(Naples)의. ── *n.* 나폴리 사람.

Nèapólitan íce crèam *n.* ⓊⒸ 나폴리 아이스크림, 3색 아이스크림.

‡**near** [niər] *adv.* **1** [장소·시간이] 가까이, 접근하여, 이웃에, ¶ come (*or* go) *near* 접근하다 / sit *near* 옆에 앉다 / Christmas is drawing (*or* getting) *near*. 크리스마스가 다가오고 있다 / Who lives *nearest* to the railroad station? 역에 제일 가까운 곳에 살고 있는 사람은 누구냐? **2** [관계 따위가] 근접하여, 밀접히, 밀접히. ¶ tribes *near* allied [혈통 관계가] 가까운 부족 / Pity is *near* akin to love. 연민의 정은 사랑에 가깝다. **3** 거의, 대체로. (* 이 뜻으로는 현재 nearly 쪽이 보통). ¶ for *near* fifty years 약 50년간 / You are *near* right. 네 말은 엇비슷한 이야기이다 / I was *near* dead with fright. 놀란 나머지 혼이 나갈 뻔했다. **4** 검소하게, 인색하게 (thriftily, stingily). ¶ He lives very *near*. 그는 아주 검소한 생활을 하고 있다. **5** 〖항해〗 바람을 앞으로 받으며 (close to the wind).

as near as …하는 한. ¶ He is not so rich *as near as* I can guess. 내가 아는 한 그는 그리 부자가 아니다. **come** (*or* go) **near to** *do* (*or* *doing*) 자칫하면 …할 뻔하다. ¶ The loss went *near to* ruining him. 그 손실로 그는 하마터면 파산할 뻔했다 / That will *go near to* spoiling all. 그것은 잘못하면 모든 것을 망쳐버리게 될 것이다. **far and near** ⇨ FAR. **near at hand** 가까이에; 머지 않아. ¶ There is a shopping center *near at hand*. 아주 가까운 곳에 상점가가 있다. **near by** 바로 가까이에. **near upon** 거의 …, 조금만 더하면 …. ¶ It is *near upon* two o'clock. 조금만 더 있으면 2시다. **not near** 도저히 … 아닌 (not nearly). ¶ He is *not near* so popular as before. 그는 도저히 이전만큼의 인기는 얻고 있지 못하다. **nowhere near**; **not anywhere near** 《구어》 …과는 얼토당토 않은, 도저히 미치지 못하는. ¶ Her rivals are *nowhere near* as beautiful as she. 경쟁 상대들은 도저히 그녀의 아름다움에 미치지 못한다.

── *adj.* **1** [장소·거리·시간적으로] 가까운, 접근한, 멀지 않은. ¶ The *near* store 근처의 가게 / *near* sight 근시 / the *nearest* way 제일 가까운 지름길 / *near* work [눈을 가까이 대고 해야 하는] 정밀을 요하는 일 / a *near* distance [회화 따위의] 가까이에서 본 근거리 / in the *near* future 가까운 장래에 / on a *near* day 근일. **2** 같은 계통의, 근친의; 친밀한 (familiar); 관계가 깊은, 관심이 있는. ¶ a *near* relative 가까운 친척 / a *near* friend 가까운 친구 / This is a very *near* concern of mine. 이것은 내가 큰 관심을 가지고 있는 일이다. **3** 아주 닮은, 접근한, 진짜에 가까운, 근사한; 조금만 하면 …인, 가까스로의; 엇비슷한; 아슬아슬한. ¶ a *near* guess 엇비슷한 추측 / a *near* resemblance 꼭닮음 / a *near* translation 직역 / a *near* race 접전의 경주 / a *near* escape 구사일생 / a *near* silk 모조 실크. **4** [말·차 따위의] 왼쪽의, [말은 왼쪽이 타므로] 가까운 쪽의. **opp**. off ¶ the *near* side 왼쪽 / the *near* ox [좌우 한 쌍 중의] 왼쪽의 소 / the *near* wheel 왼쪽 차바퀴 / the *near* horse of a pair 쌍두 마차의 왼쪽 말. **5** 인색한 (mean, stingy). ¶ a *near* man 인색한 사람. **near and dear** 매우 친밀한. **a near thing** (or **touch**) 아슬아슬함, 위기일발. ¶ We had *a near thing*. 우리는 위기일발로 살아났다.

── *prep.* (* 비교 변화를 하여 부사적으로 쓰는 일도 있다고 해석되는 부사용법으로 해석되나 이것도 ¶ *adv.*) **1** [어떤 장소·시간·상태 따위에] 가깝게, …가까이에; 거의 …할 뻔한. ¶ the star *nearest* the earth 지구에 가장 가까운 별 / *near* bedtime 취침 시간 가까이 / until *near* midnight 한밤중 가까이까지 / somewhere *near* here 어딘가 이 근처에 / He is *near* twenty years of age. 그는 20

새가 가깝다 / The time draws *near* Christmas. 크리스마스가 가까워지고 있다 / We are *near* our journey's end. 우리 여행도 마지막에 가까워지고 있다 / The sun is *near* setting. 태양이 막 지려 하고 있다. **2** …을 닮아, 엇비슷하여. ¶ a drink *near* beer 맥주 비슷한 음료.

── *vt.* …에 가까이 가다, 접근하다. ¶ The ships *neared* the port. 배가 항구에 접근했다.

── *vi.* 가까워지다, 접근하다. ¶ The crisis *nears*. 위기가 다가오고 있다.

◇ **néarly** *adv.*, **néarness** *n.*, **nigh** *adv.*, *adj.*, *prep.*

near-at-hand [níərəthǽnd] *adj.* =nearby.

near béer *n.* Ⓤ [대용 (대/맥) 의] 순한 맥주.

***near·by** [níərbái] *adj.* 바로 가까이의 (close at hand), 바로 이웃의. ── *adv.* 바로 가까이(에서), 바로 이웃에(에서).

Ne·arc·tic [niáːrktik] *adj.* 〖동물지리〗 신북구(新北區)의 [북미의 열대를 제외한 습대 (濕帶)·한대 지방과 Greenland 을 포함함].

Néar Éast *n.* (the ~) 근동 [미국에서는 발칸 제국, 구 아랍 연합 및 서남 아시아 제국을 말하며, 영국에서는 발칸 제국만을 뜻한다]. *cf.* Middle East, Far East

‡**near·ly** [níərli] *adv.* **1** 거의, 얼추, 대략 ⇨ ALMOST (Usage); 조금만 더하면. ¶ *nearly* every day 거의 매일 / It's *nearly* three o'clock. 거의 3시가 다 되었다. **2** 가까이에, 친하게, 밀접히 (closely). ¶ They are *nearly* related. 그들은 가까운 친척이다 / It concerns you very *nearly*. 그것은 너와 매우 깊은 관계이다. **3** 아주 닮아서, 아주 비슷하여. ¶ He *nearly* resembles his father. 그는 아버지를 꼭 닮았다. **4** 〖고어〗 인색하게 (stingily). **5** 면밀히; 정밀하게. ¶ examine a thing *nearly* 물건을 면밀히 살피다.

not nearly 도저히 (결코) …이 아니다. ¶ That is *not nearly* enough. 그것으로는 어림도 없다.

near miss [níərmís] *n.* **1** [유효한] 근접 폭격, 가까운 적중; 지근탄(至近彈). **2** [항공기의] 이상 접근 (異常接近). **3** 목표 일보 직전[의 성과].

near·ness [níərnis] *n.* Ⓤ **1** 가까움; 근사 (近似). **2** 연분이 가까움. **3** 친함. **4** 인색함, 검소.

néar·shore wáters [níərʃɔːr-/-ʃɔ́ː-] *n.* 연안 해역 (海域) [연안에서 5마일 이내의 수역 (水域)].

néar·side [níərsàid] *adj.* 《英》 왼손의, [차에서] 길가에 가까운 쪽의.

***near-sight·ed** [níərsáitid] *adj.* (*opp.* far-sighted) 근시 [안] 의 (myopic); 《비유적》 눈앞 일밖에 보이지 않는. ~·**ly** *adv.* ~·**ness** *n.*

‡**neat**[1] [niːt] *adj.* **1** 단정한, 깔끔한; [몸치장 따위가] 말쑥한, 아담한. ¶ a *neat* dress 말쑥한 옷 / Her house is always *neat*, 그녀의 집은 언제나 단정하다. 〖類語〗 **neat** 청결하고 불필요한 것이 없이 산뜻한: a *neat* room 깔끔한 방. **tidy** 청결·정리·정돈에 신경을 쓰는 노력을 강조하는 말: a *tidy* room 말쑥하게 정돈된 방. **trim** neat, tidy의 뜻에 더하여 외관이 스마트하다는 것을 뜻하는 말: a *trim* figure 깔끔하고 스마트한 모습. **2** 고지식한, 깨끗한 것을 좋아하는. ¶ The cat is *neat* in its habits. 고양이는 습성이 깔끔하다. **3** 말끔한, 취미가 고상한, 품위있는; 균형이 잡힌. ¶ a *neat* furniture [어수선하지 않고] 품위있는 가구 / a *neat* design 단정한 디자인. **4** [문제·말이] 적절한, 요령있는, 재치있는. ¶ a *neat* answer 재치있는 대답. **5** [시멘트·모르타르 따위가] 혼합물이 섞이지 않은; [특히 주류가] 물을 타지 않은 (straight); [이익 따위가] 순 (net). ¶ *neat* wool 순모 / *neat* profit 순익 / He took a drink of *neat* brandy. 그는 브랜디를 스트레이트로 한 잔 마셨다. **6** 솜씨좋은, 교묘한 (skillful). ¶ a *neat* piece of work 솜씨있는 작품 / make a *neat* job of it 솜씨있게 해내다.

7 《속어》훌륭한, 멋진(wonderful). ¶ Wow, this is [so] *neat*. 야, 이것 정말 멋있다 / We had a *neat* time at the show. 우리는 재미있게 쇼를 구경했다.
as neat as a [new] pin 아주 깔끔한. ¶ She is always *as neat as a pin*. 그녀는 언제나 말쑥하게 차려 입고 있다. ~**ness** *n*.

neat² [niːt] *n*. (*pl.* **neat**) **1** 《고어》소 [cow, ox, bull, steer, heifer 따위의 총칭]. **2** 《집합적》축우(畜牛) (cattle).

neath, 'neath [niːθ, +美 niːð] *prep.* 《방언・詩》= beneath.

neat-hand·ed [níːthǽndid] *adj*. [손끝이] 여문, 솜씨 있게 마무리짓는, 민첩한, 교묘한 (deft). ~**ness** *n*.

neat-herd [níːthəːrd] *n*. 《페어》소치는 사람 (cowherd).

*neat·ly [níːtli] *adv*. 깔끔하게, 단정하게; 교묘히.

néat's-fòot òil [níːtsfùt-] *n*. Ⓤ 우각유(牛脚油) [소의 발과 정강이의 뼈를 고아서 얻는 담황색의 기름. 주로 가죽을 부드럽게 하는 데 쓰인다].

neb [neb] *n*. **1** 《새 따위의》부리. **2** 《주로 스코》[사람의] 입. **3** [특히 동물의] 코. **4** [돌출한 것의] 끝, 첨단 (tip); 펜 끝, 연필의 《뾰족한》 끝.

neb·bish [nébiʃ] *n*. 《美속어》시원치 않은 사람, 불운한 사람.

NEbE (略) *northeast by east* (東北微東).

NEbN (略) *northeast by north* (東北微北).

Ne·bo [níːbou] *n*. 《성서》느보산 [피스가 (Pisgah) 산의 정상, 이곳에서 모세가 약속의 땅 (Promised Land)을 내려다보았다. 《신명기》 (Deut.) 32 : 49].

Nebr., Neb. (略) *Nebraska*.

*Ne·bras·ka [nibrǽskə] *n*. 미국 중서부의 주 [주도(州都) Lincoln; 略 Nebr., Neb.]. **Nebráskan** *adj*., *n*.

Ne·bras·kan [nibrǽskən] *adj*. 네브래스카주의.
— *n*. **1** 네브래스카 사람. **2** [지질] [북미의] 갱신기(更新紀)의 빙하 작용 제1기.

*neb·u·la [nébjulə] *n*. (*pl.* **-lae** [-liː] *or* **-las**) **1** 〔천문〕 성운(星雲). ¶ a dark (a diffuse, a planetary, a spiral) *nebula* 암흑 (散光), 행성상 (行星狀), 와상 (渦狀) 성운. **2** 〔병리〕 각막 밖에 (角膜薄翳) [각막의 엷은 혼탁]; 오줌의 백탁 (白濁). **3** 분무 약액 (噴霧藥液).
◇ **nebulose**, **nebular** *adj*.

neb·u·lar [nébjulər] *adj*. 성운의 (에 관한); 성운상의. ¶ the *nebular* theory (* hypothesis) 성운설.

neb·u·lize [nébjulàiz] *v*. (**-lized, -liz·ing**) *vt*. …을 안개 모양으로 만들다; [소독약・물약을][상처에] 분무기로 뿜다. — *vi*. 〔생각 따위가〕흐려지다.

neb·u·lose [nébjulòus] *adj*. =nebulous.

neb·u·los·i·ty [nèbjulάsəti / -lɔ́s-] *n*. (*pl.* **-ties**) **1** 성운상의 것; 성운 (nebula). **2** Ⓤ 모호함, 아련함.

neb·u·lous [nébjuləs] *adj*. **1** 희미한, 안개진. **2** 모호한 (vague), 몽롱한 (hazy), 혼란된 (confused). ¶ a *nebulous* recollection of the meeting 그 회합에 관한 분명하지 않은 기억. **3** 구름과 같은 (cloudlike); 성운 (星雲)의. **4** 《고어》성운이 많은. ~**ly** *adv*. ~**ness** *n*.

NEC (略) 《美》*National Emergency Council* (국가 비상 대책 심의회). necessitarian.

nec·es·sar·i·an [nèsəsέ(ː)riən / -séər-] *n*., *adj*.

*nec·es·sar·i·ly [nèsəsέrili, +英 nésis(ə)ri-] *adv*. **1** 필연적 결과로서, 필연적으로, 반드시; 불가피하게 (inevitably). ¶ War *necessarily* causes misery. 전쟁은 필연적으로 불행을 가져온다. **2** 《부정어를 수반하여》반드시 […은 아니다]. ¶ It does not *necessarily* follow that he is guilty. 〔그렇다고 해서〕그가 반드시 유죄라고는 말할 수 없다. ◇ **nécessary** *adj*.

‡nec·es·sar·y [nésəsèri / -s(ə)ri] *adj*. **1** 필요한, 없어서는 안 될. ¶ if *necessary* 필요하다면 // Food is *necessary* to (or *for*) life. 음식은 생존하는 데 없어서는 안 되는 것이다 / Sleeping is *necessary* to (or *for*) the health. 수면은 건강에 필요하다 // It is *necessary* for you *to* do it. 네가 그 일을 할 필요가 있다 // It is *necessary that* you [should] go. 너는 꼭 가야 한다.
題語 **necessary** 절대로 없어서 안 될 것은 아니지만, 있는 것이 매우 바람직스러운: Moderate exercise is *necessary* for the health. 적당한 운동이 건강에 필요하다. **needful** 부족되어 충족시킬 필요가 있는; 다른 말보다 긴급한 필요성의 뜻이 약한 말: schools, hospitals and other *needful* buildings 학교, 병원 그 밖의 필요한 건물. **essential** 어떤 것의 본질을 이루며, 그것이 없어서는 그것 자체의 존재・기능이 상실되는: Oxygen is *essential* to life. 산소는 생물에게 없어서는 안 된다. **indispensable** 어떤 목적 달성을 위하여서 없어서는 안 될: Some knowledge of English is *indispensable* to the job. 어느 정도의 영어 지식은 그 일에는 필수적이다. **requisite** 외적 사정에 의하여 요구되는: A certain qualification is *requisite* for a teaching job. 교직에는 어떤 자격이 필요하다.

2 필연적인, 피할 수 없는 (inevitable); [논리적으로] 필연의. ¶ a *necessary* death 피할 수 없는 죽음 / a *necessary* truth 필연적 진리 / a *necessary* conclusion 필연적 결론 / a *necessary* evil 필요악. **3** 강요된, 어쩔 수 없는. **4** 《고어》〔하인 등이〕제구실을 하는, 유용한. ¶ a *necessary* woman 하녀.
— *n*. (*pl.* **-saries**) **1** 필요한 것, 필수품; (-saries) 〔법률〕생활 필수품. ¶ daily *necessaries* 일용품 / household *necessaries* 가정용품 / the *necessaries* of life 생활 필수품. **2** 《방언》변소. **3** (the ~) 필요한 일 (행위); 《속어》필요한 자금. ¶ provide the *necessary* 필요한 돈을 제공하다 / You have to do the *necessary* at once. 너는 곧 필요한 일을 하지 않으면 안 된다.
◇ **necéssity** *n*., **nécessarily** *adv*., **necéssitate** *v*.

ne·ces·si·tar·i·an [nisèsətέ(ː)riən / -téər-] *n*. 필연 (숙명)론자, 결정론자 (determinist). *opp*. libertarian
— *adj*. 결정 (필연)론의.

ne·ces·si·tar·i·an·ism [nisèsətέ(ː)riənìz(ə)m / -téər-] *n*. Ⓤ 필연론, 숙명론, 결정론 (determinism).

*ne·ces·si·tate [nisésətèit] *vt*. (**-tat·ed, -tat·ing**) **1** …을 필요로 하다, 요청하다, [필연적인 결과로서] …을 수반하다. ¶ Sickness *necessitated* her change of air. 병 때문에 그녀는 전지 요양을 하지 않으면 안 되었다 / (~ + *ing*) This plan *necessitates borrowing* some money. 이 계획에 따르면 돈을 어느 정도 빌지 않으면 안 된다. **2** …을 불가피하게 하다, 강제로 …하게 하다 (compel). ¶ (~ + 目 + *to* do) I am *necessitated* to go there alone. 나는 혼자서 그곳에 가지 않으면 안 된다.
◇ **necéssity** *adj*., **necéssity**, **necessitátion** *n*. 〔제~〕.

ne·ces·si·ta·tion [nisèsətéiʃ(ə)n] *n*. Ⓤ 필요화, 필연화.

ne·ces·si·tous [nisésətəs] *adj*. **1** 가난한, 궁핍한, 궁한 (needy). ¶ *necessitous* persons 빈민. **2** 필연적인, 피할 수 없는. **3** 급박한, 긴급한.
~**ly** *adv*. ~**ness** *n*.

‡ne·ces·si·ty [nisésəti] *n*. (*pl.* **-ties**) **1** 필요물, 필수품. ¶ household *necessities* 가정 필수품 / daily *necessities* 일상 필수품, 일용품 / the *necessities* of life 생활 필수품 / Water is a *necessity*. 물은 없어서는 안 된다. **2** Ⓤ Ⓒ 필요; 필요성. ⇒ NEED 題語 ¶ a national *necessity* 국가의 필요 / when the *necessity* arises 그 필요성이 생기면 / *Necessity* is the mother of invention. 《속담》필요는 발명의 어머니 / *Necessity* knows (or has) no law. 《속담》필요 앞에 법 없다; 사흘 굶어 도둑질 안할 놈 없다 // He faced the *necessity* of (or *for*) *appearing* in court. 그는 법정에 출두할 필요성에 직면했다 / The *necessity for* quick decision arose. 즉각 결정될 필요성이 생겨났다.

3 Ⓤ 필연성, 필연적인 일. ¶ absolute *necessity* 절대적 필연 / as a *necessity* 필연적으로 / bow to *necessity* 할 수 없다고 체념하다 // Death is a *necessity* to life. 산 것은 반드시 죽는다.

4 Ⓤ 가난, 빈곤 (poverty), 궁핍. ¶ be in great

necessity 몹시 곤궁하다 / be reduced to *necessity* 빈곤하게 되다.
be under the necessity of *doing* 불가피하게 …하다, …할 필요에 직면하다. ¶ I *am under the necessity of quitting* school for a financial reason. 나는 경제적인 이유로 학교를 그만두지 않으면 안 된다.
by necessity 필요해서, 부득불, 할 수 없이. ¶ I did it *by necessity*. 할 수 없어서 그 일을 했다.
from necessity 필요에 의하여.
make a virtue of necessity 당연히 할 일을 하고서 공을 내세우다; 마지못해 하는 것을 자진하여 하는 것처럼 꾸미다.
of necessity 필연적으로, 당연히, 부득불. ¶ something that must *of necessity* be so 당연히 그래야 할 일/This plan will *of necessity* be postponed by the accident. 그 사건으로 인해 이 계획은 부득불 연기될 것이다.
◇ necéssitate *v*., nécessary, necéssitous *adj*.

‡**neck** [nek] *n*. 1 〔인간·동물의〕 목; 목뼈; 〔특히 소·염소의〕 목덜미 살. ¶ a *neck* of mutton 양의 목덜미 살 / break one's *neck* 목을 부러뜨리다 / fling one's arms around a person's *neck* 남의 목을 끌어안다 / I have a stiff *neck*. 목이 뻣뻣하다.
2 〔의복의〕 목, 옷깃, 목 부분. ¶ the *neck* of a shirt 와이샤쓰의 칼라 / a dress with a high *neck* 칼라를 세운 드레스.
3 〔경마용 말의〕 목의 길이. ¶ win by a *neck* 목길이 만큼의 차로 이기다, 가까스로 이기다.
4 〔병·현악기·골프 클럽의〕 목, 경상부(頸狀部). ¶ the *neck* of a bottle 병목 / the *neck* of a guitar 기타의 목.
5 애로(隘路), 해협(channel), 지협(地峽) (isthmus), 곶(cape). ¶ a *neck* of land 지협 / a *neck* of the sea 해협.
6 〔건축〕 〔기둥머리 밑의〕 목 부분; 〔치과〕 치경(齒頸).
bend the neck 굴복하다.
break one's neck 《구어》 힘껏 노력하다.
break the neck of 《구어》 〔일〕의 가장 힘든 대목(대부분)을 끝내다, 고비를 넘기다.
by a neck 가까스로, 근소한 차로.
escape with *one's* **neck** 가까스로 목숨을 건져 달아나다. ¶ He *escaped with* his *neck* without taking anything with him. 그는 아무것도 가지지 못한 채 간신히 달아났다.
get (or **catch, take**) **it in the neck** 《속어》 ① 혼나다, 호된 공격(비난, 처벌)을 받다. ② 파면되다.
harden the neck 저항하다.
neck and crop (or **heels**) 통째, 깡그리, 온통(completely), 다짜고짜로, 돌연. ¶ Throw him out *neck and crop*, if he comes here again. 만약 그가 이곳에 다시 오거든 불문곡직하고 몰아내 버려라.
neck and neck 〔본래 경마에서〕 목을 나란히 하여; 비등하게, 엇비슷하게. ¶ They were *neck and neck* in the polls. 그들은 투표에서 엇비슷하게 겨루고 있었다.
neck or nothing 결사적으로; 목숨을 걸고. ¶ Set out a new business *neck or nothing*. 목숨을 걸고 새 사업을 시작해라 / It is *neck or nothing* with me. 그것은 나에게는 망하느냐 흥하느냐 하는 일이다.
neck to neck 대접전인, 호각지세(互角之勢)인.
on (or **upon**) **the neck of** …의 바로 뒤에, 잇따라.
put *one's* **neck into the noose** ⇒ NOOSE.
risk *one's* **neck** 교수형(책임)을 면하다; 목숨을 건지다.
save *one's* **neck** 교수형(책임)을 면하다; 목숨을 건지다.
speak (or **talk**) **through** [**the back of**] *one's* **neck** 《구어》 엉뚱한 말을 하다, 실없는 소리를 하다.
stick *one's* **neck out** 《구어》 위험을 자초하다.
tread on the neck of …을 학대하다. ¶ He killed the king who *trod on the neck of* his people. 그는 국민을 짓밟은 왕을 살해했다.

— *vi*. 《미구어》 〔목을 껴안고〕 애무하다, 서로 애무하며 키스하다. — *vt*. 1 《미구어》 …을 껴안고 애무하다. 2 〔닭 따위의〕 목을 졸라 죽이다(strangle), 목을 자르다(behead). ¶ *neck* a hen 암탉의 목을 졸라 죽이다.
néck·bànd [nékbæ̀nd] *n*. 1 〔의복의〕 옷깃, 특히 와이셔츠의 칼라를 붙이는 부분. 2 〔장식용의〕 목 끈.
néck·brèak [nékbrèik] *adj*., *adv*. 〔속력이〕 굉장히 빠른 *neck*.
néck·clòth [nékklɔ̀(:)θ/-klɔ̀(:)θ] *n*. (*pl*. **-clothes** [-klɔ̀(:)ðz/-klɔ̀ðs, -klɔ̀(:)ðz]) 《폐어》 목도리, 스카프, 넥타이.
néck-déep [nékdíːp] *adj*. 《서술 형용사》 목까지 닿는 깊이의. — *adv*. 깊이 빠져서.
necked [nékt] *adj*. 《복합어를 만들어》 목이 …네크인 〔옷의〕, …한 목을 가진. ¶ a T-*necked* Shirt T 네크셔츠 / long-*necked* 긴 목을 가진.
néck·er·chief [nékərtʃif, -tʃìːf] *n*. 네커치프, 목도리.
néck·ing [nékiŋ] *n*. ⓤ 1 〔건축〕 **a)** 기둥머리의 목부분 쇠시리(neck-molding). **b)** 주경(柱頸). 2 《구어》 〔이성간의〕 애무, 남녀의 포옹.
*néck·lace [néklis] *n*. 목 장식, 네크리스.
néck·let [néklit] *n*. 1 = necklace. 2 〔모피의〕 목도리.
néck·line [néklàin] *n*. 〔특히 여성복의〕 네크라인, 목 둘레로 파인 옷의 선.
néck·piece [nékpìːs] *n*. 〔모피의〕 목도리.
néck·rein [nékrèin] *vt*., *vi*. 《미》 〔고삐로 말의〕 방향을 좌(우)로 바꾸게 하다(바꾸다).
*néck·tie [néktài] *n*. 1 넥타이(tie). 2 《미속어》 교수용 밧줄. —〔한〕 교수형.
nécktie pàrty *n*. 《미속어》 〔특히 사형(私刑)의〕 한 패.
néck-verse [nékvə̀ːrs] *n*. 〔역사〕 흑자체(黑字體)로 인쇄된 라틴어 성서 시편 제50장 제3절〔죄인이 이것을 읽을 수 있으면 사형이 면제되었다〕.
néck·wear [nékwɛ̀ər] *n*. ⓤ《집합적》 네크웨어, 목둘레 장식품〔넥타이·스카프·칼라 따위의 총칭〕.
necro-, necr- dead, death, corpse 의 뜻의 연결형 (*모음 앞에서는 necr-을 쓴다). 예: *necro*polis.
nec·ro·bi·o·sis [nèkrouˌbaióusis] *n*. ⓤ〔의학〕 변성 회저(變性壞疽), 〔체세포의〕 사멸(死滅) 과정. *cf*. necrosis. 〔숭배〕.
ne·crol·a·try [nekrálətri/-krɔ́l-] *n*. 사자(死者).
ne·crol·o·gist [nekrálədʒist/-krɔ́l-] *n*. 사망 기사 기자; 〔신문 따위의〕 사망록 기자.
ne·crol·o·gy [nekrálədʒi/-krɔ́l-] *n*. (*pl*. **-gies**) 1 사망 공고, 사망 기사(obituary). 2 〔일정 기간 내의〕 사망자 명부.
nec·ro·man·cer [nékrəmæ̀nsər] *n*. 점쟁이(diviner), 강령술사(降靈術師); 마술사(sorcerer, wizard).
nec·ro·man·cy [nékrəmæ̀nsi] *n*. ⓤ 1 마술, 마법(magic). 2 〔사자와의 교령(交靈)에 의한〕 점, 강령술.
nec·ro·man·tic [nèkrəmǽntik] *adj*. 마술의(과 같은), 요술의(과 같은); 마법에 의한, 강령술에 의한.
ne·croph·a·gous [nekrɔ́fəgəs/-krɔ́f-] *adj*. 〔곤충 따위가〕 시체(썩은 고기)를 먹이로 하는, 썩은 고기를 먹는.
〔시체 애호증〕.
nec·ro·phil·i·a [nèkrəfíliə] *n*. ⓤ 시간증(屍姦症).
nec·ro·pho·bi·a [nèkrəfóubiə] *n*. ⓤ 〔정신병〕 죽음에 대한 공포증. 2 시체 공포증.
ne·crop·o·lis [nekrápəlis/-krɔ́p-] *n*. 1 〔큰〕 묘지(cemetery). 2 〔고대 도시나 유사 이전 유적의〕 공동 묘지, 매장지.
nec·rop·sy [nékrəpsi/-rɔp-] *n*. (*pl*. **-sies**) 시체 해부, 검시(檢屍) (autopsy). — *vt*. **-sied, -sy·ing** …의 검시를 하다. 〔necropsy.
ne·ros·co·py [nekráskəpi/-rɔ́s-] *n*. (*pl*. **-pies**) =
ne·cros·mantic [nekrɔ́smæntik]
ne·cro·sis [nekróusis] *n*. ⓤ ⓒ (*pl*. **-ses** [-siːz]) 1 〔병리〕 회사(壞死). 2 〔식물〕 조직 세포의 사멸.
ne·crot·ic [nekrátik/-krɔ́t-] *adj*. 회사의(壞死); 〔조직 세포의〕 사멸의.

nec·ro·tize[nékrətàiz] v. (**-tized, -tiz·ing**) vi. 회사 (壞死)하다. ― vt. …을 회사시키다.

NECS 《略》 Newly Export-Oriented Countries (신흥수출 지향국[말레이지아, 타이, 인도네시아 등의 동남아 제국]).

nec·tar[néktər] n. ① **1** 〔식물〕꽃의 꿀. **2** 〔그리스 신화〕신들의 술, 신들이 마시는 술. **3** 달콤한 음료, 감로(甘露). **4** 탄산 음료의 일종.

nec·tar·e·an[nektí(ː)riən / -téər-] adj. =nectarous.
nec·tared[néktərd] adj. 꿀(신들의 음료)로 가득 채운.
nec·tar·e·ous[nekté(ː)riəs / -téər-] adj. =nectarous.
nec·tar·if·er·ous[nèktərífərəs] adj. 〔식물〕꿀이 있는, 꿀을 분비하는.
nec·tar·ine[nèktərí:n / nékt(ə)rin] n. 넥타린, 승도복숭아; 그 과일.
nec·tar·ous[néktərəs] adj. 신들이 마시는 술의(갈은); 꿀의 꿀의(같은), 달콤한.
nec·ta·ry[néktəri] n. (pl. **-ries**) **1** 〔식물〕꿀을 분비하는(분비선(密腺), 밀조(密槽). **2** 〔곤충〕〔진딧물 따위의〕밀관(蜜管).
nec·ton[néktən] n. =nekton.

N.E.D., NED 《略》 New English Dictionary [Oxford English Dictionary의 별칭].

NEDC 《略》 National Economic Development Council (《英》 국민 경제 개발 심의회).

ned·dy[nédi] n. (pl. **-dies**) (《주로 英방언》) 당나귀(donkey); 얼간이, 바보.

Ned·dy [nédi] n. =NEDC.

nee, née [nei] adj. 생가(生家)의 성(姓)은, 구성(舊姓)은 …인〔기혼 여성의 미혼 시대의 성을 가리킨다〕. ¶ Mrs. Jones, nee Smith 존즈 부인, 구성 스미스.

need[ni:d] n. **1** 필요한 것, 요구[물] (requirement). (* 총괄적으로 말할 경우에는 보통 복수형을 쓴다). ¶ our daily needs 일용 필수품 / bodily (spiritual) needs 육체적(정신적)으로 필요한 것 / My needs are modest. 내가 필요로 하는 것은 그리 많지 않다 / It is impossible to meet every need [of the occasion]. 〔그 경우의〕모든 요구에 응하기는 어렵다(불가능하다).

2 ①© 필요[성] (necessity); 결핍, 부족(want) (of, for …). ¶ serve the need 필요를 충족시키다 / He felt the need of a higher education. 그는 고등 교육의 필요성을 느꼈다 / There is no need of your disputing. = There is no need for you to dispute. 너희들이 논쟁할 필요는 없다 / There is a growing need for scientific education. 과학 교육의 필요성이 증대되어 가고 있다 / His writing shows need of improvement. 그가 쓴 것은 추고(推敲)을 필요로 한다 // They have need to be warned against their sins. 그들의 죄에 대하여 경고하지 않으면 안 된다.

〔類語〕 need 결여, 부족감을 수반하여 「필요」를 나타낸다. necessity need 보다 더 절실한 강도의 「필요(요구)」를 나타내지만, 반드시 결여감을 수반하지는 않는 객관적인 말.

3 ① 의무(obligation). ¶ the need to pay taxes 납세의 의무 / Is there any need for you to apologize her ? 도대체 당신이 그녀에게 사과해야 할 필요성이 어디 있는가 ?

4 ① 위급한 때(emergency); 궁지, 급박 (exigency). ¶ at a time of need 위급한 때에/In case (or time, the hour) of need 만일의 경우에, 위급한 때에/It may be good at need. 만일의 경우에 도움이 될지도 모른다/He didn't help me in my need. 그는 내가 어려웠을 때 도움을 주지 않았다 / Whenever the need arises, I'll help you. 만일의 경우에는 언제든지 도와주겠다 / A friend in need is a friend indeed. 《속담》 어려울 때 돕는 친구가 참된 친구이다.

5 ① 궁핍, 빈곤(destitution, poverty). ¶ Their need was acute. 그들의 궁핍은 극심한 것이었다 / He lived in dire need. 그의 생활은 궁하기 이를 데 없었다.

6 (~s) 생리적 요구, 대(소)변. ¶ do one's needs 용변을 보다.

had need [to] do 《文》…해야 한다(ought to do).
if need be (or **were**) 필요하다면, 부득이하다면.
in need of ¶ crops in need of water 물을 필요로 하는 농작물 / We are badly in need of fuel. 우리들은 연료를 크게 필요로 하고 있다, 연료가 크게 모자란다.

― vt. **1** …을 필요로 하다(want, require). ¶ need rest(food, sleep, time) 휴양(음식, 수면, 시간)이 필요하다 / A sick person needs care. 환자에게는 간호가 필요하다 / That's all I need. 아주 잘 됐다; 《반어적으로》 이제 다 글렀다 // (~+国+to do) I need someone to look after my son. 누군가 내 자식을 돌봐줄 사람이 필요하다 / (~+-ing) My car needs repairing. 내 차는 수리해야 한다 / You need teaching thoroughly. 너를 철저하게 가르쳐줄 필요가 있다.

2 〔to- 부정사를 수반하여〕…할 필요가 있다, …하지 않으면 안 된다(must). * 긍정문에서는 need 대신 must, have to를 쓰는 수가 많다. ¶ We need to search for him at once. 우리는 곧바로 그를 찾아내지 않으면 안된다 / You did not need to return the book. 너는 책을 돌려줄 필요가 없었다 / Why do you need to work so hard ? 무엇때문에 일을 해야 하는가 ? / They'll need to speak much to each other. 그들은 서로 많은 이야기를 나눠야 할 것이다.

― vi. **1** 필요로 하고 있다, 구하고 있다(want). ¶ Give to those who need. 필요한(원하는) 사람들에게 주어라. **2** 〔고어〕필요로 하다. ¶ more than needs 필요 이상으로 / There needs no apology. 변명할 필요는 없다 / It needs not. 필요없다.

― auxil. v. 《주어의 인칭·시제에 관계없이 항상 need로, to 없는 부정사를 수반한다. 부정형은 **need not, needn't** 의문문에서는 need+S+V의 어순에 따른다》 **1** 〔부정문에서〕…하지 않아도 되다, …할 필요가 없다. ¶ You need not do it at once. 그 일은 곧 하지 않아도 된다 / I need hardly tell you. 너에게 이야기할 필요가 거의 없다 / I don't think I need go yet. 아직 가지 않아도 되리라고 생각한다 / I told her that she need not worry. 그녀에게 걱정할 필요가 없다고 말해 주었다 (* 주절이 과거에서 종절에는 need 가 쓰인다) / He needn't have done it. 그는 그 일을 하지 않았어도 되었을 텐데(해버렸다).

― Usage did not need to와 need not have+p.p. ――need 에는 본동사와 조동사의 용법이 있어서, 「너는 갈 필요가 없다」는 각각 You do not need to go. You need not go.로 표현되며 본동사로서의 need의 과거에는 과거형이 있고, 과거형에는 「need not have+과거분사」를 쓰며, 본동사의 경우에는 did not need to 로 한다: You did not need to do it. (그 일을 할 필요가 없었다) / You need not have done it. (그 일을 할 필요가 없었는데 [해버렸다]). 위의 예처럼 did not need to … 는 「…할 필요가 없으므로 …하지 않았다」를 뜻하나, need not have … 는 「그럴 필요가 없었는데 그래 버렸다」를 뜻한다는데 주의.

2 〔의문문에서〕…할 필요가 있다, …하지 않으면 안 되다(must, ought to). ¶ Need I stay here ? ―― No, you needn't. 여기에 있어야 됩니까 ? ―― 아니, 없어도 됩니다 (* 이 경우, 긍정할 때 No라는 대답을 예상하고 있는 수가 많다. Yes로 대답할 경우에는 Yes, you must. 가 된다) / I wonder if I need bring my camera. 내 카메라를 가져가야 할까.

― Usage (1) 조동사 need를 긍정문에 쓰는 것은 주로 낡은 용법이다: One need only look at it. 잠깐 보기만 하면 된다. (2) 본동사 (vt. 2) 와 조동사 사이에 구별이 지어지는 수도 있다: You don't need to go. 〔객관적으로〕갈 필요는 없다 / You needn't go. 〔주관적으로〕갈 필요는 없다.

as ... as (more than) need be 필요한만큼(필요 이상으로)…. ¶ They saw *as little as need be* of each other. 그들은 최소한도로 필요한 만큼 밖에는 서로 만나지 않았다.
◇ **néedful, néedy** *adj.*, **needs** *adv.*

need·er [níːdər] *n.* 필요로 하는 사람.

need-fire [níːdfàiər] *n.* 나무를 마찰하여 일으킨 불, 정화(淨火)〔옛날 유럽에서 가축의 전염병을 막아주는 것이라 믿었다〕;《스코》화톳불.

***need·ful** [níːdfəl] *adj.* 1 필요한, 소용되는(required). ⇨ NECESSARY 類語 ¶ *needful* resources 필요한 자원 / *needful* preparations 필요한 준비 / do what is *needful* 필요한 일을 하다 // It is not *needful* for you to go. = It is not *needful that* you (should) go. 네가 갈 필요는 없다 // Water is *needful* for living things. 물은 생물에게 필요하다. 2 (고어) 가난한, 곤궁한, 어려운(needy). 3 (the~)《명사적 용법》필요한 것(일);《속어》이용할 수 있는 돈.
do the needful 필요한 일을 하다; [미식축구] 트라이하여 골로 차는 권리를 얻다.
~·ly *adv.* **~·ness** *n.*

need·i·ly [níːdili] *adv.* 궁핍하여, 곤궁하여. [erty].

need·i·ness [níːdinis] *n.* ⓤ 가난, 빈곤, 곤궁(pov-

nee·dle [níːdl] *n.* 1 바늘, 바느질 바늘(sewing needle), 뜨개바늘(knitting needle), 코바늘(crochet needle). ¶ *a needle's eye (or hole)* 바늘 구멍 / *a thread and needle*; *a needle* and thread 실을 꿴 바늘 / *as sharp as a needle* 매우 날카로운, 예리한 / *clever with one's needle* 바느질을 잘하는 / *thread a needle* 바늘에 실을 꿰다. 2 [의학] 찌르는(꿰매는, 절개하는) 바늘, 주사 바늘; (구어) (약 따위의) 주사(shot). 3 자침(磁針), 나침(羅針); (전기의) 바늘; 레코드 바늘 (phonograph needle); (계기 따위의) 바늘, 지침(指針) (indicator). 4 조각침(彫刻針). 5 [식물] 침엽(針葉). 6 [동물] 침골(針骨) (spicule), 7 [광물] 침상 결정체(針狀結晶體). 8 오벨리스크(obelisk); 뾰족한 바위(봉우리). 9 [건축] 수선할 때의 버팀목, 버팀대 막이. 10 (the~)《속어》 신경의 곤두섬. ¶ **get (or have) the needle** 초조해하다, 짜증을 내다 / **give a person the needle** 남을 초조하게 하다. 11 자극; 비꼬는 말.
have pins and needles ⇨ PIN.
look for a needle in a haystack (or in a bottle or a bundle) of hay 찾을 가망이 없는 것을 찾다, 헛수고하다.
on the needle 《미속어》마약 중독으로.
thread the needle 어려운 일을 해치우다.
— *v.* (**-dled, -dling**) *vt.* 1 ···을 바늘로 꿰매다, ···을 바느질하다. 2 ···을 꿰매듯 가다. ¶ *needle* one's way 바느질하듯이 나아가다. 3 (내장(內臟) 따위)를 바늘로 치료하다, 절개하다. 4 (구어) ···을 놀려대다, 약올리다, 괴롭히다. 5 (~+目+前+名) They kept *needling* Joe about his new girlfriend. 그들은 죠가 새로 사귄 여자 친구에 대한 이야기로 그를 계속 놀려댔다. 5 《속어》(술 따위)에 알코올을 넣어 독하게 하다. — *vi.* 1 바늘을 쓰다, 바느질을 하다. 2 바느질하듯이 나아가다. 3 침상(針狀)으로 결정(結晶)하다. [대.

nee·dle·bar [níːdlbàːr] *n.* [재봉(편물)기계의] 바늘

néedle báth (shówer) *n.* 분무욕(噴霧浴)[가늘고 센 물줄기가 분출하는 샤워 목욕].

néedle cáse *n.* 바늘 쌈.

nee·dle·craft [níːdlkræft/-kràːft] *n.* = needle work.

nee·dle·fish [níːdlfìʃ] *n.* (*pl.* **-fish** *or* **-fish-es**) 1 동갈치의 일종[주둥이가 길고 뾰족한 물고기]. 2 실고기.

nee·dle·ful [níːdlfùl] *n.* [실] 바늘분의 길이.

néedle gàme *n.* =needle match.

néedle gùn *n.* 단발식 후장총(後裝銃).

néedle láce *n.* 바느드개 레이스 (needlepoint lace).

néedle machìne *n.* 자수 재봉틀.

néedle mátch *n.* [접전하여] 개인적 감정·적의를 불러 일으키는 시합.

nee·dle·point [níːdlpɔ̀int] *n.* 1 [즈즈천에 수놓은] 털실의 자수; 바늘드개 레이스 (needlepoint lace). 2 바늘. 끝. — *adj.* 바늘뜨개 레이스의.

needl·er [níːdlər] *n.* 신랄한 말을 하는 사람].

need·less [níːdlis] *adj.* 불필요한, 쓸데없는 (unnecessary). ¶ *needless* worry 쓸데없는 걱정, 공연한 걱정 / *needless* to say 말할 것도 없이, 물론. **~·ly** *adv.* **~·ness** *n.*

néedle thérapy *n.* 침 요법 (acupuncture).

néedle tìme *n.* ⓤ《영》[라디오·텔레비전 방송에서의] 레코드 음악 프로의 시간.

néedle válve *n.* [기계] 니들 밸브, 침판(針瓣).

nee·dle·wom·an [níːdlwùmən] *n.* (*pl.* **-wom·en** [-wìmin]) 바느질하는 여성, 침모.

***nee·dle·work** [níːdlwə̀ːrk] *n.* ⓤ 바느질, 재봉, 바느질감 (sewing), 자수 (embroidery).

need·ments [níːdmənts] *n. pl.* 《영》필요한 것; [특히] 여행용품.

‡need·n't [níːdnt] need not 의 단축형.

needs [níːdz] *adv.* 반드시, 어떻게든지, 꼭 (necessarily). ¶ He must *needs* go. 그는 꼭 가겠다고 고집한다(했다) / It must *needs* be so. 꼭 그럴 것이다 / I *needs* must read the letter. 꼭 그 편지를 읽어 봐야만 한다 / *Needs must when the devil drives.* 《속담》필요에 쫓기면 무슨 짓이든 한다, 무동이로 못하면서 남을 되는 수밖에 없다.

—— **Usage** needs 는 위의 예에서처럼 must 의 전후에 써서 대체로 같은 뜻을 나타낸다. must 뒤에 쓰면 종종 빈정대는 말로 「턱없이 …하길 고집한다(하였다)」라는 뜻이 되는 수도 있다.

***need·y** [níːdi] *adj.* (**need·i·er, need·i·est**) 몹시 가난한, 빈곤한. ⇨ POOR 類語 ¶ *a needy* family 극빈 가정. ◇ **need, néediness** *n.*, **néedily** *adv.*

ne'er [nɛər] *adv.* (주로 詩) =never.

ne'er-do-well [nɛ́ərduːwèl] *n.* 쓸모없는 사람, 건달. — *adj.* 무능한, 건달의, 쓸모없는.

nef [nef] *n.* [중세의] 배 모양의 식탁 장식 [금(은)제; 식염·냅킨·수저 따위를 넣는다].

ne·far·i·ous [niféəriəs, -féər-] *adj.* 극악한 (villainous), 불법적인, 무법의, 악당의, 발칙한. **~·ly** *adv.* **~·ness** *n.*

neg.《略》negative, negatively.

ne·gate [nigéit] *vt.* (**-gat·ed, -gat·ing**) 1 ···을 부정하다, 부인하다 (deny). 2 ···을 무효화하다, 취소하다 (nullify).

ne·ga·tion [nigéiʃ(ə)n] *n.* ⓤ 1 부정, 부인, 거절; 취소. ¶ *a sign of negation* 부정의 표시. 2 존재하지 않음(없는 것), 비실재[물] (nonentity). 3 반대, 반면. ¶ Darkness is the *negation* of light. 암흑은 빛의 반대이다. 4 반대의 진술(생각, 개념, 주의); 반박, 반론. 5 [논리] 모순율(矛盾律). [「한 부정론자.」

ne·ga·tion·ist [nigéiʃ(ə)nist] *n.* 부정론자, 부정하는 사람.

‡neg·a·tive [négətiv] *adj.* 1 부정의, 부인의, 취소의. opp. affirmative, positive ¶ *a negative* answer 거절하는 대답 / *a negative* sentence 부정문.
2 부거의, 거절의; 금지의. ¶ *a negative* attitude 거절 (반대)하는 태도 / *a negative* order 금지령.
3 소극적인, 주저하는. opp. positive ¶ *a negative* character (or personality) 소극적인 성격 / *negative* criticism 소극적인 비평 / *a negative* friend 적이 아닌 것뿐인 친구.
4 (수학·물리) 마이너스의 (minus). opp. positive ¶ *a negative* quantity 부(負)의 수(양) / the *negative* sign 부호(負號).
5 (사진) 음화(陰畫)의. opp. positive ¶ *a negative* plate 음판(陰板), 원판(原板) / *negative* bath 감광액(感光液).
6 (전기) 음전기의, 음전기가 생기는. opp. positive

¶ *negative* electricity 음전기 / the *negative* pole 음극. **7** 〖생물·생리〗[자극에 대하여] 반작용적인. ¶ *negative* tropism 자극과 역방향으로 향하는(굽어지는) 성질. **8** 〖의학〗[검사 결과가] 음성(陰性)인, 증상이 인지되지 않는, 이상이 없는. opp. positive [성의. **9** 〖화학〗[원소·기(基)가] 음전기성의, 부(負)의, 음 **10** 〖논리〗[주사(主辭)를] 부정하는. ¶ a *negative* proposition 부정 명제, 부정적 명사(名辭).

— *n.* **1** 부정적인 말(대답, 진술, 태도 따위). ¶ reply with a resolute *negative* 단호히 아니라고 대답하다. **2** 부정, 거절(refusal). **3** 부정어 [no, not, neither 따위]. opp. affirmative **4** [토론 따위에서의] 반대자[측]. **5** 〖문제의〗부정적 측면; [사물의] 소극성. **6** 《고어》거부권(veto). **7** 〖수학〗부수(負數). **8** 〖전기〗음전기, [전지의] 음극판. **9** 〖사진〗원판, 음화.
answer in the negative; return a negative 아니라고 대답하다.

— *vt.* (-tived, -tiv·ing) **1** …을 부정하다(deny), 반증하다(disprove). **2** …에 반대하다, …을 거부하다, 거절하다(veto). **3** …을 무효화하다, 중화(中和)하다 (neutralize).
~·ly *adv.* ~·ness *n.* ◇ negáte *v.*, negátion *n.*

négative campáign *n.* 상대방 입후보자를 공격하는 데 중점을 두는 선거 운동.
négative èuthanásia *n.* 소극적 안락사[적극적 치료를 하지 않고 임사(臨死) 환자를 죽게 하기].
négative féedback *n.* 〖컴퓨터〗부(負)피드백, 부귀환(負歸還)(inverse feedback).
négative grówth *n.* 〖경제의〗 마이너스 성장.
négative íncome tàx *n.* 〖U C〗 저소득자에 대한 정부의 교부금.
négative líst *n.* 〖국제무역〗 네가티브 리스트 [GATT에 보고하는 수입 제한 품목].
négative óption *n.* 〖상업〗네거티브옵션[주문하지 않은 사람에게 물품을 송부하고, 수취인이 사고 안사고의 선택을 하게 하는 방법].
négative pláte *n.* 〖사진의〗 원판, 음판(陰板).
neg·a·tiv·ism [négətivìz(ə)m] *n.* 〖U〗 **1** 부정론, 소극주의. **2** 〖심리〗 거절증(拒絶症); 반항벽.
neg·a·tiv·ist [négətivist] *n.* 부정론자, 소극주의자.
neg·a·tiv·is·tic [nègətivístik] *adj.* 반항적 경향이 있는; 부정론적이.
neg·a·tiv·i·ty [nègətívəti] *n.* 〖U〗 부정성(性), 소극성;
nég·a·to·ry [négətɔ̀:ri / -t(ə)ri] *adj.* 부정적인.
nég·a·tron [négətràn / -tràn] 〖물리·화학〗 음전자(陰電子); 전자(electron).
[<NEGA[TIVE] + [ELEC]TRON]

‡**ne·glect** [niglékt] *vt.* **1** …을 유의하지 않다, 경시(무시)하다(disregard). **2** …에 주의받지 않다, 내버려두다. ¶ *neglect* one's family 가족을 내버려두다. **3** 〖명령·의무 따위를〗 게을리하다, 소홀히하다. **4** 〖무관심·부주의 따위의〗 …하기를 잊다. ¶ (~ + *ing*) (~ + to do) He *neglected* writing a letter. = He *neglected to* write a letter. 그는 편지 쓰는 것을 잊었다.

〖類語〗 **neglect** 나태·부주의 따위로 충분한 주의를 하지 않다: *neglect* one's duty 의무를 게을리하다. **disregard** 고려의 대상에 넣지 않다; 좋은 뜻으로도 쓰는 말: *disregard* a friend's advice 친구의 충고를 무시하다 / *disregard* one's own interest 자기의 이해(利害)를 무시하다. **ignore** disregard 보다도 더 고의적으로 묵살하다; 때로 인정하고 싶지 않은 일에 일부러 눈을 감는다는 뜻: *ignore* a hazard warning 위험 신호를 무시하다. **omit** 어떤 일의 일부를 생략하다 또는 하기를 잊다: get home drunk and *omit* a bath 취해서 집으로 돌아와 목욕을 하지 않다. **overlook** 부주의 따위로 깨닫지 못하다, 관대하여 모르는 이라다: *overlook* typographical errors 오식을 보지 못하고 넘기다. **slight** 경멸·

오만한 마음 때문에 정당한 평가를 못하고 neglect하다: *slight* the generation gap 세대간의 단절을 경시하다.

— *n.* 〖U〗 **1** 태만, 부주의, ¶ NEGLIGENCE 〖類語〗. *neglect* of one's duties 직무의 태만. **2** 경시, 무시 (disregard); 돌보지 않음. ¶ *neglect* of the law 법을 무시함 / Old customs tend to fall into *neglect* in course of time. 시간의 흐름에 따라 옛관습은 무시되기 쉽다.
◇ negléctful, négligent *adj.*, négligence *n.*

ne·glect·er, ne·glec·tor [nigléktər] *n.* 태만히 하는 사람.
ne·glect·ful [nigléktfəl] *adj.* 부주의한(careless); 태만한; 소홀히 하는, 무관심한, 등한한(indifferent)(*of*...). ¶ Some boys are *neglectful of* their appearance. 소년들 중에는 외모에 무관심한 자들이 있다.
~·ly *adv.* ~·ness *n.*
neg·li·gee, nèg·li·gé [nègližèi, +美 ⊢ ⊣] *n.* **1** 네글리제, [여성용의] 헐거운 실내복. **2** 평상복.
***nég·li·gence** [néglidʒ(ə)ns] *n.* 〖U〗 **1** 태만, 등한. ¶ He was punished for the *negligence in discharging* his responsibility. 그는 책임 이행 태만으로 처벌되었다. **2** 무관심, 소홀함. ¶ the *negligence* of one's appearance 외관에 대한 무관심.

〖類語〗 **negligence** 태만·부주의 따위의 성질·습관: *negligence* in dress 복장에 대한 무관심. **neglect** 태만·부주의한 사실 또는 구체적인 행위: *neglect* of duty 직무 태만. (重)과실.

3 〖법〗 태만 행위. **4** 〖법률〗 과실. ¶ gross *negligence* 중◇ négligent *adj.*
neg·li·gent [néglidʒ(ə)nt] *adj.* 〖의무 따위에 대하여〗 태만한; 부주의한(careless); 무관심한(indifferent). ¶ *negligent* officials 직무 태만한 관리 / a *negligent* air 무관심한 태도 / be *negligent* in dress 복장에 무관심하다 / He is *negligent of* his duties. = He is *negligent in* attending to his duties. 그는 자기 직무에 태만하다.
~·ly *adv.*
neg·li·gi·bil·i·ty [nèglidʒəbíliti] *n.* 〖U〗 무시할 수 있음, 하찮음; 사소함.
*neg·li·gi·ble** [néglidʒəbəl] *adj.* 무시할 수 있는; 보잘것 없는(trifling), 사소한. ~·ness *n.* -bly *adv.*
ne·go·ti·a·bil·i·ty [nigòuʃ(i)əbíliti] *n.* 〖U〗 **1** 협의(교섭)할 수 있음. **2** 양도(유통)할 수 있음. **3** 통행할 수 있음.
ne·go·ti·a·ble [nigóuʃ(i)əbəl] *adj.* **1** 협의(교섭)할 수 있는, **2** 양도(유통)할 수 있는. ¶ a *negotiable* bill 유통 어음. **3** 통행할 수 있는.
ne·go·ti·ant [nigóuʃ(i)ənt] *n.* = negotiator.
*ne·go·ti·ate** [nigóuʃièit] *v.* (-at·ed, -at·ing) *vi.* 〖조약 따위의 체결을 위하여〗 교섭하다; 협상하다. ¶ (~ + 前+图) *negotiate* with a foreign ambassador *on* a peace treaty (*for* peace) 외국 대사와 평화 조약(강화)을 교섭하다 / *negotiate for* the purchase of machines 기계 구입의 상담을 하다.
— *vt.* **1** 〖교섭·협의 따위에 의하여〗 …을 결정하다, 협정하다(arrange). ¶ *negotiate* a loan (a treaty) 차관(조약)을 맺다. **2** 〖입무 따위를〗 처리하다, 다루다, 잘 처리하다(manage). ¶ *negotiate* one's business deals 사업에 종사하다. **3** 〖어음 따위를〗 유통시키다, 양도하다, 돈으로 바꾸다. ¶ *negotiate* a check 수표를 돈으로 바꾸다. **4** 〖장애 따위를〗 극복하다, 〖곤란〗을 타개하다; 〖커브〗을 돌다. ¶ *negotiate* a fence 〖말이〗 울타리를 잘 뛰어 넘다 / He *negotiated* the difficult corner. 그는 돌기 어려운 그 커브를 잘 돌았다.
◇ negótiation *n.*, negótiator *adj.*
‡**ne·go·ti·a·tion** [nigòuʃiéi(ə)n] *n.* 〖C U〗 **1** (종종 ~s) 교섭, 상담(商談), 담판, 협상. ¶ under *negotiation* 교섭중 / carry on (break off) *negotiations* 교섭을 속행하다 (단절하다) / enter into (or upon) a *negotiation* with

…과 교섭을 개시하다. **2** ⓤ [수표·어음 따위의] 양도, 유통. **3** [장애·곤란의] 극복, 타개. ◇ negótiate v.
ne·go·ti·a·tor [nigóuʃièitər] n. **1** 교섭(협의)하는 사람. **2** [수표·어음 따위의] 양도인, 배서인.
ne·go·ti·a·to·ry [nigóuʃiətɔ̀:ri/-t(ə)ri] adj. 교섭(상담)의.
ne·go·ti·a·tress [nigóuʃiətris] n. negotiator 의 여성형.
ne·go·ti·a·trix [nigóuʃiətriks] n. (pl. -tri·ces [-trisìːz]) = negotiatress.
Ne·gress [níːgris] n. 《보통 경멸적》 흑인 여자.
Ne·gril·lo [nigríllou] n. (pl. -los or -loes) 니그릴로 《중남부 아프리카의 키가 작은 흑인; Pygmy, Bushman 등》.
Ne·grit·ic [nigrítik] adj. 흑인종의; 작은 흑인종의.
Ne·gri·to [nigríːtou] n. (pl. -tos or -toes) 니그리토, 작은 흑인 《필리핀·말레이 안다만에 사는》.
neg·ri·tude [négrit(j)ùːd/-tjùːd] n. ⓤ 아프리카 니그로의 특성; 니그로의 문화적 긍지.
Ne·gro [níːgrou] n. (pl. -groes) **1** 니그로, 아프리카(계)의 흑인. **2** 《아프리카 흑인의 피를 받은》 피부가 검은 사람.
類語 **Negro** 「흑인」이라는 뜻의 일반적이고 감정적인 색채가 없는 말이었는데, 백인이 붙인 호칭이라 하여 싫어하는 흑인이 늘어나고 있다. **nigger** 경멸적인 말. **black** 경멸적인 말이었으나 흑인종의 인간으로서의 존엄성을 주장하는 사람들 사이에 자랑스럽게 대용되고 있다. **colored man** Negro 라는 뜻의 완곡한 말이었으나, 일부에서는 백인에 대한 패배적·타협적 뉘앙스가 있는 것으로 간주되는 말.
— adj. **1** 흑인(종)의, 흑인에 관한, 흑인을 위한. ¶ a Negro school 흑인 학교 / a Negro state [미국 남북 전쟁 전의] 노예주(州) / Negro spirituals 흑인 영가. **2** (n-) 검은. ¶ a negro ant 검은개미. **~·ness** n. ◇ Négroid adj.
ne·gro·head [níːgrouhèd] n. ⓤ **1** [단단하고 검은] 덩어리(씹는) 담배. **2** 조악한 탄성(彈性) 고무의 일종.
Ne·groid [níːgrɔid] adj. (때로 n-) Negro[계]의; Negro 의 특징을 갖춘. — n. =Negro.
Ne·gro·ism [níːgro(u)ìz(ə)m] n. ⓤ **1** 흑인 옹호. **2** 흑인의 언어적 특징 및 습관.
ne·gro·ni [nigróuni] n. ⓤ 《종종 N-》 니그로니 칵테일 《탄산이 나는 베르머트·비터즈·진으로 만드는》.
Ne·gro·phile [níːgro(u)fàil], (**Ne·gro·phil** [-fil]) n. (때로 n-) 흑인 편을 드는 사람.
Ne·groph·i·lism [nigráfilìz(ə)m/-grɔ́f-] n. ⓤ (때로 n-) 흑인 옹호.
Ne·gro·phobe [níːgro(u)fòub] n. (때로 n-) 흑인을 싫어하는 사람.
Ne·gro·pho·bi·a [nìːgro(u)fóubiə] n. (때로 n-) 흑인 공포, 흑인 혐오.
Négro spíritual n. 흑인 영가.
ne·gus [níːgəs] n. **1** 에티오피아 황제의 칭호. **2** 《N-》 에티오피아 황제. **3** ⓤ 니거스주(酒) 《포도주·더운 물·설탕·향료·레몬 따위를 섞은 음료》.
Neh. (略) Nehemiah.
Ne·he·mi·ah [nìːimáiə, 寙 nìːhi-] n. **1** 《성서》 느헤미야 《기원전 5세기의 이스라엘 지도자》. **2** 《구약 성서의》 느헤미야(記) 《略 Neh.》.
Néh·ru jácket (còat) [néiru(ː)-/néəruː-] n. 네루 재킷(코트) 《칼라를 세워 세운 긴 상의》. cf. Mao jacket 《<인도의 정치가 Jawaharlal Nehru(1889-1964)의 이름에서》.
N.E.I. (略) Netherlands East Indies. [느릅]
neigh [nei] vi. 「말이」 울다. — n. 「말의」 울음 소리.
neigh·bor, 《英》 **-bour** [néibər] n. **1** 이웃 사람, 근처 사람. ¶ a next-door neighbor 이웃 사람 / a good neighbor 이웃간의 사이가 좋은 사람. ¶ You should love your neighbors as yourself. 《성서》 네 이웃을 네 몸같이 사랑하라. **2** 이웃 고장(나라, 주, 도시 따위)에 사는 사람. **3** 옆자리 사람; 옆에 있는 것. ¶ one's neighbor at table 식탁에서의 옆자리 사람. **4** 《비유적》 [어려울 때 따위에 손을 내뻗는] 이웃 사람; 동포, 동료(fellow-man). ¶ Every man is my neighbor. 누구나 모두 나의 이웃이다. **5** 《이름을 모르는 사람을 친근하게 부르는 말》 여보세요, 저보세요.
— adj. 이웃의, 가까이의. ¶ neighbor countries 이웃 나라. — vt. …에 인접하다; …과 이웃하다; …을 가까이에 두다. — vi. **1** 근처(근방)에 살다 《on, upon …》. ⇒ NEIGHBORING. ¶ (~+ 前+ 图) He neighbors on 5th street. 그는 5번가 근처에 살고 있다. **2** 친하게 지내다《with …》. ¶ (~+ 前+ 图) I have no mind to neighbor with him. 나는 그와 가깝게 지낼 생각이 없다. ◇ néighborly adj.
‡**neigh·bor·hood**, 《英》 **-bour-** [néibərhùd] n. **1** [어떤 장소·물건의] 근처, 부근; [자기 집의] 이웃, 근처. ¶ in this neighborhood 이 부근에 / in the neighborhood of London 런던 근교에.
類語 **neighborhood, vicinity** 둘 다 「근처」를 뜻하며 서로 바꾸어 쓸 수 있으나 neighborhood 는 주민을, vicinity 는 장소를 강조한다: There is a good doctor in my neighborhood. 우리집 이웃에 명의(名醫)가 있다 / There is a lake in this vicinity. 이 근처에 호수가 있다.
2 [어떤 특수한] 지방, 지역, 지대;《英》 [도시 계획의] 주택 지구. ¶ a fashionable neighborhood 상류 계급 주거 지역 / a healthy neighborhood 주위가 건강에 좋은 땅 / Our house is situated in a quiet neighborhood. 우리집은 한적한 곳에 있다. **3** (the ~)《집합적》 이웃 (처) 사람들. ¶ the friendly (the sociable) neighborhood 인정이 두터운 《서로 다정하게 사귀는》 이웃 사람들. **4** 《고어》 이웃의 정의(情誼), 이웃 사람의 친절한 행위, 이웃 교제. **5** ⓤ 가까움(nearness), 약(約)…. in the neighborhood of 《구어》 약, 대략(about), …의 근처에, 가까이에. ¶ The price is in the neighborhood of $100. 값은 약 100달러 정도이다.
néighborhòod hóuse n. 인보회(隣保會) (settlement house).
néighborhòod wátch (gròup) n.《美》 마을 방범대, 자경단(自警團).
‡**neigh·bor·ing**, 《英》 **-bour-** [néibəriŋ] adj. 가까이에 사는(nearly), 근접해 있는; 이웃의. ⇒ ADJOINING
類語 ¶ neighboring countries 이웃 나라.
neigh·bor·less, 《英》 **-bour-** [néibərlis] adj. 이웃 사람이 없는, 이웃에 사람이 없는; 고독한.
neigh·bor·li·ness, 《英》 **-bour-** [néibərlinis] n. ⓤ 이웃 사람다움, 친절함.
neigh·bor·ly, 《英》 **-bour-** [néibərli] adj. 이웃 사람다운(에 어울리는); 친절한, 우정이 있는; 이웃과 잘사귀는.
neigh·bor·ship, 《英》 **-bour-** [néibərʃip] n. ⓤ 《고어》 **1** 이웃하고 있음, 근접해 있음. **2** 이웃 관계.
Ne·ith [níːiθ] n. 《이집트 신화》 네이트 《지혜의 여신, 그리스 신화의 Athena, 로마 신화의 Minerva 에 해당》.
‡**nei·ther** [níːðər, nái-/nái-, níː-] adv. **1**《nor 수반하는 둘 다 부정하여》 …도 아니고 …도 아니다, …도 않고 …도 않다. ¶ neither advancing nor retreating 나아가지도 않고 물러서지도 않으며 / He drinks nor smokes. 그는 술도 마시지 않고 담배도 피우지 않는다 / She was neither in her room nor in the garden. 그녀는 방에도 그리고 뜰에도 없었다 / Neither you nor he knows it. 너도 그도 그것을 모른다. ✻ 주어에 쓸 때는 동사의 인칭·수는 마지막 명사 또는 대명사에 일치한다.
2《부정을 포함한 글 또는 절에 이어서》 …도 또한 …않다(not either). ¶ If she does not go, neither shall I. 그녀가 안 가면 나도 안 가겠다/He did not go there. — Neither did I. 그는 그곳에 가지 않았다 — 나 또한 가지 않았다.
3《고어》《문미에 놓아 앞에 나온 부정어를 강조하여》 결

코 …가 아니다. ¶ I do not know that *neither*. 그런 것은 전혀 모른다.
neither more nor less than ⇨ MORE.
neither off nor on ⇨ OFF.
— *adj.* [양자의] 어느 쪽도 …아닌, 어느 …도 …아닌. * 단수명사에 붙는다. ¶ I like *neither* book. 나는 어느 책도 좋아하지 않는다 / *Neither* picture was beautiful. 어느 그림도 아름답지 않았다 / He took *neither* side in the dispute. 그는 논쟁에서 어느 편도 안들었다.
— *pron.* (보통 단수 취급) [양자의] 어느 쪽도 …아니다. ¶ I know *neither* of them. 나는 그들 중 어느 쪽도 모른다. * I do *not* know *either* of them. 이라고도 할 수 있다 / *Neither* of the stories is interesting. 어느 이야기도 재미가 없다 / *Neither* of them are alive. 그들 중 어느 쪽도 생존하고 있지 않다 * 구어에서는 복수의 관념에 지배되어 복수 동사를 취하는 수가 있다.
— *conj.* (고어) 또한 …하지 않다(nor, nor yet). ¶ I know not, *neither* can I guess. 나는 모르고 있고 또한 추측도 할 수 없다.

nek [nek] *n.* (남아프리카 산(山)의) 안부(鞍部), 산협, (봉우리 사이의)산길. 「물.
nek·ton [néktən / -tɔn] *n.* (생물) 넥톤, 유영(遊泳)
nel·son [nélsn] *n.* (레슬링의) 넬슨, 목 공격법. ¶ the full nelson 풀넬슨(두 팔로 하는 목 공격) / the half nelson 하프 넬슨(한 팔로 하는 목 공격).
nem·a·to·cyst [némətəsist, nimǽt-] *n.* (동물) 자포(刺胞) 동물의 자포, 자세포(刺細胞) [말미잘·히드라 따위의 강장(腔腸) 동물의 기관].
nem·a·tode [némətòud] *n.* 선충(線蟲). — *adj.* 선충의.
nem. con. (略) *nemine contradicente*. 「충류의.
nem. diss. (略) *nemine dissentiente*.
Ne·me·an [nimí:ən, ní:miən] *n.* (그리스 신화) 네메아 Zeus의 통칭). — *adj.* 네메아(Nemea)의.
Neméan Gámes *n. pl.* (the~) 네메아제(祭) [네메아(Nemea)에서 2년마다 개최된 고대 그리스의 제전으로 운동 경기 및 음악 콩쿠르가 있었다].
Nem·e·sis [néməsis] *n.* (*pl.* **-ses** [-si:z]) **1** (그리스 신화) 네메시스(복수·응보의 여신). **2** (n-) ⓤ 응보, 천벌. **3** (n-) 징벌을 가하는 사람, 보복자.
ne·mi·ne con·tra·di·cen·te [néminì: kɔ̀ntrədisénti / ní:mini kɔ̀ntrədaìs-] (라틴) (= no one contradicting) 만장일치로(unanimously) (略 nem. con.).
ne·mi·ne dis·sen·ti·en·te [néminì: dìsenʃiénti / ní:mini-] (라틴) (= no one dissenting) = nemine contradicente (略 nem. diss.). 「산(産)의 1년초.
nem·o·phi·la [nimáfilə / -mɔ́f-] *n.* 네모필라꽃(북미
N.Eng. (略) *Northern England*; *New England*.
nen·u·phar [nénjufɑ̀:r] *n.* 유럽산의 흰(노랑) 수련.
NEO *near-earth orbit*(지구 근방 궤도[150-40,000 km 언저리의 인공 위성 궤도]).
neo- (* 특히 모음 앞에서는 ne- 를 쓰는 수도 있다) **1** new, recent의 뜻의 연결형. 예: neolith. **2** (화학) 4개의 탄소 원자에 결합되는 하나의 탄소 원자를 가진 동분이성체(同分異性體)를 나타내는 연결형.
Ne·o-Cath·o·lic [nì:oukǽθ(ə)lik] *adj.* (영국 국교회, 프랑스의) 신가톨릭(교파)의. — *n.* 신가톨릭교도.
Ne·o·cene [nì:əsí:n] (페이) [지질] *adj.* 신(新)제3기(紀)의. — *n.* 신제3기(Neogene).
ne·o·clas·sic [nì:o(u)klǽsik], **-si·cal** [-sik(ə)l] *adj.* (종종 N-) (예술) 신고전주의의, 신고전파의.
ne·o·clas·si·cism [nì:o(u)klǽsisìz(ə)m] *n.* ⓤ (예술) 신고전주의. * 특히 건축 양식을 가리킬 때에는 N-으로 쓴다. 「자.
ne·o·clas·si·cist [nì:o(u)klǽsisist] *n.* 신고전주의
ne·o·co·lo·ni·al·ism [nì:o(u)kəlóuniəlìz(ə)m] *n.* ⓤ 신(新) 식민지주의.
ne·o·con [ní:oukán] *n.* (미) 신보주의자(neoconservative). — *adj.* 신보수주의의.

ne·o·Da·da [nì:o(u)dáː(də)] *n.* 네오다다이즘, 반예(反藝術).
Ne·o-Dar·win·ism [nì:o(u)dáːrwinìz(ə)m] *n.* (생물) 신다윈설, 자연 도태 만능설.
ne·o·dym·i·um [nì:o(u)dímiəm] *n.* (화학) 네오디뮴(희토류(稀土類) 원소의 하나; 원자 기호 Nd).
Ne·o·gene [nì:ədʒí:n] *adj., n.* = Neocene.
Ne·o-Goth·ic [nì:o(u)gáθik / -gɔ́θ-] *adj.* (건축의) 신고딕식의. 「(語)
Ne·o-Greek [nì:o(u)grí:k] *n.* ⓤ 현대 그리스어
Ne·o-He·ge·li·an [nì:o(u)heigéiliən, -hidʒíː-/-heigíː-ljən] (철학) *adj.* 신헤겔 철학(파)의. — *n.* 신헤겔 학파의 학자. 「리스트주의.
Ne·o-Hel·len·ism [nì:o(u)hélinìz(ə)m] *n.* ⓤ 신 그
ne·o·im·pe·ri·al·ism [nì:o(u)impí(:)riəlìz(ə)m / -pfər-] *n.* ⓤ 신제국주의.
Ne·o-Im·pres·sion·ism [nì:o(u)impréʃənìz(ə)m] *n.* (때로 n-) ⓤ (미술) 신인상주의.
ne·o·i·so·la·tion·ism [nì:o(u)àisəléií(ə)nìz(ə)m] *n.* 신고립주의.
Ne·o-Kant·i·an [nì:o(u)kǽntiən] (철학) *n.* 신칸트 학파의 철학자. — *adj.* 신칸트 철학(파)의.
ne·o-Keynes·i·an [nì:o(u)kéinziən] *adj.* 신케인즈파의(정부의 재정 지출 따위에서 경제 성장을 조절하는 이론에 관하여 말한다). 「틴어.
Ne·o-Lat·in [nì:o(u)lǽt(i)n / -lǽtin] *n.* ⓤ 근대 라
ne·o·lith [ní:əliθ] *n.* (신석기 시대의) 석기.
ne·o·lith·ic [nì:o(u)líθik] *adj.* (인류) 신석기 시대의.
ne·o·lo·gi·an [nì:o(u)lóudʒ(i)ən] *adj.* 신교의(敎義)를 지지(채용)하는. — *n.* 신교의 제창(지지)자(neologist). 「logistic.
ne·o·log·i·cal [nì:o(u)ládʒik(ə)l / -lɔ́dʒ-] *adj.* = neo-
ne·ol·o·gism [ni:álədʒìz(ə)m / -ɔ́l-] *n.* **1** 신어구(新語句). **2** 신어(新語) 채용(사용). **3** ⓤ (신학상의) 합리주의.
ne·ol·o·gist [ni:álədʒist / -ɔ́l-] *n.* 신어구를 만드는 (사용하는) 사람; (신학상의) 합리주의 제창자.
ne·ol·o·gis·tic [niàlədʒístik / -ɔ̀l-] *adj.* 신어구의; 신어 채용의; 합리주의 신학에 관한.
ne·ol·o·gize [ni:álədʒàiz / -ɔ́l-] (*영*)에서는 **ne·ol·o·gise** 로도 쓴다) *vi.* (*-gized, -giz·ing*) **1** 신어구를 만들다. **2** 신교의를 개혁(채용)하다. 「gism.
ne·ol·o·gy [ni:álədʒi / -ɔ́l-] *n.* (*pl.* **-gies**) = neolo-
Ne·o-Mal·thu·si·an·ism [nì:o(u)mælθ(j)ú:ziən-ìz(ə)m] *n.* ⓤ 신맬더스주의(산아 제한에 의한 인구 조절론).
Ne·o-Mel·a·ne·sian [nì:o(u)mèləní:ʒən, -ʃən /-zjən] *n.* ⓤ 서남 태평양 지역에서 쓰이는 영어와 멜라네시아어의 혼성어(전에는 Beach-la-Mar 라 했다).
ne·o·my·cin [nì:əmáisin] *n.* (약) 네오마이신(방사(放射)균에서 얻는 항생 물질의 일종).
***ne·on** [ní:an / -ən, -ɔn] *n.* (화학) 네온(희(稀)가스류(類) 원소의 하나; 원자 기호 Ne).
ne·o·na·tal [nì:o(u)néitl] *adj.* 신생아의. ~**·ly** *adv.*
ne·o·nate [ní:əneit] *n.* 신생아(생후 1개월 이내).
Ne·o-Na·zi [nì:o(u)ná:tsi, + -nǽtsi] *n., adj.* (1945년 이후의) 신나치(의), 신국가 사회주의(의).
néon lámp (líght, túbe) *n.* 네온등(燈).
néon sígn *n.* 네온 사인.
néon tétra *n.* 네온 테트라(열대어의 일종).
ne·on·tol·o·gy [nì:antálədʒi / -ɔ́nt-] *n.* ⓤ 현세(現世) 생물학.
ne·o·pa·gan·ism [nì:o(u)péigənìz(ə)m] *n.* ⓤ 이교 정신(異教精神) 부흥.
ne·o·phil·i·a [nì:əfíliə] *n.* ⓤ 새로운 것을 좋아함.
ne·o·phyte [ní:əfàit] *n.* **1** (이교도 등의) 신개종자(改宗者); (원시 기독교 교회의) 새로 세례받은 사람; (가톨릭 교회의) 수련사(修練士). *cf.* catechumen **2** 초심자, 초학자(beginner).

ne·o·plasm [níːəplæz(ə)m] *n.* 〔병리〕 신생물; 종양.
ne·o·plas·tic [nìːəplǽstik] *adj.* 〔병리〕 신생물의; 종양의.
Ne·o·pla·to·nism [nìːo(u)pléit(ə)nìz(ə)m] *n.* U 〔철학〕 신플라톤주의〔플라톤 사상과 동양적 신비주의를 결합한 것〕.
ne·o·prene [níːəpriːn] *n.* U 〔화학〕 네오프렌〔크롤로프렌을 중합(重合)하여 만드는 방유성(防油性) 고무〕.
Ne·o·ro·man·ti·cism [nìːo(u)roumǽntisìz(ə)m] *n.* 신낭만주의.
Ne·o·sal·var·san [nìːo(u)sǽlvərsæn / -sən] *n.* 〔상표명〕〔약〕네오살바르산〔매독 치료제〕.
ne·o·ter·ic [nìːətérik] *adj.* 현대의, 새로운, 최근의. ── *n.* 현대인; 현대 작가(사상가).
ne·o·trop·i·cal [nìːo(u)trɑ́pik(ə)l / -trɔ́p-] *adj.* 〔생물지〕 신열대구(新熱帶區)의〔서인도 제도 및 북미·중남미의 열대 지역에 관하여 말한다〕.
Ne·o·zo·ic [nìːəzóuik] *adj., n.* 〔폐어〕 =Cenozoic.
NEP, Nep, N.E.P. 《略》 *New Economic Policy.*
Nep. 《略》 Neptune.
Ne·pal [nipɔ́ːl, -pɑ́ːl] *n.* 네팔〔인도 북부와 티벳 사이의 Himalaya 산맥 중의 왕국; 수도 Katmandu〕.
Nep·a·lese [nèpəlíːz, +美 -líːs] *adj.* 네팔의; 네팔 사람(말)의. ── *n.* (*pl.* **-lese**) 네팔인.
Ne·pa·li [nipɔ́ːli] *n., adj.* (*pl.* **Ne·pa·li** or **Ne·pal·is**) 네팔 사람(의); 네팔 말(의); 네팔의.
ne·pen·the [nipénθi, +英 ne-] *n.* 1 (때로 ~s) 슬픔·고생을 잊게 하는 약, 그 약을 생산하는 나무; 걱정을 잊게 해주는 것. 2 (~s)벌레잡이통풀〔식충식물〕.
ne·pen·the·an [nipénθiən, +英 ne-] *adj.* 일을 잊게 해주는. 　　　　　　　　　　　　　　　　〔penthe-
ne·pen·thes [nipénθiːz, +英 ne-] *n.* (*pl.* **-thes**) =ne-
ne·per [níːpər, néi-] *n.* 〔물리〕 네퍼〔감쇠(減衰) 비율의 단위〕.
neph·a·nal·y·sis [nèfənǽlisis] *n.* U 〔기상 위성의 사진에 의한〕 구름의 분석. 　　　　　　　〔霞石〕.
neph·e·line 또 [néfəlin], (**neph·e·lite** [-làit]) *n.* 하석
neph·e·lom·e·ter [nèfəlɑ́mitər / -lɔ́m-] *n.* 〔화학〕 현탁계(比濁計); 〔기상〕 운량계(雲量計).
†neph·ew [néfjuː / névjuː, néfjuː] *n.* 1 조카. *cf.* **niece** 2 (완곡적) 성직자의 사생아, 〔고어〕 손자; 자손.
nepho- cloud 의 뜻의 연결형 (* 모음 앞에서는 neph-를 쓴다) 예: *nepho*logy. 　　　　　　　〔구름 사진.
neph·o·gram [néfəgræ̀m] *n.* nephograph 로 찍은
neph·o·graph [néfəgræ̀f, -grɑ̀ːf] *n.* 구름 사진기.
neph·ol·o·gy [nefɑ́lədʒi / -fɔ́l-] *n.* U 운학(雲學).
neph·o·scope [néfəskòup] *n.* 운경(雲鏡)〔구름의 속도 및 운동의 속력·방향을 측정하는 기계(器械)〕.
nephr- ⇨ NEPHRO-. 　　　　　　　　　　　　　　　　〔痛〕.
ne·phral·gi·a [nəfrǽldʒiə] *n.* U 〔병리〕 신장통(腎臟
ne·phrid·i·um [nifrídiəm] *n.* (*pl.* **-phrid·i·a** [-frídiə]) 〔동물〕 무척추 동물의 배설관, 신관(腎管).
neph·rite [néfrait] *n.* U 연옥(軟玉)〔광석〕. *cf.* **jadeite**
ne·phrit·ic [nefrítik] *adj.* 〔병리〕 신장의, 신장염의.
ne·phri·tis [nefráitis] *n.* U 〔병리〕 신장염, 브라이트병(病) (Bright's disease).
nephro- kidney(신장) 의 뜻의 연결형 (* 모음 앞에서는 nephr- 를 쓴다) 예: *nephro*tomy; *nephr*algia.
neph·ro·lith [néfrəliθ] *n.* = kidney stone.
ne·phrol·o·gy [nifrɑ́lədʒi / -frɔ́l-] *n.* 신장(병)학(腎臟
ne·phro·sis [nifróusis] *n.* U 신증(腎症). 　　　　〔臟學〕.
ne plus ul·tra [níː plʌs ʌ́ltrə] (라틴) 〔= *no more beyond*〕 1 극점(極點), 극치(極致). 2 〔고어〕 이 이상의 것. 〔* 보통 the ~〕.
ne·pot·ic [nipɑ́tik / -pɔ́t-] *adj.* 연고자(동족) 등용의(登
nep·o·tism [népətìz(ə)m] *n.* 연고자 등용.　　　　〔用〕.
nep·o·tist [népətist] *n.* 연고자(친족) 등용의 경향이 있는 사람, 족벌주의자.

＊Nep·tune [népt(j)uːn, -tjuːn / -tjuːn, -tʃuːn] *n.* 1 〔로마 신화〕 넵툰〔바다의 신, 그리스 신화의 Poseidon 에 해당한다〕. 2 바다, 대양. 3 〔천문〕 해왕성.
Nep·tu·ni·an [nept(j)úːniən, -tjúː- / -tjúː-, -tʃúː-] *adj.* (神)의, 바다의. 2 해왕성의. 3 (종종 n-) 〔지질〕 수성(水成)의.
Nep·tu·nist [nept(j)úːnist, -tjúː- / -tjúː-, -tʃúː-] *n.* 암석 수성론자(水成論者).
nep·tu·ni·um [nept(j)úːniəm, -tjúː- / -tjúː-, -tʃúː-] *n.* U 〔화학〕 넵투늄〔방사성 원소의 하나; 원자 기호 Np〕. 　　　　　　　　　　　　　　　　〔Council.
N.E.R.C. 《略》〔英〕*N*atural *E*nvironmental *R*esearch
nerd [nəːrd] *n.* 《美俗》 1 바보, 쓸모없는 사람. 2 샌님, 책상 물림인 (* 보통 남성). ¶ *a computer nerd* 컴퓨터 광. **~·dish,** **~·like,** **~·y** *adj.*
nerd·y [nə́ːrdi] *adj.* 《美俗》 1 바보 같은, 쓸모없는. 2 책상 물림의.
Ne·re·id [ní(ː)riid / níər-] *n.* 1 〔그리스 신화〕 네레이드〔Nereus 의 50명의 딸 중의 하나; 바다의 요정〕. 2 (n-) 갯지렁이〔바다의 생물〕.
Ne·reus [ní(ː)ruːs, -riəs / níəruːs] *n.* 〔그리스 신화〕 네레우스〔바다의 신. 50명의 Nereids 의 아버지〕.
ne·rit·ic [nərítik] *adj.* 얕은 해역(근해)의, 연안의〔물가에서 수심 약 200m 이내의〕.
Nernst lamp [nə́ːrnst-] *n.* 네른스트 전구(電球).
ner·o·li oil [né(ː)rəli- / níər-, néər-] *n.* U 네롤리유(油), 등화유(橙花油).
Ne·ro·ni·an [ni(ː)róuniən / niəróu-] *adj.* 로마 황제 Nero (37-68)의, 네로 시대의; 네로처럼 포악한.
nerts [nəːrts] *interj.* 《美俗》 = nuts.
nerv·al [nə́ːrvəl] *adj.* 신경의(에 관한), 신경을 건드리
nerv·ate [nə́ːrveit] *adj.* 〔식물〕 엽맥(葉脈)이 있는 (nerved).　　　　　　　　　　　　　　　　〔는.
ner·va·tion [nəːrvéiʃ(ə)n] *n.* 〔동·식물의〕 맥상(脈
＊nerve [nəːrv] *n.* 1 신경, 〔nervous system 을 구성하는〕 신경 섬유. ¶ *the spinal nerves* 척수 신경 / *have no nerves* 두려움을 모르다, 무신경이다 / *have iron nerves* 대담하다. 2 〔흔히〕 치아(齒牙). 3 근(筋) (sinew), 건(腱) (tendon) (* 다음schoolfrom 이외는 시어(詩語)). ¶ *strain every nerve to do* …하려고 전력을 다하다. 4 (보통 ~s) 근원, 중추(中樞). ¶ *Good laws are the nerves of a state.* 좋은 법률은 국가의 근간이다. 5 U 체력, 정력(energy); 기력, 원기(vigor). 6 U 침착(coolness), 대담(boldness), 용기. ¶ *a man of nerve* 배짱이 두둑한 사람; 정력가 / *lose one's nerve* 기가 꺾이다. 7 (~s) 신경 과민(nervousness), 검. ¶ *She is all nerves.* 그녀는 신경 과민이다. 8 〔구어〕 뻔뻔스러움 (audacity), 철면피, 무례 (impudence). ¶ *You have a nerve!* 넌 뻔뻔하군! 9 〔곤충〕 중륵(中肋) (midrib), 엽맥(葉脈) (rib); 〔곤충〕 시맥(翅脈) (nervure). 10 〔동근 천장의〕 늑(肋).
get on a person's nerves; give a person the nerves 〔구어〕 남의 신경을 건드리다. 애타게 하다.
have the nerve (or *nerves*) *to do* ① …할 만한 용기가 있다. ② 〔구어〕 뻔뻔스럽게도 …하다. ¶ *He had the nerve to deny the fact.* 그는 대담하게도 그 사실을 부정했다.
What [*a*] *nerve!; Of all the nerve!* 버르장머리 없군!, 무례하군!
── *vt.* (**nerved, nerv·ing**) …을 격려하다, …을 힘내게 하다, 분발하게 하다(encourage). ¶ *Fear nerved his arm.* 무서워서 팔에 힘이 들어갔다 // (~ +圓+*to* *do*) *Her advice nerved him to go his own way.* 그녀의 충고로 힘을 얻어 그는 자기가 뜻한 대로의 길을 나아갔다 // (~ +圓+翻+圀) *He nerved himself to the ordeal.* 그는 용기를 내어 그 시련에 맞섰다.
◇ **nérvous·ly,** **nérvine,** **nérvy** *adj.*
nérve àgent *n.* =nerve gas.　　　　　　　　　　〔단.
nérve blòck *n.* 〔의학〕〔압력·마취에 의한〕 신경 차

nérve cèll *n.* 〖해부·생리〗 신경 세포.
nérve cènter((英))**cèntre** *n.* 〖해부·생리〗 신경 중추.
nerved [nə:rvd] *adj.* (보통 복합어를 만들어) **1** 신경이 …한. 예: strong-*nerved*. **2** 〖동·식물〗 엽맥(시맥)이 있는. 예: five-*nerved*.
nérve fìber((英))**fìbre** *n.* 〖해부·생리〗 신경 섬유.
nérve gàs *n.* ⓤ〖화학〗 신경 가스.
nérve ìmpulse *n.* 〖생리〗 신경 충동.
nérve knòt *n.* 〖해부〗 신경절(節).
nerve·less [nə́:rvlis] *adj.* **1** 냉정한. **2** 힘이 없는, 용기가 없는, 겁먹은, 문체에 짜임새가 없는. **3** 〖해부〗 신경이 없는; 〖식물〗 엽맥(葉脈)이 없는; 〖곤충〗 시맥(翅脈)이 없는. **~·ly** *adv.* **~·ness** *n.*
nerve-rack·ing, -wrack- [nə́:rvrækiŋ] *adj.* 신경을 괴롭히는, 애먹이는.
nerve-strain [nə́:rvstrèin] *n.* 신경 과로;《구어》신경 와진.
nérve wàr *n.* 신경전, 선전전. *cf.* cold war, shooting war.
nerv·ine [nə́:rvi:n, +美 -vain] *adj.* **1** 신경의. **2** 신경에 듣는, 신경을 진정시키는. — *n.* 신경 진정제.
ner·vos·i·ty [nə:rvɑ́siti / -vɔ́s-] *n.* ⓤ 신경질〖적임〗.
‡**nerv·ous** [nə́:rvəs] *adj.* 신경질적인, 초조한, 흥분하기 쉬운; 겁많은(timid). ¶ feel *nervous* about …에 대하여 애태우다. **2** 신경의, 신경으로 이루어진; 신경에 작용하는, 신경 작용에 의한. ¶ a *nervous* disease 신경계의 질환. **3** 기골이 장대한, 힘찬. **4** 〖문체가〗 짜임새 있는, 간결한. **~·ness** *n.* ⓤ nerve *n.*
nérvous bréakdòwn *n.* 신경 쇠약.
‡**nerv·ous·ly** [nə́:rvəsli] *adv.* 신경질적으로, 안달복달하여.
nérvous sỳstem *n.* 〖해부·동물〗 신경계〖통〗.
ner·vure [nə́:rvj(u)ər] *n.* **1** 〖식물〗 엽맥(葉脈). **2** 〖곤충〗 시맥(翅脈)(nerve, vein).
nerv·y [nə́:rvi] *adj.* (**nerv·i·er, nerv·i·est**) **1**《구어》뻔뻔스러운, 건방진. **2** 용기 있는. **3** 힘찬, 기골이 장대한(sinewy); 활기찬. **4**《주로 英》신경질의. **5** 신경질적인, 안절부절 못하는. **6**《英구어》신경 쇠약에 걸린, 마음졸인.
n.e.s., N.E.S.(略) *not elsewhere specified* (*or stated*) (달리 특별 기재(단서)가 없는 경우에는).
nes·ci·ence [néʃ(i)əns / -siəns] *n.* ⓤ **1** 무지, 무식(ignorance). **2** 불가지론(不可知論)(agnosticism).
nes·ci·ent [néʃ(i)ənt/-siənt] *adj.* **1** 무지(무식)한(ignorant). **2** 불가지론의(agnostic).
ness [nes] *n.* 〖고어〗 곶(또는 갑(岬)). ∗현재는 지명의 구성 요소로서 사용되고 있다. 예: Inver*ness*.
Ness [nes] *n.* **Loch ~** 스코틀랜드 서북부 Inverness 주(州)에 있는 호수《괴물 Nessie가 나온다는 이야기로 유명》.
-ness *suf.* 형용사·분사로부터 quality, state 를 나타내는 명사를 만든다. 예: dark*ness*, willing*ness*.
Nes·sel·ro·de [nés(ə)ròud] *n.* 네슬로드〖푸딩·파이·아이스크림 따위에 넣는 과일의 설탕절이〗.〖는 괴물〗.
Nes·sie [nési] *n.* 네시〖스코틀랜드의 Ness 호에 나온다
Nes·sus [nésəs] *n.* 〖그리스 신화〗 네서스〖Hercules의 아내 Deianira 를 빼앗으려 했으나 Hercules 에게 독화살로 사살된 반인반마(半人半馬)(centaur)〗.
‡**nest** [nest] *n.* **1** 〖새·곤충·물고기·동물 따위의〗 둥우리, 보금자리. ¶ build (*or* make) a *nest* 둥우리를 짓다 / leave a *nest* 둥우리를 떠나다. **2** 〖집합적〗〖둥우리 속의〗 새, 벌레, 알; 한배의 새끼(brood); 〖곤충 따위의〗 떼(swarm). ¶ a stolen *nest* 남의 둥우리에 낳은 한배의 알 / take a *nest* 〖둥우리에서〗 알 (새끼)을 훔치다 / sit on a *nest* 알을 품다. **3** 〖아늑한〗 은신처; 휴식처, 잠자리. **4** 〖위 아래로 포개 놓을 수 있는〗 그릇·쟁반 따위의 한 벌, 〖포개어 넣을 수 있게 된〗 탁자 따위의 한 벌; 같은 종류의 한 벌. ¶ a *nest* of drawers 문갑 / a *nest* of fools 바보들의 무리. **5** 〖범죄 따위의〗 온상, 죄악의 소굴(haunt). ¶ a *nest* of vice 악의 온상 / a robbers' *nest* 도둑의 소굴. **6** 악당의 소굴;〖악당의 일당, 패거리. ¶ a *nest* of vipers 살무사 같은 악당의 한 패.〖(私腹)을 채우다.
feather one's **nest** [부정 수단으로] 이득을 얻다, 사복
foul one's **own nest** 자기 집안(편)을 헐뜯다.
— *vt.* **1** …에 둥지를 만들어주다, …을 둥지에 넣다. **2** 〖상자·작은 탁자 따위〗를 포개다.
— *vi.* **1** 〖새가〗 둥지를 짓다, 둥지에 들다. **2** 새의 둥우리를 찾다(모으다).
NEST(略) *Nuclear Emergency Search Team.*
n'est-ce pas [nes pá: / F nɛs pa] 〖프랑스〗(=Isn't it [so] ?) 그렇지 ?, 그렇지 않니 ?
nést ègg *n.* **1** 밑알, 가짜 알〖산란을 촉구하기 위하여 둥우리에 넣어주는 가짜 알〗. **2** 〖어려울 때에 대비하는〗 저금, 비축금.
nest·ful [néstfəl] *n.* 둥우리에 가득한 분량(의 것).
∗**nes·tle** [nésl] *v.* (**-tled, -tling**) *vi.* **1** 〖새가 둥우리에 있듯이〗 편안하게 눕다, 기분좋게 앉다, 포근하게 자리잡다, 정착하다(settle oneself). ¶ (**~+**圖) *nestle down* in bed 침대에 편안히 눕다. **2** 〖몸〗을 다정하게 맞대다, 맞대다, 바싹 달라붙다 (*up*). ¶ (**~+**圖) *nestle up* (or *close*) to one's mother 어머니에게 바싹 달라붙다, 어머니에 기대다. **3** 〖집·촌락이 나무 따위에〗 반쯤 가려져 있다, 〖호젓이〗 보기좋게 서 있다. **4** 〖고어〗 숨겨주다(shelter). — *vt.* **1** 〖새 따위〗를 둥우리에 넣다. **2** 〖몸〗을 정착시키다. ¶ (**~+**目+前+名) *nestle* oneself in bed 잠자리에 기분좋게 눕다. **3** 〖기분좋게〗 또는 〖사랑스럽게 하듯이〗〖얼굴·어깨·머리 따위〗를 맞대다, 비벼대다.
nes·tler [néslər] *n.* **1** =nestling. **2** 유아.
nest·ling [nés(t)liŋ] *n.* **1** 〖둥지를 뜨기 전의〗 새끼. **2** 유아.
Nes·tor [néstər +美 -tɔ:] *n.* **1** 〖그리스 신화〗 네스토르〖트로이 전쟁에서 그리스군의 가장 현명한 노장군〗. **2** 현명한 노인. **3** 뉴질랜드산(產)의 큰 앵무새의 일종.
Nes·to·ri·an [nestɔ́:riən/-tɔ́-] *adj.* 네스토리우스〖교파〗의. — *n.* 네스토리우스교도, 경교도.〖(景敎說).
Nes·to·ri·an·ism [nestɔ́:riənìz(ə)m / -tɔ́-] *n.* 네스토리우스파, 〖중국의〗 경교(景敎)
‡**net**[net] *n.* **1** 그물, 레이스 모양의 천, 그물 세공(network); 어망, 정구용 네트. ¶ a mosquito *net* 모기장 / cast a *net* 그물을 던지다 / lay (*or* spread) a *net* 망을 치다 / draw in a *net* 망을 당기다. **2** 계략, 함정(snare). **3** 거미줄; 〖거미 따위의〗 망상 조직. **4** 〖정구·배드민턴에서〗 네트〖공이 네트를 건드리던, 또는 그 공〗. **5** (N-) 〖천문〗 작은그물좌. **6** (종종 ~s) 〖하키 따위의〗 골. **7** 방송망. **8** 컴퓨터 통신망; (the N-) *Internet.*
cast one's **net wide** 널리 정보를 구하다.
spread one's **net** 그물(포위망)을 치다.
— *v.* (**net·ted, net·ting**) *vt.* **1** …을 망으로 덮다 (가로막다, 싸다), …에 그물을 치다. **2** …을 그물로 잡다; …에 덫을 놓다(entrap); …을 계략으로 빠뜨리다. **3** 〖정구·배드민턴에서〗〖공〗을 네트에 맞히다. **4** …을 그물로 만들다(뜨다). ¶ *net* a purse 돈주머니를 뜨다.
— *vi.* 그물이 되다, 그물 모양이 되다, 그물을 만들다.
∗**nétlike, nétty** *adj.*
‡**net²** [net] *adj.* 〖에누리 없는〗 정(正)…, 정미(正昧)의. *cf.* gross. ¶ *net* weight 정미 중량〖略 nt. wt.〗/ *net* earnings 순수입 / the *net* price 정가(正價) / at 500 won *net* 정가 5백원으로. — *n.* 순량, 순익, 정미, 정가, 정량. — *vt.* (**net·ted, net·ting**) …의 순이익을 올리다 (가져오다). ¶ (**~+**目+目) The sale *netted* me a good profit. 그것을 팔아 나는 상당한 이익을 올렸다.
NET(略) *National Educational Television.*
nét amòunt *n.* 〖상업〗 판매 가격.
net·ball [nétbɔ̀:l] *n.* ⓤ《英》네트볼〖한 조 7인으로 하는 농구 비슷한 경기〗.
nét ecónomic wélfare *n.* 〖경제〗 순(純)경제 복지도(度).

net·ful [nétfùl] n. 그물 하나 가득한 분량[의 것].

Neth. 《略》 Netherlands.

neth·er [néðər] adj. **1** 지하에 있는; 지옥 의(infernal). ¶ the *nether* world 저승. **2** 아래의. ¶ one's *nether* lip 아랫 입술.

Neth·er·land·er [néðərlændər, -lənd- / -ləndə] n. 네덜란드 사람.

Neth·er·land·ish [néðərlǽndiʃ / -lənd-] adj. 네덜란드의; 네덜란드인(말)의. —— n. ⓤ 네덜란드어.

Neth·er·lands [néðərləndz] n. the ~ 《단·복수 양용》 네덜란드 왕국《수도 Amsterdam; 정치적 중심지는 The Hague; 略 Neth.》. ◇ Dutch adj.

Néth·erlands East Índies n.pl. (the~) 네덜란드령 동인도 제도《현재의 인도네시아 공화국》.

neth·er·most [néðərmòust, -məst] adj. 맨 밑의.

néther wòrld n. **1** 지옥(hell). **2** 저승(afterworld).

nét íncome n. 순수입, 순이익.

net·i·quette [nétiket, +美 -kit, +英 netikét] n. 《때로 N-》 《컴퓨터》 네티켓, 인터넷 사용 예법.

net·i·zen [nétizn] n. 《때로 N-》 《컴퓨터》 네티즌, 인터넷 가입자(이용자). [INTER|NET+[CIT|IZEN]

net·man [nétmən] n. (pl. -men [-mən]) 정구 선수.

nét nátional pródust n. 《경제》 국민 순생산 《略 NNP, N.N.P.》. cf. gross national product.

nét pláy n. 《테니스》 네트 가까이에서 하는 플레이.

Net·speak [nètspí:k] n. 《컴퓨터》 인터넷 언어《隱語》 〔인터넷 교신에서만 쓰이는 어법〕.

Nét súrfer n. 《컴퓨터》 인터넷 서퍼.

net·ted [nétid] adj. 그물로 잡은; 그물로 싼; 그물 모양의, 그물 세공의.

net·ter [nétər] n. 《특히 어로용의》 그물을 만드는(뜨는) 사람.

net·ting [nétiŋ] n. ⓤ **1** 그물을 뜨기. **2** 망지《網地》, 그물 세공, 망지 직물, 그물제품. ¶ fish *netting* 어망. **3** 그물치기, 망어권《網漁權》.

nétting néedle n. 그물 뜨는 바늘.

net·tle [nétl] n. **1** 쐐기풀속《屬》의 식물. **2** 신경을 건드리는 것, 어려움.
grasp the nettle 자진하여 어려움과 싸우다.
on nettles 안절부절 못하여; 불안하여.
—— vt. (-tled, -tling) **1** 《남》을 신경질나게 하다. ⇒ IRRITATE **2** …을 《쐐기풀처럼》 찌르다, 쏘다.

net·tle-creep·er [nétlkrì:pər] n. 휘파람새의 일종.

net·tle-grasp·er [nétlgræ̀spər / -grɑ̀:sp-] n. 어려움과 용감히 맞서 싸우는 사람.

néttle rásh n. 《병리》 두드러기(urticaria).

net·tle·some [nétlsəm] adj. 화를 잘 내는, 성마른; 초조하게 하는, 불안한.

nét tón n. =short ton; 〔선박의〕 순《純》톤. 〔숫돈.

net·ty [néti] adj. (-ti·er, -ti·est) 그물과 같은, 그물 비

‡**net·work** [nétwə̀:rk] n. **1** 〔운하·철도 따위의〕 망상 조직, 계통. ¶ a *network* of railroads 철도망. **2** ⓤ 그물 세공, 그물 제품, 그물. **3** 〔라디오·TV〕 방송망, 네트워크. **4** 〔전기〕 회로망《回路網》, 〔수학〕 회로. **5** 《컴퓨터》 컴퓨터 통신망.
—— vt., vi. **1** 《英》 네트워크으로 방송하다. **2** 《英》인맥, 연고 따위를 활용하다. **3** 그물 모양으로 짜다. **4** 《컴퓨터》 통신망을 구축하다, 네트워크하다.

net·work·ing [nétwə̀:rkiŋ] n. 《컴퓨터》 네트워킹. **1** 수대의 컴퓨터나 데이터 뱅크가 연락되어 있는 시스템. **2** 〔각종 정보나 조언《助言》을 얻기 위한〕 개인적 정보망의 형성.

Neuf·châ·tel [n(j)ù:ʃətél / nə̀:ʃǽ-] n. ⓤ 〔탈 지유《脫脂乳》로 만드는〕 부드러운 백색의 치즈(Neufchâtel cheese). 《<F 생산지인 프랑스 북부의 도시 이름》.

neume [n(j)u:m] n. 《음악》 네우마 〔중세 초기 음악의 기보법《記譜法》〕.

neur- ⇒ NEURO-.

neu·ral [n(j)úərəl / njúər-] adj. **1** 신경《系》의. **2** 《컴퓨터》 뇌·신경 시스템을 본딴.

neu·ral·gia [n(j)uərǽldʒə / njuə(ə)r-] n. ⓤ 〔병리〕 신경통.

neu·ral·gic [n(j)uərǽldʒik / njuə(ə)r-] adj. 신경통의.

neu·ras·the·ni·a [n(j)ù(:)rəsθí:niə / njùər-] n. ⓤ 〔병리〕 신경 쇠약증.

neu·ras·then·ic [n(j)ù(:)rəsθénik / njùər-] adj. 신경 쇠약의, 신경 쇠약에 걸린. —— n. 신경 쇠약증 환자.

neu·ra·tion [n(j)uəréiʃən / njuə(ə)r-] n. =venation.

neu·ris·tor [n(j)uərístər / njuə(ə)r-] n. 인공 신경 섬유〔인간 신경 계통의 극소 전자 모형용〕.

neu·rit·ic [n(j)uərítik / njuə(ə)r-] adj. 〔병리〕 신경염의.

neu·ri·tis [n(j)uəráitis / njuə(ə)r-] n. ⓤ 〔병리〕 **1** 신경염《神經炎》. **2** 신경통증《痛》.

neuro- nerve, sinew, tendon 의 뜻의 연결형《* 모음 앞에서는 neur-를 쓴다》. 예: *neuro*path, *neur*al.

neu·ro·bi·ol·o·gy [n(j)ù(:)rou baiálədʒi / njù(ə)rou baiɔ́l-] n. ⓤ 신경 생물학.

neu·ro·chem·i·cal [n(j)ù(:)rou kémik(ə)l/njùə(ə)r-] adj. 신경 화학의. —— n. 신경 화학 물질.

neu·ro·log·i·cal [n(j)ù(:)ralɑ́dʒik(ə)l / njù(ə)rəlɔ́dʒ-] adj. 신경학[상]의.

neu·rol·o·gist [n(j)uərálədʒist / njuə(ə)rɔ́l-] n. 신경학자. 〔경학.

neu·rol·o·gy [n(j)uərálədʒi / njuə(ə)rɔ́l-] n. ⓤ 신

neu·rol·y·sis [n(j)uərális / njuə(ə)rɔ́l-] n. ⓤ 〔병리〕 **1** 신경 조직 붕괴, **2** 신경 피로.

neu·ro·ma [n(j)uəróumə / njuə-] n. (pl. -mas or -ma·ta [-mətə]) 〔병리〕 신경종《神經腫》.

neu·ron [n(j)úərɑn / njúərɔn], **neu·rone** [-roun] n. 〔해부〕 뉴런, 노이론, 신경 단위《單位》, 신경원《元》.

neu·ron·ic [n(j)uərɑ́nik / njuərɔ́n-] adj. 뉴런《신경단위》의.

neu·ro·path [n(j)úərəpæ̀θ/njùə-] n. 〔정신 의학〕 신경증 환자, 노이로제에 걸리기 쉬운 사람.

neu·ro·path·ic [n(j)ù(:)rəpǽθik / njùə-] adj. 신경병의, 신경병에 걸려 있는. **-i·cal·ly** [-ikəli] adv.

neu·ro·pa·thol·o·gist [n(j)ù(:)ro u pəθálədʒist / njùəro u pəθɔ́l-] n. 신경 병리 학자.

neu·ro·pa·thol·o·gy [n(j)ù(:)ro u pəθálədʒi / njùəro u pəθɔ́l-] n. ⓤ 신경 병리학. 〔경학.

neu·rop·a·thy [n(j)uərɑ́pəθi / njuə(ə)rɔ́p-] n. ⓤ 신

neu·ro·phar·ma·co·log·i·cal [n(j)ù(:)ro u fɑ̀:rmakəlɑ́dʒikəl / njùəro u fɑ̀:məkɔ́lɔ́dʒ-] adj. 신경 약물학의.

neu·ro·phar·ma·col·o·gist [n(j)ù(:)ro u fɑ̀:məkɑ́lədʒist / njùəro u fɑ̀:məkɔ́l-] n. 신경 약물학자.

neu·ro·phar·ma·col·o·gy [n(j)ù(:)ro u fɑ̀:rməkɑ́lədʒi / njùəro u fɑ̀:məkɔ́l-] n. ⓤ 신경 약물학.

neu·ro·psy·chi·at·ric [n(j)ù(:)ro u sàikiǽtrik / njùə-] adj. 신경 정신병학의《에 관한》.

neu·ro·psy·chi·a·trist [n(j)ù(:)ro u saikáiətrist / njùə-] n. 신경 정신병 의사.

neu·ro·psy·chi·a·try [n(j)ù(:)ro u saikáiətri / njùə-] n. ⓤ 신경 정신병학.

neu·ro·psy·cho·sis [n(j)ù(:)ro u saikóusis / njùərou-] n. =psychoneurosis.

neu·rop·ter·ous [n(j)uərɑ́ptərəs / njuə(ə)rɔ́p-] adj. 〔곤충〕 맥시류《脈翅類》의.

neu·ro·sci·ence [n(j)ù(:)rousáiəns / njùə-] n. 신경 과학. 〔-si:z〕 신경증, 노이로제.

‡**neu·ro·sis** [n(j)uəróusis / njuə(ə)-] n. ⓤ ⓒ (pl. -ses

neu·ro·sur·geon [n(j)ù(:)rousə́:rdʒən / njùə-] n. 신경 외과의《外科醫》. 〔n. ⓤ 신경 외과학.

neu·ro·sur·ger·y [n(j)ù(:)rousə́:rdʒəri / njùə-]

‡**neu·rot·ic** [n(j)uərɑ́tik / njuə(ə)rɔ́t-] adj. 노이로제의, 신경증의; 신경계의; 〔약제가〕 신경을 건드리는, 신경증에 듣는. —— n. 신경증 환자. 〔해부가.

neu·rot·o·mist [n(j)uərɑ́təmist / njuə(ə)rɔ́t-] n. 신경

neu・rot・o・my [n(j)u(ː)rɑ́təmi / nju(ə)rɔ́t-] *n.* ⓊⒸ (*pl.* **-mies**) 〔외과〕〔통증 따위를 제거하기 위한〕 신경 절제(切除). 〔*n.* 신경독(毒).

neu・ro・tox・in [n(j)ù(ː)ro(u)táksin/njùəro(u)tɔ́ks-]

neut. (略) neuter; neutral.

neu・ter [n(j)úːtər / njúː-] *adj.* **1** 〔문법〕 **a)** 중성의. ¶ a *neuter* noun 중성 명사. **b)** 〔동사가〕 자동(自動)의. **2** 〔동물〕〔일벌(일개미)처럼〕 생식 기관이 불완전한(발달되지 않은), 생식 불능의. **3** 〔식물〕〔수술도 암술도 없는〕 무성(無性)의. ¶ a *neuter* flower 무성화. **4** 중립의(neutral). ¶ stand *neuter* 중립의 입장을 취하다.
— *n.* **1** 〔문법〕 **a)** 중성. **b)** 중성 명사. **c)** 자동사. **2** 거세(去勢)된 동물; 〔곤충〕 무성 곤충; 〔식물〕 무성 식물. **3** 중립적인 사람.

neu・ter・cane [n(j)úːtərkèin / njúː-] *n.* 〔기상〕 아열대성 사이클론〔보통 직경 200 km 이하, 허리케인이나 열대성 저기압보다 작은 규모〕.

†**neu・tral** [n(j)úːtrəl / njúː-] *adj.* **1**〔사람・나라・토지 등이〕 중립인. ¶ a *neutral* nation 중립국 / remain *neutral* 중립을 유지하다. **2** 중립 불편의, 공평무사한(impartial). ¶ a *neutral* attitude (opinion) 공평무사한 태도(의견). **3**〔종류・성질 따위가〕 분명하지 않은 (indefinite);〔어디에도 속하지 않아〕 애매모호한. **4** 회색의(gray); 무색의; 칙칙한. **5**〔생물〕 무성의(neuter). **6**〔화학〕 중성의. **7**〔전기・磁氣〕 중성의, 대전(帶電)하지 않는, 자기를 띠지 않는. **8**〔음성〕〔모음이〕 중간음이〔about the *a* 따위〕.
— *n.* 중립적인 사람; 중립국; 중립국 사람. **2** 무색, 회색. **3**〔기계〕〔연동 장치의 연결부의〕 동력이 걸려 있지 않은 위치(상태), 뉴트럴.
◇ néuter, neutrálity *n.*, néutralize *v.*

néutral córner *n.* 〔권투〕 중립 코너.

neu・tral・ise [n(j)úːtrəlàiz / njúː-] *v.* (**-ised, -is・ing**) 《英》 =neutralize.

neu・tral・ism [n(j)úːtrəlìz(ə)m / njúː-] *n.* Ⓤ 〔특히 외교 문제에 관한〕 중립주의(정책).

neu・tral・ist [n(j)úːtrəlist / njúː-] *n.* 중립 주의자.

neu・tral・is・tic [n(j)ùːtrəlístik / njùː-] *adj.* 중립주의 [자]의.

neu・tral・i・ty [n(j)uːtrǽliti / njuː-] *n.* Ⓤ **1** 중립(상태); 중립 정책; 불편 부당. **2**〔화학〕 중성.

neu・tral・i・za・tion [n(j)ùːtrəlizéiʃ(ə)n / njùːtrəlaiz-] *n.* Ⓤ **1** 중립화(상태, 선언), 무효화. **2**〔화학〕 중화(中和). **3**〔음성〕 중화.

***neu・tral・ize** [n(j)úːtrəlàiz / njúː-] 〔＊《英》에서는 **neu・tral・ise** 로도 쓴다.〕 *v.* (**-ized, -iz・ing**) *vt.* **1** …을 중립화하다. **2**〔작용 따위〕를 무효로 하다(nullify), 상쇄하다. **3**〔군사〕〔폭탄 따위〕를 작동되지 않게 하다;〔적의 전력 따위〕를 무효화하다. **4** …의 중립을 선언하다. **5**〔화학〕…을 중화하다. **6**〔전기〕…을 중성화하다. — *vi.* 중립이 되다; 중화하다; 중성이 되다.
◇ néutral *adj.*, neutralizátion *n.*

neu・tral・iz・er [n(j)úːtrəlàizər / njúː-] *n.* 중화제 「(물).

neu・tral・ly [n(j)úːtrəli / njúː-] *adv.* 중립적으로, 불편 부당하게; 중성적으로; 무색으로.

néutral spírits *n. pl.* 중성 주정(酒精)〔95% 이상의 순수 알코올로서 보통 다른 술에 타서 마신다〕.

néutral tínt *n.* 중간색, 연한 회색.

néutral zòne *n.* **1** 중립 지대. **2**〔전기〕 중립대, 무감대(不感帶). **3**〔스포츠〕 뉴트럴 존.

neu・tret・to [n(j)uːtrétou/njuː-] *n.* (*pl.* **-tos**) 〔물리〕 중성 중간자(neutral meson).

neu・tri・no [n(j)uːtríːnou / njuː-] *n.* (*pl.* **-nos**) 〔물리〕 중성 미자(微子).

Neu・tro・dyne [n(j)úːtro(u)dàin / njúː-] *n.* 〔상표명〕 진공관을 쓴 라디오 수신 장치.

neu・tron [n(j)úːtran / njúː(ː)-] *n.* 〔물리〕 중성자.

néutron bòmb *n.* 중성자 폭탄. 「(中性子)

néutron póison *n.* 〔원자력〕 중성자독(毒)〔핵연료의 연소로 발생하는 리듬 따위의 원소; 중성자를 흡수하여 핵분열 반응을 둔화시킨다〕.

néutron rádiography *n.* 중성자 방사선(X선) 사진.

néutron stàr *n.* 중성자성(星). 「진술.

Nev. (略) Nevada.

***Ne・vad・a** [nivǽdə, -váːdə / nevɑ́ː-] *n.* 미국 서부의 주〔주도(州都) Carson City; 略 Nev.〕.
◇ Nevádan *adj.*, *n.*

Ne・vad・an [nivǽdən, -váːdə / nevɑ́ː-] *adj.* Nevada 주의. — *n.* Nevada 주의 주민.

né・vé [neivéi / névei] *n.* **1** Ⓤ〔빙하의 상층부에 있는〕 입상(粒狀) 빙설(firn). **2** 입상 빙설원(氷雪原).

‡**nev・er** [névər] *adv.* **1** 지금까지〔그 어느 때도〕 …않다, 한 번도 …않다(not ever). ¶ now or *never* 지금이 마지막 기회 / I have *never* been abroad. 나는 아직 한 번도 외국에 나가본 일이 없다 / Will he *never* come? 그는 이제 다시는 오지 않을까? / It *never* rains but it pours. 《속담》 비가 내렸다 하면 억수로 퍼붓는다, 화불단행(禍不單行).
2 결코(조금도) …않다(not at all), 절대로 …않다(아니다) (in no case). ¶ He spoke *never* a word. 그는 한마디도 하지 않았다 / *Never* tell a lie. 절대로 거짓말을 하지 말아라 / *Never* mind! 신경 쓸 것 없다, 걱정 마 / He himself was *never* otherwise than poor. 그 자신이 바로 가난한 사람이었다 / *Never* is a long word (or day). 《속담》 결코라는 말은 섣불리 하는 것이 아니다; 미리 단념하지 마라 / *Better* late than *never*. 《속담》 늦더라도 안하는 것보다는 낫다 / *Never* too late to mend. 《속담》 잘못을 고침에 때를 가리지 마라.
3〔구어〕〔감탄・의심을 나타내어〕 분명히 …은 아니다; 설마 …은 아니다. ¶ Well, I *never* ! 이거 놀랬는걸. / You have *never* left the key in the lock. 넌 설마 열쇠를 자물쇠에 꽂아 둔 채로 온 것은 아니겠지.

never éver 결코 …않다(아니다) (never).

never só 〔고어〕《양보절 안에서》 아무리 …이라도. ¶ Though they worked *never so* hard, it was all in vain. 그들은 아무리 열심히 일했어도 헛일이었다.

never the … 《비교급을 수반하여》 그만큼 더 …않다(아니다); …인데도 조금도 …않다. ¶ *Never the* nearer. 더 이상 절대로 나가는 일이 없다 / She is *never the* wiser for it. 그녀는 그래도 도무지 알지 못한다, 그래도 모르기는 마찬가지다. 「원한.

nev・er・end・ing [névəréndiŋ] *adj.* 부단한; 끝없는, 영

nev・er・fail・ing [névərféiliŋ] *adj.* 무진장의, 불변의.

nev・er・mind [névərmáind] *n.*《美방언》주의, 유의, 관심(attention, heed); 중요한 결과, 차이.

nev・er・more [nèvərmɔ́ːr / névərmɔ́ː] *adv.* 두 번 다시 …하지 않다. ¶ We will *nevermore* see our home town. 두 번 다시 고향 땅을 보는 일은 없을 것이다.

nev・er・nev・er [névərnévər] *n.* **1** 먼 나라, 벽지, 사람이 드문 땅, 불모지; 공상(이상)의 나라(땅) (*never-never* land). **2**《英속어》분할 지불 방식, 월부.

go to the land of never-never 《속어》 의식을 잃다.

on the never-never 《英속어》 월부로.

— *adj.* 비현실적인, 공상의(imaginary); 이상의.

né・ver-né・ver lànd *n.* =never-never.

nev・er-sáy-die [névərsèidái] *adj.* 불굴의, 지지 않으려는 마음이 강한(indomitable); 완고한.

‡**nev・er・the・less** [nèvərð(ə)lés] *adv.* 그럼에도 불구하고, 그래도 역시.

nev・er-was [névərwɑ̀z, -wəz / -wɔ́z] *n.* (*pl.* **-weres** [-wə̀ːrz / -wɔ́ːz]) 〔지금까지〕 이름을 떨친 일이 없는 사람, 세상에 알려지지 않은 사람.

ne・void [níːvoid] *adj.* 모반(斑斑)의, 사마귀(점)의.

ne・vo・man・cy [níːvoumænsi / névou-] *n.* 사마귀 점(占).

ne・vus 《주로 英》**nae-** [níːvəs] *n.* (*pl.* **-vi** [-vai]) 〔의학〕 모반〔선천성 사마귀・점・주근깨 따위〕.

‡**new** [n(j)uː / njuː] *adj. opp.* old **1** 최근에 생긴, 갓 생긴, 신선한. ¶ a *new* book 신간 도서 / *new* cheese 갓

만들어진 치즈 / new milk 신선한 우유.
2 이제까지 알려지지 않은, 이제까지 없던, 신발명(발견)의. ¶ a new element 새 원소 / a new line 새 항로 / There is no new thing under the sun. 해 아래는 새것이 없다 [←전도서(Eccl.) 1:9].
3 생소한, 듣도 보도 못한, 신기한, 참신한(novel) (to ...). ¶ The ideas new to us 우리에게 생소한 사상 / That's new to me. 그건 처음 듣는 말인데.
4 새로 온, 신임의, 신참의; 신출의. ¶ the new Cabinet 새 내각 / a new rich 벼락 부자 / a new face 신인 / a salaried man new from school. 학교를 갓 나온 월급쟁이.
5 아직 익숙하지 않은, 경험이 없는(unfamiliar)(to...). ¶ a man new to such work 그런 일에 익숙하지 않은 사람. ⌐로운 이득.
6 새로 추가되는, 그 이상의, 부가의. ¶ new gains 새
7 새삼스러운, 신규의, 일신된, 마음을 고쳐먹은. ¶ turn over a new leaf 마음을 고쳐 먹고 새 출발하다[새 책장을 넘긴다는 데서] / put on the new man 개종(改宗)하다 / This experience made a new man of my nephew. 이 경험으로 내 조카는 새 사람이 되었다 / New lord, new laws. 《속담》 어른이 바뀌면 법도 바뀐다.
8 신품의, 갓 만들어진. ¶ new furniture 새 가구 / as good as new 신품이나 다름없는.
9 [낡은 것에 대하여] 새로운, 현대적인, 최신의, 신식의. ¶ a new era 신시대 / a new system 신제도.
10 [같은 종 중에서] 새로운 쪽의. ¶ a new edition 신판 / new buds 새싹.
11 (N-) [언어가] 근세의.
[類語] new 「새로운」의 뜻의 가장 일반적인 말: a new dress 새(최근에 산) 옷. fresh 생겼을 때의 모양·성질을 유지하거나 시간의 경과나 사용된 흔적이 없는: a fresh dress 갓 맞춘 옷. novel 종래의 것과는 다른 뜻밖의, 진기한: a novel dress 진기한 옷.
What's new? 《구어》 요즘 어때?, 별일 없어? (* 이에 대한 전형적 대답은 What's new with you?)
— adv. 《주로 복합어를 만들어》 **1** 최근, 요즈음(recently), ¶ new-planted 갓 심어진. **2** 새로이(newly), 새삼, 또다시(anew). ¶ new built 재건된.
— n. 새로운 것(일).
◇ néwly adv., néwness n.

NEW 《略》 《경제》 net economic welfare.

Nèw Áge Móvement n. 신세대 운동[서양적 가치관을 배제하고 초자연을 신봉하며 환경·종교·의료 분야를 전체론적 시각에서 재고하려는 운동].

Nèw·ber·y Awárd [n(j)ú:bəri-/njú:-] n. 뉴베리 상(賞) [미국에서 최우수 아동 도서에 주어지는 상].

nèw blóod n. 《집합적》 [활력을 불어넣으리라는 기대로] 새로 조직에 참여한 사람들, 새 인재들, 젊은이.

new-blown [n(j)ú:blóun / njú:-] adj. 갓 피어난.

***new-born** [n(j)ú:bɔ́:rn / njú:-] adj. **1** 갓 태어난. **2** 다시 태어난. — n. (pl. -born or -borns) 신생아.

nèw bóy n. 신입사원, 신참자.

nèw bróom n. [일에 의욕적인] 신임자(新任者).

New·burg [n(j)ú:bə:rg / njú:-] adj. [어패류가] 크림 소스·달걀 노른자·버터·브랜디(포도주)로 요리된. ⌐일종.

New·cas·tle [n(j)ú:kæ̀sl / njú:kà:sl] n. **1** (= **New·cas·tle-up·on-Tyne** [-əpɑntáin]) 잉글랜드 동북부 Tyne 강에 면한 항구 도시[Northumberland 주의 주도(州都). 석탄 수출로 유명]. **2** 오스트레일리아 동남부 New South Wales의 항구.

carry coals to Newcastle ⇒ COAL.

Néw·coined [n(j)ú:kɔ́ind / njú:-] adj. [화폐·어구 따위] 새로 만든, 신조(新造)의.

new·come [n(j)ú:kʌ́m / njú:-] adj. 새로 온, 신착의. — n. =newcomer. ⌐새 사람.

***new·com·er** [n(j)ú:kʌ̀mər / njú:-] n. 새로 온 사람,

Nèw Cómmonwealth n. (the~) 신(新)영연방

[1954년 이후 독립하여 영연방에 가입한 나라들].

nèw críticism n. 《종종 N- C-》 (the ~) 신비평[문학 작품 그 자체의 어구의 구사·심상(心象) 묘사·구성 따위에 중점을 두는 분석적 비평]. ⌐하기.

nèw déal n. 《구어》 변혁(變革), 180도의 전환, 다시

Nèw Déal n. (the ~) 뉴딜 정책[F.D. Roosevelt 미 대통령이 1930년대에 취한 경제 부흥과 사회 보장의 정책].

Nèw Délhi n. 뉴델리[인도의 수도].

Nèw Económic Pólicy n. (the ~) [구소련의] 신경제 정책, 네프[1921년 Lenin 정부가 취한 일시적 신경제 정책].

nèw económics n. pl. 《단수 취급》 신(新)경제학, 신케인즈 경제학.

new·el [n(j)ú:əl / njú:-] n. **1** [나선형 계단의] 엄지기둥, 중심 기둥. **2** (=**néwel pòst**) [계단의] 엄지기둥.

Nèw Éngland n. 미국 동북부의 6개주 Connecticut, Massachusetts, Rhode Island, Vermont, New Hampshire, Maine을 합친 지방.

Nèw Énglander n. 뉴 잉글랜드 지방의 주민.

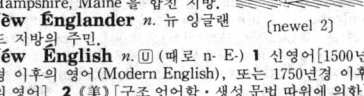
[newel 2]

Nèw Énglish n. ⓤ (때로 n- E-) **1** 신영어[1500년경 이후의 영어(Modern English), 또는 1750년경 이후의 영어]. **2** 《美》 [구조 언어학·생성 문법 따위에 의한] 영문법.

Nèw Énglish Bíble n. (the ~) 신영역 성서(1961-70) [영국에서 새로 번역·간행된 성서; 신약은 1961년, 신·구약 합본은 1970년에 간행; 略 N.E.B.].

nèw fáce n. 신인; 성형 수술한 얼굴.

new-fal·len [n(j)ú:fɔ́:lən / njú:-] adj. 갓내린.
¶ new-fallen snow 갓내린 눈.

new·fan·gle [n(j)ú:fǽŋgl / njú:-] adj. =newfangled.

new·fan·gled [n(j)ú:fǽŋgld / njú:-] adj. **1** 신형의, 유행의, ¶ newfangled ideas 신기한 사상, **2** 신기한 것을 좋아하는. ¶ newfangled young men 신기한 것을 좋아하는 젊은이들. ⌐의, 신형의(up-to-date); 최신 유행의.

new-fash·ioned [n(j)ú:fǽʃ(ə)nd / njú:-] adj. 신식

Nèw Féderalism n. 신 연방주의[미 대통령 Nixon의 제창으로 시작된 주권(州權) 확장 정책].

new·found [n(j)ú:fáund / njú:-] adj. 새로[최근에] 발견된(recently discovered).

***Nèw·found·land** [n(j)ú:f(ə)ndlǽnd, -lənd / njú:-f(ə)ndlǽnd //→3] n. **1** 캐나다 동부의 섬. **2** 캐나다 동부의 주[주도(州都) St. John's]. **3** [英 nju:fáundlənd] 뉴펀들랜드 개[뉴펀들랜드 원산. 순하고 영리하다. 보통 검은 털] (Newfoundland dog).

New·found·land·er [n(j)ú:(:)fáundləndər / njú:-f(ə)ndlǽndə] n. 뉴펀들랜드 사람.

Nèw Frontíer n. (the ~) 신개척자 정신[1960년 미 대통령 John F. Kennedy 가 제창].

Nèw Frontíersman n. New Frontier 정책의 주창자(지지자). ⌐유명한 감옥[1902년에 폐지].

New·gate [n(j)ú:git, -gèit / njú:-] n. 영국 London의

Néwgate fríll (frínge) n. 턱 밑에만 기른 수염.

Nèw Guínea n. 오스트레일리아 북방의 세계 제 2의 큰 섬.

***Nèw Hámpshire** n. **1** 미국 동북부의 주[주도(州都) Concord; 略 N.H.]. **2** 미국산(産) 닭의 일종.

Nèw Hámp·shire·man [-hǽmp ʃ(i)ərmən] n. 미 New Hampshire 주 민이.

nèw hígh n. **1** 《증권》 새로운 최고 가격. **2** 최고 기록, 신기록. cf. new low

new·ish [n(j)ú:iʃ / njú:-] adj. 좀 새로운(rather new).

nèw íssue n. 신규 발행 증권[채권·주 따위].

Nèw Jérsey n. 미국 동부 연안의 주 [주도(州都) Trenton; 略 N.J.].
Nèw Jér·sey·ìte [-dʒɔ́ːrziàit] n. 미국 New Jersey 주민.
Nèw Jerúsalem n. 〔성서〕 하늘나라, 성도(聖都), 신과 성도의 거주지[← 요한 계시록 (Rev.) 21: 2].
Nèw Jóurnalism n. 신저널리즘[객관성보다는 기자의 주관적 참가와 사건·관계자에 밀착된 취재를 특징으로 하는 심층 보도 형식].
new-laid [n(j)úːléid / njúː-] adj. 갓낳은[달걀].
Nèw Látin n. Ⓤ 근세 라틴어(Neo-Latin) [略 NL, N. L.].
Nèw Léarning n. [16세기 영국에서 일어난 성서나 고전의 연구를 기본으로 한] 신학문, 학예 부흥.
Nèw Léft n. (the ~) 신좌파(新左派).
Nèw Léftist n. 신좌파의 사람.
Nèw Líght n. 《종교상의》 신파(新派), 자유주의파.
nèw lóok n. 신형, 최신 유행.
nèw lów n. 1 〔증권〕 새로운 최저 가격. 2 최저 기록. *cf.* new high
‡**new·ly** [n(j)úːli / njúː-] adv. 1 최근, 근래. ¶ a *newly* wedded couple 신혼 부부. 2 새삼스럽게, 새로이(anew). ¶ a *newly* repeated rumor 새로이 되살아나는 소문. 3 새로운 양식(형식)으로. ¶ a drawing room *newly* decorated 새롭게 장식한 응접실.
nèwly indústrializing còuntries n. ⇨ NICS.
new·ly·wed [n(j)úːliwèd / njúː-] n. 1 신혼자. 2 (~s) 신혼 부부. └든.
new-made [n(j)úːméid / njúː-] adj. 갓 만든; 고쳐 만
nèw mán n. 신인, 신임자; 심기일전한 사람; 개종자.
Nèw·mar·ket [n(j)úːmàːrkit / njúː-] n. 1 영국 동부 Cambridge 동방의 도시[경마로 유명]. 2 (종종 n-) [몸에 꼭 맞는] 긴 외투. 3 《英》 카드놀이의 일종.
new-mar·ried [n(j)úːmǽrid / njúː-] adj. 신혼의.
nèw máth n. Ⓤ 《美》 〔국민·중학교에서의 집합이론에 기초를 둔〕 새 수학(new mathematics).
nèw média n. 〔그 시대에 나타난〕 새로운 정보 전달 수단, 뉴미디어.
Nèw Méxican n. 미국 New Mexico 주의 주민.
Nèw México n. 미국 서남부의 주[주도(州都) Santa Fe; 略 N. Mex., N.M.].
new-mint [n(j)úːmínt / njúː-] vt. 새로 주조하다; 〔어휘〕에 새 뜻을 부여하다.
new-mod·el [n(j)úːmɑ́dl / njúːmɔ́dl] adj. 최신형의.
nèw móney n. 〔금융〕 〔국제은행 등에 의한〕 신규
nèw móon n. 초승달. └차입자금.
new-mown [n(j)úːmóun / njúː-] adj. 갓 베어낸.
new·ness [n(j)úːnis / njúː-] n. Ⓤ 새로움.
nèw órder n. (the ~) 1 신질서, 신체제. 2 (N-O-) 나치의 독일 민족을 주체로 하는 유럽 재편성 계획.
nèw pénny n. (pl. **new pence**) 〔영국의〕 신 페니 [1971년 실시. 1파운드의 100분의 1로, 구 2,4펜스에 해당; 略 p].
Nèw Réalism n. 〔철학〕 [20세기 영·미의] 신실재론(新實在論); 〔예술〕 신사실주의[2차 대전후 철저한 사실 묘사를 통해 인간 내면을 묘사].
new-rich [n(j)úːrítʃ / njúː-] n. 〔교양이나 교육이 없는〕 벼락 부자, 벼락 감투를 쓴 사람. —— adj. 벼락 부자가 된, 벼락 감투를 쓴.
Nèw Ríght n. 신우익[신좌익(New Left)이나 기성 보수주의에 대항하는 정치 운동.
Nèw Romántic n. 뉴 로맨틱. 1 의상과 음악의 융합을 시도한 록 음악. 2 〔服飾〕 중세의 취향에 현대적 요소를 가미한 새로운 패션 경향.
nèw róund [of GATT tràde tálks] n. 〔경제〕 신다각적(新多角的) 무역 교섭[무역 자유화를 촉진하기 위한 GATT (관세 및 무역에 관한 일반 협정) 가맹국의 국제 회의].
‡**news** [n(j)uːz / njuːz] n. Ⓤ 《보통 단수 취급》 1 소식; 기별, 소문; 통지. ¶ bad *news* 흉보 / good *news* 길

보 / I have had no *news* from my son for a long time. 오랫 동안 아들에게서 소식이 없다 / No *news* is good *news*. 《속담》 무소식이 희소식이다 / Bad *news* travels quickly. = Ill *news* runs (or flies) apace. 《속담》 나쁜 소문은 빨리 퍼진다.
2 [신문 따위의] 기사, 정보(information), 뉴스; 보도 (* **news**를 셀 때는 a news, two news라 하는 것은 잘못. a piece of *news*, two pieces of *news* 처럼 말한다. ¶ foreign (home) *news* 해외(국내) 뉴스 / *news* from New York 뉴욕 통신(보도) / the latest *news* 최신 뉴스 / break the *news* to …에게 나쁜 소식을 전하다 / begin sports *news* 스포츠 뉴스를 보도하기 시작하다.
3 색다른 것(사진), 진기(珍聞), 신문 기사거리, 새 사건. ¶ make *news* 신문 기사가 될 만한 짓을 하다 / What's the *news*? 무언가 색다른 일은 없는가? / There's much *news* in today's paper. 오늘 신문에는 새로운 사건이 많이 실려 있다 / That's *news* to me. 그것은 금시 초문이었다.
4 (N-) 〔신문 이름으로 써서〕 …신문.
◇ **néwsless, néwsy** adj.
nèws ágency n. 통신사. └문 판매인(점).
néws·à·gent [n(j)úːzèidʒ(ə)nt / njúːz-] n. 《英》 〔신
nèws ánalyst n. 〔텔레비전·라디오의〕 뉴스 해설자(commentator). └지 지역.
néws·beat [n(j)úːzbìːt / njúːz-] n. 〔기자의〕 취재 담
néws blàckout n. 보도 관제, 발표 금지.
néws·bòard [n(j)úːzbɔ̀ːrd / njúːz-] n. 게시판.
néws·bòy [n(j)úːzbɔ̀i / njúːz-] n. 신문 판매(배달) 소년.
néws·brèak [n(j)úːzbrèik / njúːz-] n. 보도 가치가 있는 일(사건) (newsworthy event). └(속보).
nèws búlletin n. 《英》 뉴스 방송; 《美》 임시 뉴스
néws·càst [n(j)úːzkæ̀st / njúːzkɑ̀ːst] n. 〔텔레비전·라디오의〕 뉴스 방송. —— vt., vi. 뉴스를 방송하다.
néws·càst·er [n(j)úːzkæ̀stər / njúːzkɑ̀ːstə] n. 〔텔레비전·라디오의〕 뉴스 보도원; 뉴스 해설자.
néws·càst·ing [n(j)úːzkæ̀stiŋ / njúːzkɑ̀ːst-] n. Ⓤ 뉴스 방송.
nèws cónference n. 《美》 [특히 정부 고관 등의] 기자 회견(press conference). └Yard
Nèw Scótland Yárd n. 런던 경시청. *cf.* Scotland
néws·dèal·er [n(j)úːzdìːlər / njúːz-] n. 《美》=news-
néws fìlm n. =newsreel. └agent.
néws flàsh n. (TV·라디오) 뉴스의 짤막한 속보.
néws·hàwk [n(j)úːzhɔ̀ːk / njúːz-] n. 《美구어》 〔특히 의욕적인〕 신문 기자, 보도원.
néws·hèn [n(j)úːzhèn / njúːz-] n. 《美구어》 여성 기
nèws hòle n. 《美》 〔신문·잡지에서 광고 지면에 대하여〕 기사(記事)지면.
néws·hòund [n(j)úːzhàund / njúːz-] n. =news-
news·ie [n(j)úːzi / njúːzi] adj. = newsy. └hawk.
néws·i·ness [n(j)úːzinis / njúːz-] n. Ⓤ 〔구어〕 뉴스가 많음, 화제가 풍부함; 수다스러움.
néws·less [n(j)úːzlis / njúːz-] adj. 뉴스 없는.
néws·lèt·ter [n(j)úːzlètər / njúːz-] n. 1 〔역사〕 [17세기말부터 18세기초에 걸쳐 정기적으로 발행된] 시사 공보(公報). 2 〔특별 구독자에게 우송하는〕 공보(公報), 〔회사 따위의〕 사보(社報).
néws·màg·a·zine [n(j)úːzmæ̀gəzìːn / njúːz-] n. 1 뉴스 잡지. 2 《美》 〔인터뷰, 논평, 오락물 따위를 종합한 TV 뉴스 프로그램〕
néws·màk·er [n(j)úːzmèikər / njúːs-] n. 뉴스거리가 되는 사람(사건).
néws·màn [n(j)úːzmæ̀n, -mən / njúːz-] n. (pl. -men [-mèn, -mən]) 신문인, 신문 기자; 신문 판매(배달)원.
néws·mè·dia [n(j)úːzmìːdiə] n. pl. 뉴스미디어 〔신문·라디오·텔레비전 등〕.
néws·mòn·ger [n(j)úːzmʌ̀ŋgər / njúːz-] n. 자진해서 소문을 퍼뜨리는 사람; 수다쟁이.

news·mon·ger·ing [n(j)ú:zmʌŋɡəriŋ / njú:z-] n. 〖자신해서〗 소문을 퍼뜨리기; 수다재이.

‡**news·pa·per** [n(j)ú:zpèipər / njú:s-] n. 1 신문〖지〗. ¶ a daily (a weekly) *newspaper* 일간(주간) 신문. 2 신문 사업 기사. 3 ⓊⒶ신문 용지(newsprint). — *adj.* 신문의(에 관한). ¶ the *newspaper* world 신문계. 〔Ⓤ신문계.

news·pa·per·dom [n(j)ú:zpèipərdəm / njú:s-] n. Ⓤ 신문계.

news·pa·per·ing [n(j)ú:zpèipəriŋ] n. Ⓤ 신문 사업 (경영); 신문의 편집 방법; 저널리즘.

news·pa·per·man [n(j)ú:zpèipərmæn / njú:s-] n. (*pl.* -men [-mən]) 1 신문 기자. 2 신문 경영자.

newspaper vendor n. 1 신문 판매기. 2 =newsvendor.

news·pa·per·wom·an [n(j)ú:zpèipərwùmən / njú:s-] n. (*pl.* -wom·en [-wìmin]) 여기자.

new·speak [n(j)ú:spí:k / njú:-] n. 〖영국의 작가 G. Orwell의 소설 *1984*'에 나오는〗 전체주의 국가의 공용어; 신(新)언어.

news·print [n(j)ú:zprìnt / njú:z-] n. Ⓤ 신문 용지.

news·read·er [n(j)ú:zrì:dər / njú:s-] n. 〖英〗 뉴스의 아나운서.

news·reel [n(j)ú:zrì:l / njú:z-] n. 뉴스 영화.

news release n. 신문 발표(press release).

news room n. 1 〖美〗〖신문사·방송국의〗 뉴스 편집실. 2 〖英〗〖도서관 등의〗 신문·잡지 열람실. 3 신문 잡지 판매실.

news satellite n. 통신 위성. 〖보·잡지 판매장〗

news service n. 통신사, 〖신문사·방송국 등에〗 뉴스를 제공하는 업자.

news sheet n. 〖둘로 접지 않은〗 한장짜리 신문.

news stall n. 〖英〗 =newsstand.

news·stand [n(j)ú:zstænd / njú:s-] n. 신문·잡지 판매대(점).

news story n. 뉴스 기사.

news-the·a·ter, 〖英〗 -tre [n(j)ú:zθìətər / njú:zθìə-] n. 뉴스 영화관.

New Stóne Áge n. (the ~) 신석기 시대(Neolithic Age). 〔[略 N.S.].

New Style n. (the ~) 신력(新曆), 그레고리오력.

news value n. 보도 가치, 뉴스 가치.

news·ven·dor [n(j)ú:zvèndər / njú:z-, -dɔ:r] n. 〖주로 英〗 신문·잡지 판매원.

News·week [n(j)ú:zwì:k / njú:z-] n. 미국의 3대 뉴스 주간지의 하나〖1933년 창간〗.

news·week·ly [n(j)ú:zwì:kli / njú:z-] n. (*pl.* -lies) 뉴스 주간지〖*Time* 따위〗.

news·wor·thy [n(j)ú:zwə̀:rði / njú:z-] *adj.* 보도 (뉴스) 가치있는, 신문 기사거리가 되는. -thi·ness n.

news·writ·er [n(j)ú:zràitər / njú:z-] n. 신문 기자.

news·y, -ie [n(j)ú:zi / njú:zi] *adj.* (**news·i·er, news·i·est**) 〖구어〗 1 뉴스가 많은. 2 수다떠는 (gossipy). 3 〖양복 따위가〗 눈길을 끄는. — n. (*pl.* **news·ies**) 〖구어〗 신문팔이(newsboy), 뉴스 보도원.

newt [n(j)u:t / nju:t] n. 영원(蠑螈).

*****New Testament** n. (the ~) 신약 성서〖略 NT., N. T.〗. *cf.* Old Testament

New Thóught n. 신사상〖인간의 신성(神性)을 강조하고 올바른 사상이 질병과 과실을 억제할 수 있다고 주장하는 일종의 종교 철학〗.

New·to·ni·an [n(j)u:tóuniən / nju:-] *adj.* 뉴튼〖학설〗의(신봉자). — n. 1 뉴튼 학설 신봉자. 2 뉴튼식 망원경(Newtonian telescope). 〖< 영국의 과학자·수학자 Sir Isaac Newton(1642-1727)의 이름〗

new tówn n. (종종 N- T-) 뉴타운, 교외 주택지.

new wáve n. (종종 N- W-) 1 〖정치운동, 예술사조 따위의〗새 물결, 누벨 바그(nouvelle vague). 2 〖누웨이브〗〖단순한 리듬과 하모니, 강한 비트 따위를 특징으로 하는 록 음악, 펑크 록〗.

new wóman n. 신여성〖특히 19세기말경의 인습과 싸우며, 자유·독립을 요구한 여성〗.

‡**Néw Wórld** n. (the ~) 신세계〖아메리카 대륙, 서반구〗.

new-world [n(j)ú:wə́:rld / njú:-] *adj.* 신세계의, 아메리카의.

*****new year** n. (보통 N- Y-) 1 (the ~) 새해, 신년. 2 (보통 N·Y·) 원단, 1월 1일(New Year's Day). ¶ a New Year's gift 신년 선물 / New Year's greetings (wishes) 연하 / [A] Happy *New Year*!=I wish you a Happy *New Year*. 새해 복 많이 받으세요. 3 (보통 N·Y·) 정월의 며칠.

New Yéar's Dáy n. 원단, 1월 1일.

New Yéar's Éve n. 섣달 그믐날〖12월 31일〗.

‡**New Yórk** n. 1 (=Néw Yórk Státe) 미국 동북부의 주〖주도(州都) Albany; 略 N.Y.〗. 2 (=Néw Yórk Cíty) New York 주 동남단, Hudson 하구에 있는 미국 최대의 도시〖문화·무역·금융의 중심지〗.

New Yórk·er [-jɔ́:rkər] n. 뉴욕시(주)민.

New Yórk·ése [-jɔ:rkí:z] n. 뉴욕 사투리.

New Yórk Státe Bárge Canál n. (the ~) 뉴욕주 운하망(運河網)〖뉴욕주의 내륙 수로(水路)〗.

New Yórk Stóck Exchánge n. (the~) 뉴욕 증권 거래소〖Wall Street에 있는 세계 최대의 거래소; 略 NYSE〗.

*****New Zéa·land** [-zí:lənd] n. 뉴질랜드〖남태평양 상에 있는 영방내의 자치국; 수도 Wellington〗.

New Zéa·land·er [-zí:ləndər] n. 뉴질랜드 사람.

NEXRAD [nɛ́ksræd] n. (항공) 차기(次期) 기상(氣象) 레이다〖미국 연방 항공국이 추진하고 있는 미국내의 새로운 항공 관제 시스템의 하나. (< next-generation weather *rad*ar)

‡**next** [nekst] *adj.* ①〖시간적으로〗다음의, 오는, 이번〖의〗; (the ~) 그 다음의, 익〖翌〗…; 《순서로서》 다음의. ¶ next week (month, year) 〖현재를 기준으로 하여〗 내주 (내월, 내년) / the next day (week, month, year) 〖과거를 기준으로 하여〗 그 다음날(주, 달, 해) (* the 를 붙여 쓴다) / next Friday; on Friday next 이번 금요일 / the *next* Friday 그 다음의 금요일 / Friday *next* week 내주의 금요일 / the Sunday *next* before Easter 부활절 바로 앞의 일요일 / the *next* bus 다음에 출발하는 버스 / *next* life 내세 / What is the *next* article ? 다음은 무엇을 드릴까요 ? 〖상인이 고객에게 하는 말〗/ The *next* three weeks will be my busiest. 앞으로 3주간은 굉장히 바빠질 것이다 / Be careful *next* time you do it. 이번에 할 때에는 조심해라 / Not till the *next* time. 다음에는 안 먹기(피우기)로 하지〖농담으로 술 담연·금주 따위를 약속할 때〗/ Who will be the *next* man to die ? 이번에는 누가 죽을 차례일가 ? / I will ask the *next* person I see. 다음 사람은 꼭 물어 보겠다.

2〖가치·중요도로 보아〗다음 자리의, 그에 버금가는, 다음의(*to*...). ¶ the person *next to* her in rank 지위가 그녀 다음인 사람 / the *next* largest city *to* New York 뉴욕에 버금가는 대도시.

3〖공간적으로〗다음의, 이웃의, 제일 가까운(*to*...). ¶ the *next* room 옆방 / *next* door 이웃집의(에) / in the *next* place 다음에는, 둘째로는 / the shop *next to* the corner 모퉁이에서 두번째 가게 (* 보통 to를 수반, 수반하지 않을 경우는 전치사 취급) / He lives *next* door but one *to* the school. 그는 학교에서 한 집 건너 이웃에 살고 있다.

4〖관계·혈통으로〗제일 가까운. ¶ be *next* to the deceased 고인과 핏줄이 가장 가깝다.

as...as the next fellow (or **man**) 누구 못지않게…(as...as anyone else). ¶ He is *as brave as the next fellow*. 그는 용기에 있어서는 누구에게도 뒤지지 않는다.

be a next thing to ...에 가깝다, 거의 …이다. 〔다.

get next to 《美속어》①…을 알다, 알게 되다. ②〖남〗에게 접근하다. ③〖특히〗〖여자〗와 친하게되다.

next door to ⇨ DOOR.

next to ①…과 나란히, …에 이어. ¶ In English he is *next to* none. 영어는 그가 클라스 제1이다. ② 거의 (almost). ¶ *next to* impossible 거의 불가능한 / buy

a thing for *next* to nothing 물건을 거의 공짜로 사다 / He was *next* to a beggar. 그는 걸인이나 다름없었다.
— *adv.* [시간・공간・순위・중요도 따위에 있어서] 다음에; 이옆에, 제일 가까이에, 이어서; 이번은. ¶ the *next* most important thing 다음으로 가장 중요한 것 / stand *next* in line 열의 뒤에 서다 / He spoke *next*. 다음으로 그가 말했다 / He sat *next* to her. 그는 그녀 곁에 앉았다 / When *next* we meet ! 요 다음에 또! / Who *next*? 다음 차례는? / What *next*? 다음 번에는 무슨 일이 생길까?; 이런 해괴한 일이 또 있을까?? / I like this best and that *next*. 이것이 제일 좋고, 다음엔 저것이다.
— *prep.* …의 다음의(에), …의 옆의(에); …에 가장 가까운(nearest to). ¶ a seat *next* the window 창가의 자리 / I was standing *next* him. 나는 그의 옆에 서 있었다. ⇒ *adj.* 3.
— *pron.* 다음 사람(것), 이웃 사람(것), 가장 가까운 사람(것) (* 다음에 오는 명사를 생략한 형). ¶ the *next* to arrive 다음에 도착하는 사람(것) / *Next*, please. 다음은[질문 따위]; 다음 분! / His *next* [child] was a girl. 그의 다음은 여자아이였다 / To be continued in our *next* [issue]. 다음 호에 계속.
néxt bést *n.* =second best.
next-best [néks(t)bést] *adj.* =second-best.
néxt dóor *n.* 이웃집, 옆집, 이웃. ¶ [the] *next door* but one 한 집 걸러 이웃(집). — *adv.* 이웃에, 가깝게, 접근하여(very close). ¶ He lives *next door* to us. 그는 우리집 이웃에 살고 있다.
*****next-door** [néks(t)dɔ́ːr/-dɔ́ː] *adj.* 이웃집의, 이웃의. ¶ the child *next-door* 이웃집 아이. — *adv.* 이웃에(으로).
néxt fríend *n.* [법률] 후견인[소송에서 법적 무능력자인 유아・미성년자 등의 대리인].
néxt of kín *n.* 1 근친자, 가장 가까운 친척. ¶ The newspaper did not publish the names of casualties until the *next of kin* had been notified. 근친자에게 통보될 때까지 신문은 사상자 이름을 보도하지 않았다. 2 [법률] [유언없이 죽은 사람의 재산 상속권을 받은] 최근친자.
nex·us [néksəs] *n.* ⓤ(*pl.* **nex·us**) 1 이음, 유대, 연줄(tie, link); 연결 방법(수단). 2 [사물・관념의] 연쇄적 계열. ¶ the causal *nexus* 인과(因果) 관계. 3 [문법] [Jespersen 이 말하는] 주어・술어 관계, 넥서스 [* 보통 형식으로부터의 주어・술어 관계 뿐만 아니라 의미상의 주어・술어 관계도 말한다. 예: I paint *the door red*. / *On my arrival*, they started.).
N.F. (略) *N*ewfoundland; *no f*unds; *N*orman *F*rench.
NFD., Nfld. (略) *N*ewfoundland.
N.F.L. (略) (美) *N*ational *F*ootball *L*eague(내셔널 풋볼 리그[1920년 창설한 프로축구 리그]).
NFPA (略) *N*ational *F*ire *P*rotection *A*ssociation(전국 방화 협회).
NFS (略) *n*ot *f*or *s*ale(비매품).
N.F.S. (略) (英) *N*ational *F*ire *S*ervice.
Ng. (略) *N*orwegian.
n.g., N.G. (略) *n*o *g*ood.
N.G. (略) *N*ational *G*uard; *N*ew *G*uinea.
NGK (略) *N*ew *G*reek.
NGL (略) *n*atural *g*as *l*iquid(천연 가스액(液)).
NGO (略) *n*ongovernmental *o*rganization(비정부 조직).
N.H. (略) *N*ew *H*ampshire.
NHA, N.H.A. (略) *N*ational *H*ousing *A*gency (美) 전국 주택 건설청).
N. Heb. (略) *N*ew *H*ebrides.
NHI (略) *N*ational *H*ealth *I*nsurance (英) 국민 건강 보험).
N.H.P., n.h.p. (略) (英) *n*ominal *h*orse*p*ower (공칭 마력).
N.H.S. (略) (英) *N*ational *H*ealth *S*ervice.
Ni (화학) nickel의 원자 기호.
N.I. (略) *N*orthern *I*reland; *N*ational *I*nsurance.

ni·a·cin [náiəsin] *n.* ⓤ(생화학) 나이아신[니코틴산 (nicotinic acid)의 상품명).
Ni·ag·a·ra [naiǽɡ(ə)rə] *n.* 1 (the ~) 나이아가라강 [미국 동북부의 강]. 2 (i) 급류, 분류(奔流)(torrent); *shoot Niagara* 큰 모험을 하다. [폭포.
*****Niágara Fálls** *n. pl.* 1 (the ~) 나이아가라 폭포 [미국 동북부와 캐나다 사이에 Ontario 주에 걸친 대폭포]. 2 미국 New York 주의 도시. 3 캐나다 Ontario 주의 도시.
nib [nib] *n.* 1 [새 따위의] 부리. 2 (주로 英)[펜대에 끼우는] 펜촉(penpoint). 3 펜의 끝 부분; [물건의] 뾰족한] 끝. 4 (~s) 빻은 코코아 열매; 커피콩(coffee beans). — *vt.* (**nibbed, nib·bing**) 1 (英) [펜대에] 펜촉을 끼우다. 2 …의 펜끝을 뾰족하게 하다, [갓펜 따위]를 다시 깎다.
*****nib·ble** [níbl] *v.* (**-bled, -bling**) *vi.* 1 조금씩 물어뜯다; 조금씩 먹다(*at, of, on...*). 2 [물고기가 미끼를] 집질하다(*at...*). 3 (비유적) 비난하다, 흠잡다; 트집잡다(carp) (*at...*). 4 (비유적) [계약・제의・유혹 따위에] 마음이 있는 태도를 보이다(*at...*). — *vt.* 1 [물건]을 조금씩 물어뜯다, 조금씩 뜯어먹다. 2 [물고기가] [미끼]를 입질하다. — *n.* 1 조금씩 깨물기; [물고기가] 입질하기. 2 아주 적은 양. 3 비난. 4 선대답, 마지못해 승낙하는 기색.
nib·bler [níblər] *n.* 1 물어 뜯는 것(사람); [사물에] 관심있는 체하는 사람. 2 물고기의 일종(cunner). 3 금속판을 자르거나 구멍을 뚫는 기계.
Ni·be·lung [níːbəlùŋ] *n.* [독일 전설] 1 니벨룽겐족 (族)의 사람 [난쟁이족, 마법의 반지와 금화를 가지고 있으나, 지크프리트(Siegfried)에게 빼앗겼다]. 2 지크프리트의 신하.
Ni·be·lung·en·lied [níːbəlùŋənliːt, -liːd] *n.* (독일) 니벨룽겐의 노래[13세기 초의 독일의 대서사시).
nib·lick [níblik] *n.* (골프) 9번 아이언 (골프채의 일종) (* number 9 iron이라고도 한다).
Nib·mar, NIBMAR [níbmɑːr] *n.* [정치] 로디지아 등 소수 백인 지배 영토에 독립을 인정하기 전에 비례 대표제에 의한 흑인의 정치 참가를 요구하는 영국의 정책. [< *n*o *i*ndependence *b*efore *m*ajority *A*frican *r*ule]
nibs [nibz] *n. pl.* (단・복수 양용) (속어) (his ~) 높으신 양반, 나리 (* 반어적으로도 쓴다).
N.I.C., NIC (略) *N*ational *I*ncomes *C*ommission; *n*ewly *i*ndustrializing *c*ountry(신흥 공업국).
NICAP (略) (美) *N*ational *I*nvestigators *C*ommittee on *A*erial *P*henomena(전국 대기 현상 조사 위원회).
Nic·a·ra·gua [nìkərɑ́ːɡwə, -rǽɡjuə] *n.* 니카라과[중앙 아메리카의 공화국; 수도 Managua).
Nic·a·ra·guan [nìkərɑ́ːɡwən, -rǽɡjuən] *n.* 니카라과인. — *adj.* 니카라과(인)의.
NICB (略) *N*ational *I*ndustrial *C*onference *B*oard (미국 전국 산업 심의회).
nic·co·lite [níkəlàit] *n.* ⓤ 홍비광(紅祕光) 니켈광.
‡**nice** [nais] *adj.* (**nic·er, nic·est**) 1 좋은, 괜찮은; 즐거운, 재미있는, 기분좋은(pleasant); 매력있는 (attractive). ¶ a *nice* day 좋은 날씨 / a *nice* little girl 귀여운 소녀. 2 [구어] 친절한, 다정한(kind). ¶ He is *nice* to me. 그는 나에게 친절하다 / It is *nice* of you to show me the way. 길을 가르쳐 주셔서 감사합니다. 3 정확성(정밀성, 수완)을 요하는; 정밀한; 어려운, 미묘한(subtle); 면밀한 ¶ a *nice* problem (task) 미묘한 문제(세밀한 작업) / a *nice* experiment 정밀한 실험. 4 [기구 따위가]; 정밀한; [차이 따위가] 근소한(minute); [지각이] 예민한. ¶ *nice* shades of meaning 미묘한 뜻의 차이 / a *nice* eye for the beautiful 美에 대한 예민한 안목. 5 [태도・말솜씨가] 세련된(refined), 품위있는. 6 적당한, 적합한(suitable). 7 꼼꼼한; 엄격한, 결벽한, 까다로운(hard to please). 8 [음식] 맛있는, 맛좋은. ⇨ DELICIOUS (類語) 9 [음식 따위에] 까다로운, 기호가 까

다로운(particular). ¶ be *nice* in one's food (dress) 음식(의복)에 까다롭다. **10** 《구어》《반어》싫은, 귀찮은, 난처한.
nice and ... 《형용사와 함께》매우, 아주, 더할 나위 없이. ¶ The place is *nice and* healthy. 그곳은 매우 건강에 좋다. 「로] 잘했군!
Nice going (job)! 《구어》① 잘했어! ② 《풍자적으로》
~**ness** n. ◇ **nícely** *adv.* **nícety** *n.* 「寒]지].
Nice [niːs] *n.* 니스《프랑스 동남부의 항구 도시·피한(避
níce féllow *n.* **1** 재미있는 녀석. **2** 《반어》싱긴.
nice-look·ing [náislùkiŋ] *adj.* 예쁜, 애교있는, 잘
‡**nice·ly** [náisli] *adv.* **1** 좋게, 잘, 훌륭히; 쾌적하게.
¶ My father is doing *nicely*. 제 아버지는 잘 지내고 계십니다. **2** 친절하게. **3** 세련되어. **4** 맛있게. **5** 정확하게; 면밀하게, 꼼꼼히; 예민하게.
Ni·cene [náisíːn, ⸗⸗] *adj.* 니케아(Nicaea)의.
Nícene Cóuncil *n.* (the ~) 니케아 공의회(公議會) 「교회 회의].
Nícene Créed *n.* (the ~) 니케아 신경(信經).
níce Nélly *n.* 《美》 점잔빼는 사람.
nice-Nel·ly·ism [náisnéliz(ə)m] *n.* 지나치게 얌전함(새치름함); 완곡어법, 에둘러 말하기.
ni·ce·ty [náisiti] *n.* (*pl.* -**ties**) **1** 미세(미묘)한 점, 세밀. ¶ grammatical *niceties* 문법상의 상세한 법칙. **2** 미세한 구별(차이). **3** (-ties) 우아(고상)한 것(일); 맛있는 음식. **4** ⓤ 정확성, 정확성, 정밀성; 꼼꼼함. **5** ⓤ 미묘함, 어려움. ¶ a question of great *nicety* 대단히 미묘한 문제. **6** ⓤ 까다로움, 엄격함, 결벽. 7ⓤ.
to a nicety 정확하게(accurately), 정밀하게.
niche [nitʃ] *n.* **1** 벽감(壁龕) 《벽면을 파내어 조각품이나 장식품을 놓도록 만든 곳》. **2** 《사람·물건에》 적합한 장소(지위), 적소. **3** 《상업》《시장》 틈새, 니치《재래의 제품·서비스에 만족되지 않는, 잠재 수요가 있는, 규모는 작으나 수익 가능성이 높은 분야》.
¶ find a *niche* for oneself 자신의 적소를 찾다. —— *vt.* (**niched, nich·ing**) **1** 《보통 과거분사형으로》 [조각품 따위를] 벽감에 놓다. **2** 《보 [niche 1] 통 과거 분사형으로, 또는 재귀적 용법으로》 ~을 놓다, 안치하다.
níche márket *n.* 틈새 시장.
Ni-chrome [náikroum] *n.* 《상표명》 니크롬 [니켈·크롬·철의 합금. 높은 전기 저항과 고온도에서의 안정성을 가진다].
*****nick** [nik] *n.* **1** 새김눈(notch), 칼자국; 〔도자기 따위의〕이 빠진 곳. **3** 《英속어》 교도소(prison). **4** ⓤ 《英속어》 상태. ¶ in good *nick* 양호한 상태로. [에.
in the nick of time 아슬아슬한 때에, 꼭 알맞은 때
—— *vt.* **1** ~에 새김눈을 내다, 칼자국을 내다 《말 꼬리를 치켜들게 하기 위해》 〔꼬리 밑〕에 칼자국을 내다.
¶ *nick* a tree trunk 나무 줄기에 금을 새기다 / *nick* a horse (horse's tail) 말의 꼬리 끝을 자르다. **2** …을 꼭 알아맞히다; …을 용케 잡다, 시간에 맞다. **3** …을 기만하다, 속이다(trick, cheat). **4** 《英속어》 **a)** 〔범인을〕 체포하다(arrest). **b)** …을 훔치다(steal).
‡**nick·el** [níkl] *n.* **1** ⓤ 《화학》 니켈, 백동《금속 원소의 하나; 원자 기호 Ni》. **2** 〔미국·캐나다〕 5센트 백동화 (*cf.* dime, penny, quarter); 소액의 돈. ¶ not worth a *nickel* 한푼의 가치도 없다. —— *vt.* (**-eled, -el·ing; 《英》-elled, -el·ling**) …에 니켈을 입히다, 니켈 도금을 하다.
nick·el·o·de·on [nìk(ə)lóudiən] *n.* 《美》 **1** 5센트 극장(영화관). **2** = jukebox.
níckel pláte *n.* 니켈 도금.
níckel-plate [níklpléit] *vt.* (**-plat·ed, -plat·ing**) ~에 니켈 도금을 하다.
níckel sílver *n.* ⓤ 양은(German silver).

níckel stéel *n.* ⓤ 니켈강.
nick·er[1] [níkər] *n.* **1** 새김눈을 내는 사람(물건). **2** (*pl.* **nick·er**) 《英》 1파운드(pound sterling).
nick·er[2] [níkər] *vi.* 《주로 英방언》 **1** 〔말이〕 울다 (neigh). **2** 킬킬 웃다(snicker). —— *n.* **1** 말의 울음. **2** 킬킬거리는 웃음.
nick·nack [níknæk] *n.* =knickknack.
‡**nick·name** [níknèim] *n.* **1** 별명. **2** [Christian name 을 단축한] 약칭, 애칭. ¶ Ed is a *nickname* for Edward. 에드는 에드워드의 애칭이다. —— *vt.* (**-named, -nam·ing**) **1** …에게 별명을 붙이다; …을 애칭으로 부르다. ¶ (~+图+圈) They *nicknamed* me "Shorty". 그들은 나에게 꼬마라는 별명을 붙였다. **2** …의 이름을 잘못 부르다, 오칭(誤稱)하다.
Níc·ol prìsm [ník(ə)l-] *n.* 《光學》 니콜 프리즘《편광(偏光) 프리즘의 일종》. 「껌.
Ni·co·rette [nìkərét] *n.* 《상표명》 니코틴이 든 금연용
Nic·o·sia [nìkəsíːə] *n.* 니코시아《키프로스의 수도》.
ni·co·ti·a [nikóujiə] *n.* ⓤ **1** =nicotine. **2** 《詩》 담배. 「배 피우는 사람, 끽연가(smoker).
ni·co·ti·an [nikóujiən] *adj.* 담배의. —— *n.* 《古어》 담
nic·o·tine, -tin [níkətìːn, -美 -tin] *n.* ⓤ 니코틴 《담배에 함유된 유독성 알칼로이드》. 〔< 1560년 담배를 포르투갈에서 프랑스로 처음 수입한 외교관 Jean Nicot의 이름 + -INE〕 「틴산.
nic·o·tín·ic ácid [nìkətínik-] *n.* ⓤ 〔생화학〕 니코
nic·o·tin·ism [níkəti(ː)nìz(ə)m] *n.* ⓤ 니코틴 중독.
nic·o·tin·ize [níkəti(ː)nàiz] *vt.* (**-ized, -iz·ing**) …을 니코틴에 중독시키다.
NICS (略) *n*ewly *i*ndustrializing *c*ountries 《신흥 공업국 〔1970년대에 급속히 공업화를 이룩한 중진국들; 1988년부터 NIES로 개칭〕》.
nic·tate [níkteit] *vi.* (**-tat·ed, -tat·ing**) =nictitate.
nic·ta·tion [nìktéiʃ(ə)n] *n.* ⓤ =nictitation.
nic·ti·tate [níktitèit] *vi.* (**-tat·ed, -tat·ing**) 눈을 깜박거리다(wink). ¶ *nictitating* membrane 〔새나 악어의〕 순막(瞬膜).
nic·ti·ta·tion [nìktitéiʃ(ə)n] *n.* ⓤ 깜박거림.
ni·cy [náisi] *n.* (*pl.* -**cies**) 〔어린이말〕 과자, 막대사탕 (lollipop). 「《국립 약해(藥害) 연구소》.
NIDA (略) 《美》 *N*ational *I*nstitute of *D*rug *A*buse
nid·der·ing, nid·er- [nídəriŋ] *n.* 《古어》 **1** 비 겁자, 비열한(漢); 겁쟁이. —— *adj.* 비겁한; 겁쟁이의.
nid·dle-nod·dle [nídlnádl / -nɔ́dl] *adj.* 머리를 끄덕 (흔들)거리는. —— *vt., vi.* (**-dled, -dling**) 〔머리를〕 끄덕거리게 하다(거리다).
nide [naid] *n.* 《드물게》 《주로 英》 〔특히 꿩의〕 둥지; 한 배의 새끼(brood).
nid·i·fi·cate [nídifikèit] *vi.* (**-cat·ed, -cat·ing**) 둥지를 만들다.
nid·i·fi·ca·tion [nìdifikéiʃ(ə)n] *n.* ⓤ 둥지 만들기.
nid·i·fy [nídifài] *vi.* (**-fied, -fy·ing**) =nidificate.
nid-nod [nídnàd / -nɔ̀d] *vt., vi.* (**-nod·ded, -nod·ding**) 〔머리를〕 끄덕거리게 하다(거리다).
ni·dus [náidəs] *n.* (*pl.* -**di** *or* -**dus·es**) **1** 〔특히 곤충 따위가〕 알을 까는〕 자리, 부란(孵卵) 장소. **2** 〔생물학내의 병원균 따위의〕 발생 장소; 병원(病原) 《비유적》 보금자리.
‡**niece** [niːs] *n.* 조카딸. *cf.* nephew 「원석, 원천.
ni·el·list [níelist] *n.* 니엘로(흑금) 상감사(象嵌師).
ni·el·lo [niélou] *n.* (*pl.* -**li** [-liː]) **1** 니엘로, 흑금 (黑金) 〔유황은·은·납·동 따위의 합금. 암록색, 금속 품의 상감(象嵌)에 쓴다〕. **2** 니엘로 상감. **3** 니엘로 상감 세공품. —— *vt.* 니엘로로 상감하다.
Níel·sen ràting [níːlsən-] *n.* 《美》 〔텔레비전의〕 닐슨 시청률. 〔<미국의 A.C. Nielsen Co.의 이름에서〕
Nier·stein·er [níərstainər] *n.* ⓤ 〔라인 강변 Nierstein 산(産)의〕 백포도주.
NIES (略) *N*ewly *I*ndustrializing *E*conomies《신흥 공업국·지역; 종전에 NICS 라고 부르던 것을 1988년부터 NIES로 개칭》.

Nie·tzsche·an [níːtʃiən] adj. 니체 철학의. — n. 니체 철학자[지지]자. [<독일의 철학자 Friedrich Wilhelm Nietzsche(1844-1900)의 이름]
Nie·tzsche·ism [níːtʃiz(ə)m], **-tzsche·an-** [-tʃiən-] n. ⓤ 니체 철학.
niff [nif] n. 1 《英俗어·방언》 ⓤ [고약한] 냄새, 악취. 2 《구어》 분노, 반감.
Ni·fl·heim [nívlheim] n. 〖북유럽 신화〗 북방의 한랭 암흑 세계; 지옥(hell).
nif·ty [nífti] 《속어》 adj. (-ti·er, -ti·est) 스마트한 (smart), 멋진, 멋들어진, 재치있는. — n. (pl. -ties) 1 멋(재치)있는 것(말). 2 매력있는 계집아이.
nig [nig] vi. (nigged, nig·ging) 손을 떼다, 취소하다; 약속을 어기다.
Ni·ger [náidʒər] n. 1 (the ~) 니제르 강[니제르·나이지리아를 흘러서 대서양에 이르는 강]. 2 니제르[아프리카 서북부의 공화국; 수도 Niamey]. — adj. Niger의.
Ni·ge·ri·a [naidʒí(ː)riə /-dʒər-] n. 나이지리아[아프리카 서부의 공화국; 수도 Lagos].
Ni·ge·ri·an [naidʒí(ː)riən /-dʒər-] adj. 나이지리아의; 나이지리아 사람의. — n. 나이지리아 사람.
nig·gard [nígərd] n. 인색한 사람, 구두쇠. — adj. 인색한(stingy), 욕심 많은(niggardly).
nig·gard·ly [nígərdli] adj. 1 인색한, 쩨쩨한. opp. munificent ¶ be niggardly of …에 인색하다. 2 근소한(scanty). ¶ a niggardly sum 얼마 안 되는 액수. — adv. 인색하게, 쩨쩨하게. **-li·ness** n.
nig·ger [nígər] n. 1 《경멸적》 흑인, 검둥이 (⇨NEGRO 語脈); [동인도 등지의] 흑색 원주민. 2 《美》 [재재소용의] 동력 트렛대. 3 ⓤ 흑갈색 물감. — adj. 흑인의. ¶ nigger melodies (or songs) 흑인의 노래 / nigger minstrels 흑인으로 분장한 백인의 희극단. ¶ a nigger in the woodpile (or the fence) 《美속어》 [위협하여 알려지기를 꺼리는] 숨은 사실(원인, 동기).
nig·ger·dom [nígərdəm] n. ⓤ 흑인임; 흑인 사회.
nig·ger·head [nígərhèd] n. =negrohead.
nig·ger·ish [nígəriʃ] adj. 흑인의(같은).
nig·ger·toe [nígərtòu] n. 브라질 호두 (Brazil nut).
nig·gle [nígl] vi. (-gled, -gling) 하찮은 일에 공을 들이다(돌보다); 시시한 일에 시간을 낭비하다. — n. 《英》 쓸데없는 트집.
nig·gler [nígər] n. 하찮은 일에 공들이는(골몰하는) 사람.
nig·gling [nígliŋ] n. ⓤ 하찮은 일에 공들임; 하찮은 (작업). — adj. 1 하찮은 일에 골몰하는; 보잘것없는 (petty); [일 따위가] 잔손이 가는, 성가신. 2 [필적이] 옹졸한, 답답한(cramped), 읽기 힘든. **~·ly** adv.
nigh [nai] adv. 1 가까이에, 가까이로, 접근하여 (near). ¶ come (or draw) nigh 가까이 오다. 2 거의 (almost). — adj. 1 가까운, 접근한; 근친의(near). 2 짧은, 질러가는. 3 [말·차가] 왼쪽의. 4《주로 방언》인색한(stingy). — vi., vt. 접근하다, 가까이 가다. — prep. 《고어·방언》=near.
◇ near adv., adj., prep.
‡night [nait] n., adj. 1 밤, 저녁; 야간. cf. day ¶ every night 매일 밤 / last night 어젯밤 / one night 어느 날 밤 [에] / tomorrow night 내일 밤 / a dirty (or a stormy) night 폭풍우의 밤 / New Year's Night 정월 초하루의 밤 / a Chopin night 쇼팽의 밤 / our wedding night 우리의 결혼식날 밤 / all night [long]; all the night through 밤새도록 / at night 밤에, 야간에, 일찍 후에 / sit till late at night 늦도록 일어나 있다 / at nights 밤마다 / night after (or by) night 매일 밤 / on a starry night 별이 총총한 밤에 / on the night of his departure 그가 출발하는 밤에 / at this time of night 이런 야심한 시간에 / from morning till night 아침부터 밤까지 / at (or in the) dead of night 심야에 / stay over night 일박하다 / far into the night 밤 늦도록 / I awoke three times in a night. 하룻밤에 세 번 눈을 떴다 / The storm lasted through the night. 밤새도록 폭풍은 계속되었다 / We passed an uneasy night. 우리는 하룻밤을 불안하게 보냈다 / I spent three nights with them. 그들과 함께 사흘밤을 묵었다.
2 ⓤ 밤의 어둠, 야음(darkness). ¶ as dark (black) as night 컴컴한(새까만) / under cover of night 야음을 타서 / Night fell. 밤이 되었다.
3 《비유적》 [죽음·맹목·무지·죄악·실의·불행 등의] 암흑, 어둠의 상태(때). ¶ He is wrapped in the night of ignorance. 그는 무지의 암흑에 싸여 있다.
by night 밤에, 야간에; 야음을 타서. ¶ escape by night 야음을 타고 도망하다 / Bats come out by night. 박쥐는 밤에 나온다.
for the night 잠자기 위해; 그날 밤은. ¶ We put up at an inn for the night. 그날 밤은 여관에 숙박했다.
Good night ! ⇨ GOOD NIGHT.
have (or **pass**) **a good** (**a bad**) **night** 잠을 잘(못) 자다.
in the night 야간에, 밤중에. cf. in the daytime
make a night of it 흥청망청 밤을 지새우다.
night and day; day and night 주야로; 늘, 끊임없이(continually). ¶ work night and day 주야로 일하다.
a night out (or **off**) ① 밖에서 즐겁게 지내는 밤. ¶ Let's have a night out. 오늘 밤은 밖에서 즐겁게 지냅시다. ② 《고용인 등의》 외출이 허가되는 밤.
o' (or **of**) **nights** 《속어》 밤에는[언제나], 밤에[자주]. ¶ I cannot sleep o' nights thinking of the problem. 그 문제를 생각하느라 밤이면 밤마다 잠을 이루지 못한다.
turn night into day 낮에 할일을 밤에 하다.
— adj. 밤의; 야간의; 밤에 일어나는(하는). ¶ night duty 야근 / a night view of Seoul 서울의 야경 / a night flying 야간 비행 / a night nurse 야근 간호사 / a night train 야간 열차.
◇ **nightly** adj.
night bèll n. 《교회당이나 전신기 따위의》 야간용 벨.
night-bird [náitbə̀ːrd] n. 1 밤새[올빼미·나이팅게일 등]. 2 밤에 나타나는(서성거리는) 사람; 밤도둑.
night-blind [náitblàind] adj. 밤눈이 어두운, 야맹증의.
night blindness n. ⓤ 〖의학〗 야맹증.
night-blòom·ing cé·re·us [náitblùːmiŋ síː(ː)riəs /-sfər-] n. 밤에 꽃피는 선인장[밤에 향기 있는 큰 흰 꽃이 핀다].
night-breeze [náitbrìːz] n. 밤바람.
night-cap [náitkæ̀p] n. 1 나이트캡[잠잘 때 쓰는 모자]. 2 《구어》 자기 전에 마시는 술. 3 《구어》《야구》 [더블헤더의] 두 번째 시합.
night càrt n. 분뇨 수거차.
night cèllar n. 《英》 [하급의] 지하실 술집.
night chàir n. 침실용 변기(closestool).
night clòthes n. pl. 잠옷.
night clùb n. 나이트클럽.
Night Cóurt n. 《美》 [대도시에서 즉결 사범을 취급하는] 야간 재판소.
night cràwler n. 《美방언》 [밤에 흙 속에서 기어나오는] 큰 지렁이(night walker).
night cròw n. 《고어》 밤에 우는 새[올빼미·푸른색].
night-dress [náitdrès] n. 1 잠옷. 2 =nightgown.
night dùty n. 숙직, 야근.
night·ed [náitid] adj. 어두워진(darkened), 캄캄한, 길가다 저문(benighted).
night éditor n. [신문의] 야간 편집 책임자.
night·e·ry [náitəri] n. (pl. **-ries**) =night club.
***night·fall** [náitfɔ̀ːl] n. ⓤ 해질녘, 땅거미, 황혼. ¶ at nightfall 해질 무렵에.
night fighter n. 야간 전투기.

night flower *n.* [달맞이꽃 따위] 밤에 피는 꽃.
night game *n.* [야구에] 야간 시합, 나이터.
night glasses *n. pl.* 야간용 망원경[해상에서 쓴다].
night-glow [náitglòu] *n.* 야광(夜光).
***night-gown** [náitgàun] *n.* [여자·어린이용] 잠옷; [남자용의] 긴 샤쓰형의 잠옷(nightshirt).
night hag *n.* [밤하늘을 날아 다닌다고 하는] 마녀(魔女); 몽마(夢魔)(nightmare).
night-hawk [náithɔ̀:k] *n.* 1 [미국산의] 쏙독새류의 밤새. 2 밤에 나타나는 사람; 밤 늦게까지 안 자는 사람, 밤에 나쁜 짓을 하는 사람, 밤도둑. 3 《美》 밤벌이하는 개인 택시.
night heron *n.* 푸른백로.
night-ie [náiti], **(nighty)** *n.* 《구어》=nightgown.
***night-in-gale** [náit(i)ngèil / -tiŋ-] *n.* 1 나이팅게일 [유럽산 지빠귀과의 작은 새]. 2 《비유적》 목소리가 아름다운 가수.
night-jar [náitdʒɑ̀:r] *n.* 쏙독새[유럽산의 중간 크기의 새].
night latch *n.* 야간 자물쇠[안에서는 손잡이로 열고 밖에서는 열쇠로 열게 되어 있다].
night letter *n.* 야간 취급 전보(night lettergram) [주간 전보보다 요금이 싸다].
night life *n.* Ⓤ [나이트클럽 따위에서의] 밤의 환락.
night lifer *n.* 밤의 유흥자.
night light *n.* 철야등, 야간등.
night line *n.* [밤에 미끼를 끼워 물속에 넣어두는] 밤낚싯줄.
night liner *n.* 밤낚시꾼.
night-long [náitlɔ̀ːŋ / -lɔ̀ŋ] *adj.* 철야의, 밤새우는.
— *adv.* 밤새도록, 철야로.
***night-ly** [náitli] *adj.* 1 밤의, 밤에 일어나는, 밤에 활동하는, ¶ *nightly* beasts 야행성 동물. 2 밤마다의, 밤마다 생기는. ¶ *nightly* visits 밤마다의 방문. 3 밤 특유의, 밤과 같은. — *adv.* 1 밤에, 야간에; 밤새도록. 2 밤마다, 매일밤.
night man *n.* 야간자; [특히] 불침번, 야경(watchman).
night-man [náitmæ̀n, -mən] *n.* (*pl.* **-men** [-mèn, -mən]) [야간에 일하는] 청소부.
***night-mare** [náitmɛ̀ər] *n.* 1 가위 눌림, 악몽. ¶ have a *nightmare* 가위 눌리다. 2 무서운 경험(상태). 3 몽마(夢魔) [잠자는 사람 위에 올라타 질식시킨다는 마녀]. ◇ **níghtmàrish** *adj.*
night-mar-ish [náitmɛ̀(:)riʃ/-mɛ̀ər-] *adj.* 악몽 같은, 무서운.
night owl *n.* 밤 늦도록 안 자는 [돌아다니는] 사람.
night person *n.* 야간형의 사람.
night piece *n.* 밤을 주제로 한 작품[야경화·야경시(詩) 따위의].
night raven *n.* 1 밤에 우는 새. 2 《드물게》 푸른백로.
night-rid-er [náitràidər] *n.* 《美남부》 [협박이나 복수 따위를 목적으로 하는] 밤의 복면 기마 폭력 단원.
night robe *n.* =nightgown.
nights [naits] *adv.* 밤에, 야간에.
night safe *n.* [은행의] 시간외 접수구; 야간 금고.
night school *n.* 야간 학교.
night season *n.* (the ~) 2 [약몽 같은] 무서운 경험(상태). 3 몽마(夢魔) [잠자는 사람 위에 올라타 질식시킨다는 마녀]. ◇ **níghtmàrish** *adj.*
night-shade [náitʃèid] *n.* 가짓속(屬)의 식물; [특히] 까마종이류의 식물.
night shift *n.* 1 [공장 따위의 주야 교대제의] 야간 근무자(반). 2 야간 시간. [용의] 잠옷.
night-shirt [náitʃə̀ːrt] *n.* [무릎까지 닿는 주로 남자용의] 잠옷.
night-side [náitsàid] *n.* 1 《美》 야간 기자는 (*opp.* dayside). 2 [달·행성의] 햇빛을 받지 않는 어두운 쪽, 뒤쪽; 《비유적》 암흑면.
night soil *n.* Ⓤ 인분 [보통 밤에 쳐내는 데서].
night-spot [náitspàt / -spɔ̀t] *n.* 《美구어》 =night club.
night-stand *n.* 침실용 작은 탁자.
night stick *n.* 야경봉(billy).
night stool *n.* 침실용 변기(closestool).
night suit *n.* 잠옷(pyjamas).
night sweat *n.* 도한(盜汗), 식은땀.

night table *n.* 침대용 소탁자.
night terror *n.* [어린이의] 야경증(夜驚症).
night-tide [náittàid] *n.* Ⓤ《詩》 야간, 밤(nighttime).
***night-time** [náittàim] *n.* Ⓤ 야간, 밤. *cf.* daytime ¶ in the *nighttime* 밤중에.
night-view-er [náitvjùːər] *n.* [적외선을 이용한] 암시(暗視) 장치.
night-walk-er [náitwɔ̀:kər] *n.* 1 밤중에 나타나는 사람[도둑·매춘부 따위]; 몽유병자. 2 =night crawler.
night-walk-ing [náitwɔ̀:kiŋ] *n.* Ⓤ 밤에 나타나기.
night watch *n.* 1 Ⓤ 야경. 2 [단·복수 양용] 야경꾼. 3 야경[교대] 시간, (보통 ~es) [몇 개로 나눈 옛날의] 밤의 구분. 4 (~es) 밤의 잠 못 이루는 시간.
in the night watches [불안으로] 잠을 이룰 수 없는 밤에.
night watcher *n.* 야경꾼.
night watchman *n.* (*pl.* **-men** [-mən]) 야경꾼.
night-wear [náitwɛ̀ər] *n.* 잠옷.
night works *n. pl.* 밤일, 야간 작업.
night-y [náiti] *n.* (*pl.* **night-ies**) =nightie. [night.
night-y-night [náitinàit] *interj.* 《구어》=good
ni-gres-cence [naigrésns] *n.* Ⓤ 차차 검어짐, [특히] 피부·머리·눈 따위가] 거무스레함.
ni-gres-cent [naigrésnt] *adj.* 다소 검은, 거무스레한, 검은 기가 도는(blackish).
nig-ri-fy [nígrifài] *vt.* 검게 하다(blacken).
nig-ri-tude [nígrit(j)ùːd / -tjùːd] *n.* Ⓤ 검음, 암흑 (blackness). 「생 연구소).
NIH(略) *N*ational *I*nstitutes of *H*ealth (미국 국립 위
ni-hil [náihil] *n.* 《라틴》 (=nothing) 1 허무, 무, 공 (空). 2 무가치한 것.
ni-hil-ism [náiilìzəm / nái(h)il-] *n.* Ⓤ 1 허무주의, 니힐리즘 [기성 도덕·법률·제도에 대한 전면적 부정]. 2 [철학] **a)** 허무주의[극단적인 회의주의, 모든 참된 실재(實在)를 부정]. **b)** 허무적 실재론 (nonexistence). 3 (때로 N-) [19세기 제정 러시아의] 허무주의. 4 무정부주의적 폭력 행위(terrorism).
ni-hil-ist [náiilist / nái(h)il-] *n.* 허무주의자, 니힐리스트; (N-) [제정 러시아의] 허무주의자. — *adj.* =nihilistic.
ni-hil-is-tic [nàiilístik / nài(h)il-] *adj.* 허무주의의, 허무주의적인, 니힐의.
ni-hil-i-ty [naihíliti] *n.* Ⓤ 무, 공, 허무(nothingness).
-nik '사람'의 뜻의 연결형. 예: peace*nik*; beat*nik*.
Ni-ke [náiki] *n.* 1 [그리스 신화] 니케 [승리의 여신. 로마 신화의 Victoria에 해당된다]. 2 나이키 [미군의 지대공(地對空) 미사일].
Níkkei áverage [índex] *n.* 《증권》 [일본 증권 시장의] 닛케이 (日經) [주가 평균] 지수.
nil [nil] *n.* Ⓤ 무, 전무(全無), 영(零). ¶ three goals to *nil* [경기에서] 3대 0. — *adj.* 전무한. ¶ The profits are *nil*. 이익은 전무하다. — *adv.* 《美속어》 아니오(no). ¶ "Rest?" "Nil." 「쉬겠는가?」 「아닙니다.」

[Nike 1]

‡**Nile** [nail] *n.* 나일강 [아프리카 동부를 흘러 지중해로 들어가는 큰 강. 전장 5760 km].
Níle gréen *n.* Ⓤ (때로 ~) 엷은 청록색.
nil-gai [nílɡai], **(nilghai)** *n.* *pl.* **-gais** *or* **-gai** 인도 산(産)의 큰 영양(羚羊).
nil-ghai [nílɡai] *n.* *pl.* **-ghais** *or* **-ghai** =nilgai.
nill [nil] *vt., vi.* 《고어》 원치 않다, 좋아하지 아니하다. ¶ will he, *nill* he 좋든 싫든간에(willy-nilly).
níl nórm *n.* 《英》 [정부가 정하는 임금 및 물가 상승의] 최저 기준(zero norm).

Ni·lom·e·ter [nailámitər / -lɔ́m-] *n.* 나일강의 범람기에 그 증수량을 측정하는 수위계(水位計).
Ni·lot·ic [nailátik / -lɔ́t-] *adj.* 나일강의, 나일강 유역의 주민의.
nim·bi [nímbai] *n.* nimbus 의 복수형의 하나.
***nim·ble** [nímbl] *adj.* (-bler, -blest) **1** [동작이] 민첩한, 재빠른, 민활한; [통화가] 유통이 빠른. ¶ a *nimble* rabbit 잽싼 토끼 ∥ be *nimble* on one's feet (*in* one's work) 발(일)이 빠르다. **2** 이해가 빠른, 영리한, 영특한. ¶ *nimble* wits 영특한 기지 ∥ be *nimble* to apprehend 이해가 빠르다. **3** 재치있는, 교묘한. ¶ a *nimble* plot 재치있는 구성. **~·ness** *n.* **-bly** *adv.*
nim·ble-wit·ted [nímblwítid] *adj.* 기민한, 약삭빠른.
nim·bo·stra·tus [nímbo(u)stréitəs] *n.* (*pl.* **-tus**) [기상] 난층운(亂層雲).
nim·bus [nímbəs] *n.* (*pl.* **-bi** or **-bus·es**) **1** [그리스 신화] [신이 지상에 나타날 때 그 주위를 둘러싼다고 생각되던] 빛의 구름. **2** [사람이나 물건의 주위에 감도는] 분위기. **3** [성상(聖像)의] 후광(後光) (halo). [기상] 난운(亂雲), 비구름.
NIMBY, Nimby *n.* 지역 이기주의, 님비 현상. (< *n*ot *i*n *m*y *b*ack*y*ard)
ni·mi·e·ty [nimáiiti] *n.* ⓤ ⓒ (*pl.* **-ties**) 과다, 과잉.
nim·i·ny-pim·i·ny [nímininpímini] *adj.* 점잔빼는, 잘난 체하는, 얌전빼는, 새침한.
ni·mon·ic [nimóunik] *adj.* [야금] [내열(耐熱)·내압(耐壓)의] 니켈·크롬 합금의.
Nim·rod [nímrad / -rɔd] *n.* **1** [성서] 니므롯 [Noah의 자손으로서 사냥의 명수 ∗ 창세기(Gen.) 10 : 8, 9]. **2** (n-) 수렵의 명인, 수렵 애호가, 사냥꾼.
nin·com·poop [nínkəmpùːp, níŋk-] *n.* 바보, 멍청이.
‡nine [nain] *adj.* 9의, 9명의, 9개의. ¶ nine tenths 10분의 9; 거의 전부, *nine times* (*or cases*) out of ten 십중 팔구, 대개 / A cat has *nine* lives. 《속담》 고양이의 목숨은 9. 《쉽사리 죽지 않는다》.
— *n.* **1** 9명, 9개. ¶ *Nine* [of them] are here. 그들 가운데서) 9명은 여기에 있다. **2** 9시; 9세. ¶ *nine*-fifteen 9시 15분 / at *nine* [a.m.] [오전] 9시에 / His son is *nine* this month. 그의 아들은 이달로 9세가 된다. ¶ [일련의 것 중의] 아홉 번째의 것(사람); [카드놀이] 9끗짜리 패. ¶ the *nine* of diamonds 다이아몬드의 9, **4** 9, 9의 문자(기호) [9, ix, IX]. ¶ *Three times nine* make (*or makes*) twenty-seven. 9 곱하기 3은 27. **5** 9명(9개) 한 조; [야구의] 팀, 나인. ¶ arrange apples by the *nine* 사과를 9개씩 놓다. **6** (the N-) 뮤즈의 아홉 여신.
[*up*] *to the nines* 《구어》 완전하게, 더할 나위 없이. ¶ They are dressed *up to the nines* for the commencement exercises. 그들은 졸업식을 위해 잔뜩 성장(盛裝)하고 있다.
nine days' wonder *n.* 일시적으로는 큰 화제가 되나 곧 잊혀지는 것(일).
nine·fold [náinfòuld] *adj.* 9배의, 9겹의, 9개의 부분으로 이루어진.
— *adv.* 9배로.
nine·holes [náinhòulz] *n., pl.* **1** 《단수 취급》 《美》 9개의 구멍에 공을 넣는 놀이. **2** 《보통 다음 숙어로 써》 곤란한 상황. ¶ in the *nineholes* 곤란한 입장에.
911 [náinwʌ́nwʌ́n] *n.* 《美》 [범죄, 화재, 구급, 구조 따위] 긴급 신고 전화(번호) (emergency call).
nine·pin [náinpìn] *n.* **1** (~s) 《단수 취급》 9주희(柱戲) [9개의 술병 모양의 나무 기둥을 세우고 공을 굴려서 넘어뜨리는 놀이]. **2** [9주희에 사용되는] 나무 기둥, 핀.
‡nine·teen [naintíːn, ⸗⸗] *n.* **1** 19명, 19개. **2** 19세. **3** 19; 19의 문자(기호) [19, xix, XIX]. *talk nineteen to the dozen* ⇒ DOZEN.
— *adj.* 19의, 19명의, 19개의.
‡nine·teenth [naintíːnθ, ⸗⸗] *adj.* **1** 제19의, 19번째의. **2** 19분의 1의. — *n.* **1** 제19번째, [월의] 19일. **2** 19분의 1. **3** [음악] 19도 음정. *∥* [렵 [특히 비].

nine·teenth hole *n.* (the ~) 《구어》 골프장의 바.
nine·ti·eth [náintiiθ] *adj.* **1** 제90의, 90번째의. **2** 90분의 1의. — *n.* 제90번째. **2** 90분의 1.
nine-to-five [náintəfáiv] *adj.* 《속어》 정규 근무의, 월급쟁이의, 회사원의. — *n.* 《속어》 사무직, 월급쟁이; 믿을만한 사람; 일상적인 일. ¶ *vi.* 《사람》 정규 사원으로 채용되다. [지루하고] 규칙적인 일을 하다.
nine-to-fiv·er [náintəfáivər] *n.* 《속어》 월급쟁이.
‡nine·ty [náinti] *adj.* 90의, 90명의, 90개의, 90대의. — *n.* (*pl.* **-ties**) **1** 90명, 90개. **2** 90세. ¶ live to be *ninety* 90세까지 살다. **3** (the -ties) [세기의] 90년대, [연령의] 90대, [도수의] 90도대; (the Nineties) 1890년대. **4** 90; 90의 문자(기호) [90, xc, XC].
ninety-day wonder [náintidèi-, ⸗⸗⸗] *n.* 속성 장교 [3개월 훈련을 받고 임관한 간부 후보생 출신 장교].
nine·ty-nine [náintináin] *n.* 99. — *adj.* 99의. ¶ *ninety-nine times* (*or cases*) *out of a hundred* 거의 언제나.
Nin·e·veh [nínivi] *n.* 니네베 [고대 앗시리아의 수도].
Nin·e·vite [nínivàit] *n.* 니네베 사람.
nin·ny [níni] *n.* (*pl.* **-nies**) 바보, 멍청이, 얼간이.
nin·ny·ham·mer [nínihæ̀mər] *n.* 바보, 멍청이.
ni·non [níːnɔn; *F.* niːnɔ̃] *n.* ⓤ 니논직(織) [얇은 견직물].
Nin·ten·do [nintéńdou] *n.* 《상표명》 닌텐도 [비디오 게임 (소프트웨어)] [일본 Nintendo(任天堂)사 제품].
‡ninth [nainθ] *adj.* 제9의, 9번째의. **2** 9분의 1의. — *n.* **1** 제9번째, [월의] 9일. **2** 9분의 1. **3** [음악] 9도 음정. **-ly** *adv.*
Ni·o·be [náio(u)biː, +美 -bìː] *n.* [그리스 신화] 니오베 [14명의 자식들을 자랑하다가 Leto 여신의 노여움을 사서 Apollo 와 Artemis 에 의해 아이들을 모두 살해당하고, 자신도 Zeus 에 의해 돌이 되었으며, 그후에도 계속 슬픔의 눈물을 흘렸다고 한다].
ni·o·bi·um [naióubiəm] *n.* ⓤ [화학] 니오브 [금속 원소의 하나; 원자 기호 Nb].
***nip¹** [nip] *v.* (**nipped, nip·ping**) *vt.* **1** …을 집다, 꼬집다, 죄다, 물다(bite). ¶ The monkey *nipped* the child's hand. 그 원숭이가 어린애의 손을 꼬집었다. // (~ + ⑤ + 前+ ⑤) *nip* one's finger *in* the door 문에 손가락이 끼었다 / *nip* a pen *between* one's lips 펜을 입술에 물다. **2** …을 따다, 쥐어뜯다, 잘라내다, 끊어내다. (~ + ⑤ + 副) *nip off* young leaves 어린 잎을 따다. **3** [발전·행동을] 저지시키다, 좌절시키다. ¶ *nip* a person's plot 남의 계략을 좌절시키다 / *nip* a thing *in* the bud 미연에 방지하다. **4** [바람·서리 따위가] …을 해치다, 이울게 하다, 얼게 하다. ¶ Frost *nipped* buds on plants. 서리가 초목의 싹을 시들게 했다 / The cold *nipped* my ears. 추위로 귀가 얼어붙었다. **5** 《구어》 …을 잡아채다, 훔치다 (... *away*, *out*, *up*).
— *vi.* **1** 꼬집다, 집다, 죄다, 물다. **2** [추위 따위가] 몸을 에다, 몸에 스며들다. ¶ The wind *nipped* hard this morning. 오늘 아침은 바람이 몸을 에는 듯하다. **3** 《주로 英語》 날쌔게 가다, 몰래 떠나다, 도망가다(flee) (*along*, *away*, *off*). ¶ (~ + 前+ ⑤) *nip on* ahead 앞질러 앞지르다(선두에 나서다) / He *nipped along* (*off*). 그는 급히 가버렸다(떠나버렸다).
nip in 《구어》 ① 갑자기 뛰어들다(뛰어나오다). ② 불쑥 말참견하다.
— *n.* **1** 꼬집기, 집기, 죄기, 물기. ¶ I gave her a *nip* in her arm. 나는 그녀의 팔을 꼬집었다. **2** 풍자, 통렬한 말. **3** 살을 에는 듯한 추위, 혹한. ¶ I feel a *nip* of a late autumn morning. 늦가을 아침의 추위가 몸을 에는 것 같다. **4** 작은 조각, 근소(僅少) (bit). ¶ a *nip* of bread 한 조각의 빵. **5** (보통 ~s) =NIPPER *nip and tuck* 《美구어》 막상막하로, 비등하게. [L.]
◇ **níppy** *adj.,* **nípper** *n.*
nip² [nip] *n.* 술 한 잔, 한 모금. ¶ take a *nip* of whisky 위스키를 한 잔 하다. — *vt., vi* (**nipped, nip·ping**) 〔술

Nip [nip] n. 《美俗語》《보통 경멸적》 일본인. ── adj. 일본인의. [<NIP[PONESE]]

ni·pa [níːpə] n. 1 니파야자[인도·필리핀 등지에 남]. 2 니파야자의 잎.

nip·per [nípər] n. 1 꼬집는(집는, 죄는, 무는) 사람 (것). 2 《보통 ~s》 펜치, [족]집게, 펜치, 겸자(鉗子). ¶ a pair of *nippers* 펜치 1개. 3 《게·가재 따위의》 집게발. 4 (~s) 《속어》 수갑. 5 (~s) 《속어》 코안경. 6 《英》 소년; 《특히 노점의》 사동.

nip·ping [nípiŋ] adj. 1 꼬집는, 무는, 집는. 2 《추위 따위가》 심한, 살을 에는 듯한. 3 통렬한, 비꼬는.
~·ly adv.

nip·ple [nípl] n. 1 젖꼭지. 2 젖꼭지 모양의 것(돌기). 3 [고무세의] 젖꼭지. 3 [파이프의] 접합용 파이프.

Nip·pon [nipán, -/nípɔn] n. 일본(Japan).

nip·py [nípi] adj. (-pi·er, -pi·est) 1 혹독한, 살을 에는듯한(sharp). 2 《주로 英구어》 재빠른, 민첩한, 기민한. 3 《英구어》 Lyons 계(系) 다방의 여급.

nip-up [nípʌp] n. 1 《체조》 [누운 자세에서] 몸을 채뜨려 일어서기. 2 쾍 움직이기[잠아당기기]. 3 묘기, 날랜 재주. ¶ ~ Act(국가 산업 부흥법).

NIRA [náirə] 《略》 National Industrial Recovery

NIREX 《略》 Nuclear Industry Radioactive waste Executive(원자력 산업 방사능 폐기물 처리 감시국).

NIRS 《略》 Nuclear Information and Research Service(핵에 관한 정보와 조사 서비스).

nir·va·na [nəːrváːnə, niər-, +美-vǽnə] n. 《종종 N-》 〖불교〗 열반(涅槃); 〖일반적으로〗 해탈(解脫). [<Skt extinction, blowing out] [정보원].

NIS 《略》 《한국》 National Information Service(국가

ni·si [náisai] conj. 〖법률에서〗 ...이 아니면(unless). ¶ a decree *nisi* 일정 기간내에 반대 이유가 제시 되지 않는 한 유효한 이혼 가(假)판결.

nís·sen hút [nísn-] n. 〖특히 북극 지방의 군대가 사용하는〗 조립식 막사(퀸셋).

ni·sus [náisəs] n. (pl. -sus) 노력, 분투. [<L effort]

nit[1] [nit] n. 1 서케; 〖이 따위의〗 유충. 2 《美》 건달.

nit[2] [nit] n. 니트 [휘도(輝度)의 MKS 단위].

NIT 《略》 negative income tax.

ni·ter, 《英》 -**tre** [náitər] n. 〖화학〗 1 초석(硝石), 질산 칼륨(saltpeter). 2 질산 나트륨, 칠레 초석.

nit·er·y [náitəri] n. 《美구어》 나이트 클럽.

Nit·i·nol [nítənɔːl] n. 니티놀 [티탄과 니켈의 합금.

ni·ton [náitan/-tɔn] n. 〖화학〗 니톤[radon의 옛 이름; 원소 기호 Nt].

nit-pick [nítpìk] vt., vi. 《구어》 [서캐 훑듯] 잘달게 흠잡다(따지다), 사소한 흠을 꼬치꼬치 캐다.

nit-pick·ing [nítpìkiŋ] n. 《美구어》 시시한 일을 문제삼는, 남의 흠을 들추는.

ni·tra·mine [náitrəmìːn, naitrǽmin] n. 〖화학〗 니트라민[nitramin group을 함유하는 화합물의 총칭].

ni·tra·mi·no [nàitrəmíːnou, naitrǽmənòu] adj. 〖화학〗 니트라미노기(基)를 함유한.

nitramíno gróup n. 〖화학〗 니트라미노기(基)[니트라민을 형성하는 1가(價)의 원자단(團)].

ni·trate n.[náitrit, -treit → v.] 〖화학〗 질산염. ¶ *nitrate* of silver 질산은. 2 질산 칼륨(나트륨) 비료. ── vt. [náitreit] (-trat·ed, -trat·ing) 〖화학〗 1 ...을 질산(염)으로 처리하다, 질산(염)과 화합시키다. 2 ...을 질산염화(化)하다.

ni·tra·tion [naitréiʃ(ə)n] n. 〖화학〗 질산(염)으로 처리함, 니트로화, 질화.

ni·tre [náitər] n. 《英》 〖화학〗 =niter.

ni·tric [náitrik] adj. 1 〖화학〗 질소의, [보통 5가(價)의] 질소를 함유하는. 2 질산 칼륨(나트륨)의, 초석(칠

nítric ácid n. 〖화학〗 질산. [레 초석)의.

nítric óxide n. 〖U〗 〖화학〗 산화 질소.

ni·tride [náitraid, +美-trid] n. 〖화학〗 질화물.

ni·tri·fi·ca·tion [nàitrifikéiʃ(ə)n] n. 〖U〗 〖화학〗 질화, 질소 처리.

ni·tri·fy [náitrifài] vt. (-fied, -fy·ing) 〖화학〗 1 ...을 질화하다, 아질산(염)으로 변화시키다, 질소(염)으로 변화시키다. 2 ...에 질산염을 침투시키다; ...을 질소염으로 포화(飽和)시키다. 3 ...을 질소 [화합물]과 화합시키다, 질소로 처리하다.

ni·trite [náitrait] n. 〖화학〗 아질산염.

nitro- niter, nitrate, nitrite, nitrogen 따위의 뜻의 연결형(* 모음 앞에서는 nitr-을 쓴다), 예: *nitro*benzene.

ni·tro·bac·te·ri·a [nàitrou)bæktí(ː)riə / -tíə-] n. pl. (sing. -ri·um [-riəm]) 니트로(질화) 박테리아.

ni·tro·ben·zene [nàitrou)bénziːn, ━ —] n. 〖U〗 〖화학〗 니트로벤젠[아닐린의 원료로 비누의 향료].

ni·tro·cel·lu·lose [nàitrou)séljulòus] n. 〖U〗 = cellulose nitrate. [(gun cotton)].

ni·tro·cot·ton [nàitrou)kátn / -kɔ́tn] n. 〖U〗 면화약

ni·tro·gen [náitrədʒən] n. 〖U〗 〖화학〗 질소[비금속 원소의 하나; 원소 기호 N]. ◊ nitrógenous, nítrous adj.

nítrogen cýcle n. 〖화학〗 질소 순환.

nítrogen fixátion n. 〖U〗 질소 고정[질소를 이용한 질소 화합물 만들기].

nítrogen fíxer n. 질소고정균[근류균(根瘤菌) 따위].

nítrogen mústard n. 〖U〗 〖화학·약〗 나이트로젠 머스터드[제암제(制癌劑)].

ni·trog·e·nous [naitrádʒinəs, -trɔ́dʒ-] adj. 〖화학〗 질소를 함유하는.

ni·tro·glyc·er·in [nàitrou)glís(ə)rin], **-ine** [-glís(ə)rin, -riːn] n. 〖U〗 〖화학·약〗 니트로글리세린.

ni·tro·min [náitrəmin] n. 〖약학〗 니트로민(항암제).

ni·troph·i·lous [naitráfiləs / -trɔ́f-] adj. 〖식물이〗 질소가 풍부한 땅을 좋아하는.

ni·tro·tol·u·ene [nàitrou)táljuìːn / -tɔ́l-] n. 〖U〗 〖화학〗 니트로톨루엔.

ni·trous [náitrəs] adj. 〖화학〗 1 초석(칠레 초석)의. 2 [보통 3가(價)의] 질소를 함유하는.

nítrous ácid n. 〖화학〗 아질산.

nítrous óxide n. 〖U〗 〖화학·약〗 아산화 질소[1산화 2질소의 속칭].

nit·ty [níti] adj. (-ti·er, -ti·est) 서캐투성이의.

nit·ty-grit·ty [nítigríti] n. (the ~) 《美속어》 엄한 현실, 기본적 사실. [직시하는]. ¶ *get down to the nitty-gritty* 핵심을 찌르다, 사실을

nit·wit [nítwìt] n. 바보, 멍청이.

nix[1] [niks] 《속어》 n. 1 〖U〗 무, 전무. 2 〖U〗 거부, 금지. ¶ *Nix* on your jokes. 농담은 이제 그만둬. ── adv. 아니, 안 돼, ...이 아니다(no). ── interj. 1 누가 왔나 [경계의 신호]. ¶ *Nix*, the cops! 경찰이 왔다! 2 그만둬, 하지 마라, 싫다. ── vt. ...을 저지(금지) 하다.

nix[2] [niks] n. 〖독일 민화〗 물의 요정, 수신(水神).

Ni·zam [nizáːm, -zǽm, nai-] n. 1 니잠 [에전의 인도 Hyderabad 의 지배자 칭호(1713-1950)]. 2 (n-) 터어키군인.

N.J. 《略》 New Jersey. [정규병(正規兵)].

Njord [njɔːrd], **Njorth** [njɔːrθ] n. 〖북유럽 신화〗 니오르드[Frey, Freya 의 아버지, 바람·번영의 신].

N.K.G.B. 《略》 《러시아》 Narodnii Kommissariat Gosudarstvennoi Bezopasnosti (국가 보안 인민 위원부[옛 소련의 비밀 경찰(1943-46)]).

NKVD 《略》 《러시아》 Narodnyi Kommissariat Vnutrennikh Del(내무 인민 위원부[옛 소련의 비밀 경찰]).

NL 《略》 New Latin, Neo-Latin.

N.L. 《略》 National League [미국 프로 야구의] 내셔널 리그.] cf. AL.

N.Lat., N.lat. 《略》 north latitude. [선].

NLF 《略》 National Liberation Front(민족 해방 전

NLP 《略》 night landing practice[항공모함 함재기의] 야간 이착륙 훈련].

NLRB, N.L.R.B. 《略》 National Labor Relations

nm (略) *n*autical *m*ile; *n*onmetallic.
N.M., N. Mex. (略) *N*ew *M*exico.
NMR (略) *n*uclear *m*agnetic *r*esonance.
NMR-CT (略) *n*uclear *m*agnetic *r*esonance-*c*omputer *t*omography(핵자기 공명 컴퓨터 단층 진단 장치).
NNA (略) [군사] *n*eutral and *n*on-*a*ligned(중립 및 비동맹국) [전쟁에서 아국과 적국 이외의 나라를 구별하는]
NNE, N.N.E., n.n.e. (略) *n*orth-*n*orth*e*ast.
N.N.I. (略) [경제] *n*et *n*ational *i*ncome(순 국민 소득).
NNNN [국제 전보에서] 전보가 끝났음을 나타내는 기호.
NNP (略) *n*et *n*ational *p*roduct(국민 순생산).
NNW (略) [경제] *n*et *n*ational *w*elfare(순(純)국민 복지, 국민 복지 지표). *cf.* GNP
NNW, N.N.W., n.n.w. (略) *n*orth-*n*orth*w*est.
‡**no¹** [nou] *adv.* **1** (긍정문에 대한 대답에서) 커녕, 아니오; (부정문에 대한 대답에서) 예, 그렇소(* 묻는 글의 형식과는 관계없이 대답의 내용이 부정이면 No, 긍정이면 Yes 를 쓴다. 따라서 우리말의 「네」 「아니오」와는 일치하지 않는 수가 있다. ⇨ YES(Usage). ¶ Do you have another cup? — *No,* thank you. 한 잔 더 하시겠습니까? —아니오, 괜찮습니다 / Will you go? — *No,* I won't. 가시겠습니까? —아니오, 안 가겠습니다 / Won't you go? — *No,* I won't. 안 가시나요? —네, 안 갑니다 / You don't mind, do you? — *No,* not at all. 괜찮겠지요? —네, 괜찮습니다.
2 (놀람을 나타내어) 설마. ¶ She refused to accept my proposal. — Oh, *no.* — Yes, she did. 그녀는 내 제의를 거절했다. —설마. —아니, 사실이야.
3 (not, nor 를 강조하여) 아니, 그렇기는 커녕. ¶ I could not persuade him, *no,* nor could an angel from heaven. 나는 그를 설득할 수 없었다. —아니, 천사라도 못했을 것이다 / I have never stayed at better hotels anywhere, *no,* not in the United States. 나는 지금까지 더 나은 호텔에 묵어 본 일이 아무 데서도 없다. 정말이지, 미국에서도 없었다.
4 (no+비교급+than 의 형식으로) 조금도 …않다(not at all), …과 차이가 없다. ¶ I went *no* further than the railroad station. 역차지박에 가지 않았다 / He is *no* better than before. 그의 용태는 전과 다름없다 / He is *no* better than a beggar. 그는 거지나 다름없다 / He is a little boy *no* bigger than I. 그는 나와 마찬가지로 아직 어린애다.
5 (or no 의 형식으로) […인지] 아닌지, […이전] 아니전. ¶ True or *no,* it makes no difference. 사실이건 아니건 아무 차이도 없다 / Cold or *no,* we must go. 춥건 안 춥건 가야만 한다.
No can do. (구어) [나는] 그럴 수 없어.
— *n.* (*pl.* **noes** or **nos**) **1** 「아니」[오]라고 말하기. ¶ I will not take *no* for an answer. 「아니오」라는 대답은 받아들이지 않겠다. **2** 부정, 거부, 거절. **3** 반대표, 반대투표; (*noes* or *nos*) 반대 투표자. ¶ The *noes* have it. 반대 다수.
‡**no²** [nou] *adj.* **1** 하나도 …없는(not a); 조금도 …아닌 (not any). ¶ I have *no* brothers. 나에게 형제가 없다 / He had *no* cap on. 그는 모자를 쓰지 않았었다 / I have *no* money with me. 나는 가진 돈이 없다 (* have, there (here) 는 뒤에는 보통 not 가 아니고 no 를 쓴다) / She means *no* harm. 그녀의 말에는 악의가 조금도 없다 / *No* word can describe my surprise. 어떠한 말로도 나의 놀람을 나타낼 수 없다 / *No* two men think alike. 두 사람의 생각이 같은 경우는 전혀 없다 / There is *no* end to our trouble. 우리들의 고난은 끝이 없다 / *No* news is good news. (속담) 무소식이 희소식.
— **Usage¹** no+*sing.* 과 no+*pl.*—「나는 책이 없다」를 no 로서 내서 영역하면 I have *no* book. 도 되고, I have *no* books.의 두 가지 표현이 가능하며, 이 경우 어느 쪽을 사용해도 뜻의 차이는 없다. Do you have a book?에 대한 답이라면 *no book* 이 되고, Do you have any books?에 대한 답이라면 *no books* 가 된다. 또한 「나는 책이 없다」에 상응하는 표현으로, (1) I have *no* book. (2) I don't have *any* book. (3) I don't have a book (단 한 권의 책도 없다). (4) I have *no* books. (5) I don't have *any* books. (6) I haven't got *any* books.를 생각할 수 있으나, (4)(5)와 같이 복수를 쓰는 형식이 가장 흔하다. 단, no 다음에 단수를 쓸 것인가 복수를 쓸 것인가는 no 다음의 명사의 성격에 크게 좌우된다. 예를 들어, I have *no mothers.* 는 명사의 성질상 불가능하지만, I have *no aunt.* I have *no aunts.* 는 둘 다 가능한 표현이다.
2 (be 동사의 보어가 되는 명사 또는 그밖의 형용사에 붙여서) 결코 …아니다. ¶ It's *no* joke. 농담이 아니야 / She is *no* fool. 그녀는 결코 멍텅구리가 아니다 / He is *no* ordinary student. 그는 결코 평범한 학생이 아니다 / It's *no* distance from the station to the house. 역에서 집까지는 가깝다 / He showed *no* small skill. 그는 여간 잡은 수완을 보였다 / He has spent *no* small sum of money. 그는 적잖은 돈을 썼다.
— **Usage²** no 와 not — no 는 not any, not a 와 같으며, He has *no* money.는 다소 문어적이고, He doesn't have *any* money. 또는 He hasn't got *any* money. 는 부드러운 구어적 표현이 된다. 또한 유무를 나타내는 문장에서는 no 보다 not a 를 쓰는 편이 뜻이 강해진다. 다음 예를 참조하시오. There is *not a* school in this village.(이 마을에는 학교가 하나도 없다). *cf.* There is *no* school in this village. 그러나 no+명사」가 be 동사의 보어가 되는 경우, 「not a+명사」보다도 뜻이 강하며 부정보다도 오히려 반대를 나타내는 데 주의해야 한다: He is *not a* scholar.(그는 학자가 아니다). He is *no* scholar.(그는 결코 학자가 아니다 [무식하다]). 이와 같이 「be 동사+no+명사」는 말하는 사람의 강한 감정을 수반하는 경우가 많다.
3 (생략문에서) …해서는 안 되다, …을 없애라, …사절. ¶ *No* admittance to outsiders [except on business]. 무용자 출입 금지 / *No* credit. 외상 사절 / *No* parking. 주차 금지 / *No* smoking. 금연 / *No* thoroughfare. 통행 금지 / *No* cards. [부고의 신문 광고에서] 개별 부고 생략.
No problem ⇨ PROBLEM. 「별 부고 생략.
No sweat. ⇨ SWEAT. **No way!** ⇨ WAY.
There is no *doing* ⇨ THERE.
No [화학] *n*obelium 의 원자 기호.
no., No. (略) *n*umber. 「[선수]
No. (略) *n*orth, *n*orthern.
n.o. (略) [크리켓] *n*ot *o*ut(아웃이 안 되고 남아 있는
N.O. (略) *n*atural *o*rder; *N*ew *O*rleans.
NOAA (略) *N*ational *O*cean and *A*tmosphere *A*dministration(미국 해양 대기국).
no-ac·count [nóuəkàunt], **no-count** [nóukàunt] *adj.* (美구어) 쓸모없는, 무가치한(worthless). — *n.* 무능한 사람, 건달.
No·a·chi·an [no(u)éikiən], **(No·ach·ic** [no(u)ékik/-éik-, -ǽk-]) *adj.* **1** [성서] 노아[시대]의. ¶ the *Noachian* deluge 노아의 대홍수(the Flood). **2** 태고의, 먼 옛날의(ancient); 낡아빠진, 구식의.
*‡**No·ah** [nóuə] *n.* [성서] 노아[신앙이 두터운 히브리의 족장. ⇨창세기(Gen.) 5-9]
Noah's Ark *n.* [성서] 노아의 방주[대홍수 때 Noah 가 가족 및 모든 종류의 동물과 함께 타서 난을 모면한 배. ⇨창세기(Gen.) 6-8]. 「피.
Noah's nightcap *n.* [식물] 금매화, 캘리포니아 양
nob¹ [nab/nɔb] *n.* (속어) **1** 머리(head). **2** (속어) 머리의 일격. **3** [카드놀이] [cribbage에서] 찾힌 패와 같은 짝의 잭[이것을 가진 사람은 1점을 딴다]. — *vt., vi.* **(nobbed, nob·bing)** [권투 따위에서] 머리를 치
nob² [nab/nɔb] *n.* (英俗어) 부자, 높은 양반. 「다.
nō báll *n.* [크리켓] 반칙 투구.

nob·bi·ly [nábili / nɔ́b-] *adv.* =nobby.

nob·ble [nábl / nɔ́bl] *vt.* (-bled, -bling)《英 속어》1 〔경주마〕를 출전할 수 없게 만들다(disable). 2 〔남〕을 매수하다, 매수하여 자기편으로 만들다. 3 …을 훔치다(steal), 사취하다. 4 〔범인 등〕을 체포하다.

nob·by [nábi / nɔ́bi] *adj.* (-bi·er, -bi·est)《英 속어》1 품위있는, 멋진, 매시시럼. 2 일급의, 일류의, 고급의(excellent). **-bi·ly** *adv.*

no-be·ing [nóubìː iŋ] *n.* Ⓤ 비존재(非存在), 비실재(非實在)(nonexistence).

No·bel·ist [noubélist] *n.* 노벨상 수상자. [<노벨상기금 제공자인 스웨덴의 화학자 Alfred Bernhard Nobel (1833-96)의 이름]

no·bel·i·um [noubíː liəm] *n.* Ⓤ《화학》노벨륨[인공 방사성 원소의 하나; 원자 기호 No].

***Nóbel príze** [nóubel-] *n.* 노벨상[Alfred B. Nobel에게서 비롯된 상. 매년 물리학·화학·의학(생리학)·문학 및 평화에 공헌한 사람에게 수여된다. 1969년에는 경제학상도 추가되었다.

no·bil·i·ar·y [no(u)bílièri / -liəri] *adj.* 귀족의. ¶ a *nobiliary* particle (*or* prefix) 귀족의 성 앞에 붙이는 존칭(프랑스어의 de, 독일어의 von 따위].

‡**no·bil·i·ty** [no(u)bíliti] *n.* Ⓤ 1 (the ~)《집합적》귀족; 귀족 계급. 2 신분이 높음, 고귀함; 고귀한 태생(신분). 3 숭고, 고결. 4 장엄. ◇ nóble *adj.*

‡**no·ble** [nóubl] *adj.* (**-bler, -blest**) 1 신분(위계)이 높은, 고귀한; 귀족의, 귀족 계급에 속하는. ¶ a *noble* family 귀족 / a *noble* line of ancestry 고귀한 가문, 명문의 혈통 / my *noble* friend 경(卿)[* 귀족 또는 Lord의 칭호를 가지는 사람을 부를 때 쓰는 말] / the *noble* Lord 각하 [* 상원 의원 또는 Lord의 칭호를 가지는 하원 의원을 부를 때 쓰는 말]. 2 숭고한, 고상한, 고결한, 품위있는, 기품있는. ¶ a *noble* life 숭고한 생애 / a *noble* soul 품성이 고결한 사람 / a *noble* poem 기품이 있는 시. 3 당당한, 장엄한(magnificent), 훌륭한. ¶ a *noble* mountain 웅대한 산 / a *noble* sight 장엄한 광경 / the *noble* art 권투. 4《화학》[금속 따위가] 부식하지 않는, 귀(貴)…. *cf.* base. n. 귀족(nobleman). **~ness** *n.* nobílity *n.*, ennóble *v.*

nóble árt (scíence) *n.* (the~) 권투, 복싱.

nóble fír *n.* 전나무[미국 서북부산의] 소나무과의 큰 상록수].

nóble gás *n.*《화학》희(稀)가스(inert gas).

***no·ble·man** [nóublmən] *n.* (*pl.* **-men** [-mən]) 귀족. *cf.* commoner

nóble métal *n.* 귀금속. *cf.* base metal

no·ble-mind·ed [nóublmáindid] *adj.* 고상한, 고결한, 마음이 넓은. **~·ly** *adv.* **~·ness** *n.*

no·blesse [no(u)blés] *n.* Ⓤ 1 귀족 태생(신분). 2 《총칭적으로》(특히 프랑스의) 귀족 계급 (사회). [<F nobility]

no·blesse o·blige [no(u)blés oublíːʒ] *n.* Ⓤ 고귀한 신분에 따르는 도의상의 의무. [<F nobility obliges]

no·ble·wom·an [nóublwùmən] *n.* (*pl.* **-wom·en** [-wìmin]) 귀족의 부인.

***no·bly** [nóubli] *adv.* 1 고결하게, 고상하게. 2 씩씩하게, 성인도 때로는 실수한다. 4 〔식물 따위가〕 나부끼다, 훌륭하게. 4 귀인답게, 고귀한 신분으로. ◇ nóble *adj.*

‡**no·body** [nóubàdi, -bədi / -bɔ̀di, -bədi] *pron.* 아무도 …않다, 한 사람도 …않다. *cf.* anybody ¶ *Nobody* would accept the idea. 아무도 그러한 생각을 용납하지 것이다 / There was nobody present. 누구도 거기에 아무도 없었 다 / *Everybody's* business is *nobody's* business. 《속담》모두가 해야 하는 일은 결국 누구의 일도 아니다, 공동 책임은 무책임. — *n.* (*pl.* **-bod·ies**)《구어》보잘것없는 사람, 무명 인사. ¶ a mere *nobody* 그저 그런 사람 / a gilded *nobody* 돈은 있으나 하찮은 사람.

nóbody hóme *n.*《美 속어》 열간이.

nó bránd *n.*《상업》노브랜드[상표가 붙어 있지 않은 상품].

NOC《略》*N*ational *O*lympic *C*ommittee (국가 올림픽 위원회).

no-cent [nóus(ə)nt] *adj.* 해로운(harmful);《고어》유죄의.

no·ci·cep·tive [nòusiséptiv] *adj.* 〔자극 따위가〕 통증을 주는; 〔감각 기관 따위가〕 아픈 자극에 반응하는.

nock [nak / nɔk] *n.* 활고자; 오늬. — *vt.* 1 〔활고자·오늬〕를 달다. 2 〔화살〕을 시위에 메기다.

nócláim (nócláims) bónus [nóukléim-] *n.* 무사고 할부(자동차 보험 따위에서 일정한 기간 무사고일 때 보험 가입자에게 환불되는 일정한 비율의 보험료).

no-cón·fi·dence vóte [nòukánfid(ə)ns-/-kɔ́nfi-] *n.* 불신임 투표.

no-count [nóukàunt] *adj.*, *n.* =no-account. [《병의].

noc·tam·bu·lant [naktǽmbjulənt / nɔk-] *adj.* 몽유 **noc·tam·bu·la·tion** [naktǽmbjuléiʃ(ə)n / nɔk-] *n.* =noctambulism.

noc·tam·bu·lism [naktǽmbjulìz(ə)m / nɔk-] *n.* Ⓤ 몽유병(somnambulism).

noc·tam·bu·list [naktǽmbjulist/nɔk-] *n.* 몽유병자.

noc·ti- night의 뜻의 연결형(* 모음 앞에서는 noct-를 쓴다). 예: *noct*ambulation.

noc·ti·lu·ca [nàktilúː kə / nɔ̀k-] *n.* 야광충(夜光蟲).

noc·ti·lu·cence [nàktilúː sns / nɔ̀k-] *n.* Ⓤ 야광충으로 인한] 해면의 야간 발광(發光).

noc·ti·lu·cent [nàktilúː snt / nɔ̀k-] *adj.* 〔기상〕 야광의.

noc·tiv·a·gant [naktívəgənt / nɔk-] *n.* 밤에 나다니는. [gant.

noc·tiv·a·gous [naktívəgəs / nɔk-] *adj.* =noctivagant.

noc·to·vi·sion [nàktəvíʒ(ə)n/nɔ́k-] *n.* Ⓤ 녹토비전, 적외선 암시(暗視) 장치.

noc·tu·a·ry [náktʃuèri / nɔ́ktjuəri] *n.* (*pl.* **-ries**)《고어》야간 사건 기록.

noc·tu·id [náktʃuid / nɔ́ktjuid] *n.* 밤나방과(科)의 나방. *adj.* 밤나방과의. [쥐.

noc·tule [náktʃuːl / nɔ́ktjuː l] *n.* 〔유럽산(産)의 큰 박

noc·turn [náktərn / nɔ́k-, -ˊ-] *n.* 1 〔가톨릭〕 [성무 일과(聖務日課)의〕 저녁 기도 [밤중과 새벽의 기도]. 2 〔음악〕

***noc·tur·nal** [naktə́ːrn(ə)l / nɔk-] *adj.* 1 밤의. ¶ *nocturnal* darkness 야음(夜陰). 2 〔동물〕〔동물이〕 밤에 활동하는, 야행성의(opp. diurnal). 〔식물〕〔꽃이〕 밤에 피는. **~·ly** [-nəli] *adv.*

noc·turne [náktərn / nɔ́k-, -ˊ-] *n.* 1 〔음악〕 녹턴, 야상곡(夜想曲). 2 〔미술〕 야경화.

noc·u·ous [nákjuəs / nɔ́k-] *adj.* 유해한; 유독한. **~·ly** *adv.* **~·ness** *n.*

‡**nod** [nad / nɔd] *v.* (**nod·ded, nod·ding**) *vi.* 1 끄덕이다, 끄덕이고 인사하다(*to*, *at* …). ¶ *nod* like a mandarin 〔머리를 흔드는 인형처럼〕 연달아 끄덕이다 / (~+嚁+囲) *nod to* a person in the street 거리에서 남에게 인사하다 / She showed her consent by *nodding to* me. 그녀는 머리를 끄덕여 나에게 동의를 표시했다 / (~+to do) He *nodded* to show his understanding. 그는 알았다고 고개를 끄덕였다. 2 〔졸려서〕 꾸벅꾸벅하다(졸다). ¶ I sit *nodding* by the fire 불 옆에서 앉은 채로 졸다. 3 방심하다, 깜빡 실수하다. ¶ Even Homer sometimes *nods*.《속담》원숭이도 나무에서 떨어질 때가 있다, 성인도 때로는 실수한다. 4 〔식물 따위가〕 나부끼다, 흔들리다; 〔건물 따위가〕 기울다. ¶ reeds *nodding* in the breeze 산들바람에 나부끼는 갈대 // (~+嚁) The building *nods* to its fall. 그 건물은 금세 쓰러질 듯이 기울어져 있다. — *vt.* 1 〔머리〕를 끄덕이다. ¶ *nod* the head 머리를 끄덕이다. 2 〔머리〕로 나타내다; 끄덕여 〔남〕을 부르다 (나가게 하다). ¶ *nod* assent 머리를 끄덕여 승낙의 뜻을 나타내다 // (~+囲+嚁+囲) *nod* a welcome *to* a person 머리를 끄덕여 남을 환영하다 / *nod* a person *into* the room 머리를 끄덕여 남에게

방에 들어오도록 신호하다 // (~+目+副) She *nodded* the man *away*. 그녀는 머리를 끄덕여 사나이를 떠나도록 했다. **3** …을 기울게 하다; …을 흔들다; …을 구부리다. [TANCE.
have a nodding acquaintance with ⇨ ACQUAIN── *n.* **1** 끄덕임, 인사. ¶ call a person by a *nod* 머리를 끄덕여 남을 부르다 / answer with a *nod* 머리를 끄덕여 대답하다 / He gave me a *nod* when he came in. 들어올 때 그는 나에게 꾸벅 인사를 했다. **2** 졸음, 선잠(nap). **3** 흔들림, 나부낌.
be at a person's *nod* 남이 부리는 대로 하다. ¶ The company *is at* his *nod*. 그 회사는 그의 뜻대로 움직인다.
the land of Nod ① [성서] 놋 땅(Cain이 정착한 땅. ←창세기(Gen.) 4: 16]. ②꿈의 나라, 졸음(＊ Nod를 nod(끄덕임, 졸음)에 빗댄 농담). ¶ go to the land *of Nod* 잠들다.
on the nod (英) ①신용으로, 외상으로. ¶ buy a thing *on the nod* 외상으로 물건을 사다. ②암묵(暗默)의 양해로.
nod·al [nóudl] *adj.* node 의. ⇨ NODE.
nó dáte *n.* [책 따위에] 발행 연도(날짜)가 없음 [略 n.d].
nod·der [nádər / nɔ́də] *n.* **1** 머리를 끄덕이는 사람. **2** 조는 사람.
nod·die [nádi / nɔ́di] *n.* (美) 명청이.
nódding acquáintance *n.* **1** 만나면 고개를 끄덕할 정도의 친지. **2** 피상적인 지식(이해).
nod·dle[1] [nádl / nɔ́dl] *n.* (구어) 머리(head).
nod·dle[2] [nádl / nɔ́dl] *v.* (-dled, -dling) *vt.* 가볍게 (자주) (머리를) 끄덕이다. ── *vi.* 가볍게(자주) 끄덕이다.
nod·dy [nádi / nɔ́di] *n.* (*pl.* -dies) **1** 제비갈매기(열대권의 해조). **2** 바보, 얼간이(fool).
node [noud] *n.* **1** 매듭, 혹(knot, knob). **2** [부분의] 중심점, 집합점. **3** [극·사건 따위의] 얽힘, 분규. **4** [식물] [줄기의] 마디, 절. [병리] 결절. **5** [기하] [곡선의] 결절점. **6** [천문] 교점(交點). **7** [물리] [진동체의] 정지점, 절.
no·di [nóudai] *n.* nodus 의 복수형.
nod·i·cal [nóudikl, +美 nád-] *adj.* [천문] 교점의.
no·dose [nóudous] *adj.* 마디(혹)가 있는. [음.
no·dos·i·ty [nou(u)dásiti / -dɔ́s-] *n.* ⓤ 마디(혹)가 있
nod·u·lar [nádʒulər / nɔ́dju-] *adj.* 작은 마디(혹)가 있는; 마디(혹) 모양의.
nod·u·lat·ed [nádʒuléitid / nɔ́dju-] *adj.* 작은 마디(혹)가 있는.
nod·u·la·tion [nàdʒuléiʃ(ə)n / nɔ̀dju-] *n.* ⓤ 작은 마디(혹)가 있음; 마디가 생김.
nod·ule [nádʒuːl / nɔ́djuːl] *n.* **1** 작은 혹(마디), 절. **2** [광물 따위의] 작은 덩어리. **3** [식물] 작은 결절(結節).
nod·u·lose [nádʒulòus / nɔ́dju-], (**nod·u·lous** [-ləs]) *adj.* 작은 마디(혹)가 있는; [식물] 작은 결절이 있는.
no·dus [nóudəs] *n.* (*pl.* -di) 난점, 어려운 상황.
No·el [nouél →3] *n.* **1** ⓤ 크리스마스(Christmas). **2** (n-) 크리스마스 축가(Christmas carol). **3** [=-] 남자 또는 여자 이름[크리스마스 전후에 태어난 어린이에게 흔히 붙여진다].
no·e·sis [nouíːsis] *n.* ⓤ [철학] 노에시스[의식의 작용·인식].
no·et·ic [nouétik] *adj.* 지성(知性)의, 지적인, 지성에 의한.
no-fault [nóufɔ̀ːlt] *adj.* (美) [자동차 보험의] 자기의 과실 유무와는 관계없이 사고를 당한 사람 자신의 보험에서 지불되는 방식의.
no-frills [nóufrílz] *adj.* 군더더기 부분이 없는; [항공 운임 따위가] 꼭 필요한 서비스만을 제공하는. ¶ A low-cost, *no-frills* flight 저운임과 실속 위주의 여객기.
no-frost [nóufrɔ̀ːst / -frɔ̀st] *n.* [자동 서리 제거 장치가 있는] 냉장(냉동)고.

nog[1] [nɑg/nɔg], (**nogg**) *n.* ⓤ **1** (美) 일종의 달걀 술 (eggnog). **2** (英) 노그[일종의 독한 맥주].
nog[2] [nɑg/nɔg] *n.* 나무 벽돌, 나무못, 나무 마개. ── *vt.* (**nogged, nog·ging**) **1** [목골(木骨) 사이]를 나무벽돌 따위로 메우다. **2** …을 나무못으로 고정시키다.
nog·gin [nágin / nɔ́g-] *n.* **1** 작은 술잔. **2** 노긴[액량(液量)의 단위. 보통 1 gill]. **3** (美구어) 머리.
nog·ging [nágiŋ / nɔ́g-] *n.* ⓤ 목골 벽돌 쌓기; [벽돌 사이에 쌓은] 벽돌.
no-go [nóugóu] *adj.* **1** (속어) 진행 준비가 되어 있지 않은. **2** (英) 출입 금지의.
no-good [nóugùd] *adj., n.* 쓸모없는 [사람(것)].
no-hit [nóuhít] *adj.* [야구] 무안타의. ¶ a *no-hit* game [pitcher] 무안타 시합[투수].
no-hit·ter [nóuhítər] *n.* [야구] 무안타 경기.
No·Ho [nóuhòu] *n.* 노호[New York 시 Manhattan의 한 지구; 전위예술·패션의 중심지].
[<*N*orth of *Ho*uston Street]
no-holds-barred [nóuhóuldzbáːrd] *adj.* 규칙(관습)에 얽매이지 않는.
no·how [nóuhàu] (主로 방언) *adv.* 아무리 해도(결코) …않다. ¶ I can't understand this *nohow*. 아무리 해도 이것은 모르겠다. ── *adj.* (서술 형용사) 기분이 언짢아, 상태가 나빠. ¶ I'm feeling *nohow*. 어쩐지 몸이 불편하다.
N.O.I.B.N. (略) *n*ot *o*therwise *i*ndexed *b*y *n*ame (따로 비인명 색인이 없는 경우에는).
noil [nɔil] *n.* ⓤ 짧은 양털(견) 섬유.
no-i·ron [nóuáiərn], **non-i·ron** [nɑ́náiərn / nɔ́náiən] *adj.* (구어) 다림질이 필요없는, 빨아서 곧 입을 수 있는. ¶ a drip-dry, *no-iron* shirt 빨아서 곧 입을 수 있는 샤쓰.
‡**noise** [nɔiz] *n.* ⓤⓒ **1** 소음; 시끄러움. ¶ city *noise* 도시의 소음 / *noise* in the ear 귀울림 / with a *noise* like thunder 천둥같은 소리를 내며.
[類語] *noise* 크고 작은 「소음·불협화음」이라는 뜻의 가장 일반적인 말: the *noise* of a jet plane 제트기의 소음. *clamor* 화의·요구 따위를 위해 크게 외치는 소리: the *clamor* of a crowd 군중의 떠들썩한 부르짖음. *hubbub* 여러 가지 소리가 뒤섞인 소음: the *hubbub* of a cement firm 시멘트 공장의 소음. *din* 오래 들으면 고통스러울 정도로 크고 잘 울리는 소음: the *din* of an ironworks 철공소의 꽝꽝거리는 소리. *racket* 물건이 맞부딪치는 소음: the *racket* of dish washing 딸가닥하는 식기 씻는 소리.
2 [텔레비전·라디오 따위의] 잡음. **3** [일반적으로] 소리(sound). ¶ I cannot sleep for that harsh *noise*. 그 귀에 거슬리는 소리로 잠을 잘 수가 없다. **4** 큰 소리, 시끄러운 소리. ¶ Hold your *noise*!(속어) 입닥쳐! **5** (폐어) 소문(rumor); 추문(scandal).
a (or *the*) *big noise* (구어) 거물, 명사.
make a noise ① 소음(소리)을 내다. ② 소란피우다: 불평하다. ¶ Don't *make a noise* about such a trifle. 그런한 사소한 일로 떠들지 마라. [지다.
make a noise in the world 세평에 오르다; 유명해
make noises 의견이나 감상을 말하다.
── *v.* (**noised, nois·ing**) *vt.* …의 소문을 널리 퍼뜨리다, …을 소문내다(rumor) (... *about*, *abroad*). ¶ (~+目+副) It was soon *noised abroad* that the war ended. 종전 소식은 곧 널리 퍼졌다. ── *vi.* 수다떨다, 이야기하다 (*of* ...); 소음을 내다, 떠들다; 큰소리를 내다.
nóisy fáctor (**fígure**) *n.* [무선·전자 공학] [증폭기에서의] 잡음 지수(指數).
＊**noise·less** [nɔ́izlis] *adj.* 소리가 없는, 소리가 안 나는, 소음(消音)의; 조용한. ⇨ CALM[類語] ¶ A *noiseless* typewriter 무음(無音) 타이프라이터. ── **-ly** *adv.* **~·ness** *n.*
noise·mak·er [nɔ́izmèikər] *n.* 큰소리를 내는 사람, 소음을 내는 사람(물건); [축제 때 따위의] 각적(角笛),

nóise músic *n.* 노이즈 뮤직[전자 악기가 내는 잠음을 음악에 도입하여 강조한 록 음악].

nóise pollùtion *n.* ⓤ 소음 공해.

noise·proof [nɔ́izprùːf] *adj.* 소음 방지의, 방음의 (sound proof).

noi·sette¹ [nwɑzét/nwɑː-] *n.* (~s) 고기 요리의 일종.

noi·sette² [nwɑzét/nwɑː-] *n.* 느와제트종(種)의 장미.

*****nois·i·ly** [nɔ́izili] *adv.* 시끄럽게, 떠들썩하게.
◇ noise n., nóisy adj.

nois·i·ness [nɔ́izinis] *n.* ⓤ 떠들썩함, 시끄러움.

noi·some [nɔ́isəm] *adj.* **1** 불쾌한 냄새가 나는, 구린; 불쾌한. **2** 건강에 나쁜, 유해한. **~·ly** *adv.* **~·ness** *n.*

‡**nois·y** [nɔ́izi] *adj.* (**nois·i·er, nois·i·est**) **1** 시끄러운, 떠들썩한, 웅성웅성하는; ⇨ LOUD 類語 ¶ a *noisy* room 시끄러운 방. **2** 색채가 화려한, 야한. ¶ a *noisy* sweater 화려한 스웨터.

nóisy minórity *n.* 소수 과격 분자, 떠들어대는 소수분자. *opp.* silent majority

no-knock [nóunɑ́k/-nɔ̀k] *adj.* 노크 없이 가택 수색을 「할 수 있는,

no·lens vo·lens [nóulenz vóulenz] 《라틴》 (= whether willing or not) 싫든 좋든(willy-nilly).

no·li me tan·ge·re [nóulai mi tǽndʒəri] *n.* **1** 만져서는 안 될 사람(물건); 접촉을 금하는 것. **2** 놀리 메탕게레[부활 후 막달라 마리아 앞에 모습을 나타낸 예수를 그린 그림. ←요한 복음(John) 20 : 17]. **3** 봉선화 (touch-me-not). [<L touch me not]

nol·le pros·e·qui [nɑ́li prɑ́sikwài/nɔ́li prɔ́s-] *n.* ⓤ 〔법률〕 〔원고의〕 소송 중지, 소송 취하.
[<L be unwilling to prosecute]

no·lo con·ten·de·re [nóulou kəntɛ́ndəri] *n.* ⓤ 〔법률〕 〔형사 소송에서 피고인이 행하는〕 「항변은 않으나 유죄는 인정치 않는다」라고의 불항쟁의 답변.
[<L I do not wish to contend]

nol-pros [nɑ̀lprɑ́s/nɔ̀lprɔ́s] *vt.* (**-prossed, -pros·sing**) 〔법률〕 〔소송 중지의 취지를 법정 기록에 남기고〕 …의 소송을 중지하다. [<nolle prosequi의 단축형]

nom. (略) nominative.

*****no·mad** [nóumæd, +英 -məd, nɔ́mæd], (**no·made** [nóumæd/-meid]) *n.* **1** 유목 민족의 한 사람, 유목민. **2** 방랑자, 유랑자(流浪者)(wanderer). ── *adj.* = nomadic. ◇ nomádic *adj.,* nómadize *v.*

no·mad·ic [no(u)mǽdik] *adj.* 유목민의, 유목(생활)의; 방랑자의, 방랑(생활)의(wandering). **-i·cal·ly** [-ikəli] *adv.*

no·mad·ism [nóumædìz(ə)m/-mǽd-] *n.* ⓤ 유목(방랑) 생활.

no·mad·ize [nóumædàiz/-məd-, -mǽd-] *v.* (**-ized, -iz·ing**) *vi.* 유목(방랑) 생활을 하다. ── *vt.* 〔사람·종족〕을 유목(방랑) 생활로 몰아넣다.

no-man [nóumæ̀n] *n.* (*pl.* **-men** [-mèn]) 쉽게 동조하지 않는 사람, 완고한 사람. *opp.* yes-man

nó màn's lánd *n.* ⓤⓒ **1** 〔군사〕 교전중의 어느 군대에도 속하지 않는 중간 지대. **2** 소유주가 없는 토지, 무ён 황무지.

nom·arch [nɑ́mɑːrk/nɔ́m-] *n.* **1** 〔고대 이집트의〕 태수(太守). **2** 〔현대 그리스의〕 주지사.

nom·bril [nɑ́mbril/nɔ́m-] *n.* 〔紋章〕 방패 모양 문지 (敎地)의 중심점과 저중점(底中點)과의 중간점(navel).

nom de guerre [nɑ̀m də gɛ́ːr/nɔ̀m-] *n.* (*pl.* **noms-** [nɑ̀m(z)-/nɔ̀m(z)-]) 《프랑스》 (=name of war) 가명(假名), 변명(變名). [<원래 프랑스의 응소병(應召兵) 등이 취한 이름]

nom de plume [nɑ̀m də plúːm/nɔ́(ː)m-] *n.* (*pl.* **noms-** [nɑ̀m(z)-/nɔ̀m(z)-]) 필명, 아호, 펜네임.
[<F name of feather: feather 즉 pen에 따른 이름]

no·men [nóumen] *n.* (*pl.* **nomina**) 〔고대 로마 시민의〕 둘째 이름, 족명(族名) [예: Gaius Julius Caesar의 Julius]. *cf.* agnomen, cognomen, praenomen
[<L name]

no·men·cla·tor [nóuməŋklèitər] *n.* **1** 〔고대 로마에서〕 내객의 이름을 알리는 하인(노예). **2** 〔학명 등의〕 명명자.

no·men·cla·ture [nóuəmŋklèit∫ər, no(u)ménklə-/no(u)ménklə-, nóumənkleì-] *n.* ⓤⓒ **1** 〔학술상의〕 조직적 명명법, 명명법. **2** 〔분류학적〕 학명, 명칭. **3** 〔총칭적으로〕 학술 용어(terminology).

nom·ic [nɑ́mik/nɔ́m-] *adj.* 관습적인(customary), 보통의(ordinary). ¶ *nomic* spelling 통상적인 철자법.

nom·i·na [nɑ́minə, nóum-/nɔ́m-] *n.* nomen의 복수형.

*****nom·i·nal** [nɑ́minl/nɔ́m-] *adj.* **1** 이름뿐인, 명목(명의)상의. *opp.* effective ¶ a *nominal* ruler 명목상의 통치자. **2** 아주 적은, 보잘것없는(slight). ¶ a *nominal* fee 보잘것 없는 보수. **3** 이름의, 명칭상의. ¶ a *nominal* list 명부. **4** 〔문법〕 명사의, 명사적인. **5** 《美》 액면할만한, 계획대로의. ── *n.* 〔문법〕 명사 상당어, 명사류.

nóminal GNP *n.* 〔경제〕 명목 국민 총생산.

nom·i·nal·ism [nɑ́minəlìz(ə)m/nɔ́m-] *n.* 〔철학〕 유명론(唯名論), 명목론. *cf.* realism ⇨ CONCEPTUALISM.

nom·i·nal·ist [nɑ́minəlist/nɔ́m-] *n.* 〔철학〕 유명론자, 명목론자.

nom·i·nal·is·tic [nɑ̀minəlístik/nɔ̀m-] *adj.* 〔철학〕 유명론(명목론)적인.

nom·i·nal·ly [nɑ́minəli/nɔ́m-] *adv.* **1** 지명해서, 이름을 대어(by name). **2** 이름뿐으로, 명목상(in name). *opp.* really

nóminal válue *n.* ⓤ 〔증권 따위의〕 액면 가격.

nóminal wáges *n. pl.* 〔경제〕 명목 임금.

‡**nom·i·nate** [nɑ́minèit/nɔ́m-] *vt.* (**-nat·ed, -nat·ing**) **1** …을 [후보자로서] 지명 추천하다, 공천하다. ¶ (~+图+젤) *nominate* a person for President (*to* the Upper House) 남을 대통령(상원 의원) 후보로 공천하다. **2** …을 임명하다(appoint). ¶ (~+图+图) *nominate* a person *to* (or *for*) a public office 남을 공직에 임명하다 // (~+图+as 图) (~+图+图) The President *nominated* him *as* Secretary of State. =He was *nominated* by the President Secretary of State. 대통령은 그를 국무장관에 임명했다. **3** 〔고어〕 …을 지명하다, …의 이름을 부르다(달다). **4** 〔경마〕 〔말〕의 출전 등록을 하다. ◇ nomination *n.,* nóminative *adj.*

‡**nom·i·na·tion** [nɑ̀minéi∫(ə)n/nɔ̀m-] *n.* ⓤⓒ **1** 지명, 추천. **2** 지명 추천[권], 공천[권], 직무임명[권].

nom·i·na·ti·val [nɑ̀m(i)nətáiv(ə)l/nɔ̀m(i)-] *adj.* 〔문법〕 =nominative.

*****nom·i·na·tive** [nɑ́m(i)nətiv/nɔ́m(i)nətiv →2] *adj.* **1** 〔문법〕 주격의, the *nominative* case 주격. **2** [+-nei-] 지명(임명)된(nominated). ¶ the *nominative* and the elective members 피지명 회원과 피선거 회원. ── *n.* 〔문법〕 주격(의 단어); 주어.

nóminative ábsolùte *n.* 〔문법〕 독립 주격.

nom·i·na·tor [nɑ́minèitər/nɔ́m-] *n.* 지명자, 임명자, 추천자.

nom·i·nee [nɑ̀miníː/nɔ̀m-] *n.* 지명(임명, 추천)된 사람.

nom·o·gram [nɑ́məgræ̀m, nóum-/nɔ́m-], **-graph** [-græ̀f/-ɑːf] *n.* 계산 도표, 노모그램.

-nomy 「…학」「…법」의 뜻의 연결형. 예: astro*nomy,* eco*nomy,* taxo*nomy.*

non [nɑn/nɔn] *adv.* 《프랑스》 (=not) …않다(아니다).

non- **1** not의 뜻의 연결형. 예: *non*admission, *non*fiction. **2** 「…과 같지 않은 것」, 「가짜의…」의 뜻의 연결형. 예: *non*-book.

non·a·bil·i·ty [nɑ̀nəbíliti/nɔ̀n-] *n.* ⓤ 불능, 무능[력].

non·ab·stain·er [nɑ̀nəbstéinər/nɔ̀n-] *n.* 음주가.

non·ac·cept·ance [nɑ̀nəksépt(ə)ns/nɔ̀n-] *n.* ⓤ **1**

불응낙, 불수리(不受理). **2** [상업] 어음의 인수 거절.
nón·ac·cess [nanǽkses, -- / nɔ̀nǽkses] n. 〔법률〕 [부부간의] 무교접(無交接).
non·achiev·er [nànətʃíːvər / nɔ̀n-] n. 《美》 낙제생; 목표를 달성하지 않는(못하는) 사람.
non·ac·quaint·ance [nànəkwéint(ə)ns / nɔ̀n-] n. ⓤ 무면식(無面識), 안면이 없음.
non·ac·tin·ic [nànæktínik / nɔ̀n-] adj. 〔방사선이〕 화학 작용이 없는.
non·ad·dict [nanǽdikt / nɔn-] n. 〔중독이 되지 않은〕 마약 사용자.
non·ad·dic·tive [nànədíktiv / nɔ̀n-] adj. 〔마약 따위가〕 비습관성의.
non·ad·ja·cent [nànədʒéisnt / nɔ̀n-] adj. 인접(근접)해 있지 않은.
non·ad·mis·sion [nànədmí(ə)n / nɔ̀n-] n. ⓤ 입장(입회) 불허가.
non·age [nánidʒ, nóun- / nóun-, nɔ̀n-] n. ⓤ **1** 〔법률〕 [법률상의] 미성년(minority). **2** 발달의 초기, 미숙기.
non·a·ge·nar·i·an [nànədʒinɛ́(ː)riən, nòun-/nòunədʒinɛ́ər-, nɔ̀n-] adj., n. 90세의(사람), 90대의(사람).
non·ag·gres·sion [nànəgréʃ(ə)n / nɔ̀n-] n. ⓤ 불침략.
non·a·gon [nánəgɑn / nɔ́nəgɔ̀n] n. 9변형, 9각형.
non·a·gree·ment [nànəgríːmənt / nɔ̀n-] n. ⓤ 부동의, 불응낙.
non·al·co·hol·ic [nànælkəhɔ́ːlik, -hál- / nɔ̀nǽlkəhɔ́l-] adj. 〔음식물이〕 알코올을 함유하지 않는.
non·a·lign [nànəláin / nɔ̀n-] vt., vi. 제휴하지 않다, 중립을 지키다.
non·a·ligned [nànəláind / nɔ̀n-] adj. 〔자유·공산의〕 어느 진영에도 속하지 않는, 비동맹의, 중립적인 (neutral).
non·a·lign·ment [nànəláinmənt / nɔ̀n-] n. 비동맹. ¶ *nonalignment* policy 비동맹 정책.
non·ap·os·tol·ic [nànəpɑstɑ́lik / nɔ̀nəpəstɔ́l-] adj. 사도(使徒)에 관한 것이 아닌.
non·ap·pear·ance [nànəpí(ː)r(ə)ns / nɔ̀nəpíər-] n. ⓤ 〔법률〕 [법정 태위의] 불출두, 불출석.
non·ar·ith·met·i·cal [nànæriθmétikəl / nɔ̀nǽriθ-] adj. 수학적(산술적)이 아닌.
non·ar·riv·al [nànəráiv(ə)l / nɔ̀n-] n. ⓤ 불착, 미도착.
non·art [nɑnɑ́ːrt / nɔn-] n. 반예술; 비예술[작품].
no·na·ry [nóunəri] adj. 〔수학〕 9진법의. —— n. (pl. **-ries**) 9개 한 벌의 것.
non·as·ser·tive [nànəsə́ːrtiv / nɔ̀n-] adj. 〔문법〕 비단정적(非斷定的)인 〔의문·부정·조건문 따위에 대하여 말한다〕.
non·as·sign·a·ble [nànəsáinəbl / nɔ̀n-] adj. 양도할 수 없는. ¶ a *nonassignable* L/C 양도 불능 신용장.
non as·sump·sit [nàn əsʌ́mpsit / nɔ̀n-] 《라틴》 (=he did not undertake) 〔법률〕 [인수 소송(assumpsit)에 있어서의 피고의] 비인수(非引受) 답변.
non·at·tend·ance [nànəténdəns / nɔ̀n-] n. ⓤ 불출석, 불참, 결석; 〔특히 의무 교육의〕 불취학.
non·at·ten·tion [nànəténʃ(ə)n / nɔ̀n-] n. ⓤ 부주의.
non·bank [nɑnbǽŋk / nɔn-] adj. 비은행의, 금융 기관 (관계자)이 아닌. ¶ *nonbank* buyers of the stock 주식 일반 매입자.
nonbánk bánk n. 《美》 은행 이외의 금융 기관.
non·bel·lig·er·ent [nànbilídʒ(ə)rənt / nɔ̀n-] adj. 비교전(非交戰)의, 비교전국의. —— n. 비교전국.
non·book adj. [nánbúk, -- → n.] 책이 아닌[마이크로 필름 따위]. —— n. [nánbùk / nɔn-] 《美》 책이라 할 수 없는 책; 가치없는 책.
non·can·di·date [nànkǽndidèit / nɔnkǽndidit] n. 불출마자, 비후보자, 〔특히〕 불출마 지명자.
nonce [nɑns / nɔns] n. (the ~) 지금, 당분간, 그때만의 것. * 보통 다음 숙어에 쓴다.
for the nonce 당분간, 임시로. ¶ You may use this room *for the nonce*. 당분간 이 방을 사용해도 좋다.

—— adj. 임시의, 그때만의. ¶ *nonce* use 임시 용법.
non·cer·ti·fi·a·ble [nànsɚːrtifáiəbl / nɔnsə̀ːrti-] adj. 정신 병자임을 증명할 수 없는;《익살》 정신이 멀쩡한(sane).
nónce wòrd n. 임시어[특별히 만들어진 그때만의 말].
non·cha·lance [nànʃəláːns, nánʃ(ə)ləns / nɔ́nʃ(ə)ləns] n. ⓤ 태연, 무관심, 냉담(indifference).
with pretended *nonchalance* 일부러 태연하게.
non·cha·lant [nànʃəláːnt, nánʃ(ə)lənt / nɔ́nʃ(ə)lənt] adj. 태연한, 무관심한, 냉담한(indifferent). ¶ He pretended a *nonchalant* air. 그는 태연한 척했다.
~·ly adv. ~·ness n.
non·claim [nànkléim / nɔ̀n-] n. 〔법률〕 청구 해태(懈怠) 〔규정 기간내에 청구하는 것을 태만히 하여, 권리를 상실하는 일〕.
non·col·le·giate [nànkəlíːdʒi(i)t / nɔ̀n-] adj. **1** 《英》 〔학생이〕 특정 학료(學寮)(college)에 속하지 않는. **2** 〔대학이〕 college 수준보다 낮은. **3** 〔대학이〕 학부제(制)가 아닌. **4** 《英》 어느 학료에도 속하지 않는 학생, 비학료 학생.
non·com [nánkɑm / nɔ́nkɔ̀m] n.《구어》 육군 하사관. 〔<NONCOM[MISSIONED OFFICER]〕
non·com·bat [nɑnkɑ́mbæt / nɔnkɔ́m-] adj. 전투를 포함하지 않는, 전투가 필요없는.
non·com·bat·ant [nɑnkɑ́mbət(ə)nt, nànkəmbǽt-/nɔnkɔ́mbət(ə)nt] n. **1** 〔전시의〕 일반 시민(civilian). **2** 비전투원〔종군 의사·목사 등〕. —— adj. 비전투원의, 일반 시민의.
non·com·bus·ti·ble [nànkəmbʌ́stəbl / nɔ̀n-] adj. 잘 타지 않는, 불연성의.
non·com·mer·cial [nànkəmɚ́ːrʃ(ə)l / nɔ̀n-] adj. 비영리적인; 비매(非賣)의.
non·com·mis·sioned [nànkəmíʃ(ə)nd / nɔ̀n-] adj. 임명(사령)을 받지 않은;〔특히〕장교의 사령을 받지 않은.
nòncommíssioned ófficer n. 〔군대〕육군 하사관 〔상사·중사·하사를 말하다; 略 N.C.O.〕. cf. petty officer
non·com·mit·ment [nànkəmítmənt / nɔ̀n-] n. 비동맹, 비공약.
non·com·mit·tal [nànkəmítl / nɔ̀n-] adj. **1** 언질을 주지 않는;〔태도 따위가〕애매한. ¶ a *noncommittal* reply 애매한 대답. **2** 특징이 없는. ~·ly [-təli] adv.
non·com·mu·ni·cant [nànkəmjúːnikənt / nɔ̀n-] adj., n. 〔종교〕 성찬을 받지 않은(사람).
non·com·mu·nist [nɑnkɑ́mjunist / nɔnkɔ́m-] n., adj. 비공산주의자(의), 비공산당원(의). ¶ a *noncommunist* country 비공산 국가.
Noncommunist Affidavit 〔노동〕 공산주의자 배척 약서〔미국 노조 간부들이 비공산당원임을 서약하는 서류〕.
non·com·pli·ance [nànkəmpláiəns / nɔ̀n-] n. ⓤ 〔요구·명령 등에〕응하지 않음, 따르지 않음, 불응낙.
non·com·pli·ant [nànkəmpláiənt / nɔ̀n-] adj. 〔요구·명령 따위에〕응하지 않는, 따르지 않는.
non com·pos men·tis [nɑn kɑ́mpəs mèntis / nɔn kɔ́mpɔs-] 《라틴》 (=not of sound mind) 정신 이상의.
non·con [nɑ́nkɑn / nɔ́nkɔn] n. (俗語) =nonconformist; noncontent.
non·con·dens·ing [nànkəndénsiŋ / nɔ̀n-] adj. 〔증기 기관의〕 증기압이 높아지지 않은.
non·con·duct·ing [nànkəndʌ́ktiŋ / nɔ̀n-] adj. 〔물리〕 부도(不導)의. ¶ *nonconducting* matter 부도체.
non·con·duc·tor [nànkəndʌ́ktər / nɔ̀n-] n. 〔물리〕 〔열·소리·전기 등의〕 부도체, 절연체. 〔신입〕
non·con·fi·dence [nɑnkɑ́nfidəns / nɔ̀nkɔ́n-] n. ⓤ 불신임.
non·con·form·ance [nànkənfɔ́ːrməns / nɔ̀n-] n. ⓤ 불복종, 지키지 않음; 영국 국교 불신봉.
non·con·form·ing [nànkənfɔ́ːrmiŋ / nɔ̀n-] adj. **1** 〔습관 따위에〕복종하지 않는, 비동조의. **2** 영국국교를

신봉하지 않는.

non·con·form·ist [nànkənfɔ́ːrmist / nɔ̀n-] *n.* **1** [관습 따위에] 따르지 않는 사람, 비신봉자, 비동조자. **2** (종종 N-) [영국의 가톨릭 이외의] 비국교도. *cf.* churchgoer

non·con·form·i·ty [nànkənfɔ́ːrmiti / nɔ̀n-] *n.* U **1** [관습 따위에] 복종하지 않음, 비동조; 부조화, 불일치 (*to, with ...*). **2** (N-) [가톨릭이 아닌] 영국 국교 불신봉; 비국교주의.

non·con·tent [nànkəntént / nɔ̀n-] *n.* [영국 상원에서의] 반대 투표, 반대 투표자. *cf.* content

non·con·tra·dic·tion [nànkəntrədíkʃ(ə)n / nɔ̀n-kən-] *n.* U [논리] 모순이 없음.

non·con·vert·i·ble [nànkənvə́ːrtibl / nɔ̀n-] *adj.* 전환할 수 없는; 금화로 바꿀 수 없는, 불환(不換)의 (inconvertible). ¶ a *nonconvertible* note 불환 지폐.

non·co·op·er·a·tion [nànkouàpəréiʃ(ə)n / nɔ̀n-kouɔ̀p-] *n.* U **1** 비협력, 비협동. **2** 비협력 정책[인도에서 간디 파가 영국에 대해서 취했다].

non·co·op·er·a·tor [nànkouápəreitər / nɔ̀nkouɔ́p-] *n.* [인도의] 비협력 정책주의자.

non·dair·y [nandɛ́(ː)ri / nɔndɛ́əri] *adj.* 밀크를 함유하지 않은.

non·de·liv·er·y [nàndilív(ə)ri / nɔ̀n-] *n.* U 인도 불능; 배달 불능; 불배달, 불배달.

non·de·script [nàndiskrípt / nɔ́ndiskrìpt] *adj.* 무어라 말하기 어려운(indescribable), 특징이 없는, 막연한 (vague). ¶ a *nondescript* color 무어라 말할 수 없는 색 / a row of *nondescript* humble houses 특징이 없는 허술한 집들. — *n.* 특징이 없는 사람(물건), 정체불명의 사람(물건).

non·de·struc·tive [nàndistrʌ́ktiv / nɔ̀n-] *adj.* 비파괴의.

non·dis·tinc·tive [nàndistíŋktiv / nɔ̀n-] *adj.* [언어] [언어음의] 뜻의 구별에 도움이 되지 않는.

non·dol·lar [nàndálər / nɔ̀ndɔ́lə] *adj.* 달러 이외의 통화를 쓰는; 비달러 통화의. ¶ *nondollar* countries 비달러 통화국.

non·du·ra·ble [nand(j)ú(ː)rəbl / nɔndjúər-] *adj.* 비내구[재]의. — *n.* (~s) 비내구재[식품·의복·연료 따위].

none [nʌn] *pron.* **1** (none of의 형태로) 아무도(아무것도, 어느 것도, …않다(no one, not any [one]); 《none of the+최상급으로》 조금도 …않다, 전연 …아니다. 결코 …않다(nothing); 《명령문에서》 …말아라, 그만둬라. ¶ *None* of them went out. 아무도 외출하지 않았다 / He is *none* of my friends. 그는 절대로 내 친구가 아니다 / Her understanding is *none* of the cleverest. 그녀의 머리는 결코 우수하지 않다 / She has *none* of her mother's beauty. 그녀는 어머니의 아름다움을 물려받은 데가 전혀 없다 / There was *none* of the money left. 돈은 한푼도 남지 않았었다 / *None* of it is worth having. 그것은 전연 가질만한 가치가 없다 / He would have *none* of it. 그는 아무리 해도 그것을 받아들이려 하지 않았다 / That is *none* of your business. 그것은 네가 알 바 아니다 / *None* of your impudence ! 건방진 소리 하지 마라!
2 아무도(한 사람도) …않다(no person[s]). ¶ There are (or is) *none* like her. 그녀와 같은 사람은 아무도 없다/There were *none* present. 거기에는 아무도 없었다.

—— **Usage** none은 원래 'no one'의 뜻으로서 단수 취급이 보통이었다. 현재도 옛 용법을 나타내는 속담에서는 단수로 취급되는 경우가 많다. None knows the weight of another's burden. (남의 짐 무거운 것(괴로움)은 아무도 모른다). 그러나 최근에는 보통 복수 취급을 받는다. *None* were willing to put out the fire. (아무도 나서서 불을 끄려 하지 않았다).

3 《no+명사 대신으로》 조금도(아무것도, 전연, 결코) …않다. ¶ Did you buy melons ?—— There was (*or* were) *none* in market. 멜론을 사왔니?—— 시장에는

하나도 없더라 / If a biologist is wanted, I am *none*. 생물학자가 필요하시다면, 나는 전혀 해당이 되지 않습니다 / He had a good name; but I had *none*. 그는 명성이 있었으나 나에게는 없었다 / *Half a loaf is better than none*. 《속담》반쪽의 빵이라도 없는 것보다는 낫다 / *Jack of all trades is the master of none*. 《속담》만물박사는 어느 가지도 제대로 못한다, 만능은 무재주.

none but …외는 아무도 …않다(only). ¶ *None but* Lincoln could have done it. 링컨이 아니고서는 아무도 할 수 없었을 것이다 / *None but the brave deserves the fair*. 용감한 자만이 미인을 차지할 자격이 있다 [Dryden의 시].

— *adv.* 조금도(결코) …않다 (to no extent, not at all) (* 보통 the+비교급, 또는 so, too 와 함께 쓴다). ¶ He is *none* the better for a change of air. 그는 전지 요양을 했으나 조금도 차도가 없다 / She is *none* the wiser. 그녀는 여전히 모르고 있다 / I am *none* the worse for a single failure. 한 번 정도의 실패로는 아무렇지도 않다 / She is *none* so fond of me. 그녀는 나를 조금도 좋아하지 않는다 / He came in *none* too soon. 그는 마침 알맞게 들어왔다 / The pay is *none* too high. 그 월급은 결코 지나치게 많지는 않다 / I slept *none* last night. 어젯밤은 한잠도 못 잤다.

none the less ⇒ LESS.

— *adj.* 《고어》 조금도(아무것도) …않는(no). ¶ Thou shalt have *none* other gods before me. 나 외에는 위하는 신들을 네게 있게 말찌니라[←신명기(Deut.) 5:7] / Gold and silver have I *none*. 금과 은은 내게 없노라 [←사도·선원이] 행전(Acts) 3:6].

none other but 《고어》 다름아닌 …이다, 바로 …이다 (no less than). ¶ This is *none other but* the house of God. 이것이 곧 하나님이 아니라 이는 하나님의 전이로다[← 창세기 (Gen.) 28:17].

non·e·co·nom·ic [nàni:kənámik, -ek-/ nɔ̀n-íkɔnɔ́m-, -ek-] *adj.* 경제적인; 비경제적인; 경제적 가치가 없는.

non·ef·fec·tive [nàniféktiv / nɔ̀n-] *adj.* **1** 효력없는. **2** [병사·선원이] 복무에 적합지 않은; 전투력이 없는. — *n.* 복무에 적합치 않은 병사.

non·ef·fi·cient [nànifíʃ(ə)nt / nɔ̀n-] *adj.* (군대) 복무 자격이 없는. ¶ *n.* 미교육 지원병(근위병).

non·e·go [nɑní:gou, -égou / nɔn-] *n.* (*pl.* -gos) [철학] 비아(非我) [자아(自我) 이외의 존재]; [주체에 대한] 객체, 외계(外界).

non·en·ti·ty [nɑnéntiti / nɔn-, nən-] *n.* (*pl.* -ties) **1** 보잘것없는 사람(물건). **2** 존재하지 않는 물건, 상상의 물건. **3** U 비실재(非實在).

nones[1] [nounz] *n. pl.* (*sing.* **none**) [교회] 9시과(時課) [오후 3시경에 수도원에서 행하는 교회의 기도].

nones[2] [nounz] *n. pl.* (*sing.* **none**) [고대 로마 달력] ides의 8일 전의 날[3·5·10월의 제7일, 그 밖의 달의 제 5일].

non·es·sen·tial [nàniséŋʃ(ə)l / nɔ̀n-] *adj.* 비본질적인, 긴요하지 않은; 불필요한(unnecessary). — *n.* 비본질적인 것, 긴요하지 않은 사람(물건).

non est [nán ést / nɔ́n-] 《라틴》[법률] 본인 소재 불명 [*non est inventus* (=he was not found)의 약어].

none·such, non- [nʌ́nsʌ̀tʃ] *n.* 비길 데 없는 사람(물건); 뛰어난 모범(paragon).

no·net [no(u)nét] *n.* [음악] 9중주곡(장). ¶ SOLO.

*****none·the·less** [nʌ̀nðəlés] *adv.* 그럼에도 불구하고, 그런데도 (none the less, nevertheless).

non-Eu·clid·e·an [nànju:klídiən / nɔ̀n-] *adj.* 비(非)유클리드의. ¶ *non-Euclidean* geometry 비유클리드 기하학.

non·e·vent [nànivént / nɔ̀n-] *n.* [크게 떠들썩한 예측보도로 끝나는] 불발(가공(架空)) 사건, 공식적으로는 무시된 일.

non·ex·ist·ence [nànigzíst(ə)ns / nɔ̀n-] *n.* U C 존재(실재)하지 않음(않는 것).

non・ex・ist・ent [nànigzístənt / nɔ̀n-] adj. 실재(존재)하지 않는. 「탈지한.
non・fat [nánfǽt / nɔ́n-] adj. [우유가] 지방분이 없는,
non・fea・sance [nɑnfíːz(ə)ns / nɔn-] n. ⓤ 〔법률〕 부작위(不作爲), 의무 불이행.
non・fer・rous [nɑnférəs / nɔn-] adj. [금속이] 철을 함유하지 않는, 철 이외의. ¶ *nonferrous* metals 비철(非鐵) 금속.
***non・fic・tion** [nɑnfíkʃ(ə)n / nɔn-] n. ⓤ 논픽션[소설・이야기 이외의 산문 문학].
non・flam・ma・ble [nɑnflǽməbl / nɔn-] adj. 잘 타지 않는, 불연성(不燃性)의(noninflammable).
non・freez・ing [nɑnfríːziŋ / nɔn-] adj. [잘] 얼지 않는, 부동(不凍)[성]의. ¶ a *nonfreezing* port 부동항.
non・ful・fill・ment, 《英》-fil- [nɑnfulfílmənt / nɔn-] n. ⓤ 불이행.
non・grad・ed [nɑngréidid / nɔn-] adj. **1** 성적을 매기지 않은. **2** 《美》학년별로 나누지 않은.
non・green [nɑngríːn / nɔn-] adj. 녹색이 아닌, 엽록소를 함유하지 않은.
non・he・ro [nɑnhíː(:)rou / nɔnhíərou] n. =antihero.
non・hu・man [nɑnhjúːmən / nɔn-] adj. 인간이 아닌, 사람 아닌.
non・i・den・ti・cal [nànaidéntik(ə)l / nɔ̀n-] adj. 동일하지 않은, 다른; 〔생물〕 2란성(卵性)의.
no・nil・lion [nounílijən] n. 《美・프랑스》 1000의 10제곱의 수, 10의 30제곱의 수;《英・독일》 100만의 9제곱의 수, 10의 54제곱의 수.
non・im・mune [nànimjúːn/nɔ̀n-] adj. 면역성이 없는.
non・im・por・ta・tion [nànimpɔːrtéiʃ(ə)n / nɔ̀nimpɔː-] n. ⓤ 수입 거부. 「유도(誘導)[성]의.
non・in・duc・tive [nànindʌ́ktiv / nɔ̀n-] adj. 〔전기〕 무
non・in・flam・ma・ble [nàninflǽməbl / nɔ̀n-] adj. 불연성의(nonflammable).
non・in・ter・fer・ence [nànintərfí(ː)rəns / nɔ̀nintəfíər-] n. ⓤ (특히 정치상의) 불간섭.
non・in・ter・ven・tion [nànintərvénʃ(ə)n / nɔ̀n-] n. ⓤ 내정 불간섭, 불개입.
non・in・tru・sion [nànintrúːʒ(ə)n / nɔ̀n-] n. ⓤ 〔스코교회〕 성직 수여자는 신도들이 싫어하는 목사를 임명해서는 안 된다는 주의. 「는.
non・iron [nɑnáiərn / nɔn-] adj. 다리미질이 필요없
non・ism [nániz(ə)m] n. 초(超) 금욕주의[술, 담배 등 몸에 해로운 것을 모두 피하는 것].
non・jur・ing [nɑndʒú(ː)riŋ / nɔndʒúər-] adj. 충성(《英역사》 신종(臣從)》의 서약을 거부하는.
non・ju・ror [nɑndʒú(ː)rər / nɔndʒúərə] n. **1** 충성 서약을 거부하는 사람. **2** (종종 N-)《英역사》 신종 선서 거부자[1689년 William 3세와 Mary에 대하여 신종 서약을 거부한 영국 국교회의 목사].
non・ju・ry [nɑndʒú(ː)ri / nɔndʒúəri] adj. 〔법률〕 배심을 쓰지 않는. 「[無加鉛]의.
non・lead・ed [nɑnlédid / nɔn-] adj. [휘발유가] 무가연
non・le・gal [nɑníːg(ə)l / nɔn-] adj. 법률적인, 법률적인 성질을 갖지 않은, 법률 범위 밖의. cf. illegal
non liquet [nɑn láikwit/nɔn-] n.《라틴》〔법률〕 [소송에 의문점이 있을 때의] 재판 연기의 배심 평결.
non・log・i・cal [nɑnládʒik(ə)l / nɔnlɔ́dʒ-] adj. 논리적이 아닌 것, 논리에 의하지 않는.
non・ma・te・ri・al [nànmətíː(:)riəl / nɔ̀nmətíər-] adj. **1** 비물질적의. **2** 영적인; 정신적인.
non・mem・ber [nɑnmémbər / nɔ́nmèm-] n. 회원이 아닌 사람, 비조합원; 비당원.
nonmémber bánk 《美》 비가맹 은행. cf. member 「bank
non・met・al [nɑnmétl / nɔn-] n. 〔화학〕 비금속.
non・me・tal・lic [nànmitǽlik / nɔ̀n-] adj. 〔화학〕 비금속의; 비금속성(性)의.
non・mor・al [nɑnmɔ́ːrəl, -már-/nɔnmɔ́r-] adj. 도덕(윤리)과 관계없는.

non・moth・er [nɑnmʌ́ðər / nɔn-] n. 파업여성[원뜻은 「어머니가 되고싶지 않은 사람」].
non・mo・tile [nɑnmóut(i)l / nɔnmóutail, -til] adj. 〔생물〕 자동력(自動力)이 없는. ¶ a *nonmotile* cilium 부동모(不動毛).
non・nat・u・ral [nɑnnǽtʃ(ə)rəl / nɔn-] adj. 비(非)자연의; 자연에 의지하지 않는, 인위적의.
non・neo・plas・tic [nànniːəplǽstik / nɔ̀n-] adj. 〔병리〕 새 생물(종양)이 원인이 아닌. 「(非核)의.
non・nu・cle・ar [nàn(j)úːkliər / nɔ̀nnjúː-] adj. 비핵
nonnúclear defénse n. 비핵(핵을 쓰지 않는) 방어 구상.
nòn・núke tréaty [nànn(j)úːk/nɔ̀nnjúːk-] n. (속어) 핵확산 방지 조약. 「사항.
no-no [nóunòu] n.《美》 **1** 허락할 수 없는 것. **2** 금지
non・ob・jec・tive [nànəbdʒéktiv / nɔ̀n-] adj. 〔미술〕 구상적인, 추상적인(abstract).
non・ob・serv・ance [nànəbzə́ːrv(ə)ns / nɔ̀n-] n. 〔법률 (준수)〕하지 않음, 위반.
non・ob・serv・ant [nànəbzə́ːrv(ə)nt / nɔ̀n-] adj. 부주의한; 〔관례・규칙 따위를〕 안 지키는, 위법의.
***non obst.** [nàn ábst / nɔ̀n ɔ́bst] 《略》 *non obstante*.
non obstan・te [nàn əbstǽnti / nɔ̀n ɔb-] 《라틴》 (= notwithstanding) 그럼에도 불구하고.
non-of・fi・cial [nànəfíʃ(ə)l / nɔ̀n-] adj. 비공식의.
non-on・sense [nɑnnánsens / -nɔ́ns(ə)ns] adj. 진지한, 엄숙한, 현실적인.
non・pa・reil [nɑ̀npərél / nɔ́np(ə)rəl] adj. 비길 데 없는, 무쌍의, 둘도 없는(unequaled, peerless). — n. **1** 비길 데 없는 사람(물건). **2** [미국 남부산(産)의] 빛깔이 다채로운] 멧새과(科)의 새(painted bunting), **3** 〔인쇄〕 논파렐[6포인트 활자에 해당]. **4** 여러 색의 모래 사탕을 뿌린, 작고 둥글넓적한 초콜릿.
non・par・ous [nɑ́npərəs / nɔn-] adj. 〔여성이〕 출산 경험이 없는.
non・par・tic・i・pat・ing [nànpɑːrtísipèitiŋ / nɔ̀n-] adj. 〔보험〕 이익・잉여금의 배당을 받을 권리가 없는, 무배당의. 「n. ⓤ 불참.
non・par・tic・i・pa・tion [nànpɑːrtìsipéiʃ(ə)n / nɔ̀n-]
non・par・ti・san, -zan [nɑnpɑ́ːrtəz(ə)n / nɔ̀npɑ̀ː-tizǽn] adj. 초당파의; 무소속의; 객관적인(objective).
non・par・ty [nɑnpɑ́ːrti / nɔn-] adj. 초당파의.
non・pay・ing [nɑnpéiiŋ / nɔn-] adj. 수지가 안 맞는, 이익이 없는. 「하지 않음.
non・pay・ment [nɑnpéimənt / nɔn-] n. ⓤ 미불, 지불
non・per・form・ance [nànpərfɔ́ːrməns / nɔ̀n-] n. ⓤ 불이행.
non・per・ish・a・ble [nɑnpériʃəbl / nɔn-] adj. [음식이] 부패하지 않는, 보존할 수 있는.
non・per・ma・nent [nɑnpə́ːrmənənt / nɔn-] adj. 영속하지 않는, 변하는; 상설이 아닌, 비상임(非常任)의.
non・per・sis・tent [nànpəːrsíst(ə)nt / nɔ̀n-] adj. 일시성(一時性)의, 지속성이 없는.
non・per・son [nɑnpə́ːrsn / nɔn-] n. 비실재인(非實在人); 보잘것없는 정치인. 「인적인.
non・per・son・al [nɑnpə́ːrs(ə)n(ə)l / nɔn-] adj. 비개
***non placet** [nɑn pléisit / nɔn-] 《라틴》 (= it does not please) [대학・교회의 집회에서] 이의 있음.
— n. (pl. -cets) 반대 투표, 부결 투표.
non・plus [nɑnplʌ́s, ⁀⁀ / nɔnplʌ́s, ⁀⁀] vt. (-plused, -plus・ing) (특히 英) -plussed, -plus・sing) ……을 어찌할 바 모르게 하다, 당혹(당황)하게 하다. ¶ I was completely *nonplused*. 나는 도무지 어찌할 바를 몰랐다.
— n. (보통 a ~) 어찌할 바를 모름, 당혹, 당혹. ¶ be (or stand) at a *nonplus* 어찌할 바를 모르다 / put (or reduce) a person to a *nonplus* 남을 매우 난처하게 하다.
non・po・lit・i・cal [nɑnpəlítik(ə)l / nɔn-] adj. 비정치적인; 초당파의(nonpartisan); 정치에 무관심한.

non pos・su・mus [nɑn pás(j)uməs/nɔn pɔ́sju-]《라틴》(=we cannot [do]) 우리는 할 수 없다[어떤 행위를 할 수 없다는 주장].

non・pro・duc・tive [nὰnprədʌ́ktiv / nɔ̀n-] *adj.* **1** 〔종업원 등이〕 직접 생산에 관여하지 않는. **2** 비생산적인, 생산력이 없는; 효과없는. ¶ a *nonproductive* plan 효과 없는 계획.

non・pro・fes・sion・al [nὰnprəféʃən(ə)l / nɔ̀n-] *adj.* 직업으로서가 아닌; 비직업적인, 논프로의. ¶ *nonprofessional* baseball [games] 논프로 야구 [시합].
— *n.* 아마추어(amateur); 비직업 선수, 논프로.

non・prof・it [nɑnprɑ́fit / nɔnprɔ́f-] *adj.* 비영리적인. ¶ a *nonprofit* organization 비영리 단체.

non-prof・it-mak・ing [nɑnprɑ́fitmèikiŋ/nɔnprɔ́f-] *adj.* **1** 〔기업 따위가〕 이익을 올리지 못하는, 적자의. **2** 《英》 비영리의, 영리 목적이 아닌(《美》 non-profit).

non-pro・lif・er・a・tion [nὰnprouliffəréi(ə)n / nɔ̀n-] *n.* Ⓤ 비증식(非增殖), [핵무기] 등의 확산 방지.

Nonproliferátion Tréaty *n.* (the~) 핵확산 방지 조약[略 NPT].

non-pros [nὰnprɑ́s / nɔ̀nprɔ́s] *vt.* (-prossed, -prossing) 〔법률〕 〔소송 절차를 게을리하는 원고를〕 결석 재판으로 패소시키다. [< NON-PROS[EQUITUR]]

non pro・se・qui・tur [nὰn prousékwitər / nɔ̀n-] 〔법률〕 〔소송 절차를 게을리하는 원고를〕 소 각하(訴却下)[略 non pros.]. [略 L he does not prosecute]

non-pro・vid・ed [nὰnprəváidid / nɔ̀n-] *adj.* 《英》 국민 학교 따위가〕 공립이 아닌.

non-ra・tion・al [nὰnrǽʃən(ə)l / nɔ̀n-] *adj.* 이성(理性)이 없는(irrational); 비합리적인, 영문을 알 수 없는.

non-read・er [nὰnríːdər / nɔ̀n-] *n.* 글을 읽지 못하는 어린이; 비독서가.

non-rep・re・sen・ta・tion・al [nὰnrèprizentéiʃən(ə)l / nɔ̀nrèp-] *adj.* 비묘사(非描寫)적인, 추상적인(abstract).

non-res・i・dence [nɑnrézid(ə)ns / nɔn-] *n.* Ⓤ 〔특정한 장소, 특히 근무처에〕 거주하지 않음, 비거주.

non-res・i・dent [nɑnrézid(ə)nt / nɔn-] *adj.* 〔특정 장소, 특히 근무처에〕 거주하지 않는, 비거주(非居住)의. — *n.* 〔임지 따위에〕 거주하지 않는 사람, 비거주자.

non-re・sist・ance [nὰnrizíst(ə)ns / nɔ̀n-] *n.* Ⓤ 〔권력・법률 등에 대한〕 무저항.

non-re・sist・ant [nὰnrizíst(ə)nt / nɔ̀n-] *adj.* 〔권력 등에 대해〕 무저항의, 복종적인. — *n.* 무저항주의자.

non-re・stric・tive [nὰnristríktiv / nɔ̀n-] *adj.* 〔문법〕 〔단어・구・절이〕 비제한적인. ¶ a *nonrestrictive* clause 비제한 절(節).

non-rig・id [nὰnrídʒid / nɔ̀n-] *adj.* **1** 딱딱하지 않은, 유연한. **2** 〔비행선이〕 연식(軟式)의. ¶ a *nonrigid* airship 연식 비행선.

non-sched・uled [nɑnskédʒuː(ː)ld / nɔnʃédjuːld] *adj.* **1** 예정 밖의. **2** 〔항공 노선 따위가〕 부정기의.

non-sec・tar・i・an [nὰnsektéə(ː)riən / nɔ̀nsektέər-] *adj.* 어느 종파에도 속하지 않는.

‡**non・sense** [nɑ́nsens / nɔ́ns(ə)ns, -sens] *n.* 무의미 (한 것); 무의미한 말, 실없는 소리; 무의미한 생각; 터무니없는 것; 어리석음(absurdity); 하찮은 물건, 시시한 일(trash). ¶ sheer *nonsense* 아주 실 없는 소리 / *nonsense* of omens 길흉의 조짐을 따지는 어리석음 / talk (or speak) *nonsense* 허튼 소리를 하다/This sentence is *nonsense*. 이 글은 무의미하다. — *adj.* **1** 무의미한; 어리석은. ¶ *nonsense* verses 희시(戲詩) 〔말만 늘어놓은 무의미하거나 익살스러운 시〕. **2** 〔유전〕 무의미한〔유전 신호가 특정한 아미노산을 지정하지 않는다〕. — *interj.* 바보 같은!. ◇ nonsénsical *adj.*

non-sen・si・cal [nɑnsénsik(ə)l / nɔn-] *adj.* 어리석은 (absurd), 무의미한. ¶ *nonsensical* remarks 무의미한 말. ~・**ly** [-kəli] *adv.*

non se・qui・tur [nɑn sékwitər / nɔn-]《라틴》(=it does not follow) 불합리한 추론(결론).

non-sex・u・al [nɑnséksjuəl / nɔnséksju-] *adj.* 남녀 (암수)의 구별이 없는, 무성의(sexless).

non-sked [nɑnskéd- / nɔnskéd, -ʃéd] *n.*《구어》부정기 항공로. — *adj.* 부정기의(nonscheduled).

non-skid [nɑnskíd / nɔn-] *adj.* 〔자동차의 타이어 따위〕 미끄러지지 않는〔않게 되어 있는〕.

non-smok・er [nɑnsmóukər / nɔn-] *n.* 담배를 피우지 않는 사람.

non-smók・er's ríght [nɑnsmóukərz- / nɔn-] *n.* 비흡연자의 권리, 혐연권(嫌煙權).

non-so・cial [nɑnsóuʃ(ə)l / nɔn-] *adj.* 비사교적인; 사회적이 아닌. *cf.* unsocial

non-so・ci・e・ty [nὰnsəsáiəti / nɔ̀n-] *adj.* 조합(단체)에 가입하지 않은.

non-stand・ard [nɑnstǽndərd / nɔn-] *adj.* 비표준적.

non-start・er [nɑnstɑ́ːrtər / nɔn-] *n.* 〔경주에서〕 출발하지 못한 사람(말); 애당초 가망없는 사람;《구어》재고할 가치없는 생각.

non-stick [nɑnstík / nɔn-] *adj.* 〔냄비가〕 눌어 붙지 않는.

non-stop [nɑ́nstɑ́p / nɔ́nstɔ́p] *adj.* **1** 도중에서 멈추지 않는, 무정거의, 무착륙의. ¶ a *nonstop* flight from New York to Paris 뉴욕・파리간 무착륙 비행. **2** 중지(중단) 없는. ¶ a 24-hour *nonstop* conference 24시간의 중단없는 회의. — *adv.* 도중에서 멎지 않고, 무정거의, 중지(중단)하지 않고. — *n.* 직행 열차(버스); 직행 운전.

non-stóre márketing [nɑnstɔ́ːr- / nɔn-] *n.* 무점포 판매 방식〔통신 판매・전화 판매・방문 판매, 자판기에 의한 판매 등〕.

non-such [nʌ́nsʌ̀tʃ] *n.* =nonesuch.

non-suit [nɑnsúːt / nɔns(j)úːt] *n.* 〔법률〕 〔원고에〕 소 각하(訴却下). — *vt.* …의 소를 각하하다.

non-sup・port [nὰnsəpɔ́ːrt / nɔ̀nsəpɔ́ːt] *n.* Ⓤ 〔법률〕 부양 의무 불이행.

non-syl・lab・ic [nὰnsilǽbik / nɔ̀n-] *adj.* 음절(音節)을 이루지 않는.

non-tar・get [nɑntɑ́ːrgit / nɔn-] *adj.* 〔실험・조사의〕 대상(목표)이 아닌, 〔파괴 행위의〕 목표 외의.

non-tár・iff bárrier [nɑntǽrif- / nɔn-] *n.* 〔경제〕 비관세(非關稅) 장벽[略 NTB].

non-treat・ment decísion [nɑntríːtmənt- / nɔn-] *n.* 치료 거부〔회복의 가망이 없는 병일 때, 생명 연장만을 위한 치료를 거부하는 결심〕.

non troppo [nɑn trɑ́pou / nɔn trɔ́pou]《음악》지나치지 않게(without excess), 알맞게(moderately). ¶ *non troppo* allegro 알맞게 쾌속조로.
[< It. not too much]

non-U [nɑnjúː / nɔn-] *adj.*《구어》〔특히 영국의〕 상류 계급에 어울리지 않는.

non-un・ion [nɑnjúːnjən / nɔn-] *adj.* **1** 노동 조합에 가입하지 않은, 노동 조합 규약을 따르지 않는. **2** 노동 조합을 반대하는. — *n.* Ⓤ 《의학》 〔골절의〕 유착(癒着) 불능.

non-un・ion・ism [nɑnjúːnjənìz(ə)m / nɔn-] *n.* Ⓤ 반 (反)노동 조합주의; 노동 조합 불가입[주의].

non-un・ion・ist [nɑnjúːnjənist / nɔn-] *n.* 노동 조합 반대자, 비(非)노동 조합원.

nónúnion shóp *n.* 반노조(反勞組) 기업. *cf.* union [shop

non-use [nɑnjúːs / nɔn-] *n.* Ⓤ 사용하지 않음, 포기.

non-us・er [nɑnjúːzər / nɔn-] *n.* Ⓤ 〔법률〕 권리 불행사(不行使).

non-vec・tor [nɑnvéktər / nɔn-] *n.* 《생물》 병원균을 매개하지 않는 동물(곤충).

non-ver・bal [nɑnvə́ːrb(ə)l / nɔn-] *adj.* 말로 할 수 없는, 말을 사용하지 않는; 말이 서투른. ¶ *nonverbal* communication 비언어적인 코뮤니케이션〔몸짓・표정・말의 장단・억양 따위에 의한 전달〕.

non-vi・a・ble [nɑnváiəbl / nɔn-] *adj.* **1** 자기 힘으로

생존할 수 없는[특히 28주 이내의 태아]. **2** 발전 가능성이 없는, 성장력이 없는; 실행력이 없는.

*non·vi·o·lence [nɑnváiələns / nɔn-] n. ⓤ 비폭력 [주의].

non·vi·o·lent [nɑnváiələnt / nɔn-] *adj.* 비폭력[주의]의.

non·vo·coid [nɑnvóukɔid / nɔn-] n. =contoid.

non·vol·a·tile [nɑnválətl / nɔnvɔ́lətàil] *adj.* 불(不)휘발성의.

nonvólatile mèmory n. 〔전자공학〕 불휘발성 메모리[전원을 끊어도 메모리의 내용이 지워지지 않고, 전원을 넣으면 다시 데이터가 재현되도록 된 메모리].

non·vot·er [nɑnvóutər / nɔn-] n. 투표 기권자.

non-white [nàn(h)wáit / nɔ̀n-] n. 백인종이 아닌 사람, 비(非)백인. — *adj.* 백인종이 아닌, 비백인의. ¶ the nonwhite people 비백인종.

noo·dle¹ [nú:dl] n. (보통 ~s) 누들[밀가루에 계란을 섞어서 만든 국수류; 수프에 넣어 먹는다].

noo·dle² [nú:dl] n. **1** 《속어》 머리(head). **2** 바보, 천치. — *vi.* (**-dled, -dling**) 《구어》 **1** 〔악기를〕 타다, 잠깐 시험해 보다. **2** 생각해 보다.

*nook [nuk] n. **1** 〔방 따위의〕 구석(corner). **2** 구석진 곳(recess), 외딴 곳; 피난처, 은신처.

look in every nook and corner 구석구석을 샅샅이 뒤지다.

‡noon [nu:n] n. ⓤ **1** 정오, 한낮(midday). ¶ **about noon** [한]낮에, 정오쯤 / **at** [**high**] **noon** [정각] 정오에 / **before noon** 오전에. **2** (the ~) 최고점, 전성기(prime). ¶ **at the noon of one's career** 생애의 전성기에 / **at the noon of life** 장년기(壯年期)에. **3** 《주로 문어》 야반, 한밤중(midnight).

〖주의〗 우리말의 「낮」이 시간적인 넓이가 있는 데 반하여 noon은 때의 한 점을 가리키므로, at noon 은 「정오 12시에」를 뜻하게 된다. 따라서 우리말의 「낮에」에 해당하는 영어는 about noon, at lunch time 이라고 말하는 것이 좋다.

the noon of night 한밤중, 야반(夜半) (midnight).

nóon bàsket n. 《美》 도시락(lunch basket).

*noon·day [nú:ndèi] n. ⓤ 정오, 〔대〕낮(midday).

as clear (or **plain**) **as noonday** 매우 명백한. 〔사〕 — *adj.* 정오의, 〔대〕낮의. ¶ a *noonday* meal 낮의 식사.

*no one, no-one [nóuwʌ̀n, -wən] *pron.* 아무도 …않다(nobody). ¶ **I saw no one.** 나는 아무도 보지 못했다.

No. 1 *adj.* =number one (⇨ NUMBER).

noon·flow·er [nú:nflàuər] n. **1** 나도쇠채. **2** 솔나 국화속(屬)의 식물.

noon·ing [nú:niŋ] n. 《美방언》 **1** 정오, 〔대〕낮(noontime); 낮의 휴식 시간; 점심.

noon·tide [nú:ntàid] n. ⓤ **1** 정오, 〔대〕낮(midday). **2** (the ~) 최고점, 정점, 극치. **3** 《주로 문어》 야반, 한밤중(midnight).

noon·time [nú:ntàim] n. ⓤ 정오, 〔대〕 낮(noonday).

noose [nu:s] n. **1** 고를 낸 매듭[옭매기 등을 하는 데 쓰이는 올가미 매듭이며 당기면 죄어진다]; 올가미, 덫(snare). **2** 자유를 속박하는 것, 〔결혼 등의〕 유대(tie, bond); 올가미, 덫(snare). ¶ **the marriage noose** 결혼의 유대.

put one's **neck into the noose** 스스로 궁지에 빠지다. — *vt.* (**noosed, noos·ing**) **1** …을 올가미로 잡다; …을 덫에 걸리게 하다(trap). **2** …을 고를 낸 매듭으로 만들다. **3** 《드물게》 …을 교수형에 처하다(hang).

noo·sphere [nóuəsfìər] n. **1** 〔생태〕 인간 생활권(圈). **2** 인간의 지적(知的) 활동 전체.

NOP (略) *N*ational *O*pinion *P*olls(영국 전국 여론 조사 회사); *n*ot *o*ur *p*ublication(당사(當社)의 출판물이 아님].

n.o.p. (略) *n*ot *o*therwise *p*rovided for(별도로 정하는 바가 없어].

no-par [nóupá:r] *adj.* 액면 가격이 없는.

nope [noup] *adv.* 《美구어》 아니, 아니오(no). *cf.* yep

NOPEC [nóupèk] n. (경제) 비(非) OPEC 석유 수출국[미국·영국·구소련·멕시코 등]. 〔< non-*OPEC*〕

nó pláce *adv., n.* 《美구어》 =nowhere.

‡nor [nɔːr, 약 nər] *conj.* **1** (neither 또는 not과 상관적으로 써서) …도 또한 …아니다. *cf.* either…or; both …and ¶ **It is neither hot nor cold.** 덥지도 춥지도 않다 / **Neither a pen nor a pencil was to be seen.** 펜도 연필도 보이지 않았다 / **Neither she nor I am wrong.** 그녀도 나도 잘못은 없다(* 동사는 그 동사에 가장 가까운 주어와 일치한다) / **They could neither advance nor retreat.** 그들은 전진도 후퇴도 할 수가 없었다.

2 《고어·詩》 (nor…nor…의 어형으로) …도 …도 아니다(neither…nor). ¶ **Nor heaven nor earth have been at peace tonight.** 오늘밤은 하늘도 땅도 평화롭지 않았다[← Shakespeare 작 *Julius Caesar*].

3 《고어·詩》 (앞에 오는 neither 를 생략하여) ¶ **Thou nor he will pity me.** 그대도 그 사람도 나를 불쌍히 여기지는 않을 것이다. ¶ **He nor I was there.** 그도 나도 그 곳에는 없었다.

4 (not, no, never 따위를 포함하는 부정절 뒤에 사용하여 부정의 연속을 나타낸다) 또한…아니다, 그리고…않다. ¶ **He can not do it, nor can I.** 그도 못하고 나 또한 못한다 / **I don't know, nor do I care.** 알지도 못하고 관심도 없다 / **I said I had not bought it, nor had I.** 나는 사지 않았다고 말했고, 또 실제로 사지 않았다.

5 (긍정절의 뒤 또는 글머리에 상관이 없이 사용하여) 그리고 또한 …않다(and not). ¶ **They are happy; nor need we mourn.** 그들은 행복하며, 우리는 슬퍼할 필요가 없다 / **Nor will I deny the fact.** 그리고 그 사실도 부정하지 않겠다(* 조동사가 앞에 온다) / **Nor is this all.** 그리고 또한 이것뿐이 아니다(* 논설 따위의 중간에 사용한다).

— **Usage** nor 는 부정문과 그 뒤에 따르는 글을 연결하는 기능을 가지는 것이 보통이지만, 앞의 글이 부정문이 아니라도 부정을 뜻하는 내용이면 뒤의 글을 nor 로 연결할 수가 있다: **He sat motionless, nor did I make a move.**(그는 꼼짝 않고 앉아 있었고 나도 또한 몸짓 하나 까딱 않았다).

6 〔방언〕 …보다(than). ¶ **I know better nor you.** 나는 너보다 잘 알고 있다.

nor¹ [nɔːr] north 의 생략형(* 특히 복합어로 사용). ¶ **nor'easter** 동북풍.

NOR [nɔːr] n. 〔컴퓨터〕 노어[논리합(論理合)을 부정하는 논리 연산자(演算子)]. 〔<N[OT]+OR〕

Nor. (略) *N*orman; *N*orth, *N*orthern; *N*orway, *N*orwegian.

NORAD (略) *N*orth *A*merican *A*ir *D*efense Command(북미 방공군(防空軍)).

Nor·den·felt [nɔ́ːrdnfelt] n. 노르덴펠트식 기관총(Nordenfelt gun). 〔<발명자 스웨덴의 T.V. Nordenfelt 의 이름〕

Nor·dic [nɔ́ːrdik] *adj.* 〔인류〕 북방 인종의, 북유럽인의. ¶ **the *Nordic* race** 북방 인종. — n. 북방 인종, 북유럽인.

Nórdic Cóuncil n. 북구 이사회〔Iceland, Norway, Denmark, Sweden, Finland 의 국제 협의 기구〕.

no-re·turn [nóuritə́ːrn] *adj.* 〔병맥 따위를〕 반환할 필요가 없는.

Nórfolk jácket (**cóat**) [nɔ́ːrfək-] n. 노퍽 자켓(型) 상의〔앞뒤 몸통에 주름이 있고 벨트가 달린 느슨한 싱글 상의〕.

no·ri·a [nɔ́ːriə / nɔ́-] n. 물 긷는 물방아[스페인이나 동양에서 쓰는 물통이 달린 물방아식 장치].

nor·land [nɔ́ːrlənd] n. 《주로 방언》 =northland.

*norm [nɔːrm] n. **1** 표준, 기준(standard), 규범, 규범(model, pattern). **2** 〔교육〕 〔지능 발달의〕 기준; 〔개인의〕 평균 학력. **3** 노르마, 기준 노동량. ¶ **production norms** 생산 노르마.

Norm. (略) *N*orman.

Nor·ma [nɔ́ːrmə] n. (*pl.* **-mae** [-miː]) 〔천문〕 수준기자(座)〔남쪽 하늘에 있는 성좌의 하나〕.

‡nor·mal [nɔ́ːrm(ə)l] adj. 1 표준적인, 전형적인 (standard), 정규의(regular); 보통의, 통상적인 (usual), 정상적인(opp. abnormal). ⇨ COMMON 類語 ¶ a normal procedure 정규 절차 / the normal tax 본세 (本稅) / a normal condition(or state) 정상 상태 / a normal temperature [인체의] 평균(平熱)/It is normal to make a mistake sometimes. 때로 실수하는 것은 정상적인 일이다. 2 [심리] [지력·정신 상태 등이] 보통 정도의, 표준적인, 정상인(sane). 3 [수학] 수직의 (perpendicular), 수직선의, 법선(法線)의. 4 [생물·의학] 정상인, 실험 처치(處置)를 받지 않은; 자연의. 5 [화학] [용액이] 규정의; [유기 화합물이] 직쇄상(直鎖狀)의, 노멀의, 정(正)의. — n. 1 상태(常態); 평온 (平穩); 평균, 표준. 2 [수학] 수직선, 법선.
◇ nórmalcy n., nórmalize v.
nor·mal·cy [nɔ́ːrm(ə)lsi] n. U 상태(常態), 정상의 일.
nórmal distribútion n. [통계] 정규 분포(Gaussian distribution).
nor·mal·i·ty [nɔːrmǽliti] n. =normalcy.
nor·mal·i·za·tion [nɔ̀ːrmalizéiʃ(ə)n / -laiz-] n. U 표준화, 정상화, 규격화.
nor·mal·ize [nɔ́ːrmalàiz] v. (-ized, -iz·ing) vt. …을 표준대로 하다, 정상[상태]로 하다. — vi. 표준대로 되다, 정상[상태]로 돌아오다.
nor·mal·iz·er [nɔ́ːrm(ə)làizər] n. 1 표준대로 하는 사람(것), 정상으로 하는 사람(것). 2 [수학] 정규화군(群), 정규 부분군(正規部分群).
*nor·mal·ly [nɔ́ːrməli] adv. 규칙대로, 관습에 따라서; 표준적으로, 당연하게; 통상적으로는, 보통으로.
nórmal school n. [고교를 졸업하고 2년간 배우는] 교원 양성 학교.
*Nor·man [nɔ́ːrmən] n. 1 노르만인 [10 세기의 Normandy 를 정복한 북유럽인]. 2 노르만인(人) [1066년에 영국을 정복한 북유럽인과 프랑스인과의 혼합 민족] (Norman French). 3 [프랑스 북부의] 노르망디 사람. 4 = Norman French 1. — adj. 1 노르만인 의; 노르망디 사람의. 2 [건축] 노르만식(풍)의.
◇ Nórmanize v., Normanésque adj.
Nórman árchitécture n. U C [건축] 노르만식 건축[로마네스크(Romanesque) 건축 양식; 웅장한 구조와 간소한 장식이 특징].
Nórman Cónquest n. (the ~) 노르만인의 영국 정복[1066년 William the Conqueror 가 인솔하였다].
*Nor·man·dy [nɔ́ːrməndi] n. 노르망디 [영국 해협에 면한 프랑스 북부 지방].
Nórman Énglish n. 노르만 영어[Norman-French 의 영향을 받은 영어].
Nor·man·esque [nɔ̀ːrmənésk] adj. [건축] 노르만식 (풍)의.
Nórman Frénch n. 1 U 노르만 프랑스어(語). a) 프랑스의 노르망디 지방의 방언. b) Norman Conquest 후에 영국의 공용어가 되었던 노르만인의 프랑스어. 2 =Norman 2.
Nor·man·ism [nɔ́ːrmənìz(ə)m] n. U 노르만 풍 (식); 노르만[인] 예찬자, 노르만주의.
Nor·man·i·za·tion [nɔ̀ːrmənizéiʃ(ə)n / -naiz-] n. U 노르만화(化).
Nor·man·ize [nɔ́ːrmənàiz] v. (-ized, -iz·ing) vt. … 을 노르만식(풍)으로 하다, 노르만화하다. — vi. 노르만풍이 되다.
nor·ma·tive [nɔ́ːrmətiv] adj. 표준(규준)의, 규범적인, 규범에 따른, 규범적인. ¶ normative grammar 규범 문법.
nor·mo·ten·sive [nɔ̀ːrmouténsiv] adj., n. [의학] 정상 혈압의[사람].
nor·mo·ther·mi·a [nɔ̀ːrmoʊθə́ːrmiə] n. U C 평상 체온.
Norn [nɔːrn] n. [북유럽 신화] 노른[운명의 세 여신 중의 하나].
Norse [nɔːrs] adj. 고대 노르웨이의, 노르웨이(어)의; [특히] 고대 스칸디나비아의, 고대 북유럽의. — n. 1 (the ~) 《복수 취급》 노르웨이인(Norwegians); 고대 노르웨이인; 고대 스칸디나비아인. 2 U [특히] 고대 노르웨이어.
Norse·land [nɔ́ːrslənd] n. =Norway.
Norse·man [nɔ́ːrsmən] n. (pl. -men [-mən]) 고대 스칸디나비아인, 고대 북유럽인(Northman).
Norsk [nɔːrsk] adj., n. =Norse.
‡north [nɔːrθ] n. 1 (보통 the ~) 북, 북쪽 (* 동서남북은 보통 north, south, east and west 라고 말한다); (보통 the N-) 북부[지방], 북쪽. ¶ the true north 정북(正北) / the cold North 추운 북극. 2 (the N-) 영국 북부(North Country) [Humber 강 이북]; 미국 북부의 여러 주(州) (Ohio 주, Missouri 주, Maryland 주 이북); (종종 N-) 북반구; 북극 지방(권). 3 (보통 the ~) 《詩》 북풍.
in the north of …의 북부에. ¶ Chonan is in the north of Chungchong-Namdo. 천안은 충청 남도의 북부에 있다.
north by east 북미동[略 NbE]. [부에 있다.
north by west 북미서[略 NbW].
on the north of …의 북쪽에 접하여. ¶ Uijongbu is on the north of Seoul. 의정부는 서울의 북쪽에 접해 있다.
to the north of …의 북쪽에, 북부에. ¶ Taejon lies to the north of Namwon. 대전은 남원의 북쪽에 있다.
— adj. 북의, 북방의; 북을 향한; 북으로부터 불어오는; (보통 N-) 북부의. ¶ the north latitude 북위 / a north window 북쪽을 향한 창문 / a north wind 북풍 / a house with a north aspect 북향 집 / North Africa 북아프리카.
— adv. 북으로(에), 북쪽으로 / [바람 따위] 북쪽으로부터. ¶ go (sail) north 북으로 가다(항해하다) / due north 정북(正北) / lie north and south 남북에 걸쳐 있다.
north of …의 북방에(to the north of). ¶ The town lies five miles north of the river. 그 읍은 그 강의 5마일 북방에 있다(* 몇 마일이라는 일정한 거리를 나타낼 경우에 of 보다 north of 를 많이 쓴다).
◇ nórthern adj.
North [nɔːrθ] n. 선진국[공업화·경제 발전이 잘 된 나라].
Nórth África n. 북아프리카[열대 이북].
Nórth América n. 북아메리카[주], 북미[대륙].
Nórth Atlántic Tréaty Organizátion n. 북대서양 조약 기구[略 NATO].
north·bound [nɔ́ːrθbàund] adj. 북방 행(行)의.
Nórth Brítain n. 북영(北英), 스코틀랜드 [略 N. B.].
Nórth Bríton n. 스코틀랜드인(人) (Scot).
Nórth Cápe n. 1 노스곶[노르웨이 북단 섬의 갑; 유럽의 최북단]. 2 뉴질랜드의 North Island 의 최북단.
*Nórth Carolína n. 미국 남대서양 연안의 주[주도 Raleigh; 略 N.C.]. [람].
Nórth Carolínian adj., n. North Carolina주의 [사
Nórth Cóuntry n. 1 영국 북부[Humber 강 이북. 2 미국 Alaska 주와 캐나다 Yukon 지방을 합친 지역.
*Nórth Dakóta n. 미국 중북부의 주[주도 Bismarck; 略 N. Dak.]. [kota 주의 [사람].
Nórth Dakotan [-dəkóutən] adj., n. North Da-
‡north·east [nɔ̀ːrθíːst, 항해 nɔ̀ːríːst] n. 1 (보통 the~) 동북. 2 (보통 the~) 동북부, 동북 지방. 3 (the N-) 미국 동북부.
northeast by east 동북동(微)동[略 NEbE].
northeast by north 동북미(微)북[略 NEbN] [약간 북쪽으로 기운 동북].
— adj. 동북의; 동북에 면한; [바람 따위가] 동북으로부터의. — adv. 동북에(으로); [바람 따위가] 동북으로부터. ◇ northeastern adj. [[강풍].
north·east·er [nɔ̀ːrθíːstər, 항해 nɔ̀ːríːst-] n. 동북풍
north·east·er·ly [nɔ̀ːrθíːstərli, 항해 nɔ̀ːríːst-] adj. 동북쪽에 있는; 동북에 면한(을 향한) [바람 따위]

동북으로부터의. — *adv.* 동북으로; 동북에서.
*north·east·ern [nɔːrθíːstərn, 항해 nɔːríːst-] *adj.*
1 동북의, 동북으로의. **2** [바람 따위] 동북으로부터의. **3** (N-) 미국 동북부의. ◇ nórtheast *n.*
Nórthèast Pássage *n.* (the ~) 동북 항로[유럽 및 아시아의 북해안을 따라 북해·태평양 사이를 잇는 항로].
north·east·ward [nɔːríːstwərd, 항해 nɔːríːst-] *adj.* 동북에 있는(을 향하는), 동북으로의. — *adv.* 동북에(으로). — *n.* (the ~) 동북[방], 동북[부].
~·ly *adv., adj.*
north·east·wards [nɔːríːstwərdz, 항해 nɔːríːst-] *adv.* =northeastward.
north·er [nɔ́ːrðər] *n.* **1** 노서[겨울철에 미국 남부의 멕시코만 연안 지방에서 부는 한랭 북풍]. **2** [일반적으로] 북풍, 강한 북풍.
north·er·li·ness [nɔ́ːrðərlinis] *n.* ⓤ 북방에 있음(을 향함); 북[방]에서 옴.
north·er·ly [nɔ́ːrðərli] *adj.* 북방[으로]의, 북을 향한; [바람 따위] 북으로부터의. — *adv.* 북방에(으로); 북으로부터. — *n.* 북풍.
‡north·ern [nɔ́ːrðərn] *adj.* **1** 북[방]의, 북에 있는, 북부 지방의(특히 영국·유럽의) 북부에 사는; 북부 출신의; 북부 특유의; 북부에서 나는(에 속하는). **2** 북을 향한(면한). **3** [바람 따위] 북으로부터의. **4** 《美》 (종 종 N-) 미국 북부 여러 주의. ¶ Northern habits(or customs) 북부의 관습. **5** [천문] 북천(北天)의. — *n.* **1** 북부의 사람, 북국인(northerner). **2** 《美》 북풍.
◇ north *n.*
north·ern·er [nɔ́ːrðərnər] *n.* 북지(北地) 사람, 북국 인; (N-) 《美》 미국 북부 여러 주의 사람.
Nórthern Hémisphère *n.* (the ~) 북반구.
Nórthern Íreland *n.* 북아일랜드[아일랜드섬의 북부 6주(州)로 구성되며, 영국(United Kingdom)의 일부; 수도 Belfast].
nórthern líghts *n. pl.* (the ~) 북극광(北極光) (aurora borealis).
north·ern·most [nɔ́ːrðərnmòust, -məst] *adj.* 최북 의.
Nórthern Térritory *n.* (the ~) 오스트레일리아 북부의 아열대 지방[수도 Darwin].
Nórth Germánic *n.* ⓤ 북게르만어(Scandinavian).
north·ing [nɔ́ːrθiŋ, 美 nɔ́ːrð-] *n.* ⓤ **1** 북상, 북진. **2** [항해] 북거(北距) [최종 측량 지점과 거기서부터 북쪽으로 나아가 도달한 지점과의 위도 차(差)].
Nórth Ísland *n.* 노스섬[뉴질랜드의 2대 섬 중의 북쪽 섬].
north·land [nɔ́ːrθlənd] *n.* **1** 북국, 북지; 북부 지방. **2** (N-) 스칸디나비아 반도(Scandinavian Peninsula).
north·land·er [nɔ́ːrθləndər] *n.* 북국 사람, 북지 주민.
North·man [nɔ́ːrθmən] *n.* (*pl.* **-men** [-mən]) 고대 스칸디나비아인[8-11세기에 영국·아일랜드 기타 유럽 각지에 침입하여 정주했다](Norseman). [most.
north·most [nɔ́ːrθmòust, -məst] *adj.* =northern-
north-north·east [nɔ́ːrθnɔ̀ːrθíːst, 항해 nɔ̀ːrnɔ̀ːríːst] *n.* (보통 the ~) 동북북[略 NNE, N.N.E.].
— *adj.* 동북북의; 동북북을 향한; 동북북으로부터의.
— *adv.* 동북북에(으로부터).
north-north·west [nɔ́ːrθnɔ̀ːrθwést, 항해 nɔ̀ːrnɔ̀ːrwést] *n.* (보통 the ~) 서북북[略 NNW, N.N.W.].
— *adj.* 서북북의; 서북북을 향한; 서북북으로부터의.
— *adv.* 서북북에(으로부터).
north-po·lar [nɔ́ːrθpóulər] *adj.* 북극의(arctic).
Nórth Póle *n.* (the ~) 북극(北極). ⇒ ZONE 그림.
Nórth Séa *n.* 북해(北海) [대브리튼섬과 유럽 대륙 사이의 바다].
Nórth-Sóuth próblems [nɔ́ːrθsáuθ-] *n.* 남북문제[북반구의 선진 국가들과 남반구의 저개발 국가들간의 경제 격차의 문제].

Nórth Stár *n.* (the ~) [천문] 북극성(Polaris).
Nórth Stár Státe *n.* (the~) 미국 Minnesota 주의 별칭.
North·um·ber·land [nɔːrθʌ́mbərlənd] *n.* 노섬벌 랜드[영국 동북부의 주(州); 주도 Newcastle].
North·um·bri·a [nɔːrθʌ́mbriə] *n.* 노섬브리아 왕국 [영국 북부의 옛 왕국].
North·um·bri·an [nɔːrθʌ́mbriən] *adj.* **1** 노섬브리 아 왕국(인, 방언)의. **2** 노섬벌랜드주(州) (사람, 방언)의. — *n.* **1** 노섬브리아 사람; ⓤ 노섬브리아 방언. **2** 노섬벌랜드주 사람; ⓤ 노섬벌랜드 방언.
Nórth Vietnám *n.* 북베트남. ⇒ VIETNAM.
north·ward [nɔ́ːrθwərd, 항해 nɔ́ːrðərd] *adj.* 북으로 의(을 향하는), 북방의(에 있는). — *adv.* 북방에(으로), 북을 향해. — *n.* (the ~) 북방, 북부(northward part).
north·ward·ly [nɔ́ːrθwərdli, 항해 nɔ́ːrðərdli] *adv., adj.* 북방으로[의]; 북으로부터[의]. [northward.
north·wards [nɔ́ːrθwərdz, 항해 nɔ́ːrðərdz] *adv.* =
‡north·west [nɔ́ːrθwést, 항해 nɔ̀ːrwést] *n.* **1** (보통 the ~) 서북, 서북방(略 NW, N.W.). **2** (보통 the ~) 서북 지방. **3** (the N-) **a)** [미국의 서쪽 경계가 Mississippi 강이던 무렵의] 미국 서북부. **b)** 미국 서북부 [특히 Washington, Oregon, Idaho의 3개 주(州)]. **c)** 캐나다 서북부.
northwest by north 서북미(微)북 [略 NWbN].
northwest by west 서북미(微)서 [略 NWbW].
— *adj.* 서북의(에 있는); 서북으로의; [바람 따위가] 서북으로부터의. — *adv.* 서북에(으로); 서북으로부터.
◇ northwéstern *adj.*
north·west·er [nɔ̀ːrθwéstər, 항해 nɔ̀ːrwést-] *n.* 서북풍, 서북의 강풍.
north·west·er·ly [nɔ̀ːrθwéstərli, 항해 nɔ̀ːrwést-] *adj.* 서북의, 서북에 있는; 서북에 면한(을 향하는); [바람 따위가] 서북으로부터의. — *adv.* 서북에(으로); 서북으로부터.
*north·west·ern [nɔ̀ːrθwéstərn, 항해 nɔ̀ːrwést-] *adj.* **1** 서북의, 서북으로의. **2** [바람 따위가] 서북으로부터의. **3** (N-) 미국 또는 캐나다 서북부의.
◇ nórthwest *n.*
Nórthwèst Pássage *n.* (the ~) 서북 항로[캐나다와 알래스카의 북극양 연안을 따라 대서양과 태평양을 잇는 항로].
Nórthwèst Térritòries *n. pl.* (the ~) 캐나다 북부의 광대한 지방[서쪽은 Yukon 지방과 접경하고 동북은 Davis 해협에 이른다. Old Northwest 라고도 한다; 略 N.W.T.].
Nórthwèst Térritòry *n.* (the ~) 미국의 Ohio, Mississippi 두 강과 캐나다 국경 사이 지역의 옛 명칭.
north·west·ward [nɔ̀ːrθwéstwərd, 항해 nɔ̀ːrwést-] *adj.* 서북의, 서북에 있는(으로 향한), 서북으로의.
— *adv.* 서북으로(에). — *n.* (the ~) 서북[방], 서북부.
north·west·wards [nɔ̀ːrθwéstwərdz, 항해 nɔ̀ːrwést-] *adv.* =northwestward.
Norw. (略) Norway, Norwegian.
nor·ward [nɔ́ːrwərd] *adv., adj., n.* =northward.
*Nor·way [nɔ́ːrwei] *n.* 노르웨이[스칸디나비아 반도 서부의 왕국; 수도 Oslo]. ◇ Norwégian *adj.*
*Nor·we·gian [nɔːrwíːdʒ(ə)n] *adj.* 노르웨이의; 노르웨이인(의). — *n.* 노르웨이인; ⓤ 노르웨이어.
◇ Nórway *n.*
nor·west·er [nɔːrwéstər] *n.* **1** [선원용] 레인 코트·레인 해트(sou' wester). **2** 서북[강] 풍(northwester).
n.o.s., N.O.S. (略) not otherwise specified[별도의 지정이 없으면].
nos., Nos. (略) numbers.
‡nose [nouz] *n.* **1** 코. ¶ a big *nose* 큰 코 / an aquiline *nose*; a Roman *nose* 매부리코 / *nose* glasses 코걸

이 안경 / the bridge of the *nose* 콧대 / bleed at the *nose* 코피를 흘리다 / hit a person over the *nose* 남의 코를 치다 / hold (*or* pinch) one's *nose* 코를 쥐다(쥐집다) / blow one's *nose* 코를 풀다 / pick one's *nose* 코를 후비다. **2** (보통 a ~) [예민한] 후각(sense of smell); 제6감(flair), 직감적 식별력, 직감 (*for* ...). ¶ a dog with a good *nose* 냄새를 잘 맡는 개 / a good *nose* for discovering ...을 발견하는 예민한 육감 / The newsman has a great *nose* for news. 그 기자는 뉴스에 대해 대단한 식별력을 가지고 있다. **3** [U] [英] [건초·차 따위의] 냄새, 향기(perfume) (*of* ...). **4** [코 모양의] 돌출부; [관(管)·통(筒) 따위의] 끝, 총구; [골프채의] 헤드 끝; 선수(船首), 기수(機首); 어뢰(魚雷)의 끝. **5** 《속어》 [경찰의] 스파이(spy), 밀고자(informer). ─ 명백한.
as plain as the nose on (*or* *in*) *one's face* 매우
bite (*or* *snap*) *a person's nose off* 남에게 무뚝뚝한 대답을 하다, 퉁명스럽게 대하다.
by a nose 《속어》 [경마 따위에서] 코 [길이] 차로, 근소한 차로. ¶ win a race *by a nose* 근소한 차로(가까스로) 레이스에 이기다.
cannot see beyond (*the length of*) *one's nose* 상상력이 없는 사람에 대해) 코앞 일밖에 모르다, 한치 앞을 못 보다.
count (*or* *tell*) *noses* ① [출석자·찬성자 등의] 인원수를 세다. ② ...을 수로 결정하다, 인원수의 다소로 결정하다. ③ ...에게 불리한 짓을 하다.
cut off one's nose to spite one's face 홧김에 자기에게 불리한 짓을 하다.
follow one's nose ① 곧장 앞으로 나아가다. ② 본능이 가리키는 대로(육감으로) 행동하다.
in spite of a person's nose 남의 반대를 무릅쓰고.
keep (*or* *hold*, *put*) *a person's nose to the grindstone* 남을 끊임없이(쉴새 없이) 부리다.
lead a person by the nose 남을 마음대로 끌고 다니다, 맹종(盲從)시키다, 절대로 복종시키다. ¶ The junta *leads* the president *by the nose*. 혁명 평의회는 대통령을 마음대로 끌고 다니고 있다.
look down one's nose at 《구어》 거만한 눈초리로 내려다보다, 경멸하다.
make a long nose at ...을 깔보다.
make a person's nose swell 남을 부러워하게 하다.
a nose of wax 남 하자는 대로 하는 사람.
nose to nose 마주보고, 얼굴을 맞대고(face to face).
on the nose 《속어》 ① [경마 따위에서] 1 착으로, 우승하여. ② 딱, 정확하게(precisely). ¶ complete a task at 12 o'clock *on the nose* 12시 정각에 일을 끝내다.
pay through the nose 터무니없는 값을 치르다(빼앗기다).
powder one's nose 손을 씻으러 가다; 화장을 고치다 (* 여성이 사용).
put (*or* *poke*, *thrust*) *one's nose into* ...에 말참견하다, 공연한 간섭을 하다.
put a person's nose out of joint ① [애호·애정을 받고 있는] 사람을 밀어내다, 남의 애호를 가로채다. ② 남의 콧대를 꺾다, 남의 계획을 뒤엎다, 희망을 좌절시키다.
rub a person's nose in 남에게 달갑지 않은 체험을 시키다.
see no further than one's nose 근시안적이다, 앞을 내다보지 못하다.
thumb one's nose at a person 엄지손가락을 코끝에 대고 네 손가락을 펴보이며 경멸하다.
turn up one's nose at ...을 비웃다, 코방귀뀌다, 경멸하다(scorn).
under a person's [*very*] *nose* 남의 코앞에서, ...전에서.
─ *v.* (**nosed**, **nos·ing**) *vt.* **1** ...의 냄새를 맡다(sniff); ...의 냄새를 맡아내다, ...을 찾아내다 (... *out*). ¶ (~+目+團) *nose* it *out* [기자 등이] 눈치채다, 맡아내다 / He easily *noses out* another's secrets. 그는 남의 비밀을 쉽게 냄새맡는다. **2** ...에 코를 비벼대다(nuzzle), ...을 코로 밀다. ¶ My dog *nosed* me when I wept in despair. 내가 절망하여 울고 있을 때 내 개가 나에게 코를 비벼댔다. / (~+目+團) *nose* a door open 코끝으로 문을 열다. **3** (보통 one's way 를 수반하여) [배 따위가] 조심스럽게 전진하다, [비행기 따위가] 돌진하다. ¶ (~+目+團) The boats *nosed* their way *through* the fog. 배들은 안개 속을 조심스럽게 전진했다. **4** ...을 콧소리로 말하다(노래하다). **5** 《구어》 ...을 근소한 차로 이기다, ...에게 신승(辛勝)하다 (... *out*). ¶ (~+目+團) The horse I was betting on managed to *nose out* others. 내가 돈을 건 말이 가까스로 이겼다.
─ *vi.* **1** 냄새맡다(맡아보다) (scent), 냄새맡고 다니다 (*at*, *about* ...). ¶ (~+團+图) The dog kept *nosing about* the room. 개는 방안을 냄새맡고 다녔다. **2** 찾다 (*after*, *for* ...), 꼬치꼬치 캐다(pry) (*about*, *into* ...); 간섭하다, 참견하다 (meddle) (*into* ...). ¶ (~+團+图) Don't *nose into* another's affair. 남의 일을 꼬치꼬치 캐지 마라. **3** [배 따위가] 조심조심 나아가다, 전진하다. **4** [지층(地層) 따위가] 아래로 기울다, 내려가다 (*in* ...), 끝이 노출되다 (*out*). **5** 《속어》 스파이 노릇을 하다, 밀고하다 (*on* ...).
nose a job in everything 무엇이든 자기에게 이익되는 것을 찾아내다.
nose down (*up*) [비행기가] 기수를 아래(위)로 돌리다.
nose over [비행기가 착륙 때 기수를 처박고] 뒤집히다.
◇ **nósy** *adj.*

nóse ápe *n.* 코가 큰 원숭이의 일종.
nóse bág *n.* [말 따위의 머리에 거는] 여물 망태.
nose·band [nóuzbænd] *n.* [말의] 재갈 가죽 끈. ⇔ HARNESS 그림.
nose·bleed [nóuzblì:d] *n.* 코피가 남, 비출혈(鼻出血).
nóse cóne *n.* 노즈콘[로켓 따위의 머리 끝 원추체(圓錐).
nóse cóunt *n.* 인구 조사.
-nosed *a.* '...코의'라는 뜻의 연결형. 예: aquiline-*nosed* (매부리코의) / snub-*nosed* (사자코의).
nóse dìve *n.* **1** [비행기 따위의] 급강하. **2** [가격 따위의] 폭락.
nose-dive [nóuzdàiv] *vi.* (**-dived** *or* **-dove**, **-dived**, **-diving**) **1** [비행기 따위가] 급강하하다. **2** [가격 따위가] 폭락하다.
nóse dròps *n. pl.* 점비제(點鼻劑).
nóse flùte *n.* 코로 부는 피리.
nose·gay [nóuzgèi] *n.* [향기로운] 꽃다발(bouquet).
nose-led [nóuzlèd] *adj.* 하자는 대로 하는.
nose-mon·key [nóuzmʌŋki] *n.* =nose ape. 「식].
nóse órnament *n.* [야만인들이 쓰는] 코고리[장
nose·piece [nóuzpì:s] *n.* **1** [투구 따위의] 코덮개 (nasal). **2** =noseband. **3** [현미경의] 대물(對物) 렌즈(臺).
nóse pìpe *n.* [용광로의] 배기관(排氣管) 주둥이.
nos·er [nóuzər] *n.* 《고어》 **1** 강한 맞바람. **2** 코에
nóse rág *n.* 《속어》 손수건. 「대한 일격.
nose-ride [nóuzràid] *vi.* 파도타기(서핑)판의 끝에 타다(에서 묘기를 서핑하다).
nóse rìng *n.* [소 따위의] 코무레; [미개 토인의] 코
nose-thumb·ing [nóuzθʌ́miŋ] *n.* [U] 《美》 [엄지손가락을 코에 대고 네 손가락을 펴는] 경멸하는 몸짓.
nóse wàrmer *n.* 《속어》 짧은 물부리(파이프).
nose·wheel [nóuz(h)wì:l] *n.* [항공] [비행기의] 기수(機首) 바퀴.
nos·ey [nóuzi] *adj.* (**nos·i·er**, **nos·i·est**) =nosy.
nosh [naʃ / nɔʃ] *n.* **1** 《英속어》 간식물. **2** 《美속어》가벼운 식사. ─ *vi.*, *vt.* **1** 《英속어》 간식하다. **2** 《美속어》 가벼운 식사를 하다.
no-show [nóu(h)óu] *n.* 《美구어》 [여객기·배·열차 따위의 좌석을 예약하고도] 출발 때까지 나타나지 않는 손님.
nosh-up [náʃʌp / nɔ́ʃ-] *n.* (a ~) 《英》 호화로운 식사. ¶ have a *nosh-up* 성찬을 먹다.
nó síde *n.* 《英》 [럭비에서] 게임끝[심판 용어].
nos·ing [nóuziŋ] *n.* [건축] **1** 디딤코[계단 디딤판의 가장자리]; 디딤코에 댄 쇠붙이. **2** 부벽(扶壁)(but-

tress)의 돌출부.
noso- disease 라는 뜻의 연결형(* 모음 앞에서는 nos-를 쓴다). 예: *nos*ology.
no·sog·ra·phy [nouságrəfi / ·sóg-] *n.* ⓤ 질병 기술학(疾病記述學). 〖分類學〗
no·sol·o·gy [nousálədʒi / ·sól-] *n.* ⓤ 질병 분류학
***nos·tal·gi·a** [nɑstǽldʒ(i)ə / nɔs-] *n.* 노스탤지어, 향수(鄕愁), 회향병(懷鄕病); 과거[의 사물]에 대한 깊은 그리움(동경) (*for* ...).
nos·tal·gic [nɑstǽldʒik / nɔs-] *adj.* 회향[병]의, 향수의; 과거[의 사물]의 그리움하는. **-gi·cal·ly** [-kəli] *adv.*
Nos·tra·da·mus [nὰstrədéiməs / nɔ̀s-] *n.* 〖일반적으로〗예언자, 점쟁이. (<프랑스의 점성가 노스트라다무스(1503-66)의 이름)
***nos·tril** [nástril / nɔ́s-] *n.* 콧구멍.
   the breath of a person's nostrils ⇒ BREATH.
   stink in the nostrils of ⋯에게 심한 따돌림을 받다(미움을 받다), ⋯에게 역겨운 대상이 되다.
no-strings [nóustrìŋz] *adj.* 조건이 붙지 않은.
nos·trum [nástrəm / nɔ́s-] *n.* **1** 매약(賣藥); 가전 비방(家傳祕方); 비방약, 특효약. **2** 엉터리 약(quack medicine). **3** 〖사회·정치 문제 따위에 대한〗자신있는 해결책, 비책, 묘안(panacea).
nos·y, nos·ey [nóuzi] *adj.* (**nos·i·er**, **nos·i·est**) **1** 〖구어〗꼬치꼬치 캐기 좋아하는; 참견하기 좋아하는(prying). **2** 코가 큰. **3** 〖고어〗악취가 나는. **4** 〖고어〗〖차가〗향기로운. ━ *n.* 코가 큰 사람.
nos·i·ly *adv.* **nos·i·ness** *n.* 〖견 잘하는 사람.
Nósy Párker *n.* 〖구어〗캐묻기 좋아하는 사람.
‡**not** [강.ᴀt, nɑt, nɔt / 강.nɔt, nɔt nt, n] *adv.* **1** 〖술부·술어 동사의 부정; 문장의 부정〗 ⋯아니다, ⋯않다. **a)** 〖명사문에서〗(* 문어체에서는 조동사·be 동사·have 동사를 수반할 때 종종 n't로 단축되어 결합하는. 예: isn't, ain't, don't, haven't, shan't, won't, can't 따위). ¶ I do *not* (or *don't*) know. 나는 모른다/Do *not* (or *Don't*) move. 움직이지 마라/She did *not* (or *didn't*) have breakfast this morning. 그녀는 오늘 아침 식사를 하지 않았다/He will *not* (or *won't*) come tomorrow. 그는 내일 오지 않을 것이다/It is *not* (or *isn't*) right. 그것은 옳지 않다/I have *not* (or *haven't*) got the book. 나는 그 책을 갖고 있지 않다/I do*n't* think it is true. 나는 그것이 사실이라고 생각지 않는다(* I think it is not true. 라고 해도 같은 뜻이 되나, 말하는 사람의 의견을 특별히 명시할 필요가 없을 때에는 주절(主節)에 not 을 쓰는 것이 보통이다)/I know *not*. 〖고어·詩〗나는 모른다(= I don't know.)/Fear *not* ! 무서워 마라! (= Don't fear!) / I *not* doubt he returned safe. 나는 그가 무사히 돌아온 것을 의심치 않는다(* 고문·시에서는 때로 동사가 일반 동사인 때라도 do *not* 으로 안하고 not 만을 동사의 바로 뒤나 바로 앞에 놓는다)/She did *not* make any answer. 그녀는 아무 대답도 안했다 (= She made no answer.) (* not ... any 또는 ...no 나 no ... 가 관용적인 표현이고 any ... not 과 같이 거꾸로 되지는 않는다. 따라서 *No* one knows the fact. 를 *Any* one does *not* know the fact. 라고 표현하지는 않는다). /*Any* one does *not* know the fact. 라고 표현하지는 않는다. /He spoke *not* a word. 그는 단 한마디도 하지 않았다 (*「not a+명사」는「no+명사」의 강조형.「not a single+명사」는 보다 더한 강조형) / I will not do such a thing, *not* I. 나는 그런 짓을 안한다, 안하고 말고 / They won't join the party, *not* they. 그들은 그 파티에 참석하지 않을 것이다, 안하고말고 (* 부정문의 뒤 또는 부정의 대답에서 대명사와 함께 사용하여 부정을 강조한다).
   ━ **Usage**¹ *not* A *and* B 와 *not* A *or* B ― 전자는 A+B를 전체적으로 부정한다: You can*not* eat the cake *and* have it. (이 두 과자를 먹고 또 갖고 있을 수는 없다.) 이에 대하여 후자는 A 와 B 를 개별적으로 부정한다: He did *not* speak loudly *or* clearly. (그는 큰 소리로 말하거나 분명하게 말하지 않았다). 또「A 도 아니고 B 도 아니다」의 뜻의 경우 *not* A *or* B 와 *not* A *nor* B 중에서 어느 쪽이나 쓸 수 있지만 nor 를 쓰는 표현은 B 의 부정을 강조하는 효과를 가진다: You must *not* move *nor* speak. (너는 움직여도 안 되고 말해도 안 된다).
   3 〖분사·동명사·부정사 앞에서 이를 부정한다〗 ¶ *Not* having money enough, I can't enjoy shopping. 돈이 넉넉하지 않아서 쇼핑을 즐길 수가 없다 / I regret his *not* having done it. 나는 그가 그것을 하지 않은 것이 유감스럽다 / I told him *not* to go there. 나는 그에게 그곳에 가지 말라고 말했다 / I come to bury Caesar, *not* to praise him. 나는 시저를 매장하러 온 것이지 그를 찬양하러 온 것이 아니다 [← Shakespeare 작 *Julius Caesar*].
   4 〖특하는 의미와는 반대의 의미를 갖는 어구 앞에서 표현을 완곡하게 한다〗 ¶ *not* a few 적지 않은 (* 수에 대하여 말한다) / *not* a little 적지 않은 (* 양·정도에 대하여 말한다) / *not* long ago 최근에 / *not* seldom 종종 / *not* once or twice 한두 번 아니게, 여러 번 / *not* too well 별로 신통치 않은 / *not* without some doubt 의심스러운 점이 없지도 않은 / It is *not* uncommon. 그것은 희귀한 것은 아니다.
   5 〖부분 부정〗 모두가 ⋯은 아니다, 반드시 ⋯은 아니다, 반드시 ⋯이라고는 할 수 없다 (* 부정 대명사 all, every, both 따위 및 부사 always, altogether, necessarily 따위가 부정되었을 때에 일어난다). ¶ *Not everybody* wants to go. 모두가 다 가고 싶어하는 것은 아니다 / I do*n't* know *both* of them. 나는 양쪽은 다 아는 것은 아니다[한쪽은 알고 있다]. *cf.* I know *neither* of them. (나는 양쪽 다 모른다) [전부 부정] / The rich are *not always* happy. 부자가 반드시 행복한 것은 아니다 / *All* is *not* gold that glitters. 《속담》빛나는 것이 모두 금은 아니다.
   ━ **Usage**² 2중 부정(double negative) ― 한 문장 속에 2개의 부정어가 사용되면 서로가 상쇄되어 긍정과 같은 뜻을 나타낼 때가 있다. 그러나 단순한 긍정보다는 어느 정도 약한 표현이 된다: There is *nothing* he does *not* know. 그가 모르는 것은 하나도 없다 (=He knows *everything*.). 그러나 2개의 부정어가 있어도 여전히 부정의 뜻을 나타내는 경우도 적지 않다: I could *not* find it *nowhere*. 나는 그것을 어느 곳에도 찾을 수가 없었다 (=I could *not* find it *anywhere*.). 이와 같은 부정을 나타내는 2중 부정은 표준용법이라고는 할 수 없으며, 비어(卑語) 수준에서 많이 쓰이고 있다.
   6 〖생략적 구문에서 not 를 포함하는 구·절의 대용〗 ¶ Will he come? ── I am afraid *not*. (=I am afraid he will *not* come.) 그는 안 올 것 같은데 / It is likely to rain. ── I hope *not*. 비가 올 것 같다 ── 안 왔으면 좋겠다 / Are you ill? ── *Not* at all. 어디 아픈가? ── 아니, 아무렇지도 않다 / Is it true? ── I think *not*. 정말이야? ── 정말 같지 않아 / Is he a teacher? ── Perhaps *not*. 그는 선생인가? ── 아마 아닐 거야 / Right or *not*, the fact is undeniable. 옳건 그르건간에, 그 사실만은 부인할 수가 없다 / I don't know whether you like it or *not*. 네가 그것을 좋아하는지 아닌지 나는 모르겠다 / If it clears up, I will go out; if *not*, I

won't. 날씨가 갠다면 나가겠지만, 그렇지 않다면 안 나가겠다.
not but what (or **that**) ... ; 〔고어〕 **not but** ... ⇨
not only (or **merely, simply**) ... **but** [**also**] ~뿐만 아니라 ~도 또한(* 이것이 주어로 사용되면 동사는 but [also]의 다음 말과 일치한다). ¶ *Not only* you *but also* he is tall. 당신뿐만 아니라 그 사람도 키가 크다 / She is *not only* beautiful *but also* intelligent. 그녀는 용모가 아름다울 뿐만 아니라 총명하기도 하다.
not that... ···이라는 것은 아니다(* that is because of 의 뜻).

NOT [nɑt / nɔt] *n.* 〔컴퓨터〕 노트[부정을 만드는 논리 연산자(演算子)].

no·ta be·ne [nóutə bí:ni] 〔라틴〕 (=note well) 주의 [하라] 〔略 N.B., n.b.〕

no·ta·bil·i·a [nòutəbíliə] *n. pl.* 주의 사항, 주목해야 할 일(것).

no·ta·bil·i·ty [nòutəbíləti] *n.* (*pl.* **-ties**) **1** 〔U〕 현저(顯著), 저명. **2** (주로 英) 명사(notable person).

‡**no·ta·ble** [nóutəbl] *adj.* **1** 주목할만한, 현저한(noteworthy); 중요한. **2** 〔사람 등의〕저명한, 유명한 (prominent). **3** 〔고어〕〔주부가〕살림을 잘하는, 살림이 알뜰한. **4** 〔화학〕 감지(지각) 할 수 있는(perceptible). — *n.* **1** 명사, 저명한 인사. **2** 〔보통 N-〕〔프랑스 역사〕명사 의원(名士議員). **3** 〔고어〕현저한 (것). **~ness** *n.* **notabílity, note** *n.*

‡no·ta·bly [nóutəbli] *adv.* 현저하게, 두드러지게, 명백하게.

NOTAM [nóutæm] *n.* 〔항공〕 항공 정보[안전 운항(運航)을 위해 제공되는 비행업·운항 업무·군사 연습 따위의 정보]. 〔<*not*ice to *air*men〕

no·tan·dum [noutǽndəm] *n.*(*pl.* **-da**〔-də〕 or **-dums**) 주의 사항; 각서(note), 비망록(memorandum).

no·taph·i·ly [noutǽfili] *n.* 〔취미로〕 지폐를 수집하기; 지폐 수집가.

no·tar·i·al [noutέ(:)riəl / -tέər-] *adj.* 공증(인)의. ¶ a *notarial* deed 공정 증서(公正證書). **~·ly** [-əli] *adv.*

no·ta·rize [nóutəràiz] *vt.* (**-rized, -riz·ing**) 〔공증인이〕 ···을 증명(인증)하다.

no·ta·ry [nóutəri] *n.* (*pl.* **-ries**) =notary public.

nótary públic *n.* (*pl.* **notaries** p-) 공증인.

no·ta·tion [noutéiʃən] *n.* 〔U〕〔C〕 **1** 〔특수한 문자·부호 따위에 의한〕 표시법, 기호법, 표기법; 〔수학〕기수법(記數法); 〔음악〕 악보, 기보법(記譜法). ¶ Arabic (Roman) *notation* 아라비아(로마)숫자 표기법 / chemical *notation* 화학 기호법 / musical *notation* 기보법 / broad (narrow) *notation* 〔음성〕〔음표 문자의〕 간략(簡略)〔정밀〕 표음법 / decimal *notation* 십진법. **2** 〔美〕 각서(note); 주해(註解)(annotation). ¶ make a *notation* 써넣다, 기입하다. **3** 써두기, 메모하기.

no·ta·tion·al [noutéiʃən(ə)l] *adj.* 기호법의, 기호의.

not-be·ing [nɑ́tbi:iŋ, - -́ / nɔ́t-] *n.* 〔U〕 실재하지 않음, 비존재(非存在).

*****notch** [nɑtʃ / nɔtʃ] *n.* **1** V 자형의 벤 자리, 〔측정·기록용의〕 새긴 눈금. **2** 〔美〕 산골짜기, 협곡, 골짜기 길. **3** 화살의 오늬. **4** 〔고어〕 〔크리켓〕 득점(run). **5** 〔구어〕 급(級), 단계(degree, grade). ¶ His average dropped a *notch*. 그의 타율은 한 단계 떨어졌다. — *vt.* **1** ···에 눈금을 새기다. 금질하다. 금을 긋다. (—+目+前+名) He *notched* it *into* a saw. 그는 그것에다 이를 세워 톱을 만들었다. **2** 〔경기의 득점·계산 따위〕를 새김 표시로 기록하다(... *down, up*); 〔기록으로서〕···에 새김질하다. **3** 〔화살〕을 메기다. **4** 〔경기에서〕〔점수〕를 얻다. **nótched** *adj.*

notch·back [nɑ́tʃbæ̀k / nɔ́tʃ-] *n.* 뒷부분이 단으로 된 모양의 승용차. *cf.* fastback

notch·board [nɑ́tʃbɔ̀:rd / nɔ́tʃbɔ̀:d] *n.* =bridgeboard.

notched [nɑtʃt / nɔtʃt] *adj.* 눈금이 있는; 톱니 모양의.

notch·er [nɑ́tʃər / nɔ́tʃə] *n.* 눈금을 새기는 사람(도구).

notch·wing [nɑ́tʃwìŋ / nɔ́tʃ-] *n.* 밤나비나방의 일종.

notch·y [nɑ́tʃi / nɔ́tʃi] *adj.* =notched.

‡**note** [nout] *n.* **1** 각서, 메모, 비망록(備忘錄); (보통 ~s) 초고, 원고, 기록(手記). ¶ make a *note* on a piece of paper 종이 쪽지에 메모하다 / preach from *notes* 초고를 보면서 설교하다 / make (or take) *notes* of (or on) a lecture 강의를 노트하다 / She made a speech in English without a *note*. 그녀는 원고 없이 영어로 연설했다.
2 〔서적 따위의〕 주, 주해, 주석. ¶ foot*notes* 각주(脚註) / side *notes* 방주(傍註) / rough *notes* 약주(略註) / a marginal *note* 난외(欄外)의 주석, 방주 / *notes* on Shakespeare 셰익스피어의 주석.
3 짧은 편지, 단신, 통고, 통지; 〔외교상 따위의〕 통첩(通牒), 각서. ¶ a *note* of invitation 초대장 / a *note* from London 런던 단신 / a diplomatic *note* 외교 문서 / a thank-you *note* 〔간단한〕사례 장 / an exchange of *notes* between two governments 양국 정부간의 각서 교환.
4 〔상업〕어음, 증권; 지폐(* 美에서는 보통 bill 을 쓴다). ¶ a *note* of hand 약속 어음 / a five dollar *note* 5달러 지폐 / £10 in *notes* 지폐로 10파운드.
5 〔U〕 저명, 유명(distinction), 명성(英名); 중요성. ¶ a man of *note* 지명(知名) 인사 / something of *note* 무언가 값진 것. 「목할만한 영화.
6 〔U〕주의, 주목(notice). ¶ a movie worthy of *note* 주
7 표, 부호(mark), 기호. ¶ a *note* of exclamation (interrogation) 감탄부(의문부).
8 특색, 특징(characteristic, feature). ¶ the distinguishing *note* of Latin literature 라틴 문학의 두드러진 특색.
9 음, 음조, 음색; 〔새의〕 울음 소리; 어세(語勢), 어조, 격조, 태도. ¶ a bird's sweet *notes* 새의 아름다운 울음 소리 / a *note* of censure 비난의 어조 / a strong *note* of realism 리얼리즘의 강력한 어세.
10 〔음악〕 음표; 〔피아노의〕 건(鍵). ¶ a whole (a half) *note* 온(반)음표 / sound the *notes* of the scale 음계의 음표를 연주하다.
11 〔詩〕 곡조, 선율, 노래.
12 〔신학〕 위대하다는 표적.

change one's note 어조(태도)를 바꾸다.
compare notes 의견을 교환하다, 소감을 주고받다.
sound a note of warning 경고하다.
sound the note of war 전의(戰意)를 나타내다, 주전론(主戰論)을 펴다. 「다.
strike (or *sound*) *a false note* 엉뚱한 짓(말)을 하다
strike the right note 옳은(적절한) 의견을 말하다.
take note of ···에 주목(주의)하다, 알아채다.
— *vt.* (**not·ed, not·ing**) **1** ···을 쓰다, 메모하다 (... *down*). ¶ (~+目+副) He *noted* down the main points of the lecture. 그는 강연의 요점들을 적어 두었다 / He *noted* down every word the teacher said. 그는 선생님이 말씀하신 것을 낱낱이 적어 두었다. **2** ···에 주의하다, 마음에 새기다; ···에 주목하다; ···을 알아채다. ⇨ NOTICE 類語 ¶ Please *note* the tower. 저 탑을 주목해 주십시오. // (~+*that*) You must *note that* this is essential. 이 점이 매우 중요하다는 것을 명심해 주십시오. // (~+*wh.* 節) *Note how* words should be used. 말을 어떻게 구사하느냐 하는 점에 주의하십시오. // (~+*wh.* to do) *Note how* to do it. 그것을 어떻게 하는 것인지 주목하십시오. // (~+目+·ing) I *noted* her eyes *filling* with tears. 그녀의 눈에 눈물이 그렁그렁함을 알았다. **3** 〔글에서〕 ···을 언급하다, ···을 지시하다, 보이다, ···을 뜻하다. ¶ He *noted* the issue in his lecture. 그는 강의에서 그 문제에 대해 언급했다. **4** ···에 주석을 달다(annotate). ¶ *note* a book 책에 주석을 달다. **5** 〔음악〕 ···에 음표를 달다, 음표로 쓰다.
◇ **nótable, nóteless** *adj.*

‡**note·book** [nóutbùk] *n.* **1** 공책, 노트, 비망록(備忘錄). **2** 약속 어음 기입장. [은 휴대용 컴퓨터.
nótebook compúter *n.* 노트북 컴퓨터[부피가 작
note·case [nóutkèis] *n.* 《英》[지폐 넣는] 지갑.
***not·ed** [nóutid] *adj.* **1** 저명한, 유명한(*for*...). ⇒ FAMOUS 類語 ¶ a *noted* poet 유명한 시인 // He is *noted for* his strength. 그는 힘이 세기로 유명하다. **2** [음악] 악보가 달린. ~·ly *adv.* ~·ness *n.*
note·head [nóuthèd] *n.* 윗부분에 주소·회사명(letterhead)을 인쇄한 편지지.
note·less [nóutlis] *adj.* **1** 주목받지 않는(unnoticed), 눈에 띄지 않는. **2** 음악적이 아닌, 무성(무음)의.
note·let [nóutlit] *n.* 짧은 편지, 단신(短信). [노트].
note·pad [nóutpæd] *n.* 노트패드[한장씩 떼어 쓰게 된
note·pa·per [nóutpèipər] *n.* U 편지 용지, 편지지.
not·er [nóutər] *n.* **1** 주의(주목)하는 사람. **2** 메모하는 사람. [하는 사람; 고리 대금업자.
nóte shàver *n.* 《美》 터무니없는 고율로 어음 할인을
note-tak·ing [nóuttèikiŋ] *n.* U 적어 두기, 필기.
note ver·bale [F nɔt vɛrbal] *n.* (*pl.* **notes verbales** [F nɔt vɛrbal])《프랑스》(= verbal note) [외교상의] 구상서(口上書), 서명 없는 친서(문서).
***note·wor·thy** [nóutwə̀:rði] *adj.* 주목할 만한, 현저한 (remarkable). ¶ The damage to the crop was *noteworthy*. 농작물의 피해는 주목할 만한 것이었다.
-thi·ly *adv.* -thi·ness *n.*
noth·ing [nʌ́θiŋ] *pron.* 아무것도 …아니다, 아무것 (일)도 …않다; 일부분도 … 아니다, 조금도 … 않다 (*of* ...). ¶ nothing 을 수식하는 형용사는 뒤에 둔다). ¶ hear *nothing* of …에 관해 아무것도 듣지 못하다, …으로부터 아무 소식이 없다 / *Nothing* is more precious than time. 시간보다 귀중한 것은 없다 / *Nothing* pleased her. 아무것도 그녀를 즐겁게 해주지 못했다 / There is *nothing* new (interesting) in it. 거기에는 새로운(흥미 있는) 데가 전혀 없다 / He has *nothing* in him. 그는 형편없는(쓸모없는) 사람이다 / I have *nothing* particular to do today. 나는 오늘 특별한 볼일이 없다 / *Nothing* can be expected in return. 보수는 아무것도 기대할 수가 없다 / I know *nothing* of the matter. 나는 그 일에 대해 아무것도 모른다 / He is *nothing* of a scholar. 그는 학자다운 데가 조금도 없다 / *Nothing venture, nothing have.*《속담》모험 없이는 아무것도 얻지 못한다, 산에 가야 범을 잡는다.
주의 현대 구어에서는 관용구를 빼고는 동사의 목적어로서 nothing 을 피하고 not...anything 을 쓰는 경향이 있다. 예: I don't want anything (= I want nothing).
— *n.* **1** U 무, 공(空), 허무. ¶ The light faded away to *nothing*. 그 빛은 차츰 희미해지더니 꺼지고 말았다 / I know next to *nothing*. 나는 거의 모른다 / You can not live on *nothing*. 아무것도 먹지 않고는 살지 못한다 / *Nothing comes of nothing.*《속담》무에서 유(有)가 생길 수는 없다.
2 U C 보잘것없는 것, 하찮은 것; 사소한 것; 보잘것없는 사람, 이름없는 사람. ¶ the little *nothings* of life 세상의 자질구레한 일들 / whisper soft *nothings* 사랑을 속삭이다 / He is *nothing* without his money. 돈이 없다면 그는 보잘것없는 사나이다 / It is *nothing* to speak of. 그것은 굳이 입 밖에 낼 만한 것이 못된다 / So long as he is able, age is *nothing*. 유능하기만 하면 그의 나이는 문제가 안 된다 / People regard him as a *nothing*. 세상 사람들은 그를 쓸모없는 자로 여기고 있다 / The new commander is a mere *nothing*. 신임 지휘관은 무능한 사람이다.
3 U (수학) 영(零), 제로(zero). ¶ Multiply 10 by *nothing*, and the result is *nothing*. 10 곱하기 0은 결국 0이다 / She is five feet *nothing*. 그녀는 꼭 5피트이다.
all to nothing 충분히, 철두철미.
as nothing 아무것도 아닌, 하찮은 것. ¶ Her illness is *as nothing* to mine. 그녀의 병은 나의 병에 비하면 아

무 것도 아니다. [향도 없다.
be for nothing in …에 영향을 미치지 않다, 아무 영
be nothing 어느 종교에도 속하지 않다. ¶ She is *nothing*.
be nothing if not 무엇보다도 …이다, …한 것이 무엇보다도 특징이다. ¶ He is *nothing if not* critical. 비판적인 점이 그의 으뜸가는 특징이다.
can make nothing of …을 전혀 이해하지 못하다.
come to nothing 실패로 끝나다, 헛수고가 되다, 수포로 돌아가다.
do nothing but *do* 단지 …할 뿐이다 (* but 다음에는 원형 부정사를 수반하는 것이 보통). ¶ She does *nothing but* laugh. 그녀는 그저 웃고만 있다.
for nothing ① 무료로, 거저 (at no cost). ② 무익하게, 헛되이(in vain). ¶ I have endured it *for nothing*. 나는 그것을 참아 왔지만 헛일이었다. ③ 까닭없이, 이유없이(without reason). ¶ quarrel *for nothing* 까닭없이 싸움하다.
have nothing of …을 상대하지 않다, …와 아무 관련
have nothing on ①《美속어》…보다 뛰어난 점이 없다. ¶ That player *has nothing on* other players. 저 선수는 다른 선수보다 나은 점이 없다. ②《英구어》…에는 약속이 없다. ¶ I *have nothing on* this evening. 나는 오늘 저녁에는 약속이 없다.
have nothing to do with ⇨ DO¹.
in nothing flat 재빨리, 즉시.
like nothing on earth 매우, 대단히, 더할 나위 없이 (* 이상함·추악함 따위를 강조). ¶ Her hat looked *like nothing on earth*. 그녀의 모자는 참으로 이상한 것이었다.
little or nothing [*of*] ⇨ LITTLE. [이었다.
make nothing of ① …을 하찮게 보다. ② …을 아무렇지도 않게 보다. ③ (보통 can 을 수반하여) …을 [조금도] 이해 못하다.
no nothing 《구어》《부정하는 말을 늘어놓은 다음》아무것도 없다. ¶ No cheese, no butter, *no nothing* 치즈도, 버터도, 아무것도 없다.
nothing but (or **except**) 단지 …뿐(only); …에 지나지 않다. ¶ *Nothing but* endeavor can solve the problem. 오로지 노력만이 그 문제를 해결할 수 있다.
Nothing doing ! 《구어》 ①《요구에 대한 거절의 표현으로서》 안 된다. ②《실패했을 때의 표현》 글렀다.
nothing else but (or **than**) …에 지나지 않다, 단지 …일 뿐이다. ¶ It is *nothing else but* ignorance. 그것은 무지에 지나지 않는다.
nothing for it but to …할 수밖에 별 도리가 없다.
nothing less than ⇨ LESS.
nothing like ⇨ LIKE¹.
nothing more than ⇨ MORE.
nothing much ① 매우 적다. ②《구어》《인사말》그저 그래. ¶ What have you been doing ? — *Nothing much*. 어떻게 지냈어 ? — 그저 그래.
nothing of that kind (or **sort**) 결코 그런 것이 아니다, 전혀 그렇지 않다, 얼토당토 않다.
Nothing off ! [항해] 뱃머리를 바람위로 돌리지 마라.
nothing short of ⇨ SHORT.
nothing to …와는 비교도 되지 않다. ¶ My sorrow is *nothing* to yours. 나의 슬픔은 너의 슬픔과는 비교도 되지 않는다. ② …에게는 관계가 없다. ¶ His failure is *nothing* to me. 그의 실패는 나에게는 아무 관계도 없다.
think nothing of …을 아무렇지 않게 알다, 경시하다.
Think nothing of it !《구어》[감사, 사죄에 대해] 천만에!, 무슨 말씀을 ! [고.
to say nothing of …은 말할 것도 없이, …은 물론이 — *adv.* 조금도, …이 전혀(not at all). ¶ It helped me *nothing*. 그것은 조금도 나에게 도움이 안 됐다 / He is *nothing* wiser than before. 그는 그전보다 조금도 현명해진 것이 없다 / This is *nothing* like (or near) as (or so) good as that. 이것은 저것보다 훨씬 떨어진다 /

Nothing bewildered, he continued his speech. 조금도 당황하지 않고 그는 그의 연설을 계속했다.
◇ **nóthingness** *n*.
noth·ing·ar·i·an [nʌ̀θiŋɡέə(:)riən, -ɡέər-] *n*. 무신앙자, 무신론자.
noth·ing·ness [nʌ́θiŋnis] *n*. ⓤ **1** 존재하지 않음, 무(nonexistence), 공허(空虛). **2** 죽음, 인사 불성. **3** 전혀 쓸모없음, 무가치. **4** 하찮은 것.

‡**no·tice** [nóutis] *n*. **1** ⓤ 주의, 주목(attention, observation), 인지(認知)(perception); ¶ attract the *notice* of …의 주목을 끌다 / draw *notice* to …에 주목을 끌다 / direct one's *notice* to …에 주의를 돌리다 / escape a person's *notice* 남의 눈길에서 벗어나다; 남의 주목을 피하다. **2** ⓤⓒ 통지, 보고, 정보(information); 고지, 정식 통고; 경고(warning);《美》성적 불량의 통지(of …); ⓒ 통지서. ¶ a *notice* of dishonor〔상업〕어음 부도 통지서 / a *notice* of protest〔상업〕지불 거절 통지서 / without *notice* 통고 없이 / without previous *notice* 예고 없이 / give *notice* of …의 통지를 하다 / have (*or* receive) *notice* of …의 통지를 받다 / have *notice* of a question 질문 사항을 사전에 통고받다 / serve a *notice* of appearance 출두 통지서를 내보내다. **3** ⓤⓒ〔계약 해제·퇴거·해고 따위의〕예고, 통고. ¶ give (get) a month's *notice* 한달 후에 해고(계약 해제)하겠다는 예고를 하다(받다) // give (have) *notice* to quit 퇴거 통고를 하다(받다) // I received a *notice* that I should retire from office. 나는 사직해야 한다는 통고를 받았다. **4**〔신문지상 따위의〕공고문; 〔신간 서적의〕소개 (review); 〔연극·영화 따위의〕단평; 게시, 벽보. ¶ the *notice* of an engagement 약혼 기사 / an obituary *notice* 사망 기사 / a book *notice* 서평(書評) / a favorable *notice* 호평(好評) / put a *notice* in the papers 신문에 광고를 내다 / I put up (*or* posted) a *notice* on the wall. 나는 벽에 벽보를 붙였다. **5** ⓤ 후대, 애고(愛顧)(civility); 정중. ¶ I commend her to your *notice*. 앞으로 그녀를 잘 봐주십시오.
at (*or* **on**) *a moment's notice* 즉각, 즉시.
at (*or* **on**) *short notice* 곧바로, 급히.
be under notice 예고를 받고 있다.
beneath a person's notice 주목할 만한 가치가 없다, 하찮다, 일고의 가치도 없다.
bring…to (*or* **under**) *a person's notice* …에게 알아차리게 하다; 남의 눈에 띄게 하다, …에게 주목시키다.
come into (*or* **under**) [*a person's*] *notice*〔남의〕주의를 끌다, 〔남의〕눈에 띄다. ¶ A fact has *come under* my father's *notice*. 어떤 사실이 내 아버지의 눈에 띄었다.
give notice to …에게 통보하다. ¶ I *gave notice to* the authorities. 나는 당국에 통보했다.
on notice 예고(통고)를 받고.
sit up and take notice ①〔익살〕〔환자가〕차도가 보이기 시작하다, 나아져 가다. ② 사태를 주목하다.
take notice ① 주의하다. ②〔젖먹이가〕사물을 분간할 수 있게 되다.
take notice of …을 알아차리다, 주의하다; …을 후대하다; 〔신문 따위가〕…을 들어 논평하다. ¶ We had better *take* no *notice of* what he says. 우리는 그가 말하는 것에 대해 신경을 쓰지 않는 편이 좋다.
till (*or* **until**) *further notice* 추후 통지가 있을 때까지.
— *vt*. (**no·ticed, no·tic·ing**) **1** …을 알아차리다(perceive), …을 분간하다. **2** …을 인지하다(observe); …에 주의(주목)하다. ¶ She did not *notice* me. 그녀는 나를 알아차리지 못했다 / The baby *notices* everything now. 그 아기는 이제 뭐든지 다 분간한다 // (~ + *that* 節) I *noticed* that she was shivering. 나는 그녀가 떨고 있는 것을 눈치챘다 // (~ + 目 + -*ing*) I *noticed* a man *moving* in the dark. 나는 한 사나이가 어둠 속에서 움직이고

는 것을 알아차렸다 // (~ + 目 + *do*) They *noticed* me *come* in. 그들은 내가 들어오는 것을 눈치챘다.
[주의] *notice* 는 지각 동사로서 목적보어의 부정사에는 *to* 가 없는 원형 부정사를 쓴다. 그러나 수동형일 경우에는 *to* 부정사가 된다. 예: I was *noticed to* come in.
[類語] **notice** 주목하는 다음 말하다. *notice* a faint sound 희미하게 소리나는 것을 알아차리다. **note** 알아차리고 유의하다: *note* a strange fact 이상한 사실에 주목하다. **remark** 알아차린 것에 어떤 소감(所感)을 갖다: *remark* a person's behavior with admiration 남의 행동을 감탄의 눈으로 보다. **observe** 알아차리고 잔뜩 주의를 하다: *observe* a physical phenomenon 물리 현상을 관측하다. **perceive** 오감(五感)으로 알다, 깊은 이해력으로 사물의 의미·함축 따위를 감지하다: *perceive* the situation 사태를 파악(인식)하다. **discern** 사물을 그 주위·환경에서부터 뚜렷이 구별하여 분간하다: *discern* a human figure in the fog 안개 속에서 사람의 모습을 알아보다.
2 …에게 아는 척하다, 상대를 하다. ¶ He *noticed* me with a nod. 그는 내게 머리를 끄덕이고 인사했다. **3** …에게 통지하다, 알리다. ¶ (~ + 目 + *to* do) The police *noticed* him *to* appear. 경찰은 그에게 출두하도록 통지했다. **4** …에 언급하다, …을 논평하다, 〔신문지상에〕소개하다. ¶ His novel was favorably *noticed* in the press. 그의 소설은 신문에서 호평을 받았다. **5** …을 정중하게 대하다, 후대하다.
◇ **nóticeable** *adj*., **nótify** *v*.

***no·tice·a·ble** [nóutisəbl] *adj*. 남의 이목을 끄는, 눈에 띄는, 두드러진, 현저한. ⇒ **OUTSTANDING** [類語]
-bly *adv*. ◇ **nótice** *v*.

nótice bóard *n*.《주로 英》게시판, 괘빌.
no·ti·fi·a·ble [nóutifàiəbl] *adj*. 통지해야 할; 〔전염병 따위의〕신고해야 할.
no·ti·fi·ca·tion [nòutifikéi(ə)n] *n*. **1** ⓤ 통지, 통고, 고지. **2** 통지서, 신고서, 공고문; 출생(사망) 신고, 〔전염병 따위의〕발병 신고.
no·ti·fi·er [nóutifàiər] *n*. 통지(신고)인; 고지인.
no·ti·fy [nóutifài] *vt*. (**-fied, -fy·ing**) **1** …에게 통지하다, 알리다, 신고하다(give notice to) (… *of*). ⇒ **INFORM**[1] [類語] ¶ (~ + 目 + 前 + 名) *notify* members of a meeting 회원에게 집회 통지를 하다 // (~ + 目 + *to* do) The teacher *notified* pupils to assemble in the auditorium. 선생님은 학생들에게 강당에 집합하도록 통고했다 // (~ + 目 + *that* 節) I was *notified that* I passed the examination. 시험에 합격했다는 통지를 받았다. **2**《주로 英》…을 알리다, 고지하다, 발표하다 (make known) (…*to*). ¶ (~ + 目 + 前 + 名) *notify* a case *to* the police 사건을 경찰에 알리다 / The time of auction was *notified* in the papers. 경매 기일이 지상에 발표되었다.
◇ **notificátion** *n*., **nótice** *v*.

‡**no·tion** [nóu(ə)n] *n*. **1** 일반 개념(conception); 관념, 개념, 생각. ⇒ **THOUGHT** [類語] ¶ a *notion* of deity 신의 개념 / under the *notion* of …의 개념하에 / have a [good] *notion* of …을 잘 알고 있다 / have no *notion* of doing …할 생각은 없다 / He has no *notion* of economy. 그는 경제 관념이 전혀 없다 / I have not the least *notion* of what you are talking about. 네가 무슨 말을 하고 있는지 도무지 알 수가 없다 / The *notion* of my doing it is absurd. 내가 그것을 한다니 생각만 해도 어처구니없다 // She has a *notion* that everybody hates her. 그녀는 모두가 자기를 싫어한다고 생각하고 있다. **2** 의견, 견해(opinion, view); 의향(intention). ¶ I have a *notion that* …이라는 견해를 가지다 / I have a *notion* to travel in Europe. 유럽 여행을 하려고 생각하고 있다 / He has a *notion* of marrying her. 그는 그녀와 결혼하려는 생각을 갖고 있다. **3** 변덕(whim), 허황한 생각. **4** (~s)《주로 美》〔실용적인〕자질구레한 용품. **5** (~s) 영국 Winchester 대학의 특유

no·tion·al [nóuʃən(ə)l] *adj.* **1** 개념[상]의, 관념[상]의, 개념(관념)적인. **2** 추상적인, 순이론적인. **3** 상상적인, 공상(空想)의, 가공의. **4**《美》변덕스러운. **5**《문법》관념 형식이 나타내는 의미상의.
~·**ly** [-nəli] *adv.*

nótion còunter《美》잡화 판매장.

nótion stòre《美》잡화점.

noto- back 의 뜻의 연결형(* 모음 앞에서는 not-를 씀). 예: *notochord*.

no·to·chord [nóutəkɔːrd] *n.* 〖해부〗척색(脊索).

No·to·gae·a [nòutədʒíːə] *n.* 남계(南界)〖오스트레일리아·뉴질랜드·서남 태평양 제도를 포함한 동물 지리구의 한 단위〗.

no·to·ri·e·ty [nòutəráiiti] *n.* (*pl.* **-ties**) Ⓤ〖보통 나쁜 뜻으로〗평판, 유명, 악명; Ⓒ 《주로 英》소문난 사람, 화제의 인물.

***no·to·ri·ous** [no(u)tɔ́ːriəs / -tɔ́ː-] *adj.* **1**〖보통 나쁜 뜻으로〗유명한, 주지의; 소문난, 악명 높은(*for* ...). 類語 FAMOUS ¶ a *notorious* gambler 소문난 도박사 // The ship is *notorious* for her ill luck. 그 배는 재수가 나쁘기로 소문나 있다. **2** 세상에 잘 알려진(well-known). ¶ It is *notorious* that ... 이라는 것은 널리 알려진 사실이다. ~·**ly** *adv.* ~·**ness** *n.* ◇ notorfety *n.*

***Nótre Dame** [nòutrə dɑ́ːm, +美 -déim/F nɔtrdam] *n.* **1** 성모 마리아. **2** (=Notre Dame de Paris)〖파리(Paris)에 있는〗노트르담 사원.〈<F our Lady〉

no-trump [nóutrʌ́mp] *n.* 〖카드놀이의 브리지에서〗으뜸패가 없는. — *n.* (*pl.* **-trump** or **-trumps**) 으뜸패 없는 승부.

not-self [nɑ́tsèlf / nɔ́t-] *n.* 〖철학〗비아(非我)(non-ego).

nót sufficient *n.* 〖금융〗예금 부족〖수표 금액을 지급할만큼의 예금 잔액이 없음〗.

‡**not·with·stand·ing** [nɑ̀twiðstǽndiŋ, -wiθ- / nɔ̀t-] *prep.* ... 에도 불구하고, ... 을 무릅쓰고. ¶ A clergyman was executed, *notwithstanding* many applications in favor of him. 많은 탄원에도 불구하고 목사는 처형당했다. — *conj.* ... 임에도 불구하고(although). ¶ He went out in the rain *notwithstanding* [that] he was ordered not to. 나가지 말라는 명령을 받았음에도 불구하고 그는 우중에 나갔다. — *adv.* 그럼에도 불구하고, 그런데도(nevertheless). ¶ They will do it *notwithstanding*. 그래도 그들은 그것을 감행할 것이다.

***nou·gat** [núːgət, -gæt, -gɑː] *n.* 누가〖땅콩·아몬드 따위를 넣은 말랑한 당과(糖菓)〗.

nought [nɔːt] *n., adj., adv.* = naught.

nou·me·nal [núːminəl, náumi- / náumi-] *adj.* 본체(本體)의.

nou·me·non [núːminɑn, náumi- / núːminɔn] *n.* (*pl.* -**na** [-nə])〖칸트 철학〗순수 예지적(叡智的) 직관만의 대상이 될 수 있는 것, 본체, 물자체(物自體). *cf.* phenomenon.

‡**noun** [naun] *n.* 〖문법〗**1** 명사. ¶ an abstract *noun* 추상 명사 / a *noun* of multitude 중다(衆多) 명사. **2** 명사 상당어(구, 절). — *adj.* 명사(법)의(nounal). ¶ a *noun* phrase 명사구.

noun·al [náun(ə)l] *adj.* 명사(법)의.

‡**nour·ish** [nɔ́ːriʃ / nʌ́r-] *vt.* **1** (사람·생물)을 기르다(feed), ... 에게 영양분을 주다; (땅)을 기름지게 하다. ⇒ NURSE 類語 ¶ (~+图+前+名) *nourish* an infant with milk 유아에게 우유를 먹이다(우유로 기르다) / Pigs can be *nourished* on any food. 돼지는 어떤 먹이로도 기를 수 있다. **2**〖희망·원한 따위〗를 품다. ¶ *nourish* feelings of hatred 증오심을 품다. **3** 〖상태·정신 등〗을 강화하다, 조장하다, ... 을 장려하다.
◇ nóurishment *n.*

nour·ish·er [nɔ́ːriʃər / nʌ́r-] *n.* 기르는 사람(것), 양성자(물); 영양을 주는 것, 되는 것.

***nour·ish·ing** [nɔ́ːriʃiŋ / nʌ́r-] *adj.* 영양분이 많은, 영양이 되는. ~·**ly** *adv.*

***nour·ish·ment** [nɔ́ːriʃmənt / nʌ́r-] *n.* Ⓤ **1** 영양분, 음식물. **2** 영양 공급(음식물)을 주기, 양육, 조장.

nous [naus, +美 nuːs] *n.* Ⓤ **1**(주로 the ~)〖철학〗정신, 지성, 이성(理性). **2**〖구어〗지혜, 상식.

nou·veau riche [núːvou ríːʃ] *n.* (*pl.* **nou·veaux riches** [núːvou ríːʃ])〖프랑스〗(=new rich)〖보통 경멸적〗벼락 부자(parvenu).

nou·veau ro·man [núːvou rɔːmɑ́ː] *n.* (*pl.* **nou·veaux ro·mans** [núːvou rɔːmɑ́ː]) 누보로망, 앙티로망〖1960년대의 프랑스의 신소설〗.

nou·velle vague [núːvel vɑ́ːg] *n.* (*pl.* **nou·velles vagues** [núːvel vɑ́ːg])〖프랑스〗(=new wave) 누벨바그〖1960년대의 프랑스나 이탈리아 영화 등의 전위적 경향〗.

***Nov.**《略》November.

no·va [nóuvə] *n.* (*pl.* **-vas** or **-vae** [-viː])〖천문〗신성(新星)〖갑자기 빛나다가가 차츰 원상으로 돌아간다〗.

NOVA [nóuvə] *n.*《美》미국 에너지청(省)의 로렌스 리버모어 국립 연구소에 있는 세계 최대의 레이저 발생 장치〖1985년 4월 완성〗.

Nó·va Scó·tia [nóuvə skóuʃə] *n.* 캐나다 동남부의 반도; 그 주(州)〖주도(州都) Halifax〗.〈L New Scotland〉

no·va·tion [nouvéiʃ(ə)n] *n.* Ⓤ Ⓒ **1**〖법률〗채무·계약 대위(의) 갱신. **2**〖드물게〗혁신, 쇄신(innovation).

nov·el¹ [nɑ́v(ə)l / nɔ́v(ə)l] *adj.* **1** 새로운, 신기한, 참신한. ⇒ NEW 類語 ¶ I will show you many things which will be *novel* to you. 당신에게 신기한 물건들을 많이 보여 주겠습니다. **2** 진기한(strange); 희한한, 이상한(unusual). ¶ a *novel* experience 희한한 경험.
◇ nóvelty *n.*

nov·el² [nɑ́v(ə)l / nɔ́v(ə)l] *n.* **1**〖장편〗소설. ¶ a historical (popular, detective) *novel* 역사(대중, 추리) 소설 / write a *novel* 소설을 쓰다.
類語 novel 산문(散文)의 인물·줄거리 따위가 현실감을 띤 장편 소설. story 장단편을 불문하고 지어낸 이야기를 뜻하는 구어적인 말; 가벼운 읽을거리·단편 따위. romance 이국 또는 옛 시대에서 제재(題材)를 딴, 현실에서 떠난 모험·연애 따위의 이야기. 사실이 아니고 지어낸 가공적 내용을 가진 novel, story 따위를 모두 포함.

2 (the ~) 〖총칭적으로서의〗소설. ¶ the modern *novel* 현대 소설. **3** (보통 N-s) 〖로마 법률〗〖유스티니아누스 법전 발포 이후의〗신법령.
◇ novelize *v.*

nov·el·ese [nɑ̀v(ə)líːz / nɔ̀v-] *n.* Ⓤ 저속 소설의 어조.

nov·el·ette [nɑ̀v(ə)lét / nɔ̀v-] *n.* **1** 중편(단편) 소설. **2**〖음악〗자유 형식의 피아노 소품곡(小品曲).

nov·el·et·tish [nɑ̀v(ə)létiʃ / nɔ̀v-] *adj.* 중편(단편) 소설 양식의, 통속 소설적인; 감상적인.

***nov·el·ist** [nɑ́v(ə)list / nɔ́v-] *n.* 소설가, 작가.「적인.

nov·el·is·tic [nɑ̀v(ə)lístik / nɔ̀v-] *adj.* 소설의, 소설

nov·el·ize [nɑ́v(ə)làiz / nɔ́v-] *vt.* (*-ized, -iz·ing*) ... 을 소설로 쓰다, 소설화하다. (*《英》에서는 novelise로도 쓴다*).

no·vel·la [no(u)vélə] *n.* (*pl.* **-vel·las** or **-vel·le** [-véléi])〖Boccaccio의 *Decameron* 속의 이야기와 같은〗 단편 소설; 소품(小品).〈<It. new thing〉

***nov·el·ty** [nɑ́v(ə)lti / nɔ́v-] *n.* (*pl.* **-ties**) **1** Ⓤ 새로움, 신기함, 참신함, 진기함. **2** 색다른 물건, 새로운 경험; (보통 -ties) 신종 제품, 신안물(新案物)〖특히 장난감·장식용 따위〗.
◇ nóvel *adj.*

‡**No·vem·ber** [no(u)vémbər] *n.* 11월〖略 Nov.〗.

no·ve·na [no(u)víːnə] *n.* (*pl.* **-nae** [-niː])〖가톨릭〗9 일 기도.

no·ver·cal [no(u)vɔ́ːrk(ə)l] *adj.* 계모의, 계모와 같은.

***nov·ice** [nɑ́vis / nɔ́v-] *n.* **1** 초심자(beginner), 신출내기, 풋내기. ¶ a *novice* in history 신출내기 역사가. **2** 〖수도 원의 서원(誓願)을 아직 하지 않은〗 수련 수도자, 수련

수사(수녀); [기독교에의] 새 귀의자(歸依者), [교회의] 새 신자. 「ate.
no·vi·ci·ate [no(u)víʃiit, -èit] n. 《특히 英》=novitiate.
no·vi·ti·ate [no(u)víʃiit, -èit], (**noviciate**) n. 1 수련 수도자[임]; 그 수련 기간, 그 숙사. 2 초심자[임]; 견습 기간.
No·vo·caine [nóuvəkèin, 아+英 -kàin] n. 《상표명》 노보카인[국부 마취제].
‡**now** [nau] adv. 1 지금, 현재, 목하; 지금은, 지금으로. ¶ I am busy now. 나는 지금 바쁘다 / The bell is now ringing. 지금 벨이 울리고 있다 / He is not now in London. 그는 현재 런던에 있지 않다. 2 《종종 just를 수반하여 강조적으로》지금 곧, 즉시(immediately). ¶ Do it [just] now. 즉시 그것을 해라. 3 《보통 이야기 중에서》 그때; 그리고서; 그때 이미. ¶ He was now seventeen years old. 그는 그때 17세였다 / She now pulled a little box out of her pocket. 그리고서 그녀는 호주머니에서 작은 상자를 하나 꺼냈다. 4 《보통 just를 수반하여》지금 막, 방금 (＊동사는 완료형이 아니라 과거형이 된다). ¶ He came back just now. 그는 이제 막 돌아왔다. 5 이제는 더 이상; 현황(現況)으로는, 현재로서는. ¶ I cannot now believe you again. 이제는 너를 다시는 믿을 수가 없다. 6 《진술·질문 따위를 시작할 때의 말로서》 그래서, 그래, 자아, 그런데. ¶ Now, what do you mean by that? 그렇다면 네가 한 말이 무슨 뜻이란 말이냐? 7 《명령·간청·놀람의 뜻을 강조하여》그래, 자아, 이제나, 저런. ¶ Now listen to me! 자, 내 말을 들어보게! / No nonsense now! 자, 말도 안 되는 소리는 그만해! /Really now!=Now really! 저런!, 설마! (놀랐는데!).
come now ① [남을 재촉하여] 자, 자자. ② [놀람 따위를 나타내어] 저런, 이런. ¶ Oh, come now ! 저런저런!
[*every*] **now and again** (or **then**) 때때로, 이따금.
now for; now as to 그럼 다음은, 그럼 이번은.
now now; now then 야봐라, 야아 (＊ 친밀감이 있는 주의·경고를 나타낸다). ¶ Now now, a little less noise, please! 자아, 좀더 조용히 해라.
now...now ~; now...then ~; now...and again ~ 때로는... 또 때로는~; ...하는가 하면 또 ~. ¶ now fine, now (or then) cloudy 맑았다가 흐렸다가.
now or never 지금이야말로 절호의 기회이다[놓쳐서는 안 된다. 이제야말로 그것을 할 절호의 기회이다]. ¶ Now or never is the time for us to do it. 이제야말로 그것을 할 절호의 기회이다.
── adj. 《美 어》 현재의; 《美》 최첨단의, 최신 감각의, 유행의. 한 the now look 최신 유행(스타일).
── conj. 《종종 that 을 수반하여》 ...이 이상은, ...이니까, ...이기 때문에(since) (＊ that를 수반하는 것은 문어체이고, 구어에서는 that 를 보통 생략한다). Now [that] the court is dry, let's play tennis. 코트가 말랐으니 테니스를 치자 / Now you mention it, I do remember. 자네가 그 말을 하니까 나도 기억이 난다.
── n.【U】《주로 전치사를 수반하여》지금, 목하. **from now** 지금부터 앞으로 / **till** (or **up to**) **now** 이제까지 / She will have arrived there by now. 지금쯤 그녀는 거기에 도착해 있을 것이다.
for now ① 우선은. ② 이제 곧.
Now what ? 《구어》 그래서?, 무슨 일이야?
NOW [nau] 《略》 National Organization for Women (전미 (全美) 여성 연맹).
NŎW accòunt [náu-] n. 《美》 수표도 발행할 수 있고 이자도 붙는 일종의 당좌예금 계좌. 〈＜negotiable order of withdrawal〉
now·a·day [náuədèi] adj. 오늘날(요즈음)의.
‡**now·a·days** [náuədèiz] adv. 요즈음(오늘날)에는, 현재에는. ── n.【U】 오늘날, 금일.
no·way [nóuwèi] adv. 어느 모로 보나 ...아니다, 조금도 ...않다, 결코 ...아니다(not at all).
no·ways [nóuwèiz] adv. =noway.

now·el [nouél] n. 《고어》 =Noel 1, 2. 「대.
Nŏw Gèneration n. 《종종 n- g-》 신세대, 최첨단 세 ‡**no·where** [nóu(h)wɛ̀ər] adv. 아무 데서도 ...않다. ¶ He was nowhere to be found. 아무 데서도 그를 찾을 수 없었다.
be (or **come in**) **nowhere** 《속어》① [경쟁에서] 참패.
get nowhere ⇒ GET.
lead a person **nowhere** [남에게] 아무 도움이 안 되다.
nowhere near ⇒ NEAR.
── adj. 《美 어》 시시한, 촌스러운, 쓸모없는.
── n.【U】 1 아무 데도 없는 곳, 미지의 장소. ¶ He came from nowhere. 그는 어디선지 모르게 나타났다. 2 무명(無名). ¶ Starting from nowhere, he became a great statesman. 그는 무명의 처지에서 입신하여 대정치가가 되었다.
no·wheres [nóu(h)ʃɛ̀ərz] adv. 《美 방언》 =nowhere.
no·whith·er [nóu(h)wìðər] adv. 아무 데도 ...않다.
no·wise [nóuwàiz] adv. 결코 ...않다(not at all).
nowt [naut] n. 《구어》 =naught; nothing.
Nox [naks / nɔks] n. 《로마 신화》 녹스[밤의 여신. 그리스 신화의 닉스(Nyx)에 해당].
NOx 《略》 nitrogen oxides(질소 산화물의 화학기호[광화학 스모그의 원인 물질의 하나]).
nox·ious [nákʃəs / nɔ́k-] adj. 1 [몸에] 해로운, 유독한(harmful). ¶ noxious foods 유해 식품. 2 [도덕적으로] 유해한, 불건전한(pernicious). ¶ noxious doctrines (ideas) 유해한 학설(사상). ──**ly** adv. ──**ness** n.
no·yau [nwɑːjóu, ´- / nwáiou] n.【U】《 pl. **-yaux** [-jóu, ´- / nwáiou]》 브랜디에 복숭아 따위의 인(仁)을 넣어 향미를 낸 일종의 리큐르 술. 〈F〉
*noz·zle** [názl / nɔ́zl] n. 1 [풀무·호스 따위의] 주둥이, 끝; [주전자의] 주둥이. 2 [촛대의] 초꽂이 구멍. 3 《속어》 코(nose).
Np 《화학》 neptunium 의 원자 기호.
NP 《略》 neuropsychiatric.
n.p. 《略》 net proceeds(순이금); 〔인쇄〕 new paragraph (패러그래프를 새로이); no pagination (페이지를 매기지 않고); no place of publication (발행지명 없음).
N.P. 《略》 notary public.
N.P.A. 《略》 《美》 National Production Authority; 《英》 Newspaper Publishers' Association.
NPBW 《略》 neutral particle beam weapon(중성자 빔 무기).
NPCF 《略》 National Pollution Control Foundation.
N.P.D. 《略》 《독일》 Nationaldemokratische Partei Deutschlands (=National Democratic Party) [구서독의] 국가 민주당.
N.P.L. 《略》 《英》 National Physical Laboratory.
NPN 《略》 nonprotein nitrogen.
NPT 《略》 nonproliferation treaty (핵 확산(核擴散) 방지 조약).
nr. 《略》 near.
N.R. 《略》 North Riding.
NRA, N.R.A. 《略》 National Recovery Administration (미국 산업 부흥국).
N-rays [énrèiz] n. N 선[1903년 프랑스의 R. Blondlot 가 발견한 초(超)자외선].
NRC 《略》 Nuclear Regulatory Commission (미국 원자력 규제 위원회).
n.s. 《略》 《라틴》 non satis (=not sufficient); new series; not specified (명기 (明記) 하지 않고).
N.S. 《略》 New Style; Nova Scotia.
NSA 《略》 National Security Agency(미국 국가 안보국); National Student Association (전미(全美) 학생 협회).
NSC 《略》 National Security Council; National Space Council(미국 국가 우주 위원회). 「단).
NSF 《略》 National Science Foundation (전미 과학 재
NSM 《略》 《英》 New Smoking Material.
N.S.P.C.C. 《略》 National Society for the Prevention of Cruelty to Children (전국 아동 애호회).

NSTL 《略》《美》 *N*ational *S*pace *T*echnology Laboratories(국립 우주 기술 연구소).

N.S.W. 《略》 *N*ew *S*outh *W*ales.

NT, N.T. 《略》 *N*ew *T*estament.

-n't not 의 뜻의 연결형. 예: aren't, can't, don't.

N.T. 《略》 *N*orthern *T*erritory.

NTB 《略》 *n*on-*t*ariff *b*arrier(비관세(非關稅) 장벽).

nth [enθ] *adj.* **1** n 째의, n 배의, n 차(次)의. ¶ *nth* degree (or power) 〔수학〕 n 차(승, 제곱). **2** 〔구어〕 [일련의 사건 중에서] 최근의. **3** 극도의, 극단적인. **to the nth degree** (or *power*) 극도로.

Nthn. 《略》 northern.

NTP 《略》 *n*ormal *t*emperature and *p*ressure (상온 상압(常溫常壓); 0°C, 760 mm).

NTSB 《略》《美》 *N*ational *T*ransportation *S*afety *B*oard(국가 수송 안전 위원회).

NTSC 《略》 *N*ational *T*elevision *S*ystem *C*ommittee (미국 텔레비전 방식 위원회).

nt. wt. 《略》 *n*et *w*eight (실중량).

nu [n(j)uː/njuː] *n.* 뉴[그리스어 알파벳의 열 셋째 자 (N, ν)의 명칭; 영어의 N, n 에 해당]; 이 문자로 표시되는 자음.

nu·ance [n(j)úːəns, -´-/njuː(ː)ɑ́ːns/F nyáːs] *n.* (*pl.* **-anc·es** [-siːz/F nyáːs]) [색·음·가락·의미 따위의] 미묘한 차이, 뉘앙스.

nub [nʌb] *n.* **1** 혹, 매듭. **2** [석탄 따위의] 덩어리, 조각. ¶ a *nub* of charcoal 숯 조각. **3** 〔구어〕 [이야기 따위의] 요점, 핵심.

nub·bin [nʌ́bin] *n.* **1** 작은 덩어리. **2** 작은(덜 자란) 옥수수의 이삭. **3** 덜 익은(발육이 나쁜) 과일.

nub·ble [nʌ́bl] *n.* 작은 덩어리; 작은 혹.

nub·bly [nʌ́bli] *adj.* (**-bli·er, -bli·est**) **1** 마디(혹)투성이의. **2** 작은 덩어리 덩어리의.

nub·by [nʌ́bi] *adj.* (**-bi·er, -bi·est**) 혹(매듭)이 있는.

nu·bi·a [n(j)úːbiə/njúː-] *n.* [여성용의] 털실로 짠 스카프.

Nu·bi·a [n(j)úːbiə/njúː-] *n.* 누비아[이집트와 수단에 걸친, Nile 강부터 홍해에 이르는 지역].

Nu·bi·an [n(j)úːbiən/njúː-] *n.* **1** 누비아인; 누비아인 노예[흑인종]. **2** ⓤ 누비아어(語). ── *adj.* 누비아의; 누비아인(어)의.

nu·bi·form [n(j)úːbifɔ̀ːrm/njúː-] *adj.* 구름 모양의.

nu·bile [n(j)úːb(i)l/njúːbail] *adj.* [여성이] 결혼 적령기의, 나이 찬, 묘령의.

nu·bil·i·ty [n(j)uːbíliti/njuː-] *n.* ⓤ [여성의] 결혼 적령기.

nu·cle·al [n(j)úːkliəl/njúː-] *adj.* = nuclear.

nu·cle·ar [n(j)úːkliər/njúː-] *adj.* 〔생물〕 [세포] 핵의, 핵을 형성하는. ¶ *nuclear* division 핵분열. **2 a)** 〔물리〕〔원자〕핵의. **b)** 원자 무기의, 핵무기의. ¶ *nuclear* warfare 핵전쟁 / *nuclear* weapons 핵무기. **c)** 원자력을 동력으로 하는. ¶ a *nuclear* submarine 원자력 잠수함. **d)** 원자 폭탄을 보유한; 핵보유의. ¶ a *nuclear* club 핵클럽〔핵 보유국군(群)〕 / *nuclear* powers 핵보유국. ── *n.* **1** 핵무기. **2** 핵보유국.
◇ *nucleus* n.

núclear bómb *n.* 핵폭탄, 원수폭(原水爆).

núclear clúb *n.* 핵클럽〔핵무기 보유국: 미국·구소련·영국·프랑스·중국의 5개국〕.

núclear disármament *n.* ⓤ 핵군축.

núclear énergy *n.* ⓤ 핵에너지.

núclear fámily *n.* 핵가족〔부부와 아이들만으로 이루어진 가족의 최소 단위〕.

núclear físsion *n.* ⓤ 〔물리〕핵분열. [지대.

núclear-frée zòne [n(j)úːkliərfríː-/njúː-] *n.* 비핵

núclear fúel *n.* ⓤ 핵연료.

núclear fúsion *n.* ⓤ 〔물리〕핵융합.

núclear inspéction *n.* 핵사찰〔핵확산 방지 조약(NPT) 가맹중 비핵보유국에 의무화되어 있는 국제 원자력 기구(IAEA)에 의한 사찰〕.

nu·cle·ar·ism [n(j)úːkliərìz(ə)m/njúː-] *n.* **1** 핵무기 지지론. **2** 〔전쟁 억제, 정치적 목적을 위한〕 핵무기 사용 정책.

nu·cle·ar·ize [n(j)úːkliəraiz/njúː-] *vt.* 핵화(核化)하다, 핵무장(보유) 화하다. ¶ *nuclearize* a country 핵보유국화하다.

núclear magnétic résonance *n.* **1** 〔물리〕 핵자기(核磁氣) 공명. **2** 〔의학〕 핵자기 공명 장치〔略 NMR〕.

núclear médicine *n.* 핵의학.

Núclear Non-proliferátion Tréaty *n.* 핵확산 방지 조약〔略 NPT〕.〔학.

núclear phýsics *n. pl.* 《단수 취급》〔원자〕핵물리

núclear plánt *n.* 원자력 발전소.

núclear pówer *n.* **1** 원자력. **2** 핵 보유국.

nu·cle·ar-pow·ered [n(j)úːkliərpàuərd/njúː-] *adj.* 원자력을 동력으로 하는. ¶ a *nuclear-powered submarine* 원자력 잠수함.

núclear proliferátion *n.* 핵확산.

núclear reáction *n.* ⓤⓒ 핵반응.

núclear reáctor *n.* 원자로.

núclear résonance *n.* 〔물리〕핵공명(核共鳴).

núclear wárhead *n.* 핵탄두.

núclear wínter *n.* 핵 겨울〔핵전쟁 후에 일어날 지구적인 한랭화 현상〕.

nu·cle·ase [n(j)úːklièis/njúː-] *n.* 〔생화학〕 누클레아제〔핵산에 대한 분해 효소〕.

nu·cle·ate *adj.* [n(j)úːkliit/njúː- // → *v.*] 핵이 있는. ── *v.* [n(j)úːklièit/njúː-] (**-at·ed, -at·ing**) *vt.* …을 핵(모양)으로 하다, …의 핵을 이루다. ── *vi.* 핵이 되다.

nu·cle·a·tion [n(j)ùːkliéiʃ(ə)n/njùː-] *n.* ⓤ 핵 형성, 핵을 이룸.〔나.

nu·cle·i [n(j)úːkliài/njúː-] *n.* nucleus 의 복수형의

nu·clé·ic ácid [n(j)uːklíːik-/njuːklíik-, nju:klɪ́ːik-] 〔생화학〕 누클레인산(酸), 핵산〔세포핵 단백질의 형성소〕.

nu·cle·o·gen·e·sis [n(j)ùːklio(u)dʒénisis/njùː-] *n.* = nucleosynthesis.

nu·cle·o·lus [n(j)uːklíːələs/njuː-] *n.* (*pl.* **-li** [-lài]) 《생물》[세포핵 내에 있는] 소핵(小核), 핵인(核仁).

nu·cle·on [n(j)úːkliɑn/njúːkliɔn] *n.* 〔물리〕핵입자〔원자핵을 구성하는 양성자와 중성자〕.

nu·cle·on·ics [n(j)ùːkliɑ́niks/njùːkliɔ́n-] *n. pl.* 《단수 취급》〔원자〕핵공학.〔시약(求核試藥).

nu·cle·o·phile [n(j)úːkliəfàil/njúː-] *n.* 〔화학〕구핵

nu·cle·o·plasm [n(j)úːkliəplæ̀z(ə)m/njúː-] *n.* 〔생물〕〔세포의〕핵질(核質).〔핵단백질.

nu·cle·o·pro·tein [n(j)ùːkliəpróuti(ː)n/njùː-] *n.*

nu·cle·o·syn·the·sis [n(j)ùːkliəsínθisis/njùː-] *n.* ⓤ [우주에서의] 핵합성.

nu·cle·o·tide [n(j)úːkliətàid/njúː-] *n.* 뉴클레오티드〔핵산의 구성 성분〕.

*****núcle·us** [n(j)úːkliəs/njúː-] *n.* (*pl.* **-cle·i** [-kliài] *or* **-cle·us·es**) **1** 핵, 심(心), 중심, 핵심 〔성장·발전의〕 기점(基點), 기초, 토대. ¶ the *nucleus* of a fund 자본의 중심. **2** 〔생물〕세포핵. **3** 〔해부〕신경핵. **4** 〔화학〕〔유기 화합물의〕환(環)〔기〕. **5** 〔물리〕원자핵. **6** 〔천문〕혜성의 핵. **7** 〔기상〕빗방울핵, 원자단(團). **8** 〔음성〕음절내의 모음[bat 의 æ 음 따위].
◇ *nuclear* adj., *nucleate* v.

nu·clide [n(j)úːklaid/njúː-] *n.* 〔물리〕핵 종(核種)〔원자핵을 양성자나 중성자의 수에 의해서 구별한 것〕.

*****nude** [n(j)uːd/njuːd] *adj.* **1** 벌거벗은, 알몸인(naked). ⇨ BARE 類語 **2** 덮은 것이 없는; 장식(가구)이 없는; 초목이 없는 (bare). **3** 〔동·식물〕 털(깃털·껍질·잎 따위)이 없는. **4** 〔법률〕 무상(無償)의, 무효의. ¶ a *nude* pact 무상 계약. **5** 〔양말 따위가〕 살빛의. ── *n.* 〔미술〕나체화, 나체상; (the ~) 벌거벗은 모습, 벌거벗

은 사람, 나체의 여인.
in the nude ① 나체로. ② 노골적으로, 드러내놓고.
— vt. (**nud·ed, nud·ing**) 《드물게》 (남)을 벌거벗기다.
nude it 《美속어》 벌거벗다, 나체주의를 실천하다.
~**ly** *adv.* ~**ness** *n.* **núdity** *n.* 〔지당〕.
NUDETS 〔略〕 *nuclear detecting system*(핵폭발 탐지 시스템).
nudge [nʌdʒ] *v.* (**nudged, nudg·ing**) *vt.* 〔주의를 환기하기 위해〕 (남)을 팔꿈치로 쿡쿡 찌르다; (남)의 주의를 환기하다. — *vi.* 팔꿈치로 살짝 찌르다. — *n.* 팔꿈치로 가볍게 찌르기.
nud·ie [n(j)úːdi / njúː-] 《속어》 *n.* 〔싸구려〕 나체 영화. — *adj.* 나체를 다룬, 나체를 내세우는. 〔활〕.
nud·ism [n(j)úːdiz(ə)m / njúː-] *n.* ⓤ 나체주의(의 생활).
nud·ist [n(j)úːdist / njúː-] *n.* 나체주의(생활)자.
nu·di·ty [n(j)úːditi / njúː-] *n.* (*pl.* **-ties**) **1** ⓤ 벌거숭이; 적나라, 노출〔상태〕. **2** 벌거벗은 것; 나체화. ¶ *almost in a state of nudity* 거의 노출된 상태로.
nud·nik [núdnik] *n.* 《美속어》성가신 사나이. 〔녀살〕.
nudzh [nudʒ / nudʒ] *n.* 《美속어》 보기 싫은 것(사람), 따분한 것(사람), 귀찮은 자.
nuff [nʌf] *n.* 〔구어〕 = enough.
nu·gae [n(j)úːdʒiː, -giː / njúː-] *n. pl.* 《라틴》 (= trifles) 농담(jests); 사소한 일.
nu·ga·to·ry [n(j)úːɡətɔ̀ːri / njúːɡət(ə)ri] *adj.* **1** 하찮은, 값어치 없는(worthless). **2** 효력이 없는, 헛된 (vain). 〔이 넓은 배.
nug·gar [nʌ́ɡər] *n.* 〔Nile강에서 쓰이는〕 폭
nug·get [nʌ́ɡit] *n.* **1** 〔천연 상태 그대로의 귀금속 따위의〕 덩어리. **2** 천연의 금괴. **3** 《濠》 땅딸막한 동물(사람). 〔한.
nug·get·y [nʌ́ɡiti] *adj.* 덩어리 모양의; 묵직한, 땅딸막
nui·sance [n(j)úːsns / njúː-] *n.* ⓤⓒ 폐단, 불쾌; 남에게 폐가 되는 행위(사람), 귀찮은 사람; 해(harm).
¶ *nuisance value* 불쾌치(不快値) / *the index number of nuisance* 불쾌 지수 / *make a nuisance of oneself*; *make oneself a nuisance* 남에게 폐를 끼치다, 〔남에게〕성가신 존재가 되다 / *What a nuisance!* 아이 귀찮아, 성가셔 / [Commit] *No Nuisance!* 《英》 《게시》 소변 금지, 쓰레기 버리지 말 것 // *You must not make yourself a nuisance to others.* 남에게 폐를 끼쳐서는 마라. 《口語》
¶ *public* (*a private*) *nuisance* 공적(사적)인 불법 방해 / *the Inspector of Nuisance* 《英》 보안관 〔공중에게 폐가 되는 것을 단속하는 〔다〕.
núisance tàx *n.* 소액 소비세.
N.U.J. 〔略〕 *National Union of Journalists*.
nuke [nuːk] *n.* 《美속어》 **1** 핵무기. **2** 원자력 발전소. — *vt.* (**nuked, nuk·ing**) **1** …을 핵무기로 공격하다. **2** 《美속어》 전자렌지로 요리하다(데우다). ¶ *nuke some popcorn* 전자렌지로 팝콘을 튀기다.
nuke·nik [núːknìk] *n.* 《美속어》 원폭 반대 운동가, 원자력(下) 반대 운동가.
null [nʌl] *adj.* **1** 〔법률상〕 무효의. ¶ *null and void* 법률상 무효의. **2** 아무것도 없는, 무(無)의, 존재하지 않는; 영(零)의. **3** 값어치없는, 하찮은. **4** 《수학》 공집합(空集合)의. 〔혈묘.
nu·llah [nʌ́lə] *n.* 〔동인도 제도의〕 수로(水路). **2**
nul·li·fi·ca·tion [nʌ̀ləfikéiʃ(ə)n] *n.* ⓤ **1** 무 효화, 파기. **2** (종종 N-) 《美》 주내(州內)에서의 연방법의 실시 거부.
nul·li·fy [nʌ́ləfài] *vt.* (**-fied, -fy·ing**) **1** 〔법 적으로〕…을 무효로 하다, 파기하다. ¶ *nullify a contract* 계약을 취소하다. **2** …을 무가치하게 만들다, 헛되게 하다, 망치다.
nul·li·ty [nʌ́liti] *n.* (*pl.* **-ties**) **1** ⓤ 〔법적인〕 무효, ⓒ 실례(實例), (행위·법률·결혼 따위의) 법률상 무효인 것. ¶ *a nullity suit* 혼인 무효 소송. **2** 가치없는 물건(사람). **3** ⓤ 무, 무존재(全無)(nothingness).
núll sét *n.* 〔수학〕 〔요소를 하나도 포함하지 않은 공집합의〕. *cf.* empty set

num. 〔略〕 *number, numeral*[s].
Num. 〔略〕 *Numbers*.
NUM 〔略〕 《英》 *National Union of Mineworkers*.
*****numb** [nʌm] *adj.* **1** 〔추위 따위로〕 감각을 잃은, 마비의, 저린, 곱아진, 언. ¶ *toes numb with cold* 추위로 곱은 발가락. **2** 무감각한, 둔해진. ¶ *numb feelings* 둔한 감각 / *a mind numb with grief* 슬픔으로 무디어진 지력. — *vt.* 〔손발 따위〕의 감각을 죽이다, …을 얼리다, 마비시키다. — *vi.* 곱다. ~**ly** *adv.* ~**ness** *n.*
‡**num·ber** [nʌ́mbər] *n.* **1** ⓒⓤ 〔사람·물건의〕 수, 총체. ¶ *the number of students* 학생 수 / *in* (*or by*) *number* 수는; 총계하여.
2 〔수학적 개념으로서의〕 수, 숫자, 수사(數詞)(numeral). ¶ *the cardinal number* 기수(基數) / *the ordinal number* 서수 / *an even* (*an odd*) *number* 우수(기수) / *a real* (*an imaginary*) *number* 실수(허수) / *a fractional number* 분수.
3 〔사람·물건·크기 따위에 붙인〕 번호〔略 No., no.〕; 〔호텔 따위의〕 객실 번호; 전화 번호(phone number). ¶ *a house number* 번지 / *a license number* 등록(허가) 번호 / *No. 10 Downing Street* 다우닝가(街) 10번지 〔영국 수상 관저〕 / *He rang up the number.* 그는 그 번호에 전화를 걸었다 / *What's his number?* 그는 몇 호실 입니까? / *Number* 〔's〕 *engaged.* 《英》 〔전화로〕 통화중 입니다 / *You have the wrong number.* 전화 잘못 거셨습니다.
4 a) 《종종 한정사를 수반하여》 다수(얼마간, 약간)〔의 사람·물건〕. ¶ *a number of books* 많은 (얼마간의, 약간의) 책 / *a number of times* 종종 / *a small number of soccers*… / *a large* (*or a great*) *number of* 다수의 … / *the greatest happiness of the greatest number* 최대 다수의 최대 행복. b) (~s) 다수〔의 사람·물건〕, 수적인 우세. ¶ *numbers of girls* 수많은 소녀들 / *sing before numbers* 많은 사람들 앞에서 노래하다 / *win by numbers* 다수의 힘으로 이기다.
— **Usage** *a number of* 는 some, many 의 뜻의 형용사처럼 느껴져서 복수의 동사를 지배하며, *the number of* 는 「수」를 주요으로 하여 단수의 동사를 받는다: *A* 〔*great*〕 *number of tourists visit the city.* (많은 관광객이 그 도시를 찾는다) / *The number of cars has increased.* =*Cars have increased in number.* (자동차의 수가 늘었다). 그리고 *The greater number are for this opinion.* (과반수 사람들이 이 의견에 찬성이다) 와 같이 개개의 성원에 중점을 두는 경우에는 number 는 단수나 복수 취급을 받는 경우가 많다.
5 사람의 모임, 집단; 패, 무리(company). ¶ *He is not of our number.* 그는 우리 패가 아니다.
6 〔연극〕 〔연극·무용 따위를 구성하는〕 상연물〔의 하나〕; 〔프로그램 중의〕 한 항목, 〔연주회의〕 한 곡목; 〔잡지 따위의〕 호, 분책(分冊); 〔시집 따위의〕 한 편. ¶ *a back number* 〔잡지 의〕 기간호(既刊號) / *an extra number* 임시 증간호 / *the March Number* 3월호 / *the solo numbers of an opera* 가극의 독창부.
7 (~s) 〔韻律〕 운율, 시구, 운문; 〔음악〕 박자〔수〕, 음표. ¶ *in numbers* 운문으로.
8 (~s) 〔페어〕 산술(算術). ¶ *the science of numbers*
9 (~s) 《美》 =numbers pool.
10 〔문법〕 〔단수·복수의〕 수, 수를 나타내는 어형. ¶ *the singular number* 단수〔형〕.
11 《美속어》 다수속에서 뽑은 사람(물건); 《구어》 처녀, 계집아이. ¶ *a cute little number* 참하고 귀여운 계집아이. 〔론 상품.
12 상품, 매물(賣物). ¶ *a new nylon number* 새 나일
any number of → ANY.
get (*or take*) *a person's number* 《속어》 남의 진짜 성질을 알아내다, 남의 정체를 알다.
have a person's number on it 《속어》 〔탄환 따위가〕 사람의 목숨을 빼앗는다고 생각되어. 〔리고,
in round number 대충, 어림잡아서, 우수리는 떼어버

One's **number** *goes* (or *is*) *up*. 《속어》① 사람의 수명이 다하다, 죽다. ② 사람의 운이 다하다.
number one; No. 1 ① 자기 자신, 자기의 이해(利害). ¶ look out for *number one* 자기를 생각하다, 자기 이해만을 생각하다. ②《형용사적》제1의, 제1급의. ③《어린이말》오줌. ④〔소형 함정의〕부함장(first lieutenant).
number two ①《어린이말》똥. ②《형용사적 용법》두
without (or ***out of, beyond***) ***number*** 무수한. ¶ times *without number* 몇번이고.
── *vt.* **1** …에 번호를 매기다, …을 번호로 구별하다. ¶ *number* the pages in a book 책에 페이지 수를 매기다. **2**〔총수가〕…의 총수에 이르다(total). ¶ Shakespeare's plays *number* thirty-five. 셰익스피어의 극은 35개에 이르고 있다. **3** …에 넣어서 세다, …과 동일한 것으로 보다(*...in, among, with*). ¶ (~+目+前+名) He is *numbered among* poets. 그는 시인의 한 사람으로 헤아려지고 있다. **4** …을 세다. ⇔ COUNT 類語 **5**《주로 수동형으로》…의 수(기간)을 정하다. ¶ His days are *numbered*. 그는 살 날이 얼마 남지 않았다. **6** …년을 살고 있다. ── *vi.* **1** 세다, 계산하다. ¶ *Number*!〔구령으로서〕번호! **2** 세어지다, 포함되다. **3** …의 양(수, 액수)이 되다.
number off 〔점호할 때〕번호를 부르다, 번호를 붙이다
◇ númeral, númerous, numérical, númberless *adj.*

númber crúncher *n.*《구어》〔복잡한 계산을 하는〕컴퓨터〔기계, 사람〕.
númbered accóunt [nʌ́mbərd-] *n.* 번호만 등록하는 은행 계좌.
num·ber·er [nʌ́mbərər] *n.* 세는 사람, 번호를 매기는 사람.
núm·ber·ing machìne [nʌ́mbəriŋ-] *n.* 번호 찍는 기계, 넘버링.
***num·ber·less** [nʌ́mbərlis] *adj.* **1** 이루 다 셀 수 없는, 무수한(innumerable). **2** 번호가 없는.
númber óne *n.*《구어》 ① 자기(oneself); 자기 이해(利害). ② 《美구어》 제1급(류)의 것; 아주 훌륭한 제복(옷). ── *adj.*《구어》 1류의, 최고의, 특출한; 가장 중요한.
númber pláte *n.*〔자동차의〕번호판;〔가옥의〕번지.
númber(númbers) rúnner *n.*《美구어》숫자 알아맞기 도박의 내기돈 수금원.
Num·bers [nʌ́mbərz] *n. pl.*《단수 취급》〔성서〕민수기(民數記)〔구약 성서의 넷째 권; 略 Num.〕.
númbers pòol(gàme, ràcket) *n.* 숫자 알아맞히기 도박〔신문 따위에 발표되는 숫자를 알아맞추는 불법 도박〕.
Númber Tén [Dówning Strèet] *n.* 영국 수상관저〔London의 Downing 가(街) 10번지에 있음〕.
númber twó *n.* 제2의 실력자, 보좌역. ── *n.*《속어》제2(둘째)의, 제2급의. ②〔오리, 전기오리〕.
numb·fish [nʌ́mfìʃ] *n.* (*pl.* **-fish** *or* **-fish·es**) 시끈 가오리.
númb hánd *n.*《속어》손재주 없는 사람.
numb·skull [nʌ́mskʌ̀l] *n.* = numskull.
num·dah [nʌ́mdə] *n.*〔양털로 만드는 인도·페르시아산(産)의〕일종의 펠트 천, 이것으로 만든 안장 깔개.
nu·mer·a·ble [n(j)úː m(ə)rəbl / njúː-] *adj.* 셀 수 있는, 계산되는.
***nu·mer·al** [n(j)úː m(ə)rəl / njúː-] *n.* 숫자; 수사(數詞). ¶ the Arabic *numerals* 아라비아 숫자 / the Roman *numerals* 로마 숫자 / the cardinal *numerals* 기수사(基數詞) / the ordinal *numerals* 서수사. ── *adj.* 수를 나타내는; 수의. ◇ númber *n.*, númerate *v.*, númerical, númerous *adj.*
nu·mer·ar·y [n(j)úː m(ə)rèri / njúː m(ə)rəri] *adj.* 수의.
nu·mer·ate [n(j)úː m(ə)rèit / njúː-] *vt.* (*-at·ed, -at·ing*) **1** …을 세다(count). **2**〔수식〕을 읽다. ── *adj.* 수학의, 셈을 아는.
nu·mer·a·tion [n(j)ùː m(ə)rèiʃ(ə)n / njúː-] *n.* ⓤⓒ **1** 셈하기, 계산, 셈. **2** 세는 법, 계산법. **3** 숫자를 읽는 법. ¶ the *numeration* table 숫자표.
nu·mer·a·tor [n(j)úː m(ə)rèitər / njúː-] *n.* **1**〔수학〕〔분수의〕분자. *cf.* denominator **2** 계산자(者), 계산기.
nu·mer·ic [n(j)uːmérik / njuː-] *adj.* = numerical.
nu·mer·i·cal [n(j)uːmérik(ə)l / njuː-] *adj.* **1** 수의, 수를 나타내는. ¶ a *numerical* order 번호. **2**〔문자가 아니라〕숫자로 나타낸. ¶ a *numerical* street 번호로 불리는 거리〔13번가 따위〕. **3** 계산 기술의(에 관한). **4**〔수학〕절대치의. **-ly** [-kəli] *adv.*
numérical contról *n.* 수치 제어(값비례)〔오토메이션의 한 방법〕.
nu·mer·ol·o·gy [n(j)ùːmərɑ́lədʒi / njùːmərɔ́l-] *n.* ⓤ 수비학(數祕學), 숫자점〔생일의 수 따위로 운명을 점치는 법〕.

‡**nu·mer·ous** [n(j)úː m(ə)rəs / njúː-] *adj.* **1**〔복수 명사를 수반하여〕매우 많은, 무수한. ¶ too *numerous* to enumerate 일일이 셀 수 없을 만큼 많은 / I have *numerous* things to do. 나는 할 일이 엄청나게 많다.
類語 **numerous** 대단히 많은; **innumerable** 너무 numerous 하여 셀 수도 없는: *innumerable* stars 무수의 별. **manifold** 수만 많을 뿐 아니라 종류도 갖가지인: the *manifold* functions of the government 정부의 갖가지 많은 기능.
2 〔단수형 집합 명사를 수반하여〕 많은 것(다수)으로 된. ¶ a *numerous* army 대군(大軍).
~·ly *adv.* **~·ness** *n.* ◇ númber, númeral *n.*

Nu·mid·i·a [n(j)uːmídiə / njuː-] *n.* 누미디아〔아프리카 북안, 현재의 Algeria 지방에 있었던 고대 왕국〕.
Nu·mid·i·an [n(j)uːmídiən / njuː-] *adj.* 누미디아(Numidia)〔사람〕의. ── *n.* 누미디아 사람; ⓤ 누미디아어(語).
nu·mi·nous [n(j)úː minəs / njúː-] *adj.* **1** 귀신의(같은), 신령의(spiritual); 초자연적인(supernatural), 신비스러운. **2** (the ~)《명사적 용법》신령.
nu·mis·mat·ic [n(j)ùː mizmǽtik, -mis- / njùːmiz-], (**nu·mis·mat·i·cal** [-ik(ə)l]) *adj.* **1** 화폐의, 메달의, **2** 화폐학의, 고전(古錢)학의.
-i·cal·ly [-ikəli] *adv.*
nu·mis·mat·ics [n(j)ùː mizmǽtiks, -mis- / njùːmiz-] *n. pl.*《단수 취급》화폐학, 고전(古錢)학; 고전(古錢)·메달류의 수집.
nu·mis·ma·tist [n(j)uːmízmətist, -mís- / njuːmíz-] *n.* 고전(古錢) 연구가; 고전·메달류 수집가.
nu·mis·ma·tol·o·gy [n(j)uːmìzmətɑ́lədʒi, -mìs- / njuːmìzmətɔ́l-] *n.* = numismatics.
num·ma·ry [nʌ́məri] *adj.* 화폐(돈)의, 화폐(돈)에 관한; 돈을 취급하는.
num·mu·lar·y [nʌ́mjulèri / -ləri] *adj.* 〔고어〕= nummary.
num·mu·lite [nʌ́mjulàit] *n.* ⓤ 화폐석〔화석의 일종〕.
num·nah [nʌ́mnə] *n.* = numdah.
num·skull, numb- [nʌ́mskʌ̀l] *n.*《구어》 **1** 얼간이, 바보(dolt). **2**〔바보의〕머리. 「buoy.
***nun** [nʌn] *n.* **1** 수녀. **2** 집비둘기의 일종. **3** = nun
nun·a·tak [nʌ́nətæ̀k] *n.* 〔빙하 위로 솟은〕산봉우리.
nún búoy *n.*〔금속제의 붉은〕마름모꼴 무등(無燈) 부표(浮標).
Nunc Di·mit·tis [nʌ́ŋk dimítis] *n.*《라틴》(= now thou lettest depart) **1** 시므온(Simeon)의 찬송〔=누가 복음(Luke) 2 : 29-32〕. **2** (n- d-) 작별 인사; 작별; 세상을 하직하기. 「하다.
sing one's *nunc dimittis* 〔만족하여〕이 세상을 하직
nun·ci·a·ture [nʌ́nʃiətʃər / -tjuər] *n.* 로마 교황 사절(nuncio)의 직무(임기).
nun·ci·o [nʌ́nʃiòu] *n.* (*pl.* **-ci·os**) **1** 로마 교황 대사〔로마 교황의 대리로서 외국에 파견〕. **2**〔페어〕〔일반적으로〕사절.
nun·cle [nʌ́ŋkl] *n.* 〔주로 英방언〕= uncle.
nun·cu·pate [nʌ́ŋkjupèit] *vt.* (*-pat·ed, -pat·ing*) 〔유언 따위〕를 구술하다.
nun·cu·pa·tion [nʌ̀ŋkjupéiʃ(ə)n] *n.* ⓤ 유언 구술; ⓒ

nun·cu·pa·tive [nʌ́ŋkjupèitiv, nʌŋkjúː pə-] *adj.* 〔특히 유언이〕구두의, 구술의(oral).

nun·cu·pa·to·ry [nʌ́ŋkjupətòːri, nʌŋkjúː-/-pèt(ə)-ri] *adj.* 《페어》 구두의(oral).

nun·ner·y [nʌ́nəri] *n.* (*pl.* **-ner·ies**) 수녀원(convent).

nún's véiling *n.* ⓤ 거칠게 짠 얇은 우스팃.

nu·phar [n(j)úːfər / njúː-] *n.* 노랑연꽃.

nu·plex [n(j)úːpleks / njúː-] *n.* 핵 콤비나트.

*****nup·tial** [nʌ́pʃ(ə)l] *adj.* 결혼[식]의, 혼례의. ¶ a *nuptial* day 결혼날 / a *nuptial* feast 결혼 피로연. — *n.* (보통 ~s) 결혼식, 혼례(wedding). ◆ MARRIAGE 類語

Nu·rem·berg [n(j)úː(ə)rəmbəːrg / njúːər-] *n.* 뉘른베르크〔독일 Bavaria 지방의 도시, 나치스 전범 재판이 열렸던 곳. 독일명 Nürnberg [njúrnberk]〕.

‡**nurse** [nəːrs] *n.* **1** 간호사, 간호인. ¶ a male *nurse* 정신 병원 따위의〕 남자 간호사 / a Red Cross *nurse* 적십자사 간호사 / a graduate (*or* a trained) *nurse* 유자격 간호사 / a registered *nurse* 공인 간호사. **2** 〔남의 아기에게 젖을 먹이는〕 유모(wet nurse); 〔아기를 돌보기만 하는〕 보모, 아이보는 여자(dry nurse). **3** 기르는 사람(것), 보호자, 보육자; 양성소(⇨ nursery). ¶ England, the *nurse* of liberty 자유를 기른 나라, 영국 / *Difficulty is the nurse of greatness.* 《속담》 고생을 겪어야 크게 된다. **4** 〔어린 벌을 보호하기 위하여 싣는〕 보호수; 〔곤충〕 유충을 보호하는 곤충 〔일벌·일개미 따위〕. **5** 〔당구〕 [cannon을 칠 수 있도록] 공을 모아두다. **at nurse** 유모〔보모〕에 맡겨.

put out to nurse ① 〔젖먹이를〕 남에게 맡겨 기르다. ② 〔토지 따위를〕 관리인에게 맡기다.

— *vt.* (**nursed, nurs·ing**) **1** …을 간호하다, 병구완하다, 병시중 들다. ¶ (~+閏+前+名) *nurse* a patient *back to* life 환자를 간호하여 소생시키다. **2** 〔혼자서 감기 따위를〕 고치다, 치료하다(treat), 〔병을〕 조리하다, 요양하다. ¶ *nurse* a cold 감기를 고치기 위해 조리하다. **3** 〔아기에게〕 젖을 먹이다, 수유(授乳)하다(suckle); 〔아기를〕 돌보다, 보살피다; …을 기르다, 양육하다(foster). ¶ (~+閏+副) *nurse up* a tree 나무를 길러 내다 / *nurse* a plant *along* 식물을 키워 나가다. 類語 *nurse* 제힘으로는 아무것도 못하는 자를 보살피다. **nourish** 성장·발달에 필요한 것을 주다. **nurture** 정신적·사회적인 성장을 촉진하려고 보살피다. **4** …을 소중하게 다루다; 귀하게 쓰다, 아끼듯하게 쓰다; 〔정력 따위를〕 아껴 쓰다(save). **5** 〔마음에〕 품다(cherish). ¶ *She is* nursing *her anger*. 그녀는 계속 노여움을 품고 있다. **6** …을 어르다(fondle), 애무하다, 안다, 껴안다(embrace). ¶ *nurse* a baby 갓난아기를 안다. **7** (주로 英) 〔선거민〕의 비위를 맞추다. **8** 〔당구〕 〔잇달아 cannon을 칠 수 있도록 공을〕 모아두다(keep together).

— *vi.* **1** 간호사로서 근무하다, 간호〔병구완〕하다. **2** 〔아기에게〕 젖을 먹이다, 수유하다. **3** 〔젖먹이가〕 젖을 먹다(suckle).

nurse-child [nə́ːrstʃàild] *n.* (*pl.* **-chil·dren** [-tʃìldrən]) 맡아 기르는 아이, 수양 아들〔딸〕(foster child).

nurse-gar·den [nə́ːrsgɑ̀ːrdn, -美 -dìn] *n.* 《英》〔산(産)〕 묘목밭(nursery).

nurse-hound [nə́ːrshàund] *n.* 돔발상어의 일종〔유럽 産〕.

nurse·ling [nə́ːrslìŋ] *n.* =nursling.

nurse-maid [nə́ːrsmèid] *n.* 아이 보는 여자, 보모 (nurseymaid).

nurs·er [nə́ːrsər] *n.* **1** 유모, 양육자. **2** 포유병.

‡**nurs·er·y** [nə́ːrs(ə)ri] *n.* (*pl.* **-er·ies**) **1** 아이 방, 육아실. **2** 보육원 (nursery school). **3** 양성소; 온상 〔따위의〕의 온상. ¶ *Idleness is the* nursery *of vice.* 나태는 악덕의 온상이다. **4** 묘목밭; 양어장, 양식장. **5** 두 살 된 말의 핸디캡 레이스. **6** 〔당구〕 공을 모아놓고 치는] cannon의 연속.

nursery cannon *n.* 〔당구〕 =nursery 6.

nursery governess *n.* 보모 겸 가정 교사.

nursery maid *n.* =nursemaid.

nursery man *n.* (*pl.* **-men** [-mən]) 묘목업자, 묘포 경영자; 육목(育木) 담원원.

nursery rhyme *n.* 동요; 자장가.

nursery school *n.* 보육원.

nursery slopes *n. pl.* 〔스키〕 초보자용〔활강〕 코스.

nursery tale *n.* 동화.

nurse's aide *n.* 간호 보조원. 「니(nurse).

nurs·ey, nurs·ie [nə́ːrsi] *n.* 《어린이말》 아줌마, 언

nurs·ing [nə́ːrsiŋ] *adj.* 〔어머니 등이〕 양육〔보육〕하는; 수유(授乳)하는. ¶ one's *nursing* father 양부(養父) / one's *nursing* child 맡아 기르는 아이. — *n.* ⓤ 〔직업으로서의〕 유모.

nursing bottle *n.* 포유병, 젖병.

nursing home *n.* 〔노인·병자의〕 요양원; 《주로 英》 작은 사립 병원.

nursing mother *n.* **1** 수양 어머니, 길러준 어머니 (foster mother). **2** 유모.

nurs·ling [nə́ːrsliŋ], **(nurse·ling)** *n.* **1** 〔유모에게서 길러지는〕 애기, 젖먹이. **2** 소중히 길러지는 사람(것); 아끼는 사람, 비장품, 애완 동물.

*****nur·ture** [nə́ːrtʃər] *vt.* **(-tured, -tur·ing) 1** 〔영양을 주어〕 …을 키우다 (⇨ NURSE 類語); …을 보육하다 (rear). ¶ a delicately *nurtured* girl 가냘프게 자란 소녀. **2** …을 양육하다, 양성하다(train), 교육하다 (educate). — *n.* ⓤ **1** 양육(upbringing); 교육, 훈도 (education, training), 육성. ¶ nature and *nurture* 선천성과 후천성 // the *nurture* of creative scientists 창조적인 과학자의 양성. **2** 영양물(nourishment), 음식(food).

‡**nut** [nʌt] *n.* **1** 견과(堅果), 나무 열매〔호두·밤·도토리 따위〕; 〔견과 속의〕 인(仁), 핵(kernel). **2** 난문, 어려운 사업; 다루기〔납득시키기〕 어려운 사람. ¶ a hard (*or* a tough) *nut* to crack 난물(難物), 난제; 정체를 알 수 없는 사람. **3** 핵심, 근본. **4** 너트 (*cf.* bolt), 암나사. **5** 《속어》 **a)** 머리(head). **b)** (보통 ~s) 불알 (testicle). **6** 기인(奇人) (eccentric), 미친 광이 (psychotic), 바보, 멍텅이(idiot). **7** 《속어》 녀석, 놈 (fellow); 멋쟁이(dandy). **8** 〔음악〕 〔바이올린 따위의〕 담매(檻釁), 현침(絃枕); 〔현악기의 활의〕 조리개, 너트, 활털 조리개. **9** (the ~) 재미(우스움)의 원천, 기쁨의 원인. **10** 〔英〕 〔버터 따위의〕 덩어리.

be [**dead**] **nuts on** 《속어》 …을 매우 좋아하다, …이 장기〔장기〕이다.

be nuts to (*or* **for**) …이 좋아하는 것이다.

do one's *nut* (or **nuts**) 《英속어》 미친듯이 일하다.

don't care a [**rotten**] *nut* 조금도 개의치 않다.

for nuts 《속어》 〔부정문에서〕 아무리 해도(at all), 전혀.

Nuts! 제기랄! [Nonsense!]. 「혀, 조금도.

the nuts and bolts of …의 바탕, 근본. 「여.

off one's *nut* 《속어》 미쳐서; 취하여. ⇨ 5 a); 잘못하여.

— *vi.* (**nut·ted, nut·ting**) 나무 열매를 줍다(찾다).

go nutting 나무 열매를 주우러 가다.

◇ **nút·ty** *adj.*

N.U.T. (略) 《英》 *N*ational *U*nion of *T*eachers 〔전국 교사 연맹〕.

nu·tant [n(j)úːt(ə)nt / njúː-] *adj.* 〔식물〕 〔줄기·꽃 따위가〕 아래로 처지는, 하수성(下垂性)의.

nu·tate [n(j)úːtèit / njúː-] *vi.* **(-tat·ed, -tat·ing)** 〔줄기·꽃 따위가〕 아래로 처지다, 수그러지다(droop).

nu·ta·tion [n(j)uːtéiʃ(ə)n / njuː-] *n.* ⓤⓒ **1** 머리숙이기, 머리를 끄떡거리는(nodding). **2** 〔식물〕 〔나팔꽃 덩굴 따위의〕 전두(轉頭) 운동. **3** 〔천문〕 장동(章動) 〔지축의 진동〕.

nut-brown [nʌ́tbráun] *adj.* 밤색의, 짙은 고동색의.

nut-but·ter [nʌ́tbʌ̀tər] *n.* ⓤ 〔나무 열매로 만든〕 대용 버터. 「(nut).

nut-cake [nʌ́tkèik] *n.* 호두 과자; 《美》 도넛(doughnut).

nút càse *n.* 《속어》 미치광이(mad man), 기인(奇人).

nut college (**house**) *n.* 《美속어》 정신 병원.

nut·crack·er [nʌ́tkræ̀kər] *n.* 1 (종종 ~s) 호두 까는 기구. 2 [鳥] [까마귀과(科)의 새].

nútcracker fáce *n.* [이가 빠지거나 하여] 합죽해진 얼굴, 합죽이.

nut·gall [nʌ́tgɔ̀ːl] *n.* (특히 oak 나무에 생기는) 오배자, 몰식자(沒食子). 「[留鳥].

nut·hatch [nʌ́thæ̀tʃ] *n.* 동고비 [동고비과(科)의 유조

nut·let [nʌ́tlit] *n.* 작은 견과(堅果); [복숭아·버찌 따위의] 씨, 핵.

nut·like [nʌ́tlàik] *adj.* 나무 열매 같은.

nut·meat [nʌ́tmìːt] *n.* ⓤ [견과의] 인(仁).

nut·meg [nʌ́tmèg] *n.* 1 육두구(肉荳蔲)의 종자[약용·조미료로 쓰인다]. 2 (=**nútmeg trèe**) 육두구나무[열대산(産)의 상록 교목].

nútmeg ápple *n.* 육두구(nutmeg) [나무] 의 열매.

Nútmeg Státe *n.* (the ~) 미국 Connecticut 주의

nút òil *n.* ⓤ 호두유(walnut oil). 「속칭.

nut·pick [nʌ́tpìk] *n.* 호두알을 후벼내는 뾰족한 식탁용 기구.

nút pìne *n.* 열매를 먹을 수 있는 각종 소나무 [미국 서남 지방 또는 Rocky 산맥산(産)].

nu·tri·a [n(j)úːtriə / njúː-] *n.* [남미산(産)의] 수서(水鼠), 누트리아; ⓤ 누트리아의 모피.

nu·tri·ent [n(j)úːtriənt / njúː-] *adj.* 영양분을 나르는; 영양(자양)이 되는. — *n.* 자양물(제), 영양분.

nu·tri·ment [n(j)úːtrimənt / njúː-] *n.* ⓤ 자양물, 영양분(nourishment); 음식물(food).

nu·tri·men·tal [n(j)ùːtrimént(ə)l / njùː-] *adj.* 영양의, 영양이 되는(nutritious).

***nu·tri·tion** [n(j)uːtríʃ(ə)n / njuː-] *n.* ⓤ 1 영양, 영양 섭취. 2 영양물(nutriment), 음식물(food). 3 영양학. ◇ nutrítional, nutrítion, nútritive *adj.*

nu·tri·tion·al [n(j)uːtríʃən(ə)l / njuː-] *adj.* 영양(상)의, **~·ly** [-əli] *adv.* 「자, 영양사.

nu·tri·tion·ist [n(j)uːtríʃ(ə)nist / njuː-] *n.* ⓤ 영양 학

nu·tri·tious [n(j)uːtríʃəs / njuː-] *adj.* [매우] 영양이 되는, 영양(자양)분이 풍부한(nourishing). **~·ly** *adv.* **~·ness** *n.*

nu·tri·tive [n(j)úːtritiv / njúː-] *adj.* 영양이 되는, 자양분이 있는(nutritious), 영양의(에 관한). — *n.* 자양식물, 영양식. **~·ly** *adv.* **~·ness** *n.*

nu·tri·ture [n(j)úːtritʃər / njúː-] *n.* ⓤ 영양식[물] (nourishment); 영양 상태.

nuts [nʌts] *interj.* 《속어》체, 제기랄[혐오·경멸·실망·불만·거부 따위의 뜻을 나타내는 말] (*to* ...) (* nerts*, *nertz* 라고도 한다). — *adj.* 《美속어》 1 미친, 머리가 돈(crazy). 2 열중한(*about*, *on* ...). ¶ He is *nuts about* her. 그는 그녀에게 미쳐 있다. 3 우둔한.

nuts-and-bolts [nʌ́tsən(d)bóults] *adj.* 요긴한, 근본적인(basic), 실제적인.

nut·shell [nʌ́tʃèl] *n.* 1 [호두 따위의] 껍질. 2 [폐어] 하찮은 것; 작은 그릇 [집].

 in a **nutshell** 극히 간단 (간결) 하게, 단 한마디로 (in a few words). ¶ I will tell you the story *in a nutshell*. 그 이야기를 당신에게 간략하게 말하겠습니다.

nut·ter [nʌ́tər] *n.* 1 견과(나무 열매)를 줍는 사람. 2 《美속어》 미치광이. 「기.

nut·ting [nʌ́tiŋ] *n.* ⓤ 견과(나무 열매) 줍기, 호두 따

nút trèe *n.* 견과(堅果) 나무, [특히] 개암나무 (hazel).

nut·ty [nʌ́ti] *adj.* (-ti·er, -ti·est) 1 견과(나무 열매)가 많은; 딱딱한 열매가 열리는. 2 [맛이] 견과 같은(nutlike); 풍미(향기) 그윽한, 향기가 높은. ¶ *nutty* sherry 향기 그윽한 셰리주(酒). 3 [생각 따위가] 내용이 충실한(알찬) (meaty). 4 《속어》 열중한, 반한 (enthusiastic); 미친(crazy), 어리석은, 우둔한(foolish). 5 《英속어》 멋진, 맵시 있는(smart). **-ti·ness** *n.*

nut·wood [nʌ́twùd] *n.* ⓤ 1 견과가 여는 나무[호두 나무·히코리 따위]. 2 견과 나무의 목재.

nux vom·i·ca [nʌ́ks vámikə / -vɔ́m-] *n.* 1 마전자(馬錢子), 번목별(番木鼈), 보미카[마전의 씨. 스트리키닌의 원료]. 2 마전.

nuz·zle [nʌ́zl] *v.* (**-zled**, **-zling**) *vi.* 1 [돼지 따위가] 코로 구멍을 파다. 2 코를 비벼대다(*at, against, in* ...). 3 꼭 붙어서 자다(nestle); 기분좋게 자다(snuggle). — *vt.* 1 …을 코끝으로 파다. 2 …에 코를 비벼대다. ¶ A dog *nuzzled* his nose against him. 개가 그에게 코를 비벼대었다. 3 …에 코를 쑤셔박다. 4 [아이 등]을 끌어안다, 껴안다.

nuzzle *oneself* 바싹 달라붙다.

N.V. 《略》 New Version.

N.V.S. 《略》 no voting stock (무결의권 주식).

NW, N.W., n.w. 《略》 northwest; northwestern.

NWA 《略》 Northwest [Orient] Airlines.

NWbN 《略》 *northwest by north* (서북미북(微北)).

NWbW 《略》 *northwest by west* (서북미서(微西)).

NWC 《略》《美》 National War College (국방 대학

N.W.T. 《略》 Northwest Territories.

nxm 《略》 *nonexistent memory* (깜박 잊음). ¶ I got an *nxm* on your telephone number.

***N.Y.** 《略》 New York. 「녁국(局)).

NYA 《略》 National Youth Administration (미국 청소

Nya·sa·land [naiǽsəlæ̀nd, njǽsə-] *n.* 니아살랜드 [Malawi 공화국의 옛 명칭].

N.Y.C. 《略》 New York Central; New York City.

nyct- *night* 의 뜻의 연결형. 예: *nyct*algia (야간 통증).

nyc·ta·lo·pi·a [nìktəlóupiə] *n.* 【안과】 야맹증(夜盲症), 밤소경(night blindness). 「증의.

nyc·ta·lop·ic [nìktəlápik / -tɔ́lɔp-] *adj.* 【안과】야맹

nycti- =nyct-.

nyc·ti·trop·ic [nìktitrɑ́pik / -trɔ́p-] *adj.* 【식물】 잎이]

nyc·to- =nyct-. 「밤에 방향을 바꾸는 성질이 있는.

nyc·to·pho·bi·a [nìktəfóubiə / -bjə] *n.* 【정신 의학】암소(暗所) [야간] 공포증. 「(약].

Ny·dra·zid [náidrəzid] *n.* ⓤ 나이드라짓[결핵 치료

nyl·ghau [nílgɔː] *n.* (*pl.* **-ghaus** or **-ghau**) =nilgai.

ny·lon [náilɑn / -lɔn, -lən] *n.* 1 ⓤ 나일론. 2 (~ s) 나일론제 양말[특히 여성용 스타킹]. 〈<상표명>

‡**nymph** [nimf] *n.* 1 님프[바다·강·숲·산·목장 따위에 사는 것으로 생각되는 아름다운 여자 정령(精靈)]. 2 미소녀; 처녀(maiden). 3 【곤충】 불완전 변태를 하는 곤충의 약충(若蟲). ◇ nýmphal *adj.*

nym·pha [nímfə] *n.* (*pl.* **-phae** [-fiː]) 1 【해부】소음순(小陰脣). 2 =nymph 3. 「2 약충의.

nym·phal [nímf(ə)l] *adj.* 1 님프(nymph) 의 (같은).

nym·phet [nímfət] *n.* 성적으로 눈뜬 10대 초의 소녀.

nymph·like [nímflàik] *adj.* 님프 같은.

nym·pho [nímfou] *n.* 《속어》 =nymphomaniac.

nym·pho·lep·sy [nímfəlèpsi] *n.* ⓤ (*pl.* **-sies**) 1 [옛날 사람이 님프에 매혹되면 일어난다고 상상한] 황홀경, 광희(狂喜) (ecstasy). 2 [얻을 수 없는 것을 얻고자 할 때의] 열광, 극도의 흥분.

nym·pho·lept [nímfəlèpt] *n.* 좋아서 어쩔 줄 모르는 사람, 기뻐 날뛰는 사람. 「서 어쩔 줄 모르는.

nym·pho·lep·tic [nìmfəléptik] *adj.* 광희하는, 좋아

nym·pho·ma·ni·a [nìmfəméiniə] *n.* ⓤ 【병리】 [여성의] 성욕 이상 항진증 (亢進症), 색정광, 음란증.

nym·pho·ma·ni·ac [nìmfəméiniæ̀k] *n.* [여성이] 음란증의. *n.* [여성의] 색광(色狂), 색정광.

nýmph pìnk *n.* ⓤ (때로는 n~) 붉은 자주색.

NYSE 《略》 New York Stock Exchange (뉴욕 주식 거래소).

nys·tag·mic [nistǽgmik] *adj.* 【병리】 안구 진탕증(眼球震盪症)의, 안진증의. 「안진증.

nys·tag·mus [nistǽgməs] *n.* ⓤ 【병리】 안구 진탕증,

NYT 《略》 The New York Times.

Nyx [niks] *n.* 【그리스 신화】 닉스 [밤의 여신].

N.Z., N. Zeal. 《略》 New Zealand.

O

O, o [ou] *n.* (*pl.* **O's** or **Os; o's** or **os** or **oes**) **1** 영어 알파벳의 열 다섯째 자. ¶ O for Oliver Oliver의 O [국제 전화 통화 용어]. **2** O(o)가 나타내는 소리. **3** [연속한 것 중의] 열 다섯번째 사람(물건). **4** O(o)자형[의 물건]; 원형; [아라비아 숫자의]영(zero). ¶ an O; a round O 원(circle).

O [ou] *n.* [혈액의] O 형.

‡**O** [ou] *interj.* (* 다음에 코머나 감탄부를 붙이지 않는다. ⇨ OH) **1** [부르는 말로 이름 앞에 붙여서] 오, 아(* 특히 시적인 또는 엄숙한 표현에 쓰인다). ¶ O God, save us! 오 하느님, 우리를 구하소서! **2** [놀람·고통·환희·공포·감탄·소망 따위를 나타내어] ¶ O dear me! 어머나! / O is it so? 아이구, 그렇습니까? / O that the day would come! 아, 그날이 오면 좋으련만! **3** [긍정·부정어 따위를 강조하여] ¶ O yes. 그렇고말고. ── *n.* (*pl.* **O's**) 아(오)라는 소리.

O (略) [전기] ohm.

O [화학] oxygen의 원자 기호.

o' [ə-] *prep.* **1** of의 단축형.예: 5 o'clock, a will-o'-the-wisp, a man-o'-war. **2** on의 단축형. 예: o'nights.

O' *pref.* a descendant of of 뜻. 아일랜드 사람의 성 앞에 붙인다. 예: O'Brien, O'Connor.

o- *pref.* ⇨ OB-.

-o- **1** 복합어의 첫째 요소 끝머리에 붙여서 동격 관계를 나타내는 연결 문자. 예: Franco-Italian, Russo-Chinese. **2** 그리스어 어미를 붙여서 복합어를 만드는 연결 문자. 예: techn*o*cracy, techn*o*logy.

o. (略) pint. [<L *octavus*]; octavo; off; old; only; order; [야구] out;

O. (略) Ocean; October; Ohio; Ontario; Oregon.

OA (略) office automation(사무 자동화).

o/a (略) [상업] on account [of]; *o*n or *a*bout.

OAA (略) [로켓] *o*rbiter *a*ccess *a*rm(오비터 연락 통로).

OAEC (略) *O*rganization for *A*sian *E*conomic *C*ooperation (아시아 경제 협력 기구).

oaf [ouf] *n.* (*pl.* **oafs** or (古어) **oaves** [ouvz]) **1** 바보, 천치; 얼간이. **2** (드물게) 심신 장애아, 기형아. **3** (古어)=changeling.

oaf·ish [óufiʃ] *adj.* 우둔한, 천치의. ~**ly** *adv.*~**ness** *n.*

O·a·hu [ouά:hu:] *n.* 오아후 섬[하와이 제도의 한 섬. Hawaii 주의 주도 Honolulu 가 있음].

‡**oak** [ouk] *n.* **1** 오크나무[떡갈나무·참나무 따위]. **2** ⓤ 오크 재목, 오크 제품[가구 따위]. **3** ⓤ 오크의 새잎 색깔. **4** ⓤ 오크의 잎, 도토리로 만든 관(冠). ¶ wear *oak* 오크잎의 관을 쓰다. **5** [英대학] [개인 방 입구의 견고한] 오크 재목 겉문. **6** (the O-s) 오크스 경마 [영국의 Epsom 교외의 세 살짜리 암말의 경마].
a heart of oak 견인불발의 사람(용사).
sport one's oak [英]겉문을 굳게 닫아 부재(不在)임을 나타내다. ◇ **óaken** *adj.*

óak ápple *n.* [오크나무에 여는] 오배자(五倍子), 몰식자(沒食子).

Óak-ápple Dày [óukǽpl-] *n.* (英) 영국 왕정 복고 기념일[Charles 2세가 떡갈나무에 몸을 숨기고 난을 피한 일을 기념하는 5월 29일].

*****oak·en** [óuk(ə)n] *adj.* 오크(oak)제의; 오크나무의(* 보통 한정용법에만). ◇ **oak** *n.*

óak-lèaf clùster [óuklì:f-] *n.* (美육군) 청동 무공 훈장[略 OLC].

oak·ling [óuklɪŋ], (**oak·let** [-lit]) *n.* 오크의 어린 나무.

Óak Rídge *n.* 미국 Tennessee 주 동부의 도시[원자력 연구의 중심지].

oa·kum [óukəm] *n.* ⓤ 뱃밥 [낡은 밧줄 따위를 풀어서 만든 것으로서 물이 새지 않도록 선재(船材)의 틈에 메워 넣는다].

oak·wood [óukwùd] *n.* ⓤ **1** 오크 재목. **2** 오크색, 갈색.

OAMS (略) *O*rbit *A*ttitude *M*aneuvering *S*ystem (궤도 조종 장치).

OANA (略) *O*rganization of *A*sian *N*ews *A*gencies (아시아 통신사 연맹).

O. & M. (略) *o*rganization *and* *m*ethods (사무 개선 활동).

OAO (略) *o*rbiting *a*stronomical *o*bservatory (천체 관측 위성).

OAP, O.A.P. (略) *o*ld-*a*ge *p*ension[er] (노령 연금 수령[자]).

OAPEC (略) *O*rganization of *A*rab *P*etroleum *E*xporting *C*ountries (아랍 석유 수출국 기구).

‡**oar** [oːr / oː] *n.* **1** 노, 오어. **2** 노와 같은 작용을 하는 것[날개·지느러미·팔 따위]. **3** 노 젓는 사람 (oarsman). ¶ He is a good *oar*. 그는 노를 잘 젓는다. **4** (보통 ~s) (古어)젓는 배, 보트(rowboat). ¶ a pair of *oars* 두 사람이 노 젓는 배.
be chained to the oar 중노동을 강요당하다.
have an oar in every man's boat 누구의 일에나 참견하다, 덤벙거리다.
put (or *thrust, shove, stick*) *in oar one's* 쓸데없는 참견을 하다, 공연히 덤벙거리다.
rest (or *lie*) *on one's oars* ① [노를 위로 올려서] 잠깐 쉬다. ② [한바탕 일을 끝내고] 쉬다, 한숨 돌리다.
toss [*the*] *oars* (항해) 노를 위로 곧추세우다 [경례의 표시].
── *vt.* **1** …을 노 따위로 젓다(row). **2** 저어서…을 나아가다(건너다). **3** (古어) [손 따위]를 노처럼 움직이다. ¶ *oar* one's arms (or hands) 두 팔(손)을 헤엄치듯 움직이다.
── *vi.* 노를 젓다(row); 노를 젓듯이 나아가다.
◇ **óary** *adj.*

oar·age [óːridʒ / óːr-] *n.* ⓤ (文어) **1** 노젓기. **2** (집합적) 노 장비.

oared [oːrd / oːd] *adj.* 노를 갖춘; (복합어를 만들어) …자루의 노를 갖춘. ¶ an eight-*oared* boat n 8 자루의 보트(에이트).

oar·lock [óːrlàk / óːlɔ̀k] *n.* [보트의] 노걸이, 노받이.

oars·man [óːrzmən / óːz-] *n.* (*pl.* **-men** [-mən]) 노 젓는 사람.

oars·man·ship [óːrzmənʃip / óːz-] *n.* ⓤ 노 젓는 솜씨.

oars·wom·an [óːrzwùmən / óːz-] *n.* (*pl.* **-wom·en** [-wìmin]) oarsman 의 여성형.

oar·y [óːri / óːri] *adj.* (古어) 노같이 생긴.

OAS (略) *O*rganization of *A*merican *S*tates (미주 기구(美洲機構)).

*****o·a·sis** [ouéisis, +美 óuəsis] *n.* (*pl.* **-ses** [-siːz]) **1** 오아시스. **2** 위안이 되는 장소(것).

oast [oust] *n.* (주로 英) [홉·엿기름·담배의] 건조로.

oast-house [óusthàus] *n.* (*pl.* **-hous·es** [-hàuziz]) (주로 英) **1** [홉 따위의] 건조소. **2** =oast.

‡**oat** [out] *n.* **1** (보통 ~s) [단·복수 양용] 메귀리, 귀리. **2** (古어) [귀리로 만든] 귀리 피리.

feel** one's **oats 《구어》 ① 힘이 넘치다; 들뜨다. ② 잘 난 체하다, 자기 만족하다, 자만하다.
sow** one's **wild oats ⇨ SOW.
oat·cake [óutkèik] *n.* 딱딱하게 구운 오트밀 비스킷.
oat·en [óutn] *adj.* 귀리로 만든; 귀리의.
oat·er [óutər] *n.* 《美속어》서부 영화, [텔레비전의] 서부극 (oat opera).
óat gràss *n.* 1 들귀리. 2 귀리 비슷한 풀.
‡**oath** [ouθ] *n.* (*pl.* **oaths** [ouðz, ouθs]) 1 ⓒⓊ 맹세, 서언, 서약, 선서. ¶ a false *oath* 거짓 서약 / the *oath* of a juror 배심원의 선서 / an *oath* of office; an official *oath* 취임 선서 / on (*or* upon, under) *oath* 맹세를 하고, 선서를 한 다음 / make (*or* take) [an] *oath*; swear an *oath* 선서 하다 / take the *oath* of allegiance as a British subject 영국 국민으로서의 충성을 맹세하다. 2 [저주·노여움·악담 따위 때의] 하나님 이름의 남용 [God damn you! 따위]. 3 저주, 욕지거리, 악담 (curse).
the oath of supremacy ⇨ SUPREMACY.
put a person on [*his*] *oath* 남에게 선서시키다.
***oat·meal** [óutmìːl] *n.* Ⓤ 1 빻은 귀리, 오트밀. 2 오트밀의 죽.
OAU (略) Organization of African Unity (아프리카 통일 기구).
OB (略) obstetrician, obstetrics; old boy.
ob- *pref.* to, toward, against, over, on; inversely, reversely의 뜻(* c, f, m, p 앞에서는 각각 oc-, of-, o-, op-를 쓴다). 예: *object*, *obstinate*; *occur*, *offer*, *omit*, *oppress*.
ob. (略)《라틴》 *obiit*; *obiter*; oboe.
O·ba·di·ah [òubədáiə] *n.* 1 《성서》 오바댜《히브리의 예언자》. 2 오바댜 서〔書〕《구약 성서 중의 한 편》.
obb. (略) obbligato.
ob·bli·ga·to [ὰbliɡάːtou / ɔ̀b-], (**ob·li·ga·to**) [음 악] *adj.* 반주부에서〕생략할 수 없는, 필수적인(obligatory).
— *n.*(*pl.* **-tos** *or* **-ti**[-tiː]) 필수 반주부.
[< It. obliged, obligatory]
ob·du·ra·cy [ὰbdjurəsi / ɔ́bdju-] *n.* 완고, 고집.
ob·du·rate [ὰbd(j)urit / ɔ́bdju-] *adj.* 완고한, 고집 센; 냉혹한; 회개할 줄 모르는. **~·ly** *adv.* **~·ness** *n.*
O.B.E. Officer [of the Order] of the British Empire (영국 장교).
o·be·ah [óubiə], (**o·bi**) *n.* 1 Ⓤ 《아프리카·서인도》 등지의 흑인들 사이에 행해지는》 일종의 마술. 2 물건 〔物神〕, 부적, 호부〔護符〕.
‡**to·be·di·ence** [o(u)bíːdiəns, -djəns] *n.* Ⓤ 1 복종 (submission), 순종, 순응; [법률·명령의] 준수 (*to...*). ¶ active (passive) *obedience* 자발적 (수동적) 복종 / blind *obedience* 맹종 / hold a person in *obedience* 남을 복종시키다 / reduce a person to *obedience* 남을 복종시키다 // in *obedience to* ···을 따라서, ···에 복종하여 / The slave refused *obedience* to his master. 그 노예는 주인에 대한 복종을 거부했다. 2 〔교회〕교회의 지배권, 교구, 교회 관구; 귀의(歸依), 신자 (신도)들.
◇ obéy *v.* ~, obédient *adj.*
‡**to·be·di·ent** [o(u)bíːdiənt, -djənt] *adj.* 순종하는, 얌전한, 말을 잘 듣는; 순응하는(*to...*). ¶ an *obedient* boy 순한 소년 // Be *obedient* to your parents. 부모님께 순종해라 / The boat drifted *obedient* to winds and tides. 보트는 바람부는 대로 물결치는 대로 표류했다.

|類語| **obedient** 권위·지배력을 인정하여 명령·요구 따위를 따르는: *obedient* to the law 법에 순종하는. **compliant** 성격이 약하여 무비판적으로 따르는. a *compliant* person 유순하게 남의 말대로 하는 사람. **docile** 권위·지배 따위에 쉽게 복종하며 저항심이 없는: a *docile* employee 순한 종업원. **amenable** 남을 기쁘게 해주기 위해, 또는 속이 너그러워서 따르는: *amenable* to one's leader 지도자에 순종하는. **acquiescent** 자기 주장이 없는 기질을 암시할 때가 많다. 항의도 하지 않고 따르는.
Your [*most*] *obedient servant* ⇨ SERVANT.
◇ obéy *v.*, obédience *n.*, obédiently *adv.*
o·be·di·ent·ly [o(u)bíːdiəntli / -djənt-] *adv.* 복종하여, 고분고분 (얌전) 하게.
Yours obediently; *Obediently yours* 근상〔謹上〕 〔편지의 끝맺음 말〕.
o·bei·sance [o(u)béis(ə)ns, +美 -bíː-] *n.* 1 절, 경례(bow), 인사. 2 Ⓤ 존경, 복종(homage).
do (*or make, pay*) *obeisance to* ··· 에게 경의를 표하다, ···에게 절을 하다.
o·bei·sant [o(u)béis(ə)nt, +美 -bíː-] *adj.* 경의를 표하는; 공손한, 정중한 (respectful).
~·ly *adv.*
*****ob·e·lisk** [άb(i)lisk / ɔ́b-] *n.* 1 방첨탑 (方尖塔), 오벨리스크. 2 오벨리스크 모양의 것. 3 〔인쇄〕 단검표 [†] (dagger). 4 ⇨ OBELUS.
ob·e·lize [άb(i)làiz / ɔ́b-] *vt.* (**-lized**, **-liz·ing**) ··· 의 의구(疑句) 〔단검〕 표를 붙이다.
ob·e·lus [άb(i)ləs / ɔ́b-] *n.* (*pl.* **-li** [-lài]) 1 의구표 《사본 따위에서 의심나는 부분을 나타낸다. — 또는 ÷〕. 2 〔인쇄〕 = obelisk, dagger.
O·ber·on [óubərὰn, -r(ə)n / -bər(ə)n, -rɔ̀n] *n.* 오베론 〔중세의 전설이나 Shakespeare 작 *A Midsummer Night's Dream* 중에 나오는 요정의 왕〕.
obese [o(u)bíːs] *adj.* 뚱뚱하게 살찐, 지나치게 비만한. ⇨ FAT |類語| ¶ an *obese* child 비만아. **~·ness** *n.*
o·bes·i·ty [o(u)bíːsiti] *n.* Ⓤ 지나치게 뚱뚱함, 비만.
‡**o·bey** [o(u)béi] *vt.* 1 ···을 따르다, 복종하다, ···을 준수하다(follow). ¶ *obey* orders 명령을 따르다 / *obey* one's superiors 상사〔의 명령〕를 따르다. 2 〔자연 법칙·이성·양심·충동 따위에〕따르다, ···에 따라 행동하다; ···대로 움직이다. ¶ *obey* the laws of nature 자연의 법칙을 따르다. 3 〔사물이〕···에 반응하여 작용하다 (움직이다). — *vi.* 하라는 대로 하다, 말을 듣다 (*to...*). ◇ obédience *n.*, obédient *adj.*
ob·fus·cate [ὰbfʌ́skeit, ὰbfəskèit / ɔ́bfʌ̀skèit] *vt.* (**-cat·ed**, **-cat·ing**) 1 ···을 혼란시키다, 당황하게 하다 (confuse), 명하게 만들다. 2 ···을 알기 어렵게 만들다, 까다롭게 하다. 3 ···을 어둡게 하다(darken), [마음 따위]를 흐리게 하다.
ob·fus·ca·tion [ὰbfʌskéiʃ(ə)n / ɔ̀b-] *n.* Ⓤ 혼란, 당혹; 흐림.
ob·fus·ca·tor [ὰbfʌ́skeitər, ὰbfəskéit- / ɔ́bfʌ̀skèitə] *n.* 혼란시키는 것, 명하게 하는 것, 〔마음을〕 어둡게 만드는 것.
o·bi [óubi] *n.* = obeah.
o·bi·it [óubiit; ɔ́b-] 《라틴》 (= he or she died) 그 (그녀)는 죽었다〔묘비·서면 따위에 쓴다; 略 ob.〕. ¶ *ob.* 1945 1945년 사망.
o·bit [óubit / ɔ́b-] *n.* 1 기일(忌日). 2 = obituary. 3 《고어》기일의 미사, 제도, 추도식. 4 《구어》 신문 따위〕 사망 광고 〔기사〕.
ob·i·ter [άbitər / ɔ́b-] *adv.* 《라틴》 (= by the way) 말하는 김에.
óbiter díctum [-díktəm] *n.* (*pl.* **-dic·ta** [-díktə]) 《라틴》 (= word[s] said by the way) 1 하는 김에 덧붙인 말, 부언. 2 〔법률〕 〔판결 속에서 판사가 말하는〕 부수적인 의견.
o·bit·u·a·rist [oubítʃuèrist / -tʃuə-] *n.* 사망 기사 담당 기자.
o·bit·u·ar·y [oubítʃuèri / -tʃuəri] *n.* (*pl.* **-ar·ies**) 부고 〔신문 지상 따위의 약력을 곁들인 사망 기사〕, 사망 광고. 2 과거장(過去帳). — *adj.* 사망 〔자〕 의.
obj. (略) object, objection, objective.
‡**ob·ject** *n.* [άbdʒikt / ɔ́b-] // → *v.*] 1 물체, 사물, 물건. 2 a distant *object* 먼 곳의 물체. ¶ 〔사상·감정·행위 따위의〕 대상. ¶ an *object* of study 연구 대상 / an *object* of curiosity (envy, admiration) 흥미〔질투, 칭찬〕의 대상. 3 목적, 목표(aim). ⇨ PURPOSE |類語|

¶ an *object* of one's life(effort) 인생(노력)의 목적 / with the *object* of studying literature 문학 연구를 목적으로 하여 / attain one's *object* 목적을 달성하다. **4** 〔겉모습이 이상한〕 사람(물건); 〔가련한, 싫은, 우스운〕 너석(물건). ¶ What a disgusting *object* ! 참으로 지긋지긋한 녀석이다. **5** 〔문법〕 목적어. ¶ a direct (an indirect) *object* 직접(간접) 목적어. **6** 〔철학〕 대상, 객체; 객관. opp. subject **7** 〔법률〕 물건(物件), 목적.
— v. [əbdʒékt] vi. 이의를 제기하다, 반대하다, 싫어하다(to...). ⇨ OPPOSE 類語 ¶ I *object*. 이의 있습니다 // (~+前+图) I *object* to your opinion. 나는 당신 의견에 반대입니다 / Do you *object* to my smoking?——No, not at all. 담배를 피워도 괜찮겠습니까?——네, 상관없습니다 / I don't *object* to some beer. 맥주 몇 잔 하는 것도 나쁘지 않겠다. — vt. …에 반대론을 부르짖다: …을 반대 이유로서 말하다. ¶ (~+*that* 節) Mother *objected that* the weather was too wet to play outdoors. 비가 와서 밖에서는 놀 수 없다고 어머니는 반대했다 / I *objected* [against him] *that* his proposal was impracticable. 나는 그의 제안이 실행 불가능하다고 〔그에게〕 반대했다.
◇ objéction n., objéctive adj., objéctify v.

óbject báll n. 〔당구〕 맞힐 공, 표적구.
óbject códe n. 〔컴퓨터〕 목적 코드.
ob·ject·find·er [ábdʒiktfáindər/ 5b-] n. 〔현미경의〕 대상 파인더, 탐물경(探物鏡).
óbject gláss n. 〔光學〕 대물 렌즈. cf. eyeglass
ob·jec·ti·fi·ca·tion [əbdʒèktifikéi∫(ə)n, +英 ɔb-] n. U **1** 객관화, 대상화. **2** 구체화.
ob·jec·ti·fy [əbdʒéktifài, +英 ɔb-] vt. (-fied, -fy·ing) **1** …을 객관화하다, 대상화하다. **2** 구체화하다.
†ob·jec·tion [əbdʒék∫(ə)n] n. **1** U C 항의, 반대, 이의, 불복; 싫어함(to...). ¶ address an *objection* to …에 대하여 이의를 말하다 / raise an *objection* to …에 대하여 이의를 제기하다 / I have no *objection* to it. 나는 그것을 반대하지 않는다 / There is no room for us to take (or make an) *objection* to his plan. 우리가 그의 계획에 이의를 말할 여지는 없다 / I feel an *objection* to his idling his time away. 나는 그가 빈둥빈둥 노는 게 마음에 들지 않는다. **2** 결점, 난점(defect)(to...). ¶ The chief *objection* to this story is of its great length. 이 이야기의 주된 홈은 너무 길다는 것이다. **3** 장애, 고장, 지장(to...). ¶ There can be no *objection* to your doing so. 당신이 그렇게 하는 데 대해서는 반대가 있을 수 없다. ◇ object v.

*ob·jec·tion·a·ble [əbdʒék∫(ə)nəbl] adj. **1** 반대가 있을 듯한, 이의를 말할 여지가 있는. **2** 불쾌한(offensive), 못마땅한. ~·ness n. -bly adv.
†ob·jec·tive [əbdʒéktiv/ ɔb-] n. **1** 목적, 목표. ⇨ PURPOSE 類語 **2** 〔문법〕 목적격, 목적격의 단어. **3** 〔光學〕 대물 렌즈(object glass). — adj. **1** 외계의 (external), 물적(物的)의 (material), 실재(實在)의 (real). **2** 객관적인, 사실을 중시하는, 편견이 없는. opp. subjective **3** 목적의, 목적에 관한. **4** 〔의학〕 〔병의 정후가〕 병자 이외의 사람에게도 뚜렷이 보이는. **5** 목적격의, 목적어의. ¶ the *objective* complement 목적〔격〕 보어.
~·ness n. ◇ objectívity n., objéctively adv.
objéctive génitive n. 〔문법〕 목적격 소유격〔예를들면 father's murderers 의 father's〕. cf. subjective genitive
objéctive gláss(léns) n. 〔광학〕 대물 렌즈(objective, object glass).
*ob·jec·tive·ly [əbdʒéktivli, +英 ɔb-] adv. 객관적으로, 객관적인 견지에서.
ob·jec·tiv·ism [əbdʒéktivìz(ə)m] n. U 〔철학〕 객관주의, 객관성.
ob·jec·tiv·i·ty [ábdʒektíviti/ ɔb-] n. U 객관성; 객관적 실재(實在)(external reality).

óbject lánguage n. **1** 〔논리〕 대상(對象) 언어〔다른 언어에 의해 조사의 대상이 되는 언어〕. **2** =target language.
óbject·less [ábdʒiktlis/ 5b-] adj. 목적이 없는, 대상이 없는.
óbject lésson n. **1** 실물(實物) 교육, 실지 훈련. **2** 〔어떤 원리의〕 구체적인 실례, 좋은 본보기.
ob·jec·tor [əbdʒéktər] n. 반대자, 항의자.
óbject pláte n. 〔현미경의〕 검경판(檢鏡板).
óbject prógram n. 〔컴퓨터〕 목적 프로그램 〔프로그래머가 쓴 프로그램을 compiler 나 assembler 에 의해 기계어로 번역한 것〕. cf. source program
óbject téaching n. 실물(직관(直觀)) 교수〔법〕.
ob·jet d'art [àbʒei dá:r/ 5b-] n. (pl. **ob·jets d'art** [ábʒeidá:r/ 5b-]) 《프랑스》 (=object of art) 예술 작품, 〔특히〕 소품(小品).
ob·jur·gate [ábdʒərgèit, əbdʒə́:rgeit/ 5bdʒə:gèit] vt. (-gat·ed, -gat·ing) …을 몹시 질책하다, 엄하게 책망하다.
ob·jur·ga·tion [ábdʒərgéi∫(ə)n/ 5b-] n. U C 질책, 비난.
ob·jur·ga·tor [ábdʒərgèitər/ 5b-] n. 질책자, 비난자.
ob·jur·ga·to·ry [əbdʒə́:rgətò:ri/ ɔbdʒə́:gət(ə)ri] adj. 몹시 책망하는, 질책의, 비난의. -to·ri·ly adv.
ob·late[ì] [áblèit, -´-/ 5bleit, -´-] adj. 〔기하〕 편원(偏圓)의, 편구(偏球)의. cf. prolate ¶ an *oblate* spheroid 편구면. ~·ly adv. ~·ness n.
ob·late[ì] [áblèit, -´-/ 5bleit, -´-] n. 수도 생활에 몸을 바친 사람. — adj. 현신의, 한 몸을 바친; 봉헌(奉獻)의.
ob·la·tion [o(u)bléi∫(ə)n] n. **1** 봉헌물, 공물(供物) 〔축성된〕 빵과 포도주. **2** 〔봉헌된, 축성된〕 성체, 성찬식. **3** U 기증, 기진, 기부.
ob·la·to·ry [áblətò:ri/ 5blət(ə)ri] adj. 봉헌의, 성찬식의; 기진의, 공양의.
ob·li·gate vt. [ábligèit/ 5b-] // → adj. (-gat·ed, -gat·ing) …에게 의무를 지우다, …을 구속하다. ¶ *obligate* oneself to do …을 할 의무를 지다. — adj. [ábligit, -gèit/ 5b-] **1** 의무를 진, 구속된. **2** 〔생물〕 절 대의 〔眞正의〕〔생물이 살아가는 데 있어서 어떤 특정한 환경을 필요로 하는 경우에 대해 말한다〕.
obligate parasitism 진정 기생(眞正寄生).
†ob·li·ga·tion [àbligéi∫(ə)n/ 5b-] n. **1** U C 책무, 의무. ⇨ DUTY 類語 ¶ You ought to fulfill your *obligation* to provide for your family. 당신은 가족을 부양하는 의무를 다해야 한다 / Every citizen has *obligations* to his community. 모든 시민은 자기 사회에 대해 의무를 가지고 있다. **2** 〔도덕·법률·협정 따위에 의한〕 의무, 속무. ⇨ DUTY 類語 ¶ a moral (a legal) *obligation* 도덕 〔법률〕 상의 의무 / a mutual *obligation* 상호간의 의무 / the *obligation* of tax laws 납세 의무. **3** 계약서, 채권; 채무〔관계〕. **4** 은혜, 의리; 감사. ¶ repay an *obligation* 은혜에 보답하다.
be (or *lie*) *under* [*an*] *obligation to* …에 대해 의리(의무)가 있다; …에게 은혜를 입고 있다.
meet one's obligation 채무를 이행하다, 의무를 다하다. 의무를 지키다.
put (or *lay*) *a person under* [*an*] *obligation* 남에게 의무(의리)를 지우다; 남에게 은혜를 입히다.
◇ obligatory, obligátional adj.
ob·li·ga·to [àbligá:tou/ 5b-] adj., n. (pl. -tos or -ti [-ti:]) =obligáber.
ob·li·ga·tor [ábligèitər/ 5b-] n. **1** =obligor. **2** =
ob·li·ga·to·ry [əblígətò:ri, ábli-/ 5bligət(ə)ri] adj. 의무로서 지워지는, 의무적인, 필수의 (on, upon...). ¶ an *obligatory* promise 꼭 이행해야 할 약속 // duties *obligatory on* us 우리가 다해야 할 의무. -to·ri·ly adv.
†o·blige [əbláidʒ] v. (-bliged, -blig·ing) vt. **1** …에게 강요하다, 억지로 시키다, 할 수 없이 …하게 하다 (compel); 〔남〕을 구속하다(constrain); …에게 〔도덕적·법률적인〕 의무를 지우다. ⇨ FORCE 類語 ¶ (~+

国+to do) I was *obliged* to go at once. 나는 당장 가지 않을 수 없었다 / The law *obliges* parents *to* send their children to school. 법률에 따라 부모는 자식을 학교에 보내시 않을수 없다 // (~+国+图) Necessity *obliged* him *to* that action. 그는 불가피한 사정으로 그러한 행동을 취했던 것이다.
2 …에게 은혜를 베풀다, …을 기쁘게 해주다;(수동형으로) …을 고맙게 여기게 하다. ¶ [I am] Much *obliged*. 대단히 감사합니다(Thank you very much.) // (~+国+图) I am very much *obliged* to you for your kindness. 당신의 친절에 깊이 감사하고 있습니다 // Could you *oblige* me *with* 5,000 won? 5천 원을 빌려 줄 수 있겠습니까? / Will you *oblige* me *by* opening the window? 창문을 열어주시겠습니까?
類語 *oblige* 남이 기뻐할 일을 해서 은혜를 느끼게 하다: *oblige* a person with a loan 남에게 돈을 빌려주어 신세를 지게 하다. **favor** 보답을 기대하지 않고 선의에서 남을 위해 무엇인가 해주다: *favor* a friend with advice 친구에게 충고하다.
— *vi.* 호의를 나타내다(*with*…). ¶ (~+国+图) She *obliged* with a song. 그녀는 노래를 불러주었다.
◇ obligation *n.*, obligatory *adj.*

ob·li·gee [ɑ̀blidʒíː / ɔ̀b-] *n.* 1 [법률] 채권자, 채무 증서상의 권리자. **opp.** obligor 2 은혜를 입은 사람, 신세를 진 사람. **opp.** obliger

o·blig·er [əbláidʒər] *n.* 은혜를 베푸는 사람, 돌봐 주는 사람. **opp.** obligee

o·blig·ing [əbláidʒiŋ] *adj.* 1 친절한, 남을 잘 돌봐주는; 부지런한. 2 (고어)=obligatory. **~ly** *adv.* **~ness** *n.*

ob·li·gor [ɑ̀bligɔ́ːr, ɔ̀ːblí- / ɔ̀bligɔ́ːr] *n.* [법률] 채무자, 채무 증서상의 의무자. **opp.** obligee

*****ob·lique** [əblíːk] *adj.* 1 비스듬한, 기울어진(slanting). ¶ an *oblique* glance 결눈질 / an *oblique* line 사선(斜線). 2 (기하) 사각(斜角)(사선, 사면(斜面), 사변(斜邊))의; (입체가) 사체(斜體)의. ¶ an *oblique* cone 사원추(斜圓錐). 3 간접의, 완곡한. ¶ *oblique* hints 완곡한 (에두른) 암시. 4 (도덕적으로) 그릇된, 나쁜, 부정한(wrong, unjust). 5 a) [문법] [화법이] 간접의(indirect). b) 사격(斜格). ¶ the *oblique* case 사격 [명사·대명사의 주격·호격 이외의 모든 격의 총칭]. 6 [식물] [잎 따위가] 좌우 부등변(不等邊)의, 모양이 비뚤어진. 7 [해부] [근육이] 비스듬히 뻗은. — *adv.* [군대] 45도의 각도로. — *vi.* (-liqued, -liqu·ing) 1 비스듬히 기울다(slant). 2 [군대] 비스듬히 행진하다. **~ly** *adv.* **~ness** *n.* ◇ obliquity *n.*

oblíque orátion(**narrátion**) *n.* [문법] 간접화법(indirect speech).

oblíque stróke *n.* 사선(斜線)[/].

ob·liq·ui·ty [əblíkwiti] *n.* (*pl.* -ties) ① 1 경사져 있음, 경사 [도(度)]. 2 부정, 부덕, 사악(邪惡); 부정 행위, 비행(moral delinquency). ¶ *obliquity* of judgment 재판의 부정. 3 ⓒ 에두른 말. 4 [천문] 황도(黄道) 경사 [도]. ¶ the *obliquity* of the ecliptic 황도의 경사.

*****ob·lit·er·ate** [əblítərèit] *vt.* (-at·ed, -at·ing) 1 [흔적]을 말소하다, …을 제거하다; [기억 에서] 없애다. ¶ *obliterate* landmarks [역사상 따위의] 현저한 사건을 말소하다. 2 [문자·기호 따위]를 지우다(erase), 삭제하다, 무효화하다.
◇ obliterative *adj.*

ob·lit·er·a·tion [əblìtəréiʃ(ə)n] *n.* ① 말소, 삭제; 제거.

ob·lit·er·a·tive [əblítərèitiv / -rətiv] *adj.* 말소하는, 지우는 힘이 있는.

*****ob·liv·i·on** [əblíviən] *n.* ① 1 [세상 따위에] 잊혀져 있는 상태, 망각. ¶ sink (*or* fall) into *oblivion* 잊혀지다 / He will be buried in eternal *oblivion.* 그는 영구히 잊혀지고 말 것이다. 2 잊기 쉬움, 건망(forgetfulness). 3 대사(大赦)(amnesty). ¶ act of *oblivion* 대사령. ◇ obĺivious *adj.*

*****ob·liv·i·ous** [əblíviəs] *adj.* 1 잘 잊어버리는, 잊어버리고 있는(*of*…). ¶ be *oblivious of* one's former failure 그전의 실패는 잊어버리기 쉽다. 2 부주의한; 명한, 멍청한(*of*, *to*…). ¶ be *oblivious of* one's surroundings 주변에 주의를 기울이지 않다. ¶ The hare seemed *oblivious to* the risk. 토끼는 그 위험을 알아채지 못하는 듯했다. **~ly** *adv.* **~ness** *n.*

Ob·lo·mov·ism [ɑ̀blóuməvìz(ə)m / ɔ̀b-] *n.* ① 무기력, 나태. [<러시아의 작가 I. A. Goncharov(1812-91)의 소설 *Oblomov*의 주인공 이름]

*****ob·long** [ɑ́blɔːŋ / ɔ́blɔŋ] *adj.* 옆으로 긴, 장방형의; 장타원형의. ¶ an *oblong* leaf 장타원형의 잎. — *n.* 장방형, 장타원형.

ob·lo·quy [ɑ́bləkwi / ɔ́b-] *n.* ① 1 오명, 불명예(disgrace). 2 비난, 책망(blame), 욕설.

ob·nox·ious [ɑbnɑ́kʃəs / ɔbnɔ́k-] *adj.* 1 아주 싫은, 불쾌한, 역겨운(offensive), 미움받고 있는(*to*…). ¶ an *obnoxious* politician 역겨운 정치가 // a man *obnoxious to* his associates 동료들로부터 미움받고 있는 사람. 2 [해 따위를] 입기 쉬운, …을 면할 수 없는(*to*…). ¶ be *obnoxious to* censure 비난을 면할 수 없다. 3 [폐어] 책임을 져야 할 (responsible). **~ly** *adv.* **~ness** *n.*

o·boe [óubou] *n.* 1 오보에[고음 목관 악기]. 2 [오르간의] 오보에 음전(音栓).

o·bo·ist [óubouist] *n.* 오보에(oboe) 취주자.

ob·ol [ɑ́b(ə)l / ɔ́bɔl, ɔ́b(ə)l] *n.* 고대 그리스의 은화 [¹⁄₆ drachma].

OBS (略) (우주공학) operational bioinstrumentation system (생체(生體) 계측 시스템 [우주선내의 동물이나 인간의 호흡·맥박·체온 등의 생체 정보를 기기를 이용하여 기록하는 시스템].

obs. (略) observation, observatory; obsolete.

ob·scene [ɑbsíːn, -美 ɑb-] *adj.* 외설한, 음란한(indecent). ¶ an *obscene* book 음란 도서. 2 불쾌한(disgusting), 불결한(filthy). **~ly** *adv.* **~ness** *n.*

ob·scen·i·ty [ɑbséniti, -síːn- / ɔbsíːn-] *n.* (*pl.* -ties) 1 ① 외설, 음란. 2 (-ties) 외설 행위, 음담패설.

ob·scu·rant [ɑbskjú(ː)rənt / ɔbskjúər-] *n.* 반(反)계몽주의자, 몽매주의자. — *adj.* 반계몽주의[자]의, 반계몽주의적인.

ob·scu·rant·ism [ɑbskjú(ː)rəntìz(ə)m / ɔbskjúər-] *n.* ① 반(反)계몽주의; 교화(개화) 반대.

ob·scu·ra·tion [ɑ̀bskjəréiʃ(ə)n / ɔ̀bskjuər-] *n.* 1 ① 컴게, 희미함, 검어지기, 암흑화, 몽롱, 2 ① 애매하게 하기, 애매함(해짐). 3 ①ⓒ (천문) 엄폐(掩蔽), 식(蝕).

*****ob·scure** [əbskjúər] *adj.* (-scur·er, -scur·est) 1 [의미·문체·발음 따위가] 분명하지 않은, 애매한, AMBIGUOUS 類語 ¶ an *obscure* explanation 애매한 설명 / an *obscure* vowel 애매한 모음 [[ə] 따위]. 2 눈에 띄지 않는, 눈길을 끌지 않는(inconspicuous); 이름없는, 궁벽한, 벽촌의(remote); 숨겨진(hidden). ¶ an *obscure* poet 무명 시인 / an *obscure* path [무성한 나무에 가려서] 보이지 않는 오솔길. 3 [멀어서] 잘 보이지 않는, 뚜렷하지 않은, 희미한(indistinct, faint). ¶ an *obscure* figure 희미한 사람 그림자. 4 어두운(dark), 어둑어둑한(murky), 구름낀, 흐린. ¶ an *obscure* corner 어둑어둑한 구석 / an *obscure* day 흐린 날 / an *obscure* brown 거무스름한 갈색.
— *vt.* (-scured, -scur·ing) 1 …을 숨기다, 덮어 감추다(hide, cover). ¶ Dense fog *obscured* everything. 짙은 안개가 모든 것을 가려버렸다. 2 [의미·발음 따위]를 애매하게 하다. 3 …을 어둡게 하다, 흐리게 하다. ¶ *obscured* glass 젖빛 유리. 4 [명성 따위]를 빼앗다, …을 무색하게 하다.
~ly *adv.* **~ness** *n.* obscurátion *n.*

*****ob·scu·ri·ty** [əbskjú(ː)riti / -skjúər-] *n.* (*pl.* -ties) ① 1 어둠(darkness), 몽롱(dimness). 2 분명하지 않음, 애매(ambiguity); ⓒ 이해할 수 없는 사물. ¶ throw light on *obscurities* 애매한 점을 밝히다. 3 세상에 알려

ob·se·crate [ábsikrèit / ɔ́b-] vt. (-crat·ed, -crat·ing) …에게 탄원하다, 애원하다(beseech).

ob·se·cra·tion [àbsikréiʃ(ə)n / ɔ̀b-] n. 1 ⓤ 탄원, 애원. 2 〖교회〗 탄원 문구(litany 중에서 'by'로 시작되는 일련의 문구).

ob·se·qui·al [əbsí:kwiəl / ɔb-] adj. 장례식의. 〖儀〗

ob·se·quies [ábsəkwiz / ɔ́b-] n. pl. 장례식, 장의(葬儀).

ob·se·qui·ous [əbsí:kwiəs] adj. 1 아부하는, 아첨하는(servile). 2 〖고어〗 순종하는(obedient).
~**ly** adv. ~**ness** n.

ob·serv·a·ble [əbzə́:rvəbl] adj. 1 관찰할 수 있는, 눈에 보이는; 눈길을 끄는(noticeable). ¶ The difference is sufficiently *observable*. 그 차이는 충분히 알 수 있다. 2 주목할, 주목할만한(noteworthy). 3 〖관습·예의 따위〗를 지켜야 할; 축하해야 할. ¶ an *observable* good custom 지켜야 할 좋은 습관.
~**ness** n. -**bly** adv.

‡**ob·serv·ance** [əbzə́:rv(ə)ns] n. 1 ⓤ 〖법률·관례 따위에〗따르기, 준수; 〖축제일〗을 경축하기. ¶ the *observance* of laws 법률의 준수. 2 관습; 행사. 3 〖종교상의〗의식, 식전. 4 〖가톨릭〗 〖수도회의〗 계율, 회칙. 5 〖고어〗 관찰(observation); 주목. 6 〖고어〗 경의, 공경.
◇ obsérve v., obsérvant adj.

*ob·serv·ant [əbzə́:rv(ə)nt] adj. 1 주의깊은(watchful)(*of*···); 관찰력이 날카로운, 빈틈없는, 눈이 밝은. 2 〖법률·관습 등을〗엄수하는, 지키는(*of*···). ¶ be *observant* of the traffic rules 교통 규칙을 엄수하다. — n. 1 〖법률·규칙 등을〗엄수하는 사람. 2 (O-) 〖프란체스코 수도회(會) 중의〗엄수회(嚴修會) 수도사. ~**ly** adv.
◇ obsérve v., obsérvance n.

‡**ob·ser·va·tion** [àbzərvéiʃ(ə)n / ɔ̀b-] n. 1 ⓤ 관찰, 주시, 감시; 주목(notice). ¶ be under *observation* 감시받고 있다 / fall (or come) under a person's *observation* 남의 눈에 띄다 / escape a person's *observation* 남의 눈에 띄지 않다 / keep a person under *observation* 남을 감시하다. 2 ⓤ 관찰력. ¶ a man of keen (narrow) *observation* 관찰력이 날카로운(모자라는) 사람. 3 ⓒ 〖과학상의〗관측, 관찰; 〖항해〗〖항해중인 배의 위치를 알기 위한〗천측(天測); 〖군사〗 〖적의 행동을 알기 위한〗정찰, 감시. ¶ temperature *observations* 기온 관측 / take an *observation* 관측하다 / make a meteorological *observation* 기상을 관측하다. 4 관측 결과; (~s) 관측 보고(*of*, *on*···). ¶ *observations* on primitive customs 원시 시대의 풍습에 관한 관찰 보고. 5 〖관찰에 입각한〗언설(言說), 비평, 소견. ⇒ REMARK 〖類語〗 ¶ make an *observation* 소견을 말하다.
◇ obsérve v., obsérvant, observátional adj.

òbservátion áircraft n. 〖군사〗 관측기, 정찰기.

ob·ser·va·tion·al [àbzərvéiʃ(ə)n(ə)l / ɔ̀b-] adj. 1 관측의, 측정의; 관찰에 입각한. 2 감시의, 시찰의.
~**ly** [-nəli] adv.

òbservátion ballòon n. 관측 기구(氣球).

òbservátion cár n. 전망차.

òbservátion pòst n. 〖군사〗 감시소, 관측소.

òbservátion tràin n. 보트레이스 구경용 열차.

*ob·serv·a·to·ry [əbzə́:rvətɔ̀:ri /-t(ə)ri] n. (pl. -ries) 1 관측소, 기상대, 천문대. 2 전망대; 감시소; 망루.
◇ observatórial adj.

‡**ob·serve** [əbzə́:rv] v. (-served, -serv·ing) vt. 1 …을 보다, 눈치 채다, 깨닫다. ⇒ NOTICE 〖類語〗 ¶ I *observed* nothing queer in his behavior. 그의 행동에는 별로 이상한 데가 없었다 // (~+*that* 節) I *observed that* he became very pale. 나는 그가 새파랗게 질린 것을 알았다 // (~+目+*do*)(~+目+*-ing*) He *observed* the thief *open* (or *opening*) the lock of the door. 그는 도둑이 문의 자물쇠를 여는 것을 보았다. 2 …을 관찰하다, 관측하다; 감시하다(watch). ¶ *observe* an eclipse 일식(월식)을 관측하다 / *observe* a prisoner 죄수를 감시하다 // (~+*wh.*節) *Observe how* the machine works. 기계가 어떻게 작동하는지 지켜보세요. 3 …을 비평하다, 〖소견으로서〗말하다(comment). ¶ (~+*that* 節) He *observed that* the plan would work well. 그는 그 계획이 잘될 것이라고 평했다. 4 〖행동 따위〗를 계속하다, 지키다(maintain). ¶ *observe* silence 침묵을 지키다. 5 〖규칙·습관〗에 따르다(follow); 〖약식일 등〗을 지키다, 준수하다(obey). ¶ *observe* a rule 규칙에 따르다 // *observe* good manners 예절을 지키다 / *observe* the Sabbath 안식일을 지키다. 6 〖제례(祭禮)·의식〗을 거행하다, 축하하다. ¶ *observe* a holiday 축제일을 경축하다. — vi. 1 관찰하다, 주의(조심)하다. 2 비평하다, 소견을 말하다(*on*, *upon*···).

the *observed* of all *observers* 뭇사람의 주목을 받는 사람 [← Shakespeare 작 *Hamlet* III. i. 162].
◇ observátion, obsérvance n., obsérvant adj.

‡**ob·serv·er** [əbzə́:rvər] n. 1 관찰자, 관측자. 2 옵서버[회의를 방청할 수는 있지만 발언권이나 투표권은 없는 사람]. 3 〖법률·의무 따위의〗준수자. 4 〖군사〗비행 정찰자.

ob·serv·ing [əbzə́:rviŋ] adj. 1 관찰적인, 관찰력이 날카로운. 2 주의깊은, 빈틈없는. ~**ly** adv.

ob·sess [əbsés] vt. 〖악마·망상 따위가〗…에 들다, 달라붙다(haunt), …에 붙어서 괴롭히다. ¶ be *obsessed by* (or *with*) a fixed idea 고정 관념에 사로잡히다 / Fear that someone might steal his money *obsessed* him. 누군가가 자기 돈을 훔쳐가지나 않을까 하는 걱정이 그의 머리에서 떠나지 않았다.

ob·ses·sion [əbséʃ(ə)n] n. 1 ⓤ 〖악마·망상 따위가〗달라붙음; 신들린 상태; 〖어떤 관념 따위가〗머리에 박혀 떠나지 않음. 2 달라붙어서 떠나지 않는 관념, 강박 관념, 망상. ¶ be under an *obsession of* …에 들려 있다, …에 사로잡혀 있다.

ob·ses·sion·al [əbséʃ(ə)n(ə)l] adj. = OBSESSIVE. — n. 강박 관념을 가진(강박 신경증의) 사람. ~**ly** adv.

ob·ses·sive [əbsésiv] adj. 강박 관념의, 망상의; 마귀들린 것같은; 강박 관념을 일으키는. ~**ly** adv.

ob·ses·sive-com·pul·sive [əbsésivkəmpʌ́lsiv] adj. 강박성 신경증의. — n. 강박 신경증 환자.

ob·sid·i·an [əbsídiən / ɔb-] n. ⓤ 〖광물〗 흑요석(黑曜石), 오석(烏石).

ob·so·lesce [àbsəlés / ɔ̀b-] vi. (-lesced, -lesc·ing) 쇠퇴하다, 시대에 뒤떨어지다; 〖생물〗 〖기관 따위가〗퇴화(退行)하다.

ob·so·les·cence [àbsəlésns / ɔ̀b-] n. ⓤ 1 없어져(스러져)감, 쇠퇴. 2 〖생물〗 〖기관의〗 쇠퇴, 퇴화.

ob·so·les·cent [àbsəlésnt / ɔ̀b-] adj. 1 쇠퇴하고 있는; 〖기계 따위가〗 시대에 뒤진, 구식인. ¶ an *obsolescent* word 없어져가고 있는 말. 2 〖생물〗 〖기관 따위가〗 퇴행성(退行性)의. ~**ly** adv.

*ob·so·lete [àbsəlí:t / ɔ̀b-] adj. 사라진, 스러진. ¶ an *obsolete* word 폐어. 2 시대(유행)에 뒤떨어진, 구식의, 폐기된. ¶ an *obsolete* gun 구식 대포. 3 〖생물〗〖기관이〗퇴행한, 흔적만 남은. — vt. (-let·ed, -let·ing) …을 쇠퇴하게(스러지게) 하다.
~**ly** adv. ~**ness** n.

‡**ob·sta·cle** [ábstəkl / ɔ́b-] n. 장애(물), 고장, 지장, 방해(*to*···). ¶ an *obstacle* to progress 발전의 장애 / throw (or place) *obstacles* in the way of …에 훼방을 놓다.

〖類語〗 ***obstacle*** 앞길을 가로막는 것: Poor health is an *obstacle* to his promotion. 건강이 나쁜 것이 그의 승진을 가로막고 있다. ***obstruction*** 통로나 흐름을 막는 것: Soot forms an *obstruction* to the passage of smoke. 검댕은 연기의 흐름을 방해한다. ***hindrance*** 불

들어서 지연시키는 것: Too much applause is a *hindrance* to the progress of a play. 박수 갈채도 지나치면 연극 진행의 방해가 된다. **impediment** 정상적인 기능의 장애: an *impediment* in speech 언어 장애.

óbstacle còurse n. 〔군대〕 장애물 훈련장.
óbstacle ràce n. 장애물 경주.
obstet. 〔略〕 obstetric, obstetrical; obstetrician; obstetrics.
ob·stet·ric [əbstétrik / ɔb-], **ob·stet·ri·cal** [-k(ə)l]) *adj.* 산과(產科)의. ¶ an *obstetric* nurse 산과 간호사. **-ri·cal·ly** [-rikəli] *adv.*
ob·ste·tri·cian [àbstətríʃ(ə)n / ɔ̀b-] n. 산과 의사.
ob·stet·rics [əbstétriks / ɔb-] n. pl. 〔단수 취급〕 산과학(產科學), 조산술(助產術).
*obstinacy [ábstinəsi / ɔ́b-] n. (pl. -cies) ① ① 고집, 완고(stubbornness), 집요. ¶ with *obstinacy* 고집스럽게. 2 ⓒ 완고한 언동. 3 〔병 등의〕 난치.
◇ óbstinate adj.
‡**ob·sti·nate** [ɔ́bstinit / ɔ́b-] *adj.* 1 고집센, 완고한, 집요한. ⇒ STUBBORN 〔類語〕 ¶ as *obstinate* as a mule 대단히 고집이 센. 2 감당하기 어려운, 〔저항 따위가〕 완강한. ¶ the *obstinate* growth of weed 잡초의 감당하기 어려운 번식. 3 〔병이〕 난치의. ¶ an *obstinate* fever 좀체 내리지 않는 열. ~·ly *adv.* ~·ness *n.*
◇ óbstinacy *n.*
ob·strep·er·ous [əbstrép(ə)rəs] *adj.* 1 시끄러운, 떠들썩한(noisy). ¶ an *obstreperous* merriment 떠들썩한 환락. 2 다루기 힘든(unruly), 〔특히 반항해서〕 사납게 날뛰는. ~·ly *adv.* ~·ness *n.*
*obstruct [əbstrʌ́kt] *vt.* 1 〔도로·수로 따위〕를 막다. ¶ *obstruct* a road 길을 막다. 2 〔일의 진행이나 사람의 활동〕을 방해하다(impede), 훼방놓다(hinder). ¶ *obstruct* justice 공무 집행을 방해하다 // (~+뎸+젠+몤) The crowd *obstructed* the police in the discharge of their duties. 군중이 경찰관의 공무〔집행〕을 방해했다. 3 〔빛·소리·전망 따위〕를 가로막다(interrupt). ━ *vi.*
◇ obstrúction *n.*, obstrúctive *adj.*
ob·struc·ter [əbstrʌ́ktər] n. 방해자, 장애물.
*ob·struc·tion [əbstrʌ́kʃ(ə)n] n. 1 ⓤ ⓒ 방해, 훼방, 장애(to …); (⇒ OBSTACLE 〔類語〕); 의사(議事) 방해. ¶ It caused no *obstruction* to traffic. 그것은 교통에는 아무런 지장도 주지 않았다. 2 방해물, 장애물; an *obstruction* in a pipe 파이프 속에 막힌 것. 3 ⓤ 폐색(閉塞), 차단. ◇ obstrúct *v.*, obstrúctive *adj.*
ob·struc·tion·ism [əbstrʌ́kʃ(ə)nìz(ə)m] n. ⓤ 의사(議事) 방해.
ob·struc·tion·ist [əbstrʌ́kʃ(ə)nist] n. 〔특히 회의의〕 의사〔진행〕 방해자.
ob·struc·tive [əbstrʌ́ktiv] *adj.* 방해하는, 훼방놓는; 방해하려고 하는; 의사(議事) 방해의. ━ *n.* 방해자, 장애물; 의사 방해자. ~·ly *adv.* ~·ness *n.*
ob·struc·tor [əbstrʌ́ktər] n. = obstructer.
‡**ob·tain** [əbtéin] *vt.* 1 〔노력하여〕 …을 얻다, 손에 넣다, 획득하다(procure). ⇒ GET 〔類語〕 ¶ *obtain* a prize 상을 타다 / *obtain* a possession of the land 그 토지의 소유권을 입수하다 // (~+뎸+젠+몤) *obtain* a loan of a person 남에게 돈을 꾸다 / *obtain* knowledge *through* study 연구를 통해 지식을 얻다. 2 〔고어〕〔이상·목적 따위〕를 달성하다(attain). ━ *vi.* 1 〔관습 따위로서〕 행해지다, 보급되다(prevail). ¶ the practice that *obtains* among the young 젊은 사람들 사이에 행해지고 있는 습관. 2 〔의견 따위〕 인정받다. ¶ These views no longer *obtain.* 이 견해는 이미 일반적으로 인정되지 않는다. 3 《고어》 성공하다(succeed).
*ob·tain·a·ble [əbtéinəbl] *adj.* 입수할 수 있는, 획득할 수 있는.
ob·tain·er [əbtéinər] n. 획득자.
ob·tain·ment [əbtéinmənt] n. ⓤ 〔드물게〕 획득, 달

ob·tect·ed [ɑbtéktid / ɔb-] *adj.* 〔곤충〕 피각(皮殼) 있는.
ob·test [ɑbtést / ɔb-] *vt.* 1 …을 증인으로서 부르다, 증거하다(supplicate). ━ *vi.* 주장하다, 항의하다(protest).
ob·tes·ta·tion [ɑ̀btestéiʃ(ə)n / ɔ̀b-] n. ⓤ ⓒ 1 항의(protestation). 2 탄원.
ob·trude [əbtrú:d] *v.* (**-trud·ed**, **-trud·ing**) *vt.* 1 〔의견 따위〕를 강요하다, 억지로 떠맡기다(…on, upon). ¶ *obtrude* one's opinions *upon* others 자기 의견을 남에게 강요하다. 2 〔재귀용법〕 …을 주제넘게 나서도록 하다. ¶ *obtrude* oneself *on*(or *upon*) the notice of others 남의 눈에 띄도록 주제넘게 나서다. 3 …을 내밀다. ¶ A turtle *obtruded* its head from its shell. 거북이 등딱지로부터 머리를 내밀었다. ━ *vi.* 주제넘게 나서다; 〔병이〕 도지다. ~·er *n.* 나선 사람.
ob·trud·er [əbtrú:dər] n. 강요하는 사람, 주제넘게 나서는 사람.
ob·trun·cate [ɑbtrʌ́ŋkeit / ɔb-] *vt.* (**-cat·ed**, **-cat·ing**) 〔나무 따위의〕 윗동을 잘라내다.
ob·tru·sion [əbtrú:ʒ(ə)n] n. ⓤ 1 〔의견 따위의〕 강요, 억지로 받아들이게 하기(on, upon …); ⓒ 떠맡겨진 물건. 2 주제넘게 나서기.
ob·tru·sive [əbtrú:siv] *adj.* 1 강요하는; 주제넘게 나서는. 2 몹시 눈에 띄는. 3 불쑥 내민. ~·ly *adv.* ~·ness *n.*
ob·tund [ɑbtʌ́nd / ɔb-] *vt.* 〔감각·기능 따위〕를 무디게 하다, 활발치 못하게 하다(blunt, dull).
ob·tu·rate [ɑ́bt(j)urèit / ɔ́btju(ə)r-] *vt.* (**-rat·ed**, **-rat·ing**) 1 〔구멍 따위〕를 막다. 2 〔砲術〕〔발포할 때〕〔포미(砲尾)〕를 막다. 폐, 폐색.
ob·tu·ra·tion [ɑ̀bt(j)uréiʃ(ə)n / ɔ̀btju(ə)r-] n. ⓤ 밀폐.
ob·tu·ra·tor [ɑ́bt(j)urèitər / ɔ́btju(ə)r-] n. 밀폐 기구; 〔포미의〕 폐쇄기.
ob·tuse [əbt(j)ú:s / -tjú:s] *adj.* 1 〔날·각(角) 따위가〕 무딘, 뾰족하지 않은(blunt). ¶ an *obtuse* weapon 둔기(鈍器). 2 〔幾何〕 둔각(鈍角)의. *cf.* acute. ¶ an *obtuse* angle 둔각. 3 〔植〕〔잎·꽃잎 따위의〕 끝이 둥그스름한. 4 〔감각 따위가〕 둔한(dull), 둔감한(insensitive). ¶ an *obtuse* person 감각이 둔한 사람. 5 〔고통·소리 따위가〕 둔한. ¶ an *obtuse* pain 둔통(鈍痛) / an *obtuse* sound 둔한 소리. ~·ly *adv.* ~·ness *n.*
ob·tu·si·ty [əbt(j)ú:siti / -tjú:-] n. ⓤ 둔감, 둔함.
obv. 〔略〕 obverse.
ob·verse [ɑ́bvə:rs / ɔ́b-] n. ━ *adj.* 1 〔메달·화폐 따위의〕 표면(face), 앞면(*opp.* reverse); 〔일반적으로〕 앞면, 전면(front, surface). *cf.* back 2 〔한 쌍의〕 한쪽(counterpart); 〔사실 따위의〕 반면(反面). 3 〔논리〕 환질명제(換質命題). 4 〔수학〕 〔정리의〕 이(裏). ━ *adj.* [ɑbvə́:rs, ɔbvə́:rs / ɔbvə́:s] 1 표면의. *cf.* reverse 2 대응하는, 상대되는. 3 〔식물〕〔잎이〕 둔두형(鈍頭形)의, 끝이 넓은. ~·ly *adv.*
ob·ver·sion [ɑbvə́:rʒ(ə)n, +美 -ʃ(ə)n] n. ⓤ 앞면이 보이기; 〔논리〕 환질법(換質法).
ob·vert [ɑbvə́:rt / ɔb-] *vt.* 1 …을 뒤집다. 2 〔논리〕〔명제〕를 환질하다.
ob·vi·ate [ɑ́bvièit / ɔ́b-] *vt.* 〔곤란·위험·장애 따위〕를 제거하다, 없애다(remove); …을 미연에 방지하다. ¶ *obviate* danger 위험을 회피하다.
ob·vi·a·tion [ɑ̀bvié́iʃ(ə)n / ɔ̀b-] n. ⓤ 제거; 방지.
‡**ob·vi·ous** [ɑ́bviəs / ɔ́b-] *adj.* 1 뚜렷한, 명백한; 알기 쉬운. ⇒ CLEAR 〔類語〕 ¶ an *obvious* defect (remark) 명백한 결점(명쾌한 의견) / It is *obvious* that she is lying. 그녀가 거짓말을 하고 있는 것이 분명하다. 2 〔의도·감정 따위가〕 빤히 들여다보이는, 빤한, 노골적인(undisguised). ¶ an *obvious* joke 노골적인 농담. 3 〔언행·색 따위가〕 유난히 두드러진, 눈에 거슬리는. ¶ His politeness was *obvious.* 그의 예의바른 태도가 눈에 거슬렸다. ~·ness *n.* ◇ óbviously *adv.*
‡**ob·vi·ous·ly** [ɑ́bviəsli / ɔ́b-] *adv.* 명백하게, 뚜렷이.
ob·vo·lute [ɑ́bvəlù:t / ɔ́b-] *adj.* 1 만, 돌돌 말린. 2

oc- 〔식물〕 〔싹 속의 어린 잎이〕 서로 반씩 겹쳐 있는.

oc- ⇨ OB-.

OC (略) Old Catholic; oral contraceptive(먹는 피임약); organizational climate (조직 환경, 조직 풍토).

oc., OC. (略) ocean.

O/C (略) overcharge.

OCA (略) the Olympic Council of Asia(아시아 올림픽 평의회).

oc·a·ri·na [ὰkərí:nə/ ɔk-] n. 오카리나〔오지로 만든 달걀 모양의 피리〕.

OCAS (略) Organization of Central American States(중미(中美) 기구).

[ocarina]

occas. (略) occasion; occasional; occasionally.

‡**oc·ca·sion** [əkéiʒ(ə)n] n. **1** 경우, 기회(보통 on …); 〔특별한〕 때 (종종 for …). ¶ on another occasion 다른 기회에 / on several (rare) occasions 몇몇 기회에(드물게) / on this auspicious occasion 이 경사스러운 때에 / on the occasion of his birthday (your last visit) 그의 생일에 즈음하여(당신이 지난번에 오셨을 때) / This is not an occasion for laughter (rejoicing). 지금은 웃을 (기뻐할) 때가 아니다. **2** 특별한 행사; 성대한 의식, 축전; 축제일. ¶ a gala occasion 축제일 / on great occasions 대축제일에 / on this annual occasion 해마다 있는 이 축전에. **3** 〔적당한〕 기회; 기회, 호기 (to do …), OPPORTUNITY 〔類語〕. ¶ on [the] first occasion 기회가 닿는 대로 / choose one's occasion 호기를 택하다 / find an occasion to get into conversation 대화를 나눌 기회를 얻다 / take (or seize) [the] occasion to do …하는 호기를 포착하다, 그 기회를 잡아 …하다. **4** ⓤⓒ 원인(cause), 계기, 유인(誘因); 근거(ground), 이유. ⇨ REASON 〔類語〕; 필요(need). ¶ if the occasion arise (or should arise) 필요가 생기면, 만약의 경우에는 / have no occasion for (to do) …의 (…할) 근거가 유, 필요)가 없다 / give occasion to anxiety 걱정을 불러일으키다 / There is no occasion to be angry. 화를 낼 까닭이 없다 // We have no further occasion for his services. 더 이상 그를 일하게 할 필요는 없다. **5** (~s) 〔俚〕 필요한 일, 용건(affairs). ¶ one's private occasions 개인 일로 / go about one's lawful occasions 본업에 열중하다.

be equal to the occasions 일에 임하여 훌륭한 행동
improve the occasion 〔모든〕 기회를 이용하다.
on (or ***upon***) ***occasion*** ① 경우를 만나, 호기에. ② 필요할 때에. ③ 이따금, 때때로(now and then).
rise to the occasion 위급할 때에 수완을 발휘하다.

— vt. 을 불러일으키다(cause), …의 원인이 되다. ¶ His impolite remark occasioned a quarrel at last. 그의 무례한 언사가 원인이 되어 마침내 싸움이 벌어졌다 / (~+目+目) The boy's behavior occasioned his parents much anxiety. 그 소년의 행실이 부모를 크게 걱정하게 했다 / (~+目+to do) occasion a person to do something 남에게 …을 하게 하다. ◇ occásional adj.

‡**oc·ca·sion·al** [əkéiʒən(ə)l] adj. **1** 이따금의, 가끔의, 때때로의. ¶ an occasional visitor 이따금 찾아오는 사람 / occasional bouts of pain 가끔씩 일어나는 통증의 발작. **2** 임시의, 그때만의. ¶ occasional decrees 임시 법령 / an occasional hand 임시 고용인 / an occasional table 임시 테이블〔필요할 때 끄집어내어 쓰는〕. **3** 특별한 경우를 위하여 마련한. ¶ an occasional poem 특별한 경우를 위하여 쓴 시. **4** 〔이유·원인 따위가〕 우연인. ◇ occásion n., occásionally adv.

oc·ca·sion·al·ism [əkéiʒə(ə)lìz(ə)m] n. ⓤ 〔철학〕 우인론(偶因論).

‡**oc·ca·sion·al·ly** [əkéiʒənəli] adv. 가끔, 때때로; 〔주로 英방언〕 임시로.

*****Oc·ci·dent** [ɑ́ksid(ə)nt / ɔ́k-] n. **1** (the~) 서양, 구미(歐美). cf. the Orient **2** (the~) 서반구(the Western Hemisphere) **3** (the o-) 서, 서쪽(the west).
◇ occidéntal adj.

*****oc·ci·den·tal** [ὰksidéntl / ɔk-] adj. **1** (보통 O-) 서양의, 구미의; 서양 특유의(Western). cf. oriental ¶ Occidental civilization 서양 문명. **2** 서방의(western). — n. (보통 O-) 서양 사람, 구미인.
~ly [-təli] adv. ◇ Óccident n., Occidéntalize v.

Oc·ci·den·tal·ism [ὰksidéntəlìz(ə)m / ɔk-] n. ⓤ 서양풍(식), 서양 기질, 서양 문화.

Oc·ci·den·tal·ist [ὰksidént(ə)list / ɔk-] n. 서양 문화 연구가, 서양통; 구미화(歐美化)주의자.

Oc·ci·den·tal·ize [ὰksidéntəlàiz / ɔk-] (*英) 에서는 **Oc·ci·den·tal·ise** 로도 쓴다] vt. (-ized, -iz·ing) …을 구미 화하다, 서양식으로 하다.

oc·cip·i·tal [ɑksípitl / ɔk-] adj. 〔해부〕 후두골(後頭骨)의, 후두부의. ¶ occipital fracture 후두 좌상(挫傷). **~ly** [-təli] adv.

oc·ci·put [ɑ́ksipʌt / ɔ́k-] n. (pl. ~puts or oc·cip·i·ta [ɑksípitə / ɔk-]) 〔해부〕 후두(부).

oc·clude [əklú:d / ɔk-] v. (-clud·ed, -clud·ing) vt. **1** 〔구멍·통로 따위〕를 막다, 폐쇄하다(close). **2** 〔빛 따위〕를 가두어 넣다, 가리다, 차단하다. ¶ occlude rays of light 광선을 차단하다. **3** 〔화학〕 〔가스·액체 따위〕를 흡수하다, 흡수 저장하다, 흡장(吸藏)하다. — vi. 〔치과〕 〔윗니와 아랫니가〕 맞물다.

oc·clúd·ed frónt [əklú:did- / ɔk-] n. 〔기상〕 폐색 전선(閉塞前線).

oc·clu·sion [əklú:ʒ(ə)n / ɔk-] n. ⓤ 폐색; 차단. **2** 〔화학〕 흡장. **3** 〔치과〕 교합(咬合), 맞물림. **4** 〔음성〕 폐쇄.

oc·clu·sive [əklú:siv / ɔk-] adj. 폐쇄의; 흡장하는; 맞물리는; 폐쇄〔음〕의. **~ly** adv.

oc·cult [əkʌ́lt, ɑ́kʌlt / ɔkʌ́lt] adj. **1** 신비로운, 불가사의한(mysterious). **2** 비밀의, 밀교(密敎)적인, 비전(祕傳)적인(secret, esoteric). **3** 마술적인, 비술적인(magical). ¶ occult sciences(arts) 비학(비술) 〔점성술·마술·연금술 따위〕. **4** 숨겨진. — n. (the ~) 비학(祕學), 비술(祕術). **2** ⓤⓒ 신비, 신비스러운 사상(事象). — vt. …을 숨기다; 〔천문〕 …을 엄폐하다. — vi. 숨다. **~ly** adv. **~ness** n.

oc·cul·ta·tion [ὰk(ə)ltéiʃ(ə)n / ɔk-] n. ⓤⓒ **1** 〔천문〕 엄폐(掩蔽) 〔천체가 다른 천체, 특히 달에 의하여 가려져서 지구로부터 보이지 않게 되는 일, 식(蝕)(eclipse)〕. **2** 숨기기, 모습을 감추기, 종적을 감추기.

oc·cúlt·ing líght [əkʌ́ltiŋ-, ɑ́kʌlt-] n. 〔등대의〕 명멸등(明滅燈).

oc·cult·ism [əkʌ́ltiz(ə)m / 5k(ə)ltìz(ə)m] n. ⓤ 신비학, 비술 신봉(信奉).

oc·cult·ist [əkʌ́ltist / 5k(ə)l-] n. 비학자, 비술자.

oc·cu·pan·cy [ɑ́kjupənsi / ɔ́k-] n. ⓤ **1** 〔토지·가옥 등의〕 점유; 점유 기간. **2** 〔법률〕 선점(先占), 점거.

*****oc·cu·pant** [ɑ́kjupənt / ɔ́k-] n. **1** 〔토지·가옥 따위의〕 점유자; 거주자, 현거주자(現住者)(tenant). **2** 〔법률〕 선점자, 점거자.

‡**oc·cu·pa·tion** [ὰkjupéiʃ(ə)n / ɔk-] n. ⓤⓒ **1** 직업, 일, 업무. ¶ intellectual occupations 지적 직업 / men out of occupation. 실업자 / He is a teacher by occupation. 그의 직업은 교사이다 / One-half of the population finds its occupation in agriculture. 총인구의 반은 농업에 종사하고 있다.

〔類語〕 occupation 직업·일의 뜻의 일반적으로 말. business 보통은 상업 방면의 영리를 목적으로 하는 것. calling 적성이나 천분(天分) 따위로 보아서 당연한 천직; occupation 대신에도 쓴다. employment 고용되어 임금을 받는 일자리. profession 고도의 학식 훈련을 요하는 전문적 직업: the profession of law practice 개업 변호사의 직업. trade 목수처럼 몸과 손의 기술을 쓰는 직업. vocation 부업이나 여기(餘技)가 아니라 생

계를 위한 본능. work 이상의 모든 말을 대신할 수 있는 넓은 의미의 말. **2** ⓤ [토지·가옥 따위의] 점유(occupancy); 점유권(tenure); 점유 기간. **3** ⓤ 점유, 점거(seizure). ¶ a territory under hostile *occupation* 적에게 점령당하고 있는 영토. **4** ⓤ 재임, 취임, 임기. ¶ during one's *occupation* of office 재직중에.
◇ óccupy v., occupátional adj.

*oc·cu·pa·tion·al [àkjupéiʃən(ə)l / ɔ̀k-] *adj.* 직업의, 직업에 의한(에서 생기는). ¶ *occupational* guidance 직업 지도 / an *occupational* hazard 직업상의 위험.
~·ly [-nəli] *adv.*

òccupational diséase *n.* ⓤⓒ 직업병.
òccupational médicine *n.* 직업[병]의학.
òccupational thérapy *n.* ⓤ [의학] 작업 요법 [환자에게 가벼운 일을 시킴으로써 적당한 운동이나 정신적인 위안을 얻게 하여 회복을 촉진시키려는 요법].

oc·cu·pa·tion·er [àkjupéiʃənər/ɔ̀k-] *n.* 《美俗》점령군 병사; (~s) 점령군 [로.
occupátion ròad *n.* [토지 소유자의] 사설 전용 도

*oc·cu·py [àkjupài / ɔ́k-] *vt.* (-**pied**, **-py·ing**) **1** [공간·장소를] 차지하다, 점유하다(take up); [시간]을 차지하다. ¶ The building *occupies* an entire block. 그 건물은 한 블록 전체를 차지하고 있다/His speech *occupied* more than half an hour. 그의 연설은 30분 이상이나 걸렸다. **2** [근심 따위가] [마음]을 차지하다, 자리잡다; [주의 따위]를 끌다, 빼앗다. ¶ Sports often *occupy* a boys' attention. 스포츠는 종종 소년들을 열중시킨다. **3** [보통 수동형 또는 재귀형으로] [사람]을 종사시키다, 전념시키다(...*in, with*). ¶ (~+圈+前+图) He was deeply *occupied in* translating a French novel. 그는 프랑스 소설의 번역에 매달려 있다. **4** [군대 등이] ···을 점령하다, 점거하다. ¶ German forces *occupied* Poland in 1939. 독일군은 1939년에 폴란드를 점령했다. **5** [지위·직책 따위]를 차지하다, ···에 취임하다(hold). ¶ He *occupies* an important position in the company. 그는 그 회사에서 요직을 차지하고 있다. **6** ···을 점유하다, 사용하다, ···에 거주하다(reside in, live in). ¶ The company *occupies* the entire building. 그 회사가 빌딩 전체를 쓰고 있다. ◇ occupátion *n.*

*oc·cur [əkə́ːr] *vi.* (-**curred**, **-cur·ring**) **1** [사건·일 따위가] 일어나다, 생기다. ⇒ HAPPEN 類語 ¶ Several fires have *occurred* in succession. 수 건의 화재가 잇따라 발생했다 // Storms often *occur* in summer. 여름에는 종종 폭풍이 일어난다. **2** [물건이 어떤 장소에] 나오다, 보이다, 나타나다(appear) (*in* ...). ¶ Fossils do not *occur* in igneous rocks. 화석은 화성암에서는 나오지 않는다 / "E" *occurs* in print more than any other letter. 인쇄에서는 "E" 자가 제일 많이 쓰인다. **3** [생각 따위가] 마음에 떠오르다, 생각나다 (*to* ...). ¶ A fresh idea *occurred* to me. 나에게 참신한 생각이 떠올랐다 / Did it not *occur* to you to close the window? 창문을 닫을 생각이 나지 않던가요? / It *occurred* to me that I would call on my friend. 나는 친구를 찾아가볼까 하는 생각이 들었다.
◇ occúrrence *n.*, occúrrent *adj.*

*oc·cur·rence [əkə́ːrəns / əká́r-] *n.* **1** [사건 따위가] 일어남, 발생. ¶ of frequent (rare) *occurrence* 종종 일어나는(좀처럼 일어나지 않는) / The *occurrence* of storms delayed our trip. 폭풍 때문에 여행을 연기했다. **2** 사건, 생긴 일. ⇒ EVENT 類語 ¶ an everyday *occurrence* 일상의 일 / an unexpected *occurrence* 뜻밖의 일 / Flood is practically an annual *occurrence* in this district. 홍수는 이 지방에서는 거의 연중 행사나 다름 없다. **3** ⓤ [천연 자원 등의] 존재.
◇ occúr *v.*, occúrrent *adj.*

oc·cur·rent [əkə́ːrənt / əká́r-] *adj.* 현재 일어나고 있는(current), 우연의(incidental). ── *n.* 〈고어〉 사건, 생긴 일.

OCD 《略》 *O*ffice of *C*ivilian *D*efense(민간 방공(防空)국).
OCDM, O.C.D.M. 《略》《美》 *O*ffice of *C*ivil and *D*efense *M*obilization(민간 방위 동원 본부).

‡o·cean [óuʃ(ə)n] *n.* **1** (the~) 대양, 해양; 대해; 《美》 바다(sea). **2** (the O-) 양. ¶ the Pacific (the Atlantic, the Indian) *Ocean* 태평(대서, 인도)양 / the Arctic(the Antarctic) *Ocean* 북극(남극)해 (《美》 Ocean 은 생략되기도 한다). **3** 망망한 넓음, 무한; 《종종 ~s》 많음, 다량(多量). ¶ an *ocean* of grass 광활한 초원, 풀바다 / an *ocean* of affairs 많은 일 / *oceans* of trouble 많은 어려움. **4** 《형용사적 용법》 대양의, 원양(遠洋)의. ¶ an *ocean* bed 해저 / an *ocean* route (or lane) 원양 항로. ◇ oceánic *adj.*

o·cea·nar·i·um [òuʃənέ(:)riəm / -néər-] *n.* (*pl.* -**ums** *or* -**nar·i·a** [-né(:)riə / -neáriə]) 해양 수족관.
o·cea·naut [óuʃənɔ̀ːt] *n.* =AQUANAUT.
ócean dispósal *n.* 해양 투기(投棄) [폐기물을 깊은 바다에 버리는 일].
ócean énergy *n.* 해양 에너지 [조석(潮汐)발전·해류 발전 등에 의한 에너지].
ócean engineéring *n.* ⓤ 해양 공학.
o·cean·front [óuʃ(ə)nfrʌ̀nt] *n., adj.* 해안[의], 임해지(臨海地)(의).
o·cean·go·ing [óuʃ(ə)ngòuiŋ] *adj.* 외양(원양) 항행의.
o·cean·gray [óuʃ(ə)ngréi] *n., adj.* 연한 은회색(의).
ócean gréyhòund *n.* 외양 쾌속선 [특히 정기여객선].

O·ce·a·ni·a [òuʃiǽniə, -njə / -éin-], (**O·ce·a·ni·ca** [òuʃiǽnikə]) *n.* 오세아니아, 대양주 [태평양상에 산재하는 제도(諸島)의 총칭. Micronesia, Melanesia 및 Polynesia 를 포함하며, 또한 Australia 및 the Malay Archipelago 도 포함한다].
O·ce·a·ni·an [òuʃiǽniən, -njən / -éin-] *adj.* 오세아니아(인)(의). ── *n.* 오세아니아의 주민.
o·ce·an·ic [òuʃiǽnik] *adj.* **1** 대양의, 대해의; 대양산(産)의; 원양의, 원양에 사는(pelagic); 대양 같은(oceanlike); 광대한(vast). **2** (O-) 오세아니아의(Oceanian).
òceánic climate *n.* 해양성 기후. [island
òceánic ísland *n.* 대양에 있는 섬. *cf.* continental
o·ce·an·ics [òuʃiǽniks] *n. pl.* 《단수 취급》해양 과학, 해양 공학.
O·ce·a·nid [o(u)síːənid] *n.* (*pl.* -**an·i·des** [òuʃiǽnidìːz]) [그리스 신화] 오케아니스 [바다의 님프. Oceanus 의 딸].
ócean láne *n.* 원양 항로.
ócean líner *n.* 원양 정기선.
Ocean of Stórms *n.* [달 표면의] 폭풍의 바다.
o·ce·a·nog·ra·pher [òuʃ(i)ənά́grəfər / -fjənɔ́g-] *n.* 해양학자.
o·ce·a·no·graph·ic [òuʃ(i)əno(u)grǽfik / -fjə-], **-i·cal** [-ik(ə)l] *adj.* 해양학의. [학자.
o·ce·a·nog·ra·phy [òuʃ(i)ənά́grəfi / -fjənɔ́g-] *n.* ⓤ 해양학.
o·ce·an·ol·o·gist [òuʃ(i)ənά́lədʒist / -fjənɔ́l-] *n.* 해양학자.
o·ce·an·ol·o·gy [òuʃ(i)ənά́lədʒi / -fjənɔ́l-] *n.* ⓤ 해양학, 해양 연구.
o·cean·ther·mal [óuʃ(ə)nθə́ːrm(ə)l] *adj.* 해양[표면과 심해]의 온도차를 이용하는, 해양열[이용]의.
ócean trámp *n.* 부정기 화물선.
O·ce·a·nus [o(u)síːənəs, -sjə-] *n.* [그리스 신화] 오케아노스 [대양의 신]. **2** 대지를 둘러싸고 있는 대해류(大海流).

oc·el·lat·ed [ásilèitid, o(u)séleitid / ɔ́silèitid], (**oc·el·late** [ásilèit, o(u)sélit/ɔ́sèlit]) *adj.* [반점 등이] 눈 같은(eyelike), 눈알 모양의; 눈알 모양의 반점이 있는.
o·cel·lus [o(u)séləs] *n.* (*pl.* -**cel·li** [-sélai]) **1** [곤충 따위의] 단안(單眼), 홑눈. **2** [하등 동물의] 안점(眼點). **3** [공작의 깃 따위의] 눈알처럼 생긴 무늬.

o·ce·lot [óusilɑ̀t, ás-/óusilɔ̀t] *n.* 오셀롯[중남미산(產)의 표범 비슷한 스라소니].

och [ɑk, ɑx /ɔx] *interj.* 《스코·아일》 아아, 오오 [놀라움·유감 따위를 나타낸다].

o·cher, (英) o·chre [óukər] *n.* ⓤ 1 황토(黃土)〔철의 산화물을 함유하는 황색 또는 적색의 흙이며 그림 물감의 원료〕. 2 황토색, 오크르, 황갈색. 3 《속어》 금화 (金貨). —— *adj.* 황토색의. —— *vt.* …을 황토색으로 칠하다.

o·cher·ous, o·chre·ous [óuk(ə)rəs] *adj.* 황토의, 황토를 포함하는; 황토색의.

o·cher·y [óuk(ə)ri], 《英》 **o·chry** [óukri] *adj.* 황토[색]의(ocherous).

och·loc·ra·cy [ɑklɑ́krəsi /ɔklɔ́k-] *n.* ⓤⒸ (*pl.* -ra·cies) 폭민(暴民) 정치(mobocracy); 우민(愚民) 정치(mob rule).

och·lo·crat [ɑ́kləkræ̀t /ɔ́k-] *n.* 폭민 정치주의자.

och·lo·crat·ic [ɑ̀klou(u)krǽtik /ɔ̀k-], **-i·cal** [-ik(ə)l] *adj.* 폭민 정치의.

o·chre [óukər] *n., adj., vt.* (-chred, -chring)《英》 = ocher.

OCI 《略》 **O**verseas **C**onsultants **I**ncorporated (해외 기술 고문단).

-ock *suf.* 명사의 지소형(指小形)을 만드는 어미. 예: hillock, bullock.

Ock·er·ism [ɑ́kərìz(ə)m /ɔ́k-] *n.* 《濠》 [노동자의] 독선적인 반항, 직선적인 반항.

‡**o'clock** [əklɑ́k /əklɔ́k] *adv.* …시. ¶ one *o'clock* 1시 / What *o'clock* is it?《고어》 몇 시입니까?

주의 (1)「…시 …분」이라 할 경우에는 보통 o'clock을 지울는다. ¶ at ten minutes past five 5시 10분. (2) o'clock은 원래 of the clock이었는데, 후에 of clock, 다시 a clock으로 되고, a 가 o'로 바뀌어져서 현재의 o'clock의 형이 생겼다. 현재도 정식적인 말투로서 eleven *of the clock* (11시)과 같은 표현이 *like one o'clock* 《口》 곧, 빨리. 남아 있다. [< *of the clock* 의 단축형]

OCR 《略》 **o**ptical **c**haracter **r**eader (*or* **r**ecognition) (광학 문자 판독 장치).

OCS 《略》 **O**fficer **C**andidate **S**chool(간부 후보생 학교).

oct- ⇒ OCTA-.

oct. 《略》 octavo.

*****Oct.** 《略》 October.

octa-, octo- 'eight'라는 뜻의 연결형(* 모음 앞에서는 oct- 를 씀). ¶ octahedron, octopus, octal.

oc·ta·chord [ɑ́ktəkɔ̀:rd /ɔ́k-] *n.* 1 팔현금(八弦琴). 2 8음 음계, 전음계.

oc·tad [ɑ́ktæd /ɔ́k-] *n.* 1 8개 한 벌. 2 《화학》 8가(價) 원소(원자, 기(基)).

oc·ta·gon [ɑ́ktəgɑ̀n, -gən /ɔ́ktəgən] *n.* 1 8각(8변)형. 2 8각형의 물건(건물), 8각당(堂).

oc·tag·o·nal [ɑktǽgən(ə)l /ɔk-] *adj.* 8각(8변)형의. ~·ly [-nəli] *adv.*

oc·ta·he·dral [ɑ̀ktəhí:dr(ə)l /ɔ̀ktəhéd-] *adj.* 8면의 있는; 8면체의. ¶ *octahedral* crystals 8면 결정체.

oc·ta·he·dron [ɑ̀ktəhí:dr(ə)n /ɔ̀ktəhéd-] *n.* (*pl.* -drons *or* -dra [-drə]) 8면체. ¶ a regular *octahedron* 정8면체.

oc·tam·er·ous [ɑktǽmərəs /ɔk-] *adj.* 8개의 부분으로 이루어진(나누어진).

oc·tam·e·ter [ɑktǽmitər /ɔk-]《韻律》 *adj.* 여덟 개의 시각(詩脚)(foot)으로 된. —— *n.* 8시각 시(詩).

oc·tan [ɑ́ktən /ɔ́k-] *adj.* 8일마다 일어나는. —— *n.* ⓤ 8일열.

oc·tane [ɑ́ktein /ɔ́k-] *n.* ⓤ 《화학》 옥탄.

óctane nùmber *n.* 옥탄가(價).

oc·tan·gle [ɑ́ktæ̀ŋgl /ɔ́k-] *n.* 8각(형), 8변형. —— *n.* 8각형, 8각.

oc·tan·gu·lar [ɑktǽŋgjulər /ɔk-] *adj.* 8각형의; 8각형의.

oc·tant [ɑ́ktənt /ɔ́k-] *n.* 1 8분원. 2 8분의(分儀).

3 《천문》 [어떤 천체가 다른 천체에 대해서] 45도의 이각(離角)의 위치에 있음.

oc·tar·chy [ɑ́ktɑ:rki /ɔ́k-] *n.* (*pl.* -chies) 1 8두(頭) 정치. 2 8왕국 정치.

oc·ta·style [ɑ́ktəstàil /ɔ́k-]《건축》 *n.* 8주식(柱式) 건축. —— *adj.* 8개의 원주가 있는.

oc·ta·teuch [ɑ́ktət(j)ù:k /ɔ́ktətjù:k] *n.* 구약 성서의 최초의 8권.

*****oc·tave** [ɑ́ktiv, -teiv /ɔ́k-] *n.* 1 《음악》 옥타브, 8도의 음정, 제8음; 8개의 음. 2 오르간의 음전(音栓) [1 옥타브 위의 음을 낸다]. 3 8개 한 벌. 4 《韻律》 8행 연구(聯句) [특히 sonnet(14행시)의 처음의 8행]. 5 어떤 일군의 8번째. 6 《교회》 제일(祭日)로부터 세어서 8일째, 그 8일 동안. 7 《英》 13.5 갤론들이의 포도주통. 8 《펜싱》 제8의 자세 [방어]. —— *adj.* 옥타브 고음의.

óctave flùte *n.* 1 피콜로(piccolo). 2 [오르간의] 4 피트의 플루트 스톱 [보통의 것보다 1옥타브 높다].

oc·ta·vo [ɑktéivou /ɔk-] *n.* (*pl.* -vos) 1 팔절판 [略 *8vo, 8°, oct.*; 보통 6×9 인치]. ¶ *crown 8vo* 크라운8 팔절판(사륙판) / *medium 8vo* 미디엄 팔절판. 2 팔절판 책. —— *adj.* 팔절의; 팔절판 책의.

oc·ten·ni·al [ɑkténiəl, -njəl /ɔk-] *adj.* 8년마다의, 8년마다 일어나는; 8년간의. ~·ly [-əli] *adv.*

oc·tet [ɑktét /ɔk-], (**oc·tette**) *n.* 1 《음악》 8중창(重唱); 팔중창(주)곡. 2 《韻律》 8행의 시, 8행 연구. 3 8개 한 벌.

oc·til·lion [ɑktíljən /ɔk-] *n.* (*pl.* -lions *or* 《수사(數詞)》앞에서는 -lion) 《美·프랑스》 10의 27승;《英·독일》 10의 48승. —— *adj.* octillion 의.

oc·tin·gen·te·nar·y [ɑ̀ktəŋdʒéntinèri / ɔ̀ktindʒénti-n(ə)ri] *n.* 《英》 8백년제(祭).

‡**Oc·to·ber** [ɑktóubər /ɔk-] *n.* 1 10월 [略 Oct.]. 2 《英》 10월에 양조하는 맥주.

Octóber Rèvolútion *n.* (the~) 《러시아의》 10월 혁명. ¶ RUSSIAN REVOLUTION. [아의 온건파].

Oc·to·brist [ɑktóubrist/ɔk-] *n.* 10월 당원[제정 러시아의 온건파].

oc·to·cen·te·nar·y [ɑ̀kto(u)séntinèri /ɔ̀kto(u) sentí:n(ə)ri], **-ten·ni·al** [-senténiəl, -njəl] *n.*《英》= octingentenary.

oc·to·dec·i·mo [ɑ̀kto(u)désimòu/ɔ̀k-] *n.* (*pl.* -mos) 【제본】 18절; 18절판 책 [略 18mo, 18°]. —— *adj.* 18절(책)의.

oc·to·ge·nar·i·an [ɑ̀kto(u)dʒinέ(:)riən/ɔ̀kto(u)-dʒinέər-] *adj.* 80대의. —— *n.* 80대 사람.

oc·tog·o·nal [ɑktɑ́gən(ə)l /ɔk-] *adj.* 1 8진 법의. 2 《韻律》 8음군의(韻脚)의.

oc·to·nar·i·an [ɑ̀ktonέ(:)riən /ɔ̀ktənέər-] 《韻律》 *adj.* 8운각의. —— *n.* 8운각의 시행(詩行).

oc·to·nar·y [ɑ́ktənèri /ɔ́ktən(ə)ri] *adj.* 8의, 8로 이루어진; 팔진법의(八進法)의. —— *n.* 여덟 개 한 벌. 《韻律》 8행시, 8행 연구(聯句).

oc·to·pod [ɑ́ktəpɑ̀d /ɔ́ktəpɔ̀d] *n.* 8각류(脚類)의 동물 [문어·낙지 따위].

oc·to·pus [ɑ́ktəpəs /ɔ́k-] *n.* (*pl.* -pus·es *or* -pi [-pài]) 1 낙지, 문어; 8각류의 동물(octopod). 2 광범위하게 세력을 뻗치고 있는 단체(사람).

oc·to·roon [ɑ̀ktərú:n /ɔ̀k-] *n.* [흑인의 피를 8분의 1받은] 흑백 혼혈아; 백인과 quadroon 의 혼혈아.

oc·to·syl·lab·ic [ɑ̀kto(u)silǽbik /ɔ̀k-] *n.* 8음절의. —— *n.* 8음절의 시구.

oc·to·syl·la·ble [ɑ́kto(u)silə̀bl /ɔ́k-] *n.* 8음절의 말 (시).

oc·troi [ɑ́ktrɔi /ɔ́ktrwɑ:] *n.* 1 《프랑스·인도 등의》 물품 입시세(入市稅). 2 입시세 징수소. 3 입시세 징수원.

OCTU, Oc·tu [ɑ́ktú:] 《略》 **O**fficer **C**adets **T**raining **U**nit(영국 사관 후보생 훈련대).

oc·tu·ple [ɑ́kt(j)upl, ɑkt(j)ú:- /ɔ́ktju:-] *adj.* 1 8중의, 8배의. 2 8요소로 이루어진. —— *n.* [8명이 젓는] 경기용 보트. —— *vt.* (-pled, -pling) …을 8배로 하다.

oc·u·lar [ákjulər/5k-] *adj.* **1** 눈의. ¶ *ocular* movements 눈의 운동. **2** 시각상의. ¶ an *ocular* organ 시각 기관. **3** 눈(시각)에 의한. ¶ an *ocular* proof (or demonstration) 눈에 보이는 증명 / an *ocular* witness 목격자. ― *n.* **1** [光學] 접안경(接眼鏡)(eyepiece). **2** 눈. ~·ly *adv.*

oc·u·lar·ist [ákjulərist/5k-] *n.* 의안(義眼) 제조자.

oc·u·late [ákjulèit/5k-] *adj.* 눈 모양의 얼룩점이 있는.

oc·u·list [ákjulist/5k-] *n.* 안과 의사.

oc·u·lo·mo·tor [àkjulo(u)móutər/5k-/-3k-] *adj.* 안구를 움직이는. ¶ an *oculomotor* nerve 동안(動眼) 신경.

od [ad/ɔd] *n.* [U] 오드 [독일 과학자 Reichenbach 가 자력·화학 작용 따위의 설명을 위해 가정한 자연력].

Od [ad/ɔd] *interj.* (고어) god 의 단축형.

OD, o/d [óudí:] *n.* (*pl.* **ODs** or **OD's; o/ds** or **o/d's**) 마약 따위의 과용. ― *vi.* (**OD'd, OD'ing; o/d'd, o/d'ing**) [마약 따위를] 과용하다. [<O[VER]D[OSE]]

OD (略) Officer of the Day(일직 사관); on-demand publishing; Ordnance Department(병기부); organization development(조직 개발); outside diameter(외경).

o.d. (略) (라틴) oculus dexter (=the right eye) (오른쪽 눈); olive drab; on demand (요구가 있는 대로); outside diameter(외경).

O.D. (略) Doctor of Optometry(검안 의사); (라틴) oculus dexter (=the right eye) (오른쪽 눈); Officer of the Day(일직 사관); Old Dutch(옛 네덜란드어); olive drab; outside diameter(외경); overdraft; overdrawn (당좌 차월).

ODA (略) offical development aid(정부 개발 원조[두 나라 사이의 원조와 국제 기관에 대한 원조가 있다]).

o·da·lisque [óud(ə)lìsk], (**o·da·lisk**) *n.* **1** [특히 터키 황제의 여도의, **2** (O-) 오달리스크 [Matisse 나 Ingres 에 의한 주요 저서].

†odd [ad/ɔd] *adj.* **1** 묘한, 색다른, 야릇한, 이상한 (queer). ⇒ STRANGE 類語 ¶ an *odd* fish 이상한 녀석, 괴짜. **2** 호젓한, 외진, 외딴(secluded). ¶ in some *odd* corner 생각지도 않던 영통한 구석에. **3** 여분의 (extra), 나머지의, 우수리의; …남짓한. ¶ *odd* change 거스름돈 / an *odd* player 대기 선수 / fifty-*odd* years ago 50여년 전 / Ten contains three threes and *odd* one. 10은 3의 3배와 나머지 1이다 / It costs **20** dollars *odd*. 그것은 20 달러 남짓한 값이다. **4** [쌍·벌 따위의] 외(한) 짝의; [기구·장비의 한 벌, 전질물 따위의] 짝이 안 맞는, 낙질(落帙)의. ¶ an *odd* glove 외짝의 장갑 / *odd* bits of information (or knowledge) 어중간한 지식. **5** 홀수의, 기수의. *opp.* even ¶ *odd* months [31일이 있는] 큰 달 / *odd* numbers 기수, 홀수. **6** 임시의, 이따금의(occasional, casual); 짬짬이 하는. ¶ *odd* jobs 짬짬이 하는 일 / at *odd* moments 여가에 / at *odd* times 이따금, 가끔.
― *n.* **1** 자투리; 여분의 것; 나머지; 기묘한 일(것). ¶ this *odd* and that end 이것저것 잡동사니(자질구레한 것), 파치나 끄트러기. **2** [골프] 상대방보다 리드한 1점; (英) 계산에 넣지 않는 1타 [약한 편의 타자에게 핸디캡으로 1홀을 허용하는]. ¶ [아맞끗기 놀이].

odd or even; odd or even 홀수나 짝수나 [일종의 알아맞끼기 놀이]. ~·ness *n.* óddity *n.*

odd·ball [ádbɔ̀:l/5d-] *n.* (美속어) 괴짜, 괴벽스러운 사람, ― *adj.* 괴벽스러운.

odd-come-short [ádkʌ̀mʃɔ́:rt/5d-] *n.* (고어) **1** [형겊의] 조각. **2** 근일간. **3** (~s) 쩌꺼기.

odd-come-short·ly [ádkʌ̀mʃɔ́:rtli/5d-] *n.* (고어) (*pl.* -lys or -lies) 근일간, 근간. ¶ one of these *odd-come-shortlies* 근간에.

Odd-e·ven [ádí:v(ə)n/5d-] *adj.* (美) [석유 부족시의 판매이름] 짝수·홀수별 판매 방식의.

Odd·fel·low [ádfèlou/5d-] *n.* 18세기 영국에 창립되었던 일종의 비밀 공제 조합의 회원.

odd·ish [ádiʃ/5d-] *adj.* 좀 괴상한(queer).

odd·i·ty [áditi/5d-] *n.* (*pl.* **-ties**) **1** [U] 괴벽스러움, 기이(奇異), 피벽, 편벽, 편벽, **2** 기인, 괴짜; 기묘한 사물.

ódd-jòb màn [áddʒàb-/5ddʒɔ̀b-] *n.* (*pl.* **-men**[-mən]) [돈 때문에] 여러 가지 일을 하는 사람, 임시 고용인.

odd-look·ing [ádlùkiŋ/5d-] *adj.* 괴상한.

ódd lót *n.* (증권) 단주(端株).

ódd lót·ter *n.* 단주(端株) 매입 (투자)자.

*odd·ly [ádli/5d-] *adv.* **1** 묘하게, 이상하게. **2** 여분으로, 어중간하게, 짝이 맞지 않게, 기수(홀수)로.

ódd mán *n.* **1** 임시 고용인(*odd* hand). **2** (the ~) [찬부(贊否) 동수일 때의] 결정 투표자.

ódd màn óut *n.* **1** (the~) [U]주화를 던져 앞·뒷면으로 한 사람을 뽑는 방법(놀이); [C] 이 방법으로 뽑힌 사람. **2** (구어) [동료들로부터] 따돌림 당하는 사람. ¶ He was always the *odd man out*. 그는 항상 외톨이였다.

odd·ment [ádmənt/5d-] *n.* **1** 남은 물건; 자투리, 토트러기; (~s) 잡동사니. **2** [인쇄] [책의] 본문 이외의 것 [책 머리그림·차례 따위].

ódd pricing *n.* 단수(端數) 가격 [소매 단계에서 흔히 활용되는 심리 가격의 하나. 100원보다 99원을 싸게 느끼는 고객의 구매 심리를 이용].

*odds [adz/ɔdz] *n. pl.* (보통 복수 취급) **1** 불평등, 불균등(차이남). ¶ Death makes the *odds* all even. 죽음은 모든 것을 평등하게 한다 / What's the *odds*? = What *odds* does it make? 별 차이 없잖아? **2** [승부놀이 따위의] 유리한 조건, 핸디캡. ¶ lay (or give) *odds* 유리한 조건을 부여하다 / take (or receive) *odds* 유리한 조건을 얻다. **3** 우열의 차, 승산, 우위. **4** 승산, 가망성, 있음직한 일. ¶ the track *odds* on the horse 경주에서의 그 말의 승산 / The *odds* are three[·] to[·] one *that* we shall win the game. 우리가 시합에 이길 승산은 3:1이 다 / The *odds* are (or It's *odds*) that he will come soon. 그는 곧 올 것이다.

a bit over odds 터무니없이. ¶ pay *a bit over odds* 터무니없는 값을 지불하다.

against longer (or fearful) odds 강적에 대해서. ¶ They fought bravely *against fearful odds*. 그들은 용감하게도 강적과 맞서 싸웠다.

at odds with …와 다투어, 사이가 나빠. ¶ They are *at odds with* each other. 그들은 서로 반목하고 있다.

by [*long* (or *all*)] *odds* 훨씬, 확실히. ¶ This is *by all odds* the easier way. 이것이 훨씬 더 쉬운 방법이다.

have the odds on one's side 가망(승산)이 있다.

long (or *short*) *odds* 전혀 일어날 것 같지 않은(일어날 듯한) 일. ¶ It's *long odds* against catching the train. 기차 시간에 댈 가망은 전혀 없다.

make no odds 불평등하지 않다, 균형을 이루고 있다.

odds and ends 지스러기, 부스러기, 잡동사니.

The odds are against (*in favor*) …할 가능성이 있(없 다). ¶ The *odds* are against his returning safe. 그가 무사히 돌아올 가능성은 없다.

What's the odds? (구어) 그래서 어쨌다는 거야?, 알게 뭐야.

within the odds (구어) 그럭저럭 가망이 있는.

odds-on [ádzɔ̀n/5dzɔ̀n] *adj.* 승산이 있는.

ódd tríck *n.* [카드놀이에서] 열 세 번 승부에서 양쪽이 여섯 번씩 이긴 결과 마지막 승부를 결정하는 열 세번째의 승부.

*ode [oud] *n.* **1** 오드, 송시(頌詩) [특정한 인물이나 사물을 읊는 형식의 고상한 서정시]. **2** 노래부르기 위한 시.

-ode way, road 라는 뜻의 연결형. 예: electrode.

o·de·um [o(u)dí:əm] *n.* (*pl.* **-de·a** [-dí:ə]) **1** 음악당, 극장. **2** (고대 그리스·로마의) 주악당(奏樂堂).

od·ic [óudik] *adj.* ode 의.

O·din [óudin] *n.* [북유럽 신화] 오딘 [지식·문화·시가(詩歌)·군사를 관장하는 최고의 신].

*o·di·ous [óudiəs, -djəs] *adj.* 미운, 싫은, 밉살스러운;

odium

불쾌한, 추악한, 지지리 못생긴. **~ly** *adv.* **~ness** *n.*
◇ ódium *n.*

o·di·um [óudiəm, -djəm] *n.* ⓤ 1 증오, 혐오; ⓒ 미움 받는 사람. 2 비난, 악평, 불신; 오명.

o·do·graph [óudəgræf / -grɑ̀ːf] *n.* 주행(走行) 기록기.

o·dom·e·ter [o(u)dámitər / ɔdɔ́m-] *n.* 〔차 따위의〕 주행 기록계.

-odont tooth 의 뜻의 연결형. 예: heter*odont*.

o·don·tal·gi·a [òudəntǽldʒ(i)ə / ɔ̀dɔn-] *n.* ⓤ 〔치과〕 치통(toothache).

o·don·tal·gic [òudəntǽldʒik / ɔ̀dɔn-] *adj.* 치통의.

odonto- tooth 의 뜻의 연결형 (* 모음 앞에서는 odont- 를 쓴다). 예: *odonto*logy, *odont*algia.

o·don·to·glos·sum [o(u)dàntəglásəm/ɔdɔ̀ntəglɔ́s-] *n.* 오돈토글로섬속(屬)의 난초류 〔남미산(産)의 난과(科) 식물〕.

o·don·toid [o(u)dántɔid / ɔdɔ́n-] 〔해부〕 *adj.* 치형의; 치아 모양 돌기의. ~ n. 치아 모양 돌기.

o·don·tol·o·gist [òudəntálədʒist, àd- / ɔ̀dɔntɔ́l-] *n.* 치과 의학자.

o·don·tol·o·gy [òudəntálədʒi, àd- / ɔ̀dɔntɔ́l-] *n.* ⓤ 치과학, 치과 의학; 치아 의술.

‡**o·dor, (英) -dour** [óudər] *n.* 1 냄새, 나쁜 냄새, 향기, 방향(scent). ⇒ SMELL 題語 ¶ rank *odors* 악취. 2 향기, 방향(芳香) (fragrance). 3 낌새, 〔…의〕 기미 (savor). ¶ an *odor* of suspicion 의혹의 낌새. 4 ⓤ 평판(repute), 인기, 평판, 명성. ¶ be in good(bad, ill) *odor* with …에게 평판이 좋다(나쁘다), …에게 인기가 있다(없다).
◇ ódorant, ódorous, odoríferous *adj.* ódorize *v.*

o·dor·ant [óudərənt] *adj.* 향기가 좋은. ~ *n.* 향기가 나는 것.

o·dor·if·er·ous [òudərífərəs] *adj.* 향기로운, 향기있는. **~ly** *adv.* **~ness** *n.*

o·dor·ize [óudəràiz] *vt.* (**-rized, -riz·ing**) …의 냄새를 좋게 하다, …을 좋은 냄새로 만들다.

o·dor·ous [óudərəs] *adj.* 《주로 詩》 =odoriferous. **~ly** *adv.* **~ness** *n.*

-odus *suf.* having a 〔certain kind of〕 tooth 의 뜻의 명사 어미; cerat*odus*.

od·yl, -yle [ádil / ɔ́d-] *n.* =od.

-odynia pain 의 뜻의 연결형. 예: pod*odynia*.

O·dys·se·us [o(u)dísju:s, -siəs] *n.* 〔그리스 신화〕 오 뒷세우스〔지(知)·용(勇)을 겸비한 그리스의 지도자. 라틴명은 Ulysses〕.

Od·ys·sey [ádisi / ɔ́d-] *n.* 1 (the ~) Homer 작의 서사시〔Odysseus 의 장기간에 걸친 방랑의 모험을 그린 작품〕. *cf.* Iliad 2 (종종 o-) 장기간의 방랑(모험) 여행.

œ [i:] *o* 와 *e* 가 합친 글자, 예: amœba, phœnix. * oe 로 떼어 쓰기도 하며 특히 《美》에서는 줄여서 e 로도 쓴다.

OE, O.E. (略) Old English.

o.e. (略) omissions excepted(탈락은 제외).

OEC (略) Office of Economic Coordinator(경제 조정관실).

OECD (略) Organization for Economic Cooperation and Development(경제 협력 개발 기구).

OECD·NEA (略) *OECD N*uclear *E*nergy *A*gency (OECD 원자력 기관〔OECD 에 속한 원자력 평화 이용을 위한 상호협력 기구〕).

oe·col·o·gy [i:kálədʒi / -kɔ́l-] *n.* =ecology.

oec·u·men·i·cal [èkju(:)ménik(ə)l / ì:k-] *adj.* = ecumenical.

O.E.D., OED (略) *O*xford *E*nglish *D*ictionary.

oe·de·ma [i(:)díːmə] *n.* (*pl.* **-ma·ta** [-mətə]) =edema.

Oed·i·pus [édipəs / íːd- / íːd-] *n.* 〔그리스 전설〕 에디푸스〔숙명에 의해 모르고 아버지를 살해하고, 어머니를 아내로 삼은 테베(Thebes) 의 왕〕.

Oedipus còmplex *n.* 〔정신 분석〕 에디푸스 콤플렉스〔아들이 어머니에 대해서 무의식적으로 품는 성적 사모〕.

OEEC (略) *O*rganization for *E*uropean *E*conomic *C*ooperation (유럽 경제 협력 기구).

OEIC (略) 〔전자공학〕 *o*pto*e*lectronic *i*ntegrated *c*ircuit (광전자(光電子) 직접 회로).

oeil-de-boeuf [Fœ̀jdəbœ́f] *n.* 《프랑스》(= eye of ox, bull's eye) (*pl.* **oeils-** [Fœj-]) 자그마한 둥근 창(窓).

OEM (略) *O*ffice for *E*mergency *M*anufacturing(비상시 관리국); *o*riginal *e*quipment *m*anufacturing(주문자 상표에 의한 제품 공급).

Oe·no·ne [i(:)nóuni(:)] *n.* 〔그리스 신화〕 오이노네〔Ida 산의 님프; Paris 의 아내였지만, Helen 때문에 버림받았다〕.

oe·noph·i·list [i:náfilist / -nɔ́f-], (**oe·no·phile** [í:nə fàil]) *n.* 포도주 감정가, 포도주 애호가. 〔희국〕.

OEP (略) 《美》 *O*ffice of *E*mergency *P*lanning(긴급 계획국).

o'er [ɔ́ːr / óuə] *prep., adv.* (詩·방언) = over.

Oer·li·kon [ɔ́ːrlikən / -kɔn] *n.* 에를리콘〔대함정(對艦艇) · 대공(對空) 유도탄. 〔< *Oerlikon*: 스위스의 Zurich 교외에 있는, 병기 제조로 알려진 지명〕.

oer·sted [ɔ́ːrsted] *n.* 〔전기〕 에르스텟〔자계(磁界)의 세기의 C. G. S. 전자(電磁) 단위〕.
〔< 〔덴마크의 물리학자이며 전자기학(電磁氣學)의 창시자 H. C. Oersted(1777-1851)의 이름〕.

OES (略) *O*ffice of *E*conomic *S*tabilization(경제 안정국).

oe·soph·a·gus [i(ː)sɑ́fəgəs,-sɔ́f-] *n.* (*pl.* **-gi**[-dʒài, +英 -gai]) = esophagus.

oes·tro·gen [éstrədʒ(ə)n, í:s-] *n.* = estrogen.

oes·tro·gen·ic [èstrədʒénik, ì:s-] *adj.* = estrogenic.

oes·trone [éstroun, í:s-] *n.* = estrone.

oes·trous [éstrəs, í:s-] *adj.* = estrous.

oes·trus [éstrəs, í:s-], **-trum** [-trəm] *n.* = estrus.

oeu·vre [F œːvr] *n.* (*pl.* **-vres** [-vr]) 《프랑스》〔한 사람의 작가 · 예술가 등의〕 일생의 일, 전작업, 전작품; 〔하나의〕 예술 작품.

‡**of** [강 ɔv, ʌv, 보통 약하게 əv, 자음 앞에서는 ə / 강 ɔv, 보통 약하게 əv] *prep.* 1 〔방향 · 거리 · 위치〕 …의, …의 방향으로, …으로부터, …에서 〔떨어져서〕 (away from). ¶ on this side *of* the river 강의 이쪽 편에 / 〔to the〕 north *of* London 런던 북쪽에 / upward〔s〕 *of* ten years 10년 이상 / wide *of* the mark 과녁을 빗나가서, 짐작이 틀려서.

2 〔분리 · 제거 · 박탈〕 …으로부터, …에서. ¶ rob (or rid, deprive, strip) a person *of* a thing 남으로부터 물건을 탈취하다 / be rid *of* one's cold 감기가 떨어지다 / free *of* charge 무료로 / irrespective *of* …과는 관계없이.

3 〔기원 · 출신 · 태생〕 …출신(태생)의, …으로부터〔에서 온〕, …의 결과〔로서〕. ¶ be (or come) *of* noble birth 명문 출신이다.

4 〔원인 · 동기 · 이유〕 …때문에, …으로. ¶ sick *of* delays 꾸물거리는 데 진절머리나서 / die *of* cancer 암으로 죽다 / be ashamed *of* …을 부끄러워하다 / *of* necessity 필연적으로, 반드시 / *of* right 당연히, 정당히 / They went *of* their own will. 그들은 자진해서 나갔다 / The door opened *of* itself. 문이 저절로 열렸다.

5 〔주격 관계 〔행위자 · 작자〕〕 …의, …에 의한(의하여) (by). ~ 7. ¶ the works *of* Shakespeare 셰익스피어의 작품 / the love *of* God 신의 사랑. * 이 의미로는 God's love 의 편이 보통이다.

6 〔동격 관계〕 …이라는, …인, 즉, 다시 말하면(that is). ¶ the city *of* Paris 파리시 / the continent *of* Africa 아프리카 대륙 / poor four *of* us 불쌍한 우리 네 사람 / in the month *of* June 6월에 / the fact *of* your meeting him 네가 그를 만났다는 사실 / (* 이하의 용례는 "…같은 ~"의 뜻을 나타내지만, 동격 관계의 일종이라 생각된다) the flower *of* chastity 꽃 같은 순결/that

fool *of* a man 저 바보 같은 남자(that foolish man) / an angel *of* a wife 천사 같은 아내. * of a에 선행하는 명사는 그에 이어지는 명사를 수식하고 감정을 강조한다. 구어체에 많이 쓰인다.
7《목적 관계》…을, …의. ¶ a teacher *of* English 영어 교사 / the writing *of* a letter 편지 쓰기 / the love *of* art (nature) 예술(자연)을 사랑하는 마음 / in search *of* knowledge 지식을 구하여 / take care *of* one's health 건강에 조심하다.
8《소유·소속 관계》…의, …에 속하는. ¶ the top *of* the hill 산의 정상 / the master *of* the house 이 집 주인 / the square root *of* a number 수의 평방근(제곱근).
── **Usage**¹ a friend of Tom 과 a friend of Tom's ── a friend of Tom 은 Tom 을 친구로 생각하고 있는 사람, a friend of Tom's 는 Tom 이 친구로 생각하고 있는 사람을 가리킨다. 또한 friend는 Tom 이 한 사람밖에 갖지 않은 바로 그 친구, 또는 화제에 올라 있는 특정한 친구를 가리키는 일도 있다. 그리고 a friend of Tom's 는 a friend in the number of Tom's friends 로 바꾸어 말할 수 있다.
9《물질·재료》…의, …제의, …으로 만든, …으로 된. ¶ a family *of* five 5인 가족 / a house *of* brick (stone, wood) 연와조(석조, 목조)의 가옥 / a dress *of* silk 비단옷, 실크 드레스 / made *of* gold 금으로 된 / make fool *of* a person 남을 바보로 만들다, 속이다 / make much *of* …을 존중하다, …을 소중히 하다 / consist *of* …으로 이루어지다(성립되다).
── **Usage**² I had a happy time *of* it. (나는 즐거운 시간을 보냈다) 의 of it 는 어조를 조정하기 위하여 부가된 어구이며, 현재는 생략하는 것이 보통. 이 of 는 기원·재료를 나타내고, it 는 그 때의 상황·상태를 막연하게 나타내는 용법일 것이다. 그리고 *make* an *evening of it* (저녁을 즐겁게 지내다)와 비교해 볼 것 (⇨ make).
10《부분·분량·선택》…의 [일부분], …중의, …중에서. ¶ one *of* us 우리들 중의 한 사람 / a kind *of* game 놀이의 일종 / a piece *of* meat 고기 한 조각 / you *of* all men 누구보다도 먼저 네가, 많은 사람 가운데서 하필 네가 / the Book *of* Books 성서(the Bible) / His style is *of* the clearest. 그의 문체는 아주 명료하다.
11《언급·관계》…에 관하여, …의 점에 관하여 (concerning)…의, …의. ¶ blind *of* one eye 한쪽 눈이 보이지 않는 / nimble *of* foot 발걸음이 빠른 / quick *of* eye 눈치 빠른, 눈이 밝은 / slow *of* speech 말이 느린 / think well *of* someone 남을 좋게 생각하다 / It is good *of* every case. 그것은 어떤 경우에도 좋다 / What has become *of* him? 요즈음 그는 어떻게 지내는가?
12《of+추상명사 따위로 형용사구를 만든다》¶ a man *of* ability 유능한 사람(an able man) / a man *of* letter 문인 / a man *of* sense (tact) 센스가 있는(재치있는) 사람 / a look *of* pity 불쌍한 모습 / trees *of* my planting 내가 심은 나무 / be *of* no use 쓸모가 없다(useless) / reap the harvest *of* one's own sowing 자신이 뿌린 씨를 거두어들이다, 자업자득(自業自得).
13《형용사+of가 동사적인 뜻을 나타낸다》¶ ignorant *of* …을 모르는 / productive *of* iron 철을 생산하는 / wasteful *of* life 쓸데없는 살생을 하는 / suggestive *of* poverty 가난을 생각나게 하는.
14《형용사+of+[대]명사+to 부정사의 형으로》…이. ⇨ FOR *prep*. 19. ¶ It is very kind *of* you *to* help me. 도와주셔서 대단히 고맙습니다.
15《시간 따위를 나타내는 부사구를 만든다》¶ *of* late 요즈음(lately) / *of* late years 여느 때와 달리 최근 몇 년간 갑자기 / *of* this date 《美》오늘부터 《유효》/ (*이하의 각 용례는 습관적인 의미를 포함하는 약간 고풍스러운 말투) / *of* an evening 저녁(등)에 / *of* a Sunday 일요일 등에 / I can't sleep *of* a night. 나는 밤에 잠을 못 잔다.
16《시각》《美구어》…〔분〕전(to, before). ¶ at ten minutes *of* ten 10시 10분 전에.
17《주로 고어·문어》〔수동형의 글에서 행위자를 나타낸다〕…에 의하여(by), …으로부터, …에게. ¶ be loved *of* (or *by*) all 모든 사람에게(으로부터) 사랑받다 / be forsaken *of* God 신에게 버림받다 / being tempted *of* the Devil 악마에게 홀려서 / being warned *of* God in a dream {성서} 꿈에 주님의 경고를 받아서 [⇨마태 복음(Matt.) 2:12].
OF, OF., O.F.《略》Old French.
of- ⇨ OB-.
o·fay [óufei]《경멸적》n. 백인.
off [ɔ:f / ɔf] *adv*. **1** 떨어져서, 빠져, 떼어져, 〔위에서 아래로〕떨어져. ¶ get *off* 〔차·말 따위에서〕내리다 / shake *off* 떨어버리다 / take *off* one's hat 모자를 벗다 / The buttons have come *off*. 단추가 떨어졌다 / The gilding is *off*. 도금이 벗겨져 있다.
2 멀리, 저쪽으로, 떠나서. ¶ fly *off* 날아가버리다 / run *off* 달려가버리다 / see a friend *off* on a journey 여행길에 오르는 친구를 전송하다 / take oneself *off* 떠나다, 달아나다 / He moved *off* toward the door. 그는 문쪽으로 떠나갔다.
3 〔…과의 관계가〕끊어져, 〔교제가〕두절되어. ¶ cast *off* one's son 아들을 버리다 / marry *off* one's daughter 딸을 치우다(시집보내다) / She is *off* with him. 그녀는 그와의 인연을 끊었다.
4 할인하여. ¶ 15 per cent *off* on all cash purchases 현찰 매입시는 모두 15% 할인.
5 〔시간·거리에 관하여〕떨어져, 전에. ¶ far *off* 아득히 멀리 / two years *off* 2년 전에 / The station is two miles *off*. 역은 여기서 2마일 떨어진 곳에 있다.
6 〔전기·수도·가스 따위가〕끊어져, 〔식량 따위가〕떨어져. ¶ cut *off* the water 수도물을 끊다 / switch (or turn) *off* the light 전등을 끄다 / turn the motor *off* 모터를 정지시키다 / The gas is *off*. 가스가 끊어졌다 / Asparagus is *off*. 아스파라거스는 품절이다.
7 중지하여, 그만두어. ¶ break *off* negotiations 교섭을 중단하다 / lay *off* workmen 직공을 일시 해고하다 / leave *off* work 일을 그만두다 / The negotiation is now *off*. 교섭은 중단 상태에 있다.
8 쉬어서, 작동하지 않아서. ¶ take a day *off* 하루 휴가를 내다 / We were *off* for the morning. 오전중은 일이 없었다 / We have Saturday *off*. 토요일은 휴무이다.
9《완료》아주, 온통, 완전히, 최우까지. ¶ drink *off* 다 마시다 / finish *off* 마무리하다 / clear *off* the table 식탁을 치우다 / The pain passed *off*. 통증은 말끔히 사라졌다.
10 즉석에서, 단숨에, 바로, 곧. ¶ right (or straight) *off* 곧바로 / dash *off* 〔그림이나 글 따위를〕휘갈겨 쓰다 (그리다).
11《이행·실시》…해버려, …으로 되어. ¶ come *off* a victor (loser) 승자(패자)가 되다 / The prediction came *off*. 예언이 들어맞았다.
12 쇠퇴하여, 줄어서. ¶ cool *off* 〔정열·노여움 따위가〕식다, 가라앉다 / The novelty has gone *off*. 신기함이 없어져 버렸다 / The number of customers dropped *off*. 손님의 수가 줄어들었다.
13 갈라서, 분배하여. ¶ Mark it *off* into three equal parts. 그것을 3등분 해라.
14 의식을 잃어서. ¶ drop *off* 잠들다.
15 〔항해〕〔유지·다른 배·풍향에서〕멀어져서, 떨어져서. ¶ The ship stood *off*. 배는 먼 바다로 멀어져 갔다.
be off ① 떠나다, 출발하다(depart). ¶ He is *off* to America on Sunday. 그는 일요일에 미국으로 출발한다 / Where are you *off*? 어디로 가니? ② 떨어져 있다. ¶ My hat is *off*. 모자가 벗어졌다. ③ 인연이 끊어져 있다. ⇨ 3. ④ 멈추어(끊어져) 있다. ⇨ 6. ⑤ 중지하고 있다. ⇨ 7.

off.

be well (*badly*) *off* 유복하게(궁색하게) 지내다.
either off or on 이렇든, 아뭏든.
neither off nor on 우유부단한, 변덕스러운, 미결정적으로. ¶ We don't go to the movies regularly, just *off and on*. 우리는 불규칙으로 가끔 영화구경하러 간다.
Off we go! 《구어》 출발!
Off with ...! 가라, …을 때라. ¶ *Off with you!* 썩 꺼져! / *Off with* his head! 목을 쳐라!
— *prep.* **1** …으로부터, …에서 떨어져, 벗어나. ¶ *off* the track 탈선하여 / fall *off* a horse 말에서 떨어지다 / stop *off* the platform 단에서 내려오다 / Keep *off* the grass. 《게시》잔디밭에 들어가지 말것 / The ice has melted *off* [of] the stream. 개울의 얼음이 완전히 녹았다. ＊《美》에서 *of* 를 쓰는데 *off* 는 부사.
2 〔평상시의 상태를〕 잃고, ¶ *off* one's balance 평형을 잃고/ *off* one's head 미쳐서 / *off* one's feed 식욕이 없어져.
3 …을 할인하여. ¶ 20 per cent *off* the list price 정가표의 20% 할인/three years *off* fifty 50 살에 3년이 모자라서 / take something *off* the price 정가에서 약간 할인하다.
4 〔의무·일에서〕 떠나서, 쉬어서. ¶ *off* duty 비번으로 / be *off* work 일을 쉬고 있다.
5 《구어》…을 그만두고서, …을 끊고서. ¶ I am *off* gambling. 도박을 끊었다 / He is *off* liquor. 그는 술을 끊었다.
6 …에서 빗나가서, 벗어나서, …에서 들어가서. ¶ a town some miles *off* the main road 간선 도로에서 수마일 들어간 소도시 / an alley *off* the 15th street 15 번가에서 들어간 골목길.
7 《구어》…으로부터(＊ buy, borrow 와 같은 특수한 동사와 함께 쓴다). ¶ I bought this *off* him. 그에게서 이것을 샀다.
8 …을 먹어서. ¶ dine *off* roast beef 로스트 비프를
9 〔항해〕 …의 앞바다에. ¶ a mile *off* shore 1마일 앞바다에 / *off* the coast of …의 앞바다에 / stand *off* and on the shore 〔배가〕 해안에 가까와졌다 멀어졌다 하다.
from off 《고어·시·속어》= off *prep.* 1. 〔고 있다.
— *adj.* **1** 큰길에서 벗어난, 갈라진, 지엽적인. ¶ an *off* street 샛길 / an *off* issue 지엽적인 문제.
2 먼, 떨어진, 잘못된. ¶ You are *off* in your calculation. 너의 추측은 빗나가고 있다.
3 이상이 있는; 〔신체 따위가〕 컨디션이 나쁜; 〔음식물 따위가〕 상한, 신선하지 않은. ¶ The fish is a bit *off*. 그 물고기는 약간 상했다.
4 〔한정용법〕임무를 벗어난, 쉬는; 마음이 내키지 않는. ¶ an *off* day 휴일 / an *off* afternoon 한가로운 오후, 일할 마음이 내키지 않는 오후 / pastime for one's *off* hours 한가로운 때의 오락.
5 흉작의; 불황의, 쇠퇴한. ¶ an *off* year for oranges 귤 흉년인 해 / Profits are *off* this year. 금년은 이익이 적다 / The market is *off*. 시장은 불황이다.
6 〔기회 따위가〕 희박하지 않은. ¶ He applied on the *off* chance. 혹시나 하고 그는 응모했다.
7 먼 쪽의, 저쪽의, 저기의. ¶ on the *off* side of the river 강의 저쪽 기슭에.
8 〔말·차 따위의〕 오른쪽의. *opp.* near ¶ the *off* hind wheel (leg) 오른쪽의 뒷바퀴(다리) / an *off* horse 〔쌍두 마차의 말 (마부로부터 떨어진 쪽).
9 〔海事〕 앞바다의.
10 〔크리켓〕 〔타자의〕 오른편 앞쪽의.
— *n.* **1** 떨어져 있는 상태. **2** (the ~) 〔크리켓〕 〔타자의〕 오른편 앞쪽.
from the off 《英》 처음부터.
— *vt.* **2** 《구어》 〔교섭·약속 등〕의 중단을 통고하다, 〔남〕과의 교섭을 단절하다. **2** 《美속어》 …을 죽이다.
off with 《구어》 …을 제거하다, 벗다. ¶ She *offed with* her coat. 그녀는 외투를 벗었다.

off. 《略》 offered; office; officer; official.

of·fal [5:fbl/ áf-/ 5f-] *n.* ⓤ **1** 찌꺼기 고기. **2** 작은 물고기, 하치의 물고기. **3** (종종 ~s) 겨, 왕겨, 기울. **4** 〔일반적으로〕 쓰레기, 폐물.

off·beat [5:fbi:t/ 5f-] *adj.* 보통과 다른. — *n.* 〔음악〕 오프비트〔강세를 붙이지 않는 박자〕.

óff-bòok fúnd [5:fbùk-/ 5f-] *n.* 〔부정한 경비 지출을 위한〕 장부외 비밀 자금.

off-Broad·way [5:fbrɔ́:dwèi/ 5f-] *n.* ⓤ 오프브로드웨이극(劇) 〔뉴욕의 브로드웨이를 벗어난 소극장에서 상연하는 전위(前衛) 연극〕. — *adj.* 오프브로드웨이의. — *adv.* 오프브로드웨이에서.

off-cam·er·a [5:fkǽmə(r)ə/ 5f-] *adj.* 〔영화·텔레비전 등에서〕 카메라에 촬영되지 않을 때의, 촬영 이외의.

off-cast [5:fkæst/ 5fkà:st] *adj., n.* =castoff.

off-cen·ter, -tered [5:fsént∂r/ 5f-], **-cen·tred** 《英》 **-tred** [-séntərd] *adj.* 중심에서 벗어난, 균형이 잡히지 않은. — *adv.* 중심에서 벗어나, 균형이 잡히지 않아.

off-chance [5:ftʃǽns/ 5ftʃà:ns] *n.* 쉽사리 있을 성싶지 않은 기회, 만일의 가능성, 요행. ¶ on the *off-chance* 요행을 바라고, 행여나 하고.

off-col·or, 《英》 **-our** [5:fkálər/ 5f-] *adj.* **1** 색깔이 나쁜, 풍기가 문란한, 아슬아슬한, 천한, 상스러운. ¶ an *off-color* joke 상스러운 농담. **3** 안색이 좋지 않은.

óff dày *n.* **1** 비번의 날. **2** 《구어》 (one's ~) 액일(厄日), 일진이 나쁜 날; 상태가 나쁜 날.

off-du·ty [5:fd(j)ú:ti/ 5fdjú:-] *adj.* 비번의, 쉬는.

†of·fence [əféns] *n.* 《英》 =offense.

†of·fend [əfénd] *vt.* ⓤ **1** …의 감정을 해치다, …을 화나게 하다. ⇒ INSULT 〔類語〕 ¶ Has he done anything to *offend* you? 그가 당신에게 언짢은 일이라도 저질렀나요? / (～+圖+젼+名) I am *offended by* (or *at*) his blunt speech. 그의 버릇없는 말에 화가 난다 / She was deeply *offended with* (or *by*) her companion. 그녀는 동료에게 몹시 화를 냈다. **2** 〔감각 따위〕에 불쾌감을 주다, …의 비위를 건드리다. ¶ *offend* the ear (the eye) 귀(눈)에 거슬리다. **3** …을 위반하다, …을 범하다 (violate). ¶ *offend* a statute 규칙을 위반하다. **4** 〔성서〕 …에게 죄를 짓게 하다, 실족케 하다, — *vi.* **1** 남의 비위를 거스르다. ¶ an *offending* woman 비위에 거슬리는 여자 / In what have I *offended*? 무엇이 기분을 언짢게 했는지요? **2** 죄(잘못)를 저지르다, 〔도덕적으로〕 범하다, 〔법률·관습〕 을 어기다 (against...). (~+圖+젼+名) *offend against* the custom 관습을 어기다.
◇ offense, offence, *n.,* offensive *adj.* 〔 듯이.

of·fend·ed·ly [əféndidli] *adv.* 감정을 상한 듯이, 성난

＊of·fend·er [əféndər] *n.* **1** 범죄자, 위반자. ¶ a first *offender* 초범자 / an old *offender* 상습범. **2** 무례한 사람.

‡of·fense, 《英》 **-fence** [əféns] *n.* **1** 〔법률·습관 따위의〕 위반, 반칙; 죄. ⇒ CRIME 〔類語〕 ¶ a traffic *offense* 교통 위반 / an *offense against* decency 버릇 없음 / commit and *offense against* the law 법을 어기다. **2** 〔형법상의〕 범죄. ¶ a first (a previous) *offense* 초범(전과). **3** 기분을 상하게 하는 것, 불쾌한 것. **4** ⓤ 모욕, 감정을 해치기; 불쾌, 화남. ¶ without *offense* 상대방의 기분을 건드리지 않고 / No *offense* was meant. 악의는 없었다 / His conduct gave *offense* to me. 나는 그의 행동에 기분이 언짢았다 / He is quick to take *offense*. 그는 곧잘 화를 낸다. **5** ⓤ 공격. *opp.* defense ¶ weapons (or arms) of *offense* 공격용 무기 / The best defense is *offense*. 공격보다 나은 방어는 없다. **6** 공격측(군).
7 〔폐어〕 상해, 손해. **8** 〔고어〕 〔성서〕 실족케 하는 일, 죄의 근원. ¶ Woe to that man by whom the *offense* cometh! 실족케 하는 그 사람에게는 화가 있도다〔마태복음〕(Matt.) 18: 7〕.
[*I meant*] *No offense.* 《구어》 악의는 없었어.
◇ offénd *v.,* offénsive *adj.*

of·fense·less, 《英》 **-fence-** [əfénslis] *adj.* **1** 남의 감정을 건드리지 않는, 악의가 없는; 죄가 없는. **2** 공격할 수 없는.

†of·fen·sive [əfénsiv] *adj.* **1** 화나게 하는, 안달나게 하는. ¶ *offensive* television commercials 아니꼬운 텔레비전의 코머셜. **2** 불쾌한, 싫은, 비위에 거슬리는. ¶ an *offensive* odor 고약한 냄새 / *offensive* sounds 귀에 거슬리는 소리 / a sight *offensive* to the eye 눈에 거슬리는 광경 / *offensive* to our sense of propriety 우리의 예의범절을 손상시키는. **3** 무례한, 무엄한, 모욕적인. ¶ an *offensive* criticism 무례한 비판 / *offensive* manners(words) 모욕적인 태도(말). **4** 공격적인, 공세를 취하는. *opp.* defensive ¶ an *offensive* battle 공격전 / *offensive* movements 공세[를 취하는 행동]. — *n.* 공격; 공격 체세. ¶ a peace *offensive* 평화 공세 / take (*or* act on) the *offensive* 공세를 취하다 / give up the *offensive* 공격을 포기하다. **~·ly** *adv.* **~·ness** *n.*
◇ offense, offend *n.*, offend *v.*

†of·fer [5:fər, ɑ́f-/ 5fə] *vt.* **1** [남]에게 …을 권하다, 제공하다, 제출하다. ¶ *offer* one's help 원조를 제의하다 / *offer* oneself as a candidate for …의 후보자로 나서다 // (~ + 目 + 目) (~ + 目 + 前 + 名) *offer* a person a book; *offer* a book *to* a person 남에게 책을 권하다. **2** 〔의견 등〕을 제의하다, 제안(제출)하다. ¶ He *offered* his opinion on this matter. 그는 이 문제에 관하여 의견을 제출하였다. **3** …을 하자고 제의하다(말하다). ¶ (~ + *to* do) She kindly *offered to* go with me. 그녀는 친절하게도 나와 같이 가 주겠다고 말했다. **4** [신에게] …을 바치다(…up). ¶ (~ + 目 + 副) *offer up* a prayer 기도를 드리다. **5** 〔폭력·무례 따위〕를 가할 기미를 보이다, 가하려고 하다; …하려고 하다. ¶ *offer* battle 싸움을 걸다 / *offer* violence 폭력을 가하려고 하다//(~ + *to* do) He didn't *offer* to go at once. 그는 즉시 가려고는 하지 않았다. **6** …을 나타내다, 보이다. ¶ Every age *offers* new styles. 어느 시대에나 새로운 형이 보이난다// A good chance will *offer* itself sooner or later. 좋은 기회는 조만간 올 것이다. **7** …을 팔려고 내놓다. ¶ (~ + 目 + 前 + 名) *offer* goods *for* sale 물품을 팔려고 내놓다 / *offer* a car *for* $500 500달러에 차를 팔려고 내놓다. **8** …에 사는 값을 매기다. ¶ (~ + 目 + 前 + 名) *offer* £3000 *for* a house 3천 파운드로 집을 사겠다고 하다. **9** 〔경의·감사 등〕을 나타내다, 보이다. ¶ *offer* homage(thanks) 경의(감사의 뜻)를 표하다.
— *vi.* **1** 신청하다, 제안하다. **2** 구혼(청혼)하다. ¶ (~ + 前 + 名) *offer to* a lady 숙녀에게 청혼하다. **3** 나타나다, 일어나다. ¶ I will come if the opportunity *offers.* 기회가 있으면 오겠다 / He used, as an occasion *offered,* to give me explanation. 기회가 있을 때마다 그는 설명해 주었다. **4** 제물을 바치다. **5** 〔고어〕 시도하다 (*at*…).
— *n.* **1** 신청, 제공, 제의. ¶ an *offer* of help; an *offer* to help 원조를 하겠다는 제의 // make an *offer* 제의하다, 제공하다 / accept (cancel, refuse) an *offer* 제의를 받아들이다(취소하다, 거절하다). **2** 청혼(구혼). **3** 매긴 값, 부르는 값, 호가(呼價). ¶ an *offer* of £500 *for* a cottage 별장에 대한 500파운드 호가(呼價) // No reasonable *offer* 알맞는 값이면 매긴 값에 응하겠음 / You must make me a better(*or* larger) *offer.* 좀 더 좋은 값을 불러 주어야겠네. **4** 팔물건으로서의 제공. ¶ an *offer* for sale 매물 / The house is on *offer.* 그 집은 팔려고 내놓게 있다. **5** 〔법률〕 〔계약 따위의〕 신청. **6** 〔드물게〕 시도, 기도 (attempt).

of·fer·er, *or* [5:fərər, ɑ́f-/ 5f-] *n.* 신청자, 제공자; 제의자.

°of·fer·ing [5:f(ə)riŋ, ɑ́f-/ 5f-] *n.* **1** 〔U〕 〔신에게〕 봉납(奉納), 헌납; 〔C〕 봉납물, 공물(供物). ¶ Easter *offering* 부활절 때 목사에게 전하는 선물(헌금). **2** 〔교회의〕 헌금, 연보. **3** 선사물, 선물(gift). **4** 신청, 제공; 매물(賣物). **5** 매출, 방매(sale).

óffering prìce *n.* 〔증권〕 매출 가격.

of·fer·to·ry [5:fərtɔ̀ri, ɑ́f-/ 5fət(ə)ri] *n.* (*pl.* **-ries**) **1** 〔때로 O-〕 봉납, 헌금. **2** 〔교회〕 봉헌송(奉獻誦), 봉납창(奉納唱) 〔봉헌, 봉납, 헌금받는 동안에 부른다〕.

off-glide [5:fgláid / 5f-] *n.* 〔음성〕 나오는 경과음(經過音). *cf.* on-glide

off·hand [5:fhǽnd / 5f-] *adv.* **1** 준비 없이, 즉각, 즉석에서, 그 자리에서(extempore). ¶ decide *offhand* 즉결하다 / answer *offhand* 즉답하다. **2** 대수롭지 않게, 퉁명스럽게, 무뚝뚝하게. ¶ speak *offhand* 퉁명스럽게 말하다. — *adj.* **1** 즉답(즉석)의. **2** 대수롭지 않은, 무뚝뚝한. **3** 스스럼없는(informal).

off·hand·ed [5:fhǽndid / 5f-] *adj.* = offhand.
~·ly *adv.* **~·ness** *n.*

off-hour [5:fáuər / 5f-] *n.*, *adj.* 휴식 시간[의], 〔사무·교통의〕 바쁘지 않은 시간[의]. ¶ the *off-hour* traffic 한산할 때의 교통. *opp.* rush hour

†of·fice [5:fis, ɑ́f-/ 5f-] *n.* **1** 〔개인 경영의〕 사무실(소), 진료소, 의원; 〔대학 교수의〕 연구실. ¶ an accountant's *office* 공인 회계사(계리사) 사무소 / a lawyer's *office* 법률(변호사) 사무소 / a dentist's *office* 치과 의원. **2** 〔학교·병원 따위의〕 사무실(소); 〔특수 사무의〕 취급소. ¶ a ticket *office* 매표소(*《英》*에서는 a booking *office*) / a box *office* 〔극장의〕 매표소 / an inquiry *office* 안내소 / a baggage *office* 수하물 취급소 / an *office* clerk 사무원. **3** 회사, 사업소, 영업소. ¶ the head(*or* the main) *office* 본점 / a branch *office* 지점 / a life(fire) *office* 생명(화재) 보험 회사 / be in an *office* 회사에 근무하고 있다. **4** 〔관영·민영의〕 국. ¶ a post *office* 우체국. **5** (the~) 〔사무소·회사 따위의〕 직원, 종업원(staff). ¶ the whole *office* 전(全)직원. **6** 〔U〕 관직, 공직. ※ POSITION 〔類語〕 ¶ judicial *office* 사법직 / be (*or* remain) in *office* 재직하고 있다; 〔내각이〕 정권을 담당하고 있다 / enter upon (*or* take) *office* 취임하다 / go out of *office* 정권을 내놓다, 하야하다 / hold *office* 관직(공직)에 있다 / hold *office* under the government 정부의 관리로 있다 / leave (*or* resign) *office* 사임하다. **7** 역할, 임무(duty), 일(task). ¶ the *office* of the brain 뇌의 역할 / the *office* of host 주인역 / do the *office* of …의 역할을 하다. **8** (the~) 〔속어〕 암시, 신호. ¶ give the *office* 신호를 하다. **9** (종종 ~s) 알선, 진력, 주선, 힘. ¶ by (*or* through) the good *offices* of …의 호의로(알선으로) / do a person kind *offices* 남에게 호의를 베풀다. **10** 〔교회〕 **a)** 공식 전례문(典體文). 〔성찬식·세례식·장례식 등의〕. ¶ the *office* of the mass 미사 전례문. **b)** 예배. **c)** 성무 일과(聖務日課) (divine office), 교회의 기도 〔특히 아침·저녁의 기도〕; 〔영국 국교회〕 아침 기도와 저녁 기도. ¶ say one's *office* 성무 일과(교회의 기도)를 외다. **d)** 의식, 〔특히〕 장례식. ¶ perform the last *offices* 장례식을 집전하다. **11** (O-) 관청, 청, *《英》* 국, *《英》* 성. ¶ the Foreign *office* 《英》외무성 / the Patent *office* 《美》특허국 / the Printing *Office* 《美》 인쇄국. **12** (~s) 〔주로 英〕 **a)** 가사실〔부엌·식료품실·세탁실 등〕. **b)** 〔농가의〕 마구간, 헛간, 외양간.
◇ official *adj.*

óffice aménity *n.* 오피스 어메니티 [오피스의 쾌적성을 추구하는 개념].

óffice automátion *n.* 사무 처리 자동화.

of·fice·bear·er [5:fisbɛ̀(:)rər, ɑ́f-/ 5fisbɛ̀ərə] *n.* 《英》 = officeholder.

óffice blòck n. 《英》 =office building.
óffice bòy n. 〔사무실에서 일하는〕 사환, 사동.
óffice búilding n. 《美》사무소용 〔대형〕 건물, 사무소를 세놓는 건물.
óffice cópy n. 〔관청이 작성한〕 공인 등본, 공문서.
of·fice·hold·er [5:fishòuldər, áf- / 5f-] n. 공무원.
óffice hóurs n. pl. 1 집무 시간. 2 영업 시간.
‡**of·fi·cer** [5:fisər, áf- / 5f-] n. 1 장교, 사관. cf. soldier ¶ a commanding officer 지휘관 / a military(a naval) officer 육(해)군 장교. 2 경관, 순경. ¶ an officer of the law 경관. 3 〔상선의〕 고급 선원〔선장·항해사 등〕. cf. sailor ¶ a first(a second) officer 1등(2등) 항해사. 4 공무원, 관리, 직원. ¶ a public officer 공무원 / a custom house officer 세관 관리. 5 〔회·단체 등의〕 임원, 간사(幹事); 〔기업체의〕 간부, 중역. ¶ chief executive officer 최고 경영 책임자, 회장 〔略 CEO〕.
— vt. 《보통 과거 분사로》 1 …에 장교(고급 선원) 등을 배속하다. 2 〔장교로서〕 …에게 명령(지휘)하다, …을 통솔하다. ¶ The recruits were well officered. 신병들은 잘 통솔되고 있었다. 3 …을 감독(지휘)하다, 관리하다.
of·fi·cer·ship [5:fisərʃìp, áf- / 5f-] n. ⓤ officer 의 지위〔직〕.
Ófficers' Tráining Córps n. 《英》장교 교육부, 장교 훈련대〔略 OTC〕.
óffice sèeker n. 엽관배(獵官輩). 〔美〕 사무 직원.
óffice wórker n. 회사원(사무)원, 사무 종사자, 〔관청〕직원.
‡**of·fi·cial** [əfíʃ(ə)l] n. 1 공무원, 관공리, 관리; 임원. ¶ government officials 관리 / high officals 고관 / police officials 관헌 / public officials 공무원. 2 〔스포츠〕 〔미식 축구 따위의〕 심판. 3 《英》〔종교〕 교구 재판소 판사. — adj. 1 공무상의, 공무원의; 관직의. ¶ official duties 공무 / an official position 관직, 공직. 2 당국(관헌) 발표의, 공인(공정, 공식)의. ¶ an official announcement 공표(公表) / official documents 공문서 / an official gazette 《英》관보. 3 공무상의, 관(공)직에 있는; 관선의. ¶ an official receiver 관선 파산 관리인. 4 공무원식의, 관공서풍(식)의, 격식차린. ¶ official red tape 관공서식 / in an official manner 격식을 차려서. 5 〔영 약전〕 약전(藥典)에 근거한, 법정의. ¶ official drugs 약전에 근거한 약 / official preparation 약전에 근거한 조제(調劑). ◇ óffice, officialdom n., officially adv., officiate, officiative v.
of·fi·cial·dom [əfíʃ(ə)ldəm] n. ⓤ 1 관계(官界); 〔집합적〕 공무원. 2 관료주의, 관공서류. 3 〔청 용어〕 공식 발표.
of·fi·cial·ese [əfìʃ(ə)líːz] n. ⓤ 관공서 말씨(문체), 관청어.
offícial fámily n. 〔단체·정부의〕 수뇌진, 간부진.
of·fi·cial·ism [əfíʃəlìz(ə)m] n. ⓤ 1 관청 조직(제도), 관제(管制). 2 관료주의, 관청풍. 3 〔집합적〕 공무원, 관리.
of·fi·cial·ize [əfíʃ(ə)làiz] vt. 《(英)에서는 officialise 로도 쓴다》 vt. 〔-ized, -iz·ing〕 …을 관공서(관청)풍으로 하다; …을 관청의 관리(통제)하에 두다.
‡**of·fi·cial·ly** [əfíʃəli] adv. 직무상, 공무상; 공식상으로, 공적으로; 겉으로는(professedly).
offícial óath n. 공직 취임 선서.
offícial recéiver n. (the~) 《종종 O·R·》 《英》〔법률〕 〔법원의 중간 명령에 의한〕 파산 관재인(管財人), 관재인, 수익 관리인.
Offícial Referée n. 《英법률》 〔고등법원의〕 공인 중재인.
Offícial Sécrets Áct n. 공직 비밀 유지법.
of·fi·ci·ant [əfíʃiənt] n. 사제, 사회자; 〔의식의〕 집행자.
of·fi·ci·ar·y [əfíʃièri / -ʃ(ə)ri] adj. 관직상의; 관직명을 가지는. — n. (pl. -ar·ies) 《때로 집합적》 관리.
of·fi·ci·ate [əfíʃièit] vi. 〈at·ed, -at·ing〉 vi. 1 직무를 수행하다, 임무(책임)을 다하다, 직권을 행사하다; 〔의장으로서〕 사회하다. ¶ (~+as+ 圖) officiate as chairman 의장으로서 사회하다. 2 …의 사제직을 맡다. 〔목사가〕식을 집행하다. ¶ (~+ 圖+ 圖)

officiate at a wedding 결혼식을 주관하다. — vt. 1 …의 직무(소임)을 다하다. 2 …의 사제직을 맡다, 〔식〕을 주관하다. 3 〔시합의〕 심판직을 맡아보다.
of·fi·ci·a·tion [əfìʃiéiʃ(ə)n] n. ⓤ 직무 집행, 식의 거행 (擧行). 〔祭〕.
of·fi·ci·a·tor [əfíʃièitər] n. 직무 집행인, 사회 〔사 제〕자.
of·fi·ci·nal [əfísin(ə)l, + 英 ɔ̀fisáin-] 〔약학〕 adj. 1 약전에 의한. 2 약용의. ¶ officinal herbs 약초(藥草). — n. 약전에 따른 처방약.
of·fi·cious [əfíʃəs] adj. 1 말참견하는, 주제넘은. 2 〔외교〕 비공식적인. opp. official ¶ an officious talk 비공식 회담. ~·ly adv. ~·ness n.
off·ing [5:fiŋ / 5f-] n. 1 앞바다, 난바다〔의 위치〕. 〔다. gain (or get, make, take) an offing 앞바다로 나가 in the offing ⓛ 앞바다에, 난바다에. ② 떨어져 있기는 하나 보일 만한 곳에. ③ 지금이라도 일어날 듯이(나타날 듯이); 머지않아서.
keep an offing 앞바다를 항행하다.
off·ish [5:fiʃ / 5f-] adj. 《구어》 데면데면한, 새침한, 쌀쌀한. ~·ly adv. ~·ness n.
off·is·land [5:fàilənd / 5f-] adj. 《美》섬 밖의, 섬 사람.
off·is·land·er [5:fàiləndər / 5f-] n. 《美》섬 바깥 사람, 섬사람의 섬사람.
OFF-JT 〔略〕 = off -the-job training (직장외 훈련) 〔기업의 경영 활동에 유능한 인재를 육성하기 위해 직무 현장에서 잠시 떠나서 받는 집단 교육〕. cf. OJT
off-key [5:fkí: / 5f-] adj. 가락이 고르지 못한; 조화를 이루지 못한, 불규칙적인.
off·let [5:flít / 5f-] n. 방수관, 배수관.
off-li·cense [5:flàisns / 5f-] n. 《英》〔가게 안에서의 음주는 허용되지 않는〕 주류 판매 면허〔가 있는 가게〕. cf. on-license
off-lim·its [5:flímits / 5f-] adj. 출입 금지의 (to…).
off-line [5:flàin / 5f-] adj. 1 〔컴퓨터〕 오프라인의, 〔중앙 처리 장치에의〕 직결되지 않은. cf. on-line 2 철도의.
off·load [ɔːflóud / 5f-] vt. = unload. 〔에서 떨어진.
off·mike [5:fmáik / 5f-] adj. 마이크에서 떨어져서, 직접 마이크로는 들어가지 않는; 음량을 줄여서 녹음한.
off-off-Broad·way [5:f5:fbr5:dwei / 5f5f-] adj., n. ⓤ 오프오프브로드웨이의 〔연극〕 〔off-Broadway 보다 더 전위적인 실험 연극〕.
off-peak [5:fpí:k / 5f-] adj. 피크를 지난, 한산한 때의.
off-pre·mis·es [5:fprémisiz / 5f-] adj. 앞으로 음료를 사가지고 가는 식〔판매〕의. cf. off-license
off·print [5:fprìnt / 5f-] n. 〔잡지·논문 등의〕 별쇄 인쇄〔물〕. — vt. …을 별쇄 인쇄하다.
off-put·ting [5:fpùtiŋ / 5f-] adj. 《英》 어리둥절하게 하는; 불쾌하게 하는.
off·road·ing [5:fròudiŋ] n. 오프 로드 경주〔진흙탕 코스나 비포장 도로에서 벌이는 오토바이 따위의 경주〕.
off-sale [5:fsèil / 5f-] n. 《美》사가지고 가는 식의 알코올 음료 판매. cf. off-license
off-scene [5:fsí:n / 5f-] adj. 장면(화면) 외의.
off·scour·ing [5:fskàuəriŋ] n. 《종종 ~s》 오물; 쓰레기, 폐물. 2 《보통 ~s》 인간 쓰레기, 쓸모없는 사람.
off-screen [5:fskrí:n / 5f-] adj. 스크린(화면)에 비치지 않는 곳에서의, 화면에 나타나지 않는. — adv. 스크린에 비치지 않는 곳에서.
*‡**off-sea·son** [5:fsí:zn / 5f-] n. 철 아닌 때, 시즌 오프 〔철〕. — adv. 철 아니게. — n. 제철 아닌 때, 시즌 오프.
*‡**off·set** [5:fsét / 5f- //] n. 1 상쇄하는 것; 〔부패 따위의〕 차감 계산; 벌충, 보충. ¶ an offset to a loss 손실의 보충. 2 출발, 시초. ¶ at the offset 시초(최초)에. 3 갈라짐, 분파, 분가; 〔산의〕 지맥, 〔식물의〕 곁뿌리 (短匍枝), 곁가지, 측생아(芽). 4 〔인쇄〕 오프셋 인쇄(판) (setoff), ¶ offset printing 오프셋 인쇄. 5 〔기계〕 〔파이프 따위 위 심의〕 한쪽으로 치우치기. 7 〔건축〕 〔상부가 후퇴하여 이루어진〕 벽면의 선반, 벽단(壁段).

off·shoot [ˊɔːfʃuːt / ˊɔf-] n. **1** 〔식물〕 분지(分枝); 옆가지, 곁가지. **2** 갈림, 분가; 방계 자손. **3** 지류, 지맥. **4** 〔일반적으로〕 파생물.

off·shore [ˊɔːfʃɔːr / ˊɔfʃɔː] adv. 앞바다로(에서); 앞바다를 향하여. — adj. **1** 〔해안에서〕 앞바다로 향하는. opp. inshore ¶ an *offshore* breeze 앞바다로 향해 부는 미풍. **2** 앞바다의; 앞바다에서 일하는. ¶ *offshore* fisheries 연해(근해)어업.

óffshore fúnd n. 《美》 재외(在外) 투자신탁.

óffshore índustry n. 〔산업〕 〔개발 도상국 등이 외화 획득을 위해 설치된〕 수출 자유 지역에서의 생산〔방식〕.

óffshore óil n. 해양 석유〔해양에서 생산되는 석유〕.

off·side [ˊɔːfsáid / ˊɔf-] adj., adv. **1** 〔축구·하키 따위〕 오프사이드의(로). cf. onside **2** 저축한(하게), 외설적인(으로). **3** 〔말·마차의〕오른쪽의. — n. 〔스포츠〕 오프사이드; 〔말·마차의〕 오른쪽.

‡**off·spring** [ˊɔːfspriŋ / ˊɔf-] n. (pl. **-spring** or **-springs**) **1** 자식, 〔집합적〕 자손. ¶ produce *offspring* 아이를 낳다. **2** 소산, 결과. ¶ the *offspring* of modern science 현대 과학의 소산.

off·stage [ˊɔːfstéidʒ / ˊɔf-] adj. **1** 무대 뒤의, 관객이 볼 수 없는. **2** 〔무대 배우의 생활 따위의〕 무대를 떠난 곳에서의. — adv. 무대 밖으로부터; 무대 밖에서, 무대를 떠나서.

off-street [ˊɔːfstriːt / ˊɔf-] adj. 골목의, 큰길에서 떨어진.

off-the-cuff [ˊɔːfðəkʌ́f / ˊɔf-] adj. 《구어》 그 자리에서의, 준비없이 바로 하는.

off-the-face [ˊɔːfðəféis / ˊɔf-] adj. 〔머리카락·모자가〕 얼굴을 가리지 않는.

off-the-job [ˊɔːfðədʒɔ́b / ˊɔfðədʒɔ́b] adj. 직장을 떠난; 실직한; 일시 휴직의.

off-the-peg [ˊɔːfðəpég / ˊɔf-] adj. 《英》 〔옷이〕 기성품의, 기성품이나 헌옷으로 팔리는. 〔ready-made〕.

off-the-rack [ˊɔːfðəræk / ˊɔf-] adj. 《美》 기 성 의.

off-the-rec·ord [ˊɔːfðərékərd / ˊɔfðərékɔːd / ˊɔf-], adv. 기록에 남기지 않는(않고), 비공개(비공식)의(으로).

off-the-shelf [ˊɔːfðəʃélf / ˊɔf-] adj. 〔제품이〕 선반에서 내려받아 바로 쓸 수 있는.

off-the-wall [ˊɔːfðəwɔ́ːl / ˊɔf-] 《**óff the wáll**》 adj. 《美구어》 비관례적인, 상례(常例)에 어긋난 (unconventional), 즉흥의, 즉석의.

off-track [ˊɔːftræk / ˊɔf-] adj. 경마장 밖의.

off-white [ˊɔːf(h)wáit / ˊɔfhwait] adj. 회 색(황 색)을 띤 백색의. — n. ⓤ 회색(황색)을 띤 백색.

óff yéar n. 생산(활동)이 적은 해; 〔대통령 선거와 같은〕 큰 선거가 없는 해.

óff-yéar eléction [ˊɔːfjìər-] n. 《美》중간 선거〔대통령 선거의 중간 연도에 해에 실시되는 여러 선거〕.

oft [ɔːft / ɔft] adv. 〔주로 詩〕 =often.

OFT (略) 〔우주 공학〕 *o*rbital *f*light *t*est 〔궤도 비행 테스트〕.

‡**of·ten** [ˊɔːf(ə)n, -t(ə)n / ˊɔf-] adv. 흔히, 자주, 여러번 ¶ 종종 동사의 앞, 또는 be 동사나 조동사어의 뒤에 놓인다). ¶ *often* enough 몹시 자주 / How *often* have you been there? 거기에 몇 번이나 가니? / We *often* have a very severe winter. 이곳의 겨울철은 대단히 추울 때가 많다 / I would *often* swim there. 나는 가끔 거기에 헤엄쳤다 / I am *often* puzzled at his words. 나는 그가 하는 말에 가끔 당황한다.

類語 **often** 횟수가 많음을 강조하는 말. **frequently** 짧은 간격을 두고 되풀이 됨을 강조하는 말: We *frequently* have a visitor. 우리는 손님의 방문을 자주 받는다.

as often as …할 때마다. ¶ *As often as* I see the picture, I recall those happy days in the country. 이 사진을 볼 때마다 시골에서의 즐거웠던 나날을 회상한다.

as often as not; more often than not 종종, 대개. ¶ *As often as not* he ran away from home. 그는 자주 가출했다.

often and often (or **again**) 몇 번이고 자주.

of·ten·times [ˊɔːf(ə)ntàimz, -t(ə)n- / ˊɔf-], (**of·ten·time** [-tàim]) adv. 〔고어〕 =often.

oft-times [ˊɔːfttàimz / ˊɔft-] adv. 〔고어〕 =often.

O.G. (略) *O*fficer of the *G*uard (근위병 장교); *O*lympic *G*ames; original gum.

og·do·ad [ágdouæd / ˊɔg-] n. 8; 8개 한 벌.

o·gee [oudʒíː, ˊ—] n. 〔건축〕 반곡선(反曲線), 총화선(葱花線) 〔S자형의 곡선〕. — adj. 총화선의. ¶ an *ogee* arch 총화 홍예, 아치.

og·ham, og·am [ˊɔgəm, ˊɔg- / ˊɔg-] n. ⓤ 오검 문자 〔5-10세기경에 영국·아일랜드에서 사용된 문자〕; ⓒ 오검 문자의 비명(碑銘). — adj. 오검 문장의(로 쓰여진).

o·gi·val [o(u)dʒáiv(ə)l] adj. 〔건축〕 둥근 천장의 맞боль 〔형〕의, 첨두(尖頭) 아치(형)의.

o·give [ˊoudʒaiv, —´] n. **1** 〔건축〕 둥근 천장의 맞보; 첨두 아치. **2** 〔통계〕 누적 도수〔분포〕곡선(도).

OGL (略) *O*pen *G*eneral *L*icence System 〔포괄 수입 허가제〕.

o·gle [ˊougl] v. (**o·gled, o·gling**) vt. **1** …에게 곁눈질하다, 추파를 보내다. **2** 눈을 자세히 보다, 바라보다. — vi. 추파를 보내다(*at*...). — n. 곁눈질, 추파.

o·gler [ˊouglər] n. 추파를 던지는 사람.

OGO (略) *o*rbiting *g*eophysical *o*bservatory (지구물리 관측 위성).

Og·pu [ágpuː / ˊɔg-] n. 게페우 〔G.P.U.〕 〔관측 위성〕. (<Russ O[BIEDINIONNOJE] + G[OSUDARSTVENNOJE] + P[OLITICHESKOJE] + U[PRAVLENIE] Special Governement Political Administration)

o·gre [ˊougər] n. **1** 〔동화 중의〕 사람 잡아먹는 귀신. **2** 귀신같은 사람

o·gre·ish [ˊougəriʃ], (**o·grish** [-griʃ]) adj. 귀신과 같은.

o·gress [ˊougris] n. *ogre*의 여성형.

oh [ou] interj. 아아, 오오, 어허, 아이구, 저런, 어머나, 아이참〔놀라움·공포·고통·즐거움·소망·호칭 따위의 발성〕 (* O 와 다르게 보통 comma 나 ! 가 붙는다). ¶ *Oh*, what a beautiful! 오오 정말 아름답구나! / *Oh*, yes! 바로 그대로야! / *Oh*, no! 천만에요! / *Oh*, dear [me]! 이것 참! 〔실망·놀라움〕 / *Oh*, my! 어머나!, 저런! / *Oh*, boy! 《美속어》 이것 참!, 야 이것 봐라!, 그렇고 말고 / *Oh*, fudge! 《美속어》 실없는 소리! 시시해! / *Oh*, well! 《美속어》 설마! / 〔for, that 을 수반하여 소망을 나타낸다〕 *Oh*, for a rest! 아, 쉬고 싶어! / *Oh*, that I were not born! 아아, 태어나지 않았으면 좋았을 텐데! / *Oh*, sure! 그래, 잘해 봐! (* 비꼬는 낱투) — n. (pl. **oh's** or **ohs**) **1** oh라고 외치는 소리. **2** 〔美〕 동그라미.

OHG, OHG., O.H.G. (略) *O*ld *H*igh *G*erman.

*__**O·hi·o** [o(u)háiou] n. **1** 미국 동북부의 주〔주도 Columbus; 略 **O.**〕. **2** (the~) 오하이오 강.
◇ **Ohfoan** adj.,

O·hi·o·an [o(u)háio(u)wən] n. Ohio 주〔사람〕의. — n. Ohio 주의 사람.

ohm [oum] n. 〔전기〕 옴〔전기 저항의 단위〕. (<독일의 물리학자 G.S. Ohm (1787-1854)의 이름)

ohm·age [ˊoumidʒ] n. 〔전기〕 옴 수.

ohm-am·me·ter [ˊoumæmìːtər] n. 〔전기〕 옴 전류

ohm·ic [óumik] *adj.* 〖전기〗 옴의; 옴으로 잰.
ohm·me·ter [óu(m)mì:tər] *n.* 〖전기〗 옴계, 전기 저항계.
O.H.M.S. 《略》 *O*n *H*is (or *H*er) *M*ajesty's *S*ervice (공용 [공문서 따위의 무료 배달 표지]).
o·ho [o(u)hóu] *interj.* 오오, 야아, 아이쿠[놀라움·기쁨을 나타낸다].
OHP 《略》 *o*ver*h*ead *p*rojector (두상 투영기).
OIC 《略》 *O*ffice of *I*nternational *C*ulture (미국 국제 문화국); *O*rganization of *I*slamic *C*ountries (이슬람 제국(諸國) 기구).
-oid resembling, like 라는 뜻의 연결형〖종종 imperfect resemblance 의 뜻을 포함한다〗. 예: alkal*oid*, cub*oid*.
‡**oil** [ɔil] *n.* **1** ⓤ (종류를 가리킬 때는 ⓒ) (여러 가지) 기름, 유성물(油性物). ¶ animal (vegetable) *oil* 동물성(식물성) 기름 / essential *oil* 식물성 정유(精油) / fixed *oil* 비휘발유(非揮發油) / volatile *oil* 휘발유 / holy *oil* 성유(聖油) / machine *oil* 기계유 / feed *oil* to …에 기름을 붓다. **2** ⓤ 석유(petroleum); (~s) 석유 회사의 주식. ¶ crude *oil* 원유 / heavy (light) *oil* (중)유. **3** ⓤ 기름기가 있는…. **⒜** ⓤ of vitriol 황산. **4** (보통 ~s) 유포(油布); 유포제의 의복. **5** (종종 ~s) 〖그림〗 유화 물감; 유화. **6** (美속어) 아부, 아첨 (flattery); **7** (종종 형용사적으로) 기름 같은; 기름에서 뽑은; 기름을 산출하는.
burn (or *consume*) *the midnight oil* 밤늦게까지 공부(독서, 일)를 하다.
oil and vinegar 기름과 식초[서로 어울리지 않는 것].
pour (or *throw*) *oil on the fire* (or *flame*) ↦ FIRE.
pour oil on the troubled waters 분쟁을 가라앉히다, 노여움을 달래다.
smell of oil 고심한 흔적이 보이다. ↦ smell *of v.*
strike oil ① 유맥(油脈)을 찾아내다. ② 돈벌이될 줄 잡다. ③ 〖투기 따위에서 제대로 들어맞거나〗 벼락부자가 되다.
— *vt.* **1** …에 기름을 바르다(칠하다), 기름을 치다, 기름에 담그다. **2** …에게 뇌물을 쓰다(bribe). **3** (이야기 따위를) 매끄럽게 하다. **4** (지방·버터 따위를) 녹이다, 기름으로 만들다. — *vi.* (버터 따위가) 녹아서 기름이 되다.
oil a person's hand (or *palm*) 남에게 뇌물을 쓰다.
oil one's tongue 아첨하다.
oil the wheels ① 차바퀴에 기름을 치다. ② [뇌물을 써서] 일을 원활히 되게 하다.
◇ **óily** *adj.*
oil·bear·ing [ɔ́ilbɛ̀(:)riŋ / -bɛ̀əriŋ] *adj.* 함유(含油)의, 석유가 나는. ¶ *oilbearing* rocks 함유 암반.
oil·berg [ɔ́ilbə̀:rg] *n.* 대형 탱커.
óil bòmb *n.* 유지(油脂) 소이탄.
óil búrner *n.* **1** 석유 버너. **2** 중유를 써서 달리는 배.
óil càke *n.* ⓒ 기름 찌꺼기 [비료·사료용].
oil-can [ɔ́ilkæ̀n] *n.* 기름통; 기름 치개, 주유기.
Óil Cíty *n.* 미국 Pennsylvania 주 서북부의 Allegheny 하반의 도시[세계 최초의 유정이 있다].
***oil·cloth** [ɔ́ilklɔ̀:θ / -klɔ̀θ] *n.* ⓤ ⓒ (*pl.* **-cloths** [-klɔ̀:ðz, -klɔ̀:θs / -klɔ̀ðz, -klɔ̀θs]) 유포(油布).
óil cólor ((英) **cólour**) *n.* (보통 ~s) 유화 물감(oil paint).
oil-cup [ɔ́ilkʌ̀p] *n.* 기름 치개, 기름통.
óil-dòl·lar recỳcling [ɔ́ildɑ̀lər-] *n.* 오일달러 환류(還流) [아랍 등 산유국의 잉여 달러 자금이 다른 나라의 금융·자본 시장에 유입되는 일].
óil dòllars *n.* 오일달러(petrodollars) [중동 산유국이 석유 수출로 벌어들인 달러].
oil-drum [ɔ́ildrʌ̀m] *n.* [석유] 드럼통.
oiled [ɔild] *adj.* **1** 기름을 바른(칠한). **2** 《속어》 술이 거나하게 취한.
óil éngine *n.* 석유 엔진.
oil·er [ɔ́ilər] *n.* **1** 급(주)유하는 사람; [기계의] 기름 치개, 급유 장치. **2** (~s) 유포제(油布製) 의복[특히 coat]. **3** 유조선, 탱커. **4** 유정(油井). **5** 《속어》 아첨꾼.
óil fénce *n.* 오일 펜스 [수면으로 유출된 기름을 막는 울타리].
óil fíeld *n.* 유전.
oil-fired [ɔ́ilfàiərd] *adj.* 기름을 연료로 쓰는.
oil·i·tics [ɔilítiks] *n. pl.* 《단수 취급》 석유 정책. [<OIL+POLITICS]
óil·man [ɔ́ilmən] *n.* (*pl.* **-men** [-mən]) **1** 석유업자; 기름 장수. **2** 기름 공장의 직공; 주유하는 사람, 기름 치개 (치는 사람). [용.]
óil méal *n.* ⓤ 기름 찌꺼기의 가루 [사료 또는 비료
óil míll *n.* 착유기(搾油機); 착유 공장.
óil mínister *n.* [산유국의] 석유상(石油相).
óil páint *n.* 유화 물감(oil color); 유성 도료, 페인트.
óil páinting *n.* **1** 유화 화법. **2** 유화.
óil pálm *n.* 기름 야자[아프리카산(産). 열매에서 야자유를 채취한다].
oil-pa·per [ɔ́ilpèipər] *n.* ⓤ 유지, 동유지(桐油紙).
óil préss *n.* 착유기.
oil-pro·duc·ing [ɔ́ilprədjú:siŋ / -djú:s-] *adj.* 석유를 산출하는. ¶ *oil-producing* countries 산유국(産油國).
óil refínery *n.* 정유 공장.
oil-rich [ɔ́ilrít∫] *adj.* 석유를 풍부하게 산출하는.
óil sánd *n.* 〖지질〗 유사(油砂) [원유를 함유하는 다공성 사암(多孔性砂岩)].
óil shále *n.* [광산] 유모 혈암(油母頁岩).
óil shóck (crísis) *n.* (the ~) 오일 쇼크, 석유파동.
oil-silk [ɔ́ilsìlk] *n.* ⓤ 견유포(絹油布) (oiled silk).
oil-skin [ɔ́ilskìn] *n.* **1** 유포; 방수포. **2** (~s) 방수포 의복[웃옷과 바지].
óil slíck (spíll) *n.* 수면에 유출된 기름.
óil spríng *n.* 유천(油泉).
óil státion *n.* (美) =filling station.
óil stóne *n.* 〖기계〗 기름 숫돌.
oil-stove [ɔ́ilstòuv] *n.* 석유 난로.
oil-tank·er [ɔ́iltæ̀ŋkər] *n.* 석유 탱커, 유조선.
óil wéapon *n.* [산유국이 행사하는] 무기로서의 석유, 석유를 무기로 한 외교, 석유 공세.
óil wéll *n.* 유정.
***oil·y** [ɔ́ili] *adj.* (**oil·i·er**, **oil·i·est**) **1** 기름의, 유성의; 기름기가 있는, 기름 투성이의; 기름을 바른 기름 모양의. **2** 잘 지껄이는, 입담이 좋은.
oil·i·ly *adv.* **oil·i·ness** *n.* ◇ *oil n.* ⌐거리다.
oink [ɔiŋk] *n.* 돼지 울음 소리. — *vi.* [돼지가] 꿀꿀
oint·ment [ɔ́intmənt] *n.* ⓤ ⓒ 연고, 고약 도약(塗藥).
OIT 《略》 (美) *O*ffice of *I*nternational *T*rade (국제 통
O.J., o.j. 《略》 *o*pium *j*oint; *o*range *j*uice. ⌐상국).
O·jib·wa, -way [o(u)dʒíbwei] *n.* (*pl.* ~**, -was** or **-wa; -ways** or **-way**) **1** 오지브웨이족 [최대의 아메리카 인디언 종족의 하나]. **2** ⓤ 오지브웨이어.
— *adj.* 오지브웨이족의.
OJT (ON-JT) 《略》 *o*n-the-*j*ob *t*raining (직장내 훈련) [실습을 통해 그 과정에서 필요한 사항을 몸에 익히는 현장 교육]. *cf.* OFF-JT
‡**O.K., OK, o·kay** [óukéi → *v.*, *n.*], (**o·key, o·keh**) *adj.* **1** 좋은, 만족스러운; ¶ That's *OK* [with(by) me]. 그것으로 됐지요, 좋았어요. **2** 바른, 틀림없는. **3** 기분이 좋은, 정상인. ¶ She seems *OK* now. 그녀는 이제 괜찮은 것 같아. **4** 건강한. — *ad.* **1** 네 (yes), 좋아(all right). ¶ *OK*, I'll do it 좋아, 내가 해보지. **2** 잘, 틀림없게. ¶ I think I did *OK*. 잘 했던 것 같아. **3** (화제를 바꿔) 그런데, *OK* now, (美구어) 자, 그럼.
— *vt.* [óukéi] (**O.K.'d, O.K.'ing; OK'd, OK'ing; -kayed, -kay·ing**) …을 승인하다, 검사필(교정 완료)로 하다; …을 시인(찬성)하다. ¶ He *OK'd* my proposal. 그는 나의 제안에 동의했다. — *n.* [óukéi] (*pl.* OK.'s, OK's, o.kays) 승인, 시인, 허가. ¶ get an *O.K.* on the document 서류에 승인을 얻다. [<미국 제8대 대통령

Martin Van Buren을 지지하는 민주당의 일파가 그의 고향 Kinderhook(Old *K*inderhook)에서 따서 이름붙인 Democratic O.K. Club(1840)에서 유래된 것이라 한다. 또한 보스턴 지방에서 all correct를 일부러 oll *k*orrect 라고 쓴 것의 약자라는 설도 있다)

o·ka·pi [o(u)káːpi] *n.* (*pl.* **-pis** *or* **-pi**) 오카피[아프리카산(産)의 기린과 비슷하나 훨씬 작다].

oke [ouk], **o·ka** [óukə] *n.* [터키·이집트 따위의] 무게의 단위[1 oke 는 $2\frac{3}{4}$ 파운드].

o·key-doke [óukidóuk], **-do·key** [-dóuki] *adj., adv.* (구어) 완벽하게 좋은(perfectly all right). [okapi]

O·khotsk [oukátsk / -kótsk] *n.* **the Sea of~** 오호츠크해.

O·kie [óuki] *n.* **1** (경멸적) Oklahoma 주의 사람. **2** (美구어) (특히 Oklahoma 주로부터의) 이동 농업 노동자.

Okla. (略) Oklahoma.

***O·kla·ho·ma** [òukləhóumə] *n.* 미국 중남부의 주[주도 Oklahoma City; 略 Okla.]. ◇ **Oklahóman** *adj., n.*

Òklahóma Cíty *n.* 미국 Oklahoma 주의 주도.

O·kla·ho·man [òukləhóumən] *adj.* Oklahoma 주의. — *n.* Oklahoma 주의 사람.

o·kra [óukrə] *n.* **1** 오크라[아욱과 다풀의 일종]; ⓤ 오크라의 깍지. **2** ⓤ 오크라 수프. [okra 1]

Ókun's láw [óukənz-] *n.* (美경제) 오컨의 법칙[실업률과 국민 총 생산 사이의 상관 관계를 나타낸 공식(公式)]. [<미국 경제학자 Arthur M. Okun 의 이름]

OL, OL., O.L. (略) Old Latin.

O.L. (略) over*l*ap.

-ol *suf.* alcohol, phenol 의 뜻의 명사 어미. 예: glycer*ol*, naphth*ol*, phen*ol*.
[<[ALCOH]OL]

‡**old** [ould] *adj.* (**old·er, old·est**;《육친 관계의 장유의 순서를 나타낼 경우, 특히 英》**eld·er, eld·est**) **1** 나이 먹은, 나이 많은, 나이 든 노령의, 고령의; [비교의 의미로] 연상의, 연장의. *opp.* **young** / an *old* bachelor 나이가 지긋한 독신자 / grow *old* 나이를 먹다 / He is the *oldest* student in this class. 그는 이 학급에서 가장 나이가 많은 학생이다 / She is *old* enough to get married. 그녀는 결혼하기에 알맞은 나이이다 / A man is as *old* as he feels, and a woman [is] as *old* as she looks. (속담) 남자의 나이는 생각, 여자의 나이는 얼굴.
— **Usage** *older* and *elder* —— 어느 것이나 *old* 의 비교급이지만, *older* 는 *younger* 의 반대어로서 「더 나이를 먹은」의 뜻을 나타내고, *elder* 는 주로 형제·자매 관계의 장유의 순서를 가리키며, 한정적 용법에만 쓰인다. 비교: My *elder* sister is two years *older* than I. 그리고 또 (美구어)에서는 *elder* 대신 *older* 를 쓰는 경향이 있다: My *older* (*elder*) sister is married.
[類語] *old* 단순히 「나이든」; 반드시 노쇠를 암시하지 않는다: a cheerful *old* man 쾌활한 노인. *aged* 매우 *old* 하여 노쇠한: an *aged* woman leaning on a cane 지팡이에 의지하고 있는 노파. *elderly* 장년을 넘긴: an *elderly* gentleman mellow in his manners 원숙한 매너의 나이든 신사.
2 나이들어보이는, 늙어보이는. ¶ She is prematurely *old*. 그녀는 조숙해 보인다 / He looks *old* for his years. 그는 나이에 비해 늙어보인다.
3 …살(歲)의, [몇 살] 나이를 먹은. ¶ a child three years *old*; a three-year-*old* child 3세된 아이 / a baby of two months *old* 태어난 지 2개월된 갓난 아이 / How *old* are you?—— I am twenty years *old*. 나는 몇 살이

니?—— 스무살이다.
4 낡은, 오래된, 고래의, 햇수를 거듭한; 헌, 써서 낡은. *opp.* **new** ¶ *old* wine 오래된 포도주 / *old* countries 역사가 오래된 나라 / an *old* joke 케케묵은 신소리(익살).
5 [친숙함이] 오래된, 오랜 사귄. ⇨ ANCIENT [類語] ¶ an *old* friend 옛친구, 그리운 (dear). ¶ the *old* familiar faces 오래 전부터 잘 아는 사이.
6 옛날의, 왕년의, 지난 옛날의, 왕년의; 고대의, 오랜 옛날의. ¶ the *old* writers of drama 옛날 극작가 / *old* pupils of mine 옛날에 가르쳤던 나의 제자 / *old* kingdoms 고대 왕국 / one's *old* name 구성명(舊姓名) / the *old* year 지난 해 / in *old* times 옛날, 왕년.
7 노련한, 노회한, 경험이 많은(experienced). ¶ an *old* bird 노련한 사람, 빈틈없는 사람 / an *old* campaigner 산전수전을 다 겪는 사람, 노련한 사람 // be *old in* diplomacy 노련한 외교가이다.
8 분별있는, 사려깊은. ¶ have an *old* head on young shoulders 젊은이답지 않게 분별이 있다.
9 《구어·속어》 (혼히 부를 때 쓰며 친애(親愛)의 정을 뜻한다) 친한, 그리운(dear). ¶ my *old* man(woman) 우리 집 영감님(할멈) / good *old* Henry 헨리 녀석 / Never mind, *old* boy (*or* chap). 걱정마, 이 사람.
10 《구어》 (보통 강조적으로) 대단한, 굉장한, 근사한, 엄청난(great). ¶ We had a fine (*or* good, gay, high, rare) *old* time at the party. 파티는 대단히 유쾌했다 / They kicked up a jolly *old* row. 그들은 엄청난 소동을 일으켰다.
11 [색깔이] 흐린, 바랜(faded).
any *old* 어떤 …이라도. ¶ any *old* color 어떤 색깔이라도. **[as] *old* as the hills** 매우 오래된. * 보통 the~ 붙인다. — *n.* ⓤ 옛날, 옛적. ¶ men of *old* 라는 숙어로 쓰인다. **2** (보통 the~) (복수 취급) 노인들, 늙은이. ¶ *old* and young; young and *old* 늙은이도 젊은이도. **3** 《복합어를 만들어 생략적으로》 …살(歲)이 사람(동물). ¶ a four-year-*old* 4살된 아이; [특히 경마에] 4살.
from of old 옛날부터.
of old 옛날의; 옛날은. ¶ the heroes (our fathers) *of old* 옛날의 영웅(우리들의 조상) / in days *of old* 옛.
— **~·ness** *n.*

óld Ádam *n.* [신학] 그 옛날의 아담, [그리스도를 통해 죄를 회개하지 않은 상태의] 원래 인간성.

óld áge *n.* ⓤ 노년(65세 이상).

old-age [óuldéidʒ] *adj.* 노년의; 늙은이를 위한. ¶ an *old-age* pension 노령 연금.

Óld Bái·ley [-béili] *n.* 영국 London 의 Old Bailey 가에 있는 중앙 형사 재판소.

óld bóy *n.* **1** (英) [特히 public school 의] 졸업생, 동창생. ¶ the *old boy* system 퍼블릭 스쿨 출신자 조직; 학벌. **2** 쾌활한 노인. **3** (O- B-) 《익살》 악마 (Old Nick). **4** (주로 英) 〔친밀감을 나타내어 부르는 말〕 여보게, 이봐 (*old* chap, *old* fellow). ⇨ OLD *adj.* 9.

old-clothes·man [óuldklóu(ð)zmæn, -mən] *n.* (*pl.* **-men** [-mèn, -mən]) 헌옷 장수.

Óld Cóntinent *n.* (the~) 구대륙[유럽·아시아·아프리카].

óld cóuntry *n.* (영국인 이민에게) 고국; (美) (이민의) 고향 (특히 유럽 국가들을 가리킨다).

Óld Domínion *n.* (the~) 미국의 Virginia 주의 별칭.

***old·en** [óuld(ə)n] *adj.* (英고어) 고대의, 옛날의 (old). ¶ the *olden* time 옛날. — *vt., vi.* (英) 늙게 하다; 늙다.

Óld Énglish *n.* ⓤ **1** 고대 영어, 앵글로색슨어 [450-1150년경까지의 영어; 略 OE] (Anglo-Saxon). **2** (인쇄) 흑자체 인쇄문자 (black letter).

old-fan·gled [óuldfǽŋgld] *adj.* 구식의.

‡**old-fash·ioned** [óuldfǽʃ(ə)nd] *adj.* **1** 옛날 유행하던, 고풍의. ⇨ ANCIENT [類語] **2** 구식의, 머리가 낡은,

옛 냄새가 풍기는, 진부한. — n. ⓤ ⓒ 위스키 칵테일의 일종.
óld fógy(fógey) n. 구식의 사람, 시대에 뒤진 사람.
old-fo·gy·ish, -gey- [óuldfóugiiʃ] adj. 구식이고 완고한, 시대에 뒤진, 완미 고루한.
Óld Frénch n. ⓤ 고대 프랑스 어[800-1400년경].
óld géntleman n. (the~)《구어》악마(Satan).
óld gírl n.《주로 英》여학교의 졸업생.
Óld Glóry n. 미국 국기, 성조기(the Stars and Stripes). [한 늙은이.
óld góat n.《속어》미움 받는(심술궂은) 늙은이; 음탕
óld góld n. ⓤ (때로 a~) 고(古) 금색[무광택 적황색].
Óld Guárd n. **1** (the~) Napoleon 1세의 친위대[1804년 창설]. **2** (the~)《美》공화당의 극렬 보수파. **3** (보통 o- g-) 극단적인 보수파.
óld hánd n. [산전 수전을 겪은] 노련한 사람, 숙련된 사람, 고참자, 베테랑.
Óld Hárry n. 악마(Satan).
óld hát adj.《구어》시대에 뒤진, 구식의 (old-fashioned).
Óld Hígh Gérman n. 고대 고지(高地) 독일어[1100년 이전].
óld hóme n. (the~) =old country.
old·ie, old·y [óuldi] n. (pl. **old·ies**)《구어》오래된 것(영화, 노래, 농담).
Óld Írish n. ⓤ 고대 아일랜드어[7-11세기의 아일랜드어; 略 OIr., OIr., OIrish].
old·ish [óuldiʃ] adj. 늙수그레한; 에스러운.
óld lády n.《구어》[자기] 어머니; [자기] 아내.
Óld Lády of Thréad·nee·dle Stréet [-θrédnì:dl-] n. (the~)《英구어》잉글랜드 은행(Bank of England).
Óld Látin n. ⓤ 고대 라틴어[기원전 7-1세기].
Óld Léft n. (the~)《구어》좌익. cf. New Left
old-line [óuldláin] adj. **1** 보수적인; 낡은, 시대에 뒤진. **2** 역사가 오랜, 전통이 있는 (traditional).
old-lin·er [óuldláinər] n. 구식 사람, 보수적 인물; 보수파. [의 속칭.
Óld Líne Státe n. (the~)《美》미국 Maryland 주(州)
óld máid n. **1** 노처녀, 과년한 미혼녀, 올드 미스. **2** 깐깐하고 잔소리 많은 사람. **3** ⓤ [카드놀이] 도둑놈 잡기(잡기).
old-maid·ish [óuldméidiʃ] adj. 올드 미스와 같은; 지나치게 꼼꼼한, 잔소리 심한(fussy).
óld mán n. (《구어》 **1** [자기의] 아버지. **2** 남편, 《OLD adj. 9》. **3** (때로 O- M-)《자기가 속해 있는 조직의 장을 가리켜서》영감, 대장, 보스, 부장, 선장. **4** 친한 친구들간에 부르는 말로》여보게, 이 사람. **5** 숙련된 사람, [일 따위의] 경험이 풍부한 사람. **6** 향쑥의 일종.
the Old Man of the Sea ① [아라비안 나이트에서] 신드바드를 따라다니던 노인. ② 성가신 사람(것).
Óld Mán Ríver n. 미국 미시시피강의 별칭.
óld máster n. 15세기부터 18세기까지의 대화가(大畫家); 그 작품.
old-mon·ey [óuldmʌ́ni] adj. 조상 전래의 재산으로.
óld móon n. 기울어 가는 [만월(滿月)이 지난] 달
Óld Níck n. 악마(Satan). [(waning moon).
Óld Nórse n. ⓤ 고대 스칸디나비아어[8-14세기], 고대 아이슬란드어(Old Icelandic) [略 ON]. [어.
Óld Nórth Frénch n. ⓤ북부 프랑스의 고대 프랑스
Óld Nórth Státe n. (the~)《美》미국 North Carolina 주(州)의 속칭.
Óld Óne n. (the~) 악마(Satan).
Óld Páls Áct n.《익살》친구 상호 부조 조례(條例).
Óld Pérsian n. ⓤ [기원전 7-4세기의] 고대 페르시아(이란)어.
Óld Provençál n. ⓤ [11-16세기의] 고대 프로방스

Óld Sáxon n. ⓤ 고대 색슨어[9-10세기에 사용되던 게르만어의 한 방언; 略 O.S.].
óld schóol n. 구파, 보수파.
óld schóol tíe n. **1** [英學의] public school을 표시하는 색깔의 넥타이. **2** public school의 출신자 기질. **3** 보수적인 또는 구식 사람.
Óld Scrátch n. 악마(Satan).
old-shoe [óuldʃú:] adj.《美》[태도 따위가] 털털한, 스스럼 없는.
óld sóldier n. **1**《美속어》빈 병. **2** 노병, 고참병.
Óld Sóuth n. (the~) 남북 전쟁 전의 미국 남부.
old-stager [óuldstéidʒər] n.《英구어》=stager 1.
old-ster [óuldstər] n. **1**《구어》노인, 늙은이; 연상(年上)의 사람. cf. youngster **2** [영국 해군의] 복무 4년의 소위 후보생.
Óld Stóne Áge n. (the~) 구석기 시대.
óld stóry n. 흔히 있는 일, 평범한 이야기. ¶ the [same] old story 또 그 이야기(일); 또 그 푸념.
óld stýle n. **1** 고문체. **2** [인쇄] 구체(舊體) 활자. **3** (the O- S-) 구력(舊曆) [율리우스력(Julian calendar)에 의한다]. cf. New Style
***Óld Téstament** n. (the~)《성서》구약 성서. cf. New Testament [구식의.
***old-time** [óuldtáim] adj. 옛날의, 과거의; 예전부터의.
old-tim·er [óuldtáimər] n.《구어》고참; 구식 사람.
old-tim·ey [óuldtáimi], (**old·tim·y**) adj. 시대에 뒤진, 케케묵은, 구식의(old-time).
Óld Víc n. (the~) 영국 London에 있는 극장 Royal Victoria Hall의 속칭[Shakespeare 극의 상연으로 유명하다].
old·wife [óuldwáif] n. (pl. **-wives**) **1** 청어류(類)의 물고기[alewife, menhaden 따위]. **2** 바다꿩[북해에 사는 바다 오리의 일종].
óld wíves' tále n. 미신, 시시한 이야기. [어머니.
óld wóman n.《구어》[자기] 아내 (《OLD adj. 9》); 모친,
old-wom·an·ish [óuldwúmən iʃ] adj. 노파의; 노파같은; 귀찮은, 잔소리가 심한(fussy).
Óld Wórld n. **1** (the~) 구(舊)세계[유럽・아시아・아프리카]. cf. New World **2** 동반구(東半球).
old-world [óuldwə́:rld] adj. **1** 태고의, 고대의; 태고의 세계의. **2** 고풍인, 구식인. **3** 구세계의; 동반구의.
Óld Yéar's Dáy n. 섣달 그믐날 (New Year's Eve).
o·lé [oulé] interj.《스페인》힘내라[투우나 플라멩코에서 지르는 고함 소리].
-ole oil 이라는 뜻의 연결형. 예: anisole (아니솔).
o·le·a·ceous [òuliéiʃəs] adj. [식물] 목서과(科)의 식물의.
o·le·ag·i·nous [òuliǽdʒinəs] adj. **1** 유질(油質)의, 기름기가 많은. **2** 말솜씨가 좋은, 아첨하는, 알랑거리는. ~·ly adv. ~·ness n. [竹桃).
o·le·an·der [òuliǽndər, +美 ⌐ ⌐ ⌐] n. 서양협죽도(夾
o·le·as·ter [òuliǽstər] n. **1** 보리수나무과(科)의 식물[남 유럽산(産)]. **2** 야생 올리브.
o·le·ate [óuliēit] n. [화학] 올레인산(oleic acid)의 에스테르 또는 염, 유산염(油酸鹽).
o·le·fin, -fine [óulifin] n. [화학] 올레핀[에틸렌계(系) 탄화 수소 화합물].
o·le·ic [oulíːik, +美 ⌐ ⌐ ⌐] adj. **1** 기름의(에서 얻은). **2** [화학] 올레인산(oleic acid)의(에서 얻은).
oléic ácid n. ⓤ 올레인산. [부(液狀部).
o·le·in [óuliin] n. ⓤ [화학] **1** 올레인. **2** 지방의 액상
o·le·o [óuliōu] n. =oleomargarine.
oleo- oil 이라는 뜻의 연결형. 예: oleograph. [판화.
o·le·o·graph [óuliou græf / -gràːf] n. 유화풍의 석
o·le·o·mar·ga·rine [òuliomáːrdʒərìn / ⌐⌐⌐⌐⌐], (**o·le·o·mar·ga·rin**) n. ⓤ 동물성 마가린.
o·le·om·e·ter [òuliámitər / -ɔ́m-] n. 기름 비중계.
óleo óil n. ⓤ 올레오유(油) [수지(獸脂)에서 빼낸 마가린용의 기름].

o·le·o·phil·ic [òulio(u)fílik] *adj.* 친유성(親油性)의, 기름을 잘 흡수하는.

o·le·o·res·in [òulio(u)rézin] *n.* ⓤ 올레오레진, 합성 (含油) 수지.

O-lev·els [óulèvə)lz] *n. pl.* (英) 15-16세때 치르는 시험.

ol·fac·tion [ɑlfǽkʃ(ə)n / ɔl-] *n.* 후각(嗅覺) 작용.

ol·fac·to·ry [ɑlfǽkt(ə)ri / ɔl-] *adj.* 후각의. ― *n.* (*pl.* -ries) (보통 -ries) 후각 기관.

ol·fac·tron·ics [ɑlfæktróniks / ɔ̀lfæktrón-] *n. pl.* (단수 취급) 취기(臭氣) 분석학, 취기 분석법.

olig- ⇒ OLIGO.

ol·i·garch [áligɑ̀ːrk / ɔ́l-] *n.* 과두 정치의 집정자.

ol·i·gar·chic [àligɑ́ːrkik / ɔ̀l-], **-chi·cal** [-kik(ə)l] *adj.* 과두 정치의, 소수 독재 정치의; 과두 독재국의.

ol·i·gar·chy [áligɑ̀ːrki / ɔ́l-] *n.* (*pl.* -**chies**) ⓒ ⓤ 과두 정치(국), 소수 독재 정치(국). *cf.* polyarchy 2 (집합적) 소수 독재자, 과두 정치 집정자(oligarchs).

oligo- 'few, little 이라는 뜻의 연결형 (* 모음 앞에서는 olig-을 쓴다). 예: *oligarch*.

Ol·i·go·cene [áligo(u)sìːn / ɔ́l-] *adj.* (지질) 점신세(漸新世)의; 점신세.

o·li·go·mer [oulígəmər] *n.* (화학) 올리고머[구조 단위의 반복이 2-20 정도의 중합체(重合體)].

ol·i·gop·o·ly [àligɑ́pəli / ɔ̀ligɔ́p-] *n.* (경제) 소수에 의한 시장 독점, 과점(寡占).

ol·i·gop·so·ny [àligɑ́psəni / ɔ̀ligɔ́p-] *n.* (경제) 소수에 의한 구매 독점, 수요 독점.

ol·i·go·troph·ic [àligo(u)tráfik / ɔ̀ligo(u)trɔ́f-] *adj.* (호수 (貧水)가) 빈(貧) 영양의; *cf.* eutrophic

o·lim [oulím] *n. pl.* [이스라엘로의] 유대인 이민.

o·li·o [óuliòu] *n.* (*pl.* **-os**) 1 (육류·야채를 뒤섞어 넣은) 일종의 잡탕 요리, 스튜, 잡탕. 2 잡록(雜錄), 잡록집(雜錄集) (miscellany). 4 (연극) 막간극; 막간에 연주되는 곡.

ol·i·va·ceous [àlivéiʃəs / ɔ̀l-] *adj.* 올리브색의.

ol·i·va·ry [álivèri / ɔ́liv(ə)ri] *adj.* (해부) 올리브형의.

‡**ol·ive** [áliv / ɔ́l-] *n.* 1 올리브나무, 올리브 열매, 올리브나무의 잎, 올리브나무 잎으로 엮은 꽃관, 올리브나무의 가지(⇒ OLIVE BRANCH 1)); ⓤ 올리브 재목. 2 ⓒ ⓤ 올리브색. 3 살 얇게 저민 쇠고기 따위를 야채로 싸서 찐 요리. 4 (英) 달걀 모양의 단추(브로치). ― *adj.* 1 올리브의.

ólive bránch *n.* 1 올리브 가지[평화·화해의 상징]; (일반적으로) 화해를 뜻하는 선물. ¶ hold out the (*or* an) *olive branch* 화해를 제의하다. 2 (보통 ~es) (익살) 자녀.

ólive crówn *n.* 올리브 잎의 관[승리의 상징].

ólive dráb *n.* ⓤ 1 (때로 an ~) 진한 황록색. 2 진한 황록색을 띤 미국 육군의 제복용 천; (~s) 미국 육군의 겨울철 제복.

ol·ive-green [álivgríːn / ɔ́l-] *adj.* 황록색의.

ólive óil *n.* ⓤ 올리브유(식용·의약용).

ol·i·ver [álivər / ɔ́l-] *n.* 발로 밟아 움직이는 쇠망치.

Ol·ives [álivz / ɔ́l-] *n.* **the Mount of~** (성서) 감람산(예루살렘 동쪽의 작은 언덕. ←마태복음(Matt.) 26: 30].

ol·i·vette [àlivét / ɔ́livèt], (**ol·i·vet**) *n.* 1 (연극) (전구 1개의) 일광 조명(溢光照明). 2 (인디언과의 교역용) 모조 진주.

ol·ive·wood [álivwùd / ɔ́l-] *n.* ⓤ 올리브 재목.

ol·i·vine [álivìːn / ɔ́l-] *n.* ⓤ (광물) 감람석.

ol·la [ɑ́lə / ɔ́l-] *n.* (스페인) 1 (=pot) 1 (스페인 등지에서 쓰는 아가리가 넓은 질그릇 물항아리(독), [스튜용의] 흙 냄비. 2 =olla-podrida.

ol·la-po·dri·da [ɑ́ləpədríːdə / ɔ́lə-] *n.* 1 (스페인 인들의) 스튜, 육류와 야채의 잡탕(olio). 2 뒤범벅.

-ologist *suf.* 나라 이름, 또는 그 나라 정치의 중심 도시 뒤에 붙여서 「…문제 전문가」「…통(通)」이라는 뜻의 명사를 만든다. 예: Egypt*ologist*, Japan*ologist*, Peking-*ologist*.

-ol·o·gy [áledʒi / ɔ́l-] *n.* (*pl.* **-gies**) (구어) 과학, 학문.

-ology *suf.* 「…학(學)」, 「…론(論)」의 뜻의 명사를 만든다, 예: geology, zoology.

O.L.T. (略) *o*ver*l*and *t*ransport(육로 수송).

O·lym·pi·a [ou(u)límpiə] *n.* 1 그리스 남부에 있는 고대 그리스의 올림픽 경기 대회가 개최되었던. 2 미국 Washington 주의 주도. ◇ Olýmpian *adj., n.*

o·lym·pi·ad [ou(u)límpiæd] *n.* (종종 O-) 1 올림피아기(紀) [고대 그리스의 한 올림픽 경기 대회에서 다음 경기 대회까지의 4년간]. 2 (근대) 국제 올림픽 대회 (the Olympic Games).

O·lym·pi·an [ou(u)límpiən] *adj.* 1 Olympus 산(山)의; 고대 그리스인의 성지 Olympia 의. ¶ the *Olympian Games* 올림피아 경기[대회]. 2 Olympus 산의 신과 같은; 숭고한, 위엄이 있는, 당당한(majestic). ― *n.* 1 Olympus 산의 신들 중의 하나. 2 올림픽 대회 출전 선수. 3 Olympian 신을 신봉하는 사람.

‡**O·lym·pic** [ou(u)límpik] *adj.* 1 (고대 그리스의) 올림피아 경기 대회의; [근대의] 국제 올림픽 대회의. 2 고대 그리스의 성지 Olympia 의, =1 Olympus 산의 신들 중의 하나. 2 (the~) =Olympic Games. ◇ Olýmpiad, Olýmpia *n.*

Olýmpic Gámes *n.* (the~) 1 (고대 그리스의) 올림피아 경기 대회. 2 (근대의) 국제 올림픽 대회.

O·lym·pus [ou(u)límpəs] *n.* **Mount~**[그리스 북쪽의] 올림포스산[그리스의 신들이 살고 있었다고 전해지고 있다]. ◇ Olýmpian *adj.*

O.M. (略) *O*rder of *M*erit(대훈공장 (大勳功章)).

-oma *suf.* 「종(腫)」, 「류(瘤)」라는 뜻의 명사를 만든다. 예: carcin*oma*, sarc*oma*.

O·man [o(u)mɑ́ːn] *n.* 1 오만 토후국[아라비아 반도 동남단에 위치한다; 수도 Muscat]. 2 **the Gulf of~** 오만 만(灣)[아라비아 서북에 있는 만].

o·ma·sum [ouméisəm] *n.* (*pl.* **-sa** [-sə]) (동물) 겹주름위 (반추 동물의 제3위 (胃)).

OMB (略) (美) *O*ffice of *M*anagement and *B*udget (예산 관리국).

om·ber, (英) **-bre** [ɑ́mbər / ɔ́m-] *n.* ⓤ 옴버[17-18 세기에 유행한 40매의 카드를 써서 3명이 하는 카드놀이.

om·brom·e·ter [ɑmbrɑ́mitər / ɔmbrɔ́m-] *n.* 우량계.

om·buds·man [ɑ́mbʌdzmən / ɔ́m-] *n.* (*pl.* -**men** [-mən]) 1 시민의 권리를 지키는 정부의 민원 조사관. 2 민원을 받아들이는 사람; 개인의 권리 옹호자.

OMD (略) *o*ptical *m*emory *d*isk(광(光) 디스크).

‡**o·me·ga** [ou(u)méɡə, -míː-, -méi- / óumi-] *n.* 1 오메가 [그리스어 알파벳의 스물 넷째자(Ω, ω)의 명칭; 영어의 O, o 의 장음에 해당한다]. 2 최후, 마지막. *cf.* alpha 3 (물리) 오메가 중간자(omega meson).

om·e·let [ɑ́m(ə)lit / ɔ́m-], (**om·e·lette**) *n.* 오믈렛. ¶ ham *omelet* 햄 오믈렛. / *You cannot make an omelet without breaking eggs.* (속담) 달걀을 깨지 않고는 오믈렛을 만들 수 없다, 희생 없이는 목적을 달성할 수 없다.

o·men [óumən, *n.* 때서 -mən] *n.* ⓒ ⓤ 전조(前兆), 조짐, 징조[가 되는 것]. ¶ a bad (*or* an evil, an ill) *omen* 불길한 징후 / *an omen of success* 성공의 징조 / be of good (bad) *omen* 징조가 좋다(나쁘다). ― *vt.* 1 …의 전조가 되다, …을 예고하다. ¶ Fog *omens* a good weather. 안개가 끼면 날씨가 좋아진다. 2 [전조 따위로] …을 미리 알다, 예측하다. ◇ óminous *adj.*

o·men·tal [oumént(ə)l] *adj.* (해부) 망(omentum)의.

o·men·tum [ouméntəm] *n.* (*pl.* -**ta** [-tə] *or* -**tums**) (해부) 망(網) [복막의 일부가 2중으로 된 곳].

om·i·cron [ɑ́mikrən, óum- / o(u)máikr(ə)n], (**om·i·kron**) *n.* 오미크론[그리스 알파벳의 열 다섯째 자 (O,o)의 명칭; 영어의 O,o의 단음에 해당한다].

‡**om·i·nous** [ɑ́minəs / ɔ́m-] *adj.* 1 불길한, 조짐이 나쁜; 기분이 나쁜, 험악한. ¶ *ominous silence* 기분 나쁜

omissible 침묵. **2** 전조가 되는, 조짐이 되는 (*of...*). ¶ be *ominous* of good 재수가 좋다. **~ly** *adv*. **~ness** *n*.
◇ **ómen** *n*.
o·mis·si·ble [o(u)mísibl] *adj*. 생략할 수 있는.
***o·mis·sion** [o(u)míʃ(ə)n] *n*. Ⓤ Ⓒ 1 생략[된 것]; 탈락[된 것]. **2** 실수, 소홀, 태만. ¶ sins of *omission* 태만 죄 / through an *omission* 실수로.
◇ omít *v*., omíssive *adj*.   [*adv*.
o·mis·sive [o(u)mísiv] *adj*. 태만한, 실수의. **~ly**
‡**o·mit** [o(u)mít] *vt*. (**o·mit·ted, o·mit·ting**) **1** …을 생략하다, 빠뜨리다. ¶ *omit* the name from the list 명부에서 그 이름을 빼다. **2** […하는 것]을 잊다, 게을리하다, […하기]을 빠뜨리다. ⇨ NEGLECT [類語] ¶ (~ + *to do*) *omit* to write one's name 이름 쓰는 것을 잊다 / (~ + *ing*) He *omitted* locking the door. 그는 문에 쇠를 채우는 것을 잊었다. ◇ omíssion *n*., omíssive *adj*.
omni- 'all'의 뜻의 연결형. 예: *omni*potent, *omni*scient.
***om·ni·bus** [ámnibàs, -bəs / ɔ́mnibəs] *n*. **1** [옛날의] 합승 마차; [현재의] 버스(bus); [호텔 등의] 전용 버스. **2** [한 작가의, 또는 동종의 작품을 한권에 모은] 염가판 작품집(*omnibus book*). **3** =busboy. ── *adj*. 많은 것을 포함하는, 총괄적인. ¶ an *omnibus* clause 총괄적인 조항 / an *omnibus* train 〖英〗완행 열차.
ómnibus bìll *n*. 일괄 법안.
ómnibus bòx *n*. [극장·오페라 하우스의] 여럿이 함께 앉는 좌석.
ómnibus clàuse *n*. [보험] 총괄적 조항[특히 자동차 보험에서, 피보험자 이외의 사람에게도 미치는 조항].
ómnibus tràin *n*. 〖英〗역마다 서는 열차.
om·ni·com·pe·tent [ὰmnikámpit(ə)nt / ɔ̀mnikɔ́m-] *adj*. 전권(全權)을 가진.
om·ni·di·rec·tion·al [ὰmnidirékʃ(ə)nl / ɔ̀m-] *adj*. 〖전자 공학〗전(全) 방향성의[모든 방향으로(에서) 발신(수신)하는]. ⌜range.
òmnidiréctional rádio ránge *n*. = omni-
om·ni·fac·et·ed [ὰmnifǽsitid / ɔ̀m-] *adj*. 모든 면에 걸친.
om·ni·far·i·ous [ὰmnifɛ́(:)riəs / ɔ̀mnifɛ́ər-] *adj*. 다종다양한, 잡다한, 다방면에 걸친.
~ly *adv*. **~ness** *n*.
om·ni·fo·cal [ὰmnifóuk(ə)l / ɔ̀m-] *adj*. [렌즈가] (全) 초점의.
om·nip·o·tence [amnípət(ə)ns / ɔm-] *n*. Ⓤ 전능(almightly), 무한한 힘; (O-) 전능신 (God).
om·nip·o·tent [amnípət(ə)nt / ɔm-] *adj*. 전능의, 무엇이든 할 수 있는. ── *n*. 무한한 힘을 가진 자; (the O-) 신(God). **~ly** *adv*.   [(遍在).
om·ni·pres·ence [ὰmnipréz(ə)ns / ɔ̀m-] *n*. Ⓤ 편재
om·ni·pres·ent [ὰmnipréz(ə)nt / ɔ̀m-] *adj*. 편재하는, 동시에 어디에나 존재하는.   ⌜지(VOR).
om·ni·range [ámnirèindʒ / ɔ́m-] *n*. [항공] 옴니레인
om·ni·science [amníʃəns / ɔmníʃiəns], (**om·nis·cien·cy** [-si]) *n*. Ⓤ 전지(全知); 박식; (O-) 신(God).
om·nis·cient [amníʃənt / ɔm-] *adj*. 전지(全知)의, 박식한. ── *n*. (the O-) 신(God). **~ly** *adv*.
om·ni·tron [ámnitràn / ɔ́mnitrɔ̀n] *n*. 옴니트론[다목적 핵파괴 계획].
om·ni·um [ámniəm / ɔ́m-] *n*. 총액.
om·ni·um-gath·er·um [ὰmniəmgǽðərəm / ɔ̀m-] *n*. 〖잡다한 물건·사람의〗뒤범벅, 뒤섞인 것; 누구나 참가할 수 있는 모임.
om·niv·o·rous [amnív(ə)rəs / ɔm-] *adj*. **1** 무엇이나 먹는, 잡식의. *cf*. carnivorous **2** 취사 선택하지 않는, 닥치는 대로의; 남독(濫讀)하는. ¶ an *omnivorous* reader 남독가. **~ly** *adv*. **~ness** *n*.
Om·pha·le [ámfəlì: / ɔ́m-] *n*. 〖그리스 신화〗옴팔레 [헤르쿨레스(Hercules)가 3년간 섬긴 리디아의 여왕].
om·pha·los [ámfəlɔ̀s / ɔ́mfəlɔ̀s] *n*. (*pl*. **-li** [-lài, -lì:])

1 [해부] 배꼽(navel). **2** 중심[점]. **3** 옴팔로스[고대 그리스의 Apollo 신전에 있어 세계의 중심으로 여겨졌던 원추형 돌].
om·pha·lo·skep·sis [ὰmfəlo(u)sképsis / ɔ̀m-] *n*. [신비주의에서] 자기 배꼽을 응시하면서 행한 명상(瞑想).
OMR (略) **o**ptical **m**ark **r**eader(광학식 마크 판독 장치)[종이에 연필로 기입한 마크를 광학적으로 판독하여 직접 컴퓨터에 입력하는 장치; 필기 시험 답안지 등에 이용, 컴퓨터 채점이 가능하게 한다).
OMS (略) 〖우주 공학〗 **o**rbital **m**aneuvering **s**ystem.
‡**on** [an, ɔn / ɔn] *prep*. **1** 〖접촉〗…의 위에, …의 위의, …에 접하여(닿아). ¶ a picture *on* the wall 벽에 걸린 그림 / a boat *on* the lake 호수 위의 보트 / write *on* paper 종이에 쓰다 / get *on* a horse 말을 타다 / go *on* horseback 말을 타고 가다.
[類語] **on** …에 접촉하여(*opp*. beneath, under): dust *on* the floor 마룻 바닥의 먼지. **upon** on 의 형식을 차린 말. **above** …보다 위치가 높은, 위쪽의(*opp*. below): 1,000 meters *above* sea level 해발 1,000미터. **over** …의 전면(全面)을 뒤덮고서; …의 바로 위에; …을 넘어서 (*opp*. under): the carpet *over* the floor 마룻 바닥 전면에 깔린 융단 / a lamp *over* the desk 책상 곧바로 위에 있는 램프. **up** …을 따라서 위로(*opp*. down): go *up* a river 강을 거슬러 올라가다.
2 〖받침점·운반 수단〗…으로, 고개를 축(받침)으로 하여. ¶ *on* one's back (face) 〖고개를 젖히고(숙이고)〗/ *on* tiptoe 발돋움하다 / *on* all fours 네 발로 기어서 / *on* foot 도보로.
3 〖부착·소지(所持)〗…에 붙여서, …의 몸에 지니고. ¶ She put a ring *on* her finger. 그녀는 반지를 끼었다 / Have you got a match *on* you? 성냥 가지셨습니까?
4 〖근접〗…의 가까이에; …에 접하여, …에 면하여, …을 따라서, …쪽에. ¶ the houses *on* the road 도로를 따라서 있는 집들 / *on* the outskirts of the town 소도시의 교외(변두리)에 / *on* both sides 양쪽에 / *on* the right hand 오른쪽에 / Such a reform borders *on* absurdity. 그런 개혁은 거의 어리석은 짓이다.
5 〖때·날·기회〗…에, …일 때에, …과 동시에, …의 뒤 (직후)〖에〗, …의 경우(Usage²). ¶ *on* Sunday 일요일에 / *on* New Year's Day 정월 초하루(설날)에 / *on* the 3rd of January; *on* January 3rd 1월 3일에 / *on* the morning(the night) of the 5th 5일 아침(밤)에 / *on* the following (the previous) day 그 이튿날(전날)에 / *on* this occasion 이 기회에 / *on* the instant 즉시, 즉각 / *on* arriving at Pusan 부산에 도착하는 즉시 / *on* our arrival here 우리가 여기 도착하자마자 / *on* thinking the matter over 그 일을 숙고한 끝에 / *on* consideration 깊이 생각한 다음 / *on* second thoughts 다시 생각한 끝에 / *on* examination 조사(시험)한 다음에 / *on* analysis 분석한 결과로.
── *Usage* on Sunday, on Sundays 와 on a Sunday ── on Sunday 는 과거형의 문장 속에서는 「지난 일요일(last Sunday, on Sunday last)」을 나타내고, 미래형의 문장에서는 「다음 일요일(next Sunday, on Sunday next)」의 뜻이 된다. 또 on Sunday 에는 Do you usually go to church *on Sunday*? 와 같이 일반적으로 일요일을 가리킬 때도 있으나 이 경우엔 on Sundays 라고 하는 것이 일반적이다. on a Sunday 는 any Sunday 의 뜻으로 본 정식이 없이 같으나 다음과 같은 용법: The Children's Day falls *on a Sunday*. 〖어린이날은 일요일과 맞떨어진다.〗또 on the Sunday 는 on Sunday 보다도 더 떨어진 「그 다음 (전) 일요일」에 의 뜻으로 쓰인다. 또 of a Sunday 는 「일요일 따위에」의 뜻.
6 〖근거·기준·이유·조건〗…에 의거(근거)하여, …에 의하여, …의 조건으로, …을 걸고. ¶ a story based *on* experience 경험에 입각한 이야기 / *on* evidence 증

거에 의거하여 / on principle 주의(主義)에 따라서 / on one's own authority 자기의 권위로, 자기 마음대로 / on equal terms 평등한 조건으로 / on one's life (honor) 목숨(명예)을 걸고 / on one's words 맹세코 / on condition that... …이라는 조건으로 / live on a pension 연금으로 살다 / live on rice 쌀을 주식으로 하다 / borrow money on credit 신용으로 돈을 빌다.

7 《상태》 …으로, …중으로. ¶(on the+형용사) on the cheap 값싸게 / take a few sweets on the sly 몰래 사탕을 몇 개 집다 / The negotiations have been conducted on the square. 《구어》 교섭은 공평하게 행해져 왔다 /《on [the]+명사》a policeman on duty(guard) 당번(경계중)인 경관 / on the move 움직여 / on strike 파업중에 / on loan 대부하여; 빌어서 / on a trip 여행중으로 / be on fire 불타고 있다 / be on sale 팔러 나와 있다 / be on the watch 망을 보고 있다 / be on the increase(decrease) 증가(감소)하고 있다.

8 《방향·대상》 …에, …을(으로) 향하여, …을 겨냥하여, …에 대하여. ¶ march on …를 향해 진군하다 / go shopping on the Myongdong 명동에 쇼핑하러 가다 / turn one's back on the wall 벽으로 등을 돌리다 / a hotel facing on the lake 호수에 면한 호텔 / call on a person 남을 방문하다 / attack on a person 남을 공격하다 / hit a person on the head 남의 머리를 치다 / smile on a person 남에게 미소를 보내다 / be mad on religious matter 종교적인 일에 몰두하다 / inflict damage on a person 남에게 손해를 끼치다 / The joke was on me. 그 농담은 나를 빗대어 한 것이었다.

9 《행동의 목적》 …의 용무로, …의 도중에. ¶ go on an errand 심부름을 가다 / go on business 업무를 보러 가다 / go on hunting 사냥하러 가다 / He was on the way to school. 그는 학교에 가는 도중이었다.

10 《관계》 …에 관하여, …에 대하여, …에 관여하여, …의 일원으로. ¶ on foreign affairs 외무에 관하여 / speak on finance 재정에 관해 연설하다 / take notes on the lecture 강의를 노트하다 / be on the committee 위원회의 일원이다.

11 《수단·기구》 …으로, …을. ¶ play on the piano 피아노를 치다 / hear music on the radio 라디오로 음악을 듣다 / He wiped his hands on a towel. 그는 타월로 손을 닦았다.

12 《누적·가중》 …에 더하여. ¶ loss on loss 손해에 손해를 거듭하여 / heaps on heaps 쌓이고 쌓여, 중첩하여 / I have had ill-luck on ill-luck. 나는 거듭되는 불운을 겪었다.

13 《구어》 …의 비용으로, …의 부담으로. ¶ The drinks are on me. 술값은 내가 치르겠다.

14 《구어》 …을 좋아하는; 《美속어》[마약을] 놓아,〔환각제를〕 마셔서, …에 중독되어. ¶ He is much on beer. 그는 맥주를 아주 좋아한다.

15 《드물게》《美속어》 …에게 손해를 끼치어. ¶ Once again he raised the rent on us. 또다시 그는 우리의 집세를 올렸다.

just on 대충, 약…, 거의… (almost); 이제 곧 (nearly). ¶ He left three years ago 3년쯤 전에 / It is *just on* ten o'clock. 이제 곧 10시다.

── *adv.* **1** 위에, 표면에. ¶ jump on to the shore 기슭으로 뛰어내리다. ⇨ ONTO / She put the pan *on*. 그녀는 냄비를 얹었다.

2 입고, 몸에 지니고. ¶ put one's coat *on* 웃옷을 입다 / have nothing *on* 실오라기 하나 걸치고 있지 않다 / draw one's boots *on*=draw *on* one's boots 장화를 신다 / O*n* with your coat! 저고리를 입으세요!

3 붙어서, 떨어지지 않고, 단단히. ¶ hold *on* 단단히 붙잡다 / cling (or hang) *on* 매달리다, 붙들고 늘어지다.

4 어떤 장소를 향하여, 자꾸자꾸, 계속해서, 이어서; [시간적으로] 잇따라, 보다 앞서서. ¶ further *on* 더욱 나아가 / later *on* 나중에 / from that day *on* 그날부터 줄곧 / walk *on* 계속 걷다 / hurry *on* 계속 서두르다 / be well *on* 척척 진척되고 있다 / Come *on*, Mary! 자 메리야, 이리 온! / Time is getting *on*. 시간은 자꾸 자꾸 흐르고 있다 / It was well *on* in the afternoon. 오후도 꽤 지났다 / It came *on* to rain. 비가 내리기 시작했다.

5 시작되어, 행하여져, 일어나서, 상연되고; 일하여, 작용하고, 종사하고. ¶ The race is *on*. 경마가 시작되고 있다 / 'Macbeth' is *on*. '맥베스'가 상연되고 있다 / What's *on*? 무엇이 상연되고 있습니까?; 도대체 무슨 일이 났지? / He has been *on* for five years here. 그는 5년간 여기서 일하고 있다.

6 〔가스·수도·전기·라디오 따위가〕나와, 통하여, 들어와. ¶ Is the gas *on*? 가스는 나옵니까? / The water is not *on*. 물이 안 나온다 / The radio is *on*. 라디오가 켜져 있다.

7 《英속어》 차차 취하여. ¶ He was now slightly *on*. 그는 벌써 알딸딸하게 취했다.

8 《英속어》 내기에 응하여, 내기를 하여. ¶ be well *on* 너끈히 내기에 이길 가망이 있다.

9 《英속어》 만능성이 있어; 어엿한, 버젓한.

10 《구어》 기꺼이 참가하여, 찬성하여. ¶ I'm *on*! 좋다!; 찬성이다! / There is a party tomorrow night. Are you *on*? 내일 밤 파티가 있는데, 오시겠습니까?

11 《구어》〔남의 기분·사정을〕이해하여, 잘 알아. ¶ be *on* to a person 남의 기분을 잘 이해하고 있다; 남에게 잔소리하다 / Everybody is *on* to that. 그 일이라면 누구든지 알고 있다.

12 〔크리켓〕〔타자의〕왼쪽에; 〔야구〕 출루하여.

and so on ⇨ AND.

be on with a person 남과 관계를 갖고 싶어하다. ¶ He is *on with* Mary. 그는 메리에게 열중해 있다.

either off or on 이것저것.

neither off nor on ⇨ OFF.

on and off; off and on ⇨ OFF.

on and on 계속하여, 쉬지 않고, *cf. adv.* 4

── *adj.* 〔크리켓〕〔타자의〕왼쪽의. *opp.* off

── *n.* (the~) 〔크리켓〕〔타자의〕왼쪽 전방(*on side*). *opp.* off

ON, ON., O.N. 《略》 Old Norse.

on- *pref.* 부사 on을 동반하는 동사의 분사형 명사 또는 작위(作爲) 명사를 만든다. 예: *on*-coming, *on*-looker.

on-a·gain, off-a·gain [ánəgèn5fɔ̀gèn, 5ɔ́n-/ 5nəgèn5fɔ̀gèn] *adj.* 발작적인, 단속적(斷續的)인. ¶ *on-again, off-again* headaches 발작적인 두통.

on·a·ger [ánədʒər / 5nagə] *n.* 〔*pl.* **-gri** [-grài] *or* **-gers**〕 **1** 〔서남 아시아산의〕 야생 당나귀. **2** 〔고대·중세의〕 투석기(投石器).

o·nan·ism [óunənìz(ə)m] *n.* ⓤ **1** 성교 중절(中絕), 부전(不全) 성교. **2** 수음(手淫), 오나니(masturbation).

on-board [ánbó:rd / 5nbɔ́:d] *adj.* 선 상(기 상(機上))에 장비된.

on-cam·er·a [ánkǽm(ə)rə / 5n-] *adj., n.* 《英》 텔레비전 카메라를 향해 직접 이야기하는 〔장면〕.

once [wʌns] *adv.* **1** 일찍이, 이전에, 옛날에, 옛날에(formerly). ¶ a *once* happy man 일찍이 행복했던 사나이 / *Once* there was a great king. 옛날에 한 위대한 왕이 있었다 / We *once* have seen it. 우리는 전에 그것을 본 적이 있다. * 「일찍이」의 뜻으로는 원칙적으로 글머리 또는 동사의 앞에 위치한다.

2 한 번, 1회. ¶ *once* more; *once* again 다시 한번 / *once* or twice 한두 번 / more than *once* 한 번뿐 아니라 / *once* a day 하루에 한 번 / only *once* in four years 4년에 단 한 번 / I have been there *once*. 나는 거기에 한 번 간 적이 있다 (* 「한 번」의 뜻으로는 원칙적으로 동사 뒤에 위치한다) / *We die but once*. 《속담》 인생에 안 죽는다, 한 번 죽으면 그뿐 / *Once bit, twice sky*. 《속담》 한 번 물리면 이전의 감정이나 겁을 낸다, 자라 보고 놀란 가슴 소댕 보고 놀란다.

3 [장차] 언젠가 한 번은. ¶ I should like to see Rome *once* before I die. 죽기 전에 한번 로마를 구경하고 싶다.
4 《조건문에서》한번(일단) […하면];《부정문에서》한 번도 […하지 않다]. ¶ If you once get into the habit of smoking, you cannot give it up easily. 일단 담배 피우는 습관이 붙으면 좀처럼 끊기를 못한다 / I have not seen him *once*. 나는 한 번도 그를 만난 적이 없다.
5 1배. ¶ *Once* three is three. 3곱하기 1은 3.
6 1단계, ¶ a cousin *once* removed 재종(再從), 6촌 형제.
every once in a way 《美구어》때때로.
once and again ⇒ AGAIN.
once and away = once [and] for all ①
once [and] for all ① 단 한 번만, 한번뿐, 이번만. ¶ I tell you *once for all* that I will not allow such conduct. 이런 행동은 용서치 않겠다고 네게 주의하는 것도 이번 뿐이다. ② 단호하게. ¶ Tell him so *once for all*. 그에게도 딱 부러지게 그렇게 말하세요.
once in a blue moon ⇒ MOON.
once in a while ⇒ WHILE.
once more ① 한번 더(once again). ② 전처럼.
once upon a time 《특히 옛날 이야기의 첫머리 문구 따위로》옛날 옛적에, 먼 옛날에.
— *conj.* 일단(한번) …하면, …하기만 하면, …하자마자. ¶ *Once* the first trial is made, the rest is easy. 일단 손을 대면 그 뒤는 간단하다 / *Once* he gets started about her, he can't stop. 그가 그녀의 이야기를 꺼내기만 하면 그의 끝이 없다 / *Once* the baby awoke, she began to cry. 그 갓난 아기는 잠이 깨자마자 울기 시작했다 / *Once a beggar, always a beggar.* 《속담》거지질 사흘 하면 그만두기 못한다.
— *n.* 한번, 1회. ¶ *Once* is enough for me. 한 번이면 족하다.
all at once ⇒ ALL.
at once ① 곧, 즉시, 대번에(immediately). ¶ I'll do it *at once*. 곧 그것을 하겠습니다. ② 동시에, 함께 (simultaneously). ¶ You cannot be in two places *at once*. 동시에 두 곳에 있을 수는 없다.
at once...and... …하기도 […하기도] 하다 (* 주로 문어적). ¶ He is *at once* stern *and* tender. 그는 엄격하기도 하고 상냥하기도 하다.
for that once 그때에 한하여.
[for] this once 《구어》이번만은, 이번에 한하여.
[just] for once 《단지》한번.
— *adj.* 이전의, 옛날의(former), 지난날의. ¶ my *once* friend 옛 친구.
once-o·ver [wʌ́nsòuvər] *n.* 《美구어》대충(대강) 훑어보기, 개략 조사. ¶ give a newspaper the *once-over* 신문을 대충 훑어보다.
onc·er [wʌ́nsər] *n.* 《英구어》《의무적으로》…는 사람.
on·co·gene [ɑ́ŋkədʒìːn / ɔ́ŋ-] *n.* 발암(發癌) 유전자.
on·co·gen·e·sis [ɑ̀ŋkədʒénisis / ɔ̀ŋ-] *n.* ⓤ 《병리》종양 형성, 발암(發癌).
on·co·gen·ic·i·ty [ɑ̀ŋkədʒenísəti / ɔ̀ŋ-] *n.* ⓤ 종양성(性), 발암성.
on·col·o·gy [ɑŋkɑ́lədʒi / ɔŋkɔ́l-] *n.* 《의학》종양학(腫 瘤學).
on·com·ing [ɑ́nkʌmiŋ, ɔ́n- / ɔ́n-] *adj.* 다가오는 (approaching). ¶ the *oncoming* car 다가오는(접근해 오는) 자동차. — *n.* ⓤ 접근(approach). ¶ the *oncoming* of winter 겨울의 다가옴.
ón-de·mánd bòok [ándimǽnd- / ɔ́ndimɑ́ːnd-] *n.* 《출판》주문 도서 [희망자의 주문에 따라 만드는 단 한 권의 책].
ón-demánd pùblishing *n.* 《출판》수요에 따른 출판[당장의 수요에 부응할 수 있을 만큼의 부수만 출판 하는 일].
on-dit [F 5di] *n.* 《프랑스》소문, 평판.
‡**one** [wʌn] *adj.* **1** 하나의, 한 개의, 한 사람의. ¶ *one* bird 한 마리의 새 / *one* dog 한 마리의 개 / *one* book 한 권의 책 / *one* half 절반 / *one* third 3분의 1 / *one*

hundred (thousand, million) 백(천, 백만) / *one* dollar 1달러 / *one* dozen 1다스 / *one* or two people 한두 사람, 극히 적은 수의 사람 / *one* man in ten 10명 중의 한 사람 / *one* man *one* vote 1인 1표 / *One* swallow does not make a summer. 《속담》한 마리의 제비로 여름이 오지 않는다, 한 면만으로 전체를 단정하지 마라.
2 어떤, 어느;《고유 명사 앞에서》…이라는, 모…. ¶ *one* morning 어느 날 아침 / *one* James 제임스라는 사람 / You will see him again *one* day. 언젠가 다시 그를 만나게 될 것이다 / I met him *one* evening last month. 나는 지난달의 어느 날 밤에 그를 만났다.
3 하나가(한 몸으로)된, 불가분의; 일치한. ¶ with *one* accord 일치하여, 일제히 / with *one* voice 이구 동성으로 / become *one* 합일(습一) (일치)하다 / be of *one* accord [모두가] 일치되어 있다 / All were of *one* mind. 모두가 찬동하였다 / At last they were made *one*. 마침내 그들은 결혼했다.
4 같은, 동일한, 불변의. ¶ all in *one* direction 모두 동일한 방향으로 / The three boys are of *one* height. 이 세 소년의 키는 같다 / It's all *one* to me whatever you do. 당신이 무엇을 하건 나에게는 마찬가지다.
5 (the~; one's~) 단 하나의, 유일한. ¶ my *one* and only desire 나의 단 하나의 소망 / He is my *one* friend. 그는 나의 유일무이한 친구다 / The *one* way to master a foreign language is practice. 외국어를 마스터하는 단 하나의 방법은 연습이다.
6 《one, another, the other 와 상관적으로 써서》한 쪽의, 한 편의. ¶ on *one* hand..., on the other hand... 한 편에서는…, 또 다른 한편에서는… / run from *one* end to the other 한쪽 끝에서 다른 쪽으로 달리다 / To study economics is *one* thing, and to learn how to make money is quite another. 경제학을 공부하는 것과 돈 버는 법을 배우는 것은 전혀 별개 문제다 / *One* man's meat is another man's poison. 《속담》갑의 약은 을의 독.
be one too many for ⇒ MANY.
for one thing ⇒ THING.
one and the same ⇒ SAME.
one way or another ⇒ WAY.
— *n.* **1** 1, 하나, 한 개, 한 사람. ¶ *one* or two 한 두개 / *one* of the students 생도들 중의 한 사람 / *One* from four leaves three. 4−1=3 / I saw *one* of his classmates on my way home. 귀가하는 도중에 그의 반 친구의 하나를 만났다.
2 《시계의》한 시; 《나이의》한 살; 1달러(파운드) [지폐]. ¶ at *one* twenty-five 1시 25분에 / She is *one*[·] and [·]twenty. 그녀는 21세다. * *one*[·]and[·]twenty 식의 표현은 현재는 아주 드물며, 특히 《美》에서는 회소하다. 사용되는 경우는 거의가 시간·연령을 나타낼 때 뿐이고, 그것도 50대 이하에 많다.
3 《명사 뒤에 붙어서 순서를 나타내어》제1의…. ¶ page *one* 제1페이지 / number *one* 제1번, 최고 / Book (Chapter, Section) *One* 제1권 (장, 절).
4 1의 숫자, 1의 기호[1,I,i]. ¶ a Roman *one* 로마 숫 자의 I / He wrote down three *ones*. 그는 1자를 석 자 썼다.
5 일격(blow); 농담(joke); 허풍. ¶ give a person *one* on the jaw 턱에 한 방 먹이다 / That's *one* on you. 그것은 너를 속인 것이다 / That was a nasty *one*. 그것은 치사한 수법이었다.
6 (O-) 《철학》신, 절대자, 초인간적인 존재. ¶ the Holy *One*; *One* above 신(God).
7 《구어》열렬한 팬;《속어》피짜. ¶ a *one* for baseball 야구광 / He was a *one*. 그녀석은 피짜였다.
all in one 결합하여, 하나로 뭉뚱그려. ¶ I need them *all in one*. 모조리 필요하다.
at one 일치하여, 협력하여(*with*...). ¶ I am *at one* with you on that point. 그 점에 관해서는 자네와 같은 의견이다.
by ones and twos 하나 둘(한 사람 두 사람)씩, 드문

드문. ¶ They came *by ones and twos*. 그들은 삼삼오오 찾아왔다.
for one 한 예로써; 한 개인으로서는. ¶ I, *for one*, do not believe it. 나 개인으로서는 그것을 믿지 않는다.
have one too many; have one over the light [술을] 과음하다.
in one 한몸(일체)이 되어; 하나로서 모두를 겸하여. ¶ She was my mother and my teacher *in one*. 그녀는 내 어머니이기도 하고 선생이기도 했다.
in ones 하나하나로, 하나씩으로.
in the year one 아주 옛날, 훨씬 이전에.
just one of these things 흔히 있는 일, 어찌할 수 없는 일. ② 「부가 되다.
maek one 〔구어〕〔무리의〕 일원이 되다; 결합하다; 부
never a one 한 사람(하나)도 …하지 않다(none).
one and all ◇ ALL.
one by one 하나씩(한 사람)씩〔차례로〕.
ten to one ◇ TEN.
— *pron.* **1** 〔독립적으로 써서〕 **a)** 〔일반적으로〕 사람, 사람이라는 것, 누구든(* one 으로 시작된 문장에서는, 일반적으로 《英》에서는 계속해서 one,one's,oneself 를 쓰고, 《美》《英고어》에서는 he,his,him,himself,etc.로 받는 편이 많다). ¶ study as hard as *one* can 되도록 열심히 공부하다 / *One* has to do his(*or* one's) best. 사람은 최선을 다해야 한다 / *One* is apt to think himself (*or* oneself) faultless. 사람은 곧잘 자기에게는 결점이 없다고 생각하기가 쉽다 / *One* must lie on the bed one has made. 〔속담〕 자업 자득. **b)** 나, 자신(* 이야기하는 사람의 겸손을 나타낸다. 대화에서는 점잔뺄 말투). ¶ *One* is glad to have seen you. 만나 뵈어 반갑습니다.
c) 〔고어〕 누군가(someone). ¶ *One* came running. 누군가가 달려왔다.
2 〔명사의 대용을 하는 prop-word (지주어)로서〕 **a)** 〔앞에 나온 사물을 가리켜〕 그것과 같은 것(사람), 그것. ¶ Why don't you call a cop? There's *one* on the corner. 왜 순경을 부르지 않지? 모퉁이에 한 사람 있잖아 / 'Have you got a knife?' 'Yes, I have *one*'. '칼을 가지고 있나요?' '예, 가지고 있습니다' /《수식어구를 수반하여》 Give me three white tulips and two red *ones*. 흰 튤립 세 송이와 붉은 튤립 두 송이를 주세요 / The blue bird looked prettier than the brown *one*. 푸른 새가 갈색의 것보다 더 예뻤다 / I don't like this necktie; show me another *one*. 이 넥타이는 마음에 들지 않습니다, 다른 것을 보여 주세요.
— **Usage** one 과 it ──── one 은 「a+보통 명사」 대신에 쓰이고, it 는 「the(this)+보통 명사」 대신에 쓰인다: He had some pencils and lent me *one*. (동일 종류의 것). He had a pencil and lent *it* (= the pencil) to me. (동일한 것). 단 「the(this)+보통 명사」의 뒤에 오는 경우라도 동명 이물(異物)이면 one 을 쓴다: This knife does not cut well, so lend me a better *one*.
b) 〔한정사를 수반하여 독립적으로 써서〕 사람, 자(者). ¶ any *one* 누구든 / this *one* 이 사람 / such a *one* 그런 사람(물건) / the loved *one* 사랑하는 사람 / your little *ones* 당신의 아이들 / many a *one* 많은 사람들 / No *one* can lift it up. 아무도 그것을 들어올리지 못한다 / Some *one* will do it. 누군가 그것을 할 것이다 / That *one* will do. 저쪽 것이라면 괜찮다 / He is not *one* to tell a lie. 그는 거짓말할 사람이 아니다.
3 〔another 나 the other 와 상관적으로 써서〕 한편, 다른 한편. ¶ distinguish *one* from the other 한쪽을 다른쪽과 구별하다 / *One* succeeds where another fails. 한편이 실패할 때라도 한편은 성공한다 / I don't like this *one*, show me another. 이것은 마음에 들지 않습니다, 다른 것을 보여 주세요 / Mary has a white and a red rose; the *one* is lovelier than the other. 메리는 흰 장미와 붉은 장미를 가지고 있다. 흰 장미가 붉은 장미보다 더 예쁘다.
one after another 속속, 차례로, 차례차례로. ¶ *One*
after another all his plans have failed. 그의 계획은 잇따라 모두 실패했다.   「로.
one after the other 〔두 사람, 두 개가〕 번갈아, 교대
one another 서로. ¶ We helped *one another*. 우리는 서로 도왔다.
taking one with another ① 이것저것 합쳐 생각해 보면. ② 통틀어 말하면.
-one *suf.* 〔화학〕 〔유도체〕, 특히 ketone 의 뜻의 명사를 만든다. 예: acet*one*.
1-A [wánei] *n.* (*pl.* **1-A's**) 《美》 〔징병 검사에서〕 갑종 합격〔자〕.
one-act·er [wánæktər] *n.* 〔구어〕 단막극.
óne-ármed bándit [wáná:rmd-] *n.* 도박용 슬로트 머신.
one-bag·ger [wánbǽgər] *n.* 《야구 속어》 =one-base
óne-báse hít [wánbéis-] *n.* 《야구》 단타.   「hit.
one-celled [wánséld] *adj.* 〔생물〕 단세포의.
one-di·men·sion·al [wándiménʃ(ə)nəl] *adj.* 1차원의; 〔생각 따위가〕 깊이가 없는, 시야가 좁은.
one-eyed [wánáid] *adj.* 외눈(애꾸눈)의; 시야가 좁은.
one·fold [wánfóuld] *adj.* 한 겹(외겹)의.
one-hand·ed [wánhǽndid] *adj.* 한 손의, 한 손용의; 한쪽 손만을 쓰는. ¶ a *one-handed* catch 한 손으로 잡기, 한 손만의 캐치. ── *adv.* 한 손에서.
one-horse [wánhɔ́:rs] *adj.* **1** [말] 한 필이 끄는. ¶ a *one-horse* sleigh 말 한 필이 끄는 썰매. **2** 《美구어》 2류의(second-rate); 하찮은, 사소한, 빈약한, 한정된.
one-i·de·aed, -i·de·a'd [wánaidí:əd] *adj.* 한가지 생각에만 사로잡힌, 편협한.
o·nei·ro·crit·ic [o(u)nàirou(u)krítik / o(u)nàiər-] *n.* 꿈점 치는 사람, 해몽가.
o·nei·ro·man·cy [o(u)náirou(u)mǽnsi / o(u)náiər-] *n.* 〔U〕 꿈점, 해몽.
one-legged [wánlég(i)d] *adj.* **1** 다리가 하나인, 외다리의, **2** 치우친, 편벽된, 불공평한, 편파적인.
one-lin·er [wánlàinər] *n.* 《美》 짤막한 농담.
one-man [wánmæn] *adj.* 한 사람만의(으로 된), 개인의. ¶ a *one-man* company 개인 회사 / a *one-man* show 원맨 쇼; 〔그림 따위의〕 개인전.
óne-mán bánd *n.* 〔몇 개의 악기를 혼자서 연주해 보이는〕 거리의 악사; 〔비유적으로〕 혼자서 다 하기, 1인 「활동.
óne-mán pláy *n.* 〔연극〕 1인극.
one·ness [wánnis] *n.* 〔U〕 **1** 단일성, 단독(singleness); 동일성; 통일성(unity). **2** 완전 [사상 등의] 일치.
one-night·er [wánnáitər] *n.* =one-night stand.
óne-níght stánd [wánnáit-] *n.* **1** 《美》 〔하룻밤 흥행; 그것을 행하는 곳. **2** 《美속어》 하룻밤〔한 번만의〕 성교.
one-off [wánɔ́:f/-ɔ́f] *adj.* 한번만의. ── *n.* 한 번만 만
101 [wánouwán] *adj.* 입문의, 개론의, 기초 과정의 〔명사의 뒤에 쓰인다〕. ¶ Economics *101* 경제학 입문 / Foreign Policy *101* 외교 정책 기초.
one-pair [wánpɛ̀ər] *n.* *adj.* 《英》 2층(의). ¶ *one-pair* back (front) 2층 뒷방(앞방).
one-piece [wánpì:s] *adj.* 〔옷 따위가〕 원피스인.
── *n.* 원피스.
on·er [wánər] *n.* 《英》 **1** 비길 데 없는 사람(것), 「명인 (at…). ¶ a *oner* at eating 다시없는 대식가. **2** 〔속어〕 강렬한 일격. **3** 〔속어〕 엄청난 거짓말. **4** 〔크리켓의〕 1점타.
on·er·ous [ánərəs / ɔ́n-] *adj.* **1** 성가신, 번거로운, 귀찮은. **2** 〔법률〕 유상(有償)의, 부담이 따른.
~·ly *adv.* **~·ness** *n.*   「축형.
one's [wʌnz] *pron.* **1** one 의 소유격. **2** one is 의 단
one-seat·er [wánsí:tər] *n.* 1인승 자동차(비행기).
†one·self [wʌnsélf] *pron.* (*pl.* **-selves**) **1** 〔강조 용법〕 스스로, 자기 자신이. ¶ do a thing *oneself* 몸소 일하다. **2** 〔예 의 재귀형〕 자기 자신을(에게). ¶ talk to *oneself* 혼잣말을 하다 / kill *oneself* 자살하다 / absent

oneself from school 학교를 결석하다 / pride *oneself* on …을 자랑하다 / teach *oneself* 독학하다 ¶ be occupied with *oneself* and one's own affairs 자신과 자신의 일로 마음이 가득 차 있다.
be oneself ① 정상이다, 자세하다. ② 자연스럽게 하다.
beside oneself 자기를 잃고, 미쳐서. ¶ He was beside himself with rage. 그는 화가 나 제정신을 잃고 있었다.
by oneself ① 혼자서, 외톨이로. ② 혼자 힘으로.
come to oneself 정신을 되찾다, 정신이 들다.
for oneself ① (남에게 의지하지 않고) 혼자 힘으로. ¶ You must judge *for yourself*. 너는 스스로 판단하지 않으면 안 된다. ② 자기를 위하여. ¶ You can keep this one *for yourself*. 이것은 네 몫으로 차지해도 괜찮다.
in spite of oneself 자기도 모르게.
keep oneself to oneself 남과 어울리지 않다.
of oneself (딴 데 원인이 없이) 저절로, 제 스스로. ¶ The door opened *of itself*. 문이 저절로 열렸다.
to oneself 자기 자신에게, 자신에게만. ¶ keep a secret *to oneself* 비밀을 자기 혼자서 간직하다.
óne shót *n*. **1** 한 번밖에 발행되지 않는 책(잡지). **2** (영화·라디오 따위의) 한 번만의 공연(출연).
one-shot [wʌ́nʃɑ̀t / -ʃɔ̀t] *adj*. 《속어》 **1** 한 번으로 완전한, 한 번으로 잘 되는, **2** 1회뿐인; 단발(單發)의.
one-sid-ed [wʌ́nsáidid] *adj*. **1** 한 면만을 생각하는, 편파적인; 불공평한(partial). ¶ a *one-sided* view 편견. **2** 〔법률〕 편무적(片務的)인 (unilateral). cf. bilateral ¶ a *one-sided* contract 편무 계약. **3** 〔승부 따위가〕 일방적인, 단(段) 차이가 나는. ¶ a *one-sided* fight 일방적인 싸움. **4** 한 쪽만의, 한 쪽에 치우친. ¶ a *one-sided* street(한쪽에만 집이 선) 외쪽 가로(街路). **5** 식물의 기관(器官) 따위가) 한쪽만 발달한.
~·ly *adv*. ~·ness *n*.
óne's sélf *pron*. =oneself.
one-step [wʌ́nstèp] *n*. (the~) 〔춤〕 원스텝(ragtime에 맞추어 둘이서 추는 술춤].
one-time [wʌ́ntàim] *adj*. **1** 옛날의, 이전의 (former). **2** 한 번만의.
one-to-one [wʌ́ntəwʌ́n] *adj*. 1대1의.
one-track [wʌ́ntræk] *adj*. **1** 〔철도가〕 단선인. **2** 〔구어〕〔비유적〕 한 가지 일만 생각하는; 마음이 좁은, 편협한.
one-two [wʌ́ntúː] *n*. 〔권투〕 좌우 두 손의 연타;《속어·비유적》 재빠른 일격(一擊).
one-up [wʌ́nʌ́p] 《구어》 *adj*. 한 발 앞선, 한 수 위인 (on…). ─ *vt*. (-upped, -up·ping) …보다 한 수(한발) 앞서다.
one-up-man [wʌ́nʌ̀pmən] *vt*. (-manned, -man·ning) 《구어》 =one-up. ─ 한 발 앞섬.
one-up-man·ship [wʌ́nʌ̀pmənʃìp] *n*. Ⓤ 남보다 한 수 앞섬.
one-way [wʌ́nwéi] *adj*. **1** 일방 통행(교통)의, 편도의. ¶ a *one-way* street 일방 통행로 / a *one-way* ticket 〔美〕 편도 승차권 〔英〕 single ticket). **2** 일방적인, 한 방향만의. ¶ a *one-way* friendship 일방적인 우정.
one-world·er [wʌ́nwə́ːrldər] *n*. 국제(협조)주의자 (internationalist).
ONF (略) Old North French.
on·fall [ɑ́nfɔ̀ːl, ɔ́ːn-/ ɔ́n-] *n*. 공격, 습격 (attack).
on·flow [ɑ́nflòu, ɔ́ːn-/ɔ́n-] *n*. 물살의 (흐름), 분류(奔流).
on-glide [ɑ́ngláid, ɔ́ːn-/ɔ́n-] *n*. 온글라이드[발성 기관이 다음 음으로 이동할 때 나는 경과음]. cf. off-glide
on·go·ing [ɑ́ngòuiŋ, ɔ́ːn-/ɔ́n-] *adj*. 전진하는, 진행 중 인; 발달하는(developing). ─ (~s) 행동, 소행, 행위; 생긴 일 (progress, development); (~s) 행동, 소행, 행위; 생긴 일 (going son).
ONI (略) 《美》 Office of *N*aval *I*ntelligence (해군 정보 부).
‡**on·ion** [ʌ́njən] *n*. **1** 〔ⓊⒸ〕 〔식물〕 양파, 양파의 구근(球 根) 〔식용〕, 파류의 식물. **2** Ⓤ 양파 냄새. **3** 《속어》 사람(person).
know one's **onions** 《속어》 자기 일에 정통하고 있다; 세상 물정에 밝다.
off one's **onion**[**s**] 《주로 英속어》 어리석은(foolish); 머리가 돈 (crazy).
─ *vt*. **1** …에 양파로 맛을 내다. **2** 〔눈〕 양파로 비벼서 눈물을 내다. ◇ óniony *adj*.
on·ion·like [ʌ́njənlàik] *adj*. 양파 같은.
on·ion·skin [ʌ́njənskìn] *n*. Ⓤ 얇은 반투명지(紙).
on·ion·y [ʌ́njəni] *adj*. 양파 같은; 양파냄새 (맛) 나는.
on·is·land·er [ɑ́nàiləndər / ɔ́n-] *n*. 《美》 섬사람, 섬의 토착민.
on-li·cense [ɑ́nlàisns, ɔ́ːn-/ ɔ́n-] *n*. Ⓤ 《英》 점내(店內) 주류 판매 허가. cf. off-license
on-lim·its [ɑ́nlímits, ɔ́ːn-/ ɔ́n-] *adj*. 〔군대〕 출입 허가의. cf. off-limits
on-line [ɑ́nlàin, ɔ́ːn-/ ɔ́n-] *adj*. 〔컴퓨터〕 온라인의, (중앙 처리 장치에) 직결된. cf. off-line
ón-lìne bánking sýstem *n*. 〔컴퓨터〕 온라인 뱅킹 시스템 [은행의 창구업무를 전자계산기를 사용하여 온라인화한 시스템].
ón-lìne réal tíme sýstem *n*. 〔컴퓨터〕 온라인 리얼 타임 방식 [직접 실시간(實時間) 처리 방식].
on·look·er [ɑ́nlùkər, ɔ́ːn-/ɔ́n-] *n*. 〔특히〕 스쳐가는 구경꾼, 방관자 (looker-on).
on·look·ing [ɑ́nlùkiŋ, ɔ́ːn-/ɔ́n-] *adj*. **1** 방관하는, 방 관적인; 구경하는, **2** 앞길을 내다보는, 예감이 드는.
‡**on·ly** [óunli] *adv*. **1** 오직, 단지, 다만 …만(뿐), …에 지나지 않은, …밖에 없는. ¶ I can tell you *only* what I know. 알고 있는 것밖에 말할 수 없다 / I have *only* thirty won left. 30원밖에 남아 있지 않다 / *Only* he remained. 그 만이 남아 있다 / *Only* you(*or* You *only*) can guess. 당신만이 추측할 수 있다. ¶ You can *only* guess(*or* guess *only*). 오직 추측할 수밖에 없다 / You will succeed *only* (*or* *only* succeed) if you do your best. 최선을 다해야 비로소 성공하는 법이다 / He tried *only* to fail. 그는 해보았지만 실패로 끝났을 뿐이다.
2 《때를 가리키는 부사를 수식하여》 바로…, 겨우…. ¶ I heard it *only* yesterday. 바로 어제 그것을 들었다.
── Usage 부사 *only* 의 위치 ── (1) 한 단어를 수식하는 경우는 그 앞에, (2) 절을 수식하는 경우는 주로 그 앞에, (3) 문(文)을 수식하는 경우는 동사 앞에 놓이는 수가 많다. 일반적으로는 *only* 는 동사 앞에 놓는 경향이 강하고, 또 특히 강조할 경우를 제외하고는 부사 *only* 가 문두에 오는 일은 드물다. 〔봐!〕
3 《명령법에 써서》 좀, 잠깐. ¶ *Only* fancy! 좀 상상해 봐! *If only* ① 오직 …이기만 하면〔좋으련만〕. ¶ *If only* it would stop raining! 비가 그치기만 한다면 말아! ② 단지 …만 하고 있으면, ¶ You will succeed *if you only* do your best. 전력을 다하기만 한다면 성공하게 마련이다.
not only…*but* (*also*)~ ⇒ NOT.
only just 간신히, 겨우, 지금 막.
only not 거의, 마치 …이나 할 것 같이 (all but, almost). ¶ The fortress was *only not* abandoned to the enemy. 요새는 거의 적의 손에 넘어갈 지경이었다.
only too ⇒ TOO.
── *adj*. **1** 유일한, 단 하나(한 사람)의. ¶ my one and *only* friend 나의 유일무이한 친구 / This is the *only* example I can give you. 이것이 당신에게 보일 수 있는 유일한 예입니다.
〔類〕 **only** 그것에만 한정하고 그 이상은 없음을 강조하는 말: my *only* son 나의 외아들. **sole** 현재 관계가 있는, 고려의 대상이 되는 것은 그것뿐이라는 것을 강조하는 말; *only* 보다 형식적이지만 뜻이 강하다: my *sole* (*or* only) purpose in life 인생에서의 나의 유일한 목적. **single** 수가 하나이고 딴 것과 결합·수반 관계가 없음을 강조하는 말: row with a *single* oar 단 하나의 노로 젓다. **unique** 같은 종류의 것은 그것밖에 없거나 그 특징이 두드러져 있는 것을 강조하는 말: a *unique*

experience 독특한 경험.
2 최상의, 제일의, 가장 알맞은. ¶ He is the *only* man for the honor. 그야말로 그 명예에 어울리는 인물이다.
── *conj.* **1** 다만, 그러나, …이기는 하나, 그렇지만. ¶ The day is pleasant, *only* rather cold. 날씨는 좋지만 좀 춥다 / I would help you with pleasure, *only* I am too busy. 기꺼이 도와드리고 싶지만 공교롭게도 몸시 바빠서요. **2** 《주로 방언》《종종 that을 수반하여》…을 제외하고는, …만 아니면. ¶ I would come, *only* that I am engaged. 선약만 없으면 오겠다.

o.n.o. 《略》《英》 or *nearest offer*(또는 그에 가까운 값으로). 〔의〕 자동 제어 방식.

ŏn-ŏff contròl [ánsːf-, ɔ́ːn-/ ɔ́nsf-, ɔ́n-] 〔냉장고 따위〕

on-o-man-cy [ánəmənsi / ɔ́n-] *n.* ⓤ 성명 판단.

on-o-mat-o-poe-ia [ànə(u)mæ̀tə(u)píːə / ɔ̀n-] *n.* ⓤ **1** 〔擬聲〕〔법〕. **2** ⓒ 의성어[자연의 음성을 본떠서 만든 말. tinkle, buzz, chickadee, cock-a-doodle-doo 따위]. **3** 〔修辭〕성유법(聲喩法).

on-o-mat-o-poe-ic [ànə(u)mæ̀tə(u)píːik / ɔ̀n-] *adj.* 의성적인; 성유적인. -**i·cal·ly** [-ikəli] *adv.*

on-o-mat-o-po-et-ic [ànə(u)mæ̀tə(u)po(u)étik / ɔ̀n-] *adj.* = onomatopoeic. -**i·cal·ly** [-ikəli] *adv.*

on·rush [ánrʌ̀ʃ, ɔ́ːn-/ ɔ́n-] *n.* **1** 돌격, 강습. **2** 분류(奔流).

on·rush·ing [ánrʌ̀ʃiŋ, ɔ́ːn-/ ɔ́n-] *adj.* 돌진하는.

on-scene [ánsìːn, ɔ́ːn-/ ɔ́n-] *adj.* 현지의, 현장의.

on-screen [ánskrìːn, ɔ́ːn-/ ɔ́n-] *adj., adv.* 〔영화・텔레비전〕 스크린에 등장하는(하여); 〔영화・텔레비전에〕 출연중의(에).

on·sell [ànsél, ɔ́ːn-/ ɔ́n-] *vt.* …을 제3자에게 팔다, 전매(專賣)하다. ¶ buy some works and *onsell* them 작품 몇 점을 사서 전매하다.

****on·set** [ánsèt, ɔ́ːn-/ ɔ́n-] *n.* **1** 착수, 시작, 개시(beginning). ¶ at the first *onset* 시작으로. **2** 공격, 습격(assault).

on·shore [ánʃɔ́ːr, ɔ́ːn-/ ɔ́nʃɔ́ː] *adv.* 육지를 향해; 육상에서. ── *adj.* 육지로 향하는; 육상의.

on·side [ánsáid, ɔ́ːn-/ ɔ́n-] *adj., adv.* 〔축구・하키 따위〕 정규의 위치의(에). *cf.* offside

on-site [ánsáit, ɔ́ːn-/ ɔ́n-] *adj., adv.* 현지의(에서), 현장의(에서). ¶ *on-site* inspection 현지 시찰.

on·slaught [ánslɔ̀ːt, ɔ́ːn-/ ɔ́n-] *n.* 맹공격, 강습, 맹습.

on·stage [ánstéidʒ, ɔ́ːn-/ ɔ́n-] *adj., adv.* 무대〔뒤〕의(에서); 공연중의(에).

on·stream [ánstrìːm, ɔ́ːn-/ ɔ́n-] *adj.* 통과하는, 흐르는. ── *adv.* 활동하여, 활동을 개시하여.

Ont. 《略》 Ontario.

On·tar·i·an [antɛ́(ː)riən / ɔntɛ́ər-] *adj.* 온타리오 주(호)의. ── *n.* 온타리오 주의 주민.

****On·tar·i·o** [antɛ́(ː)riòu / ɔntɛ́ər-] *n.* **1** 캐나다 남부의 주〔주도(州都) Toronto〕. **2** **Lake~** 5대 호(Great Lakes)중 가장 작은 호수. ◇ **Ontárian** *adj.,n.*

on-the-job [ánðədʒɑ̀b, ɔ́ːn-/ ɔ́nðədʒɔ̀b] *adj.* 근무 중의; 직장에서의, 실습으로 익힌. ¶ *on-the-job* training 직장 연수〔연수〕.

on-the-rec·ord [ánðərèkərd, ɔ́ːn-/ ɔ́nðərèkɔ̀ːd] *adj.* 공식의; 공표의; 공식적인.

on-the-spot [ánðəspát, ɔ́ːn-/ ɔ́nðəspɔ̀t] *adj.* 〔구어〕 즉석의; 맞춘의; 현장에서의.

****on·to** [강 ántuː, 약 -tu, -tə/ ɔ́n-] *prep.* (* 《영》에서는 보통 on to로 쓴다. 또 on에 부사적 뜻이 강할 때도 on으로 쓴다. *cf.* on) **1** …의 위에. ¶ Let's get *onto* that island. 저 섬에 상륙하자 / Hold *onto* this rope. 이 밧줄을 붙잡아라. **2** 《미구어》 알아차리고, 알고. ¶ Father is *onto* you and your excuses. 아버지는 너에 관한 일이나 네 변명을 알고 계신다.
You'll get onto it. 《구어》 걱정 마 (Don't worry); 곧 좋아질거야.

onto- being, existence 의 뜻의 연결형. 예: *onto*logy.

on·to·gen·e·sis [àntədʒénisis / ɔ̀n-] *n.* =ontogeny.

on·tog·e·ny [antádʒini / ɔntɔ́dʒ-] *n.* ⓤ 〔생물〕 개체 발생.

on·to·log·i·cal [àntəlɑ́dʒik(ə)l / ɔ̀ntəlɔ́dʒ-], (**on·to·log·ic** [-ik]) *adj.* 〔철학〕 존재론의, 본체론의.

òntológical árgument *n.* 〔철학〕〔신의〕 존재론〔본체론〕적 증명.

on·tol·o·gist [antálədʒist / ɔntɔ́l-] *n.* 〔철학〕 존재론〔본체론〕자.

on·tol·o·gy [antálədʒi / ɔntɔ́l-] *n.* ⓤ 〔철학〕 존재론〔본체론〕.

o·nus [óunəs] *n.* 부담, 무거운 짐; 책임, 의무. ¶ lay the *onus* on … 에게 책임을 지우다. 〔<L burden〕

ó·nus prò·bán·di [óunəs prou(ː)bǽndai] *n.* (라틴) (=*burden of proof*) 입증(立證)의 의무.

†on·ward [ánwərd, ɔ́ːn-/ ɔ́n-] *adv.* (= **on·wards** [-wərdz]) 앞으로(에), 전방으로(에), 나아가서. ⇒ FORWARD 〔類語〕 ¶ from now *onward* 지금 이후 / move *onward* 전진하다 / *Onward!* 《구령》 전진!, 앞으로! ── *adj.* 전방으로의, 전진적인. ¶ an *onward* movement 전진 / an *onward* course 진보적 과정.

on·y·mous [ánimes / ɔ́n-] *adj.* 이름을 밝힌, 〔책・기사 따위에〕 저자 이름을 낸. *opp.* anonymous.

on·yx [ániks, óun-/ ɔ́n-] *n.* ⓤ 줄 마노(瑪瑙), 오닉스. ── *adj.* 칠흑의(jet black).

oo- egg 의 뜻의 연결형. 예: *oo*logy.

O/o 《略》〔상업〕 order of (… 의 지시).

O.O.C. 《略》 Olympic Organizing Committee.

o·o·cyte [óuəsàit] *n.* 〔생물〕 난모 세포(卵母細胞).

oo·dles [úːdlz] *n. pl.* 《때로 단수 취급》 《구어》 대단한 수량, 다량, 풍부. ¶ *oodles* of books 수많은 책.

oof [uːf] *n.* = ooftish.

oof-bird [úːfbə̀ːrd] *n.* 《영속어》 부자.

oof·tish [úːftiʃ] *n.* 《속어》 금전, 현금, 돈.

oof·y [úːfi] *adj.* (**oof·i·er, oof·i·est**) 《구어》 부자의.

o·o·gen·e·sis [òuədʒénisis], (**o·ö·gen·e·sis**) *n.* ⓤ 〔생물〕 난형성(卵形成).

ooh [uː] *interj.* 《구어》 어!, 어허!, 하!, 야!〔놀람・경탄・기쁨・공포 따위를 나타내는 소리〕. ── *vi.* 야(하)하고 외치다.

o·o·lite [óuəlàit], (**o·ö·lite**) *n.* ⓤ 〔지질〕 **1** 어란상암(魚卵狀岩). **2** (O-) 〔유럽의 쥐라기(紀) 상층부의〕 어란상 석회암.

o·o·lit·ic [òuəlítik], (**o·ö·lit·ic**) *adj.* 어란상〔석회〕암의.

o·ol·o·gy [o(u)álədʒi / -ɔ́l-], (**o·öl·o·gy**) *n.* ⓤ 조란학(鳥卵學).

oo·long [úːlɔ̀ŋ, -làŋ / -lɔ̀ŋ] *n.* ⓤ 〔중국산(產)〕 오룡차(烏龍茶).

oom [uːm] *n.* 《南아프리카》 (=uncle) 백부, 숙부.

oo·mi·ak [úːmiæ̀k], **oo·mi·ack** [-miǽk] *n.* = umiak.

oom·pah, oom-pah [úːmpɑ̀ː] *n.* 뿡빠뿡빠〔악기의 튜바 따위의 소리〕.

oomph [umf] *n.* ⓤ 《속어》 **1** 정력, 활력(vigor). **2** 매력(charm); 성적 매력(sex appeal).

-oon *suf.* 명사 어미. 예: ball*oon*.

oont [unt] *n.* 〔인도〕 낙타(camel).

OOP 《略》〔출판〕 *out of print*(절판).

o·o·pho·ri·tis [òuəfəráitis], (**o·ö·pho·ri·tis**) *n.* ⓤ 〔병〕 난소염(卵巢炎).

oophoro- ovary, ovarian 의 뜻의 연결형 (* 모음 앞에서는 *oophor*-을 쓴다). 예: *oophor*itis.

oops [uːps] *interj.* 저런저런, 어렵쇼, 아뿔싸, 아차, 실수.

*****ooze**[1] [uːz] *v.* (**oozed, ooz·ing**) *vi.* **1** 〔물・수분이〕 배어〔스며〕 나오다, 줄줄〔질척질척〕 흘러나오다. ¶ (~+쩐+名) Water *oozed* through the paper bag. 종이 봉지에서 물이 배어 나왔다. **2** 〔기체・소리・빛 따위가〕 새다. **3** 〔물건이〕 수분을 내다, 질척거리다. ¶ (~+쩐+名) My back *oozed with* sweat. 등에 땀이 배었다. **4** 〔비밀 따위가〕 누설되다. ¶ The secret *oozed out*. 비밀이 샜다. **5** 〔용기・흥미 따위가〕 차츰 없어지다, 어느틈에 스러지다. ¶ (~+쩐+圖) His courage *oozed away*(or *out*). 그의 용기가 차츰 꺾였다. ── *vt.* 〔

분)을 질척질척 내다, 배어 나오게 하다. ¶ *ooze* sweat 땀을 흘리다. — *n*. ⓤ **1** 배어(스며) 나옴, 삼출(滲出), 분비[물]. **2** 〖무두질용의〗 타닌액, 삼출액.
◇ ốozy¹ *adj*.
ooze² [úːz] *n*. ⓤ **1** 〖못·강·바다 따위의 바닥의〗 개흙(slime). **2** 늪지, 습지(marsh).
ooz·y¹ [úːzi] *adj*. (**ooz·i·er, ooz·i·est**) **1** 배어(스며)나오는, 질질(줄줄) 흐르는. **2** 질척질척한, 친친한.
ooz·i·ly *adv*. **ooz·i·ness** *n*.
ooz·y² [úːzi] *adj*. (**ooz·i·er, ooz·i·est**) 개흙의(같은), 진흙의, 질척거리는, 진흙을 포함한.
ooz·i·ly *adv*. **ooz·i·ness** *n*.
op [ɑp/ɔp] *n*., *adj*. (때로 O-) ⓤ 광학(光學) 예술(의).
¶ an *op* artist 광학 예술가. [< OP[TICAL] ART]
op- *pref*. ⇨ OB-.
op. (略) opera; operation; opposite; opus.
Op. (略) opus.
o.p., O.P. (略) out of print (절판되어).
O.P. (略) observation post; 〖연극〗 opposite prompt (prompter 의 반대쪽의); overproof.
OPA (略) (美) 〖정치〗 Office of Price Administration (물가 관리국).
o·pac·i·ty [o(u)pǽsiti] *n*. (*pl*. **-ties**) ⓤ **1** 불투명. 〖사진〗 불투명도. **2** ⓒ 불투명체(부). **3** 불명료, 의미가 모호함. **4** 우둔, 우매, 둔감. 〖어〗.
o·pah [óupə] *n*. 앉은뱅이〖대서양산(産)의 고운 식용어〗.
o·pal [óup(ə)l] *n*. ⓤ 〖광물〗 오팔, 단백석(蛋白石).
o·pal·esce [òupəlés] *vi*. (**-esced, -esc·ing**) 〖오팔과 같이〗 단백광(蛋白光)(유백광(乳白光))을 내다.
o·pal·es·cence [òupəlésns] *n*. ⓤ 단백광, 유백광.
o·pal·es·cent [òupəlésnt] *adj*. 단백광(유백광)을 내는. 「光)을 내는.」
o·pal·esque [òupəlésk] *adj*. 오팔 같은, 단백광(乳白
ốpal gláss *n*. ⓤ 유백색 유리.
o·pal·ine *adj*. [óup(ə)lin, -làin, -làin / → n.] **1** 오팔 같은. **2** 단백광(유백광)을 내는(opalescent).
— *n*. [óup(ə)lìːn] ⓤ 유백색 유리 (opal glass).
Op Amp, op-amp [ːː] 〖전자공학〗 *op*erational *amp*lifier (연산 증폭기(演算增幅器)).
*o·paque** [o(u)péik] *adj*. **1** 불투명한, 빛을 통하지 않는. ¶ an *opaque* body 불투명체. **2** 〖열·소리 따위를〗 통과시키지 않는. 부전도성의. **3** 광택 없는, 흐릿한; 어두운(dark). **4** 알기 힘든, 까다로운; 명료하지 않은(obscure). **5** 우둔한, 이해력이 없는(dull, stupid). — *n*. **1** 불투명체. **2** 〖사진〗 불투명액; 불투명 인화제. — *vt*. (**o·paqued, o·paqu·ing**) **1** 〖사진〗 〖제판용 네가의 흠집〗을 불투명액으로 수정하다. **2** 불투명하게 하다.
~·ly *adv*. ~·ness *n*.
ốp(Ốp) árt *n*. ⇨ op.
op. cit. [ɑp sít/ ɔp-] (略) 〖라틴〗 *ope*re *cit*ātō (= in the work cited 앞에 든 저서 중에). ¶ Thomas, *op. cit.*, p. 31 토마스 저(著), 앞에 든 저서의 31페이지.
OP códe *n*. 〖컴퓨터〗 연산(演算) 코드.
ope [oup] *adj*., *v*. (**oped, op·ing**) 〖고어〗 = open.
OPEC [óupek] (略) Organization of Petroleum Exporting Countries (석유 수출국 기구).
Op-Ed [ɑpéd], (**Op-Ed page** [-pèidʒ]) *n*. 〖美〗 서명 기사 페이지〖서명 기사, 서명 논평 따위가 실리는 신문의 사설 반대쪽 페이지〗. [< OP[POSITE] + ED[ITORIAL]]
‡o·pen [óup(ə)n] *adj*. **1** 열린, 열려 있는, 열어 젖힌. ¶ an *open* gate 열려 있는 문 / an *open* drawer 열어 젖혀져 있는 서랍 / pull (push) the window *open* 창문을 당겨(밀어) 열다 / throw *open* the door 문을 확 열다 / keep one's eyes (ears) *open* 정신차려 지켜보다 (귀를 기울이다) / keep one's mouth *open* 걸근거리다, 걸신들려 있다.
2 널따란, 휜히 트인, 막히지 않은, 전망이 좋은. ¶ an *open* field 널따란 들판 / an *open* view 널리 내다보이는 조망 / in the *open* air. ⇨ OPEN AIR **2**.

3 뚜껑이 없는, 덮개가 없는, 지붕이 없는. ¶ an *open* car 오픈카, 무개차(無蓋車) / an *open* boat 갑판 없는 배.
4 틈새기가 있는, 촘촘하지 않은; 〖직물이〗 올(발)이 성긴, 구멍난; 〖군대〗 〖대형이〗 산개한. ¶ *open* teeth 사이가 뜬, 성긴 이.
5 벌어진, 펼쳐진(extended), 접지 않은. ¶ an *open* wound 입이 벌어진 상처 / an *open* hand 손을 벌리고; 관대하게, 후하게 / with *open* arms 양팔을 벌리고, 대환영하여 / Almost all the flowers are *open*. 꽃이 거의 다 만발했다.
6 공개의, 출입이 자유로운(*to*...). ¶ an *open* competition 공개 경기 / an *open* court 공개 법정 // be *open* to the public 일반에게 공개되어 있다 / The hotel restaurants are *open* to nonresidents. 호텔의 레스토랑은 숙박자 아닌 사람도 이용할 수 있다.
7 〖학교·상점·병원 등이〗 열려 있는, 〖전람회·의회·연극 등이〗 개최중인. ¶ The store is *open* even on Sunday. 그 가게는 일요일도 연다.
8 입수할 수 있는(available), 채용할 수 있는. ¶ There was only one course *open* to me. 취할 수 있는 길은 하나밖에 없었다.
9 〖지위·자리 등이〗 비어 있는, 공석의; 〖시간이〗 비어 있는, 한가한. ¶ an *open* day 손이 비어 있는 날 / The position is still *open*. 그 자리는 아직 공석이다.
10 제한되지 않는, 금지되지 않은, 〖어렵(漁獵)기가〗 해금(解禁)의; 〖美구어〗 주류 판매·도박이 허용되어 있는. ¶ an *open* season 해금기.
11 〖기후가〗 온화한(mild), 얼지 않는, 부동(不凍)의, 서리가 내리지 않는. ¶ The harbor is *open*. 그 항구는 동결(凍結)되지 않는다.
12 미해결의, 미결정의(undecided); 미결산의. ¶ an *open* question 미해결 문제 / an *open* account 청산 계정 (清算計定).
13 […을] 받기 쉬운, 면할 수 없는; […에] 노출되어 있는, 무방비의(*to*...). ¶ *open* to doubt 의문의 여지가 있는 / *open* to temptation 유혹되기 쉬운 / be *open* to advice 충고를 순순히 받아들이다 / be *open* to attack 공격에 대해 무방비이다.
14 공공연한, 공개된. ¶ an *open* scandal 세상이 다 아는 추문.
15 솔직한, 숨김없는, 편한 없는, 터놓고 대하는. ¶ an *open* face 사심 없는 얼굴 / an *open* manner 솔직한 태도 / an *open* mind 편견 없는 마음 / *open* and aboveboard 공명 무사하여, 탁 터놓고서 / be *open* about ⋯에 관해 숨기지 않다 / be *open* with a person 남에 대해서 숨기지 않다.
16 활수한, 상냥스런, 대범한, 관대한(generous). ¶ He has an *open* purse. 그는 돈에 관해 대범하다.
17 자유(自)의, 〖바다가〗 위험이 없는; 공해(公海)의. ⇨ OPEN PORT **1**, OPEN SEA.
18 〖가축의 암컷이〗 임신하지 않은(not pregnant).
19 〖인쇄〗 〖활자가〗 아우트라인의; 자간(字間)이 성긴.
20 〖음악〗 오르간의 파이프가 음전(音栓)이 열린, 〖현(弦)이〗 손가락으로 눌러져 있지 않은, 개방현(弦)(파이프)의.
21 〖의학〗 변통(便通)이 순한. ¶ The bowels are *open*. 변통이 순하다.
22 〖음성〗 **a)** 〖모음이〗 개구음(開口音)의. *opp*. close **b)** 〖음절이〗 모음으로 끝나는. ¶ an *open* syllable 개음절(開音節). **c)** 〖자음이〗 개구적인 [[f] [s] [v] [z] [ð] 따위]. ¶ an *open* consonant 개구 자음.
— *vt*. **1** ⋯을 열다; 〖보자기〗를 풀다; ⋯을 펼치다 (unfold) (*..., up*). ¶ *open* a window 창문을 열다 / *open* a letter 편지를 개봉하다 / *open* one's eyes 눈을 뜨다, 눈을 크게 뜨다 / *open* one's lips 입을 열다, 이야기하다 / *open* a hand 손을 펴다 // (~+멱+젧) *open* out a newspaper 신문을 펼치다.
2 〖땅〗을 개척(개간)하다, 〖길〗을 내다 (..., *out, up*); 〖가능성〗을 타개하다 (..., *up*). ¶ *open* ground 개간하다 /

openable 1544 **open-faced**

open a chasm 깊은 굴을 파다 / *open* a prospect 입사의 길을 열다(…up). ¶ (~+몡+前+몡) *open* a way; *through* woods 삼림을 벌채하여 길을 내다 / (~+前+몡) *open up* a mine 광산을 개발하다 / His invention *opened up* the possibility of a higher standard of life. 그의 발명에 의해 한층 높은 생활 수준의 가능성이 생겨났다.
3 …을 개방하다, 공개하다; 〔가게 따위〕를 열다, 개업하다(…up). ¶ *open* a garden 정원을 개방하다 / (~+몡+前+몡) *open*[*up*] a coutry *to* trade 타국과 통상을 열다.
4 …을 시작하다, 개시하다(…up); 〔법률〕 …의 모두(冒頭) 진술을 하다. ¶ *open*[*up*] a campaign 운동을 시작하다 / *open* the case 〔변호사가〕 모두 진술을 하다 / *open* an account with …과 거래를 시작하다(트다) / (~+몡+前+몡) *open* fire *on* (or *at*) the enemy 적에 대해 사격을 개시하다 / He *opened* the meeting with a short speech. 그는 짤막한 인사말을 하고 회의를 시작했다.
5 〔변〕을 통하게 하다; 〔종기 따위〕를 절개하다(째다).
6 …을 털어놓다, 〔비밀 따위〕를 누설하다, 폭로하다 (reveal) (…out). ¶ *open* one's plan 계획을 누설하다 // (~+몡+前+몡) *open* [*out* (or *up*)] one's mind *to* one's friend 친구에게 심중을 털어놓다.
7 …을 계발하다(enlighten), …의 편견을 없애다, 〔마음〕을 열다. ¶ *open* one's understanding 이해력을 넓히다 / (~+몡+前+몡) *open* a person's eyes *to* the fact 남에게 사실을 인식시키다 / *open* one's heart *to* mercy 마음을 열어 자비로와지다.
8 〔대형 따위〕를 산개시키다. ¶ *open* ranks 산개(散開)
9 〔예〕이 잘 보이는 곳으로 나오다.
━ *vi.* **1** 열리다, 벌어지다; 넓어지다, 피다; 터지다 (*out, up*). ¶ The door won't *open*. 그 문은 도무지 열리지 않는다 / The buds were beginning to *open*. 봉오리가 벌어지기 시작하고 있었다 / His wound *opened* under the strain. 심한 일 탓으로 그의 상처는 터졌다.
2 〔방·문이 열려서〕 통하다, 향해(면해) 있다(*into, onto, to, upon*…). ¶ (~+前+몡) *open upon* a little garden 작은 뜰에 면해 있다 / The door *opens into* a larger room. 그 문은 더 큰 방으로 통해 있다 / The window *opens to* the south. 그 창은 남향이다.
3 시작되다, 개업하다, 행동을 일으키다. ¶ The store *opens* at 10 a.m. 가게는 오전 10시에 열린다 // (~+前) The market *opened* strong. 시황(市況)은 강세로 시작되었다 / (~+前+몡) *open upon* a fiscal question 재정문제로 질문을 시작하다 / The story *opens* with a terrible murder. 이야기는 무서운 살인 사건으로 시작된다.
4 …이 보이기 시작하다, 〔경치가〕 펼쳐지다(*out, up*). ¶ (~+前) The beautiful views *opened* [*out*] *before* our eyes. 아름다운 경치가 눈앞에 전개되었다.
5 〔마음이〕 넓어지다, 발달하다(develop); 〔구어〕 터놓고 이야기할 수 있게 되다 (*out*). ¶ His understanding *opened* with the years. 그의 이해력은 나이와 함께 넓어져 갔다 // (~+前+몡) His heart *opens to* my words. 그는 내가 하는 말을 알게 되어 있다 // (~+前) The stranger began to *open out* after he had known us. 그 낯선 사나이는 우리를 알고 나서는 속을 털어놓고 이야기하기 시작했다.
6 〔손·부채 따위가〕 퍼지다.
7 〔대형이〕 산개하다, 개업하다; 성기어지다, 발이 거칠어지다. ¶ Ranks *open*. 대형이 산개하고 있다.
8 책을 펴다. ¶ (~+前+몡) Please *open to* (or 〔英〕 *at*) page 20. 20페이지를 펴시오.
9 〔사냥〕 〔사냥개가 사냥감을 냄새 맡고〕 짖기 시작하다
━ *n.* (the~) **1** 널따란 장소, 공터, 광장 **2** 옥외, 야외, 노천, **3** sleep in the *open* 노숙하다, **3** 널따란 바다(강, 호수). **4** 다들 아는 바임, 공공연함. ¶ come [out] into the *open* 숨기지 않다, 속을 털어놓다. **5** 〔특히 골프의〕 공개 시합.

o·pen·a·ble [óup(ə)nəbl] *adj.* 열려지는, 열 수 있는.
ópen accóunt *n.* 〔경제〕 청산 계정〔그때그때 현금 결제를 하지 않고 대차 관계를 기록해두었다가 매년 정기적으로 그 대차 차액만을 현금 결제하는 방식〕.
ópen admíssions *n. pl.* 〔美〕〔무시험의〕 대학 전원 입학제.
ópen áir *n.* (the~) **1** 외기(外氣). **2** 옥외, 야외. ¶ in the *open air* 옥외에서, 야외에서.
‡**o·pen-air** [óup(ə)nέər] *adj.* 야외의, 옥외의(outdoor), 노천의; 야외를 좋아하는. ¶ an *open-air* game 옥외 경기.
o·pen-and-shut [óup(ə)nənʃʌt] *adj.* 첫눈에 알 수 있는, 명백한. ¶ an *open-and-shut* case 이내 해결이 되는 사건.
o·pen-armed [óup(ə)náːrmd] *adj.* 양팔을 벌린; 마음으로부터의. ¶ an *open-armed* welcome 마음으로부터의 환영.
ópen bállot *n.* 무기명 투표. 〔터의 환영.
ópen bár *n.* 〔피로연 따위를 하면〕 무료로 음료를 제
ópen bóat *n.* 갑판이 없는 배. 〔공유하는 술집.
ópen bóok *n.* 펴놓은 책; 쉽게 이해할 수 있는 것(사람), 다 잘 알려진(아는) 것(일).
ó·pen-bòok examinátion [óup(ə)nbùk-] *n.* 교과서·참고서를 마음대로 보아도 좋은 시험.
o·pen·cast [óup(ə)nkæ̀st / -kὰːst] 〔주로 英〕 *n., adv., adv.* =opencut.
ópen chámpion *n.* 자유 경쟁의 우승자.
ópen chéck (〔英〕 **chéque**) *n.* 보통 수표. *cf.* crossed check 〔circuit.
ópen círcuit *n.* 〔전기〕 개회로(開回路). *cf.* closed
ópen cíty *n.* 〔군대〕 비무장 도시.
ópen clássrôom *n.* 〔美〕〔국민 학교의〕 자유 학습.
o·pen-col·lar [oup(ə)nkάlər / -kɔ́lər] *adj.* 〔美 구어〕 재택 근무의. ¶ an *open-collar* worker 재택 근무자.
ópen commúnion *n.* 〔교회〕 다른 종파를 허용하는 성찬식. 〔개헌정.
ópen cóurt *n.* 〔법률〕 〔일반인의 방청이 허용되는〕 공
o·pen-cut [óup(ə)nkʌ̀t] *n.* **1** 노천(露天) 채굴. **2** 개착(開鑿). ━ *adv.* 노천 채굴로. ━ *adj.* 노천 채굴
o·pen-date [óup(ə)ndèit] *n.* 〔종종 형용사적〕 〔포장 식품의〕 날짜 표시, 유효 연월일 표시. ━ *vt.* 〔포장된 식품에〕 제조 연월일이나 보존 기한을 표시하다.
ópen dóor *n.* **1** 〔통상상의〕 문호 개방, 기회 균등. **2** 출입 자유.
o·pen-door [óup(ə)ndɔ́ːr / -dɔ́ː] *adj.* 문호 개방의, 기회균등의; 공개의. ¶ an *open-door* policy 문호 개방 정책. 〔2 〔제안 등에〕 응하는.
o·pen-eared [óup(ə)níərd] *adj.* **1** 귀를 기울이는.
o·pen-end [óup(ə)nénd], **-end·ed** [-éndid] *adj.* **1** 한도가 없는. **2** 〔투자 신탁의〕 오픈식의. **3** 넓은(일반적인) 해석을 인정하는. **4** 〔녹음 테이프가〕 광고를 넣을 여지를 남겨 놓는.
ópen-ènd invéstment còmpany *n.* 개방형 투자 신탁 회사(mutual fund). 〔입학제.
ópen enróllment *n.* U C 〔美〕 무시험의 대학 전원
o·pen·er [óup(ə)nər] *n.* **1** 여는 사람, 개시하는 사람. **2** 여는 물건(도구), 병(깡통) 따개. ¶ a can *opener* 깡통 따개. **3** 최초의 것; 제1장. ¶ We won the *opener*. 우리는 첫 시합을 이겼다. **4** (~s) 〔카드놀이〕 포커에서 내기를 시작하기에 충분한 끗수의 패.
o·pen-eyed [óup(ə)náid] *adj.* **1** 눈을 뜬, 〔놀라서〕 눈을 동그랗게 뜬. ¶ *open-eyed* astonishment 깜짝 놀람. **2** 경계하는, 빈틈없는, 주의깊은(alert). **3** 〔주의 등에〕 *open-eyed* attention 세심한 주의를 기울어. **3** 알면서 한 죄. ¶ an *open-eyed* commission of a crime 알면서 범
ópen fáce *n.* **1** 사심(邪心) 없는 얼굴, 정직한 얼굴. **2** 〔시계의〕 유리로만 덮인 문자판.
o·pen-faced [óup(ə)nféist] *adj.* **1** 순진(정직)한 얼

굴의. **2** [시계가] 한 면이 유리로 덮인. **3** [파이 따위에] 윗 껍질이 없는; [샌드위치에] 위에 빵이 얹혀 있지 않은.

o·pen-field [óup(ə)nfì:ld] *adj.* [토지가] 공동 경작의.

ópen fráme *n.* [볼링] 오픈 프레임[스트라이크·스페어가 없는 프레임].

o·pen-hand·ed [óup(ə)nhǽndid] *adj.* 손이 큰, 활수한, 아끼지 않는(liberal, generous). **~·ly** *adv.* **~·ness** *n.*

ópen hármony *n.* U [음악] 벌린 화성(和聲). *cf.* close harmony

o·pen-heart [óup(ə)nhá:rt] *adj.* 심장을 절개하는.

o·pen-heart·ed [óup(ə)nhá:rtid] *adj.* **1** 속을 터 놓은, 무각한, 솔직한, 숨기지 않는. **2** 친절한. **~·ly** *adv.* **~·ness** *n.*

o·pen-hearth [óup(ə)nhá:rθ] *adj.* 평로(平爐)의. ¶ an *open-hearth* furnace 평로 / *open-hearth* process 평로법.

ópen hóuse *n.* U **1** 공개 파티. **2** [학교 따위의] 공개일(公開日). **3** 손님을 환대하는 집. ¶ keep *open house* 언제든지 손님을 환대하다.

ópen hóusing *n.* U 《美》 주거 개방[인종·종교에 의한 주택 판매 차별의 금지].

‡**o·pen·ing** [óup(ə)niŋ] *n.* **1** 열리기, 열기, 벌리기, 개방. **2** 공지, 빈터, 광장; 숲사이의 공지. **3** 틈, 새진 틈(gap), 구멍(hole); 통로(passage). ¶ an *opening* in the wall 벽의 벌어진 틈. **4** 개시, 시작, 발단, 모두(冒頭). ¶ the *opening* of the day 새벽 / the *opening* of a speech 연설의 서두. **5** [시즌의] 개막; [연극의] 개연(開演), 서막, 개장, 초연. **6** 개점, 개회, 개원, 개통, 개통식. ¶ the *opening* of Parliament 의회의 개회. **7** 공석, 결원(缺員), 취직 자리. ¶ look for an *opening* 취직 자리를 찾다. **8** 기회, 호기(opportunity) (for...). ¶ an *opening* for a trade 교역의 호기. **9** [법률] 모두 진술. **10** [서양장기] 첫수, 두기 시작. — *adj.* 최초의, 개시의, 시작(발단)의. ¶ an *opening* ceremony 개회식 / an *opening* address 개회사 / *opening* time 개점 시간.

ópening níght *n.* [연극·영화 등의] 첫날밤의.

ópen létter *n.* 공개장, 공개 질문서.

ópen lóop *n.* [컴퓨터] 개회로(開回路), 개방루프[피드백 기구(機構)가 없는 제어 시스템]. *opp.* closed loop

o·pen-loop [óup(ə)nlú:p] *adj.* [오토메이션에서] 오픈 루프의[피드백이 없는 것].

‡**o·pen·ly** [óup(ə)nli] *adv.* **1** 공공연히, 공적으로. **2** 솔직하게, 내놓고(frankly).

ó·pen-már·ket operátion [óup(ə)nmá:rkit-] *n.* [경제] [각국 중앙 은행이 하는] 공개 시장 조작.

ópen márriage *n.* 개방(자유) 결혼[서로 사회적·성적으로 독립된 개인임을 인정하는 결혼의 형태], *cf.* contract marriage

o·pen-mind·ed [óup(ə)nmáindid] *adj.* 마음이 넓은, 허심 탄회한, 편견 없는. **~·ly** *adv.* **~·ness** *n.*

o·pen-mouthed [óup(ə)nmáuðd, -máuθt] *adj.* **1** 입을 벌린; 어리둥절한, **2** 탐욕스러운, 게걸스러운(greedy). **3** [사냥개가] 짖어대는. **4** 시끄러운. **5** [그릇 따위가] 입이 큰 (넓은).

o·pen·ness [óup(ə)nnis, *n.* U] **1** 열려 있음, 널찍함. **2** 숨김 없음, 솔직. **3** 편견이 없음, 관대.

ópen órder *n.* [군대] 산개 대형(extended order).

o·pen-pit [óup(ə)npìt] *n., adv.,* =opencut.

ópen plán *n.* 분명하게 칸막이하지 않는 방의 설계.

ópen pórt *n.* **1** 부동항 (자유항) (不凍港).

ópen prímary *n.* 《美》 공개 예선 대회 [투표자가 자기의 소속 정당을 명시할 필요가 없는 예비 선거].

ópen príson *n.* 개방 교도소 [수감자에게 대폭적인 자유를 허용].

ópen sándwich *n.* 오픈 샌드위치 [위에 빵을 덮지 않는다]. *cf.* open faced 3

ópen scóre *n.* [음악] 오픈 스코어 [각 파트가 따로따로 쓰여진 총보(總譜)].

ópen séa *n.* (the~) 공해(公海).

ópen séason *n.* 수렵(어렵)이 허용되는 기간; 《비유적으로》 심한 비판에 노출되는 시기.

ópen séat *n.* 현직 의원이 재출마하지 않는 선거구의.

ópen sécret *n.* 공공연한 비밀. [의석(議席)].

ópen sésame *n.* 열려라 참깨 [난관을 빠져나가는 주문. 〔< The Arabian Nights 중의 '알리바바와 40인의 도적'에 나오는 이야기로, 도적이 동굴을 열 때 사용하는 주문〕]

ópen sét *n.* 오픈 세트 [영화 촬영의 옥외 장치].

o·pen-shelf [óup(ə)n(j)élf] *adj.* 《美》 [도서관의] 개가식(開架式)인.

ópen shóp *n.* 오픈 숍 [노동 조합원이 아닌 사람도 고용하는 사업장]. *cf.* closed shop, union shop

ópen socíety *n.* 개방 사회.

o·pen-stack [óup(ə)nstǽk] *adj.* =open-shelf.

ópen stóck *n.* [보충·추가를 할 수 있도록 낱개로 파는] 세트 상품.

ópen tówn *n.* 《美》 [술집·도박 등을 허용하는] 방임 도시; 《구어》 무방비 도시.

ópen univérsity *n.* **1** 《美》 통신 대학. **2** 《英》 (the O·U·) 공개 대학 [자격시험과 관계 없이, 방송·통신 강좌 등의 방법에 의해 일반 성인에게 대학 교육을 실시].

o·pen-weight [óup(ə)nwèit] *n.* [유도의] 무제한급.

o·pen·work [óup(ə)nwə̀:rk] *n.* U [천 따위의] 비쳐 보이게 하는 세공.

‡**op·er·a**[1] [áp(ə)rə / ɔ́p-] *n.* U C **1** 가극, 오페라. **2** 오페라의 음악(總譜). **3** (때로 O·) C 오페라 극장(opera house). ◇ **operátic** *adj.*

o·pe·ra[2] [óup(ə)rə] *n.* opus의 복수형의 하나.

op·er·a·ble [áp(ə)rəbl / ɔ́p-] *adj.* **1** 실시할 수 있는, 사용 가능한. **2** 수술이 가능한. **-bly** *adv.*

opéra bouffe [áp(ə)rə búːf / ɔ́p-] *n.* (*pl.* o-bouffes *or* opéras b-) 희가극(comic opera). [<F farcical opera]

op·er·a-cloak [áp(ə)rəklòuk / ɔ́p-] *n.* [관극·야외용] 여자 외투.

o·pé·ra co·mique [áp(ə)rə kɑmíːk / ɔ́p(ə)rə kɔ-] *n.* (*pl.* o·comiques *or* opéras c-) 오페라 코믹 [대화를 포함한 프랑스 가극. 비극도 있다]. *cf.* comic opera [<F comic opera]

ópera gláss *n.* (보통 ~es) 오페라 글라스 [관극용 쌍안경].

ópera hát *n.* 오페라 해트 [접을 수 있는 실크 해트].

ópera hóod *n.* 여자의 관극 (야회) 용 두건.

ópera hóuse *n.* **1** 오페라 극장. **2** 《美방언》 극장(theater); 전시회장(exhibition hall).

op·er·and [áp(ə)rænd / ɔ́p-] *n.* [수학] 연산수(演算數), 오퍼랜드.

op·er·ant [áp(ə)rənt / ɔ́p-] *adj.* **1** 움직이는, 일하는; 효력 있는. **2** [심리] 자발적인. — *n.* 직공, 기능공, 일하는 사람.

‡**op·er·ate** [áp(ə)rèit / ɔ́p-] *v.* (-at·ed, -at·ing) *vi.* **1** [기계·기관(器官) 따위가] 움직이다, 일(작동)하다. ¶ This machine *operates* night and day. 이 기계는 주야로 움직인다.
2 작용하다, 영향을 미치다; [약이] 듣다, 효과를 나타내다 (on, upon). ¶ (~+前+名) Books *operate* powerfully *upon* the soul both for good and evil. 책은 좋든 나쁘든 정신에 강한 영향을 미친다 / These factors *operated against* his business. 이들 요인이 그의 사업에 불리하게 작용했다 / (~+to do) Several causes *operated* to begin the war. 몇 가지 원인에 의해 전쟁이 일어났다.
3 일을 하다. ¶ (~+前+名) *operate at* pirate 해적질을 하다 / The sculptor *operates on* the clay or marble. 조각가는 점토나 대리석을 가지고 일을 한다.

4 〔외과〕 수술을 하다. ¶ (~+前+名) *operate on* (or *upon*) a patient for a tumor 환자의 종기 수술을 하다. **5** 〔군대〕 작전을 세우다; 군사행동을 취하다. ¶ an army *operating* on a large scale 대규모 작전중인 군대. **6** 〔시세 변동을 노리고〕 주가를 조작하다, 투기하다.
— vt. **1** 〔기계 따위〕를 움직이다, 운전하다, 조종하다(work), ¶ *operate* a lathe 선반을 조작하다. **2** 《주로 美》 〔공장 따위〕를 운영하다, 경영하다, 관리하다(manage). **3** 〔효과·결과〕를 가져오다, 〔변화〕를 일으키다(bring about), 결정하다. ¶ *operate* remarkable changes 두드러진 변화를 가져오다.
◇ operátion n. óperative adj.

op·er·at·ic [ɑ̀pərǽtik / ɔ̀p-] *adj.* 오페라(풍)의, 오페라(가극)에 맞는. — *n.* (보통 ~s) 〔단·복수 양용〕 오페라 연출법; 〔오페라풍의〕 과장된 몸짓.
-**i·cal·ly** [-ikəli] *adv.*

*op·er·at·ing** [ɑ́pərèitiŋ / ɔ́p-] *adj.* **1** 경영(운영) 상의. ¶ *operating* expense 운영비. **2** 〔수술(용)의, 수술의. ¶ an *operating* room(table) 수술실(대) / an *operating* theater 수술 계단 교실.

óperating sýstem *n.* 〔컴퓨터〕 오퍼레이팅 시스템 〔컴퓨터를 효율적으로 운영하기 위한 프로그램이나 수순을 모은 소프트웨어 체계; 略 OS〕.

op·er·a·tion [ɑ̀pəréiʃ(ə)n / ɔ̀p-] *n.* **1** ⓤ 기능, 작용. ¶ the *operation* of breathing 호흡 작용 / get a machine into *operation* 기계를 작동시키다. **2** ⓤⓒ 효력, 효능, 유효 범위(기간), 영향력. **3** ⓤ 실시, 시행; 운용(보통 *in, into...*). ¶ the *operation* of law 법의 운용 // put a law *into operation* 법을 시행하다 / come *into operation* 실시(시행)되다. **4** ⓤⓒ 〔작업·제조 따위의〕 공정, 방법; 〔기계의〕 조작, 운전. ¶ the *operation* of a machine 기계 조작. **5** ⓤⓒ 사업; 경영, 운영. ¶ building *operations* 건축 공사 / the *operation* of a railroad 철도의 경영. **6** 투기 매매(투기 매입), 조작. ¶ *operations in* cotton 면화의 투기 매입. **7** 〔외과〕 수술. ¶ perform an *operation on* a patient *for* a tumor 환자의 종기 수술을 하다. **8** 〔수학〕 운산, 연산. ¶ four *operations* 가감승제(加減乘除). **9** (보통 ~s) 〔군대〕 작전, 군사 행동; 작전 본부. ¶ a base of *operations* 작전 기지.
◇ oeprate v., operátional *adj.*

*op·er·a·tion·al** [ɑ̀pəréiʃ(ə)l / ɔ̀p-] *adj.* **1** 조작상의. **2** 〔군대〕 작전상의.

óperátions róom *n.* 작전 지령실.

òperátions(《英》òperátional) reséarch *n.* ⓤ 오퍼레이션즈 리서치〔기업 경영상의 과학적 조사 연구〕.

*op·er·a·tive** [ɑ́p(ə)rèitiv, -rətiv / ɔ́p-] *n.* **1** 직공, 직원. **2** 《美少》 형사, 탐정(detective); 스파이, 첩보부원(secret agent). — *adj.* **1** 활동하는(active); 작용하는. **2** 〔법률 따위가〕 효력이 있는(effective), ¶ an *operative* word 유효한 말 / This law became *operative* today. 이 법률은 오늘 발효했다. **3** 〔약 따위가〕 효력이 있는. ¶ an *operative* dose of medicine 약의 유효한 1회 분량. **4** 〔생산 활동〕에 종사하는, 작업의. ¶ *operative* arts 수공업. **5** 〔외과〕 수술의(에 의한). ¶ *operative* surgery 수술. ~·**ly** *adv.* ~·**ness** *n.*

*op·er·a·tor** [ɑ́pərèitər / ɔ́p-] *n.* **1** 기사, 직공, 〔기계의〕 운전자; 〔전화〕 교환수. ¶ a telephone *operator* 전화 교환수 / a cinema *operator* 영사(映寫) 기사. **2** 투기하는 사람, 중매인. **3** 〔외과〕 수술하는 사람, 〔수술의〕 집도하는 사람. **4** 〔수학〕 연산 기호. **5** 〔유전〕 오퍼레이터 유전자.

ópera wíndow *n.* (승용차의 뒷좌석 양옆의) 작은 창문. 〔官〕의.

o·per·cu·lar [o(u)pə́ːrkjulər] *adj.* 개상 기관〔蓋狀器〕.

o·per·cu·late [o(u)pə́ːrkjulit, -lèit], (**o·per·cu·lat·ed** [-lèitid] *adj.* 〔동·식물의〕 개상 기관이 있는.

o·per·cu·lum [o(u)pə́ːrkjuləm] *n.* (*pl.* -**la** [-lə] or -**lums**) **1** 〔식물〕 삭개(蒴蓋), 선개(蘚蓋). **2** 〔동물의〕

가미덮개, 덮개딱지.

o·pe·re ci·ta·to [ɑ́pəriː sitéitou / ɔ́p-] 〔라틴〕 (=in the work cited) 앞에 든 책에 〔略 op. cit.〕.

op·er·et·ta [ɑ̀pərétə / ɔ̀p-] *n.* 오페레타, 경〔輕〕 가극.

op·er·on [ɑ́pərɑ̀n / ɔ́pərɔ̀n] *n.* 오페론〔유전자의 형질 발현(形質發現)에 관한 유전 단위〕.

op·er·ose [ɑ́pəròus / ɔ́p-] *adj.* **1** 근면한(industrious). **2** 힘드는, 애쓰는(laborious).
~·**ly** *adv.* ~·**ness** *n.*

oph·i·cleide [ɑ́fiklàid / ɔ́f-] *n.* 〔음악〕 오피클라이드 〔저음의 관악기〕.

o·phid·i·an [o(u)fídiən, +英 ɔf-] *adj.* 뱀류(類)의; 뱀 같은. — *n.* 뱀(snake).

oph·i·ol·a·ter [ɑ̀fiɑ́lətər / ɔ̀fiɔ́l-] *n.* 뱀 숭배자.

oph·i·ol·a·try [ɑ̀fiɑ́lətri / ɔ̀fiɔ́l-] *n.* ⓤ 뱀 숭배.

oph·i·ol·o·gy [ɑ̀fiɑ́lədʒi / ɔ̀fiɔ́l-] *n.* ⓤ 뱀 학(學), 뱀 연구.

O·phir [óufər] *n.* 〔성서〕 오빌〔Solomon이 금·보석·나무를 얻은 땅. ←열왕기(상) (1 Kings) 10:11〕.

oph·ite [ɑ́fait / ɔ́f-] *n.* 〔광물〕 휘록암(輝綠岩).

oph·thal·mi·a [ɑfθǽlmiə / ɔf-] *n.* ⓤ 〔안과〕 안염(眼炎).

oph·thal·mic [ɑfθǽlmik / ɔf-] *adj.* 눈의(ocular), 안과(眼科)의; 안염의. ¶ an *ophthalmic* hospital 안과 병원.

ophthalmo- eye 의 뜻의 연결형(* 모음 앞에서는 ophthalm-을 쓴다). 예; *ophthalmo*logy.

oph·thal·mo·log·ic [ɑ̀fθælməlɑ́dʒik / ɔ̀fθælməlɔ́dʒ-], **-i·cal** [-ik(ə)l] *adj.* 안과학의.

oph·thal·mol·o·gist [ɑ̀fθælmɑ́lədʒist / ɔ̀fθælmɔ́l-] *n.* 안과 의사.

oph·thal·mol·o·gy [ɑ̀fθælmɑ́lədʒi / ɔ̀fθælmɔ́l-] *n.* ⓤ 안과학(眼科學).

oph·thal·mo·scope [ɑfθǽlməskòup / ɔf-] *n.* 검안경(檢眼鏡).

oph·thal·mos·co·py [ɑ̀fθælmɑ́skəpi / ɔ̀fθælmɔ́s-] *n.* ⓤⓒ (*pl.* -**pies**) 검안(檢眼), 검안경 검사(법).

-opia eye, vision, sightedness 의 뜻의 연결형. 예: ambly*opia*.

o·pi·ate [óupiit, +美-pièit » *v.*]. **1** 아편 제(劑); 《구어》 마취제(narcotic). **2** 정신을 안정시키는 것; 진정제. — *adj.* **1** 아편이 함유된. **2** 최면의, 마취시키는, 진정의. — *vt.* [óupièit] (**-at·ed, -at·ing**) **1** …에 아편을 섞다. **2** …을 마취시키다; 〔의 감각을 둔화시키다(dull).

OPIC 《略》 *O*verseas *P*rivate *I*nvestment *C*orporation (해외 개인 투자 회사).

o·pine [o(u)páin] *v.* (**o·pined, o·pin·ing**) *vt.* …이라고 생각하다. — *vi.* 의견을 말하다.

:o·pin·ion [əpínjən] *n.* **1** ⓤⓒ 생각, 판단, 의견, 견해. ¶ my personal *opinion* 나 개인의 생각 / public *opinion* 여론 / political *opinion* 정견 // I gave(*or* expressed) my *opinion on* the present situation. 현황에 관한 나의 견해를 밝혔다 // I am of [the] *opinion that* children should be taught good manners. 나는 어린이에게는 예절을 가르쳐야 한다고 생각한다(* be of opinion[that]과 be of the opinion[that]은 다 같이 believe 의 뜻의 문어체의 표현. be of opinion 은 《英》의 용법이고, 《美》에서는 be of the opinion 이라고 관사가 붙는 이가 보통). 類語 opinion 절대적인 확신이 없는, 추측에 의한 판단·결론, 또는 깊이 비추어, 검토한 결과의 개인적인 감정이 섞인 견해: my *view* on education 교육에 관한 나의 견해. **2** (~s) 지론, 신념, 자설(自說). ¶ act up to one's *opinions* 자기의 신념에 따라 행동하다 / have the courage of one's *opinions* 용기를 가지고 소신을 피력하고 실행하다 / form one's own *opinions on* …에 관해서 자기의 소신을 품다.

3 ⓤⓒ [재판관·변호사·의사 등의] 전문적 의견; 감정(鑑定); [법률] 판결 이유. ¶ get the good *opinion* of critics 비평가의 호평을 얻다 / submit a case to a barrister for *opinion* 사건을 변호사에게 맡겨 감정을 받다.
4 [인물 등의] 평가, 판정. ¶ have a good (or a high) *opinion* of …에 경복(敬服)하다 / What is your *opinion* of him? 그를 어떻게 생각합니까?
5 《보통 부정문에서》 호의적인 견해, 호평, 존중. ¶ have no *opinion* of …을 좋지 않게 생각하다.
in my opinion 내 생각에는, 내가 보기에는 (as I see it). ¶ *In my opinion*, we will mind our own business. 내 생각에는 우리는 우리 일이나 하는 게 좋겠어.

o·pin·ion·at·ed [əpínjənèitid] *adj.* 자설(自說)을 굽히지 않는, 고집이 센(obstinate), 독선의.
~**ly** *adv.* ~**ness** *n.*

o·pin·ion·a·tive [əpínjənèitiv] *adj.* **1** 의견 (신념) 상의. **2** =opinionated.

o·pin·ion·ist [əpínjənist] *n.* **1** 자기 주장을 굳게 지키는 사람. **2** 이설(異說) 주장자; 분리파 교도.

o·pin·ion·naire [əpìnjənɛ́ər] *n.* [다수인의 의견을 묻는] 질문표, 앙케트. [<OPINION+QUESTION]NAIRE]

opínion pòll *n.* 여론 조사.

o·pi·oid [óupiɔid] *n.* (약어) 모르핀, 헤로인 따위와 동일한 효과가 있는 합성 진통·마취제. [<OPI[UM]+OID]

op·i·som·e·ter [àpisámitər / ɔ̀pisɔ́m-] *n.* 오피소미터 (지도 위에서 곡선의 거리를 재는 기구).

*****o·pi·um** [óupiəm, -pjəm] *n.* ⓤ 아편. ¶ an *opium* habit 아편중독 / an *opium* den 아편굴.

o·pi·um·ism [óupiəmìz(ə)m, -mpjəm-] *n.* ⓤ 아편 상용. **ópium èater (smòker)** *n.* 아편 상용자 (常用者), 아편쟁이. [(常用), 아편 중독.

ópium pòppy *n.* 양귀비 [양귀비(科)의 2년초.

OPM 《略》 other *p*eople's *m*oney (남의 돈); output *p*er *m*an (1인당 생산량).

o·pop·a·nax [o(u)pápənæks / -pɔ́p-] *n.* ⓤ (페르시아약) 오포파낙스(향료·약제용의 방향성 고무수지의 일종).

o·pos·sum [(ə)pásəm / əpɔ́s-] *n.* (*pl.* ~**sums** or ~**sum**) 주머니쥐 [위험이 닥치면 죽은 시늉을 하는 습성이 있음]. **play opossum** 《美속어》 죽은 체하다. [미국산(產)]

opp. 《略》 opposed, opposite.

op·pi·dan [ápid(ə)n / ɔ́p-] *adj.* 《드물게》 소도시의, 도시의 (urban). — *n.* **1** 《드물게》 도시인, 시민. **2** 《英》 [Eton교의] 교외 기숙생.

op·po [ápou] *n.* 《英속어》 친한 동료, 짝패.

op·po·nent [əpóunənt] *n.* 대립자, 적대자; [시합따위의] 상대. ⇒ ENEMY [類語] ¶ an *opponent* in a debate 논적(論敵). — *adj.* **1** 《드물게》 [위치가] 반대의, 맞은편의 (opposite). ¶ on the *opponent* bank 맞은편 기슭에. **2** 대립하는, 반대의 (opposing). **3** 《해부》 길항적 (拮抗的)인. ◇ oppóse *v.*

*****op·por·tune** [àpərt(j)ún / ɔ́pətjùːn] *adj.* **1** 《때가》 적당한, 시기가 좋은. ¶ **at the most** *opportune* **moment** 가장 계제가 좋은 때에. **2** 《일·동작 따위가》 때를 얻은, 시의(時宜) 적절한.

[類語] **opportune** 그 자리의 필요에 꼭 도움이 되는; an *opportune* remark 그 자리에 적합한 발언. **seasonable** 그 때·계절·처지에 어울리는; **timely** 필요를 충족시킬 만한 적절한 시기에 일어나는(=행해지는); *timely* advice 시기 적절한 충고. **well-timed** timely 되도록 배려·계획된, 그렇게 되었다고 여겨질 만큼 timely 한; a *well-timed* appearance 시기를 내다본 출현. **pat** 그 자리에 딱 맞는, 안성맞춤인; a *pat* suggestion 그 자리에 안성맞춤인 제안.

~**ly** *adv.* ~**ness** *n.* opportúnity *n.*

op·por·tun·ism [àpərt(j)úːniz(ə)m / ɔ́pətjùː-] *n.* ⓤ 기회주의, 편의주의. [의자.

op·por·tun·ist [àpər(t)júːnist / ɔ́pətjùː-] *n.* 기회주

op·por·tun·is·tic [àpərt(j)uːnístik / ɔ̀pətjuːn-] *adj.* 편의주의의, 기회주의의.

‡op·por·tu·ni·ty [àpərtjúːniti / ɔ̀p-] *n.* ⓤⓒ (*pl.* -**ties**) [좋은] 기회 (chance), 호기. ¶ **equal** *opportunities* **for education** 교육의 기회 균등 / **find (make, have, get) an** *opportunity* 기회를 찾아내다 (만들다, 가지다, 얻다) / **take (or seize) an** *opportunity* 기회를 잡다 / **afford (or furnish, give, offer) an** *opportunity* 기회를 주다 / **at (or on) the first** *opportunity* 기회가 있으면 도둑질할 마음이 생긴다, 건물 생심(見物生心) // **make the most of an** *opportunity* **of expanding one's business** 사업을 확장할 기회를 되도록 이용하다 / I have little *opportunity* for hearing good music. 좋은 음악을 들을 기회가 거의 없다 // I did not have the *opportunity* to speak with him. 그와 이야기할 기회가 없었다.

[類語] **opportunity** 「기회」라는 뜻의 가장 일반적인 말; 특히 희망·목적 따위의 달성을 위한 기회: the motive and *opportunity* for a crime 범죄의 동기와 기회. **chance** *opportunity* 와 같은 뜻이지만, 우연 또는 운이 가져다 주는 기회에 대해서도 쓴다: I had a *chance* to meet him. 마침 그를 만날 기회가 있었다. **occasion** 어떤 기회를 주거나 또는 어떤 행동을 필요로 하는 시기: an *occasion* for escape 달아날 기회.
◇ opportúne *adj.*

opportúnity còst *n.* 《경영》 기회 비용 [어떤 것(금전·설비 등)을 특정한 용도에 사용함으로써 다른 용도에 사용할 수 없기 때문에 비해서 상실되는 이득].

op·pos·a·bil·i·ty [əpòuzəbíliti] *n.* ⓤ 반대 (대항)할 수 있음; [엄지와 다른 손가락과 같은] 대향성 (對向性).

op·pos·a·ble [əpóuzəbl] *adj.* **1** 반대 (대항) 할 수 있는. **2** [엄지와 다른 손가락과 같이] 마주 보게 (맞서게) 할 수 있는 (to...).

‡op·pose [əpóuz] *v.* (-**posed, -pos·ing**) *vt.* **1** …에 반대 (저항, 적대) 하다, …과 다투다, …을 방해하다, 훼방하다; […에 대해] …을 방해물로서 놓다, 반대하다. ¶ *oppose* the enemy 적에 대항하다 // (~+圓+前+图) *oppose* anger with good nature 성난 사람에게 상냥하게 대하다 / Let us *oppose* patience to fury. 분노에 대항하는 인내로 하자. **2** …에 대비 (대조) 시키다. ¶ (~+圓+前+图) *oppose* white to black 백을 흑에 대비시키다. **3** [엄지와 다른 손가락 따위]을 마주 보게 (대하게) 하다. — *vi.* 반대하다.

[類語] **oppose** 「반대하다」의 뜻의 넓은 의미의 말. **object** 혐오·반감이 강하며, 반드시 적극적인 반대 행위를 뜻하지는 않는다: *object* to a plan 계획에 이의를 제기하다. **protest** 강하게 object 하고 그 사실을 구두 또는 문서로 표명하다: *protest* war 전쟁에 항의하다. **resist** 자기를 위협하는 것에 저항하다: *resist* temptation 유혹에 저항하다. **withstand** resist 하여 잘 견디다: *withstand* an attack 공격에 맞서 견디어내다.
◇ ópposite *adj.*, opposítion *n.*

*****op·posed** [əpóuzd] *adj.* **1** 반대하는; 적대하는, 대립하는 (to...). ¶ I am very much *opposed* to your plan. 네 계획에는 대반대이다. **2** 대립하는, 대조적인 (to...). ¶ Black is *opposed* to white. 흑은 백의 반대이다. **3** 마주 보는, 맞선.

op·pose·less [əpóuzlis] *adj.* 《詩》 저항하기 어려운 (irresistible).

op·pos·er [əpóuzər] *n.* 반대자, 저항자.

op·pos·ing·ly [əpóuziŋli] *adv.* 대항 (대립, 대조) 하여, 마주하여, 맞서서.

‡op·po·site [ápəzit / ɔ́p-] *adj.* **1** 반대쪽에 있는; 마주 보는, 맞은 편(쪽)의 (to...). ¶ **the house** *opposite* **to ours** 우리집의 맞은편 집 // **in the** *opposite* **direction** 반대 방향으로. **2** [성질·방향·의미 따위가] 정반대인, 역의, 서로 용납되지 않는. ¶ **the** *opposite* **sex** 이성 (異性) / He went in the *opposite* direction. 그는 반대 방향

으로 갔다 / His opinion is the *opposite* of yours. 그의 의견은 너의 것과 다르다.

類語 **opposite** 위치·방향·행동·성질 따위가 대조적으로 정반대의: on the *opposite* side of the road 길의 맞은쪽에. **contrary** opposite 인데다 적대·투쟁의 관계를 뜻하는 수가 많다: *contrary* views 서로 대립되는 견해. **contradictory** 한편을 긍정하면 다른 편은 부정하지 않으면 안 되는, 양립할 수 없는: *contradictory* statements 서로 용납되지 않는 진술. **reverse** 반대 방향으로 향한(면한): the *reverse* side of the paper 종이의 뒤쪽.

3 〔식물〕 〔잎〕의 대생(對生)의. cf. alternate ¶ *opposite* leaves 대생엽.
— *n*. **1** 반대의 물건(사람, 일); 역(逆). ¶ Light is the *opposite* of darkness. 빛은 어둠의 역이다. **2** 반대말(antonym). ¶ Able and unable are *opposites*. able 과 unable은 반대말이다.
— *adv*. 맞은편(에), 반대의 위치에. ¶ sit *opposite to* a person 남과 마주보고 앉다.
— *prep*. **1** …의 맞은편에(의). ¶ I live *opposite* the post office. 나는 우체국 맞은 편에 살고 있다. **2** 〔연극〕 …의 상대역을 하여. ¶ play *opposite* the leading actor 주연자의 상대역을 연기하다.
~·ly *adv*. **~·ness** *n*. **oppóse** *v*.

ópposite númber *n*. 〔다른 기구·그룹 따위에서〕 대등한 지위에 있는 사람.

‡**op·po·si·tion** [ὰpəzíʃ(ə)n / ɔ̀p-] *n*. ⓤ ⓒ **1** 반대, 저항; 적대, 대립(*to*…); 야당의 입장. ¶ meet[with] *opposition* 저항을 받다// have an *opposition to* …에 반대이다 / offer *opposition to* …에 반대(저항)하다 / in *opposition to* …에 반대하여 / The Democratic Party was in *opposition*. 민주당이 야당이었다. **2** 〔종종 the O-〕 〔여당에 대한〕 반대당, 야당. ¶ the (*or* His, Her) Majesty's loyal *Opposition* 《英》 야당. **3** 반대의 위치에 둠(있음); 마주 보기, 맞서기, 대위(對位). **4** 대조, 대비(contrast). **5** 〔논리〕 대당(對當). **6** 〔천문〕 충(衝)〔행성 따위가 지구에 대해 태양과 정반대의 위치에 오는 것〕.
◇ **oppóse** *v*., **ópposite**, **opposítional** *adj*.

op·po·si·tion·al [ὰpəzíʃən(ə)l / ɔ̀p-] *adj*. 반대의. 〔원〕
op·po·si·tion·ist [ὰpəzíʃ(ə)nist / ɔ̀p-] *n*. 야당의 〔원〕
‡**op·press** [əprés] *vt*. **1** 〔걱정·슬픔 따위가〕 〔남〕에게 중압감을 주다, …을 괴롭히다, 답답하게 하다, …을 짓눌러 누르다. ¶ (~+目+前+名) be *oppressed* with trouble(the debt) 고뇌(빚)에 시달리다 / A sense of failure *oppressed* him. 좌절감이 그를 괴롭혔다. **2** …에 압박을 가하다, …을 억압하다, 학대하다. ¶ The whole nation was *oppressed* by the tyrant. 나라 전체가 폭군에게 억압당했다. **3** 〔고어〕 …을 눌러 으깨다, 압도하다.

類語 **oppress** 가해지는 압박과 그 영향을 강조하는 말. 때로는 depress의 강조적인 말로서도 쓰인다. **depress** 주로 의기 소침한 상태로 하다.

◇ **oppréssion** *n*., **oppréssive** *adj*.

‡**op·pres·sion** [əpréʃ(ə)n] *n*. ⓤ ⓒ **1** 압박, 압제, 학대. ¶ struggle against *oppression* 압제와 싸우다. **2** 억압감, 중압감, 우울. ¶ a feeling of *oppression* 압박감.
◇ **oppréss** *v*., **oppréssive** *adj*.

***op·pres·sive** [əprésiv] *adj*. **1** 가혹한, 포학한, 압제적인. ¶ *oppressive* taxes 가혹한 과세. **2** 답답한, 압박감이 있는; 〔날씨 따위가〕 찌무룩한; 〔슬픔 따위가〕 숨 막힐 듯한. ¶ *oppressive* weather 찌무룩한 날씨.
~·ly *adv*. **~·ness** *n*. ◇ **oppréss** *v*., **oppréssion** *n*.

***op·pres·sor** [əprésər] *n*. 압박자, 박해자.

op·pro·bri·ous [əpróubriəs] *adj*. **1** 입이 더러운, 〔말씨 따위가〕 모욕적인, 무례한(reproachful). **2** 면목없는, 부끄러운(disgraceful). **~·ly** *adv*. **~·ness** *n*.

op·pro·bri·um [əpróubriəm] *n*. ⓤ **1** 불명예, 면목 상실(infamy); 오명, 치욕; 비난. **2** 불명예의 씨앗(원인).

op·pugn [əpjúːn / ɔp-] *vt*. …을 비난하다, 공격하다, …와 논쟁하다, 반박하다.
op·pug·nant [əpʌ́gnənt] *adj*. 반대(대립)하는, 용납하지 않는(antagonistic). 〔람.
op·pugn·er [əpjúːnər / ɔp-] *n*. 논쟁자, 반박하는 사
Ops [ɑps / ɔps] *n*. 〔로마 신화〕 옵스〔Saturn의 아내, 결실(수확)의 여신. 그리스 신화의 레아(Rhea)에 해당한다〕. 〔통제국〕.
OPS, O.P.S. 《略》 Office of Price Stabilization 〔미 **-opsis**「유사(類似)」의 뜻의 연결형. ex: core*opsis*, syn*opsis*.

op·son·ic [ɑpsɑ́nik / ɔpsɔ́n-] *adj*. 〔세균〕 옵소닌의.
op·so·nin [ɑ́psənin / ɔ́p-] *n*. 〔세균〕 옵소닌〔혈액 속에 있으면서 백혈구의 식균(食菌) 작용을 돕는 물질〕.
opt [ɑpt / ɔpt] *vi*. **1** 고르다, 선택하다(choose) (*for, to do*…). **2** 《英》 자발적으로 탈락하다(*out*…).
opt. 《略》 optative; optical, optician, optics; optional.
op·tant [ɑ́ptənt / ɔ́p-] *n*. 선택자, 고르는 사람.
op·ta·tive [ɑ́ptətiv / ɔ́p-] *adj*. 〔문법〕 소망(소원)을 나타내는. ¶ the *optative* mood 기원법(祈願法) 〔God bless you.(신이 당신을 축복하시기를.)등〕. — *n*. 기원법(의) 동사. **~·ly** *adv*.

***op·tic** [ɑ́ptik / ɔ́p-] *adj*. 눈의, 시력의, 시각의. ¶ the *optic* nerves 시신경. — *n*. **1** (보통 ~s) 〔익살〕 눈 (eye). **2** 《英》 〔술병목에 달린 계량용의 되〕.
***op·ti·cal** [ɑ́ptik(ə)l / ɔ́p-] *adj*. **1** 광학(光學) 〔상〕의. ¶ an *optical* instrument 안경, 광학 기계. **2** 시력을 돕는. **3** 시각상의, 눈에 의한(ocular). ¶ an *optical* defect 시력의 결함. ◇ **óptics** *n*., **óptically** *adv*.

óptical árt *n*. = op.
óptical chàracter rèader *n*. 〔컴퓨터〕 광학식 문자 판독장치 〔略 OCR〕.
óptical chàracter recognìtion *n*. 〔컴퓨터〕 광학식 문자 인식 〔略 OCR〕.
óptical compúter *n*. 〔전자공학〕 광(光)컴퓨터〔종래의 전자(電子)대신 레이저 광을 신호 전달 매체로 사용한 초(超)고속 계산기〕.
óptical dísk (dísc) *n*. 광(光) 디스크(laser disk) 〔CD-ROM 따위의 광학식 데이터 기억 매체〕.
óptical fíber *n*. 광(光)섬유〔텔레비전·전화·컴퓨터 등의 전기 신호를 빛에 실려 보내기위한 유리 섬유의 하
óptical illúsion *n*. 〔눈의〕 착각. 〔나〕.
óptical integráted círcuit *n*. 〔물리〕 광(光) 집적 회로 〔略 OIC〕.
op·ti·cal·ly [ɑ́ptikəli / ɔ́p-] *adv*. 광학적으로, 〔의해서.
óptical márk rèader *n*. 〔전자공학〕 광학식 마크 판독기(器) 〔略 OMR〕.
óptical mémory *n*. 〔컴퓨터〕 광(光) 메모리〔기억 매체에 대하여 광학적 수단을 사용하여 정보의 기록·축적을 행하는 기억 장치〕.
óptical scánner *n*. 광학 주사기(走査機) 〔빛을 주사하여 문자·기호·숫자를 판독하는 기기〕.
op·ti·cian [ɑptíʃ(ə)n / ɔp-] *n*. 안경상(장수), 광학 기계의 제작(판매)자.
***op·tics** [ɑ́ptiks / ɔ́p-] *n*. *pl*. 《단수 취급》 광학.
◇ **óptical** *adj*. 〔나〕.
op·ti·ma [ɑ́ptimə / ɔ́p-] *n*. optimum 의 복수형의 하
op·ti·mal [ɑ́ptim(ə)l / ɔ́p-] *adj*. 최선의(best), 최적의.
op·ti·me [ɑ́ptimi: / ɔ́p-] *n*. 《英》 〔원래 Cambridge 대학에서〕 수학 학위 시험의 제2급 또는 제3급 합격자. cf. wrangler

***op·ti·mism** [ɑ́ptimìz(ə)m / ɔ́p-] *n*. ⓤ **1** 낙관, 무사태평. **2** 낙천주의, 옵티미즘. cf. pessimism
***op·ti·mist** [ɑ́ptimist / ɔ́p-] *n*. 낙천가, 태평인 사람; 낙천주의자, 옵티미스트.
***op·ti·mis·tic** 〔ὰptimístik / ɔ̀p-〕, **(op·ti·mis·ti·cal -k(ə)l〕)** *adj*. 낙관적인, 낙천적인, 낙천주의의. cf. pessimistic **-ti·cal·ly** [-tikəli] *adv*.

op·ti·mize [áptimàiz / ɔp-] (*《英》에서는 **op·ti·mise**로도 쓴다) v. (**-mized, -miz·ing**) vi. 낙관하다.
— vt. …을 가장 효과적으로 활용하다.

op·ti·mum [áptiməm / ɔp-] n. (pl. **-ma** or **-mums**) [생물에 있어서의 온도·빛·습기 등의] 최적(最適) 조건. — adj. [한정적 조건 아래에서의] 최선의, 최적의.

***op·tion** [ápʃ(ə)n / ɔp-] n. **1** ⓤ ⓒ 선택의 자유, 선택권, 선택. ⇨ CHOICE [類語] ¶ local *option* 지방 선택권[주류 판매의 결정권] / at one's *option* 임의로, 자유로 / leave something to a person's *option* 사물을 남의 선택(자유)에 맡기다 / make one's *option* 선택하다 / I had no *option* but to do so. 나는 그렇게 할 수밖에 없었다 // If I had the *option* of (or *between*) Greek or (or *and*) Latin, I would take the latter. 그리스어와 라틴어의 선택이 허용된다면 나는 후자로 할 텐데 // You have the *option* of joining or not. 참가하고 안하고는 네 마음에 달렸다. **2** 선택할 수 있는 것, 선택물. **3** 《상업》 선택매매권, 옵션.

op·tion·al [ápʃ(ə)n(ə)l / ɔp-] adj. 수의(隨意)의, 임의의, 선택 자유의. ¶ an *optional* subject 선택 과목 / It's *optional* with you. 그것은 네 자유다. — n. 《영》선택 과목 (《미》 elective). ~·**ly** [-əli] adv.

óptional cárd n. 특정 상점 신용카드[지정된 상점에서 무이자로 상품을 신용구입할 수 있는 카드]; 《컴퓨터》 확장 카드(expansion card).

op·to·e·lec·tron·ics [áptəilèktrániks / ɔ́ptəilèktrɔ̀n-] n. pl. 《단수 취급》 광학 전자학.

op·tom·e·ter [ɑptámitər / ɔptɔ́m-] n. 시력 측정 장치.

op·tom·e·trist [ɑptámitrist / ɔptɔ́m-] n. 시력검사(검정)의(醫), 검안사. 「시력 검사[법], 검안[법]. 」

op·tom·e·try [ɑptámitri / ɔptɔ́m-] n. ⓤⓒ (pl. **-tries**)

op·to·phone [áptəfòun / ɔp-] n. 청광기(聽光器) [빛을 소리로 바꿔 맹인에게 глаз 자로 대신 읽혀줌].

op·u·lence [ápjuləns / ɔp-], (**op·u·len·cy** [-lənsi]) n. ⓤ **1** (財), 부(富) (wealth); 부유. **2** [물질의] 풍부(abundance).

op·u·lent [ápjulənt / ɔp-] adj. **1** 가멸찬, 부유한. ⇨ RICH [類語] **2** 풍부한, 윤택한(abundant). ¶ *opulent* sunshine 넘치는 햇빛. ~·**ly** adv.

o·pus [óupəs] n. (pl. **o·pus·es** or 《특히 음악》 **o·pe·ra** [óupərə]) 《문헌》 작품, 저작; 《특히 음악》 작품, 작품 번호 《略 **op.**》 ¶ Beethoven *op.* 47 베토벤의 작품 제47번 / magnum *opus; opus magnum* 대작, 주요 작품. (< L *work*)

o·pus·cule [o(u)páskju:l, +英 ɔp-] n. [문학·음악 따위의] 소[작]품, 소곡.

o·pus·cu·lum [o(u)páskjuləm, +英 ɔp-] n. (pl. **-opy** ⇨ OPIA. **-cu·la** [-kjulə]) (라틴) =opuscule.

‡**or**[ɔːr, 약 ər] conj. **1** [둘 이상의 말·구·절을 접속하여 선택적으로] 또는, 혹은, …이든지, …이나 혹은…. ¶ red *or* white 적이냐 백 / Mary, Elizabeth, *or* Virginia 메리, 엘리자베스 또는 버지니아 / four *or* five miles 4, 5 마일 / ten *or* more 열이나 그 이상 / three *or* thereabouts 어딘가 그 부근에 / two miles *or* so 2마일 가량, 2마일 안팎 / in a day *or* two 하루나 이틀 지나면 / Dick *or* Harry goes. 딕이 아니면 해리가 간다 / You *or* I am to blame. = You are to blame, *or* I am [to blame]. 네가 아니면 내가 잘못이다 / Am I, *or* are you on duty? = Am I on duty, *or* are you? 당번은 나였든가 너였든가? / Do you go on foot *or* by bus? 걸어서 갈 테냐 버스로 갈 테냐? / To be, *or* not to be: that is the question. 사느냐 죽느냐, 그것이 문제로다 [W. Shakespeare 작 *Hamlet* III.i. 56].

— **Usage** *or* 로 연결되는 주어와 동사의 일치 — (1) *or* 로 이어지는 주어가 단수인 경우에는 동사는 단수: Mother *or* child is to go. (어머니나 아이가 가지 않으면 안 된다). (2) 인칭·수가 다른 동사에 가까운 주어의 수에 일치시킨다: Mother *or* children are to go. (3) *or* 로 이어지는 주어의 상호 배제가 강조되지 않는 경우는 복수 동사를 취하는 일이 많다: Friendship, *or* property, *or* principle are sacrificed. (우정, 재산 또는 주의 주장이 희생되는 것이다). **2** [바꿔 말하는 어구나 동의의 어구를 결합하여] 즉, 곧, 말하자면, 바꿔 말하면(that is). ¶ a dollar *or* a hundred cents 1달러 곧 100센트, ¶ the three virtues of Christianity, [*or*] faith, hope and charity 기독교의 세 가지 덕, 곧 믿음, 소망, 사랑 / This is the end *or* last point. 이것이 끝, 말하자면 마지막 부분이다.
3 《종종 else를 수반하여, 특히 명령문에 써서》 그렇지 않으면. *cf.* AND. ¶ Hurry up, *or* [else] you will miss the train. 서두르지 않으면 기차를 놓친다 / He must be joking *or else* he is mad. 그는 농담을 하고 있거나 아니면 미쳐 있는 것이 틀림없다.
4 《either 나 whether 와 상관적으로》 **a)** 《either... *or* 의 형으로》 …이나 …이나 어느 한편. ¶ I lost my wallet either on the street *or* in the park. 거리나 공원의 어느 한 곳에서 지갑을 잃어버렸다. *cf.* either **b)** 《whether... *or* 로》 …인지 또는 …인지 어떤지. ¶ I don't know *whether* the story is ture *or* not. 그 이야기가 사실인지 아닌지 모른다. *cf.* whether.

or...or《詩》 …이나 …이나(either...or).

or what? ⇨ WHAT.

or²[ɔːr] prep., conj. 《고어》 […]보다」 앞에. * 현재는 보통 다음 숙어로 쓰이다. 「도] 빨리.

or ever, or e'er《詩》 […]보다 앞에(before), […]보다

or³[ɔːr] n. 《紋章》 ⓤ 금빛, 황색. — adj. 금빛(황색)의. (<F)

-or¹,《英》**-our** suf. '동작·성질·상태'라는 뜻의 명사를 만든다. 예: color (《英》 *colour*); error; honor (《英》 *honour*); labor (《英》 *labour*).

-or² suf. 주로 라틴 기원(起源)의 동사·라틴 어근(語根)에 붙이어 '…하는 사람(것)'의 뜻의 명사를 만든다. 예: actor; elevator. 「실.

OR《略》operations research; operating room (수술

o.r., O.R. 《略》 owner's risk.

OR [ɔːr] n. 《컴퓨터》 오어[논리합(合)]을 만드는 논리 연산자(演算子)]. *cf.* AND

o·ra [ɔ́ːrə / ɔ́ːrɑ] n. os²의 복수형.

***or·a·cle** [ɔ́ːrəkl, ɑ́r- / ɔ́r-] n. **1** [특히 고대 그리스 등지에서 행해진] 신탁(神託), 탁선(託宣). **2** 신탁소, 탁선소. **3** 하나님의 말씀, [신탁과 같이] 권위있는 말. **4** (~s) 성전(聖典) (Scriptures). **5** [유대교·기독교] [예루살렘 성전의] 지성소(至聖所). **6** 신탁을 전하는 사람, 제사장(祭司長), 무녀(巫女). **7** 《종종 비꼬아》 철인, 현인. **8** (O-) 《상표명》영국의 문자 다중 방송 시스템.

work the oracle ① [신궁에 뇌물을 바쳐] 자기 희망대로의 신탁을 얻어내다; [이면 공작으로] 자기에게 유리한 결과를 얻어내다. ② 돈을 마련하다.

◇ **orácular** adj.

o·rac·u·lar [ɔːrǽkjulər / ɔr-] adj. **1** 신탁의(과 같은). **2** [신탁처럼] 권위 있는; 예언자 같은; 거드름 피우는; 과장된. **3** 수수께끼 같은, 모호한. **4** 불길한. ~·**ly** adv.

o·rac·u·lar·i·ty [ɔːrǽkjulǽriti / ɔr-] n. ⓤ 신탁 비슷한 능력. 「능력.

o·ra·cy [ɔ́ːrəsi / ɔ́-] n. ⓤⓒ 구어(口語)에 의한 표현

***o·ral** [ɔ́ːr(ə)l / ɔ́-] adj. **1** 구두(口頭)의, 구술(口述)의. ¶ an *oral* examination 구술 시험 / *oral* traditions 구전(口傳), 구비(口碑) / the *oral* method 구두 교수법. **2** 《해부》 입의, 입 부분의. ¶ the *oral* cavity 구강(口腔). **3** 경구(經口)의, 입으로부터의. ¶ *oral* contraceptives 경구 피임약. **4** 《음성》 구음이 코에 걸리지 않는 구음(口音)의. **5** 《대학 등의》 구두 (구술) 시험. ~·**ly** [-rəli] adv.

óral appróach n. (the ~). 《교육》 《외국어 교육에 있어서의》 구두 도입 교수법.

óral contracéption n. 경구(經口) 피임법. 「자료.

óral hístory n. 《중요 인물들의 증언으로 모은》 구술 역사

óral séx n. 구음(口淫) [fellatio, cunnilingus 따위].

óral socíety *n.* 구두(口頭) 사회[문자가 없는 사회].
o·rang [ɔːrǽŋ / ɔːrəŋ] *n.* =orang-utan.
‡or·ange [ɔ́ːrindʒ, ɑ́r- / ɔ́r-] *n.* 1 〖오렌지·귤·등자(橙子) 따위의〗귤나무속(屬)의 과실; 그 나무. ¶ a bitter *orange* 등자 나무. 2 ⓤⓒ 오렌지색, 적황색(赤黃色).
oranges and lemons 어린이 놀이의 일종.
squeeze (or *suck*) *the orange* 〖비유적〗단물을 다 빨아먹다, 좋은 부분을 다 빼내다.
a squeezed orange 오렌지의 즙을 짜낸 찌꺼기; 〖비유적〗이용당할 대로 당한 (이용 가치가 없어진) 사람(것).
—— *adj.* 1 오렌지의. 2 오렌지 색의, 적황색의.
Or·ange [ɔ́ːrindʒ, ɑ́r- / ɔ́r-] *n.* 1 오렌지 왕가[1815년 이래로 네덜란드를 통치한 유럽의 왕가]. 2 (the ~) 남 아프리카 연방 안을 서쪽으로 흘러 대서양으로 들어가는 강. 3 옛날 유럽 서부에 있던 소공국(小公國)〖현재 프랑스의 일부〗. 〖드 〔청량 음료〕.
or·ange·ade [ɔ̀ːrindʒéid, ɑ̀r- / ɔ̀r-] *n.* ⓤ 오렌지에이드.
órange blóssom *n.* 오렌지 꽃〖화환을 만들기도 하고 결혼식 때 신부가 순결의 상징으로 머리에 꽂는다. 미국 Florida 주의 주화〗.
órange fín *n.* 송어의 일종.
Or·ange·ism [ɔ́ːrindʒìz(ə)m, ɑ́r- / ɔ́r-] *n.* ⓤ 오렌지당(黨)의 주의(운동).
Or·ange·man [ɔ́ːrindʒmən, ɑ́r- / ɔ́r-] *n.* (*pl.* -**men** [-mən]) 1 오렌지 당원〖1795년 북 아일랜드에 조직된 비밀 결사의 당원. 당의 기장(記章)은 오렌지색 리본〗. 2 북 아일랜드의 신교도(新教徒).
órange péel *n.* ⓤ 설탕에 재어서 과자 재료로 쓰거나 약용(藥用)하는 오렌지류의 껍질.
órange pékoe *n.* 실론·실론산(產)의 고급 홍차.
or·ange·ry [ɔ́ːrindʒ(ə)ri, ɑ́r- / ɔ́r-] *n.* (*pl.* -**ries**) 오렌지 밭; 오렌지 재배용 온실〖특히 막대기〗.
órange stíck *n.* 오렌지 막대기〖매니큐어용의 가는 지색 얼룩이〗.
órange típ *n.* 〖곤충〗나비의 일종〖앞날개 끝에 오렌지색 얼룩이〗.
or·ange·wood [ɔ́ːrindʒwùd, ɑ́r- / ɔ́r-] *n.* ⓤ 오렌지 목재〖상감(象嵌)·선반(旋盤)·세공용(細工用)〗.
Or·ang·ism [ɔ́ːrindʒìz(ə)m, ɑ́r- / ɔ́r-] *n.* =Orangeism.
o·rang-u·tan, -ou·tan [ɔːrǽŋutæn / ɔːrəŋúːtæn], -ou·tang [-utæŋ / -úːtæŋ] *n.* 오랑우탄, 성성이〖보르네오나 수마트라 산에서 서식하는 유인원(類人猿)〗.
o·rate [ouréit, ⨯ - / ɔː(ː)réit] *vi.* (**o·rat·ed, o·rat·ing**) 〖익살〗연설하다; 한바탕 말을 늘어놓다, 연설조로 말하다.
*o·ra·tion [ouréiʃ(ə)n / ɔ(ː)r-] *n.* 1 〖의식(儀式)·행사 따위에서의〗 정식 연설, 식사(式辭). ¶ SPEECH 類語 ¶ a funeral *oration* 추도사. 2 〖문법〗화법(話法). ¶ NARRATION. ◊ oráte *v.*
o·ra·ti·o ob·li·qua [ouréiʃiou əblíːkwə/ɔːrá:tiou ɔb-] 〖라틴〗(=oration oblique) 〖문법〗간접 화법.
*or·a·tor [ɔ́(ː)rətər, ɑ́r- / ɔ́r-] *n.* (여성형은 oratrix 또는 oratress) 1 연설자; 웅변가. 2 〖폐어〗〖법률〗원고(原告) (plaintiff).
Or·a·to·ri·an [ɔ̀(ː)rətɔ́ːriən / ɔ̀rətɔ́ː-] *adj.* 〖가톨릭〗오라토리오회(Oratory)의. —— *n.* 오라토리오회 수도사(修道士).
or·a·tor·i·cal [ɔ̀(ː)rətɔ́ːrik(ə)l, ɑ̀r- / ɔ̀rətɔ́r-] *adj.* 1 연설〖가〗의; 웅변을 토하는; 웅변가풍의. ¶ an *oratorical* contest 웅변 대회. 2 수사적(修辭的)인, 과장된. ~·**ly** [-kəli] *adv.*
or·a·to·rio [ɔ̀(ː)rətɔ́ːriou, ɑ̀r- / ɔ̀rətɔ́ːr-] *n.* ⓤⓒ (*pl.* **-os**) 오라토리오 〖종교 음악의 일종〗, 성담곡(聖譚曲).
*or·a·to·ry[1] [ɔ́(ː)rətɔ̀ːri, ɑ́r- / ɔ́rət(ə)ri] *n.* ⓤ 1 웅변, 능변(eloquence); 웅변(변론)술(elocution). 2 수사(修辭) (rhetoric).
or·a·to·ry[2] [ɔ́(ː)rətɔ̀ːri, ɑ́r- / ɔ́rət(ə)ri] *n.* (*pl.* **-ries**) 1 작은 예배당, 〖특히 개인용〗 기도실. 2 (O-) 〖가톨릭〗 오라토리오회 〖가톨릭 수도회의 하나〗. ¶ the Fathers of the *Oratory* 오라토리오회 수도사(修道士).

or·a·tress [ɔ́ːrətris, ɑ́r- / ɔ́r-] *n.* orator의 여성형의 하나.
or·a·trix [ɔ́ːrətriks, ɑ́r- / ɔ́r-] *n.* (*pl.* **-tri·ces** [ɔ́ːrətráisìːz, ɑ̀r- / ɔ̀r-]) =oratress.
*orb [ɔːrb] *n.* 1 천체. ¶ the *orb* of the day 태양(日輪), 태양. 2 구(球), 구체(sphere, globe). 3 안구(眼球) (eyeball), 눈(eye). 4 〖왕위를 상징하는〗십자가를 얹은 보주(寶珠), 보구. 5 〖해부〗원(circle). 6 〖시어〗〖천문〗〖천체의〗궤도(orbit). 7 전일체(全一體), 집합체(world). —— *vt.* 1 …을 둥글게(원형으로) 하다. 2 《고어》…을 둘러싸다(encircle). —— *vi.* 1 궤도를 운행하다. 2 《시》공 모양이 되다.
◊ orbícular, orbículate *adj.*
orbed [ɔːrbd, 詩 ɔ́ːrbid] *adj.* 공 모양의, 공 같은, 둥근.
or·bic·u·lar [ɔːrbíkjulər] *adj.* 공 모양의, 구상(球狀)의, 원형의, 고리 모양의(circular). ~·**ly** *adv.*
or·bic·u·late [ɔːrbíkjulit, +美 -lèit] *adj.* 구상의.
‡or·bit [ɔ́ːrbit] *n.* 1 〖천문〗〖천체의〗 궤도. ¶ send (or put) a satellite in[to] the lunar *orbit* 인공 위성을 달 궤도에 올려놓다. 2 〖비유적〗〖인생의〗행로, 궤적(軌跡); 활동(세력) 범위. ¶ within (outside) the *orbit* of …의 세력권 안에 (밖에). 3 〖해부〗 안와 (eye socket); 눈(eye). 4 〖동물〗〖새·곤충의〗안검부(眼瞼部), 눈자위. 5 구(球) (orb, sphere). —— *vt.* 1 …의 주위를 궤도를 그리며 돌다, 선회하다. ¶ The moon *orbits* the earth. 달은 지구의 둘레를 돌고 있다. 2 〖인공 위성 따위를〗 발사하여 궤도에 올려 놓다. —— *vi.* 궤도를 돌다, 궤도에 오르다. ◊ órbital *adj.*
*or·bit·al [ɔ́ːrbitl] *adj.* 1 궤도의. 2 안와(眼窩)의.
órbital périod *n.* (우주) 궤도 주기(周期). 〖성〗.
or·bit·er [ɔ́ːrbitər] *n.* 선회하는 것, 〖특히〗인공 위성.
or·bit·ing [ɔ́ːrbitiŋ] *adj.* 궤도를 선회하는. ¶ *Orbiting* Astronomical Observatory 천체 관측 위성.
orc [ɔːrk] *n.* 1 범고래 〖돌고래과〗. 2 〖도깨비 같은〗 괴물.
O.R.C., ORC (略) Officers' Reserve Corps; Organized *R*eserve *C*orps.
Or·ca·di·an [ɔːrkéidiən] *adj.* 〖스코틀랜드 북부의〗 Orkney 제도(諸島)〖사람〗의. ~ *n.* Orkney 제도의 사람.
orch. (略) *o*rchestra, *o*rchestral.
‡or·chard [ɔ́ːrtʃərd] *n.* 1 과수원. ¶ an apple *orchard* 사과밭. 2 (the ~)〖집합적〗과수원 안의 모든 과일나무. 3 〖야구〗야구장; 외야.
órchard gráss *n.* ⓤ 오처드그래스, 오리새〖목초〗.
or·chard·ist [ɔ́ːrtʃərdist] *n.* 과수 재배자.
or·chard·man [ɔ́ːrtʃərdmən] *n.* (*pl.* -**men** [-mən]) =orchardist.
or·ches·tic [ɔːrkéstik] *adj.* 무도(舞踏)의.
‡or·ches·tra [ɔ́ːrkistrə] *n.* 1 오케스트라, 관현악단. 2 〖극장의〗오케스트라 연주석, 주악석(奏樂席); 〖특히 일층 앞쪽의〗관객석; 아래층 앞자리(parquet). 3 〖고대 그리스 극장의〗 무대 앞의 반 원형 합창대석(席). 4 〖고대 로마 극장의〗 귀빈석.
◊ orchéstral *adj.*, órchestrate *v.*
or·ches·tral [ɔːrkéstr(ə)l] *adj.* 1 오케스트라의, 관현악의. 2 관현악용(用)의, 오케스트라 연주용의. ¶ an *orchestral* music 관현악. ~·**ly** [-trəli] *adv.*
or·ches·trate [ɔ́ːrkistrèit] *vt., vi.* 1 (-**trat·ed, -trat·ing**) …을 오케스트라를 위하여 작곡(편곡)하다.
or·ches·tra·tion [ɔ̀ːrkistréiʃ(ə)n] *n.* ⓤ 관현악법〖편곡〗〖법〗.
or·ches·tra·tor [ɔ́ːrkistrèitər] *n.* 관현악 작곡〖편곡〗자.
or·ches·tri·na [ɔ̀ːrkistríːnə] *n.* =orchestrion.
or·ches·tri·on [ɔːrkéstriən] *n.* 오케스트리온 〖오케스트라와 같이 여러 가지 음을 내는 barrel organ 비슷한 악기〗.
or·chid [ɔ́ːrkid] *n.* 1 〖특히 온실 재배의〗 난초. *cf.* orchis. 2 ⓤ 연보라색. —— *adj.* 연보라색의.
or·chi·da·ceous [ɔ̀ːrkidéiʃəs] *adj.* 1 난초과(科)의,

or·chid·ist [ɔ́ːrkidist] *n.* 난초 재배가.

or·chil [ɔ́ːrkil, -tʃil] *n.* **1** ⓤ 연보라색의 물감. **2** 그 염료를 만드는 이끼.

or·chis [ɔ́ːrkis] *n.* [특히 야생의] 난초; 난초과(科) 식물.

or·chi·tis [ɔːrkáitis] *n.* ⓤ [병리] 고환염(睾丸炎).

or·cin [ɔ́ːrsin] *n.* = orcinol.

or·ci·nol [ɔ́ːrsinòul, -nɔ̀l / -nɔ̀l] *n.* ⓤ [화학] 오르시놀 [지의류(地衣類)에서 채취하는 무색의 결정(結晶) 물질. 의약·염료용].

Or·cus [ɔ́ːrkəs] *n.* [로마 신화] **1** 저승, 황천 (Hades). **2** 오르쿠스, 저승의 주재신(主宰神) [Pluto, Hades의 예명]. [ordnance].

ord. (略) ordained, ordinance; order, ordinal; ordinary;

***or·dain** [ɔːrdéin] *vt.* **1** [교회] …을 [사교(司教)·사제(司祭)·조제(助祭)로] 서위(敍位)하다, …에게 성직을 주다, …을 [감독·목사로] 임명하다. ¶ (~+目+圖) *ordain* a person priest 남을 사제로 임명하다. **2** …을 [법률에 따라] 정하다, 제정하다(establish). **3** [신·운명 등이] …을 정하다(destine). ── *vi.* 명하다(order).
◇ órdinance, ordáinment *n.*

or·dain·er [ɔːrdéinər] *n.* 임명자; 규정자; 제정자.

or·dain·ment [ɔːrdéinmənt] *n.* ⓤ (드물게) [신·운명의 으뜸] 임명, 규정; 하나님의 정하심.

***or·deal** [ɔːrdíː(ə)l, +美 5:diː11] *n.* **1** 호된 시련, 고통스러운 체험. **2** ⓤ [신의 심판, [옛날의] 신성 재판(神聖裁判) [육체적 위해(危害)를 가해서 그것을 이겨내는 사람을 무죄로 한 시죄법(試罪法)].

‡or·der [ɔ́ːrdər] *n.* **1** 명(命)(~s) 명령, 지휘, 지령; [권위있는] 지시; [법률] [법원의 명령(결정); [군 사령관이 내리는] 지령. ¶ under the *order* of …의 지휘하에; …의 명령에 따라서 / take *orders* from a person; take a person's *orders* …의 지시를 받다 // give (or issue) *orders* that …하라고 명령하다 / I gave *orders* that it [should] be done. 나는 그것을 하라고 명령했다 (* that 이하의 절에서 should를 생략하는 것은 주로 미국식 영어) // receive *orders* to do …하라는 지시를 받다 / be under *orders* to do …하라는 지시를 받고 있다 / an *order* of filiation [적출(嫡出)이] 아닌 자식의 인지(認知) 명령 / *Orders* in Council (英) 추밀원(樞密院) 자문(諮問)에 따른 행정 관계의 칙령(勅令) / a Cabinet *order* 각령 / an Executive *order* [대통령이 내리는] 행정 명령.

2 ⓤ 순서, 순번, 서열. ¶ in alphabetical *order* ABC 순으로 / in regular (or right) *order* 순서바르게 / in the wrong *order*; out of *order* 순서가 틀리게 / in [the] *order* of application (arrival, age) 신청(도착, 연령) 순으로.

3 ⓤ 정리, 정돈, [질서 정연한] 배열(arrangement); (군대) 대형(隊形) (formation). ¶ be in (out of) *order*; be in good (bad) *order* 정연하다(어지럽다) / get out of *order* 문란하다 / put one's ideas into *order* 생각을 정리하다 / draw up one's troops in *order* 군대를 정렬시키다.

4 ⓤ 정상적인 상태, 건강한 상태; [일반적으로] 상태 (state, condition). ¶ in [good] *order* 좋은(건강한, 사용 가능한) 상태로 / leave one's affairs in perfect *order* 신변의 일들을 완전하게 정리해 두다 / The machine is in running *order*. 기계는 운전 가능한 상태로 있다 / His business affairs are in poor *order*. 그의 사업 상태는 나쁘다 / The machine is in proper (or in good working) *order*. 기계는 제대로 잘 정비되어 있다 / My stomach is out of *order*. 위(胃)의 상태가 나쁘다.

5 ⓤ [자연의] 도리, 이치, 질서. ¶ the *order* of nature 자연의 이치 / moral *order* 도덕적 질서.

6 ⓤ [사회의] 질서, 치안, 공안. ¶ public *order* 사회 질서 / keep (or maintain) *order* [공공의] 질서를 유지하다 / disturb (or break up) law and *order* 치안을 문란하게 하다 / restore *order* 질서를 회복하다 / bring *order* 질서를 세우다.

7 ⓤ [의회 등의] 의사 규칙(議事規則)(절차); 규정의 준수. ¶ the standing *order* 의사 규칙 / be in (out of) *order* 의사 규칙에 맞다(어긋나다) / rise to [a point of] *order* [의원이] 일어서서 연설자의 의사 규칙 위반을 의장에 항의하다 / *Order! Order!* 규칙 위반이다!, 조용히! [의사 규칙 위반에 대한 항의].

8 종류(sort), 등급(grade); 지위(rank), [사회적] 계급, 계층; [같은 직업·목적을 가진 사람들의] 집단, …사회; 교단(教團), 수도회, / the lower (the higher) *orders* 하층(상층) 계급 / the clerical *order* 성직계(聖職界) / the military *order* 군인 사회 / the Franciscan *order* 프란체스코 수도회 / a different *order* of ideas 다른 류의 사고 방식 / an actor of the first *order* 일류배우 / He had talents of a high *order*. 그는 뛰어난 재능을 지니고 있었다.

9 주문; 주문서; 주문품; [레스토랑·식당 따위에서의 한 사람분의] 주문 요리. ¶ receive an *order* from …으로부터 주문을 받다 / fill an *order* 주문을 충족시키다 / place an *order* *with* a company *for* …을 회사에 주문하다 / I gave an *order* to a waiter *for* beer. 나는 웨이터에게 맥주를 주문했다 / The book is on *order*. 그 책은 주문중이다 / She has all her shoes made to *order*. 그녀는 구두를 모두 주문해서 만들어 신는다 / The butcher has sent for *orders*. 그 푸줏간 주인은 주문을 받으러 사람을 보냈다 / May(Shall) I take your *order* [now]?=[Are you] Ready to *order*? 무얼 드시겠습니까?, 주문하시조.

10 성직의 위계(지위); (~s) 성직 [신부(목사)직·사제직(司祭職)·조제(부목사)직]; (보통 ~s) 서계식(敍階式), 성직 서임식. ¶ major *orders* 상급 성품(上級聖品) [사제·조제(助祭)·부제의 직임] / minor *orders* 하급 성품 [시제(侍祭)·독사(讀師)·기도사(祈禱師) 따위] / take *orders* 성직에 취임하다 / be in *orders* 성직에 취임(서임)되어 있다. [*cf.* angel

11 천사의 계급 [천사의 9가지 계급을 각각 가리킨다].

12 환(換), 환 어음; 지불 명령[서]. ¶ a postal (or a money) *order* 우편환.

13 [종교적 의식 등의] 관례, 규정 양식; 종교적 의식, 전례(典體).

14 [역사] [중세의] 기사단(騎士團).

15 훈위(動位); 훈장.

16 ⓤ [문법] 어순(語順) (word order). [TION.

17 [생물] [동·식물 분류상의] 목(目). ⇒CLASSIFICA-

18 (주로 英) [극장 따위의] 무료(특별, 할인) 입장권.

19 [건축] 건축 양식, 기둥 양식. ¶ …패스.

20 [수학] 위수(位數), 차수(次數).

call to order [美] [회의] 개회를 시작하다, …의 개회를 선언하다. ¶ The meeting was *called to order*. 회의가 시작되었다. ② [발언자]에게 규칙을 지키도록(조용히 하라고) 명하다.

in order ① 순서에 따라. ⇒2. ¶ I will answer your three questions *in order*. 너의 3가지 질문에 대하여 차례대로 대답하겠지. ② 정연하여. ⇒3. ③ [회의의 진행 절차 따위] 규칙대로. ⇒7. ④ [美語] 적절한, 적당한. ⑤ 건강하여. ⇒4.

in order that …하기 위하여, …할 목적으로(so that). ¶ He worked *in order that* he *might* work for the underprivileged. 그는 불행한 사람들을 위해 일하려고 공부했다.

── *Usage* in order that 다음에 오는 조동사로는 may, might; can, could 외에 shall, should 가 쓰일 때도 있다. in order that … may (might) 는 문어체(文語體)의 딱딱한 용법으로 [美]에서는 can (could)을 쓰는 경우가 많다. 또한 shall (should)이 특히 부정문에 사용되는 경우가 많다: *in order that* we *shall* never forget you (당신을 잊지 않기 위하여).

in order to *do* …하기 위하여, …할 수단으로서.

in short (or **quick**) **order** 곧, 바로. ¶ I dressed

myself *in short order.* 나는 급히 옷을 입었다.
a large (or *a tall*) *order* ① 큰 주문. ② 《구어》 어려운 일, 부당한 요구.
of the order of …정도의, 약 …(about).
on the order of …과 비슷한, 유사(類似)한.
the order of the day ① 의사 일정; 일과. ② [시대적] 풍조, 유행. ¶ Golf is the *order of the day.* 골프는 요즈음 한창 유행하고 있다.
out of order ① 순서가 뒤바뀌어. ⇨2. ② 난잡하여. ⇨3. ③ [회의 절차 등이] 규칙에 위반되어. ⇨7. ④ [기계·신체 따위의] 상태가 안 좋은(나쁜). ⇨4. ¶ Your watch is *out of order.* 네 시계는 고장났다.
take order to do …하도록 적절한 수단을 취하다.
take order with …을 처치하다, 정리하다.
— *vt.* **1** …에게(을) 명령하다, 지시하다, 지령하다 (command); [특정한 장소에 가도록(오도록)] …에게 명령하다. ¶ *order* an advance 전진 명령을 내리다 // (~ +目+*to do*) I *ordered* him to leave the room. 나는 그에게 방에서 나가라고 명령했다 // (~ +目+副) *order* a person *abroad* 아무에게 해외 출장을 명하다 / I *ordered* him *away.* 나는 그에게 가버리라고 명하였다 // (~ +目+前+名) *order* a person *to* a distant place 남을 먼 곳으로 가게 하다 // (~ +*that*절) He *ordered that* the work [should] be done. =He *ordered* the work [to be] done. 그는 그 일을 하라고 명령했다 (* *that* 절 안의 should를 생략하거나 뒤의 문장으로 to be를 생략하는 것은 주로 《美》).
類語 **order** 「명령하다」의 뜻의 가장 일반적인 말. **command** 권위자가 정식으로 명령하여 복종을 요구하다: The officer *commanded* his men to advance. 그 장교는 부하에게 전진하라고 명령했다. **direct** 업무상의 지시를 뜻하며, *order*나 *command* 보다 명령의 의미가 약한 말. **instruct** 세부적인 것까지 구체적으로 지시하다: *instruct* one's secretary to arrange an interview 비서에게 면접 준비를 지시하다. **enjoin** 명령한 내용이 긴급·경고의 뜻을 암시하는 말: *enjoin* one's child to behave himself 자기 아이에게 예의바르게 하라고 명하다. **bid** 구두로 명령하는 뜻의 문어적인 말: *bid* the class keep silence 학급생들에게 조용히 하라고 명하다. **tell** 구어적이며 명령의 뜻이 가장 약한 말: *tell* a child to go home 아이에게 집으로 돌아가라고 이르다.

2 [의사가 환자에게] …을 지시(처방)하다. ¶ (~ +目+目) The doctor *ordered* my aunt a rest. 의사는 숙모에게 정양(靜養)하라고 지시했다 // (~ +目+ *to do*) The father *ordered* his child to take two doses of medicine. 아버지는 아이에게 2회분량의 약을 먹도록 명하였다.

3 …을 주문하다. ¶ (~ +目+前+名) I've *ordered* lunch *for* eleven o'clock. 나는 점심 식사를 11시에 하겠다고 말해 두었다 // (~ +目+目) I *ordered* him new shoes from the shoemaker. 나는 그를 위해 새 구두를 구둣방에 주문했다.

4 …을 정리(정돈)하다, 처리하다(arrange); …에 질서를 세우다. ¶ *order* one's household 가사를 정리하다 / *order* one's troops 병력을 배치하다.

5 [신·운명이] …을 정하다. ¶ God *orders* all things in heaven and earth. 신은 천지 만물에 질서를 세우신다.

6 …을 [사교·사제·조제로] 서계(敍階)하다, …을 서임(敍任)하다, 성직에 임명하다.

— *vi.* **1** 명령을 내리다(direct). **2** 주문하다.
order a person about (or *around*) 남을 이곳저곳으로 심부름 보내다; 혹사하다.
Order arms! 《구령》세워 총!
◇ órderly, órdinal *adj.*

órder bòok *n.* **1** [상업] 주문 대장. **2** (종종 O- B-) 《영국 하원의》 의사 일정표.

órder clèrk *n.* 주문 담당계원, 수주자(受注係).

or·der·ed [5:rdərd] *adj.* 정연한, 질서가 잡힌, 규율 있는.

órder fòrm *n.* 주문 용지.

or·der·li·ness [5:rdərlinis] *n.* ⓤ 질서 정연; 순종.

*órder·ly** [5:rdərli] *adj.* **1** 순서 바른, 정연한, 정돈된, 단정한. ¶ an *orderly* room 정돈된 방. **2** 질서(규칙)를 중히 여기는, 규율이 바른; 법을 지키는; 순종하는. ¶ an *orderly* citizen 질서를 지키는 시민 / an *orderly* community 질서있는 사회 / *orderly* conduct 합법적 행위. **3** [군대 등의] 명령을 전달(집행)하는, 전령의; 당번의. ¶ an *orderly* man 전령 / an *orderly* book [英軍] 명령부. — *adv.* 정연하게, 질서(규율) 있게.
— *n.* (*pl.* **-lies**) **1** [군대] 전령; [장교의] 종졸(從卒); 당번병. **2** [육·해군의] 간호병; [보통 병원의] 잡역부. **3** 《英》 가로 청소부.

órderly bìn *n.* 《英》 [거리의] 휴지통.

órderly òfficer *n.* [군대] 당직(일직) 장교.

órderly ròom *n.* [군대][병영안의] 중대(대대) 본부실.

órder of búsiness *n.* 의회의 의제 순서; [처리해야 할] 문제·업무 예정, 과제.

órder pàper *n.* (종종 O- P-) (the ~) 《英》 [하원의] 의사 일정표(order book).

or·di·nal [5:rdin(ə)l] *adj.* **1** [생물] [동·식물 분류상의] 목(目) (order)의. **2** 순서를 나타내는; 서수(序數)의. — *n.* 서수(ordinal number). *cf.* cardinal
~**ly** [-nəli] *adv.*

or·di·nal[2] [5:rdin(ə)l] *n.* **1** [교회의] 예배 규칙서. **2** [영국 교회의] 성직 수여(서계(敍階)) 식순.

órdinal númber *n.* 서수(ordinal numeral) [first, second 따위]. *cf.* cardinal number

or·di·nance [5:rd(i)nəns] *n.* **1** [권위있는] 규칙; [신의] 율법, [운명의] 정해짐; 포고(decree), 명령. **2** 법령, 법규; 지방(시) 조례(條例). ¶ LAW [類語] a city *ordinance* 시조례(市條例). **3** [교회] 의식; 성찬식 (sacrament). ◇ ordáin *v.*

or·di·nand [5:rdinænd] *n.* [교회] [사교·사제·조제로의] 서계(敍階) 후보자, 성직 수임 후보자.

or·di·nar·i·ly [5:rd(i)nérili, ‐‐‐/‐‐ ‐ d(i)n(ə)rili] *adv.* **1** 보통(은), 대개는(usually). **2** 보통으로, 대체로.

or·di·nar·y [5:rd(i)nèri, ‐/‐n(ə)ri] *adj.* **1** 보통의, 평범한, 흔한. ¶ an *ordinary* man 평범한 사람 / more than *ordinary* [수량·액수가] 보통 이상으로 많은, 아주 많은. **2** [오히려] 보통 이하의, 좀 못한. ¶ a man of very *ordinary* ability 재능이 아주 평범한 사람 / one's *ordinary* appearance 보통 이하의(못난) 용모. **3** 여느때와 같은, 통상적인, 보통의. ⇨ COMMON [類語] ¶ an *ordinary* day's work 평상시의 일과. **4** [법률] 관할권이 있는. **5** [관리 등이] 정규의, 상임(常任)의, 직속의.
in an ordinary way 여느 때처럼; 보통으로는.
— *n.* (*pl.* **-nar·ies**) **1** 보통[있는 일·평상·정도]. **2** [교회] 예배 순서, 규정서, 의식문(儀式文); 보통 미사문(文). **3** [법률] [사형수의] 교회사. **4** [직할권을 가진] 교구장, 주교 또는 수도회의 장(長). **5** 《美》 유언 검인 판사. **6** 《주로 英》 [레스토랑 따위의] 정식; 정식 식당; 정식(定食)이 따라 나오는 여관. **7** [앞바퀴가 크고 뒷바퀴가 작은] 옛날 자전거. **8** [紋章] 보통 문장[chief, pale, bend 따위].
in ordinary ① 상임의 ② 직속의. ¶ a physician *in ordinary* to the President 대통령의 담당 의사. ② [함선이] 임무가 없는, 예비의.
out of the ordinary 이상한, 보통이 아닌, 예외적인.
-nar·i·ness *n.* ◇ órdinarily *adv.*

órdinary lèvel *n.* 《英》 보통급 (O level). *cf.* General Certificate of Education

órdinary lìfe insùrance *n.* ⓤ 종신 보험.

órdinary séaman *n.* 등(等)[2급(等)] 수부[略 O.S.].

órdinary stòck (shàre) *n.* 《英》 보통 주(株) (《美》 common stock).

or·di·nate [5:rd(i)nèit, ‐nit / ‐nit] *n.* [수학] 종좌표(縱座標). *cf.* abscissa

or·di·na·tion [ɔːrdinéiʃ(ə)n] n. ⓤⓒ 1 [교회] 서계식(敍階式), 성직 수여(임명) [식]. 2 [신의] 섭리, 율법. 3 정돈, 배열.

or·di·nee [ɔːrd(i)níː] n. [교회] 신임 조제(助祭), 신품자.

ord·nance [ɔːrdnəns] n. ⓤ《집합적》 1 포(砲) (artillery). 2 병기(兵器) (weapons), 군수 물자; 군수품부(部). ¶ Army Ordnance Corps 육군 병기 병과(兵科) / Ordnance Survey 《英》육지 측량부.

órdnance ófficer n. 병기 장교, 포술장교(砲術長).

Or·do·vi·cian [ɔːrdəvíʃ(ə)n] n., adj. [지질] 오르도비스기(紀)(계)(의).

or·dure [ɔːrdʒər / -djuə] n. 1 ⓤ 오물, 똥, 배설물. 2 천한 말.

†**ore** [ɔːr / ɔː] n. ⓤⓒ 광석, 원광(原鑛). ¶ iron ore 철광.

ö·re [œ́rə] n. (pl. ö·re) 외레 [덴마크·노르웨이·스웨덴의 화폐 단위. 1/100 krone 또는 1/100 krona 에 해당].

o·read [óːriæd / 5ːr-] n. [그리스 신화] 오레이아스 [산의 요정].

o·rec·tic [oːréktik] adj. [철학] 욕망의, 욕구의; 식욕의.

óre dréssing n. [광업] 선광(選鑛).

Oreg., Ore. 《略》Oregon.

*****Or·e·gon** [ɔ́ːrigən, -gən, áːr-/ ɔ́rigən, -gɔn] n. 미국서북부에 있는 태평양 연안의 주 [주도 Salem; 略 Oreg., Ore.]. ─ n. Oregon 주 사람.

Or·e·go·ni·an [ɔːrigóuniən, àːr-/ ɔ̀r-] adj. Oregon 주의.

Oregon píne n. = Douglas fir.

Oregon Tráil n. 오레곤 길 [미국 Missouri 주에서 Oregon 주로 통하는 길. 19세기 초 서부 개척자들이 이용].

o·re·ide [ɔ́ːriàid / -riid] n. = oroide. [납맹이].

O·re·o [ɔ́ːriou, óu-] n. 《美俗》《생각·행동이》 백인 같은 흑인.

O·res·tes [oːrésti:z / ɔːr-] n. [그리스 신화] 오레스테스 [Agamemnon 과 Clytemnestra 와의 아들로 아버지를 살해한 어머니를 죽여 아버지의 원수를 갚지만 복수의 여신 Furies 에게 쫓겨 다닌다].

org. 《略》organic, organization, organized.

†**or·gan** [ɔ́ːrgən] n. 1 오르간, [특히] 파이프 오르간 (pipe organ); 리드 오르간(reed organ); 수동식 오르간 (barrel organ). 2 [생물의] 기관(器官). ¶ internal organs 내장(內臟) / organs of digestion 소화(消化) 기관. 3 [질(質)에 대해] 소리, 성량. ¶ have a fine organ 목소리가 좋다. 4 [정치적인] 기관(機關); 기관지. ¶ the organs of government 행정 기관 / a party organ 정당 기관지. — orgánic adj., órganize v.

órgan bànk n. [신체 부분의 이식을 위한] 기관(器官) 은행.

órgan dònor n. 장기(臟器) 제공자.

or·gan·dy [ɔ́ːrgəndi], (**or·gan·die**) n. ⓤ 오건디 [같은 모슬린 직물]. [네거리의 악사].

órgan grínder n. [거리의] 수동식 오르간 연주자.

*****or·gan·ic** [ɔːrgǽnik] adj. 1 [화학] 유기(有機)의, 탄소를 함유한. opp. inorganic ¶ organic compound 유기 화합물. 2 유기체의, 생물체의; 생물체에서 생기는, 생물체 특유의. ¶ an organic body 유기체 / organic life 생물. 3 기관(器官)의, 장기(臟器)의; [병리] 기질성 (器質性)의. ¶ organic actions 기관의 작용 / an organic disease 기질성 질환. 4 [식품이] 화학 첨가물이 들어있지 않은, 자연의; [곡물·야채 따위] 비료·농약 따위를 안 쓴, 무공해의. ¶ organic food 자연 식품. 5 유기적인, 조직적인, 체계적인. ¶ organic unity 조직적인. ¶ organic view of the world 유기적 세계관. 6 구성상의, 기본적인, 본질적인; [국가 구성상] 기본적인. ¶ the organic law of a nation 국가의 기본법[헌법]. — órgan n., órganize v., orgánically adv.

or·gan·i·cal·ly [ɔːrgǽnikəli] adv. 1 유기적으로, 조직적으로. 2 본질적으로. 3 구조상으로; 기본[근본]적으로.

orgánic chémistry n. ⓤ 유기 화학. [본질적].

orgánic condúctor n. [물리] 유기 도체(有機導體), 유기 합성 금속.

orgánic fárming n. 유기 농법.

or·gan·i·cism [ɔːrgǽnisiz(ə)m] n. 1 《생물·철학》 유기체론, 생체론. 2 [병리] 장기병설(臟器病說). 3 사회 유기체설. [도성을 갖는 중합체(重合體)].

orgánic métal n. [화학] 유기 금속 [고도의 전기 전도성 갖는].

*****or·gan·ism** [ɔ́ːrgəniz(ə)m] n. 1 유기체, 생물. 2 유기적인 조직체. ¶ the social organism 사회 기구.

*****or·gan·ist** [ɔ́ːrgənist] n. 오르간 연주자.

or·gan·iz·a·ble [ɔ́ːrgənàizəbl] adj. 유기체 화할 수 있는; 조직할 수 있는.

†**or·gan·i·za·tion** [ɔ̀ːrgənizéiʃən / -naiz-] n. 1 ⓤⓒ 조직화; 조직, 기구, 구성, 구조(structure). ¶ the organization of the human body 인체의 구조. 2 유기체, 생물체. 3 조직체 [단체·조합·협회 등]. 4 《美》[정당의] 임원회. ◇ órganize v.

or·gan·i·za·tion·al [ɔ̀ːrgənizéiʃən(ə)l / -naiz-] adj. 조직[체]의, 구성상의, 유기체의.

òrganizátion chàrt n. 조직도; 회사 기구도.

òrganizátion màn n. 조직 인간 [회사 따위에 열중하는 사람].

Òrganizátion of Américan Státes n. (the ~) 미주(美洲) 기구 [정치적·경제적·군사적 협력을 목적으로 1948년에 결성된 지역 협력 기구; 略 OAS].

‡**or·gan·ize** [ɔ́ːrgənàiz] (*《英》에서는 **or·gan·ise** 로 도 쓴다) v. (**-ized, -iz·ing**) vt. 1 …을 조직하다, 편성(編成)하다, 구성하다. ¶ organize a party 정당을 조직하다 // (~＋圓＋前＋图) organize students into three groups 학생들을 3 그룹으로 편성하다. 2 …을 계통있우다, 체계화하다(systematize). 3 …을 유기체로 하다. ¶ an organized matter 유기체. 4 《남》을 노동 조합에 가입시키다, …에 노동 조합을 만들다(unionize). ¶ organize a factory 공장에 노동 조합을 만들다. 5 [계획·회합 따위]를 준비하다; [회사 따위]를 창설하다, 설립하다. ¶ organize an expedition to the North Pole 북극 탐험을 준비하다. — vi. 1 조직화하다, 유기체로 되다. 2 노동 조합을 결성하다, 노동 조합에 가입하다. ◇ órgan, organization n.; orgánic adj.

órganized críme n. 조직 범죄; [Mafia 따위의] 범죄 조직.

órganized férment n. 효소(酵素), 효모.

órganized lábor n. ⓤ《집합적》 조직 노동자.

*****or·gan·iz·er** [ɔ́ːrgənàizər] n. 1 조직자, [노동 조합 등의] 오르그; 창설자; 주최자. 2 《수첩 따위의 스케줄, 서류 등을 정리하는 것(도구).

or·gan·loft [ɔ́ːrgənlɔ̀ft / -lɔ̀ft] n. [교회] 오르간을 비치한 2층(gallery).

organo- organ 이나 organic 의 뜻의 연결형. 예: organography 〔동·식물의〕기관학.

or·ga·non [ɔ́ːrgənàn / -nɔ̀n] n. (pl. **-na** or **-nons**) 1 지식 획득의 수단. 2 [학문 연구의] 원칙, 연구법.

or·ga·no·ther·a·py [ɔ̀ːrgənou(u)θérəpi] n. ⓤ 〔의학〕 장기 요법(臟器療法). [관; 音管].

órgan pípe n. [음악] 파이프 오르간의 파이프, 음관.

órgan transplantátion n. 장기(臟器) 이식.

or·ga·num [ɔ́ːrgənəm] n. (pl. **-nums** or **-na**) 1 = organon. 2 [음악] 화성적 중창(和聲的重唱); 그 제 2 성부(聲部); 중세 유럽의 다성 음악.

or·gan·zine [ɔ́ːrgənzìːn] n. 꼰 실 [고급 견직물용의]. [날실].

or·gasm [ɔ́ːrgæz(ə)m] n. 1 오르가슴, [성교에서의] 성적 흥분의 최고조. 2 극도의 흥분, 격정.

or·gas·mic [ɔːrgǽzmik] adj. 오르가슴의.

or·geat [ɔ́ːrʒæt] n. ⓤ 아몬드로 만드는 시럽.

or·gi·as·tic [ɔ̀ːrdʒiǽstik], (**or·gi·as·ti·cal** [-tik·əl]) adj. 주신제(酒神祭) 같은; 부어라 마셔라 법석대는, 야단법석을 떠는; 난교(亂交) [파티]의.

-ti·cal·ly [-tikəli] adv. [man.

org·man [ɔ́ːrgmæn] n. 《속어》= organization

*****or·gy** [ɔ́ːrdʒi], (**or·gie**) n. (pl. **-gies**) 1 진탕 마시고 떠들기, 주연. 2 (~s) 고대 그리스·로마에서 Dionysus (Bacchus)를 모시는 비밀 주신제. 3 법석대기, 난행,

《美속어》 난곡 파티, 섹스 파티.
-**orial** *suf.* -or 또는 -ory로 끝나는 명사에서 형용사를 만든다. 예: profess*orial*.

o·ri·el [ɔ́:riəl / ɔ́ri-] *n.* 〔건축〕〔보통 2층의〕밖으로 내민 창문.

‡**o·ri·ent** [ɔ́:riənt, -ènt / ɔ́(:)ri-// →v.] *n.* **1** (the O-) 동양(the East) 〔지중해의 동쪽의 나라를 말하던〕 (*cf.* the Occident), 동쪽의 여러 나라; 동부 아시아〔제국〕. **2** 〔아시아 산(產)의〕고급 진주, 〔U〕 진주 특유의 광택. **3** (the ~) 〔고어〕 동방, 동쪽 하늘. — *adj.* **1** 〔보석·진주가〕 반짝이는, 질 좋은. **2** 〔고어〕 동방의, 동양의. **3** 〔태양이〕 뜨는(rising). ¶ the *orient* sun 솟아오르는 아침 해. [oriel]
— *v.* [ɔ́:riènt / ɔ́(:)ri-] *vt.* **1** …을 동향으로 하다; 주제단을 동향으로 하여 〔교회당을〕세우다. **2** …을 일정 방향(어떤 대상물)으로 향하게 하다. 〔(~+图+劇+图)〕 *orient* a building *east* 건물을 동향으로 세우다 // (~+图+劇+图) *orient* a building *toward* the south 건물을 남향으로 하다. **3** 〔자석 따위로〕…의 방위(方位)를 바로 맞추다, 방위각을 정하다. **4** …을〔환경 따위에〕적응시키다. ¶ (~+图+劇+图) help freshmen to *orient* themselves *to* college and *to* life 신입생이 대학과 그 생활에 적응할 수 있도록 도와주다. — *vi.* 동쪽으로 향하다, 〔어떤 방향으로〕 향하다.
◇ orientátion *n.*, oriéntal *adj.*

‡**o·ri·en·tal** [ɔ̀:riéntl / ɔ̀(:)ri-] *adj.* **1** (보통 O-) 동양(풍)의(Eastern). *cf.* occidental **2** 동〔쪽〕의(eastern). **3** 〔보석·진주가〕 질 좋은. — *n.* (보통 O-) 동양인, 아시아인. ~·ly [-təli] *adv.*
◇ órient *n.*, orientalize *v.*

O·ri·en·tal·ism [ɔ̀:riéntəlìz(ə)m / ɔ̀(:)ri-] *n.* (종종 o-) 〔U〕 동양〔인〕풍, 동양의 풍습; 동양학.

O·ri·en·tal·ist [ɔ̀:riéntəlist / ɔ̀(:)ri-] *n.* (종종 O-) 동양학자, 동양통.

O·ri·en·tal·ize [ɔ̀:riéntəlàiz / ɔ̀(:)ri-] *v.* (종종 o-) (-ized, -iz·ing) *vt.* 동양식으로 하다. — *vi.* 동양식으로 되다. 〔엘 유대인.

Oriental Jew *n.* 중동·북아프리카계(系)의 이스라

o·ri·en·tate [ɔ́:rientèit, ̀ ̀ ̀ ̀ / ɔ̀(:)riéntèit] *v.* (-tat·ed, -tat·ing) =orient.

o·ri·en·ta·tion [ɔ̀:rientéiʃən / ɔ̀(:)ri-] *n.* **1** 〔U〕〔C〕 동향으로 하기(되기); 주제단(主祭壇)을 동쪽으로 하고 교회당을 짓기. **2** 일정 방향으로 향하게 하기, **3** 방위(方位), 방향〔감〕 측정. **4** 〔동물〕 귀소 본능(歸巢本能); 〔심리〕 정위(定位), 소재식(所在識). **5** 〔새로운 정세·환경에의〕 적응; 〔외부 정세에 대한〕 입장(방침) 결정; 〔신입생에 대한〕 지도, 안내(guidance), 오리엔테이션.

-oriented 〔지향적(指向的)의〕 '…위주의' 라는 뜻의 연결형. 예: export-*oriented*.

o·ri·en·teer·ing [ɔ̀:rienti(ː)riŋ / ɔ̀(:)rientəriŋ] *n.* 오리엔티어링〔지도와 자석으로 목적지에 닿기를 겨루는 게임〕.

Orient Express *n.* 오리엔트 급행〔Paris와 Istanbul을 잇는 호화 열차〕. 〔구, 구멍.

*‡**or·i·fice** [ɔ́:rifis, ár- / ɔ́r-] *n.* 〔동굴·관(管) 따위의〕입

or·i·flamme [ɔ́:riflæ̀m, ár- / ɔ́r-] *n.* **1** 고대 프랑스의 왕의 기(王旗). **2** 군기(軍旗), 〔충성·단결의〕기(旗幟).

orig. (略) origin; original; originally.

or·i·gan [ɔ́:rigən, ár- / ɔ́r-] *n.* 〔아시아·유럽산(產)의〕 야생 마요라나. ⇒ MARJORAM.

‡**or·i·gin** [ɔ́:ridʒin, ár- / ɔ́r-] *n.* **1** 〔U〕〔C〕 근원, 기원, 출처, 원천, 유래, 발단; 원인. ¶ a word of Greek *origin* 그리스어에서 온 말 / a country of *origin* 〔상업〕 원산지 / games of ancient *origin* 기원이 오래된 경기 / the *origin*[s] of Christianity 기독교의 기원 / the *origin* of the quarrel 싸움의 원인 / the *origin* of the river 하천의 발원지.
類語 **origin** 어떤 것이 발생한 원인, 처음 시작한 사람 등: the *origin* of sandwich 샌드위치의 기원. **beginning** 어떤 일의 시작(시작): the *beginning* of a war 전쟁의 시작. **source** 어떤 것의 발생점; 정보 따위의 출처: the *source* of energy 활력의 근원, **root** 겉보기로는 나타나지 않는 근본적인 원인; 근원: the *root* of all evil 모든 죄악의 근원.
2 〔U〕 태생(birth), 가문, 혈통(ancestry), 출신. ¶ a man of noble *origin* 고귀한 태생의 사람/a man of Scottish *origin* 스코틀랜드 계의 사람.
3 〔U〕〔C〕 〔해부〕 〔근육·신경의〕 기점(起點), 시점(始點); 〔수학〕〔좌표의〕 원점.
by origin 태생은. ¶ He is a Frenchman *by origin*. 그는 프랑스 태생이다.
◇ oríginal *adj.*, oríginate *v.*

‡**o·rig·i·nal** [ərídʒin(ə)l] *adj.* **1** 원시의, 본래의, 최초의, 초기의. ¶ the *original* inhabitants 원주민 / Stephenson's *original* locomotive 스티븐슨이 발명한 최초의 기관차. **2** 독창적인, 독창력의, 창의성이 풍부한; 새로운(new), 참신한(novel), 신기한. ¶ an *original* writer 독창적인 작가 / *original* research 독창적인 연구. **3** 〔복제품·번역판이 아닌〕 진짜의, 원작의, 원문의; 원형의. ¶ an *original* bill 원안 / an *original* edition 원판. **4** 색다른.
— *n.* **1** 원물(原物), 원형; 〔사진 따위의〕 본인, 실물; 〔미술품·문학 작품의〕 원작; 원서, 원문, 원어. ¶ He read Don Quixote in the *original*. 그는 동키호테를 원서로 읽었다. **2** 독창적인 사람; 《고어》 괴짜, 기인(奇人). **3** 〔고어〕 근원; 창작자.
◇ órigin, originálity *n.*

original equipment manufacturing *n.* 〔상업〕 ⇒ OEM.

original gúm *n.* 〔U〕 우표 뒷면에 칠해진 풀.

*‡**o·rig·i·nal·i·ty** [ərìdʒinǽliti] *n.* (*pl.* -ties) 〔U〕 **1** 독창성, 독창력(creative ability). ¶ a man of great *originality* 대단히 독창력이 풍부한 사람. **2** 참신함, 새 맛, 신기함, 기발함; 남다름. **3** 〔C〕 기인; 진품(珍品). **4** 원물(진짜임); 〔C〕 진짜. ◇ oríginal *adj.*

*‡**o·rig·i·nal·ly** [ərídʒinəli] *adv.* **1** 원래는, 본래는. ¶ a plant *originally* African 아프리카 원산의 식물. **2** 처음은; 처음부터. ¶ The meeting was *originally* scheduled on Wednesday. 모임은 처음에는 수요일로 예정되었었다. **3** 독창적으로.

original scenárió *n.* 창작 시나리오〔소설 또는 연극 따위를 각색한 것이 아니라 영화를 위해 독자적으로 쓰여진 시나리오〕.

original sín *n.* 〔U〕 〔신학〕 원죄.

original wrít *n.* 〔법률〕 소송 개시 영장.

*‡**o·rig·i·nate** [ərídʒinèit] *v.* (-nat·ed, -nat·ing) *vi.* 일어나다(arise), 발원하다(spring), 시작되다(from, in, with...); 〔기차·배 따위가〕 뜨다(*at*, *in*...). ¶ (~+劇+图) Coal has *originated from* the decay of plants. 석탄은 식물이 썩어서 생긴 것이다 / The fire *originated in* a public bathhouse. 화재가 처음 난 곳은 공중 목욕탕이었다 / The practice has *originated with* the Chinese. 그 관습은 중국인에게서 시작되었다. — *vt.* 을 시작하다, 일으키다; …을 창작하다, 발명하다(invent), 고안하다.
◇ origin, origination *n.*, originative *adj.*

o·rig·i·na·tion [ərìdʒinéi(ʃ)n] *n.* 〔U〕 개시, 시작, 창작, 발명; 기점, 기원, 기인.

o·rig·i·na·tive [ərídʒinèitiv] *adj.* 독창적인; 발명하는 능력이 있는, 창조력이 있는; 신기한. ~·ly *adv.*

o·rig·i·na·tor [ərídʒinèitər] *n.* 창작자, 창시자, 발기인. 〔수엘라의 큰 강.

O·ri·no·co [ɔ̀:rinóukou / ɔ̀ri-] *n.* (the ~) 남미 베네

o·ri·ole [ɔ́:rioul / ɔ́ri-] *n.* **1** 꾀꼬리. **2** 미국산(產) 찌르레기과(科)의 작은 새.

O·ri·on [əráiən] n. 1 〖그리스 신화〗 오리온[Artemis 에게 사랑받고 살해된 거대한 미남 사냥꾼. 죽어서 성좌(星座)가 되었다〗. 2 (the ~) 〖천문〗 오리온좌.
Orion's Belt n. 〖천문〗 오리온좌(座)의 세 별.
or·i·son [5ːriz(ə)n, áːr-/5ːr-] n. 기도(prayer).
Órk·ney Íslands [5ːrkniː] n. (the ~) 오크니 제도(諸島)〖스코틀랜드 동북쪽 앞바다의 여러 섬〗. 〖일종〗
Or·lon [5ːrlɑn/-lɔn] n. 〖상표명〗 올론〖합성 섬유의
or·lop [5ːrlɑp/-lɔp] n. 〖항해〗 (배의) 최하갑판.
Or·mazd [5ːrməzd] n. 조로아스터교에서 최고 신〖선과 빛의 신〗.
or·mer [5ːrmər] n. 전복.
or·mo·lu [5ːrmo(u)lùː] n. 1 Ⓤ 오르몰루〖금 도금용의 동·아연의 합금〗; 금박 그림물감. 2 〖금〗 도금한 물 건.
or·na·ment [5ːrnəmənt → v.] n. 1 장식품, 장신구; Ⓤ 장식, 장식법. ¶ architectural *ornaments* 건축용 장식물 / personal *ornaments* 장신구 / by way of *ornament* 장식으로서. 2 빛을 더해 주는 사람(것), 자 랑스러운 사람. 3 Ⓤ Ⓒ 〖단순히〗 더해진 외견(外見). 4 (보통 ~s) 〖교회〗 예배용 장식품〖제단의 보·오르간·종 따위〗. 5 〖음악〗 장식음. — vt. [5ːrnəmènt] ⋯을 장식하다. ¶ ⋯을 DECORATE 〖類〗 〈~+団+前+名〗 She *ornamented* the table *with* a bunch of flower. 그녀는 한다발의 꽃으로 책상을 장식하였다.
◇ **ornaméntal** adj.
***or·na·men·tal** [ɔ̀ːrnəméntl] adj. 장식용의, 장식적인. — n. (보통 ~s) 장식품; 장식(관상)용 식물.
◇ **órnament** n.
or·na·men·tal·ist [ɔ̀ːrnəméntəlist] n. 〖직업적〗 장식가.
or·na·men·tal·ize [ɔ̀ːrnəméntəlàiz] (英)에서는 **or·na·men·tal·ise** 로도 쓴다) vt. (-lized, -liz·ing) ⋯을 장식하다, 꾸미다.
or·na·men·tal·ly [ɔ̀ːrnəméntəli] adv. 장식용으로, 〖장식적으로〗.
or·na·men·ta·tion [ɔ̀ːrnəmentéi∫(ə)n] n. Ⓤ 장식, 치례; 〖집합적〗 장식품.
or·na·ment·er [5ːrnəmèntər] n. 장식하는 사람(것).
or·nate [ɔːrnéit, ´-´] adj. 꾸민, 화려하게 장식한; 〖문체가〗 화려한, 정교한. **~·ly** adv. **~·ness** n.
or·ner·y, -nar- [5ːrnəri] adj. (때로 **-ner·i·er, -ner·i·est**) 《美구어》 1 심술궂은; 완고한, 고집 센(stubborn). 2 비열한, 저속한. 3 〖주로 방언〗 변변치 못한, 평범한, 흔한(ordinary). **-ner·i·ness** n.
ornith- ⇒ ORNITHO-.
or·nith·ic [ɔːrníθik] adj. 조류(특유)의.
ornitho- bird 의 뜻의 연결형〖*모음 앞에서는 ornith- 로 쓴다〗. 예: *ornith*ology.
or·ni·tho·log·i·cal [ɔ̀ːrniθəlɑ́dʒik(ə)l/-lɔ́dʒ-], **-log·ic** [-dʒik] adj. 조류학의. **-i·cal·ly** [-ikəli] adv.
or·ni·thol·o·gist [ɔ̀ːrniθɑ́lədʒist/-θɔ́l-] n. 조류학자.
or·ni·thol·o·gy [ɔ̀ːrniθɑ́lədʒi/-θɔ́l-] n. Ⓤ 조류학.
or·ni·tho·man·cy [5ːrniθəmænsi] n. Ⓤ 새 점(占) 〖새의 우는 소리나 나는 모양으로 점을 친다〗.
or·ni·thop·ter [5ːrniθɑ̀ptər/-θɔ̀p-] n. 우격식(羽擊式) 비행기.
or·ni·tho·rhyn·chus [ɔ̀ːrniθərɪ́ŋkəs] n. = duck-bill.
oro- mountain 의 뜻의 연결형. 예: *oro*graphy.
o·ro·gen·ic [ɔ̀ːrədʒénik, ´+美 àr-] adj. 〖지질〗 조산(造山) 운동(작용)의.
òrogénic móvement n. 〖지질〗 조산 운동(作用).
o·rog·e·ny [oːrɑ́dʒəni/ɔrɔ́dʒ-] n. Ⓤ 〖지질〗 조산 운동.
or·o·graph·ic [ɔ̀ːro(u)gréfik/ɔ̀(ː)-], (**or·o·graph·i·cal** [-k(ə)l]) adj. 산악학의(山岳學의), 산악지(山岳誌)의.
o·rog·ra·phy [oːrɑ́grəfi/ɔː(ː)rɔ́g-] n. Ⓤ 산악지(山岳誌).
o·ro·ide [5ːrouàid/5ːrouid], **-re-** [-riː] n. Ⓤ 오로이드 〖동·아연·주석의 금빛 합금〗.
o·rol·o·gy [oːrɑ́lədʒi/ɔː(ː)rɔ́l-] n. Ⓤ 산악학(山岳

or·o·pe·sa [ɔ̀ːrəpéisə/ɔ̀r-] n. 소해(掃海) 장치의 일종.
o·ro·tund [6ːro(u)tλnd/5(ː)-] adj. 1 〖목소리가〗 잘 울리는, 낭랑한. 2 〖말투 따위가〗 과장된, 거드름 피우는.
o·ro·tun·di·ty [ɔ̀ːro(u)tλnditi/ɔ̀(ː)ro(u)-] n. Ⓤ 〖목소리가〗 잘 울림; Ⓤ 〖말투 따위가〗 과장됨.
o·ro y pla·ta [5ːrou i pláːtə] n. 〖스페인〗 (= gold and silver) 금과 은〖美 Montana 주의 표어〗.
†or·phan [5ːrf(ə)n] n. 1 고아, 〖드물게〗 한쪽 부모가 없는 아이. 2 어미와 떨어진 어린 동물. — adj. 고아의, 어미 없는; 고아용의. ¶ an *orphan* asylum 고아원. — vt. ⋯을 고아로 만들다. ¶ The poor boy was *orphaned* by the war. 가엾게도 그 아이는 전쟁으로 고아가 되었다.
or·phan·age [5ːrf(ə)nidʒ] n. 1 고아원. 2 Ⓤ 고아신세, 고아임;〖집합적〗 고아.
órphan drùg n. 〖약〗 드물게 쓰이는 약〖환자가 적어 수요가 별로 없는 약〗.
or·phan·hood [5ːrf(ə)nhùd] n. Ⓤ 고아 신세.
Or·phe·an [ɔːrfíː(ː)ən] adj. 1 Orpheus 의. 2 선율이 아름다운, 절묘한, 황홀하게 하는(entrancing).
Or·phe·us [5ːrfiəs/-fjuːs] n. 〖그리스 신화〗 오르페우스〖동물이나 새·초목까지도 그 음악으로 매혹시켰다는 하프의 명인〗.
Or·phic [5ːrfik], (**Or·phi·cal** [-k(ə)l]) adj. 1 =Orphean. 2 Orpheus를 시조로 삼는 Dionysus 숭배〖의 비밀 교리〗의. 3 (종종 o-) 신비스러운(mystic).
or·phrey [5ːrfri] n. Ⓤ Ⓒ 1 〖성직자가 법의(法衣) 등의 위에 두르는〗 장식 띠. 2 금실로 놓은 수, 호화로운 수〖놓은 천〗.
or·pi·ment [5ːrpimənt] n. Ⓤ 석응황(石雄黃) 〖황색 안료·화약 따위에 사용〗.
or·pine [5ːrpin] n. 자주꿩의비름 〖식물〗.
Or·ping·ton [5ːrpiŋtən] n. 오르핑턴종의 대형 닭.
or·rer·y [5ːrəri, áːr-/5ːr-] n. (pl. **-rer·ies**) 오러리, 태양계의(太陽系儀).
or·ris[1] [5ːris, áːr-/5ːr-] n. 흰붓꽃; 그 뿌리.
or·ris[2] [5ːris, áːr-/5ːr-] n. Ⓤ 금(은)의 레이스 또는 자수.
ór·ris·root [5ːrisrùːt, áːr-/5ːr-] n. 흰붓꽃의 뿌리 〖향료 따위에 쓰인다〗.
ort [ɔːrt] n. (보통 ~s) 《방언·고어》 음식 찌꺼기.
or·thi·con [5ːrθikɑn/-kɔn] n. 〖TV〗 오르시콘〖텔레비전 영상관(映像管)의 일종〗.
[<ORTH(O) + ICON (OSCOPE)]
ortho- straight, upright; right, correct 의 뜻의 연결형 〖*모음 앞에서는 orth- 로 쓴다〗. 예: *ortho*dox, *ortho*dontia, *orth*icon).
or·tho·chro·mat·ic [ɔ̀ːrθo(u)kro(u)mǽtik] adj. 〖사진〗 정색성의(整色性의).
or·tho·clase [5ːrθəklèis, +美 -klèiz] n. Ⓤ 〖광물〗 정장석(正長石).
or·tho·clas·tic [ɔ̀ːrθəklǽstik] adj. 〖수정이〗 직교하는 벽개면(劈開面)이 있는.   〖dontics.
or·tho·don·tia [ɔ̀ːrθədɑ́n(∫)i(ə)/-dɔ́n-] n. =orthodontics.
or·tho·don·tics [ɔ̀ːrθədɑ́ntiks/-dɔ́n-] n. pl. 〖단수 취급〗 치열 교정술, 교정 치과학.   〖의사.
or·tho·don·tist [ɔ̀ːrθədɑ́ntist/-dɔ́n-] n. 치열 교정
***or·tho·dox** [5ːrθədɑ̀ks/-dɔ̀ks] adj. 1 〖종교상의 교의가〗 정통의, 정설(正說)의, *opp.* heterodox. 2 (O-) 그리스 정교회의. ¶ the *Orthodox* Church 그리스 정교회 〖러시아·루마니아 교회를 포함한다〗. 3 〖일반적으로〗 공인된, 인정된, 공인의. ¶ an *orthodox* form of ⋯의 표준판. 4 전통적인, 보수적인.
◇ **órthodoxy** n.
Órthodox Júdaism n. 정통파 유대교.
órthodox sléep n. 〖생리〗 정상 수면〖꿈을 꾸지 않는 수면 상태의 수면〗. *cf.* paradoxical sleep
or·tho·dox·y [5ːrθədɑ̀ksi/-dɔ̀ksi] n. Ⓤ 정설, 〖종교

상의] 정교[신봉]; [일반적으로] 정통적 관행, 통설에 따르기.
or·tho·ep·ic [ɔ̀ːrθouépik], (**or·tho·ep·i·cal** [-k(ə)l]) *adj.* 정음학(正音學)의, 바른 발음의.
-i·cal·ly [-ikəli] *adv.*
or·tho·e·pist [ɔːrθóuipist, ɔ́ːrθouèp-] *n.* 정음학자.
or·tho·e·py [ɔːrθóuipi, ɔ́ːrθouèp-] *n.* ⓤ 정음학; 올바른 발음[법].
or·tho·fer·rite [ɔ̀ːrθo(u)férait] *n.* 오르토페라이트 [컴퓨터용 결정 물질의 얇은 층].
or·tho·gen·e·sis [ɔ̀ːrθo(u)dʒénisis] *n.* ⓤ **1** 〖생물〗 정향 진화(定向進化). **2** 〖사회〗계통(系統) 발생설.
or·tho·ge·net·ic [ɔ̀ːrθo(u)dʒinétik] *adj.* 〖생물〗정향 진화의(적인); 〖사회〗계통 발생설의, 계통 발생설[적]의.
or·thog·o·nal [ɔːrθɑ́gənl / -θɔ́g-] *adj.* 〖수학〗 직각의, 직교(直交)하는.
orthógonal projéction *n.* **1** 〖수학〗정사영(正射影). **2** 〖지도〗정사 투영법(投影法).
or·tho·graph [ɔ́ːrθəgræf / -grɑ̀ːf] *n.* 〖건축〗건물 따위의] 정사도(正射圖).
or·thog·ra·pher [ɔːrθɑ́grəfər / -θɔ́g-] *n.* **1** 정자법(正字法)에 정통한 사람, 정자법 학자. **2** 철자법이 바른 사람.
or·tho·graph·ic [ɔ̀ːrθo(u)grǽfik], (**or·tho·graph·i·cal** [-ik(ə)l]) *adj.* **1** 정자법의, 철자법이 바른, 정서법 (正書法)의. **2** 〖수학〗직각의, 직교하는.
or·thog·ra·phy [ɔːrθɑ́grəfi / -θɔ́g-] *n.* ⓤ **1** 바른 정자법, 정서법; 철자, 철자론(論). **2** 〖수학〗정사영(正射影) 〖법〗.
or·tho·mo·lec·u·lar [ɔ̀ːrθo(u)moulékjulər] *adj.* 몸의 분자 성분을 중심으로 조절하는.
or·tho·pe·dic [ɔ̀ːrθo(u)píːdik], (**or·tho·pae·dic**) *adj.* 정형 외과의. ¶ *orthopedic* treatment 정형 외과 수술.
or·tho·pe·dics [ɔ̀ːrθo(u)píːdiks], (**or·tho·pae·dics**) *n. pl.* 《단수 취급》[특히 어린이를 위한] 정형 외과[학].
or·tho·pe·dist [ɔ̀ːrθo(u)píːdist], (**or·tho·pae·dist**) *n.* 정형 외과 의사.
or·tho·pe·dy [ɔ́ːrθəpìːdi], (**or·tho·pae·dy**) *n.* = orthopedics.
or·tho·psy·chi·a·try [ɔ̀ːrθo(u)saikáiətri] *n.* ⓤ [특히 청소년을 대상으로 하는] 예방 정신병학.
or·thop·ter [ɔːrθɑ́ptər] *n.* **1** = ornithopter. **2** 〖곤충〗직시류(直翅類)의 곤충.
or·thop·ter·an [ɔːrθɑ́ptərən / -θɔ́p-] *adj.* 〖곤충〗메뚜기목(目) 곤충의(orthopterous). — *n.* 〖곤충〗= orthopteron.
or·thop·ter·on [ɔːrθɑ́ptərɑ̀n / -θɔ́ptərɔ̀n] *n.* (*pl.* **-ter·a**) 〖곤충〗메뚜기목(目) 곤충.
or·thop·ter·ous [ɔːrθɑ́ptərəs / -θɔ́p-] *adj.* 〖곤충〗메뚜기 목(目)의.
or·thop·tic [ɔːrθɑ́ptik / -θɔ́p-] *adj.* 〖안과〗시각 교정의.
or·thop·tics [ɔːrθɑ́ptiks / -θɔ́p-] *n. pl.* 《단수 취급》시각 교정학.
or·thop·tist [ɔːrθɑ́ptist / -θɔ́p-] *n.* 시각 교정 의사.
or·tho·rhom·bic [ɔ̀ːrθərɑ́mbik / -rɔ́m-] *adj.* 〖결정〗사방정계(斜方晶系)의.
or·thot·ics [ɔːrθɑ́tiks / -θɔ́t-] *n.* ⓤ 보조 기구에 의한 기능 회복 훈련[법].
or·tho·wa·ter [ɔ́ːrθɔ̀wɔ̀ːtər] *n.* = polywater.
or·to·lan [ɔ́ːrtələn] *n.* **1** 멧새류의 작은 새. **2** = bobolink.
or·y [ɔ́ːri / ɔ́ri] *adj.* 광석의(같은), 광석을 함유하는.
-ory¹ *suf.* 동사·명사에 붙여서「…의 성질이 있는」,「…과 같은」의 뜻의 형용사를 만든다. 예: compuls*ory*.
-ory² *suf.* place, instrument의 뜻의 명사를 만든다. 예: laborat*ory*, dormit*ory*, direct*ory*.
o·ryx [ɔ́ːriks / ɔ́riks] *n.* (*pl.* **-ryx·es** or **-ryx**) [아프리카 산(産)의] 큰 영양(羚羊).

os¹ [ɑs / ɔs] *n.* (*pl.* **os·sa** [ásə / ɔ́sə]) 〖해부·동물〗뼈(bone). 〖<L〗
os² [ɑs / ɔs] *n.* (*pl.* **o·ra** [ɔ́ːrə / ɔ́ːrə]) 〖해부〗입(mouth). 〖<L〗
Os 〖화학〗 osmium 의 원자 기호.
OS (略) operating system(관리 프로그램).
o.s. (略) 《라틴》 *oculus sinister* (=left eye) [처방전에서] 왼쪽 눈; ordinary seaman; off-scene; 〖상업〗on sample; out of stock; 〖 〗outstanding.
O.S. (略) 《라틴》 *oculus sinister* (=left eye) [처방전에서] 왼쪽 눈; Old Saxon (고대 색슨어); Old School (보수파); ordinary seaman; Old Series; Old Style (구력(舊曆)).
O·sage [ouséidʒ, ――] *n.* (*pl.* **-sag·es** or **-sage**) **1** 오세이지족(族) [본래 Missouri 주의 Osage 강변에 살고 있던 미국 원주민의 한 종족]. **2** ⓤ 오세이지족의 언어.
Ósage órange *n.* 미국 Arkansas 주 지방 원산의 뽕나무과(科) 관상 식물 〖산울타리로 쓴다〗.
Os·can [ɑ́skən / ɔ́s-] *n.* **1** 오스컨 사람 [이탈리아 남부·중부의 고대 민족]. **2** ⓤ 오스컨어.
Os·car [ɑ́skər, ɑ́s- / ɔ́s-] *n.* 〖영화〗오스카 [미국에서 해마다 그해의 영화 중에서 연기·제작·촬영 부문의 최우수자인 아카데미상 수상자에게 수여하는 황금으로 만든 작은 상(像)].
OSCAR [ɑ́skər / ɔ́s-] *n.* 〖우주공학·통신〗오스카 [미국의 아마추어 무선가용 전파 전파(電波傳播) 실험 위성]. 〖< *O*rbiting *S*atellite *C*arrying *A*mateur *R*adio〗
os·cil·late [ɑ́silèit / ɔ́s-] *v.* (**-lat·ed, -lat·ing**) *vi.* **1** [전자(振子)와 같이] 진동하다. ⇒ SWING 類語 **2** 〖의견·목적 따위가〗흔들리다(fluctuate), 망설이다, 동요하다 (waver). He always *oscillates* between different ideas. 그는 언제나 여러 가지 생각으로 갈팡질팡한다. **3** 〖물리〗진동하다. — *vt.* …을 진동(동요)하게 하다.
os·cil·la·tion [ɑ̀siléi(ə)n / ɔ̀s-] *n.* ⓤⓒ **1** 진동; [한 방향으로의] 한 번의 진동. **2** [마음·의견 따위의] 동요, 망설임(fluctuation). **3** 〖물리〗진동.
os·cil·la·tor [ɑ́silèitər / ɔ́s-] *n.* **1** 〖전기〗발진기(發振器); 〖물리〗진동자(振動子). **2** 동요하는 사람, 흔들리는 사람(것). —— 는, 동요하는.
os·cil·la·to·ry [ɑ́silətɔ̀ːri / ɔ́silət(ə)ri] *adj.* 진동하는 〖의〗, 동요하는.
os·cil·lo·gram [əsílo(u)græ̀m, ɑs-] *n.* 오실로그램 [오실로그래프로 기록된 전기 진동 도형(圖形)].
os·cil·lo·graph [əsílo(u)græ̀f / -grɑ̀ːf, ɔs-] *n.* **1** 진동 기록기. **2** 〖전기〗오실로그래프 [전류·전압 따위의 변화를 가시 곡선으로 기록하는 장치].
os·cil·lo·scope [əsílo(u)skòup, ɑs-] *n.* 〖전기〗역전류 검출관(管), 오실로스코프 [oscillograph의 일종].
os·cine [ɑ́sin, ɑ́sain / ɔ́sin] *adj.* 〖鳥類〗명금류(鳴禽類)의. — *n.* 명금류의 새.
os·cu·lant [ɑ́skjulənt / ɔ́s-] *adj.* **1** 공통된 특징으로 맺어진, 공통성이 있는; 중간성의. **2** 밀착한.
os·cu·lar [ɑ́skjulər / ɔ́s-] *adj.* **1** 〖동물〗osculum 의. **2** 입의, 입맞춤의.
os·cu·late [ɑ́skjulèit / ɔ́s-] *vt., vi.* (**-lat·ed, -lat·ing**) **1** …에 입맞추다. **2** …에 밀착(접촉)시키다(하다). **3** 〖수학〗[곡선면 따위를] 접촉시키다(하다). **4** 〖생물〗공통성이 있다.
os·cu·la·tion [ɑ̀skjuléi(ə)n / ɔ̀s-] *n.* ⓤⓒ **1** 입맞춤, 키스. **2** 밀착. **3** 〖수학〗접촉. ¶ points of *osculation* 접점.
os·cu·la·to·ry [ɑ́skjulətɔ̀ːri / ɔ́skjulət(ə)ri] *adj.* **1** 입맞춤의, 입맞춤하는. **2** 〖수학〗접촉하는.
os·cu·lum [ɑ́skjuləm / ɔ́s-] *n.* (*pl.* **-la**) 〖동물〗**1** 해면 동물의 입, 배수공. **2** [촌충류의] 흡반, 흡착기관.
-ose¹ *suf.* full of, abounding in …의 뜻, like(…과 같은)의 뜻의 형용사 어미. 예: globose, verbose.
-ose² *suf.* 〖화학〗당류(糖類)나 그외의 탄수화물에 붙이는 명사 어미. 예: amylose, cellulose.

OSHA [óuʃə] n. 《美》직업 안전 위생국. [< Occupational Safety and Health Administration]

o·sier [óuʒər] n. 《주로 英》고리버들[버들가지 세공 용].

ósier bèd n. 고리버들 밭(숲).

O·si·ris [ousáiris / -sáiəris] n. 오시리스[고대 이집트의 저승을 지배하고 죽은 사람을 심판하는 신].

-osis suf. action(작용), process(과정), condition(상태) 따위의 뜻의 명사 어미. 병명에 많이 쓰인다. 예: neurosis, tuberculosis.

-osity suf. -ose, -ous로 끝나는 형용사로 명사를 만든다. 예: verbosity, generosity. [도].

Os·lo [ázlou, ás- / ɔ́z-, 5s-] n. 오슬로[노르웨이의 수도].

Os·man·li [azmǽnli, as- / ɔz-, ɔs-] n. 1 터키 사람 (Ottoman). 2 U 터키어. — adj. 터키[사람]의. 오스만 제국의.

os·mic [ázmik / 5z-] adj. 〖화학〗 오스뮴(osmium)의, 오스뮴을 함유한. [氣學].

os·mics [ázmiks / 5z-] n. pl. 〖단수 취급〗향기학(香

os·mi·um [ázmiəm / 5z-] n. U〖화학〗오스뮴[단단하고 무거운 금속 원소; 원자 기호 Os].

os·mose [ázmous, ás- / 5z-] v. (-mosed, -mos·ing) vi. 삼투하다, — vt. …에 삼투하다. — n.〖화학〗 = osmosis. [투성].

os·mo·sis [azmóusis, as- / ɔz-] n. U〖화학〗삼투, 삼투성.

os·mot·ic [azmátik, as- / ɔzmɔ́t-] adj. 〖화학〗삼투의, 삼투성의. **-i·cal·ly** [-ikəli] adv.

osmótic préssure n. 〖물리·화학〗삼투압.

os·mund [ázmənd / 5z-], (**osmond**) n. 〖식물의〗고비.

OSO (略) Orbiting Solar Observatory (태양 관측 우성).

os·prey [áspri / 5s-] n. 1 물수리(fish hawk). 2 백로의 깃 [여성용 모자 테두리 장식용].

OSRD (略)《美》Office of Scientific Research and Development(과학 연구 개발국).

OSS, O.S.S. (略) Office of Strategic Services ([미국] 전략 사무국).

Os·sa [ása / ɔ́sə] n. 〖그리스 신화〗옷사산(山) [그리스 동부 Thessaly에 있는 산].

os·se·ous [ásiəs / 5s-] adj. 1 뼈의, 뼈로 이루어진; 뼈 비슷한(bony). 2 〖지층 따위가〗 화석골(化石骨)이 많은.

Os·sian [áʃən, ásiən / 5sian] n. 〖게일 전설〗오시안[3 세기에 있었다고 전해오는 스코틀랜드의 영웅·시인].

Os·si·an·ic [àsiǽnik, ɑ̀i- / ɔ̀s-] adj. 오시안 풍의, 과장된. [bone].

os·si·cle [ásikl / 5s-] n. 〖해부·동물〗소골(小骨)(small

os·sif·er·ous [asífərəs / ɔs-] adj. 〖지층 따위가〗뼈를 함유하는, 화석골이 많은.

os·si·fi·ca·tion [àsifikéiʃ(ə)n / ɔ̀s-] n. U〖생리〗1 골화(骨化)〖작용·과정〗. 2 골화된 부분.

os·si·frage [ásifridʒ / 5s-] n. 수염수리.

os·si·fy [ásifài / 5s-] v. (**-fied, -fy·ing**) vt. 1〖생리〗 …을 골화하다. 2 …을 경화(硬化)시키다. — vi. 1 〖생리〗뼈가 되다. 2 〖의견·태도 따위가〗완고하다.

os·su·ar·y [áʃuèri, ásju- / ɔ́sjuəri] n. (pl. **-ar·ies**) 1 납골당(納骨堂). 2 뼈를 넣어 두는 단지.

OST (略) Office of Science and Technology (미국 과학 기술국); Outer Space Treaty (우주[천체] 조약).

os·te·al [ástiəl / 5s-] adj. = osseous.

os·te·i·tis [àstiáitis / ɔ̀s-] n. 〖병리〗골염(骨炎).

os·ten·si·bil·i·ty [astènsibíliti] n. U 겉보기.

os·ten·si·ble [asténsəbl / ɔs-] adj. 1 표면상의, 외양 만의, 겉으로 만의(pretended). ¶ one's *ostensible* purpose 표면상의 목적. 2 명백한(apparent), 분명한. ¶ an *ostensible* mistake 명백한 잘못. [로는.

os·ten·si·bly [asténsəbli / ɔs-] adv. 표면상으로, 걸으

os·ten·sive [asténsiv / ɔs-] adj. 1 분명히 나타내는, 명시하는. 2 표면상의(ostensible). **~·ly** adv.

os·ten·so·ry [asténs(ə)ri / ɔs-] n. (pl. **-ries**) 〖가톨릭〗성체 현시대(聖體顯示臺)(monstrance).

os·ten·ta·tion [àstentéiʃ(ə)n / ɔ̀s-] n. U 과시, 걸치 레, 허식.

os·ten·ta·tious [àstentéiʃəs / ɔ̀s-] adj. 허세부리는; [행위·태도 따위가] 과시하는, 자랑해 보이는, 야한. **~·ly** adv. **~·ness** n.

osteo- bone〖뼈〗의 뜻의 연결형(* 모음 앞에서는 oste-를 쓴다). 예: osteology.

os·te·o·ar·thri·tis [àstiouaːrθráitis / ɔ̀s-] n. U〖병리〗(骨) 관절염. [(like).

os·te·oid [ástiɔid / 5s-] adj. 뼈 같은, 뼈 모양의(bone-

os·te·ol·o·gist [àstiáləd3ist / ɔ̀stiɔ́l-] n. 골학자.

os·te·ol·o·gy [àstiáləd3i / ɔ̀stiɔ́l-] n. U 골 해부학, 골학[해부학의 한 분야].

os·te·o·ma [àstióumə / ɔ̀s-] n. (pl. **-mas** or **-ma·ta** [-mətə]) 〖병리〗골종(骨腫).

os·te·o·my·e·li·tis [àstio(u)màiəláitis / ɔ̀s-] n. U〖병리〗골수염.

os·te·o·path [ástiəpæθ / 5s-] n. 정골(整骨) 요법의

os·te·o·path·ic [àstiəpǽθik / ɔ̀s-] adj. 정골 요법의.

os·te·op·a·thist [àstiápəθist / ɔ̀stiɔ́p-] n. = osteopath. [안마 치료, 안마술.

os·te·op·a·thy [àstiápəθi / ɔ̀stiɔ́p-] n. U 정골 요법,

os·te·o·plas·tic [àstiəplǽstik / ɔ̀s-] adj. 1 〖외과〗뼈 형성성(形成性)의, 뼈 형성술의. 2 〖생리〗뼈가 생기는, 뼈 형성의.

os·te·o·plas·ty [ástiəplæsti / 5s-] n. U〖외과〗[다른 뼈의 이식에 의한] 골 형성술.

os·te·o·po·ro·sis [àstiəpəróusis / ɔ̀s-] n. (pl. **-ro·ses** [-siːz])〖의학〗골다공증(骨多孔症).

os·ti·ar·y [ástièri / ɔ́stiəri] n. (pl. **-ar·ies**) 1〖가톨릭〗[원래는 최하위 성직자] 문지기. 2 [교회 등의] 문지기(doorkeeper).

ost·ler [áslər / 5s-] n. = hostler.

ost·mark [ástmɑːrk, 5ːst-] n. 동독의 화폐 단위[略 OM, Om]. cf. mark

Ost·po·li·tik [5ːstpouli:tìːk] n. U〖특히 서독의〗대 유럽 (공산권) 정책.

os·tra·cism [ástrəsìz(ə)m / 5s-] n. U 1 추방. ¶ social *ostracism* 사회적 추방. 2 〖고대 그리스〗오스트라키즘, 도편(陶片) 추방[사금파리 따위로 시민 투표를 해서 일시적으로 국외 추방하는 일].

os·tra·cize [ástrəsàiz / 5s-] (* 《英》에서는 **os·tra·cise** 로도 쓴다) vt. (**-cized, -ciz·ing**) 1 …을 국외로 추방하다; …을 배척하다. 2 〖고대 그리스에서〗…을 도편 추방으로 처벌하다. [(밑].

os·tre·i·cul·ture [ástriəkʌ̀ltʃər / 5s-] n. U 굴 양식

*****os·trich** [5ːstritʃ, ás- / 5s-, -tridʒ] n. (pl. **-trich·es** or **-trich**) 1 타조. 2 무사 안일주의자.

bury one's head in the sand like an ostrich 머리만 감추고 꽁무니는 감출 줄 모르다, 눈 감고 아웅하 [하다.

have the digestion of an ostrich 위장이 아주 튼튼

óstrich fàrm n. 타조 사육장.

os·trich·ism [5ːstritʃìzm, ás- / 5s-, -tridʒ-] n. [현실, 닥쳐오는 위험 따위를] 직면하기를 거부하기, 눈가리고 아웅하기. [고트족(族) 사람.

Os·tro·goth [ástro(u)gàθ / 5stro(u)gɔ̀θ] n. 동(東)

ot- ⇨ OTO-.

OT, O.T. (略) occupational therapy; Old Testament.

OT, o.t. (略) overtime.

o·tal·gi·a [o(u)tǽldʒ(i)ə] n. U〖병리〗귀앓이(earache). [매].

OTB (略) off-track betting (경마장 밖에서의 마권 판

O.T.C. (略) Officers' Training Camp, Officers' Training Corps (장교 훈련대); Organization for Trade Co-operation (무역 협력 기구). [에너지 변환].

OTEC (略) ocean thermal energy conversion (해양열

O·thel·lo [o(u)θélou] n. Shakespeare 작의 비극 O-

thello (1604)의 주인공.
‡oth·er [ʌ́ðər] *adj.* **1** 그밖의(additional), 딴, 다른, 틀린(different) (*from, than...*) (* 한정어(限定語)가 붙지 않는 셀 수 있는 단수 명사에는 another를 쓴다). ¶ *Any other* man would have done better. 다른 사람이라면 좀 더 잘 했겠지 / Have you any *other* questions? 그 밖의 질문은 없니? / Do it some *other* day. 그 일은 다른 날에 해라.
— **Usage** 비교급의 형태로 최상급의 뜻을 나타내는 경우, than 뒤에 any other를 쓰는 경우가 보통이다: She is more beautiful than any *other* girl in her class. (=She is more beautiful than [all] the other girls in her class.) (그녀는 학급내에서 가장 아름답다).
2 [종류·성질 등이] 틀린 (*than, from...*). ¶ He lives in a world far *other* from ours. 그는 우리와는 전혀 다른 세계에 살고 있다 / The truth is quite *other* than what you think. 사실은 네가 생각하는 것과는 전혀 다르다.
3 (the ~) [둘 중에서] 다른 하나의, 다른 한쪽의; 저편의, 반대쪽의; 나머지의. ¶ the *other* party [법률] 상대방 / the *other* side of the moon 달의 저편 / the *other* men 그 외의 사람들 / Now, shut the *other* eye. 자, 다른쪽 눈을 감아라 / She is really active and cheerful, but I am quite the *other* way. 그녀는 활발하고 명랑하지만 나는 전혀 그 반대다.
4 이전의, 옛날의(former). ¶ the houses of *other* days 그 옛날의 집들.
among *other* things ⇨ AMONG.
as in *other* years 예년과 같이.
at *other* times ⇨ TIME.
every *other*... 하나 걸러서. ¶ a meeting *every other* day(week) 하루(일주) 걸러의 회합.
none *other* than ...다름 아닌 것(사람). ¶ The gentleman was *none other than* the president. 그분은 다름 아닌 바로 대통령 그 사람이었다.
on the *other* hand ⇨ HAND.
the *other* day (**night**) 일전(전날 밤)에. ¶ I met him *the other day*. 나는 일전에 그를 만났다.
other **things being equal** 기타 조건이 동일하면.
— *pron.* **1** (the ~) [둘 중에서] 다른 한쪽, 나머지의 하나, 후자(the latter); (the ~s) 나머지 것[전부]. ¶ Each praises the *other*. 서로 칭찬하는데 / He has two sons; one is a doctor, the *other* a painter. 그에게는 두 아들이 있다. 한 사람은 의사이고 다른 한 사람은 화가이다 / One of the announcers was a woman, but the *others* were men. 아나운서들 중 한 사람만 여자고 다른 사람들은 모두가 남자였다. **2** (~s) 다른 것, 다른 사람들, 타인. ¶ I don't care for these shoes. Show me some *others*. 이 구두는 마음에 안 드니 다른 것을 보여주시오 / Some are kind, and *others* are unkind. 친절한 사람이 있는가 하면 불친절한 사람들도 있다/ Do good to *others*. 남에게 친절해라 / He has no understanding of *others'* pain. 그는 다른 사람들의 고통을 모른다 (* *others*가 독립적으로 쓰일 때에는 「다른 사람들의」 뜻).
among *others* ⇨ AMONG.
of all *others* 모든 것 중에서. ¶ You are the man *of all others* for the work. 너야말로 그 일에 가장 적임자다.
some ... *or other* 무엇인가. ¶ *some* day *or other* 언젠가, 어느날 / for *some* purpose *or other* 무엇인가 목적이 있어서.
— *adv.* 틀리게, 다르게, 다른 방법으로(otherwise, differently)(*than...*). ¶ if you think *other than* rationally 만일 합리적으로 생각하지 않으면 / We can't collect the loan *other than* by suing him. 그를 고소하지 않고는 대출금을 회수할 방법이 없다.
oth·er-di·rect·ed [ʌ́ðərdiréktid] *adj.* 동조형의, 타인 지향형의.

oth·er-guess [ʌ́ðərgès] *adj.* 《고어》 다른, 별종의.
ótherly ábled [-] *adj.* 다른 능력을 가진.
oth·er·ness [ʌ́ðərnis] *n.* ⓤⓒ 다름; 딴 사람, 별개의 것. 　　　　　　　　　　　　　[다른 곳에.
oth·er·where [ʌ́ðə(h)wὲər] *adv.* 《고어》
oth·er·while [ʌ́ðə(h)wàil], (**oth·er·whiles** [-(h)wàilz]) *adv.* 《고어》 **1** 다른 때에. **2** 때때로(sometimes).
‡oth·er·wise [ʌ́ðərwàiz] *adv.* **1** 다른 사정 아래에서는, 다른 경우라면; 그렇지 않다면(if not). ¶ *Otherwise* I would accept your invitation. 다른 경우라면 초대에 응하겠습니다 / Learn to save now, *otherwise* you may want in old age. 지금 저축하는 습관을 길러라, 그렇지 않으면 노후에 곤란해질지도 모르니 (*명령문 뒤에서 or [else]의 뜻으로 접속사). **2** 다른 방법으로, 다르게(differently). ¶ I can't think *otherwise*. 달리 생각할 수가 없다. **3** 다른 점에서. ¶ He is noisy but *otherwise* a very nice boy. 그 아이는 잘 떠들기는 하지만 다른 점에서는 아주 착한 아이다.
— *adj.* **1** 《서술용법》 다른, 틀린(different). ¶ We hoped things would be *otherwise*. 우리들은 사정이 다르기를 바랬다 / Some are wise, but some are *otherwise*. 《속담》 슬기로운 사람도 있지만 그렇지 않은 사람도 있다. **2** 《한정용법》 다른 점에서 본, 다른 경우라면 ...의. ¶ his *otherwise* pleasure 다른 경우라면 그의 즐거움이 될 것 / His rival was also his *otherwise* intimate friend. 그의 라이벌은 한편 그의 친구이기도 했다.
and *otherwise* 그밖의. ¶ the workers, industrial *and otherwise* 공업과 기타 부문의 노동자들.
or *otherwise* 또는 그 반대. ¶ the merits *or otherwise* of her character 그녀의 성격의 장점과 단점.
oth·er·wise-mind·ed [ʌ́ðərwàizmáindid] *adj.* 성미(의견), 여론에 어긋나는.　　　　　　　 [world].
óther wórld *n.* (the ~) 저승, 내세(來世) (future
oth·er·world·ly [ʌ́ðərwə́ː*r*ldli] *adj.* 내세의, 상상적 세계의, 공상적인.　　　　　　　　 [터키 사람(Ottoman).
Oth·man [ɑ́θmɑːn, -mən / ɔθmɑ́ːn] *n.* (*pl.* **-mans**)
OTHR 《略》 over-*t*he-*h*orizon *r*adar (초(超)) 지평선 레이더.
o·tic [óutik] *adj.* 《해부》 귀의.　　　　　　 [이다.
-otic *suf.* **1** producing (...을 낳는), suffering from (...을 앓는)의 뜻. -osis로 끝나는 명사에 대응하는 형용사를 만든다. 예: narc*otic*. **2** resembling (...을 닮은) 예: ex*otic*.
o·ti·ose [óuʃiòus, óuti-] *adj.* **1** 한가한; 게으른(idle). **2** 불필요한, 쓸모없는. ~**·ly** *adv.* ~**·ness** *n.*　 [필요.
o·ti·os·i·ty [òuʃiɑ́səti, òuti- / -ɔ́s-] *n.* ⓤ 나태, 태만; 불
o·ti·tis [o(u)táitis] *n.* ⓤ 《병리》 귓앓이, 이염(耳炎).
otítis ex·tér·na [-ekstə́ːrnə] *n.* ⓤ 《병리》 외이염.
otítis in·tér·na *n.* ⓤ 《병리》 내이염.
otítis média *n.* ⓤ 《병리》 중이염.
o·ti·um cum dig·ni·ta·te [óuʃiəm kʌm dìgnitéiti] *n.* 《라틴》 (=leisure with dignity) 유유자적.
oto- ear(귀)의 뜻의 연결형 (*모음 앞에서는 ot-를 쓴다). 예: *oto*logy, *ot*oscope.
o·to·lar·yn·gol·o·gy [òutoulæ̀ringɑ́lədʒi / -gɔ́l-] *n.* ⓤ 이비인후학(耳鼻咽喉學).
o·tol·o·gy [outɑ́lədʒi / -tɔ́l-] *n.* ⓤ 이과(耳科) 의학.
o·to·rhi·no·lar·yn·gol·o·gy [òutouràinoulæ̀ringɑ́lədʒi / -gɔ́l-] *n.* ⓤ 이비 인후 과학.
o·to·scope [óutəskòup] *n.* 《의학》 [검(檢)] 이경(耳鏡); 이청관 (耳聽管).
OTS, O.T.S. 《略》 *O*fficers' *T*raining *S*chool (장교훈련 학교).
ot·ta·va ri·ma [o(u)tάːvə ríːmə] *n.* 《韻律》 8행시체 (八行詩體) 《이탈리아의 시체로서 각행이 11음절로 되어 있다》. [<lt. eighth time]
Ot·ta·wa [ɑ́təwə, -wàː / ɔ́təwə] *n.* 캐나다의 수도.
*ot·ter [ɑ́tər / ɔ́tə] *n.* (*pl.* **-ters** or **-ter**) **1** 수달; 수달피. **2** 낚시 도구의 일종. **3** 기뢰(機雷) 방어기 (paravane).

ótter bóard *n.* 트롤망(網)의 저항판.
ótter tráwl *n.* 트롤망.
ot·to [átou/5t-] *n.* ⓤ 장미유(油) (attar).
Ot·to·man [áto(u)man/5t-] *adj.* **1** 〔터키의〕 오스만 왕조의; 오스만 투르크 제국의. **2** 터키〔민족〕의. — *n.* (*pl.* **-mans** [-mənz]) **1** 터키 사람(Turk). **2** (o-) 일종의 소파. **3** (o-) 쿠션을 댄 발 올려놓는 대.
Óttoman Émpire *n.* (the ~) 오스만 투르크 제국, 오스만 제국.
OTV (略) [로켓] orbital *t*ransfer *v*ehicle (궤도간 수송기).
O.U. (略) (英) *O*pen *U*niversity; *O*xford *U*niversity.
ou·bli·ette [ùːbliét] *n.* 지하 감옥, 비밀 감옥[출입구가 천정에만 있고 뚜껑이 위로 열리게 되어 있다].
ouch[1] [autʃ] *interj.* 아야.
ouch[2] [autʃ] *n.* (古語) **1** (장식용의) 핀, 브로치. **2** 〔보석의〕 받침.
ought[1] [ɔːt] *auxil. v.* (부정 단축형 **ought·n't** [5ːtnt]) ※ 보통 to- 부정사를 수반한다.
— **Usage**[1] ought 에는 과거형이 없고 시제(時制) 일치의 영향을 받지 않는다는 것이다: He *said* he *ought* to go. (그는 자기가 가야 한다고 말했다) / I *thought* I *ought* to ask him. (나는 그에게 부탁하여야겠다고 생각했다). 또 과거를 나타내는 데는 완료형 부정사를 수반한다.
1 《의무》…해야 한다. ¶ He *ought* to pay his debts. 그는 부채를 갚아야 한다 / *Ought* I to tell you? 너에게 그것을 말해서는 안 되는가? / You *ought* not to say it. 너는 그것을 말해서는 안 된다(※ 〔美〕에서는 부정문에 to를 쓰지 않고 You *ought* not say it.라 말하는 수 있다) / You *ought* to have done that. 너는 그것을 했어야 했다 / That step *ought* not to have been taken. 그 수단은 취할 것이 아니었다.

— **Usage**[2] ought to와 should —— 어느 쪽이나 의무·도덕적 요구·당연(當然)·기대 따위를 나타내며 전자는 후자보다 뜻이 강하다고도 느껴지나 구별하지 않고 사용해도 좋다: You *ought to* (or *should*) *obey* the law.(법률에는 따르지 않으면 안 된다). 또 구어에서는 ought to 가 바람직한 경향이 있으며 양자를 나란히 사용하는 경우에는 ought to 를 먼저 놓는 것이 보통으로 되어 있다.
2 《마땅·당연·소망》…하는 것이 마땅하다(옳다), …하는 것이 당연하다. ¶ You *ought* to go before it rains. 비가 오기 전에 가는 것이 좋다 / At her age she *ought* to know better. 그녀의 나이라면 더 분별이 있어야 한다 / You *ought* to take care of yourself. 몸 조심하지 않으면 안 된다.
3 《예기》…일 듯하다, …임에 틀림없다. ¶ He *ought* to be able to answer. 그는 대답할 수 있을 것이다 / They *ought* to win. 그들은 이길 것이 틀림없다 / He *ought* to have arrived now. 그는 지금쯤 도착했을 것이다(그럴 것이다).

— **Usage**[3] 부정사의 생략 —— 다음과 같은 문장에서 부정사는 생략할 수 있다: She says you do not have to do it, but I think you *ought* [*to*]. (그녀는 네가 그 일을 할 필요가 없다고 하나 나는 해야 한다고 생각한다). 또 ta 많은 종종 남겨지지만 ought to 를 하나의 조동사처럼 다루어져 되어 있다: I *ought* to and can do it. (나는 그것을 해야 하고 또 할 수도 있다).
ought[2] [ɔːt] *n.* (속어) 영(零) (nought, zero), 제로 기호[0]. [<a nought: an ought 로 잘못 분석된 데서]
ought[3] [ɔːt] *n., adv.* =aught[1].
ought·n't [ɔːtnt] ought not 의 단축형.
oui [wiː] *adv.* (프랑스) =yes.
Oui·ja [wíːdʒə, + 英 -dʒɑː] *n.* (상표명) [심령(心靈) 전달에 쓰는] 영응반(靈應盤) [알파벳 또는 여러 가지 무늬가 있는 널빤지].
ou·long [úːlɔːŋ, -lɑŋ] *n.* =oolong.
ounce[1] [auns] *n.* **1** 온스 [무게의 단위. 상형(常衡)에서는 1/16 파운드, 금형(金衡)에서는 1/12 파운드]. **2** 액량 (液量) 온스 (fluid ounce). **3** 소량. ¶ He hasn't got an *ounce* of common sense. 그는 상식이 조금도 없다 / *An ounce of practice is worth a pound of theory.* 《속담》 말보다도 실천.
ounce[2] [auns] *n.* **1** 〔중앙 아시아산(産)의〕 흰 표범. **2** 〔詩〕 스라소니(lynx). **3** 대학 출판국.
OUP, O.U.P. (略) *O*xford *U*niversity *P*ress (옥스퍼드 대학 출판부).
our [auər, ɑːr] *pron.* 〈we 의 소유격〉 **1** 우리의, 우리들의. **2** 《군주가 my 대신 써서》 짐(朕)의. **3** 〔신문 따위에서〕 우리〔사(社)의〕, 필자의. **4** 《화제가 되고 있는 문제의, 예(例)의. ¶ *Our* man didn't turn up. 문제의 인물은 나타나지 않았다.
-our *suf.* ⇨ -OR[1].
Óur Fáther *n.* **1** 〔기독교의〕 신, 하나님. **2** 〔성서〕 주기도문(Lord's Prayer).
Óur Lády *n.* 성모 마리아(Virgin Mary).
‡ours [auərz, ɑːrz] *pron.* 〈we 의 소유 대명사〉 **1** 우리들의 것, 우리의 것. ¶ Which car is *ours*? 어느 것이 우리 차냐? / The game is *ours*. 승리는 우리의 것이다 / The land has become *ours* by purchase. 그 토지는 매입해서 우리의 것이 되었다. **2** 《전치사 of 를 수반하여》 우리의, 우리들의. ¶ a friend *of ours* 우리들의 친구 / George *of ours* 우리〔사(社)·대(隊)〕 의 조지 / It is no business *of ours*. 우리가 알 바 아니다.
our·self [àuərsélf, ɑːr-] *pron.* 《제왕·작가 등이 써서》 나 스스로(myself). ¶ "We will *ourself* reward the victor," said the king. 「승자에게는 짐(朕)이 친히 포상할 것이다」라고 왕은 말했다.
‡our·selves [àuərsélvz, ɑːr-] *pron.* **1** 《재귀용법》 우리들 자신을(에게). ¶ We must not flatter *ourselves*. 우리는 자만해서는 안 된다 / We are ashamed of *ourselves*. 우리는 스스로 부끄러워하고 있다. **2** 《강조용법, 주어와 동격》 우리들 자신, 우리 스스로. ¶ We made a radio set *ourselves*. 우리들은 자신이 라디오 수신기를 조립했다 / There is a Swiss saying: "We *ourselves* are the State." 우리 자신이 국가라고 하는 스위스의 격언이 있다. **3** 《us 의 대용, 강조적》 우리들 자신을(에게). ¶ This happening displeased *ourselves* but no one else. 이 사건은 딴 사람 아닌 우리들 자신을 불쾌하게 했다. **4** 《we 의 대용, 강조적》 The ones who really want freedom are *ourselves*. 진실로 자유를 바라는 사람은 바로 우리다. **5** 여느 때와 같은 우리, 건강한 우리. We are *ourselves* now. 이제 우리는 기분이 좋다. 〔ONESELF〕
[*all*] *by ourselves* 우리들만으로, 우리의 힘으로.
-ous *suf.* **1** full of, having, characterized by (…의 특징이 있는) 따위의 뜻의 형용사를 만든다. 예: joy*ous*, nerv*ous*. **2** 〔화학〕 「아(亞)」 라는 뜻의 형용사를 만든다. 예: sulfur*ous*.
ou·sel [úːzl] *n.* =ouzel.
†oust [aust] *vt.* **1** 〔장소·지위 따위에서〕 …을 내쫓다 (expel). ¶ (~+囹+쮀+图) He was *ousted from* his post. 그는 그 지위에서 쫓겨났다. **2** 〔법률〕 〔남〕 에게서 〔재산을〕 빼앗다, 몰수하다(deprive). 〔탈.
oust·er [áustər] *n.* ⓤⓒ 축출, 추방; 〔법률〕 몰수, 박
‡out [aut] *adv.* **1** 밖에, 밖으로; 외출하여, 부재중이어서; 육지를 떠나서, 먼바다로 나가서, 〔배 따위가〕 외국으로 가는. ¶ far *out* at sea 훨씬 먼바다로 / drive *out* 드라이브하러 나가다 / jump *out* 뛰어나가다 / go *out* for a walk 산책하러 나가다 / set *out* on a journey 여행을 떠나다 / The fishing boats are all *out*. 어선은 모두 출어중입니다 / She is *out* now. 그녀는 외출중입니다 / I asked him *out* for a drink and explained. 그를 불러내 한잔 하면서 사정을 설명했다.
2 없어질 때까지, 최후까지; 소멸하여, 유행하지 않게 되어; 철저하게, 완전히. ¶ die *out* 사멸하다 / fight it *out* 최후까지 싸우다 / argue it *out* 논의할 대로 논의하다 / see a play *out* 연극을 끝까지 보다 / blow *out* a candle 촛불을 불어 끄다 / be tired *out* 녹초가 되다 / The light went *out*. 등불이 꺼졌다 / The butter has run *out*. 버터가 떨어졌다 / His reputation was wiped

out. 그의 명성은 완전히 잊혀졌다 / That hair style is *out.* 그 머리형은 유행이 지나갔다. **3** 세상에 알려져서, 발표되어; 출판되어; 나타나서, 드러나서; 피어서; 발견되어; 사교계에 나가. ¶ be out at the elbow (knee)《옷이 찢어져서》팔꿈치(무릎)가 보이다 / The secret is *out* at last. 마침내 비밀이 탄로되었다 / The lilies are *out.* 백합이 피었다 / The girl has just come *out.* 그 소녀는 사교계에 막 진출했다.
4 대출하여, [이자를 받고] 대부하여. ¶ He put *out* his money at 10 percent interest. 그는 1할의 이자로 돈을 빌려 주었다.
5 혼란되어, 당황하여; 불화로; 동맹 파업중이어서(on strike). ¶ He felt *out* at being questioned. 그는 질문을 받고 당황했다 / He is *out* with his brother. 그는 형과 사이가 좋지 않다 / The drivers are *out.* 운전사들이 동맹 파업중이다.
6〔어느 수량에서〕…해내다. ¶ select *out* 골라내다, 선발하다 / I picked *out* a new hat. 새 모자를 골라냈다.
7 일을 쉬어; 실직하여; 재야(在野)에서; [경기] 아웃으로. ¶ He is *out* because of illness. 그는 병으로 쉬고 있다 / He was *out* in attempting to steal the second base. 그는 2루 도루(盜壘)를 시도하다 아웃됐다.
8《속어》의식을 잃고, [관절 따위가] 삐어져서, 틀려서, 부정확하여;《구어》손해를 보아. ¶ He passed *out.* 그는 의식을 잃었다 / Two drinks and he's usually *out.* 두 잔 마시면 그는 언제나 곤드레만드레가 된다 / His calculations are *out.* 그의 계산은 틀렸다 / Your watch is five minutes *out.* 너의 시계는 5분 틀린다.
9 쑥 내밀어, 밖으로 내밀어. ¶ branch *out* 가지를 펴다 / a cape jutting *out* a long way into the sea 바다로 길게 뻗어나간 갑(岬) / The baby reached *out* its hands. 아기가 손을 내밀었다.
10 큰 소리로, 똑똑히. ¶ sing *out* 큰 소리로 노래하다 / Someone called *out* my name. 누군가 나의 이름을 큰 소리로 불렀다 / Speak *out* ! 큰 소리로 말해라!
11 마지막에 뒤져서;《美속어》쓰이지 않게 되어.
12 불가능하여(out of the question).
all out ⇨ ALL.
from this out 앞으로는(henceforth).
out and away《최상급을 강조하여》빼어(뛰어)나서, 훨씬(by far). ¶ That is *out and away* the best movie of this year. 그것은 단연 금년의 제일 우수한 영화다.
out and home 갈 때나 올 때나.
out and out 철저히(thoroughly), 완전히. *cf.* out-and-
out for …을 열심히 노리고. ¶ They are *out* for profit. 그들은 돈벌이에 안간힘을 다하고 있다.
out from under《구어》곤란이나 위험을 벗어나서. ¶ He tried to get *out from under.* 그는 곤경에서 벗어나려고 애썼다.
out of ① …의 안에서; …의 밖에서. ¶ *out of* a bag 주머니 안에서 / stay *out of* doors 문 밖에 있다 / live two miles *out of* town 읍에서 2마일 떨어진 곳에 살다. ② …의 수중에서, *out of* five books 5권의 책 중에서 / nine cases *out of* ten 십중팔구. ③〔재료·출처에 관하여〕…에서. ¶ a building made *out of* stone 석조 건물 / He came *out of* a wretched home. 그는 가난한 집에서 태어났다. ④〔원인·이유·동기에 관하여〕…때문에(because of). ¶ *out of* fear (kindness) 공포심(친절한 마음)에서 / *out of* necessity 필요상 / *out of* desire for improvement 개선하려는 소망에서. ⑤ …이 떨어져서, 부족하여. ¶ *out of* danger 위험이 없어져서 / *out of* work 실직하여 / get *out of* breath 숨이 가빠지다 / We are *out of* coffee. 커피가 떨어졌다. ⑥ …을 빼앗아, 빼앗겨서. ¶ She was cheated *out of* her money. 그녀는 돈을 사취당했다. ⑦〔정상의 상태〕를 넘어서, …의 범위 밖에, 벗어나서, 어긋나서, 틀려서. ¶ *out of* common 별다른 / *out of* control 제어할 수

없는 / *out of* date 시대에 뒤진 / *out of* doubt 의심할 바 없이 / *out of* hearing 들리지 않는 곳에 / *out of* one's mind 정신이 돌아서 / *Out of* sight, *out of* mind.《속담》떠난 사람은 날이 갈수록 소원해진다.
out of it ① 뜻을 못하여, 떠돌림받아. ② 어찌할 바를 몰라. ③ 잘못하여. [② 완전 녹초가 되어.
out on one's feet《美》①〔권투 선수가〕휘청거리어.
Out, please.《구어》좀 나가겠습니다(* 승강기 따위에서 내릴 때).
out there 저쪽에;《속어》싸움터에.
out to [do]〔…하려고〕줄곧 노력하여.
── *adj.*《한정 형용사로서》**1** 밖의, 외부의; 떨어져 있는; 정권에서 떠난. ¶ an *out* match 원정 시합 / an *out* island 낙도(落島) / a member of the *out* party 야당의 한 사람. **2**〔야구·크리켓〕수비의. ¶ the *out* side 수비측. **3**〔의복 따위가〕유별나게 큰. ¶ an *out* size 특대형.
── *prep.*《美》〈문·창 따위〉에서 밖으로(을)《英》*out* of). ¶ She looked *out* the window. 그녀는 창 밖을 보았다. **2**《美》…에 따라서(out along), …의 변두리에; …의 밖으로; …을 넘어서(beyond). ¶ Drive *out* the main street. 큰 거리를 쭉 달려라 / He lives *out* Elm Street. 그는 엘름가(街)의 변두리에 살고 있다. **3**《詩》…에서, …으로부터(out of) (* 보통 from out의 형으로 쓴다). ¶ *From out* the dungeon came a groan. 지하 감옥에서 신음 소리가 들려왔다.
out one's way《구어》가까이(근처)에.
── *interj.* **1** 나가라!(begone), 저리 가라!(away). **2**〔고어〕분개·비난 따위를 나타내는 소리(...upon). ¶ *Out upon* you! 바보 자식!, 고얀 놈!
── *n.* **1** 돌기(projection), 모퉁이(corner). **2**〔야구〕아웃(put-out); [야구] 수비측; [정구·핸드볼 따위의] 아웃의 불. **3** (~s) 야당; 직업(지위·세력)을 잃은 사람. *cf.* ins **12**〔인쇄〕빠뜨리고 식자하기, 탈자. **5**《속어》변명, 핑계, 구실. **6**《속어》소풍, 소풍(outing); 외출 허가; 외부, 바깥쪽. **7** (~s)《英》지불한 돈, [특히] 세금.
at outs with; on the outs with …과 불화로.
from out to out 끝에서 끝까지, 전장(全長)으로.
make a poor out 성공하지 않다, 잘 되지 않다, 신통치 않다.
── *vi.* 나타나다(come out); 드러나다. ¶ *Murder will out.*《속담》나쁜 짓은 꼭 드러난다. ── *vt.* **1** …을 쫓아내다. **2**《英속어》…을 죽이다; [야구] 아웃시키다; [권투]〔상대〕를 녹아웃시키다.
out with ①…을 공개하다(bring out), 말하다(utter). ¶ *Out with* the truth! 사실을 말해라. ② 쫓아내다. ¶ *Out with* him! 그 녀석을 쫓아내라!
out- *pref.* outside(바깥쪽), outward(바깥), superiority(우월), excess(과도)의 뜻. 명사·동사·동사의 분사형 따위의 앞에 붙인다. 예: *out*door, *out*live. * 악센트는 명사·형용사에서는 óutdoor처럼 앞 악센트, 동사에서는 óutlíve처럼 양(兩) 악센트 또는 뒤 악센트가 보통이다.
out·a·chieve [àutətʃíːv] *vt.* …보다 더 성취(성공)하다.
out·age [áutidʒ] *n.*〔U〕〔C〕**1**〔정전에 의한〕기계의 운전 정지. **2** 정전. **3**〔운반·보관중에 생긴 상품의〕감량.
out-and-out [áutn(d)áut] *adj.* 완전히, 철저한(complete), 순전한. ¶ He is an *out-and-out* fool. 그는 완전한 바보이다. ── *adv.* 전연, 철저히.
out-and-out·er [áutn(d)áutər] *n.*《구어》다루기 힘든 사람(것); 철저하여 있는 사람.
out·ar·gue [àutɑ́ːrgju:] *vt.* (-**gued, -gu·ing**) …을 말로써 꺾다, 설파하다, …과의 의론에서 이기다.
out·a·site [áutəsáit] *adj.*《美속어》= out-of-sight.
out·back *n.* [áutbæk → *adj., adv.*] (濠)《종종 O-》 (the ~) 오지(奥地). ── *adj.* [áutbæ̀k] 오지의(remote). ¶ *outback* settlements 오지의 거류지. ── *adv.* [áutbǽk] 오지로, 마을에서 떨어져서.

out·bal·ance [àutbǽləns] *vt.* (**-anced, -anc·ing**) 1 …보다 무겁다(outweigh). 2 …보다 뛰어나다, …을 능가하다.

out·bid [àutbíd] *vt.* (**-bid, -bid·den** *or* **-bid, -bid·ding**) [입찰·경매에서] …보다 비싼 값을 매기다.

out·board [áutbɔ̀ːrd / -bɔ̀ːd] *adj.* [선체나 기체의] 바깥쪽에 있는, 배 밖의. —— *adv.* 배 밖에(으로), 뱃전에(으로).

óutbòard mótor *n.* 선외(船外) 모터[보트에 일시적으로 장치하는 추진기가 달린 소형 가솔린 발동기].

out·bound [áutbàund] *adj.* 외국행의. *opp.* inbound ¶ an *outbound* plane 국제선 비행기.

out·brag [àutbrǽg] *vt.* (**-bragged, -brag·ging**) 허풍을 떨어 [남]을 이기다(누르다).

out·brave [àutbréiv] *vt.* (**-braved, -brav·ing**) 1 용감하게 …에 맞서다, 대수롭지 않게 여기다(defy); 용기라는 점에서 …보다 뛰어나다. 2 …을 아름다움에서 능가하다.

†**out·break** [áutbrèik] *n.* 1 [분노·폭동·전쟁·유행병 따위의] 돌발, 발생(outburst). ¶ the *outbreak* of World War Ⅱ 제2차 세계 대전의 발발. 2 소동, 폭동.

out·breed [àutbríːd] *vt.* (**-bred, -breed·ing**) …을 이계 교배(異系交配)시키다.

out·breed·ing [àutbríːdiŋ] *n.* ⓤ 이계 교배.

out·build [àutbíld] *vt.* (**-built, -build·ing**) …을 보다 견고하게(오래 가게) 세우다(짓다).

out·build·ing [áutbìldiŋ] *n.* 부속 건축물[헛간·차고 따위], 딴 채.

*out·burst** [áutbə̀ːrst] *n.* [감정의] 격발; 분출; [화산·에너지 따위의] 폭발. ¶ an *outburst* of anger 분발 화를 내기 / an *outburst* of laughter 폭소 / an *outburst* of tear 와락 눈물을 쏟기.

out·cast [áutkæ̀st / -kàːst] *n.* 1 [사회·가족 등에서] 버림받은 사람, 따돌림을 당한 사람, 추방자; 부랑자 (vagabond). 2 쓰레기(refuse). —— *adj.* [세상에서] 버림받은, 추방된(cast out); 집 없는. ¶ *outcast* misery 의지할 곳 없는 몸의 비참함.

out·caste [áutkæ̀st / -kàːst] *n.* [인도에서] 자기의 계급에서 추방된 사람; 사성(四姓) 이외의 천민.

out·class [àutklǽs / -klɑ́ːs] *vt.* …보다 훨씬 뛰어나다, [경쟁자 등]을 훨씬 능가하다.

out·clear·ing [áutklì(ː)riŋ / -klìər-] *n.* ⓤ 《영》 교환 지출(持出) 어음, *cf.* in-clearing.

out·col·lege [àutkɑ́lidʒ / -kɔ́l-] *adj.* 《주로 英》 대학 기숙사 밖에 사는, 대학 기숙사에서 기숙하지 않는.

†**out·come** [áutkʌ̀m] *n.* 1 결과(result), 성과(consequence). ⇨ EFFECT 頬語 ¶ watch the *outcome* of the affair 사건의 귀추를 지켜보다 / This book is the *outcome* of some 10 years of observation and study. 이 책은 약 10년간의 관찰과 연구의 성과이다. 2 결론 (conclusion).

out·crop [*n.* áutkrɑ̀p / -krɔ̀p // -*vi.*] [지층·광맥 따위의] 노출[부], 노두(露頭). 2 《비유적》 발생, 나타남. ¶ an *outcrop* of student demonstrations 학생들의 모의 발생. —— *vi.* [àutkrɑ́p / -krɔ́p] (**-cropped, -crop·ping**) 노출하다, 나타나다.

out·cross *vt.* [àutkrɔ̀ːs, -krɑ̀s / -krɔ̀s] 이계 교배(異系交配)로[로] [잡종]을 만들다. —— *n.* [동물·식물의] 잡종. 2 이계 교배.

out·cross·ing [áutkrɔ̀(ː)siŋ, -krɑ̀s- / -krɔ̀s-] *n.* ⓤ [동물·식물의] 이계 교배.

*out·cry** *n.* [áutkrài → *v.*] (*pl.* **-cries**) 1 부르짖기, 외치기; 외치는 소리, 비명; 고함; 강한 항의. 2 [경매의] 호가(auction). —— *v.* [àutkrái] (**-cried, -cry·ing**) *vt.* …보다 큰 소리로 외치다, …을 야유로 압도하다. —— *vi.* 외치다. [용은]

out·curve [áutkə̀ːrv] *n.* 〔야구〕 아웃커브〔curve의 옛 이름〕.

out·dare [àutdɛ́ər] *vt.* (**-dared, -dar·ing**) …보다 용감하다(대담한 짓을 하다); …을 대수롭지 않게 여기다.

out·date [àutdéit] *vt.* (**-dat·ed, -dat·ing**) …을 시대에 뒤지게 하다, 구식이 되게 하다, 진부하게 하다, 쇠퇴하게 하다. [한.

out·dat·ed [àutdéitid] *adj.* 시대에 뒤진, 구식의, 쇠퇴

out·dis·tance [àutdístəns] *vt.* (**-tanced, -tanc·ing**) [경주에서] …을 훨씬 떼어놓다, …을 훨씬 앞서다.

*out·do** [àutdúː] *vt.* (**-did, -done, -do·ing**) 〔행위 따위가〕 …을 능가하다, …보다 뛰어나다 (⇨ EXCEL 類語); …을 앞지르다, …을 이겨내다(exceed, surpass). ¶ (~ + 圓) + 前 + 名) *outdo* a person *in* patience 인내력에서 남을 앞지르다.

outdo oneself 이제까지보다도 잘 하다, 크게 노력하다.

†**out·door** [áutdɔ̀ːr / -dɔ̀ː] *adj.* 1 집 밖의, 옥외의, 야외의. *cf.* indoor ¶ *outdoor* games 옥외 경기 / an *outdoor* dress 외출복. 2 〔주 英〕 병원·구빈원(救貧院) 따위의; [의원(議員)의] 원외의. ¶ *outdoor* agitation [의원]원외 운동 / *outdoor* relief 원외 구조(救助).

†**out·doors** [áutdɔ́ːrz / -dɔ́ːz] *adv.* 옥외에서(에, 로), 야외에서(in the open air). ¶ I slept *outdoors.* 나는 노숙했다. —— *n. pl.* (단수 취급) 옥외, 야외 (open air); 세상. 〔원래는 out [of] doors〕.

out·doors·man [áutdɔ́ːrzmən, mìn / -dɔ́ːz-] *n.* (*pl.* **-men** [-mən, -mèn]) [사냥꾼, 낚시꾼 등] 주로 옥외에서 시간을 보내는 사람. [에 알맞은.

out·doors·y [áutdɔ́ːrzi / -dɔ́ːzi] *adj.* 옥외용의, 야외용

out·draw [àutdrɔ́ː] *vt.* (**-drew, -drawn, -draw·ing**) [권총·칼 따위]를 더 빨리 뽑아 들다; [인기·청중 등]을 더 많이 끌다.

out·drop [áutdrɑ̀p / -drɔ̀p] *n.* 〔야구〕 아웃드롭.

†**out·er** [áutər] *adj.* 1 밖의, 외부의, 외면의(external) (*cf.* inner); 중심부의; 객관적인. ⇨ OUTSIDE 類語 ¶ an *outer* garment 외투 / an *outer* wall 외벽 / the *outer* regions 원격지. 2 객관적인(objective).

Óuter Bár (the ~) 《英》 〔법률〕 하급 변호사단.

out·er·di·rect·ed [áutərdirèktid] *adj.* 외향적인, 사교적인.

óuter mán *n.* (the ~) 1 〔익살〕 풍채, 옷차림. 2 (inner man에 대하여) 외적인 사람, 육체(body).

Óuter Mongólia *n.* 외몽고 [the Mongolian People's Republic의 구칭]. [장 먼.

out·er·most [áutərmòust, -məst] *adj.* 가장 바깥의, 가

óuter spáce *n.* [지구권 외의] 우주.

out·er·wear [áutərwɛ̀ər] *n.* ⓤ 겉옷, 외투.

out·face [àutféis] *vt.* (**-faced, -fac·ing**) 1 …을 노려 보다, 무안케 하다; 낮을 붉히게 하다. 2 …에 대담하게 맞서다, 대수롭지 않게 여기다(defy).

out·fall [áutfɔ̀ːl] *n.* [강·방수로 따위의] 출구, 강어귀, 하구(河口), 배수구, 유출구, 수채구멍(outlet).

*out·field** [áutfìːld] *n.* 1 (the ~) 〔야구·크리켓〕 외야 (*cf.* infield); 〔집합적〕 외야수(outfielders). 2 떨어진 곳에 있는 밭; 〔울타리가 없는〕 바깥 밭. 3 원격지, 변경; 미지의 세계, 미지의 분야. [*cf.* infielder

*out·field·er** [áutfìːldər] *n.* 〔야구·크리켓〕 외야수.

out·fight [àutfáit] *vt.* (**-fought, -fight·ing**) …과 싸워 이기다, [상대]를 패배시키다(defeat).

out·fight·ing [áutfàitiŋ] *n.* ⓤ 〔권투에서〕 아웃파이팅 [선수가 서로 어느 정도 거리를 두고 싸우는 전법].

*out·fit** [áutfìt] *n.* 1 여행 따위의 채비, 준비, 장비; 여행 용품, 장비 일습; [의장품(艤裝品)]. ¶ a ski *outfit* 스키 용품 일습 / a sailor's *outfit* 선원의 의장품 일습. 2 용품, 도구 한 벌. ¶ a bride's *outfit* 신부의 혼수용품 / a cooking *outfit* 요리 용구 / a carpenter's *outfit* 목공도구(연장). 3 [장신구도 포함한 여성의] 의상 일습(ensemble). 4 《미》 〔어떤〕 일단, 탐험대, 여행 단체; 부대 (military unit). 5 [정신적] 준비, 재능, 소양. —— *v.* (**-fit·ted, -fit·ting**) *vi.* 채비하다, 준비하다, 공급하다 (with...). —— *vt.* …을 준비하다, …을 공급하다 (…with). ¶ (~ +圓+前+名) *outfit* a person *with* money

out·fit·ter [áutfìtər] n. 장신구상, 여행 용품상, 운동 구점. ¶ a gentlemen's *outfitter* 신사 용품점.

out·fit·ting [áutfìtiŋ] n. ⓤ (특히 항해 따위의) 채비, 준비, 장구.

out·flank [àutflǽŋk] vt. **1** (적)의 측면을 찌르다. **2** (상대)의 의표를 찌르다, 앞지르다(outwit).

out·flank·er [àutflǽŋkər] n. 책략가.

out·flow [áutflòu] n. **1** 흘러나옴, 유출, 범람. **2** 유출물, 유출(량). **3** (감정·언어 따위의) 분출, 유로, 송수결. ¶ an *outflow* of sympathy 동정심의 솟구침.

out·fly [àutflái] vt. (-flew, -flown, -fly·ing) …보다 빨리 날다; …보다 멀리 날다.

out·foot [àutfút] vt. [배가] …보다 빨리 항행하다, 보다 빠른 (배의 속도)가 빠르다; [경주·보행 따위에서] 보다 빨리 달리다(걷다).

out·fox [àutfáks / -fɔ́ks] vt. …보다 한 수 더 뜨다, 속이다.

out·front [áutfrʌnt] adj. 《美구어》정치 운동 따위의 맨 앞에선, 진보적인; 솔직한, 개방적인.

out·frown [àutfráun] vt. 《고어》[얼굴을 찌푸려] (남)을 말 못하게 하다(위압하다).

out·gas [àutgǽs] vt., vi. (-gassed, -gas·sing) 기체 (가스)를 내뿜다, 기체(가스)가 없어지다.

out·gen·er·al [àutdʒén(ə)rəl] vt. (-aled, -al·ing; 《특히 英》-alled, -al·ling) [전술에서] …에 앞서다, …보다 뛰어나다, [적]의 의표(意表)를 찌르다.

out·giv·ing [áutgìviŋ] n. [물건 따위를] 내어주기, 내어준 것; 발언, 진술; (~s) 경비, 지출. ─ adj. 매우 친절한, 사교적인(outgoing).

out·go [àutgóu] v. (pl. -goes) **1** 출발, 퇴거, 외출. **2** 출비(出費) 지출(expenditure). cf. income ¶ a list of income and *outgo* 수입과 지출의 일람표. **3** 유출 (outflow). **4** 결과(outcome). ─ vt. (-went, -gone, -go·ing) …을 넘어서 가다, 훨씬 앞지르다. ¶ Expenditure *outgoes* income. 지출이 수입보다 훨씬 많다. **2** …보다 뛰어나다, …을 능가하다(surpass, excel). **3** (고어) …보다 빨리 가다, (남)을 추월하다.
outgo oneself 지금까지보다도 훨씬 잘하다.

*****out·go·ing** [áutgòuiŋ] adj. **1** [장소·지위 따위를] 떠나가는, 나가는, 출발하는(leaving, departing). cf. ingoing ¶ an *outgoing* ship 출항선 / *outgoing* ministers 사퇴하는 각료 / the *outgoing* tide 썰물. **2** 외향적인(extrovert), 사교성이 풍부한. ¶ an *outgoing* boy 외향적인 소년. ─ n. ⓤⓒ **1** 출발, 외출; 유출 (effluence). **2** (보통 ~s) (단수 취급) 《英》지출(出費), 비용(expenditure).

out·group [áutgrù:p] n. 《사회》외집단(外集團). opp. ingroup

out·grow [àutgróu] v. (-grew, -grown, -grow·ing) vt. **1** (옷 따위)를 몸이 커져서 입지 못하게 되다. ¶ *outgrow* one's clothes 몸이 커져서 옷이 맞지 않다. **2** …보다 크게 (빨리) 성장하다. ¶ She has *outgrown* her elder sister. 그녀는 언니보다도 더 크게 자랐다. **3** [때가 흐르면서] …이 없어지다, …을 잊다. ¶ *outgrow* a bad habit 자라서 나쁜 버릇이 없어지다. ─ vi. 《고어》 [식물이] 뻗어나오다, 튀어나오다(protrude).

out·growth [áutgròuθ] n. **1** 자연적인 성과, 결과 (consequence). ¶ Inflation was an *outgrowth* of war. 인플레는 전쟁의 결과였다. **2** [나무의 싹 따위가] 뻗어나옴, 생장. ¶ the *outgrowth* of new leaves 새잎의 뻗어나옴. **3** 뻗어나오는 것; 어린 가지, 곁가지, 분지(分枝) (offshoot); 옹이.

out·guard [áutgɑ̀:rd] n. 《군대》외초(外哨), 보초.

out·guess [àutgés] vt. …을 앞지르다, …을 이기다.

out·gun [àutgʌ́n] vt. (-gunned, -gun·ning) **1** (군대) …보다 화력이 우세하다. **2** …을 지게 하다.

out·hec·tor [àuthéktər] vt. …을 위압하다, …에게 몹시 빼기다.

out·Her·od [àuthérəd] vt. …보다 잔학(난폭)하다

(＊보통 out-Herod Herod의 구로써 쓴다). ¶ It *out-Herods* Herod. 그 포학함이 헤롯왕을 능가한다 [← Shakespeare 작 *Hamlet* 3:2].
[<OUT-+ HEROD: Shakespeare의 조어]

out·hit [àuthít] vt. (-hit, -hit·ting) [야구] …보다 안타를 많이 치다.

out·house [áuthàus] n. (pl. -hous·es [-hàuziz]) **1** = outbuilding. **2** 옥외 변소(privy). 〔앞바다.

*****out·ing** [áutiŋ] n. **1** 소풍(excursion), 행락; 산책.

ôut·ing flánnel n. ⓤ 면(綿)플란넬(플란넬과 비슷한 보풀이 짧고 가벼운 면직물).

out·is·land [áutàilənd] n. 《지리》낙도(落島).

out·is·land·er [áutàiləndər] n. 낙도 주민(토착민).

out·jock·ey [àutdʒɑ́ki / -dʒɔ́ki] vt. …을 속이다, 알지르다, 감쪽같이 속이다(outwit).

out·jump [àutdʒʌ́mp] vt. …보다 높이(잘) 뛰다.

out·land [áutlənd] n. **1** (봉건 영주나 지주 등의) 외딴 토지. **2** (보통 ~s) 원격지, 지방. **3** 《고어》외지, 외국. ─ adj. 경계 밖의, 원격의, 멀리 떨어져 있는 (outlying), 변경의. ¶ *outland* districts 원격지.

out·land·er [áutlə̀ndər] n. **1** 외국인(foreigner). **2** (구어) 국외자(局外者), 외부 사람, 문외한(outsider).

out·land·ish [àutlǽndiʃ] adj. **1** 이국풍의. **2** 색다른(bizarre), 기이한(strange, odd). **3** 외진, 벽촌의.
~·ly adv. ~·ness n.

out·last [àutlǽst / -lɑ́:st] vt. …보다 오래 가다(견디다, 살다), …보다 뒤에까지 남다.

*****out·law** [áutlɔ̀:] n. **1** 법익(法益) 피탈자[법률상의 은전과 보호를 빼앗긴 사람], [사회에서의] 추방자 (outcast). **2** 상습범, 무법자, 무뢰한. **3** 다루기 힘든 동물, (특히) 넘부루말. ─ vt. **1** …에서 법률상의 은전과 보호를 빼앗다, …을 사회에서 매장하다. **2** …의 법적 효력을 잃게 하다. ¶ an *outlawed* debt 시효에 걸린 채무. **3** …을 [금지하다(prohibit); …을 비합법으로 [선고]하다. ¶ *outlaw* smoking in a theater 극장 안에서의 흡연을 금지하다.

out·law·ry [áutlɔ̀:ri] n. ⓤⓒ (pl. -ries) **1** 법익 박탈; 공권 상실; [사회적] 추방. **2** 법률 무시, 무법(행위). **3** 비합법화, 금지.

*****out·lay** [áutlèi] n. [돈의] 지출(액). ¶ a large *outlay for* (or *on*) education 다액의 교육비.
─ vt. [àutléi] (-laid, -lay·ing) …을 지출하다, 소비하다. ¶ *outlay* money in an enterprise 기업에 돈을 지출하다.

‡**out·let** [áutlet] n. **1** 출구(exit), 배수구, 방출구. opp. intake ¶ an *outlet* of a lake 호수의 방수구 / an *outlet for* one's emotion 감정의 배출구. **2** [전기] 콘센트. **3** (상업) 판로, 소매점, 대리점. ¶ He has five good *outlets*. 그에게는 5개의 좋은 대리점이 있다. **4** 텔레비전·라디오의 지방국. **5** 하구(河口), 강어귀.

out·li·er [áutlàiər] n. **1** 옥외에서 자는 사람; 우리 밖에서 사육되고 있는 동물. **2** 사외(社外)(점포 밖) 거주자, 임지(任地)에서 거주하지 않는 사람. **3** 국외자(局外者), 문외한(outsider). **4** [지질] 외좌층(外座層).

‡**out·line** [áutlain] n. **1** 외형선, 외곽선(contour), (종종 ~s) 윤곽, 외형. ⇨ FORM [類語] ¶ the *outlines* of the mountain 산의 윤곽. **2** 약도, 외형도, 약도; 초안. ¶ the *outline* of a building 건물의 약도. **3** ⓤⓒ 대요, 개요; (~s) 요점, 요강. ¶ an *outline* of a discourse 이야기의 줄거리 / an *outline* of sociology 사회학 개요 / a picture in *outline* 윤곽도 / give an *outline of* …의 줄거리를 말하다 / treat a subject in *outline* 문제를 개설하다. ─ vt. (-lined, -lin·ing) …의 윤곽을 그리다, 약도를 그리다; …의 개요를 말하다.

*****out·live** [àutlív] vt. (-lived, -liv·ing) **1** …보다 오래 살다, 살아 남다(survive), 뒤까지 남다. ⇨ SURVIVE [類語] ¶ *outlive* one's brothers 형제들보다 오래 살다. **2** (오래 살아서) …을 잃다, …을 벗어나다. ¶ *outlive* one's fame 만년이 되어서 명성을 잃다. **3** …을 무사히 극복하다(견디어 내다). ¶ The ship *outlived* the storm. 배는 폭풍우를 무사히 견디어 냈다.

‡**out·look** [áutlùk] *n.* **1** [어떤 장소에서의] 경치, 광경, 전망, 조망(view, prospect). ¶ a beautiful *outlook* on Mt. Halla 한라산의 아름다운 경치 / There is a room with an *outlook* on the harbor. 항구를 바라볼 수 있는 방이 있다 / have a pleasant *outlook* 전망이 좋다. **2** [정신적] 시야, 견지, 견해, …관(觀) (viewpoint) (on …). ¶ a man of wide (narrow) *outlook* 시야가 넓은(좁은) 사람/one's *outlook* on life 사람의 인생관/ Wordsworth's *outlook* on nature 워즈워스의 자연관. **3** 장래성, 전망, 예상, 전도 (prospect) (for …). ¶ a political *outlook* 정치적 전망 / a bad *outlook* for trade 무역의 나쁜 전망 / His *outlook* is encouraging. 그의 전도는 유망하다. **4** 감시, 경계 (lookout); 감시소, 망루. *on the outlook* 감시하고, 경계하고, 대기하고 (for …).

out·ly·ing [áutlàiiŋ] *adj.* **1** 중심[부]에서 떨어진(떨어져 있는), 원격의, 외진 (out-of-the-way). **2** 범위 밖의, 경계 밖의.

out·ma·chine [àutməʃíːn] *vt.* (군대) 기계 장비[특히 기갑 부대]에 있어서 [적]을 능가하다.

out·man [àutmǽn] *vt.* (**-manned, -man·ning**) **1** …보다 인원수가 많다 (outnumber). **2** (고어) …보다 남자 답다.

out·ma·neu·ver, (英) -noeu·vre [àutmənúːvər] *vt.* 책략으로 …에게 이기다(…을 능가하다); …의 의표 (意表)를 찌르다, 한 수 더 뜨다 (outwit).

out·march [àutmáːrtʃ] *vt.* …보다 빨리 (멀리) 나아가다; …을 앞지르다, 추월하다.

out·match [àutmǽtʃ] *vt.* …보다 뛰어나다, …에게 이기다 (outdo).

out·mode [àutmóud] *vt.* (**-mod·ed, -mod·ing**) …을 유행에 뒤떨어지게 하다, 구식으로 하다.

out·mod·ed [àutmóudid] *adj.* 유행에 뒤떨어진, 구식의 (out-of-date, obsolete). ¶ an *outmoded* textbook 케케묵어 쓸모없는 교과서.

out·most [áutmòust, -məst] *adj.* 제일 바깥의, [중심부에서] 가장 먼.

out·ness [áutnis] *n.* U [정신 또는 의식의] 밖에 있음, 외부성 (externality); 객관성 (objectivity).

out·num·ber [àutnʌ́mbər] *vt.* …보다 수가 많다.

out-of-bounds [áutəvbáundz] *adj.* **1** [스포츠] [필드·코스의] 밖의, 제한 구역 밖의. **2** [생각·행동이] 엉뚱한, 상례를 벗어난.

óut-of-cóurt séttlement [áutəvkɔ́ːrt- / -kɔ́ːt-] *n.* 법정 외에서의 화해.

****out-of-date** [áutə(v)déit] *adj.* 시대에 뒤떨어진, 구식의 (old-fashioned); 케케묵은 (obsolete). * 보어로서 쓸 경우에는 out of date로 쓴다.

out-of-door [áutə(v)dɔ́ːr / -dɔ́ː] *adj.* =outdoor.

out-of-doors [áutə(v)dɔ́ːrz / -dɔ́ːz] *adj.* 집 밖의, 옥외의 (outdoor). — *n. pl.* (단수 취급) 야외, 옥외 (outdoors).

out-of-pock·et [áutəvpákit / -pɔ́k-] *adj.* 현금 지불의.

out-of-print [áutəvprínt] *adj.,* *n.* 절판의[책].

out-of-school [áutəvskúːl] *adj.* (英) 과외의. ¶ *out-of-school* activities 과외 활동.

out-of-sight [áutə(v)sáit] *adj.* 《美속어》 뛰어난.

out-of-the-way [áutə(v)ðəwèi] *adj.* **1** 원격의, 외딴 (remote); 마을에서 떨어진 (secluded). ¶ an *out-of-the-way* cottage 외딴 작은 집. **2** 별난, 진기한 (unusual); 엉뚱한, 기이한. ¶ an *out-of-the-way* style of writing 진기한 문체.

out-of-town·er [áutəvtáunər] *n.* 시외의 사람, 관광객.

out-of-work [áutəvwʌ́ːrk] *adj.* 실직하고 있는.

out·pace [àutpéis] *vt.* (**-paced, -pac·ing**) …보다 빨리 걷다, …을 앞지르다.

out·par·ty [áutpɑ̀ːrti] *n.* 야당.

out·pa·tient [áutpèi(ə)nt] *adj.* 「inpatient 병원에서 떨어져 있는. *cf.*

out·pen·sion [áutpènʃ(ə)n] *n.* (자선원(慈善院)) 따위에 들어가 있지 않은 사람에게 주는) 원외(院外) 부조금, 원외 연금.

out·pen·sion·er [áutpènʃ(ə)nər] *n.* 원외 부조금 수령자.

out·per·form [àutpərfɔ́ːrm] *vt.* (기계 따위가) …보다 성능이 뛰어나다; (남이) …보다 기량이 뛰어나다.

out·place [àutpléis] *vt.* (**-placed, -plac·ing**) 《美》 [남]을 [해고 전에] 새 일자리에 취업시키다.

out·place·ment [àutpléismənt] *n.* U 재취직 알선, 전직 알선; (우회적으로) 해고 (discharge).

out·play [àutpléi] *vt.* …보다 능숙한 플레이를 하다; [상대]를 이기다.

out·point [àutpɔ́int] *vt.* **1** [시합에서] …보다 많은 점수를 따다. **2** [항해] [다른 배]보다 이물을 바람 불어오는 쪽으로 더 바짝 대고 달리다 (of the 帆走)다.

out·poll [àutpóul] *vt.* [여론 조사·선거 따위에서] 더 많은 지지를 얻다.

out·port [áutpɔ̀ːrt / -pɔ̀ːt] *n.* **1** 외항 (外港). **2** 수출 항; 출항지.

out·post [áutpòust] *n.* **1** 전초 지점; 전초[대]. ¶ the *outpost* of civilization 문명의 전초. **2** 변경의 식민지 (땅).

out·pour *n.* [áutpɔ̀ːr / -pɔ̀ː // —] 유출[물]. — *v.* [àutpɔ́ːr / -pɔ́ː] *vt.* …을 흘려 내보내다. — *vi.* 흘러나오다 (pour out).

out·pour·ing [àutpɔ́ːriŋ / -pɔ́ːr-] *n.* **1** 유출[물]. **2** (종종 ~s) [감정·사상 등의] 분출, 흘러나옴. ¶ the *outpourings* of one's heart 심정의 토로.

‡**out·put** [áutpùt] *n.* U C **1** 생산량 (production); [힘 따위를] 내기. **2** [일정 기간 중의] 생산액; [탄갱 따위의] 산출량; [전기·기계 따위의] 출력. ¶ the daily *output* of automobiles 자동차의 일일 생산량. **3** [컴퓨터] 아웃풋, 출력 [컴퓨터 안에서 처리된 정보를 외부 장치로 꺼내기; 또 그 정보]. *cf.* input **4** [생리] [대변 이외의] 배설물.

‡**out·rage** [áutrèidʒ] *n.* U C **1** 난폭; [법·도덕을 어기는] 난폭, 비행, 폭력 (offense) (*against, on, upon* …). ¶ an *outrage against* (*or on*) humanity 인도에 어긋나는 행위 / commit an *outrage on* (*or upon*) a woman 여성에게 폭행을 가하다. **2** 무례, 모욕 (insult). ¶ an *outrage upon* decency 예절을 무시한 행위. **3** [폐어] 과격한 언동. — *vt.* (**-raged, -rag·ing**) …에게 폭력을 휘두르다, 난폭한 짓을 하다; (부녀자)에게 폭행을 가하다. **2** [법률 따위]를 어기다, 해치다. **3** …을 분개하게 하다, 모욕하다. ⇒ INSULT 類語 ¶ I was *outraged* by his shameless behavior. 나는 그의 파렴치한 행위에 분개했다. ◇ *outrageous* (adj.)

****out·ra·geous** [autréidʒəs] *adj.* **1** 발칙한, 언어도단의, 도리에 어긋난, 극악한. ¶ an *outrageous* murder 잔학하기 짝이 없는 살인. **2** 터무니없는 (extravagant), 도가 지나친; 참을 수 없는, 괘씸한 (intolerable, shocking). ¶ an *outrageous* price 터무니없는 값. **3** [행위가] 난폭한 (violent); [기질이] 격한. ~·**ly** *adv.* ~·**ness** *n.*

ou·trance [uːtrɑ́ːns] *n.* 《프랑스》 (=extremity) [싸움 따위의] 최후, 끝. ¶ fight at (*or* to) [the] *outrance* 최후까지 (철저하게) 싸우다. [<F]

out·range [àutréindʒ] *vt.* (**-ranged, -rang·ing**) **1** 착탄 거리가 …보다 멀다. **2** …에 앞서다, 능가하다 (surpass).

out·rank [àutrǽŋk] *vt.* …보다 지위 (신분)가 높다.

ou·tré [uːtréi / ´-`] *adj.* 《프랑스》 (=exaggerated) 상궤를 벗어난, 터무니없는; 색다른, 이상한 (eccentric). [<F]

out·reach *v.* [àutríːtʃ] — *n.* [—] *vt.* **1** …보다 멀리 닿다; …을 넘다, …보다 뛰어나다 (surpass, exceed). **2** (고어) (팔·손 따위)를 내밀다. **3** …을 속이다, 앞지르다. — *vi.* **1** 지나치다, 넓어지다 (extend). **2** [손·팔을 따위]가 뻗다. — *n.* [áutrìːtʃ] **1** U C 넓어짐, 도달; [팔·손 따위]를 내밀기; 손을 뻗

outrelief 은 거리. **2** 정부 또는 회사 따위의 출장소(지점), 창구.
out·re·lief [áutrilì:f] *n.* ⓤ 《英》시설 외 빈민 구조(救助), 원외(院外) 구조(outdoor relief).
out·ride [àutráid] *v.* (**-rode**, **-rid·den**, **-rid·ing**) *vt.* **1** 〔승마에서〕 …에게 이기다, …보다 빨리(멀리, 능숙하게) 가다. **2** 〔배가〕 〔폭풍〕을 뚫고 나아가다. — *vi.* 〔말을〕 밖으로 타고 나가다(ride out).
out·rid·er [áutràidər] *n.* 〔마차의〕 승마 시종(侍從), 선구자, 선도자〔백차를 탄 경관 등〕.
out·rig·ger [áutrìgər] *n.* **1** 아웃트리거, 현외 부재(舷外浮材) 〔카누의 뱃전 밖에 나온 안정용 부재〕; 이런 종류의 카누. **2** 〔경주용 보트의 현외로 내대〕; 이런 종류의 경주용 보트. **3** 〔건축〕 쑥 내민 들보(대들보), 툇보, 툇도리. **4** 〔비행기의 꼬리날개·방향타 따위를 받치는〕 지주.

[outrigger 1]

***out·right** *adj.* [áutrait → *adv.*] 분명한, 스스럼없는, 솔직한, 노골적인(downright). ¶ an *outright* expression of opinion 기탄없는 의견의 표명 / an *outright* refusal 분명한 거절. **2** 충분한, 완전한(complete), 전체의, 모두의(total), 철저한. ¶ an *outright* loss 완전한 손실 / an *outright* lie 새빨간 거짓말. **3** 〔고어〕 똑바로 나아가다. — *adv.* [áutráit / -ˊ-] **1** 모두, 깡그리(entirely), 완전히(completely). ¶ He is mad *outright*. 그는 완전히 미쳤다. **2** 거리낌없이, 공공연히, 터놓고(openly). ¶ He often laughs *outright*. 그는 거리낌없이 웃는다. **3** 즉석에서, 즉각, 곧(at once). ¶ be killed *outright* 즉사하다. **-ness** *n.*
out·ri·val [àutráiv(ə)l] *vt.* (**-valed**, **-val·ing**; 《英》 **-valled**, **-val·ling**) 〔경쟁에서〕 〔상대〕를 지우다, …에게 이기다(defeat). 「철하다(eradicate).
out·root [àutrúː(ː)t] *vt.* …을 뿌리째 뽑다(root out), 근
***out·run** [àutrʌ́n] *vt.* (**-ran**, **-run**, **-run·ning**) **1** …보다 빨리 달리다, …을 앞지르다. **2** …에서〔달려〕 도망치다. ¶ He managed to *outrun* the established law. 그는 가까스로 법망을 빠져나올 수가 있었다. **3** …을 초과하다, 상회하다(exceed). ¶ Expenses *outran* income. 지출이 수입을 초과했다.
out·run·ner [áutrʌ̀nər] *n.* **1** 앞지르는(추월하는) 사람, 달려나가는 사람〔것〕. **2** 〔마차의 앞 또는 옆을 달리며 수행하는〕 마부. **3** 〔개설매의〕 선도견(先導犬). **4** 선구자(forerunner). 「(噴出), 〔갑작스레〕 뿜어나
out·rush [áutrʌ̀ʃ] *n.* 분출
out·sail [àutséil] *vt.* 〔배가〕 …을 앞지르다(추월하다); …보다 빨리 범주(帆走)하다.
out·sell [àutsél] *vt.* (**-sold**, **-sell·ing**) **1** 보다 빨리〔비싸게, 많이〕 팔다(팔리다). **2** …보다 가치가 있다.
out·sert [áutsə̀:rt] *n.* 제품이나 포장의 바깥쪽에 붙어있는 광고·팜플렛 따위의 인쇄물. *cf.* insert *n.*
***out·set** [áutsèt] *n.* (보통 the ~) 시작(start), 최초, 발단(beginning). ¶ at the *outset* 최초에 / The book fascinated the reader from the *outset*. 그 책은 최초부터 독자를 매료했다.
out·shine [àutʃáin] *v.* (**-shone**, **-shin·ing**) *vt.* **1** …보다도 잘 빛나다, …보다도 빛이 강하다. **2** …보다 뛰어나다, …보다 더 광채를 띠다(surpass). — *vi.* (고어) 빛을 발하다.
out·shoot [àutʃúː(t) → *n.*] (**-shot**, **-shoot·ing**) *vt.* **1** …보다도 사격을 잘하다. **2** …보다 멀리 쏘다. **3** 〔싹·가지〕를 내다(shoot out). — *vi.* 〔싹·가지 따위가〕 나오다(protrude). — *n.* [áutʃùːt] ⓤⓒ 뻗어(돋아)나오기, 사출(射出), 돌출, 사출(돌출)물 〔가지·싹 따위〕. **3** 〔야구〕 아웃슈트. *opp.* inshoot

out·shot [áutʃɑ̀t / -ʃɔ̀t] *n.* 〔구조적으로는 독립된〕 부속 가옥.
‡**out·side** [àutsáid, ⌐́⌐] *n.* **1** 바깥쪽, 외부, 외면. ¶ the *outside* of a gate 문의 바깥쪽 / open the door from the *outside* 바깥쪽에서 문을 열다. **2** 〔사람의〕 외관, 겉보기(personal appearance). ¶ Don't judge a man from his *outside*. 외관으로 사람을 판단하지 마라. **3** 《英구어》 〔합승 마차·버스 따위의〕 옥상석, 옥상석의 승객. ¶ passengers on the *outside* of a bus 옥상석의 승객. **4** (~s) 한 연의 종이 양 바깥쪽에 대는 2장의 종이.
at the 〔very〕 outside 기껏해서, 많아야, 고작(at the utmost). ¶ There were only fifty people *at the very outside*. 고작 50명밖에 없었다.
outside in 뒤집어서. ¶ He wears his sweater *outside in*. 그는 스웨터를 뒤집어서 입고 있다.
those on the outside 문외한.
— *adj.* **1** 바깥의, 바깥쪽의; 외면의; 옥외의. ¶ *outside* work 바깥 일 / an *outside* TV antenna 텔레비전의 옥외 안테나 / the *outside* world 외계 / *outside* noises 바깥의 소음.
[類語] **outside** 어떤 물건의 표면의; 어떤 것의 한계〔범위〕 밖의: my *outside* world 나의 바깥 세계. **outer** 어떤 것보다 더 층을 이루어서 먼: the *outer* layer of skin 피부의 표층(表層). **outward** 방향이: an *outward* movement 바깥쪽으로의 운동. **external** 어떤 것에서 떨어져서 저 쪽에 위치하는: outer 와 같은 뜻으로도 쓰다: *external* affairs 외교 문제 / the *external* structure of a building 빌딩의 바깥 구조. **exterior** 어떤 것의 표면 또는 외면(=outside): the *exterior* decorations of a house 집의 바깥 장식.
2 원외(院外)의, 문외한의, 국외(局外) 〔자〕의. ¶ an *outside* opinion 원외 여론. **3** 《구어》 최고의, 극단의, 최대한의. ¶ an *outside* estimate 최대한의 평가 / an *outside* price 최고의 값. ¶ an 《구어》 가능성이 거의 없는 (slight), ¶ an *outside* chance 실낱같은 가능성. **5** 〔야구〕 〔투구〕 외각(外角)의. **6** 《英구어》 〔합승 마차·버스의〕 옥상석(屋上席)의.
— *adv.* **1** 밖에(으로), 바깥쪽에(으로), 외부에(로); 집밖에서(으로); 해상에서(에서). ¶ Come *outside* ! 밖으로 나와! 〔도전하는 말〕 / Let's go *outside*. 밖으로 나가자 / I painted my house green *outside*. 나는 집 바깥쪽을 녹색으로 칠했다. **2** 《英구어》 위층석에서.
get outside of 《속어》 …을 삼키다, 먹다, 마시다.
outside of …의 바깥쪽에, 밖에(으로); 《美구어》 …이외에(except).
outside of a horse 《속어》 말을 타고.
— *prep.* **1** …의 밖에(으로, 의); …의 범위를 넘어서, …이상으로. ¶ footsteps *outside* the room 실외의 발소리. **2** 《美구어》 …을 제외하고, 외에(except). ¶ Nobody knows the fact *outside* me. 나 이외에는 아무도 그 사실을 모른다.
óutsìde bróadcàst *n.* 스튜디오 밖의 방송.
óutsìde édge *n.* **1** 〔스케이트〕 바깥쪽 날로 하는 활주. **2** 《속어》 최고의 모욕.
***out·sid·er** [áutsáidər] *n.* **1** 외부사람, 조합(정당) 외의 사람, 국외자, 문외한(을 말함); 비전문인(layman). *opp.* insider ¶ a political *outsider* 정치적인 문외한 / The *outsider* sees the best (or most) of the game. 《속담》구경꾼이 한 수 더 본다. **2** 천한 사람, 상스러운 사람(cad). **3** 〔경마·스포츠에서〕 승산이 없는 말〔팀〕.
óutsíder únion *n.* 법외 조합(法外組合) 〔노동법상 노동 조합으로 인정되지 않는 조합〕.
out·sight [áutsàit] *n.* ⓤ 외계 사물의 관찰〔능력〕. *opp.* insight
out·sing [àutsíŋ] *v.* (**-sang**, **-sung**, **-sing·ing**) *vt.* **1** …보다 노래를 잘 부르다. **2** …보다 큰 소리로 노래하다. — *vi.* 노래하기 시작하다, 갑자기 지저귀다.
óut sìster *n.* 수녀원 관계 이외의 일을 하면서 수도

out·sit [àutsít] *vt.* (-sat, -sit·ting) (남)보다도 오래 생활을 하는 수녀. 머무르다, 자리에 남다.

out·size [áutsáiz/ ˋ- ˊ] *n.* **1** 사이즈(size)가 보통 이상임, 특대형[의 사람, 여자]. **2** 특대의 의복. — *adj.* (=*outsized* [àutsáizd]) 특대의.

***out·skirt** [áutskə̀:rt] *n.* (보통 ~s) 주변, 도시 변두리, 교외(suburb). ⇒ SUBURBS 類語 《비유적》 주변. ¶ on (at, in) the *outskirts* of a town 소도시의 변두리에 / a sparsely populated *outskirts* 인구가 희박한 교외 / the *outskirts* of civilization 문화의 변두리.

out·sleep [àutslí:p] *vt.* (-slept, -sleep·ing) [일정한 시간·남] 보다 오래 자다; …이 끝날 때까지 자다

out·smart [àutsmá:rt] *vt.* 《구어》 속이다, 앞지르다 (outwit). …를 날아서 넘다.

out·soar [àutsɔ́:r / -sɔ́:] *vt.* …보다 높이 날아오르다.

out·sole [áutsòul] *n.* [구두의] 바깥창.

out·source [àutsɔ́:rs / -sɔ́:s] *vt.* 외주(外注) 제작(조달)하다, 외부 자원을 활용하다.

out·sourc·ing [àutsɔ́:rsiŋ / -sɔ:s-] *n.* 외주 제작, 외 조달.

out·span *v.* [àutspǽn → *n.*] (-spanned, -span·ning) 《南아프리카》 *vt.* [소 따위를] 수레에서 끄르다(unhitch). — *vi.* [마소 따위에서] 멍에(끄는 장비, 마구 따위)를 벗기다. — *n.* [áutspæn] [마소 따위의] 멍에 따위를 끄르는(벗기는) 일(장소).

out·speak [àutspí:k] *v.* (-spoke, -spo·ken, -speak·ing) *vt.* **1** …을 말로 이기다, …보다 말을 잘하다. **2** …을 대담(솔직)하게 말하다. — *vi.* 큰 소리로 말하다 (speak out).

out·spend [àutspénd] *vt.* (-spent, -spend·ing) …을 한계 이상으로 소비하다(쓰다).

out·spent [àutspént] *adj.* 몹시 지친(exhausted).

out·spo·ken [áutspóuk(ə)n] *adj.* [하는 말에] 거리낌 없는(candid), 솔직한(frank), 솔직히 말하는, 거침없이 마구 말하는. ¶ an *outspoken* person 솔직한 사람. ⇒ FRANK 類語 ¶ *n* an *outspoken* person 솔직한 사람. **~·ly** *adv.* **~·ness** *n.*

out·spread [àutspréd → *n.*] *vt., vi.* (-spread, -spread·ing) 퍼지게 하다 (퍼지다); 넓히다 (넓어지다)(extend); 늘이다 (늘어나다). — *adj.* 펼쳐진, 퍼진, 뻗친, 늘어진. ¶ He was standing with *outspread* arms. 그는 양 팔을 벌리고 서 있었다. — *n.* [áutsprèd] ⓤ ⓒ 펼침, 퍼짐.

†out·stand·ing [àutstǽndiŋ] *adj.* **1** 눈에 띄는, 남의 눈을 끄는(conspicuous, striking), 현저한(prominent), 결출한. ¶ an *outstanding* example 현저한 예 / an *outstanding* person (or figure) 뛰어난(탁월한) 인물. 類語 **outstanding** 같은 종류 중에서 다른 어느 것보다 월등히 뛰어난: an *outstanding* statesman 걸출한 정치가. **conspicuous** 너무나 명백한: *conspicuous* diligence 현저한 근면. **noticeable** 남의 눈에 띄기 쉬운: *noticeable* shyness 남의 눈에 띌 정도의 수줍음. **prominent** 주위의 것에서 명백히 뛰어나게 인정되는: a *prominent* position 두드러진 지위. **remarkable** 특이하고 보통이 아닌 noticeable: *remarkable* talent 현저한 재능. **striking** 딴 것과 특히 다르기 때문에 남에게 강력한 인상을 주는: *striking* beauty 깜짝 놀라게 하는 아름다움. **2** 미불의(unpaid); 미해결의, 미결의. ¶ *outstanding* debts 미불 채무 / *outstanding* accounts 미불 계정. **3** 돌출한(projecting), 떨어진(detached).
~·ly *adv.* ~·ness *n.*

out·stare [àutstɛ́ər] *vt.* **1** (-stared, -star·ing) …을 노려보아 압도하다. **2** [상대]를 노려보아 당황하게 하다.

out·sta·tion [áutstèiʃ(ə)n] *n.* [본대에서 멀리 떨어진] 주둔지; [대도회에서 먼] 지소(支所).

out·stay [àutstéi] *vt.* [딴 사람]보다 오래 머무르다, …의 한도를 넘어서 체재하다. / He *outstayed* all the other guests. 그는 딴 어느 손님보다도 오래 체류했다.

out·step [àutstép] *vt.* (-stepped, -step·ping) …의 도를 넘다(exceed); …을 범하다(transgress).

out·stretch [àutstrétʃ] *vt.* **1** …을 뻗다, 펴다, 넓히다(extend). ¶ *outstretch* one's hand in welcome 환영하여 손을 내밀다. **2** 한도를 넘어서 …을 펴다. ¶ This explanation *outstretches* common sense. 이 설명은 상식의 테두리를 벗어나고 있다.

***out·stretched** [àutstrétʃt] *adj.* 펼친, 뻗친, 내민. ¶ with *outstretched* arms 팔을 벌리고 / lie *outstretched* on the ground 땅에 큰대자로 눕다.

out·strip [àutstríp] *vt.* (-stripped, -strip·ping) **1** …을 능가하다, …을 이겨내다. **2** [경주·빨리 돌아오기 여행 따위에서] …에 이기다, …을 앞지르다. ¶ The hare was *outstripped* by the tortoise. 토끼는 거북에게 앞질렸다. **3** [경쟁에서] …을 훨씬 뒤로 처지게 하다, …을 앞서다(get ahead of).
outstrip oneself 지금까지 없을 정도로 잘하다. ¶ You have *outstripped yourself* today. 너는 오늘 가장 잘했다.

out·stroke [áutstròuk] *n.* 바깥쪽으로 향한 운동; [피스톤의] 외향 충정(外向衝程), 외출정(外出程).

out·take [áuttèik] *n.* [영화 필름의] 촬영은 끝났으나 사용하지 않은 부분. …이기다.

out·talk [àuttɔ́:k] *vt.* …을 마구 지껄이다, 입씨름으로 …을 넘어서다.

out·tell [àuttél] *vt.* (-told, -tell·ing) 까놓고 말하다, 명언(明言)하다; 끝까지 말하다; …보다 말을 잘하다.

out·think [àutθíŋk] *vt.* (-thought, -think·ing) …보다 생각이 뛰어나다; …보다 빨리(정확히) 생각하다.

out·thrust [áutθrʌ̀st] *n.* [건축] 돌출물.

out·top [àuttáp / -tɔ́p] *vt.* (-topped, -top·ping) **1** …보다 높이 솟다, …보다 높다. **2** …보다 뛰어나다.

out·tray [áuttrèi] *n.* 기결 서류함. *cf.* in-tray

out·turn [áuttə̀:rn] *n.* ⓤⓒ 생산액, 산출액.

out·val·ue [àutvǽlju:] *vt.* (-ued, -u·ing) …보다 가치가 있다. …기다.

out·vie [àutvái] *vt.* (-vied, -vy·ing) 경쟁해서 …을 이기다.

out·voice [àutvɔ́is] *vt.* (voiced, -voic·ing) …보다 큰 소리로 이야기하다. …은 표를 얻다.

out·vote [àutvóut] *vt.* (-vot·ed, -vot·ing) …보다 많은 …

out·vot·er [áutvòutər] *n.* 《英》 비거주 유권자.

out·wait [àutwéit] *vt.* **1** …보다 오래 기다리다. **2** [고어] 끝내 매복하다. …것다.

out·walk [àutwɔ́:k] *vt.* …보다 멀리까지 (빨리, 오래) 걷다.

†out·ward [áutwərd] *adj.* 외면적인, 겉보기의, 피상의(superficial). *opp.* inward ¶ an *outward* appearance 외관 / one's *outward* looks 남의 생김새, 용모 / to *outward* seeming 외견상. **2** [정신·영혼에 대하여] 육체의(bodily). **3** 표면에 나타난, 눈에 보이는, 행동에 나타난. **4** 직접 관계가 없는. **5** 밖으로 나가는, 밖으로 향하는. ¶ an *outward* voyage 왕항(往航) / an *outward* motion 바깥쪽으로 향한 운동. **6** 바깥쪽의, 외부에 있는. ⇒ OUTSIDE 類語 ¶ for *outward* application 《약 따위가》 외용의; 도포용 (塗布用)의. — *n.* 《고어》 **1** 외부, 외부의 것; (~s) 외계 (external world). **2** 외관, 외견, 외형. — *adv.* (=**outwards** [-wərdz]) **1** 밖으로, 밖으로 향하여. ¶ This city stretches *outward* for ten miles. 이 도시는 10마일에 걸쳐 밖으로 뻗고 있다. **2** 외견은, 표면상은, 표면에, 눈에 보여. **3** 국외로, 해외로. *cf.* homeward ¶ a ship bound *outward* 외국행의 배.

out·ward-bound [áutwərdbáund] *adj.* 외국행의, *cf.* homebound. [로선(航路船)], 외항선.

out·ward-bound·er [áutwərdbáundər] *n.* 외국 항

out·ward·ly [áutwərdli] *adv.* **1** 외견상, 표면상, 겉보기에는(externally). **2** 밖으로, 밖으로 향하여. **3** 외부에서, 표면에서. …의복; 풍채.

óutward mán *n.* **1** (the~) [신학] 육체. **2** 《익살》

out·ward·ness [áutwərdnis] *n.* ⓤ **1** 외존성. **2** 객

관성, 물질적 흥미.

out·wash [áutwɑ̀ʃ, -wɔ̀ʃ] n. 〔지질〕 빙하에서 흘러내린 퇴적물.
out·watch [àutwɑ́tʃ, -wɔ́tʃ] vt. …보다 오래 감시하다(망보다); …을 최후까지 지켜보다.
out·wear [àutwɛ́ər] vt. (**-wore, -worn, -wear·ing**) **1** …보다 오래가다. ¶ This cloth *outwears* the other. 이 천은 딴 것보다도 질기다. **2** …을 입어서(닳게) 하다(wear out). **3** …을 소모시키다; 〔정력 따위〕를 탕진하다(exhaust). **4** 〔시간〕을 보내다(spend).
out·weigh [àutwéi] vt. **1** 〔가치·중요성이〕…보다 뛰어나다, …의 결점을 메우기에 충분하다. **2** …에 대하여 깊이 생각하다. **3** …보다 무겁다.
out·went [àutwént] v. outgo 의 과거형.
out·wit [àutwít] vt. (**-wit·ted, -wit·ting**) …을 앞지르다, …의 의표를 찌르다, …을 속이다.
out·work vt. [àutwə́ːrk→n.] (**-worked** or **-wrought, -work·ing**) **1** …보다 일을 더 잘(열심히, 빨리) 하다. **2** …을 완성하다(finish).
— n. [áutwə̀ːrk] **1** 외루(外壘). **2** ⓤ 옥외(직장)의 작업, 바깥 일.
out·work·er [àutwə̀ːrkər] n. 옥외에서 일하는 사람, 직장 이외에서 일하는 사람.
out·worn v. [àutwɔ́ːrn / -wɔ́ːn // → adj.] outwear 의 과거 분사. — adj. [áutwɔ̀ːrn / àutwɔ́ːn] **1** 말이 새로운 맛이 없는, 진부한, 시대에 뒤진, 남아빠진. ¶ *outworn* quotations 케케묵은 인용어귀. **2** 〔정력·기력 등이〕 소모된. **3** 〔의복 따위가〕 입어서 낡은.
ou·zel [úːzl], (**ou·sel**) n. 지빠귀과(科)의 새의 일종.
o·va [óuvə] n. ovum 의 복수형.
***o·val** [óuv(ə)l] adj. 계란 모양의, 타원형(장원형)의; 난형(卵形體)의. — n. **1** 난형체, 타원체. **2** 난형, 타원형. **3** 타원형의 경기장. **4** 〔구어〕 (운지장의) 공. **5** (the O-) 〔英〕 런던의 Kennington 에 있는 크리켓 경기장. **~·ly** [-vəli] adv. **~·ness** n. ◇ ovum n.
Óval Óffice (Róom) n. 〔美〕 (the~) 〔백악관의〕 대통령 집무실. 〔<방이 달걀 모양으로 된 데서〕
Óval Ófficer n. 〔美〕 대통령 보좌관(측근).
o·var·i·an [ouvɛ́(ː)riən / -vɛ́ər-] adj. 난소의, 자방(子房)의.
o·var·i·ot·o·my [òuvɛ̀(ː)riɑ́təmi / -vɛ̀əriɔ́t-] n. ⓤⓒ (pl. **-mies**) 〔외과〕 난소 절개술, 난소 절제술.
o·va·ri·tis [òuvəráitis] n.ⓤ〔병리〕 난소염(oophoritis).
o·va·ry [óuv(ə)ri] n. (pl. **-ries**) **1** 〔해부·동물〕 난소. **2** 〔식물〕 자방(子房).
o·vate [óuveit, -vit] adj. 계란 모양의(egg-shaped); 〔식물〕 〔잎이〕 계란 모양의. **~·ly** adv. **~·ness** n.
o·va·tion [o(u)véiʃ(ə)n] n. **1** 〔대중의〕 열렬한 환영, 대환호. **2** 〔역사〕 고대 로마의 소개선식(小凱旋式). cf. triumph
‡ov·en [ʌ́v(ə)n] n. 화덕, 솥, 가마, 오븐.
hot from the oven 갓 구워낸, 따끈따끈한.
in the same oven 같은 처지(상태)로.
óvenable páperboard [ʌ́v(ə)nəb(ə)l-] n. 오븐용 판지〔전자 레인지로 음식물을 가열할 때 사용하는 내열성의 두꺼운 종이〕.
ov·en·bird [ʌ́v(ə)nbə̀ːrd] n. **1** 휘파람새류의 명금(鳴禽) 〔중남미산(産)〕. **2** 참새류의 일종〔미국산(産)〕.
óven glóve (mítt) n. 오븐에 넣은 식기를 만질 때 끼는 내열성 장갑.
‡o·ver [óuvər] prep. **1** 〔떨어져서〕 …의 위에, …의 머리(바로) 위에(◁ ON 頻語); …에 돌출하여. ¶ the roof *over* one's head 머리 위의 지붕 / a bridge *over* the river 강에 놓인 다리 / The cliff hangs *over* the sea. 그 절벽은 바다로 돌출하고 있다.
2 …을 넘어서, …을 건너서. ¶ fall *over* a cliff 벼랑에서 떨어지다 / jump *over* a river 강을 건너 뛰다 / look *over* a hedge 산울타리 너머로 보다 / talk (*or* speak) to a person *over* one's shoulder 〔얼굴을 돌려〕 어깨너머로 남에게 말을 걸다.

3 …을 지배하여, 제압하여, …을 능가하여. ¶ rule *over* a country 나라를 지배하다 / triumph *over* difficulties 곤란을 이겨내다 / preside *over* a meeting 사회를 보다 / have no command (*or* control) *over* oneself 자제력이 없다 / He is the king *over* fifty million people. 그는 5천만 국민의 왕이다 / He has a great influence *over* them. 그는 그들에 대하여 큰 영향력을 가지고 있다.
4 〔접하여〕 …의 위에, …을 덮어(upon, on). ¶ a blanket lying *over* a bed 침대에 깐 모포 / He put his hands *over* his face. 그는 양손으로 얼굴을 가렸다.
5 …의 신상에, …에 닥쳐와서. ¶ A change came *over* him. 그의 신상에 변화가 일어났다 / A drowsy feeling came *over* him. 졸음이 그에게 밀려왔다.
6 …의 도처에, 여기저기에, 전면에, 온통. ¶ all *over* the world 온 세계에(all the world over) / travel all *over* the country 나라 안을 두루 여행하다 / He glanced *over* the manuscript. 그는 원고를 대강 훑어보았다 / Snow covered *over* the field. 눈이 들을 온통 뒤덮었다.
7 …의 저쪽(편)에. ¶ The land *over* the sea 바다 저편의 나라 / the house *over* the river 강 건너편 집.
8 〔수량 따위가〕 …을 넘어서, 초과하여, …이상으로 (more than). ¶ *over* a mile 1마일 이상 / There were *over* one hundred people in the hall. 강당에는 100명 이상의 사람들이 있었다 / He stayed with me *over* a month. 그는 한 달 이상 내 집에 머물렀다.
9 …의 끝에서 끝까지 쭉. ¶ *over* a great distance 매우 긴 거리를 쭉.
10 …동안 쭉, …의 끝(뒤)까지. ¶ stay *over* the holidays 휴가중 쭉 체재하다 / Can you stay here *over* Sunday? 일요일은 여기서 묵을 수 있겠나?(일요일까지 여기서 묵을 수 있겠는가?) / He will not live *over* today. 그는 오늘 하루를 넘기지 못할 것이다 / The payment spread *over* a series of years. 그 지불은 수년에 걸친.
11 …에 관하여, …에 대하여. ¶ Let us talk *over* the matter. 그 일에 관해 이야기해 보자 / It's no use crying *over* spilt milk. 《속담》 엎지른 물에 우는 아이 울어 봐야 소용없다(엎지른 물, 깨진 독) / I've never seen a man so broken up *over* a woman. 여자 때문에 그처럼 맥상이든 사람은 처음 본다.
12 …에 종사하여, …하면서. ¶ sleep *over* one's work 일하면서 졸다 / talk *over* tea 홍차를 마시면서 이야기를 하다.
13 …에 의하여, …을 통하여. ¶ I heard the news *over* the radio. 라디오로 그 뉴스를 들었다 / He told me the matter *over* the phone. 그는 전화로 그 일을 나에게 알려 왔다.
over and above 〔전치사적〕 훨씬 …이상, …에 더하여.
over a person's head ⇨ HEAD.
over head and ears ⇨ EAR.
— adv. **1** 위쪽으로, 머리 위로(above); 돌출하여. The balloon is directly *over*. 기구가 머리 바로 위에 있다 / The eaves hang *over*. 처마가 위로 돌출해 있다.
2 전면을 뒤덮듯이, 온통. ¶ be wet all *over* 온몸이 흠뻑 젖다 / cover it *over* with cloth 그것을 천으로 덮다.
3 도처에, 구석구석까지. ¶ all the world *over* 온 세계에(all over the world) / travel all *over* in Europe 유럽을 방방 곡곡 여행하다.
4 떨어진 곳으로, 저편으로, 저쪽으로. ¶ *over* there 저쪽에 / He lives *over* by the hill. 그는 저쪽 언덕의 옆에 살고 있다.
5 건너, 넘어서, 저쪽(편)으로; 〔건너〕 저쪽으로, 이쪽으로. ¶ live *over* in France 멀리 프랑스에서 생활하다 / come *over* 건너오다 / sail *over* to America 도미하다 / sail (or fly) *over* to England 영국에 도항하다 / Ask him *over*. 그에게 오라고 전해 다오 / Our friends were *over* yesterday. 우리의 친구들이 어제 와 있었다.
6 처음부터 끝까지, 전부, 모조리(through). ¶ read a

over-

newspaper *over* 신문을 샅샅이 읽다 / take out one's money and count it *over* 돈을 모조리 꺼내서 세다. **7** 건네 주어서, 넘겨 주어서, 물려 주어서; [소속 따위가] 바뀌어서. ¶ Hand the money *over*. 그 돈을 이쪽으로 넘겨 다오 / He has made *over* all his property to his sons. 그는 전재산을 아들들에게 물려 주었다 / go *over* to the enemy 적에게 넘어가다, 적에게 붙다. **8** 넘어져서, 거꾸로, 젖혀져서. ¶ fall *over* 자빠지다 / turn *over* in bed 자다가 몸을 뒤치다 / bend *over* 구부리다 / turn a page *over* 페이지를 넘기다 / push (knock) a person *over* 남을 밀어 쓰러뜨리다(때려 눕히다).
9 되풀이하여, 다시(again). ¶ many times *over* 몇 번이고 되풀이하여 / *over* and *over* [again] 되풀이하여. **10** 남아서, 더; 초과하여. ¶ There are ten students and *over*. 10명 이상의 학생이 있다 / After paying my bill, I have 2,000 won *over*. 셈을 치르고도 아직 2천원이 남아 있다. **11** 과도하게, 너무나;《복합어를 만들어》…이 지나치게. ¶ We are *over* tired. 우리는 너무나 지쳐 있다 / He's *over* fed. 그는 과식한다 / be *over*-polite 지나치게 친절하다. **12**《서술적》끝나서, 끝마쳐서, 지나서. ¶ The war is *over*. 전쟁은 끝났다 / The meeting was *over* at 10 o'clock. 회의는 10시에 끝났다. **13** [무선] 말씀하세요.
all over ⇒ ALL.
all over with …은 이제 끝나서(가망이 없어져서). ¶ It's *all over with* her. 이제 그녀도 끝장이다.
over against ⇒ AGAINST.
over and above《부사적》그 외에, 게다가.
over and done with《구어》완전히 끝나서; 완전히 밀쳐서.
— *adj.* **1** 위의, 위쪽[상부, 상위]의; 뛰어난; 바깥쪽의(outer). ¶ the *over* crust of a pie 파이의 외피(外皮). **2** 여분의, 과도의. ¶ an *over* pen 여분의 펜.
— *n.* **1**《영》여분, 과잉, 과도(extra). **2** [크리켓] [심판이 'over'라고 말할 때까지 허용되는] 투구수(投球數) [보통 6구]; 그 사이의 시합. **3** 《군대》원탄(遠彈) [목표 후방으로의 착탄].　　　　　　　　　　　［복하다.
— *vt.* **1** …을 넘다, 뛰어 넘다. **2** 《방언》…에서 회
over- *pref.* 명사·형용사·부사·동사에 관하여 다음 뜻이 가해진다. **1** upper, superior, eminent 의 뜻. 예: *over*head, *over*bearing, *over*lord. **2** excessive, too much 의 뜻. 예: *over*rate, *over*sleep, *over*weigh. **3** passing across 의 뜻. 예: *over*pass, *over*run.

o·ver·a·bound [òuv(ə)rəbáund] *vi.* 지나치게 많다, 남아돌다(*in, with*…).

o·ver·a·bun·dance [òuv(ə)rəbándəns] *n.* (보통 a ~) 과다, 과잉, 남아돌기.

o·ver·a·bun·dant [òuv(ə)rəbándənt] *adj.* 남아돌 정도로 많은, 과잉의, 과다한.

o·ver·a·chieve [òuvərətʃíːv] *vt., vi.* (-chieved, -chiev·ing) 기대 이상으로 좋은 성적을 올리다. *cf.* underachieve.

o·ver·act [òuvərǽkt] *vt., vi.* **1** [연기 따위를] 과장하여 행하다. **2** 지나치게 하다.　　　　　　　　　 [기의] 과장.

o·ver·ac·tion [òuvərǽk(ə)n] *n.* 과도한 행동; 연

o·ver·ac·tive [òuvərǽktiv] *adj.* 활약(활동)이 지나친. ~·**ly** *adv.*　　　　　　　　　　　　　　　　 [(활약).

o·ver·ac·tiv·i·ty [òuvərǽktívəti] *n.* [U] 과도한 활동

o·ver·age[1] [óuvəréidʒ] *adj.* 나이가 너무 많은, 적령을 넘은.　　　　　　　　　　　　　　　　 [과잉 공급.

o·ver·age[2] [óuv(ə)ridʒ] *n.* [U][C]《미》〔상업〕〔상품의〕

o·ver·all [óuvərɔ̀ːl] *adj.* **1** 끝에서 끝까지의, 전장(全長)의. ¶ the *overall* length of a sword 칼의 전체 길이. **2** 전부의, 종합적인, 일반적인. ¶ an *overall* view 전경. — *adv.* **1** 도처에서, 어느 곳에서나. **2** 전체적으로는, 일반적으로. ¶ consider a plan *overall* 종합적으로 계획을 짜다. **3** 끝에서 끝까지.
— *n.* **1** (~s) [보통 바지 위에 입는] 가슴받이가 달린 작업 바지. **2** (~s) 방수 각반. **3**《영》[의사·아이 등의] 걸옷, 작업복(smock).

o·ver·anx·i·e·ty [òuv(ə)rænzáiəti] *n.* [U] 지나친 걱정.　　　　　　　　　　　　　　　　　　　 [하는.

o·ver·anx·ious [òuvəræŋ(k)ʃəs] *adj.* 지나치게 걱정

o·ver·arch [òuvərɑ́ːrtʃ] *vt.* …에 아치를 걸치다, …의 위에 아치 모양으로 걸치다. ¶ a bridge *overarching* the stream 시내 위에 아치 모양으로 걸친 다리. — *vi.* 아치 모양으로 걸치다.

o·ver·arm [óuvərɑ̀ːrm] *adj.* [스포츠][야구 따위에서] 내리던지는; [수영에서] 팔매 헤엄치는.

o·ver·awe [òuvərɔ́ː] *vt.* (-awed, -aw·ing) …을 위압하다, 몹시 위협하다. ¶ be *overawed into* submission 위협받아 복종을 강요당하다.

o·ver·bal·ance [òuvərbǽləns] *v.* (-anced, -anc·ing) *vt.* **1** …보다도 무겁다(가치가 있다)(outweigh). ¶ The gains *overbalance* the losses. 그 수익은 손실을 충분히 보충한다. **2** …의 평균(평형)을 잃게 하다. ¶ *overbalance* oneself 신체의 평형을 잃다. — *vi.* 평균(평형)을 잃다, 넘어지다. — *n.* [U][C] [가치·중량의] 초과, 초과량. ¶ an *overbalance* of exports 수출 초과.

o·ver·bear [òuvərbɛ́ər] *vt.* (-bore, -borne, -bear·ing) **1** …을 짓이기다, 압도하다, 이겨내다 (overcome). **2** …을 억누르다, 억누르다(overrule), 이겨내다.

o·ver·bear·ing [òuvərbɛ́(ː)riŋ / -bɛ́riŋ] *adj.* 뽐내는, 거만한, 횡포한. ⇒ PROUD 類語. ~·**ly** *adv.*

o·ver·bid *v.* [òuvərbíd → *n.*] *vt., vi.* (-bid, -bid·ding) **1**《경매에서》남보다도 높은 값을 매기다. **2**《카드놀이》[자신의 패 이상으로] 값을 올리다. — *n.* [óuvərbìd] 비싼 값, 너무 부른 값; 에누리.

o·ver·bite [óuvərbàit] *n.* [U][치과] 피개 교합(被蓋咬合); 아랫니 위에 윗니가 겹쳐지는 상태).

o·ver·blow [òuvərblóu] *v.* (-blew, -blown, -blow·ing) *vt.* **1** …을 극도로 높이 평가하다. **2** …의 위를 불고 지나가다, 불어넘치다. **3** 《고어》불어 날려버리다, 불어 흩뜨리다. ¶ The west wind *overblew* the clouds. 서풍이 구름을 쓸어버렸다. **4** 〔관악기·오르간 따위의〕 세게 불다(불어서 배음(倍音)을 내다). — *vi.* **1** [음악] 세게 불어서 배음을 내다. **2** 《고어》〔폭풍우 따위가〕 자다, 〔위험·노여움 따위가〕 가라앉

o·ver·blown[1] [òuvərblóun] *adj.* **1** 과도한, 극단의. **2** 〔폭풍우 따위에〕 잔, 가라앉은.

o·ver·blown[2] [òuvərblóun] *adj.* 〔꽃이〕 만개가 지난.

*****o·ver·board** [óuvərbɔ̀ːrd / -bɔ́ːd] *adv.* 배 밖으로, 물속으로. ¶ fall *overboard* 배에서 물속으로 떨어지다.
go overboard 극단으로 흐르다;〔특히〕격분하다 (*on, for*…).
throw overboard 배에서 물속으로 버리다;《구어》버리다, 포기하다(abandon).　　　　　　　　　　　　 [한.

o·ver·bold [òuvərbóuld] *adj.* 지나치게 대담한, 무모

o·ver·book [òuvərbúk] *vt.* [숙박 따위의] 예약을 너무 많이 받다.

o·ver·borne [òuvərbɔ́ːrn / -bɔ́ːn] *v.* overbear 의 과거 분사.　　　　　　　　　　　　　　　　　　　 [분사.

o·ver·bought [òuvərbɔ́ːt] *v.* overbuy 의 과거, 과거

o·ver·bridge *n.* [óuvərbrìdʒ]《영》육교, 과선교(跨線橋). — *vt.* [òuvərbrídʒ](-bridged, -bridg·ing) …의 위에 다리를 놓다.

o·ver·brim [òuvərbrím] *vt.* (-brimmed, -brim·ming) *vi.* 〔액체가 용기에서〕 넘쳐 흐르다(나오다).
— *vt.* …을 넘치게 하다.

o·ver·build [òuvərbíld] *vt.* (-built, -build·ing) **1** …의 위에 짓다. **2** 〔어떤 지역에〕 집을 너무 많이 짓다. **3** …에게 너무 크게[호화롭게] 집을 짓다. ¶ *overbuild* oneself 분수에 넘치는 집을 짓다.　　　　　　 [은.

o·ver·built [òuvərbílt] *adj.* 집을 지나치게 많이 지

o·ver·bur·den vt. [òuvərbə́ːrdn → n.] …에게 짐을 너무 많이 지우다; 과중한 부담(책임)을 지우다(overload). —— n. [óuvərbə̀ːrdn] 과중한 짐(부담).

o·ver·bur·den·some [òuvərbə́ːrdnsəm] adj. 짐(책임)이 너무 무거운.

o·ver·bus·y [òuvərbízi] adj. 1 너무 바쁜. 2 지나치게 참견하는.

o·ver·buy [òuvərbái] v. (-bought, -buy·ing) vt. …을 너무 많이 사다. —— vi. 지불 능력을 생각하지 않고 사들이다.

o·ver·call [òuvərkɔ́ːl] v., n. [카드놀이] =overbid.

*o·ver·came [òuvərkéim] v. overcome 의 과거형.

o·ver·can·o·py [òuvərkǽnəpi] vt. (-pied, -py·ing) …을 천개(天蓋)로 덮다.

o·ver·ca·pac·i·ty [òuvərkəpǽsiti] n. [경제] 과잉 생산 능력, 과잉 설비.

o·ver·cap·i·tal·i·za·tion [óuvərkæ̀pit(ə)lizéi(ə)n / -kə̀pit(ə)laiz-] n. ⓤ 자본의 과대.

o·ver·cap·i·tal·ize [òuvərkǽpit(ə)làiz/-kəpit(ə)l-] vt. (-ized, -iz·ing) (*〔英〕에서는 o·ver·cap·i·tal·ise 로도 쓴다) 1 …의 자본을 과대하게 정하다. 2 …의 자본을 과대하게 평가하다. 〔조심.

o·ver·care [óuvərkɛ̀ər] n. ⓤ 쓸데없는 걱정, 과도한

o·ver·care·ful [òuvərkɛ́ərfəl] adj. 쓸데없이 걱정하는, 지나치게 걱정하는.

*o·ver·cast [òuvərkǽst/-kɑ́ːst // → v.] adj. 1 흐린, 구름으로 덮인(cloudy). ¶ an overcast sky 흐린 하늘. 2 음산한, 어두운(dark, gloomy). ¶ an overcast face 울적한 얼굴. 3 〔재봉〕 가장자리를 감친. —— v. [òuvərkǽst, ⌣⌣ òuvərkǽst] (-cast, -cast·ing) vt. 1 …을 구름으로 덮다(overcloud). ¶ Clouds began to overcast the sky. 구름이 하늘을 덮기 시작했다. 2 …을 어둡게 하다. 3 〔재봉〕 가장자리를 감치다. 4 〔낚싯줄을〕 목표 이상으로 멀리 던지다. —— vi. 1 흐리다. 2 어두워지다, 음산해지다. —— n. (보통 the ~) 〔구름이〕 하늘을 온통 뒤덮음, 날씨가 아주 흐림.

o·ver·cast·ing [òuvərkǽstiŋ/-kɑ́ːst-] n. ⓤⓒ 〔재봉〕 가장자리 감치기.

o·ver·cau·tion [òuvərkɔ́ː(ʃ)ən] n. ⓤ 지나친 조심.

o·ver·cau·tious [òuvərkɔ́ːʃəs] adj. 지나치게 조심하는.

o·ver·cen·tral·i·za·tion [óuvərsèntrəlizéi(ə)n / -laiz-] n. ⓤ 〔전력의〕 과도 집중.

o·ver·cer·ti·fy [òuvərsə́ːrtifài] vt. (-fied, -fy·ing) 《美》〔은행이〕〔수표〕의 초과 지불을 보증하다.

o·ver·charge v. (-charged, -charg·ing) vt. 1 …에게 부당한 대금을 요구하다(... for). ¶ (~+目+前+名) He overcharged me for repairing the television set. 그는 나에게 텔레비전 수리비를 과하게 청구했다. 2 …에 짐을 너무 많이 싣다, …에 과충전하다, 〔총〕에 장약을 너무 많이 장전하다. 3 …을 과장하다(exaggerate). —— vi. 부당한 대금을 요구하다, 에누리하다. —— n. [óuvərtʃɑ̀ːrdʒ] 부당한 값, 과청구. 2 과적재(過積載), 탄약의 장전 과다, 과충전(過充電).

o·ver·check [óuvərtʃèk] n. 〔말의〕 머리를 숙이지 못하게 하는 고삐.

o·ver·clothes [óuvərklòuz, -klòuðz/-klóuðz] n. pl. 〔옷 위에 입는〕 겉옷.

o·ver·cloud [òuvərkláud] vt. 1 …을 흐리게 하다, 흐리멍덩하게 하다. 2 …을 어둡게 하다, 음침하게 하다(darken). —— vi. 흐리다, 어두워지다; 음침해지다.

o·ver·cloy [òuvərklɔ́i] vt. …을 싫증나게 하다, 진절머리나게 하다.

‡o·ver·coat [óuvərkòut] n. 1 외투, 오버코트 〔보호용의〕 코팅. —— vt. …에 〔보호용의〕 코팅을 하다.

o·ver·coat·ing [óuvərkòutiŋ] n. ⓤ 1 외투감. 2 〔보호용의〕 코팅.

o·ver·col·or, 《英》 **-col·our** [òuvərkʌ́lər] vt. 1 …에 지나치게 색칠(채색)하다. 2 〔서술 따위〕를 지나치게 윤색하다, 과장하다.

‡o·ver·come [òuvərkʌ́m] v. (-came, -come, -com·ing) vt. 1 …을 이기다, 이겨내다, 정복하다. ⇨ DEFEAT 類語. ¶ overcome one's enemy 적에게 이기다. 2 …을 극복하다, 헤어나다(surmount). ¶ overcome one's weaknesses 결점을 극복하다 / overcome obstacles 장애를 극복하다. 3 《보통 수동형으로》 …을 굴복시키다, 압도하다(...with, by). ¶ (~+目+前+名) be overcome with (or by) grief 슬픔에 압도되어 맥을 못 추다 / He was soon overcome with (or by) sleep. 그는 금세 잠에 곯아떨어졌다. —— vi. 이기다(win), 정복하다(conquer).

o·ver·com·mit [òuvərkəmít] vt. (-mit·ted, -mit·ting) 〔필요·기대 이상으로〕 너무 깊이 관여(개입)하다, 지나치게 연결을 주다.

o·ver·com·mit·ted [òuvərkəmítid] adj. 지나치게 깊이 들어간(관여한), 피할 수 없는 약속을 해버린.

o·ver·com·pen·sate [òuvərkámpənsèit / -kɔ́m-] vt. (-sat·ed, -sat·ing) …을 지나치게 보상하다.

o·ver·com·pen·sa·tion [òuvərkɑ̀mpənséi(ə)n / -kɔ̀mpən-] n. ⓤ 〔정신 분석〕 〔약점을 숨기기 위한〕 과잉 보상.

o·ver·con·fi·dence [òuvərkánfid(ə)ns / -kɔ́n-] n. ⓤ 자신 과잉, 자만.

o·ver·con·fi·dent [òuvərkánfid(ə)nt / -kɔ́n-] adj. 자신 과잉의, 자만심이 센. ~·ly adv.

o·ver·cooked [òuvərkúkt] adj. …을 지나치게 삶은 (구운).

o·ver·cre·du·li·ty [òuvərkridj(j)úːliti / -djúː-] n. ⓤ 경솔한 과신(過信).

o·ver·cred·u·lous [òuvərkrédʒuləs / -dju-] adj. 너무 쉽게 믿는.

o·ver·crit·i·cal [òuvərkrítik(ə)l] adj. 지나치게 비판적인, 혹평하는.

o·ver·crop [òuvərkráp / -krɔ́p] vt. (-cropped, -crop·ping) 〔농업〕 〔땅〕에 작물을 너무 많이 심다, 〔너무 다작해서〕 〔땅〕의 지력(地力)을 소모하다.

o·ver·crow [òuvərkróu] vt. …에 이겨서 뽐내다; …을 압도하다.

*o·ver·crowd [òuvərkráud] vt. …에 너무 많이 넣다 (들이다), …을 혼잡하게 하다. ¶ (~+目+前+名) be overcrowded with …으로 혼잡하다.

*o·ver·crowd·ed [òuvərkráudid] adj. 초만원의(with …); 인구 과잉의; 사람이 넘치는. ¶ an overcrowded city 인구 과잉 도시.

o·ver·crowd·ing [òuvərkráudiŋ] n. ⓤ 사람을 많이 넣기(들이기); 초만원, 혼잡.

o·ver·crust [òuvərkrʌ́st] vt. …을 외피(外皮)로 싸다.

o·ver·cul·ture [óuvərkʌ̀ltʃər] n. 〔대립적 문화가 존재하는 상황에서의〕 지배적인 문화, 상위(上位) 문화.

o·ver·cun·ning [óuvərkʌ̀niŋ] adj. 지나치게 교활한. —— n. 지나친 교활함.

o·ver·cu·ri·ous [òuvərkjúː(ː)riəs / -kjúər-] adj. 지나치게 캐물는, 호기심이 너무 강한.

o·ver·del·i·ca·cy [òuvərdélikəsi] n. ⓤ 신경질이 지나친 사람, 신경 과민, 너무 섬세함.

o·ver·del·i·cate [òuvərdélikit] adj. 신경 과민한, 지나치게 섬세한.

o·ver·de·vel·op [òuvərdivéləp] vt., vi. 1 〔…을〕 과도하게 발달시키다. 2 〔사진〕 …을 지나치게 현상하다.

o·ver·de·vel·op·ment [òuvərdivéləpmənt] n. ⓤ 1 과도의 발달. 2 〔사진〕 과도의 현상.

o·ver·do [òuvərdúː] vt. (-did, -done, -do·ing) vt. 1 …을 지나치게 하다. ¶ overdo one's exercise 운동을 지나치게 하다. 2 〔연기 따위〕를 과장하여 연기하다, 과장하다(exaggerate). ¶ He overdid his part. 그는 자기 역을 과장하여 연기했다. 3 《보통 수동형 또는 재귀용법》 …을 지나치게 사용하다, 피곤하게 하다(exhaust). ¶ overdo oneself 무리하다. 4 너무 삶다(굽다). —— vi. 지나치게 하다, 극

단으로 흐르다. [몸을 부리다.
overdo it 지나치게 하다, 과장하다; 녹초가 될 때까지
o·ver·dog [óuvərdɔ̀ːg /-dɔ̀g] *n*. 싸움에 이긴 개; 승리가 예측되는 후보자; 지배(특권) 계급의 일원. *cf*. underdog
o·ver·done [òuvərdʌ́n] *v*. overdo 의 과거 분사.
── *adj*. 1 지나치게 삶은(구운). 2 도를 지나친, 과도한. 3 몹시 지친.
o·ver·door [óuvərdɔ̀ːr /-dɔ̀ː] *adj*. 출입구의 상부에 있는. ── *n*. 출입구 상부의 장식.
o·ver·dose *n*. [óuvərdòus → *vt*.] (약의) 과량, 지나친 투여, 과잉 복용. ── *vt*. [òuvərdóus] (**-dosed, -dos·ing**) …에게 약을 너무 많이 먹이다.
o·ver·draft [óuvərdræft/-drɑ̀ːft] *n*. 1 당좌 대월(액). 2 [난로 따위의] 통풍.
o·ver·draw [òuvərdrɔ́ː] *vt*. (**-drew** [-drúː], **-drawn** [-drɔ́ːn], **-draw·ing**) 1 [예금 따위]를 초과 인출하다, 너무 많이 찾아 내다, 차월(借越)하다, [어음 따위]를 지나치게 발행하다. 2 [활 따위]를 너무 당기다. 3 [묘사·서술 따위]를 과장하다, 보태어 말하다.
o·ver·dress *vt*. *vi*. [òuvərdrés → *n*.] 옷을 너무 두껍게 입히다(입다), 옷치장을 지나치게 하다.
── *n*. [óuvərdrès] [얇은 천의] 겉옷.
o·ver·drink [òuvərdríŋk] *vt*., *vi*. (**-drank** [-dræŋk], **-drunk** [-drʌ́ŋk], **-drink·ing**) 《수동형 또는 재귀용법》 과음하다. ¶ be *overdrunk*; *overdrink* oneself 과음하여 몸을 해치다.
o·ver·drive *vt*. [òuvərdráiv → *n*.] (**-drove** [-dróuv], **-driv·en** [-drívn], **-driv·ing**) …을 너무 부리다, 혹사하다. ── *n*. [óuvərdràiv] [기계] 오버드라이브(엔진의 회전보다도 전도축(傳導軸)의 회전수를 높이는 장치).
o·ver·dub [òuvərdʌ́b] *vt*. (**-dubbed, -dub·bing**) [녹음에] [녹음]을 겹쳐 넣다.
o·ver·due [òuvərd(j)úː/-djúː] *adj*. 1 [기차 따위가] 정각을 지난, 지연된(late). 2 [지불의] 기한이 지난. ¶ an *overdue* bill 지불 기한이 지난 어음. 3 기회가 무르익은.
o·ver·dye [òuvərdái] *vt*. (**-dyed, -dy·ing**) 1 …을 지나치게 염색하다. 2 …을 고쳐 염색하다.
o·ver·ea·ger [òuvəríːgər] *adj*. 지나치게 열심인.
*****o·ver·eat** [òuvəríːt] *vt*., *vi*. (**-ate** [-éit /-ét], **-eat·en** [-íːtn], **-eat·ing**) 《종종 재귀용법》 과식하다. ¶ *overeat* oneself 과식하여 몸을 해치다.
o·ver·em·pha·sis [òuvərémfəsis] *n*. (*pl.* **-ses** [-sìːz]) 지나친 강조.
o·ver·em·pha·size [òuvərémfəsàiz] *vt*. (**-sized, -siz·ing**) …에 힘을 너무 들이다; …을 지나치게 강조하다.
o·ver·em·ploy·ment [òuvərempl`'ɔ́imənt] *n*. U 과잉 고용.
o·ver·es·ti·mate *vt*. [òuvəréstimèit → *n*.] (**-mat·ed, -mat·ing**) …을 과대평가하다, 과대 평가하다.
── *n*. [òuvəréstimit] =overestimation.
o·ver·es·ti·ma·tion [òuvərèstiméi(ə)n] *n*. U C 과대 평가, 과대하게 어림침.
o·ver·ex·cite [òuvəriksáit] *vt*. (**-cit·ed, -cit·ing**) …을 지나치게 자극하다, 과도하게 흥분시키다.
o·ver·ex·ert [òuvərigzə́ːrt] *vt*. [정력·지력 따위]를 과도하게 내다; 너무 노력하다. ¶ *overexert* oneself 무리한 노력을 하다.
o·ver·ex·er·tion [òuvərigzə́ːr(ə)n] *n*. U 지나친 노력.
o·ver·ex·ploi·ta·tion [òuvərèksploitéi(ə)n] *n*. U [천연 자원의] 과도한 개발, 남획(濫獲).
o·ver·ex·pose [òuvərikspóuz] *vt*. (**-posed, -pos·ing**) 1 《종종 재귀용법》 [태양·추위 따위에] …을 지나치게 노출하다. ¶ You'd better not *overexpose* yourself to the sun. 너무 햇볕에 쬐지 않는 것이 좋을 것이다. 2 [사진] …을 지나치게 노출하다.
o·ver·ex·po·sure [òuvərikspóuʒər] *n*. U C [사진] 노출 과도.

o·ver·ex·tend [òuvəriksténd] *vt*. 지나치게 확장하다; 과도하게 하다; [경제] 부채를 지나치게 지다.
o·ver·fall [óuvərfɔ̀ːl] *n*. 1 (~s) 단조(湍潮) [수류가 바다 밑의 장애 또는 반대 수류에 부딪쳐 생기는 해면의 물보라 파도. 2 [운하·수문 따위의] 낙수하는 곳. 3 [해저의] 갑자기 깊어지는 곳.
o·ver·fa·mil·iar [òuvərfəmíljər] *adj*. 지나치게 친한.
o·ver·fa·tigue [òuvərfətíːg] *vt*. (**-tigued, -tigu·ing**) …을 과로하게 하다. ── *n*. U 과로.
o·ver·feed [òuvərfíːd] *v*. (**-fed** [-féd], **-feed·ing**) *vt*. …에게 너무 많이 먹이다, 먹이를 지나치게 주다. ── *vi*. 과식하다.
o·ver·fill [òuvərfíl] *vt*. …을 넘칠 정도로 채우다, 지나치게 넣다. ── *vi*. 넘칠 정도다 가득 차다.
o·ver·fish [òuvərfí∫] *vt*. …의 물고기를 남획하다.
o·ver·flight [óuvərflàit] *n*. 통과 비행.
:o·ver·flow [òuvərflóu] *v*. (**-flowed, -flown, -flow·ing**) *vi*. 1 범람하다, 넘쳐흐르다. ¶ This river often *overflows*. 이 강은 자주 범람한다. 2 남아 돌아갈 만큼 많다. ¶ (감정이) 충만하다. ¶ (~＋*前*＋*图*) Her heart is *overflowing* with gratitude. 그녀의 가슴은 감사한 마음으로 가득 차 있다. ── *vt*. …으로 넘쳐 흐르게 하다, …에 넘쳐흐르다; …을 물에 잠기게 하다. ¶ The river *overflowed* its banks. 강물이 범람했다.
── *n*. [óuvərflòu] 1 범람, 유출. ¶ the annual *overflow* of the Nile 해마다 일어나는 나일강의 범람. 2 과잉(excess). ¶ an *overflow* of population 인구 과잉. 3 배수구.
óverflòw mèeting *n*. [만원으로 회장에 들어가지 못한 사람들을 위한] 별도 회합.
o·ver·fly [òuvərflái] *vt*. (**-flew, -flown**) *vt*. 1 …의 상공을 날다. 2 …을 넘어서 날다, 날아서 넘다. ── *vi*. 영공을 침범하다.
o·ver·fond [òuvərfánd /-fɔ́nd] *adj*. 지나치게 좋아하는, 지나치게 귀여워하는. **~·ly** *adv*.
o·ver·freight *vt*. [òuvərfrèit → *n*.]…에 짐을 과적재하다. ── *n*. [óuvərfrèit] 과중한 짐.
o·ver·ful·fill, 《英》**-fil** [òuvərfulfíl] *vt*. (**-filled, -fil·ling**) …을 상회(上廻)하다, …이상으로 성취하다.
o·ver·ful·fill·ment, 《英》**-fil-** [òuvərfulfílmənt] *n*. U 기한전 완료, 표준 이상의 생산.
o·ver·full [òuvərfúl] *adj*. 너무 가득한, 충만한.
o·ver·gild [òuvərgíld] *vt*. (**-gild·ed** *or* **-gilt** [-gílt], **-gild·ing**) …을 전체적으로 금(金)도금하다.
o·ver·glaze [óuvərglèiz] *n*. [도자기의] 이중 덧칠, 덧칠하기. ── *vt*. (**-glazed, -glaz·ing**) …에 덧칠하다.
o·ver·gov·ern [òuvərgʌ́vərn] *vt*. …을 지나치게 통제하다.
o·ver·gov·ern·ment [òuvərgʌ́vərnmənt] *n*. 지나친 통제.
o·ver·ground [óuvərgràund] *adj*. 지상의. *cf*. underground
o·ver·grow [òuvərgróu] *v*. (**-grew, -grown, -grow·ing**) *vt*. 1 …의 전면에 자라다, …에 우거지다. ¶ The garden is *overgrown* with weeds. 그 뜰은 잡초가 우거져 있다. 2 …보다도 잘 성장하다, 커지다. ¶ *overgrow* one's coat 너무 커져서 웃옷을 입지 못하게 되다. ── *vi*. 1 너무 커지다. 2 [잡초 따위가] 우거지다.
── **o·ver·grown** *v*. overgrow의 과거 분사. ── *adj*. 1 [잡초 따위가] 사방에 우거진. 2 지나치게 성장한.
o·ver·growth [óuvərgròuθ] *n*. 1 사방에 자란 것. 2 U C 과도한 성장, 우거짐, 무성.
o·ver·hand [óuvərhænd] *adj*. 1 손을 위에서 아래로 향해 움직이는; [야구] 위에서 아래로 내려던지는, 손을 어깨 위로 올렸다가 내려던지는; [수영] 손을 교대로 물위에 내뻗는, 팔배 헤엄의. 2 휘갑쳐는. ── *adv*. 1 손을 치켜올리고, 위에서 아래로 내려던져서; 손을 교대로 물위에 내뻗어서. 2 휘갑쳐서. ── *n*. 위에서 아래

óverhànd knót *n.* 한 번 매기.

*o·ver·hang [òuvərhǽŋ → n.] (-hung, -hang·ing) *vt.* 1 …의 위에 걸리다(걸치다). 2 …의 위에 돌출하다, 쑥 내밀다. ¶ A wide balcony *overhangs* the garden. 넓은 발코니가 뜰 위로 쑥 나와 있다. 3 …에 닥치다, 절박하다, 위협을 주다. ¶ The threat of war *overhung* the Middle and Near East. 중동전에 전쟁의 위협이 닥쳐왔었다. — *vi.* 1 쑥 내밀다, 돌출하다. 2 닥치다, 임박하다, 위협이 되다. — *n.* [óuvərhæ̀ŋ] 1 쑥 내민 것, 돌출한 것. 2 [항공] [복엽기]의 날개와 아래 날개의 길이의 차. ~·ing 나직히 성급한.

o·ver·hast·y [òuvərhéisti] *adj.* 지나치게 신속한; 지
*o·ver·haul [òuvərhɔ́ːl → n.] 1 …을 철저하게 조사하다, [기계]를 분해 검사(수리)하다. ¶ My truck was *overhauled* by an expert mechanic. 나의 트럭은 숙련공에게 철저히 정비하게 됐다. 2 …을 앞지르다. 3 [항해] [삭구(索具)]를 늦추다. — *n.* [óuvərhɔ̀ːl] [U][C] 철저한 조사, 분해 검사(수리), 오버홀.

*o·ver·head *adv.* [òuvərhéd → *adj., n.*] 1 머리 위에, 하늘에, 높은 곳에(aloft); 위층에(upstairs). ¶ There was a cloud *overhead*. 하늘에는 구름이 떠 있었다. 2 머리가 안 보일 만큼, ¶ plunge *overhead* into the water 물속으로 자맥질하다. — *adj.* [óuvərhèd] 1 머리 위의, 고가(高架)의, ¶ an *overhead* railway 고가 철도. 2 전반적인, 총체의(general); 평균의(average); [상업] 모든 경비를 포함한. ¶ *overhead* charges (expenses) 총경비 // *overhead* wages 고정 급료. — *n.* [óuvərhèd] 1 [집합적] [美] 총경비. 2 (보통 ~s) [상업] 간접비(overhead cost). 3 [정구·배드민턴] 스매시. 4 머리 위의 공간.

óverhead tíme *n.* [컴퓨터] 오버헤드 타임[제어 프로그램이 작동하고 있는 시간; operating system의 성능에 큰 영향을 미친다].

*o·ver·hear [òuvərhíər] *vt., vi.* (-heard [-hə́ːrd], -hear·ing) 우연히 듣다, 엿듣다, 도청하다.

o·ver·heat [òuvərhíːt] *vt.* 1 …을 과열하다. 2 …을 완전히 열중시키다; 몹시 흥분시키다. — *vi.* 과열하다. — *n.* [U] 과열[상태]; 과도한 열심(흥분).

o·ver·hours [óuvərhàuərz] *n. pl.* overtime.

o·ver·housed [òuvərháuzd] *adj.* 집이 너무 넓은, 너무 큰 집에서 사는.

o·ver·hung [òuvərhʌ́ŋ → *adj.*] *v.* overhang의 과거·과거 분사. — *adj.* [óuvərhʌ̀ŋ] 위에서 매단. ¶ an *overhung* door 매단 문.

o·ver·in·dulge [òuv(ə)rindʌ́ldʒ] *v.* (-dulged, -dulg·ing) *vt.* 1 …을 지나치게 음식받다, 너무나 방임하다. ¶ *overindulge* oneself 제멋대로 행동하다. — *vi.* 하고 싶은 대로(제멋대로) 행동하다; 지나치게 탐닉하다.

o·ver·in·dul·gence [òuvərindʌ́ldʒ(ə)ns] *n.* [U] 제멋대로 굴기; 과도한 방임; 지나친 탐닉; 지나치게 하기.

o·ver·in·dul·gent [òuvərindʌ́ldʒ(ə)nt] *adj.* 제멋대로 구는, 지나치게 음식을 받아 주는; 지나치게 탐닉하는. ~·ly *adv.*

o·ver·in·fla·tion [òuvərinfléi(ə)n] *n.* [U] 극단적으로 부풀게 하기; 극단적인 통화 팽창.

o·ver·in·flu·ence [òuvərínfluəns] *vt.* (-enced, -enc·ing) …에 너무나 큰 영향을 미치다; …에 권력을 지나치게 휘두르다.

o·ver·in·sur·ance [òuvərinʃú(ː)r(ə)ns / -ʃúər-] *n.* [U] 초과보험.

o·ver·in·ter·pre·ta·tion [òuvərintə̀ːrpritéi(ə)n] *n.* 지나친 해석, 확대 해석.

o·ver·in·vest [òuvərinvést] *vt.* …에 과도하게 투자하다. — *vi.* 과도한 투자를 하다.

o·ver·is·sue [óuvəríʃuː] *n.* [U][C] [지폐·주권의] 난발, 한외(限外) 발행[고]. — *vt.* [지폐·주권]을 난발하다.

o·ver·joy [òuvərdʒɔ́i] *vt.* …을 크게 기쁘게 하다, 미칠 듯이 기쁘게 하다. ¶ be *overjoyed* at …을 매우 기뻐하다.

o·ver·joyed [òuvərdʒɔ́id] *adj.* 매우 기쁜, 너무 기뻐서 어쩔할 바를 모르는 [다, 지나치게 뛰다.

o·ver·jump [òuvərdʒʌ́mp] *vi., vt.* 뛰어넘다; 너무 뛰

o·ver·kill [òuvərkíl] *n.* [U] 1 [핵무기의] 초과 살상력. 2 [각종 살우(殺牛)]와 같은] 과잉 경제 정책. — *vi.* 지나치게 (몇 번이고) 죽이다.

o·ver·la·bor, [英] -bour [òuvərléibər] *vt.* 1 …을 혹사하다, 지나치게 일을 시키다. 2 …을 너무 공들이다.

o·ver·lade [òuvərléid] *vt.* (-lad·ed, -lad·en *or* -lad·ed, -lad·ing) (보통 과거 분사형으로) …에 지나치게 싣다, 과적을 지우다.

o·ver·lad·en [òuvərléidn] *adj.* 짐을 너무 많이 실은, [부담 따위를] 너무 많이 준; 지나치게 장식한(with…). ¶ a room *overladen* with ornament 장식품으로 지나치게 꾸민 방.

o·ver·lain [òuvərléin] *v.* overlie의 과거 분사.

*o·ver·land [óuvərlæ̀nd, -lənd / ーー→ー *adj.*] 육상을(으로); 육로로, *cf.* by sea — *adj.* [óuvərænd] 육상의; 육로의. ¶ an *overland* route 육로.

the *overland* route ①[英] 육로[영국에서 지중해를 거쳐 인도에 이르는 길] ②[美] 태평양 연안에 이르는 대륙 횡단 도로.

*o·ver·lap *v.* [òuvərlǽp → *n.*] (-lapped, -lap·ping) *vt.* 1 …을 겹치다, [비늘 모양으로] …을 포개다; …에서 너무 나오다. ¶ Tiles are laid *overlapping* each other. 기와는 서로 겹쳐 이어져 있다. 2 …과 중복하다, [시간 단위가] …과 겹치다. — *vi.* 겹치다, 포개지다, 일부분이 일치하다, [시간 따위가] 겹치다(with…). ¶ (—+前+명) His free time didn't *overlap* with mine. 그의 한가한 시간과 나의 한가한 시간이 일치하지 않았다. — *n.* [óuvərlæ̀p] 1 부분적 일치, 중복, 중복된 부분. 2 [영화] 오버랩[한 화면이 다음 화면으로 중복되어 비치기].

o·ver·lay[1] *vt.* [òuvərléi → *n.*] (-laid [-léid], -lay·ing) 1 …에 […을] 씌우다(cover), 깔다; 도금하다, 칠하다(…with…), [정토 따위]를 바르다; 을 마무르다. ¶ The wood was *overlaid* with gold. 나무에는 금박(金箔)이 씌워져 있었다. 2 …을 희미하게 하다, …을 덮어서 어둡게 하다. 3 …을 압도하다, 압제하다. 4 [인쇄] …에 얼룩 없애는 종이를 붙이다. — *n.* [óuvərlèi] 위에 바르는 것, 씌우는 것, 위에 까는 것; [인쇄] 얼룩을 없애기 위해 붙이는 종이.

o·ver·lay[2] [òuvərléi] *v.* overlie의 과거형.

o·ver·leaf [óuvərlìːf] *adv.* 뒷면에, 다음 페이지로.

o·ver·leap [òuvərlíːp] *vt.* (-leaped [-líːpt, -lépt] *or* -leapt [-lépt], -leap·ing) 1 …보다 멀리 뛰다, …을 능가하다. 2 …보다 너무 멀리 뛰어넘다. ¶ *overleap* oneself [목표]를 지나치게 뛰어넘다, 지나쳐서 실패하다. 3 …을 빠뜨리고 넘어가다, 못 보고 넘어가다, 생략하다(omit). 4 [고어] …을 뛰어넘다.

o·ver·lie [òuvərlái] *vt.* (-lay, -lain, -ly·ing) 1 …의 위에 가로눕다. 2 [아기]를 끼고 자다가 질식시키다.

o·ver·live [òuvərlív] *vt.* (-lived, -liv·ing) [고어] *vt.* …보다 오래 살다(outlive). — *vi.* 살아 남다, 너무 오래 살다.

*o·ver·load *vt.* [òuvərlóud → *n.*] 1 …에 짐을 너무 많이 싣다; …에게 너무 많이 부담시키다; [총포]에 지나치게 많이 화약(실탄)을 재다. 2 [전기] …에 너무 많이 충전하다. — *n.* [óuvərlòud] 1 과중한 짐, 과적. 2 [전기] 과부하(過負荷).

o·ver·long [òuvərlɔ́ːŋ / -lɔ́ŋ] *adj.* 너무 긴. — *adv.* 너무 길게, 너무 오래, 너무 오랜 동안.

*o·ver·look *vt.* [òuvərlúk → *n.*] 1 …을 못보고 넘어가다, …을 간과하다(excuse), 눈감아주다. ≒ NEGLECT [頭語]. ¶ His sharpened senses *overlook* nothing. 그의 날카로운 신경은 무엇이고 간과하는 게 없다. 2 …

을 내려다보다, 멀리 바라보다; …을 내려다보는 위치에 있다. ¶ a house *overlooking* the ocean 바다가 내려다 보이는 집. **3** 〔비유적〕 …위에 우뚝 솟다, 치솟다. **4** …을 조사하다, …을 훑어보다; …을 돌보다, 감독하다 (supervise). ¶ *overlook* men at work 현장의 노동자를 감독하다. **5** 〔저주의 눈으로〕 …을 노려보다, 매혹하다, 호리다(bewitch). — *n.* [óuvərlùk] 전망이 좋은 장소, 높은 곳; 〔높은 곳에서의〕 전망.

o·ver·look·er [óuvərlùkər] *n.* 《英》 감독.
o·ver·lord [óuvərlɔ̀:rd] *n.* 대왕, 대군주.
o·ver·lord·ship [óuvərlɔ̀:rdʃìp] *n.* ⓤ 대군주의 신분(지위).
o·ver·ly [óuvərli] *adv.* 《美·스코》 과도하게, 지나치게, 너무. ¶ a voyage not *overly* dangerous 그다지 위험하지 않은 항해.
o·ver·man *n.* [óuvərmən → 3 / -mæ̀n // → *v.*] (*pl.* **-men** [-mən → 3 / -mèn]) **1** 감독, 직공장, 갱내(坑內) 감독자, 십장. **2** 《주로 스코》 재정(裁定)자, 심판자, 조정자. **3** [-mæ̀n] (*pl.* [-mèn]) 〔고어〕 초인(超人) (superman). — *vt.* [òuvərmǽn] (**-manned, -man·ning**) …에 필요 이상의 인원을 두다(배치하다).
o·ver·man·tel [óuvərmæ̀ntl] *n.* 벽난로 위의 장식〔거울·조각 따위〕.
o·ver·man·y [òuvərméni] *adj.* 지나치게 많은.
o·ver·mark [òuvərmáːrk] *vt.* …에 너무 관대한 점수를 매기다.
o·ver·mas·ter [òuvərmǽstər / -máːs-] *vt.* …을 압도하다, …을 이기다, …을 정복하다, 극복하다(overcome).
o·ver·mas·ter·ing [òuvərmǽstəriŋ / -máːs-] *adj.* 압도적인, 억누를 수 없는. ¶ an *overmastering* passion 억누를 수 없는 격정. **~·ly** *adv.*
o·ver·match *vt.* [òuvərmǽtʃ →*n.*] …보다 우세하다, …에 이기다, …을 압도하다(surpass). — *n.* [óuvərmæ̀tʃ] **1** 보다 뛰어난 사람, 강적. **2** 우열의 차가 심한 승부.
o·ver·mat·ter [óuvərmæ̀tər] *n.* 남아서 다음 호로 넘어가는 기사(원고).
o·ver·meas·ure [óuvərmèʒər] *n.* ⓤ ⓒ 과잉 (excess), 잉여(surplus); 넘치게 잼(닮).
o·ver·mod·est [óuvərmádist / -mɔ́d-] *adj.* 지나치게 겸손한.
o·ver·much [óuvərmʌ́tʃ] *adj.* 너무 많은(too much); 과도한. — *adv.* 과도하게. — *n.* ⓤ 과도, 과잉.
o·ver·nice [óuvərnáis] *adj.* 지나치게 까다로운(깔끔한); 지나치게 신경질적인, 지나치게 결벽한(too fastidious).
*o·ver·night [òuvərnáit → *adj., n.*] *adv.* **1** 하룻밤 동안, 밤새도록. ¶ stay *overnight* 일박하다, 하룻밤 묵다. **2** 전날 밤에. ¶ make preparations *overnight* 전날 밤에 준비를 하다. **3** 하룻밤 사이에, 갑자기, 별안간(suddenly). ¶ Her mind changed *overnight*. 그녀의 마음은 갑자기 변했다. — *adj.* [óuvərnàit] **1** 밤샘하는. ¶ an *overnight* talk 밤새도록 나누는 이야기. **2** 전날 밤의. ¶ an *overnight* decision 전날 밤의 결정. **3** 일박의, 〔짧은〕 숙박 여행용의. **4** 하룻밤 사이의, 갑작스런. ¶ an *overnight* millionaire 벼락 부자. — *n.* [óuvərnàit] **1** 〔구어〕 하룻밤의 외박 허가증. **2** 《고어》 전날 밤.
óvernight bág(cáse) *n.* 간단한 여행 가방.
o·ver·night·er [òuvərnáitər] *n.* 간단한 여행 가방.
óvernight télegram *n.* 《英》 다음날 아침 배달하는 전보(요금이 싸다).
o·ver·nu·tri·tion [òuvərn(j)uːtríʃ(ə)n / -njuː-] *n.* 영양 과잉 섭취.
o·ver·pass *n.* [óuvərpæ̀s / -pàːs // →*vt.*] 고가 도로, 고가 철도; 〔도로·철도 따위의 위에 놓여진〕 다리. — *vt.* [òuvərpǽs / -páːs] **1** …을 넘다, 넘어가다 (pass over); 〔한계 따위를〕 넘어서다, 침범하다

(transgress). ¶ *overpass* a frontier 월경하다 / *overpass* the bounds of good sense 양식을 벗어나다. **2** 〔곤란 따위를〕 극복하다; …을 초월하다, …을 능가하다 (surpass). ¶ 〔공부·경험〕 을 마치다, 끝내다. ¶ *overpass* one's apprenticeship 도제(徒弟) 기간을 마치다. **3** …을 못보고 넘기다, 빠뜨리다(overlook). ¶ *overpass* a fault 잘못을 못보고 넘기다.
o·ver·passed, -past [òuvərpǽst / -páːst] *adj.* 이미 지나간, 과거의; 이미 폐지된.
o·ver·pay *vt.* (**-paid** [-péid], **-pay·ing**) **1** …을 초과 지불하다; 〔임금 따위를〕 과불(過拂)하다. ¶ We have *overpaid* him for helping us. 우리는 그가 거들어준 데 대해서 과분한 보수를 주었다.
o·ver·pay·ment [òuvərpéimənt] *n.* ⓤ ⓒ 과불.
o·ver·peo·pled [óuvərpìːpld] *adj.* 인구 과잉의.
o·ver·per·suade [òuvərpərswéid] *vt.* (**-suad·ed, -suad·ing**) …을 억지로 설복시키다.
o·ver·pitch [òuvərpítʃ] *vt.* 〔크리켓〕 〔공〕을 삼주문(三柱門)에 너무 가깝게 던지다.
o·ver·play [òuvərpléi] *vt.* **1** 〔맡은 역〕을 과장해서 연기하다(overact), 과장해서 말하다(표현하다). **2** 〔고어〕 〔경기〕 〔상대방〕을 이기다. **3** 〔골프〕 〔너무 세게 쳐서〕 〔공〕을 그린(잔디밭) 밖으로 날려보내다. **4** 〔카드놀이〕 〔자신의 패〕를 과신하다. **5** 〔가치·중요성〕을 지나치게 평가(중요시)하다.
overplay one's hand 자기의 역량을 과신하여 지나치게 하다.
o·ver·plus [óuvərplʌ̀s] *n.* 여분, 과잉, 나머지(surplus).
o·ver·poise [òuvərpɔ́iz] *vt.* (**-poised, -pois·ing**) …보다 무겁다; …보다 중요하다.
o·ver·pop·u·late [òuvərpɑ́pjulèit / -pɔ́p-] *vt.* (**-lat·ed, -lat·ing**) 인구 과잉이 되게 하다.
o·ver·pop·u·la·tion [òuvərpɑ̀pjuléiʃ(ə)n / -pɔ̀p-] *n.* ⓤ 인구 과잉.
*o·ver·pow·er [òuvərpáuər] *vt.* **1** …을 압도하다, 깊이 감동시키다, 당해내지 못하게 하다, 손들게 하다. ¶ Her emotions *overpowered* her. 그녀는 자기의 감정을 억누를 수가 없었다. **2** …에 이기다, …을 눌러 복종하게 하다, 지우다(overcome). **3** 〔기계〕에 너무 강한 동력을 달다.
o·ver·pow·er·ing [òuvərpáuəriŋ] *adj.* 압도적인(overwhelming); 당해낼 수 없는(irresistible). **~·ly** *adv.*
o·ver·praise *vt.* [òuvərpréiz → *n.*] (**-praised, -prais·ing**) …을 지나치게 칭찬하다. — *n.* [óuvərprèiz] ⓤ 지나친 칭찬.
o·ver·pre·scribe [òuvərpriskráib] *vt., vi.* (**-scribed, -scrib·ing**) 〔약을〕 과다하게 처방하다. 〔과로.
o·ver·pres·sure [óuvərprèʒər] *n.* ⓤ 과도한 압박;
o·ver·price [òuvərpráis] *vt.* (**-priced, -pric·ing**) …에 너무 비싸게(실제 가격보다 높게) 값을 매기다.
o·ver·print *vt.* [òuvərprínt → *n.*] **1** 〔인쇄〕 〔한 번 인쇄한 곳에 다시〕 …을 덧붙여 인쇄하다, …에 겹쳐 인쇄하다. **2** 〔필요한 부수 이상으로〕 …을 인쇄하다, 지나치게 인쇄하다. **3** 〔사진〕 〔강하게 또는 장시간〕 인화(印畫)를 너무 진하게 하다. — *n.* [óuvərprìnt] 〔인쇄〕 겹쳐서 인쇄하기; 필요 이상 인쇄하기. **2** 〔우표 따위의〕 덧붙여 인쇄한 문자, 그 우표.
o·ver·prize [òuvərpráiz] *vt.* (**-prized, -priz·ing**) …을 너무 비싸게 어림잡다, 과대 평가하다(overvalue).
o·ver·pro·duce [òuvərprəd(j)úːs / -djúːs] *vt., vi.* (**-duced, -duc·ing**) 과잉 생산하다. 〔과잉.
*o·ver·pro·duc·tion [òuvərprədʌ́kʃ(ə)n] *n.* ⓤ 생산
o·ver·proof [óuvərprúːf] *adj.* 표준주 이상의 알코올을 함유한. ⇒ PROOF SPIRIT.
o·ver·pro·tect [òuvərprətékt] *vt.* …을 지나치게 보호하다, 과보호하다. ¶ an *overprotected* child 과잉보호 아동.
o·ver·proud [óuvərpráud] *adj.* 지나치게 자랑하는.
o·ver·qual·i·fied [òuvərkwɑ́lifàid / -kwɔ́l-] *adj.* 일

o·ver·rate [òuvəréit] *vt.* (-rat·ed, -rat·ing) …을 지나치게 어림잡다, 너무 높이 평가하다, 과대 평가하다 (overestimate).

o·ver·reach [òuvərí:tʃ] *vt.* **1** …의 끝까지 다다르다, …이상으로 퍼지다; …에까지 널리 미치다, …의 위로 미치다. **2** 《재귀용법》 도를 지나쳐 …을 그르치다; 〔손발 따위〕를 지나치게 뻗다. ¶ overreach oneself 몸을 지나치게 뻗다가 비틀거리다; 도를 지나쳐 실패하다. **3** 〔남〕을 속이다(cheat), 〔남〕을 앞지르다, 선수치다(outwit). — *vi.* **1** 위로 퍼지다, 끝에까지 다다르다. **2** 몸을 지나치게 뻗다. **3** 남을 속이다. **4** 〔말이〕 뒷발로 앞발을 차다.

o·ver·reach·er [òuvərí:tʃər] *n.* **1** 도가 지나치게 사람. **2** 속이는 사람.

o·ver·re·ac·tion [òuvəri:ækʃ(ə)n] *n.* 과잉(과격) 반응.

o·ver·read [òuvərí:d] *vt.* (-read [-réd], -read·ing) **1** 《재귀용법》 책을 지나치게 많이 읽다. **2** 〔페이〕 …을 대충 읽다.

o·ver·re·fine [óuvərifáin] *vt., vi.* (-fined, -fin·ing) 지나치게 세밀히 구별하다; 지나치게 세련되다.

o·ver·rent [óuvərént] *vt.* 부당히 땅세(집세, 소작료 따위)를 받다.

o·ver·ride [òuvəráid] *vt.* (-rode, -rid·den, -rid·ing) **1** …을 타고넘다. **2** …을 짓밟다, …을 유린하다, 압도하다. **3** …을 무시하다. ¶ override another person's claims 다른 사람의 권리를 무시하다. **4** …을 폐기하다, 무효로 하다, 뒤엎다(overrule). ¶ override a veto 거부권을 무효로 하다 / override ruling 재정(裁定)을 뒤엎다. **5** 〔말〕을 너무 타서 지치게 하다. **6** 《외과》〔부러진 뼈〕를 겹쳐 맞추다. — *n.* **1** 코미션. **2** 〔우주선 따위가〕 지상으로부터의 명령을 받지 않는 수동(手動) 장치.

o·ver·rid·ing [òuvəráidiŋ] *adj.* 지배적인, 우선하는.

o·ver·ripe [óuvəráip] *adj.* 너무 익은.

o·ver·rule [òuvərú:l] *vt.* (-ruled, -rul·ing) **1** 〔권력으로〕 …을 무효로 하다; …을 기각하다, 파기하다. ¶ All the claims were *overruled*. 모든 청원이 기각됐다. **2** …을 지배하다(govern), 재압하다, 좌우하다. ¶ His greed *overruled* his common sense. 그는 욕심에 눈이 멀어 상식을 잃었다.

*__**o·ver·run** *v.* [òuvərʌ́n → *n.*] (-ran, -run, -run·ning) *vt.* **1** …을 침략하다(invade), 황폐하게 하다; …을 처부수다. ¶ Hitler's army *overran* Poland in 1939. 히틀러의 군대는 1939년 폴란드를 궤멸시켰다 / The province was *overrun* by (or with) the bandits. 그 지역은 산적들에 의해서 황폐하게 되었다. **2** 〔해수(害獸)·해충 따위가〕 …에 들끓다; 〔잡초 따위가〕 …에 번성하다. ¶ The warehouse was *overrun* with rats. 그 창고에는 쥐가 우글거렸다. **3** 〔새로운 사상 따위가〕 …에 급속히 퍼지다. **4** …을 초과하다, 〔범위〕를 지나쳐 달리다. ¶ *overrun* the allotted time 할당된 시간을 초과하다. **5** …에 범람하다(overflow). ¶ a river that always *overruns* its banks at springtime 봄이면 언제나 범람하는 강. **6** 《인쇄》 …을 증쇄(增刷)하다; 〔어 행〕을 다른 행(난(欄)·페이지)으로 넘기다. — *vi.* **1** 넘쳐흐르다. **2** 지나쳐 달리다, 통과하다. **3** 〔범위를〕 넘다, 퍼지다. — *n.* [óuvərʌ̀n] **1** 지나쳐 달리기, 통과. **2** 범람; 만연, 무성. **3** 초과; 이월(移越)〔액〕, 잉여(surplus); 〔인쇄〕 〔다음 단 행으로의〕 넘기기.

o·ver·score [òuvərskɔ́:r / -skɔ́:] *vt.* (-scored, -scor·ing) 〔어구〕 위에 선을 긋다, …을 선을 그어 지우다.

o·ver·scru·pu·lous [òuvərskrú:pjuləs] *adj.* 지나치게 세심한(꼼꼼)한, 지나치게 양심의 주도한.

o·ver·sea [óuvərsí:] *adv., adj.* 《주로 英》= overseas.

*__**o·ver·seas** [óuvərsí:z] *adv.* 해외로, 외국으로(in broad). ¶ go *overseas* 해외로 가다. — *adj.* **1** 해외로의, 외국행의, 외래(外來)의. ¶ an *overseas* broadcast program 대외 방송 프로그램. **2** 외국(으로부터)의(foreign); 해외의 있는. ¶ an *overseas* possession (or territory) 해외 영토. — *n. pl.* 《단수 취급》 해외, 외국. ¶ come from *overseas* 해외로부터 돌아오다.

óverséas càp *n.* 《美》 [미국 병사의] 챙이 없는 모자.

o·ver·see [òuvərsí:] *vt.* (-saw, -seen, -see·ing) **1** 〔직공·일 따위〕를 감독하다(supervise). **2** …을 두루 살피다(survey), …을 엿보 보다.

o·ver·se·er [óuvərsì(:)ər] *n.* **1** 감독 관(supervisor), 직공장. **2** 《영국의》 교구의 민생(民生) 위원 (overseer of the poor). 〔위〕.

o·ver·se·er·ship [óuvərsì(:)ərʃip] *n.* 〔U〕 감독직(지위).

o·ver·sell [òuvərsél] *vt., vi.* (-sold, -sell·ing) 너무 많이 팔다; 〔주식·상품 따위〕를 가진 현품 없이 팔다, 공매(空賣)하다.

o·ver·sen·si·tive [òuvərsénsətiv] *adj.* 지나치게 민감(예민)한, 신경 과민의.

o·ver·set *v.* [òuvərsét → *n.*] (-set, -set·ting) *vt.* **1** …을 뒤집어엎다, 전복시키다, 파괴하다 (subvert). ¶ *overset* one's plan 계획을 뒤집어엎다 / *overset* the government 정부를 타도하다. **2** …을 혼란에 빠뜨리다, …의 상태를 뒤틀리게 하다. **3** 《인쇄》 〔일정한 면적에〕 〔활자〕를 지나치게 식자(植字) 〔조판〕하다. — *vi.* 뒤집히다, 혼란에 빠지다. — *n.* [óuvərsèt] 전복; 타도.

o·ver·sew [óuvərsòu, ⸺⸻] *vt.* (-sewed, -sewn *or* -sewed, -sew·ing) …의 가장자리를 감치다, 감쳐 꿰매.

o·ver·sexed [òuvərsékst] *adj.* 성〔욕〕과잉의.

*__**o·ver·shad·ow** [òuvərʃǽdou] *vt.* **1** …위에 그림자를 던지다, 그늘지게 하다, …을 어둡게 하다. **2** 《비유적》 …의 그림자를 희미하게 하다, …을 못해 보이게 하다. ¶ He *overshadowed* all his classmates. 그의 앞에서는 다른 어떤 급우도 못해 보였다. **3** 《비유적》 …에 어두운 그림자를 던지다, …을 우울하게 하다. **4** 《고어》 …을 보호하다.

o·ver·shine [òuvərʃáin] *vt.* (-shone *or* -shined, -shin·ing) **1** …보다도 강하게(밝게) 빛나다. **2** 〔다른 것〕을 능가하다, 압도하다. **3** 《고어》 …을 내리쪼이다.

*__**o·ver·shoe** [óuvərʃù:] *n.* (보통 ~s) 《방수용·방한용의》 덧신.

o·ver·shoot [òuvərʃú:t] *v.* (-shot, -shoot·ing) **1** 〔표적·목적 따위〕를 넘겨 쏘다, 빗맞히다, 지나쳐 가다, 〔비행기가〕 〔활주로〕를 지나쳐서 착륙하다. ¶ *overshoot* the mark 과녁에 빗나가다; 지나치다. **2** 《종종 재귀용법》 …을 지나치게 하다, …의 도를 지나치다(exceed); …도를 지나쳐 실패하다. ¶ *overshoot* the field 총을 지나치게 쏘아 들짐승의 씨를 말리다 / *overshoot* oneself in making an estimate 지나치게 해서 빗나간 견적을 내다. **3** 〔물이〕 …으로 〔흘러〕 떨어지다. ¶ *overshoot* a water wheel 물방아에 물이 흘러 떨어지다. — *vi.* **1** 과녁에서 빗나가다, 멀리 지나쳐 날아가다. **2** 도를 넘다. — *n.* 《비행기의》 착지점을 지나친 착륙.

o·ver·shot [òuvərʃát / -ʃɔ́t] *v.* overshoot 의 과거·과거분사. — *adj.* **1** 〔개처럼〕 위턱이 아래턱보다도 튀어나온. **2** 〔물방아 따위가〕 상사식(上射式)의. *cf.* undershot.

óvershòt whéel *n.* 상사식 수차(水車). *cf.* breast wheel.

o·ver·side [óuvərsàid] *adv.* 《배의》 뱃전에서. ¶ load (unload) a vessel *overside* 뱃전에서 화물을 싣다(내리다). — *adj.* 뱃전에서의. ¶ *overside* delivery 현측도 (舷側渡).

o·ver·sight [óuvərsàit] *n.* **1** 〔U〕〔C〕 간과, 못보고 넘김, 실수, 과실, 빠뜨림. ¶ by (or through) an *oversight* 깜박해서, 실수해서. **2** 〔U〕 감시, 감독, 단속 (supervision).

o·ver·sim·pli·fy [òuvərsímpləfài] *vt.* (-fied, -fy-

ing) …을 지나치게 간소화하다.
o·ver·size [óuvərsàiz] *adj.* 너무 큰; 특대(特大)의.— *n.* 특대형의 것; 특대형.
o·ver·sized [óuvərsàizd] *adj.* =oversize.
o·ver·skirt [óuvərskə̀:rt] *n.* 오버스커트.
o·ver·slaugh [óuvərslɔ̀:] *n.* U [英軍] [더 중대한 임무를 부여하기 위한] 현직 해임. — *vt.* U [英軍] [더 중요한 임무를 부여하기 위하여] …을 해임하다. **2** [법안 따위의] 통과를 저지하다.
***o·ver·sleep** [òuvərslí:p] *v.* (**-slept, -sleep·ing**) *vi.* 지나치게 자다, 늦잠 자다. — *vt.* **1** [재귀용법] 늦잠 자다. **2** [일정한 시간] 보다 지나치게 자다.
o·ver·sleeve [óuvərslì:v] *n.* 소매 덮개, 토시.
o·ver·slip [óuvərslíp] *vt.* (**-slipped** *or* **-slipt, -slipping**) **1** …을 미끄러져 지나치다. **2** …을 놓치다, 못 보고 빠뜨리다.
o·ver·smoke [òuvərsmóuk] *v.* (**-smoked, -smoking**) *vi.* 담배를 너무 피우다; 연기를 너무 내다. — *vt.* (재귀용법) 담배를 너무 피우다.
o·ver·sold [òuvərsóuld] *v.* oversell의 과거·과거분사.
o·ver·soul [óuvərsòul] *n.* [철학] 대령(大靈), 신(神) [Emerson 이 생각하는 우주의 근원].
o·ver·spend [òuvərspénd] *v.* (**-spent, -spend·ing**) *vi.* [재력 이상으로] 쓰다, 낭비하다 (waste). — *vt.* **1** …이상으로 돈을 쓰다. **2** (재귀용법) 돈을 너무 쓰다, 낭비하다.
o·ver·spill [óuvərspìl] *n.* **1** 넘쳐 흐르는 것, 나머지, 여분. **2** 과잉 인구.
***o·ver·spread** [òuvərspréd] *v.* (**-spread, -spread·ing**) *vt.* …의 위에 [가득] 펴다, …을 온통 덮다; …에 가득히 흩어지다; …을 뒤덮다, 가리다. ¶ (~+图+勛+图) slices of bread *overspread* with butter 버터를 가득 바른 몇 조각의 빵 // A smile *overspread* her face. 미소가 그녀의 얼굴 가득히 떠올랐다. — *vi.* 가득히 퍼지다; [풀 따위가] 우거지다.
o·ver·staff [òuvərstǽf/-stɑ́:f] *vt.* [공장·호텔 따위에] 필요 이상의 많은 종업원을 두다. ¶ an *overstaffed* government 인원 과잉의 관청.
o·ver·state [òuvərstéit] *vt.* (**-stat·ed, -stat·ing**) …을 과장해서 말하다, 허풍을 떨다. 「서 말하기.
o·ver·state·ment [òuvərstéitmənt] *n.* U C 과장해
o·ver·stay [òuvərstéi] *vt.* …에 너무 오래 머무르다. ¶ *overstay* one's *market* (구어) [상업] 매석(賣惜)하다가 매상(商機)을 놓치다. 「다.
overstay one's *welcome* 너무 오래 머물러 미움을 사
o·ver·steer [òuvərstíər] *n.* 오버스티어[자동차가 바퀴들을 꺾은 각도에 비해 지나치게 회전하는 특성(경향)]. — *vi.* [자동차가] 오버스티어 하다.
o·ver·step [òuvərstép] *vt.* (**-stepped, -step·ping**) …을 딛고 넘다; …을 지나쳐 가다 (go beyond), [한도]를 넘다. ¶ *overstep* one's authority 월권 행위를 하다.
o·ver·stock *vt.* [òuvərstɑ́k /-stɔ̀k →*n.*] [상품을] 지나치게 사들이다; …에 과잉 공급하다, 남아돌게 하다. ¶ *overstock* a shop 상품을 너무 많이 사들이다 // (~+图+勛+图) *overstock* a show window *with* various merchandise 진열장에 여러 가지 상품을 지나치게 많이 늘어놓다. — *n.* [óuvərstɑ̀k/-stɔ̀k] U C 재고 과잉, 공급 과다.
o·ver·strain *v.* [òuvərstréin →*n.*] *vt.* …을 지나치게 팽팽하게 하다, 극도로 긴장시키다; …을 무리하게 쓰다. ¶ *overstrain* oneself 지나치게 긴장하다 / *overstrain* one's eyesight 눈을 혹사하다. — *vi.* 무리를 하다, 지나치게 긴장하다. — *n.* [óuvərstrèin] U 무리한 노력 (긴장), 과로 (overwork).
o·ver·stretch [òuvərstrétʃ] *vt.* …을 지나치게 잡아당기다, 지나치게 늘이다; …을 지나치게 긴장시키다.
o·ver·strict [òuvərstríkt] *adj.* 너무 엄격한, 매우 꼼꼼한, 너무 딱딱 (거북) 한, 너무 어려운.
o·ver·stride [òuvərstráid] *vt.* (**-strode, -strid·den, -strid·ing**) **1** …을 능가하다 (surpass). **2** …에 걸터타다, …에 걸터앉다. **3** …을 넘어가다, 타고 넘다. **4** …보다 빨리 걷다.
o·ver·strung [òuvərstrʌ́ŋ →3] *adj.* **1** 지나치게 긴장한, 신경 과민의. **2** [활의 시위가] 지나치게 팽팽한. **3** [óuvərstrʌ̀ŋ] [피아노의] 현(弦)을 비스듬히 교차해서 친.
o·ver·stud·y [òuvərstʌ́di] *v.* (**-stud·ied, -study·ing**) *vt.* **1** (재귀용법) 지나치게 공부하다. **2** …을 지나치게 연구 (조사) 하다. — *vi.* 지나치게 공부하다. — *n.* U 지나친 공부.
o·ver·stuff [òuvərstʌ́f] *vt.* **1** …에 지나치게 채워넣다. **2** [의자 따위]에 속을 두툼하게 채우다.
o·ver·sub·scribe [òuvərsəbskráib] *vt.* (**-scribed, -scrib·ing**) [공채 따위]를 모집액 이상으로 신청하다.
o·ver·sub·scrip·tion [òuvərsəbskríp(ə)n] *n.* U C 신청(응모) 초과.
o·ver·sub·tle [óuvərsʌ́tl] *adj.* 지나치게 미묘한, 지나치게 민감한.
o·ver·sup·ply [òuvərsəplái] *n.* U C (*pl.* **-plies**) 공급 과잉. — *vt.* (**-plied, -ply·ing**) …을 과잉 공급하다.
o·vert [ouvə́:rt, ´-/´-, -´] *adj.* **1** 공공연한 (open, public), 명백한 (evident) (*opp.* covert); 공개적인. ¶ *overt* hostility 공공연한 적의. **2** [지갑 따위가] 열린. **~·ly** *adv.*
‡**o·ver·take** [òuvərtéik] *v.* (**-took, -tak·en, -tak·ing**) *vt.* **1** …을 뒤따라 (catch up with); (주로 英) [다른 차]를 추월하다. ¶ His car *overtook* the train. 그의 차는 열차를 뒤따라 잡았다. **2** [일 따위]의 늦어진 것을 만회하다; …을 추월하다. ¶ *overtake* other countries in steel production 철강 생산량에서 다른 나라들을 추월하다. **3** [재난 따위가] …을 갑자기 덮치다, …의 허를 찌르다 (surprise). ¶ We were *overtaken* by a storm (in a shower). 우리는 갑자기 폭풍(소나기)을 만났다 / He was *overtaken* with (*or* by) surprise. 그는 허를 찔려 깜짝 놀랐다. — *vi.* (주로 英) 다른 차를 추월하다. ¶ No *overtaking*. (게시문) 추월 금지.
be overtaken in (*or with*) *drink* 만취하다. 「사.
o·ver·tak·en [òuvərtéik(ə)n] *v.* overtake의 과거분
o·ver·task [òuvərtǽsk /-tɑ́:sk] *vt.* …에게 무리한 일을 시키다, 과중한 부담을 지우다; …을 혹사하다.
o·ver·tax [òuvərtǽks] *vt.* **1** …에게 중세(重稅)를 부과하다. **2** …에게 무리하게 강요하다, 과중한 부담을 지우다; [일·에서] …을 혹사하다. ¶ *overtax* one's strength 무리한 노력을 하다.
o·ver·the-count·er [óuvərðəkáuntər] *adj.* **1** [증권 따위의] 점두(店頭) 매매의. **2** (약) [의사의 증명·처방이 필요없는] 점두 판매의. 「(육로) 수송의.
o·ver·the-road [òuvərðəróud] *adj.* 장거리 도로
o·ver·the-shoul·der [òuvərðəʃóuldər] *adj.* **1** 어깨에 둘러메는. ¶ an *over-the-shoulder* bag 어깨에 메는 가방, 숄더 백. **2** 어깨 너머로 배우는. ¶ *over-the-shoulder* works 어깨 너머로 배우는 일.
‡**o·ver·throw** [òuvərθróu →*n.*] (**-threw** [-θrú:], **-thrown** [-θróun], **-throw·ing**) **1** …을 뒤집어엎다, [정부·제도 따위]를 전복하다 (upset), 폐지하다. ⇨ DEFEAT 類語. ¶ *overthrow* the government 정부를 전복하다 / *overthrow* the king 왕을 폐하다. **2** …을 뒤엎다. **3** [공]을 지나치게 멀리 던지다. — *n.* [óuvərθròu] **1** 타도, 전복, 정복, 파괴. **2** [크리켓의] 지나치게 멀리 던지기, [야구의] 지나치게 높이 던지기.
o·ver·thrust [óuvərθrʌ̀st] *n.* [지질] 충상 단층(衝上 斷層).
o·ver·time [óuvərtàim → *vt.*] *n.* U **1** 규정외 노동시간; 시간외 근무(노동), 잔업; 초과 근무 수당. ¶ be paid extra for *overtime* 잔업 수당을 받다. **2** 규정외 시간; (경기) 시합 연장 시간. — *adv.* 규정된 시간외에. ¶ work two hours *overtime* 두 시간 잔업을 하다. — *adj.* 시간외의, 초과 근무의. ¶ *overtime* pay 초과

근무 수당/ overtime work 초과 근무. — vt. [òuvərtáim] (-timed, -tim·ing) [사진의 노출]에 시간을 지나치게 들이다. ¶ overtime an exposure 너무 오래 노출시키다.

o·ver·tire [òuvərtáiər] v. (-tired, -tir·ing) vt. 《재귀용법》 지쳐 빠지다. — vi. 녹초가 되다.

o·vert·ly [ouvə́ːrtli, ˊ--/ˊ--, -ˊ-] adv. 명백히, 공공연히(openly).

o·ver·toil v. [òuvərtɔ́il → n.] vi. 지나치게 일하다, 과로하다. — n. [óuvərtɔ̀il] ⓤ 지나친 노동; 과로(overwork).

o·ver·tone n. [óuvərtòun → vt.] 1 [음악] 상음(上音), 배음(倍音) (harmonic). cf. undertone 2 《종종 ~s》 부대적 의미, [말 따위의] 함축. ¶ a reply full of overtones 함축성 있는 대답. 3 [인쇄 잉크의] 상색(上色). — vt. [òuvərtóun] 1 [음악] [어떤 음이] [다른 음을] 압도하다. 2 [사진] [양화(陽畵)의 색]을 지나치게 짙게 하다.

*o·ver·took [òuvərtúk] v. overtake의 과거형.

o·ver·top [òuvərtáp/-tɔ́p] vt. (-topped, -top·ping) 1 …보다 우뚝 솟다, [높이가] …을 넘다. 2 …보다 뛰어나다, …을 능가하다(surpass).

o·ver·trade [òuvərtréid] vi. (-trad·ed, -trad·ing) 자금 이상으로 거래를 하다, 지나치게 사들이다.

o·ver·train [òuvərtréin] vt., vi. 지나치게 연습시키다(하다), 과도한 훈련으로 몸의 상태를 악화시키다(하다).

o·ver·trick [òuvərtrík] n. [카드놀이] 이기는 데 필요한 점수 이상의 특수한 패.

o·ver·trump [òuvərtrʌ́mp] vt., vi. [카드놀이] [상대방보다] 높은 패를 내다.

*o·ver·ture [óuvərtʃər, -tʃùər/-tjùə] n. 1 《종종 ~s》 교섭의 개시, 예비 교섭, 제의, 제안. ¶ overtures of peace 강화 제의/make overtures to a person 남에게 제안하다, 남과 교섭을 시작하다. 2 [음악] 서곡, 전주곡; [시·글 따위의] 서장(序章). 3 [장로 교회의] 건의, 자문. — vt. (-tured, -tur·ing) …을 제안하다, 제의하다.

‡**o·ver·turn** vt. [òuvərtə́ːrn → n.] […세력 따위]를 넘어뜨리다, 전복하다, [계획 따위]를 좌절시키다; [물건]을 쓰러뜨리다, 뒤엎다. ⇒ UPSET [類語] ¶ overturn the government 정부를 전복하다/ overturn a vase 꽃병을 쓰러뜨리다. — vi. 뒤집히다. ¶ The boat overturned during the storm. 폭풍 속에 보트가 뒤집혔다. — n. [óuvərtə̀ːrn] 전복, 멸망.

o·ver·use vt. [òuvərjúːz → n.] (-used, -us·ing) …을 지나치게 쓰다, 혹사, 남용. — n. [óuvərjùːs] ⓤ 지나치게 쓰기, 혹사, 남용.

o·ver·val·ue [òuvərvǽlju] vt. (-val·ued, -val·u·ing) …을 과대 평가하다, 지나치게 중시하다, 너무 높게 어림잡다.

o·ver·view [óuvərvjùː] n. 개관, 개요(槪要), 총람.

o·ver·walk [òuvərwɔ́ːk] vt. 《재귀용법》 너무 걸어서 지치다. — vi. 지나치게 걷다.

o·ver·watch [òuvərwátʃ/-wɔ́tʃ] vt. 1 …을 감시하다, 망보다. 2 [자지 않고] 몹시 지켜서 지치게 하다.

o·ver·wa·ter [óuvərwɔ̀ːtər, +美 -wát-] adj. 수면 상공의. ¶ overwater flight 수면 상공 비행. — vt. …에 물을 지나치게 주다.

o·ver·wear [òuvərwɛ́ər] vt. (-wore, -worn, -wear·ing) 1 [옷 따위]를 입어서 낡게 하다, 써서 닳게 하다.

o·ver·wea·ry [òuvərwíː(:)ri/-wíəri] adj. 지칠대로 지친, 피로에 지친. — vt. (-ried, -ry·ing) …을 녹초가 되게 하다.

o·ver·ween·ing [òuvərwíːniŋ] adj. 1 자만심이 강한, 거만한. 2 허풍이 심한, 과장된, 도가 지나친.

o·ver·weigh [òuvərwéi] vt. 1 …보다 무겁다. 2 …

보다 중요하다. 3 …을 압박하다(oppress).

*o·ver·weight n. [óuvərwèit → adj., vt.] ⓤ 중량 초과, 과중. — adj. [òuvərwéit] [규정] 중량 초과의, 지나치게 무거운. ¶ overweight baggage 중량 초과의 수하물/ This letter is ten grams overweight. 이 편지는 10그램 중량 초과다. — vt. [òuvərwéit] …에 짐을 지나치게 싣다; …에 부담을 지우다.

‡**o·ver·whelm** [òuvər(h)wélm] vt. 1 …을 압도하다, …에게 이기다. ¶ Roman troops were overwhelmed by superior forces. 로마군은 우세한 병력에 압도되었다. 2 [정신적으로] …을 압도하다, 당황(난처)하게 하다, 맥을 못추게 하다. ¶ be overwhelmed by (or with) remorse (joy, grief) 뉘우침으로 꾀로와하다(기뻐서 어쩔 줄을 모르다, 슬픔에 젖어 있다) // 《~+目+前+名》 They overwhelmed me with questions. 그들은 질문을 퍼부어 나를 난처하게 했다. 3 …을 덮어씌우다, …을 뒤덮다, 가라 앉히다, 매몰시키다. ¶ The caravan was overwhelmed by the sandstorm. 그 대상은 모래 폭풍으로 매몰되었다.

*o·ver·whelm·ing [òuvər(h)wélmiŋ] adj. 압도적인. ¶ an overwhelming sorrow 마음을 짓누르는 슬픔/ by an overwhelming majority 압도적 다수로. ~·ly adv.

o·ver·wind [òuvərwáind] vt. (-wound, -wáund], -wind·ing) [시계의 태엽 따위]를 지나치게 감다.

o·ver·win·ter [òuvərwíntər] vi. …에서 겨울을 나다, 월동하다(at, in …).

over·with·hold [òuvərwiðhóuld, -wið-] vt. (-held, -hold·ing) [美] [세금]을 초과하여 (규정을 넘어) 원천징수하다. ¶ overwithhold income tax 초과 원천 징수의 소득세.

‡**o·ver·work** [òuvərwə́ːrk → n. 2] v. (-worked or -wrought, -work·ing) vt. 1 《종종 재귀용법》 …을 과도하게 일시키다, 혹사하다, 과로하게 하다. ¶ Don't overwork your eyes. 눈을 혹사하지 마라 / He overworked himself in that job. 그는 그 일에 지나치게 힘들였다 (그 일로 과로했다). 2 …을 지나치게 흥분시키다. 3 …의 겉을 장식하다. 4 너무 열중(몰두)하다. — vi. 지나치게 일하다, 과로하다. — n. ⓤ 1 과로, 과도한 노동. 2 [óuvərwə̀ːrk] 여분의 일, 초과 근무.

o·ver·worn [òuvərwɔ́ːrn/-wɔ́ːn] v. overwear의 과거 분사. — adj. 입어서 해어진; 쓸모 없게 된; 지칠대로 지친.

o·ver·write [òuvəráit] v. (-wrote, -writ·ten, -writ·ing) vt. 1 …의 위에 쓰다. 2 …을 너무 많이 쓰다, 너무 많이 써서 질을 떨어뜨리다. 3 …을 과장하여 쓰다. — vi. 너무 많이 쓰다.

o·ver·wrought [òuvərɔ́ːt] v. overwork의 과거·과거 분사의 하나. — adj. 1 지나치게 팽팽해진(overstrained), 지나치게 긴장된, 극도로 흥분된. ¶ overwrought nerves 지나치게 긴장된 신경. 2 지나치게 몰두한(신경을 쓴), 지나치게 공들인. ¶ write in an overwrought style 지나치게 공들인 문체로 쓰다. 3 온통 화려하게 장식한. 4 《고어》 지나치게 일한, 과로한.

o·ver·zeal [òuvərzíːl] n. ⓤ 지나친 열성.

o·ver·zeal·ous [òuvərzéləs] adj. 너무 열심인.

ovi- egg 라는 뜻의 연결형. 예: oviform.

O·vid·i·an [ouvídiən, +美 ɔv-] adj. 오비디우스[풍]의. [<로마의 시인 Ovid (43 B.C.-A.D. 17?)의 이름]

o·vi·duct [óuvidʌ̀kt] n. [해부·동물] 수란관(輸卵管), 난관(卵管).

o·vi·form [óuvifɔ̀ːrm] adj. 난형의(egg-shaped).

o·vine [óuvain, +美 -vin] adj. 양(羊)의(같은).

o·vip·a·rous [ouvípərəs] adj. [동물] 난 생의. cf. viviparous ~·ly adv. ~·ness n.

o·vi·pos·it [òuvipázit/-pɔ́z-] vi. [동물] [곤충이] 알을 낳다, 산란하다.

o·vi·pos·i·tor [òuvipázitər/-pɔ́z-] n. [동물] [곤충의] 산란관, 방란(放卵)관. [의 것.

o·void [óuvɔid] adj. 난형의(egg-shaped). — n. 난형

o·voi·dal [ouvɔ́idəl] *adj.* =ovoid.
o·vo·lo [óuvəlòu] *n.* (*pl.* **-li** [-lìː]) 〔건축〕 둥그스름한 쇠시리. 〔남대생의〕
o·vo·vi·vip·a·rous [òuvouvaivípərəs] *adj.* 〔동물〕
o·vu·lar [óuvjulər] *adj.* 난자의; 배주(胚珠)의.
o·vu·late [óuvjulèit] *vi.* (**-lat·ed, -lat·ing**) 배 란(排卵) 하다.
o·vu·la·tion [òuvjuléiʃ(ə)n] *n.* ⓤ 〔생물〕 배란.
o·vule [óuvjuːl] *n.* 〔식물〕 배주; 〔동물〕 난자.
o·vum [óuvəm] *n.* (*pl.* **o·va** [óuvə]) 〔생물〕 알, 난자. 2 〔건축〕 난형 장식. 〔나타낸다〕
ow [au, uː] *interj.* 아야, 아파, 앗〔급격한 고통・놀람 을 나타낸다〕.
†owe [ou] *v.* (**owed, ow·ing**) *vt.* 1 …을 […에게] 은혜 를 입고 있다, 신세를 지고 있다, …을 […에] 돌리다, 덕택으로 하다(*to*...). ¶ (~＋圖＋圖＋前＋名) I owe much *to* him. 그에게는 여러모로 신세를 지고 있다 / He owes his fame chiefly *to* good luck. 그의 명성은 주로 행운 덕 이다 / He owes *to* his parents what he is. 그의 오늘이 있는 것은 양친 덕이다. 2 …에게 빚이 있다, […에게] 지불할 의무가 있다; …에게 빚이 있다. ¶ He says he doesn't owe anybody. 그는 아무에게도 진 빚이 없다고 말한다 // (~＋圖＋前＋名) (~＋圖＋圖＋圖) She owes five dollars *to* the grocer. =She owes the grocer five dollars. 그녀는 식료품상에 5달러의 빚이 있다. 3 〔남〕에 게 〔어떤 감정〕을 품고 있다. 〔감사・경의 따위를〕 표시 할 의무가 있다. ¶ (~＋圖＋前＋名) I owe him a grudge. 그에게는 원한이 있다 // (~＋圖＋前＋名) I owe you *for* your services. 도와주셔서 감사합니다. 4 〔고어〕 …을 소유하다(possess, own). ¶ 빚이 있다. ¶ (~＋前＋名) He still owes *for* his house. 그는 집에 대한 빚 이 아직 남아 있다.
I owe you one. 〔구어〕 고마워, 신세 졌어.
Ow·en·ism [óuinìz(ə)m] *n.* ⓤ 오웬주의〔영국의 사회 개혁자 Robert Owen(1771-1858)이 주창한 공상적 사회 주의〕. 〔시(戰時) 정보국〕.
OWI, O.W.I. 〔略〕Office of War Information〔전
†ow·ing [óuiŋ] *adj.* 〔서술 형용사〕 빚지고 있는(owed), 미불의(unpaid) (*to*...). ¶ I paid what was owing *to* him. 그에게 지불해야 할 것은 모두 지불했다.
owing to ①…에 의한, …에 기인하는(due to). ¶ His fame is owing to his own efforts. 그의 명성은 그 자 신의 노력에 의한 것이다. ②〔전치사구로서〕 …때문에, (on account of). ¶ Owing to a heavy snowfall the train was delayed. 폭설로 기차가 연착되었다.
〔＜owe 의 현재 분사형〕
†owl [aul] *n.* 1 올빼미. ¶ (as) blind as an *owl* 전혀 눈이 안 보이는 / (as) stupid as an *owl* 아주 우둔한. 2 〔머리가 올빼미 비슷한〕 집비둘기의 일종. 3 밤잠을 안 자는 사람, 밤에 나다니는〔일하는〕 사람. 4 점잔 빼 는 사람, 영리한 것 같으면서 멍청한 사람.
fly with an owl 밤에 나돌아다니다, 밤에 나다니는 버 릇이 있다. 〔열차.〕◇ ówlish *adj.*
— *adj.* 야간 영업을 하는. ¶ an *owl* train 〔美〕 야간
owl·et [áulit] *n.* 1 올빼미 새끼. 2 작은 올빼미〔특히 유럽산〕(產) 금순쇠올빼미.
owl·ish [áuliʃ] *adj.* 올빼미 같은; 야행성의; 엄숙한 체하 는; 어리석은. **~·ly** *adv.* **~·ness** *n.*
owl-light [áullàit] *n.* ⓤ 희미한 빛, 황혼.
†own [oun] *adj.* 1 〔주로 소유격 뒤에 강조어로서〕 1 〔소유・이해 관계를 강조〕 자기 자신의, 자기 자신의. ¶ This is his *own* house. 이것은 그 자신의 집이다 / That's my *own* affair. 그것은 내가 알 바 아니다 / I saw the accident with my *own* eyes. 나는 내 눈으로 직 접 그 사고를 보았다.
2 〔독자적인 활동을 강조〕 스스로 하는, 남의 도움을 빌 지 않은; 남에 간섭을 받지 않은. ¶ She does her *own* housework. 그녀는 자신이 직접 가사를 돌본다 / She voted by her *own* decision. 그녀는 자기 자신의 판단으 로 투표했다 / He is his *own* man (*or* master). 그는 자 유의 몸이다(독립하고 있다).
3 〔특이성을 강조〕 독특한, 특유의, 그 자체의. ¶ I have my *own* way of doing it. 나에게는 나대로의 독특 한 방식이 있다 / This soup has a flavor all its *own*. 이 수프에는 독특한 맛이 있다 / Each country has its *own* customs. 어느 나라에나 특유한 관습이 있다.
4 〔독립해서 명사적으로〕 자신의 것, 독특한 것; 자기 가 족, 사랑스러운 사람. ¶ my *own* 〔부르는 말로〕 여보, 애야, 나의 사랑하는 사람 / This example is my *own*. 이 예는 바로 나의 일이다 / He can speak several languages besides his *own*. 그는 모국어 외에 몇개 국어 를 할 수 있다.
II 〔소유격을 수반하지 않고〕〔혈연 관계를 강조〕 친(親), 직접적인. ¶ They are not *own* brothers. 그들은 친 형 제가 아니다.
come into one's *own* 마땅히 자기가 받아야 할 것을 받 다; 정당한 명예・신용을 얻다. ¶ In his latest exhibition he has *come into* his *own* as a leading sculptor. 최근의 전람회에서 그는 일류 조각가로서의 지 위를 획득했다.
***get* [*a bit of*]** one's *own back* 복수하다, 보복하다.
hold one's *own* 자기의 입장을 지키다; 굴하지 않다.
of one's *own* 자기가 소유하는. ¶ She has some property *of* her *own*. 그녀에게는 자기의 재산이 약간 있다.
of one's *own doing* 스스로 …한. ¶ You must reap the harvest *of* your *own* sowing. 네가 뿌린 씨는 네 스스로 거두어야 한다 / It is a profession *of* her *own* choosing. 그것은 그녀 스스로 선택한 직업이다.
on one's *own* [*account*] 〔구어〕 자력으로(independently), 자기 책임 아래; 독력으로. ¶ do one's work *on* one's *own* 자기 책임하에 일을 하다.
— *vt.* 1 …을 소유하다(have, possess). → HAVE 類語 ¶ Who owns this land? 이 땅은 누구 소유인가?
2 〔사실・존재・가치〕를 인정하다; …을 자기 것이라고 인 정하다, …의 부친〔작가・소유자〕임을 인정하다; …을 자 인하다, 고백하다. ¶ ADMIT 類語 ¶ *own* one's fault (guilt) 자기의 과실(죄)을 인정하다 / *own* one's child 자기의 아이라고 인정하다 / He *owned* [*to* me] *that* he had stolen her money. 그 는 그녀의 돈을 훔쳤다고 〔나에게〕 고백했다 // (~＋圖＋ [*to be*]) He *owned* himself [*to be*] in the wrong. 그는 자기가 잘못이라는 것을 인정했다 // (~＋圖＋圖＋ 圖) They *owned* him *as* their master. 그들은 그를 주 인으로 인정했다 // (~＋圖＋*done*) She *owned* herself indebted. 그녀는 은혜를 입었다고 말하고 있었다.
— *vi.* 인정하다, 자백하다(confess) (*to*...). ¶ (~＋前＋名) I *own* to being at fault. 나는 내가 잘못임을 인정한다 / He *owned* *to* having known about it. 그는 그 일을 알 고 있었다고 자백했다.
own up 숨김없이〔깨끗이〕 인정하다(*to*...). ¶ Even if he is responsible for the mistake, he is not likely to *own up to* it. 설사 그 잘못에 책임이 있다 할지라도 그는 그것을 깨끗이 인정할 것 같지 않다.
own-brand [óunbrǽnd] *adj.* 〔상품에 제조자가 아닌〕 판매점의 상표가 붙은.
†own·er [óunər] *n.* 1 임자, 소유자. ¶ a part *owner* of a factory 공장의 공동 소유주의 사람. 2 〔英속어〕 선장; 선주; 〔상업〕 화주(貨主). ¶ at *owner's risk* 화주 책임으로.
own·er-driv·en [óunərdrív(ə)n] *adj.* 〔英〕 자가 운 전의. ¶ an *owner-driven* cab 개인 택시 / an *owner-driven car* 자가용차.
own·er-driv·er [óunərdráivər] *n.* 〔英〕 자가 운전자.
own·er·less [óunərlis] *adj.* 임자 없는. ¶ an *ownerless* dog 임자없는 개, 들개.
own·er-oc·cu·pa·tion [óunərɑ̀kjupéiʃ(ə)n / -ɔ̀k-] *n.* 〔英〕 자택 거주(소유).
own·er-oc·cu·pied [óunərɑ̀kjupáid / -ɔ̀kju-] *adj.*

own·er-oc·cu·pi·er [óunərákjupàiər / -rókju-] *n.* 《英》 자기 집을 가지고 있는 사람.

***own·er·ship** [óunərʃip] *n.* ⓤ 소유자임, 소유(possession); 소유권(proprietorship).

ox [aks / ɔks] *n.* (*pl.* **ox·en** →3) **1** 수소; [특히 식용·노역(勞役)용의] 거세한 수소. ¶ *strong as an* ox 아주 기운이 센.
[類語] ox 노역·식용으로 거세한 수소. **bull** 거세하지 않은 수소. **bullock** 수송아지. **steer** 식용 전용의 거세한 수소. **cattle** 가축, 특히 oxen, cows, bulls, calves 따위를 뜻한다. **cow** 암소. **heifer** 새끼를 낳지 않은 어린 암소. **calf** 한 살 미만의 송아지.
2 소과(科)의 동물[물소·들소 따위]. **3** (*pl.* **ox·en** *or* **ox·es**) 소를 닮은(와 비슷한) 사람, 서툴고 멍청한 사람, 땅딸막한 사람.

ox- containing oxygen 이라는 뜻의 연결형.

Ox., Oxf. 《略》 Oxford; Oxfordshire.

ox·a·cil·lin [àksəsílən / ɔ̀k-] *n.* ⓤ 옥사실린[반(半)합성 페니실린].

ox·a·late [áksəlèit / ɔ́k-] *n.* 【화학】 수산염(蓚酸鹽).

ox·al·ic [aksǽlik / ɔk-] *adj.* 괭이밥(oxalis)의; 괭이밥에서 채취한; 【화학】 수산의. ¶ *oxalic acid* 수산.

ox·a·lis [áksəlis / ɔ́k-] *n.* 괭이밥.

ox·blood [áksblÀd / ɔ́ks-] *n.* ⓤ 거무스름하게 짙은 빨강(oxblood red).

ox·bow [áksbòu / ɔ́ks-] *n.* **1** [소에게 메우는] U자형의 멍에. **2** [강의] U자형의 굽이(만곡부); [그 만곡부에 둘러싸인] 땅.

Ox·bridge [áksbrìdʒ / ɔ́ks-] 《英》 *n.* **1** Oxford 대학과 Cambridge 대학; 일류 대학. **2** [두 대학의 영향을 받은] 영국의 상류 지식인의 생활. ― *adj.* Oxford 대학과 Cambridge 대학의; 일류 대학의.

Ox·bridge·an [áksbrídʒən], **(Ox·bridg·ian)** *adj.*, *n.* Oxford와 Cambridge 대학의[출신자].

ox·cart [áksk

rt / ɔ́ks-] *n.* 소달구지.

ox·en [áks(ə)n / ɔ́k-] *n.* ox의 복수형의 하나.

ox·eye [áksài / ɔ́ks-] *n.* **1** 소의(같은) 눈, [사람의] 큰 눈. **2** 여러 가지 식물의 속칭[특히 프랑스국화 따위]. **3** 여러 가지 새의 속칭[특히 민물도요류(類)의 작은 새 따위]. **4** [건축] 둥근 창(窓).

ox·eyed [áksàid / ɔ́ks-] *adj.* 소처럼 눈이 큰.

Oxf. 《略》 Oxford; Oxfordshire.

Ox·fam, OXFAM [áksfæm / ɔ́ks-] 《略》 Oxford Committee for *Fam*ine Relief [1942년 발족된 세계적 빈민 구제 기관; 본부 Oxford].

óx fènce *n.* 《英》 소 우리 [울타리 따위].

***Ox·ford** [áksfərd / ɔ́ks-] *n.* **1** 잉글랜드 남부, London 서북쪽에 있는 도시[옥스퍼드 대학의 소재지; 略 Ox., Oxf.]. **2** 영국산(産)의 뿔있는 큰 양. **3** (=**Oxford shóe**) 외출용 신사 단화. **4** (=**Oxford clóth**) ⓤ 발이 가는 세로 줄무늬가 있는 샤쓰(옷)감[능직(綾織)·무늬없이 짜기·평직 따위의 면포 또는 레이온 포].
◇ Oxónian *adj.*

Óxford áccent *n.* 옥스퍼드 사투리, 점잔 빼는 말투.

Óxford bágs *n. pl.* 《英》 폭이 넓은 바지.

Óxford blúe *n.* (때로 a~) 짙은 곤색(dark blue color). *cf.* Cambridge blue

Óxford Dówn *n.* 【축산】 옥스퍼드 다운 종[의 양] [영국의 뿔 없는 양].

Óxford Énglish Díctionàry *n.* 13권으로 된 세계 최대의 영어 사전[略 OED].

Óxford fráme *n.* 정(井)자 모양의 액자.

Óxford gráy *n.* ⓤ (때로 a~) 짙은 회색(dark gray).

Óxford Gróup Móvement *n.* F. Buchman이 1921년에 제창한 기독교의 도덕 혁신 운동(Moral Re-Armament).

Óxford mán *n.* 옥스퍼드 대학 출신자.

Óxford móvement *n.* (the ~)옥스퍼드 운동[1833년 영국 Oxford 대학에서 일어난 것으로 영국 국교에다 가톨릭의 교의·법식을 부활시키려고 했던 운동. Tractarianism 이라고도 함].

Óxford shóe *n.* =Oxford 3.

óx·heart *n.* **1** 버찌의 한 품종. **2** 양배추의 일종(oxheart cabbage).

ox·herd [áksh

rd / ɔ́ks-] *n.* 《英》 소치는 사람(cowherd). 「가죽.

ox·hide [áksh

id / ɔ́ks-] *n.* ⓤ 쇠가죽; [소의] 무두질

ox·i·dant [áksəd(ə)nt / ɔ́ks-] *n.* 옥시단트, 산화체(酸化體), 강(强) 산화성 물질.

ox·i·da·tion [àksidéiʃ(ə)n / ɔ̀k-] *n.* ⓤ[화학] 산화.

***ox·ide** [áksaid, -sid / ɔ́ksaid], **(oxyde)** *n.* 【화학】 산화물. ¶ nitrogen *oxide* 산화 질소.

ox·i·di·za·tion [àksidizéiʃ(ə)n / ɔ̀ksidaiz-] *n.* ⓤ【화학】산화[작용].

***ox·i·dize** [áksidàiz / ɔ́ks-] (*《英》에서는 **ox·i·dise** 로도 쓴다) *v.* (**-dized, -diz·ing**) 【화학】 *vt.* **1** …을 산화시키다, 산소와 결합시키다. **2** …을 [산불물로] 그슬리다, 녹슬게 하다(rust). ¶ *oxidized silver* 그슬린 은. **3** [산소의 작용 따위에 의해서] …에서 수소를 제거하다. **4** [금속의 원자가(價)를 늘리다. **5** [원자]에서 전자를 없애다. ― *vi.* 산화하다, 녹슬다.
◇ óxide, oxidizátion *n.*

ox·i·diz·er [áksidàizər / ɔ́ks-] *n.* 【화학】 산화제.

ox·im·e·ter [aksímitər / ɔksím-] *n.* 【의학】 [헤모글로빈의] 산소 농도계.

ox·lip [áksl

p / ɔ́ks-] *n.* 앵초의 일종.

Ox·o·ni·an [aksóuniən/ɔk-] *adj.* Oxford [대학]의.
― *n.* Oxford 대학생(졸업생); Oxford의 시민.

ox·tail [áksteil / ɔ́ks-] *n.* 쇠꼬리[가죽을 벗기어 수프 재료로 쓴다].

ox·ter [ákstər / ɔ́ks-] 《스코》 *n.* 겨드랑이. ― *vt.* …을 팔로 부축하다; 겨드랑이에 끼다, 끼어 안다.

oxy-[1] sharp, acute, acid 라는 뜻의 연결형.

oxy-[2] oxygen, 때로는 hydroxy·(수산기(水酸基))라는 뜻의 연결형. 예: *oxy*chloride.

ox·y·ac·et·y·lene [àksiəsétilì:n / ɔ̀ks-] *adj.* 【화학】 산소아세틸렌의. ¶ *oxyacetylene* flames 산소아세틸렌 불꽃. 「hydracid

ox·y·ac·id [áksiæ̀sid / ɔ́ks-] *n.* ⓤ【화학】 산소산. *cf.*

ox·y·chlo·ride [àksikló:raid / ɔ̀ksikló:-] *n.* 【화학】 산염화물(酸鹽化物).

‡**ox·y·gen** [áksidʒ(ə)n / ɔ́ks-] *n.* ⓤ 산소[원자 기호 O]. ◇ óxygenate, óxygenize *v.*

ox·y·gen·ate [áksidʒinèit / ɔ́ksidʒin-] *vt.* (**-at·ed, -at·ing**) …을 산소로 처리하다, 산소와 화합시키다, 산화하다.

ox·y·gen·ize [áksidʒinàiz / ɔ́k-] (*《英》에서는 **ox·y·gen·ise** 로도 쓴다) (**-iz·ed, -iz·ing**) =oxygenate.

óxygen màsk *n.* 산소 마스크.

óxygen tènt *n.* 산소 보급 텐트.

óxygen wàlker *n.* [폐질환이나 심장병 환자를 위한] 휴대용 소형 산소 용기.

ox·y·hy·dro·gen [àksiháidrədʒ(ə)n / ɔ̀ks-] *n.* 산수소 가스. ― *adj.* 산수소 가스의. ¶ *oxyhydrogen* torch 산수소 용접 토치 / *oxyhydrogen* welding 산수소 용접.

ox·y·mo·ron [àksimó:rɑn / ɔ̀ksimó:rɔn] *n.* (*pl.* **-mo·ra** [-mó:rə / -mó:rə]) 【修辭】 모순(矛盾) 어법[알릴 할 수 없는 말을 서로 짝맞추어 수사적 효과를 올리려고 하는 어법. 예: polite discourtesy 정중한 무례]. 「민.

ox·y·o·pi·a [àksióupiə / ɔ̀ks-] *n.* ⓤ【의학】시력 예

ox·y·salt [áksisɔ̀:lt / ɔ́ks-] *n.* 【화학】 산소산염.

ox·y·sul·fide [àksisÁlfaid, -fid / ɔ̀ks-] *n.* 【화학】 산황화물(酸黃化物).

ox·y·to·cin [àksitóusin / ɔ̀ks-] *n.* 【생화학】 옥시토

신[진통 촉진제].
ox・y・tone [άksitòun / ɔ́ks-] 〔그리스 문법〕 adj. 맨마지막 음절에 예리한 악센트가 있는. — n. 그 악센트가 있는 말.
OY 《略》〔수산〕 optimum yield([어업 관리 기준으로서의〕 최저 생산량)
o・yer [ɔ́ujər, ɔ́iər / ɔ́iə] n. 〔페어〕〔법률〕 **1** 〔형사 사건의〕 심리. **2** (= ɔ́yer and términer)《美》고등 형사 법원;《英》청송(聽訟) 재판, 순회 재판 명령서.
o・yez [ɔ́ujés, -jéz / oujés] interj. 들어라, 근청, 정숙 〔법정의 담당관이 주의를 환기하기 위해서 보통 3번 되풀이하는 목소리〕. — n. 그 외치는 목소리.
‡**oys・ter** [ɔ́istər] n. **1** 굴〔해산 동물〕. ¶ an oyster of a man 굴처럼 말이 없는 사람 / as close as an oyster 매우 입이 무거운 / as dumb as an oyster 아주 과묵한 / as like as an apple to an oyster 전혀 닮지 않은. **2** 〔닭・칠면조 따위의 골반의 오목한 속에 붙어 있는 맛좋은〕 거무스름한 살점. **3** 〔俗〕 입이 무거운 사람. **4** 〔사람이 이용할 수 있는〕 이익을 내장(內藏)하고 있는 것. — vi. 굴을 따다.
óyster bàr n. 〔바 형식의〕 굴 식당, 굴 요리집.
óyster bèd n. 굴 양식장(oyster bank).
ὀys・ter・bird [ɔ́istərbə̀ːrd] n. = oyster catcher.
óyster càtcher n. 검은머리물떼새.
óyster cràb n. 굴속살이〔굴 껍질 속에서 굴과 같이 산다〕.
óyster cràcker n. 소금기가 있는 작은 크래커〔굴 수프에 곁들인〕.
óyster cùlture n. ⓤ 굴 양식.
óyster fàrm n. 굴 양식장(oyster bed).
ὀys・ter・house [ɔ́istərhàus] n. 굴 요리집.
ὀys・ter・ing [ɔ́istəriŋ] adj. 굴을 따는(양식하는). ¶ oystering grounds 굴 양식장. — n. ⓤ 굴 따기, 굴 따는 업.
óyster knìfe n. 굴 까는 칼.
ὀys・ter・man [ɔ́istərmən] n. (pl. -men [-mən]) **1** 굴 따는 사람, 굴 양식하는 사람; 굴 장수. **2** ⓤ 굴 따는 배.
óyster plànt n. 선모(仙茅)〔2년초〕.
ὀys・ter・shell [ɔ́istərʃèl] n. 굴 껍질.
óyster whìte n. ⓤ (때로 a~) 잿빛어린 백색.
ὀys・ter・wom・an [ɔ́istərwùmən] n. (pl. -wom・en [-wìmin]) 굴 파는 여자; 굴을 양식(채취)하는 여자.
*****oz.** 《略》 ounce. 〔< z 는 본래 3로, 중세의 인쇄업자가 사용한 어미 생략의 기호〕
o・zo・ce・rite [o(u)zóukəràit, +美-səràit, ðuzo(u)sí(:)rait] n. ⓤ 〔광물〕 지랍(地蠟).
o・zo・ke・rite [o(u)zóukəràit, + ðuzo(u)kí(:)rait] n. = ozocerite.
o・zone [óuzoun, +英 -´] n. ⓤ **1** 〔화학〕 오존. ¶ ozone depletion 오존층 파괴. **2** 〔구어〕 신선한 공기.
o・zone-friend・ly [óuzo(u)nfréndli+英 oú-] adj. 오존층을 파괴하지 않는.
ózone hòle n. 〔기상〕 오존 홀〔남극에 있어 봄철에 해당하는 10월경에 성층권 오존의 농도가 통상 농도의 절반 수준까지 급격히 줄어드는 현상〕
ózone lày er n. (the ~) 오존층(層) (ozonosphere).
o・zon・er [óuzənər] n. 《美속어》 야외의 광장, 〔특히〕 드라이브인 시어터〔승차한 채로 영화를 관람할 수 있는 야외 영화관〕.
ózone shìeld n. = ozone layer.
o・zone・son・de [óuzo(u)nsànd/-sɔ̀nd] n. 오존존데〔상공의 오존 분포를 조사하기 위한 기구 탐측기(氣球探測器)〕.
o・zon・ic [ouzánik / -zɔ́n-] adj. 오존의, 오존을 함유하는.
o・zo・nide [óuzo(u)nàid] n. 〔화학〕 오존화물(化物).
o・zo・nif・er・ous [òuzo(u)nífərəs] adj. 오존을 함유하는; 오존을 발생하는.
o・zon・ize [óuzo(u)nàiz] v. (-ized, -iz・ing) vt. **1** …을 오존으로 처리하다. **2** 〔산소〕를 오존화하다. — vi. 오존화하다.
o・zon・iz・er [óuzo(u)nàizər] n. 〔화학〕 오존 발생기, 오존관(管).
o・zo・nom・e・ter [òuzo(u)námitər / -nɔ́m-] n. 〔화학〕 오존계(計).
o・zo・no・sphere [ouzóunəsfìər] n. (the ~) 오존층(層) 〔대기중에서 오존량이 비교적 많은 영역, 지상 13-48km〕.
o・zo・nous [óuzo(u)nəs] adj. 오존의, 오존을 함유하는.
ozs. 《略》 ounces.
oz. t., ozT 《略》 troy ounce[s].

P

P, p [piː] *n.* (*pl.* **P's** *or* **Ps**; **p's** *or* **ps**) **1** 영어 알파벳의 열 여섯째 자. ¶ *P* for Peter Peter 의 P [국제 전화 통화 용어]. **2** P(p)가 나타내는 소리. **3** [연속된 것 중의] 열 여섯 번째 사람(물건). **4** P(p) 자형[의 물건]. **5** [로마 숫자의] 400.
mind one's p's and q's 언행에 조심하다. ¶ He was told to *mind his p's and q's*. 그는 예절바르게 행동하라는 말을 들었다.
p 《略》 passing; 〔서양장기〕 pawn; poor; 《英》 pence, penny. ¶ 6p 6 〔신(新)〕펜스.
P 《略》 parking(주차 가능); 〔유전〕 parental; 〔물리〕 power; pressure; 〔성서〕 Priestly Source(제사(祭司) 자료) [모세 5경(서)을 구성하는 마지막 자료; P 자료].
P 〔화〕 phosphorus 의 원자 기호.
p. 《略》 page (*pl.* pp.); part; participle; past; 〔서양장기〕 pawn; pence, penny; per; peseta; peso; pint; pipe; 〔야구〕 pitcher; pole; popular, principal; 〔라 틴〕 *post* (=after); 《라 틴》 *pater* (=father); 《라 틴》 *pro* (=for); 〔음악〕 piano.
P. 《略》 pastor; peseta; peso; post; president; pressure; priest; prince; progressive; 《라틴》 *Pater* (=father).
pa [pɑː] *n.* (구어) =papa.
Pa 〔화〕 protactinium 의 원자 기호.
PA (略) 《美》 *P*etroleum *A*dministration.
Pa. (略) *P*ennsylv*a*nia.
p.a. (略) *p*articipial *a*djective; *p*er *a*nnum; press *a*gent.
P.A. (略) *p*assenger *a*gent (여객 담당); *p*ost *a*djutant (수비대 부관); *p*ower of *a*ttorney (대리권); *P*ress *A*ssociation; *p*urchasing *a*gent; *p*ublic *a*ddress (system).
Pab·lum [pǽbləm] *n.* **1** 〔상품명〕 젖먹이용 식품의 이름. **2** (p-)무미건조한 책(사상). **3** (p-) Ⓤ 영양물.
pab·u·lum [pǽbjuləm] *n.* Ⓤ **1** 영양(nourishment), 음식물, 양식. **2** 마음의 양식[책 따위], 〔토의 따위의〕 기초 자료.
PABX (略) *P*rivate *A*utomatic *B*ranch E*x*change (통신) 자동식 구내 교환(기)).
Pac. (略) *Pac*ific.
P.A.C., PAC [pæk] 《*P*an-*A*merican *C*ongress; *P*olitical *A*ction *C*ommittee(정치 활동 위원회); 〔심리〕 *P*arent, *A*dult, *C*hildhood.
pa·ca [pɑ́ːkə, pǽkə] *n.* 마모트의 일종(중·남미 원산).
PACAF (略) 《美》 *Pac*ific *A*ir *F*orces.
‡**pace**¹ [peis] *n.* **1** 걸음 속도, 보조(步調); 〔일반적으로〕 운동의 속도, 사업의 속도 ¶ go at a good *pace* 상당한 속도로 나아가다 / We hiked at a *pace* of four miles an hour. 한 시간에 4마일의 속도로 걸었다. **2** 한걸음[의 거리], 걸음[보(步)] 〔보통 약 2½피트〕; 걸음, 한발짝(step), 큰 걸음 (stride). **3** 걷는 모양, 걸음걸이(gait). **4** 〔말의〕 보대(側對步) (amble) 〔말이 같은 쪽의 앞뒤 다리를 동시에 들어 걷는 걸음〕; 〔말〕 걸음 모양, 걷는 방식 [amble, canter, trot, gallop 따위]. **5** 〔계단의〕 층계참 〔層階站〕 (raised step); 〔계단의〕 넓은 단. **6** 〔야구〕 〔투수의〕 구속(球速).
go the pace ① 전속력으로 나아가다. ② 사치스럽게 살다; 방종 생활을 하다.
go through (or **show**) **one's pace** 〔구어〕 솜 씨(역량, 실력)을 보여주다.
keep pace with …와 보조를 맞추다, …에 따라가다 (* 비유적으로도 사용). ¶ I can't *keep pace with* your plan. 너의 계획에는 따라갈 수가 없다.
put a person through his paces 남의 역량을 시험해 보다. ¶ The professor *put* his new students *through their paces*. 교수는 신입생의 능력을 시험해 보았다.
set (or **make**) **the pace** ① 〔경주에서〕 선두로 달리다, 보조를 정하다 (*for*…). ② 모범을 보이다.
── *v.* (**paced, pac·ing**) *vt.* **1** …을 천천히 걷다.
類語 **pace** 확실하고 규칙바른 걸음걸이로 걷다. **plod** 피로한 듯 천천히 걷다. **trudge** 기운은 없지만 열심히 걷다.
2 〔경주에서〕 〔남〕을 리드하는 속도로 달리다. **3** 〔거리〕를 걸음으로 재다(…*off*). ¶ He *paced off* the distance. 그는 걸음으로 거리를 쟀다. **4** 〔어떤 보조·속도로〕 …을 훈련하다, 조정하다, …에 보조를 맞추다. 〔말〕을 일정한 속도로 달리게 하다.
── *vi.* 같은 보조로 천천히 걷다; 〔말이〕 측대보로 걷다.
pa·ce² [péisi] *prep.* 자기와 의견을 달리하는 사람에 대해 언급하면서) …에게는 실례입니다만. ¶ I do not, *pace* Mr. George, have any opinion against the proposal. 조지에게는 실례입니다만 저로서는 그 제의에 반대할 의사가 없습니다.
PACE [peis] *n.* 《美》 페이스〔연방 정부의 전문·정부 직원 채용시험〕. [< *P*rofessional *a*nd *A*dministrative *C*areer *E*xamination]
pâce cär *n.* 선도차〔자동차 경주 개시 전에 엔진의 웜업을 위해 경기장을 일주하는 레이스 카의 선도차〕.
paced [peist] *adj.* **1** (복합어를 만들어) …걸음의. ¶ slow-*paced* 느린 걸음의 / fast-*paced* 빠른 걸음의. **2** 걸음으로 잰. **3** 《경마》 조정자가 정한 페이스의.
pâce läp *n.* Ⓤ 〔자동차 경주 개시 전 엔진의 웜업을 위해 레이스 카가 pace car 의 선도를 받고 일주하는 일.
pace-mak·er [péismèikər] *n.* **1** 속도 조정자, 페이스메이커〔경주에서 선두를 달리며 속도를 조정하는 선수〕. **2** 〔일반적으로〕 지도자, 주도자. **3** 〔의학〕 페이스메이커〔전기의 자극으로 심장의 박동을 지속시키는 장치〕.
pace-mak·ing [péismèikiŋ] *n.* Ⓤ 보조(步調) 조정.
── *adj.* 보조 조정의.
pac·er [péisər] *n.* **1** 보행자; 보측자(步測者). **2** = pacemaker 1, 2. **3** 측대보로 걷는 말.
pace-set·ter [péissètər] *n.* = pacemaker 1, 2.
pac·ey [péisi] *adj.* 《美》 시류에 맞는, 최신의.
pa·cha [pəʃɑ́ː, pǽʃə, pɑ́ːʃə] *n.* = pasha.
pa·chi·si [pətʃíːzi] *n.* = parcheesi.
pach·y·derm [pǽkidə̀ːrm] *n.* **1** 후피(厚皮) 동물 〔코끼리·하마 따위〕. **2** 철면피; 둔감한 사람. **3** 코끼리.
pach·y·der·ma·tous [pæ̀kidə́ːrmətəs] *adj.* **1** 후피 동물(류)의. **2** 후피의, 철면피의, 둔감한 (insensitive).
pach·y·der·mous [pæ̀kidə́ːrməs] *adj.* **1** = pachydermatous. **2** 두터운 벽이 있는.
pach·y·san·dra [pæ̀kisǽndrə] *n.* 〔식물〕 수호초〔회양목과(科)〕.
pac·i·fi·a·ble [pǽsifàiəbl] *adj.* 진정시킬 수 있는, 달랠 수 있는.
‡**pa·cif·ic** [pəsífik] *adj.* **1** 평화적인, 화해적인. **2** 평화를 사랑하는 *pacific* propositions 화해적인 제안. **3** 평화로운, 태평의(peaceful), 온화한 〔마음의〕 잔잔한(calm).

類語 **pacific** 평화・화해를 조장(유지)하는 [경향의]: *pacific* means 평화를 가져올 수단. **peaceable** 평화를 애호하고 싸움을 싫어하는: a *peaceable* people 평화적인 국민. **peaceful** 평화・평온한 상태로 있는: a *peaceful* life 평화로운(평온한) 일생. **placid** 흥분・혼란 따위가 없이 조용히 만족하고 있는: a *placid* disposition 차분한 기질. ◇ **pácify** *v.*

‡**Pa·cif·ic** [pəsífik] *adj.* 태평양의, 태평양 연안의. ¶ the *Pacific* States 미국 태평양 연안 제주(諸州) [Washington, Oregon 및 California] / *Pacific* [standard] time 《美》 태평양 표준시. — *n.* **1** (the ~) 태평양(the Pacific Ocean). **2** (p-) 증기 기관차의 일종.

pa·cif·i·cal·ly [pəsífikəli] *adv.* 평화적으로, 평온하게, 태평하게. [pacify.

pa·cif·i·cate [pəsífikèit] *vt.* **-cat·ed, -cat·ing**) =

pac·i·fi·ca·tion [pæ̀səfikéiʃ(ə)n] *n.* **1** U 화해, 조정, 진정, 평정(平定), 게릴라 진압. **2** 평화조약.

pac·i·fi·ca·tor [pǽsəfikèitər] *n.* 화해자, 중재자.

pa·cif·i·ca·to·ry [pəsífikətɔ̀ːri / -t(ə)ri] *adj.* 진정시키는; 화해적인, 강화(講和)의.

Pacífic básin *n.* (the ~) 태평양 해역.

Pacífic Íslands *n.* (the ~) 태평양 제도(諸島) 《미국의 신탁 통치령으로서 Marshall, Mariana, Caroline 등 서태평양의 도서군》.

pac·i·fi·cism [pæ̀səfísìz(ə)m] *n.* 《英》 =pacifism.

pac·i·fi·cist [pǽsəfisist] *n.* 《英》 =pacifist.

Pacífic Ócean *n.* (the ~) 태평양.

Pacífic Rím *n.* (the ~) 환(環)태평양 지역(국가).

pac·i·fi·er [pǽsəfàiər] *n.* 달래는 사람(것), 화해 (조정)자. **2** 유아용의 고무(플라스틱) 젖꼭지, 갓난아기에게 빨리는 장난감. [전문.

pac·i·fism [pǽsəfìz(ə)m] *n.* U 평화주의, 평화론, 반

‡**pac·i·fist** [pǽsəfist] *n.* 평화주의자(론자), 양심적 병역 거부자, 무전론자(無戰論者). — *adj.* =pacifistic.

pac·i·fis·tic [pæ̀səfístik] *adj.* 평화주의(론)의, 부전론자의. **-ti·cal·ly** [-tikəli] *adv.*

‡**pac·i·fy** [pǽsəfài] *vt.* (**-fied, -fy·ing**) **1** 《남이 난 사람 등》을 달래다, 진정시키다, 가라앉히다(calm). **2** 《나라 등》을 화평하게 하다, …에 평화를 회복시키다. **3** 《식욕 따위》를 채우다(appease). ◇ *pacific adj., pacification n.*

pac·ing [péisiŋ] *n.* U 보측(步測).

‡**pack**[1] [pæk] *n.* **1** 꾸러미, 짐, 다발. ⇨ BUNDLE 類語 ¶ a mule *pack* 노새의 짐. **2** 팩[거래를 위한 양의 단위]; 양모는 240 파운드, 곰가죽은 280파운드, 석탄은 3부셀 등]. **3** [연(年)・계(季)간의 과일・어물 따위의] 통조림(포장) 출하량(出荷量). ¶ last year's crab *pack* 작년의 게통조림 출하량. **4** 《형용사적으로》일당, 한패, …의 어중이 떠중이(*of*…); 《사냥》사냥개의 한 무리(떼); 《같은 종류의》동물의 한 때. ⇨ FLOCK 類語 **5** 《경멸적》다수. ¶ a *pack* of thieves 도적의 한 떼 / a *pack* of wolves 이리 떼 / a *pack* of lies 거짓말투성이. **5** 트럼프의 한 벌 [보통 52매](deck); [담배 따위의 같은 물건의] 한 벌; 한 상자. ¶ a *pack* of matches 성냥 한 통. **6** 《집합적》빙군(浮氷群) (pack ice). **7** 《의》습포(濕布); 전포(乾布); 얼음주머니; [미용술의] 팩. **8** [럭비・축구의] 전위. **9** 《컴퓨터》팩, 천공 카드 묶음.

— *vt.* **1** 짐을 꾸리다, 포장하다, 싸다(envelope), 묶다, 꾸리다, …에(을) 채워넣다. ¶ (~+目+前+名) *pack*ed the trunk *with* the clothes.=He *packed* the clothes *into* the trunk. 그는 트렁크에 의류를 빽빽이 채웠다. **2** 《사람이》 *packed* the hall. 청중이 회관을 꽉 메웠다 / The bus was *packed* with skiers. 버스는 스키 타는 사람으로 꽉 찼다. **3** 《용기 따위에》…을 채우다, 통조림으로 만들다. ¶ *pack* meat 고기를 통조림으로 만들다. **4** 《증기・물・공기 따위가 새지 않도록》…에 틈 메우기를 하다, 패킹을 하다, 봉함하다, 틀어막다. **5** …을 굳히다 // (~+目+前+名) *pack* dishes *in* straw 접시 둘레를 짚으로 채우다. **6** 《말 따위에》짐을 싣다(load), ¶ We *packed* the mules. 우리는 노새에 짐을 실었다. **7** …을 갖고 다니다, 휴대하다. **8** …을 쫓아내다; …을 해고하다(…*off*, *away*). ¶ (~+目+副) *pack* a servant *off* 하인을 쫓아내다 / They *packed* him *off* to school. 그는 그를 학교로 쫓아 보냈다. **9** …을 끝내다. **10** 《속어》《강타》를 가하다(wield). **11** 《의》《환자》를 습포로 싸다. **12** 《컴퓨터》《정보》를 채워넣다, 「팩」화하다.

— *vi.* **1** 짐을 꾸리다, 포장하다(*up*…); 《보이를 수반하여》짐꾸리기가 …하다. ¶ (~+副) These articles *pack* well. 이 물품은 짐꾸리기가 쉽다. **2** 《사람》몰려들다, 떼지어 오다(*into*…). **3** 굳어지다; 《동물이》무리를 이루다. **4** 지체없이 나가다(*off*, *away*). **5** 그만두다(stop). **6** 《럭비》스크럼을 짜다.

pack it úp (or *ín*) 《속어》끝내다(finish). ⇨ *vt.* 9.

pack on áll sáils 《항해》돛을 모두 달다.

páck úp (or *ín*) ① (*vt., vi.*) 짐을 꾸리다. ② (*vt., vi.*) 일을 그만두다. ③ (*vt.*) 《英》《명사・동명사를 수반하여》…을 그만두다. ¶ *pack up* smoking (drinking) 담배(술)를 끊다.

sénd a pèrson pácking 《갑자기》 …남을 해고하다.

— *adj.* **1** 운송용의, 운반용의. **2** 꽉 채워진(찬)(packed). **3** 포장용의, 짐꾸리기용의. **4** 《주로 스코》《동물이》길들여진, 길들(tame); 아주 친한(intimate).

pack[2] [pæk] *vt.* …을 자기에게 유리하도록 짜다. ¶ *pack* a jury 배심원을 자기에게 유리하도록 선발하다.

‡**pack·age** [pǽkidʒ] *n.* **1** U 짐꾸리기, 포장(packing). **2** 꾸러미(parcel), 짐, 다발; 포장된 상품. ⇨ BUNDLE 類語 **3** 【짐꾸리기 위한】상자, 주머니, 용기. **4** 《당장 설치・조작할 수 있도록 조립된 기계・기구류의》단위 완성품. **5** 《언제든지 사용할 수 있도록 준비되어 있는》라디오 《텔레비전》프로; 《컴퓨터》기제 프로그램 세트, 패키지. **6** 세트 판매(tie-in). **7** 일괄 거래; 흥정에서 얻는 계약상의 이익. **8** 《美》일괄《종합》 대책(정책). **9** economic *package* 종합 경기 대책. **10** 《형용사적으로》 한 묶음(의), 일괄(의). — *vt.* (**-aged, -ag·ing**) **1** …을 꾸러미로 만들다, 짐을 꾸리다. **2** …을 한 묶음으로 하다.

páckage déal *n.* 일괄 흥정(거래), 일괄 제공품.

páckage stóre *n.* 《美》《통술・병술 따위의》주류 소매점 [상점내의 음주는 금지되어 있음].

páckage tóur *n.* 《여행사가 제공하는 경비 일체가 포함된》일괄 알선 여행.

páck ánimal *n.* 《소나 말 따위의》짐 싣는 동물.

páck dríll *n.* 《군대》 **1** 말의 군수품 수송 훈련. **2** 벌로 시키는 군장(軍裝) 행진.

packed [pækt] *adj.* 《건물・방 따위가》사람으로 꽉 찬, 혼잡한; 빽빽하게 압축된.

pack·er [pǽkər] *n.* **1** 짐조립업자. **2** 포장하는 사람, 짐꾸리는 사람; 짐꾸리는 기계. **3** 《美》식품류를 포장해서 출하하는 도매업자. **4** 하물 운반인.

‡**pack·et** [pǽkit] *n.* **1** 《편지 따위의》 다발, 묶음, 소포, 소화물(小貨物). ⇨ BUNDLE 類語 ¶ a *packet* of letters 편지 한 묶음. **2** 우편선, 정기선(packet boat), [일반적으로] 배. **3** 《주로 英俗》〔내기 따위에서 딴 (잃은)〕상당한 금액. ¶ make a *packet* 떼돈을 벌다. **4** 《英속어》일격, 강타; 무거운 벌. **5** 《英속어》불운, 실패. **6** 《컴퓨터》패킷 《컴퓨터 정보(데이터) 통신에서 1회에 전송되는 정보(데이터) 조작 단위》.

cóp (or *cátch, stóp*) *a pácket* 《英속어》 ① 총알에 맞다. ② 불의의 재난을 당하다.

séll a pèrson a pácket 《속어》남에게 거짓말을 하다.

— *vt.* **1** …을 소포(소화물)로 만들다; …을 우편선으로 보내다. **2** 《컴퓨터》 정보(데이터) 통신을 위해》정보・데이터를 조작 단위(량)로 나누다.

pácket bòat(shìp) *n.* =packet 2.

páck·horse [pǽkhɔ̀ːrs] *n.* **1** 〔하물 운반용의〕말. **2**

pack·house [pǽkhàus] *n.* (*pl.* **-hous·es** [-hàuziz]) 창고; [상품의] 포장 공장.

páck íce 〘총빙(叢氷)〙[부빙(浮氷)이 한곳에 몰려 얼어붙은 상태].

***pack·ing** [pǽkiŋ] *n.* ① **1** 포장, 짐꾸리기. **2** 식료품의 통조림 제조[업]. **3** 포장 재료, 포장 용품. **4** 메워 넣는 물건, 패킹[관(管)의 이은 자리 따위의 방수에 쓰이는 재료]. **5** 〘인쇄〙통바르기[인쇄면을 고르게 하기 위한 것]. **6** 〘의학〙[상처 따위에 가제들] 메워 넣기.

pácking bōx(**cāse**) *n.* [저장·운반용의] 나무 상자, 틀로 된 상자, 화물 상자.

pácking effèct *n.* 〘물리〙[원자 결합 에너지 척도로서의] 질량 결손(mass defect).

pácking hòuse(**plànt**) *n.* [식료품, 특히 고기의] 가공(포장) 공장; 출하 공장.

pácking nèedle *n.* [마대(麻袋) 따위를 꿰매는 돗바늘.

pácking prèss *n.* 포장용 압착기.

pácking shèet *n.* **1** 포장지, 포장용 천. **2** 〘의학〙

pack·man [pǽkmən] *n.* (*pl.* **-men** [-men]) 행상인.

pack·plane [pǽkplèin] *n.* 적재고(積載高) 최대의 수송기.

páck ràt *n.* **1** [북미산(産)의] 큰 쥐의 일종[굴 속으로 물건을 날라 모으는 습성이 있다]. **2** 〘비유적〙무엇이나 모으려고 하는 사람.

pack·sack [pǽksæk] *n.* [도보 여행용] 목낭.

pack·sad·dle [pǽksæd̀l] *n.* [말 따위의] 길마.

pack·thread [pǽkθrèd] *n.* ① 짐꾸리는 끈, 삼노끈.

pack·train [pǽktrèin] *n.* [짐을 나르는] 동물[말·소 따위]의 열(列).

Pac-Man, Pac-man [pǽkmæn] *n.* 〘상표명〙패크맨[비디오 게임의 일종].

Pác-Man defénse(**táctic**) *n.* [경영] 기업 매수 대응책 [전술], 역(逆) 매수 전술.

PACOM 〘略〙〘美〙*Pacific Command*(태평양 지구 사령부).

pact [pækt] *n.* 약속; 계약; [국제간]협정, 조약. ¶ a trade *pact* 통상 협정 / the Washington *Pact* 워싱턴 조약.

pac·tion [pǽkʃ(ə)n] *n.* =pact. — *vi.* …에 동의하다.

‡**pad**¹ [pæd] *n.* **1** [마찰·손상 따위를 방지하기 위하여] 덧대는 것, 메워[넣는] 것; [말의] 안장 밑깔개; [球技] 가슴받이, 정강이받이(사이). ¶ a shoulder *pad* 어깨받이. **2** [종이의] 철(綴), 한 장썩 떼어내는 쓰는 편지지 따위. ¶ a sketch *pad* 스케치 용지첩 / a writing *pad* 편지지. **3** 스탬프 잉크대(臺) / [로켓] 발사대(launch[ing] pad). **4** [동물의] 발바닥의 살, 육지(肉趾); [여우·토끼 따위의] 동물[곤충의 발의] 부착반(付着盤) (pulvillus). **5** [수면의] 수련(睡蓮)의 부엽(浮葉). **6** [의복에 넣는] 솜, 심, 패드; [造船] 갑판받이(-木). **7** 꾸러미, 다발(bunch). **8** 〘속어〙침대, 잠자리; 방, 주거. **9** (the ~) 〘미속어〙경관이 부정 행위를 눈감아주는 대가로 받는 뇌물.

on the pad 〘미속어〙뇌물을 받는 경관의 한패가 되어.

— *v.* (**pad·ded, pad·ding**) *vt.* **1** …에 메워(채워) 넣다, [옷에] 솜(심)을 넣어 부풀게 늘이다. ¶ (~ + 目 + 副) *pad out* a speech 연설을 질질 끌다. **3** [장부 따위에] 부정한 경비를 써넣다; …을 불리다. ¶ *pad* one's expense account 지출 장부에서 불려서 만들다.

pad² [pæd] *n.* **1** 둔한 소리[발소리 따위]. **2** 느리게 걷는 말, 길을 잘 타는 말. **3** 〘고어〙노상 강도. **4** 〘英속어〙도로, 소로. ¶ a gentleman (*or* a knight) of the *pad* 노상 강도. — *v.* (**pad·ded, pad·ding**) *vt.* …을 도보 여행하다, 터벅터벅 걸어가다; …을 밟아 다지다.
— *vi.* 도보 여행하다, 터벅터벅 걷다; 쿵쿵거리며 걷다.

pad it (*or the hoof*) 〘속어〙걸어가다, 터벅터벅 걷다.

pad³ [pæd] *n.* 〘구어〙[과일 따위를 저울질하는] 바구니 (basket).

pad·cloth [pǽdklò:θ / -klòθ] *n.* =saddlecloth.

pad·ded [pǽdid] *adj.* 속을 채워(메워) 넣은 것 같은; 푹신한(cushiony). ¶ a *padded* cell 정신 병원의 병실 [벽에 부드러운 것을 대어 둘러 꾸민다].

pádded socíety *n.* 온실 사회, 안락 사회[일의 능력과는 무관하게 노동자에게 자동적으로 승급이나 여러 수당을 추가 지급하는 사회 조직이나 사회 또는 국가].

pad·ding [pǽdiŋ] *n.* ① **1** 심, 속에 메워 넣는 물건[헌 솜·털·짚 따위], 패드; 메워 넣기, 심 넣기. **2** [문장·연설 따위를 늘이기 위한] 불필요한 삽입구(挿入句); 빈 자리를 메우는 글.

‡**pad·dle**¹ [pǽdl] *n.* **1** [짧고, 넓적한] 노. **2** [기선의 외륜(外輪) 따위의] 물갈퀴[판(板)]. **3** 주걱(모양의 것); [펭귄·바다거북 따위의] 지느러미 모양의 발. **4** [탁구의] 라켓. — *v.* (**-dled, -dling**) *vi.* [노를 저어] 물을 헤치고 나아가다; 조용히 것다; [기선이] 외륜으로 움직이다. — *vt.* [카누 따위를] 노로 것다; [주걱 따위로] …을 휘것다; [주걱으로] …의 궁둥이를 때리다, …을 치다, 섞다.

paddle one's own canoe ⇨ CANOE.

pad·dle² [pǽdl] *v.* (**-dled, -dling**) *vi.* [얕은] 물을 철벅거리다, 〘고어〙[손가락으로] 만지작거리다; [아기가] 아장아장 것다.

pad·dle·ball [pǽdlbɔ̀:l] *n.* 패들볼[라켓으로 공을 코트의 벽면에 번갈아 치는 게임].

pad·dle·board [pǽdlbɔ̀:rd / -bɔ̀:d] *n.* **1** 파도 타기판, 서프보드(surfboard). **2** 외륜선의 물갈퀴.

páddle bōat *n.* =paddle steamer.

páddle bōx *n.* [外輪船의] 외륜 덮개.

pad·dle·fish [pǽdlfìʃ] *n.* (*pl.* **-fish** *or* **-fish·es**) 철갑상어의 일종.

pad·dler [pǽdlər] *n.* 탁구 선수.

páddle stèamer *n.* 외륜선(sidewheeler).

páddle tènnis *n.* 〘美〙나무로 만든 패들로 치는 수련 아이들의 테니스.

páddle whèel *n.* [기선의] 외륜.

pad·dock¹ [pǽdək] *n.* **1** (주로 〘英〙]마구간 근처의) 목장. **2** [경마장에] 울타리를 두른 잔디밭, [경마 직전에 말을 집합시키는 곳]; [자동차 경주장의] 패덕[경주차의 정비·검사·대기소]. **3** (濠) [방목용 따위의] 울타리를 두른 땅. — *vt.* [울타리 친] 그런 곳에 넣다, 가두다. [두꺼비(toad)].

pad·dock² [pǽdək] *n.* 〘스코〙개구리(frog); 〘고어〙

pad·dy [pǽdi] *n.* (*pl.* **-dies**) **1** (= páddy fíeld) 논, 무논. **2** (= páddy ríce) ① 쌀, 벼.

Pad·dy [pǽdi] *n.* (*pl.* **-dies**) 〘속어〙[별명으로서] 아일랜드인, 아일랜드계의 사람.

pad·dy·bird [pǽdibə̀:rd] *n.* 홍오리, 문조.

páddy wàgon *n.* =patrol wagon.

pad·dy·whack [pǽdi(h)wæ̀k] *n.* **1** 〘英속어〙격노, 울화통(rage). **2** (종종 P-) 〘英속어〙아일랜드인. **3** 〘美속어〙손바닥으로 찰싹 때리기(spanking). — *vt.* 〘美속어〙때리다(beat).

Pa·di·shah [pá:diʃà:] *n.* [칭호로서의] 이란의 대왕(王)(Shah), [옛날의] 터키 황제(Sultan), 〘印度〙영국 황제.

pad·lock [pǽdlàk / -lɔ̀k] *n.* 맹꽁이 자물쇠. — *vt.* …을 맹꽁이 자물쇠로 잠그다.

pad·nag [pǽdnæ̀g] *n.* 가벼운 걸음으로 걷는 말.

pa·dre [pá:dri, +美 -drei] *n.* **1** [이탈리아·스페인어등의] 가톨릭 사제, 신부. **2** 종군 사제.

pa·dro·ne [pədróuni] *n.* (*pl.* **-nes** [-niz] *or* [이탈리아어] **-ni** [-ni:]) **1** 주인(master), 두목(boss); 노름꾼 두목. **2** 〘美국어〙이탈리아인 노동자의 두목. **3** [지중해에서의] 작은 배의 선장. **4** [이탈리아의] 여관 주인. [<lt].

pad·u·a·soy [pǽdʒuəsɔ̀i / -djuə-] *n.* ① [18세기에 널리 사용되었던] 일종의 견직물. **2** 그 직물로 만든 옷. — *adj.* 그 견직물로 만든.

pae·an [pí:ən], (**pean**) *n.* **1** 찬가, 기쁨의 노래, 승리

paed

의 노래. **2** [그리스의 여러 신(神), 특히 Apollo에 대한] 기도(감사)의 노래. **3** (P-) (=**Páeon**) [그리스 신화] 파에온[올림포스의 여러 신에게 의사로서 시중들었던 신. 후에 Apollo와 동일시되었다].

paed (□) = PAEDO-.
paed·er·ast [pédəræst, píːd-] n. = pederast.
pae·di·at·ric [pìːdiætrik, 美 pèd-] adj. = pediatric.
pae·di·a·tri·cian [pìːdiətríʃ(ə)n, 美 pèd-] n. 《주로 英》= pediatrician.
pae·di·at·rics [pìːdiætriks, 美 pèd-] n. 《주로 英》= pediatrics.
pae·do (□) = PEDO-¹.
pae·do·bap·tism [pìːdo(u)bæptiz(ə)m] n. = pedo-baptism.
pae·dol·o·gy [pidálədʒi, -dɔ́l-] n. = pedology².
pa·el·la [paːéljə, -éiljə] n. 파에야 [쌀·고기·어패류·야채에 사프란으로 향미를 낸 스페인풍의 전 맛].
pae·on [píːən] n. **1** 《古詩》장음절 1개와 단음절 3개로 이루어진 4음절의 시각(詩脚). **2** (P-) [그리스 신화] = Paean.
pae·o·ny [píːəni / píə-] n. (pl. -**nies**) 《특히 英》= peony.
‡**pa·gan** [péigən] n. **1** [유대교·기독교에서 본] 이교도, **2** [기독교에서 볼 때 아직 교화되지 않은] 믿음이 없는 사람, 시골 사람. ¶ HEATHEN 類語 **3** 종교가 없는 사람, 신앙이 없는 사람. — *adj.* 이교도의; 믿음이 없는 사람[들]의; 무(無)종교의. ◇ **páganish** adj., **páganize** v.
pa·gan·dom [péigəndəm] n. □©© **1** 이교(異敎) 세계. **2** [집합적] 이교도.
pa·gan·ish [péigəniʃ] adj. 이교의, 이교를 믿는; 믿음이 없는.
pa·gan·ism [péigənìz(ə)m] n. □ **1** 이교 정신, **2** 이교[신앙]; 우상 숭배. **3** 신앙이 없음, 무종교.
pa·gan·ize [péigənàiz] v. (-**ized**, -**iz·ing**) vt. …을 이교도로 만들다; 이교화하다; 신앙이 없는 사람으로 만들다. — vi. 이교도가 되다, 이교화하다; 신앙이 없는 사람이 되다.
‡**page**¹ [peidʒ] n. **1** 페이지, 쪽, [책 따위의] 지면. ¶ Open your book to (or 《英》at) *page* 203. 203페이지를 펴라.

— Usage to (at) a page, in a page, on a page의 용법 — to (at) a page는 「몇 페이지를」 또는 「몇 페이지에서부터」와 같이 페이지의 수를 가리킨다. in a page는 페이지 속에 쓰인 내용에 중점이 두어지며, on a page는 페이지의 표면이라는 개념을 제1차적 의미로 나타내고 있다. 그러나 최근에는 on a page가 「몇 페이지에서부터」의 뜻을 제외하고는 at a page, in a page 대신에 쓰이는 경향이 있다: You will find the information you want *on* page 138. 네가 알고자 하는 정보는 138페이지에 있다.

2 (종종 ~s) 책, 기록(record), 문서. **3** (종종 ~s) [역사상 유명한] 사건, 한 시기, 한 장면(토막); 일화. ¶ one of the brightest *pages* in English history 영국 역사의 빛나는 한 토막. **4** [인쇄] 판의 인쇄 조판. **5** [컴퓨터] 페이지 [주기억 장치와 보조 기억 장치 사이에서 한 단위로서 전송(轉送)되는 고정 길이의 블록(block); 일반적으로 512-4096바이트]. — vt. (**paged**, **pag·ing**) **1** …에 페이지를 매기다(paginate), **2** [컴퓨터] 페이징하다, 페이지를 넘기다; 정식으로 호출하다.
◇ **páginate** v., **páginal** adj.

*__page__² [peidʒ] n. **1** [예전에 귀인에게 시중들던] 사내아이 종; [역사] 수습 기사(騎士), **2** 아주 어린 사내아이 [신부 들러리], **3** [호텔의 제복 입은] 급사, 보이; [미국 의회의] 의원 수행원.

— vt. (**paged**, **pag·ing**) …에 보이로서 시중들다; [호텔 따위에서] …의 이름을 불러 찾게 하다. ¶ I'll have him *paged* over the loudspeaker. 확성기로 그를 불러 내게 해야겠다.

*__pag·eant__ [pædʒ(ə)nt] n. **1** 야외극, 패전트, **2** 구경 거리, 흥행; 홍행물, 상연 작품; [축제의] 가장 행렬, 퍼레이드(parade). [축제에서 끌고 다니는] 장식한 수레 (float). **3** 아름다운 광경, 장관(壯觀). **4** □ 허식, 겉치장.

pag·eant·ry [pædʒ(ə)ntri] n. □©© (pl. -**ries**) **1** 화려한 흥행(구경거리), 눈부신 전시(展示), 장관(pomp). ¶ the *pageantry* of war 전쟁을 그린 웅대한 그림 두루마리. **2** 겉치장, 허식. **3** [집합적] 흥행물, 가장 행렬.
page·boy [péidʒbɔ̀i] n. **1** [시중드는] 사내아이. **2** 어깨 부근에서 안으로 마는 여성의 머리 모양.
page·hood [péidʒhùd] n. □ 급사(사환, 방자)의 직(신분).
PAGEOS (略) *passive geodetic satellite* (측지(測地)용 위성).
page·ship [péidʒʃip] n. = pagehood.
page-turn·er [péidʒtə̀ːrnər] n. [특히 모험·공상 과학·탐정 소설 따위의] 숨막히게 재미있는 소설.
pag·i·nal [pædʒinl] adj. **1** 페이지의(에 관한). **2** 페이지로 되어 있는, **3** 페이지마다의, 각 페이지에 대응한.
pag·i·nar·y [pædʒinèri / -nəri] adj. = paginal.
pag·i·nate [pædʒinèit] vt. (-**nat·ed**, -**nat·ing**) [책]에 페이지수를 매기다(page).
pag·i·na·tion [pædʒinéiʃ(ə)n] n. □©© **1** [한 책의] 페이지수, **2** 페이지수를 나타내는 문자, **3** [책 따위에] 페이지수를 매기기.
pag·ing [pédʒiŋ] n. **1** = pagination. **2** [컴퓨터] 페이징[주기억 장치와 보조 기억 장치 사이에 있어서의 페이지의 전송(轉送)].
pa·god [pəgɔ́d] n. 《古이》= pagoda.
pa·go·da [pəgóudə] n. **1** [동양 여러 나라의] 탑, 파고다. ¶ a five-storied *pagoda* 5층 탑. **2** [파고다식의] 정자, **3** [파고다 무늬가 있는] 옛 인도의 금화·은화.
pagóda trèe n. 회화나무[콩과(科)의 낙엽 교목].
pah [pɑː] *interj.* 홍, 체, 에헴 [불쾌·경멸·불신·혐오 따위의 감정을 나타내는 소리].
pa·hoe·hoe [paːhóuihòui] n. 매끄럽게 굳어진 용암(溶岩).

‡**paid** [peid] v. pay¹의 과거·과거 분사. — *adj.* **1** 유급의. ¶ *paid* holidays 유급 휴가. **2** 지급필(畢)의, 이미 지급(지불)한.

put paid to 《英구어》…이 끝난 것으로 간주하다, …으로 결말을 짓다.

paid-in [péidín] *adj.* [입금금으로] 이미 지급된, 지급필의. ¶ a *paid-in* membership of 60,000 회비를 납입 완료한 6만 명의 회원.
paid-up [péidʌ́p] *adj.* 불입필의, 이미 불입한. ¶ *paid-up* capital 불입 자본금.
‡**pail** [peil] n. **1** 양동이, **2** 양동이 하나 가득한 양(pailful).
pail·ful [péilfùl] n. 양동이 하나 가득[한 분량].
pail·lasse [pæljǽs, ˊ-] n. 《주로 英》짚으로 만든 잠자리, 짚을 넣은 요.
pail·lette [pæljét, pəlét] n. **1** [숙녀복 등의 장식용의] 번쩍번쩍하는 쇳조각(spangle), 번쩍거리는 옷감. **2** [에나멜을 칠할 때 쓰는] 얇은 쇳조각.
pail·let·ted [pæljétid, pəlétid] *adj.* 반짝반짝하는 쇳조각으로 장식한.
‡**pain** [pein] n. **1** □ [상해·질병 따위에 의한 몸의] 아픔, 고통. ¶ I feel no *pain*. 조금도 아프지 않다 / He is in *pain*. 그는 아파하고 있다 / She cried with *pain*. 그녀는 아파서 울었다.
2 [몸의 국부적인] 아픔, 고통. ¶ a back *pain* 등의 아픔 / stomach *pains* 복통 / a *pain* in one's knee 무릎의 통증.

類語 **pain**「아픔」의 가장 넓은 뜻의 말. **ache** 계속적인 둔한 아픔으로 내부적인 원인이 있는 수가 많다: a tooth*ache* 치통. **agony** 계속적으로 몸을 괴롭히는 참기 어려운 아픔: moan in *agony* 아파서 끙끙 앓다. **anguish** 매우 오래 계속되어 절망적이 되는 쓰라림; 주로 정신적인 고뇌에 쓰이는 말: the *anguish* of bereavement 사별의 쓰라림. **pang** 짧기는 하나 경련을 수반하는 갑작스런 강렬한 아픔. **throe** 보통 복수형으로 쓰이며 진통처럼 발작적으로 반복되는 격렬한 아픔: *throes* of labor 진통. **twinge** 갑자기 찌르는 듯한 짧은 아픔: a *twinge* in the chest 가슴이 찢어지는 듯한 아픔.
3 ⓤ [정신적인] 괴로움, 근심, 고민, 비탄(grief). ¶ I am sorry my illness has caused you such *pain*. 제가 병들어 당신에게 이처럼 걱정을 끼쳐드려 죄송합니다. **4** (~s) 고생, 노고, 노력(effort). ¶ I spare no *pains* to make you happy. 당신을 행복하게 하기 위해서는 수고를 아끼지 않겠습니다 / He took great *pains* to finish the project. 그는 그의 사업을 완성하기 위하여 많은 애를 썼다 / All these *pains* were for nothing. 이 수고는 모두가 허사였다 / No *pains*, no gains. 《속담》 뿌리지 않은 씨는 돌아오지 않는다; 수고없이 소득없다. **5** (~s) 산고(產苦), 진통(labor). **6** 진절머리가 나는 것, 귀찮은 사람, 애물. ¶ He is a real *pain*. 그 녀석에게는 정말 진절머리가 난다.
be at the *pains* of doing …하는 수고를 하다, 애써 …을 하다. ¶ They *were at the pains of* making the party a success. 그들은 파티를 성공시키고자 애썼다. **for one's *pains*** 《반어적》 애써 노력한 보람도 없이. **on** (or **under**) ***pain* of death** 사형을 각오하고. **a *pain* in the neck** (or 《속어》 **ass, arse**) 눈엣가시, 골칫거리, 성가신 것(사람). ¶ ***give*** **a person** **a *pain* in the neck** …을 괴롭히다(성가시게 하다). ***pains* and penalties** 형벌.
— *vt.* …에게 고통을 주다, 괴롭히다; …을 근심(걱정)하게 하다. ¶ She is *pained* by your laziness. 너의 게으름 때문에 그녀는 걱정하고 있다. — *vi.* 아프다, 괴로워하다.
◇ **páinful, páinless** *adj.*
pained [peind] *adj.* **1** 아파하는, 괴로워하는. **2** 상처받은, 마음 상한; 성이 난.
‡**pain·ful** [péinfəl] *adj.* **1** 아픈, 괴로운, 가슴 아픈. ¶ *painful* thought 심통(心痛). **2** 힘이 드는(laborious), 힘든, 곤란한. **3** 《구어》 근면한; 애쓴. ~·**ness** *n.*
*pain·ful·ly [péinfəli] *adv.* 아프게; 힘을 들여서.
pain·kil·ler [péinkìlər] *n.* 《구어》 아픔을 제거하는 것; 《구어》 《특히》 진통제(analgesic).
pain·kill·ing [péinkìliŋ] *adj.* 《구어》 아픔을 덜어 주는, 진통의. ¶ a *painkilling* drug 진통제.
pain·less [péinlis] *adj.* **1** 무통의, 아픔(고통)이 없는. ¶ *painless* childbirth 무통 분만 / *painless* dentistry 무통 치과 의술. **2** 《구어》 쉬운, 힘이 들지 않는.
~·**ly** *adv.* ~·**ness** *n.*
pains·tak·er [péinztèikər, péins-] *n.* 《매우》 노력가.
*pains·tak·ing [péinztèikiŋ] *adj.* **1** 힘이 드는, 애쓴. ¶ a *painstaking* work 애쓴 작품, 노작(勞作). **2** 근면한, 애쓰는(diligent), 공들이는. ¶ She is *painstaking* in her work. 그녀는 일에 몸을 아끼지 않는다. — *n.* ⓤ 근면, 공들이기, 정성. ~·**ly** *adv.*
‡**paint** [peint] *n.* 《종류를 나타낼 때에는》 ⓒ **1** 물감, 도료, 안료(pigment), 페인트, 착색제; (~s) 그림 물감 세트. ¶ He scraped the *paint* off the door. 그는 문짝의 페인트를 벗겨냈다 / Wet (or Damp, Fresh) *Paint*. 《게시문》 페인트 주의. **2** 연지, 《주로》 얼굴용의) 화장품 (makeup). ¶ powder and *paint* 분과 연지. **3** ⓒ《주로 美부》[흑백의] 얼룩말(pinto). **4** 착색, 채색.
[as] fresh as *paint* 원기가 발랄한. ⇨ FRESH.
— *vt.* **1** …에 페인트를 칠하다. ¶ He *painted* the gate. 그는 문에 페인트를 칠했다 // (~+몸+몸) He *painted* the door white. 그는 문짝을 백색으로 칠했다.
2 [그림 물감으로] …을 그리다. (~+몸+몸+명) *paint* a portrait *in* oils 유화의 초상화를 그리다. **3** …을 착색하다, 채색하다. **4** [말로] …을 생생하게 묘사하다. ¶ *paint* a candidate as a free trader 후보자를 자유 무역주의자로 명확히 묘사하다. **5** [약]을 …에 바르다. ¶ (~+몸+몸+명) *paint* a cut *with* iodine; *paint* iodine *on* a cut 베인 상처에 옥도정기를 바르다. **6** …에 화장하다, 연지를 바르다. ¶ She *painted* her face thickly. 그녀는 얼굴 화장을 짙게 했다. — *vi.* **1** 페인트를 칠하다. **2** [그림 물감으로] 그림을 그리다. ¶ (~+몸+명) *paint in* oils (watercolors) 유화(수채화)를 그리다 / *paint on* a wall 벽화를 그리다 ¶ (~+몸) She *paints* well. 그녀는 그림을 잘 그린다. **3** 화장하다.
paint* a black** (**a rosy**) ***picture of …을 매우 비관 (낙관)적으로 말하다.
***paint* a person black** 남을 나쁘게 말하다.
paint in …을 색칠로 두드러지게 나타내다; [그림에] …을 그려 넣다.
paint it red 《美속어》 선정적으로 기사를 쓰다.
paint out 페인트칠로 지우다.
◇ **páinty** *adj.*
paint·ball [péintbɔ̀ːl] *n.* [페인트 탄환을 쓰는] 전쟁 게임, 서바이벌 게임.
páint bòx *n.* 그림 물감 상자.
paint·brush [péintbrʌ̀ʃ] *n.* **1** 화필, 그림 물감 솔. **2** 현삼과(玄蔘科)의 초본(草本).
paint·ed [péintid] *adj.* **1** 그린; 색칠한, 채색의. ¶ a *painted* portrait 색칠한 초상. **2** 페인트를 칠한. a *painted* bench 페인트칠을 한 벤치. **3** 겉치레의(sham); 허식적인. **4** 짙은 화장을 한. **5** 《복합어를 만들어》 엷은 빛깔의; 여러 빛깔의(multicolored), 다른 빛깔의.
páinted búnting *n.* 《鳥類》 [미국 남부산(產)] 피리새류(類)의 우는 새.
páinted lády *n.* 작은멋쟁이 [나비의 일종].
‡**paint·er**[1] [péintər] *n.* **1** 화가. ¶ a lady (or a female) *painter* 여류 화가 / a *painter* in oils 유화 화가.
2 페인트 가게, 도장공.
paint·er[2] [péintər] *n.* 《항해》 《배의》 배매는 밧줄.
cut (or **slip**) **the** (or **one's**) ***painter*** ① 배를 표류시키다. ② 속박을 끊다, 손을 끊다; 《식민지가》 본국과의 관계를 끊다.
paint·er[3] [péintər] *n.* 퓨마[미국 표범]의 변종(cougar).
paint·er·ly [péintərli] *adj.* 화가(특유)의; 회화[예술]의; 선보다 색채를 강조하는.
páinter's cólic *n.* ⓤ 《병리》 연독(鉛毒)으로 인한 산통(疝痛). 【합성】
páinter stàiner *n.* 문장(紋章) 그리는 화공; 그 조합원.
***paint·ing** [péintiŋ] *n.* **1** 그림, 유화, 수채화. ¶ a *painting* in oils (watercolors) 유화(수채화). **2** ⓤ 그림 그리기, 화업(畫業), 화술(畫術), 화법(畫法). **3** ⓤ 페인트 칠하기; [얼굴에] 연지 바르기; 착색(coloring).
páint pòt *n.* 페인트통.
paint·ress [péintris] *n.* 여류 화가.
paint·y [péinti] *adj.* (**paint·i·er, paint·i·est**) **1** 그림 물감(페인트, 그림 물감)을 지나치게 칠한. **2** 페인트(그림 물감)를 칠한, 페인트로 더럽혀진, 페인트 투성이의.
‡**pair** [pɛər] *n.* (*pl.* **pairs** or **pair**) **1** [같은 종류의 것 2개로 이루어지는] 한 쌍(켤레, 벌). ¶ a *pair* of gloves 장갑 한 벌 / two *pair*[s] of shoes 구두 2켤레.
— **Usage** 「2 벌의 장갑」이란 뜻의 경우, two *pair* of gloves 또는 two *pairs* of gloves 라 한다. 전자는 옛날부터 내려오는 용법이고, pair 가 원래는 단복수 동형이었던 것에서 생겨난 표현이므로, 현재도 구어에 남아 있으나, 일반적으로는 후자가 보통이다. 또한 pair 는 단수 취급이나, 원래 따로따로된 것이 한쪽만으로 되어 있는 경우는 복수로 취급한다: A *pair* of thieves *were* conspiring to rob the bank. 2인조의 도둑이 은행 강도 계획을 꾸미고 있었다.
2 [같은 모양의 것이 2부분으로 이루어지는] 한 개, 한 자루, 한 벌. ¶ a *pair* of scissors 가위 한 자루 / a *pair* of slacks 바지 한 벌 / a *pair* of spectacles 안경 한 개. [類] ***pair*** 한 쪽이 없으면 다른 쪽도 쓸모가 없어지는 상보(相補) 관계에 있는 2부분으로 이루어지는 것. **couple** 상보 관계가 없는 같은 종류의 2개: a *couple of* apples 사과 2개.

3 부부, 약혼중인 남녀, 데이트중인 남녀; 한 쌍의 동물. **4** [공통점이 있는] 두 사람, 2개. ¶ a *pair* of thieves 2인조의 도둑 / a *pair* of horses 2마리로 짝지워진 말. **5** 《드물게·방언》[계단의] 연속된 부분(flight), 층. ¶ a *pair* of stairs (or steps) 연속된 한 계단. **6** [정치] 표 기권을 담합한 반대 양당의 의원 두 사람; 그 담합. **7** [카드놀이] 동점의 패 2장, 페어; [경기] 두 사람의 한 조(組). **8** [기계] 서로 제한되어 움직이는 대우(對偶), 짝. **9** [우표 수집] [이어져 있는] 우표 2장. **10** 《주로 방언》[3개 이상으로 이루어진] 한 벌, 한 줄 (string). ¶ a *pair* of arrows [3개 이상으로 된] 한 벌의 화살 / a *pair* of beads 염주알 한 줄. **11** [짝의] 한 쪽. ¶ Where is the *pair* to this earring? 이 귀걸이의 한 쪽은 어디에 있지? ┌짜서.
in pairs (or *a pair*) 2개가 한 벌로 되어, 두 사람씩
pair royal ① 트럼프의 동점패 3장. ② 같은 수를 나타내는 주사위 3개.
— *vt.* **1** …을 2개 한 벌로 하다, 두 사람씩 짝지게 하다 (*off, up*). ¶ *pair* dancers 댄서들 두 사람씩 짝지게 하다. **2** …을 결혼시키다; [동물을] 짝지우다.
— *vi.* **1** 한 쌍이 되다; 짝짓다 (*off, up*). **2** 부부가 되다 (*with* …). **3** [정치] 반대당 의원과 짝으로 투표를 기권하다.
pair off ① 두 사람씩 짝짓다; 두 사람씩 떠나다 (떨어지다). ② 두 사람씩 행진하다, 2개씩 나누다. ¶ They *paired off* for a procession. 그들은 행진하기 위하여 두 사람씩 짝을 지었다. ④ 《속어》 결혼하다 (*with* …).
páir bond *n.* 《생물》 일자일웅(一雌一雄) 관계.
páir bónding *n.* 《생물》 일자일웅(一雌一雄) 관계 의 형성 (상태). ┌는.
pair-horse [pέərhɔ̀ːrs] *adj.* [마차의] 말 두 필이 끄
páiring séason [pέəriŋ-] *n.* [새 따위의] 교미기.
pair-oar [pέərɔ́ːr, -̀-] *n.* 페어 [두 사람이 각자 노 하나씩을 가지고 젓는 보트]. — *adj.* 페어의 (pair-oared).
páir prodúction *n.* [U] [물리] 대생성 (對生成) [입자와 반 (反) 입자의 동시 생성].
pai·sa [páisɑː, -́-] *n.* (*pl.* ~) 파이사 [파키스탄, 네팔의 화폐 단위; ¹⁄₁₀₀ rupee]. **2** (*pl.* **pai·se** [páisei], ~s) 파이사 (1) 인도, 부탄의 화폐 단위; ¹⁄₁₀₀ rupee. (2) 방글라데시의 화폐 단위; ¹⁄₁₀₀ taka]. [<Hindi]
pais·ley [péizli] *n.* **1** [U] 페이즐리 직물 [부드러운 모직물로서 정교한 무늬가 있다]. **2** 그 제품 [숄·스카프 따위]. — *adj.* 페이즐리 직물의. [<Paisley (스코틀랜드 서남부의 도시)]
Pais·ley·ism [péizlìːz(ə)m] *n.* [U] 북부 아일랜드의 가톨릭교도와 신교도와의 협조를 반대하는 운동.
<지도자인 목사 Ian Paisley의 이름 〉
Pais·ley·ite [péizlìàit] *n.* Paisleyism의 지지자.
Pai·ute [páiúːt] *n.* (*pl.* **-utes** [-úːts], 〖집합적〗 **-ute**) 북미 인디언의 파이우트족의 사람); [U] 파이우트어(語).
pajáma pàrty *n.* 파자마 파티 [10대의 소녀들이 동성의 친구집에 묵으면서 파자마 바람으로 논다].
***pa·jam·as** 《英》 **py·jam-** [pədʒǽməz, -dʒɑ́ːməz / -dʒáː-] *n. pl.* **1** 잠옷, 파자마. ¶ 형용사적으로 쓰일 경우는 단수형: *pajama* trousers 파자마의 바지. **2** 《보통 복수로》 또는 면 제품으로 인도 등의 남녀가 입는 느슨한 바지.
Pa·ki·stan [pæ̀kistǽn / + 美 pǽkistæ̀n] *n.* 파키스탄 [인도와 인접하는 회교 공화국; 수도 Islamabad].
Pa·ki·sta·ni [pæ̀kistǽni, -́-́-́] *adj.* 파키스탄 [사람] 의. — *n.* (*pl.* **-nis** or ~) 파키스탄인.
‡**pal** [pæl] *n.* 《구어》 친구, 동무(chum). ♦ FRIEND 〖類語〗 **a** pen *pal* 편지 친구, 펜팔. **2** 공범자 (accomplice). **3** 《주로 英》 〖보통 그다지 친하지 않은 사람을 부를 때〗 이봐, 자네. — *vi.* (**palled, pal·ling**) 친해지다, 친구가 되다 (*with* …).
the old pals act 《구어》 [옛 친구처럼] 허물없는 대우. ┌기.

pal around with 《美구어》 …와 친구로 교제하다.
pal up with 《주로 英》 …와 친해지다.
◇ **pál·ly** *adj.*
PAL (略) Philippine Air Lines (필리핀 항공); per-missive action *l*ink ([대통령] 허가제 핵탄두 안전장치
Pal. (略) Palestine. 〖해제 기구〗.
‡**pal·ace** [pǽlis, -əs] *n.* **1** 궁전; 《주로 英》 [대주교·주교의] 관저. **2** 대저택. **3** [오락·전람용 따위의] 호화로운 건물. ◇ palátial *adj.*
pálace cár *n.* 《英》 [철도의] 호화로운 특별 열차.
pálace revolútion *n.* [보통 측근자에 의한] 친위 (親衛) 쿠데타, 궁전 (宮殿) 혁명.
pal·a·din [pǽlədin] *n.* **1** 프랑크족의 왕인 Charlemagne 대제의 12기사의 한 사람 [전설적인물]. **2** 무사도를 닦는 사람; 협객. ┌다).
pa·lae- *pref.* ⇨ pale- (* 자음 앞에서는 palaeo-로 되
pa·laeo- *pref.* ⇨ paleo- [* 어떤 모음 앞에서는 palae-로 되는 수도 있다).
pa·lae·og·ra·pher [pèiliɑ́grəfər, pæ̀l- / -ɔ́g-] *n.* = paleographer. [[-triː]] = palestra.
pa·laes·tra [pəléstrə] *n.* (*pl.* **-tras** or **-trae**
pa·lais [pæléi] *n.* 《英》 댄스홀.
Pal·a·me·des [pæ̀ləmíːdiːz] *n.* [그리스 신화] 트로이 전쟁의 용장; 오딧세우스 (Odysseus) 의 모략으로 배신자로 몰려 살해되었다.
pal·an·quin [pæ̀lənkíːn], (**pal·an·keen**) *n.* [인도 기타의 동양 여러 나라의] 1인승 가마.
pal·at·a·bil·i·ty [pæ̀lətəbíliti] *n.* [U] 좋은 맛, 맛이 좋음; 상쾌, 쾌적.
pal·at·a·ble [pǽlətəbl] *adj.* **1** 입에 맞는, 맛이 좋은 (savory). **2** 기분에 맞는, 기분이 좋은.
~ness *n.* -**bly** *adv.*
pal·a·tal [pǽlətl] *adj.* **1** [해부] 구개 (口蓋) 의. **2** [음성] 구개음의. — *n.* **1** [해부] 구개골. **2** [음성] 구개음 [혀와 경(硬) 구개와의 사이에 접근 또는 접촉시켜서 내는 음; [j] [ç] 따위].
pal·a·tal·i·za·tion [pæ̀lət(ə)lizéi(ə)n / -laiz-] *n.* [U]
pal·a·tal·ize [pǽlət(ə)làiz] *vt.* (**-ized, -iz·ing**) 〖음성〗…을 구개음화 (口蓋音化) 하다.
***pal·ate** [pǽlit] *n.* **1** [해부] 구개 (口蓋), 입천장, 위턱. ¶ the hard (the soft) *palate* 경 (硬) (연 (軟)) 구개. **2** 미각, 기호. ¶ suit one's *palate* 입 (기호) 에 맞다 / The dish delighted my *palate*. 그 요리는 매우 맛있다 / He has a delicate *palate* for liquors. 그는 술을 잘 감별한다. **3** 감식안, 심미안.
◇ pálatal *adj.*, pálatalize *v.*
pálate bòne *n.* [해부] 구개골 (口蓋骨).
pa·la·tial [pəléi(ə)l] *adj.* **1** 궁전 (宮殿) 의 같은), **2** 궁전에 어울리는; 호화로운; 장대 (壯大) 한, 당당한.
~**ly** [-(ə)li] *adv.*
Pa·lat·i·nate [pəlǽt(i)nèit, -nit / -nit] *n.* (the ~) 팔츠 [독일 서남부, Rhine 강 서부의 한 지방; Lower Palatinate, Rhine Palatinate 라고도 불리어진다; 독일명 Pfalz]. **2** 팔츠의 주민. **3** (p-) 팔라틴 백작의 영지(領地).
pal·a·tine[1] [pǽlətàin, +美 -tin] *adj.* **1** 왕권을 가진, **2** 팔라틴 백작의. **3** 궁전의 (palatial). **4** (P-) Palatinate 의. — *n.* **1** 팔라틴 백작 [자기 영토 안에서 왕권의 일부를 행사하는 것이 허락된 백작]. **2** 《궁전·제국 (帝國) 의》 고관. **3** (P-) Palatinate 의 주민. **4** (the P-) 팔라틴 언덕 [고대 로마의 일곱 언덕의 하나]. **5** 여성용 모피 목도리.
pal·a·tine[2] [pǽlətàin, +美 -tin] *adj.* 구개의.
— *n.* (~s) [해부] 구개골 (palatine bones).
palato- palate (구개) 라는 뜻의 연결형. 예: *palato*gram.
pal·a·to·gram [pǽlətəgræ̀m] *n.* [음성] 구개도(圖).
Pa·láu Íslands [pɑːláu-] *n.* (the ~) 팔라우 제도

[태평양 Caroline 제도 서부의 제도. Belau 의 구칭].
pa·lav·er [pəlǽvər /-láːvə] n. 1 [특히 원주민과 외국인 사이의] 긴 상담(商談), 교섭. 2 회의, 긴 토론. 3 잡담, 수다, 재잘거리기(chatter). 4 ⓤ 아첨, 감언(flattery). 5 《속어》 사건(affair); 일(business). — vi. 1 잡담하다. 2 상담(교섭)하다. — vt. …에게 아첨하다; …을 설득하다; …을 구슬리다.

pa·laz·zo [paːláːtsou/-láz·zi] 《pl. -laz·zi [-láːtsi]》 《이탈리아》(=palace) [인상적인] 공공 건조물, 개인 주택; 궁전.

PAL cólor télevision sýstem [pǽl-] n. [컬러 텔레비전의] 팔 방식[주로 유럽에서 채용되고 있다].
[<*p*hase *a*lternation *l*ine]

‡**pale**[peil] adj. (**pal·er, pal·est**) 1 [안색이] 핏기가 없는, 창백한, 파랗게 질린, 파리한. ¶ turn *pale* [병·놀람 따위 때문에 얼굴이] 핏기가 가시다 / You look *pale*. 너는 안색이 나쁘다.
類語 **pale** 색깔이 옅은; 부자연스럽게(종종 일시적으로) 핏기가 가셔 생기가 없는: a *pale* face 창백한 얼굴. **pallid** pale 에 약함·피로·병 따위 이상 상태의 뜻이 가미되다: the *pallid* face of a dead person 죽은 사람의 핏기없는 얼굴. **wan** 오랜 병 따위로 창백하고 약한: *wan* and thin 창백하고 수척한.

2 [색깔이] 옅은, [포화도(飽和度) 따위가] 낮은. ¶ *pale* yellow 옅은 황색 / *pale* ale 알코올의 도수가 낮은 맥주. 3 [빛이] 어슴푸레한, 빛이 약한(dim). ¶ the *pale* moon 으스름달. 4 약한, 활기가 없는, 맥없는(faint).
— v. (**paled, pal·ing**) vi. 창백해지다, 새파랗게 질리다, 핏기가 가시다; 어슴푸레해지다. [색이] 엷어지다.
— vt. …을 창백하게 하다, 어슴푸레하게 하다; [색] 엷게 하다.
be pale before (or *beside*) …앞에서 무색해지다, …에 비해 못해 보이다(떨어지다).
~ly adv. **~ness** n. ◇ **pállor** n., **pálish, pállid, pály** adj.

pale² [peil] n. 1 (울타리용) 말뚝(picket). 2 울, 울타리, 울짱. 3 (울타리로 둘러싸인) 구역; [경계 안의] 지역, 영역. 4 한계(limits); 경계(boundary). 5 (the P-) 12세기 이후 영국 통치 아래 있었던 아일랜드 동부 지방. 6 《紋章》 방패 중앙의 세로줄. 7 《造船》 [건조중인 선체의 갑판을 받치는] 지주(支柱).
beyond the pale 범위 밖에; 조심성 있는, 상례를 벗어난.
outside (or *out of*) *the pale of* …의 범위 밖에.
within (or *inside*) *the pale of* …의 범위 내에.
— vt. (**paled, pal·ing**) 1 …을 말뚝으로(울타리로) 두르다(fence). 2 …을 둘러싸다(encircle), 싸다.

pale- ⇨ PALEO-.
paled [peild] adj. 울타리로 에워싼.
pale-eyed [péiláid] adj. 눈이 흐려진.
pale·face [péilfèis] n. 《때로 경멸적》 [북미 인디언과 구별하여] 백인.
pale-heart·ed [péilháːrtid] adj. 겁 많은.
paleo- old 라는 뜻의 연결형(* 모음 앞에서는 pale-을 쓴다). 예: *paleo*graphy, *pale*ethnology.
Pa·le·o·cene [péiliəsiːn, pǽl-] adj. 《지질》 효신세(曉新世)(통(統))의. — n. 효신세(통) [신생대 제3기에서 가장 오래된 지질계].
Pa·le·o·gene [péiliədʒiːn, pǽl-] adj. 고(古) 제3기의. — n. 고(古) 제3기[신생대 제3기 전반(前半)의 지질층].
pa·le·o·ge·og·ra·phy [pèilio(u)dʒiǽgrəfi/-liəudʒiɔ́g-], (**pa·lae·o·ge·og·ra·phy**) n. 고지리학.
pa·le·og·ra·pher [pèiliɑ́grəfər, pæl-/-ɔ́g-] n. 고문서 학자.
pa·le·o·graph·ic [pèilio(u)grǽfik, pæl-], (**pa·lae·o·graph·i·cal** [-ik(ə)l]) adj. 고문서[학]의; 고자체의 [古字體]의.
pa·le·og·ra·phy [pèiliɑ́grəfi, pæl-/-ɔ́g-] n. ⓤ 고문서; 고문서학; 고자체.

Pa·le·o·lith [péiliəliθ, pǽl-] n. 구석기(器).
pa·le·o·lith·ic [pèilio(u)líθik, pæl-] adj. 구석기 시대의.
pa·le·o·mag·net·ism [pèilio(u)mǽgnitìz(ə)m, pǽl-] n. ⓤ 고자기(古磁氣), 고자기학[암석 중의 자기에 의하여 지질 시대의 지자기(地磁氣)를 연구].
pa·le·on·tol·o·gist [pèiliɑntɑ́lədʒist, pæl-/-ɔntɔ́l-] n. 고생물학자.
pa·le·on·tol·o·gy [pèiliɑntɑ́lədʒi, pæl-/-ɔntɔ́l-] n. ⓤ 고생물학.
Pa·le·o·zo·ic [pèilio(u)zóuik, pæl-] 《지질》 adj. 고생대의. — n. 고생대.

*Pal·es·tine** [pǽlistàin] n. 팔레스타인 [아시아 서남부의 지중해에 면하는 고대 이스라엘의 국토. 성지 (Holy Land)라고도 불리며, 성서에서 말하는 Canaan 땅에 해당한다. 원래 영국의 위임 통치령, 현재는 이스라엘·요르단으로 분할되어 있다].
Pal·es·tin·i·an [pǽlistíniən, -tínjən] adj., n. 팔레스타인의 [주민].
pa·les·tra [pəléstrə] n. (pl. **-trae**[-triː] or **-tras**) [고대 그리스의] 체육관 [레슬링 따위의 연습장].
pal·e·tot [pǽlitòu, pǽltou/pǽltou] n. [주로 19세기에 많이 입었던 일종의] 헐렁한 외투.
pal·ette [pǽlit] n. 1 [화가가 사용하는] 팔레트. 2 [팔레트 위의] 그림 물감. 3 [특정한 화가가 쓰는] 그림 물감(색채)의 범위. 4 [갑옷의] 겨드랑이 받이(pal·lette).
pálette knìfe n. 팔레트 나이프 [물감의 혼합이나 팔레트의 소제 따위에 쓴다].
pal·frey [pɔ́ːlfri] n. 《고어》 승용마(riding horse), [특히] 여성 승마용의 작은 말.
Pa·li [pɑ́ːli] n. ⓤ 팔리어(語) [불교 성전(聖典)에 쓰이는 고대·중세 인도어]. [<Skt *pāli* canon]
pal·i·mo·ny [pǽlimòuni/-məni-] n. 《속어》 동거 생활을 하다가 헤어진 여성에게 주는 별거 수당.
[<PAL+(AL)IMONY]
pal·imp·sest [pǽlimpsèst] n. 거듭 쓴 양피지(羊皮紙) [쓰여 있던 글자를 지우고 그 위에 다시 쓴 것].
pal·in·drome [pǽlindròum] n. 회문(回文) [앞되어느쪽에서 읽어도 같은 말·구·문. 예: eye; Madam, I'm Adam. 따위], 어형, 웅문.
pal·ing [péilin] n. 1 말뚝을 둘러 박기; 《집합적》 말뚝; 말뚝 울타리; 울.
pal·in·gen·e·sis [pǽlindʒénisis] n. ⓤ 1 신생(新生), 재생(再生) (regeneration). 2 《생물》 a) 반복 발생. *opp.* cenogenesis b) 《헤켈》 자연 발생. 3 《종교》 재생(再生) [비교 종교학에서는 기독교의 세례에 대해서도 말함], 윤회(輪廻).
pal·in·ge·net·ic [pǽlindʒinétik] adj. 신생의, 재생의; [생물의] 반복 발생의.
pal·i·node [pǽlinòud] n. 1 [앞의 시 내용을] 취소하는 시, 개영시(改詠詩). 2 [앞서 한 말의] 취소, 철회(recantation).
pal·i·sade [pǽliséid] n. 1 말뚝, 울타리, 울짱. 2 (~s) [강변의] 단애, 벼랑, 암벽. — vt. (-sad·ed, -sad·ing) …에 울타리를 두르다(치다).
pal·i·san·der [pǽlisǽndər, +美 ⊇-⊇-] n. 자단(紫檀) [콩과의 상록 활엽 교목].
pal·ish [péiliʃ] adj. 좀 창백한, 파리한.

*pall¹** [pɔːl] n. 1 관(무덤) 덮는 보 [보통 검정색·흰색·자주색의 우단보]. 2 덮개, 포장, 장막. ¶ a *pall* of darkness 어둠의 장막. 3 《교회》 파릭(성배(聖杯) 덮는 아마포 된 천)), 성체 덮개; 《고어》 제단포(祭壇布). 4 《교회》 영대(領帶), 팔리음 《교황·대주교가 제복 위에 쓰이는 직물(職帶)》. *cf.* pallium 5 《紋章》 Y 자형 문장. 6 《고어》 외투. — vt. …에 관보를 씌우다, …을 덮다.

pall² [pɔːl] vi. 1 싫증이 나다, 물리다, 흥미가 없어 지다, 시시해지다 (*on, upon*...). ¶ (~+慁+名) The lengthy lecture *palled upon* me. 강연이 길어서 나는 지

Pal·la·di·an[1] [pəléidiən, -djən] *adj.* 이탈리아 건축가 Andrea Palladio 양식의. — *n.* Andrea Palladio의 제자.

Pal·la·di·an[2] [pəléidiən, -djən] *adj.* 1 그리스 여신 팔라스 아테나(Pallas Athena)의. 2 지혜의, 지식의, 학문의.

pal·la·di·um [pəléidiəm, -djəm] *n.* ⓤ 〖화학〗 팔라듐 [백금족의 회금속 원소의 하나; 원자 기호 Pd].

Pal·la·di·um [pəléidiəm, -djəm] *n.* (*pl.* **-di·a**) 1 팔라스 아테나(Pallas Athena)의 상(像) [특히 Troy의 성채 붕의 상은 Troy시의 안전의 상징으로 여겨졌다]. 2 (보통 p-) [도시·전물 따위의] 방어물(safeguard).

Pal·las [pǽləs, +英 -læs] *n.* 1 〖그리스 신화〗 팔라스 [Athena의 별칭, 공예의 여신. 아테네의 수호신이며 Pallas Athena라고도 한다]. 2 〖천문〗 팔라스 소행성(小行星).

pall·bear·er [pɔ́:lbὲ(:)rər, -bὲərə] *n.* [장례식에서] 관을 메는 (잡고 따라가는) 사람.

pal·let[1] [pǽlit] *n.* 1 짚자리, 짚이불(요). 2 작은 (빈약한) 잠자리. 3 〔주로 美남부〕 침대 대신에 마룻바닥에 깐 모포.

pal·let[2] [pǽlit] *n.* 1 [도공의] 주걱; 건조봉(乾燥棒). 2 [톱니바퀴의] 미늘; 바퀴 멈추개(pawl). 3 이동식 화물 깔판, 팰릿. 4 [화가의] 팔레트(palette). 5 [품공의] 그 조절판(調節瓣).

pal·let·ize [pǽlətàiz] *vt.* (-**ized**, -**iz·ing**) …의 수송 [입고(入庫)]을 팔레트화하다, …을 팔레트로 운반하다.

pal·lette [pǽlit] *n.* = palette 4.

pa·liasse [pǽljǽs, ⌐–] *n.* 〔주로 英〕 = paillasse.

pal·li·ate [pǽlièit] *vt.* (**-at·ed**, **-at·ing**) 1 [죄 따위]를 가볍게 하려고 하다, 참작하다, 변명하다. 2 [병·아픔 따위]를 누그러뜨리게 하다, 가볍게 하다, 완화하다.

pal·li·a·tion [pæ̀lièiʃ(ə)n] *n.* 〖U Ｃ〗 1 [죄 따위의] 경감(輕減), 변명, 구실. 2 [병·아픔 따위의] 완화.

pal·li·a·tive [pǽlièitiv / -liə-] *adj.* 1 [죄 따위]를 경감하는, 변명하는. 2 [병·아픔 따위]를 완화하는, 누그러뜨리는. — *n.* 1 [참작해야 할 사실, 정상(情狀)]; 변명. 2 [병·아픔 따위의] 완화제.

pal·li·a·tor [pǽlièitər] *n.* [병·아픔 따위의] 일시적 억제, 고식적인 수단; 완화(경감)하는 사람(것).

pal·lid [pǽlid] *adj.* 1 [안색이] 창백한, 해쓱한, 핏기가 가신. 2 활기가 없는. ⇒ PALE 類語. ~·ly *adv.* ~·ness *n.*

pal·li·um [pǽliəm] *n.* (*pl.* **-li·ums** or **-li·a**) 1 [고대의 그리스·로마 사람들이 입었던] 큰 장방형의 망토. 2 〔교회〕 영대(領帶), 팔리움〔교황이나 대주교의 제복(祭服) 위의 어깨에 걸쳤던 흰 양털로 짠 직장(職掌)〕. 3 제단 덮개; 관보(pall). 4 〖해부〗 뇌의 외피(外皮). 5 〖동물〗 외투막 [연체 동물의 각(殼) 내부에 있는 막].

Pall Máll [pél mél, pæl mǽl] *n.* 1 펠멜가(街)〔영국 London의 거리 이름; 클럽이 많은 거리로 유명〕. 2 영국 육군성〔본디 펠멜가에 있었다〕.

pall-mall [pélmél] *n.* 1 펠멜 구희(球戱) 〔17세기에 쇠테 두른 나무공을 나무 망치로 치는 구희〕. 2 펠멜 구희장.

pal·lor [pǽlər] *n.* ⓤ 〔안색의〕 해쓱함, 창백.

pal·ly [pǽli] *adj.* (-**li·er**, -**li·est**) 친한, 사이 좋은.

‡**palm**[1] [pa:m] *n.* 1 손바닥; [동물의 앞발의] 손바닥에 해당하는 부분. 2 장갑의 손바닥. 3 (= **sáilmaker's pálm**) 손바닥에 대는 가죽〔돛을 꿰맬 때 바늘을 밀기 위하여 그의 대용으로 사용한다〕. 4 뼘 7.6～10cm, 길이 18～25cm]. 5 〔사슴 뿔의〕 손바닥 모양의 부분. 6 손바닥 모양의 물건, 팔처럼 생긴 물건의 손바닥 모양의 부분. 7 〔항해〕 뇌의 넓적한 안쪽; 닻혀.

cross (or *grease*) *a person's palm* ⇒ CROSS.
have an itching palm 욕심이 많다, 뇌물을 좋아하다.
— *vt.* 1 요술 …을 손바닥에 숨기다. 2 …을 몰래 줍다(훔치다). 3 남을 속여서 …을 떠맡기다 (impose) (... *on, upon*). 4 …을 손바닥으로 만지다, 쓰다듬다. 5 …와 악수하다. 6 〖농구〗 〔드리블할 때〕 〔공〕을 잡다. 7 …에게 뇌물을 주다.

palm off [속어] 〔가짜 따위]를 떠맡기다(... *upon*).
◇ pálmar, pálmate *adj.*

*‡**palm**[2] [pa:m] *n.* 1 야자과(科)의 식물 [야자수·종려 따위]. 2 종려의 잎(가지) [승리의 상징으로 쓰였다]. 3 (the ~) 승리, 전승(戰勝); 영예.

bear (or *carry off*) *the palm* 〔고어·폐어〕 이기다, 우승하다.

yield (or *give*) *the palm to* …에게 승리를 양보하다.

pal·ma·ceous [pælméiʃəs] *adj.* 야자 과(科)의; 야자 비슷한.

Pálma Chrís·ti [pǽlməkrísti] *n.* 아주까리.

pal·mar [pǽlmər] *adj.* 손바닥의.

pal·ma·ry [pǽlməri] *adj.* [승리·영예의 표지로서의] 종려의 가지(잎)을 받을 자격이 있는; 칭찬 받을만한 (praiseworthy).

pal·mate [pǽlmeit, -mit], (**pal·mat·ed** [-meitid]) *adj.* 1 손바닥 모양의. 2 〖식물〗 장상(掌狀)의. 3 〖동물〗 물갈퀴의.

pal·ma·tion [pælméiʃ(ə)n] *n.* ⓤ 손바닥 모양, 장상, 장상 구조.

Pálm Béach *n.* 미국 Florida주 동남 해안의 피한지 (避寒地).

pálm bútter *n.* ⓤ 야자 기름(palm oil).

pálm cívet(cát) *n.* 사향고양이〔동남 아시아·동인도 제도에 서식하는; 털에 반점 또는 줄무늬가 있다〕.

*‡**palm·er**[1] [pá:mər] *n.* 1 [특히 중세의] 성지 순례자 〔참배의 표지로서 종려 가지를 들고 돌아왔다〕. 2 [일반적으로] 순례(pilgrim). 3 = palmworm. 4 제물 낚시의 일종. — *vi.* 〔스코·北英〕 헤매다, 방랑하다 (wander).

palm·er[2] [pá:mər] *n.* 카드놀이 따위에서 속임수를 쓰는 사람; 요술쟁이.

pálm·er-wòrm [pá:mərwə̀:rm] *n.* 모충의 일종 〔사과나 기타 과수의 잎을 먹어 해친다〕.

pal·met·to [pælmétou] *n.* (*pl.* **-tos** or **-toes**) [잎이 부채 모양인] 야자의 일종.

pálm·ful [pá:mful] *n.* 손바닥 가득[의 분량], 한줌.

pálm hòuse *n.* 종려나무 온실.

pal·mi·ped [pǽlmipèd] *adj.* 물갈퀴가 있는. — *n.* 〔고어〕 물갈퀴가 있는 새, 물새.

palm·ist [pá:mist] *n.* 손금쟁이(chiromancer).

palm·is·try [pá:mistri] *n.* ⓤ 1 수상술(手相術) (chiromancy). 2 [소매치기의] 손재주 [의 교묘함]; 요술. 〔鹽〕.

pal·mi·tate [pǽlmitèit] *n.* 〖화학〗 팔미틴산염(酸 〔鹽〕.

pal·mit·ic [pælmítik] *adj.* 〖화학〗 팔미틴산의; 야자유에서 뽑아낸.

pal·mít·ic ácid *n.* 〖화학〗 팔미틴산.

pal·mi·tin [pǽlmitin] *n.* ⓤ 〖화학〗 팔미틴.

pálm léaf *n.* 종려잎 [부채나 모자를 만드는 데 사용].

pálm òil *n.* ⓤ 1 야자 기름. 2 〔美속어〕 뇌물(bribe).

pálm súgar *n.* ⓤ 〔野糖〕.

Pálm Súnday *n.* 성지(聖枝) 주일〔부활절 직전의 일요일; 그리스도가 예루살렘(Jerusalem)에 들어간 기념일〕.

pálm-tòp [pá:mtɑ̀p] *adj.* 손바닥에 올려 놓을 수 있는 크기의. — *n.* [손바닥에 놓고 조작하는] 초소형 컴퓨터(palm-top computer).

palm·y [pá:mi] *adj.* (**palm·i·er**, **palm·i·est**) 1 빛나는, 번영하는, 의기 양양한. ¶ *one's palmy days* 전성기. 2 종려의, 종려와 같은; 종려가 무성한.
◇ palm *n.*

pal·my·ra [pælmái(ə)rə / -máiərə] *n.* 종려의 일종 〔아시아산(産)의 부채잎야자〕.

pal·o·mi·no [pæ̀ləmí:nou] *n.* [주로 미국 서남부 (產)] 황갈색의 말〔갈기와 꼬리는 아마색(亞麻色)〕.

pa·loo·ka [pəlú:kə] *n.* 《美속어》 1 약한 선수〔특히 권투 선수〕. 2 바보스럽고 서투른 사람.

palp [pælp] *n.* =palpus.
pal·pa·bil·i·ty [pælpəbíliti] *n.* ⓤ 명백; 감지할 수 있음.
pal·pa·ble [pǽlpəbl] *adj.* **1** 쉽게 지각할 수 있는; 명백한. ⇨ CLEAR [類語] ¶ a *palpable* lie 빤한 거짓말. **2** 감지할 수 있는. **3** 《의학》 촉진(觸診)할 수 있는.
pal·pa·bly [pǽlpəbli] *adv.* 명백히, 분명히, 뚜렷이.
pal·pal [pǽlpəl] *adj.* 《곤충 따위의》 촉수의.
pal·pate[1] [pǽlpeit] *vt.* (**-pat·ed, -pat·ing**) 〖손으로〗…을 만지다; 〖의사 등이〗…을 촉진하다.
pal·pate[2] [pǽlpeit] *adj.* 《동물》 촉수(觸手)가 있는.
pal·pa·tion [pælpéiʃ(ə)n] *n.* ⓤ 촉진(觸診).
pal·pe·bral [pǽlpəbrəl] *adj.* 눈까풀의.
pal·pi [pǽlpai, -pi:] *n.* palpus의 복수형.
pal·pi·tant [pǽlpətənt] *adj.* 심장이 두근거리는; 떨고 있는.
pal·pi·tate [pǽlpəteit] *vi.* (**-tat·ed, -tat·ing**) **1** 맥박치다; 가슴이 두근거리다, 동계(動悸)하다. ⇨ PULSATE [類語] **2** 떨리다(tremble). ◇ palpitátion *n.*
pal·pi·ta·tion [pælpətéiʃ(ə)n] *n.* ⓤⓒ **1** 동계, 가슴이 두근거림. ¶ *palpitation* of the heart 심계 항진(心悸亢進). **2** 떨림.
pal·pus [pǽlpəs] *n.* (*pl.* **-pi**) 《곤충》 촉수(觸手).
pals·grave [pɔ́:lzgreiv, +美 pǽlz-] *n.* 〖옛 독일의〗 팔라틴 백작. ⇨ PALATINE[1].
pal·sied [pɔ́:lzid] *adj.* 마비된, 중풍의.
pal·stave [pɔ́:lsteiv, +美 pǽl-] *n.* 《고고》 나무 자루를 단 청동제의 도끼(bronze celt).
pal·sy [pɔ́:lzi] *n.* ⓤⓒ (*pl.* **-sies**) 마비(痺), 저림, 중풍, 무기력, 무능, — *vt.* (**-sied, -sy·ing**) …을 마비시키다, 저리게 하다; 〖공포 따위로〗, 무기력하게 하다.
pal·sy-wal·sy [pǽlziwǽlzi] 《美俗語》 친밀한, 매우 친한(very intimate).
pal·ter [pɔ́:ltər] *vi.* **1** 되는 대로 말하다(하다), 말끝을 흐리다(얼버무리다); 속이다(*with*...), ¶ (~+前+图) Don't *palter with* serious matters. 중요한 문제를 경시하지 마라. **2** 〖값을〗 깎다, 흥정하다(*with, about*...), ¶ (~+前+图) *palter with* a person *about* a price 남과 가격에 대하여 흥정하다. **3** 부주의한 행동을 하다.
pal·try [pɔ́:ltri] *adj.* (**-tri·er, -tri·est**) **1** 〖금액 따위가〗 얼마 되지 않는, ⇨ PETTY [類語] **2** 하찮은, 무가치한(worthless). **3** 천한, 비열한(mean).
-tri·ly *adv.* **-tri·ness** *n.*
pa·lu·dal [pəlú:dl, pǽljudl / pəljú:dl] *adj.* **1** 소택지의, 늪이 많은, 습지(濕地)의. **2** 〖병·독기 따위가〗 늪에서 발생하는. ¶ *paludal* fever 말라리아열(熱).
pal·y [péili] *adj.* (**-i·er, -i·est**) 《고어》 창백한, 해쓱한 (pale).
pam [pæm] *n.* 〖카드놀이〗 **1** [loo 승부에서] 클럽의 잭. **2** ⓤ 나폴레옹 비슷한 게임[클럽의 책이 최고점].
pam. (略) pamphlet.
Pa·mirs [pəmíərz] *n.* (the ~) 파미르 고원〖아시아 중부의 고원; 힌두쿠시·천산(天山)·곤륜(崑崙)·히말라야 산맥이 모여 있는데〗.
pam·pas [pǽmpəz, -pəs] *n. pl.* 팜파스〖남미, 특히 아르헨티나의 광대한 초원〗.
pámpas gràss [pǽmpəs-] *n.* 팜파스풀〖남미 원산의 참억새 비슷한 풀〗.
pam·per [pǽmpər] *vt.* **1** …을 어하다, 지나치게 소중히 하다; 〖욕망 따위〗를 충분히 만족시키다. ¶ *pamper* oneself 제멋대로 행동하다. **2** 《고어》 포식시키다 (glut).
pam·pe·ro [pɑ:mpɛ́(:)rou / pæmpéərou] *n.* Andes 산맥에서 아르헨티나의 초원 지대를 가로질러 브라질 남안 방면으로 세차게 내리부는 차가운 서남풍.
‡**pam·phlet** [pǽmflit] *n.* **1** 〖시사 문제에 관한〗 소논설, 소논문, **2** 〖보통 80페이지 이내의 간단히 철한〗 소책자, 팜플렛.
pam·phlet·eer [pæmflitíər] *n.* 팜플렛의 필자.

— *vi.* 팸플릿을 쓰다, 팸플릿을 간행하다.
‡**pan**[1] [pæn] *n.* **1** 남작 냄비, 접시. ¶ a frying *pan* 프라이 팬 / a stew *pan* 스튜 냄비. **2** 〖저울 따위의〗 접시, 증발 접시. **3** 〖은광을 부수어 아말감화하기 위한〗 쇠냄비. **4** 〖사금 따위를 물로 가려내는〗 선광용 냄비. **5** 《속어》 얼굴, 상판. **6** 작은 부빙(浮水). **7** 접시 모양으로 두레빠지는 땅, 늪지대; 염전(鹽田). **8** 〖무른 땅 아래 있는〗 경반(硬盤), 경질 지층 (硬質地層)(hardpan). **9** 〖구식 총의〗 약실(藥室). ⇨ FLINTLOCK 그림, **10** 〖돌째 귀의〗 구멍, 암(수)돌쩌귀, **11** 냉엄한 비평.
leap (or *fall*) *out of the pan into the fire* 작은 어려움을 피하려고 큰 어려움을 만나다.
on the pan 내리깎이어, 헐뜯기어.
savor of the pan 본성을 드러내다.
shut one's pan 입을 다물다, 아무 말 하지 않다.
— *v.* (**panned, pan·ning**) *vt.* **1** 〖사금 따위를 가려내기 위하여〗 〖흙·모래〗를 냄비로 일다. **2** 〖사금 따위를〗 가려내다. **3** 〖냄비로〗 …을 요리하다. **4** 《구어》 …을 혹평하다, 깎아내리다, 헐뜯다. ¶ The critic *panned* the play. 그 비평가는 그 연극을 혹평했다. — *vi.* **1** 〖선광용 냄비로〗 흙·모래를 일다. **2** 〖흙·모래를 일어〗 금을 가려내다.
pan out (*vi.*) ① 금이 나다. ② 《구어》 …의 결과가 되다(turn out). ¶ The peace talks did not *pan out* well. 평화 회담은 잘 되지 않았다.
pan[2] [pæn] *v.* (**panned, pan·ning**) *vi.* 〖파노라마적인 효과를 위하여, 움직이는 피사체를 쫓아〗 카메라를 상하·좌우로 돌리다, 팬하다. — *vt.* 〖카메라를 돌리며〗…을 촬영하다. [<PAN(ORAMA)]
Pan [pæn] *n.* 《그리스 신화》 판〖산야(山野)·목양의 신; 다리는 염소를 닮고, 머리에 뿔이 있으며, 염소의 귀를 가짐〗.
PAN [pæn] 《略》 *p*eroxyacetyl *n*itrate; *p*olyacrylo*n*itrile(폴리아크릴로니트릴).
pan- all, universal 이라는 뜻의 연결형. 예: *pan*acea, *pan*hellenic, *Pan*-Slavism.
Pan. (略) Panama.
pan·a·ce·a [pæ̀nəsí:ə] *n.* 만병 통치약(cure-all).
pa·nache [pənǽʃ, -nɑ́:ʃ] *n.* **1** 깃털〖특히 투구·모자의〗깃털 장식. **2** 과시, 걸치레, 허세.
pa·na·da [pənɑ́:də] *n.* ⓤⓒ 빵국.
Pan-Af·ri·can·ism [pæ̀nǽfrikənìz(ə)m] *n.* ⓤ 전(全)아프리카〖정치 통일〗주의, 이라프리카주의.
Pan Am [pǽn ǽm] *n.* 팬아메리칸 항공 회사(Pan-American World Airways) (1986년 파산).
‡**Pan·a·ma** [pǽnəmɑ̀:, -mɑ́:] *n.* **1** 파나마〖중미 남부의 공화국; 수도 Panama City〗. **2** the Isthmus of ~ 파나마 지협(地峽)〖남·북미를 잇는〗. **3** the Gulf of ~ 파나마 만. **4** (때로 p-) 파나마 모자.
◇ Panamánian *adj.*
Pánamà Canál *n.* (the ~) 파나마 운하〖파나마 지협을 가로질러 태평양과 대서양을 연결하는 운하; 1914년에 완성〗. [ZONE.
Pánamà Canál Zòne *n.* 파나마운하 지대. ⇨CANAL
Pánamà hát *n.* 파나마 모자.
Pan·a·ma·ni·an [pæ̀nəméiniən, -njən] *adj.* 파나마의, 파나마 사람의. — *n.* 파나마 사람, 파나마 원주민.
◇ Pánama *n.*
Pan-A·mer·i·can [pæ̀nəmérikən] *adj.* 전 미(全美)의, 범(汎美)주의의〖북·중·남미의 제국을 포함〗.
Pàn-Américan Cóngress *n.* 범미 (汎美) 회의.
Pan-A·mer·i·can·ism [pæ̀nəmérikənìz(ə)m] *n.* 전 미(범미)주의〖북·중·남미의 정치적 연합을 목표로 한〗. [ⓤ.]
Pàn Américan Únion *n.* 범미 동맹〖略〗P.A.
Pan-An·gli·can [pæ̀nǽŋglikən] *adj.* 범(汎)영국 교회주의의.
Pan-Ar·a·bism [pæ̀nǽrəbìz(ə)m] *n.* 범(汎)아랍의

Pan-A·sian·ism [pænéiʒənìz(ə)m / -ʃə-] n. ⓤ 범아시아주의.

pan·a·tel·a [pæ̀nətélə], (**pan·a·tel·la**, **pan·e·tel·a**, **pan·e·tel·la**) n. 패너텔라(가늘게 만 엽궐련).

pan·a·trope [pǽnətròup] n. 패너트롭[확성기를 갖춘 전축].

pan-broil [pǽnbrɔ̀il] vt., vi. 기름을 거의 쓰지 않은 프라이팬으로 굽다.

***pan·cake** [pǽnkèik] n. **1** 팬케이크[우유·달걀·밀가루를 재료로 하여, 프라이팬에 얇게 구운 일종의 핫케이크]. **2** [비행기의] 수평 낙하[착륙]. **3** ⓤⓒ 팬케이크 화장[메이크업의 일종]. **4** [극양(極洋) 위의 원형의] 얇은 얼음.
flat as a pancake 납작한.
— v. (-caked, -cak·ing) vi. 수평 낙하[착륙]을 하다.
— vt. [비행기]를 수평 낙하[착륙]시키다.

Páncake Dày n. 《英》=Shrove Tuesday.

páncake lànding n. =pancake 2.

páncake ròll n. 중국 요리의 하나[여러 가지 재료를 싸서 기름에 튀긴 것].

Pán·chen Láma [pá:ntʃen-] n. 판첸 라마(Dalai Lama에 다음 가는 라마교의 부교주(副敎主)].

pan·chro·mat·ic [pæ̀nkrou(u)mǽtik] adj. [사진의 감광판(感光板) 등이] 전색(全色)의, 전정색(全整色)의.

pan·chro·ma·tism [pænkróumətìz(ə)m] n. ⓤ [사진의] 전정색(성).

pan·cos·mism [pænkázmiz(ə)m / -kɔ́z-] n. [철학] 범우주론, 물질 우주설.

pan·crat·ic [pænkrǽtik] adj. **1** [고대 그리스의] 권투 씨름의. **2** [렌즈 따위가] 배율을 자유로이 조절할 수 있는.

pan·cra·ti·um [pænkréiʃiəm] n. (pl. -ti·a) [고대 그리스의] 권투 씨름[권투와 레슬링을 합친 것 같은 경기].

pan·cre·as [pǽŋkriəs, -美 pǽn-] n. [해부·동물] 췌장. ¶ ABDOMEN, ALIMENTARY 그림. ▷ **pancreátic** adj.
¶ *pancreatic juice* 췌액. ▶ *páncreas* n.

pan·cre·at·ic [pæ̀ŋkriǽtik, +美 pæ̀n-] adj. 췌장의.

pan·cre·a·tin [pǽŋkriətin, +美 pǽn-]. n. ⓤ [생화학] 판크레아틴, 췌소(膵液素)[동물 췌장 속의 효소로 만드는 당분제].

pan·cre·a·ti·tis [pæ̀ŋkriətáitis, +美 pæ̀n-] n. ⓤ [병리] 췌장염.

pan·da [pǽndə] n. 팬 더[완웅류(浣熊類)]. *lesser panda* & *giant panda* 의 총칭. ▷ LESSER PANDA, GIANT PANDA.

pánda càr n. 《英》[경찰의] 순찰차.

pánda cròssing n. 《英》보행자가 단추를 누르면 신호등이 커지는 횡단 보도.

pan·da·nus [pændéinəs, -pǽn-] n. (pl. -nus·es) 판다누스[열대성 상록 교목].

Pan·de·an [pændí:ən] adj. 목신(牧神) Pan 의(과 같은).

Pandéan pípes n. pl. 목신 팬의 피리(panpipe).

pan·dect [pǽndekt] n. **1** (~s) 법전, 법령 전서. **2** 총람, 요람. **3** (P-s) [로마 법률] 로마(유스티니아누스) 법전 [6세기에 편찬된 50권의 로마 민법 총람].

pan·dem·ic [pændémik] adj. **1** [병이] 전국적(전대륙적·세계적)으로 유행하는. *cf.* endemic **2** 일반적인 (general), 보편적인. — n. 전국적(전대륙적, 세계적) 유행병.

pan·de·mo·ni·um [pændimóuniəm, -njəm] n. **1** (보통 P-) 만마(萬魔)의 소굴, 복마전. **2** (보통 P-) 지옥(hell). **3** 혼란한 장소, 수라장. **4** ⓤⓒ 대혼란, 혼돈(chaos).

pan·der [pǽndər] n. **1** 뚜쟁이(procurer); 갈보집 주인, 포주(pimp). **2** 나쁜 짓을 중개하는 사람. — vt. …에게 매춘을 하다; …의 나쁜 짓을 돕다. — vi. 뚜쟁이질을 하다; [나쁜 일]의 방조를 하다, 선동하다, 사주하다. ¶ (~+囲+图) *pander to* a person's low tastes 남의 저속한 취미에 영합하다.

pan·dit [pándit] n. [인도의] 현인, 박식한 사람.

P. and L. (略) *profit and loss*(손익).

pan·door [pændúər] n. 《英》=pandour.

pan·do·ra [pændɔ́:rə / -dɔ́:rə], (**pandore**) n. 판도라 [기타 비슷한 현악기](bandore).

***Pan·do·ra** [pændɔ́:rə / -dɔ́:rə] n. [그리스 신화] 판도라[Prometheus 가 천국의 불을 훔쳐서 인류에게 주었기 때문에, 인류를 벌하기 위하여 Zeus 가 지상으로 내려 보낸 최초의 여성].

Pandóra's bóx n. [그리스 신화] 판도라의 상자 [Zeus 가 Pandora 에게 준 상자. Pandora 가 열지 말라는 뚜껑을 열었더니 그 속에서 온갖 재앙과 죄악이 뛰쳐나와 세상에 퍼지고, 상자 속에는 희망만이 남았다고 함]. 상자 밑바닥에 남아있는 희망.

pan·dore [pændɔ́:r / -dɔ́:] n. =pandora.

pan·dour [pændúər] n. (*《英》에서는 **pan·door** 로도 쓴) **1** [역사] 판드르병(兵) [18세기의 잔인한 Croatia 병]. **2** 잔인한 병사, 약탈병.

pan·dow·dy [pændáudi] n. (pl. -dies) 《美》 [보통 당밀이 든 사과] 애플 파이.

P & S (略) 《증권》*purchase and sale*.

pan·dy [pǽndi] n. (pl. -dies) [학교에서 벌로써 매·가죽끈으로] 손바닥을 때리기. — vt. (-died, -dy·ing) 손바닥을 때리다.

‡**pane** [pein] n. **1** [유리의 장막, 창살, 창의 칸막이. **2** [한 장의] 유리판. **3** [천정·문 따위의] 장식 판자, 판벽널(panel). **4** [볼트·너트 따위의] 1면; [네모꼴 무늬의] 1구획; [바둑판의] 1눈. **5** 우표의 1시트 또는 여러 장 붙어 있는 것.

paned [peind] adj. 《보통 복합어를 만들어》 창유리를 끼운; 장식판자 이어서 만든.

pan·e·gyr·ic [pæ̀nidʒírik] n. **1** 칭찬하는 연설[문], 찬사(eulogy) (*on, upon* …). **2** 칭찬, 격찬 (*on, upon* …).

pan·e·gyr·i·cal [pæ̀nidʒírik(ə)l] adj. 칭찬 연설의(과 같은), 찬사의; 칭찬하는(*on, upon*…). ~·ly [-kəli] adv.

pan·e·gyr·ist [pæ̀nidʒírist, -‐-‐] n. 찬사를 기초로 하는 (쓰는) 사람; 칭찬하는 사람(eulogist).

pan·e·gy·rize [pǽnidʒiràiz] (*《英》에서는 **pan·e·gy·rise** 로도 쓴) v. (-rized, -riz·ing) vt. …에게 칭찬 연설문(칭찬문)을 쓰다(읽다), …을 칭찬하다 (eulogize). — vi. 칭찬하다 (*on, upon* …).

‡**pan·el** [pǽn(ə)l] n. **1** 패널[천장·벽 따위의 한 칸(구회). **2** [창 따위의] 유리(pane); 장식 판자, 판벽널, 패널. **3** [캔버스 대용의] 화판, [그것에 그린] 패널화. **4** 장방형의 사진, [사진의] 패널형(판). **5** 드레스·스커트에 대 세로로 길고 좁다란 천 조각. ¶ a *panel* skirt 패널 스커트. **6** [법률] 배심원 명부, 전배심원(jury); 《스코 법률》 형사 피고인; 《英》 [보험법 규정에 의한] 건강 보험 의사 명부. ¶ a *panel* doctor 건강 보험 의사. **7** 《집합적》 전문 위원회; [토론회·좌담회 따위의] 연사단(圈), 토론자단; 심사원단; [퀴즈 프로그램 따위의] 해당 자단, 패널 토론회, **8** 패널 토론회(panel discussion), 공개 토론회(*on*…), **9** [항공] [비행기 날개의] 한 구획; [전기] 배전반(配電盤)의 한 구획; [광산의] 구간. **10** 안장 깔개, [안장 대신에 쓰는] 방석. **11** [한장의 양피지(parchment).

go on the panel 《英》 건강 보험 의사의 진찰을 받다.

on the panel 《英》 [의사가] 건강 보험 의사 명부에 등록되어.

— vt. (-eled, -el·ing; 《英》 -elled, -el·ling) **1** …에 장식 판자 (판벽널)을 붙이다; …을 장식 판자로 꾸미다. ¶ (~+囲+图+图) *panel* a room with rosewood 방에 자단(紫檀)의 장식 판자를 대다. **2** …을 패널 그림이 그려넣은 종이로 덮다. **3** …에 좁다란 장식용 헝겊을 세로로 대다. **4** [배심원]을 선정하다. **5** …에 안장 깔개를 대다. **6** [스코 법률] …을 기소하다.

pan·el·board [pǽn(ə)lbɔ̀:rd / -bɔ̀:d] n. [틀 따위에 끼우는] 널판, 장식 판자; [전기] 배전반.

pánel discússion n. 패널 디스커션[예정된 의제로 몇 명의 연사가 대중 앞에서 하는 공개 토론회].

pánel dóor n. 패널 도어[장식 판자를 붙인 문]. cf. flush door
páne·less [péinlis] adj. [창 따위가] 유리가 없는.
pánel gàme n. =panel show.
pánel héating n. ⓤ (건물의) 복사(輻射) 난방[열 파이프·전기·온탕 파이프를 천장·벽 따위에 설치해서 하는 난방].
pánel hòuse n. 갈보집.
pan·el·ing, 《英》 **-el·ling** [pǽn(ə)liŋ] n. ⓤ (집합적) 장식 판자, 판벽널(panels); 장식 판자 붙이기; 패널 용재(用材).
pan·el·ist [pǽnəlist] n. 1 [패널 디스커션의] 토론자. 2 [라디오·텔레비전 프로그램 따위의] 출연자, 해답자.
pánel líghting n. 패널 조명[형광 물질을 바른 금속 패널을 전기적으로 가열해서 빛을 발하게 한다].
pánel shòw n. [텔레비전의] 퀴즈 프로.
pánel trùck n. 《美》라이트 밴[좌석 뒤에 짐을 싣게 된 화객 양용 자동차].
pánel wàll n. [건축의] 칸막이 벽(curtain wall).
pan·en·the·ism [pænénθiːz(ə)m] n. 1 만유 재신론(萬有在神論) (說) [세계는 신의 존재의 일부로서 신 안에 있다고 하는 설].
pan·e·tel·a, -tel·la [pænitélə] n. =panatela.
Pan-Eu·ro·pe·an [pænjù(ː)rəpí(ː)ən / -jùərə-] adj. 범(汎)유럽주의의.
pan·fish [pǽnfìʃ] n. (pl. ~fish or ~fish·es) 통째로 튀기는(프라이용) 작은 물고기[민물 고기].
pan-fry [pǽnfrài] vt. (-fried, -fry·ing) …을 프라이 팬으로 튀기다.
pan·ful [pǽnfùl] n. 냄비(접시) 하나 가득(의 양).
***pang** [pæŋ] n. 1 마음의 고통, 비통, 고민. ¶ the pangs of conscience 양심의 가책. 2 [발작적인] 격통, 고통. ¶ PAIN 類語 ¶ the pang of death 죽음의 고통.
pan·gen·e·sis [pændʒénisis] n. ⓤ (생물) 범생설(汎生說) [Darwin의 유전에 관한 가설(假說); 현재는 폐설(廢說)].
Pan-Ger·man [pændʒə́ːrmən] adj. 전(범) 독일(게르만)주의의. — n. 전(범) 독일(게르만)주의자.
Pan-Ger·man·ic [pændʒə(ː)rmǽnik] adj. =Pan-German.
Pan-Ger·man·ism [pændʒə́ːrmənìz(ə)m] n. ⓤ 전(범)독일(게르만)주의.
pan·go·lin [pæŋgóulin, pǽŋgəlin] n. (동물) 천산갑(穿山甲) [아프리카·열대 아시아산(産)·개미를 먹는다].
pan·gram [pǽŋgræm] n. 알파벳의 다른 문자로 짜맞춘 글 [말놀이의 일종].
pan·han·dle¹ [pǽnhændl] n. 1 남작냄비(프라이팬) 의 손잡이. 2 (때로는 P-) 《美》 [알래스카 등지와 같이] 좁고 길게 돌출한 지역.
pan·han·dle² [pǽnhændl] vi., vt. (-dled, -dling) 《美구어》 구걸하다, 비럭질하다.
pan·han·dler [pǽnhændlər] n. 《美구어》 거지(beggar).
Pánhàndle Státe n. (the~) 미국 West Virginia 주의 속칭.
Pan·hel·len·ic [pænhelénik / -helíːn-] adj. 전(범) 그리스[사람]의, 전(범) 그리스주의의. 《美》 [대학의] 그리스 문자 클럽의.
Pan·hel·len·ism [pænhélinìz(ə)m] n. ⓤ 범(汎) 그리스주의.
Pan·hel·len·ist [pænhélinist] n. 범(汎) 그리스주의자.
***pan·ic¹** [pǽnik] n. 1 당황, 겁먹음. ▶ FEAR 類語 ¶ be seized with panic 겁먹다, 공포에 사로잡히다. 2 (경제) 금융 공황, 패닉. ¶ get up (or start) a financial panic 금융 공황을 일으키다. 3 《속어》 아주 우스꽝스러운 (유쾌한 것, 사람). — adj. 당황한, 당황하여 절

쩔매는. 2 도가 지나친, 터무니없는(unreasonable). 3 (P-) 목신(牧神) Pan 의. — v. (-icked, -ick·ing) vt. 1 …을 당황케 하다; …에 공황을 일으키게 하다. 2 《속어》 [관중 등]을 열광케(왁자하게) 하다. — vi. 1 당황하여 절쩔매다; 공황을 일으키다. ◇ pánicky adj.
pan·ic² [pǽnik] n. 수수·피류(類) (panic grass) [벼(科)].
pánic disòrder n. (의학) 공포 장해(恐怖障害).
pan·ick·y [pǽniki] adj. (때로 -ick·i·er, -ick·i·est) 《구어》 공황적으로; 당황한, 겁에 질린.
pan·i·cle [pǽnikl] n. (식물) 원추화[서] (圓錐花[序]).
pan·ic-strick·en [pǽnikstrìk(ə)n], **-struck** [-strʌ̀k] adj. 공황으로 빠진; 당황한, 당황하여 절쩔매는.
pa·nic·u·late [pəníkjuleit, -lit / -lit], **-lat·ed** [-lèitid] adj. (식물) 원추화[서]의.
pan·i·fi·ca·tion [pænifikéiʃ(ə)n] n. ⓤ 빵 제조(製造); 빵화(化).
Pan-Is·lam [pænísləm, -íːz- / -íːz-], **-Is·lam·ism** [-ísləmìz(ə)m, -íːz- / -íːz-] n. ⓤ 전 (범) 회교주의.
Pan-Is·lam·ic [pænislǽmik, -iːz- / -iːz-] adj. 범(汎)회교적의, 범회교(주의)의.
Pan·ja·bi [pʌndʒɑ́ːbi] n. (pl. ~bis) 1 편잡 사람 (Punjabi). 2 편잡 말.
pan·jan·drum [pændʒǽndrəm] n. 영감님, 나리, 대장[거만한(뻐기는) 관리를 조롱하여 부르는 말].
pan·mix·i·a [pænmíksiə] n. ⓤ (생물) 잡혼(雜婚) 번식. [(板刊店).
Pan·mun·jom [pɑ́ːnmúndʒʌ́m] n. [한국의] 판문점
pan·nage [pǽnidʒ] n. 1 [공동 관리지의] 숲에서의 돼지 방목. 2 돼지 방목권, 돼지 방목료. 3 돼지 먹이[도토리·너도밤나무 열매 따위].
panne [pæn] n. ⓤ 부드럽고 윤이 나는 우단의 일종.
pan·ner [pǽnər] n. 1 금 선광자(選鑛者). 2 빵 조인.
pan·nier, pan·ier [pǽnjər, -niər] n. 1 큰 바구니, 둥우리; [소·말 따위의 등 양쪽에 붙이는] 옹구, 2 패니어[옛날에 스커트를 퍼지게 하기 위하여 허리에 두르던 고래뼈 따위의] 테; 패니어 스커트[패니어로 허리 부분을 펼친 스커트].
pan·ni·kin [pǽnikin] n. 《주로 英》 작은 접시, 작은 냄비; 금속제의 작은 잔.
pan·ning [pǽniŋ] n. ⓤ (영화) 카메라의 상하·수평 이동; 《美》 사금의 수선광(水選鑛).
pa·no·cha [pənóutʃə], **-che** [-tʃi] n. ⓤ 1 흑사탕 캔디. 2 [멕시코산(產)의] 조제(粗製) 설탕.
pan·o·plied [pǽnəplid] adj. 갑옷·투구로 단단히 차려 입은; 눈부시고 화려하게 차린.
pan·o·ply [pǽnəpli] n. (pl. -plies) 1 갑옷·투구 한 벌. 2 완전한 덮개; 멋진 차림.
pan·op·tic [pænɑ́ptik / -ɔ́p-], **(pan·op·ti·cal** [-k(ə)l]) adj. 1 한눈에 모두 볼 수 있는; 모든 부분(요소)을 볼 수가 있는. 2 모두를 포함한.
pan·op·ti·con [pænɑ́ptikɑ̀n / -nɔ́p-] n. 1 망원경과 현미경을 갖춰 만든 광학 기계. 2 한 지점에서 내부가 환히 보이는 감옥(공장).
‡pan·o·ram·a [pænərǽmə, -rɑ́ːmə / -rɑ́ːmə] n. 1 [거침없이 전개되는] 전경(全景), 광대한 조망. ¶ The hill commands a fine panorama of the city below. 그 언덕에서 아래쪽의 아름다운 전경을 바라볼 수 있다. 2 파노라마, 회전화(回轉畵) [풍경·역사적 사건 따위를 연속적으로 보여 주는 장치]. 3 연속적으로 바뀌는 광경(영상(映像)); 사건의 전개. 4 [주제·문제 따위의] 대관(大觀), 개관(概觀). ¶ a panorama of Korean history 한국사의 개관. ◇ panorámic adj.
pan·o·ram·ic [pænərǽmik] adj. 파노라마의(와 같은), 파노라마식의. ¶ a panoramic camera 파노라마 카메라. **-i·cal·ly** [-ikəli] adv.
Pan-Pa·cif·ic [pænpəsífik] adj. 범(汎)태평양의.
Pàn-Pacífic Còncept n. 환(環)태평양 구상.

pan·pipe [pǽnpàip] *n.* 팬(Pan)의 피리[길이가 다른 관(管)을 길이의 차례대로 납작하게 묶은 원시적인 관악기].

pan·psy·chism [pænsáikiə(ə)m] *n.* Ⓤ〖철학〗 범심론(汎心論)〖만물에 마음(영혼)이 있다고 하는 설〗.

Pan-Slav·ism [pænslɑ́ːviz(ə)m, -slǽv-] *n.* Ⓤ 전(범)슬라브주의, 슬라브 민족 통일 운동.

pan·so·phist [pǽnsəfist] *n.* 박식하다고 과시하는 사람.

pan·so·phy [pǽnsəfi], **-phism** [-fìz(ə)m] *n.* Ⓤ 박식, 백과 사전적 지식.

pan·sper·ma·tism [pænspə́ːrmətìz(ə)m] *n.* 〖생물〗 = panspermia.

pan·sper·mi·a [pænspə́ːrmiə] *n.* Ⓤ〖생물〗 배종(胚種)발달설, 원자론.

†pan·sy [pǽnzi] *n.* (*pl.* **-sies**) **1** 팬지. **2** 《속어》 동성애 하는 남자; 여자 같은 남자.

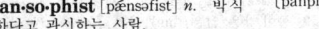
[panpipe]

‡pant[1] [pænt] *vi.* **1** 숨차다, 헐떡거리다. ¶ *The dog lay panting.* 개는 헐떡거리고 있었다. 類語 pant 재빨리 발작적으로 호흡하다. **gasp** 놀람·공포 따위로 숨이 막히다.

2 증기 따위를 뿜어내다. **3** 열망(갈망)하다, 동경하다, 그리워하다(yearn) (*for*, *after* ...). ¶ (~ +[前]+[名]) *pant for liberty* 자유를 갈망하다 // (~ +*to do*) *pant to go abroad* 외국에 가기를 열망하다. **4** 몹시 두근거리다(throb). — *vt.* ...을 헐떡거리며 말하다(... *out*, *forth*). ¶ (~ +[目]+[副]) *She panted out her message.* 그녀는 헐떡거리며 전갈을 전했다. — *n.* **1** 헐떡거림(gasp), 숨막힘. **2** 〖엔진 따위의〗 배기(음). **3** 〖심한〗 동계(動悸)(throb).

pant[2] [pænt] *adj.* 바지(pants)의. — *n.* 바지의 한쪽[다리].

pant- ⇒ PANTO-.

pan·ta·graph [pǽntəgræ̀f / -grɑ̀ːf] *n.* = pantograph.

Pan·tag·ru·el [pæntǽgruwèl, pæ̀ntəgrúːəl] *n.* 팡타그뤼엘〖프랑스의 작가 라블레(Rabelais)의 작품 속의 거칠고 풍자적인 유머가 풍부한 사람〗.

Pan·ta·gru·el·ism [pæntəgrúːəlìz(ə)m] *n.* Ⓤ 팡타그뤼엘풍(風); 거칠고 풍자적인 유머.

Pan·ta·gru·el·ist [pæntəgrúːəlist] *n.* 거칠고 풍자적인 유머가 풍부한 사람.

pan·ta·lets, -lettes [pæ̀ntəléts] *n. pl.* 판탈렛〖19세기의 헐겁고 긴 여성용 속옷〗. **2** 드로스 자락에 단 장식.

***pan·ta·loon** [pæ̀nt(ə)lúːn] *n.* **1** (~s) 〖19세기의 통이 좁은 남자용〗 바지(trousers);《주로 美》 바지(pants). **2** 〖현대의 무언극(pantomime)에서〗 clown의 상대역이 되는 늙은 어릿광대. (보통 P-) 〖옛날 이탈리아 가면극의〗 늙은이 역.

pant·dress [pǽntdrès] *n.* 바지로 된 여자용 원피스.

pan·tech·ni·con [pæntéknikən, -kən/-kən] *n.*《英》 **1** 가구 운반차. **2** 가구 창고. **3** 〖폐어〗 〖미술품의〗전시 판매소.

pan·the·ism [pǽnθi(ː)ìz(ə)m] *n.* Ⓤ **1** 범신론(汎神論). **2** 자연 숭배; 다신교(多神敎).

pan·the·ist [pǽnθi(ː)ist] *n.* 범신론자.

pan·the·is·tic [pæ̀nθi(ː)ístik], (**pan·the·is·ti·cal** [-k(ə)l]) *adj.* 범신론적인; 자연 숭배의; 다신교의. **-ti·cal·ly** [-tikəli] *adv.*

pan·the·on [pǽnθiən, pænθíːɔn; ÷ 美 pǽnθiàn] *n.* **1** 〖그리스·로마의〗 만신전(萬神殿); (P-) 〖로마의〗 판테온 〖기원전 27년에 여러 신들을 모시기 위하여 세운 신전. 기원 609년 이후에는 그리스도 교회로도 되었다〗. **2** 〖한 나라의 위인을 한데 모셔 놓은〗 명사 합사전(名士合祀殿). (the P-) 〖파리의〗 Church of Sainte-Geneviève). **3** (the ~) 〖집합적〗 한 국민이 믿는 민족·신화 따위의 모든 신·영웅.

***pan·ther** [pǽnθər] *n.* (*pl.* **-thers** or **-ther**) **1** 아메리카 라이온(puma); 표범(leopard); 아메리카표범(jaguar); 흑표범. **2** 《구어》 사나운 사람. **3** (P-) 흑표범 당원(Black Panther) 〖미국 흑인 정치 결사의 당원〗.

pan·ther·ess [pǽnθəris] *n.* panther의 암컷.

pant·ies [pǽntiz] *n. pl.* (*sing.* **pant·y** or **pant·ie**) 팬티 〖여자·아동용의 짧은 속바지〗.

pan·ti·hose, -tie- [pǽntihòuz] *n.* = pantyhose.

pan·tile [pǽntàil] *n.* 왜(倭)기와〖네모나고 중앙이 우묵하여 물결 모양을 한 보통 기와〗.

pan·ti·soc·ra·cy [pæ̀ntisɑ́krəsi / -sɔ́k-] *n.* Ⓤ 이상적 만민 평등 사회.

pan·to [pǽntou] *n.* (*pl.* **-tos**)《英》 = pantomime 2.

panto- all, universal이라는 뜻의 연결형 (* 모음 앞에서는 **pant-**를 쓴다). 예: *pantology, pantograph*.

pan·to·fle [pǽntɑfl, -túːfl], (**pan·tof·fle**) [pǽntɔfl] *n.* 슬리퍼(slipper), 실내화.

pan·to·graph [pǽnto(u)græ̀f / -grɑ̀ːf], (**pan·ta·graph**) *n.* **1** 〖신축 자재의〗 사도기(寫圖器), 축도기(縮圖器). **2** 〖전기〗 〖전차의〗 집전기(集電器), 팬토그래프.

pan·to·graph·ic [pæ̀nto(u)græfik] *adj.* 사도기(축도기)의(에 의한); 전사법(全寫法)(축사법(縮寫法))의; 집전기의.

pan·tog·ra·phy [pæntɑ́grəfi / -tɔ́g-] *n.* Ⓤ 전사법, 축사법; 전도(全圖); 총론.

pan·tol·o·gy [pæntɑ́lədʒi / -tɔ́l-] *n.* Ⓤ 인간의 지식 전체의 체계적 역관(槪觀), 백과 사전적 종합 지식.

***pan·to·mime** [pǽntəmàim] *n.* ⓊⒸ **1** 무언극(無言劇), 판토마임(dumb show). **2** 〖크리스마스 때 영국에서 공연되는〗 동화극(Christmas pantomime). **3** Ⓒ〖고대 로마 등의〗 무언극 배우. **4** 〖무언의〗 몸짓, 손짓. ¶ *express oneself in pantomime* 몸짓으로 뜻을 나타내다. — *v.* (*-mimed, -mim·ing*) *vt.* 몸짓(손짓)으로 ...을 나타내다. — *vi.* (몸짓)으로 뜻을 나타내다(전하다); 무언극을 하다. ◇ panto·mímic *adj.*

pan·to·mim·ic [pæ̀nto(u)mímik] *adj.* 무언 극의(과 같은); 〖댄스〗 〖사실적(상징적)인〗 몸짓을 하는.

pan·to·mim·ist [pǽntəmàimist, -mìmist] *n.* 무언극 배우; 무언극 작가.

pan·to·scop·ic [pæ̀ntəskɑ́pik / -skɔ́p-] *adj.* 전경(全景)을 보는; 〖사진기·렌즈 따위〗 광각도(廣角度)의, 안계(시계)가 넓은. ¶ a *pantoscopic* camera = panoramic camera / *pantoscopic* spectacles 복(複)〖전시(全視)〗안경.

pán·to·thèn·ic ácid [pǽntəθénik] *n.* Ⓤ 판토텐산(酸).

pan·trop·ic[1] [pæntrɑ́pik / -trɔ́p-] *adj.* 〖바이러스가〗 여러 가지 조직에 친화성(親和性)이 있는(영향을 주는).

pan·trop·ic[2] [pæntrɑ́pik / -trɔ́p-], (**pan·trop·i·cal** [pæntrɑ́pikl / -trɔ́p-]) *adj.* 열대 전역에 분포되는. ¶ *pantropical* plants 열대 전역에 분포하는 식물.

pan·try [pǽntri] *n.* (*pl.* **-tries**) 식품 저장실; 찬방(饌房); 식기실(食器室)(butler's pantry).

pan·try·man [pǽntrimən] *n.* (*pl.* **-men** [-mən]) 식품 담당원; 식사 담당자.

***pants** [pænts] *n. pl.*《주로 美》 바지(trousers). * '바지'를 허물없이 일컫는 말이고, trousers는 딱딱한 말, pants는 본래 pair of pants라고 하는 것이 옳은 용법이며, 그저 one *pants,* two *pants*로 세는 수도 있다. **2**《英》 〖남성용〗 팬츠, 속바지. **3** 〖여자·아동용의〗 팬티(panties).

wear the pants 〖보통 여자가〗 남편을 깔고 뭉개다, 내주장하다. **with one's pants down** 〖긴급 사태 따위로〗 난처하여. 〖< PANT[ALOON]〗

pant·shoes [pǽntʃùːz] *n. pl.* 판탈롱 구두〖밑동이 넓은 여성 바지에 어울리는 구두〗.

pant·skirt [pǽntskə̀ːrt] *n.* 팬츠스커트〖바지처럼 갈라진 스커트〗; 퀼로트.

pant·suit [pǽntsùːt] *n.* 여자용 바지와 상의의 수트.

pan·ty·hose [pǽntihòuz] *n.* 팬티스타킹.

pant·y·waist [pǽntiwèist] n. 1 팬츠와 셔츠를 단추로 채우게 된 아동용 내복. cf. underwaist 2 《구어》 연약한 남자, 뱅충이(sissy). — adj. 1 《구어》 어린애 같은(childish). 2 연약한, 여성맞은.

Pan·za [pǽnzə] n. Sancho ~. ⇒ SANCHO PANZA.

pan·zer [pǽnzər / -tsə] adj. 장갑(裝甲)의; 기갑 사단의. ¶ a panzer division 기갑 사단. — n. 전차(tank); 기갑 부대.

pap[1] [pæp] n. 1 《美속어》《환자·유아용의》 부드러운 음식, 빵죽. 2 《美속어》 정치가에게 부탁해서 얻는 편의. 3 《美구어》 뻔한 속임수; [내용·가치가 없는] 생각(이야기, 책 따위), 가볍은 읽을거리.

pap[2] [pæp] n. 《주로 방언》 1 젖꼭지(nipple). 2 젖꼭지 모양의 것(늘어선 원추형의 언덕(산) 따위).

pap[3] [pæp] n. 《美방언》 아빠(papa).

‡**pa·pa** [pɑ́ːpə / pəpɑ́ː] n. 아빠. cf. mamma[1]

pa·pa·cy [péipəsi] n. (pl. -cies) 〔교회〕 1 ⓤⓒ 교황의 직(권력, 지위, 임기). 2 (보통 P-) ⓤ 교황 정치(제도). 3 (the ~) 《집합적》 교황, 역대의 교황.

pa·pa·in [pəpéiin] n. ⓤ 1 《화학》 파파인(파파야의 과일에 함유되어 있는 일종의 효소). 2 《약》 (그것으로 만든) 일종의 소화제.

*****pa·pal** [péip(ə)l] adj. 1 교황의. 2 교황의 직(권력, 지위, 임기)의. 3 로마 가톨릭 교회의. — **-ly** [-pəli] adv.
◇ pope n.

papal infallibílity n. ⓤ 〔가톨릭〕 교황 무류설(無謬說) 〔교황이 신앙 및 도덕상의 문제에 관하여 내린 결정의에는 틀림이 없다는 설〕.

pa·pal·ism [péip(ə)lìz(ə)m] n. ⓤ 교황 제도. 〔사람〕.

pa·pal·ist [péip(ə)list] n. 교황 제도 옹호자; 교황파.

pa·pal·ize [péip(ə)làiz] (*英)에서는 **pa·pal·ise**로도 쓴다) vt., vi. (-ized, -iz·ing) (…을) 교황 제도(정치)화하다, 로마 가톨릭교(회)화하다.

pápal núncio n. 《종종 P- N-》=nuncio.

Pápal Státes n. pl. (the ~) 교황령(755년부터 1870년의 이탈리아 통일 때까지 교황이 통치한 이탈리아 중부의 광대한 지역. the States of the Church 라고도 불린다).

pa·pa·raz·zo [pɑ̀ːpərɑ́ːtsou] n. (pl. -raz·zi [-rɑ́ːtsi]) (이탈리아) (유명인을 뒤쫓는) 자유 계약의 사진가.

pa·pav·er·a·ceous [pəpæ̀vəréiʃəs / -pèiv-] adj. 〔식물〕 양귀비과(科)의.

pa·pav·er·ine [pəpǽvərìːn / -péivərìn] n. ⓤ 〔약〕 파파베린[아편에 함유되어 있는 알칼로이드의 일종].

pa·pav·er·ous [pəpǽv(ə)rəs / -péiv-] adj. 1 《英》 양귀비의(같은). 2 (비유적) 졸음을 오게 하는, 최면의.

paw·paw, paw·paw [pɔ́ːpɔː, -pɑː] n. 포포나무(북아메리카 습지대산(産)의 번려과(科)의 식물); 그 열매〔식용〕.

pa·pa·ya [pəpɑ́ːə, -美 -pɑ́ːjə] n. 파파야(열대 아메리카산(産)의 과수(果樹)); 그 열매.

‡**pa·per** [péipər] n. 1 ⓤ 종이; 종이 모양의 것(파피루스 따위). ¶ brown paper 포장지 / a piece of paper 한 조각의 종이 / a sheet of paper 한 장의 종이 / commit something to paper …을 종이에 쓰다. 2 ⓤ 증서(document); 증권, 어음. ¶ commercial paper 상업 어음. 3 (종종 ~s) 신문 증명서; 신임장(credentials); 선적(호)적 증명서, 서류, 문서(documents), 기록. ¶ valuable papers 중요 서류 / state papers 공문서. 4 시험 문제지; 답안. ¶ a question paper 문제지 / mark examination papers 답안을 채점하다. 5 짧은 논문, 평론(essay), 〔연구〕 논문(monograph), 논설(article). ¶ collected papers 논문집. 6 신문(newspaper); 잡지(journal). ¶ a daily paper 일간 신문. 7 ⓤ 지폐(paper money). cf. coin 8 ⓒ 포장지, ⓒ (그의) 한 묶음, (몇 개의 판·단추 등을 꽂아 놓은) 대지(臺紙); ⓤ 벽지(壁紙), 편지지(stationery). ¶ a paper of sandwiches 한 꾸러미의 샌드위치. 9 ⓤ 《속어》 무료 입장권, 《집합적》 무료 입장자. 10 《속어》 마약 한 봉지(1회 사용분).

on paper ① 쓴(인쇄된) 것으로. ② 지상에서는. ③ 이론(투상) 상으로는. ④ 계획(입안) 중인.

send (or **hand**) **in one's papers** 사표를 내다.

— vt. 1 …을 종이에 쓰다; …을 써서 나타내다. 2 …을 종이로 싸다(… up); …에 종이(벽지)를 바르다; …을 종이로 안을 바르다. 3 《美속어》 (극장 따위를) 무료 입장권을 발행하여 만원이 되게 하다. — vi. 벽지를 바르다.

— adj. 1 종이의, 종이로 만든. ¶ a paper bag 종이 봉지. 2 종이 같은; 앓은(thin); 무른, 《종이 따위》에 관한(따위로 하는). ¶ a paper war 필전(筆戰), 논전. 4 종이에 쓰인, 인쇄된. 5 장부상의; 명목상의(nominal). ¶ paper profits 장부상의 이익. 6 《속어》 무료로 입장한, 주로 무료 입장자로 이루어지는.
◇ pápery adj.

pa·per·back [-bæ̀k] n. 페이퍼백, 종이 표지책. — adj. 종이 표지의.

páper bírch n. 《북미산(産)》의 자작나무의 일종〔자작나무(科)의 낙엽 교목〕.

páper blockáde n. 〔선언(宣言)만으로 그친〕 지상 봉쇄.

pa·per·board [péipərbɔ̀ːrd] n. 두꺼운 종이, 판지, 보드지. — adj. 두꺼운 종이(판지, 보드지)로 만든.

páper bóok n. 소송 절차에 관한 서류.

pa·per·bound [-bàund] adj. = paperback.

pa·per·boy [péipərbɔ̀i] n. 신문 배달(팔이) 소년.

páper cháse n. ⓤ 토끼사냥 놀이〔종이 뿌리기 술래잡기〕 (hare and hounds).

páper clíp n. 종이 끼우개, 클립.

pa·per·cov·er [péipərkʌ̀vər] n., adj. = paperback.

páper cùp n. 종이 컵.

páper cùrrency n. =paper money.

páper cùtter n. 종이 베는 작은 칼; 〔종이〕 재단기.

páper fástener n. 서류철 끼우개.

pa·per·girl [péipərgə̀ːrl] n. 신문 배달(팔이) 소녀. cf. paperboy

páper góld n. ⓤ 국제 통화 기금으로부터의 특별 인출권.

pa·per·hang·er [péipərhæ̀ŋər] n. 1 도배장이, 표구사. 2 《미국》 부도 수표(어음) 발행자.

pa·per·hang·ing [péipərhæ̀ŋiŋ] n. 1 ⓤ 도배. 2 (~s) 《드물게》 벽지. 〔장(서커스)〕.

páper hóuse n. 《美속어》 초대 손님으로 만원인 극장.

páper knífe n. 종이 베는 칼, 페이퍼 나이프.

pa·per·less [péipərlis] adj. 정보나 자료를 종이를 쓰지 않고 전달하는. ¶ paperless service 〔은행 따위의〕 컴퓨터에 의한 사무 처리.

páperless óffice n. 종이를 쓰지 않는 사무〔모든 정보를 컴퓨터나 마이크로 필름에 기억시키는 사무 합리화 시스템〕.

pa·per·mak·er [péipərmèikər] n. 제지업자.

pa·per·mak·ing [péipərmèikiŋ] n. ⓤ 제지(製紙).

páper míll n. 제지 공장.

páper mòney (**cùrrency**) n. ⓤ 지폐.

páper móuld n. 지형(紙型).

páper múlberry n. 꾸지나무〔뽕나무과의 낙엽 교목〕.

páper náutilus n. 집낙지과의 낙지(두족류의 연체 동물)(papyrus).

páper plànt(**rèed, rùsh**) n. 〔식물〕 파피루스.

páper prófit n. 가공 이익(unrealized profit)〔유가 증권 등의 장부상의 매각 이익〕.

páper púlp n. ⓤ 제지용 펄프. 〔색〕자.

páper stáiner n. 도배지 제조인, 종이에 인쇄(착색)하는 사람.

páper stándard n. 지폐 본위〔의 화폐 제도〕.

páper thín [péipərθín] adj. 종이처럼 얇은, 〔승리 따위가〕 아슬아슬한.

páper tíger n. 종이 호랑이, 엄포, 허세.

pa·per·train [péipərtrèin] vt. (개 따위를) 배변하도록 훈련하다.

páper trèe n. =paper mulberry.
páper wèdding n. 지혼식(紙婚式) [결혼 1주년 기념식].
pa·per·weight [péipərwèit] n. 서진(書鎭), 문진.
páper wòrk n. ⓤ 탁상 사무, 서류를 다루는 일.
pa·per·work·er [péipərwə̀ːrkər] n. =papermaker.
pa·per·y [péipəri] adj. 종이 같은; 얇은(thin), 무른. ¶ the *papery* petals of a poppy 양귀비의 얇은 꽃잎.
pap·e·te·rie [pǽpitri] n. (pl. **-teries** [-triz]) 서류함, 문갑. [<F *papet*[*ier*]]
Pa·phi·an [péifiən] adj. **1** [키프로스의 고대 도시] 파포스(Paphos)의. **2** [부정한] 연애의, 성애(性愛)의. **3** 아프로디테(Aphrodite)의. —— n. **1** 파포스 사람. **2** (the ~) 아프로디테[그 신전이 파포스에 있었던 데서].
PAPI (略) [항공] *p*recision *a*pproach *p*ath *i*ndicator (정밀 진입 경로 지시기).
pa·pier-mâ·ché [péipərməʃéi / pǽpjeiméiʃei] n. ⓤ 결쭉한 종이 반죽; 그것으로 만든 세공품. —— adj. 종이 반죽으로 만든; 모조의; 기만적인. [<F chewed paper]
pa·pil·i·o·na·ceous [pəpìliənéi∫əs] adj. **1** 나비 같은. **2** [식물] 나비꼴의[화관(花冠)이 있는]; 콩과(科)의.
pa·pil·la [pəpílə] n. (pl. **-pil·lae** [-pílìː]) **1** [일반적으로] 유두상(乳頭狀) 돌기. **2** [해부] 유두[상 돌기]; [혀의] 미뢰(味蕾). **3** [식물] 유두 돌기, 유두모(毛). **4** 부스럼, 여드름.
pap·il·lar [pǽpilər] adj. =papillary.
pap·il·lar·y [pǽpiləri / pəpíləri] adj. 젖꼭지의, 유두[상]의, 유두상 소돌기(小突起)의.
pap·il·late [pǽpilèit, pəpílit] adj. **1** 유두상 소돌기가 있는[로 덮인]. **2** =papillary.
pap·il·lo·ma [pæ̀pilóumə] n. (pl. **-ma·ta** [-mətə] or **-mas**) [병리] 유두종(乳頭腫), 사마귀.
pap·il·lon [pǽpilən / -lɔn] n. spaniel 종 애완견의 일종. [<F]
pap·il·lose [pǽpilòus] adj. =papillate 1.
pap·il·lote [pǽpilòut] n. ⓤ 고기요리를 먹을 때 뼈끝을 싸는 종이; [요리용] 기름 종이.
pa·pist [péipist] n. (보통 경멸적) 로마 가톨릭 교도 (Roman Catholic), 교황 제도 옹호자; 교황주의자.
pa·pis·tic [pəpístik, pei-], **-ti·cal** [-tik(ə)l] adj. (보통 경멸적) 로마 가톨릭교의; 그 제도(교리, 의식, 관습)의. **-ti·cal·ly** [-kəli] adv.
pa·pis·try [péipistri] n. ⓤ (보통 경멸적) 로마 가톨릭교의 제도(교리, 의식, 관습)의; 교황제.
pa·poose [pæpúːs / pəp-], (**pap·poose**) n. 북아메리카 인디언의 젖먹이(baby).
pap·pose [pǽpous] adj. [식물] **1** 관모(冠毛) (pappus)가 있는, 관모가 나는. **2** 솜털의(downy).
pap·pus [pǽpəs] n. (pl. **pap·pi** [pǽpai]) [식물] 엉겅퀴 따위의 씨의 관모.
pap·py[1] [pǽpi] adj. (**-pi·er, -pi·est**) 빵죽 모양의, 부드러운(soft), (죽처럼) 걸쭉한.
pap·py[2] [pǽpi] n. (pl. **-pies**) (주로 美중·남부) (father).
pa·preg [péipreg] n. 수지(樹脂)를 먹여 압축시킨 두꺼운 종이. [<PA[PER]+[IM]PREG[NATED]]
pa·pri·ka [pæpríːkə, pə-] n. ⓤ 파프리카[고추의 일종으로 만든 향신료(香辛料)]. —— adj. 파프리카가 든 (로 맛을 낸); 파프리카 일종의.
Páp tèst (smèar) [pǽp-] n. 팹 테스트[자궁암 검사 법].
Pap·u·a [pǽpjuə] n. Territory of ~ 파 푸 아 [New Guinea 남동부의 오스트레일리아령(領)].
Pap·u·an [pǽpjuən] adj. 파푸아의; 파푸아인(어)의; New Guinea 토인의. —— n. 파푸아인; New Guinea 토인.
Pápua Nèw Gúinea n. New Guinea 동반부를 차지하고 있는 독립국[1975년 독립. 이전의 Papua 와 Trust Territory of New Guinea(오스트레일리아 신탁통치령)로 되어 있다].
pap·u·la [pǽpjulə] n. (pl. **-lae** [-lìː]) 극피(棘皮) 동물의 체표에 있는 작은 융기.
pap·u·lar [pǽpjulər] adj. 구진(丘疹) (papule)의.
pap·ule [pǽpjuːl] n. [병리] 구진, 부스럼, 종기.
pap·u·lose [pǽpjulòus] adj. 작은 융기(papula)로 덮인.
pap·y·ra·ceous [pæ̀piréiʃəs] adj. =papery.
pa·py·ro·graph [pəpáirəgrǽf / -páiərəgrɑ̀ːf] n. 등사판[의 일종], 복사기.
pap·y·rol·o·gist [pæ̀pirɑ́lədʒist / -rɔ́l-] n. 파피루스 사본[고문서학]의 연구가.
pap·y·rol·o·gy [pæ̀pirɑ́lədʒi / -rɔ́l-] n. ⓤ 파피루스 사본(고문서학) 연구, 파피루스 고문서학(古文書學).
pa·py·rus [pəpáirəs / -páiər-] n. (pl. **-py·ri** [-rai]) **1** 파피루스[고대 이집트 등지에서 제지 원료로 썼던 식물]. **2** ⓤ 파피루스 종이. **3** (보통 -pyri) 파피루스 사본(고문서).

*****par**[1] [pɑːr] n. ⓤ (때로 a~) **1** 동가(同價), 동등(equality). **2** [상업] 표준(standard), 기준(량); [심신의] 정상 상태. **3** [경제] 평가(平價), 환평가; 액면 가격. ¶ the issue *par* 발행 평가 / the nominal (or the face) *par* 액면 가격. **4** [골프] 기준 타수, 파.
above par 표준 이상으로; [유가 증권이] 액면(평가)이상으로. ***at par*** 액면 가격으로, 평가로. ***below par*** ① 표준 이하로; 액면(평가) 이하로. ② 몸이 불편하여. ***on a par*** […과] 동등(같은 정도)으로(*with*...). ¶ He is *on a par with* his classmates in ability. 그는 능력에 있어서는 급우들과 대등하다.
par of exchange 법정 평가.
up to par ① 표준에 미쳐. ② [몸의 상태가] 보통(정상)의. —— adj. **1** 평균의(average), 표준의, 정상의(normal). **2** [경제] 평가(액면)의. ¶ the *par* value 액면 가격.
—— vt. (**parred, par·ring**) [골프] [코스]를 파(기준 타수)로 돌다.
◇ **párity** n.
par[2] [pɑːr] n. 《英구어》 [신문의] 짧은 기사. [<PAR[AGRAPH]]
PAR (略) [전자 공학] *p*erimeter *a*cquisition *r*adar (주변 포착 레이더); [항공] *p*recision *a*pproach *r*adar (정밀 측정 진입 레이더); *p*hased-*a*rray *r*adar (위상 단렬(位相段列) 레이더).
par- ➡ PARA-[1].
par. (略) paragraph; parallel; parenthesis; parish.
par·a [pǽrə] n. (구어) **1** =parachutist. **2** =paratrooper.
Pa·rá [pɑːrɑ́ː / pɑː-] n. **1** 파라[브라질 북부의 고무 산지]. Belém [bəlém] 이라고도 불린다. **2** (the ~) 파라강[브라질 북부 Amazon 강의 지류]. **3** ⓤ 파라 고무(Pará rubber).
para-[1] 다음 뜻의 연결형(※ 모음 앞에서는 par-를 쓴다). **1** beside, beyond, aside, amiss 따위의 뜻. 예: *para*graph, *par*ody. **2** [화학] 「이성체(異性體)」의 뜻. 예: *par*athion (파라티온). **3** [의학] 「이상(異常)·결함·부(副)·의사(擬似)」 따위의 뜻: *para*noia, *para*typhoid.
para-[2] 다음 뜻의 연결형. **1** guard against 의 뜻. 예: *para*chute, *para*sol. **2** 「낙하산을 장비한」의 뜻. 예: *para*troops.
Para. (略) Paraguay.
pàra-a·mi·no·sal·i·cýl·ic ácid [pǽrəəmìːnou(u)sæ̀lisílik-] [화학] 파라아미노 살리실산[결핵 치료제; 略 PAS].
par·a·ble [pǽrəbl] n. 우화(寓話), 비유[담].
pa·rab·o·la [pərǽbələ] n. **1** [수학] 포물선. **2** 파라볼라[집음(集音) 마이크 따위가 사발 모양으로 된 것].
par·a·bol·ic[1] [pæ̀rəbɑ́lik / -bɔ́l-] adj. 포물선[모양]의.

par·a·bol·ic² [pærəbálik / -bɔ́l-], **-i·cal** [-ik(ə)l] *adj.* 비유담의, 비유적인, 우화적인. **-i·cal·ly** [-ikəli] *adv.*

pàrabólic anténna *n.* 파라볼라 안테나〔짧은 파장의 전파 수신용 안테나; 사발(접시) 모양이며, 방송·통신 위성에서 송신되는 미약한 전파를 효율적으로 수집한다〕.

pa·rab·o·lize¹ [pərǽbəlàiz] *vt.* (**-lized, -liz·ing**) …을 포물선 모양으로 하다.

pa·rab·o·lize² [pərǽbəlàiz] *vt.* (**-lized, -liz·ing**) …을 비유로서 이야기하다.

pa·rab·o·loid [pərǽbəlɔ̀id] *n.* 〔수학〕 포물면(面).

pa·rab·o·loi·dal [pəræ̀bəlɔ́id(ə)l] *adj.* 〔수학〕 포물면의.

par·a·bomb [pǽrəbɑ̀m/-bɔ̀m] *n.* 낙하산 투하 시한폭탄.

pa·rach·ro·nism [pərǽkrɑ̀nəz(ə)m, pə-] *n.* ⓤⓒ 연대(날짜) 기록 착오〔연대(연월일)를 실제보다 뒤로 적기〕.

***par·a·chute** [pǽrəʃùːt] *n.* **1** 낙하산, 파라슈트. ¶ *parachute* troops 낙하산 부대/come down in a *parachute* 낙하산으로 뛰어 내리다. **2** 〔비행기의〕 파라슈트 브레이크. **3** 〔시계의〕 내진(耐震) 장치. **4** 〔식물의〕 풍산(風散) 종자. **5** 〔동물〕 〔날다람쥐 따위의〕 비막(飛膜). ― *v.* (**-chut·ed, -chut·ing**) *vt.* …을 낙하산으로 강하시키다. ― *vi.* 낙하산으로 강하하다.

par·a·chut·ist [pǽrəʃùːtist] *n.* (**par·a·chut·er** [-ər]) *n.* 낙하산병(兵).

par·a·clete [pǽrəklìːt] *n.* **1** 보조원, 변호자, 조정자 (intercessor). **2** (the P-) 성령(聖靈) (Holy Spirit).

‡**pa·rade** [pəréid] *n.* **1** ⓒⓤ 행렬(procession), 시위 행진, 퍼레이드. **2** ⓤ 열병; ⓒ 열병식; 열병장 (parade ground). ¶ a dress (an undress) *parade* 정식(약식) 열병식. **3** 전시; 과시(display), 뽐내기; 〔프로그램·유행가 따위의〕 연속적인 소개 (낭독, 기술). ¶ make a *parade* of one's humor 유머를 과시하다. **4** (주로 英) 광장, 산책장(散策場) (promenade); 〔築城〕 안뜰. **5** (주로 英) 산책하는 사람의 때(물결). **6** 〔펜싱〕 받아 넘기기(parry). **on parade** ① 〔배우 등이〕 총출연으로. ② 과시하여, 뽐내어. ― *v.* (**-rad·ed, -rad·ing**) *vt.* **1** 〔거리 따위를〕 누비고 다니다. **2** …을 과시하다, 뽐내다. ⇒ SHOW 類語 **3** …을 줄지어 행진하게 하다. **4** 〔군대를〕 열병하다, 집합·정렬시키다. ― *vi.* **1** 줄을 지어 행진하다, 누비고 다니다. **2** 산책하다, 뽐내며 건다. **3** 〔군대가 열병을 위해〕 집합·정렬하다.

paráde gròund *n.* 열병장, 연병장. 〔람.

pa·rad·er [pəréidər] *n.* 행진자(누비고 다니는〕 사 **paráde rèst** *n.* ⓤⓒ 〔군대〕 「쉬어」의 자세 (구령).

par·a·di·chlo·ro·ben·zene [pæ̀rədàiklɔ́ːrou·bénzin /-klɔ̀(ː)-] *n.* 〔화학〕 파라디클로로벤젠〔양복용 방충제; 略 PDB〕.

par·a·digm [pǽrədìm, -dàim /-dàim] *n.* 〔문법〕 활용례, 어형 변화표. **2** 모범, 전형적인 예(pattern), 예.

par·a·dig·mat·ic [pæ̀rədigmǽtik] *adj.* **1** 〔문법〕 어형 변화[표]의, 활용례의. **2** 모범의, 모범이 되는. **-i·cal·ly** [-ikəli] *adv.*

par·a·di·sa·ic [pæ̀rədiséiik], **-i·cal** [-ik(ə)l] *adj.* =paradisiacal.

‡**par·a·dise** [pǽrədàis, -dàiz] *n.* **1** ⓤⓒ 천국, 극락, 패러다이스(heaven). **2** (the P-) 에덴 동산. **3** 지상의 낙원, 도원경; 절경지; ⓤ 지복(至福). ¶ an earthly *paradise* 지상의 낙원. **4** 〔드물게〕〔교회의 앞뜰; 〔울타리 따위로〕 둘러쌈 땅. **5** 〔특히 동양의〕 유원지; 동물공원. **6** 〈속어〉 〔극장 따위의〕 꼭대기 좌석. **7** (종종 P-) 사과의 한 품종(paradise apple).
◇ paradisíacal *adj.*

par·a·di·se·an [pæ̀rədísiən] *adj.* 극락조의.

páradise fish *n.* 패러다이스 피시 〔열대어〕.

Páradise Lóst *n.* 실낙원〔John Milton의 서사시 (1667)〕.

par·a·di·si·a·cal [pæ̀rədisáiək(ə)l / -dài-], (**par·a·dis·i·ac** [pæ̀rədísiæ̀k]) *adj.* 천국(의)(같은).

pa·ra·dog [pǽrədɔ̀ːg / -dɔ̀g] *n.* 낙하산 강하견(降下犬).

par·a·dos [pǽrədɑ̀s / -dɔ̀s] *n.* 〔築城〕 배장(背牆) 〔참호, 흉벽의 구축물〕.

‡**par·a·dox** [pǽrədɑ̀ks / -dɔ̀ks] *n.* ⓤⓒ **1** 역설(逆說), 패러독스. **2** 자기 모순의 말, 모순된 사람, 앞뒤가 맞지 않는 일(사태). **3** 세상의 일반론과 모순된 설, 기설(奇說), 기론(奇論). ◇ paradóxical *adj.*

par·a·dox·er [pǽrədɑ̀ksər / -dɔ̀ksə] *n.* 역설가.

par·a·dox·i·cal [pærədɑ́ksik(ə)l / -dɔ́ks-] *adj.* 역설적인; 역설을 좋아하는; 불합리한, 모순된. **~ly** [-kəli] *adv.* **~ness** *n.* 〔er.

par·a·dox·ist [pǽrədɑ̀ksist / -dɔ̀ks-] *n.* = paradox·

par·a·dox·ure [pǽrədɑ̀ksər / -dɔ̀ksjuə] *n.* 긴꼬리사향고양이(palm cat) 〔함석〕.

par·a·dox·y [pǽrədɑ̀ksi / -dɔ̀ks-] *n.* ⓤ 역설적임; 불합리함.

par·a·drop [pǽrədrɑ̀p / -drɔ̀p] *n.* 공중 투하.
― *vt.* (**-dropped, -drop·ping**) …을 공중 투하하다.

par·aes·the·sia [pærisθíːʒ(i)ə / -ʒjə] *n.* 〔병리〕 = paresthesia.

par·af·fin [pǽrəfin] *n.* ⓤ **1** 파라핀, 석랍(石蠟) (paraffin wax). **2** 〔화학〕 메탄계 탄화수소. **3** ⓤ(英) 등유(paraffin oil, kerosene). ― *vt.* …에 파라핀을 바르다; …을 파라핀으로 처리하다. (**ing**) 〔**ined, -fin·**

par·af·fine [pǽrəfìːn, +美 -fin] *n., v.* (**-fined, -fin·**

par·a·foil [pǽrəfɔ̀il] *n.* 조종 가능한 낙하산.

par·a·gen·e·sis [pæ̀rədʒénisis] *n.* ⓤ 〔지질〕 공생(共生) 〔다른 종류의 광물이 상호 영향으로 함께 형성되는 현상〕. 〔연락기.

par·a·glid·er [pǽrəglàidər] *n.* 우주 글라이더, 우주

par·a·go·ge [pæ̀rəgóudʒi] *n.* ⓤⓒ 〔음성〕 어미음 첨가〔어미에 무의미한 자음(字音)이 붙는 일, 예: amids*t* <amid>〕.

par·a·gon [pǽrəgɑ̀n, -gən /-gən] *n.* **1** 모범, 전형, 본(model); 매우 우수한 사람; 일품(逸品). ¶ a *paragon* of beauty 미의 전형, 절세의 미인. **2** ⓤ〔인쇄〕 파라곤 활자〔20포인트 활자〕. **3** 〔특대의〕 정품 진주(100캐럿 이상의〕; 완전한 다이아몬드. ― *vt.* 〔고어〕 **1** …을 비교하다(compare) (…*with*). **2** …에 필적하다.

‡**par·a·graph** [pǽrəgrǽf /-grɑ̀ːf] *n.* **1** 절, 단락(段落), 항(項). **2** 단락표(段落標), 참조 부호〔¶〕. **3** 〔신문·잡지의〕 단평, 잡문 (단편) 기사. ¶ miscellaneous *paragraphs* 잡보(雜報). ― *vt.* **1** …에 단락을 짓다, …을 절로 나누다. **2** …을 짧게 기사로 쓰다, …에 관하여 단편 기사를 쓰다.
◇ paragráphic, paragráphical *adj.*

par·a·graph·er [pǽrəgrǽfər / -grɑ̀ːfə] *n.* 〔신문의〕 잡보 기자, 단평 기자.

par·a·graph·ic [pæ̀rəgrǽfik], **-i·cal** [-ik(ə)l] *adj.* 짧은 기사의, 잡보적의; 절의, 절을 구성하는; 단락의 눈. **-i·cal·ly** [-ikəli] *adv.* 〔grapher.

par·a·graph·ist [pǽrəgrǽfist / -grɑ̀ːf-] *n.* =para·

Par·a·guay [pǽrəgwài, -gwèi] *n.* 파라과이 〔남아메리카 중부의 공화국; 수도 Asunción〕.

Par·a·guay·an [pæ̀rəgwáiən, -gwéi-] *adj.* 파라과이의; 파라과이인의. ― *n.* 파라과이인.

Páraguày téa *n.* =maté.

par·a·in·flu·en·za vírus [pæ̀rəinfluénzə-] *n.* 파라인플루엔자 바이러스〔사람·가축 따위에 전염성 호흡기 질환을 일으킨다〕.

par·a·jour·nal·ism [pæ̀rədʒə́ːrnəlìz(ə)m] *n.* ⓤ (美) 저널리즘〔미니 코뮤니케이션이나 지하 신문 따위〕.

par·a·judge [pǽrədʒʌ̀dʒ] *n.* (美) 〔경범죄 전문의〕 준(準) 판사.

par·a·keet [pǽrəkìːt] *n.* =parrakeet.

par·a·kite [pǽrəkàit] *n.* **1** 낙하산연[스포츠용 따위]. **2** [기상 관측 따위에 쓰는] 꼬리없는 연.

par·a·kit·ing [pǽrəkàitiŋ] *n.* 파라카이팅[자동차나 모터 보트가 끄는 낙하산으로 하늘을 날아오르는 스포츠].

par·a·lan·guage [pǽrəlæ̀ŋgwidʒ] *n.* ⓤⓒ 준언어 [몸짓이나 표정 따위의 전달을 포함한다].

par·al·de·hyde [pərǽldihàid] *n.* ⓤ〖화학·약〗파라알데히드[진통·최면제].

par·a·le·gal [pǽrəlí:gəl] *n., adj.* 법률가 보조원[의].

par·a·leip·sis [pǽrəláipsis], **-lep-** [-lép-], **-lip-** [-líp-] *n.* (*pl.* **-ses** [-si:z]) 〖修辭〗역언법(逆言法) [주요부를 생략함으로써 오히려 뜻을 강조하는 법. … not to mention …은 말할 것도 없이].

par·a·lin·guis·tics [pǽrəliŋgwístiks] *n. pl.*《단수 취급》준(準)언어학[보디 랭귀지 따위의 연구].

par·al·lac·tic [pǽrəlǽktik], **-cal** [-k(ə)l] *adj.* 변위 (變位)의; 〖천문〗시차(視差)의.

par·al·lax [pǽrəlæks] *n.* ⓤⓒ **1** 〖관찰자의 위치의 이동에 의한 물체의〗변위. **2** 〖천문〗시차. **3** 카메라의 파인더와 렌즈면과의 시차, 패럴랙스.

‡**par·al·lel** [pǽrəlèl] *adj.* 같은 방향(경향, 목적, 종류)의; 일치(해당)하는, 대응하는(corresponding); 같은 모양의, 유사한(similar). ¶ a *parallel* instance 유례. **2** 평행(병행)의(하는) (*to, with* …). ¶ *parallel* lines 평행선 / *parallel* rows of poplars 평행하게 늘어서 있들 가로수 // a red line *parallel* to (or with) the edge of a paper 종이 가장자리와 나란하게 그은 붉은 선 / The highway runs *parallel* with the railroad. 그 고속도로는 철도와 나란히 뻗어 있다. ¶ run parallel 은 보통 with 와 함께 쓴다. **3** 〖음악〗2성부(聲部)·주조(主調)따위의〗평행의; 〖전기〗병렬(並列)의.
— *n.* **1** 평행인 것; 평행선(면); ⓤ 평행 상태. **2** 〖지리〗지도상의의 위도선(緯度線); 위선. ¶ The 38th *parallel* 38도선. **3** 대등한 사람(것), 필적하는 사람(것) (counterpart) (*to* …). ¶ stupidity without [a] *parallel* 비길데 없는 어리석음 // There is no *parallel* to him. 그와 견줄 만한 사람이 없다. **4** 상사(相似), 유사 (analogy); 상사(유사)물; 대비, 비교. ¶ draw a *parallel* with (between) …과 …사이의 유사점을 지적하다. **5** 〖인쇄〗평행표(부호) [‖]; 〖전기〗회로 따위의 병렬 (並列). **6** 〖군사〗평행호(壕).

in parallel ① […과] 병행으로(하여), 동시에 (*with* …). ② 〖전기〗병렬식으로. *cf.* in series

— *vt.* (**-leled, -lel·ing**;《英》**-lelled, -lel·ling**) **1** …에 평행되게 하다. **2** …에 평행(유사)한 것을 들다, …에 필적시키다(match). ¶ (~+图+前+图) Nobody *parallels* him in swimming. 수영에서는 그와 견줄 만한 사람이 없다. **3** …에 유사(필적, 상당)하다. **4** …에 평행하다. ¶ The avenue *parallels* the river. 그 거리는 강과 나란히 뻗어 있다. ¶ …에 비교하다(…*with*). ¶ (~+图+前+图) *Parallel* this *with* that. 이것을 저것과 비교하라.

párallel bárs *n. pl.* 〖체조의〗평행봉.
párallel compúter *n.* 〖컴퓨터〗병렬식 컴퓨터.
párallel cúrrency *n.* 병행 통화[어떤 나라의 통화와 병행해서 사용되는 통화].
par·al·lel·e·pi·ped [pæ̀r(ə)lèləpáipid, -pípid, +英 -lelépiped] *n.* 평행 6면체.

par·al·lel·ism [pǽrəlèliz(ə)m] *n.* ⓤ **1** 평행[성·상태]. **2** 일치, 유사(similarity), 대응. **3** 비교(comparison). **4** 〖철학〗[심신의]병행론; 〖修辭〗대구법(中句法).

par·al·lel·o·gram [pǽrəlèləgræm] *n.* 평행4변형.
par·al·lel·o·gram·mic [pǽrəlèləgrǽmik] *adj.* 평행4변형의.

párallel rúlers *n. pl.* 평행자(尺), 평행 4변형의.
pa·ral·o·gism [pərǽlədʒiz(ə)m] *n.* ⓤ **1** 〖논리〗오류(誤謬) 추리; 배리(背理). **2** 잘못된 추리(결론).
pa·ral·o·gize [pərǽlədʒàiz] *vi.* (**-gized, -giz·ing**) 잘 못된(불합리한) 추리를 하다.

Par·a·lym·pics [pærəlímpiks] *n. pl.* 패럴림픽, 신체장애자 올림픽. (<PARA[PLEGICS' O]LYMPICS)

‡**par·a·lyse** [pǽrəlàiz] *vt.* (**-lysed, -lys·ing**)《英》= paralyze.

*‡**par·al·y·sis** [pərǽlisis] *n.* (*pl.* **-ses** [-si:z]) ⓒ 〖병리〗마비, 중풍, 불수. ② ⓤ〖무[기]력, 불능;정체, 마비 상태. ¶ a *paralysis* of traffic 교통 마비.
◇ paralýtic *adj.,* paralyze *v.*

parálysis á·gi·tans [-ǽdʒitænz] *n.* ⓤ 〖병리〗진전(震顫)마비, 파킨슨씨병(Parkinson's disease).

par·a·lyt·ic [pǽrəlítik] *n.* 중풍 환자, 마비 환자.
— *adj.* 중풍의(에 걸린), 마비된, 마비성의.

par·a·ly·za·tion [pǽrəlizéi(j)ən / -laiz-] *n.* ⓤ 마비시키기, 무력화.

‡**par·a·lyze** [pǽrəlàiz] (**英*)에서는 보통 paralyse 로도 쓴다) *vt.* (**-lyzed, -lyz·ing**) **1** …을 마비시키다, 저리게 하다. ¶ (~+图+前+图) be *paralyzed* in both legs 두 다리가 마비되다. **2** …을 무력(무능)하게 하다, 마비 상태로 만들다. ¶ a strike that *paralyzes* traffic 교통을 마비시키는 파업. ◇ parálysis, paralyzátion *n.*

par·a·lyz·er [pǽrəlàizər] *n.* 마비시키는 사람(것).
par·a·mag·net [pǽrəmǽgnit] *n.* 〖물리〗상자성체(常磁性體).
par·a·mag·net·ic [pǽrəmægnétik] *adj.* 〖물리〗상자성의. *cf.* diamagnetic
par·a·mat·ta [pǽrəmǽtə] *n.* ⓤ 파라마타 직물[면과 모 또는 견과 모의 능직]. (<Parramatta: 오스트레일리아의 산지명)
par·a·me·ci·um [pǽrəmí:ʃ(i)əm / -siəm] *n.* (*pl.* **-ci·a** [-ʃ(i)ə / -siə]) 짚신벌레 [짚신꼴의 원생 동물].
par·a·med·ic¹ [pǽrəmédik] *n.* 낙하산 위생병.
par·a·med·ic² [pǽrəmédik] *n.* 준(準)의료 종사자 [조산원 따위].
par·a·med·i·cal [pǽrəmédikəl] *adj.* 준의료 활동의.
par·a·men·stru·um [pǽrəménstruəm] *n.* 월경 개시 전 4일과 개시 후 4일의 8일간.
par·a·ment [pǽrəmənt] *n.* (*pl.* **-ments** *or* **-men·ta** [-méntə]) 벽걸이·융단 따위] 실내 장식품; 〖종교상의〗제복(祭服), 제식(祭式) 따위, 법의 (法衣).
pa·ram·e·ter [pərǽmitər] *n.* **1** 〖수학〗파라미터, 매개 변수, 조(助)변수. **2** 〖통계〗모수(母數). **3** 특징이 되는 요소.
par·a·me·tron [pǽrəmétran / -rɔn] *n.* 패러메트론 [컴퓨터의 회로 소자(素子)].
par·a·mil·i·tary [pǽrəmílitèri / -təri] *adj.* 준군사적인, 군(軍) 보조적인.

*‡**par·a·mount** [pǽrəmàunt] *adj.* **1** 〖지위·권위 따위가〗남보다 위인, 최고 권력을 쥔. ◇ DOMINANT 類語 ¶ a lady *paramount* 여자 군주 / a lord *paramount* 최고 권력자, 국왕, 대군주. **2** 가장 중요한, 최고의, 지상의 (supreme); 탁월한, […보다〗앞서는(superior) (*to* …). ¶ That is a matter of *paramount* importance. 그것이 가장 중요한 일이다. **3** 대군주, 주권자 (overlord), 최고 지배자. ~**ly** *adv.* ◇ páramountcy *n.*

par·a·mount·cy [pǽrəmàuntsi] *n.* ⓤ 최고권, 최고위, 주권. **2** 가장 중요함, 최상, 지상, 탁월.
par·a·mour [pǽrəmùər] *n.* **1** 정부(情夫), 정부(情婦), 간부(姦夫), 간부(姦婦), 애인, 연인(lover).
par·a·myx·o·vi·rus [pǽrəmìksəváirəs / -váiərəs] *n.* 파라믹소바이러스[항아리손님(유행성 이하선염)을 발병].
par·a·neph·ros [pǽrənéfrəs / -rɔs] *n.* (*pl.* **-roi** [-rɔi]) 〖해부〗부신(副腎).
par·a·noi·a [pæ̀rənɔ́iə] *n.* 〖정신병〗편집병(偏執病)(狂), 파라노이아.
par·a·noi·ac [pæ̀rənɔ́iæk], **par·a·noid** [pǽrənɔ̀id] *adj.* 편집병(偏執病)(狂)의(의 같은), 편집병(狂)에 걸린. — *n.* 편집병(광) 환자.

par·a·nor·mal [pæ̀rənɔ́ːrm(ə)l] *adj.* 과학적으로 알 (인식할) 수가 없는.
par·a·nymph [pǽrənìmf] *n.* 신랑(신부)의 들러리.
***par·a·pet** [pǽrəpit, -pèt] *n.* **1** 〔築城〕 흉벽(胸壁), 성 가퀴. **2** [발코니·지붕·다리 따위의] 난간.
par·a·pet·ed [pǽrəpitid, -pèt-] *adj.* **1** 흉벽이 있는. **2** 난간이 있는.
par·aph [pǽrəf] *n.* 서명 뒤의 끝 장식[예전에 위조 문서를 방지하기 위해 썼다].
par·a·pher·nal·ia [pæ̀rəfərnéiljə] *n. pl.* **1** [개인의 소지품; 〔법률〕 아내의 소유품[의복·장식품 등], **2** 〔때로 단수 취급〕 장비, 비품 일습(equipment), 장치 (apparatus), 설비.
‡**par·a·phrase** [pǽrəfrèiz] *n.* 〔알기 쉽게 하기 위해, 자세한 설명으로〕 바꾸어 말하기(쓰기), 부연, 의역, 패러프레이즈. —— *v.* (**-phrased, -phras·ing**) *vt.* …을 알기 쉽게 바꾸어 말하다, 패러프레이즈하다. —— *vi.* 알기 쉽게 바꾸어 말하다, 패러프레이즈하다. *cf.* metaphrase ◇ paraphrástic *adj.*
par·a·phras·tic [pæ̀rəfrǽstik], (**par·a·phras·ti·cal** [-k(ə)l]) *adj.* 바꾸어 말하는, 석의(釋義)의, 의역의, 패러프레이즈적인. **-ti·cal·ly** [-tikəli] *adv.*
par·a·ple·gi·a [pæ̀rəplíːdʒ(i)ə] *n.* ⓤ〔병리〕 대마비 (對痲痺).
par·a·ple·gic [pæ̀rəplíːdʒik] *adj.* 대마비의(에 걸린). —— *n.* 대마비 환자.
par·a·prax·is [pæ̀rəprǽksis] *n.* (*pl.* **-prax·es** [-prǽksiːz]) [무심코] 잘못 말하다, 잘못 쓰기, 기억의 착오.
par·a·pro·fes·sion·al [pæ̀rəprəféʃ(ə)n(ə)l] *adj., n.* 전문가를 보조하는[사람]; 조수[의].
par·a·psy·chol·o·gy [pæ̀rəsaikɑ́lədʒi / -kɔ́l-] *n.* ⓤ 초심리학(超心理學) 〔심령 현상의 과학적 연구 분야〕.
par·a·quet [pǽrəkèt] *n.* = parakeet.
par·a·res·cue [pærərèskjuː] *n.* ⓤⓒ [조난자 등의] 낙하산에 의한 구조.
Pará rúbber [paːráː rʌ́bər] *n.* ⓤ 파라고무[남미산(産)].
par·as [pǽrəz] *n. pl.* 《구어》 낙하산 부대 (paratroops).
par·a·sail [pǽrəsèil] *n.* 낙하산 비행 놀이용의 낙하산 [모터보트 따위로 끌게 한다]. —— *vi.* 패러세일 비행을 하다.
par·a·sang [pǽrəsæ̀ŋ] *n.* 파라상〔고대 페르시아의 거리의 단위; 약 5.5km〕.
par·a·sci·ence [pǽrəsàiəns] *n.* 초(超)과학〔염력(念力)·심령 현상 따위의 영역을 연구하는 분야〕.
par·a·se·le·ne [pæ̀rəsilíːni] *n.* (*pl.* **-nae** [-nìː]) 〔기상〕 환월(幻月) [달무리에 나타나는 광륜(光輪)]. *cf.* parhelion
*par·a·site [pǽrəsàit] n. 1 〔생물〕 기생 동물, 기생충 (균), 기생 식물, 겨우살이. *cf.* host[1] **2** 〔식물〕 기생식 (hanger-on). **3** 고대 그리스의 식탁을 즐겁게 해주는 식객. ◇ parasític *adj.,* párasitize *v.*
par·a·sit·ic [pæ̀rəsítik], (**par·a·sit·i·cal** [-ik(ə)l]) *adj.* **1** 기생하는, **2** 기생 동물(식물, 충, 균)의. **3** 기식하는, 식객의, 기생적인, 아첨하는. **4** 〔병이〕기생충에의한. **-i·cal·ly** [-ikəli] *adv.*
par·a·sit·i·cide [pæ̀rəsítisàid] *adj.* 기생충을 구제하는. —— *n.* 기생충 구제약, 살충제.
par·a·sit·ism [pǽrəsàitiz(ə)m] *n.* ⓤ **1** 기식, 식객 생활. **2** 〔동·식물〕기생. **3** 〔병리〕기생충 감염증.
par·a·sit·ize [pǽrəsàitàiz, -sai-] (《英》에서는 **par·a·sit·ise** 로도 쓴다) *vt.* (**-tized, -tiz·ing**) 《주로 수동형으로》…에 기생(기식)하다; 기생(기식)하여 …을 괴롭히다.
par·a·sit·ol·o·gy [pæ̀rəsaitɑ́lədʒi, -si- / -tɔ́l-] *n.* ⓤ 기생충학. [라솔.
‡**par·a·sol** [pǽrəsɔ̀ːl, -sɑ̀l / -sɔ̀l] *n.* 〔여자용〕 양산, 파
par·a·sta·tal [pæ̀rəstéit(ə)l] *adj., n.* 반관(半官)의,

par·a·sym·pa·thet·ic [pæ̀rəsìmpəθétik] 〔해부·생리〕 *adj.* 부교감 신경의. —— *n.* 부교감 신경.
párasympathétic [nérvous] sýstem *n.* 부교감 신경계.
par·a·syn·the·sis [pæ̀rəsínθisis] *n.* ⓤ〔문법〕 병치 (竝置) 종합구나 합성어에 접미사를 붙여서 다른 파생어를 만드는 일. 예: kind-hearted < kind heart+ed〕.
par·a·syn·thet·ic [pæ̀rəsinθétik] *adj.* 〔문법〕 병치 종합의.
par·a·tac·tic [pæ̀rətǽktik], (**par·a·tac·ti·cal** [-k(ə)l]) *adj.* 병렬(竝列)의, 병렬을 이루는.
par·a·tax·is [pæ̀rətǽksis] *n.* ⓤ〔문법〕 병렬(竝列) [접속사 없이 문장·절·구 따위를 늘어놓기. 예: Look up, the stars are twinkling]. *cf.* hypotaxis
par·a·thi·on [pæ̀rəθáiɑn / -ɔn] *n.* ⓤ 파라티온〔농약〕.
par·a·thy·roid [pæ̀rəθáirɔid] 〔해부〕 *adj.* 상피 소체 (上皮小體)의, 부갑상선(副甲狀腺)의. —— *n.* = parathyroid gland.
pàrathýroid glànd *n.* 〔해부〕 상피 소체, 부갑상선.
par·a·trans·it [pæ̀rətrǽnsit, -zit] *n.* [도시의] 보조 교통 수단[택시·소형 버스의 합승 따위].
par·a·troop [pǽrətrùːp] *adj.* 낙하산병(부대)의. ¶ *paratroop* boots 낙하산병용 군화.
—— *n.* = paratrooper.
par·a·troop·er [pǽrətrùːpər] *n.* 〔군대〕낙하산병.
par·a·troops [pǽrətrùːps] *n. pl.* 낙하산 부대.
par·a·ty·phoid [pæ̀rətáifɔid] 〔병리〕 *n.* ⓤ 파라티푸스. —— *adj.* 파라티푸스의. ¶ a *paratyphoid* bacillus 파라티푸스균.
par·a·vane [pǽrəvèin] *n.* 방뢰구(防雷具), 기뢰 방어 (防禦) 장치〔기뢰의 계루삭을 절단한다〕.
***par avion** [paravjɔ́ːŋ / F paravjɔ́] 《프랑스》(=by airplane) 항공편으로[항공 우편물의 표기]. —— [산(產)].
par·a·wing [pǽrəwìŋ] *n.* 날개꼴의 가동(可動) 낙하
par·boil [pɑ́ːrbɔ̀il] *vt.* **1** 〔고기·야채〕를 한동안 삶다(데치다). **2** …을 과열하다(overheat).
par·buck·le [pɑ́ːrbʌ̀kl] *n.* 통나무 밧줄[통나무·통 따위 무거운 원통형 물건을 올리고 내리는 밧줄]. —— *vt.* (**-led, -ling**) …을 그 밧줄로 올리다(내리다) (... *up, down*).
Par·cae [pɑ́ːrsiː] *n. pl.* (*sing.* **-ca** [-kə]) 〔로마 신화〕 파르카〔운명의 3여신〕(the Fates).
‡**par·cel** [pɑ́ːrs(ə)l] *n.* **1** 소포, 소화물(package). **2** 〔상품 따위의〕 한 무더기, 한벌. ⇒ BUNDLE〔類語〕**3** 〔경멸적〕 〔사람·물건의〕 한 떼, 한덩어리(group). ¶ a *parcel* of fools 일단의 바보들. **4** 〔분할할 수 있는 것의〕 한 구분. 〔넓은 땅의〕 한 구획. ¶ a *parcel* of land 땅의 한 구획. **5** 〔고어〕 일부분(portion).
***by parcels** 조금씩.
part and parcel ⇒ PART.
—— *vt.* (**-celed, -cel·ing; 《英》-celled, -cel·ling**) **1** …을 무더기로 나누다, 분할하다(... *out*). **2** 〔상품 따위를〕 꾸리다, 한데 뭉뚱그리다(... *up*). **3** 〔항해〕 〔밧줄〕을 가느다란 범포(帆布)로 감다.
—— *adv.* 〔고어〕 부분적으로, 얼마간(partly).
párcel bòmb *n.* 〔테러 따위의〕 소포 폭탄; 우편 폭탄 (mail bomb).
par·cel·ing, 《英》**-cel·ling** [pɑ́ːrslíŋ] *n.* **1** 분배, 구분. **2** 〔항해〕 〔밧줄을 싸는〕 가늘고 긴 범포(帆布).
párcel póst *n.* ⓤ 소포 우편〔略 P.P., p.p.〕.
párcel póst zòne *n.* 〔미국을 8구분한〕 소포 요금 동일 지대. [산 공유.
par·ce·nar·y [pɑ́ːrsinèri / -nəri] *n.* ⓤ〔법률〕 상속 재
par·ce·ner [pɑ́ːrsinər] *n.* 〔법률〕 상속 재산 공유자.
***parch** [pɑːrtʃ] *vt.* **1** [열이] …을 바싹 마르게 하다, 바싹 말리다(dry up). **2** 〔신열 따위가〕 〔사람〕에 갈증나게 하다, 〔목〕을 타게 하다. **3** 〔콩·곡식 따위〕를 볶다,

굽다(roast). **4** 〖추위가〗 …을 말라죽게 하다, 시들게 하다. — **vi. 1** 시들다, 바짝 마르다(dry) (*up* ...). **2** 〖입·혀 따위가〗 마르다, 타다.

parched [pɑːrtʃt] *adj.* **1** 말라 붙은, 바짝 마른. **2** 볶은, 구운(roasted). **3** 〖화 비슷한 놀이〗 leopard).

par·chee·si [pɑːrtʃíːzi, pər-]. *n.* ⓤ 인도 주사위; 그

parch·ing [pɑ́ːrtʃiŋ] *adj.* 말라 붙게 하는(drying), 바싹 마르게 하는, 태우는 듯한. ¶ *parching* heat 불볕 더위.

‡**parch·ment** [pɑ́ːrtʃmənt] *n.* ⓤ **1** 양피지(羊皮紙). **2** ⓒ 양피지에 쓴 문서(사본). **3** 양피지 비슷한 종이. **4** ⓒ 증서, 면허장(diploma), 문서(document). **5** 커피콩의 껍질.

par·course [pɑ́ːrkɔːrs / -kɔ̀ːs] *n.* 〖美〗 파코스〖체중 감량을 위한 운동 시설을 길가에 배치한 건강 산책로〗.

pard[1] [pɑːrd] *n.* 〖고어〗 표범(leopard).

pard[2] [pɑːrd] *n.* 〖속어〗 동료, 패거리(partner).

pard·ner [pɑ́ːrdnər] *n.* 〖美방언〗 동료, 패거리, 짝패.

‡**par·don** [pɑ́ːrdn] *n.* **1** ⓤⓒ 용서, 관용, 관대. ¶ ask a person's *pardon* 남의 용서를 빌다 / A thousand *pardons* for my fault. 제 잘못을 거듭거듭 사과드립니다. **2** ⓤⓒ 〖법률〗 죄의 경감, 사면; ⓒ 사면장. ¶ [a] particular (*or* special) *pardon* 특사 / [a] general *pardon* 대사(大赦). **3** 〖폐어〗 교황의 면죄; ⓒ 면죄부(免罪符).
I beg your pardon. ① 미안합니다. ② 실례입니다만 (* 상대방의 말과 반대되는 뜻을 나타낼 때나, 모르는 사람에게 말을 걸 때 쓴다). ¶ *I beg your pardon*, but I don't think so. 죄송합니다만 저는 그렇게 생각하지 않습니다. ③ 죄송합니다만 다시 한번 말씀해 주십시오 (* 상대방의 말을 되물을 때 쓴다. 말끝을 올린다. Beg your *pardon* ? 또는 *Pardon* ?으로 생략해서 말하기도 있다).
— *vt.* **1** 〖죄 따위〗를 용서하다(forgive). ⇨ EXCUSE 類語 ¶ He will not *pardon* your transgressions. 그는 너의 위반을 용서하지 않을 것이다. **2** 〖죄수〗를 사면하다. **3** 〖행위·사람 따위〗를 너그러이 봐주다. ¶ *Pardon* me, Master... 죄송합니다만, 어르신네... // (~+뫽+뎡) *Pardon* me *for* interrupting you. 방해해서 죄송합니다.

par·don·a·ble [pɑ́ːrdnəbl] *adj.* 용서할 수 있는(excusable), 어쩔 수 없는. **-bly** *adv.*

par·don·er [pɑ́ːrdnər] *n.* **1** 용서하는 사람, 사죄자(赦罪者). **2** 〖폐어〗 〖중세〗 면죄부(免罪符) 판매인.

*‡**pare** [pɛər] *vt.* (**pared, par·ing**) **1** …의 껍질을 벗기다. ⇨ PEEL 類語 ¶ *pare* an apple 사과의 껍질을 벗기다. **2** …을 잘라내다, 깎아내다(...*off, away*). **3** 〖비 따위〗를 조금씩 줄이다(...*away, down*). **4** (~+뫽) *pare down* one's living expenses 생활비를 줄이다.
pare and burn 〖재거름을 만들기 위하여〗 들불을 놓다.

par·e·gor·ic [pærigɔ́rik / -gɔ́r-] 〖약〗 *n.* **1** 진정제, 진통제. **2** 〖소아용〗 지사제(止瀉劑). — *adj.* 진통의, 진정의.

pa·rei·ra [pərέːrə / -réərə] *n.* ⓤ 파레이라〖브라질 산(産)〗 덩굴식물의 뿌리; 이뇨제 따위로 쓴다.

paren. (略) parenthesis.

pa·ren·chy·ma [pəréŋkimə] *n.* ⓤ 〖식물〗 유조직(柔組織). **2** 〖해부·동물〗 실질(實質) 〖조직〗.

pa·ren·chy·mal [pəréŋkiməl] *adj.* = parenchymatous.

par·en·chym·a·tous [pæ̀rəŋkímətəs] *adj.* **1** 〖식물〗 유조직의. **2** 〖해부·동물〗 실질〖조직〗의.

‡**par·ent** [pɛ́(ː)rənt] *n.* **1** 아버지, 부모〖아버지 또는 어머니〗. **2** 조상, 선조(ancestor). ¶ our first *parents* 인류의 시조〖Adam과 Eve〗. **3** 근원, 기원, 원인. **4** 수호자, 보호자(protector). **5** 〖생물〗 모체(母體). — *vt.* …의 어버이 구실을 하다. — *vi.* 어버이를 구실로서 양육하다. ◇ pǎréntal *adj.*

*****par·ent·age** [pɛ́(ː)rəntidʒ / péər-] *n.* ⓤ **1** 태생(birth), 신원(origin), 혈통(lineage). ¶ distinguished *parentage* 훌륭한 가문. **2** 어버이임.

*****pa·ren·tal** [pəréntl] *adj.* 어버이의, 어버이로서의, 어버이다운. ¶ *parental* love 어버이의 사랑 / *parental* feelings 어버이다운 감정. **2** 〖유전〗 〖잡종의〗 어버이의 (略 P). **3** 근원의, 모체의. **~·ly** [-təli] *adv.*

parental generation *n.* 〖유전〗 어버이 세대〖P₁, P₂ 등으로 표시된다〗. [pany

părent cǒmpany *n.* 모(母) 회사. *cf.* holding com-

par·en·ter·al [pəréntərəl] *adj.* 〖의학·생리〗 장관(腸管) 이외의, 비경구적(非經口的)인〖주사·투여·감염 따위〗.

*****pa·ren·the·sis** [pərénθisis] *n.* (*pl.* **-ses** [-sìːz]) **1** (보통 -ses) 괄호, 〖일반적으로〗 둥근 괄호( ). **2** 〖문법〗 삽입구. **3** 삽화(揷話), 〖연극의〗 막간〖劇〗.
◇ parénthesize *v.*, parenthétic *adj.*

pa·ren·the·size [pərénθisàiz] *vt.* (* 〖英〗 에서는 **pa·ren·the·sise** 로도 쓴다) (**-sized, -siz·ing**) **1** 〖단어·구〗를 삽입하다; …을 삽입구로 넣다. **2** 괄호안에 넣다.

par·en·thet·ic [pærənθétik], **-i·cal** [-ik(ə)l] *adj.* **1** 삽입 어구의, 삽입 어구적인; 삽화적인(episodic). **2** 활문의, 호형(弧形)의. **-i·cal·ly** [-ikəli] *adv.*

par·ent·hood [pɛ́(ː)rənthùd / péər-] *n.* ⓤ 어버이임(parentage); 친자(親子) 관계.

par·ent·ing [pɛ́(ː)rəntiŋ / péər-] *n.* **1** 육아, 양육. **2** 임신; 출산.

pa·ren·ti·cide [pəréntisàid] *n.* 존속 살해〖사람〗.

Pár·ent-Téach·er Assòciátion [pɛ́(ː)rənt(t)íːtʃər-/péər-] *n.* 사친회(師親會) 〖略 P.T.A.〗.

par·er [pɛ́(ː)rər/péərə] *n.* 껍질을 벗기는 사람〖기구〗.

pa·re·sis [pəríːsis, pǽris-/pǽris-] *n.* ⓤ 〖병리〗 부전 (不全) 마비, 국부 마비.

par·es·the·sia, -aes- [pæ̀risθíːʒ(i)ə / -ʒjə] *n.* ⓤ 〖병리〗 지각 이상(知覺異常), 이상 감각.

par·es·thet·ic, -aes- [pæ̀risθétik] *adj.* 〖병리〗 지각 이상의, 이상 감각의.

pa·ret·ic [pərétik, -ríːt-] 〖병리〗 *n.* 국부 마비 환자. — *adj.* 국부 마비의(에 걸린).

par excellence [pɑːrèksəláːns] 〖프랑스〗 (=by excellence) 탁월한, 뛰어난; 특히 훌륭한

par example [pɑːregzɑ́ːmpl] 〖프랑스〗 (=for example) 예컨대.

par·fait [pɑːrféi] *n.* ⓤⓒ 파르페〖아이스크림에 시럽이나 과일을 섞은 것〗. 〖<F perfect〗

par·get [pɑ́ːrdʒit] *n.* ⓤ **1** 회반죽. **2** 석고(gypsum). **3** 〖벽의〗 회반죽 바르기, 장식 바르기. — *vt.* (**-get·ed, -get·ing; -get·ted, -get·ting**) 〖벽〗에 회반죽을 바르다, 회반죽으로 장식 바르다.

par·get·work [pɑ́ːrdʒitwə̀ːrk] *n.* ⓤ 회반죽 세공, 석고 세공. 〖환일(幻日)의.

par·he·lic [pɑːrhíːlik], **-li·a·cal** [-hiláiəkəl] *adj.*

par·he·li·on [pɑːrhíːliən, -ljən] *n.* (*pl.* **-li·a** [-liə, -ljə]) 〖기상〗 환일(幻日) 〖햇무리 위에 나타나는 광분(光輪)〗. *cf.* paraselene

pari- equal, equally의 뜻의 연결형. 예: *pari*syllabic.

pa·ri·ah [pəráiə, pǽriə] *n.* **1** 떠돌이, 부랑자, 세상에서 버림받은 사람(outcast); 들개, 들고양이. **2** (P-) 〖남부 인도의〗 하층민. 〖는 들개.

páriah dòg *n.* 〖인도 등지의〗 쓰레기통 따위를 뒤지

Par·i·an [pɛ́(ː)riən / péər-] *adj.* **1** 파로스(Paros)섬의. **2** 파로스 도자기의. **3** 파로스섬 사람의. — *n.* **1** 파로스섬 사람. **2** (=**Párian wāre**) ⓤ 파로스 도자기 〖그 섬에서 나는 백색 대리석 비슷한 도자기〗.

pa·ri·e·tal [pəráiətl] *adj.* **1** 〖해부〗 두정(頭頂)〖골〗의. **2** 〖동물〗 체벽(體壁)의, 체강벽(體腔壁)의; 〖식물〗

pari-mutuel 측벽(側壁)의, 자방벽(子房壁)의. **3** 《美》 대학 구내에 사는 [사람에 관한]. — *n.* **1** 《해부》 두정골. **2** (~s) 《美》 대학 기숙사의 이성 방문자용 규칙.

par·i·mu·tu·el [pǽrimjùːtʃuəl] *n.* **1** ⓤⓒ 《경마》 이긴 말에 건 사람들에게 수수료와 세금 따위를 공제한 돈 전부를 분배하는 방법. **2** (=pari-mútuel machíne) 건 돈 표시기.

par·ing [pɛ́(ː)riŋ/pɛ́ər-] *n.* **1** ⓤ 껍질을 벗기기, 깎아내기. **2** 얇게 벗긴 껍질; 깎은(자른) 부스러기.

pa·ri pas·su [pɛ́(ː)ri pǽsuː, pǽri/pǽərai pǽs(j)uː] 《라틴》 (=with equal pace) **1** 같은 보조로, 바른 보조로. **2** 공평하게 (fairly).

‡**Par·is¹** [pǽris] *n.* 파리 [프랑스의 수도]. ◇ **Parísian** *adj.*
Par·is² [pǽris] *n.* 〘그리스 신화〙 파리스 〘트로이의 왕자. 스파르타 왕비 Helen을 유괴하여 Troy 전쟁의 원인을 만들었다〙.

Páris blúe *n.* ⓤ 파리청(靑) 〘감청색 안료〙.
Páris gréen *n.* 〘化〙 파리스 그린 〘선녹색 (鮮綠色)의 유독 안료·살충제〙.

*****par·ish** [pǽriʃ] *n.* **1** 소교구(小敎區), 지역 교구 〘주교구를 각 교회구로 분할한 지역〙. **2** 《주로 英》 행정 교구 〘교구를 기본으로 한 행정구〙. **3** 〘미국 Louisiana 주의〙 군(county). **4** (the ~)〘집합적〙 소교구민 (parishioners).

on the parish 《英》 교회의 신세를 지고; 《구어》 약간의 도움을 받아. ◇ **paróchial** *adj.*

párish chùrch *n.* 《英》 교구(敎區) 교회.
párish clèrk *n.* 《英》 교회의 서무계.
pa·rish·ion·er [pəríʃ(ə)nər] *n.* 소교구민.
párish lántern *n.* 〘주로 英방언〙 달(moon).
par·ish-pump [pǽriʃpʌ̀mp] *adj.* 《英》 지방 근성의, 쑥덕공론식의.
párish régister *n.* 〘교회〙 소교구 기록부 〘교회원의 세례·결혼·사망 따위의 기록〙.

*****Pa·ri·sian** [pərí(ː)ʒ(i)ən/pərízien, -zjən] *adj.* 파리 (Paris)의, 파리식의; 파리 토박이의; 파리 사람의. — *n.* 파리 토박이, 파리 사람, 파리지앵. ◇ **Páris** *n.*

Pa·ris·i·enne [pərìːzién] 《프랑스》 *n.* 파리 여자, 파리 토박이 여자, 파리지엔.

Páris whíte *n.* 정제 백악(白堊), 호분(胡紛) 〘안료〙.
par·i·syl·lab·ic [pǽrisilǽbik] *adj.* 〘그리스·라틴 문법〙 동수(同數) 음절의.
par·i·ty [pǽriti] *n.* **1** ⓤ 동등, 동격, 동위 (同位), 동량. **2** 일치(correspondence), 유사(resemblance). **3** 〘재정〙〘다른 나라 통화와의〙 등가, 평가; 〘각종 주화의〙 법정 비가. **4** ⓤ 유사, 비슷, 유기성 (偶奇性). **5** 〘경제〙 패리티, 농산물 가격 표준 〘농가의 수입과 생활비와의 비율〙.

párity bìt *n.* 〘컴퓨터〙 패리티 비트 〘짝수 홀수 검사용 비트〙.
párity chèck *n.* 〘컴퓨터〙 기우(奇偶) 검사.

‡**park** [pɑːrk] *n.* **1** ⓒ 공원, 자연 공원, 유지지. ¶ a national *park* 국립 공원. **2** 운동장, 야구장. ¶ a baseball *park* 야구장. **3** 〘지방 대저택의〙 넓은 정원. **4** 《英》 수렵장. **5** 《美》〘산맥으로 둘러싸인〙 고원 분지. **6** 주차장. **7** 《군사》 **a)** 군용차, 자동차 집결지. ¶ an artillery *park* 대포 집결지. **b)** 군용지에 집결한 전포대(全砲隊). — *vt.* **1** 〘차〙를 세워 두다, 주차하다. **2** 《구어》 …을 두다, 놓아두다. **3** 〘포차(砲車) 따위〙를 집결지에 늘어세우다, 〘군수품〙을 집결시키다. **4** …을 공원(수렵장)으로 하다, 〘땅〙을 공원(장)으로 만들다. — *vi.* **1** 차를 세워 두다, 주차하다. ¶ No *parking.* 〘게시〙 주차 금지. 《구어》 《주차중인》 차 속에서 사랑을 하다.

par·ka [pɑ́ːrkə] *n.* **1** 〘에스키모인 등이 입는〙 두건이 달린 털가죽 상의, 파카, 아노락. **2** 〘일반적으로〙 두건이 달린 재킷(상의), 코트.

párk-and-ríde sỳstem [pɑ́ːrk(ə)nráid-] *n.* 《美》 터미널(역) 주차 통근 방식.

Párk Ávenue *n.* 미국 New York 시의 큰 거리 〘종

종 변화와 유행의 상징으로 표현된다〙.
Párk·hurst [pɑ́ːrkhə̀ːrst], (=**Párk·hùrst príson**) *n.* 영국 Wight 섬에 있는 기결수 교도소.
par·kin [pɑ́ːrkin] *n.* 《英방언》 오트밀·당밀·생강을 섞은 과자.
park·ing [pɑ́ːrkiŋ] *n.* ⓤ **1** 주차, 주차 허가; 주차장의 일; 주차 장소. ¶ No *parking.* 〘게시〙 주차 금지. **2** 《구어》〘주차중인〙 차내에서의 사랑. — *adj.* 주차중인, 주차에 관한.
párking lòt *n.* 주차장(car park).
párking mèter *n.* 주차 요금 징수기.
párking òrbit *n.* 〘우주〙 대기(待機) 궤도.
párking tìcket *n.* 주차 위반 스티커.
Par·kin·son·ism [pɑ́ːrkinsənìz(ə)m] *n.* = Parkinson's disease.
Par·kin·son's disèase [pɑ́ːrkins(ə)nz-] *n.* ⓤ 〘병리〙 파킨슨병, 진전마비(震顫痲痺) (paralysis agitans). [<영국의 의사 James Parkinson (1755-1824)]
Párkinson's Láw 파킨슨의 법칙 〘영국의 C. Parkinson (1909-)이 제창한 풍자적 경제 법칙; 공무원의 수는 일에 관계없이 늘어난다는 따위〙.
párk kèeper *n.* 《英》 =parky².
park·land [pɑ́ːrklæ̀nd] *n.* **1** 공원용지, **2** 대저택을 둘러싼 정원. **3** 〘군데군데 수목이 있는〙 초원 지대.
park·way [pɑ́ːrkwèi] *n.* **1** 중앙에 가로수나 화초를 심은 큰 길; 승용차 전용 도로. **2** 도로에 나무를 심은 인도(人道).
park·y¹ [pɑ́ːrki] *adj.* (**park·i·er, park·i·est**) 《英속어》 쌀쌀한, 차가운 (chilly).
park·y² [pɑ́ːrki] *n.* 《英속어》 공원 관리인.
Parl. 〘略〙 Parliament, Parliamentary.
par·lance [pɑ́ːrləns] *n.* ⓤ **1** 말투, 어조; 전문 용어 〘法〙. **2** 의논, 회담.
par·lay [pɑ́ːrlei, -li] 《美》 *vt.* **1** 〘원금과 딴 돈〙을 다음번 내기에 걸다. **2** 《구어》 〘돈·재능 따위〙를 부(富)·성공을 얻기 위하여 쓰다. — *n.* 원금과 딴돈을 다음번 내기에 걸기.
*****par·ley** [pɑ́ːrli] *n.* **1** 토의, 협의. **2** 〘적군과 정전 따위에 관하여 하는〙 회견, 화평 교섭. ¶ beat (or sound) a *parley* 북·나팔 따위를 울려 '적군과의 회담'을 요청하다. — *vi.* 교섭하다, 회담하다; 〘적과〙 화평 교섭을 하다. ¶ (~+圖+名) *parley with* an enemy 적과 화평 교섭을 하다.
par·ley·voo [pɑ́ːrliːvúː] 《익살》 *n.* (pl. **-voos**) **1** ⓤ 프랑스어. **2** 프랑스인. — *vi.* 프랑스어로 말하다.
‡**par·lia·ment** [pɑ́ːrləmənt] *n.* **1** (보통 P-)〘영국의〙 의회, 국회 [the House of Lords와 the House of Commons로 이루어진다], 〘영국 자치령 따위의〙 의회. ⇔ CONGRESS. ¶ a member of *Parliament* 하원 의원 〘略 M. P.〙 / enter (or go into) *Parliament* 하원 의원이 되다 / convene (or summon) *Parliament* 의회를 소집하다 / dissolve *Parliament* 의회를 해산하다. **2** 〘영국 이외의 나라의〙 의회, 국회. **3** 〘혁명 전의〙 프랑스 고등 법원. **4** ⓤ 판돈 〘카드놀이의 일종〙 (fantan). ◇ **parliaméntary** *adj.*
par·lia·men·tar·i·an [pɑ̀ːrləmentɛ́(ː)riən/-tέər-] *n.* **1** 의회법에 정통한 사람, 의회통, 법규통. **2** (때로 P-)《英》 국회 의원. **3** (P-) 〘영국왕 Charles 1세에 반대한〙 의회당.
par·lia·men·tar·i·an·ism [pɑ̀ːrləmentɛ́(ː)riənìz(ə)m/-tέər-] *n.* ⓤ 의회 정치[주의], 의회제도.
par·lia·men·ta·rism [pɑ́ːrləméntərìz(ə)m] *n.* = parliamentarianism.
*****par·lia·men·ta·ry** [pɑ̀ːrləment(ə)ri] *adj.* **1** 의회의, 의회제의. **2** 의회에서 제정한. **3** 의회에 알맞은; 신중한, 정중한. ¶ *parliamentary* language 의회 용어, 격식을 차린 (딱딱한) 말. **4** 의회의 법규·관례에 입각한. ¶ *parliamentary* rules 의회법. ◇ **párliament** *n.*

pàrliaméntary ágent n. 《英》의회 대리인. 〔구.

pàrliaméntary bórough n. 《英》국회 의원 선거

Pàrliaméntary Commíssioner for Administrátion n. 《英》= ombudsman.

pàrliaméntary góvernment n. 의회 정치.

pàrliaméntary sécretàry n. [내각 책임제 정부에서 부처의] 정무 차관〔통상 국회의원이 겸직한다〕.

pàrliaméntary tráin n. 《英》노동자 운임 3등 할인 열차〔19세기에 법령으로 정했다〕.

‡**pár·lor**, 《英》**-lour** [páːrlər] n. 1 응접실, 거실 (living room). 2 [호텔·클럽·수도원 등의] 담화실, 휴게실(lounge). 3 《美》가게. ¶ a beauty *parlor* 미장원 / an ice-cream *parlor* 아이스크림 가게.

párlor bóarder n. [영국의 기숙사 학교에서] 교장 댁에 기숙하는 학생.

párlor càr n. 《美》[철도의] 특등 객차.

párlor gàme n. [실내에서 몸을 움직이지 않고 할 수 있는] 실내 놀이.

párlor hòuse n. 《속어》고급 매춘굴 (brothel).

pár·lor·maid, 《英》**-lour-** [-pɑ́ːrlərmèid] n. 몸종, 하녀.

pár·lous [páːrləs] (고어) adj. 1 위험한 (dangerous). 2 영리한 (clever), 빈틈없는 (shrewd). —— adv. 지극히, 대단히. —— [절차].

parl. proc. (略) *parl*iamentary *proc*edure (의회 운영

Par·ma [páːrmə] n. 파르마 [이탈리아 북부의 도시; 파메산 치즈의 산지].

Par·me·san [pàːrmizǽn, -́-́] adj. Parma (산(産))의. —— n. (=**Pármesan chéese**) ⓤ 파메산 치즈 [Parma 원산; 보통 갈아서 요리에 넣는다].

par·mi·gia·na [pàːrmidʒáːnə], **-no** [-nou] adj. [이탈리아 요리에서] 파메산 치즈를 쓴. (<It)

Par·nas·si·an [paːrnǽsiən] adj. 1 〔그리스의〕 Parnassus 산(山)의. 2 시(詩)의. 3 〔프랑스의〕 고답파(高踏派)의. —— n. 고답파 시인.

Par·nas·sus [paːrnǽsəs] n. 1 Mount ~ 파르낫소스 산〔그리스 중부의 산; Apollo 및 Muses가 살았다는 산; 현재는 Liakoura 라고 부른다〕. ¶ climb *Parnassus* 시작(詩作)하다. 2 시집, 미문집(美文集). 3 〔집합적〕 시인들, 시단(詩壇). 4 시·예술의 중심.

Par·nell·ism [páːrneliz(ə)m] n. 〔아일랜드 정치가 C. S. Parnell (1846-91)이 제창한〕 아일랜드 자치 정책.

pa·ro·chi·al [pəróukiəl, -kjəl] adj. 1 소교구(小教區) (parish)의. 2 편협한, 한정된. **~·ly** [-əli] adv.

pa·ro·chi·al·ism [pəróukiəlìz(ə)m, -kjəl-] n. ⓤ 1 소교구의 특질(경향), 소교구 제도. 2 지방 근성, 애향심(愛鄕心), 편협.

pa·ro·chi·al·i·ty [pəròukiǽləti] n. =parochialism.

pa·ro·chi·al·ize [pəróukiəlàiz, -kjəl-] v. (**-ized, -iz·ing**) vt. 1 …을 소교구로 나누다, …에 소교구제를 실시하다. 2 …을 지방적으로 하다, 편협하게 하다. —— vi. 소교구내에서 일하다, 편협하게 되다.

paróchial schóol n. 《美》[로마 가톨릭교의] 교구 학교.

par·o·dist [pǽrədist] n. 풍자적 시문 (詩文) (패러디)

par·o·dy [pǽrədi] n. (pl. **-dies**) 1 ⓤ 〔작품의 문체나 작풍을 우스꽝스럽게 풍자적 시문(詩文), 패러디; 풍자적인 변곡(變曲). 2 우스꽝스러운 흉내; 서투른 모방. —— vt. **(-died, -dy·ing)** 1 〔시문·작가 따위를〕 풍자적으로 비꼬다, 풍자시로 짓다. 2 서투르게 흉내내다.

pa·role [pəróul] n. 1 ⓤ 가출옥, 가석방; 가출옥 기간; ⓒ 가출옥 허가증. 2 〔군사〕 **a)** ⓤ 〔석방으로 도망하거나 다시 적대 행위를 하지 않겠다는〕 포로의 선서. **b)** 암호, 군호. 3 선서. 4 〔미국 이민법에서〕 일시적 입국 허가. —— vt. **(-roled, -rol·ing)** 1 〔포로〕 선서시킨 후 석방하다. 2 〔…을〕 가석방하다, 가출옥시키다; 〔일시적으로〕 〔외국인〕의 입국을 허가하다.

pa·rol·ee [pəròulíː] n. 가출옥자.

par·o·no·ma·si·a [pæ̀rənou(ə)méiʒ(i)ə / -ziə] n.

(修辭) 〔동음어(同音語)·유사어를〕 익살스럽게 쓰기, 말재주, 재담. [ly, wisdom 따위].

par·o·nym [pǽrənim] n. 어원이 같은 말(wise, wise-

pa·ron·y·mous [pərǽniməs / -rɔ́n-] adj. 어원이 같은.

pa·ro·quet [pǽrəkèt] n. =parakeet.

pa·rot·id [pərátid / -rɔ́t-] 〔해부〕 n. 이하선 (耳下腺). —— adj. 귀 가까이의; 이하선의.

par·o·ti·tis [pæ̀rətáitis] n. ⓤ 〔병리〕 1 이하선염. 2 유행성 이하선염, 항아리손님 (mumps).

-parous bearing, producing 이라는 뜻의 연결형. 예: oviparous.

par·ox·ysm [pǽrəksìz(ə)m] n. ⓤ 1 〔감정·행동의〕 폭발. 2 〔병리〕 〔주기적인 병의〕 발작. —— 〔적인〕.

par·ox·ys·mal [pæ̀rəksízm(ə)l] adj. 발작적인; 폭발

par·ox·y·tone [pərɔ́ksitòun / -rɔ́ks-] 〔그리스 문법〕 adj. 어미에서 두 번째 음절에 강한 악센트가 있는. —— n. 그런 말.

par·quet [paːrkéi / páːkei] n. 1 조각 나무 세공을 한 마루. 2 〔극장의〕 일반 관람석, 1층 좌석. —— vt. **(-queted, -quet·ing)** 〔마루 따위를〕 조각 나무로 만들다, 〔마루 따위의〕 …에 조각 나무 세공을 하다.

parquét círcle n. 〔극장의 2층 밑의〕 일반 관람석 뒤쪽의 반원형으로 놓인 좌석.

par·quet·ry [páːrkitri] n. ⓤ 조각 나무 세공, 〔마루를〕 조각 나무 세공으로 깔기.

parr [paːr] n. (pl. **parrs** or **parr**) 1 바다로 나가기 전의 어린 새끼. 2 대구 따위의 새끼.

par·ra·keet [pǽrəkìːt] n. 앵무새의 일종.

par·ri·ci·dal [pæ̀risáidl] adj. 부모(아버지) 살해의, 존속 살인의.

par·ri·cide [pǽrisàid] n. 1 ⓤ 부모(아버지) 살해; 존속 살인, 2 부모(아버지) 살해범; 존속 살인자.

‡**par·rot** [pǽrət] n. 1 앵무새. 2 남의 말을 뜻도 모르고 남의 언행을 흉내내는 사람. —— vt. …의 뜻도 모르고 흉내내다, 건성으로 되풀이하다.

párrot crỳ n. 입버릇처럼 되어 있는 말.

párrot fàshion adv. 《구어》앵무새처럼 되뇌어; 뜻도 모르면서 기억만으로.

párrot fèver n. ⓤ 〔병리〕 앵무새병 (psittacosis).

párrot fìsh n. 비늘돔 〔색깔이나 입이 앵무새처럼 생긴 놀래기류(類)의 열대산 고기; 바다 물고기〕.

par·rot·ry [pǽrətri] n. ⓤ 비굴한 모방, 앵무새처럼 되풀이하기.

par·ry [pǽri] v. **(-ried, -ry·ing)** vt. 1 〔적의 공격·찌르기 따위를〕 받아넘기다, 빗나가게 하다. 2 〔토론·질문 따위를〕 피하다. —— vi. 〔공격·토론 따위를〕 받아넘기다, 회피하다. —— n. 1 〔펜싱 따위에서 찌르기를〕 받아넘기기. 2 회피, 얼버무리기.

pars. (略) *par*agraphs; *par*entheses.

parse [paːrs] vt. **(parsed, pars·ing)** 〔문법〕 〔단어·어군(語群)〕의 품사·어미 변화·문법적 관계 따위를 문법적으로 설명하다; 〔문장〕을 해부하다 (analyze).

par·sec [páːrsèk] n. 〔천문〕 파섹〔거리를 나타내는 단위, 시차(視差)가 1초 되는 거리; 3.26광년〕.

Par·see [pɑ́ːrsìː, -́-́] n. =Parsi.

Par·see·ism [páːrsìːìz(ə)m, -́-́-] n. =Parsiism.

Par·si [páːrsìː, -́-́] n. 1 파르시 교도 〔인도에 사는 페르시아인의 조로아스터 교도〕. 2 〔Ŭ〕 파르시어 (語) 〔중세 페르시아어 방언〕.

Par·si·fal [páːrsif(ə)l, -fɑ̀ː] n. 〔아서왕 전설〕 성배(聖杯)를 찾으러 나선 Arthur 왕 궁정의 기사(Parzival, Percival). 2 Wagner작의 오페라 [1877-82, 초연 1882]. 〔조로아스터교의 한 파〕.

Par·si·ism [páːrsìːìz(ə)m, -́-́-] n. 파르시교 (教)

par·si·mo·ni·ous [pàːrsimóuniəs, -njəs] adj. 인색한, 쩨쩨한. **~·ly** adv. **~·ness** n. ⓤ 약, 다랍게.

par·si·mo·ny [páːrsimòuni / -məni] n. ⓤ 지나친 검

pars·ing [páːrsiŋ / páːzìŋ] n. 〔문법〕 낱말 또는 어군의 품사·어미 변화·문법적 관계를 설명하기; 어구의 해부.

pars·ley [pá:rsli] n. ⓤ 파슬리, 네덜란드 겔리.
pars·nip [pá:rsnip] n. 양방풍나물; 그 뿌리[식용].
¶ *Fine* (or *Soft, Kind*) *words butter no parsnips.*
《속담》 말만 고와서 아무 소용이 없다.

***par·son** [pá:rsn] n. **1** 목사 (clergyman), 성직자.
2 교구 목사. ◇ **parsónic** adj.
par·son·age [pá:rsnidʒ] n. 교구 목사관.
par·son·ic [pɑ:rsánik / -sɔ́n-], (**par·son·i·cal** [-ik(ə)l]) adj. 교구 목사의; 목사다운.

párson's nōse n. 〔닭·칠면조 따위의〕 꽁무니살
‡**part** [pɑ:rt] n. **1** 〔전체를 구성하는〕 부분, 일부분.
¶ *a part of Europe* 유럽의 일부 / *the upper* (*lower*)
part of …의 상(하)부 / *a greater part of* …의 대부분 /
Only part of his story is true. 그의 이야기는 극히 일부
분만이 진실이다.

── Usage *a part of* 와 *a part of* ── 전체에서 분리한
일부분, 특히 작은 일부인 경우에는 *a part of*, 전체에
서 분리되지 않은 부분을 나타낼 경우에는 *part of* 를
쓰는 것이 보통: *This is a part of the city* that I do
not know well. 이곳은 이 도시 중에서 내가 잘 모르
는 곳이다 / *I overheard part of their conversation.*
나는 그들의 대화의 일부를 엿들었다. 그러나 실제로
는 리듬 관계와 그밖의 이유로 구별없이 쓰이는 수가
있다.

〔類語〕 **part** 전체에 대한 「부분」의 뜻의 가장 넓은 뜻의 말.
piece 전체에서 잘라낸, 종종 그 자체만으로도 독립된 단
위로 간주되는 part: a *piece* of paper 한 조각의 종이.
portion 어떤 사람·목적 따위에게 할당된 part: his
portion of food 그의 몫인 음식. **division** 절단·분할
따위에 의해서 나누어진 part: the girl's *division* of a
school 학교의 여자부. **section** 비교적 작은 division:
the sports *section* of a newspaper 신문의 스포츠란.
segment 자연히 생긴, 또는 구조·설계상 필요한 section: the head *segment* of an insect's body 곤충
의 몸의 머리 부분. **fraction** 무시해도 될만한, 극히
하지 않은 part: a small *fraction* of the population 전
체 인구의 아주 작은 일부. **fragment** 조각난, 특히 대
부분을 떼어낸 뒤에 남은 조각: *fragments* of news 단
편적 뉴스.

2 주요 부분, 요소. ¶ *That forms no part of our
problem.* 그것은 우리 문제에서 중요한 일이 아니다.
3 〔인간·동물의〕 기관 (organ), (보통 ~s) 〔몸의〕 국
부. ¶ *the inner parts* 내장 / *the private* (or *privy*)
parts 음부(陰部).
4 〔전체의〕 …분의 1; 〔배합 따위의〕 비율 (proportion).
¶ *a fifth part* 5분의 1 / *Take seven parts of flour and
three parts of sugar.* 밀가루 7과 설탕 3의 비율로 하라.
5 〔책 따위의〕 부, 권, 분책. ¶ *Part* Ⅰ 제1장(권) / *a
story in four parts* 4부로 된 이야기 / *be issued in
monthly parts* 매월 분책으로 발간되다.
6 (보통 ~s) 지역, 지방 (region, district). ¶ *foreign
parts* 외지 / *remote parts of the world* 세계의 벽지 /
I'm a stranger in these parts. 나는 이 부근은 생소하다.
7 〔경기·논쟁 따위의〕 한 편, 측, 쪽.
8 〔머리의〕 가리마.
9 〔기계·기구의〕 부품, 부분. ¶ *automobile parts*
자동차 부품 / *spare parts* 예비 부품.
10 〔음악〕 성부(聲部), 음부(音部) 〔의 악보〕. ¶ *an
alto part* 알토 성부 / *sing in three parts* 3부 합창을 하
다.
11 몸, 분담.
12 본분, 의무, 역할, 구실. ¶ *do one's part* 자기의
본분을 다하다 / *It is not my part to interfere.* 내가 간
섭할 일이 아니다.
13 〔연극의〕 등장 인물, 역; 대사. ¶ *the part of
Shylock* 샤일록역(役) / *act one's part* 역을 맡아하다 /
know one's part 대사를 외다. 〔능한 사람.
14 (보통 ~s) 재능, 자질, 수완. ¶ *a man of parts* 유
for one's part 자기로서는, 자기에 관한 한. ¶ *For my
part I know nothing about it.* 나로서는 그에 관해서

아무것도 아는 바가 없다.
for the most part 대부분, 거의.
have neither part nor lot in …에 전혀 관계가 없다.

in good (**bad, evil, ill**) **part** 기분 좋게(나쁘게). *
주로 take 와 함께 쓴다. ¶ *He took the rebuke in
good part.* 그는 비난을 화내지 않고 받아들였다.
in part 일부분, 어느 정도.
on the part of one; **on** one's **part** ① …쪽으로서
는, …측에서는. ¶ *We did everything on our part.*
우리 쪽으로서는 할 일을 다 했다. ② …에 의한.
part and parcel 중요 부분, 본질적인 부분.
a part of speech 〔문법〕 품사. 〔편을 들다.
take a person's **part; take part with** a person 남의
take part in … 에 참여하다, 참가하다, 가담하다
(participate); 협력하다. ¶ *This is a game that
everyone can take part in.* 이것은 누구나 참가할 수 있
는 게임이다.

── vt. (⇨ SEPARATE 〔類語〕) **1** …을 나누다, 분할하다;
…을 가르다, 젖히다(break). ¶ (~+圄+前+名) *part a
thing in two* 물건을 둘로 나누다. **2** 〔가리마〕 타다.
¶ *part one's hair in the middle* 머리를 한 가운데에
타다. **3** …과 관계를 끊다, 헤어지게 하다. ¶ *Nothing
shall part us.* 그 무엇도 우리를 떼어놓지 못하리라. **4**
…을 떼어놓다. ¶ *part a fight* 싸움을 말리다 / *part a
crowd* 군중을 헤치다 // (~+圄+前+名) *The Strait of
Dover parts England from the Continent.* 도버 해협은
영국을 유럽 대륙에서 떼어놓고 있다. **5** …을 구별하다.
¶ (~+圄+前+名) *part error from crime* 착오와 범죄
를 구별하다. **6** 〔야금〕 …을 분리시키다. ¶ (~+圄+
前+名) *part silver from gold* 은을 금에서 분리시키다.
7 〔고어〕 …을 분배하다, 나누다(share).

── vi. **1** 갈라지다, 쪼개지다, 끊어지다, 흩어지다. ¶
The rope parted. 밧줄이 끊어졌다 // (~+前+名) *part
into small fragments* 잘게 부서지게 하다. **2** 나누이다;
헤어지다(*from* …). ¶ *The stream parts there.* 강은 그
곳에서 갈라진다 / *Let us part* [*as*] *friends.* 사이좋게
헤어지자 / (~+前+名) *part from one's friends* 친구
들과 헤어지다. **3** 떠나다, 출발하다, 떨어지다(*from* …).
¶ (~+前+名) *part from one's native shore* 고국을 떠
나다. **4** 죽다(die). **5** 〔구어〕 돈을 내다, 지불하다.
part company with ⇨ COMPANY.
part with ① …을 단념하다, 포기하다(give up), 버리
다. ¶ *I parted with my horse.* 나는 말을 버렸다. ②
…을 떠나다. ③ …을 해고하다. ④〔구어〕 〔돈〕을 쓰다
(spend). ¶ *He doesn't like to part with his money.*
그는 인색하다.

── adv. 부분적으로, 얼마간, 어느 정도 (partly, in
part). ¶ *The ship is part in the water, and part in
the mud.* 배는 절반쯤 물에 잠기고, 절반은 진흙 속에 빠
◇ **pártial** adj., **pártly** adv. 〔저 있다.
part. (略) participle; particular.
***par·take** [pɑ:rtéik, +美 pər-] v. (**-took, -tak·en,
-tak·ing**) vi. **1** 한몫 끼다, 함께 하다, 가담하다 (participate) (*in* …). ¶ (~+前+名) *partake in* a discussion 토론에 한몫 끼다 / *partake in* each other's joys
서로 기쁨을 나누다. **2** 자기 몫을 받다; 함께 어울리다,
〔남과 함께〕 먹다(마시다)(*of* …). ¶ (~+前+名) *He
has no right to partake of the money.* 그에게는 그 돈
을 받을 권리가 없다. **3** 얼마간 〔어떤 성질〕이 있다, …
의 기미가 있다(*of* …). ¶ (~+前+名) *His manner
partakes of insolence.* 그의 태도에는 오만한 데가 있다.
── vt. …을 함께하다, 함께 먹다(share in).
par·tak·er [pɑ:rtéikər, +美 pər-] n. 분담자, 관계
자, 참가자, 동반자(*in, of, in*…).
par·tan [pá:rtən] n. 〔스코〕 게 (crab).
part·ed [pá:rtid] adj. **1** 부분으로 나뉜, 갈라진, 쪼
진, 흩어진 (separate). **2** 〔식물〕 〔잎이〕 심렬 (深裂)
의. **3** 〔紋章〕 〔방패가〕 나뉘어진. **4** 〔고어〕 죽은 (de-

parterre [pɑːrtéər] n. 1 [극장 따위의] 일반 관중석 (parquet circle). 2 [아름답게 배치한] 화단.
part-ex·change [pɑːrtikstʃéinds] n., vt. 대금의 일부로 중고품을 받고 신품을 팔기(팔다).
par·the·no·gen·e·sis [pàːrθino(u)dʒénisis] n. 〖생물〗 단위 생식(單爲生殖), 처녀 생식. ¶ artificial parthenogenesis 인공 단위 생식.
par·the·no·ge·net·ic [pàːrθino(u)dʒinétik] adj. 단위 생식의, 단위 생식에 의한. **-i·cal·ly** [-ikəli] adv.
Par·the·non [pɑːrθinɑn / -nən] n. 파르테논 [기원전 438년경에 아테네의 Acropolis 위에 세워진 Doric 식 건축의 신전].
Par·thi·a [pɑːrθiə, -θjə] n. 파르티아 [카스피해 동남부에 있던 고대 나라, 지금의 이란 동북부에 해당].
Par·thi·an [pɑːrθiən, -θjən] adj., n. 1 Parthia 사람. 2 ⓤ 고대·중세의 Parthia 의 이란어. — adj. Parthia [사람]의.
Párthian shót(sháft) n. (a~) 마지막 쏘는 한 살; 떠나면서 내뱉는 독설. 〔< Parthia 의 기병이 도망치면서 화살을 쏜 데서〕
par·ti [pɑːrti] n. 《프랑스》 (=party) 결혼 상대.
‡**par·tial** [pɑːrʃ(ə)l] adj. 1 일부분의, 부분적인; 불완전한. ¶ partial success 부분적인 성공 / a partial eclipse 〖천문〗 부분식(蝕) / partial payment 일부 불 / partial knowledge 어설픈 지식. 2 〖식물〗 부(副)의, 부속의. 3 구성 요소의, 성분의(component). 4 불공평한, 치우친, 편파적인. ¶ a partial opinion 편견. 5 좋아하는, 편애하는(to...). ¶ I am partial to fruits. 나는 과일이라면 사족을 못쓴다.
~ness n. ¶ part, partially n., pártially adv.
pártial dénture n. 부분 틀니(의치).
par·ti·al·i·ty [pɑːrʃiǽləti] n. (pl. -ties) 1 ⓤ 부분적임, 부분성. 2 ⓤ 불공평, 편파적임; 편견; ⓒ 강한 기호, 편애(for, to...). ¶ a partiality for poetry 시(詩)의 애호.
*__par·tial·ly__ [pɑːrʃəli] adv. 부분적으로; 불완전하게; 불공평하게, 편파적으로.
Pártial Tést Bán Tréaty n. 부분적 핵실험 금지 조약.
par·ti·ble [pɑːrtibl] adj. 분할할 수 있는(divisible).
par·tic·i·pance [pɑːrtísipəns, +美 pər-], **-pan·cy** [-pənsi] n. =participation.
*__par·tic·i·pant__ [pɑːrtísipənt, +美 pər-] n. 참가자, 관계자. — adj. 참여하는, 관계하는, 참가의.
partícipant òbservátion n. ⓤ〖인류〗 연구 대상 집단과 함께 생활하며 관찰·조사하는 참여 관찰[법].
‡**par·tic·i·pate** [pɑːrtísipèit, +美 pər-] v. (**-pat·ed, -pat·ing**) vi. 1 가담하다, 참여하다, 함께 하다(partake); 〖범죄 따위에〗 관계하다(in...). ¶ ~(+前+图) participate in a debate 토론에 참가하다 / participate in profits 이익에 한몫 끼다. 2 얼마간 …의 성질이 있다 (of...). — vt. …에 참여하다, 한몫 끼다, 함께 하다 (partake). ◇ participation n.
partícipàting insúrance n. ⓤ〖보험〗 이익 배당부 보험.
partícipàting preférred n. 〖증권〗 이익 배당우선주.
*__par·tic·i·pa·tion__ [pɑːrtìsipéiʃ(ə)n, +美 pər-] n. ⓤ 참가, 가입. ¶ participation in an enterprise 기업 참가. ◇ partícipate v.
par·tic·i·pa·tion·al [pɑːrtìsipéiʃən(ə)l] adj. 관여의; 참가하는(participatory).
par·tic·i·pa·tor [pɑːrtísipèitər, +美 pər-] n. =participant.
par·tic·i·pa·to·ry de·moc·ra·cy [pɑːrtìsipətɔ́ːri-/-t(ə)ri-] n. ⓤ 참여 민주주의.
partícipatory théater n. 관객 참가 연극.
par·ti·cip·i·al [pɑːrtisípiəl, -pjəl] adj. 〖문법〗 분사의; 분사에서 나온, 분사를 닮은. ¶ a participial phrase 분사구 / a participial preposition 분사 전치사 [during, regarding 따위] / participial construction 분사 구문. — n. =participle. **~·ly** [-əli] adv. ◇ párticiple n.
partícipial ádjective n. 〖문법〗 분사 형용사.
‡**par·ti·ci·ple** [pɑːrt(i)sìpl] n. 〖문법〗 분사. ¶ a present (past, perfect) participle 현재(과거, 완료) 분사 / an absolute participle 독립 분사.
◇ particípial adj.
par·ti·ci·pled [pɑːrt(i)sìpld] adj. 《속어》 터무니없는, 어처구니없는, 엄청난. ＊ **damned, confounded** 따위의 분사의 완곡한 대용어로 쓴다.
‡**par·ti·cle** [pɑːrtikl] n. 1 미량(微量), 극소량, 작은 조각. ¶ I got a particle of dust in my eye. 눈에 작은 먼지가 들어갔다 / He has not a particle of patriotism. 그에게는 애국심이란 눈꼽만큼도 없다. 2 〖물리〗 a) 입자(粒子). ¶ an elementary particle 소립자. b) 질점(質點). 3 〖서류 따위의〗 조(條), 항(項). 4 〖가톨릭〗 성체(聖體)된 빵(Host)의 작은 조각. 5 〖문법〗 불변화사(不變化詞), 접사(接辭).
párticle accelerátor n. 〖물리〗 입자 가속기.
párticle-bèam wéapon [pɑːrtiklbìːm-] n. 〖군사〗 입자빔 무기 [입자빔을 발사하는 광선무기의 하나].
par·ti·cle·board [pɑːrtiklbɔ̀ːrd /-bɔ̀ːd] n. ⓤⓒ 하드보드 [톱밥을 압축해서 만든 널빤지].
par·ti·col·ored, 《英》 -oured [pɑːrtikʌ̀lərd] adj. 1 여러 가지 빛깔의, 얼룩덕룩한(variegated); 여러 가지 빛깔로 염색한. 2 변화가 많은, 다체로운.
‡**par·tic·u·lar** [pərtíkjulər, +美 pər-] adj. 1 하나 하나의, 개개의, …만의, 특수한, 특유한. ¶ particular stars of a constellation 성좌내의 개개의 별 / a particular characteristic of the animal 그 동물의 특성 / He wants to do everything in his particular way. 그는 모든 일을 자기의 독자적인 방식으로 하고 싶어한다. 2 〔수많은 중에서 특히〕 이, 저, 그, 다른 아닌, …에 특한. ¶ this particular question 다름 아닌 이 문제 / He was absent on that particular day. 그는 그날에 한해서 결석했다 / Why did you choose this particular book? 어째서 하필이면 이 책을 골랐지?
3 각별한, 특별한; 두드러진; 유다른. ⇨ SPECIAL 類語 ¶ a particular friend 각별히 친한 친구 / for no particular reason 이렇다할 까닭도 없이 / take particular pains 유달리 애를 쓰다 / I have nothing particular to do. 이렇다할 할 일이 없다.
4 상세한(detailed). ¶ give a full and particular account of … 에 관하여 낱낱이 보고하다.
5 취미가 까다로운, 유별난, 까다롭게 가리는(about, over...). ¶ be particular about (or over) one's dress 의복에 까다롭다 / She was particular as to whom to invite. 누구를 초청할 것인가에 관하여 그녀는 까다롭게 가렸다.
類語 particular 자질구레한 일까지 자기 생각대로 되지 않으면 직성이 풀리지 않는. **dainty** 취미가 세련되어 있어 쉽게 만족하지 않는: be dainty about food 식성이 까다롭다. **fastidious** 높은 수준을 마음에 두고 있기 때문에 만족시키기 어려운: a fastidious reader 감상하는 눈이 높은 독자.
6 〖논리〗 특칭(特稱)의, 특수한. ¶ a particular proposition 특칭 명제.
— n. 1 개개의 일, 사항, 조목. ¶ an essential particular 주요 사항 / be correct in every particular 모든 점에서 옳다. 2 (~s) 상세, 명세(details). ¶ go (or enter) into particulars 상세한 점에까지 미치다 / give the particulars of the case 그 사건을 상세히 설명하다 / fill in particulars on an application form 신청서에 상세히 기입하다 / Full particulars will be announced later. 상세한 것은 추후에 알려드리겠습니다. 3 〖논리〗 특수, 특칭, 특칭 명제(特稱命題). 4 특색, 명물. ¶ the London particular 런던의 명물 [런던 특유의 안개].
in particular 특히(especially). ¶ Have you any-

thing to say? ——Nothing *in particular*. 할 말이 있니? ——아니, 별로.
◇ particulárity *n*., particulárize *v*., particulárly *adv*.

partícular áverage *n*. 〔해상 보험〕 단독 해손(海損). *cf*. general average

par·tic·u·lar·ism [pərtíkjulərìz, +美 pɑːr-] *n*. Ⓤ 1 자기(자당, 자국)의 이익만 전념하기, 당파심, 배타주의. 2 주권(州權) 독립주의. 3 〔신학〕 특정설(特定説) 〔하나님의 은혜는 선택된 소수에게만 주어진다는 설〕.

par·tic·u·lar·ist [pərtíkjulərist, +美 pɑːr-] *n*. 배타주의자; 주권(州權) 독립주의자; 〔신학〕 은혜 특정설의 지지자.

par·tic·u·lar·i·ty [pərtìkjulǽriti, +美 pɑːr-] *n*. (*pl*. **-ties**) Ⓤ 1 특성, 특징; 특이성. 2 상세, 자세함, 기술(記述)의 상세함. 3 세부에 걸친 주의, 세심함. ¶ He examined the evidence with *particularity*. 그는 세심하게 증거를 조사했다. 4 까다로움(fastidiousness). 5 (-ties) 특수한 사항.

par·tic·u·lar·i·za·tion [pərtìkjulərizéiʃ(ə)n/-raiz-, +美 pɑːr-] *n*. 특수화, 개별화, 특기(特記), 열거, 상술(詳述).

par·tic·u·lar·ize [pərtíkjulərɑ̀iz, +美 pɑːr-] (*英*)에서는 par·tic·u·lar·ise 로도 쓴다) *v*. (**-ized**, **-iz·ing**) *vt*. 1 ···을 특수화하다. 2 ···을 개별적으로 (특기)열거하다. 3 ···을 상술하다. — *vi*. 상세히 말하다; 세심하게 배려하다.

‡**par·tic·u·lar·ly** [pərtíkjulərli, +美 pɑːr-] *adv*. 1 특히, 그 중에서도; 두드러지게, 심히(especially). 2 개별적으로(individually). 3 상세히(in detail).

par·tic·u·late [pərtíkjulit, +美 pɑːr-, -lèit] *adj*. 개개의 미립자의(로 이루어지는).

*****part·ing** [pɑ́ːrtiŋ] *n*. 1 Ⓤ Ⓒ 분할, 구분, 분리. 2 분할선, 분기점. ¶ the *parting* of two roads 두 도로의 분기점. 3 Ⓤ Ⓒ 이별, 헤어짐; 사별. *on parting* 이별에 즈음하여. — *adj*. 1 이별의, 이별에 즈음한. ¶ a *parting* cup 작별의 술잔 / a *parting* gift 이별의 선물. 2 출발하는, 떠나가는. ¶ a *parting* ship 떠나가는 배. 3 분할하는, 나누는.

par·ti pris [pɑːrtí príː] *n*. 《프랑스》 (=taken course) 선입관, 편견.

*****par·ti·san**[1], **-zan**[1] [pɑ́ːrtiz(ə)n / pɑ̀ːtizǽn] *n*. 1 열렬한 지지자, 열성 당원; 당파심이 강한 사람. ⇒ FOLLOWER 〔類語〕 2 〔군대〕 유격병, 게릴라, 빨치산. — *adj*. 1 당파적인, 당파심이 강한. 2 유격대의, 게릴라의.

par·ti·san[2], **-zan**[2] [pɑ́ːrtiz(ə)n] *n*. 창의 일종.

par·ti·san·ship [pɑ́ːrtíz(ə)nʃip / pɑ̀ːtizǽn-], (par·ti·zan·ship) *n*. Ⓤ 당파심, 파당 만들기; 가담, 편들기.

par·ti·ta [pɑːrtíːtə] *n*. 〔음악〕 파르티타〔17-18세기에 쓰인 조곡(組曲)〕; 일련의 변주곡. [<It *partita*]

par·tite [pɑ́ːrtait] *adj*. 1 〔보통 복합어를 만들어〕 ···부로 이루어지는, ···. ¶ a four *partite* agreement 4부로 된 협약. 2 〔식물〕 〔잎이〕 심렬(深裂) 한.

*****par·ti·tion** [pɑːrtíʃ(ə)n, pər-] *n*. 1 Ⓤ 분할, 구분(division); 분배, 배분; 격리, 분리(separation). 2 분할(분리)하는 것; 구획선; 〔분할된〕 부분. 3 〔건물 따위의〕 칸막이; 경계벽. 4 격벽, 격막(隔膜). 5 〔법률〕 공유물(토지) 분할; 그 재산의 매도(賣渡). 6 〔논리〕 분할법; 〔수학〕 〔양의 정수의〕 분할; 〔修辭〕 〔연설의〕 제2단.
— *vt*. 1 ···을 분할하다, 분배하다. ¶ *partition* an estate *among* five brothers 토지를 5형제간에 나누다. 2 ···을 구분하다, 칸막이하다. ¶ *partition* a house *into* rooms *with* walls 벽을 쌓아 집을 몇 개의 방으로 나누다.

par·ti·tive [pɑ́ːrtitiv] *adj*. 1 분할하는, 구분하는. 2 〔문법〕 부분을 나타내는. ¶ the *partitive* genitive 부분 속격(屬格) 〔물건의 일부를 나타내는 속격; 현재는 'of'-phrase 로 대용한다〕 / a *partitive* numeral 부분 수사 (數詞). — *n*. 〔문법〕 부분사(部分詞) 〔any, few, some 따위〕. **-ly** *adv*. 〔san.¹

par·ti·zan[1] [pɑ́ːrtiz(ə)n/pɑ̀ːtizǽn] *n*., *adj*. =parti-
par·ti·zan[2] [pɑ́ːrtiz(ə)n] *n*. =partisan².
part·let [pɑ́ːrtlit] *n*. 〔16세기의 여자용〕 어깨걸이〔대개 칼라가 있음〕.

Part·let [pɑ́ːrtlit] *n*. 1 《의인화(擬人化)하여》 암탉.
* Dame Partlet 라고도 한다. 2 〔익살〕 노파, 여자.

‡**part·ly** [pɑ́ːrtli] *adv*. 일부분은, 부분적으로; 어느 정도, 얼마큼. ¶ The report is *partly* true. 그 보고는 부분적으로 사실이다.

párt mùsic *n*. 〔주로 무반주의〕 합창(중창)곡.

‡**part·ner** [pɑ́ːrtnər] *n*. 1 함께 하는 사람, 참여자 (partaker); 동료, 짝패(associate (*in*...). ¶ a *partner in* crime 공범자. 2 〔기업 따위의〕 공동 출자자, 공동 경영자(사업자); 〔공동 출자한〕 사원, 조합원. ¶ a general *partner* 일반(무한 책임) 사원 / a special *partner* 특별(유한 책임) 사원 / a silent(*or* secret, sleeping, dormant) *partner* 익명 사원. 3 배우자; 〔댄스의〕 상대; 〔게임의〕 자기편 사람. 4 (~s) 〔항해〕 〔갑판의 돛대 구멍을 보강하는〕 나무틀. — *vt*. 1 ···와 짝패가 되다, 동료로서 참가하다; ···과 짝하다 (... *with*).

part·ner·less [pɑ́ːrtnərlis] *adj*. 동료(사원, 조합원, 배우자, 상대)가 없는.

*****part·ner·ship** [pɑ́ːrtnərʃip] *n*. 1 Ⓤ 공동, 협력, 참가; 제휴. 2 a) Ⓤ Ⓒ 공동 경영, 조합 계약. b) 조합, 합명 회사, 상회. ¶ a limited *partnership* 합자 회사. c) (the ~) 〔집합적〕 조합원, 사원.
enter into partnership with ① ···의 조합에 가입하다. ② ···와 협동 경영을 시작하다.
in partnership with ① ···와 협력하여, 제휴하여. ② ···와 공동 경영으로, ···와 합자(합명)로.

par·toc·ra·cy [pɑːrtɑ́krəsi, pɑːr-/pɑː-] *n*. Ⓤ 일당 독재 정치.

par·ton [pɑ́ːrtɑn/-tɔn] *n*. 파턴 〔핵자(核子)의 구성 요소로서의 가설적인 입자(粒子)〕. [<PAR(TICLE) + -ON]

par·took [pɑːrtúk, +美 pɑːr-] *v*. partake 의 과거형.

párt ówner *n*. 〔법률〕 공동 소유자.

part-pay·ment [pɑ́ːrtpèimənt] *n*. Ⓤ 〔상업〕 일부 불, 내금(內金).

*****par·tridge** [pɑ́ːrtridʒ] *n*. (*pl*. **-tridg·es** *or* **-tridge**) 자고(鷓鴣)ㆍ메추라기ㆍ들꿩 따위의 엽조(獵鳥).

par·tridge·ber·ry [pɑ́ːrtridʒbèri / -bɑri] *n*. (*pl*. **-ries**) 호자 덩굴〔북미산(産)의 빨간 열매와 향기 짙은 흰꽃이 피는 상록의 덩굴 식물〕; 그 열매.

párt sínging *n*. 《음악》 〔특히 무반주의〕 중창(법).

párt sòng *n*. 파트 송 〔보통 무반주의 합창곡〕.

párt tíme *n*. Ⓤ 파트 타임, 규정(정규) 시간의 일부.

*****part-time** [pɑ́ːrttàim] *adj*. 규정 시간의 일부에 종사하는, 비상근(非常勤)의, 파트 타임의, 시간제(時間制)의. *cf*. full-time. ¶ a *part-time* instructor 시간 강사 / a *part-time* job 부업, 아르바이트. — *adv*. 파트 타임으로, 시간제로, 비(非)상근으로. ¶ work *part-time* 파트 타임으로 일하다, 아르바이트 하다.

part-tim·er [pɑ́ːrttàimər / -´- -´-] *n*. 파트 타이머, 비(非)상근자.

par·tu·ri·en·cy [pɑːrt(j)ú(ː)riənsi / -tjúər-] *n*. 〔아기ㆍ생각을〕 낳으려 하고 있는 상태.

par·tu·ri·ent [pɑːrt(j)ú(ː)riənt / -tjúər-] *adj*. 1 아기를 낳는, 분만 중의; 분만에 관한. ¶ a *parturient* canal 산도(産道). 3 〔사상 따위를〕 품고 있는.

par·tu·ri·fa·cient [pɑːrt(j)ù(ː)riféiʃ(ə)nt / -tjùər-] *adj*. 출산을 촉진하는. — *n*. 출산 촉진제(劑).

par·tu·ri·tion [pɑ̀ːrt(j)uríʃ(ə)n, -tju- / -tju(ə)r-] *n*.

part·way [páːrtwéi] *adv.* 도중까지, 도중에서; 어느 정도.

part·work [páːrtwəːrk] *n.* 분책(分冊), 시리즈로 되어 책 중의 한 책.

par·ty [páːrti] *n.* (*pl.* **-ties**) **1** 사교회, 회, 모임, 파티. ¶ MEETING 類語 ¶ a cocktail *party* 칵테일 파티 / a dancing *party* 무도회 / give a *party* 파티를 열다. **2** [공동의 목적을 가진] 일단, 일행, 단체. ¶ a fishing *party* 낚시 동료 / an inspection *party* 시찰단 / a search *party* 수색대 / a rescue *party* 구조대. **3** [특별 임무로 파견된] 분대, 파견대. ¶ an ambulance *party* 부상병 수송대 / a scouting *party* of five soldiers 5인조 척후대. **4** 당파, 파벌; 정당; Ⓤ 파벌심. ¶ a political *party* 정당 / a conservative (a progressive) *party* 보수(혁신) 정당 / join (leave) a *party* 입당(탈당)하다. **5** [법률] [소송의] 당사자[원고 또는 피고]; [계약·거래의] 당사자. ¶ a *party* to a suit (*or* in action) 소송 당사자 / a third *party* 제삼자. **6** 관계자, 당사자, 가담자, 한패, 공범(*to*...). ¶ be a *party* to a conspiracy 음모에 가담하다. **7** [구어] 그 사람, 사람(person). ¶ He is a queer *party*. 그는 묘한 사나이다. ── *adj.* **1** 정당의, 당파의; 당파심이 강한. ¶ *party* spirit 당파심. **2** 파티[용]의. ¶ [紋章] [바탕이] 분할되어 있는. ── (-tied, -ty·ing) *vi.* 파티에 나가다; 《미국어》 즐기다, 먹고 마시며 떠들다. ── *vt.* ...을 파티에서 대접하다.

par·ty-col·ored, 《영》 **-oured** [páːrtikʌ̀lərd] *adj.* =parti-colored.

párty decomposítion *n.* [정치] 정당의 부패·노화, 탈(脫)정당화.

párty gírl *n.* **1** 파티의 접대역으로 고용된 여자. **2** 《속어》 파티에 나가는 일 외에는 관심이 없는 여자.

par·ty-go·er [páːrtigòu(ə)r] *n.* 파티 등에 잘 출입하는 사람.

párty góvernment *n.* Ⓤ 정당 정치.

par·ty·ism [páːrtiìz(ə)m] *n.* Ⓤ 정당심, 정당제.

párty líne *n.* **1** [전화의] 공동 가입선(party wire). **2** 경계선. **3** (보통 ~s) 정당의 기본 방침, 정책 강령. **4** [특히 공산당의] 정책. ¶ the Communist *party line* 공산당의 정책.

párty líner *n.* [특히 공산당의] 당의 방침에 충실한 당원.

párty mán *n.* 당원, 당인, [특히] 당의 방침에 충실한 당원.

párty pólitics *n. pl.* 《단수취급》 정당 정치, 당파 정치.

párty póoper(pòop) *n.* 《미국어》 모임의 흥을 깨는 사람.

par·ty-spir·it·ed [páːrtispíritid] *adj.* 당파심이 강한.

párty vóte *n.* 정당의 정책에 의한 투표.

párty wáll *n.* [법률] [인접하는 땅·가옥 따위의 사이의] 공용의 벽, 경계벽.

párty whíp *n.* [의회의] 원내 총무.

pa·rure [pərúər] *n.* [보석·장신구의] 한 벌.

pár válue *n.* =face value 1.

par·ve·nu [páːrvən(j)ùː/-njùː] *n.* 벼락 부자, 갑자기 출세한 사람. ── *adj.* 벼락 부자의(같은), 갑자기 출세한 사람의(같은).

par·vis [páːrvis] *n.* **1** 교회의 앞뜰. **2** [교회 정면의] 주랑(柱廊).

par·y·lene [pǽriliːn] *n.* Ⓤ 파릴렌[파라크실렌에서 얻는 플라스틱의 일종].

pas [paː] *n.* (*pl.* **pas**) **1** [댄스·발레의] 스텝. **2** (the ~) 선행권, 우선권, 상석(上席). ¶ take (*or* have) the *pas* of ...의 앞에 서다, ...의 상석에 앉다. [<F step]

pas [F pa] *adv.* 《프랑스어》(=no, not) ...하지 않다.

*PAS, P.A.S. 《略》 *para*-*a*minosalicylic acid(파스[결핵 치료제]); Pan-American Society.

pas·cal [pæskǽl] *n.* **1** [물리] 파스칼[압력의 SI 조립 단위; =1 newton/m², =10μ bar; 기호 Pa, Pas., pas.]. **2** (PASCAL) [컴퓨터] 파스칼[고수준 프로그래밍 언어의 하나; ALGOL 형식을 본딴 것].

Pasch [pæsk/paːsk], (**Pas·cha** [pǽskə/páːs-]) *n.* (고어) **1** =Pass-over. **2** (종종 the ~) =Easter.

pas·chal [pǽsk(ə)l/páːs-, pǽs-] *adj.* **1** 유월절(逾越節) (Passover)의. **2** 부활절(Easter)의. ¶ 축제의 양초.

páschal lámb *n.* **1** (the ~) [유대인의] 유월절 (Passover)에 먹는 양[←출애굽기(Exod.) 12: 3-11]. **2** (the P-L-) 그리스도.

pas de deux [pɑː də dɔ́ː] *n.* (*pl.* **pas de deux**) 대무(對舞), 짝지어 추는 춤, 파드되. [<F step of two]

pas de trois [F pɑː də trwɑ́ː] *n.* (*pl.* **pas de trois**) 3인조 춤, 파드트루아. [<F step of three]

pa·se·o [pɑːséiou] *n.* (*pl.* **-se·os**) **1** 산책, 산보. **2** 산책길 (promenade).

pash¹ [pæʃ] 《주로 방언》 *vt.* **1** ...을 [세차게] 집어던지다, 부딪치다. **2** ...을 분쇄하다, 박살을 내다. ── *vi.* 세차게 부딪치다, 돌진하다.

pash² [pæʃ] *n.* 《영방언》 머리(head).

pa·sha [páːʃə, pǽʃə, pəʃáː] *n.* 파샤[원래 터키의 문무 고관의 존칭]. ¶ the *pasha* of three tails (two tails, one tail) 제1(2, 3)급의 파샤.

Pa·siph·a·ë [pəsífəìː] *n.* [그리스 신화] 파시파에[Minos의 아내, Ariadne의 어머니].

pa·so do·ble [páːsou dóublei] *n.* 《스페인》 파소도블레[투우사가 입장할 때 따위에 연주되는 활발한 행진곡; 그 곡에 맞춘 투스텝의 사교 춤].

pasque·flow·er [pǽskflàuər] *n.* 서양할미꽃[아네모네속(屬)의 일종, 부활절경에 자주색 꽃이 핀다].

pas·quin·ade [pæ̀skwinéid] *n.* [눈에 띄는 곳에 게시된] 풍자문, 비꼬는 글. ── *vt.* (-ad·ed, -ad·ing) ...을 풍자문으로 비난(공격)하다, 비꼬다.

*pass¹ [pæs/pɑːs] *vi.* **1** 지나가다, 통과하다, 나아가다 (proceed). ¶ (~+前+名) *pass* along a street 거리를 지나가다 / *pass* through a town 거리를 가로지르다 (빠져 나가다) / *pass* over a river 강을 건너다 / *pass into* oblivion 잊혀지다 / *pass* beyond something 어떤 것을 지나치다, 초과하다 / *pass* over strings 현(絃)을 울리다 / The metal *passed* through the fire. 그 금속은 열처리가 되어 있다 / The bullet *passed* through his shoulder. 탄환이 그의 어깨를 관통했다 // (~+副) Please *pass* on. 앞으로 나아가 주십시오 / Let us *pass on* to other items. 다른 항목으로 옮깁시다.

2 떠나다(go away), 없어지다, 사라지다, 끝나다, 죽다(die). ¶ (~+前+名) *pass* out of the world 세상에서 사라지다 / *pass* out of sight 보이지 않게 되다 / *pass* from (*or* out of) use 쓰이지 않게 되다 / *pass* from life 죽다 // (~+副) The pain has *passed* away (*or* off). 통증이 가셨다 / The storm *passed* off without causing much damage. 폭풍우는 큰 피해 없이 지나갔다.

3 [시간이] 흐르다, 지나다 (elapse). ¶ Five minutes *passed*. 5분 지났다 / Ages of time *passed*. 오랜 세월이 흘러 갔다 / Five years have *passed* since I saw him last. 그를 만난 지 5년이 지났다 / The time for decision has already *passed*. 결단의 시기는 이미 지나갔다.

4 [일이] 일어나다 (happen, occur). ¶ What has *passed* in our absence? 우리가 없는 사이에 무슨 일이 일어났습니까?

5 유통되다, 통용되다; [...으로] 받아들여지다, 인정되다, [...으로] 통하다. ⇨ *pass for* ①. ¶ *pass* by the name of ...의 이름으로 통하다.

6 관대히 다루어지다, 불문에 붙여지다. ¶ He was unkind, but let it *pass*. 그는 불친절했지만 너그럽게 보아 주자 / He let the remark *pass*. 그는 그 말을 귓청으로 흘려버렸다.

7 [...의 손에] 건네다, 옮다, 양도되다. ¶ (~+前+名) The letter *passed* from hand to hand. 편지가 이 손에서 저 손으로 건너갔다 / His estate *passed* to his son. 그의 재산은 자식에게 물려졌다 / The estate *passed* into the hand of his son. 그 재산은 아들 손으로 넘어갔다.

8 [말 따위가] 교환되다, 오가다. ¶ Few words *passed.* 말이라고는 거의 오가지 않았다 // (~+前+名) Many letters *passed between* them. 그들 사이에는 편지가 여러 차례 오갔다.
9 변화하다, 바뀌어(옮겨) 가다, (…으로) 되다. ¶ (~+前+名) *pass into* an adolescence 사춘기로 접어들다 / as summer *passed into* autumn 여름에서 가을로 옮겨 감에 따라 / It *passes from* liquid *to* a gaseous state. 그것은 액체에서 기체로 변한다 / His disease *passed into* a chronic state. 그의 병은 만성이 되었다.
10 [시험 따위에] 합격하다, 급제하다(*in* …). ¶ He *passed* first *in* the examination. 그는 시험에 1등으로 합격했다.
11 [법안 등이]승인되다, 통과하다. ¶ The bill *passed.* 법안이 통과되었다.
12 [법률] 판결을 내리다; [일반적으로] 의견을 말하다 (*on, upon* …). ¶ (~+前+名) The jury *passed upon* the case. 배심원이 그 사건에 판결을 내렸다 / The judgment *passed for* (*against*) us. 우리에게 유리(불리)한 판결이 내려졌다.
13 베풀어지다, 변이 나오다.
14 [스포츠] [공 따위를] 패스하다.
15 [카드놀이] 패스하다[자기 차례를 거르다].
— *vt.* **1** …을 지나가다, 지나치다, 통과하다, 가로지르다, 건너다(cross). ¶ *pass* a station 역을 통과하다 / *pass* one's friend on the street 거리에서 친구와 지나치다 / *pass* a stream 개울을 건너다 / *pass* a threshold 문지방을 넘다.
2 …을 들어오게 하다, 들이다, 통과시키다, 찌르다. ¶ *pass* an army in review 열병(閱兵)하다 // (~+目+前+名) *pass* a person *into* a theater 남을 극장 안으로 들어오게 하다 / *pass* a belt *about* the waist 혁대를 허리에 두르다 / *pass* a rope *through* a hole 구멍에 밧줄을 꿰다 / *pass* one's eyes *over* …을 훑어보다 / *pass* one's hand *over* …을 쓰다듬다.
3 …을 [···에게] 건네주다, 돌리다, 전하다(deliver). ¶ (~+目+目) Please *pass* me the butter. [식탁에서] 버터를 좀 건네주십시오 / (~+目+前+名) Read this and *pass* it *to* him. 이것을 읽고 나서 그에게 돌려라 / They *passed* the news *to* their friends. 그들은 그 소식을 친구들에게 알렸다.
4 …을 무시하다(disregard); …을 관대히 봐주다 (overlook); [배당 따위를] 지불하지 않다. ¶ *pass* a dividend 무배당으로 하다 / Let's *pass* the introduction and go to the main issue. 서론은 생략하고 본론으로 들어가자 / I *passed* this essay. 나는 이 논문을 빠뜨리고 말았다.
5 [시험 따위에] 합격하다; [남]을 합격시키다. ¶ *pass* an examination 시험에 붙다 / *pass* the customs 세관을 통과하다 / *pass* the whole class 반의 전원을 합격시키다.
6 …을 승인하다(approve), [의안·법안 따위를] 가결하다, 비준하다, [의회 따위를] 통과하다. ¶ *pass* a bill 법안을 가결하다 / *pass* the Commons 하원을 통과하다.
7 …을 초과하다, 능가하다(exceed). ¶ *pass* one's comprehension 이해가 안 되다 / *pass* all expectation 예상(기대)이상이다 / He *passed* the age of seventy. 그는 70고개를 넘었다.
8 [시간]을 보내다(spend), 지내다; …을 경험하다 (experience). ¶ *pass* a day pleasantly 즐겁게 하루를 보내다 / *pass* one's time in idleness 하는 일 없이 시간을 보내다 / *pass* a night at one's uncle's 숙부집에서 하룻밤을 지내다 / the perils he had *passed* 그가 겪었던 수많은 위험한 고비들 / They *passed* the worst night of their lives. 그들은 생애 최악의 하룻밤을 보냈다.
9 [가짜 따위]를 떠넘기다, 통용(유통)시키다. ¶ He tried to *pass* counterfeit money. 그는 위조 지폐를 써먹으려고 했다 / (~+目+*as* 보) He *passed* himself *as* an American. 그는 미국인 행세를 했다.
10 …을 맹세하다(pledge). ¶ *pass* one's word 맹세하다.
11 [의견]을 말하다; [판결·형]을 언도하다, 선고하다. ¶ (~+目+前+名) *pass* sentence *on* a criminal 범죄인에게 형을 선고하다.
12 [법률]을 양도하다(transfer).
13 [변 따위]를 배설하다. ¶ *pass* water 소변을 보다, 오줌싸기하다.
14 [요술에서] …을 바꿔치기하다.
15 [야구] [타자]를 포볼로 1루에 나가게 하다.
16 [스포츠] [공 따위]를 패스하다.
pass away ① 끝나다(cease), 없어지다. ⇨ *vi.* 2. ② 죽다. ¶ His aunt, who had been ill for some months, *passed away* yesterday morning. 그의 숙모는 몇 달 동안 앓다가 어제 아침에 세상을 떴다. ③ (*vi.*) [시간이] 지나다; (*vt.*) [시간]을 보내다.
pass by ① …을 그냥 지나치다, 모른 체하고 지나가다; 지나치다, 통과하다. ¶ *pass by* a friend 친구를 아는 체 않고 지나가다. ② …을 못 본 체하다, 무시하다. ⇨ *pass by on the other side of* ③ [시간이] 경과하다. 「도와주지 않다.
pass by on the other side of …을 본체 만체하다,
pass current ⇨ CURRENT.
pass for ① [흔히 가짜 따위가] …으로 통하다. ¶ He easily *passes for* a German. 그는 너끈히 독일 사람으로 통한다. ② (구어) (직업을 나타내는 명사와 함께) …의 시험에 합격하다. ¶ His son has just *passed for* a lawyer. 그의 아들은 변호사 시험에 갓 합격한 사람이다.
pass muster ⇨ MUSTER.
pass off ① 행하여지다, 이루어지다; [일]이 되어가다. ¶ Everything *passed off* pleasantly. 매사가 잘 되었다. ② [아픔·피로 따위가] 차차 사라지다. ⇨ *vi.* 2. ③ [속에서] …으로 통하게 하다(행세하다). ④ [가짜]를 팔아 넘기다. ⑤ …을 홀려버리다. ¶ It was not to be *passed off* so easily as that. 그 일은 그렇게 간단히 홀려버릴 일이 아니었다.
pass on ① 계속 나아가다. ⇨ *vi.* 1. ② [시간이] 지나다. ⇨ *vi.* 3. ③ 죽다(pass away). ④ …을 전하다, 돌리다. ¶ The news was *passed on* by word of mouth. 그 소식은 구전(口傳)으로 퍼져나갔다.
pass out ① (구어) 기절하다. ② (구어) 죽다. ③ 졸업하다.
pass over ① …을 무시하다(ignore); …을 관대하게 보아 넘기다. ¶ If small offenses are *passed over*, they may lead to more serious ones. 작은 위법(違法)이라고 대수롭지 않게 보아넘기면 더 큰 범죄를 초래하게 될지도 모른다. ② …을 내버려두다, 고려하지 않다.
pass the baby ⇨ BABY.
pass the buck to a *person* ⇨ BUCK⁴.
pass the chair [의장·회장 등의] 임기가 끝나다.
pass the hat ⇨ HAT.
pass the time of day ⇨ TIME.
pass through ① …을 경험하다. ¶ *pass through* dangers 위험한 지경을 당하다. ② …을 뚫고 나아가다; 꿰찌르다. ⇨ *vi.* 1.
pass up (미속어) …을 거절하다, 퇴짜놓다; [기회]를 놓치다. ¶ *pass up* a request 부탁을 거절하다.
— *n.* **1** 통행 허가(증), 입장 허가(증); 무료 입장(승차)권 (*over, on, to* …). ¶ a *pass over* (or *on*) a railroad 철도 무료 승차권 / a free *pass to* a theater 극장 무료 입장권. **2** [군대] **a**) [통제 구역 따위의] 출입 허가증. **b**) 외출 허가증. **3** [시험의] 합격; 《英》 [대학에서 우수이 아닌] 보통 합격. **4** [스포츠] 패스, 송구(送球); 패스하는 사람; [야구] [포볼에 의한] 출루(walk); [펜싱] 찌르기. **5** (구어) [특히 상대편을 이기지 못하는] 일격(一擊). **6** [카드놀이] 패스 [자기 차례를 그냥 넘기기]. **7** [요술] 빠른 손놀림, 속임수. **8** 단계, 사태, 사정, 형세; 위기, 고비. ¶ Things have come to a strange *pass*. 일이 이상하게 되고 말았다. **9** 통과, 지나가기. **10** 이성의 마음을 끄는 몸짓(행위), 교태.
bring a *thing* **to pass** ①…을 야기시키다 (bring about). ②…을 달성(성취)하다.
come to a pretty (or *nice, fine*) **pass** [일] 난처

한 지경에 이르다.
come to pass 일어나다, 생기다(happen, occur).
make a pass at ① …을 손으로 쪼르다(쪼르는 시늉을 하다). ②《속어》=make passes at.
make passes at《속어》《여자》에게 진드거리다.
◇ **pássage** *n*.

pass² [pǽs / pɑːs] n. **1** 산길, 고갯길; 〖숲·늪 따위로 통하는〗 길, 〖강어귀·삼각주 따위의〗 수로(水路); 〖어삿〗(weir) 위의 어도(魚道), **3** 좁은 통로; 오솔길(lane). ⇒ WAY類語 **4**《군사》 요충지(要衝地); 요충.
hold the pass 주의(이익)을 지키다.
sell the pass 적에게 중요한 정보를 넘기다, 나라를 팔다.
pass. 《略》 passenger;《라틴》 *passim* (= here and there); passive.

***pass·a·ble** [pǽsəbl / pɑ́ːs-] *adj.* **1** 〖길·숲·강 따위가〗 통과할 수 있는, 지나갈 수 있는, 건널 수 있는. **2** 보통의, 적당한(adequate), 상당한, 충분한. ¶ a *passable* knowledge of English 상당한 영어 지식. **3** 〖화폐 따위가〗 통용되는, 유통될 수 있는. **4** 〖법안 따위가〗 통과될 수 있는, 제정할 수 있는.
~·ness *n.* ~·bly *adv.*

pas·sa·ca·glia [pɑ̀ːsəkɑ́ːljə, pæ̀s-] *n.* 〖음악〗 파사칼리아〖3박자의 완만한 무용곡〗.

pas·sade [pəséid] *n.* 〖馬術〗 회전보(回轉步)〖말이 같은 장소를 돌기〗.

‡pas·sage¹ [pǽsidʒ] n. **1** 〖문장·연설의〗 한 절(節); 〖음악〗 악절, 악구(樂句); 〖미술〗 색조 따위의〗 일부, 일부분. ¶ a *passage* from *Hamlet* 햄릿의 한 절. **2** 〖U〗〖C〗 통행, 통과; 통행권, 통행 허가. ¶ The guard gave us *passage*. 위병은 우리의 통행을 허가했다 / No *passage* this way. 이 길은 통행 금지.
3 통로, 도로(way); 수로(水路); 출(입)구〖주로 英〗 복도. ⇒ WAY類語 ¶ a secret *passage* 비밀 통로.
4 〖U〗〖장소·상태 따위의〗 변화, 추이, 변천(變遷); 이동, 이주(migration); 〖시간 따위의〗 경과; 〖사태의〗진전, 경과. ¶ the *passage* from life to death 삶에서 죽음으로의 추이 / the *passage* of time 시간의 경과.
5 〖항구에서 항구까지의〗 항해; 도항, 항공. ¶ have a rough *passage* 사나운 뱃길을 가다, 난항하다.
6 〖U〗 도항권; 뱃삯. ¶ book one's *passage* 배표를 사다 / pay one's *passage* 뱃삯을 지불하다.
7 〖U〗〖C〗〖의안 따위의〗 통과, 승인, 가결; 제정.
8 (~s)〖두 사람 사이의〗 담화, 밀담, 교섭.
9 치고받기, 논쟁, 투쟁(dispute). ¶ have stormy *passages* with a person 남과 심하게 맞다툼하다
10 〖U〗 이동, 운반, 양도.
11 배설, 변통(便通).
12 〖고어〗 사건(incident);〖고어〗 죽음(death).
— *vi.* (-saged, -sag·ing) **1** 나아가다, 가로지르다, 통과(통행)하다, 항해하다. **2** 칼싸움하다; 말다툼하다.
— *vt.* 〖말〗을 옆걸음치며 나아가게 하다.
◇ pass *v.*

pas·sage² [pǽsidʒ] 〖馬術〗 *n.* 옆걸음치며 나아가기.
— *v.* (-saged, -sag·ing) *vi.* **1** 〖말이〗 옆걸음치며 나아가다. **2** 〖기수가〗 말을 옆걸음치며 나아가게 하다.
— *vt.* 〖말〗을 옆걸음치며 나아가게 하다.

pássage bìrd *n.* 철새.

***pas·sage·way** [pǽsidʒwèi] *n.* 통로; 복도. ⇒ WAY類語

pass-a·long [pǽsəlɔ̀ːŋ / -lɔ̀ŋ] *n.* 〖美〗 차례차례로 넘겨 주기;〖경제〗 전가(轉嫁)〖원가 인상분을 상품 가격에 포함시키기〗.

páss-alòng réaders *n. pl.* 회람 독자〖남이 구입한 간행물을 빌어서 보는 독자〗.

pas·sant [pǽs(ə)nt] *adj.*〖紋章〗〖동물이〗 왼쪽을 향하여 오른쪽 앞발을 치켜들고 있는.

pass·book [pǽsbùk / pɑ́ːs-] *n.* **1** =bankbook. **2** 〖외상 거래〗 통장; 크레딧장(帳).

páss degrèe *n.* 〖영국의 대학에서 우등이 아닌〗보통 졸업 학위.

pas·sé [pæséi / pǽsei, pæsei] *adj.* **1** 쇠퇴한, 구식의, 시대에 뒤진(out-of-date). **2** 과거의(past). **3** 한물 간, 한창때가 지난. ¶ a *passé* woman 한물 간 여자. — *n.* 〖발레〗 파세〖한쪽 발을 다른 발의 앞 또는 뒤로 움직이는 동작〗. (< F past)

passed [pæst / pɑːst] *adj.* **1** 지나간, 지난, **2** 합격한. **3** 〖해군〗 진급 시험에 합격하여 진급을 기다리는. **4** 〖금융〗〖배당이〗 미불(未拂)의. 「(逸球)

pássed báll *n.*〖야구〗〖포수가 놓친〗 패스볼, 일구

pas·sel [pǽsəl] *n.* 다수(large number); 집단(group). ¶ a *passel* of boys 많은 소년들.

passe·men·te·rie [pæsméntri / pɑːsmɑ́n-] *n.* 〖U〗 〖몰·구슬 따위의〗 옷의 가두리 장식. (< F)

‡pas·sen·ger [pǽsindʒər] *n.* **1** 승객, 여객; 선객(船客). **2**〖구어〗〖보트레이스 따위의〗 무능 선수, 짐스러운 존재. **3**〖드물게〗 통행인. ¶ a foot *passenger* 보행자, 통행자.

pássenger càr *n.* 객차.
pássenger lìst *n.* 승객(탑승자) 명부.
pássenger mìle *n.* = seat mile.
pássenger pìgeon *n.* 여행비둘기〖북미산으로 지금은 멸종〗.
pássenger tràin *n.* 여객 열차.

passe-par·tout [pæ̀spɑːrtúː / pɑ́ːspɑːtùː] *n.* **1** 〖사진·그림을 넣는〗 장식 대지(臺紙), **2** 파스파르투 〖유리와 뒷판 사이에 그림·사진을 끼워 가장자리를 테이프로 붙인 액자〗. **3** 맞쇠(master key). (< F pass everywhere)

pass·er [pǽsər / pɑ́ːsə] *n.* **1** 통행인. **2** 시험 합격자. 「행인.

pass·er-by [pǽsərbài / pɑ́ːs-] *n.* (*pl.* **pass·ers-**) 통

pas·ser·ine [pǽsərin, -ràin] *adj.* 참새목(目)의.
— *n.* 참새목의 새〖조류의 절반 이상이 여기에 속한다〗.

pas seul [pɑːsə́ːl / -sʌ́l] *n.* (*pl.* **-seuls** [-sə́ːl / -sʌ́l]) 〖발레〗 독무, 독무(獨舞), 솔로 댄스. (< F sole step)

pass-fail [pǽsfèil / pɑ́ːs-] *adj.* 합격·불합격만을 가리는 평가 방식의.

pas·si·bil·i·ty [pæ̀səbíləti] *n.* 〖U〗 감수성, 감동성.

pas·si·ble [pǽsəbl] *adj.*〖특히 종교적으로〗 감수성이 강한.

pas·sim [pǽsim] *adv.*〖라틴〗(= here and there) 〖인용한 책 따위의〗 여기저기에, 도처에(throughout).

pas·sim·e·ter [pæsímətər] *n.*〖英〗승차권 자동 판매기.

***pass·ing** [pǽsiŋ / pɑ́ːs-] *adj.* **1** 통과하는, 지나가는. **2** 경과하는, 흘러가는; 잠깐 동안의, 일시적인 (fleeting). ¶ the *passing* years 흘러가는 세월 / a *passing* fancy 일시적인 기분. **3** 지금 일어나고 있는, 현재의. ¶ the *passing* day (or time) 현대. **4** 우연한 (incidental), 우발적인. ¶ a *passing* remark 무심코 한 말, 일상의. ¶ a *passing* mark 합격점. — *adv.* 〖고어〗 매우, 대단히. — *n.* **1** 통과, 통행. **2** 〖시간의〗경과; 죽음. **3** 〖법안 따위의〗 가결, 통과, **4** 합격, 금제. **5**〖C〗 〖나뭇·벽 따위의〗 건널목. **6** 못보고 넘어가기. **7** 〖사건 따위의〗 발생.
in passing 지나가는 길에; 별 생각 없이, 무심코; 말이.
~**·ly** *adv.* ~**·ness** *n.* 「난 것으로서.

pássing bèll *n.* 조종(弔鐘), 죽음〖장례식〗을 알리는

pássing nòte (tòne) *n.* 〖음악〗 경과음. 「종.

‡pas·sion [pǽʃ(ə)n] *n.* **1** 격렬한 감정, 격정, 열정. ¶ FEELING類語 ¶ His *passions* overcame him. 격정이 그를 사로잡았다. **2** 감정의 격동(폭발); 격노(激怒). ¶ be in (fly into) a *passion* 화를 내다, 벌컥 성을 내다 / burst into a *passion* of tears 왈칵 울음을 터뜨리다. **3** 〖U〗〖남녀간의〗 정열, 연정(for...);〖C〗 연모의 대상, 좋아하는 사람. **4** 〖U〗 열애, 욕정. ¶ *tender passion* 연애 애정 / conceive a *passion* for ...에게 연정을 품다. **4** 정욕, 육정. ¶ sexual *passion* 성욕. **5**〖C〗〖어떤 일에의〗 정열, 열중, 열망(for...); 정열의 대상, 좋아하는 것(사람). ¶ a *passion* for glory 열렬한 명예욕 / have a *passion* for ...을 아주

pas·sion·al [pǽʃ(ə)l] *adj.* **1** 열정의, 격정의; 욕의; 열광의. **2** 열정에 의한, 정욕에 불탄; 열렬한 나머지의. — *n.* 그리스도의 수난기(受難記).

pas·sion·ar·y [pǽʃ(ə)nèri/-n(ə)ri] *n.* (*pl.* **-ar·ies**) =PASSIONAL.

‡**pas·sion·ate** [pǽʃ(ə)nit] *adj.* **1** 열정적인; 정욕적인; 호색의. ¶ a *passionate* nature 열정적인 성질. **2** 성미가 있는, 열심인, 열렬한. ¶ a *passionate* advocate 열렬한 옹호자 / a *passionate* speech 열정어린 연설. **3** 〔감정 따위가〕 열렬한, 격렬한(vehement). ¶ *passionate* grief (rage) 격렬한 슬픔(분노). **4** 격하기 쉬운, 화를 잘 내는, 성미가 급한(quick-tempered). ~·ness *n.* ◇ **pássion**·*n.* 〔격렬하게.

*pas·sion·ate·ly [pǽʃ(ə)nitli] *adv.* 열정히, 격렬히.

pas·sion·flow·er [pǽʃ(ə)nflàuər] *n.* 〔식물〕 시계꽃.

pas·sion·fruit [pǽʃ(ə)nfrù:t] *n.* 시계꽃의 열매.

Pas·sion·ist [pǽʃ(ə)nlis] *n.* 〔가톨릭〕 [1720년에 창립된] 예수 수난회의 수사(修士).

pas·sion·less [pǽʃ(ə)nlis] *adj.* 열정이 없는, 감정이 동하지 않는, 냉철한, 침착한; 냉담한.
~·ly *adv.* ~·ness *n.*

pássion màrk *n.* 키스 자국.

Pássion mùsic *n.* 〔음악〕 예수 수난곡.

Pássion plày *n.* 예수 수난극.

Pássion Súnday *n.* 〔보통 무관사 단수〕수난절의 주일 〔부활절 전전주의 일요일〕.

Pássion Wèek *n.* 〔보통 무관사 단수〕수난 주간〔성주간(Holy Week). 전에는 그 전 주까지도 가리켰다〕.

‡**pas·sive** [pǽsiv] *adj.* **1** 다른 것에 작용하지 않는, 소극적인, 수동적인, 피동의. opp. active **2** 활발하지 않은; 활기가 없는. ¶ a mind *passive* through exhaustion 지쳐서 활기를 잃은 마음. **3** 〔영향이〕 외부로부터 받은; 외인(外因)의. **4** 〔항공〕 동력을 갖지 않은. **4** 무저항의, 복종적인. **5** 〔문법〕 수동(태)의. opp. active ¶ the *passive* voice 수동태. **6** 〔화학〕 부동(不動)의, 잘 화합하지 않는, 불용성(不溶性)의. **7** 〔의학〕 수동의, 피동의, ¶ *passive* immunity 수동 면역. **8** 〔우주선 따위의 장치가〕 수동형의, 반사용의. *v.* (the ~) 〔문법〕 수동태, 수동형. ¶ BE *auxil. v.* **2** ~·ly *adv.* ~·ness *n.*

pássive bélt *n.* 〔자동차의〕 안전 벨트.

pássive euthanásia *n.* 〔의학〕 소극적 안락사 〔빈사 상태의 환자를 적극적 치료하지 않고 죽음에 이르게 함〕.

pássive hóming *n.* 〔군사〕 수동 호밍〔목표물로부터 오는 적외선(전파) 방사를 이용하는 미사일 유도〕.

pássive resístance *n.* U 소극적 저항.

pássive restráint *n.* 〔자동차의〕 수동적 안전 장치 〔자동 벨트나 에어백 등〕.

pássive sátellite *n.* 수동 위성〔전파를 반사할 뿐인 통신 위성〕. opp. active satellite

pássive smóking *n.* 간접적 흡연〔남이 피우는 담배 연기를 맡는 일〕. 〔도, 수동주의.

pas·siv·ism [pǽsivìzəm] *n.* U 수동성; 수동적 태

pas·siv·i·ty [pǽsíviti] *n.* =PASSIVENESS.

pass·key [pǽski:/-pá:s-] *n.* **1** 마스터키, 곁쇠(master key). **2** 개인용 열쇠. **3** 〔특히 앞문의〕 곁쇠의 열쇠(latchkey).

pass·less [pǽslis/pá:s-] *adj.* **1** 통행 허가증이 없는, 여권이 없는. **2** 통행할 수 없는, 지나갈 수 없는 (impassable).

pass·man [pǽsmæn, -mən/pá:s-] *n.* (*pl.* **-men** [-mèn, -mən]) 〔영〕 보통 졸업생. 〔計〕.

pas·som·e·ter [pǽsámitər/-sɔ́m-] *n.* 보수계(步數計).

Pass-o·ver [pǽsòuvər/pá:s-] *n.* (the ~) 〔구약〕 유대교의 유월절(逾越節) [←출애굽기(Exod.) 12 : 27〕. **2** (p-) 유월절에 바치는 어린 양(paschal lamb).

‡**pass·port** [pǽspɔ̀:rt/pá:spɔ̀:t] *n.* **1** 〔외국 여행용〕 여권, 패스포트(*for*...). **2** 〔특히 전시에 중립국 선박에게 주는〕 통항 허가증, 통행증; 입장권. **3** 〔승낙·애고(愛顧)·존경 따위를 얻기 위한〕 수단, 방편, 보증 (*to*...). **4** 〔으로〕 음식을 내주는 창.

pass-through [pǽsθrù:] *n.* 〔주방에서 식당 따위에의〕 편, 절(section, canto).

pas·sus [pǽsəs] *n.* (*pl.* **-sus** *or* **-sus·es**) 이야기 〔watchword〕

pass·word [pǽswə̀:rd] *n.* 암호 말, 군호

‡**past** [pǽst/pá:st] *v.* 〔드물게〕 PASS의 과거, 드물게 과거 분사. — *adj.* **1** 과거의, 지나간(bygone); 과거에 속하는. ¶ in days *past*; in *past* days 전에는 / in times *past* 과거에는. **2** 갓 지나간, 아주 최근의. ¶ for the *past* few hours 지난 몇 시간 동안. **3** 이전의(ago). ¶ some years *past* 몇 년 전. **4** 임기를 마친, 전임(前任)의. ¶ a *past* chairman 전(前)의장. **5** 〔문법〕 과거 시제 과거 시제. — *n.* (보통 the ~) **1** 과거, 옛날, ⇨ *in the past*. **2** 과거의 일; 과거의 역사, 〔특히 어두운〕 과거의 경력. ¶ a man with a *past* 과거가 있는 남자 / his country's glorious *past* 그의 조국의 빛나는 역사 / Memories of the *past* filled her mind. 과거에 대한 온갖 추억으로 그녀의 마음은 그득했다. **3** 〔문법〕 과거 시제, 과거형. *in the past* 과거의; 과거에, 지금까지(*현재까지 계속되고 있음을 보이며 현재 완료 시제와 함께 쓰인다〕. ¶ There have been many similar cases *in the past*, for history often repeats itself. 지금까지 그와 비슷한 사태가 많이 발생했다, 그도 그럴 것이 역사란 흔히 되풀이되니까. — *adv.* 지나서, 지나가서. ¶ go *past* 통과하다, 지나가다 / walk *past* 옆을 지나가다.
— *prep.* **1** 〔시간〕 ...지나서, 넘어서. *cf.* TO ¶ half *past* seven 7시 반 / a girl *past* twelve 12세가 넘은 소녀 / Now it's *past* your bedtime. 자, 잘 시간이 지났어요. **2** 〔위치·장소〕 ...을 지나서, ...너머에, ...보다 멀리에. ¶ The house *past* the church 저 교회 너머에 있는 집. **3** 〔수·양·정도·범위 따위가〕 ...을 넘어서, ...이상으로. ¶ be *past* comprehension 이해할 수 없다 / be *past* all belief 전혀 믿을 수 없다 / The car is *past* mending. 그 차는 이제 수리할 수가 없다 / The old man is *past* work. 저 노인은 이제 일하는 것은 무리다.

be past praying for ① 〔사람이〕 마음을 바로잡을 가망이 없다. ② 〔물건이〕 수리될 가망이 없다. ¶ The old desk *is past praying for*. 그 헌 책상은 수리할 가망이 없다.   〔생각하다.

put it past a person *to do* 남이 …을 할 수 없다고

pas·ta [pɑ́:stə] *n.* 파스타〔스파게티, 마카로니 따위의 면류〕; 파스타 요리.

‡**paste** [peist] *n.* U **1** 〔접착용〕 풀. **2** 풀 모양의 것, 연고. ¶ tooth *paste* 〔구치〕 치약 / shoe *paste* 구두약. **3** 〔제과용〕 밀가루 반죽, 페이스트〔우유 따위를 이겨서 풀 모양으로 만든 식품〕. ¶ liver *paste* 리버 페이스트. **4** 〔도자기 제조용의〕 이긴 흙. **5** 〔모조 보석용〕 납유리, 모조 보석. **6** 〔속어〕 〔특히 얼굴에 대한〕 강타, 일격.
scissors and paste ⇒ SCISSORS.

— *vt.* (*past·ed, past·ing*) **1** …을 풀로 붙이다. ¶ (~+图+團) *paste up* a notice 고지 사항을 내붙이다. **2** …〔掲〕한 것을〕 풀로 붙이다. ¶ (~+图+團+图) *paste* a window *with* paper 창문에 종이를 붙이다. **3** 〔속어〕〔얼굴 따위를〕 치다, 때리다. ◇ **pásty** *adj.*

paste·board [péistbɔ̀:rd/-bɔ́:d] *n.* U **1** 두꺼운 종이, 보드지, 판지(板紙). **2** 〔속어〕 명함, 카드놀이의 패, 카드(card). **3** 〔속어〕 표, 입장권(ticket). — *adj.* **1** 두꺼운 종이(판지)로 만든. **2** 실질이 없는, 속이 빈(unsubstantial), 모조의.

páste jób *n.* 풀과 가위로 도려내고 바르는 세공; 모방 작품(pastiche); 긁어 모은 것, 잡동사니.

pas·tel [pǽstel, --] *n.* **1** U 광택을 없앤 부드러운 색조. **2** U 파스텔. **3** U 파스텔 화법; C 파스텔 화. **4**

pastel [산문의 가볍고 짧은] 습작, 소품. —— *adj.* **1** [색채가] 부드러운, 파스텔 풍의. **2** 파스텔의, 파스텔 화[법]의.

pas·tel² [pǽstel] *n.* **1** [식물] 대청(大菁) (woad). **2** ⓤ 대청[청색] 물감].

pas·tel·ist, 《英》**-tel·list** [pǽstəlist, ---] *n.* 파스텔 화가.

pastél sháde *n.* 부드러운 파스텔풍의 색조.

past·er [péistər] *n.* **1** [뒷면에 풀칠을 한] 쪽지 종이, 스티커(sticker). **2** 풀로 붙이는 사람, 풀칠하는 기계.

pas·tern [pǽstə:rn] *n.* **1** [말·소 따위의] 발목. ⇨ COW¹ 그림. **2** 발목 부분의 뼈.

paste-up [péistʌp] *n.* [이것 저것을] 갖다 붙이기; [갖다 붙인] 합성 사진.

pas·teur·ism [pǽstəriz(ə)m, -tʃə-] *n.* ⓤ **1** 파스퇴르 접종법; 광견병 예방 접종법. **2** =pasteurization. [<프랑스의 화학자 Louis Pasteur(1822-95)의 이름]

pas·teur·i·za·tion [pæ̀stəriźéi(ə)n, -tʃə-/ -tàraiz-] *n.* ⓤ [우유 따위의] 파스퇴르 살균법, 저온 살균법.

pas·teur·ize [pǽstəràiz, -tʃə-] *vt.* (**-ized, -iz·ing**) [우유 따위]를 파스퇴르 살균하다, 저온 살균한다. ¶ *pasteurized* milk 살균 우유. **2** ⋯에 광견병 예방 접종을 하다.

pas·tic·cio [pæstí:tʃou] *n.* (*pl.* **-ci** [-tʃi:]) =pastiche.

pas·tiche [pæstí:ʃ] *n.* **1** [예술의] 혼성 작품. **2** 모방 작품(pasticcio). —— *vt.* (**-tich·ed, -tich·ing**) ⋯을 혼성하다.

past·ies [péistiz] *n. pl.* [스트리퍼 따위의] 젖꼭지 가리개.

pas·tille [pæstí:l, -+英 pǽst(ə)l], (**pas·til** [pǽstil, -təl]) *n.* **1** 정제; 향정(香錠) (troche). **2** [소용돌이 모양 또는 원추형의] 향(선향)의 일종. **3** 파스텔(pastel), 크레용. **4** 둥근 꽃불.

*ˈpas·time** [pǽstàim / pάːs-] *n.* ⓤⓒ 기분 전환, 오락; 놀이, 유희, 운동. ⇨ RECREATION 類語

past·i·ness [péistinis] *n.* 풀처럼 끈적함; 반죽 같은 성질.

pást máster *n.* **1** [협회 따위의] 전(前) 회장(지부장), 전조합장. **2** 거장(巨匠), 명인, 대가.

pást místress *n.* past master의 여성형.

*ˈpas·tor** [pǽstər / pάːs-] *n.* **1** 주임 목사(minister); 《특히 美》[가톨릭] 주임 사제. **2** 정신적(종교적) 지도자. **3** 찌르레기의 일종. ◇ pástoral *adj.*

*ˈpas·to·ral** [pǽst(ə)rəl / pάːs-] *adj.* **1** 양치기의; [토지가] 목장용인, 목축용의. **2** 전원(田園)[생활]의; 전원 생활을 그린, 전원적인, 목가적인, 한가로운. ⇨ RURAL 類語 ¶ *pastoral* poetry 전원시[곡]. **3** 목사의 직무[의]. **4** 목회(牧會)의, 사목(司牧)의. —— *n.* **1** 목가(牧歌), 전원시; [음악] 전원곡(pastorale); 전원화(畵)의 풍경. **2** [bishop이 목사·사제에게 주는] 교서. **3** [교회] 목사, 사목. ~·**ly** [-rəli] *adv.* ◇ pástor *n.*

pástoral cúre *n.* 《종교·교육상 지도자가 신도·학생에게 주는] 조언, 주의 사항.

pas·to·rale [pæ̀stərάːli, -+美 -rάːl] *n.* (*pl.* **-rales** or **-rali** [-rάːliː]) [음악] 목가곡, 전원곡.

pástoral epístles *n. pl.* (보통 P- e-) 목회 서신[신약 성서 중의 디모데서(書)(Timothy)와 디도서(Titus)].

pas·to·ral·ism [pǽstərəlìz(ə)m / pάːs-] *n.* ⓤ 목가적 취미, 목가조(調)[형식].

pas·to·ral·ist [pǽst(ə)rəlist / pάːs-] *n.* **1** 목가 작가(시인). **2** 목양자.

pástoral létter *n.* =pastoral *n.* 2.

pástoral stáff *n.* 주교장(主敎杖)(crosier) [학.

pástoral theólogy *n.* 〔신학〕 목회 신학, 사목신학.

pas·tor·ate [pǽstərit / pάːs-] *n.* **1** ⓤⓒ 목사(주임사제)의 직(임기). **2** 목사단. **3** 목사(사제)관(館).

pas·to·ri·um [pæstóːriəm / pɑːstóː-] *n.* 《美 남부》 ⓤ 목사관(parsonage). [가톨릭] 사제관.

pas·tor·ship [pǽstərʃip / pάːs-] *n.* ⓤ 목사(주임 사제)의 직(임기) (pastorate).

‡**pást párticiple** *n.* [문법] 과거 분사.

‡**pást pérfect** *n., adj.* [문법] 과거 완료 [의].

pas·tra·mi [pəstrάːmi] *n.* ⓤ 소의 어깨살의 훈제[향 기가 강함].

*ˈpast·ry** [péistri] *n.* (*pl.* **-ries**) **1** ⓤ [가루 반죽으로 만든] 파이 껍질(pie crust). **2** ⓤⓒ 가루 반죽 과자 [pie, tart 따위의 총칭]. [조인.

pástry·cook [péistrikùk] *n.* 《英》 가루 반죽 과자

‡**pást ténse** *n.* (the ~) [문법] 과거 시제. *cf.* present tense

pas·tur·a·ble [pǽstʃərəbl / pάːs-] *adj.* [토지가] 목축에 알맞은, 목축용의.

pas·tur·age [pǽstʃuridʒ / pάːstjuː-] *n.* ⓤ **1** 목초. **2** 목초지, 목장. **3** 방목(放牧); 목축[업]. **4** 《스코》 방목권.

‡**pas·ture** [pǽstʃər / pάːs-] *n.* **1** ⓤⓒ 목장, 목초지. **2** 목초. —— *v.* (**-tured, -tur·ing**) *vt.* **1** [소·양 따위]를 방목하다; [가축]에게 목초를 먹이다; [목초]를 먹다. **2** [토지]를 목초지로 하다. —— *vi.* 풀을 먹다; 방목하다. [목초지, 목장.

pas·ture·land [pǽstʃərlænd, -lənd / pάːs-] *n.* ⓤⓒ

pas·tur·er [pǽstʃərər / pάːs-] *n.* 방목자, 목장주.

past·y¹ [péisti] *adj.* (**past·i·er, past·i·est**) **1** 풀의, 반죽의(같은). **2** [안색이] 창백한, 기력(생기)이 없는. **3** 축 늘어진, 맥이 풀린. —— *n.* (-ties) =pasties. ◇ paste *n.*

past·y² [pǽsti, -+英 pάːsti] *n.* (*pl.* **-ties**) 《주로 英》 파이, [특히] 고기 파이.

past·y-faced [péistifèist] *adj.* 얼굴에 혈색이 없는, 창백한 얼굴을 한. ¶ an awkward, *pasty-faced* youth 어줍고 안색이 나쁜 청년.

P.A. sýstem *n.* 확성 장치(public address system).

‡**pat**¹ [pæt] *v.* (**pat·ted, pat·ting**) *vt.* **1** [주격·손바닥 따위로 납작한 것으로] ⋯을 가볍게 두드리다, 두드려 모양을 만들다. ¶ (~+图+前+图) I *patted* the dough *into* a flat cake. 반죽을 두드려 납작한 과자 모양을 만들었다. **2** [애정·찬성 따위를 나타내어] ⋯을 가볍게 두드리다. ¶ (~+图+前+图) He *patted* her on the shoulder. 그는 그녀의 어깨를 톡 쳤다. **3** [마루나 땅바닥을] 발로 가볍게 두드리다(치다), 탁탁 소리내다. —— *vi.* **1** 가볍게(부드럽게) 두드리다(치다), 쓰다듬다. **2** 가벼운 발걸음으로 걷다(달리다).

pat a person *on the back* 《구어》 남을 격려하다; 축복하다; 칭찬하다. [해하다.

pat oneself *on the back* 자화자찬하다, 스스로 만족—— *n.* **1** [손바닥 따위로] 가볍게 두드리기; 가볍게 두드리는 소리; 가벼운 발소리. ¶ give a cheering *pat* on the head [위로·격려로서] 머리를 쓰다듬다. **2** [버터 따위의] 작은 덩어리.

a pat on the back 《구어》 격려의 말; 칭찬.

pat² [pæt] *adj.* **1** 적절한, 꼭 들어맞는, 안성맞춤의. ⇨ OPPORTUNE 類語 ¶ a *pat* solution to a problem 문제에 대한 적절한 해답. **2** [말솜씨가] 유창한, 거침없는. —— *adv.* 적절하게, 알맞게, 잘 어울리게; 준비가 되어, 유창하게, 완전히. ¶ The story came *pat* to his purpose. 이야기는 그가 노리는 대로 되어갔다 / She knew the poem off *pat*. 그녀는 그 시를 고스란히 외고 있었다.

have... [down] pat (구어) ⋯을 완전히 알고 (기억하고) 있다.

stand pat ① [결심 따위를] 바꾸지 않다, 고수하다 (*on*...). ② [포커에서] 처음 받은 패를 바꾸지 않다. ~·**ness** *n.*

Pat *n.* 아일랜드인(Irishman). [<Patrick]

PAT (略) *point*[*s*] *a*fter *t*ouchdown.

pat. (略) *pat*ent, *pat*ented; *pat*rol; *pat*tern.

PATA (略) *P*acific *A*rea *T*ravel *A*ssociation(태평양 지구 여행 협회).

pat-a-cake [pǽtəkèik] *n.* ⓤ 아이들 놀이의 일종 [Pat a cake ...로 시작되는 자장가를 부르면서 한다].

pa·ta·gi·um [pətéidʒiəm / pǽtədʒáiəm] *n.* (*pl.* **-gi·a** [-dʒiə / -dʒáiə]) [동물] [박쥐·날다람쥐 따위의] 비막

Pat·a·go·ni·a [pæ̀təgóuniə, -njə] n. 파타고니아 〔남미 아르헨티나 및 칠레 남부, 안데스 산맥 동쪽의 지역〕.

Pat·a·go·ni·an [pæ̀təgóuniən, -njən] adj. 파타고니아 지방의, 파타고니아인의. — n. 파타고니아인〔키가 큰 인종〕.

pat·ball [pǽtbɔ̀ːl] n. U〔英〕서투른 테니스; 〔야구 비 슷한〕 구기(球技).

‡**patch** [pætʃ] n. **1** 〔해진 곳 따위에 대는〕 헝겊〔가죽, 금속〕 조각. **2** 〔상처 따위에〕 대는 것, 고약, 반창고; 안 대. **3** 애교점〔얼굴에 붙이는 검은 비단의 작은 조각〕 (beauty spot). **4** 반접; 〔천을 갖다 붙인 것처럼〕 다른 표면과 달라 보이는 부분. ¶ a patch of sunlight on the lawn 잔디밭의 햇볕이 비친 부분. **5** 작게 구획된 땅 (plot), 좁은 땅; 밭. ¶ a patch of wheat 밀밭 / a potato patch 감자밭. **6** 〔군대〕〔기장(記章)으로서 상 의에 붙이는〕 천. **7** 부스러기, 조각, 파편. **8** 〔컴퓨터〕 맵질〔프로그램이나 데이터에 이상이 있을 때, 그 이상 부 분만 일시적으로 수정하는 일〕.
not a patch on …과는 비교가 안 되는, 어림도 없는. ¶ She is *not a patch on* you for painting. 그녀는 그 림 그리기에서는 너에게 어림도 없다.
strike a bad patch〔구어〕재수없는 일〔꼴〕을 당하 다, 싹수가 노랗다.
— vt. **1** …에 헝겊〔가죽, 판자, 금속〕 조각을 대다, …을 때우다. ⇨ MEND 類語 **2** 〔급히〕…을 이어 맞추다(…up, together), 이어 맞추어 (대고 기워서) 만들다; 짜 맞추어 내다. **3** 〔싸움·사 건 따위를〕 가라앉히다, 수습하다(…up). **4** 〔얼굴에〕 애 교점을 달다. ~·**er·y** n. pátchery n., pátchy adj.

patch·board [pǽtʃbɔ̀ːrd/-bɔ̀ːd] n. 〔컴퓨터〕 배선반 (配線盤).

patch·er [pǽtʃər] n. 천 따위의 조각을 대는, 〔…〕김는 사람.

patch·er·y [pǽtʃəri] n. U **1** 집기, 쪽매붙임; 그 재 료. **2** 〔일시적인〕 미봉〔책〕.

patch·ou·li, -ou·ly [pǽtʃuli, +英 pətʃúːli] n. **1** 파 출리〔인도산 차조기과(科)의 식물〕. **2** 그 잎에서 얻 는〕 파출리 향유.

pátch pòcket n. 〔옷의 바깥쪽에 따로 천을 대어 만 든〕 걸주머니.

pátch tèst n. 〔의학〕 첩포(貼布) 시험 〔약제를 바른 천·종이 조각을 붙여 피부의 알레르기 반응을 알아보는 시험〕.

patch·work [pǽtʃwə̀ːrk] n. U C **1** 쪽매붙임, **2** 긁어 모은 것, 잡동사니.

patch·y [pǽtʃi] adj. (**patch·i·er**, **patch·i·est**) **1** 누덕 누덕 기운, 누덕누덕이의, 〔이것저것〕 긁어 모은. **2** 뒤죽박죽인, 조화 가 안 된. **patch·i·ly** adv. **patch·i·ness** n. ▷ patch n.

PATCO(略)〔英〕 Professional Air Traffic Controllers Organization〔항공 관제관 협의회〕.

patd.(略) patented.

pát·dòwn séarch [pǽtdàun-] n. 〔美〕〔무기 따위 의 유무를〕 옷 위로 더듬어 조사하는 신체 검사.

pate [peit] n. 〔구어〕 머리, 정수리; 두뇌.   〔토〕.

pâte [pɑːt] n. 〔도자기 제조용〕 물, 반죽한 흙〔점토

pâ·té [pɑːtéi /ーㅗ] n. (pl. **-tés** [-téiz /F -te]) **1** 고기 파이. **2** U C 간 고기, 페이스트. 〔< F paste〕

-pated *pate* 라는 뜻의 연결합, 예: shallow-*pated*.

pâ·té de foie gras [pɑːtéi də fwɑ́ː grɑ́ː /ーーーーㅗ] n. 〔특히〕 거위의 간을 갈아서 만든 식품. cf. foie gras

pa·tel·la [pətélə] n. (pl. **-lae** [-liː]) **1** 〔해부〕 슬개골 (膝蓋骨). **2** 〔考古〕 작은 접시.

pa·tel·lar [pətélər] adj. 슬개골의.   〔 같은〕.

pa·tel·late [pətélit, -leit] adj. 슬개골 모양의(이 있

pat·en [pǽt(ə)n] n. 파테나 〔성찬배용 빵접시〕, 성찬식 용; 접시; 〔금속의〕 얇은 접시.

pa·ten·cy [péit(ə)nsi, pǽt(ə)n-] n. U **1** 명백함, 명 확함. **2** 〔의학〕 개방성. **3** 〔음성〕 개음(開音)〔성(性)〕.

‡**pat·ent** [pǽt(ə)nt, +英 péit-] n. **1** 특허〔권〕, 전매 특 허, 특허증(장). ¶ take out (or get) a *patent* for …의 특허를 얻다 / *Patent* pending. 특허 출원중. **2** 특허품, 특허를 받은 발명; 특허를 받은 제조권. **3** 공유지(公有 地) 양도 증서. **4** 〔독점적인〕 권리(특징), 특권. ¶ a *patent* of gentility 명문 출신의 특징 / She had no *patent* on charm. 그녀 혼자만이 매력이 있는 것은 아니 었다.
— adj. **1** 〔전매〕 특허의, 특허를 얻은, 특허권이 있 는; 특허에 관한. **2**〔구어〕 신안(新案)의, 독특한 고안 의. ¶ a *patent* method of lighting a fire 점화의 새 방법. **3** 명백한, 분명한. ⇨ CLEAR 類語 **4** 개방된, 열려 있는; 이용할 수 있는. **5** 〔식물〕 벌어지는(spreading). **6** 〔음성〕 개음(開音) 통로가〕 열린, 개음(開音)의. — vt. **1** …의〔전매〕 특허를 얻 다. **2** 〔드물게〕 …에 특허를 주다. **3** …을 특허품으로 서 팔다. **4** 〔공유지〕 양도 증서에 의해 양도하다.
~·**ly** adv.

pat·ent·a·ble [pǽt(ə)ntəbl, +英 péit-] adj. 특허를 얻 을 수 있는, 특허권을 줄 수 있는.

pátent attórney n. 〔美〕 변리사(辨理士).

pat·ent·ee [pæ̀t(ə)ntíː, +英 pèit-] n. 〔전매〕 특허권 보유자; 특허권 양도 증서 보유자.   〔죽.

pátent léather n. U 패턴트 가죽, 〔검은〕 에나멜 가

pat·ent·ly [pǽt(ə)ntli, +英 péit-] adv. 명백히, 분명 히 (clearly).

pátent médicine n. U C 〔제조법 특허의〕 매약 〔상표를 등록하고, 성분을 비밀에 붙여 처방전없이 판매되는 것〕.

pátent óffice n. 특허국.

pat·en·tor [pǽt(ə)ntər, -tɔ̀ːr] n. 특허권 수여자 (수여자); 공유지 양도 증서 수여자.

pátent right n. 〔전매〕 특허권.

pátent rólls n. pl. 〔英〕 전매 특허 목록(등기부).

pa·ter [péitər →2] n. **1**〔英구어〕아버지. **2** [+美 pǽt-] 주기도문; 그것을 외기.

pa·ter·fa·mil·i·as [pèitərfəmíliəs, æs] n. **1** 가장. **2** (pl. **pa·tres-** [pèitriːz-]) 〔로마 법률〕 가부장(家 長).

*‡**pa·ter·nal** [pətə́ːrn(ə)l] adj. (cf. maternal) **1** 아버 지의, 아버지로서의, 아버지다운(fatherly). ¶ *paternal* love 부성애 / I am still under my *paternal* roof. 나는 아직도 아버지한테 얹혀서 산다. **2** 〔혈연의〕 아버지 쪽의. ¶ one's *paternal* relative 아버지쪽 친척. **3** 아버 지로부터 물려받은. ¶ the *paternal* estate 아버지로부 터 물려받은 재산. ~·**ly** [-nəli] adv.
◇ páter, patérnity n.

pa·ter·nal·ism [pətə́ːrnəlìz(ə)m] n. U 〔정치·경제〕 고용 관계 따위에 있어서의〕 온정주의, 가족주의.

pa·ter·nal·is·tic [pətə̀ːrn(ə)líːstik] adj. 온정주의의, 가족주의의. **-ti·cal·ly** [-kəli] adv.

pa·ter·ni·ty [pətə́ːrniti] n. **1** 아버지임, 부성 (父性) (fatherhood); 부권(父權). **2** 부계(父系). **3** 작자 (作 者)임, 기원; 원조(origin). **4** ⇨ páternal adj.

patérnity léave n. 아내의 출산으로 남편에게 주어 지는 출산·육아 휴가. cf. childcare leave, maternity leave   〔인 검사.

patérnity tèst n. 〔혈액형 등에 의한〕 친부(親父) 화

pa·ter·nos·ter [pæ̀tərnɔ́ːstər/-nɔ́s-] n. 〔종종 P-〕 **1** 〔특히 라틴어로 된〕 주기도문(the Lord's Prayer). **2** 주기도문을 외기. **3** 주기도문 구슬〔묵주(默珠)의 11 개째마다 넣는 구슬〕; 묵주(默珠), 로사리오. **4** 기도 의 말. **5** 주문(呪文). ¶ the black *paternoster* 주문의 말. **6** 〔일정한 간격으로 낚시 바늘과 추를 매단〕 낚시

‡**path** [pæθ / pɑːθ] n. (pl. **paths** [pæ̀ðz, pæθs / pɑːðz]) **1** 밟아서 생긴 길, 소로(track). ¶ a *path* through a wood 숲 속의 오솔길. **2** 〔정원·공원 따위의〕 통로, 산 책로, 보도; 〔자전거 따위의〕 경주로. **3** 진로, 궤도. ¶ a *path* of a meteor 유성의 진로. **4** 〔행동 따위의〕 방

향, 진로, 방침; [인생의] 행로. ¶ the path of progress 진보의 방향 / off the beaten path 상도를 벗어나서. cross a person's path [뜻밖에] 남과 마주치다; 남을 방해하다.
path- ⇨ PATHO-.
path. 《略》 pathological, pathology.
Pa·than [pətá:n, +美 péiθən] n. [인도 국내 및 그 서북 국경 지대에 사는] 아프가니스탄인.
path·break·ing [pǽθbrèikiŋ / pá:θ-] adj. 새로 길을 내는, 새 분야를 개척하는, 선구의.
pa·thet·ic [pəθétik], (**pa·thet·i·cal** [-ik(ə)l]) adj. **1** 측은한, 불쌍한, 가슴 아픈; 애수에 찬; 감동적인. ¶ a pathetic scene [연극 따위에서] 가슴 아픈 장면. **2** 정서적인, 감상적인, 감정에 의한. — n. (~s) 비애의 말(표현); 비감(悲感); 감동. **-i·cal·ly** [-ikəli] adv.
◇ páthos n.
pathétic fállacy n. (the ~) [무생물에 감정을 부여해서 생각하는] 감상적 허위 [Ruskin 의 조어. 예: the angry sea].
path·find·er [pǽθfàindər / pá:θ-] n. **1** 길을 찾아내는 사람; [새 분야의] 개척자, 탐험자. **2** 〖공격 목표 지점에 먼저 보내는〗 유도 강하대(降下隊), 조명탄 투하 비행기, [폭격대의] 선도기(先導機), 선도기의 조종사; 지상 탐지용 레이다. **3** 〖美俗〗 〖경찰에 고용된〗 정탐꾼.
path·ic [pǽθik] n. 남색의 상대 [소년], 연동(戀童).
-pathic -pathy 로 끝나는 명사에서 형용사를 만드는 연결형. 예: osteopathic, psychopathic.
path·less [pǽθlis / pá:θ-] adj. 길이 없는, 미개척의, 전인미답(前人未踏)의. **~ness** n.
patho- suffering, disease, feeling 의 뜻의 연결형(*모음 앞에서는 path-를 쓴다).
path·o·gen [pǽθədʒən], (**path·o·gene** [-dʒì:n]) n. 병원균(病原菌).
path·o·gen·e·sis [pæ̀θədʒénisis] n. [U] **1** 병인(病因); 발병. **2** 발병학, 병원론(病原論).
path·o·gen·ic [pæ̀θədʒénik] adj. 병원(病原) 의, 병나게 하는. [-genic
pa·thog·e·nous [pəθɑ́dʒinəs / -θɔ́dʒ-] adj. = pathogenesis.
pa·thog·e·ny [pəθɑ́dʒini / -θɔ́dʒ-] n. = pathogenesis.
pathol. 《略》 pathological, pathology.
path·o·log·ic [pæ̀θəlɑ́dʒik / -lɔ́dʒ-], **-i·cal** [-ik(ə)l] adj. 병리학의, 병리상의. **2** 병에 의한; 병적인. **-i·cal·ly** [-ikəli] adv.
pa·thol·o·gist [pəθɑ́lədʒist / -θɔ́l-] n. 병리학자.
pa·thol·o·gy [pəθɑ́lədʒi / -θɔ́l-] n. [U] 병리학; 병리, 병상(病狀).
pa·thos [péiθas / -θɔs] n. [U] **1** [문학·음악·이야기 등에서] 연민의 정을 자아내는 힘, 비애; 비감(悲感), 페이소스. **2** [철학] 정의(情意), 파토스 [작품에 나타난 개인적·주관적·정서적 성질]. cf. ethos ◇ pathétic adj.
path·o·type [pǽθətàip] n. 병원성(病原性) 생물.
path·way [pǽθwèi / pá:θ-] n. 좁은 길, 소로, 통로.
-pathy feeling, suffering, disease, treatment 의 뜻의 연결형. 예: sympathy, neuropathy.
pa·tience [péiʃ(ə)ns] n. [U] **1** 인내, 참고 견디기; 인내력, 참을성, 끈기(with ...). ¶ the patience of Job [욥과 같은] 대단한 참을성 / work with patience 꾸준히 일하다 / Have patience! 참아라!, 성급히 굴지 마라!, 기다려! // be out of patience with …에 정떨어지다 / have no patience with …을 참을 수 없다 / lose [all (or one's)] patience with …을 참을 수 없다. / He had the patience to watch all night. 그는 참을성 있게 밤새도록 망을 보았다.
類語 patience 인내를 나타내는 일반적인 말. 고통·불행·성가심·지연 따위를 지그시 참기: wait with patience 참을성 있게 기다리다. **endurance** 고민·고난 따위를 참고 버티는 내구력을 뜻하는 도덕적인 뜻은 없다: past endurance 견디지 못하도록. **fortitude** 고통·불행·고난 따위를 굳센 용기로 견디어 내는 성격적인 억셈: show fortitude in extreme danger 극도의

위험 속에서 불굴의 인내력을 발휘하다. **forbearance** 비난·질책 따위에 대해서 일을 벌이지 않기 위해 자기를 억제하는 것: meet an insult with great forbearance 모욕을 꾹 참아내다.
2 〖英〗 혼자서 하는 카드놀이의 일종(《美》 solitaire).
My patience! (속어) 이런!, 저런! [놀람을 나타내는 말].
◇ pátient adj.
pa·tient [péiʃ(ə)nt] adj. **1** 참을성(인내심)이 있는, 성급하지 않은; 참을 수 있는, 견딜만한(with, of ...); [얼굴·표정 따위가] 참을성 있어 보이는. ¶ patient with others 남에게 짜증을 내지 않다 / be patient of sufferings (hunger) 괴로움을 잘 참다(허기를 잘 견디다). **2** 묵묵히 〖꾸준히〗 일하는, 부지런한(diligent). ¶ a patient worker 말없이 일만 하는 사람. **3** 〖해석 따위를〗 허용하는, 용납하는(of ...). ¶ a passage patient of various interpretations 여러가지로 해석할 수 있는 한 귀절. **4** 〖드물게〗 수동적(受動的)인. — n. **1** 〖특히 병원에 다니고 있는〗 병자, 환자. **2** 〖드물게〗 수동자(受動者). cf. agent **3** 〖古語〗 고뇌자; 희생자.
◇ pátience n.
pa·tient-day [péiʃ(ə)ntdéi] n. [병원 경영에서] 환자 1인의 일당(日當) 경비(의료비).
pa·tient·ly [péiʃ(ə)ntli] adv. 참을성 있게, 꾸준히, 느긋이.
pat·i·na[1] [pǽt(i)nə] n. [U] **1** 녹, 동록(銅綠), 녹청; [석기 따위의] 고색 〖풍화의 자국〗. **2** [오랜 세월을 격은 가구 따위의] 손때에 선 윤기, 고색.
pat·i·na[2] [pǽtinə] n. (pl. **-nae** [-nì:]) **1** 〖고대 로마의〗 큰 접시, [운두가 낮은] 접시. **2** = paten.
pa·ti·o [pǽtiòu, pá:-] n. (pl. **-ti·os**) **1** 〖스페인식 주택의〗 안뜰. **2** 〖美〗 [휴식·식사 때 등에 쓰는 옥외의] 테라스.
pátio cháir n. [접을 수 있는] 간이 의자.
pat·ly [pǽtli] adv. 적절하게, 알맞게.
pa·tis·se·rie [pəti(:)səri] n. **1** 프랑스풍 과자를 파는 가게, 과자점. **2** 과자, 프랑스 과자, 프랑스 케이크. [< F pâtisserie]
Pat. Off. 《略》 Patent Office.
pat·ois [pǽtwa:] n. (pl. **pat·ois** [pǽtwa:z]) **1** 〖특히 좁은 지역의〗 방언, 지방 사투리. **2** 특수어, 은어(jargon). [patriarchy
patr-, patri-, patro- father라는 뜻의 연결형. 예:
pa·tri·al [péitriəl] adj. 모국(母國)의; [언어]가 국민(종족)을 나타내는. **2** 〖英〗 영국 거주권을 가진. — n. **1** 본국인, 현지인(native). **2** 〖英〗 귀화하여 영국민이 된 사람, 귀화인; 그 자손.
pa·tri·arch [péitriɑ̀:rk] n. **1** 〖구약〗 이스라엘 민족의 조상 [아브라함(Abraham), 이삭(Isaac), 야곱(Jacob) 및 Jacob 의 열두 아들]. **2** [초기 교회의] 대주교. **3** 〖동방 교회〗 대주교(cf. ecumenical patriarch); 〖가톨릭〗 로마 교황; 대주교; 총대주교 [교황 다음의 지위]; 〖모르몬〗 대복목사(Evangelist). **4** 가부장(家父長), 원로. cf. matriarch **5** 〖사회·단체의〗 장로, 원로, 고로(古老). **6** 〖사업·학파·교단 등의〗 창시자, 원조(元祖). — n. pátriarchal adj.
pa·tri·ar·chal [pèitriɑ́:rk(ə)l] adj. **1** patriarch 의; 족장(가부장) 이 지배하는. **2** 존경할 만한, 원로의. **~ly** [-kəli] adv.
pátriarchal cróss n. 가로로 두 줄이 있는 십자가 [총 대주교가 사용].
pa·tri·ar·chate [péitriɑ́:rkit] n. **1** [U][C] patriarch 의 직(지위), 권위, 관할 구역, 주거). **2** = patriarchy.
pa·tri·ar·chism [péitriɑ́:rkiz(ə)m] n. [U] 가부장(족장) 조직, 가부장 제도(정치).
pa·tri·ar·chy [péitriɑ́:rki] n. [U] **1** 가부장(족장) 제도; 가부장 정치; 가부장 사회. **2** 가부장 성(性). cf. matriarchy
pa·tri·cian [pətríʃ(ə)n] n. **1** [고대 로마의] 귀족. cf. plebeian **2** [로마 제국령(領)의] 태수(太守), 총독, **3** [중세 독일·스위스·이탈리아 자유 도시에서] 지배 계급의

pa·tri·cian·ship [pətríʃ(ə)nʃìp] *n.* ⓤ [고대 로마의] 귀족의 신분.
pa·tri·ci·ate [pətríʃiit, -ʃièit] *n.* ⓤ 귀족 계급; 귀족.
pat·ri·ci·dal [pætrisáid(ə)l] *adj.* 부친 살해의.
pat·ri·cide [pætrisàid] *n.* ⓤⓒ 부친 살해 [행위·범]. *cf.* matricide
Pat·rick [pǽtrik] *n.* Saint ~ (A.D. 389?-461?) 아일랜드의 수호 성인.
pat·ri·mo·ni·al [pæ̀trimóuniəl, -njəl] *adj.* 세습(재산)의; 조상 전래(傳來)의. **~·ly** [-əli] *adv.*
pàtrimónial séa *n.* 영해(領海).
pat·ri·mo·ny [pǽtrimòuni/-mə-] *n.* ⓤⓒ (*pl.* **-nies**) **1** 조상 전래의 재산, 세습 재산. **2** 부모로부터 물려받은 것(성질), 유전, 전승(傳承). **3** 교회(절)의 재산. ◊ patrimónial *adj.*
‡pa·tri·ot [péitriət, -àt / pǽtriət] *n.* 애국자, 지사(志士). ◊ patriótic *adj.*
pa·tri·ot·eer [pèitriətíər] *n.* 사이비 애국자.
‡pa·tri·ot·ic [pèitriátik / pæ̀triɔ́t-] *adj.* 애국의, 애국심이 강한, 애국적인. **-i·cal·ly** [-ikəli] *adv.* ◊ pátriot *n.*
‡pa·tri·ot·ism [péitriətìz(ə)m / pǽt-] *n.* ⓤ 애국심.
Pátriot míssile *n.* (美육군) 패트리어트 미사일(공격해 오는 미사일을 요격하는 최신식 지대공 미사일; 걸프전 때 이라크의 스커드 미사일을 요격하여 위력을 발휘).
Pátriots' Dày *n.* 애국의 날 (1775년의 Lexington 및 Concord의 전투를 기념하는 Massachusetts 주 및 Maine 주의 법정 축제일; 4월 19일).
pa·tris·tic [pətrístik], **-ti·cal** [-tik(ə)l] *adj.* **1** [고대 그리스도의] 교부(敎父)의. **2** 교부의 유저(遺著) [연구]의. **-ti·cal·ly** [-tikəli] *adv.*
Pa·tro·clus [pətróukləs / -trɔ́k-] *n.* [그리스 신화] 파트로클로스 [헥토르(Hector)에게 살해당했으나 친구 아킬레스(Achilles)가 그 원수를 갚았다].
‡pa·trol [pətróul] *vi., vt.* (**-trolled, -trol·ling**) **1** 일정한 구역이나 도로 따위를 순회하다, 순찰하다. **2** (거리를) 행진하다. —— *n.* **1** 척후 (斥候), 순찰병; 순시 (대), 순찰대, 정찰병(대); 순찰자, 순시선, 순찰함, 순회, 정찰, 패트롤. ¶ a *patrol* plane 초계기(哨戒機) / be on *patrol* 순찰중이다. **3** [보이스카웃 등의 보통 8명 정도의] 반, 분대. **4** (美) = patrol wagon.
patról càr *n.* [경찰의] 순찰차.
pa·trol·man [pətróulmən] *n.* (*pl.* **-men** [-mən])《美》순찰 경관, 순회 순경, 경관; 《英》순회자.
patról wàgon *n.* (美) 죄수 호송차(police wagon).
‡pa·tron [péitr(ə)n, +英 pǽt-] *n.* **1** [상점·호텔 따위의] 단골 손님, 고객(customer). **2** [예술·사업 따위의] 후원(지원)자, 보호자, 패트론, 장려자, 은인. **3** [로마 역사] 평민 보호자로서의 귀족; 해방된 노예의 보호자로서의 옛주인; 변호인. **4** (英) [관직의] 임명권 소유자. **5** (영국 국교회) 성직 임명권 소유자. **6** = patron saint. ◊ pátronize *v.*
‡pa·tron·age [péitrənidʒ, pǽt- / pǽt-] *n.* ⓤ **1** [상점·호텔 따위에 대한 고객의] 밀어주기, 애고 (愛顧), 애용. **2** [예술에 대한] 보호, 후원, 지원. ¶ under the *patronage* of …의 후원 (보호) 아래, (英) [관직의] 임명권, 서임(敍任)권; [그 권한내에 있는] 관직. **4** (영국 국교회) 성직 수여권. **5** 친절을 베풀기, [베푼 것에 대하여] 생색내기; 은인인 태도(condescension). ¶ an air of *patronage* 생색내는 듯한 태도. **6 a)** [집합적] 단골 손님, 고객, 보호(후원) 자. **b)** 장사, 거래.
pa·tron·al [péitrən(ə)l / pətróun-] *adj.* 수호 성인의, 보호자의.
pa·tron·ess [péitrənis, +英 pǽt-] *n.* patron 의 여성.
‡pa·tron·ize [péitrənàiz, +英 pǽt-] (*英*에서는 **pa·tron·ise** 로도 쓴다) *vt.* (**-ized, -iz·ing**) **1** [상점 따위의] 단골로 삼다. **2** …을 후원(지원)하다(support),

보호하다, 장려하다. **3** …에게 생색내다, 생색내는 듯한 태도를 취하다. ◊ pátron *n.*
pa·tron·iz·ing [péitrənàiziŋ / pǽt-] *adj.* **1** 은인인 체하는, 생색내는; 거만한. **2** 애고(후원)하는. **~·ly** *adv.*
pátron sáint *n.* [사람·토지·직업 등의] 수호 성인.
pat·ro·nym·ic [pæ̀trəním̀ik] *adj.* [접두사·접미사를 붙여서 이름이] 부친(조상)의 이름을 딴. *cf.* metronymic —— *n.* **1** 부친(조상)의 이름에서 온 이름 [*MacDonald* (= son of Donald), *Johnson*(= son of John) 등]. **2** 성(family name).
pa·troon [pətrúːn] *n.* (美식민) [네덜란드 통치 치하의 New York 주 및 New Jersey 주에서의 정부 허가 아래 장원(莊園)과 같은 특권을 가졌던] 지주.
pat·sy [pǽtsi] *n.* (*pl.* **-sies**) (속어) **1** 억울한 누명을 뒤집어쓰는 사람, 제물이 되는 사람(scapegoat). **2** 잘 속는 사람, 어수룩한 사람, 봉. **3** 비웃음거리가 되는 사람 [덧似].
pat·ten [pǽtn] *n.* 나막신[진창에서 신는 나뭇바닥의].
‡pat·ter[1] [pǽtər] *vi.* **1** 가볍게 두드리는 소리를 계속적으로 내다, [비] 따위가] 후두두 내리다, 타닥타닥 소리를 내다. ¶ (~+前+图) The rain *pattered on* the zinc roof. 비가 양철 지붕 위에 후두두 내렸다. **2** 경쾌하게 (빨리) 움직이다, 타닥타닥 달리다(걷다)(*across*...). ¶ (~+前+图) He *pattered across* the garden. 그는 뜰을 잔걸음으로 타닥타닥 달려갔다. —— *vt.* 타닥타닥 (후두두) 소리나게 하다, [물 따위를] 철썩철썩 튀기다. —— *n.* 타닥타닥(후두두)하는 소리(발소리·빗소리 따위). ¶ the *patter* of rain on the roof 지붕을 후두두 때리는 빗소리.
pat·ter[2] [pǽtər] *n.* ⓤⓒ **1** [서커스의 호객꾼·세일즈맨 등이 지껄이는] 빠른 말. **2** [어떤 직업·사회·집단의] 변말, 은어(jargon). **3** [가요 속에서 섞어넣은] 빠른 말투의 삽입구; [희극 따위의] 빠른 말투의 대사; 마술사의 주문(呪文). **4** 수다스럽고 싶없는 잡담(gabble). —— *vi., vt.* [기도의 말·주문 따위를] 빠른 말투로 외다.
pat·ter[3] [pǽtər] *n.* [똑똑] 가볍게 두드리는(치는) 사람(것), 가벼운 발소리를 내는 사람. ➪ PAT[1].
‡pat·tern [pǽtərn] *n.* **1** 모양, 무늬, 도안. ¶ *patterns* of frost on the windowpanes 유리창에 생긴 서리의 무늬. **2** 양식, [행동 따위의] 형, 방침, 패턴; 원형, 모형(model); [주형(鑄型)의] 원형, 금형(金型). ¶ a sentence *pattern* 문형(文型) / a paper *pattern* for a dress 드레스의 옷본 / a *pattern* of brain activity 두뇌 활동의 한 형 / a car of the latest *pattern* 신형 자동차 / the *pattern* of …식(유)으로, …을 본 따서. **3** [옷감 따위의] 견본(sample). **4** 본, 모범, 귀감(龜鑑); 실례. ➪ EXAMPLE[類語] ¶ set a *pattern* 모범을 보이다 / She is a *pattern* of virtue. 그녀는 부덕(婦德)의 귀감이다. **5** (형용사적으로) 모범적인. ¶ a *pattern* father. 모범적인 아버지. **6** [산탄(散彈)이 맞은 표적의] 탄흔(彈痕)의 모양. **7** (美·드물게) 한벌치의 옷감. —— *vt.* **1** [형·본을 따라] …을 만들다. ¶ (~+图+前+图) *pattern* one's conduct *on* (or *after*) that of another 남의 행동을 본받아 행동하다 / Her dress was *patterned upon* the latest fashion. 그녀의 드레스는 최신형을 따라 만들어졌다. **2** …에 무늬를 넣다(박다). **3** (주로 英방언) …을 흉내내다. —— *vi.* [행위를] 본받다, 형을 모방하다.
páttern bómbing *n.* ⓤⓒ융단 폭격, 패턴 폭격. *cf.* area bombing
pat·tern·er [pǽtərnər] *n.* 패터너[기성복 따위의 원지(型紙)를 만드는 전문직]. *cf.* patternmaker
pat·tern·mak·er [pǽtərnmèikər] *n.* [특히 주형(鑄型)의] 원형 제작자; 모형 제작자; [직물·주의의] 도안가. [스러운 노래.]
pátter sòng *n.* [희가극 따위에서] 빨리 부르는 익살
‡pat·ty [pǽti], (**pat·tie**) *n.* ⓤⓒ (*pl.* **-ties**) **1** 패티, 작은 파이. **2** [고기 따위를 넣고 기름에 튀긴] 얇고 작

patty-cake

은 과자. **3** 파이 껍질(patty shell).
pat·ty-cake [pǽtikèik] *n.* =pat-a-cake.
pátty pàn *n.* [patty를 굽는] 냄비, 과자 굽는 냄비.
pat·u·lin [pǽtʃulin / -tju-] *n.* 파튤린[항생 물질의 일종; 감기약].
pat·u·lous [pǽtʃuləs -tju-] *adj.* **1** 열린; 입을 크게 벌린. **2** [식물] [가지 등이] 퍼진. ~·ly *adv.* ~·ness *n.*
P.A.U. (略) Pan American Union (전미(全美)연맹).
pau·ci·ty [pɔ́:siti] *n.* ⓊⒸ 소량; 소수; 부족, 불충분, 결핍.
*****Paul** [pɔːl] *n.* Saint ~ 바울(?-A.D.67?)[예수의 사도, 신약 성서 중의 편지의 필자). ◇ Páuline *adj.*
Pául Bún·yan [-bʌ́njən] *n.* 《美전설》폴 버년[미국 서북부의 벌목꾼들 사이에서 전해지는 힘이 장사인 거인].
Paul·ine [pɔ́:lain] *adj.* 사도 바울(Paul)의. ¶ the *Pauline* epistles 바울 서간. — *n.* (英)[London의] St. Paul's School의 학생.
Paul·ist [pɔ́:list] *n.* [가톨릭] 바울회(會) (Missionary Society of St. Paul the Apostle [1858년 설립])의 수사.
pau·low·ni·a [pɔːlóuniə] *n.* 오동나무. 〔도사.
Pául Prý *n.* 꼬치꼬치 캐기 좋아하는 사람. 《<영국의 희극 작가 John Poole이 지은 동명의 희극(1853)의 주인공 이름》
paunch [pɔːntʃ, +美 pɑːntʃ] *n.* **1** 위(胃), 배 (belly). + ⇒ STOMACH [類語] **2** 올챙이배, 장구통배 (pot-belly). **3** [동물] [반추 동물의] 제1위(胃). **4** [항해] 두껍고 든든한 대는 거적. — *vt.* …의 배를 째다, 창자를 빼내다.
paunch·y [pɔ́:ntʃi, +美 pɑ́:n-] *adj.* 올챙이배의, 장구통배의. **paunch·i·ness** *n.*
pau·per [pɔ́:pər] *n.* **1** [생활 보호를 받는] 빈곤자, 생활 곤란자. **2** 빈민. **3** [법률] [소송 비용이 면제되는] 빈곤자. 〔집합적〕 빈민.
pau·per·dom [pɔ́:pərdəm] *n.* Ⓤ **1** 빈곤, 빈궁. **2** 〔집합적〕 빈민, 생활 보호 대상자.
pau·per·ism [pɔ́:pərìzm] *n.* Ⓤ **1** 극도의 빈곤(빈궁) 〔상태〕. **2** 〔집합적〕 빈민, 생활 보호 대상자.
pau·per·i·za·tion [pɔ̀:pərizéiʃ(ə)n / -raiz-] *n.* Ⓤ 빈민화.
pau·per·ize [pɔ́:pəràiz] *vt.* (-ized, -iz·ing) **1** …을 가난하게 하다, 극도로 궁핍게 하다. **2** [빈민 구제법 위를 적용하여] …을 생활 보호 대상자로 지정하다.
paus·al [pɔ́:z(ə)l] *adj.* 휴지(休止)의; 단락을 짓는.
‡pause [pɔːz] *n.* **1** [이야기·행동 따위의 일시적] 중지, 휴지(休止), 중단, 끊김. ¶ come to a *pause* 중단이 되다, 중지하다 / make a *pause* in one's talk 이야기를 잠시 중단하다. **2** 지체; 주저(hesitation); 중단된 사이. **3** 휴지, 단락, 구두(句讀)〔점〕; [詩] 휴지; [음악] 연음(延音) 〔기호〕 ∩ 또는 ∪〕.
give pause to a person 〔놀람·의심 따위를〕 망설이게 하다, 잠깐 중단시키다.
in (or *at*) *pause* 중지〔휴지〕하여, 주저하여.
put a person to a pause 남을 주저하게 하다.
— *vi.* (**paused, paus·ing**) **1** 휴지하다, 한숨 돌리다 (rest), ⇒ STOP [類語] 끊기다, 기다리다 (wait). **2** *pause for* breath 한숨 돌리다. **2** 한동안 멈추다, 꾸물거리다; 궁리하다, 주저하다 (linger) (*on, upon*...). ¶ (~+圓+ 图) *pause upon* a word 말이 막혀 머뭇거리다. **3** 〔음 악〕 계속하다, 끌다 (*on, upon*...). ¶ Her voice *paused upon* the closing note. 그녀의 노래 소리는 마지막 음을 길게 끌고서 끝났다.

pav·age [péivdʒ] *n.* Ⓤ **1** [英법률] 도로 포장세. **2** 도로 포장〔공사〕.
pa·vane [pəvǽn, -váːn / pǽvən], (**pav·an** [pǽvən], **pavin** [pǽv(i)n]) *n.* 파반[16세기에 유행했던 이탈리아 (스페인)풍의 장중한 춤]; 그 음악.
‡pave [peiv] *vt.* (**paved, pav·ing**) **1** [도로 따위]를 포장하다. ¶ (~+图+前+图) *pave* a street *with* asphalt 아스팔트로 도로를 포장하다. **2** 〔비유적〕 …을 덮다

(with). ¶ a career *paved with* good intentions. 선의에
pave the way for (or *to*) ⇒ WAY¹. 〔찬 생애.
pa·vé [pəvéi / pǽvei] *n.* **1** =pavement. **2** Ⓤ 〔금속 바탕을 덮을 정도로〕 보석을 촘촘하게 박기. 〔<F〕
‡pave·ment [péivmənt] *n.* **1** 포장 도로 (paved road), 돌을 깐 길. **2** 《美》차도 (roadway); 《英》보도, 인도 (sidewalk). **3** Ⓤ 포장면; 포장(鋪床); 포장 재료.
on the pavement 거리를 걸어서; 잠자리가 없어, 버림 받아. ¶ The orphan was left *on the pavement*. 그 고아는 거리에 버려져 채였다.
◇ pave *v.*
pávement àrtist *n.* 《주로 英》거리의 화가〔포장 도로 위에 색 초크로 그림을 그려 통행인한테서 돈을 받는); 거리의 초상 화가.
Pave Paws [péivpɔ̀:z] *n.* 《美공군》페이브 포즈〔해상에서 발사된 탄도탄을 탐지하는 레이다 시스템〕. 〔<*P*recision *A*cquisition of *V*ehicle *E*ntry, *P*hased Array *W*arning *S*ystem〕
pav·er [péivər] *n.* **1** 도로 포장 인부; 도로 포장 기계. **2** 도로 포장용 돌(벽돌), 도로 포장 재료. **3** 콘크리트 믹서.
‡pa·vil·ion [pəvíljən] *n.* **1** 대형 천막. **2** 〔공원·박람회장 따위의〕 가설 (특설) 건축물[정자·휴게소·각종 흥행장 따위]; [야외 경기 따위의] 관람석, 선수석, 군에 철 바닥면의 임시 숙박 시설. **3** 〔대전축물에서 돌출한〕 장식적 구조물; [장식이 있는] 누각 (樓閣). **4** [병원의] 병동, 별관. **5** 브릴리언트 커트를 한 보석의 아랫 부분 [girdle과 culet의 중간 부분]. **6** 〔문어〕 닫집, 천개 (天蓋) (canopy). **7** [해부] 외이(外耳), 귓바퀴. — *vt.* …을 대형 천막으로 덮다; …에 대형 천막을 치다.
pav·in [pǽv(i)n] *n.* =pavane.
pav·ing [péivin] *n.* Ⓤ 도로 포장〔공사〕; 도로 포장 재료.
páving brìck *n.* ⓊⒸ 도로 포장용 벽돌.
páving stòne *n.* [도로 포장용] 석재(石材), 포석 (鋪石).
Pav·ior, 《英》-iour [péivjər] *n.* =paver.
Pav·lov·i·an [pævlóuviən, -jən] *adj.* 파블로프 〔학설〕의, 조건 반사〔설〕의. 〔<러시아의 생리학자 Ivan Petrovich Pavlov(1849-1936)의 이름〕
pav·o·nine [pǽvənàin, -nin] *adj.* **1** 공작의〔같은〕. **2** 공작의 목이나 꼬리 같은 색깔의, 무지개 색깔의.
‡paw [pɔː] *n.* **1** [날카로운 발톱이 있는 동물의] 발. *cf.* hoof **2** [일반적으로] 동물의 발(foot). **3** 《구어》 [사람의〕 손. ¶ Go and wash those *paws* before dinner. 밥 먹기 전에 손을 씻고 오너라. **4** 《구어》 필적.
— *vt.* **1** …을 발로 긁다(치다); [말 따위가] 앞발로 …을 차다 (땅을). **2** …을 거칠게 (서투르게) 다루다, 마음을 고(터놓고) 만지다. — *vi.* [말 따위가] 앞발로 땅을 차다.
PAWA (略) Pan American World Airways. 〔다.
pawk·y [pɔ́:ki] *adj.* (**pawk·i·er, pawk·i·est**) 《스코·北 英》 간교한, 교활한, 약삭빠른 (cunning); 익살맞은 (humorous). **pawk·i·ly** *adv.* **pawk·i·ness** *n.*
pawl [pɔːl] *n.* [깔쭉톱니바퀴 (ratchet wheel)의 역회전을 막는] 못쇠, 멈춤쇠. — *vt.* [깔쭉톱니바퀴]를 못쇠(멈춤쇠)로 세우다.
***pawn¹** [pɔːn] *vt.* **1** …을 저당잡히다, 담보로 넣다. **2** …을 걸다, …을 걸고 맹세하다 (pledge). ¶ *pawn* one's honor (life) 명예(생명)를 걸다. — *n.* **1** Ⓤ 저당잡히기. ¶ put a jewel *in pawn* 보석을 저당잡히다 / be *in* (or *at*) *pawn* 저당잡혀 있다. **2** 저당물, 담보물. **3** 인질 (hostage).
pawn² [pɔːn] *n.* **1** 〔서양 장기의〕 폰, 졸(卒). **2** 〔남의〕 앞잡이 (cat's-paw).
pawn·bro·ker [pɔ́:nbròukər] *n.* 전당포 주인.
pawn·bro·king [pɔ́:nbròukin] *n.* Ⓤ 전당업. 〔者〕.
pawn·ee [pɔːníː] *n.* 저당을 잡는 사람, 질권자(質權
Paw·nee [pɔːníː] *n.* 포니족(族) (Caddoan 어족(語族)에 속하는 북미 원주민. 원래는 Nebraska 주의 Platte 강 계곡에 살았으나 지금은 Oklahoma 주 북부에

pawn·er, paw·nor [pɔ́ːnər] n. 저당잡히는 사람.
pawn·shop [pɔ́ːnʃɑp / -ʃɔp] n. 전당포.
páwn tícket n. 전당표.
paw·paw [pɔ́ːpɔː, pəpɔ́ː / pəpɔ́ː] n. =papaw.
pax [pæks] n. **1** (가톨릭) 성상패(聖像牌) [중세 때 미사에서 사제가 신자가 입을 맞추었던 성상이 그려진 패]. **2** (교회) 평화의 인사; 친목의 입맞춤. **3** (P-) ⓤ 평화 [의 여신]. **4** ⓤ 《英학생 속어》 친구; 우정.
  Pax Americana 미국의 군사력에 의해 유지되는 평화.
  Pax Atomica 핵무기의 균형으로 유지되는 평화.
  Pax Britannica 영국의 지배에 의한 평화 [특히 19세기에 영국이 적대국에게 강제했던 평화].
  Pax Economica 경제 가치관에 의존한 평화[경제 성장·개발이 곧 평화라는 개념].
  Pax Romana 로마의 지배에 의한 평화 [로마 제국이 그 판도내의 여러 민족 사이에서 유지했던 평화]; 국제 카톨릭 학생 연맹.
  — *interj.* 《英학생 속어》 그만둬!, 조용히 해!
  [< L peace]   [동 교환대].
PAX 《略》 《전화》 private automatic exchange (사설 자
pax·wax [pǽkswæks] n. 《英방언》 경인대(頸靭帯) (neck ligament).
pay¹ [pei] v. (**paid**, **pay·ing**) *vt.* **1** 〔채무 따위〕를 지불하다, 갚다. ¶ pay one's debts 빚을 갚다. **2** 〔남에게 값·품삯 따위〕를 지불하다 (...for). ¶ pay one's tailor 양복점에 옷값을 지불하다 // (~+图+勵+名) How much did you *pay for* your watch? 시계 값으로 얼마를 치렀습니까?/Nothing can *pay* him *for* his pains. 그의 노고는 어떤 보수로도 보상할 수가 없다// (~+图+图)I *paid* him ten dollars. =I *paid* ten dollars *to* him. 나는 그에게 10달러를 지불했다.
3 〔비용 따위〕를 치르다, 지출하다; 메워넣다.
4 …에게 이익을 주다, …에게 도움(이익)을 주다. ¶ poorly *paid* work 보수가 별로 벌이가 안 되는 일거리/It will *pay* you to read these books. 이 책들을 읽으면 그만큼 당신도 얻는 것이 있을 거요/Submission will *pay* you better. 복종하는 것이 너에게 이로울 것이다/This job *pays* 300 dollars a week. 이 일은 1주일에 300달러의 벌이가 된다.
5 〔은혜·원한 따위〕에 대갚음(보답)하다, 앙갚음하다, 보복하다 (requite); …혼내주다, 벌을 주다 (...back, off, out).
6 〔주의·존경 따위〕를 기울이다, 표시하다; 〔방문 따위〕를 하다. ¶ pay a call (or visit) 방문하다// (~+图+勵+名) pay attention to …에 주의하다/pay court to 〔여자〕에게 구애하다, 구혼하다// (~+图+图) pay a person *honor* 남에게 경의를 표하다/pay a person a call 남을 방문하다.
7 〔항해〕 〔밧줄〕을 늦추어 풀어주다 (...out, away).
  — *vi.* **1** 돈 따위를 지불하다, 돌려주다; 빚을 갚다 (for...). ¶ pay in full 전액을 지불하다// (~+勵+名) You shall *pay* for this. 언젠가는 이 일로 혼날 줄 알아라. **2** 이익이 되다, 수지맞다, 애쓴 보람이, 보답을 받다. ¶ Honesty pays. 정직해서 손해날 것 없다/This work doesn't *pay*. 이런 일은 수지가 안 맞는다. **3** 대갚음(벌)을 받다 (for...). ¶ (~+勵+名) She will have to *pay for* this foolish behavior. 그녀는 이런 어리석은 행동을 한 벌을 받게 될 것이다.
pay as you go ① 외상이 아니고; 현금으로 해나가다; 빚을 지지 않고 해나가다. *cf.* pay-as-you-go plan
pay away ① …을 치르다. ② 〔항해〕 〔밧줄〕을 늦추어 풀어주다. *vt.* 7.
pay back ① …을 상환(償還)하다. ② 갚다. ⇨ *vt.* 5.
¶ pay a person *back* in his own coin 똑같은 방법으로 보복(앙갚음)하다.
pay one's college 고학해서 대학을 졸업하다.
pay down ① …을 맞돈으로 [월부 따위

pay for itself 채산이(수지가) 맞다.
pay home (고어) …에게 심하게 보복하다, 실컷 화풀이하다.
pay in (은행에) 〔돈〕을 불입하다.   [나.
pay off ① 〔봉급〕을 전액 갚다. ② 〔남〕에게 급료를 청산하여 주고 해고하다. ③ …에게 복수하다. ④ 〔항해〕 (*vi.*) 〔배〕가 바람 불어가는 쪽으로 향하다; (*vt.*) 뱃머리를 바람 불어가는 쪽으로 돌리다. ⑤ (구어) 일의 성과가 나다, 잘 되어지다. ⑥ (구어) 〔사람〕을 매수하다; 〔협박자 따위〕에게 입막음하기 위해 돈을 주다. ⑦ (*vi.*) 뇌물을 주다.
pay out ① …에게 앙갚음하다, 혼내주다. ② …을 지불하다. ③ 〔항해〕 =pay away ②. ¶ The shop *pays its way*. 그 가게는 수지를 맞추고 있다.
pay up …을 완전히 갚다; 〔주(株)〕의 대금을 전액 불입하다.
  — *n.* ⓤ 지불(payment). ¶ pay at sight (on demand) 일람불 / 상업. **2** 보수, 급료, 임금.
⇨ SALARY 類語 ¶ full *pay* 본봉, 전액 봉급/half *pay* 휴직(반액) 봉급/draw one's full *pay* 봉급 전액을 받다.
3 보상(報償), 벌; 앙갚음(requital). **4** 〔수지가 맞을 만큼〕 금(석유)이 나오는 암층(岩層).
be good (bad) pay 지불이 깨끗하다(나쁘다). ¶ He is good *pay*. 그는 지불이 깨끗하다.
in the pay of 〔종종 나쁜 뜻으로〕 …에 고용되어.
without pay 무보수로.
  — *adj.* **1** 동전을 넣어 사용하는; 유료의. ¶ a *pay* telephone (동전 투입식) 자동 전화/a *pay* toilet 유료 화장실. **2** 자비(自費)의. ¶ a *pay* student. 자비 학생.
3 〔많이 광물을 많이 함유하여〕 채광상 유리한, 채산이 ◇ **páyment** *n*.   [맞는.
pay² [pei] *vt.* (**payed**, **pay·ing**) 〔항해〕 …에 타르나 피치 따위를 바르다.
***pay·a·ble** [péiəbl / péi(i)ə-] *adj.* **1** 지불해야 할, a bill *payable* 지불 어음/*payable* on demand 청구불의. **2** 지불 가능한. **3** 〔광산·투자 따위가〕 유리한, 이익이 나는. **4** 〔벌을〕 지불해야 할, 지불 기일이 만기가 된; 유가물(有價物)로 갚을 수 있는.
pay·a·bly [péiəbli / péi(i)ə-] *adv.* 유리하게.
pay-as-you-earn [péiəzjuːə́ːrn] *n.* ⓤ《英》 원천 과세〔제도〕〔略 P.A.Y.E.〕
pay-as-you-en·ter [péiəzjuénter] *n.* ⓤ 승차와 동시에 요금을 지불하는 방식 〔略 P.A.Y.E.〕   [의.
páy-as-you-gó plán [péiəzjugóu-] *n.* 현금 지불주의.
pay-as-you-sée télevision [péiəzjusíː-] *n.* 유료 텔레비전.
pay·book [péibuk] *n.* 《美軍》 개인 급료 지불부.
pay·box [péibɑks / -bɔks] *n.* 《英》 =box office 1.
pay-by-phone [péibaifoun] *n.*, *adj.* 전화 대체(對替) (의) 〔전화로 은행의 컴퓨터를 호출하여 자기 예금을 다른 계좌로 이체하는 방법〕.
páy cáble *n.* 《美》 유선 유료 TV 방송.
pay·check [péitʃek] *n.* 《美》 **1** 급료 지불 수표, **2** 급료, 봉급(salary).   [혐 요구.
páy cláim *n.* **1** 임금 인상(지불) 요구. **2** 실업 보
pay·day [péidei] *n.* ⓤⒸ **1** 지불일; 급료(봉급) 일.
2 《英》 〔증권 거래소의〕 청산일(settling day).
páy dírt *n.* ⓤ **1** 《美》 채굴상 유리한 토사(土砂)·광석.
2 《구어》 뜻밖의 횡재물, 매우 유망한(가치 있는) 것.
hit (or *strike*) *pay dirt* 《구어》 노다지를 찾아내다; 행운의 발견을 하다; 《구어》 기본적 사실을 파악하다.
P.A.Y.E. 《略》 pay-as-you-earn; 〔철도〕 pay-as-you-enter (승차 때 요금을 내는 방식).   [지불인, 수취인.
pay·ee [peiíː / pei(í)ːɪ] *n.* 〔어음·수표 따위의〕 (被)
páy énvelòpe *n.* 급료 (봉급) 봉투.   [의 지불인.
pay·er [péiər / péi(i)ə-] *n.* 지불인; 〔어음·증서 따위
pay·ing [péiiŋ] *adj.* **1** 〔돈〕을 지불하는. ¶ a *paying* teller (은행의) 지불 담당원. **2** 돈이 벌리는, 이익이 나

paying guest *n.* [비전문] 하숙인.

pay·load [péilòud] *n.* **1** 유료 하중(荷重)〔항공기 따위의 여객·승객 따위의 운임 수입의 대상이 되는 것〕. **2** 〔기업이 종업원에게 지불해야 하는 임금 부담, 인건비. **3** 유도탄의 탄두; 그 폭발력; 〔로켓의〕 적재물〔관측기와 승무원 따위〕.

payload specialist *n.* 우주 실험 전문가〔우주선의〕.

pay·mas·ter [péimæ̀stər / -mà:s-] *n.* 봉급 지불 담당원; 회계 담당관; 〔군대〕 경리관〔略 P.M.〕.

paymaster general *n.* (*pl.* paymasters g-) 《英》재무성 국고 국장; 《美》해군(육군) 경리관.

pay·ment [péimənt] *n.* **1** Ⓤ Ⓒ 지불, 납부, 불입. ¶ advance *payment* 선불 / part (*or* partial) *payment* 일부 지불 / *payment* by installments (on account) 분할 지불 / *payment* in advance (part) 선불(일부 지불) / *payment* in (*or* of) full 완불, 전액 지불 / *payment* in kind 현물 지불. **2** Ⓒ 지불금, 지불액. **3** Ⓤ Ⓒ 상환, 보수(reward), 보상. ¶ in *payment* for …의 보수로서. **4** (~s)《구어》국제 수지(balance of payments). **5** Ⓤ 보복, 앙갚음, 징벌(requital). 「회교국.

pay·nim [péinim] *n.* 《고어》이교도; 회교도; 이교국.

pay-off [péiɔ̀(ː)f / -ɔ̀f] *n.* **1** 《종종 the ~》봉급의 지불. **2** 봉급 지불일. **3** 청산. **4** 보수; 보답, 앙갚음. **5** 《구어》〔이야기 따위에서〕 결정적인 고비, 뜻밖의 사건. **6** 《美구어》뇌물. 「기.

pay·o·la [peióulə] *n.* 《속어》뇌물(bribery); 뇌물 주기.

pay·out [péiàut] *n.* 지불〔금〕; 지출〔금〕.

páyòut ràtio *n.* 〔기업 수익의〕 배당 성향.

páy pàcket *n.* 《英》 =pay envelope.

páy phòne *n.* 《美》 =pay station.

pay·roll [péiròul] *n.* 〔종업원의〕 급료 지불 명부. **2** 〔종업원의〕 급료 지불 총액. **3** 종업원 총수.
off the payroll 실직해서, 목이 날아가서.
on the payroll 고용되어.

páy shèet *n.* 《英》급료 지불〔명〕부(payroll).

páy slìp *n.* 봉급 명세표.

páy stàtion *n.* 《美》〔동전을 넣어 사용하는〕 공중 전화〔박스〕 (pay phone).

payt. 《略》 payment.

pay-TV [péitìːvìː] *n.* Ⓤ 유료 방송 텔레비전. *cf.* subscription television

pa·zazz [pəzǽz] *n.* 《美속어》 =pizazz.

Pb 《化》 lead (L *plumbum*) 의 원자 기호.

PB 《略》 *p*olice *b*ox; *p*rivate *b*rand (자가(自家) 상표).

P.B. 《略》 《라틴》 *P*harmacopoeia *B*ritannica (= British Pharmacopoeia 영국 약전(藥典)); *P*rayer *B*ook. 「종.

PBB 《略》 *p*oly *b*rominated *b*iphenyl(공해 물질의 일

PBEC 《略》 *P*acific *B*asin *E*conomic *C*ouncil (태평양 경제 협의회). 「로 제공 협회).

PBS 《略》 *P*ublic *B*roadcasting *S*ervice (공공 방송 프

PBW 《略》 *p*article-*b*eam *w*eapon (입자 빔 무기).

PBX 《略》 *p*rivate *b*ranch *e*xchange (구내 교환 전화).

PC [píːsíː] *n.* 《美俗》고속 초계정(*p*atrol *c*raft 의 약 「자〕.

P/C, p/c 《略》 *p*etty *c*ash; *p*rices *c*urrent.

pc. 《略》 *p*iece; *p*rice[s].

p.c. 《略》 *p*ercent; *p*etty *c*ash; *p*ost[al] *c*ard; *p*rices current; 《라틴》 *p*ost *c*ibōs (= after eating (*or* meals) 〔처방에서〕, 식후에.

P.C. 《略》 *P*ast *C*ommander (전(前) 사령관); 《英》 *P*olice *C*onstable; 《英》 *P*rivy *C*ouncil; 《英》 *P*rince *C*onsort (여왕의 남편); *p*ersonal *c*omputer; *p*ocket *c*alculator; 《美》 *p*olitical *c*orrectness, *p*olitically *c*orrect.

PCA 《略》 〔약학〕 *P*atient *C*ontrolled *A*nalgesia (〔환자 자신에 의한〕 통증 조절법).

PCB 《略》 *p*oly*c*hlorinated *b*iphenyl (폴리 염화 비페닐); 〔전기〕 *p*rinted *c*ircuit *b*oard (인쇄 회로 기판).

PCE 《略》 *p*ersonal *c*onsumption *e*xpenditure (개인 소비 지출).

PCM 《略》 *p*ulse *c*ode *m*odulation (펄스 부호 변조(變

PCP 《略》 *p*enta*c*hloro*p*henol (방부제). 「調).

PCS 《略》 *p*unch[ed] *c*ard *s*ystem (펀치 카드 방식).

P.C.V. 《略》《美》 *P*eace *C*orps *V*olunteers (평화 봉사 단원). 「단〕.

Pd 〔化學〕 *p*alladium (팔라듐의 원자 기호. 「difference(전위차).

pd. 《略》 paid.

p.d. 《略》 《라틴》 *p*er *d*iem (= by the day); *p*otential

P.D. 《略》 《라틴》 *p*er *d*iem; *P*olice *D*epartment (경찰청); *p*ostal *d*istrict (우편구).

PDA 《略》 *p*ersonal *d*igital *a*ssistant.

PDL 《略》 *p*overty *d*atum *l*ine (빈곤선) [보통의 생활을 할 수 있는 최저 소득의 기준선].

P.D.Q. 《略》 《엣속어》 *p*retty *d*amn *q*uick (재빨리).

PDT 《略》 *P*acific *D*aylight *T*ime.

P.E. 《略》 *p*etroleum *e*ngineer (석유 기사); *p*hysical *e*ducation; *p*residing *e*lder (〔감리교회의〕 장로(가); *p*rinter's *e*rror (오식); *p*robable *e*rror (확률 오차); *P*rotestant *E*piscopal (미국 성공회).

‡**pea** [piː] *n.* (*pl.* peas *or* 《고어·美방언》pease [piːz]) **1** 완두, 완두콩; 완두의 모종. *cf.* bean ¶ garden *peas* 〔꼬투리째 먹는〕 청대완두 / split *peas* 〔수프용의〕 말린 완두. **2** 완두 비슷한 것(식물). — *adj.* 완두콩 같은, 완두콩만한 크기의. ¶ *pea* coal 작고 둥근 석탄.
〔**as**〕 *like as two peas* 꼭 닮은, 꼭 닮아서.

‡**peace** [piːs] *n.* Ⓤ **1** 평화, 태평. *cf.* war ¶ armed *peace* 무장 평화 / a *peace* advocate 평화론자. **2** 강화, 화평; (보통 P-) 강화 조약. ¶ a *peace* treaty (conference) 평화 조약(강화 회담) / *peace* with honor 명예로운 화평 / The *Peace* of Paris 파리 강화 조약 / make *peace* 화해하다, 강화하다. **3** 화해, 화합(*with*…). ¶ make one's *peace* with …과 화해하다. **4** 치안, 안녕. ¶ a breach of the *peace* 치안 방해 / the king's (*or* queen's) *peace* 《英》국가의 안녕, 치안 / keep the *peace* 공안 질서를 유지하다. **5** 평온, 무사; 안심, 평안. ¶ *peace* of mind 마음의 평화(평온) / *peace* of conscience 〔꺼림칙함이 없는〕 양심의 편안함 / in *peace* 편안하게, 별탈없이, 마음 놓고 / *Peace* be with you! 무사하기를 빕니다! **6** 고요함, 침묵(silence). ¶ *Peace*! 조용히 해!, 입다물어! / *peace* and quiet 〔소동 뒤의〕 평온, 고요함.
at peace 평화롭게; 안심하고, 의좋게 (*with*…).
be sworn of the peace 보안관 (치안 판사)에 임명되다.
hold (*or* **keep**) **one's peace** 침묵을 지키다, 잠자코 있다. 「놓아두다.
leave a person in peace 남을 방해하지 않다, 조용히
let a person go in peace 남을 용서하다(풀어) 주다.
peace at any price 〔주로 영국 의회에서의〕 절대 평화주의. 「이여 고이 잠드소서!
Peace to his ashes (*or* **memory, soul**)! 그의 영혼
Rest in Peace. (〔묘비명〕 편히 잠드소서.
swear the peace against a person 〔남〕에게서 위해 (危害)를 당할 염려가 있다고 선서하다.
◇ péaceful *adj.*

***peace·a·ble** [píːsəbl] *adj.* **1** 평화를 사랑하는; 온화한, 조용한(quiet). **2** 평화로운, 평온한. ⇒ PACIFIC 〔類〕
~**ness** *n.* **-bly** *adv.* 「방해자.

peace·break·er [píːsbrèikər] *n.* 평화 교란자, 치안

Péace Còrps *n.* 평화 봉사단 [미국 정부가 개발 도상 국에 파견하는 청년 봉사 부대].

péace dívidend *n.* 평화 배당금, 군사비 삭감.

péace estáblishment *n.* 〔軍〕 평시 편제(平時編

péace féeler *n.* 평화의 탐색(타진). 「制〕.

‡**peace·ful** [píːsfəl] *adj.* **1** 평화로운, 평온한 (calm); 조용한. ⇒ PACIFIC 〔類〕 ¶ a *peaceful* death 편안한 죽음. **2** 평시의, 평화적인. ¶ *peaceful* penetration 평화적 침투 / *peaceful* coexistence 평화 공존 / *peaceful* uses of atomic energy 원자력의 평화적 이용. **3** 평화를 사랑하는. ~**ness** *n.* ◇ *peacefully adv.*

peace·keep·er [píːskìːpər] *n.* 평화(휴전) 감시자.

peace·keep·ing [píːskìːpiŋ] n. 평화 유지[특히 적대 국간의 휴전 상태를 국제적 감시에 의해 유지하는 일]. — adj. 평화유지의. ¶ a *peacekeeping* force 평화 유지군 / UN *Peacekeeping* Operations [유엔] 평화 유지 활동[略 PKO].

peace-lov·ing [píːslʌ̀viŋ] adj. 평화 애호의, 평화적인.

peace·mak·er [píːsmèikər] n. 조정자(調停者), 중재자; 화해의 당사자.

peace·mak·ing [píːsmèikiŋ] n. ⓤ 조정(調停), 중재; 화해. — adj. 조정의, 중재의; 화해하는.

peace·mon·ger [píːsmʌ̀ŋgər] n.《美》(보통 경멸적으로) 평화론자.

peace·nik [píːsnik] n.《美俗語》반전(反戰) 운동가.

péace offering n. 평화 공세.

péace offering n. 1 [신에 대한] 감사의 제물[←속 죄금](Exod.) 20 : 24 ; 레위기(Lev.) 7 : 11-18]. 2 화해의 선물.

péace officer n. 치안관[치안 판사나 보안관·경찰관 등].

péace pàct n. 부전(不戰) 조약[1928년 파리에서 15개국이 조인].

péace pìpe n. =calumet.

péace sìgn n. 평화의 손짓[평화를 상징하여 손가락으로 표시하는 V 자형].

péace sỳmbol n. 평화의 심벌 [평화와 반전의 심벌]

péace tàlks n. pl. 화평(평화, 휴전) 회담.

peace-time [píːstàim] n. ⓤ 평(화)시. cf. wartime — adj. 평(화) 시의. ¶ *peacetime* industries 평화 산업.

péace trèaty n. 평화(화평) 조약.

péace wímmin n. 여성 평화 운동가.

peach[1] [píːtʃ] n. 1 복숭아; 복숭아나무. 2 ⓤ 복숭아빛(light pinkish yellow). 3《俗語》멋진 사람(것), 미인, 예쁜 소녀. ¶ That's a *peach* of a car. 그건 아주 멋있는 차다. — adj. 복숭아의, 복숭아빛의. ◇ péachy adj.

peach[2] [píːtʃ] vi.《俗語》밀고하다, 배반하다(betray) (*against, on, upon*...).

péach blóom n. =peachblow.

peach·blow [píːtʃblòu] n. ⓤ 1 연한 자주색. 2 [특히 중국의] 연한 자주색 유약(釉藥); 그 유약을 바른 도자기.

pea-chick [píːtʃìk] n. 새끼 공작.

péach Mélba n. 피치 멜바[복숭아에 바닐라 아이스크림과 딸기 잼을 얹은 디저트].

peach·y [píːtʃi] adj. (**peach·i·er, peach·i·est**) 1 [색·모양 따위가] 복숭아 같은. 2《속어》(종종 비꼬는 뜻으로) 멋들어진, 훌륭한(excellent); 아름다운.

‡pea·cock [píːkàk / -kɔ̀k] n. (pl. **-cocks** or **-cock**) 1 공작의 수컷 (cf. peahen) [일반적으로] 공작(peafowl). ¶ [as] proud as a *peacock* 공작처럼 교만하다. 2 허영꾼, 겉치레꾼. 3 [천문] (the P-) 공작자리. *play the peacock* 허세를 부리다, 으스대다. — vi. [공작처럼] 뽐내며 걷다, 허세를 부리다, 거만하게 굴다. — vt. 《재귀용법》…을 자랑하다, [여봐란 듯이] 과시하다. ◇ péacockish adj.

péacock blúe n. ⓤ (때로 a ~) [공작의 날개처럼] 윤이 나는 청록색.

pea·cock·er·y [píːkàkəri / -kɔ̀k-] n. ⓤ 허영, 허식, 겉치레.

pea·cock·ish [píːkàkiʃ / -kɔ̀k-] adj. 공작 같은, 허영(허식)적인, 겉치레의. [-ish.

pea·cock·like [píːkàklàik / -kɔ̀k-] adj. 공작 같은.

pea·fowl [píːfàul] n. (pl. **-fowls** or **-fowl**) 공작 양·수컷의 총칭).

peag [piːg] n. =wampum.

péa gréen n. ⓤ (때로 a ~) 황록색(yellowish green).

pea·hen [píːhèn / ⌐⌐] n. 공작의 암컷. cf. peacock

péa jàcket n. 주로 선원이 입는 두꺼운 나사천으로 된 짧은 상의.

‡peak[1] [piːk] n. 1 [뾰족한] 산꼭대기, 봉우리. ⇒ TOP 類語 2 꼭대기가 뾰족한 산. 3 첨단, 뾰족한 끝. 4 절정, 최고점(도), 정점. ¶ the *peak* year [통계상] 최고 기록의 해 / at the *peak* of the boom 호경기의 절정에. 5 [물리] 피크[급격한 부분적 증량(增量)의 최고 상승점]. ¶ a voltage *peak* 피크 전압. 6 = widow's peak. 7 [모자의] 앞챙. 8 [항해] [선수·선미의] 뾰족하고 좁은 끝부분; [세로돛의] 상부 바깥끝, 사행(斜桁)(gaff)의 바깥끝. 9 갑(岬), 곶(cape). — vt. [항해] (활대)을 치올리다 세우다, [고래의] [꼬리]를 세우다. — vi. 뾰족해지다, 우뚝 솟다; 최고 한도에 이르다. [고래가] 꼬리를 세우다. ◇ péaky adj.

peak[2] [piːk] vi. 말라빠지다, 앙상하게 여위다. *peak and pine* [상사병 따위로] 수척해지다.

peaked[1] [píːkt, píːkid] adj. 끝이 뾰족한, 머리(봉우리)가 뾰족한; [모자가] 앞챙이 있는.

peak·ed[2] [píːkid] adj. 야윈 (thin), 초췌해진.

péak expérience n. [성자(聖者) 등의] 신비적 체험, 계시, 영적 고양(高揚) 체험. 「하는 시간.

péak hóur n. 피크 아워[전력 수요 따위가 최고에 달

péak lóad n. [발전소의] 피크 부하(負荷) [일정 기간 내의 최대 수요 전력].

peak·y[1] [píːki] adj. (**peak·i·er, peak·i·est**) 봉우리 같은, 뾰족한 (pointed); 봉우리가 많은.

peak·y[2] [píːki] adj. (**peak·i·er, peak·i·est**) 수척한; 쇠약해 보이는. ¶ a *peaky* face 수척해진 얼굴.

*peal [piːl] n. 1 종소리; [대포·천둥 따위의] 울리는 소리, 굉음, [웃음소리 따위의] 떠들썩한 소리. ¶ a *peal* of thunder (laughter) 천둥 (웃음)을 울리는 소리[떠들썩한 웃음소리] / The bell rings a joyous *peal*. 종소리가 즐거운 듯이 울려 퍼진다. 2 [음악적인 운율의] 일련의 종소리; 전곡(轉曲), 종악. ¶ a wedding *peal* 결혼식의 종소리. *in peal* [종이] 선율을 타고, 가락을 맞추어. — vt. [종 따위]를 울려퍼지게 하다. — vi. 울려퍼지다.

pe·an [píːən] n. =paean. 「다, 크게 울리다.

*pea·nut [píːnʌ̀t] n. 1 낙화생, 땅콩; 그 열매(콩). 2 (~s) 시시한 사람; (~s) 시시한 것; 아주 적은 금액. — adj. 1 낙화생의, 땅콩의; 땅콩으로 만든. 2《속어》얼마 안 되는, 시시한, 하찮은.

péanut bútter n. 땅콩 버터.

péanut gállery n.《美俗語》[극장의] 가장 싼 좌석.

péanut óil n. ⓤ 땅콩 기름. 「모양의 작은 배.

pea-pod [píːpàd / -pɔ̀d] n. 완두 꼬투리; 완두 꼬투리

pear [pɛər] n. 서양 배나무; 그 열매.

‡pearl[1] [pəːrl] n. 1 진주; ⓤ 진주층. ¶ a seed *pearl* 작은 진주알 / an artificial (or an imitation) *pearl* 모조 진주 / a culture (or a cultured) *pearl* 양식 진주. 2 진주 같은 것 [이슬·눈물 등]. ¶ *pearls* of dew 진주 같은 이슬. 3 [진주처럼] 귀중한 것, 절품(絶品); 전형, 정수. ¶ a *pearl* among women 여성의 귀감이라 할 부인. 4 ⓤ 진주빛(pearl gray). 5 ⓤ [인쇄] 펄 활자 [5 포인트].
cast pearls before swine 돼지 앞에 진주를 던지다, 개발에 편자《마태 복음 (Matt.) 7 : 6》. — vt. 1 …을 진주로 장식하다, …에 진주를 박다. 2 …을 진주 모양(빛)으로 만들다. 3 [보리 따위]를 작은 알갱이로 만들다. 4 [이슬 따위]를 진주처럼 맺히게 하다. ¶ Perspiration *pearled* his brow. 구슬 같은 땀이 그의 이마에 맺혀 있었다. — vi. 1 진주를 채취하다. 2 진주 모양(빛)이 되다. — adj. 1 진주빛의, 진주 같은, 진주를 박은; 진주 모양의. 2 [보리 따위가] 둥글고 작게 된.

pearl[2] [pəːrl] vt., n. =purl[1]. 「산 칼리].

pearl·ash [pə́ːrlæ̀ʃ] n. ⓤ 진주회(灰) [조제(粗製) 탄

péarl bárley n. 정백(精白)한 보리 [수프용].

péarl blúe n. 열은 회청색(灰靑色), 진주빛.

péarl bútton n. 진주조개로 만든 단추.

péarl díver n. 진주조개를 채취하는 잠수부.

pearled [pəːrld] adj. 1 진주로 장식한, 진주 박

pearl·er [pə́ːrlər] n. 진주조개 채취(업)자(선).
pearl fisher n. 진주조개 캐는 사람.
pearl fishery n. 진주 채취장; ⓤ진주 채취업(pearl fishing).
pearl gray n. ⓤ (때로 a ~) 진주빛(푸른 빛이 아련하게 도는 회색).
Pearl Hárbor n. 진주만[미국 Hawaii 주 Oahu 섬 남해안에 있는 군항].
pearl·ies [pə́ːrliz] n. pl. 《英》 《행상인의》 진주조개 단추가 달린 옷; 진주조개 단추; 소리치며 다니는 행상인.
pearl·ite [pə́ːrlàit] n. 1 (야금) 펄라이트[ferrite과 cementite와의 공석정(共析晶) 조직]. 2 [암석] =perlite.
pearl lamp n. 젖빛 전구.
pearl óyster n. 진주조개.
pearl wédding n. 진주혼식[결혼 30주년 기념].
pearl white n. ⓤ 1 화장용 분의 일종. 2 [모조 진주 제조용] 어린분(魚鱗粉). 3 (때로 a ~) 진주빛 (pearl blue).
pearl·y [pə́ːrli] adj. (pearl·i·er, pearl·i·est) 1 진주(층) 같은, 진주빛의. 2 진주를 박은, 진주(층)으로 장식한. 3 진주가 나는. ◇ pearl.
pearly náutilus n. 앵무조개.
pear·main [péərmein, +英 pɔ́ː-] n. 사과의 한 품종.
pear-shaped [péərʃèipt] adj. 1 서양 배 모양의. 2 (성량이) 풍부한, 낭랑한.
peart [piərt] adj. 《방언》 쾌활한, 씩씩한; 영리한 (clever). ~ly adv. ~ness n.
‡**peas·ant** [péz(ə)nt] n. 1 농부, 소작인. cf. farmer ¶ a peasant proprietor (or farmer) 자작 소농(自作小農) / peasant proprietorism 자작 소농 제도. 2 시골 사람. ¶ a peasant girl 시골 처녀.
peas·ant·ry [péz(ə)ntri] n. ⓤ 1 (보통 the ~) 《집합적》 소작인(소농) 계급. 2 소작인의 신분(지위, 기질). 3 촌스러움, 투박함(rusticity).
pease [piːz] n. 1 (pl. peas·es or peas·en [píːz(ə)n]) 《폐어》 =pea. 2 pease 의 옛 복수형의 하나. ◇ PEA.
pease·cod, peas·cod [píːzkɑ̀d / -kɔ̀d] n. 완두콩의 꼬투리. [섞어서 만든 푸딩.
pease pùdding n. ⓤⒸ 《주로 英》 콩가루에 계란을
pea-shoot·er [píːʃùːtər] n. 1 콩을 쏘는 장난감 총.
péa sòup n. 1 완두콩으로 만든 진한 수프. 2 《구어》 노란색 짙은 안개.
péa sòup·er [-sú:pər] n. 1 《주로 英구어》 =pea soup 2. 2 《캐나다 속어》 프랑스계 캐나다 사람.
peat[1] [piːt] n. 이탄(泥炭). 2 《연료용》 이탄 덩어리.
peat[2] [piːt] n. 《폐어》 《특히 젊은 여성에 대하여》 귀여운 사람, 사랑하는 사람(darling).
péat bòg n. 이탄지(地), 이탄 늪.
peat·er·y [píːtəri] n. 이탄지(늪). [bog.
péat mòss n. 1 이탄 이끼. 2 《주로 英》 =peat
peat-reek [píːtrìːk] n. 1 이탄 연기. 2 《이탄을 연료로 하여 증류한》 스카치 위스키(의 향기).
peat·y [píːti] adj. (peat·i·er, peat·i·est) 이탄질의, 이탄을 함유하는, 이탄 같은.
pea·vey, -vy [píːvi] n. (pl. -veys, -vies) 갈고리의 일종[통나무를 굴릴 때 쓰는 두 갈래로 갈라진 갈고리]. cf. cant hook
‡**peb·ble** [pébl] n. 1 《물의 흐름으로 둥글게 된》 조약돌; 자갈. 2 ⓤ 《가죽·종이 따위의》 자갈 무늬; 자갈 무늬 가죽(pebble leather); 수정 렌즈. 4 《광물》 마노(瑪瑙). — vt. (-bled, -bling) 1 《가죽·종이 따위에》 자갈 무늬를 넣다. 2 《조약돌》을 던지다. 3 ~을 자갈로 깔다. ◇ pébbly adj.
pébble dàsh n. 《외벽·바닥 따위의》 자갈박이 모르타르 마무리.
pébble pòwder n. ⓤ 《연소 속도가 느린》 알갱이가 굵은 화약, 조립(粗粒) 화약.

peb·ble·stone [péblstòun] n. ⓤⒸ 자갈(류).
peb·ble·ware [péblwèər] n. ⓤ 웨지우드(Wedgwood)에서 구운 도자기[잡색의 점토를 섞어서 구운 도자기, 갈색에 녹색 무늬가 있다].
peb·bly [pébli] adj. (-bli·er, -bli·est) 자갈투성이의, 자갈이 많은; 자갈 같은.
pé·brine [peibríːn] n. ⓤ 《누에의》 미립자 병(微粒子病). 〔<F pébrine〕 [전지].
PEC 《略》 photo electrochemical cell(광(光)전기 화학
pe·can [pikǽn, +美 -káːn] n. 1 피칸[북미 온대 지역 원산의 hickory 의 일종]. 2 그 열매[식용으로 한다].
pec·ca·bil·i·ty [pèkəbíliti] n. 죄를 범하기 쉬움, 잘못을 저지르기 쉬움.
pec·ca·ble [pékəbl] adj. 《도덕적으로》 죄를 범하기 쉬운, 잘못을 저지르기 쉬운.
pec·ca·dil·lo [pèkədílou] n. (pl. -loes or -los) 가벼운 죄, 사소한 잘못(trifling fault), 가벼운 실수.
pec·can·cy [pékənsi] n. 1 죄. 2 ⓤ 죄를 저지름.
pec·cant [pékənt] adj. 1 죄가 있는, 죄많은; 잘못을 저지르는. 2 잘못된. 3 《드물게》 병의 원인이 되는; 병적인.
pec·ca·ry [pékəri] n. (pl. -ries or -ry) 페커리[남미산(産) 멧돼지의 일종].
pec·ca·vi [pekáːvi:] n. 죄의 고백(자인). ¶ cry peccavi 죄를 고백하다, 사죄하다. 〔<L I have sinned 나는 죄를 범하였도다[David 왕의 고백]〕
pêche Mel·ba [pí:ʃ mélbə, peʃ-, péʃ/ péíʃ-] n. (pl. pêch·es M- [-pí:tʃiz-, péʃ-/ péíʃ-]) =peach Melba.
peck[1] [pek] n. 1 펙[곡식 따위의 계량 단위; 8 quarts, ¼ bushel. 약 9l ; 略 pk, pk.]. * 액체에는 쓰이지 않는다. 2 1펙들이 되. 3 많음, 다량. ¶ a peck of trouble 엄청난 고생.
‡**peck**[2] [pek] vt. 1 《부리·끝이 뾰족한 것으로》 …을 쪼다. 2 《구멍 따위를》 쪼아서 파다, 뚫다. ¶ Woodpeckers peck holes in trees. 딱다구리는 나무를 쪼아 구멍을 뚫는다. 3 《음식 따위》를 쪼아먹다. ¶ (~+图+副) peck a corn out 옥수수를 쪼아먹다. 4 《형식적으로》 《어마·볼》에 가볍게 키스하다. 5 《타자기로》 …을 타자하다(...out). ¶ (~+图+副) She pecked out the orders on the typewriter. 그녀는 타자기로 주문서를 작성했다. — vi. 1 《부리 따위로》 쪼다. 2 《땅바닥 따위를》 후벼파다(up, down...). 3 조금씩 먹다, 쪼아먹다 (at...). 4 흠을 찾다, 귀찮게 잔소리하다(at...). 5 《타자기·피아노 따위의》 키를 치다(at...). — n. 1 《부리·뾰족한 것으로》 쪼기. 2 쫀 흔적. 3 가벼운 키스. 4 《속어》 음식.
peck·er [pékər] n. 1 딱 다 구리 (woodpecker). 2 쪼는 것(연장); 《英》 곡괭이. 3 (one's ~)《英속어》 원기, 용기. * 주로 다음 숙어로 쓴다. ¶ keep one's pecker up 기운을 내다. 4 《美俗語》 음경.
péck·ing òrder [pékiŋ-], (péck òrder) n. (the ~) 1 《닭의》 쪼는 차례, 2 사회의 서열, 계층(조직).
peck·ish [pékiʃ] adj. 1 《英구어·美방언》 배가 고픈 (hungry). 2 《구어》 딱딱거리는, 잔소리가 많은.
Péck's Bád Bòy n. 《美》 악동, 망나니, 미움을 받는 아이, 분별없이 행동하는 사람. 〔<미국 언론인 Wibur Peck 의 Peck's Bad Boy and His Pa 에서〕
Peck·sniff [péksnìf] n. 《경건한 체하는》 위선자. 〔<Dickens 의 소설 Martin Chuzzlewit 에 등장하는 위선적인〕
Peck·sniff·i·an [peksníffiən] adj. 〔Pecksniff 처럼〕 위선적인.
pec·tase [pékteis] n. ⓤ 《화학》 펙타제[과실에서 얻어지는 효소].
pec·ten [péktən] n. (pl. -ti·nes [-tíniːz]) 1 《동물·해부》 빗 모양의 돌기[기관(器官)]. 2 가리비 조개.
pec·tic [péktik] adj. 《생화학》 펙틴의.
pec·tin [péktin] n. ⓤ 《생화학》 펙틴[특히 사과·버찌 따위 익은 과실에 함유되어 있다].
pec·ti·nate [péktənèit], (pec·ti·nat·ed [-nèitid]) adj. 빗 모양의, 빗살 모양의.

pec·ti·na·tion [pèktinéiʃ(ə)n] n. ⓊⒸ **1** 빗살 모양의 것, 빗살 모양의 구조. **2** 빗질하기(combing).

pec·to·ral [péktərəl] adj. **1** 가슴의, 흉부의. ¶ *pectoral* plate 흉판(胸板)/a *pectoral* fin [물고기의] 가슴지느러미. **2** 가슴에 다는(을 장식하는). **3** 호흡기 계통 질환의(에 듣는). **4** 주관적인, 열렬한. **5** [성향이] 풍부한. — n. **1** [특히 유대교 고승의] 가슴 장식; [갑옷 따위의] 가슴받이. **2** (~s) [동물] 가슴지느러미, [해부] 흉근(胸筋).

pec·tose [péktous] n. Ⓤ [생화학] 페토제 [설익은 과일에 함유되어 있는 다당류(多糖類)의 일종].

pec·u·late [pékjulèit] vt. (-lat·ed, -lat·ing) [공금·위탁금 따위를] 써버리다, 사사로이 쓰다, 횡령하다(embezzle).

pec·u·la·tion [pèkjuléiʃ(ə)n] n. ⓊⒸ [공금 따위의] 착복, 횡령, 위탁금 사용(私用); 관물 사용.

pec·u·la·tor [pékjulèitər] n. [공금 따위의] 착복자, 사용자(私用者), 위탁금 횡령자; 관물 사용자.

‡pe·cu·liar [pikjúːljər] adj. **1** 기묘한, 괴상한, 별난 (strange, queer, odd). ⇨ STRANGE 類語 ¶ *peculiar* ways 괴상한 버릇. **2** 이상한; 남다른, 특별한. ¶ a *peculiar* talent for writing 남다른 글재주. **3** 특유의, 독특한, 고유의(*to* ...). ⇨ SPECIAL 類語 ¶ a style *peculiar* to the 18th century 18세기 특유의 스타일/an expression *peculiar* to Dickens 과연 디킨스다운 표현. **4** 한 개인(단체)에 속하는, 전용의, ¶ his own *peculiar* property 그의 사유 재산. — n. (the-) 특유(사유) 재산; [英] [종교] [다른 관구의 감독을 받는] 특수 교구. ◇ peculiárity n.

pecúliar institútion n. 《美고어》 [남북 전쟁 전의] 남부의 노예 제도.

‡pe·cu·li·ar·i·ty [pikjùːliǽriti] n. ⓊⒸ (pl. -ties) **1** 특이한 성질(태도, 버릇), 별난 습관; 특징. ⇨ FEATURE 類語 **2** 특이성, 별남 (eccentricity). **3** 특색, 독자성. ◇ pecúliar adj.

‡pe·cu·liar·ly [pikjúːljərli] adv. 기묘하게, 별나게; 비정상적으로, 특별하게, 독자적으로.

pecúliar péople n. **1** [신의 선민(選民)으로서의] 유대인(Jews) [←신명기(Deut.) 26 : 18]. **2** [특히 광신적인] 기독교도, [P·P-] 1838년 영국에서 일어난 신교도의 한 파 [기도와 도유(塗油)로 병을 고칠 수 있다고 믿었다]. ◇ -dom n. 재정상의.

pe·cu·ni·ar·i·ly [pikjúːnièrili / -njər-] adv. 금전상.

pe·cu·ni·ar·y [pikjúːnièri / -njəri] adj. 금전[상]의, 재정상의. 類語 ¶ FINANCIAL 類語 ¶ a *pecuniary* penalty 벌금/*pecuniary* difficulties 재정 곤란.

ped-¹ ⇨ PEDO-¹.
ped-² ⇨ PEDI-¹.
ped-³ ⇨ PEDO-².

-ped, -pede foot 라는 뜻의 연결형. 형용사 및 명사를 만든다. 예: centi*pede*, bi*ped*.

ped. (略) pedal; pedestal; pedestrian.

ped·a·gog [pédəɡɔ̀g, -ɡɑ̀g / -ɡɔ̀g] n. = pedagogue.

ped·a·gog·ic [pèdəɡɑ́dʒik, -ɡóudʒ- / -ɡɔ́dʒ-], **-i·cal** [-ik(ə)l] adj. **1** 교육학의, 교수법의. **2** 교육자의, 선생의; 학자연하는 (pedantic). **-i·cal·ly** [-ik(ə)li] adv.

ped·a·gog·ics [pèdəɡɑ́dʒiks, -ɡóudʒ- / -ɡɔ́dʒ-] n. pl. 《단수 취급》교육학, 교수법(pedagogy).

ped·a·gog·ism [pédəɡɑ̀ɡizm / -ɡɔ̀- / -ɡóuɡ-, -ɡɔ́g-, -ɡɑ́g-] n. Ⓤ **1** [특히 현학(衒學)적인] 선생 기질, 학자연하기. **2** 현학. **3** [현학적] 교수법.

ped·a·gogue, ped·a·gog [pédəɡɔ̀ɡ / -ɡɔ̀ɡ], (paed·a·gogue, paed·a·gog) n. 《경멸적》 **1** [현학적·독단적인] 선생 (schoolteacher), 교육자. **2** 학자연(衒學者).

ped·a·go·gy [pédəɡòudʒi / -ɡɑ̀dʒi / -ɡɔ̀dʒi] n. Ⓤ **1** 교육학, 교수법. **2** 교육, 교수.

‡ped·al [pédl] n. **1** [재봉틀·자전거 따위의] 페달, 발판. **2** [음악·하프·피아노 따위의] 페달, 발판. ¶ the soft *pedal* 약음(弱音) 페달. **3** [수학] 수족선(垂 足線)(면). **4** [음악] 최처음의 지속음.
— vi., vt. (-aled, -al·ing;《英》-alled, -al·ing) [...의] 페달을 밟다, 페달을 밟아[...을] 움직이다. ¶ *pedal* a bicycle 자전거의 페달을 밟다 // (~ + 副 + 名) *pedal* [*on*] an organ 페달을 밟아 풍금을 연주하다 / *pedal* up a slope 자전거로 비탈을 오르다.
— adj. **1** [동물] 발의. ¶ *pedal* power 발의 힘/*pedal* extremities 발 (feet). **2** 페달의, 발판의; 페달을 사용한. **3** [수학] 수족선의. ¶ a *pedal* curve (surface) 수족선(면).

ped·al·fer [pidǽlfər] n. Ⓤ 페달퍼 [철 알루미나로 된 토양].

pedá·lo [pédəlòu] n. 페달로 보트.

pédal póint n. [음악] [보통 저음의] 지속음 [페달을 밟고 있는 동안 지속되는].

pédal púshers n. pl. [원래 사이클링용의] 여자용 바지.

ped·ant [péd(ə)nt] n. 학자연하는 사람, 현학자(衒學者); 공론가(空論家).

pe·dan·tic [pidǽntik] adj. 학자연하는, 현학적인, 박식한 체하는. **-ti·cal·ly** [-tikəli] adv.

ped·ant·ry [péd(ə)ntri] n. ⓊⒸ (pl. -ries) 학자연함, 현학함, 박식한 체함; 규칙·선례 따위에 얽매임; (-ries) 현학적인 (학자연하는) 행동(말).

ped·ate [pédeit] adj. **1** 발이 있는, 발과 같은. opp. apodal **2** [식물] [잎이] 새발 모양의. **~·ly** adv.

ped·dle [pédl] v. (-dled, -dling) vt. **1** ...을 행상하다, 팔고 다니다. **2** ...을 소매하다; [남의 생각·작품 따위를] 자기 것인 양 그대로 옮기다. **3** [남의 소문 따위]를 퍼뜨리다. — vi. **1** 행상하다, 팔고 다니다. **2** 하찮은 일에 안달하다.

‡ped·dler [pédlər], (pedlar) n. **1** 행상인, 소리쳐 파는 사람. **2** [소문 따위를] 퍼뜨리는 사람. **3** 《美속어》역마다 정거하는 열차.

ped·dler·y, ped·lar·y [pédləri] n. ⓊⒸ (pl. -dler·ies; -lar·ies) **1** 행상, 소리쳐 팔기. **2** 행상품. **3** 겉만 번드르르한 싸구려 물건.

ped·dling [pédliŋ] adj. **1** 행상의, 팔고 다니는. **2** 하찮은 일에 안달하는; 시시한. — n. Ⓤ 행상.

-pede ⇨ PED-.

ped·er·ast [pédəræ̀st, píːd-] n. 남색 (男色)꾼.

ped·er·as·ty [pédəræ̀sti, píːd-] n. Ⓤ [특히 소년과의] 남색.

‡ped·es·tal [pédistl] n. **1** [기둥·조각상(像)·꽃병 따위의] 받침돌, 대좌(臺座); 주각(柱脚). **2** 기초, 근거. **3** [기계] 굴대받이; 대(臺).

set (or **put**) **a person upon** (or **on**) **a pedestal** 남을 존경(숭배)하다, 받들어 모시다.

— vt. (-taled, -tal·ing;《英》-talled, -tal·ing) ...을 대에 올려놓다, 떠받들다.

‡pe·des·tri·an [pidéstriən] n. 보행자(walker); 도보 여행자, 도보주의자. — adj. **1** 도보의, 보행의. ¶ a *pedestrian* bridge 횡단 육교. **2** [문체 따위가] 평범한 (commonplace), 진부한, 시취(詩趣)가 없는 (prosaic). ◇ pedéstrianism n.

pedéstrian cróssing n. 《英》횡단 보도 (《美》crosswalk).

pe·des·tri·an·ism [pidéstriənìz(ə)m] n. **1** 도보, 도보여행. **2** [문체 따위의] 평범함, 진부함.

pe·des·tri·an·ize [pidéstriənàiz] (《英》에서는 **pe·des·tri·an·ise** 로도 쓴다) v. (-ized, -iz·ing) vi. 도보로 가다; 도보 여행을 하다. — vt. (도로)를 보행자 전용으로 만들다.

pedéstrian précinct n. 보행자 천국[전용 구역].

pedi-¹ foot 라는 뜻의 연결형(* 모음 앞에서는 ped-을 쓴다). 예: *pedi*cure, *ped*al.

pedi-² ⇨ pedo-¹의 별형(別形).

pe·di·at·ric [pìːdiǽtrik, +美 pèd-] adj. 소아과의, 소아과 의사의.

pe·di·a·tri·cian [pìːdiətríʃ(ə)n, +美 pèd-] n. 소아과 의사.

pe·di·at·rics [pìːdiǽtriks, +美 pèd-] n. pl. 《단수 취급》

급) 소아과.　　　　　　　　　　　　［cian.
pe·di·a·trist [pìːdiǽtrist, +美 pèd-] *n.* =pediatri-
ped·i·cab [pédikæb] *n.* (동남 아시아 등지에서 사용되는) 승객용 3륜 자전거.
ped·i·cel [pédisl, -sèl] *n.* 1 (식물) 작은 꽃자루. 2 (동물·해부) 경절(梗節), 자루, 육경(肉莖) (peduncle).
ped·i·cel·late [pèdisélit, -lèit, pédisəlit] *adj.* 1 (식물) 작은 꽃자루가 있는. 2 (동물) 자루가 있는.
ped·i·cle [pédikl] *n.* =pedicel.
pe·dic·u·lar [pidíkjulər] *adj.* 이의, 이투성이의(lousy).
pe·dic·u·late [pidíkjulit] *adj.* (동·식물) 작은 꽃꼭지(육경(肉莖))가 있는.

[pedicel 1]

pe·dic·u·lo·sis [pidìkjulóusis] *n.* (U)(병리) 이 기생증.　1 peduncle 꽃자루　2 pedicel 작은 꽃자루
pe·dic·u·lous [pidíkjuləs] *adj.* 이투성이의.
ped·i·cure [pédikjùər] *n.* 1 (U) 발의 치료; 발톱 가꾸기 (*cf.* manicure). 2 발 치료 전문 의사 (chiropodist).
ped·i·form [pédifɔ̀ːrm] *adj.* 발 모양의, 발 같은.
ped·i·gree [pédigrìː] *n.* 1 (U)(C) 가계(家系), 혈통 (lineage). 2 족보, 계도(系圖); (순종 동물의) 혈통표; (美俗) 경찰에 기록된 낲인의 전과 경력. ¶ I vouch for a horse's *pedigree* 말의 혈통을 보증하다. 3 (U) 깊히 오래된 가문. ¶ a family of *pedigree* 대대로 내려오는 집안, 명문. 4 (U) 유래, 기원(origin); 어원.
ped·i·greed [pédigrìːd] *adj.* 유서 깊은, 가문이 좋은; (동물) 혈통이 분명한. ¶ a *pedigreed* dog 혈통이 확실한 개.
ped·i·ment [pédimənt] *n.* 1 (건축) 박공(膊栱), 박공벽. 2 (지질) 산기슭의 완사면(緩斜面).
ped·i·men·tal [pèdiméntl] *adj.* 박공(양식)의.　[pediment)
ped·i·ment·ed [pédimèntid, -mənt-] *adj.* (건물에) 박공이 있는, 박공벽이 있는.
***ped·lar** [pédlər] *n.* =peddler.
ped·lar·y [pédləri] *n.* (*pl.* **-lar·ies**) =peddlery.
pedo-[1] child 라는 뜻의 연결형 (* 모음 앞에서는 ped-를 쓴다). 예: *pedo*logy.
pedo-[2] soil 의 뜻의 연결형 (* 모음 앞에서는 ped-를 쓴다). *pedo*logist.　　　　　　　　　[레.
pe·do·bap·tism [pìːdo(u)bǽptiz(ə)m] *n.* (U) 유아 세
pe·do·bap·tist [pìːdo(u)bǽptist] *n.* 유아 세례론자.
pe·do·don·tics [pìːdo(u)dántiks / -dɔ́n-] *n. pl.* (단수 취급) 소아 치과학.
pe·dol·o·gist[1] [pidálədʒist / -dɔ́l-] *n.* 토양학자.
pe·dol·o·gist[2] [pidálədʒist / -dɔ́l-] *n.* 아동(육아)학자.
pe·dol·o·gy[1] [pidálədʒi / -dɔ́l-] *n.* (U) 토양학.
pe·dol·o·gy[2] [pidálədʒi / -dɔ́l-] *n.* (U) 1 아동학, 육아학. 2 (의학) 소아과(pediatrics).
pe·dom·e·ter [pidámətər / -dɔ́m-] *n.* 보수계(步數計).
pe·do·phil·i·a [pìːdo(u)fíliə] *n.* (U) 소아에 대한 이상 성욕.
ped·rail [pédreil] *n.* 무한 궤도(차) (caterpillar).
pe·dun·cle [pidʌ́ŋkl] *n.* 1 (식물) 꽃자루 (flower stalk) (⇒ PEDICEL 그림); (버섯의) 줄기. 2 (동물) (기관의) 자루, 육경(肉莖).
pe·dun·cu·lar [pidʌ́ŋkjulər] *adj.* 꽃자루(육경)의.
pe·dun·cu·late [pidʌ́ŋkjulit, -lèit], **-lat·ed** [-lèitid] *adj.* 1 (식물) 꽃자루가 있는; 꽃자루에서 생기는. 2 (동물) 육경이 있는.
pee [piː] *vi.* (俗어) (**peed, pee·ing**) 오줌 누다, 쉬하다. — *n.* (U)(C) 오줌 (piss).
peek [piːk] *vi.* 엿보다, 몰래 들여다보다 (in, out...).

⇒ PEEP[1]類語]　— *n.* 엿보기, 몰래 들여다보기.
peek·a·boo [píːkəbùː] *n.* (U) (숨어 있다가) 깍꼭하고 아이를 놀래주는 장난. *cf.* bopeep
‡**peel**[1] [piːl] *vt.* …의 껍질을 벗기다; [나무껍질을] 벗기다(strip)(... *from, off*). ¶ *peel* an orange 귤의 껍질을 벗기다 // (~+围+前+名) *peel* the bark *from* a tree 나무껍질을 벗기다.
[類語] **peel** 손으로 껍질을 벗기다: *peel* a banana 바나나의 껍질을 벗기다. **pare** 칼을 써서 껍질을 벗기다: *pare* an apple 사과의 껍질을 벗기다. **skin** 방법의 여하를 불문하고 동·식물의 껍질을 벗기다: *skin* a bear 곰의 가죽을 벗기다.
— *vi.* 1 (표면이) 벗겨지다, 벗겨지다, 벗겨 떨어지다 (종종 *off*). ¶ He got sunburned and his skin *peeled*. 그는 햇빛에 타서 피부가 벗겨졌다 // (~+围) The walls are *peeling* [*off*]. 벽이 벗겨져 가고 있다. 2 (뱀 따위가) 허물을 벗다; (俗語) 옷을 벗다(undress).
keep one's **eyes peeled** ⇒ EYE.
peel off ① (*vt.*)…의 껍질을 벗기다 (⇒ *vt.*); (*vi.*)(표면이) 벗겨지다. *vi.* 1. ②(항공) (끝에서부터 차례로) 편대를 벗어나 급강하 폭격(착륙 태세)으로 들어가다. ③(군사) (호위함이) 선단에서 이탈하다. ④ 헤어지다.
peel out 《美俗어》 타이어 자국이 날 정도의 속력으로 달려 나가다.
— *n.* 1 (과일·야채 따위의) 껍질. ⇒ SKIN [類語] 2 (U) 설탕에 절인 과일 껍질 (오렌지 필 따위).
peel[2] [piːl] *n.* (빵 굽는) 자루가 긴 나무주걱.
peel[3] [piːl] *n.* (16세기의 영국과 스코틀랜드의 국경 지역에 세운) 탑이 있는 석조의 성채; 작은 성.
peel·er[1] [píːlər] *n.* 1 껍질을 벗기는 사람 (기구). 2 (俗) 스트리퍼.
peel·er[2] [píːlər] *n.* 1 (英역사) 아일랜드의 경찰 대원. 2 (英口어·俗語) 경찰관. (<경찰 제도의 개혁자 Sir Robert Peel(1788-1850)의 이름)
peel·ing [píːliŋ] *n.* 1 (U) 껍질 벗기기. 2 (종종 ~s) (과일이나 감자의) 벗긴 껍질.
Peel·ite [píːlait] *n.* 필 당원 (Sir Robert Peel 의 정책에 동조하여 곡물세 폐지에 찬성한 보수당원).
peen [piːn] *n.* 쇠망치의 뾰족한 대가리 (못을 두드리는 납작한 부분의 반대쪽). — *vt.* …을 쇠망치의 대가리로
‡**peep**[1] [piːp] *vi.* 1 (구멍·틈 따위로) 들여다보다, 엿보다; 몰래 훔쳐 보다 (*at, into*...). ¶ (~+围+前+名) He *peeped at* her over the wall. 그는 담 너머로 그녀를 몰래 훔쳐 보았다 / Coming from behind, a beggar *peeped into* my basket. 거지가 뒤에서 와서 내 바구니 속을 들여다보았다.
[類語] **peep** 호기심 또는 장난으로 작은 구멍이나 틈으로 몰래 들여다보다: *peep* through a hole 구멍으로 몰래 들여다보다. **peek** peep 와 같은 뜻이나, 보다 더 어린애 같은 행위.
2 (차차) 보이기 시작하다; (성질이) 나타나다, 본성이 드러나다 (*out*). ¶ The stars *peeped* through the clouds. 별이 구름 사이로 나타나기 시작했다 // (~+围) Our selfishness *peeps out* now and then. 우리의 이기심이 때때로 나타난다.
— *vt.* …을 조금 나타내다, 드러내다 (... *out*). ¶ He *peeped out* a bit of his head from the hole. 그는 구멍에서 머리를 조금 내밀었다.
— *n.* 1 엿보기, 몰래 들여다보기, 훔쳐보기; 흘끗 보기. ¶ I had (*or* took, got) only a hurried *peep at* the documents. 나는 서류를 흘끗 보기만 했다. 2 잠깐 보이기, 나타나기 시작함, 최초의 출현. ¶ at the *peep* of dawn 새벽에. 4 훔쳐 보다는 구멍.
peep[2] [piːp] *n.* 1 (새·쥐 따위의) 삐쟄 (쩍쩍)하는 울음 소리. *cf.* chirp 2 빼쟄 지저귀다는 작은 새 [sandpiper 따위]. — *vi.* 빼쟄 (쩍쩍) 울다, 작은 소리로 말하다.
peep·er[1] [píːpər] *n.* 1 들여다보는 사람, 꼬치꼬치 캐

peep·er² [píːpər] *n.* **1** 빼빽 우는 새, 적작 우는 동물. **2** 〔닭·비둘기 따위의〕새끼. **3** 《美》청개구리.

peep·hole [píːphòul] *n.* 들여다보는 구멍, 옹이 구멍.

Péep·ing Tóm [píːpiŋ-] *n.* (종종 p- T-) 〔특히 성적 호기심에서〕 들여다보기 좋아하는 호색가. 〔<주민의 무거운 세금을 덜어주는 대가로 대중 앞에서 말을 타고 다니라고 명령받은 Lady Godiva를 창문에서 엿보다가 장님이 된 재단사 Tom에 관한 영국 전설〕

péep shòw *n.* 들여다보는 구경거리[음란한 쇼 따위].

péep sìght *n.* 〔총의〕 가늠 구멍. 〔위〕

peep·toe [píːptòu], **(peep-toed** [-tòud]) *adj.* 〔신발이〕

pee·pul [píːpəl] *n.* =pipal. 〔발가락이 보이는.

*peer¹ [piər] *n.* **1** 〔사회적·법적으로〕지위가 동등한 사람; 〔능력 따위가〕동등한 사람, 〔고어〕 동료, 동배(同輩). **2** 〔영국의〕 귀족 (duke, marquis, earl, viscount, baron 등의 어느 한 칭호를 가진 사람); 〔일반적으로〕 귀족(nobleman). ¶ a *peer* of the Realm (*or* the United Kingdom) 영국 상원에 의석을 가지는 귀족.

without a peer 비길 데 없는, 무류의.

—*vt.* (고어) …과 어깨를 나란히 하다, 비견하다.

peer² [piər] *vi.* **1** 〔확인하기 위하여〕 응시하다, 똫어지게 보다 (*at, into* ...). ¶ (~+圖+图) I *peered into* every window to find a clue. 단서를 얻기 위하여 모든 창문 안을 자세히 보았다. **2** 〔보일 듯 말 듯〕 나타나다, 보이기 시작하다. ¶ The moon began to *peer* from behind the clouds. 달이 구름 사이에서 나타나기 시작했다 // (~+圖) A headland *peered up* on the left side. 왼쪽에 곶이 보이기 시작했다.

peer·age [píːridʒ/píər-] *n.* **1** ⓤ 귀족의 작위(지위). **2** (the ~) 〔집합적〕 〔한 나라의〕 귀족 계급, 귀족 사회(nobility). ¶ He was raised to (*or* on) the *peerage* with the title of Baron. 그는 남작으로서 귀족의 신분이 되었다. **3** 귀족 명감.

peer·ess [píːris / píəris] *n.* 귀족 부인; 여자 귀족.

péer gròup *n.* 〔사회〕 동류(同類) 집단.

*peer·less [píərlis] *adj.* 무비(無比)의, 비길 데 없는 (matchless, unequaled). ~**ly** *adv.* ~**ness** *n.*

peeve [piːv] *vt.* (peeved, peev·ing) …을 짜증나게 하다, 괴롭히다, 화나게 하다 (annoy). —*n.* 짜증, 기분이 언짢음.

peeved [piːvd] *adj.* 짜증이 나 있는, 기분이 언짢은.

peev·ish [píːviʃ] *adj.* **1** 불평·고민 따위로 기분이 언짢은 (cross), 역정내는, 짜증나는. **2** 〔페어〕성격이 비뚤어진, 고집스러운. ~**ly** *adv.* ~**ness** *n.*

pee·wee [píːwiː] *n.* 〔구어〕 **1** 〔유난히〕 작은 사람(동물), 난쟁이, 꼬마. **2** =pewee 〔작고 값싼 놀이용 유리 구슬. **3** 아주 작은 (tiny), 꼬마의.

pee·wit [píːwit] *n.* =pewit.

‡peg [peɡ] *n.* **1** 〔나무·대·금속 따위의〕 못; 쐐기[못]; 〔통의〕 마개(plug); 〔첫막줄을 매는 따위〕 말뚝; 걸이 못, a hat *peg* 모자걸이. **2** 〔현악기의〕 줄감개(pin). **3** 〔카드놀이의 득점을 세는 데 쓰는〕 산(算)가지. **4** 〔구어〕 발, 다리(leg); 〔나무로 만든〕 의족; 〔특히 어린이의〕 이, 치아. **5** 이유 (reason), 계기 (occasion). ¶ a good *peg* to hang a sermon (discourse) on (*or* upon) 잔소리(토론)을 시작할 좋은 계기. **6** 〔구어〕 〔자기 도는 사물의〕 평가, 판정의 단계, 급(級) (degree). **7** 〔英〕 위스키 소다, 브랜디 소다, 하이볼. **8** 〔美〕 빨래 집게. **9** 〔주로 야구 속어〕 야수의 투구 (投球).

be on the peg 《구어》야단맞다, 벌을 받다.
off the peg 《주로 英》〔의복의〕 맞춤이 아닌, 기성 (既成)의 (ready-made).
put a person on the peg 《군사 속어》〔벌을 주기 위하여〕 남을 상관 앞으로 끌고 가다.
a round peg in a square hole; a square peg in a round hole 적임이 아닌 사람.
take (*or bring, let*) *a person down a peg* [*or two*] 〔구어〕 남의 콧대를 꺾어 놓다, 남을 끽소리 못하게 하다.

—*v.* **(pegged, peg·ging)** *vt.* **1** …에 나무못(말뚝)을 박다, …을 나무못으로 고정시키다, 마개로 죄다(... *down, in, out*). **2** 〔시세·물가〕를 어떤 가격으로 안정시키다, 시세의 안정을 꾀하다. **3** 〔카드놀이〕 산(算)가지로 점수를 매기다. **4** 〔주로 야구 속어〕 〔공〕을 던지다 (throw).

—*vi.* **1** 말뚝 따위로 박다; 〔말뚝 따위로〕 겨누다 (aim at) (*at* ...). ¶ (~+圖+图) She *pegged at* John with her umbrella. 그녀는 우산을 존에게 들이댔다. **2** 활발하게 움직이다, 활동하다 (*at, on* ...; *away*). ¶ (~+圖) (~+圖+图) He kept on *pegging away at* the box he was making. 그는 상자 만드는 작업을 열심히 계속했다. **3** 〔산(算)〕가지로 점수를 기록하다. **4** 〔속어〕죽다 (die), 파멸하다 (ruin) (*out* ...).

peg down ① 〔지면에〕 나무못으로 고정하다. ② 〔규칙에〕 묶어 놓다 (*to* ...).
peg out ① 〔경계를〕 말뚝 따위로 박아 표시하다; 천막을 치다. ② 〔속어〕 힘이 다하다, 죽다, 파멸하다. ⇒ *vi.* **4**. 〔조 피학

peg·a·moid [péɡəmɔid] *n.* ⓤ 일종의 모조 가죽, 인

Peg·a·sus [péɡəsəs] *n.* **1** 〔그리스 신화〕 페가수스〔영웅 Perseus가 Medusa를 살해했을 때 그 피가 땅속에 들어가서 태어났다는 날개 달린 천마 (天馬)〕. **2** ⓤ 시적 (詩的) 감동, 시재 (詩才). **3** 〔천문〕 페가수스좌.

pég·board [péɡbòːrd / -bɔ̀ːd] *n.* **1** 〔게임 따위에 쓰는〕 나무못 말판. **2** 행거 보드.

pég lèg *n.* 나무로 만든 의족[을 단 사람].

peg·ma·tite [péɡmətàit] *n.* ⓤ 〔지질〕 페그마타이트 〔조립(粗粒) 결정으로 된 화성암〕.

pég pànts *n. pl.* 〔美〕 끝이 좁은 바지.

pég tòp *n.* **1** 〔회전축이 모양제인〕 나무 팽이. **2** (~s) =peg-top trousers. ⇒ PEG-TOP.

peg-top [péɡtàp / -tɔ̀p] *adj.* 팽이 모양의〔위는 굵고 아래가 갑자기 가늘어진〕. ¶ *peg-top* trousers 팽이 모양의 바지〔의 하나〕.

PEI 〔화학〕 polyether imide (고내열성 특수 수지

P.E.I. 〔略〕 *Prince Edward Island* 〔캐나다의 세인트로렌스만에 있는 섬 이름〕.

peign·oir [peinwάːr, -́-/-́-] *n.* 여자용의 화장복; 실내복. 〔<F〕

pe·jer·rey [pèihəréi] *n.* 페헤레이〔물고기 이름〕.

pe·jo·ra·tion [pìːdʒəréiʃ(ə)n, -dʒɔ́ːr-] *n.* **1** 악화(惡化), 〔가치의〕 하락; 〔언어〕 〔어의(語義)의〕 타락. *cf.* melioration

pe·jo·ra·tive [pidʒɔ́ːrətiv, -dʒάr-, píːdʒ(ə)rèit·, péˈdʒ·, píːdʒ(ə)rət·, pidʒɔ́r-] *adj.* **1** 가치를 떨어뜨리는, 악화시키는. *opp.* meliorative 경멸적의, 퇴화적의. **2** 〔언어〕 비방어, 경멸어〔예컨대 poet에 대하여 poetaster, poeticule〕(삼류 시인 따위).

pek·an [pékən] *n.* 담비의 일종〔북미산(産)으로 물고기를 잡아먹는다〕; ⓤ 그 모피.

peke [piːk] *n.* (종종 P-) =Pekingese **3**.

pe·kin [píːkin / -́-] *n.* ⓤ 일종의 공단 견직물. **2** 〔경멸적〕 일반 시민, 평민 (civilian).

Pe·kin [píːkín] *n.* 중국산 (産) 집오리의 일종.

Pe·kin·ese [pìːkiníːz, -美 -níːs] *n.* (*pl.* **-ese**) =Pekingese.

*Pe·king [píːkíŋ] *n.* 북경 (北京) 〔중국의 수도〕 =Beijing. ◇ Pe·king·ése *adj.* ◇ Pe·king·ese [pìːkiŋíːz, -美 -níːs] *n.* (*pl.* **-ese**) **1** ⓤ 북경 관어 (官話) 〔중국 표준어〕, 북경 방언. **2** 북경인. **3** (종종 p-) 페키니즈〔애완용의 작은 개〕. —*adj.* 북경의; 북경인의.

Pékíng mán *n.* 북경 원인 (原人) 〔1927년 이후 북경에 가까운 주구점 (周口店)에서 발견된 인골 (人骨)로 미루어 상상되는 유사 이전의 인류〕.

Pe·king·ol·o·gist [pìːkiŋάlədʒist / -ɔ́l-] *n.* 중국 정책

연구가, 중국통. 「(정책) 연구.
Pe·king·ol·o·gy [pìːkiŋάlədʒi / -ɔ́l-] n. 중국 문제 제
pe·koe [píːkou] n. ⓤ (인도나 실론산(產)의) 고급 홍차.
pel·age [pélidʒ] n. ⓤⓒ 네발짐승의 모피(fur).
pe·la·gi·an [piléidʒiən] adj. 원양의, 원양에 사는.
— n. 원양 동물.
Pe·la·gi·an [piléidʒiən] n. Pelagius 의 신학설(神學說)을 신봉하는 사람. — adj. Pelagius 의, Pelagius 신봉자의.
Pe·la·gi·an·ism [piléidʒiənìz(ə)m] n. ⓤ Pelagius 의 교리 [인간의 원죄(original sin)를 부인했다].
pe·lag·ic [pilǽdʒik] adj. 원양에(서) 살고 있는; 원양에서 하는. opp. littoral ¶ *pelagic fishery* 원양 어업.
pel·ar·go·ni·um [pèlɑːrgóuniəm, -njəm / -ləg-] n. 양아욱속(屬), 제라늄.
Pe·las·gi [pilǽdʒai, -dʒai] n. pl. 펠라스기족(族) [유사 이전의 그리스, 에게해, 지중해의 여러 섬과 연안에 살았던 민족].
Pe·las·gi·an [pilǽdʒiən, -giən] adj. 펠라스기족의. — n. 펠라스기인.
Pe·las·gic [pilǽdʒik, -gik] adj. =Pelasgian.
pel·er·ine [pèlɔríːn, ⌐⌐⌐/⌐⌐⌐] n. (여자용의) 좁고 긴 모피 케이프.
pelf [pelf] n. (보통 경멸적) 1 ⓤ 금전; 부정한 돈. 2 《英방언》쓰레기; 쓸모없는 사람.
***pel·i·can** [pélikən] n. 1 펠리칸, 사다새. 2 증류기(蒸溜器)의 일종.
a pelican in her piety 〖紋章〗자기 가슴을 상처내어 그 피로 새끼를 기르는 펠리컨[의 그림]. * 미국 Louisiana 주의 문장.
pélican cróssing n. 《英》보행자가 신호등을 조작하는 횡단 보도. 〔<*pe*destrian *li*ght *c*ontrolled *cros**sing*〕
Pélican Státe n. 미국 Louisiana주의 별명. ⇒ PELICAN (a pelican in her piety).
pe·lisse [pəlíːs / pe-] n. 1 명주·우단으로 만들어, 겨드랑 밑이 트이고 긴 여자용의 외투. 2 어린이용 외투. 3 《용기병(龍騎兵)의》안에 털을 댄 자켓.
pe·lite [píːlait] n. ⓤ 〖광물〗이토암(泥土岩) (clay rock).
pell [pel] n. ⓤⓒ 생가죽(hide), 모피(fur), 양피지의 두루마리.
pel·la·gra [pəléigrə, -lǽg-] n. ⓤ 〖병리〗펠라그라 [비타민 B₂, B₆의 결핍으로 생기는 피부병·신경 장애. 심한 설사가 따른다].
pel·la·grous [pəléigrəs, -lǽg-] adj. 펠라그라병의, 펠라그라에 걸린.
pel·let [pélit] n. 1 종이·식품·약품 따위를 둥글게 뭉친 것; 작은 알, 작은 알약. 2 돌팔매; (산탄 속의) 작은 총알 (small shot). 3 펠리트 [철광석 분말을 작은 알로 뭉쳐 구운 것]. 4 토해낸 것 [육식성 새가 토해 내는 뼈·털 따위]. — vt. 을 작은 알로 만들다.
péllet bómb n. 볼 폭탄 [일종의 산탄 폭탄] (canister bomb). 「다.
pel·let·ize [pélitaiz] vt. ⋯을 펠리트(작은 알)로 만들
pel·li·cle [pélikl] n. 얇은 껍질 (thin skin), 얇은 막 (film), 상피(上皮).
pell-mell [pélmél] adv. 1 난잡하게, 엉망진창으로, 뒤범벅으로. ¶ *The dead and the dying were lying pell-mell in the battlefield.* 전쟁터에는 죽은 자와 죽어 가는 자가 뒤범벅으로 누워 있었다. 2 허겁지겁, 무턱대고. — adj. 난잡한, 혼란된, 뒤범벅이 된, 황급한. — n. ⓤⓒ 난잡, 혼란(confusion), 뒤범벅; 황급.
pel·lu·cid [pəlúːsid / pel(j)úː-] adj. 1 투명한 (transparent), 맑은. ¶ *a pellucid brook* 맑은 시내. 2 〖뜻 따위가〗명료한 (clear), 알기 쉬운. ¶ *a pellucid explanation* 명백한 설명. **~·ly** adv. **~·ness** n.
pel·lu·cid·i·ty [pèljuːsíditi] n. ⓤ 투명; 명백.

Pel·man·ism [pélmənìz(ə)m] n. ⓤ 펠만식(式) 기억법. 「다.
pel·man·ize [pélmənàiz] vt. 펠만식 기억술로 암기하
pel·met [pélmit] n. (커튼의) 쇠장식 덮개, 윗장식.
Pe·lo·pon·ne·sian [pèləpəníːʃ(ə)n, -ʒ(ə)n] adj. 펠로폰네소스 반도의. — n. 펠로폰네소스인(人).
Pèloponnésian Wár n. (the ~) 펠로폰네소스 전쟁(431-404 B.C.) [아테네와 스파르타간의 전쟁].
Pel·o·pon·ne·sus [pèləpəníːsəs] n. (the ~) 펠로폰네소스 반도 [그리스 남부의 반도로, 초기 미케네 문명의 중심지].
Pe·lops [píːlɑps/-lɔps] n. 〖그리스 신화〗펠롭스 [Tantalus의 아들; 아버지에게 살해되어 그 살은 신들의 식탁에 올랐으나 뒤에 신들이 그를 부활시켰다].
pe·lo·rus [pilóːrəs / -lɔ́ː-] n. 방위의(方位儀), 방위반(方位盤).
pe·lo·ta [pəlóutə] n. ⓤ 스페인이나 남미에서 하는 핸드볼 비슷한 구기, 하이알라이(jai alai); ⓒ 그 구기에 사용되는 공.
***pelt¹** [pelt] vt. 1 (날아가는 무기 따위로) …을 연속적으로 때리다(공격하다, 습격하다); (돌 따위를) 던지다.
¶ (~+囙+젠+囡) *pelt a dog with stones* 개에게 돌을 던지다 / *The angry mob were pelting stones at the windows*. 성난 군중은 창문에 투석을 하고 있었다. 2 〖질문·욕설 등〗을 퍼붓다. ¶ (~+囙+젠+囡) *He pelted me with repeated insults*. 그는 계속해서 모욕적인 말을 내게 퍼부었다. 3 (돌 따위를) 몰아대다. — vi.
1 (돌 따위를) 던지다(*at* ...). 2 (비 따위가) 세차게 오다. ¶ *a pelting rain* 억수같이 퍼붓는 비. 3 서두르다 (hurry). 4 (드물게) 욕설을 퍼붓다. — n. 1 던지기, 강타. 2 속력(speed). ¶ [at] full *pelt* 전속력으로.
3 (비의) 억수같이 쏟아짐.
pelt² [pelt] n. 1 (양 따위의) 생가죽, 모피. ⇒ SKIN 〖類語〗. 2 (익살) [특히 털이 많은] 사람의 피부. ¶ *in one's pelt* 나체로.
pel·tate [pélteit] adj. 〖식물〗(잎이) 방패 모양의.
pelt·er [péltər] n. 1 (돌·날아가는 무기 따위를) 던지는 사람. 2 (구어) 억수 같은 비. 3 (익살) 총, 권총. 4 늙은 말.
pelt·er·er [péltərər] n. 피혁 상인.
pelt·ing [péltiŋ] adj. (고어) 가치없는 (paltry); 하찮은 (petty); 천한 (mean).
pel·try [péltri] n. (pl. **-ries**) 1 ⓤⓒ 모피 (furskins), 생가죽. 〖집합적〗모피. 2 (雜) 잡동사니.
pel·vic [pélvik] adj. 〖해부·동물〗골반의.
pel·vis [pélvis] n. (pl. **-vis·es** or **-ves** [-viːz]) 〖해부·동물〗1 골반. ¶ the *pelvis* major 대골반 / the *pelvis* minor 소골반. 2 신장강(腎臟腔).
Pem·broke [pémbruk] n. 1 영국 웨일스 지방의 도시. 2 Pembrokeshire [영국 웨일스의 주]의. 3 (꼬리를 짧게 자른) 코르기견(犬)(corgi)의 일종.
Pémbroke táble n. 양쪽에 경첩을 달아 접어 내릴 수 있게 된 탁자.
pem·mi·can [pémikən] n. ⓤ 1 페미컨 [말린 고기완자. 원래는 북미 인디언의 식품; 사슴 따위의 고기를 말려서 지방·말린 과일을 다져 넣어 굳힌 것]. 2 (비유적) 적요, 요약.
pem·phi·gus [pémfigəs] n. ⓤ 〖병리〗천포창(天疱瘡).
‡**pen¹** [pen] n. 1 펜, 깃촉펜, 붓. ¶ *a fountain pen* 만년필 / *pen and ink* 필묵(筆墨).
— **Usage** *in pen* 과 *with a pen*——*in* 은 재료를 나타내는 명사, *with* 는 도구를 나타내는 명사에 쓰인다. 따라서 pen을 청색 잉크로 생각하면 *in pen*, 보통명사인 도구로 생각한다면 *with a pen* 이 된다. 또한 실제로는, *in pen* 은 *The Letter is written in pen*. 처럼 수동형 문장에서, 그리고 *with a pen* 은 *He wrote the letter with a pen*. 처럼 능동태 문장에서 사용되는 일이 많다.

pen 2 펜촉(nib). 3 [저작 용구로서의]펜, 붓. ¶ He makes a living with his *pen*. 그는 문필로 생계를 유지하고 있다. 4 (the ~) 문체(style), 문장; 필치, 필력. ¶ a master of the *pen* 저술가 / The *pen* is mightier than the sword. 문(文)은 무(武)보다 강하다. 5 작가(writer), 저자. ¶ the best *pen* of the day 당대의 일류작가. 6 [동물] 오징어의 뼈. 7 깃털(feather); (~s) 날개(wings).
draw the (or *one's*) *pen* (or *quill*) *against* …을 …으로써 공격하다.
— *vt.* (**penned, pen·ning**) [펜으로] …을 쓰다(write), 짓다; [작품 등을] 저술하다. ¶ *pen* a few lines to a person 남에게 짧은 편지를 쓰다 / I *penned* down what he said. 그가 한 말을 적어 두었다.

‡**pen**² [pen] *n.* 1 [가축·가금(家禽) 따위의] 우리. 2 (the ~) [집합적] 우리 속의 동물. 3 울을 친 곳(enclosure); [농작물의] 저장소. 4 [야구] 불펜(bull pen) [구원 투수의 연습장]. 5 [서인도 제도의] 농장, 경작지. 6 잠수함 도크. — *vt.* (**penned** or **pent, pen·ning**) …을 울(우리) 안에 넣다, 가두다(*in, up*).

pen³ [pen] *n.*《美속어》구치소(penitentiary).
pen⁴ [pen] *n.* 백조의 암컷. opp. cob¹
Pen., pen.《略》peninsula.
P.E.N. [pen]《略》International Association of *P*oets, *P*laywrights, *E*ditors, *E*ssayists, and *N*ovelists (국제 펜클럽).
pen-aids [pénèidz] *n. pl.*《군사》페네이즈[전파 방해용 jammer; chaff 따위, 항공기나 미사일이 적의 영공 안으로 안전하게 침입할 수 있게 하기 위한, 레이다 따위에 대한 각종 방해 수단의 총칭]. [< PEN[ETRATION]+AIDS]
pe·nal [pí:n(ə)l] *adj.* 1 형(刑)의, 형벌의. 2 형법의, 형사상의. ¶ the *penal* law (or code) 형법 / *penal* servitude 징역. 3 형벌에 처할만한, 형벌을 받아야 할, 처벌해야 할. ¶ a *penal* offense 형사 범죄. ¶ *penal* 집행지로서의. ¶ a *penal* colony (or settlement) 범죄자 식민지, 유형지. 5 벌금에 지불해야 할. ¶ a *penal* sum 위약금(違約金). ~·ly [-nəli] *adv.*
pe·nal·i·za·tion [pi:n(ə)lizéiʃ(ə)n / -laiz-] *n.* Ⓤ 벌; 유죄.
pe·nal·ize [pí:n(ə)làiz, 〈美〉pén-] (*《英》에서는 **pen·al·ise** 로도 쓴다) *vt.* (**-ized, -iz·ing**) 1 …을 벌하다. …에게 유죄를 선언하다. 2 [경기에서] …에게 벌을 주다. ¶ *penalize* the team ten yards for roughness 난폭에 대한 벌로써 팀을 10야드 물러나게 하다. 3 …을 불리하게 하다, 난처하게 하다.
‡**pen·al·ty** [pén(ə)lti] *n.* Ⓤ Ⓒ (*pl.* **-ties**) 1 형벌. ¶ impose a *penalty* on (or upon) a person 남에게 형벌을 과하다. 2 벌금, 위약금. 3 천벌, 인과응보(retribution). 4 [어떤 행위·상태에 따르는] 불이익. ¶ the *penalty* of greatness 높은 사람이 속하는 남을 듣기는 일. 5 [스포츠] 페널티, 반칙에 대한 벌. 6 [카드놀이] 브리지의 벌점. ◇ **pé·nal** *adj.*
pénalty àrea *n.* [럭비·축구] 페널티 에어리어.
pénalty bòx *n.* [아이스하키] 페널티 박스[반칙자석].
pénalty cláuse *n.*《상업》[계약서의] 위약 조항.
pénalty kíck *n.*《축구》페널티 킥[페널티 에어리어 내에서 수비측의 중대한 반칙에 주어지는 킥].
*****pen·ance** [pénəns] *n.* Ⓤ 1 회개, 참회, 속죄(의 행위), 고행(苦行). ¶ do *penance* 속죄하다. 2 [가톨릭] 고해성사, 고해. — *vt.* (**-anced, -anc·ing**) …에게 고행을 시키다, 속죄시키다.
pen-and-ink [pénən(d)íŋk] *adj.* 펜으로 쓴. — *n.* 펜화(pen-and-ink drawing).
pen·an·nu·lar [penǽnjulər] *adj.* 환상(環狀)에 가까운.
pe·na·tes [pənéitiːz, 〈英〉penáːteis] *n. pl.* [로마

신화] 페나테스[가정의 수호신(household gods)]. 2 비장(祕藏)의 비치 가구(備置家具).
‡**pence** [pens] *n.*《英》penny 의 복수형.
pen·chant [péntʃənt] *n.* 강한 경향, 취미(taste), 기호(for …). ¶ He shows a *penchant* for jazz music. 그는 재즈 음악을 좋아한다.
‡**pen·cil** [pénsl] *n.* 1 연필; Ⓤ 연필의 심. ¶ write in (or with a) *pencil* 연필로 쓰다. 2 (one's ~, the ~)《문어적》화풍(畫風), 화법. 3 연필처럼 생긴 것; [연필처럼 생긴] 눈썹 그리개; [의료용의] 눈썹 모양의 것. ¶ an eyebrow *pencil* 눈썹 그리개 / a styptic *pencil* 막대기 모양의 지혈제. 4 [光學] 선속(線束), 광속(光束). 5 [수학] 선속형. 6 [고어] 화필(畫筆). — *vt.* (**-ciled, -cil·ing**;《특히 英》**-cilled, -cil·ling**) 1 …을 연필로 쓰다, 그리다. 2 [의학] [상처에 붓 따위로] [약]을 바르다; [눈썹 그리개로] [눈썹]을 그리다. 3《英》[경마에서] [말의 이름]을 내기 장부에 기입하다.
pen·ciled,《英》**-cilled** [péns(ə)ld] *adj.* 1 연필(눈썹 그리개)로 쓴(그린). 2 우아하게 (예쁘게) 쓴(그린). 3 [동·식물] 다발털이 있는;《光學》광속(光束) 모양의.
pen·cil·er,《英》**-cil·ler** [pénslər] *n.* 1 연필로 쓰는 사람. 2《英속어》[경마의] 내기 장부 기입 담당자.
pen·cil·ing,《英》**-cil·ling** [péns(ə)liŋ] *n.* Ⓤ 연필로 쓰기, 가는 선 긋기; Ⓒ 연필로 그린 무늬.
péncil pùsher *n.*《美 구어》사무원, 기자, 서기.
péncil shárpener *n.* [회전식] 연필깎이.
P.E.N. Club [pénklʌ̀b] *n.* =P.E.N.
pen·craft [pénkræft / -krɑ̀ːft] *n.* Ⓤ 1 서법(書法), 습자, 필적(penmanship). 2 문체. 3 저술[업] (authorship).
pend [pend] *vi.* 1 미결인 채로 있다. 2 매달려 있다(hang). 3 …에 의지하다, 의존하다(depend).
***pend·ant** [péndənt] *n.* 1 [귀걸이·목걸이 따위의] 늘어뜨리진 장식, 펜던트. 2 [지붕·천장 따위에서] 늘어뜨린 장식. 3 매다는 램프, 샹들리에. 4 [시계의] 용두의 고리. 5 [그림 따위의] 한쌍의 한쪽; 상대방. 6 [항해] 잘은 밧줄;《英》삼각기(pennant). ¶ a broad *pendant* 작은 연미(燕尾)형 깃발. 7 부록, 부속물. — *adj.* =pendent.
pen·den·cy [péndənsi] *n.* Ⓤ 1 아래로 드리워짐, 현수(懸垂). 2 미결, 미정; 소송 계속(繫屬).
pend·ent [péndənt] *adj.* 1 늘어진, 매 달린(hanging). ¶ A beautiful chandelier is *pendent* from the ceiling. 아름다운 샹들리에가 천장에 매달려 있다. 2 쑥 내민, 튀어나온(overhanging). ¶ a pass with *pendent* rocks 바위가 튀어나와 있는 산길. 3 절박한, 임박한(impending). ¶ a *pendent* tempest 금방 닥칠 것 같은 폭풍우. 4 미결정의(undecided), 현안의(pending). ¶ a *pendent* lawsuit 미결의 소송. 5 [문법] 불완전 구문의, [분사가] 독립적(懸垂的)인(dangling). — *n.* = pendant. ~·ly *adv.*
pen·den·te li·te [pendénti láiti] *n.* [법률] 소송 계류(繫留) 중. [< L *pending the suit*]
pen·den·tive [pendéntiv] *n.* [건축] 궈 꺾어올리기.
***pend·ing** [péndiŋ] *prep.* 1 …을 기다리는 동안, …까지 (until). ¶ *Pending* his arrival we had to wait two hours. 우리는 그가 도착하기까지 2시간 기다려야만 했다. 2 …의 사이, …중 (during). ¶ *pending* fishery negotiations 어업 교섭중. — *adj.* 1 미결정의, 현안 중의. ¶ a *pending* question between Korea and U.S. 한미간의 현안 문제. 2 박두한. 3 매달려 있는.
Pen·drag·on [pendrǽgən] *n.* 1 고대 영국의 두 왕의 이름. 2 수령(首領) [고대 영국 추장의 칭호].
pen·driv·er [péndràivər] *n.* 서기, 필생(筆生); 기자, 작가.
pen·du·late [péndʒulèit / -dju-] *vi.* (**-lat·ed, -lat·ing**) 1 흔들리다(swing). 2 [마음이 동요하여] 결심이 서지 않다, 망설이다.

pen·du·line [péndʒulin/-dju-] *adj.* [새의 둥지가] 매달려 있는, [새가] 매달린 둥지를 짓는. —— *n.* 매달린 둥지를 짓는 새[유럽산(產)의 박새 따위].

pen·du·lous [péndʒuləs/-dju-] *adj.* 1 디룽디룽 매달린. 2 진동하는, 흔들리는(swinging). 3 [마음이] 갈랑갈랑한. ~**·ly** *adv.* ~**·ness** *n.*

***pen·du·lum** [péndʒuləm/-dju-] *n.* 1 [시계 따위의] 추, 흔들이. 2 흔들리는 것; 마음이 흔들리는 사람. ¶ the swing of the *pendulum* 《비유적》 [여론 따위의] 동향, [정당 따위의 세력의] 이동, 성쇠.
◇ **péndulous** *adj.*, **péndulate** *v.*

Pe·nel·o·pe [pinéləpi] *n.* 〖그리스 신화〗 페넬로페 [오뒷세우스의 아내; 트로이 전쟁으로 인한 남편의 장기 부재중 정절을 지켰다]. 2 정숙한 아내, 열녀.

pe·ne·plain [píːnipleìn, ⌐⌐⌐] *n.* 〖지질〗 준평원(準平原)[침식 작용에 의하여 거의 평원이 된 땅]. —— *vt.* [침식 작용의 의하여] …을 준평원으로 만들다.

pen·e·tra·bil·i·ty [pènitrəbíliti] *n.* ⓤ 가입성(可入性), 침투성.

pen·e·tra·ble [pénitrəbl] *adj.* 1 침투할 수 있는, 들어갈 수 있는, 관통할 수 있는. 2 간파할 수 있는.
~**·ness** *n.* **-bly** *adv.*

pen·e·tra·li·a [pènitréiliə, -ljə] *n. pl.* 1 가장 깊숙한 곳, 내부. 2 [신전의] 안쪽. 3 비밀.

pen·e·tra·li·um [pènitréiliəm] *n.* (*pl.* **-ums** or **-li·a** [-liə]) 극비(감추어진); 심오부. *cf.* penetralia

pen·e·trant [pénitrənt] *n.* 1 penetrate 하는 사람(것). 2 〖동물〗 강장(腔腸) 동물의 큰 자포(刺胞). 3 표면 활성제(活性劑)의 표면 장력을 저하시키는 것. —— *adj.* =penetrating.

‡**pen·e·trate** [pénitrèit] *v.* (**-trat·ed, -trat·ing**) *vt.* 1 [빛·소리·탄환 따위가] …을 관통하다, 꿰뚫다, 투과하다. ⇨ PIERCE 〖類語〗에 들어가다. ¶ The bullet could not *penetrate* the wall. 총알은 벽을 관통하지 못했다 / The lights *penetrated* the fog. 불빛이 안개를 통해서 보였다. 2 …의 내부로 들어가다. ¶ *penetrate* a forest 숲속으로 들어가다. 3 …의 내부로 스며들다. ¶ Dripping water *penetrates* rocks little by little. 떨어지는 물이 조금씩 바위를 뚫는다 / A room *penetrated* with the odor of paint 페인트 냄새가 밴 방. 4 〔사람의 마음 따위에〕 큰 영향을 미치다, 인상을 남기다(…*with*). ¶ *penetrated* with patriotic feelings 애국심이 가슴에 넘쳐서. 5 〔진리·뜻 따위〕를 파악하다, 이해하다(understand); …을 통찰하다. ¶ I could *penetrate* his disguise at once. 나는 즉각 그의 속임수를 간파할 수 있었다. —— *vi.* 들어가다, 스며들다, 침투하다; 간파하다(*in, into* …). ¶ (~+〖前〗+〖名〗) The idea *penetrated* slowly *in* this country. 그 사상은 서서히 이 나라에 침투했다 / The sunshine *penetrates* deeply *into* the woods. 햇빛이 숲속 깊이 비친다 / An acid has *penetrated into* the tissues. 산(酸)이 조직 속으로 침투했다. 2 감각(감정)에 강하게 호소하다.
◇ **pénetrate** *v.*, **pénetrative** *adj.*

‡**pen·e·trat·ing** [pénitrèitiŋ] *adj.* 1 침투하는, 관통하는(piercing), 예리한. 2 예민한(acute), 통찰력이 있는(discerning). 3 〔외과〕 〔상처가〕 내장에 미칠 정도로 깊은.
~**·ly** *adv.*

‡**pen·e·tra·tion** [pènitréiʃ(ə)n] *n.* ⓤ 1 파고 들어가기, 관통, 침투[력]. 2 통찰[력], 감식, 안식. ¶ a diplomat of great *penetration* 통찰력이 예리한 외교관. 3 세력 침투(확장). ¶ America's commercial *penetration in* Europe 미국의 유럽에 대한 상업 진출. 4 〖포술〗 관통력. 5 〔현미경〕 투시력. 6 〔컴퓨터〕 침해[컴퓨터 시스템에 대해 부당한 access를 시도하는 것].
◇ **pénetrate** *v.*, **pénetrative** *adj.*

pen·e·tra·tive [pénitrèitiv/-trə-] *adj.* 1 관통력이 있는, 침투성이 있는. 2 명민한(acute), 예리한(keen). 3 감명적인(impressive). ~**·ly** *adv.* ~**·ness** *n.*

pen·e·tra·tor [pénitrèitər] *n.* 파고 들어가는 사람(것), 관찰하는 사람; 통찰자.

pen·e·trom·e·ter [pènitrámitər/-tróm-] *n.* 1 X 선 투과도계(透過度計). 2 경도(硬度) 측정계 〔고체의 침투성을 측정〕.

pen·e·tron [pénitràn/-trɔ̀n] *n.* 〖물리〗 중간자(meson).

pén féather *n.* 깃펜(quill feather).

pen-friend [pénfrènd] *n.* 펜팔, 편지로 사귄 친구.

pen·ful [pénfùl] *n.* 펜 가득[의 잉크].

‡**pen·guin** [péŋgwin, +美 pén-] *n.* 1 펭귄. 2 〔페어리〕 큰바다쇠오리(great auk).

pen·hold·er [pénhòuldər] *n.* 1 펜대. 2 필가(筆架).

pénhòlder grip *n.* 펜을 쥐듯이 탁구채를 쥐는 법. *cf.* shakehand grip

pe·ni·al [píːniəl] *adj.* =penile.

pen·i·cil [pénisil] *n.* 〔동물〕 〔송충이 따위의〕 다발털.

pen·i·cil·late [pénisəlèit, -lit, +美 -léit] *adj.* 방모가 있는.

pen·i·cil·lin [pènisílin] *n.* ⓤ 〔약〕 페니실린〔항생 물질의 하나〕. 〔<PENICILL[IUM]+-IN〕

pen·i·cil·li·um [pènisíliəm] *n.* (*pl.* **-ums** or **-li·a** [-liə]) 푸른곰팡이〔페니실린의 원료〕. 〔<L〕

pe·nile [píːnail, +美 -nil] *adj.* 음경(penis)의.

‡**pen·in·su·la** [pinínsə(ə)lə, -sju-/-sjə-] *n.* 1 반도. 2 (the P-) a) 이베리아 반도 (the Iberian Peninsula)〔스페인과 포르투갈〕. b) 〔터키의〕 Gallipoli 반도〔제1차 세계 대전의 전쟁터〕. c) 미국 Virginia 주 동남부 York 강과 James 강의 중간 지역〔남북 전쟁의 전쟁터〕.
◇ **penínsular** *adj.*

pen·in·su·lar [pinínsə(ə)lər, -sju-/-sjə-] *adj.* 1 반도의, 반도 모양의. 2 (P-) 이베리아 반도 (the Iberian Peninsula)의; 반도 전역의. —— *n.* 1 반도의 주민. 2 (P-) 반도 전역 종군 군인.

pen·in·su·lar·i·ty [pinìnsə(ə)lǽriti, -sju-/-sjə-] *n.* ⓤ 1 반도 모양(성(性)). 2 편협, 섬나라 근성. *cf.* insularity

Penínsular Státe *n.* (the ~) 미국 Florida 주의 속칭.

pen·in·su·late [pinínsə(ə)lèit, -sju-/-sjə-] *vt.* (**-lat·ed, -lat·ing**) 〔토지〕를 반도화(半島化)하다.

Península Wár *n.* (the ~) 반도 전쟁〔영국·스페인·포르투갈과 프랑스 사이에 있었던 이베리아 반도 (the Iberian Peninsula)를 무대로 한 전쟁(1808-14)〕.

pe·nis [píːnis] *n.* (*pl.* **-nes** [-niːz] or **-nis·es**) 음경, 남근, 페니스.

pen·i·tence [pénit(ə)ns] *n.* ⓤ 회개, 후회, 뉘우침, 참회. ⇨ REGRET 〖類語〗 ¶ with *penitence* 후회하여.

‡**pen·i·tent** [pénit(ə)nt] *adj.* 뉘우치는, 후회(참회)하는, 회개하는. —— *n.* 1 회개자, 참회자, 죄를 뉘우치는 사람. 2 〔가톨릭〕 고해자〔고해 성사를 받는 사람〕, 죄를 고백하는 사람; 고행과 선행을 목적으로 하는 여러 수도회의 수사(修士). ~**·ly** *adv.* **pénitence** *n.*

pen·i·ten·tial [pènitén∫(ə)l] *adj.* 1 회개(후회, 참회)의, 죄를 뉘우치는. ¶ *penitential* tears 참회의 눈물 / the *Penitential* Psalms 회개의 7시편 〔詩篇〕 〔시편 제6, 32, 38, 51, 102, 130, 143의 총칭〕. 2 속죄적 고행의. —— *n.* 1 회개자, 죄를 뉘우치는 사람, 참회자 (penitent). 2 〔가톨릭〕 고해 성사의 의식서(儀式書).
~**·ly** *adv.*

pen·i·ten·tia·ry [pèniténʃəri] *n.* (*pl.* **-ries**) 1 〔가톨릭〕 고해 신부. 2 주 〔연방〕 교도소; 〔英〕 감화원. —— *adj.* 1 후회의, 참회의, 개심의. 2 징벌의. 3 〔美〕 교도소에 들어갈; 〔英〕 감화원에 들어갈.

pen·knife [pénnàif] *n.* (*pl.* **-knives**) 〔소형의〕 나이프, 주머니칼〔원래는 깃펜을 깎는 데 썼다〕.

pen·light, -lite [pénlàit] *n.* 만년필형 회중 전등.

pen·man [pénmən] *n.* (*pl.* **-men** [-mən]) 1 필자, 필기하는 사람. 2 글씨 잘 쓰는 사람, 서가(書家). 3 문인, 작가(author).

pen·man·ship [pénmən∫ìp] *n.* ⓤ 1 습자, 서법(書法). 2 필적(handwriting).

Penn.
Penn., Penna. 《略》 Pennsylvania.
pén náme n. 필명, 아호 (雅號).
*__pen·nant__ [pénənt] n. **1** 길고 좁은 삼각형 기(旗) (pennon), 작은 기. **2** 〖항해〗짧은 밧줄(pendant) 〖음악〗〖음표의〗혹 (hook) 〖♪〗따위의 갈고리 모양부분. **4** 페넌트, 우승기. ¶ win the *pennant* 우승하다.

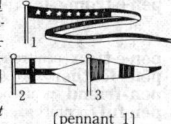

[pennant 1]
1 masthead pennant of the United States 2 broad pennant in Britain 3 signal pennant

pénnant ràce n. 페넌트 레이스[우승을 다투는 경기].
pen·nate [péneit] adj. 날개 가 있는, 깃털이 있는.
pen·nat·ed [péneitid] adj. =pennate.
pen·ni [péni] n. (pl. **-ni·a** [-niə] or **-nis** [-ni:z]) 핀란드의 화폐〖단위〗.
pen·ni·form [pénifɔːrm] adj. 깃털 모양의.
*__pen·ni·less__ [péniləs] adj. 무일푼의, 아주 가난한. ⇨ POOR 類語
pen·nill [pénil] n. (pl. **-nil·lion** [-nłjən]) **1** 하프(harp)의 반주로 노래하는 즉흥시. **2** 그 시의 한 절.
Pén·nine Álps [pénain-] n. pl. (the ~) 페나인 알프스〖스위스와 이탈리아 접경 알프스 산맥의 한 계열〗.
pen·non [pénən] n. **1** 〖중세기의 기사나 근세의 창기병(槍騎兵)이 쓰는〗 길고 좁은 삼각기(旗). **2** 〖일반적으로〗기(flag, banner). **3** 〖항해〗=pennant. **4** 날개(wing).
pen·noned [pénənd] adj. 창기(槍旗)를 단, 작은 기를
pen·north [pénərθ] n. =pennyworth.
*__Penn·syl·va·nia__ [pènsi)lvéiniə, -njə] n. 미국 동부의 주〖略 Pa., Penn., Penna.〗
◇ **Penn·syl·vánian** adj.
Pennsylvánia Dútch n. **1** 18세기에 독일 서남부에서 Pennsylvania 주(州)로 이주한 사람들의 자손. **2** 〖U〗주로 Pennsylvania 주 동부에서 쓰는 영어가 섞인 독일어 사투리.
Pennsylvánia Gérman n. =Pennsylvania Dutch
Penn·syl·va·ni·an [pènsi)lvéiniən, -njən] adj. 펜실베이니아주〖사람〗의. **2** 〖지질〗펜실베이니아계(系)의. — n. **1** 펜실베이니아주의 사람. **2** 〖지질〗펜실베이니아계.
*__pen·ny__ [péni] n. (pl. **-nies** or **pence**) (* pennies 는 화폐의 개수(個數)에 쓰고, pence 는 금액에 쓴다) **1** 페니〖영국의 화폐 단위. 구(舊) 페니와 구별하여 new penny (신페니) 라고도 함. 1/100 파운드; 청동 화폐〖* twopence (tápəns) 에서 elevenpence 까지 twenty-pence 는 한 단어로 쓰고, -pence 는 [-p(ə)ns] 로 발음하며, 기타 두 단어로 쓰거나 하이픈을 넣어 [-péns] 로 발음한다. 숫자 뒤에서는 p. 로 줄여 쓰나, 구(舊)단위에서는 d.로 줄여 쓴다. 또 구단위는 1/12 실링으로서 1/240 파운드이다〗. ¶ a *penny* plain and twopence colored 빛깔 없는 1전, 빛깔 있는 것 2전〖싸구려를 조롱하는 말〗 /Give me my change in *pennies.* 거스름 돈은 동전으로 주시오 / A *penny* saved is a *penny* earned. 《속담》 1전을 절약하면 1전을 번다 / *In for a penny, in for a pound.* 《속담》 한번 시작한 일은 끝장을 내라. **2** 〖美·캐나다〗1센트 동화. **3** 〖일반적으로〗금전. **4** 푼돈, 한푼. **5** not worth a *penny* 한푼어치의 가치도 없다. **5** 데나리〖고대 로마의 은화〗(denarius).
a bad penny 달갑지 않은 친구.
a penny for your thoughts; 《속어》 *a penny for 'em*〖생각에 잠긴 사람을 조롱하여〗무엇을 멍하니 생각하고 있느냐.
a pretty penny《구어》 큰 돈.
spend a penny《속어》 변소에 가다.
turn an honest penny 정직하게 일하여 돈을 벌다.
two (or *ten*) *[for] a penny*《英구어》 싸구려, 지천으로 널려 있는 것.
-penny suf.〖…페니(펜스)의〗라는 뜻의 형용사를 만든

다. 예: a nine*penny* magazine 9펜스의 잡지.
pen·ny-a-line [péniəláin] adj. 《주로 英고어》 **1** 1행에 1페니의.
pen·ny-a-lin·er [péniəláinər] n. 《주로 英고어》1행에 1페니로 글을 쓰는 작가, 3류 작가.
pénny ánte n. **1** 태우는 돈이 1센트인 포커 놀이. **2** 별것 아닌 기도〖企圖〗.
pénny arcáde n. 《美》오락센터〖동전 투입식 게임 기계나 자동 판매기를 모아 놓은 장소〗.
pénny dréadful n. 3류 소설. *cf.* dime novel, shilling shocker
pen·ny-far·thing [pénifáːrðiŋ] n. 《英》구식 자전거의 일종〖앞바퀴가 크고 뒷바퀴가 작다〗.
pénny gáff n. 《英》싸구려 극장, 3류 극장.
pen·ny-half·pen·ny [pénihǽpni / -háːf-] n. three-halfpence.
pen·ny-in-the-slot [péniinðəslàt] n. 《英》〖동전을 사용하는〗자동 판매기. — adj. 동전으로 작동하는; 자동식의.
pénny númber n. 〖1페니로 살 수 있는〗정기 간행물의 1회분.
in penny numbers 조금씩 (piecemeal)
pen·ny-pinch [pénipìntʃ] vt. …에 돈을 쩨쩨하게 분배
pénny píncher n. 구두쇠, 노랑이.
pénny póst n.〖U〗페니 우편제〖편지나 소포나 우편료가 1페니였던 옛날 우편 제도〗.
pen·ny-roy·al [pénirɔ́iəl] n. 박하류의 식물.
pénny stóck n. 싸구려 주식, 공짜나 다름없는 저가주〖低價株〗.
pénny wédding n.〖예전에 스코틀랜드 풍습이었던〗회비제(會費制) 결혼식.
pen·ny·weight [péniwèit] n.〖U〗〖C〗페니웨이트〖영국의 귀금속·보석의 중량 단위. 24 grains, 1/20 온스; 略 dwt.〗.
pénny whístle n.〖장난감〗호루라기, 호각.
pen·ny-wise [péniwáiz] adj. 푼돈을 아끼는. ¶ *Penny-wise and pound-foolish.*《속담》 푼돈을 아끼려다 열냥 잃는다.
pen·ny·wort [péniwəːrt] n. 바위솔속(屬)·피막이 풀(屬)의 식물.
pen·ny·worth [péniwə̀ːrθ] n. 1페니어치〖얼마의 양〗. ¶ a *pennyworth* of salt 소금 1페니어치. **2** 조금, 소량. **3** 거래, 거래 액수(bargain). ¶ a good (bad) *pennyworth* 유리(불리)한 거래, 유리(불리)한 물건 /*not a pennyworth* 조금도 …아니다. 〖산 물건〗.
penol. 《略》 penology.
pe·no·log·i·cal [pìːnəládʒikəl / -lɔ́dʒ-] adj. 형벌학의; 교도소 관리학의.
pe·nol·o·gist [piːnálədʒist / -nɔ́l-] n. 형벌학자; 교도소 관리학자.
pe·nol·o·gy [piːnálədʒi / -nɔ́l-] n.〖U〗형벌학; 교도소 관리학.
pen'orth [pénərθ] n. =pennyworth.
pén pàl n. 펜팔, 편지로 사귄 친구 (pen-friend).
pen·point [pénpɔ̀int] n. 펜촉 (nib).
pen·push·er [pénpùʃər] n. 사무원, 서기; 작가.
pén règister n.〖전화국의〗가입자 전화 이용 상황 기록 장치.
pen·sée [F paːséi] n. (pl. **-sées** [-séi])《프랑스》 (= thought) **1** 사상, 사색, 회상 (reflection). **2** 회고록; 금언 (金言). 〈< F〉
pen·sile [péns(i)l / -sail] adj. **1** 매달린 (hanging), 늘어진. **2** 〖새가〗매달린 둥지를 짓는.
*‡__pen·sion__[1] [pénʃ(ə)n] n. **1** 연금, 생활 보조금. ¶ an old-age *pension* 양로 연금 /*draw one's pension* 연금을 받다 /*retire on a pension* 연금이 붙어서 퇴직하다. **2** 〖예술가·학자 등에 대한〗보조금, 장려금; 〖고용인 등의 퇴임 시의〗수당, 〖런던의〗Gray's Inn 법학원의 평의원회. —*vt.* …에게 연금을 주다.
pension off …에게 연금을 주어 퇴직시키다.
◇ **pénsionary** adj.
pen·sion[2] [pɑːnsjɔ́ːŋ / -]n.《프랑스의》하숙집, 기숙 학교; 하숙비;〖유럽 대륙의〗식사를 제공하는 하숙.

¶ live en [å] *pension* 하숙 생활을 하다. 〔<F〕
pen·sion·a·ble [pénʃ(ə)nəbl] *adj.* 연금을 받을 자격이 있는. ¶ *pensionable* age 연금을 받을 수 있는 연령.
pen·sion·ar·y [pénʃ(ə)nèri / -nəri] *n.* (*pl.* **-ar·ies**) **1** 연금 수령자. **2** 고용인(hireling), 용병. **3** 〔17, 18 세기 네덜란드 도시의〕 행정 장관. —— *adj.* **1** 연금의. **2** 연금을 받는, 연금으로 생활하는.
pen·sion·er [pénʃ(ə)nər] *n.* **1** 연금 수령자. **2** 고용인. **3** 〔英〕 〔Cambridge 대학의〕 자비생(* Oxford 대학에서는 commoner 라고 한다). **4** 〔英廢學〕 〔국왕의〕 의장병(儀仗兵).
pen·sion·less [pénʃ(ə)nlis] *adj.* 연금이 없는; 〔관직 따위가〕 연금권이 없는.
*****pen·sive** [pénsiv] *adj.* **1** 깊은 생각에 잠겨 있는, 명상에 잠긴, 수심에 잠긴. ¶ *a pensive* mood 수심에 잠긴 기분.

  類語 **pensive** 몽상적으로 막연히 생각에 잠겨 있는. **contemplative** 어떤(종종 추상적인) 대상에 생각을 집중시키고 있는, 또는 그러한 사색에 잠기는 습관이 있는: *a contemplative* person 사색에 잠기는 사람. **meditative** 반드시 이해·결론에 도달하는 것을 목적으로 하지 않고 종종 사색 그 자체를 즐기며 생각에 잠기는: enjoy *meditative* solitude 홀로 명상에 잠기기를 즐기다. **reflective** 이해에 도달하고자 분석적·논리적·비판적인 사고를 하는: *a reflective* and analytic habit 깊이 분석적으로 사고하는 습관.

2 애수에 잠긴, 구슬픈. ¶ *a pensive* look 애수에 잠긴 눈빛. ~·**ly** *adv.* ~·**ness** *n.*
pen·stock [pénstɑk/-stɔk] *n.* **1** 수문(水門). **2** 〔수력 발전소의〕 수압관. **3** 〔물방아 따위의〕 홈통, 도수관(導水管)
pent [pent] *v.* pen² 의 과거·과거 분사. —— *adj.* 갇힌 (shut in), 유폐된(confined)(*up, in* ...).
penta- five 라는 뜻의 연결형(* 모음 앞에서는 pent-를 쓴다). 예: *pentagon, pentode.*
pen·ta·chord [péntəkɔ̀ːrd] *n.* **1** 5현 금(弦琴). **2** 〔음악〕 5음 음계.
pen·ta·cle [péntəkl] *n.* **1** 별표(☆표) 〔옛날에는 마귀를 쫓는 힘이 있다고 믿었다〕. **2** 그와 비슷한 모양 〔hexagram 따위〕.
pen·tad [péntæd] *n.* **1** 5년간. **2** 〔화학〕 5가(價) 원소. **3** 5, 5개 1조.
pen·ta·dac·tyl [pèntədǽkt(i)l] *adj.* 다섯 손가락이 있는.
*****pen·ta·gon** [péntəgɑ̀n / -gən] *n.* **1** 5각형, 5변형. **2** (the P-) 미국 국방부 〔Virginia 주(州)의 있는 5각형 건물〕. **3** 〔築城〕 5릉보(5稜堡), 5각형의 성채.
pen·tag·o·nal [pentǽgənl] *adj.* 5각형의, 5변형의. **2** 5능형의(稜形의). ~·**ly** [-nəli] *adv.*
Pen·ta·gon·ese [pèntəgɑníːz, -s] *n.* 〔美口語〕 군관계자 용어; 국방부식 문체.
pen·ta·gram [péntəgræ̀m] *n.* = pentacle 1.
pen·ta·graph [péntəgræ̀f / -grɑ̀ːf] *n.* = pantograph.
pen·ta·he·dral [pèntəhíːdrəl / -héd-] *adj.* 5면체의.
pen·ta·he·dron [pèntəhíːdrən / -héd-] *n.* (*pl.* **-drons** or **-dra** [-drə]) 5면체.
pen·tam·er·ous [pentǽmərəs] *adj.* **1** 5개 부분으로 된. **2** 〔식물〕 화음(花輪)이 5개로 나뉜.
pen·tam·e·ter [pentǽmitər] *n.* 〔韻律〕 **1** 오보격 (五步格), 오보격의 시. **2** 약강 5보격(iambic pentameter). —— *adj.* 5보격의.
pen·tane [péntein] *n.* 〔U〕 〔화학〕 펜탄〔메탄계 탄화수소의 하나〕.
pen·tan·gu·lar [pentǽŋgjulər] *adj.* 5각의, 5각이 있는
pen·tar·chy [pénta:rki] *n.* (*pl.* **-chies**) **1** 〔U〕 5두(頭) 정치; 5두 정치 연맹, 5개국 연합.
pen·ta·stich [péntəstìk] *n.* 〔韻律〕 5행시, 5행 1련 (聯).
pen·ta·style [péntəstàil] *adj.* 〔건축〕 5주식(柱式)의;

pen·ta·syl·la·ble [pèntəsíləbl] *n.* 5음절[어].
Pen·ta·teuch [péntət(j)ùːk / -tjùːk] *n.* 〔성서〕 모세의 5서(書) 〔구약 성서의 처음의 5서 Genesis, Exodus, Leviticus, Numbers, Deuteronomy〕
pen·tath·lon [pentǽθlən, +美 -lɑn] *n.* (the ~) 5종 경기 〔고대 그리스에서는 경주, 멀리뛰기, 원반던지기, 창던지기, 레슬링. 현재는 남자의 경우, 멀리뛰기, 창던지기, 200미터 경주, 원반던지기, 1500미터 경주의 5종목. 여자의 경우, 멀리뛰기, 높이뛰기, 200미터 경주, 포환던지기, 80미터 장애물〕. cf. decathlon 〔기 선수.
pen·tath·lon·ist [pentǽθlənist, +美 -lɑn-] *n.* 5종 경
pen·ta·ton·ic [pèntətɑ́nik / -tɔ́n-] *adj.* 〔음악〕 5음의, 5음 음계의. ¶ *pentatonic* scale 5음 음계.
pen·ta·va·lent [pèntəvéilənt, pentǽv-] *adj.* 〔화학〕 5가(價)의.
Pen·te·cost [péntikɔ̀ːst, -kɑ̀st / -kɔ̀st] *n.* **1** 성령 강림절[부활절(Easter) 후의 제7일요일] (Whitsunday). **2** 오순절(五旬節) 〔유월절(逾越節) (Passover)의 제2일부터 50일째에 행하는 유대인의 수확제. 후에 유대교에서는 이 날을 시내산에서 십계(十誡)를 받은 날로 다시 해석했다〕(Shabuoth). 〔령 강림절의.
Pen·te·cos·tal [pèntikɔ́ːstl / -kɔ́s-] *adj.* 5순절의; 성
pent·house [pénthàus] *n.* (*pl.* **-hous·es** [-hàuziz]) **1** 옥상 가옥, 〔옥상의〕 기계실 따위. **2** 달개집 〔다른 집 벽에 지붕을 내단 집〕. **3** 처마, 차양.
pen·tode [péntoud] *n.* 〔전자 공학〕 5극 진공관.
pen·tom·ic [pentɑ́mik / -tɔ́m-] *adj.* 〔美〕〔원자력 부대가〕 5단위 편성 사단의.
pen·ton·ville [péntənvìl] *n.* 영국 London 의 북부 지역명 〔독방 조직 건축으로 알려져 있는 감옥이 있다〕.
Pen·to·thal [péntəθæ̀l] *n.* 〔상표명〕 티오펜탈 〔마취약〕.
pent tray *n.* 펜 접시.
pent roof *n.* 〔건축〕 달개집의 지붕, 차양(shed roof).
pent·ste·mon [pentstíːmən, +美 -stéː-] *n.* 현삼속(屬)의 식물 〔주로 북미산(産); 적색·청색·자색·백색의 아름다운 꽃이 핀다〕.
pent-up [péntʌ́p] *adj.* 억제된, 억압당한(restrained); 〔감정 따위가〕 억눌러져 있는, 갇힌. ¶ *pent-up* emotion 억압된 감정.
pe·nult [píːnʌlt, pinʌ́lt/pinʌ́lt] *n.* 어미에서 두 번째 음
pe·nul·ti·ma [pinʌ́ltimə] *n.* = penult.
pe·nul·ti·mate [pinʌ́ltimit] *adj.* 어미에서 두 번째에 〔음절의 있는.
pe·num·bra [pinʌ́mbrə] *n.* (*pl.* **-brae** [-briː] or **-bras**) **1** 〔천문〕 〔일식·월식 때의〕 반음영(半陰影), 반영(半影). **2** 〔천문〕 〔태양 흑점 주변의〕 반암부(半暗部). **3** 〔사진〕 명암·농담(濃淡)이 흐려진 부분. **4** 〔정서·사상의〕 두 가지가 섞이어 모호한 경계 부분.
pe·nu·ri·ous [pin(j)ú(ː)riəs / -njúər-] *adj.* **1** 인색한(stingy); 몹시 아끼는. **2** 모자라는(scanty), 가난한(poor); 결핍된(*of* ...). ~·**ly** *adv.* ~·**ness** *n.*
pen·u·ry [pénjuri] *n.* 〔U〕 **1** 극빈, 빈궁, 빈곤 (extreme poverty). **2** 부족, 결핍(scarcity).
pe·on [píːən] *n.* **1** 〔중남미의〕 일용 노동자(day laborer). **2** 〔멕시코에서〕 빚 때문에 채권자의 노예가 되어 일하는 사람.
pe·on² [píːən, +英 pjuːn] *n.* **1** 〔인도·스리랑카의〕 보병; 토민병. **2** 〔인도·스리랑카의〕 사환, 종복(從僕).
pe·on·age [píːənidʒ] *n.* 〔U〕 **1** 〔중남미에서〕 일용 노동자임; 그 작업. **2** 〔멕시코에서〕 빚 때문에 노예로 일하기; 그 제도.
pe·on·ism [píːənìz(ə)m] *n.* = peonage.
pe·o·ny [píːəni / píə-] *n.* (*pl.* **-nies**) 작약, 작약 비슷한 식물 〔모란 따위〕. ¶ a tree *peony* 목단.
*****peo·ple** [píːpl] *n.* 〔 **1** 어떤 수는 복수 취급〕 **1** 민족, 한 국민(* 두 국민 이상일 때는 복수 취급. four *peoples* 네 민족. four *people* 네 사람). 〓 RACE² ¶ the English *people* 영국민 / the *peoples* of Europe 유럽의 여러 민족 / the English speaking *people* 영어를 말하는

국민 / The English are a conservative *people*. 영국인은 보수적인 국민이다.
2 (the ~) 국민, 인민. ¶ the voice of the *people* 국민의 소리 / the *people's* front 인민 전선 / government of the *people*, by the *people*, for the *people* 국민의, 국민에 의한, 국민을 위한 정치[미국 대통령 Lincoln의 말].
3 [특정 지역·직업·계급·단체 따위에 속하는] 사람들; (보통 one's 와 함께) 부하, 종자(從者); 교구민; 가족; 근친초. ¶ village *people* 마을 사람들 / working *people* 노동자 / newspaper *people* 신문 관계자 / the best *people* (속어) 상류 사회 사람들 / his faithful *people* 그의 충실한 부하 / the king and his *people* 왕과 신민 / her *people* 그녀의 가족들 / his wife's *people* 그의 처가 사람들.
4 (보통 the ~) 서민, 평민, 대중. ¶ a man of the *people* 평민 / the nobles and the *people* 귀족과 서민.
5 (복수 집합명사) 사람들(persons); 세인, 세상. ¶ four thousands of *people* 4천 명 / thousands of *people* 수천 명의 사람들 / *People* say (=They say, It is said) that ... …이라고들 말한다, 세상에서는 …이라고 말을 하고 있다 / as *people* go 일반적으로 말하자면 / of all *people* 많은 사람 가운데 하필이면(* 삽입구로 쓴다).
6 (동물과 구별해서) 인간. ¶ There are many sheep in the fields, but few *people*. 들판에 양은 많으나 사람은
7 생물. ¶ monkey *people* 원숭이들.   └별로 없다.
8 (美어) 한 사람(a human being).
── *vt.* **1** …에 사람을 살게 하다(populate), 식민하다; (동·식물을) 서식시키다. (… *with*). ¶ a wood *peopled with* birds 새가 모여 사는 숲. **2** (사람이) …에 살다 (inhabit), …을 차지하다. ¶ a thickly *peopled* country 인구가 조밀한 나라 / Alaska is sparsely *peopled*. 알래스카는 인구가 매우 적다.
◇ **popular** *adj.*

péople jòurnalism *n.* 저명 인사나 화제의 인물을 다룬 사진 중심의 저널리즘.
people móver *n.* 여객의 고속 수송 수단.   [회.
Péople's Commíssar *n.* (구소련의) 인민 위원
péople's cómmune *n.* (중국의) 인민 공사.
péople's párk *n.* (美) 서민 공원.
Péople's Pàrty *n.* (美정치) 인민당(1891-1904).
Péople's Repúblic of Chína *n.* 중화 인민 공화국, 중국(China).
péople tásk *n.* 인적(人的) 업무[개인의 인간성이 주요소가 되는 업무; 간호사·교사 등].
pep [pep] *n.* (美구어) (U) 원기, 기력, 활기(vigor, energy). ¶ full of *pep* 기운왕성한. ── *vt.* (**pepped, pep-ping**) …을 기운나게 하다(animate)(... *up*).
P.E.P. (略) (英) Political and Economic Planning Organization; (英) Personal Equity Plan(개인 주식 투자 육성 계획).   [(凝灰岩).
pep·er·i·no [pèpərí:nou], *n.* (U) (지질) 일종의 응회암
pep·los [péplɑs], (**pep·lus**) *n.* 페플로스(고대 그리스 여성이 어깨에서 발끝에 걸쳐 주름잡힌 긴 상의).
pep·lum [pépləm] *n.* (*pl.* **-lums** *or* **-la** [-lə]) **1** (스커트의) 주름 장식. **2** (허리 둘레를 싸는) 짧은 장식 스커트. **3** (페어) =peplos.
pe·po [pí:pou] *n.* (*pl.* **-pos**) 박과(科) 식물의 열매 (박·멜론·호박·오이 따위).
‡**pep·per** [pépər] *n.* **1** (U) 후추; (C) 후추류(類)의 식물. ¶ black (white) *pepper* 검은(흰) 후추. **2** 고추, 고추류(類)의 식물(red pepper). ¶ a green *pepper* 피망. **3** (U) 신랄함, 혹평, 성미가 급함. ── *vt.* **1** …을 후춧가루를 뿌리다, …을 후춧가루로 양념하다. **2** …을 연달아 때리다(sprinkle). ¶ (~+囯+前+囯) The hide was *peppered with* splashes. 그 가죽은 반점투성이었다. **3** (탄환·질문·욕설 따위를) 퍼붓다, 난발하다. ¶ (~+囯+前+囯) They *peppered* him with difficult questions. 그들은 그에게 어려운 질문을 퍼부었다. **4** …을 때려눕히다; …을 욕하다. ◇ **péppery** *adj.*

pép·per-and-salt [pépərənsɔ́:lt] *adj.* (옷감이) 회고 검은 점이 뒤섞인. ── *n.* (U) 희고 검은 점이 뒤섞인 옷감.
pép·per·box [pépərbɑ̀ks / -bɔ̀ks] *n.* **1** (식탁용의) 후춧가루통. **2** 까다로운 사람, 성미가 급한 사람.
pépper càster *n.* 후춧가루통(병) (pepperbox).
pep·per·corn [pépərkɔ̀:rn] *n.* **1** 말린 후추 열매. **2** 시시한 것(일). **3** 명색뿐인 집세(땅세). ── *adj.* [털이] 선모의(旋毛)형으로 난.
Pépper Fòg *n.* (U)(상표명) 최루 가스 (pepper gas).
pépper gàme *n.* (야구) 시합전 연습.
pépper gàs *n.* 페퍼 가스(최루탄의 일종).
pep·per·grass [pépərgrǽs / -grɑ̀:s] *n.* 다닥냉이 무리의 식물.
pépper mìll *n.* 후추 분쇄기.
pep·per·mint [pépərmint] *n.* **1** (U) 서양박하, 페퍼민트. **2** (U) 박하유. **3** (C) 박하 사탕.
pépper pòt *n.* **1** (英) 후춧가루통(병) (pepperbox). **2** 서인도식 스튜(후추로 조리한 고기와 야채의 스튜).
pépper trèe *n.* **1** (남미 원산의) 옻나무과(科)의 식물 (아름다운 상록의 잎이 나고, 빨간 열매가 연다). **2** (뉴질랜드 원산의) 목련과(科)의 식물.
pep·per·wort [pépərwə̀:rt] *n.* =peppergrass.
pep·per·y [pépəri] *adj.* **1** 후추의, 후추 같은; 매운, 얼얼한(pungent, hot). **2** (말 따위가) 신랄한, 격렬한 (stingy). **3** 화 잘 내는, 성미가 급한, 안달하는(irri-
pép pìll *n.* (美어) 각성제.   └table).
pep·py [pépi] *adj.* (**-pi·er, -pi·est**) (구어) 원기왕성한.
pép rálly *n.* 환송회.   ┌1인 당(량).
pep·sin [pépsin] *n.* (U) (생화학) **1** 펩신(위액에 있는 단백질 분해 효소). **2** (약제) 소화제.
pép tàlk *n.* 격려 연설, 격려의 말.   └다.
pep·talk [péptɔ̀:k] *vt.* …을 격려하다. ── *vi.* 격려하
pep·tic [péptik] *adj.* **1** 소화의, 소화를 돕는(digestive); 소화력이 있는. ¶ *peptic* glands 위액 분비선, 펩신의. **2**. 소화제, 전위제(健胃劑); (~s) 소화기
péptic úlcer *n.* (의학) (위·십이지장의) 소화성(消化性) 궤양.   [합물.
pep·tide [péptaid] *n.* (생화학) 펩타이드(아미노산 결
pep·tize [péptaiz] *vt.* (**-tized, -tiz·ing**) (화학) …을 콜로이드 모양(교질)으로 용액화하다.
pep·tone [péptoun] *n.* (U) (생화학) 펩톤(단백질의 펩신에 의해 가수분해된 것).
pep·to·nize [péptənàiz] (* (英) **pep·to·nise**) *vt.* (**-nized, -niz·ing**) (단백질)을 펩톤화하다.
per [pə:r, 약 pər] *prep.* (뒤에 오는 명사는 단수이며 무관사) **1** …마다, …에 의하여, …으로써 (by means of, through). ¶ *per* bearer 인편에 / *per* post 우편으로 / *per* rail (steamer) 기차(기선)로. **2** …에 대하여 (for), …마다. ¶ *per* head (or man) 1인 당 (per capita) / three dollars *per* yard 1야드당 3달러. * *per*는 전문 용어로서 상업 영어에 쓴다. 보통 three dollars *a* yard 처럼 a를 사용한다.
as per …에 따라(according to). ¶ *as per* enclosed account 동봉한 계산서에 따라 / *as per* usual (익살) 여느때처럼(as usual).
(<L through, by)
PER (略) price earnings ratio(주가 수익률); (컴퓨터) program event recording(프로그램 사상(事象) 기록).
per- *pref.* **1** through, thoroughly, utterly, very 따위의 뜻. 예: *per*vade, *per*fervid. **2** (화학) 「과…」의 뜻. 예: *per*oxide(과산화물), *per*manganic acid(과망간산).
per. (略) period; person.
per·ac·id [pə̀:rǽsid] *n.* (화학) 과산(過酸)류.
per·ad·ven·ture [pə̀:rədvéntʃər / p(ə)r-] *adv.* (고어) 아마도(perhaps, possibly), 어쩌면(by chance). ¶ if *peradventure* he fails 혹시 그가 실패한다면 / *lest peradventure* 혹시 …하는 일이 없도록 / *Peradventure*

per·am·bu·late [pərǽmbjulèit] *v.* (**-lat·ed, -lat·ing**) *vt.* **1** …을 순회(巡回)하다. **2** [경계를 정하기 위하여]…을 답사하다. **3** [어린이]을 유모차에 태우고 다니다. — *vi.* 돌아다니다, 거닐다(stroll).

per·am·bu·la·tion [pəræmbjuléi(ə)n] *n.* **1** ⓒ 거닐기, 순회, 순시, 답사. **2** 순회 구역, 측량 구역. **3** 답사 보고서.

per·am·bu·la·tor [pərǽmbjulèitər] *n.* **1** 《주로 英》유모차. * 《구어》에서는 pram. **2** [측량 기사가 쓰는] 바퀴달린 거리 측정기, 주행 거리계(odometer). **3** 순회(순시)자. ◇ perámbulatory *adj.*

per an·num [pər ǽnəm] *adv.* 《라틴》 1년마다, 1년에, 1년에 대하여(annually). (< L by the year)

per·cale [pərkéil] *n.* ⓤ 퍼케일 직물(배게 짠 무명).

per·ca·line [pə́ːrkəlìːn] *n.* ⓤ 퍼컬린 직물(안감용의 얇고 가벼운 무명).

per cap·i·ta [pər kǽpitə] *adv.* 1인당, 각자에, 머릿수로 나눠서, ¶ $20 for two men is $10 *per capita*. 2명에 20달러면 1인당 10달러이 된다. — *adj.* 1인당의, 머릿수로 나눈. (< L by heads)

per·ceiv·a·ble [pərsíːvəbl] *adj.* 지각(감지)할 수 있는, 인지(認知)할 수 있는. **-bly** [-əbli] *adv.*

‡**per·ceive** [pərsíːv] *v.* (**-ceived, -ceiv·ing**) *vt.* **1** [오관(五官), 특히 눈으로] …을 지각하다, 인지하다(observe), …을 알아채다. ⇒NOTICE 類語 ¶ (~+图+*ing*) I *perceived* him *going* out with her. 나는 그가 그녀와 외출하는 것을 보았다 // (~+图+*do*) You will *perceive* the fish *rise* out of the water. 물고기가 수면 위로 뛰어 오르는 것을 보게 될 것입니다. **2** …을 이해(양해)하다 (apprehend), 납득하다, 간파하다, 깨닫다. ¶ (~+*that*) We *perceived* by his face *that* he had failed in the attempt. 그의 얼굴에서 그 시도가 실패했음을 알았다 // (~+图+[*to be*] 補) On entering his house, she at once *perceived* him [*to be*] a methodical person. 그의 집에 들어서면서 그녀는 그가 꼼꼼한 사람임을 알았다. ¶ *perceive* by the ear (the eye) 귀(눈)으로 알다. — *vi.* 감지(感知)하다. ¶ *perceive* by the ear (the eye) 귀(눈)으로 알다.

◇ percéption *n.*, percéptive *adj.*

per·céived nóise dècibel [pərsíːvd-] *n.* 감각 소음 데시벨[소음의 불쾌 정도를 나타내는 측정 단위; 略 PNdB, PNdb].

per·ceiv·er [pərsíːvər] *n.* 감지하는 사람(것).

‡**per·cent, per cent** [pərsént] *n.* **1** ⓤ 퍼센트, 100분 (기호 %; 略 p.c., pct., per ct.]. ¶ 1 *cent percent* 100퍼센트 / get 5 *percent* interest 5퍼센트의 이자를 받다 / Fares are increased by 45 *percent*. 임금은 45퍼센트 늘었다 / We make 15 *percent* discount for cash. 현금 지불이면 15퍼센트 할인해 드립니다. **2** 율, 비율, 백분율(percentage). ¶ Only a small *percent* of the class was (or were) there. 그 반의 몇몇만이 그곳에 있었다 / A large *percent* of their apple crop was ruined. 그들의 사과는 상당수가 못쓰게 되었다. **3** (~s) 《英》 […퍼센트의] 이율이 붙는 공채, 국채(bond). ¶ *invest* money in the three *percents* 3퍼센트 이율의 공채에 투자하다.

— *adv.* …퍼센트만큼(* 수사(數詞)와 결부하여 부사구를 만든다). ¶ You are *one percent* responsible for the accident. 너는 그 사고에 대해서 1퍼센트(약간) 책임이 있다.

*****per·cent·age** [pərséntidʒ] *n.* ⓤⓒ **1** 백분율, 백분비. ¶ a *percentage* of 5 5퍼센트. **2** 율, 비율(rate, portion). ¶ a small *percentage* of oxygen [전체로 보아] 작은 비율의 산소 / the *percentage* of risk 위험률. **3** [백분율로 표시된 이익·세금 따위의] 액수; 수수료, 구전, ¶ a *percentage* contract 비율 청부. **4** 《구어》 효용, 이익, 이득(use, advantage, profit); 부당 이득. ¶

There is no *percentage* in worrying about it. 그 일을 걱정만 해도 소용없다. (말하면,)

per·cent·age·wise [pərséntidʒwàiz] *adv.* 퍼센트로

per·cen·tile [pərséntail, -t(i)l] [통계] *n.* 백분위수 (百分位數). — *adj.* 백분위수의.

per cent·um [pər séntəm] *n.* =percent 1.

per·cept [pə́ːrsept] *n.* 지각(知覺)된 것, 지각 표상(表象), 지각의 대상.

per·cep·ti·bil·i·ty [pərsèptəbíliti] *n.* ⓤ **1** 지각(감지)할 수 있음. **2** 《드물게》 지각[력], 인식[력].

*****per·cep·ti·ble** [pərséptəbl] *adj.* 지각(감지, 인식)할 수 있는. ¶ They are distinctly *perceptible* in a fog. 그것들은 안개 속에서도 확실히 보인다. **-bly** *adv.* 지각할 수 있을 정도의, 알아챌 수 있을 정도의; 상당한, 눈에 띄는. ¶ a *perceptible* change in her tone 그녀의 목소리의 희미한 변화. **-ness** *n.* **-bly** *adv.*

*****per·cep·tion** [pərsép(ə)n] *n.* ⓤⓒ 지각[작용], 지각력; 인식[력], 이해. ¶ a man of clumsy (keen) *perceptions* 지각력이 둔한(예리한) 사람 / His *perception* of the change came in a flash. 그는 그 변화를 즉시 알아챘다. **2** ⓤ 직관(直覺)(intuition). **3** 지각된 것, 지각의 대상(percept). **4** ⓤ 《심리》 지각. **5** [법률] [임대료·수확물 따위의] 징수. ◇ percéive *v.*, percéptive, percéptual *adj.* — *attr.* 지각 작용의.

per·cep·tion·al [pərsép(ə)nl] *adj.* 지각[력]의, 지각 작용의.

percéption gap *n.* [어떤 사물에 대한] 문제 인식의 차이. ¶ communication gap

per·cep·tive [pərséptiv] *adj.* **1** 지각력이 있는. **2** 지각(감지)하는, 인지하는. **3** 지각이 예민한.

-ly *adv.* **-ness** *n.*

per·cep·tiv·i·ty [pə̀ːrsɛptíviti] *n.* ⓤ 지각(감지)할 수 있음; 지각, 지각력, 지각의 예민함.

per·cep·tu·al [pərséptʃuəl / -tjuəl] *adj.* 지각[력]의.

percéptual stráteagy *n.* [언어] 지각 처리 방식 [듣는 사람이 발언(發言)을 이해할 때 구사하는 심리적 처리 조작].

‡**perch¹** [pə́ːrtʃ] *n.* **1** [새의] 횃대, 횃대가 되는 것[나뭇가지 따위]. **2** 높은 지위; 안전한 지위(장소). ¶ Come off your *perch*. 《구어》 거만하게 굴지 마라. **3** 영국의 척도 명칭[rod, pole이라고도 함. 5.03미터]; 영국의 면적 단위[25.3 평방미터]; 석재(石材) 따위의 체적 단위[가로·세로·높이가 각각 16.5 피트, 1.5 피트, 1 피트의 입방체]. **4** [마차 따위의] 마부석; [마차의] 연각(連桿), 막대기, 장대 (rod, pole). **5** [야구] 좌석, 관객석. *hop* (or *tip over, drop off*) *the perch* 죽다, 파멸하다. *knock a person off his perch* 남을 해치우다, 패배시키다, 콧대를 꺾어놓다(destroy, ruin). *take one's perch* ① [새가] 횃대에 앉다(alight). ② 높은 지위에 앉다, 승진하다.

— *vi.* [새가] 앉다(alight); [사람이]자리잡다, 앉다 (sit) (*on, upon* …). ¶ (~+젠+图) A bird *perches on* a twig. 새가 나뭇가지에 앉는다. — *vt.* [새]를 앉게 하다; (보통 수동형으로) …을 [높은 곳에] 놓다, 앉히다. ¶ (~+图+젠+图) a house *perched on* a hill 언덕 위의 집.

perch² [pə́ːrtʃ] *n.* (*pl.* **perch** or **perch·es**) [지느러미에 가시가 많은] 농어류(類)의 물고기.

per·chance [pərtʃǽns, -tʃáːns] *adv.* 《문어》 아마, 혹시(perhaps, possibly); 우연히(by chance).

perch·er [pə́ːrtʃər] *n.* 높은 곳에 앉는(놓이는) 사람(것), 나무에 앉는 새.

Per·che·ron [pə́ːrtʃəràn, -ʃə- / -ʃərɔ̀n] *n.* 페르슈롱종(種)의 말[프랑스 북부 Perche 산(産)의 짐마차용 말].

per·chlo·ric ácid [pə̀ːrklɔ́ːrik- / -klɔ́ː-] *n.* [화학] 과염소산. — *n.* [화학] 과염

per·chlo·ride [pərklɔ́ːraid, -klɔ́ː-] *n.* [화학] 과염화물.

per·cip·i·ence [pərsípiəns] *n.* ⓤ 지각(력), 인식.

per·cip·i·en·cy [pərsípiənsi] *n.* =percipience.

per·cip·i·ent [pərsípiənt] *adj.* 지각하는; 지각력이 있

Per·ci·val [pə́ːrsivəl] n. 〔아서왕 이야기〕 Arthur 왕 궁정(宮廷)의 기사로서 성배(聖杯) (the Holy Grail)를 찾아낸다는 영웅.

per·co·late v. [pə́ːrkəlèit → n.] (**-lat·ed, -lat·ing**) vt. **1** 〔액체〕를 여과하다, 거르다, 스며나오게 하다 (filter). **2** 〔액체가〕…에 삼투하다, …에 스며들다, …에서 스며나오다(permeate). ¶ Water *percolates* sand. 물이 모래에 스며든다. — vi. 〔액체가〕 스며나오다, 배어나오다(들어가다). ¶ The coffee will soon begin to *percolate*. 커피는 곧 나와요. // (〜+图) Rainwater *percolates into* loose sands. 빗물이 무른 모래땅에 스며든다. — n. [pə́ːrkəlit, -lèit] 삼출액(滲出液).

per·co·la·tion [pə̀ːrkəléiʃ(ə)n] n. Ⓤ **1** 여과, 침투. **2** 〔약〕 투수(透水).

per·co·la·tor [pə́ːrkəlèitər] n. **1** 여과하는 사람; 여과기. **2** 퍼콜레이터, 여과기가 달린 커피 끓이개.

per con·tra [pər kʌ́ntrə/-kɔ́n-] adv. **1** 이에 반하여, 반대로, 영원한(perpetual). ¶ a *peremptory* edict 절대적인 칙령(勅令) / a *peremptory* writ 강제적 영장. **2** 〔거래 상업에서〕 상대편에서(에게). (< L on the contrary)

per·cuss [pərkʌ́s] vt. **1** …을 치다, 쳐서 울리다. **2** 〔의학〕 …을 타진(打診)하다.

per·cus·sion [pərkʌ́ʃ(ə)n] n. Ⓤ Ⓒ **1** 충돌, 충격 (blow). **2** 〔충돌에 의한〕 진동, 격동; 음향. **3** 〔의학〕 타진. **4** 〔음악〕 타악기를 쳐서 소리를 내기; (〜s) 〔악단의〕 타악기부. **5** 〔총의〕 격발.

percússion càp n. 〔구식 소총 따위의〕 뇌관.

percússion fùse n. 〔탄환의〕 격발 신관(信管).

percússion ìnstrument n. 〔음악〕 타악기.

per·cus·sion·ist [pərkʌ́ʃ(ə)nist] n. 타악기 연주자.

percússion lòck n. 뇌관 장치, 격발 전(栓).

per·cus·sive [pərkʌ́siv] adj. 충격의; 〔의학〕 타진의.

per·cus·sor [pərkʌ́sər] n. 〔의학〕 타진추(槌) (plexor).

per·cu·ta·ne·ous [pə̀ːrkjuːtéiniəs] adj. 〔의학·외과〕 경피적(經皮的)인〔수술을 하지 않고 피부를 통해서 치료를 한다〕.

per di·em [pər díːəm, -dáiəm] adv. 하루에 대하여, 일당으로(daily). — n. 일당, 일급. (< L by the day)

per·di·tion [pərdíʃ(ə)n] n. Ⓤ **1** 〔완전한〕 파멸, 멸망(ruin). **2** 영원한 죽음, 지옥에 떨어짐; 〔정신적〕 파멸; 지옥(hell).

per·du, -due [pəː(r)d(j)úː/-djúː] adj. 숨은, 보이지 않는, 잠복한(concealed). ¶ lie *perdu* 숨어(잠복하고) 있다.

per·dur·a·ble [pəː(r)d(j)úː(ə)rəbl/-djúər-] adj. 불변(불멸)의(permanent), 오래가는. **-bly** adv.

per·dure [pəː(r)d(j)úər/-djúə] vi. (**-dured, -during**) 영속하다, 견디다, 오래가다(endure).

***père** [pεər/F pεːr] n. 〔프랑스〕 n. (=father) **1** 아버지 (* 부자의 이름이 같을 때 이를 구별하여 아버지의 성 뒤에 붙인다. 영어의 senior에 해당한다). cf. fils. ¶ Dumas *père* 대(大)뒤마. **2** (P-) 신부(* 성 앞에 붙인다). ¶ *Père* David 데이비드 신부.

per·e·gri·nate [périgrinèit] vi., vt. (**-nat·ed, -nat·ing**) 여행하다, 편력(遍歷)하다.

per·e·gri·na·tion [pèrigrinéiʃ(ə)n] n. **1** Ⓤ Ⓒ 편력, 여행. **2** 〔하나의〕 여행.

per·e·gri·na·tor [périgrinèitər] n. 편력자, 여행자.

per·e·grine [périgrin, -griːn] adj. 외국의(foreign), 외래의; 〔새 따위가〕 여행하는. — n. =peregrine falcon.

péregrine fálcon n. 〔옛날에 매사냥에 사용된〕 송 골매.

pe·réi·ra bárk [pərí(ː)rə-/-rεərə-] n. Ⓤ 〔브라질산 소방(蘇枋)의 껍질〕강장 해열제〕.

pe·rei·rine [pərí(ː)ri(ː)n/-rέər-] n. Ⓤ 〔화학〕 페레이린[pereira bark 에서 추출되며, 키니네 대신 해열제로 쓴다].

per·emp·to·ry [pərém(p)t(ə)ri, +美 pərəmptɔ́ːri → 3] adj. **1** 불문곡직적인, 단호한, 엄연한(imperative). ¶ a *peremptory* order 절대적인 명령. **2** 전제적인, 위압적인; 엄한(dictatorial). ¶ a *peremptory* manner 거만한 태도. **3** [+英 pərəmpt(ə)ri] 〔법률〕 결정적인, 최종적인(decisive, final); 절대적인(absolute), 강제적인. ¶ a *peremptory* edict 절대적인 칙령(勅令) / a *peremptory* writ 강제적 영장.
-to·ri·ly [-tərili] adv. **-to·ri·ness** n.

***per·en·ni·al** [pərénìəl, -njəl] adj. **1** 연중 계속되는; 〔샘 따위가〕 연중 마르지 않는. **2** 영구히 계속하는; 영속하는, 영원한(perpetual). ¶ *perennial* youth 영원한 젊음. **3** 〔식물〕 다년생의. cf. annual, biennial. — n. 다년생 식물. **~·ly** [-əli] adv. ◇ perenniálity n.

per·en·ni·al·i·ty [pərènièliti] n. **1** 4계절을 통해서 끊이지 않음, 다년간 계속됨, 영속성.

pe·res·troi·ka [pèrestrɔ́ikə] n. 《러시아》 페레스트로이카 〔구소련 대통령 Mikhail Gorbachev 가 단행한 정치·경제 개혁 정책〕; 〔일반적으로〕 개혁〔정책〕(restructuring). [ance.

perf. (略) perfect; perforated; perforation; perform-

‡per·fect [pə́ːrfikt → v.] adj. (* 현재는 perfect를 상대적으로 사용하므로 more, most를 붙여서 비교급·최상급을 만들기도 한다) **1** 완전한, 결점이 없는, 더할 나위 없는, 완벽한. ⇒ COMPLETE〔類語〕¶ a *perfect* character 완전무결〔원만〕한 인격 / a *perfect* wife 더할 나위 없는 아내 / the *perfect* day 온종일 즐거웠던 날 / More *perfect* coloring cannot be imagined. 그 이상 더 훌륭한 채색은 생각할 수가 없다〔더할 나위 없는 채색이다〕. **2** 완전히 습득한, 숙달한(*in* …). ¶ He is *perfect in* his duties. 그는 자기 직무에 숙달해 있다 / Practice makes *perfect*. 《속담》 연습하면 완전해진다. **3** 안성마춤의, 꼭 들어맞는, 이상적인(*for* …). ¶ The man is *perfect* for you. 그는 너에게 꼭 맞는 남성이다. **4** 정확한, 완전한 (accurate, exact). ¶ a *perfect* square 정사각형. **5** 《서술용법》 순전한, 전적인 (pure, utter). ¶ a *perfect* fool 진짜 바보 / He is a *perfect* stranger to us. 그는 우리에게로 아주 남이다. **6** 〔식물〕 양성화(兩性花)의, 완전화의, 암수의 꽃술을 갖춘. **7** 〔문법〕 완료의. ¶ the *perfect* tense 완료 시제. **8** 〔음악〕 완전한. ¶ a *perfect* octave 완전 8도 음정. — n. (the ~) 〔문법〕 완료 시제, 완료형. ⇒ BEEN. ¶ the future (past, present) *perfect* 미래(과거, 현재) 완료. — vt. [pə(ː)rfékt] **1** …을 완전하게 하다. **2** 마무르다(complete, finish). **3** …를 개선(개량)하다(improve). **4** …으로 숙달시키다 (*in* …). ¶ He has *perfected* himself *in* English. 그는 영어를 완전히 마스터했다.

~·ness [pə́ːrfiktnis] n. ◇ perfection n., pérfectly adv.

per·fec·ta [pərféktə] n. (pl. **-tas**) =exacta.

pérfect cádence n. 〔음악〕 완전 종지〔법〕.

perfect·ly [pəː(ː)rféktidli] adv. 완전히, 더할 나위 없이.

perfect·er [pə(ː)rféktər] n. 완성자, 개량자.

pérfect gáme n. 〔야구·볼링의〕 완전 시합.

per·fect·i·bil·i·ty [pə(ː)rfèktibíliti] n. Ⓤ 완전히 될 수 있음, 완전성.

per·fect·i·ble [pə(ː)rféktəbl] adj. 완전하게 할〔될〕 수 있는, 완전히 될 수 있는, 원만해지는.

‡per·fec·tion [pərfékʃ(ə)n] n. **1** Ⓤ 완성, 마무리. ¶ bring a work to *perfection* 일을 완성하다. **2** Ⓤ 완전, 완벽, 극치; 원숙, 숙달. ¶ attain (or reach) *perfection* 완전의 경지에 달하다 / come to *perfection* 완숙해지다. **3** 완전한 사람(것), 전형(典型). **4** (~s) 기예(技藝), 교양(accomplishments).
to perfection 완전히, 더할 나위 없이(completely). ¶ She cooks *to perfection*. 그녀는 훌륭하게 요리를 한다. ◇ perféct vt.

per·fec·tion·ism [pərfékʃ(ə)nìz(ə)m] *n.* ❶ 완전론[사람은 현세에서 도덕·종교·사회·정치상 완전의 경지에 도달할 수 있다는 학설]. **2** (P-) [19세기 미국의] 기독교적 공산주의 단체의 유토피아 사상. **3** 완전주의, 결벽증.

per·fec·tion·ist [pərfékʃ(ə)nist] *n.* **1** 완전론자, 완전을 기하는 사람, 집착벽이 강한 사람. **2** Perfectionism의 단원. — *adj.* 완전론[자]의.

per·fec·tive [pərféktiv] *adj.* **1** 완전하게 하는 (되는). **2** [문법] 완료상(相)의, 동작의 완료를 나타내는. — *n.* [문법] 완료상(동사). **~ly** *adv.* **~ness** *n.*

‡**per·fect·ly** [pə́ːrfiktli] *adv.* 완전히, 더할 나위 없이, 아주(completely).

pérfect númber *n.* [수학] 완전수[자신을 제외한 약수들의 합이 자신과 동일한 자연수. 예: 6(=1+2+3), 28(=1+2+4+7+14)]. [간 크기의 여송연]

per·fec·to [pərféktou] *n.* (*pl.* **-tos**) 양끝이 뾰족한 중

pérfect párticiple *n.* [문법] =past participle.

pérfect rhýme *n.* [韻律] 완전 각운(脚韻)[같은 음 또는 같은 철자로서 뜻이 다른 것. 예컨대 rain, reign; dear, deer].

per·fer·vid [pəːrfə́ːrvid] *adj.* 매우 뜨거운, 작열하는; 대단히 열심인, 열렬한(ardent).

per·fid·i·ous [pərfídiəs] *adj.* 불신의, 불성실한(faithless); 딴 마음이 있는, 배반하는(treacherous). **~ly** *adv.* **~ness** *n.*

per·fi·dy [pə́ːrfidi] *n.* (*pl.* **-dies**) **1** Ⓤ 불신, 배신, 불성실, 불의, 배반(faithlessness). ⇨ DISLOYALTY 類語 **2** 불신[배신] 행위.

per·fo·li·ate [pərfóuliit, +美 -èit] *adj.* [식물] 줄기가 잎을 꿰뚫고 자라는. ¶ a *perfoliate* leaf 관천엽(貫穿葉).

per·fo·rate *v.* [pə́ːrfərèit → *adj.*] (**-rat·ed, -rat·ing**) *vt.* **1** …에 구멍을 뚫다, [종이]에 바늘 구멍을 내다. ¶ *perforate* stamps 우표에 바늘 구멍을 내다. **2** …을 꿰뚫다, 관통하다(penetrate). — *vi.* 구멍을 뚫다, 꿰뚫다(*into, through* …). — *adj.* [pə́ːrfərit, -rèit] 구멍이 뚫린, 바늘 구멍이 난.

per·fo·ra·tion [pə̀ːrfəréiʃ(ə)n] *n.* **1** Ⓤ 바늘 구멍, 구멍(hole, passing), 절취선. **2** Ⓤ 구멍을 뚫기, 관통.

per·fo·ra·tive [pə́ːrfərèitiv] *adj.* 구멍을 뚫는, 꿰뚫는; 구멍을 낼 힘이 있는, 관통할 수 있는.

per·fo·ra·tor [pə́ːrfərèitər] *n.* 구멍을 뚫는 사람, 구멍을 뚫는 기계, 천공기, 표 찍는 가위.

per·force [pərfɔ́ːrs/-fɔ́ːs] *adv.* 필연적으로(necessarily), 억지로, 강제로. ¶ by *perforce* 억지로/ of *perforce* 필연적으로, [그때의] 추세로.

‡**per·form** [pərfɔ́ːrm] *vt.* **1** [임무 따위]를 다하다, 수행하다. ⇨ DO 類語 [약속·명령 따위]를 실행하다, 이행하다, 완수하다(fulfill), [의식 따위]를 집행하다, 거행하다. ¶ *perform* a duty 의무를 완수하다 / *perform* an operation 수술을 하다 / *perform* a promise 약속을 이행하다 / *perform* a ceremony 의식을 거행하다. **2** [연극 따위]를 상연하다, 공연하다, [역]을 연기하다(act, play); [음악]을 연주하다. ¶ *perform* a play 연극을 공연하다. — *vi.* **1** 행하다, 하다, 이루다, 수행(성취)하다. **2** 연기하다(*on, in* …); 연주하다(play), 노래하다(sing). ¶ *perform* before a large audience 많은 관중 앞에서 연기(연주, 노래)하다 // (~ +[전]+[명]) *perform* in the role of Hamlet 햄릿역을 연기하다 / *perform* on the violin 바이올린을 켜다. **3** [동물 따위가] 재주를 부리다. ◇ perfórmance *n.*

per·form·a·ble [pərfɔ́ːrməbl] *adj.* **1** 실행할 수 있는. **2** 연주할 수 있는, 연기할 수 있는.

‡**per·form·ance** [pərfɔ́ːrməns] *n.* **1** 연예, 연극; 상연, 연주, 연기, 흥행, [동물의] 재주. ¶ a theatrical *performance* 연극 / give a *performance* of "Hamlet" 「햄릿」을 상연하다. **2** Ⓤ 실행, 수행, 성취(accomplishment). ¶ the *performance* of one's duty 의무의 수행. **3** ⒰Ⓒ 선행, 업적; 곡예, 구경거리. **4** Ⓤ Ⓒ 성과, 성적(efficiency), 일, 작업; [기계의] 성능. ¶ a fine (wretched) *performance* 좋은(형편없는) 성과 / improve the car's *performance* 자동차 성능을 개선하다. *What a performance.* 《구어》 꼴 좋다, 《반어적으로》 잘했다.

perfórmance árt *n.* [예술] 퍼포먼스 아트[춤이나 연기 등의 육체적인 동작과 사진·영상·음악 등의 예술을 하나의 연극 속에 통합하려는 새로운 예술; body art, video art 같은 예술 양식].

perfórmance áudit *n.* [상업] 업무 감사.

perfórmance tést *n.* 성능 검사; [심리] 작업 검사.

perfórmance théater *n.* 실험 연극[희곡이 아니라 배우 중심으로 연출되는 새로운 형식의 연극].

per·form·a·tive [pərfɔ́ːrmətiv] *n.* [철학·언어] 수행문(遂行文) [그 문장을 발(發)하는 것이 그 문장이 나타내는 행위의 수행이 되는 문장. 예: I promise to marry you.]. — *adj.* 수행적인. ¶ *performative* verbs 수행적 동사[promise, sentence, christen, announce, say 따위].

*‡**per·form·er** [pərfɔ́ːrmər] *n.* **1** 행위자, 실행자. **2** 연기자, 연주자, 가수, 연예인, 곡예사. **3** 명인, 선수. ¶ a good *performer* at the cricket 크리켓의 명수.

per·form·ing [pərfɔ́ːrmiŋ] *adj.* 실행(수행)하는; [특히 동물이] 재주를 배운(부리는). [악·무용·음

perfórming árts *n. pl.* 공연(公演) 예술[연극·음

‡**per·fume** *n.* [pəːrfjuːm, +美 pərfjúːm → *v.*] **1** Ⓤ Ⓒ (종류를 나타낼 때는 ~s) 향수, 향료(scent). **2** Ⓤ 향기, 방향(fragrance). ⇨ SMELL 類語 — *vt.* [pə(ː)rfjúːm] (**-fumed, -fum·ing**) **1** …에 향수를 채우다. ¶ Flowers *perfume* the room. 방 안은 꽃으로 향기가 난다. **2** …에 향수를 뿌리다. ¶ *perfume* oneself 몸에 향수를 뿌리다.

per·fum·er [pə(ː)rfjúːmər] *n.* **1** 향기를 풍기는 사람(것). **2** 향수(향료) 제조자, 향수 상인.

per·fum·er·y [pə(ː)rfjúːməri] *n.* (*pl.* **-er·ies**) **1** Ⓤ [집합적] 향수류, 향료. **2** Ⓤ 향수(perfume). **3** Ⓤ 향수(향료); Ⓤ 향수(향료) 제조[법], 향수(향료) 제조업. **4** 향수(향료) 제조(판매)소.

per·func·to·ry [pə(ː)rfʌ́ŋ(k)t(ə)ri] *adj.* 형식적인, 마지못한, 기계적인, 겉치레만의(superficial), 되는 대로의. ¶ a *perfunctory* speaker 열의 없는 강연자 / He gave his hands a *perfunctory* washing. 그는 그저 형식적으로 손을 씻었다. **-to·ri·ly** *adv.* **-to·ri·ness** *n.*

per·fuse [pərfjúːz] *vt.* (**-fused, -fus·ing**) [액체·색 따위]를 흩뿌리다, 살포하다, 온통 (전면에) 쏟다(overspread); [빛 따위]를 넘치게 하다(suffuse), 가득 채우다, 온통 흩뜨리다(diffuse). ¶ *perfuse* a thing *with* water; *perfuse* water *over* a thing 물건에 물을 살포하다 / *perfuse* a face *with* blushes 얼굴을 붉히다.

per·fu·sion [pərfjúːʒ(ə)n] *n.* Ⓤ **1** 흩뿌리기, 살포, 충만. **2** 살수식 세례. **3** [외과] [기관·조직에의 (에)] 액체를 내기(넣기). ⓒ; 살수용의.

per·fu·sive [pərfjúːsiv] *adj.* 온통 흩뿌리는(살포하

per·go·la [pə́ːrgələ] *n.* [담쟁이덩굴 따위를 올린 시렁을 기둥으로 받친] 정자, 덩굴 시렁, 페르골라.

[< It]

perh. 《略》 perhaps.

‡**per·haps** [pərhǽps, p(ə)rǽps] *adv.* 어쩌면, 혹시나 (possibly); 아마도(maybe). ¶ *Perhaps* it will snow tomorrow. 어쩌면 내일은 눈이 올지도 모르겠다 / *Perhaps* he will not come. 그는 아마 오지 않을 것이다. — *n.* 가정(supposition), 우연한 일. ¶ worry about *perhapses* 확실하지도 않은 일을 가지고 걱정하다 / These

[pergola]

pe·ri [pí(ː)ri / pÍəri] *n.* (*pl.* **-ris**) 1 〖페르시아 신화〗 아름다운 요정. 2 미녀.

peri- *pref.* around, about, surrounding, beyond, near 따위의 뜻. 예: *periscope, perigee.*

per·i·anth [périænθ] *n.* 〖식물〗 화피(花被).

per·i·apt [périæpt] *n.* 부적(amulet).

per·i·ar·ter·i·tis [pèriɑːrtəráitis] *n.* U 〖병리〗 동맥염.

per·i·car·di·al [pèrikɑ́ːrdiəl], **(per·i·car·di·ac** [-æk]) *adj.* 〖해부〗 심낭의.

per·i·car·di·tis [pèrikɑːrdáitis] *n.* U 〖병리〗 심낭염.

per·i·car·di·um [pèrikɑ́ːrdiəm] *n.* (*pl.* **-di·a** [-diə]) 〖해부〗 심낭(心囊).

per·i·carp [périkɑːrp] *n.* 〖식물〗 과피(果皮).

per·i·car·pi·al [pèrikɑ́ːrpiəl], **-pic** [-pik] *adj.* 〖식물〗 과피의.

Per·i·cle·an [pèriklíːən] *adj.* 〖고대 아테네의 정치가〗 Pericles(490?-429 B.C.)의; 〖고대 아테네의 전성 시대인〗 페리클레스 시대의.

per·i·cra·ni·um [pèrikréiniəm] *n.* (*pl.* **-ni·a**) 1 〖해부〗 두개골막(膜). 2 〖고어〗 두개골(skull), 두뇌(brain).

per·i·cyn·thi·on [pèrisínθiən] *n.* 〖천문〗 = perilune.

per·i·derm [pérìdəːrm] *n.* 〖식물〗 주피(周皮).

per·i·dot [péridɑt / -dɔt] *n.* U 〖광물〗 짙은 녹색의 감람석.

per·i·ge·an [pèridʒíːən], **per·i·ge·al** [-dʒíːəl]) *adj.* 〖천문〗 근지점(perigee)의.

per·i·gee [péridʒìː] *n.* 〖천문〗 근지점(近地點) 〖천체, 특히 달이 그 궤도상에서 지구에 가장 가깝게 접근하는 점〗. *opp.* apogee.

pe·rig·y·nous [pərídʒinəs] *adj.* 〖식물〗 씨방 중위의.

pe·rig·y·ny [pərídʒini] *n.* U 〖식물〗 씨방 중위(中位).

per·i·he·li·on [pèrihíːliən, -ljən] *n.* (*pl.* **-li·a** [-liə, -ljə]) 〖천문〗 근일점〖행성 또는 혜성이 태양에 가장 가까이 접근하는 궤도상의 점〗. *opp.* aphelion.

per·il [péril] *n.* U|C 위험(危險), 위해, 위험〖한 일 (것)〗, 모험. ¶ DANGER 類語 ¶ avoid the *peril* of death (or being killed) 죽음의 위험을 피하다 / Glory is the fair child of *peril*. 〖속담〗 호랑이를 잡으려면 호랑이굴에 들어가야 한다.
at one's peril 위험을 각오하고, 책임질 각오로, 목숨을 걸고. ¶ Tell to him at your *peril*. 그것을 그에게 말할 테면 해봐라〖가만 두지 않을 테다〗.
at the peril of …을 걸고.
in peril [*of*] [····의] 위험에 직면하여. ¶ She is *in peril of* her life. 그녀는 생명이 위험하다.
— *vt.* (-iled, -il·ing; 〖英〗-illed, -il·ling) …을 위험에 빠뜨리다, 위태롭게 하다, 걸다.
◇ **périlous** *adj.*

‡**per·i·lous** [pérələs] *adj.* 위험한, 모험적이다(dangerous). 〖~·ly *adv.* ~·ness *n.*〗

per·i·lune [péràlùːn] *n.* 〖천문〗〖달의 주위를 도는 인공 위성의〗 근월점(近月點). *opp.* apolune.

pe·rim·e·ter [pərímətər] *n.* 1 〖수학〗〖평면 도형의〗 주변, 주위; 주변의 길이. 2 〖안과〗 시야계(視野計). 3 〖전선(戰線)의〗 둘출 지역.

per·i·met·ric [pèrimétrik], **-ri·cal** [-rik(ə)l] *adj.* 주변의 길이의; 시야계의(에 의한).
-ri·cal·ly [-rikəli] *adv.* 〖측정〗.

pe·rim·e·try [pərímitri] *n.* U 〖의학〗 시야계에 의한 시야 측정.

per·i·morph [périmɔːrf] *n.* 〖광물〗 외포(外包) 광물〖다른 광물을 내포하는 광물〗.

per·i·ne·al [pèriníːəl] *adj.* 〖해부〗 회음의.

per·i·ne·um [pèriníːəm] *n.* (**per·i·nae·um**) *n.* (*pl.* **-nea** [-níːə]) 〖해부〗 회음(會陰).

‡**pe·ri·od** [pí(ː)riəd / píər-] *n.* 1 〖어떤 특징에 의해 구별되는〗 시기, 시대(era); 〖발전 따위의〗 단계, 기(期) (stage); 〖어떤 일·현상이 계속되는〗 기간; 〖동일한 현상이 반복되는〗 주기. ¶ the Socratic *period* 소크라테스 시대 / the *period* of the Renaissance 문예 부흥 시대 / a transition *period* 과도기 / at the *period* of adolescence 청년기에 / at fixed *periods* 정기(定期)에, 일정한 기간을 두고 / The report covers a *period* of five years. 그 보고서는 5년간의 기간에 걸쳐 있다.
類語 *period* 단지 어느 시기: the war *period* 전쟁 시대. *age* 중심적 인물·명확한 특색이 지배적인 시대; 종종 *era*와 교환 가능: the Stone *Age* 석기 시대 / the Victorian *Age* 빅토리아 시대. *era* 특히 새로운 상태에 들어간 시대: an *era* of environment conservation 환경 보전의 새 시대(개막). *epoch* 현저한 변화로 상징되는 *era*의 개막 또는 그 *era*: an *epoch* of mass transportation by air 대량 공수의 새 시대(개막).
2 (the ~) 현대. ¶ the young men of the *period* 현대의 젊은이들 / the costume of the *period* 현대의 복장.
3 결말, 종결, 말기(의). ¶ come to a *period* 종결하다, 끝나다 / put a *period* to …을 종결짓다.
4 〖교육〗 수업 시간; 〖시합의〗 한 단계. ¶ We have six *periods* on Monday. 월요일에는 6시간 수업이 있다.
5 〖천문·물리〗 주기. ¶ a *period* of revolution 공전 (公轉) 주기. 〖브라이기〗
6 〖지리〗〖지질의〗 기(紀). ¶ the Cambrian *period* 캄
7 〖수학〗〖순환 소수의〗 순환절, 주기.
8 〖의학〗〖병의〗 과정, 주기; 〖때로 ~s〗 월경.
9 〖문법〗 종지부, 마침표, 완전문〖몇 개의 절로 이루어지며 종지부로 완결되는 문장〗; 〖修辭〗(~s) 미사, 미문(美文); 도미문(掉尾文)(periodic sentence), 종합문. ¶ Spenserian *periods* 스펜서류의 미사여구.
注意 종지부— (1) 의문문·감탄문 이외의 문장 끝에 찍는 것을 원칙으로 하나, 의문문·감탄문에 있어서도 의문문이 의문의 뜻을 갖지 않거나 감탄문의 어조가 약할 때는 의문 부호·감탄 부호가 아니라 종지부를 쓴다: Is it not natural that he should be angry. 그가 화를 내는 것도 무리가 아니다. How gentle she is. 그녀는 정말 상냥하다. (2) *period*는 약어가 문미에 있을 경우에는 중복해서 종지부를 찍지 않는다: He was born in 75 B.C.
10 〖음악〗 완전 악장〖8 또는 16소절로 이루어지며, 전악절·후악절로 구분되고, 마지막은 완전 종지법으로 끝난다.
11 〖문미에 독립적으로 첨가하여〗 바로 그대로임, 이상(以上). ¶ I won't go. *Period*. 나는 안가겠어, 절대로!
— *adj.* 어떤 시대의(에) 독특한, 역사물(物)의. ¶ *period* furniture 어떤 시대의 가구 / a *period* novel (play) 역사 소설(극).

periodic, periódical *adj.*

***pe·ri·od·ic** [pì(ː)riɑ́dik / píəriɔ́dik] *adj.* 1 주기적인(으로 일어나는), 정기적인. 2 〖물리·수학·천문〗 주기의(적인). ¶ a *periodic* function 주기 함수 / a *periodic* time 일주 기간 / the *periodic* table 원소의 주기율표 / a *periodic* comet 주기 혜성 / a *periodic* wind 계절풍. 3 간헐적인, 단속적인(intermittent). 4 〖修辭〗 완전문의; 미문(美文)의; 도미문(掉尾文)의.

perìódic ácid [pəràiódid] *n.* 〖화학〗 과요소산.

***pe·ri·od·i·cal** [pì(ː)riɑ́dik(ə)l / píəriɔ́d-] *n.* 〖일간 이외의〗 정기 간행물, 잡지. — *adj.* 1 〖잡지 따위가〗 정기 간행의; 정기 간행물의, 잡지의. 2 = periodic.
~·ly [-kəli] *adv.* ◇ **périod** *n.*

pe·ri·o·dic·i·ty [pì(ː)riədísiti / pìər-] *n.* (*pl.* **-ties**) 1 〖주기성, 정기성, 일정한 시간마다 일어나기. 2 U 〖화학〗 주기성; 〖원소의〗 주기율표상의 위치. 3 〖전기〗 주파(수)(frequency).

peri·ódic láw *n.* 〖화학〗 주기율.

perìódic séntence *n.* 도미문(掉尾文)〖의미·문법상으로 문미에 가서야 완결되는 문장〗.

perìódic sýstem *n.* 〖화학〗 주기계(系)〖주기율에 의해서 분류된 원소의 체계〗.
〖物〗.
per·i·o·dide [pəráiədàid] *n.* 〖화학〗 과요소화(過沃化)物.
per·i·od·i·za·tion [pì(ː)riədzéiʒ(ə)n / pìəridai-] *n.* U 시대별 분류.

per·i·o·don·tal [pèriədánt(ə)l / -dɔ́n-] *adj.* 치주(齒周)의, 치근막의(에 관계가 있는). 「거적은 것.
périod piece *n.* [소설·그림·전물 따위의] 시대와
per·i·os·te·al [pèriástiəl / -ɔ́s-] *adj.* 〖해부〗 골막(骨膜)의.
per·i·os·te·um [pèriástiəm / -ɔ́s-] *n.* (*pl.* **-te·a** [-tiə]) 〖해부〗 골막(骨膜).
per·i·os·ti·tis [pèriastáitis / -ɔs-] *n.* ⓤ 〖병리〗 골막염.
per·i·ot·ic [pèrióutik, -átik / -ɔ́tik] *adj.* 〖해부〗 내이(內耳) 주위의, 내이 주변의; 위이골(圍耳骨)의.
Per·i·pa·tet·ic [pèripətétik] *adj.* **1** 소요학파의(아리스토텔레스가 Lyceum의 동산을 소요하면서 제자를 가르친 일에서); 아리스토텔레스 학파(철학)의. **2** (p-) 걸어다니는, 돌아다니는, 순회하는; 행상의. ¶ a *peripatetic* habit 걸어 돌아다니는 습관 / a *peripatetic* vender 돌아다니는 행상인, 도부 장수. ── *n.* **1** 소요학파의 사람, 아리스토텔레스의 제자. **2** (p-) 돌아다니는 사람, 행상인. **3** (~s) 소요. **-i·cal·ly** [-ikəli] *adv.*
Per·i·pa·tet·i·cism [pèripətétisìz(ə)m] *n.* ⓤ **1** 소요학파, 아리스토텔레스 학파. **2** (p-) 소요(벽), 편력.
per·i·pe·tei·a [pèripitéi·(j)ə, -táiə], (**per·i·pe·ti·a** [-táiə]) *n.* 〖문학〗 [소설·연극 따위에서의] 갑작스러운 전회(轉回); 운명의 급전, 유위전변(有爲轉變).
pe·riph·er·al [pərifər(ə)l] *adj.* **1** 주위의, 외면(外面)의. **2** 〖신경의〗말초의. **3** 〖컴퓨터〗주변(장치)의. ¶ a *peripheral* device(unit) 주변 장치(카드판독 장치·라인 프린터 따위). **~·ly** [-rəli] *adv.*
pe·riph·er·y [pərifəri] *n.* (*pl.* **-er·ies**) **1** (원형 따위의) 주위, 원주. **2** (둥근 것의) 외면, 외부, 표면; 〖몸의〗 허리 둘레. **3** 〖신경·신경계의〗말초.
per·i·phon·ic [pèrifánik / -fɔ́n-] *adj.* 전방향적 방향 시스템의, 다중(多重) 채널의. *cf.* multichannel
per·i·phrase [périfrèiz] *vt., vi.* 에둘러(완곡하게) 말하다, 넌지시 암시하다. ── *n.* =periphrasis.
pe·riph·ra·sis [pərifrəsis] *n.* (*pl.* **-ses** [-sìːz]) ⓤ 〖문법〗 완곡어법(婉曲語法), 에둘러 말하기, 우회적 표현법. **2** 우회적인 표현(문장).
per·i·phras·tic [pèrifrǽstik] *adj.* **1** 우회적인, 완곡한(roundabout). **2** 〖문법〗 우회적인(예컨대 a son of Mr. Smith는 Mr. Smith's son에 대하여 periphrastic 이다). ¶ *periphrastic* comparison 우회적 비교 변화(원급 앞에 more, most를 붙이는 것). **-ti·cal·ly** [-tikəli] *adv.*
pe·rique [pərík] *n.* 페리크 잎〖미국 Louisiana 주 산(産)의 향기가 강한 담배〗.
per·i·scope [pèriskòup] *n.* **1** 잠수함 따위의 잠망경. **2** 잠망경 렌즈.
per·i·scop·ic [pèriskápik / -skɔ́p-], (**per·i·scop·i·cal** [-kəl]) *adj.* **1** 〖렌즈가〗 사방을 볼 수 있는, 전망이 좋은. **2** 잠망경(용)의, 잠망경의.
‡**per·ish** [périʃ] *vi.* **1** 〖폭력·궁핍 따위 때문에〗죽다(die). ¶ *perish* with famine 굶어죽다 / Many birds *perished* of cold. 많은 새가 얼어죽었다. **2** 사라지다, 썩어 없어지다, 소멸하다; 무너지다, 피폐하다(*in*...). ¶ All the buildings *perished* in flames. 모든 건물이 불길에 싸여 붕괴했다. **3** 〖정신적으로〗타락하다, 부패하다. ── *vt.* **1** 〖주로 방언〗[추위가]〖농작물을〗해치다, 상하게 하다. 〖보통 수동형으로〗〖추위·굶주림 따위가〗 …을 쇠약하게 하다, 몹시 괴롭히다. ¶ We were all *perished* with hunger. 우리는 모두 굶주림에 지쳐 있었다.
Perish the thought! 그만둬!, 집어치워!
per·ish·a·bil·i·ty [pèriʃəbíləti] *n.* ⓤ 사멸(死滅)을 면키 어려움; 부패성, 썩기 쉬움.
per·ish·a·ble [périʃəbl] *adj.* 사멸하기 쉬운, 부패하기 쉬운, 말라죽기 쉬운. ── *n.* (보통 ~s) 부패하기 쉬운 것(음식). **~·ness** *n.*
per·ish·er [périʃər] *n.* **1** 사멸(하게) 하는 사람(것). **2** 〖속어〗 야비한 남자(bounder), 보기 싫은 놈.
per·ish·ing [périʃiŋ] *adj.* **1** 사멸하는, 죽는, 썩는, 말라죽는. **2** 〖추위 따위가〗극심한, 혹독한. **3** 지독한, 형편없는(confounded). **~·ly** *adv.*
per·i·sperm [périspə̀ːrm] *n.* ⓤ 〖식물〗 배유(胚乳).
per·i·spome [périspòun], **-spom·e·non** [perispáminən / -spóuminən, -nɔn] *adj.* 〖그리스 문법에서〗 어미에 억양 음표가 있는. ── *n.* (*pl.* **-me·na** [-minə]) 그러한 말.
pe·ris·so·dac·tyl [pərìso(u)dǽktəl], (**pe·ris·so·dac·tyle**) 〖동물〗 발가락이 홀수인, 기제(奇蹄)류의. ── *n.* 기제류의 동물〖무소·말·맥 따위〗.
Pe·ris·so·dac·ty·la [pərìso(u)dǽktilə] *n. pl.* 〖동물〗 기제류(奇蹄類).
per·i·stal·sis [pèristǽlsis, +美 -stɔ́ːl-] *n.* (*pl.* **-ses** [-sìːz]) ⓤⓒ 〖생리〗 연동(蠕動)〖장 따위의 운동을 말한다〗, 연동하는, 연동의(것).
per·i·stal·tic [pèristǽltik, +美 -stɔ́ːl-] *adj.* 〖생리〗 연동의.
per·i·stome [péristòum] *n.* **1** 〖식물〗 [이끼류의] 삭치(蒴齒), 치모(齒毛). **2** 〖동물〗 입 언저리, 입가, 위구부(圍口部).
per·i·sty·lar [pèristáilər] *adj.* 〖건축〗 주열식(柱列式)의, 페리스타일의.
per·i·style [péristàil] *n.* 〖건축〗 **1** 열주랑(列柱廊), 주열(柱列), 페리스타일. **2** 주열로 둘러선 안마당.
per·i·to·ne·al [pèritəníːəl] *adj.* 〖해부〗 복막의.
per·i·to·ne·um [pèritəníːəm] *n.* (*pl.* **-ne·a** [-níːə] *or* **-ums**) 〖해부〗 복막(腹膜).
per·i·to·ni·tis [pèritənáitis] *n.* ⓤ 〖병리〗 복막염.
per·i·wig [périwìg] *n.* 가발의 일종.
per·i·win·kle[1] [périwìŋkl] *n.* **1** 총알고둥의 일종. **2** 〖일반적으로〗 작은고둥. 「〖식물〗.
per·i·win·kle[2] [périwìŋkl] *n.* 빙카〖협죽도과의 식물〗.
per·jure [pə́ːrdʒər] *vt.* (**-jured, -jur·ing**) 〖재귀용법〗 …에게 위증시키다. ¶ He *perjured* himself. 그는 위증했다.
per·jured [pə́ːrdʒərd] *adj.* 위증한(forsworn); 위증죄를 범한. ¶ *perjured* testimony 허위 증언.
per·jur·er [pə́ːrdʒ(ə)rər] *n.* 위증자.
per·ju·ry [pə́ːrdʒ(ə)ri] *n.* ⓤⓒ (*pl.* **-ries**) **1** 〖법률〗 위증; 위증죄. ¶ commit *perjury* 위증죄를 범하다. **2** 거짓, 파약(破約).
perk[1] [pəːrk] *vi.* **1** 머리를 거만하게 쳐들다, 몸을 뒤로 젖히다, 어깨를 으쓱거리다, 젠체하다; 주제넘게 나서다. ¶ (~+圖+匣) He *perks* over his neighbors. 그는 이웃 사람들한테 으스댄다 // (~+圖) She *perked* away from him. 그녀는 새침들하게 그에게서 떠나갔다. **2** 〖낙심·병 따위 후에〗 기력을 회복하다(up). ¶ (~+圖) He has *perked up* considerably. 그는 상당히 기력을 회복했다. ── *vt.* **1** 〖머리 따위를〗 오만하여 들다; …을 의기양양하게 하다 (...*up, out*). ¶ (~+圖+匣+圖) *perk* one's head *up* 의기양양해하다 / The bird *perks* its tail *up*. 그 새는 꼬리를 한껏 치켜 든다. **2** …에게 멋 부리게 하다, …을 치장시키다 (...*up, out*).
perk it 뽐내다, 젠체하다, 주제넘게 나서다.
── *adj.* =perky.
perk[2] [pəːrk] *v.* 〖구어〗 =percolate.
perk[3] [pəːrk] *n.* 〖英구어〗 =perquisite.
perk·y [pə́ːrki] *adj.* (**perk·i·er, perk·i·est**) **1** 건방진(cocky), 염치없는, 주제넘은. **2** 의기양양한, 원기왕성한(brisk). **perk·i·ly** *adv.* **perk·i·ness** *n.*
per·lite [pə́ːrlait] *n.* 〖암석〗 진주암, 펄라이트.
per·lit·ic [pəːrlítik] *adj.* 진주암의, 펄라이트의.
perm [pəːrm] *n.* 〖구어〗 *n.* 〖머리의〗 파마(permanent wave). ── *vt.* 〖머리〗를 파마하다. ── *vi.* 파마하다.
perm. 〖略〗 permanent.
per·ma·frost [pə́ːrməfrɔ̀ːst / -frɔ̀st] *n.* 〖극지〗 영구 동결층.
Perm·al·loy [pə́ːrmǽlɔi, pə́ːrmǽlɔ̀i] *n.* 〖상표명〗 퍼멀로이〖철 20-25%를 함유하는 니켈 합금〗.

per·ma·nence [pə́ːrmənəns] n. ⓤ 영구, 불변; 영속[성], 내구[성].

per·ma·nen·cy [pə́ːrmənənsi] n. (pl. -cies) 1 = permanence. 2 영속(영구)적인 것(사람); 종신관(官), 종신 고용.

‡**per·ma·nent** [pə́ːrmənənt] adj. 1 영구한, 영원히 불변의. ⇨ ETERNAL 類語; 영속하는; 내구(耐久)의. ¶ one's permanent address 본적/permanent peace 영구 평화/a permanent magnet 영구 자석. 2 상치(常置)의, 상임의. ¶ a permanent committee 상임 위원회. —n.《구어》= permanent wave.
◇ pérmanence, pérmanency n.

***per·ma·nent·ly** [pə́ːrmənəntli] adv. 영구(영원)히, 불변하여; 영속하여; 상치(상임)로.

pérmanent préss n. ⓤⓒ [바지 주름의] 영구 가공, 퍼머넌트 프레스 가공.

pérmanent wáve n. [머리의] 퍼머넌트 웨이브, 파마.

pérmanent wáy n.《英》철도 선로, 궤도.

per·man·ga·nate [pə(ː)rmǽŋgəneit, -nit] n.【화학】과망간산염.

per·man·gán·ic ácid [pə̀ːrmæŋgǽnik-] n. ⓤ【화학】과망간산.

per·me·a·bil·i·ty [pə̀ːrmiəbíliti] n. ⓤ 1 침투성, 투과성. 2【물리】(導磁性), 투자율(透磁率). 3【항공】[비행선·기구 따위 가스의] 삼출(滲出)량(률).

per·me·a·ble [pə́ːrmiəbl] adj. 투과(침투)하는, 침투성이 있는. ¶ Wood is permeable to oil. 목재에는 기름이 스며들 수 있다. **-bly** adv.

per·me·ance [pə́ːrmiəns] n. ⓤ 1 침투, 투과. 2【물리】도자도(導磁度).

per·me·ate [pə́ːrmièit] v. (**-at·ed, -at·ing**) vt. 1 …에 스며들다, …을 투과하다, …에 침투하다 (penetrate). ¶ The rain has permeated the sand. 비가 모래 속에 스며들어 버렸다. 2 …에 가득 차다, 자욱해지다, …에 퍼지다, 충만하다. ⇨ PERVADE 類語; [사상·주의·영향 따위가] …에 퍼지다, …에 보급되다. ¶ Smoke permeated the room. 연기가 방 안에 자욱했다 // (~+图+前+名) They are permeated with optimism. 그들은 낙천주의에 지배되고 있다. —vi. 침투하다, 두루 스며들다(penetrate), 널리 퍼지다, 보급되다(spread) (in, into, through, among...). ¶ Water permeated into the soil. 물이 스며들어 흙 속으로 배었다.

per·me·a·tion [pə̀ːrmiéiʃ(ə)n] n. ⓤ 침투, 충만; 보급.

per men·sem [pə̀ːr ménsəm] adv.《라틴》(= per month) 한 달에, 달마다.

Per·mi·an [pə́ːrmiən] adj. 【지질】이첩기(二疊紀)(계(系))의, the Permian period (system) 이첩기(계). —n. 1 이첩기(계). 2 the Perm 어과(語派)[핀우골(Finno-Ugric) 어파의 한 파].

per mill [pər míl] [par mille, per mil] adv. 천(千)에 대하여, 천분의. (<L by the thousand)

per·mil·lage [pərmílidʒ] n. ⓤⓒ 천분율(千分率).

per·mis·si·bil·i·ty [pə(ː)rmìsəbíliti] n. ⓤ 허용됨, 무방함.

per·mis·si·ble [pə(ː)rmísəbl] adj. 허용된; 허용할 수 있는, 무방한(allowable). **~ness** n. **-bly** adv.

‡**per·mis·sion** [pə(ː)rmíʃ(ə)n] n. ⓤ 허락, 허가(consent); 면허(license). ¶ with your permission 허락해 주신다면 / without permission 허가없이, 무단히 / ask for permission 허가를 신청하다 / get permission 허가를 얻다 / grant (or give) permission 허가해 주다 // You have my permission to go. 가도 좋다. ⓤ ⓤⓒ 승낙, 허용, 용인(sanction). ¶ a written permission 허용서, permit v., permíssive adj.

per·mis·sive [pə(ː)rmísiv] adj. 1 허락하는, 허가를 나타내는(allowing). 2 허용된, 자유스러운. 3 사회적 관습을 초월하여 허용적인, 방임적인.

~ly adv. ~ness n.

permíssive socíety n. 용인(容認) 사회, 관용 사회 [종래의 윤리관으로는 허용될 수 없는 성(性) 따위의 행동에 대해 관대한 사회].

per·mis·siv·ism [pə(ː)rmísivìz(ə)m] n. 방임주의, 허용적 태도[관습에 어긋나는 행위 따위를 너그럽게 묵인하는 태도].

per·mis·siv·ist [pə(ː)rmísivist] n. 사회적 관습을 초월하여 허용적인 사람.

‡**per·mit** v. [pə(ː)rmít] → n. (**-mit·ted, -mit·ting**) vt. 1 [남에게 어떤 행위 따위를 하는 것을] 허락하다, […에게] …을 허가하다, […하는 것을] 허락하다. ⓤ ALLOW 類語. ¶ (~+图+to do) Will you permit me to smoke? = Will you permit my smoking? 담배를 피워도 괜찮겠습니까? / Permit me to interrupt you, but... 말씀하시는 도중에 죄송합니다만 … // (~+图+图) He wouldn't permit me any excuse. 그는 내 변명을 들으려고 하지 않았다.

2 [어떤 행위·사물 따위를] 묵인하다, 방임하다, …하는 대로 내버려두다(tolerate). ¶ I do not permit noise in my room. 나는 방에서는 시끄럽게 하는 것은 안 된다 / Smoking is not permitted here. 여기서는 흡연이 금지되어 있다 // (~+图+前+名) He never permitted himself in extravagance. 그는 결코 사치에 흐르는 법이 없었다.

3 …을 가능케 하다, …을 허용(용납)하다, …의 기회를 주다. ¶ This sentence permits no doubt. 이 문장은 의문의 여지가 없다.

—vi. 허락하다, 허용하다(allow); 용납하다, 용인하다(admit) (of ...). ¶ weather permitting 날씨만 좋다면 / so far as health permits 건강이 허락하는 한 / I'll come if time and weather permit. 시간과 날씨가 허락한다면 가겠습니다 // (~+前+名) The situation permits of no delay. 한시도 지체할 수 없는 상황이다.

—n. [pə́ːrmit, +美 pə(ː)rmít] 인가, 허가[증], 면허장; 면허(허가)증. ◇ permíssion n., permíssive adj.

per·mit·ter [pə(ː)rmítər] n. 허가자, 인가자.

per·mu·ta·ble [pə(ː)rmjúːtəbl] adj. 변경(교환)할 수 있는; 순서를 바꿀 수 있는.

per·mu·ta·tion [pə̀ːrmjutéiʃ(ə)n] n. 1【수학】순열. 2 [순서의] 교환, 변환, 치환(置換).

per·mute [pə(ː)rmjúːt] vt. (**-mut·ed, -mut·ing**) 1 …의 순서를 바꾸다, …을 변경하다, 교환하다, 갈아 넣다. 2【수학】…의 순열을 만들다, …을 치환하다.

***per·ni·cious** [pə(ː)rníʃəs] adj. 1 해로운(injurious), 유독한, 파괴적인; 치명적인(fatal). 2 a habit pernicious to a person 남에게 해로운 습관. 2 (드물게) 사악한(wicked). **~·ly** adv. **~·ness** n.

pernícious anémia n. 【병리】악성 빈혈.

per·nick·et·y [pərníkiti] adj.《구어》1 꾀까다로운(fastidious); 꼼상스러운(meticulous). 2 다루기 어려운(ticklish), 까다로운, 힘이 드는(painstaking).

per·noc·ta·tion [pə̀ːrnɑktéiʃ(ə)n / -nɔk-] n. ⓤⓒ 철야, 그 장소에서의 철야.

per·o·rate [pérəreit] vi. (**-rat·ed, -rat·ing**) 1 열변을 토하다(harangue), 논평하다, 연설하다(make a speech). 2 연설을 결론짓다, 결론짓다.

per·o·ra·tion [pèrəréiʃ(ə)n] n. ⓤⓒ【修辭】[연설 따위의] 결론, 결미(結尾), 맺는 말.

per·o·ra·tor [pérəreitər] n. 열변가.

per·ox·ide [pərɑ́ksaid / -rɔ́ks-] n.【화학】과산화물; 과산화 수소. —vt. (**-id·ed, -id·ing**) [머리털 따위를] 과산화 수소로 표백하다. ~tive 사람, 바랜 여자.

peróxide blónde n. 금발로 보이도록 머리를 물들인 여자.

per·ox·y·ac·e·tyl nítrate [pərɑ́ksiæsitìl / -rɔ́ks-] n. 질산 과산화 아세틸[스모그에 함유된 독성이 강한 물질].

perp.《略》perpendicular; perpetual.

per·pend[1] [pə́ːrpənd] n. 【석공】관석(貫石)[벽을 둘러 양쪽으로 내민 돌].

per·pend[2] [pərpénd]《고어》vt. …을 심사숙고하다 (ponder). —vi. 심사숙고(궁리)하다(reflect).

*per·pen·dic·u·lar [pə̀:rp(ə)ndíkjulər] adj. 1 수직의, 연직(鉛直)의, 직립한(vertical). ⇨ UPRIGHT 類語 ¶ perpendicular wrinkles 이마의 세로 주름. 2 [기하] [선·면 따위에] 직각을 이루는. ¶ draw a line perpendicular to a given line 주어진 선에 수직선을 긋다. 3 (P-) 수직식 건축의. 4 몹시 가파른, 급경사의 (steep). —— n. 1 수[직]선, 수직면. 2 수직 측정기. 3 □ 수직의 위치(상태), 수직. ¶ be out of [the] perpendicular 기울어져 있다. 4 급경사, 절벽. 5 □ 품행방정. 6 《英속어》서서 먹기(마시기). ~·ly adv. ◇ perpendiculárity n.

per·pen·dic·u·lar·i·ty [pə̀:rp(ə)ndìkjuláeriti] n. □ 수직, 직립.

per·pend [pə́:rpənt] n. =perpend¹.

per·pe·tra·ble [pə́:rpitrəbl] adj. [나쁜 짓을] 할 수 있는, [죄를] 범할 수 있는.

per·pe·trate [pə́:rpitrèit] vt. (-trat·ed, -trat·ing) 1 [나쁜 짓]을 하다, [죄·잘못]을 저지르다. 2 [어리석은 짓·못된 장난 따위]을 하다.

per·pe·tra·tion [pə̀:rpitréiʃ(ə)n] n. 1 □ 나쁜 짓을 하기. 2 범행, 범죄.

per·pe·tra·tor [pə́:rpitrèitər] n. 나쁜 짓을 하는 사람, 가해자, 범죄자, 하수인.

‡per·pet·u·al [pərpétʃuəl, +英 -tju(ə)l] adj. 1 영원한, 영구의, 불후(不朽)의, 무궁한. ⇨ ETERNAL 類語 ¶ perpetual existence 영원한 존재 / the perpetual motion [물리학상의 가정의] 영구 운동 / perpetual snow [고산의] 만년설. 2 [생전의], 그칠 새 없는(constant), [구어] 끊임없이 되풀이되는, 잦은, 빈번한(frequent). ⇨ CONTINUAL 類語 ¶ perpetual chatter 쉴새없이 지절임. 3 [지위·권리 따위가] 종신의. ¶ perpetual imprisonment 종신 징역. 4 [원예] 사철 꽃피는. ¶ a perpetual rose 사철 피는 장미. —— n. 1 다년생 식물. 2 사철 피는 장미. ◇ perpétuate v., perpetúity n.

perpétual cálendar n. 만년력(曆).

*per·pet·u·al·ly [pərpétʃuəli, +英 -tju-] adv. 영구(영원)히, 불후하게, 끊임없이(incessantly).

per·pet·u·ance [pərpétʃuəns, +英 -tju-] n. =perpetuation.

per·pet·u·ate [pə(:)rpétʃuèit, +英 -tju-] vt. (-at·ed, -at·ing) …을 영속시키다; …을 불후(불멸)하게 하다. ¶ perpetuate one's name in history 역사에 이름을 남기다.

per·pet·u·a·tion [pə(:)rpétʃuéiʃ(ə)n, +英 -tju-] n. □ 영구화함, 영속, 불후[화], 영구 불멸[화].

per·pet·u·a·tor [pə(:)rpétʃuèitər, +英 -tju-] n. 영속시키는 사람, 불후하게 하는 사람, 보전자(保全者).

per·pe·tu·i·ty [pə̀:rpit(j)úːiti - tjúː(ː)-] n. (pl. -ties) 1 □ 영속, 불멸, 영구. 2 영속하는 것; 종신 연금. 3 [법률] [재산의] 영구 구속; 영구 재산[소유권]. 4 단리(單利)가 원금과 동일하게 되는 시기.
in (or to, for) perpetuity 영원히, 영구히, 불멸하게.

‡per·plex [pərpléks] vt. 1 [남]을 갈피를 못잡게 하다, 당황하게 하다, 난처[곤란]하게 하다, 혼란시키다. ⇨ EMBARRASS 類語 ¶ His strange silence perplexes me. 그의 이상한 침묵이 나를 당황하게 만든다 // (~+⊕/+⊕+ 前+图) They perplexed him with questions. 그들은 그에게 질문을 퍼부어 난처하게 만들었다 / He was perplexed over (or at) the situation. 그는 그 사태에 당황했다. 2 [사물]을 복잡하게 만들다, 뒤얽히게 하다, 혼란시키다(confuse), 이해하기 어렵게 만들다. ¶ Don't perplex the problem. 문제를 복잡하게 만들지 마라. ◇ perpléxity n.

per·plexed [pərplékst] adj. 당황한, 난처한, 어쩔 줄 모르는(puzzled), 뒤얽힌, 까다로운, 복잡한.
-plex·ed·ly [-pléksid-] adv.

per·plex·ing [pərpléksiŋ] adj. 1 당황하게 하는, 난처하게 하는. 2 뒤얽힌, 복잡한. ~·ly adv.

*per·plex·i·ty [pərpléksiti] n. (pl. -ties) 1 □ 당황, 곤혹, 차당, 혼란. ¶ in perplexity 당황하여 / to one's perplexity 난처하게도. 2 난처한 일, 당황하게 하는 것, 뒤얽힌 것; 혼잡, 혼란. ◇ perpléx v.

per pro. 《略》per procurationem.

per pro·cu·ra·ti·o·nem [pə:r pràkjureiʃióunem, -prɔ̀k-] adv. [법률] 대리로[서], 대리를 통해서. [<L by proxy]

per·qui·site [pə́:rkwizit] n. 1 임시 수입, 초과 이득; [합법적인] 부수입, 수당, 상여금. 2 《주로 英》팁, 축의금. 3 [법률] [영국의] 장원(莊園) 영주의 부정기 소득.

per·ron [pérən] n. 〖건축〗 큰 건물의 현관 앞 따위의 [바깥 계단.

per·ry [péri] n. □《英》배로 빚은 술.

pers. 《略》person, personal, personally.

Pers. 《略》Persia, Persian.

per se [pəːr séi, -síː] adv. 스스로, 그 자체는; 본질적으로. [<L by itself]

perse [pəːrs] n. □ 회청(灰靑)색, 짙은 청(자)색.
—— adj. 회청색의, 짙은 청(자)색의.

*per·se·cute [pə́:rsikjùːt] vt. (-cut·ed, -cut·ing) 1 [특히 종교·정치·민족 따위가 달라] [남]을 박해하다, 괴롭히다, 학대하다, 압박하다. ¶ persecute pagans 이교도를 박해하다. 2 …을 짓궂게 괴롭히다, …에게 집요하게 졸라대다(worry, harass). ¶ (~+⊕/+前+图) The boy persecuted me with questions. 그 소년은 내게 귀찮을 정도로 질문했다.
persecútion n., pérsecutive adj.

*per·se·cu·tion [pə̀:rsikjúːʃ(ə)n] n. □ 박해, 학대, 책망; 끈덕지게 졸라대기(졸라기); 2 [역사 등에서의] 박해(학대)의 사실. ◇ persécute v., pérsecutive adj.

persecútion cómplex(mánia) n. 피해(박해) 망상.

per·se·cu·tive [pə́:rsikjùːtiv] adj. 박해하는, 괴롭히는, 못살게 구는.

per·se·cu·tor [pə́:rsikjùːtər] n. 박해자, 학대자.

Per·se·ids [pə́:rsiidz] n. [천문] 페르세우스좌의 유성군[매년 8월 11일경 나타난다].

Per·seph·o·ne [pə(ː)rséfəni] n. 〖그리스 신화〗 페르세포네[Zeus와 Demeter의 딸. Hades (Pluto)에게 납치당해서 그의 아내가 되고, 하계(下界)의 여왕이 되었다. 로마 신화의 Proserpina에 해당].

Per·sep·o·lis [pə(ː)rsépəlis] n. 페르세폴리스[고대 Persia의 수도; 현재의 Iran 남부에 유적이 있다].

Per·seus [pə́:rs(j)uːs, -siəs] n. 1 〖그리스 신화〗 페르세우스[Zeus와 Danaë의 아들로서 Medusa를 죽인 영웅; Andromeda를 아내로 삼았다]. 2 〖천문〗 페르세우스좌.

*per·se·ver·ance [pə̀:rsivíː(ː)rəns / -víər-] n. □ 1 인내, 불굴(견인 불발)의 노력. ¶ with perseverance 참을성있게. 2 〖신학〗 견인(堅忍), 구원의 은총을 궁극적으로 유지하기, 궁극 구제[영원한 구원에 이른다고 하는 Calvin 신학의 사상]. ◇ persevére v.

per·se·ver·ant [pə̀:rsivíː(ː)rənt / -víər-] adj. 불요불굴의, 참을성 있는.

*per·se·vere [pə̀:rsivíər] vi. (-vered, -ver·ing) [곤란·장애 따위에] 굴하지 않고 꾸준히 하다, 끝까지 해내다; [설 따위를] 고집하다 (in, with...). ¶ persevere in (or with) one's studies 꾸준히 연구해 나가다 / persevere in the right 끝까지 정의를 옹호하다.
◇ perseveránce n., persevérant adj.

per·se·ver·ing [pə̀:rsivíː(ː)riŋ/-víər-] adj. 참을성있는, 끈질기게 하는, 불요불굴의(persistent). ~·ly adv.

Pér·shing II [pə́:rʃiŋ tuː] n. 《美육군》퍼싱 II형 미사일 [2단계 지대지(地對地) 핵탄두 미사일; 사정 거리 2,000km].

*Per·sia [pə́:rʒə, -ʃə /-ʃə] n. 페르시아[1935년 이란 (Iran)으로 개칭] (the Persian Empire).
◇ Pérsian adj., n.

Per·sian [pə́ːrʒ(ə)n, -ʃ(ə)n / -ʃ(ə)n] *adj.* 페르시아의; 페르시아인(의)의. ─ *n.* **1** 페르시아인; Ⓤ 페르시아어. **2** (보통 ~s) =Persian blinds. 「늘창.
Pérsian blínds *n. pl.* [널빤지로 엮은 발 모양의]미
Pérsian cárpet *n.* 페르시아 융단(Persian rug).
Pérsian cát *n.* 페르시아 고양이[털이 길고 고운 고양이]. 「Arabia와 Iran 사이의 부분].
Pérsian Gúlf *n.* (the ∼) 페르시아만[Arabia해의
Pérsian lámb *n.* 페르시아 새끼양; Ⓤ 그 모피(car-
Pérsian lílac *n.* 멀구슬나무. 「acul).
Pérsian rúg *n.* =Persian carpet. 「blinds.
per·si·ennes [pə̀ːrziénz / -si-] *n. pl.* =Persian
per·si·flage [pə́ːrsiflɑ̀ːʒ/pɛ̀ərsiflɑ́ːʒ] *n.* Ⓤ 익살, 농담, 야유, 조롱, 빈정대기.
*****per·sim·mon** [pə(ː)rsímən] *n.* 감나무; 감.
per·sist [pə(ː)rsíst, +美 -zíst] *vi.* **1** 끝까지 해내다 (주장하다), 관철하다, 고집하다(*in ...*). ¶ (~+前+阁) *persist in* one's project (opinion) 자기의 계획(의견)을 고집하다/In spite of the teacher's warning, he *persisted in* arriving late for school. 선생님의 경고에도 불구하고 그는 계속 학교에 지각했다. **2** 지속하다, 존속하다, 살아남다. ⇨ CONTINUE 頮푒 ¶ I hope the good weather will *persist* for our holiday. 휴일에 좋은 날씨가 계속되었으면 좋겠다.
◇ persístence *n.*, persístent *adj.*
*****per·sist·ence** [pə(ː)rsístəns, +美 -zíst-], **-en·cy** [-ə)nsi] *n.* Ⓤ **1** 고집, 집요; 이자주의, 불굴. ¶ a person without *persistence* 인내력이 없는 사람 / with *persistence* 집요하게, 끈기있게. **2** 지속; 영속; 결과(효과)의 지속.
◇ persístent *v.*, persístently *adv.*
‡**per·sist·ent** [pə(ː)rsístənt, +美 -zíst-] *adj.* **1** 고집하는, 집요한; 완고한. ⇨ STUBBORN 頮푒 끈기있는. ¶ a *persistent* worker 꾸준히 일하는 노동자. **2** 지속성의(enduring); 끊임없는. ¶ *persistent* efforts 끊임없는 노력. **3** [식물] 일찍이 지지 않는, 상록(常綠)의; [동물] [기관 따위가] 소멸하지 않는. *opp.* deciduous **4** [화학 약품 따위가] 분해하기 어려운, 안정된. **~ly** *adv.*
per·snick·et·y [pərsníkiti] *adj.* 《구어》 꾀까다로운, 귀찮은, 마음이 불안정한, 매우 소심한(pernickety).
‡**per·son** [pə́ːrsn] *n.* **1** 사람, 인간. ¶ a kind *person* 친절한 사람 / a young *person* 젊은 사람(＊ 특히 젊은 여성에 대하여 woman, lady 중 어느 쪽을 써야 할지 모를 때 따위, 여러 가지 점에서 구별하기 어려울 때 쓰는 수가 많다) / There were three *persons* in the room. 그 방에는 세 사람이 있었다. **2** (주로 英)《경멸적》놈, 녀석(fellow). **3** 인물; 인품, 개성(personality). ¶ an important *person* 중요 인물. **4** 신체, 몸(body); 옷차림, 풍채, 모습(appearance). ¶ an agreeable *person* 호감이 가는 용모와 자태 / have a fine *person* 몸매(옷차림)가 좋다 / offenses against a *person* 신체에 대한 위해(危害) / a woman of a comely *person* 용모와 자태가 아름다운 여성 / on one's *person* 몸에 지니고, 휴대하여. **5** [법률] [권리·의무의 주체로서의] 사람. ¶ an artificial (or a juridical) *person* 법인 / a person of capacity [법률의 대상이 되는] 능력자. **6** [문법] 인칭. ¶ the first (second, third) *person* 1(2,3)인칭. **7** (종종 P-) [신학] [삼위일체의] 위격, 위격(位格). *cf.* the Trinity ¶ the three *persons* of the Godhead 신의 3위 [성부와 성자와 성신] ¶ the First *Person*은 아버지인 신, the Second *Person*은 그리스도, the Third *Person*은 성신. **8** 《고어》[이야기·연극 따위의] 역(part); 등장 인물(character). **9** [생물] 개체.
in (*one's own*) ***person*** [대리 등이 아니고 자신이], 본인이 직접, 본인의 자격으로(*cf.* by attorney) 몸소, 친히. ¶ The king opened the Parliament *in person*. 국왕이 친히 의회를 개회했다. ② 실물로. ¶ She looks younger *in person* than on television. 그녀는 텔레비전에서보다 실물이 더 젊어 보인다.

in the person of《사람에 대하여》 …이라는. ¶ A rescuer appeared *in the person of* Jones. 존즈라고 하는 구조자가 나타났다.
◇ pérsonal *adj.*, pérsonify, pérsonate *v.*
-person -man, -woman, -lady 대신으로 쓰며 「어떤 일 (역)을 하는 사람」이라는 뜻의 연결형. 예: chair*person*, spokes*person*.
per·so·na [pərsóunə] *n.* (*pl.* **-nae** [-niː] *or* **-nas**) **1** (·nae) [연극·소설 따위의] 등장 인물. **2** 사람(person). [< L character, person]
per·son·a·ble [pə́ːrs(ə)nəbl] *adj.* 모습(용모)이 아름다운; 품위있는; 매력적인(attractive).
*****per·son·age** [pə́ːrs(ə)nidʒ] *n.* **1** 명사, 저명인사, 유명 인사, 귀인(貴人). **2** 사람(person). **3** [연극·이야기 따위의] 인물, 역. **4** Ⓤ《고어》모습, 풍채.
per·so·na gra·ta [pərsóunə gráːtə/-grǽtə] *n.* (*pl.* **per·so·nae gra·tae** [pərsóuni gráːtai]) (라틴)(=person that is well liked) 호감이 가는 인물[특히 주재국 정부에서 환영받는 외교관]. *cf.* persona non grata
‡**per·son·al** [pə́ːrs(ə)n(ə)l] *adj.* **1** 개인의(individual), 일신상의, 사적인, 사사로운(private). *cf.* public ¶ *personal* affairs (*or* matters) 개인적인 일 / a *personal* history 이력, 경력 / This is *personal* to myself. 이것은 나의 개인 문제다. **2** 인간성의, 인격의; [물건이나 추상(抽象)과 구별하여] 사람의. ¶ *personal* factors 인격적 요소 / a *personal* God 인격신. **3** 개인에 관한; 인신 공격의. ¶ a *personal* column [신문의] 개인란, 소식란 / *personal* affront (*or* abuse) 인신 공격/become *personal* in a dispute 논쟁에서 인신 공격을 하기 시작하다. **4** 본인의, 직접의. ¶ a *personal* interview 직접 하는 면담(면접) / a *personal* acquaintance 직접 아는(안면이 있는) 사람. **5** 신체의, 모습의, 풍채의. ¶ *personal* appearance 용모와 자태, 풍채, 인품 / *personal* beauty 모습의 아름다움 / *personal* injury 신체에 대한 위해. **6** [재산 따위가] 사람에 속하는, 가동(可動)의. *opp.* real ¶ *personal* estate (*or* property) 동산(動産) / *personal* rights 개인권. **7** [문법] 인칭의, 인칭을 나타내는. ¶ *personal* pronoun 인칭 대명사. ¶ a *personal* letter 친전 서신 / mark "*Personal*" on a letter 편지에 「친전」이라고 적다. ─ *n.* (~s) 《美》[신문의] 일사란, 인사(동정) 기사.
◇ pérson, pèrsonálity *n.*, pérsonally *adv.*
pérsonal áction *n.* [법률] 대인 소송 [동산 약탈·불법 행위 따위에 대한 소송]. *cf.* real action
pérsonal cáll *n.* 지명 통화(person-to-person call).
pérsonal compúter *n.* [컴퓨터] 퍼스널 컴퓨터 [개인 전용의 개별 프로그래밍도 가능한 컴퓨터; 略 PC].
pérsonal dígital assístant *n.* [컴퓨터] 개인 휴대 정보 단말기[이동 호출, 무선 호출, 개인 생활 정보 처리 등이 가능한 단말기; 略 PDA].
pérsonal effécts *n. pl.* 개인 소지품[의복·서적 따위].
pérsonal equátion *n.* [천문] [관측상의] 개인 오차; [일반적으로] 개인적 경향, 개성. 「는 반칙.
pérsonal fóul *n.* [스포츠에서] 방해, 신체가 접촉하
per·son·al·ism [pə́ːrs(ə)nəlìz(ə)m] *n.* Ⓤ 인격주의.
‡**per·son·al·i·ty** [pə̀ːrs(ə)nǽliti] *n.* (*pl.* **-ties**) **1** ⒸⓊ 개성, 인격, 성격, 인품. ⇨ CHARACTER 頮푒 ¶ strong *personality* 강한 개성 / double (*or* dual) *personality* 이중인격 / a man with *personality* 개성있는 사람. **2** 개성있는 사람, 유명인; 저명 인사, 명사, 상당한 사람 (somebody); 탤런트, 유명 연예인. ¶ a genial (a pleasing) *personality* 온화한(호감이 가는) 인물. **3** 인물(됨); 사람으로서의 존재. ¶ I suspect the *personality* of Homer 호머의 존재를 의심한다. **4** (보통 -ties) 인물 비평; [특히] 인신 공격, 남의 흠을 들추어내기. **5** ⒸⓊ [지리] 지세, 지상(地相). **6** Ⓤ [법률] 동산(動産)(personal property). 「성.
pèrsonálity cúlt *n.* 개인 숭배. 「검사.
pèrsonálity tèst *n.* [심리] 성격 검사, 정의(情意)

per·son·al·ize [pə́ːrs(ə)nəlàiz] (＊《英》에서는 **per·son·al·ise**로도 쓴다) vt. (-ized, -iz·ing) **1** …을 개인화하다, [비평 따위를] 자기 일로 받아들이다 **2** …을 인격화하다, 의인화하다 (personify). ¶ *personalize* death 죽음을 의인화하다. **3** …에 자기의 이름(머리글자)을 붙이다.

*****per·son·al·ly** [pə́ːrs(ə)nəli] adv. **1** 자기 생각으로는, 자기로서는 (as regards oneself). ¶ *Personally*, I don't want to go. 나로서는 가고 싶지 않다. **2** 인간으로서. ¶ I like him *personally*, but not as a teacher. 한 인간으로서의 그는 좋아하지만 교사로서의 그는 좋아하지 않는다. **3** 자기가 직접, 친히, 몸소 (in person). **4** 자기 개인을 빗댄 것처럼. ¶ She took his remarks *personally*. 그녀는 그의 말을 자기에 대한 빗댐으로 생각했다. [리 분석[略 PMA].
pérsonal mánagement análysis n. 인사 관
pérsonal órganizer n. **1** [개인 생활용을] 정리·기록부, [첨삭식] 복합 수첩. **2** 전자 수첩.
pérsonal prónoun n. [문법] 인칭 대명사.
pérsonal réscue enclòsure n. [우주공학] = rescue ball.
pérsonal shópper n. 《美》 [백화점 따위의] 구매 상담계 [고객의 물건 선택을 돕거나 전화 주문 따위를 접수한다].
pérsonal stéreo n. 휴대용 스테레오.
pérsonal táx n. 대인세 (對人稅) (direct tax).
per·son·al·ty [pə́ːrs(ə)n(ə)lti] n. ⓤⓒ (pl. **-ties**) [법률] 동산 (動産). cf. realty

per·so·na non gra·ta [pərsóunə nɑn grάːtə/-nɔn-] n. (pl. *per·so·nae non gra·tae* [pərsóuni nɑn grάːtai/-nɔn-]) (=person that is not well liked) 달갑지 않은 인물 [특히 주재국 정부에서 환영받지 못하는 외교관의 호칭]. cf. *persona grata*

per·son·ate¹ [pə́ːrs(ə)nèit] v. (-at·ed, -at·ing) vt. **1** [극중 인물을] 연기하다 (act). **2** [남을] 가장하다, 흉내내다, …인 체하다, …을 사칭하다 **3** [시 따위에서] …을 인격화하다 (personify); …을 구체화하다. — vi. [연극에서] 역을 연기하다.

per·son·ate² [pə́ːrs(ə)nit] adj. [식물] [순 형 (脣形)화의] 가면 (假面) 형의 (mask-like).

per·son·a·tion [pə̀ːrs(ə)néi(ə)n] n. ⓤ **1** 역을 연기하기. **2** [성명 따위의] 사칭, 위칭 (僞稱).

per·son·a·tive [pə́ːrs(ə)nèitiv] adj. 역을 연기하는.

per·son·a·tor [pə́ːrs(ə)nèitər] n. 연기자, 배우; 신분 사칭자.

per·son-day [pə́ːrs(ə)ndèi] n. [통계] 일일 (人日) [한 사람이 보통의 활동을 하는 평균적인 하루를 나타내는 시간의 단위]. ¶ …적 특징.

per·son·hood [pə́ːrs(ə)nhùd] n. ⓤ 개인적임, 개인

*****per·son·i·fi·ca·tion** [pə(:)rsànifikéi(ə)n/-sɔ̀n-] n. **1** ⓤ 인격화; 의인화, 화신; 전형. ¶ Cupid is the *personification* of love. 큐피드는 사랑의 화신이다. **3** ⓤⓒ 구현, 체현 (體現). **4** ⓤⓒ 의인법 [the sun as he or the moon as she로 받는 따위].

per·son·i·fi·er [pə(:)rsánifàiər/-sɔ́n-] n. 의인화(체현)하는 사람(것), 화신, 권화 (權化).

per·son·i·fy [pə(:)rsánifài/-sɔ́n-] vt. (-fied, -fy·ing) **1** …에 인격적 성질(형태)을 부여하다; …을 인격화하다, 의인화하다. ¶ *personify* nature 자연을 의인화하다. **2** [관념 따위를] 체현하다, 구현하다 (embody); …의 화신이다, …을 상징하다, …의 전형 (예증)이 되다. ¶ He *personifies* the law. 그는 법률의 화신이다. **3** = personate¹.

per·son·kind [pə́ːrs(ə)nkàind] n. (집합적) 인간, 인류 [성차별을 피해서 mankind 대신 쓰는 말].

*****per·son·nel** [pə̀ːrsənél] n. ⓤ (집합적) (cf. matériel) **1** 인원, 전 (全) 사원. ¶ All *personnel* are asked to participate. 전 직원이 참가하도록 요청받고 있다. **2** (군대) 병원 (兵員), 요원. ¶ military (naval) *person*- *nel* 육군 (해군) 요원. **3** [회사·관공서 등의] 인사 담당부, 인사과 (부·국).

per·son·ol·o·gy [pə̀ːrs(ə)nάlədʒi / -ɔ́l-] n. 관상학 [인상·골격에 의한 성격·운명 감정 학문].

per·son-to-per·son [pə́ːrs(ə)ntəpə́ːrs(ə)n] adj. **1** [장거리 전화에서] 특정인 지명 호출의. ¶ a *person-to-person* call 특정인 지명 호출 장거리 전화 [통화가 되었을 때만 요금을 징수한다]. cf. station-to-station call **2** 개인간의 직접 접촉의. ¶ *person-to-person* diplomacy 개인 대 개인 외교. — adv. 특정인 지명 호출 전화로, 직접, 친히. ¶ interview a man *person-to-person* 직접 면접하다.

*****per·spec·tive** [pərspéktiv] n. **1** ⓤ 원근 화법 (遠近畫法), 투시 도법; ⓒ 투시도, ¶ linear (angular, parallel) *perspective* 직선 (사선, 평행) 투시 도법. **2** ⓤ 투시; [물체·풍경 따위의] 원근. **3** ⓤⓒ 상관 관계; [사물의] 조화, 균형, 배분 (配分). **4** 조망 (眺望) (vista); 시각 (視角), 견지 (見地), 원경 (遠景). **5** [장래의] 전망, 가망; 전체상 (全體像). **6** ⓤ 통찰력.
in perspective ① 원근법에 따라서 (맞추어서), ② 균형이 잘 잡혀서, ¶ see things *in perspective* 균형잡힌 관찰을 하다. [허지 않은.
out of perspective ① 원근법에 어긋나는, ② 균형잡힌 — adj. 투시 [도법] 의; 원근 화법에 따른 (맞는). ¶ a *perspective* drawing 투시도법, 투시도. — adv.

Per·spex [pə́ːrspeks] n. (상표명) 《주로 英》 퍼스펙스 [아크릴 수지를 사용한 유리 모양의 물질; 항공기 방풍 유리 따위에 쓰임].

per·spi·ca·cious [pə̀ːrspikéi(ə)s] adj. 통찰력이 있는, 총명한 (discerning). *-ly* adv. [력.

per·spi·cac·i·ty [pə̀ːrspikǽsiti] n. ⓤ 명석함; 통찰

per·spi·cu·i·ty [pə̀ːrspikjúːiti] n. ⓤ [논지·표현 따위의] 명쾌함, 명확함 (clearness).

per·spic·u·ous [pərspíkjuəs] adj. **1** 알기 쉬운, 이해하기 쉬운. **2** [문장·표현 따위가] 명료한, 명쾌한 (clear, lucid). *-ly* adv. *-ness* n.

*****per·spi·ra·tion** [pə̀ːrspəréi(ə)n] n. ⓤ **1** 발한 (發汗), 발한 작용 (sweating). **2** ⓤⓒ 땀 (sweat) (＊ *perspiration* 쪽이 sweat 보다 세련되고 품위있는 말. 따라서 동물인 경우에는 언제나 sweat 를 쓴다). **3** 노력.

per·spir·a·to·ry [pərspáirətɔ̀ːri / -spáiərət(ə)ri] adj. 땀나는, 발한 작용의, 발한을 촉진하는.

*****per·spire** [pərspáiər] v. (-spired, -spir·ing) vi. 땀을 내다 (흘리다), 땀나다 (sweat). — vt. …을 땀으로 내보내다. ¶ *perspiration* n., *perspiratory* adj.

per·suad·a·ble [pərswéidəbl] adj. 설득할 수 있

*****per·suade** [pə(ː)rswéid] vt. (-suad·ed, -suad·ing) **1** [남]을 설득하여 …하게 하다; …을 설득하다. ⇔ dissuade ⇒ INDUCE (類語) ¶ (~＋图＋*to* do) *persuade* a person to work hard 남을 설득하여 열심히 일하게 하다 // (~＋图＋*前*＋图) *persuade* a person *into* believing in God 남을 설득하여 신의 존재를 믿게 하다 / *persuade* a person *out of* a belief 남을 설득하여 신념을 버리게 하다. **2** 《종종 재귀용법》 [남에게] …을 믿게 하다, 확신 (납득) 시키다 (convince). ¶ (~＋图＋*前*＋图) He has *persuaded* me of its truth. 그는 나에게 그것이 사실이라는 것을 믿게 하였다 / I can't *persuade* myself *of* his having failed in the examination. 그가 그 시험에 실패하였다고는 도저히 믿어지지 않는다 // (~＋图＋*that* 節) I tried to *persuade* her *that* it was for her own sake that I had done so. 나는 그녀에게 그녀 자신을 위해서 그렇게 하였다는 것을 납득시키려고 하였다 / I cannot *persuade* myself *that* she is dead. 그녀가 죽었다고는 도저히 믿어지지 않는다.

◇ *persuásion* n., *persuásive* adj.

per·suad·er [pərswéidər] n. **1** 설득자. **2** 강요할 때 사용하는 물건 [무기·권총·회초리 따위].

per·sua·si·ble [pə(ː)rswéisəbl] adj. 설득할 수 있는.

*****per·sua·sion** [pə(ː)rswéiʒ(ə)n] n. **1** ⓤ 설득, 권유;

설득력. ¶ obtain a person's consent by *persuasion* 설득시켜서 남의 승낙을 얻다. **2** ⓤ확신, 신념(conviction); 신앙, 신조. **3** 종파, 교파(sect); …파(派); 유파. ¶ people of the same *persuasion* 같은 종파(유파)의 사람들. **4** 《구어·익살》종류, 부류(kind); 인종. ¶ the male *persuasion* 남자패들.
◇ persuáde v., persuásion n.

*per·sua·sive [pə(ː)rswéisiv] *adj.* 설득력이 있는. ¶ a *persuasive* way of talking 설득력있는 말솜씨. ─ *n.* 유인(誘因), 동기(inducement). ~·ly *adv.* ~·ness *n.*

pert [pəːrt] *adj.* **1** 버릇없는, 유들유들한, 주제넘게 나서는, 건방진. **2** 쾌활한, 씩씩한, 건강한.
~·ly *adv.* ~·ness *n.*

PERT [pəːrt] 《略》*p*rogram *e*valuation and *r*eview *t*echnique (퍼트(복잡한 작업이나 프로젝트의 공정을 관리하기 위하여, 그 공정의 개시부터 종료까지를 network로 표현하는 방법)).

pert. 《略》pertaining.

*per·tain [pə(ː)rtéin] *vi.* **1** 속하다, 부속하다(belong); 항상 붙어 다니다(to...). ¶ (~+前+图) a disease which *pertains to* uncleanness 불결한 것에 따라다니게 마련인 병. **2** 에 관계하다, 상관되다(relate (to...)). ¶ (~+前+图) documents *pertaining to* schools 학교 관계의 서류 / Your remark does not *pertain to* the question. 너의 발언은 이 문제와는 관계가 없다. **3** 적당하다, 알맞다(be appropriate)(to...).
◇ pértinence, pértinency *n.*, pértinent *adj.*

per·ti·na·cious [pə̀ːrtinéiʃəs] *adj.* **1** 불굴의, 끈기 있는(tenacious). ¶ *pertinacious* efforts 불굴의 노력. **2** 집요한, 완고한. ⇨ STUBBORN 類語 [병 따위가] 좀처럼 낫지 않는. ~·ly *adv.* ~·ness *n.*

per·ti·nac·i·ty [pə̀ːrtinǽsiti] *n.* ⓤ불굴, 끈기있음(persistence); 고집, 집요함, 끈덕짐, 완고.

per·ti·nence [pə́ːrtinəns], -nen·cy [-nənsi] *n.* ⓤ 적절(relevance), 타당.

*per·ti·nent [pə́ːrtinənt] *adj.* **1** 딱 들어맞는, 적절한 (relevant). **2** …에 해당하는, …과 관계있는, 관련된(to...). ¶ a *pertinent* question 적절한 질문 // The point is not *pertinent to* the matter in hand. 그 점은 당면한 문제와는 관련이 없다. ~·ly *adv.*

*per·turb [pə(ː)rtə́ːrb] *vt.* …을 당황하게 하다, 불안하게 하다, 혼란시키다(derange). ⇨ DISTURB 類語
◇ perturbátion *n.*, pertúrbative *adj.*

per·turb·a·ble [pə(ː)rtə́ːrbəbl] *adj.* 당황(혼란)하기 쉬운.

per·tur·ba·tion [pə̀ːrtə(ː)rbéiʃ(ə)n] *n.* **1** ⓤ 당황, [마음의] 동요, 불안; ⓒ불안의 원인. **2** ⓤⓒ《천문》섭동(攝動) [다른 천체의 인력의 영향으로 행성 따위의 궤도가 변하는 일].

per·tur·ba·tive [pə(ː)rtə́ːrbətiv, 美 pə́ːrtə(ː)rbèitiv] *adj.* **1** 혼란시키는, 소란케 하는. **2** 《천문》섭동의.

per·tus·sis [pə(ː)rtʌ́sis] *n.* ⓤ 백일해.

*Pe·ru [pərúː] *n.* 페루[남미 서부의 공화국; 수도 Lima]. ◇ Perúvian *adj.*

pe·ruke [pərúːk] *n.* 가발[특히 17~18세기에 남자가 사용하던 것](periwig).

*pe·rus·al [pərúːz(ə)l] *n.* ⓤⓒ **1** 읽기(reading); 정독, 숙독(熟讀); 통독. **2** 정밀 검사(scrutiny); 조사(survey).

*pe·ruse [pərúːz] *vt.* (-rused, -rus·ing) **1** …을 정독하다, 숙독하다 (read carefully); …을 통독하다; …을 읽다(read). **2** 《고어》정밀 검사하다.
◇ perúsal *n.*

Pe·ru·vi·an [pərúːviən, -vjən] *adj.* 페루(Peru)의, 페루 사람의. ─ *n.* 페루 사람.

Perúvian bárk *n.* ⓤ 기나 껍질(cinchona).

*per·vade [pə(ː)rvéid] *vt.* (-vad·ed, -vad·ing) …에 온통 퍼지다, 고루 미치다, 가득 차다, …에 넘치다, 충만하다, 보급(침투)하다. ¶ A spirit of uneasiness *pervaded* the whole city. 불안감이 온 시내에 가득 차 있었다.

類語 **pervade** 모든 부문에 보급되다; 구체적인 물건에는 별로 쓰이지 않는 말: Autumn *pervades* the air. 가을 기운이 충만하고 있다. **permeate** 모든 틈새·구멍을 통해 스며들어 퍼지다, 침투시키다, 비유적으로는 pervade 와 같은 뜻: The fog has *permeated* the streets. 안개가 거리거리에 자욱이 끼었다.

◇ pervásion (*to...*), pervásive *adj.*

per·va·sion [pə(ː)rvéiʒ(ə)n] *n.* ⓤ충만, 보급; 침투.

per·va·sive [pə(ː)rvéisiv] *adj.* 넘치는; 충만(침투)하는. ~·ly *adv.* ~·ness *n.*

*per·verse [pə(ː)rvə́ːrs] *adj.* **1** 성질이 비뚤어진, 심술궂은. **2** 성미가 비꼬인; 곡해, 외고집의(wayward). ⇨ WILLFUL 類語; 성미가 까다로운(peevish). ¶ a *perverse* child 심술사나운 아이. **3** 정도를 벗어난, 그릇된(wrong); 사악한, 타락한. ~·ly *adv.* ~·ness *n.*
◇ pervért *v.*, pervérsity, pervérsion *n.*

per·ver·sion [pə(ː)rvə́ːrʒ(ə)n, -ʃ(ə)n / -ʃ(ə)n] *n.* ⓤ **1** ⓤ ⓒ 오용, 악용(misuse); 곡해, 견강부회(distortion). **2** 배교(背敎), 변절. **3** 악화, 저하(低下). **4** 〔병리〕이상, 변태; 〔정신 의학〕〔성적(性的)인〕도착(倒錯). ¶ sexual *perversion* 성욕 도착.

per·ver·si·ty [pə(ː)rvə́ːrsiti] *n.* (*pl.* -ties) ⓤ **1** 성미가 비뚤어짐, 심술궂음; 외고집. **2** 사악; ⓒ사악한 행위.

per·ver·sive [pə(ː)rvə́ːrsiv] *adj.* 나쁜 길로 이끄는, 그르치는; 오용, 악용(하는); 곡해하는, 곡해시키는.

*per·vert *v.*[pə(ː)rvə́ːrt →] *vt.* **1** 〔바른 길에서〕…을 빗나가게 하다, 타락시키다; 〔신앙〕을 그르치다. ¶ *pervert* the order of nature 자연의 질서를 어지럽히다. **2** …을 오용하다, 악용하다(misuse). **3** …을 곡해하다; …을 왜곡하다(distort). ¶ *pervert* a person's words 남의 말을 곡해하다. **4** 〔병리〕을 변태적으로 만들다. 〔성욕〕을 도착시키다. ─ *vi.* 나쁜 길에 빠지다; 배교적이 되다; 도착하다. ─ *n.* [pə́ːrvəːrt] **1** 나쁜 길에 빠진 사람, 배교자. **2** 〔병리〕변태자, 성욕 도착자. ¶ a sexual *pervert* 성욕 도착자, 변태 성욕자.
◇ pervérse *adj.*, pervérsion *n.*

per·vert·ed [pə(ː)rvə́ːrtid] *adj.* **1** 〔병리〕이상의, 변태의; 도착된. **2** 정도를 벗어난; 타락한, 사악한(wicked). **3** 오용(악용)된; 왜곡된. ~·ly *adv.* ~·ness *n.*

per·vert·er [pə(ː)rvə́ːrtər] *n.* 곡해자; 나쁜 길로 인도하는 사람; 오용자, 악용자.

per·vert·i·ble [pə(ː)rvə́ːrtibl] *adj.* 나쁜 길로 인도되기 쉬운; 곡해할 수 있는; 악용할 수 있는.

per·vi·ous [pə́ːrviəs, -vjəs] *adj.* **1** 〔물질·빛 따위를〕통과시키는, 침투시키는(permeable)(*to...*). ¶ Sand is easily *pervious* to water. 모래는 물을 잘 스며들게 한다. **2** 〔이치 따위를〕잘 아는, 통하는; 〔영향 따위를〕받는 (*to...*). ~·ness *n.*

PES 《略》《화학》*p*oly*e*ther *s*ulfone(폴리에테르 술폰).

Pe·sach [péisaːx] *n.* 《유대교》유월절(逾越節)(Passover).

pe·se·ta [pəséi(i)tə] *n.* 페세타 [스페인의 통화 단위로 100 centimos]; 페세타 은화. [= 1 cedi]

pe·se·wa [pəséiwə] *n.* 가나의 통화 단위 [100 pesewas]

pes·ky [péski] *adj.* (-ki·er, -ki·est) 《美구어》성가신(troublesome); 귀찮은; 싫은, 기분 나쁜. -ki·ly *adv.*

pe·so [péisou] *n.* (*pl.* -sos) 페소[멕시코·쿠바·도미니카, 남미의 아르헨티나·콜롬비아·우루과이 등과 필리핀의 통화 단위]; 페소 은화. [<Sp]

pes·sa·ry [pésəri] *n.* (*pl.* -ries) 〔피임용〕 페서리, 자궁전(子宮栓).

*pes·si·mism [pésimìz(ə)m] *n.* ⓤ 비관주의(론, 설),

비관; 염세관(주의), 염세, 페시미즘. *cf.* optimism
◇ pessimístic *adj.*
pes・si・mist [pésimist] *n.* 비관론자; 염세주의자.
***pes・si・mis・tic** [pèsimístik] *adj.* 비관적인; 염세적인;
비관(염세)주의의. **-ti・cal・ly** [-tikəli] *adv.*
pes・si・mum [pésiməm] *n.* (*pl.* **-mums** *or* **-ma** [-mə])
〖생물〗 〖생리〗 최악의 환경 조건; 〖특정한
목적・공정(工程)에 대하여〗 가장 불리한(최악의) 조건.
***pest** [pest] *n.* **1** 유해물; 해충(vermin); 성가신 사람,
폐[가 되는 것]. ¶ a garden *pest* 식물 기생충. **2** ⓤ 역병(疫病), 페스트.
Pest on (*or upon*) *him !* 염병할 자식!
◇ péstferous *adj.*
Pes・ta・loz・zi・an [pèstəlátsiən /-lɔ́tsi-] *adj.* 페스 탈
로치식 교육의. — *n.* 페스탈로치식 교육 신봉자. [<
스위스의 교육 개혁가 Johann Heinrich Pestalozzi
(1746-1827)의 이름]
pes・ter [péstər] *vt.* 〖사소한 일로〗 …을 괴롭히다, 성가
시게 굴다(bother), 귀찮게 따라다니며 애먹이다. ⇨
BOTHER 〖類語〗 ¶ (~+图+前+图) The child *pestered* his
mother *with* questions. 그 애는 꼬치꼬치 질문을 해서 어
머니를 성가시게 했다.
pést・hole [pésthòul] *n.* 전염병의 온상.
pést・house [pésthàus] *n.* (*pl.* **-hous・es** [-hàuziz]) 전염병원.
pes・ti・cide [péstisàid] *n.* 살충제.
pes・tif・er・ous [pestífərəs] *adj.* **1** 전염병을 일으키
는; 병균을 옮기는. **2** 전염병에 걸린. **3** 〖도덕적으로〗
불건전한, 해독을 끼치는. **4** 〖구어〗 성가신, 귀찮은.
~・ly *adv.* ~・ness *n.*
pes・ti・lence [péstiləns] *n.* **1** ⓤ 페스트. **2** ⓤⓒ 전염병,
역병. **3** 해독, 유해물. ◇ péstilent, pèstiléntial *adj.*
pes・ti・lent [péstilənt] *adj.* **1** 생명에 관계되는; 치명
적인, 위험한, 해로운; 유독한. ¶ a *pestilent* doctrine 해
독을 끼치는 학설. **2** 성가신, 귀찮은. **3** 전염성의, 역
병의. ~・ly *adv.*
pes・ti・len・tial [pèstilén(ʃ)əl] *adj.* **1** 악역의(을 일으
키는); 〖특히〗 페스트[성]의. **2** 해로운, 폐해가 많은.
3 성가신, 귀찮은. ~・ly [-ʃəli] *adv.*
pes・tle [pés(t)l] *n.* 유봉(乳棒), 방앗공이, 절구공이.
— *vt., vi.* (**-tled, -tling**) [pestle 로] 갈다, 찧다, 짓이기다.
pes・tol・o・gy [pestáladʒi /-tɔ́l-] *n.* ⓤ 해충학. 〖기타.
‡**pet**[pet] *n.* **1** 애완 동물. **2** 귀염둥이(favorite); 소
중한 물건, 비장물(祕藏物). ¶ the *pet* of fortune 운명
의 총아 / a mother's *pet* 어머니의 귀염둥이 / make a
pet of …을 귀여워하다. — *adj.* **1** 귀여워하는, 좋아
하는; 장기인, 특기의. ¶ a *pet* dog 애완견 / a *pet* theory
지론(持論). **2** 애정을 나타내는. ¶ a *pet* name 애칭
〖예: aunt → auntie, Robert → Bob〗. **3** 《익살》 최대의
(greatest), 특별한(especial). ¶ one's *pet* aversion 비
위에 거슬리는(몹시 싫은) 것. — *vt.* (**pet・ted,
pet・ting**) …을 애완하다, 귀여워하다(fondle); …을 응
석받다(indulge); 〖귀여워서〗 …을 쓰다듬다(토닥거리
다), 〖구어〗〖이성을〗 꼭 껴안다(embrace), 애무하다.
— *vi.* 〖구어〗〖이성을〗 애무하다.
pet[2] *n.* 《단수형으로》기분이 언짢음, 부루퉁함.
in a pet 기분이 언짢아서, 부루퉁하여.
take [*the*] *pet* 통하다, 토라지다, 부루퉁하다.
— *vi.* (**pet・ted, pet・ting**) 성내다, 뾰로통하다, 부루퉁
하다.
PET 《略》〖화학〗 *p*olyethylen *t*erephthalate (청량음료
의 병 따위를 만드는 일종의 플라스틱); 〖의학〗 *p*ositron
*e*mission *t*omography (양전자 방사 단층 X 선 촬영법);
*p*arent *e*ffectiveness *t*raining (부모 역할 실행을 위한 효
과 증진 훈련).
pet. 《略》*pet*roleum.
peta- 「10¹⁵배, 1,000조(兆)배」의 뜻의 연결형.
***pet・al** [pétl] *n.* 화판(花瓣), 꽃잎.
◇ pétaline, pétaloid *adj.*
pet・aled, -alled [pétld] *adj.* 《주로 복합어를 만들어》

꽃잎이 있는; …판(瓣)의. ¶ many-*petaled* 다판(多瓣)의.
pet・al・ine [pétəlàin, +美 -lin] *adj.* 꽃잎[모양]의.
pet・al・oid [pétəlɔ̀id] *adj.* 꽃잎 모양의.
pe・tard [pitá:rd, +英 pet-] *n.* **1** 〖옛날에 성문・성벽
따위를 폭파하는데 사용한〗 폭파용 화구(火具). **2** 폭죽
(爆竹).
hoist by (*or with*) *one's own petard* 자기가 판 함정
(무덤)에 빠지다, 자승 자박하다 [← Shakespeare 작
Hamlet 3 : 4].
pet・a・sos, -sus [pétəsəs] *n.* **1** 〖고대 그리스・로마의 여행자・사냥꾼들이 쓴〗 차양이 넓고 운두가 낮은 모자. **2** Hermes 신의 날개 달린 모자.
pet・cock [pétkàk/-kɔ̀k] *n.* 작은 코크(마개), 〖증기 따위를 빼는〗 작은 밸브.
pe・ter [pí:tər] *vi.* 《구어》 점차 소멸하다(*out*).
***Pe・ter** [pí:tər] *n.* **1** (= **Sī̄mon** **Pēter**) 베드로(?-67?) [그리스도 12사도 중의 한 사람, 베드로서를 썼다고 한다]. **2** 베드로서의 전서(前書)와 후서(後書) 〖略 Pet.〗. [petasos 2]
rob Peter to pay Paul 갑에게서 빼앗아 을에게 주다;
빚을 내어 빚을 갚다. 〖잡이(乙)-bidder〗.
Péter Fúnk *n.* 《美》〖경매 따위에서의〗한통속, 바람잡이.
Péter Pán *n.* J.M. Barrie 작의 동화극(1904); 그 주
인공〖영원히 나이를 먹지 않는 소년〗.
Péter Prínciple *n.* 피터의 원리〖계층 사회 구성원
은 자기능력이 감당할 수 없는 자리에까지 올라간다는 원
리〗.
pe・ter・sham [pí:tərʃəm] *n.* **1** ⓤ 골지게 짠 나사천의
일종; ⓒ 그것으로 만든 외투. **2** 〖질긴 명주(무명)로
골지게 짠 리본〖벨트・모자끈으로 사용〗.
Péter's (**Péter**) **pénce** *n. pl.* 《단수 취급》 **1** 옛날에
각 세대주가 매년 로마 교황청에 바친 세금. **2** 《聖》
베드로 성좌(聖座)에 바치는 헌금〖세계의 가톨릭 교도가
자발적으로 교황청에 내는 헌금〗.
pet・i・o・lar [pétiələr] *adj.* 〖식물〗 잎꼭지의, 잎꼭지에 나는.
pet・i・o・late [pétiəlèit /-lit] *adj.* 〖식물〗 잎꼭지가 있는;
〖동물〗 육병(肉柄)〖육경(肉莖)〗이 있는.
pet・i・ole [pétiòul] *n.* 〖식물〗 잎꼭지 (leafstalk); 〖동물〗 곤충 따위의〗 육병, 육경 (peduncle).
pet・it [péti / pətít] *adj.* 작은, 소액의(minor) (* 현재는 법률 용어로만 사용). [<F *little*]
petit bourgeois [pətí: búərʒwɑ:] *n.* 프티 부르
주아, 소시민. [<F *petty* bourgeois]
pe・tite [pətí:t] *adj.* 〖여자가〗 몸매가 자그마하고 맵시있
는. [<F *petit* 의 여성형]
petite bourgeoisie [pətí:t buərʒwɑ:zí:] *n.* 프티
부르주아 계급, 소시민 계급. [<F *petty* bourgeoisie]
petit four [péti fɔ́:r/-fɔ̀:] *n.* (*pl.* **pet・its fours** [-z])
프티프르〖조그마한 비스킷〗. [<F *small oven*]
pe・ti・tion [pitíʃ(ə)n] *n.* **1** 탄원서, 청원서, 진정서,
신청서. ¶ a direct *petition* to the king 국왕에게 내는
직소장(直訴狀). **2** 탄원, 청원, 신청, 신립(申立);
〖신에게 드리는〗 기도 (prayer) (*for*...). ¶ a *petition* of
bankruptcy 〖법률〗 파산 신청 / make a *petition* 탄원하
다 / He was released on the *petition* of his wife. 그는
아내의 탄원으로 석방되었다 // a *petition* for aid 원조
신청.
Petition and Advice 〖英사〗[1657년 Cromwell 에게 제출된] 의회의 청원서.
the Petition of Right 〖英사〗 [1628년 Charles I 에게 승인시킨] 권리 청원; (p- of r-) 〖英법률〗 대(對)정부 권리 회복 청원.
— *vt.* …에게 청원하다, 신청하다. ⇨ APPEAL 〖類語〗; 〖원하는 것〗을 간청하다, 애원하다(...*for*). ¶ *petition* the mayor 시장에게 청원하다 (청원서를 보내다) // (~+图+前+图) *petition* a person *for* pardon 남에게 용서를

빌다 // (~+目+ to do) *petition* a person *to* do something 남에게 …을 하도록 간청하다 // (~+ *that* 節) They *petitioned that* the king should set the prisoner free. 그들은 왕에게 그 죄인의 석방을 청원하였다.
— *vi.* 간청하다, 탄원하다; 탄원서를 제출하다(*for*...). ¶ *petition for* pardon 용서를 빌다 // (~+ *to* do) *petition to* be allowed to go 가도 좋은지 허락을 구하다.
◇ petítionary *adj.* 청원의; 기원의.
pe·ti·tion·ar·y [pitíʃ(ə)nèri / -n(ə)ri] *adj.* 탄원의,
*****pe·ti·tion·er** [pitíʃ(ə)nər] *n.* 청원자, 탄원자.
pe·ti·ti·o prin·ci·pi·i [pitíʃiou prinsípiai] *n.* Ⓤ [논리] 논점의 선취(先取) [전제가 될 논점을 포함한 원리를 증명없이 가정하는 오류]. (< L begging the question)
pétit júry *n.* [법률] = petty jury.
pétit lárceny *n.* [법률] = petty larceny.
pe·tit mal [pətí: mǽl, péti-] *n.* [의학] [간질병의] 작은 발작. (< F small sickness) 다].
pét náme *n.* 애칭 (< 사람·동물·물건에 두루 쓴
pet·nap·ping, -nap·ing [pétnæpiŋ] *n.* Ⓤ 개·고양이 따위 애완 동물을 유괴하기.
petr- ← PETRO-.
Pe·trár·chan sónnet [pitrá:rkən-/pet-] *n.* 페트라르카(Petrarch) 풍의 소넷. (< 이탈리아의 시인 Petrarch(1304-74)의 이름)
pet·rel [pétrəl] *n.* 바다제비과(科)의 각종 작은 새.
pé·tri dísh [pí:tri-] *n.* 페트리 접시(세균 배양용의 뚜껑있는 얕은 유리 또는 플라스틱으로 만든 투명한 접시). (< J.R. Petri(1852-1921) (독일의 세균 학자))
pet·ri·fac·tion [pètrifǽk(ʃ)(ə)n] *n.* 1 Ⓤ 석화(石化), 석화 작용; Ⓒ 석화물; 화석. 2 Ⓤ 망연자실.
pet·ri·fac·tive [pètrifǽktiv] *adj.* 석화력이 있는, 석화하는.
pet·ri·fi·ca·tion [pètrifikéi(ʃ)(ə)n] *n.* = petrifaction.
pet·ri·fy [pétrifài] *v.* (*-fied, -fy·ing*) *vt.* 1 (유기물)을 석화시키다, 석질(石質)이 되게 하다. 2 (비유적) …을 딱딱하게 하다; …을 무감각하게 하다, 마비시키다. 3 [공포·놀람 따위로] …을 그 자리에 못박히게 하다, 망연자실하게 하다, 깜짝 놀라게 하다(stun). ¶ be *petrified with* horror 공포로 몸에 소름이 끼치다.
— *vi.* 석화하다; 굳어지다; 무감각해지다; 대경실색(망연자실)하다.
petro- stone, rock 이라는 뜻의 연결형 (* 모음 앞에서는 petr-로 쓴다). 예: petrology, petrous.
pet·ro·chem·i·cal [pètro(u)kémikəl] *n.* 석유 화학 제품(약품). — *adj.* 석유 화학(약품)의.
pet·ro·chem·is·try [pètro(u)kémistri] *n.* Ⓤ 1 암석 화학. 2 석유 화학.
pet·ro·dol·lars [pétro(u)dàlərz / -dɔ̀l-] *n. pl.* 오일 달러(oil dollars). [각(rock carving).
pet·ro·glyph [pétrəglìf] *n.* (원시인이 만든) 암석 조
pet·ro·graph [pétrəgrǽf / -grà:f] *n.* = petroglyph.
pet·ro·graph·ic [pètrəgrǽfik], **-i·cal** [-ik(ə)l] *adj.* 암석 기재학(記載學)의; 암석 분류학의. ¶ a *petrographic* province 암석구.
pe·trog·ra·phy [pitrɑ́grəfi / -trɔ́g-] *n.* Ⓤ 암석 기재학; 암석 분류학.
pe·tro·in·fla·tion [pètro(u)infléi(ʃ)(ə)n] *n.* 석유 인플레이션(OPEC의 유가(油價)인상으로 인한 범세계적인 인플레이션).
pet·rol [pétr(ə)l] *n.* (英) 가솔린((美) gasoline), 정유(精油).
petrol. (略) petrology.
pet·ro·la·tum [pètrəléitəm] *n.* Ⓤ (화학) 와셀린
pétrol bómb *n.* (英) 화염병.   (vaseline).
*****pe·tro·le·um** [pitróuliəm, -ljəm] *n.* Ⓤ 석유. ¶ crude (*or* raw) *petroleum* 원유, 중유. ◇ petrólic *adj.*
petróleum jélly *n.* Ⓤ 와셀린(petrolatum).
pe·trol·ic [pitrɑ́lik/-trɔ́l-] *adj.* 석유의; (英) 가솔린의.
pet·ro·lif·er·ous [pètrəlífərəs] *adj.* 석유를 산출하

는. ¶ *petroliferous* countries 산유국.
pet·ro·log·ic [pètrəlɑ́dʒik / -lɔ́dʒ-], **-i·cal** [-ik(ə)l] *adj.* 암석학의. **-i·cal·ly** *adv.*
pe·trol·o·gist [pitrɑ́lədʒist / -trɔ́l-] *n.* 암석학자.
pe·trol·o·gy [pitrɑ́lədʒi / -trɔ́l-] *n.* Ⓤ 암석학.
pet·ro·pow·er [pétro(u)pàuər] *n.* 1 산유국들의 경제력(정치력). 2 석유 산출국, 산유국.
pet·rous [pétrəs], -美 pí:t-] *adj.* 1 [해부] [측두골 (側頭骨)의] 추체부 (錐體部)의. 2 바위의(rocky), 돌 (바위)같이 굳은; 암상(岩狀)부의.
*****pet·ti·coat** [pétikòut] *n.* 1 페티코트(스커트 속에 입는 여성용 속옷의 일종). 2 스커트 모양의 물건(덮개). 3 (구어) 여자(woman); 소녀(girl). 4 (~s) 여성; (the ~) 여성의 세력. 5 [전기] 스커트 모양의 애자 (petticoat insulator). — *adj.* 여성의; 여성적인. ¶ *petticoat* influence 여성의 감화 / *petticoat* government 엄처시하; 여성에 의한 정치.
wear (*or* **be in**) **petticoats** 여성답게 행동하다; 여성 (어린 아이)이다.
pet·ti·coat·ed [pétikòutid] *adj.* 페티코트를 입은; 여자다운.
pet·ti·fog [pétifàg, -fɔ̀:g / -fɔ̀g] *vi.* (*-fogged, -fogging*) 1 하찮은 일에 억지 이론을 늘어놓다. 2 엉터리 (궤변적) 변호를 하다. 3 속이다.
pet·ti·fog·ger [pétifàgər, -fɔ̀:g-/-fɔ̀g-] *n.* 억지 이론을 늘어놓는 사람; 엉터리 변호사, 궤변가; 교활한 사람.
pet·ti·fog·ger·y [pétifàg(ə)ri, -fɔ̀:g-/-fɔ̀g-] *n.* ⓤⓒ (*pl.* *-ger·ies*) 억지 이론[을 늘어놓는 것]; 속임수.
pet·ti·fog·ging [pétifàgiŋ, -fɔ̀:g-/-fɔ̀g-] *adj.* 교활한 (tricky), 비열한; 하찮은.   [무)을 하기.
pétting párty [pétiŋ-] *n.* 페팅 파티, 서로 페팅 (애
pet·ti·pants [pétipænts] *n. pl.* [여성용] 반바지.
pet·tish [pétiʃ] *adj.* 토라진(peevish), 곧잘 화를 내는 성마른(petulent). **~ly** *adv.* **~ness** *n.*
pet·ti·toes [pétitòuz] *n. pl.* 1 [특히 음식으로서의] 돼지 족발. 2 [사람의, 특히 어린이의] 발.
*****pet·ty** [péti] *adj.* (*-ti·er, -ti·est*) 1 사소한, 보잘것없는, 하찮은. ¶ *petty* faults 사소한 잘못. 2 하급의; 소규모의; 열등한(inferior). ¶ a *petty* dealer 소(小)상인. 3 속이 좁은; 비열한, 인색한. ¶ a *petty* person 속좁은 사람 / a *petty* grudge 비열한 원한.
類語 *petty* 형태·가치 따위가 같은 종류의 것과 비교하여 작은 a *petty* quarrel 하찮은 싸움. **trifling** 무시해도 좋을 정도로 중요성·가치 따위가 적은: *trifling* news 아무것도 아닌 뉴스. **trivial** 사소하고 평범하여 주목하거나 고려할 가치가 없는: *trivial* matters 시시한 일. **paltry** 본연의 모습에 비하여 너무나 작은: *paltry* welfare expenditures 새발의 피 정도의 후생비. **-ti·ly** *adv.* **-ti·ness** *n.*
pétty áverage *n.* [법률] 소해손(小海損).
pétty bourgeóis *n.* = petit bourgeois.
pétty cásh *n.* Ⓤ 소액의 현금; 용돈.
pétty cúrrent depósit *n.* 소액 당좌 예금.
pétty júry *n.* 소배심(小陪審) [보통 12명으로 구성되며 민사·형사 사건을 심리한다]. *cf.* grand jury
pétty lárceny *n.* Ⓤⓒ [법률] 경(輕)절도죄; 경절도 행위, 좀도둑. *cf.* grand larceny
pétty ófficer *n.* 1 (해군) 하사관. *cf.* noncommissioned officer 2 (상선의) 하급 선원(boatswain, carpenter 등).
pétty séssions *n. pl.* (英법률) 소(小) 치안 재판.
pétty tréason *n.* 소역죄(小逆罪) [부인이 자신의 남편 살해, 종에 의한 주인 살해].
pet·u·lance [pétjuləns / -tju-] *n.* Ⓤ 성 잘 내기, 발끈하기, 성급함; 기분이 언짢음 (ill humor); Ⓒ 성급한 언동.
pet·u·lan·cy [pétjulənsi / -tju-] *n.* (*pl.* *-cies*) (드문 게) = petulance.
pet·u·lant [pétjulənt / -tju-] *adj.* 안달하는, 화를 잘 내

pe·tu·ni·a [pit(j)ú:niə, -njə / -tjú:-] n. **1** 댕강나무 메꽃, 페튜니아. **2** 짙은 자줏빛.
pe·tun·tse [pitúntsə] n. ⓤ 백돈자(白墩子), 자니(磁泥)[중국산(産)의 도자기 제조용 백토(白土)].
***pew** [pju:] n. **1** [교회의] 벤치형 좌석; [교회내에 궤작 모양으로 칸막이한] 가족 전용석 (family pew). **2** (~s) 자리에 앉은 사람들, 회중. **3** [英구어] 좌석(seat). ¶ find (or take) a *pew* 좌석에 앉다. — vt. …에 벤치형 좌석을 설치하다.
pew·age [pjú:idʒ] n. ⓤ [교회의] 좌석료(pew rent); [집합적] [교회의] 좌석.
pe·wee [pí:wi:] n. 딱새과(科)의 새[미국산(産)].
pe·wit [pí:wit] n. 푸른 도요[아시아·유럽산(産)의 새] (lapwing).
péw rènt n. [교회의] 좌석료(pewage).
pew·ter [pjú:tər] n. **1** 백랍[주석을 주성분으로 한 합금]. **2** 《집합적》 백랍제 물건. **3** 《英속어》상금; ⓒ [스포츠 경기 따위의] 컵, 트로피. — adj. 백랍제의.
pew·ter·er [pjú:tərər] n. 백랍 세공인.
pe·yo·te [peióuti] n. 〖멕시코·미국 서남부산〗 선인장의 일종[마취성 물질 함유]; ⓤ 그것에서 채취한 약물.
pf. 《略》 perfect; pfennig; pianoforte; preferred; proof.
PFC, Pfc. 《略》 《군대》 *p*rivate *f*irst *c*lass(일등병).
pfd. 《略》 preferred.
pfen·nig [(p)fénig] n. (*pl.* **-nigs** or **-ni·ge** [-nigə]) 페니히[독일의 통화].
pfft [ft] *interj.* 피익, 씨익[갑자기 소멸하는 소리].
Pg 《略》 Portuguese.
PG 《略》 《美》 *P*arental *G*uidance *S*uggested(준 성인용으로 보호자 동반 지정 영화); 《생화학》 prostaglandin.
pg. 《略》 page.
Pg. 《略》 Portugal; Portuguese.
PGA 《略》 *P*rofessional *G*olfers' *A*ssociation(미국 프로골프 협회).
PGM 《略》 《군사》 *p*recision-*g*uided *m*unition(정밀유도 병기).
PG-13 《略》 《美》 *P*arental *G*uidance *S*uggested for *C*hildren under *13*(13세 이하 어린이 주의·지도 필요 영화).
pH [pí:éitʃ] 〖화학〗 수소 이온 농도 지수, 페하.
P.H. 《略》 *P*ublic *H*ealth.
PHA 《略》 *P*ublic *H*ousing *A*dministration(미국 주택국).
Phae·dra [fí:drə] n. 〖그리스 신화〗 파이드라, 페드라 [Theseus의 아내. 의붓 아들인 Hippolytus와 사랑에 빠졌으나 끝내는 목매어 자살].
Pha·ë·thon [féiəθən] n. 〖그리스 신화〗 파에톤[태양의 신 Helios의 아들. 아버지의 마차를 몰고 궤도를 벗어나 지구에 접근하여 큰 화재를 낼 뻔하였으므로, Zeus의 벼락에 맞아 죽었다].
pha·e·ton [féiitn / féitn] n. 경(輕) 4륜 마차. [phaeton 1] **2** 페이튼형의 자동차, 포장마차형 자동차.
phage [feidʒ] n. = bacteriophage.
-phage, (-phag) eating, devouring 이라는 뜻의 연결형. 예: bacterio*phage*.
phago- eating 이라는 뜻의 연결형(* 모음 앞에서는 phag- 를 쓴다). 예: *phago*cyte.
phag·o·cyte [fǽgəsàit] n. 〖생리〗식(食)세포[백혈구·임파구 따위].
phag·o·cyt·ic [fæ̀gəsítik] adj. 〖생리〗식세포의.
phag·o·cy·tol·y·sis [fæ̀gəsaitáləsis / -tɔ́l-] n. ⓤ 식세포 파괴.
phag·o·cy·to·sis [fæ̀gəsaitóusis] n. ⓤ [식세포의] 식균(食菌) 작용(현상).
-phagous eating, feeding on, devouring 이라는 뜻의 연결형. 예: rhizo*phagous*; xylo*phagous*.
-phagy 특히 습관·상습으로서의 eating, devouring 이라는 뜻의 연결형. 예: allotrio*phagy*(이식증(異食症)), anthropo*phagy*.
phal·ange [fǽlændʒ, +美 fəlǽndʒ] n. 〖해부·동물〗 지골(指骨), 지골(趾骨).
pha·lan·ge·al [fəlǽndʒiəl] adj. 지골의.
pha·lan·ger [fəlǽndʒər] n. 콸라더[오스트레일리아산(産)의 쥐의 일종, 유대류(有袋類)].
pha·lan·ges [fəlǽndʒi:z] n. **1** phalanx 의 복수형. **2** phalange 의 복수형.
phal·an·ster·y [fǽlənstèri / -st(ə)ri] n. (*pl.* **-ster·ies**) 팔랑스테르[프랑스의 사회주의자 푸리에(Fourier) (1772-1837)가 주창한 사회주의적 공동 생활체]; 그 공동 주택.
pha·lanx [féilæŋks, fǽl- / fǽl-] n. (*pl.* **-lanx·es** or **-lan·ges**) **1** [고대 그리스의] 방진(方陣); [일반적으로] 밀집군(軍). **2** [사람·동물 등의] 밀집, 둥지의 모임, 결사(結社); phalanstery 의 한 단위. **3** (-langes) [해부·동물] 지골(指骨), 지골(趾骨); [식물] 수꽃술 다발.
phal·a·rope [fǽləròup] n. 깝짝도요새.
phal·lic [fǽlik] adj. 남근(男根) [상]의; 남근 숭배의.
phal·li·cism [fǽlisìz(ə)m] n. ⓤ 남근 숭배.
phal·lism [fǽlizəm] n. = phallicism.
phal·lo·crat [fǽləkræ̀t] n. 남성 지상(우월)주의자, 남성에 의한 여성 지배론자.
phal·lus [fǽləs] n. (*pl.* **phal·li** [fǽlai] or **-lus·es**) **1** 남근상. **2** 〖해부〗음경(penis); 음핵(clitoris).
phan·er·o·gam [fǽnərə(u)gæ̀m] n. 〖식물〗현화(顯花) 식물. cf. cryptogam
phan·er·o·gam·ic [fæ̀nərə(u)gǽmik], **-og·a·mous** [-ágəməs, -5g-] adj. 현화 식물의; 꽃이 달리는, 꽃이 피는(flowering).
phan·tasm, fan- [fǽntæz(ə)m] n. **1** 환영(幻影), 허깨비; 공상(상상)의 산물. **2** 망령, 유령(ghost).
phan·tas·ma [fǽntæzmə] n. (*pl.* **-ma·ta**) = phantasm.
phan·tas·ma·go·ri·a [fæ̀ntæzməgɔ́:riə / -gɔ́:-] n. **1** [초기의] 마술 환등(幻燈)의 일종. **2** [꿈·마음속에 오가는] 환상, 환영. **3** 변환무쌍한 광경, 주마등 같은 풍경.
phan·tas·ma·gor·ic [fæ̀ntæzməgɔ́:rik / -gɔ́:r-] (**phan·tas·ma·gor·i·cal** [-ik(ə)l]) adj. 환영의, 변환무쌍한, 환등의(같은).
phan·tas·mal [fæntǽzm(ə)l] adj. 환영의, 허깨비의; 유령의; 환상적인(illusive). ~**ly** [-məli] adv.
phan·tas·mic [fæntǽzmik] adj. = phantasmal.
phan·ta·sy [fǽntəsi, -zi] n. (*pl.* **-sies**) = fantasy.
***phan·tom** [fǽntəm] n. **1** 도깨비, 유령(ghost). **2** [꿈·마음속의] 심상(心像) (image), 환영(幻影), 허깨비, 환상(illusion); 실체가 없는 것; 이름뿐인 사람(물건), 겉모양뿐인 사람(물건). ¶ *phantoms* in a dream 꿈속의 환영 / a *phantom* of a leader 이름뿐인 지도자. — adj. 환영의, 허깨비의, 환상의; 겉모양뿐인, 가공의(unreal); 이름뿐인. ¶ a *phantom* ship 유령선 / a *phantom* wire 〖전기〗 가상 선로.
phántom círcuit n. 〖전기〗중신 회로(中信回路).
phántom víew n. 국부(局部) 투시도, 형영도(形影圖).
-phany 초자연적인 존재물의 appearance, manifestation 의 뜻의 연결형. 예: Epi*phany*, Christo*phany*.
Phar., phar. 《略》 pharmaceutical; pharmacology; pharmacopoeia; pharmacy.

Phar·aoh [féǝrou / féǝr-] *n.* 파라오[고대 이집트 국왕의 칭호] (* 성서에서는 고유 명사로 취급하여 관사없이 사용한다).
Pháraoh's sérpent *n.* 뱀 구슬[로당화(化)수은을 군혀 만든 장난감, 불을 붙이면 뱀같이 늘어난다].
Phar·a·on·ic [fɛ̀(ː)reiánik / fɛ̀ǝreiɔ́n-], (**Phar·a·on·i·cal**) *adj.* 파라오의(와 같은); 전제 군주의(와 같은).
Phar. B. 《略》 *B*achelor of *Phar*macy.
Phar. D. 《略》 *D*octor of *Phar*macy.
Phar·i·sa·ic [fæ̀riséiik] *adj.* 1 〔유대교〕 바리새 사람의. 2 (p-) 형식주의적인, 위선적인.
-i·cal·ly [-ikǝli] *adv.*
Phar·i·sa·ism [fǽriseiɪ̀z(ǝ)m] *n.* ⓤ 1 〔유대교〕 바리새주의[바리새인의 교리·관습·의식 따위]. 2 (p-) 〔종교적인〕 형식주의; 위선, 독선.
Phar·i·see [fǽrisìː] *n.* 1 〔유대교〕 바리새[파(派)의] 사람[율법의 형식에만 치우쳐 그 정신을 망각한 고대 유대교의 한 파]. 2 (p-) 〔종교상의〕 형식주의자; 위선자.
pharm. 《略》 *pharm*aceutical; *pharm*acology; *pharm*acopoeia; *pharm*acy.
phar·ma·ceu·tic [fɑ̀ːrmǝsúːtik / -s(j)úːt-], **-ti·cal** [-tik(ǝ)l] *adj.* 1 조제의, 제약의, 〔제〕약학의; 약제사의. 2 약물의, 약물에 의한. **-ti·cal·ly** [-tikǝli] *adv.*
phar·ma·ceu·tics [fɑ̀ːrmǝsúːtiks / -s(j)úː-] *n. pl.* 〔단수 취급〕 조제학, 제약학(pharmacy).
phar·ma·ceu·tist [fɑ̀ːrmǝsúːtist / -s(j)úː-] *n.* = pharmacist.
phar·ma·cist [fɑ́ːrmǝsist] *n.* 약제사, 약학자; 약제사.
phar·ma·co·ge·net·ics [fɑ̀ːrmǝkǝdʒinétiks] *n. pl.* 《단수 취급》 약물 유전학[약물의 유전에 대한 영향을 연구].
phar·ma·cog·no·sy [fɑ̀ːrmǝkágnǝsi/-kɔ́g-] *n.* 생약학.
phar·ma·co·log·i·cal [fɑ̀ːrmǝkǝlɑ́dʒik(ǝ)l/-lɔ́dʒ-] *adj.* 약학의, 약물학의, 약학상의, 약물학적인.
phar·ma·col·o·gist [fɑ̀ːrmǝkɑ́lǝdʒist / -kɔ́l-] *n.* 약〔물〕학자, 약리 학자.
phar·ma·col·o·gy [fɑ̀ːrmǝkɑ́lǝdʒi / -kɔ́l-] *n.* 〔학〕, 약물학, 약리학.
phar·ma·co·poe·ia [fɑ̀ːrmǝkǝpíːǝ], (**phar·ma·co·pe·ia**) *n.* 1 약전(藥典), 조제서(書). ¶ the Korean *pharmacopoeia* 한국 약전. 2 약종(藥種), 약물류.
phar·ma·co·poe·ial [fɑ̀ːrmǝkǝpíːǝl] *adj.* 약전의; 약종의, 약물의.
*****phar·ma·cy** [fɑ́ːrmǝsi] *n.* (*pl.* **-cies**) 1 ⓤ 조제술, 제약학. 2 약국, 약방(drugstore).
Pha·ros [fɛ́(ː)rɑs / féǝrɔs] *n.* 1 파로스[이집트 북부 Alexandria 의 작은 반도. 옛날에는 작은 섬이었다]. 2 파로스 등대〔옛날 Pharos 섬에 있었던 등대. 세계 7대 불가사의 중의 하나]. 3 (p-) 〔일반적으로〕 등대(lighthouse), 등표(燈標), 항로 표지(beacon), 망루.
phar·yn·gal [fǽriŋɡǝl] *adj.* = pharyngeal.
phar·yn·ge·al [fǝríndʒ(i)ǝl, fæ̀ríndʒíːǝl] *adj.* 〔해부〕 인두(咽頭)의. ¶ the *pharyngeal* artery 경동맥(頸動脈).
phar·yn·gi·tis [fæ̀rindʒáitis] *n.* ⓤ 〔병리〕 인두염.
pharyngo- pharynx 라는 뜻의 연결형(* 모음 앞에서는 pharyng- 로 쓴다). 예: *pharyng*ology(인두병학).
phar·yn·go·scope [fǝríŋɡǝskòup] *n.* 인두경(鏡).
phar·yn·gos·co·py [fæ̀riŋɡɑ́skǝpi / -ɡɔ́s-] *n.* 인두경 검사. 〔절개술(切開術).
phar·yn·got·o·my [fæ̀riŋɡɑ́tǝmi / -ɡɔ́t-] *n.* ⓤ 인두〔부〕 인두.
phar·ynx [fǽriŋks] *n.* (*pl.* **-yn·ges** *or* **-ynx·es**) 〔해부〕 인두.
‡**phase** [feiz] *n.* 1 상(相); 〔문제 따위의〕 면, 국면(aspect), 부분. ¶ a passing *phase* of fashion 유행의 일시적 현상 / a *phase* of mathematics 수학의 한 분야(부분). 2 〔변화·발달의〕 단계, 국면, 형세(stage). ⇒ SIDE 類語 ¶ the final *phase* of the war 그 전쟁의 최종 단

계 / enter on (*or* upon) a new *phase* 새로운 국면에 접어들다. 3 〔천문〕 〔달·행성의〕 상(相), 위상; 〔복물〕 〔세포 분열의〕 상, 〔동물의〕 체색 변화기; 〔화학〕 상, 상태, 〔물리〕 〔전파·광파·교류 전류의〕 위상(位相), 페이즈. ── *vt.* (phased, phas·ing) 1 …에 위상을 맞추다, 동조(일치)시키다. 2 …을 단계적으로 철수하다(*…out*). 3 …을 단계적으로 투입하다(*…in*).
phase down …을 단계적으로 삭감하다.
◇ **phásic** *adj.*
phase-cón·trast mícroscòpe [féizkántræst-/-kɔ́n-] *n.* =phase microscope.
phase-down [féizdàun] *n.* 단계적 삭감.
phase-in [féizìn] *n.* 단계적 도입(이용용).
pháse mícroscòpe *n.* 위상차(差) 현미경.
pháse mòdulátion *n.* ⓤⓒ 〔전자공학〕 위상 변조.
phase-out [féizàut] *n.* 단계적 철수(삭감).
pha·sic [féizik] *adj.* 국면의, 형세의; 〔천문〕 〔천체의〕 상(相)의; 〔물리〕 상의, 위상의.
pha·sis [féisis] *n.* (*pl.* **-ses**[-siːz]) 상; 면(phase); 단계; 양식(樣式).
Ph. B. 《略》 *B*achelor of *Ph*ilosophy(철학사).
PHC 《의학》 *p*rimary *h*ealth *c*are(초기) 진료).
Ph. C. 《略》 *Ph*armaceutical *C*hemist(약사), 〔료〕.
Ph. D. 《略》 *D*octor of *Ph*ilosophy(철학 박사).
***pheas·ant** [féznt] *n.* (*pl.* **-ants** *or* **-ant**) 1 꿩. 2 〔美남부〕 뇌조(雷鳥)의 일종. 〔지〕.
pheas·ant·ry [fézntri] *n.* (*pl.* **-ries**) 꿩 사육장(보호지).
pheas·ant's-eye [fézntsài] *n.* 복수초(福壽草).
phel·lem [félǝm, -em] *n.* 〔식물〕 코르크 조직(cork).
phen- ⇒ PHENO-. 〔열·진통제〕.
phe·nac·e·tin [finǽsitin] *n.* ⓤ 〔약학〕 페나세틴〔해열·진통제〕.
phen·for·min [fenfɔ́ːrmin] *n.* ⓤ 펜포르민〔당뇨병의 경구(經口) 혈당 하강제〕.
Phe·ni·cia [finíʃ(i)ǝ] *n.* =Phoenicia.
Phe·ni·cian [finíʃ(i)ǝn] *adj., n.* =Phoenician.
phe·nix [fíːniks] *n.* =phoenix.
pheno- (* 모음 앞에서는 phen-으로 쓴다). 1 shining 이라는 뜻의 연결형. 예: *pheno*cryst. 2 benzene 이라는 뜻의 연결형. 예: *pheno*barbital, *pheno*l.
phe·no·bar·bi·tal [fìːnou(u)bɑ́ːrbitæ̀l, -tɔ̀ːl] *n.* ⓤ 〔약학〕 페노바르비탈(수면제).
phe·no·cryst [fíːnǝkrist, fén-] *n.* 〔지질〕 반정(斑晶).
phe·nol [fíːnoul, -nɑl/-nɔl] *n.* ⓤ 〔화학〕 페놀, 석탄산.
phe·no·lic [finɑ́lik, -nɔ́l-/-nɔ́l-] *adj.* 페놀의, 페놀을 함유한. ¶ *phenolic* acid 페놀산.
phe·no·lize [fíːnǝlàiz] *vt.* (-lized, -liz·ing) 석탄산(페놀)으로 처리하다.
phe·nol·o·gy [finɑ́lǝdʒi / -nɔ́l-] *n.* ⓤ 기후[생물]학.
phe·nol·phthal·ein [fìːnoulθǽliː(ǝ)n / -nɔl-] *n.* 〔화학·약학〕 ⓤ 페놀프탈레인〔알칼리성 지시약, 완하제(緩下劑)용].
phe·nom [finɑ́m / -nɔ́m] *n.* 〔美구어〕 굉장한 물건(사람); 경탄할만한 일(사람). [<PHENOMENON]
***phe·nom·e·na** [finɑ́mǝnǝ / -nɔ́m-] *n.* phenomenon 의 복수형.
phe·nom·e·nal [finɑ́min(ǝ)l / -nɔ́m-] *adj.* 1 경이적인, 이상한, 비범한 (extraordinary). ¶ a *phenomenal* harvest (memory) 굉장한 수확(비범한 기억력). 2 현상의, 현상에 관한, 자연 현상의; 지각할 수 있는, 인지 할 수 있는; 〔철학〕 현상의. ¶ the *phenomenal* world 눈에 보이는 세계, 자연계, 자연계. **-ly** [-nǝli] *adv.*
phe·nom·e·nal·ism [finɑ́minǝlɪ̀z(ǝ)m / -nɔ́m-] *n.* ⓤ 〔철학〕 현상론〔지식은 현상에 한정된다는 사고법〕.
phe·nom·e·nal·ist [finɑ́minǝlist / -nɔ́m-] *n.* 현상론자.
phe·nom·e·nal·is·tic [finɑ̀minǝlístik / -nɔ̀m-] *adj.* 현상론의.
phe·nom·e·nal·ize [finɑ́minǝlàiz / -nɔ́m-] *vt.* (-ized, -iz·ing) 〔철학〕 …을 현상으로 취급하다(생각하다).

phe・nom・e・nol・o・gy [finàminálədʒi / -nòminśl-] *n.* 〔철학〕현상학.

‡**phe・nom・e・non** [finámınàn /-nóminən] *n.* (*pl.* **-na** →2) **1** 현상, 사상(事象); 사건, 사실. ¶ the *phenomenon* of nature; a natural *phenomenon* 자연 현상/a social *phenomenon* 사회 현상. **2** (*pl.* **-nons**) 경이[적인] 것], 특이한 물건(일); 비범한 사람. ¶ an infant *phenomenon* 신동(神童). **3** 〔철학〕현상, 외상(外象). *cf.* noumenon ◇ phenómenal *adj.*

phe・no・type [fí:nətàip] *n.* 〔유전〕표현형(型)[유전자의 작용과 환경에 의해 외부에 나타나는 성질].

phen・yl [fénil, fí:n-] *n.* 〔화학〕페닐기(基).

phen・yl・ke・to・nu・ri・a [fènilkì:tənjú:riə] *n.* 〔U〕〔의학〕페놀케톤 뇨증(尿症).

pher・o・mone [férəmòun] *n.* 〔생물〕페로몬, 유인 물질.

phew [fju:] *interj.* 체 !, 참 !, 저런 ! 〔불쾌・초조・놀람 따위를 나타낸다〕

Ph.G. 〔略〕 Graduate in *Pharmacy*.

phi [fai] *n.* (*pl.* **phis**) **1** 파이〔그리스 알파벳의 스물한 번째 자(Φ, φ)의 명칭; 영어의 ph 에 해당]. **2** 파이 입자(粒子)〔소입자(素粒子)의 일종〕.

phi・al [fáiəl] *n.* 작은 유리병, 약병.

Phi Be・ta Kap・pa [fái bèita kǽpə, -bì:tə-] *n.* 파이 베타 카파 클럽[1776년 미국에 설립된, 성적이 우수한 대학생과 졸업생으로 조직된 클럽]; 그 회원.

phil- ⇒ philo-.

-phil ⇒ -phile.

phil. 〔略〕 philology; philosophical; philosophy.

Phil. 〔略〕 Philemon; Philip; Philippians; Philippine.

*****Phil・a・del・phi・a** [fìlədélfiə, -fjə] *n.* 미국 Pennsylvania 주 동남부 Delaware 강변의 도시〔독립 선언이 선포된 곳〕.

Philadélphia láwyer *n.*《때로 경멸적》법률에 능통하고 수완이 있는 변호사.

phi・lan・der [filǽndər] *vi.* 〔남자가〕장난으로 여자에게 수작을 걸다, 여자를 희롱하다(flirt), 집적거리다.

phi・lan・der・er [filǽndərər] *n.* 바람둥이 남자.

phil・an・throp・ic [fìlənθrɔ́pik / -θrɔ́p-], (**phil・an・throp・i・cal** [-ik(ə)l]) *adj.* 박애의, 박애적인, 인정 많은. **-i・cal・ly** [-ikəli] *adv.*

phi・lan・thro・pism [filǽnθrəpìz(ə)m] *n.* 〔U〕박애주의, 인애(仁愛).

phi・lan・thro・pist [filǽnθrəpist] *n.* 박애주의자, 자선가.

phi・lan・thro・pize [filǽnθrəpàiz] *vi.* 〔英〕에서는 **phi・lan・thro・pise** 로도 쓴다) *v.* (**-pized, -piz・ing**) *vt.* 〔남〕에게 자선을 베풀다, 자비롭게 대하다. — *vi.* 자비로운 행동을 하다, 자선을 베풀다.

phi・lan・thro・poid [filǽnθrəpɔ̀id] *n.* 〔美口語〕자선 단체의 임원.

phi・lan・thro・py [filǽnθrəpi] *n.* (*pl.* **-pies**) **1** 〔U〕박애, 자선. **2** 박애 행위, 자선 사업(단체).

phil・a・tel・ic [fìlətélik] *adj.* 우표 수집(연구)의.

phi・lat・e・list [filǽtəlist] *n.* 우표 수집(연구)가.

phi・lat・e・ly [filǽtəli] *n.* 〔U〕우표 수집(연구).

-phile loving, friendly; lover, friend 이라는 뜻의 연결형. 예: bibliophil[e]; Anglophile.

Phi・le・mon [filí:mən, fai- / -mɔn] *n.* **1** 〔그리스 신화〕필레몬〔아내 Baucis 와 함께 Zeus 및 Hermes 를 승하게 대접한 농부〕. **2** 〔성서〕빌레몬서(書)〔신약 성서 중의 하나; 略 Philem.〕.

*****phil・har・mon・ic** [fì:l(h)ɑ:rmɑ́nik, fìlər- / -mɔ́n-] *adj.* **1** 음악을 좋아하는(* 주로 음악 협회의 명칭에 쓴다). ¶ a *philharmonic* society 음악 협회 / a *philharmonic* orchestra 교향악 단. **2** 음악 그룹의, 〔특히〕교향악단의〔주로 회원〕. ¶ a *philharmonic* concert 음악 협회(단)의 연주회. — *n.* 음악 협회; 〔음악 협회 주최의〕 연주회; 교향악단.

phil・hel・lene [filhélì:n, ‒‒‒] *n.* 그리스 애호가(예찬자), 그리스인(人) 지지자.

phil・hel・len・ic [fìlhelénik / -lí:n-] *adj.* 그리스를 좋아하는, 친(親)그리스의.

phil・hel・len・ism [filhélìniz(ə)m] *n.* 〔U〕그리스 애호.

-philia abnormal liking for, tendency toward 라는 뜻의 연결형. 예: hemo*philia*.

phil・i・beg [fílibeg] *n.* = fillebeg.

Phil・ip [fílip] *n.*〔성서〕빌립〔그리스도 12 사도 중의 한 사람〕.

Phi・lip・pi [filípai] *n.* 필리피〔Macedonia 의 옛 도시, 기원전 42 년 이곳에서 Octavian 과 Mark Antony 가 Brutus 와 Cassius 를 무찔렀다〕.

meet at Philippi 위험한 회합의 약속을 지키다.
Thou shalt see me at Philippi. 어디 두고 보자, 복수하고야 말겠다〔Caesar 의 망령이 Brutus 에게 한 말. ← Shakespeare 작 *Julius Caesar* 4 : 3〕.

Phi・lip・pi・ans [filípiənz] *n. pl.* (단수 취급) 〔성서〕빌립보서(書)〔신약 성서 중의 하나; 略 Phil.〕.

Phi・lip・pic [filípik] *n.* **1** 기원전 4 세기에 아테네의 웅변가 Demosthenes 가 Macedonia 왕 Philip 에게 행한 공격 연설의 하나. **2** (p-) 공격 연설, 탄핵 연설; 매도(罵倒).

Phi・lip・pine [fílipì:n] *n.* = philopena. 〔람의.

Phi・lip・pine [fílipì:n] *adj.* 필리핀 제도의; 필리핀人

Phílippīne Íslands *n.* (the ~) 필리핀 제도.

*****Phi・lip・pines** [fílipì:nz] *n.* (the ~) **1** 필리핀 제도 (Philippine Islands). **2** 필리핀 공화국〔정식 명칭 Republic of the Philippines; 수도 Manila〕.

Phi・lis・ti・a [filístiə, -tjə] *n.* **1** 팔레스티나 (Palestine) 해안 지대에 있었던 필리스티아 사람들의 나라. **2** 속물들이 사는 곳.

*****Phi・lis・tine** [fílistì:n, filstí:n / fílistàin] *n.* **1** 필리스티아 사람〔기원전 1200 년경 Palestine 해안 지대에 정주하고 종종 이스라엘 사람을 공격한 민족〕. **2** (때로는 p-) 교양없는 사람, 실리주의자, 속물. **3** (p-) 〔익살〕사정없는 적〔집달리・비평가 등〕.

fall among the Philistines 봉변당하다, 학대받다.
— *adj.* **1** 필리스티아 사람의. **2** (때로는 p-) 교양없는, 속물적인. ◇ Philístia *n.*

Phi・lis・tin・ism [fílistìniz(ə)m] *n.* 〔U〕 필리스티아인 기질; 속물 근성, 실리주의, 무교양.

Phíl・lips cúrve [fílips-] *n.* 필립스 곡선〔인플레이션과 실업률과의 상관 관계를 나타낸다〕. 〔가.

phil・lu・men・ist [fílú:mənist] *n.* 성냥갑 상표 수집

phil・lu・me・ny [fílú:məni] *n.* 〔U〕성냥갑 상표 수집(취미).

philo- loving 이라는 뜻의 연결형(* 모음 앞에서는 phil- 을 쓴다). 예: *philo*logy, *philo*anthropy.

phil・o・bib・lic [fìləbíblik] *adj.* 책(문학)을 좋아하는, 애서벽(愛書癖)이 있는; 성서 연구에 몰두하는.

phil・o・den・dron [fìlədéndrən] *n.* 열대 아메리카산 (産) 토란속(科)의 덩굴 식물.

phi・log・y・nist [fìládʒinist / -lɔ́dʒ-] *n.* 여자를 좋아하는 사람. 〔하는.

phi・log・y・nous [fìládʒinəs / -lɔ́dʒ-] *adj.* 여자를 좋아

phi・log・y・ny [fìládʒini / -lɔ́dʒ-] *n.* 〔U〕여자를 좋아하기. *opp.* misogyny

philol. 〔略〕philological, philology.

phil・o・log・i・cal [fìləládʒik(ə)l / -lɔ́dʒ-], (**phil・o・log・ic** [-ik]) *adj.* **1** 문헌학의, 문헌학적인. **2** 언어학의, 언어학적인. **~・ly** [-kəli] *adv.*

phi・lol・o・gist [filálədʒist / -lɔ́l-] *n.* 문헌학자, 언어학자.

phi・lol・o・gize [filálədʒàiz / -lɔ́l-] *v.* (**-gized, -giz・ing**) *vi.* 문헌학(언어학)을 연구하다. — *vt.* …을 문헌학(언어학)적으로 고찰하다.

phi・lol・o・gy [filálədʒi / -lɔ́l-] *n.* 〔U〕**1** 문헌학. **2**《주로 英》언어학(linguistics). **3** 〔드물게〕학문(문학) 애호.

phil・o・mel [fíləmèl] *n.*〔詩〕나이팅 게일 (nightingale).

Phil·o·me·la [fíləm(u)míːlə] *n.* **1** 〖그리스 신화〗필로멜라〖아테네의 공주. 언니 Procne 의 남편 Tereus 에게 능욕당한 후 그 일을 누설하지 못하도록 혀를 잘렸다. Procne 는 이 사실을 알고 친아들을 죽여 그 살을 남편에게 먹였다. 그 후 Philomela 는 nightingale 로, Tereus 는 hawk 로, Procne 는 swallow 로 변신했다고〗. **2** (p-) (詩) =PHILOMEL.

phil·o·pe·na, phil·ip·pi·na [fìləpíːnə], **phil·ip·pine** [fílipìːn] *n.* **1** ⓤ 〖아몬드 따위〗씨가 둘 있는 과일을 두 사람이 나누어 먹고, 다음에 만났을 때 먼저 'Philopena'라고 말한 사람이 상대방으로부터 선물을 받는 놀이(습관); ⓒ 그 선물; ⓒ 씨가 둘 있는 아몬드류의 과일.

phil·o·pro·gen·i·tive [fìləpro(u)dʒénitiv] *adj.* **1** 다산(多産)의 (prolific). **2** 자식을 끔찍이 사랑하는. **~·ness** *n.*

philos. 《略》 philosopher, philosophical, philosophy.

phi·los·o·phas·ter [filɑ́səfæ̀stər / -lɔ́s-] *n.* 철학자인 체하는 사람, 사이비 철학자.

phi·los·o·pher [filɑ́səfər / -lɔ́s-] *n.* 철학자; 철학 연구가. ¶ *a moral philosopher* 윤리학자 / *a natural philosopher* 자연 철학자, 물리학자. **2** 철인, 현인; 도를 깨친 사람, 도사; 냉정한 사람. ◇ **philosóphic** *adj.*

philósophers'(philósopher's) stòne *n.* **1** 현자(賢者)의 돌〖비(卑)금속을 금·은으로 바꾸는 힘이 있다고 하여 연금술사가 찾아다니던 영석(靈石)〗. **2** 실현 불가능한 해결책.

*phil·o·soph·ic [fìləsɑ́fik / -sɔ́f-], (phil·o·soph·i·cal [-ik(ə)l]) *adj.* **1** 철학의, 철학적. **2** 철학에 통한, 철학을 연구하는. **3** 철학자다운; 이성적인, (역경에 처해서) 침착한, 냉정한. **-i·cal·ly** [-ikəli] *adv.*

phi·los·o·phism [filɑ́səfìz(ə)m / -lɔ́s-] *n.* ⓤ 사이비 철학; 곡학(曲學), 궤변 (sophism).

phi·los·o·phist [filɑ́səfist / -lɔ́s-] *n.* 사이비 철학자.

phi·los·o·phize [filɑ́səfàiz / -lɔ́s-] (*(英))*에서는 **phi·lo·so·phise**로도 쓴다) *v.* (**-phized, -phiz·ing**) *vi.* **1** 철학하다; 철학적으로 사색하다(이론을 세우다); **2** 천박한 이론을 내세우다; 철학자연하다. — *vt.* ···을 철학적으로 사색하다(이론화하다).

phi·los·o·phiz·er [filɑ́səfàizər / -lɔ́s-] *n.* 사색가; 철학자연하는 사람, 천박한 이론가.

‡phi·los·o·phy [filɑ́səfi / -lɔ́s-] *n.* (*pl.* **-phies**) 철학. ¶ *empirical philosophy* 경험 철학 / *mental philosophy* 심리학 (psychology) / *practical* (*speculative*) *philosophy* 실천 (사변(思辨)) 철학. **2** ⓤ 형이상학 (metaphysical philosophy), 도덕 철학 (moral philosophy), 자연 철학 (natural philosophy) (*이들을 총칭하여 three philosophies라고 한다). **3** 철학 체계, 철학적. ¶ *the Baconian* (*the Platonic*) *philosophy* 베이컨(플라톤) 철학 / *the philosophy of Spinoza* 스피노자의 철학(체계). **4** ⓤⓒ 〖어떤 지식·학문 따위의〗철리(哲理), 근본 원리; 인생 철학, 처세 철학, 인생관. ¶ *the philosophy of history* 역사의 일반적 원리/*the philosophy of economics* 경제 철학 / *a man without philosophy of his own* 스스로의 인생관을 못 가진 사람. **5** ⓤ 철인적인 (哲人的인) 정신(태도); 침착, 냉정, 깨달음. ¶ *meet misfortunes with philosophy* 태연하게 불행에 대처하다. ◇ **philosóphic** *adj.*, **philósophize** *v.* **6** 철학서. ◇ **philosóphic** *adj.*, **philósophize** *v.*

-philous loving 이라는 뜻의 연결형. 예: antho*philous*, photo*philous*.

Phil. Soc. 《略》 *Philological Society* [of London]; *Philological Society* [of America].

phil·ter, 《英》 **-tre** [fíltər] *n.* 미약 (媚藥), 춘약 (春藥); 마법의 약. — *vt.* (**-tered, -ter·ing,**《英》**-tred, -tring**) 〖남〗을 미약으로 매혹하다.

phiz [fiz] *n.* 〖고어·속어〗얼굴 (face), 얼굴 생김새.

phle·bi·tis [flibáitis] *n.* ⓤ 〖병리〗정맥염(靜脈炎).

phlebo- vein(정맥)이라는 뜻의 연결형(* 모음 앞에서는 phleb-로 쓴다). 예: *phlebo*sclerosis(정맥 경화증),

*phlebitis.

phle·bot·o·mist [flibɑ́təmist / -bɔ́t-] *n.* 〖외과〗자락의 (刺絡醫), 방혈의 (放血醫).

phle·bot·o·mize [flibɑ́təmàiz / -bɔ́t-] (*(英))*에서는 **phle·bot·o·mise**로도 쓴다) *v., vi.* (**-mized, -miz·ing**) ···에 자락을 하다, 방혈하다 (bleed).

phle·bot·o·my [flibɑ́təmi / -bɔ́t-] *n.* ⓤ 〖의학〗자락, 방혈 (bleeding).

phlegm [flem] *n.* ⓤ **1** 담, 가래. **2** 〖폐어〗〖중세의 생리학에서 무기력의 원인으로 생각된〗점액(粘液). **3** 무기력, 무관심, 무감동, 냉담 (apathy). **4** 침착, 냉정.

phleg·mat·ic [flegmǽtik], **-i·cal** [-ik(ə)l] *adj.* **1** 무기력한, 무관심한. **2** 냉정한, 침착한. **3** 〖폐어〗점액질의. **-i·cal·ly** [-ikəli] *adv.*

phleg·mon [flégmɑn / -mən] *n.* ⓤ 〖의학〗봉와직염 (蜂窩織炎), 급성 결체 (結締) 조직염.

phlegm·y [flémi] *adj.* (**phlegm·i·er, phlegm·i·est**) 가래(담)의, 가래같은, 가래를 함유하는.

phlo·em [flóuem] *n.* 〖식물〗사관부(篩管部), 인피부(靭皮部).

phlo·gis·tic [flo(u)dʒístik / flɔ-] *adj.* **1** 〖병리〗염증의. **2** 플로지스톤(phlogiston)의.

phlo·gis·ton [flo(u)dʒístən / flɔ-] *n.* ⓤ 연소(燃素), 플로지스톤〖산소 발견 이전까지 가연소(可燃素)로 생각한 가상의 물질〗.

phlor·i·zin, phlo·rhi-, phlo·rid- [flɔ́ːrizin / flɔ́r-] *n.* ⓤ 〖화학〗플로리진〖사과·배 따위의 과수 뿌리에서 채취하는 배당체(配糖體)〗.

phlox [flɑks/flɔks] *n.* 플록스, 풀 협죽도(夾竹桃)〖북미산 (植)의 식물〗.

phlyc·te·na, -tae- [fliktíːnə] *n.* (*pl.* **-nae** [-niː]) 〖병리〗플릭텐, 수포(水疱) 〖수도〗.

Phnom Penh [pənɔ́ːm pén] *n.* 프놈펜〖캄보디아의 수도〗.

-phobe 「···공포증이 있는 사람」, 「···을 싫어하는 사람」이라는 뜻의 연결형. 예: Anglo*phobe*.

pho·bi·a [fóubiə] *n.* ⓤⓒ 공포증, 〖병적인〗공포.

-phobia 「···공포증」, 「···을 싫어함」이라는 뜻의 연결형. 예: photo*phobia*.

-phobic 「···공포증의」, 「···을 싫어하는」이라는 뜻의 연결형. 예: Anglo*phobic* (영국을 싫어하는).

pho·co·me·li·a [fòukoumíːliə], **(phokomelia)** *n.* 〖병리〗해표지증(海豹肢症).

pho·co·me·lic [fòukoumíːlik] *adj.* 〖병리〗해표지증의. (-産).

phoe·be [fíːbi] *n.* 피비〖딱새과(科)의 작은 새. 미국산〗.

Phoe·be [fíːbi] *n.* **1** 〖그리스 신화〗포이베〖달의 여신으로서의 Artemis (Diana) 를 부르는 이름〗. **2** 〖문어〗〖의인화하여〗달. **3** 〖천문〗토성(土星)의 9위성 중의 하나.

Phoe·bus [fíːbəs] *n.* **1** 〖그리스 신화〗포이보스〖태양의 신으로서의 Apollo 를 부르는 이름〗. **2** 〖문어〗〖의인화된〗태양. ¶ *Phoebus'* brand 작열하는 햇볕.

Phoe·ni·cia [finíʃə, -níːʃ- / -s(i)ə], **(Phe·ni·cia)** *n.* 페니키아〖지금의 시리아·레바논·이스라엘 지방에 있던 고대 왕국〗.

Phoe·ni·cian [finíʃən, -níːʃ- / -nʃ(i)ən], **(Phe·ni·cian)** *n.* 페니키아 사람; ⓤ 페니키아 말. — *adj.* 페니키아의; 페니키아 사람 (말)의.

*phoe·nix [fíːniks] *n.* **1** (때로 P-) 〖이집트 신화〗피닉스, 불사조〖아라비아 사막에 살며 500년 또는 600년마다 스스로의 몸을 불태워 죽고 그 재 속에서 새로운 생명을 받아 날아 오른다는 전설상의 영조(靈鳥)〗. 영원불멸의 상징). **2** 비범한 사람; 불멸의 사람; 절세의 미인; 일품 (逸品). **3** (the P-) 〖천문〗봉황좌 (鳳凰座).

Phoe·nix [fíːniks] *n.* 미국 Arizona 주의 주도(州都).

phon [fɑn / fɔn] *n.* 폰〖음의 강도의 단위〗.

phon- ⇨ PHONO-.

pho·nate [fóuneit / fo(u)néit] *v.* (**-nat·ed, -nat·ing**) 〖음성〗*vt.* 〖목소리〗를 내다, 〖음성〗을 발하다. — *vi.*

pho·na·tion [founéiʃ(ə)n] *n.* ⓤ〔음성〕 발성.
phon·au·to·graph [fo(u)nɔ́ːtəgræf / -grɑ̀ːf] *n.* 기음기(記音器).
‡**phone**[1] [foun] 《구어》 *n.* 전화; 전화기; 수화기(telephone receiver). ¶ answer the *phone* 전화를 받다 / hang up the *phone* 전화를 끊다, 수화기를 내려놓다 / I talked to her on (or over) the *phone*. 그녀와 전화로 대화했다. — *v.* (phoned, phon·ing) *vt.* …에게 전화를 걸다, …을 전화로 불러내다(…up), 전화로 말하다(telephone). ¶ Please *phone* me again. 다시 한번 전화해 주시오 // (~+图+图) I *phoned* her the news. 나는 그 뉴스를 그녀에게 전화로 말했다. — *vi.* 전화를 걸다 (to…). ¶ (~ + 前 + 名) You should *phone* to your teacher soon. 곧 선생님에게 전화하는 것이 좋다. [<[TELE]PHONE]   [자음].
phone[2] [foun] *n.* 〔음성〕단음(單音)〔하나의 모음 또는
-phone sound 라는 뜻의 연결형(* 특히 기물의 명칭에 쓴다). 예: mega*phone*, tele*phone*.
phóne bòok *n.* 전화 번호부(telephone book).
phone·card *n.* 전화 카드.
phone-in [fóunìn] *n.* 〔텔레비전·라디오의〕 시청자가 전화로 참여하는 프로.
pho·neme [fóuniːm] *n.* 〔언어〕음소(音素)〔특정한 언어에서 사용되고 있는 일정한 유한수의 음 단위〕.
pho·ne·mic [fo(u)níːmik] *adj.* 〔언어〕음소의, 음소론의.
pho·ne·mi·cist [fo(u)níːmisist] *n.* 음소학자.   〔론.
pho·ne·mics [fo(u)níːmiks] *n. pl.* 《단수 취급》 음소
phone·sex [fóunseks] *n.* 폰섹스〔전화를 통한 성적 희롱〕.
*__**pho·net·ic**__ [fo(u)nétik], (**pho·net·i·cal** [-ik(ə)l]) *adj.* 음성의, 음성상의, 음성을 나타내는; 음성학의, 음성학상의; 발음대로의. ¶ *phonetic* law 음성의 법칙 / *phonetic* notation 음성의 표기법 / *phonetic* signs (or symbols) 음성 기호 / *phonetic* spelling 표음식 철자법[법]. **-i·cal·ly** [-ikəli] *adv.*
phonétic álphabèt *n.* 음표(音標) 문자, 음성 기호.
pho·ne·ti·cian [fòunitíʃ(ə)n] *n.* 음성학자.
pho·net·i·cism [fo(u)nétisìzə)m] *n.* ⓤ 표음 철자주의(법).
pho·net·i·cize [fo(u)nétisàiz] *vt.* (**-cized, -ciz·ing**) 음성대로, 표음식으로 나타내다.
pho·net·ics [fo(u)nétiks] *n. pl.* 음성학.
pho·net·ist [fóunitist] *n.* **1** 표음식 철자법 주창자. **2** = phonetician.
Pho·ne·vi·sion [fóunivìʒ(ə)n] *n.* 〔상표명〕 포네비전, 텔레비전 전화.
pho·ney [fóuni] *adj.* (**-ni·er, -ni·est**) *n.* (*pl.* **-neys**) 《구어》= phony.
phon·ic [fɑ́nik, fóun- / fóun-, fɑ́n-] *adj.* 음성의; 음의.
phon·ics [fɑ́niks, fóun- / fóun-, fɑ́n-] *n. pl.* 《단수 취급》 **1** 정음법(正音法)〔철자 읽는 법을 가르치는 발음 중심의 어학 교수법〕. **2** 음향학.
phono- sound, voice라는 뜻의 연결형(* 모음 앞에서는 phon-으로 쓴다). 예: *phono*graph, *phono*logy; *phon*ate, *phon*etic.
pho·no·film [fóunəfìlm] *n.* 발성 영화.
pho·no·gen·ic [fòunədʒénik] *adj.* 듣기 좋은 목소리를 지닌, 아름다운 목소리의; 음향이 좋은.
pho·no·gram [fóunəgræ̀m] *n.* 음표 문자〔〔속기 따위의〕음표 문자(表音字), *cf.* ideogram
pho·no·gram·ic, -gram·mic [fòunəgrǽmik] *adj.* 음표 문자의(에 의한).
*__**pho·no·graph**__ [fóunəgræ̀f / -grɑ̀ːf] *n.* 《미》 축음기 (《영》 gramophone) [레코드] 플레이어.
pho·nog·ra·pher [fo(u)nɑ́grəfər / -nɔ́g-] *n.* 속기사, 축음기 기사.
pho·no·graph·ic [fòunəgrǽfik] *adj.* **1** 축음기 (phonograph)의(에 의한). **2** 속기(phonography)의(에 의한). **-i·cal·ly** [-ikəli] *adv.*
pho·nog·ra·phist [fo(u)nɑ́grəfist / -nɔ́g-] *n.* =phonographer.
pho·nog·ra·phy [fo(u)nɑ́grəfi / -nɔ́g-] *n.* ⓤ **1** 표음식 철자법. **2** 표음 속기법, 〔특히〕피트먼(Pitman)식 속기법.
pho·no·lite [fóunəlàit] *n.* ⓤ 향암(響岩), 향석(響石).
pho·no·log·i·cal [fòunəlɑ́dʒik(ə)l / -lɔ́dʒ-], (**pho·no·log·ic** [-ik]) *adj.* 음운론의; 음운론적인.
pho·nol·o·gist [fo(u)nɑ́lədʒist / -nɔ́l-] *n.* 음운학자.
pho·nol·o·gy [fo(u)nɑ́lədʒi / -nɔ́l-] *n.* (*pl.* **-gies**) **1** ⓤ 음운론, 음성학. **2** 〔어떠한 언어의〕역사적인 음운 변화의 연구.   〔音器〕.
pho·nom·e·ter [fo(u)nɑ́mitər / -nɔ́m-] *n.* 측음기(測
pho·nom·e·try [fo(u)nɑ́mitri / -nɔ́m-] *n.* ⓤ 측음〔법〕.
pho·non [fóunɑn / -nɔn] *n.* 〔물리〕음향 양자(量子), 음자(音子).
pho·no·phile [fóunəfàil] *n.* 레코드 수집가(애호가).
pho·no·phore [fóunəfɔ̀ːr / -fɔ̀ː] *n.* 전신 전화 공통 장치.
pho·no·scope [fóunəskòup] *n.* **1** 표음계(表音計). **2** 검현기(檢絃器), 현음계(弦音計).   〔활자.
pho·no·type [fóunətàip] *n.* 〔인쇄〕음표 활자, 표음
pho·no·typ·y [fóunətàipi] *n.* ⓤ 표음식 속기법.
pho·ny, -ney [fóuni] 《구어》 *adj.* (**-ni·er, -ni·est**) 가짜의, 위조의; 사기의, 수상쩍은. — *n.* (*pl.* **-nies; -neys**) **1** 모조품, 위조품. **2** 사기꾼, 야바위꾼.
-phony sound 라는 뜻의 연결형. 예: homo*phony*, sym*phony*.
phoo·ey [fúːi] *interj.* 《구어》피!, 체!, 흥!   〔신〕.
Phor·cys [fɔ́ːrsis] *n.* 〔그리스 신화〕포르시스〔바다의
-phore bearer(…을 전하는 것, 나르는 것, 생기는 것, 지니는 것)의 뜻의 연결형. 예: sema*phore*.
-phorous -phore로 끝나는 명사에서 형용사를 만드는 연결형. *cf.* -phore
phos·gene [fɑ́sdʒiːn / fɔ́z-] *n.* ⓤ 〔화학〕포스겐〔무색 유독 가스〕.
phosph- ⇒ PHOSPHO-.
*__**phos·phate**__ [fɑ́sfeit / fɔ́s-] *n.* **1** 〔화학〕인산염(燐酸鹽), ¶ aluminium *phosphate* 인산 알루미늄. **2** 〔농업〕인산 비료, 인비(燐肥). **3** 〔과즙과 소량의 인산을 함유한〕 탄산수. ◇ **phosphátic** *adj.*
phósphate róck *n.* ⓤ 인회암〔인산 칼슘을 함유한 암석〕.
phos·phat·ic [fɑsfǽtik / fɔs-] *adj.* 〔화학〕인산염의, 인산염을 함유한.   〔(燐脂質).
phos·pha·tide [fɑ́sfətàid / fɔ́s-] *n.* 〔생화학〕인지질
phos·phene [fɑ́sfiːn / fɔ́s-] *n.* 〔생리〕〔안〕(眼內) 섬광〔안구에 압력이 가해질 때의 자각 광감(光感)〕.
phos·phide [fɑ́sfaid / fɔ́s-] *n.* 〔화학〕인화물(燐化物).
phos·phine [fɑ́sfiːn / fɔ́s-] *n.* 〔화학〕포스핀, 기체상의 인화 수소.   〔鹽〕.
phos·phite [fɑ́sfait / fɔ́s-] *n.* 〔화학〕아인산염(亞燐酸
phospho- phosphorus (인(燐))이라는 뜻의 연결형 (* 모음 앞에서는 phosph-로 쓴다). 예: *phospho*protein, *phospho*rite; *phosph*ide, *phosph*ine.
phos·pho·pro·tein [fɑ̀sfo(u)próuti(ː)n / fɔ̀s-] *n.* 〔생화학〕인(燐)단백질.
phos·phor [fɑ́sfər / fɔ́s-] *n.* **1** 〔특히 자외선 방사에 의하여 빛을 발하는〕 발광성 합성물. **2** 《문어》인광을 발하는 물질.
Phos·phor [fɑ́sfər / fɔ́s-] *n.* 《詩》샛별 (morning star)〔특히 Venus를 말한다〕.
phosphor- ⇒ PHOSPHORO-.
phos·pho·rate [fɑ́sfərèit / fɔ́s-] *vt.* (**-rat·ed, -rat·ing**) 〔화학〕…을 인과 화합시키다; …에 인을 함유시키다.
phósphor brónze *n.* ⓤ 인청동(銅).   〔다.
phos·pho·resce [fɑ̀sfərés / fɔ̀s-] *vi.* (**-resced, -resc·ing**) 인광을 내다, 인처럼 빛을 내다.

phos·pho·res·cence [fàsfərésns / fɔ̀s-] n. ⓤ **1** 인광성(性). **2** 인광, 푸른 빛.
phos·pho·res·cent [fàsfərésnt / fɔ̀s-] adj. 인 광을 내는, 인처럼 빛을 내는. ¶ a *phosphorescent* substance 인광체.
phos·phor·et·ed, -et·ted [fásfərètid / f5s-] adj. 〔화학〕 인과 화합한.
*****phos·phor·ic** [fɑsfɔ́:rik, -fár- / fɔsfɔ́rik] adj. 〔화학〕 인의, 〔특히〕 5가(價)의 인의; 인 모양의; 인을 함유한. cf. phosphorous
phosphóric ácid n. ⓤ 〔화학〕 인산(燐酸).
phos·pho·rism [fásfəriz(ə)m / fɔ́s-] n. ⓤ 〔병리〕 인 중독증.　　　　　　　　　　　　　　　　　　〔土〕.
phos·pho·rite [fásfəràit / fɔ́s-] n. ⓤ 인회토〈燐灰
phosphoro- phosphorous 라는 뜻의 연결형(* 모음 앞에서는 phosphor-로 쓴다). 예: *phosphoro*scope.
phos·phor·o·scope [fɑsfárəskòup / fɔsfɔ́r-] n. 인광계(燐光計).
phos·pho·rous [fásf(ə)rəs / fɔ́s-] adj. 〔화학〕 3가의 인의, 3가의 인을 함유하는.
phósphorous ácid n. ⓤ 〔화학〕 아인산(亞燐酸).
phos·pho·rus [fásf(ə)rəs / fɔ́s-] n. **1** ⓤ 〔화학〕 인(燐)〔비(非)금속 원소의 하나; 원자 기호 P〕. **2** 인광성 물질, **3** = phosphor.
phósphorus pent·óx·ide [-pentáksaid, -sid/-5k-] n. ⓤ 〔화학〕 5산화인.
phos·phu·ret·ed, -ret·ted [fásfjurètid / fɔ́s-] adj. 〔화학〕 = phosphoreted.
phós·sy jàw [fási- / fɔ́si-] n. ⓤ〔구어〕〔병리〕 인 중독성 악부 회저(顎部壞疽).
phot [fɑt, fout / fɔt] n. 〔光學〕 포트〔조명의 단위〕.
phot. (略) photograph, photographer, photographic, photography.
pho·tic [fóutik] adj. **1** 빛의, 빛에 관한. **2** 〔생물〕 〔유기체에 의한〕 발광(發光)의; 빛의 의한 자극의.
phótic dríver n. 스트로보광(光)과 초음파를 이용한 치안용 무기.
phótic région(**zóne**) n. 〔생물〕〔해면하의〕 투광대(透光帶).　　　　　　　　　　〔影〕, 환시(幻視).
pho·tism [fóutiz(ə)m] n. ⓤⓒ 〔심리〕 빛의 환영(幻
‡**pho·to** [fóutou] 〔구어〕 n. (pl. **-tos**), vt., vi. = photograph.
photo- light; photograph; photoelectric 이라는 뜻의 연결형(* 모음앞에서도 쓴다). 예: *photo*n, *photo*album, *photo*cell.
pho·to·ac·tin·ic [fòutou(u)æktínik] adj. 자외선 따위가 감광성의, 화학적인 변화를 주는.
pho·to·ac·tive [fòutou(u)æktiv] adj. 광(光) 능동적인, 광활성(光活性)이 있는.
pho·to·bath·ic [fòutəbǽθik] adj. 〔바닷물이〕 태양 광선이 닿을 정도의 깊이의.
pho·to·bi·ot·ic [fòutou(u)baiátik / -5t-] adj. 〔동·식물〕 〔생존하는 데에〕 빛을 필요로 하는.
pho·to·cell [fóutou(u)sèl] n. 〔전자 공학〕 **1** = phototube. **2** = photoelectric cell.
pho·to·ce·ram·ics [fòutou(u)sirǽmiks] n. pl. 《단수 취급》 사진 디자인에 의한 도자기 제조.
pho·to·chem·i·cal [fòutou(u)kémik(ə)l] adj. 광(光)화학의. ¶ *photochemical* oxidant 광화학 옥시단트.
―― n. 광화학 물질.
phòtochémical smóg n. ⓤ 광화학 스모그. 〔학.
pho·to·chem·is·try [fòutou(u)kémistri / -ⓤ 광화
pho·to·chro·mic [fòutou(u)króumik] adj. 〔화학〕 광색성(光色性)의.
phòtochrómic gláss n. 광색성 유리〔빛을 받으면 색깔이 변하는 유리; 안경 따위에 사용〕.
pho·to·chro·mism [fòutou(u)króumìz(ə)m] n. ⓤ 〔화학〕 광색성〔빛으로 색을 바꾸는 성질〕.　　　〔술.
pho·to·chro·my [fóutəkròumi] n. ⓤ 천연색 사진

pho·to·chron·o·graph [fòutou(u)kránəgrǽf/-krɔ́n-əgrà:f] n. **1** 동체(動體) 사진기. **2** 동체 사진.
pho·to·chron·og·ra·phy [fòutou(u)krənágrəfi / -nɔ́g-] n. ⓤ 동체 사진술.
pho·to·co·ag·u·la·tion [fòutou(u)kouæ̀gjuléi(ʃ)(ə)n] n. ⓤ〔의학〕〔눈 내부의〕 레이저 광선 소작법(燒灼法).
pho·to·com·pose [fòutou(u)kəmpóuz] vt. (**-posed, -pos·ing**) 〔인쇄〕〔활자〕를 사진 식자하다.
pho·to·com·pos·er [fòutou(u)kəmpóuzər] n. 〔인쇄〕 사진 식자기.
pho·to·com·po·si·tion [fòutou(u)kàmpəzíʃ(ə)n / -kɔ̀m-] n. ⓤ 〔인쇄〕 사진 식자.
pho·to·cop·i·er [fóutou(u)kàpiər / -kɔ̀p-] n. 사진 복사기.
pho·to·cop·y [fóutou(u)kàpi / -kɔ̀p-] n. (pl. **-cop·ies**) 사진 복사. ―― vt. (**-cop·ied, -cop·y·ing**) 〔문서 따위〕를 사진 복사하다.
pho·to·cur·rent [fòutou(u)kə́:rənt / -kʌ́rənt] n. ⓤ 〔물리〕 광전류(光電流).
pho·to·de·tec·tor [fòutou(u)ditéktər] n. 〔전기〕 광전 변환기.
pho·to·di·ode [fòutou(u)dáioud] n. 〔전기〕 포토 다이오드〔광전 변환 장치〕.
pho·to·dis·in·te·gra·tion [fòutou(u)disìntigréi(ʃ)(ə)n] n. ⓤ〔물리〕 원자핵의 광(光) 붕괴.
pho·to·dra·ma [fóutou(u)drà:mə, +美 -drǣmə] n. 극영화(photoplay).　　　　　　　　　　　　〔화의.
pho·to·dra·mat·ic [fòutou(u) drəmǽtik] adj. 극영
pho·to·dy·nam·ic [fòutou(u) dainǣmik], (**pho·to·dy·nam·i·cal** [-k(ə)l]) adj. 광역학(光力學)적인.
pho·to·dy·nam·ics [fòutou(u)dainǣmiks] n. pl. 《단수 취급》 광(光)역학〔생물 조직에 미치는 광선의 영향을 연구〕.
pho·to·e·las·tic [fòutou(u)ilǽstik] adj. 〔물리〕 편광 탄성(偏光彈性)의.
pho·to·e·las·tic·i·ty [fòutou(u)ilæstísiti, +英 -elæs-] n. ⓤ〔물리〕 편광 탄성.
pho·to·e·lec·tric [fòutou(u) iléktrik], (**pho·to·e·lec·tri·cal** [-k(ə)l]) adj. **1** 광전자의. ¶ *photoelectric* effect 광전자 효과. **2** 광전자 사진 장치의.
phòtoeléctric céll n. 〔전자 공학〕 **1** 광전지. **2** = phototube.
phòtoeléctrochém·i·cal céll [fòutou(u)iléktrou(u)kémik(ə)l-] n. 〔물리 · 화학〕 광(光)전기 화학 전지〔태양 에너지를 화학 에너지로 변환하여 전류를 일으킨다〕.
pho·to·e·lec·tron [fòutou(u)iléktrən / -trɔn] n. 〔물리〕 광(光)전자.
pho·to·e·mis·sion [fòutou(u)imíʃ(ə)n] n. 〔물리〕 광전자 효과〔빛 따위의 고주파 방사에 의한 금속 표면의 전자 방출 현상〕.
pho·to·en·grave [fòutou(u)ingréiv] vt. (**-graved, -grav·ing**) ···의 사진판을 만들다.　　　　　　〔공.
pho·to·en·grav·er [fòutou(u)ingréivər] n. 사진 제판
pho·to·en·grav·ing [fòutou(u)engréiviŋ] n. ⓤⓒ **1** 사진 제판〔술〕. cf. photogravure **2** 사진 철판(凸版).
pho·to·es·say [fóutou(u)ései] n. 포토에세이〔분석 · 해석 따위의 주관을 넣어 수필풍으로 사진을 표현한다〕.
phóto fínish n. 〔스포츠〕 **1** 사진 판정. **2** 대(大)접전.　　　　　　　　　　　　　　　　　　〔상.
pho·to·fin·ish·ing [fòutou(u)fíniʃiŋ] n. ⓤ 필름의 현
pho·to·fis·sion [fòutou(u)fíʃ(ə)n] n. ⓤ 〔물리〕 광(光)분열〔고(高)에너지 광자로 일어나는 분열〕.
pho·to·flash [fóutou(u)flæ̀ʃ] n. 〔사진〕 (= **phótoflash lámp, phótoflàsh búlb**) 섬광 전구.
pho·to·flood [fóutou(u)flʌ̀d] n. 〔사진〕 (= **phótoflood lámp, phótoflòod búlb**) 촬영용 투광 조명등.　〔phy.
photog. (略) photographer, photographic, photogra-
pho·to·gen [fóutədʒèn] n. 〔생물〕 발광(發光) 동물〔식

물, 기관). 〔殘像〕.
pho·to·gene [fóutədʒìːn] n. 〔안과〕〔망막상의〕 잔상
pho·to·gen·ic [fòutədʒénik] adj. **1** 〔사진〕 사진이 잘 받는, 사진 촬영에 적합한. **2** 〔생물〕 발광성(發光性)의, 인광(燐光)을 발하는. **3** 〔의학〕 피부염 따위가 빛에 의하여 생기는. **-i·cal·ly** [-ikəli] adv.
pho·to·gram [fóutəgræm] n. 〔사진〕 **1** 포토그램, 실루에트 사진. **2** 〔드물게〕= photograph.
pho·to·gram·me·try [fòutəgrǽmitri] n. ⓤ 공중 촬영에 의한 사진 측량법, 사진 제도법.
‡pho·to·graph [fóutəgrǽf / -gràːf] n. 사진. ¶ a *photograph* album 사진첩 / take a *photograph* of …의 사진을 찍다, …을 촬영하다 / have one's *photograph* taken 사진을 찍다. — vt. **1** …의 사진을 찍다, …을 촬영하다. **2** …을 깊이 마음에 새기다. — vi. **1** 사진을 찍다, 촬영하다. **2** 사진에 나오다. ¶ (~+圓) She *photographs* well. 그녀는 사진이 잘 받는다.
◇ *photográphic* adj.
*pho·tog·ra·pher** [fətɑ́grəfər / -tɔ́g-] n. 사진사, 카메라맨.
*pho·to·graph·ic** [fòutəgrǽfik] adj. **1** 사진(술)의, 사진에 관한; 사진용의, 사진에 의한. ¶ *photographic* plates 감광판 / *photographic* surveying 사진 측량 / a *photographic* studio 사진 스튜디오 / a *photographic* record of a trip 여행의 사진 기록. **2** 사진 같은, 극히 사실적(寫實的)인(정밀한); 생생한 인상을 지닌. ¶ *photographic* writing 사실적인 글솜씨 / with *photographic* accuracy 사진과 같이 정확하게 / *photographic* memories 생생한 기억. **-i·cal·ly** [-ikəli] adv.
◇ *phótograph* n.
photográphic opportúnity n. = photo op.
*pho·tog·ra·phy** [fətɑ́grəfi / -tɔ́g-] n. ⓤ 사진술, 사진 촬영.
pho·to·gra·vure [fòutəgrəvjúər] n. ⓤⓒ **1** 사진 요판술(凹版術). cf. photoengraving **2** 사진 요판, 그라비어. **3** 사진 요판에 의한 인쇄물.
pho·to·i·on·i·za·tion [fòutəàiənizéiʃ(ə)n] n. ⓤ 〔물리〕 광(光)이온화.
pho·to·jour·nal·ism [fòuto(u)dʒə́ːrn(ə)lìz(ə)m] n. 그림보다 사진을 많이 넣는 잡지 제작; 뉴스(보도) 사진.
pho·to·ki·ne·sis [fòuto(u)kiníːsis, -kai-] n. 〔생리〕〔빛의 자극으로 일어나는〕 광(光) 활동성, 광선 운동.
pho·to·lith·o·graph [fòutəlíθəgræf / -gràːf] n. 사진 석판(石版)〔畵〕. — vt. …을 사진 석판으로 하다.
pho·to·li·thog·ra·phy [fòuto(u)liθɑ́grəfi / -θɔ́g] n. ⓤ 사진 석판술.
pho·to·lu·mi·nes·cence [fòutəlùːminésns] n. ⓤ 〔물리〕 광(光)루미네슨스.
pho·tol·y·sis [foutɑ́lisis / -tɔ́l-] n. ⓤ 〔화학〕 광(光)분해〔빛의 작용에 의한 광(光)화학적 분해〕.
pho·to·lyt·ic [fòutəlítik] adj. 〔화학〕 광분해의.
pho·to·map [fòuto(u)mǽp] n. 공중촬영에 의한 사진 지도. — v. (-mapped, -map·ping) vt. …의 사진 지도를 만들다. — vi. 사진 지도를 만들다.
pho·to·me·chan·i·cal [fòuto(u)mikǽnik(ə)l] adj. 사진 제판법(製版法)의. ¶ *photomechanical* process 사진 제판법. **-i·cal·ly** [-ikəli] adv. 〔계(光度計)〕.
pho·tom·e·ter [fo(u)tɑ́mitər / -tɔ́m-] n. 〔光學〕 광도
pho·to·met·ric [fòutəmétrik], (**pho·to·met·ri·cal** [-rik(ə)l]) adj. 광도 측정[법]의. 〔정법.
pho·tom·e·try [fo(u)tɑ́mitri / -tɔ́m-] n. ⓤ 광도 측
pho·to·mi·cro·graph [fòuto(u)máikrəgræf / -gràːf] n. **1** 현미경 사진. **2** 마이크로 복사.
pho·to·mon·tage [fòutəmɑntɑ́ːʒ / -mɔn-] n. 〔사진〕 몽타주〔사진〕, 집성 사진; ⓤ 몽타주 사진 작성법.
pho·to·mul·ti·pli·er [fòutəmʌ́ltiplàiər] n. 〔전기〕 광전 배증관(倍增管).
pho·to·mur·al [fòuto(u)mjú(ə)rəl / -mjúərəl] n. 〔벽에 거는〕 대형 사진; 사진 벽화.
pho·ton [fóutɑn / -tɔn] n. 〔물리〕 광자(光子).
phóton éngine n. 광자(光子) 엔진〔빛을 추진 에너지원(源)으로 사용하고 광속(光速)으로 비행하는 상상적인 로켓 엔진〕.
pho·to·neu·tron [fòuto(u)n(j)úːtran / -njúːtrɔn] n. 〔물리〕 광 중성자〔원자핵의 광(光)붕괴에 의한 중성자〕.
pho·to·nov·el [fóutano(u)l / -nɔ-] n. 사진 소설〔토막 사진과 대사로 엮은 젊은이 취향의 소설〕.
pho·to·off·set [fòuto(u)ɔ́ːfset / -ɔ́f-] 〔인쇄〕 n. ⓤ 사진 오프셋 인쇄. — vt., vi. (-set, -set·ting) 사진 오프셋 인쇄로 하다.
phóto óp n. 〔선거 출마자, 명사들의〕 홍보・선전용 사진 촬영 화면(photographic opportunity).
pho·to·pe·ri·od·ism [fòuto(u)pí(ː)riədìz(ə)m / -píəri-], (**pho·to·pe·ri·o·dic·i·ty** [fòutəpìː(ː)riədísiti / -piəri-]) n. 〔생물〕 광(光)주기 현상, 광주성(光周性).
pho·to·phase [fóutəfèiz] n. 〔생물〕 광주기(光周期)의 명기(明期).
pho·toph·i·lic [fòutáfilik / -tɔ́f-], (**pho·toph·i·lous** [-ləs]) adj. 〔식물〕 강한 빛에서 자라는, 빛을 좋아하는〔필요로 하는〕. 〔明〕, 빛 공포증.
pho·to·pho·bi·a [fòutəfóubiə] n. ⓤ 〔병리〕 수명(羞
pho·to·phone [fóutəfòun] n. 광선 전화기.
pho·to·play [fóutəplèi] n. 영화극(photodrama); 영화용 각본(screenplay).
pho·to·play·er [fóutəplèi(i)ər] n. 영화 배우.
pho·to·play·wright [fòuto(u)pléiràit] n. 영화 각본 작가, 영화 극작가.
pho·to·po·lar·im·e·ter [fòuto(u)pòulərímitər] n. 망원 사진 편광계〔망원경, 촬영기, 편광계를 합친 천체 관측 장치〕.
pho·to·po·ly·mer·i·za·tion [fòutopòlimərizéiʃ(ə)n / -pɔ̀limərai-] n. ⓤ 〔화학〕 광중합(光重合).
pho·to·print [fóutəprìnt] n. 사진 복사〔판〕 인쇄.
pho·to·ra·di·o·gram [fòutəréidio(u)græm] n. 무선 전송 사진.
pho·to·re·al·ism [fòuto(u)ríːəlìz(ə)m / -ríəl-] n. 〔미술〕 포토리얼리즘〔사진 영상처럼 생생한 묘사, 특히 인생의 비참한 현실을 그대로 묘사하는 수법〕.
pho·to·re·con·nais·sance [fòuto(u)rikɑ́nis(ə)ns / -kɔ́n-] n. 〔군대〕 공중 사진 정찰. 〔록 장치.
pho·to·re·cord·er [fòuto(u)rikɔ́ːrdər] n. 사진 기
pho·to·scan [fóuto(u)skæn] vt. (-scanned, -scan·ing) 〔방사성 물질을 주입하여〕 내장을 촬영하다. — n. 〔방사성 물질 주입에 의한〕 내장 X선 촬영; 그 사진.
pho·to·scan·ner [fòuto(u)skǽnər] n. 주입한 방사선 물질의 분포를 사진으로 나타내는 장치. 〔의.
pho·to·sen·si·tive [fòuto(u)sénsitiv] adj. 감광성
pho·to·sen·si·tiv·i·ty [fòuto(u)sènsitíviti] n. ⓤ 감광성. 〔진 분광기〕.
pho·to·spec·tro·scope [fòutəspéktrəskòup] n. 사
pho·to·sphere [fóuto(u)sfìər] n. 〔천문〕 광구(光球)〔태양 따위 항성(恒星)의 표면〕.
Pho·to·stat [fóuto(u)stæt] n. **1** 〔상표명〕 직접 복사 사진기(장치). **2** (종종 p-) 직접 복사 사진. — vt., vi. (-stat·ed or -stat·ted, -stat·ing or -stat·ting) (p-) 직접 복사 사진을 찍다.
pho·to·stat·ic [fòuto(u)stǽtik] adj. 복사 사진(의 같은), 복사 사진에 의한.
pho·to·syn·the·sis [fòuto(u)sínθəsis] n. ⓤ 〔생물・생화학〕 광(光)합성. cf. chemosynthesis
pho·to·syn·the·size [fòuto(u)sínθəsàiz] vt., vi. (-sized, -siz·ing) 〔생물・생화학〕 광합성하다.
pho·to·syn·thet·ic [fòuto(u)sinθétik] adj. 〔생물・생화학〕 광합성의, 광합성에 의한. **-i·cal·ly** [-ikəli] adv.
pho·to·tax·is [fòutətǽksis], (**pho·to·tax·y** [-tǽksi]) n. ⓤ 〔생물〕주광성(走光性). ¶ positive (negative) *phototaxis* 향광성(向光性)(배광성(背光性)).
pho·to·tel·e·graph [fòuto(u)téligræf / -gràːf] n. 전송 사진. — vt., vi. 〔사진을〕 전송하다.
pho·to·te·leg·ra·phy [fòuto(u)tilégrəfi] n. ⓤ 사진

전송[술].
pho·to·tel·e·scope [fòutu(u)téliskòup] n. 〖천체를 관측하며 촬영하는〗 사진 망원경.
pho·to·ther·a·peu·tics [fòutu(u)θèrəpjuːtiks] n. pl. 《단·복수 양용》=phototherapy. 〖선 요법.
pho·to·ther·a·py [fòutu(u)θérəpi] n. 〖U〗《의학》광
pho·to·ther·mal [fòutu(u)θɔ́ːrm(ə)l], (**pho·to·ther·mic** [-mik]) adj. 광열의; 빛과 열에 관한.
pho·to·tim·er [fóutu(u)tàimər] n. 1 〖카메라의〗자동 노출 조정기. 2 〖경주의〗승자 판정용(타임 측정용) 카메라.
pho·tot·o·nus [fo(u)tátənəs/-tɔ́t-] n. 〖식물〗 〖잎 따위의〗 감광성(感光性), 광긴장(光緊張).
pho·to·pog·ra·phy [fòutu(u)təpágrəfi/-pɔ́g-] n. =photogrammetry. 〖변환 소자(素子).
pho·to·tran·sis·tor [fòutu(u)trænzístər] n. 광전
pho·to·trop·ic [fòutu(u)trápik/-trɔ́p-] adj. 〖식물〗 향광성의, 굴광성의. **-i·cal·ly** adv.
pho·tot·ro·pism [foutátrəpìz(ə)m/-tɔ́t-] n. 〖U〗《식물》향광성(向光性), 굴광성(屈光性). 〖전관.
pho·to·tube [fóutətj(j)ùːb/-tjùːb] n. 〖전자 공학〗광
pho·to·type [fóutətàip] n. 〖인쇄〗 1 포토타이프〖사진 철판(凸版)·콜로타이프 따위〗. 2 포토타이프 제판. 3 포토타이프 인쇄물. 〖사진 식자.
pho·to·type·set·ting [fòutu(u)táipsètiŋ] n. 〖인쇄〗
pho·to·ty·pog·ra·phy [fòutu(u)taipágrəfi/-pɔ́g-] n. 〖U〗《폐어》사진 철판술(凸版術).
pho·to·typ·y [fóutətàipi] n. 〖U〗 포토타이프술(術).
pho·to·vol·ta·ic [fòutu(u)valtéiik/-vɔl-] adj. 〖물리〗광전지의.
pho·to·zin·cog·ra·phy [fòutu(u)ziŋkágrəfi/-kɔ́g-] n. 〖U〗 사진 아연 철판술(凸版術).
phr. (略) phrase. 〖이루어지는.
phras·al [fréiz(ə)l] adj. 구(句)의, 구를 이루는, 구로
‡**phrase** [freiz] n. 1 〖문법〗 구(句). cf. clause ¶ a noun *phrase* 명사구/an adjective *phrase* 형용사구/an adverb (or adverbial) *phrase* 부사구. 2 《修辭》〖앞뒤에 휴지부(休止符)가 있는〗 강조적 어구. 3 〖말씨, 말투, 화술〗 felicity of *phrase* 말씨의 교묘함/speak in simple *phrase* 간단한 말로 말하다. 4 어구, 문구; 성구, 숙어, 관용구(idiomatic expression). ¶ a set *phrase* 상투적인 문구/a stock *phrase* 진부한 문구. 5 〖간결한〗 한 마디; 짤막한 말, 경구, 명구. ¶ sum a matter in a *phrase* 사건의 전말을 한 마디로 요약하다. 6 (보통 ~s)《英》 허튼 소리, 빈말(mere words). ¶ We have had enough of *phrases*. 빈말 좀 작작 해라. 7 〖음악〗 악구(樂句). 8 〖춤〗 〖춤의 형(型)을 구성하는〗 일련의 동작.
— vt. (phrased, phras·ing) 1 …을 〖특수한 말로〗 말하다, 진술하다; …을 말로 표현하다. ¶ She *phrased* her excuse politely. 그녀는 정중하게 사과를 했다 / He found it hard to *phrase* his idea. 그는 자기의 생각을 말로 표현하기는 어렵다는 것을 알았다. 2 〖음악〗 a) 〖특히 연주에서〗 〖곡〗의 악구를 두드러지게 하다. b) 〖음표〗를 악구에 맞추어 연주하다. ◇ **phrásal**
phráse bòok n. 숙어집, 성구(관용구)집. 〖adj.
phrase·mon·ger [fréizmʌ̀ŋɡər] n. 미사여구(경구(警句))를 늘어놓는 사람.
phra·se·o·gram [fréiziəɡræ̀m] n. 〖속기〗 따위에서〗 구(句)를 나타내는 기호. 〖gram〗이 있는 구.
phra·se·o·graph [fréiziəɡræ̀f] n. 〖속기〗 phraseo-
phra·se·o·log·i·cal [frèiziəládʒik(ə)l/-lɔ́dʒ-] adj. 말씨의, 표현법의, 어법의. **~·ly** [-kəli] adv.
phra·se·ol·o·gist [frèiziálədʒist/-ɔ́l-] n. 1 어법(관용구) 연구가. 2 미사여구를 쓰는 사람.
phra·se·ol·o·gy [frèiziálədʒi/-ɔ́l-] n. 〖U〗〖C〗 (pl. -gies) 말씨, 말투, 어법(diction), 문체.
phras·ing [fréiziŋ] n. 〖U〗 1 어법, 말씨(phraseology). 2 〖음악〗 구절법(句節法).

phra·try [fréitri] n. (pl. **-tries**) 1 〖종족(tribe)중의〗 씨족 집단. 2 씨족〖고대 그리스에서 phyle의 작은 구분〗.
phren. (略) phrenological, phrenology.
phren·et·ic [frinétik], (**phre·net·i·cal** [-ik(ə)l]) adj. n. =frenetic.
phren·ic [frénik] adj. 1 〖해부〗 횡격막(diaphragm)의. 2 〖생리〗 심적인, 정신적인(mental); 정신 활동의.
phre·ni·tis [frináitis] n. 〖U〗〖병리〗 1 뇌염, 〖뇌염에 의한〗 일시적 정신 착란(delirium). 2 횡격막염.
phren·o·log·i·cal [frènəládʒik(ə)l/-lɔ́dʒ-], (**phren·o·log·ic** [-ik]) adj. 골상학의. **~·ly** [-kəli] adv.
phre·nol·o·gist [frinálədʒist/-nɔ́l-] n. 골상학자.
phre·nol·o·gy [frinálədʒi/-nɔ́l-] n. 〖U〗 골상학.
phren·sy [frénzi] n. (pl. **-sies**), vt. (**-sied**, **-sy·ing**) =frenzy. 〖에 있었던 왕국〗.
Phryg·i·a [frídʒiə] n. 프리지아〖옛날 소아시아 중서부〗.
Phryg·i·an [frídʒiən] adj. 프리지아의; 프리지아 사람(말)의. — n. 1 프리지아 사람. 2 프리지아 말.
Phrýgian cáp n. 프리지아모(帽)〖끝이 앞으로 처진 원추형의 모자〗.
PHS, P.H.S. (略) Public Health Service〖공중 위생
phthal·ein [(f)θǽliːn] n. 〖U〗〖화학〗 프탈렌.
phthal·in [(f)θǽlin] n. 〖U〗〖화학〗 프탈린.
phthis·ic [tízik/(f)θáisik] n. 〖병리〗 1 〖U〗 폐결핵(phthisis), 소모증. 2 〖U〗 천식(asthma). 3 폐결핵 환자. — adj. =phthisical.
phthis·i·cal [tízik(ə)l/(f)θáis-] adj. 〖병리〗 폐결핵의(에 걸린).
phthi·sis [(f)θáisis] n. 〖병리〗 1 소모. 2 폐결핵.
phut [fʌt, 美 f(ə)t] n. 1 팡, 펑〖총알이 맞거나 멀리서 물건이 파열하는 낮은 울림의 소리〗. 2 《종종 절망을 나타내는 감탄사로 써서》¶ Otherwise —— *phut*. 그렇지 않으면 —— 아아〖절망적이다〗. — adv. 팡(펑) 하고.
go phut 《속어》 ① 파열하다, 펑크나다. ② 뻗다(give out), 실패하다. 〖學〗.
phy·col·o·gy [faikálədʒi/-kɔ́l-] n. 〖U〗 조류학(藻類
phy·co·my·cete [fàiko(u)máisiːt, -maisíːt] n. 〖식물〗 조균류(藻菌類).
phy·la¹ [fáilə] n. phylon의 복수형.
phy·la² [fáilə] n. phylum의 복수형.
phy·lac·ter·y [filǽktəri] n. (pl. **-ter·ies**) 1 성구함(聖句函)〖성서의 문구를 기록한 양피지를 넣는 작은 가죽 상자, 유대 사람이 하나를 이마에, 다른 하나를 왼팔에 잡아매어 율법을 잊지 않도록 하는 것〗. 2 유물함〖초기 기독교의 교회에서 성인들의 유물을 넣어 두었던 것〗. 3 생각나게 하는 물건(사람). 4 부적, 호신부.
make broad one's phylactery (or *phylacteries*) 신앙이 독실한 체하다.
phy·le [fáili] n. (pl. **-lae** [-liː]) 〖고대 그리스의〗 씨족, 부족〖가상적인 혈연 관계로 분류되는 정치적인 큰 단위〗. cf. phratry
phy·let·ic [failétik] adj. 〖생물〗 문(門)(phylum)의, 종(種)(species)의; 계통 발생의(phylogenetic), (racial).
phyll- ⇨ PHYLLO-.
-phyll, -phyl leaf; coloring matter in plants 의 뜻의 연결형. 예: chloro*phyll*.
phyllo- leaf 의 뜻의 연결형 (* 모음 앞에서는 phyll-을 쓴다). 예: *phyllo*pod.
phyl·loid [fílɔid] adj. 잎 모양의, 잎 같은(leaflike).
phyl·lo·pod [fíləpɑd/-pɔd] n. 〖동물〗 엽각류(葉脚類)의 총칭. 〖식물〗 엽각류의.
phyl·lo·tax·is [filətǽksis] n. (pl. **-tax·es** [-tǽksiːz]) 〖식물〗 =phyllotaxy.
phyl·lo·tax·y [fílətǽksi] n. (pl. **-tax·ies**) 〖식물〗 1 엽서(葉序), 엽렬(葉列). 2 〖U〗 엽서 연구.
-phyllous having 〖such or so many〗 leaves, leaved 의 뜻의 연결형.
phyl·lox·er·a [filəksér(ː)rə, filəksírə/filɔksíərə] n. (pl. **-rae** [-riː]) or **-ras**) 포도나무뿌리진디.

phylo- tribe, race, kind 의 뜻의 연결형 (＊ 모음 앞에서는 phyl-을 쓴다). 예: *phylo*geny.
phy·lo·gen·e·sis [fàiləʤénisis] *n.* 〖생물〗 ＝phylogeny.
phy·lo·ge·net·ic [fàiləʤinétik] *adj.* 〖생물〗 계통 발생[학]의.
phy·log·e·ny [failáʤini / -lóʤ-] *n.* ⓤ〖생물〗계통 발생.
phy·lon [fáilɑn / -lɔn] *n.* (*pl.* **-la**) 〖생물〗종족 (race).
phy·lum [fáiləm] *n.* (*pl.* **-la**) **1** 〖생물〗문[생물 분류의 1단계]. ⇨ CLASSIFICATION 주의 **2** 〖언어〗어족(語族).
phys. 〖略〗 physical, physiology. [physician; physicist, physics.
phys. ed. 〖略〗 *phys*ical *ed*ucation.
physi- ⇨ PHYSIO-.
＊**phys·ic** [fízik] *n.* **1** 하제(cathartic); 〖일반적으로〗약(drug). **2** ⓤ《고어》의술(medical art), 의료. **3** ⓤ〖稀〗자연 과학. ― *vt.* (**-icked, -ick·ing**) **1** …에게 약을 먹이다; …에게 하제를 쓰다. **2** …을 고치다(cure). ◇ *phýsical adj.*
‡**phys·i·cal** [fízik(ə)l] *adj.* **1** 신체의, 육체의(bodily). *opp.* mental, spiritual ¶ *physical* beauty 육체미. **2** 물질의, 물질적인. ⇨MATERIAL 類語 ¶ the *physical* world 물질계. **3** 물리[학]상의; 자연 과학[상]의. ¶ a *physical* change 물리적 변화. ― *n.* 신체 검사, 건강 진단.
phýsical ànthropólogy *n.* ⓤ 자연 인류학.
phýsical chémistry *n.* ⓤ 물리 화학.
phýsical cúlture *n.* ⓤ〖규칙적인〗신체의 단련, 체육.
phýsical dìstribútion *n.* 〖마케팅〗물적 유통.
phýsical èducátion *n.* ⓤ 체육(physical culture).
phýsical èxaminátion *n.* 신체 검사, 건강 진단.
phýsical geógraphy *n.* ⓤ 자연 지리학, 지문학(地文學).
phys·i·cal·ism [fízikəlìz(ə)m] *n.* ⓤ〖철학〗물리[학]주의. *opp.* mentalism [ics).
phýsical jérks *n. pl.* 《英》미용 체조(calisthen-
＊**phys·i·cal·ly** [fízikəli] *adv.* **1** 육체적으로. **2** 물질적으로. **3** 물리적으로.
phýsical scíence *n.* ⓤ 자연 과학, 물리학.
phýsical thérapy *n.* ⓤ 물리 요법(physiotherapy).
phýsical tráining *n.* 체육, 체력 단련〖略〗 PT〗.
‡**phy·si·cian** [fizíʃ(ə)n] *n.* **1** 의사(doctor); 내과 의사. ＊외과(surgeon)로는 안 쓴다. **2** 〖질병·번민 따위를〗고치는(덜어주는) 사람(것). ¶ nature as a *physician* 번민을 치유해 주는 자연.
phys·i·cism [fízisìz(ə)m] *n.* ⓤ 유물론, 물리 우주관.
＊**phys·i·cist** [fízisist] *n.* **1** 물리학자. **2** 《고어》자연 과학자. **3** 유물론자(materialist).
phys·i·co·chem·i·cal [fíziko(u) kémik(ə)l] *adj.* 물리 화학의, 물리 화학적인(에 관한).
‡**phys·ics** [fíziks] *n. pl.* 〖단수 취급〗ⓤ 물리학.
◇ *phýsical adj.*
physio- physical, physics 의 뜻의 연결형(＊ 모음 앞에서는 physi-을 쓴다). 예: *physio*gnomy.
phys·i·oc·ra·cy [fìziákrəsi / -5k-] *n.* ⓤ 중농주의〖프랑스의 경제학자 François Quesnay (1694-1774) 가 주창한 농업 중시의 경제 사상〗. *cf.* mercantilism
phys·i·o·crat [fíziəkræt] *n.* 중농주의자.
phys·i·og·nom·ic [fìziə(g)námik / -ɔ́n5m-], **(phys·i·og·nom·i·cal** [-k(ə)l]) *adj.* 인상(人相)의, 인상학의, 관상술의, 외관의. **-i·cal·ly** [-ikəli] *adv.*
phys·i·og·no·mist [fìzi(g)nəmist / -5n-] *n.* 인상학자, 관상가.
phys·i·og·no·my [fìziə(g)nəmi / -5n-] *n.* (*pl.* **-mies**) **1** 〖특히 성격을 나타내는〗얼굴, 생김새, 인상 (countenance). **2** ⓤ 인상학, 관상술(anthroposcopy). **3** 〖물건의〗외면적 특징, 외형, 외관. ¶ the *physiognomy* of a mountain 산의 외관(外觀), 산용(山容).

phys·i·og·ra·pher [fìziágrəfər / -5g-] *n.* 자연 지리학자, 지문학자(地文學者); 지형학자.
phys·i·o·graph·ic [fìziəgrǽfik], **(phys·i·o·graph·i·cal** [-k(ə)l]) *adj.* 지문학(지형학)상의, 자연 지리학의.
phys·i·og·ra·phy [fìziágrəfi / -5g-] *n.* ⓤ **1** 자연 지리학, 지문학. **2** (美) 지형학(地形學). **3** 기술적(記述的) 자연 과학.
physiol. 〖略〗 physiological, physiologist, physiology.
phys·i·ol·a·try [fìziálətri / -5l-] *n.* ⓤ 자연 숭배.
＊**phys·i·o·log·i·cal** [fìziəládʒik(ə)l / -lɔ́dʒ-], **-ic** [-dʒik] *adj.* 생리학[상]의; 생리적인.
-i·cal·ly [-ikəli] *adv.*
phys·i·ol·o·gist [fìziáləʤist / -5l-] *n.* 생리학자.
＊**phys·i·ol·o·gy** [fìziáləʤi / -5l-] *n.* ⓤ **1** 생리학. **2** 생리 현상(기능). [법사.
phys·i·o·ther·a·pist [fìzio(u) θérəpist] *n.* 물리 요
phys·i·o·ther·a·py [fìzio(u) θérəpi] *n.* ⓤ 물리 요법.
＊**phy·sique** [fizí:k] *n.* ⓤ 체격(constitution).
-phyte growth, plant 의 뜻의 연결형. 예: micro*phyte*, osteo*phyte*(골종식체(骨增殖體)).
phyto- plant 의 뜻의 연결형(＊ 모음 앞에서는 phyt-을 쓴다). 예: *phyto*toxin(식물 독소). [학자.
phy·tog·ra·pher [faitágrəfər /-t5g-] *n.* 기술 식물
phy·tog·ra·phy [faitágrəfi /-t5g-] *n.* ⓤ 기술(記載)식물학. [몬.
phy·to·hor·mone [fàito(u)hɔ́ːrmoun] *n.* 식물 호르
phy·to·pa·thol·o·gy [fàito(u)pəθáləʤi / -ɔ́5l-] *n.* ⓤ 식물 병리학(plant pathology).
phy·toph·a·gous [faitáfəgəs / -t5f-] *adj.* 〖동물〗식물을 먹는, 초식성의(herbivorous).
phy·to·plank·ton [fàito(u) plǽŋktən] *n.* 식물성 플랑크톤. [학.
phy·to·so·ci·ol·o·gy [fàito(u) sòusiáləʤi / -5lə-] *n.* 식물 사회학.
phy·tot·o·my [faitátəmi / -t5t-] *n.* ⓤ 식물 해부[학].
phy·to·tron [fáitətrɑn / -trɔn] *n.* 파이토트론〖식물을 일정한 기후 상태에서 육성 관찰하는 장치〗.
pi¹ [pai] *n.* (*pl.* **pis**) **1** 파이〖그리스 알파벳의 열 여섯째자(Π, π)의 명칭; 영자의 P, p에 해당〗. **2** 〖수학〗원주율〖약 3.1416], 그 기호〖π〗.
pi² [pai] *n.* (*pl.* **pies**) **1** ⓤⓒ 뒤죽박죽이 된 활자. **2** ⓤ 뒤죽박죽, 혼란(jumble). ― *vt.* (**pied, pie·ing** or **pi·ing**)〖활자 따위를〗마구 뒤섞다.
pi³ [pai] *adj.* 《英속어》신앙이 깊은(pious).
P.I. 〖略〗 *P*hilippine *I*slands; *p*rincipal *i*nvestigator; *p*rogrammed *i*nstruction; *p*ersonal *i*dentity.
PIA 〖略〗 *P*akistan *I*nternational *A*irlines(파키스탄 항공).
pi·ac·u·lar [paiǽkjulər] *adj.* **1** 속죄(贖罪)의(가 되는)(expiatory), 죄갚음의. **2** 속죄를 필요로 하는, 죄 많은(sinful).
piaffe [pjæf, ＋英 piǽf] *n.* [말의] 천천히 하는 足踊(蹈足)(구보). ― (**piaffed, piaff·ing**) *vi.* (말이) 느린 구보 걸음을 하다. ― *vt.* (말)을 느린 구보 걸음을 시키다.
Pi·a·get·ian [piː·əʒéiən] *adj.* 피아제식의. 《스위스의 아동 발달 심리학자 Jean Piaget(1896-1980)의 이름》
pi·a ma·ter [páiə méitər] *n.* (the ~) 〖해부〗유막(柔膜).
pi·a·nette [pàiənét] *n.* 소형의 수직형 피아노.
pi·a·nism [piǽniz(ə)m, pí(ː)əníz(ə)m], **pi·a·niz(ə)m** [pí(ː)əníz(ə)m] *n.* 피아노 연주; 피아노 연주의 기술(기교), 피아노를 위한 편곡.
pi·a·nis·si·mo [pìːənísimòu / pjæ-] 〖음악〗 (*opp.* fortissimo) *adj.* 최약주(最弱奏)의. ― *adv.* 아주 약하게. ― *n.* (*pl.* **-mos** or **-mi** [-mìː]) 최약주부, 피아니시모. 〔It〕
＊**pi·an·ist** [piǽnist, pí(ː)ən-, pjæ̀n-] *n.* 피아노 주자, 피아니스트.
‡**pi·an·o¹** [piǽnou, pjǽnou] *n.* (*pl.* **-os**) 피아노. ¶

play [on] the *piano* 피아노를 치다. [< PIANO[FORTE]]
pi·a·no² [piá:nou, pjá:-] [음악] *adj.* 부드러운, 약음의 (soft). *opp.* forte — *adv.* 부드럽게, 약하게(softly) (略 p.). — *n.* (*pl.* **-nos**) 부드럽게 연주되는 악절(樂節).
piáno accórdion *n.* 전반이 붙은 아코디언, 손풍[금].
pi·an·o·for·te [piǽnou(u)fɔ̀:rt(i), pjǽn-/ pjǽno(u)fɔ́:ti] *n.* 피아노. * 보통 piano 라고 약칭된다.
Pi·a·no·la [pì:ənóulə/ piə-] *n.* 〔상표명〕피아놀라, 자동 피아노의 일종.
piáno órgan *n.* 〔거리의 악사가 쓰는〕 손잡이 회전식 피아노.
piáno pláyer *n.* **1** 피아노 연주자, 피아니스트. **2** 자동 피아노 연주 장치.
piáno stóol *n.* 피아노용 의자. 〔선.
piáno wíre *n.* ⓤⓒ 〔항장력(抗張力)이〕 강한 피아노
PIARC (略) *Permanent International Association of Road Congresses*(상설 국제 도로 회의 협회[UN 의 협력기관]).
pi·as·ter, (英) **-tre** [piǽstər] *n.* **1** 피아스터 〔레바논·수단·시리아·아랍 연합의 통화 단위). 100분의 1 파운드〕. **2** 피아스터〔스페인·터키의 옛 은화〕.
pi·at [páiæt, -ət] *n.* 대전차포.
pi·az·za [piǽzə/-ǽtsə] *n.* **1** 〔특히 이탈리아 도시의〕광장(plaza), 십자로; 시장. **2** 《美》포치, 베란다(veranda), 툇마루. **3** 《주로 英》아케이드, 회랑(回廊).
pi·bal [páibəl] *n.* 〔기상〕탐색 기구(관측).
pi·broch [pí:brɑk /-brɔk, -brɔx] *n.* 풍적곡(風笛曲) 〔스코틀랜드식 백파이프(bagpipe)으로 연주되는 곡〕.
pic [pik] *n.* (*pl.* **pix** [piks] *or* **pics**) 《美속어》 **1** 영화. ¶ a *pic* arena 영화관. **2** 〔저널리즘〕사진.
pi·ca¹ [páikə] *n.* 〔인쇄〕 **1** ⓤ 파이카(주로 활자의 크기로, 12포인트). **2** small *pica* 11포인트 활자. **3** 파이카 활자의 세로의 길이[약 4mm. 조판 따위의 기준].
pi·ca² [páikə] *n.* ⓤ〔병리〕이식증(異食症).
pic·a·dor [píkədɔ̀:r] *n.* 기마 투우사〔투우의 시초에 창으로 소를 찔러 성나게 하는 기수〕. 〔aninny.
pic·a·nin·ny [píkənìni] *n.* (*pl.* **-nies**), *adj.* = pic-
pic·a·resque [pìkərésk] *adj.* 악한(소설)의. ¶ a *picaresque* novel 악한 소설. **2** 악한[주제물(主題物)]의.
pi·ca·ro [pí:kɑ:rou] *n.* (*pl.* **-ros**) 악한.
pic·a·roon [pìkərú:n] *n.* **1** 악한; 도둑, 산적. **2** 해적, 해적선. **3** 도둑(해적)질을 하다.
pic·a·yune [pìkəjú:n] *n.* **1** 〔옛날 미국 남부에서 통용된〕스페인 소화폐〔미화 약 6센트〕. **2** 《美》잔돈〔5센트 주화 따위〕. **3** 《口語》하찮은·사람(것). ¶ That's not worth a *picayune*. 그것은 하찮은 것이다.
— *adj.*《口語》시시한, 인색한; 마음이 편협한.
Pic·ca·dil·ly [pìkədíli] *n.* 피커딜리(가)《영국 런던의 Haymarket 과 Hyde Park Corner 사이의 번화가》.
Piccadílly Círcus *n.* 피커딜리 광장《영국 런던의 피커딜리가 동쪽 끝에 있는 원형의 광장》.
pic·ca·lil·li [píkəlìli] *n.* ⓤ 〔인도의〕 향신료가 든 야채 절임. 〔aninny.
pic·ca·nin·ny [píkənìni] *n.* (*pl.* **-nies**), *adj.* =pick-
pic·co·lo [píkəlòu] *n.* (*pl.* **-los**) 피콜로〔플루트보다 한 옥타브 높은 음을 냄〕.
pic·co·lo·ist [píkəlòuist] *n.* 피콜로 연주자.
pice [pais] *n.* (*pl.* **pice**) 파이스《인도의 옛 동화(銅貨)》. ¼ anna).
pich·i·ci·a·go [pìtʃisiá:gou, -éi-] *n.* (*pl.* **-gos**) 〔남미 남부산(産)의〕 작은 아르마딜로.

pick¹ [pik] *vt.* **1** 고르다, 선택하다(choose), ⋯을 가려내다. [⇔ CHOOSE 類語]. ¶ *pick* one's words 말을 골라서 (신중히) 하다. **2** 〔뾰족한 것으로〕⋯을 쑤시다, 쪼다; ⋯을 쪼아서 파다; 〔쪼아서〕⋯에 구멍을 내다. ¶ (~ +目+ 前+名) *pick* the ground *with* a pickax 곡괭이로 땅을 파다. 〔다. **3** 〔결점 따위〕를 찾아내다. ¶ *pick* a flaw 흠을 들추내

4 〔이·코 따위〕를 후비다; 〔가시 따위〕를 뽑아내다. ¶ *pick* one's ear (nose) 귀(코)를 후비다 // (~+目+ 前+名) *pick* a thorn *out of* one's finger 손가락에서 가시를 뽑아내다.
5 〔새〕의 깃털을 뽑다, 〔과일〕의 껍질을 벗기다.
6 〔꽃·과일 따위〕를 하나하나 따다, 꺾다(pluck), ⋯을 하나하나 채집하다. ¶ *pick* flowers (strawberries) 꽃(딸기)을 따다.
7 〔새가〕〔모이〕를 쪼다; 〔동물이〕⋯을 조금씩 뜯어 먹다, 〔뼈에서〕〔살〕을 뜯어내다; ⋯을 조금씩 먹다, 가려서 먹다. ¶ *pick* a meal 식사를 조금 먹다 // (~+目+ 前+名) He *picked* the meat *off* the bone. 그는 뼈에 붙은 살을 뜯어 먹었다.
8 〔섬유 따위〕를 가리다(separate), 〔엉클어진 것〕을 풀다(pull apart), 찢어발기다. ¶ *pick* rags 누더기를 풀다.
9 〔사건〕의 계기를 만들다; 〔싸움 따위〕를 걸다, ⋯을 도발하다(provoke). ¶ (~+目+前+名) *pick* a quarrel *with* a person 남에게 싸움을 걸다.
10 〔알맹이〕를 슬쩍 훔치다, 〔남의 생각 따위〕를 훔치다. ¶ *pick* a pocket 호주머니 물건을 소매치기하다 // (~+目+前+名) *pick* a person's pocket *of* a purse 남의 호주머니에서 지갑을 빼내다.
11 〔뾰족한 것으로, 〔자물쇠〕를 비틀어 열다. ¶ *pick* a lock 자물쇠를 비틀어 열다.
12 〔음악〕〔현악기〕를 타다, 퉁기다.
— *vi.* **1** 〔뾰족한 것으로〕찌르다, 쑤시다, 쪼다; 쪼아서 파다. **2** 고르다; 가려내다, 까다롭게 가리다. **3** 조금씩 먹다; 음식을 가려먹다(*at*...). **4** 좀도둑질을 하다 (pilfer). ¶ *pick* and steal 좀도둑질을 하다. **5** 〔꽃·과일 따위가〕따게 되다, 꺾게 되다. ¶ the *picking* season 따는 철 / Grapes *pick* easily. 포도는 따기 쉽다.
pick a hole (or **holes**) **in** ⋯의 흠을 들추내다.
pick and choose 신중히 고르다; 까다롭게 가리다.
pick apart (or **to pieces**) ① ⋯을 갈기갈기 찢다; ⋯을 풀어 헤치다. ② 〔남〕의 흠을 들추다, ⋯을 깎아내리다.
pick at ① ⋯을 조금씩 먹다; 음식을 가려먹다 → *v.* 3. ② 《美구어》〔집요하게〕⋯의 흠을 들추다; ⋯에게 잔소리를 하다(nag at). ③ ⋯을 희롱하다, ⋯을 〔손가락으로〕만지작거리다.
pick away ① ⋯에 구멍을 내다. ② ⋯을 따내다.
pick in ① 〔그림〕에 개칠하다. ② 《방언》〔빨래 따위〕를 걷어들이다.
pick off ① ⋯을 잡아떼다, 비틀어 떼다. ② 〔잘 겨낭하여〕⋯을 쏘아맞히다, ⋯의 하나하나를 겨누어 쏘다. ③ 〔野〕〔주자〕를 견제구로 터치 아웃시키다.
pick on ① ⋯을 선택하다(choose). ② 《구어》⋯을 비난(혹평)하다, ⋯을 집적거리다(tease), ⋯을 괴롭히다 (annoy).
pick one's way (or **steps**) 조심해서 걷다.
pick out ① ⋯을 선택하다(choose). ② ⋯을 쪼아내다, 파내다; ⋯을 뽑아내다. ③ 〔주위의 물건 중에서〕⋯을 구분하다, ⋯을 듣고 분간하다; ⋯을 인정하다(recognize). ¶ *pick out* one's friend in an audience 청중의 속에서 친구를 분간해 내다. ④ 〔꼼꼼하게 조사하여〕〔의미〕를 해석하다(discriminate). ⑤ 〔곡〕을 들은 기억대로 연주하다. ⑥ ⋯을 장식을 하다(deck out); 〔바탕과 다른 빛깔을 가두리 따위에 칠하여〕⋯을 돋보이게 하다 (*with*, *in*...).
pick over 〔최상의 것〕을 골라내다, 정선(精選)하다.
pick up ① ⋯을 집어올리다. ② 〔건강·기운 따위〕를 되찾다, 〔건강〕을 회복하다(regain), 향상(증진)하다 (improve). ¶ *pick up* one's courage (or spirits) 기운을 내다, 기운이 나다 / *pick up* flesh 〔앓고 난 뒤〕 살이 전처럼 오르다. ③ 〔우연히〕⋯을 입수하다(몸에 익히다). ¶ *pick up* information 정보를 입수하다 / *pick up* a bad habit 〔우연한 일로〕나쁜 버릇이 붙다. ④ 〔언어 따위〕를 듣고 기억하다. ⑤ 〔배·차량 따위가〕〔사람·물

pick

전 등)을 도중에서 태우다(마중나가다), 〔손님·차〕를 잡다. ¶ I'll pick you *up* at your hotel. 〔자동차로〕 당신을 모셔 호텔까지 가겠습니다. ⑥〔라디오·망원경 따위로〕 …을 포착하다; 방수(傍受)하다. ¶ I *picked up* Rome on my radio. 내 라디오로 로마 방송이 잡혔다. ⑦ 속도를 내다(accelerate). ⑧〔美〕〔방〕을 정돈하다(tidy), 소랑. ⑨ 치워 처리하다. ¶ pick *up* the pieces 뒤처리하다. ⑨〔벗어났던 길〕에 다시 나오다. ¶ pick *up* route 10 또다시 국도 10호선에 들어서다. ⑩〔구어〕〔남〕과 우연히 알게 되다; 《美구어》〔여자〕와 친하게 되다. ⑪〔속어〕…을 체포하다; …을 훔치다(steal). ⑫〔구어〕〔식당 따위에서〕〔계산서〕를 지불하다. ⑬〔골프〕〔공〕을 줍다.

— *n.* **1** 고르기, 선택(choice); 선택권. ¶ have (*or* take, get) one's (*or* the) pick 마음대로의 선택권을 갖다, …을 뜻대로 고르다. **2** 선택된 사람; 정선(精選), 정예(精銳). ¶ the pick of the tennis players of the world 세계 테니스 선수의 정예. **3**〔광부의 것으로〕한 번 찌르기, 쪼아서 파는 자국. **4**〔따낸 작물의〕수확량. ¶ the *pick* of strawberry 딸기의 수확량. **5** 한줌의 음식물; 소량. **6**〔인쇄〕〔활자·인쇄면의〕부착물; 〔이런 부착물에 의한〕인쇄면의 때, 얼룩. **7**〔그림의〕수정기, 개칠.

the pick of the basket ⇒ BASKET.

◇ pícky *adj.*

pick² [pik] *n.* **1**〔끝이 뾰족한〕쪼는 (후비는) 도구〔이 쑤시개(toothpick). **2** 자물쇠를 비틀어 여는 도구(picklock). **3** 곡괭이. **4**〔악기의〕발목(撥木), 피크(plectrum).

pick·a·back [píkəbæk] *adv., adj.* = piggyback.

píckabáck pláne *n.* 〔모(母)비행기의 등에 얹혀서 이착륙하는〕자(子)비행기.

pick·a·nin·ny, pic·a- [píkənìni], (piccaninny) *n.* (*pl.* -nies) **1**〔흑인 및 오스트레일리아·아프리카 원주민의〕어린이. **2**〔익살〕〔일반적으로〕어린이.

— *adj.* 작은, 어린이의.

pick·ax, -axe [píkæks] *n.* (*pl.* -ax·es) 곡괭이.

— *v.* (-axed, -ax·ing) *vt.* …을 곡괭이로 파다(제거하다). — *vi.* 곡괭이를 쓰다.

picked¹ [pikt] *adj.* **1** 골라낸; 정선된. **2** 깨끗이 한.

picked² [píkid, pikt] *adj.* 《주로 英·방언》가시(가)가 있는(spiny); 끝이 뾰족한(pointed).

pick·el [píkəl] *n.* 피켈(ice ax). 〈<G〉

pick·er¹ [píkər] *n.* **1** 쪼는〔후비는〕사람〔것, 새〕. **2**〔꽃·과일 따위를〕따는〔꺾는〕사람, 채집자. **3**〔양털·솜 따위의〕깎는 기계, 타는 기계. **4**〔鑄造〕〔끝이 뾰족한〕주형(鑄型)의 겉을 벗기는 도구.

pick·er² [píkər] *n.*〔직물〕**1** 피커, 개모기(開毛機). **2** 피커 조작자(操作者).

pick·er·el [píkər(ə)l] *n.* (*pl.* -el *or* -els) **1** 《美·캐나다》〔소형의〕강꼬치고기. **2**〔일반적으로〕강꼬치고기. **3** 《英》꼬치고기의 새끼.

pick·er·el·weed [píkər(ə)lwìːd] *n.*〔미국산(產)의〕물옥잠과(科) 수초의 총칭.

***pick·et** [píkit], (piquet) *n.* **1** 끝이 뾰족한 말뚝. **2**〔노동 쟁의중에 이탈자를 경계하기 위한〕감시원, 피켓. **3**〔군대〕전초(前哨), 초병; 초계기, 초계정. **4** 길고 끝이 뾰족한 탄환. — *vt.* **1**…을 말뚝을 둘러치다 두르다, …의 수비 태세를 펴다. **2**〔동물을〕말뚝에 매다. **3** 감시원을 두다. **4**〔군대〕전초를 배치하다.

— *vi.* **1** 피켓을 치다. **2**〔군대〕전초 근무를 하다.

pick·et·boat [píkətbòut] *n.* 초계정; 초함(哨艦).

pícket fénce *n.* 말뚝 울타리.

pícket líne *n.* **1** 파업 때 노조측 감시선, 피켓 라인. **2**〔군대〕전초선. **3** 말뚝을 박는 밧줄.

pícket pín *n.* 말을 매는 말뚝(밧줄).

pícket shíp *n.* 미사일 감시선.

***pick·ing** [píkiŋ] *n.* ⓤ **1** 선택, 선별;〔광산〕대충 고르기, 손으로 고르기. **2**〔곡괭이로〕파기; 후비기. **3**

picnic

따기, 채취; ⓒ 채취물, 채취량. **4** 좀도둑; 자물쇠 위를(비틀어) 열기. **5** (-s) 따고 남은 것, 떨어진 이삭(gleanings);〔음식물의〕찌꺼기(remnants). **6** (-s) 옳지 못한 물건, 부정한 부수입.

***pick·le¹** [píkl] *n.* **1** ⓤ〔생선·채소 따위를 절이는〕간물. **2** (보통 ~s)〔채소 특히 오이의〕절인 것, 피클. **3** ⓤ〔야금〕〔금속 따위를 세척하는〕묽은 산수(酸水). **4**〔구어〕난처한 입장, 곤경(困境), 당혹(주로 英)장. ¶ be in a pretty pickle 곤경에 빠지다. **5**〔英구어〕장난꾸러기,〔美구어〕비뚤어진 녀석; 보기 싫은 놈. **6**〔美속어〕만취, 취해 곤드라짐.

in pickle 준비가 다 되어(*for*…). ¶ There's a rod *in pickle for* bad boys like you. 너희 같은 악동들을 혼내 줄 회초리는 항상 갖춰 놓고 있다.

— *vt.* (-led, -ling) **1**〔소금·간물에〕…을 절이다. **2**〔금속〕을 묽은 산수로 세척하다. **3**〔매질한 다음〕〔남의 등〕에 소금 또는 식초를 문질러 바르다. **4**〔그림〕에 고색(古色)을…끼게 하다.

pick·le² [píkl] *n.*〔스코·北英〕**1**〔곡식의〕한 알. **2** 소량. ¶ I got my *pickle* meal. 나는 식사를 아주 조금 들었다. *(intoxicated).*

pick·led [píkld] *adj.* **1** 간물에 절인. **2**〔속어〕술에 취한(intoxicated).

pick·lock [píklàk / -lɔ̀k] *n.* **1** 자물쇠를 비틀어 여는 사람; 도둑(burglar). **2** 자물쇠를 비틀어 여는 도구.

pick-me-up [píkmiːʌ̀p] *n.*〔구어〕〔기운차리게 하는〕 알코올 음료; 홍분제, 각성제(stimulant, restorative).

pick-off [píkɔ̀ːf / -ɔ̀f] *n.*〔야구〕〔견제구에 의한〕터치 아웃.

***pick·pock·et** [píkpàkit / -pɔ̀k-] *n.* 소매치기.

pick·purse [píkpə̀ːrs] *n.* 〔고어〕소매치기. **2**〔식물〕냉이.

pick·some [píksəm] *adj.* 입이 까다로운, 성미가 꺼 다로운. 〔사람.

pick·thank [píkθæŋk] *n.*〔고어〕아첨꾼, 알랑거리는

***pick·up** [píkʌ̀p] *n.* **1** (= **píckup trùck**) 픽업〔상품 집배용 무개(無蓋) 소형 트럭〕;〔자동차 따위의〕가속(加速) 능력;〔경기·건강 따위의〕호전, 회복; 향상, 증대. **2**〔美구어〕자극, 자극제, 알코올 음료(pick-me-up). **3**〔크리켓〕쇼트 바운드된 볼을 때리기; 〔야구〕 빠르게 굴러가는 공을 잡아올리기. **5**〔라디오·TV〕소리나 빛을 전파로 바꿈; 그 장치, 방송 현장, 방송 중계 장치; 〔음파·전파의〕간섭;〔레코드 플레이어의〕픽업. **6**〔구어〕 어쩌다 우연히 만난 사람, 일시적 연애의 상대자. **7** 유실물; 우연히 사람이 물건, 뜻밖에 입수한 값진 물건. **8** 무료 편승(便乗)〔자〕. — *adj.*〔구어〕 **1** 있는 재료만으로 마련한. ¶ a *pickup* dinner 즉석에서 마련한 식사. **2** 우연히 알게 된, 일시적인.

píckup rópe *n.*〔글라이더의〕이륙용 밧줄.

pick·wick [píkwik] *n.* 심지 조절기〔짧아진 램프의 심지를 올리는 도구〕.

Pick·wick·i·an [pikwíkiən] *adj.* **1**〔Charles Dickens의 소설 *The Pickwick Papers*의 주인공〕Pickwick〔식(式)〕의, Pickwick Club의. **2**〔Pickwick식의〕선의와 익살이 풍부한;〔용어가〕특수한 의미를 가진. ¶ in a *Pickwickian* sense〔글자대로의 뜻이 아닌〕농담으로.

pick·y [píki] *adj.* (**pick·i·er, pick·i·est**) **1**〔사소한 일에〕법석을 떠는(fussy). **2**〔美구어〕몸이 별나게〔피까다롭게〕구는.

pi·clor·am [píklərəm, pái-] *n.* 피클로램〔고엽제(枯葉劑)·강력 제초제〕.〔<PIC〔OLINE〕+CH〔LOR-+AM〔INE〕

‡**pic·nic** [píknik] *n.* **1** 피크닉〔간단한 식사를 수반한〕소풍; 각자 음식 지참의 소풍. ¶ have a *picnic*; go on (*or* for) a *picnic* 피크닉을 가다. **2**《속어》즐거운 시간(경험), 아주 쉬운 일. ¶ It's no *picnic*. 이건 놀이가 아니야; 수월하지 않다. **3** (= **pícnic hám**) 돼지의 어깨살.

— *vi.* (-nicked, -nick·ing) **1** 피크닉 가다〔에 참가하다〕, 도시락을 가지고 소풍을 가다. **2** 야외에서 도시

pic·nick·er [píknikər] n. 피크닉 가는 사람, 소풍객.
pico- 10⁻¹² (1조분의 1)이라는 뜻의 연결형 [略 P.].
pi·cor·na·vi·rus [pikò:rnəváirəs / -váiərəs] n. 피코르나바이러스 [리보핵산을 지닌 바이러스군; 폴리바이러스 따위].
pi·cot [pí:kou / píkou] n. 피콧, 피코 [레이스 따위의 가장자리 고리 장식]. ── vi. …에 피콧을 달다.
pic·o·tee [pìkətí:] n. 《주로 英》 피코티 [꽃잎 가장자리가 빨간 카네이션의 일종].
pic·quet [píkit] n., v. 《英》=picket.
pic·ric [píkrik] adj. 피크린산(酸)의. 「약용].
pícric ácid n. 〔U〕《화학》 피크린산 [피부약·분석 시
pic·rite [píkrait] n. 〔U〕《광물》 피크라이트, 휘석, 감람석(橄欖石). 「〈생산 관리 정보 시스템〕.
PICS(略) *p*roduction *i*nformation and *c*ontrol *s*ystem
Pict [pikt] n. 픽트 사람 [대 브리튼 섬 북부에 거주하던 고대 민족, 9세기 말에 스코트인에게 정복당했다〕.
pict. (略) pictorial; picture.
Pict·ish [píktiʃ] n. 〔U〕 픽트어(語). ── adj. 픽트인의; 픽트어의, 픽트 문화의.
pic·to·gram [píktəgræm] n. 그림 문자, 그림 도표.
pic·to·graph [píktəgræf / -grà:f] n. 1 그림 문자, 상형(象形) 문자(hieroglyph). ¶ CUNEIFORM 그림. 2 〔통계 도표 따위의〕 그림 도표, 그림 그래프.
pic·to·graph·ic [pìktəgræfik] adj. 그림(상형) 문자의. **-i·cal·ly** [-ikəli] adv.
pic·tog·ra·phy [piktágrəfi / -tɔ́g-] n. 〔U〕 그림 문자에 의한 기술(記述); 상형 문자 기술법.
*****pic·to·ri·al** [piktɔ́:riəl / -tɔ́r-] adj. 1 그림의. *pictorial art* 회화. 2 그림이 들어 있는. ¶ *a pictorial weekly* 주간 화보. 3 화가의. 4 그림 같은, 생생한(vivid). ¶ *a pictorial description* 생생한 묘사. n. 화보. ~·**ly** [-əli] adv.
‡pic·ture [píktʃər] n. 1 그림, 회화; 초상(肖像). ¶ *a full-size picture* 전신상 / *draw (or paint) a picture* 그림을 그리다 / *frame a picture* 그림을 액자에 넣다.
2 사진(photograph). ¶ *a souvenir picture* 기념 사진 / *develop pictures* 사진을 현상하다 / *have (or get) one's picture taken* 아무의 사진을 찍게 하다.
3 〔거울·망원경에 비친〕 상(像), 영상(image); [마음에 그려진] 심상(心像)(mental image). ¶ *recall a picture of* the event 그 사건을 회상하다.
4 생생한 기술(묘사). ¶ Kipling gives us realistic *pictures* of Indian life. 키플링은 우리에게 인도 생활의 생생한 모습을 전해 주고 있다.
5 활인화(活人畫)(tableau vivant).
6 영화(motion picture); (the ~s) 《주로 英》〔흥행으로서의〕 영화(movies). ¶ *go to the pictures* 영화를 보러 가다.
7 그림같이 아름다운 것, 미인; 아름다운 경치(picturesque scene). ¶ She is a *picture* in her new dress. 새옷을 입은 그녀의 모습은 그림처럼 아름답다.
8 꼭 판에 박은, 꼭 닮은 사람(것)(counterpart). ¶ She is the *picture* of her mother. 그녀는 그녀 어머니를 꼭 빼놓았다.
9 구현화된 것, 권화(權化), 화신. ¶ He is the very *picture* of health. 그는 건강의 화신이다.
10 〔병리〕 증상의 종합 상태, 증상.
11 전체적인 상황, 정세(situation); 상황 파악. ¶ You should look at the big *picture*. 사물을 대국적으로 파악하여야 한다.
12 〔영화·텔레비전의〕 스크린, 화면.
come into the picture 《비유적》 등장하다; 두드러지게 되다, 중요해지다; 재미있게 되다.
get the picture 뜻을 파악하다, 전체적 관계를 알게 되다.
in the picture ① 마침 현장에 있는. ② 두드러진; 중요한. 「간, 잘못 젊은이.
out of the picture 관계가 없는, 중요하지 않은; 빗나 ── vt. (-tured, -tur·ing) 1 …을 그림으로 그리다, 묘사하다. 2 …을 마음속에 그리다, 상상하다(imagine). ¶ (~+目[副+名]) Just *picture* to yourself what it is to be poor. 가난하다는 것이 어떤 것인지 네 자신이 한번 생각해 보아라 // (~+目+-*ing*) I couldn't *picture* myself doing such a thing. 나 자신이 그런 것을 하다니 상상도 할 수 없었다. 3 …을 눈에 보이듯이 말하다, 생생하게 나타내다. ¶ He *pictured* the sight of the disaster. 그는 재난의 모습을 눈에 보이듯이 말해 주었다. 4 〔개념 따위〕을 형성하다.
◇ pictórial, picturésque adj., pícturize v.

pícture bòok n. 그림책. 「서.
pícture càrd n. 1 [트럼프의] 그림패. 2 그림 엽
pic·ture·dom [píktʃərdəm] n. =filmdom.
pic·ture·drome [píktʃərdròum] n. 《英》 영화관.
pícture élement n. 〔TV〕 화소(畫素) [TV 화면을 구성하는 최소 단위의 점].
pícture gàllery n. 회화 전시실, 미술관, 화랑.
pic·ture·go·er [píktʃərgò(u)ər] n. 《英》 영화 팬.
pícture hàt n. 〔옛 명화 따위에서 볼 수 있는〕 챙 넓은 여성 모자.
pícture hòuse (pálace) n. 《주로 英》 영화관.
Pic·ture·phone [píktʃərfòun] n. 《상표명》 텔레비전 전화. 「전화.
pícture póstcard n. 그림 엽서.
pícture pùzzle n. =jigsaw puzzle.
pícture shòw n. 1 미술 전람회, 회화전. 2 《美》 영화회[의 상영]; 영화관.
‡pic·tur·esque [pìktʃərésk] adj. 1 그림 같은, 그림같이 아름다운(멋있는). 2 〔묘사가〕 사실적인, 생생한(vivid). 3 눈길을 끄는, 시원스러이 즐거운.
~·**ly** adv. ~·**ness** n. ◇ picture n.
pícture théater (théatre) n. 영화관.
pícture tùbe n. 〔텔레비전의〕 브라운관. 「窓〕.
pícture wíndow n. 〔특히 거실의〕 전망창(展望).
pícture wríting n. 〔U〕 그림 문자, 그림 기록; 회화 기록법.
pic·tur·ize [píktʃəràiz] vt. (-ized, -iz·ing) 1 …을 그림으로 나타내다. 2 …을 영화화하다.
PICU (略) *p*erinatal *i*ntensive *c*are *u*nit 〔분만시설과 신생아 집중 치료시설을 갖춘 모자 센터〕. 「kg〕.
pi·cul [píkəl] n. 피컬, 담(擔) 〔중국의 중량 단위; 약 60
pid·dle [pídl] v. (-dled, -dling) vi. 1 《美》 시간을 질질 끌다; 시간을 허비하다. 2 〔어린이말〕 소변보다(urinate). 3 쪼아먹다. ── vt. 〔시간〕을 허송하다(…away).
pid·dling [pídliŋ] adj. 하찮은, 사소한(trifling).
pidg·in [pídʒin] n. 〔U〕《英구어》 일, 볼일. 2 〔문법·회화 따위를 간소화한〕 혼성어, 파격(破格) 언어(jargon).
pídgin Énglish n. 〔U〕 피진 영어〔중국·멜라네시아·서아프리카 등 사계래에 사용되는 혼합 파격 영어〕.
pi-dog [páidɔ̀:g / -dɔ̀g] n. =pye-dog.
pie¹ [pai] n. 〔U〕〔C〕 1 파이〔과일·고기 따위를 밀가루 반죽에 싸서 구운 것〕. ¶ an apple *pie* 애플 파이 / a meat *pie* 고기 파이. 2 파이와 비슷한 것. ¶ Washington *pie* 일종의 크림(잼, 젤리) 샌드위치 / a mud *pie* 진흙떡 [어린이들의 장난]. 3 《美속어》 매우 좋은 것, 지극히 쉬운 일; 〔직권에 의한〕 부정 이득, 뇌물(graft).
[as] *easy as pie* 《美속어》 아주 쉽게.
cut a pie 《美》 쓸데없이 참견하다.
have a finger in the pie ⇒ FINGER.
pie in the sky 믿을 수 없는 헛된 기대; 천국, 지복(至福), 유토피아; 공상적 계획.
pie² [pai] n. 까치(magpie).
pie³ [pai] n. 인도의 옛 동화(銅貨) 〔¹/₁₂ anna〕.
pie·bald [páibɔ̀:ld] adj. 1 두 색깔이 얼룩진, 〔특히〕 흑백 얼룩의; 잡색의(parti-colored). 2 혼합된(mixed); 잡다한(heterogeneous). ── n. 얼룩무늬 동물, 〔특히〕 얼룩말.

piece [piːs] *n.* **1** 한 구획, 한 구분. ¶ *a piece of ground* (*or* *land*) 한 구획의 토지 / *a piece of water* 작은 호수.
2 한 개, 한 통, 한 장, 단편, 조각(bit), [대포의] 한 문. ¶ *a piece of news* 한 토막의 뉴스 / *a piece of bread* 한 조각의 빵 / *a piece of string* 한 가닥의 끈 / *a piece of mail matter* 한 통의 우편물 / *two pieces of cannon* 대포 2문.
3 일정한 길이(분량); [직물의] 한 필(muslin 은 10마, calico 는 28마); [벽지의] 한 두루마리[英]에서는 보통 12마].
4 [예술상의] 작품; [짧은] 시, 산문, 극, 각본, 악곡, 소곡; [학교에서 암송용으로 지정된] 한 문장. ¶ *a fine piece of sculpture* (*poetry*) 훌륭하게 완성된 조각물(시) / *a posthumous piece* 유작, 유저, 유고 / *play a piece* 한 곡 연주하다 / *speak a piece* [美] 한 문장을 암송하다.
5 [한 물체를 구성하는] 일부, 부분, 부품(⇒PART [類語]); [한 벌 중의] 하나, 한 개. ¶ *the pieces of a machine* 기계의 부분품 / *a piece of furniture* 한 점의 가구 / *This set of china has 144 pieces.* 이 도자기 세트는 144개이다.
6 [서양 장기] [체스에서] 졸(pawn) 이외의 말; [체커] 말.
7 《추상 명사 앞에서》하나의 것, 한 예, 견본(見本) (example, instance). ¶ *a piece of impudence* 뻔뻔스러움의 한 예 / *a rare piece of luck* [하나의] 유례 드문 행운. ─ *a field piece* 야포.
8 [군대] 화기(firearm) [특히] 소총(rifle); 대포.
9 경화(硬貨), ⋯화(貨)(coin). ¶ *a five-cent piece* 5센트의 화 / *a piece of eight* [옛날의] 스페인 달러[8 reals 의 은화].
10 a) 잠시, 한때(a while). b) 얼마 안 되는 거리 (short distance), ⋯ (woman).
11 [고어·방언] 사람(person); (속어) [경멸적] ⋯.
12 [美 방언] 간단한 점심. ¶ *eat a piece* 간식을 하다.
[*all*] *of a* (*or* *one*) *piece* ① 일련의, ② 동종(同種) (동질)의; 일정한(uniform); 시종일관한(consistent); 조화된(*with* ...). ¶ *It is not of a piece with his character.* 그것은 그의 성격과 일치되지 않는다.
[*all*] *to pieces* ① 산산이, 조각조각으로. ¶ *tear to pieces* 갈기갈기 찢다, ② [방언] 철저하게, 완전하게. ③ [사람이] 자제력을 잃은, 흐트러진.
by the piece 일정한 분량으로; 일의 분량에 따라. ¶ *pay by the piece* 작업의 성과(成果)에 따라 지불하다.
come to pieces 산산조각이 나다; 못쓰게 되다.
fall to pieces ① 산산조각이 나다, 박살나다. ② 실패하다.
give a person a piece of one's mind ⇒ MIND.
go to pieces ① 산산조각이 나다. ② 자제력을 잃다, 흐트러지다.
in one piece 일련(一連)의, 이음매 없는, 트러지지 않은.
in (or *into*) *pieces* 산산조각으로. ¶ *break in pieces* 산산조각으로 박살내다.
pick up the pieces [한번 중단된 뒤에] 다시 착수하다.
piece by piece 조금씩(little by little); 서서히.
a piece of cake 식은 죽 먹기, 누워서 떡 먹기, 간단한 것.
a piece of the action ⇒ ACTION.
a piece of work ① [구체적인] 한 가지 일(작업). ② 작품, 산물(産物). ③ 곤란한 일(작업).
pull... to pieces ① ⋯을 갈기갈기 찢다. ② ⋯을 혹평하다, 깎아내리다.
speak one's piece [구어] 의견을 말하다.
take... to pieces ⋯을 조각조각으로 [분해]하다.
─ *v.* (**pieced, piec·ing**) *vt.* **1** [의복 따위에] 헝겊을 덧대다, 깁다, 바대를 대다(patch). ¶ *She pieced my pants with blue cloth.* 그녀는 파란 헝겊을 덧대어 내 바지를 기워 주었다. **2** ⋯을 이어 붙여서 완성하다; [부족한 것] 보완하다(eke) (... *out*). ¶ (~+명+匍) *piece out a set of china* 세트로 된 도자기의 부족분을 보완하다. **3** ⋯을 접합하여 만들다, 이어 맞추다 (*together*). ¶ (~+명+匍) *piece fragments together* 조각을 이어 맞추다. ─ *vi.* 《주로 방언》 간식하다.
piece on ⋯을 맞추다(... *to*).
piece out ⋯을 이어 맞추다, 보완하다(eke out).
piece up ⋯을 이어 맞추어 고치다; [임시 변통으로] 고치다.

piece brōker *n.* 《美》 자투리 장수. ─.
piece cōncept *n.* 운송 수화물 허용 개수 [무료로 운송할 수 있는 개수].
pièce de ré·sis·tance [piːès də rizíːstɑːns] *n.* (*pl.* **pièces-** [piːès-]) 《프랑스》 (=piece of resistance) **1** [식사의] 주 요리(principal dish). **2** 주요물, 인기물.
piece-dye [píːsdài] *vt.* (**-dyed, -dye·ing**) [피륙을] 짠 다음에 물들이다.
piece-dyed [píːsdàid] *adj.* 피륙을 짜서 물들인, 짠 뒤에 염색한. *cf.* yarn-dyed
pièce gōods *n. pl.* 피륙, 천.
piece·meal [píːsmìːl] *adv.* **1** 조금씩, 점차로(gradually). **2** 조각조각으로, 따로따로, 단편적으로. ─ *adj.* 조금씩의, 점차적인, 단편적인. [가.
pièce ràte *n.* 성과급(成果給) [임금], [도급의] 단
piece·wise [píːswàiz] *adv.* 낱낱으로, 산산이, 불연속으로, 구분적으로.
piece·work [píːswə̀ːrk] *n.* ⓤ 성과급 방식의 작업.
piece·work·er [píːswə̀ːrkər] *n.* 성과급 방식의 작업을 하는 사람.
píe chàrt *n.* [통계] [원을 반경(半徑)으로 구획하는] 파이 도표, 원 그래프.
pie·crust [páikrʌ̀st] *n.* 파이 껍질. ¶ *Promises are like piecrust, made to be broken.* 《속담》 약속은 파이 껍질처럼 깨지기 쉽다. ─ *adj.* 파이 껍질처럼 부서지기 쉬운, 잘 부서지는.
pied [paid] *adj.* **1** [새나 짐승이] 얼룩얼룩한(spotted), 얼룩(잡색)의. **2** 얼룩옷을 입은.
pied-à-terre [pieidɑ̀tέər] *n.* (*pl.* **pieds-à-terre** [pjetɑ̀-]) 《프랑스》 (=foot on land) 임시 휴게소; 임시 주거, 임시 숙소.
Pied·mont [píːdmɑnt /-mɔnt] *n.* **1** 피드먼트 고원 [미국 대서양 연안의 평야와 애팔래치아 산맥(Appalachian Mountains) 사이의 지역]. **2** 피에몬테 [이탈리아 서북부의 지역](Piemonte). **3** (p-) 산록(山麓)지대, 산기슭에 이어지는 들판. ─ *adj.* (p-) 산록의.
pie-dog [-dɔ̀ːg / -dɔ̀g] *n.* = pye-dog.
Pied Píper *n.* **1** [독일의 전설] *Pied Piper of Hamelin* 의 얼룩옷의 피리부는 사나이 [피리를 불어 Hamelin 시내에서 쥐떼를 유인하여 퇴치했으나 약속한 사례금을 받지 못했기 때문에 다시 피리를 불어 시중의 아이들을 꾀어내 Koppenberg 산중에 숨겨 버렸다고 함]. **2** (때로 p- p-) [믿을 수 없는] 권유자, 유도자.
pie-eyed [páiàid] *adj.* 《美 속어》 술에 취한.
pie·plant [páiplæ̀nt/-plɑ̀ːnt] *n.* 《美》 식용 대황(大黃) [잎줄기를 파이의 재료로 쓴다].
‡**pier** [piər] *n.* **1** 부두, 잔교(桟橋); 방파제. **2** 교각. **3** 각주(角柱); 교대. **4** [창과 창 사이의] 벽체. **5** 문설주, 문주(門柱). **6** [아치의] 홍예받이. ⇒ ARCH¹ 그림.
pier·age [píə(ː)ridʒ / pə́ːr-] *n.* ⓤ 부두 사용료, 부두세.
‡**pierce** [piərs] *v.* (**pierced, pierc·ing**) *vt.* **1** ⋯을 꿰뚫다, 관통하다(tunnel); ⋯에 꿰찔리다(꽂히다), ⋯을 꿰뚫다. ¶ *A long tunnel pierces the mountains.* 긴 터널이 산맥을 관통하고 있다 / *The spear pierced his arm.* 창이 그의 팔에 꽂혔다.
[類語] *pierce* 뾰족한 것으로 날쌔게 찌르다. **penetrate** 찌르기 힘든 것을 천천히 깊이 찌르다, 비유적으로 사용된다: *penetrate a thick wall* 두터운 벽
2 [구멍을] 뚫다. ¶ (~+명+匍+名) *pierce a hole in a cask of whisky* 위스키 통에 구멍을 뚫다. **3** ⋯에 돌입하다, [뚫고 지나가다. ¶ *pierce an enemy's line* 적진에 돌입하다. **4** ⋯을 간파(看破)하다, 통찰하다, 알아차리다. ¶ *pierce the mystery* 수수께끼를 간파하다. **5** [추위·아픔·슬픔 따위가] ⋯의 몸을 꿰찌르다,

…을 깊이 감동시키다. ¶ a heart *pierced* with grief 슬픔에 짓눌린 마음 / The cold *pierced* me to the bone. 추위가 나의 뼛속까지 스머들었다. **6** [소리·외침 따위가] …을 깨뜨리다, 뚫다. ¶ A scream *pierced* the silence of the night. 비명 소리가 밤의 정적을 깨뜨렸다. — *vi.* **1** 꽂히다 (*into* …); 꿰뚫다 (*through* …); 들어가다, 들어 나가다 (*into*, *to* …). ¶ (~+*전*+图) They *pierced* to the heart of the jungle. 그들은 정글 깊숙이 뚫고 들어갔다. **2** 간파하다, 통찰하다 (*into*, *to* …). ¶ (~+*전*+图) *pierce* to the heart of a matter 문제의 핵심을 찌르다.

pierce·a·ble [píərsəbl] *adj.* 꿰찌를 수 있는, 관통할 수 있는 (penetrable).

pierced éarring [píərst-] *n.* 《美》 피어스 [귓불에 구멍을 뚫고 다는 귀걸이].

pierc·er [píərsər] *n.* **1** 꿰뚫는 사람(것); 송곳, 구멍 뚫는 도구. **2** [고어] 날카로운 눈; (구어) 날카로운 눈빛. **3** 곤충의 산란관 (ovipositor), 침 (sting).

*****pierc·ing** [píərsiŋ] *adj.* **1** 꿰뚫는, 관통하는. **2** 찌르는 듯한, 살을 에는 듯한, 귀청을 찢는. ¶ *piercing* cold 살을 에는 듯한 추위 / a *piercing* cry 귀청을 찢는 외침. **3** 통찰력이 있는, 날카로운. ¶ a *piercing* eyes 날카로운 눈. ~**ly** *adv.* ~**ness** *n.*

píer gláss *n.* [창과 창 사이 벽에 붙이] 체경, 콘 거울.

Pi·e·ri·a [paií(ː)riə / paiér-, paifər-] *n.* 피에리아 [그리스 동북부의 Olympus 산을 포함한 지방; Muses의 출생지로 전해짐].

Pi·e·ri·an [paií(ː)riən / paiér-, paifər-] *adj.* **1** 피에리아 지방 (Pieria)의. **2** 뮤즈 여신들 (the Muses)의; 영감의. **3** 시의, 시적 영감의.

Piérian Spríng *n.* (the ~) [그리스·로마 신화] **1** Pieria의 샘, 뮤즈 신의 샘. **2** 시적 영감의 원천.

Pi·er·rot [píːərou / píərou] *n.* [프랑스 무언극의] 피에로. **2** (p-) 피에로 역 (役), 어릿광대. [<F]

pi·et [páiit] *n.* **1** [스코] 까치 (magpie). **2** 《北美·스코》 수다쟁이.

Pie·tà [pjeitáː, pịːei- / píetáː] *n.* [미술] 피에타 [그리스도의 유해를 무릎에 안고 비탄하는 성모 마리아 그림 (조각)]. [<It. pity]

Pi·e·tism [páiətìz(ə)m] *n.* **1** [17세기 독일의 루터 교회의] 경건파 (敬虔派), 경건주의. **2** (p-) 경건 (敬神), 경건 (piety); 경건을 내세우기, 신앙이 깊은 체하기.

Pi·e·tist [páiətist] *n.* **1** 경건파 교도. **2** (p-) 경건한 사람, 경건한 체하는 사람.

pi·e·tis·tic [pàiətístik], **-ti·cal** [-tik(ə)l] *adj.* **1** (P-) 경건파의, 경건파 교도의. **2** 경건한, 경건한 체하는.

*****pi·e·ty** [páiəti] *n.* (*pl.* **-ties**) **1** [U] [종교적인] 경건, 경신 (敬神), 신심. **2** [U] [부모·손위 등에 대한] 경애, 충성, 효성. **3** 경건한 (효성스러운) 언동.
◇ *pious adj.*

pi·e·zo·e·lec·tric [paií:zo(u)iléktrik, piːèi-] *adj.* 압전기 (壓電氣)의, 피에조 전기의. **-tri·cal·ly** [-trikəli] *adv.*

pi·e·zo·e·lec·tric·i·ty [paií:zo(u)ilèktrísiti, piːèi-] *n.* 압전기, 피에조 전기.

pi·e·zom·e·ter [pìːəzámitər, pàiə- / pàiəzɔ́m-] *n.* 피에조미터 [액체의 압축률을 다는 기계].

pif·fle [pífl] *n.* [U] 《구어》 부질없는 말, 허튼 소리. — *vi.* (**-fled**, **-fling**) 허튼 (쓸데없는) 소리하다.

pif·fler [píflər] *n.* 허튼 소리를 늘어놓는 사람, 잠담가.

pif·fling [pífliŋ] *adj.* 《구어》 쓸데없는, 무의미한, 보잘것없는.

*****pig** [pig] *n.* **1** 돼지; 새끼 돼지. [類語] pig 「돼지」의 뜻의 가장 일반적인 말. 엄밀히는 체중 120파운드 (54.4kg) 이하의 어린 돼지 [암수 모두]. **hog** 거세되어 식용으로 사육되는, pig보다 큰 수돼지. 미국에서는 일반으로 돼지를 말한다. **boar** 거세 안한 수돼지. **sow** pig보다 큰 암돼지. **swine** 집합적 또는 문어적으로 쓰는 말. **2** [U] 돼지고기 (pork). **3** 〈구어〉 돼지 같은 놈 (동물); 불결한 사람, 게걸쟁이, 욕심쟁이, 이기적인 사람. **4** 〈야금〉 **a)** [U] 금속 덩어리, 거푸집에 부은 선철, 선철. **b)** 주형 (鑄型). **5** 《美속어》 순경. **6** 《美속어》 행실이 나쁜 여자.

bring (or **drive**) **one's pigs to a fine** (or **pretty**) **market** 《비꼬아서》 헛다리짚다, 실패하다.

buy a pig in a poke (or **a bag**) ① 물건을 잘 알아보지도 않고 사다. ② 얼떨결에 인수하다.

drive one's pig to market 《구어》 코를 끝다.

in a pig's eyes 《속어》 결코 …않다 (never).

in a pig's whisper 매우 작은 목소리로.

in pig [암돼지가] 새끼를 밴.

make a pig of oneself 대식하다; 욕심을 내다.

Pigs might fly. 희한한 일이 일어날 수도 있다.

— *v.* (**pigged**, **pig·ging**) *vi.* **1** [돼지가] 새끼를 낳다. **2** 돼지 모양의 생활을 하다, 불결하게 우글우글 모여 들다. — *vt.* [돼지가] 〈새끼를〉 낳다.

pig it 《주로 英》 돼지와 같이 우글거리다, 잠거하다; 매우 가난한 생활을 하다.

pig out 《美속어》 과식하다, 게걸스럽게 먹다 (*on* …).
◇ *pyg, píggish adj.* 〔주형〕

píg bèd *n.* **1** = pigsty. **2** [야금] 주상 (鑄床); 모래.

píg-bùck·et [píɡbʌ̀kit] *n.* 돼지 구유.

píg·boat [píɡbòut] *n.* 《美軍 속어》 잠수함 (submarine).

‡**pi·geon**[1] [pídʒən] *n.* (*pl.* **-geons** or **-geon**) 비둘기 ⇒ DOVE[1]. ¶ a carrier (or a homing) *pigeon* 전서구 (傳書鳩). **2** 아름다운 젊은이 여자. **3** 〈구어〉 잘 속는 사람, 얼간이, 멍청이 (simpleton, dupe). ¶ pluck a *pigeon* 얼간이의 돈을 속여 빼앗다. **4** =clay pigeon. **5** …을 속이다 (cheat); …을 속여서 빼앗다 (swindle) (…*of*).

pi·geon[2] [pídʒin] *n.* =pidgin; pidgin English.

pígeon blòod *n.* [U] 《병리》 암적색 (구어) 간장 (soy).

pígeon brèast *n.* 《병리》 새가슴 (chicken breast).

pi·geon-breast·ed [pídʒənbrèstid] *adj.* 새가슴의.

pígeon fàncier *n.* 비둘기 장수 (애호가), 비둘기 기르는 사람. 〔신〕

pí·geon·gram [pídʒənɡræ̀m] *n.* 전서구가 나르는 통신.

pígeon hàwk *n.* [미국산의] 작은 매 (황조롱이의 일종).

pi·geon-heart·ed [pídʒənhɑ̀ːrtid] *adj.* 겁많은, 소심한, 암띤; 온순한, 유순한 (meek).

pi·geon·hole [pídʒənhòul] *n.* **1** [책상 따위의] 실합, 정리함. **2** 비둘기집의 출입 구멍, 비둘기장의 칸막이집. **3** 〔인쇄〕 [어간·행간의] 여백. — *vt.* (**-holed**, **-hol·ing**) **1** [서류 따위를] 정리하다, 분류하다, 실합에 넣다. **2** …을 기억해 두다. **2** …을 뒤로 미루다, 보류해 두다, 목살하다. **3** …에 정리함을 설치하다.

pígeon hòuse *n.* 비둘기 집 (dovecote).

pi·geon-liv·ered [pídʒənlívərd] *adj.* 온순한 (meek), 마음이 약한 (weak-spirited); 기운이 없는.

pígeon mìlk *n.* = pigeon's milk.

pí·geon·ry [pídʒənri] *n.* 비둘기 집 (pigeon house).

pígeon's blòod *n.* = pigeon blood.

pígeon's mìlk *n.* [U] [비둘기가 새끼에게 먹이기 위해 목이 주머니에서 내] 소낭유 (嗉囊乳).

pi·geon-toed [pídʒəntòud] *adj.* 발 [가락] 이 안쪽을 향한; 안짱다리의.

pí·geon·wing [pídʒənwìŋ] *n.* 《美》 〔스케이트〕 날개를 편 비둘기 모양으로 지치는 피겨 스케이팅 형의 하나. **2** 〔춤〕 뛰어 올라서 두 발을 맞부딪치는 변형 스텝.

píg-eyed [píɡáid] *adj.* 눈이 작고 오목한.

píg·fish [píɡfíʃ] *n.* (*pl.* **-fish** or **-fish·es**) 〔물에서 건져 내면 돼지 같은 울음 소리를 내는 미국산 (產) 의] 벤자리.

píg·ger·y [píɡəri] *n.* **1** 《주로 英》 〔집합적〕 돼지, 돼지 우리 (pigsty). **2** 불결한 장소. **3** 〔집합적〕 돼지.

pig·gie [píɡi] *n., adj.* (**-gi·er**, **-gi·est**) = piggy.

pig·gin [pígin] *n.* 《주로 방언》[통널 한 장을 위로 길게 내밀게 만들어 손잡이로 쓰게 한] 작은 물통.
pig·gish [pígiʃ] *adj.* 돼지와 같은; 욕심이 많은, 게걸이 든, 이기적인; 불결한(filthy). ~**·ly** *adv.* ~**·ness** *n.*
pig·gy [pígi] *n.* (*pl.* **-gies**) **1** 새끼 돼지. **2** 《어린이 말》[어린이의] 발가락(toe). — *adj.* 돼지 같은 (piggish). **2** [암퇘지가] 새끼 밴.
pig·gy·back [pígibæ̀k] *adv.* 등에 업혀, 목말을 타고 (pickaback). — *adj.* **1** 등에 업힌, 목말을 탄. **2** [대형 화물 트레일러 따위가 그보다 큰] 화차에 실린. — *vt., vi.* **1** 등에 업다. **2** [화물 트레일러 따위를] 화차로 운반하다.
píggy bànk *n.* 돼지 저금통.
pig·gy-wig [pígiwìg], (**pig·gy-wig·gy** [-wìgi]) *n.* **1** 돼지 새끼; 지저분한 아이. **2** 《英》=tipcat.
pig·head·ed [píghèdid] *adj.* 완고한, 옹고집의. **~·ly** *adv.* **~·ness** *n.*
píg ìron *n.* ⓤ 선철(銑鐵).
Píg Làtin *n.* ⓤ 돼지변말[말장난의 일종으로, boy 를 oybay 라 하듯이, 맨 앞자음을 어미로 돌리고, 그 뒤에 ay [ei]를 붙여서 발음하는 것].
píg lèad *n.* ⓤ 괴연(塊鉛), 거푸집에 부은 납.
pig·let [píglit] *n.* 새끼 돼지.
pig·ling [píglin] *n.* 새끼 돼지, 돼지 새끼.
***pig·ment** [pígmənt] *n.* ⓤⓒ **1** 그림물감, 도료, 안료. **2** [생물][조직·세포 중의] 색소. — *vt.* …에 색칠하다, 그림물감(도료)을 칠하다. — *vi.* 물들다.
◇ pigméntal, pígmentary *adj.*
pig·men·tal [pigméntl] *adj.* = pigmentary.
pig·men·ta·ry [pígməntèri / -təri] *adj.* 그림물감(안료, 색소)의; 색소를 함유하는, 색소를 나타내는.
pig·men·ta·tion [pìgməntéiʃən] *n.* ⓤ [생물] 염색, 착색; [특히 생물체의 피부 따위의] 색소 형성.
pígment cèll *n.* [생물] 색소 세포.
pig·ment·ed [pígməntid] *adj.* 착색된, 염색된.
píg mètal *n.* ⓤⓒ 지금(地金), 금속의 주괴(鑄塊).
Pig·my [pígmi] *n.* (*pl.* **-mies**), *adj.* = Pygmy.
pig·nut [pígnʌ̀t] *n.* **1** 《북미산 (産)》 히코리 (hickory) [호두나무의 일종]; 그 열매. **2** 《유럽산의》 땅콩.
pig·pen [pígpèn] *n.* =pigsty.
pig·skin [pígskìn] *n.* **1** ⓤ 돼지 가죽; 무두질한 돈피. **2** 《구어》안장(saddle). **3** 《구어》미식 축구공.
pig·stick [pígstìk] *vi.* 멧돼지 사냥을 하다.
pig·stick·er [pígstìkər] *n.* 멧돼지 사냥꾼.
pig·stick·ing [pígstìkiŋ] *n.* ⓤ 멧돼지를 말을 타고 창을 쓰는〔 멧돼지 사냥.
pig·sty [pígstài] *n.* (*pl.* **-sties**) **1** 돼지 우리. **2** 불결한 장소, 누추한 집.
pig·swill [pígswìl] *n.* 돼지에게 주는 남은 음식.
pig·tail [pígtèil] *n.* **1** [소녀의] 땋아 늘인 머리; 변발. **2** 가늘게 꼬아 (말아) 붙인 담배. **3** [전기] 접속용 동선.
pig·tail·ed [pígtèild] *adj.* 돼지꼬리 같은 꼬리가 달린; 변발을 한, 머리를 땋아 늘인.
pig·wash [pígwɔ̀ʃ, -wɑ̀ʃ / -wɔ̀ʃ] *n.* ⓤ 나머지 밥〔돼지 먹이〕.
pig·weed [pígwì:d] *n.* 명아주과의 잡초.
PIK (略) 《美》 *payment-in-kind* [유휴 농경지에 대한 농산물 현물 지급].
pi·ka [páikə] *n.* 《북반구 산악 지대의》 새앙토끼, 우는토끼.
***pike**[1] [paik] *n.* **1** 《역사》미늘창, 짧은 창[17세기까지 보병이 사용했던 무기]; [미늘창·창·화살 따위의] 뾰족한 끝; 《英방언》뾰족한 봉우리〔를 가진 산이나〕[잉어과의 담수어]. **2** 《pl. pike or pikes》 강꼬치고기《잉어과의 담수어》. — *vt.* (**piked, pik·ing**) …을 창 따위로 찌르다〔찔러 죽이다〕.
pike[2] [paik] *n.* 유료 도로 (toll road); 통행 요금 징수소(tollgate); 통행 요금 (toll). [< TURNPIKE]
pike[3] [paik] *vi.* (**piked, pik·ing**) 《옛·속어》서둘러 (급히) 가다(along ...).
piked [paikt] *adj.* 끝이 뾰족한.
pike·let [páiklit] *n.* 《주로 英》[번철에 구운 조그맣고] 도톰한〕 다용 팬케이크.
pike·man[1] [páikmən] *n.* (*pl.* **-men** [-mən]) 《역사》미늘창수(手), 창병(槍兵). [금 징수자.
pike·man[2] [páikmən] *n.* (*pl.* **-men** [-mən]) 통행요금
pik·er [páikər] *n.* 《美구어》일을 제멋대로 처리하는 사람; [특히] 소심하고 쩨쩨한 도박꾼.
pike·staff [páikstæ̀f / -stɑ̀:f] *n.* (*pl.* **-staves** [-stèivz]) **1** 창의 자루. **2** 뾰족한 끝이 달린 지팡이.
pi·laf, -laff [piláːf / pílæf] *n.* ⓤ 필라프[버터를 넣고 볶은 쌀밥에 고기·야채·조미료를 버무린 요리].
pi·las·ter [piléstər] *n.* [건축] 붙임 기둥, 벽기둥[벽의 일부를 기둥 모양으로 튀어나오게 한 것].
pi·lau [piláu, +美 -lɔ́:], (**pi·law**) *n.* =pilaf.
pilch [piltʃ] *n.* [플란넬로 만든] 기저귀 커버. [pilaster]
pil·chard [píltʃərd] *n.* 정어리류의 물고기.
pil·cher [píltʃər] *n.* =pilchard.
‡**pile**[1] [pail] *n.* **1** 쌓아 올린 것, 퇴적, [물건의] 더미 (heap)(*of*...). ¶ a *pile* of boxes 《상자(접시)》 더미.

〔類語〕 *pile* 거의 비슷한 물건을 차곡차곡 쌓아 올린 것: a *pile* of logs 통나무더미. *heap* 아무렇게나 쌓아 올린 큰 무더기: a *heap* of old clothes 헌옷 한 무더기. *stack* 같은 종류의 물건을 가지런히 어떤 형태로 쌓아 놓은 것: a *stack* of hay [가지런히 쌓아올린] 건초더미.

2 [화장·화형용의] 장작더미, 쌓아 올린 장작. **3** 《구어》 거금, 다량, 많음(의). ¶ *piles of money* 《구어》 거액의 돈 / He had a *pile* of troubles in his lifetime. 그의 생애는 수많은 고난의 역경이었다. **4** 큰 돈, 재산(fortune). ¶ make a (or one's) *pile* 큰 돈을 모으다(벌다). **5** 대건물〔군〕, 고층 건물〔군〕. ¶ a Gothic *pile* 고딕식 대건물. **6** [가공용의] 철봉 다발 (fagot). **7** [물리] 원자로 (reactor). **8** [전기] 전퇴 (電堆); [일반적으로] 전지(battery). ¶ Voltaic *pile* 볼타 전퇴 / a dry *pile* 건전퇴. **9** [군대] 걸어총 (stack of arms). **10** 《고어》 화폐의 뒷면. ¶ *cross or pile* 앞면인가 뒷면인가?
— *v.* (**piled, pil·ing**) *vt.* **1** …을 쌓아올리다, 퇴적하다(*up*). ¶ (~+⋓+圓) *pile up* lumber 재목을 쌓아 올리다. **2** …에 산더미처럼 쌓다. ¶ (~+⋓+䠨+囹) *pile* a boat with passengers 배에 손님을 가득 싣다. **3** …을 축적하다, 모으다(accumulate)《종종 …up》. ¶ (~+⋓+圓) *pile up* a fortune 한재산 모으다. ¶ 《군대》[총을] 엇걸다(stack arms). ¶ *pile arms* 걸어총하다[보통 세 자루의 총을 서로 엇걸어 세운다]. — *vi.* **1** [돈 따위가] 축적되다, [빚이] 불다; [증거가] 수집되다 (accumulate) (*up* ...). **2** 《구어》 떼지어 몰려가다, 우르르 몰려가다. ¶ (~+䠨+囹) *pile into* a shop 가게에 우르르 몰려들다 / *pile off* a train 열차에서 떼지어 내리다 / *pile out of* a car 차에서 우르르 몰려나오다. **3** 쌓이다, 퇴적되다(*up*). ¶ The snow is *piling up* on the roads. 도로에 눈이 쌓여 쌓이고 있다.
pile it on 《구어》과장하여 말하다. 〔덮치다.
pile Pelion on Ossa 고난에 고난이 겹치다, 엎친 데
pile up ① 쌓이다, 싣다. ② [부 따위를] 축적하다. ③ (*vt.*) 쌓다. ④ (*vi.*) [배 따위가] 좌초하다(*on*...). ⑤ (*vi.*) [여러 대의 자동차가] 추돌(追突)하다.
pile[2] [pail] *n.* (보통 ~s) **1** [건조물의 기초로서 땅에] 박는 말뚝, 강재(鋼材), 콘크리트재 (材). **2** [紋章] 끝이 아래쪽으로 향한 쐐기 모양(꼴). **3** 끝이 뾰족한 풀잎. **4** 《양궁》 화살촉. — *vt.* (**piled, pil·ing**) …에 말뚝을 박다, …을 말뚝을 박아 굳히다.
pile[3] [pail] *n.* ⓤ **1** 털(hair), [피륙의] 가늘고 보드라운 털, 솜털(down); 양모(wool), 모피, 수피(獸皮). **2** [벨벳 따위의] 보풀이 있는 직물, 보풀[이 있는 표면]. — *vt.* (**piled, pil·ing**) …에 보풀을 달다〔붙이다〕.

pile[4] pail] n.(보통 ~s) 〔병리〕치질(痔疾)(hemorrhoid). ¶ blind *piles* 수치질.

pi·le·ate [páiliit, -èit, pǐl-], **-at·ed** [-èitid] adj. 1 〔버섯 따위가〕갓이 있는. 2 〔새가〕도가머리(관모)가 있는(crested).

píleated wóodpècker n. 〔북미산(産)의〕빨간 관모(冠毛)가 있는 대형 딱다구리.

piled [paild] adj. 〔직물에〕보풀이 있는.

píle drìver(èngine) n. 1 항타기(抗打機). 2 강력한 힘으로 치는 사람. 3 〔레슬링〕곤두박이치기.

píle dwèller n. 〔수중에 말뚝을 박고 그위에 지은 집에서 살던 선사 시대의〕호상(湖上) 거주자(lake dweller).

píle hàmmer n. 말뚝 박는 해머(기).

pi·le·ous [páiliəs, pǐl-] adj. 털의; 털이 많은(hairy).

pi·le·um [páiliəm, pǐl-] n. (pl. **pi·le·a**) 〔새 의〕머리, 두부(頭部)〔부리 안쪽에서 목까지의의 부분〕.

pile-up [páilʌp] n. 1 잔뜩 쌓인 고달픈 일들. 2 당구의 연쇄(다중) 충돌.

pi·le·us [páiliəs, pǐl-] n. (pl. **pi·le·i**) 1 〔식물〕버섯의 갓, 균산(菌傘). 2 〔동물〕해파리의 갓. 3 엷은 갓구름(cap cloud, scarf cloud). 4 〔고대 그리스·로마의〕 봉성화의 일종, 르펠트 두건.

pile·wort [páilwə̀ːrt] n. 봉선화의 일종, 르펠트 두건.

pil·fer [pǐlfər] vi. 좀도둑질하다, 후무리다, 슬쩍 훔치다. — vt. 〔잔돈〕을 훔치다, 후무리다, 슬쩍 훔치다.

pil·fer·age [pǐlfəridʒ] n. ⓤ 좀도둑질; ⓒ 장물.

pil·fer·er [pǐlfərər] n. 좀도둑.

pil·gar·lic [pilgáːrlik] n. 1 대머리〔인 사람〕. 2 〔경멸적〕불쌍한 녀석.

pil·ger [pǐldʒər] vi. 필저로 다루다〔조사 보도하다〕〔힘없는 서민층의 참상이나 희생을 다뤄 특권층을 비판하는 것. <영국 언론인 John Pilger의 이름〕.

‡pil·grim [pǐlgrim] n. 1 성지(聖地) 참배자, 순례〔자〕. ¶ Canterbury *pilgrims* 캔터베리 참배자; 〔하나님 나라를 찾아 일생 동안〕방랑하는 사람. 2 나그네(traveler), 방랑자(wanderer). 3 《美》a) 미국의 이주자. b) (P-) Pilgrim Fathers의 한 사람. c) 〔특히 서부에의〕 신참자(newcomer). — vi. 성지 참배 여행을 하다, 순례하다; 방랑길에 오르다. ◇ *pǐl*grimize n.

***pil·grim·age** [pǐlgrimidʒ] n. 1 성지 참배 여행, 순례. ¶ go on a *pilgrimage* 순례 길을 떠나다 / make one's *pilgrimage* to …의 순례를 하다. 2 〔고적·명소 따위의〕 편력, 긴 여행. 3 인생 항로, 세상살이. — vi. (-aged, -ag·ing) 성지 참배 여행을 하다, 순례하다.

Pǐlgrim Fáthers n. pl. 1620년 Mayflower 호를 타고 북미 Plymouth 땅에 정착한 영국 청교도 일단.

pil·grim·ize [pǐlgrimàiz] vi. (-ized, -iz·ing) vi. 성지 참배(순례)를 하다. — vt. (아무)를 순례자로 만들다.

pǐlgrim sígn n. 참배(순례)의 표지〔참배(순례)의 기념으로 사원 등에서 주는 기념물〕.

pili- hair 의 뜻의 연결형. 예: *pili*form.

pi·lif·er·ous [pailǐfərəs] adj. 털이 난; 털이 나게 하는.

pil·i·form [pǐlifɔ̀ːrm] adj. 털 모양의, 털과 같은.

pil·ing [páiliŋ] n. ⓤ 1 말뚝 박기. 2 〔집합적〕말뚝(piles). 3 말뚝에 의한 구축물.

Pi·li·pi·no [pǐlipíːnou] n. 필리피노말〔필리핀의 공식어〕.

‡pill[1] [pil] n. 1 알약. ¶ sleeping *pills* 수면제〔알약〕. 2 〔회피할 수 없는〕싫은 것. ¶ a bitter *pill* [to swallow] 싫은 일. 3 환약(丸藥)〔=pellet〕. 4 《속어》〔야구·골프의〕공, 볼(ball). 5 (~) 《英속어》당구(billiards). 6 〔구어〕(the ~, the P-) 경구 피임액, 필. 7 《속어》작성화(pep pill). 8 《美속어》걸련; 〔1회분의 피우는〕아편. — vt. 1 …을 알약으로 하다; …에게 알약을 복용시키다. 2 《속어》…에 반대 투표하다; …을 배척(제명)하다. 3 〔스웨터 따위〕탈망울이 생기다. ◇ *pǐl*ular adj.

pill[2] vt. 〔고어〕…을 약탈하다(pillage), 훔치다(rob).《英방언》…을 벗기다(peel)〔〔髦어〕머리를 대머리가 되게 하다.

pil·lage [pǐlidʒ] vt., vi. (-laged, -lag·ing) 약탈하다, 강탈하다.

pil·lag·er [pǐlidʒər] n. 약탈자, 강탈자.

‡pil·lar [pǐlər] n. 1 기둥. 2 기둥 모양으로 된 주상(柱狀)의 비(monument); 〔물·불·연기 따위의 기둥(column). ¶ a *pillar* of a cloud (a fire) 구름(불)기둥, 《美의 인도》〔←출애굽기(Exod.) 13:21〕. 3 〔광산〕〔낙반방지를 위해 파다 남겨 놓는〕단주(炭柱), 광주. 4 중심 인물, 중심이 되는 것, 대들보, 주석(柱石). ¶ a *pillar* of the state 국가의 주석. 〔궁지에 몰려서다. **from pillar to post** 여기저기에; 〔비유적〕이리저리 **the Pillars of Hercules** 헤라클레스 기둥〔헤라클레스가 세운 것으로 전해지는 지브롤터 해협 동쪽 끝의 두 개의 바위〕. — vt. …을 기둥으로 떠받치다(강화하다); …의 주석으로 삼다.

píllar bòx n.《英》우편함, 포스트.

pil·lared [pǐlərd] adj. 기둥이 있는; 기둥으로 받친; 주상(柱狀)의.

pil·lar·et [pǐlərèt] n. 작은 기둥.

pil·lar·et [pǐlərèt] n. 소(小)기둥, 상(柱狀)의.

pill·box [pǐlbɑ̀ks / -bɔ̀ks] n. 1 〔납작한〕환약 상자. 2 〔기관총 따위를 내부에 설치한〕콘크리트 진지, 토치카. 3 〔원통형이의 챙 없는 부인 모자. 4 〔악살〕상자 같은 작은 탈것.

píll bùg n. 〔곤충〕《美》=wood louse.

pill·head [pǐlhèd] n. 《속어》안정제나 각성제 상용자.

pil·lion [pǐljən] n. 1 〔안장 뒤에 놓는 동승 여성용의〕뒷좌석. 2 〔자전거·오토바이의〕뒷좌석.

pil·lo·ry [pǐləri] n. (pl. **-ries**) 죄인의 목과 손목을 끼워놓는 형틀, 칼. 〔the ~〕〔세상의 웃음거리. ¶ be in the *pillory* 세상의 웃음거리가 되다. — vt. (-ried, -ry·ing) 〔죄인〕에게 칼을 씌우다, 목과 손목을 형틀에 끼우다. 2 …을 웃음 거리로 만들다. [pillory 1]

‡pil·low [pǐlou] n. 1 〔깃털 따위를 넣은〕베개. 2 베개 모양의 것, 받침 베개, 쿠션. 3 〔기계〕굴대받이; 〔레이스 편물용의〕받침대. **take counsel of** (or **consult with**) **one's pillow** 하룻밤 자며 차분히 생각하다. — vt. …을 베개에 얹다; …의 베개 노릇을 하다. ¶ *pillow* one's head *on* one's hand 팔베개를 하다 // The earth *pillowed* my head. 한데서 잠을 잤다. — vi. 베개를 베다. ◇ *pǐl*lowy adj.

píllow blòck n.〔기계〕굴대받이.

píllow·càse n. 베갯잇, 베개 커버.

píllow fìght n. 〔아이들의〕베개 싸움.

píllow làce n. ⓤ 손으로 뜨는 레이스(bobbin lace).

píllow shàm n. 〔장식용〕베갯잇.

píllow slìp n. =pillowcase.

píllow tàlk n. 〔부부간의〕침실에서의 대화, 정담.

pil·low·y [pǐloui] adj. 베개 같은; 부드러운.

pilo- felt 의 뜻의 연결형. 예: *pilo*se.

pi·lose [páilous] adj. 털이 있는, 부드러운 털로 덮인〔인〕.

pi·los·i·ty [pailɑ́siti / -lɔ́s-] n. ⓤ 유모(有毛), 다모성.

‡pi·lot [páilət] n. 1 수로(水路) 안내자; 〔배의〕조타수. 2 《英》수로(水路)안내인, 항로 안내자. 3 〔비행기 따위의〕조종사, 파일럿. ¶ a test *pilot* 테스트 파일럿, 시험 조종사. 3 안내인(guide); 지도자(leader)〔비유적〕난국을 타개하는 사람. ¶ drop the *pilot* 유능한 지도자를 배척하다. 5 〔기계〕안내봉. ¶ a *pilot* bearing cross 〔철도 차량의 배장기(排障器)(cowcatcher). 6 파일럿 램프. — vt. 〔수〕로 안내를 하다; 〔비행기·배 따위〕를 조종하다, 조타하다; 〔아무〕를 안내하다(lead). 〔비유적〕이끌어 나가다. ¶ *pilot* a ship into New York Bay 뉴욕 항만의 수로 안내를 하다 // (~ +圓+團+圜) *pilot* a person *across* a street 남을 안내하여 거리를 횡단하게 하다 / *pilot* a person *over* a

pilotage

mountain 남에게 산을 넘는 길을 안내하다 / *pilot* a ship *through* a channel 수로를 통과하는 배를 안내하다.
— *adj.* 안내(지도)의; 시험적인, 예비의.
pi·lot·age [páilətidʒ] *n.* ⓤ **1** 수로 안내. **2** 수로 안내료.
pílot ballòon *n.* 바람 측정 기구, 내료.
pílot bíscuit (brèad) *n.* =hardtack.
pílot bòat *n.* 수로 안내선, 파일럿 보트.
pílot búrner *n.* =pilot light 1.
pílot chárt *n.* 항해도, 항공도.
pílot chùte *n.* =pilot parachute.
pílot clòth *n.* ⓤ [선원 외투용의 튼튼한] 감색의 거친 나사천. 「기관차.
pílot èngine *n.* [선로 안전을 확인하기 위한] 선도
pílot fìlm *n.* [텔레비전의 스폰서 모집용] 견본 필름.
pi·lot·fish [páilətfìʃ] *n.* (*pl.* **-fish** *or* **-fish·es**) 동갈방어 [상어에 가까이 떼지어 있으면서 상어의 먹이 안내를 한다고 함; 이와 유사한 성질이 있는 물고기]의 총칭.
pílot flàg *n.* 《海事》 수로 안내기. **a)** G 기 (旗) 〔수로 안내인을 찾는 신호기〕. **b)** H 기 〔수로 안내인이 타고 있음을 표시〕.
pi·lot·house [páiləthàus] *n.* 《항해》 [상갑판에 있는]
pi·lo·ti [piláti / -lóti] *n.* 〔건축〕 필로티 〔건물을 지면보다 높이 떠받치는 기둥〕. 〔<F〕
pílot jácket *n.* =pea jacket.
pílot làmp *n.* =pilot light 2.
pi·lot·less [páilətlis] *adj.* 수로 안내인(조종사)이 없는. ¶ a *pilotless* plane 자동 조종 비행기.
pílot líght *n.* **1** 〔가스 난로 따위에 점화하기 위하여 항상 끄지 않고 두는〕 불씨. **2** 파일럿 라이트 〔램프〕.
pílot ófficer *n.* 《英》 공군 소위. 「표시등.
pílot pàrachute *n.* 〔주(主)낙하산을 펴기 위한〕 보조 낙하산.
pílot plànt *n.* 시험 공장, 파일럿 플랜트.
pílot stùdy *n.* 〔사회〕 준비 시조사 〔분석·연구 따위에 필요한 요인을 결정하기 위한 작업〕.
pílot tàpe *n.* 〔스폰서 모집용의〕 견본 비디오 테이프.
pílot whàle *n.* 《동물》 =blackfish. 「맥주.
pi·lous [páiləs] *adj.* =pilose.
Pil·sner [pílznər] *n.* (**Pil·sen·er**) *n.* 〔체코의〕 필젠산 (産) 영국의 Piltdown에서 발견된 두개골로, 유사 이전의 인류로 추정되었으나 1953년에 가짜로 판명되었다.
Pílt·down màn [píltdaun-] *n.* 필트다운인 〔1912년
pil·u·lar [píljulər] *adj.* 환약의, 알약 모양의.
pil·ule [píljuːl] *n.* 작은 환약 (small pill).
pil·u·lous [píljuləs] *adj.* = pilular.
pil·y [páili] *adj.* 솜털과 같은, 솜털이 있는.
Pi·ma [píːmə] *n.* (*pl.* **-mas** *or* **-ma**) **1** 피마족[의 사람] 〔북미 인디언의 한 부족〕; 피마어(語). **2** =Pima cotton.
Píma cótton *n.* ⓤ 피마면 〔이집트 면을 미국 서남부에서 고강도 섬유용으로 개량한 것〕.
pim·e·lode [píməloud] *n.* 《英》 메기.
pi·men·to [piméntou] *n.* (*pl.* **-tos**) **1** =allspice. **2** =pimiento. **3** 선명한 붉은 색.
piménto chéese *n.* ⓤ 피망을 넣은 가공 치즈.
pí mèson *n.* =pion.
pi·mien·to [pimjéntou] *n.* (*pl.* **-tos**) 서양 고추, 피망.
pi·mo·la [pimóulə] *n.* 피망을 다져 넣은 올리브.
pimp [pimp] *n.* **1** 매춘 중개인, 뚜쟁이. **2** 《濠》 밀고자. — *vi.* 매춘을 중개하다, 뚜쟁이질을 하다.
pim·per·nel [pímpərnèl, -n(ə)l] *n.* 나도석별꽃의 초본.
pimp·ing [pímpiŋ] *adj.* **1** 작은, 하찮은. **2** 《방언》 병약한, 연약한.
pim·ple [pímpl] *n.* 〔병리〕 뽀루지, 여드름.
pim·pled [pímpld] *adj.* 뽀루지가 난, 여드름투성이의.
pim·ply [pímpli] *adj.* (**-pli·er, -pli·est**) =pimpled.
‡**pin** [pin] *n.* **1** 핀, 장식핀. ¶ a safety *pin* 안전핀. **2**

pinch

[핀으로 고정시키는] 배지, 기장, 브로치. **3** 〔차 바퀴의〕 쐐기, 고정 쐐기(linchpin). **4** 〔자물쇠 구멍에 들어가는〕 열쇠대. **5** 빨래 집게. **6** 머리 핀(hairpin). **7** 밀방망이 (rolling pin). **8** 못, 마개(peg). **9** 〔볼링〕 핀, 표적봉. **10** 〔골프〕 홀의 위치를 표시하는 깃대. **11** (보통 ~s)《구어》 다리 (leg). ¶ strong (quick) on one's *pins* 걸각(健脚)의 〔발이 빠른〕. **12** 〔음악의〕 〔현악기의 줄을 조절하는〕 줄조리개. **13** 〔항해〕 빌레잉핀, 밧줄말뚝. **14** (a~) 〔주로 부정문에서〕 매우 조금, 소량, 하찮은 것. ¶ not a *pin* to choose 거의 똑같은 / He doesn't care a *pin* for her. 그는 그녀에 대해서는 조금도 관심이 없다 / It doesn't worth a *pin*. 한푼의 값어치도 없다.
[*as*] *néat as a néw pín* ⇒ NEAT¹.
be on one's lást píns 빈사 상태에 있다.
have píns and néedles 〔손발이〕 저리다.
on píns and néedles 안달복달하고.
stíck píns into a person 남을 꼬드기다; 남을 괴롭히다; 남을 초조하게 하다.
— *vt.* (**pinned, pín·ning**) **1** …을 핀으로 고정시키다 (...*on, to, together, up*). ¶ (~+目+前+名) *pin* a rose *on* a dress 장미꽃을 옷에 핀으로 달다 // (~+目+副) *pin up* a notice 공고문을 핀으로 고정시키다. **2** 〔어떤 장소에〕 …을 고정시키다, 움직이지 못하게 하다. ¶ (~+目+副) The snowslip *pinned* him *down*. 눈사태에 걸려 그는 꼼짝 못하게 되었다 // (~+目+前+名) He *pinned* me *against* the wall. 그는 나를 벽에 밀어 붙였다. **3** …을 꿰찌르다, 찌르다(transfix). **4** 《속어》 …을 붙잡다, 체포하다. **5** 〔행동·약속 따위로〕 …을 속박하다, 옭매다(...*down*). ¶ (~+目+前+名) *pin* a person *down to* a promise 남을 약속으로 묶어놓다. **6** 〔…에〕 〔희망·신뢰 따위〕를 〔절대적으로〕 걸다 (...*to, on*). ¶ (~+目+前+名) *pin* one's faith (*or* *on*) *a* person 아무개를 절대적으로 신뢰하다 / I *pin* my fate *on* you. 나는 내 운명을 자네에게 맡기네. **7** [...에게] …의 책임(죄)을 씌우다(...*on*). ¶ *pin* a murder *on* an innocent woman 무고한 여성에게 살인죄를 씌우다. **8** …을 명확하게 하다 (...*down*). ¶ (~+目+副) The subject is not easy to *pin down*. 그 문제를 명확하게 하기는 어렵다. **9** 《美속어》 〔여성에게〕 약혼의 표시로 대학 사교 클럽의 장식핀을 주다.
PIN [pin] *n.* 〔컴퓨터〕 〔암호로 사용되는〕 개인 식별 번호. 〔<*p*ersonal *i*dentification *n*umber〕
pi·ña [píːnjə] *n.* 〔스페인〕 **1** =pineapple. **2** 〔특히 중남미에서〕 파인애플 술. 「은 직물〕.
píña clòth *n.* 피나천 〔파인애플 잎의 섬유로 짠 얇
pin·a·fore [pínəfɔːr / -fɔː] *n.* **1** 어린이용 턱받이. **2** 소매 없는 원피스. **3** 〔주로 英〕 〔어른들의〕 에이프런, 문 가리개, 큰 앞치마.
pínafore dréss *n.* 《英》 =pinafore 3 《美》 jump-er). 「일종.
pi·nas·ter [painǽstər, pi-] *n.* 남유럽산 (産) 소나무의
pin·ball [pínbɔːl] *n.* ⓤ 핀볼, 코린트 게임; 회전 당구. ¶ a *pinball* machine 회전 당구기.
pín bòy *n.* 〔볼링에서〕 핀 정비원.
pince-nez [pǽnsnèi] *n.* (*pl.* **pince-nez** [-nèiz]) 코안경. 〔<F nose-pincher〕
pin·cers [pínsərz] *n. pl.* **1** 집게, 족집게, 뺀치. ¶ a pair of *pincers* 집게 한 개. **2** 〔동물〕 〔게 따위의〕 집게발. **3** 〔군대〕 협공 〔작전〕.
píncers mòvement *n.* 〔군대〕 협공 작전.
pin·cette [F pɛsɛt] *n.* (*pl.* **-cettes** [F -sɛt]) 《프랑스》 (=small pincers) 〔종종 ~s〕 핀셋.
‡**pinch** [pintʃ] *vt.* **1** …을 꼬집다, 끼워서 조이다, 사이에 끼워 부스러뜨리다. ¶ (~+目+前+名) *pinch* one's finger *in* a door 문짝에 손가락이 끼다. **2** 〔구두·모자 따위가〕 …을 죄다. ¶ This hat *pinches* my head. 이 모자는 꽉 낀다. **3** …을 엄격히 제한하다. **4** 〔고통·곤궁 따위가〕 〔얼굴 등을〕 일그러지게 하다, 초췌하게 하

다. ¶ His face was *pinched* with disquiet. 그의 얼굴은 불안 때문에 일그러졌다. **5** 〖원예〗〖싹 따위〗를 따다(... *out, off, back*). ¶ (~+圓+副) *pinch* the top of a plant *off* 식물의 끝쪽을 따주다 / *pinch* back (or *out*) young buds 새순을 따내다. **6** (보통 수동형으로)〖주위·기아·빈곤 따위가〗…을 괴롭히다, 고생시키다; 〖서리 따위가〗…을 죽게 하다, 말라 죽게 하다; 〖어떤 물건의 결핍이〗…을 곤란하게 하다. ¶ be *pinched* with cold 추위에 몸이 움츠러지다 / be *pinched* by increased expenses 지출이 늘어 고생을 겪다 / A heavy frost *pinched* the flowers. 된서리에 꽃들이 시들어 버렸다 // (~+圓+前+名) be *pinched* for money 돈이 궁하지다 / be *pinched* for time 시간에 쫓들리다. **7**〖금전 따위〗를 착취하다(squeeze out). (비유적)〖돈〗을 우려내다. **8**〖속어〗…을 훔치다(steal). **9**〖구어〗…을 체포하다(arrest). **10** 〖무거운 것〗을 지레로 움직이다. **11**〖경해〗〖돛배〗를 앞바람으로 달리게 하다. **12**《英》《경마》 〖말〗을 빨리 몰다.

── vi. **1** 꼭 죄다. ¶ The collar *pinches*. 칼라가 꼭 죈다. **2** 〖심한〗고통(불쾌감)이 생기다. ¶ when the hunger *pinches* 배가 고파서 괴로울 때. **3** 인색하게 굴다. **4** 〖광산〗〖광맥이〗점점 가늘어지다, 끊어지다 (*out*). ¶ (~+副) The vein of iron ore *pinched out*. 철광맥이 끊어졌다.

pinch pennies 극도로 지출을 줄이다(economize).
where the shoe pinches 재난(슬픔, 난관 따위)의 원인. ¶ He knows *where the shoe pinches*. 그는 〖경험으로〗고통의 원인이 무엇인지를 알고 있다.

── n. **1** 꼬집기, 꺼우기, 끼움. **2** 한줌, 극히 적은 분량. ¶ a *pinch* of salt 한줌의 소금. **3** 압박, 위관, 곤궁. ¶ the *pinch* of hunger(poverty) 굶주림(가난)의 고통. **4** 위기, 위급, 필지, *pinch*. ★ EMERGENCY (類語) ¶ *at* (or *in*, *on*) a *pinch* 위기(핀치) 때에 / *when it comes to a pinch* 만일의 경우에는. **5** = pinch bar. **6**《속어》《경찰》〖단속〗(raid), 체포(arrest). **7**〖속어〗 도둑질(theft).

pínch bár n. 받침대가 있는 지레.
pinch·beck [píntʃbèk] n. **1** Ⓤ 피치베〖동과 아연의 합금으로 모조금으로 사용〗. **2** 가짜, 모조품. ── adj. **1** 피치베크의. **2** 가짜의. ¶ a *pinchbeck* hero 사이비 영웅. **3** 〖량을 조절하는〗취서.
pinch·cock [píntʃkàk / -kòk] n. 〖고무 호스 따위의 이음새〗 .
pinched [pintʃt] adj. **1** 꽉 죄어진. **2** 〖허기 따위로〗초췌한; 궁핍진.
pínch effèct n. 〖물리〗핀치 효과.
pinch·er [́] n. **1** 꼬집는(꺼우는, 죄는) 사람(것). **2** (~s) = pincers.
pinch-hit [píntʃhít] vi. (-hit, -hit·ting) **1** 〖야구〗 핀치 히터가 되다. **2** 대역(代役)을 맡다(*for*...).
pínch hítter n. 〖야구〗핀치 히터, 대타자. **2** 대역, 대신(代身) (*for*...).
pinch-pen·ny [píntʃpèni] n., adj.《美속어》구두쇠〖의〗, 노랑이〖의〗.
pínch rúnner n. 〖야구〗핀치 러너, 대주자(代走者).
pín cùrl n. 핀컬〖헤어핀 따위로 말아서 만든 고수머리〗.
pin-cush·ion [pínkùʃ(ə)n] n. 바늘 겨레.
Pin·dar·ic [pindǽrik] adj. 핀다로스의, 핀다로스풍〖의〗(風). ── n. (~s) 핀다로스풍의 시(詩) (Pindaric ode). 〈그리스의 서정시인 Pindar (522?-443? B.C.)의 이름〉.
pind·ling [píndliŋ] adj.《美방언》조그마한, 연약한.
‡**pine**¹ [pain] n. **1** 소나무. **2** Ⓤ 송재(松材). **3** 〖구어〗= pineapple 1. ── *piny* adj.
***pine**² [pain] v. (**pined, pin·ing**) vi. **1** 애타게 그리워하다, 사모하다, 갈망하다(*after, for*...). ⇒ LONG² (類語) ── (~+副+前+名) She earnestly *pined* for his affections. 그녀는 남몰래 그를 애타게 사모했다 // (~+*to* do) He *pines to* return home. 그는 고향에 돌아가기를 갈망하고 있다. **2** 〖슬픔·후회·갈망 따위로〗초췌해지다, 수척해지다 (*away*). ¶ (~+副) Disappointed in love, she has *pined away*. 그녀는 실연한 뒤에 초췌해졌다. **3** 〖고어〗불평을 하다. ── vt.〖고어〗…을 슬퍼하다, 애도하다. n. 〖고어〗애타게 사모함, 연모, 갈망.
pin·e·al [píniəl] adj. **1** 〖형태가〗솔방울 같은 것. 〖해부〗상생체(上生體)의, 송과선(松果腺)의.
píneal bódy n.〖해부〗상생체, 송과체(線).
‡**pine·ap·ple** [páinæpl] n. **1** 파인애플; 그 나무. **2** 〖군대속어〗폭탄, 수류탄(hand grenade).
píneapple clòth n. = piña cloth.
píne bárren n.《美남부》소나무가 자라는 모래땅 또는 이탄지(泥炭地).
píne còne n. 솔방울.
píne màrten n.〖동물〗〖유럽·아시아·북미산〗(産) 담비의 일종.
píne nèedle n. 솔잎.
pin·er·y [páinəri] n. (pl. -er·ies) **1** 파인애플을 재배하는 온실. **2** 소나무 숲.
píne tàr n. Ⓤ 파인타르〖소나무를 건류(乾溜)하여 채취, 피부병·감기약·거담제 따위로 사용〗.
píne trèe n. 소나무.
Píne Trée Státe n. (the ~) 미국 Maine주의 별명.
pi·ne·tum [painí:təm] n. (pl. -ta) 소나무 재배원, 솔 밭.
pine·wood [páinwùd] n. **1** (종종 ~s)〖단수 취급〗 송림, 솔밭. **2** Ⓤ 소나무 재목, 송재(松材).
pin·ey [páini] adj. (**pin·i·er, pin·i·est**) = piny.
pin·fall [pínfɔ̀:l] n. 〖레슬링〗핀폴〖3카운트하는 동안에 양어깨가 바닥에 닿기〗.
pin-feath·er [pínfèðər] n. 새의 솜털.
pin·fold [pínfòuld] n. **1** 〖길잃은 가축을 몰아 넣는 우리〗(pound);〖일반적으로 양이나 소 따위를 수용하는〗 가축우리(fold). **2** 감금 장소. ── vt. …을 우리에 가두다.
ping [piŋ] n. 핑〖총탄이 날아가는 소리〗; 탁〖총탄이 명중하는 소리〗. ── vi. 핑 하고 날다; 탁 하고 맞다.
pin·go [píŋgou] n. (pl. -gos or -goes)《美》핑고〖북극지방의 얼음을 핵으로 한 화산 모양의 작은 언덕〗.
ping-pong¹ [píŋpɑŋ, -pɔ̀:ŋ / -pɔ̀ŋ] n. 핑퐁, 탁구 (table tennis).〈상표명 Ping-Pong〈*ping*(v.)에서 만들어진 의성어(擬聲語)〉
ping-pong² [píŋpɑŋ, -pɔ̀:ŋ / -pɔ̀ŋ] vt. 불필요한 정밀 검사를 하고, 불필요한 진찰을 받게 하다. ── vi. 〖환자 등이〗불필요한 진찰을 받다.
pin·guid [píŋgwid] adj. **1** 지방이 많은; 기름진, 기름기가 많은, 기름투성이의. **2** 〖땅이〗기름진.
pin·guin [píŋgwin] n. 열대 아메리카산(産)의 파인애플류의 식물.
pin·head [pínhèd] n. **1** 핀의 대가리. **2** 사소한 것, 하찮은 것. **3**〖속어〗멍청이(fool).
pin·head·ed [pínhèdid] adj. 멍청한, 머리가 나쁜.
pin·hold·er [pínhòuldər] n. 꽃꽂이용의 침봉(針峯).
pin·hole [pínhòul] n. 바늘 구멍; 바늘 구멍 같은 작은 구멍. ¶ a *pinhole* camera 핀홀 카메라〖렌즈 대신 작은 구멍을 뚫어 입사 광선을 이용한 초기의 사진기〗.
pin·ion¹ [pínjən] n. 〖기계〗작은 톱니바퀴, 피니언. ⇒ RACK¹ 그림.
pin·ion² [pínjən] n. **1** 새의 날개 끝부분. **2** 〖새의〗 날개. **3** 깃, 깃털. **4** 〖집합적〗칼깃(fight feathers). ── vt. **1** 〖날지 못하게〗〖새의 날개 끝〗을 자르다, 날개를 묶다. **2** …을 붙들어매다(...*to*). ¶ (~+圓+前+名) He is *pinioned* to his bad habit. 그는 자신의 악습에서 헤어나지 못하고 있다.
‡**pink**¹ [piŋk] n. **1** ⓤⒸ 연분홍색, 석죽(石竹)색, 핑크색. **2** 패랭이꽃, 석죽, 카네이션. **3** (the ~) 최상급의 것, 정화(精華), 정수의 것, 극치(acme), 전형. ¶ the *pink* of fashion (elegance) 유행(우아)의 정수 / in the *pink* of perfection 완전의 극치에서 / She is the *pink* of girls. 그녀는 여자중의 여자이다 / My children are

pink

all in the *pink* of health. 우리 아이들은 모두가 원기 왕성하다(매우 건강하다). **4** 〖종종 P-〗〖美속어〗〖정치적인 의견·사상이〗 좌경(左傾)한 사람, 약간 급진적인 사람(pinko). *cf.* Red **5** 《英》〖사냥〗 (~s) 여우 사냥꾼이 입는 핑크색 사냥복; 여우 사냥꾼(fox hunter). ── *adj.* **1** 연분홍색의, 핑크색의. **2** 《속어》〖사상이〗 좌익적인, 좌경한. **3** 몹시 분개한, 화난. ── **~ness** *n.*

pink² [piŋk] *vt.* **1** 〖가느다란 칼 따위로〗…을 찌르다(stab). ¶ (~+图+劑+图) *pink* a man *through* the heart 사람의 심장을 꿰찌르다. **2** 〖종이·천 따위의 가장자리〗를 물결 무늬로 자르다. **3** 〖장식용으로〗〖천·가죽 따위〗에 구멍을 뚫다, …에 장식구멍을 내다. **4** …을 장식하다(adorn) (...*out, up*). **5** 〖비평 따위로〗…에게 따끔한 맛을 보이다.

pink³ [piŋk] *n.* 〖선미(船尾)〗가 좁은 일종의 돛배.

pink⁴ [piŋk] 《英》〖연어 새끼〗, **2** 〖영어〗 황어류의 새.

pínk cóat *n.* 붉은 여우 사냥복(pink¹), 〖기.

pink-col·lar [píŋkkálər/-kɔ́lə] *adj.* 핑크 컬러의, 여성직의〖비서, 간호사, 교사 따위〗.

pink-eye [píŋkài] *n.* U 〖병리〗 급성 전염성 결막염.

pínk gín *n.* 《주로 英》 핑크진〖진에 쓴맛나는 술을 탄 칵테일의 일종〗.

pink·ie, pink·y [píŋki] *n.* (*pl.* **pink·ies**) 새끼손가락.

pink·ing [píŋkiŋ] *n.* U 〖천·가죽·종이 따위에 넣는〗 물결 무늬의 장식.

pínking shéars *n. pl.* 〖천 따위를〗물결무늬 장식으로 자르는 가위.

pink·ish [píŋkiʃ] *adj.* **1** 연분홍색을 띤. **2** 좌익적인

pínk lády *n.* U C 핑크 레이디〖칵테일의 일종〗.

pink·o [píŋkou] *n.* (*pl.* ~s *or* ~es) 《美속어》 빨갱이, 좌익적인 사람. *cf.* pink¹. 4

pínk rhododěndron *n.* 분홍철쭉〖미국 Washington주의 주화(州花)〗.

pínk sálmon *n.* 〖어류〗 송어의 일종.

pínk slíp *n.* 해고 통지.

Pink·ster, Pinx·ter [píŋkstər] *n.* 《美방언》 성신(聖神) 강림절(Whitsuntide).

pínkster flówer *n.* =pinxter flower.

pínk téa *n.* 《구어》 공식적인 다과회(리셉션).

pink·y¹ [píŋki] *adj.* (**pink·i·er, pink·i·est**) =pinkish 1.

pink·y² [píŋki] *n.* (*pl.* **pink·ies**) =pink³.

pink·y³ [píŋki] *n.* (*pl.* **pink·ies**) =pinkie.

pín mòney *n.* U 용돈(pocket money), 〖아내에게 주는〗 푼돈.

pin·na [pínə] *n.* (*pl.* **-nae** [-niː] *or* **-nas**) **1** 〖식물〗 깃털 조각〖우상 복엽(羽狀複葉)의 한 쪽잎〗. **2** 〖동물〗 깃(feather), 날개(wing); 지느러미(fin), 지느러미발(flipper). **3** 〖해부〗 귓바퀴(auricle).

pin·nace [pínis] *n.* **1** 〖역사〗쌍돛대의 작은 돛배, 종범선(縱帆船). **2** 작은 배〖특히 함재(艦載)의〗 중형보트, 함재정.

***pin·na·cle** [pínəkl] *n.* **1** 높은 산봉우리, 뾰족한 봉우리, 꼭대기, 절정(acme). ¶ reach the *pinnacle* of earthly greatness 지상의 최고의 지위에 오르다. **2** 〖건축〗 작은 뾰족탑. ── *vt.* (**-cled, -cling**) **1** …을 꼭대기에 올려놓다, 높이 올리다. **2** …에 작은 뾰족탑을 달다.

pin·nal [pínəl] *adj.* **1** 〖식물〗 깃털 조각의. **2** 〖동물〗 깃의, 날개의; 지느러미의, 지느러미발의. **3** 〖해부〗 귓바퀴의.

pin·nate [píneit, -nit] *adj.* **1** 깃 모양의. **2** 〖식물〗 〖잎이〗 깃털 모양의, 복엽(複葉)의. ¶ a *pinnate* leaf 우상엽(羽狀葉), 복엽. ── **·ly** *adv.*

pin·nat·i·fid [pinǽtifid] *adj.* 〖식물〗 〖잎이〗 깃털 모양으로 분열한. 〖狀〗 구조(조직).

pin·na·tion [pinéi(ə)n] *n.* U 〖식물〗 우상엽(羽狀

pin·ner [pínər] *n.* **1** 핀으로 고정시키는 사람(것). **2** 〖양쪽으로 긴 자락이 내려오는 옛날의 여성용 쓰개〗. **3** 〖방언〗 앞치마(pinafore).

pin·ni·ped [pínipèd] *adj.* 기각류(鰭脚類)의. ── *n.* 기각류 동물〖물개·해마 따위〗. 〖afore.

pin·ny [píni] *n.* (*pl.* **-nies**) 《구어·어린이말》 =pin-

Pi·noc·chio [pinákiou /-nɔ́k-] *n.* 피 노 키 오〖Carlo Collodi 작의 동화에 나오는 나무 인형의 이름; 나중에 사람의 아들로 됨〗.

pi·noch·le [pínʌkl, +ᴍ -nʌ̀kl] *n.* U 카드 놀이의 일종.

pi·no·le [pinóuli] *n.* 《美국 서남부·멕시코 등의》 볶은 옥수수 또는 밀가루에 단맛을 들인 식품.

pi·ñon [pínjən] *n.* 《美국 Rocky 산맥 남부 지방산(産)의》 소나무의 일종〖식용의 큰 열매를 맺음〗; 그 열매.

pin·point [pínpɔ̀int] *n.* **1** 핀 끝. **2** 사소한 〖쓸모없는〗 것. ── *vt.* 정확하게 …의 위치를 나타내다; 정확하게 겨누다. ── *adj.* 정확한; 정밀한. ¶ *pinpoint bombing* 정밀 조준 폭격.

pin·prick [pínprìk] *n.* **1** 핀으로 찌르기, 핀으로 구멍을 내기. **2** 데테한 심술부리기.

PINS [pinz] *n.* 《복수·단수 취급》《美》 〖법률〗 감독(후견)을 필요로 하는 청소년. [<*person[s] in* need of *supervision*〗 〖핀을 세우는 기계.

pin·set·ter [pínsètər] *n.* **1** =pin boy. **2** 〖볼링의〗

pin·spot·ter [pínspàtər / -spɔ̀t-] *n.* =pinsetter.

pín strìpe *n.* 〖옷감의〗 가느다란 세로무늬; 가는 세로줄무늬가 있는 옷감〗.

***pint** [paint] *n.* **1** 파인트〖액량·건량(乾量)의 단위; ½ quart; 《美》 0.47 *l*, 《英》 0.57 *l*〗. **2** 1파인트 들이 용기. **3** 《구어》 1파인트의 우유.

pin·ta¹ [pínta] *n.* U 〖병리〗 〖중남미에 많은〗 피부병의 일종.

pin·ta² [páintə] *n.* 1파인트의 우유〖따위〗, 〖잉글.

pin·tail [píntèil] *n.* (*pl.* **-tails** *or* **-tail**) **1** 고방오리.

2 〖북미산(産)의〗 붉은오리. **3** 〖북미산의〗 뇌조(雷鳥)의 일종.

pin·tle [píntl] *n.* **1** 〖배의 키를 끼워 다는〗 타축(舵軸), 타침(舵針). **2** 〖견인차의 연결기 구실을 하는〗 연결 고리.

pin·to [píntou] *adj.* 얼룩무늬의, 얼룩둑룩한. ── *n.* (*pl.* **-tos** *or* **-toes**) 《美 서부》 얼룩말.

pint-size [páintsàiz] *adj.* 《美구어》 비교적 자그마한.

pin·up [pínʌ̀p] 《구어》 *n.* **1** 〖벽에 꽂아 놓는〗 미인 사진, 핀업. **2** 벽걸이 램프. ── *adj.* **1** 핀업의, 핀업에 알맞은. ¶ a *pinup* girl 핀업 걸. **2** 벽걸이용의.

pin·wheel [pín(h)wìːl] *n.* **1** 〖장난감의〗 바람개비.

2 회전 불꽃. **3** 핀 톱니바퀴.

pin·worm [pínwə̀ːrm] *n.* 요충(蟯蟲).

pín wrènch *n.* 핀렌치〖스패너의 일종〗.

pinx. (略) pinxit.

***pinx·it** [píŋksit] *v.* 《라틴》 (=he or she painted it) …이 그리다, …이 作(作)〖옛날, 화가가 서명할 때 써넣은 말〗.

pínx·ter(pínk·ster) flówer [píŋkstər-] *n.* 《美국》《美》 분홍색의 진달래의 일종.

pin·y [páini] *adj.* (**pin·i·er, pin·i·est**) **1** 소나무가 많은, 소나무가 우거진. **2** 소나무로 된. **3** 소나무의, 소나무 같은.

Pin·yin [pínjín] *n.* 병음(倂音) 〖1979년 초부터 쓰기 시작한 중국어의 영어 표기법〗.

PIO (略)〖군대〗 *p*ublic *i*nformation *o*ffice(공보관실); *p*ublic *i*nformation *o*fficer(공보 장교〖관〗).

pi·o·let [pi:əléi] *n.* 《프랑스》 (=ice-axe) 〖등산용의〗 얼음 도끼, 피켈. 〖son〗.

pi·on [páiɑn/-ɔn] *n.* 〖물리〗 파이(π) 중간자(pime-

*‡**pi·o·neer** [pàiəní(ː)r/-níər-] *n.* **1** 〖미개지의〗 개척자. **2** 선구자. ¶ *pioneers* in electronics 전자 공학의 선구자들. **3** 〖군대〗 선발(先發) 공병. **4** 〖생태〗 선구(先駆) 식물〖동물〗. **5** (P-) 미국의 우주 탐사선. **6** (P-) 피오네르〖구소련의 공산 소년 소녀 단원(10-16세)〗. ── *vi.* 개척자가 되다; 솔선하다. ── *vt.* **1** 〖미개지〗 따위를 개척하다; …을 선도하다, 지도하다; …을 제창하다. ── *adj.* **1** 초기의, 최초의. **2** 개척자의.

pi·o·neer·ing índustry [pàiəní(ː)riŋ-/-níər-] *n.* 첨단 산업. ¶ pathfinders in the *pioneering industry* 첨

‡**pi·ous** [páiəs] *adj.* **1** 신앙심이 깊은(두터운), 경건한 (devout). *opp.* impious ⇒ RELIGIOUS 類語 **2** 종교적 동기(신앙)에서 나온, 실천. **3** 종교를 빙자한, 위선적인. ¶ a *pious* practice 신앙에서 나온 실천. **3** 종교를 빙자한, 위선적인. ¶ a *pious* fraud [종교상] 선의의 속임수. **4** 종교적인(sacred). ¶ *pious* literature 종교(신앙) 서적. **5** [고어] 효성스러운, 충실한. ~**ly** *adv.* ~**ness** *n.* ◇ **píety** *n.*

pip¹ [pip] *n.* **1** [주사위·카드 따위의] 눈, 점. **2** 파인애플 껍데기의 작은 조각. **3** 《속어》 영국 육군 장교 견장의) 별. **4** [원예] 근경(根莖), [특히] 은방울꽃 근경.

pip² [pip] *n.* **1** (the ~) [獸醫·병리] [특히 가금(家禽)의] 입안·목구멍에 점은 점액이 생기는 전염병. **2** (보통 the ~) 《익살》 [사람의] 가벼운 병; 기분이 언짢음(ill humor). ¶ get the *pip* 화내다 / It gives me the *pip.* 그것은 나를 화나게 한다. [훌륭한 사람(것).

pip³ [pip] *n.* 《속어》 [사과·귤 따위의] 씨, 종자. **2** 《속어》

pip⁴ [pip] *v.* (**pipped, pip·ping**) *vi.* [병아리 따위가] 삐악삐악 울다(peep). — *vt.* [병아리 따위가] [껍질을] 깨고 나오다.

pip⁵ [pip] *v.* (**pipped, pip·ping**) *vt.* 《英》 **1** …을 총알(화살)로 쏘다. **2** 《속어》 …을 배척하다, [계획 따위]를 망쳐놓다, 좌절시키다. *vi.* **1** 삐 소리를 내다.
2 《英속어》 죽다(*out*).
be pipped at the post 《英》 접전에서 패배하다.

pip⁶ [pip] *n.* [시보 따위의] 삐 하는 소리. **2** 《英》 [신호에서] p 자.

pip·age, pipe- [páipidʒ] *n.* [U] **1** [물·가스·기름의] 파이프 수송. **2** [집합적] 수송관. **3** 수송관에 의한 수송료.

pi·pal, pee·pul [píːp(ə)l] *n.* 인도보리수(bo tree).

‡**pipe**¹ [paip] *n.* **1** 관, 도관, 통, 파이프. ¶ a gas (water) *pipe* 가스(수도)관 / a drain (a supply) *pipe* 배수(공급)관. **2** [배의] 호각, 호적, [담배의] 파이프, 대. ¶ light (smoke, have) a *pipe* 한 대 붙여 물다(피우다) / put in a *pipe* 담배 피우다. **3** 《음악》 피리, 관악기[플루트·오보 따위]; 오르간의 음관(音管); (~s) 목관 악기; (보통 ~s) [스코틀랜드의] 풍적(bagpipe). **4** [항해] [갑판장의] 호각, 호각 신호. **5** [새 따위의] 울음소리; (~s) [사람의] 노래 소리. **6** (보통 ~s) 《구어》 [동물의] 관상 기관; 기관, 호흡 기관. **7** [광산] 관상 광맥, **8** [식물의] 줄기. **9** 《美속어》 쉬운 일. **10** 《속어》 = pipe dream.
put a person's pipe out 《고어》 남의 담뱃불을 끄다; 남의 성공을 방해하다.
Put (or *You can put*) *that in your pipe and smoke it.* 이제 말한 것을 잘 생각해 봐라 [잔소리 따위를 한 뒤 덧붙여 하는 말].
— *v.* (**piped, pip·ing**) *vi.* **1** 피리를 불다, 관악기를 취주하다. **2** [항해] [갑판장이] 호각으로 신호하다. **3** 새된 목소리로 말하다(노래하다), [새가] 쨋쨋 울다, [바람이] 윙윙 불다. **4** [광산] 원통형으로 파다. — *vt.*
1 [물·가스]을 관으로 보내다, **2** …에 관을 설치하다. **3** [곡]을 피리(관악기)로 불다. **4** [항해] [갑판장이 호각으로] [선원]을 부르다, [선원]에게 명령하다. ¶ (~+圓+圖) *pipe* all hands *to* work 호각을 불어 일자리에 가게 하다 // (~+圓+圖) *pipe* the crew *aboard* 호각을 불어 승선시키다. **5** 피리를 불어(노래를 불러) 하다. ¶ (~+圓+(as) 圓) *pipe* a person asleep 피리를 불어 남을 잠들게 하다. **6** …을 새된 소리로 말하다(노래하다). **7** [옷 따위]에 가두리 장식을 달다. **8** 《구어》 …을 유선으로 전하다. **9** 《식물》 …을 잘라서 번식시키다. **10** 《속어》 …을 보다(look at). — *vi.* 눈치채다.
pipe down ① (*vt., vi.*) [선원 등]을 호각으로 일손을 놓게 하다. ② (*vi.*) 《속어》 입을 다물다, 조용해지다, 얌전해지다.
pipe up ① (*vt., vi.*) 취주 (노래)하기 시작하다. ②

(*vi.*) 소리를 지르다; 주장하다. ③ [바람이] 세차지다. ◇ **pípy** *adj.*

pipe² [paip] *n.* [포도주·기름 따위를 넣는] 큰 통; [용량 단위로서의] 한 통.[《美》 126갈론, 《英》 105갈론].

pipe-age [páipidʒ] *n.* = pipage.

pípe bòmb *n.* 파이프 폭탄.

pípe clày *n.* ﾛ **1** 파이프 백토[담배 파이프 제조나 군대에서 장신구 닦는 데 쓰는 백색 점토]. **2** 《英》[군대에서] 복장 따위에 매우 엄격한 일. [다.
pipe-clay [páipklèi] *vt.* …을 파이프 백토로 하얗게 닦

píped-ìn músic [páiptin-] *n.* [호텔이나 레스토랑 따위에서] 유선 방송으로 보내지는 무드 음악.

pípe drèam *n.* 《구어》 아편을 피웠을 때 마음속에 일어나는 것과 같은 공상, 허황된 생각.

pipe-fish [páipfìʃ] *n.* (*pl.* **-fish** *or* **-fish·es**) 실고기 [입이 파이프 모양인 암갈색의 길쭉한 물고기]; 실고기과.

pípe fítter *n.* 배관공(配管工). [科].
pipe-fit·ting [páipfìtiŋ] *n.* 배관 공사.
pipe-ful [páipfùl] *n.* 파이프 한 대분, 한 대(분)의 담배.
pipe-lay·er [páiplèi(i)ər] *n.* 수도(가스)관 배관공.

***pipe-line** [páiplàin] *n.* **1** [물·석유·천연 가스 따위의] 수송관, 도관(導管). **2** 경로, 정보 루트. **3** 공급 루트.
in the pipeline 진행중인.
— *vt.* (**-lined, -lin·ing**) …을 파이프 라인으로 수송하다, …에 파이프 라인을 부설하다.

pipe-lin·ing [páiplàiniŋ] *n.* [컴퓨터] 파이프라인 방식, 축차(逐次) 제어 방식.

pípe màjor *n.* 백파이프(bagpipe) 연주자 중의 리더 (제1주자).

pìp em·ma [píp émə] *adv.* 《英》 오후의(P.M.).

pípe of péace *n.* = calumet.

pípe òrgan *n.* 파이프 오르간.

***pip·er** [páipər] *n.* **1** 피리 부는 사람, [특히] 뜨내기 악사. **2** [스코틀랜드의] 백파이프 주자(bagpiper). **3** 성대류의 물고기. **4** 《英》 숨가빠하는 말. **5** 《美》 [들새를 덫으로] 유인하는 개.
drunk as a piper 곤드레만드레가 되어.
pay the piper ① 비용을 부담하다. ② 자기 행동의 결과에 책임을 지다. ¶ *Those who dance must pay the piper.* 《속담》 뿌린 씨는 거두어야 한다; 결자 해지(結者解之).

pípe ràck *n.* 담배 파이프 걸이.

pipe-stem [páipstèm] *n.* **1** [담배의] 파이프 자루(대). **2** 파이프 대와 비슷한 것[매우 가는 팔·다리 따위].

pipe-stone [páipstòun] *n.* 파이프석(石)[북미 인디언들이 파이프 제조용으로 쓰는 붉은 점토질의 돌].

pi·pette [pipét, pai-], **pi·pet** [pípet] *n.* 피펫[극소량의 액체를 계량하거나 옮기는 데 쓰는 화학 실험용 가는 관].
— *vt.* (**-pet·ted, -pet·ting**) [액체·가스 따위]를 피펫으로 계량하다.

pípe wrènch *n.* 파이프렌치.

***pip·ing** [páipiŋ] *n.* **1** [집합적] 관(管) (pipes); 관 계통(조직). **2** 관 모양의 것. **3** 피리를 불기, 관악기의 취주. **4** 피리 소리. **5** [피리 소리 같은] 날카로운 소리, 새된 목소리. **6** [요리] [케이크 따위에 두르는] 가두리 설탕 장식. **7** 파이핑[옷에 붙이는 가두리 장식].
— *adj.* **1** 평화로운(peaceful), 한가로운(tranquil). ¶ the *piping* times of peace 태평성대. **2** 피리를 부는, 관악기를 취주하는. **3** 날카로운 소리를 내는, 새된 소리의. — *adv.* (부사구로 써서) [뜨겁게 끓어서] 쎅쎅 소리가 날 정도로. ¶ be *piping* hot 쎅쎅 소리가 날 정도로 뜨겁는, 몹시 뜨겁는.

pip·i·strelle [pìpistrél] *n.* 집박쥐[가장 흔한 작은 박쥐].
pip·it [pípit] *n.* 밭종다리.
pip·kin [pípkin] *n.* **1** 작은 옹기 병, 토병, 흙냄비. **2** 《방언》 나무 들통(piggin).
pip·pin [pípin] *n.* **1** 피편종의 사과. **2** [식물] 종자

(seed). 3 《古語》 훌륭한 사람(것).
pip·sis·se·wa [pípsìsəwə] n. 큰매화 노루발[잎은 약용으로 쓰임]. (은) 사람.
pip-squeak [pípskwìːk] n. 《구어》 쓸모없는 (하찮은) 사람.
pip·y [páipi] adj. (pip·i·er, pip·i·est) 1 관 모양의, 원통 모양의. 2 새된, 날카로운(shrill), 삐삐 소리내는.
pi·quan·cy [píːkənsi] n. (pl. -cies) 1 ⓤ 짜릿한 느낌; 흥미를 자극하는 일; ⓒ 짜릿한 것. 2 ⓤ 통쾌.
pi·quant [píːkənt] adj. 1 [맛 따위가] 짜릿한, 톡 쏘는. 2 통쾌한, 흥미를 자극하는. 3 팔팔한. ¶ a *piquant* wit 팔팔한 기지(機智). 4《고어》신랄한, 통렬한. ~·ly adv. ~·ness n.
pique¹ [piːk] v. (piqued, piqu·ing) vt. 1 …의 감정을 해치다, …을 화나게 하다. ¶ be *piqued* at …에 화를 내다 / His attitude *piqued* her. 그의 태도는 그녀를 화나게 했다. 2 (자존심·허영심 따위를) 상하게 하다 (wound). 3 (흥미·호기심 따위를) 불러 일으키다 (excite), 자극하다. 4 《고어》자랑하다(pride). ¶ *pique* oneself on (or upon) …을 자만하다. 5 《폐어》 [항공] …을 향해서 급강하하다 (dive at). —— vi. 화내다, 약오르다. —— n. 1 ⓤ (자존심이 상하여) 화냄, 분함, 역정. ¶ in a fit of *pique*; out of *pique* 화가 나서. 2 (고어)[사람과 사람 사이의] 악감정, 적의. ¶ take a *pique* against a person 남에게 반감을 품다.
◇ píquant adj., píquancy n.
pique² [piːk] n. [piquet 게임에서] 30점을 따기. —— vt., vi. (piqu·ed, piqu·ing) [상대에 대해서] 30점을 따다.
pi·qué [pikéi / píːkei] n. ⓤ 피케[무명·명주·인견 따위의 골무늬진 직물]. [<F] [드놀이의 일종].
pi·quet [pikét, +美 -kéi] n. ⓤ 피켓[둘이서 하는 카드놀이].
pi·ra·cy [páirəsi / páiər-] n. ⓤⓒ (pl. -cies) 1 해적 행위. 2 저작(특허)권 침해, 표절.
pi·ra·gua [pirɑ́ːgwə, -rǽg-/-rǽg-] n. 1 통나무배, 긴 카누. 2 바닥이 평평한 쌍돛배.
pi·ra·nha [pirɑ́ːnjə] n. 피라냐[동물이나 사람을 습격하는 남미산(産) 물고기].
‡**pi·rate** [páirit / páiər-] n. 1 해적; 해적선. 2 약탈자 (plunderer). 3 표절하는 사람, 저작(특허)권 침해자. 4《영》 공인된 노선을 무시하거나 부당 요금을 받거나 하는 비합법 버스. —— v. (-rat·ed, -rat·ing) vt. 1 …에 대해질하다, …에서 약탈하다. 2 …을 표절하다, 저작(특히)권을 침해하다. ¶ a *pirated* edition 해적판.
—— vi. 해적질을 하다. ◇ pirátical adj.
pi·rat·i·cal [pairǽtik (ə)l, (pi·rat·ic [-rǽtik]) adj. 1 해적(행위)의. 2 저작(특허)권 침해의, 표절의. ¶ *piratical* editions 해적판. -i·cal·ly [-ikəli] adv.
pirn [pəːrn] n. 1《씨실을 감는》 씨실 목관(木管). 2《스코》[낚싯대의] 줄감개, 릴.
pi·rogue [piróug] n. =piragua 1.
pir·ou·ette [pìruét] n. [발레·스케이팅 따위의] 발끝으로 돌기. —— vi. (-et·ted, -et·ting) 발끝으로 돌다. [로 유명].
Pi·sa [píːzə] n. 피사[이탈리아 서북부의 소도시; 사탑으로 유명].
pis al·ler [pìːzɑléi / píːzǽlei] n. (pl. *-lers* [-léiz / -leiz]) 《프랑스》 (=go worst) 최후의 수단, 비장의 수법.
pis·ca·ry [pískəri] n. (pl. -ries) 1 ⓤ [법률] 어업권, 어업권 행사지. ¶ the common of *piscary* 입어권(入漁權). 2 ⓒ 어장.
pis·ca·tol·o·gy [pìskətɑ́lədʒi / -tɔ́l-] n. ⓤ《드물게》 어로법(漁撈法), 어로학(漁撈學).
pis·ca·tor [piskéitər] n. 어민(fisherman).
pis·ca·to·ri·al [pìskətɔ́ːriəl, -tɔ́r-] adj. =piscatory. ~·ly [-əli] adv.
pis·ca·to·ry [pískətɔ̀ːri / -t(ə)ri] adj. 1 어업의, 어민의. 2 어업에 종사하는, 낚시를 좋아하는.
Pis·ce·an [páisiən, písk-, pískiən] n. 물고기자리(座) 태생인 사람[2월 19일-3월 20일 태생의 사람]. —— adj. 물고기자리 태생의.
Pis·ces [písiːz, pái-] n. 1 〔천문〕 물고기자리(座); 쌍어궁(雙魚宮) [황도(黃道) 12궁(宮)의 제12궁]. ⇨ ZODIAC 그림. 2 어류, 어강(魚綱).
pis·ci- 'fish'의 뜻의 연결형. 예: *pisci*culture.
pis·ci·cide [písisàid] n. 1 ⓤ [일정 수역에서의] 어류 근절(박멸). 2 살어제(殺魚劑).
pis·ci·cul·tur·al [pìsikʌ́lt(ə)rəl] adj. 양어상의.
pis·ci·cul·ture [písikʌ̀ltʃər] n. ⓤ 어류 양식, 양어 (養魚) [법]. [어업가].
pis·ci·cul·tur·ist [pìsikʌ́ltʃərist] n. 어류 양식가, **pis·ci·na** [pisáinə, -síː-] n. (pl. *-nae* [-niː] or *-nas*) 1 (교회) 세례반, 성수반(聖水盤). 2 (특히 고대 로마의) 연못.
pis·cine [písain] adj. 물고기의, 물고기류의(에 관한). 물고기 모양의. [의.
pis·civ·o·rous [písívərəs] adj. 물고기를 먹는, 어식
pi·sé [piːzéi / -ˊ-] n. ⓤ [건축 재료로서의] 굳은 흙.
Pis·gah [pízgə] n. Mount ~ 피스가산 [사해의 동북쪽에 있는 산; 그 정상은 Mt. Nebo]. *cf.* Nebo
pish [p(i)ʃ] interj. 흥, 피, 체 [경멸·혐오를 나타낸]. —— vi. 흥(피) 하다. —— vt. …에 대하여 흥(피) 하다, 코방귀를 뀌다. [술(呪術), 주문(呪文)).
pi·shogue [piʃóug] n. ⓤ《아일》1 마법, 마술. 2 주
pi·si·form [páisifɔ̀ːrm] adj. 완두 모양의 (크기)의. ¶ the *pisiform* bone 두상골(豆狀骨). —— n.《동물》 두상 [꼴.
pis·mire [písmaiər] n. 개미(ant).
pi·so·lite [páisəlàit] n. 〔지질〕 두석(豆石) [완두 크기만한 구상(球狀)의 석회암].
piss [pis] (비어) n. ⓤⓒ 오줌, 소변(urine). —— vi. 오줌 누다(urinate). —— vt. 1 …에 오줌을 갈기다, …을 오줌으로 적시다. 2 (피 따위)를 오줌과 함께 배설하다.
Piss off !《英속어》 꺼져라 ! [께 배설하다.
pissed off《英속어》 진저리나는, 역겨운, 짜증나는.
pissed [pist] adj.《英속어》취한, 곤드레가 된.
pis·ta·chi·o [pistɑ́ːʃiòu, -tǽʃ-] n. (pl. *-chi·os*) 피스타치오 [남유럽·소아시아산의 작은 나무]; 그 열매 [향료].
piste [piːst] n.《프랑스》 (=track) 피스트 [스키 활주로].
pis·til [písti)l] n. [식물] 암술.
pis·til·late [pístilit, -lèit] adj. 암술이 있는; 암술뿐인.
‡**pis·tol** [písti] n. 권총. —— v. (-toled, -tol·ing;《英》-tolled, -tol·ling) …을 권총으로 쏘다.
pis·tole [pistóul] n. 옛 스페인의 금화; 그와 비슷한 유럽의 옛 금화.
pis·to·leer [pìstəlíər] n.《폐어》권총 휴대자(사용자) [특히 병사].
pís·tol grìp n. [소총·톱 따위의] 권총형의 손잡이.
pís·tol-shòt [pístlʃɑ̀t / -ʃɔ̀t] n. 1 권총 사정거리. 2 권총의 명사수.
pis·tol-whip [písti(h)wìp] vt. (-whipped, -whip·ping)《美》 (사람의 머리)를 권총으로 때리다.
pis·ton [písti(ə)n] n. 1 [기계] 피스톤. 2 [음악] [관악기의] 음전(音栓).
pís·ton rìng n. [기계] 피스톤링.
pís·ton ròd n. [기계] 피스톤봉(棒).
‡**pit**¹ [pit] n. 1 [지면의] 구멍, 패인 곳, 구덩이. 2 함정(pitfall); 뜻밖의 위험. ¶ dig a *pit* for a person 남을 함정에 빠뜨리려 하다. 3 (채광) a) 갱 (坑), 채탄장. ¶ a stone *pit* 채석장. b) [탄갱의] 수갱(竪坑) (shaft). c) 탄갱. 4 (the ~) 지옥 (hell), [무덤], 묘지 (grave). ¶ the bottomless *pit* 지옥, 나락. 5 《美구어》 (the ~s) 최악의 것 (장소, 사람, 일). ¶ Yeah, it was really the *pits*. 그래, 정말 최악이었어. 6 [등·겨드랑 밑 따위의] 파인 곳; [얼굴 따위의] 얽은 자국. ¶ the *pit* of the stomach 명치. 7 투견장, 투계장. 8《美》 거래소의 한 구획. ¶ a grain *pit* 곡물 거래소. 9 〔건축〕 a) 〔극장의〕 오케스트라(석). b)《英》 〔극장의〕 아래층, 아래층 관객. 10 〔자동차 경기의〕 피트[수리 따위를 하는 곳]. 11 〔볼링〕 피트[핀을 세우는 곳의 뒤쪽]. 12 〔육상 경기〕 〔점프 경기의〕 모래밭. 13 〔식물〕 막공(膜孔).

— v. (pit·ted, pit·ting) vt. 1 …에 구멍을 뚫다, …을 움푹 들어가게 하다, 옴폭하게 하다. (과거분사형으로) …에 곰보를 만들다. ¶ (~+圖+前+名) He is *pitted with* smallpox. 그에게는 곰보 자국이 있다. 2 …을 구덩이에 넣다, 구덩이에 저장하다(store), 3 (닭·개 따위를) 우리 안에 넣어 싸우게 하다; (남)을 대항시키다. ¶ (~+圖+前+名) They were *pitted against* each other. 그들은 서로 싸움질을 하게 되었다.
— vi. 1 구멍이 뚫리다, 움푹 들어가다. 2 (피부 따위가) 누르면 한참 동안 눌린 대로 있다.

pit² [pit] n. (복숭아·살구·자두 따위의) 씨(stone).
— vt. (pit·ted, pit·ting) (과일)에서 씨를 발라내다.

pit·a·pat [pítəpæt, ⌐-⌐] adv. 1 (심장 따위가) 두근두근. ¶ His heart beat *pitapat*. 그의 심장은 두근거렸다. 2 (발소리 따위가) 저벅저벅, 쿵쿵. ¶ run *pitapat* 쿵쿵거리며 뛰어가다. — n. 두근두근(쿵쿵)거리기, 두근(쿵쿵)거리는 소리. — vi. (-pat·ted, -pat·ting) 두근거리다; 쿵쿵(저벅)거리다.

‡**pitch¹** [pit∫] vt. 1 (텐트 따위를) 치다, (기둥 따위를) 세우다. ¶ *pitch* a tent 텐트를 치다 / *pitch* a camp 텐트를 치고 야영하다. 2 …을 던지다, 내던지다. ⇨ THROW [類語] ¶ (~+圖+前+名) *pitch* a letter into the fire 편지를 불속에 던지다 / (~+圖+前) *pitch* a beggar a penny 거지에게 1페니를 던져 주다 / (~+圖+前+名) *pitch* a drunkard *out* 주정꾼을 몰아내다. 3 (야구·크리켓) (공)을 타자에게 던지다; …의 투수역을 하다. ¶ *pitch* a curve 커브를 던지다 / *pitch* a game 등판(登板)하다. 4 …을 어떤 점(높이, 각도)로 정하다. ¶ (~+圖+圖) *pitch* one's hope too high 희망을 너무 높은 데 두다. 5 (~+圖) (음)을 어떤 높이로 잡다. ¶ (~+圖+圖+名) *pitch* one's voice high 음조를 높이다 / (~+圖+圖+名) *pitch* a tune in a low key 음조를 낮추다. 6 (카드놀이)…을 으뜸패로 정하다. 7 (식물) (통로 따위에) 돌을 깔다; (돌)을 네모나게 자르다. 8 《美속어》 (상품 따위를) 팔려고 떠벌리다, 선전하다. 9 (골프) (공)을 높이 쳐 올리다(loft). 10 (비유적) …을 이야기하다(narrate).
— vi. 1 밑으로 떨어지다, 곤두박이로 떨어지다, 앞쪽으로 쓰러지다. ⇨ PLUNGE [類語] ¶ (~+圖) *pitch forward* on one's face 앞으로 엎어지다 / He *pitched down*. 그는 넘어졌다, 내던지다. 3 (야구·크리켓) 타자에게 볼을 던지다; 투수 노릇을 하다. ¶ (~+前+名) *pitch for* a team 팀의 투수가 되다. 4 (배·비행기가) 아래위로 흔들리다, (차 따위가) 갑자기 기울다. ⇨ SWING [類語] ¶ The ship is *pitching* and rolling in the stormy sea. 배가 광란의 바다에서 상하 좌우로 흔들리고 있다. 5 (텐트를 치고 야영(노숙)하다. 6 (골프) 공을 높이 쳐올리다.
pitch in 《美구어》 ① 힘차게 일에 달라붙다(하기 시작하다). ② 자금의 일부를 부담하다.
pitch into (구어) ① …을 심하게 공격하다, 심하게 나무라다. ② (일)을 열심히 해나가다.
pitch it strong (구어) 허풍을 떨다, 과장하여 말하다.
pitch upon (or *on*) …로 결정하다, (석중에서) 고르다.
— n. 1 (상대적인) 점, 위치, 정도. ¶ the highest *pitch* 최고도. 2 (U)(C) 경사, 경사도, 물매, 구배. ¶ a stair of a high *pitch* 가파른 계단. 3 (the ~) (고어) 최고점, 절정. ¶ at the *pitch* of one's voice 소리를 한껏 높여. 4 U(음악·음향) 소리의 높이, 음조(音調), 음조. ¶ concert *pitch* 합주조(合奏調) (보통보다 약간 높은)/ the standard *pitch* 표준 음조 / *pitch* accent 고저의 악센트. 5 (항공, 기계) (야구) (타자에의 대한) 투구; (골프) 피치 샷(pin 가까이에 공을 쳐올리는 방법). 6 (배의) 상하 요동, 아래위로 움직임. *cf.* roll 7 던져진 (양). 8 (크리켓) 두 주문(柱門)의 중간. 9 《美속어》 (세일즈맨 등의) 팔아먹으려고 집요하게 늘어놓는 말. 10 정거장(定位置). (주로英) 노점상·걸식 따위) 언제나 있는 곳. 11 (항공) a) 비행기가 (主

축(機軸)을 중심으로 회전하기. b) 프로펠러 1회전으로 나가는 거리. 12 (기계) a) 피치[나사가 1회전으로 축 방향으로 나가는 거리]. b) (톱니바퀴류의 이(齒)와 이의 대응하는 2점 사이의 거리]. 13 U 카드놀이의 일종.
make a(one's) pitch for (구어) …에 찬성 발언을 하다; …에 넋을 넣으려고 기를 쓰다.

‡**pitch²** [pit∫] n. U 1 피치[원유·콜타르 따위를 증류하고 난 뒤 생성되는 끈적끈적한 검은 물질]. ¶ [as] *pitch* (dark) as *pitch* 피치처럼 시커먼, 깜깜한(pitch-black) / One cannot touch *pitch* without being defiled. (속담) 근묵자흑(近墨者黑). 2 역청(瀝靑)[물질][아스팔트 따위](bitumens). 3 수지; 송진(resin). — vt. …에 피치를 바르다, 송진을 바르다. ◇ **pítchy** adj.

pitch-and-toss [pít∫əntɔ́:s / -tɔ́s] n. U 돈던지기놀이[돈을 표적에 던져 가장 가깝게 던진 사람이 던져진 돈 전부를 다시 공중으로 던져 표면(head)이 나온 돈을 갖는 놀이].

pitch-black [pít∫blǽk] adj. 새까만, 깜깜한.
pitch-blende [pít∫blènd] n. U 역청 우란광(鑛)[우늄·라듐의 원광(原鑛)].
pítch còal n. U 역청탄(瀝靑炭).
pitched [pit∫t] adj. 1 (전투 따위가) 정정당당한. ¶ a *pitched* battle 정규전, 대접전. 2 경사진, 물매가 있는. 3 간격이 있는. 4 특정 장소에 떨어지게 던진.
pítched báttle n. (적대하는 두 군대가 전병력을 동원한) 격전, 정정당당한 싸움.

‡**pitch·er¹** [pít∫ər] n. 1 (손잡이가 달린) 주전자. ¶ Little *pitchers* have long ears. (속담) 어린 아이들은 귀가 밝다. 2 =pitcherful. 3 (식물) 주머니 모양의 잎, 낭상엽(囊狀葉), 단지 모양의 기관(器官).
‡**pitch·er²** [pít∫ər] n. 1 던지는 사람. 2 (야구) 투수, 피처. 3 (골프) 7번 아이언. 4 (英) 포석(鋪石).
pitch·er³ [pít∫ər] n. (속어) =picture.
pitch·er·ful [pít∫ərfùl] n. 물주전자 하나 가득[한 분량].
pítcher plànt n. 병자초 속(屬)의 각종 초본.
pitch-far·thing [pít∫fɑ̀:ðiŋ] n. =chuck-farthing.
pitch·fork [pít∫fɔ̀:rk] n. (건초용의) 쇠스랑, 갈퀴 (rake). — vt. 1 …을 쇠스랑으로 던져 넣는 올리다. ¶ *pitchfork* hay into a wagon 건초를 갈퀴로 짐차에 싣다. 2 (남)을 (어떤 지위에) 억지로 앉히다.

‡**pitch·ing** [pít∫iŋ] n. U 1 (야구) 투구(법), 피칭. 2 돌 포장; 깔린 돌. 3 (배·비행기의) 상하 동요. *cf.* rolling.
pítching machìne n. (타격 연습용의) 투구기(投球機).
pítching nìblick n. (골프) 8번 아이언 클럽 (number eight iron).
pítching pénnies n. 동전 던지기[놀이의 일종].
pitch·man [pít∫mən] n. (pl. -men [-mən]) 노점 상인, 행상.
pitch-out [pít∫àut] n. 1 (야구) 피치아웃[캐처가 도루하는 러너를 잡기 쉽도록 투수가 홈플레이트에서 벗어나게 투구하는 볼]. 2 (미식축구) 피리.
pítch pìpe n. (음악) (현악기의 기음(基音)을 정하는) 음조 피리.
pítch shòt n. (골프) 피치샷[공이 착지할 때 너무 구르지 않도록 공에 역회전을 주어 높이 쳐올리는 샷].
pitch·stone [pít∫stòun] n. U 송진암(瀝靑岩)[화산암의 일종].
pitch·wom·an [pít∫wùmən] n. (pl. -wom·en [-wìmin]) pitchman의 여성형.
pitch·y [pít∫i] adj. (pitch·i·er, pitch·i·est) 1 피치가 많은, 피치 비슷한; 피치로 더럽혀진. 2 새까만, 캄캄한.
pitch·i·ly adv. **pitch·i·ness** n.
pítch còal n. U (charcoal 에 대하여) 석탄.

*pit·e·ous [pítiəs] adj. 1 가엾은, 슬픈, 애처로운. PITIFUL [類語] 2 (고어) 다정한. ~**ly** adv. ~**ness** n.

pit·fall [pítfɔ̀:l] n. 1 (짐승을 잡는) 함정. 2 (숨겨진) 덫, 책략. ⇨ TRAP [類語]
‡**pith** [piθ] n. U 1 (식물) 고갱이, 목수(木髓). 2 (동

물) **a)** 《고어》 수(髓), 골수, 척수. **b)** [머리·깃 따위의] 수질(髓質). **3** 요점, 핵심, 본질, 정수 (essence). ¶ a speech of *pith* and point 요령있는 연설 / the very *pith* and marrow of a theory 학설의 핵심. **4** 중요성. ¶ a matter of *pith* and moment 매우 중요한 문제. **5** 《고어》 정력, 활력, 원기. —— *vt.* …의 고갱이를 제거하다. ◇ *píthy adj.*

pit·head [píthèd] *n.* 〔광산의〕갱구(坑口).

pith·e·can·thrope [píθikænθroup] *n.* 원인(猿人).

Pith·e·can·thro·pus [pìθikənθróupəs, -kǽnθrə-] *n.* 원인속(猿人屬), 피테칸트로푸스 속(屬). ¶ *Pithecanthropus* erectus 피테칸트로푸스 에렉투스, 직립 원인.

pith·e·coid [piθíːkɔid, píθikɔ̀id] *adj.* **1** 원인과의. **2** 원숭이의, 원숭이 같은.

píth hélmet *n.* = topee.

pith·less [píθlis] *adj.* 고갱이가 없는; 활기가 없는.

pit·hole [píthòul] *n.* **1** 〔주로 英방언〕 작은 구멍, 오목한 곳. **2** 무덤, 묘.

pith·y [píθi] *adj.* (**pith·i·er, pith·i·est**) **1** 〔주로 스코〕힘찬, 명쾌한. **2** 고갱이의, 고갱이 같은, 고갱이가 많은. **3** 함축성 있는; 간결한.

pith·i·ly *adv.* **pith·i·ness** *n.*

pit·i·a·ble [pítiəbl] *adj.* **1** 가엾은, 가련한, 불쌍한; ⇒ PITIFUL〔類語〕¶ be in a *pitiable* condition 가련한 처지에 있다. **2** 비루한, 비열한, 민망스러운. ¶ a *pitiable* attempt 비루한 시도. ~·**ness** *n.* -**bly** *adv.* 〔람.

pit·i·er [pítiər] *n.* 불쌍히 여기는 사람, 동정하는 사

*****pit·i·ful** [pítifəl] *adj.* **1** 연민의 정을 자아내는, 측은한, 가련한. **2** 불쌍한, 한심스러운 (contemptible).

〔類語〕**pitiful** 실제로 연민의 정·동정을 불러 일으키는: a *pitiful* orphan 가련한 고아. **pitiable** 비참해서 오히려 경멸하는 마음을 자아내는: a *pitiable* beggar 비참한 거지. **piteous** 남의 마음에 주는 영향보다도 연민의 정을 자아내게 하는 그 자체의 성질을 뜻하는 말: a *piteous* appeal 애처로운 호소.

3 《고어》다정한, 동정심이 많은.

~·**ly** [-fəli] *adv.* ~·**ness** *n.*

*****pit·i·less** [pítilis] *adj.* 박정한, 무정한, 무자비한; 잔혹한. ⇔ CRUEL〔類語〕¶ *pitiless* criticism 냉혹한 비평.

~·**ly** *adv.* ~·**ness** *n.*

pit·man [pítmən] *n.* (*pl.* -**men** [-mən]→2) **1** 갱부, 탄갱부. **2** (*pl.* -**mans**) 〔기계〕연접봉(連接棒), 연간(連杆).

pi·ton [píːtɑn / -tɔn] *n.* 〔등산〕피톤, 하켄. 〔기구〕.

Pí·tot túbe [píːtou-] *n.* 피토관〔유체의 속도를 재는

pit·pan [pítpæn] *n.* 〔중앙 아메리카의〕통나무배.

pit·pat [pítpæ̀t] *adv., n., v.* (-**pat·ted** -**pat·ting**) = pitapat.

pít sáw *n.* 〔양쪽 끝에 손잡이가 있는〕2인용의 큰 톱.

pít sáwyer *n.* 2인용의 큰 톱을 saw pit 속에서 켜는 사람(bottom sawyer). *cf.* top sawyer.

pit·tance [pít(ə)ns] *n.* **1** 적은 급여(수입), 박봉. ¶ a mere *pittance* 적은 수입. **2** 소량. 〔목한.

pit·ted [pítid] *adj.* 곰보 자국이 있는, 구멍이 뚫리고,

pit·ter-pat·ter [pítərpæ̀tər] *n.* [비 따위의] 후두둑(뚝뚝) 소리. —— *vi.* 후두둑(뚝뚝) 소리를 내다. —— *adv.* 후두둑, 뚝뚝.

pit·tite [pítait] *n.* 〔英〕〔극장의〕아래층 관객.

Pitts·burgh [pítsbəːrg] *n.* 미국 Pennsylvania 주 서남부의 도시〔미국 철강업의 중심지〕.

pi·tu·i·tar·y [pit(j)úːitèri / -tjú(ː)·] *adj.* (*pl.* -**tar·ies**) **1** (= **pitúitary bódy, pitúitary glánd**) 〔해부〕뇌하수체. **2** 〔약〕뇌하수체 제제(製劑). —— *adj.* **1** 〔해부〕뇌하수체의. **2** 〔뇌하수체 호르몬(pituitary hormone)의 과잉분비에 의한〕말단 비대의.

pi·tu·i·tous [pit(j)úːitəs / -tjú(ː)·] *adj.* 〔고어〕점액의, 점액이 많은(mucous).

Pi·tu·i·trin [pit(j)úːitrin / -tjú(ː)·] *n.* 《상표명》〔약〕피투이트린〔뇌하수체 후엽(後葉) 제제(製劑)〕.

pít víper *n.* 〔동물〕살무사아과(亞科) 독사의 총칭.

*****pit·y** [píti] *n.* (*pl.* **pit·ies**) **1** ⓤ 연민의 정, 동정, 불쌍히 여김 / in *pity* of …을 불쌍히 여겨 / arouse *pity* 연민의 정을 자아내다 / incur the *pity* of …의 동정을 사다 / for *pity's* sake 제발 덕분에, 가엾게 여기고 // feel *pity* for; have (or take) *pity* on (or upon) …을 불쌍히 여기다.

〔類語〕**pity** 남의 고통·불행·불쌍함에 대한 깊은 연민의 정; 가벼운 경멸의 감정을 내포하는 수도 있다: feel *pity* for an orphan 고아를 불쌍히 여기다. **compassion** 동정·이해로써 돕고자 하는 마음; 상태를 멸시하는 뜻은 없다: have *compassion* on a friend in need 궁지에 처한 친구를 동정해서 도움의 손길을 뻗치다. **sympathy** 남과 괴로움·슬픔을 같이하는 심정을 뜻하는 가장 일반적인 말: feel *sympathy* for flood victims 홍수의 피해자를 동정하다. **commiseration** 남의 괴로움·슬픔을 보고 순간적으로 동정의 소리를 내는 일: a cry of *commiseration* 동정의 외침.

2 유감스러움, 애석함, 연민의 정(동정)의 원인. ¶ It is a great *pity* that he should lose such a chance. 그가 그런 좋은 기회를 놓치다니 정말 애석한 일이다 / The *pity* is that he cannot join us. 유감스러운 것은 그가 우리와 합류할 수 없다는 사실이다 / The *pity* of it! 참 안 됐다! / What a *pity*! 불쌍해라!, 애석한 일이다! / The more is the *pity*. 그러기에 더욱 애석한 일이다.

—— *v.* (**pit·ied, pit·y·ing**) *vt.* …을 애처롭게 생각하다, 불쌍히 여기다, 동정하다. ¶ His fate is much to be *pitied*. 그의 운명은 정말 가련하다 // (〜+團+前+名) We *pity* her *in* her distress. 우리는 그녀의 어려운 처지를 동정하여 여기고 있다.

—— *vi.* 불쌍히 여기다, 동정하다, 애처로와하다.

◇ *píteous, pítiful adj.*

pity·ing·ly [pítiiŋli] *adv.* 가련하게 여겨서, 동정해서.

pit·y·ri·a·sis [pìtiráiəsis] *n.* ⓤ〔병리〕비강진(粃糠疹)〔살갗에 비늘 같은 것이 생기는 피부병〕.

più [pjuː] *adv.* 〔음악〕더욱, 한층 더. ¶ *più* allegro 한층 더 빨리 / *più* forte 더 강하게. 〔< It〕

*****piv·ot** [pívət] *n.* **1** 〔기계〕피벗, 추축(樞軸), 선회축. **2** 중추(中樞), 중심점, 요점; [부채의] 사북. ¶ The *pivot* of the matter is whether they will or will not agree. 그 문제의 핵심은 그들이 합의하는가의 여부에 달려 있다. **3** 축병(軸兵)〔열의 방향 전환의 기준이 되는 병사〕. —— *vi.* 〔추축으로〕선회하다, […을 중심으로 해서] 회전하다. ¶ *pivot* raggedly on one's heel 발끝으로 빙글 돌다. —— *vt.* 을 추축 위에 놓다.

◇ *pívotal adj.*

piv·ot·al [pívətl] *adj.* **1** 추축의, 추축과 같은, 추축 작용을 하는. **2** 중추적인, 요긴한, 중요한.

~·**ly** [-təli] *adv.*

pix [piks] *n.* 《美속어》 pic 의 복수형. 〔이상한.

pix·i·lat·ed [píksilèitid] *adj.* 괴짜스러운, 정신이 좀

pix·y [píksi] *n.* (*pl.* **pix·ies**) 요정, 〔장난꾸러기의 작은 요정. ¶ 장난꾸러기인, 익살스런 (prank·ish).

pi·zazz, piz·zazz [pizǽz] *n.* ⓤ《美속어》**1** 활기. **2** 야함, 화려함, 멋진 모양.

piz·za [píːtsə] *n.* 피자〔이탈리아 식의 살고기 파이의 일종〕, 피자 파이.

piz·ze·ri·a [pìːtsəríːə] *n.* 《美》피자 파이 가게.

piz·zi·ca·to [pìtsikɑ́ːtou] *adv., adj.* 손가락으로 퉁겨서(의), 피치카토의; (*pl.* -**ti** [-tiː]) 피치카토, 피치카토로 연주되는 악곡. 〔< It. twitched〕

P.J. 〔略〕 Police Justice; presiding (probate) judge.

pj's [píːdʒèiz] *n.* 《美구어》 = pajamas.

pk. 《略》 (*pl.* **pks.**) pack; park; peak; peck.

PKF 《略》 Peace Keeping Force[s] 〔〔유엔의〕 평화 유지군〕.

pkg. 《略》 (*pl.* **pkgs.**) package.

PKO(略) *P*eace *K*eeping *O*peration([-유엔의] 평화 유지 활동).
pkt.(略) packet; pocket.
PKU (略) phenylketonuria.
PL (略) *p*rogramming *l*anguage; *p*ublic *l*aw (공법); *p*roduct *l*iability([생산자의] 상품 손해 책임(보상 의무)).
pl. (略) pile; place; plain; plaster; plate; platoon; plural.
P.L. (略) *P*oet *L*aureate.
PLA (略) *P*alestine *L*iberation *A*rmy(팔레스타나 해방군).
P.L.A. (略) *P*ort *of* *L*ondon *A*uthority(런던 항(港) 관리소).
plac·a·bil·i·ty[plækəbíliti, pléik-]*n*. Ⓤ 관용, 온화.
plac·a·ble [plǽkəbl, pléik-] *adj*. **1** 관대한, 온화한. **2** 달래기 쉬운. **~·ness** *n*. **-bly** *adv*.
‡**plac·ard** [plǽkɑːrd, -əːrd / 美 -kɑːrd] *n*. 플래카드, 포스터, 게시, 방문(榜文). ─ *vt*. [+英 plækάːrd] **1** …에 포스터(방문)를 붙이다. **2** …을 포스터(플래카드, 방문)로 알리다(광고하다).
pla·cate [pléikeit, plǽk- / pləkéit] *vt*. (**-cat·ed, -cat·ing**) …을 달래다, [노여움 따위]를 진정시키다; …을 회유하다.
pla·ca·to·ry [pléikətɔ̀ːri, plǽk- / -t(ə)ri] *adj*. 달래기 위한, 회유적인.
‡**place** [pleis] *n*. **1** 장소, 곳, 위치. ¶ from *place* to *place* 이곳저곳, 이리저리 / in *places* 곳곳에.
2 Ⓤ [시간에 대한] 공간(space), 여지(room). ¶ time and *place* 시간과 장소 / have *place* 존재하다.
3 있어야 할 곳, 있는 곳; 적당한 장소(환경). ¶ in *place* 있어야 할 곳에 있는; 적절한, 시기를 얻은 / out of *place* 부적당한, 잘못 놓인 / Your advice is quite in *place.* 너의 충고는 아주 적절하다 / This is no *place* for young men. 이곳은 젊은이에게 어울리지 않는 곳이다 / This is no *place* to educate a boy. 이곳은 아이를 교육하기에 적당한 곳이 못된다.
4 어떤 목적에 사용되는 장소, 건물(building), 건물의 일부분. ¶ a *place* of business 영업소, 사무소 / a *place* of amusement 오락장(가) / a *place* of worship 예배당, 교회당 / a strong *place* 성채 / another *place*《英》하원(상원)에서 본 상원(하원).
5 특정한 곳, [책·문서 따위의]대목, 부분; [신체의]국부(局部). ¶ rough *places* on the road 도로의 울퉁불퉁한 곳 / a sore *place* in the back 등이 쑤시는 곳.
6 [극장·열차 따위의] 좌석, 자리. ¶ Go back to your *place*. 자기 자리로 돌아가거라 / They took their *places* at table. 그들은 모두 식탁에 앉았다.
7 입장, 경우 (situation). ¶ Put yourself in my *place*. 내 입장이 되어 보아라, 입장을 바꾸어 보아라.
8 사회적 지위, 신분; 중요도. ¶ know one's *place* 제 분수를 알다 / keep a person in his *place* 남에게 제 분수를 지키게 하다 / They have high *places* among English writers. 그들은 영국 작가 중에서 높은 지위를 차지하고 있다 / He always keeps his *place* at the head of his class. 그는 항상 클라스의 수석을 차지하고 있다 / He earned his *place* in history. 그는 역사에 이름을 남길 만한 인물이 되었다.
9 직(職), 관직, 근무처, 일자리(job). ⇨ POSITION 類語 ¶ He has lost his *place.* 그는 실직했다 // He was offered a *place* to do political reporting. 그는 정치 보도를 하는 자리를 제공받았다.
10 직무, 역할, 일, 본분(duty). ¶ fill one's *place* 직무를 수행하다 / It is your *place* to see that it is properly done. 그것이 제대로 진행되는지를 잘 살피는 것이 네 일이다.
11 [흔히 고유명사에 써서] [거리의] 광장, 넓은 길, 거리, 가로; 골목. ¶ Gloucester *Place* 글로세스터 광장.
12 일정한 지역, 지방, 읍내, 마을. ¶ Lots of people used to live in that *place.* 그 지방에는 한때 많은 사람이 살고 있었다.
13 (one's *place*의 형식으로) 사는 곳, 주거, 집 (home); [아파트 따위의] 방. ¶ Come again to my *place* tomorrow. 내일 다시 우리 집에 와주시오.
14 순서, 단계. ¶ in the first (the second, the last) *place* 첫째(둘째, 마지막)로.
15 여지; 좋은 기회, 호기; 합당한 이유. ¶ There is no *place* for doubt. 의심의 여지가 없다 / He is ambitious for a *place* in the sun. 그는 출세할 기회를 노리고 있다.
16 [수학] 자리. ¶ the second decimal *place* 소수점 이하 둘째자리.
17 [연극] 장소의 일치 [three unities의 하나]. *cf.* unity
18 [스포츠] **a)** 선착 순위 [보통 3위까지]. ¶ get a *place* 3위 이내에 들다. **b)**《美》[경마에서] 제2위. *cf.*
19 [천문] 천체의 위치.
all over the place 도처에.
give place to …에게 자리를 물려주다; …와 자리를 교대하다.
go places ① 사방으로 가다. ②《美俗語》성공하다, 이기다, 축세하다.
in place of …대신에(으로)(instead of).
in the first place ⇨ FIRST.
make place for …에게 자리를 물려주다; …이 들어갈 여지를 마련하다; …와 자리를 바꾸다.
take place 일어나다(happen), 개최되다.
take the place of …을 대신하다.
─ *v*. (**placed, plac·ing**) **1** 놓다, 앉히다, 배치(배열)하다(arrange). ⇨ PUT 類語 ¶ (~+몀+젬+떙) *place* books on a desk 책을 책상 위에 놓다 / Place it against the wall. 그것을 벽에 세워 놓아라.
2 [돈]을 …에 투자하다, …에 주문을 하다. ¶ (~+몀+젬+떙) *place* a million dollars *in* bonds 100만 달러를 채권에 투자하다 / *place* money *in* a bank 은행에 예금하다 / *place* orders for cars *with* a firm 회사에 자동차 주문을 하다 / *place* a book *with* a publisher 출판업자에게 책을 발주(發注)하다.
3 [남]에게 임명하다, …의 직위(자리)에 앉히다. ¶ (~+몀+젬+떙) He was *placed* in the government service. 그는 공무원이 되었다 / He will be *placed as* professor of the university. 그는 그 대학의 교수로 임명될 것이다.
4 [남]에게 일자리를 찾아주다; [문학 작품·연극 따위에] 출판업자·프로듀서 등을 물색해내다. ¶ *place* one's friend 친구에게 일자리를 주선해 주다 / *place* the girl as a typist 그 소녀에게 타이피스트 자리를 주선해 주다.
5 [신뢰 따위]를 …에 두다. [희망 따위]를 …에 걸다. ¶ (~+몀+젬+떙) I *place* deep confidence *in* him. 나는 그를 깊이 신뢰하고 있다 / Don't *place* too much reliance on others. 남을 지나치게 신뢰하지 마라 / He *places* faith in that. 그는 어느 것이건 믿어버린다.
6 …의 위치(등급)를 결정하다, …을 평가하다(estimate). ¶ a person difficult to *place* 정체를 알 수 없는 사람.
7 …을 분간하다, 식별하다(identify), 생각해내다. ¶ I remember seeing him once, but I cannot *place* him. 그를 만난 기억은 있는데 누구인지 생각이 나지 않는다.
8 [스포츠] [경기·경마 따위에서] …의 순위 [보통 3위까지]를 정하다.
─ *vi*. [스포츠] [경기에서] 3위 안에 입상하다;《美》[특히 경마·경견 따위에서] 2위가 되다.
place aside *2* [돈따위]를 모으다.
◇ plácement *n*.
pláce bèt *n*. [경마] 복승식(複勝式)의 내기[미국에서는 2착, 영국에서는 3착까지 말에 건다].
pla·ce·bo [pləsíːbou] *n*. (*pl*. **-bos** or **-boes**) **1** [가톨릭] 죽은이를 위한 저녁 기도, 만과(晩課). **2** [의학] 위약(僞藥) [정신적 효과를 얻기 위해 환자에게 주는 약리 효과가 없는 약].
pláce brìck *n*. Ⓤ Ⓒ 제대로 구워지지 않은 벽돌.
pláce càrd *n*. **1** [공식 연회 따위의] 좌석표. **2** 좌

석이 지정된 모임. 〔수 있는 타자.
pláce hítter n. 〔야구〕 마음 먹은 대로 공을 쳐 보낼
pláce kíck n. 〔미식 축구〕 플레이스 킥〔공을 땅에 놓고 차기〕. cf. drop kick
place-kick [pléiskìk] 〔미식 축구〕 (cf. drop-kick) vt. 〔땅에 놓은 볼〕을 차다. — vi. 플레이스 킥을 하다.
pláce·man [pléismən] n. (pl. -men [-mən]) 《주로 英》 《종종 경멸적》 관리.
***place·ment** [pléismənt] n. ① 1 놓기, 배치. ¶ strategic *placement* of artillery 포병대의 전략적 배치. 2 일자리 찾기; 직업 소개, 수산(授産); 3 〔미식 축구〕 〔플레이스 킥을 하기 위하여〕 볼을 땅에 놓기; 그 위치. 4 〔테니스 따위에서〕 상대방이 받지 못할 타구. 5 〔학력에 의한〕 학생의 반(코스) 편성. 6 〔경〕 투자.
plácement tèst n. 〔신입생 등의 클라스 편성을 위한〕 학력 테스트.
place-name [pléisnèim] n. 지명.
pla·cen·ta [pləséntə] n. (pl. -tas or -tae [-tiː]) 1 〔해부·동물〕 태반. 2 〔식물〕 태좌(胎座).
pla·cen·tal [pləséntl] adj. 1 〔해부·동물〕 태반의(이 있는). 2 〔식물〕 태좌의(가 있는).
pla·cen·tate [pləsénteit] adj. 1 〔해부·동물〕 태반이 있는. 2 〔식물〕 태좌가 있는.
plac·en·ta·tion [plæsəntéiʃ(ə)n] n. ① ⓒ 1 〔해부·동물〕 태반 형성, 태반 구조, 태반 배치. 2 〔식물〕 태좌(胎座)배치, 태좌식(胎座式).
plac·er¹ [pléisər] n. 〔광산〕 1 충적광상(沖積鑛床), 사광(砂鑛). 2 사금 채취장.
plac·er² [pléisər] n. 1 놓는 사람, 배치하는 사람. 2 …위(位) 로 입상한 사람.
plácer góld [pléisər-] n. ① 사금(砂金).
plácer míning [pléisər-] n. ① 사금(사광) 채취.
place-seeker [pléisːkər] n. 엽관 운동자, 공직(公職) 구직자.
pláce sètting n. 〔식사 때〕 각자 앞에 놓인 식기 일습; 세트로 파는 식기.
pla·cet [pléisit] n. 〔라틴어의 placet (=it pleases) 를 써서 표명하는〕 찬성, 동의(assent), 찬성 투표. ¶ *non placet* 불찬성. [< L it pleases]
***plac·id** [plǽsid] adj. 잔잔한, 조용한(calm), 차분한. ⇨ PACIFIC 類語 ~·ly adv. ~·ness n. ◇ placídity n.
pla·cid·i·ty [pləsíditi] n. ① 잔잔함, 조용함, 차분함.
plac·ing [pléisiŋ] n. 1 〔경기 따위의〕 순위. ¶ the top three *placings* 상위의 세 사람. 2 〔처분 설명·경과 보고 없는〕 한 회사의 자본 매출.
plac·ing-out [pléisiŋáut] n. ① 아기의 위탁 양육 제도. cf. boarding-out
plack·et [plǽkit] n. 1 (=plácket hòle) 〔스커트 따위에〕 옆을 튼 부분. 2 스커트의 포켓.
plac·oid [plǽkɔid] adj. 판금(板金) 같은 비늘이 있는, 〔비늘이〕 판금 모양의. 〔식 천장.
pla·fond [pləfɔ́ːŋ / pláfɔːŋ / F plafɔ̃] n. 〔건축〕 장
pla·gal [pléig(ə)l] adj. 〔음악〕 변격(變格)의.
plage [plɑːʒ] n. (pl. **plages** [plɑːʒ]) 《프랑스》 (=shore) 해안, 해수욕장.
pla·gia·rism [pléidʒ(i)ərìz(ə)m] n. ① ⓒ 〔사상·고 안·문장 따위의〕 표절, 도용. 2 표절한 것. 〔자.
pla·gia·rist [pléidʒ(i)ərist, -dʒə-] n. 표절자, 도용
pla·gia·ris·tic [plèidʒ(i)ərístik, -dʒə-] adj. 표절의, 도용의. -**·ti·cal·ly** [-tikəli] adv.
pla·gia·rize [pléidʒ(i)əràiz, -dʒə-] 《*英*에서는 **pla·gia·rise** 로도 쓴다》 vt., vi. (-rized, -riz·ing) 〔남의 사상·고안·문장 따위를〕 표절하다, 도용하다.
pla·gia·riz·er [pléidʒ(i)əràizər, -dʒə-] n. =plagiarist.
pla·gia·ry [pléidʒ(i)əri, -dʒə-] n. (pl. **-ries**) 1 =plagiarism. 2 plagiarist. 〔長石〕.
pla·gi·o·clase [pléidʒiəklèis] n. ① 〔광물〕 사장석(斜
‡**plague** [pleig] n. ① 전염병, 돌림병(pestilence). ¶ a *plague* of cholera 콜레라의 돌림병 / *plague*-stricken districts 전염병 지역 / the white *plague* 폐결핵. 2 (the ~) 페스트, 흑사병(pest). ¶ the black *plague* 흑선 페스트. 3 ① ⓒ 재해, 재난, 재앙, 천벌. ¶ a *plague* of war 전쟁의 재앙 / *Plague* on (or upon) it (or him)! = *Plague* take it (or him)! 제기랄! / What a (or the) *plague*! 도대체!, 어쩌면! 4 〔구어〕 남을 괴롭히는 사물, 난처한 일(사람), 골칫거리(nuisance). ¶ Many guests are sometimes a *plague*. 손님이 너무 많은 것도 때로는 골치아픈 일이다. — vt. (**plagued, plagu·ing**) 1 〔남〕을 괴롭히다 (trouble), 고통을 주다 (torment); 〔구어〕 〔남〕을 성가시게 하다(bother). ⇨ BOTHER 類語 ¶ (~＋圄＋嗣＋图) I was *plagued* to death. 귀찮아 죽을 지경이었다 / That question always *plagues* me *with* doubt. 그 문제는 언제나 내 골치를 썩인다 // (~＋圄＋to do) *plague* a person *to* do something 남에게 …해 달라고 성가시게 굴다. 2 …을 돌림병(페스트)에 걸리게 하다.
◇ pláguy, pláguesome adj.
plague·some [pléigsəm] adj. 1 성가신, 귀찮은(troublesome). 2 =pestilential.
plágue spòt n. 1 〔페스트 따위로 생기는〕 피부의 반점. 2 역병(疫病) 유행지.
plague-strick·en [pléigstrìk(ə)n] adj. 역병이 유행한. ¶ a *plague-stricken* district(region) 역병 유행지(地).
pla·guey, -guy [pléigi] 〔고어·방언〕 adj. 성가신, 귀찮은(annoying); 엄청난, 심한. — adv. 성가시게, 안 타깝게; 몹시. 〔古의 사용어〕.
plaice [pleis] n. (pl. **plaice** or **plaic·es**) 넙치·가자미.
***plaid** [plæd] n. 1 격자 무늬의 직물. 2 격자 무늬. 3 〔스코틀랜드 고지에서 입는〕 격자 무늬의 망토. ⇨ KILT 그림. — adj. 격자 무늬의.
***plaid·ed** [plǽdid] adj. 1 격자 무늬의 나사로 만든, 격자 무늬의. 2 격자 무늬의 망토(plaid)를 두른.
‡**plain**¹ [plein] adj. 1 똑똑히 보이는(들리는), 명료한, 명백한. ¶ a *plain* fact 명백한 사실 / in *plain* writing 읽기 쉬운 필적으로 / *plain* as a pikestaff; *plain* as the nose on one's face 지극히 명백한 / make one's meaning *plain* 말하고자 하는 것을 분명하게 하다. 2 명확한, 알기 쉬운. ⇨ CLEAR 類語 ¶ in *plain* words 쉬운 말 로 (말하면) ⇨5 / speak in *plain* English 쉬운 영어로 말하다. 3 복잡하지 않은, 단순한. ⇨ SIMPLE 類語 ¶ *plain* work 간단한 일. 4 순수한, 전적인(sheer). ¶ *plain* folly 큰 바보. 5 솔직한, 숨김없는, 있는 그대로의(frank). ¶ to be *plain* with you 털어놓고 말하면. 6 보통의, 평범한 (ordinary); 소박한, 우쭐대지 않는; 평민의(common). ¶ a *plain* man 〔지위도 아무것도 없는〕 평범한 사람 / *plain* people 평민. 7 〔여성이〕 아름답지 않은, 수수한. ¶ a *plain* face 평범한 얼굴. 8 검소한, 알뜰한 (frugal); 〔의복 따위가〕 장식이 없는, 무지의, 평직(平織)의. ¶ *plain* living 간소한 생활 / *plain* cloth 무지(평직)의 옷감. 9 〔음식이〕 담백한, 밋밋한, 양념을 치지 않은. 10 평평한, 평탄한; 넓다란, ⇨ LEVEL 類語 ¶ *plain* fields 평야 / a *plain* view 탁 트인 경치. 11 〔카드놀이〕 으뜸패가 아닌, 그림 카드가 아닌.
— adv. 1 명료하게, 똑똑하게, 알기 쉽게(clearly). ¶ speak *plain* 분명하게 말하다. 2 완전히, 전적으로 (entirely).
— n. 1 평지, 평원. 2 (the P-) 〔프랑스 역사〕 평원 당(平原黨) 〔프랑스 제1차 혁명 당시 국민 의회의 온건 파〕. cf. mountain 3 3 the P-s = the Great Plains.
plain² [plein] vi. 〔고어·英방언〕 불평하다, 한탄하다, 슬퍼하다.
plain-chant [pléintʃænt / -tʃɑːnt] n. =plainsong.
pláin clóthes n. pl. 평복, 사복. cf. uniform
plain-clothes [pléinklóu(ð)z] adj. 평복의, 사복의.
pláin-clóthes màn n. 사복 경찰, 사복 형사.
pláin déaling n. ①, adj. 솔직한, 정직한, 공명정대한.
pláin lánguage n. ① 〔통신문의〕 암호를 사용하지

‡**plain·ly** [pléinli] *adv.* **1** 똑똑히, 분명히, 명료하게. **2** 수수하게, 검소하게. **3** 간단(간소)하게.

pláin páper *n.* 줄치지 않은 종이, 민종이; [사진] 광택 없는 대지 〔기독교의 한 파.
Pláin Péople *n.* 간소한 생활과 옛 습관을 고수하는
pláin sáiling *n.* ⓤ 〔항해〕 평온 무사한 항해. **2** 순조로운 진행 (easy going).
Pláins Índian *n.* 평원 인디언〔지난날 유목 생활을 하고 있던 북미 원주민〕(Buffalo Indian).
plains·man [pléinzmən] *n.* (*pl.* **-men** [-mən]) 평원의 주민.
pláin sóng *n.* 정선율(定旋律); 단순하고 소박한 곡 〔선율〕.
plain·song [pléinsɔ̀ː/-sɔ̀ŋ] *n.* 단선율 성가(單旋律聖歌), 그레고리오 성가〔교회에서 제창된다〕(Gregorian chant); 전례가(典禮歌), 〔없는 (frank).
plain·spo·ken [pléinspóuk(ə)n] *adj.* 솔직한, 숨김
plaint [pleint] *n.* **1** 불평(complaint). **2** 〔법률〕 고소〔장〕. **3** 〔고어·시〕 슬픔, 한탄(lament).
plain·tiff [pléintif] *n.* 〔법률〕 원고, 고소인. *cf.* defend-
plain·tip [pléintìp], (**plain-tip cig·a·rette**) *n.* 필터가 붙어 있지 않은 궐련.
*****plain·tive** [pléintiv] *adj.* 구슬픈, 가련한; 하소연하는 듯한. **~·ly** *adv.* **~·ness** *n.* ◇ plaint *n.*
plait [pleit, plæt / plæt] *n.* **1** 〔머리털·밀짚 따위의〕 땋은(엮은) 것. **2** 〔천 따위의〕 주름(pleat), 접은 데.
— *vt.* **1** 〔머리털·밀짚 따위〕를 땋다(엮다) (braid). **2** …의 주름을 잡다.

‡**plan** [plæn] *n.* **1** 계획(project), 플랜, 안; 방법, 방식, …식(way). ¶ a concrete *plan* 구체적인 계획 / according to the *plan* 계획대로 / on (or under) a *plan* 어떤 계획에 따라 / on the American *plan* 미국식으로 (의) // make (or form) a *plan* for a trip 여행 계획을 세우다 // lay one's *plans* of (or for) studying abroad 해외에서의 연구 계획을 짜다 // It is a good *plan* to go at once. 당장 가는 것이 상책이다.
類語 **plan** 「계획」이라는 뜻의 가장 일반적인 말: my *plans* for the future 나의 장래 계획. **design** 명확한 목적을 갖고 교묘하게 입안, 수행되는 (때로는 사악·사욕에 찬) plan: a *design* to ruin a friend 친구를 파멸시키려는 계획. **project** 대규모적인 (야심적이고) plan: an ambitious housing *project* 야심적인 주택 개발 계획. **plot** (특히 사악·부정한) 비밀스러운 plan: an antigovernmental *plot* 반정부 음모. **scheme** 치밀하게 정연히 입안한 plan, (때로는 실행 불가능한) 투기적인 계획, 복잡·부정 사용의 plan: a *scheme* to seize power 권력 탈취의 계획.

2 도면, 설계도, 평면도, 윤곽도(design); 〔시가 따위의〕 지도; 도표, 투시도. ¶ a floor *plan* 평면도 / a perspective *plan* 배경도(配景圖).
— *v.* (**planned, plan·ning**) *vt.* **1** …을 계획하다, 입안하다, 꾀하다. ¶ (~+图+*out*) *plan out* a new book on chemistry 화학에 관한 새 책을 기획하다. **2** …을 설계하다, …의 설계도를 그리다. **3** …을 지향하다, …할 작정이다 (intend). ¶ (~+*to do*) I am *planning* to consent. 나는 찬성할 작정이다.
— *vi.* 계획하다, 계획을 세우다. ¶ (~+匭+图) *plan* for a dinner party 만찬회 계획을 세우다.
◇ **plánless** *adj.*

plan- ⇨ PLANO-.
pla·nar [pléinər] *adj.* 평면의; 2차원의; 평평한, 평탄
pla·nar·i·an [plənɛ́əriən / -nɛ́əri-] *adj.* 와충류(渦蟲類)의. — *n.* 와충류의 동물; 〔특히〕플라나리아(와충).
pla·na·tion [pleinéiʃ(ə)n] *n.* 〔지질〕 침식으로 인한 지표의 평탄화(평균) 작용.
planch [plænʃ / plɑːnʃ] *n.* **1** 〔에나멜 솥에서〕 깔판. **2** 《영방언》 마루(floor); 두꺼운 널빤지(plank).
planch·et [plǽnʃit / plɑ́ːn-] *n.* 소전(素錢)〔인각제로〕

화폐를 만들기 전의 금속판〕.
plan·chette [plænʃét / plɑːn-] *n.* 플랑셰트, 점치는 판〔2개의 바퀴달과 1개의 연필로 받쳐진 하트형의 작은 판으로, 살짝 당기기만 해도 자동적으로 문자를 그린다〕.
‡**plane**[1] [plein] *n.* **1** 면, 평면, 수평면, ¶ an inclined *plane* 사면. **2** 〔발달 따위의〕 단계(stage), 수준, 정도 (level). ¶ a low *plane* of life 낮은 생활 수준 / on the same *plane* 와 같은 정도로〔열〕로〔에, 의〕. **3** 비행기(airplane), 수상 비행기(hydroplane). ¶ by *plane*; in (or on) a *plane* 비행기로. ⇨ BY (Usage[3]). **4** 비행 날개. ¶ a tail *plane* 미익. **5** 〔결정체의〕 한 면.
— *adj.* 평평한(flat), 평탄한(⇨ LEVEL 類語); 평면상의, 평면 도형의. ¶ a *plane* angle 평면각. — *vi.* (**planed, plan·ing**) **1** 활주하다(glide). **2** 〔선체가〕 수면에서 떠오르다. 〔수상기가〕 수면을 미끄러지듯 질주하다. **3** 비행기로 여행하다.
plane[2] [plein] *n.* 대패, 평삭기(平削機); 마감질용 흙손〔점토·벽돌 따위를 평평하게 한다〕.
— *v.* (**planed, plan·ing**) *vt.* …을 대패질을 하다(매끄럽게 하다), …을 대패질을 하다, …을 깎다 (…*away, off*).
— *vi.* 대패질을 하다; 〔대패처럼〕 깎아지다.
plane[3] [plein] *n.* (=**pláne trèe**) 플라타너스.
pláne chárt *n.* 〔plane sailing 에서 쓰는〕 평면도
pláne geómetry *n.* ⓤ 〔수학〕 평면 기하학.
plane·load [pléinlòud] *n.* 비행기를 가득 채운 분량의 화물; 비행기 적재 용량.
plane·ness [pléinnis] *n.* ⓤ 평평함.
plan·er [pléinər] *n.* **1** 대패질하는 목공. **2** 평삭반(平削盤), 〔목공〕 자동 대패.
plán·er sáw *n.* 〔목공〕 대패톱〔자른 자리가 매끈해서 대패질할 필요가 없는 둥근 톱〕.
pláne sáiling *n.* 〔항해〕 평면 항법〔배가 평면상을 항해하고 있는 것으로 간주하여 배의 위치를 결정하는 항해법〕. **2** =plain sailing 2. 〔옆의.
plane·side [pléinsàid] *n.* 비행기 옆. — *adj.* 비행기
‡**plan·et** [plǽnit] *n.* **1** 〔천문〕 행성. *cf.* fixed star (항성) / the inferior (the superior) *planets* 내(외) 행성 / the major (the minor) *planets* 대(소) 행성 / the primary *planets* 〔태양계의〕 1등 행성 / the secondary *planets* 2등 행성, 위성. **2** 〔점성〕 〔인간의 운명을 좌우하는〕 운성(運星). **3** 《미구어》 중요 인물, 중대사.
◇ **plánetary** *adj.*
pláne táble *n.* 〔측량〕 평판〔삼각가(三脚架) 위에 놓고, 그 위에서 작도한다〕.
plane-ta·ble [pléintèibl] *vt., vi.* (**-bled, -bling**) […을〕 평판 측량(작도)하다, 평판을 쓰다.
*****plan·e·tar·i·um** [plænitɛ́(ː)riəm / -tɛ́ər-] *n.* *pl.* **-iums** or **-ia** [-iə]) **1** 천상의(天象儀), 행성의(儀), 플라네타륨. **2** 그 장치가 있는 건물(천문관).
*****plan·e·tar·y** [plǽnitèri / -t(ə)ri] *adj.* **1** 행성의(과 같은), 행성작용의. ¶ the *planetary* system 태양계. **2** 지구상의(global), 현세의, 세계적인 (worldwide). **3** 방랑하는 (wandering), 부정 (不定)의. **4** 〔기계〕 〔자동차 변속기의〕 유성 전동 장치의. **5** 〔점성〕 별에 의한, 성운(星運)에 의한. ⓚ 〔기계〕 유성 연동 장치.
◇ **plánet**
plánetàry hóur *n.* 행성시(行星時)〔일출시로부터 일몰시 또는 일몰시로부터 일출시까지의 시간의 $1/12$〕.
plan·e·tes·i·mal [plæ̀nitésim(ə)l] 〔천문〕 *adj.* 미소 (微小) 행성체의. — *n.* 미소 행성체.
plan·et·oid [plǽnitɔ̀id] *n.* 〔천문〕 소행성 (asteroid).
plan·e·tol·o·gy [plæ̀nitálədʒi / -tɔ́l-] *n.* ⓤ 행성학.
pláne trèe *n.* =plane[3].
plan·et-strick·en [plǽnitstrìk(ə)n], **-struck** [-strʌ̀k] *adj.* **1** 〔점성〕 행성의 영향을 받은; 저주받은 (blasted). **2** 당황한, 허둥대는, 공황을 일으킨 (panic-stricken).
plan·form [plǽnfɔ̀ːrm] *n.* 〔항공〕 위에서 본 비행기의 윤곽.

plan·gent [plǽndʒ(ə)nt] *adj.* **1** [파도 따위가] 밀어 닥치는 (dashing). **2** [벨 따위 위가] 울려 퍼지는 (resounding), 호소하는 듯한; 구슬프게 울리는. **-ly** *adv.*

plan·hold·er [plǽnhòuldər] *n.* 연금 가입자, 연금 수령 자격 보유자.

plani- flat, plane (평면)의 뜻의 연결형. 예: *planim-*

pla·nim·e·ter [plənímitər, 英 plæ-] *n.* 면적계, 측면기(測面器). 플래니미터.

pla·nim·e·try [plənímitri, 英 plæ-] *n.* ⓤ 면적 측정, 측면법(測面法).

plan·ish [plǽniʃ] *vt.* **1** [금속]을 해머로 때려서 평평하게 (매끈하게) 하다. **2** [종이·금속 따위]에 롤러를 굴려 광택을 내다.

plan·i·sphere [plǽnisfìər] *n.* **1** 평면 구형도. **2** 평면 천체도, 성좌 일람표.

‡**plank** [plǽŋk] *n.* **1** 널빤지, 두꺼운 널빤지(* board 보다 두꺼운 널빤지); 판재(板材). **2** 지지물, 받침 (대)이 되는 것. **3** [정당의] 강령의 항목. *cf.* platform ¶ a *plank* in the platform 정강(政綱)의 한 항목.

walk the plank ① 뱃전에서 바다위로 걸쳐놓은 널빤지 위를 눈을 가린 채 걷다[옛날 해적이 포로를 죽인 방법]. ② [강요되어][지위 따위]를 포기하다(relinquish). ¶ The minister *walked the plank* last year. 그 장관은 지난해 할 수 없이 자리에서 물러났다.

— *vt.* **1** …에 널빤지를 대다. **2** [힘차게] …을 놓다. ¶ (~+图+剾) He *planked* down the package. 그는 짐을 털썩 내려놓았다. **3** 〖美〗[물고기·살코기 따위] 를 널빤지에 얹어서 구워서[그대로] 식탁에 내놓다.

plank down (or *out*) ① 〖구어〗현금으로(그 자리에서) 지불하다. ¶ He had to *plank down* the money. 그는 그 자리에서 돈을 지불하지 않을 수 없었다. ② 털 썩 내려놓다. ⇨ *vt.* 2.

plánk bèd *n.* [감옥 따위의] 판자 침대, 나무 침대.

plank·ing [plǽŋkiŋ] *n.* ⓤ 〖집합적〗마루청, 바닥에 깐 널빤지; 〖造船〗선체 외판(外板). **2** 널빤지 대기.

plank·ter [plǽŋktər] *n.* 〖생물〗플랑크톤 생물.

plank·tol·o·gy [plæŋktálədʒi / -tɔ́l-] *n.* ⓤ 부유 생물학.

plank·ton [plǽŋktən] *n.* ⓤⓒ 〖생물〗부유 생물, 플랑크톤.

plank·ton·ic [plæŋktánik / -tɔ́n-] *adj.* 부유 생물의, 플랑크톤의.

plan·less [plǽnlis] *adj.* 계획이 없는; 도면이 없는.

plánned ecónomy [plǽnd-] *n.* ⓤ 계획 경제.

plánned óbsolèscence *n.* ⓤ 계획적 진부화(陳腐化)[제품을 계획적으로 곧 구식이 되도록 만들어 내는 일].

plánned párenthòod *n.* **1** [산아 제한에 의한] 계획 출산. **2** (P- P-) 미국 가족 계획 연맹.

*****plan·ner** [plǽnər] *n.* 계획[입안, 설계]자.

plano- flat, plane (평면)의 뜻의 연결형(* 모음 앞에 서는 plan-을 쓴다. 예: *plano*meter.

pla·no-con·cave [plèinou(u)kǽnkeiv / -kɔ́n-] *adj.* 〖光學〗[렌즈가] 평요(平凹)의, 한 면이 평평하고 다른 면이 오목한.

pla·no-con·vex [plèinou(u)kǽnveks / -kɔ́n-] *adj.* 〖光學〗[렌즈가] 평철(平凸)의, 한 면이 평평하고 다른 면이 볼록한.

pla·nom·e·ter [plənámətər / -nɔ́m-] *n.* 〖기계〗측량기(測平器), 평면계, 플래노미터.

plán posítion índicator *n.* 〖레이다의〗전파 영상경(映像鏡)〖略 PPI〗(radarscope).

‡**plant** [plǽnt / plɑːnt] *n.* **1** [동물에 대하여] 식물; 초목(vegetable); [수목에 대하여] 초본(herb), 묘(苗)[木], ¶ alpine *plants* 고산 식물. **2** 작물 (crop), 수확; ⓤ [식물의] 성장(growth), 발육. ¶ in *plant* 성장하여; 잎을 내어 / lose *plant* 시들다. **3** 기계 한 벌, [공장의] 설비; [제조의] 장치, 설비 ¶ a farming *plant* 농장 / a waterpower *plant* 수력 발전소 / an automobile *plant* 자동차 공장. **4** [학교등의] 설비, 건물(building). **5** 〖속어〗속임수, 책략, 사기(swindle);

[유인하기 위한] 함정, 덫; 미끼 짐승; 스파이, 첩자. **6** 〖연극〗복선(伏線).

— *vt.* **1** …을 심다; [종자]를 뿌리다. ¶ *plant* seeds 씨를 뿌리다 // (~+图+剾+名) *plant* a garden *with* (or 〖美〗 *to*, *in*) fruit trees 뜰에 과수를 심다.

2 [사상 따위]를 심다(implant); [교리 따위]를 주입시키다. ¶ (~+图+剾) *plant* new ideas in a person's mind 누구의 마음에 새 사상을 불어넣다 / *plant* Christianity *among* heathens 이교도에게 기독교를 전하다 **3** [동물의 종축(種屬)]을 특정 장소에 넣다, 이식하다. **4** [물고기 따위]를 방류하다; [굴 따위]를 양식하다. ¶ (~+图+剾+名) *plant* a river *with* fish 강에 물고기를 방류하다.

5 …을 박아넣다, 찔러다(pierce). ¶ (~+图+剾+名) *plant* a knife *in* (or *into*) the back 등에 칼을 꽂다.

6 …을 놓다(put), 두다, 세우다; …을 설치하다 [구어] [힘차게, 단단히] …을 놓다; [타격 따위]를 가하다 (deliver). ¶ *plant* oneself 서다; 지위를 차지하다 / (~+图+剾+名) *plant* one's feet on the ground 땅을 꽉 밟고 서다 // She *planted* a hard blow *on* his chin. 그녀는 그의 턱에 일격을 가했다.

7 [도시·식민지 따위]를 창설[건설]하다; [사람]을 식민지시키다.

8 [속어][속임 목적으로] …을 미리 짜맞추다, …을 감추다(묻어 두다); [혐의를 씌우기 위해] …을 몰래 놓아 두다; [가짜 따위]를 사게 하다. ¶ (~+图+剾+名) *plant* something *on* a person 남에게 …을 속여 사게 하다.

9 〖구어〗…을 버리다(abandon).

plant out ① [화분 따위에서] …을 땅에 이식하다. ② [묘목]를 간격을 두고 심다.

plant·a·ble [plǽntəbl / plɑ́ːnt-] *adj.* 경작할 수 있는.

Plan·tag·e·net [plæntǽdʒ(i)nit] *n.* 〖英史〗Henry 2세로부터 Richard 3세까지(1154-1485) 영국을 통치한 왕가.

plan·tain[1] [plǽntin] *n.* 요리용 바나나[열대산(產)].

plan·tain[2] [plǽntin] *n.* 질경이[풀].

plan·tar [plǽntər] *adj.* 〖해부·동물〗발바닥의.

‡**plan·ta·tion** [plæntéi(ə)n] *n.* **1** [특히 열대·아열대 지방의] 대규모의] 농원, 농장, 재배장, 플랜테이션. ¶ a coffee *plantation* 커피 재배 농장. **2** 〖주로 英〗식수 [지], 조림[지]; 숲(grove). **3** [역사] 식민지(colony). **4** 식민지의 창설(건설), a로 [드물게] 재배.

*****plant·er** [plǽntər / plɑ́ːntə] *n.* **1** 씨를 뿌리는 사람; 재배(양식)하는 사람, 파종기. **2** 농장 주인. **3** [역사] 식민지인(colonist). **4** [집합적] 장식 용기.

plánter's púnch *n.* ⓤ [럼주·라임 주스·설탕·물·소다 따위로 만든] 펀치.

plánt hórmone *n.* 식물 호르몬.

plan·ti·grade [plǽntigrèid] *adj.* 발바닥 전면(全面)을 땅에 대고 걷는, 척행(蹠行)의. — *n.* 척행성 동물 [사람·곰 따위].

plant·ing [plǽntiŋ / plɑ́ːnt-] *n.* ⓤ **1** 식재, 파종, 재배, **2** 조림, 식수; ⓒ 조림(식수, 재배)지. **3** ⓒ 〖건축〗기초 저층(低層).

plánt kíngdom *n.* (the ~) 식물[계]. *cf.* animal kingdom, mineral kingdom

plant·let [plǽntlit / plɑ́ːnt-] *n.* 작은 식물; 묘목.

plant·like [plǽntlàik / plɑ́ːnt-] *adj.* [동물이] 식물 같은.

plánt lòuse *n.* 진디(aphid).   [는].

plan·toc·ra·cy [plæntákrəsi / plɑːntɔ́k-] *n.* ⓤ [지배 계급으로서의] 재배업자들; 식민 정치.

plaque [plǽk / plɑːk, plɔːk] *n.* **1** [장식을 위해 벽 위에 거는] 장식 널빤지(액자). **2** [명예 따위를 나타내는] 늘어뜨리는 뱃지(가슴 장식). **3** [해부·동물] [작고 납작한] 반점. **4** [따위의] 양각(陽刻).

pla·quette [plækét] *n.* 작은 plaque; [책 표지의 장식].

plash[1] [plǽʃ] *n.* **1** 철썩철썩(철벅철벅) [하는 소리] (splash). **2** 웅덩이(puddle). — *vt., vi.* 철썩철썩(철

벅철벅) 소리내다(소리나다).
plash² [plæʃ] *vt.* **1** [나뭇가지 등]을 구부려 얽어매다. **2** …을 구부려 얽어서 산울타리를 만들다(수리하다).
plash·y [plǽʃi] *adj.* (**plash·i·er, plash·i·est**) **1** 물웅덩이가 많은, 습지의(marshy); 축축한(wet); 진창의. **2** 철썩철썩(철벅철벅) 소리가 나는.
-plasia, -plasy development, formation 의 뜻의 연결형. 예: hypo*plasia*(발육 부전).
plasm [plǽz(ə)m] *n.* =plasma.
-plasm formative material, formed material 의 뜻의 연결형. 예: proto*plasm*, meta*plasm*.
***plas·ma** [plǽzmə] *n.* ⓤ **1** 〖해부·생리〗 혈장(血漿), 임파장(淋巴漿). **2** 〖생물〗 원형질(protoplasm). **3** 유장(乳漿) (whey). **4** 〖광물〗 농녹옥수(濃綠玉髓). **5** 〖물리〗 플래스마[고도로 전리(電離)된 가스].
◇ plasmátic *adj.*
plas·ma·pause [plǽzməpɔːz] *n.* (the ~) 플래즈마 경계면[대기의 상한부에서 고도로 이온화된 기체층].
plas·ma·sphere [plǽzməsfìər] *n.* 〖지구 과학〗 플래즈마권(圈) [행성 주위의 기체가 고도로 이온화되어 있는 층].
plas·mat·ic [plæzmǽtik] *adj.* 혈장의, 〖생〗 원형질의.
plas·mid [plǽzmid] *n.* 〖생리〗 플래즈미드[염색체와는 별도로 존재하며, 독립적으로 복제·증식이 가능한 유전 인자].
plas·min [plǽzmin] *n.* ⓤ 〖생화학〗 플래즈민[혈장 중의 단백질 분해 효소] (fibrinolysin).
plas·mo·di·um [plæzmóudiəm] *n.* (*pl.* **-di·a** [-diə]) **1** 〖생물〗 변형체. **2** 말라리아 원충(原蟲) 〖원생 동물〗, 말라리아 병원체.
plas·mol·y·sis [plæzmɑ́lisis / -mɔ́l-] *n.* ⓤ 〖식물〗 원형질 분리.
plas·mo·lyze [plǽzməlàiz] (*英* **plas·mo·lyse** 로도 쓴다) *vt., vi.* (**-lyzed, -lyz·ing**) 원형질 분리를 일으키다(일으키다).
‡**plas·ter** [plǽstər / plɑ́ːs-] *n.* ⓤ **1** 회반죽, 벽토. **2** 〖분말〗 석고, 소석고(燒石膏) (plaster of Paris). ¶ a *plaster* bust 석고 흉상. **3** 〖약〗 고약. ¶ an adhesive (*or* sticking) *plaster* 반창고. — *vt.* **1** …에 회반죽을 바르다; …을 두껍게 바르다, 더덕더덕 붙이다. ¶ (~ + 目 + 前 + 图) *plaster* one's face *with* powder 얼굴에 분을 더덕더덕 바르다 / a pile of wood that is *plastered* over *with* snow 눈으로 뒤덮혀 있는 나뭇더미 // (~ + 目 + 副) *plaster* one's hair *down* [기름 따위로] 머리를 착 붙이다. **2** …에 고약을 붙이다. **3** …을 과도하게 주다(load). ¶ (~ + 目 + 前 + 图) *plaster* a person *with* praise 남을 지나치게 추켜올리다. **4** 《미구어》 …을 심하게 공격하다.
plas·ter·board [plǽstərbɔ̀ːrd / plɑ́ːstəbɔ̀ːd] *n.* 플라스터 보드, 석고 보드[석고를 심으로 한 얇은 판지].
pláster cást *n.* 〖미술〗 **1** 석고상(模型), **2** 〖의학〗 깁스(붕대).
plas·tered [plǽstərd / plɑ́ːs-] *adj.* 《속어》 술에 만취한. 〖사람, 미장이〗 석고 세공인.
plas·ter·er [plǽstərər / plɑ́ːs-] *n.* 회반죽을 바르는 사람, 미장이; 석고 세공인.
plas·ter·ing [plǽst(ə)riŋ / plɑ́ːs-] *n.* **1** ⓤ 회반죽 공사; 석고 세공; 고약 붙이기. **2** 상대를 완전히 해치우기. ¶ 〖야구 따위의〗 대패.
plas·ter·y [plǽst(ə)ri / plɑ́ːs-] *adj.* 회반죽(석고·고약) 같은.
*****plas·tic** [plǽstik] *adj.* **1** 마음대로 모양을 만들 수 있는, 가소성(可塑性)의; 소조(塑造)할 수 있는. ¶ a *plastic* figure 소상. **2** 소조의, 조소(조각)의(sculptural), 조형[술]의. **3** 모양을 만드는(formative), 형성(조형)력의, 창조적인(creative). ¶ *plastic* talent 창조적 재능. **4** 유연한; 감수성이 강한(impressionable). ¶ a *plastic* mind 유연한 정신. **5** 《경·병리》 형성적인, 조직을 형성하는. **6** 〖외과〗 성형의. **7** 플라스틱의. **8** 진짜가 아닌, 가짜의, 인공적인. **9** 가소성 물질의, 합성의(synthetic), 인공적인. — *n.* 〖보통 ~s〗 〖단수 취급〗 플라스틱스, 합성 수지; 플라스틱 제품. **-ti·cal·ly** [-tikəli] *adv.* ◇ plastícity *n.*
-plastic 1 developing, forming 의 뜻의 연결형. **2**

.plasm, .plast, .plasty 로 끝나는 명사에 대하여 형용사를 만듦. 예: meta*plastic*; chloro*plastic*.
plástic árt *n.* ⓤⓒ 조형 미술[회화·조각 따위], 조소(彫塑) 미술.
plástic bág *n.* 비닐 백.
plástic bómb *n.* 플라스틱 폭탄.
plástic búllet *n.* 플라스틱 탄알[폭도 진압용].
plástic cárd *n.* 크레디트(신용) 카드.
plástic cláy *n.* ⓤ **1** 〖지질〗 제3기 하층의 중층군. **2** 소성 점토. 〖대출.〗
plástic crédit *n.* ⓤ《미》 크레딧 카드에 의한 신용
Plas·ti·cine [plǽstisìːn] *n.* 〖상표명〗 소상(塑像)용 점토. 〖적응성, 유연성.〗
plas·tic·i·ty [plæstísiti] *n.* ⓤ **1** 가소성, 형성력. **2**
plas·ti·ciz·er [plǽstisàizər] *n.* 가소제(可塑劑) [물질에 가소성을 주는 물질].
plástic mémory *n.* ⓤ 가열하면 원형으로 되돌아가는 플라스틱의 성질.
plástic móney *n.* 크레디트(신용) 카드.
plástic súrgery *n.* 〖의학〗 성형 외과.
plástic wóod *n.* ⓤ 성형재(成形材) [목제품의 수선 따위에 쓴다, (P- W-) 그 상표명.
plas·tid [plǽstid] *n.* 〖생물〗 **1** 성형원질(成形原質), 세포(cell). **2** 플래스티드, 색소체(色素體).
plas·tron [plǽstrɑn] *n.* **1** 여자옷의 가슴 장식; [풀먹인] 남자용 셔츠의 가슴 부분. **2** [갑옷의] 강철제의 가슴받이; [펜싱용의] 가죽의 가슴받이. **3** 〖동물〗 거북 따위의 복갑.
-plasty formation, growth 의 뜻의 연결형. 예: derma*toplasty*(피부 성형술), auto*plasty*.
-plasy ⇨ -PLASIA.
plat¹ [plæt] *n.* **1** 한 뙈기의 좁은 땅. **2** 《미》 [토지의] 도면, 지도(map). — *vt.* (**plat·ted, plat·ting**) 《미》 …의 도면(지도)을 만들다 (plot).
plat² [plæt] *vt.* (**plat·ted, plat·ting**) **1** 꼬다, 땋다; …의 주름을 잡다. — *n.* [머리털·밀짚 따위의] 엮은 것(plait), 땋은 머리; 엮은 끈, 밀짚으로 엮은 것(braid); [천 따위의] 주름. 〖(목) (dish of food).〗
plat [F pla] *n.* 《프랑스》 〖요리〗 한 접시, 메뉴의 한 품.
plat. 〖略〗 plateau; platoon.
plat·an [plǽtən] *n.* = plane tree.
Plat·a·nus [plǽtənəs] *n.* **1** 플라타너스 속(屬). **2** (p-) 플라타너스의 나무, 플라타너스.
plát·band [plǽtbænd] *n.* **1** 〖정원 따위의〗 꽃밭 가장자리(테투리); 잔디 가장자리. **2** 〖건축〗 〖상인방·홈예쇠시리 따위의〗 띠 모양의 수평 부재(部材); 평방(平枋).
plat du jour [plɑ́ː djùː ʒúːər / plɑ́ː djùː-] *n.* 《프》 **pl.** plats du jour [plɑ̀ː z-] 오늘의 특별 요리. 〖< F dish of the day〗
‡**plate** [pleit] *n.* **1** [도기 따위의] 납작하고 둥근[ ] 접시, 서양 접시. *cf.* dish; [한 접시의]요리, [요리의] 일품 (course); [요리의] 한 사람 분. ¶ a soup *plate* 수프 접시 / a fruit *plate* 과일의 코스. **2** ⓤⓒ 《주로 英》 〖집합적〗 금제(은제, 도금)의 접시(식기)류, 〖a family *plate* 가문(家紋)이 새겨져 있는 금은 식기 / a piece of *plate* 금은 식기 한 점. **3** 〖교회의〗 현금 접시 (collection). **4** [금속 따위의] 평판, 판금; 두꺼운 판유리; [갑옷의] 판금(板金) 갑옷. **5** 표찰, 간판, 장서표(藏書票) 〖bookplate〗. ¶ a name *plate* 명찰. **6** [인쇄] 금속 (전기, 연)판(版); 금속 판화(版), 그림판(版), 한 페이지의 삽화, 특히 인쇄 삽화 《종종 ~s》. **7** [치과] (종종 ~s) 의치 가상(假床) (dental plate); 의치. **8** [야구] 본루(本塁), 홈 플레이트(home plate); 마운드 (pitcher's plate). **9** 페트리 접시[균의 배양에 쓰는] (petri dish). **10** [사진] 감광판, 건판(乾版). ¶ a sensitive *plate* 감광판. **11** [해부·동물] 얇은 판, 얇은 층(lamina); [곤충의] 순판(楯板); [파충류 따위의] 갑(甲). **12** [소의] 갈비살, 얇은 살. ⇨ BEEF 그림. **13** [전기] 양극(陽極) (anode). **14** [건축] 도리. **15** 금(은)상배 (prize cup); 금(은) 상배가 나오는 경마(경

기). **16** 《주로 英》〔철도〕= plate rail. **17** 〔지질〕플레이트〔지각과 맨틀 상층부의 판상 부분〕. *cf.* plate tectonics
clear one's plate 〔한 접시를〕 깨끗이 먹어치우다.
on a plate 《英》 힘들이지 않고, 수월하게.
── *vt.* (**plat·ed, plat·ing**) **1** …에 도금을 하다; …을 판금으로 덮다, 〔배 따위의〕 장갑(裝甲) 하다. **2** …을 때려서 판으로 펴다. **3** 〔인쇄〕 …을 전기(납, 스테로) 판으로 하다. **4** 〔제지〕 〔종이〕에 윤을 내다.
◇ plátelike *adj.*

pláte ármor 《英》 ármour)) *n.* ⓤ **1** 〔군함 따위의〕 갑철판(甲鐵板), 장갑판(裝甲板). **2** 〔옛날의〕 판금 갑옷.

***pla·teau** [plætóu / ´‐´] *n.* (*pl.* ~**s**, **-teaus** *or* **-teaux** [-tóuz]) **1** 고원, 대지(臺地). **2** 〔심리〕 학습 고원〔학습의 정체기〕. **3** 장식 접시.

pláte básket *n.* 《英》 식기(食器) 바구니.
pláte blòck *n.* 《유료》 원판 번호가 인쇄된 블록.
pláte cùlture *n.* ⓤ《세균》 〔페트리 접시에서 하는〕 평판 배양(平板培養).
plat·ed [pléitid] *adj.* **1** 〔편물〕 겉과 안을 두 가지 실로 뜬. **2** 판금으로 덮은, 장갑의. **3** 도금한. ¶ a sliver-*plated* spoon 은도금한 스푼.
pláte·ful [pléitfùl] *n.* 한 접시(의) 분량.
pláte gláss *n.* ⓤ 두꺼운 판유리〔유리창·거울용의 상질품〕.
pláte·lay·er [pléitlèi(i)ər] *n.* 《英》 선로공(線路工). 〔(tracklayer)〕
pláte·let [pléitlit] *n.* 혈소판(血小板)(blood platelet).
pláte·like [pléitlàik] *adj.* 접시(판) 모양의.
pláte màrk *n.* **1** 〔금·은 그릇 따위에 붙은〕 품질을 보증하는 각인(hallmark). **2** 〔인쇄할 때의 압력으로〕 판화 가장자리에 생긴 동판 자국.
plat·en [plǽt(ə)n] *n.* **1** 〔인쇄기의〕 인자판(印字版), 롤러(roller). **2** 타이프라이터의 롤러.
pláte pówder *n.* 〔은식기 따위를〕 닦는 가루.
pláte prínter *n.* 동판(銅版) 인쇄자.
plat·er [pléitər] *n.* **1** 도금공. **2** 판금공(板金工). **3** 광택내는 기계. **4** 〔경마의〕 열등(劣等) 말.
pláte-rack [pléitrǽk] *n.* 《英》 〔접시의 물기를 말리기 위한〕 접시꽂이.
pláte ràil *n.* **1** 접시 선반〔벽에 설치; 주로 장식용〕. **2** 〔철도〕 판형(鋼形) 레일.
pláte tectónics *n. pl.* 《단수 취급》 플레이트 텍터닉스〔지각의 표층이 판상을 이루며 움직이고 있다는 학설〕.

‡**plat·form** [plǽtfɔ̀ːrm] *n.* **1** 대(臺), 단(壇), 연단, 교단; 〔계단의〕 층계참; 높은 지대, 대지(臺地); 《군사》 포좌, 포대(砲臺). **2** 〔역의〕 〔플랫〕 폼, 《美》 〔객차 등의〕 승강구, 데크(vestibule). ¶ No. 2 *platform*; *Platform* [No.] 2 2번 플랫폼/*see off a person on the platform* 플랫폼에서 남을 전송하다. **3** 〔정당의〕 강령 (*cf.* plank); 근본 방침; 《美》 〔후보자 지명 대회에서의〕 강령 선언; 〔the ~〕 연설〔자〕, 토론회〔장〕; 《드물게》 〔종교상의〕 교의(敎義).
plátform brídge *n.* 과선교(跨線橋).
plátform càr *n.* 〔철도〕 무개 화차(flatcar).
plátform rócker *n.* 《美》 밑에 고정판(固定板)을 댄 흔들의자.
plátform scále *n.* 앉은뱅이 저울. 〔혼들의자.〕
plátform ténnis *n.* ⓤ 《美》 〔그물로 둘러싸인 나무 마루 위에서 하는〕 라켓식 테니스〕.
plátform tícket *n.* 《英》 〔역의〕 입장권.
plat·i·na [plǽt(ə)nə, pléitìːnə] *n.* 〔특히 자연물의〕 플라티나〔이로부터 platinum을 유리한다〕.
plat·ing [pléitiŋ] *n.* 〔금속〕 **1** 은〔금〕 도금〔술〕. **2** 철판 씌우기, 장갑(裝甲) 〔씌운〕 금속판, 판금(板金), 장갑용 철판. **3** plate 제작. **4** 《英》 현상 경마(plate-race).
pla·tin·ic [plətínik] *adj.* 〔화학〕 백금의, 백금을 함유하는(*특히 4가(價)의 백금에 관하여 말하며, 제2백금의.

plat·nif·er·ous [plætiníf(ə)rəs] *adj.* 백금을 함유하는(내는).
plat·in·ir·id·i·um [plǽt(i)nairídiəm, -nir-] *n.* ⓤ 백금 이리듐〔고경도(高硬度); 만년필 촉 따위에 쓰임〕.
plat·i·nize [plǽtinàiz] (*《英》는 **plat·i·nise** 로도 쓴다) *vt.* (**-nized, -niz·ing**) …에 백금을 씌우다; …을 백금화 합금하다.
plat·i·no·cy·a·nide [plǽtino(u)sáiənàid, -nid] *n.* ⓤ 〔화학〕 시안화 백금.
plat·i·noid [plǽt(i)nɔ̀id] *adj.* 백금을 닮은, 백금 모양의. ── *n.* ⓤ **1** 백금 합금〔구리·니켈·아연·텅스텐 따위의 합금〕. **2** 백금속, 플라티노이드 〔이리듐·파라듐 따위〕. 〔사진법〕, 백금 사진판.
plat·i·no·type [plǽt(i)no(u)tàip] *n.* ⓤ 〔사진〕 백금 사진.
plat·i·nous [plǽt(i)nəs] *adj.* 백금의, 백금을 함유하는(* 특히 2가의 백금에 관하여 말하며), 제1백금의.

***plat·i·num** [plǽt(i)nəm] *n.* ⓤ **1** 〔화학〕 플라티나, 백금〔금속 원소의 하나; 원자 기호 Pt〕. **2** 백금(플라티나) 색. ── *adj.* LP 음반이 100만 장 이상 팔린.
◇ **plátinous** *adj.*

plátinum bláck *n.* ⓤ〔화학〕백금흑(白金黑)〔미소화한 백금의 검은 가루로 촉매제〕.
plátinum blónde *n.* **1** 〔때로 a ~〕 연금발색. **2** 연금발의 소녀 (여성).
plátinum métals *n. pl.* 백금속.
plat·i·tude [plǽtit(j)ùːd / -tjùːd] *n.* ⓤ 평범, 단조(triteness). **2** 평범한 이야기(말), 상투 용어.
plat·i·tu·di·nar·i·an [plǽtit(j)ùːdinέə(r)iən / -tjùːdinέər-] *n.* 평범한 〔고리타분한〕 말을 하는 사람. ── *adj.* 평범한, 고리타분한; 평범〔진부〕한 말을 하는.
plat·i·tu·di·nize [plǽtit(j)ùːdìnàiz / -tjùːdì-] *vi.* (**-nized, -niz·ing**) 평범한 말을 하다.
plat·i·tu·di·nous [plǽtit(j)ùːdì(i)nəs / -tjùːdì-] *adj.* 평범한, 진부한 (trite); 평범〔진부〕한 말을 하는. ~**·ly** *adv.*

PLATO [pléitou] *n.* 〔교육·컴퓨터〕 자동 교육업무용 프로그램화 논리〔대형 컴퓨터에 디스플레이가 딸린 단말기를 연결시켜 그 앞에서 좋아하는 학과를 자습할 수 있도록 한 교육 시스템〕. (< *P*rogrammed *L*ogic for *A*utomatic *T*eaching *O*perations)
Pla·ton·ic [plətánik, pleit- / -tɔ́n-] *adj.* **1** 플라톤의, 플라톤 철학의(학파의). **2** 〔종종 p-〕 관념(순이론)적인, 비실천적인. **3** 〔보통 p-〕 〔순〕 정신적인. ── *n.* **1** 플라톤 학파의 사람. **2** 〔종종 p-s〕 〔순〕 정신적인 연애를 하는 사람의 감정(행동). **-i·cal·ly** *adv.* (< 〔그리스〕 의 철학자 Plato(427-347 B.C.)의 이름〕
Platónic lóve *n.* ⓤ 〔플라톤 철학〕 플라톤적(철학적)인 사랑, **2** 〔보통 p-〕 〔육욕을 수반하지 않은〕 정신적인 연애(spiritual love).
Platónic yéar *n.* 〔천문〕 플라톤년(年) 〔전 천체의 운행이 일주하는 데 소요된다고 생각된 약 26,000년〕.
Pla·to·nism [pléitənìz(ə)m] *n.* ⓤ **1** 플라톤 철학 (주의), 플라톤 학파의 철학. **2** 〔때로 p-〕 〔순〕 정신적 연애.
Pla·to·nist [pléitənist] *adj.* 플라톤 학파의, 플라톤 철학의. ── *n.* 플라톤 학파의 사람, 플라톤 철학의 신봉자.
Pla·to·nis·tic [plèitənístik] *adj.* 플라톤 철학 연구〔신봉자〕의; 플라톤 철학(주의)의.
Pla·to·nize [pléitənàiz] *v.* (**-nized, -niz·ing**) *vi.* **1** 플라톤 철학을 신봉하다. **2** 플라톤 식으로 추론하다. ── *vt.* **1** …을 플라톤적(풍)으로 하다. **2** …을 플라톤의 철학(학설)에 입각해서 설명하다〔논하다〕.
pla·toon [plətúːn, +英 plæt-] *n.* **1** 〔군대에서의〕 소대. ⇨ ARMY 〔조의〕 **2** 《美》 〔경찰관의〕 소대. **3** 〔공동의 행동을 하는 사람의〕 일단. **4** 〔미식축구〕 플래툰〔공격 또는 방어 전문의 선수단〕. ── *vt., vi.* 〔美俗語〕 〔스포츠에서〕 특정의 역할이나 위치를 전문으로 하다.

platóon sérgeant *n.* 〔美軍〕=sergeant first class.
Platt-deutsch[plá:tdɔitʃ] *n.* ⓤ 저지(低地) 독일어 〔북부 독일의 구어〕(Low German).
plat-ter[plǽtər] *n.* **1** 〔美〕〔보통 타원형의 얕은〕큰 접시; 〔英고어〕〔보통 목제의 바닥이 얕은〕큰 접시(주발). **2** 〔美속어〕레코드, 음반 (phonograph record). **3** 〔야구〕본루 (home plate).
on a 〔*silver*〕*platter*〔美〕힘 안들이고, 수월하게.
platy- flat, broad 의 뜻의 연결형. 예: *platy*pus; *platy*rrhine.
plat-y-pus[plǽtipəs] *n.* (*pl.* **-pus-es** *or* **-pi**[-pài]) 오리너구리〔오스트레일리아산(產)으로 수서(水棲)의 최하등 포유 동물〕(duckbill).
plat-yr-rhine[plǽtiràin, -rin] *adj.* 〔동물 · 인류〕광비(廣鼻)의, 넓적코쇠손이.
plau-dit[plɔ́:dit] *n.* (보통 ~s) 박수, 갈채; 찬양 (praise). 〔좋은, 그럴싸하게 말함.
plau-si-bil-i-ty[plɔ̀:zəbíliti] *n.* ⓤ 그럴싸함, 본이
***plau-si-ble**[plɔ́:zəbl] *adj.* **1** 〔구실 따위가〕그럴싸, 진실(정말)같은. **2** 말주있는, 그럴듯하게 말하는.
類語 *plausible* 표면적으로는 일단 그럴 듯하나, 반드시 속이려는 의도를 뜻하지는 않는다: a *plausible* theory 그럴 듯하게 들리는 학설. *specious* 속임 의도를 갖고 그럴싸하게 꾸미는: *specious* kindness 표면만의 친절.
~**ness** *n.* **-bly** [-bli] *adv.*

‡**play** [plei] *n.* **1** 놀이, 놀기, 유희; 오락 (amusement), 기분 전환. ¶ children at *play* 놀고 있는 아이들 / All work and no *play* makes Jack a dull boy. 〔속담〕공부만 하고 놀 줄 모르는 아이는 바보다 / 공부할 때 공부하고 놀 때 놀아야 한다.
類語 *play* 오락 · 기분 전환 따위를 위해 하는 심신의 활동; 보통 그저 기분 내키는 대로 움직이고 일정한 룰 따위가 없는 것: be fond of children's *play* 아이들 놀이를 좋아하다. *game* 일정한 룰에 따라 오락삼아 숙패를 겨루는 것: a *game* of chess 체스의 시합. *sport* 반드시 숙패를 겨루지는 않는(보통 옥외에서의) 육체를 움직이는 기분 전환, 최근에는 구경하는 것만을 가리키기도 한다: spectator *sports* 보고 즐기는 스포츠.
2 위안, 농담 (fun, joke), 장난; 익살, 재담 (pun) (on, upon...). ¶ a *play* of words 말장난, 궤변 / a poor *play* [*upon*] words 서툰 익살.
3 극 (drama), 연극; 희곡, 각본. ¶ Shakespeare's *plays* 셰익스피어의 희곡 / act (*or* do) a *play* 연극을 하다 / go to the *play* 연극 구경을 가다.
4 경기, 시합 (game); 경기(승부)의 순번; ⓤ 경기 태도, 시합하는 솜씨, 수. ¶ fine *play* 미기(美技), 파인플레이 / rough *play* 거친 시합 태도 / It's your *play*. 네 차례다.
5 ⓤ 〔남에 대한〕태도, 행위, 행동(action). ¶ fair (foul) *play* 공명정대한(비열한) 방식(행동).
6 ⓤⓒ 도박, 노름(gambling). ¶ 〔a〕high *play* 큰 도박.
7 ⓤⓒ 〔빛 따위의〕움직임, 번뜩임, 어른거림 (on, upon...). ¶ the *play* of light on the water 물위의 빛의 어른거림.
8 ⓤ 〔자유로운〕활동(activity), 작용; 〔기계 따위의〕운전; 〔피스톤의〕움직임; 〔근육의〕수의 운동, 활동 범위(의 자유 · 여유〕. ¶ be in full *play* 왕성하게 (힘껏) 활동하고 있는 / come into *play* 작동(활동)하기 시작하다 / give (*or* allow) free *play* to one's ability 재능을 십분 발휘하다.
9 ⓤ 쉬기, 휴업 (*opp.* work); 실업, 파업; 무휴.
〔*as*〕*good as* 〔*a*〕*play* 연극처럼 재미있는. 〔다.
bring (*or* **call**) ... *into play* ...을 활동시키다; 이용하다
in play ① 농담으로 (in fun). ② 〔시합중의 공이 라인 안에〕살아서. ③ 작용하여, 〔구기(球技)가〕시합 중에 / **hold** (*or* **keep**) a person *in play* 남을 일하게(활동하게) 해주다.
make a play for 〔속어〕① 〔이성〕을 유혹하려고 하다, ...에게 구애하다. ② ...을 손에 넣으려고 하다.
make good play 힘차게 나아가다(행동하다).
make play ① 〔경마 · 사냥〕쫓는 자를 골탕 먹이다. ② 〔권투〕상대를 맹렬히 공격하다. ③ 크게 활동하다; 서두르다. ④ 효과적으로 사용하다; 가지고 놀다 (*with*...).
out of play ① 〔시합중의 공이〕죽어서. ② 아웃이 되어. ③ 실직하여.

— *vt.* **1** 〔경기 · 유희 따위〕를 하다, 즐기다. ¶ *play* cards (baseball) 카드놀이(야구)를 하다 / *play* cowboys 카우보이가 놀이를 하다 / *play* house 소꿉놀이를 하다 // (~+*that* 節) Let's *play that* we are soldiers. 병정놀이를 하고 놀자.
2 ...을 시합(승부)에 기용하다(참가시키다). ¶ (~+目+*as* 補) *play* a person *as* a pitcher 남을 투수로 기용하다.
3 〔영화 따위에서〕...으로 분장하다, ...의 역을 맡다; 〔본분 따위〕를 다하다, 〔역할〕을 완수하다 (...in); 〔인양 행동하다, ...을 가장하다 (pretend). ¶ *play* Othello 오델로 역을 하다 / *play* the fool 바보짓을 하다 / *play* truant 〔학교나 근무처 따위를〕꾀부리고 쉬다, 농뗑이 부리다 / (~+目+前+名) *play* an important part *in* an international conference 국제 회의에서 중요한 역할을 하다.
4 〔연극〕을 상연하다; 〔극단 따위가〕...으로 흥행하다, ...을 순회 공연하다. ¶ *play* larger cities 대도시를 순회 공연하다.
5 〔장난 따위〕를 하다(...*on*, *with*), 〔사기 등〕을 치다. ¶ (~+目+前+名) *play* a person a trick; *play* a trick *on* a person 남에게 장난질(못된 짓)을 하다 // (~+目+*前*+名) *play* tricks *with* something 어떤 것을 가지고, 농간을 부리다.
6 〔악기 · 악곡〕을 연주하다; 주악으로 〔사람 등〕을 송영하다 (...*for*, *on*, *in*, *out*). ¶ *play* the piano 피아노를 연주하다 / (~+目+*前*+名) *play* an overture *on* the piano 피아노로 서곡을 연주하다 // (~+目+目) *play* guests *in* (*out*) 주악으로 손님을 맞다(보내다) / (~+目+目), (~+目+*to* 名) Play me Mozart. = *Play* Mozart *to* me. 나에게 모차르트를 연주해 (들려)다오.
7 ...을 걸다(bet); ...에 걸다. ¶ *play* horses 경마에 걸다.
8 〔빛 따위〕를 번뜩이다(flash), 어른거리게 하다; 〔탄환 따위〕를 연속적으로 쏘아대다; ...을 움직이다, 활동시키다 (...*on*). ¶ (~+目+*前*+名) *play* a searchlight *on* the sea 탐조등으로 해상을 비추다 / *play* a hose *on* a fire 호스로 불에 물을 끼얹다.
9 ...을 쓰다, 휘두르다 (wield), 〔손발〕을 움직이다. ¶ *play* a razor 면도를 하다 / *play* a good knife and fork 나이프와 포크질을 부지런히 하다, 신나게 먹다.
10 〔카드놀이〕〔패〕를 내놓다; 〔서양 장기〕〔말〕을 움직이다; 〔장기말〕〔공〕을 치다, 놀리다.
11 〔줄을 잡아당기면서〕〔낚시에 걸린 물고기〕를 지치게 하다.
12 〔경기 따위에서〕...과 승부하다, ...의 상대가 되다. ¶ (~+目+*前*+名) *play* a person *at* billiards 남과 당구를 치다 / *play* a person *for* a championship 남의 상대가 되어 선수권을 겨루다.

— *vi.* **1** 놀다, 장난치다 (gambol). ¶ (~+*前*+名) *play in* a garden 뜰에서 놀다 // (~+*副*) His children are *playing* about. 그의 아이들은 장난치며 놀고 있다.
2 가지고 놀다(toy), 만지작거리다. ¶ (~+*前*+名) *play with* fire 불장난을 하다.
3 경기에 참가하다, 경기(승부)를 하다. ¶ (~+*前*+名) *play at* football (cards) 축구(카드놀이)를 하다 / *play in* the finals 결승전에 나가다.
4 ...하고 놀다, 장난삼아 하다, ...놀이를 하다. ¶ (~+*前*+名) *play at* soldiers 병정놀이를 하다.
5 행동하다 (act); 흉내내다, ...인 척하다. ¶ (~+*副*) *play* dumb (innocent) 바보인 척하다(순진한 척하다) / *play* fair 공명정대하게 행동하다, 정당하게 승부하다 /

play foul (or *false*) 부정한 승부를 하다, 속이다 (~+홴) ¶ I *played* dumb. 나는 벙어리 흉내를 냈다.
6 걸다, 승부를 겨루다(gamble). ¶ (~+前+名) *play for* love (money) 돈을 걸지 않고(돈을 걸고) 승부를 겨루다.
7 [구장 따위가] 경기하기에 알맞다. ¶ (~+副) The stadium *played* well (*badly*). 경기장 상태가 좋았다(나빴다).
8 연극을 하다, 상연하다; [희곡이] 상연되다, 상연하기에 알맞다. ¶ (~+前+名) *play in* a drama 연극을 하다 / What's *playing at* the theater? 저 극장에서는 무엇이 상연되고 있느냐? // (~+副) *play* well [배우가] 연기가 좋다.
9 [악기를] 연주하다; [악기가] 울리다, [악곡이] 연주되다. ¶ A record is *playing*. 레코드가 걸려 있다 / (~+前+名) *play on* the flute 플루트를 취주하다 / *play by* ear 들은 풍으로 연주하다 // (~+副) The strings *played* well. 현악기의 연주가 훌륭했다.
10 멋대로 움직이다, 경쾌하게 움직이다; [빛·색 따위가] 어른거리다, 번득이다. ¶ (~+前+名) a breeze *playing on* the water 수면에 잔물결을 일으키는 미풍 / with a smile *playing upon* one's lips 입술에 미소를 띄우고서 // (~+副) A butterfly was *playing about*. 나비 한 마리가 날아다니고 있었다.
11 [탄환 따위가] 연속 발사하다, [물 따위가] 방출하다; 발사(방출)하다. ¶ (~+前+名) The fire engine *played on* the flames. 소방 펌프가 불에 물을 뿜었다.
12 [기계 따위가] 멋대로 놀다(움직이다); 운전하다.
13 빈둥거리며 살다, 쉬다 (*opp.* work). 파업을 하다.
be played out ① 지치다; 기진맥진하다. ¶ She is *played out*. 그녀는 기진맥진하였다. ② 시대에 뒤지게 되다, 쇠퇴하다. 「비하다.
play away [재산 따위를] 탕진하다; [시간 따위를] 낭
play back (*forward*) ① [크리켓] 공을 뒤로(앞으로) 치다, 3주문(wicket)으로 되돌아오다. ② [녹음 테이프 따위를] 재생하다.
play ball ⇒ BALL.
play both ends against the middle 양자를 겨루게 하여 어부지리(漁父之利)를 얻으려 하다(얻다).
play chicken ⇒ CHICKEN.
play down ① …을 경시하다(belittle). ② …을 선전하지 않다.
play down to [상대에] 맞춰 정도를 낮추다.
play fast and loose ① 되는대로(무책임하게) 행동하다. ② …을 우롱하다(*with*...). ¶ Don't *play fast and loose with* her affection. 그녀의 애정을 우롱하지 마라.
play first (*second*) *fiddle* ⇒ FIDDLE.
play for time 시간을 벌다.
play one's hand for all it is worth ⇒ WORTH.
play into each other's hands 서로 벌다(이익을 도모하다), 한통속이 되다.
play into the hands of …의 이익이 되도록 행동하다.
play it cool 《美속어》 차가운 태도를 취하다.
play it low (or *down*) *upon* ⇒ LOW.
play off ① (*vi.*) 속이다, (*vt.*) [고어] …에 (가짜를 떠) 넘기다(palm off)(...*on*). ② …에게 창피를 주다; …을 우습게 하다. ③ [장난질 따위]를 치다. ④ [동점 경기]의 결승전을 하다. ⑤…을 발사하다.
play a person off against another 남을 서로 대결시켜 어부지리를 차지하다.
play on (or *upon*) ① (*vi.*) [크리켓] 공을 3주문에 맞혀서 아웃이 되다(* *on* adv.). ②…을 자극하다; …을 이용하다, …의 허점을 노리다(* *on* *prep.*). ¶ [악기]를 타다, 연주하다.
play out ① [시합·노래]를 끝내다(finish), 끝까지 연기(연주)하다. ② 마지막 수단까지 다 쓰다. ③ [남]을 지치게 하다, 기진맥진하게 하다.
play the devil (or *the deuce*) *with* 《구어》 …을 철저히 짓밟다, 망가뜨리다, 엉망으로 만들다.

play up ① (*vi.*) 주악을 시작하다; 더욱 더 세차게 타다. ② (*vt.*) [경기 따위에서] 분투하다. ③ 《구어》 《美》 …을 잘 이용하다. ④ 《구어》 …을 괴롭히다; …을 망신시키다. ⑤ …을 강조하다; …을 광고하다(publicize).
play up to ① [남]에게 맞장구를 치다, …에 아부하다 (flatter). ② …을 조연(助演)하다. ③ …을 원조하다; …을 지지하다(support).
◇ **pláyful** *adj.*
pla·ya [plá:jə] *n.* 큰 비가 온 뒤 물이 괴는 사막의 분
pláy·a·ble [pléi(i)əbl] *adj.* ¶ [경기·놀이 따위를] 할 수 있는, [연극 등을] 상연할 수 있는, [악기 따위가] 연주할 수 있는, [악곡 따위가] 연주 가능한. **2** [운동장 따위가] 경기에 적합한.
play·act [pléièkt] *vi.* **1** 가장하다, 연극을 하다; 속이다. **2** [배우가] 출연(연기)하다. ── *vt.* …을 극적으로 표현하다(dramatize).
play·act·ing [pléièktiŋ] *n.* ⓤ **1** 연극[을 상연하기], 배우 직업. **2** 가장(pretense), 연극; 속이기.
play·ac·tor [pléièktər] *n.* (경멸적) 배우.
play·back [pléibæk] *n.* 녹음 재생[기, 장치].
play·bill [pléibil] *n.* [연극의] 포스터, 삐라.
play·book [pléibùk] *n.* **1** 각본. **2** 미식 축구의 작전도를 실은 책.
play·box [pléibàks / -bɔ̀ks] *n.* 《주로 英》 **1** 장난감 상자. **2** [기숙생의] 소품감 상자.
play·boy [pléibɔ̀i] *n.* [돈많은] 난봉꾼, 방탕자(dissipated man), 한량, 플레이 보이. *cf.* playgirl
play-by-play [pléibaiplèi] *adj.* [시합의 방송 따위가] 상세한 (detailed), 각 장면을 해설하는, 실황의. ── *n.* [시합의] 실황 방송.
play·clothes [pléiklòu(ð)z / -klòuðz] *n. pl.* 허드렛옷.
play·day [pléidèi] *n.* [학교의] 휴일;《英》학교 대항 경
pláy dòctor *n.* [연극] 각본 감수자(play fixer).
play·down [pléidàun] *n.* 《주로 캐나다》[각 지역 대표에 의한] 결승전.
‡**play·er** [pléi(ə)r] *n.* **1** 유회(경기)를 하는 사람(것); 선수;《英》[특히 크리켓이나 축구의] 직업 선수(*at*...). ¶ *players at* cricket 크리켓을 하는 사람들. **2** 연주가 (*on*...). ¶ a *player on* a flute 플루트 주자. **3** 배우 (actor). **4** 자동 연주 장치 (*cf.* player piano); 레코드 플레이어. **5** 도박꾼(gambler); 게으름뱅이.
pláyer piáno *n.* 자동 피아노.
play·fel·low [pléifèlou] *n.* 놀이 친구(playmate).
play·ful [pléifəl] *adj.* **1** 놀기 좋아하는, 희롱거리는 (sportive). **2** 농을 하는, 재미나는, 우스꽝스러운.
∼**·ly** [-fəli] *adv.* ∼**·ness** *n.*
play·game [pléigèim] *n.* 유회; 어린애 장난.
play·girl [pléigə̀rl] *n.* [쾌락을 추구하며] 놀아나는 여자, 플레이 걸. *cf.* playboy
play·go·er [pléigò(u)ər] *n.* 연극 애호가, 연극 팬.
play·go·ing [pléigòuiŋ] *adj.* 자주 연극을 보러 가는. ── *n.* [습관적으로 자주 가는] 연극 구경.
‡**play·ground** [pléigràund] *n.* **1** [특히 학교 부속의] 운동(유희)장. **2** 놀이터, 행락지. 「임.
play·group [pléigrù:p] *n.* 《英》취학 전의 유아의 모
play·house [pléihàus] *n.* (*pl.* -hous·es [-hàuziz]) **1** 극장. **2** [아이들의] 놀이집, 아동 유희장. **3** 장난감 집.
pláy·ing càrd *n.* [카드]의 한 장.
pláy·ing fìeld *n.* 《주로 英》 [공설의] 경기장, 운동
play·land [pléilænd] *n.* [어린이] 놀이터; 관광지.
play·let [pléilit] *n.* 짧은 극, 촌극(short play).
play·list [pléilist] *n.* [라디오 방송국의] 녹음 테이프 리스트.
play·mak·er [pléimèikər] *n.* [농구·하키 등에서] 공격의 선도적 역할을 하는 선수. 「(playfellow).
‡**play·mate** [pléimèit] *n.* [주로 아이들의] 놀이친구
play·off [pléiɔ̀(:)f / -ɔ̀f] *n.* [동점 따위 경우의] 결승 경
play·pen [pléipen] *n.* 유아용 놀이틀. 「기.

play·pit [pléipìt] n. 《英》작은 모래밭.
play·room [pléirù(:)m] n. 놀이방, 오락실.
play·some [pléisəm] adj. 희롱하는; 장난치는.
play·suit [pléisù:t/-s(j)ù:t] n. 놀이 옷.
pláy thèrapy n. 〔심리〕 유희 요법.
***play·thing** [pléiθiŋ] n. 1 완구, 장난감(toy). 2 〔비유적〕 놀림감(이 되는 사람), 노리개.
play·time [pléitàim] n. ⓤ 휴양 시간, 놀이 시간; 흥행 시간.
play·wright [pléiràit] n. 극작가(dramatist).
play·writ·er [pléiràitər] n. =playwright
pla·za [plɑ́:zə, plǽzə] n. 〔도시 공공의〕 광장; 시장, 상점가; 〔특히 스페인의〕 큰 네거리. 〔<Sp place〕
plbg. (略) plumbing.
PLC (略) 〔경영〕 product life cycle(제품 라이프 사이클); public limited company(〔영국의〕 주식공개 주식회사).
-ple 「…곱」, 「…겹」의 뜻의 연결형. 예: triple.
***plea** [pli:] n. 1 핑계, 변명, 구실(pretext). ¶ on(or under) the plea of illness 병을 핑계삼아. 2 간청, 탄원(entreaty); 빌기(for...). ¶ make a plea for help 지원을 탄원하다. 3 〔법률〕 진술(allegation); 항변, 답변; 소송. ◇ plead v.
pléa bàr·gain·ing [-bɑ̀:rginiŋ] n. 〔법률〕 유죄 답변 거래(가벼운 구형 따위 검찰측의 양보와 교환 조건으로 피고가 유죄를 인정하거나 다른 사람에 대한 증언을 하는 거래).
pleach [pli:tʃ] vt. 1 〔나뭇가지 따위〕를 얽어매다(엮다). 2 〔얽어서(엮어서)〕 〔울타리 따위〕를 만들다(수선하다). 3 〔머리털〕을 엮다, 땋다(braid).
***plead** [pli:d] v. (**plead·ed** or 《미구어·방언》 **ple[a]d** [pled], **plead·ing**) vi. 1 탄원하다. ⇒ APPEAL 類語 ¶ (~ +前+名) plead for mercy 자비를 빌다 // plead with a person to change his opinion 남에게 생각을 고치도록 간청하다.
2 변명하다(for...); 항변하다(against...). ¶ (~ +前+名) plead for a person's innocence 남의 결백함을 변명하다 / plead against wrong 부정에 대해 항변하다.
3 구실이 되다. ¶ (~ +前+名) His minority pleads for him. 미성년이란 것이 그에게 유리한 구실이 되어 있다.
4 〔법률〕 **a)** 변론하다, 진술하다; 답변하다. ¶ (~ +圖) plead guilty 죄를 인정하다 / plead not guilty 무죄를 주장하다. **b)** 〔변호사가〕 변호하다(advocate), 법정에 호소하다.
— vt. 1 …을 주장하다; …을 변명으로(이유로) 진술하다. ¶ plead ignorance 몰랐다고 변명하다 // (~ + that 節) He pleaded that I was to blame. 그는 내게 책임이 있다고 변명했다. 2 〔법률〕 〔소송 사실 따위〕를 진술하다; …에 항변(답변)하다; …을 변호(변론)하다. ¶ plead a person's case 남의 사건을 변호하다. ◇ plea n.
plead·er [plí:dər] n. 1 변호사(advocate); 진술인. 2 탄원(간청)하는 사람; 중재자(intercessor).
plead·ing [plí:diŋ] n. ⓤ 1 변명, 변론, 해명. 2 〔법률〕 변호, 항변, 소송 절차; (~s) 〔원고와 피고의〕 소장(訴狀), 진술. — adj. 탄원(간청)하는(suppliant). ~·ly adv.
pleas·ance [pléz(ə)ns] n. 1 〔큰 저택 따위에 딸린〕 유원(遊園). 2 ⓊⒸ (고어) 유쾌; 만족; 쾌락(pleasure).
***pleas·ant** [plézənt] adj. (종종 **-ant·er, -ant·est**) 1 유쾌한, 기분이 좋은, 쾌적한. ¶ have (or spend) a very pleasant time 매우 즐겁게 지내다 // pleasant to the ear (the taste) 듣기 좋은(먹어서 맛좋은) / This story is pleasant to read. 이 이야기는 읽기에 즐겁다.
2 〔날씨 따위가〕 좋은(fair); 〔사람·태도 따위가〕 쾌활한, 사근사근한(agreeable), 상냥한, 붙임성 있는(amiable)(to...); (고어) 명랑한(gay), 활발한. ¶ We must make ourselves pleasant to visitors. 손님에게는 사근사근하게 해야만 한다. 3 〔폐어〕 우스꽝스러운(jocular), 익살스러운. ~·ness n. ◇ please v., pleasure n.
***pleas·ant·ly** [plézəntli] adv. 1 유쾌하게, 즐겁게. 2 상냥하게, 사근사근하게.
pleas·ant·ry [plézntri] n. (pl. **-ries**) 1 ⓤ 익살맞음, 우스꽝스러움. 2 농담, 익살스러운 행동(humorous action).
‡**please** [pli:z] v. (**pleased, pleas·ing**) vt. 1 …을 기쁘게 하다, 만족시키다(satisfy), …의 마음에 들다. ¶ a dress that pleases me 내 마음에 드는 드레스 / He is hard to please. =It is hard to please him. 그는 성미가 까다롭다.
2 …을 바라다(wish), 좋아하다(like). ¶ (~ +wh.節) Choose what you please. 갖고 싶은 것을 골라잡아라.
3 〔정중한 요구·간청을 나타내는 명령법으로〕 아무쪼록, 제발. ¶ Please open it. =Open it, please. 그것을 좀 열어 주십시오(* 본래의 용법인 May it please you to open it.가 생략된 형).
4 〔수동형으로〕 기꺼이(glad), 마음에 들어서(at, by, with, about, in...). ⇒ GLAD 類語 ¶ (~ +前+名) He can't be pleased by anybody. 아무도 그의 비위를 맞출 수가 없다 / I was pleased at (or with) your success. 네가 성공했다는 말을 듣고서 나는 기뻤다 / I am pleased about it. 나는 그것이 마음에 든다 // (~ +圖+to do) I'll be pleased to come. 기꺼이 가겠다 / (~ +that 節) I am pleased that you have consented. 당신이 승낙해 주어서 기쁘다.

—— Usage be pleased at, be pleased by, be pleased with —— by 는 동작하는 사람을 뜻하고, with 는 지속 상태를 가리키는 원인을 나타내며, at 는 순간적인 동작을 원인으로 한다. 대신 with 를 쓰는 수가 많다. 또한 pleased 는 구어에서는 형용사적으로 느껴져 very be 로 수식된다.

— vi. 남을 기쁘게 하다, 호감을 사다. ¶ He is anxious to please. 그는 남의 호감을 사려고 애쓴다. 2 좋아하다(like), 바라다. ¶ Do as you please. 좋을 대로 하여라 / Come whenever you please. 아무 때나 오십시오.
if you please ① 좋으시다면, 부디; 죄송하지만; 미안합니다만. ¶ I must be going, if you please. 이만 실례하겠습니다(돌아가야겠습니다). ② 글쎄, 놀랍게도. ¶ My ring was in her handbag, if you please. 놀랍게도, 내 반지가 그녀의 핸드백 속에 있었단 말입니다.
please oneself 멋대로〔좋을 대로〕 하다(do as one pleases). ¶ She may please herself. 그녀는 하고 싶은 대로 해도 된다.
please God 하나님 뜻이라면(if it is God's will), 잘 되면. ◇ pléasant adj., pleasure n.
pleased [pli:zd] adj. 기쁜, 만족스러운.
‡**pleas·ing** [plí:ziŋ] adj. 즐거운(pleasant); 기분좋은; 상냥한, 사근사근한; 만족을 주는(* pleased 와 대조적으로, pleasing 은 타동사적 뜻을 갖고 「남에게 기쁨을 주다」의 뜻). ¶ a pleasing face 기분이 좋은(호감을 주는) 얼굴. ~·ly adv. ~·ness n.
pleas·ur·a·ble [pléʒərəbl] adj. 유쾌한(pleasant), 즐거운; 기분이 좋은(agreeable). ~·ness n. -bly adv.
‡**pleas·ure** [pléʒər] n. 1 ⓤ 즐거움, 유쾌함; 기쁨, 유쾌, 도김, 만족(of, in...); 〔기쁨〕을 주는 것, 〔즐거움을 주는〕 하나의) 즐거움. ¶ pleasure and pain 고락 / It is a pleasure to talk with him. 그와 이야기하는 것은 즐겁다 // Will you do me the pleasure of dining with me? 함께 식사하지 않으시렵니까? / When may I have the pleasure of seeing you again? 언제나 또 뵐 수 있을까요? / He takes [a] pleasure in walking about in the country. 그는 시골에서 이리저리 돌아다니는 것을 즐거움으로 삼고 있다.
類語 pleasure 여러가지 정도의 「즐거움·만족」이라는 뜻의 가장 넓은 뜻의 말: take pleasure in reading 독

서를 즐기다. **enjoyment** 무엇인가를 느긋하게 즐기는 기분: the *enjoyment* of sitting in the sun 햇볕을 즐기는 기쁨. **delight** 말·몸짓 따위로 외부에 표현되는 크나큰 pleasure: laugh with *delight* 기뻐서 웃다. **joy** 행복감이 넘쳐서 가만히 있을 수 없는 크고 지속적인 delight: be beside oneself with *joy* 기뻐서 어쩔 줄을 모르다.

2 ⓤⓒ 위안, 오락(amusement); [육체적인] 쾌락, 방종(self-indulgence), 난봉; [구체적으로] 오락, 도락, 위안: a man of *pleasure* 난봉꾼, 한량 / animal *pleasures* 동물적 쾌락.

3 ⓤ (특히 a person's ~ 의 형으로) 의지(will); 희망, 욕구, 기호. ¶ consult a person's *pleasure* 남의 의향(형편)을 묻다.

at [*one's*] *pleasure* 뜻대로; 수시로.
during one's pleasure 마음이 내키는 동안.
for pleasure 재미로; 위안삼아, 오락으로. ¶ read books *for pleasure* 재미로(오락 삼아) 책을 읽다.
with pleasure ① 기꺼이. ②[기꺼이 승낙하는 말로] 좋습니다, 그렇지요. ¶ Will you do this for me? — *With pleasure*. 이 일을 해주시렵니까? — 좋습니다.

— v. (**-ured, -ur·ing**) vt. …을 기쁘게 하다(gratify), 즐겁게 하다. — vi. 즐기다, 만족하다 (delight). ¶ (~+前+图) I *pleasure* in the flavor. 나는 그 향료를 아주 좋아한다.
◇ please v., pléasant *adj.*

pléasure bòat (cràft) *n.* 유람선.
pléasure gròund *n.* 유원지; 공원.
pléasure prínciple *n.* [정신 분석] [고통을 피하고 쾌락을 추구하는] 쾌락 욕구 본능.
pleas·ure-seek·er [pléʒərsì:kər] *n.* 쾌락(열락)을 추구하는 사람.
pleat [pli:t] *n.* 주름, 플리트(plait). — vt. …에 주름을 잡다.
pleat·er [plí:tər] *n.* 주름을 잡는 사람; [재봉틀의] 주름잡는 기구. [plebe 2.]
pleb [pleb] *n.* (속어) **1** 평민, 서민(commoner). **2** =
plebe [pli:b] *n.* 《페어》[고대 로마의] 평민, 서민. **2** (美)(군대) 사관 학교의 최하급생.
***ple·be·ian** [plibí:ən] *adj.* **1** [고대 로마의] 평민의; [일반적으로] 서민의. **2** 보통의, 평범한; 속된(vulgar); 천한. — *n.* [고대 로마의] 평민(*cf.* patrician); [일반적으로] 서민. **~·ly** *adv.* **~·ness** *n.*
◇ plebe *n.*, plebéianize *v.*
ple·be·ian·ism [plibí:ənìz(ə)m] *n.* ⓤ 평민(서민)기질(풍); 평민(서민)의 풍습(관습); 상스러움(vulgarity), 거칠음.
ple·be·ian·ize [plibí:ənàiz] *vt.* (**-ized, -iz·ing**) …을 평민(서민)적으로 하다; …을 보통으로(평범하게), 천하게) 하다, 상스럽게 하다.
ple·bis·ci·ta·ry [plibísitèri / -t(ə)ri] *adj.* 국민 투표의, 일반 투표의; 국민(일반) 투표에 입각한.
pleb·i·scite [plébisàit, -sit] *n.* [특히 나라의 중요 문제 따위에 관한] 국민(일반) 투표.
plebs [plebz] *n.* (*pl.* **ple·bes** [plí:bi:z]) **1** [고대 로마의] 평민, 서민. **2** [일반적으로] 서민, 대중, 민중(populace).
plec·tog·nath [pléktɑgnæθ / -tɔg-] *adj.* 유악류(鬱顎類)의(에 속하는). — *n.* 유악류의 물고기(개복치 따위).
plec·trum [pléktrəm] *n.* (*pl.* **-tra** [-trə] *or* **-trums**) [만돌린·기타 따위의] 채.
pled [pled] *v.* plead 의 과거·과거 분사.
‡pledge [pledʒ] *n.* **1** ⓤ 서약, 언질; [정당 따위의] 공약. ¶ under [the] *pledge* of secrecy 비밀을 지킨다는 약속으로 / keep one's *pledge* 맹세를 지키다 / take a *pledge* 서약하다. **2** ⓤ [법률] 담보, 저당(hostage), 전당권(mortgage); ⓒ 담보(저당)[물](pawn). ¶ in *pledge* 담보로, 저당으로, 잡혀서 / give something to (or lay [put] something in) *pledge* …을 담보로 넣다 / take something out of *pledge* …을 담보로부터 빼내다.

3 표적(token), 보증(保證); [애정의 표적으로서의] 아이. ¶ a *pledge* of fidelity 충성의 표적 / a *pledge* of love (*or* affection) 사랑의 표적(애의 아이). **4** [보통 the ~] 금주의 서약. ¶ sign (*or* take) the *pledge* 금주의 서약을 하다. **5** [건배를 함으로써 나타내는] 호의(지원)의 보증, 건배(toast). ¶ [클럽·비밀 결사 따위에의] 입회 서약자, [〔폐어〕인질(人質), 보석(保釋) 보증인(bail).

— *v.* (**pledg·ed, pledg·ing**) *vt.* **1** …을 서약(약속)하다; …의 이행을 보증하다, 언질을 주다; [명예 따위]를 걸다. ¶ *pledge* one's honor 명예를 걸고 서약하다 // (~+图+to do) *pledge* allegiance to the flag 국기에 충성을 맹세하다 // (~+图+to do) *pledge* one's word *to* do one's best 최선을 다할 것을 맹세하다. **2** …을 서약으로 묶다, 서약하게 하다. ¶ (~+图+前+图) *pledge* oneself *to* secrecy 비밀을 지킬 것을 서약하다 // (~+图+to do) *pledge* a person *to* stop drinking 술을 끊을 것을 맹세하다. **3** …을 저당잡히다(pawn). ¶ (~+图+前+图) *pledge* a watch *for* 5,000 won 5천 원에 시계를 저당잡히다. **4** [남의 건강 따위]를 위해 건배하다(toast). **5** [클럽·비밀 결사 따위]에의 입회를 약속시키다. — *vi.* 서약하다; 보증인이 되다. ¶ (~+前+图) *pledge* for one's friend 친구의 보증인이 되다.

pledge·a·ble [plédʒəbl] *adj.* **1** 담보를 넣을(저당잡힐) 수 있는. **2** 보증(서약)할 수 있는. **3** 축하할 만한.
pledg·ee [pledʒí:] *n.* [동산] 질권자(質權者). [란.
Pledge of Allégiance *n.* 충성의 맹세["I pledge allegiance to the flag"로 시작되는 미국민의 자국에 대한 서약].
pledg·er [plédʒər] *n.* **1** 저당잡히는 사람; [법률] 질권 설정자. **2** 서약자, 맹세를 드는(하는) 사람.
pledg·et [plédʒit] *n.* [치료용의] 가제, 탈지면. [란.
pledg·or, pledge·or [pledʒɔ́:r] *n.* = pledger 1.
-plegia paralysis(마비)의 뜻의 연결형. 예: para·*plegia*.
Plei·ad [plí:əd, pláiəd / pláiæd] *n.* **1** [그리스 신화] 플레이아데스(Pleiades)의 한 사람. **2** 플레이아데스 성단(星團)중의 하나. **3** (보통 p-) [7인 (7개)의] 저명한(빛나는) 한 무리. **4** [16세기 프랑스 시단의] 플레이아데스 파(派).
Plei·a·des [plí:ədì:z, plái- / plái-] *n. pl.* **1** [그리스 신화] 플레이아데스[=아틀라스(Atlas)의 일곱 딸]. **2** [천문] 플레이아데스 성단, 묘성(昴星).
plein-air [plèinɛ́ər] *adj.* [미술] 플레네르의[18세기 중엽에 프랑스에서 일어난 자연 광선을 중시하는 화법에 관한 것].
pleio- more 의 뜻의 연결형(* plio-, pleo-도 같은 뜻). 예: *pleio*tropia (다상(多相)유전).
Plei·o·cene [pláiəsì:n] *n., adj.* [지질] = Pliocene.
Pleis·to·cene [pláistə(u)sì:n] [지질] *adj.* 홍적(洪積)(갱신, 최신)세의. ¶ the *Pleistocene* Epoch [지질] 홍적세(통) [신생대(新生代) (Cenozoic era) 제 4기의 전기; 방하가 후퇴하고 인류가 출현한 시기]. — *n.* 홍적(갱신, 최신)세(통).
plen. (略) plenipotentiary.
ple·na [plí:nə] *n.* plenum 의 복수형. [히.
ple·na·ri·ly [plí:nərili, +美 plén-] *adv.* 완전히, 충분
***ple·na·ry** [plí:nəri, +美 plén-] *adj.* **1** 충분한, 완전한(complete); 전체의; 절대의. ¶ *plenary* powers 전권. **2** 전원 출석의. ¶ a *plenary* session (*or* meeting) 전체 회의, 본회의, 총회. **3** [절차 따위가]정식의. summary.
plénary indúlgence *n.* ⓤ [가톨릭] 대사(大赦).
ple·nip·o·tent [plinípətənt] *adj.* 전권을 가진.
plen·i·po·ten·ti·ar·y [plènipəténʃ(ə)ri, +美 -ʃièri] *n.* (*pl.* **-ar·ies**) 전권 대사(공사, 사절, 위원). — *adj.* **1** 전권을 가진, ¶ an ambassador extraordinary and *plenipotentiary* 특명 전권 대사 / a minister *plenipotentiary* 전권 공사. **2** 전권을 주는. **3** [권력 따위가] 절

plen·ish [pléniʃ] *vt.* 《주로 스코》…을 가득 채우다(fill up); …을 저장하다(stock); …에 가축을 넣다; 〔집에〕 가구를 갖추다(furnish); 《주로 방언》…을 보충하다.

plen·i·tude [plénit(j)ùːd /-tjùːd] *n.* ① **1** 충분 (fullness), 완전. ¶ He is in the *plenitude* of his power now. 그는 지금 권력의 절정에 있다. **2** 풍부 (abundance); 충실; 충만.

plen·i·tu·di·nous [plènət(j)úːdinəs/-tjúːd-] *adj.* 충분(완전)한; 풍부한, 충실(충만)한. **2** 동동한(portly).

*****plen·te·ous** [pléntiəs, -tjəs] *adj.* 풍부한(plentiful); 열매가 많이 열리는(fruitful). **~·ly** *adv.* **~·ness** *n.*
◇ **plénty** *n.*

‡**plen·ti·ful** [pléntifəl] *adj.* 풍부한, 많은 (abundant); 풍부하게 나는. ¶ a *plentiful* harvest 풍작 / a *plentiful* supply 풍부한 공급.
類語 **plentiful** 다량·풍부한: *plentiful* food 풍부한 식량. **abundant** 매우 plentiful 해서 넘칠만큼 많은: *abundant* resources 남아돌 정도로 풍부한 자원. **ample** 어떤 목적을 위해 충분하게 많은: *ample* provisions for the winter 월동용으로 충분한 양식. **copious** 무진장이라 할만큼 다량의: a *copious* crop of wheat 밀의 대수확.
~·ly [-fəli] *adv.* **~·ness** *n.*

‡**plen·ty** [plénti] *n.* (*pl.* **-ties**) **1** ① 풍부; 충분, 많음, 다량 (* 수·양에 다같이 쓰이며, 보통 부정문에는 many 나 much 를, 의문문에는 enough 를 쓴다). opp. lack ¶ a year of *plenty* 풍년 / *plenty* of time 충분한 시간(* 영국의 방언, 또는 미어에서는 a plenty of 라고도 한다. *cf.* aplenty) *in plenty* 풍부하게, 충분히 / live in *plenty* 풍성하게 지내다 / There is *plenty* more [of it]. 아직도 많이 있다. **2** (-ties) 풍부한 양.
— *adj.* 《구어》 《양·수가》 충분한, 많은(plentiful). ¶ *plenty* water to drink 많은 음료수 / That will be *plenty*. 그것이면 충분할 것이다.
— *adv.* 《구어》 충분히(fully), 매우, 아주(quite). ¶ The house is *plenty* large enough. 그 집은 아주 크다.
◇ **plentiful**, **plenteous** *adj.*

ple·num [plíːnəm, +美 plén-] *n.* (*pl.* **-nums** *or* **-na**) **1** 외부보다도 압력이 높은 기체층; 충만 상태. **2** 물질이 충만한 공간, *cf.* vacuum **3** 〔일반적으로〕 충만. **4** 전원 출석의 회의, 총회. — *adj.* 고압 기체의 상태.

pleo- ⇒ PLEIO.

ple·o·nasm [plíːənæz(ə)m] *n.* ①ⓒ **1** 용어법(冗語法) 〔예: a wrong mistake 잘못된 과오〕. **2** 용어, 용구 (冗句).

ple·o·nas·tic [plìːənǽstik] *adj.* 용어(법)의(적인), 용어(冗語)의, 용어가 있는. **-ti·cal·ly** [-tikəli] *adv.*

ple·si·o·saur [plíːsiəsɔ̀ːr] *n.* =plesiosaurus.

ple·si·o·sau·rus [plìːsiəsɔ́ːrəs] *n.* (*pl.* **-ri** [-rai]) 사경룡(蛇頸龍) 〔고생물〕.

ples·sor [plésər] *n.* =plexor.

pleth·o·ra [pléθərə] *n.* **1** 과다, 과잉, 과도(excess). **2** ①《병리》 다혈증(多血症), 적혈구 과다증.

ple·thor·ic [pleθɔ́ːrik, -θɑ́r-, pléθər-/pleθɔ́r-] *adj.* 과다의, 팽창하는; 과장된. **2** 다혈증의.
-i·cal·ly [-ikəli] *adv.*

pleu·ra [plúə(ː)rə/plúər-] *n.* (*pl.* **-rae** [-riː]) 〔해부·동물〕 늑막(肋膜), 흉막(胸膜). ¶ the pulmonary *pleura* 폐흉막.

pleu·ral [plú(ː)rəl/plúər-] *adj.* 〔해부〕 늑막의.

pleu·ri·sy [plú(ː)risi/plúər-] *n.* ①〔병리〕 늑막염.

pleu·rit·ic [plú(ː)rítik/plúər-] *adj.* 늑막염의.

pleuro- side, lateral (측면), rib (늑골), pleura (늑막) 의 뜻의 연결형(* 모음 앞에서는 pleur- 를 쓴다. *pleuro*pneumonia, *pleuro*lith (흉막 결석(結石)).

pleu·ro·pneu·mo·ni·a [plùː(ː)roʊ(u)n(j)uːmóuniə/plùərə(u)njuː-] *n.* ①〔병리〕 늑막 폐렴.

plex·i·glass [pléksiglæ̀s /-glɑ̀ːs] *n.* ① 플렉시 글라스 〔항공기의 창 등에 쓰인다〕. 〔<상표명 Plexiglas〕

plex·im·e·ter [pleksímitər] *n.* 〔의학〕 타진판(打診板).

plex·or [pléksər] *n.* 타진추(打診槌). 〔板〕.

plex·us [pléksəs] *n.* (*pl.* **-us·es** *or* **-us**) **1** 〔해부〕 〔신경·혈관 따위의〕 망(網), 총(叢). ¶ cervical *plexus* 경부(頸部) 신경총. **2** 〔사전 따위의〕 뒤얽힘, 착잡 (complication). 〔柔順〕.

pli·a·bil·i·ty [plàiəbíliti] *n.* ① 유연(적응)(성); 유순.

pli·a·ble [pláiəbl] *adj.* **1** 휘기 쉬운, 나긋나긋한. **2** 유순한; 말을 잘 듣는, 융통성이 있는(adaptable). **~·ness** *n.* **~·bly** *adv.*

pli·an·cy [pláiənsi] *n.* ① 나긋나긋함, 유연(성); 유순.

pli·ant [pláiənt] *adj.* 휘기 쉬운, 나긋나긋한, 유연한.
⇒ FLEXIBLE 類語; 유순한 (compliant); 말을 잘 듣는.
~·ly *adv.* **~·ness** *n.*

pli·ca [pláikə] *n.* (*pl.* **-cae** [-kiː, -siː]) **1** 〔동물·해부〕 주름, 습벽(褶襞) (fold). **2** 〔병리〕 규발증(糾髮症).

pli·cate [pláikeit, -kit] *adj.* 〔부채꼴의〕 주름이 있는.

pli·ca·tion [plaikéiʃ(ə)n] *n.* **1** ①ⓒ 주름잡기; 주름 (fold). **2** ① 습벽 상태(성).

pli·er [pláiər] *n.* **1** (~s) 〔때로 단수 취급〕 플라이어, 집게, 뺀찌. ¶ a pair (two pairs) of *pliers* 플라이어 1(2)자루. **2** 굽히는(휘는) 사람(것).

*****plight**[1] [plait] *n.* 〔나쁜〕 상태, 양상(condition), 처지, 곤경. ⇒ PREDICAMENT ¶ be in a miserable (*or* luckless, sad, sorry, woeful) *plight* 비참한 처지에 있다 / What a *plight* to be in! 이거 참 곤란하게 되었군.

plight[2] [plait] *vt.* …을 맹세(서약)하다(pledge), 맹세하다, 약혼하다. ¶ *plight* one's promise (*or* faith, troth, word) 서약하다. **2** 〔재규음법〕 …을 약혼시키다. ¶ *plighted* lovers 약혼한 연인 사이 / She *plighted* herself *to* a man. 그녀는 어떤 남자와 약혼했다. — *n.* ① 〔고어〕 서약(engage), 약혼(engagement).

plim·soll [plíms(ə)l, -sɔ̀ːl] *n.* 〔보통 ~s〕《영》 고무신을 댄 즈크화(靴).

Plímsoll màrk(lìne) *n.* 〔항해〕 만재 흘수선, 건현 표(乾舷標), 플림솔 표 〔조레로써 이 마크가 잠길 정도로 짐을 싣는 것은 금지되어 있다〕. 〔<Samuel Plimsoll (1824-98) (영국의 국회 의원으로 이 조례의 채용 공로자)〕 〔리를 내다, 통(하고) 치다〕.

plink [pliŋk] *n., vt., vi.* 피아노 따위로 퉁[하는 소

plinth [plinθ] *n.* 〔건축〕 **1** 〔원주 따위의〕 주초(柱礎), ⇒ CAPITAL[2] 그림; 〔조상(彫像) 따위의〕 대좌(臺座). **2** 〔벽〕의 징두리돌. **3** 징두리.

plio- ⇒ PLEIO-.

Pli·o·cene [pláiəsìːn] 〔지질〕 *adj.* 선신세(鮮新世)(통)의. ¶ the *Pliocene* epoch (series) 선신세(통) 〔제3기의 최신기〕. — *n.* 선신세(통).

Pli·o·film [pláiəfìlm] *n.* 《상표명》 〔레인코트·포장용의〕 투명 고무 방수 시트.

Pliss [plis] *n.* = PLSS.

PLL 《略》 〔전자공학〕 *phase-locked loop* (위상 동기(位相同期) 루프) 〔발진기의 주파수 위상을 입력 신호에 동기시키기 위한 루프 회로〕.

PLO 《略》 *Palestine Liberation Organization* (팔레스타인 해방 기구) 〔1993년 9월 14일 미국 백악관에서 이스라엘과 45년간의 적대 관계를 청산하는 평화 협정에 조인〕.

*****plod** [plɑd / plɔd] *v.* (**plod·ded, plod·ding**) *vi.* **1** 터벅터벅 걷다, 무거운 발걸음으로 걷다(trudge) (*along, on …*). ⇒ PACE[1] 類語 ¶ (~+前+名) *plod away; plod on* one's way 터벅터벅 걸어가다. **2** 꾸준히 일하다 (drudge) (*through, away, at …*). ¶ (~+前+名) *plod through* a task 꾸준히 일을 해내다. — *vt.* 터벅터벅 〔길을〕 걷다, …을 무거운 발로 걷다. **2** 터벅터벅 걷기; 터벅터벅 걷는 발소리; 꾸준한 일(공부)하기.

plod·der [plɑ́dər / plɔ́də] *n.* 터벅터벅 걷는 사람; 꾸준히 공부(일)하는 사람.

plod·ding [plɔ́diŋ / plɔ́d-] *adj.* 터벅터벅 걷는; 꾸준히 공부(일)하는; 따분한, 지루한 (dull). ~**ly** *adv.*

PL/1 《略》《컴퓨터》 *Programming Language One*(아주 간략한 프로그램용 언어).

plonk [plɔŋk / plɔŋk] *v., adv.* =plunk. ── *n.* **1** = plunk. **2** ⓤ《英구어》 값싼 포도주.

plop [plap / plɔp] *v.* (**plopped, plop·ping**) *vi.* **1** 풍덩(쿵)하고 소리내다. **2** 털썩 주저앉다. ¶ (~+前+名) *plop into* a sofa 소파에 털썩 주저앉다. ── *vt.* 풍덩(쿵, 털썩) 떨어뜨리다. ── *n.* 풍덩(쿵, 털썩) [하는 소리]. ── *adv.* 풍덩, 쿵, 털썩. ¶ The ball fell *plop* on the green. 공이 잔디밭에 툭 떨어졌다.

plo·sion [plóuʒ(ə)n] *n.* ⓤⓒ《음성》 파열.

plo·sive [plóusiv] *adj.* 《음성》 파열음의. ── *n.* 파열음 [p, b, t 따위]. [< [EX]PLOSIVE]

‡**plot**¹ [plat / plɔt] *n.* **1** 은밀한 계획, 계략, 음모 (conspiracy) (*against* ...). ⇒ PLAN 類語 ¶ a *plot* against the government 반정부 음모 / brew (or hatch) a *plot* to rob a bank 은행 강도를 꾀하다. **2** (연극·시 따위의) 줄거리, 구상, 플롯. ¶ The *plot* thickens. 점입가경이다. **3** (배·비행기 따위의) 진행을 나타내는 도면, 도표. ── *v.* (**plot·ted, plot·ting**) *vt.* **1** …을 계획하다, 꾀하다. ¶ (~+to do) *plot* to kill a person 남의 암살을 꾀하다. **2** [지도 따위에] (항적(航跡) 따위)를 표하다; …의 지도(설계도)를 만들다; 《수학》 [방안지 따위에] (점)의 위치를 표하다, (정해진 점들을 연결하여) (곡선)을 그리다, 곡선으로 …을 그리다; 좌표를 이용해서 위치를 정하다. **3** (소설 따위)의 줄거리를 만들다. ── *vi.* 음모를 꾸미다. ¶ (~+前+名) *plot* against a person's life 남의 목숨을 빼앗을 음모를 꾸미다 / *plot for* a person's assassination 남의 암살을 꾀하다.

plot² [plat / plɔt] *n.* **1** 작은 지면(地面), 작은 구획. **2** 《주로 美》 (건물·부지 따위의) 도면, 그림(diagram). ── *vt.* (**plot·ted, plot·ting**) (땅)을 구획하다, 분할하다 (... *out*).

plot·ter [plátər / plɔ́tə] *n.* **1** 음모자, 은밀히 꾀하는 사람, **2** 계획자. **3** 지도(도면) 작성자(기). **4** 《컴퓨터》 플로터(작도 장치).

plot·ting [plátiŋ / plɔ́t-] *n.* ⓤ 제도(製圖); 구획 정리.

plótting bòard *n.* 《항해》 〔경선·위선 따위로 인쇄해 놓은〕 백해도판(白海圖板). **2** 《군사》 〔포격용〕 조척(照尺)(조준) 도판(장치).

plótting pàper *n.* 방안지, 그래프 용지.

‡**plough** [plau] *n., v.* 《英》=plow.

plov·er [plʌ́vər] *n.* 물떼새.

‡**plow, 《英》 plough** [plau] *n.* **1** 쟁기, 쟁기 모양의 연장〔눈가래·흙대패·제설기 따위〕. **2** ⓤ《주로 英》 경(작)지. ¶ 200 acres of *plow* 200 에이커의 경작지. **3** (the P-) 《천문》 대웅좌, 큰곰자리(the Great Bear); 북두칠성(the Big Dipper). **4** 《英구어》 낙제(failure). ¶ He took a *plough*. 그는 낙제했다.

be at the plow 농사를 짓다, 농업에 종사하다.
follow (or *hold*) *the plow* 농업에 종사하다.
go to one's plow 자기 일을 하다.
put (or *lay, set*) *one's hand to the plow* 《성서》 손에 쟁기를 잡다(진지하게 어려운 일에 착수하다) 〔누우 *under the plow* 복음(Luke) 9:62〕.
── *vt.* **1** …을 갈다, 일구다(till) (... *for, down, in, up, out*). ¶ (~+目+前+名) *plow* a field *for* wheat 밀을 뿌리기 위해 밭을 갈다 // *plow* something *in* the land 어떤 것을 땅에 갈아 묻다 // (~+目+副) *plow* weed *down* 잡초를 갈아 엎다 / *plow* manure *in* the field 《비료를 뿌리고》 / *plow* the land (weeds) *up* 땅을 갈아 엎다〔잡초를 뿌리 뽑다〕 / *plow* roots *out* 뿌리를 갈아 엎다. **2** …에 이랑(두렁)을 세우다; 〔얼굴에〕 주름을 잡다. ¶ (~+目+前+名) Old age *plowed* furrows *in* her face. 나이가 그녀 얼굴에 깊은 주름을 잡아놓았다. **3** …을 쟁기질하며 (힘들어) 나아가다, 〔배 따위가〕 …을 가르고 나아가다. ¶ (~+目+前+名) *plow* (one's) way *through* a crowd 군중을 헤치고 나아가다. **4** 《英구어》 …을 낙제 시키다 (pluck). ¶ *be plowed* 낙제하다.
── *vi.* **1** 갈다, 일구다; 〔땅이〕 갈리다. ¶ (~+副) The field *plows* easily (*hard*). 이 밭은 갈기 쉽다〔어렵다〕. **2** 갈 듯이 나아가다 (*through, into* ...); 힘들어 나아가다; 〔배 따위가〕 물을 가르고 나아가다 (*through* ...). ¶ (~+前+名) *plow into* a house 〔차 따위가〕 집에 뛰어들다 / *plow through* a book 힘들여 책을 읽어 나가다 / The ship *plowed through* the waves. 배는 파도를 가르고 나아갔다. **3** 《英구어》 낙제하다 (fail).

plow a (or *one's*) *lonely furrow; plow one's furrow alone* 독자적인 길을 가다, 고독한 생활을 보내다.
plow back 〔벤 풀을〕 제자리에 갈아 묻다. ② 〔이익〕을 재투자하다.
plow the sand[*s*] ⇒ SAND.

plow·boy, 《英》 plough- [pláubɔ̀i] *n.* **1** 쟁기를 맨 마소를 끄는 소년. **2** 시골 젊은이, 시골 사람.

plow·land, 《英》 plough- [pláulæ̀nd] *n.* ⓤ **1** 《英역사》 플라우랜드〔중세의 토지 면적 단위. 120 에이커〕. **2** 경작지; 전답.

plow·line, 《英》 plough- [pláulàin] *n.* 밭고랑의 밑면; 이랑의 밑면.

plow·man, 《英》 plough- [pláumən] *n.* (*pl.* -**men** [-mən]) **1** 경작자. **2** 농부; 시골 사람(rustic).

Plów Mónday *n.* 1월 6일의 공현 축일(公現祝日) (Epiphany) 뒤의 첫번째 월요일〔원래 영국에서 농경의 첫날로 쳤었다〕.

plow·share, 《英》 plough- [pláuʃɛ̀ər] *n.* 보습.

plow·tail, 《英》 plough- [pláutèil] *n.* 자부지〔쟁기의 손잡이〕.

at the ploughtail 경작(농업)에 종사하고 있는.

ploy [plɔi] *n.* **1** 《주로 英구어》 원정(expedition). **2** 계획; 기업; 일(job). **3** 희롱하기, 장난치기(frolic); 놀이, 취미.

PLP 《略》 *Progressive Labor Party* (미국의 진보 노동당); *Parliamentary Labour Party* (영국의 노동당); *pay later plan* (항공 운임 등) 여행 경비 후불제).

PLSS 《略》 *portable life-support system* (휴대용 생명 유지 장치); *precision location strike system* (정밀 위치파악 공격 시스템).

plt. 《略》 *pilot*.

‡**pluck** [plʌk] *vt.* **1** …을 잡아뜯다 (... *off*), 따다(pick); …을 쥐어뜯다, 뽑다 (... *up, out*); …을 잡아젖히다 (... *away*), 새의 깃털(털)을 쥐어뜯다. ¶ (~+目) *pluck off* fruit 과일을 따다 / *pluck up* (or *out*) the weeds 잡초를 뽑다 // *pluck away* the wallpaper 벽지를 잡아뜯다 // (~+目+前+名) *pluck* feathers *from* a bird 새의 깃털을 쥐어뜯다. **2** …을 잡아당기다(jerk), 당기다(drag); …을 낚아채다 (... *away, off*); 잡아내리다 (... *down*). ¶ (~+目+前+名) *pluck* a person *by* the ear 남의 귀를 잡아당기다 / *pluck* something *from* a person's hand (*out of* a person's pocket) …을 남의 손에서 낚아채다 (남의 호주머니에서 빼내다) // (~+目+副) *pluck* a person *down* from his high position 남을 높은 자리에서 끌어내리다. **3** 《英》 〔용기 따위〕를 불러일으키다 (... *up*). ¶ (~+目+副) *pluck up* one's spirit 힘을 내다. **4** 《속어》 …을 사취하다(swindle), 빼앗다 (rob). **5** 〔현악기〕 를 타다, 뜯다. **6** 《英구어》 …을 낙제시키다. ¶ *get plucked* 낙제하다. ── *vi.* 잡아당기다, 낚아채다 (tug), 꽉 잡아쥐다, 붙들려고 하다. ¶ (~+前+名) *pluck at* a person's elbow (skirt) 남의 팔꿈치(스커트)를 잡아당기다. ── *n.* **1** 확 당기기(jerk); 쥐어(잡아)뜯기, 뜯음. **2** ⓤ 〔식용의〕 동물의 내장. **3** ⓤ 용기, 원기. **4** 《英》 낙제. ◇ **plúcky** *adj.*

pluck·er [plʌ́kər] *n.* 털을 뜯어내는 사람 〔기계〕.

pluck·less [plʌ́klis] *adj.* 용기가 없는, 힘이 없는.

pluck·y [plʌ́ki] *adj.* (**pluck·i·er, pluck·i·est**) 용감한 (brave), 기운이 좋은, 단호한 태도의.

pluck·i·ly *adv.* **pluck·i·ness** *n.*

*‡**plug** [plʌg] *n.* **1** 마개, 틀어막는 것(peg); 《치과》 충전

plugboard 물; 〖전기〗 플러그; 〖기계〗 발화전(發火栓) (spark plug); 소화전 (fireplug). **2** 씹는 담배. **3** 〖구어〗라디오·텔레비전 프로 사이에 끼우는 광고, 선전; 추천. **4** 실크 햇(plug hat). **5** 《주로 美속어》늙다리말; 《구어》팔다 남은 상품, 팔리지 않는 물건. **6** 〖속어〗구타(punch); 저격 (shot) (at...). **7** 플러그[제물 낚시의 일종]. — v. (plugged, plug·ging) vt. **1** …을 틀어막다, …에 마개를 하다(fill); …을 밀어넣다 (insert) 《종종...up》. ¶ (~+몸+劂) plug up a hole 구멍을 틀어막다. **2** 〖구어〗〖라디오·텔레비전 따위의〗…을 끈질기게 광고(선전)하다; …을 추천하다(recommend). **3** 〖속어〗…을 주먹으로 치다; …에 총을 쏘다(shoot). **4** 《재입〗을 작게 자르다(잘라내어 먹어보다). — vi. **1** 〖구어〗끈질기게 힘쓰다 (plod), 꾸준히 일하다 《along, away, at...》. ¶ (~+몸)(~+颲+名) plug along 일을 계속하다 / plug away at something 어떤 일에 힘쓰다. **2** 〖속어〗때리다(hit); 〖총〗을 쏘다(shoot). ¶ (~+颲+名) plug at a person 남을 치다(때리다).
plug along 《구어》 하는 일이 잘 되다, 잘 지내다. ¶ How are you doing? —Just *plugging along*. 어떻게 지내? — 잘 지내고 있어.
plug in 〖전기〗 플러그를 꽂다.
plug·board [plʌ́ɡbɔ̀ːrd / -bɔ̀ːd] n. 〖전기〗 배전반; 〖컴퓨터〗 배선반(配線盤).
plug-com·pat·i·ble [plʌ́ɡkəmpǽtəbl] adj. 〖컴퓨터〗 플러그 컴패터블 방식의, 〖계산기의 본체나 주변 장치의〗 호환성(互換性)을 지닌.
plugged-in [plʌ́ɡdín] adj. 《속어》앞선, 뒤지지 않은; 〖생활의 중요 부분을〗 전기 통신에 의존하는. ¶ a *plugged-in* society 전기 통신망에 의하여 결합된 사회.
plug·ger [plʌ́ɡər] n. **1** 《美속어》충전기, 플러그. **2** 《美속어》공부 벌레. **3** 《美속어》〖스포츠 따위의〗 팬, 열광자. **4** 〖총칭적〗 마개(충전) 재료.
plug·ging [plʌ́ɡiŋ] n. 〖U〗 마개를 하기; 〖치과〗 충전.
plug hat n. 《美속어》 실크햇 (top hat).
plug-in [plʌ́ɡín] n. 〖전기〗 플러그; 콘센트. — adj. 콘센트의, 콘센트식의.
plug switch n. 〖전기〗 플러그(콘센트) 스위치.
plug to·bac·co n. 〖U〗 막대기꼴의 씹는 담배.
plug-ug·ly [plʌ́ɡʌ̀ɡli] n. (pl. -lies) 《구어》 불량배, 깡패, 건달; 폭한 (ruffian).
‡plum[1] [plʌm] n. **1** 서양자두[나무], 플럼. **2** =sugar-plum. **3** 〖푸딩이나 케이크용의〗 건포도 (raisin). **4** 〖U〗 짙은 보라색 (deep purple). **5** 《속어》 근사한 것, 정수(精粹); 《속어》수입이 좋은 일자리, 《속어》횡재; 〖정당에서 주는〗 보수. **7** 《英속어》 10만 파운드의 돈, 큰 재산. ◇ *plum·my* adj.
plum[2] [plʌm] adj., adv. 수직(垂直)(으로); 정확히 = PLUMB.
***plum·age** [plúːmidʒ] n. 〖U〗 〖집합적〗 깃, 깃털. **2** 화려한〖공들여 지은〗의상(衣裳).
plum·aged [plúːmidʒd] adj. 〖...〗 깃털이 있는. ¶ a full-*plumaged* bird 깃털이 다 난 새.
plu·mate [plúːmeit, -mit] adj. 〖동물〗 깃털 모양의.
plumb [plʌm] n. **1** 추, 측연선(測鉛線). **2** 〖U〗 수직. off (or out) of *plumb* 수직이 아닌. — adj. **1** 수직인, 연직인 (vertical). **2** 〖U〗 〖UPRIGHT 頢頢〗 순전한 (sheer). ¶ *plumb* nonsense 문자 그대로의 넌센스. — adv. **1** 수직으로(vertically). ¶ stand *plumb* 수직으로 서 있다. **2** 정확하게 (exactly). ¶ *plumb* southwards 정남으로, **3** 《구어》 완전히, 전적으로 (utterly), 모조리. ¶ He is *plumb* crazy. 그는 완전히 돌았다. — vt. **1** 〖측연선(測鉛線)으로〗 …의 수직임을 살피다, …을 수직으로 하다 《종종 ...up》. **3** 수연선으로 …을 측량하다(fathom), 간파하다; …의 진상을 알다. **5** 〖트렁크 따위〗를 납으로 봉하다(처지다). **6** …에 연관 공사를 하다. — vi. **1** 수직으로 걸리다(처지다). **2** 납공이로서 일하다.
plum·ba·gi·nous [plʌmbǽdʒinəs] adj. 흑연의, 흑연질의.
plum·ba·go [plʌmbéiɡou] n. (pl. -gos) **1** 〖U〗 흑연 (graphite), 석묵(石墨); 〖C〗 흑연에 의한 그림. **2** 갯질경이과(科)의 식물. 〚plummet〛.
plumb bob n. 〖연추선(鉛錐線)〗 추.
plum·be·ous [plʌ́mbiəs] adj. 납의, 납으로 된; 납 모양의; 납빛의 (leaden), 납을 씌운.
plumb·er [plʌ́mər] n. 배관공; 연관공.
plumber block n. 축받이, 축대 (軸臺).
plumber's helper n. 《美구어》 =plunger 4.
plumb·er·y [plʌ́məri] n. (pl. -er·ies) **1** 납공장, 납세 공장. **2** 납세공, 연관공, 연관 공업.
plum·bic [plʌ́mbik] adj. **1** 〖화학〗 납의, 납을 함유하는, 제2연(鉛)의. **2** 〖병리〗 연(연독)에 의한.
plum·bif·er·ous [plʌmbífərəs] adj. 납을 함유하는, 납이 나는.
plumb·ing [plʌ́miŋ] n. 〖U〗 〖집합적〗 연관류; 연관 제조, 연관 공사(업). **3** 수심 측량.
plum·bism [plʌ́mbiz(ə)m] n. 〖병리〗 〖특히 만성의〗 연중독(症); =〉 LEAD POISONING.
plumb·less [plʌ́mlis] adj. 〖연속(鉛測)으로는〗 잴 수 없는; 헤아릴 수 없는 (measureless), 바닥을 알 수 없는 (fathomless).
plumb line n. **1** 연추선(鉛錘線); 다림줄, 측연선 (測鉛線). **2** =plumb rule.
plum·bous [plʌ́mbəs] adj. 〖화학〗 납의, 납을 함유하는; 〖특히〗 2가연(價鉛)을 함유하는.
plumb rule n. 〖목공〗 다림줄, 먹추.
plum·bum [plʌ́mbəm] n. 〖화학〗 납 = lead[2].
plum cake n. 〖U,C〗 건포도가 든 케이크〖결혼식용의〗.
plum duff n. 건포도가 든 푸딩.
‡plume [pluːm] n. **1** 〖새의〗 큰 깃털; 깃털 장식. **2** 깃털 모양의 것, 원뿔의 버섯구름〖따위〗. ¶ a *plume* of water(smoke) 물기둥(버섯구름). **3** 명예의 증표; 상 (prize). **4** 〖동물〗 깃 모양의 털; 〖식물〗 관모(冠毛). *borrowed plumes* 빌린 것(옷); 얻어들은 지식 〖← Aesop's Fables〗. — vt. (plumed, plum·ing) **1** …을 깃털로(빌린 옷으로) 꾸미다; …을 장식하다. ¶ *plume* oneself 옷을 화려하게 차리다. ¶ (~+몸+颲+名) *plume* arrows *with* plumes 화살을 깃털로 장식하다. **2** 〖새가〗 〖깃털〗을 다듬다. **3** …의 깃털을 뜯다.
plume oneself on (or *upon*) …을 뽐내다, 자랑하다. ¶ He *plumes* himself *on* his success. 그는 성공한 것을 뽐내고 있다.
◇ *plum·y* adj.
plume·let [plúːmlit] n. 작은 깃털; 〖식물〗 어린 싹 (plumb), 〖눈〗.
plum·met [plʌ́mit] n. **1** 추, 다림추, 측연 (測鉛) (plumb), 연추(鉛錘); 다림줄, 측연선(測鉛線). **2** 추규 (錘規), 먹추(plumb rule). **3** 무겁게 누르는 것; 중압(重壓). — vi. 수직으로(똑바로) 떨어지다; 뛰어들다 (plunge).
plum·my [plʌ́mi] adj. (-mi·er, -mi·est) **1** 자두가 많은, 자두 맛이 든; 건포도가 든, 〖英 구어〗 좋은 (good), 소망스러운 (desirable), 돈많은 (rich).
plu·mose [plúːmous] adj. 깃털이 난, 깃털 같은 (feathery).
plu·mos·i·ty [pluːmásəti / -mɔ́s-] n. 〖U〗 깃털 모양.
‡plump[1] [plʌmp] adj. 풍만한, 통통한, 포동포동한 (rounded). ◇ FAT 頢頢 — vi. 통통하게 되다 《out, up...》. ¶ (~+颲) She has *plumped* out (or up). 그녀는 통통하게 살쪘다. — vt. …을 살찌게 하다, 통통하게 하다 《...out, up》. ¶ (~+몸+颲) *plump out* (or *up*) a pillow 베개를 통통하게 하다.
~·ly adv. ~·ness n.
***plump**[2] [plʌmp] vi. **1** 쿵 하고(털썩) 떨어지다 《against, down, into, on...》. ¶ (~+颲+名) *plump against* a wall 벽에 쿵 하고 부딪치다 ¶ (~+颲+名) *plump down on a chair* 의자에 털썩 주저앉다. **2** 《주로 英》〖연기(連記) 투표 때에〗 한 사람에게만 투표하다; 전적으로 지

지하다. ¶ (~+前+名) *plump for* one's favorite candidate 자기가 좋아하는 후보자에게만 투표하다.
— *vt.* **1** …을 쿵 하고 떨어뜨리다(던지다) (…*into, down, on*). ¶ (~+目+前+名) *plump* a stone *into* a pond 연못에 돌을 쿵 집어던지다 // (~+目+前+副) *plump* a load *down* on a deck 짐을 갑판에 털썩 내려놓다. **2** …을 불쑥(통명스럽게) 말하다(…*out*).
— *n.* 쿵(털썩) 떨어짐(떨어지는 소리).
— *adv.* **1** 쿵(털썩)하고, 풍덩하고. ¶ run *plump* into a person 남에게 쿵 하고 부딪다. **2** 불쑥, 통명스럽게(bluntly), 노골적으로. **3** 똑바로; 바로 밑에. **4** 느닷없이, 불쑥.
— *adj.* 무뚝뚝한(blunt), 노골적인; 완전한. ¶ a *plump* answer(lie) 무뚝뚝한 대답(새빨간 거짓말).

plump³[plʌmp] *n.* (주로 英방언·고어)한떼, 한무리, 한 패, 동료.

plump·er¹[plʌ́mpər] *n.* **1** 털썩(쿵) 떨어지기. **2** (주로 英)특정 후보자에게만 투표하다(하는 사람). **3** (속어) 새빨간 거짓말.

plump·er² [plʌ́mpər] *n.* **1** 통통하게(통통하게 하는) 것, 부푸는 것. **2** (오목한 볼을 나오게 하기 위하여) 입에 넣고 있는 것.

plúm púdding *n.* U,C 건포도가 든 푸딩.

plump·y [plʌ́mpi] *adj.* (**plump·i·er, plump·i·est**)
plúm trèe *n.* 서양자두나무.   └통하게 살찐.

plu·mule [plúːmjuːl] *n.* **1** (식물) (배(胚)의) 유아(幼芽), 유경(幼莖) **2** (조류) 솜털(down feather).

plum·y [plúːmi] *adj.* (**plum·i·er, plum·i·est**) 깃털이 있는; 깃털이 남; 깃으로 장식한; 깃털 같은(feathery).

***plun·der** [plʌ́ndər] *vt.* (전쟁으로 군대 등이) …을 약탈하다, …을 강탈하다, 훔치다(rob); …을 가로채다. ¶ *plunder* a village 마을을 약탈하다 // (~+目+前+名) *plunder* a traveler of his goods 나그네에게서 물건을 강탈하다. — *vi.* 약탈하다; 강탈하다. — *n.*U **1** 약탈, 약탈품, 훔친 물건; (속어) 벌이, 이득(gain). **2** (美방언) 가재, 가구. ◇ *~er* *plúnderage* *n.*

plun·der·age [plʌ́nd(ə)riʤ] *n.* U **1** 약탈, 강탈. **2** (법률) 선하(船荷) 횡령; 횡령 선하.

plun·der·er [plʌ́nd(ə)rər] *n.* 약탈자(pillager); 도적.

plun·der·ous [plʌ́nd(ə)rəs] *adj.* 약탈하는, 약탈적.

‡**plunge** [plʌnʤ] *v.* (**plunged, plung·ing**) *vt.* **1** …을 처넣다, 찌르다, (어떤 상태에) …을 빠뜨리다(throw), 몰입하게 하다. ¶ (~+目+前+名) *plunge* one's hands *into* hot water 손을 뜨거운 물에 처넣다 // *plunge* a dagger *into* a person's thigh 비수를 남의 넓적다리에 꽂다 // *plunge* a country *into* war 나라를 전쟁속으로 몰아넣다/be *plunged in* despair 비탄에 빠지다. **2** (원예) (화분)을 땅속에 묻다. — *vi.* **1** 뛰어들다, 잠기다. ¶ (~+前+名) *plunge into* a river 강에 뛰어들다.
[類語] **plunge** 의도적으로, 우연히, 떠밀리거나 하여 힘차게 뛰어들다: *plunge* headlong into the ocean 바다에 곤두박이로 뛰어들(뛰어내리다). **dive** 의도적으로 멋지게 뛰어들다, 깊이 잠기다: *dive* beautifully into the water 멋지게 물속으로 뛰어들다. **pitch** 보통 의도하지 않고 뛰어들다, 곤두박이로 굴러 떨어지다: *pitch* over a cliff 절벽에서 떨어지다.
2 돌진하다(dash) (*into, down, up, to …*). ¶ (~+前+名) *plunge down* (*up*) a slope 언덕을 뛰어내리다(오르다) // The kite *plunged* to the ground. 연이 마구로 곤두박질쳤다. **3** (무모한 내기(투기)를 하다. **4** (어떤 상태에) 빠지다, 몰입하다; 느닷없이 하기 시작하다. ¶ (~+前+名) *plunge into* war 전쟁에 돌입하다 / *plunge into* discussion 논의를 시작하다 / *plunge into* debt 빚을 지다. **5** 갑자기 내리막길이 되다 (slope). **6** (배기) 상하로 흔들리다(pitch); (말이) 뒷발을 올리고 뛰어오르다.
— *n.* **1** 뛰어들기(dive), 돌진, 돌입. ¶ take a *plunge* 뛰어들다, 급강하하다. **2** (수영장 따위의) 뛰어드는 곳(대). **3** 배의 상하 요동; (말이) 뒷발을 올리고 뛰어오르기. **4** (구어) 무모한 투기, 큰 도박. **take the plunge** (위험스러운 일을) 대담하게 하다, 모 험하다.

plúnge bàth *n.* 큰 욕조; 전신 목욕.

plung·er [plʌ́nʤər] *n.* **1** (기계) 플런저; 막대 피스톤; (후장총(後裝銃)의) 격침(擊針). **2** 돌진(돌입)자, 뛰어드는 사람, 잠수하는 사람. **3** (구어)무모한 투기꾼(도박사). **4** 흡인식 하수 청소봉(淸掃棒).

plúng·ing fíre [plʌ́n(d)ʒiŋ-] *n.* (군대) 감사(瞰射), 내려다보고 쏘기; 정확하게(exactly).

plunk [plʌŋk] *vt.* **1** (기타 따위의 현(줄))을 통기다, 뜯다(pluck). ¶ *plunk* a guitar 기타를 뜯다. **2** (구어) …을 털썩 (쿵) 하고 던지다(놓다, 떨어뜨리다) (plump) (…*down, at*). ¶ (~+目+前+名) *plunk down* a cent 1센트를 툭 던지다 // (~+目+前+名) *plunk* a stone *at* a dog 개에게 돌을 툭 던지다. **3** (美)…을 느닷없이 치다(쿡쿡 찌르다); (美속어) …을 쏘다(shoot). — *vi.* **1** 쿵(털썩)하고 울리다(twang). **2** (구어) 털 썩 떨어지다(*down*). **3** (속어)(돈)을 지불하다.
plunk down ① 탕 하고 떨어뜨리다(떨어지다). ② (美) *n.* 털썩(탕) 하고 울리기(울리는 소리); 털썩 던지기(떨어뜨리기), 털썩 던지는(떨어뜨리는) 소리. **2** (美속어) 강타(强打). **3** (美속어) 달러(dollar).
— *adv.* 털썩 하고, 쿵 하고; 정확하게(exactly).

plu·per·fect [pluːpə́ːrfikt / ⌍⌍⌍] *adj.* (문법) 과거완료 (시제·형)의, 대과거(大過去)의. — *n.* 과거완료형.

plupf. (略) pluperfect.   └완료(형), 대과거.

plur. (略) plural; plurality.

‡**plu·ral** [plú(ə)rəl / plúər-] *adj.* **1** 2개(2사람) 이상의(으로 된), 복수의. ¶ *plural* marriage 일부 다처; 일처 다부 / *plural* offices 겸직. **2** (문법) 복수의. *cf.* singular. ¶ a *plural* form 복수형 / the *plural* number 복수. — *n.* (the ~) (문법) 복수; 복수형, 복수형의 말. ¶ in the *plural* 복수형으로.
◇ **plu·rál·i·ty**, **plu·rál·i·ty** *n.*, **plu·ral·ly** *adv.*

plu·ral·ism [plú(ə)rəlìz(ə)m / plúər-] *n.* U **1** (철학) 다원론(多元論). *cf.* monism **2** (교회) 교회의 (둘 이상의) 성직 겸임, 겸직. **3** 복수성(複數性).

plu·ral·ist [plú(ə)rəlist / plúər-] *n.* **1** (철학) 다원론자. **2** (교회) 겸직자; 둘 이상의 성직 겸임자. *adj.* = pluralistic.

plu·ral·is·tic [plù(ː)rəlístik / plùər-] *adj.* **1** (철학) 다원론의, 다원적인. **2** (교회) 교회의 겸직의.

plu·ral·i·ty [plu(ː)rǽləti / pluər-] *n.* U,C (*pl.* **-ties**) **1** (최고 득표자와 차점 득표자의) 득표차, 초과 득표수. *cf.* majority. **2** 과반수(*of …*). **3** 복수(임); 다수(임). **4** (교회) = pluralism 2.

plu·ral·ize[plú(ə)rəlàiz/plúər-] (*英*에서는 **plu·ral·ise**로도 쓴다) *v.* (-**ized, -iz·ing**) *vt.* **1** 복수형(으로) 하다, 복수형으로 나타내다. — *vi.* 복수(형)이 되다; 겸직하다, (둘 이상의) 교회를 겸임하다.

plu·ral·ly [plú(ə)rəli / plúər-] *adv.* 복수(형)으로, 복수로, 복수의 뜻으로, 복수적으로.

plúral socíety *n.* 복합 사회(복수의 인종으로 이루어진 사회).

plúral vòte *n.* 복식 투표(투표권) (2표 이상의, 또는 2개 이상의 선거구에서의 투표권).

pluri- several, many 의 뜻의 연결형. 예: *pluri*syllable (다음절어(多音節語)).

‡**plus** [plʌs] *prep.* (opp. minus) **1** …을 더하여, 플러스 하여, …을 보태어. ¶ Three *plus* seven equals ten. 3에 7을 더하면 10이 된다. **2** …을 보태어, 덧붙여, **3** It requires speed *plus* skill. 그것은 스피드에 (곁들여서) 기술을 요한다. — *adj.* **1** 덧셈의, 플러스의; 정(正)의(positive). ¶ a *plus* sign 정호(正號) [+]. **2** (美구어) (서술용법) …그 더 따위를 번. ¶ She was *plus* two dollars. 그녀는 2달러를 벌었다. **3** 여분의; (구어) 보통 이상의, 그 이상의. ¶ This young man has personality *plus*. 이 젊은이에게는 개성 이상의

무엇인가 있다. **4** 〖전기〗 양(陽)의(positive); 〖식품〗양성(陽性)의; 〖簿記〗대변(貸邊)의(credit); 〖골프〗핸디캡을 준. — *n.* (*pl.* **plus·es** or **plus·ses**) **1** 플러스 기호, 덧셈 부호, 가호(加號)〖+〗. **2** 정수(正數), 정량(正量). **3** 부가물, 잉여; 여분; 이익(gain). **4** 〖골프〗핸디캡.

plús fóurs *n. pl.* 〖무릎밑까지 내려오는〗운동용 반바지〖특히 골프용〗.

plush [plʌʃ] *n.* **1** Ⓤ 플러시천〖빌로도의 일종〗. **2** (~es) 〖마부 등의〗플러시천의 바지. — *adj.* 〖속어〗〖가구·장식품 따위가〗사치스러운, 호화로운(luxurious). **~ly** *adv.*

plush·y [plʌ́ʃi] *adj.* (**plush·i·er, plush·i·est**) **1** 플러시천의(천과 같은). **2** 〖속어〗사치스러운(plush).

plu·tar·chy [plúːtɑːrki] *n.* (*pl.* **-chies**) = plutocracy.

plute [pluːt] *n.* 〖美俗〗= plutocrat.

plu·te·us [plúːtiəs] *n.* (*pl.* **-te·i** [-tiai] or **-te·us·es**) **1** 〖고대 로마 건축의〗원주 사이의 낮은 담; 〖고대 로마의〗책상. **2** 〖동물〗섬게·거미불가사리따위의 극피동물의 유충(幼蟲).

Plu·to [plúːtou] *n.* **1** 〖그리스 신화〗플루토〖저승의 왕, Hades 의 칭호〗. **2** 〖천문〗명왕성〖태양계의 가장 바깥쪽을 도는 행성. 1930년 발견〗. **3** 플루토 송유관〖영국 해협을 지나고 있는 *Pipe Line under the Ocean* 의 머리글자〗.

sup with Pluto 저승으로 가다.

plu·toc·ra·cy [pluːtɑ́krəsi/-tɔ́k-] *n.* (*pl.* **-cies**) **1** Ⓤ금권(재벌) 정치. **2** 부호 계급; 재벌.

plu·to·crat [plúːtə(u)kræt] *n.* **1** 금권(부호)정치가. **2** 부호, 부자.

plu·to·crat·ic [plùːtə(u)krǽtik], (**plu·to·crat·i·cal** [-k·əl]) *adj.* 금권(부호)정치(가)의; 재벌(부자)의. **-i·cal·ly** [-ikəli] *adv.*

plu·to·de·moc·ra·cy [plùːtə(u)dimɑ́krəsi/-mɔ́k-] *n.* (*pl.* **-cies**) Ⓒ금권 민주주의; Ⓒ금권 민주주의 국가.

plu·ton [plúːtən/-tɔn] *n.* 심성암(深成岩).

Plu·to·ni·an [pluːtóuniən, -njən] *adj.* **1** Pluto 의(와 같은); 저승의(과 같은). **2** (종종 p-) 〖지질〗지각 화성론(地殻火成論)(Plutonic theory)의.

Plu·ton·ic [pluːtɑ́nik /-tɔ́n-] *adj.* **1** = Plutonian. **2** (종종 p-) 〖지질〗심성(深成)의, 화성(火成)의. ¶ *plutonic* rocks 심성 화성암 / *plutonic* theory 지각 화성론.

plu·to·ni·um [pluːtóuniəm, -njəm] *n.* Ⓤ〖화학〗토륨〖방사성 원소의 하나; 원자 기호 Pu〗. 〖신〗

Plu·tus [plúːtəs] *n.* 〖그리스 신화〗플루토스〖부(富)의 신〗.

plu·vi·al [plúːviəl, -vjəl] *adj.* **1** 비의, 비가 많은 (rainy). **2** 〖지질〗비의 작용에 의한.

plu·vi·om·e·ter [plùːviɑ́mitər /-ɔ́m-], (**plu·vi·am·e·ter** [-æm-]) *n.* 우량계(rain gauge).

plu·vi·o·met·ric [plùːviəmétrik], (**plu·vi·o·met·ri·cal** [-k(ə)l]) *adj.* 우량계의; 우량 측정의. **-ri·cal·ly** [-rikəli] *adv.*

plu·vi·om·e·try [plùːviɑ́mitri /-ɔ́m-] *n.* Ⓤ우량 측정법.

plu·vi·ous [plúːviəs, -vjəs] *adj.* 비의, 비가 많은 (rainy).

‡**ply**[1] [plai] *v.* (**plied, ply·ing**) *vt.* **1** 〖도구 따위를〗부지런히 쓰다, ¶ *ply* one's oars 노를 열심히 젓다. **2** …에 힘쓰다, ¶ *ply* one's trade 장사에 힘쓰다. **3** 쉴새 없이 …을 쓰다(하다). ¶ (~+똉+쩐+쩡) *ply* a cow with a whip 소를 쉴 새 없이 매질하다. **4** 〖물건 따위〗…에게 강권하다, 성가시게 권하다; 〖질문 따위〗…에 퍼붓다. ¶ (~+똉+쩐+쩡) *ply* a person *with* food (questions) 남에게 억지로 음식을 권하다(남에게 질문을 퍼붓다). **5** 〖배 따위가〗…을 정기적으로 왕복하다. — *vi.* **1** 정기적으로 왕복하다. ¶ (~+쩐+쩡) Ships *ply between* Pusan and Jejoo. 배가 부산 제주간을 왕복한다. **2** 열심히 일하다. ¶ (~+쩐+쩡) *ply at* one's business 일을 부지런히 하다 / *ply with* the oars 부지런

히 노를 젓다. **3** 〖배가〗바람을 안고 나아가다(beat). **4** 〖짐꾼·택시 따위가〗손님을 기다리다 (*in, at, for*...). ¶ (~+쩐+쩡) a taxi *plying in* the streets 손님을 찾아 거리를 돌아다니는 택시 / *ply for* hire 〖차가〗손님을 찾아 돌아다니다.

ply[2] [plai] *n.* (*pl.* **plies**) **1** 〖합판·색 따위의〗두께, 층; 〖밧줄 따위의〗가닥. **2** 경향, 성벽; 성향(inclination). ¶ take a *ply* of …의 습관이 들다. — *adj.* 층(층(重), 가닥)의. ¶ a two-*ply* rope 두 가닥으로 꼰 밧줄. — *vt.* (**plied, ply·ing**) (주로 英방언) …을 구부리다(bend), 접다(fold).

***Plym·outh** [plíməθ] *n.* **1** 영국 서남부 Devonshire 의 영국해협 연안의 항구 도시·군항〖1620 년 Mayflower 호가 Pilgrim Fathers 들을 태우고 이곳에서 떠났다〗. **2** 미국 Massachusetts주 동남부의 도시〖1620 년 Pilgrim Fathers 가 영국에서 이주한 곳. New England 의 가장 오래된 도시〗.

Plýmouth Bréthren *n.* 플리머스 동포 교회〖1830 년경 영국의 Plymouth 에서 창건된 기독교의 한 종파〗.

Plýmouth Còlony *n.* 〖美俗史〗플리머스 식민지〖Pilgrim Fathers 가 1620년에 Massachusetts 주에 개척했다〗.

Plýmouth Róck *n.* **1** 플리머스 바위〖미국 Plymouth 에 있고 Pilgrim Fathers 가 상륙하였다고 하는 사적〗. **2** 〖미국산(産)의〗플리머스 로크종의 닭.

ply·wood [pláiwùd] *n.* Ⓤ 합판, 베니어판.

Pm 〖화학〗promethium 의 원자 기호.

pm. (略) premium.

‡**p.m., P.M.** [píːém] 〖라 틴〗*post meridiem* [= after noon (P.M.)] (* 숫자 뒤에 붙여서 사용된다). *cf.* a.m. ¶ at 8 *p.m.* 오후 8시에.

P.M. (略) Past Master; Paymaster; Police Magistrate; Postmaster; *post-mortem*; Prime Minister; Provost Marshal; preventive maintenance(예방 보전). 〖분석〗

PMA (略) personal management analysis(인사 관리 분석).

P.M.G. (略) Paymaster General; Postmaster General; Provost Marshal General.

pmh, PMH (略) production per man-hour(1인 1시 간당 생산고).

pmk. (略) postmark.

PMLA. (略) Publications of the Modern Language Association of America(미국 현대 어학 협회의 출판물).

P.M.O. (略) postal money order.

P/N, p.n. (略) promissory note; practical nurse(보조 간호사).

PNA (略) 〖생화학〗pentose nucleic acid; Philippines New Agency. 〖족 평의회〗

PNC (略) Palestine National Council(팔레스타인 민족 평의회).

PNdB (略) perceived noise decibel[s] (PN 데시벨), 감각 소음 데시벨.

pneum. (略) pneumatic, pneumatics.

pneu·ma [n(j)uː(ː)mə/njúː-] *n.* **1** 정신, 영혼(soul). **2** 〖신학〗성령(Holy Spirit).

pneu·mat·ic [n(j)uːmǽtik / nju(ː)-] *adj.* **1** 공기의, 기체의. **2** 기학(氣學) 〖상〗의. **3** 공기의 작용에 의한. ¶ a *pneumatic* brake (drill) 공기 브레이크(드릴). **4** 공기가 든; 압축 공기를 채운. ¶ a *pneumatic* cushion (tire) 공기 방석(공기가 든 타이어). **5** 〖자전거 따위〗공기 타이어가 달린. **6** 〖동물〗공기가 든; 기강(氣腔)·기낭(氣囊)이 있는. ¶ *pneumatic* duct 기도(氣道). **7** 〖신학〗영혼의, 영적인(spiritual). — *n.* 공기 타이어; 공기 타이어가 달린 탈 것.

-i·cal·ly [-ikəli] *adv.*

pneumátic dispátch *n.* Ⓤ Ⓒ 〖압축 공기관으로 우편물 따위를 발송하는〗기송(氣送).

pneu·mat·ics [n(j)uːmǽtiks / nju(ː)-] *n. pl.* 《단수 취급》 기학(氣學); 기체 역학.

pneumátic túbe *n.* 〖우편물 따위의〗기송관.

pneu·mato- air, breath, spirit 의 뜻의 연결형. 예:

pneu·ma·tol·o·gy [n(j)ùːmətálədʒi / njùːmətɔ́l-] n. ⓤ 1 〔신학〕 성령론. 2 영물학(靈物學); 〔고어〕 심리학; 〔페어〕 기학. 〔n. 폐활량계, 폐량계.
pneu·ma·tom·e·ter [n(j)ùːmətámitər/njùːmətɔ́m-]
pneu·ma·to·phore [n(j)ùːməto(u)fɔ̀ːr, n(j)u:mǽtə-/nju:mǽto(u)fɔ̀ː-] n. 〔식물〕 호흡근(呼吸根); 〔동물〕 기포체.
pneu·ma·to·ther·a·py [n(j)ùːməto(u)θérəpi/njùː-] n. 〔의학〕 공기 요법.
pneumo- lung 의 뜻의 연결형. 예: pneumograph(호흡 운동 기록기).
pneu·mo·coc·cus [n(j)ùːmo(u)kákəs/njùːmo(u)kɔ́k-] n. (pl. -coc·ci [-káksai / -kɔ́k-]) 폐렴 쌍구균(雙球菌).
pneu·mo·co·ni·o·sis, -mo·ko- [n(j)ùːmo(u)kò(u)nióusis/njùːmo(u)kɔ̀-] n. ⓤ 〔병리〕 폐진증(肺塵症).
pneu·mo·dy·nam·ics [n(j)ùːmo(u)dainǽmiks/njùː-] n. pl. 〔단수 취급〕 기체 역학(pneumatics).
pneu·mo·gas·tric [n(j)ùːmo(u)gǽstrik/njùː-] n. 〔해부〕 n. (=pneumogástric nérve) 미주(迷走) 신경. — adj. 폐와 위의, 미주 신경의. ¶ pneumogastric nerves 미주 신경.
pneu·mo·nia [n(j)u:móunjə, -niə / nju(:)-] n. ⓤ 〔병리〕 폐렴(肺炎). ¶ acute (apical) pneumonia 급성 (폐첨부) 폐렴.
pneu·mon·ic [n(j)u:mánik/nju(:)mɔ́n-] adj. 1 〔해부〕 폐의(pulmonic). 2 〔병리〕 폐렴의, 폐렴에 걸린.
pneu·mo·no·ul·tra·mi·cro·scop·ic·sil·i·co·vol·ca·no·co·ni·o·sis [n(j)ùːməno(u)ʌ̀ltrəmàikræskápiksflio(u)vælkèinoukòunióusis/njùːskɔ́pvɔl-] n. 〔병리〕 =pneumoconiosis. ✻ 가장 긴 단어로서 종종 인용된다.
pneu·mo·tho·rax [n(j)ùːmo(u)θɔ́ːræks / njùːmo(u)θɔ́ː-] ⓤ 〔병리〕 기흉(氣胸). ¶ artificial pneumothorax 인공 기흉.
PNG, P.N.G. (略) Persona Non Grata. 〔민당〕.
PNI (略) Partai Nasional Indonesia(인도네시아 국민당).
PNL (略) perceived noise level. 〔Phnom Penh.
Pnom Penh [pnám pén, pn5:m-/pn5m-] n. = PNR (略) passenger name record(여객 예약 기록); point of no return(〔항공〕 귀환 불능 지점; 물러날 수 없는 입장).
pnxt. (略) 〔라틴〕 pinxit (=he (or she) painted it).
Po [pou] n. (the ~) 포강(江) 〔이탈리아 최대의 강〕.
Po 〔화학〕 polonium 의 원자 기호.
po [pou] n. (英)〔어린이 말〕=chamber pot.
po. (略)〔야구〕 put-out[s].
P.O. (略) petty officer; postal order; post office; personal officer; (美) Province of Ontario; public office (officer).
poach¹ [poutʃ] vi. 1 〔주로 英〕〔밀렵(密獵) 따위를 위해〕 침입하다(trespass); 〔남의 영역 따위에〕 침해하다, 짓밟아 놓다 (upon, in ...); 밀렵(밀어)하다 (for ...). ¶ (~+圖+圉) poach [up] on another's preserves 남의 수렵지에서 밀렵하다; 남의 영역을 침범하다 / poach in another's business 남의 영업을 침해하다 / poach for salmon 연어를 밀어(密漁)하다. 2 〔정구 따위에서〕 공을 가로채다; 〔구어〕 〔경기·저작 등에서〕 부정 수단을 쓰다. 3 〔지면 따위가〕 질척거리다, 〔진창에〕 애쓰며 나아가다. 4 〔주로 英 방언〕 돌진하다 (thrust), 찌르다(poke). — vt. 1 〔밀렵(밀어)하다〕 ...에 침입하다. 2 ...을 밀렵(밀어)하다; ...을 훔치다, 도용하다. 3 ...을 짓밟다; ...을 진창으로 만들다; 〔점토 따위를〕 물을 타서 으깨 이기다. 4 〔정구에서〕 〔공〕을 가로채다, 옆에서 뛰어 나와 치다; 〔구어〕 〔경기 따위에서〕 ...을 부정 수단으로 가로채다; 〔다른 회사의 간부, 기술자 따위〕 를 빼오다, 스카우트해오다. 5 〔주로 英 방언〕 ...을 처넣다, 찌르다.

poach² [poutʃ] vt. 〔계란〕을 깨어 끓는 물에 떨어뜨려 삶다. ¶ poached eggs 수란(水卵).
poach·er¹ [póutʃər] n. 침입자, 밀렵(밀어)자; 영역 침해자.
poach·er² [póutʃər] n. 수란냄비, 점통. 〔해자.
poach·y [póutʃi] adj. (poach·i·er, poach·i·est) 〔땅〕 슬지의, 진창인(swampy).
POB, P.O.B. (略) Post Office Box(우편 사서함).
POC (略) port of call(〔보급·수리 등을 위한〕 기항지 (기항 항구); 자주 들르는(들르기로 예정한) 장소).
po·chard [pɔ́utʃərd], (poa·chard) n. (pl. -chards or -chard) 유럽산(産) 바다 오리.
pock [pak / pɔk] n. 〔천연두 따위의〕 마마 자국, 농포 (膿疱).
pocked [pakt / pɔkt] adj. 마마 자국이 있는, 농포가 있는.
‡pock·et [pákit / pɔ́k-] n. 1 호주머니, 포켓. ¶ put one's hand in one's trousers' pocket 바지 호주머니에 손을 찔러 넣다. 2 〔英〕〔호프·양모 따위의〕 한 부대. 3 호주머니 물건, 금전, 용돈, 자력(資力) (resources). ¶ a deep pocket 충분한 자력 / an empty pocket 무일푼 [인 사람] / the depth of one's pocket 호주머니 사정/pay out of one's pocket 자기 돈으로 지불하다. 4 〔주머니 모양의〕 용기(칸막이); 우묵한 곳, 구멍, 둘러싸인 곳, 골짜기. 5 〔광산〕 광혈(鑛穴), 광맥류(鑛脈瘤). 6 〔당구〕 당구대의 공이 들어가는 구멍; 〔경주 따위에서〕 다른 주자에 둘러싸여 전진을 못하고 있는 위치; 〔볼링〕 포켓〔오른쪽 코스로 던질 때는 1·3 핀 사이, 왼쪽 코스로 던질 때는 1·2 핀 사이〕; 스트라이크의 목표]. 7 〔해부〕〔캥거루 따위의〕 주머니(sac). 8 〔군대〕 고립지대; 〔일반적으로〕 최후까지 남는 장소; 아성(牙城). 9 〔항공〕=air pocket.
be ... in (out of) pocket 〔돈이〕 있다(없다); 〔돈을〕 벌다(손해를 보다). ¶ I am 10 dollars in pocket. 나는 수중에 10 달러를 갖고 있다 / I am 100 dollars in (out of) pocket by the transaction. 나는 그 거래에서 100 달러를 벌었다(손해를 보았다).
have a person in one's pocket 남을 손아귀에 쥐다, 마음대로 지배하다. ¶ She has her husband in her pocket. 그녀는 남편을 손아귀에 쥐고 있다.
keep one's hands in one's pockets 양손을 품속에 넣고 있다, 일을 하지 않고 있다. 〔해다.
line one's own pockets 왕창 돈을 벌다, 호주머니를 두둑 pick a pocket 소매치기를 하다. 〔하다.
put one's hand in one's pocket 돈을 내다, 기부를 put one's pride in one's pocket 자존심을 억누르다, 수모를 참아내다.
sit in a person's pocket 남의 측근이 되다.
suffer in one's pocket 피해를 보다, 손해를 보다.
— adj. 소형의, 포켓용의. ¶ a pocket mirror 호주머니 거울 / a pocket edition 포켓판(版).
— vt. 1 ...을 포켓에 넣다. 2 ...을 착복하다(appropriate), 횡령하다. ¶ pocket public funds 공금을 횡령하다. 3 ...을 참다, 억누르다(suppress), 〔감정 따위〕를 숨기다. ¶ pocket an insult 모욕을 참다. 4 〔당구〕 〔공〕을 포켓에 넣다. 5 〔美〕〔대통령·지사 등이〕〔의안 따위〕를 깔아뭉개다. 6 〔경주 따위에서〕〔주자〕를 둘러싸고 달리다, ...의 방해를 하다. 7 ...에 포켓을 달다.
◊ pockety adj.
pock·et·a·ble [pákitəbl / pɔ́k-] adj. 포켓에 넣을 수 있는, 휴대할 수 있는.
pócket báttleship n. 〔1만톤 급의〕 소형 전함.
pócket billiards n. pl. 《단수 취급》=pool² 8.
*pock·et·book [pákitbùk / pɔ́k-] n. 1 지갑, 돈지갑; (美) 핸드백(handbag). 2 자력(資力), 재원. 3 포켓형의 책(염가판); 수첩.
pócket bórough n. 〔英〕〔한사람 또는 한가족의〕 독점 선거구 〔1832년 선거법 개정으로 폐지되었다〕.
pócket cálculator n. 포켓(휴대용) 계산기(mini-calculator).
pock·et·ful [pákitfùl / pɔ́k-] n. 포켓에 가득한 분량.

¶ a *pocketful* of money 상당한 금액, 한 재산.
pócket gópher n. 두더쥐붙이쥐. *cf.* gopher
pock·et·hand·ker·chief [pákithǽŋkərtʃif, -tʃìːf / pók-] n. (*pl.* **-chiefs**) 손수건.
pock·et·knife [pákitnàif / pók-] n. (*pl.* **-knives** [-naivz]) 주머니칼, 접칼.
pócket mòney n. ⓤ 용돈.
pócket párk n. [고층 건물지구에 있는] 소(小)공원, 미니 공원.
pócket píece n. 부적돈[재수 좋으라고 넣고 다니는 옛날 돈]. [포켓용 술병.
pócket pístol n. 소형 권총.〔익살〕〔위스키 따위의〕
pock·et·size [pákitsàiz / pók-], **-sized** [-sàizd] *adj.* 포켓에 들어가는, 소형의; 규모가 작은(small in size).
pócket véto n.〔美〕〔대통령·주지사에 의한〕의안 (議案)의 묵살.
pock·et·y [pákiti / pók-] *adj.* **1**〔광산〕광맥류(鑛脈瘤)가 있는. **2** 포켓과 같은.
pock·mark [pákmà:rk / pók-] n. (보통 ~s) 마마 자국[천연두 따위를 앓고 난 뒤에 생긴다]. — *vt.* …에 마마 자국이 남다. [있는.
pock·marked [pákmà:rkt / pók-] *adj.* 마마 자국이
pock·y [páki / póki] *adj.* (**pock·i·er, pock·i·est**) 마마 자국의, 마마 자국이 있는, 마마 자국 투성이의.
po·co [póukou] *adv.*〔음악〕조금, 약간(somewhat). [<It]
po·co·cu·ran·te [pòuko(u)ku(:)rǽnti, -ku(ə)r-] n. (*pl.* **-ti** [-tiː]) 무관심한 사람, 낙천가. — *adj.* 무관심한.
po·co·cu·ran·tism [pòuko(u)kju(:)rǽntiz(ə)m / -kuə-] n. ⓤ 무관심, 태평(indifference).
*pod¹ [pɑd / pɔd] n. **1**〔콩 따위의〕깍지, 꼬투리. **2**〔누에의〕고치; 〔메뚜기의〕알 주머니. **3**〔제트 엔진·화물·무기 따위를 담기 위한 비행기 날개 밑의 불룩한 부분; 〔우주선의〕해체 가능한 부분의 구성 단위. — *v.* (**pod·ded, pod·ding**) *vi.* **1** 꼬투리가 되다. **2** 꼬투리를 맺다. **3** 꼬투리 모양으로 부풀다. — *vt.* …의 깍지를 까다(shell).
pod² [pɑd / pɔd] n.〔고래·바다표범 따위의〕작은 떼.
pod³ [pɑd / pɔd] n.〔대형 송곳 따위의〕세로 홈.
-pod footed 의 뜻의 연결형(* -pode로도 쓴다). *cf.* -podous. 예: *podous*
P.O.D.〔略〕*p*ay *o*n *d*elivery(현품 교환 지불); *P*ost *O*ffice *D*epartment(체신부); *P*ocket *O*xford *D*ictionary(포켓 옥스퍼드 사전). [(痛
po·dag·ra [po(u)dǽgrə] n. ⓤ〔병리〕발의 통풍
po·dag·ric [po(u)dǽgrik] *adj.*〔병리〕발 통풍의.
pod·a·grous [po(u)dǽgrəs] *adj.*〔병리〕발 통풍의.
po·des·ta [poudéstə] n. **1** 〔중세 이탈리아 도시의〕장관, 행정관. **2** 〔이탈리아 파시스트당에서 임명한〕시장.
podg·y [pádʒi / pódʒi] *adj.* (**podg·i·er, podg·i·est**) (주로 英) = pudgy. [치료술(chiropody).
po·di·a·try [po(u)dáiətri] n. ⓤ〔의학〕족병(足病)
po·di·um [póudiəm] n. (*pl.* **-di·ums** *or* **di·a** [-diə]) **1**〔오케스트라 따위의〕지휘대, 연단, 대. **2**〔건축〕낮은 벽; 〔사원 따위 열주(列柱)의〕주춧돌, 기단(基壇); 〔고대 원형 극장의 투기장과 관객석을 막아놓은〕낮은 벽. **3**〔동물·해부〕〔식물〕잎줄기.
podo- foot 의 뜻의 연결형 (* 모음 앞에서는 pod- 를 쓴다). 예: *podagra*.
pod·o·phyl·lin [pàdəfílin / pòd-] n. ⓤ 포도필린(황색 수지·하제 (下劑)용).
-podous having feet, -footed 의 뜻의 연결형을 형용사를 만든다. *cf.* -pod 예: mega*podous*(큰 발의).
Po·dunk [póudʌŋk] n.〔美구어〕〔생활이〕단조로운〕보잘것없는 읍(마을). [<미국 Connecticut 주에 있는 읍 이름]

pod·zol [pádzəl / pódzɔl] n. ⓤⓒ〔지질〕포드졸, 회백토(灰白土) [한대 습윤지(濕潤地)의 토양]. [항).
POE〔略〕*p*ort *o*f *e*mbarkation; *p*ort *o*f *e*ntry(통관
‡**po·em** [póuim] n. **1** 시, 운문(韻文); 시적인 문장. *cf.* verse, prose ⇒ POETRY [類語] ¶ a lyric (an epic) *poem* 서정(서사)시 / a prose *poem*; a *poem* in prose 산문시. **2** 시적인 것, 시흥이 넘치는 것.〔한편의〕시와 같이 아름다운 것. ◇ poétic, poétical *adj.*
poe·nol·o·gy [piːnálədʒi / -nɔ́l-] n. = penology.
po·e·sy [póuizi, -si], (**po·e·sie**) n.〔고어〕〔집합적〕시, 시가(poetry); 운문(verse); 작시법 (作詩法).
‡**po·et** [póuit] n. **1** 시인, 가인(歌人). **2** 시인 기질의 사람, 시풍(시상)이 있는 사람. ◇ poétic, poétical *adj.*, póetize *v.*
poet.〔略〕*poet*ic, *poet*ical, *poet*ry. [sifier).
po·et·as·ter [póuitæ̀stər / -/- - -] n. 엉터리 시인(ver-
po·et·ess [póuitis] n. (poet 의 여성형) 여류 시인.
*po·et·ic [po(u)étik] *adj.* **1** 시의; 시적인; 시의 소재(詩材)가 되는, 낭만적인; 시로 쓰이는, 운문(韻文)의. ¶ *poetic* genius 시재 (詩才) / *poetic* feeling 시정 / *poetic* diction 시(적)[어] / a *poetic* drama 시극 / That's very *poetic*. 그것은 마치 시와 같다. **2** 시인의, 시인적인, 시인 소질이 있는; 상상력이 풍부한(imaginative). ¶ a *poetic* person 시인 소질이 있는 사람. **3**〔장소 따위가〕시로 읊어진.
[주의] poetic 은 시의 본질·내용에 관하여, poetical 은 시의 형식에 관하여 식별적으로 사용될 때가 있다.
— n. = poetics.
◇ póem, póet n., poéticize v.
*po·et·i·cal [po(u)étik(ə)l] *adj.* **1** 시의, 시적인; 시의. ⇒ POETIC. ¶ the *poetical* works of Yeats 예이츠의 시집. **2** [역사적으로] 사실에서 벗어난, 가상의, 상상에서의. — **·ly** [-kəli] *adv.* ◇ póem, póet n., poéticize v. [진부한 표현.
po·et·i·cism [po(u)étisìz(ə)m] n. ⓤ 시적 표현,
po·et·i·cize [po(u)étisàiz] (*〔英〕에서는 **po·et·i·cise**로도 쓴다) *v.* (**-cized, -ciz·ing**) *vt.* …을 시화하다, 시로 표현하다, 시로 짓다. — *vi.* 시를 쓰다, 작시하다.
poétic jústice n. ⓤ 시적 정의, 인과 응보〔문학에서 말하는 권선 징악(勸善懲惡)주의〕.
poétic lícense n. ⓤ 시적 허용〔시적 효과를 위해, 문법·논리·형태 등에 관하여 시에서 허용되는 파격 용법〕.
po·et·ics [po(u)étiks] n. *pl.* 〔단수 취급〕 **1** 시학, 시론, **2** 시에 관한 논문. **3** (the P-)〔극시 (poeticdrama)를 중심으로 논한〕 Aristotle 의 시학.
po·et·ize [póuitàiz] (*〔英〕에서는 **po·et·ise** 로도 쓴다) *v.* (**-ized, -iz·ing**) = poeticize. [인.
póet láureate n. (*pl.* poets l-)〔英〕계관(桂冠) 시
‡**po·et·ry** [póuitri] n. **1**〔예술의 한 분야로서의〕시, 운문, 시가, 작시〔법〕. ¶ allegorical (erotic) *poetry* 우의(寓意)(연애)시. **2**〔집합적〕시, 시가, 시집. ¶ Victorian *poetry* 빅토리아조(朝) 시가 / Byron's *poetry* 바이런의 시.
[類語] poetry 총칭적 또는 예술 분야로서의 〔시〕; 운문 (韻文)에만 한정되지 않는다: fiction and *poetry* 소설과 시. poem 구체적인 시 작품. verse 운문; 반드시 시만을 가리키지는 않는다: prose and verse 산문과 운문.
3 〔어느 시인의〕 시풍, 작품. **4** 시를 연상하게 하는 〔장면, 일〕, 마치 한편의 시와 같은 것. **5** 시취(詩趣), 시심, 시정.
Póets' Córner n. (the ~) **1** 영국 London 의 Westminster Abbey 안에 있는, 유명한 시인 묘지로 기념비가 있는 곳. **2**〔익살〕〔신문·잡지 따위의〕시가난 (欄).
po·faced [póufèist] *adj.*〔구어〕= poker-faced.
po·gie [póugi, pági / póugi, pógi] n. = pogy.
POGO〔略〕*p*olar *o*rbiting *g*eophysical *o*bservatory

pogonia

(극궤도 관측 위성). [(科) 식물].
po·go·ni·a [pəgóunjə, -niə] *n.* 큰방을새난초 [난초과
pog·o·nip [págənip / pɔ́g-] *n.* 극서부 미국 서부 산악
지대에 특유한 세빙(細氷)이 섞인 짙은 안개.
po·grom [pou)grám, -gráːm, póugrəm / póugrəm] *n.*
[조직적·계획적인] 학살, [특히] 유대인 대학살.
po·gy [póugi, pági / póugi, pɔ́gi] *n.* (*pl.* **-gies**) **1** =
menhaden. **2** [미국 서해안에서 잡히는] 큰 청어류
(類). **3** = porgy.
poi [pɔi, póui] *n.* ⓤ 타로토란 요리 [하와이의 요리].
-poietic producing, forming 의 뜻의 연 결 형. 예:
hematopoietic (조혈의).
poign·an·cy [pɔ́in(j)ənsi] *n.* ⓤ 통렬함, 통절함; 날카
로움; 신랄함.
poign·ant [pɔ́in(j)ənt] *adj.* **1** 가슴에 사무치는, 마음
에 강하게 호소하는, 통렬한, 통절한. ⇒ MOVING 類語 ¶
a *poignant* spectacle 통렬한 광경 / *poignant* sorrow 가
슴에 사무치는 슬픔. **2** 날카로운(keen), 신랄한, ¶
poignant wit 날카로운 기지 / *poignant* sarcasm 신랄한
풍자. **3** 코를 찌르는, (맛이)톡 쏘는. **~·ly** *adv.*
poi·lu [pwɑ́ːluː] *n.* 《속어》〔제1차 세계 대전 때 전선
의〕프랑스병.
poin·ci·an·a [pɔ̀insiǽnə, -éinə / -áːnə] *n.* 포인시애너
〔오렌지·붉은색 꽃이 피는 콩과의 열대성 관상용 식물〕.
poind [pɔind] 《스코》 *vt.* (채무자의 재산)을 압류하다,
압류하여 경매하다. **~** 압류(distraint).
poin·set·ti·a [pɔinsétiə] *n.* 포인세티아 〔멕시코 원산
의 관상용 식물〕.
†point [pɔint] *n.* **1 a)**〔뾰족한〕끝,〔가늘어진〕맨끝
(the ~)〔권투〕턱끝,〔사슴의〕뿔가지,〔~s〕〔가축의〕
발끝; 서양 쌍판(주사위 놀이판)(backgammon
board)의 뾰족한 무늬 눈금(⇒ BACKGAMMON 그림);
(~s) 〔발레〕발레식의 앞끝, 발끝. ¶ the *point* of a
knife 칼끝 / the *point* of a nose 코끝 / grow to a *point*
끝이 가늘어지다 / give a *point* to a pencil 연필심을 뾰
족하게 하다 / stand on the *point* of one's toes 발끝으
로 서다. **b)** 돌출부; 《지명에 많이 사용되어》…갑(cape).
c) 끝이 뾰족한 것; 조각침(彫刻針); 〔의학〕접종침; 레이
스 뜨는 바늘.
2 a) 점(dot), 작은 점, 반점(斑點); 구두점(puncta-
tion mark), 〔특히〕종지부(period, full point); 〔~s〕
점, 소수점(decimal point); 〔음성〕구별적 발음 부호
(diacritical mark); 〔점자의〕점; 〔온도계 따위의〕눈금
의 점, 〔온도의〕도, 〔수학〕점, 부호. ¶ the angular
point 〔수학〕정점(頂點) / five point two 5.2 / the
boiling (the freezing, the melting) *point* 비등(빙(氷),
용융(熔融))점. **b)** 크기가 없는 점, 위치, 지점, 곳, 지위,
장소. ¶ a *point* of contact 접촉점 / a *point* of no
return 〔항공〕귀환 불능 지점; 너무 깊이 들어가서 발뺌이
불가능해진 입장. **c)**〔시간상의〕점, 어느때, 순간; (the
~) 일단 유사시, 결정적 순간, ¶ at this *point* 이 시점
에 / at the *point* of death 임종의 순간에 / pass the
danger *point* 위기를 벗어나다.
3 정도. ¶ up to a certain *point* 어느 정도까지.
4 (the ~) 요점(gist), 주안점, 포인트, 〔이야기·익살
등의〕짜릿한 대목, 핵심, 묘미. ¶ the *point* of an
argument 논의의 요점, 논지(論旨) / beside the *point*
요점을 벗어난 / off the *point* 요점을 벗어나서 / come
to the *point* 요점에 들어가다, 핵심을 찌르다 / keep (or
stick) to the *point* 요점을 벗어나지 않다.
5 〔생각해야 할〕점, 문제, 항목, 세목(item). ¶ a
point of honor 명예(체면)에 관한 문제 / a *point* of
order 의사(議事) 진행에 관한 문제 / disputed *points* 논
쟁점 / Here lies the *point*. 이곳이 문제다 / This is the
point on which he refused to yield. 이것이 그가 결코
양보를 하지 않는 점이다.
6 ⓤ 목적(purpose), 효과, 의미. ¶ carry (or gain,
make) one's *point* 목적을 달성하다; 주장을 관철하다 /
see *point* in doing …하는 것은 뜻이 있다고 생각하다 /

There is no *point* in asking him to do it. 그에게 그것
을 해달라고 부탁해 봤자 소용이 없다.
7 암시, 힌트, 시사(hint, suggestion).
8 특징[이 되는 점], 특색. ¶ a weak *point* 약점, 결
9 a)〔채점·평점 따위의〕점, 점수;〔경기의〕득점. ¶
on *points* 점수차로 / beat … on *points* 〔권투〕…에 판정
〔득점〕으로 이기다 / gain (or score, make) a *point* 한
점을 얻다; 〔비유적〕점수를 따다. **b)** 《美》〔교육〕학점.
10 a) 〔크리켓〕〔삼주문(三柱門) 오른쪽 약간 앞의〕수
비수, 또 그 자리. **b)** 〔순경의〕파출소, 입초 근무.
11 〔사냥〕사냥개(pointer)가 멈춰 서서 사냥감의 위
치를 가리키는 일(위치, 자세). ¶ make (or come to)
a *point* 사냥개가 멈춰 서서 사냥감 쪽으로 향하여 그 위
치를 가리킨다.
12 〔항해〕나침반을 32 등분한 눈금의 한 점. ¶ the
points of the compass 나침반의 32 방향.
13 a) 〔전기〕스위치, 접점; 《英》콘센트(outlet), 소켓
(socket). **b)** (~s) 《英》〔철도〕포인트, 전철기(轉轍器)
(switch); 《英》〔철도〕선단(先端) 레일.
14 〔상업〕포인트, 단위 명목〔물가·주식 시세 등의 단
15 〔군대〕 **a)** 첨병(尖兵). **b)** 〔총검의〕찌르기, 〔치〕.
16 〔인쇄〕포인트 〔활자 크기의 단위; 1포인트는 $^1/_{72}$인
17 〔ⓤ〕손으로 뜬 레이스 (point lace).
at all points 모든 점에서; 완전히(completely).
at the point of the bayonet ⇒ BAYONET.
from point to point ① 한 지점에서 다른 지점으로. ②
〔고어〕상세하게.
give points to …에게 핸디캡을 주다; …보다 낫다(앞
서 다). ¶ He can *give points to* any opponent at
golf. 그는 골프에서 어느 누구에게도 지지 않는다.
have a point 일리가 있다; 장점이 있다.
in point 적절한(relevant), 〔당면한〕문제의. ¶ Let
me give you a case *in point*. 적절한 실례를 보여주겠
네.
in point of …의 점에서, …에 관하여. ¶ *in point of*
learning 학문의 점에서는 / *in point of* fact 사실은.
make a (one's) point 주장(생각)을 밝히다, 주장(변
명)이 정당함을 보여주다.
make a point of doing ① 반드시 …하다. ¶ She
always *makes a point of* dressing her children neatly.
그녀는 언제나 아이들의 옷차림을 산뜻하게 해주고 있
다. ② …하는 것을 중시(강조)하다.
make it a point to do = *make a point of doing* ①
on the point of doing 바야흐로 …하려고 하여. ¶ He
was *on the point of* starting. 그는 막 출발하려는 참
point by point 하나하나, 하나씩. 〔이었다.
a point of view ⇒ VIEW.
Point taken; I take your point. 알았다, 네 말대로
다. 〔꼼작하다.
stand upon points 사소한 점에 얽매이다; 지나치게 꼼
stretch (or *strain*) *a point* ① 한도를 넘다. ② 양보
하다, 눈감아 주다, 특별 취급을 하다.
to the point 적절한, 요령있는. ¶ He told us to be
brief and *to the point*. 그는 우리들에게 간명하고 요령
있는 설명을 하라고 말했다.

— *vt.* **1** …을 가리키다, 지목하다; 〔주의〕를 돌리다,
〔무기〕를 겨누다 (…*at, to, upon, toward*). ¶ (~+目+
前+名) *point* a finger *at* the building 그 건물을 가리키
다 / *point* a gun *at* a person 남에게 총을 겨누다. **2**
…을 지적하다, 알려주다, …에게 주의를 돌리게 하다.
¶ (~+目+前+名) Please *point* the way to the hospi-
tal. 병원으로 가는 길을 가르쳐 주십시오 // (~+目+副)
Point out mistakes. 잘못을 지적하시오 // (~+目+副)
(~+目+前+名) *Point* me [out] (or *Point* [out] to
me) the ones you'd like. 네가 좋아하는 것을 말해 보
아라. **3** …의 끝을 뾰족하게 하다; …을 날카롭게 하다
(sharpen). ¶ *point* a pencil 연필을 뾰족하게 깎다. **4**
…에 점을 찍다, 점으로 표시하다; 〔글〕에 구두점을 찍
다(punctuate); 〔숫자〕에 소수점 따위를 찍다; 〔음성〕…

point-blank

에 구별적 발음 부호를 달다. ¶ *point off figures* 숫자에 소수점을 찍어 구분하다. **5** …을 강조하다(emphasize) (... *up*); (이야기 따위)의 효과를 내다, (이야기 따위)를 실감나게 하다. ¶ (~+目+副) He *pointed up* his remarks with apt illustrations. 그는 적절한 예를 들면서 그의 주장을 역설했다. **6** [사냥] [사냥개가] (사냥감의 소재)를 멈춰서서 가리키다. **7** [석공] (벽돌 따위)의 이음매를 모르타르 따위로 바르다 (... *up*).
— *vi.* **1** 가리키다; 지시하다; 암시하다 (*at, to* ...). ¶ (~+前+名) It is rude to *point at* a person. 남에게 손가락질을 하는 것은 실례다 / The hand of the clock *points to* five. 시계 바늘은 5시를 가리키고 있다. **2** 겨누다(aim) (*at*...). **3** 경향이 있다 (*to*...); [어느 방향을] 보다, [건물이] 면하다(face) (*to, toward*...). ¶ (~+前+名) The house *pointed to* (or *toward*) the north. 그 집은 북향이었다. **4** [사냥] [사냥개가] 멈춰서서 사냥감(의 위치)를 가리키다. **5** [항해] 바람을 옆으로 받고 달리다 (*up* ...). **6** [의학] [종기가] 터질 지경이 되다. *point in manure* 쟁기 끝으로 퇴비를 쑤시다. *point over soil* 쟁기 끝으로 흙을 파헤치다.
◇ **póintless, póinty** *adj.*

point-blank [pɔ́intblǽŋk] *adj.* **1** 표적을 똑바로 겨냥한, 직사(直射)의. ¶ [a] *point-blank* fire 직사 / [a] *point-blank* distance 직사 거리. **2** 단도직입의, 꾸밈없는; 검문, 퉁명스러운. ¶ *a point-blank* question 단도직입적인 질문 / *a point-blank* answer 솔직한 대답.
— *adv.* **1** 목표를 겨누어, 직사(直射)적으로. ¶ fire *point-blank* 직사하다. **2** 단도 직입으로, 솔직하게(frankly); 딱 잘라, 퉁명스럽게(bluntly). ¶ refuse *point-blank* 딱 잘라 거절하다.

póint cónstable *n.* 《英》 교통(입초) 순경.
póint cóunt *n.* [카드놀이] [브리지의] 포인트 카운트.
point d'ap·pui [pwæn dæpwíː] *n. (pl.* **points d'·** [pwæn-]) 《프랑스》 (=point of support) 받침점; [군대] 거점(據點), 근거지, 작전 기지.
point-de·vice [pɔ́intdəváis] 《古어》 *adv.* 완전하게, 정확하게, 정연하게. — *adj.* 완전한, 매우 정확한, 정연한.

póint dúty *n.* U 《英》 [교통 순경의] 교통 정리(근무).
‡**point·ed** [pɔ́intid] *adj.* **1** 뾰족한[끝이 있는]. **2** [말 따위가] 가시가 돋힌, 신랄한(cutting). ¶ *a pointed* remark (retort) 가시가 돋힌 비평 (말대답). **3** [어느 목표를] 향한, 겨누어진; [특정인을] 빗대고 하는, 빈정대는 **4** 두드러진, 뚜렷한(evident). ~·**ly** *adv.* ~·**ness** *n.*

‡**point·er** [pɔ́intər] *n.* **1** 가리키는 사람(것); 지적자; 뾰족하게 만드는 것(사람). **2** [교사가 문자 따위를 가리키는] 막대기; [시계·계기 따위의] 바늘, 지침 (指針). **3** 《군대》 조준수. **4** 포인터 [사냥개]. **5** (the P-s) [천문] 지극성(指極星) [대웅좌의 *α, β* 의 두 별]. **6** 《美구어》 지시, 암시, 힌트, 조언(有益한 충고).
Point·er [pɔ́intər] *n.* 《美》 West Point 육군 사관 학교생도.

Póint Fóur *n.* 《美》 미국 대통령 Truman이 세운 4개 항목 정책 [후진국에 대한 과학·기술 원조 계획].
Poin·til·lism [pwǽntilz(ə)m] *n.* (종종 p-) U [프랑스 인상파의] 점묘 화법(點描畫法).
Poin·til·list [pwǽntilist] *n.* 점묘 화가.
point·ing [pɔ́intiŋ] *n.* U **1** 뾰족하게 하기. **2** 지시하기. **3** [석공] 이음매를 바르기. **4** [문장에] 구두점찍기; [음악] 포인팅 [강조점이나 쉬는 곳을 나타내는 기호(') 를 다는 일].
póinting devíce *n.* [컴퓨터] display 에 있는 점(부분)을 가리키는 장치.
póint láce *n.* = needlepoint 1.
point·less [pɔ́intlis] *adj.* **1** 뾰족한 끝이 없는, 무딘(blunt). **2** 효과가 없는; 의미가 뚜렷하지 않은, 요령부득의, 무의미한. **3** [경기에서] 무득점의.
~·**ly** *adv.* ~·**ness** *n.*

póint mán *n.* 《美軍》 정찰대의 선두에 서는 첨병.

point-of-pur·chase [pɔ́intəvpə́ːrtʃəs] *n.* [광고] 구매 시점 광고 [고객이 상품을 사는 장소에 놓이는 광고].
point-of-sale [pɔ́intəvséil] *adj.* [판매 시점의] 판매 정보를 기록하는. ¶ *point-of-sale* computer system 《美》컴퓨터 판매 정보 기록 장치.
póint sét *n.* [수학] 점집합.
points·man [pɔ́intsmən] *n. (pl.* **-men** [-mən]) 《英》 **1** [철도의] 전철수(轉轍手). **2** 교통 순경.
póint swítch *n.* [철도] 전철기(轉轍器).
póint sỳstem *n.* **1** [인쇄] 포인트식. **2** [맹인용의] 점자(點字) 방식. **3** [교육] 성적의 숫자 표시제 [5점법 따위]. **4** [운전 규칙 위반의] 점수제.
point-to-point [pɔ́inttəpɔ́int] *n.* [코스중의 특정 지점간 코스가 자유로운] 전야(田野)를 횡단하는 경마 (crosscountry horserace).
point·y [pɔ́inti] *adj.* (**point·i·er, point·i·est**) 비교적 끝이 뾰족한; 뾰족한 부분이 많은.

*****poise**[1] [pɔiz] *n.* U C **1** 균형, 평형. **2** 마음의 안정, 평정(composure); 안정(stability). **3** 엉거주춤함, 어중간함. **4** 몸가짐, 자세. **5** [새가] 공중에서 날개를 퍼득이며 맴도는 상태. — *v.* (**poised, pois·ing**) *vt.* **1** …의 균형(평형)을 유지하다(balance), …을 적절한 (자세)에 있게 하다. ¶ (~+目+前+名) *poise* a basket *on* one's head [균형을 잡고] 바구니를 머리에 이다 / *poise* oneself *on* one leg [균형을 잡고] 한발로 서다. **2** …을 공중에 떠 있는 상태로 두다 (유지하다, 매달아 놓다). ¶ *poise* a spear 창던지기 자세를 취하다. — *vi.* **1** 균형 잡히다. **2** 공중에 매달리다; [새 따위가] 공중에서 맴돌다(hover).

poise[2] [pwaːz] *n.* [물리] 프와즈 [점도(粘度)의 cgs 단위; 기호 P, p]. (<프랑스의 물리학자 J.L. Marie Poiseuille 의 이름>

‡**poi·son** [pɔ́izn] *n.* **1** U C 독, 독약. ¶ *a* deadly *poison* 맹독 / kill oneself by *poison* 음독 자살하다 / hate a person like *poison* 남을 몹시 증오하다.
類語 *poison* 「독, 독물」의 뜻의 가장 일반적인 말. *toxin* 미생물의 대사 활동에서 생겨나오는 것으로서, 어떤 종류의 질병을 일으키는 독소: ptomaine *toxins* 프토마인 중독. *venom* 어떤 종류의 동물이나 찌르거나 해서 내뿜는 poison: the *venom* of a snake 뱀의 독. *bane* 파멸의 원인; 「독」의 뜻으로는 합성어 속에서 사용됨: ratsbane 쥐약.
2 해독 [을 끼치는 것], 폐해(弊害), 해악(harm). ¶ the *poison* of tyranny 전제 정치의 해독. **3** 《속어》 [특히 강한] 술, 독주.
Name your poison. 《구어》 무엇을 드시겠습니까?
— *vt.* **1** …에 독을 넣다, …을 독살하다. ¶ be *poisoned* with lacquer 옻이 오르다 // (~+目+前+名) *poison* a person *to* death 남을 독살하다. **2** …에 독을 바르다, 독을 넣다. ¶ *a poisoned* arrow 독화살 / *poison* food 음식에 독을 넣다. **3** …을 해치다, 더럽히다, 망치다(ruin). ¶ (~+目+前+名) The event *poisoned* her mind *against* me. 그 사건 때문에 그녀는 나에게 악감정을 품게 되었다. **4** [물리 화학] [촉매 효소]의 작용을 없애다.
— *adj.* 유해한, 유독한, 해독을 끼치는.
◇ **póisonous** *adj.*

póison dógwood *n.* = poison sumac.
poi·son·er [pɔ́iznər] *n.* 독살자.
póison gás *n.* U 독가스.
póison hémlock *n.* = hemlock 1.
poi·son·ing [pɔ́izniŋ] *n.* U 독을 넣는 일, 독살; 중독. ¶ lead (mercury) *poisoning* 납 (수은) 중독.
póison ívy *n.* 덩굴옻나무 [접촉하면 옻이 오른다].
póison óak *n.* **1** = poison sumac. **2** = poison ivy.
***poi·son·ous** [pɔ́iznəs] *adj.* **1** 유독한, 유해한. ¶ *a poisonous* snake 독사 / *a poisonous* influence 악영향. **2** 악의(惡意)에 찬. **3** 《구어》 매우 불쾌한. ~·**ly** *adv.* ~·**ness** *n.* ◇ **póison** *n.*

poi·son-pen [pɔ́iznpèn] *adj.* **1** [보통 익명으로] 악의를 갖고 쓰인. ¶ a *poison-pen* letter [익명의] 중상하는 편지. **2** 악의에 찬(중상하는) 편지를 쓴.

póison píll *n.* **1** 즉효성 독약. **2** [금융] 독약 알[기업 매수 방위책으로서 배당 형식으로 전환 우선주 따위를 발행해 매수가를 올리는 것].

póison súmac *n.* [매우 독성이 강한] 옻나무의 일종.

***poke**¹ [pouk] *v.* (**poked, pok·ing**) *vt.* **1** …을 [손가락·팔꿈치·막대기 따위로] 쿡쿡 찌르다, 쑤시다. ¶ (～+目+前+名) *poke* a person in the ribs 남의 옆구리를 찌르다. **2** [불 따위를] 쑤석거려 돋우다(…*up*). ¶ (～+目+圖) *poke up* the fire 불을 쑤석거려 돋우다. **3** 쿡쿡 찔러 [구멍·틈새 따위를] 내다. ¶ (～+目+前+名) *poke* a hole *in* the wallpaper 벽지에 구멍을 내다 / He *poked* his way in the crowd. 그는 군중을 헤치고 전진했다. **4** [막대기·머리·손가락 따위를] 내밀다, 쑥 넣다. ¶ (～+目+前+名) *poke* a stalk *into* the ground 지면에 말뚝을 박다 / *poke* one's head *out of* a window 창문 밖으로 머리를 쑥 내밀다. **5** [구어] …을 비좁은 곳에 처박아 두다(…*up*). ¶ *poke* oneself *up* 비좁은 곳에 들어박히다. **6** [英속어] …와 성교하다.
—— *vi.* **1** 쑤시다, 쿡쿡 찌르다(*at*…). **2** 튀어나오다(*out*…). **3** 쓸데없이 말참견하다(*into*…); 꼬치꼬치 파고들다(*about, around*…). ¶ *poke* and pry 꼬치꼬치 캐다 // (～+前+名) *poke into* another's affairs 남의 일에 쓸데없이 참견하다. **5** 이곳 저곳 찾아다니다(*about, around*…); 빈둥빈둥 돌아다니다(*along*…).
poke one's *nose into* ⇨ NOSE.
—— *n.* **1** 찌르기, 쑤심. **2** [구어] 게으름뱅이, 늘쩡거리는 사람. ◇ **póky** *adj.*

poke² [pouk] *n.* 《美중부·스코》부대, 주머니(sack, bag). **2** [고어] 포켓(pocket). **3** [속어] 지갑, 소지금.
buy a pig in a poke ⇨ PIG.

poke³ [pouk] *n.* **1** [여성 모자의] 넓은 챙. **2** = poke bonnet.

poke⁴ [pouk] *n.* = pokeweed.

poke·ber·ry [póukbèri / -bəri] *n.* (*pl.* **-ries**) **2** pokeweed의 열매.

póke bónnet *n.* 챙 앞부분이 넓고 길게 나온 여성 모자.

***pok·er**¹ [póukər] *n.* **1** 쿡쿡 찌르는 사람(것). **2** 부지깽이. ¶ as stiff as a *poker* 태도·행동 따위가 매우 딱딱한. ◇ *poke*³ *v.*

pok·er² [póukər] *n.* [카드놀이] 포커.

póker fáce *n.* [구어] 무표정한 얼굴, 포커 페이스[인 사람].

pok·er-faced [póukərfèist] *adj.* 포커 페이스의.

poke·root [póukrùːt, -+美 -rùt] *n.* [식물] = pokeweed.

póker wòrk *n.* 흰 나무에 그리는 낙화술(烙畫術), 낙화법; **2** 낙화, 초필화 (焦筆畫).

poke·weed [póukwìːd] *n.* 미국자리공.

pok·ey [póuki] *adj.* (**pok·i·er, pok·i·est**), *n.* (*pl.* **pok·eys**) = poky.

pok·y [póuki] *adj.* (**pok·i·er, pok·i·est**) **1** 질질 끄는, 느릿느릿하는; 굼뜬. **2** 장소가】비좁은. **3** [옷차림이] 초라한. —— *n.* (*pl.* **pok·ies**) [속어] 유치장(jail).
pok·i·ly *adv.* **pok·i·ness** *n.*

pol [pɑl / pɔl] *n.* [속어] 노련한 정치가.
[<POL[ITICIAN]]

POL (略) (군대) *p*etroleum, *o*il, and *l*ubricants.

pol. (略) *p*olitical; *p*olitics.

po·lac·ca [po(u)lǽkə] *n.* 폴래커[옛날에 지중해에서 쓰이던 세 돛대의 범선].

po·lac·re [po(u)lǽkər] *n.* = polonaise 1.

Po·lack [póulæk] *n.* **1** [경멸적] 폴란드계 사람. **2** 《폐어》 폴란드 사람(Pole). 〔수도 Warsaw〕.

***Po·land** [póulənd] *n.* 폴란드〔유럽 중부에 있는 공화국;

Póland Chína *n.* 미국산(産) 흑백얼룩돼지.

Po·land·er [póuləndər] *n.* 폴란드 사람(Pole).

‡**po·lar** [póulər] *adj.* **1** 북극(남극)의, 극지(極地)의. ¶ a *polar* expedition 극지 탐험 / the *Polar* Seas 극해(極海). **2** [전지·자기의] 극의, 양극(陽極)의(－는), 음극(陰極)의(＋있는), 자기(磁氣)가 있는. **3** (수학) 극의, 극선(極線)의. **4** [화학] 이온화되는, 극성(極性)의 갖는. **5** (성격·행동 따위가) 정반대의. **6** 중심의, 중심축(軸) 같은. **7** [polestar와 같이] 길잡이가 되는. **8** 극을 도는, 극주회(周回)의. —— *n.* (수학) 극선(polar-line). ◇ **pole, polarity** *n.*; **pólarize** *v.*

pólar bèar *n.* 북극곰, 흰곰.

pólar bódy *n.* 〔생물〕 극체(極體), 극세포.

pólar cáp *n.* 〔천문〕 화성의 극관(極冠)〔행성의 계절에 따라 증감이 일어난다〕.

pólar círcle *n.* the ~) 북(남)극권.

pólar coórdinates *n. pl.* 〔수학〕 극좌표(極座標).

pólar dístance *n.* 〔천문〕 극거리.

pólar equátion *n.* 〔수학〕 극방정식.

pólar frónt *n.* 〔기상〕 극전선.

po·lar·im·e·ter [pòulərímitər] *n.* 〔光學〕 편광계(偏光計), 편광기.

Po·lar·is [po(u)léə(:)ris / -léər-, -léər-] *n.* **1** [천문] 북극성(polestar). **2** 《美》 폴라리스 〔잠수함에서 발사되는〕 중거리 탄도탄.

po·lar·i·scope [po(u)lǽriskòup] *n.* 〔光學〕 편광기(偏光器).
po·lar·i·scop·ic [po(u)lǽriskápik / -skɔ́p-] *adj.* 편

po·lar·i·ty [po(u)lǽriti] *n.* [U] **1** 〔물리〕 양극성(兩極性). **2** 〔양극(兩極)을 가지고 있는 것〕, 양극성(陽極性), 음극성. **3** 〔주의·성질 따위가〕정반대의 요소를 갖는 일, 모순, 양극성(兩極性).

po·lar·iz·a·ble [póuləràizəbl] *adj.* 〔光學〕 편광시키는; [전기] 극성을 부여하는; [사상 따위를] 분극화(分極化)시키는.

po·lar·i·za·tion [pòulərizéi(ə)n / -raiz-] *n.* [U] **1** 〔光學〕 편광. ¶ the angle(the plane) of *polarization* 편광각(면) / *circular polarization* 원편광(圓偏光). **2** [전기] 유전체(誘電體)의 분극[작용]; [전지의] 성극(成極). **3** [사상·세력 따위의] 분극화, 분열.

po·lar·ize [póuləràiz] (《美》에서는 **po·lar·ise** 로도 쓴다) *v.* (**-ized, -iz·ing**) *vt.* **1** 〔光學〕 [빛을] 편광시키다. ¶ a *polarizing* microscope (prism) 편광 현미경 (프리즘). **2** [전기] …에 극성(極性)을 부여하다; [물리] …을 분극(分極)하다. ¶ *polarizing* action 성극(成極) 작용. **3** [사고·사상 등을] 분극화시키다, 분열시키다. —— *vi.* **1** 〔光學〕 [빛이] 편광되다. **2** [전기] 극성을 가지다, 성극하다; [물리] 분극되다. **3** [사고·사상 등이] 분극화하다, 분열하다. **pólar·iz·er** *n.*

po·lar·iz·er [póuləràizər] *n.* 〔光學〕 편광자, 편광프리즘.

pólar líghts *n. pl.* (the ~) 극광(極光).

Po·lar·o·graph [poulǽrəgrǽf / -grɑ̀ːf] *n.* 《상표명》폴라로그래프 [전기 분해 반응의 분석 측정 장치].

po·lar·og·ra·phy [pòulərɑ́grəfi / -ɔ́g-] *n.* [U] 폴라로그래피 [전기 분해 반응의 분석 측정법].

Po·lar·oid [póulərɔ̀id] *n.* 《상표명》 **1** 폴라로이드 카메라[즉석 현상 카메라] (Polaroid [Land] Camera). **2** 인조 편광판(偏光板).

Pólar Régions *n. pl.* (the~) 북극 및 남극의 극지.

pólar sátellite *n.* 극궤도 위성.

Pólar Séa *n.* (the ~) 남(북)극해.

pólar stár *n.* (the ~) 북극성(polestar).

pol·der [póuldər] *n.* 네덜란드 등의 간척지.

‡**pole**¹ [poul] *n.* **1** 막대기, 장대, 기둥〔높이 뛰기·측량 따위의〕 폴. ¶ a telephone *pole* 전신주, 전주. **2** (우차·마차 따위의) 채. **3** 〔항해〕 마스트, 돛대. **4** 〔길이의 단위, 5.03미터; 면적의 단위, 25.3평방 미터〕.
under bare poles ① 〔항해〕 돛을 전부 내리고, 돛을 올리지 않고. ② [옷을] 입지 않고 벗은 채로.

pole — *v.* (**poled, pol·ing**) *vt.* 1 …에 장대를 달다, …을 막대기로 받치다. 2 …을 장대로 밀다(움직이다). 3 【야구】《속어》〔장타〕를 날리다. 4 《俗》〔녹인 금속〕을 막대기로 휘젓다. — *vi.* 막대기를 사용하다; 삿대질로 나아가다.

pole² [poul] *n.* 1 〔천체 따위의〕극(極); 〔지구의〕극지. ¶ the North (the South) *Pole* 북(남)극. 2 〔물리〕〔전극·자극 따위의〕극. 3 〔수학〕극. 4 〔논리〕극. 5 〔사상·성격 등의〕정반대, 양극단. ¶ be *poles* apart (*or* asunder) 극단적으로 다르다, 정반대이다. 6 주목(주의)의 대상.

from pole to pole 세계 도처에서.
◇ *pólar adj.*

Pole [poul] *n.* 폴란드 사람.
pole·ax, -axe [póulæks] *n.* (*pl.* **-ax·es**) 1 〔중세의〕자루가 긴 전투용 도끼. 2 〔날 반대쪽에 해머·쇠갈고리 등을 붙인〕도끼, 가축 도살용 도끼. — *vt.* (**-axed, -ax·ing**) 도끼로 …을 죽이다(쳐서 넘어뜨리다).
pole bean *n.*《美》막대기 따위에 감기는 덩굴성 콩.
pole·cat [póulkæt] *n.* (*pl.* **-cats** *or* **-cat**) 1 〔유럽산(産)의〕긴털족제비. 2 〔북미산(産)〕스컹크(skunk).
Pol. Econ., pol. econ.《略》*political economy.*
pole horse *n.* 〔네필 마차의〕뒷말(wheeler). *cf.* **pole jump** *n.* =pole-vault. └leader
pole-jump [póuldʒʌmp] *vi.* =pole-vault.
po·lem·ic [po(u)lémik / pɔ-] *n.* 1 논쟁, 논박, 반론. 2 논쟁가, 논객. — *a.* =polemical.
po·lem·i·cal [po(u)lémik(ə)l / pɔ-] *adj.* 논쟁하는, 반론하는; 논쟁을 좋아하는. ¶ a *polemical* writer 논쟁가. **~·ly** [-kəli] *adv.* 논쟁적으로. [pɔl-] *n.* 논객.
po·lem·i·cist [pəlémisist], (**pole·mist** [póulimist] =**po·lem·ics** [po(u)lémiks / pɔ-] *n.*〔단수 취급〕논쟁술, 논쟁법, 〔특히 신학상의〕논증법.
pol·e·mol·o·gy [pòuləmáləʤi / -mɔ́l-] *n.* ⓤ 전투적 대립의 연구.
po·len·ta [po(u)léntə / pɔl-] *n.* ⓤ 폴렌타〔이탈리아 요리의 일종; 옥수수·보리 가루 따위로 만든 죽〕.
pôle position *n.* 〔경주에서〕트랙 안쪽의 주자; 〔비유적〕유리한 입장(위치).
pol·er [póulər] *n.* 1 삿앗대질하는 사람, 장대를 세우는 사람. 2 =pole horse.
pole·star [póulstà:r] *n.* 1 (the ~) 북극성(Polaris). 2 길잡이, 지표; 지도 원리. 3 주목의 대상.
pole vault *n.* ⓤⓒ 봉고도, 장대 높이 뛰기.
pole-vault [póulvɔ̀:lt] *vi.* 봉고도를 하다.
pole-vault·er [póulvɔ̀:ltər] *n.* 봉고도 선수.
pole·ward [póulwərd] *adj.* 극지로 향하는.
— *adv.* (=**pole·wards**) 극지를 향하여.
‡**po·lice** [pəlí:s] *n.* ⓤ (the ~) 경찰(보안)대. ¶ the water (*or* the harbor, the marine) *police* 수상(水上) 경찰 / the metropolitan *police* department 수도 경찰국. 2 (종종 the ~)〔집합적〕경찰관, 경찰대; 치안대. ¶ the military *police*《美》헌병대〔略 M.P., MP〕/ Several *police* are patrolling the park. 경관 수명이 그 공원을 순찰하고 있다〔* several *polices* 라고는 하지 않는다〕/ The *police* are on his track. 경찰이 그를 추적하고 있다. 3 치안, 보안. 4《美육군》영내의 청소 정돈. — *vt.* (**-liced, -lic·ing**) 1《美육군》…의 치안을 유지하다, …을 단속하다. 2《비유적》…을 단속하다, 감시하다. 3 단속〔막사 따위〕를 깨끗하게 청소하다.
police academy *n.*《美》경찰학교.
police action *n.* 〔국제 평화·질서를 위한〕국지적(局地的) 군사 행동. ¶ the United Nations *police action* in Korea 유엔군의 한국에서의 군사 행동.
police box *n.* 〔경찰〕파출소.
police commissioner *n.*《英》경시 총감;《美》시경국장.
police constable *n.*《英》순경(policeman).
police cordon *n.* 경찰 저지선(비상선).
police court *n.* 즉결 재판소〔경범의 재판소〕.
police department *n.*《美》〔대도시의〕경찰청 [용].
police dog *n.* 경찰견〔보통 German shepherd를 사용].
police force *n.* ⓤ 경찰력, ⓒ 경찰대.
police inspector *n.* 경감. [소 판사.
police justice (magistrate, judge) *n.* 즉결 재판
‡**po·lice·man** [pəlí:smən] *n.* (*pl.* **-men** [-mən]) 경찰관, 순경. [범죄.
police offense *n.* [police court에서 즉결할 정도의]
police office *n.*《英》〔시·읍의〕경찰서.
police officer *n.* 1 경찰관(policeman); 순경. 2 《美군대》 환경 정비 담당 장교.
police power *n.* 〔국가의〕경찰권.
police reporter *n.* 경찰서 출입 기자.
police state *n.* 경찰 국가. *cf.* garrison state
*police station** *n.* 〔지방의〕경찰서.
police superintendent *n.* 총경.
police wagon *n.* =patrol wagon.
po·lice·wom·an [pəlí:swùmən] *n.* (*pl.* **-wom·en** [-wìmin]) 여자 경찰관, 여경. [진찰부.
pol·i·clin·ic [pàliklínik / pɔ̀l-] *n.* 〔병원의〕외래 환자
‡**pol·i·cy¹** [páləsi / pɔ́l-] *n.* ⓤⓒ (*pl.* **-cies**) 1 정책, 정략(政略), 방침. ¶ a foreign *policy* 외교 정책 / a business *policy* 영업 방침 / for reasons of *policy* 정략상. 2 방책(方策), 수단, 방법, 수. ¶ *Honesty is the best policy.* 정직은 최선의 방책이다. 3 ⓤ 지모(智謀), 기략; 빈틈없음, 〔실제적인〕총명. ¶ with great *policy* 현명하게도. ◇ *pólitic adj.*
pol·i·cy² [páləsi / pɔ́l-] *n.* (*pl.* **-cies**) 1 보험 증권. ¶ a life (a fire) *policy* 생명(화재) 보험 증권 / an endowment *policy* 양로 보험 증권 / a marine (an unemployment) insurance *policy* 해상(실업) 보험 증권 / a valued (an open) *policy* 확정(예정) 보험 증권 / take out a *policy* on one's life 생명 보험에 가입하다. 2 《美》 =policy racket.
pol·i·cy·hold·er [páləsihòuldər / pɔ́l-] *n.* 보험 계약자.
pol·i·cy·mak·er [páləsimèikər / pɔ́l-] *n.* 정책 입안자.
pol·i·cy·mak·ing [páləsimèikiŋ / pɔ́l-] *n., adj.* 정책 입안(수립) 〔의〕. [(pool).
policy racket *n.*《美》숫자 맞히기 복권(numbers
Pol·i·gar [páligər / pɔ́l-] *n.* 〔인도 Madras 주(州)의 봉건 영주〕. [계량(計量) 정치학.
pol·i·met·rics [pàlimétriks / pɔ̀l-] *n. pl.*〔단수 취급〕
po·li·o [póuliòu] *n.* =poliomyelitis.
po·li·o·my·e·li·tis [póuliou(u)màiəláitis] *n.* ⓤ 〔병리〕척수성 소아마비, 회백수염(灰白髓炎), 폴리오.
pólio vaccine *n.* ⓤⓒ 폴리오 왁친, 소아마비 왁친.
po·li·o·vi·rus [póuliou(u)vàirəs / -vàiər-] *n.* 폴리오바이러스〔소아마비 병원체로 RNA 바이러스에 속한다〕.
po·lis [póulis] *n.* (*pl.* **-leis**) 폴리스〔고대 그리스의 도시 국가〕.
-polis city의 뜻의 연결형 (* 지명을 만들 때도 있다).
po·li·sa·rio [pòulisá:rjou] *n.* 서부 사하라 게릴라 부대〔모로코와 모리타니아 정부에 대항하는 세력〕.
po·li sci [páli sài / pɔ́l-] *n.*《美구어》〔과목으로서의〕 정치학(political science).
‡**pol·ish** [páliʃ / pɔ́l-] *vt.* 1 …을 닦다, …의 윤〔광〕을 내다. ¶ *polish* [up] one's shoes 구두를〔빤짝빤짝 광이 나게〕닦다. ⇨ *polish up.* 2 〔문장 따위〕를 다듬다, …을 세련되다, 품위있게 하다. ⇨ *polish up.* 3 …을 닦아서 다른 소량만을 남기다, …을 갈아서 없애다, 닦아 얇게 하다 (…*away, off, out*). ¶ (~+囲+前+名) a stone *polished into* roundness 닳아서 둥글게 된 돌.
— *vi.* 1 윤〔광택〕이 나다, 세련되다. ¶ This wood

polishes well. 이 나무는 윤이 잘 난다. **2** 《고어》세련되다, 품위가 나다.
polish off 《구어》① 〔작업·식사 따위〕를 재빨리 끝내다. ② 〔적·경쟁 따위〕를 해치우다.
polish up 《구어》① …에 광을 내다, …을 숙달시키다, …을 다듬다. ¶ *polish up* one's knowledge of law 법률 지식을 다듬어 숙달시키다. ② …을 마무르다, 깨끗하게 하다.
— *n.* **1** Ⓤ 연마분, 광택제, 윤내는 재료. **¶** shoe *polish* 구두약. **2** Ⓤ Ⓒ 윤내기; 닦아서 뻔쩍거리게 하는 (광택이 나는) 상태; 매끄러움, 뻔쩍거림. **¶** a table with a high *polish* 광택이 잘 나는 테이블. **3** Ⓤ Ⓒ 연마하는 일, 세련(洗練)하는 일; 품위, 세련, 우아. **3** 품위있는, 우아한, 세련된. **3** 경쟁이 있는, 우수한.
Pol·ish [póuliʃ] *adj.* 폴란드의, 폴란드 인(어)의.
— *n.* Ⓤ 폴란드어.
pol·ish·a·ble [páliʃ(ə)n / pɔ́l-] *adj.* 닦을 수 있는, 닦을 가치가 있는.
pol·ished [páliʃt / pɔ́l-] *adj.* **1** 매끄럽게 된, 연마해 놓은, 광택이 나는. **2** 품위있는, 우아한, 세련된. **3** 경쟁이 있는, 우수한.
pol·ish·er [páliʃər / pɔ́l-] *n.* 닦는(광을 내는) 사람; 광택제.
polit. 《略》 political, politics.
Po·lit·bu·ro [pálitbjùː / rou, pəlít-/pólitbjùər-, pəlít-], (**Po·lit·bu·reau**) *n.* 구소련 공산당 정치국.
[< Russ political bureau]
‡**po·lite** [pəláit] *adj.* (때로 **-lit·er, -lit·est**) **1** 예절바른, 공손한, 친절한, 의례적인. **¶** a *polite* refusal (answer) 정중한 거절(답변).
類語 *polite* 예의 범절을 잘 지키고, 남에게 인정있게 대하는 것: a *polite* gentleman 예절바른 신사. *civil* 최소한의 사회적 예절을 지키고, 가까스로 무례를 저지르지 않는: a *civil* but not cordial greeting 버릇없지는 않으나 마음에서 우러나지 않은 인사. *courteous polite* 보다 한층 더 인정있고 정중함을 나타내는 말: a *courteous* bow 정중한 경례. *courtly courteous* 보다 더욱 예절바름을 나타내는 말: a *courtly* old gentleman 지극히 예절 바르고 정중한 노신사.
2 품위있는, 세련된, 우아한, 교양있는. **¶** the *polite* thing 교양있는 태도. **3** 〔예술, 특히 문학 따위가〕세련된. **¶** *polite* arts 미술 / *polite* literature (or letters) 순문학.
do the polite 《속어》 애써 품위있게 행동하다.
‡**po·lite·ly** [pəláitli] *adv.* 예의바르게, 정중하게.
‡**po·lite·ness** [pəláitnis] *n.* 예절바름, 정중함.
polite socíety *n.* Ⓤ 상류 사회.
pol·i·tesse [pàlités / pɔ̀l-] *n.* =POLITENESS. [< F]
‡**pol·i·tic** [pálitik / pɔ́l-] *adj.* **1** 현명한 (sagacious), 사려 깊은, 분별 있는. **2** 책략적인, 빈틈 없는, 교활(狡猾)한(shrewd). **3** 시기에 적합한, 적절한. **¶** a *politic* move 적절한 조치. **4** 정치상의(political) (* 다음 표현 이외에는 잘 쓰이지 않는다). **¶** a body *politic* 국가, — *ly adv.* **◇ *pólicy n.***
‡**po·lit·i·cal** [pəlítik(ə)l] *adj.* **1** 정치[학]의, 정치상의. **¶** a *political* column 정치난(欄) / a *political* point of view 정치적 견지. **2** 정당의, 당파의, 정당 활동의. **¶** a *political* campaign 선거 운동. **3** 정치에 관여하는, 행정에 관여하는; 정치 조직이 있는. **¶** a *political* party 정당 / a *political* office 행정 관청 / a *political* community 국가. **4** 국가의, 국정의, 국정의 관한. **¶** a *political* offense 정치범, 국사범 / a *political* prisoner 정치범인, 국사범인 / *political* rights 참정권. — *n.* **1** 《英》 = POLITICAL AGENT. **2** 국사(정치) 범.
◇ pólitics *n.*
polítical áction commíttee *n.* 《美》 정치 활동 위원회[정치 자금을 모아 특정 후보자에게 기탁하는 특수 이익 대변 단체; 略 PAC].
polítical ágent *n.* 《英》《영국 정부 파견의》주재관.
polítical ánimal *n.* 타고난 정치가적 인물, 정치에 밝은 사람.
polítical asýlum *n.* 정치적 망명자에 대한 보호.

polítical corréctness *n.* 《美》《경멸적》정치적 공정. 올바른 정치관, 진보적[운동권적] 정치관[인종, 성, 남녀 관계, 환경 문제 등에서 보수적 통념을 매도하고 사회적 순수파를 대변하는 진보적 언동을 말한다. 略 P.C.].
polítical ecónomy *n.* Ⓤ 《고어》 경제학(economics); 정치 경제학.
polítical geógraphy *n.* 정치 지리[학]. 「정치가.」
polítical háck *n.* 돈으로 움직이는 정치가, 고용된
po·lit·i·cal·ly [pəlítikəli] *adv.* 정치 정략상, 정치적으로, 정략적으로.
polítically corréct *adj.* 정치적으로 공정한〔올바른〕, 진보적 시각으로 공정한〔略 p.c.〕. *cf.* POLITICAL CORRECTNESS.
polítical science *n.* Ⓤ 정치학(politics).
polítical scíentist *n.* 정치학자.
‡**pol·i·ti·cian** [pàlitíʃ(ə)n / pɔ̀l-] *n.* **1** 《경멸적》〔당리당략에 전념하는〕 정치꾼; 《정계의》 모사(謀士). **2** 정객.
類語 politician 선거 활동가·의회 활동·정당의 운영 따위에 익숙한 「정치꾼」; 종종 사리를 위해 움직이는 「정치꾼」. statesman 국민 생활을 위해 사리·당리를 돌보지 않는, 재능·식견이 뛰어난 제1급 정치가.
po·lit·i·cize [pəlítisàiz] (*《英》에서는 **po·lit·i·cise** 로도 쓴다) *v.* (**-cized, -ciz·ing**) *vt.* …을 정치 문제로 삼다, 정치화하다. — *vi.* 정치에 관여하다.
pol·i·tick [pálitik / pɔ́l-] *vi.* 《美구어》정치 활동을 하다, 정치 공작을 벌이다; 선거운동을 하다.
po·lit·i·co [pəlítikòu] *n.* (*pl.* **-cos**) = POLITICIAN 1.
politico- political 의 뜻의 연결형. 예: *politico*-religious (정치 종교적인).
‡**pol·i·tics** [pálitiks / pɔ́l-] *n.* *pl.* 〔단수 취급 →4〕 **1** 정치학(political science). **2** 정치, 정책, 정무. **3** 정략, 당략; 〔일반적으로〕책략, 술책. **¶** play *politics* 권모술수를 부리다, 사리를 꾀하다. **4** 《복수 취급》정강, 정견, 정치관. **¶** What are his *politics*? 그의 정치관은 어떤 것입니까? **5** 경영, 운영(management).
be not practical politics 논할 가치가 없다.
◇ polítical *adj.*
pol·i·ty [páliti / pɔ́l-] *n.* (*pl.* **-ties**) **1** 정치 형태, 정치 조직(제도). **2** 정치 조직체, 국가 조직, 국가. **3** Ⓤ 정치, 행정, 통치. **4** 《집합적으로》〔국가를 형성하는〕국민.
polk [poulk] *vi.* 폴카(polka) 춤을 추다.
pol·ka [póulkə / pɔ́lkə] *n.* **1** 폴카〔2박자의 경쾌한 춤〕; 그 곡. **2** 여성용 니트 자켓. — *vi.* 폴카춤을 추다.
pólka dót [póu(l)kə- / pɔ́lkə-] *n.* **1** 물방을 무늬, 〔물방을 모양의〕큰 점. **2** (~ s) 《英》 초콜릿 칩스.
‡**poll**[1] [poul] *n.* **1** 투표, 선거. **¶** take a *poll* 투표로 표결하다. **2** 투표수, 투표 결과. **¶** a heavy (a light) *poll* 투표 다수(소수) / at the head of the *poll* 최고 득표로 **3** 선거인 명부. **¶** have one's name on the *poll* 선거인 부에 등록되다. **4** (the ~s) 《美》 투표소. **5** = POLL TAX. **6** 여론 조사, 투표. **7** 머리 드듬기 두발이 있는 부분; 〔동물의〕후두부; 사람; 머리. **¶** per *poll* 한 사람 당. **8** 〔해머 따위의〕 관판한 쪽; 머리. — *vt.* **1** 〔표〕를 획득하다; 〔투표〕의 투표수를 계산하다. **¶** The candidate *polled* more than 10,000 votes. 그 후보자는 1만 표 이상을 얻었다. **2** 〔표〕를 던지다. **¶** (~+圖+圖+图) *poll* a vote *for*…에 투표하다. **3** 《유권자》를 투표소에서 투표하게 하다. **4** 〔선거·과세를 위해〕…을 명부에 등록하다. **5** …에 관해 여론 조사를 하다. **6** …의 털(머리, 뿔)을 깎다; 〔나무 따위〕의 가지를 자르다. — *vi.* 투표하다 (*for*…).
poll[2] [pəl / pɔl] *n.* 《英》 **1** (the P-) 《집합적》〔특히 Cambridge 대학에서 우등 학위 졸업생에 대하여〕 보통 학위 졸업하는 (passman). **¶** go out in the *Poll* 보통 성적으로 졸업하다. **2** = POLL DEGREE.
pol·lack, -lock [pálək / pɔ́l-] *n.* (*pl.* **-lack** *or* **-lacks; -lock** *or* **-locks**) 대구류(類)의 물고기.
pol·lard [pálərd / pɔ́l-] *n.* **1** 〔빨가지가 무성해지도록〕 가지를 짧게 쳐낸 수목. **2** 뿔을 자른 동물. — *vt.*

1 [수목의 가지]를 짧게 쳐내다. **2** …의 뿔을 자르다.
poll·book [póulbùk] *n.* 선거인 명부.
póll cápping *n.* [세출 따위의] 상한, 최고 한도.
póll degrèe [pál-/pɔ́l-] *n.* 보통 학위.
polled [pould] *adj.* **1** 뿔이 없는, 뿔을 자른. **2** [수목이] 짧게 가지가 쳐내어진; [헤어] 머리를 짧게 깎은.
poll·ee [poulíː] *n.* [여론 조사에서] 질문을 받는 사람.
***pol·len** [pálin/pɔ́l-] *n.* ⓊⒽ 화분(花粉), 꽃가루. ── *vt.* …에 수분(授粉)하다(pollinate). ◇ **póllínic** *adj.*
pol·len·o·sis [pàlənóusis/pɔ̀l-] *n.* [병리] 화분 알레르기 (hay fever). [의] 엄지발가락.
pol·lex [páleks/pɔ́l-] *n.* (*pl.* **-li·ces** [-lìsìːz]) [앞발
pol·li·nate [pálinèit/pɔ́l-] *vt.* (**-nat·ed, -nat·ing**) [식물] …에 수분(授粉)하다. [[작용].
pol·li·na·tion [pàlinéiʃ/pɔ̀l-] *n.* Ⓤ [식물] 수분
poll·ing [póulin] *n.* [컴퓨터] 폴링[통신 제어 방법의 하나; 특정한 국(단말)을 지정, 그 국이 송신을 행하도록 의뢰하는 과정].
pólling bòoth *n.* 투표 용지 기입소.
pólling dày *n.* 투표일, 선거일.
pólling plàce *n.* 투표소.
pólling stàtion *n.* = polling place.
pol·lin·ic [palínik/pɔl-] *adj.* 화분(花粉)의, [의.
pol·li·nif·er·ous [pàlinífərəs/pɔ̀l-] *adj.* [식물] 꽃 가루가 있는(생기는); [벌레·새 따위가] 꽃가루를 나르는. [fever.
pol·li·no·sis [pàlinóusis/pɔ̀l-] *n.* Ⓤ [병리] = hay
pol·li·wog [páliwàg/póliwɔ̀g] *n.* 올챙이 (tadpole).
pol·lock [pálək/pɔ́l-] *n.* (*pl.* **-lock** *or* **-locks**) = pollack.
pol·loi [palɔ́i/pɔ́li] *n. pl.* 《속어》 평민, 일반 대중
póll párrot *n.* [길들여진] 앵무새. *cf.* Polly
poll·ster [póulstər] *n.* 《종종 경멸적》 [직업적인] 여론 조사원(가).
poll·tak·er [póultèikər] *n.* = pollster.
póll tàx [póul-] *n.* 인두세(人頭稅) (capitation tax).
pol·lu·tant [pəlúːtənt/-l(j)úː-] *n.* 오염 물질.
Pollútant Stándards Index *n.* 《美》 오염 기준 지수.
***pol·lute** [pəlúːt/-l(j)úːt] *vt.* (**-lut·ed, -lut·ing**) **1** …을 더럽히다, 오염시키다, 불결하게 하다. ¶ (~+囵+쩐+囹) *pollute* the air *with* exhaust fumes 배기 가스로 대기를 오염시키다 / *pollute* a water supply *by* the introduction of sewage 하수의 도입으로 수도 용수를 오염시키다. **2** [도덕적으로] …을 더럽히다, 타락시키다. ¶ *pollute* the mind 정신을 타락시키다. **3** …의 신성함(명예)을 더럽히다, …을 모독하다. ¶ *pollute* a person's honor 남의 명예를 더럽히다 / The churches were *polluted* by atrocious murders. 그 교회들은 잔학한 살인 사건으로 더럽혀졌다. ◇ **pollútion** *n.*
pol·lut·ed [pəlúːtid/-l(j)úː-] *adj.* 《美》 오염된, 순수하지 못한; 《속어》 술취한.
pol·lut·er [pəlúːtər/-l(j)úː-] *n.* 오염자, 오염(원).
‡**pol·lu·tion** [pəlúː ʃ(ə)n/-l(j)úː-] *n.* ⓊⒸ **1** 더럽히기, 오염; 공해; 더러움, 불결; 모독, ¶ environmental *pollution* 환경 오염. **2** [의학] 몽정(夢精). ◇ **pollúte** *v.* [해의.
pol·lu·tion·al [pəlúː ʃ(ə)n(ə)l/-l(j)úː-] *adj.* 오염의, 공
pol·lu·tion·ist [pəlúː ʃənist/-l(j)úː-] *n.* 오염 찬성자.
── *adj.* 오염 찬성의.
pollútion tàx *n.* 공해세, 환경 오염세.
pol·lu·tive [pəlúːtiv/-l(j)úː-] *adj.* 오염을 일으키는.
Pol·lux [pálǝks/pɔ́l-] *n.* **1** [그리스 신화] 폴룩스 [Zeus와 스파르타 왕 Tyndareus의 왕비 Leda 사이에 태어난 쌍둥이 아들 중의 하나]. **2** [천문] 쌍둥이 좌(Gemini)의 일등성. *cf.* Castor [인.
póll wàtcher *n.* [정치] [정당이 파견한] 투표 참관
Pol·ly [páli/pɔ́l-] *n.* (*pl.* **-lies**) 앵무새[의 이름]. *cf.*
poll parrot

Pol·ly·an·na [pàliǽnə/pɔ̀l-] *n.* 《美》 맹목적인 낙천가. [<미국의 작가 Eleanor Porter(1868-1920)의 소설의 여주인공 이름]
pólly sèeds *n.* 《구어》 해바라기의 일종.
pol·ly·wog [páliwàg/póliwɔ̀g] *n.* = polliwog.
***po·lo** [póulou] *n.* Ⓤ **1** 폴로 [마상 구기(馬上球技)의 일종]. **2** 폴로와 비슷한 경기. ¶ water *polo* 수구(水球).
po·lo·naise [pòulənéiz, pàl-/pɔ̀l-] *n.* **1** 폴로네즈 [폴란드의 3박자로 된 느린 춤]; 그 무곡(舞曲). **2** 폴로네즈[18세기 말에 착용했던 여성복].
po·lo·ni·um [pəlóuniəm, -njəm] *n.* Ⓤ [화학] 폴로늄 [1898년 Curie 부처가 발견한 방사성 원소; 원자 기호 Po].
po·lo·ny [pəlóuni] *n.* 《英》 돼지고기 소시지의 일종.
pólo póny *n.* 폴로 경기용 조랑말.
pólo shìrt *n.* 폴로 셔츠, 스포츠 셔츠.
pol. sci. 《略》 *political science.*
Pol·ska [pɔ́ːlskɑː] *n.* 폴스카 [Poland의 폴란드어 이름].
pol·ter·geist [póultərgàist/pɔ́l-] *n.* [가구 따위를 덜커덕거리게 하는 등] 집안에서 이상한 소리를 내는 요정(妖精). [<G]
polt·foot [póultfùt] 《고어》 *adj.* = clubfooted.
── *n.* (*pl.* **-feet** [-fìːt]) = clubfoot.
pol·troon [paltrúːn/pɔl-] *n.* 겁쟁이, 비겁한 사람.
── *adj.* 비겁한, 겁쟁이의. [음.
pol·troon·er·y [paltrúːnəri/pɔl-] *n.* Ⓤ 비겁, 겁 많
pol·troon·ish [paltrúːniʃ/pɔl-] *adj.* 겁쟁이의(같은), 비겁한 사람의.
poly- much, many 의 뜻의 연결형. 예: *poly*chromatic
pol·y·am·ide [pàliǽmaid/pɔ̀l-] *n.* [화학] 폴리아미드 [나일론에 이용된다].
pol·y·an·drist [pàliǽndrist, -́-́-́/póliæn-, -́-́-́] *n.* 두 사람 이상의 남편을 가진 여자.
pol·y·an·drous [pàliǽndrəs/pɔ̀l-] *adj.* **1** 일처다부의. **2** [식물] 다웅의(多雄蕊의), 수꽃술이 많은.
pol·y·an·dry [páliændri, -́-́-́/póliæn-, -́-́-́] *n.* Ⓤ **1** 일처다부. *cf.* monandry, polygamy **2** [식물] 다웅예(성).
pol·y·an·tha [pàliǽnθə/pɔ̀l-] *n.* (= **pòlyántha róse**) [작은 꽃송이가 한데 모여 피는] 들장미의 일종.
pol·y·an·thus [pàliǽnθəs/pɔ̀l-] *n.* **1** 폴리앤서스 [앵초의 재배종]. **2** 수선화의 일종.
pol·y·ar·chy [páliàːrki/pɔ́l-] *n.* (*pl.* **-chies**) Ⓤ 다두(多頭) 정치, Ⓒ 다두 정치국. *cf.* oligarchy
pol·y·ba·sic [pàlibéisik/pɔ̀l-] *adj.* 다염기의. ¶ *polybasic* acid 다염기 산(酸).
pol·y·car·bon·ate [pàlikáːrbənit/pɔ̀l-] *n.* [화학] 폴리탄산 에스테르[합성 수지의 일종].
pol·y·car·pic [pàlikáːrpik/pɔ̀l-], **-pous** [-pəs] *adj.* [식물] 다심피의(多心皮의).
pol·y·cen·tric [pàliséntrik/pɔ̀l-] *adj.* 다중심(多中心)의; 다중심주의의. [의] 다중심(다원)주의.
pol·y·cen·trism [pàliséntriz(ə)m/pɔ̀l-] *n.* Ⓤ 다중심
pol·y·chaete [pálikìːt/pɔ́l-] *n.* 다모류(多毛類) 동물 [주로 바다에 사는 환형 동물, 갯지렁이 따위]. ── *adj.* 다모류의.
pol·y·chae·tous [pàlikìːtəs/pɔ̀l-] *adj.* 다모류의.
pol·y·chlor·in·at·ed bi·phen·yl [pàliklɔ́ːrənèitid baifénl/pɔ̀l-] *n.* 폴리크롬을 비페닐, PCB [절연물(絶緣物) 따위에 이용되는 공해 물질].
pol·y·chrest [pálikrest/pɔ́l-] *n.* Ⓤ [약품 등의] 다용도.
pol·y·chres·tic [pàlikréstik/pɔ̀l-] *adj.* [약품 따위가] 다용도의. [리크롬산염(酸鹽).
pol·y·chro·mate [pàlikróumeit/pɔ̀l-] *n.* [화학] 폴
pol·y·chro·mat·ic [pàlikro(u)mǽtik/pɔ̀l-] *adj.* 다색의, 여러 빛깔을 내는.
pol·y·chrome [pálikròum/pɔ́l-] *n.* 다색, 다색채 장식의; 다색도 인쇄의. ── *n.* 다색채의 것. ── *vt.*

(**-chromed, -chrom·ing**) …을 다색으로 그리다, …에 여러 색깔을 칠하다.
pol·y·chro·my [pálikròumi / pól-] *n.* ⓤ [조각·회화·건축물 따위의] 다색 채색, 다색 장식, 다색 화법(畫法).
pol·y·clin·ic [pàliklínik / pòl-] *n.* 종합 진료소, 종합병원.
pol·y·dac·tyl [pàlidǽktil / pòl-] *adj.* 〖동물〗; 다지증의[보통보다 손·발가락이 많다〗. — *n.* 다지 동물.
pol·y·es·ter [pálièstər / pól-] *n.* 〖화학〗폴리에스테르.
pol·y·eth·yl·ene [pàliéθilìːn / pòl-] *n.* ⓤ〖화학〗폴리에틸렌[합성 수지의 일종].
pol·y·gam·ic [pàligǽmik / pòl-] *adj.* =POLYGAMOUS.
po·lyg·a·mist [pəlígəmist] *n.* 일부다처[주의] 자; 〖드물게〗일처다부주의자.
po·lyg·a·mous [pəlígəməs] *adj.* **1** 일부다처의; 〖드물게〗일처다부의. **2** 〖식물〗잡성화(雜性花)의. ⇨ POLYGAMY 3.
po·lyg·a·my [pəlígəmi] *n.* ⓤ **1** 일부다처[주의]의; 〖드물게〗일처다부[주의]의. *cf.* monogamy, polyandry **2** 〖동물〗다혼성(多婚性), 일웅다자(一雄多雌); 〖드물게〗일자 다웅. **3** 〖식물〗잡성화[같은 꽃대에 자·웅 양성의 꽃이 있는 것〗.
pol·y·gene [pálidʒìːn / pól-] *n.* 〖생물〗폴리진, 다원(多元)유전자, 다수 동의(同義) 인자.
pol·y·gen·e·sis [pàlidʒénəsis / pòl-] *n.* ⓤ〖생물〗다원(多原)발생[설]. *cf.* monogenesis
pol·y·ge·net·ic [pàlidʒinétik / pòl-] *adj.* **1** 〖생물〗다원 발생[의]. **2** 수종의 원인에 의한.
póly·glass tíre, -glàs- [páliglæ̀s- / póliglɑ̀ːs-] *n.* [자동차의] 폴리글래스 타이어[폴리에스테르와 유리 섬유를 사용한 강화(强化) 타이어].
pol·y·glot [páliglàt / póliglɔ̀t] *adj.* 수개 국어를 알고 있는(할 줄 아는). **2** 수개 국어로 적혀 있는. ¶ a *polyglot* Bible 수개 국어 대역의 성서. — *n.* **1** 수개 국어에 통하는 사람. **2** 수개 국어로 적힌 서적[특히 성서]. **3** 수개 국어의 혼합.
pol·y·glot·tal [pàliglátl / pòliglɔ́tl], **-tic** [-tik] *adj.* =polyglot.
pol·y·gon [páligàn / póligən] *n.* 〖수학〗다각형, 다변형(多邊形). ¶ a regular *polygon* 정(正)다각형.
po·lyg·o·nal [pəlígən(ə)l, +英 pɔl-] *adj.* 다각형의, 다변형의. **-ly** [-nəli] *adv.*
pol·y·graph [páligræ̀f / póligrɑ̀ːf] *n.* **1** 등사판, 복사기. **2** 〖드물게〗다작가(多作家). **3** 〖의학〗다원기기. **4** 고동 혈압 동시 기록기, 거짓말 탐지기 (lie detector).
pol·y·graph·ic [pàligrǽfik / pòl-] *adj.* 등사기의.
po·lyg·ra·phy [pəlígrəfi] *n.* ⓤ 다작, 여러 종류의 저작.
po·lyg·y·nous [pəlídʒɪnəs, +英 pɔl-] *adj.* **1** 일부다처의. **2** 〖동물〗일웅다자(一雄多雌)의. **3** 〖식물〗암꽃술이 많은.
po·lyg·y·ny [pəlídʒini, +英 pɔ-] *n.* ⓤ **1** 일부다처[제]의. *cf.* monogyny **2** 〖동물〗일웅다자(一雄多雌)의. 〖식물〗다자예(多雌蕊).
pol·y·he·dral [pàlihíːdrəl / pòlihéd-] *adj.* 다면체의.
pol·y·he·dric [pàlihíːdrik / pòlihéd-] *adj.* =polyhedral.
pol·y·he·dron [pàlihíːdrən / pòlihéd-] *n.* (*pl.* **-drons** or **-dra** [-drə]) 다면체. ¶ a regular *polyhedron* 정(正)다면체.
pol·y·his·tor [pàlihístər / pòl-] *n.* 박학자, 박식가.
Pol·y·hym·ni·a [pàlihímniə / pòl-] *n.* 〖그리스 신화〗폴리힘니아[성가·춤 따위를 주관하는 여신; Muses 중의 하나〗.
pol·y·logue [pálilɔ̀ːg, -làg / pólilɔ̀g] *n.* 복수(複數) 대화.
pol·y·math [pálimæ̀θ / pól-] *n.* =polyhistor.
pol·y·m·a·thy [pəlíməθi] *n.* ⓤ 박학, 박식.

pol·y·mer [pálimər / pól-] *n.* 〖화학〗중합체(重合體).
pol·y·mer·ic [pàlimérik / pòl-] *adj.* 〖화학〗중합[체]의.
po·lym·er·ism [pəlíməriz(ə)m / pɔ-] *n.* ⓤ〖화학〗중합.
po·lym·er·i·za·tion [pəlìməriźéi(ə)n / -raiz-] *n.* ⓤ〖화학〗중합.
po·lym·er·ize [pəlíməràiz, pálim-/pɔ́lim-] *v.* (**-ized, -iz·ing**) 〖화학〗중합시키다. — *vi.* 중합하다.
pol·y·mor·phic [pàlimɔ́ːrfik / pòl-] *adj.* =polymorphous.
pol·y·mor·phism [pàlimɔ́ːrfiz(ə)m / pòl-] *n.* ⓤ **1** 다형(多形)〖현상〗. **2** 〖결정〗동질 이상(同質異像). **3** 〖동·식물〗다형성.
pol·y·mor·phous [pàlimɔ́ːrfəs / pòl-] *adj.* 다형태의, 다양한.
Pol·y·ne·sia [pàliníːʒə, -ʃə / pòliníːzjə, -ziə] *n.* 폴리네시아[대양주의 3대 구역의 하나; 하와이·사모아 제도 따위가 포함됨].
Pol·y·ne·sian [pàliníːʒən, -ʃən / pòliníːzjən, -ziən] *adj.* 폴리네시아의; 폴리네시아인(의)의. — *n.* 폴리네시아 사람; ⓤ 폴리네시아어(語).
pol·y·no·mi·al [pàlinóumiəl, -mjəl / pòl-] *adj.* **1** 여러 명칭을 가진, 다명(多名)의. **2** 〖수학〗다항식(多項式)의. ¶ a *polynomial* expression 다항식. **3** 〖동·식물〗다명의. — *n.* 다항식. **2** 〖동·식물〗두 개 이상의 명칭으로 된 학명(學名), 다명.
pol·y·nu·cle·ar [pàlin(j)úːkliər / pòlinjúː-] *adj.* 다핵(多核)의.
pol·y·o·ma [vírus] [pàlióumə- / pòli-] *n.* 폴리오마 바이러스[포유 동물에 종양을 일으킨다].
pol·yp [pálip / pól-] *n.* **1** 〖동물〗폴립[강장(腔腸) 동물중에서 착생 생활을 하는 개체; 말미잘·히드라 따위]. **2** 〖병리〗폴립[점막에 발생하는 버섯 모양의 종양. 비용(鼻茸) 따위].
pol·y·par·y [pálipèri / pólipəri] *n.* (*pl.* **-par·ies**) 〖동물〗폴립 모체[산호 따위].
pol·y·pep·tide [pàlipéptaid / pòl-] *n.* 〖생화학〗폴리펩티드[아미노산의 다중 결합물].
pol·y·pet·al·ous [pàlipétələs / pòl-] *adj.* 다판(多瓣)의.
pol·y·pha·gi·a [pàliféidʒ(i)ə / pòl-] *n.* ⓤ **1** 〖병리〗다식증(多食症). **2** 〖동물〗잡식성(雜食性).
po·lyph·a·gous [pəlífəgəs] *adj.* **1** 〖병리〗다식(증)의. **2** 〖동물〗잡식(성)의.
pol·y·phase [páliféiz / pól-] *adj.* 〖전기〗다상(多相)의.
Pol·y·phe·mus [pàlifíːməs / pòl-] *n.* 〖그리스 신화〗폴리페모스(Cyclops 의 한사람).
pol·y·phone [pálifòun / pól-] *n.* 〖음성〗다음자(多音字)[두 개 이상의 다른 음을 가진 문자: cat 와 cell 의 c 따위].
pol·y·phon·ic [pàlifánik / pòlifɔ́n-], **po·lyph·o·nous** [pəlífənəs] *adj.* **1** 다음(多音)의. **2** 〖음악〗다성(多聲)의, 대위법의. **3** 〖음성〗다음을 나타내는.
po·lyph·o·nist [pəlífənist] *n.* 〖음악〗다성(대위법)음악 작곡가.
po·lyph·o·ny [pəlífəni] *n.* ⓤ **1** 〖음악〗다성 음악, 대위법 (counterpoint). **2** 〖음성〗다음.
pol·y·phy·let·ic [pàlifailétik / pòl-] *adj.* 〖생물〗[일군(一群)의 동물이] 여러 종류의 조상으로부터 나온, 다원 발생의.
pol·y·ploid [páliplɔ̀id / pól-] *adj.* 〖생물〗[염색체의] 배수성(倍數性)의. — *n.* 〖염색체의〗배수체.
pol·y·ploi·dy [páliplɔ̀idi / pól-] *n.* ⓤ〖생물〗[염색체의] 배수성(性).
pol·y·pod [pálipàd / pólipɔ̀d] *n.* **1** 〖동물〗[곤충의 유충과 같은] 발이 많은 다족 동물. **2** =polypody. — *adj.* 〖동물〗다족의.
pol·y·po·dy [pálipòudi / pólipədi] *n.* (*pl.* **-dies**) 털미

역고사리류(類)의 식물.

pol·yp·oid [pálipɔid / pɔ́l-] *adj.* 〖병리〗 폴립(polyp) 비슷한, 폴립 모양의.

pol·yp·ous [pálipəs / pɔ́l-] *adj.* **1** 〖동물〗 폴립 비슷한, 폴립 모양의. **2** 〖병리〗 =polypoid.

pol·y·pro·pyl·ene [pàlipróupilìːn / pɔ̀l-] *n.* Ⓤ 〖화학〗폴리프로필렌[프로필렌의 중합체].

pol·y·pus [pálipəs / pɔ́l-] *n.* (*pl.* **-pi**) 〖병리〗=polyp.

pol·y·rhythm [pálirìð(ə)m / pɔ́l-] *n.* 〖음악〗 폴리리듬[대조적인 둘 이상의 리듬이 동시에 연주되기].

pol·y·ri·bo·some [pàliráibo(u)sòum / pɔ̀l-] *n.* 〖생화학〗 폴리리보솜[수개(數個)에서 수십 개의 리보솜이 하나의 messenger 와 RNA 에 결합한 것].

pol·y·sac·cha·ride [pàlisǽkəràid, -rid / pɔ̀l-] *n.* 〖화학〗 다당류(多糖類)의.

pol·y·se·mous [pàlisíːməs / pɔ̀li-] *adj.* 다의(多義)

pol·y·se·my [pálisìːmi / pɔ́l-] *n.* Ⓤ 다의성.

pol·y·style [pálistàil / pɔ́l-] *adj.* 〖건물의〗 기둥이 많은, 다주식(多柱式)의. — *n.* Ⓤ 다주식 건축.

pol·y·sty·rene [pɔ̀listáiriːn / pɔ̀listáiə-] *n.* Ⓤ 〖화학〗 폴리스티렌, 스티렌 수지.

pol·y·syl·lab·ic [pàlisilǽbik / pɔ̀l-], **pol·y·syl·lab·i·cal** [-ik(ə)l] *adj.* **1** 다음절의, 3음절 이상의. **2** 〖언어·문장 등이〗 다음절어 사용을 특징으로 하는. **-i·cal·ly** [-ikəli] *adv.*

pol·y·syl·la·ble [pálisìləbl / pɔ́l-] *n.* 다음절어[보통 3음절 이상]. *cf.* disyllable, monosyllable

pol·y·syn·the·sis [pàlisínθisis / pɔ̀l-] *n.* (*pl.* **-ses** [-sìːz]) Ⓒ Ⓤ 〖언어〗=polysynthesism.

pol·y·syn·the·sism [pàlisínθisìz(ə)m / pɔ̀l-] *n.* Ⓤ 〖언어〗 포합(抱合)〖문장으로 표현해야 할 정도의 내용을 길다란 단어로 표현하는 일〗.

pol·y·syn·thet·ic [pàlisinθétik / pɔ̀l-] *adj.* 〖언어〗 포합의.

pol·y·tech·nic [pàlitéknik / pɔ̀l-] *adj.* 공예의. ¶ a *polytechnic* school 공예 학교. — *n.* 공예 학교.

pol·y·the·ism [pɔ́liθìːiz(ə)m / pɔ́l-] *n.* Ⓤ 다신론(多神論), 다신교. *cf.* monotheism

pol·y·the·ist [páliθìist / pɔ́l-] *n.* 다신론자, 다신교(교)의, 다신교(론)을 믿는.

pol·y·the·is·tic [pàliθìːístik / pɔ̀l-] *adj.* 다신교(교)의, 다신교(론)을 믿는.

pol·y·thene [páliθìːn / pɔ́l-] *n.* 〖영〗〖화학〗=polyethylene.

pol·y·to·nal·i·ty [pàlito(u)nǽliti / pɔ̀l-] *n.* 〖음악〗 다조성(多調性) 〖2개 이상의 상이한 조성을 쓰기〗; 다조성의 음.

pol·y·u·re·thane [pàlijú(ː)rəθèin / pɔ̀lijúərə-] *n.* Ⓤ 〖화학〗 폴리우레탄〖합성 섬유·합성 고무 따위의 원료〗.

pol·y·va·lence [pàlivéiləns / pɔ̀li-] *n.* 〖화학〗 다원자가(多原子價). **2** 〖세균〗 〖왁친을 만들 때의〗 여러가지 균의 혼합, 다가(多價).

pol·y·va·lent [pàlivéilənt, pəlívəl-/pɔ̀livéi-, pəlívəl-] *adj.* **1** 〖화학〗 다원자가의(multivalent). **2** 〖세균〗 여러 가지 균을 혼합한, 다가(多價)의.

pol·y·ver·si·ty [pàlivə́ːrsiti / pɔ̀l-] *n.* =multiversity.

pol·y·vi·nyl [pàliváinil, -vín- / pɔ̀l-] *n.* 〖화학〗 폴리비닐.

pòlyvínyl chlóride *n.* Ⓤ 〖화학〗 폴리염화 비닐.

pol·y·wa·ter [pàliwɔ́ːtər / pɔ̀l-] *n.* Ⓤ 〖화학〗 폴리워터, 중합수(重合水) 〖점도가 높은 특수한 물〗.

pom·ace, pum- [pámis] *n.* Ⓤ **1** 〖cider 를 만들 때 즙을 짜내고 난 뒤의〗 사과 찌꺼기. **2** 〖어유(魚油)·아주까리 기름 따위〗 짜낸 찌꺼기.

po·ma·ceous [po(u)méiʃəs] *adj.* 사과류(類), 사과과와 같은.

*****po·made** [po(u)máːd, +美 -méid] *n.* 포마드, 머리 기름. — *vt.* (**-mad·ed, -mad·ing**) 〖머리에〗 포마드를 바르다.

po·man·der [po(u)mǽndər, +美 póumən-] *n.* **1** 향료알, 향정(香錠) 〖옛날에 방역(防疫)용으로 휴대하고 다녔다〗. **2** 향정갑(香錠匣).

po·ma·to [po(u)méitou, -máː-] *n.* (*pl.* **-toes** [-touz]) 포마토 〖토마토와 감자를 세포 융합시켜 만든 신종 식물〗. ⟨<PO[TATO]+[TO]MATO⟩

po·ma·tum [po(u)méitəm, +美 -máː-] *n.* =pomade.

POMCUS 《略》〖군사〗*p*repositioning *o*f *o*verseas *m*aterial *c*onfigured to *u*nit *s*ets 〖필요 장비 해외 사전 비축(계획)〗.

pome [poum] *n.* 〖식물〗 이과(梨果) 〖사과·배 따위〗.

pome·gran·ate [pám(ə)grænit, pámə- / pɔ́m(ə)-] *n.* 석류 열매; 그 나무.

pom·e·lo [páməlòu / pɔ́m-] *n.* (*pl.* **-los**) =grapefruit.

Pom·er·a·ni·a [pàməréiniə, -njə- / pɔ̀m-] *n.* 포메라니아 〖발트해에 면한 옛 독일 동북부의 주; 2차 세계 대전 후 폴란드와 동독으로 분할됨; 독일이름 Pommern (포메른)〗.

Pom·er·a·ni·an [pàməréiniən, -njən / pɔ̀m-] *adj.* 포메라니아의. — *n.* **1** 포메라니아 사람. **2** 포메라니아 견(犬).

pom·fret [pámfrit / pɔ́m-] *n.* (*pl.* **-fret** *or* **-frets**) 〖북대서양·북태평양의〗 병어.

po·mi·cul·ture [póumikàltʃər / pɔ́m-] *n.* Ⓤ 과수 재배.

po·mif·er·ous [po(u)mífərəs] *adj.* 〖식물〗이과(梨果)가 열리는. ⇒ POME.

pom·mel [páml, +美 páml] *n.* **1** 〖도검(刀劍) 따위〗의 자루 끝. **2** 안장머리. — *vt.* (**-meled, -mel·ing**; 〖英〗 **-melled, -mel·ling**) **1** …을 〖칼〗자루 끝으로 때리다. **2** …을 주먹으로 연타하다.

pómmeled hórse *n.* Ⓒ 〖체조〗 안마.

pom·my [pámi / pɔ́mi] *n.* (*pl.* **-mies**) 〖濠俗語〗영국에서 온 〖새〗이민.

po·mo·log·i·cal [pòuməládʒik(ə)l / -lɔ́dʒ-] *adj.* 과수 재배학의, 과수 재배법의.

po·mol·o·gist [po(u)máləʒist / -mɔ́l-] *n.* 과수 재배학자.

po·mol·o·gy [po(u)máləʒi / -mɔ́l-] *n.* Ⓤ 과수 재배(법).

Po·mo·na [pəmóunə] *n.* **1** 〖로마 신화〗 포모나·월 〖과수(의) 여신〗.

‡pomp [pamp / pɔmp] *n.* **1** Ⓤ 호화, 장려(壯麗), 화려 (splendor). ¶ with much *pomp* 화려하게, 당당하게. **2** (~s) 겉치레, 과시(誇示), 허식. **3** 〖廢〗 화려한 행렬. ◇ **pómpous** *adj.*

pom·pa·dour [pámpədɔ̀ːr, -dùər / pɔ́mpədùə] *n.* 퐁파두르. **a** 〖여성의 앞머리를 높이 올린 머리 모양. **b** 〖남성의 올백 머리 형태. **c** 〖잔잔한 꽃무늬의 천.

pom·pa·no [pámpənòu, pɔ́m-] *n.* (*pl.* **-no** *or* **-nos**) 전갱이 속(屬)의 물고기.

Pom·pe·ian [pampéiən, -píːən / pɔmpíːən], **(Pom·pei·an)** *adj.* **1** 폼페이(Pompeii)의. **2** 폼페이 문화(예술)의; 〖벽화가〗 폼페이 양식의. — *n.* 폼페이 사람.

Pom·pei·i [pampéi(i:) / pɔmpíː-ai, pɔmpiàí] *n.* 폼페이 〖이탈리아의 Vesuvius 산 분화로 매몰된 고대 도시〗.

pom·pi·er [pámpiər, -pjəːr / pɔ́m-] *n.* 소방수 (fireman); 소방용 사다리 (=pompier ladder).

pom-pom [pámpam / pɔ́mpɔm] *n.* **1** 자동 기관총. **2** 대공 속사포. **3** =pompon 1, 2.

pom·pon [pámpan / pɔ́mpɔn] *n.* **1** 방울술〖부인·아이들의 모자 따위의 장식으로 쓴다〗. **2** 〖군모의〗 깃장식, 앞장식. **3** 퐁퐁달리아 (국화).

pom·pos·i·ty [pampásiti / pɔmpɔ́s-] *n.* (*pl.* **-ties**) **1** Ⓤ 호화, 장려. **2** Ⓤ 거만함, 젠체함. **3** 거만한 〖젠체하는〗 태도, 과장된 언사, 호언 장담.

pom·po·so [pampóusou / pɔm-] *adj., adv.* 〖음악〗장중한(하게). ⟨<It⟩

*****pomp·ous** [pámpəs / pɔ́m-] *adj.* **1** 당당한, 화려한, 호화스런. **2** 젠체하는, 거만한. **3** 〖문체·언사 따위가〗 과장된, 허풍떠는(bombastic), 점잔빼는.
~**ly** *adv.* ~**ness** *n.* ◇ **pómp** *n.*

ponce [pans / pɔns] *n.* 〖英俗語〗 매춘부의 정부, 기둥

서방. — *vi.* (**ponced, ponc·ing**)《英속어》매춘부의 정부가 되다; 호사스러운 생활을 하다.
pon·ceau [pansóu / pɔ́n-] *n.* **1** 개양귀비. **2** ⓤ 개양귀비색, 선홍색.
pon·cho [pántʃou / pɔ́n-] *n.* (*pl.* **-chos**) **1** 폰초[남미의 현주민들이 입는 외투. 담요 한가운데에 낸 구멍으로 머리를 내놓고 입는다]. **2** [폰초 모양의] 우비, 비옷.
‡**pond** [pand / pɔnd] *n.* **1** 못[lake 보다는 작고 pool 보다는 크다], 샘, 늪. **2** (익살) 바다, (특히) 대서양. — *vt.* (흐름)을 가로막아 못을 만들다(…*up*). — *vi.* [물이] 괴어 못이 되다.
pond·age [pándidʒ / pɔ́nd-] *n.* ⓤ [못·저수지 따위의] 저수량.
*****pon·der** [pándər / pɔ́n-] *vt.* …을 깊이 생각하다, 숙고하다(think over). ¶ *ponder* a question 문제를 깊이 생각하다. — *vi.* 숙고하다, 곰곰이 생각하다(*over, on…*). ¶ (～＋冊＋名) *ponder over* a person's words 남의 말을 곰곰 생각해 보다 / *ponder on* a difficulty 난국에 대하여 숙고하다.
類語 **ponder** 어떤 문제를 여러 각도에서 깊이 생각해보다. **meditate** 정신을 집중하여 모든 각도·관계 따위를 이해하려고 생각하다: *meditate* on the meaning of life 인생의 의미가 무엇인가 묵상하다. **muse** 지적 사색보다는 몽상·회상과 같은 생각에 몰두하다: *muse* over one's boyhood 소년 시절의 회상에 잠기다. **ruminate** 같은 문제를 되풀이 생각하다: *ruminate* on the future of one's child 아이의 장래에 관하여 골똘히 생각하다.
◇ pónderous *adj.*
pon·der·a·bil·i·ty [pàndərəbíliti / pɔ̀n-] *n.* ⓤ 무게가 있음; 일고(一考)의 가치가 있음.
pon·der·a·ble [pándərəbl / pɔ́n-] *adj.* **1** 무게를 잴 수 있는, 무게가 있는. **2** 일고의 가치가 있는.
pon·der·er [pándərər / pɔ́n-] *n.* 숙고하는 사람, 궁리하는 사람.
pon·der·ing·ly [pándəriŋli / pɔ́n-] *adv.* 숙고하여.
pón·der·ó·sa píne [pàndərόusə- / pɔ̀n-] 《식물》 폰데로사소나무(yellow pine) [북미 서부 원산]; 그 목재.
pon·der·os·i·ty [pàndərásiti / pɔ̀ndərɔ́s-] *n.* ⓤ 무게, 무거움. **2** 무겁고 답답함, 둔중한 태도, 답답한 문체.
*****pon·der·ous** [pándərəs / pɔ́n-] *adj.* **1** 무거운, 묵직한, 육중한(massive); 무거워서 다루기 힘든(unwieldy). ¶ a *ponderous* weapon 무거워서 다루기 힘든 무기. **2** (문체·말씨 등이) 답답한, 지루한.
～**ly** *adv.* ～**ness** *n.* ◇ pónder *v.*
pónd líly *n.* 수련(water lily).
pónd scúm *n.* 수면(水綿), 해감.
pond·weed [pándwí:d / pɔ́nd-] *n.* 가래속(屬)의 수초 [못이나 잔잔한 흐름 속에서 자란다].
pone¹ [poun] *n.* ⓤ 《美남부》 **1** 옥수수 빵(pone bread). **2** 그 빵의 한 덩어리.
pone² [poun / póuni] *n.* [카드 놀이] **1** 물주와 한 편인 사람[보통 물주 오른편에 자리잡는다]. **2** 물주의 상대방.
pong [paŋ / pɔŋ] 《英속어》 *vi.* 냄새가 나다. — *n.* 취.
pon·gee [pandʒí: / pɔn-] *n.* ⓤ 퐁지, 견주(絹紬) [메누에의 실로 짠 견직물]. **2** 황갈색.
pon·gid [pándʒid / pɔ́n-] *n.* 유인원(類人猿) [고릴라, 침팬지, 오랑우탄, 긴팔원숭이 따위].
pon·go [páŋgou / pɔ́n-] *n.* (*pl.* **-goes**) **1** (P-) [아프리카 산(産)] 유인원(類人猿). **2** 오랑우탄(orangutang).
pon·iard [pánjərd / pɔ́n-] *n.* 단검(dagger). — *vt.* …을 단검으로 찌르다.
pons [panz / pɔnz] *n.* (*pl.* **pon·tes** [pánti:z / pɔ́n-]) 〖해부〗 다리[한 기관의 두 부분을 연결시키는 접합부]. **2** 뇌교(腦橋). ⇨ BRAIN 그림.
póns ás·i·nó·rum [-æsinóːrəm / -æsinɔ́ː-] **1** 당나귀의 다리(asses' bridge), 바보 (ass)는 넘을 수 없는 난관 ["2등변 3각형의 밑각은 서로 같다"라는 유클릿 기하학의 제 1권 제 5명제. 바보는 이해하기가 어렵다는 데서]. **2** 초심자를 시험하기 위한 설문. [< L bridge of asses]
Pon·ti·ac [póntiæk] *n.* 《상표명》 폰티악[미국제 자동차의 이름].
pon·ti·fex [pántifeks / pɔ́n-] *n.* (*pl.* **-tif·i·ces**) **1** [고대 로마의] 최고 성직자. ¶ the *Pontifex* Maximus 최고의 사제직. → pontiff 2, 3, 4.
pon·tiff [pántif / pɔ́n-] *n.* **1** ＝pontifex 1. **2** 고위 성직자. **3** [가톨릭] **a**) [로마의] 교황(Pope). **b**) 주교(bishop). **4** [유대교의] 제사장.
pon·tif·i·cal [pantífik(ə)l / pɔn-] *adj.* **1** [고대 로마의] pontifex 의. **2** [가톨릭] **a**) 로마 교황의, the *pontifical* authority 교황권. **b**) 주교의. **3** [유대교의] 제사장의. **4** 거만한, 독단적인. — *n.* [가톨릭] (～s) [주교의] 미사 제복. **2** 주교 전례서(典禮書).
～**ly** [-kəli] *adv.* [복(主教祭服)]
pon·tif·i·ca·li·a [pantifikéiliə / pɔn-] *n. pl.* 주교 제복.
pon·tif·i·cate [pantífikit, ＋ 美 -kèit / pɔn-] *n.* ⓤ [고대 로마의] pontifex 의 직(職). **2** 교황의 직(임기, 지위)(papacy). **3** 주교의 직(임기, 지위). — *vi.* [pantífikèit / pɔn-] (**-cat·ed, -cat·ing**) **1** 주교의 직무 [특히 미사]를 집행하다. **2** ＝pontify.
pon·ti·fy [pántifài / pɔ́n-] *vi.* (**-fied, -fy·ing**) pontiff 의 역할을 하다. **2** 거만하게 말(행동)하다.
pon·ton [pánt(ə)n / pɔ́n-] 《美육군》＝pontoon¹.
pon·to·neer, -nier [pàntəníər / pɔ̀n-] *n.* 《군대》 가교병(架橋兵).
pon·toon¹ [pantú:n / pɔn-] *n.* **1** 평저(平底)보트. **2** 《군대》주교(舟橋), 주교용 철주(鐵舟). **3** 《수상 비행기의》 플로트. **4** 《침몰선 인양용의》 부양함, 케송(caisson).
— *vt.* …에 주교(舟橋)를 놓다; …을 철주교로 건너다.
pon·toon² [pantú:n / pɔn-] *n.* ⓤ《英》일종의 카드 놀이 (twenty-one).
pontóon brídge *n.* 배다리, 철주, 부교(浮橋).
‡**po·ny** [póuni] *n.* (*pl.* **-nies**) **1** 포니, 조랑말 [보통 키가 4.8 ft. 이하의 작은 말]. **2** 일반적으로 작은 말. **3** 같은 종류 중에서 소형의 것[화차 입환용의 소형 기관차, 몸집이 작은 여자 등]. **4** (구어) 작은 컵, 그 한 잔 분량. **5** 《美속어》요점, 자습서(crib). **6** 《英속어》25파운드 [주로 경마·도박 용어]. — *vt., vi.* (**-nied, -ny·ing**) **1** 청산하다, 결제하다(…*up*).
póny cár *n.* 투 도어·하드톱의 스포츠카형 소형차.
póny éngine *n.* [철도] (화차 입환용의) 소형 기관차.
póny expréss *n.* ⓤ《美》포니 속달 우편 [1860-61 년, 미국 Missouri 주 St. Joseph 에서 California 주 Sacramento 까지의 약 3,155 km 를 포니 릴레이로 배달한 것].
po·ny·tail [póunitèil] *n.* 포니 테일 [소녀 등이 머리를 뒤에서 묶어 늘어뜨린 머리 모양].
P.O.O. (略) post office order (우편환). [grel]
pooch [pu:tʃ] *n.* 《美속어》개, (특히) 잡종 개 (mongrel).
pood [pu:d] *n.* 푸드[소련의 중량 단위, 16.38 kg].
poo·dle [pú:dl] *n.* 푸들 개 [털이 길고 곱슬곱슬한 애완견].
póodle cút *n.* 머리를 짧고 곱슬곱슬하게 한 여성 헤어 스타일.
poof¹ [puf, pu:f] *interj.* 훅, 휙 [갑자기 모습을 감출 때].
poof² [puf, pu:f] *n.* (*pl.* **pooves**, ～**s**)《英속어》동성애의.
pooh¹ [pu(:)] *interj.* 흥, 피, 체 [경멸의 뜻을 나타낸다]. — *n.* pooh 라고 말하기.
pooh² [pu(:)] *vt.* ＝poop².

Pooh Bah[pú:bá:] n.(때로 p-b-) 1 혼자서 여러 가지 관직을 겸하고 있는 사람. 2 뽐내는 사람. [< Gilbert 와 Sullivan 합작의 희가극 *The Mikado* 중의 인물 이름]

pooh-pooh [pú:pú:] *interj*. 흥, 피, 체. ── *vt*. …을 멸시하다, 업신여기다, 코방귀 뀌다. ── *vi*. pooh-pooh 라고 말하여 경멸의 뜻을 나타내다.

poo·ja [pú:dʒə] *n*. =puja.

poo·ka [pú:kə] *n.*《아일》[말의 모습으로 늘 따위에 나타나는 장난꾸러기] 작은 요정(hobgoblin).

‡**pool**¹ [pu:l] *n*. **1** 물웅덩이, 작은 못;《액체가》괴어 있는 곳. ¶ a *pool* of blood 피바다. **2** 저수지. **3**《경수의》깊고 잔잔한 곳. **4** =swimming pool. **5**《美》유층(油層), 천연가스 층. ── *vi*. **1** 물웅덩이가 되다. **2** 울혈(鬱血)이 되다. ── *vt*. **1** …에 물웅덩이를 만들다. **2** 울혈이 되게 하다.

‡**pool**² [pu:l] *n*. **1** 생산자 연합, 기업[가] 연합. ¶ a blind *pool* 위임 기업자 연합. **2** 공동 출자, 합동 자금, 합동 회계. ¶ a speculative *pool* 주식 투기 합동 회계. **3** 공동 출자 가맹자, 풀 조합원. **4**《경마 따위의》합동으로 건 돈. ¶ ~ s《英》축구 현상[시합의 결과를 예상하고 내기함; 많은 상금이 나온다]. **6** 공동 이용 시설(설비); 공동 이용. ¶ a motor *pool* 배차용 주차장 / car *pool* 카풀; [택시의] 합승. **7** 필요로 할 때 노동력 따위를 제공할 수 있는 사람들의 집단. **8** ⓊⓊ포켓 당구. **9** [배싱] 팀 대항 시합. **10** Ⓤ[병리] 울혈. ── *vt*. [자금 따위]를 공동 회계[공동 출자]로 하다, 풀하다. ── *vi*. 기업 연합에 가입하다.

pool·room [pú:lrù(:)m] *n*.《美》**1** 당구장.《場外》도박장·권투 따위 경기때, 현장에서 멀리 떨어져서 비합법적으로 내기를 하는 곳).

pool table *n*.《美》pocket 이 여섯 있는 당구대.

poon [pu:n] *n*. **1** 《동인도산(産)》야라보. **2** Ⓤ야라보 재목[조선·가구용].

poop¹ [pu:p] *n*.《항해》**1** 선미(船尾), 고물(stern). **2** 선미루(樓). *cf*. forecastle **3** 선미루 갑판. ── *vt*. **1** [파도가][배]의 고물에 부딪치다. **2** [배가] 고물에 [파도]를 받다.

poop² [pu:p] *vt*.《美속어》(보통 수동형으로)…을 녹초가 되게 하다.

poop³ [pu:p] *n*.《美속어》바보, 얼간이, 멍청이.

póop shèet *n*.《美》일람표, 조견표.

‡**poor** [puər] *adj*. **1** 가난한, 빈곤한. *opp*. rich
〔類語〕 poor 생활의 곤궁에서 단지 압력·유복하지는 못한 정도까지를 포함하는 일반적인 뜻의 말: be too *poor* to travel abroad 가난해서 외국 여행을 할 수 없다. **needy** 당면의 생활이 곤궁한: *needy* people waiting for relief 구호를 기다리는 빈민층. **indigent** needy 와 거의 같은뜻. **destitute** 의식주의 기본적 필수품도 없이 극도로 needy 한: a *destitute*, starving family 굶주린 극빈 가정. **penniless** 무일푼의; 당장 몸에 지니고 있지 않음을 나타내기도 하는 말. **impecunious** 생활에 절제가 없고 가난한: an *impecunious* artist 칠칠치 못하고 가난한 화가. **impoverished** 상당히 부유한 생활에서 영락하여 가난해진: an *impoverished* ex-king 영락한 전 국왕.
2 [법률] 생활 부조를 받고 있는. **3** 초라한, 빈약하고, 조잡한, 쓰구려의. ¶ *poor* furniture 초라한 가구. **4** 부족한, 근소한, 불충분한, 풍족하지 못한. ¶ a *poor* eater 소식가 / a *poor* rice crop 쌀 흉작 // This district is *poor* in mineral products. 이 지방은 광산물이 부족하다. **5** [토지 따위가] 메마른, 불모의(barren). **6** 허약한, 여윈, 맛없는. ¶ *poor* wine (food) 맛없는 술(음식) / a *poor* apology (or excuse) 서투른 변명 / a *poor* artist 서투른 화가 // be *poor* in (or at) English 영어가 서투르다. **7** 쓸모 없는, 보잘것 없는(trivial). ¶ in my *poor* opinion 내 하찮은 생각으로는. **8** 불건강한, 허약한(feeble), 기력이 없는. ¶ *poor* digestion 소화 불량 / *poor* eyesight 약한 시력 /

poor memory 나쁜 기억력. **9** [가축 따위가] 마른 (lean), 야윈 빠진. **10** 재미없는, 만족스럽지 못한 (unsatisfactory). **11** 비열한, 야비한(meager). **12** 불행한, 불운한, 불쌍한; 고(故)…, 선(先)…. ¶ *Poor* fellow (or soul, thing)! 가엾어라! / my *poor* father 선친(先親). **13** (the ~)《명사적 용법》가난한 사람들. ¶ Blessed are the *poor* in spirit. 마음이 가난한 자는 복이 있나니 [～ 마태 복음] (Matt.) 5:3].

be poor as Job's turkey 몹시 가난한.

◇ póverty *n*., póorly *adv*.

poor·box [púərbɑks/-bɔks] *n*. [교회의] 자선관(慈善函), 연보 상자.

póor bòy *n*.《美속어》=hero sandwich.

póor bòy sándwich [púərbɔi-] *n*. 큼직한 샌드위치.

póor bòy swéater *n*. 몸에 꼭 끼는 풀오버 스웨터.

póor fàrm *n*. 구빈(救貧) 농장[공공 기금으로 유지].

poor·house [púərhàus] *n*. (*pl*. **-hous·es** [-hàuziz]) [공영의] 구빈원(救貧院), 양육원.

póor làw *n*. 빈민 구제법.

poor·ly [púərli] *adv*. 가난하게; 불충분하게, 불완전하게; 서투르게. ¶ He speaks very *poorly*. 그는 말이 대단히 서투르다 / His room is *poorly* furnished. 그의 방 실내 장식은 빈약하다.

poorly off 살림살이가 궁색한. 〔여기지 않다.

think poorly of …을 좋게 생각하지 않다, 탐탁하게 ── *adj*.《구어》[보통 서술용법] 기분이 나쁜, 건강이 좋지 않은.

feel poorly 기분이 나쁘다.

póor màn's wéatherglàss *n*.《식물》=pimpernel.

poor·mouth [púərmàuð] *vi*., *vt*.《美》가난을 탓하다, 가난을 빙자하다.

poor·ness [púərnis] *n*. Ⓤ **1** 결핍, 불충분(lack). 빈모. **3** 졸렬. **4** 〔성질의〕비열, 열등. **5** 허약, 병약. 6 *poorness* of health 허약.

póor ràte *n*.《英》구빈세(救貧稅). 〔람(것).

póor relátion *n*. **1** 빈천한 일가. **2** 보잘것없는 사람·것.

poor-spir·it·ed [púərspíritid] *adj*. 기운이 없는, 겁많은; 천한(abject).

póor whíte *n*. **1**《美》(보통 경멸적)〔미국 남부에서 쓰이는〕가난한 백인. **2**《南아프리카》〔네덜란드 계통 이민의 자손으로서〕무식한 하층 계급.

***pop**¹ [pɑp / pɔp] *v*. (**popped**, **pop·ping**) *vi*. **1** 펑 하는 소리가 나다(피열하다, 튀다). **2** (갑자기) 불쑥 오다 (가다). 쑥쑥 들어가다(나가다); 갑자기 움직이다(걷기 시작하다) [in, out; into...]. ¶ (~+閖) The children are freely *popping* in and out. 아이들은 멋대로 드나들고 있다. **3** 발포하다 [at...]. ¶ (~+閖+图) I *popped* at pheasants. 나는 꿩을 쏘았다. **4**《野》짧은 플라이를 치다 (up). **5** [눈알이] 튀어나오다. ── *vt*. **1** …을 펑하고 소리나게 하다〔파열시키다〕; 《美》[옥수수 따위]를 튀 때까지 볶다. **2** …을 쾅 하고 발포하다; …을 사격하다 (shoot) (... down). ¶ *pop* a gun 소총을 쾅 발포하다 // (~+图+閖) *pop* down a sparrow 참새를 쏘아 떨어뜨리다. **3**《구어》…을 불안간 (급히) 놓다, …을 불시에 쩨르다, …을 얼른 넣다(내다) (..., into, out) [on, up]. ¶ (~+图+閖+图) Please *pop* the letter *into* the letter-box. 그 편지를 우체통에 넣어 주십시오. **4**《英속어》…을 전당잡히다 (pawn). **5**《野》[공]을 공중에 세 내야 플라이가 되게 하다. **6**《美속어》〔알약〕을 함부로 먹다.

pop in《구어》불쑥간 방문하다.

pop off ① [주로 英속어] 급히 [허둥지둥] 떠나다. ②《속어》[갑자기] 죽다. ③《속어》빠른 말로 지껄여대다; 휘갈겨 쓰다.

pop off the hooks 덜컥 죽다.

pop the question 청혼하다.

── *n*. **1** 핑, 뻥, 탕[하는 소리]. ¶ The cork flew off with a *pop*. 코르크 마개가 펑하는 소리와 함께 날아갔다. **2** 총성, 총격, 발포(shot); 《속어》권총. **3** Ⓤ

탄산수[마개를 따면 평 소리가 나는 데서 유래] (soda pop). **4** 《야구》=pop fly. **5** ⓤ《속어구》 전당 잡히기. ¶ in *pop* 전당 잡혀서. **6** 반점(斑點), 표지(dot). — *adv.* **1** 평(탕) 소리를 내며. ¶ The cork came out *pop*. 마개가 뻥 하고 뽑혔다. **2** 재빨리, 얼른, 불시에, 돌연, 느닷없이.
go pop 평 하고 터지다, 탕 하고 울리다.
— *interj.* 평!, 뻥!, 탕!
◇ pópper *n.*

pop² [pap / pɔp] *n.*《美구어》아빠; [나이가 지긋한 사람에게 써서] 아저씨. [＜POP[PA]]

pop³ [pap / pɔp] *adj.* 통속적인, 대중적인(popular). ¶ a *pop* concert 팝 콘서트, 대중 [가요] 음악회. — *n.* **1** (~s) 대중 음악회; 대중 음악. **2** (종종 P-) ⓤ 팝아트(pop art). [＜POP[ULAR]]

pop. (略) popular; population.

P.O.P. (略) [사진] printing-out paper(*cf.* D.O.P.); point of purchase(구매 시점); Professor of Professors.

póp árt *n.* (종종 P- a-) ⓤ [미술] 팝 아트[1960년대 초에 미국에서 유행한 회화·조각의 양식; 만화·상업미술 따위에서 도입한 과장적인 표현이 특징].

póp àrtist *n.* (종종 P- a-) 팝 아트의 작가.

póp còncert *n.* 대중적인 고전 경음악 연주회.

***pop·corn** [pápkɔ̀ːrn / pɔ́p-] *n.* ⓤ 《美》 팝콘, 튀긴 옥수수. [＜POP[PED]+CORN¹] [처.

póp cúlture *n.* 대중 문화, (특히 젊은이의) 팝 문

pope¹ [poup] *n.* **1** (보통 P-) 로마 교황. **2** [권위·지위가] 교황 같은 존재. [祭)

pope² [poup] *n.* [그리스 정교회의] 교구 사제(敎區司

pope³ [poup] *n.* [사람의] 넓적다리의 급소. — *vt.* (poped, pop·ing) …의 넓적다리의 급소를 치다.

pope·dom [póupdəm] *n.* **1** ⓤ 교황직(권한). **2** 교황제(制). **3** 교황 관구, 교황령.

Pópe Jóan *n.* 카드 놀이의 일종.

pop·er·y [póupəri] *n.* ⓤ《경멸적》로마 가톨릭교, 로마 가톨릭교의 교리(제도, 의식). [임파선.

pope's-eye [póupsái] *n.* 《소·양의》 넓적다리 부분의

pópe's héad *n.* 먼지를 털기 위한 자루가 긴 것털비.

pópe's nóse *n.* ⓤ《속어》[요리한] 병아리·칠면조 따위의 엉덩이 고기.

Pop·eye [pápai / pɔ́p-] *n.* 포파이[만화의 주인공].

pop·eyed [pápàid / pɔ́p-] *adj.*《美》퉁방울눈의, [놀라서] 눈이 휘둥그레진.

póp flý *n.* [야구] 짧은 플라이.

pop·gun [pápgʌn / pɔ́p-] *n.* **1** [콩알, 종이, 코르크따위를 쏘는] 장난감 총, 딱총. **2** 쓸모없는 화기(火器), 구식 총.

pop·in·jay [pápindʒèi / pɔ́p-] *n.* **1** 우쭐대는 수다쟁이. **2** [방언] 청딱따구리. **3** [고어] 앵무새. **4** [옛날의] 앵무새 모양의 사격 표적.

pop·ish [póupiʃ] *adj.*《경멸적》가톨릭교의, 천주교의, 천주교도의. **~·ly** *adv.* **~·ness** *n.*

***pop·lar** [páplər / pɔ́p-] *n.* **1** 포플러. ¶ a trembling *poplar* 고리버들 / a white (or a silver) *poplar* 백양. **2** ⓤ 포플라 목재. **3** 포플라 비슷한 나무; ⓤ 그 목재. ¶ a yellow *poplar* 튤립 나무(tulip tree).

Pop·lar·ism [páplərìz(ə)m / pɔ́p-] *n.* ⓤ《英》[부당 증세(增稅)에 의한] 지나친 빈민 구제 정책.

pop·lin [páplin / pɔ́p-] *n.* ⓤ 포플린[두꺼운 평직(平織) 피륙].

pop·lit·e·al [papliʃiəl, pàpliʃíːəl / pɔplíʃ-] *adj.* [해부] 무릎 뒤쪽의, 오금(ham)의.

pop-off [pápɔ̀ːf / pɔ́pɔ̀f] *n.*《美속어》[불평 따위를] 불쑥불쑥 내뱉는 사람, 발끈하는 사람.

pop·o·ver [pápòuvər / pɔ́p-] *n.* 머핀 과자[살짝 구운 자, 초로의 사람.

pop·pa [pápə / pɔ́pə] *n.* **1**《美구어》=papa. **2** 연배

pop·per [pápər / pɔ́pə] *n.* **1** 평 소리나게 하는 사람(것). **2** 《美》옥수수를 튀기는 냄비. **3** 물꽃, 총, 《속어》권총. **4** 사격수, 포수. **5** 불쑥 나타나는 (훌쩍 가버리는) 사람. **6**《英속어》전당잡히는 사람. **7**《英》 [양복 따위의] 각지 단추(press-stud).

pop·pet [pápit / pɔ́p-] *n.* **1** [기계] 포펫 날름쇠[밸브], 버섯꼴 날름쇠(poppet valve). **2** 《英구어》아이, 소녀, [부르는 말로] 귀여운 아이. **3** [造船] [진수할 때 배밑을 받치는] 침목; [보트의 노걸이나 물결막이 널판지를 받치는] 나무토막. **4** 《폐어》인형.

pop·pied [pápid / pɔ́p-] *adj.* **1** 양귀비꽃으로 장식한, 양귀비꽃이 많은. **2** 아편으로 마취한(narcotic); 나른한(listless).

pop·ping [pápiŋ / pɔ́p-] *n.* ⓤ **1** 평 소리가 나기. **2** 불쑥 나타나기, 훌쩍 가버리기. **3** 《英속어》전당잡히기.

pópping créase *n.* [크리켓] 타자선(打者線).

pop·ple [pápl] *n.* *vi.* (**-pled, -pling**) [끓는 물처럼] 거품나다(bubble), 끓어오르다, 용솟음치다. — *n.* 끓어오르기, 용솟음치기.

***pop·py** [pápi / pɔ́pi] *n.* (*pl.* **-pies**) **1** 양귀비속(屬)의 각종 식물. ¶ a California *poppy* 횐 양귀비[미국 캘리포니아의 주화(州花)] / a field (or a red, a corn) *poppy* 개양귀비, 우미인초(虞美人草) / an opium *poppy* 아편 양귀비 / an Oriental *poppy* 큰양귀비꽃. **2** ⓤ 양귀비의 진, 아편. **3** ⓤ 양귀비색깔, 심홍색.

pop·py·cock [pápikàk / pɔ́pikɔ̀k] *n.*《美구어》터무니없는 소리, 허튼 소리(nonsense).

Póppy Dày *n.*《英》양귀비꽃의 날[상이 군인을 위한 모금을 하고 기부자는 붉은 양귀비 조화를 달고 다닌 (Armistice Day).

pop·py·head [pápihèd / pɔ́p-] *n.* [건축] 교회 좌석의 가장자리 따위에 새긴 양귀비 장식, 정화(頂華).

póppy sèed *n.* 양귀비의 씨[빵이나 과자 따위의 위에 붙인다].

pop·shop [pápʃàp / pɔ́pʃɔ̀p] *n.*《英속어》전당포.

Pop·si·cle [pápsikl / pɔ́p-] *n.*《美》《상표명》[꼬챙이 달린] 아이스캔디.

pop·ster [pápstər / pɔ́p-] *n.*《美속어》=pop artist.

pop·sy [pápsi / pɔ́psi], **-sie** [-siː] *n.* (*pl.* **-sies**) 《구어》성적 매력이 있는 젊은 여자, 여자 친구; 소녀.

pop-top [páptɑ̀p / pɔ́ptɔ̀p] *adj.* [깡통 맥주의 깡통처럼] 고리를 위로 잡아당겨서 따는 식의.

***pop·u·lace** [pápjulis / pɔ́p-] *n.* (the ~) [집합적] **1** 서민, 대중(common people), 대중(masses); 하층 계급. **2** [한 지역의] 주민.

‡**pop·u·lar** [pápjulər / pɔ́p-] *adj.* **1** [일반적으로] 인기 있는, 평판이 좋은 (in, with…). ¶ a *popular* singer 인기 가수 / Prof. Smith is *popular* with the students (*in* society). 스미스 교수는 학생들에게 인기가 있다(사회의 평판이 좋다). **2** 대중의, 서민의, 민중의, 민중 (인민)의. ¶ the *popular* opinion (or voice) 민중의 소리; 여론 / a *popular* government 민주 정치. **3** 민간에 널리 퍼진. ¶ *popular* ballads 민요 / *popular* superstition 민간의 미신. **4** 통속적인, 대중적인; 쉬운, 이해하기 쉬운. ¶ *popular* music 통속 음악 / *popular* literature 대중 문학 / *popular* language 알기 쉬운 말. **5** [요금·값 따위가] 대중적인, 싼. ¶ *popular* prices 싼값; 염가 / a *popular* edition 보급판.
◇ **popularity** *n.,* **pópularize** *v.,* **pópularly** *adv.*

pópular eléction *n.* 보통 선거.

pópular etymólogy *n.* [언어] 통속어원[설] (folk etymology).

pópular frónt *n.* 인민 전선(people's front). [는.

pop·u·lar·ist [pápjulərist / pɔ́p-] *adj.* 대중에 인기있

‡**pop·u·lar·i·ty** [pàpjulǽriti / pɔ̀p-] *n.* ⓤ 대중성, 일반성; 통속(通俗); 인기, 평판. ¶ enjoy (or win) great *popularity* 큰 인기를 끌다, 대호평이다.

pop·u·lar·i·za·tion [pàpjuləriz éi(ə)n / pɔ̀pjulərai-] *n.* ⓤ 통속화, 대중화, 평이화, 보급.

pop·u·lar·ize [pápjuləràiz / pɔ́p-] (*《英》에서는 **pop·u·lar·ise** [-ràiz]) vt. **1** …을 통속화하다, 쉽게 만들다, 대중화하다. **2** …을 보급시키다.

***pop·u·lar·ly** [pápjulərli / pɔ́p-] adv. **1** 일반적으로, 널리(generally), 통속적으로, 통속적 표현으로. ¶ *popularly* elected 일반 투표로 선출된. **2** 통속적으로, 쉽게.

pópular mándate n. 국민의 신임, 국민 위임.

pópular náme n. 《생물》[학명(scientific name)에 대해] 일반명, 속명(俗名).

pópular páper n. 〔신문〕 [일반] 대중지.

pópular relígion n. 민중(대중) 종교.

pópular sóng n. 유행가.

pópular sóvereignty n. 국민 주권(主權)설.

pópular vóte n.《미》[미국의 대통령 선거인을 뽑는] 일반 투표.

pop·u·late [pápjulèit / pɔ́p-] vt. (-lat·ed, -lat·ing) **1** …에 살다, 거주하다(inhabit). ¶ The country is densely (or thickly) *populated*. 그 나라는 인구 밀도가 높다. **2** …에 사람을 입주케 하다, 식민하다(people).

‡**pop·u·la·tion** [pàpjuléiʃ(ə)n / pɔ̀p-] n. Ⓤ Ⓒ **1** 인구; 주민수. ¶ The city has a *population* of 50,000. 그 도시의 인구는 5만이다. **2** [일정한 지역의] 모든 주민. **3** the whole *population* of Seoul 서울의 모든 주민. **3** 〔통계〕 모집단(母集團). **4** 《생물》 개체군(群). **5** 〔동물계〕 식민, 인구 증가. ◇ pópulate v., pópulous adj.

populátion biólogy n. 《생물》 집단 생물학.

populátion crísis n. 인구증가에 의한 위기.

populátion dénsity n. 인구 밀도.

populátion explósion n. 급격한 인구 증가, 인구 폭발.

populátion pýramid n. 인구 피라미드〔인구의 성·연령별 구성도〕.

Pop·u·lism [pápjulìz(ə)m / pɔ́p-] n. Ⓤ **1** 〔미〕 인민당(People's party)의 강령(정책). **2** 〔러시아 역사〕 [1917년의] 혁명 이전의 공산주의. **3** (p-) 인민주의, 대중 영합 주의.

Pop·u·list [pápjulist / pɔ́p-] n. **1** 〔미역사〕 인민당원. **2** (p-) 인민주의자. — adj. **1** 〔미역사〕 인민당(주의)의. **2** (p-) 일반 대중의, 대중에 영합하는.

pop·u·lous [pápjuləs / pɔ́p-] adj. **1** 인구가 많은, 인구 밀도가 높은(thickly populated). **2** 사람이 많은, 붐비고 있는(crowded). ¶ The streets were *populous* with students. 거리는 학생들로 붐비고 있었다. ~·ly adv. ~·ness n. ◇ populátion n., pópulate v.

pop-up [pápʌ̀p / pɔ́p-] n. 〔야구〕 짧은 플라이(pop fly). — adj. 뛰어오르는 식의, 톡 뛰어오르는. ¶ a *pop-up* toaster 톡 튀어오르는 식의 토스터.

póp wíne n. Ⓤ《미》 과일 주스가 든 포도주.

P.O.R. 《略》payable *on* receipt(화물 인환불).

por·bea·gle [pɔ́:rbì:gl] n. 〔북대서양·북태평양산〕 (鯖)악상어.

***por·ce·lain** [pɔ́:rs(ə)lin / pɔ́:s-] n. **1** Ⓤ 자기(磁器). **2** Ⓒ 〔하나하나의〕 자기 제품. ◇ pórcelainize v., porceláneous adj.

pórcelain cláy n. Ⓤ 고령토, 도토(陶土) (kao- lin).

pórcelain enámel n. 법랑(琺瑯), (…한 Lin).

por·ce·lain·ous [pɔ́:rsəlinəs] adj. = porcelaneous.

por·ce·la·ne·ous, 〔英〕 **-cel·la-** [pɔ̀:rs(ə)léiniəs] adj. 자기(제)의, 사기의.

porch [pɔ:rtʃ] n. **1** 〔밖으로 내민〕 현관, 차 대는 곳. **2** 《미》 = veranda. **3** (the P-) 고대 그리스의 Athens에서 스토아 학파의 시조 Zeno가 제자들에게 강의를 한 복도 (stoa); 스토아학파, 스토아 철학.

[porch 1]

porched [pɔːrtʃt] adj. 현관(차 대는 곳)이 있는.

por·cine [pɔ́:rsain, +美 -sin] adj. **1** 돼지의, 돼지 같은(piggish). **2** 더러운, 비열한, 탐욕스러운.

por·cu·pine [pɔ́:rkjupàin] n. (pl. -pines or -pine) **1** 호저. **2** 소아기(梳麻機).

pórcupine ánteater n. 가시두더지.

pórcupine dilémma n. 〔심리〕 호저(豪猪) 딜레마〔서로 사이가 가까워질수록 이기주의 때문에 상처를 입는 현상으로 부부·부자지간·연인 사이에서도 볼 수 있다〕. 〔《미국 심리학자 L. Bellak의 조어(造語)》〕

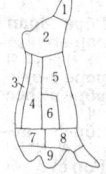

[porcupine 1]

***pore¹** [pɔ:r / pɔ:] v. (pored, por·ing) vi. **1** 숙고하다, 곰곰이 생각하다(ponder) (over, on, upon...). ¶ He began to *pore upon* theological problems. 그는 신학 문제에 관해 숙고하기 시작했다. **2** 〔고어〕 뚫어지게 노려보다, 응시하다(stare) (on, upon, at, over, in...). ¶ He *pored on* her lovely brown eyes. 그는 그녀의 아름다운 갈색 눈동자를 응시했다. **3** 열심히 독서 (연구)하다(over...). ¶ *pore over* a book 열심히 책을 읽다.

— vt. 독서로 〔눈〕을 지치게 하다. ¶ (~+目+圖) *pore one's eyes out* 지나친 독서로 눈을 피로케 하다.

pore² [pɔ:r / pɔ:] n. 〔암석 따위의〕 작은 구멍, 흡수공(吸收孔); 〔피부의〕 털구멍, 〔식물의〕 기공(氣孔).

sweat from every pore ① 대단히 덥다. ② 겁내고 있다; 매우 흥분하고 있다.

por·gy [pɔ́:rgi / -dʒi] n. (pl. -gies or -gy) 〔지중해·대서양산〕 도미류(類).

po·rism [pɔ́:riz(ə)m / pɔ́:-] n. **1** 〔수학〕 부정설제 (不定題題). **2** 〔그리스 기하학의〕 계(系), 계론(系論).

***pork** [pɔ:rk / pɔ:k] n. Ⓤ **1** 돼지고기. ¶ roast *pork* 돼지고기 구이. **2** 《미속어》 정부가 정략적으로 내주는 보조금 또는 지위. ◇ pórky adj.

pórk bárrel n. 《미속어》 의회의 의원이 인기를 끌려고 정부로 하여금 지출케 하는 토목 공사 등의 지방개발 보조금.

pork·burg·er [pɔ́:rkbə̀:rgər / pɔ́:k-] n. Ⓤ 돼지고기 편육을 끼워넣은 샌드위치.

[pork 1]

pórk bútcher n. 돼지 도살자.

pórk-chop [pɔ́:rktʃàp / pɔ́:ktʃɔ̀p] 살 〔식용의〕 돼지고기 토막〔갈비가 붙은 것〕. 1 hind foot 정강이 2 ham 허벅살 고기 3 fatback 열 허리고기 5 belly 복 부살 6 spareribs 돼지갈비살 7 boston butt 어깨고기 8 picnic shoulder 안심 9 jowl 턱 밑고기

pork·er [pɔ́:rkər / pɔ́:kə] n. 〔살찐〕 구이기름살 새끼 돼지, 식용 돼지.

pork·et [pɔ́:rkit / pɔ́:k-] n. = porker.

pork·ling [pɔ́:rkliŋ / pɔ́:k-] n. 새끼 돼지.

pórk píe n. 돼지고기 파이.

pork-pie [pɔ́:rkpài / pɔ́:k-] n. (= **pórkpìe hát**) 〔정상부가 납작한 펠트제의 중절 모자〕.

pork·y [pɔ́:rki / pɔ́:ki] adj. (pork·i·er, pork·i·est) **1** 돼지의, 돼지 같은. **2** 살찐, 똥똥한(fat). —

porn [pɔ:rn] n. Ⓒ Ⓤ 《속어》 포르노. — adj. 포르노의.

por·no [pɔ́:rnou] n. Ⓒ Ⓤ 《속어》 (pl. **-nos**) 포르노 (pornograph); 포르노 영화, 포르노 작가. — adj. 포르노의.

por·no·graph [pɔ́:rnəgræf / -grɑ̀:f] n. 포르노, 〔작품〕.

por·nog·ra·pher [pɔ:rnágrəfər / -nɔ́g-] n. 도색적(포르노) 작가, 호색 문학가, 춘화가(春畵家).

por·no·graph·ic [pɔ̀:rnəgrǽfik / -grɑ́:f-] adj. 포르노 문학의, 포르노의, 춘화의. **2** 외설스러운, 음란한(obscene). **-i·cal·ly** [-ikəli] adv.

por·nog·ra·phy [pɔ:rnágrəfi / -nɔ́g-] n. Ⓤ 호색 문학,

por·ny [pɔ́ːrni] *adj.* 포르노풍(風)의.

por·o·mer·ic [pɔ̀ːrəmérik] *n.* ⓤ 합성 다공(多孔) 피혁.

po·ros·i·ty [pɔ(u)rɑ́siti / pɔːrɔ́s-] *n.* ⓤⓒ (*pl.* **-ties**) 구멍이 있음, 유공성(有孔性); 구멍.

po·rous [pɔ́ːrəs / póː-] *adj.* **1** 구멍이 많은. **2** [물·공기] 스며드는, 침투성의. ~**ly** *adv.* ~**ness** *n.*

por·phy·rit·ic [pɔ̀ːrfirítik] *adj.* 반암(斑岩)의, 반암 같은.

por·phy·ry [pɔ́ːrfiri] *n.* ⓤⓒ (*pl.* **-ries**) 반암.

por·poise [pɔ́ːrpəs] *n.* (*pl.* **-pois·es** *or* **-poise**) **1** [특히 북대서양 및 태평양산(産)의] 작은 돌고래. **2** 돌고래(dolphine), 참돌고래.

por·rect [pərékt] *adj.* 수평으로 뻗은, 퍼진; 돌출한.

***por·ridge** [pɔ́ːridʒ, pάr- / pɔ́r-] *n.* ⓤ (주로 英) 포리지 [오트밀 따위의 죽]; [야채·고기 따위의] 잡탕국.
keep *one's* **breath to cool** *one's* **porridge** ⇨ BREATH.

por·rin·ger [pɔ́ːrindʒər, pάr- / pɔ́r-] *n.* [수프나 포리지 용의] 속이 깊은 접시, 사발.

‡**port**[1] [pɔːrt / pɔːt] *n.* **1** 항구, 정박항, 무역항, 상항(商港), 피난항. ⇨ HARBOR 類語 ¶ **a close** *port* (英) 강의 상류에 있는 항구 / **a free** *port* 자유항 / **an ice-free** *port* 부동항(不凍港) / **a naval** *port* 군항 / **a** *port* **of call** 기항항(寄航港) / **a** *port* **of delivery** 양륙항(揚陸港), 화물 인도항 / **a** *port* **of departure** 적출항(積出港), 출항항 / **a** *port* **of discharge** (*or* **unloading**) 짐 푸는 항구 / **a** *port* **of entry** 통관항, 수입항 / **a** *port* **of distress** (*or* **refuge**) 피난항 / **a** *port* **of sailing** 출항지 / *port* **pay** 정박료 / **make** [a] *port*; **enter a** *port* 입항하다 / **leave** [a] *port*; **clear a** *port* 출항하다 / **touch a** *port* 기항하다. **2** 항구의 거리, 항구 도시; [법률] 세관이 있는 항구, 통관항, 개항장. **3** ⓒ (비유적) 피난처, 휴식소. ¶ **come safe to** *port* 무사히 난을 피하다. **4** (美俗어) 공항(airport).
any *port* **in a storm** 궁여지책(窮餘之策), 아쉬운 대로 이용하기도 되는 것.

port[2] [pɔːrt / pɔːt] [항해] *n.* ⓤⓒ [배 안에서 이물을 향하여] 좌현(左舷). *cf.* starboard ¶ **put the helm to** *port* 키를 좌현으로 잡다. ── *adj.* 좌현의. ¶ **on the** *port* **bow** 왼편(좌현) 이물에, 좌측 전방에 / **on the** *port* **quarter** 왼편(좌현) 고물에. ── *vt.* 배를 왼쪽으로 돌리다, 키를 좌현으로 잡다. ¶ *Port* (**the helm**)! (구령) 좌향 키! ── *vi.* (배가) 왼편을 향하다, 왼쪽으로 돌다.

port[3] [pɔːrt / pɔːt] *n.* ⓤ [포르투갈 원산의] 단맛이 섞인 적포도주, 포트 와인 (port wine).
(< Port. *Oporto* 포르투갈의 포도주 수출항 이름)

port[4] [pɔːrt / pɔːt] *n.* **1** (海事) [배의] 짐 싣는 문, 하역구(荷役口); 현창(舷窓) (porthole). **2** [기계] 공기·증기·물이 지나는 실린더의 아가리(구멍). **3** 옛 날 군함에서의 포문. **4** (주로 스코) 문, 성문, 도시의 문.

port[5] [pɔːrt / pɔːt] *vt.* **1** (군대) (총)을 앞에총 하다, 앞에총 자세를 잡다. ¶ *Port* **arms!** (구령) 앞에총! **2** (고어) 운반하다. ── *n.* (군대) 앞에총하는 자세. ¶ **at the** *port* 앞에총의 자세로. **2** 태도, 거동, 행동 거지, 몸가짐(bearing).

Port. (略) Portugal; Portuguese.

port·a·bil·i·ty [pɔ̀ːrtəbíliti / pɔ̀ːt-] *n.* ⓤ 휴대할 수 있기, 간편, 운반 가능.

***port·a·ble** [pɔ́ːrtəbl / pɔ́ːt-] *adj.* 가지고 다닐 수 있는, 휴대가 가능한, 휴대용의, 간편한. ── *n.* 휴대용 기계(기구) (텔레비전·라디오·타자기 따위).
◇ **portabíl**ity *n.*

pórt ádmiral *n.* (美海軍) 해군 기지 사령관.

por·tage [pɔ́ːrtidʒ / pɔ́ːt-] *n.* **1** ⓤ 운반, 나르기. **2** ⓒⓤ (2수로(水路)간의) 육로, 육로 운송. **3** ⓤ 운송료. ── *v.* (**-taged**, **-tag·ing**) *vi.* 2수로간을 육로 운송하다. ── *vt.* (배·화물을) 2수로 사이의 육로로 운송하다.

***por·tal**[1] [pɔ́ːrtl / pɔ́ːt-] *n.* **1** (우람한) 입구, 현관, 정문. **2** [터널·광산의] 입구.

por·tal[2] [pɔ́ːrtl / pɔ́ːt-] (해부) *adj.* 간문(肝門)의. ── *n.* = portal vein.

pór·tal-to-pór·tal páy [pɔ̀ːrtltəpɔ́ːrtl-, pɔ̀ːtl- / pɔ̀ːtltə-] *n.* [공장에 들어서서 나올 때까지의] 구속 시간에 대한 임금.

pórtal véin *n.* (해부) 문맥(門脈). 간 지불체임금.

por·ta·men·to [pɔ̀ːrtəméntou] *n.* (*pl.* **-ti** [-tiː] *or* **-tos**) (음악) 포르타멘토(한 음으로부터 다음 음으로 부드럽게 넘어가기). (< It)

por·ta·tive [pɔ́ːrtətiv / pɔ́ː-] *adj.* **1** 휴대할 수 있는 (portable). **2** 운반의, 운반 능력이 있는.

Port-au-Prince [pɔ̀ːrtouprɪ́ns / pɔ̀ːt-] *n.* 포르토프랭스(아이티 공화국의 수도).

pórt authórity *n.* 항만 관리 위원회.

pórt bów *n.* 좌현의 이물.

pórt chárges *n.* 항만세, 입항세.

pórt cráy·on [pɔ̀ːrtkréiən / pɔ̀ːt-] *n.* (고어) [금속제의] 크레용 집게, 붓집게.

port·cul·lis [pɔːrtkʌ́lis / pɔːt-] *n.* **1** [성문의] 쇠로 된 내리닫이 살문살, 내리닫이 문. **2** (紋章) 찰살문살의 문장.
(< **monnaie**.)

porte- 「꽂이」「…집게」의 뜻의 연결형. 예: *porte-***Porte** [pɔːrt / pɔːt] *n.* (the ~) 옛 터키 조정(정부) [정식 명칭은 **the Sublime Porte**].

porte-co·chere [pɔ̀ːrt-kəʃɛ́ər / pɔ̀ːt-] *n.* **1** 마차 출입구. **2** (美) (차양이 위에 붙어 있는) 차 대는 곳.
(< F *coach door*)

porte-mon·naie [pɔ̀ːrtmʌ́ni / pɔ̀ːt-] *n.* (프랑스) (= money-carrier) 지갑, 돈주머니.

[porte-cochere 2]

por·tend [pɔːrténd / pɔː-] *vt.* …을 예고하다, …의 전조가 되다(forecast), …의 경고를 주다(presage). ¶ **Black clouds** *portend* **a storm.** 먹구름은 폭풍의 조짐이다 //(~ + *that* 節) **The riot may** *portend* **that a new civil war will break out.** 그 폭동은 새로운 내란을 예고하고 있는 것인지도 모른다 //(~ + *wh.* 節) **No one can** *portend* **where this process will stop.** 아무도 이 결말을 점치지 못한다.

por·tent [pɔ́ːrt(e)nt / pɔ́ː-] *n.* **1** 전조, 조짐 (omen), 징후. **2** (미래에 대한) 전조적인 뜻. **3** 경이로운 사람(사물).

por·ten·tous [pɔːrténtəs / pɔː-] *adj.* **1** 불길한, 불길한 조짐이 보이는, 흉조의(ominous). **2** 놀라운, 경이적인(marvelous). **3** (경멸적) 젠체하는, 거만한, 허풍 떠는. ~**ly** *adv.* ~**ness** *n.*

‡**por·ter**[1] [pɔ́ːrtər / pɔ́ː-] *n.* **1** 운반인; (정거장의) 짐꾼; [호텔에서 손님의 짐을 나르는] 사환. ¶ **a** *porter's* **knot** 짐꾼의 어깨받이(또아리). **2** (美) (식당차·침대차의) 사환(attendant).
swear like a porter 상스럽게 소리지르다.

***por·ter**[2] [pɔ́ːrtər / pɔ́ː-] *n.* **1** 문지기, 수위, 현관지기(doorkeeper). ¶ **a** *porter's* **lodge** 수위실. **2** (페어) (가톨릭) 수문(守門) (ostiary).

por·ter[3] [pɔ́ːrtər / pɔ́ː-] *n.* ⓤ 흑맥주, 포터주(酒)[원래는 porter's ale로 불리었다]. *cf.* beer

por·ter·age [pɔ́ːrtəridʒ / pɔ́ː-] *n.* ⓤ **1** 운임, 운송료. **2** 운반, 운송업.

por·ter·house [pɔ́ːrtərhàus / pɔ́ː-] *n.* (*pl.* **-hous·es** [-hàuziz]) (美) **1** (= **pórterhòuse stéak**) 상질의 비프 스테이크. **2** (옛날의) 선술집, 간이 음식점.

port·fire [pɔ́ːrtfàiər / pɔ́ː-] *n.* (불꽃·광산용) 발파의 점화물.

port·fo·li·o [pɔːrtfóuliòu, -ljou / pɔːt-] *n.* (*pl.* **-li·os**) **1** 종이 끼우개, 접는 가방. **2** (휴대용) 관청의 서류 가방. **3** 장관의 직(지위). ¶ **a minister without** *portfolio* 무임소 장관. **4** 유가 증권 일람표, 명세표,

port·hole [pɔ́ːrthòul / pɔ́ːt-] *n.* **1** [배의] 현창(舷窓), 둥근 창. **2** [성채·전차 따위의] 총안(銃眼), 포문. **3** [기계의] 증기 구멍.

por·ti·co [pɔ́ːrtikòu / pɔ́ːti-] *n.* (*pl.* **-coes** or **-cos**) [건축] [지붕이 있는] 주랑(柱廊) 현관, 포르티고.

por·tiere [pɔːrtjéər, tiéər / pɔː-] *n.* 문간의 커튼, 막.

(portico)

‡**por·tion** [pɔ́ːrʃ(ə)n / pɔ́ː-] *n.* **1** 일부, 부분. ⇨ PART 類語 **2** [나누어 갖는] 몫, 차지 (share). **3** [음식의] 1인분. ¶ *a portion* of curry and rice 카레이 라이스 1인분 / eat two *portions* 2인분을 먹다. **4** 분여(分與) 재산, 분배 재산, 상속분. **5** 지참금 (dowry). ¶ *a marriage portion* 결혼 지참금. **6** 신으로부터 할당된 것, 운명(fate). *a portion of* 약간의, 얼마 안 되는. ─ *vt.* **1** ⋯을 나누다(divide), 분배하다(distribute) (...*out*). ¶ (~+目+副) *portion out* food 음식을 분배하다. **2** ⋯에게 몫(분배 재산, 지참금)을 주다. ¶ (~+目+前+名) He *portioned* his estate *to* his son-in-law. 그는 아들에게 재산을 나누어주었다. **3** ⋯을 운명지우다. ¶ She is *portioned* with misfortune. 그녀는 불행한 운명을 짊어지고 있다.

por·tion·er [pɔ́ːrʃənər / pɔ́ː-] *n.* **1** 분배자, 배당자. **2** 분배를 받는 사람, 피분배자, 배당 수령자.

por·tion·less [pɔ́ːrʃ(ə)nlis / pɔ́ː-] *adj.* 몫이 없는; 상속분이 없는, 지참금이 없는.

Port·land [pɔ́ːrtlənd / pɔ́ːt-] *n.* **1** 미국 Oregon 주 서북부의 항구. **2** 미국 Maine 주 서남부의 항구.

Portland cement [U] 포틀랜드 시멘트(점토와 석회석을 섞어서 구운 보통 시멘트).

Portland stone *n.* [U] 포틀랜드 석회암(영국 Portland 섬 원산의 황백색 석회암; 건축 용재).

port·ly [pɔ́ːrtli / pɔ́ːt-] *adj.* (**-li·er, -li·est**) **1** 뚱뚱한, 비만한. ◇ FAT **2** 당당한, 우람한. **-li·ness** *n.*

port·man·teau [pɔːrtmǽntou / pɔːt-] *n.* (*pl.* **-teaus** or **-teaux** [-touz]) **1** [주로 英] [양쪽으로 벌릴 수 있는] 여행 가방. **2** = portmanteau word.

portmanteau word [언어] 혼성어(두 낱말을 뒤섞어서 한 낱말을 만든 것, 예: brunch (breakfast + lunch), slanguage (slang + language) (blend). *cf.* hybrid, contamination

Port-of-Spain [pɔ́ːrtəvspéin/pɔ́ːt-] *n.* 서인도 제도의 Trinidad 섬에 있는 항구(트리니다드 토바고의 수도).

Por·to No·vo [pɔ́ːrto(u) nóuvou / pɔ́ː-] *n.* 포르토노보(아프리카 중서부에 위치한 베넹(Benin) 공화국의 수도).

Por·to Ri·co [pɔ́ːrto(u) ríːkou / pɔ́ː-] *n.* Puerto Rico의 옛 명칭.

‡**por·trait** [pɔ́ːrtrit, +美 -treit] *n.* **1** 초상, 초상화, 비슷한 얼굴, 인물 사진. **2** 말로 표현한 묘사(verbal description). **3** 흡사한 물건(similitude). ¶ He is a *portrait* of his father. 그는 아버지를 빼쏘았다.
◇ pórtráy *v.*

por·trait·ist [pɔ́ːrtritist, +美 -treit-] *n.* 초상화가.

por·trai·ture [pɔ́ːrtritʃər / pɔ́ː-] *n.* **1** 초상화법. ¶ a lady in *portraiture* 초상화로 그려진 여성. **2** [U] 초상화 법. **3** [U] 말로 표현한 묘사(verbal description).

***por·tray** [pɔːrtréi / pɔː-] *vt.* **1** ⋯의 초상을 그리다, [풍경 따위를] 묘사하다. 類語 **2** ⋯을 극적으로 표현하다, 연기하다(enact). **3** ⋯을 말로 표현하다.
◇ pórtrait, pórtraiture, pórtrayal *n.*

por·tray·al [pɔːrtréi(ə)l / pɔː-] *n.* **1** [U][C] 묘사, 기술(記述). **2** 초상(화), 회화, 그림.

por·tray·er [pɔːrtréi(ə)r / pɔː-] *n.* 초상화가, 화가, 묘사하는 사람, 기술자(記述者).

port·reeve [pɔ́ːrtriːv / pɔ́ːt-] *n.* **1** [英史] 시장, 읍장. **2** [현대의] 시장(읍사무소) 직원.

por·tress [pɔ́ːrtris / pɔ́ː-] *n.* 여자 문지기.

port·sid·er [pɔ́ːrtsàidər / pɔ́ːt-] *n.* = southpaw.

Ports·mouth [pɔ́ːrtsməθ / pɔ́ːts-] *n.* **1** 영국 남부 Hampshire 주의 항구(영국 해군의 주요 기지). **2** 미국 New Hampshire 주 동남부의 항구(노일 전쟁(1904-5)의 강화 조약 체결지).

*****Por·tu·gal** [pɔ́ːrtjug(ə) / pɔ́ːtju-] *n.* 포르투갈(유럽 서남부, 이베리아 반도에 있는 공화국; 수도 Lisbon).
◇ Português *n.*

*****Por·tu·guese** [pɔ̀ːrtjugíːz, -gíːs / pɔ̀ːtjugíːs] *adj.* 포르투갈(인)의; 포르투갈 사람(말)의. ─ *n.* (*pl.* **-guese**) 포르투갈 사람; [U] 포르투갈말. ◇ Pórtugal *n.*

Portuguése East África *n.* 포르투갈령(領) 동아프리카. ◇ MOZAMBIQUE.

Portuguése Guínea *n.* 포르투갈령 기니(아프리카 서해안에 있었던 옛 포르투갈 식민지; 1973년 Guinea-Bissau 공화국으로서 독립).

Portuguése Índia *n.* 포르투갈령 인도(인도 서해안의 Gôa, Daman, Diu 지역. 1961년에 인도에 병합됨).

Portuguése mán-of-wár *n.* 고깔해파리, [보통 말하는] 전기해파리.

Portuguése Wést África *n.* 포르투갈 서아프리카. ⇨ ANGOLA.

por·tu·lac·a [pɔ̀ːrtjulǽkə / pɔ̀ːtju-] *n.* 쇠비름속(屬)의 식물(채송화 따위).

POS (略) *point-of-sale.*

pos. (略) position; positive; possession, possessive.

po·sa·da [poːsáːdə, po(u)-] *n.* (스페인) (=inn) 숙소, 여관.

P.O.S.B. (略) *Post Office Savings Bank* (우편 저금 국).

‡**pose**[1] [pouz] *n.* (**posed, pos·ing**) *vi.* **1** 꾸미다, 티를 내다, ⋯인 체하다. ¶ (~+*as* 補語) *pose as* a model of all virtues 성인군자인 체하다. **2** [사진·그림 따위에서] 포즈를 취하다, 자세를 취하다. ¶ (~+前+名) *pose for* a picture 그림의 모델이 되다 / *pose for* a photographer 사진가의 모델이 되다. ─ *vt.* **1** ⋯에게 포즈를 취하게 하다. ¶ (~+目+前+名) He *posed* her *for* a picture. 그는 그림을 그리기 위해 그녀에게 포즈를 취하게 했다. **2** ⋯을 주장하다; [문제 따위]를 제출하다. ¶ *pose* a difficult question 난문제를 제출하다. **3** [고어] ⋯을 놓다. **4** [도미노] [제1의 도미노 패]를 판에 내놓다. ─ *n.* **1** 태도, 자세. ⇨ MANNER 類語 **2** 마음가짐, 마음의 태도. **3** [사진·그림 따위에서] 포즈를 취하기; 그 자세. **4** [초상화·조각 따위의 모델의] 포즈. **5** 일부러 꾸민 태도, ⋯인 체하는 태도(pretense), 포즈. ¶ She sometimes takes the *pose* of being an invalid when a nasty person calls on her. 그녀는 싫은 사람이 찾아오면 때때로 꾀병을 부린다. **6** [도미노] 제1의 도미노 패를 판에 내놓기.

pose[2] [pouz] *vt.* (**posed, pos·ing**) [난문제 따위를 내어] ⋯을 난처하게 하다, 궁지로 몰아넣다, 당황하게 하다, 절절매게 하다.

Po·sei·don [po(u)sáid(ə)n / pə-] *n.* [그리스 신화] 포세이돈[바다의 신. 로마 신화의 Neptune에 해당된다].

pos·er[1] [póuzər] *n.* 젠체하는 사람.

pos·er[2] [póuzər] *n.* 난문, 난제.

po·seur [po(u)sə́ːr] *n.* 젠체하는 사람, 허식가(虛飾家).

posh[1] [pɔʃ / pɔʃ] *interj.* 체(경멸·혐오를 나타낸다).

posh[2] [pɔʃ / pɔʃ] *adj.* (구어) 멋진, 우아한, 호화로운.

pos·i·grade [pázəgrèid/pɔ́z-] *adj.* 로켓이나 우주선의 진행 방향으로 추진력을 주는.

[Poseidon]

pos·it [pázit / pɔ́z-] *vt.* 1 《주로 수동형으로》…을 놓다(place), 설치하다(fix). ¶ His left hand was *posited* open on the desk. 그의 왼손은 벌린 채 책상 위에 놓였다. 2 〔철학·논리〕…을 단정하다, 가정하다.

‡**po·si·tion** [pəzíʃ(ə)n] *n.* 1 위치, 장소. ¶ the *position* of the heart 심장의 위치 / take up one's *position* 자리를 잡다, 진을 치다.
2 입장, 처지, 상태. ¶ in my *position* 내 입장으로서는 / in an awkward *position* 어색한 처지에 놓여 / Put yourself in his *position*! 당신이 그의 입장에 서서 보십시오! / I am not in a *position* to help you. 내 입장으로서는 당신을 도울 수가 없습니다.
3 〖U〗 적소(適所), 소정의 위치. ¶ in *position* 알맞은 곳에, 소정의 위치에서 / out of *position* 틀린 위치에, 소정의 위치에서 벗어나서.
4 〖UC〗 지위, 신분; 높은 지위. ¶ a man of *position* 지위가 높은 사람, 지체가 높은 사람 / Wealth commands *position*. 돈이 있으면 지위는 마음대로 된다.
5 직(職), 직업, 근무처, 포스트. ¶ lose one's *position* 실직하다 // a *position* as a teacher of English 영어 선생으로서의 자리 / He has a good *position* in a government office. 그는 관청에 좋은 자리에 앉아 있다.
類語 **position** 봉급·임금을 받는 〔보통 육체 노동이 아닌〕 근무처: get a *position* as a typist 타자수의 일자리를 얻다. **post** 사람이 임명되는 책임있는 공적인 position: the *post* of commanding officer 사령관의 지위. **office** 관공서·법인 등의 높은 지위: the *office* of Prime Minister 수상의 지위. **place** 가사 노동의 position; 구인·구직에 쓰는 말: seek a *place* as a housekeeper 가정부 일자리를 구하다. **situation** position; 구인·구직에 쓰는 말: *Situation* Wanted. 《신문 광고》일자리를 구함. **job** 위의 모든 뜻을 대신할 수있는 넓은 뜻의 말: a *job* as policeman (mechanic) 경찰관(기계공)으로서의 일자리.
6 몸의 자세 (posture), 몸가짐, 태도. ¶ He crouched in a cramped *position*. 그는 거북한 자세로 몸을 웅크렸다.
7 마음가짐, 견해. ¶ a moderate *position* 온건한 견해 // He took the *position* that the nuclear test should be banned. 그는 핵실험은 금지되어야 한다는 견해를 가지고 있었다.
8 형세, 상황, 국면. ¶ the *position* of market 시황(市況) / What is the *position* of affairs? 현황은 어떠합니까?
9 〔음악〕 화음의 배열 위치; 〔현악기에서 손가락을 놓는〕 자리.
10 〔군대〕 진지, 유리한 지점.
11 〔논리〕 명제(proposition).
12 〔광고〕〔인쇄 매체에서〕 광고를 게재하는 자리; 〔라디오·TV에서〕 상업 선전의 방송 시간대.
13 경합(競合) 제품과의 관계를 대조·비교하면서 모든 시장에 제품을 내놓는 일.
jockey (or *jostle, maneuver*) *for position* 유리한 입장에 서려고 겨루고 획책하다.
— *vt.* 1 …을 적당한 장소에 놓다, 특정한 장소에 두다. 2 …의 위치를 정하다.

po·si·tion·al [pəzíʃ(ə)nəl] *adj.* 위치의; 지위의.
position páper *n.* 정당의 정책 방침서.

‡**pos·i·tive** [pázitiv / pɔ́z-] *adj.* 1 명백한, 명확한, 분명한(definite), 의문의 여지없는. ¶ a *positive* fact 명백한 사실 / a *positive* denial 분명한 거부 / a *positive* proof (or evidence) 확증.
2 인위적인, 관습적인.
3 확신하는. ⇨ SURE 類語 ¶ I am *positive* of (or about) his innocence. 나는 그의 무죄를 확신하고 있다 // He is *positive* in asserting it. 그는 그것을 확신을 가지고 주장하고 있다 // He is *positive* that he will soon get well. 그는 곧 완쾌할 것으로 확신하고 있다.
4 자신이 있는, 자신 과잉의, 독단적인(dogmatic).
5 절대적인(absolute), 무조건의, 확정적인.
6 긍정적인(affirmative). *opp.* negative
7 적극적인, 건설적인, 진보적인. *opp.* negative
8 〔구어〕 철저한, 전적인. ¶ a *positive* lie 새빨간 거짓말.
9 실재적인, 현실적인(actual), 실제적인(practical).
10 〔철학〕 실증적인. ¶ *positive* philosophy 실증철학.
11 〔전기〕 양(陽)의. *opp.* negative ¶ *positive* electricity 양전기 / the *positive* pole 양극(陽極) / a *positive* charge 양전하(陽電荷).
12 〔화학〕 염기성의(basic). [charge 양전하(陽電荷).
13 〔사진〕 양화(陽畫) (포지). *opp.* negative
14 〔문법〕〔형용사·부사의〕 원급(原級)의. *cf.* comparative, superlative ¶ the *positive* degree 원급.
15 〔수학〕 정(正)의, 플러스의. *opp.* negative ¶ a *positive* number 정수 / the *positive* sign 정부호, 플러스 기호.
16 〔의학〕〔반응의 결과가〕 양성인; 〔생물〕 자극원(源)에 +(플러스)로 반응하는. *opp.* negative ¶ He was HIV-*positive*. 그는 에이즈 검사 결과 양성으로 판명되었다.
— *n.* 1 (the ~) 실재(實在)(reality). 2 (때로 the ~) 명확성(적극성, 절대성)〔을 지닌 사물〕. 3 〔수학〕 정수, 플러스 부호. 4 〔전기〕〔전지의〕 양극판. 5 〔사진〕 양화. 6 〔문법〕 원급; 원형.
~ness *n.* ◇ pósitively *adv.*, positívity *n.*
pósitive discrimínation *n.* 역(逆) 차별.
pósitive (áctive) euthanásia *n.* 적극적 안락사술.
pósitive electrícity *n.* 〖U〗〔물리〕 플러스 전기.
pósitive grówth *n.* 플러스 성장.
pósitive láw *n.* 〖U〗〔법률〕 실정법. *cf.* natural law
pósitive léns *n.* 정(正)렌즈, 볼록 렌즈.
***pos·i·tive·ly** [pázitivli / pɔ́z-] *adv.* 명확하게, 단호히; 확신을 가지고; 긍정적으로; 적극적으로; 절대적으로.
— *interj.* 물론, 그렇고말고〔한 긍정에 쓴다〕.
pósitive órgan *n.* 중세의 작은 파이프 오르간.
pósitive póle *n.* 양극(陽極).
pos·i·tiv·ism [pázitivìz(ə)m / pɔ́z-] *n.* 〖U〗 1 〔철학〕 실증주의, 실증 철학〔프랑스 철학자 Auguste Comte가 처음으로 제창했다〕. 2 확신, 확실성; 독단.
pos·i·tiv·ist [pázitivist / pɔ́z-] *n.* 실증주의자, 실증 철학자. ― [의.
pos·i·tiv·is·tic [pàzitivístik / pɔ̀z-] *adj.* 실증 철학〔자〕
pos·i·tiv·i·ty [pàzitíviti / pɔ̀z-] *n.* 〖U〗 명백성, 확실성.
pos·i·tron [pázitràn / pɔ́z-] *n.* 〔물리〕 양전자.
pos·i·tro·ni·um [pàzitróuniəm / pɔ̀z-] *n.* 〔물리〕 포지트로늄〔한 쌍의 양전자와 음전자의 결합체〕.
po·sol·o·gy [pou(u)sálədʒi / -sɔ́l-] *n.* 〖U〗〔의학〕 약량학(藥量學).
poss. (略) possession, possessive; possible, possibly.
pos·se [pási / pɔ́si] *n.* 1 〔치안관이 소집하는〕 민병대. 2 경관대, 보안대. 3 〔구어〕〔이해 따위를 같이하는〕 집단, 군중; 〔미속어〕 흑인 갱단.
‡**pos·sess** [pəzés] *vt.* 1 〔재산 따위를〕 가지다, 소유(점유)하다. ⇨ HAVE 類語 ¶ *possess* a large residence 큰 저택을 소유하다. 2 〔재능·성질 따위를〕 가지다, 갖추다. ¶ He *possesses* courage. 그는 용기가 있다. 3 〔심신의〕 유지하다; …을 제어하다. ¶ *possess* oneself 자제하다, 인내하다 (~+目+前+图) *Possess* your soul in patience. 꾹 참으십시오. 4 〔보통 수동형으로〕〔악령 따위가〕 …에 달라붙다, 홀리다. ¶ She seems to be *possessed* by (or with) an evil spirit. 그녀는 악령에게 사로잡혀 있는 것 같다. 5 〔감정·관념 따위가〕 …을 지배하나(dominate). ¶ She is *possessed* by envy. 그녀는 질투에 사로잡혀 있다 // (~+目+to do) What *possessed* you to do such a thing? 도대체 왜 그런 어리석은 짓을 했느냐? 6 〔여자〕 와 육체 관계를 가지다. 7 〔고어〕 …을 손에 넣다; …을 획득하다.
be possessed of …을 소유하다. ¶ He *is possessed of* great wealth. 그는 큰 재산을 소유하고 있다.

possess oneself of ···을 자기 것으로 만들다.
◇ posséssion n., posséssive adj.

*__pos·sessed__ [pəzést] adj. 1 (악령 따위에) 사로잡힌; 홀린, 미친. ¶ I like all possessed《美》미친(귀신에 홀린) 것처럼. 2 침착한, 냉정한. ~·ess·ed·ly [-sid-] adv.

‡__pos·ses·sion__ [pəzéʃ(ə)n] n. 1 ⓤ 소유, 소지; 점유; 소유권(ownership). ¶ come into one's possession 손에 들어오다 / rejoice in the possession of 다행히도 ···을 소유하다 / The enemy got (or took) possession of the heights. 적은 그 고지를 점령했다.
2 ⓤ [법률] [소유권의 유무에는 관계없는] 점유, Possession is nine (or eleven) points (or parts) of the law. (속담) 점유한 자에게 9할의 승산이 있다, 빌린 것은 내것이나 마찬가지.
3 소유물; (~s) 재산. ¶ a man of great possessions 재산가, 큰 부자.
__類語__ possessions 낱낱의 물건의 가치에 관계없이 사람이 소유하는 유형물의 전체. property 사람이 합법적으로 소유권을 가지는 유형·무형의 모든 재산. belongings 보통 개인의 신변 가까이에 있는 [옷·일용품 따위의] 소유물. chattels property 중에서 부동산 이외의 유형물, 가축 따위도 포함. effects belongings 보다 다소 광범위한 개인 소유물. estate 상속의 대상으로서의 property. means 사람이 쓸 수 있는 수입·현금·예금 따위의 모든 것. resources 유사시에 이용할 수 있는 값어치 있는 모든 소유물. assets 회계학상 부채(liabilities), 자본(capital)에 대립하는 것으로서의 자산.
4 속령, 영지. ¶ Alaska is a possession of the United States. 알래스카는 미국의 영토이다.
5 ⓤ [악령·마귀 따위에] 홀리기; ⓒ 골수에 박힌 생각 (감정), 마음에서 떠나지 않는 것.
6 ⓤ 침착, 자제.
in possession of a thing 물건을 소유하여.
in the possession of a person [물건이] 남에게 소유되어.
◇ posséss v., posséssive adj.

‡__pos·ses·sive__ [pəzésiv] adj. 1 소유의. ¶ possessive rights 소유권. 2 소유욕이 강한. ¶ a possessive person 소유욕이 강한 사람. 3 (문법) 소유를 나타내는, 소유격의. — n. (문법) 소유격; 소유 대명사(형용사). ~·ly adv. ~·ness n.
◇ posséss v., posséssion n.
posséssive cáse n. (문법) 소유격.
posséssive prónoun n. (문법) 소유 대명사.

*__pos·ses·sor__ [pəzésər] n. 소유자, 점유자.
__pos·ses·so·ry__ [pəzésəri] adj. 소유(점유)하는, 소유(점유)자의; 소유(점유)에서 생기는.
__pos·set__ [pásit / pɔ́s-] n. ⓤ 우유술[뜨거운 우유에 일·포도주·설탕·향료 따위를 탄 음료로서 감기 들었을 때에 썼다].

__pos·si·bil·i·ty__ [pàsəbíləti / pɔ̀s-] n. (pl. -ties) ⓤ 실현성, 가능성. ¶ It is beyond possibility. 그것은 불가능하다 / the possibility of miracles 기적의 가능성 / Is there much possibility of his winning? 그가 이길 가능성은 있을까? 2 있을 수 있음, 일어날 수 있음. ¶ a bare possibility 극히 적은 가능성 // There is a possibility that the train may be late. = There is a possibility of the train being late. 기차는 연착할지도 모른다. 3 (-ties) [장래의] 가망. ¶ I see great possibilities in this plan. 나는 이 계획이 매우 가망이 있다고 본다.
by any possibility 《조건절에서》 만에 하나라도, 혹시, 자칫하면; 《부정문에서》 도저히, 아무래도.
by some possibility 혹시, 어쩌면.
◇ póssible adj., póssibly adv.

‡__pos·si·ble__ [pásəbl / pɔ́s-] adj. 1 있을 수 있는, 일어날 수 있는; 가능한, 실행할 수 있는, 할 수 있는. ¶ a possible disaster 일어날 수 있는 재해 / a possible but difficult task 가능하지만 어려운 일 // It is hardly possible to say what will happen. 어떤 일이 일어날지 점치기는 어렵다.
__類語__ possible 상황에 따라 일어날 수 있는(할 수 있는). practicable 현상태로 현재 이용할 수 있는 (수단·방법으로 할 수 있는): That may be possible, but not practicable at present. 그건 가능할지도 모르나 현재로서는 실행 불가능하다. feasible 장애·실패 없이 할 듯해서 실행 가능한: the most feasible method 가장 실행 가능한 방법.
2 《종종 최상급이나 all, every 와 함께 써서 그 뜻을 강조하는》 가능한 한. ¶ all the assistance possible 가능한 모든 원조 / the highest speed possible 최고 속도 / every possible means 온갖 방법 / all possible energy 있는 한의 정력 / the best possible method 최선의 방법.
3 있을 법한, 생각할 수 있는, 사실 같은, ···일지도 모를. 그녀는 LIKELY __類語__ ¶ It is possible that she will come. 그녀는 올지도 모른다 (* 구어에서는 She may come. 이 일반적) / Rain is possible today. 오늘은 비가 올지도 모른다.
4 《구어》 사리를 아는(reasonable); 참을 수 있는(endurable); 어지간한, 상당한. ¶ a possible house 웬만한 집 / There is only one possible man among them. 그들 중에서 말이 통하는 사람은 오직 한 사람뿐이다.
as...as possible 되도록. ¶ Come as soon as possible. 되도록 빨리 오십시오. ¶ 능하면 오늘 와요.
if possible 가능하면. ¶ Come today, if possible. 가 — n. 1 (one's ~) 할 수 있는 한의 것, 온 힘(best). ¶ do one's possible 전력을 다하다. 2 (~) 있을 법한 것, 있을 수 있는 것, 가능성(possibility); 《속어》 필요한 것, 필수품. 3 [사격 등의] 최고점. ¶ score a possible 최고점을 기록하다. 4 보결 선수, 유력 후보자.
◇ possibílity n.

__pos·si·bly__ [pásəbli / pɔ́s-] adv. 1 혹시, 어쩌면, 아마(perhaps, maybe). ¶ Possibly he will recover. 아마 그는 건강을 회복할 것이다. 2 《can, could 를 수반하여 강조적으로》 《긍정문에서》 어떻게 해서든지, 가능한 한; 《부정문에서》 아무리 해도(도저히) ···않다; 《의문문에서》 어떻게 해서든지. ¶ I'll go there as soon as I possibly can. 되도록 빨리 거기로 가고자 한다 / I cannot possibly be present. 나는 아무리 해도 출석할 수가 없다 / Can you possibly lend me the dictionary? 어떻게 해서든지 그 사전을 빌려주지 않겠습니까?
◇ póssible adj.

__pos·sum__ [pásəm / pɔ́s-] n. 1 (구어) = opossum. 2 (濠) 주머니쥐의 일종. 다.
play possum 죽은 체하다, 꾀병을 부리다; 시치미를 떼
__Pos·sum__ [pásəm / pɔ́s-] n. 《英》 신체 장애자가 전화·타자기 따위의 조작을 할 수 있게 하는 전자 장치.

‡__post__¹ [poust] n. 1 기둥(pillar), 지주(支柱) (prop), 말뚝, 장대, 표주(標柱), 도표(道標); (signpost). ¶ a telegraph post 전신주. 2 (경마) [출발·결승의] 표주. ¶ a starting post 출발점 / a winning post 결승점. 3 (광산) 탄주(炭柱), 광주(鑛柱).
beat a person on the post (경쟁에서) 아슬아슬한 차로 남에게 이기다.
be on the wrong (right) side of the post 행동을 그르치다(올바로 하다).
between you and me and the post ⇨ BETWEEN.
from pillar to post ⇨ PILLAR.
kiss the post 밤늦게 돌아와 문밖에서 쫓겨나다.
— vt. 1 [전단 따위를] [기둥·벽 따위]에 붙이다, [기둥·벽 따위에] [전단 따위] 붙이다; ···을 게시하다. ¶ (~+目+圖)(~+目+前+名) post up a notice on the board 게시판에 게시물을 붙이다 / The wall was posted over with placards. 벽에는 온통 포스터가 붙여졌다. 2 ···을 공고하다, 소문을 퍼뜨리다. ¶ (~+目+前+名) post a person for a swindler 남을 사기꾼이라고 소문을 퍼뜨리다. 3 《英》 (대학에서) [불합격자]를 게시(揭示)하다. 4 [행방불명의 배]를 게시하다. ¶ (~+目+as 圖) The ship is posted as missing. 그 배는

행방 불명으로 게시되어 있다. **5** 《美》 (토지)에 금렵구 (출입 금지)의 게시를 내다. ¶ *post* a brook 작은 시내에서의 고기잡이를 금하다.

‡**post²** [poust] *n*. **1** 맡은 자리, 직장, 근무처, 지위, 담당 부서, 포스트. ⇨ POSITION 類語 ¶ at one's *post* 자기 일자리에서, 부서에서 / obtain a *post* in the civil service 관계(官界)에 자리를 얻다. **2** [보초병·경관 등의] 부서(station), 경계(순찰) 구역. ¶ a sentry at his *post* 부서 부서에 있는 보초. **3** [특히 변경·미개지 의] 교역소, 교역 거류지(trading post). **4** 주둔지, 병영지; 주둔 부대. ¶ a frontier *post* 변경의 주둔지. **5** 《美》 재향(퇴역) 군인회의 분회. **6** 〖증권 거래소의〗 특수 주식 거래장. **7** 《英軍》 취침(소등) 나팔. ¶ the first (last) *post* 취침(소등) 나팔. — *vt*. **1** 〖초병(哨兵)·군대 등을〗 배치하다. ¶ (~+目+前+名) *post* guards *at* a frontier 국경에 경비병을 배치하다 / He was *posted* to the regiment. 그는 그 연대에 배치되었다. **2** 〖英軍〗 …을 사령관(함장)으로 임명하다.

post³ [poust] *n*. **1** U (주로 英) 우편, …편(《*美》에서는 mail). **2** U (주로 英) 배달되는 (된) 우편물 (《*美》에서는 mail). ¶ this morning's *post* 오늘 아침에 배달되는 우편물 / We have a heavy *post* on New Year's Day. 설날에는 우편물이 많이 온다. **3** U 《주로 英》 우편 제도, 우편법. **4** 《英》 우체국(post office), 우체통 (postbox). **5** U 포스트(약 50.8×40.6cm 의 편지지 판). **6** [신문 이름으로서] …포스트지(紙), …통신. ¶ the Washington *Post* 워싱턴 포스트지. **7** 〖古語〗역 (驛), 역참, 파발꾼, 파발.

by post 우편으로, 파발로.
by return of post 편지받는 대로 당장.
take post 역말로 가다, 아주 급하게 여행하다.

— *vt*. **1** 《주로 英》 …을 우체통에 넣다, 투함하다 (우송하다(《*美》에서는 mail). **2** 〖簿記〗 …을 분개(分 介)하다, [분개장에서 원장(元帳)으로] 옮겨 적다 (~ *up*). ¶ (~+目+副) *post up* checks 전표를 분개하다. **3** 〖보통 수동형으로〗 (새로운 지식 따위를) 알리다, …에게 숙지(熟知)시키다(inform). ¶ (~+目+前+名)+He is well *posted* [*up*] in many things concerning the neighborhood. 그는 집 근처의 사정에 관해 많은 것을 알고 있다. — *vi*. 급하게 여행하다, 역 말을 재촉하다; 역말(역마차)로 여행하다.
— *adv*. 아주 급하게, 파발로, 역말로. ¶ ride *post* 급하게 달려가다 / travel *post* 아주 급하게 여행하다.

◇ **póstal** *adj*., **póstage** *n*. 〔양 안전 보장 조약〕.

P.O.S.T. (略) Pacific Ocean Security Treaty (태평
post- *pref*. after, behind, following, later 의 뜻: 예: *post*glacial, *post*graduate.

post-age [póustidʒ] *n*. U 우편 요금, 우송료(郵稅).
póstage mèter *n*. 우편 요금 별납증 인쇄기(postal meter).
póstage stàmp *n*. 우표.
post-al [póust(ə)l] *adj*. 우편의, 우체국의. ¶ a *postal* clerk 우체국 직원 / *postal* insurance 간이 보험 / *postal* matter 우편물 / a *postal* package 우편 소포 / *postal* rates 우편 요금 / *postal* savings 우편 저금. — *n*. 《美 구어》 =postal card. ◇ **post³**, **póstage** *n*.

*****póstal cárd** *n*. 《美》 엽서 ((英) post card).
Póstal Còde Númber(No.) *n*. 우편 번호.
póstal còurse *n*. 《英》 통신 강좌.
póstal delívery zòne *n*. 《美》 우편구(zone).
póstal òrder *n*. 우편환, [받는 사람의 이름이 기입된] 소액환.
póstal sérvice *n*. 우편 업무; 우정부(郵政部); (the [US] P-S-) [미국] 우정 공사(1971년 Post Office 를 개편 설치함).
post-a-tom-ic [pòustətámik / -tɔ́m-] *adj*. 원폭 투하 후의.
post-ax-i-al [pòustǽksiəl] *adj*. 〖해부〗 축후(軸後)의, 팔(다리)의 뒤쪽에 있는, 뒤쪽의.
post-bag [póustbæg] *n*. 《英》 우편 행낭((美)) mail bag).
pòst béllum [-béləm] *adv*. 전후의(戰後)에.

post-bel-lum [pòustbéləm] *adj*. 전후의, (《美》 남북 전쟁 후의. 「boat).
post-boat [póustbòut] *n*. 《英》 우편선 (《美》 mail-
post-boom-er [póustbùːmər] *n*. 베이비 붐 후 출생자(buster). 「box).
post-box [póustbàks / -bòks] *n*. 우체통 (《美》 mail-
post-boy [póustbòi] *n*. **1** 우편 배달부. **2** =postillion.
pòst cáptain *n*. 해군 대령의 함장.
*****pòst cárd** *n*. 《美》 엽서 (《英》 postal card); 《美》 사제(私製) 엽서. 「(後) 검열. *cf*. precensorship
post-cen-sor-ship [pòustsénsərʃip] *n*. U 사후(事
pòst chàise *n*. 역마차.
post-clas-sic [pòustklǽsik], **-si-cal** [-k(ə)l] *adj*. 〖예술·문학 따위가〗 고전기(古典期) 이후의.
post-code [póustkòud] *n*. 《英》 우편 번호 (《美》 zip code).
pòst-Cóld Wár *adj*. 냉전 후의.
post-com-mun-ion [pòustkəmjúːnjən] *n*. U [가톨릭] 성체 배령 기도[성체 배령 후에 올리는 감사 기도].
post-date [pòustdéit] *vt*. (-**dat-ed**, -**dat-ing**) **1** [수표·송장 따위의] 날짜를 실제보다 늦추어 적다. **2** [시각적으로] …의 후에 오다. — *n*. 사후 일자(事後日字). *opp*. antedate.
post-di-lu-vi-an [pòustdilúːviən, -vjən / -dai-] *adj*. 노아의 대홍수 이후의. — *n*. 노아의 대홍수 이후의 사람. 「[학위 취득 후의.
post-doc-tor-al [pòustdáktərəl / -dɔ́k-] *adj*. 박사
pòsted príce [póustid-] *n*. [산유국의] 공시(公示) 가격.
pòst éntry *n*. [경주마 따위의] 추가 신청. 「가격.
post-en-try [póustèntri] *n*. (*pl*. -**tries**) **1** 추가 수입 수속 서류. **2** 추가 기장.
post-er¹ [póustər] *n*. **1** 포스터, 광고 벽보. **2** 포스터 붙이는 사람. — *vt*. …에 포스터(벽보)를 붙이다.
*****post-er²** [póustər] *n*. **1** 역말, 파발말. **2** 〖古語〗 바쁜 여행자.
póster còlor(pàint) *n*. 포스터 칼라(포스터용으로 그
poste res-tante [pòust restáːnt / ⌐ ⌐] *n*. **1** U 유치(留置) 우편, 유치 우편물에 쓰는 지정 문구〔《주로 英》 유치 우편과 (《美》 general delivery).

[<F remaining post]

*****pos-te-ri-or** [pastí(ː)riər / pɔstíə-] *adj*. **1** [위치가] 뒤쪽의, 후부의(hinder). *opp*. anterior ⇨ BACK 類語 **2** [순서가] 뒤쪽의, 다음의. *opp*. prior **3** [시간적으로] 뒤의, 후에 오는(later) (*to*...). ¶ *posterior to* the year 1970 1970년 이후의. **4** 꼬리 부분의. **5** [해부] 등 부분의. **6** 〖식물〗 뒤쪽의(에 있는), 원줄기에 가까운.
— *n*. (종종 ~s) 신체의 후부, 둔부(臀部)(buttocks).
~·ly *adv*.

pos-te-ri-or-i-ty [pastí(ː)riɔ́ːriti / pɔstìəriɔ́r-] *n*. U [위치·날짜 따위가] 뒤(후)쪽인 것.

‡**pos-ter-i-ty** [pastériti / pɔs-] *n*. U〖집합적〗 **1** 후세, 후대. **2** 자손. *opp*. ancestry.
pos-tern [póustəːrn, +美 pás-] *n*. **1** 뒷문. **2** 샛문, 옆문, 통용문. **3** 지하도. — *adj*. 뒷문의(같은), 뒤의; 은밀한. ¶ a *postern* gate 뒷문.
pòst exchánge *n*. [미육군] 영내 매점, 주보[略 PX].
post-ex-il-ic [pòustegzílik], (**post-ex-il-i-an** [-liən, -ljən]) *adj*. [유대인의] 바빌론 포수(捕囚) 후의.
post-face [póustfis, -fèis] *n*. 후기(後記), 발문(跋文). *cf*. preface.
post-fac-tum [pòustfǽktəm] *adj*. 사후(事後)의.
post-fix *vt*. [poustfíks → *n*.] …뒤에 덧붙이다. — *n*. [póustfiks] 뒤에 덧붙인 것; [문법] 접미사(suffix).
post-Ford-ism [pòustfɔ́ːrdi(ə)m/-fɔ́ːd-] *n*. 포스트포드주의, 다품종 소량 생산 방식(주의)[20세기 초반의 대량 생산 주의에 대신하는 생산 양식].
post-free [póustfríː] *adj*. 우편 요금 무료의(로). **2** 《英》 우편 요금 선불의(로)(《美》 postpaid).
post-gla-cial [pòustgléiʃəl /-sjəl] *adj*. 〖지질〗 빙하 기

post·grad·u·ate [póus(t)grǽdʒuit, -ɛit, +英 -dju-] *adj.* 대학원 졸업 후의; 대학원의, 대학 연구과의. ¶ *a postgraduate* course 연구과 / *a postgraduate* student 대학원 학생 / *a postgraduate* research institution 대학원. —— *n.* 대학원생, 연구과 학생.

post·haste [póusthéist] *adv.* 황급히, 급행으로. —— *n.* ⓤ〔고어〕화급.

post hoc, er·go prop·ter hoc [poust hák, ɔ́:rgou prǽptər hàk] (라틴) 이 뒤에, 그러므로, 이 때문에[시간의 전후 관계를 인과 관계와 혼동한 허위 논법].

póst hòrn *n.* 마차 나팔[옛날 우편 마차 따위의 도착을 알리기 위하여 쓴 나팔].

póst hòrse *n.* 역말, 파발마.

póst hòuse *n.* [옛날 파발마를 놓아 두었던] 역참.

post·hu·mous [pástjuməs / póstju-] *adj.* 1 저자가 죽은 다음에 출판된. ¶ *posthumous* works 유저(遺著). 2 아버지가 죽은 후에 출생한. ¶ *a posthumous* child 유복자. 3 사후(死後)의, 사후에 생긴. ¶ *posthumous* fame 사후의 명성 / confer *posthumous* honors on a person 남을 추서(追敍)하다. ~·ly *adv.*

post·hyp·not·ic [pòusthipnátik / -nɔ́t-] *adj.* 최면 후의, [암시가] 최면 후에 나타나는. -i·cal·ly *adv.*

pos·tiche [pɔːstíːʃ, pas- / pɔs-] *adj.* 1 〔건축·조각의 치장 따위로〕 쓸데없는(불필요한) 덧붙인. 2 기교적인; 부자연한, 가짜의(false). —— *n.* 1 가짜, 모조품. 2 ⓤ 허식, 겉치레. 3 가발(wig), 헤어피스.

pos·ti·cous [pastáikəs / pɔs-, -tíː-] *adj.* 〔식물〕 뒤에 있는, 뒤쪽에 있는(posterior).

pos·til [pástil / pɔ́s-] *n.* 1 〔특히 성서의〕 방주(傍註). 2 (~s) 〔고어〕주석.

pos·til·ion, (英) -til·lion [poutílien, +美 pas-] *n.* 1 〔4두·6두 마차의〕 선두 왼쪽 말 기수, 〔쌍두 마차에서〕원편 말의 기수. 2 운두가 높은 여성 모자의 일종.

Post-Im·pres·sion·ism [pòustimpréʃ(ə)nìz(ə)m] *n.* ⓤ 〔미술〕 후기 인상주의(파) 〔인상파에서 갈라져 나와 새로운 화풍을 세운 19세기 후기의 화가 Cézanne, Gogh, Gauguin 등에 의해 대표되는 화법·회화론〕.

Post-Im·pres·sion·ist [pòustimpréʃ(ə)nist] *n.* 후기 인상파의 사람.

post·in·dus·tri·al [pòustindʌ́striəl] *adj.* 산업화(공업화) 이후의. ¶ *postindustrial* society 후기 산업 사회 〔산업화가 끝난 다음의 사회〕.

post·ing¹ [póustiŋ] *n.* 〔지위·직무 따위의〕 임명.

post·ing² [póustiŋ] *n.* 〔簿記〕〔원부(原簿)로의〕 전기(轉記).

post·ir·ra·di·a·tion [pòustirèidiéiʃ(ə)n] *adj.* X선 조사(照射) 후에 생기는.

Post-it [póustít] *n.* 〔상표명〕 포스트잇〔한쪽 끝에 특수 접착제를 칠한 부전지〕.

post·lim·in·i·um ·····lim·i·ny [-límini]. *n.* ⓤ 〔국제법〕 전쟁(戰前) 복귀권〔전쟁 중에 적국에 빼앗아 갔던 재산이나 포로를 평화 회복 후에 되찾아서 본디 상태로 복귀시키는 권리〕.

post·lude [póustluːd / -ljuːd] *n.* 1 〔음악〕후주곡(後奏曲); 〔교회에서〕 예배가 끝날 무렵의 풍금 독주. *cf.* prelude 2 〔문예 작품 등의〕 결어(結語)(epilogue).

***post·man** [póus(t)mən] *n.* (*pl.* -men [-mən]) 1 우편 집배원(集配員)(《美》 mailman). 2 〔고어〕 파발꾼(courier).

post·mark [póus(t)màːrk] *n.* 〔우편〕 소인, 스탬프. —— *vt.* 〔우편물〕에 소인을 찍다.

***post·mas·ter** [póus(t)mæ̀stər / -màːs-] *n.* 1 (여성형은 postmistress) 우체국장. 2 〔고어〕역참의 우두머리. 3 Oxford 대학 Merton 칼리지의 급비생.

póstmàster géneral *n.* (*pl.* **post·mas·ters g-**)《美》우정(郵政) 장관;《英》체신 장관.

post·mas·ter·ship [póus(t)mǽstərʃip / -màːs-] *n.* ⓤ 우체국장의 직(지위).

post·me·rid·i·an [pòustmərídiən, -djən] *adj.* 오후에 생기는, 오후의. *opp.* antemeridian

post me·rid·i·em [pòust mərídiəm, -diəm] 오후의 (※ 시간을 나타내는 데 쓴다. 略 P.M., p.m.). *opp.* antemeridiem ¶ 10 *p.m.* 오후 10시. 〔<L after noon〕

post·mil·len·ni·al [pòustmilénial], **(post·mil·len·ni·an** [-ən]) *adj.* 지복(至福) 천년기 후의.

post·mil·len·ni·al·ism [pòustmiléniəlìz(ə)m] *n.* ⓤ 지복 천년기(millennium) 후에 그리스도가 재림한다는 설(신앙). *cf.* premillenialism 〔여성형〕

post·mis·tress [póus(t)mìstris] *n.* postmaster 1의

post·mod·ern [pòustmádərn / -mɔ́d-] *adj.* 〔예술에서의〕 후기 근대파의; 포스트모더니즘의.

post·mod·ern·ism [pòustmádərnìz(ə)m / -mɔ́d-] *n.* 포스트모더니즘〔모더니즘후에 일어난 예술·문화의 운동으로서, 기능주의·합리주의에 바탕을 둔 모더니즘에 대하여 보다 인간적인 여유가 있는 양식을 지향하려는 운동; 때로 이질적인 요소나 고전적 양식이 채용되기도 한다〕.

post·mor·tem [poustmɔ́:rtəm / ʎ - -, -tem] *adj.* 1 사후(死後)의; 검시(檢屍) 후의. ¶ *a post-mortem* examination 검시, 시체 해부. 2 사후(事後)의(after the event). —— *n.* 1 시체 해부, 검시. 2 사후 토의. 3 〔카드놀이〕 승부 결정 후의 토의.

post·na·tal [pòustnéitl] *adj.* 출생 후의.

post·nup·tial [pòustnʌ́pʃ(ə)l] *adj.* 결혼 후의.

post-o·bit [pòustóubit, -ɑ́b- / -ɔ́bit, -óub-] 〔법률〕 〔사람의〕 사후에 효력이 발생하는. —— *n.* 사후 지불 계약 증서.

***póst óffice** *n.* 1 우체국. 2 (the P· O·) 《美》 우정국(郵政局); 《英》 체신성.

post-of·fice [póustɔ́:fis, -àf-, -ɔ̀f-] *adj.* 우체국의; 우정국(체신성)의. ¶ *a post-office* annuity《英》우편 연금 / a *post-office* box 사서함〔略 P.O.B.〕/ a *post-office* order 우편환 / a *post-office* savings bank 우편 저금국.

post·op·er·a·tive [pòustáp(ə)rətiv / -ɔ́p-] *adj.* 수술 후의, 수술 후에 생기는.

post·paid [póustpéid] *adj.*, *adv.*《美》우편 요금 선불의(로) (《英》 post-free); 〔회신용 편지에서〕 우편 요금 수취인 지불의(로).

Post-Páint·er·ly Abstráction [póustpéintəri-] *n.* ⓤ 포스트 페인털리 앱스트랙션〔전통적 회화법을 구사한 추상회화〕.

pòst pár·tum [-pɑ́:rtəm] *adj.* 산후(産後)의, 분만 후의.

post·pon·a·ble [pous(t)póunəbl] *adj.* 늦출 수 있는.

***post·pone** [pous(t)póun] *v.* (**-poned, -pon·ing**) 1 …을 연기하다, 늦추다(put off). ⇒ DELAY 類語 ¶ I *postponed* my departure. 나는 출발을 연기했다. 2 을 하위(下位)에 두다, …을 뒤로 미루다. ¶ (~+ ⟨目⟩+ 前+ ⟨名⟩) *postpone* private ambitions *to* public welfare 일신의 공명(영달)보다도 공중의 복리를 우선시키다. —— *vi.* 〔병리〕〔병 따위가〕 뒤늦게 나타나다.

◇ **postpóned** *adj.*, **postpónement** *n.*

post·pone·ment [pous(t)póunmənt] *n.* ⓤ 연기, 뒤로 미루기; 유예.

post·pon·er [pous(t)póunər] *n.* 연기하는 사람.

post·po·si·tion [pòus(t)pəzíʃ(ə)n] *n.* 1 ⓤ 후치(後置)하기. 2 〔문법〕 후치사〔한국어의「이·가·를·을」을 위한 조사와 한정사이 (modifier)로서 다른 말 뒤에 붙는 말. 예컨대 postmaster general 의 general〕. *cf.* preposition, anteposition

post·pos·i·tive [pòus(t)pázitiv / -pɔ́z-] 〔문법〕 *adj.* 뒤에 놓는(placed after), 후치의. —— *n.* 후치사.

post·post·script [pòus(t)póus(t)skrìpt] *n.* 〔편지의〕 재추신(再追伸)〔略 P.P.S.〕.

post·pran·di·al [pòustprǽndiəl] *adj.* 식후의. ¶ a

postprandial stroll 식후의 산책.

post·rid·er [póustràidər] *n.* 역마를 타는 사람; 기마 우편 배달부.

póst ròad *n.* 역마차 가도(街道) [우편 마차나 기마 우편 배달원이 지나가는 도로].

*post·script [póus(t)skrìpt] *n.* **1** [편지의] 추신(追伸), 추백(追白) (略 ps, P.S.). **2** [책의] 보유(補遺), 후기.

post·test [póus(t)tèst] *n.* 〔교육〕 사후 시험 [교육 지도의 성과를 알아보는 시험].

póst tìme *n.* 〔경마〕 경주마 발주(發走) 예정 시간.

póst tòwn *n.* [특정한 지역에서] 주요 우체국이 있는 도시.

post·treat·ment [pòus(t)tríːtmənt] *adj., adv.* 치료 (조치) 후의(에). ¶ *posttreatment* examination 치료 후의 검진.

pos·tu·lant [pástʃulənt / pɔ́stju-] *n.* **1** 청원자, 지망자(candidate). **2** 성직 지망생.

pos·tu·late *v.* [pástʃulèit / pɔ́stju- // →] (**-lat·ed, -lat·ing**) *vt.* **1** (보통 과거 분사형으로) ···을 구하다 (ask), ···을 요구하다 (demand). ¶ claims *postulated* 요구 사항. **2** [자명한 사실로서] ···을 가정하다 (assume); ···을 당연한 것으로 치부하다. **3** 〔기하·논리〕 ···을 공리로 인정하다. **4** 〔교회〕 [상부 기관의 허가를 조건으로 하여] ···을 성직에 임명하다. — *n.* [pástʃulit, -lèit / pɔ́stju-] **1** [증명없는] 가정 (assumption). **2** 근본 원리. **3** 필요 조건, 선결(기초) 조건. **4** 〔기하·논리〕 공준(公準).

pos·tu·la·tion [pàstʃuléi(ə)n / pɔ̀stju-] *n.* ⓤⓒ **1** 요구 (demand). **2** 가정 (assumption). **3** 〔상부 기관의 승인을 조건으로 한〕 성직 임명.

pos·tu·la·tor [pástʃulèitər / pɔ́stju-] *n.* 〔가톨릭〕 시복시성 청원자.

pos·tur·al [pástʃərəl / pɔ́s-] *adj.* 자세의; 위치상의; 마음가짐의.

*pos·ture [pástʃər / pɔ́s-] *n.* **1** ⓤⓒ 자세, 몸가짐; 뽐내는 몸짓. ⇒ MANNER 類語 ¶ in a sitting (standing, kneeling) *posture* 앉은(선, 무릎을 꿇은) 자세로 / take the *posture* of defense 방어 자세를 취하다. **2** (사태, 형세(situation). ¶ the present *posture* of public affairs 현재의 정세. **3** 마음가짐, 태도. ¶ a *posture* of moral inferiority 도덕적으로 가늠하여 저속한 심사. — *v.* (**-tured, -tur·ing**) *vi.* **1** [어떤] 자세를 취하다, 태세를 갖추다. **2** 뽐내듯 몸을 놀리다, 허세를 부리다, 포즈를 취하다, 태도를 꾸미다. — *vt.* ···에게 자세(포즈, 태도)를 취하게 하다. ◇ **pós·tur·al** *adj.,* **pós·tur·ize** *v.*

pos·tur·er [pástʃərər / pɔ́s-] *n.* 포즈를 취하는 사람; 척하는 사람 (poseur).

*post·war [póustwɔ́ːr] *adj.* 전후(戰後)의. *opp.* pre-war

po·sy [póuzi] *n.* (*pl.* **-sies**) **1** 꽃(flower); 꽃다발 (nosegay). **2** 〔고어〕 〔선물 반지의 안쪽 따위에 새기는〕 명(銘), 시명(詩銘).

‡pot [pat / pɔt] *n.* **1** 단지, 항아리, 병, [깊은] 냄비, 포트. ¶ an ink *pot* 잉크병 / a cooking *pot* 요리용 냄비 / *pots* and pans (집합적) 취사 도구. ¶ *A little pot is soon hot.* (속담) 작은 냄비는 쉬이 뜨거워진다, 소인배는 당장 화를 낸다 / *A watched pot never boils.* (속담) 지켜 보고 있는 냄비는 끓지않는다, 서둘지 말 것이다 / *The pot calls the kettle black.* (속담) 똥묻은 개가 겨묻은 개를 나무란다. **2** 단지(냄비, 병) 한 그릇분(의); [한잔의] 음료(술). ¶ a *pot* of ale 맥주 한잔분. **3** 화분(flower-pot), 도가니 (melting pot); 〔쑥어〕 요강; [새우 따위를 잡는] 동발; 〔英〕 〔굴뚝의〕 통풍 토관(土管) (chimney pot). **4** 〔구어〕 〔경기 따위의〕 상금(銀賞杯), 상품; [경마 따위의] 제일 거는 돈; 큰 돈. **5** 〔구어〕 거물, 높은 사람. ¶ a big *pot* 거물. **6** 〔美속어〕 중산 모자 (top hat); 〔속어〕 *pot* of ale 맥주(potbelly). **7** 〔英속어〕 〔경마의〕 우승 후보말, 인기말(favorite). **8** = *pot* shot. **9** 〔주로 스코〕 [명바다 따위에 생기는] 구멍. **10** ⓤ 〔美속어〕 마리화나 (marijuana).

boil the pot 살림을 꾸리다, 생활비를 대주다.

call each other pot and kettle 서로 상대방에게 죄를 뒤집어씌우다.

crush a pot 술판을 벌이다.

go to pot 파멸하다, 못쓰게 되다; 파산하다.

in [*one's*] *pot* 술에 취해서.

keep the pot boiling 살림을 꾸려나가다, 현상을 유지하다.

make a pot (or *pots*) *of money* 큰 돈을 벌다.

make the pot boil = *boil the pot.*

put a quart into a pint pot 할 수 없는 일을 하려고 하다; 제 분수를 넘다.

put the pot on (or *in*) ···에 거금을 걸다.

take a pot at ···을 근거리에서 쏘다, 겨누어 쏘다.

— *v.* (**pot·ted, pot·ting**) *vt.* **1** [보존용으로] ···을 단지에 담다, 병조림으로 하다. ¶ He *potted* the apple jam. 그는 사과 잼을 단지에 넣었다. **2** [냄비로] ···을 요리하다, 약한 불에 삶다 (stew). **3** ···을 화분에 심다 (plant). ¶ a *potted* plant 화분에 심은 식물. **4** 〔사냥〕 [가까이 있는 사냥감]을 쏘다; [식량으로 삼기 위하여] [사냥감]을 쏘다, ···을 근거리에서 쏘다. **5** 〔구어〕 ···을 손에 넣다. **6** 〔英속어〕 ···을 속이다 (deceive). **7** 〔美〕 [당구]가 공을 포켓에 넣다. — *vi.* 〔구어〕 겨누어 쏘다, [근거리에서] 쏘다 (*at.*).

POT (略) 〔美〕 *p*lain *o*ld *t*elephone (종전의 밋밋한 모양의 검은 전화기).

pot. (略) potential.

po·ta·ble [póutəbl] *adj.* [물을] 마시기에 적합한 (drinkable). — *n.* (보통 ~s) 음료, 술.

po·tage [pou]táːʒ / pɔ-] *n.* 〔프랑스〕 (= thick soup) 포타주[의 수프].

pót àle *n.* [위스키·알코올 따위의] 증류 찌기.

po·tam·ic [pou)témik] *adj.* 하천(河川)의(에 관한).

po·ta·mol·o·gy [pàtəmɑ́lədʒi / pɔ̀təmɔ́l-] *n.* ⓤ 하천학(學).

pot·ash [pátæʃ / pɔ́t-] *n.* ⓤ **1** 잿물 [나뭇재에서 얻는 불순한 탄산 칼륨]. **2** 〔화학〕 수산화 칼륨 (caustic potash). **3** 〔화학〕 산화(酸化) 칼륨. **4** 〔화학〕 포타슘 (potassium), 칼륨.

pot·ass [pát-] *n.* **1** = potash. **2** = potassium.

po·tas·sic [pətǽsik] *adj.* 〔화학〕 칼륨의(에 관한); 칼륨을 함유한.

*po·tas·si·um [pətǽsiəm, -sjəm] *n.* ⓤ 〔화학〕 포타슘, 칼륨 [금속 원소의 하나; 원자 기호 K].

potássium brómide *n.* ⓤ 〔화학〕 브롬화 칼륨.

potássium cárbonate *n.* ⓤ 〔화학〕 탄산 칼륨.

potássium chlórate *n.* ⓤ 〔화학〕 염소산 칼륨.

potássium chlóride *n.* ⓤ 〔화학〕 염화 칼륨.

potássium cýanide *n.* ⓤ 〔화학〕 청산 칼리.

potássium hydróxide *n.* ⓤ 〔화학〕 수산화(水酸化) 칼륨.

potássium nítrate *n.* ⓤ 〔화학〕 질산 칼륨.

potássium permánganate *n.* ⓤ 〔화학〕 과(過) 망간산(酸) 칼륨.

potássium súlfate *n.* ⓤ 〔화학〕 황산 칼륨.

po·ta·tion [pou)téi(ə)n] *n.* ⓤⓒ **1** 마시기. **2** [특히 알코올성 음료의] 한번 마시기(draft), 한잔, 한모금. **3** (보통 ~s) 음주, 술잔치.

‡po·ta·to [pətéitou] *n.* (*pl.* **-toes**) **1** 감자. **2** 〔美〕 고구마(sweet potato).

drop ... like a hot potato ···을 열른(지체없이) 버리다, 돈을 돌린 식사.

potatoes and point [다른 음식은 걸쳐내려고] 감자만 *quite the potato* 〔속어〕 안성맞춤인 것.

potáto béetle (**búg**) *n.* 감자투구벌레.

potáto chíp *n.* 얇게 썬 감자 튀김이, 포테이토 칩.

potáto fámily *n.* the ~) 가지과(科).

potáto rót *n.* 감자의 역병(疫病).

po·ta·to·ry [póutətɔ̀ːri / -t(ə)ri] *adj.* 음주의; 술에 빠진 (given to drinking).

pót bárley *n.* ⓤ 애벌 찧은 보리 [양조용]; *cf.* pearl barley.

pot·bel·lied [pátbèlid / pɔ́t-] *adj.* 올챙이배의, [난로

pot·bel·ly [pátbèli / pót-] *n.* (*pl.* **-lies**) **1** 올챙이배, 불룩 나온 배. **2** 배불뚝이. **3** 오뚝이형 난로.
pot·boil·er [pátbɔ̀ilər / pót-] *n.* [생계를 위한] 문학(미술)작품; 그 작가.
pot·boil·ing [pátbɔ̀iliŋ / pót-] *n.* 생계를 위한 창작활동.
pot-bound [pátbàund / pót-] *adj.* [원예] [식물의 뿌리가] 화분 가득히 뻗은.
pot·boy [pátbɔ̀i / pót-] *n.* (주로 英) [선술집 따위의] 급사.
pót chèese *n.* 《美》 =cottage cheese.
pot-com·pan·ion [pátkəmpænjən / pót-] *n.* 《고어》 술친구.
po·teen [po(u)tíːn, +英 pɔ-], **(potheen)** *n.* ⓤ 〈아일〉 밀조 위스키.
po·tence [póut(ə)ns] *n.* =potency.
po·ten·cy [póut(ə)nsi] *n.* ⓤⓒ (*pl.* **-cies**) **1** 힘, 잠재력(potentiality). ⇨ POWER 類語 **2** 세력, 권력. **3** 효력(이 있음), 유효성. ¶ the *potency* of an argument 논의의 유효성. **4** [약 따위의] 효험, 효능. **5** 세력을 미치는 사람(것).
*****po·tent** [póut(ə)nt] *adj.* **1** 강력한, 유력한(powerful), 힘센(mighty). **2** [이유·동기 따위가] 남을 승복시키는, 납득시키는(persuasive). ¶ a *potent* argument 남을 승복시키는 논지. **3** [약 따위가] 효력이 있는, 효험이 있는. ¶ *potent* drugs 잘 듣는 약. **4** 세력이 있는, 유력한. **5** 감화(영향)력이 있는. **6** 〔남성이〕 성적 능력이 있는. *opp.* impotent
～·ly *adv.* ◇ po·ten·cy *n.*
*****po·ten·tate** [póut(ə)ntèit] *n.* **1** 유력자, 세도가. **2** 군주; 지배자 (ruler).
‡**po·ten·tial** [po(u)ténʃ(ə)l] *adj.* **1** 가능한 (possible), 가능성을 가진, 잠재력을 가진. ⇨ LATENT 類語 ¶ a *potential* genius 천재의 소질이 있는 사람 / a *potential* orator 웅변가의 소질이 있는 사람 / a *potential* share 권리주 (權利株). **2** 〔물리〕 위치의, 전위(電位)의. ¶ *potential* energy 위치 에너지 / *potential* difference 전위차 / *potential* gradient 전위 경도(傾度) / a *potential* transformer 변압기. **3** 《문법》 가능을 나타내는; the *potential* mood 가능법. **4** 《고어》 =potent. ― *n.* ⓤ **1** 가능성, 잠재력. **2** 《문법》 가능법 (potential mood). **3** 〔물리〕 전 위 (電位), 자위 (磁位). ¶ difference of *potential* 전위차 / magnetic *potential* 자위 / negative (positive) *potential* 음(양)전위. **4** 《수학》 포텐셜 함수. ◇ pó·tent *adj.*, po·ten·cy, po·ten·ti·ál·i·ty *n.*, po·ten·tial·ize *v.*
poténtial ádversary *n.* 가상 적국.
*****po·ten·ti·al·i·ty** [po(u)tènʃiǽliti] *n.* ⓤⓒ (*pl.* **-ties**) 가능성 (possibility); 잠재력 (latency); 가능성을 가진 것. ◇ po·tén·tial *adj.*
po·ten·tial·ize [po(u)ténʃ(ə)làiz] (＊〈英〉에서는 **po·ten·tial·ise** 로도 쓴다) *vt.* (-ized, -iz·ing) …을 가능하게 하다; 〔물리〕 〔에너지 따위의〕 를 잠재 세력화하다.
po·ten·tial·ly [po(u)ténʃ(ə)li] *adv.* 가능성 있게, 잠재적으로; 어쩌면 (possibly).
po·ten·ti·ate [po(u)ténʃièit] *vt.* (-at·ed, -at·ing) …에게 힘을 주다 (invest with power); …을 가능하게 하다, 강화하다.
po·ten·ti·om·e·ter [pətènʃiɑ́mitər / -5m-] *n.* **1** 〔전기〕 전위차계 (電位差計). **2** 〔통신〕 분압기 (分壓器).
pot·ful [pátfùl / pót-] *n.* 단지 (냄비) 한 그릇분.
pót hàt *n.* 중산모 (bowler).
pot·head [páthèd / pót-] *n.* 《美속어》 마리화나 상습자.
poth·er [páðər / pɔ́ð-] *n.* 연기, 격동; 소동, 복잡한 일. ¶ be in a *pother* 소란을 피우고 있다 / make (or raise) a *pother* 떠들어내다. **2** 자욱한 먼지. ― *vt.* …을 괴롭히다, 걱정시키다. ― *vi.* 고민하다, 걱정하다 (worry).
pot·herb [páthə̀ːrb / pɔ́thə̀ːb] *n.* [삶아서 먹는 야채, 샐러드용 야채; 향미료 (香味料) 로 쓰는 야채].
pot·hold·er [páthòuldər / pót-] *n.* 끓는 냄비를 들 때 쓰는 헝겊.
pot·hole [páthòul / pót-] *n.* **1** 깊은 구멍 (deep hole); [땅바닥 따위의] 구덩이. **2** 〔지질〕 구혈 (甌穴), 포트홀 [강바닥의 암석 따위에 생기는 원통상 (圓筒狀) 의 구멍].
pot·hol·er [páthòulər / pót-] *n.* 동굴 탐험가 (spelunker).
pot·hook [páthùk / pót-] *n.* **1** 〔난로 위에 냄비 따위를 거는 S자형의〕 갈고리. **2** 갈고리달린 긴 부젓가락. **3** 〔S자 형의〕 꼬부랑 글씨, 서투른 글씨. ¶ *pothooks* and hangers 습자의 초보.
pot·house [páthàus / pót-] *n.* (*pl.* **-hous·es** [-hàuziz]) 〈英〉〔작은〕 맥주 집 (beer house); 선술집.
pot·hunt·er [pátʰʌ̀ntər / pót-] *n.* **1** 〔닥치는 대로 마구 쏘아대는〕 수렵가. **2** 상품을 노리는 경기 참가자.
po·tiche [poutíːʃ] *n.* (*pl.* **-tich·es** [-tiːʃ]) 목이 가는 단지 (항아리).
po·tion [póuʃ(ə)n] *n.* **1** 〔약·독 등의〕 마실 것. ¶ a love *potion* 미약 (媚藥). **2** 〔약·독 등의〕 한첩, 한잔.
pot·latch [pátlætʃ / pót-], **(pot·lach)** *n.* **1** [미국 서북부 태평양 연안에 사는 인디언의] 겨울 축제; 그 축제에서 선물을 분배하는 의식. **2** 《구어》 축하 파티, 경축 잔치.
pót lèad *n.* ⓤ 〔海事〕 석묵 (石墨), 흑연 [특히 마찰을 줄이기 위해 배 밑바닥에 칠한다] (graphite).
pót líquor *n.* 〔고기와 야채를 삶은〕 국물.
pot·luck [pátlʌ́k / pót-] *n.* ⓤ 있는 것으로 장만한 음식.
pot·man [pátmən / pót-] *n.* (*pl.* **-men** [-mən]) 〈英〉 〔선술집 따위의〕 급사; 맥주 배달 아이 [馬].
pót márigòld *n.* 금송화 [그 두화 (頭花) 는 조미용].
pót mètal *n.* ⓤ **1** 냄비 따위를 만들기에 알맞은 무쇠. **2** [큰 솥같은 것 만드는 데 쓰는] 구리·납의 합금. **3** 〔녹는 동안에 착색한〕 색유리.
*****Po·to·mac** [pətóumək] *n.* (the ~) 미국 West Virginia 주에서 발원 (發源) 하여 Maryland 와 Virginia 의 주경 (州境) 을 흐르고, Washington 시를 거쳐 Chesapeake 만에 흘러들어가는 강.
pot·pie [pátpài/pót-] *n.* ⓤⓒ 〔냄비 따위에서 만든〕 고기파이. **2** 고기만두가 든 스튜.
pot·pour·ri [pòupurí:, patpúː(r)i / poupúri] *n.* **1** 잡향 (雜香) 〔여러 가지 마른 꽃잎을 향료와 섞어 단지에 담은 것〕. **2** 혼성곡, 메들리 (medley). **3** 〔문학의〕 잡집 (雜集), 잡록; 〈F〉 【한묘락】.
pót ròast *n.* ⓤⓒ 약한 불에 서서히 찜한 쇠고기[의].
Pots·dam [pátsdæ̀m / pɔ́ts-] *n.* 독일 Berlin 근처의 도시. ¶ the *Potsdam* Declaration 포츠담 선언 [1945년 일본에게 무조건 항복을 요구한 미국·영국·중국·소련의 포츠담에서 발표한 공동 선언].
pots de vin [F pɔ də vɛ̃] *n.* 뇌물, 증수회. [<F pots of wine]
pot·sherd [pátʃə̀:rd / pót-] *n.* [특히 고고학적인 가치가 있는] 오지 (질) 그릇의 파편.
pót shòt *n.* **1** 〔규칙을 무시한〕 식용 위주의 총 사냥. **2** 근접 사격, 난사. **3** 함부로 해대는 비판.
pót still *n.* 기통 (汽筒) 이 없는 증류기 [위스키 제조용].
pot·tage [pátidʒ / pɔ́t-] *n.* ⓤ 〔진한〕 야채 수프, 고기와 야채의 수프; ⓒ 한 그릇의 국 (mess of pottage).
pot·ted [pátid / pɔ́t-] *adj.* **1** 화분에 심은. ¶ *potted* plants 분재. **2** 단지에 담은, 병조림의. **3** 〈속어〉 술에 취한 (drunk). **4** 〈英속어〉 〔논술 따위의〕 천박한[가].
*****pot·ter**[1] [pátər / pɔ́tə] *n.* 도공 (陶工), 옹기장이, 도예가.
pot·ter[2] [pátər / pɔ́tə] *vi.* (주로 英) = putter[1].
pot·ter·ing·ly [pátəriŋli / pɔ́t-] *adv.* 질질 끌며; 어정거리며. [(기관지염)]
pótter's ásthma *n.* ⓤ 〔병리〕 도공성 (陶工性) 천식.
pótter's cláy (éarth) *n.* ⓤ 도토 (陶土).
pótter's fíeld *n.* 무연고 묘지 [← 마태복음 (Matt.)
pótter's whèel *n.* 도공의 녹로 (轆轤). [27: 7].

*pot·ter·y [pάtəri / pɔ́t-] *n.* (*pl.* **-ter·ies**) **1** ⓤ 도기[류]. **2** ⓤ 도기 제조법(술). **3** ⓒ 도기 제조소.

pot·ting [pάtiŋ / pɔ́t-] *n.* **1** [식료품의] 병(항아리) 조림. **2** [식물을] 화분에 심기. **3** 도기(용기) 제조.

pot·tle [pάtl / pɔ́tl] *n.* **1** 옛날의 액량(액량) 단위[2 quarts 에 해당]. **2** 1 포틀 들이 병(통); 1 포틀 이하에 담긴 술 (liquor). 포도주(wine). **3** 《주로 英》 [과일 등을 담는] 작은 바구니.

pot·to [pάtou / pɔ́t-] *n.* (*pl.* **-tos**) **1** 포토 원숭이[서아프리카산(産)의 야행성 수상(樹上) 생활 동물]. **2** = kinkajou.

Pótt's diséase [pάts-/pɔ́ts-] *n.* ⓤ [병리] 포트씨 (氏) 병, 척추 카리에스[영국의 외과 의사 Percivall Pott (1714-88)에서 유래].

pot·ty¹ [pάti / pɔ́ti] *adj.* (**-ti·er**, **-ti·est**) **1** 《英口語》 하찮은 (trivial). **2** 《주로 英口語》 약간 실성한, 조금 머리가 돈 (foolish). **3** 태도·말씨가 건방진, 거만한.

pot·ty² [pάti / pɔ́ti] *n.* (*pl.* **-ties**) **1** 어린이용 변기. **2** [어린이말] 화장실 (toilet).

pot·val·iant [pάtvǽljənt / pɔ́t-] *adj.* 《속어》 거나하게 취한.

pot·val·or, 《英》 -val·our [pάtvæ̀lər / pɔ́t-] *n.* 술김의 기운, 거나한 기분.

pot·wal·lop·er [pάtwὰləpər / pɔ́twɔ̀l-], **pot·wal·ler** [-wὰlər / -wɔ̀lə] *n.* 《英역사》 [1832년의 선거법 개정 이전에] 호주(戶主) 선거권을 가지고 있던 사람.

*pouch [pautʃ] *n.* **1** 〖BAG 類語〗 **¶ a tobacco** *pouch* 담배 쌈지. **2** 〖고어〗 돈지갑 (purse), 돈 주머니. **3** 〖가죽제의〗 탄약 주머니; 우편 행낭. **4** 주머니(포켓) 모양으로 된 것. **5** 《주로 스코》 〖의복의〗 안주머니, 포켓. **6** 아래 눈꺼풀의 처진 살. **7** 〖동물〗 펠리컨의 부리와 뒤쪽 (gopher)의 볼 따위에 있는 주머니 모양의 부분, 캥거루 따위의 육아낭. ── *vt.* **1** …을 주머니에 넣다, [돈 따위를] 호주머니에 넣다 (pocket). **2** 〖고어〗 …을 주머니 모양으로 만들다. **3** 〖새·물고기의〗 …을 집어삼키다 (swallow). **4** 《英口語》 …에게 행하[팁]을 주다 (tip). ── *vi.* 주머니 모양으로 되다, 부풀다. ⑨ **pόuchy** *adj.* 〔양의.

pouched [pautʃt] *adj.* 자루(주머니)가 달린, 자루 모

pou·drette [pu:drét] *n.* ⓤ 〔마른 분뇨에 숯·석고를 섞은 일종의〕 비료.

pouf [pu:f], (**pouff**) *n.* **1** 〖18세기 후반에 유행한 높게 틀어올린〗 여성의 머리 모양. **2** 〖머리 장식·옷 따위의〗 불룩한 부분 (puff). **3** 《주로 英》 걸상식 쿠션 (hassock). **4** 《英속어》 동성 연애자.

pou·larde [pu:lά:rd], **pou·lard** *n.* 〖식용으로〗 난소 (卵巢)를 없애고 살찌운 암탉; 살찐 영계.

poulp, poulpe [pu:lp] *n.* 낙지 (octopus).

poult [poult] *n.* **1** 칠면조·꿩 따위의 새끼, 병아리. **2** 《주로 스코》 어린애; 어린애 같은 사람.

poult-de-soie [F pudswá] *n.* ⓤ 〖드레스용의〗 골이 지게 짠 비단. 《<F》

poul·ter·er [póultərər] *n.* 《주로 英》새장수, 가금(家禽)상.

poul·tice [póultis] *n.* 습포 (濕布), 찜질약. ── *vt.* (-ticed, -tic·ing) …에 습포를 대다.

*poul·try [póultri] *n.* ⓤ 〖집합적〗 가금 (家禽), 식용 사육 조류 〖닭·칠면조·오리 따위〗. **¶** *poultry* raising 가금 사육 / keep (or raise) *poultry* 양계를 하다. **2** 〔식용으로의〕 가금 〔의 고기〕. *cf.* meat

poul·try·man [póultrimən] *n.* (*pl.* **-men** [-mən]) **1** 가금 사육업자, 양계업자. **2** 새고기 장수.

*pounce¹ [pauns] *v.* (**pounced**, **pounc·ing**) ── *vi.* **1** 달려들다, 덮치다, 별안간 덤벼들다 (덮치다). **¶** The cat *pounced on* (or *upon*) a mouse. 그 고양이는 생쥐를 덮쳤다. **2** 갑자기 뛰다 (dash), 별안간 들어오다, 불쑥 말참견하다. **3** (비유적) [남의 결점 따위를] 재빨리 공격하다, 지독히 비난하다. **¶** (~+前+图) *pounce upon* a mistake 실수를 몹시 나무라다. ── *vt.* **1** 〖독수리처럼〗 …을 발톱으로 움켜쥐다, 움켜잡다.

── *n.* **1** 별안간 덤벼들기, 급습. **2** 맹금류의 발톱.
make a pounce upon …에 덮벼[덮쳐] 들다.
on the pounce 덮벼들려고, 덮치려고.

pounce² [pauns] *vt.* (**pounced**, **pounc·ing**) 〖금속 면〗에 돋을새김 무늬를 내다, 찍어서 돋을새김을 하다; 〖형겊〗에 장식 구멍을 뚫다.

pounce³ [pauns] *n.* **1** 〖옛날에 잉크가 번지는 것을 막기 위해 사용한〗 가루. **2** 색가루 〖본을 뜨기 위한 숯가루〗. ── *vt.* (**pounced**, **pounc·ing**) **1** …에 잉크가 번지지 않도록 가루를 뿌리다. **2** 〖형지(型紙)에〗 색가루를 뿌리다, 색가루를 써서 베끼다. **3** 〔모자의 거죽〕을 종이나 사포 따위로 문질러 매끄럽게 하다.

póun·cet bòx [páunsit-] *n.* 〖뚜껑에 작은 구멍이 있는〗 향수통, 향합 (香盒).

*pound¹ [paund] *vt.* **1** 〔주먹·무거운 도구 따위로〕…을 두드리다, 연거푸 치다 (때리다). ⇒ BEAT 類語 **¶** He *pounded* the door. 그는 문을 두드렸다. **2** …을 산산이 부수다, 분쇄하다 〔대포 따위로〕; …을 맹격하다. **¶** (~+图+團) *pound* stones *up* 돌을 가루내다 // (~+图+前+图) *pound* a brick *to* pieces 벽돌을 산산이 부수다. **3** 〔피아노 따위〕를 쳐서 소리를 내다 (…*out*). **¶** (~+图+團) *pound out* a wonderful tune on the piano 피아노로 멋진 곡을 연주하다. **4** 〔길〕을 쿵쿵 걸어가다 (나아가다).

── *vi.* **1** 세게 치다, 연거푸 치다 (두드리다) (*at, on*…). **¶** (~+前+图) *pound on* a door 문을 연거푸 두드리다. **2** 쿵 따위가 울리다, 〔심장〕이 두근거리다. **¶** He felt his heart *pound*. 그는 심장이 두근거리는 것을 느꼈다. **3** 발소리를 쿵쿵거리며 걷다 (*about, along*…).

── *n.* 난타, 연거푸 치기 〔두드리기〕.

‡pound² [paund] *n.* (*pl.* **pounds** or **pound**) **1** 파운드 〖무게의 단위〗; 기호 lb. 〖< L *libra*〕. 일반적인 avoirdupois pound 는 16 ounces, 약 453 grams; 금·은·약 따위에 쓰는 troy pound 는 12 ounces, 약 375 grams). **¶ a** *pound* of salt 소금 1 파운드. **2** 파운드 〖영국의 화폐 단위〕. pound sterling 이라고도 하며 100 pence. 기호는 숫자 앞에면 £, 뒤에 나오면 *l*; 이전에는 20 shillings (=240 pence). **¶ a** five-*pound* note 5파운드 지폐 / twenty-nine *pounds* seventy 29파운드 70 펜스 〔숫자로는 £29.70 이라고 쓴다〕. **3** 〔역사〕 스코틀랜드 파운드 〔엣 스코틀랜드 화폐 단위〕 (pound Scots). **4** 오스트레일리아·이집트·이스라엘·아일랜드 등의 화폐 단위.

by the pound 〔무게〕 1파운드에 얼마로.
in the pound 〔화폐〕 1파운드에.
pound for (or *and*) *pound* 무게 똑같이, 등분으로.
a pound of flesh 터무니없는 요구; 〔빚 따위를〕 가혹하게 받아내기 〔← Shakespeare 작 *The Merchant of Venice* 4:1〕.
pounds, shillings, and pence 금전.

── *vi.* 〔英〕 〔파운드로〕 화폐의 무게를 검사하다.

pound³ [paund] *n.* **1** 〖특히 길 잃은 동물을 가두어 두는〗 우리, 울타리. **2** = pound net. **3** 유치장, 수용소. ── *vt.* **1** 〔동물 등〕을 우리(울타리)에 집어넣다 (…*up*). **¶** *pound up* stray dogs 들개를 수용하다. **2** …을 유치 (감금)하다.

pound·age¹ [páundidʒ] *n.* ⓤ **1** 〔금액 또는 무게의〕 1파운드에 대해 지불하는 세금·수수료. **2** 파운드의 중량. 〔석방의 수수료.

pound·age² [páundidʒ] *n.* ⓤ **1** 유치, 감금. **2** 가축

pound·al [páund(ə)l] *n.* 〖물리〗 파운덜 〖힘의 단위. 1 파운드의 질량에 작용하여 매초 1 피트의 가속도를 일으키는 힘〗.

póund càke *n.* ⓤⓒ 파운드 케이크. 〔굿 공이.

pound·er¹ [páundər] *n.* 〔복합어를 만들어〕 〔무게가〕 …파운드인 사람 (물건), …파운드의 미사일 (포). **2** 재산(수입, 지출)이 …파운드인 사람.

pound-fool·ish [páundfú:liʃ] *adj.* 《주로 英》한푼을

pound·mas·ter [páundmæstər / -mɑ́:s-] n. 들개 수
póund nèt n. [물속에 치는] 정치망(定置網網).
póund stérling n. (*pl.* **pounds s-**) 영국 화폐 1 파운드.

‡**pour** [pɔ:r / pɔ:] vt. **1** [액체 따위]를 붓다, 쏟다, 따르다; (아침) [녹인 쇳물]을 붓다. ¶ *pour water* from a bottle // (~+目+副) *pour out* tea 차를 따르다 // (~+目+前+名) The river *pours* itself *into* the sea. 그 강은 바다로 흘러 들어간다. **2** [빛·열 따위]를 발산하다, 방사(放射)하다. ¶ (~+目+副) The sun *pours forth* its rays. 태양은 광선을 발산한다 / The heat *poured down* its heat. 히터는 열을 방사했다. **3** (군중 등)을 쏟아놓다, (탄환 따위)를 퍼붓다. ¶ The trains *pour* the crowds. 그 열차는 승객들을 무더기로 쏟아놓았다 // (~+目+前+名) The theater *poured* the people *into* the streets. 그 극장에서 많은 사람들이 거리로 쏟아져나왔다. **4** [이야기]를 쉴새없이(막힘없이) 지껄이다, [노래]를 부르다, [음악]을 오래도록 연주하다. ¶ (~+目+副) *pour out* words (songs) 지껄여대다(노래를 불러대다) / *pour forth* one's troubles 괴로움을 하소연하다 / (~+目) *pour [out]* one's fury *upon* another 남에게 분노를 터뜨리다.
— vi. **1** [사람 또는 짐승떼 등이] 쏟아져나오다, 쇄도하다. ¶ (~+前+名) The crowds *poured into* the warehouse. 군중이 창고 안으로 쏟아져들어가다. **2** [대량으로] 흘러나가다(들다), 흐르다. ¶ (~+前+名) Tears *poured down* her cheeks. 눈물이 그녀의 뺨을 흘러내렸다. ¶ [빛·열 따위가] 내리퍼붓다, 억수같이 내리다; [빛·열 따위가] 내리쬐다. ¶ *It never rains but it pours.* (속담) 비가 오기만 하면 언제나 억수같이 퍼붓는다, 화불단행(禍不單行) / (~+目+副) The rain is *pouring down*. 비가 억수같이 내리고 있다 // (~+前+名) The sun *pours* over the earth. 햇볕이 지상에 내리쬔다. **4** [말 따위가] 쏟아져나오다. **5** (비유적)연달아(지껄이)다 오다(*in, out*...).
 ▷ 준피동으로.
pour oil upon troubled waters 소동을 가라앉히다.
— n. **1** 유출(流出), 주입(注入), 따르기. ¶ a *pour* of water 물의 유출. **2** 폭우, 억수 같은 비. **3** [녹인 쇳물의] 1회분 주입량.

pour·boire [pùərbwɑ́:r] n. (*pl.* **-boires** [-bwɑ̀:r]) (프랑스) (=for drinking) [특히 술값으로 쓰는] 팁(tip), 행하.

pour·er [pɔ́:rər / pɔ́:rə] n. 《英》[병에 꽂는] 주둥이.
pour·par·ler [pùərpɑːrléi / -Iéiz] n. (프랑스) (=for talking) [외교상의] 비공식 회담, 예비 교섭.
pour·point [púərpɔ̀int] n. [역사] 솜을 두어 누빈 옷.
pousse-ca·fé [pùːskæféi] n. **1** 식후 커피 다음에 나오는 작은 잔의 리큐르술. **2** 오색주(五色酒) [비중의 차이로 층을 이루는 칵테일의 일종]. 《<F》

pous·sette [pu:sét] n. [시골 춤 따위에서] 손을 맞잡고 돌면서 추는 원무(圓舞). — vi. (-set·ted, -set·ting) poussette 추다. 《<F》

pou sto [púː stóu / páu-] n. (그리스) (=where I may stand) 발 붙일 곳; 활동의 근거. [<Archimedesd의 말에서]

*pout¹ [paut] vi. [못마땅해서] 입을 삐죽 내밀다; 뿌루퉁하다, 샐쭉하다. — vt. [입]을 삐쭉 내밀다, 입을 삐죽거리며 말하다. ¶ (~+目+副) *pout out* the lips 입을 삐죽 내밀다. — n. 입을 삐죽거리기; 샐쭉하기. ¶ be in *pouts* 기분이 언짢다, 뿌루퉁해 있다.
 ▷ **póuty** adj.

pout² [paut] n. (*pl.* **pout** *or* **pouts**) **1** [미국의 하천에 많이 있는] 메기의 일종. **2** 베도라치의 일종. **3** 대구의 일종.

pout·er [páutər] n. **1** 뿌루퉁한 얼굴의 사람, 기분이 좋지 않은 사람. **2** 비둘기의 일종 [가슴을 불룩하게 부풀리는 버릇이 있다].

pout·y [páuti] adj. (**pout·i·er, pout·i·est**) 시무룩한, 뿌루퉁한.

‡**pov·er·ty** [pávərti / póv-] n. ⓤ **1** 가난, 빈곤. ¶ come to *poverty* 가난하게 되다 / He lives in *poverty*. 그는 가난한 생활을 하고 있다 / *Poverty* brings stupidity (속담) 가난은 사람을 아둔하게 한다. **2** 결핍, 부족 (want) (*in*...). ¶ *poverty* of blood 빈혈 / *poverty* of thought 사상의 빈곤 / *poverty in* vitamins 비타민 부족. **3** 불모(不毛), 메마름. ¶ the *poverty* of the soil 토양의 메마름. ◇ **poor** adj.

póverty làwyer n. [poverty line 이하의 사람들을 위한] 무료 변호사, 국선 변호인(legal services lawyer).

póverty line n. 《美》빈곤선[생계 유지에 필요한 최저 소득 기준] (《英》poverty datum line).

pov·er·ty-strick·en [pávərtistrìk(ə)n / póv-] adj. 가난에 시달리는; 몹시 가난한.

POW (略) *prisoner[s] of war.*

‡**pow·der** [páudər] n. **1** ⓤ 가루, 분말. ¶ washing (or soap) *powder* 가루 비누 / hair *powder* 머릿분 [가발용] / ground into *powder* 빻아서 가루로 만든. **2** ⓤⓒ 분말 제품; 화장분 (face powder); 가루약; 화약 (gunpowder). ¶ black *powder* 흑색 화약 / smokeless *powder* 무연(無煙) 화약 / put *powder* on one's face 얼굴에 분을 바르다 / take a *powder* 가루약을 먹다 / the smell of *powder* 초연(硝煙)의 냄새; 실전의 경험 / smell *powder* 초연(硝煙)의 냄새를 맡다; 실전을 경험하다 / food for *powder* 화약의 밥(먹이); 병사 / *powder* and shot 탄약, 군수품 / not worth *powder* and shot 싸울 가치가 없는; 노력할(애쓸) 가치가 없는 / keep one's *powder* dry 화약을 건조한 상태로 보존하다 / 만일에 대비하다. **3** ⓤ〔스키〕가루눈 (powder snow). **4** ⓤ〔페어·英방언〕기동력, 기세 (impetus). * 보통 다음 숙어로 쓴다.
take a powder 《美속어》도망치다, 떠나다.
— vt. **1** …을 가루[분말]로 만들다. **2** …에 가루 (소금, 후추 따위)를 뿌리다; …에 분말 모양의 것을 뿌리다, …을 분말 모양의 것으로 온통 덮다; …에 분 따위를 바르다. ¶ *powdered* beef 소금을 뿌린 쇠고기 / a hill *powdered* with a light snowfall 싸락눈으로 살짝 뒤덮인 언덕. — vi. **1** 화장분 따위로 바르다, 분칠하다. **2** 가루가 되다. ◇ **powdery** adj.

pówder blúe n. 엷은 청색[염료].
pówder bùrn n. 화약의 폭발로 인한 화상.
pow·dered [páudərd] adj. 가루[분말]의, ¶ *powdered* milk 분말 우유. **2** 분을 바른. **3** 작은 반점이 많은.
pówdered súgar n. ⓤ 분말 설탕.
pówder flàsk n. [구식 총의] 작은 화약병(통).
pówder hòrn n. 쇠뿔로 만든 화약통.
pówder kèg n. 화약통; (비유적) [언제 터질지 모를] 위험물.
pówder magazìne n. 화약고.
pówder metàllurgy n. ⓤ 분말 야금(冶金).
pówder mìll n. 화약 공장.
pówder mònkey n. [군함의] 소년 화약 운반수; 다이너마이트를 장치하는 사람.
pówder pùff n. 퍼프, 분첩.
pow·der-puff [páudərpʌ̀f] adj. (구어) 여성용의; 여성에 알맞은; 부드러운. — vt. (속어) 가볍게 때리다.
pówder ròom n. [레스토랑 따위의] 여성용 화장실.
pow·der·y [páudəri] adj. 가루의, 가루 모양의; 가루가 되기 쉬운, 잘 부스러지는; 가루투성이의.

‡**pow·er** [páuər] n. **1** ⓤ 능력, […하는] 힘. ¶ the *power* of hearing 청력(聽力) / strain one's *power* 최선의 힘을 다하다 / I will help you in my *power* (or to the best of my *power*). 힘이 미치는 한 도와드리겠습니다 / I'm sorry it is beyond (or out of, not within) my *power* to do what you ask. 죄송하지만 부탁하신 일

power base 은 제 능력이 미치지 못합니다.
[類語] **power** 어떤 것을 해낼 수 있는 능력: The police have the *power* to put down a riot. 경찰은 폭동을 진압할 힘이 있다. **force** 실제로 사용되는 힘: The police use *force* in putting down a riot. 경찰은 힘을 사용하여 폭동을 진압한다. **energy** 어떤 일을 할 때에 발휘되는 축적된 power: work with *energy* 정력적으로 일하다. **strength** 사람 또는 물건에 본래 갖추어져 있는 power 로, energy 를 발휘하거나, 압박·공 격에 저항하는 힘: sufficient *strength* to resist temptation 유혹에 맞설 수 있는 충분한 힘. **might** 대단히 강대한 power: the military *might* of the United States 미국의 군사력. **potency** 어떤 결과·효과를 낳게 하는 힘: the *potency* of education 교육의 힘.
2 (보통 ~s) 특별한 재능, 능력. ¶ a man of varied *powers* 다재다능한 사람 / Test your *powers* of observation 자신의 관찰력을 테스트해 보시오.
3 ⓤ 힘, 체력, 정력. ¶ More power to your elbow! 팔꿈치에 더욱 힘을 넣어라; 힘내라 // have the *power* to live on(of living on) 살아나갈 힘이 있다.
4 ⓤ 지배력, 권력, 권한; 법적 권한, 권능; ⓒ 권능을 부여하는 문서. ¶ The balance of *power* 세력 균형 / political *power* 정권 / the *power* of life and death 생살 여탈권(生殺與奪權) / the party in *power* 여당(與黨) / out of *power* 정권을 떠나 / come into *power* 정권을 잡다 / have a person in one's *power* 남을 자기 지배하에 두고 있다, 남을 마음대로 부리고 있다 / be in (fall into) the *power* of a person 남의 지배하에 있다(들어가다) // have (or hold) *power* over a person 남을 지배하고 있다 / Knowledge means *power* over nature. 지식이란 자연에 대한 지배력이다 // exercise the *power* to veto a bill 법안에 대하여 거부권을 행사하다.
5 유력자, 권력자; 강국, 대국. ¶ the *powers* that be 당국(當局), 관헌 / a sea *power* 해군국/the great *Powers* 열강 / nuclear *powers* 핵 보유국.
6 ⓤ 병력, 군사력. ¶ the mighty *power* of the Armada 무적 함대의 강대한 군사력.
7 (종종 ~s) 신(神), 악마. ¶ the heavenly *powers* 하늘의 신들 / the *powers* of darkness 암흑의 신들.
8 (~s) [신학] 능품천사(能品天使) [천사의 위계 중의 하나]. ⇨ ANGEL [주의]. 『은 사람들.
9 (a~) [방언] 다수, 다량. ¶ a *power* of people 많
10 ⓤ [물리] 작업율, 공률; 힘, 능(能).
11 ⓤ 동력. ¶ mechanical *power* 기계력 / motive *power* 원동력/electric *power* 전력/water *power* 수력.
12 [수학] 멱(冪), 거듭제곱, 누승(累乘). ¶ raise 4 to the second *power* 4를 2승하여/27 is the third *power* of 3. 27은 3의 3승이다.
13 ⓤ [光學] [렌즈의] 배율(倍率); 확대력. ¶ a telescope of high *power* 배율이 높은 망원경.
More power to you! 잘 했어라!
—— *vt.* ···에 동력을 공급하다; ···을 동력으로 움직이다.
power down (up) ···의 출력을 낮추다(높이다).
◇ *powerful adj., empower n.*
pówer báse *n.* 《美》 세력 기반, 지지 모체.
pówer bóard *n.* 배전반(配電盤). 『보트.
pow·er·boat [páuərbòut] *n.* 동력선, 발동기선; 모터
pówer bráke *n.* 동력(파워) 브레이크.
pówer bróker *n.* 《美》 권력자를 움직여 공작을 하는 사람.
pówer cáble *n.* 전력(동력) 선.
pówer cút *n.* 정전, 단전(斷電).
pówer díve *n.* [항공] 엔진을 건 채로 하는 급강하.
pówer dríll *n.* 동력 드릴(천공기). 『동력 급강하.
pow·ered [páuərd] *adj.* (보통 복합어를 만들어) […의] 동력(발동기)을 장치한. ¶ a gasoline-*powered* engine 가솔린 내연 기관(엔진). 『지배자들.
pówer elíte *n.* (집합적) 파워 엘리트 [권력을 잡은
pówer fáilure *n.* 정전(停電).
‡**pow·er·ful** [páuərfəl] *adj.* **1** 세력이 있는, 유력한.

¶ a *powerful* leader 유력한 지도자. **2** 강한, 강력한. **3** [기계 따위가] 강력한 힘을 내는; [약 따위가] 효능이 있는. ¶ a *powerful* locomotive 강력한 기관차 / a *powerful* drug 잘 듣는 약. **4** 사람을 감동시키는, 남을 수긍(공감)케 하는. ¶ a *powerful* argument 설득력이 있는 토론. **5** 《주로 방언》 많은.
~**ly** *adv.* ~**ness** *n.*
pówer gáme *n.* **1** [강대국, 권력자의] 거래, 흥정. **2** 권력(지배력) 획득 경쟁.
pówer gás *n.* 동력 가스.
pow·er·house [páuərhàus] *n.* (*pl.* -**hous·es** [-hàuziz]) **1** 발전소. **2** 《구어》 정력가, 활동적인 그룹(팀).
pówer láthe *n.* 동력(기계 力) 선반(旋盤).
*****pow·er·less** [páuərlis] *adj.* **1** 무력한, 효과없는. **2** 체력(힘)이 없는. **3** 세력(권력)이 없는.
~**ly** *adv.* ~**ness** *n.*
pówer líne *n.* 송전선, 전력선.
pówer lóom *n.* 동력 직조기, 기계식 직조기.
pówer páck *n.* [전기] 전원함(電源函) [변압기·정류기 따위].
pówer plánt *n.* 발전(동력) 장치; 발전소.
pówer pláy *n.* **1** [축구·아이스하키 따위에서] 힘에 의한 강압 플레이. **2** (비유적) [외교·군사·행정·경제 따위에서] 힘을 배경으로 한 행동(공작), 힘의 겨룸.
pówer póint *n.* 《英》 [전기] 콘센트. 『책.
pówer pólitics *n. pl.* (단·복수 양용) 무력 외교.
pówer reáctor *n.* 동력로(動力爐), [동력용] 원자로.
pówer séries *n.* 《수학》 멱급수(冪級數). 『로.
pówer shóvel *n.* [흙파기 공사용의] 동력삽.
pówer státion *n.* 발전소(generating station).
pówer stéering *n.* ⓤ [자동차의] 파워 스티어링, 동력 조타(操舵) 장치.
pówer strúcture *n.* 《美》 권력 기구.
pówer strúggle *n.* 권력 투쟁.
pówer tákeoff *n.* [트럭이나 트랙터의] 동력 인출 장치.
pówer tówer *n.* 태양열(에너지) 발전소. 『치.
pówer únit *n.* 내연 기관.
pow·wow [páuwàu] *n.* **1** 병의 회복·사냥의 성공 따위를 기원하는 북미 인디언의 의식. **2** 북미 인디언의 주술(呪術) 의사(powwow doctor). **3** [북미 인디언의 (과의)] 회의, 토의. **4** 《美구어》 회담, 회합. —— *vi.* **1** [북미 인디언] 의식을 행하다. **2** 《美구어》 회담하다, 토의하다(confer).
pox [paks / pɔks] *n.* ⓤⓒ [병리] 피부에 발진(發疹)하는 병 [천연두·두창(痘瘡) 따위]; 그 얇은 자국; (the ~) 매독. ¶ A *pox* on you! 《감탄사적으로 써서》 염병에나 걸려라; 망할 자식!
poz·zo·la·na [pàtsəlá:nə / pɔ̀tsə-] *n.* ⓤ [시멘트의 원료가 되는] 화산 용암, 화산회(灰).
PP (略) *p*oly*p*ropylene. 『*p*rinted.
pp. (略) *p*ages; *p*ast *p*articiple; pianissimo; *p*rivately
p.p. (略) *p*arcel *p*ost; *p*ast *p*articiple; *p*ostpaid.
P.P. (略) *p*arcel *p*ost; *p*arish *p*riest; *p*ast *p*articiple; *p*ostpaid; *p*repaid.
ppb, PPB (略) *p*art[s] *p*er *b*illion (10억분의…).
PPB[S] (略) *p*lanning, *p*rogramming, *b*udgeting [*s*ystem] (컴퓨터의 예산의 기획·계획·예산 제도).
P.P.C. (略) 《프랑스》 *pour prendre congé* (=to take leave). * 작별의 뜻을 고할 때 명함에 기입한다.
ppd. (略) *p*ostpaid; *p*repaid.
pph. (略) *p*amphlet. 『억분의…).
pphm, PPHM (略) *p*art[s] *p*er *h*undred *m*illion (1
PPI (略) *p*lan *p*osition *i*ndicator (전파 탐지기).
P-plane [píːplèin] *n.* [항공] 폭탄을 실은 무인 비행기. [< *p*ilotless *plane*] 『분의…).
ppm, p.p.m., PPM (略) *p*art[s] *p*er *m*illion (백만
PPP (略) *P*olluter *P*ays *P*rinciple ([공해 방지 비용의] 공해자(오염자) 부담 원칙).
ppr., p.pr. (略) *p*resent *p*articiple.

P.P.S., p.p.s. 《略》《라틴》 *post postscriptum*(=a second or additional postscript)(재추신(再追伸))

PPV 《略》 *p*ay *p*er *v*iew(유료 텔레비전 시청료 부과 방식).

P.Q. 《略》 *p*revious *q*uestion; *P*rovince of *Q*uebec.

Pr 〔화학〕 praseodymium 의 원자 기호.

pr. 《略》 *p*air; *p*aper; *p*ower; 〔증권〕 *p*referred; *p*reference; *p*resent; *p*rice; *p*riest; *p*rinting; *p*ronoun.

P.R. 《略》 *p*arliamentary *r*eport; 《라틴》 *P*opulus *R*omanus(=Roman People); *p*ress *r*elease; *p*rize *r*ing; *p*roportional *r*epresentation; *p*ublic *r*elations; *P*uerto *R*ico.

PRA 《美》 *p*olitical-*r*isk *a*ssessment(〔다국적 기업의〕 각국의 정치적 위험성 측정).

P.R.A. 《略》 *P*resident of the *R*oyal *A*cademy.

praam [prɑːm] n.=pram². 〔실용성.

prac‧ti‧ca‧bil‧i‧ty [præktikəbíliti] n. Ⓤ 실행 가능

***prac‧ti‧ca‧ble** [præktikəbl] *adj.* **1** 실행 가능한. ▷ POSSIBLE 〔類語〕 ¶ a *practicable* scheme 실행 가능한 계획. **2** 실용적인. ¶ a *practicable* gift 실용적인 선물. **3** 〔도로·교량 따위가〕 통행 가능한, 사용할 수 있는. ¶ a *practicable* road 통행이 가능한 도로. **4** 〔연극〕 〔소도구나 세트 따위가〕 실제로 쓸 수 있는, 실물의.
~**ness** n. -**bly** adv.

prac‧ti‧cal [præktik(ə)l] *adj.* **1** 실지의, 실제적인; 실행상의, 실시상의. ¶ *practical* knowledge 실지에서 얻은 지식 / *practical* affairs 실무 / a *practical* scheme 실제적인 계획, 실시안 / the *practical* difficulties of a scheme 계획 실행상의 어려움 / for all *practical* purposes 〔이론은 별도로 하고〕 실제로는. **2** 실용적인, 실용에 알맞은, 실제적으로 유용한(useful). ¶ *practical* English 실용 영어 / a *practical* method 실용적인 방법. **3** 실지에 익숙한, 경험이 많은; 활동 능력이 있는, 실무에 알맞는; 유능한. ¶ a *practical* priest 경험이 많은 사제(司祭) / a *practical* man 행동력이 있는 사람; 실무자 / a *practical* wife 집안 일을 잘 보는 주부. **4** 실리적인; 실질적인, 사실상의. ¶ a *practical* man 실리주의자 / a *practical* defeat 사실상의 패배. ~**ness** n.
◇ práctice, practicality n., práctically adv.

práctical árt n. 〔보통 pl.〕 〔수예·목공 따위〕 실용적 기술.

prac‧ti‧cal‧ism [præktikəlìz(ə)m] n. Ⓤ 실용주의, 실리주의, 실제주의.

prac‧ti‧cal‧i‧ty [præktikǽliti] n. Ⓤ 실용적(실제적)임, 실용성; 실용주의.

práctical jóke n. 〔행위에 의한〕 질이 나쁜 장난, 못 〔된 장난.

‡**prac‧ti‧cal‧ly** [præktikəli] *adv.* **1** 사실상〔은〕, 실제로는, 실질상은; 실제적으로〔는〕. ¶ *practically* speaking 실제상은 / It is *practically* worthless. 그것은 실질적으로는 무가치하다 / He is *practically* the manager. 그가 사실상 지배인이다. **2** 실제(실지)로 사용하여, 실제적으로; 실용적(실제적)으로 보아, 언제나〔늘〕 ─. ¶ a medicine *practically* safe 실제로 사용해도 보아서 안전한 약 / learn English *practically* 영어를 실용적으로 배우다 / Let's look at the problem *practically*. 그 문제를 실제면에서 보기로 하자. **3** 거의(almost). ¶ He is *practically* dead. 그는 죽은 거나 마찬가지다.

práctical núrse n. 환자 시중 전문의 간호사.

‡**prac‧tice** [præktis] n. (=**prac‧tise**) **1** 평상시 늘 하는 일(habitual performance); 관습, 관례, 습관, 관행(慣行). ⇒ CUSTOM 〔類語〕 ¶ the *practice* of shaking hands 악수의 습관 / make a *practice* of doing; make it a *practice* to do ─하기를 예사로 하다, 언제나〔늘〕 ─하다. **2** Ⓤ 〔되풀이 되는〕 연습, 실습, 훈련(in...). ⇒ EXERCISE 〔類語〕 ¶ a *practice* match 연습 시합 // *practice* in music 음악 연습 / *Practice* makes perfect. 《속담》 배우기보다 익혀라, 뭐니뭐니해도 연습이 제일이다. **3** Ⓤ 숙련, 수완(skill). ¶ be (get) out of *practice* 서투르다(게 되다). **4** Ⓤ〔이론에 대하여〕 실행, 실시(performance). ¶ in *practice* 실제 문제로써 / bring (or put) something into *practice* ─을 실행하다 / The idea did not work in *practice*. 그 구상은 실제로는 잘 이루어지지 않았다. **5** Ⓤ〔C〕 〔의사·변호사 등의〕 영업, 개업, 업무; 영업 상태; 〔집합적〕 환자, 사건 의뢰인. ¶ the *practice* of a physician 내과 의사의 업무 / enter the *practice* 개업하다 / be in *practice* 개업하고 있다 / The lawyer has a large *practice*. 그 변호사는 영업이 잘 되고 있다. **6** Ⓤ 〔법률〕 소송 절차; Ⓒ 그 규정. **7** Ⓤ 〔교어〕 음모를 꾸미기(plotting); Ⓒ 〔보통 ~s〕 〔드물게〕 음모, 책략, 계략, 부정 수단, 책략적인 수법. ¶ *artful practices* 교묘한 책략. **8** 〔수학〕 실산(實算). **9** 〔교회〕 예배의 실행, 예배; 〔종교〕 전례, 의식, 예배식.
─ *v.* (=**practise**) (*《英》에서는 동사는 *practise* 뿐임) (**-ticed, -tic‧ing**) *vt.* **1** ─을 늘(습관적으로) 행하다; ─을 관습(관례)에 따라 행하다. ¶ *practice* early rising 늘 일찍 일어나다 / *practice* one's religion 관례에 따라 종교적 행사를 올리다. **2** 〔이른 따위〕을 실행하다, 실행하다, 실시하다. ¶ *Practice* what you preach. 남에게 설교하는 바를 스스로 실천하라. **3** 〔의사·변호사 등〕을 개업하다, 영업하다. ¶ *practice medicine* 의업을 개업하다. **4** ─을 연습하다, 실습하다. ¶ *practice* the guitar 기타를 연습하다 // (~+前+名) *practice* playing baseball regularly 규칙적으로 야구를 연습하다. **5** 〔사람·동물〕을 훈련하다, 길들이다. ─ *vi.* **1** 늘 행하다, 습관적으로 하다. **2** 연습하다, 익히다. ¶ (~+前+名) *practice* at (or on) the piano 피아노를 연습하다 / *practice* with the rifle 사격 연습을 하다. **3** 〔의사·변호사 등〕이 개업하다, 영업하다. ¶ (~+前+名) *practice* at the bar 변호사를 개업하다. **4** 《고어》 속이다, 사기하다; 〔약점 따위〕를 이용하다. ¶ (~+前+名) *practice* on (or upon) a person's weakness 남의 약점을 이용하다.
◇ práctical *adj.*

prac‧ticed, -tised [præktist] (*《英》에서는 practised 뿐) *adj.* 경험이 있는, 숙련된, 능란한, 잘하는.

práctice téacher n. 교육 실습생, 교생(教生).

práctice téaching n. Ⓤ 교육 실습.

prac‧ti‧cian [præktíʃ(ə)n] n. **1** 경험자, 숙련자; 실무자. **2** =practitioner.

prác‧tic‧ing physícian [præktisiŋ-] n. 개업 의사.

prac‧ti‧cum [præktikəm] n. 실용 강좌. 〔tice.

prac‧tise [præktis] v. (**-tised, -tis‧ing**) =prac-

***prac‧ti‧tion‧er** [præktíʃ(ə)nər] n. 〔특히〕 개업의(醫), 변호사. ¶ a medical *practitioner* 개업의.

prae- ⇨ PRE-.

prae‧di‧al, pre- [príːdiəl] *adj.* **1** 토지(농지)의; 부동산의. **2** 〔농노(農奴) 따위〕 토지에 예속된. ¶ a *praedial* serf 농노.

prae‧fect [príːfekt] n. =prefect.

prae‧mu‧ni‧re [prìːmjunáiri / -náiəri] n. Ⓤ〔C〕 《英법률》 교황 존신죄(尊信罪) 〔로마 교황을 영국왕보다 우월하다고 하는 죄〕.

prae‧no‧men, pre- [priːnóumen / -men] n. (pl. **-nom‧i‧na** [-námina / -nɔ́m-] or **-no‧mens**) 〔고대 로마 시민의〕 첫번째 이름〔예를 들면 Gaius Julius Caesar 의 Gaius〕. cf. agnomen, cognomen, nomen

prae‧pos‧tor, pre- [priːpɔ́stər / -pɔ́s-], **prae‧pos‧i‧tor** [priːpɑ́zitər / prepɔ́z-] n. 《英》 〔public school 의〕 감독 학생, 반장.

prae‧sid‧i‧um [prisídiəm] n. =presidium.

prae‧tor [príːtər] n. 〔원래는 고대 로마의〕 집정관(consul), 〔후에는 consul 다음 가는〕 최고 행정관.

prae‧to‧ri‧an [priː(ː)tɔ́ːriən / -tɔ́ːr-], (**pre‧to‧ri‧an**) *adj.* **1** 〔고대 로마의〕 집정관(praetor)의. **2** 〔종종 P-〕 로마 황제의 근위병(Praetorian Guard)의. 〔병.
─ *n.* **1** =praetor. **2** 〔종종 P-〕 로마 황제의 근위

prag·mat·ic [prægmǽtik] *adj.* 1 〖철학〗실용주의의, 프래그머티즘의. ¶ *pragmatic* lines of thought 실용주의적 사고 방식. 2 실제적인 효과·가치에 관한, 실제적인. ¶ a *pragmatic* method 실용주의적 방법. 3 국사의, 내정의. 4 바쁜 (busy); 활동적인 (active). 5 참견 잘하는, 주제넘게 잘 나서는, 간섭하는. 6 독단적인, 자부심이 강한. —— *n.* 1 =pragmatic sanction. 2 참견 잘하는 사람.

prag·mat·i·cal [prægmǽtik(ə)l] *adj.* =pragmatic 2, 5, 6. **-ly** [-kəli] *adv.*

pragmátic sánction *n.*〖U〗〖국가의 기본법을 이루는〗국왕의 조칙(詔勅), 국사 칙령(國事勅令).

prag·ma·tism [prǽgmətìz(ə)m] *n.*〖U〗1 실용적임, 실용성, 실익주의. 2 〖철학〗실용주의, 프래그머티즘. 3 쓸데없는 참견, 간섭주의. 4 독단, 자만, 독선.

prag·ma·tist [prǽgmətist] *n.* 실용주의자, 실익주의자; 〖철학〗실용주의자. —— *adj.* 실용주의[자]의.

prag·ma·tis·tic [prægmətístik] *adj.* 실용주의의.

prag·ma·tize [prǽgmətàiz] *v.* (※ 〖英〗에서는 **prag·ma·tise**로도 쓴다) *vt.* (-tized, -tiz·ing) …을 현실화하다; 〖신화 따위〗를 합리적으로 다루다.

***Prague** [prɑːɡ, +美 preig] 프라하〖체코슬로바키아의 수도; 현지명 Praha [prάːhɑː]〗.

‡prai·rie [prέ(ə)ri / pɾɛ́əri] *n.* [특히 미국 Mississippi 강변의] 대초원; 대목초지.

prairie chicken(hen) *n.* 초원뇌조 [북미산(産)].

prairie dog *n.* 프레리 도그 [북미의 대초원에서 떼지어 사는 marmot의 일종]. → MARMOT. 〖달걀〗

prairie oyster *n.* 〖숙취의 약용인〗조미료를 친 날달걀.

Prairie Provinces *n. pl.* (the ∼) 캐나다 서부의 여러 주 (州) 〖Manitoba, Saskatchewan, Alberta〗.

prairie schooner *n.* 미국 개척 시대의 포장 마차.

[prairie schooner]

Prairie State *n.* (the ∼) 미국 Illinois 주의 속칭.

prairie wolf *n.* =coyote.

prais·a·ble [préizəbl] *adj.* =praiseworthy.

‡praise [preiz] *n.*〖U〖C〗1 칭찬, 찬양, 찬미 (하기), 〖당하기〗. ¶ beyond all *praise* 너무 훌륭해서 칭찬할 말이 모자라는 / in *praise* of …을 칭찬하여 / be loud (or warm) in a person's *praise* 남을 극구 칭찬하다 / sing a person's *praise* ; sing the *praise* of a person 남을 칭송하다 / sing one's own *praise* 자화자찬하다 / His work deserves *praise*. 그의 작품은 칭찬할만하다. 2 〖U〗〖신에 대한〗찬미, 숭배 (worship). ¶ *Praise* be to God ! 신을 찬양하라 !, 신에 찬미하소서 ! 3 〖고어〗칭찬의 이유; (稱어) 칭찬의 대상. —— *vt.* (praised, prais·ing) 1 …을 칭찬하다. ¶ *praise* a boy 소년을 칭찬하다 / *praise* a work of art 예술 작품을 칭찬하다 (∼ + 目 + 前 + 名) *praise* a person *for* his honesty 남의 정직함을 칭찬하다. 2 〖신〗을 찬미하다, 찬양(칭송)하다. ¶ God be *praised* ! 신을 찬미하라 !; 고마우셔라 ! / *praise* a person to the skies 남을 극구 치켜세우다. ◇ práiseful *adj.*

praise·ful [préizfəl] *adj.* 찬사로 가득 찬, 절찬하는.

praise·wor·thy [préizwə̀ːrðì] *adj.* 칭찬할 만한, 갸륵한. **-thi·ly** *adv.* **-thi·ness** *n.*

Pra·krit [prάːkrit] *n.* 프라크리트어 (語) [Sanskrit 이외에 고대와 중세의 인도에서 사용되던 언어]. 〖인 과자〗

pra·line [prάːliːn] *n.* 아몬드·호두 등을 설탕에 졸인 과자.

pram¹ [præm] *n.* 〖주로 英구어〗유모차, 손수레. [<P[E]RAM[BULATOR]]

pram² [prɑːm] *n.*〖海事〗1 네덜란드·독일의 항구에서 쓰이는 거룻배. 2 〖노르웨이의〗평저어선(船).

prám párk [præm-] *n.*〖英〗유모차 주차장, (船).

***prance** [præns / prɑːns] *v.* (pranced, pranc·ing) *vi.* 1 〖말〗뒷다리를 껑충거리며 뛰어나아다 (나아가다). 2 〖사람이〗말을 날래게 하면서 타고 가다, 신나게 말을 타고 가다. 3 〖사람〗의기 양양하게 걸어가다, 으스대며 걷다; 〖사람〗껑충거리며 걷다, 뛰어다니다. —— *vt.* 〖말〗을 뒷다리로 껑충껑충 뛰게 하다. —— *n.* (말의) 도약; 〖사람〗의 거드름 피우는 걸음걸이, 뛰어 돌아다님.

pranc·er [prǽnsər / prάːnsə] *n.* 뒷발로 날뛰는 말, 기운이 넘치는 말; 껑충껑충 걷는 사람.

pranc·ing·ly [prǽnsiŋli/prάːns-] *adv.* 껑충껑충 날뛰며, 뛰며.

pran·di·al [prǽndiəl] *adj.* 식사의, (특히) 정찬(正餐)의.

prang [præŋ] 〖英속어〗*vt.* 1 …을 폭파하다, 폭격하다. 2 …을 격추하다, 추락시키다. —— *n.* 격추, 폭격.

***prank¹** [præŋk] *n.* 1 〖악의없는〗장난, 농담. 2 〖질이 나쁜〗못된 장난. ◇ **pránkish** *adj.*

prank² [præŋk] *vt.* …을 치장하다, 차려입히다. —— *vi.* 치장하다, 차려입다.

prank·ish [prǽŋkiʃ] *adj.* 장난의; 장난치고 싶어하는. **-ly** *adv.* **∼·ness** *n.*

prank·ster [prǽŋkstər] *n.* 장난치는 (까불어대는) 사람.

prase [preiz] *n.* 녹석영 (綠石英).

pra·se·o·dym·i·um [prèizio(u)dímiəm, +美 prèisi-] *n.* 〖U〗〖화학〗프레오디뮴 [희토류 원소의 하나; 원자 기호 Pr].

prat [præt] *n.* 〖속어〗엉덩이 (buttocks).

prate [preit] *vi.*, *vt.* (prat·ed, prat·ing) 〖…을〗재잘재잘 지껄이다, 재잘거리다, 지껄여대다. —— *n.* 수다, 지껄이기.

prat·er [préitər] *n.* 수다쟁이, 쓸데없는 말을 지껄이는 사람. 〖실수〗

prat·fall [prǽtfɔːl] *n.* 〖속어〗1 엉덩방아 〖찧기〗. 2 실수.

pra·tie [préiti] *n.* 〖英·아일·방언〗=potato.

prat·in·cole [préitiŋkòul, prǽt-] *n.* 제비도요.

prat·ing·ly [préitiŋli] *adv.* 재잘재잘〖지껄이며〗, 지절대며.

pra·tique [prætíːk, prǽti(ː)k] *n.*〖상업〗〖검역(檢疫)〗한 후에 선박에게 주어지는 입항 허가증.

prat·tle [prǽtl] *vi.*, *vt.* (-tled, -tling) 〖…을〗어린애처럼 말하다, 떠듬떠듬 말하다; 〖…을〗재잘재잘 지껄이다, 지껄이다. —— *n.*〖U〖C〗떠듬거림; 수다; 〖물 따위의〗졸졸거리는 소리.

prat·tler [prǽtlər] *n.* 혀짤배기 소리를 하는 사람(아이); 수다쟁이.

prat·tling·ly [prǽtliŋli] *adv.* 혀짤배기 소리처럼; 재잘재잘 지껄이며.

Prav·da [prάːvdə] *n.* 프라우다〖구소련 공산당 기관지; <Russ truth〗

prav·i·ty [prǽviti] *n.*〖U〗타락; 부정; 〖英〗〖음식물 따위의〗부패.

prawn [prɔːn] *n.* 수염이 긴 식용 새우, 참새우〖무리〗. —— *vi.* 참새우를 잡다.

prax·is [prǽksis] *n.* (*pl.* **prax·is·es** or **prax·es** [prǽksiːz]) 1 실습, 연습. 2 습관, 관례. 3 문제집.

‡pray [prei] *vt.* 1 〖남〗에게 간청하다, 탄원하다; 〖신〗에게 기원하다, 빌다. (∼ + 目 + 前 + 名) He *prayed* God *for* help. 신에게 도움을 기원했다. (∼ + 目 + to do) She *prayed* me *to* help her. 그녀는 나에게 도와달라고 간청했다 / (∼ + 目 + *that* 節) He *prayed* God *that* he might win. 그는 이기게 해달라고 신에게 빌었다. 2 …을 간절히 바라다, 희구(希求)하다. ¶ We *pray* your attention. 유의하여 주십시오. // (∼ + *that* 節) He *prays that* he may do it. 그는 그것을 할 수 있게 되기를 바라고 있다. 3 〖기도〗를 드리다. ¶ *pray* prayers three times a day 하루에 세번씩 기도를 드리다. 4 간청〖기원〗하여 …시키다(하게 하다). (∼ + 目 + 前 + 名) We *prayed* him *into* action. 우리는 그에게 간청하여 궐기하도록 했다. 5 (I *pray* you) 〖의 생각〗제발, 부디, 바라건대 (please). ¶ *Pray* come with me. 제발 나와 함께 가시지요 / Tell me the reason, *pray* ! 제발 이유를 말씀해 주십시오 !

— vi. [신에게] 빌다, 기원하다(to...); [...을] 희구하다, 간청하다(for...). ¶ He never *prayed*. 그는 절대로 빌지 않았다 // (~+前+图) *pray to* God 신에게 빌다 / *pray for* pardon 용서를 빌다 / *pray to* God *for* help 신에게 구원을 빌다. *be past praying for* ⇒ PAST. ···에게 구원을 빌다. *pray down* ···을 기도하여 패배시키다.
◇ prayer¹ n.

‡**pray·er**¹ [prɛər] n. **1** ⓤ 기원, 빌기, 기도. ¶ a house of *prayer* 예배당, 교회 / kneel down in *prayer* 무릎을 꿇고 기도하다. **2** 기도의 문구, 기도문, 기원의 말, 소원. ¶ Lord's *Prayer* 주기도문 / the morning (the evening) *prayer* 아침(저녁) 기도 / say (*or* give) one's *prayers* 기도하다 // a *prayer for* rain 비를 바라는 기도 / a *prayer to* Buddha 염불/offer *prayers* to God *for* victory 신에게 승리를 기원하다. **3** (종종 ~s) 기도식. ¶ be at one's *prayers* 기도를 하고 있다. **4** 『법』 탄원, 청원(petition). ¶ an unspoken *prayer* 남몰래 간직한 소원. **5** 『美속어』 성공의 기회.
◇ práyerful *adj*.

pray·er² [préiər] n. 비는 사람; 탄원자, 청원자.
práyer bònes [prɛər-] n. *pl*. 무릎 (knees).
práyer bòok [prɛər-] n. **1** 기도서. **2** (the P- B-) = Book of Common Prayer.
práyer brèakfast [prɛər-] n. 조찬(朝餐) 기도회.
práyer·ful [prɛ́ərfəl] *adj*. 자주(늘) 기도하는, 신앙심이 깊은. **~ly** [-fəli] *adv*. **~ness** n.
práyer·less [prɛ́ərlis] *adj*. 신앙심이 없는.
práyer mèeting [prɛər-] n. 기도회. 「깔개.
práyer rùg (màt) [prɛər-] n. 회교도의 예배용
práyer whèel [prɛər-] n. (티벳의 라마교도가 사용하는) 원통형의 회전 예배기(禮拜器).   「會.
pray-in [préiìn] n. 〖美〗 기도하면서 항의하는 집
práy·ing mántis [préiiŋ-] n. 사마귀, 버마재비 (mantis).
P.R.B. (略) Pre-Raphaelite Brotherhood.   「화국.
PRC (略) People's Republic of China (중화 인민 공
PRCS (略) personal radio communication service (퍼스널 무선 통신 서비스).

pre- *pref*. before, beforehand, prior to, in advance of, in front of the 뜻. 동사·명사·형용사에 붙이다. 예: *pre*war, *pre*caution, *pre*pare, *pre*school, *pre*position.

‡**preach** [priːtʃ] vt. **1** (도)를 설법하다, 전도하다. ¶ *preach* the gospel 복음을 전도하다. **2** 설교하다(deliver). ¶ *preach* a poor sermon 보잘것없는 설교를 하다 // (~+图)(~+图+前+图) He *preached* us a sermon. = He *preached* a sermon to us. 그는 우리들에게 설교를 했다. **3** [···의 필요성]을 설명(설득)하다, 창도(唱導)하다(advocate). ¶ *preach* economy 절약을 설득하다 / (~+图)(~+图+前+图) He *preaches* abstinence to me. 그는 나에게 금주를 설득한다. **4** (남)에게 설교(설득)하여 ···하게 하다. ¶ (~+图+補) He *preached* himself hoarse. 그는 설교로 목소리가 쉬었다 // (~+图+前+图) I *preached* him *out of* debt. 나는 그를 설득해서 빚을 지지 않게 했다. — *vi*. **1** 전도하다. ¶ (~+前+图) *preach to* heathens 이교도에게 전도하다. **2** 설교하다. ¶ *preach* in Westminster Abbey 웨스트민스터 대성당에서 설교하다 / (~+前+图) *preach on* the Twelve Apostles 12사도에 관하여 설교하다. **3** 설득하다, 훈계하다, 설교를 하다. ¶ (~+前+图) *preach against* smoking 담배의 해로움을 설득하다 / *preach to* deaf ears 우이독경(牛耳讀經)이다.   「설복하다. *preach down* ① ···을 비난하다(깎아내리다). ② ···을 *preach up* ···을 칭찬하다, 추어 올리다. ¶ *preach up* a person's scholarship 남의 학식을 칭찬하다.
◇ preacher n., préachy *adj*.

*****preach·er** [príːtʃər] n. **1** 설교자, 전도사; 목사. **2** 훈계하는 사람, 창도하는 사람; 창도자(唱導者)(advocator).
preach·i·fy [príːtʃifài] vi. (-**fied, -fy·ing**) 《구어》 보통 경멸적》 장황하게(지루하게) 설교하다.   「함.
preach·i·ness [príːtʃinis] n. 《구어》 설교하기 좋아
*****preach·ing** [príːtʃiŋ] n. ⓤⓒ **1** 설교(설법) 하기. **2** 설교, 설법가는 예배.
preach·ment [príːtʃmənt] n. ⓤⓒ **1** 설교. **2** 〖지루하고 긴〗 설교(강론).
preach·y [príːtʃi] *adj*. (**preach·i·er, preach·i·est**) 《구어》 설교하기를 좋아하는; 설교 같은.
pre·ac·quaint [priːəkwéint] vt. ···에 미리 알리다, 예고하다.
pre·ad·am·ic [priːədǽmik] *adj*. = preadamite.
pre·ad·am·ite [priːǽdəmàit] n. 아담(Adam) 이전의 사람; 아담 이전에도 인류는 생존해 있었다고 주장하는 사람. — *adj*. 아담 이전의(에 생존한).
pre·ad·just·ment [priːədʒʌ́stmənt] n. ⓤ 사전 조정.
pre·ad·mon·ish [priːədmɑ́niʃ / -mɔ́n-] vt. ···에 미리 충고(훈계)하다.
pre·ad·mo·ni·tion [priːædməníʃ(ə)n] n. ⓤⓒ 미리 충고(훈계)하기, 사전 충고(훈계).
pre·ad·o·les·cence [priːædo(u)lésns] n. ⓤ 사춘기 이전(대략 9-12세).
pre·ad·o·les·cent [priːædo(u)lésnt] *adj*. 사춘기 이
pre·am·ble [príːæmbl / priː(ː)ǽm-] n. **1** 【이야기·저술 따위의】 서문, 머리말, 서언, 서언(序言)(foreword). ⇒PREFACE 頭圖 **2** [조약·법령 따위의] 전문(前文). — vi. (**-bled, -bling**) 서론을 말하다; 서문을 달다.
pre·amp [príːæ̀mp] n. 《구어》 = preamplifier.
pre·am·pli·fi·er [priːǽmplifàiər] n. 〖전기〗 프리앰프, 전치(前置) 증폭기.
pre·an·nounce [priːənáuns] vt. (**-nounced, -nouncing**) ···을 예고(예보)하다.
pre·an·nounce·ment [priːənáunsmənt] n. ⓤ 예고, 예보.
pre·ap·point [priːəpɔ́int] vt. ···을 미리(사전에) 임명하다.   「〖의〗 예정.
pre·ap·point·ment [priːəpɔ́intmənt] n. ⓤⓒ 임명
pre·ar·range [priːəréindʒ] vt. (**-ranged, -rang·ing**) ···을 미리 준비하다, 예정하다, 사전에 조정(협의)하다.
pre·ar·range·ment [priːəréindʒmənt] n. ⓤⓒ 사전 협의, 예정, 사전 조정.   「 〖물〗 이전의.
pre·a·tom·ic [priːətɑ́mik / -tɔ́m-] *adj*. 원자 폭탄 사
pre·au·di·ence [priːɔ́ːdiəns, -djəns] n. ⓤ 〖英법률〗 공판정에서의 우선 발언권.
pre·ax·i·al [priːǽksiəl] *adj*. 〖해부〗 체축(體軸) 전의, 전축(前軸)의. *cf*. postaxial
preb·end [prébənd] n. ⓤⓒ (英) **1** 대성당 참사 회원 (canon)의 봉급, 성직록(聖職祿). **2** 성직록(봉급)이 생기는 토지. **3** = prebendary.
pre·ben·dal [pribéndl] *adj*. **1** canon의 성직급(聖職給)의, 성직록의. **2** 성직록이 생기는 토지의. **3** prebendary의.   「자의 자리.
prebéndal stáll n. [cathedral 의] 수록(受祿) 성직
preb·en·dar·y [prɛ́b(ə)ndèri / -d(ə)ri] n. (*pl*. **-dar·ies**) **1** prebend를 받는 성직자. **2** 〖영국 국교회〗 명예 성직자.
pre·bi·o·log·i·cal [priːbaiəlɑ́dʒik(ə)l / -lɔ́dʒ-] *adj*. = prebiotic.
pre·bi·ot·ic [priːbaiɑ́tik / -ɔ́t-] *adj*. 생물 발생 이전의.
prec. (略) preceded, preceding.
pre·cal·cu·la·ble [priːkǽlkjuləbl] *adj*. 미리 산정(계산)할 수 있는.
pre·cal·cu·late [priːkǽlkjulèit] vt. (**-lat·ed, -lat·ing**) ···을 미리 산정(계산)하다.
Pre·cam·bri·an, Pre-Cam- [priːkǽmbriən] 〖지질〗 전(前) 캄브리아기(紀)의. — n. (the ~) 전(前)캄브리아기.
pre·can·cel [priːkǽns(ə)l] 〖우편〗 vt. (**-celed, -cel·ing** *or* 〖英〗 **-celled, -cel·ling**) 〖우편물에 붙이기 전에〗 미리 〖우표〗에 소인을 찍다. — n. 그 소인이 찍힌 우

pre·can·cer·ous [pri:kǽnsərəs] *adj.* 전암(前癌) 증표.

pre·car·i·ous [priké(:)riəs / -kéər-] *adj.* 1 남에게 의지할 수밖에 없는, 남의 의사 여하에 달린; 남이 살아 있는 동안만의. ¶ *precarious* privileges 언제 빼앗길지 모르는 특권. 2 불안정한, 믿을 수 없는, 사정나름의. ¶ make a *precarious* living 불안정한 하루살이 생활을 하다. 3 위태로운, 위험한 (dangerous). ¶ a *precarious* foothold 위태로운 발판. 4 근거가 박약한, 추리적인, 확고하지 못한. ⇨ UNCERTAIN 類語
~·ly *adv.* ~·ness *n.*

pre·cast [prikǽst / -kɑ́:st] *vt.* (**-cast, -cast·ing**) [콘크리트]을 조립식 건축 자재로 미리 성형하다. —— *adj.* 콘크리트가 미리 성형된.

prec·a·tive [prékətiv] *adj.* = precatory.

prec·a·to·ry [prékətɔ̀:ri / -t(ə)ri] *adj.* 간청의, 탄원의, 간청을 나타내는; 〖문법〗간청의; 〖법률〗〖유언 따위가〗탄원적인. ¶ *precatory* words 〖유언장의〗탄원적인 언사.

‡**pre·cau·tion** [prikɔ́:ʃ(ə)n] *n.* 1 예방책, 예방 수단. ¶ a *precaution* against accidents 사고 방지책 // take proper *precautions* to prevent railway accidents 철도 사고 방지를 위한 적절한 수단을 강구하다. 2 〖U〗〖C〗조심, 경계. ¶ by way of *precaution* 만일의 경우에 대비하여 // take *precautions* against …에 조심하다. —— *vt.* 〖남]을 조심시키다; 사전에(미리) 경고를 주다.
◇ precautious, precautionary *adj.*

pre·cau·tion·ar·y [prikɔ́:ʃ(ə)nèri / -nəri] *adj.* 예방의, 경계의.

pre·cau·tious [prikɔ́:ʃəs] *adj.* 조심하는, 주의 깊은.

pre·ced·a·ble [prisí:dəbl] *adj.* 선행할 수 있는, 먼저 일어날 수 있는, 우위에 설 수 있는.

‡**pre·cede** [pri(:)sí:d] *v.* (**-ced·ed, -ced·ing**) *vt.* 1 〖안내자 등이〗…의 앞장을 서다, 앞을 가다; …에 앞서다, 앞서가다(으다, 있다). ¶ The thunder *preceded* a heavy rain. 큰 비에 앞서서 천둥이 울렸다. 2 …의 윗자리를 점하다, 우위에 서다, …보다 중요하다. ¶ A colonel *precedes* a lieutenant colonel. 육군 대령은 육군 중령보다 높다 / Such duties *precede* all others. 그러한 임무는 다른 모든 것에 우선한다. 3 —에 앞서 두다(을 놓다), 서두를 달다(...with, by). ¶ (~+图+前+图) They *preceded* the measure *by* milder ones. 그들은 그 방법을 취하기 전에 더 온건한 방법을 썼다. —— *vi.* 1 앞서다, 앞장을 서다, 선행하다. 2 상위(우위)를 점하다.
◇ precedence, précedent, precession *n.*

prec·e·dence [présid(ə)ns, prisí:-] *n.* 〖U〗 1 앞섬, 앞에 있음; 〖시간적〗앞서기. 2 〖순서·중요도 등에 있어서의〗선행, 상위, 우위, 우선. ¶ take (or have) [the] *precedence* of (or over) …에 앞서다, 우선하다, [...보다] 우수하다. 3 〖의식 따위의〗상석; 우선권; 석차. ¶ the order of *precedence* 석차.
◇ precède *v.*

prec·e·den·cy [présid(ə)nsi, prisí:-] *n.* = precedence.

****prec·e·dent** *adj.* [prisí:d(ə)nt, prési- →] 이전의, 앞[서]의 (preceding); 선행하는, 앞선. —— *n.* [présid(ə)nt] 〖U〗〖C〗 1 선례, 전례. ¶ according to *precedent* 선례에 따라서 // set a *precedent for* …의 선례를 만들다. 2 〖법률〗선결례(先決例), 판례 (判例). ◇ precéde *v.*, precedéntial *adj.*
condition precedent 〖법률〗〖권리 이양 전의〗정지 조건. —— [présid(ə)nt] 〖U〗〖C〗 1 선례, 전례.

prec·e·den·tial [prèsidén(ʃ)əl] *adj.* 선례의, 선례를 이루는, 선례가 있는.

****pre·ced·ing** [prisí:diŋ] *adj.* 전(前)의, 앞[서]의, 이전의, 전술(前述)의. ⇨ PREVIOUS 類語 ¶ the *preceding* year 전년.

pre·cen·sor [prisénsər] *vt.* 〖출판물·영화 따위〗를 사전 검열하다.

pre·cen·sor·ship [prisénsərʃìp] *n.* 사전 검열.

pre·cen·tor [priséntər] *n.* 성가대의 선창자; 주창자.

pre·cen·tor·ship [priséntərʃìp] *n.* 〖U〗〖성가대의〗선창자의 역할.

****pre·cept** [prí:sept] *n.* 1 〖U〗〖C〗가르침, 지침, 교훈; 훈계, 격언. 2 〖기술의〗규칙(rule), 형(型). 3 〖법률〗명령서, 영장 (warrant). ◇ precéptive *adj.*

pre·cep·tive [priséptiv] *adj.* 교훈의, 교훈적인.

pre·cep·tor [priséptər] *n.* 1 〖여성형은 preceptress〗교사, 교훈자, 교장; 《美》수련의(인턴) 지도 의사(醫師). 2 〖역사〗성당 기사단(騎士團)의 장(長).

pre·cep·to·ri·al [prì:septɔ́:riəl / -t5ər-] *adj.* 교사의, 지도자의.

pre·cep·tor·ship [priséptərʃìp] *n.* 〖U〗 preceptor의 지위(직무).

pre·cep·to·ry [priséptəri] *n.* (*pl.* **-ries**) 〖역사〗성당 기사단 (Knights Templars)의 분단(分團); 그 성당·전물·토지.

pre·ces·sion [pri(:)séʃ(ə)n] *n.* 〖U〗 1 전진, 선행. 2 〖천문〗세차(歲差)〖운동〗.

pre·ces·sion·al [pri(:)séʃ(ə)n(ə)l] *adj.* 세차〖운동〗의.

precéssion of the équinoxes *n.* 〖U〗〖천문〗세차 운동.

pre-Chris·tian [prì:krístʃən / -tjən] *adj.* 기독교 이전의.

****pre·cinct** [prí:siŋkt] *n.* 1 〖행정상의〗구역, 관구; 〖도시 계획 따위의〗전용 구역. ¶ a shopping *precinct* 상업 구역. 2 《주로 美》선거구(election district). 3 《종종 ~s》경계(boundary). 4 (~s) 주변, 부근, 근교 (environs). 5 《주로 英》〖사원·교회 등의〗경내; 구내. 6 경찰 지서.

pre·ci·os·i·ty [prèʃiɑ́siti/-ɔ́s-] *n.* 〖말씨·취미 따위〗점잔 뺌, 까다로움, 괴팍스러움, 지나치게 깐깐함.

‡**pre·cious** [préʃəs] *adj.* 1 값비싼, 귀중한, ⇨ VALUABLE 類語 2 〖정신적으로〗귀중한, 존귀한, 소중한. ¶ *precious* memories 귀중한 추억. 3 귀여운. ¶ My *precious* darling! 귀여운 사람! 4 〖구어〗〖비꼬아서〗대단한, 굉장한. ¶ a *precious* fool 대단한 바보 // make a *precious* mess of …을 엉망이 되게 하다. 5 〖말씨 따위〗점잔빼는, 지나치게 깐깐한. ¶ a *precious* style 거드름 피우는 문체. —— *adv.* 〖구어〗대단히, 매우, 극히. ¶ It's *precious* hot. 지독히(매우) 덥다 / I *precious* nearly missed the train. 하마터면 그 열차를 놓칠 뻔했다. —— *n.* 《부르는 말로》소중한 사람. ¶ My *precious*! 내 귀여운 사람!
~·ly *adv.* ~·ness *n.* ◇ preciósity *n.*

précious métal *n.* 귀금속〖금·은·프라티나 따위〗. *cf.* base metal

précious stóne *n.* 보석〖다이아몬드·루비 따위〗. ⇨ JEWEL 類語

****prec·i·pice** [présipis] *n.* 1 절벽, 벼랑. 2 궁지, 위기 (crisis). ¶ The postwar world stands on the brink of a *precipice*. 전후의 세계는 위기에 처해 있다.
◇ precipitous *adj.*, precipitate *v.*

pre·cip·i·ta·ble [prisípitəbl] *adj.* 침전성의, 침전시킬 수 있는.

pre·cip·i·tance [prisípit(ə)ns] *n.* = precipitancy.

pre·cip·i·tan·cy [prisípit(ə)nsi] *n.* (*pl.* **-cies**) 1 〖U〗몹시 서두름, 조급, 당황, 경솔〖함〗. 2 (-cies) 경솔(성급)한 행위, 경거망동.

pre·cip·i·tant [prisípit(ə)nt] *adj.* 1 거꾸로 떨어지는, 곤두박질하는. 3 성급한, 경솔한(rash). 4 갑작스런, 불시의, 당돌한. *n.* 〖화학〗침전제(劑).
~·ly *adv.*

****pre·cip·i·tate** *v.* [prisípitèit → *adj., n.*] (**-tat·ed, -tat·ing**) *vt.* 1 …을 재촉하다, 촉진하다(hasten), 서두르게 하다. ¶ *precipitate* one's ruin 몰락을 재촉하다. 2 〖화학〗…을 침전시키다. 3 〖기상〗〖수증기〗를 〖비·눈 따위로〗응결시키다. 4 …을 거꾸로 떨어뜨리다, 던져 떨어뜨리다. ¶ (~+图+前+图) He *precipitated* himself *into* the sea. 그는 두 발로 바다에 뛰어들었다(추락했다). 5 …을 〖어떤 상태로〗밀어 떨어뜨리다, 빠뜨리다. ¶ (~+图+前+图) *precipitate* a person *into* misery 남을 불행에 빠뜨리다 / *precipitate* oneself *upon*

(or *against*) an enemy 적을 맹공하다(맹렬하게 맞서다). — *vi.* 1 〔화학〕 침전하다. 2 〔기상〕 응결하여 비(눈, 얼음)가 되다. 3 거꾸로 떨어지다, 추락하다. — *adj.* [prisípitit, +美 -tèit] 1 거꾸로의(headlong); 쏜살같이 나아가는. 2 매우 당황하는, 다급한, 크게 서두르는, 허둥대는. ⇨ HASTY 類語. 3 조급한, 경솔한 (rash). 3 돌연한, 갑작스러운. — *n.* [prisípitit, -tèit] 1 〔화학〕 침전물. 2 응결한 수분[비·눈 따위]. ~**ly** *adv.* ~**ness** *n.*
◇ précipice, precipitátion *n.*, precípitative *adj.*

***pre・cip・i・ta・tion** [prisìpitéi(ə)n] *n.* ⓤⓒ 1 투하, 추락, 낙하. 2 촉진; 몹시 서둘기, 조급; 허둥대기, 당황; 경솔. 3 〔기상〕 [비·진눈깨비·눈 따위의] 강수[량], 강우(강설) [량]; 〔일정한 시기·장소의〕 강수량. 4 〔화학·물리〕 ◇ precípitate *v.*, precípitative *adj.*

pre・cip・i・ta・tive [prisípitèitiv / -tàtiv] *adj.* 촉진시키는; 재촉하는, 가속적인, 〔화학〕 침전을 촉진하는.

pre・cip・i・ta・tor [prisípitèitər] *n.* 1 촉진하는 사람 (것). 2 〔화학〕 침전제(劑), 침전기(器).

pre・cip・i・tin [prisípitin] *n.* 〔생화학〕 〔혈액 속의〕 침강소(沈降素).

*pre・cip・i・tous [prisípitəs] *adj.* 1 가파른, 절벽의, 절벽(낭떠러지) 같은. 2 《드물게》 경솔한, 허둥대는. ~**ly** *adv.* ~**ness** *n.* ◇ précipice *n.*, precípitate *v.*

pré・cis [preisí:, -́ -́ / -́ -́] *n.* (*pl.* **pré・cis** [-síːz, -́ -́ / -́ -́]) 요약, 대요(大要). — *vt.* …을 요약하다, 대요(대의)를 쓰다. (<F brief)

‡**pre・cise** [prisáis] *adj.* 1 명확한, 정확한. ⇨ CORRECT 類語. ¶ a *precise* statement 명확한 성명. 2 〔수량·위위가〕 딱 들어맞는, 과부족이 없는(just), 정확한. ¶ a *precise* amount 정확한(딱 들어맞는) 수량(액수). 3 바로 그, 조금도 어김없는. ¶ at the *precise* moment 바로 그 때. 4 〔사람이〕 꼼꼼한, 엄격한, 딱딱한, 세심한. 5 〔사람·기계·기구 따위가〕 정확한, 정밀한. ¶ a *precise* instrument 정확한 기계. ~**ness** *n.*
◇ precísion *n.*, precísely *adv.*

‡**pre・cise・ly** [prisáisli] *adv.* 1 정확히, 정밀하게, 명확히; 꼼꼼하게, 융통성없이. 2 《동의의 응답으로 써서》 바로 그렇다(just so). ¶ You said they won? — *Precisely.* 그들이 이겼다고? — 두말하면 잔소리지.

pre・ci・sian [prisíʒ(ə)n] *n.* 1 〔특히 종교상의〕 형식을 엄격히 고집하는 사람, 까다로운 사람, 현학자(衒學者) (pedant). 2 〔16-17세기의 영국의〕 청교도.

*pre・ci・sion [prisíʒ(ə)n] *n.* ⓤ 1 정확, 정밀 〔기계의〕 정밀도. ¶ *precision* in calculation 계산의 정확. 2 세심함, 꼼꼼함. — *adj.* 정밀한, 정확한; 〔군사〕 정조준의. ¶ *precision* bombing 정밀 조준 폭격.
◇ precíse *adj.*

pre・ci・sion・ist [prisíʒ(ə)nist] *n.* 〔언어·의식 따위에 관하여〕 까다로운(깐깐한) 사람, 엄격한(융통성이 없는) 사람.

pre・ci・sion-made [prisíʒ(ə)nmèid] *adj.* 정밀하게 만든.

pre・clas・sic [priːklǽsik], **-si・cal** [-sik(ə)l] *adj.* 〔특히 그리스·로마 문학의〕 고전기 이전의.

pre・clear [priklíər] *vt.* …의 안전성을 사전에 보장하다.

pre・clin・i・cal [priːklínik(ə)l] *adj.* 〔의학〕 초기 증상 이전의, 잠복기의.

pre・clude [priklúːd] *vt.* (**-clud・ed, -clud・ing**) 1 …을 방해하다, 가로막다, 제외하다, 불가능하게 하다 // (~+몸+前+名) *preclude* all means of escape 모든 도피 수단을 차단하다 // *preclude* a firm *from* going bankrupt 회사의 파산을 막다. 2 …을 배제하다. 〔배제, 방지하는, 예방높의(of...), ~**ly** *adv.*

pre・clu・sion [priklúːʒ(ə)n] *n.* ⓤ 방지, 방해, 저지; 제외.

pre・clu・sive [priklúːsiv] *adj.* 제외하는; 배제하는; 방지하는; 예방높의(of...), ~**ly** *adv.*

pre・co・cial [prikóu(ə)l] *adj.* 조숙[이소(離巢)]성의, 새가 부화 후 곧 활동할 수 있는.

*pre・co・cious [prikóu(ə)s] *adj.* 1 발육이 빠른, 〔어린이 등이〕 조숙한, 어른스런. 2 〔식물〕 조생종의, 일찍 꽃이 피는, 올된. ~**ly** *adv.* ~**ness** *n.*

pre・coc・i・ty [prikásiti / -kɔ́s-] *n.* ⓤ 조숙, 조생(早生), 일찍 꽃핌.

pre・cog・ni・tion [prìːkɔgní(ə)n / -kɔg-] *n.* ⓤ 1 사전 인지(認知); 예지, 예견. 2 〔스코 법률〕 증인의 예비 심문.

pre-Co・lum・bi・an [prìːkəlʌ́mbiən] *adj.* 콜럼버스의 미대륙 발견 이전의, 콜럼버스 이전의.

pre・com・pose [prìːkəmpóuz] *vt.* (**-posed, -pos・ing**) …을 미리 (사전에) 구성(조성)하다.

pre・con・ceive [prìːkənsíːv] *vt.* (**-ceived, -ceiv・ing**) …을 미리 생각하다.

pre・con・cep・tion [prìːkənsép(ə)n] *n.* ⓤⓒ 1 예상, 예견, 2 선입견, 편견(prejudice).

pre・con・cep・tu・al sex selćtion [prìːkənséptʃuəl-/-tju-] *n.* 〔의학〕 남녀 (남아·여아) 선택 임신법.

pre・con・cert [prìːkənsə́ːrt] *vt.* …을 사전에 타협해 두다 (협정하다).

pre・con・cert・ed [prìːkənsə́ːrtid] *adj.* 미리 타협(협정)해 놓은. ~**ly** *adv.*

pre・con・demn [prìːkəndém] *vt.* 〔증거도 조사하지 않고〕 …을 미리 유죄로 판결(판단)하다.

pre・con・di・tion [prìːkəndí(ə)n] *vt.* …을 미리 조정하다, 미리 조건을 갖추다. — *n.* 필수 조건.

pre・co・nize [príːkənàiz] ((*)英)에서는 **pre・co・nise** 로도 쓴다) *vt.* (**-nized, -niz・ing**) 1 …을 선언하다, 도 명하다. 2 …을 지명 공표하다. 3 〔가톨릭〕〔교황이〕〔주교 등의〕 임명을 공표하다.

pre・con・quest [prìːkánkwest / -kɔ́n-] *adj.* 〔英역사〕 Norman Conquest 이전의.

pre・con・scious [prìːkán(ə)s / -kɔ́n-] *adj.* 1 〔정신분석〕 전의식의. 2 의식 발달 이전의. — *n.* (the ~) 전의식.

pre・con・sid・er・a・tion [prìːkənsìdəréi(ə)n] *n.* 미리 생각하기, 예찰(豫察).

pre・con・tract *n.* [prìːkántrækt / -kɔ́n- //] *v.* ⓒⓤ 1 예약, 선약. 2 약혼. — *vt.* [prìːkəntrǽkt] …을 예약하다.

pre・cook [prìːkúk] *vt.* 〔식품〕을 미리 조리하다.

pre・cool [prìːkúːl] *vt.* …을 미리 냉각하다; 〔출하 전에〕〔고기나 생선 따위 식료품을〕 냉각하다.

pre・cor・di・al [prìːkɔ́ːrdʒəl / -dʒəl] *adj.* 심장 앞에 있는(앞에서 일어나는).

pre・crit・i・cal [prìːkrítik(ə)l] *adj.* 발증(發症) 전의, 위기 전의; 비판 능력 발달 전의.

pre・cur・sive [pri(ː)kə́ːrsiv] *adj.* = precursory.

pre・cur・sor [pri(ː)kə́ːrsər] *n.* 1 선구자, 선각자; 선배, 선임자. 2 전조(前兆), 예고, 조짐.

pre・cur・so・ry [pri(ː)kə́ːrsəri] *adj.* 1 선행의(preceding). 2 전조의, 조짐의; 예비의.

pre・cut [prìːkʌ́t] *vt.* (**-cut, -cut・ting**) 〔조립식 건축 따위의 용도로〕 …을 규격에 맞게 자르다(잘라 놓다).

pred. 《略》 predicate, predicative.

pre・da・cious, -ceous [pridéi(ə)s] *adj.* 〔동물〕 포식성(捕食性)의, 육식성의(predatory). ~**ness** *n.*

pre・dac・i・ty [pridǽsiti] *n.* ⓤ 포식성.

pre・date [prìːdéit / -́] *vt.* (**-dat・ed, -dat・ing**) 1 …을 실제보다 앞당긴 날짜로 하다. 2 〔시간적으로〕 …보다 더 앞서다.

pre・da・tion [pridéi(ə)n] *n.* ⓤⓒ 1 강탈, 약탈〔행위〕. 2 〔동물〕 포식(捕食)〔습성〕; 포식 관계.

pred・a・tor [prédətər] *n.* 약탈하는 사람(것); 1 약탈자, 약탈을 목적으로 하는 사람. 2 〔동물〕 육식〔성〕의 (carnivorous). ¶ *predatory* animals (birds) 육식수(獸) (조(鳥)), **-ri・ly** *adv.*

pre-dawn [prìːdɔ́ːn] *adj.* 새벽 전의.

pre・de・cease [prìːdisíːs] *vt.* (**-ceased, -ceas・ing**) 〔어

…면 사람)보다 먼저 죽다. — n. ⓤ 먼저 죽음.

*pred・e・ces・sor [prèdisésər, ╌╌╌/ prì:disès, ╌╌╌] n. 1 전임자, 선배. cf. successor 2 전의 것, 대치된 (앞서 있었던) 것. 3 《고어》 선조(ancestor).

pre・de・fine [prì:difáin] vt. (-fined, -fin・ing) …을 미리 정하다.

pre・del・la [pridélə] n. (pl. -le [-li:]) 1 제단의 단(段)(대(臺)). 2 그 수직면상에 있는 그림・조각〔장식〕.

pre・des・ti・nar・i・an [prìdèstinɛ́(:)riən / -nέər-] adj. 1 예정의; 숙명의. 2 〔신학〕 예정설(豫定說)의; 숙명론의. — n. 숙명론자; 〔신학상의〕 예정설 신봉자.

pre・des・ti・nar・i・an・ism [prìdèstinɛ́(:)riənìz(ə)m, prì:des-/prìdèstinέər-]n. ⓤ 숙명론; 〔신학상의〕 예정설. cf. predestination

pre・des・ti・nate [prìdéstinèit → adj.] (-nat・ed, -nat・ing) vt. 1 〔신학〕 〔인간의 구원을〕 미리 정하다. ¶ be predestinated to salvation 구원하도록 운명지어져 있다. 2 을 미리 정하다, 예정하다 (predetermine). — adj. [prìdéstinit, -nèit] 예정된; 숙명의.

pre・des・ti・na・tion [prìdestinéi(ʃ)(ə)n] n. ⓤ 1 예정, 미리 정하기; 숙명, 운명. 2 〔신학〕 예정〔설〕.

pre・des・ti・na・tor [pri(:)déstinèitər] n. 예정자.

pre・des・tine [prìdéstin] vt. (-tined, -tin・ing) …을 예정하다; 〔사람〕을 미리 정하다 (foreordain). ¶ be predestined for a minister 목사가 되도록 운명지어져 있다.

pre・de・ter・mi・nate [prì:ditə́:rminit, -nèit] adj. 예정된, 미리 정해진. ¶ the predeterminate will of God 〔신학〕 신의 예정 의지.

pre・de・ter・mi・na・tion [prì:ditə̀:rminéi(ʃ)(ə)n] n. ⓤ 선결; 예정.

*pre・de・ter・mine [prì:ditə́:rmin] vt. (-mined, -min・ing) 1 을 선결하다, 미리 결정하다. 2 을 예정하다, 운명짓다. 3 미리 …의 경향을 띠게 하다 (부여하다) (…to). ◇ predeterminátion n., predetérminate adj.

pre・de・ter・min・er [prì:ditə́:rminər] n. 〔문법〕 결정사(決定詞) 처치어〔결정사 앞에 놓이는 형용사. 예: both, all 따위〕.

pre・di・a・bet・ic [prì:dàiəbétik, -bí:t-] adj., n. 〔병리〕 당뇨병 초기의(당뇨병이 나타난) 〔환자〕.

pre・di・al [prí:diəl] adj. =praedial. ¶ 할 수 있음.

pred・i・ca・bil・i・ty [prèdikəbíliti] n. ⓤ 단정〔확언〕할 수 있음.

pred・i・ca・ble [prédikəbl] adj. 단정할 수 있는 (assertable); 속성(屬性)으로서 단정할 수 있는(of…). — n. 1 단정할 수 있는 것; 속성(attribute). 2 〔논리〕 객위어(客位語). —ness n. ~bly adv.

*pre・dic・a・ment [pridíkəmənt → 3] n. 1 ⓤ ⓒ 곤경, 궁지, 궁상(窮狀). ¶ a financial predicament 재정적 곤경.

[類語] predicament 위험・곤란한 문제 따위에 직면하여 빠져나오지 못하는 상태. plight 매우 고통스럽고 불운하여 비참한 상태: the plight of jobless people 실업자의 곤궁한 상태. dilemma 똑같이 불만족스러운 두 가지 상황에서 하나를 선택하지 않으면 안 될 어려운 입장: the dilemma of a politician who must choose between the party and the constituent 당과 선거구민의 양자택일의 기로에 선 정치가의 딜레마. quandary 곤경에 처해서 곤혹스러운 상태: be in a quandary about how to satisfy voters 선거민을 어떻게 납득시킬 것인가 하는 곤혹스런 처지에 있다. scrape 특히 자신의 평판을 손상시킬만한 무주의에 의한 곤경: He got himself into a scrape. 그는 불명예스러운 곤경에 빠졌다. fix, jam 빠져나을 수 없는 곤경을 나타내는 구어적인 말: a traffic jam 교통 체증(혼잡).

2 〔어떤〕 상태, 처지. 3 [prédikəmənt] 〔논리〕 빈위어(賓位語), 범주(範疇) (category). ◇ predicaméntal adj.

pred・i・cant [prédikənt] adj. 설교하는 (preaching). 설교를 임무로 하는. — n. (특히 도미니카회(會)의) 설교 신부.

‡pred・i・cate v. [prédikèit → adj., n.] (-cat・ed, -cat・ing) vt. 1 …을 단정하다, 단언(확언)하다 (proclaim, declare). ¶ (~+that 節)(~+囲+to be 補) predicate a motive that it is bad; predicate a motive to be bad 그 동기는 나쁘다고 단정하다. 2 〔논리〕 〔명제의 주사(主辭)에 관해〕 …을 단정(단언)하다, …에 관하여 빈술(賓述)하다; …을 속성(屬性)으로서 단정하다. ¶ (~+囲+前+名) predicate greenness of grass 초록은 풀의 속성이라고 단정하다. 3 〔미구어〕 …을 기초짓다, …에 내포하다(connote), 의미하다. 5 〔서술・행동 따위〕를 〔…에〕 입각시키다 (…on, upon). ¶ (~+囲+前+名) On (or Upon) what the statement is predicated? 무엇을 근거로 그렇게 말할 수 있는가?
— vi. 단언하다, 단정하다.
— adj. [prédikit] 1 〔문법〕 단언(단정)된; 서술된. 2 〔문법〕 서술부의, 술어의; 〔논리〕 빈위어(賓位語)의, 빈사(賓辭)의.
— n. [prédikit] 1 〔문법〕 〔서〕 술부, 술어 (opp. subject); 〔논리〕 빈위어, 빈사. 2 속성. ¶ Whiteness is a predicate of white objects. 희다고 하는 것은 흰 물건의 속성이다.
◇ predication n., predicative adj.

prédicate cálculus n. 〔논리〕 술어 계산.
prédicate nóminative n. 술어 주격〔라틴어나 그리스어 따위에서 주격이 되는 술어 명사 또는 술어 형용사〕.

pred・i・ca・tion [prèdikéi(ʃ)(ə)n] n. ⓤ ⓒ 1 단언, 단정, 확언. 2 〔논리〕 빈술(賓述). 3 〔문법〕 서술, 술어. 4 〔고어〕 설교, 설법.

*pred・i・ca・tive [prédikèitiv / prídikətiv] adj. 1 단정하는, 단정적인. 2 〔문법〕 서술적인, 술어적인. opp. attributive ¶ a predicative adjective 서술 형용사. — n. 〔문법〕 술어 (述語); 서술어〔일반적으로 complement 라고 칭함〕. ~ly adv. ◇ prédicate v., predication n.

pred・i・ca・to・ry [prédikətɔ̀:ri / -t(ə)ri] adj. 설교의, 설교하는 (preaching).

‡pre・dict [pridíkt] vt. …을 예언하다, 예보하다. ¶ predict a good harvest 풍작을 예언하다 // (~+that 節) predict that a storm is coming 폭풍우가 오는 것을 예보하다.

[類語] predict 정확한 계산・지식・추론(推論)에서 예언하다: predict a solar eclipse 일식을 예언하다. prophesy 신비적인 지식이나 영감에 의해, 또는 매우 굳은 확신을 가지고 예언하다: prophesy man's future 인류의 미래를 예언하다. foretell 방법・수단 따위에 관계없이 단순히 「예언하다」: foretell one's fortune 자신의 운세를 예언하다. foresee 미래에 있을 일을 예견하다, 종종 그것에 대비하는 것을 말한다. 또 예견 내용을 반드시 말로 나타내어야 하는 것은 아니다: foresee labor shortage 노동력의 부족을 예견하다. forecast 원래는 단순한 추측으로 예언하는 것을 의미하지만, 보통은 술에 의해서 예보하는 것에 쓰인다: forecast rain for the day 그 날은 비가 온다고 예보하다.

— vi. 예언하다, 예보하다. ¶ (~+前+名) predict from pure conjecture 순전히 추측에 의해 예언하다.
◇ prediction n., predictive adj.

pre・dict・a・bil・i・ty [pridìktəbíliti] n. ⓤ 예언 (예보) 할 수 있음.

pre・dict・a・ble [pridíktəbl] adj. 예언(예보)할 수 있는. -bly adv.

*pre・dic・tion [pridík(ʃ)(ə)n] n. 1 ⓤ 예언(예보)하기, 예언(prophecy). 2 ⓒ 예언(예보)된 것, 예언, 예보.

pre・dic・tive [pridíktiv] adj. 예언(예보)하는, 예언적인 (prophetic), 전조가 되는. ~ly adv.

pre・dic・tor [pridíktər] n. 예언자(prophet); 예보하는 사람. 2 〔군사〕 고사포 조준 산정기(算定機).

pre・di・gest [prì:didʒést, -dai-] vt. 〔음식물〕을 인공적으로 미리 소화시켜 두다; …을 소화하기 쉽게 조리하다.

pre・di・ges・tion [prìːdidʒéstʃ(ə)n] *n.* ⓤ [음식물 따위를] 소화하기 쉽게 하기; 소화 준비.

pre・di・kant [prèidikáːnt] *n.* [특히 남아프리카의] 네덜란드 개혁교회의 목사. [<D]

pre・di・lec・tion [prìːdilékʃ(ə)n, +美 prèd-] *n.* 좋아함, 편호(偏好), 편애, 특별히 돌봐주기(partiality) (*for*...).

pre・dis・pose [prìːdispóuz] *vt.* (-posed, -pos・ing) 1 〔남〕을 […에〕 기울게 하다, …에 (미리) 경향을 주다, 소지를 만들다; …을 좋아하게 하다. ¶ (~+圓+前+to do) *predispose* a person to do 남에게 …할 소지를 심어주다 // (~+圓+前+名) be *predisposed* to …의 경향이 있다, …에 걸리기 쉽다 / Both his occupation and his natural inclinations *predispose* me to conservatism. 나의 직업과 타고난 성향(性向)이 나를 보수주의로 기울게 했다. 2 〔남〕에게 병의 소인(素因)을 주다, …을 〔병에〕 걸리기 쉽게 하다. ¶ (~+圓+前+名) Intemperence *predisposes* us to disease. 무절제하면 병에 걸리기 쉽다. 3 …을 미리 처리(처분)하다.

*****pre・dis・po・si・tion** [prìːdispəzíʃ(ə)n, -- - -́- -] *n.* 1 경향, 성질, 기질(氣質) (*to* ...). ¶ a *predisposition* to vice 악에 물들기 쉬운 성질 / a *predisposition* to lose one's temper 성내기 잘 하는 성질. 2 〔병리〕 〔병에 걸리기 쉬운〕 소질, 소인(*to*...).

pred・ni・sone [prédnisòun] *n.* ⓤ 〔약〕 프레드니손〔부신 피질 호르몬제(劑)〕.

pre・dom・i・nance [pridǽminəns / -dɔ́m-] *n.* ⓤ 탁월, 우월, 우위, 우세; 지배 (*over*...).

*****pre・dom・i・nant** [pridǽminənt / -dɔ́m-] *adj.* 1 뛰어난, 우월한, 우세한; 유력한. ⇨ DOMINANT [類語] 2 주된, 현저한, 널리 행하여지는(퍼진) (prevailing). ¶ a *predominant* color 주된 색. **~ly** *adv.*
◇ predóminance *n.*, predóminate *v.*

*****pre・dom・i・nate** [pridǽminèit / -dɔ́m-] *vi.* (-nat・ed, -nat・ing) 1 〔수량・힘・세력 따위에서〕 능가하다, 우위를 점하다, 우세하다, 세력을 떨치다(휘두르다), 탁월하다(exceed) (*over*...). ¶ (~+前+名) He soon began to *predominate* over the territory. 이윽고 그는 그 지방에서 세력을 떨치기 시작했다. 2 지배하다, 주권을 장악하다 (*over*...).

pre・dom・i・nat・ing・ly [pridǽminèitiŋli / -dɔ́m-] *adv.* 남을 능가하여, 우세하게, 지배적으로; 현저히.

pre・dom・i・na・tion [pridæminéiʃ(ə)n / -dɔ̀m-] *n.* = predominance.

pre・doom [priːdúːm] *vt.* …을 운명짓다.

pre・dor・mi・tion [prìːdɔːrmíʃ(ə)n] *n.* ⓤ 〔의학〕 잠들기 전의 반의식 상태의 기간, 수면 전기 (睡眠前期).

pre・e・lec・tion, pre・e・lec・tion [prìːilékʃ(ə)n] *n.* ⓤ ⓒ 예선(豫選). — *adj.* 선거 전의.

pree・mie [príːmi] *n.* 〔美 구어〕 조산아, 미숙아.

pre・em・i・nence, pre・em・i・nence [priémənəns] *n.* ⓤ 우월, 걸출, 탁월; 발군(拔群) (*in, of* ..).

pre・em・i・nent, pre・em・i・nent [priémənənt] *adj.* 탁월한, 발군의(*in*..); 걸출한; 현저한. ⇨ DOMINANT [類語] ¶ a *preeminent* scientist 탁월한 과학자. **~ly** *adv.*

pre・empt, pre・empt [priém(p)t] *vt.* 1 선매권(先買權)을 얻기 위해〔공유지〕를 점유하다; 선매권으로 〔공유지〕를 획득하다. 2 …을 미리 획득하다, 선취(先取)하다. ¶ 〔카드놀이〕 브리지에서 상대를 봉쇄하기 위해 걸어 거는 돈을 올리다.

pre・emp・tion, pre・emp・tion [priém(p)ʃ(ə)n] *n.* ⓤ 우선 매수(권); 선매[권].

pre・emp・tive, pre・emp・tive [priém(p)tiv] *adj.* 1 선매[권]의, 선매권이 있는. ¶ *preemptive* right 선매권. 2 선제의. ¶ a *preemptive* attack 선제공격.

pre・emp・tor, pre・emp・tor [priém(p)tər] *n.* 선매권 소유자, 선취자.

pre・emp・to・ry [priém(p)təri] *adj.* =preemptive.

preen [priːn] *vt.* 1 〔새가 부리로〕 〔날개를〕 다듬다; 〔동물이 혀로〕 〔털〕을 다듬다. 2 〔재귀용법〕 몸단장을 하다(trim); 멋을 부리다. 3 〔재귀용법〕 만족하다, 우쭐대다. — *vi.* 1 〔새가〕 날개를 다듬다. 2 멋부리다. 3 우쭐대다.

pre・en・gage, pre・en・gage [prìːingéidʒ] *v.* (-gaged, -gag・ing) *vt.* 1 …을 선약하다, 예약하다. 2 …을 미리 마음 쏠리게 하다(주의를 끌다), 선입관이 되게 하다. — *vi.* 예약하다.

pre・en・gage・ment, pre・en・gage・ment [prìːingéidʒmənt] *n.* 예약, 선약; 선입관이 되기(되게 하기).

pre・en・gi・neered [prìːèndʒiníərd] *adj.* 집 따위가 조립식으로 된, 조립식을 이용한.

pre-Eng・lish [prìːíŋgliʃ] *n.* 고대 게르만어의 한 방언 〔영어의 조상에 해당한다〕.

pre・es・tab・lish, pre・es・tab・lish [prìːistǽbliʃ] *vt.* …을 미리 설정(설립, 제정)하다; 예정하다.

pre・es・tab・lish・ment [prìːistǽbliʃmənt] *n.* ⓤ 사전의 설정(설립), 예정.

pre・ex・am・i・na・tion [prìːigzæmənéiʃ(ə)n] *n.* ⓤ ⓒ 예비 시험(조사).

pre・ex・am・ine [prìːigzǽmin] *vt.* (-ined, -in・ing) …을 미리 조사하다, …의 예비 시험을 치르다.

pre・ex・il・i・an [prìːigzíliən, -eks-] *adj.* 〔유대인의〕 바빌론(Babylon) 포수(捕囚) 이전의.

pre・ex・ist, pre・ex・ist [prìːigzíst] *vi.* 이전에(부터) 존재하다, 선재(先在)하다. — *vt.* …보다 이전에 존재하다.

pre・ex・ist・ence, pre・ex・ist・ence [prìːigzíst-(ə)ns] *n.* ⓤ 선재; 앞서 존재함.

pre・ex・ist・ent, pre・ex・ist・ent [prìːigzíst(ə)nt] *adj.* 선재하는.

pref. 《略》 preface, prefaced, prefatory; preference, preferred; prefix, prefixed.

pre・fab [prìːfǽb] *adj.* 조립식의, 프리패브식의. — *n.* 조립식 가옥, 프리패브 주택. — *vt.* (-fabbed, -fab・bing) =prefabricate. [<PREFAB[RICATE], PREFAB[RICATED]]

pre・fab・ri・cate [prìːfǽbrikèit] *vt.* (-cat・ed, -cat・ing) 1 …을 미리 만들어 내다. 2 〔가옥 따위〕를 조립식으로 만들다. ¶ a *prefabricated* school 조립식(프리패브) 교사.

pre・fab・ri・ca・tion [prìːfæbrikéiʃ(ə)n] *n.* ⓤ 미리 만들기, 조립식 공정, 조립식으로 만들기.

‡**pref・ace** [préfis] *n.* 1 〔책 따위의〕 서문, 서론, 머리말(introduction) (*to*...); 〔연설 따위의〕 서두, 서언; 〔일반적으로〕 발단, 모두(冒頭), 서막(序幕) (prelude).
[類語] **preface** 저자・편자가 저술의 목적・방법 등 이해의 길잡이가 될 사항을 쓴 본론에 들어가는 서문. **foreword** 짧고 간명한, 종종 타인에게 쓰도록 하는 preface. **introduction** 본론의 일부로 주요 부분으로의 도입부를 이루는 서론・서설. **preamble** 헌법・법령・조약 등의 조문 앞에 붙여서 그 취지・정신을 격조 높게 말한 전문(前文). **prologue** 시나 희곡의 서두.
2 〔보통 P-〕 〔가톨릭〕 〔신과 회중(會衆) 앞에서 신부가 말하는〕 서문경(序文經), 봉헌문의 최초의 기도문.
— *v.* (-aced, -ac・ing) *vt.* 1 …을 서문으로 달다; …을 서두로 말하기(쓰기) 시작하다 (... *with*); …의 발단(단서)이 되다. ¶ (~+圓+前+名) He *prefaced* his speech *with* an apology. 그는 서두에서 우선 사과를 하고 나서 연설을 시작했다. 2 〔드물게〕 〔책〕에 머리말(서문)을 쓰다. …에 서문을 달다. — *vi.* 서문을 쓰다, 미리 말해 두다.
◇ prefatórial, préfatóry *adj.*

pre・fade [prìːféid] *vt.* 〔유행으로〕 새옷을 일부러 바랜 것처럼 만들다(탈색하다).

pref・a・to・ri・al [prèfətɔ́ːriəl / -tɔ́ː-] *adj.* 서문의; 머리말의, 서두의.

pref・a・to・ry [préfətɔ̀ːri / -t(ə)ri] *adj.* 서두(序頭)의,

pre·fect [príːfekt], (**prae-fect**) *n.* **1** 〖고대 로마의〗 장관, 제독. **2** 〖프랑스·이탈리아의〗 지사, 장관. **3** 《주로 英》〖public school의〗 반장(praepostor). **4** 〖가톨릭〗 예수회 계통 학교의 학부장(dean) 등의 직책.

pre·fec·to·ri·al [prìːfektɔ́ːriəl / -tɔ́ː-] *adj.* prefect의.

*****pre·fec·tur·al** [priféktʃurəl / -tju-] *adj.* 시(市)의, 도(道)의, 현(縣)의, 도립(道立)의.

‡**pre·fec·ture** [príːfektʃər / -tjuə] *n.* **1** ⓤ ⓒ 지사·장관의 직(직무, 관할구, 임기). **2** 시, 도, 현. **3** 지청, 도청, 현청, 지사 관저. ◇ prefectural *adj.*

‡**pre·fer** [prifə́ːr] *vt.* (**-ferred**, **-fer·ring**) **1** …을 (…보다) 좋아하다(like better), …을 택하여 좋아하다, 오히려 …을 취하다(choose rather)(… *to*, *before*). ⇨ CHOOSE 類語 ¶ I *prefer* an early start. 일찍 출발하고 싶다 / Which do you *prefer*, tea or coffee? 홍차와 커피 중 어느 것을 드시겠습니까? // (~+图+젠+图) I *prefer* beer *to* wine. 나는 포도주보다 맥주를 더 좋아한다 / We may justly *prefer* the place to the other parts of the world. 세계의 다른 지역보다 그 장소가 좋다고 우리가 생각하는 것은 당연한 일이다 / He much *preferred* reading indoors *to* playing in the open air. 그는 밖에서 노는 것보다 집안에서 독서하기를 훨씬 좋아했다 (* prefer A to B의 경우 A,B는 명사·대명사 또는 동명사이며, 부정사는 쓰지 않는다) // (~+图+to do) I *prefer to* go there alone. 나는 거기 혼자 가고 싶다 / I should *prefer* not *to* do it. 그것은 오히려 하고 싶지가 않다 / I *prefer to* read *rather than* sit idle. 무료하게 앉아 있느니보다는 독서하는 것이 좋다 (* rather를 수반하게 되면 to 가 아니라 than을 쓴다) // (~+图+to do) Would you *prefer* me *to* come next month? 오히려 제가 다음달에 오기로 바라시는 겁니까? // (~+图+done) I *prefer* this work *finished* quickly. 차라리 이 일을 빨리 끝내 주었으면 좋겠다 //(~+-ing) I *prefer* swim*ming*. 수영하는 것이 좋다 //(~+图) I *prefer* that it should be let alone. 오히려 그대로 내버려두는 게 좋겠다고 생각한다. **2** 〖법률〗 …에 우선권(선취득권)을 주다(give priority). **3** …을 제출(제기)하다, 신청(신고)하다(… *against*). ¶ (~+图+젠+图) He *preferred* charges *against* his assaulter. 그는 그의 가해자를 고소했다. **4** 〔남〕을 승진시키다(advance, promote)(… *to*). ◇ **préférence** *n.*

pref·er·a·bil·i·ty [prèf(ə)rəbíliti] *n.* ⓤ 보다 바람직함, 오히려 더 나음(좋음).

*****pref·er·a·ble** [préf(ə)rəbl] *adj.* 오히려 더 나은, 바람직한(*to*). ¶ The cold was *preferable* to the smoke. 매운 연기보다는 차라리 추운 것이 낫았다. ~**·ness** *n.*

*****pref·er·a·bly** [préf(ə)rəbli] *adv.* 즐겨, 오히려(rather), 되도록이면.

‡**pref·er·ence** [préf(ə)rəns] *n.* **1** ⓤ ⓒ 좋아함, 다른 것보다 더 좋아함, 선택; 편애, 편들기 애호(*for*, *to*…). ⇨ CHOICE 類語 ¶ *preference of* A *over* B B 보다는 A를 더 좋아함(선택함) / give a *preference to* …쪽을 택하다(편들다) / have a *preference for* (or *to*) … 쪽을 좋아하다(선택하다) / *in preference to* …보다는 오히려, …에 우선해서, …에 앞서서 // *by* (or *for*) *preference* 즐겨서, 골라서 / give a person his *preference* 남에게 선택하도록 하다. **2** 특히 좋아하는(희망하는) 것, 좋아하는 물건; 선택물. ¶ Which is your *preference*? 너는 어느 것이 좋지? **3** ⓤ〚ⓒ〛〖법률〗우선권, 선취권; 〖관세 따위의〗특혜, 특전. ¶ give one creditor a *preference* over others 한 채권자에게 우선권(특혜)을 주다. ◇ **préfer** *v.*, **preferéntial** *adj.*

préference shàre *n.* 《英》우선주(株).

préference stòck *n.* =preferred stock.

pref·er·en·tial [prèfərénʃ(ə)l] *adj.* **1** 선취권이 있는, 우선의, 우선하는. ¶ *preferential* right 선취 특권 / *preferential* treatment 우대. **2** 차별적인. **3** 〖관세 따위가〗 특혜의. ¶ *preferential* duties 특혜 관세. ~**·ly** [-ʃəli] *adv.*

pref·er·en·tial·ism [prèfərénʃəlìz(ə)m] *n.* ⓤ 특혜주의, 특혜 제도.

pref·er·en·tial·ist [prèfərénʃəlist] *n.* 특혜주의자.

preferéntial shóp *n.* 노동 조합 우대(특약) 공장.

preferéntial táriff *n.* 특혜 관세.

preferéntial vóting *n.* 선택 투표법〖투표자가 두 명의 후보자를 선정하고 거기에 순위를 매기는 투표법〗.

pre·fer·ment [prifə́ːrmənt] *n.* ⓤ **1** 발탁, 등용, 승진, 승급. **2** 〖특히 성직자의〗 높은 지위, 고관.

preférred posítion [prifə́ːrd-] *n.* 〖광고〗게재 특정 위치(premium position).

preférred stóck *n.* 우선주(株). *cf.* common stock.

pre·fer·rer [prifə́ːrər] *n.* 선택자; 제출자.

pre·fig·u·ra·tion [prìːfìgjəréi(ə)n / -gjuə-] *n.* **1** 예시(豫示), 예표(豫表); 예상. **2** 원형(原型) (prototype).

pre·fig·ur·a·tive [priː(ː)fígjurətiv] *adj.* **1** 예시하는, 예시적인; 예상의. **2** 젊은 세대의 가치관이 우세한. ~**·ly** *adv.* ~**·ness** *n.*

pre·fig·ure [priːfígjər / -fígə] *vt.* (**-ured**, **-ur·ing**) **1** …의 형(形) 〔형(型)〕을 미리 나타내다, 예시하다, 예표하다(foreshow). **2** …을 예상하다.

pre·fig·ure·ment [priːfígjərmənt / -fígə-] *n.* ⓤ 예시, 예표; 예상.

‡**pre·fix** [príːfiks > *v.* -∠] **1** 〖문법〗 접두사(어) 〔어두에 붙여 낱말의 뜻을 첨가·한정하는 제 요소〕. *cf.* suffix **2** 인명의 앞에 붙이는 경칭〔Mr., Dr., Sir 등〕. ── *vt.* [priːfíks, -∠]…의 앞부분에, 앞(처음)에 두다(…*to*). ¶ (~+图+젠+图) *prefix* a title to a book 책머리에 표제를 붙이다(달다) / *prefix* a condition *to* an agreement 계약에 앞서 조건을 달다. **2** 〖문법〗…을 접두사(어)로서 붙이다. **3** 〔드물게〕미리 …을 임명하다(달다). ◇ **préfixal** *adj.*

pre·fix·al [príːfiks(ə)l, -∠-] *adj.* 접두사(어)의. ~**·ly** [-səli] *adv.*

pre·fix·ion [priːfík(ə)n] *n.* ⓤ 접두사(어)를 붙이기.

préfix notátion *n.* 〖컴퓨터〗전치(前置) 표기법〔수학상의 식(式)을 표현하는 한 방법〕.

pre·fix·ture [priːfíkstʃər] *n.* **1** ⓤ 접두사(어)를 사용하기. **2** =prefix.

pre·flight [priːfláit] *adj.* 비행 전의.

pre·form *vt.* [priːfɔ́ːrm → *n.* -∠] **1** …을 미리 형성하다, 미리 결정하다. ── *n.* [príːfɔːrm] 미리 형성된 물건.

pre·for·ma·tion [prìːfɔːrméiʃ(ə)n] *n.* ⓤ **1** 미리 형성하기, 미리 형태를 만듦. **2** 〖생물〗 전성설(前成說).

pre·form·a·tive [priːfɔ́ːrmətiv] *adj.* **1** 미리 형성하는. **2** 〖언어〗접두(接頭)된, 접두사적인. ── *n.* 접두 요소.

pre·fron·tal [priːfrʌ́nt(ə)l] *adj.* 〖해부〗전액골(前額骨〕앞쪽의; 〖뇌〗앞쪽의.

pre·gen·i·tal [priːdʒénitl] *adj.* 〖정신 분석〗전성기기(前性期期)의.

preg·gers [prégərz] *adj.* 《英속어》=pregnant.

pre·gla·cial [priːgléiʃ(ə)l / -ʃəl] *adj.* 빙하기 전(前)의.

preg·na·bil·i·ty [prègnəbíliti] *n.* ⓤ 공략(정복)하기 쉬움, 약함.

preg·na·ble [prégnəbl] *adj.* **1** 정복할 수 있는, 점령하기 쉬운. **2** 약점이 있는, 공격받기 쉬운(assailable).

preg·nan·cy [prégnənsi] *n.* **1** ⓤ ⓒ 임신. **2** 〖사상·기지 따위의〗 풍부, 충실; 함축성이 풍부함. **3** 다산(多産), 풍요.

*****preg·nant** [prégnənt] *adj.* **1** 임신한, 애를 밴. ¶ be three months *pregnant* 임신 3개월이다 // She is *pregnant* with her first child. 그녀는 첫아이를 임신하고 있다. **2** 〖비유적〗〖중대한 결과 따위를〗 품은, 내포하고 있는(*with*…). ¶ be *pregnant with* dangerous consequences 위험한 결과를 내포하고 있다. **3** 가득 찬, 충

pre·heat [priːhíːt] *vt.* ···을 미리 가열하다.
pre·hen·sile [prihéns(i)l/-sail] *adj.* (꼬리 따위가) 휘감기 쉬운, 쥐어잡기에 적합한; 파악력이 있는.
pre·hen·sil·i·ty [prìːhensíliti] *n.* ⓤ 파악력이 있음, 물건을 (쥐어)잡기에 적합함.
pre·hen·sion [prihén(ə)n] *n.* ⓤ **1** 잡기, 파악, 포착. **2** 이해, 납득.
***pre·his·tor·ic** [prìː(h)istɔ́ːrik, -táːr-/-tɔ́r-], **-i·cal** [-ik(ə)l] *adj.* 유사 이전의, 선사(先史) 시대의;《비유적》아주 옛날의, 구식의. **-i·cal·ly** [-ikəli] *adv.*
◇ **prehistory** *n.*
pre·his·to·ry [priːhíst(ə)ri] *n.* ⓤ ⓒ (*pl.* **-ries**) **1** 유사 이전의 역사; 선사학(先史學), 선사 시대사(史). **2** (위기적 사태에 이르기까지의) 과정 (프로세스).
pre·hos·pi·tal [priːháspitl/-hɔ́s-] *adj.* 입원전의. ¶ *prehospital care* 입원하기 전의 간호.
pre·hu·man [priː(h)júːmən] *adj.* 인류 발생 이전의.
pre·ig·ni·tion [prìːignìʃ(ə)n] *n.* ⓤ [내연 기관의] 조기 점화.
pre·in·dus·tri·al [prìːindʌ́striəl] *adj.* 산업화 이전의.
pre·judge [priːdʒʌ́dʒ] *vt.* (**-judged, -judg·ing**) **1** ···을 미리 판단하다. **2** ···을 충분히 심리하지 않고 판결하다.
pre·judg·ment, 〈英〉-judge- [priːdʒʌ́dʒmənt] *n.* ⓤ ⓒ 예단(豫斷); 무심리(無審理)의 판결.
pre·ju·di·ca·tion [prìːdʒuːdikéiʃ(ə)n] *n.* ⓤ 예단(豫斷); ⓒ 판례(判例).
***prej·u·dice** [prédʒudis] *n.* **1** ⓒ ⓤ 편견, 선입관, 편파(偏頗); 편애 (predilection). ~ BIAS〖類語〗 ¶ *a person of strong prejudices* 편견이 강한 사람 / *have a prejudice against* ··· ···을 혐오하다 (편파적으로 두둔하다) / *He has a prejudice in our favor.* 그는 덮어놓고 우리들을 두둔한다. **2** ⓤ [편파적인 것으로부터 생겨나는] 손해, 피해, 폐; [법률] 해침, 손상, 침해. ¶ *to the prejudice of; in prejudice of* ···에 손해(폐)를 끼쳐 / *without prejudice to health* 건강을 해치지 않고. *without prejudice* ① 편견없이. ② 〖법률〗권리를 침해(훼손)함이 없이.
— *vt.* (**-diced, -dic·ing**) **1** ···에 편견을 갖게 하다, ···을 싫어지게 하다 (...*against*); ···을 비뚤어지게 하다. ¶ (~ + 目 + 前 + 名) *His arrogance prejudiced us against him.* 그의 거만한 태도 때문에 우리는 그를 혐오하기에 이르렀다. **2** ···에 손해를 끼치다 (damage); ···을 해치다, 손상시키다. ◇ **prejudícial** *adj.*
prej·u·diced [prédʒudist] *adj.* [선입관적인] 편견을 가진, 치우친. ¶ *a prejudiced opinion* 편견.
be prejudiced against (*in favor of*) ···에 반감(호감)을 가지다.
prej·u·di·cial [prèdʒudíʃ(ə)l] *adj.* **1** 편견을 갖게 하는. **2** 손해를 주는, 불리한(*to*...). ¶ *prejudicial to one's interests* 불이익한. **-ly** [-ʃəli] *adv.* **-ness** *n.*
prel·a·cy [préləsi] *n.* (*pl.* **-cies**) **1** ⓤ prelate 의 지위(직). **2** (the ~) ⓒ 집합적 성직(자), 감독. **3** [경멸적] ⓒ 교회의 감독 제도(정치).
***prel·ate** [prélit] *n.* **1** 고위 성직자 [archbishop, bishop 등]. **2** (고어) 수도원장 (abbot).
◇ **prelátic** *adj.*
prel·ate·ship [prélitʃìp] *n.* ⓤ prelate 의 직(職).
prel·at·ess [prélitis] *n.* (고어) 여자 수도원장.
prel·at·ic [prilétik], **-i·cal** [-ik(ə)l] *adj.* prelate 의.
prel·a·tism [prélətìz(ə)m] *n.* ⓤ (교회의) 감독 제도 (정치).

prel·a·ture [prélətʃər] *n.* ⓤ prelate 직(계급). **2** (집합적) 고위 성직(자), 수도원장(고위 성직자).
pre·launch [priːlɔ́ːntʃ] *adj.* (우주항학) [우주선 따위가] 발사 준비중인.
pre·law [priːlɔ́ː] *adj.*《美》법학부 (law school) 입학 준비중의.
pre·lect [prilékt] *vi.* (대학 강사가) 강의하다, 강연하다.
pre·lec·tion [prilékʃ(ə)n] *n.* 강의, 강연 (lecture).
pre·lec·tor [priléktər] *n.* (특히 대학의) 강사.
pre·li·ba·tion [prìːlaibéiʃ(ə)n] *n.* ⓤ ⓒ 시식(試食) (독의 유무를 확인하기 위해) 먼저 맛보기.
pre·lim [príːlim, prilím] *n.*《속어》예비 시험 (preliminary).
prelim. (略) preliminary. | liminary).
pre·lim·i·nar·i·ly [prilíminèrili/-nər-] *adv.* 예비적으로, 맨 처음에, 우선, 미리.
‡**pre·lim·i·nar·y** [prilíminèri/-nəri] *adj.* 준비적인 (preparatory), 예비의, 시초의, 발단의, 서두의 (introductory). ¶ *preliminary* examinations 예비 시험 / *preliminary* negotiations 예비 교섭. — *n.* (*pl.* **-nar·ies**) **1** (보통 -naries) 예비 행위(수단), 사전 준비. ¶ *arrange all the preliminaries for* ···에 대한 모든 사전 준비를 하다 / *without preliminaries* 단도 직입으로. **2** 예비 시험; 예선.
‡prel·ude [préljuːd, +美 príːl(j)uːd] *n.* **1** 준비(비) 행위; 서두, 머리말, 서막; 전조(*to*...). ¶ *a prelude to some brighter world* 보다 더 밝은 세계로의 서막. **2** (음악) 전주곡; [교회의 예배 전의] 오르간 독주. — *v.* (**-uded, -uding**) *vt.* ···의 서두가 되다, ···을 선도하다; (음악) ···의 전주곡을 연주하다. — *vi.* (음악) 서곡을 연주하다; 서두를 말하다; 전조가 되다 (*to*...).
◇ **prelúsive** *adj.*
pre·lu·sion [priluːʒ(ə)n/-ljúː-] *n.* = prelude.
pre·lu·sive [priluːsiv/-ljúː-] *adj.* 서두(머리말)가 되는; 전조가 되는, 선구적인 (*to*...). | 의.
prem. premium.
pre·mar·i·tal [priːmǽritl] *adj.* 결혼 전의, 혼인 전
***pre·ma·ture** [prìːmət(j)úər / prèmətjúə, prìːm-] *adj.* **1** 시기 상조의, 너무 이른 (서두른), 조급한. ¶ *premature judgment* 조급한 판단 / *a premature birth* 조산. **2** (드물게) 조숙한. **~·ly** *adv.* **~·ness** *n.*
◇ **prematúrity** *n.*
pre·ma·tu·ri·ty [prìːmət(j)ú(ː)riti / prèmətjúər-] *n.* ⓤ 조숙; 시기 상조; 조급, 서두름, 조제(부패).
pre·med [priːméd] *n.*《美구어》의학부 진학(예과) 과정의 학생. — *adj.*《美구어》의학부 진학(예과) 과정의 (premedical).
pre·med·ic [priːmédik] *n.* = premed.
pre·med·i·cal [priːmédik(ə)l] *adj.* 의학부 진학(예과) 과정의. | 예비 마취; ⓒ 그 약.
pre·med·i·ca·tion [prìːmedikéiʃ(ə)n] *n.* ⓤ (외과의)
pre·med·i·tate [priː(ː)méditeit] *vt.* (**-tat·ed, -tat·ing**) ···을 미리 고려(계획)하다.
pre·med·i·tat·ed [priː(ː)méditeitid] *adv.* 미리 생각한; 계획적인. ~ DELIBERATE 〖類語〗 **~·ly** *adv.*
pre·med·i·ta·tion [prìːmedìtéiʃ(ə)n] *n.* ⓤ **1** 미리 생각하기; 계획. **2** 〖법률〗예모(豫謀), 고의.
pre·med·i·ta·tive [priː(ː)méditèitiv/-tətiv] *adj.* 미리 생각한 (궁리한); 계획적인, 사려 깊은.
pre·med·i·ta·tor [priː(ː)méditèitər] *n.* 미리 고려(계획, 궁리)하는 사람.
pre·me·tro [priːmétrou] *n.* (*pl.* **-ros**) 전차용 지하
‡**pre·mier** [priː(ː)míər, prìːmíər / prémjə, -miə] *n.* **1** (영국·프랑스·일본 등의) 수상, 국무 총리 (prime minister). **2** (캐나다·호주 등의) 주(州) 지사. — *adj.* **1** 수위의, 제1위의. ¶ *the premier minister* (국어) 수상 / *take the premier place* 최상의 지위를 점하다. **2** 가장 오래된, 최고(最古)의, 최초의 (earliest).
pre·miere [primíər, -mjéər/prémiɛ̀ə] *n.* **1** 첫 공연, 초연(初演), 초일(初日). **2** [연극의] 주연 여배우.

— *v.* (**-miered, -mier·ing**) *vt.* …을 초연하다. — *vi.* 첫공연하다. — *adj.* 최초의; 선두의; 기본적인.

pre·mier·ship [priːmiərʃip, príːmiər-/prémjə-, -miə-] *n.* ⓤ ⓒ 수상의 직(임기).

pre·mil·len·ni·al [priːmiléniəl] *adj.* 지복 천년기(至福千年期) 이전의, 그리스도 재림 이전의.

pre·mil·len·ni·al·ism [priːméniəlìz(ə)m] *n.* ⓤ 지복 천년기전(前) (millennium)에 그리스도가 재림한다는 학설.

*__prem·ise__ *n.* [prémis → *v.*] 1 〖논리〗 전제(前提). ¶ the major (the minor) *premise* 대(소)전제. 2 (~s) a) 〖양도의 대상이 되는〗 재산, 부동산. b) 〖건물을 포함한〗 토지. c) 저택, 가택(家宅); 〖토지 따위를 포함한〗 건물; 점포. ¶ lease *premises* 저택을 임대하다 / banking *premises* 은행 영업소 / search the *premises* 가택 수색을 하다. 3 〖법률〗 a) 〖추리의〗 근거. b) 기술(旣述) 사항, 전기(前記)재산. c) 〖형평법(衡平法)에서〗 소송의 근거가 되는 사실. ¶ in these (*or* the) *premises* 전술한 바에 따라. ¶ 다(쫓아내다).

see a person off the premises 남을 주택에서 내보내다

to be drunk (*or* **consumed**) **on the premises** 점포 내에서 음료를 마실 것.

— *v.* [primáiz, prémis] (**-ised, -is·ing**) *vt.* 1 …을 전제로서 말하다, 서두에 말하다. 2 …을 전제로 하다, 가정하다(assume). — *vi.* 전제로 하다, 가정하다.

prem·iss [prémis] *n.* = premise 1.

*__pre·mi·um__ [príːmiəm, -mjəm] *n.* 1 〖경쟁 따위의〗 상, 상금, 상품(prize). ¶ a *premium* for good behavior 선행상(善行賞). 2 〖특별한 노동에 대한〗 상여(금) (bonus), 할증금, 프레미엄. ¶ place a *premium* on …에 프레미엄을 붙이다. 3 보험료, 보험료 불입금. 4 〖경제〗 초과 구매력. 5 〖증권〗 주식 사용 사례금. 6 이자(interest). 7 옛날 도제(徒弟)가 주인에게 지불한 사례금.

at a premium ① 프레미엄을 붙여서. ② 크게 수요가 있어서, 진귀해져서. ③ 〖엄〗을 붙이다.
put a premium on ① …을 장려하다. ②…에 프레미엄을 붙이다.

Prémium [Sávings] Bònd *n.* 《英》상금부(附) 무이자 저축 채권, 할증금이 붙은 채권.

prémium nòte *n.* 보험료 지불 약속 어음. [tion.
prémium position *n.* 〖광고〗 = preferred position.
prémium system *n.* 상여 제도〖시간급을 정해 놓고, 소정 시간보다 빨리 일을 끝내면 할증 급여를 지급〗.

pre·mix [priːmíks] *vt.* …을 미리 섞다. — *n.* 미리 섞는 거.

pre·mo·lar [priːmóulər] *adj.* 어금니 앞에 있는, 소구치(小臼齒)의. — *n.* 소구치.

pre·mon·ish [primάniʃ / -mɔ́n-] *vt., vi.* 〖드물게〗 […에] 미리 경고(게고)하다.

pre·mo·ni·tion [prìːməníʃ(ə)n] *n.* 1 사전의 경고, 예고(forewarning). 2 전조(前兆); 예감.

pre·mon·i·tor [primάnitər/-mɔ́n-] *n.* 예고자; 전조.

pre·mon·i·to·ry [primάnitɔ̀ːri/-mɔ́nit(ə)-] *adj.* 미리 경고하는; 전조의, 징후의. ¶ *premonitory* symptoms of disease 발병전의 징후. **-to·ri·ly** *adv.*

pre·mu·ni·tion [prìːmjuːníʃ(ə)n] *n.* ⓤ 예방 면역 〖병원체가 이미 생체 내에 존재하기 때문에 감염에 대하여 면역이 되어 있는 상태〗.

pre·name [príːnèim] *n.* = forename.

pre·na·tal [priːnéitl] *adj.* 출생 전의, 탄생 전의, 태아기의. **-ly** [-təli] *adv.*

prenátal diagnósis *n.* 출생전 진단.

pre·no·men [priːnóumən] *n.* (*pl.* **-nom·i·na** [-námi-nə / -nóm-] *or* **-no·mens**) = praenomen.

pre·nom·i·nal [priːnάminl / -nɔ́m-] *adj.* 〖문법〗〖형용사가〗 명사의 앞에서 수식하는.

pre·no·tion [priːnóu(ʃ)(ə)n] *n.* 예지(豫知), 예상.

pren·tice [préntis]《구어》 *n.* = apprentice. — *adj.* 연한된(年限된)의; 경험이 없는. ¶ try one's

prentice hand 미숙하지만 해보다.

pre·nup·tial [priːnʌ́pʃ(ə)l] *adj.* 혼전(婚前)의.

pre·oc·cu·pan·cy [pri(ː)άkjupənsi / -5k-] *n.* ⓤ 1 선점(先占), 선취, 선취권. 2 골똘(열중)함, 몰두 (preoccupation).

*__pre·oc·cu·pa·tion__ [pri(ː)àkjupéiʃ(ə)n / -ɔ̀k-] *n.* ⓤ 1 선점, 선취. 2 〖다른 일에〗 정신이 팔려 있음, 몰두. 3 편견, 편향, 선입관(prejudice). 4 ⓒ 최초로 해야 할 일, 급선무; 몰두(열중)하고 있는 문제.

*__pre·oc·cu·pied__ [pri(ː)άkjupàid / -5k-] *adj.* 1 이미 점유되어 있는, 선취당한. 2 몰두한, 여념이 없는, 정신이 팔린, 열중한(absorbed). 3 〖생물〗〖종(種)·속명(屬名)따위가〗 이미 다 사용된, 이제부터는 사용할 수 없는. **-ly** *adv.*

*__pre·oc·cu·py__ [pri(ː)άkjupài / -5k-] *vt.* (**-pied, -py·ing**) 1 …을 먼저 점유하다, 선취하다. ¶ That land was *preoccupied* by him. 그 지방은 이미 그에게 점령당해 있었다. 2 …의 마음을 빼앗다, …을 열중(몰두)케 하다; …에 편견을 가지게 하다. ¶ His private cares have *preoccupied* him of late. 그는 최근 일신상의 근심 거리로 정신이 없다. 〖딴 데 쓸 정신이 없다.〗

be preoccupied with …만을 생각하고 있다, …으로
◇ preoccupation, preóccupancy *n.*

pre·op·er·a·tive [priːάp(ə)rèitiv, -rətiv / -5p-] *adj.* 수술 전에 일어나는 (…의(구어) preop).

pre·or·dain [prìːɔ́ːrdéin] *vt.* …의 운명을 미리 결정하다, …을 예정하다. [명.

pre·or·di·na·tion [prìːɔ̀ːrdinéiʃ(ə)n] *n.* ⓤ 예정, 숙

prep [prep] *n.* 《구어》 1 예습, 사전 준비. 2 = preparatory school. — *adj.* = preparatory. — *vt.* (**prepped, prep·ping**) …을 예습하다; [남]에게 준비 교육을 시키다. [< PREP[ARATORY], PREP[ARATION]]

prep. 《略》 preparation, preparatory, prepare; preposition.

pre·pack·age [priːpǽkidʒ] *vt.* (**-aged, -ag·ing**) …을 판매 전에 포장을 하다.

pre·paid [priːpéid] *vt.* prepay 의 과거〖과거 분사〗. — *adj.*《美》 선불한, 지불필의《(英)》 carriage-paid).

†**prep·a·ra·tion** [prèpəréi(ʃ)(ə)n] *n.* 1 ⓤ ⓒ 준비, 대비 (for …). ¶ make *preparations* for …의 준비를 하다 / in *preparation* for …의 준비(대비)로 / We are in active *preparation.* 우리는 바쁘게 준비 중이다 / Our *preparations* are complete. 우리들의 준비는 완료됐다. 2 ⓤ 〖장래의 일에 대한〗 마음의 준비, 각오. 3 ⓤ 예습, 예비 조사(학습) (*for* …); 예습 시간; 《英》 숙제. 4 조제품 〖약제·화장품·조미료 따위〗, 조합제(劑); ⓤ 조제, 조합(調合); 요리, 조리. ¶ *preparation* of drugs 〖약〗의 조제 / *preparation* of food 음식물의 조리. 5 〖실험·해부용 동물 따위의〗 표본. 6 ⓤ ⓒ 〖음악〗 〖불협화음의〗 예음. 7 ⓤ 〖성서〗 안식일·축제일 등 전날의 준비일; 〖안식일·기타 축제일의 전날에 행해지는〗 행사〖← 복음(John) 19 : 31〗.

◇ prepáre *v.*, preparatory, préparative *adj.*

pre·par·a·tive [pripǽrətiv] *adj.* = preparatory. — *n.* 예비, 준비, 〖행위〗; 준비하는 것. **-ly** *adv.*

pre·par·a·to·ri·ly [pripǽrətɔ̀ːrili / pripǽrət(ə)ri-] *adv.* 예비(준비)로서, 우선.

*__pre·par·a·to·ry__ [pripǽrətɔ̀ːri / -t(ə)ri] *adj.* 1 예비(준비)가 되는, 예비(준비)의. ¶ *preparatory* arrangements 예비 협정 / *preparatory* measures (training) 예비 수단(훈련). 2 진학 준비의. ¶ a *preparatory* course (student) 예과(예과 학생). 3 머리말의, 서문의.

preparatory to ① …의 준비로서. ¶ I am packing it up *preparatory to* my journey. 나는 여행 채비로 그 짐을 꾸리고 있다. ② …을 예상하여, …에 앞서(before). — *n.* = preparatory school.

prepáratòry schòol *n.* 1《美》〖전기숙사제(全寄宿舍制)로 대학 진학 지도를 하는〗 사립 고등 학교. 2

prepare

《英》[public school 입학 준비를 위한] 사립 국민 학교.

‡**pre·pare** [pripéər] *v.* (**-pared, -par·ing**) *vt.* **1** …을 준비(채비)하다 (make ready) (…*for*). ¶ *prepare* a room (a speech) 방을 준비하다(연설의 사전 준비를 하다) // (~+图+前+名) *prepare* oneself *for* …의 준비를 하다 / *prepare* ground *for* seed 씨를 뿌릴 수 있도록 땅을 정리하다. **2** [회식·요리 따위를] 준비하다. ¶ *prepare* the table 식탁을 차리다 / a very tastily *prepared* dish 대단히 맛있게 조리(調理)한 요리. **3** [약품 따위를] 조제하다(compound); …을 만들다, 작성하다(plan out). ¶ *prepare* pills 환약을 조제하다. **4** …을 예비 조사하다, 예습하다. **5** [입학 시험 따위를 위해] …에게 준비(예비) 교육을 시키다 (…*for*). ¶ (~+图+前+名) These young men are being *prepared* for the church. 이들 청년들은 성직에 취임하기 위한 예비 교육을 받고 있는 중이다. **6** [미리] …을 각오하게 하다, 예기(豫期)시키다. ¶ (~+图+前+名) *prepare* oneself *for* bad news(death) 나쁜 소식(죽음)을 각오하다. **7** [음악] [불협화음]을 협화음으로 하다.
— *vi.* 준비하다; 각오하다 (*for, against*…). ¶ (~+前+名) *prepare for* the worst 최악의 경우를 각오하다(만일에 대비하다) / *prepare against* a disaster 재해에 대비하다.
be prepared to do …의 각오를 하고 있다, …하기를 예기하고 있다; 자진하여 (기꺼이) …하다 (할 수 있다). ¶ They *were* not *prepared to* part so easily with their liberty. 그들은 그렇게 쉽사리 자유를 빼앗기리라고는 예기치 않았다 / I *am prepared to* accept. 기꺼이 받아들일 각오입니다.
◇ preparation *n.,* preparatory, preparative *adj.*

pre·pared [pripéərd] *adj.* **1** 준비(채비)가 되어 있는, 마련되어 있는; 각오(예기)하고 있는. **2** 조제한, 조합한. **-par·ed·ly** [-péː(ː)ridli / -péəd-, -péəridli] *adv.*

pre·par·ed·ness [pripéə(ː)ridnis, -péərd- / -péəd-, -péəridli] *n.* ⓤ **1** 준비(채비)가 되어 있음(readiness); 각오. **2** 군비(軍備)의 충실.

pre·pay [priːpéi] *vt.* (**-paid, -pay·ing**) **1** …을 선불하다, 선금을 치르다. **2** [우편 요금·세금 따위]를 선납하다.

pre·pay·ment [priːpéimənt] *n.* ⓤⓒ 선불, 선납.

pre·pense [pripéns] *adj.*《명사 뒤에 붙여서》미리 숙고한, 계획적인, 고의의. ✽ 주로 다음 숙어에 쓴다. ¶ *of malice prepense* 범의를 품은, 가해하려는 악의가 있는.
-ly *adv.*

pre·pon·der·ance [pripánd(ə)r(ə)ns / -pɔ́nd-], **-an·cy** [-(ə)nsi] *n.* ⓤⓒ (*pl.* **-anc·es; -an·cies**) [무게·힘·수량 따위가] 남보다 뛰어남, 능가, 우세, 우월 (superiority). ¶ have the *preponderance over* …보다 무겁다, 우세하다.

pre·pon·der·ant [pripánd(ə)r(ə)nt / -pɔ́n-] *adj.* [무게·세력·수량이] 뛰어난, 우세한(superior), 압도적으로 (predominant) (*over*…). **-ly** *adv.*

pre·pon·der·ate [pripándərèit / -pɔ́n-] *vi.* (**-at·ed, -at·ing**) **1** [무게가] 더 나가다; [저울·무게 따위가] 한쪽으로 내려가다 (기울다). **2** [세력·권력·수량 따위가] 우세하다, 우위를 차지하다(predominate) (*over*…).

pre·pon·der·a·tion [pripàndəréi∫(ə)n / -pɔ̀n-] *n.* ⓤ [무게·세력 따위가] 우세함; 우월.

‡**prep·o·si·tion** [prèpəzí∫(ə)n] *n.* [문법] 전치사. — *vt.* (군사) [화력 장비나 부대를] 사전에 전개 배치하다.
◇ prepositional, prepositive *adj.*

prep·o·si·tion·al [prèpəzí∫(ə)nl] *adj.* [문법] 전치사의, 전치사적인. ¶ a *prepositional* phrase 전치사구.
-ly [-nali] *adv.*

pre·pos·i·tive [priː(ː)pázitiv / -pɔ́z-] *adj.* 앞에 둔; [문법] 전치하는. — *n.* [문법] 전치어. [tor.

pre·pos·i·tor [priː(ː)pázitər / -pɔ́z-] *n.* = praepos-

pre·pos·sess [priːpəzés] *vt.* **1** 《보통 수동형으로》 [생각·감정 따위가] [남]으로 하여금 미리 갖게 하다, 선입관을 갖게 하다 (… *with*). ¶ (~+图+前+名) He is *prepossessed with* some idea. 그는 처음부터 어떤 생각에 사로잡혀 있다. **2** [생각 따위가] [남]의 마음을 사로잡다, 좋은 인상을 주다, 호의를 품게 하다. ¶ I am *prepossessed* by his manners. 그의 태도가 내 마음에 들었다 / He is *prepossessed* in her favor. 그는 처음부터 그녀에게 호의를 갖고 있다. **3** [특히 좋은 의미로] …에게 선입관을 갖게 하다; …을 한쪽으로 기울게 하다 (bias).

pre·pos·sess·ing [priːpəzésiŋ] *adj.* 남에게 호감을 주는, 남이 좋아하는, 매력적인. **-ly** *adv.* **-ness** *n.*

pre·pos·ses·sion [priːpəzé∫(ə)n] *n.* **1** [보통 호감이 담긴] 선입관, 두둔, 편애. **2** 선취(先取), 먼저 가짐.

****pre·pos·ter·ous** [pripást(ə)rəs / -pɔ́s-] *adj.* **1** 자연·이치·상식에 전적으로 어긋나는, 비상식적이, 터무니없는. ⇨ FOOLISH [類語] **2** 앞뒤가 뒤바뀐.
-ly *adv.* **-ness** *n.*

pre·pos·tor [priːpástər / -pɔ́s-] *n.* = praepostor.

pre·po·tence [priːpóut(ə)ns] *n.* = prepotency.

pre·po·ten·cy [priːpóut(ə)nsi] *n.* ⓤ **1** 우세. **2** [유전] 우성(優性) 유전(력).

pre·po·tent [priːpóut(ə)nt] *adj.* **1** [권위·세력 따위가] 매우 우세한(preeminent). **2** [유전] 우성 유전(력)의.

prep·pie [prépi] *n.* 《美속어》 [부자집 아들인] 사립 고등학교 학생(출신자).

pre·pran·di·al [priːprǽndiəl] *adj.* 식전의; [특히] 정찬(正餐) 전의.

pre·pref·er·ence [priːpréf(ə)rəns] *adj.* 《英》 최우선.

pre·preg [priːprég] *n.* ⓤ 수지(樹脂) 침투 가공재.

pre·prim·er [priːprímər] *n.* 초보 입문서.

pre·proc·ess [priːpráses / -próu-] *vt.* [컴퓨터] [데이터 따위]를 예비적으로 처리하다.

prép schòol *n.* 《구어》 = preparatory school.

pre·psy·chot·ic [prìːsaikátik / -kɔ́t-] *n.* [정신의학] 정신병 소질이 있는 사람.

pre·puce [priːpjuːs] *n.* [해부] [음경의] 포피(包皮) (foreskin).

Pre-Raph·a·el·ite [priːrǽf(i)əlàit] *n.* 라파엘 이전의 화가; 라파엘 전파(前派)의 화가 [1848년 영국에서 생겨난 화가 협회(Pre-Raphaelite Brotherhood)의 회원]. — *adj.* 라파엘 전파의; 라파엘 이전의.

pre·re·cord [priːrikɔ́ːrd] *vt.* [라디오·텔레비전 프로]를 방송전에 녹음(녹화)하다(해 두다).

pre·re·lease [priːriːlíːs] *n.* 사전 공개, 시사회(試寫會).

pre·req·ui·site [priːrékwizit] *adj.* 미리(우선) 필요한 (*to, for* …). ¶ be *prerequisite* for the purpose 그 목적에 불가결하다. — *n.* 미리 필요한 것(조건).

****pre·rog·a·tive** [prirágətiv / -rɔ́g-] *n.* **1** [관직상의] 특권; [군주의] 대권. **2** [일반적으로] 특권, 특전. ⇨ PRIVILEGE [類語] ¶ It is a woman's *prerogative* to bear children. 아이를 낳는 것은 여성의 특권이다. — *adj.* **1** 대권(특권)을 보유하는, 특권의; 특권에 의한. ¶ a *prerogative* writ 대권 영장; 긴급 칙령(勅令). **2** [로마역사] 우선적 투표권이 있는.

prerógative cóurt *n.* **1** [교회] [예전의 영국·아일랜드의] 유언 재산소. **2** [미국 New Jersey 주의] 고아(孤児) 재산소의 판결에 대한 상고심 법원.

pres. (略) present; presidency.

Pres. (略) Presbyterian; President.

pres·age [présidʒ → *v.* ⓤⓒ] **1** 전조, 조짐(omen). **2** 예감, 육감, 예측, 예상, 예견; 선견지명 (*of* …). — *v.* [présidʒ, priséidʒ] (**-aged, -ag·ing**) *vt.* **1** …의 예감을 주다, …을 미리 알리다, 예시하다 (foreshow); …을 예언하다(predict); …을 예보하다. **2** …을 육감(직감)으로 알다, 예견하다. — *vi.* 예감하다,

예지하다; 예언하다. ◇ préageful adj.
pre·sanc·ti·fied [priːsǽŋktɪfàid] adj. [앞의 미사에서] 미리 축성(祝聖)된. ¶ *presanctified* host 축성된 밀.
Presb. (略) Presbyterian. [먹(성체).
presbyo- old age의 뜻의 연결형(* 모음 앞에서는 presby-를 쓴다). 예: *presbyopia*.
pres·by·o·pi·a [prèzbióupiə] n. ⓤ[안과] 노안.
pres·by·op·ic [prèzbiápik/-óp-] adj. [안과] 노안의.
pres·by·ter [prézbitər] n. **1** [초기 교회의] 장로, 관리인. **2** [가톨릭 교회·감독 교회 등에서 Bishop 다음의] 사제(司祭) (priest). **3** [장로 교회의] 장로(elder).
pres·byt·er·ate [prezbítərit, -rèit] n. ⓤ **1** 장로(관리인, 사제)의 직(지위). **2** = PRESBYTERY 1.
pres·by·te·ri·al [prèzbití(ː)riəl/-tíər-] adj. **1** [초기 교회의] 장로(회)의, 노회(老會)의. **2** 장로제의.
***pres·by·te·ri·an** [prèzbití(ː)riən/-tíər-] adj. [감독제 (Episcopal)에 대해] 장로회의; (P-) 장로 교회의. ― n. (P-) 장로 교회 회원; 장로제주의자.
Prèsbytérian Chúrch n. 장로 교회.
Pres·by·te·ri·an·ism [prèzbití(ː)riənìz(ə)m/-tíər-] n. ⓤ[교회의] 장로파주의; 장로 제도.
Pres·by·te·ri·an·ize [prèzbití(ː)riənàiz/-tíər-] vt. (-ized, -iz·ing) …을 장로파(장로제)로 하다.
pres·by·ter·y [prézbitèri/-t(ə)ri] n. (pl. **-ter·ies**) **1** [집합적] 장로[회]. **2** [장로 교회의] 노회(老會), 중회(中會). **3** 노회(중회) 관할하의 교회; 노회(중회) 관할구. **4** 사제(목사)석, 내진(內陣). **5** [가톨릭] 사제관.
pre·school [príːskúːl] adj. [príːskúːl → n.] 국민 학교 입학 전의, 학령 미달의. ― [`` ´´] n. 보육원, 유치원.
pre·school·er [príːskúːlər] n. 취학전 아동.
pre·sci·ence [préʃ(i)əns, príː-/présí-] n. ⓤ예지(豫知), 통찰, 선견(foresight); 선견지명.
pre·sci·ent [préʃ(i)ənt, príː-/présí-] adj. 미리 아는, 선견지명이 있는, 앞을 내다보는. ~·**ly** adv.
pre·sci·en·tif·ic [prìːsàiəntífik] adj. [근대] 과학(의) 발달기] 이전의.
pre·scind [prisínd] vt. **1** …을 분리하여 생각하다, 추상하다(abstract) (...*from*). **2** …을 잘라내다, 떼어내다 (remove), 차단하다, 가로막다 (...*from*). ― vi. **1** 주의를 딴 데로 돌리다 (*from*...). **2** 생각을 돌리다.
pre·score [príːskɔ́ːr/-skɔ́ː-] vt. (-**scored, -scor·ing**) [영화의] 음악·대사·음향 따위를 필름 제작 전에 녹음하다.
pre·scrib·a·ble [priskráibəbl] adj. 명령할 수 있는, 지시할 수 있는, 규정할 수 있는; 처방할 수 있는, 시효에 따라 효력화할 수 있는.
‡pre·scribe [priskráib] v. (-**scribed, -scrib·ing**) vt. **1** …을 명령하다, 명령하다, 지시하다. ¶ (~+*wh.to do*) (~+*wh.* 절) He always *prescribes* to us what [we are] *to* do. 그는 늘 우리에게 어떻게 할 것인가를 지시한다. **2** [약학] [요법·약 따위]을 처방하다 (…*to, for*). ¶ (~+圓+圓+圈+图) *prescribe* medicine *to* (or *for*) a patient 환자에게 약을 처방하다. **3** [법률]…을 시효에 걸리게 하다. ― vi. **1** 규정하다; 명령하다, 지시하다. **2** [약학] 처방하다, 처방을 쓰다 (*for*...). **3** [법률] 시효에 의해 무효로 되다; 취득 시효에 의해 권리를 주장하다 (*for, to*...).
◇ prescription n., prescriptive adj.
pre·script adj. [priskrípt, príːskrìpt → n.] 규정된, 명령된, 지시된. ― n. [príːskript] 규정된 것, 규칙; 명령, 지시, 법령.
***pre·scrip·tion** [priskríp(ə)n] n. **1** [약학] 처방, 처방전; 처방약. ¶ compound medical *prescriptions* 처방약을 조제하다. **2** ⓤⓒ규정, 명령, 지시; 법규, 규칙. **3** [법률] 취득 시효, 취득 시효. ¶ negative *prescription* 소멸 시효 / positive *prescription* 취득 시효. **4** [여러 해 동안의 관행(사용)에 의해 공인된 권리. ― adj. [약이] 처방전에 의해서만 판매되는 (ethical).

◇ prescríbe v., prescríptive adj.
prescríption chárge n. (보통 ~s) (英) [국민 건강보험에서 약을 살 경우] 약값의 환자 부담분.
prescríption drúg n. [약국에서 구입할 때] 의사의 처방전이 필요한 약. cf. over-the-counter.
pre·scrip·tive [priskríptiv] adj. **1** 규정하는, 명령하는, 지시하는. **2** [법률] [권리 따위]를 시효에 의해 얻은. **3** 오랜 관행(사용)에 의해 공인된. ~·**ly** adv.
pre·sea·son [príːsíːzn] n., adj. 시즌 전(의), 開 幕 변속의.
pre·se·lec·tive [prìːsiléktiv] adj. [자동차 기어가] 자動 변속의.
pre·se·lec·tor [prìːsiléktər] n. [라디오] [안테나 와 수신회로 사이에 있는 감도(感度)를 높이기 위한] 전(前) 증폭기.
pre·sell [priːsél] vt. (-**sold, -sell·ing**) [광고 따위에 의해서] [소비자]의 상품 구매의욕을 불러일으키다.
‡pres·ence [prézns] n. **1** ⓤ[남과 함께, 또는 어떤 장소에] 있음, 존재함. *opp.* absence **2** ⓤⓒ 출석, 열석 (列席), 동석, 입회 (attendance). ¶ Your *presence* is requested. 참석해 주시기를 바랍니다. **3** ⓤ 면전(面前), 남의 앞; 바로 곁. in the *presence* of a person; in a person's *presence* 남의 면전에서. **4** ⓤ 《주로 英》 [고귀한 사람의] 면전, 어전; 알현(謁見), 배알. ¶ withdraw from the *presence* 어전에서 물러나다 / be admitted to the royal *presence* 알현을 허락받다. **5** ⓤⓒ [당당한] 풍채, 태도, 자태 (appearance). ¶ a man of [a] fine (noble) *presence* 풍채가 (훌륭한 (기품있는) 사람. **6** ⓤ 풍채가 훌륭한 사람. **7** [그 자리에서 느낄 수 있는] 영기(靈氣), 요기(妖氣), 유령. **8** ⓤ [음악의] 현장감. **9** [미국 군대의] 주둔, 주재; 그 영향력. *make one's presence felt* 자기의 중요성(존재)을 알리다, 강력한 인상을 주다.
presence of mind [위기에 직면했을 때의] 침착, 평정.
saving your presence (or *reverence*) 당신의 면전이지만, 실례합니다만.
◇ présent adj.
présence chámber n. 《주로 英》알현실, 접견실.
‡pres·ent[1] [préznt] adj. **1** 현재의, 오늘날의, 지금의 (current). the *present* cabinet 현(現)내각 / at the *present* day (or time) 오늘날에는, 현재는. **2** 당장의, 당면한. ¶ for *present* use 당장 사용하기 위하여. **3** 당(當)…, 이, 문제의. the *present* case 본건 / the *present* writer 본 필자(나), 필자 자신. **4** [문법] 현재의, 현재 시제의. **5** 《주로 서술용법》[남과 함께 또는 어떤 장소에], 참석한, 출석한. *opp.* absent ¶ the *present* company 출석자 / all *present* 그 자리에 있었던 모든 사람들 / be *present* at a wedding (*in* a classroom) 결혼식에 출석하다 (교실에 있다). **6** 지금 [현재] 고려하고 있는, 마음[기억]에 떠오르는 (*in, to*...). ¶ ever *present in* my thought (recollection) 나의 생각(기억)에 언제까지나 남는 / be *present to* one's mind 마음에 떠오르다. **7** 존재하는, 있는. ¶ PCB was *present in* many artificial additives in foods. PCB는 많은 식품 첨가물에 존재했다. **8** [폐어] 침착한, 현 (폐어)신속한, 즉석의 (immediate); 《英고어》당장에 쓰이는, 응급의. ¶ *present wit* 기지, 재치.
― n. ⓤ (종종 the ~) 현재. ¶ the past, the *present* and the future 과거, 현재, 미래 / this *present* 오늘 날 / There is no time like the *present*. 이런 좋은 기회는 다시는 없다 / at *present* 목하, 현재는 (now) / That will do for the *present*. 당분간은 (현재로서는) 그것으로 족하오. **2** [문법] 현재 시제 (present tense); 현재형. **3** (~s) [법률] 본서(本書), 본 증서. ¶ by these *presents* 본서류(본증서)에 의하여.
― n. présently, présently adv.
‡pres·ent[2] v. [prizént → n.]. **1** …을 [남에게] 증정하다, [남]에게 […을] 증정하다, 선사하다(…*to, with*). ⇨ GIVE [類語] ¶ *present* a message 메시지를 주다 //

presentability / **preserve**

(~+目+前+名) *present* one's compliments (*or* one's best regards) *to* …에게 안부를 전하다 / They *presented* a watch *to* him. = They *presented* him *with* a watch. 그들은 그에게 시계를 선사했다.
2 [기회·가능성 따위를] 주다, 제공하다. ¶ (~+目+目) *present* a person an opportunity for 남에게 …할 기회를 주다.
3 [지급을 위해] [어음·수표 따위를] 제출하다. ¶ (~+目+前+名) *present* a petition [*to* the authorities] [당국에] 청원서를 제출하다.
4 [정식으로] [남]을 소개하다; 진배(進拜)케 하다, 알현케 하다 (...*to*, *at*). ⇒ INTRODUCE 類語 ¶ *Presenting*, Ms. Gloria Steinem! 글로리아 스타이넴 여사입니다 (* TV 방송 따위에서 출연자를 소개할 때) // (~+目+前+名) Allow me to *present* my wife *to* you. 저의 집사람을 소개하고자 합니다 / He was *presented* at court. 그는 궁중에서 알현했다.
5 …을 공개하다, 피로(披露)하다 (exhibit); …을 상연하다; …을 출연시키다. ¶ *present* a new play (an unknown actor) 새로운 극을 상연하다(무명의 배우를 출연시키다).
6 〈재귀용법〉 [모습]을 나타내다, [생각 따위가] 떠오르다. ¶ A good opportunity *presented* itself. 좋은 기회가 왔다 / He *presented* himself *at* the meeting. 그는 그 모임에 출석했다.
7 [광경 따위]를 나타내다, 보이다, 드러내다; …이라는 생각이 들게 하다, …의 느낌을 주다. ¶ *present* an appearance of …처럼 보이다 // (~+目+*to*+名) She *presented* a smiling face *to* a crowded audience. 그녀는 만장의 청중에게 미소띤 얼굴을 보였다 / (~+目+*as* 補) He was *presented* *as* very shy. 그는 매우 소심한 사람처럼 보였다.
8 …을 일으키다, 생기게 하다. ¶ The event will *present* great difficulties. 그 일은 큰 곤란을 야기하게 될 것이다.
9 [심의를 위해] …을 제출하다.
10 [말로] …을 진술하다, 꺼내다. ¶ *present* facts (arguments) 사실(주장)을 진술하다.
11 [어떤 물건·어떤 방향으로] …을 향하게 하다 (...*to*); [총 따위]를 들이대다, …을 겨냥하다 (aim) (...*at*); [군대] [총]을 받들어총 자세를 취하다. ¶ *Present*! [군대] 겨누어! / *Present* arms! [군대] 받들어총! / (~+目+前+名) *present* a pistol *at* a person's heart 남의 심장에 권총을 들이대다(겨누다). *b* 고발하다.
12 [법률] …을 고소하다, 기소하다; [대배심(大陪審)에] 고발하다.
13 [英] [교회] …을 성직에 추천하다.
— *vi.* [英] [교회] 성직 추천권을 행사하다.
— *n.* [prézənt] **1** 선물, 프레젠트. ¶ make a person a *present* of it; make a *present* of it *to* a person 그것을 남에게 선사하다 / exchange *presents* *with* each other 서로 선물을 교환하다.

類語 *present* 경의·호의를 나타내기 위한 유형의 선물: a birthday *present* 생일 선물. *gift* 일반적인 선물 와 같은 뜻으로 쓰이지만, 특히 의례적으로 보내는 present: a *gift* to a bride 신부(新婦)에게 주는 선물. *donation* 상당히 액수의 중요한 gift: a *donation* to the Red Cross 적십자에 보내는 기부.

2 (the ~) 무기 (특히 총)을 겨누기; 겨누었을 때의 총의 위치; 받들어총의 자세. ¶ The *present* 받들어총 하라. ◇ presentátion, presént-ment *n.*

pre·sent·a·bil·i·ty [prizèntəbíliti] *n.* [U] **1** 외양이 좋음. **2** 선물로 알맞음. **3** 상연할 수 있음.
pre·sent·a·ble [prizéntəbl] *adj.* 선사하기에 알맞은; 소개할 수 있는; 보기 흉하지 않은, 외모가 좋은 (respectable); 상연(출연)할 수 있는(하기에 알맞은). ¶ look quite *presentable* 외모가 좋다. ~·ness *n.* -·bly *adv.*
***pres·en·ta·tion** [prèz(ə)ntéiʃ(ə)n] *n.* [U][C] **1** 헌정(獻呈), 제출. ¶ the *presentation* of credentials 신임장 제출. **2** [선물 따위의] 증정, 진증(進呈), 증여. ¶ the ceremony of the *presentation* of …의 증정식. **3** [C] 증정품, 선물 (gift). ¶ make a *presentation* *to* …에게 선물을 하다. **4** [정식] 소개, 피로(披露) (introduction), [특히 궁정에서의] 배알, 알현(*at*…). **5** [연극 따위의] 공연, 공개. **6** 표시, 제시(提示). **7** [어음 따위의] 제시. **8** [의학] 태위(胎位). **9** [교회] 성직 추천. **10** [심리·철학] 표상(表象). ◇ presentátional *adj.*
pres·en·ta·tion·al [prèz(ə)ntéiʃən(ə)l, prì:-] *adj.* **1** 표상적인, 관념적인. **2** =presentive.
prèsentátion cópy *n.* 증정본, 기증본.
pres·en·ta·tion·ism [prèz(ə)ntéiʃənìz(ə)m, prì:-] *n.* [U] [철학] 표상주의.
pres·ent·a·tive [prizéntətiv] *adj.* **1** 직관에 의해 인지(認知)되는. **2** [철학] 직각(直覺)의, 직관력이 있는, 표상의. **3** [교회] 성직록에 대한 추천권이(의) 있는.
***pres·ent-day** [prézntdéi] *adj.* 현대의, 오늘날의 (current). ¶ *present-day* Russian 현대 러시아어.
pres·en·tee [prèz(ə)ntíː] *n.* **1** [선물]을 받는 사람. **2** 피추천인, 성직록을 받는 성직자. **3** 알현을 받는 사람.
pre·sent·er [prizéntər] *n.* **1** 증정자. **2** 추천인. **3** 제출자; 신고자, 기소자. **4** [英] [텔레비전·라디오의] 뉴스 캐스터 (anchorman). 『─는』(*of*…).
pre·sen·tient [prisénʃiənt, -ʃ(ə)nt] *adj.* 예지력이(이 있는).
pre·sen·ti·ment [prizéntimənt] *n.* [특히 나쁜] 예감, 육감, 가슴 설렘 (*of*…).
pres·ent·ism [prèz(ə)ntìz(ə)m] *n.* 현대풍의 견해 (사고방식), 『넘적인. *opp.* symbolic
pre·sen·tive [prizéntiv] *adj.* 직시적(直示的)인, 관...
‡**pres·ent·ly** [prézntli] *adv.* **1** 이윽고, 머지 않아 (soon). **2** INSTANTLY 類語 **3** 지금, 현재(at present). **3** [고어] 즉시, 당장.
pre·sent·ment [prizéntmənt] *n.* [U] **1** 표시, 진정(進呈). **2** 제출; [상업] [어음 따위의] 제시; 진열, 전시; 진열품, 전시품. **3** 묘사, 표현; [C] 회화, 초상. **4** 표시; 기술, 진술 (*of*…). **5** [법률] [대배심원의] 고발. **6** [C] [교회] [교구 위원이 주교(감독)에게 하는] 진정, 신고. **7** 연극의 공연. **8** [심리·철학] 표상.
présent párticiple *n.* [문법] 현재 분사.
présent pérfect *n.* [문법] 현재 완료.
présent ténse *n.* [U][C] [문법] 현재 시제.
présent wít *n.* [법률] 재치.
pre·serv·a·ble [prizə́ːrvəbl] *adj.* 보존(저장·보호) 할 수 있는.
***pres·er·va·tion** [prèzərvéiʃ(ə)n] *n.* [U] 보존, 보관; 저장, 보호. ¶ the *preservation* of life 생명의 보호 / be in poor (*or* a poor state of) *preservation* 보존 상태가 나쁘다. ◇ presérve *v.*, preservative *adj.*
pre·serv·a·tive [prizə́ːrvətiv] *adj.* 보존하는, 보존력이 있는, 방부성의. — *n.* **1** 예방능, **2** 방부제, …방지제 (*from*, *against*…). **3** 보전약, 예방약.
pre·ser·va·tor [prèzərvèitər] *n.* [美] [공원·사적 등의] 환경 보존 책임자.
pre·serv·a·to·ry [prizə́ːrvətɔ̀ːri / -t(ə)ri] *n.* (pl. **-ries**) 여자 보호 시설.
‡**pre·serve** [prizə́ːrv] *v.* (**-served**, **-serv·ing**) *vt.* **1** …을 보호하다, 수호하다; …을 보존하다, 간수하다, 보관하다. ⇒ DEFEND 類語 ¶ God *preserve* us! 주여 우리를 지켜 주소서! **2** …을 유지하다, 지속하다 (maintain); [명성·기억 따위]를 간직하다, 유지하다. ¶ *preserve* silence 침묵을 지키다 / *preserve* one's eyesight 시력을 유지하다 / well *preserved* 나이를 먹고도 그렇게 나이들어 보이지 않는, 정정한. **3** [음식물 따위]를 [방부제 따위로] 보존하다, 보존 가공하다. **4** [과일·채소 따위]를 설탕 조림 (소금 절임)하여 저장하다, 가공해서 저장하다. **5** [새·짐승·물고기 따위]의 사냥을 금하다, …을 금렵지로 하다. ¶ *preserve* game 새와 짐승의 사냥을 금하다. — *vi.* **1** [과일·생선따위]를 설탕조림 (소금절임)하다, [과일]의 통조림을 만들다; 잼을 만들다. **2** 금렵구로 하다; 사냥을 금하다. — *n.* **1** 저장 식료품; [보통 ~s] 과일의 설탕조림, 잼. **2** 금렵지; 활어조(活魚

槽), 양어장; 《종종 비유적》[개인의] 영역, 분야. ¶ poach on another's *preserves* 다른 사람의 영역을 침범하다. **3** (~s) 방진(防備) 안경, 차광(遮光) 안경.
◇ preservátion *n*., presérvative *adj*.

*pre·serv·er [prizə́:rvər] *n*. **1** 보존자; 보존(보관)기. **2** 설탕 조림(젬) 제조업자. **3** 금렵구 관리인.

pre·set [pri:sét] *vt*. (**-set, -set·ting**) ···을 미리 조절하다, 미리 조정하다. ― *adj*. 미리 맞춰진(조정된).

pre-shrunk [pri:ʃrʌ́ŋk] *adj*. 방축(防縮) 가공한.

‡pre·side [prizáid] *vi*. (**-sid·ed, -sid·ing**) **1** 의장(좌장(座長))을 맡아보다, 사회를 보다 (*over, at*...). ¶ (~+前+名) *preside over* (or *at*) *a meeting* 모임의 의장을 맡다. **2** 〔식탁 따위에서〕주인역을 맡다 (*over, at*...). **3** 주재하다, 통할하다 (*over*...). ¶ (~+前+名) *A governor presides over a state.* 지사는 주(州)를 통할한다. **4** 〔음악의 따위에서〕주요 악기를 연주하다 (*at*...). ¶ (~+前+名) *preside at the organ* 오르간 연주를 맡다. **5** (비유적)가장 좋은 자리를 차지하다.

*pres·i·den·cy [prézid(ə)nsi] *n*. (*pl*. **-cies**) **1** (the ~) *president* 의 지위(직책, 임기). **2** (종종 P-) Ｕ미국의 대통령 지위. **3** Ｕ통할, 주재. ¶ *under Mr. Ford's presidency* 포드씨의 주재로. **4** (종종 P-) (the ~) 〔모르몬교〕최고 회의 (First Presidency). **5** (종종 P-) 성 (령)(領) 인도 시대의 Bombay, Bengal, Madras 3개 지구에 대한 행정상의 명칭.

‡pres·i·dent [prézi(i)d(ə)nt / -zi-] *n*. **1** (종종 P-) 대통령 그 밖의 공화국의 대통령. **2** 〔관청의〕총재, 장관. ¶ *the Lord President of the Council* 《英》추밀원 의장. **3** 〔회·협회·사단 법인 따위의〕의장, 회장, 〔회사·은행 따위의〕사장, 은행장; 〔대학의〕총장, 학장. **4** 주재자, 통할자. ◇ presidéntial *adj*.

pres·i·dent-e·lect [prézi(i)d(ə)ntilékt / -zi-] *n*. 〔취임전의〕대통령 당선자.

*pres·i·den·tial [prèzidénʃ(ə)l] *adj*. **1** *president*의, 주로 대통령의. **2** 주재(통할)하는. **~·ly** [-əli] *adv*. ◇ président *n*. 〔제 정부.

presidéntial góvernment *n*. 〔정치〕대통령 책임제.

presidéntial prímary *n*. 《美》〔각 정당의〕대통령 선거의 예비 선거.

presidéntial yéar *n*. 《美》대통령 선거의 해.

pres·i·dent·ship [prézid(ə)ntʃip] *n*. 《英》= presidency.

pre·sid·er [prizáidər] *n*. 통할자, 주재자; 사회자.

pre·sid·i·al [prisídiəl] *adj*. **1** 요새(要塞)의(가 있는); 요새지의. **2** 수비대의.

pre·sid·i·ar·y [prisídièri / -iəri] *adj*. = presidial.

pre·sid·ing [prizáidiŋ] *adj*. 주재(통할)하는; 사회하는. ¶ a *presiding* judge 재판 부장 / a *presiding* officer 투표(시험) 장 감독.

pre·sid·i·o [prisídiòu] *n*. (*pl*. **-i·os**) **1** 요새, 보루, 요새지. **2** 유형지(流刑地).

pre·sid·i·um [prisídiəm] *n*. (종종 the P-) 구소련 최고 회의.

pre·sig·ni·fy [pri:sígnifài] *vt*. (**-fied, -fy·ing**) ···을 예고하다; ···의 징후를 나타내다.

‡press[1] [pres] *vt*. **1** ···을 누르다, 밀어붙이다, 내리누르다 (...*against, on, with*). ¶ (~+名+副) *press down the accelerator pedal* 가속 페달을 밟다 / *press a crowd back* 군중을 뒤로 밀어붙이다 // (~+名+前+名) *press one's hand on the table*; *press the table with one's hand* 손으로 테이블을 누르다.

2 ···을 〔누름돌 따위로〕눌러놓다, 눌러 펴다, ···을 다리미질하다. ¶ *press flowers* 책갈피 꽃을 납작하게 하다 // (~+名+前+名) *press a thing under* (or *with*) *a stone* 물건을 돌로 눌러놓다.

3 ···을 껴안다 (embrace), 푹 쥐다 (clasp). ¶ *press a person's hand* 〔애정의 표시로서〕손을 꼭 잡다 // (~+名+前+名) *He pressed her to his chest.* 그는 그녀를 가슴에 꼭 껴안았다.

4 ···을 짜다, 압착하다; ···을 압축하다 (squeeze) (...*from, out, of*). ¶ (~+名+前+名) *press juice from grapes* 포도에서 즙을 짜내다.

5 ···을 눌러붙이다, 눌러바르다 (...*on*). ¶ (~+名+前+名) *press a stamp on a post card* 엽서에 우표를 붙이다.

6 〔수동형으로〕···에게 할 수 없이(부득이)···하게 하다. ¶ (~+名+*to do*) *They were pressed to do private affairs to return in three days.* 그들은 개인적인 볼일 때문에 부득이 3일 만에 돌아오지 않을 수 없었다.

7 ···을 귀찮게 졸라대다, 간청하다 (entreat); [남]에게 강요하다(...*for*). ⇒ URGE[類語] ¶ *press a request* 강청하다 / *press the payment of a debt* 빌린 돈을 갚으라고 요구하다 // (~+名+*to do*) *press a person to come* 남에게 오라고 졸라대다, 남을 억지로 오게 하다 // (~+名+前+名) *press a person for money* 남에게 돈을 졸라대다.

8 〔자기 주장 따위를〕강제로 들이대다, 강요하다, 끝까지 주장하다, 역설 (강조)하다; 억지로, ···시키다 (...*on, upon*). ¶ *press one's theory* 자기의 학설을 역설하다 // (~+名+副) *press an argument home* 통렬히 논박하다 // (~+名+前+名) *press one's opinion upon another* 자기의 의견을 상대방에게 강요하다.

9 ···을 재촉하다, 다그쳐서 나아가게 하다. ¶ (~+名+副) *press troops forward* 군대를 강행군으로 전진시키다.

10 〔경쟁자 등에〕육박하다; 밀어붙이다. ¶ *press an attack* 공격을 강행하다 / *press one's opponent* [in a game] 〔경기에서〕경쟁자에게 육박하다 // (~+名+副) *press an enemy hard* 적을 맹렬히 밀어붙이다.

11 ···을 난처하게 하다, 괴롭히다, 애먹이다; 〔수동형으로〕···을 압박하다; 〔곤궁으로〕···을 애먹이다. ¶ *be hard pressed* 몹시 쪼들리다 // (~+名+前+名) *press a person with questions* 질문으로 사람을 애먹이다 / *be pressed for funds* (time) 자금에 쪼들리다 (시간에 몰리다) / *be pressed with* sorrows 슬픔에 짓눌려 있다.

12 〔레코드〕를 원판에서 복제하다.

― *vi*. **1** 누르다, 밀다 (*on, upon*...); 몰려들다, 밀어닥치다, 밀치락치락하다 (*toward, forward*...). ¶ (~+前+名) *press lightly on a sore spot* 아픈 곳을 살짝 누르다 / *press toward a pole* 장대를 향해 몰려들다.

2 눌러 구김살을 펴다, 다리미질하다 (*on*...).

3 〔걱정·슬픔 따위가〕압박하다, 무겁게 짓누르다 (*on, upon*...). ¶ (~+前+名) *Care pressed upon her mind.* 걱정이 그녀의 마음을 무겁게 짓눌렀다.

4 〔시간이〕절박하다, 촉박하다. ¶ *Time presses, so I must go.* 시간이 촉박해서 이제 가봐야겠습니다.

5 조르다, 간청하다, 강요하다 (*for*...). ¶ (~+前+名) *press for an answer* 답을 강요하다.

6 급히 가다, 돌진하다; 육박하다 (*on, upon, to*...). ¶ (~+前+名) *famine pressing close upon one's heels* 엄습해 오는 굶주림 / *He pressed up to the platform.* 그는 황급히 플랫폼으로 향했다.

press home an (or ***the, one's***) ***advantage*** 이점(기회, 지위)을 활용하다.

press on one's way 갈길을 재촉하다.

press sail 〔항해〕돛을 모두 올리다 (crowd sail).

press the button ⇒ BUTTON.

― *n*. **1** (the ~)〔집합적〕출판물, 〔특히〕정기 간행물, 신문, 잡지; 보도 기관, 언론계, 신문계;〔종종 복수 취급〕〔신문·잡지 기자, 보도 기관 관계자; Ｃ〔신문·잡지에 나오는〕논평, 평판. ¶ *the American Press* 아메리칸 프레스지(誌) / *the power* (or *influence*) *of the press* 신문의 〔여론에 호소하는〕힘 / *freedom* (or *liberty*) *of the press* 언론 출판의 자유 / *be favorably noticed by the press*; *be given a good press* 신문지상에서 호평을 받다 / *advertise in* (write for) *the press* 신문에 광고(기고)하다 / *members of the press* 기자단원 / a *local* (daily) *press* 지방(일간)신문.

2 〔인쇄〕인쇄기; (the ~) 인쇄; Ｕ인쇄술, 인쇄업. ¶

a high speed *press* 고속도 인쇄기 / a copying (a printing) *press* 등사기(인쇄)기 / correct the *press* 교정하다 / at *press*; in [the] *press* 인쇄중인 / off the *press* 인쇄가 끝나서, 출판되어서 / send to [the] *press* 인쇄에 부치다 / come (or go) to [the] *press* 인쇄에 돌리다. **3** 인쇄소, 발행처, 출판사. ¶ a university *press* 대학 출판국.
4 누르기, 밀기, 압박 (pressure), ⓤ밀리고 있음(있는 상태). ¶ a *press* of the hand 손으로 꽉 쥐기(죄기) / a *press* of a button 단추를 누르기.
5 ⓤⓒ 밀려들기; 몰려들기, 웅성거리기, 붐빔, 혼잡 (throng); [웅성거리는] 군중, 인파(人波) (crowd). ¶ a great *press* of people 대혼잡 / in the *press* of battle 혼전중에.
6 ⓤ [다리미질을 하여] 구김살이 펴짐, 주름이 반반해짐. ¶ His suit was out of *press*. 그의 양복은 다리미질한 것이 풀려 있었다.
7 ⓤ절박, 촉박, 화급, 긴급. ¶ the *press* of business 화급을 요하는 일 / What is your *press* of going over to America? 무슨 급한 일로 미국에 가십니까?
8 찬장, 옷장, 서가(書架). ¶ a clothes *press* 양복장.
9 압축(압착)하는 기구. ¶ a trouser *press* 바지를 다리는 기계 / a wine (a cider) *press* 포도주(사과술) 압착기. ◇ *pr*ĕssure n.
press of sail 〔항해〕바람에 견디는 한도까지 올린 돛.
press² [pres] *vt.* **1** …을 강제로 병역에 복무시키다, 강제 징집하다 (impress); [말 따위]를 징발하다. **2** …을 무리하게 사용하다; …을 보통과는 다른 방법으로 사용하다. — *n.* [육·해군의] 강제 징집; 징발, 징용.
préss ăgency *n.* = news agency. [선전 담당원.
préss ăgent *n.* [극단·배우 등의] 신문 보도 담당원.
préss bǎn *n.* 보도 금지.
press-board [présbɔ̀:rd / -bɔ̀:d] *n.* ⓤⓒ 판지(板紙).
préss bŏx *n.* [특히 회의장·경기장의] 기자석. [紙).
préss bùreau *n.* 선전부(국), 보도부(국).
press-but·ton [présbλtn] *adj.* = push-button.
préss campăign *n.* 신문의 여론 환기를 위한 선전 활동, 프레스 캠페인. ¶ There was a *press campaign* against him. 그는 신문지상에서 규탄을 받았다.
préss cónference *n.* 기자 회견.
préss cópy *n.* 등사판 인쇄[에 의한 복사].
préss cútting [(英)] **clípping**] *n.* 신문에서 오려낸 기사. ¶ *press cutting (clipping)* bureau 신문 기사를 체집하여 배달하는 통신사.
pressed [prest] *adj.* 압축한, 압착한, 프레스 가공된. ¶ *pressed* beef 프레스 가공된 쇠고기.
press-er [présər] *n.* 압박(압착)기, 프레스 담당자.
préss găllery *n.* 신문 기자석; 신문 기자단.
préss găng *n.* 사병(士兵) 강제 모집대(隊).
press-gang [présgæ̀ŋ] *vt.* 강제 모집(모병)하다; [남]에게[생각·행동 따위를] 강요하다.
‡**press·ing** [présiŋ] *adj.* **1** 긴급한, 절박한, 임박한 (urgent). ¶ a *pressing* demand 절박한 요구. **2** 열성적인, 졸라대는, 간청하는. ¶ a *pressing* invitation 간절한 초대. — *n.* **1** ⓤⓒ 누르기, 압박; 프레스(인쇄)하기; ⓒ 프레스 가공된 것. **2** 원반에서 프레스한 레코드. **~·ly** *adv.*
préss kĭt *n.* [특히 기자 회견에서] 보도 관계자에게 배포되는 자료.
préss lǎw *n.* (보통 ~s) 신문 조례; 출판법[규].
préss·man [présmən] *n.* (*pl.* **-men** [-mən]) **1** 인쇄공. **2** (英) 신문 기자.
préss·mark [présmà:rk] *n.* (英) [도서관에서] 대출한 서적의 정리 번호[기호].
préss ófficer *n.* [기업체 따위의] 홍보 담당자.
pres·sor [présər] *adj.* 〔생리〕 혈압을 높이는.
préss pàrty *n.* 홍보를 위한 기자 초청 연회.

préss pòol *n.* 풀 기자[공동 이용 원고를 쓰는 기자].
préss pròof *n.* 〔인쇄〕 교정쇄(刷), 최종 교정쇄.
préss réader *n.* 교정자(校正者).
préss reléase *n.* [성명서 따위를 미리 나누어 주는] 보도 자료(news release).
préss remárks *n.* [신문] 프레스 리마크[기자단에게 짧막하게 코멘트하는 일, 또 그 문서; 기자 회견(press conference)과는 달리 질문은 받지 않는다].
préss represèntative *n.* (美) 신문 기자단 대표.
préss revíse *n.* 마지막 교정, 교료지[쇄].
préss ròom *n.* (英) 신문 기자실; [인쇄소의] 인쇄실.
press-room [présru(:)m] *n.* [인쇄소 내의] 인쇄실.
press-run [présrλn] *n.* [신문·잡지 따위의] 인쇄 부수, 발행 부수. [공보관.
préss sécretary *n.* (美) 보도 담당 비서, [대통령]
préss séction *n.* 신문과, 선전과; 신문 기자석.
press-show [préʃóu] *vt.* [영화]를 신문 기자 상대로 시사(試寫)하다.
press-stud [présstλd] *n.* = snap fastener.
press-up [présλp] *n.* (英) = push-up.
‡**pres·sure** [préʃər] *n.* ⓤ **1** 누르기, 밀기; 압축, 압착. ¶ the *pressure* of a crowd 군중의 붐빔 / feel a *pressure* on the shoulders 어깨가 빼근하다. **2** 〔물리〕 압력, 압력도(度) [略 P]. ¶ air (or atmospheric) *pressure* 기압(氣壓) / blood *pressure* 혈압 / high (low) *pressure* 고(저)압, 고(저)기압 / apply *pressure* on …에 압력을 가하다. **3** [기상] 전압. **4** 억압, 압박, 강제. ¶ social *pressures* 사회적 압력 / act under *pressure* 압력을 받고 억지로 행동하다 / put *pressure* upon a person 남에게 압력을 가하다. **5** ⓤⓒ 고통, 고난. ¶ mental *pressure* 정신적 고통 / financial *pressure* 재정난 / the *pressure* of calamity 재난 / the *pressure* of poverty 빈곤의 괴로움. **6** 절박, 긴급; 분망, 분주함. ¶ the *pressure* of business 업무의 분망.
at hígh (lów) préssure 맹렬히 (한가롭게).
— *vt.* (**-sured, -sur·ing**) **1** …에 압력을 가하다, 강요하다. ¶ (~ + 몸 + 젠 + 명) They *pressured* the mayor into changing his policy. 그들은 시장에게 압력을 넣어서 정책을 변경시켰다. **2** = pressurize.
◇ press *v.*
pressure càbin *n.* [항공] 여압실(與壓室), 기밀실 (氣密室). [리하다.
pres·sure-cook [préʃərkùk] *vt.* …을 압력솥으로 요
préssure cóoker *n.* 압력솥(냄비). [계.
préssure gǎuge *n.* **1** 압력계. **2** [화약의] 폭압
préssure grádient *n.* [기상] 기압 경도(傾度).
préssure gróup *n.* 압력 단체.
préssure hùll *n.* [잠수함의] 기밀실.
préssure mìne *n.* 수압 기뢰. [[신체의 각 부위].
préssure pòint *n.* 압점(壓點) [지혈을 위해 누르는]
préssure sáucepàn *n.* 소형 압력솥.
préssure sùit *n.* [항공] 여압복(與壓服) [고도 비행용], 우주복.
préssure wélding *n.* ⓤ 압력 용접 [가열하여 강하게 눌러서 용접한다.
pres·su·rize [préʃəràiz] *vt.* (**-rized, -riz·ing**) **1** [고도 비행하는 비행기 밀실]의 기압을 정상적으로 유지하다. **2** …을 고압 상태에 두다. **3** …을 압력솥으로 요리하다.
pressurized súit *n.* [항공] = pressure suit.
press·work [préswə̀:rk] *n.* **1** ⓤ 인쇄 [작업]. **2** 인쇄물.
Pres·tel [préstel] *n.* 영국식의 비디오텍스[전화선을 이용한 가정 정보 검색 서비스] 시스템.
[< PRES[TO] + TEL[EPHONE] (TEL[EVISION])].
Prés·ter Jóhn [préstər-] *n.* 중세에 아시아 또는 아프리카에 기독교 왕국을 세웠다고 하는 전설상의 왕.
pres·ti·dig·i·ta·tion [prèstidídʒitéi(ə)n] *n.* ⓤ 요술.

pres·ti·dig·i·ta·tor [prèstidídʒitèitər] n. 요술사.

*pres·tige [prestí:ʒ, ＋美 -tí:dʒ] n. ⓊⒸ (업적·지위에 의한) 명성, 신망, 위신, 위세. ¶ national *prestige* 국위 (國威) / damage one's *prestige* 위신을 손상시키다.

pres·ti·gious [prestídʒəs, -tí:dʒ-] adj. **1** 명성이 있는, 유명한, 일류의. **2** 〔고어〕 요술의, 속임수의.

pres·tis·si·mo [prestísimòu] adv. 〔음악〕 되도록 빠른 속도로.

pres·to [préstou] adj. 빠른, 급속한; 〔음악〕 〔템포가〕 매우 빠른. — adv. 급히, 빨리, 급속히; 〔음악〕 매우 빠르게. — n. 〔음악〕 (pl. **-tos**) 급속곡. [＜It]

pre·stock·ing [prì:stákiŋ / -stɔ́k-] n. 〔군사〕 사전 저장(병기·탄약·장비 등을 유사시에 대비하여 미리 저장하는 일).

pre·stress [pri:strés] vt. 〔콘크리트〕에 피아노선(보강용 강철선)을 넣다.

pré·stressed cóncrete [prí:strèst-] n. Ⓤ PS 콘크리트〔잡아당긴 상태의 강철선이 들어 있다〕.

pre·sum·a·ble [prizú:məbl / -z(j)ú:m-] adj. 가정(추정)할 수 있는, 있음직한.

*pre·sum·a·bly [prizú:məbli / -z(j)ú:m-] adv. 아마, 추측컨대.

‡pre·sume [prizú:m / -z(j)ú:m] v. (**-sumed, -sum·ing**) vt. **1** …을 추정하다, 상상하다, …이라고 생각하다. ¶ (~＋[*that*] 圕) I *presume* [*that*] you are right. 나는 네말이 옳다고 생각한다 // (~＋目＋[*to be*] 圕) I *presume* this decision *to be* final. 나는 이 결정을 최종적인 것이라고 생각한다.

類語 *presume* 증거는 없지만 확신을 가지고 추측하다. *assume* 증거는 전혀 없이 일단 사실로서 가정하다: *assuming* that everyone desires to own a car 누구나 자동차를 갖고 싶어한다고 추정하다. *presuppose* 논리상 당연한 선행 조건으로서 가정하다: *presuppose* that a child should obey his parents 자식은 부모에게 순종해야 한다고 가정하다.

2 〔법률〕 〔반대의 증거가 없어서〕 …이라고 추정하다, 가정하다. ¶ *presume* the death of a missing person; (~＋目＋圕) *presume* a missing person dead 행방 불명자를 죽은 것으로 추정하다. **3** 감히 …하다, 대담하게 …하다(dare); 뻔뻔스럽게도 …하다. ¶ (~＋*to* do) He *presumed to* compare himself with you. 그는 뻔뻔스럽게도 자기 자신을 당신과 동격으로 생각했다 / May I *presume to* ask you a question? 실례지만 한 가지 물어보아도 괜찮겠습니까?

— vi. **1** 추정하다, 상상하다, 생각하다. ¶ Mr. Kim, I *presume*? 김 선생님이 아니십니까? **2** 주제넘게 나서다, 건방지게(뻔뻔스럽게) 굴다. ¶ You *presume*! 뻔뻔스럽다! **3** 응석부리다, 기어오르다, 〔남의 약점 따위를〕 이용하다(*on, upon…*). ¶ (~＋*前*＋图) He *presumed on* her kindness. 그는 그녀의 친절을 기화로 삼았다.

◇ **presúmption** n., **presúmptive** adj.

pre·sumed [prizú:mid / -zjú:m-] adj. 당연시되는 (assumed); 추정의. ¶ *presumed* guilty(innocent) 〔법률〕 추정 유죄(무죄). **~·ly** adv. = presumably.

pre·sum·er [prizú:mər / -zjú:mə] n. 추정하는 사람; 주제넘은 자, 〔어떤 일을〕 기화로 삼는 사람.

pre·sum·ing [prizú:miŋ / -zjú:m-] adj. 주제넘은, 건방진. **~·ly** adv.

*pre·sump·tion [prizʌ́m(p)ʃ(ə)n] n. **1** ⓊⒸ 추정, 가정(assumption); Ⓒ 추정된 사물, 가정 사항. ¶ on the *presumption* that… …이라고 가정하고, …이라는 추정하에 / The *presumption* is that he had done it. 추측컨대 그가 그런 짓을 했을 것이다. **2** ⓊⒸ 추정(가정)의 근거(이유); 있음직한 일, 가망. ¶ There is a strong *presumption* against its truth. 그것이 진실이 아니라고 추정되는 유력한 근거가 있다. **3** ⓊⒸ 〔법률·논리〕 추정. **4** Ⓤ 주제넘음, 건방짐, 뻔뻔스러움. ¶ He had the *presumption* to reject the proposal. 뻔뻔스럽게도 그는 그 제의를 거절했다.

◇ *presume* v., *presumptive* adj.

pre·sump·tive [prizʌ́m(p)tiv] adj. **1** 추정(가정)의 근거가 되는. ¶ *presumptive* evidence 추정 증거. **2** 추정에 바탕을 둔. **3** 〔발생〕 예정 운명의. **~·ly** adv.

*pre·sump·tu·ous [prizʌ́m(p)tʃuəs / -tju-] adj. 뻔뻔스러운, 주제넘은, 건방진, 뱃심좋은. **~·ly** adv. **~·ness** n.

pre·sup·pose [prì:səpóuz] vt. (**-posed, -pos·ing**) **1** …을 미리 추정(상상)하다(expect). **2** …을 전제로 하다, 필요 조건으로 하다. ⇒ PRESUME 類語

pre·sup·po·si·tion [prì:sʌpəzíʃ(ə)n] n. ⓊⒸ 예상, 추정, 추측, 가정; Ⓒ 전제〔조건〕.

pret. (略) preterit[e].

prêt-à-por·ter [pretapɔrtéi] n., adj. 〔프랑스〕 프레타포르테[의], 기성복[의] (ready-to-wear).

pre-tax [prí:tǽks] adj. 세금 공제 전의, 세금을 포함한 〔만의 (아이)〕.

pre-teen [prí:tí:n] adj., n. 10대 전의 (아이), 13세 미

*pre·tence [priténs] n. 〔英〕 =pretense.

‡pre·tend [priténd] vt. **1** …인 체하다, …처럼 보이게 하다; 속이다, 사칭하다. ¶ (~＋*to* do) *pretend to* be absent from home 집에 없는 체하다 / They *pretend* not to know him. 그들은 그를 모르는 체했다 / I don't *pretend to* be a novelist. 나는 소설가인 체할 생각은 없다 // He *pretended* illness. =(~＋*that* 圕) He *pretended that* he was ill. 그는 꾀병을 부렸다.

類語 *pretend* 사실은 자기가 아닌 어떤 역할을 특히 말로써 무엇인 체하다. *affect* 남에게 좋게 보이기 위해 어떤 성질을 가장하다; *affect* innocence 순진한 체하다. *assume* 어떤 외모를 꾸미다, 동기가 좋은 경우도 있다: *assume* sorrow at a funeral 장례식에서 슬픈 체하다. *feign* 걸보기를 교묘히 흉내내어 꾸미다: *feign* remorse 후회하는 체하다. *simulate* feign 보다 더 그럴싸하게 흉내냄을 암시하는 말: *simulate* the manner of a dictator 독재자의 태도를 그대로 흉내내다. *sham* 남을 속일 심산이지만 섣부르기 들통이 날 만큼 feign 하는: *sham* sleeping 잠든 체하다, 꾀잠 자다. **2** 장난삼아 …이라고 가정하다. ¶ (~＋*that* 圕) Let's *pretend* that this is a ship. 이것을 배라고 가정하자, 이것으로 소꿉 뱃놀이를 하자. **3** 감히 …하려고 하다(presume). ¶ (~＋*to* do) I cannot *pretend to* ask him for money. 그에게 돈을 꾸어 달라는 말은 도저히 못하겠다.

— vi. **1** 〔겉으로만 그럴싸하게〕 보이다, 거짓말하다, …인 체하다. **2** 〔자격이 있다고〕 주장하다, 요구하다 (*to…*). ¶ (~＋*前*＋图) *pretend to* the throne 왕위를 요구하다. **3** 자랑하다, 자처하다 (*to…*). ¶ (~＋*前*＋图) *pretend to* beauty 미인이라고 자처하다. **4** 〔폐어〕 〔구혼자 등이〕 희망하다, 구혼하다 (*to…*). ¶ (~＋*前*＋图) *pretend to* a woman 어떤 여자와 결혼하기를 바라다.

◇ preténse, preténsion n., preténtious adj.

pre·tend·ed [priténdid] adj. **1** 가장한, …인 체하는, 거짓의, 가짜의. **2** 세인들이 말하는, 이른바(so-called). **~·ly** adv.

pre·tend·er [priténdər] n. **1** 가장하는 사람, 〔거짓으로〕 …인 체하는 사람, 위장자; …연하는 사람 (*to…*). ¶ a *pretender* to a great learning 대학자연하는 사람. **2** 지원자, 지망자; 왕위를 노리는 자 (*to…*). ¶ a *pretender* to the throne 왕위를 노리는 자. **3** 사칭자, 사기꾼.

pre·tend·ing [priténdiŋ] adj. 겉치레하는, 거짓의, 거짓말을 퍼뜨리는; 왕위를 노리는.

*pre·tense, 〔英〕 -tence [priténs] n. **1** ⓒⓊ 거짓 꾸미기, 걸치레, 위장, …인 체하기. ¶ a *pretense* of kindness 거죽만의 친절 / make a *pretense* of illness 아픈 체하다 // make a *pretense* to know …을 아는 체하다 / My sickness was a mere *pretense*. 나의 병은 꾀병이었

pretension

을 뿐이다. **2** 구실, 핑계, 변명. ¶ He is absent on (or under) the slightest *pretense*. 그는 아주 사소한 핑계를 내세워 결석하고 있다. **3** ⓤ 요구, 주장(*to, at...*); 허세부리기, 뽐내기, 젠체하기, ¶ devoid of *pretense* 허세부리지 않고 / full of *pretense* 크게 뽐내며 // The book makes no *pretense at* being exhaustive. 저자는 이 책이 완벽하다고 말할 생각은 추호도 없다.
◇ preténd *v.*

***pre·ten·sion** [priténʃ(ə)n] *n.* **1** ⓤⓒ 요구, 주장 (*to...*). **2** 주장함; 권리, 자격, **3** (종종 ~s) [자격 따위에 대한] 간접적인 요구, 암암리의 주장, 할말; 자부, 자랑 (*to...*). ¶ political *pretensions* 정치적 야망 // She has no *pretensions to* beauty. 그녀는 미인이라고 자부하고 있지는 않다. **4** ⓤ 우쭐대기, 허세, 젠체함 (*to...*). ¶ *pretension to* learning 학식을 뽐냄; ⓒ 겉치레, 위장; ⓒ 구실, 핑계. ◇ preténd *v.*

pre·ten·tious [priténʃəs] *adj.* **1** 자부하는, 자만하는, 우쭐대는, 젠체하는, **2** 허세부리는, 걸치레뿐인; [작품 따위가] 야심적인. ~ly *adv.* ~ness *n.*

preter- '속의 뒤, 보다 먼, 보다 많이, past'라는 뜻의 연결형. 예: preterhuman, preterit.

pre·ter·hu·man [prìːtər(h)júːmən] *adj.* 인간(인력) 이상의, 초인적인.

pret·er·it, -ite [prét(ə)rit] {문법} *n.* 과거, 과거 시제; (형용사적) 과거형. — *adj.* 과거를 나타내는. ¶ the *preterit* tense 과거 시제.

pret·er·i·tion [prèːtərí(ə)n] *n.* ⓤⓒ **1** 못보고 넘어감, 빠뜨림, 간과 (*passage*). **2** 생각, 누락, **3** {법률} [상속권이 있는 자에 대한] 유언 탈락 (遺落). **3** {신학} 하나님의 선택에서 누락되어 영원히 멸망할 [칼빈의 설].

pre·ter·i·tive [príteritiv] *adj.* {문법} {동사가} 과거형만 있는; 과거를 나타내는. [시; 누락; 중단.

pre·ter·mis·sion [prìːtərmíʃ(ə)n] *n.* ⓤⓒ 간과; 무

pre·ter·mit [prìːtərmít] *vt.* (**-mit·ted, -mit·ting**) **1** …을 간과하다; …을 무시하다 (disregard). **2** …을 게을리하다, 소홀히 하다, 빠뜨리다 (omit). **3** …을 중단하다, 중절 (中絶) 하다.

pre·ter·nat·u·ral [prìːtərnǽtʃ(ə)rəl] *adj.* 이상한 (abnormal); 불가사의한; 초자연적인. ~ly *adv.*

pre·ter·nat·u·ral·ism [prìːtərnǽtʃ(u)rəlìz(ə)m] *n.* ⓤ 초자연주의(의 신앙).

pre·test *n.* [prìːtèst → *v.*] {정밀 검사 전의} 예비 검사. — *vt.* [prìːtést] 예비 검사를 하다; [학생에게] 예비 시험을 받게 하다.

***pre·text** *n.* [prìːtekst → *v.*] 구실 (excuse), 그럴싸한 핑계, 변명, 해명. ¶ on some *pretext* or other 이 핑계 저 핑계로, 무슨 구실을 붙여서 / find a *pretext for* doing so (idleness) 그렇게 할 (게으름 피울) 구실을 찾다 / make a *pretext of …*을 구실로 삼다 / He did not come under (or on, upon) the *pretext of* being ill (or that he was ill). 병을 핑계로 하여 그는 오지 않았다.
— *vt.* [priːtékst] …을 구실로 삼다.

pre·tor [príːtər] *n.* = praetor.

Pre·to·ri·a [pritɔ́ːriə/-tɔ́ːr-] *n.* 프리토리아 [남아프리카 공화국의 행정상 수도]. *cf.* Cape Town

pret·ti·fy [prítifài] *vt.* (**-fied, -fy·ing**) (종종 경멸적) 예쁘게 하다, 아하게 치장하다.

***pret·ti·ly** [prítili] *adv.* 예쁘게, 곱게, 귀엽게, **2** 얌전하여, 점잖게.

‡**pret·ty** [príti] *adj.* (**-ti·er, -ti·est**) **1** {여성·아이들이} 아름다운, 예쁜, 귀여운, 사랑스러운. ⇒ BEAUTIFUL {類語} ¶ a *pretty* face 귀여운 얼굴, **2** {물건·장소 따위가} 깨끗한, 예쁘장한, 산뜻한. ¶ a *pretty* cottage 아담한 오두막집, **3** {귀·마음 따위의} 기분좋은, 즐거운 (pleasing), **4** 좋은, 훌륭한, 멋진 (excellent); (종종 반어적) 훌륭한, 지독한, 난처한. ¶ a *pretty* stroke {골프·크리켓} 멋진 일타, 통타 (痛打) // a *pretty* state of affairs; a *pretty* kettle of fish 혼란 [뒤죽박죽] /

A *pretty* fellow you are. 넌 참 멋진 놈이구나; 넌 참 지독한 놈이구나 / A *pretty* mess you have [of it]! 넌 참이 치구니 없는 실수를 저질렀구나. **5** (구어) 제법 (꽤) 많은, 상당한 (considerable). **6** {남자에게 써서} 멋부린, 멋있는; 계집애 같은. ¶ a *pretty* fellow 계집애 같은 녀석. **7** (구어·스코) 용감한, 담대한. **8** {날씨 따위가} 꼭 좋은, 알맞은, 더할 나위없는. ¶ a *pretty* day for a picnic 피크닉에는 안성맞춤인 날씨.
— *n.* (*pl.* **-ties**) **1** {보통 -ties} 고운 물건; 장신구이쁜 옷, {특히} 여성의 내의 (속옷). **2** {부르는 말로} 예쁜이, 귀여운 사람(아이). ¶ My *pretty*! 여보!, 당신!(* 아내를 부르는 말). **3** {英} [컵 따위의] 예쁜 장식. ¶ fill it up to the *pretty* {컵의} 흠 장식까지 부어채우다. **4** (구어) {골프} = fairway.
— *adv.* **1** 꽤, 어지간히, 제법 (* very, quite 보다 좀 약한 뜻). ¶ *pretty* cold 꽤 춥다 / This is *pretty* much the same thing. 이것은 거의 같은 것이다. **2** 대단히 (very). ¶ This pie is *pretty* good. 이 파이는 아주 맛있다. **3** (구어) = prettily.

sitting pretty {구어} {생활이} 넉넉하여, 유복하여.
— *vt.* (**-tied, -ty·ing**) …을 깨끗이 하다, 장식하다 (…*up*). ¶ (~+똉+튀) *pretty up* a room 방을 꾸미다.
-**ti·ness** *n.* ⓤ. **préttily** *adv.*

pret·ty·ish [prítiiʃ] *adj.* 예쁘장한; {꽤} 귀여운.

pret·ty-pret·ty [prítiprìti] *adj.* **1** 지나치게 꾸민, 곰기만한, **2** 야한, 계집애 같은; 젠체하는. — *n.* 싸구려 복식품. [비스킷의 일종. 맥주 안주.

pret·zel [préts(ə)l] *n.* 프레첼 {매듭 모양·막대 모양}

prev. previous, previously.

‡**pre·vail** [privéil] *vi.* **1** 널리 퍼지다, 보급되다, 유행하다; 우세하다; 전반적으로 세력을 떨치다. ¶ Dead silence *prevailed*. 죽은 듯한 고요가 주위를 짓누르고 있었다 / Such ideas *prevail* these days. 이러한 생각들이 요즈음 판을 치고 있다. **2** 승리하다, 우승하다 (*over…*). ¶ *prevail* in a struggle 투쟁에서 이기다 / Good will *prevail*. 선은 언제가는 이긴다 // (~+똉+똉) *prevail over* (or *against*) one's enemy 적을 압도하다. **3** 효과가 있다, {일이} 잘 되어 가다 (succeed). **4** 설득하다 (persuade); 잘 유도하다 (권유하다) (*on, upon*…). ⇒ INDUCE {類語} ¶ (~+똉+똉) He cannot be *prevailed upon*. 그는 좀처럼 말을 듣지 않는다 [설득에 응하지 않는다] / I could not *prevail with* her. 나는 그녀를 설득할 수가 없었다 // (~+똉+똉+to do) I *prevailed on* (or *upon*) him *to* stay. 나는 그를 잘 설득하여 머물게 하였다.
◇ prévalent *adj.*, prévalence *n.*

***pre·vail·ing** [privéiliŋ] *adj.* **1** 우세한, 주된 (chief).
⇒ CURRENT {類語} **2** 널리 퍼져 있는, 보급되어 있는, 유행하고 있는; 일반적인. ~ly *adv.*

***prev·a·lence** [prévələns] *n.* ⓤ **1** 널리 행하여짐, 보급. **2** 우세. ◇ prevaíl *v.*, prévalent *adj.*

***prev·a·lent** [prévələnt] *adj.* **1** 널리 퍼진; 보급된, 유행하고 있는. ⇒ CURRENT {類語} **2** 우세한, 주요한. **3** {고어} 효과가 있는 (effectual). ~ly *adv.*
◇ prévalence *n.*, preváil *v.*

pre·var·i·cate [privǽrikèit] *vi.* (**-cat·ed, -cat·ing**) 얼버무리다, 발뺌하다; 속이다, 거짓말하다 (lie).

pre·var·i·ca·tion [privæ̀rikéiʃ(ə)n] *n.* ⓤⓒ 얼버무리기, 발뺌; 속여넘김.

pre·var·i·ca·tor [privǽrikèitər] *n.* 얼버무리는 사람, 거짓말쟁이(발뺌)하는 사람.

pre·ve·ni·ent [privíːnjənt] *adj.* **1** 앞서 오는, 선행하는; 앞의, **2** {앞을} 내다본, 예상한 (*of…*).

‡**pre·vent** [privént] *vt.* **1** …이 일어나지 못하게 하다 (hinder), …을 예방하다, 방지하다 (…*from*…). ¶ *prevent* waste(an accident) 낭비(사고)를 막다 // (~+똉+똉+똉) *prevent* flu *from* spreading 유행성 감기가 만연하는 것을 막다.

prevent 미리 예방 수단을 강구하여 시작·발생을 막다: *prevent* an epidemic 전염병을 예방하다. **hamper** 혼란시키거나 곤혹하게 만들어 행동·운동의 자유를 빼앗다: *hamper* preparations for a party 파티의 준비를 방해하다. **hinder** 진행중이거나 개시 직전의 일을 저지·지연시키는 등으로 방해를 하다: *hinder* the opening of a ceremony 식의 개시를 방해하다. **impede** 정상적인 활동·운행을 방해하다: *impede* the operation of a machine 기계의 작동을 방해하다.
2 …을 막다, …[하는 것을] 방해하다, 훼방하다 (~ *from*). ¶ (~+图+前+图) (~+图+*-ing*) What *prevented* you *from* coming? =What *prevented* your coming? =What *prevented* you coming? 어째서 오지 않았는가? [리하다.
3 (고어) (희망·질문)의 선수를 쓰다; …을 앞질러 처 **4** …을 이끌다; (신학) (신이) …을 선도(先導)하다, (신의 은혜가) 선행하다; [죄의 위험으로부터 미리 보호하다. — *vi.* 방해하다, 훼방하다.
◇ prevéntion *n.*, prevéntive *adj.*
pre·vent·a·ble [privéntəbl], (**pre·vent·i·ble** [-tibl]) *adj.* 예방(방지)할 수 있는.
pre·vent·a·tive [privéntətiv] *adj.* =preventive.
pre·vent·er [privéntər] *n.* **1** 방지자; 예방법(책); 예방약(제). **2** 방해자(물). **3** (항해) 보조 삭구(索具); 프리벤터.
‡**pre·ven·tion** [privén∫(ə)n] *n.* U **1** 막기, 예방, 방지 (*of*…). ¶ the *prevention* of juvenile crimes 소년 범죄의 방지 / the Society for the *Prevention* of Cruelty to Animals 동물 애호 협회 / by way of *prevention* 방지하기 위하여, 예방책으로서 / *Prevention* is better than cure. 《속담》예방은 치료보다 낫다. **2** C 예방법, 방지 책 (*against*…). ¶ serve as a *prevention* against disease 질병의 예방책이 되다. **3** 방해, 훼방.
◇ prevént *v.*, prevéntive *adj.*
‡**pre·ven·tive** [privéntiv] *adj.* 예방의(precautionary), 방지하는, 방해하는 (*of*…). ¶ *preventive* medicine 예방 의학 / a *preventive* war 예방 전쟁 / the *Preventive* Service ((英)) (밀수 단속의) 연안 경비대 / be *preventive* of …을 예방하다. — *n.* 예방법, 방지책; 예방약 (*for, of*…); 방해물; 연안 경비대(원).
~·ly *adv.* ~·ness *n.* ◇ prevént *v.*, prevéntion *n.*
preventive deténtion *n.* U 예비 검속 [범행의 우려가 있는 용의자의 예비 체포하는 일].
preventive máintenance *n.* (컴퓨터) (기계 장치에 대한) 예방 정비(점검).
pre·view [príːvjùː/ ́-̀] *n.* **1** 예비 조사, 예비 검사. **2** (영화·연극 따위의) 시연, 시사(회), (전람회 등의) 사전 관람, 내람(內覽). **3** (영화·텔레비전 프로 따위의) 예고편(의 영사). — *vt.* (시사·시연 따위)를 보다, 보이다, …을 미리 관람(시)하다, 내람케 하다.
‡**pre·vi·ous** [príːviəs, -vjəs] *adj.* **1** (시간·순서가) 앞의, 앞선, 이전의 (*to*…); 사전의, 예비의. ¶ a *previous* engagement 선약 / a *previous* illness 기왕증(旣往症) / on the *previous* day 그 전날에 / on some day *previous* to Easter 부활절 전의 어느 날에.
類語 **previous** 시간·순서가 앞의의: the *previous* page 앞 페이지. **prior** *previous* 이며, 또는 중요성에 있어서 도 우선한다는 암시가 내포된 말: a *prior* engagement 먼저 이행해야 하지 않으면 안 될 중요한 약속. **preceding** 시간·순서가 바로 앞의: the *preceding* year 그 전년 (前年). **former** 늘 후자(latter)와 비교·대조하여 쓰 는 말: the *former* engagement (두 개의 약속 중의) 전자.
2 《구어》너무 이른, 서두른, 조급한(premature). ¶ You have been a little too *previous*. 너는 좀 너무 서둘 렀다. / Aren't you rather *previous* in supposing that he is a goner? 그 사람은 이제 가망이 없다고 생각하는 것 은 좀 속단이 아닐까요? [다.
— *adv.* …보다 앞서(before). ★ 주로 다음 숙어로 쓰인

previous to …보다 먼저. ¶ I had written *previous to* calling. 나는 방문하기 전에 편지를 써보냈다.
~·ness *n.*
prévious convíction *n.* 전과(前科).
Prévious Examinátion *n.* =little go. [리.
***pre·vi·ous·ly** [príːviəsli, -vjəs-] *adv.* 그에 앞서; 미
pré·vi·ous·ly-ówned cár [príːviəslióundǝd-] *n.* 중고차 (일반 중고차(used car)라도 성능이 좋고 새 것이라는 이미지를 주기 위하여 쓰인다).
prévious quéstion *n.* (의회에서) 선결 문제(의 동의), 채택 여부(의 동의). ¶ move the *previous question* 채택 여부의 동의를 내다.
pre·vise [priváiz] *vt.* (-**vised**, -**vis·ing**) **1** …을 예견하다, 예측하다. **2** …을 미리 경고(경계)하다.
pre·vi·sion [priví3(ə)n] *n.* U 선견, 예측, 선경.
pre·vi·sion·al [priví3ǝn(ǝ)l] *adj.* 선견지명이 있는, 예견한, 앞일을 내다보는.
pre·vo·cal·ic [priːvo(u)kǽlik] *adj.* (음성) 모음 직전의(에 오는).
pre·vo·ca·tion·al [priːvo(u)kéi∫(ə)n(ə)l] *adj.* (직 업학교, 입학전에 요구되는) 예비 교육의.
pre·vue [príːvjùː] *n., vt.* (-**vued**, -**vu·ing**) =preview.
***pre·war** [príːwɔ́ːr] *adj.* 전쟁 전의, 전전(戰前)의. *opp.* postwar. ¶ *prewar* levels of industrial production 전전의 공업 생산 수준.
prex [preks] *n.* =prexy. [학장, 총장.
prex·y [préksi] *n.* (*pl.* **prex·ies**) (속어) (대학의)
‡**prey** [prei] *n.* **1** (특히 육식 동물의) 먹이, 밥. ¶ The poor goat has become the *prey* of a tiger. 불쌍하게도 그 염소는 호랑이의 밥이 되었다. **2** (비유적) 희생(victim), (남의) 희생물 (*to*…). ¶ a *prey* to disease 병에 시달리는 사람 / a *prey* to circumstances 환경의 희생 자 / fall a *prey* to passion 감정의 포로가 되다 / make a *prey* of …을 먹이로 하다. **3** U 포획, 포식(捕食); 포식의 습성, ¶ a beast (bird) of *prey* 육식 짐승(새). **4** (고어) 약탈물, 전리품(booty).
— *vi.* **1** 잡아먹다; 희생물로 하다, 먹이로 하다 (*on, upon*…). ¶ (~+前+图) *prey upon* mice. 고양이는 쥐를 잡아먹는다 / He *preys upon* the poor. 그는 가난한 사람들을 등쳐먹는다. **2** 약탈하다, 빼앗다, 강탈하다 (*on, upon*…). **3** [정신적으로] 괴롭히다, 해치다 (*on, upon*…). ¶ (~+前+图) *prey on* a person's mind 너무하 사람을 괴롭히다 / Care *preyed on*(or *upon*) her health. 너무걱정한 나머지 그녀는 건강을 해쳤다.
prez [prez] *n.* (美속어) 대통령.
Pri·am [práiəm] *n.* (그리스 신화) 프리아모스 [Troy 최후의 왕. Hector, Paris의 아버지].
pri·a·pism [práiəpìz(ə)m] *n.* U **1** (병리) 지속 발 기(持續勃起) (증), **2** 호색(好色), 음란.
Pri·a·pus [praiéipəs] *n.* **1** (그리스 신화) 프리아포스 (남성 생식력의 신). **2** (p-) 남경(男莖) (phallus).
‡**price** [prais] *n.* **1** 값, 가격, 값어치; 물가, 시세, 시가 (市價). ¶ the *price* asked 부르는 값, 호가 / a *price* card 정찰 (正札) / the *price* of commodities 물가 / a cash *price* 현금 가격 / a cost *price* 원가 / a fixed *price* 정가(定價) / a net *price* 정가(正價) / a market *price* 시 가(市價) / a retail *price* 소매가(小賣價) / a selling *price* 매출가(賣出價) / an asking *price* [파는 쪽의] 부르는 값 / a trade *price* 동업자 간의 시세 / a wholesale *price* 도매가(都賣價) / sell one's car at a good(low) *price* 자동차를 좋은 (낮은) 값으로 팔다 / fetch a high *price* 비싸게 팔리다 / make a *price* 값을 부르다 / *Prices* are high. 물 가가 비싸다.
類語 **price** 특히 물품에 관해 파는 사람이 매기는 값: the *price* of a piano 피아노 값. **cost** 제조·입수·유지 따위를 위해 지불하는 금액: the *cost* of a piano 피아노 의 원가, 또는 피아노를 사고 실제로 지불하는 금액. **charge** 역무(役務)·노력(勞力)의 요금: the *charge* for registered mail 등기 우편 요금. **fare** 탈것의 요

금: a bus *fare* 버스 요금. **fee** [의사·변호사 등의] 전문직에 대해서 지불하는 보수; 어떤 특권을 받기 위한 요금: a lawyer's *fee* 변호사의 보수 / an admission *fee* 입회금, 입장료.
2 [사람의 체포 따위에 거는] 상금, 현상[금]. ¶ set (or put) a *price* on a person's head 남의 목에 현상금을 걸다. 3 대가, 대상(代償), 보상, 보수(reward); 교환물; 희생(sacrifice). ¶ pay too high a *price* for success 엄청난 희생을 치르고 성공하다 / Every man has his *price.* 사람은 누구나 돈으로 움직인다(매수할 수 있다). 4 ⓊⒸ〔고어〕 귀중함, 값어치(value).
above (or *beyond, without*) *price* [값을 매길 수 없을 만큼] 매우 귀중한.
at a price 상당한 값으로; 상당한 대가를 치르고.
at any price 어떠한 대가(희생)를 치르더라도, 기어이.
at the price of …을 걸고서, …을 희생하여.
set high (*little*) *price on* (or *upon*) …을 중히 여기다(별로 중히 여기지 않다).
What price ...? ① [경마 따위에서] 승산은 어때? ¶ *What price* the favorite [horse]? 인기있는 말의 승산은 어떤가? ② 〔구어〕 어떻게 생각하는가? ¶ *What price* fine weather tomorrow? 내일은 날씨가 좋아질까? ③ …이 무슨 소용이 있는가? ¶ *What price* social security? 사회 보장 제도가 무슨 소용이야?
— *vt.* (**priced, pric·ing**) …에 값을 매기다, …을 평가하다. ②〔구어〕…의 값을 묻다. 〔…을 매기다,
price ... out of the market …에 터무니없이 비싼 값 ◇ **príceless** *adj.*

Príce Commission *n.* 물가 조절 위원회.
príce contról *n.* 물가(가격) 통제.
príce cúrrent *n.* (*pl.* prices c-) =price list.
príce cútting *n.* ⓊⒸ 할인, 에누리.
priced [praist] *adj.* 《종종 복합어를 만들어》 정가가 붙은. ¶ a *priced* catalogue 정가가 붙은 상품 목록 / high-(low-) *priced* 값이 비싼(싼).
príce-éarn·ings rátio [práisə́:rniŋz-] *n.* 〔증권〕 주가(株價) 수익율〔略 PER〕.
príce fíxing *n.* Ⓤ 가격 협정.
príce índex *n.* 가격 지수.
príce léader *n.* 〔마케팅〕 가격 선도품(先導品).
***price·less** [práislis] *adj.* 1 돈으로 살 수 없는, 값을 매길 수 없는; 매우 귀중한. 2 〔구어〕 매우 재미있는; (반어적) 어처구니 없는. ~·**ness** *n.*
príce líst *n.* 정가표, 시세표.
pric·er [práisər] *n.* 값(정가)을 매기는 사람; [사지는 않고 값만 묻고 다니는] 장난 손님.
príce-stop [práisstɑ̀p / -stɔ̀p] *adj.* 〔美〕 물가를 못박아 놓는〔고정시키는〕. 〔…보조금 따위에 의지〕.
príce suppórt *n.* ⓊⒸ 가격 유지 〔정부의 매입이나
príce tág *n.* 〔상품에 붙이는〕 정찰, 정가표.
príce wár *n.* 가격〔할인〕 경쟁.
pric·y [práisi], (**pric·ey**) *adj.* (**pric·i·er, pric·i·est**) 〔英〕 〔구어〕 값비싼(expensive).
***prick** [prik] *n.* 1 찔린 상처, 찌른 자국. 2 〔바늘·가시 따위로〕 찌름. 찌르는(찌릿하는) 듯한 아픔, 동통(疼痛), 욱신거림; 〔비유적〕 〔양심의〕 가책. ¶ the *pricks* of conscience 양심의 가책 / feel the *prick* 욱신욱신 쑤시다. 4 찌르는 것, 가시, 바늘; 〔고어〕 〔소를 몰 때 쓰는 가시 돋친〕 막대기. 5 〔페어〕 점(point), 작은 점(dot). 6 〔사격〕 〔음표·심볼의〕 작은 점(附點). 7 〔卑語〕 남근(男根), 음경(penis); 지겨운(싫은) 녀석.
kick against the pricks (or *goad*) ① 〔소가 소몰이 용의〕 가시 막대기를 차다. ② 〔대적할 수 없는 자에게〕 쓸데없는 저항을 해서 다치다.
— *vt.* 1 〔가시·바늘 따위로〕 …을 찌르다, 쑤시다(pierce), …에 작은 구멍을 뚫다(puncture). ¶ *prick* one's finger with a needle 바늘로 손가락을 찌르다 / *prick* a balloon 풍선에 구멍을 뚫다. 2 〔비유적〕 …을 따끔따끔 아프게 하다, 고통을 주다. ¶ My conscience *pricks* me. 양심의 가책을 느낀다. 3 찔러서 〔구멍〕 내다, 작은 구멍으로 〔무늬·본〕을 뜨다 (*...off, out*). ¶ *prick* holes in the ground 지면에 작은 구멍을 내다 // (~+圖+副) *prick out* a pattern with a needle 바늘로 찔러서 무늬를 그리다. 4 …에 표를 하다, 체크하다(mark). 5 〔원예〕 홈을 파서 〔모종〕을 심다, 옮겨 심다(*...out, off*). (~+圖+副) *prick out* seedlings 묘목을 이식하다. 6 〔개 따위가〕 〔귀〕를 쫑긋 세우다, 치켜 세우다 (*...up*). 7 〔말〕에 박차를 가하다; …에게 자극을 주다, …을 재촉하다. 8 〔해도(海圖)상의 침로를〕 대어 〔거리 따위를〕 재다 (*...off*). — *vi.* 1 따끔따끔 찌르다, 따끔따끔 아프다. 2 〔고어〕 말을 재촉하여 달려가다. 3 〔개의 귀가〕 쫑긋 서다 (*up*). 4 〔포도주 따위가〕 시큼해지다.
prick up ① ⇒ *vt.* 6, *vi.* 3. ② 〔벽〕에 초벌칠을 하다.
prick-eared [príkìərd] *adj.* 1 〔개 따위가〕 귀를 세운. 2 〔英〕 중대가리의, 까까머리의.
prick·er [príkər] *n.* 찌르는 사람(것); 바늘, 송곳, 구멍뚫는 기구.
prick·et [príkit] *n.* 1 촛대의 꼬챙이; 촛대. 2 두 살배기 수사슴.
prick·ing [príkiŋ] *n.* ⓊⒸ 〔따끔따끔하게〕 찌름; 동통(疼痛), 따끔따끔 쑤시는 아픔.
prick·le [príkl] *n.* 1 가시, 바늘; 〔식물의〕 가시; 〔동물의〕 가시, 바늘. 2 찌르는 듯한 아픔, 쑤시는 아픔. 3 〔英〕 버들 광주리. — *v.* (**-led, -ling**) *vt.* 1 …을 쿡쿡 찌르다(쑤시다). 2 …을 욱신거리게 하다. — *vi.* 따끔따끔 쑤시다.
prick·ly [príkli] *adj.* (**-li·er, -li·est**) 1 가시 투성이의. 2 따끔따끔한. 3 귀찮은. **-li·ness** *n.*
príckly héat *n.* Ⓤ 〔의학〕 땀띠.
príckly péar *n.* 선인장의 일종; 그 열매〔모양이 서양배 비슷하며, 식용〕.
prick-up [príkʌ̀p] *adj.* 〔구어〕 꼿꼿한, 늠름한.
‡**pride** [praid] *n.* 1 Ⓤ 오만, 교만, 자만심; 우쭐대기, 도도함. ¶ *pride* of place 높은 지위, 으뜸 / *pride* of the world 〔고어〕 허영 / display *pride* 우쭐대다 / *Pride goes before a fall.* 〔속담〕 교만한 자는 곧 망하게 마련. 2 ¶ 〔때로 a~〕 자존심(self-respect), 프라이드, 자랑, 득의(得意), 만족, 자만. ¶ *pride* of birth 가문의 자랑 / take [a] *pride in* …에 긍지를 가지다.
[類語] *pride* 자기의 가치·우수성 따위에 대한 정당한 「자랑·자존심」, 과도하게 평가하는 「거만한·자만」. *proper* (*false*) *pride* 정당한 (잘못된) 자존심. *conceit* 자기에 대한 지나친 평가에서 오는 자만심, 자부심. *self-esteem* 좋은 뜻으로도 쓰이나, 종종 나쁜 뜻으로 써서, 자기 자신을 이상으로 자기를 높게 평가하는 일. *self-respect* 자기의 가치를 올바로 평가하는 좋은 뜻의 자존심. *vanity* 남의 관심·칭찬을 지나치게 바라는 일. *vainglory* 자기의 힘·기술 따위를 자랑하며 과시하기; 문어적인 말.
3 자랑거리. ¶ He was the joy and *pride* of his parents. 그는 그의 부모님에게 있어서 기쁨이자 자랑거리였다. 4 (the ~) 한창, 전성〔시기〕. ¶ the *pride* of manhood 남자의 한창때 / die in the *pride* of one's life 한창때에 죽다. 5 Ⓤ 〔고어〕 광휘(光輝), 화려(pomp). 6 Ⓤ 〔말의〕 기운, 혈기. 7 〔특히 사자의〕 *a pride* of lions 사자떼. 8 Ⓤ 〔방언〕 〔암컷승의〕 발정, 암.
a peacock in his pride 꼬리를 편 공작. 〔내.
a pride of the morning 새벽녘의 안개(소나기) 〔날씨가 좋아질 징조라고 한다〕.
— *vt.* (**prid·ed, prid·ing**) 〔드물게〕 〔재귀용법〕 …을 자랑하다, 뽐내다 (*...on, upon*). ¶ (~+圖+前+名) He *prides* himself on always doing his best. 그는 언제나 최선을 다하고 있다고 자랑한다 / She *prides* herself *upon* her skill. 그녀는 자기의 솜씨를 자랑하고 있다.
◇ **proud, prídeful, prídeless** *adj.*
pride·ful [práidfəl] *adj.* 교만한, 건방진; 자존심이 강한. ~·**ly** [-fəli] *adv.* ~·**ness** [-fulnis] *n.*
prie-dieu [prí:djə̀:] *n.* (*pl.* -**dieus** or -**dieux** [-djə̀:z])

[무릎꿇고 기도드리는] 기도대(臺). 〔<F pray God〕
pri·er [práiər] *n.* 꼬치꼬치 캐는 사람(pryer).
‡**priest** [pri:st] *n.* **1** 〔성서〕 〔구약에서는 레위족 세습의〕 성직자, 〔신약에서는 그리스도가 유일한〕 사제(司祭). **2** 〔일반적으로〕 성직자[신관(神官) 승려 등]. **3** 〔가톨릭·영국 국교회〕 신부[bishop의 다음이며, deacon의 윗자리〕. **4** 봉사자; 옹호자. ¶ a *priest* of art 예술의 예찬자. —— *vt.* 〔주로 수동형으로〕…에게 성직을 부여하다, 사제(목사)로 임명하다.
◇ **príestly, príestlike** *adj.*
priest·craft [prí:stkræft / -krà:ft] *n.* 〔U〕 〔성직자의〕 능력.
priest·ess [prí:stis] *n.* (priest의 여성형) 〔주로 기독교 이외의〕 여승, 비구니, 여자 성직자, 무당.
priest·hood [prí:sthud] *n.* **1** 〔U〕 〔성서〕 사제직. **2** 〔집합적〕 사제단(團), 승려단.
priest·like [prí:stlàik] *adj.* 성직자 같은, 승려 같은, 승려에 어울리는, 승려다운.
priest·ling [prí:stliŋ] *n.* 어린 중(성직자), 동승(童僧).
priest·ly [prí:stli] *adj.* (-li·er, -li·est) **1** 성직자의, 사제의, 승려의. **2** 성직자다운(에 어울리는); 중 티가 나는. **-li·ness** *n.*
priest-rid·den [prí:strìdn] *adj.* 성직자·승려의 지배하에 있는, 〔세력을〕 승려가 잡고 있는.
prig¹ [prig] *n.* 〔말씨·태도 따위가〕 딱딱한(까다로운) 사람, 꼼꼼한 사람; 젠체하는 사람, 학자(도덕가)연 하는 사람.
prig² [prig] *v.* (**prigged, prig·ging**) *vt.* 《주로 英》…을 훔치다, 후무리다. —— *vi.* **1** 《스코·北英》 값을 깎다 (haggle). **2** 《英구어》 간청하다, 원하다. —— *n.* 《주로 英》 도둑(thief), 소매치기.
prig·ger·y [prígəri] *n.* (*pl.* **-ger·ies**) 〔U〕 까다로움, 꼼꼼함; 〔C〕 젠체하기, 학자연하는 행위(언동).
prig·gish [prígiʃ] *adj.* 잔소리가 많은, 딱딱한, 까다로운, 꼼꼼한; 아는 체하는; 아니꼬운. **-ly** *adv.* **-ness** *n.*
prig·gism [prígiz(ə)m] *n.* 〔U〕 딱딱한(까다로운) 태도 (생각); 젠체함; 아니꼬움.
prim [prim] *adj.* (**prim·mer, prim·mest**) 지나치게 꼼꼼한, 딱딱한; 새침한, 말쑥한.
—— *v.* (**primmed, prim·ming**) *vi.* 〔새침해서〕 입을 꼭 다물다. —— *vt.* **1** 〔옷차림·태도 따위〕을 깔끔하게 하다. **2** 〔새침해서〕 〔입〕을 꼭 다물다, 〔얼굴〕을 정색하다. **-ly** *adv.* **-ness** *n.*
prim. (略) primary; primitive.
pri·ma [prí:mə] *adj.* 제1의(first), 주요한.
príma ballerí·na *n.* (*pl.* **-nas** *or* 《이탈리아》 **-ne** [-ne]) 프리마 발레리나[발레단의 주역 무희]. 〔<It〕
pri·ma·cy [práiməsi] *n.* 〔U〕〔C〕 (*pl.* **-cies**) **1** 제1위, 수위, 최고, 탁월. **2** 〔영국 국교회〕 대주교의 직(지위, 권위) (primateship). **3** 〔가톨릭〕 교황의 최고(지상)권.
pri·ma don·na [prì(:)mə dánə / prí:mə dɔ́nə] *n.* 〔가극의〕 주역(인기) 여가수, 프리마돈나. **2** 변덕쟁이, 허영심이 강한 사람. ¶ It first lady〕
pri·mae·val [praimí:v(ə)l] *adj.* =primeval.
pri·ma fa·ci·e [práimə féiʃiì:, -ʃi:] *adv.* 언뜻 보기에는(at first sight); 첫 인상으로는. —— *adj.* 언뜻인상의; 명백한, 자명한(obvious). 〔<L at first face〕
pri·mage [práimidʒ] *n.* 〔U〕 〔항해〕 운임 할증료; 선장 사례금.
pri·mal [práim(ə)l] *adj.* **1** 최초의, 근원의, 본래(원래)의; 원시의. **2** 주요한, 근본적인. **-ly** [-mɑli] *adv.*
*****pri·ma·ri·ly** [práiməríli, ⎯⎯⎯ / práimər-] *adv.* **1** 첫째로, 주로, 최초로. **2** 본래, 원래 (originally).
*****pri·ma·ry** [práiməri /-məri] *adj.* 제1〔위〕의, 주요한(chief). *cf.* secondary ¶ a matter of *primary* importance 가장 중요한 사항. **2** 최초의(first), 초기의; 원시 시대의(primitive); 원시적인. ¶ the *primary* forest 원시림. **3** 초보의, 초등의(elementary) 예

비의; 초등 교육의. *cf.* ELEMENTARY 類語 **4** 본래의(original); 근본적인, 기본적인. ¶ the *primary* meaning of a word 단어의 원의(原義) / the church of Christ in its *primary* situation 초기 상태의 기독교회. **5** 〔의학〕 초기의, 제1차의; 〔전기〕 1차의; 〔생물〕 초생(初生)의, 〔鳥類〕 초열(初列) 〔깃〕 의; 〔지질〕 원생의(原成)의; 〔화학〕 제1의, 제1차의; 〔문법〕 어근(語根)의; 〔시제〕 1차의, 1차어의.
—— *n.* (*pl.* **-ries**) **1** (종종 -ries) 제1의(주요한) 사람, 〔순서·중요성 따위의〕 제1위의 것; 제1 원리. **2** 《美》 〔공직자 후보의〕 예선회, 예비 선거, 〔특히 각 정당에서 행하는〕 대통령 후보 예비 선거(primary election). **3** 원색(primary color). **4** 초생(새벽)성. **5** (-ries) 〔鳥類〕 초열(初列) 깃길. **6** 〔전기〕 1차 코일. **7** 〔천문〕 〔위성에 대한〕 주천체, 〔위성을 갖는〕 행성, 〔2중성의〕 주성(主星). **8** 〔문법〕 덴마크의 영문법 학자 Jespersen의 용어. 명사 및 명사 상당 어구〕.
prímary áccent *n.* 〔U〕〔C〕 제1(주) 악센트. *cf.* secondary accent
prímary cáre *n.* 〔의학〕 1차(초기) 진료.
prímary céll *n.* 1차 전지(電池).
prímary cólor *n.* 원색 〔그림 물감에서는 빨강·노랑·파랑의 3색〕. 〔동물〕
prímary consúmer *n.* 〔생태〕 제1차 소비자(초식)
prímary educátion *n.* 〔U〕 초등 교육.
prímary eléction *n.* 《美》 예비 선거(primary).
prímary gróup *n.* 〔사회〕 제1차 집단 〔가정·친구 등, 고도의 애정적 인간 관계를 가지며, 개인의 사고(思考) 등에 강한 영향력을 미친다〕. *cf.* secondary group
prímary índustry *n.* 1차 산업〔농업·수산〕.
prímary méeting *n.* 예선 대회.
prímary prodúction *n.* 〔생태〕 1차 생산〔광합성 생물에 의한 유기물의 생산〕.
prímary próducts *n.* 농산물.
*****prímary schóol** *n.* **1** 초등 학교(elementary school). **2** 《美》 〔초등 학교에서 고등 학교까지 연속되는 공립 학교 과정의〕 초등 3(4)학년까지의 초등 학교.
prímary stréss *n.* = primary accent.
prímary strúcture *n.* 미니멀 아트(minimal art)의 작품〔최소한의 조형 수단을 써서 제작한 것〕.
prímary ténses *n.* 〔문법〕 제1시제(時制) 〔현재·미래·과거 및 완료의 총칭〕.
pri·mate [práimit, -meit] *n.* **1** 〔교회〕 대사제, 〔가톨릭〕 수좌(首座) 대주교; 〔영국 국교회〕 대주교(archbishop). **2** 영장류(靈長類)의 동물. **3** 〔고어〕 수령, 지도자(leader).
pri·mates [praiméiti:z] *n. pl.* 영장류. 〔직(지위)〕
pri·mate·ship [práimitʃip, -meit-] *n.* primate의
pri·ma·tial [praiméiʃ(ə)l] *adj.* primate의. 〔물학〕
pri·ma·tol·o·gy [pràimətálədʒi / -tɔ́l-] *n.* 영장류 동
‡**prime**¹ [praim] *adj.* **1** 수위의(수위)의(first), 제1의, 주요한(chief); 근본적인(fundamental), 본원적인(original). ¶ the *prime* factor 주요인, 주요소 / the *prime* authority on Milton 밀턴 연구의 제1인자 / *of prime* importance 가장 중요한. **2** 〔가치·품질의〕 최상급의, 일류의, 1급의(first-rate); 〔구어〕 훌륭한, 멋진. ¶ *prime* beef 최상급의 쇠고기 / feel *prime* 매우 기분이 좋다. **3** 최초의, 초기의, 원시의(primitive). **4** 혈기 왕성한, 청춘의. **5** 〔수학〕 소수(素數)의. ¶ a *prime* number 소수.
—— *n.* **1** (the ~, one's ~) 혈기왕성한 때, 한창때, 청춘; 전성기, 최성기. ¶ the *prime* of youth 청춘(청년) 시대 / the *prime* of life 장년기 / during 〔one's〕 *prime* 전성기에 / Apples are just now in their *prime*. 사과는 지금이 안성맞춤이다. **2** 최상품, 가장 좋은 부분, 정화(精華) (*of*...); 〔특히 쇠고기의〕 최상급. **3** 처음, 초기 (beginning); 봄. ¶ the *prime* of the moon 초승달 / the *prime* of the year 봄. **4** 〔교회〕 아침 기도, 〔성무 일과의〕 제1시과 (時課); 〔고어〕 새벽, 이른 아침. **5** 〔수

학) 소수(素数) (prime number). **6** 〖펜싱〗〖방어 자세의〗 제1 자세(찌르기). **7** 프라임 부호('); 〖분(minute)에〗: 6'5"(6분 5초); a'〔éi práim〕(a 대시). **8** 〖음악〗 1도, 동음(同音) (unison); 〖음계의〗 주음(主音). **9** 제1 악센트 부호〔'〕.
be cut off in one's prime 요절(夭折)하다, 젊어서 죽~ness n. ◇ prímary adj., prímely adv.

prime² 〔praim〕 v. (**primed, prím·ing**) vt. **1** …을 〔사전〕 준비하다, 할 수 있도록 준비하다. **2** 〔총〕에 화약을 재다, …의 발사 준비를 하다; …에 뇌관(도화선)을 달다. **3** …에게 미리 가르쳐 주다 (...with), 〔요령·비결 따위〕를 일러주다(coach). ¶ (~+囲+前+图) fully primed with the latest news 충분히 최근 사정에 정통한. **4** 〔화면·벽 따위에〕 …을 밑칠하다, 초벽칠하다. **5** …을 가득 채우다, 주입하다; 〔남에게 〔술 따위〕를 충분히 먹이다, 가득 담다 (...with). ¶ (~+囲+前+图) well primed with whisky 위스키를 실컷 마시고 / prime a lamp with oil 램프에 기름을 붓다. **6** 〔펌프〕에 마중물을 붓다; 〔비유적〕 …에 자극을 주다(stimulate). **7** 〔기계〕 〔발동기를 시동하기 위하여〕 〔기화기·실린더〕에 휘발유를 보내다.
— vi. **1** 뇌관(도화선)을 달아서 발화 준비를 하다. **2** 〔물이〕 증기와 함께 실린더로 들어가다; 〔증기로〕가 증기와 함께 실린더로 통하게 작용하다.

príme cóst n. 구입 가격, 원가.
prime·ly 〔práimli〕 adv. 《구어》 뛰어나게, 근사하게, 멋지게(excellently).
príme merídian n. (the ~) 본초(本初) 자오선.
‡**príme mínister** n. 수상, 총리〔대신〕, 국무총리.
príme móver n. **1** 〔기계〕 원동력〔풍력·전력 따위〕; 원동기〔수차·증기 기관 따위〕; 〔일반적으로〕 원동력. **3** 대포를 끄는 것〔소·말 따위〕, 견인차, 트랙터. **4** 〔비유적〕 원동력, 주도자, 신(神).
***prim·er¹** 〔prímər / práimə, prímə〕 n. **1** 입문서, 안내서, 〔어린이용 책으로 된〕첫걸음, 초급 독본. ¶ a primer of physics 물리학 입문서. **2** 〔인쇄〕 프리머 활자, 프리머〔활자의 크기〕. ¶ great primer 대프리머 〔18 포인트〕 / long primer 소프리머〔10 포인트〕. **3** 〔특히 종교 개혁 전의〕 소(小)기도서.
prim·er² 〔prímər〕 n. **1** 뇌관(도화선)을 장치하는 사람; 장약자(裝藥者). **2** 뇌관, 도화선.
príme ráte n. 〔미국의 은행이 우량 기업에 적용하는〕 우대 금리, 프라임 레이트. 〔소칼럼〕
príme ríbs n. 〔최상등급 고기가 붙어 있는〕 쇠갈비.
pri·me·ro 〔primé(:)rou / -méər-〕 n. ① 〔16-17세기 영국에서 유행한〕 프리메로 〔놀이의 카드놀이〕.
príme tíme n. ① 〔라디오·텔레비전의〕 골든 아워 〔시청률이 높은 시간대로 보통 오후 7~10시 사이〕.
prime-time 〔práimtàim〕 adj. 골든 아워의.
pri·me·val 〔praimíːv(ə)l〕 adj. 원시 시대의, 원시의, 태고의. ¶ a primeval forest 원시림. ~·**ly** 〔-vəli〕 adv.
pri·mi·ge·ni·al 〔pràimidʒíːniəl, -njəl〕 adj. **1** 원시의, 원시적인. **2** 〔페어〕 맨 처음에 만들어진.
prim·ing 〔práimiŋ〕 n. ①© **1** 기폭제, 점화약. **2** 뇌관(도화선 따위)을 장치하는 일, 장약(裝藥). **3** 초벌칠, 애벌칠.
pri·mip·a·ra 〔praimípərə〕 n. (pl. **-a·rae** 〔-əri〕) 〔산부인과〕 초산부. cf. multipara
pri·mi·par·i·ty 〔pràimipǽrəti〕 n. 초산.
pri·mip·a·rous 〔praimípərəs〕 adj. 초산의.
‡**prim·i·tive** 〔prímitiv〕 adj. **1** 원시의, 옛날의, 태고의(primeval). ¶ a primitive man 원시인 / the primitive times 원시 시대. **2** 최초의, 초기의(early). ¶ the Primitive Church 원시(초기) 기독교회. **3** 소박한; 발달되지 않은, 유치한(simple), 원시적인; 고풍의, 구식의 (old-fashioned). ¶ primitive tools 원시적인 도구. **4** 본원의, 근원의, 근본의; 〔색깔〕이 원색의. ¶ primitive colors 원색 / the primitive line 〔수학〕 원선(原線) / primitive chord 〔음악〕 기초 화음. **5** 〔문법〕 원어의, 본원의(radical), 파생어가 아닌. ¶ a primitive word 근원어. **6** 〔생물〕 초생의, 원시의; 〔지질〕 시원기의(始源期)의, 고기(古紀)의.
— n. **1** 원시인; 원시적인 것. **2** 원색. **3** 초기(문예부흥기 이전)의 화가〔의 작품〕, 지방 화가. **4** 〔우의〕 원선(原線). **5** 〔문법〕 근원어. cf. derivative **6** 〔드물게〕 (P-) 원시 감리교회〔의 신자〕 (Primitive Methodist). ~·**ly** adv. ~·**ness** n.

Prímitive Báptist n. 〔특히 미국 남부에서〕 원시 침례 교회〔의 신자〕. 교회.
prímitive chúrch n. (보통 the ~) 원시(초기) 기독
Prímitive Méthodist n. 원시 감리교회〔신자〕.
prim·i·tiv·ism 〔prímitivìz(ə)m〕 n. ① 〔철학·예술 따위에서〕 원시주의, 상고(尙古)주의.
pri·mo 〔príːmou〕 n. (pl. **-mos**) 〔음악〕 〔2중주 등에서〕 주자, 제1부. — adv. 첫째로, 먼저. 〔<L〕
pri·mo·gen·i·tary 〔pràimou(u)dʒénitèri / -təri〕 adj. 첫째로 태어난; 장자 상속(권)의, 장자 상속법의. 〔조.
pri·mo·gen·i·tor 〔pràimou(u)dʒénitər〕 n. 시조; 선
pri·mo·gen·i·ture 〔pràimou(u)dʒénitʃər〕 n. ① 맏아들임, 장자의 신분. **2** 〔법률〕 장자 상속〔제〕, 장자 상속권. cf. ultimogeniture the right of primogeniture 장자 상속권.
pri·mor·di·al 〔praimɔ́ːrdiəl, -djəl〕 adj. **1** 최초의, 본원의, 근본적인(original, elementary). **2** 〔생물〕 〔생물·기관의 발달에서〕 최초기에 형성되는, 초생의. **3** 원시의, 원시 시대에(부터) 존재하는. ~·**ly** 〔-əli〕 adv.
primórdial bróth (sóup) n. (the ~) 지질 시대에 생명을 낳게 한 화합물의 혼합물.
pri·mor·di·um 〔praimɔ́ːrdiəm, -djəm〕 n. (pl. **-di·a** 〔-diə, -djə〕) 〔발생〕 원시 세포, 원기(原基).
primp 〔primp〕 vt. …을 말쑥하게 차려입다, 맵시내다. — vi. 깔끔하게 몸치장하다, 맵시있게 차려입다, 모양내다.
*prim·rose 〔prímròuz〕 n. **1** 앵초〔의 꽃〕, 프리뮬러. **2** = evening primrose. **3** ① 앵초색, 담황색(pale yellow). — adj. **1** 앵초의; 앵초색의, 담황색의. **2** 앵초가 많은. ¶ a man 사랑할 Disraeli 가 죽은 날.
Prímrose Dáy n. 〔英〕 앵초의 날 〔4월 19일, 앵초를 사랑한 Disraeli 가 죽은 날〕.
Prímrose Híll n. 앵초의 언덕 〔런던 Regent's Park 북쪽에 있는 언덕 이름〕.
Prímrose Léague n. 〔英〕 앵초단(연맹) 〔Disraeli 를 추모하여 1883년에 결성된 보수 당원의 단체〕.
prímrose páth n. 환락의 길, 쾌락의 추구, 난봉 〔← Shakespeare 작 Hamlet 1:3, Macbeth 2:3〕.
prim·u·la 〔prímjulə〕 n. = primrose 1.
pri·mum mo·bi·le 〔práiməm móbili/ -mɔ́bi-〕 n. 〔라틴〕 (=first movable thing) **1** 〔프톨레마이오스 (Ptolemy)의 천문학에서〕 제10천(天). **2** 주동력 (prime mover). 교회의 감독장.
pri·mus¹ 〔práiməs〕 n. (종종 P-) 〔스코틀랜드 감독〕
pri·mus² 〔práiməs〕 adj. 〔규정·규칙에서〕 제1의 (first), 수위의(首位의). cf. secundus, tertius
Pri·mus 〔práiməs〕 n. 〔상표명〕 석유 스토브의 일종.
prímus ìnter pá·res 〔práiməs íntər pɛ́(:)ri:z / -péər〕 n. 〔라틴〕 (=first among equals) 남성의 동년배 중에서 제1인자. * 영국 내각에서 수상을 가리킨다.
prin. 〔略〕 principal, principally; principle.
‡**prince** 〔prins〕 n. **1** 황자(皇子), 왕자, 친왕(親王), 프린스, 공(公). ¶ princess ¶ the manners of a prince 귀공자 같은 (기품 있는) 태도 / the Prince Imperial 황태자 / a prince of the blood 왕족 / the Prince Regent 섭정 왕자. **2** 〔역사〕 군주(sovereign), 왕(king). **3** 〔영국 이외의 나라의〕 공작, …공(公). cf. duke ¶ the great (or grand) prince 〔제정 러시아 따위의〕 대공(大公). **4** 〔공국(公國)의〕 군주, 〔소국·속국의〕 군주, 제후. **5** 대가, 거두, 제1인자, 거장; 지배자. ¶ the prince of bankers (poets) 은행계 〔시단(詩壇)〕의 제1인자 / the prince among American educators

Prince Albert — print

미국 교육계의 거두(원로) / a merchant *prince* 호상(豪商) [as] happy as a *prince* 지극히 행복한. live like a *prince* 호화로운 생활을 하다.
the Prince of Darkness (or *Evil*) 마왕(Satan).
the Prince of Denmark 햄릿(Hamlet). ¶ *Hamlet without the Prince of Denmark* 햄릿 없는 햄릿극; 알맹이가 빠진 것.
the Prince of Peace [평화의 왕(주)]그리스도.
the Prince of the Apostles [제1 사도] 베드로.
the Prince of the [Holy Roman] Church [가톨릭] 추기경(Cardinal).
the Prince of the Power of the Air 마왕.
the prince of (or *this*) *world* 마왕.
the Prince of Wales 영국 황태자[의 칭호].
◇ prínce·like, prínce·ly *adj*.
Prínce Álbert *n*. 일종의 프록 코트.
Prínce Chárming *n*. [Cinderella 이야기에서] Cinderella 와 결혼하는 왕자; 《비유적》 [모든 여성이 마음에 그리는] 이상적인 신랑감.
prínce cónsort *n*. 여왕(여황제)의 부군.
prince·dom [prínsdəm] *n*. ⓊⒸ 1 prince 의 지위(권력, 영지). 2 《중세》 = principality 4.
prince·kin [prínskin] *n*. 어린 군주, 소군주, 소군주.
prince·let [prínslit] *n*. 소군자, 소공자(princekin).
prince·like [prínslàik] *adj*. 1 prince 같은(다운). 2 기품이 있는; 위엄있는; 의젓하고 대범한.
prince·ling [prínsliŋ] *n*. 어린 군주, 소공자, 소군주.
***prince·ly** [prínsli] *adj*. (때로 **-li·er, -li·est**) 1 왕후(王侯)다운, 군주다운. 2 고귀한, 위엄이 있는 관대한, 당당한; 대범한, 후(豪)한(lavish). ¶ a *princely* mansion 으리으리한 대저택. 3 왕자(황자)의, 왕후(王侯)의(royal). **-li·ness** *n*.
prin·ceps [prínseps] *n*. (*pl*. **prin·ci·pes**) 주요한 것; 제1위(수위)인 것(것); 초판본(初版本).
prínce róyal *n*. 제1 황자, 황태자.
prínce's-féath·er [prínsizféðər] *n*. 담비름의 일종.
prince·ship [prínsʃip] *n*. Ⓤ prince 의 지위(신분).
prínce's métal *n*. (보통 P- M-) Ⓤ 왕금(王金) [구리 75%와 아연 25%의 합금].
‡**prin·cess** [prínsis, -ses / prinsés, 인명에 붙어서 ¶] *n*. 1 왕녀, 왕녀, 프린세스, 공주; *cf*. prince ¶ a *princess* of the blood 왕녀, 황녀, 공주 the *Princess* Regent 섭정공주; 섭정비(妃). 2 《역사》 여왕(female sovereign, queen). 3 왕비, 왕자비, 황태자비. 4 【영국 이외에서】 공작 부인. *cf*. duchess
the Princess of Wales 영국 황태자비[의 칭호].
— *adj*. (= **prin·cesse**) 【부인복에서】 프린세스 스타일의, 몸에 꼭 맞는.
príncess dréss *n*. 원피스로 된 몸에 꼭 맞는 여성복.
príncess róyal *n*. 제1 황녀(왕녀).
Prínce·ton [prínstən] *n*. 미국 New Jersey 주(州) 중부의 마을; Princeton 대학 소재지.
‡**prin·ci·pal** [prínsip(ə)l] *adj*. 1 [지위·중요성·가치 등이] 으뜸가는, 주요한(chief), 제1의(first), 선두의(leading), 중요한. ⇒ CHIEF [類語] ¶ the *principal* actor 주연 배우 / the *principal* food 주식(主食) / *principal* cities 주요 도시 / *principal* points 요점. 2 [금전의] 원금의, 자본금의. ¶ the *principal* sum 원금. — *n*. 1 두목, 우두머리(chief), 지배자, 장, 장관, 사장, 회장; 교장(여교장); 《英》학교장(學校長). 2 주동자(cf. principal 여교장), 2 주역, 주연자; 주동자; 【결투의】본인 (*cf*. second¹). 3 【법률】 주범; 본인. *cf*. agent, surety ¶ a *principal* in the first (the second) degree 제1급(제2급) 정범(正犯). 4 【상업】 원금(*cf*. interest), 기본 재산(*cf*. income). 5 【법률】 주물(主物), 주건(主件); 주요부. 6 【건축】 주요 들보, 주재(主材). 7 【음악】 [오르간의] 주요 음전(音栓); 독주자, 주연 주자(奏者). ◇ príncipally *adv*.
príncipal áxis *n*. 【기계】 주축선(主軸線).

príncipal bóy *n*. 영국 무언극(pantomime)의 남성 주역[보통 여성이 연기].
príncipal cláuse *n*. 주절(主節)(main clause).
***prin·ci·pal·i·ty** [prìnsipǽliti] *n*. ⓊⒸ (*pl*. -**ties**) 1 공국(公國) [prince 의 영국(領國)]. 2 공국 군주의 지위(권력, 지배권). 3 (the P-) 《英》 Wales 의 별칭. 4 (-**ties**) 권품(權品) 천사[천사의 위계의 하나]. ⇨ ANGEL 【주의】
***prin·ci·pal·ly** [prínsipəli] *adv*. 주로, 대체로.
príncipal offénder *n*. 【법률】 주범, 정범.
príncipal párts *n*. *pl*. 【문법】 동사의 주요형[영어에서는 현재, 과거, 과거 분사의 3형].
príncipal ráfter *n*. 【건축】 합각(合閣) [주요 서까래].
prin·ci·pal·ship [prínsip(ə)lʃìp] *n*. Ⓤ 【장관·교장 등의】 지위(직무).
prin·ci·pate [prínsipèit, -pit] *n*. 1 Ⓤ 최고의 지위; 최고의 권위. 2 공국의 지위(principality). 3 Ⓤ 고대 로마 제국 초기의[원수(元首)] 정치.
prin·cip·i·um [prinsípiəm] *n*. (*pl*. -**i·a** [-iə]) 원리, 원칙.
‡**prin·ci·ple** [prínsipl] *n*. 1 [자연·논리 따위의] 원리, 원칙, 공리(公理), 법칙; [기계 따위가 움직이는] 원리. ¶ the *principle* of causality 인과율 / the *principle* of contradiction 모순율 / Pascal's *principle* 파스칼의 원리. 2 ⓊⒸ [도덕·정치상의] 주의(主義), 방침, 신조. ¶ a dangerous *principle* 위험한 주의 / a conservative *principle* 보수주의의 방침 / as a matter of *principle* 주의로서 / It is against my *principles*. 그것은 내 주의에 어긋난다 / I make it a *principle* to keep early hours. 나는 일찍 자고 일찍 일어나는 것을 신조로 삼고 있다. 3 Ⓤ (또는 ~s) 정도(正道), 정의, 도의, 절조(節操) (integrity, uprightness). ¶ moral *principle* 도의 / a man of [high] *principle* 고결한 사람 / He has no *principles*. 그는 지조가 없다. 4 본질, 본원(本源), 본체(本體) (essence); 요인(要因), 요소. ¶ the first *principle* of all things 만물의 근원 / a vital *principle* 활력(活力). 5 【화학】정(精) [어떤 물질에 특수한 성능 또는 효력을 부여하는 요소], 소(素). ¶ a bitter *principle* 고미소(苦味素) / a coloring *principle* 염색소.
in principle 원칙적으로는, 대체로. ¶ I approve of his opinion *in principle*. 나는 원칙적으로는 그의 의견에 찬성한다.
on principle 주의상, 주의(主義)로서; 원칙적으로, 원칙에 따라서.
prin·ci·pled [prínsipld] *adj*. 《종종 복합어를 만들어》 주의를 가진; …주의의. ¶ high-*principled* 주의(신조)가 고결한.
prink [priŋk] *vt*. 1 …을 치장하다; 모양내다(…*up*). ¶ *prink* oneself *up* 모양내다. 2 [새가 부리로] [깃털] 을 가다듬다. — *vi*. 치장하다, 치장하여 뽐내다.
‡**print** [print] *vt*. 1 …을 인쇄하다; …을 출판(발행·간행)하다 (publish). ¶ in *printed* form 인쇄된 형태로 부쳐 / *print* lectures on psychology 심리학의 강의록을 출판하다 / *print* a newspaper 신문을 발행하다. 2 [표시]를 하다, 찍혀내다, …을 눌러서 찍다, …에 자국을 남기다, …에 날인(捺印)하다. ¶ (~+目+前+名) *print* a kiss *on* the forehead 이마에 키스하다 / *print* a surface *with* a seal 표면에 도장을 찍다. 3 [피륙]에 날염(染)하다; [도자기]에 그림을 찍다. ¶ *printed* goods 사라사, 날염한 직물. 4 …을 활자체로 쓰다. ¶ *Print* your name clearly. 이름을 활자체로 분명히 쓰시오. 5 《비유적》 …을 마음·기억에 깊이 새기다, 인상을 심다. ¶ (~+目+前+名) The scene is *printed on* my memory. 그 광경은 내 마음에 깊이 새겨져 있다. 6 【사진】 을 인화하다. ¶ (~+目+前+名) *print off* (or *out*) a negative 네거 필름을 인화하다. — *vi*. 1 인쇄(출판)하다; 인쇄를 업으로 삼다; 간행하다. 2 활자체로 쓰다. ¶ Please *print*. 활자체로 써주시오. 3 【사진 따위가】 나오다, 찍히다. ¶ (~+副) This one *prints* well. 이것은 잘 찍혔다.

print out 〖컴퓨터〗[인자(印字) 장치로] 인자(印字)하다, 프린트 아웃하다.
— n. **1** 〖찍힌〗자국, 표, 흔적; 영향; 인상, 감명; (~s) 지문(指紋) (*on, upon, in...*). ¶ the *print* of footsteps *on* the sand 모래 위의 발자국 / sorrow's *print upon* one's face 얼굴에 남아 있는 슬픔의 흔적. **2** ⓤ 인쇄, 인쇄된 상태, 인쇄된 문자 자체. ¶ put something in *print* …을 인쇄에 부치다 / This book has clear *print*. 이 책은 인쇄가 선명하다 / Write your name in *print*. 이름을 활자체(인쇄체)로 쓰시오. **3** 《주로 美》인쇄물, 간행물; [특히] 신문; [신문·잡지의] 판(版). ¶ weekly *prints* 주간지 / the first *print* 초판. **4** 판화, 판화로 눌러서 만든 그림(도안). **5** ⓤ 프린트 천, 날염포(布), 사라사. ¶ a *print* dress 사라사 드레스. **6** 〖사진〗인화된 사진, 인화. ¶ a blue *print* 청사진. **7** 틀로 눌러 만든 것, 눌러서 굳힌 것; 틀. ¶ a *print* of butter 틀로 눌러 만든 버터. **8** 모형(母型), 주형(鑄型).
in cold print ① 인쇄되어. ② 〖인쇄물처럼〗변경의 여지가 없는.
in print ① 인쇄되어, 출판되어. ② 〖출판사에서〗입수 가능한.
out of print 절판되어.
rush into print 서둘러 활자화하다; 마구 신문에 쓰다.
print·a·ble [príntəbl] *adj.* **1** 인쇄할 수 있는. **2** 인쇄(출판)하기에 알맞은, 인쇄(출판)할 가치가 있는.
print-cloth [príntklɔ̀:θ/-klɔ̀(:)θ] *n.* 프린트천 [날염(捺染)용 백색 무명].
prínt·ed círcuit [príntid-] *n.* 프린트 배선(配線), 인쇄 회로.
prínted mátter *n.* ⓤ 인쇄물, 〖특히〗제3종 우편물 《英》에서는 신문·잡지를 포함한다》.
prínted pápers *n. pl.* 《英》=printed matter.
print·er [príntər] *n.* **1** 인쇄업자, 활판직공, 인쇄공, 식자공(植字工). **2** 인쇄 기계, 〖사진〗인화기(印畵機). **3** 틀로 찍어 박는 사람, 날염공(捺染工). **4** 〖컴퓨터〗인자(印字) 장치, 인자기, 프린터.
prínter's dévil *n.* 인쇄소의 견습.
prínter's érror *n.* 오식(誤植) 〖略 P.E., p.e.〗.
prínter's márk *n.* 인쇄자 마크.
prínter's píe *n.* 뒤죽박죽이 된 활자; 혼란. 〖장.
print·er·y [príntəri] *n. (pl. -er·ies)* 인쇄소, 인쇄 공
prínt hànd (lètter) *n.* 인쇄체 서체(문자).
‡print·ing [príntiŋ] *n.* **1** ⓤ 인쇄, 인쇄술. **2** ⓤ 활자의 서체(문자). **3** ⓤ 인쇄부수, 판(版). **5** ⓤ ⓒ 〖사진〗의 인화. **6** ⓤ ⓒ 날염(捺染).
prínting ink *n.* 인쇄 잉크.
prínting machìne *n.* 《주로 英》인쇄기.
prínting òffice *n.* 인쇄소.
prínting pàper *n.* 인쇄용지.
prínting prèss *n.* **1** 〖자동〗인쇄기. **2** 날염기.
prínt jóurnalism *n.* 〖특히美〗〖방송 저널리즘과 구별하여〗출판·신문 저널리즘.
print·less [príntlis] *adj.* 《주로 詩》흔적(인상)을 남기지 않은.
prínt mèdia *n.* 인쇄 매체 〖신문·잡지 등 대표되는 매체〗. *cf.* broadcast media
print-out [príntàut] *n.* 〖컴퓨터〗인자 회로(印字回路), 출력 테이프, 프린트 아웃.
prínt prèss *n.* 〖집합적〗〖특히美〗〖라디오·TV 업계에 대하여〗인쇄물.
print-sell·er [-sèlər] *n.* 판화상(版畵商). 〖소.
prínt·shòp [-ʃàp/-ʃɔ̀p] *n.* **1** 판화점. **2** 인쇄
prínt·works [-wə̀:rks] *n. pl.* 〖단·복수 양용〗사라사의 날염 공장.
‡pri·or¹ [práiər] *adj.* **1** 전의(earlier), 앞서의(antecedent). = PREVIOUS 類語 ¶ a *prior* engagement 선약(先約). **2** 보다 중요한, 우선적인(*to, over...*). ¶ a responsibility of *prior* importance to others 다른 일보다 중요한 책무.
— *adv.* ✽ 다음 구에서만 쓰이다.
prior to …에 앞서, 전에(previously).

◇ *priórity n.*
pri·or² [práiər] *n.* 소(小)수도원(priory)의 원장; 대수도원(abbey)의 부원장.
pri·or·ate [práiərit] *n.* ① ⓒ *prior* 의 직(지위, 임기). **2** 소수도원.
pri·or·ess [práiəris] *n.* 여자 소수도원 (priory) 원장, 〖여자의〗대수도원 (abbey) 부원장.
pri·or·i·tize [praiɔ́:ritàiz, -ár-/-ɔ́r-] *vt.* **(-tized, -tiz·ing)** …에 우선 순위를 매기다, 중요한 것부터 듣다.
— *vi.* 우선 사항을 결정하다.
‡pri·or·i·ty [praiɔ́:riti, -ár-/-ɔ́r-] *n. (pl. -ties)* ⓤ **1** [시간적으로] 앞서기, 먼저임. **2** 보다 중요함; 상석(上席) (precedence) (*to...*). ¶ the *priority* of one's position *to* the other's 지위가 상대방보다 위임. **3** 우선, 우선권, 선취권(先取權); ⓒ 우선 사항, 긴급한 일. ¶ a top *priority* 최우선 사항 / a *priority* principle (or system) 중점주의 / creditors by *priority* 우선 채권자 / according to *priority* 순번에 따라, 우선순으로 // give *priority* to the preservation of nature 자연 보호를 우선으로 하다 / take *priority* of …을 선취하다, …보다 위를 차지하다, 우선권을 얻다 / I have *priority over* him in the privilege. 그 특전에 관해 나는 그보다도 우선이 있다. **4** 《美》전시(戰時) 생산품의 중점적 배급〖순위〗.

prior restráint *n.* 《美》〖법률〗중요 재판 자료공개 금지령, 사전 억제령. 〖기).
pri·or·ship [práiərʃìp] *n.* ⓤ *prior* 의 직(지위, 임
pri·o·ry [práiəri] *n. (pl. -ries)* 소(小)수도원〖prior에 의해 통할되지만, abbey의 밑에 있고, 종종 그에 종속되어 있다〗.
prise [praiz] *vt.* **(prised, pris·ing)**, *n.* =prize⁴.
‡prism [prízəm] *n.* **1** 〖光學〗프리즘, 삼릉경(三稜鏡), 분광(分光) 스펙트럼 (spectrum); (~s) 스펙트럼의 7색. **2** 〖기하〗각주(角柱). ¶ a right *prism* 직각주. **3** 〖結晶〗각주. ¶ a *prism* of first (second) order 제1(2)주. ◇ *prismátic adj.*
pris·mat·ic [prizmǽtik] *adj.* **1** 각주(角柱)의, 삼릉형의, 삼릉경(三稜鏡)의. **2** 프리즘으로 만든, 분광(分光)의. **3** 무지개 빛깔의, 선명한, 다채로운.
-i·cal·ly [-ikəli] *adv.* ◇ *prism n.*
prismátic cólors *n. pl.* 스펙트럼으로 분해된 7색.
prísm binòcular *n.* (때로 ~s) 프리즘 쌍안경.
prísm glàss *n.* 프리즘 쌍안경용의 굴절 쌍사 렌즈.
pris·moid [prízmɔid] *n.* 〖기하〗유사 각주(類似角柱).
pris·moi·dal [prizmɔ́id(ə)l] *adj.* 유사 각주의.
prism·y [príz(ə)mi] *adj.* = prismatic.
‡pris·on [prízn] *n.* **1** 감옥, 형무소, 교도소, 구치소. ¶ be (or lie) in *prison* 수감(구류)중이다 / break (out of) *prison* 탈옥하다 / cast (or put) a person in (or into) *prison* 남을 투옥하다. **2** 《美》주(州) 형무소 (State prison). **3** ⓤ 감금, 금고(禁錮), 유폐(幽閉) (imprisonment). — *vt.* 《詩·방언》을 감금하다.
prison bìrd *n.* 죄인, 죄수.
prison brèaker *n.* 탈옥수.
prison brèaking *n.* ⓤ 탈옥, 파옥(破獄).
prison càmp *n.* 포로 수용소.
prison èditor *n.* 〖신문의〗편집〖명의(名義)〗인.
‡pris·on·er [prízənər] *n.* **1** 형사 피고인, 죄수. ¶ a State (or political) *prisoner; a prisoner* of State 국사(國事)범 / a *prisoner* of conscience 정치범 / a *prisoner* at the bar 형사 피고인. **2** 포로. ¶ a *prisoner* of war 〖略 POW〗포로. be held *prisoner* 포로가 되다 / make (or take) a person *prisoner;* make a *prisoner* of a person 남을 포로로 하다. **3** 잡힌(체포된)사람, 자유를 빼앗긴 사람. ¶ a *prisoner* of love 사랑의 포로 / a *prisoner* to one's room 〖환자 등〗 방에서 떠날 수 없는 사람 / My work kept me a *prisoner* for a month. 나는 일 때문에 1개월 동안 꼼짝않치 매여 있었다.
prísoner's báse *n.* ⓤ 진지 뺏앗기 놀이.

príson fēver n. ⓤ〖병리〗 발진 티푸스.
príson hóuse n. (pl. **-hous·es**[-`hàuziz])《주로 詩》 감옥, 옥사(獄舍).
príson ván n. 죄수 호송 마차.
pris·sy [prísi] adj. (**-si·er, -si·est**)《美구어》깔끔한, 신경질적인; 새침한; 꾀까다로운. **-si·ly** adv. **-si·ness** n.
pris·tine [prísti(ː)n, -tain/-tain] adj. 1 초기의, 태고의, 원시 시대의(primitive); 원래의 (original). 2 순박한, 순박한. 〖쪽옥〗.
prith·ee [príði] interj.《고어》바라건대, 제발, 아무 쪼록.
prit·tle-prat·tle [prítlpr춞tl] n. 잡담, 수다. ─ vi. 잡담을 하다.
priv. (略) private; privative.
***pri·va·cy** [práivəsi / prív-, prái-] n. (pl. **-cies**) 1 ⓤ 남의 눈을 피하기, 은거, 은둔, 은퇴 생활; 사생활; 사적 (개인적) 자유, 프라이버시; ⓒ (고어) 은둔처. ¶ intrude on a person's privacy 남의 사생활을 침범하다 / live in absolute privacy 은둔하다 / She wept in the privacy of her own room. 그녀는 자기 방에 숨어서 울었다. 2 ⓤ 비밀, 내밀(內密). ¶ I tell you his name in strict privacy. 그의 이름을 절대 비밀로서 알려드리겠습니다. 3 (-cies)《고어》 음부.
in privacy 숨어서, 은밀히.
in the privacy of one's thoughts 마음속 깊이.
◇ **prívate** adj. [< PRIV[ATE] + -ACY]
prívacy protèction n. 프라이버시 보호.
pri·vat·do·cent, -zent [priːvátdoutsént] n. 〖독일 등의〗 무보수(무급) 강사, 객원 강사.
‡**pri·vate** [práivit] adj. 1 개인적인, 개인에 관한, 사용 (私用)의, opp. official, public ¶ a private letter 사신 (私信) / private life 사생활 / a private room 사실(私室) / in my private opinion 나의 개인의 소견으로는. 2 사유(私有)의, 사영(私營)의, 사원, 개인에 속하는. opp. public ¶ a private school 사립 학교 / a private property 사유 재산. 3 비밀의, 은밀한, 남의 눈을 피한 (secret); 비공개의, 비공식의. opp. public ¶ a private view [초대한 손님에게만 보여주는] 내람(內覧) / private news 비밀 정보 / private parts 음부(陰部) / a private corner 남의 눈에 띄지 않는 구석 / a private marriage 비밀 결혼식 / This is for your private ear. 극히 비밀이야. 4 관직에 있지 않은, 민간인의, 여염의; 평(平)…. ¶ a private citizen 평민, 일개 시민 / private clothes 평복. 5 일개 병졸의. ¶ a private soldier 병졸. 6 은둔적의, 은퇴한(secluded).
─ n. 1 〖군대〗 병사, 졸병. 2 (~s) 음부.
in private 살짝, 은밀히(secretly); 비공식으로. opp. in public.
~·**ness** n. ◇ **prívacy** n.
prívate attórney n. 〖법률〗 대리인.
prívate bill n. 〖특정의 개인·법인에 관한〗 의회 법안.
prívate cómpany n. 《英》 = private enterprise.
prívate detéctive n. 사립 탐정.
prívate énterprise n. 민간 기업; 개인 기업.
pri·va·teer [pràivətíər] n. 1 〖전시에 정부로부터 적선의 나포 임무를 맡은〗 민간 무장선, 사략선(私掠船). 2 그 선장, (~s) 민간 무장선의 선원. ─ vi. 민간 무장선(사략선)으로서 행동하다.
pri·va·teer·ing [pràivətíəriŋ / -tíər-] n. ⓤ 사략선을 타고 하는 해적 행위, 해적질, 해적 생활.
pri·va·teers·man [pràivətíərzmən] n. (pl. -**men** [-mən]) 사략선의 선장·승무원.
prívate éye n.《美속어》사립 탐정.
prívate fírst cláss n.《美》일등병[略 pfc.].
prívate hotél n. 1 예약 손님 외에는 사절하는 호텔. 2 (滯) 주류 판매 허가가 없는 호텔.
prívate láw n. 1 〖개인간의 관계에 관한〗 사법(私法). 2 〖특정한 개인·법인에 적용되는〗 개별적 법률.
*p**ri·vate·ly** [práivitli] adv. 은밀하게(secretly), 개인으로서.

Prívate Mémber n. (때로 p- m-)《英》〖정부 각료가 아닌〗 평의원(平議員).
prívate políce n.《美》민간(청원) 경찰.
prívate ríght n. 〖법률〗 사권(私權).
prívate sécretàry n. 개인 비서.
pri·va·tion [praivéiʃ(ə)n] n. ⓤⓒ 1 〖생활 필수품 따위의〗 결핍(want); 궁핍, 부자유; 곤란. ¶ lead a life of privation 궁핍한 생활을 보내다. 2 (~s) 결핍(궁핍)의 실례). ¶ suffer many privations 갖가지 곤란을 겪다. 3 박탈, 몰수, 빼앗기, 면직. 4 (법률) 면수(免授)되어 있음. 5 〖철학〗 결여, 결성. ¶ privation of property 재산의 몰수. 〖의 존중.
pri·va·tism [práivətìz(ə)m] n. ⓤ 사유 (사적 자유)
pri·va·tis·tic [pràivətístik] adj. 사적 자유를 존중하는; 사기업(私企業) 옹호의.
priv·a·tive [prívətiv] adj. 1 빼앗는. 2 결핍의, 부자유의. 3 〖문법〗 결성(缺性)의, 부정의. ─ n. 1 〖문법〗 결성어(缺性語); 부정사(否定辭) [un-, in-, -less 따위]. 2 결여물(缺如物). **~·ly** adv. 〖사유화.
pri·va·ti·za·tion [pràivətaizéiʃ(ə)n] n. ⓤⓒ 민영화,
pri·va·tize [práivətàiz] vt. (**-ized, -iz·ing**) 〖공공 기업 따위를〗 사유화(민영화)하다. 〖주인자.
pri·va·tiz·er [práivətàizər] n. 민영화론자, 민영화
priv·et [prívit] n. 쥐똥나무속의 식물.
‡**priv·i·lege** [prív(i)lidʒ] n. ⓤⓒ 1 특권, 특전, 특별 취급(of...). ¶ parental privilege 친권(親權) / the Privilege of Parliament《英》국회(의원)의 특권 / the privileges of birth 명문의 특권.
〖類語〗 **privilege** 호의·양보의 결과 또는 신분·지위 등에 의해 남보다 우선해서 인정되는 특별한 권리·편의: the privilege of free admission 입장무료의 특전.
prerogative 신분·지위 따위에 의해 독점적으로, 종종 공적(公的)·법적으로 privilege: the prerogatives of a king 국왕의 대권.
2 (the ~) 〖근대 입헌국의〗 기본적 인권. ¶ the privilege of equality for all 만인 평등의 기본적 인권. 3 〖개인적인〗 은혜, 특혜, 〖특별한〗 명예. ¶ enjoy privilege of a person's friendship 남과 교제하는 특전을 누리다 / It is my greatest privilege to announce their engagement. 두 사람의 약혼을 발표하게 된 것을 영광으로 생각합니다. 4 〖증권〗 투기적 거래.
─ vt. (**-leged, -leg·ing**) 1 …에게 특권(특전)을 주다. ¶ (~+目+to do) We privileged him to come to school later than usual. 그에게 여느때보다 늦게 학교에 와도 좋다고 특별히 허락했다. 2 …을 특전으로 면제하다(exempt)(...from). ¶ (~+目+前+名) privilege a person from military service 누구를 병역에서 면제하다. **prívilege càb** n.《英》특정 장소〖특히 정거장〗에서 손님을 기다리는 허가를 받은 자동차.
priv·i·leged [prív(i)lidʒd] adj. 특권 계급에 속하는; 특권(특전)이 있는. ¶ a privileged few 소수의 특권 계급 사람들 / privileged classes 특권 계급.
prívileged communicátion n. 〖법률〗 반드시 공개되어야 하는 것은 아닌 정보; 〖특히〗 confidential communication.
priv·il·i·gent·si·a [prìviliʤéntsiə, -gén-] n. 특권 계급, 특권층. 〖남 몰래 살짝(privately).
priv·i·ly [prívili] adv. 비밀로, 은밀하게(secretly),
priv·i·ty [príviti] n. ⓤⓒ (pl. **-ties**) 1 은밀한 일, 비밀. 2 내밀로 알고 있음, 은밀한 내통, 묵계. 3 〖법률〗 당사자의 상호 관계.
*p**riv·y** [prívi] adj. 1 은밀히 관여하고 있는 (to...). ¶ Many persons were privy to the operation. 많은 사람들이 그 작전에 관계하고 있었다. 2 한 개인의(private); 사유의; 사용(私用)의. 3 (고어) 비밀의(secret), 남의 **prívy parts** 음부. 〖눈을 피한.
─ n. (pl. **priv·ies**) 1 옥외(屋外) 변소. 2 〖법률〗 이해 관계자, 당사자. ◇ **prívily** adv., **prívity** n.
prívy cóuncil n. (the P- C-)《英》추밀원(樞密院).
prívy cóuncillor n. (P- C-)《英》추밀 고문관.

prívy pùrse n. (the ~)《英》[영국 왕실의] 내탕금 (內帑金).

prívy séal n.《英》(the ~) 옥새(玉璽)《국새(國璽) (great seal)를 필요로 하지 않는 서류 등에 찍는다》; (P-S-) 국새 상서(尙書).

prix [pri:] n. (pl. **prix** [pri:]) =prize.

prix fixe [pri: fíks] n. (pl. **prix fixes** [-fíks]) 값이 균일한 정식(定食)의 값. [<F fixed price]

‡**prize**¹ [praiz] n. **1** 상품, 경품, 현상, 상여(賞與); 복권. ⇒ REWARD [類語] ¶ award a prize to …에 상품을 주다 / draw a prize in lottery 복권을 뽑다 / carry off (or gain, win) a prize 상을 받다 / a prize for good conduct 선행상(善行賞) / a prize at an exhibition 전람회의 상품(賞品). **2** 경쟁 또는 노력의 목적물, 획득하려 치고 있는 것, 남들이 선망하는 것. ¶ The great prizes of life 부귀 영달과 같은 인생의 큰 목적물 / gain the prizes of a profession 높은 지위를 얻다. **3** 《구어》 완전한 것, 훌륭한 것, 더할 나위 없는 것. ¶ pick up a prize at a sale 세일(방매)에서 훌륭한 물건을 발견하다 / Good health is the greatest prize. 건강은 다시없는 보배다. **4** 《구어》 시합 (match).

play one's **prize** 사리(私利)를 꾀하다.

play (or **run**) [one's] **prizes** [상품을 목적으로] 시합(경주)에 나가다.

—— adj. **1** 상품으로 주어진. ¶ a prize cup 상배(賞杯) / a prize medal 우승 메달. **2** (종종 비꼬아서) 상을 받을만한, 발군의, 제1급의. ¶ a prize answer 훌륭한 답변 / a prize idiot 큰 바보. **3** 수상(受賞)한, 상품을 받은. ¶ a prize novel 입상 소설. **4** 현상이 붙은.

[類語] **prize** 자기 것이라고 아주 높이 평가하고 자랑하다: prize an antique chair 골동품 의자를 소중히 간직하다. **value** 다른 것과 비교해서 높은 가치를 인정하다: value honor more than life 생명보다 명예를 존중하게 시키다. **treasure** 자기에게 귀중한 것을 잃지 않도록 안전하게 지키다: treasure a memento of one's mother 어머니의 유물을 소중히 간직하다.

*prize² [praiz] vt. (prized, príz·ing) …을 포획(捕獲)하다, 나포(拿捕)하다. —— n. **1**《C》 포획, 나포 (seizure); 《C》 전리품, 노획품, [특히] 포획선(船鉛品). ¶ become [the] prize of; become prize to …에 포획되다 / divide prizes among persons 노획물을 분배하다 / make [a] prize of …을 포획하다. **2** 뜻밖에 찾아낸 귀중한 물건.

prize³ [praiz] vt. (prized, príz·ing) **1** …을 존중하다, 고맙게 생각하다, 소중히 여기다. ¶ (~+몯+圃) I prize a ring as a keepsake 반지를 기념품으로 소중히 여기다. **2** …을 평가하다.

[類語] **prize** 자기 것이라고 아주 높이 평가하고 자랑하다: prize an antique chair 골동품 의자를 소중히 간직하다. **value** 다른 것과 비교해서 높은 가치를 인정하다: value honor more than life 생명보다 명예를 존중하다. **treasure** 자기에게 귀중한 것을 잃지 않도록 안전하게 지키다: treasure a memento of one's mother 어머니의 유물을 소중히 간직하다.

prize⁴ [praiz], (**prise**) [praiz] vt. (**prized, príz·ing**) 《주로 英방언》 [을 지레로] 움직이다, 밀다, 억지로 열다(pry). ¶ (~+圄+圃) prize off a lock 자물쇠를 지레로 비틀어 열다 / prize out (or up) the lid of a box 상자 뚜껑을 지레로 비집어 열다 // (~+圄+圃) prize open a lock 자물쇠를 지레로 비틀어 열다. —— n. 지레; 지레의 작용.

príze cóurt n. [전시(戰時)] 포획물 심판소.

príze crew n. [항해] 나포 함선 회항원(回航員).

príze dày n. (종종 P-d-)《英》(중·고등 학교에서 1년에 1회 있는) 우등생 표창일.

príze féllowship n.《英》 시험 성적 우수자에게 주는 장학금.

prize·fight [práizfàit] n. 현상(상금)이 붙은 권투 시합.

príze·fight·er [práizfàitər] n. 직업 권투 선수.

príze·fight·ing [práizfàitiŋ] n. ⓤ 프로 복싱, 현상권투 시합.

príze·man [práizmən] n. (pl. -men [-mən]) 수상자.

príze màster n. [항해] 나포 함선 회항 지휘관.

príze mòney n. ⓤ **1** 포획 분배금. **2** [일반적으로] 상금.

priz·er [práizər] n. 《고어》 **1** 현상금을 노리고 하는 경기자. **2** =appraiser.

príze rìng n. **1** 현상 권투 시합장. **2** 현상 권투. **3** 그 선수(후원자).

prize·win·ner [práizwìnər] n. 수상자, 상금 획득자; 수상 작품.

prize·win·ning [práizwìniŋ] adj. 입상(入賞)의, 상한.

prize·wor·thy [práizwə̀rði] adj. 상을 받을 만한.

*pro¹ [prou] adv. [제안·의견 따위에] 찬성하여. opp. con¹. ¶ pro and con 찬반 양론으로. —— prep. …에 찬성하여. —— n. (pl. **pros**) 찬성자, 찬성론, 찬성 투표. ¶ pros and cons 찬반 양론. [<L for]

*pro² [prou]《구어》 n. (pl. **pros**) 숙련가, 전문가, 직업 선수, 프로 (professional). ¶ a golf pro 골프의 직업 선수. —— adj. 전문가적인, 직업적인. [<PRO[FESSIONAL]]

pro³ [prou] prep. 《라틴》 (=for) …을 위하여, …에 응하여.

PRO (略) Public Relations Office (홍보국 (弘報局))

pro-¹ pref. **1** favoring, supporting 의 뜻. 예: pro-British, pro-Communist. **2** substituting for, vice (副)…의 뜻. 예: procathedral, pro-proctor. **3** forth, before 의 뜻. 예: proceed, project, propel, produce. **4** publicly or out 의 뜻. 예: proclaim, pronounce. **5** according to 의 뜻. 예: proportion.

pro-² pref. **1** (주로 학술 용어로) situated before, in front of 의 뜻. 예: prognathous. **2** earlier than, beforehand 의 뜻. 예: prologue, prodrome.

pro·a [próuə] n. [말레이 군도에서 사용되는] 쾌속 범선.

pro·ac·tive [pro(u)ǽktiv] adj. [심리] 순행(順向)의, 선행 학습에 영향을 받은.

pro-am [próuǽm] n. 프로와 아마추어 [경기]의.

prob. (略) probable, probably; problem.

prob·a·bil·ism [prábəbilìz(ə)m / prɔ́b-] n. ⓤ 《신학》 개연론 (蓋然論).

prob·a·bil·i·ty [pràbəbíləti / prɔ̀b-] n. (pl. -**ties**) **1** ⓤ 있음직함, ⓒ 가망성, 공산(公算) (likeliness); Possibility and probability are two different things. 가능성이 있다는 것과 공산이 있다는 것은 별개의 문제다 // There is no probability of his coming here. 그가 이곳에 올 가망성은 없다 // There's little probability that he will take our side. 그가 우리들 편에 가담할 가망성은 별로 없다. **2** 있을 법한 일. ¶ It is a probability. 그것은 있을 법한 일이다 / The probabilities are against us (in our favor). 우리가 이길 가망성은 없다 (이길 가망성이 있다). **3** ⓤ 《수학》 확률, 개연율(蓋然率); [철학] 개연성. **4** (-ties)《美》 일기 예보.

in all probability 아마도, 십중팔구는. ¶ In all probability the book has been out of print. 아마 그 책은 절판되었을 것이다.

◇ **próbable** adj.

‡**prob·a·ble** [prábəbl / prɔ́b-] adj. **1** 있을 법한, 있음직한, …할 듯한, 그럴싸한, 개연적인. ⇒ LIKELY [類語] ¶ a probable evidence 확실한 듯한 증거 / It's probable that it will rain tomorrow. 내일은 비가 올 듯하다 / It is possible but not probable that he will pass the examination. 그가 그 시험에 합격할 가능성은 없지도 않지만 아마 합격할 가망은 없을 것이다 / What is the probable cost? 그 비용은 대충 얼마나 들것 같습니까? **2** 유망한. ¶ a probable winner 우승할 가망이 있는 사(말), 우승 후보. —— n. **1** 뭔가 할 듯한 사람; 일어날 듯한 사건, **2** 미래의 선수, 신인, 유망주, 보결.

◇ probabílity n.

‡**prob·a·bly** [prábəbli / prɔ́b-] adv. 아마도, 대체로, 십중팔구로, ¶ She will come on time most probably. 그녀는 십중팔구 제시간에 올 것이다 / It will probably be fine tomorrow. 내일은 아마 날씨가 좋을 것이다 / It may cost £10 or probably less. 10 파운드 또는 아마 그

이하의 비용이 들 것이다. 「息子).
pro·bang [próubæŋ] n. 〔외과〕 식도(인후) 소식자(消
pro·bate [próubeit / -bit, -beit / → v.] n. 1 ① 〔법률〕 입증, 인증(검증). 2 검인이 끝난 유언.
— adj. 〔유언〕 검인의. — vt. [próubeit] (**-bat·ed, -bat·ing**) 〔유언〕을 검인하다, …의 검인을 받다; 〔집행 유예자〕에게 보호 관찰을 받게 하다.
próbate còurt n. 〔유언〕 검인 재판소.
próbate dùty n. 유언 증여 동산세 (遺言贈與動產稅).
***pro·ba·tion** [pro(u)béiʃ(ə)n] n. 1 ① 〔인물·행위·자격 따위의〕 심사, 검정, 시험 (examination). 2 ①⑥ 시험 기간, 수습 기간, 가채용 기간; 〔교회〕 수련기. ¶ pass six months' *probation* 반년의 수습 기간을 마치다. 3 ①⑥ 〔美〕〔처벌 학생의〕 근신 기간; 급제(及第) 기간. 4 ① 〔법률〕 보호 관찰; 집행 유예. ¶ a *probation* system 보호 관찰 제도. 5 ① 시련 (ordeal). ¶ future *probation* 내세시련설(來世試練說).
on probation ① 시험적으로; 수습으로. ② 보호 관찰로, 집행 유예로. ¶ place(*or* put) an offender *on probation* 범인에게 집행 유예(보호 관찰)를 받게 하다.
under probation = on probation ②. 〜ary.
pro·ba·tion·al [pro(u)béiʃ(ə)n(ə)l] adj. = probation
pro·ba·tion·ary [pro(u)béiʃ(ə)nèri / -nəri] adj. 1 시험의, 시련의. 2 가(假)채용의, 견습 기간중의. 3 《美》 급제중인; 근신중인. 4 보호 관찰중인, 집행 유예중인.
pro·ba·tion·er [pro(u)béiʃ(ə)nər] n. 1 수습(견습)생; 후보생; 급제자; 〔교회〕 수련자; 〔프로테스탄트〕 목사보(補). 2 〔보호 관찰을 받고 있는〕 집행 유예중인 죄인.
probátion òfficer n. 보호 관찰관. 〔인.
pro·ba·tive [próubətiv, +美 próub-] adj. 1 증거가 되는, 증명하는. 2 시험의, 검인(檢認)의.
*****probe** [proub] n. 1 〔외과용의〕 탐침(探針). 2 시험 (test), 시련 (trial). 3 《美》〔불법 행위 적발을 위한〕 조사. 4 공중 급유용 파이프; 우주 탐사용 로켓, 우주 탐측기 (探測機). — v. (**probed, prob·ing**) vt. …을 탐침으로 찾다, 시험하다; 정사(精査)하다, 음미(吟味)하다. ¶ *probe* a matter to the bottom 사건을 철저하게 조사하다 / *probe* the space with rockets 로켓으로 우주를 탐사하다. — vi. 엄밀히 조사(탐사)하다. ¶ (〜+圖+图) *probe* deep *into* things 사물을 깊이 조사하다 / *probe for* some way 무슨 방법을 찾다.
pro·bi·ty [próubiti, +美 práb-] n. ① 성실 (integrity), 고결, 정직. → HONESTY 類語
prob·lem [prábləm / prɔ́b-] n. 1 문제, 과제, 의문, 난문(難問). ¶ social *problems* 사회 문제 / the *problem* of traffic 교통 문제 / put a person a *problem* 남에게 문제를 내다 / solve the *problem* (*of* how to do it 그 일을 하는 방법에 관한 문제를 해결하다.
類語 **problem** 해결·결정해야 할 일로서, 종종 깊은 검토를 요하는 어려운 문제: the population *problem* 인구 문제. **question** 토론·연구해야 할 사항: raise a *question* 문제를 제기하다.
2 〔구어〕 골칫거리, 다루기 어려운 사람(것), 고장, 장애. ¶ You're everyone's *problem*. 너에게는 모두 손들었다.
3 〔수학〕 문제, 〔기하〕 작도(作圖) 문제. ¶ a plane (a solid) *problem* 평면(입체) 기하학 문제. 3 〔서양장기〕 문제, 묘수풀이(문제).
No problem ! 〔구어〕 ① 문제 없어!, 좋습니다. ¶ Could you do it? — *No problem*! 할 수 있겠습니까? — 문제 없습니다. ② 괜찮습니다, 무슨 말씀을. ¶ Thanks. — *No problem*? 고맙습니다 — 무슨 말씀을.
What's the problem ? 〔구어〕 ① 무슨 일이야? 왜 그래? ② 별 일 없어?
— adj. 1 지도하기 어려운, 문제가 있는, 다루기 힘든; 제멋대로의. ¶ a *problem* child 문제아. 2 〔문학〕 문제의, 묘수풀이〔문제〕. ¶ a *problem* novel (play) 소설(극).
◇ problemátic adj.

prob·lem·at·ic [prábləmǽtik / prɔ̀b-], **-i·cal** [-k(ə)l] adj. 문제의, 의문의, 의심스러운 (doubtful); 결정하기 어려운, 미정의 (uncertain). ¶ Its success is *problematic*. 그의 성공은 의문이다. **-i·cal·ly** [-ikəli] adv.
prob·lem·at·ics [prábləmǽtiks / prɔ̀b-] n. pl. 복잡한 여러 문제, 해결 곤란한 여러 상황.
pro·bos·cid·e·an [pròubəsídiən, +美 pro(u)básidíən] adj. 긴 코가 있는, 코가 긴, 장비류(長鼻類)의. — n. 장비류의 동물[코끼리·맘모스 따위].
pro·bos·cis [pro(u)básis / -bɔ́s-] n. (pl. **-cis·es** **-ci·des** [-sidíːz]) 1 〔코끼리 따위의〕 코, 긴 코. 2 코끼리코 모양의 것; 〔곤충 따위의〕 주둥이. 3 〔익살〕 사람의 큰 코.
proc. (略) proceedings; procedure; process.
pro·caine [proukéin, -ˈ-] n. ① 〔약학〕 프로카인〔국부 마취제의 일종〕. *cf.* Novocaine
pro·car·y·ot·ic [pròukærɪ́ɑtik / -ˈɔ́t-] adj. 〔세균·녹조(綠藻) 따위가〕 세포핵이 없는.
pro·ce·dur·al [pro(u)síːdʒər(ə)l] adj. 절차상의, 처분상의, 소송 절차상의.
‡**pro·ce·dure** [pro(u)síːdʒər] n. ①⑥ 1 〔행위·상태·사정 따위의〕 진행, 진전. 2 절차, 순서, 수단 (method); 행동, 행위(conduct). ⇒ PROCESS 類語 ¶ discovering *procedure* 〔무언가를〕 발견하는 순서 / follow the *procedure* 순서를 따르다 / a prearranged *procedure* 예정된 행동. 3 〔법률〕 소송 절차, 의회의 의사 절차. ¶ legal *procedure* 소송 절차 / summary *procedure* 약식 재판 절차 / the code of civil (criminal) *procedure* 민사(형사) 소송법. 4 처치, 처분. ¶ interim *procedures* 잠정 조치.
‡**pro·ceed** vi. [pro(u)síːd / →] n.] 1 앞으로 나아가다, 진출하다. ¶ (〜+圖+图) *proceed on* a journey 여행길에 오르다 / *proceed to* the palace 입궐하다 / *proceed to* Lancashire 랭커셔로 향하다 (* 이 의의 구어적 표현은 go (on)) / *proceed to* extremes (violence) 극단(폭력 사태)에 이르다. 2 계속하다, 속행(續行)하다 (continue), 발표을을 옮기다; 말을 잇다. ¶ *proceed on* right reasoning 올바른 추론에 따라 진행하다 // (〜+圖+图) *proceed with* one's work 일을 계속하다 // Let's *proceed to* the next question. 다음 문제로 옮겨갑시다 // (〜+to do) He *proceeded to* tell the rest of the story. 그는 계속해서 나머지 이야기를 했다. 3 착수하다, 시작하다 (begin). ¶ (〜+圖+图) *proceed instantly to* essentials 즉각 긴요한 일에 착수하다 // (〜+to do) He *proceeded to* eat dinner. 그는 저녁을 먹기 시작했다. 4 일어나다, 생기다, 발생하다 (originate), 유래하다 (*from*, out of ...). ¶ (〜+圖+图) diseases that *proceed from* dirt 불결해서 생기는 병. 5 〔법률〕 소송을 일으키다, 절차를 취하다. ¶ (〜+圖+图) *proceed against* a person for trespass 남을 침해죄로 고소하다. 6 〔英〕 학위를 얻다. ¶ (〜+圖+图) *proceed to* the degree of M.A. 문학 석사 학위를 따다.
— n. [próusiːd] (〜s) 결과; 수입, 수익, 매상고.
◇ pròcess, procéssion, procédure n.
‡**pro·ceed·ing** [pro(u)síːdiŋ] n. 1 ①⑥ 행위, 하는 방식, 행동. ¶ a doubtful sort of *proceeding* 수상한 행위 / a high-handed *proceeding* 강압 수단. 2 처치, 처분. ⇒ PROCESS 類語 3 ① 진행(상태). 4 (〜s) 〔의회 등의〕 의사록, 회의록, 〔학회의〕 회보. 5 (〜s) 〔법률〕 소송 절차, 소송 행위; 변론(*against* ...). ¶ divorce *proceedings* 이혼 소송 / oral *proceedings* 구두 변론 / take (*or* start) *proceedings against* a person 남에게 대하여 소송을 제기하다.
‡**proc·ess** [práses / próu-] n. 1 ① 진행, 〔시간의〕 경과, 진척 (course), 〔사태·일의〕 추이 (推移). ¶ the *process* of time 시간의 경과 / in *process* of construction 건설중.
類語 **process** 어떤 일의 개시에서 종결까지 각 단계가 연속적으로 진행되는 전(全)과정: the *process* of digestion

소화 과정. **procedure** 어떤 일을 하기 위한 격식적인 방법·절차: class *procedure* 수업의 순서. **proceeding** 어떤 process 중의 개별적인 사건·조치·행위: a legal *proceeding* 합법 조치.
2 방법, 조치, 제조법, 공정(工程). ¶ a chemical *process* 화학적 방법 / the *process* of making butter 버터 제조법. **3** 작용, 변화. ¶ the *process* of decomposition 분해 작용 / the *process* of decaying 부패 작용. **4** [인쇄] 사진 제판법, 인쇄법. ¶ a three-color *process* 3색 인쇄법. **5** [법률] 소송 절차, 집행 영장, 피고 소환장. ¶ the final *process* 최종 영장 / serve a *process* upon a person 남에게 영장을 발부하다. **6** [동·식물] 융기, 돌기. ¶ a *process* of a bone 뼈의 돌기. **7** [영화] 스크린 프로세스(배경을 접합하는 영화 수법).
— *adj.* **1** 가공(처리)한. **2** 사진 제판법에 의한.
— *vt.* **1** …을 가공 처리(저장)하다. **2** …을 기소하다. **3** …을 사진판으로 복제(複製)하다. **4** 자료를 분류 조사하다. ◇ proceed *v.*
prócess árt *n.* ⓤ 개념 예술(conceptual art).
prócess blóck *n.* 사진관.
prócess contról *n.* 프로세스 제어(관리).
prócess cósting *n.* [회계] 종합(공정별) 원가계산.
pro·cess·ed [prásest/próu-] *adj.* 가공(처리)된.
prócessing táx *n.* ⓤⓒ 물품 가공세.
prócessing únit *n.* [컴퓨터] [연산(演算)] 처리 장치.
prócessing innovátion *n.* [산업] 생산 공정 혁신.
‡**pro·ces·sion** [pro(u)séʃ(ə)n] *n.* ⓤⓒ 행렬, 행진. ¶ a funeral *procession* 장례 행렬 / a lantern *procession* 제등행렬 / march (or go) in *procession* 줄을 지어 행진하다. **2** ⓤ 진행, 전진. **3** [신학] 성령의 발현(發現). **4** [교회] 행렬 기도, 성가 따위의 의식; 예배 행진. **5** 순위에 변화가 없고 재미없는 경주. — *vi.* 행렬을 지어 나가다. — *vt.* …을 행렬을 지어 걸어가다.
¶ *procession* the ground 광장을 줄지어 걸어가다.
◇ proceed *v.*, processional *adj.*
pro·ces·sion·al [pro(u)séʃən(ə)l] *adj.* 행렬[용]의. ¶ a *processional* cross 행렬용 십자가 / a *processional* chant 행렬 성가. — *n.* 행렬 성가(찬송가). ~·ly [-nəli] *adv.*
proc·es·sor [prásesər / próu-] *n.* **1** 〔美〕 농산물 가공업자. **2** 〔컴퓨터〕 중앙 연산(演算) 처리 장치; 언어 처리 프로그램.
prócess prínting *n.* ⓤ 원색 제판법.
prócess sérver *n.* [법률] 영장 송달인, 집달리.
pro·cès-ver·bal [prousévːərbáːl] *n.* (*pl.* **-ver·baux** [-vɛərbóu]) **1** 의사 보고서, 의사록. **2** [법률] 검사의 조서. [<F verbal process]
pro-choice [prout∫óis] *adj.* 〔美〕임신 중절 권리를 지지(주장)하는, 낙태 합법화를 주장하는. *cf.* pro-life.
pro·choic·er [prout∫óisər] *n.* 임신 중절(낙태) 합법화론자.
pro·chro·nism [próukrənìz(ə)m, +美 prák-] *n.* ⓒ [記傳] 착오(연대나 연월일을 실제보다 앞으로 매기는 일].
‡**pro·claim** [pro(u)kléim] *vt.* **1** …을 공언하다, 선언하다 (declare), 공포(公布)하다, 선포하다. **2** …이라고 선언하다. ⇒ DECLARE 類語 ¶ *proclaim* war 선전 포고하다 // (~+田+[to be] 補)(~+that 節) *proclaim* him [to be] a traitor; *proclaim* that he is a traitor 그를 반역자라고 선언하다. **2** …을 증명하다, 나타내다 (reveal). (~+田+[to be] 補)(~+that 節) His accent *proclaims* him a Bostonian. His accent *claims* that he was a Bostonian. 그의 악센트를 들으면 보스턴 태생임을 알 수 있다. **3** (집회)금지를 내리다, …을 금지시키다; (지역)에 법률의 구속을 가하다. ¶ *proclaim* a demonstration 시위를 금지하다.
◇ proclamation *n.*, proclamatory *adj.*
pro·claim·er [pro(u)kléimər] *n.* 포고자(布告者).
*****pro·cla·ma·tion** [pràkləméiʃ(ə)n / prɔ̀k-] *n.* ⓤⓒ 선언, 공포, 포고, 발포. ¶ the *proclamation* of war 선전 포고. **2** 선언서, 성명서. ¶ issue (or make) a *proclamation* 성명을 내다.
◇ proclaim *v.*, proclamatory *adj.*
pro·clam·a·to·ry [pro(u)klǽmətɔ̀ːri / -t(ə)ri] *adj.* **1** 고시(告示)의, 포고의, 성명의. **2** 선언적인, 고시적인.
pro·clit·ic [pro(u)klítik] [문법] *adj.* 후속적인[바로 다음에 오는 말에 접속되어 발음되나, 그 자체에는 악센트가 붙지 않는다]. — *n.* 후속어[to go [təgóu] 의 to 따위].
pro·cliv·i·ty [pro(u)klíviti] *n.* (*pl.* **-ties**) 경향, 성벽(性癖), 기질 (tendency). ⇒ INCLINATION 類語 ¶ a *proclivity* of fault finding; a *proclivity* of finding fault 남의 흠을 잡는 버릇 / a *proclivity* to (or toward) vice 나쁜 짓을 하는 경향 // a *proclivity* to catch cold 감기에 잘 걸리는 체질.
Procne [prákni / prɔ́k-] *n.* 〔그리스 신화〕 프로크네 [Athens 의 공주, Tereus 의 아내인데, 자기 아들을 죽인 죄값으로 제비로 변신되었다].
pro·con·sul [pro(u)káns(ə)l / -kɔ́n-] *n.* **1** 〔로마 역사〕 지방 총독. **2** 〔근대의〕 식민지 총독; 점령군 사령관.
pro·con·su·lar [pro(u)káns(ə)lər / -kɔ́nsju-] *adj.* 지방 총독의; 식민지 총독의.
pro·con·su·late [pro(u)káns(ə)lit / -sju-] *n.* ⓤⓒ 지방(식민지) 총독의 직위(임기, 관할지).
pro·con·sul·ship [pro(u)káns(ə)lʃìp / -kɔ́n-] *n.* = proconsulate.
pro·cras·ti·nate [pro(u)krǽstinèit] *v.* (**-nat·ed, -nat·ing**) *vi.* 질질 끌다, 꾸물거리다, 지체하다 (delay).
— *vt.* (꾸물거려) …을 연기하다 (postpone).
pro·cras·ti·na·tion [pro(u)krǽstinéiʃ(ə)n] *n.* ⓤ 지연, 연기, 꾸물거림.
pro·cras·ti·na·tor [pro(u)krǽstinèitər] *n.* 꾸물거리는 사람, 질질 끄는 사람.
pro·cre·ant [próukriənt] *adj.* 자식을 낳는, 출산하는 (procreating), 생식(生殖)에 관한; 다산(多産)의.
pro·cre·ate [próukrièit] *vt.* (**-at·ed, -at·ing**) 〔자손〕을 보다, 낳다 (generate); 〔신종〕을 만들다 (produce).
pro·cre·a·tion [pròukriéiʃ(ə)n] *n.* ⓤ 출산, 생식.
pro·cre·a·tive [próukrièitiv] *adj.* 출산(생식)의 (generative), 출산(생식)력이 있는; 다산(多産)의.
pro·cre·a·tor [próukrièitər] *n.* 어버이[남성].
Pro·crus·te·an [pro(u)krʌ́stiən] *adj.* **1** 프로크루스테스의 (Procrustes) 〔류〕의. **2** 무리하게 기준에 맞추는.
Pro·crus·tes [pro(u)krʌ́stiːz] *n.* 〔그리스 신화〕 프로크루스테스[잡은 나그네를 쇠 침대에 묶고, 침대보다 키가 크면 그 발을 자르고, 짧으면 몸을 잡아늘였다고 하는 강도].
proc·to·daeum, -deum [pràktədíːəm / prɔ̀k-] *n.* (*pl.* **-dae·a** [-díːə] *or* **-ums**) [발생] 항문도(肛門道), 항문관(管).
proc·tol·o·gy [pràktáləd3i / prɔktɔ́l-] *n.* ⓤ 항문(장) 병학, 항문과(科).
proc·tor [práktər / prɔ́k-] *n.* **1** 〔주로 대학의〕 학생감; 시험 감독관. **2** 〔법률〕 대리인 (agent); 대소인 (代訴人); 〔종교(해사)〕재판소의 사무 변호사. ¶ King's (Queen's) *Proctor* 〔英법률〕국왕(여왕) 대소인(代訴人) [유언(이혼) 재판소에서 부정이 있을 때 법정에 이의를 신청할 수 있는 변호사].
proc·to·ri·al [prɑktɔ́ːriəl/prɔktɔ́ː-] *adj.* proctor 의.
proc·tor·ize [práktəràiz / prɔ́k-] *vt.* (**-ized, -iz·ing**) 〔학생감이〕 〔학생〕을 처벌하다. 〔직(임기)〕.
proc·tor·ship [práktərʃìp / prɔ́k-] *n.* ⓤ proctor 의
proc·to·scope [práktəskòup / prɔ́k-] *n.* 〔의학〕항문경(肛門鏡); 직장경.
pro·cum·bent [pro(u)kʌ́mbənt] *adj.* **1** 납작 엎드리고 있는. **2** 〔식물〕〔주로 줄기가〕 땅에 뻗어 있는.
pro·cur·a·ble [pro(u)kjú(ː)rəbl / -kjúər-] *adj.* 구할

proc·u·ra·cy [prάkjurəsi / prɔ́kju(ə)-] n. ⓤ〖고어〗 proctor 의 직무(일); procurator 의 직무(일); 〖업무 따위의〗대행.

proc·u·ra·tion [prὰkjuréi(ə)n / prɔ̀kju(ə)-] n. **1** ⓤ 획득, 입수, 취득. **2** ⓤⓒ 대리, 대리 위임장. **3** (~s) 순석료(巡錫料) [교구의 교회를 순회하는 성직자에게 주는 접대비]. **4** ⓤⓒ 빚돈의 주선[료], 대차금(貸借金) 주선 수수료. **5** ⓤ 매춘부를 두기; 뚜쟁이질, 매춘 주선. **6** ⓤ 〖소송〗대리인 선임.

proc·u·ra·tor [prάkjurèitər / prɔ́kju(ə)-] n. **1** 〖고대 로마〗행정 장관. **2** 《드물게》 〖법률〗〖소송〗대리인, 대소인(代訴人).

proc·u·ra·to·ri·al [prὰkjurətɔ́:riəl / prɔ̀kju(ə)-rətɔ́:r-] adj. 대리인의, 대소인의; 학생감의.

proc·u·ra·tor·ship [prάkjurèitərʃip / prɔ́kju(ə)-] n. ⓤ procurator 의 직(지위).

‡**pro·cure** [pro(u)kjúər] v. (**-cured, -cur·ing**) vt. **1** 〖힘을 다하여〗…을 얻다, 손에 넣다. ⇨ GET 類語 ¶ I must *procure* an employment. 어떻게 해서든지 취직해야겠다 / (~+몜+前+용) *procure* a person *with* a thing 남을 위해 물건을 구해 주다. **2** 〖고어〗…을 불러 일으키다, 초래하다. ¶ *procure* a person's death 남을 죽게 하다. **3** (여자를) 주선하다; (매춘부를) 거느리다, 포주 노릇을 하다. — vi. 매춘부를 주선하다.
◇ procurátion, procúrement n.

pro·cure·ment [pro(u)kjúərmənt] n. ⓤⓒ **1** 획득, 입수; 주선; 달성. **2** 《美》〖정부에 의한〗조달. ¶ a procurement demand 〖점령군의〗조달 명령서.

pro·cur·er [pro(u)kjú(:)rər / -kjúərə] n. **1** 획득자. **2** 매춘 주선자, 뚜쟁이.

pro·cur·ess [pro(u)kjú(:)ris / -kjúə-] n. 매춘부를 주선하는 여자, 여자 뚜쟁이.

Pro·cy·on [próusiən / -sjən] n. 〖천문〗프로키온 [소견좌(小犬座) (Canis Minor)의 1등성].

prod [prɑd / prɔd] v. (**prod·ded, prod·ding**) vt. **1** …을 찌르다, 쑤시다. ¶ be *prodded* on the back 등을 떠밀리다. **2** …을 자극하다, 일깨우다, 환기시키다; 격려하다, 재촉하다. ¶ *prod* a person's memory 남의 기억을 환기시키다 / (~+몜+前+용) *prod* a person *to* action 남을 격려해서 행동을 취하게 하다. — vi. 찌르다, 쑤시다(*in, at*...). — n. **1** (가축을 모는) 막대; 꼬챙이. **2** 찌르기, ¶ give a person a *prod* in the arm with a pencil 연필 끝으로 남의 팔을 찌르다. **3** 〖생각나게 하는〗신호, 조언.

prod. (略) produce, produced, product.

prod·der [prάdər / prɔ́də] n. 찌르는 사람, 자극을 주는 사람.

pro·de·li·sion [prouˈdilíʒ(ə)n, -ə̀м prɑd-ˈdi-] n. 머리 모음(頭母音)의 생략 [I am 을 I'm, amidst 을 'midst 하는 따위].

*****prod·i·gal** [prάdig(ə)l / prɔ́d-] adj. **1** 낭비하는 (wasteful); 방탕한. ⇨ LAVISH 類語 ¶ *prodigal* pleasures 사치스러운 도락 / *the prodigal son* 〖회개한〗탕아 [←누가 복음(Luke) 15: 11-32]. **2** 호탕한, 아낌없이 주는 (*of, with*...). ¶ be *prodigal of* smiles 애교를 떨다. **3** 아주 풍부한, 많이 있는 (profuse).
— n. 낭비자, 난봉꾼, 탕아.
play the prodigal 방탕하다, 난봉피우다.
~**ly** [-gəli] adv.

prod·i·gal·i·ty [prὰdigǽliti / prɔ̀d-] n. ⓤ **1** 낭비, 돈을 물쓰듯 함. **2** 방탕, 도락. **3** 선심, 아낌없음; 풍부.

*****pro·di·gious** [prədídʒəs] adj. **1** 거대한 (huge), 〖수량·정도 따위〗터무니 없는 (extraordinary). ¶ a *prodigious* sum 막대한 금액. **2** 놀랄만한 (amazing), 굉장한. ¶ a *prodigious* feat 놀랄만한 묘기.
~**ly** adv. ~**ness** n. ◇ prodigy n.

prod·i·gy [prάdidʒi / prɔ́d-] n. (pl. **-gies**) **1** 천재, 기재; 신동(* 종종 형용사적으로 쓰이다). ¶ a musical *prodigy* 음악의 천재 / an infant *prodigy* 신동 / a *prodigy* of learning 불세출의 학자 / He was a *prodigy* pianist at the age of ten. 그는 10세에 이미 비범한 피아니스트였다. **2** 놀라운 일; 기이한 현상, 괴이한 것. ¶ *prodigies* of nature 자연의 경이(驚異).

pro·drome [próudroum] n. **1** 〖병리〗병의 징후, 병의 조짐. **2** 《드물게》〖대저술의〗서론 (introduction).

‡**pro·duce** v. [prəd(j)ú:s / -djú:s // →n.] (**-duced, -duc·ing**) vt. **1** …을 낳다(bear), 산출(産出)하다 (yield). ¶ a well that *produces* oil 유정(油井) / *produce* a great philosopher 대학자를 낳다 / Trees *produce* fruit. 나무는 열매를 맺는다. ¶ *produce* cotton goods 면제품을 생산하다. **3** (책)을 출판하다; (그림·시 따위)를 창작하다. ¶ *produce* a book 책을 출판하다 / *produce* works of art 예술 작품을 창작하다. **4** (증거 따위)를 제시(제출)하다, 보여 주다; …을 꺼내다(*from*...). ¶ Please *produce* your ticket (driver's license). 표(운전 면허증)를 보여 주십시오. **5** 〖극〗을 상연하다, 연출하다; 〖영화〗를 제작하다. **6** …을 일으키다. ¶ *produce* a great sensation 큰 평판을 불러일으키다. **7** 〖수학〗〖선 따위〗를 연장하다. ¶ *produce* a line from one point to another 한 점에서 다른 점으로 줄을 긋다. — vi. **1** 생산하다, 산출(産出)하다. **2** 창작하다. ¶ He seems unable to *produce*. 그에게는 창작 능력이 없는 듯하다.
— n. [prάd(j)u:s, próu- / prɔ́dju:s] ⓤ 〖집합적〗**1** 제품, 작품; 농작물. ¶ the *produce* of the field (factories) 농산물(공업 제품). **2** 결과, 성과, 소산(所産). **3** 생산액, 산고.
be brought to produce 〖총포·군수품 따위가〗분해·분류되어서 각기 처분할 수 있게 되다.
◇ próduct, prodúction n., prodúctive adj.

‡**pro·duc·er** [prəd(j)ú:sər / -djú:sə] n. **1** 생산자, 제작자. opp. consumer ¶ a *producers'* price 생산자 가격. **2** 〖극장의〗흥행주, 경영자, 《英》〖연극의〗연출자《美》director; 〖영화의〗제작자, 프로듀서. **3** 〖화학〗가스 발생로.

prodúcer gàs n. ⓤ 〖화학〗발생로 가스[연료].

prodúcer (prodúcers') gòods n. pl. 생산재. cf. consumer['s] goods, capital goods

pro·duc·i·bil·i·ty [prədjù:səbíliti / -djùː-] n. ⓤ 생산(제조, 제출, 상연, 연장)할 수 있음.

pro·duc·i·ble [prəd(j)úːsəbl / -djúː-] adj. 생산(제조, 제출, 상연, 연장)할 수 있는.

‡**prod·uct** [prάdəkt, -dʌkt / prɔ́d-] n. **1** 산물(産物), 생산물. ¶ natural *products* 천연의 산물 / residual *products* 부산물(by-products) / the *products* of the soil 농작물. **2** 제작품, 창작품. **3** 〖노동·노력의〗결과, 성과; 소산. **4** ⓤ 〖수학〗곱, 적(積). ¶ The *product* of 7 and 5 is 35. 7과 5의 곱은 35. **5** 〖화학〗생성물.
◇ prodúce v., prodúctive adj.

próduct desígn n. ⓤⓒ 제품 디자인[자동차·가전 따위 공업적 제품]. ¶ 〖한〗제품 혁신.

próduct innovátion n. 〖산업〗〖신제품 개발을 위...〗

‡**pro·duc·tion** [prədʌ́k(ʃ)ən] n. **1** ⓤ 생산, 산출(産出) 〖경제〗생산(고); 제작, 제조. cf. consumption **2** 생산품, 제작물; 저작물; 작품. **3** ⓤ 제출, 제시. **4** ⓤ 〖극〗〖영화의〗상연, 영화 제작소. **5** ⓤⓒ 〖수학〗연장〖선〗. ◇ prodúce v.

prodúction contról n. ⓤ 생산 관리, 공정 관리.

prodúction gòods n. pl. =producers' goods.

prodúction lìne n. 〖일관 작업의〗생산선(生産線) 일관 작업.

‡**pro·duc·tive** [prədʌ́ktiv] adj. **1** 생산적인, 생산력이 있는. ¶ a *productive* society 생산 조합 / *productive* labor 생산적 노동. **2** 풍부한, 다산(多産)의. ¶ a *productive* writer 다작의 작가. **3** …을 낳는, 산출하는(*of*...). ¶ *productive of* great inconvenience 대단한

불편을 끼치는 / an age *productive of* great poets 뛰어난 시인이 배출되는 시대. **4** 【경제】이익을 낳는. ~**ly** *adv.* ~**ness** *n.*
◇ prodúce *v.*, prodúction, productívity *n.*

*pro·duc·tiv·i·ty [pròudʌktíviti / prɔ̀d-, pròu-] *n.* ⓤ 다산성; 생산성, 생산력.

próduct liabílity *n.* 《美》 [제품에 의한 피해에 대한] 생산자 책임, 제조물 책임[略 PL].

pród·uct-li·a·bíl·i·ty sùit [prɔ́dəktlàiəbíliti-, -dʌkt- / prɔ́d-] *n.* 불량 상품 고발 소송.

pro·em [próuem, +美 -im] *n.* 서문, 서론; 첫머리, 모두(冒頭); 발단.

pro·e·mi·al [prouíːmiəl] *adj.* 서문의, 첫머리(모두)의.

pro·ette [prouét] *n.* [특히 골프의] 여자 프로 선수.

pro-Eu·ro·pe·an [pròu(j)ùərəpíːən · -juərə-] *adj.*, *n.* 서유럽 통일주의의(주의); 유럽 공동체 지지의(지지자).

prof [prɑf / prɔf] *n.* 《구어》 《종종 P-》 =professor.

Prof. 《略》 Professor.

prof·a·na·tion [prɑ̀fənéiʃ(ə)n / prɔ̀f-] *n.* ⓤ **1** 신성 (神聖)을 더럽힘, 모독. **2** 남용, 악용.

pro·fan·a·to·ry [pro(u)fǽnətɔ̀ːri / -t(ə)ri] *adj.* 신성을 더럽히는.

*pro·fane [pro(u)féin] *adj.* **1** 신성(神聖)을 더럽히는, 불경스런. ¶ a *profane* language 모독적인 말. **2** 종교와 관계없는, 세속적인(secular); 비속한; 범속한. **3** 이교(異敎)의, 이단의, 사교(邪敎)의. ¶ *profane* rites and ceremonies 이교의 의식 전례(儀式典禮). — *vt.* (-faned, -fan·ing) **1** …의 신성을 더럽히다, 모독하다. ¶ *profane* a national flag 국기를 모독하다. **2** …을 남용하다, 악용하다. ~**ly** *adv.* ~**ness** *n.*
◇ profánity, profanátion *n.*

pro·fan·i·ty [pro(u)fǽniti] *n.* (*pl.* **-ties**) ⓤ 신성을 더럽힘, 불경, 모독; ⓒ 불경스러운 말.

*pro·fess [prəfés] *vt.* **1** …을 언명하다, 공언하다, 선언하다, 고백하다. ¶ (~+图+ [to be] 稬) They *professed* themselves [*to be*] quite contented. 그들은 참으로 만족스럽다고 말했다 // (~+[*that*]) He *professed* [*that*] he had no taste for music. 그는 음악에는 취미가 없다고 분명히 말했다. **2** …을 꾸미다, сlaim하다, 자칭하다. ¶ She *professed* gratitude she did not feel. 그녀는 마음에도 없는 사의를 표했다 // (~+to do) Everyone *professed* to study hard. 모두가 열심히 공부하는 체했다 // (~+图+ [to be] 稬) *profess* oneself [*to be*] fond of cooking 요리하기를 좋아한다고 자칭하다. **3** …을 믿는다고 공언하다, …의 신앙을 고백하다. **4** …을 직업으로 하다, [세상에]…이라는 간판을 내걸다. ¶ I *profess* medicine (law) 의사(변호사)를 업으로 하다. **5** [교수 자격으로] …을 교수하다. — *vi.* **1** 공언하다, 언명하다. **2** 교수로 일하다. **3** 신앙을 고백하다; 서약하고 종문(宗門)에 들어가다. **4** 〖교회〗 공식적으로 수도 서원(修道誓願)을 하다. ◇ proféssion *n.*

pro·fessed [prəfést] *adj.* **1** 공언한, 공공연한(avowed); 명백한. ¶ a *professed* Christian 기독교 신자라고 공언하는 사람. **2** 겉보기의, 거짓의, 자칭의. ¶ a *professed* anatomist 자칭 해부학자. **3** 전문적인, 본직의. **4** 서약하고 종문(宗門)에 들어간.

pro·fess·ed·ly [prəfésidli] *adv.* 공언하여, 공공연하게, 명백하게; (가장)하여, 표면적으로는, 허울뿐으로.

‡pro·fes·sion [prəféʃ(ə)n] *n.* **1** ⓒ ⓤ 전문적인 직업, [보통의]직업, ⇒ OCCUPATION 類語 ¶ the learned *professions* 신학·법학·의학의 세 직업 / the *profession* of a lawyer 변호사업 / the clerical (medical, military) *profession* 성직(의사업, 군직) / He is an engineer by *profession*. 그의 직업은 기사이다. The (~;) 〖집합적〗 동업자들; 《속어》 배우들, 연예계 동료. ¶ the etiquette of the *profession* 동업자간의 예의. **3** ⓒ ⓤ 공언함, 선언, 고백; 신앙 고백. **4** 〖교회〗 공식적 수도 서원(誓願). ¶ make one's *profession* [성직자가 되는] 서원을 하다.

in fact (or *practice*) *if not in profession* 공언하지는 않지만 사실상.
◇ proféss *v.*, proféssional *adj.*

*pro·fes·sion·al [prəféʃ(ə)nl] *adj.* **1** 직업[상]의, 직업적인; 장사로 삼는. ¶ *professional* etiquette 동업자간의 예의. **2** 지적(知的)인, 전문적인, 지능적인. ¶ a *professional* man 지적 직업인[변호사·의사·대학 교수 등]. **3** 전문의, 본업의, 전문가의, 프로의. *opp.* amateur. ¶ a *professional* baseball player 프로 야구 선수. — *n.* 지적(知的) 직업인; 전문가; [스포츠의] 직업 선수. ~**ly** [-nəli] *adv.*

proféssional corporátion *n.* 〖법률〗 전문직 법인.

pro·fes·sion·al·ism [prəféʃ(ə)nəlìz(ə)m] *n.* ⓤ 전문가 기질; 전문가풍(風); 전문적 기술.

pro·fes·sion·al·ize [prəféʃənəlàiz] (《英》에서는 **pro·fes·sion·al·ise**로도 쓴다) *v.* (-ized, -iz·ing) *vt.* …을 직업화(化) 하다, 전문가식으로 만들다. — *vi.* 전문화하다, 프로가 되다, 전문가처럼 되다.

proféssional mánager *n.* 〖경영〗 전문 경영자.

‡pro·fes·sor [prəfésər] *n.* **1** [대학의] 교수[직함으로 쓸 때의 약자는 Prof.] (《美》에서는 a full professor (정교수), an associate professor (부교수), an assistant professor (조교수)의 순). ¶ a *professor* emeritus 명예 교수 / a *professor* of physics 물리학 교수 / a *professor's* chair 강좌. **2** [남자] 교사, 선생 (teacher). **3** 스승[스포츠·예능 등의 선생이 자신을 높여서 부르는 말]. **4** 공언자, 자칭자;《英》 신앙 고백자. **5** 〖교회〗 공식적 서원(誓願)을 마친 수도사.
◇ professórial *adj.*

pro·fes·sor·ate [prəfésərit] *n.* **1** ⓤ 대학 교수의 직(지위, 임기). **2** (the ~) 〖집합적〗 교수단.

proféssor extraórdinary *n.* 원외(員外) 교수, 객원(客員) 교수.

pro·fes·so·ri·al [pròufəsɔ́ːriəl, prɑ̀f- / prɔ̀fes5ː-] *adj.* **1** 대학 교수 [직(지위)]의, 교수다운; 교수단으로 이루어진. **2** 학자연하는, 독단적인. ~**ly** *adv.*

pro·fes·so·ri·ate [pròufəsɔ́ːriit, prɑ̀f- / prɔ̀fes5ː-] *n.* =professorate.

pro·fes·sor·ship [prəfésərʃip] *n.* ⓤ 대학 교수의 직[지위, 직무].

*prof·fer [prɑ́fər / prɔ́fə] *vt.* **1** …을 내놓다, 제공하다, 증정하다(offer). ¶ *proffer* a present 선물을 내놓다. **2** …을 申請해서 제의하다. ¶ *proffered* assistance 조력자의 제의 // (~+to do) *proffer* to help 돕겠다고 제의하다. — *n.* ⓤⓒ 제출, 제공[품], 신청.

*pro·fi·cien·cy [prəfíʃ(ə)nsi] *n.* ⓤ 숙달, 숙련, 능숙 (*in...*). — *vt.* (-cied, -cy·ing) 《美》 [남]에게 실력 인정 시험에서 필수 과목을 면제하다 (...*out*).
◇ profícient *adj.*

*pro·fi·cient [prəfíʃ(ə)nt] *adj.* [예술·과학 따위에] 숙달한, 숙련된, 능숙한 (*in, at ...*). ⇒ SKILLFUL 類語 ¶ *proficient* in (or *at*) surgery [과목상의] 외과에 능한; 외과 수술에 수완을 발휘하는. — *n.* 숙련자, 대가, 명인. ~**ly** *adv.*

*pro·file [próufail] *n.* **1** [사진·조각의] 옆얼굴 상 (像), 반면상(半面像). **2** [옆얼굴의] 윤곽, 외형, 윤곽선(outline). ¶ She has a beautiful *profile*. 그녀는 옆얼굴이 아름답다. **3** 〖건축〗 측면도, [특히] 종단면도(縱斷面圖). **4** [인물의] 소묘(素描)(sketch), 인물 소개, 프로필. **5** 회사 따위의 상태, 실적, 데이터. — *vt.* (-filed, -fil·ing) …의 윤곽을 그리다; 측면도를 그리다; …의 인물 소개를 쓰다.

‡prof·it [prɑ́fit / prɔ́f-] *n.* **1** ⓤⓒ 〖종종 ~s〗 이익, 수익, 이윤; 이득. ¶ gross *profit*[s] 총이익금 [수입에서 생산비를 뺀 액수] / net *profit*; clear *profit* 순이익 [총수입에서 모든 경비를 뺀 액수] / *profit* and loss 손익 (損益) / at a good *profit* 크게 이익을 보고 / make a *profit* on …으로 이익을 보다.

2 ⓤ 이문, 득. ⇒ ADVANTAGE 類語 ¶ What's the *profit*

of doing that? 그런 일을 해서 무슨 득이 되는가? / I read this book to my *profit* (or with *profit*). 이 책을 읽고 도움이 되었다. ¶
make one's **profit of** …을 잘 이용하다.
turn ... to profit …을 이용하다, 이익이 되게 하다.
— vt. …의 이익이 되다, 도움을 주다, 득이 되다. ¶ It will not *profit* him. 그것은 그에게 도움이 되지 않을 것이다. — vi. **1** 이익을 얻다, 득을 보다; 이용하다 (*from, by*…). ¶ (~+젠+명) *profit from* experience 경험을 통해서 득을 보다 / He *profited* pretty well by the sale of the land. 그는 그 땅을 팔아 엄청난 이익을 보았다. **2** 도움이 되다, 이익을 보다. **3** 〖고어〗숙달하다, 향상되다. ◇ pròfitable adj.

*prof·it·a·ble [práfitəbl / prɔ́f-] adj. **1** 이문이 있는, 이익이 많은 (*to*…). **2** 유익한, 도움이 되는 (*for*…). ~·ness *n.* [하게.
prof·it·a·bly [práfitəbli / prɔ́f-] adv. 유리하게, 유익
prof·it·eer [pràfitíər / prɔ̀f-] *n.* [전시 따위의 비상시에] 폭리를 취하는 사람. — vi. 폭리를 취하다, 부당 이익을 얻다.
prof·it·eer·ing [pràfití(:)riŋ / prɔ̀fitiər-] *n.* ⓤ 부당 이득 행위, 폭리 취득 행위.
prof·it·less [práfitlis / prɔ́f-] adj. 이익이 없는, 얻는 것이 없는; 헛된, 무익한. ¶ a *profitless* effort 헛된 노력. ~·ly adv. ~·ness *n.*
prófit màrgin *n.* 〖상업〗이윤 폭(幅).
prófit mòtive *n.* 〖경제〗이윤 동기.
prófit shàring *n.* ⓤ 이익 분배(법), 이익 분배제.
prófit tàking *n.* ⓤ 〖증권〗차익 따먹기. [비.
prof·li·ga·cy [práfligəsi / prɔ́f-] *n.* ⓤ 방탕, 난봉; 낭
prof·li·gate [práfligit, -gèit / prɔ́fligit] adj. 품행이 나쁜, 방탕한, 방종한; 낭비하는, 난봉. — *n.* 방탕자, 탕아, 품행이 나쁜 사람, 난봉꾼. ~·ly adv. ~·ness *n.*
prof·lu·ent [práflu(:)ənt / prɔ́f-] adj. 도도히 흐르는.
pro-form [próufɔ̀:rm] *n.* 〖문법〗대용형 (代用形) 〖만언어 형식의 대신으로 쓰이는 형식. 예: I can't understand Latin but she does의 does).
pro for·ma [prou fɔ́:rmə] adj. 〖라틴〗 (=for [the sake of] form) **1** 형식에 따른, 형식상의. **2** 〖상업〗견적의, 추산의. ¶ a *pro forma* account of sales 견적 매상 계산서.

‡**pro·found** [prəfáund] adj. **1** [학문·사상 등이] 깊은, 깊이가 있는, 조예가 깊은; 사물을 꿰뚫어보는, 간파하는. ¶ a *profound* scholar 조예가 깊은 학자 / *profound* learning 깊은 학식 / *profound* knowledge (insight) 박식(식견). **2** 〖의미가〗깊은, 심원(深遠)한. ¶ a *profound* book 고상한 책 / a *profound* treatise 난해한 논문 / a *profound* remark 의미 심장한 말. **3** 〖주로 詩〗깊은(deep). ¶ *profound* sleep 숙면 / *profound* darkness 깜깜한 어둠 / a *profound* abyss (valley) 심연(深淵) (깊은 골짜기). **4** 마음으로부터의, 심심(深甚)한. ¶ *profound* sympathy 마음으로부터의 동정 / *profound* grief 깊은 슬픔. **5** 겸손한, 공손한. [대양.
— *n.* (the ~) 〖詩·고어〗깊은 곳, 심연, 심해 (深海),
~·ness *n.* ◇ profóundly adv., profúndity *n.*

*pro·found·ly [prəfáundli] adv. **1** 사물의 깊은 곳까지 파고들어. **2** 깊이(deeply). **3** 완전히. ¶ *profoundly* deaf 귀가 전혀 들리지 않는.
pro·fun·di·ty [prəfʌ́nditi] *n.* (*pl.* -**ties**) **1** ⓤ 깊음, 깊이; 심원(深遠), 심오함. **2** 심연(abyss). **3** (보통 -**ties**) 심원한 일 (profound matters).

*pro·fuse [prəfjúːs] adj. **1** 아끼지 않는, 마음이 후한, 돈을 헤프게 쓰는; 사치스러운 (*of, with, in*…). ⇨ LAVISH 類語 ¶ be *profuse* of (*with, in*) one's money 돈을 헤프게 쓰다. **2** 충분한; 〖말을〗아끼지 않는 (*in*…). ¶ *profuse* apologies 장황하게 늘어놓는 변명 // He was *profuse in* thanks (praises). 그는 고맙다는 (칭찬하는) 말을 몇 번이고 늘어놓았다. **3** 풍부한, 굉장히 많은.
~·ly adv. ~·ness *n.*

*pro·fu·sion [prəfjúːʒ(ə)n] *n.* ⓤ **1** (종종 a ~ of의 형태로) 굉장히 많음, 풍부; 다량. ¶ **in** *profusion* 풍부하게, 굉장히 많이. **2** 낭비, 사치, 헤픔. ¶ a house furnished with *profusion* 사치스럽게 꾸민 집.
prog¹ [prag / prɔg] 〖英俗語〗 *n.* ⓤ 〖여행·소풍용의〗음식물. — vi. (**progged, prog·ging**) 먹을 것을 찾아 헤매다.
prog² [prag / prɔg] 〖英俗語〗 *n.* [Oxford 또는 Cambridge 대학의] 학생감 (proctor). — vt. (**progged, prog·ging**) 〖학생감이〗〖학생을〗처벌하다 (proctorize).
prog³ [prag / prɔg] *n.* 〖英俗語〗진보적인 사람, 개혁파. [<PROG[RESSIVE]]
pro·gen·i·tive [pro(u)dʒénitiv] adj. 생식력이 있는.
pro·gen·i·tor [pro(u)dʒénitər] *n.* **1** 선조, 조상 (forefather) **2** 원조, 선각자, 선배. **3** 원본 (original).
pro·gen·i·ture [pro(u)dʒénitʃər] *n.* ⓤ **1** 출생, 자손을 낳기. **2** 〖집합적〗 [사람 또는 동식물의] 자식, 자손.
prog·e·ny [prádʒini / prɔ́dʒ-] *n.* (*pl.* -**nies**) **1** 〖집합적〗자식, 자손; 계승자. **2** 결과 (outcome).
pro·ges·ter·one [pro(u)dʒéstəròun] *n.* ⓤ 〖생화학〗프로게스테론, 황체(黃體) 호르몬.
pro·ges·tin [pro(u)dʒéstin] *n.* = progesterone.
pro·ges·to·gen [pro(u)dʒéstədʒen] *n.* 〖약학〗황체 호르몬제 (劑).
prog·gins [práginz / prɔ́ginz] *n.,* vi. 〖英俗語〗 = prog².
pro·glot·tis [pro(u)glátis / -glɔ́t-] *n.* (*pl.* **-glot·ti·des** [-tidìːz]) 〖동물〗 [촌충의] 몸의 한 마디. [thous.
prog·nath·ic [pragnǽðik / prɔg-] adj. = progna·
prog·na·thous [prǽgnəθəs, pragnéi- / prɔgnéi-, prɔ́gnə-] adj. 턱이 튀어 나온, 주걱턱의.
prog·no·sis [pragnóusis / prɔg-] *n.* ⓤⓒ (*pl.* **-ses** [-siːz]) **1** 〖의학〗예후 (豫後) 〖병의 경과·결말의 예상〗. **2** 예언, 예상.
prog·nos·tic [pragnástik / prɔgnɔ́s-] adj. **1** 〖의학〗예후의, 전조(조짐)가 되는, 예고하는 (foretelling). — *n.* 예언, 전조. **2** 〖의학〗예후 (豫後).
prog·nos·ti·cate [pragnástikèit / prɔgnɔ́s-] vt. (-**cat·ed, -cat·ing**) vt. …을 예언하다, 예지하다 (predict); …을 예시 (豫示)하다. — vi. 예언하다 (prophesy), 예측하다.
prog·nos·ti·ca·tion [pragnóustikéiʃ(ə)n / prɔgnɔ̀s-] *n.* **1** 예언, 예측, 예보. **2** 전조, 징후.
prog·nos·ti·ca·tive [pragnástikèitiv / prɔgnɔ́stikətiv] adj. 예시적인; 전조가 되는.
prog·nos·ti·ca·tor [pragnástikèitər / prɔgnɔ́s-] *n.* 예언자 (prophet), 점쟁이 (fortuneteller), 예보자.

‡**pro·gram,** 〖특히 英〗 -**gramme** [próugræm, +美 -grəm] *n.* **1** 프로그램, 차례표; 연주 곡목, 상연 종목. ¶ a concert *program* 연주 곡목. **2** 예정, 계획; 계획표; 교과 과정표 (curriculum) (*of, for*…). ¶ a training *program* 훈련 계획 / a *program* of sightseeing 관광 일정. **3** 〖컴퓨터〗프로그램 〖컴퓨터가 하는 연산(演算)의 순서를 특별한 언어로 써놓은 것〗. — vt. (-**gramed, -gram·ing; -grammed, -gram·ming**) **1** …의 프로그램을 짜다; …을 예정하다, 계획하다, 계획대로 진행시키다. **2** 〖컴퓨터〗프로그램을 작성하다.
◇ programmátic adj. [그램 편성자.
prógram diréctor *n.* 〖라디오·텔레비전의〗프로
pro·gram·ist, 〖특히 英〗 -**gram·mist** [próugræmist, +美 -grəm-] *n.* 프로그램 작성자; 표제 음악의 작곡가 (지지자).
prógram lánguage *n.* 〖컴퓨터〗프로그램 언어.
prógram lòading *n.* 〖컴퓨터〗프로그램 로딩 〖외부 기억 매체로부터 프로그램을 주기억 장치로 전송 (轉送)하기〗. [따른; 표제 음악의.
pro·gram·mat·ic [pròugrəmǽtik] adj. 프로그램에
prò·grammed instrúction [próugræmd, +美 -grəm-] *n.* **1** 프로그램 학습법에 의한 교육. **2** 〖컴퓨터〗

프로그램에 의한 지시[略 PI].
prógrammed léarning *n.* ⓤ 프로그램 학습.
pro·gram·mer, -gram·er [próugræmər, +美 -grəm-] *n.* **1** 《라디오·텔레비전 따위의》 프로 제작자. **2** 〖컴퓨터〗 프로그래머; 컴퓨터 프로그램 작성자.
pro·gram·ming, -gram·ing [próugræmiŋ, +美 -grəm-] *n.* ⓤ 프로그램의 작성(실시). [언어.
prógramming lànguage *n.* 〖컴퓨터〗 프로그램
prógram mùsic *n.* ⓤ 〖음악〗 표제 음악. *cf.* absolute music
prógram nòte *n.* 프로그램에 실려 있는 해설.
prógram pícture *n.* 〖두 가지를 동시 상영하는 영화에서〗 곁들여 보여주는 영화.
prógram tráding *n.* 〖증권〗 프로그램 매매〖컴퓨터의 지시에 따른 주식 매매의 거래방식〗.
‡**prog·ress** *n.* [prágres / próug- // → *v.*] ⓤ **1** 전진, 진행. **2** 진보, 발전, 발달, 향상 (*in, of*...). ¶ *progress* of civilization 문명의 진보.
類語 **progress** 단계적으로 나아가가는 진보·발달: make *progress* in English 영어가 향상되다. **advance** *progress* 와 같은 뜻으로 쓰일 경우도 많지만, 특히 진보·발달의 구체적 사례에는 이 말을 쓴다: It is a great *advance* in your English to master the tenses. 시제(時制)를 마스터한다는 것은 너의 영어 학습에 있어 커다란 진보다.
3 증진, 유포(流布), 보급. ¶ the *progress* of pacifism 평화주의의 보급. **4** 〖사물의〗 진행, 경과, 진전. ¶ the *progress* of disease 병의 경과. **5** ⓒ〖고어〗 편력, 여행; 〖왕후의〗 순행(巡幸). ¶ a royal *progress* 왕의 행차 / *The Pilgrim's Progress* 천로역정《天路歷程》[John Bunyan 의 저서].
in progress 진행중인, 진행하여. ¶ The work is now *in progress*. 그 일은 현재 진행중이다.
— *v.* [prou] grés] *vi.* **1** 나아가다, 전진하다. ¶ (~+前+名) They could hardly *progress* toward the direction. 그들은 그 방향으로는 거의 더 나아갈 수가 없었다. **2** 진보(발전, 발달)하다 (*in*...). ¶ (~+前+名) *progress* in knowledge 지식이 향상되다. **3** 진척하다, 잘 되어가다. ¶ *progress* favorably 잘 되어가다.
— *vt.* …을 진행(전진)시키다.
◇ **progréssion** *n.*, **progréssive** *adj.*
*pro·gres·sion [prou]gréʃ(ə)n] *n.* ⓤ **1** 전진, 진행. **2** 진보, 발달, 진척. **3** ⓤⓒ 연속, 계속, 연쇄. **4** ⓒ 〖수학〗 급수, 수열(數列). ¶ an arithmetical *progression* 산술(등차) 급수 / a geometrical *progression* 기하(등비) 급수 / a harmonic *progression* 조화 급수 [¹/₂, ¹/₃, ¹/₄ 따위]. **5** 〖음악〗 〖음 또는 화성의(和聲)의〗 진행. **6** 〖천문〗 〖행성의〗 순행(順行).
in geometrical progression 《속어》 가속도적으로.
in progression 연속해서, 점차, 차례로. 〖전진하는.
pro·gres·sion·al [prou]gréʃ(ə)nəl] *adj.* 나아가는,
pro·gres·sion·ism [prou]gréʃ(ə)nìz(ə)m] *n.* ⓤ 사회진보론, 진보주의.
pro·gres·sion·ist [prou]gréʃ(ə)nist] *n.* 진보론자.
*pro·gres·sive [prou]grésiv] *adj.* **1** 진행하는, 점진적인, 연속적인. ¶ the *progressive* decline of …의 점진적 감소. **2** 진보하는, 발달하는, 진취적인, 진보적인. *cf.* conservative ¶ *progressive* ideas 진보적 사상 / the *progressive* movement 혁신적 운동 / a *progressive* nation (*or* people) 진취적 국민. **5** (P-) 《美》 진보당의. **5** 〖세금이〗 누진(累進)하는. ¶ *progressive* taxation 누진 과세. **6** 〖의학〗 〖질병 등의〗 진행성의. ¶ *progressive* paralysis 진행성 마비. **7** 〖문법〗 진행형의. ¶ a *progressive* form 진행형. ☞ BE auxil. *v.* 1.
— *n.* **1** 진보론자; 진보주의자. **2** (P-) 《美》 진보당원. **~·ly** *adv.* **·ness** *n.* ◇ **prógress** *v.*, **progréssion** *n.*
progréssive assimilátion *n.* ⓤ 〖음성〗 진행 동화 《앞의 음이 뒤의 음에 영향을 주는 일》.
progréssive cóuntry *n.* 《美》 〖음악〗 프로그레시 브 컨트리〖지나치게 팝·록화하거나 상업화한 컨트리 뮤직을 원래의 모습으로 되돌려 놓자는 음악 경향의 하나〗.
progréssive educátion *n.* 진보주의 교육〖학생의 개성·자주성을 존중하는 교육법〗.
progréssive jázz *n.* ⓤ 〖1950년대에 유행한〗 하모니를 중시한 재즈; 모던 재즈.
Progréssive Párty *n.* (the ~) 《美》 진보당〖1912년 Theodore Roosevelt 가, 1924년에는 Robert M. Follette 가, 1948년에는 Henry A. Wallace 가 각각 조직〗.
progréssive róck *n.* ⓤ 〖음악〗 프로그레시브 록〖복잡한 프레이징과 즉흥을 채택한 전위적(前衛的) 록 뮤직〗.
progréssive sóul *n.* 《美》 프로그레시브 소울〖재즈와 디스코의 요소를 채용한 흑인의 음악〗.
pro·gres·siv·ism [prou]grésivìz(ə)m] *n.* ⓤ 진보주의, 혁신주의; (P-) 《美》 진보당의 강령.
‡**pro·hib·it** [prou(h)híbit] *vt.* **1** …을 금하다, 금지하다. ⇨ FORBID 類語 ¶ *prohibit* liquor-selling 주류 판매를 금지하다 / *prohibited* goods (*or* articles) 금제품 // (~+目+前+名) *prohibit* a person *from* selling liquor 주류의 판매를 금지하다. **2** …을 제지하다, 방해하다. ¶ (~+目+前+名) An accident *prohibited* him *from* coming. 그는 사고로 오지 못했다.
◇ **prohibítion** *n.*, **prohíbitive** *adj.*
pro·hib·it·ed degrée [prou(h)híbitid-] *n.* 〖법률〗 =forbidden degree. [람.
pro·hib·it·er [prou(h)híbitər] *n.* 금지자; 방해하는 사
‡**pro·hi·bi·tion** [prou(h)íbíʃ(ə)n] *n.* **1** ⓤ 금지, 금제(禁制). **2** 금지령; 금주법. **3** 《美》 ⓤ 주류 제조 판매 금지; ⓒ 주류 제조 판매 금지법, 그 실시 기간 [1920-33]. ¶ the *prohibition* law 금주법 / a *prohibition* state 금주주(州). ◇ **prohíbit** *v.*
pro·hi·bi·tion·ism [prou(h)íbíʃ(ə)nìz(ə)m] *n.* ⓤ 주류 제조 판매 금지주의.
pro·hi·bi·tion·ist [prou(h)íbíʃ(ə)nist] *n.* **1** 주류 제조 판매 금지주의자. **2** (P-) 《美》 금주당원.
Prohibítion Párty *n.* (the ~) 《美》 금주당〖1869년에 조직〗.
pro·hib·i·tive [prou(h)híbitiv] *adj.* **1** 금제(禁制)의, 금지의. ¶ a *prohibitive* tax 금지세〖수입을 억제하기 위해 수입품에 부과하는 중과세〗. **2** 손댈 수 없을 정도의, 아주 비싼. ¶ a *prohibitive* price 엄청난 가격. ~**·ly** *adv.* ~**·ness** *n.* [*prohibitive*.
pro·hib·i·to·ry [prou(h)híbitò:ri / -t(ə)ri] *adj.* =
‡**proj·ect** *n.* [prádʒekt / prɔ́dʒ-] [*v.* →] **1** 기획, 고안, 연구. ⇨ PLAN 類語 ¶ form a *project* 계획을 세우다. **2** 사업, 기업, 연구 계획. **3** 〖교육〗 연구 과제, 과외 과제. ¶ a home *project* 〖가정과 등의〗 가정 실습 / a *project* method 프로젝트 교수법〖과제를 주어 학생으로 하여금 자주적인 학습을 하게 하는 방법〗. **4** 개발 토목 공사; 《美》 계획 주택군(群), 계획 단지.
— *v.* [prədʒékt] *vt.* **1** …을 고안하다, 기획하다, 연구하다. ¶ *project* the construction of a new road 새로운 도로 건설을 계획하다. **2** …을 발사하다, 내던지다, 방출하다. ¶ *project* a missile 미사일을 발사하다. **3** 《광선》을 투사(投射)하며, 영사(映寫)하다. ¶ (~+目+前+名) *project* X-rays *on* …에 X 선을 투사하다. **4** 〖사상·상상 따위〗를 그려내다, 객체화하다, 외계에 투사하다. **5** …을 상상하다, 마음에 그리다. **6** 〖특징·실정〗을 전하다, 이해시키다. **7** …을 불쑥 내밀다, 〖건물의 일부〗를 돌출시키다. ¶ A rock *projects* its top from the water. 바위 끝이 수면에 불쑥 나와 있다. **8** 추계(추정)하다(calculate), 예측하다(predict). ¶ *project* the rate of growth 성장률을 추계하다. **9** 〖수학·지도〗을 투영하다, …의 투영도를 그리다. **10** 〖화학〗 …을 투입하다. **11** 〖연극〗 〖목소리〗를 높이다.
— *vi.* 불쑥 나오다, 돌출하다.
project oneself ① 남의 감정 따위를 짐작하다. ② 〖심

령술에서] 자신의 영상을 멀리 있는 사람에게 보이다.
◇ projection n., projéctive adj.
Próject Galiléo [-gælilí:ou] n. (우주) 갈릴레오 계획[NASA의 목성 탐사 계획]. 〔<Galileo는 17세기 이탈리아의 천문학자 이름〕
pro·ject·ile [prədʒékt(i)l, -tail/-tail] n. 1 발사물, 포사물. 2 사출(射出)되는 것[탄환·로켓 따위]. ── adj. 1 발사하는(되는), 사출하는(되는). 2 추진하는, ¶ projectile movement 추진 운동. 3 (동물)물고기의 뭐 따위가 뛰어나온, 빼죽이 내민 (protrusile).
pro·ject·ing [prədʒéktiŋ] adj. 불쑥 튀어나온.
*pro·jec·tion [prədʒékʃ(ə)n] n. ⓤ 1 발사, 사출(射出), 투사(投射). 2 ⓤ ⓒ 돌출(부분), 돌기, 돌출(물). 3 (수학) 투영(법); ⓒ 투영화. ¶ cylindrical projection 원통 투영법. 4 고안, 기획, 연구, 설계. 5 추정, 추계(calculation), 예측(prediction). ¶ computer projection for the selection result 선거 결과의 컴퓨터 추계. 6 ⓤ ⓒ (지리) 투영도(법). 7 (심리) 주관의 객관화; 주관의 투영(투사); (정신 분석) 투영(투사) 작용. 8 (鍊金術) 비(卑)금속에서 귀금속으로의 질전환(質轉換). 9 (영화) 영사.
◇ project v., projective adj.
projéction bōoth n. =projection room.
pro·jec·tion·ist [prədʒékʃ(ə)nist] n. 영사 기사; 텔레비전 기사.
projéction rōom n. 영사실.
projéction télevision n. 프로젝션(투영형) 텔레비전(브라운관의 영상을 렌즈를 통해서 스크린에 확대 투영하는 방식).
pro·jec·tive [prədʒéktiv] adj. 1 투영의, 사영(射影)의. 2 속마음을 나타내는; (심리) 주관을 투영(투사)하는. ¶ the projective power of the mind 상상력.
~·ly adv.
projéctive geómetry n. ⓤ 사영(射影) 기하학.
projéctive tést n. (심리) 투영 검사법[애매한 그림이나 문장 따위에 대한 피실험자의 반응에서 성격을 발견하려는 테스트].
pro·jec·tor [prədʒéktər] n. 1 기획자, 설계자. 2 투사기, 방사기(放射器). ¶ a flame projector 화염 방사기. 3 투영 장치; 영사기, 프로젝터.
pro·kar·y·ot·ic [pro(u)kæriátik / -ɔ́t-] adj. =prokaryote.
prol. [略] prologue.
pro·lac·tin [prouléktin] n. ⓤ (생화학) 프롤락틴(뇌하수체 전엽에서 분비되어 생식기관·유선(乳腺) 따위의 기능을 촉진하는 성호르몬).
pro·lapse [병리] n. [prouléps / ═ ─ // v.] [자궁·직장의] 탈출, 탈수(脱垂), 탈증(脫症). ── vi [prouléps] (-lapsed, -laps·ing) 탈출하다, 탈수하다. ¶ a prolapsed rectum 탈출 직장, 탈항(脫肛).
pro·lap·sus [pro(u)lépsəs] n. =prolapse.
pro·late [próuleit, ─ ─] adj. 1 (수학) 편장(偏長)의, cf. oblate¹. ¶ a prolate spheroid 장구면(長球面). 2 폭이 늘어난, 넓어진. 3 (문법) = prolative.
pro·la·tive [pro(u)léitiv] adj. (문법) 서술 보조의. ¶ prolative infinitive 서술 보조 부정사 [must go, can go 의 go, willing to go의 to go 따위).
prole [proul] n. (英구어) =proletarian.
pro·leg [próuleg] n. (곤충) 앞발, 복각(腹脚) (유충들에 갖는 보행용 발).
pro·le·gom·e·non [pròuligáminɑ̀n / -gɔ́minən] n. (pl. -na [-nə]) 머리말, 서언, 서문; (보통 -na) (때로 단수 취급) 서설, 서론. 〔론의, 서론(서두)이 긴.
pro·le·gom·e·nous [pròuligáminəs, -gɔ́m-] adj. 서론적인.
pro·lep·sis [pro(u)lépsis] n. ⓤ ⓒ (pl. -ses [-si:z]) 1 예기, 예상. 2 (修辭) 예변법(豫辯法) 〔이의·반론 따위를 예상하고 미리 반박하여 예방선을 쳐두는 법). 3 (문법) 예기적 빈사법(賓辞法) 〔아직 일어나 있지 않은 형용사·명사를 한정사로 쓰는 법. 예: shoot a person dead, drain a cup dry 따위). 4 기사 착오 〔연대기 따위의 시일을 실제보다 앞당겨 기록하는 일〕.

pro·lep·tic [pro(u)léptik] adj. 1 예기의, 예상에 의한. 2 (修辭) 예변법(豫辯法)의.
*pro·le·tar·i·an [pròulité(:)riən / -téər-] adj. 1 프롤레타리아의, 무산 계급의, 노동자 계급의. ¶ proletarian classes 무산 계급 / proletarian dictatorship 프롤레타리아 독재. 2 (로마 역사) 최하층민의.
── n. 프롤레타리아, 무산 계급의 사람. ◇ proletáriat n.
pro·le·tar·i·an·ism [pròulité(:)riənìzəm/-téər-] n. ⓤ 1 무산 계급의 신분(상태). 2 무산주의, 무산 계급 정치.
*pro·le·tar·i·at [pròulité(:)riət / -téər-], (pro·le·tar·i·ate) n. (pl. -at; -ate) 1 프롤레타리아(노동, 무산)계급. cf. bourgeoisie 2 (로마 사회의) 최하층 계급. ◇ proletárian adj. =proletarian.
pro·le·tar·y [próulitèri / -təri] adj., n. (pl. -tar·ies) (=[프롤레타리아].
pro·let·cult [pro(u)létkʌlt] n. ⓤ [프롤레타리아의 홍미나 활동을 담은 문화를 양성하는] 문화 운동.
pro·li·cide [próulisàid] n. ⓤ 태아 살해; 영아 살해.
pro·life [próuláif] adj. 임신 중절 반대의 (right-to-life). cf. pro-choice
pro·lif·er [pròuláifər] n. 임신 중절 반대론자.
pro·lif·er·ate [pro(u)lífəreit] vi., vt. (-at·ed, -at·ing) (관생(貫生)에) 따라(서) 중식(번식)하다(시키다).
pro·lif·er·a·tion [pròulifəréi(ʃ)ən] n. ⓤ 1 (식물) 관생(貫生) (생장(生長)의 종점인 꽃에서 새로이 줄기나 싹이 나오는 일). 2 증식, 확산(擴散).
pro·lif·er·ous [pro(u)lífərəs] adj. 관생(貫生)의.
*pro·lif·ic [pro(u)lifik] adj. 1 자식을 낳는, 열매를 맺는; 다산(多産)의, 다작(多作)의. ¶ a prolific novelist 다작 작가. 2 (많이) 의도출하는. 3 …을 많이 산출하는, …이 많은 (풍부한) (in…). 4 …의 원인이 되는 (of…). ¶ Such wording may be prolific of misunderstanding. 그런 말투는 (표현은) 오해를 가져오는지도 모른다. -i·cal·ly [-ikəli] adv. ~·ness n. 「작(多作).
pro·lif·i·ca·cy [pro(u)lífikəsi] n. ⓤ 다산(多産), 다
pro·lix [prouliks / ─ ─] adj. 장황한, 지루한. ¶ a prolix speech 장광설. ~·ly adv. ~·ness n. 「장(冗長).
pro·lix·i·ty [pro(u)líksiti] n. ⓤ 장황함, 지루함, 용
pro·loc·u·tor [pro(u)lákjutər / -lɔ́k-] n. 1 사회자; 의장, 대변인. 2 (영국국교회) 주교 회의 하원의 의장.
*pro·logue [próulɔg, -lɑg / -lɔg] n. (美) = prologue.
PRO·LOG [próulɔg, -lɑg / -lɔg] n. (컴퓨터) 프롤로그 [제5세대 컴퓨터용 프로그래밍 언어로서 유력시되는 술 (述語) 논리적 프로그래밍 언어].
[<PRO[GRAM] + LOG[IC]]
pro·log·ize [próulɔ:gàiz, -lɑg-, -dʒàiz / -lɔg-, -lɔdʒ-] (*(英)에서는 **pro·log·ise**로도 쓴다) v. (-ized, -iz·ing) =prologuize.
*pro·logue [próulɔg, -lɑg / -lɔg] n. (cf. epilogue) 1 (시·극 따위의) 서사(序詞), 서막. 2 개막전에 서사를 말하는 배우. 3 서언, (시·소설의) 머리 부분, 서시 (序詩), ⇒ PREFACE (類語). 4 발언적 사건(행동), 발단 (to…). ── (-logued, -logu·ing) ── vt. …에 서사(序詞)를 붙이다, [배우가] 서언을 말하다. 2 …의 발단이 되다. ◇ prologuize v.
pro·logu·ize [próulɔ:gàiz, -lɑg- / -lɔg-] (*(英)에서 는 **pro·logu·ise**로도 쓴다) vi. (-ized, -iz·ing) 서언을 쓰 다, 머리말(서사)을 말하다.
‡pro·long [pro(u)lɔ́:ŋ / -lɔ́ŋ] vt. 1 [시간적·공간적으로] 연장하다, 길어지게 하다, 늘이다; 연기하다. ⇒ LENGTHEN (類語). ¶ prolong a railroad 철도를 연장하다. 2 (모음 따위를) 길게 끌어서 발음하다.
◇ prolóngment, prolongátion n.
pro·long·a·ble [pro(u)lɔ́:ŋəbl, -lɔ́ŋ-] adj. 연장할 수 있는. ~·ness n. **-bly** adv. 「-gat·ing) = prolong.
pro·lon·gate [pro(u)lɔ́:ŋgeit, -lɔ́ŋ-] vt. (-gat·ed,
pro·lon·ga·tion [pròulɔ:ŋgéi(ʃ)ən / -lɔŋ-] n. 1 늘이기, 늘어나기, 연장, 연기. 2 연장(부가) 부분.
pro·long·er [pro(u)lɔ́:ŋər / -lɔ́ŋ-] n. 연기하는 사람.

pro·long·ment [pro(u)lɔ́:ŋmənt / -lɔ́ŋ-] *n.* ⓤ 연장, 연기.

pro·lu·sion [pro(u)lú:ʒ(ə)n / -ljú:-] *n.* **1** 서언, 서사; 서막; 서곡; 시연(試演). **2** 머리말, 서설, 서론.

prom [prɑm / prɔm] *n.* **1** 《美구어》 [대학·고교 따위의] 무도회. **2** 《주로 英구어》 = promenade 2; promenade concert.

PROM [pram / prɔm] *n.* 〖컴퓨터〗 프롬[사용자가 데이터를 기억시킬 수 있는 판독 전용 메모리]. [<*p*rogrammable *r*ead-*o*nly *m*emory]

prom. (略) promontory.

*prom·e·nade [prɑmənéid, -ná:d / prɔminá:d] *n.* **1** 산책, 유보(遊步); 승마; 드라이브; 행렬, 행진. **2** 유보장(遊步場); 산책로; 〖객선의〗유보(산책) 갑판(promenade deck). **3** 《美구어》= prom 1. **4** 〖공식 무도회〗 개막 때의〗 내빈 전원의 행진. ── **-nad·ed, -nad·ing** *vi.* 산책하다, 유보(산책)하다; [뽐내며] 걸어가다(행진하다). ¶ (~ +團) promenade about 뽐내며 걸어가다. ── *vt.* **1** …을 산책하다. **2** [남]을 자랑으로 데리고 다니다.

pròmenáde còncert *n.* 유보 연주회, 프롬나드 콘서트 [연주중에 청중이 이리저리 거닐 수 있는 음악회].

pròmenáde déck *n.* 유보(산책) 갑판 [1등 선객용].

Pro·me·the·an [prəmí:θiən, -θjən] *adj.* **1** 프로메테우스(Prometheus)의(같은). **2** 창조적인(creative). ── *n.* [정신·활동이] 프로메테우스와 같은 사람.

*Pro·me·the·us [prəmí:θiəs, -θ(j)u:s / -θju:s] *n.* 〖그리스 신화〗 프로메테우스 [천상에서 물을 훔쳐 인간에게 주었기 때문에 Zeus의 노여움을 사서 큰 바위에 사슬에 묶여 매일 큰 독수리에게 간을 먹히는 고통을 받다 나중에 Hercules에게 구원되었다].

pro·me·thi·um [prəmí:θiəm] *n.* ⓤ 〖화학〗 프로메튬 [귀금속인 희토류(稀土類)원소, 구명(舊名) illinium. 원자 기호 Pm].

Pro·min [próumin] *n.* 〖상표명〗 프로민[나병약].

prom·i·nence [prɑ́mənəns / prɔ́m-] *n.* **1** ⓤ 돋기, 돌출, 융기. **2** 돌출부, 융기물, 눈에 띄는 물건(장소). **3** ⓤ 눈에 띄기, 현저, 탁월, 걸출. ¶ a man of *prominence* 명사(名士) / come into *prominence* 유명해지다. **4** 《천문》태양의 홍염(紅焰). ◇ **próminent** *adj.*

prom·i·nen·cy [prɑ́mənənsi/prɔ́m-] *n.* (*pl.* **-cies**) = prominence.

‡prom·i·nent [prɑ́mənənt / prɔ́m-] *adj.* **1** 눈에 띄는, 현저한, 양각(陽刻)의, 돋을새김의. ⇒OUTSTANDING [類語]. **2** 튀어나온, 돌출한. ¶ a *prominent* nose 높은 코 / *prominent* teeth 뻐드렁니. **3** 중요한, 제1위의, 탁월한, 저명한. **~·ly** *adv.* **próminence** *n.*

pro·mis·cu·i·ty [prɑ̀miskjú:(ː)iti, pròum- / prɔ̀m-] *n.* ⓤⓒ (*pl.* **-ties**) **1** 난잡, 무차별; 뒤범벅, 혼합. **2** 난교 (亂交), 혼음, 난혼(亂婚).

pro·mis·cu·ous [prəmískjuəs] *adj.* **1** 뒤섞인, 뒤죽 박죽의, 뒤범벅이 된, MISCELLANEOUS [類語]. ¶ a *promiscuous* mass 오합지졸. **2** 사람을 가리지 않고 치는 대로의, 무차별의, 난혼(亂婚)의. ¶ the habit of *promiscuous* intercourse 난교의 습성. **3** 남녀의 구별이 없는. **4** 되는 대로의, 우연한. **~·ly** *adv.* **~·ness** *n.*

‡prom·ise [prɑ́mis / prɔ́mis] *n.* **1** 약속, 언약, ¶ break (keep, carry out) one's *promise* 약속을 깨뜨리다(지키다) / give (*or* make) a *promise* 약속하다 / She told him under a *promise* of secrecy. 그녀는 비밀을 지키겠다는 약속을 받고 그에게 이야기를 했다. **2** 약속한 것(일). **3** ⓤ 장래의 가망, 촉망, 믿음직함. ¶ a young man of *promise* 전도가 유망한 청년 / afford (*or* show) *promise* of success 성공할 가망이 보이다. **the Land of Promise** 〖성서〗약속의 땅 [하나님이 이스라엘 사람들에게 약속한 Canaan의 땅]; 천국(the Promised Land).

── *v.* (**-ised, -is·ing**) *vt.* **1** …을 약속하다, 약정하다, 언약(言約)을 주기로 약속하다. ¶ *promise* one's help 조력을 약속하다 // (~ + to do) He *promised* to pay the bill. 그는 그 청구서를 지불하겠다고 약속했다 // (~ +團+團) I *promised* her a doll. 나는 그녀에게 인형을 주기로 약속했다 // (~ +團+前+團) He *promised* the book *to* me. 그는 그 책을 나에게 주겠다고 약속했다 // (~ +團+ do) (~ +團+ [that]) He *promised* me to come at six. =He *promised* me [*that*] he would come at six. 그는 6시에 오겠다고 나에게 약속했다. [類語] **promise** 「약속하다」라는 뜻의 일반적인 말; 그 속을 지킬 것인가 안 지킬가는 분명치 않다. **engage** 엄숙한 서약을 하고 스스로에게 의무를 지우다: *engage* oneself to marry 결혼을 약속하다.

2 …의 가망이 있다, …할 염려가 있다. ¶ The clouds *promise* rain. 저 구름은 비가 올 전조다 // (~ + to do) It *promises* to be warm. 날씨가 따뜻해질 것 같다. **3** (고어)[딸]을 시집보내기로 약속하다, 약혼시키다. ¶ (~ +團+前+團) She is *promised* to a banker. 그녀는 은행가와 약혼했다. **4** (구어) (I 를 주어로 해서) …을 보증하다, 단언하다. ¶ (~ +團+[that]) I *promise* you [*that*] the discussion will fall into disorder. 그 토의는 틀림없이 혼란에 빠질 것이다. **5** 〖재귀용법〗…을 기대하다, 바라다. ¶ (~ +團+團) I *promised* myself a restful weekend. 나는 느긋하게 주말을 보내기로 마음먹고 있다.

── *vi.* **1** (종종 well, fair 를 수반해서) 가망이 있다, 유망하다. ¶ (~ +團) The scheme *promises well* (*ill*). 그 기획은 전망이 좋다(나쁘다). **2** 약속하다, 계약하다.

the Promised Land = the Land of Promise.

prómissory *adj.*

prom·is·ee [prɑ̀misí: / prɔ̀m-] *n.* 〖법률〗 수약자(受約者), *cf.* promisor

prom·is·er [prɑ́misər / prɔ́m-] *n.* 약속자, 계약자.

‡prom·is·ing [prɑ́misiŋ / prɔ́m-] *adj.* 유망한, 전망이 좋은. ¶ a *promising* young writer 전도 유망한 청년 작가 / The weather is *promising*. 날씨가 좋을듯하다. **~·ly** *adv.*

prom·i·sor [prɑ́misər / prɔ́m-] *n.* **1** = promiser. **2** 〖법률〗 약속자. *cf.* promisee

prom·is·so·ry [prɑ́misɔ̀:ri / prɔ́misəri] *adj.* **1** 약속의, 약정(約定)의, 계약의. **2** 〖상업〗지불을 약속하는.

prómissòry nòte *n.* 〖상업〗 약속 어음.

pro·mo [próumou] 《美구어》 *adj.* 선전용의. ── *n.* (*pl.* **-mos** [-mouz]) 〖텔레비전·라디오의〗 선전, 프로예고.

prom·on·to·ried [prɑ́məntɔ̀:rid / prɔ́mənt(ə)rid] *adj.* 갑(岬)이 있는; 〖해부〗돌기(突起)가 있는.

prom·on·to·ry [prɑ́məntɔ̀:ri / prɔ́mənt(ə)ri] *n.* (*pl.* **-ries**) **1** 갑(岬) (headland). **2** 〖해부〗돌기, 융기(隆起).

pro·mot·a·ble [prəmóutəbl] *adj.* 증진(진전)시킬 수 있는.

‡pro·mote [prəmóut] *vt.* (**-mot·ed, -mot·ing**) **1** 〖성장·발달·진보 따위〗를 촉진하다, 조성하다, 조장하다, 장려하다. **2** [남]의 계급·지위 따위를 올려주다, 승진시키다. *opp.* demote ¶ (~ +團+前+團) The officer was *promoted to* the rank of captain (*or to* captaincy). 그 장교는 대위로 진급했다 // (~ +團+ [to be])補 He was *promoted* to be minister. 그는 장관으로 승진했다. [類語] **promote** 적극적으로, 원조·격려하여 전진·발전시키다; 단계적으로 승진시키다. **advance** 진행을 촉진시켜 목적을 달성하는 데 효과적인 도움이 되다; 「승진」의 의미로는 쓰이지 않는다; 단계적인 것이다: Moderate rains *advance* crops. 적당한 비는 농작물에 좋다. **forward** advance 와 거의 같은 뜻; 「승진」의 뜻으로는 쓰이지 않는다. **further** 장애를 제거하고 목적에 접근시키다: *further* social well-being 사회의 복지를 한층 촉진하다.

3 《美》…을 진급시키다. ¶ (~ +團+前+團) *promote* a

pupil *to* a higher grade 학생을 진급시키다. **4** 〔사업·조직 따위〕를 발기(發起)하다, 조성(助成)하다. **5** 〔안 따위〕를 지지하다, 통과되도록 힘쓰다. **6** 《美》…의 판매를 광고 선전으로 촉진하다; 〔흥행·매출(賣出)〕하다. **7** 《서양 장기》〔졸〕을 〔여왕 등으로〕 승격시키다. **8** 《美속어》…을 속여 먹다, 사취(詐取)하다.
◇ promótion *n.*, promótive *adj.*

*pro·mot·er [prəmóutər] *n.* **1** 〔회사의〕 발기인; 장본인, 주동자, 제창자(提唱者). **2** 촉진자, 조성자, 장려자; 후원자, 조직자(助職者). **3** 〔화학〕 촉진제(促進劑); 〔유전〕 프로모터 인자. **4** 〔페어〕 밀고자, 고소인.

*pro·mo·tion [prəmóuʃ(ə)n] *n.* ⓤ **1** 승진, 진급. ¶ get (*or* attain, obtain) *promotion* 승진하다. **2** 촉진, 조장, 조성, 장려. **3** 〔마케팅〕 판매 촉진; 판매 촉진용 상품, 선전 자료, 광고. **4** 발기(發起), 발기. *be on one's promotion* 결원이 생기는 대로 승진될 예정이다.
◇ promóte *v.*, promótional, promótive *adj.*

pro·mo·tion·al [prəmóuʃən(ə)l] *adj.* 촉진 장려용의, 선전용의.

promótion expénses (**móney**) *n.* 〔상업〕 창립비.
promótion sháres *n.* 〔상업〕 발기인주.
promótion vídeo *n.* 프로모션 비디오〔팝·록 등의 음악가가 신곡을 발매 선전용으로 만드는 비디오〕.

pro·mo·tive [prəmóutiv] *adj.* 증진하는, 장려하는, 조장하는.

*prompt [prɑmpt / prɔmpt] *adj.* **1** 즉석의, 재빠른, 날쌘, 신속한, 기민한; (⇨ QUICK 類語); 기꺼이 …하는. ¶ a *prompt* answer 즉답 // be *prompt in* paying one's taxes 세금을 연체없이 잘 내다 / He is *prompt in* obedience. 그는 기꺼이 복종한다 // He is *prompt to* seize an opportunity. 그는 기회 포착이 빠르다. **2** 〔상업〕 즉시불(즉시 인도)의. ¶ *prompt* payment in cash 즉시불(卽時拂) / *prompt* delivery 즉시 인도. **3** 〔물리〕 〔핵분열의〕 즉발(卽發)의.
— *vt.* **1** …을 재촉하다, 자극하다, 고무하다. ¶ (~ +圄 +前+名) *prompt* a person *to* decision 남을 재촉해서 결심시키다 / (~ +圄 +*to* do) What *prompted* him *to* steal it? 무엇 때문에 그는 그것을 훔쳤는가? **2** 〔막힌 말〕을 슬쩍 가르쳐 주다, 생각나게 하다. **3** 〔연극〕 〔배우〕에게 대사를 무대 뒤에서 일러주다, 후견하다.
— *vi.* 〔연극〕 대사를 일러주다.
— *n.* **1** 〔상업〕 〔연불(延拂) 거래의〕 수도(受渡) 기한, 지불 기한; 즉시불; 기한부 계약. **2** 촉진〔고무, 자극〕하는 것. **3** 〔연극〕 대사 일러주기, 후견.
take a prompt 신호(cue)에 따라 연기하다.
—**ness** *n.* ◇ prómptitude *n.*

prompt·book [prámptbùk / prɔ́mpt-] *n.* 〔연극〕 prompter 용의 대본.

prómpt bòx *n.* 〔무대 위의〕 prompter 가 숨어 있는 곳.

prompt·er [prámptər/prɔ́mp-] *n.* **1** 〔연극〕 〔배우의〕 후견역, 프롬프터〔무대 뒤에서 대사를 읽어주는 사람〕. **2** 격려자, 고무하는 사람(것).

prompt·ing [prámptiŋ/prɔ́mp-] *n.* ⓤ **1** 〔내부로부터의〕 충동; 〔외부로부터의〕 암시, 자극, 격려. **2** 후견, 대사 일러주기. **3** 〔컴퓨터〕 프롬프팅〔컴퓨터 시스템이 이용자에게 다음에는 어떻게 할 것인지 지시 메시지를 내리는 일〕.

promp·ti·tude [prámptɪt(j)ùːd / prɔ́mptɪtjùːd] *n.* ⓤ 신속, 기민, 즉결(即決).

*prompt·ly [prámptli/prɔ́mpt-] *adv.* 기민하게, 즉시.

prómpt nòte *n.* 〔상업〕 즉시불 어음.

prómpt síde *n.* (the ~) 《주로 英》 〔연극〕 프롬프터가 있는 쪽〔무대를 향해서 왼쪽; 略 P. S.〕. ¶ the opposite *prompt side* 프롬프터가 있는 반대쪽〔객석에서 보아 오른쪽〕.

prom·ul·gate [prám(ə)lgèit, pro(u)mʌ́lgeit / prɔ́m(ə)lgèit] *vt.* (**-gat·ed, -gat·ing**) **1** …을 공포하다, 널리 알리다, 발표하다; 〔법률·명령〕을 시행하다. **2** 〔학설·교리 따위〕를 퍼뜨리다, 선전하다. **3** 〔비밀 따위〕를 폭로하다.

prom·ul·ga·tion [prὰm(ə)lgéiʃ(ə)n, pròumʌl-/prɔ̀m(ə)l-] *n.* ⓤ 공포, 공표, 발표, 선언(declaration); 〔법령의〕 시행.

prom·ul·ga·tor [prám(ə)lgèitər, pro(u)mʌ́l-/prɔ́m(ə)l-] *n.* 공포자, 공표자; 〔법의〕 시행자.

pron. (略) pronominal; pronoun; pronounced; pronunciation.

pro·na·tal·ism [pro(u)néitəl̀iz(ə)m] *n.* 출산 촉진론, 출산 장려론, 출생률 증가 찬성론.

pro·nate [próuneit] *vt., vi.* (**-nat·ed, -nat·ing**) 〔손 따위〕을 앞으로 뻗어 손바닥이 밑으로 가게 하다〔되다〕, 내전(內轉)시키다(하다).

pro·na·tion [pro(u)néiʃ(ə)n] *n.* ⓤ 〔손발의〕 내전〔작용〕; 내전 위치.

pro·na·tor [pro(u)néitər] *n.* 〔해부〕 내전근(內轉筋).

*prone [proun] *adj.* **1** …의 경향이 있는, …하기 일쑤인, …하기 쉬운(*to*...). ⇨ LIABLE 類語 ¶ He is *prone to* anger. 그는 성을 잘 낸다 // (~ + *to* do) Man is *prone to* err. 인간은 잘못을 저지르기 쉽다. **2** 〔남짓〕 엎드린, 부복한, 앞으로 쓰러진. ¶ lie (fall) *prone* 엎드리다〔엎어지다〕. **3** 아래로 경사진, 내리막의, 급경사의. ¶ *prone* bombing 《美》 급강하 폭격. **4** 손바닥을 아래로 가게 편. —**ly** *adv.* —**ness** *n.*

prong [prɔːŋ / prɔŋ] *n.* **1** 뾰족한 끝(것). **2** 포크의 갈래;《美》갈퀴, 쇠스랑(hayfork); 〔사슴의〕 뿔의 가지; 엄니의 끝; 《美중남부》지류(支流). — *vt.* 〔뾰족한 것으로〕 …을 찌르다; 〔흙 따위〕를 파헤치다.

pronged [prɔːŋd / prɔŋd] *adj.* 〔종종 복합어를 만들어〕 갈래가 있는, 갈래진. ¶ a three-*pronged* rake (fork) 세 갈래진 갈퀴(포크).

prong·horn [prɔ́ːŋhɔ̀ːrn / prɔ́ŋ-] *n.* (*pl.* **-horns** *or* **-horn**) 〔미국산(產)의〕 가지뿔 영양(羚羊).

pro·nom·i·nal [pro(u)nɑ́min(ə)l / -nɔ́m-] *adj.* 〔문법〕 대명사의, 대명사적인. ¶ a *pronominal* adjective 대명 형용사. —**ly** [-nəli] *adv.*

*pro·noun [próunaun] *n.* 〔문법〕 대명사. ¶ a demonstrative *pronoun* 지시 대명사 / an indefinite *pronoun* 부정(不定) 대명사 / an interrogative *pronoun* 의문 대명사 / a personal *pronoun* 인칭 대명사 / a possessive *pronoun* 소유 대명사 / a reflexive *pronoun* 재귀(再歸) *pronoun* / a relative *pronoun* 관계 대명사.
◇ pronóminal *adj.*

*pro·nounce [prənáuns] *v.* (**-nounced, -nounc·ing**) *vt.* **1** …을 발음하다, 음독하다; …의 발음을 기호로 나타내다. **2** 〔시 따위〕를 낭독하다, 낭송(朗誦)하다; 〔연설 따위〕를 능숙하게 격식대로 하다. **3** …이라고 단언하다, 언명하다, 선고(宣告)하다; 공식적으로 발표하다. ¶ (~ + 圄 +稲) (~ + 圄 + *that* 稲) I *pronounce* him honest. = I *pronounce that* he is honest. 분명히 말하지만 그는 정직하다 / (~ + 圄 + *to be* 稲) He *pronounced* the signature *to be* a forgery. 그는 그 서명이 위조라고 단언했다 / (~ + 圄 + *done*) The doctor *pronounced* the baby *cured*. 의사는 그 아기의 병이 나았다고 단언했다. **4** …을 선고하다, 언도하다. ¶ (~ + 圄 +前 +名) *pronounce* a sentence of death *on* (*or upon*) a murderer 살인범에게 사형 선고를 내리다.
— *vi.* **1** 발음하다. ¶ *pronounce* nasally 콧소리로 발음하다. **2** 선고하다, 단언하다. **3** 의견을 말하다, 판결을 내리다, 결정하다. ¶ (~ +前 + 名) *pronounce on* a case 사건에 관해서 의견을 말하다.
pronounce against …에 반대 의견을 말하다. ②…에 불리한 결정을 내리다.
pronounce for (*or* **in favor of**) ①…에 찬성 의견을 말하다. ②…에 유리한 결정을 내리다.
◇ pronunciátion, pronóuncement *n.*

pro·nounce·a·ble [prənáunsəbl] *adj.* 발음할 수 있는, 단언할 수 있는.

*pro·nounced [prənáunst] *adj.* **1** 입으로 말한. **2**

현저한; 강력한; 명확한. **3** 단호한, 분명한.
— **nounc·ed·ly** [-sidli] *adv.*

***pro·nounce·ment** [prənáunsmənt] *n.* **1** 공고, 선언, 발표. **2** (의)견(opinion), 결정, 판결.

pro·nounc·ing [prənáunsiŋ] *adj.* 발음의. ¶ a *pronouncing* dictionary 발음 사전.

pron·to [prántou / prɔ́n-] *adv.* 《美俗語》 급속히, 재빨리 (quickly).

pron·to·sil [prántəsil / prɔ́n-] *n.* ⓤ 《약》 프론토질[화농성 세균이 일으키는 병에 대한 특효약].

pro·nun·ci·a·men·to [prənʌ̀nsiəméntou, -ʃiə-] *n.* (*pl.* **-tos** *or* **-toes**) 선언서, [특히 스페인계 남아메리카 각국의] 혁명 선언 (proclamation).

‡**pro·nun·ci·a·tion** [prənʌ̀nsiéiʃ(ə)n] *n.* **1** ⓤⓒ 발음. **2** ⓤⓒ 발음하는 버릇, 발음법; 표준적 발음[법]. **3** ⓤ 발음(음성) 표기. ⇨ **pronounce** *v.*

‡**proof** [pruːf] *n.* **1** ⓤ 증거; ⓒ 증거가 되는 것. ⇨ EVIDENCE 類語 ¶ We have an absolute *proof* of his dishonesty. =We have an absolute *proof* that he is dishonest. 우리는 그가 정직하지 못하다는 확증을 갖고 있다. **2** ⓤⓒ 시험, 실험; 제품의 품질 검사; 화약·화기의 시험[소]; (수학) 검산(檢算). ¶ make *proof* of a person's courage 남의 용기를 시험해 보다 / The *proof* of the pudding is in the eating. 《속담》 말보다 실증(實證). **3** ⓤ 논증 (demonstration), 거증(擧證), 입증, 증명. ¶ bear (*or* assume) the burden of *proof* 거증의 책임을 지다(떠맡다). **4** ⓒ 《법률》 《재판의》 증거, 증거 서류; 증언. **5** ⓤ 시험필(畢)의 상태(강도, 품질); (갑옷 따위의) 강도, 내력(耐力), 불괴통성. ⇨ -PROOF. **6** ⓤ [알코올의] 표준 도수. ¶ above (below) *proof* 표준 도수 이상(이하)의 것. **7** 《사진》 시험 인화(印畫), 견본 인화. **8** ⓒⓤ 《인쇄》 교정쇄(校正刷). ¶ in *proof*, on the *proof* 교정쇄로 / read (*or* correct) *proofs* 교정을 보다. **9** 〔식각술 (蝕刻術) 따위의〕 시험쇄.
give proof of ⋯을 증명하다.
in proof of ⋯의 증거로서.
put (*or* **bring**) **...to the proof** ⋯을 시험하다.
— *adj.* **1** ⋯에 견디는, ⋯이 뚫을 수 없는(against...). ¶ *proof against* the severest weather 어떤 혹한 날씨에도 견디는. **2** [품질·성능 따위가] 시험(검사)필의, 보증된. **3** 검사(시험)용의. **4** 《주류 따위가》 표준 강도의. **5** 《미국 조폐국에서》 표준으로 쓰는 순금(순은)의 조각의.
— *vt.* **1** ⋯을 견디게 하다; (천)을 방수(防水)하다. **2** ⋯을 교정하다, 교정쇄를 읽다 (proofread). **3** ⋯을 시험하다. ◊ **prove** *v.*

-proof *suf.* ⋯에 통하지 않는, 내(耐)⋯, 방(防)⋯이라는 뜻의 연결형. 예: water*proof*, fire*proof*.

próof cóin *n.* 프루프 코인[신(新)발행 경화(硬貨)의 수집가용 특별히 한정판].

proof·less [prúːflis] *adj.* 입증할 수 없는, 증거가 없는.

proof·mark [prúːfmà:rk] *n.* 〔총 따위의〕 시험필 검인(檢印); 시험 합격표.

próof pláne *n.* 《물리》 시험판(板).

proof·read [prúːfriːd] *vt., vi.* (**-read** [-rèd], **-reading**) [의] 교정쇄를 읽다; [⋯의] 교정을 보다.

proof·read·er [prúːfrì:dər] *n.* 교정원.

proof·read·ing [prúːfrì:diŋ] *n.* ⓤ 교정.

próof shéet *n.* 〔인쇄〕 교정쇄(刷).

próof spírit *n.* ⓤ 표준량 알코올을 함유한 음료[미국에서는 50%, 영국에서는 57%의 것].

próof stréss *n.* 내력(耐力).

***prop**[1] [prap / prɔp] *v.* (**propped, prop·ping**) *vt.* **1** 〔지주(支柱)로〕⋯에 지주를 대다, 〔⋯을〕 지주로 받치다, 〔⋯을〕 버티다 (⇨ PUSH 類語); (~ + 目 + 副) Use the stick to *prop* the lid open. 뚜껑을 그 막대기로 받쳐서 열어 두어라. **2**⋯을 지지하다.
— *vi.* 〔말 따위가〕 앞발을 버티고 멈추어서다. — *n.* **1** 버팀목, 지주, 단단한 받침. **2** 지지자, 옹호자, 의지가 되는 것. ¶ the main *prop* of a home 집안의 기둥 / a *prop* for one's old age 노후의 의지가 되는 것(사람).

prop[2] [prap / prɔp] *n.* 《구어》《연극》 소도구(小道具).
prop[3] [prap / prɔp] *n.* =propeller.

prop. (略) properly; property; proposition.

pro·pae·deu·tic [pròupidjúːtik / -djúː-] *adj.* 초보의, 입문의; 예비의. — *n.* 예비 학과 (⁓s) 〔단수 취급〕 예비 지식.

prop·a·ga·ble [prápəgəbl / prɔ́p-] *adj.* 번식시킬 수 있는.

‡**prop·a·gan·da** [pràpəgǽndə / prɔ̀p-] *n.* **1** ⓤ 선전(운동); 〔선전하는〕 주의, 주장. ¶ make *propaganda* for ⋯을 선전하다 / set up a *propaganda* for ⋯의 선전 기관을 세우다. **3** (the P-) 《카톨릭》 **a)** 〔로마의〕 선교(포교) 성성(聖省). **b)** 〔로마의〕 선교(포교) 대학 (College of Propaganda).
◊ **própagate, propagándize** *v.*

prop·a·gan·dism [pràpəgǽndiz(ə)m / prɔ̀p-] *n.* ⓤ 선전; 확장, 전도, 포교.

prop·a·gan·dist [pràpəgǽndist / prɔ̀p-] *n.* **1** 선전자(원). **2** 전도자, 선교사.

prop·a·gan·dize [pràpəgǽndaiz / prɔ̀p-] (*《英》*에서는 **prop·a·gan·dise**로도 쓴다) *vt., vi.* (**-dized, -dizing**) 〔교리 따위를〕 선전하다, 포교하다; 〔⋯에〕 선전(포교)하다.

***prop·a·gate** [prápəgèit / prɔ́p-] *v.* (**-gat·ed, -gat·ing**) *vt.* **1** 〔동식물·균 따위〕를 번식시키다, 증식시키다. ¶ Antelopes *propagate* themselves slowly. 영양은 잘 번식하지 않는다. **2** ⋯을 널리 퍼뜨리다, 선전하다, 보급시키다, 유포시키다. **3** ⇨ SPREAD 類語 **3** 〔음·진동 따위〕를 전하다. **4** 〔특질 따위〕를 유전시킨다.
— *vi.* **1** 증식하다, 번식하다. **2** 널리 퍼지다, 보급되다.
◊ **propagátion, propagánda** *n.,* **própagative** *adj.*

***prop·a·ga·tion** [pràpəgéiʃ(ə)n / prɔ̀p-] *n.* ⓤ **1** 〔동식물 따위의〕 번식, 증식. **2** 선전, 보급. **3** 〔병 따위의〕 만연; 유전. **4** 〔음·열 따위의〕 전파(傳播), 전달.

prop·a·ga·tive [prápəgèitiv / prɔ́p-] *adj.* **1** 번식하는, 증식하는. **2** 전파하는, 유포하는.

prop·a·ga·tor [prápəgèitər / prɔ́p-] *n.* 번식(증식)물; 증식자; 식물의 배양기; 선전자, 〔수소의 하나〕.

pro·pane [próupein] *n.* ⓤ 《화학》 프로판[메탄계 탄화 수소의 하나].

pro·par·ox·y·tone [pròupærǽksitòun / -rɔ́k-] *adj.* *n.* 〔그리스 문법〕 어미에서 셋째 음절에 acute accent가 있는(말).

pro patri·a [prou péitriə] 《라틴》 (=for one's country) 조국을 위하여.

***pro·pel** [prəpél] *vt.* (**-pelled, -pel·ling**) ⋯을 나아가게 하다, 추진하다 (⇨ PUSH 類語); 촉구하다, 몰아대다. ¶ He was *propelled* by the desire of fame. 그는 명예욕에 사로잡혀 움직였다.
◊ **propúlsion** *n.,* **propúlsive, propéllent** *adj.*

pro·pel·lant [prəpélənt] *n.* **1** 추진력(원)(源); 〔로켓 따위의〕 추진 연료. **2** 〔군대〕〔대포의〕 발사 화약, 장약 (裝藥). — =propellant.

pro·pel·lent [prəpélənt] *adj.* 미는, 추진하는. — *n.* =propellant.

‡**pro·pel·ler** [prəpélər] *n.* **1** 〔기선·비행기 따위의〕 프로펠러, 추진기. **2** 추진자; 추진하는 사람.

pro·pél·ling péncil [prəpéliŋ-] *n.* 《英》 =mechanical pencil.

pro·pen·si·ty [prəpénsiti] *n.* (*pl.* **-ties**) **1** 〔보통 나쁜 뜻으로〕 경향, 성벽(性癖), 습성(*toward, for*...). ⇨ INCLINATION 類語 ¶ a *propensity* for the lavish spending of money 돈을 낭비하는 버릇 / a *propensity* for lying 거짓말하는 버릇 // a *propensity* to exaggerate 과장벽. **2** 《고어》 편애(偏愛).

***prop·er** [prápər / prɔ́pə] *adj.* **1** 적당한, 알맞은, 어울리는 (fit, suitable) (*for, to*...). ⇨ FIT 類語 ¶ in a *proper* way 적당한 방법으로, 적절히 / a hat *proper* to the occasion 그 경우에 어울리는 모자. **2** 예의바른, 예절에 맞는, 품위있는, 단정한; 〔때로 과장하여〕 지나치게 예의바른; 점잔빼는. **3** 옳은, 정식의, 엄밀한, 정확

proper adjective 한 (correct); 정의의, 정규의;《보통 명사 뒤에 써서》엄격한 의미에 있어서의, 진정한. ¶ England *proper* 영국 본토 / literature *proper* 순문학. **4** 고유의, 독특한, 본래의, 특유의(*to...*). **5**〔문법〕고유의, 고유 명사적인. **6**〔紋章〕자연색의. ¶ a laurel *proper* 자연색으로 나타낸 월계수. **7**〔종교〕특정한 날(축제일)에만 쓰는. **8**《주로 英구어》철저한, 완전한, 대단한. **9**〔고어·구어〕멋진, 훌륭한, 아름다운 (handsome). **10**〔고어〕자기 자신의 (own). ¶ I want to see it with my [own] *proper* eyes. 그것을 나 자신의(나의 이) 눈으로 보고 싶다.
as you think proper 적당히, 적절히.
── n.《종종 P-》〔특정일 또는 시간에 정해진〕의식, 예배식, 기도, 찬송가. ~**ness** *n.*
◇ **propríety** *n.*, **próperly** *adv.*

próper ádjective *n.*〔문법〕진분수[American 동]. [proper fraction
próper fráction *n.*〔수학〕진분수(眞分數). *cf.*
‡**próp·er·ly** [prápərli / prɔ́p-] *adv.* **1** 적당하게, 알맞게; 예의바르게; 단정하게, 훌륭하게. ¶ a dress *properly* adjusted 꼭 맞는 옷. **2** 정확하게 (correctly), 바르게, 정식으로. ¶ write English *properly* 영어를 바르게 쓰다. **3** 정당하게, 당연히. **4** 완전히, 철저하게.
properly speaking; to speak properly 바르게(정식으로) 말하면.
próper náme *n.*〔문법〕=proper noun.
próper nóun *n.*〔문법〕고유 명사.
prop·er·tied [prápərtid/prɔ́p-] *adj.* 재산이 있는, 〔특히〕부동산이 있는. ¶ the *propertied* class 지주(유산) 계급.
‡**prop·er·ty** [prápərti / prɔ́p-] *n.* (*pl.* -**ties**) **1** U 재산, 자산; 상당한 가치가 있는 소유물. ⇨ POSSESSION〔類語〕¶ landed *property* 토지, 부동산 / personal (or movable) *property* 동산 / private (public) *property* 사유(공유) 재산 / real *property* 부동산. **2** U 소유권; 소유. ¶ literary *property* 저작권 // *property* in copyright (land) 판권 소유(토지 소유권). **4** 고유성, 속성, 특성. ⇨ QUALITY〔類語〕¶ the *properties* of a chemical compound 화학 화합물의 여러 특성. **5**〔논리〕성. **6** (보통 -ties)〔연극〕소도구〔영국 용법에서는 의상을 포함〕;《美구어》〔문예 작품의〕연극.
próperty ánimal *n.*《美》〔영화·무대에〕출연시키기 위하여 길들인 동물.
próperty dámage insúrance *n.* 재물 손괴 보험〔자동차 등으로 남의 재산에 손해를 입힌데 대한 보험〕.
próperty mán *n.*〔연극〕소도구 계원.《英》의상 계
próperty máster *n.* =property man.
próperty ówner *n.* 지주, 가주(家主).
próperty róom *n.*〔연극〕소도구(의상)실.
próperty táx *n.* 재산세. 〔의〕전기(前期).
pro·phase [próufeiz] *n.*〔생물〕유사 분열(有絲分裂)
prophécy [práfisi / prɔ́f-] *n.* U (C) (*pl.* -**cies**)〔성서·신학〕〔하나님의 말씀을 맡았다가 전하는〕예언; 일반적으로의 예언, 예측; 하나님의 계시, 천계(天啓). **3**〔성서·신학〕예언의 선물; 예언 능력.
◇ **próphesy** *v.*, **prophétic** *adj.*
proph·e·si·er [práfisàiər / prɔ́f-] *n.* 예언자.
prophésy [práfisài / prɔ́f-] *v.* (-**sied**, -**sy·ing**) *vt.* **1**〔하나님의 뜻을 받아〕···을 예언하다. ⇨ PREDICT〔類語〕¶ (~+*that* 節) He *prophesied that* the war would come to an end before long. 그는 머지않아 종전이 되리라고 예언했다. ── *vi.* 예언하다. ¶ (~+前+名) He *prophesied of* something unusual to come. 그는 이상한 일이 발생하리라고 예언했다.
◇ **próphecy** *n.*, **prophétic** *adj.*
‡**proph·et** [práfit / prɔ́f-] *n.* **1** 하나님의 뜻을 알리는 사람, 예언자. **2** (the P-) 회교의 교조 (Mohammed); 모르몬교의 개조(開祖) (Joseph Smith). **3** (the P-s)

〔구약 성서의〕예언서. ¶ the Major (Minor) *Prophets* 대(소)예언서. **4**〔詩〕《영감 따위를 받은》시인, 선각자. **5** 지도자, 사도(使徒). **6** 예보자. ¶ a weather *prophet* 일기 예보자. **7**〔주의·교리 따위의〕대변자, 창도자(唱道者), 제창자. **8**《英속어》〔경마의〕승부 예상꾼. ◇ **prophétic** *adj.*
proph·et·ess [práfitɛs / prɔ́f-] *n.* 여자 예언자.
proph·et·hood [práfithùd / prɔ́f-] *n.* U 예언자의 신분(입장, 천분, 지분, 인격).
prophétic [prəfétik], -**i·cal** [-ik(ə)l] *adj.* **1** 예언자의; 예언자의. **2** 예언의, 예언적인. **3** 전조의. -**i·cal·ly** [-ikəli] *adv.*
◇ **próphecy** *n.*, **próphesy** *v.*
pro·phy·lac·tic [pròufəlǽktik, pràf-, prɔ̀f-] *adj.*〔약〕따위가〕병을 예방하는. ── *n.* 예방약, 예방법; 콘돔. -**ti·cal·ly** [-tikəli] *adv.*
pro·phy·lax·is [pròufəlǽksis, pràf-/ prɔ̀f-] *n.* U(C) (*pl.* -**lax·es** [-lǽksi:z]) 병의 예방(법).
pro·pin·qui·ty [prəpíŋkwiti] *n.* U **1** 장소가 가까움, 근접; 시간적인 근접. **2** 근사, 유사.
pro·pi·ti·ate [prəpíʃièit] *vt.* (-**at·ed**, -**at·ing**) ···을 달래다, 가라앉히다. ¶ ···의 비위를 맞추다; ···을 화해시키다.
pro·pi·ti·a·tion [prəpìʃiéi(ə)n] *n.* **1** U 달래기, 비위를 맞추기, 위자(慰藉); 화해. **2** 달래는 것, 위자가 되는 것. [정자.
pro·pi·ti·a·tor [prəpíʃièitər] *n.* 달래는 사람; 위자, 조
pro·pi·ti·a·to·ry [prəpíʃiətɔ̀ːri / -t(ə)ri] *adj.* **1** 달래는, 가라앉히는, 화해의. **2** 유화적인. -**to·ri·ly** *adv.*
pro·pi·tious [prəpíʃəs] *adj.* **1** 안성맞춤의, 호조가 좋은, 길조(吉兆)의(*to, for...*). ¶ *propitious* weather for hiking 하이킹에 안성맞춤인 날씨. **2**〔특히 하나님이〕호의를 가진, 자비로운. -**ly** *adv.*, ~**ness** *n.*
próp·jèt éngine [prápdʒèt- / prɔ́p-] *n.* =turbopropeller engine.
prop·man [prápmæn / prɔ́p-] *n.* (*pl.* -**men** [-mèn]) =property man.
prop·o·lis [prápəlis / prɔ́p-] *n.* U 봉랍(蜂蠟).
pro·po·nent [prəpóunənt] *n.* **1** 제안(제의)자. **2** 지지자. **3**〔법률〕〔검인(檢認)을 받기 위한〕유언 증서 제출자.
‡**pro·por·tion** [prəpɔ́ːr∫(ə)n / -pɔ́ː-] *n.* **1** U 〔치수·수량·수 따위의〕비, 비율(*to...*). ¶ the *proportion* of deaths to the population 인구에 대한 사망 비율. **2** U 균형, 조화, 일치 (*to...*). **3** U 할당, 몫, 부분. ¶ You have not done your *proportion* of the work. 너는 일의 할당량을 다 하지 않았다. **4** (~**s**) 넓이(dimensions), 면적; 용적, 크기; 규모. **5** U〔수학〕비례(산). ¶ direct (inverse) *proportion* 정(반)비례.
in proportion 균형이 잡혀.
in proportion as ···하는 데 비례하여. ¶ pay a person *in proportion as* his work 남에게 한 일에 비례하여 임금을 지불하다.
in proportion to ···에 비례하여, 균형을 이루어.
in the proportion of ···의 비율로, 〔게 크게(많게), *out of proportion to* ···과 균형이 안맞아, 불균형한 ── *vt.* **1**〔치수·수량 따위를〕비례시키다, 어울리게 하다, 조화시키다, 균형을 잡다 (*to*). **2** (~+图+前+图) *proportion* one's expenses *to* one's income 지출과 수입의 균형을 잡다. **2** ···을 할당하다, 배당하다, 몫을 나누다. ◇ **propórtional** *adj.*, **propórtionate** *adj.*, ~ly *adv.*
pro·por·tion·a·ble [prəpɔ́ːr∫ənəbl / -pɔ́ː-] *adj.* 비례하는, 균형잡힌 (proportional), 균형을 잡을 수 있는. -**bly** *adv.*
propórtional [prəpɔ́ːr∫ən(ə)l / -pɔ́ːʃ-] *adj.* **1** 균형잡힌, 조화된. **2** 비례의, 비례의, 상대적의. **3**〔수학〕비례하는. ¶ be directly (inversely) *proportional to* ···에 정(반)비례하다. ── *n.*〔수학〕비례수. ¶ a mean *proportional* 비례 중항(中項)

proportional counter

~ly [-nəli] *adv.* 〔數管〕
propórtional cóunter *n.* 〔물리〕 비례 계수관(計算管), 비례 분할 콤파스.
propórtional divíders *n. pl.* 비례 양각기(兩脚器), 비례 분할 콤파스.
pro·por·tion·al·ist [prəpɔ́ːrʃ(ə)nəlist / -pɔ́ː-] *n.* 비례 대표제론(주의)자.
pro·por·tion·al·i·ty [prəpɔ̀ːrʃənǽliti / -pɔ̀ː-] *n.* 비례(함); 균형, 균정(均整).
propórtional région *n.* (원자물리) 비례 계수역 (計數域).
propórtional represantátion *n.* ⓤ 〔선거의〕 비례 대표제(略 P. R.).
*__**pro·por·tion·ate**__ *adj.* [prəpɔ́ːrʃ(ə)nit / -pɔ́ː-] //→ *v.*] 비례하는, 균형 잡힌(proportional). ── *vt.* [prəpɔ́ːrʃ(ə)nèit/-pɔ́ː-] (**-at·ed, -at·ing**) …을 비례시키다, 균형잡히게 하다; 적응시키다(...*to*). ¶ (~+圄+前+名) *proportionate* one's way of living to one's income 생활 양식을 자기의 수입에 맞추다. **~·ly** [-nitli] *adv.*
pro·por·tioned [prəpɔ́ːrʃ(ə)nd] *adj.* 비례하는, 균형이 잡힌(《종종 복합어를 만들어》 균형이 …진. ¶ an ill-*proportioned* build 균형이 잡히지 않은 체격.
pro·por·tion·ment [prəpɔ́ːrʃ(ə)nmənt / -pɔ́ː-] *n.* ⓤⓒ 비례(시키기); 균형(이 잡히기); 조화.
‡**pro·pos·al** [prəpóuz(ə)l] *n.* **1** 신청, 제의, 제안; 제안, 계획. ¶ accept (reject) a *proposal* 제안을 수락(거부)하다 / advance a *proposal* on …에 관하여 제안하다 / They offered (or made) *proposals* of (or for) peace. 그들은 화해를 제의했다.
〔類語〕**proposal** 고려의 대상으로서 제출하는 안. **proposition** 토의·검토·논쟁의 대상이 되는 정식 진술; *proposal* 의 뜻으로 쓸 때는 명확한 조건을 제시하고 유리한 점을 강조한 것: make a business *proposition* 사업상의 제안을 하다. **suggestion** 격식을 차리지 않고 아무렇지 않은 듯이 말하는 제안.
2 〔남자가 하는〕 청혼. ¶ make a *proposal* to a woman 여성에게 청혼하다. ◇ *propose v.*
‡**pro·pose** [prəpóuz] *v.* (**-posed, -pos·ing**) *vt.* 〔계획 따위〕를 발의(發議)하다, 제안하다; 〔문제·수수께끼 따위〕를 내다(動議 따위)를 제출하다, 건의하다. ¶ *propose* a toast 축배를 발의하다 // (~+to do) (~+ that 節) I *proposed* to reduce the loan. 나는 대부금을 감액할 것을 제의했다 (※ should 를 생략하는 것은 주로 미국 용법). **2** 을 신입하다, 신청하다(offer). ¶ (~+图+前+名) *propose* marriage to a person 남에게 청혼하다. **3** …을 꾀하다, 계획하다, 마음먹다. ⇒ INTEND 〔類語〕¶ (~+to *ing*) I *propose* to take (or taking) a week's holiday. 나는 1주일 동안 휴가를 가질 생각이다. **4** …을 추천하다, 지명하다(...*for, as*). ¶ (~+图+as 補) *propose* a person *as* chairman 남을 의장으로 추천하다. ── *vi.* **1** 제안하다, 건의하다; 꾀하다, 기도하다, 획책하다, 계획을 세우다. ¶ *propose* to oneself 기도하다 / *Man proposes, God disposes.* (속담) 계획은 사람이 하지만, 성패는 하늘에 달려 있다. **2** 청혼 하다. ¶ (~+前+名) I *proposed* to her. 그녀에게 청혼을 했다.
◇ *proposal n.*, *proposition n.*, *v.*
pro·pos·er [prəpóuzər] *n.* 신청자, 제출자, 제안자.
‡**prop·o·si·tion** [pràpəzíʃ(ə)n / prɔ̀p-] *n.* **1** 제의, 전의, 제안. ⇒ PROPOSAL〔類語〕¶ I made a *proposition* to buy the shop. 나는 그 점포를 사겠다고 제의했다. **2** 〔제의·건의된〕 계획, 안. **3** 진술(statement), 서술, 주장. **4** 〔修辭〕 주제; 〔논리〕 명제(命題); 〔수학〕 명제, 정리(定理). **5** 〔美구어〕 사업, 일(business); 상품, 제공품. ¶ a paying *proposition* 벌이가 되는 일. **6** 《구어》〔처리해야 할〕 일, 문제; 《사람·물건에 대해서》 것, 당사자, 상대. ¶ That's a tough *proposition*. 그건 만만치 않은 것이다. **7** 《美구어》〔여자에 대한〕 음탕한 수작, 유혹. ── *vt.* **1** …에 제안하다. **2** 〔여자〕에게 음탕한 수작을 걸다. ◇ *propóse v., propositional adj.*

prop·o·si·tion·al [pràpəzíʃ(ə)l / prɔ̀p-] *adj.* 제의 (제안, 발의)의; 명제의, 명제로 이루어지는. **~·ly** [-nəli] *adv.*
pro·pos·i·tus [prəpɑ́zitəs / -pɔ́z-] *n.* (*pl.* **-ti** [-tai]) **1** 〔법률〕〔가계(家系)의〕 창시자; 해당자, 본인. **2** 〔유전 계보에서의〕 발단자(發端者).
pro·pound [prəpáund] *vt.* **1** ··· 예 제출하다, 소송하다. **2** 〔법률〕〔검인을 받기 위해〕〔유언장〕을 제출하다.
pro·pound·er [prəpáundər] *n.* 제출자, 제의자.
propr. (略) proprietor.
pro·pri·e·tar·y [prəpráiətèri / -t(ə)ri] *adj.* **1** 소유자의, 소유의, 재산의; 재산이 있는. ¶ a *proprietary* rights 소유권 / the *proprietary* classes 유산 계급. **2** 독점의, 전매의. ¶ a *proprietary* medicine 특허 판매약. ── *n.* (*pl.* **-tar·ies**) **1** 소유자, 소유주. **2** ⓒ 소유(권); 소유권; ⓒ 소유물. **3** 특허 판매약. **4** 〔美구어〕 독점 식민지 지배자.
proprietary cólony *n.* 〔美구어〕 〔독립 전에 영국왕으로 부터 특정인에게 수여된〕 독점 식민지.
proprietary cómpany *n.* 관리(관할) 회사〔다른 회사의 주식을 거의 전부 소유하고 있는 회사〕; 〔英〕 토지〔흥업〕 회사.
*__**pro·pri·e·tor**__ [prəpráiətər] *n.* **1** 소유자, 소유 단체, 〔특히 토지의〕 소유자. **2** 경영자. **3** 〔美구어〕 독점 식민지 지배자.
pro·pri·e·to·ri·al [prəpràiətɔ́ːriəl / -tɔ́ːr-] *adj.* 소유자의, 소유〔권〕의. **~·ly** [-əli] *adv.*
pro·pri·e·tor·ship [prəpráiətərʃip] *n.* ⓤ 소유권.
pro·pri·e·tress [prəpráiətris] *n.* proprietor 의 여성형.
*__**pro·pri·e·ty**__ [prəpráiəti] *n.* (*pl.* **-ties**) **1** ⓤ 예의, 예절. ¶ a breach of *propriety* 실례, 예절에 벗어남 / observe the *proprieties* 예의를 지키다 / He has some sense of *propriety*. 그는 다소 예의를 차릴 줄 안다. **2** ⓤ 타당, 적당; 타당성(fitness), 적부(適否); 적정, 정당. ¶ I doubt the *propriety* of making use of the method. 나는 그 방법을 이용하는 것이 적당한지 어떤지 의문이 간다. ◇ *próper adj.*
pro·pri·o·cep·tive [pròupriəséptiv] *adj.* 〈생리〉 자기 감수력의(感受體).
pro·pri·o·cep·tor [pròupriəséptər] *n.* 〈생리〉 자기 감수체.
próp róot *n.* 〔식물〕 지주근(支柱根).
props [praps] *n. pl.* 〈속어〉 연극의 소도구. [< PROP(ERTIE)S]
pro·to·sis [praptóusis / prɔp-] *n.* ⓤ 〔병리〕〔안구(眼球) 따위의〕 돌출.
pro·pul·sion [prəpʌ́lʃ(ə)n] *n.* ⓤ 추진; 추진력.
propúlsion reáctor *n.* 〔원자력〕〔원자력 선 등에 쓰는〕 추진용 원자로.
pro·pul·sive [prəpʌ́lsiv] *adj.* 추진하는; 추진력이 있는.
próp wórd *n.* 〔문법〕 지주어(支柱語).
pro·pyl [próupil] *adj.* 〔화학〕 프로필기(基)의.
prop·y·lae·um [pràpilíːəm / prɔ̀p-] *n.* (*pl.* **-lae·a** [-líːə]) 신전(神殿)의 입구; (the Propylaea) 〔아테네의〕 아크로폴리스의 입구.
prop·y·lon [prɑ́piləon/prɔ́p-] *n.* (*pl.* **-la** [-lə] *or* **-lons**) =propylaeum.
pro ra·ta [prou réitə / -rɑ́ːtə] *adv.* 비례하여(in proportion), 안분(按分)하여. [<L]
pro·rat·a·ble [prouréitəbl, +美 ─ ─ ─ ─] *adj.* 비례 배분할 수 있는.
pro·rate [prouréit, + 美 ─ ─] *vt., vi.* (**-rat·ed, -rat·ing**) **1** 을 비례 배분하다, 할당하다.
pro·ro·ga·tion [pròurəgéiʃ(ə)n] *n.* ⓤ 〔특히 영국의 의회〕 정회, 폐회.
pro·rogue [pro(u)róug] *vt.* (**-rogued, -rogu·ing**) **1** 〔의회〕를 정회하다. **2** ··· 을 연기하다, 연장하다.
pros- to, toward, in addition 의 뜻의 연결형. 예: *prosody.*

pros. 《略》 proscenium; prosody.
pro·sage [próusidʒ] *n*. 식물 단백 소시지[육류 대신 순수 식물 단백질로 만든다]. [<PRO[TEIN]+[SAU]SAGE]
pro·sa·ic [pro(u)zéiik] *adj*. **1** 산문적인, 재미없는, 평범한, 단조로운. ¶ a *prosaic* person 지루한 사람. **2** 산문의, 산문체의. *cf*. poetic
-**i·cal·ly** [-kəli] *adv*. ~**ness** *n*.
pro·sa·ism [prouzéiiz(ə)m] *n*. ① 산문체; 평범, 무취미; 산문적인 표현. [지루한 사람.
pro·sa·ist [próuzeiist] *n*. **1** 산문 작가. **2** 평범하고
Pros. Atty. 《略》 prosecuting attorney.
pro·sce·ni·um [pro(u)sí:niəm, -njəm] *n*. (*pl*. -**ni·a** [-niə]) **1** 〔현대 극장의〕 무대 앞부분. **2** 〔고대 그리스·로마의 극장의〕 무대. [특별석.
proscénium bóx *n*. 〔극장의〕 무대에 가장 가까운
pro·scribe [pro(u)skráib] *vt*. (-**scribed**, -**scrib·ing**) **1** 〔습관 따위를〕 금지하다, 금하다, 배척하다. ¶ *proscribe* fat from diet 비계를 규정식에 넣지 않다. **2** …을 법률의 보호권 밖에 두다. **3** 〔고대 로마에서〕 〔처벌자로서〕…의 이름을 포고하다.
pro·scrib·er [pro(u)skráibər] *n*. 금지하는 사람; 인권 박탈·추방을 명령하는 사람.
pro·scrip·tion [pro(u)skríp(ə)n] *n*. ① **1** 법률의 보호 박탈, 인권 박탈, 추방. **2** 금지, 배척.
pro·scrip·tive [pro(u)skríptiv] *adj*. 인권 박탈을 피하는, 추방의; 금지의.
‡prose [prouz] *n*. ① 산문[체]; ⓒ 산문 작품, 산문적인 문장. *cf*. poem **2** 산문적인 표현, 무미건조한 이야기; 평범, 단조로움. ¶ the *prose* of an uneventful daily routine 단조롭고 지루한 일과. **3** 〔교회〕 찬송가. — *adj*. **1** 산문[체]의. ¶ *prose* style 산문체. **2** 산문적인, 평범한. ¶ the *prose* duties of life 인생의 지루한 의무. — *v*. (**prosed, pros·ing**) *vt*. 〔시〕를 산문으로 고쳐 쓰다; 산문으로 쓰다. ¶ *prose* a ballad 민요를 산문으로 고쳐 쓰다. — *vi*. 무미건조하게 이야기하다; 지루하게 이야기하다 (*about*...). ◇ prosáic, prósy *adj*.
pro·sec·tor [pro(u)séktər] *n*. 시체 해부자.
*pros·e·cute [prásikjù:t / prɔ́s-] *v*. (-**cut·ed, -cut·ing**) *vt*. **1** 〔법률〕…을 기소하다, 고소하다; 〔법적으로〕 〔권리〕를 요구하다. ¶ Trespassers will be *prosecuted*. 불법 침입자는 기소된다 // (~+图+前+图) *prosecute* a claim *for* damages 손해 배상을 요구하다 / He was *prosecuted* for corrupt practices. 그는 수회죄로 기소되었다. **2** …을 수행하다; 속행하다. ¶ *prosecute* an inquiry 조사를 수행(속행) 하다. **3** …에 종사하다; 경영하다. ¶ *prosecute* a trade 상업에 종사하다. — *vi*. 〔법률〕 기소하다, 고소하다.
◇ prosecútion *n*.
prósecùting attórney *n*. 〔美〕 지방 검사.
*pros·e·cu·tion [pràsikjú:(ə)n / prɔ̀s-] *n*. **1** ⓤⓒ 〔법률〕 기소, 고소, 고발, 소추(訴追). ¶ be liable to a *prosecution* 기소되다. **2** (the ~) 기소측, 검찰측, 검찰 당국. ¶ the witnesses for the *prosecution* 검찰측 증인. **3** ⓤ 수행; 속행(續行). ¶ the *prosecution* of an object 목적의 수행. **4** ⓤ 종사, 경영.
*pros·e·cu·tor [prásikjù:tər / prɔ́s-] *n*. **1** 〔법률〕 기소자, 고발자; 검사. **2** 수행자. **3** 경영자.
pros·e·cu·trix [prásikjù:triks / prɔ́s-] *n*. (*pl*. -**tri·ces** [-trisìːz]) prosecutor의 여성형.
Próse Édda *n*. 신〔新〕에다. ⇨ EDDA.
pros·e·lyte [prásilàit / prɔ́s-] *n*. 〔사상적인〕 전향자, 변절자; 개종자(改宗者). ¶ become a *proselyte* to Christianity 기독교로 개종하다. — *v*. (-**lyt·ed, -lyt·ing**) *vt*. **1** 사상적으로 전향시키다, 개종시키다. **2** 〔운동 선수〕을 좋은 조건으로 스카웃하다. — *vi*. **1** 사상적으로 전향하다. **2** 운동 선수를 스카웃하다.
pros·e·lyt·ism [prásilitìz(ə)m, -lait- / prɔ́s-] *n*. ⓤ 〔사상적〕 전향, 변절; 개종.
pros·e·lyt·i·za·tion [pràsilitizéi(ə) n / prɔ̀silitaiz-] *n*. ⓤ 사상적인 전향, 변절; 개종.
pros·e·lyt·ize [prásilitàiz, -lait- / prɔ́silit-] (* 〔英〕에서는 **pros·e·lyt·ise** 로도 쓴다) *vt., vi*. (-**ized, -iz·ing**) = proselyte.
pros·e·lyt·iz·er [prásilitàizər, -lait- / prɔ́silit-] *n*. 사상을 전향시키는 사람, 개종자.
pro·sem·i·nar [prousémina:r] *n*. 프로세미나〔대학 재학생을 위한 초급 세미나〕.
pros·en·chy·ma [prasénkimə / pros-] *n*. ⓤⓒ 〔식물〕 섬유 세포 조직, 방추(紡錘) 조직.
próse pòem *n*. 산문시. [기하는〔쓰는〕 사람.
prós·er [próuzər] *n*. **1** 산문 작가. **2** 지루하게 이야
Pro·ser·pi·na [pro(u)sə́ːrpinə] *n*. 〔로마 신화〕 프로세르피나. ⇨ PERSEPHONE.
pro·si·fy [próuzifài] *v*. (-**fied, -fy·ing**) *vt*. …을 산문으로 고쳐 쓰다; …을 산문적으로, 평범하게 하다. — *vi*. 산문으로 쓰다.
pros·i·ly [próuzili] *adv*. 산문체로; 무미건조하게, 멋없게.
pros·i·ness [próuzinis] *n*. ⓤ 산문체; 단조로움, 지루함.
pro·sit [próusit] *interj*. 〔라틴〕(=May it do you good) 축하합니다, 건강을 빕니다(* 특히 독일인·오스트리아인이 건배할 때 쓰는 말).
pro·slav·er·y [pro(u)sléiv(ə)ri] *adj*. 노예 재도를 지지하는. — *n*. ⓤ 노예 제도 지지.
pro·sod·ic [prəsádik, -sɔ́d-], -**i·cal** [-ik(ə)l] *adj*. 운율학(韻律學)의; 운율법에 맞는. -**i·cal·ly** [-ikəli] *adv*.
pros·o·dy [prásədi / prɔ́s-] *n*. ⓤ 운율학, 시형학(詩形學); 작법(作詩法).
pros·o·po·poe·ia [pro(u)sòupəpíːə / prɔ̀so(u)-] *n*. ⓤ〔修辭〕 **1** 의인법(擬人法). **2** 가공 인물이나 현재 이곳에 없는 사람이나 죽은 사람이 말하거나 행동하고 있는 듯이 묘사하는 일.
‡pros·pect [práspekt / prɔ́s- → *v*.] *n*. **1** (보통 ~s) [성장의] 가망. ¶ The *prospects* of good harvest are bright. 그의 사업은 전도 유망하다. **2** ⓤ 전망, 기대. ¶ The *prospect* of a vacation is pleasant. 휴가를 기다리는 마음은 즐겁다 / There is little *prospect* for an improvement. 호전될 희망이 거의 없다. **3** 고객이 될만한 사람; 유망한 사람, 후보자. **4** 〔광산〕 채광 유망지. ¶ strike a good *prospect* 좋은 광맥을 발견하다. **5** 조망, 전망, 경치(⇨ VIEW [類語]); 집의 향(向). ¶ command a wide *prospect* 전망이 넓다.
in prospect 예기(예상) 되어, 가망이 있어, 유망하여. ¶ A long run of the musical play is *in prospect*. 그 뮤지컬은 장기 공연이 될 것 같다 / I have nothing else *in prospect*. 달리 기대할 것이 아무것도 없다 / Men work hard *in prospect* of coming success. 사람은 장래의 성공을 꿈꾸며 열심히 일한다.
— *v*. [+图 prəspékt / prɔ́s-] 〔지역〕을 답사하다, 조사하다; 〔광산 따위〕를 시굴(試掘)하다. ¶ (~+图+前+图) *prospect* the ground *for* oil 석유를 찾아 토지를 조사하다. — *vi*. **1** 〔금광·석유 따위를 찾아〕 답사하다, 시굴하다. ¶ (~+前+图) *prospect for* gold 금을 찾아 시굴하다. **2** 〔광산 따위가〕 가망이 있다. ¶ (~+圖) The gold mine *prospects* well (*ill*). 그 금광은 가망이 있다(없다).
◇ prospective *adj*.
*pro·spec·tive [prəspéktiv] *adj*. **1** 장래의, 미래의, 가망이 있는, 유망한. ¶ a *prospective* bride 곧 신부가 될 여성. **2** 가망이 있는, 유망한. ¶ a *prospective* enterprise 장차 유망한 기업. ~**ly** *adv*. ~**ness** *n*. ◇ prospect *n., v*.
pro·spec·tor [práspektər / prəspék-] *n*. 탐광자(探鑛者), 시굴자, 답사자.
pro·spec·tus [prəspéktəs] *n*. 〔사업의〕요강; 〔회사 따위의〕 창립 취지서; 〔신간 서적의〕 안내서, 내용 견본; 학교 안내서.
*pros·per [práspər / prɔ́s-] *vi*. 번영하다; 번창하다; 성

공하다. ⇨ SUCCEED 類語 ¶ My business is *prospering*. 내 사업은 잘 되어가 있다 / Everything *prospers* with him. 그는 하는 일마다 성공한다 / The wicked fall and the good *prosper*. 악한 사람은 망하고 선한 사람은 흥한다. — *vt*. ···을 번영시키다; ···을 성공시키다; 번창하게 하다. ¶ Peace *prospers* a nation. 평화로우면 국가는 융성한다. ◇ prósperous *adj*., prospérity *n*.

‡**pros·per·i·ty** [prɑspérəti / prɔs-] *n*. (*pl*. **-ties**) **1** 번영, 번창, 성공, 행운. **2** (-ties) 순탄한 환경, 유복한 처지. ◇ prósper *v*., prósperous *adj*.

‡**pros·per·ous** [prɑ́sp(ə)rəs, prɔ́s-] *adj*. **1** 번영하고 있는; 번창하고 있는, 부유한, 성공한. ¶ a *prosperous* business 번창하고 있는 장사. **2** 알맞은, 순조로운, 행운의, 징조가 좋은. ¶ a *prosperous* wind 순풍 / in a *prosperous* hour 알맞은 시간에. **~·ly** *adv*. **~·ness** *n*. ◇ prospérity *n*., prósper *v*.

pros·ta·glan·din [prɑ̀stəglǽndin / prɔ̀s-] *n*. 프로스타글란딘(사후(事後) 피임약 따위로 쓰인다).

pros·tate [prɑ́steit / prɔ́s-], (**pros·tat·ic** [prɑstǽtik / prɔs-]) *adj*. [해부] 전립선(前立腺)의. ¶ a *prostate* gland 전립선. — *n*. 전립선.

pros·ta·tec·to·my [prɑ̀stətéktəmi / prɔ̀s-] *n*. [U][C] (*pl*. **-mies**) [해부] 전립선 절제술(切除術).

pros·ta·ti·tis [prɑ̀stətáitis / prɔ̀s-] *n*. [U] [병리] 전립선염(炎).

pros·the·sis [prɑ́sθisis → 1 / prɔ́s-] *n*. [U][C] (*pl*. **-ses** [-siːz]) **1** [+美 prosθíːsis] [외과] 보철(補綴), 보철술; 인공 기관[의수(義手)·의안·의치 따위]. **2** [문법] 어두음(語頭音) 첨가.

pros·thet·ic [prɑsθétik / prɔs-] *adj*. **1** [외과] 보철의; 인공 기관의. **2** [문법] 어두음 첨가의.

pros·thet·ics [prɑsθétiks / prɔs-] *n*. *pl*. (단·복수 양용) 치과 보철학.

pros·ti·tute [prɑ́stit(j)ùːt / prɔ́stitjùːt] *n*. **1** 매춘부, 창녀, **2** 돈을 위해 일하는 사람, 돈을 위해 예술심을 굽히는 예술가. — *vt*. (**-tut·ed, -tut·ing**) **1** (종종 재귀법법) [여자가] [몸을] 팔다, 매춘하다; [여자]에게 매춘시키다. **2** [명예 따위]를 돈을 위해 팔다; [재능 따위]를 악용하다.

pros·ti·tu·tion [prɑ̀stit(j)úːʃ(ə)n / prɔ̀stitjúː-] *n*. [U] **1** 매춘. **2** 지조를 팔기; [재능 따위] 악용하기, 타락.

pros·ti·tu·tor [prɑ́stit(j)ùːtər / prɔ́stitjùː-] *n*. 매춘부, 지조를 파는 사람, 변절자; [재능 따위] 악용하는 사람.

***pros·trate** *vt*. [prɑ́streit / prɔstréit → *adj*.] (**-trat·ed, -trat·ing**) **1** [재귀법] [자기 자신]을 엎드리게 하다. ¶ We *prostrated* ourselves at the shrine. 우리는 사당 앞에 부복했다. **2** ···을 엎어지게 하다, 넘어뜨리다; ···을 땅바닥에 내던지다. ¶ The crops *prostrated* by the wind 바람에 쓰러진 농작물. **3** ···을 패배시키다, 굴복시키다. ¶ ···을 쇠약하게 하다. ¶ He is *prostrated* by overwork. 그는 파로로 지쳐빠져 있다. — *adj*. [英 prɑ́streit] **1** [지면 따위에] 쓰러진, 엎어진, 엎드린. ¶ lie *prostrate* 뻗다. **2** 납작 엎드린, 부복한. ¶ with the most *prostrate* humility 몹시 황공하여, **3** 기력이 불능의 타격을 받은, 굴복한, 패배한. ¶ lay one's rival *prostrate* 경쟁 상대를 패배시키다. **4** 지쳐버린, 수척해진 (*with*...). ¶ be *prostrate* with fatigue 피로로 지쳐버리다. **5** [식물] 땅을 기는, 포복성(匍匐性)의. ◇ prostrátion *n*.

pros·tra·tion [prɑstréiʃ(ə)n / prɔs-] *n*. **1** [U][C] 부복(俯伏), 엎드려 절하기. ¶ with many *prostrations* 수없이 머리를 조아리며. **2** [U][C] 엎드리기. **3** [U] 피로, 쇠약; 허탈, 의기 소침. ¶ general *prostration* 전신 쇠약.

pro·style [próustail] (건축) *adj*. (그리스의 신전(神殿) 따위에서) 앞기둥이 있는, 전주식(前柱式)의. — *n*. 전주식 건축물, 프로스타일.

pros·y [próuzi] *adj*. (**pros·i·er, pros·i·est**) **1** 산문의, 산문조(調)의. **2** 산문적인, 평범한, 단조로운, 지루한. **prós·i·ly** *adv*.

prot- ⇨ PROTO-.

Prot. (略) Protestant.

pro·tac·tin·i·um [pròutæktíniəm], **-to·ac-** [-to(u)-æk-] *n*. [U] [화학] 프로트악티늄[방사성 금속 원소; 원자 기호 Pa].

pro·tag·o·nist [pro(u)tǽgənist] *n*. **1** [연극의] 주역, [소설·이야기의] 주인공. **2** [주의(主義) 따위의] 주장자, 지도자; 우두머리.

pro·ta·mine [próutəmìːn, -min] *n*. [U] [생화학] 프로타민[강염기성(强鹽基性)의 단순 단백질].

prot·a·sis [prɑ́təsis / prɔ́t-] *n*. (*pl*. **-ses** [-sìːz]) **1** [문법] 조건절, 전제절(前提節). *cf*. apodosis **2** [고전극의] 전제부.

pro·tat·ic [pro(u)tǽtik] *adj*. 조건절의; 전제부의.

pro·te·an [próution, proutíː-] *adj*. **1** 변화 무쌍한, 갖가지로 변하는; (배우가) 여러 가지 역할을 해낼 수 있는; [동물] (아메바처럼) 여러 가지 체형(體形)으로 변하는. **2** (P-) Proteus 신(神)의 (같은).

‡**pro·tect** [prətékt] *vt*. **1** [위험 따위에서] ···을 지키다, 보호하다, 방어하다. ⇨ DEFEND 類語 ¶ They *protected* their own claims with perfect unity. 그들은 굳게 뭉쳐서 자기들의 권리를 지켰다 // (~+目+前+名) *protect* a person *against* danger 남을 위험으로부터 지키다 / wear dark glasses to *protect* one's eyes *from* the sun 햇빛으로부터 눈을 보호하기 위해 선글라스를 끼다. **2** [경제] [외국 수입품에 대해] [국내 산업]을 보호하다. ¶ *protected* trade 보호 무역. **3** [상업] [어음]의 지불 준비를 하다. **4** [기계] ···에 보호(안전) 장치를 하다. ¶ a *protected* rifle 안전 장치가 달린 소총. ◇ protéction *n*., protéctive *adj*.

pro·tec·tant [prətéktənt] *n*. (식물의) 예방 보호제.

pro·tect·ing [prətéktiŋ] *adj*. 지키는, 보호하는, 방어하는. **~·ly** *adv*.

‡**pro·tec·tion** [prətékʃ(ə)n] *n*. **1** [U] [위험 따위로부터] 지키기, 보호, 방어; 후원(patronage). ¶ the *protection* of a country *against* an enemy 적으로부터의 국토 방위 / This house gives us some *protection* *from* the weather. 이 집은 다소나마 비바람을 막아 준다. **2** 보호조, 방어물,《美구어》뇌물; (협박 따위를 받지 않도록 폭력단에 지불하는) 보호금. ¶ a *protection* *from* the wind 바람막이 / a *protection* *against* the sun 해가리개, 차양. **3** [U] [경제] 보호 무역(제도), (보험의) 적용 범위; [C] 여권, 통행증; 《美어》 국적 증명서. ◇ protéct *v*.

pro·tec·tion·ism [prətékʃənìz(ə)m] *n*. [U] [경제] 보호 무역주의(론).

pro·tec·tion·ist [prətékʃənist] *n*. **1** 보호 무역론자. **2** 야생 동물 보호론자.

***pro·tec·tive** [prətéktiv] *adj*. **1** [위험 따위로부터] 지키는, 보호하는, 방어하는. ¶ a *protective* substances (생물) 보호 물질. **2** [경제] 보호 무역(제도)의. ¶ *protective* system 보호 무역 제도. **~·ly** *adv*. **~·ness** *n*.

protéctive áction gúide *n*. (원자력) 방호 조치 기준(한 개인에 대한 전리(電離) 방사선의 허용 흡수선량).

protéctive clóthing *n*. [화염·방사선 따위로부터] 몸을 보호하는 옷.

protéctive colorátion (英 **colourátion**) *n*. [U] (동물) 보호색.

protéctive cóloring (英 **cólouring**) *n*. (동물) = protective coloration.

protéctive cústody *n*. [U] (법률) (국가를 적대 행위로부터 보호하기 위한) 보호 감금, 예비 구속.

protéctive dúties *n*. *pl*. 보호 관세(protective tax).

protéctive fóods *n*. *pl*. 영양 식품.

protéctive legislátion *n*. 무역 보호 법령; 사용인

보호법 제도.
protective reáction n. 《美》 1 《군사》 방어적 반응[행동]. 2 《비유적》 자기 방어라는 명분으로 남을 공격하는 일.
protective resémblance n. ⓤ 〔동물〕 보호 의태(擬態).
protective sýstem n. 보호 무역 제도.
protéctive táriff n. 보호 관세[율].
***pro·tec·tor** [prətéktər] n. 1 보호자, 후원자. 2 방어물, 보호물, 보호(안전) 장치, 〔야구의〕 프로텍터, 〔포수의〕 가슴받이, 3 〔英여자〕 섭정(攝政), (the Lord P-) 호민관(護民官)〔영국 공화국 시대의 Oliver Cromwell 과 그의 아들 Richard 의 칭호〕. ~·al 〔-təral〕 adj. 보호자의; 섭정의.
pro·tec·tor·al [prətéktərəl] adj. 보호자의; 섭정의.
pro·tec·tor·ate [prətéktərit] n. 1 ⓤ〔약소국에 대한 강대국의〕 보호 제도(정책); ⓒ 보호국, 보호령. 2 ⓤ 섭정의 지위(임기), 섭정 정치; (P-)〔英역사〕 호민관 시대(1653-59).
pro·tec·tor·ship [prətéktərʃip] n. ⓤ 섭정(호민관)의 지위(임기).
pro·tec·to·ry [prətéktəri] n. (pl. -ries) 감화원, 소년원.
pro·tec·tress [prətéktris] n. protector 의 여성형.
pro·té·gé [próutəʒèi, +美 ⌐⌐⌐] n. (* 여성형은 protégée [próutəʒèi]) 피보호자; 부하. [<F protected]
pro·teid [próutiid] n. =protein.
***pro·tein** [próuti(:)n]〔생화학〕 n. ⓤⓒ 단백질. ─ adj. 단백질의.
pro·tein·oid [próuti(:)nɔ̀id] n. 유(類)단백질.
pro·tein·u·ri·a [pròuti(:)njúriə] n. ⓤ 〔의학〕 단백뇨.
pro tem [prou tém] =pro tempore.
pro tem·po·re [prou témpəri:/-rei]《라틴》(=for the time) adv. 당분간, 일시적으로(temporarily). ─ adj. 일시적인, 임시의 (temporary).
proter = PROTERO-.
protero- before, former, earlier 의 뜻의 연결형(* 모음 앞에서는 proter- 를 쓰나). 예: Proterozoic.
Prot·er·o·zo·ic [pràtərəzóuik / pròt-] n., adj. 〔지질〕 원생대(原生代)〔의〕.
:pro·test [próutest] → v.〕 1 ⓤⓒ 항의, 이의 [의 제기], 항변. ¶ make a protest against harsh treatment 가혹한 대우에 항의하다. 2 ⓤⓒ주장, 언명, 단언. 3 〔결을〕〔거절〕의 지불(인수) 거절 증서; 해난(海難) 보고서. 4 〔부당 징세에 대한〕 항의서. 5 ⓤⓒ〔경기〕 정식 항의[서].
under protest 마지못해; 항의를 하면서.
─ v. [prətést] vi. 1 항의하다, 이의를 제기하다. ¶ (~ +前+图) protest against encroachment upon one's right 권리 침해에 항의하다. 2 주장하다, 언명하다, 단언하다. ¶〔英역사〕 protest a decision 결의에 반대하다. 2 …을 주장하다, 언명하다, 단언하다. ⇨ AFFIRM [類語] ¶ (~ +that 節) The defendant protested that he was innocent of the crime. 피고는 그 범죄에 대해 결백하다고 주장했다. 3 〔상업〕〔어음 따위의〕 지불(인수) 을 거절하다. ¶ The check was protested. 그 어음은 부도났다. ◇ protestátion n.
***Prot·es·tant** [prátist(ə)nt / prɔ́t-] n. 1 프로테스턴트, 신교도. 2 (p-) 항의하는 사람. ─ adj. 1 프로테스턴트의. 2 (p-)〔英〕 ◇ protéstantize v.
Prótestant Epíscopal Chúrch n. (the ~) 미국 감독교, 미국 성공회(聖公會).
Prot·es·tant·ism [prátist(ə)ntìz(ə)m / prɔ́t-] n. ⓤ 1 신교(의 교리·신조). 2 《집합적》신교 교회, 신교도.
prot·es·tant·ize, Prot- [prátist(ə)ntàiz / prɔ́t-] vt. (-ized, -iz·ing) vt. …을 신교도로 만들다. ─ vi.신교도가 되다.
Prótestant Rèformátion n. (the ~) 종교 개혁.
prot·es·ta·tion [pràtestéiʃ(ə)n / pròutes-] n. ⓤⓒ 항의, 이의[의 제기] (against…). 2 주장, 언명, 단언.

pro·test·er [prətéstər] n. 1 항의자, 이의 제기(신청) 자, 주장자, 언명자, 단언자. 3 어음 지불 거절자.
pro·test·ing [prətéstiŋ] adj. 불복하는, 항의하는.
pro·test·ing·ly [prətéstiŋli] adv. 항의하여.
Pro·teus [próutju:s, -tiəs] n. 1〔그리스 신화〕 프로테우스〔여러 모습으로 바뀐다는 바다의 신〕. 2 변화무쌍한 사람(것), 의견(주의)을 쉽사리 바꾸는 사람.
pro·tha·la·mi·on [pròuθəléimiən, +美 -ɑ̀n], **-mi·um** [-miəm] n. (pl. **-mi·a** [-miə])결혼전 축하의 노래(시).
pro·thal·li·um [pro(u)θǽliəm] n. (pl. **-li·a** [-liə])〔식물〕〔양치류의〕 전엽체(前葉體).
proth·e·sis [práθisis / prɔ́θ-] n. ⓤⓒ (pl. **-ses** [-síːz]) 1〔문법〕 어두음(語頭音) 첨가 (prosthesis). 2〔그리스 정교〕 성찬식의 준비[소]; 성찬 식탁.
pro·thon·o·tar·y [pro(u)θɑ́nətèri / -θɔ́nət(ə)ri], **-ton-** [-tán-/ -tɔ́n-] n. (pl. **-tar·ies**) 1〔법원의〕 수석 서기. 2〔가톨릭〕〔주교구의 7명의〕 최고 기록관의 한 사람. 3〔그리스 정교〕 Constantinople 의 총주교의 비서자.
pro·throm·bin [pro(u)θrɑ́mbin / -θrɔ́m-] n. ⓤ〔생화학〕 프로트롬빈 〔혈액속에 있는 응혈 인자(凝血因子)의 일종〕.
pro·ti·um [próutiəm, -ʃiəm] n.〔화학〕 프로튬〔수소의 동위 원소, 원자 기호 H^1〕.
proto- first, earliest form of 라는 뜻의 연결형(* 모음 앞에서는 prot- 를 쓴다. 예: protomartyr, prototype; protagonist.
pro·to·ac·tin·i·um [pròuto(u)æktíniəm] n.〔화학〕 =protactinium.
pro·to·col [próutəkɑ̀l, -kɔ̀:l / -kɔ̀l] n. 1 ⓤ 외교 의례. 2 조약 원안, 의정서, 조서(調書); 조약 부속 문서. 3《美》실험[제작]의 보고(記錄). 4〔컴퓨터〕 프로토콜〔대화에 필요한 통신 규약〕. 5〔철학〕 프로토콜 명제(命題) (protocol statement).
─ vi. (-coled, -col·ing;《주로 英》-colled, -col·ling) 의정서를 작성하다.
pro·to·con·ti·nent [pròuto(u)kántiənt / -kɔ́n-] n. 원시 대륙 (supercontinent).
pro·to·gal·ax·y [pròuto(u)gǽləksi] n. (pl. **-ax·ies**)〔형성중인〕 원시 소우주.
pro·to·his·to·ry [pròuto(u)híst(ə)ri] n. ⓤ 원사(原史) 시대〔선사(先史) 시대와 역사 시대의 중간〕.
pro·to·hu·man [pròuto(u)hjúːmən] adj. 원인(原人)의.
pro·to·lith·ic [pròutəlíθik] adj.〔考古〕 원시 석기시대의.
pro·to·mar·tyr [próutəmàːrtər] n. 최초의 순교자〔특히 기독교 최초의 순교자 St. Stephen 을 가리킨다〕.〔자(陽性子)〕.
pro·ton [próutɑn / -tɔn] n.〔물리·화학〕 프로톤, 양성자.
próton sýnchrotròn n.〔물리〕 양성자 가속 장치〔수십억 전자 볼트의 에너지까지 낸다〕. cf. bevatron
pro·to·plasm [próutə plæ̀z(ə)m] n.〔생물〕 원형질(原形質). ◇ protoplásmic adj.
pro·to·plas·mal [pròuto(u)plǽzməl], **-plas·ma·tic** [-plæzmǽtik] adj.〔생물〕 =protoplasmic.
pro·to·plas·mic [pròuto(u)plǽzmik] adj.〔생물〕 원형질의.
pro·to·plast [próutə plæ̀st] n. 1〔생물〕 원형질체. 2〔그 종류의〕 최초의 것, 원물(原物) (original).
pro·to·ty·pal [pròutə táip(ə)l] adj. 원형의(原型的); 모범의.
pro·to·type [próutə tàip] n. 1 원형; 모범, 본보기. 2〔생물〕 원형 (archetype). 3〔신학〕 원형 그리스도.
pro·to·typ·i·cal [pròuto(u)típik(ə)l], **-typ·ic** [-ik] adj. =prototypal. 〔級〕 산화물.
pro·tox·ide [proutɑ́ksaid / -tɔ́ks-] n.〔화학〕 초급(初Pro·to·zo·a [pròuto(u)zóuə] n. pl.〔동물〕 원생 동물.

cf. Metazoa

pro·to·zo·an [pròutə(u)zóuən] *adj.* 원생 동물에 속하는, 원생 동물의. — *n.* 원생 동물.

pro·tract [pro(u)trǽkt] *vt.* **1** …을 연장하다; …을 오래 끌게 하다 (prolong). ⇒ LENGTHEN 類語 ¶ *protract* a debate 토론을 오래 끌다. **2** 〔해부〕 …을 뻗다(늘이다) (extend), 내밀다. *opp.* retract¹ **3** 〔측량〕 〔비례자·분도기로〕 …을 제도하다, 작도(作圖)하다.

pro·tract·ed·ly [pro(u)trǽktidli] *adv.* 오래 끌어서, 장기간에 걸쳐서.

pro·trac·tile [pro(u)trǽkt(i)l / -tail] *adj.* 〔동물의 기관 따위가〕 뻗을 수 있는, 신장성(伸長性)이 있는(extensible); 내밀 수 있는.

pro·trac·tion [pro(u)trǽk(ə)n] *n.* Ⓤ Ⓒ **1** 오래 끌기, 연장. **2** 〔비례자 따위에 의한〕 제도, 작도.

pro·trac·tive [pro(u)trǽktiv] *adj.* 오래 끄는, 지연하는.

pro·trac·tor [pro(u)trǽktər] *n.* **1** 〔시간·지위 따위를 오래 끄는 사람(것). **2** 분도기. **3** 〔해부〕 신근(伸筋). *cf.* retractor **4** 〔외과〕 이물 적출기(異物摘出器).

****pro·trude** [pro(u)trúːd] *v.* (**-trud·ed, -trud·ing**) *vi.* 내밀다, 튀어나오다. ¶ *protruding* eyes. 퉁방울눈.
— *vt.* …을 내밀다. ¶ *protrude* one's tongue 혀를 내밀다. ◇ protrúsion *n.*, protrúsive, protrúdent *adj.*

pro·trud·ent [pro(u)trúːd(ə)nt] *adj.* 내밀, 돌출한.

pro·tru·sile [pro(u)trúːs(i)l / -sail] *adj.* 〔달팽이 등의 눈 따위처럼〕 내밀 수 있는, 밀어낼 수 있는.

pro·tru·sion [pro(u)trúːʒ(ə)n] *n.* **1** Ⓤ 돌출, 융기, 내밂, 튀어나옴. **2** 돌기(융기)부, 돌출부.

pro·tru·sive [pro(u)trúːsiv] *adj.* **1** 돌출한. **2** 주 제넘게 나서는, 뻔뻔스러운(obtrusive). ~**·ly** *adv.* ~**·ness** *n.*

pro·tu·ber·ance [pro(u)t(j)úːb(ə)rəns / -tjúː-] *n.* **1** Ⓤ 돌출, 돌기, 융기. **2** 돌출(융기)부, 혹, 불룩한 부분.

pro·tu·ber·ant [pro(u)t(j)úːb(ə)rənt / -tjúː-] *adj.* 돌출(돌기)한, 불룩한, 융기한. ¶ *protuberant* eyes 퉁방울눈. ~**·ly** *adv.*

pro·tyle [próutail, -til] *n.* Ⓤ 원질(原質) 〔상상적인 모든 원소의 본원(本源)〕.

‡**proud** [praud] *adj.* **1** 자랑으로 여기는, 영광으로 여기는. ¶ be *proud* of …을 자랑으로 여기다 // be *proud* to die for …을 위해 죽는 것을 자랑으로 여기다 // The American is *proud* that he is of Korean descent. 미국인은 한국계임을 자랑하고 있다. **2** 자랑하는, 의기양양한; 교만한, 거만한, 오만한, 자부심이 강한, 뻐기는. ¶ a *proud* look 교만한 표정 / *proud* words 호언 / as *proud* as a peacock 아주 의기양양하여.

類語 *proud* 자기의 위엄·지위를 의식하고 거만한 태도를 취하는: a *proud* dictator 거만한 독재자. **arrogant** 자기의 중요성을 과시하고 뻐기는 태도를 취하는: an *arrogant* youth 교만한 젊은이. **haughty** 가문·지위 따위를 뽐내며 남과 융화하지 않고 깔보는 태도를 취하는: a *haughty* princess 오만한 공주. **overbearing** 아랫사람을 얕보고 괴롭히며, 압정적(壓政的)인 태도를 취하는: an *overbearing* tyrant 오만하게 구는 폭군. **3** 긍지를 가진, 자존심이 있는, 명예를 존중하는. ¶ *proud* poverty 청빈(淸貧). **4** 자랑할 만한, 명예로 여겨야 할, 칭찬할 만한. ¶ *proud* achievements 칭찬해야 할 업적 / *proud* occasion 자랑스러운 자리. **5** 〔물건이〕 당당한, 웅대한, 훌륭한. ¶ a *proud* company 대(大)회사 / a *proud* city 대도시. **6** 매우 고귀한; 탁월한. ¶ a *proud* name 고귀한 이름. **7** 〔강이〕 증수(增水)된; 〔종기가〕 부풀어 오른. **8** 〔동물의〕 기운이 넘치는, 활발한.
— *adv.* 〔구어〕 * 다음 숙어로만 쓴다.
do oneself ***proud*** 훌륭하게 행동하다, 일세를 풍미하다. *do a person* ***proud*** 남을 기쁘게 (의기양양하게) 하다.
◇ pride *n.*

próud flésh *n.* Ⓤ 〔병리〕 〔상처가 나은 자리에 부풀어 오르는〕 군살, 증식성 육아종(肉芽腫).

proud·heart·ed [práudhɑ́ːrtid] *adj.* 거만한, 교만한.

‡**proud·ly** [práudli] *adv.* **1** 거만하게, 뻐기면서. **2** 당당하게, 웅대하게. **3** 자랑스럽게, 긍지를 가지고.

prov. (略) province, provincial; provisional; provost.

Prov. (略) Provencal, Provence; Proverbs; Province; Provost.

prov·a·ble [prúːvəbl] *adj.* 입증(증명)할 수 있는, 시도(試驗)할 수 있는. ~**·ness** … **·bly** *adv.*

‡**prove** [pruːv] *v.* (**proved, proved** *or* 〔美·고어〕 **prov·en, prov·ing**) *vt.* **1** …을 증명하다, 입증하다; 확증하다, 나타내다. ¶ *prove* one's identity 신원을 증명하다 // (~ +图+補) He *proved* himself a capable aviator. 그는 자기가 유능한 비행사임을 보여주었다 // (~ +图+ *to be* 補) He *proved* himself *to be* capable. 그는 자기가 유능한 사람임을 보여주었다 // (~ + *that* 節) I can *prove* that his answer is right. 나는 그의 답이 옳다는 것을 증명할 수 있다. **2** 〔법률〕 〔유언장 따위를〕 검인하다, 검증하게 하다. **3** …을 시험하다; …을 실험하다. ¶ *prove* gold 금의 품질을 시험하다 / *prove* a new gun 새 총을 시사(試射)하다. **4** 〔수학〕 …을 검산하다. **5** 〔인쇄〕 …의 교정쇄를 내다. **6** 〔빵 반죽을〕 부풀리다. **7** 〔고어〕 …을 경험하다. ¶ *prove* woes 재난을 체험하다.
— *vi.* **1** …임을 알다, 판명되다. ¶ (~ + *to be* 補) *prove* difficult (fruitless) 곤란(무익)한 것이 판명되다 / He *proved to be* a swindler. 그는 사기꾼이었다 // (~ + *to do*) He will *prove* to know nothing about it. 그가 그것에 대하여 아무것도 모른다는 것이 판명될 것이다. **2** 〔빵 반죽이〕 부풀다. **3** 〔고어〕 시험하다.
◇ proof *n.* 매장량.

próved resérves [prúːvd-] *n.* 〔자원〕 〔광물 따위의〕 매장량.

prov·en [prúːv(ə)n] *v.* 〔美·고어〕 prove 의 과거 분사의 하나. *adj.* 증명된, 검증을 거친. ¶ a *proven* leader 지도력이 검증된 인사, 자타가 인정하는 지도자 / not *proven* 〔스코틀랜드 법률의〕 증거 불충분 / Innocent till *proven* guilty 〔법률〕 유죄로 판명될 때까지 무죄.

prov·e·nance [prɑ́vinəns / prɔ́v-] *n.* Ⓤ 기원, 출처. ¶ of doubtful *provenance* 출처가 수상한.

Pro·ven·çal [pròuvənsɑ́ːl, pràv-/ prɔ̀vɑːnsɑ́ːl] *adj.* 프로방스(Provence)의; 프로방스인(어)의. — *n.* **1** 프로방스인. **2** Ⓤ 프로방스어.

Pro·vence [pro(u)vɑ́ːns] *n.* 프로방스〔프랑스 동남부의 지방. 중세의 음유(吟遊) 시인과 기사도로 유명〕.

prov·en·der [prɑ́vindər / prɔ́v-] *n.* Ⓤ **1** 여물, 마초, 꼴 (fodder). **2** 음식, 식량. ¶ enance.

pro·ve·ni·ence [pro(u)víːniəns, -njəns] *n.* =provenance.

‡**prov·erb** [prɑ́vəːrb / prɔ́v-] *n.* **1** 속담, 격언. ¶ as the *proverb* goes (or runs, says) 속담에 있듯이.

類語 *proverb* 통속(通俗)·선명한 말을 써서 옛날부터 되풀이하여 말해온 것. **maxim** 행위의 지침·교훈을 짧게 말한 것.

2 〔경멸·비난의〕 통용어, 이야깃 거리, 주지의 것(사람); 웃음거리. ¶ He is a *proverb* for carelessness. 그가 부주의한 것은 정평이 나 있다. **3** 속담극; (~s) 속담놀이, 수수께끼. **5** 〔성서〕 (the P-s) 〔단수 취급〕 〔구약 성서 중의〕 잠언.

pass into a ***proverb*** 속담이 되다; 웃음거리가 되다.
to a ***proverb*** 평판이 날 정도로.
— *vt.* **1** …을 속담식으로 말하다. **2** …을 속담거리로 삼다. **3** …을 통용어로 하다.
◇ provérbial *adj.*

pro·verb [próuvəːrb] *n.* 〔문법〕 대동사(代動詞) 〔같은 동사의 반복을 피하기 위해 사용하는 do 를 말한다. 예: I know her better than you *do*.〕.

****pro·ver·bi·al** [prəvə́ːrbiəl] *adj.* **1** 속담(식)의. ¶ *proverbial* brevity 속담과 같은 간결함. **2** 속담으로 표현된. ¶ *proverbial* wisdom 금언(金言). **3** 속담거리

provide

가 된;(통용어로; 주지의. ¶ He is *proverbial for* his forgetfulness. 그의 건망증은 유명하다. ~**ly** [-əli] *adv.*

***pro·vide** [prəváid] *v.* (**-vid·ed, -vid·ing**) *vt.* **1** […에게] …을 주다, 공급하다. ¶ *provide* an excuse 구실을 주다 // (~+图+쩐) *provide* a person *with* something; *provide* something *for* a person 남에게 물건을 공급하다 / *provide* oneself *with* a good stock of …으로 충분히 가지다.

類語 *provide* 필요성을 미리 예측하고 준비·공급하다: be *provided* with enough water to last through the summer 여름 동안 쓸 충분한 물의 준비가 되어 있다. **supply** 사람·장소에 필요한 것·부족한 것을 공급·보충하다: The city is *supplied* with enough water. 그 도시는 물의 공급이 충분하다. **furnish** 보통 주거·사무실 따위에 있어야 할 물건을 비치하다: *furnish* a house 집에 가구를 비치하다. **equip** 특별한 목적에 필요한 것을 장비하다: *equip* a building with an air conditioning system 건물에 냉방 장치를 하다.

2 [법률] …을 규정하다, 조건으로 하다. ¶ (~+*that* 節) Our club's rules *provide that* … 우리 클럽의 규정에는 …으로 되어 있다. **3** [고어] …을 미리 준비하다. ¶ *provide* a means of escape 도망갈 길을 미리 마련해 두다.
— *vi.* **1** 대비하다, 준비하다(*for, against*…). ¶ (~+图+쩐) *provide for* the future 장래에 대비하다 / *provide against* accidents 사고에 대비하다. **2** 부양하다, 원조하다(*for*…). ¶ (~+图+쩐) *provide for* oneself 자활(自活)하다. **3** [법률] 규정하다; 허용하다(*for*…); 금지하다(*against*…).
◇ provísion *n.*, próvident *adj.*

***pro·vid·ed** [prəváidid] *conj.* …이라는 조건으로, 만약 …이라면. ⇒IF **類語** ¶ She will go, *provided* [that] her friends can go also. 친구들이 간다면 그녀도 갈 것이다.
—— **Usage** provided, providing, if ——가 가장 일반적인 말이며, provided와 providing은 그보다는 딱딱한 느낌을 주는 접속사. if는 단지 조건을 나타내며, 그것이 실현되느냐 안 되느냐는 반드시 문제로 삼지 않으나, provided, providing은 전제 조건의 실현에 중점(重點)을 두는 점에서 뜻의 차이가 있다: *Provided* (or *Providing*) [*that*] all your task is done, you may go home. (일이 다 끝나면 귀가해도 좋다). 또한 provided는 문어적인 표현이고, providing은 구어·상업 영어에 많이 쓰이며, provided보다 딱딱하지 않은 표현으로 생각된다.

—— *adj.* **1** [폐어] 준비된. **2** 공급된; 예비된.
províded schòol *n.* 《英》공립 국민 학교.
***prov·i·dence** [právəd(ə)ns / próv-] *n.* ⓤⓒ **1** 섭리, 신의(神意); 천우(天佑). ¶ the *providence* of God 신의 섭리. **2** (P-) 신(God). ¶ the inscrutable decrees of *Providence* 헤아릴 길 없는 신의 뜻. **3** 신의 조화. **4** 검약. **5** 선견; 장래에 대한 배려. ◇ providéntial *adj.*
Prov·i·dence [právəd(ə)ns / próv-] *n.* 미국 동북부 Rhode Island 주의 주도(州都)·항구.
***prov·i·dent** [právəd(ə)nt / próv-] *adj.* **1** 선견지명이 있는; 조심성 있는; 신중한(*of*…). **2** 절약하는, 검소한. ~**ly** *adv.*
prov·i·den·tial [pràvədén∫(ə)l / pròv-] *adj.* **1** 신의, 섭리의, 신의(神意)에 의한. **2** 행운의, 운이 좋은. ~**ly** [-∫əli] *adv.*
***pro·vid·er** [prəváidər] *n.* **1** 공급자; 준비자. ¶ a universal *provider* 잡화상. **2** 가족에게 의식(衣食)을 공급하는 사람. ¶ a good *provider* 가족을 편안하게 해 주는 사람.
a líon's províder ① =jackal. ② 남의 앞잡이.
***pro·vid·ing** [prəváidiŋ] *conj.* =provided. ⇒IF **類語**
provinc. (略) provincial.
‡**prov·ince** [právins / próv-] *n.* **1** [행정 구역으로서의] 주(州), 성(省), 현(縣), 도(道). **2** (the ~s) 시

provocative

골, 지방; (英) [London 이외의] 전국의 여러 지방. **3** 지역, 지구. ⇒DISTRICT **類語** **4** [생물 분포상의] 지방. *cf.* region **5** [학문 따위의] 분야, 영역, 활동 범위, 직분. **6** [교회] 지방 교회; [대주교의] 관구. **7** [역사] [북미의] 영령(英領) 식민지. **8** [로마 역사] [통독 치하의] 지방, 주. ◇ províncial *adj.*
***pro·vin·cial** [prəvín∫(ə)l / -∫əl] *adj.* **1** 주(성, 현, 도)의. ¶ a *provincial* governor 지방 장관, 태수. **2** 지방의, 시골의, 촌스러운, 거칠고 천한 (rustic). ¶ *provincial* manners 시골 식. **3** 시야가 좁은, 편협한. ¶ a *provincial* point of view 시야가 좁은 견해. **4** [교회] 지방 교회의; 대주교 관구의. **5** [역사] 영령(英領) 아메리카 여러 주의. —— *n.* **1** 지방인; 시골 사람, 야인; 편협한 사람. **2** [교회] **a)** 지방 관구장; 《英》대주교. **b)** 종교 단체의 지방 지부장. ~**ly** [-∫əli] *adv.*
◇ próvince, provinciálity *n.*, províncialize *v.*
pro·vin·cial·ism [prəvín∫(ə)lìz(ə)m] *n.* **1** ⓤⓒ 지방적 특색, 지방색. **2** ⓤ 지방적 편견, 편협, 거칠고 천함. **3** 방언, 시골 사투리. **4** ⓤ 애향심, 향토색.
pro·vin·cial·ist [prəvín∫əlist] *n.* =provincial 1.
pro·vin·ci·al·i·ty [prəvìn∫iǽliti] *n.* ⓤⓒ (*pl.* **-ties**) 지방적 특성(특징), 시골풍(티), 거칠고 천함 (provincialism).
pro·vin·cial·ize [prəvín∫əlàiz] *vt.* (**-ized, -iz·ing**) …을 시골풍으로 하다, 지방화하다; …을 거칠고 천하게 하다, 편협하게 하다.
próv·ing gròund [prú:viŋ-] 《美》[새 장비·새 이론 따위의] 실험장.
***pro·vi·sion** [prəvíʒ(ə)n] *n.* **1** [법률] 조항, 규정, 단서. ¶ the *provisions* of a bill 법안의 조항. **2** ⓤ 대비, 준비, 대책, 설비; ⓒ 지급량 (*for, against*…). ¶ make *provision for* one's son's education 아들의 교육을 위한 준비를 하다. **3** (~s) 식량, 양식, 저장품. ⇒FOOD **類語** ¶ The *provisions* will suffice for a month. 식량은 한 달은 갈 것이다. **4** ⓤⓒ [교회] 성직록(祿) 서임; [비어 있지 않은 성직에 대한] 사전 임명. —— *vt.* …에 양식을 공급하다. ◇ províde *v.*
***pro·vi·sion·al** [prəvíʒən(ə)l] *adj.* 일시적인, 잠정적인, 임시의 (temporary). ¶ a *provisional* agreement 잠정(가)(假) 협정. —— *n.* **1** 임시 우표. **2** (P-) 아일랜드 공화국군 (IRA)의 급진파. ~**ly** [-nəli] *adv.*
pro·vi·sion·al·i·ty [prəvìʒənǽliti] *n.* ⓤ 일시적임, 잠정적임.
pro·vi·sion·ar·y [prəvíʒənèri / -nəri] *adj.* = provisional.
pro·vi·sion·er [prəvíʒ(ə)nər] *n.* 식량 공급자, 준비 담당자.
pro·vi·sion·ment [prəvíʒ(ə)nmənt] *n.* ⓤ 양식 공급.
províson mèrchant *n.* 식료품 장수 (grocer).
pro·vi·so [prəváizou] *n.* (*pl.* **-sos** *or* **-soes**) [법률·계약서 따위의] 단서; 조건. ¶ *with* [a] *proviso* 조건부로.
pro·vi·sor [prəváizər] *n.* **1** [교회] [고어] [아직 궐위(闕位)되지 않은 성직에 임명된 사람. **2** [가톨릭] 교구 대리인. **3** 식사 당번.
pro·vi·so·ry [prəváiz(ə)ri] *adj.* **1** 일시적인, 임시의 (provisional). **2** 조건부의 (conditional). **-ri·ly** *adv.*
pro·vi·ta·min [prouváitəmin / -vít-, -váit-] *n.* [생화학] 프로비타민 [체내에서 비타민으로 변하는 물질].
pro·vo [próuvou] *n.* (종종 P-) **1** 네덜란드 등 유럽 국가의 과격파. **2** =provisional 2.
pro·vo·ca·teur [pràvəkatɔ́ːr] *n.* (*pl.* **-teurs**) 《프랑스》=agent provocateur.
***prov·o·ca·tion** [pràvəkéi∫(ə)n / pròv-] *n.* **1** ⓤ 화나게 하기, 자극, 도발. **2** 화나게 하는 (원인); 도발하는 것. ¶ He gets angry on (*or* at) the slightest *provocation*. 그는 아주 사소한 일에 화를 낸다. **3** ⓤ 화, 분노, 흥분. ¶ feel *provocation* 화내다; 흥분하다.
◇ prováke *v.*, prováketiv *adj.*
***pro·voc·a·tive** [prəvákətiv / -vɔ́k-] *adj.* **1** 화나게

하는, 약올리는; 도발하는, …의 원인이 되는 (of...). *provocative* language 남을 화나게 하는 말투 // a remark *provocative of* curiosity 호기심을 자극하는 말. **2** 〔식용·성욕을 〕자극하는; 흥분성의. ― *n.* 화나게 하는 것; 자극물, 흥분제, 도발물. ~**ly** *adv.*

‡**pro·voke** [prəvóuk] *vt.* (**-voked, -vok·ing**) **1** …을 화나게 하다, 약올리다. ¶ He was *provoked* out of patience. 그는 화가 나서 참을 수가 없었다. **2** …을 자극하여 …시키다, 도발하다, 선동하다. ⇒ IRRITATE 類語 ¶ *provoke* a riot 폭동을 선동하다 // (~+冒+前+名)/(~+冒+to do) He was *provoked* to write a poem. 그는 시상이 떠올라 시를 썼다. **3** …을 일으키다, 생기게 하다, …의 원인이 되다. ¶ *provoke* anger 노여움을 사다.
類語 **provoke** 자극하여 어떤 행동·감정을 일으키다: *provoke* laughter 웃음을 자아내다. **excite** provoke보다도 세게(깊게) 마음을 움직이다: *excite* envy 질투를 일으키다. **stimulate** 불활발·무관심한 상태에서 어떤 자극에 의해 당연한 행동·감정을 일으키다: *stimulate* a child's interest in nature 아이를 자극해서 자연에 관심을 갖게 하다. **stir** 흥분·동요시켜서 겉으로 드러나게 행동·감정을 일으키다: *stir* up the people to a revolt 대중을 부추겨서 반란을 일으키게 하다.
◇ provocátion *n.,* provócative *adj.*

pro·vok·ing [prəvóukiŋ] *adj.* 화나는, 약오르는, 속상하는; 도발하는. ¶ *provoking* delay 짜증나는 지연 / *provoking* manners 괘씸한 태도. ~**ly** *adv.*

pro·vo·lo·ne [pròuvəlóuni] *n.* ⓤ 건조시켜 훈제로 한 이탈리아산 치즈.

prov·ost [právəst / próv-] → 6] *n.* **1** 감독, 관리자 (superintendent). **2** 〔英〕〔대학의〕학료장(學寮長), 〔美〕〔대학의〕교무 사무관. **3** 〔종교〕〔대성당 따위의〕사회자. **4** 〔중세 장원(莊園)의〕토지 관리인, 마름. **5** 〔스코〕시장(市長). **6** [próuvou / prəvóu] 〔군대〕= provost marshal.

próvost còurt [próuvou-/prəvóu-] *n.* 〔군대〕군사재판소〔점령지에서 군인이나 일반인의 경범죄를 재판〕.
próvost guàrd [próuvou-/prəvóu-] *n.* 헌병대.
próvost màrshal [próuvou-/prəvóu-] *n.* **1** 〔육군〕헌병 사령관. **2** 〔해군〕미결감장(未決監長).
próvost sèrgeant [próuvou-/prəvóu-] *n.* 〔군대〕헌병 중사.
prov·ost·ship [právəst-ʃip / próv-] *n.* ⓤ provost의 직위(지위, 임기).

prow[1] [prau] *n.* **1** 뱃머리, 이물 (bow). **2** 〔항공기의〕 기수(機首). **3** 〔詩〕 배.

prow[2] [prau] *adj.* 〔古〕용감한, 씩씩한 (valiant).

prow·ess [práuis] *n.* ⓤ **1** 용기, 무용. **2** 훌륭한 솜씨, 위업(偉業). **3** ⓒ 용감한 행위.

prowl [praul] *vi.* 〔먹이·사냥감을 찾아서〕헤매다, 배회하다. ⇒ LURK 類語 ¶ (~+前+名) *prowl after* one's prey 먹이를 찾아서 헤매다. ― *vt.* …을 헤매다, 배회하다. ¶ *prowl* the streets 거리를 헤매다. ― *n.* 배회, 헤맴. ¶ be on the *prowl* 헤매고 돌아다니다.

prówl càr *n.* 〔美〕순찰차.

prowl·er [práulər] *n.* **1** 헤매는 사람, 배회자. **2** 좀도둑, 빈집털이.

prox. (略) proximo.

prox. acc. (略) proxime accessit.

Prox·ar [práksər / próksə] *n.* 〔사진〕 프록서〔근접 촬영용 보조 렌즈의 상표명〕.

prox·e·mics [práksèmiks / próks-] *n. pl.* (단수 취급) 인간 공간학, 근접〔공간〕학〔인간에게 근접한 공간 영역의 연구학〕.

prox·i·mal [práksim(ə)l / próks-] *adj.* 〔해부〕기부 (基部)의, 연결부에 가까운 쪽의. *opp.* distal. ~**ly** [-məli] *adv.*

prox·i·mate [práksimit / próks-] *adj.* **1** 〔시간·공간 따위가〕가장 가까운, 인접한. ¶ a *proximate* cause 근인(近因). **2** 근사(近似)한, 대체적인. **3** 다가올. ~**ly** *adv.*

próx·i·me ac·ces·sit [práksimi æksésit / próks-] *n.* (*pl.* **p·a·c·ces·se·runt** [æksesíːrənt / -sfə-]) 〔=he came very near [the winner]〕둘째, 차석, 차점.

prox·im·i·ty [prɑksímiti / prɔks-] *n.* ⓤ 가까움, 근접. ¶ in close *proximity* to …에 매우 접근하여.

proxímity fùse(fùze) *n.* 근접 전파 신관(信管) 〔탄환의 두부(頭部)에 장치한 신관으로서 목표에 접근하면 폭발한다〕.

proxímity tàlks *n. pl.* 근거리 왕복 외교〔제3자가 근거리에 진치고 있는 적대 세력 대표단 사이를 왕래하며 중재하는 방식〕.

prox·i·mo [práksimòu / próks-] *adv.* 내 달 (略 prox.). *cf.* ultimo ¶ on the 1st *proximo* 내달 1일에. [<L *proximō* [*mense*] in the next [month]]

prox·y [práksi / próksi] *n.* (*pl.* **prox·ies**) **1** ⓤ 대리권, 대리 자격. **2** ⓒ 대리인. ¶ stand *proxy* for …의 대리가 되다. **3** 〔대리 투표 따위의〕위임장.

próxy wàr *n.* 대리 전쟁.

Pro·zac [próuzæk] *n.* 《상품명》프로잭, 항울제 (antidepressant)〔우울증을 유발하는 serotonin 분비를 억제하는 약〕.

prs. (略) pairs.

P.R.S. (略) President of the Royal Society.

PRT (略) personal rapid transit(개인 고속 수송); photo-radiation therapy(광자(光子) 방사선 요법).

prtd. (略) printed.

prude [pru:d] *n.* 얌전한 (숙녀인) 체하는 여자, 고상한 체하는 사람.

***pru·dence** [prú:d(ə)ns] *n.* ⓤ **1** 사려, 분별, 세심, 신중. **2** 빈틈 없음, 타산(打算). **3** 알뜰함, 검약.
類語 **prudence** 행위의 결과를 예측하는 올바른 판단과 신중함: *prudence* in dealing with people 사람들과 접촉할 때의 신중함. **discretion** 섣부르고 무모한 행동을 하려는 마음을 자제하고 *prudence* 로 이끄는 능력: use *discretion* in controlling oneself 사려 분별을 가려 자제하다. **foresight** 상당히 먼 앞까지 신중하게 내다보는 능력: *foresight* in planning 계획을 꾸밀 때의 선견지명. **forethought** 불의의 사태를 예견하고 적당한 대비를 하는 일: act with *forethought* 앞 일을 충분히 생각하고 행동하다. ◇ prúdent *n.,* prudéntial *adj.*

*‡**pru·dent** [prú:d(ə)nt] *adj.* **1** 사려 깊은, 분별있는, 현명한; 신중한, 조심성있는. ¶ *prudent* solution 현명한 해결. **2** 빈틈없는, 타산적이인. **3** 알뜰한, 검약하는 (frugal). ~**ly** *adv.* ◇ prúdence *n.,* prudéntial *adj.*

pru·den·tial [pru(:)dénʃ(ə)l] *adj.* **1** 분별있는, 빈틈 없는; 조심성 있는. **2** 권고의, 자문(諮問)의. ~**ly** [-ʃəli] *adv.*

prudéntial commíttee *n.* 〔美〕교회·학교 등의 자문 위원회.

pru·den·tial·ism [pru(:)dénʃ(ə)lìz(ə)m] *n.* ⓤ 신중하게 하기, 무사(안일)주의, 신중론.

pru·den·tial·ist [pru(:)dénʃ(ə)list] *n.* 조심성이 많은 사람, 세심한 사람, 신중론자, 무사(안일)주의자.

pru·der·y [prú:dəri] *n.* (*pl.* **-er·ies**) **1** ⓤ 숙녀인 체하기, 고상한 체하기. **2** (-eries) 고상한 체하는 행위(말).

prud·ish [prú:diʃ] *adj.* 숙녀인 체하는, 고상한 체하는, 점잔빼는. 새침한. ~**ly** *adv.* ~**ness** *n.*

pru·i·nose [prú:inòus] *adj.* 〔동·식물〕흰 가루로 덮인.

*‡**prune**[1] [pru:n] *n.* **1** 서양자두; 말린 자두. **2** ⓤ 질 좋은 적자색(赤紫色). **3** 〔속어〕열간이, 바보, 매력없는 사람. **prunes and prism** 점잔빼는 말씨.

prune[2] [pru:n] *v.* (**pruned, prun·ing**) *vt.* **1** 〔필요없는 가지·뿌리 따위를 〕(나무의 가지·뿌리를)치다, 전정(剪定)(전지)하다. ¶ *prune* hedges 산울타리를 치다. **2** 〔여분의 것을 〕제거하다, …에서 여분의 것을 제거하다, …을 절감하다. ― *vi.* 전지(剪定)(전지)하다; 여분의 것을 제거하다.

pru·nel·la [pru:nélə], (**pru·nelle** [-nél]) *n.* ⓤ 프루넬라(織)〔질긴 모직물의 일종〕.

prun·er [prú:nər] *n.* 가지치는〔전지하는 〕사람, 전지 가위.

prun·ing [prú:niŋ] *n.* ⓤⓒ 가지치기, 전정(剪定), 전지.

prúning hòok *n.* 전지하는 낫.

prúning knífe n. 가지치는 칼, 전지용 칼.
prúning shèars n. pl. 가지치는 가위, 전지용 가위.
pru·ri·ence [prú(:)riəns / prúər-] n. ⓤ 1 호색, 음란, 외설. 2 [병적인] 열망, 갈망.
prú·ri·ent [prú(:)riənt / prúər-] adj. 1 호색의, 음란한. 2 외설한, 색정을 일으키는. 3 병적으로 갈망하는. ~·ly adv.
pru·rig·i·nous [pru(:)rídʒinəs / pruər-] adj. 〖의학〗 가려운(itching).
pru·ri·go [pru(:)ráigou/pruər-] n. ⓤ〖병리〗양진(痒疹)
Prus. (略) Prussia, Prussian.
Prus·sia [pr∧ʃə] n. 프러시아 《옛 독일 연방의 왕국》.
Prus·sian [pr∧ʃ(ə)n] adj. 프러시아의; 프러시아 사람 (방언)의. ── n. 1 프러시아 사람. 2 ⓤ 프러시아 방언.
Prússian blúe n. ⓤ 감청(紺青) 〖청색 안료〗.
Prússian brówn n. ⓤ 〖감청이 원료인〗 갈색 안료.
Prús·sian·ism [pr∧ʃ(ə)nìz(ə)m] n. ⓤ 프러시아 정신 (주의), 군국주의, 독재주의.
prus·sian·i·za·tion [pr∧ʃənàizéiʃ(ə)n / -ʃənai-] n. (때로 P-) 프러시아화, 군국주의화.
prus·sian·ize [pr∧ʃənàiz] vt. (-ized, -iz·ing) (때로 P-) ...을 프러시아식으로 하다; ...을 군국주의화하다.
prus·si·ate [pr∧ʃièit, -it / -it] n.〖화학〗시안화물(化物), 청산염. [anic].
prus·sic [pr∧sik] adj.〖화학〗시안화수소의(hydrocy-
prússic ácid n. ⓤ〖화학〗청산(青酸), 시안화수소산(hydrocyanic acid).

*****pry**[1] [prai] vi. (pried, pry·ing) 1 〖남의 사사로운 일 따위를〗캐다, 파고들다 (into...). ¶ (~+前+名) pry into the affairs of others 남의 일을 꼬치꼬치 캐다. 2 엿보다, 동정을 살피다. ¶ (~+前+名) pry about a police box 파출소의 동정을 살피다. ── n. (pl. pries) 1 엿보기; 꼬치꼬치 캐기. 2 캐기 좋아하는 사람.

pry[2] [prai] vt. (pried, pry·ing) 1 〖을 지레로 들어올리다/움직이다. ¶ (~+目+副) pry up the lid of a box 지레로 상자의 뚜껑을 억지로 열다. 2 ...을 간신히 손에 넣다, 캐내다. ¶ (~+目+副+前+名) pry the truth out of a person 남에게서 진상을 간신히 알아내다. ── n. (pl. pries) 1 지레, 쇠지레. 2 ⓤ 지레의 작용.

prý·er [práiər] n. = prier.
prý·ing [práiiŋ] adj. 엿보는, 홀끗홀끗 보는, 호기심이 강한, 캐기 좋아하는(inquisitive). ~·ly adv.
pryth·ee [príði] interj. 〖고어〗 = prithee.
PS 〖화학〗 polystyrene; 〖우주〗 payload specialist (〖인공 위성〗 탑승 과학 기술자).
Ps. (略) Psalm, Psalms.
ps. (略) pieces; pseudonym.
***P.S.** (略) 〖라틴〗 postscriptum (=postscript); Privy Seal; public school; passenger steamer; permanent secretary ((英) 사무 차관); 〖연극〗 prompt side. (정보).
Psa. (略) Psalm, Psalms.
PSA (略) public service announcement (공동 서비스
PSAC (略) (美) President's Science Advisory Committee (대통령 과학 자문 위원회).
‡psalm [sa:m] n. 1 찬송가, 성가. 2 (P-) 《구약 성서의》 시편(詩篇) 중의 시가(詩歌). ¶ the [Book of] Psalms, the Psalms of David 시편. ── vt. 시편으로 노래하며 찬미하다, 찬송하다. ◇ psalmódic adj.
psálm·bòok [sá:mbùk] n. 시편집 〖예배용의〗 성가집 (Psalter).
psalm·ist [sá:mist] n. 1 시편 작가. 2 (the P-) 시편 작가라고 일컬는 [다윗 (David).
psal·mod·ic [sælmádik, sa:- / sælmɔ́d-], (psal·mod·i·cal [-ik(ə)l]) adj. 시편의, 찬송가(歌)의, 찬송가의, 시편 창화(唱和)의. [영창자 〖詠唱者〗].
psal·mo·dist [sá:mədist, sælmə-] n. 시편 작가; 시편
psal·mo·dize [sá:məәdàiz, sælmə-] vi. (-dized, -diz·ing) 시편(찬송가)을 영창하다.

psal·mo·dy [sá:mədi, sælmə-] n. 1 ⓤ〖영창용의〗 시편(성가) 편성. 2 〖집합적〗 찬송가, 찬송가집. 3 ⓤ 시편(성가) 영창(법). [2.
Psalms [sa:mz] n. pl. 《단수 취급》 (the ~) = psalm
Psál·ter [sɔ́:ltər] n. 1 《구약 성서의》 시편. 2 (때로 p-) 《예배식용의》 시편집.
psál·ter·y [sɔ́:ltəri] n. (pl. **-ter·ies**) 〖고대 현악기의 일종〗. 3 (P-) =Psalter.
PSAT (略) Preliminary Scholastic Aptitude Test 〖진학 적성 예비시험〗. cf. SAT
pse·phol·o·gy [sifáləәdʒi / -fɔ́l-] n. ⓤ 선거학(選擧學).
pseud- → PSEUDO-.

[psaltery]

pseu·de·pig·ra·pha [sù:dipígrəfə/(p)sjù:d-] n. pl. 《구약 성서의》 위서 (僞書).
pseu·de·pig·ra·phy [sù:dipígrəfi / (p)sjù:d-] n. ⓤ 어떤 작품을 다른 작가의 작품이라고 하는 일.
pseu·do [sú:dou / (p)sjú:-] adj. 《구어》 가짜의, 모조의.
pseudo- false, pretended 라는 뜻의 연결형 《* 모음 앞에서는 pseud- 를 쓴다》.
pseu·do·clas·sic [sù:do(u)klǽsik / (p)sjù:-], (**pseu·do·clas·si·cal** [-sik(ə)l]) adj. 의고적(擬古的)인, 의고전적인.
pseu·do·clas·si·cism [sù:do(u)klǽsisiz(ə)m / (p)sjù:-] n. 1 의고전주의. 2 의고체(擬古體).
pseu·do·code [sú:do(u)kòud] n. 〖컴퓨터〗 의사(擬似) 코드 〖프로그램의 실행에 앞서 번역을 필요로 하는 코드〗.
pseu·do·cy·e·sis [sù:dousaiì:sis / (p)sjú:-] n. (pl. **-ses** [-si:z]) 〖의학〗 상상 임신.
pseu·do·e·vent [sù:do(u)ivént / (p)sjù:-] n. 〖공표·선전을 노린〗 사전 사건.
pseu·do·graph [sú:do(u)græf / (p)sjú:do(u)grà:f] n. 위서(僞書), 위작(僞作).
pseu·do·morph [sú:dəmɔ̀:rf / (p)sjú:-] n. 1 위형(僞形), 부정형(不正形). 2 〖광물〗 가정(假晶).
pseu·do·nym [sú:dənìm / (p)sjú:-] n. 가명, 변명, 익명; 아호, 필명, 펜 네임(pen name). cf. autonym
pseu·do·nym·i·ty [sù:də(o)nímiti / (p)sjù:-] n. ⓤ 1 《책 따위가》 익명(필명)으로 써어 있음. 2 익명(필명) 사용.
pseu·don·y·mous [sù:dánəməs / (p)sju:dɔ́n-] adj. 1 익명(필명)을 가진, 2 익명으로 쓴.
pseu·do·po·di·um [sù:dəpóudiəm / (p)sjù:-] n. (pl. **-di·a** [-diə]) 〖동물〗 《원생(原生) 동물의》 위족(僞足), 헛발. [〖사이비 과학〗.
pseu·do·sci·ence [sú:dəsáiəns / (p)sjù:də-] n. ⓤⓒ
pseu·do·scope [sú:dəskòup / (p)sjù:-] n. 〖光學〗 위체경(僞體鏡), 반영경(反影鏡) 〖요철(凹凸)이 거꾸로 보인다〗. [...에 대하여 ... 파운드〗.
psf, p.s.f. (略) pounds per square foot 《1 평방피트
pshaw [ʃɔ: / pʃ:, pi:-] interj. 흥!, 체!, 뭐야!, 바보같이! 《경멸·초조감·불신 따위를 나타낸다》. ── n. 경멸(불쾌)의 외침 ── vi. 흥(체) 하고 말하다(at...), ── vt. ...에게 흥(체) 하고 말하다, ...을 고쿳음하다.
psi [sai, psai / psai] n. 1 프사이 《그리스어 알파벳의 스물 셋째 자 (Ψ, ϕ)》. 2 이 문자가 나타내는 한 무리의 자음([ps]).
psi[2] [sai, psai / psai] n. 프시, 심령 현상, 초감각적 지각(知覺). ¶ the psi field 프시〖가 지배하고 있는〗장(場) / psi research 초심리학의 연구. 〖< Gk 알파벳의 스물 셋째 자 Ψ (psyche)〗
psi, p.s.i. (略) pounds per square inch 《1 평방인치에 대하여 ... 파운드》.
psi·lan·thro·pism [sailǽnθrəpìz(ə)m / (p)sai-] n. = psilanthropy.

psi·lan·thro·py [sailǽnθrəpi / (p)sai-] *n.* ⓤ 그리스도인간설[그리스도는 신성(神性)을 갖지 않는 단순한 인간이라는 이단설].

psi·lo·cin [sáiləsin] *n.* ⓤ 사일로신[멕시코산(産)의 버섯에서 채취되는 환각제].

psi·lo·cy·bin [sáiləsáibin] *n.* ⓤ 사일로사이빈 [멕시코산(産)의 버섯에서 채취되는 환각제].

psit·ta·co·sis [sìtəkóusis / (p)sìt-] *n.* ⓤ 〖병리〗앵무병[폐렴과 장티푸스 같은 증상을 일으키는 전염병].

pso·ri·a·sis [səráiəsis / (p)sɔ-] *n.* ⓤ 〖병리〗 건선(乾癬), 마른 버짐.

pso·ri·at·ic [sòː riǽtik / (p)sòː-] *adj.* 〖병리〗 건선의.

PSP. 〖군사〗 programmable signal processor(프로그램 변경식 신호 처리장치).

PSRO, P.S.R.O. (略) *professional standards review organization*(의료 기준 조사 위원회).

P.SS. (略) postscripts. 〖해 부르는 말〗.

psst [pst] *interj.* 여보세요!, 잠깐! 〖주의를 끌기 위〗

PST, P.S.T. (略) *Pacific Standard Time.*

P.S.V. (略)《英》 *public service vehicle*(공공 수송 수

psych [saik]《美 속어》 *vt.* 1 …을 정신적으로 혼란시키다, 흥분시키다(...up). 2 〖눈치로〗 [상대]에게 선수치다. 3 …을 흥분시키다(...up). — *vi.* 정신적으로 혼란해지다(위축되다)(out).

psych out 《美 속어》 겁을 먹다; 미치고 도망치다.

psych- ⇒ PSYCHO-.

psych. (略) *psychological, psychology.* [ysis.

psy·cha·nal·y·sis [sàikənǽləsis] *n.* =psychoanal-

*Psy·che** [sáiki] *n.* 1 〖그리스 신화〗 프시케[Eros에게 사랑받은 미소녀로, 영혼의 권화(權化)]. 2 (p-) (the ~, one's ~) 영혼(soul), 정신. 3 (p-) 도롱이 나방의 유충. 〖각제 용품〗.

psy·che·de·li·a [sàikidíːliə] *n.* ⓤ 환각제의 세계, 환각제용 용품.

psy·che·del·ic [sàikidélik] *adj.* 도취(감)의, 도취적인, 환각을 일으키는; 사이키델릭조(調)의. — *n.* 환각제; 환각제 사용자.

psy·chi·a·ter [saikáiətər] *n.* 〖고어〗 =psychiatrist.

psy·chi·at·ric [sàikiǽtrik], (**psy·chi·at·ri·cal** [-k(ə)l]) *adj.* 정신병학의; 정신병 치료(법)의.

-ri·cal·ly [-rikəli] *adv.* 〖자〗.

psy·chi·a·trist [saikáiətrist, si-] *n.* 정신병 의사(학

psy·chi·a·try [saikáiətri, si-] *n.* ⓤ 정신 의학, 정신병학; 정신병 치료법.

psy·chic [sáikik], (**psy·chi·cal** [-k(ə)l]) *adj.* 1 영혼의; 마음의, 정신(mental). *opp.* physical ¶ *illness due to psychic causes* 심인성(心因性) 병. 2 〖심리〗 심령의; 심력 작용을 받기 쉬운. ¶ *psychic force* 심력(力). — *n.* 심력 작용을 받기 쉬운 사람; 영매(靈媒), 무당(medium). **-chi·cal·ly** [-kikəli] *adv.*

psýchic héaler *n.* 심령 요법가(家).

psy·cho [sáikou]《속어》 *n.* (*pl.* **-chos**) 1 정신병자(psychopath). 2 신경증 환자. 3 =PSYCHOANALYSIS. — *adj.* 정신병학의, 신경증의. [< PSYCHO[NEUROTIC]]

psycho- psyche (영혼, 정신), psychological 의 뜻의 연결형(* 모음 앞에서는 psych-를 쓴다).

psy·cho·ac·tive [sàiko(u)ǽktiv] *adj.* 정신 상태에 작용하는.

psy·cho·a·nal·y·sis [sàiko(u)ənǽləsis], (**psy·cha·nalysis**) *n.* ⓤ 정신 분석(학).

psy·cho·an·a·lyst [sàiko(u)ǽnəlist], (**psychana·lyst**) *n.* 정신 분석학자.

psy·cho·an·a·lyt·ic [sàiko(u)ǽn(ə)lítik], **-i·cal** [-ik(ə)l] *adj.* 정신 분석(학)의. **-i·cal·ly** [-ikəli] *adv.*

psy·cho·an·a·lyze [sàiko(u)ǽn(ə)làiz] (*《英》에서는 psy·cho·an·a·lyse 로도 쓴다*). *vt.* (**-lyzed, -lyz·ing**) …을 정신 분석하다; 정신 분석으로 치료하다.

psy·cho·bab·ble [sáiko(u)bǽbl] *n.* 〖정신 분석가들의〗 종잡을 수 없는 정신분석학 용어.

psy·cho·bi·og·ra·phy [sàiko(u)baiágrəfi /-ɔg-] *n.* (*pl.* **-phies**) 〖개인의 성격(정신) 형성을 기록한〗 성격 분석적 전기; 성격 분석.

psy·cho·bi·ol·o·gy [sàiko(u)baiáləʤi /-ɔ́l-] *n.* 1 정신 생물학[정신과 육체의 관계를 연구하는 생물학]. 2 생물학적 심리학.

psy·cho·del·ic [sàiko(u)délik] *adj., n.* =psyche-

psy·cho·dra·ma [sàiko(u)drɑ́ːmə, +美 -drǽmə] *n.* ⓤ〖정신병리〗 심리극[정신병 치료를 위해 환자에게 시킨다]. 〖극의.

psy·cho·dra·mat·ic [sàiko(u)drəmǽtik] *adj.* 심리

psy·cho·dy·nam·ics [sàiko(u)dainǽmiks] *n. pl.* (단수 취급) 정신 역학.

psy·cho·gen·e·sis [sàiko(u)ʤénisis] *n.* ⓤ 정신 발생, 정신 발생학.

psy·cho·gen·ic [sàiko(u)ʤénik] *adj.* 〖심리〗 심인성(心因性)의.

psy·cho·ger·i·at·ric [sàiko(u)ʤeriǽtrik] *adj.* 노인 정신병(학)의. 〖진단(학).

psy·chog·no·sis [sàikəgnóusis] *n.* ⓤ 정신 병 진단(학)

psy·cho·graph [sáikəgrǽf / -grɑ̀ːf] *n.* 〖심리〗 사이코그래프, 심지(心誌).

psychol. (略) *psychological; psychology.*

psy·cho·lin·guis·tics [sàiko(u)liŋgwístiks] *n. pl.* (단수 취급) 언어 심리학.

*psy·cho·log·i·cal** [sàikəládʒik(ə)l / -lɔ́dʒ-] *adj.* 1 심리학(상)의, 심리학적인. 2 심리적인, 정신적인 (mental). ¶ *psychological effect* 심리적 효과/*psychological warfare* 심리전, 신경전. **~ly** [-kəli] *adv.*

◇ psychólogy *n.*

psychological móment *n.* (the ~) 1 심리적 호기(好機). 2 절호의 기회, 알맞은 때. ¶ *wait the psychological moment for making the suggestion* 그 제안을 하기 위한 절호의 기회를 기다리다.

psychological nóvel *n.* 심리 소설.

psychological prícing *n.* 〖구매 의욕을 충동시키기 위한〗 심리적 효과를 노린 가격 결정[8이나 9의 숫자를 교묘히 이용한다].

*psy·chol·o·gist** [saikáləʤist / -kɔ́l-] *n.* 심리학자.

psy·chol·o·gize [saikáləʤàiz / -kɔ́l-] *v.* (**-gized, -giz·ing**) *vt.* …을 심리학적으로 분석하다. — *vi.* 심리학을 연구하다; 심리학적으로 생각하다.

‡**psy·chol·o·gy** [saikáləʤi / -kɔ́l-] *n.* (*pl.* **-gies**) ⓤ심리학. ¶ *applied psychology* 응용 심리학 / *child psychology* 아동 심리학 / *criminal psychology* 범죄 심리학 / *group* (or *mob*) *psychology* 군중 심리학. 2 ⓤ심리, 심리 상태, ¶ *the psychology of the adolescent* 청년의 심리. 3 심리학 서적; 심리학의 체계.

◇ psychological *adj.*, psychologize *v.*

psy·cho·man·cy [sáiko(u)mǽnsi] *n.* ⓤ 정신 감응, 영통(靈通), 무술(巫術), 공수.

psy·cho·met·rics [sàiko(u)métriks] *n. pl.* (단수 취급) =psychometry.

psy·chom·e·try [saikámitri / -kɔ́m-] *n.* ⓤ 1 〖심리〗 정신 측정(학). 2 신비력[물체에 접촉하거나 하여 그 물체에 관한 지식을 얻는 신비적인 능력].

psy·cho·mo·tor [sàiko(u)móutər] *n.* 〖정신을 근원으로 한〗 근(筋)운동의, 정신 운동의. ¶ *psychomotor disturbance* 정신 운동 장해.

psy·cho·neu·ro·sis [sàiko(u)n(j)u(ː)róusis -n(j)uər-] *n.* ⓤ 정신 신경증, 노이로제.

psy·cho·neu·rot·ic [sàiko(u)n(j)urátik / -rɔ́t-] *adj.* 정신 신경증의, 노이로제에 걸린. — *n.* 정신 신경증 환자.

psy·cho-on·col·o·gy [sàiko(u)ɑŋkáləʤi /-ɔŋkɔ́l-] *n.* 〖의학〗 사이코옹콜로지[암환자에 대한 정신적 측면의 간호를 시도하는 새로운 의학 영역].

psy·cho·pae·dic [sàikoupíːdik] *adj.* 정신 박약아의. ¶ a *psychopaedic* hospital 정신 박약아 수용 시설.
psy·cho·path [sáikəpæθ] *n.* 정신병자; 정신병질인 사람(psychopathic person).
psy·cho·path·ic [sàikəpǽθik] *adj.* 정신병의, 정신병에 걸린. **-i·cal·ly** [-ikəli] *adv.*
psy·cho·pa·thol·o·gy [sàiko(u)pəθάlədʒi / -θɔ́l-] *n.* Ⓤ 정신 병리학.
psy·chop·a·thy [saikάpəθi / -kɔ́p-] *n.* Ⓤ **1** 정신병, 정신 이상. **2** 정신 요법.
psy·cho·phar·ma·ceu·ti·cal [sàiko(u)fὰːrməsúːtik(ə)l/-s(ə)úː-] *n.* 정신에 작용하는 약, 향(向)정신성의 약.
psy·cho·phys·ics [sàiko(u)fíziks] *n. pl.*《단수 취급》Ⓤ 정신 물리학.
psy·cho·phys·i·ol·o·gy [sàiko(u)fìziάlədʒi / -ɔ́l-] *n.* Ⓤ 정신 생리학.
psy·cho·pris·on [sàiko(u)prízn] *n.* 감옥 정신병원 [소련에서 정신 이상의 범죄자를 수용].
psy·cho·pro·phy·lax·is [sàiko(u)pràfilǽksis / -prɔ̀fi-] *n.* Ⓤ 자연(무통) 분만 도입법.
psy·cho·quack [sáiko(u)kwæk] *n.* 무면허 정신과 의사.
psy·cho·sis [saikóusis] *n. (pl. -ses* [-siːz])정신병, 정신 이상.
psy·cho·so·mat·ic [sàiko(u)soumǽtik] *adj.* 정신과 신체의, 심신에 다 같이 관련되는. ─ *n.* 정신 신체증 환자. **-i·cal·ly** [-ikəli] *adv.*
psy·cho·sur·ger·y [sàiko(u)sə́ːrdʒəri] *n.* Ⓤ 정신 외과; (통속적으로) 뇌 외과.
psy·cho·syn·the·sis [sàiko(u)sínθəsis] *n.* Ⓤ《정신의학》종합 심리(정신) 요법.
psy·cho·tech·nics [sàiko(u)tékniks] *n. pl.*《단수 취급》《美》《심리》정신 기술[경제학·사회학 등의 문제에 있어서의 심리학적 방법의 응용].
psy·cho·tech·nol·o·gy [sàiko(u)teknάlədʒi /-nɔ́l-] *n.* Ⓤ 심리 공학, 인간 공학.
psy·cho·ther·a·py [sàiko(u)θérəpi] *n.* Ⓤ 《암시·최면술 따위에 의한》 정신 요법.
psy·chot·ic [saikάtik / -kɔ́t-] *adj.* 정신병의. ─ *n.* 정신병자. **-i·cal·ly** [-ikəli] *adv.*
psy·chot·o·gen [saikάtədʒən/-kɔ́t-] *n.* 마약 따위의 정신병을 일으키는 약.
psy·chot·o·mi·met·ic [saikàto(u)mimétik / -kɔ̀t-] *adj., n.* 환각이나 정신 이상증을 일으키는〔약〕.
psy·cho·tox·ic [sàiko(u)tάksik/-tɔ́k-] *adj.* (약물이) 뇌에 장애를 줄 우려가 있는.
psy·cho·trop·ic [sàiko(u)trάpik / -trɔ́p-] *adj.* 〔정신 안정제나 환각제처럼〕 정신 상태를 바꾸는. ─ *n.* 향(向)정신약, 정신 상태를 바꾸는 약.
psych-out [sáikàut] *n.* Ⓤ 심리적으로 불안하게 하기; Ⓒ 그 행위. 「[乾濕計].
psy·chrom·e·ter [saikrάmitər / -krɔ́m-] *n.* 건습계
psy·op [sáiὰp / -ɔ̀p] *n.*《美軍》심리 작전.
psy·ops [sáiαps / sάiɔps] *n. pl.*《구어》심리 작전, 신경전. [<PSY[CHOLOGICAL]+OP[ERATION]S]
psy·war [sáiwɔ̀ːr] *n.* Ⓤ Ⓒ《美》심리전, 신경전 (psychological warfare).
PT《略》*p*enetrant *t*est(액체 침투 탐상(探傷) 검사).
Pt〔化學〕platinum 의 원자 기호.
pt.《略》*p*art; *p*ayment; *p*int; *p*oint; *p*ort; *p*reterit.
Pt.《略》*p*oint; *p*ort.
p.t.《略》*P*acific *t*ime; *p*ast *t*ense; *p*ost *t*own; *pro tempore.*
P.T.《略》*P*acific *t*ime; *p*hysical *t*herapy (therapist); *p*hysical *t*raining; *p*ostal *t*elegraph; *p*ost *t*own; *p*upil *t*eacher.
P.T.A.《略》*P*arent-*T*eacher *A*ssociation; *p*referential *t*rading *a*greement(특혜 무역 협정).
ptar·mi·gan [tάːrmigən] *n. (pl. -gans or -gan)* 뇌조류(雷鳥類)의 새.
PT bóat *n.*《美》초계(哨戒) 어뢰정. [<P[ROPELLER]T[ORPEDO]]
Pte.《略》*P*rivate (*s*oldier)(《美》에서는 Pvt.).
pter·i·dol·o·gy [tèridάlədʒi / -dɔ́l-] *n.* Ⓤ 양치학(羊齒學), 양치론.
pter·id·o·phyte [térido(u)fàit] *n.* 양치 식물.
pter·o·dac·tyl [tèro(u)dǽktil / (p)tèr-] *n.* 익룡(翼
-pterous winged 라는 뜻의 형용사를 만드는 연결형. 예; *dipterous*.
ptg.《略》*p*rin*t*in*g*.
Ptg.《略》*P*ortu*g*al; *P*ortu*g*uese.
ptis·an [tízən, tizǽn] *n.* Ⓤ 보리차(barley water).
PTM《略》*p*ulse-*t*ime *m*odulation.
PTO《略》*p*ower *t*ake-*o*ff; *P*arent-*T*eacher *O*rganization.
P.T.O., p.t.o.《略》*p*lease *t*urn *o*ver(다음 페이지에 계속). * 단지 T.O., 또《美》에서는 Over.로도 쓴다.
Ptol·e·ma·ic [tὰliméiik/tɔ̀l-] *adj.* **1**〔천문학자〕프톨레마이오스(Ptolemy)의, 천동설(天動說)의. **2**〔이집트의〕프톨레마이오스(Ptolemy) 왕조의.
Ptòlemáic sýstem *n.* (the~)〔천문〕프톨레마이오스(Ptolemy)가 주장한〕 천동설. *cf.* Copernican system
Ptol·e·ma·ist [tὰliméiist / tɔ̀l-] *n.* 천동설 신봉자
pto·maine [tóumein, -́] *n.* Ⓤ Ⓒ 프토마인〔단백질이 부패해서 생기는 염기성염(塩基性) 유독물〕.
ptómaine póisoning *n.* Ⓤ 프토마인 중독.
pto·sis [tóusis] *n.* Ⓤ〔병리〕탈수(脫垂), 안검(眼瞼) 하수증(下垂症). 「〔독기〕
PTR《略》*p*hotoelectric *t*ape *r*eader(광전식 테이프 판
pts.《略》*p*ar*t*s; *p*ayment*s*; *p*in*t*s; *p*oin*t*s; *p*or*t*s.
PTV《略》*p*ublic *t*ele*v*ision.
Pty.《略》*p*ro*p*rie*t*ar*y*. 「〔液〕녹말 효소.
pty·a·lin [táiəlin] *n.*《생화학》프티알린, 타액(唾
Pu〔化學〕plutonium 의 원자 기호.
pub [pʌb] *n.*《주로 英구어》술집, 선술집(tavern). [<PUB[LIC HOUSE]] 「*p*u*b*lishing.
pub.《略》*p*u*b*lic; *p*u*b*lication; *p*u*b*lished; *p*u*b*lisher;
púb cráwl *n.*《英속어》술집 순례. ¶ do a *pub crawl* 술집 순례를 하며 술을 마시다.
pub-crawl [pʌ́bkrɔ̀ːl] *vi.* 술집 순례를 하며 술을 마시다. 「시다.
púb cráwler *n.* 술집 순례를 하며 술을 마시는 사람.
pu·ber·ty [pjúːbərti] *n.* Ⓤ 사춘기, 청춘기, 결혼 적령기. ¶ the age of *puberty* 사춘기〔법률상은 남자 14세, 여자 12세〕/ come to the age of *puberty* 사춘기가 되다, 이성에 눈뜨게 되다.
pu·bes [pjúːbiːz] *n. (pl. pu·bes)* **1**〔해부〕음부, 음모(陰毛). **2**〔식물〕연모(軟毛), 유모(柔毛).
pu·bes·cence [pju(ː)bésns] *n.* Ⓤ **1** 사춘기에 달함, 결혼 적령기. **2**〔동·식물〕연모로 덮여 있음.
pu·bes·cent [pju(ː)bésnt] *adj.* **1** 사춘기의, 사춘기에 이른. **2**〔동·식물〕연모(유모)가 있는.
pu·bic [pjúːbik] *adj.* 음부의, 음모의, 치골(恥骨)의. ¶ the *pubic* region 음부 / the *pubic* hair 음모.
pu·bis [pjúːbis] *n. (pl. -bes)*〔해부〕치골.
publ.《略》*p*u*bl*ished; *p*u*bl*isher.
pub·lic [pʌ́blik] *adj.* **1** 공공의, 공적인, 대중의, 〔세상〕 일반의; 사회의, 국가의. *opp.* private, personal ¶ *public* affairs 공사, 공무 / *public* documents 공문서 / *public* good (*or* benefit, interests) 공익 / a *public* holiday 공휴일 / a *public* offense〔법률상〕 범죄 / *public* peace (*or* safety) 공안(公安) / at the *public* expense 공적 비용으로. **2** 일반에게 개방된, 공개의; 공립의, 공영의. ¶ a *public* bath 대중 목욕탕 / a *public* meeting 공개된 모임 / a *public* auction 경매 / a *public* hall 회관 / a *public* park 공원. **3** 공무의, 국사(國事)의;

공무(국사)에 종사하는. ¶ a *public* official (*or* officer) 공무원, 관리. **4** 공공연한, 널리 알려진, 주지의, 소문난. ¶ *public* acts 공공연한 소행 / make *public* 공표하다 / make a *public* protest against …에게 공연히 이의를 제기하다. **5** 《英》〖학교(學校)〗 (college)단위가 아니라 대학 전체의. ¶ a *public* examination 대학 전체의 시험. **6** 《드물게》국제간의, 국제적인. ¶ a *public* war 〖내란이 아니라〗국가간의 전쟁.
in the public eye 사회의 이목을 모아서, 대중의 면전에서, 공공연히. ¶ He is now a scholar *in the public eye*. 그는 지금 사회의 이목을 끄는 학자이다.
— *n*. **1** (the ~)국민, 민중, 대중; 세상, 사회(* 단수·복수 양쪽으로 취급되기도 한다). ¶ the American (the British) *public* 미국(영국) 사람 / the *public* at large; the general *public* 일반 사회, 대중. **2** (보통 the ~) …계(界), …사회, …패; 애독자들, 애호가들. ¶ the novelreading *public* 소설 애호가들 / the sporting *public* 스포츠계. **3** 《英구어》 = public house.
in public 공공연히; 대중의 면전에서, 사람들 앞에서. *opp.* in private ¶ be nervous *in public* 대중 앞에서 접을 먹다. ◇ publícity *n*., públicize *v*.

públic áccess *n*. [TV] 시청자 제작 프로〖시청자가 제작한 것을 자기가 방송될 수 있도록 방송 기관이 개인에게 시간대(帶)를 제공〗.
públic accóuntant *n*. 《美》공인 회계사. 「law).
públic áct *n*. 공공 관계의 법률, 공법〖안〗(public
púb·lic-ad·dréss sýstem [pábllkǝdrés-] *n*. 〖강당·옥외 따위의〗확성 장치.
pub·li·can [páblikǝn] *n*. **1** 《英구어》 선술집〖여인숙〗의 주인. **2** 세금 징수원.
públic assístance *n*. 《美》공적인 생활 보호〖빈곤자·신체 장애자·노인 등에 대한 정부의 보조〗.
‡**pub·li·ca·tion** [pàblikéi(ǝ)n] *n*. **1** □ 출판, 간행, 발행. **2** □ 공표, 공개, 발표, 공포, 공시. ¶ the *publication* of a person's death 사망 공시. **3** 출판물, 간행물. ¶ an annual (a monthly) *publication* 연〖월〗간물. ◇ publish *v*.
públic bár *n*. 《英》〖술집 따위의〗공동석, 일반석. *cf*. saloon bar 「안.
públic bíll *n*. 〖의회에서〗공공 관계 법률안, 공법
Públic Bróadcasting Sérvice *n*. 《美》공공 방송망〖정부·공공 단체 보조로 운영되는 비영리 방송국의 전국 조직〖略 PBS〗.
públic chárge *n*. 정부 구호 대상자. 「회사.
públic cómpany *n*. 《英》〖주식의 공개〗 회사, 주식
públic convénience *n*. 《주로 英》〖역 따위의〗공중 변소. 「〖공공 단체; 공사(公社)〗.
públic corporátion *n*. 《특히 英》공법인(公法人), **públic débt** *n*. 공채(公債).
públic defénder *n*. 《美》관선 변호인.
públic domáin *n*. 〖법률〗 1 〖저작권·특허권의〗권리 소멸 상태. ¶ Shakespeare's works are in the *public domain* 셰익스피어의 작품은 누구나 마음대로 출판할 수 있다. **2** 공유지(public lands). 「식 교육.
públic educátion *n*. 학교 교육; 《美》public school
públic énemy *n*. **1** 사회(민중)의 적〖범죄자 따위〗, 공적(公敵). **2** 적국, 적국 정부.
públic énterprise *n*. 공기업.
públic fúnds *n. pl*. 《英》공채, 공동 모금.
públic gállery *n*. 《英》〖의회의〗방청인석.
públic házard *n*. 공해.
públic héalth *n*. □ 공중 위생, 공공 보건.
públic héaring *n*. 공청회.
públic hóuse *n*. **1** 《英》술집, 선술집. *cf*. beerhouse **2** 여인숙, 여관(inn).
públic internátional láw *n*. 국제 공법.
pub·li·cism [pábllsìz(ǝ)m] *n*. □ 국제법론, 공론.
pub·li·cist [páblisist] *n*. **1** 광고 취급인, 선전 담당자. **2** 정치(시사) 평론가, 정치 기자. **3** 공법학자, 국

제법학자. 「평론가의.
pub·li·cis·tic [pàblisístik] *adj*. 국제법 학자의; 정치
‡**pub·lic·i·ty** [pablísiti] *n*. □ **1** 일반에게 알려져 있음, 주지(周知), 평판. ¶ avoid (*or* shun) *publicity* 남의 눈(세평)을 피하다 / court (*or* seek) *publicity* 평판을 바라다, 이름을 날리려고 애쓰다 / gain *publicity* 평판이 나다, 이름이 알려지다. **2** 공표, 공개, 공시. ¶ give *publicity* to …을 공개(발표)하다. **3** 선전, 광고; 선전 방법, 선전(광고)업. **4** ⓒ〖주지시키려고 공표되는〗광고, 기사. ◇ públicize *v*.
publícity ágent *n*. 광고 대리업자.
publícity campáign *n*. 공보 활동.
publícity depártment *n*. 선전부. 「사람.
publícity hóund *n*. 《美》신문에 나기를 좋아하는
pub·li·cize [pábllsàiz] *vt*. (**-cized, -ciz·ing**) …을 공표하다, 발표하다; 선전하다(advertise).
públic kéy *n*. 〖제2의 해독키가 없으면 해독 불가능한〗암호화의 키. *cf*. cryptosystem
públic láw *n*. 공법.
públic lénding ríght *n*. 공대권(公貸權)〖공공 도서관에서 자기 저서가 대출될 경우 저자가 보상을 요구할 수 있는 권리〗.
públic líbrary *n*. 공립(공개) 도서관.
públic límited cómpany *n*. 《英》주식〖공개, 상장〗회사〖略 PLC, Plc〗.
*‡**públic·ly** [páblikli] *adv*. **1** 공공연히. **2** 대중에 의하여, 대중의 이름으로. **3** 여론으로.
públic mán *n*. 공인(公人). 「spirited.
pub·lic-mind·ed [páblikmáindid] *adj*. = publicnúisance *n*. 〖법률〗공적 불법 방해. **2** 공해; 세상의 골칫거리. 「여론 조사.
públic opínion *n*. □ 여론. ¶ a *public opinion* poll
públic prósecutor *n*. 공소관(公訴官), 검사.
públic púlse *n*. 〖정치〗여론 동향.
públic púrse *n*. (the ~) 국고(國庫).
públic relátions *n. pl*. 《단수 취급》선전 운동, 섭외〖사무〗, 홍보〖활동〗〖略 PR〗.
públic ríghts *n. pl*. 공권(公權). 「라운지.
públic róom *n*. 〖호텔·여객선의〗출입이 자유로운
públic sále *n*. 공매(public auction).
*‡**públic schóol** *n*. **1** 《美》공립 국민·중학교. **2** 《英》퍼블릭 스쿨〖기숙 제도의 사립 중·고등 학교로 대학 진학의 예비 교육 및 공무원 양성을 목적으로 한다. Eton College, Winchester College 따위가 유명〗.
públic sérvant *n*. 공무원, 관리(public officer).
públic sérvice *n*. **1** □ 공익 사업; 공공 기업체. **2** □ 공무, 관공서 근무. **3** □ⓒ 사회 봉사.
pub·lic-sérvice corporátion [pábliksə́:rvis-] *n*. 《美》공공 사업 회사, 공익 법인, 공사(公社).
públic spéaking *n*. □ 강연, 화술(話術).
públic spírit *n*. □ 공공심, 애국심.
pub·lic-spir·it·ed [pàblikspíritid] *adj*. 공공심이 투철한, 애국심이 있는. 「고.
públic stóres *n. pl*. **1** 군수품. **2** 《美》세관 창
públic télevision *n*. 공공(비영리) 텔레비전 방송 〖CM이 없는 교양 프로 중심〗.
públic utílity *n*. **1** 공공 사업〖체〗〖교통·가스·수도·전화 따위의 사업〗. **2** (보통 -ties) 공공 사업주.
públic wélfare *n*. 《美》복지, 공안(公安). 「(株).
públic wórks *n. pl*. 공공 토목 공사.
‡**pub·lish** [pábliʃ] *vt*. **1** …을 발행하다, 출판하다, 간행하다. ¶ The complete works were first *published* in 1965. 전집은 1965년에 처음으로 출판되었다. **2** …을 공식(정식)으로 발표하다, 공표하다. ⇨ DECLARE 類語 ¶ *publish* a law 법령을 발포(發布)하다 / *publish* the notice of death (marriage) 사망(결혼)을 공표하다. **3** 《美》〖가짜 돈 따위〗를 유통시키다.
◇ publicátion *n*.
‡**pub·lish·er** [pábliʃǝr] *n*. **1** 출판업자, 발행(출판)

자, 출판사. **2** 《美》신문 경영자. **3** 《드물게》발표자, 공표자.
públisher's státement n. 〔출판〕 출판사의 부수(部數) 자료 보고서〔미국의 신문 잡지 부수 감사 기구(ABC) 가맹지(誌)가 제출하는 것〕.
pub·lish·ing [pʌ́bliʃiŋ] n. ⓤ 출판, 출판업.
puc·coon [pəkúːn] n. 뿌리에서 적색 염료를 채취하는 식물〔지치과(科)의 식물이나 bloodroot 따위〕; ⓤ 그 적색 염료.
puce [pjuːs] adj. 암갈색의, 자(紫)갈색의. — ⓤ 암갈색, 자갈색.
puck [pʌk] n. **1** 퍽〔아이스하키용의 고무로 만든 납작한 원반〕. **2** 《美속어》아이스하키.
Puck [pʌk] n. **1** 퍽〔장난꾸러기인 작은 요정〕(* Hobgoblin, Robin Goodfellow 로도 부른다). **2** (p-) 작은 요정, 마귀(goblin). **3** (p-) 장난꾸러기〔아이〕.
puck·a [pʌ́kə] adj. =pukka.
puck·er [pʌ́kər] vt. **1** 주름을 잡다, 주름살지게 하다;〔입술 등〕을 오므리다 (...up). ¶ (~+圀+圄) puck-er [up] one's brows (lips) 미간을 찌푸리다〔입을 오므리다〕. — vi. 주름잡히다, 주름살지다, 쭈그러지다; 입술이 오므라들다 (up). — n. **1** 불규칙적인 주름, 주름, 주름살; 주름잡힌 부분. ¶ in puckers 주름살이 져서. **2** 《고어》동요, 당황, 혼란. ¶ in a pucker 동요〔당황〕하여.
puck·er·y [pʌ́kəri] adj. **1** 주름진; 주름지기 쉬운. **2** 입을 오므리게 하는, 신랄한.
puck·ish [pʌ́kiʃ] adj. (종종 P-) 작은 요정 같은, 장난치기 좋아하는, 장난꾸러기의(impish).
~**ly** adv. ~**ness** n.
puck·ster [pʌ́kstər] n. 《美속어》아이스하키 선수.
pud[1] [pʌd] n. 《어린이말》〔어린이〕손;〔개·고양이 따위의〕앞발.
pud[2] [pʌd] n. ⓤⓒ 《주로 英구어》푸딩. [<PUD[DING]]
pud·ding [púdiŋ] n. **1** ⓤⓒ 푸딩. ¶ *The proof of the pudding is in the eating*. 《속담》백문이 불여일견. **2** ⓤⓒ 간 고기나 콩팥 따위를 채운 소시지. **3** ⓤ 물질적 이익, 실익(實益). ¶ *more praise than pudding* 실속없는 칭찬, 공치사 / *Pudding rather than praise*. 《속담》금강산도 식후경.
[as] *fit as a pudding* 《美》 썩 잘 어울리는.
◇ **púdding·y** adj.
pudding clòth n. 푸딩을 찔 때 쓰는 보.
púdding fàce n. 둥글넓적하고 밋밋한 얼굴.
púdding·hèad·ed [púdiŋhèdid] adj. 멍청한, 얼간이의.
púdding hèart n. 무기력한 사람.
púdding pìe n. 《英》고기 푸딩.
púdding stòne n. ⓤ〔지질〕역암(礫岩).
pud·ding·y [púdiŋi] adj. **1** 푸딩 같은. **2** 둔하고 느린, 〔지력(知力)이〕둔한(dull).
pud·dle [pʌ́dl] n. **1** 〔특히 흙탕물의〕웅덩이. **2** 〔점토와 모래를 물로 이긴〕진흙 반죽. **3** ⓤⓒ《속어》뒤범벅, 뒤죽박죽. — v. (-dled, -dling) vt. **1** …을 흙탕물로 적시다;〔물〕을 흐리게 하다; 흙탕물이 되게 하다. **2** 〔밟아서〕〔땅〕을 질척하게 하다. **3** …을 뒤섞다. **4** 〔점토 등〕을 진흙으로 바르다, 이긴 진흙을 발라 방수(防水)하다 (...*up*). **5** 〔야금〕〔녹인 쇠〕를 교련(攪鍊)하다. **6** 〔농업〕〔젖은 흙〕을 고르다, 평탄하게 하다. — vi. **1** 물〔흙〕을 휘젓다(*about*); 웅덩이가 되다. **2** 〔어린이 등이〕진창에서 놀다. **3** 서투르게〔엉터리로〕일을 하다.
pud·dler [pʌ́dlər] n. **1** 점토들이 이기는 사람;〔녹은 쇠〕를 교련(攪鍊)하는 사람. **2** 교련봉, 철 정련공; 연철로(鍊鐵爐) (puddling furnace).
pud·dling [pʌ́dliŋ] n. ⓤ **1** 흙탕이 되게 하기. **2** 진흙 반죽(이기는 방법); 이긴 진흙. **3** 〔야금〕교련법, 퍼들링〔선철을 (銑鐵)을 반제강으로 정련하는 일〕.
pud·dly [pʌ́dli] adj. (-dli·er, -dli·est) **1** 〔도로 따위가〕웅덩이가 많은; 웅덩이 같은. **2** 《고어》흙탕의(muddy).
pu·den·cy [pjúːdnsi] n. ⓤ 내성적임, 겸손(modesty), 수줍음(bashfulness); 기웃음.

pu·den·dal [pjuːdéndl] adj. 〔해부〕〔외음부〕의 외음부의.
pu·den·dum [pjuːdéndəm] n. (pl. -da [-də]) (보통 -da 〔특히 여성의〕외음부(vulva).
pudge [pʌdʒ] n. 《구어》땅딸막한 사람(것, 것).
pudg·y [pʌ́dʒi] adj. (pudg·i·er, pudg·i·est) 땅딸막한. **pudg·i·ly** adv. **pudg·i·ness** n.
pu·dic·i·ty [pjuːdísiti] n. ⓤ 내성적임, 암띰, 정절(貞節) (chastity).
pud·sy [pʌ́dzi] adj. (-si·er, -si·est) 통통한(plump).
pueb·lo [pwéblou, + 《英》 puéb-] n., (pl. -los) 《美》 **1** 〔미국 서남부에서 볼 수 있는 벽돌이나 석조의〕 인디언 부락. **2** (P-) 푸에블로족(族)〔미국 New Mexico, Arizona 주에서 유사 이전부터 사는 인디언〕. **3** 《중남미》읍(邑)(town), 마을(village). **4** 《필리핀》읍, 군구(郡區)(township).
pu·er·ile [pjúː(ː)əril, -ràil] adj. 어린이의, 소년의; 어린애 같은(childish), 철없는; 미숙한(immature).
~**ly** [-rili, -ràili] adv.
pu·er·il·i·ty [pjùː(ː)əríliti] n. (pl. -ties) **1** ⓤ 어린애 같음, 유치함; ⓒ 어린애 같은 언행(생각). **2** ⓤ 유년〔남자는 7-14세, 여자는 7-12세〕.
pu·er·per·al [pjuː(ː)ə́rp(ə)l] adj. 〔의학〕 산부(産婦)의, **2** 산욕(産褥)의, 분만의; 분만에 따르는.
puérperal féver n. ⓤ 산욕열(childbed fever).
pu·er·pe·ri·um [pjùːərpí(ː)riəm / -píər-] n. ⓤ〔산부인과〕산욕.
Puer·to Ri·can [pwéərtə ríːkən / pwɔ́ːtə-] adj. 푸에르토리코의〔사람〕의. — n. 푸에르토리코 사람.
Puér·to Rí·co [-ríː-kou] n. 푸에르토리코〔서인도 제도내의 미국 자치령인 섬; 수도 San Juan〕.
‡**puff** [pʌf] n. **1** 〔바람·숨·증기 따위의〕한 번 불기; 훅 불기; 한 번 부는 양;〔담배의〕한 모금 (whiff). ¶ a *puff* of smoke 혹하고 나온 연기 / a *puff* of wind 한바탕 부는 바람. **2** 〔바람·증기 따위의〕혹(칙)하는 소리, 부푸름; 부푼 것, 종기(swelling), 혹;〔주름·심 따위의 의복에 의한 옷의〕불룩한 곳;〔원통형으로〕컬한 머리; 깃털 이불; 화장용 솔, 퍼프(powder puff). **4** 〔책·연기 따위의〕과장된 칭찬(찬사); 자기 선전, 과대 광고. ¶ give a *puff* 칭찬하다. **5** 살짝 구운 과자, 슈크림. ¶ a cream *puff* 슈크림. **6** 《방언》말불버섯(puffball). **7** 《주로 英구어》동성애하는 사람(homosexual). — *vi*. **1** (숨·연기를) 한 번 내뿜다; [연기 따위가] 나오다 (*out*, *up*). ¶ (~+圀+圄) *Smoke* puffed *out of the chimney*(volcano). 굴뚝[화산]에서 연기가 폭폭 나왔다. **2** 숨을 헐떡이다, 숨차하다 (pant). **3** 〔연기 따위〕를 폭폭 내며 움직이다, 숨을 헐떡이며 나아가다. ¶ (~+圀+圄) *The engine* puffed *out of the tunnel*. 기관차는 폭폭 연기를 내뿜으면서 터널을 나왔다. **4** 〔담배를〕뻐끔뻐끔 피우다 (*away*, *out*, *up*; *at*, *on*...). ¶ (~+圀+圄) *puff* [*away*] *at a cigarette*, 《美구어》*puff on one's cigarette* 담배를 뻐끔뻐끔 피우다. **5** 부풀다; 우쭐지다 (*out*, *up*); 과대한 표현을 하다. **6** 〔경매에서〕값을 다루어 올려 부르다. — *vt*. **1** 〔연기 따위〕를 훅 불다, 혹 내뿜다; 불어, 불어 끄다 (...*away*, *out*, *up*). ¶ (~+圀+圄) *puff away smoke* 연기를 불어 날리다 / *puff out a candle* 촛불을 불어 끄다. **2** …을 숨차게 하다, 헐떡이게 하다. **3** 〔담배〕를 피우다(smoke). **4** …을 부풀리다(inflate). ¶ (~+圀+圄+圄) *puff* [*out*] *one's chest with pride* 자랑스럽게 가슴을 펴다. **5** [남]을 우쭐대게 하다 (...*up*). ¶ (~+圀+圄) be puffed up 우쭐해지다. **6** …을 마구 칭찬하다, 〔약 따위〕를 과대하게 선전하다. ¶ *puff a medicine* 약을 과대선전하다 / *He* puffed *her poem to the skies*. 그는 그녀의 시를 극구 칭찬했다. **7** 〔얼굴〕에 퍼프로 분을 바르다, 〔분〕을 퍼프로 바르다. **8** 〔머리〕를 원통형으로 컬하다. **9** 〔경매에서〕…의 값을 다루어 올려 부르다.
puff and blow 〔쌕쌕〕헐떡이다.
puff out ① …을 헐떡거리게 하다, 헐떡이며 말하다. ②

…을 불어 끄다. ③ …을 부풀리다(inflate). ④ (vi.) 〔연기 따위가〕 뭉게뭉게 나오다.
◇ púffy adj.

púff àdder n. **1** 아프리카산(產)의 큰 독사〔성이 나면 몸을 부풀린다〕(African viper). **2** =hognose snake.

puff-ball [pʌ́fbɔ̀ːl] n. **1** 말불버섯. **2** 〔민들레의〕 관모(冠毛)가 생긴 머리.

puff-er [pʌ́fər] n. **1** 훅 부는 사람(것). **2** 마구 칭찬하는 사람, 알랑거리는 사람, 〔경매의〕 한통속(by-bidder). **3** 복어류(globefish). **4** 《영》〔어린이말〕 칙칙폭폭〔기차〕.

puff-er-y [pʌ́fəri] n. U〔C〕(pl. -er·ies) 과대한 찬사(선전).

puf-fin [pʌ́fin] n. 바다쇠오리의 일종〔목이 짧고 괴상한 모습을 한 바다새; 땅에 구멍을 판다〕.

puff·ing [pʌ́fiŋ] n. **1** 훅 부러 불기. **2** 극구 칭찬하기. **3** 〔옷 따위를〕 주름잡아 부풀리기. **4** 〔경매에서〕 값을 다투어 올려 부르기.

púffing àdder n. =hognose snake.

púff pàste n. U 퍼프 페이스트〔파이나 타르트용의 기름을 다량으로 함유한 반죽〕.

puff-puff [pʌ́fpʌ̀f] n. 《영》〔기관차·기차의〕 칙칙(폭폭)〔소리〕;〔어린이말〕 칙칙폭폭, 기차.

puff·y [pʌ́fi] adj. (puff·i·er, puff·i·est) **1** 훅 부는, 바람 부는 (gusty). ¶ a strong puffy wind 일진의 돌풍. **2** 숨찬; 헐떡거리는(breathless). ¶ I am too puffy to enjoy hill climbing. 나는 숨이 차서 등산을 즐기지 못한다. **3** 부은, 부은(swollen). ¶ a puffy cushion 부풀한 쿠션. **4** 비만한, 뚱뚱한(fat). **5** 뽐내는; 우쭐해진, 자만하는; 과장된(bombastic).
puff·i·ly adv. **puff·i·ness** n.

pug[1] [pʌɡ] n. **1** 퍼그〔발바리의 일종〕. **2** 사자코(pug nose). **3** 여우, 원숭이 〔따위의 애칭〕. **4** 《영》〔대가족의〕 어린 우두머리. **5** 《영》〔조차용(操車用)〕 소형 기관차.

pug[2] [pʌɡ] vt. (pugged, pug·ging) **1** 〔점토 따위〕를 이기다. **2** …에 이긴 흙을 채워넣다. **3** 〔방음용으로〕 …에 회반죽을 바르다. — n. U〔C〕 이긴 흙〔벽돌·오지 그릇 따위의 재료〕.

pug[3] [pʌɡ] n. 《속어》 권투 선수(pugilist).

pug[4] [pʌɡ] vt. (pugged, pug·ging) 《인도》〔사냥감〕의 발자국을 따라가다. — n. 〔사냥감 따위의〕 발자국〔footprint〕.

pug·a·ree [pʌ́ɡəri] n. =pugree.
púg·ball n. 《미》 연식 야구.
púg-dòg [pʌ́ɡdɔ̀(ː)ɡ / -dɔ̀ɡ] n. =pug[1].
pug·ga·ree [pʌ́ɡəri] n. =pugree.
pug·ging [pʌ́ɡiŋ] n. **1** 흙을 이기기. **2** 방음용 모르타르(회반죽), 방음재(材).
pug·gree [pʌ́ɡri] n. =pugree.
pugh [p(j)uː] interj. 훙, 원〔경멸·반감·중오 따위를 나타내는 발성〕.
pu·gil·ism [pjúːdʒilìz(ə)m] n. U 권투(boxing).
pu·gil·ist [pjúːdʒilist] n. 〔보통 프로〕권투 선수 (boxer).
pu·gil·is·tic [pjùːdʒilístik] adj. 권투의, 권투 선수의.
-ti·cal·ly adv.
púg mìll n. 흙반죽 기계, (특히 시멘트의) 혼화기 (混和機).
pug·na·cious [pʌɡnéiʃəs] adj. 싸움을 좋아하는(quarrelsome), 호전적인. ~·**ness** n.
pug·nac·i·ty [pʌɡnǽsiti] n. U 싸움을 좋아함.
púg nòse n. 사자코(snub nose).
pug-nosed [pʌ́ɡnòuzd] adj. 사자코의.
pug·ree [pʌ́ɡri] n. **1** 〔인도인이 쓰는〕 가벼운 터번. **2** 〔헬멧모(帽) 따위의 아래에 늘어뜨리는〕 햇볕 가리는 천.

Púg·wash Cónference [pʌ́ɡwɔ̀ʃ- / pʌ́ɡwɔ̀ʃ-] n. 퍼그워시 회의〔1957년 B. Russell, A. Einstein 등의 제창으로 Nova Scotia 의 Pugwash 에서 열린 국제 과학자 회의; 핵무기 폐기·세계 평화 등에 관해 토의했다〕.

puis·ne [pjúːni] adj. **1** 〔법률〕 손아래의, 후배의, 하위의(junior). ¶ a puisne judge 배석 판사. **2** 〔법률〕 후의, 다음의(to...). — n. 하위의 사람, 후배; 배석 판사(associate judge).

pu·is·sance[1] [pjúːisns, +美 -́-] n. U 〔고어·詩〕 권력, 세력(power).

pu·is·sance[2] [pjúːisns, +美 -́-] n. 〔마술(馬術)〕 경기에서 장애물 뛰어 넘기 경기.

pu·is·sant [pjúːisnt, +美 -́-] adj. 〔고어·詩〕 힘 있는, 강대한(strong), 권력〔세력〕이 있는. ~·ly adv.

pu·ja [púːdʒə] n. 〔힌두교의〕 의식, 기도, 예배.

puke [pjuːk] 《구어》 n. 구토, 토한 것(vomit). — vi., vt. (puked, puk·ing) […을] 토하다, 구토하다(up).

puk·ka [pʌ́kə] adj. 〔인도어〕 훌륭한, 최고급의; 진짜의.

pul [puːl] n. (pl. puls or pu·li) 풀〔아프가니스탄의 동전으로, 100 분의 1 아프가니(afghani). 약 1,000분의 1 달러〕.

pul·chri·tude [pʌ́lkrit(j)ùːd / -tjùːd] n. U 〔육체적〕 아름다움, 미모, 용모가 빼어남.

pul·chri·tu·di·nous [pʌ̀lkrit(j)úːdinəs / -tjúːd-] adj. 아름다움, 용모가 빼어난(comely).

pule [pjuːl] vi. (puled, pul·ing) 〔아이 등이〕 가냘픈 목소리로 울다, 훌쩍훌쩍 울다(whimper), 슬프게 울다.

pu·li [púːli] n. 〔헝가리 원산의〕 목양견의 하나. (whine).

Púlit·zer Príze [púlitsər, pʌ́l-] n. 퓰리처상〔미국 신문 경영자 Joseph Pulitzer(1847-1911)의 유언에 따라 창설된 상. 매년 1회 언론·문학·음악 등의 분야에 뛰어난 공적자에게 수여된다〕.

pull [pul] vt. **1** …을 끌다, 잡아당기다, 끌어당기다 (draw), …out). opp. push ⇒ DRAW 類語 ¶ (~+囧+囮) pull a door open 문을 잡아당겨 열다 // (~+囧+囮)+圀) pull a person out of bed 남을 잠자리에서 끌어내다 / pull a person by the sleeve(the ears) 남의 소매 〔귀〕를 잡아당기다 / pull one's hat over one's eyes 모자를 깊숙이 눌러 쓰다 // (~+囧+囮) pull the curtains across 커튼을 치다.
2 …을 떼어놓다, 잡아 찢다(tear). ¶ (~+囧+囮) pull fighting dogs apart 싸우고 있는 개를 떼어놓다.
3 〔이·마개 따위〕를 뽑다(draw out);〔꽃 따위〕를 따다;〔과일 따위〕를 비틀어 따다(pluck);〔그루터기 따위〕를 뿌리째 뽑다(uproot). ¶ pull a tooth 이를 뽑다 / pull flowers 꽃을 따다.
4 〔깃털〕을 뜯다, 잡아 뽑다;〔방언·드물게〕〔닭〕의 창자를 빼내다. ¶ pull a fowl 닭의 털을 잡아 뜯다.
5 〔차 따위〕를 끌고 가다.
6 《구어》〔칼·권총 따위〕를 뽑다, 빼다, 들이대다(on). ¶ pull a gun on a person 총을 뽑아 …에게 들이대다.
7 《구어》〔계획 따위〕를 행하다(do), 완수하다(carry out);〔죄 따위〕를 범하다(commit)(...off). ¶ pull a boner 큰 실수를 저지르다 / Don't pull any tricks. 장난 같은 건 치지 마라 / What are you trying to pull? 도대체 무슨 꿍꿍이속이냐?
8 《속어》 …을 체포하다(arrest), 〔경찰이〕 …을 급습하다(raid). ¶ pull a pickpocket 소매치기를 검거하다.
9 〔애고(愛顧)·지원·표 따위〕를 확보하는(secure); …을 얻다(obtain), 〔고객 등〕을 끌어들이다(attract), 〔손님〕을 끌다.
10 〔골프·야구〕 〔공〕을 좌(우)로 커브시켜서 치다.
11 〔고삐〕를 당겨 〔말〕을 세우다;〔경마에서 일부러 지기 위해〕 〔말〕을 억제하는;〔권투 따위에서〕 〔타격 따위〕를 삼가다(restrain).
12 〔인쇄〕 〔교정쇄 따위〕를 손으로 밀다.
13 〔…자루의 노〕를 갖추고 있다;〔보트〕를 젓다, 〔배〕를 저어서 나르다. ¶ pull a good oar 잘 젓다 / This

pullback

boat *pulls* four oars. 이 보트는 노가 넷 있다.
14 [근육 따위]를 긴장시키다, 삐다; […인] 체하다(assume). ¶ *pull* a face (or faces) 얼굴을 찡그리다 / *pull* a long face 시무룩한(실망한) 얼굴을 하다.
15 …을 철거하다, 이동시키다(remove).
16 [크리켓] [공]을 off 쪽에서 on 쪽으로 치다.
— *vi.* **1** 끌다, 당기다, 끌리(잡아) 당기다. ¶ (~+圖) *pull* asunder 산산조각으로 흩어놓다 / This horse *pulls* well. 이 말은 잘 끈다 // (~+圖+图) *pull* at a rope 밧줄을 당기다. **2** 끌리다, 당겨지다. ¶ (~+圖) The bell rope *pulls* hard. 이 종의 밧줄은 잘 당겨지지 않는다. **3** 빨아들이다; [담배를] 피우다, [술을] 단숨에 마시다. [파이프 따위로] 연기를 통하다. ¶ (~+圖+图) *pull* at a mug 조끼로 꿀꺽 마시다. **4** [노력해서] 나아가다 (away, ahead, in, out of...). ¶ (~+圖+图) *pull up* the hill 애써서 언덕을 오르다 / The train *pulled* out of (into) the station. 기차가 역을 떠났다(역에 들어왔다). **5** 젖다, 저어 나아가다. ¶ (~+圖+图) *pull* for the shore 기슭을 향해 젖다. **6** [경쟁 따위에서] 앞서다, 앞지르다. **7** [선전에서] 효과가 있다, 남의 주의를 끌다; 후원을 얻다. ¶ The advertisement does not *pull*. 이 광고는 손님의 주의를 끌지 않는다.

pull a fast one ⇒ FAST¹.
pull about …을 끌고 다니다; …을 거칠게 다루다.
pull and haul = *pull about*.
pull apart ① …을 떼어(갈라)놓다; …을 잡아 찢다. ② …의 흠을 잡다(criticize).
pull back …을 도로 끌어오다; …을 물리다; (vi.) 물러가다; (vi.) 삼가다.
pull caps (or **wigs**) ⇒ CAP¹.
pull a person's chestnut out of the fire ⇒ CHESTNUT.
Pull devil, pull baker! ⇒ DEVIL.
pull down ① …을 끌어내리다. ② [건물 따위를] 부수다(destroy); [정부 따위를] 쓰러뜨리다. ③ [지위·등급·가치 따위를] 내리다, 하락시키다(reduce). ¶ The panic has *pulled down* the prices of stocks. 공황으로 주가(株價)가 하락했다. ④ [병 따위로] 건강을 쇠약하게 하다. ⑤ …을 벌다. ⑥ [열십이 달린 공]을 잡다.
pull foot ⇒ FOOT.
pull for …을 향해서 젖다. ¶ (구어) …을 열심히 지원하다, 편들다; …을 성원하다(root for).
pull in ① …을 움츠리다, 끌어당기다; …을 끌어넣다; …에 들어가다. ② [말]을 제어하다(restrain). ③ [비용 따위를] 줄이다. ④ [기차가] 도착하다, 들어오다; [배가] 기슭으로 나아가다; [사람이] 도착하다. ¶ The train was just *pulling* in. 기차가 막 들어오고 있었다. ⑤ 《속어》 …을 체포하다(arrest). ¶ The police *pulled* the burglar *in*. 경찰은 그 강도를 체포했다. ⑥ 《구어》 [돈]을 벌다(pull down).
pull in one's **horns** ⇒ HORN.
pull it (속어) = *pull foot*.
pull a person's leg ⇒ LEG.
pull off ① [의복 따위]를 벗다. ② 《구어》 [노력하여] …을 달성하다, 성공하다; [상 따위]를 획득하다. ¶ He *pulled* the work *off*. 그는 그 일을 해냈다. ③ [배]로 출범시키다.
pull out ① …을 뽑다, 빼다; [권총·칼 따위를] 꺼내다. ② [이야기 따위]를 오래 끌다. ③ [기차가] 역을 떠나다; [배]를 저어 나가다; 항구에서 나가다; [사람이] 출발하다. ¶ They *pulled out* for home. 그들은 고향(집)을 향해 출발했다. ④ [서랍 따위가] 빠지다. ⑤ [살짝] 떠나가다; [사업에서] 손을 떼다(withdraw); 갑자기 포기하다. ⑥ [항공] [강하 자세에서] 수평 비행으로 옮기다.
pull over ① …을 머리부터 뒤집어쓰다. cf. pullover ② [차]를 길 한쪽에 대다.
pull round [환자]를 회복하다; (vi.) 회복되다.
pull [**the**] **strings** (or **wires**) 뒤에서 조종하다, 막후에서 조종을 하다.

pull the wool over *a person's* **eyes** ⇒ WOOL.
pull through (vt., vi.) [병·곤란 따위를] 극복하다.
pull together ① 함께 당기다. ② 협력하여 일하다, 협조하다(cooperate). ¶ *pull oneself together* 기운(용기, 침착 따위)을 되찾다, 회복하다.
pull to pieces ⇒ PIECE.
pull up ① …을 잡아 뽑다, 뿌리째 뽑다. ② …을 근절하다, …을 폐지하다. ③ [말]을 고삐를 당겨 서게 하다. ④ 멈추다, 서다; [열차·연설 따위]를 제지하다. ¶ The train *pulled up* at the station. 기차가 역에 섰다. ⑤ …을 비난하다(rebuke). ⑥ …을 끌어당기다, 가까이 대다. ⑦ …을 체포하다, [말에 도움에] 쉬다, 숙박하다. ⑨ 다가가다. ¶ A police car *pulled up* at the bank which was broken in by radicals. 과격파가 침입한 은행에 경찰차가 접근했다.
pull oneself up ① 자제하다. ② 갑자기 그만두다.
pull up stakes ⇒ STAKE.
pull up to (or **with**) …을 따라잡다, 필적하다.
pull one's weight ⇒ WEIGHT.
— *n.* **1** 당기기, 끌기; 젖기; [노를] 한 번 젖기; 끄는 힘(drawing power), 견인력; [카드놀이] 패를 뽑기. ¶ give a *pull* at …을 잡아당기다 / have a *pull* 한번 젖다. ② (구어) [술을] 꿀꺽 마시기, 한 잔 마시, [담배의] 한 모금. ¶ a long *pull* [술집에서 덤으로 내놓는] 술 / have (or take) a *pull* at a bottle 꿀꺽 한 잔 마시다. **3** [서랍 따위의] 손잡이, 핸들; [벨의] 당기는 줄. **4** 힘들어 오르기, [산·고개 따위를 오르는] 노력, 분발. ¶ It was a hard *pull* to get up the hill. 산을 오르는 데 매우 힘이 들었다. **5** [골프·크리켓] 잡아당겨 치기. **6** [인쇄] 손으로 밀기, 교정쇄(rough proof). **7** [경마에서] 뒤처진 지기 위하여 말을 억제하기. **8** 《속어》 [다른 것에 대한] 우위, 우세(advantage). 이익. ¶ have the *pull* of (or over) a person 남보다 뛰어나다. **9** Ⓤ(Ⓒ) 《속어》 연줄, 연고(favor). ¶ He has a strong *pull* with the manager. 그는 지배인과 연줄이 닿아 있다. **10** 《美어》 [특히 선전에서] 사람을 끌어당기는 힘, 매력(attraction).

pull·back [púlbæk] *n.* **1** 도로 끌어오기; [특히 군대의] 후퇴; 삼가기; [기계] 도로 끌어오는 장치. **2** 장애, 방해; 장애물. **3** [스커트 뒤쪽으로] 주름을 모으는 장치.

pull-by date *n.* 《美》 [유제품 따위의] 유효 판매 기간(《英》 sell-by date).

pull-down [púldàun] *adj.* 접는 식의. ¶ a *pulldown* chair 접의자. 2. 미국식 가로대.

pulled [puld] *adj.* 딴, 뗀색; 털을 뽑아버린; 건강(원기)이 쇠퇴한. ¶ *pulled* bread 다시 구워 바삭바삭하게 만든 빵 / *pulled* figs 말린 무화과.

pull·er [púlər] *n.* **1** 잡아끄는(당기는) 사람(것), 뽑는(빼는) 도구; 따는 사람. **2** 재갈(bit)을 거역하는 말. **3** [배] 노젓는 사람.

pull·er-in [púlərìn] *n.* (pl. **pull·ers-**) 《구어》 [상점·환락가의] 호객(呼客)꾼.

pul·let [púlit] *n.* [1년 미만의] 어린 암탉.

***pul·ley** [púli] *n.* 도르래, 활차, 풀리, 피대를 거는 바퀴. ¶ an idle *pulley* [벨트용의] 유동(遊動) 활차.
— *vt.* **1** …을 도르래로 움직이다(들어올리다). **2** …에 도르래를 달다.

pull hitter *n.* 공을 잡아당겨 치는 타자, 풀 히터.

pul·li·cate [pálikit, -kèit] *n.* 물들인 손수건; 그 감.

pull-in [púlìn] *n., adj.* 《英》=drive-in.

Pull·man [púlmən] *n.* 풀먼식 차량[침대차·특등 호화차]. [<설계자인 미국인 G.M.Pullman (1831-97)의 이름]

pull-off [púlɔ̀(ː)f, -ɑ̀f] *n.* 《美》 간선 도로의 대피소(《英》 lay-by).

pull-on [púlàn, -ɔ̀(ː)n / -ɔ̀n] ⇒ *adj.*] *n.* 잡아당겨 착용하는 의류[스웨터·장갑 따위]. — *adj.* [≤≤] 잡아당겨 착용하는.

pull-out [púlàut] n. 1 [책의] 접어 넣은 페이지(도판(圖版)). 2 [군대 따위의] 철퇴, 철수. 3 [항공] [급강하 직후의] 수평 비행.

pull·o·ver [púlòuvər] n. 풀오버[머리에서부터 뒤집어쓰는 스웨터·샤쓰 따위]. — a. 머리에서부터 뒤집어 쓰는.

pull strategy n. 신중(愼重) 경영 전략[광고 선전을 중심으로 직접 소비자에게 작용하여 수요를 끌어냄으로써(pull) 판매를 촉진하려는 전략].

pull switch n. 풀 스위치[끈을 당겨 점멸시킨다].

pull tab n. 풀탭브, 따개 [주스 깡통 따위 용기에 붙어있는 잡아당겨서 따게 된 금속제 손잡이].

pull-through [púlθrùː] n. [한 끝에 헝겊을 댄] 총열 청소용 줄.

pul·lu·late [púljulèit] vi. (-lat·ed, -lat·ing) 1 어린 가지(싹)가 나오다, 싹트다, 발아(發芽)하다(bud). 2 발생(발전)하다, 번식하다. 3 떼를 짓다(swarm), 우글거리다, 널리 퍼지다. 4 [아기가] 태어나다, [벌레].

pul·lu·la·tion [pàljuléiʃ(ə)n] n. Ⓤ 발아(發芽), 산출.

pull-up [púlʌp] n. 1 [마차 따위를] 급히 세우기, 정지; 휴식. 2 [체조] 턱걸이; [승마] [수평 비행에서의] 급상승. 3 [英] [여객의] 휴게소.

pul·ly-haul [pùlihɔ́ː l] vt., vi. [英古語] 힘껏 잡아(끌어)당기다, 힘을 합쳐서 잡아(끌어)당기다.

pul·ly-haul·y [pùlihɔ́ːli] adj. [英古語] 힘껏 잡아(끌어) 당기는 (당기기).

pulmo- lung(폐)의 뜻의 연결형. 예: *pulmogram*(폐프린트겐선상(線像)).

pul·mom·e·ter [palmámətər / -mɔ́m-] n. 폐활량계.

pul·mo·nar·y [pʌ́lmənèri, púl- / pʌ́lmənəri] adj. 1 폐의, 폐 모양의. ¶ the *pulmonary* artery(vein) 폐동맥(정맥). 2 폐를 침범하는; 폐질환의. ¶ *pulmonary* diseases(tuberculosis) 폐병(폐결핵). 3 폐 [모양의] 기관이 있는.

pul·mo·nate [pʌ́lmənèit, -nit] adj. 1 폐[모양의] 기관이 있는. 2 유폐류(有肺類)의. — n. 유폐류의 동물 [괄태충, 달팽이 따위].

pul·mon·ic [pʌlmánik / -mɔ́n-] adj. 1 폐의 (pulmonary). 2 폐를 침범하는, 폐결핵의. — n. 1 폐병약. 2 폐병 환자. [호흡기.

Pul·mo·tor [pʌ́lmòutər, 美 púl-] n. [상표명] 인공

*pulp [pʌlp] n. Ⓤ 1 [연한] 과육(果肉). 2 [식물의] 수(髓) (pith). 3 [동물의] 연한 부분(肉質部); 치수(齒髓) (dental pulp). 4 펄프 [제지 원료] (wood pulp); 걸쭉한 것. 5 광니(鑛泥); 분쇄한 광물. 6 Ⓒ [美속어] = pulp magazine.
be reduced to [*a*] *pulp* ① 펄프가 되다. ② 녹초가 되다. *beat a person to a pulp* 남을 늘씬하게 때려주다.
— vt. 1 …을 펄프가 (곤죽이) 되게 하다. 2 [커피콩]에서 과육을 제거하다. — vi. [과육이] 익다, 물러지다, 펄프 모양이 되다. ◇ **púlpy** adj.

pulp·er [pʌ́lpər] n. 1 펄프 제조기; 펄프 제조업자, 펄프 공장의 공원. 2 [커피콩의] 과육 제거기.

pulp·i·fy [pʌ́lpifài] vt. (-fied, -fy·ing) …을 펄프가 되게 하다, 걸쭉하게 하다; 무른 덩어리가 되게 하다 (pulp); …을 연한 덩어리가 되게 하다. [(柔軟)

pulp·i·ness [pʌ́lpinis] n. Ⓤ 펄프 모양, 유연

*pul·pit [púlpit, 美 pʌ́l-] n. 1 설교단. ¶ occupy the *pulpit* 설교하다. 2 (the ~)[집합적] 설교사, 목사, 설교; 종교계. 3 [포경선의 작살을 받치는] 받침대; [이물의] 난간. 4 [英공군 속어] 조종석 (cockpit).

pul·pit·eer [pùlpitíər] n. [경멸적] 설교자, 목사 (preacher). — vi. 설교하다 (preach, sermonize).

pulp literature n. [pulp magazine 에 실린 저속하고 엽기적인 작품(소설).

pulp magazine n. [美속어] [갱지를 사용한] 저속 잡지. [류, 싸구려 책.

pulp·og·ra·phy [pʌlpágrəfi / -ɔ́g-] n. 싸구려 잡지

pulp·ous [pʌ́lpəs] adj. = pulpy.

pulp·wood [pʌ́lpwùd] n. Ⓤ 펄프재(材), 제지 원재 (原材) [가문비나무 따위].

pulp·y [pʌ́lpi] adj. (**pulp·i·er, pulp·i·est**) 펄프 [모양]의; 과육질 [모양]의, 연한, 걸쭉한, 육질의.

pul·que [púlki, -kei] n. Ⓤ [멕시코산(產)의] 용설란 (龍舌蘭)술. [星.

pul·sar [pʌ́lsɑːr, -sər] n. [천문] 펄사, 맥동성(脈動

pul·sate [pʌ́lseit / -ᅳ-] vi. (**-sat·ed, -sat·ing**) 1 [심장이] 맥박치다, 고동치다 (throb).
[類語] **pulsate** 규칙적으로 연속하여 힘찬 고동을 치다: The heart *pulsates*. 심장이 고동친다. **pulse** 고동의 리듬으로 흘러나오다, 파도치다: Blood *pulses* through the arteries. 혈액은 고동을 치며 동맥을 흐른다. **beat** 소리가 일정한 리듬으로 되풀이되는 것을 나타내는 일반적인 말: hear one's heart *beat* 자기 심장이 고동치는 소리가 들리다. **palpitate** 심한 운동·감정 또는 병으로 빨리 불규칙하게 pulsate 하다: *palpitate* after hard exercise 심한 운동 뒤에 가슴이 두근거리다. **throb** 피로 정도로 심하게 pulsate 하다: *throb* with excitement 흥분으로 가슴이 두근거리다.
2 떨리다 (vibrate), 두근거리다, 오싹하다. 3 [전기] 맥동하다. — vt. [다이아몬드]를 홈에서 체로 가려내다.

pul·sa·tile [pʌ́lsət(i)l, -tàil / -tíl] adj. 1 맥이 뛰는, 맥박치는, 고동치는, 두근거리는. 2 [음악] 타악기의, [악기가] 쳐서 울리는. 3 [음악] 타악기.

pul·sa·tion [pʌlséiʃ(ə)n] n. Ⓤ Ⓒ 1 맥박, 두근거림; [회의] 박동. 2 진동, 파동 (undulation). 3 [전기] 전류의 맥동. 4 [로마 법률의] [안 아플 정도의] 구타.

pul·sa·tive [pʌ́lstiv] adj. 맥박치는 (pulsatile).

pul·sa·tor [pʌ́lseitər] n. 1 맥박치는 것, 고동치는 것. 2 [세탁기의] 펄세이터, 맥동 장치. 3 진공 펌프, 고동 펌프. 4 [다이아몬드를 가려내는] 고동 선광기 (選鑛機) (jigger). [동치는.

pul·sa·to·ry [pʌ́lsətɔ̀ːri / -t(ə)ri] adj. 맥이 뛰는, 고

‡pulse¹ [pʌls] n. 1 a hard (a soft) *pulse* 경맥(硬脈) (연맥) / The *pulse* beats. 맥이 뛴다. 2 [규칙적인] 진동 (vibration), 박자 (beat). 3 [광파·음파 따위의] 진동, 파동; [무선] 펄스. 4 [비유적] [생명·감정 따위의] 맥동; 의향, 감정 (sentiment); 경향 (tendency). 5 [비유적] 생기 (vitality). [향을 살피다.
feel a person's pulse ① 남의 맥을 짚다. ② 남의 의 *stir a person's pulses* 남을 흥분시키다.
— v. (**pulsed, puls·ing**) vi. 1 맥이 뛰다, 고동치다. 2 진동하다, 파동하다 (vibrate).
⇒ PULSATE [類語] 3 진동하다, 파동하다 (vibrate).
— vt. 1 [혈액 따위]를 율동적으로 보내다, … *in, out*). 2 [무선] …을 펄스화하다, …에 펄스를 발생시키다.
◇ **púlsate** v. [물.

pulse² [pʌls] n. Ⓤ [때로 복수 취급] 콩류; 콩이 나는 식

pulse·beat [pʌ́lsbìːt] n. 동요, 술렁임; 활기, 약동. the *pulsebeat* of a town 도시의 활기 / the *pulsebeat* of an audience 청중의 동요.

pulse-jet engine [pʌ́lsdʒèt-] n. [항공] 펄스제트 엔진, 간헐(間歇) 제트 엔진.

pulse·less [pʌ́lslis] adj. 1 맥박이 없는. 2 생기가 없는 (lifeless), 활발치 못한 (inert); 감동하지 않는.

pulse modulation n. Ⓤ 펄스 변조(變調).

pulse radar n. 펄스 변조 레이다.

pulse-time modulation [pʌ́lstàim-] n. Ⓤ [무선] 펄스시(時) 변조[일정한 폭의 펄스의 발사 위치를 신호에 따라 변화시키는 방식; 略 PTM].

pul·sim·e·ter [pʌlsímətər] n. [의학] 맥박계.

pul·som·e·ter [pʌlsámətər / -sɔ́m-] n. 1 = pulsimeter. 2 고동 펌프, 기압 양수기, 펄소미터, 펄세터.

pul·ver·a·ble [pʌ́lv(ə)rəbl] adj. = pulverizable.

Pul·ver·iz·er [pʌ́lvəràizər] n. [상표명] 분쇄기. [쇄.

pul·ver·iz·a·ble [pʌ́lvəràizəbl] adj. 가루로 만들 수 있는.

pul·ver·i·za·tion [pʌ̀lvərizéiʃ(ə)n / -raiz-] n. Ⓤ 분

pul·ver·ize [pʌ́lvəràiz] (※《英》에서는 **pul·ver·ise** 로도 쓴다) v. (**-ized, -iz·ing**) vt. **1** ···을 가루로 만들다, 찧다, 빻다; 〔액체〕를 물보라(안개 모양)로 만들다. **2** 《속어》〔논의 따위〕를 논파하다, 분쇄하다, 철저하게 논박하다. ¶ *pulverize* an opponent 논쟁 상대를 철저하게 논박하다. ─ vi. 가루가 되다, 부서지다.

pul·ver·iz·er [pʌ́lvəràizər] n. 가루로 만드는 사람(것), 분쇄기.

pul·ver·u·lent [pʌlvér(j)ulənt] adj. **1** 분말의. **2** 가루가 되는, 가루로 되기 쉬운; 부서지기 쉬운. **3** 가루(먼지) 투성이의.

pul·vi·nate [pʌ́lvinèit] adj. **1** 쿠션 모양의(cushion-shaped). **2**《식물》엽침(葉枕)이 있는. **3**《곤충》부착반(附着盤)이 있는.

pu·ma [pjúːmə] n. (pl. **-mas** or **-ma**) **1** 퓨마. ⇨ COUGAR. **2**《U》퓨마의 모피.

pum·ice [pʌ́mis] n. 《U》속돌, 부석(浮石) (pumice stone). ─ vt. (**-iced, -ic·ing**) ···을 속돌로 문지르다(닦다).

pu·mi·ceous [pjuːmíʃəs] adj. 속돌(모양, 질)의.

pum·mel [pʌ́ml] vt. (**-meled, -mel·ing**; 《주로 英》**-melled, -mel·ling**) 《주먹으로》…을 연타하다.

‡**pump**¹ [pʌmp] n. **1** 펌프, 양수기; 《구어》《동물 따위의》펌프 모양의 기관, 심장(heart). ¶ a bicycle *pump* 자전거의 공기 펌프 / a drainage *pump* 배수 펌프 / a force *pump* 밀펌프 / a hydraulic *pump* 수압 펌프 / fetch a *pump* 펌프에 마중물을 붓다. **2** 펌프의 사용(작용, 양수); 펌프(같은) 소리. **3**《구어》교묘하게 캐물어 알아내기(내는 사람); 유도 심문. **4**《물리》펌프 《원자나 분자를 전자파(電磁波) 등에 의해 대량 고(高)에너지 상태로 여기(勵起)시키기; 또는 그 기구(機構)》. *All hands to the pump(s)!* 자, 모두 거두시오! *prime the pump* 《경기》부양책을 쓰다.
─ vt. **1** 〔물〕을 펌프로 퍼올리다 (…out, up). **2** (~+目) *pump out* water 물을 퍼내다. **2** 〔배·우물 따위〕의 물을 펌프로 퍼내다 (…out). ¶ (~+目+副) *pump* a well dry 우물에서 물을 전부 퍼내다. **3** …에 펌프로 공기를 넣다. **4**《구어》…을 펌프의 자루처럼 움직이다. ¶ *pump* a proffered hand 내민 손을 잡고 억세게 악수하다. **5**〔펌프처럼 자꾸〕…을 밀어넣다, 박아넣다, 〔학문 따위〕를 주입하다; 〔정보를 얻기 위해〕〔질문〕을 퍼붓다. ¶ (~+目+副+图) *pump* bullets *into* a target 표적에 탄환을 쏘아박다 / He *pumped* me for the information. 그는 그 정보를 얻고자 내게 질문을 퍼부었다. **6**〔머리〕를 쥐어짜다. ¶ (~+图+前+图) *pump* one's brain *for* a solution 해결하기 위해 머리를 쥐어 짜다. **7**《구어》…을 교묘하게 캐물어 알아내다, …에게 유도심문하다. ¶ (~+图+前+图) I couldn't *pump* any news *out of* him. 그에게서 아무런 뉴스도 알아낼 수 없었다. **8**《비유적》《보통 수동형으로》…을 숨차게 하다; 지치게 하다(exhaust) (…out). ¶ After the marathon, he was all *pumped out.* 마라톤을 한 뒤에 그는 녹초가 되었다.
─ vi. **1** 펌프를 사용하다; 펌프로 물을 퍼올리다. **2** 펌프 같은 작용을 하다; 〔심장〕이 심하게 고동치다; 〔펌프처럼〕 상하로 움직이다. **3** 〔온도계〕가 급격히 오르내리다. **4** 물어 쥐어짜다. **5**《구어》교묘하게 캐물어 알아내다, 유도 심문하다. **6** 〔물·피 따위〕가 분출하다.
pump up ① …에 바람을 넣다. ② 활기를 불어 넣다.

pump² [pʌmp] n. (보통 ~s) 펌프스 《끈이 없는 구두》.

pump box 〔펌프의〕 피스톤실.

pump brake 〔여러 사람이 협력해서 사용하는〕 펌프의 자루.

pump·er [pʌ́mpər] n. **1** 펌프 사용자(담당자). **2** 〔펌프를 갖춘〕 소방 자동차. **3**《美》〔석유의〕 펌프식 유정(油井).

pum·per·nick·el [pʌ́mpərnìkl / púm-] n. 《U》《조제(粗製)한》 호밀 빵.

pump handle n. **1** 펌프의 자루. **2** 심하게 흔드는 듯한 요란한 악수.

‡**pump·kin** [pʌ́m(p)kin, +《美》pʌ́ŋkin] n. **1** 서양호박. **2** 《구어》보기 흉한 사람(몸); 얼간이, 바보(chump). **3**《美속어》(be) some ~s 대단한 인물(것, 장소). ¶ She is some *pumpkins*. 그녀는 대단한 인물이야.

pump·kin·head·ed [pʌ́m(p)kinhèdid, +《美》pʌ́ŋ-] adj. 머리를 밀짝 민 도리; 머리가 아주 큰; 《美속어》얼빠진, 어리석은(stupid).

pump·kin·seed [pʌ́m(p)kinsìːd, +《美》pʌ́ŋ-] n. **1** 북미 동부산(産)의 남피부(皮部)가 작은 민물고기. **2** 《美속어》(경멸적으로) 멕시코 사람.

pump priming n. 《U》《美》국가 재정의 투자·융자에 의한 경기 부양책.

pump room n. **1** 〔특히 온천 체류객이 광천수(鑛泉水)를〕 마시면서 쉬는 사교용의 넓은 방. **2** 〔급수장 따위의〕 펌프실.

pump·ship [pʌ́mpʃip] n., vi.《속어》소변〔을 보다〕.

pump·well [pʌ́mpwèl] n. 펌프 우물.

pun¹ [pʌn] n. **1** 〔동음어의(同音異義)의〕 말장난, 재담, 결말, 신소리《예: Please stay a *moment* for a matter of no *moment.*》《대단한 용건은 아니지만 잠깐 기다려 주십시오》. ─ vi. (**punned, pun·ning**) 말장난을 치다, 신소리를 하다 (on, upon …).

pun² [pʌn] vt. (**punned, pun·ning**)《英방언》〔흙·콘크리트 따위〕를 막대기로 다지다.

pu·na [púːnɑː] n. **1** 〔Andes 산맥 따위의〕 불모의 추운〔고원〕; 〔페루의〕 산간(山間) 지방의 찬바람. **2**《U》《병리》산악병, 고산병(高山病).

‡**punch**¹ [pʌntʃ] n. **1**〔주먹으로〕 치기, 구타, 펀치; give a person a *punch* on the nose 남의 코등을 한대 갈기다. **2** 구멍 뚫는 기구, 천공기; 타인기(打印器); 표적을 뚫는 펀치. ¶ a center *punch* 센터 펀치 / a ticket *punch* 표적을 뚫는 펀치. **3**《U》《구어》박력, 정력, 생기(vigor), 효과(effectiveness). ¶ His speech wants *punch*. 그의 연설은 박력이 없다. **4** 〔선수자의〕.
beat to the punch 《美속어》기선(機先)을 제압하다.
pull no punches 헛껏 때리다; 사정을 두지 않다.
pull punches 〔권투에서〕 일부러 실효(實效)를 줄이는 공격을 하다;〔공격·비평 따위에〕 적당한 정도로 해두다.
─ vt. **1**〔주먹으로〕…을 한대 치다, 때리다. ⇒ BEAT 類題. **2**《美서부》〔가축〕을 몰다(drive). **3** …을 막대기로 쩔러다, 〔단추로〕 구멍을 뚫다, 타인(打印)하다; 〔표〕를 펀치로 찍다; 〔문 따위를〕 때려부수다. **4** have one's ticket *punched* 표를 찍어 달래다. **5**《구어》…을 강한 어조로 말하다. **6** 〔타자기 따위〕를 치다. ─ vi. **1** 일격을 가하다. **2** 구멍을 뚫다, 두드리다.
punch in《美》① 타임 리코더로 도착 시간을 기록하다. ② 컴퓨터 따위에 데이터를 입력하다.
punch out《美》① 타임 리코더로 출발(퇴근) 시간을 기록하다. ②《속어》때려 눕히다.
punch up 활력(재미)을 불어넣다.

‡**punch**² [pʌntʃ] n. **1**《U》펀치《포도주 따위에 물·우유·과즙·향료 따위를 섞은 음료》. **2**《U》프루트 펀치《몇 종의 과즙에 설탕·탄산수를 탄 음료》. **3** 펀치를 대접하는 사교적인 모임.

punch³ [pʌntʃ] n.《英》다리가 짧고 똥뚱한 짐말《특히 Suffolk punch 를 말한다》. **2**《英방언》땅딸막한 사람(것). **3** (P-) 펀치 《*Punch-and-Judy show*의 주인공》. *[as] pleased (proud) as Punch* 아주 기뻐서《의기양양하여》.

Punch-and-Ju·dy show [pʌ́ntʃəndʒúːdi-] n. 우스팡스러운 인형극 《주인공 Punch 는 매부리코를 가진 꼽추 사나이로, 자식을 교살하고, 아내 Judy 를 몽등이로 처죽여 감옥에 갇힌다. 나중에 탈옥하지만 끝내는 처형 당한다》.

punch·ball [pʌ́ntʃbɔ̀ːl] n. 《U》《1》 펀치볼《떨어지는 공을 주먹으로 치는 놀이로, 길거리에서 하는 야구의 변형》. = punching bag.

punch·board [pʌ́ntʃbɔ̀ːrd / -bɔ̀ːd] n. 펀치식 도박기계 《널빤지를 주먹으로 쳐서 뚫으면 당첨 번호가 나온다》.

púnch bòwl n. 1 펀치 사발[펀치를 담고, 국자를 꽂아서 내놓는 큰 그릇]. 2 [사발 모양의] 분지(盆地).
púnch càrd n. =punched card.
punch-drunk [pʌ́ntʃdrʌ̀ŋk] adj. 1 [권투에서 펀치를 얻어맞고] 비틀거리는. 2 《구어》머리가 혼란한, 망연자실(茫然自失)한.
púnched càrd [pʌ́ntʃt-] n. 천공 카드, 펀치 카드[컴퓨터용].
púnched tàpe n. [구멍으로 데이터를 수록하는] 컴퓨터용 종이 테이프.
pun·cheon[1] [pʌ́ntʃ(ə)n] n. [맥주·포도주 따위의] 큰 나무통[72-120 갈론들이]; 그것에 가득한 용량.
pun·cheon[2] [pʌ́ntʃ(ə)n] n. 1 《美》 [마루 판자용의] 할재(割材), 2 간주(間柱) (stud post), [탑광대의] 동바리, 지주(支柱), 보조기둥. 3 [금공(金工)이 사용하는] 인각기(印刻器), 펀치 기구(punch).
punch·er [pʌ́ntʃər] n. 1 구멍을 뚫는 사람, 키 펀처. 2 인각기(印刻器) (punch), 전신 천공기. 3 《구어》카우 보이.
pun·chi·nel·lo [pʌ̀ntʃinélou] n. (pl. -los) 1 (or P-) 펀치넬로[이탈리아의 인형극의 주인공]. 2 [펀치넬로처럼] 생김새가 괴상한 사람(동물); 어릿광대(clown).
púnch·ing bàg[pʌ́ntʃiŋ-] n. [권투 연습용의] 매단 자루.
púnching bàll n. 《英》=punching bag.
punch-ladle [pʌ́ntʃlèidl] n. 펀치 국자.
púnch líne[pʌ́ntʃ-] n. [급소를 쩔러] 사람을 깜짝 놀라게 하는 어구.
púnch prèss n. [기계] 동력 펀칭 프레스.
punch-up [pʌ́ntʃʌ̀p] n.《英속어》싸움, 난투, 치고받기.
punch·y [pʌ́ntʃi] adj. (punch·i·er, punch·i·est) 《美구어》1 힘찬. 2 비틀거리는 (punch-drunk).
punct. (略) punctuation.
punc·tate [pʌ́ŋkteit] adj. 1 점 같은. 2 [동·식물·병리] 작은 반점이 있는, 오목한 곳이 있는.
punc·ta·tion [pʌŋktéiʃ(ə)n] n. 1 ⓤ 작은 반점 (오목한 곳)이 있음. 2 작은 반점, 오목한 곳.
punc·til·i·o [pʌŋktíliòu] n. (pl. -os) 1 [의식·양식 따위의] 세세한 점, 세목. 2 ⓤⓒ 의식에 치우침, 딱딱함.
punc·til·i·ous [pʌŋktíliəs] adj. 격식에 치우치는, 딱딱한, 꼼꼼한. ~·ly adv. ~·ness n.
‡**punc·tu·al** [pʌ́ŋ(k)tʃu(ə)l/-tju(ə)l] adj. 1 시간(기한)을 지키는, 늦지 않는 (not late). ¶ as punctual as a clock 시계처럼 시간을 엄수하는 / punctual to the minute 1분도 어기지 않는. 2 [기하] 점의(같은). 3 punctual coordinates 점좌표. 3 《폐어》 =punctilious. ~·ly [-əli] adv. ~·ness n. punctuality n.
punc·tu·al·i·ty [pʌ̀ŋ(k)tʃuǽliti/-tju-] n. ⓤ 1 시간 엄수, 기한을 어기지 않음. 2 꼼꼼함.
punc·tu·ate [pʌ́ŋktʃuèit/-tju-] v. (-at·ed, -at·ing) vt. 1 …에 구두점을 찍다, …을 구두점으로 끊다. 2 [연설·이야기 따위를] 잠시 그치게 하다, 중단시키다. ¶ (~+목+젃+명) punctuate a speech with cheers 박수로 연설을 중단시키다. 3 [말 따위를] 강조하다 (emphasize). ¶ (~+목+젃+명) He punctuated his remarks with gestures. 그는 몸짓으로 말을 강조했다. — vi. 구두점을 찍다.
*punc·tu·a·tion** [pʌ̀ŋ(k)tʃuéiʃ(ə)n/-tju-] n. 1 ⓤ 구두점 찍기, 구두법. ¶ close (open) punctuation 정밀(간략) 구두법 (punctuation mark).
pùnctuátion màrk n. 구두점.
punc·tu·a·tive [pʌ́ŋ(k)tʃuètiv/-tju-] adj. 구두 [법]의, 구두점의.
punc·tu·a·tor [pʌ́ŋ(k)tʃuèitər/-tju-] n. 구두점 찍는 사람.
punc·tu·late [pʌ́ŋ(k)tʃulèit,-lit/-tju-] adj. 온통 작은 반점이 있는.
punc·tum [pʌ́ŋktəm] n. (pl. **-ta**) [해부·동·식물] 점, 반점(point, spot); 오목한 곳 (depression).
*punc·ture** [pʌ́ŋ(k)tʃər] n. 1 (바늘 따위로) 찌름, 구멍을 뚫기; [타이어의] 빵꾸. 2 쩔러서 생긴 상처, 구멍(hole); [동물 세공의 (細孔). — v. (-tured, -tur·ing) vt. 1 빵꾸 난 것에] …을 찌르다, (pierce), …에 구멍을 뚫다

(perforate). 2 [타이어]를 빵꾸내다. 3 …을 못쓰게 만들다, 망쳐놓다 (destroy). — vi. 구멍이 나다; 빵꾸나다.
pun·dit [pʌ́ndit] n. 1 [인도의] 박식한 바라문(婆羅門), (Brahman)《구어》 박식한 사람, 대학자(authority); 《구어》 젠체하는 사람.
pung [pʌŋ] n. 《美》말 한 필이 끄는 상자형 썰매.
pun·gen·cy [pʌ́ndʒ(ə)nsi] n. ⓤ 1 [미각·후각의] 자극[이 강함]. 2 ⓤ 통렬함, 신랄함 (sharpness), 예리함. 3 자극이 강한 것, 신랄한 것[말 따위].
pun·gent [pʌ́ndʒ(ə)nt] adj. 1 [허·코를] 강하게 자극하는, 자극성의. ¶ pungent spices 자극성 양념. 2 비꼬는, 신랄한, 날카로운. ¶ pungent criticism (language) 날카로운 비판(말). 3 마음을 찌르는, 자극하는. ¶ pungent wit 사람의 마음을 휘어잡는 재치. 4 《통·식》 뾰족한. ~·ly adv.
Pu·nic [pjú:nik] adj. 1 고대 카르타고[인]의. 2 [로마인이 본 카르타고인의 특징으로서] 신의가 없는, 배신하는 (treacherous). ¶ Punic faith 배신. — n. ⓤ 고대 카르타고어.
Púnic Wárs n. pl. (the ~) 《로마사》 포에니 전쟁[로마와 카르타고간의 전쟁; 3회에 걸쳐 전쟁을 치렀으며, 끝내는 로마가 승리했다].
‡**pun·ish** [pʌ́niʃ] vt. 1 [사람·죄 따위]를 처벌하다, 벌주다, 웅징하다. ¶ (~+목+젃+명) punish a boy for impudence 소년의 건방진 행동을 웅징하다 / He was punished with death. 그는 사형에 처해졌다. 2 《구어》 혼내주다, 거칠게 다루다; [권투]…에 강타를 퍼붓다; [크리켓에서] [공]을 세게 치다; [구기에서] [상대방]을 혼내주다. 3 《구어》[수도]를 재귀형으로 씀] [얄은 생각·비행 따위]의 응보(應報)를 받다. 4 [경주자 따위]를 심하게 채찍질하다; …을 무리하게 일시키다. 5 《구어》…을 듬뿍 먹다(마시다). — vi. 처벌하다, 웅징하다; 《구어》혼내주다. ◇ púnishment n.
pun·ish·a·bil·i·ty [pʌ̀niʃəbíliti] n. ⓤ 처벌해야 함.
pun·ish·a·ble [pʌ́niʃəbl] adj. 처벌할 수 있는, 처벌해야 할; 벌을 받아 마땅한. ¶ a punishable offender 처벌해야 할 범죄자.
pun·ish·er [pʌ́niʃər] n. 처벌하는 사람, 징벌자.
pun·ish·ing [pʌ́niʃiŋ] adj. 1 웅징하는, 벌을 주는, 처벌하다; 혹독하게 치는, 강타하는.
‡**pun·ish·ment** [pʌ́niʃmənt] n. 1 ⓤ 처벌하기; 벌받기; ⓒ 처벌, 징벌, 벌, 형벌. ¶ capital punishment 극형, 사형 / corporal punishment 체형 / disciplinary punishment 징계 / divine punishment 천벌 / pecuniary punishment 벌금형 / receive (or suffer) [a] punishment 벌을 받다. 2 ⓤ 심한 처사, 학대 (rough treatment); [권투 따위의] 강타; [경기에서] 지치게 하기. ◇ púnish v.
pu·ni·tive [pjú:nitiv] adj. 형벌의, 처벌의, 웅징의. ¶ punitive measures 징벌 수단 / punitive justice 인과 웅보. ~·ly adv. ~·ness n.
pu·ni·to·ry [pjú:nitɔ̀:ri/-t(ə)ri] adj. =punitive.
Pun·jab [pʌndʒɑ́:b, ´-´] n. 편잡 [원래는 인도 서북부의 주, 현재는 인도와 파키스탄으로 나뉘어 있는 지방].
Pun·ja·bi [pʌndʒɑ́:bi, ´-´-] n. 편잡인; ⓤ 편잡어.
pún·ji stìck (stàke, pòle) [pʌ́ndʒi-] n. [정글전(戰)용의] 밟으면 쩔리도록 대를 깎아 장치한 죽창.
punk[1] [pʌŋk] n. ⓤ 《주로 美》 [점화용의] 부싯깃, 불쏘시개; [부싯깃용의] 썩은 나무.
punk[2] [pʌŋk] n. 1 《美속어》 ⓤ 허튼 소리 (nonsense); ⓒ 시시한 것(사람), 보잘것없는 것(사람). 2 《美속어》 풋내기, 애송이 소년; 《美속어》 남색(男色)의 상대인 소년. 4 《고어》 매춘부 (prostitute). 5 펑크 패션[머리를 짧게 치켜 깎고, 누더기 같은 T 셔츠나 안전핀·사슬 따위를 걸치고 다닌다]; 펑크족으로 하고 다니는 사람, 펑크족. 6 [음악] =punk rock. — adj. 《美속어》 열등한(inferior), 보잘것없는 (worthless).

pun·kah [pʌ́ŋkə], (**pun·ka**) n. [천장에 매달아 끈으로 움직이는] 인도의 큰 선풍기.
punk·er [pʌ́ŋkər] n. **1** 펑크 록(punk rock)의 연주자. **2** 《美俗》=greenhorn.
púnk fúnk n. [록·재즈] 영국에서 일어난 punk와 뉴욕의 funk가 합쳐진 음악 조류.
punk·ie [pʌ́ŋki] n. 《美》 등에모기의 일종.
púnk jázz n. 《재즈》 펑크재즈[1970년대 후반에 영국에서 일어난 punk의 흐름이 1980년대에 재즈에 흡수 발전시킨 음악 조류].
púnk róck n. (U) 노골적이고 단순한 말로 사회에 대한 불만이나 분노를 나타내는 단순한 리듬의 로큰롤.
pun·ner [pʌ́nər] n. **1** 땅을 다지는 기구. **2** 실없는 익살꾼.
pun·net [pʌ́nit] n. 《주로 英》 과일·채소를 담아 팔러 다니는 naks무로 만든 납작한 광주리.
pun·ster [pʌ́nstər] n. 말장난(익살)을 잘 부리는 사람.
punt¹ [pʌnt] n. [미식축구·럭비] 펀트 [손에서 떨어뜨린 공이 땅에 닿기 전에 차기].
— vt. [공을] 펀트하다.
— vi. 펀트하다.
punt² [pʌnt] n. 《주로 英》 [삿대로 움직이는] 사각형 평저선(平底船). — vt. [사각형 평저선]을 삿대질하다.
— vi. 평저선으로 가다.
punt³ [pʌnt] vi. **1** 《카드놀이》 물주에 대항하여 걸다. **2** 《英》 《경마 등에서》 돈을 걸다, 도박을 하다(gamble). — n. 《카드놀이》 물주에 대항하여 거는 사람.
punt·a·bout [pʌ́ntəbàut] n. 축구 연습; 연습용의 축구공. — 는 사람. ⇨ PUNT¹.
punt·er¹ [pʌ́ntər] n. [미식축구·럭비] 펀터, 펀트하는
punt·er² [pʌ́ntər] n. 《주로 英》 사각형 평저선을 삿대질하는 사람, 사각형 평저선의 사공.
punt·er³ [pʌ́ntər] n. **1** 《카드놀이》 물주에 대항하여 거는 사람. **2** 《英》 내기를 하는 사람.
punt·ist [pʌ́ntist] n. 《英》 =punter².
pun·to [pʌ́ntou] n. (pl. **-tos**) [펜싱의] 찌르기(thrust); [재봉의] 한 땀(stitch).
pun·ty [pʌ́nti] n. (pl. **-ties**) (유리 제조 때 사용하는) 녹인 유리를 처리하는 쇠막대기.
pu·ny [pjúːni] adj. (**-ni·er**, **-ni·est**) **1** 연약한, 미약한. **2** 보잘것없는, 조그마한. **-ni·ly** adv. **-ni·ness** n.
PUO, P.U.O. (略) 《의학》 pyrexia of unknown origin(원인 불명의 신열(身熱)).
*pup¹ [pʌp] n. **1** 강아지(puppy). **2** 바다표범(물개, 고래)의 새끼. **3** 여우(이리)의 새끼. **4** 《구어》 애송이.
buy a pup 《속어》 속아서 싼 물건을 비싸게 사다.
in pup [개가] 새끼를 배어(pregnant).
sell a person a pup 《구어》 남을 속이다, 남에게 나쁜 상품을 비싸게 팔아먹다.
— vi. (**pupped, pup·ping**) [개가] 새끼를 낳다. [<PUP[PY]]
pup² [pʌp] n. 《학생 속어》 생도. [<PUP[PIL]]
pu·pa [pjúːpə] n. (pl. **-pae** [-piː] or **-pas**) 번데기.
pu·pate [pjúːpeit] vi. (**-pat·ed, -pat·ing**) 번데기가 되다. [蛹化]
pu·pa·tion [pjuːpéiʃ(ə)n] n. (U) 번데기가 되기, 용화.
類語 **pupil** 초·중등 학교의 학생; 교사의 세심한 개인적인 감독·지도를 받아 학습하는 사람: an elementary school pupil 국민학교 학생, student 대학생(*美》에서는 고교생에게도 쓴다); 특정 문제의 연구가: a graduate student 대학원 학생 / a student of Asian affairs 아시아 문제 연구가, scholar 어떤 분야에서나 그 학식을 쌓은 학자; 장학금을 받고 연구하는 사람: a classical scholar 고전 학자 / a visiting scholar 객원 (客員) 연구원.

2 [민법] 피후견인, 연소자, 미성년자. **3** [로마 법] 피후견인[남자 14세, 여자 12세 미만인 사람].
◇ **pú·pi·lize** v., **pú·pil·lary** adj.
pu·pil² [pjúː(p)il] n. [해부] 눈동자, 동공(瞳孔).
pu·pil·age, -pil·lage [pjúː(p)ilidʒ] n. (U) **1** 생도 (학생)의 신분(기간). **2** 피후견인(연소자임), 미성년 인기(期), 연소기. **3** 《비유적》 국가 등의 미개 상태.
pu·pil·ize [pjúːpilàiz], (**pu·pil·lize**) (*英》에서는 **pu·pil·ise** 또는 **pu·pil·lise** 로도 쓴다) vi. 학생을 받아들이다. vt. (학생)에게 가르치다, 지도하다(coach).
pu·pil·lar·i·ty [pjùːpilériti], (**pu·pi·lar·i·ty**) n. (pl. **-ties**) [민법·스코 법률] 미성년기.
pu·pil·lar·y¹ [pjúːpiléri / -ləri] adj. **1** 학생의; 제자의. **2** 피후견인의, 연소자의, 미성년자의.
pu·pil·lar·y², **-pil·ar·y** [pjúːpiléri / -ləri] adj. [해부] 눈동자의, 동공의.
púpil téacher n. =student teacher.
pu·pip·a·rous [pjuːpípərəs] adj. [곤충이] 번데기를 낳는.
*pup·pet [pʌ́pit] n. **1** [인형극의] 손가락으로 놀리는 인형(marionette). **2** 남이 시키는 대로 하는 사람, 괴뢰(傀儡), 앞잡이. ¶ a *puppet* government 괴뢰 정부. **3** 인형(doll).
pup·pet·eer [pʌ̀pitíər] n. [인형극의] [손가락으로] 인형을 놀리는 사람. — vi. [손가락] 인형을 놀리다.
pup·pet·ry [pʌ́pitri] n. (pl. **-ries**) **1** (U) 인형극. **2** (U) (C) 무언극(mummery). **3** (U) 겉치레. **4** (U) 《집합적》 손가락으로 놀리는 인형.
púppet shów(pláy) n. 인형극.
púppet státe n. 괴뢰 국가.
púppet válve n. [기계] 버섯 모양의 밸브(puppet craft, lift craft).
*pup·py [pʌ́pi] n. (pl. **-pies**) **1** 강아지. **2** [물개 따위의] 새끼(pup). **3** 건방진 젊은이, 겉멋이 든 젊은 축들. ◇ **púp·py·ish** adj.
púppy fát n. (U) 어릴 때의 비만.
pup·py·hood [pʌ́pihùd] n. (U) **1** 강아지임; 강아지 시절. **2** 건방짐, 건방진 시절. [진, 겉멋이 든.
pup·py·ish [pʌ́piiʃ] adj. **1** 강아지의 (같은). **2** 건방
pup·py·ism [pʌ́piìz(ə)m] n. (U) 건방짐, 겉멋.
púppy lóve n. 풋사랑(calf love).
púp tént n. 쐐기물로 치는 천막(shelter tent).
pur [pəːr] n., v. (**purred, pur·ring**) n. =purr.
pur- pref. pro-의 변형. ⇨ PRO-. 예: *pur*chase, *pur*sue.
Pu·ra·na [puráːnə] n. 푸라나[인도 신화의 성시집(聖詩集)].
Pur·beck [pə́ːrbek] n. **1 Púrbeck stóne** 퍼백석(石)[영국 Dorset 주(州) Purbeck 반도에서 산(産)하는 석회석]. **2** (=**Púrbeck márble**) 퍼백 대리석 [질이 좋은 Purbeck stone].
pur·blind [pə́ːrblàind] adj. **1** 반 소경의(partly blind); 눈이 침침한; 《폐어》 전혀 못보는(wholly blind). **2** (비유적) 우둔한, 둔감한(stupid).
~·ly adv. **~·ness** n. [(수) 가능한.
pur·chas·a·bil·i·ty [pə̀ːrtʃəsəbíliti] n. (U) 구입(매
pur·chas·a·ble [pə́ːrtʃəsəbl] adj. **1** 살 수 있는, 구할 수 있는. **2** 뇌물로 매수할 수 있는.
‡**pur·chase** [pə́ːrtʃəs] vt. (**-chased, -chas·ing**) **1** …을 사다, 구입하다. ◆ BUY 類語 ¶ *purchase* a book 책을 사다 // (~+目+前+名) *purchase* candies for one dollar 1달러로 캔디를 사다. **2** [돈 따위가] …을 살수 있다, 사는 데 충분하다. **3** [노력·희생 따위로 치르고] …을 얻다, 손에 넣다, 쟁취하다. ¶ a dearly *purchased* victory 큰 희생을 치르고 얻은 승리 / (~+目+前+名) *purchase* freedom *with* blood 피를 흘려 자유를 쟁취하다. **4** …을 뇌물로 매수하다. **5** [법률] [상속 이외의 방법으로] [토지·건물]을 취득하다. **6** [항해] [도르래 따위로] …을 끌어올리다, 움직이다. ¶ *purchase* an anchor 닻을 감아올리다.
— n. **1** (U) 구입, 구매, 매입. **2** 구입품, 산 물건; 물건 사기. ¶ That house was a wise *purchase*. 저 집은

purchase money 아주 잘 산 물건이야. **3** ⓤ〔법률〕〔상속 이외의 방법에 의한〕 부동산 취득, 토지 양수(讓受). **4** ⓤ〔노력·희생 따위에 의한〕 획득(gain). **5** 지레 장치(leverage), 감아 올리는 기계, 도르래, 기둥 장치; 힘이 걸리는 부분, 〔지레의〕 받침점; ⓤ지렛대 작용. **6** 힘·권력 따위를 늘리는 수단; 연줄, 배경, 연고. **7** ⓤ〔토지 따위의〕 연수(年收), 수확량; ⓤ〔드물게〕 수입(income). ¶ at five years' *purchase* 5년간의 수확량에 해당하는 값으로 / His life is not worth a day's *purchase*. 그의 생명은 앞으로 하루도 못갈 것 같다.

púrchase mòney *n.* ⓤ 매입 금액, 대금, 계약금.
***púrchas·er** [pə́ːrtʃəsər] *n.* 매입(구입)자, 사는 사람
púrchase tàx *n.* ⓤ(ⓒ)〔英〕 물품세. ─ (buyer).
púrchas·ing àgent [pə́ːrtʃəsiŋ-] *n.*〔美〕 **1** 구매 담당원. **2** 중개인.
púrchasing associátion(gùild) *n.* 구매 조합.
púrchasing pòwer *n.* ⓤ 구매력.
pur·dah [pə́ːrdɑː/-dɑ:], *n.* **1**〔인도 등지에서 여성을 남이 못 보도록 가리는〕 장막, 커튼(curtain). **2** ⓤ 여성을 남이 못 보도록 가리는 습관(제도). **3** ⓤ 줄무늬가 있는 커튼천.
‡pure [pjuər] *adj.* (**púr·er, pur·est**) **1** 불순물이 없는, 순수한, ¶ *pure* gold 순금. **2** 맑은, 깨끗한, 더럽혀지지 않은 (clean). 오점이 없는. ¶ *pure* air 맑은 공기. **3** 순혈(純血)의(of pure blood), 순종의〔언어가〕 외적 요소가 없는, 순정(純正)의. ¶ a *pure* thoroughbred 순종 서러브레드 / *pure* French 순정 프랑스어. **4**〔문체가〕 솔직한, 명쾌한. **5**〔학문 따위가〕 순수하게 이론적(추상적)인(*cf.* applied); 감각·경험에 의하지 않는. ¶ *pure* science 순수 과학 / *pure* knowledge 순수 지식 / *pure* reason 순수 이성. **6**〔소리가〕 맑은; 음음의. **7** 다름아닌; 단순한. ¶ *pure* and simple 완전한, 순전한 / a *pure* accident 전혀 우연한 사건. **8**〔도덕적으로〕 오점이 없는; 〔성적으로〕 순결한; 결백한, 죄가 없는. **9**〔음성〕 단모음의(monophthongal). **10**〔유전〕 한 특질만을 가지는; 동형의, 순계(純系)의. ─ ~·**ness** *n.* **púr·i·fy** *v.*, **púr·i·ty** *n.*, **púre·ly** *adv.*
púre·blood [pjúərblʌ̀d] *adj.*, *n.* =purebred.
púre·blood·ed [pjúərblʌ́did] *adj.* =purebred.
púre·bred [pjúərbréd] *adj.* 순혈〔혈통〕의, 순계의. ─ [pjúərbrèd] *n.* 순혈종; 순혈종의 동물; 순계의 식물.
púre cúlture *n.* 순수 배양.
púre demócracy *n.* 순수(직접) 민주주의〔대표를 통하지 않고 국민이 직접 권력을 행사하는 체제〕.
pu·rée [pjuréi, pjúːərei] *n.* ⓒⓤ 퓌레〔야채·과일을 삶아곱게 걸러 만든 수프 음료〕. ─ *vt.* (**-réed, -ré·ing**)〔토마토 따위를〕 퓌레로 만들다. 〈F〉
Púre Lánd *n.*〔불교〕 정토(淨土), 극락 세계.
púre líne *n.*〔유전〕 순계(純系).
‡púre·ly [pjúərli] *adv.* **1** 섞인 것 없이, 순수하게. **2** 단순히, 단지 (merely); 전적으로, (entirely). ¶ *purely* accidental 전적으로 우연한 / *purely* private 전혀 사적인. **3** 깨끗이, 맑게, 순결하게 (chastely). ¶ live *purely* 깨끗하게 살아가다.
púre páinting *n.* 순수 회화(繪畫).
púre póetry *n.* 순수시(詩).
Pur·ex [pjúːəreks / pjúəreks] *adj.* 퓨렉스의〔사용하고 난 핵연료를 재처리하여 우라늄이나 플루토늄을 얻는 방식에 관해 말하는〕.
pur·fle [pə́ːrfl] *vt.* (**-fled, -fling**)〔옷 따위〕에 가두리 장식을 달다; …의 가장자리를 장식하다. ─ *n.* 가두리 장식, 〔현악기의〕 장식을 한 가장자리. 〔자련〕.
pur·fling [pə́ːrfliŋ] *n.* ⓤ〔현악기의〕 장식을 한 가장자리.
pur·ga·tion [pəːrgéiʃ(ə)n] *n.* ⓤ **1** 맑게 (깨끗하게) 하기, 정화(淨華). **2**〔역사〕 무죄의 증명. **3** 설사 약으로 대변을 보게 하기.
pur·ga·tive [pə́ːrgətiv] *adj.* **1** 통변(通便)케 하는, ¶ *purgative* medicine 통변제〔下劑〕. **2** 맑게 〔정화(淨化)하게〕하는; 속죄의. ─ *n.*〔의학〕 하제 (下劑). ~·**ly** *adv.*
pur·ga·to·ri·al [pə̀ːrgətɔ́ːriəl / -tɔ́r-] *adj.* **1** 죄를 정하게 하는, 정죄의, 속죄의 (expiatory). **2** 연옥 (煉獄)의〔같은〕.
pur·ga·to·ry [pə́ːrgətɔ̀ːri/-t(ə)ri] *n.* ⓒⓤ (*pl.* **-ries**) **1**〔가톨릭〕 연옥, 정죄(淨罪)의 장소. **2** 일시적인 고난의 상태, 지옥 같은 곳. ─ *adj.* 정죄의, 속죄의.
‡purge [pəːrdʒ] *v.* (**purged, purg·ing**) *vt.* **1**〔몸·마음〕을 깨끗이 하다, 정화(淨化)하다 (purify) (…*of, from*). ¶ (~+囘+젠+阁) He was *purged of* (*or from*) sin. 그의 죄는 깨끗이 씻겨졌다. **2**〔불순물·더러움 따위〕를 제거하다, 일소하다(…*away, off, out*). ¶ (~+囘+副) *purge away* one's evil thoughts 사념(邪念)을 버리다 / (~+囘+젠+阁) *purge* stains *off* windows 창문의 더러움을 닦다. **3**〔정당〕을 숙청하다(…*of*), 〔반대 분자 등〕을 추방하다, 숙청하다 (…*from*). ¶ (~+囘+젠+阁) *purge* a party *of* its corrupt members; *purge* corrupt members *from* a party 당에서 부패 분자를 추방하다. **4**〔남〕의 혐의를 풀어주다, 무죄를 증명하다. ¶ (~+囘+젠+阁) *purge* a person *of* suspicion 남의 결백을 증명하다. **5**〔법률〕〔죄〕를 보상하다 (atone), 〔형기〕를 마치다. **6**〔의학〕〔사람〕에게 하제 (下劑)를 쓰다, 〔장〕에 변을 통하게 하다. ─ *n.* **1** 정화; 추방; 숙청. **2** 하제. ◇ **purgátion** *n.*, **púrgative** *adj.*
pur·gee [pəːrdʒíː] *n.* 추방된 사람.
purg·er [pə́ːrdʒər] *n.* 깨끗하게 하는 사람(물건).
***pu·ri·fi·ca·tion** [pjù(ː)rifikéiʃ(ə)n / pjùər-] *n.* ⓒⓤ **1**〔물질적·정신적〕 정화 (淨化) (purgation). **2**〔페어〕〔교회〕〔산후 따위의〕 청정식 (淸淨式); 〔가톨릭〕 성배(聖杯)의 청정〔미사 끝에 사제가 잔을 깨끗이 닦기〕. ◇ **púrify** *v.*
pu·ri·fi·ca·tor [pjú(ː)rifikèitər / pjúər-] *n.*〔교회〕 푸리피카토리움〔성배를 닦는 천〕.
pu·ri·fi·ca·to·ry [pju(ː)rífikətɔ̀ːri / pjúərifikèitəri] *adj.* **1** 물질적·정신적으로 깨끗하게 하는, 정화하는; 정죄 (淨罪)하는. **2** 정제 (精製)하는.
pu·ri·fi·er [pjú(ː)rifàiər / pjúər-] *n.* **1** 깨끗하게 하는(정화하는), 정련 (精鍊)하는 사람; 정제자. **2** 정화 장치〔장비〕.
***pu·ri·fy** [pjú(ː)rifài / pjúər-] *v.* (**-fied, -fy·ing**) *vt.* **1**〔물질적으로〕…에서 더러움을 제거하다, …을 정화(순화)하다, 정련(精練)하다. ¶ *purify* sugar 설탕을 정제하다. **2**〔국어〕을 순화하다;〔말〕을 세련되게 하다. **3**〔정신적으로〕…을 깨끗하게 하다, 정화하다,〔남〕의 죄를 씻어주다. ¶ (~+囘+젠+阁) *purify* the heart 마음을 깨끗이 하다 / (~+囘+젠+阁) *purify* a person *of* (*or from*) sin 남의 죄를 씻어주다. **4** …에서 반대 분자를 추방〔숙청〕하다 (purge).(…*of, from*). ¶ (~+囘+젠+阁) *purify* a state of the traitors 나라에서 매국노를 추방하다. ─ *vi.* 깨끗해지다, 정화되다.
Pu·rim [pjú(ː)rim / pjúər-] *n.* 부림 축제〔유대력(曆)의 6월 14일(태양력으로는 3월경)에 Haman의 유대인 학살 계획이 깨진 날을 기념하는 유대인의 축제일; Feast of Lots 라고도 한다. ←에스더(Esth.) 9: 21〕.
pu·rine [pjú(ː)riːn / pjúər-] *n.*〔화학〕 푸린〔무색의 침상 결정 (針狀結晶). 요산 (尿酸) 화합물의 원질 (原質)〕; 푸린기 (基).
***pu·rism** [pjú(ː)riz(ə)m / pjúər-] *n.* **1**〔언어의〕 순수주의;〔문체·용어상의〕 순수 용법. **2** (때로 P-)〔미술〕 순수주의〔파〕〔20세기 초기에 프랑스에서 일어났다〕.
pur·ist [pjú(ː)rist / pjúər-] *n.* 순수주의자.
pu·ris·tic [pju(ː)rístik / pjuə-], (**pu·ris·ti·cal** [-tik(ə)l]) *adj.* 순수주의〔자〕의.
***Pu·ri·tan** [pjú(ː)rit(ə)n / pjúər-] *n.* **1** 청교도, 퓨리턴〔16세기 후반에 영국 국내에서 일어난 신교도의 한 파〕. **2** (p-)〔종교상·도덕상〕 엄격한 사람, 근엄한 사

람. — *adj.* **1** 청교도의. **2** (p-) [청교도처럼] 엄격한.
◇ puritánical *adj.*, púritanize *v.*

pu·ri·tan·ic [pjù(ː)ritǽnik/pjùər-] *adj.* =puritanical.

pu·ri·tan·i·cal [pjù(ː)ritǽnik(ə)l / pjùər-] *adj.* **1** 청교도적인, 매우 엄격한. **2** (때로 P-) 청교도의, 청교도주의의. **~·ly** [-kəli] *adv.*

Pu·ri·tan·ism [pjúː)rit(ə)nìz(ə)m / pjúər-] *n.* ⓤ **1** 청교도의 교리. **2** (때로 p-) 엄격주의.

pu·ri·tan·ize [pjúː)rit(ə)nàiz / pjúər-] *v.* (-**ized**, -**iz·ing**) *vi.* 청교도[식]이 되다. — *vt.* …을 청교도로 만들다, 청교도식으로 하다.

***pu·ri·ty** [pjúː)riti / pjúər-] *n.* ⓤ **1** 깨끗함, 청결. **2** 섞인 것이 없음, 순수; [금속의] 순도(純度); [언어의] 순정(純正); [光學] 색의 순도. **3** [옷 따위의] 청결 (cleanliness). **4** [종교적으로] 정하게 하기. **5** 청렴, 결백; [성적인] 순결 (chastity). ◇ pure *adj.*, púrify *v.*

purl¹ [pəːrl] *vt., vi.* **1** [편물을] 안뜨기로 뜨다. **2** [레이스·리본 따위에] 고리 모양의 가두리를 하다; 금실[은실]로 자수하다. — *n.* **1** 안뜨기. **2** 고리 모양의 가두리. **3** ⓤ [수에 쓰이는] 금실, 은실.

purl² [pəːrl] *vi.* [시냇물 따위가] 좋졸 흐르다, 소용돌이쳐 흐르다. — *n.* **1** 좋졸 흐르는 소리. **2** 잔물결, 소용돌이 (eddy), 파문 (波紋).

purl³ [pəːrl] *n.* ⓤ [역사] 쓴 쑥으로 맛을 낸 맥주 [강장제]; 데운 맥주에, 진·설탕 따위를 섞은 음료.

purl⁴ [pəːrl] (구어) *vt.* …을 뒤집어엎다, 전도 (轉倒) 시키다 (upset). — *vi.* [말 따위에서] 쿵 (거꾸로) 떨어지다, 전도하다, 낙마(落馬)하다. — *n.* 쿵 하고 떨어지기 (heavy fall), 전도.

purl·er [pəːrlər] *n.* (구어) 전락, 전도; 낙마하기. ¶ come (*or* take) a *purler* 거꾸로 떨어지다 (낙마하다).

pur·lieu [pəːrl(j)uː / -ljuː] *n.* **1** 삼림 변두리의 빈터 (경계지). **2** [도시의] 변두리; (~s) 주변[지구], 교외 (outskirts). **3** [변두리의] 빈민가. **4** (英) [전(前) 소유자에 반환된] 구왕실림 (舊王室林). **4** 자주 드나드는 곳 (haunt), 세력권. **5** (~s) 이웃.

pur·lin [pəːrlin], (**pur·line**) *n.* [지붕의 서까래를 받치는] 도리, 마룻대. [절을 하다.

pur·loin [pəːrlɔ́in, ⁂-] *vt.* …을 훔치다. **◎** 도둑.

pur·loin·er [pəːrlɔ́inər] *n.* 도둑질, 절도, 좀도둑.

pu·ro·my·cin [pjùː)rou)máisin] *n.* ⓤ 퓨로마이신 (항생물질의 일종).

‡**pur·ple** [pə́ːrpl] *n.* **1** ⓤⓒ 자줏빛, 자색; (고어) 심홍색 (深紅色). **2** (the ~) 추기경 (cardinal) 의 지위 (직위), 주교 (bishop) 의 지위 (직위); 왕후 귀족의 지위 (가문), 왕위, 제위 (帝位) (imperial rank). ¶ be born in (*or* to) the *purple* 왕후 귀족의 집안에 태어나다 / be raised to the *purple* 제위 (왕위) 에 오르다; 추기경 (주교) 에 임명되다. **4** [자색 염료의 원료가 되는] 자줏빛 조개류. **5** 호랑나비과 (科) 의 몇 종의 나비. **6** (고어) [피부 따위의] 자반 (紫斑). [문 집안에 시집가다. ¶ *marry into the purple* [이름없는 집안의 여자가] 명 — *adj.* **1** 자줏빛의; (구어·詩) 심홍색의 (crimson). ¶ *turn purple* with rage 분이 나서 얼굴이 새빨개지다. **2** 제왕의 [풍모가 있는]. **3** 화려한, 호화로운 (gorgeous); [특히 문체가] 화려한, 미문조 (美文調) 의. — *v.* (-**pled**, -**pling**) *vt.* …을 자줏빛이 되게 하다. — *vi.* 자줏빛이 되다.

◇ púrplish *adj.*, empúrple *v.*

púrple émperor *n.* 번개오색나비 (유럽산 (産)).

Púrple Héart *n.* **1** (美 육군) [심장형의] 명예 부상장 (負傷章). **2** (p- h-) (속어) 암페타민과 바르비탈제를 혼합한 각성제. [제비.

púrple mártin *n.* (미국산 (産)) 검푸른 빛깔의 큰

pur·plish [pəːrpli(] *adj.* 자줏빛을 띤.

pur·ply [pəːrpli] *adj.* =purplish.

pur·port *vt.* [pərpɔ́ːrt, ⁂-] *n.* [pɔ́ːrpət, pəːrpɔ́ːt]

1 [문서·작품 따위가] …이라고 알려져 있다; [사람이] …이라고 칭하다, 주장하다 (claim). ¶ (~ + *to* do) The document *purports* to be official. 그것은 공문서라고 알려져 있다. **2** …을 의도 (意圖) 하다 (intend), 의미하다, …의 취지다. ¶ (~ + *that* 節) a document *purporting that…* …이라는 취지의 문서. — *n.* [美⁂-] **1** [문서·연설 따위의] 요지, 취지 (purpose), 뜻. ⇔ MEANING [類語] **2** (드물게) 목적.

pur·port·ed [pərpɔ́ːrtid, ⁂- / pɔ́ːpət-, pəːrpɔ́ːt-] *adj.* …이라고 소문난 (rumored), …이라고 알려진.
~·ly *adv.*

‡**pur·pose** [pəːrpəs] *n.* **1** 목적, 의도 (aim), 의향. ¶ attain (*or* accomplish) one's *purpose* 목적을 달성하다 / answer (*or* serve) the (*or* one's) *purpose* 목적에 들어맞다 / for that *purpose* 그런 목적으로 / on *purpose* to do …할 작정으로 / What *purpose* did you do that for? = What is your *purpose* in doing that? 어째서 그런 짓을 했지?

[類語] **purpose** 달성하려고 굳게 결심하고 있는 목적: one's *purpose* in life 인생의 목적. **aim** 구체적으로 뚜렷한 목표: His *aim* is the office of the Mayor. 그의 목표는 시장이 되는 것이다. **end** 뚜렷한 계획적 수단으로 달성하는 목적: a means to an *end* 목적에 이르는 수단. **goal** 노력의 종착점으로서의 목적: the *goal* of a life's journey 인생 행로의 목적. **object** 노력·행위·감정을 기울이는 대상으로서의 목적: the *object* of a discussion 토론의 목적. **objective** 달성 가능한 구체적인 목적: the *objectives* of education 교육의 여러 목적.

2 ⓤ 의도, 결심, 결의 (resolution), 의지. ¶ honesty of *purpose* 의도의 성실성 / be firm of *purpose* 의지가 굳다 / He is weak of *purpose*. 그는 의지가 약하다. **3** (the ~) 당면한 문제, 논쟁점, 논지. ¶ *to the purpose* 적절히; 요령 있게 / nothing *to the purpose* 요령을 얻지 못하고. **4** ⓤ 효과 (effect), 용도. ¶ *to good (some) purpose* 대단히 (상당히) 효과적으로 / *to little (no) purpose* 거의 (전혀) 보람없이. **5** 취지, 뜻 (purport). ¶ *to this purpose* 이 뜻으로.

for the purpose of …의 목적으로, …을 위하여 (* 다음에 동명사를 수반하는 것이 보통). ¶ They built refuges in the mountains *for the purpose of* encouraging mountaineering. 그들은 등산을 장려하기 위해 산에 산장을 지었다.

of set purpose 고의로, 계획적으로 (by design).

on purpose **①** 일부러, 고의로 (intentionally). ¶ He did it *on purpose*. 그는 일부러 그렇게 했다. **②** …의 목적으로, …하기 위하여. ¶ He acted in that way *on purpose* to deceive his opponent. 그는 적을 속이기 위해 그런 행동을 했다.

— *vt.* (-**posed**, -**pos·ing**) …할 작정이다, …을 목적으로 하다, 의도하다, 결심하다 (determine). ¶ (~ + *ing*) (~ + *to* do) I *purpose* going (or *to* go) there. 그 곳에 갈 작정이나 / (~ + *that* 節) I *purpose* that it shall never occur again. 그것이 두 번 다시 일어나지 않도록 할 작정입니다.

púr·pose·less, púrposely *adv.*

pur·pose-built [pəːrpəsbìlt] *adj.* [특정 목적을 위해] 특별히 건립된.

pur·pose·ful [pəːrpəsfəl] *adj.* **1** 목적이 있는; 고의적인. ¶ *purposeful* actions 목적이 있는 행동. **2** 단호한, 결심이 있는. **3** 의의가 있는, 의미심장한.
~·ly [-fəli] *adv.* **~·ness** *n.*

pur·pose·less [pəːrpəslis] *adj.* 목적이 없는 (aimless); 무의미한 (meaningless). **~·ly** *adv.* **~·ness** *n.*

pur·pose·ly [pəːrpəsli] *adv.* **1** 고의로, 일부러 (on purpose). **2** 특별히 [그것을 위하여]. [은 소설].

púrpose nóvel *n.* 목적 소설 [작자의 의견·주장을 담

pur·pos·ive [pəːrpəsiv] *adj.* **1** 목적이 있는, 의도적인. **2** 목적에 맞는. **3** 단호한. **~·ly** *adv.* **~·ness** *n.*

pur·pu·ra[pə́ːrpjurə] n. ⓤⓒ〖병리〗자반병(紫斑病).
pur·pu·ric[pərpjú(ː)rik /-pjúə-] adj. 〖병리〗자반병의.
pur·pu·rin[pə́ːrpjurin] n. ⓤ〖화학〗푸르푸린[빨간 물감].
***purr**[pəːr] vi. **1** 〖고양이가〗기분좋은 듯이 가르랑거리다(목구멍을 울리다);《비유적》〖사람이〗만족한 듯한 태도를 보이다. ¶ *purr* with content 만족해 하다. **2** 〖물건이〗우르르하는 소리를 내다. ― vt. …을 가르랑거리며 만족한 듯이 말하다(말로 나타내다). ― n. 〖고양이가〗가르랑거리는, 목구멍을 울리는, 그 소리; 그와 비슷한 소리.
***pur sang**[F pyr sɑ̃] adj.《프랑스》(=pure blood) 순수한, 순혈(종)의, 섞인 것이 없는, 진짜의(genuine). ¶ a Parisian *pur sang* 알짜 파리 사람(토박이).
‡purse[pəːrs] n. **1** 〖돈〗지갑, 〖돈〗주머니 (《美》여자의) 핸드백(handbag);《비유적》돈 주머니 속에 든 것, 돈, 재원(財源), 자금, 자력(資力), 재산, 부(富) (wealth). ¶ a coin *purse* 동전 지갑 / a heavy (*or* a fat, a long) *purse* 두둑한(불룩한, 긴) 지갑; 부유(富裕) / a light (*or* a lean, a slender) *purse* 가벼운(납작해진) 지갑; 가난 / the public *purse* 국고 / open one's *purse* 돈을 쓰다 / live within one's *purse* 자력(資力) 내에서 생활하다 / The necklace is beyond my *purse*. 그 목걸이를 살만한 돈이 내게는 없다 / Who holds the *purse* rules the house.《속담》돈주머니를 쥔 자가 가정을 지배한다; 황금 만능. **2** 증여금; 기부금; 상금. ¶ make up (*or* raise) a *purse* for …을 위해 모금하다(기부금을 모으다) / give (*or* put up) a *purse* 상금(기부금)을 주다 / win a *purse* in a speech contest 웅변 대회에서 상금을 타다. **3** 돈주머니처럼 생긴 것. 〖해부〗낭(囊). ― vt. (**pursed, pursing**) **1** (입을 오므리다(pucker). ¶ *purse* one's lips 입을 오므리다. **2** 〖고어〗…을 돈주머니에 넣다.
purse-bear·er[pə́ːrsbɛ̀(ː)rər / -bɛ̀ərə] n. **1** 돈 주머니를 들고 다니는 사람(treasurer) / 〖英〗(opening)에서 국새(國璽)를 받드는 관리. 「사는」큰게의 일종.
púrse cràb n. 〖동물〗태평양·인도양의 여러 섬에
púrse·ful[pə́ːrsfùl] n. 돈주머니 가득〖한 돈〗.
púrse nèt n. = purse seine.「내세우는.
purse-proud[pə́ːrspràud] adj. 돈자랑하는, 재산을
purs·er[pə́ːrsər] n. 〖상선·여객기의〗사무장.
pur·ser·ette[pə̀ːrsəret] n. 〖여객선·여객기의〗여자 사무장.
púrse sèine n. 〖어업용의〗건착망(巾着網), 후릿그물.
purse-snatcher[pə́ːrssnæ̀tʃər] n. 《美》여성의 핸드백을 채가는 사람; 날치기.
púrse strìngs n. pl. 《비유적》돈주머니의 끈. ¶ hold the *purse strings* 금전 출납을 맡아보다.
pur·si·ly[pə́ːrsili] adv. 숨이 차서; 뚱뚱하게 살이 쪄서.
pur·si·ness[pə́ːrsinis] n. ⓤ 숨이 참; 비만.
purs·lane[pə́ːrslin, +美 -lein] n. 쇠비름〖쇠비름과〗의 1년초.
pur·su·a·ble[pərsúːəbl / -s(j)úː-] adj. 추적할 수 있는; 추구할 수 있는; 속행할 수 있는; 종사할 수 있는.
pur·su·ance[pərsúːəns / -s(j)úː-] n. ⓤ **1** 추구; 추구, **2** 실행, 수행, 이행(prosecution); 속행.
in pursuance of …에 따라서, …을 이행하여. ¶ *in pursuance of* your advice 당신의 충고에 따라서. ②…을 이행하여.
***pur·su·ant**[pərsúːənt / -s(j)úː-] adj. […에〗따르는, 응하는, 준하는. ¶ The party is *pursuant* to his instructions. 그는 그 정당을 마음대로 움직이다.
― adv. […에〗따라서(in accordance with), 응하여(*to*…). ¶ act *pursuant* to a person's instructions 남의 지시대로 행동하다. ～**ly** adv.
***pur·sue**[pərsúː / -s(j)úː] v. (**-sued, -su·ing**) vt. **1** …을 뒤쫓다, 추적하다(chase); 뒤쫓아 따라붙다; 마음속으로 쫓다. **2** …에 따라다니다, 따라다니며 …을 괴롭히다. ¶ Ill luck *pursued* him to his death. 불운이 죽을 때까지 그를 따라다녔다. **3** …을 얻으려고 애쓰다(seek after), 추구하다. ¶ *pursue* pleasure 쾌락을 추구하다. **4** …을 실행하다, 하다, 수행하다(prosecute); …을 계속하다, 속행하다; …에 종사하다;〖방침·지지 따위에〗따르다. ¶ *pursue* a plan 계획을 실행하다 / *pursue* one's studies 연구를 계속하다, 연구를 하다 / *pursue* a subject 이야기를 진행시키다. **5** 〖길〗을 따라 가다, 나아가다 (follow). ― vi. **1** 뒤쫓다, 추적하다(*after*…). ¶ *pursue after* a fugitive 도망자를 추적하다. **2** 계속하다, 속행하다 (continue). **3** 〖스코 법률〗고소하다 (*for*…). ◇ pursuance, pursuit n.
***pur·su·er**[pərsúːər / -s(j)úː-] n. **1** 추적자, 뒤쫓는 사람. **2** 추구자; 수행자. **3** 종사자; 연구자. **4** 〖스코 법률〗원고.
‡pur·suit[pərsúːt / -s(j)úː-] n. ⓤ **1** 추적; 추구. ¶ in hot *pursuit* 맹렬히 추적하여 / come in *pursuit* 뒤쫓아오다. **2** 추구. ¶ *pursuit* of happiness 행복의 추구. **3** 속행; 실행; 종사. **4** ⓒ 직업, 일; 연구. ¶ agricultural *pursuits* 농업 / commercial *pursuits* 상업 / daily *pursuits* 일상적인 일 / indulge in *pursuit* 연구에 몰두하다. **5** 〖스코 법률〗기소.
in pursuit of … ① (사냥감)을 쫓아서. ¶ spend a day *in pursuit of* game 사냥을 하며 하루를 보내다. ②〖목적의 달성 따위〗를 추구하여. ¶ *in pursuit of* happiness 행복을 추구하여.
◇ pursue v.

pursúit plàne n. 〖군대〗추격기, 전투기.
pur·sui·vant[pə́ːrswiv(ə)nt / -si-] n. **1** 〖英〗문장원(紋章院)의 최하위 직원. **2** 〖고어〗종자(從者) (follower).
pur·sy[pə́ːrsi] adj. (**-si·er, -si·est**) **1** 〖특히 뚱뚱해서〗숨이 찬(short-winded). **2** 뚱뚱한, 비만한(fat). **3** 부유한.
pur·te·nance[pə́ːrt(i)nəns] n. ⓤ 〖고어〗〖동물의〗내장.
pu·ru·lence[pjúːrulans / pjúər-], **pu·ru·len·cy**[-lənsi] n. ⓤ **1** 화농(化膿)(성); 〖의학〗〖화농〗.
pu·ru·lent[pjú(ː)rulənt / pjúər-] adj. **1** 화농한, 고름이 나오는; 화농성의. **2** 고름(모양)의. ～**ly** adv.
pur·vey[pərvéi] vt. 〖식료품 따위〗를 공급하다, 납품하다 (supply, provide). ¶ (～+图/+图+젼+图) *purvey* food for an army 군대에 식료품을 납품하다 / *purvey* meat *to* customers 거래선에 고기를 공급하다. ― vi. 〖식료품 따위〗를 조달하다, 조달을 맡아보다(*for, to*…).
pur·vey·ance[pərvéiəns] n. ⓤ **1** 〖식료품〗조달, 공급. **2** 〖페어〗조달물, 식료품 (provisions). **3** 〖英史〗〖왕실의〗식량 징발권 (1660년에 폐지).
pur·vey·or[pərvéi(i)ər] n. **1** 〖식료품〗조달인; 주문 받아 요리를 대는 사람; 조달(납품)업자. **2** 〖英史〗식량 징발관.
pur·view[pə́ːrvjuː] n. **1** 〖활동·법령·문서의〗범위, 권한, 한계. ¶ beyond the *purview* of a legislative body 입법부의 권한을 넘어서 / within (outside) the *purview* of one's studies 연구의 범위 안(밖)에서. **2** 시계(視界); 이해 (理解) 범위. **3** 〖법률〗〖법령의〗조항, 본문.
pus[pʌs] n. ⓤ 고름.
Pu·sey·ism[pjúːziìz(ə)m] n. ⓤ 퓨지주의 [Tractarianism 의 별칭].
Pu·sey·ite[pjúːziàit] n. 퓨지주의자.
‡push[puʃ] vt. **1** …을 밀다, 찌르다(thrust), 밀어 움직이다, 밀어 젖히다, *opp*. draw, pull. ¶ *push* a wheelbarrow 손수레를 밀다 // (～+图+圕) *push aside* difficulties 곤란을 배제하다 / *push up* a window 창문을 밀어 올리다 / (～+图+젼+图) *push* a door open 문을 밀어 열다 / (～+图+젼+图) *push* a boat *into* the water 보트를 물에 밀어 넣다 / *push* a book *off* the table 책상에서 책을 밀어 떨어뜨리다.
〖類語〗*push* '밀다'라는 뜻의 가장 보편적인 말; *push* a button 단추를 누르다. *shove* 눌러서 지면·마루 위 따위를 미끄러지게 밀다; 난폭·성급·무례의 뜻이 있다: *shove*

PUSH

a sofa *against* the wall 소파를 벽에 꽉 밀어 붙이다. **thrust** 강한 힘으로 [때로는 폭력적으로] 찌르듯이 밀다; 칼 따위로 푹 찌르다: *thrust* a stick *into* the ground 막대기로 땅바닥을 푹 찌르다. **propel** 운동을 부여해서 나아가게 하다: a boat *propelled* by an oar 노로 전진하는 보트.

2 [손・발 따위]를 뻗다, [뿌리・싹 따위]를 내밀다. ¶ (~+国+ 圖) *push out* fresh shoots 새싹을 내밀다 // (~+国+ 圖+ 젋) *push* roots down *into* the ground 땅속에 뿌리를 뻗다 / *push* one's nose *into* another's affairs 남의 일에 참견하다.

3 [계획 따위]를 추진하다, [요구 따위]를 강력히 주장하다, 추구하다. ¶ *push* one's claims 요구를 강력히 주장하다 / Preparations are being *pushed* actively. 준비는 활발히 진척되고 있다.

4 [장사・행동 따위]를 확장하다 (extend), 발전시키다 (expand). ¶ *push* one's fortune 열심히 재산을 만들다 // (~+国+ 圖) *push* one's conquests still *farther* 더욱 멀리까지 정복해 나가다.

5 [남]을 뒷받침해 주다, 후원하다. ¶ (~+国+ 圖+ 젋) *push* a person *in* the world 남을 사회에 내보내기 위해 힘이 되어 주다.

6 [남]에게 강요하다, 억지로 …시키다 (impel, urge); [말]을 몰아대다, 혹사하다. ¶ (~+国+ to do) *push* a person *to* do a work 남을 일하라고 몰아세우다 // (~+国+ 圖+ 젋) *push* a person *to* the limits of his patience 인내의 한계점까지 남을 혹사하다.

7 [상품 따위]를 억지로 떠맡기다, 강권하다. ¶ *push* oneself 억지로 떠밀고 나서다 / The store is *pushing* dry goods. 그 상점에서는 피륙류를 가격 싸게 팔려 한다.

8 [남]에게 [지불 따위]를 재촉하다; [수동형] [남]을 쪼들리게 하다. ¶ be *pushed* for money 돈에 쪼들리다 / He *pushed* me *for* payment. 그는 내게 지불을 재촉했다.

9 [美 속어] [마약 따위]를 밀매하다.

10 [구어] [연령・수 따위가] …에 가깝다(be near to). ¶ She was *pushing* eighty. 그녀는 80세에 가까웠다.

11 [컴퓨터] 푸시하다 [데이터 항목을 「후(後)저장-선(先)해독」 리스트에 넣다].

— *vi.* **1** 밀다, 찌르다, 밀어 움직이다. ¶ (~+ 젋+ 圖) Don't *push against* me. 내게 기대지 마세요 / Don't *push at* the back. 뒤에서 밀지 마세요. **2** 밀고 나아가다, 돌진하다. ¶ (~+ 젋+ 圖) *push* to the front 앞으로 밀고 나아가다; 입신 출세하다. **3** 노력하다, 열심히 하다. **4** 뛰어나오다, 돌출하다; [싹 따위가], [뿌리가] 뻗다. ¶ (~+ 圖) The cape *pushes out* into the sea. 곶이 바다로 돌출해 있다. **5** 밀면 움직이다. ¶ a window that *pushes* easily 밀면 쉽사리 열리는 창문.

push around [구어] [남]에게 쌀쌀하게 [매정하게] 대하다.

push in 밀고 들어가다, 끼어들다; [배가] 기슭에 다가가다.

push one's luck ⇨ LUCK.

push off ① …을 밀어내다. ② [배가] 기슭을 떠나다. ③ [구어] 떠나다, 돌아가다(go away), 출발하다. ¶ It's getting late. We'd better *push off*. 이제 늦었으니 슬슬 떠나기로 합시다.

push on 계속해서 나아가다(continue advancing) (*on 은 *adv.*). ¶ *push on* with a plan 계획을 계속 추진하다 / He *pushed on* along the street. 그는 거리를 계속 나아갔다.

push ... ***on to*** [구어] …을 [남]에게 떠맡기다. ¶ All the unpleasant jobs were *pushed on to* me. 재미없는 일은 모두 내게 떠맡겨졌다.

push over [구어] 을 밀어 넘어뜨리다, 뒤집어엎다.

push through ① …에게 억지로 결말 나게 하다, …을 끝내다 하다. ¶ *push* a matter *through* 일을 끝내기로 하다. ② (*vi.*) [싹 따위가] 트다, 나타나다. ¶ Buds are just *pushing through*. 꽃봉오리가 나오기 시작하고

있다.

— *n.* **1** 밀기, 찌르기, 한번 밀기(찌르기). ¶ at one *push* 한 번 밀어서; 단숨에 / give a door a *push*; give a *push* at a door 문을 밀다. **2** 분투, 분발, 노력, 정력. ¶ make a *push* 분투하다. **3** 밀고 나아가기, 돌진; [군대] 대공격. ¶ make a *push* 돌진하다; 대공격하다. **4** 위기(emergency), 절박, 궁지. ¶ at a *push* 만일의 경우 / come to the *push* 궁지에 빠지다. **5** U C [구어] 밀어붙이는 뱃심, 적극성, 진취의 기상. ¶ a man of *push* and go 뱃심좋게 밀어붙이는 사람, 억척스러운 사람 / He has a *push*. 그는 추진력이 있다. **6** 추천, 후원. **7** [구어] 군중 (crowd); [도둑・불량배 따위의] 일파, 갱; [일반적으로] 동료. ¶ the literary *push* 문인 동료. **8** 누름단추 (push button). **9** 《美 속어》 집장, 인부 우두머리, [the ~] 《英 속어》 해고 (dismissal). ¶ get the *push* 해고되다 / give a person the *push* 남을 해고하다. **11** [당구] 공을 밀기; [야구・골프] 경타 (輕 打).

◇ *pushy adj.*

PUSH [略] People United to Serve Humanity (인권에 봉사하기 위한 미국의 흑인단체).

push·ball [púʃbɔ̀:l] *n.* U 푸시볼 [두 팀이 직경 6 피트 정도의 큰 공을 상대편 골을 향해 밀고가는 구기]; C 그 놀이에 쓰이는 공. [여 페달을 밟는] 자전거.

push·bike [púʃbàik] *n.* 《英 속어》 [motorbike 에 대하

púsh bùtton *n.* 누름단추.

push·but·ton [púʃbʌ̀tn] *adj.* 누름단추식의. ¶ *push-button* tuning [라디오 따위의] 누름단추식 동조(同調) [단추를 누르면 일정한 방송국으로 동조되는 방식] / a *push-button* war 누름단추식 전쟁 [유도탄・무인 비행기 따위에 의한 자동화된 전쟁]. [차.

púsh càr *n.* [철도에서 사용하는] 손으로 미는 4 륜

push·card [púʃkɑ̀:rd] *n.* = punchboard.

push·cart [púʃkɑ̀:rt] *n.* **1** 《美》 [행상인 등이 사용하는] 네바퀴 손수레. **2** 《英》 유모차 (go-cart).

push·chair [púʃtʃɛ̀ər] *n.* 《英》 접는 식 유모차.

push·down [púʃdàun] *n.* **1** [컴퓨터] 푸시다운 [가장 나중에 기억된 정보가 가장 먼저 검색되도록 된 기억 체계]. **2** [항공] 감강으로.

push·er [púʃər] *n.* **1** 미는 사람(것). **2** 뱃심좋은 사람 (외판원). **3** 뒤에서 미는 사람, 뒤에서 미는 기관차. **4** 추진식 비행기 [프로펠러가 기체 뒤에 있다] (pusher airplane). **5** 《美 속어》 마약 밀매인.

push·ful [púʃfəl] *adj.* 적극적인, 진취의 기상이 강한 (enterprising): 주제넘게 나서는, 뱃심이 좋은.

púsh-in crìme(jòb) *n.* [美 속어] 집안에 사람이 있는데 들어닥치는 강도 [문을 열자마자 닫친다].

push·ing [púʃiŋ] *adj.* **1** 미는, 찌르는. **2** 진취적인, 의욕적인 (enterprising), 정력적인 (energetic). **3** 뱃심이 좋은, 수완좋은; 주제넘게 나서는 (officious). ~·ly *adv.* ~·ness *n.*

push·mo·bile [púʃmo(u)bìːl] *n.* 《美》 [어린 아이가 밀고 노는] 장난감 자동차.

push·out [púʃàut] *n.* [美구어] 학교에서 쫓겨난 학생.

push·o·ver [púʃòuvər] *n.* **1** 《美 속어》 쉽게 할 수 있는 일, 누워서 떡먹기식의 일. **2** 《美 속어》 [시합 따위에서] 다루기 쉬운 상대, 봉; 잘 속는 사람. **3** [항공] 급강하 (push-down).

push·pin [púʃpìn] *n.* **1** 푸시핀 [핀을 튀겨서 상대편의 핀을 맞히게 하는 아이들 놀이의 일종]. **2** 압핀.

push·pull [púʃpúl] *n.* U [전기] 푸시풀 방식.

— *adj.* 푸시풀 방식의. ¶ a *push-pull* amplifier 푸시풀 증폭기.

Push·to, Push·tu [páʃtu:] *n.* U 아프가니스탄어 [이란어계(語系)의 언어].

push·up [púʃʌ̀p] *n.* [체조의] 엎드려 팔굽혀펴기.

push·y [púʃi] *adj.* (**push·i·er, push·i·est**) 《美구어》 주제넘게 나서는, 자신만만한, 뱃심이 좋은 (pushing). **-i·ness** *n.*

pu·sil·la·nim·i·ty [pjùːsilənímiti] *n.* U 무기력, 겁

이 많음(timidity), 우유 부단(cowardliness).
pu·sil·lan·i·mous [pjùːsilǽniməs] *adj.* 마음이 약한, 겁이 많은, 소심한(cowardly); 무기력한. **~·ly** *adv.*
puss[1] [pus] *n.* **1** 고양이 [특히 부를 때 쓰는] (cat). **2** 《英》 산토끼(hare). **3** 〖애칭으로〗 또는 비난하는 뜻을 담아〗 계집애, 소녀. ¶ a sly *puss* 장난꾸러기 계집애.
puss in the corner 구석잡기 놀이.
puss[2] [pus] *n.* 《속어로》 **1** 얼굴(face). **2** 입(mouth).
púss mòth *n.* 〖유럽산(產)의〗 큰 나방의 일종.
puss·y[1] [púsi] *n.* (*pl.* **puss·ies**) **1** 〖어린이말〗 고양이 (pussycat). **2** 털이 있는 부드러운 것[버들개지 따위]. **3** 《卑語》 여성의 음부; 성교.
pus·sy[2] [púsi] *adj.* 《의학》고름이 있는, 고름 같은.
puss·y·cat [púsikæ̀t] *n.* 〖어린이말〗 고양이(cat, puss).
puss·y·foot [púsifùt] *vi.* 《美구어》 **1** 살금살금 걷다. **2** 기회주의적인 태도를 취하다. ── *n.* (*pl.* **-foots**) (or P-) 〖주로 英〗 금주주의자(prohibitionist).
puss·y·foot·er [púsifùtər] *n.* 《美구어》 기회주의자.
pússy wíllow [púsi-] *n.* 〖미국산(產)의〗 갯버들의 일종.
pus·tu·lant [pʌ́stʃulənt / -tju-] *adj.* 농포(膿疱)가 생기는. ── *n.* 화농제(化膿劑).
pus·tu·lar [pʌ́stʃulər / -tju-] *adj.* 농포의; 농포성의.
pus·tu·late [pʌ́stʃulèit / -tju-] *vt., vi.* (**-lat·ed, -lat·ing**) 농포가 생기게 하다(생기다). ── *adj.* 농포가 생긴. ── [-lət] *adj.* 〖의〗 농포 형성.
pus·tu·la·tion [pʌ̀stʃuléiʃ(ə)n / -tju-] *n.* Ⓤ 농포가 생김.
pus·tule [pʌ́stʃuːl / -tjuːl] *n.* **1** 농포(膿疱). **2** 〖동식물의〗 작은 돌기; 부스럼, 사마귀(wart).
pus·tu·lous [pʌ́stʃuləs / -tju-] *adj.* 농포의(pustular); 농포투성이의.

‡**put**[1] [put] *v.* (**put, put·ting**) *vt.* **1** 〖어떤 장소에〗 …을 놓다, 두다, 얹다, 넣다(place, set, lay). ¶ (~+目+前+名) *put* one's hand *in* one's pocket 호주머니에 손을 넣다 / *put* the formula *in* one's head 그 공식을 머리에 넣다 / *put* a box *on* the shelf 상자를 선반에 얹다 / *put* a kettle *on* a fire 주전자를 불에 올려놓다 / *put* chairs *around* the table 책상 둘레에 의자를 놓다 / She *put* her hand *on* her forehead. 그녀는 이마에 손을 댔다 // (~+目+副) *Put* your pencils *down*. 연필을 내려놓으라.
類語 *put* 「놓다」라는 뜻의 가장 일반적인 말. *place* 정확히 의도된 장소에 놓는 것을 암시하는 약간 딱딱한 말: *place* a bust in the lobby 로비에 흉상(胸像)을 놓다. *lay* 〖보통 가로 눕혀〗 편안한 자세로 놓다: *lay* a pen on the desk 펜을 책상에 놓다. *set* 어떤 장소 또는 위치에 〖보통 세워놓듯이〗 놓다: *set* a vase on the table 꽃병을 책상 위에 놓다.
2 〖어떤 방향으로〗 …을 돌리다, 가지고 가다, 가까이 가져가다, 대다. ¶ (~+目+前+名) *put* one's horse *to* (or *at*) a fence 〖뛰어넘게 하려고〗 말을 울타리 쪽으로 향하게 하다 / *put* a person *across* a river 남을 강 건너편으로 건네주다 / *put* one's lips *to* a person's ear 입을 남의 귀에 가져가다 / *put* one's eyes *to* a microscope 눈을 현미경에 대다 / *put* a glass *to* one's lips 컵에 입을 대다.
3 〖어떤 것에〗 …을 붙이다, 곁들이다, 더하다, 붓다; …에 서명하다. ¶ (~+目+前+名) *put* a horse *to* a cart 말을 수레에 매다 / *put* sugar *in* one's tea 홍차에 설탕을 넣다 / *put* one's mind *to* a problem 문제에 주목하다 / *put* new life *into* a person 남에게 활기를 불어넣다 / *put* an end *to* …을 끝내다 / *put* one's name *to* a document 서류에 서명하다.
4 〖어떤 상태로〗 …을 놓다, 하다, 하게 하다(impel, force). ¶ (~+目+前+名) *put* a room *in* order 방을 깨끗이 정돈하다 / *put* a person *on* (*off*) his guard 남을 경계(방심)하게 하다 / *put* a person *at* ease (*to* shame) 남을 편안하게 하다(욕보게 하다) / *put* a

proposal *into* shape 제안을 실행하다 / *put* a person *in* fear (*in* an unpleasant position) 남을 두려워하게 하다 (불쾌하게 하다) / *put* a person *out of* conceit with … 에 대해서 …을 싫어지게 하다[떨어지게 하다] / *put* an enemy *to* rout 적을 패주시키다 / *put* a play *on* the stage 희곡을 상연하다 // (~+目+副) *put* a thing *upside down* 물건을 거꾸로 놓다 / (~+目+補) These mistakes can be *put* right. 이런 잘못은 정정할 수 있다.
5 〖남의 보호·관리하 등에〗 …을 두다, 맡기다. ¶ (~+目+前+名) *put* oneself *under* a doctor's care 의사의 치료를 받다 / *put* a child *to* school (*to* bed) 아이를 학교에 보내다(재게 하다) / *put* a boy out *in* service 소년을 고용살이에 내 보내다 / *put* one's trust *in* God 하나님을 믿다.
6 〖남에게〗 〖고통·시련·인내 따위를〗 받게 하다(subject); 〖남〗을 …에 빠뜨리다 (...*to*). ¶ (~+目+前+名) *put* oneself *to* task 일을 시작하다 / *put* a person *to* torture 남을 고문하다 / *put* a person *to* death (hard labor) 남을 처형하다(중노동에 종사시키다) / *put* a person *to* embarrassment 남을 당황하게 하다 / I *put* her *to* setting the table. 그녀에게 책상을 정돈시켰다.
7 〖일·책임·세금 따위〗를 지우다(impose), 할당하다, 부과하다; …에 죄를 씌우다, …을 책임지게 하다 (...*on, upon*), 〖원인·이유 따위〗를 …의 탓으로 하다 (assign). ¶ (~+目+前+名) *put* a heavy tax *on* luxury goods 사치품에 중세를 과하다 / They *put* all the blame *on* me. 그들은 그 책임을 모두 내게 돌렸다 / Every insult was *put on* him. 그는 온갖 모욕을 다 당했다.
8 …을 어떤 위치에 두다; 어림잡다 (...*at*); 평가하다 (... *on*). ¶ (~+目+前+名) *put* Wordsworth *above* Byron as a poet 시인으로서 워즈워스를 바이런보다 높이 평가하다 / He *put* no value *on* my advice. 그는 내 충고를 무시했다 / I *put* our damage *at* $7,000. 손해액을 7천 달러로 어림잡다 / I *put* the distance *at* six miles. 나는 그 거리를 6마일로 어림잡고 있다.
9 〖문제·질문 등〗을 내다; …을 제안하다(propose), 제언하다(suggest). ¶ (~+目+前+名) *put* the question *before* the committee 위원회에 그 문제를 제안하다 / *put* it *to* a person that... 남에게 …을 묻다.
10 …을 쓰다, 기록하다; …을 진술하다(state), 표현하다(express), 설명하다; …을 번역하다 (...*in, into*). ¶ (~+目+前+名) *put* a thing *in* writing 일을 글로 나타내다 / *put* something *on* paper 어떤 일을 종이에 쓰다 / *put* one's ideas *into* words 사상을 말로 나타내다 / *put* English *into* Korean 영어를 한국어로 옮기다 / Let me *put* it *in* another way. 달리 표현하여 봅시다 / I put one's proposal awkwardly 〖머뭇머뭇〗 조심스럽게 계획을 말하다 / I don't know how to *put* it. 그것을 어떻게 표현하면 좋을지 모르겠다.
11 …을 적용하다(apply), 쓰다, 사용하다; …에 투자하다(invest); …을 걸다(bet). ¶ (~+目+前+名) *put* one's money *into* land 토지에 출자하다 / *put* money *on* a horse 말에 돈을 걸다.
12 〖특히 돌을 어깨까지 올려〗 …을 던지다(throw). ¶ *put* the shot 포환던지기를 하다.
── *vi.* 《보통 전치사구·부사를 수반한다》 **1** 가다, 움직이다, 향하다, 나아가다(proceed), 〖배가〗 진로를 …으로 잡다. ¶ (~+副) *put away* from the shore 〖배 따위가〗 육지를 떠나다 / *put* in to harbor 입항하다 / The river *puts* into a lake. 그 강은 호수로 흘러 든다. **2** 〖주로 방언〗 〖식물이〗 싹이 트다(shoot out) (*out*). **3** 《美구어》 급히 떠나다, 출발하다 (start out). ¶ (~+前+名) *put for* home 서둘러 집으로 돌아가다.
put about ① 〖배〗의 방향을 바꾸다; (*vi.*) 〖배〗 방향을 바꾸다. ② …을 공표하다, 〖소문 따위〗를 퍼뜨리다. ¶ *put about* a rumor (an idea) 소문〖생각〗을 퍼뜨리다. ③ 〖주로 스코〗 (보통 재귀용법 또는 수동용법으로) …을 걱정시키다, 당혹하게 하다, 슬프게 하다(distress).

¶ He was *put about* by the report of his father's death. 아버지의 사망 소식을 받고 그는 비탄에 잠겼다.
put across 《구어》 ① …을 잘 해내다. ② 〔나쁜 짓을〕 하다, …을 범하다(perpetrate), …을 속이다. ¶ *put across* a fraud *on* a person 남에게 사기를 치다. ③ …을 이해시키다, 받아들이게 하다. ¶ She *put* herself *across* well. 그녀는 자기 일을 잘 이해시켰다.
put aside ① …을 한쪽으로 치우다(put away); 제거하다. ¶ *put* toys *aside* 장난감을 치우다. ② 〔후일을 위해〕 …을 저축하다(save), …을 돌리다. ¶ *put* money *aside* 돈을 저축하다. ③ …을 포기하다, 그만두다.
put away ① …을 치우다, 간수하다. ② …을 저축하다 (save). ¶ *put away* a good deal of money 많은 돈을 저축하다. ③ 포기하다, 버리다(discard). ¶ *put away* the idea of … 생각을 버리다. ④ 〔고어〕 …와 이혼하다(divorce). ⑤ 〔구어〕 …을 먹다, 먹어치우다. ⑥ 〔감옥·정신 병원에〕 …을 집어넣다, 쫓아내다. ⑦ 〔속어〕 …을 죽이다(kill); 〔남〕을 매장하다(bury). ⑧ 〔속어〕 …을 저당잡히다(pawn).
put back ① …을 되돌려주다, 되돌려 놓다(replace), 〔시계의 바늘을〕 되돌리다. ¶ *put back* a book on the shelf 책을 책장에 도로 갖다 놓다. ② …을 방해하다, 거절하다(refuse). ③ 《미》 유급(낙제)시키다.
put by …을 저축하다, 따로 떼어 두다(save). ② 〔문제〕를 둘러대어 피하다(evade), 받아넘기다, 〔남〕을 피하다(avert).
put down ① …을 내려놓다. ⇨ *vt*. 1. ② …을 진압하다, 억누르다, …을 멈추게 하다(stop). ¶ *put down* a riot 폭동을 진압하다. ③ …을 제지시키다, 침묵시키다, 꼼짝 못하게 하다(repress). ¶ *put* a heckler *down* 야유를 제지하다. ④ 〔계급·지위〕를 뺏다, 좌천시키다(degrade); 〔권위 따위〕를 약화시키다. ¶ *put down* power 권력을 박탈하다. ⑤ 〔물가 따위〕를 내리다(lower); …을 삭감하다(cut down). ⑥ …을 적어두다(write down); 〔특히 예약 신청자로서〕 이름을 적어놓다. 앞으로 달아놓다(…*to*). ¶ *Put* me *down* for $50. 내 몫으로 50달러 적어 두세요〔기부 등의〕 / *Put down* the wine *to* me. 술값은 내 앞으로 달아놓게. ⑦ …으로 간주하다, 생각하다, 어림잡다(estimate) (…*as, for*). ¶ *put* a person *down as* mad 남을 미치광이로 보다. ⑧ …으로 돌아가다, …의 탓으로 하다(attribute) (…*to*). ¶ *put down* one's failure *to* illness 실패를 병 탓으로 돌리다. ⑨ (*vi*.) 〔비행기가〕 착륙하다. ⑩ 〔속어〕 …을 헐뜯다, 비난하다(헐뜯다), 해치우다. ⑪ 《영》 〔동물〕 을 고통을 주지 않고 죽이다.
put forth ① …을 내밀다; 〔잎·싹〕을 내다(shoot); 〔빛 따위〕를 발하다. ② …을 공개하다, 발행하다(publish). ③ 〔힘·지력 (知力)〕을 다하다, 발휘하다(exert), 〔소리〕를 지르다. ¶ *put forth* every effort 모든 노력을 기울이다. ④ …을 제의하다(propose), 제시하다. ⑤ (*vi*.) 〔바다로〕 나가다; 출범하다(embark). ¶ *put forth to* (or *upon*) *sea* 바다로 나가다.
put forward ① 〔시계 바늘 따위〕를 앞으로 돌리다. ¶ *put* the hands of a clock *forward* by 3 minutes 시계 바늘을 3분 앞으로 돌리다. ② …을 제언하다, 제안하다(propose, suggest); 〔어떤 지위에〕 …을 밀다, 추천하다. ¶ *put forward* a new theory 새 학설을 내놓다. ③ …을 두드러지게 하다, 남의 눈에 띄게 하다. ¶ *put* oneself *forward* 주제넘게 나서다.
put in ① …을 취임시키다, 임명하다. ¶ They *put* him *in* for the chair. 그들은 그를 의장으로 선출했다. ② 〔타격 따위〕를 가하다; 〔말 따위〕를 끼워넣다 (interpose). ¶ *put in* a word for a friend 친구를 위해서 한마디 변호해주다. ④ 〔요구·서류 따위〕를 제출하다(submit). ¶ *put in* a claim for damages 손해 배상을 청구하다. ⑤ 〔구어〕 〔시간〕을 보내다. ¶ They *put in* the summer at a resort. 그들은 피서지에서 여름을 보냈다. ⑥ …을 심다(plant), 〔씨 따위〕를 뿌리다. ⑦ (*vi*.) 〔항해〕 〔배가 보급 등을 위해서〕 입항하다, 들르다.
put in for …을 신청하다, 지원하다. 〔르다.
put it across a person 《속어》 〔남〕을 속이다, 꼭지지
put it on (*vi*.) 《속어》 터무니없는 값을 부르다, 바가지 씌우다; 〔감정을〕 과장하다(exaggerate).
put it (or *something*) *over on* 《미구어》 〔남〕을 속이다. ¶ He tried to *put* something *over on* me. 그는 나를 속이려고 했다.
Put it there! 《미속어》 ① 악수합시다!, 화해합시다! ② 아무데나 걸터 앉아!; 아무데나 놓아 두어! (*Put it anywhere*.)
put off *vt*. ① …을 연기하다, 늦추다(postpone); 〔남〕을 기다리게 하다. ¶ *Never put off till tomorrow what you can do today*. 《속담》 오늘 할 수 있는 일을 내일로 미루지 마라. ② …을 벗기다, 버리다(take off); 〔옷 따위〕를 벗다. ③ 〔가짜〕를 떠맡기다; …을 유포시키다 (…*on, upon*). ¶ *put off* bad money *on* the public 악화(惡貨)를 유통시키다. ④ 〔핑계를 대어〕 〔사람·요구 등〕을 피하다, 발뺌하다 (…*with*). ⑤ …을 방해하다 (…*from*), …하지 않도록 하다; …의 기력을 꺾어 놓다(discourage); 〔남〕을 난처하게 만들다, 불쾌하게 만들다. ⑥ 〔배〕를 내다. (*vi*.) 〔배가〕 유지를 떠나다; 출발하다.
put on ① 〔옷·모자·안경 따위〕를 몸에 걸치다. ② …을 가장하다, …인 체하다. ¶ *put on* a serious look 진지한 체하다 / *put on airs* 거드름 피우다 / *put on* one's best face *on* 되도록 기분이 좋은 듯이 꾸미다. ③ …을 일하게 하다; 〔일 등에서〕 …을 임명하다; 〔임시 열차〕를 운전하다(operate), …을 상연하다. ⑤ …을 늘리다(add). ¶ *put on* weight 체중이 늘다. ⑥ 〔경기에서〕 〔점수〕를 따다. ¶ *put on* 100 runs 〔크리켓에서〕 100점을 따다. ⑦ 〔시계 따위〕를 앞으로 돌리다. ⑧ 《미속어》 〔남〕을 감쪽같이 속이다.
put a person **on** to 《미구어》 …을 남에게 살짝 알리다 (소개하다), …에 남의 주의를 돌리다.
put out ① …을 내쫓다; 해고하다(dismiss). ② 〔손 따위〕를 내밀다(stretch). ③ 〔뿔·싹 따위〕를 내다. ④ 〔힘·지력 (知力) 따위〕를 내다(exert), 발휘하다. ¶ *put out* all one's strength 온갖 힘을 발휘하다. ⑤ 〔관절〕을 빼다. ⑥ 〔불 따위〕를 끄다(extinguish). ¶ *Put out* the light now. 불을 당장 꺼라. ⑦ 〔원래의 장소에서 다른 곳으로〕 …을 옮기다, 밖으로 내놓다. ⑧ …을 *put out* a horse to graze 말을 방목하다. ⑨ …을 들여내다, 생산하다, 출판하다. ⑨ …을 대출하다, 투자하다. ⑩ …을 당황하게 하다, 난처하게 만들다, 폐를 끼치다. ¶ Noise always *puts* a person *out*. 소음에는 누구나 시달린다. ⑪ …을 화나게 하다. ⑫ 〔야구·크리켓〕 〔타자·주자〕를 아웃시키다. ⑬ (*vi*.) 〔배 따위〕가 출범하다, 떠나다. 〔다, 특별히 애쓰다.
put oneself out 〔남에게 도움을 주기 위해〕 무리를 하
put over ① …을 성취하다. ② …에 호평을 받게 하다, …을 성공시키다; 〔청중〕에게 자기의 인상을 심다. ¶ *put* oneself *over* 인기를 얻다. ② …을 연기하다
put paid *to* ⇨ PAID. (postpone).
put something over on =*put it over on*.
put through ① …을 성취하다. ¶ *put through* a business deal 상담을 성사시키다. ② …을 받게 하다. ¶ *put* a witness *through* a stiff cross-examination 증인에게 심한 반대 심문을 받게 하다 / *put* a person *through* it 《영》 남을 혼내주다. ③ 〔전화에서〕 …을 연결하다 (…*to*). ¶ Please *put* me *through to* the office. 사무소로 연결해 주십시오.
put to it 〔수동형으로〕 …을 괴롭히다, 난처하게 하다 (distress). ¶ He was hard *put to it* to decide whether to stay there. 그는 거기서 체류할 것인지 어떤지를 결정하기가 아주 어려웠다.
put together ① 〔부분·요소〕를 모으다, 짜맞추다, 구성하다. ② …을 종합하다, 합계하다; 편집하다. ③ …을 결혼시키다.

put up ① …을 올리다, (돛 따위를) 올리다. ¶ *put up* a flag(notice) 기를 올리다(게시를 내걸다). ② (집 따위)를 짓다. ③ (기도 따위)를 드리다; (청원)을 제출하다; (결혼 예고(banns))를 발표하다. ④ (연극 따위를) 상연하다; …을 보이다(show); …을 하다(do). ¶ *put up* a good fight 선전(善戰)하다. ⑤ …을 숙박시키다, (vi.) 숙박하다(at…). ¶ *put* a person *up* for a weekend 주말에 남을 숙박시키다 / *put up* at an inn (with one's aunt) 여관(숙모댁)에 묵다. ⑥ …을 입후보자로 내세우다(nominate); …에 추천하다; (vi.) 입후보하다. ¶ We *put* him *up* for the class monitor. 우리는 그를 반의 위원으로 추천했다 / He *put up* for London at the General Election. 그는 총선거에 런던에서 입후보했다. ⑦ (남)을 기수(騎手)로 내세우다. ⑧ (짐승 따위)를 몰아내다. ⑨ …을 팔려고 내놓다. ¶ *put up* all the furniture *to* (or *for*) auction 가구를 전부 경매에 붙이다. ⑩ (가격 따위)를 올리다(raise). ¶ *put up* a rent by 1 dollar a week 1주에 1달러씩 집세를 올리다. ⑪ (약 따위)를 조제하다(prepare). ⑫ (소금·설탕 따위로 절이어) …을 저장하다; (상품)을 포장하다(pack), 통조림으로 만들다(can). ¶ Ants *put up* food for winter. 겨울에 대비해서 개미는 먹을 것을 저장한다. ⑬ (칼)을 칼집에 넣다(sheathe). ¶ *Put up* your sword. 칼을 칼집에 넣어라. ⑭ (크리켓에서) (공)을 쳐올리다. ⑮ (돈)을 지불하다; (돈)을 변통해 주다; 값을 미리 치르다; (가불(선불))을 해주다; (돈)을 걸다(stake). ¶ *put up* one's share 자기 몫을 지불하다. ⑯ (구어) …을 남몰래 계획하다, (사기)를 꾸미다.
put a person up to ① (남)을 부추기다, …시키다. ② (남)에게 …을 알리다, 가르치다. ¶ *put* a new clerk *up to* his duties 새로 온 서기에게 일을 가르치다.
put up with …을 참다, 참고 견디다(endure). ¶ I cannot *put up with* this headache. 이 두통은 참을 수 없다.
put upon 《보통 수동형으로》 …을 속이다. ¶ I will not be *put upon*. 절대로 속지 않겠다.
— *n.* 1 (포환 따위의) 던지기(throw); ⓤ 던진 거리. 2 밀기, 떠밀기, 찌르기(thrust). 3 (상업) (선택) 특권부(特權附) 판매.
— *adj.* (구어) 정착하여, 침착하게(* 주로 stay put로 쓴다). ¶ He won't stay *put*. 그는 안정을 못한다.
put² [pʌt] *vt., vi.* (**put, put-ted, put-ting**) = putt.
pu-ta-men [pjuːtéimən] *n.* (*pl.* -**tam-i-na** [-tæminə]) 1 (식물) (매실·복숭아 등의) 내과피(內果皮), 핵(核). 2 (동물의) 난각(卵殼) 껍질 (경막(硬膜)).
pu-ta-tive [pjúːtətiv] *adj.* 추정되고 있는, 상상된(supposed), 소문에 들리는, 세평에는 …로 되어 있는(reputed). ~**ly** *adv.*
put-down [pútdaun] *n.* (미속어) (말로) 납작하게 만들기; 대갚음하는 말; 혈뜯기, 비방.
put-lock [pútlɑk / -lɔk], (**put-log** [pútlɔːg, pátlɔg]) *n.* (건축) 가로장, 장나무, 비계의 장나무.
put-off [pútɔːf / -ɔf] *n.* 핑계(evasion); 변명(excuse); 연기(postponement).
put-on [pútɑn / -ɔn] → *n.* 1 *adj.* 가장한, 거짓의, 겉으로만의(disguised). — *n.* [pútɑn / -ɔn] (속어) 감쪽같이 속이기.
put-out [pútaut] *n.* (야구) 터치 아웃시키기.
put-put [pátpát, -´-´] *n.* 1 (엔진의) 통통거리는 소리. 2 (구어) (배 따위의) 작은 엔진, 통통배.
pu-tre-fac-tion [pjùːtrifǽkʃ(ə)n] *n.* ⓤ 부패(작용)(corruption); ⓒ 부패물.
pu-tre-fac-tive [pjùːtrifǽktiv] *adj.* 부패한, 부패하기 쉬운; 부패시키는.
pu-tre-fy [pjúːtrifài] *v.* (**-fied, -fy-ing**) *vt.* …을 부패시키다, 화농시키다. — *vi.* 부패하다, 화농하다, 곪다.
pu-tres-cence [pjuːtrésns] *n.* ⓤ 썩어 들어가는 상태, 부패, 타락. 2 부패물.
pu-tres-cent [pjuːtrésnt] *adj.* 부패하는, 썩기 시작하는.
pu-tres-ci-ble [pjuːtrésibl] *adj.* 썩기 쉬운. — *n.* 썩기 쉬운 물건.
pu-trid [pjúːtrid] *adj.* 1 썩은, 부패한(rotten); 냄새가 나는. 2 (도덕적으로) 타락한(morally corrupt), 부패한. 3 (구어) 보기 싫은, 불쾌한. ¶ *putrid* manners 불쾌한 태도. ~**ly** *adv.* ~**ness** *n.*
pútrid féver *n.* (병리) 발진 티푸스(typhus).
pu-trid-i-ty [pjuːtríditi] *n.* (*pl.* **-ties**) ⓤ 1 부패; ⓒ 부패물. 2 타락.
Putsch [putʃ] (독일) (=push) *n.* (정치적인) 반란, 폭동.
putt [pʌt] *vt., vi.* (골프) 퍼트하다 (공을 가볍게 쳐서 구멍에 넣기). — *n.* 가볍게 치기, 퍼트.
put-tee [pʌtíː, -´-] *n.* (병사·승마자 등이 착용하는) 감는 각반, 가죽 각반.
put-ter¹ [pʌ́tər] *v.* 1 꾸무럭거리며 일하다. 2 어슬렁거리다(loiter) (*about, around…*). ¶ *putter about* a lobby 로비를 어슬렁거리다. — *vt.* (시간)을 허비하다 (*…away*).
put-ter² [pʌ́tər] *n.* (골프) 퍼트하는 사람, 퍼트용 골프채.
put-ter³ [pʌ́tər] *n.* 1 놓는 사람. 2 (광산) 운반부.
put-tie [pʌ́ti] *n.* =puttee.
put-ti-er [pʌ́tiər] *n.* 퍼티(putty)를 다루는 사람; 유리장수, 유리 끼우는 사람(glazier).
pútting gréen [pʌ́tiŋ-] *n.* (골프) (hole 주변의 잔디가 깔린) 퍼트 구역, 그린.
put-to [púːtou] *n.* (*pl.* **-ti** [-tiː]) (미술) 푸토(르네상스기(期) 그림·조각에서 큐피드처럼 토실토실하고 예쁜 어린아이의 나체상).
put-too [pátou] *n.* (인도의) 캐시미어 직물의 일종.
putt-putt [pʌ́tpʌt] *n.* =put-put.
put-ty¹ [pʌ́ti] *n.* ⓤ 1 퍼티 (창문 유리 따위의 접합제). ¶ *glazier's putty* 유리창에 쓰이는 퍼티; *painter's putty* 도장(塗裝) 공사용 퍼티. 2 퍼티 가루(putty powder). ¶ *jeweler's putty* (유리·금속을 닦는) 퍼티 가루. — *vt.* (-**tied, -ty-ing**) …을 퍼티로 접착하다(에 메우다).
put-ty² [pʌ́ti] *n.* (*pl.* **-ties**) =puttee.
pútty knìfe *n.* 퍼티용 나이프.
pútty médal *n.* 사소한 노력에 알맞는 보수.
pútty pówder *n.* ⓤ 퍼티 가루 (유리·금속 따위 단단한 물질을 닦는 데 쓴다).
put-up [pútʌp] *adj.* (구어) 미리 짜고 하는, 야바위의.
put-up-on [pútəpɑn / -ɔn] *adj.* 학대받은; 속은, 이용당한. ¶ a *put-upon* girl 속아넘어가는 소녀.
puz-zle [pʌ́zl] *n.* 1 알아맞히기 놀이, 수수께끼 놀이(riddle), 퍼즐. ¶ a *puzzle* ring 지혜의 고리. 2 난문(難問)(difficult question); 처치 곤란한 물건(일), 골칫거리.
類語 *puzzle* 사람의 해결 능력을 시험하는 (종종 만들어진) 문제: a crossword *puzzle* 크로스워드 퍼즐. **riddle** 역설적의 또는 모순되는 말을 해서 일부러 뜻을 모호하게 하여, 답을 추측해 내도록 하는 것: the *riddle* of the Sphinx 스핑크스의 수수께끼. **mystery** 인간의 이성으로 풀 수 없는 신비; 원인·성질 따위가 근본적으로 비밀로 되어 이해할 수 없는 일: the *mystery* of life 생명의 신비. **enigma** 숨겨진 또는 애매한 뜻으로 해서 추측할 수밖에 없는 것: The painting is an *enigma*. 그 그림은 무엇을 그린 것인지 수수께끼다.
3 (a~) 당혹, 곤혹(perplexity, bewilderment). ¶ be in a *puzzle* 당혹하고 있다, 어찌할 바 모르고 있다.
— *v.* (**-zled, -zling**) *vt.* 1 …을 갈피를 못잡게 하다, 당황(곤혹)하게 하다(perplex); …을 혼란시키다(confuse) (*…with*). ⇒EMBARRASS 類語 (* 수동형은 very 나 quite 로 수식되어 형용사처럼 취급된다). ¶ be very *puzzled* 전혀 어찌할 바를 모르다 / My friend's behavior *puzzles* me. 친구의 행동이 내게는 납득이 가지 않는다 // (~ + 目 + wh. to do) I'm *puzzled* what to do. =It *puzzles* me what to do. 어쩌면 좋을지 모르겠다 / I was *puzzled* which subject to choose. 나는 어느 학과를 선택하면 좋

을지 갈피를 못잡았다. **2** [마음·머리 따위]를 썩이다. ¶ (~+目+前+名) *puzzle* one's mind (or brains) *over* (or *about*) the solution of a problem 문제를 해결하는 데 마음을 썩이다(머리를 짜다). **3** …을 생각해 내다(think out), 판단하다 (...*out*). ¶ (~+目+副) *puzzle out* a truth 진리를 발견하다. — *vi.* 어찌할 바를 모르다, 당황하다, 손들다(*about, over*...).

puz·zle·dom [pázldəm] *n.* U 당황, 곤경 (puzzlement).
puz·zle·head·ed [pázlhédid] *adj.* 머리가 혼란된; 머리가 나쁜.
puz·zle·ment [pázlmənt] *n.* **1** U 당황, 곤혹 (perplexity). **2** 난문(難問), 골칫거리, 수수께끼(puzzle).
puz·zler [pázlər] *n.* 1 어리둥절케 하는 사람(것). **2** 난문제.
puz·zling [pázliŋ] *adj.* 어찌할 바를 모르게 하는, 곤혹케 하는; 혼란시키는(perplexing). **~·ly** *adv.*
p.v. (略) *p*ost *v*illage(역참).
P.V. (略) *P*riest *V*icar (하급 성직자).
PVC (略) *p*oly*v*inyl *c*hloride.
Pvt. (略) 〖美軍〗 *P*rivate(병졸).
PW (略) *p*risoner of *w*ar(포로); *p*ublic *w*orks.
P.W. (略) *p*olice*w*oman; *p*risoner of *w*ar; *p*ublic *w*orks. [미국 공공 토목 사업국].
PWA, P.W.A. (略) *P*ublic *W*orks *A*dministration
Ṕ wàve *n.* [지질] P파, [지진의] 세로파.
P.W.D., PWD (略) *P*ublic *W*orks *D*epartment (미국 공공 사업부); *P*sychological *W*arfare *D*ivision(심리 작전 부대).
PWR (略) *p*ressurized *w*ater *r*eactor(가압(加壓) 수 형 원자로).
PWRS (略) *p*re-positioned *w*ar *r*eserve *s*tocks(사전 집적(集積) 전쟁 예비 저장품).
pwt. (略) *p*enny*w*eight [영국의 금형(金衡) 단위].
PX [pí:éks] (*pl.* **PXs**) 〖美軍〗 *P*ost *Ex*change.
pxt. (라틴) *p*in*x*i*t* (=he (or she) painted it) (그림, …쏨, …그림).
py- ➪ PYO.
pya [pjɑ:] *n.* 미얀마의 화폐 단위 [kyat의 1/100]; 1 pya의 경화(硬貨).
py·ae·mi·a [paií:miə, -mjə] *n.* 〖병리〗 =pyemia.
py·ae·mic [paií:mik] *adj.* =pyemic.
pyc·nom·e·ter [piknámitər/-nɔ́m-] *n.* 비중병(比重瓶).
pye-dog [páidɔ̀:g/-dɔ̀g] *n.* 들개(parish dog).
py·e·li·tis [pàiəláitis] *n.* U 〖병리〗 신우염〖腎盂炎〗.
py·e·mi·a [paií:miə, -mjə] *n.* 〖병리〗 농혈증(膿血症), 농독증(膿毒症).
py·e·mic [paií:mik] *adj.* 농혈증(농독증)의.
pyg·mae·an, -me·an [pigmí:ən, 十美 pígmiən] *adj.* 난쟁이의, 작은(pigmy).
Pyg·ma·lion [pigméiljən, -liən] *n.* 〖그리스 신화〗 피그말리온 [Cyprus의 왕이며 조각가. 자작의 상(像) Galatea를 사랑하여, 아프로디테(Aphrodite)로부터 이 상에 생명을 부여받았다].
***Pyg·my** [pígmi], (**Pig·my**) *n.* (*pl.* **-mies**) **1** [아프리카 등지에서 사는 소인 흑인. **2** 〖그리스 신화〗 소인족(族) [그들을 습격해온 두루미(cranes)와 싸워 멸망했다. ➪ DWARF 〖語誌〗]. **3** (p-) 소인, 난쟁이 ⇨ [고압신용의 동물, 조그마한 것. **4** (p-) 하찮은 사람; 지능(능력)이 낮은 사람. — *adj.* **1** 소인(족)의. **2** (p-) 아주 작은(very small); 중요하지 않은, 하찮은.
py·jam·as [pədʒɑ́:məz, 十美 -dʒǽm-] *n. pl.* (주로 英) =pajamas.
pyk·nic [píknik] 〖심리〗 땅딸막한, 단구(短軀) 비만형의. — *n.* 단구 비만형의 사람.
py·lon [páilɑn/-lɔn] *n.* **1** [비행장의] 목표탑, 지시탑; [대문·다리·성문 따위의 입구의] 탑. **2** [고압선용의] 철탑. **3** [고대 이집트 신전(神殿)의] 탑문.
py·lo·rec·to·my [pàilərĕktəmi] *n.* (*pl.* **-mies**) [의] [외과] 유문 절제술.
py·lor·ic [pilɔ́:rik, -lɑ́r-/-lɔ́r-] *adj.* [해부] 유문(幽門) 의.
py·lo·rus [pailɔ́:rəs, pi-/pailɔ́:r-] *n.* (*pl.* **-lo·ri** [-lɔ́:rai/-lɔ́:rai]) 〖해부〗 유문.

pymt. (略) *p*a*y*ment.
pyo- *pus*(고름)의 뜻의 연결형(* 모음 앞에서는 py-를 쓴다). 예: *pyo*sis.
py·o·gen·e·sis [pàiodʒénisis] *n.* U 〖병리〗 화농.
py·o·gen·ic [pàiodʒénik] *adj.* 〖병리〗 고름이 나오는, 화농성의.
py·or·rhe·a [pàiərí:ə / -rí:ə], (**py·or·rhoe·a**) *n.* 〖병리〗 농루(膿漏), [특히] 치조(齒槽) 농루.
py·o·sis [paióusis] *n.* 〖병리〗 화농(化膿).
pyr- ➪ PYRO.
pyr·a·mid [pírəmid] *n.* **1** [건축] 피라미드, 금자탑(金字塔), ¶ the [Great] *Pyramids* 이집트의 기자에 있는 세 피라미드. **2** 피라미드 (뾰족탑) 모양의 것; 뾰족탑 모양으로 가꾼 과수(果樹). **3** [사회] 피라미드 조직. **4** [기하] 각추(角錐) [結晶] 추(錐), ¶ a regular (a right) *pyramid* 정(직) 각추. **5** [해부·동물] 첨탑상부 (尖塔狀部) (기관). **6** [증권] 피라미드(증거금에 이자가 붙어도 결제하지 않고 증거금에 충당하여 거래를 확대하기). **7** (~s) 당구의 일종.
— *vi.* **1** 피라미드 (뾰족탑) 모양으로 되다. **2** 피라미드하다, 거래를 확대하여 차익을 얻다. **3** [피라미드 모양으로] 점증(漸增)하다. — *vt.* **1** …을 피라미드(뾰족탑) 모양으로 만들다. **2** [피라미드처럼](가격·임금)을 점차로 올리다. **3** [증권] …을 피라미드식으로 하다.
⋄ **pyrámidal, pyrámidical** *adj.*
py·ram·i·dal [pirǽmidəl] *adj.* 피라미드[모양]의, 각추(뾰족탑)의. **~·ly** *-dəli*] *adv.*
pyr·a·mid·i·cal [pìrəmídik(ə)l], (**pyr·a·mid·ic** [-mídik]) *adj.* 피라미드[형]의, 뾰족탑의. **1** 피라미드 모양의. **2** 〖광물〗 복추형의.
pýramid sèlling *n.* U 피라미드식 판매 방식 [판매망을 소개하여 늘려 가는 방식].
Pyr·a·mus [pírəməs] *n.* [그리스·로마 신화] 피라무스 [Babylon의 청년으로, 애인인 티스베(Thisbe)가 사자한테 물려 죽은 줄만 알고 자살했다]. [더미.
pyre [paiər] *n.* 장작 따위의 쌓아올림; [화장용의] 장작
Pyr·e·ne·an [pìrəní:ən] *adj.* 피레네[산맥]의. [맥.
Pyr·e·nees [pírəní:z / ⊢⊣] *n. pl.* (the ~) 피레네 산
py·re·thrin [pairé:θrin] *n.* U 피레스린 [제충국(除蟲菊)의 성분, 살충제].
py·re·thrum [pairé:θrəm] *n.* 제충국; U [약] 제충국 가루.
py·ret·ic [pairétik] *adj.* 열〖병〗의, 열병에 걸린. [학.
py·re·tol·o·gy [pìrətɔ́lədʒi, pàir- / -tɔ́l-] *n.* U 열병
Py·rex [páireks] *n.* 《상표명》 파이렉스 유리 제품, 내열(耐熱) 유리 그릇.
py·rex·i·a [pairéksiə] *n.* U 〖병리〗 발열(fever); 열병.
py·rex·ic [pairéksik] *adj.* 열병의(에 걸린), 발열한.
pyr·he·li·om·e·ter [pàiərhi:liámitər / pəhí:liɔ́mitər] *n.* 태양열 측정계, 일조계(日照計).
pyr·i·dine [pírídi:n/páiər-] *n.* U [화학] 피리딘 [고무·기름·페인트 따위의 용제(溶劑)// 알코올의 변성제(變性劑)].
pyr·i·dox·ine [pìridáksi(:)n / -dɔ́k-], (**pyr·i·dox·in** [-in]) *n.* U 〖생화학〗 피리독신[비타민 B6].
pyr·i·form [pírifɔ̀:rm] *adj.* 서양배 모양의 (pear-shaped). [鐵].
py·rite [páirait / páiər-] *n.* U 〖광산〗 황철광(黃鐵
py·rites [pairáiti:z, pi-] *n.* U 〖광산〗 **1** 황철광. **2** 백철광. **3** [기타의] 황화(黃化)철광, 황동광.
py·rit·ic [pairítik], (**py·ri·tous** [-ráitəs], **py·rit·i·cal** [-ik(ə)l]) *adj.* 황철광의, 황철광을 함유하는.
pyro- *f*ire, *h*eat의 뜻의 연결형(* h 또는 모음 앞에서는 pyr-를 쓴다). 예: *pyr*heliometer, *pyro*mania.
pyro. [páirou / pái(ə)-] 〖略〗 *pyro*gallol.
Py·ro·cer·am [pàiro(u)sərǽm] *n.* 《상표명》 파이로세람[내열 도기(耐熱陶器)].
py·ro·chem·i·cal [pàiro(u)kémik(ə)l] *adj.* 고온에서 화학 변화하는.
py·ro·e·lec·tric [pàiro(u)iléktrik] *adj.* 피로 전기

py·ro·e·lec·tric·i·ty [pàiro(u)ilèktrísiti] *n.* ⓤ 피로 전기, 초전기.
[성]의, 초전기(焦電氣)[성]의. — *n.* 초전기 물질.
py·ro·gal·lol [pàiro(u)gǽloul, +美 -lɔː]] *n.* ⓤ《화학》피로갈롤, 초성(焦性) 몰식자산 [사진 현상약으로 쓴다].
py·ro·gen [pái(ə)rədʒən] *n.*《의학》발열 물질, 발열원, 피로겐.
py·rog·nos·tics [pàirəgnástiks / -nɔ́s-] *n. pl.*《단·복수 양용》《광물의》가열 반응.
py·ro·graph [páirəgræf / -grɑːf] *n.* 낙화(烙畫).
py·ro·graph·ic [pàirəgrǽfik] *adj.* 낙화[술]의.
py·rog·ra·phy [pairágrəfi / -rɔ́g-] *n.* ⓤ 낙화술[도안을 판 금속을 가열하여 수피·피혁에 눌러서 도안을 찍는다].
py·ro·gra·vure [pàiro(u)grəvjúər] *n.* = pyrography. [phy.
py·rol·a·try [pairálətri / -rɔ́l-] *n.* ⓤ 불 숭배, 배화교 (拜火敎).
py·ro·lig·ne·ous [pàiro(u)lígniəs] *adj.*《화학》목재 건류(乾溜)의. ¶ *pyroligneous* acid 목초(木酢).
py·rol·y·sis [pairálisis / -rɔ́l-] *n.*《화학》열분해.
py·ro·man·cy [páiro(u)mǽnsi] *n.* ⓤ 불로 치는 점 [술]. [狂).
py·ro·ma·ni·a [pàiro(u)méiniə] *n.* ⓤ 방화광(放火
py·ro·ma·ni·ac [pàiro(u)méiniæk] *n.* 방화광인 사람. — *adj.* (=**py·ro·ma·ni·a·cal** [-mənáiək(ə)l]) 방화광의.
py·rom·e·ter [pairámitər /-rɔ́m-] *n.* 고온계(高溫計).
py·ro·met·ric [pàiro(u)métrik], (**py·ro·met·ri·cal** [-k(ə)l]) *adj.* 고온계의, 고온 측정의.
-ri·cal·ly [-rikəli] *adv.* [법].
py·rom·e·try [pairámitri / -rɔ́m-] *n.* ⓤ 고온 측정
py·rope [páiroup / pái(ə)r-] *n.* ⓤ 홍류석(紅榴石), 적색 석류석.
py·ro·pho·bi·a [pàiro(u)fóubiə] *n.* ⓤ 공화증(恐火症).
py·ro·phor·ic [pàirəfárik, -fɔ́ːr-/-fɔ́r-] *adj.*《화학》저절로 타는, 자연성(自燃性)의.
py·ro·sis [pairóusis] *n.* ⓤ《병리》가슴앓이(heartburn).
py·ro·tech·nic [pàiro(u)téknik], (**py·ro·tech·ni·cal** [-nik(ə)l]) *adj.* 1 꽃불의, 꽃불 제조[술]의. 2 눈부신, 화려한(brilliant). **-ni·cal·ly** [-nikəli] *adv.*
py·ro·tech·nics [pàiro(u)tékniks] *n. pl.*《단·복수 양용》 1 꽃불 제조[법], 불꽃놀이. 2《변설·재치 따위의》훌륭함, 번득임. 3《군사용의》꽃불(fireworks), 봉화, 연막.
py·ro·tech·nist [pàiro(u)téknist] *n.* 꽃불 제조인.
py·ro·tech·ny [pàiro(u)tékni] *n.* = pyrotechnics 1.
py·ro·tox·in [pàiro(u)táksin / -tɔ́k-] *n.* = pyrogen.
py·rox·ene [páiraksìːn / pái(ə)rək-] *n.* ⓤ 휘석(輝石) 《화성암의 일종》.
py·rox·y·lin [pairáksilin / -rɔ́ks-], (**py·rox·y·line**) [-lin] *n.* ⓤ 피록실린, 질산 섬유소, 질화면(窒化綿), 면화약(綿火藥) [래커·필름·셀룰로이드 등에 쓰임].
Pyr·rha [pírə] *n.*《그리스 신화》피라[다우칼리온(Deucalion)의 아내. 제우스(Zeus)가 일으킨 대홍수 때 남편과 함께 살아남았다].
pyr·rhic[1] [pírik] *n.*《韻律》단단격(短短格), 약약격(弱弱格), 2 단음보(短音步). — *adj.* 단단격(약약격)의(으로 이루어지는), 2 단음보의.
pyr·rhic[2] [pírik] *n.* 고대 그리스의 전무(戰舞).

— *adj.* 전무의.
Pyr·rhic [pírik] *adj.* 피로스(Pyrrhus)의.
Pýrrhic víctory *n.* 피로스의 승리 [기원전 279년에 Epirus의 왕 피로스(Pyrrhus)가 큰 희생을 치르고 로마군으로부터 얻은 승리; 큰 희생을 치르고 얻은 승리. cf. Cadmean victory
Pyr·rho·ni·an [piróuniən, -njən], (**Pyr·rhon·ic** [piránik / -rɔ́n-]) *adj.* 피론(Pyrrho)의, 회의론의. — *n.* 피론학도(Pyrrhonist); 회의론자. [<그리스의 철학자 Pyrrho(365?-275? B.C.)의 이름].
Pyr·rho·nism [pírənìz(ə)m] *n.* ⓤ 피론(Pyrrho) [파]의 학설; 극단적인 회의론. [론자.
Pyr·rho·nist [pírənist] *n.* 피론 학설의 신봉자, 회의
Pyr·rhus [pírəs] *n.*《그리스 신화》피로스[아킬레스(Achilles)의 아들].
Py·thag·o·re·an [piθǽɡərí(ː)ən / pai-] *adj.* 피타고라스[학파]의. ¶ the *Pythagorean* theorem (*or* proposition) 피타고라스의 정리. — *n.* 피타고라스 학파의 사람. [<그리스의 철학자·수학자·종교 개혁자 Pythagoras(582-500 B.C.)의 이름].
Py·thag·o·re·an·ism [piθǽɡərí(ː)ənìz(ə)m / pai-], (**Py·thag·o·re·an·ism** [piθǽɡərə(ə)m / pai-]) *n.* ⓤ 피타고라스의 학설.
Pyth·i·a [píθiə] *n.*《그리스 신화》피티아 [아폴로(Apollo)의 신탁(神託)을 받은 델피(Delphi)의 무녀].
Pyth·i·an [píθiən] *adj.* 1《고대 그리스의》델피(Delphi)의;《델피의》아폴로(Apollo)《신전》의, 아폴로 신전의 무녀(巫女)의. 2 Pythian Games 의. — *n.* 1 (the~) 아폴로 신《영》. 2 아폴로의 무녀.
Pýthian Gámes *n. pl.* (the~) 피시아 경기 [아폴로(Apollo)의 축제로서 4년마다 델피(Delphi)에서 거행한 고대 그리스의 국가적 제전의 하나].
Pyth·i·as [píθiəs / -æs] *n.*《로마 전설》피티어스[데이먼(Damon)의 친구]. ⇒ Damon and Pythias.
py·thon[1] [páiθan, -θən / -θ(ə)n] *n.* 1 령신(spirit), 악마(demon). 2 혼령이나 악마에 들린 사람; [혼령]이나 악마에 들린 예언자.
py·thon[2] [páiθan, -θ(ə)n/-θ(ə)n] *n.* 1《그리스 신화》피톤 [델피(Delphi) 근처에서 아폴로(Apollo)가 퇴치한 거대한 뱀]. 2 (p-) 비단뱀류, 거대한 뱀.
py·tho·ness [páiθənis] *n.* 1 델피의 아폴로(Apollo) 신전의 무녀(巫女). 2 여자 예언자, [일반적으로] 무녀, 무당.
py·thon·ic[1] [paiθánik/-θɔ́n-] *adj.* 예언의 (prophetic); 신탁(神託)의.
py·thon·ic[2] [paiθánik/-θɔ́n-] *adj.* 1 비단뱀의(같은). 2 거대한(gigantic, monstrous).
pyx [piks] *n.* 1《가톨릭》성체 용기(합) [금속제의 장식을 한 그릇으로, 성당에서 성체를 보존하거나 환자에게 성체를 운반할 때 쓰는 것]. 2《영국 조폐국의》화폐 검사함. ¶ the trial of the *pyx* 견본 화폐 검사. — *vt.* 《견본 화폐》를 화폐 검사함에 넣다, 《주화(鑄貨)》를 검사하다.
pyx·id·i·um [piksídiəm] *n.* (*pl.* **-id·i·a** [-ídiə])《식물》개과(蓋果) [열매 위쪽이 뚜껑처럼 되어서 씨가 들어 있는 것].
pyx·is [píksis] *n.* (*pl.* **pyx·i·des** [-ídìːz]) 1《고대 그리스·로마에서 쓰인 원통형의》작은 상자, 보석함. 2 = pyx. 3《식물》= pyxidium.
P.Z.I.《略》protamine zinc insulin (프로타민 아연 인슐린《당뇨병 치료약》).

Q

Q, q [kjuː] *n.* (*pl.* **Q's** *or* **Qs**; **q's** *or* **qs**) **1** 영어 알파벳의 열 일곱째 자. ¶ Q for Quebec Quebec의 Q [국제 전화 통화 용어]. **2** Q (q)가 나타내는 소리. **3** [연속된 것 중의] 열 일곱째의 사람(물건). **4** Q (q)자형 [의 물건]; [스케이트] Q자 형 선회. ¶ a reverse Q 역 Q자 형 선회. **5** 10¹⁸ 영국 열량(熱量) 단위(BTU). **the Q department** 병참부, [군대의] 보급부.

q. (略) quaere; quart[s]; quarter[ly]; quasi; queen; question, quire; quoted; quotient.

Q. (略) quarto; Quebec; queen; question.

QA furniture [kjúːéi] *n.* 속성 조립 가구. [<Q[UICK]+A[SSEMBLY]+FURNITURE]

qa·nat [kɑːnɑ́ːt] *n.* 지하 도수(導水) 터널.

Q & A (略) Question *and* Answer(질문과 답, 질의응답).

QANTAS [kwǽntæs / kwɔ́n-] *n.* 칸타스 [오스트레일리아의 항공 회사명]. [<Queensland *and* Northern Territory Aerial Services)

Qa·tar [kɑ́ːtɑːr] *n.* 카타르[페르시아만에 면한 토후국].

q.b. (略) [미식축구] quarterback.

Q.B. (略) Queen's Bench. *cf.* King's Bench.

Q-boat [kjúːbòut] *n.* Q 보트[제 1차 세계 대전중 독일의 잠수함을 격침하기 위해 어선이나 상선으로 가장했던 영국의 무장선. mystery ship 이라고도 한다].

QC (略) quick change (급변(急變)) [비행기].

Q.C. (略) Quartermaster Corps; Queen's Counsel; quality control; quality check.

QCD (略) quantum chromodynamics(양자 크로모 역학).

Q clēarance *n.* Q 증명[공무원의 신원·성격 등이 안전하다는 증명].

q.e. (略) [라틴] quod est (=which is).

QED (略) quantum electrodynamics(양자 일렉트로 역학).

Q.E.D. (略) [라틴] quod erat demonstrandum (=which was to be demonstrated) (증명되어야 했던 [바의]).

Q.E.F. (略) [라틴] quod erat faciendum (=which was to be done) (이루어져야 했던 [바의]).

Q.F. (略) quick-firing(속사(速射)의).

Q factor *n.* [전자공학] Q 팩터[공명(共鳴)의 날카로움을 나타내는 양(量); [물리] 핵반응에 있어서의 반응열; 비슷한 열병].

Q-fe·ver [kjúːfìːvər] *n.* ⓤ [병리] Q 열[발진 티푸스 비슷한 열병].

QIP (略) Quality Improvement Program (품질 개선 계획).

qiv·i·ut [kívìuːt] *n.* [북극산(産)] 사향소의 털; 그것으로 짠 실. [<Eskimo]

QM, Q.M. (略) Quartermaster.

Q mark *n.* 큐마크[섬유 제품의 품질 권장 마크].

QMC, Q.M.C. (略) Quartermaster Corps.

Q.M.D. (略) Quartermaster Depot.

QMG, Q.M.G., Q.M. Gen. (略) Quartermaster General.

Q.M.S. (略) Quartermaster Sergeant.

qq. v. (略) [라틴] quae vide(그것들 [그 말들]을 보라).

qr. (*pl.* **qrs.**) (略) quarter; quire.

Q.S. (略) quarter section; [법률] quarter sessions.

QSE (略) [英] qualified scientist and engineer (유자격 과학 기술자).

QSG (略) quasi-stellar galaxy(항성상(恒星狀) 은하).

Q-ship [kjúːʃìp] *n.* =Q-boat. [호].

Q signals *n. pl.* Q 신호 [Q로 시작하는 무선용 신호].

QSL cärd [kjúːésèl-] *n.* [무선] QSL 카드 [아마추어 무선가가 교신을 기념하여 발송하는 카드].

QSO (略) quasi-stellar object(항성상 천체).

QSTOL [kjúːstòul] *n.* [항공] 무소음 단거리 이착륙기. [<quiet short take off and landing aircraft]

Q-switch [kjúːswìtʃ] *n.* Q 스위치 [레이저로 첨두 출력(尖頭出力)이 큰 펄스를 끌어내는 장치].

qt. (略) quantity; (*pl.* **qt.** *or* **qts.**). quart.

q.t., Q.T. (略) [속어] quiet. ¶ I met him on the *q.t.* 나는 그를 은밀히(남몰래) 만났다.

QTAT [kjúːtæt] *n.* [전자 공학] 전자동 반도체 제조 라인. [<quick turn around time]

qto. (略) quarto.

qty. (略) quantity. [question.

qu. (略) quart; quarter, quarterly; quasi; queen; query;

qua [kwei] *adv.* …으로서(as); …의 자격으로. ¶ his profession qua interpreter 통역으로서의 그의 직업.

***quack¹** [kwæk] *n.* **1** 꽥꽥, 끽끽 [오리 따위의 우는 소리]. **2** [라디오 따위의] 소음; 떠들썩한 잡담(chatter).
— *vi.* **1** [오리 따위가] 꽥꽥 울다. **2** 떠들썩하게 지껄이다.

quack² [kwæk] *n.* **1** 돌팔이(가짜) 의사; (英) 의사. **2** 아는 체하는 사람, 허풍떠는 사람 (charlatan), 협잡꾼. — *adj.* 돌팔이 의사의; 엉터리의, 속임수의. ¶ *quack* medicine 엉터리약 / a *quack* politician 협잡 정객. — *vi.* **1** 엉터리 치료를 하다. **2** 아는 체하고 지껄여대다. — *vt.* **1** …에 엉터리 같은 치료를 하다. **2** …을 협잡꾼처럼 떠벌리다, …을 과대 광고하다.

quack·er·y [kwǽkəri] *n.* ⓤⓒ (*pl.* **-er·ies**) [돌팔이 의사의] 엉터리 치료법; 협잡질, 사기 행위.

quáck gräss *n.* =couch grass.

quack·ish [kwǽkiʃ] *adj.* 돌팔이 의사 같은; 속임수의, 허풍치는. **~ly** *adv.*

quack-quack [kwǽkkwǽk] *n.* 꽥꽥[집오리 울음 소리]; [어린이 말] 오리(duck).

quack·sal·ver [kwǽksælvər] *n.* **1** 돌팔이(가짜) 의사(quack doctor). **2** [고어] 협잡꾼, 허풍치는 사람 (charlatan).

quad¹ [kwɑd / kwɔd] *n.* (구어) =quadrangle.

quad² [kwɑd / kwɔd] *n.* [인쇄] **1** [각자·행간을 벌리기 위한] 공목(쏭木), 인테르 (quadrat). ¶ an em (*or* an m) *quad* 전각(全角) 공목 / an en (*or* an n) *quad* 2 분 공목. — *vt.* (**quad·ded, quad·ding**) …에 공목으로 행간(자간)을 벌리다.

quad³ [kwɑd / kwɔd] *n.* (주로 英속어) =quod.

quad⁴ [kwɑd / kwɔd] *n.* (구어) =quadruplet 2, 3.

quad⁵ [kwɑd / kwɔd] *n.* 네 가닥으로 꼰 케이블.

quad. (略) quadrangle; quadrant; quadruplicate.

quad·plex [kwɑ́dplèks/kwɔ́d-] *n.* 네 가족용 아파트.

quadr- ⇨ QUADRI-.

quad·ra·ble [kwɑ́drəbl / kwɔ́d-] *adj.* [수학] [면적이] 등적(等積)인 정방형으로 표시되는; 제곱할 수 있는.

quad·ra·ge·nar·i·an [kwɑ̀drədʒənɛ́(ː)riən / kwɔ̀d-rədʒinɛ́ər-] *adj.* 40세의, 40대의. — *n.* 40세인 사람, 40대 사람.

Quad·ra·ges·i·ma [kwɑ̀drədʒésimə / kwɔ̀d-] *n.* (= **Quadragésima Súnday**) 사순절의 첫째 주일 (일요일).

Quad·ra·ges·i·mal [kwɔ̀drədʒésim(ə)l / kwɔ̀d-] adj. **1** 〔종교〕 사순절의 (Lenten). **2** 〔종종 q-〕 〔사순절처럼〕 40일간 계속되는.

quad·ran·gle [kwɑ́drǽŋgl / kwɔ́d-] n. **1** 4각형, 4변형, 정방형, 장방형. **2** 〔대학 따위에서 건물로 둘러싸인〕 가운데 뜰; 가운데 뜰을 둘러싸는 건물. **3** 〔미국 육지 측량부 발행의 지도 1매에 나타난〕 지역, 육지 구획.

quad·ran·gu·lar [kwɑdrǽŋgjulər / kwɔd-] adj. 4각형의, 4변형의. **~·ly** adv.

quad·rant [kwɑ́drənt / kwɔ́d-] n. **1** 〔기하〕 4분원 (四分圓), 상한(象限). **2** 〔천문·항해〕 사분의(四分儀), 상한의[옛날에 고도 따위를 측정한 기계].

quad·ran·tal [kwɑdrǽntl / kwɔd-] adj. 〔기하〕 4분원의, 상한의; 〔천문·항해〕 사분의의, 상한의의.

quad·ra·phon·ic [kwɑ̀drəfɑ́nik / kwɔ̀drəfɔ́nik] adj. 〔녹음 재생이〕 4 채널인.

qua·draph·o·ny [kwɑdrǽfəni / kwɔdrɔ́fəni] n. Ⓤ 4 채널의 녹음 재생.

quad·ra·son·ic [kwɑ̀drəsɑ́nik / kwɔ̀drəsɔ́nik] adj. = quadraphonic.

quad·rat [kwɑ́drət / kwɔ́d-] n., vt. 〔인쇄〕 = quad².

quad·rate [kwɑ́drit, -reit/kwɔ́d- → v.] adj. **1** 정방형의, 4변형의. **2** 〔해부〕 방형골(方形骨)의. **3** 〔教會〕 〔십자가의〕 중앙에 정방형을 겹친. — n. **1** 정방형, 방형, 4변형. **2** 정방형인 것. **3** 〔동물〕 방형골. — v. [kwɑ́dreit/kwɔ́dreit] (**-rat·ed, -rat·ing**) vt. …을 일치시키다, 적합시키다. — vi. 일치하다, 따르다(with…).

quad·ra·thon [kwɑ́ːdrəθɑ̀n/-θɔ̀n] n. 〔스포츠〕 4종 경기〔수영·경보·자전거·마라톤을 하루에 하는 경기〕.

quad·rat·ic [kwɑdrǽtik / kwɔd-] adj. **1** 정방형의 (square). **2** 〔수학〕 2차의. ¶ a *quadratic* equation 2 차 방정식. **-i·cal·ly** [-ikəli] adv.

quad·rat·ics [kwɑdrǽtiks / kwɔd-] n. pl. 〔단수 취급〕 〔수학〕 2차 방정식론.

quad·ra·ture [kwɑ́drətʃər/kwɔ́d-] n. **1** Ⓤ 정방형으로 하기. **2** Ⓤ 〔수학〕 구적(求積) 〔법〕 〔곡선형을 같은 면적의 정방형으로 해서 면적을 구하기〕. ¶ the *quadrature* of the circle 원적법(圓積法). **3** 〔천문〕 구(矩), 구상(矩象); 〔달의〕 현(弦), 상현, 하현.

quad·ren·ni·al [kwɑdrénjəl / kwɔd-] adj. **1** 4년마다의〔일어나는〕. ¶ a *quadrennial* election 4년에 한번의 선거. **2** 4년간의, 4년에 걸치는〔계속되는〕. — n. 4년에 한 번 있는 행사, 4주년제. **~·ly** [-əli] adv.

quad·ren·ni·um [kwɑdréniəm / kwɔd-] n. (pl. **-ni·ums** or **-ni·a** [-niə]) 4년간.

quadri-, quadru- four 의 뜻의 연결형〔* 모음 앞에서는 quadr-를 쓰는〕. 예: *quadri*fid.

quad·ric [kwɑ́drik / kwɔ́d-] adj. 〔수학〕 2차의. — n. 2차 곡면.

quad·ri·cen·ten·ni·al [kwɑ̀drisenténiəl / kwɔ̀d-] adj. 400년의, 400년째의, 400년제의. — n. 400년 기념〔일〕, 400년제.

quad·ri·ceps [kwɑ́drisèps / kwɔ́d-] n. 〔해부〕 사두근(四頭筋).

quad·ri·fid [kwɑ́drifid / kwɔ́d-] adj. 〔일·화판이〕 네 갈래인. ¶ a *quadrifid* leaf (petal) 4열엽(裂葉)〔화판〕.

quad·ri·ga [kwɑdráigə / kwɔdríː-] n. (pl. **-gae** [-dʒiː]) 〔고대 로마〕 말 네 필을 나란히 세운 2륜 전차.

quad·ri·lat·er·al [kwɑ̀drilǽt(ə)rəl / kwɔ̀d-] adj. 4변을 가진, 4변형의. — n. **1** 4변형. **2** 4변형의 것〔땅〕. **3** 〔네 모퉁이를 요새로 만든〕 요새지. **~·ly** [-əli] adv.

quad·ri·lin·gual [kwɑ̀drilíŋgwəl / kwɔ̀d-] adj. 4개 국어를 쓰는〔로된〕, 4개 국어로 쓰인〔을 말할 수 있는〕.

qua·drille¹ [kwədríl, kɑ-] n. 카드릴〔남녀 4쌍이 추는 일종의 스퀘어 댄스〕; 그 곡.

qua·drille² [kwədríːl, kə-] n. Ⓤ 하는 카

돌놀이의 일종.

quad·ril·lion [kwɑdríljən / kwɔd-] n. (pl. **-lions** or 《수사(數詞) 뒤에서》-lion) 《美·프랑스》 1000 의 5승; 1000 조(兆) 〔1에 0을 15개 붙인 수〕; 《英·독일》 100만의 4제곱 〔1에 0을 24개 붙인 수〕. — adj. 〔수가〕 천조인; 100만의 4제곱인.

quad·ri·no·mi·al [kwɑ̀drinóumiəl / kwɔ̀d-] adj. 〔수학〕 4항(項)의, 4항으로 된. — n. 4항식.

quad·ri·par·tite [kwɑ̀dripɑ́ːrtait / kwɔ̀d-] adj. **1** 4부로 구분되는, 4부로 된. **2** 4자(4개국) 참가의. ¶ a *quadripartite* treaty 4개국 협정.

quad·ri·phon·ic [kwɑ̀drifɑ́nik / kwɔ̀drifɔ́n-] adj. = quadraphonic.

quad·ri·reme [kwɑ́drirìːm / kwɔ́d-] n. 〔고대 로마〕 4 단의 노가 있는 전함(갤리선).

quad·ri·son·ic [kwɑ̀drisɑ́nik / kwɔ̀drisɔ́n-] adj. = quadraphonic.

quad·ri·syl·lab·ic [kwɑ̀drisiləbik / kwɔ̀d-] adj. 4음절의, 4음절어의.

quad·ri·syl·la·ble [kwɑ́drisìləbl / kwɔ́d-] n. 4음절어.

quad·ri·va·lence [kwɑdrivéiləns / kwɔ̀d-] n. 〔화학〕 4가(價).

quad·ri·va·len·cy [kwɑdrivéilənsi / kwɔ̀d-] n. (pl. **-cies**) 〔화학〕 = quadrivalence.

quad·ri·va·lent [kwɑ̀drivéilənt / kwɔ̀d-] adj. 〔화학〕 4 가의(tetravalent).

quad·riv·i·um [kwɑdríviəm / kwɔd-] n. (pl. **-riv·i·a** [-riviə]) 〔중세〕 중세 대학의 산수·기하·음악·천문학의 4과목. *cf.* trivium

quad·ro·min·i·um, quad·ra· [kwɑ̀drəmíniəm / kwɔd-] n. 《美》 4세대 분의 연립 주택.

quad·roon [kwɑdrúːn/kwɔd-] n. 흑인의 피를 ¼ 이 어받은 혼혈아; mulatto 와 백인의 혼혈아.

quad·ru·mane [kwɑ́drumèin / kwɔ́d-] n. 〔동물〕 손을 가진 동물, 사수류(四手類)〔원숭이 따위〕, 인류 이외의 영장류.

quad·ru·ma·nous [kwɑdrúːmənəs / kwɔd-] adj. 〔동물〕 네 손을 가진, 사수류의.

quad·ru·ped [kwɑ́drupèd / kwɔ́d-] adj. 〔동물〕 네 발을 가진. — n. 네발 동물.

quad·ru·pe·dal [kwɑdrúːpidl/kwɔd-] adj. 〔동물〕 네발을 가진, 네발 동물의.

quad·ru·ple [kwɑdrúːpl, kwɑ́dru-/kwɔdrú(ː)pl] adj. **1** 4중의 (fourfold); 4부로 된. ¶ *quadruple* algebra 4 원 대수학. **2** 4배의, 4겹의. **3** 〔계약의〕 4자간의. — n. 4배의 수량. ¶ The earth is *quadruple* size of the moon. 지구는 달의 4배의 크기이다 // a rate *quadruple* of (or to) that of another 다른 비율의 4배의 비율. **3** 〔음악〕 4박자의. ¶ *quadruple* rhythm (or measure, time) 4박자. — n. (the ~) 4배의 수〔양〕. ¶ Twenty is the *quadruple* of five. 20은 5의 4배이다. — v. (**-pled, -pling**) vt. …을 4배 하다. — vi. 4배가 되다.

quad·ru·plet [kwɑ́druplit / kwɔ́d-] n. **1** 4개 한 벌, 4개 한짝. **2** (~s) 네 쌍둥이. **3** 네 쌍둥이의 하나. **4** 4인승 자전거. **5** 〔음악〕 〔3박자로 연주하는〕 4연음표 (連音標).

quad·ru·plex [kwɑ́druplèks / kwɔ́d-] adj. **1** 4중의, 4겹의. **2** 4중송신의. ¶ a *quadruplex* telegraph 4 중 전신기. — n. 4중 전신기.

quad·ru·pli·cate vt. [kwɑdrúːplikèit / kwɔd-] // → adj., v.〕 (**-cat·ed, -cat·ing**) …을 4중으로 하다, 4배로 하다 (quadruple); 〔문서 따위를〕 4통 작성하다. — adj. [kwɑdrúːplikit / kwɔd-] 4배의, 4중의(fourfold); 4통 작성한. ¶ a *quadruplicate* document 4통 복사 서류. — n. [kwɑdrúːplikit / kwɔd-] 4벌(4통 복사)중의 하나; (~s) 〔같은 복사의〕 4통. *in quadruplicate* 〔동일 문서의〕 4통 작성하여.

quad·ru·pli·ca·tion [kwɑdrùːplikéiʃ(ə)n / kwɔd-] n. Ⓤ 4배로 하기, 4배화; 〔문서 따위의〕 4통 작성.

quae·re [kwíː(ː)ri / kwíəri] v. 《명령형》 물어라, 조사

하라 (ask, inquire); 굳이 묻다 (＊ 문제를 제안하는가 암시할 때 쓴다). ¶ He says he is going to resign from his office; *quaere*? 그는 사임하겠다고 말하고 있지만, 정말 그럴까. —— *n.* (*pl.* (query), 문제 (question).

quaes・tor [kwéstər / kwíːs-], **ques-** [kwés-] *n.* [로마 역사] [원래] 검찰관; [후(後)의] 재무관(財務官).

quaes・tor・ship [kwéstərʃìp / kwíːs-] *n.* U quaestor의 직(지위, 임무).

quaff [kwɑːf, ＋美 kwæf] *vt., vi.* [술 따위를] 벌컥벌컥 마시다, 단숨에 마시다 (...*off, out, up*). ¶ (~＋囲＋剾) *quaff off* a glass of beer 맥주 한 잔을 단숨에 마시다. —— *n.* 폭음, 통음. ¶ take a *quaff* of beer 맥주를 벌컥벌컥 마시다.

quaff・er [kwɑ́fər, ＋美 kwǽf-] *n.* 벌컥벌컥 마시는 사람, 폭음(통음)하는 사람.

quag [kwæg] *n.* =quagmire.

quag・ga [kwǽgə] *n.* (*pl.* **-ga** *or* **-gas**) 얼룩말의 일종 [남아프리카산(産). 몸의 앞과 머리에만 줄무늬가 있다. 멸종].

quag・gy [kwǽgi] *adj.* (**-gi・er, -gi・est**) **1** 늪의, 수렁의, 습지의 (marshy), 질창의 (boggy). **2** [지방이] 약한, 연약한, 무른 (flabby).

quag・mire [kwǽgmàiər] *n.* **1** 습지, 수렁 (quag). **2** (비유적) [벗어나고 싶은] 곤경, 궁지.

qua・hog [kwɔ́ːhɔːg, -hɑɡ / -hɔg], (**qua・haug**) [-hɔːg] *n.* [복미산(産)] 대합의 일종.

quaich, quaigh [*Sc* kweix] *n.* (*pl.* **quaichs** *or* **quaich・es** [-iz]; **quaighs**) 《스코》 [손잡이가 둘 달린] 얕은 술잔.

Quai d'Or・say [keidɔːrséi] *n.* **1** 케도르세 [파리의 센강 (Seine) 좌안의 프랑스 외무성 등의 소재지]. **2** 프랑스 외무성.

＊**quail**[1] [kweil] *n.* (*pl.* **quails** *or* **quail**) 메추라기.

quail[2] [kweil] *vi.* 움츠리다, 겁이 죽다 (shrink), 주눅 들다(*at, before, to...*). ¶ (~＋剾＋껭) I *quailed* before her angry looks. 나는 그녀의 화난 얼굴을 보고 움찔했다.

quáil càll(**pìpe**) *n.* [메추라기를 꾀어내기 위하여 그 울음소리를 흉내낸] 메추라기 피리.

‡**quaint** [kweint] *adj.* **1** 별스럽며 재미있는, 진기한. ⇒ STRANGE [類語] ¶ a *quaint* piece of furniture 진기한 가구. **2** 예스럽고 아취있는. ¶ a *quaint* old garden 아취있는 고풍의 정원. **3** 정교한. **4** (고어) 현명한, 숙련된 (skilled). **~・ly** *adv.* **~・ness** *n.*

＊**quake** [kweik] *vi.* (**quaked, quak・ing**) **1** [사람이 추위・공포・분노 따위로] 떨다, 전율하다 (shiver) (*with, for...*). ¶ (~＋剾＋껭) He is *quaking* with fear (cold). 그는 공포(추위)로 떨고 있다. **2** 흔들리다, 진동하다. ⇒ SHAKE [類語] ¶ The earth *quaked*. 땅이 흔들렸다. —— *n.* **1** 흔들림; 떨림, 전율. **2** 《구어》 지진 (earthquake).

quake・proof [kwéikprùːf] *adj.* 내진성(耐震性)의.

＊**Quak・er** [kwéikər] *n.* 《여성형은 Quakeress》 퀘이커 교도 [프렌드회 (the Society of Friends) 회원의 속칭. 퀘이커 교도는 이 말을 쓰지 않는다].
◇ Quákerish, Quákerly *adj.*

quak・er・bird [kwéikərbə̀ːrd] *n.* [鳥類] 신천옹의 일종 [날개 색깔이 퀘이커 교도의 옷 색깔과 비슷하다].

Quak・er・dom [kwéikərdəm] *n.* **1** 퀘이커 교단 (敎圈). **2** = Quakerism.

Quáker gùn *n.* (보통 목제의) 가짜 대포, 모의포(模擬砲). [＜퀘이커 교도의 반전주의에서 연유]

Quak・er・ish [kwéikəriʃ] *adj.* 퀘이커 교도 같은; [복장・언어 따위가] 검소한; 간소한; 근엄한, 딱딱한.

Quak・er・ism [kwéikərìz(ə)m] *n.* U 퀘이커 교도의 교리(관습).

Quak・er・la・dies [kwéikərlèidiz] *n. pl.* 꼭두서니속(屬)의 식물.

Quak・er・ly[kwéikərli]*adj.* 퀘이커 교도 같은 (Quakerish). —— *adv.* 퀘이커 교도처럼 (닮게).

Quáker mèeting *n.* **1** 퀘이커 예배회 [영감을 받은 사람이 이야기할 때까지 모두 침묵을 지킨다]. **2** 《구어》 침묵이 흐르는 집회.

quak・ing [kwéikiŋ] *adj.* 떨고 있는; 흔들리고 있는.

quáking áspen (**ásh, ásp**) *n.* 미루나무, 포플라.

quak・y [kwéiki] *adj.* (**quak・i・er, quak・i・est**) 떨고 있는, 흔들리고 있는 (quaking), 전율하는 (shaky).

＊**qual・i・fi・ca・tion** [kwɑ̀ləfikéiʃ(ə)n / kwɔ̀l-] *n.* **1** UC 자격 부여, 자격 증명, 면허; 자격, 능력, 자질(*for...*). ¶ property *qualification* [재산에 의한] 선거 자격 // *qualifications* for entering a college 대학 입학 자격 / He had every *qualification* for success. 그에게는 성공할 수 있는 모든 자질이 갖추어져 있었다 / To know the way is one *qualification* for a guide. 길을 잘 아는 것이 안내인이 될 필요조건의 하나이다. **2** 자격 증명서, 면허장. ¶ a doctor's (*or* medical) *qualification* 의사 면허증. **3** UC 제한 (restriction), 한정, 수정 (modification), 가감, 참작, 조건. ¶ require *qualification* 가감(제한)을 필요로 하다 / promise without *qualification* 조건없이 약속하다 / The teacher praised his speech, but with *qualifications*. 선생은 그의 연설을 칭찬했으나 무조건적인 것은 아니었다.
◇ quálify *v.*, quálificatory *adj.*

qual・i・fi・ca・to・ry [kwɑ́lifikətɔ̀ːri / kwɔ́lifikət(ə)ri] *adj.* 자격을 부여하는 (qualifying); 한정하는 것, 조건부의.

＊**qual・i・fied** [kwɑ́ləfàid / kwɔ́l-] *adj.* **1** [직능・지위 등을 위한] 자격이 있는, 적격의 (competent)(*for...*). ¶ a person well *qualified* for his position 그 지위에 적임인 사람. **2** [법률・관습상의] 권한 (자격)이 주어진, 면허가 있는. ¶ a *qualified* medical practitioner 면허 개업 의사. **3** 제한 (한정)된 (limited), 조건부의. ¶ *qualified* acceptance [상업] [어음의] 제한 인수 / *qualified* approval 조건부 찬성. **~・ly** *adv.* **~・ness** *n.*

qual・i・fi・er [kwɑ́ləfàiər / kwɔ́l-] *n.* **1** 자격을 주는 사람(것); 제한(한정)하는 사람(것). **2** [문법] 한정사(限定詞), 수식어(형용사・부사 따위).

‡**qual・i・fy** [kwɑ́ləfài / kwɔ́l-] *v.* (**-fied, -fy・ing**) *vt.* **1** …에 자격(권한)을 부여하다; …을 적격(적임)으로 하다; 《美》…에게 선서를 가르킨 뒤 법적 자격을 주다 (swear in) (...*for*). ¶ (~＋囲＋*to do*) (~＋囲＋剾＋껭) He is not *qualified* to teach.＝He is not *qualified* for teaching. 그는 교편을 잡을 자격이 없다 / He is *qualified* for the vote. 그에게는 투표 자격이 있다 // (~＋囲＋*as* 補) She is *qualified* as a teacher of French. 그녀에게는 프랑스어 교사 자격이 있다. **2** …을 […이라] 간주하다, …이라 칭하다. ¶ (~＋囲＋*as* 補) *qualify* a person *as* a villain 남을 악당이라고 말하다 / *qualify* the policy as dangerous 그 정책을 위험시하다. **3** …을 제한하다, 한정하다 (limit); [문법] …의 뜻을 한정하다, …을 수식하다. ⇒ MODIFY [類語] ¶ Adjectives *qualify* nouns. 형용사는 명사를 수식한다. **4** …을 부드럽게 하다, 완화하다, [술 따위를] 순하게 하다 (soften). ¶ *qualify* one's anger 노여움을 가라앉히다 // (~＋囲＋剾＋껭) *qualify* spirits *with* water 술을 물로 희석하다. —— *vi.* **1** 자격을 얻다, 검정을 따다, 면허를 받다. ¶ (~＋*as* 補) *qualify* as a doctor 의사 자격을 얻다. **2** 《스포츠》 예선을 통과하다. ◇ quálity, qualification *n.*

quál・i・fy・ing gàme (**héat, róund**) [kwɑ́ləfàiiŋ- / kwɔ́l-] *n.* 예선.

＊**qual・i・ta・tive** [kwɑ́lətèitiv / kwɔ́litə-] *adj.* 성질상의, 질적인. *cf.* quantitative ¶ *qualitative* analysis [화학] 정성 (定性) 분석. **~・ly** *adv.*

‡**qual・i・ty** [kwɑ́liti / kwɔ́l-] *n.* (*pl.* **-ties**) **1** UC 질 (質), [본래의] 성질 (basic nature); 품질, [기본적인 성질의] 좋고 나쁨. *cf.* quantity ¶ an article of good (poor, high, low) *quality* 양질(저질, 고급, 저급)인 상품 / a change in *quality* 질의 변화 / The coal produced here is of good *quality*. 이곳에서 산출되는 석

탄은 질이 좋다 / *Quality* matters more than quantity. 양보다 질이 문제다.
[類語] **quality** 사람이나 물건이 구비하여, 그 성질·행동 따위를 좌우하는 특색: have the *quality* of kindness 친절이라는 특색을 갖다. **property** 어떤 종류에 속하는 것에 공통인 본질적인 quality: the *properties* of oxygen 산소의 특성. **character** 다른 것과 구별되는 독특한 quality: one *character* of true kindness 참된 친절의 한 특징. **nature** 사람이나 물건이 본래 갖추고 있는 갖가지 quality의 총체; 본래의(타고난) character: the *nature* of love 사랑의 본질. **attribute** 사람이나 물건에 당연히 갖추고 있다는 것으로 간주되는 quality; 단순히 근본적 또는 본래의 특징을 뜻하는 수도 많다: the *attributes* of God 신의 속성(屬性).
2 ⓤ 양질(good quality), 우량성 (excellence). ¶ goods of *quality* 양질의 상품, 고급품 / have *quality* 질이 좋다, 뛰어나다.
3 특질, 특성, 특색(characteristic); 재능, 기능(ability). ¶ *qualities* of a ruler 지배자에게 필요한 특성 / give a person a taste of one's *quality* 남에게 자기 능력의 일단을 보여주다 / He has many fine *qualities* as a statesman. 그에게는 정치가로서의 많은 훌륭한 특성이 있다.
4 ⓤ [고어] 높은 신분, 고위, 명문; (the~) 상류 사회 사람들. ¶ a man of *quality* 신분이 높은 사람 / Several of the *quality* were present. 명사가 몇 사람 참석했다.
5 ⓤ [논리] [명제의] 질. *cf.* quantity
6 ⓤ [음성·음향] 음질, 음색.
7 일류지(一流紙), 고급 잡지.
— *adj.* **1** 상류 사회의. ¶ *quality* people 상류 사회 사람들. **2** 상질의, 우량한 (excellent). ¶ *quality* goods 우량품 / a *quality* magazine [교양이 높은 사람을 대상으로 하는] 고급 잡지.
◇ quálitative *adj.*, quálify *v.*
quálity assúrance *n.* 품질 보증.
quálity contról *n.* ⓤ 품질 관리.
quálity life *n.* 질 높은 생활.
quálity páper *n.* [신문] [교양 있는 지식인 독자, 또는 엘리트 계급을 대상으로 삼는] 고급지.
quálity póint(crédit) *n.* =grade point.
qualm [kwɑːm, kwɔːm] *n.* **1** 거리낌, 양심의 가책 (compunction). ¶ *qualms* of conscience 양심의 가책 / feel (or have) *qualms* 마음에 꺼림하다. **2** [갑작스러운] 불안감 (uneasiness), 위구(危懼). **3** 현기증, 메스꺼움, 욕지기 (nausea). ¶ *qualms* of seasickness 배멀미.
qualm·ish [kwɑ́ːmiʃ, kwɔ́ːm-] *adj.* **1** 욕지기 나는, 메스꺼운. **2** [일이] 욕지기나게 하는. ¶ a *qualmish* sight 기분나쁜 광경. **3** [병이] 구토증을 일으키는.
~**·ly** *adv.* ~**·ness** *n.*
quan·da·ry [kwɑ́nd(ə)ri / kwɔ́n-] *n.* (*pl.* **-ries**) 당혹, 곤혹, 궁지(dilemma). ⇨ PREDICAMENT [類語] ¶ He was put in a great *quandary.* 그는 궁지에 몰렸다 (아주 난처했다).
quand même [F kɑ̃ mɛm] [프랑스] (=even if) 설사 …이라 하더라도, …에도 불구하고 (nevertheless), 그래도 역시(all the same).
quan·go [kwǽŋgou / kwɔ́ŋ-] *n.* 《英》 독립 정부 기관. [<*qu*asi-*a*utonomous *n*ational *g*overnmental *o*rganization)
quant [kwænt, kwɑnt / kwɔnt] 《英》 *n.* [진흙 속에 박히지 않도록 둥글넓적한 것을 끝에 댄] 삿대. — *vt., vi.* [작은 배를] 삿대질하여 나아가게 하다; 삿대의 도움으로 나아가다.
quan·ta [kwɑ́ntə / kwɔ́n-] *n.* quantum 의 복수형.
quan·tic [kwɑ́ntik / kwɔ́n-] *n.* [수학] 유리(有理) 동차함수.
quan·ti·fi·ca·tion [kwɑ̀ntifikéiʃ(ə)n / kwɔ̀ntə-] *n.* ⓤ **1** 양(量)을 정하기, 수량화(數量化). **2** [논리] 부량(附量), 양화(量化).

quan·ti·fi·er [kwɑ́ntifàiər / kwɔ́n-] *n.* **1** [논리] 수량사(數量詞). **2** [문법] 수량 형용사 [any, some, much, few, little 따위]. **3** 데이터를 수량화하는 사람.
quan·ti·fy [kwɑ́ntifài / kwɔ́n-] *vt.* (**-fied, -fy·ing**) **1** …의 양을 정하다(나타내다), 양을 재다 (measure). **2** [논리] [명제의] 양을 정하다, …을 양화(量化)하다.
‡**quan·ti·ta·tive** [kwɑ́ntitèitiv / kwɔ́ntitə-] *adj.* **1** 양으로 잴 수 있는. **2** 양적인, 양에 관한. *cf.* qualitative ¶ a *quantitative* adjective [문법] 수량 형용사 (quantifier) / *quantitative* analysis [화학] 정량(定量) 분석. **3** [음성] 음(모음)량의.
~**·ly** *adv.* ◇ quántity *n.*
quántitative genétics *n.* 양(量) 유전학.
‡**quan·ti·ty** [kwɑ́ntiti / kwɔ́n-] *n.* (*pl.* **-ties**) **1** ⓤ 양(amount); ⓒ [특정한] 수량, 분량, 액수. *cf.* quality ¶ a large (*or* a great) *quantity* of potatoes 많은 감자 / What *quantity* can be supplied? 얼마만큼[의 분량]을 공급할 수 있겠는가? **2** (종종 **-ties**) 다량 (large amount), 다수. ¶ in *quantity* (*or* *quantities*) 많이, 다량으로 / *quantities* (*or* a *quantity*) of money 많은 돈 / He owns *quantities* of books. 그는 많은 책을 가지고 있다. **3** [수학] 양, 양을 나타내는 숫자(부호). ¶ a unknown *quantity* / an unknown *quantity* 미지수(량); 《비유적》미지수의 사람(것) / a negligible *quantity* 무시할 수 있는 수량; 《비유적》하찮은 인물 (것). **4** ⓤ [명제의 주사(主辭)의] 양. ¶ *quantity* of quality. ¶ extensive (intensive) *quantity* 외연(내포)량. **5** ⓤ [음악] 음량(音量); [韻律] 음절의 장단 [을 나타내는 부호]; *quantity* 음량 [모음·자음·음절의 장단]. ¶ a *quantity* mark 음량 기호. **6** ⓤ [법률] 기간, 기한.
◇ quántitative *adj.*, quántify *v.*
quántity survéyor *n.* [건축] 적산사(積算士).
quántity théory *n.* [경제] 화폐 수량설 [물가 수준이 화폐 공급량에 정비례한다는 학설].
quan·ti·va·lence [kwɑntívələns / kwɔn-] *n.* [화학] 원자가(價) (valence).
quan·ti·za·tion [kwɑ̀ntizéiʃ(ə)n / kwɔ̀ntəi-] *n.* [물리] 양자화(量子化).
quan·tize [kwɑ́ntaiz / kwɔ́n-] *vt.* (**-tized, -tiz·ing**) [물리] 양자화(量子化)하다.
quan·tum [kwɑ́ntəm / kwɔ́n-] *n.* (*pl.* **-ta**) **1** 분량, 액수. **2** 정량(定量), 정액. ¶ a moderate *quantum* of worldly wisdom 적당한 세지(世智). **3** 몫 (share). ¶ Each man receives his proper *quantum*. 사람은 제각기 자기의 정당한 몫을 차지한다. **4** [물리] 양자. ¶ *quantum* mechanics 양자 역학 / *quantum* electronics 양자 전자 공학.
quántum chémistry *n.* [화학] 양자(量子) 화학 [양자 역학 법칙을 화학에 응용하는 연구].
quántum chromodynámics *n.* [물리] 양자 크로모 역학 [quark의 상호작용에 관한 이론; 略 QCD].
quántum electrodynámics *n.* [물리] 양자 전자 역학(電磁力學) [물질과 전자계의 상호 작용을 양자론적으로 다루는 연구 분야]. [진.
quántum júmp(léap) *n.* 갑작스러운 비약, 약
quántum líquid *n.* [물리] 양자 액체 [양자 역학적 효과 때문에 절대 영도(零度)에서도 항상 액체의 상태로 있는 것].
quántum mechánics *n.* [물리] 양자(量子) 역학.
quántum phýsics *n.* [물리] 양자 물리학.
quántum súf·fi·cit [-sʎ́fisit] [라틴] (=as much as suffices) 충분히 (enough) [略 quant. suff., q.s.].
quántum théory *n.* [물리] 양자론.
quap [kwɑp] *n.* [물리] 쿱 [반양자(反陽子)와 quark로 이루어진 가설상의 입자].
quar·an·tine [kwɔ́ːrəntìːn, kwɑ́r- / kwɔ́r-] *n.* **1** ⓤ [방역(防疫)을 위한] 격리; 교통 차단. ¶ a house in *quarantine* for scarlet fever 성홍열을 방지하기 위해 격리된 집. **2** 검역 정선(停船)기간 [원래는 40 일간]. **3**

quarantine flag

Ⓤ 검역[제도]. **4** 검역소(quarantine station); 검역 정선항; 격리 병원(소). **5** Ⓤ Ⓒ [법으로서의 사회적·정치적] 고립화. **6** Ⓤ 〖英 법률·역사〗과부 잔류권(殘留權)〖남편의 사망 후 40일간 그 집에 살 수 있는 권리〗. **7** 40 일간(period of forty days). — *vt.* **1** ⋯을 검역하다. **2** ⋯을 격리하다. **3** ⋯을 고립시키다; [침략국 등]과 국교(관계)를 끊기.〖旗〗

quárantine flág *n.* 〖항해〗 〖황색의〗 검역기(檢疫旗).

quar·en·den [kwárəndən/kwɔ́r-] *n.* 〖英〗영국 Devon 산(産) 빨간 사과.

quark [kwɔːrk] *n.* 〖물리〗쿼크 모형〖가설적 입자(粒子)〗.

‡**quar·rel¹** [kwɔ́ːr(ə)l, kwár-/kwɔ́r-] *n.* **1** 싸움, 말다툼; 반목, 불화, 토라짐. ¶ make up a *quarrel* 화해하다 / espouse a person's *quarrel* 남의 싸움을 거들다 // a *quarrel* between John and Betty 존과 베티 사이의 불화 / have a *quarrel* with ⋯과 싸우다(다투다) / pick (or seek) a *quarrel* with; fasten (or fix) a *quarrel* on (or upon) ⋯에게 싸움을 걸다 / It takes two to make a *quarrel*. 《속담》싸움은 혼자서는 할 수 없다.

〖類語〗 **quarrel** 주로 개인·집단 사이의 말다툼을 가리킨다: patch up a *quarrel* 화해하다. **fight** 대결, 치고받기. **feud** 서로 다른 집단·가족 사이의 폭력과 그에 대한 복수라는 형태를 취하는 다툼: a feud between the two families 그 양가의 다툼. **conflict** 사상·이해·세력 따위의 충돌·불일치: the *conflict* between the generations 세대간의 충돌. **struggle** 대립·저항하는 것에 이기려고 하는 격렬한 노력: the *struggle* for life 생존 경쟁.

2 싸움의 원인, 불평〖거리〗(complaint); 싸움의 명분(against, with⋯). ¶ I have no *quarrel* against (or with) him. 나는 그에게 아무런 불만도 없다.

fight in a good quarrel 정당한 싸움으로.

find quarrel in a straw 사소한 일로 다투다.

— *vi.* (-reled, -rel·ing;〖英〗-relled, -rel·ling) **1** 싸우다, 다투다, 말다툼하다(dispute); 불화하게 되다, 의가 상하다. ¶ 〖~+前+图〗 She *quarreled* with her husband *about* their children. 그녀는 아이들 문제로 남편과 다투었다 / Children sometimes *quarrel over* (or for) trifles. 아이들은 흔히 사소한 일로 싸운다. **2** 불평을 하다(complain), 나무라다(find fault). ¶ 〖~+前+图〗 *quarrel with* fate 운명에 불평을 하다 / Let's not *quarrel with* this plan. 이 계획에 시비는 그만두자 / A bad workman *quarrels with* his tools. 《속담》서투른 숙수가 피나무 안반만 나무란다.

quarrel with one's **bread and butter** ⇨ BREAD.

◇ **quárrelsome** *adj.*

quar·rel² [kwɔ́ːr(ə)l, kwár-/kwɔ́r-] *n.* **1** 〖역사〗활촉이 네모난 화살. **2** 마름모꼴 유리창. **3** 〖석공용의〗 끌(chisel).

quar·rel·er, 〖英〗**-rel·ler** [kwɔ́ːr(ə)lər, kwár-/kwɔ́r-] *n.* 싸우는(말다툼하는) 사람, 싸움을 좋아하는 사람.

*****quar·rel·some** [kwɔ́ːr(ə)lsəm, kwár-/kwɔ́r-] *adj.* 싸움을 좋아하는, 말다툼을 좋아하는.

~**·ly** *adv.* ~**·ness** *n.*

quar·ri·er [kwɔ́ːriər, kwár-/kwɔ́r-] *n.* 채석공.

*****quar·ry¹** [kwɔ́ːri, kwári/kwɔ́ri] *n.* (*pl.* -**ries**) **1** 채석장, 돌산. **2** 《비유적》〖지식의〗원천, 출처, 보고(寶庫). ¶ a *quarry* of information 지식의 원천(보고).

— *v.* (-**ried**, -**ry·ing**) *vt.* **1** 〖돌을〗 잘라 내다. ¶ 〖~+图+副〗 *quarry* [out] marble 대리석을 잘라내다. **2** ⋯에 채석장을 만들다. **3** 〖책 따위에서〗⋯을 애써 찾아내다; 〖기록 따위를〗탐색하다. — *vi.* **1** 돌을 잘라내다. **2** 애써 탐구하다.

quar·ry² [kwɔ́ːri, kwári/kwɔ́ri] *n.* (*pl.* -**ries**) **1** 사냥감. **2** 추구하는 것; 복수의 대상.

quar·ry³ [kwɔ́ːri, kwári/kwɔ́ri] *n.* 마름모꼴 유리창(quarrel); 네모꼴 돌(타일).

quar·ry·ing [kwɔ́ːriiŋ, kwár-/kwɔ́r-] *n.* Ⓤ 채석업 (採石業).

quar·ry·man [kwɔ́ːrimən, kwár-/kwɔ́r-] *n.* (*pl.* -**men**) 〖영〗 채석공(quarrier).

*****quart¹** [kwɔːrt] *n.* **1** 쿼트 〖액량(液量) 단위, $^1/_4$ gallon, 2 pints〗. **2** 쿼트 〖건량(乾量) 단위, $^1/_8$ peck, 2 pints〗. **3** 1쿼트의 용기. **4** 1쿼트 [의 맥주]. ¶ He still takes his *quart*. 그는 아직도 1쿼트 [의 맥주를] 더 마실 수 있다.

put a quart into a pint pot 무리한 짓을 하다.

quart² [kwɔːrt / kɑːt] *n.* **1** 〖카드놀이〗[piquet에서] 같은 짝의 순서대로 된 4장의 패. ¶ *quart* major 최고점의 ace, jack, queen, king의 같은 순서대로 된 4장의 패 / *quart* minor 10, jack, queen, king의 같은 짝의 순서대로 된 4장의 패. **2** 〖드물게〗〖펜싱〗 = quarte. — *vi.*, *vt.* 〖고어〗〖펜싱에서〗 쿼트(quarte)의 자세를 취하다, 쿼트 자세로 머리를 뒤로 젖히다.

quart. (略) quarter, quarterly.

quar·tan [kwɔ́ːrtn] *adj.* [열병·학질 따위가] 4일만에 일어나는. — *n.* Ⓤ 〖병리〗4일열(*3일 간격으로 일어난다).

quar·ta·tion [kwɔːrtéiʃ(ə)n] *n.* Ⓤ〖화학〗금은(金銀) 사분법(四分法)〖질산(窒酸) 처리에 의한 분금법(分金法)의 제1단계로서는 3, 금1의 비율로 합금하는 일〗.

quarte [kɑːrt] *n.* 〖펜싱〗 제4의 자세(carte).

‡**quar·ter** [kwɔ́ːrtər] *n.* **1** 4분의 1(a fourth). ¶ a mile and a *quarter* 1마일과 4분의 1 / three *quarters* 4분의 3 / a *quarter* of a century 4반세기, 25년 / divide profits into *quarters* 이익을 5등분하다.

2 4분의 1달러, 25센트; 〖미국·캐나다의〗25센트 은화. ¶ May I have five nickels for this *quarter*? 이 25센트 은화를 5센트짜리 5개로 바꿀 수 있겠습니까?

3 1시간의 4분의 1; 15분. ¶ three *quarters* of an hour 45분간 / It is a *quarter* past (to) seven. 7시 15분(전)이다 / The hand was on the *quarter*. 바늘은 15분을 가리키고 있었다 / This clock strikes the hours, the half hours and the *quarters*. 이 시계는 시간마다 그리고 15분, 30분, 45분에 친다.

4 1년의 4분의 1(3개월); 4분기 지불기(支拂期)의 하나, 4분기 ; 《美》〖4학기제 학교의〗1학기〖약 10-12주일〗. ¶ the third *quarter* 제3 사분기 / He pays his rent at the end of each *quarter*. 그는 집세를 3개월마다 지불한다.

5 〖천문〗 현(弦) 〖달이 차고 기우는 주기의 4분의 1〗. ¶ the first (the last) *quarter* 상현(上弦)(하현).

6 a) 〖스포츠〗쿼터〖한 시합의 4분의 1〗. *cf.* half 3 b) = quarterback.

7 4분의 1파운드, 〖衡量〗쿼터〖중량의 단위. 《英》에서는 28파운드, 《美》에서는 25파운드〗; ($^1/_4$hundredweight); 〖穀量〗《英》 $^1/_4$ 톤 8부셀(bushel)〗.

8 4분의 1마일; (the ~)《英》4분의 1마일 경주.

9 4분의 1발($^1/_4$fathom) 1야드($^1/_4$yard) [9인치].

10 나침반의 4방위 기점(基點)〖동·서·남·북〗의 하나, 방위, 방각; 지방, 지역(district, region). ¶ nations in four *quarters* of the earth 전세계의 국민들 / from every *quarter*; from all *quarters* 사방 팔방으로부터 / in every *quarter* of the globe 세계 도처에서 / What *quarter* is the wind in? 풍향은 어떤가?;《비유적》형세가 어떤가?

11 〖도시의〗지구, 지대, ⋯거리. ¶ the Chinese *quarter* 중국인 거리 / the manufacturing (the residential) *quarter* 공장 지대(주택 지구) / business *quarters* 상업지구.

12 특정 사회·지구의(일부의)사람, 방면, 측; 〖정보 따위의〗출처(source). ¶ from a good (a reliable) *quarter* 틀림없는(믿을만한) 소식통으로부터 / The news came in from several *quarters*. 그 소식은 각 방면에서 들어왔다 / We cannot expect any help from that

quarter. 그 방면으로부터의 원조는 기대할 수 없다.
13 (보통 ~s) 숙소, 주거; (군대) 막사; (항해) (배 안의) 부서(post). ¶ the servants' *quarters* 하인 방 / winter *quarters* 겨울용 막사 / be at *quarters* 부서를 지키고 있다 / live in close *quarters* 좁은 곳에 옹기종기 모여 살다 / take up one's *quarters* at a hotel 호텔에 숙소를 잡다.
14 (U) (군사) (특히 투항자 등에 대한) 구명(救命); 관대, 자비; 유예; 경감(輕減). ¶ ask for (or cry) *quarter* 목숨을 빌다 / The enemy showed no *quarter*. 적은 용서가 없었다 // give *quarter* to …의 목숨을 건져 주다.
15 (네 발 짐승의) 네 발의 하나, (도살한 네 발 짐승의 다리 1개를 포함한)4분의 1. * forequarter, hindquarter 따위와 같이 말하며.
16 (항해) 고물 쪽. ¶ on the *quarter* 선미 쪽에.
17 (紋章) 방패의 4분의 1 (가지고 있는 사람 쪽에서 보아 dexter chief(우상), sinister chief(좌상), dexter base(우하), sinister base(좌하)라 한다).
18 (건축) 샛기둥(stud).
19 (구두의) 뒷죽에서 발등까지의 부분을 씌운 부분.
at close quarters 접근하여, 육박하여.
a bad quarter of an hour 불쾌한(어색한) 한때.
beat to quarters (항해) 부서를 지키게 하다.
beat up a person's quarters 남의 거처에 느닷없이 찾아오다, 기습하다.
— vt. **1** …을 4분하다, 4등분하다, 가닥을 내다; (동물의 몸)을 사지로 나누다; (고어) (죄인)을 사지를 찢어 죽이다(dismember). ¶ *quarter* an apple 사과를 네쪽 내다 / He was condemned to be *quartered*. 그는 능지처참형을 선고받았다. **2** …을 숙박시키다; (병사)를 숙영시키다; (항해) …을 막사에 지키게 하다. ¶ (~ 目+前+名) *quarter* oneself at a hotel (with a person) 호텔에(남과 함께) 투숙하다 / The soldiers were *quartered* in the houses (on the inhabitants of the town). 병사들은 그 소도시의 민가(주민들이 있는 곳)에 숙영했다. **3** (사냥개가 사냥감을 찾아서) (산야)를 이리저리 뛰어다니다. **4** (紋章) (방패)를 가로 세로의 선으로 4분하다, (다른 집 문장)을 자기집 문장에 덧붙이다(...with). **5** (기계) …에 4분원(分圓)이 되도록 구멍을 뚫다; (크랭크 따위)를 직각으로 달다. — vi. **1** 군영하다(at, in, with…); 부서를 지키다. **2** (사냥개가) 사냥감을 찾아 다니다. **3** (항해) 뒤에서 비스듬히 바람을 받고 달리다, (바람이) 비스듬히 뒤쪽에서 불어오다. — adj. 4분의 1의. ¶ a *quarter* mile 4분의 1마일. **2** 매우 불안전한.
◇ *quárterly adj., adv.*

quar·ter·age [kwɔ́:rtəridʒ] n. (U) **1** (병사 등에의) 숙사 할당; 숙영비; 숙사(lodging). **2** (고어) 4분기마다의 지불(quarterly payment), 4분기 지불.
quar·ter·back [kwɔ́:rtərbæk] n. (미식 축구) n. 쿼터백(의 선수); 쿼터백의 위치. *cf. fullback, halfback*
— vt. (팀)의 공격 지휘를 하다. — vi. 쿼터백을 하고 있다.
quárter bèll n. 15분마다 치는 시계의 종소리.
quárter bìnding n. (U) (책의) 가죽등 제책.
quar·ter·bound [kwɔ́:rtərbáund] adj. 가죽등 제책의.
quar·ter·bred [kwɔ́:rtərbrèd / kwɔ́:tə-] adj. (마소 따위가) 4분의 1만 순종의.
quar·ter·breed [kwɔ́:rtərbrì:d / kwɔ́:tə-] n. (美) 조부모 가운데 한 사람이 백인인 사람, (특히) 조상이 인디언인 사람.
quárter bùtt n. (당구) (half butt 보다) 짧은 큐.
quárter dày n. 4분기 지불일 (임대료 따위의 지불일 또는 임대 기한의 갱신일 따위로 정해진 1년을 4기로 나눈 날. (美)에서는 1월, 4월, 7월, 10월의 제1일; (英)에서는 Lady Day (3월 25일), Midsummer Day (6월 24일), Michaelmas (9월 29일), Christmas (12월 25일); (스코)에서는 Candlemas (2월 2일), Whitsunday (5월 15일), Lammas (8월 1일) Martinmas (11월 11일)).
quar·ter·deck [kwɔ́:rtərdèk] n. (항해) **1** 후갑판 (상갑판의 후부. 원래는 선미에서 후장(後檣)까지의 부분. 보통 고급 선원이나 1등 선객의 전용 갑판). **2** (the ~) (집합적) 고급 선원.

[quarter-deck 1]

quárter dóllar n. 25 센트화(貨).
quar·tered [kwɔ́:rtərd] adj. **1** 넷으로 나눈. **2** (紋章) 방패꼴을 가로 세로의 선으로 4등분한. ¶ *quartered* arms 4 등분 문장. **3** 숙사(宿舍)를 할당받은 (lodged). **4** (목재가) 세로로 4분된 (quartersawed).
quar·ter·fi·nal [kwɔ́:rtərfáin(ə)l] (quartered 2) (경기) adj. 준준결승의. — n. 준준결승전. *cf. semifinal*
quar·ter-hour [kwɔ́:rtəráuər] n. **1** 15분간. **2** (어떤 시간의) 15분 또는 15분전.
quar·ter·ing [kwɔ́:rtəriŋ] n. (U) **1** 4분하기. **2** 숙사(宿舍) 할당. **3** (紋章) a) 방패꼴 문장을 4분하기. b) 조합 문장 (하나의 문장 바탕에 가장자리가 연결된 다른 집의 문장을 짝지어 넣기). — adj. **1** 4분하는. **2** (바람이) 뒤에서 비스듬히 배의 옆으로 불어오는.
quárter lìght n. (英) (마차의) 옆창. (형(隊形))
quárter lìne n. (항해) (선박의) 기러기때 모양의 대
quar·ter·ly [kwɔ́:rtərli] adj. **1** 연 4회의, 4분기마다의, ¶ a *quarterly* magazine 계간지. **2** 4등분의, 4분의 1의. **3** (紋章) 4분문(分紋)으로 한. — n. (pl. -lies) 연 4회 간행물, 계간지. — adv. **1** 1년에 4회, 계절마다. **2** (紋章) 4분문으로 하여. ¶ *quarterly* quartered 방패꼴 문장을, 가로 세로의 선으로 나눈 꼴의.
quar·ter·mas·ter [kwɔ́:rtərmæ̀stər / -mɑ̀:s-] n. **1** (美육군) 보급계 장교 (略 QM). **2** (해군) 조타원 (操舵員). (略 Q.C., QMC).
Quártermàster Córps n. pl. (美육군) 병참 부대
quártermàster géneral n. (pl. *quartermasters g- or q- generals*) (美육군) 병참 장감 (兵站監) (略 QMG).
quárter míler n. 4분의 1마일 경주 선수.
quar·tern [kwɔ́:rtərn] n. (주로英) **1** 4분의 1(quarter). **2** 쿼턴 (각종 단위(pint, peck 따위)의 4분의 1). **3** 무게 4파운드의 빵.
quárter nélson n. (레슬링) 4분의 1 목누르기. *cf. full nelson, half nelson*
quárter nòte n. (음악) 4분 음표.
quar·ter·phase [kwɔ́:rtərfèiz] adj. (전기) 2상(相)의.
quar·ter·plate [kwɔ́:rtərplèit] n. (사진) $4^{1}/_{4} \times 3^{1}/_{4}$ 인치 크기의 건판(사진).
quárter rèst n. (음악) 4분 쉼표.
quar·ter·saw [kwɔ́:rtərsɔ̀:] vt. (-sawed, -sawed or -sawn, -sawing) (통나무)를 세로로 네 조각으로 켜다. ¶ *quartersawed* lumber 네 조각으로 켠 목재.
quárter séction n. **1** 4등분. **2** (측량 따위에서) 4분의 1평방마일의 땅 (160에이커).
quárter sèssions n. pl. (법률) **1** 4계(季) 법원 (영국에서 일반 민사 소송이나 중대 범죄를 제외한 형사 재판 및 소(小)치안 재판소로부터의 상소 심리를 하는 연 4회 개정되는 지방 법원). **2** (미국 New Jersey 주 등의) 4계 법원.
quar·ter·staff [kwɔ́:rtərstæ̀f / -stɑ̀:f] n. (pl. *-staves* [-stèivz, -stɑ̀:vz/ -stɑ́:vz]) **1** 6척봉(尺棒) (옛날 영국에서 사용되던 무기). **2** 6척봉의 연습(전투).
quárter tòne(stèp) n. (음악) 4분음, 4분의 1 음.
quar·ter·wind [kwɔ́:rtərwìnd] n. (항해) 비스듬히 뒤에서 불어오는 순풍.
*quar·tet, (英) -tette** [kwɔ:rtét] n. **1** 4인조, 4개 한

quar·tic [kwɔ́ːrtik] (代數) adj. 4차식의. —— n. 4차식.

quar·tile [kwɔ́ːrtail, +美 -t(i)l] adj. **1** [점성] 4분의 1대좌(對坐)의 [두 천체가 서로 90° 간격에 있는 시좌(視座)(aspect)를 말한다]. **2** [통계] 4분위(分位)의. —— n. **1** [점성] 4분의 1대좌, 구상(矩象). **2** [통계] 4분위수(分位數).

quar·to [kwɔ́ːrtou] n. (pl. **-tos**) **1** ⓤⓒ 4절판(折版) [전지를 두 번 접은 크기. 약 24×30cm]. **2** 4절판의 책 [略 4to, 4°]. cf. folio, sexto, octavo —— adj. 4절[판]의. ¶ a quarto edition 4절판.

quar·tus [kwɔ́ːrtəs] adj. [이름이 같은 남학생 중에서] 4번째의(fourth). ¶ Jones quartus 4번째 존스.

quartz [kwɔːrts] n. ⓤ [광물] 석영(石英) [무색 투명한 결정은 수정이라 부른다]. ¶ milky quartz 유석영(乳石英) / smoky quartz 연수정(煙水晶).

quártz clóck n. 수정 시계 [수정 발진기(發振器)의 안정된 발진 주파수를 이용한 정밀 전자 시계].

quártz crýstal n. [전자 공학] 수정 결정판(板).

quartz·ite [kwɔ́ːrtsait] n. ⓤ [광물] 규암(珪岩), 석영암.

quártz lámp n. 석영 수은등 [석영관(管)을 사용한 수은등].

quártz wátch n. 쿼츠 시계 [수정 발진식 전자 시계] (quártz-crýstal wátch). cf. quartz clock [천체].

qua·sar [kwéisɑːr, -zɑːr, -sər, -zər] n. [천문] 항성 모양의 천체(擬似)의.

quash[1] [kwɑʃ / kwɔʃ] vt. (반란·폭동 따위를) 가라앉히다, 누르다, 진압하다(suppress). ¶ quash a revolt 반란을 진압하다.

quash[2] [kwɑʃ / kwɔʃ] vt. [법률] [고발·판결 따위를] 취소하다, 파기(폐기)하다, 무효로 하다. ¶ quash an indictment 고소장을 무효로 하다.

qua·si [kwéisai, -zai, kwɑ́ːsi, -zi / kwɑ́ːzi(ː)] adj. 유사한, 외견상의(seeming); 어떤 의미의, 어느 정도의; 준…, 의사(擬似)의. ¶ a quasi kindness 겉치레만의 친절 / a quasi war 준전쟁. —— adv. 외견상(seemingly); 어떤 의미에서, 어느 정도; 거의(almost). **2** 즉; 말하자면.

quasi- quasi의 뜻의 연결형. 예: quasi-cholera (의사콜레라), quasi-official (준공식(準公式)의).

qua·si·at·om [kwéisiæ̀təm, -zai-, -sai-, -zai- / kwɑ́ːsi-, kwéisai-] n. [물리] 준(準)원자 [원자끼리 충돌할 때 원자핵이 근접해서 원자 자체의 상태를 이룬 것].

qua·si·fis·sion [kwèisaifíʃ(ə)n, -zai-, -sai-, -zai- / kwɑ́ːsi-, kwèisai-] n. [물리] 준(準) 핵분열.

qua·si·par·ti·cle [kwéisipɑ̀ːrtikl, -zai-, -sai-, -zai- / kwɑ́ːsi-, kwéisai-] n. [물리] 준입자(準粒子).

quá·si-stél·lar rádio sòurce [kwéisaistélər-, -zai-, -sai-, -zai- / kwɑ́ːsi-, kwéisai-] n. [천문] 항성상(恒星狀) 천체 전파원(電波源).

quas·sia [kwɑ́ʃ(i)ə / kwɔ́ʃə] n. 콰시아속(屬)의 식물; ⓤ 그것의 쓴맛이 나는 액체 [강장제·구충제 따위로 쓴다]. [times].

quat·er [kwéitər] adv. [처방전에서] 네 번에 (four

quat·er·cen·te·na·ry [kwɑ̀ːtərsénténəri / kwæ̀tərsentíːnəri] n. (pl. **-ries**) 400년제(祭).

qua·ter·na·ry [kwɔ́tərnəri, -næ̀ri, kwətə́ːrnəri] adj. **1** 4요소(부분)로 이루어진; [수학] 4변수의, [화학] 4기(基)의. ¶ quaternary compounds 4기 화합물. **2** 4개 한 벌의, 4개씩의. **3** (Q-) [지질] 제4기(紀)의. —— n. (pl. **-nar·ies**) **1** 4개 한 벌의 것, **2** 4변수(變數). **3** (지질) 제4기.

qua·ter·ni·on [kwətə́ːrniən, -njən] n. **1** 4개 한 벌, 4인조. **2** [수학] 4원수(元數). (~s) 4원법 산법(元法算法). **3** [제본] 둘로 접은 4장을 겹친 용지.

qua·ter·ni·ty [kwətə́ːrniti] n. (pl. **-ties**) **1** 4개 한 벌, 4인조. **2** (the Q-) [기독교] 4위(位) 일체. cf. Trinity.

qua·tor·zain [kətɔ́ːrzèin, +美 kǽtər-] n. [韻律] 소네트 비슷한 14행 시의 일종.

quat·rain [kwɑ́treǐn / kwɔ̌t-] n. [韻律] 4행시, 4행 연구(聯句) [보통 a b a b의 압운(押韻) 형식을 취한다].

qua·tre [kɑ́ːtər / kéǐ-] n. [카드놀이의] 4의 패, [주사위] 4의 눈(cater).

quat·re·foil [kǽtərfɔ̀il, kǽtrə-] n. **1** [클로버 따위의] 네잎. **2** [건축] 네잎 장식. **3** [紋章] 네잎 무늬.

[quatrefoil 2]

quat·tro·cen·tist [kwɑ̀ːtro(u)tjéntist / kwɔ̀t-] n. (종종 Q-) [이탈리아 문예 부흥기인] 15세기의 미술가·작가.

quat·tro·cen·to [kwɑ̀ːtro(u)tjéntou / kwɔ̀t-] n. (종종 Q-) 15세기. ✱ 이탈리아의 미술·문학에 관하여 쓴다.

qua·ver [kwéivər] vi. **1** 떨리다(tremble). **2** 목소리가 떨리다, 떨리는 목소리로 노래하다(말하다), 악기로 떨리는 음을 내다. —— vt. [가락]을 떨리게 하다, …을 떨리는 목소리로 노래하다(말하다). ¶ quaver a song 떨리는 목소리로 노래하다 // (~+圓+副) quaver out a few words 떨리는 목소리로 두세 마디 말하다. —— n. **1** 목소리(음)의 떨림, 떨리는 목소리(음). **2** [음악] 8분 음표. ¶ a quaver rest 8분 쉼표.

qua·ver·ing·ly [kwéiv(ə)riŋli] adv. 떨리어; 목소리를 떨며.

qua·ver·y [kwéivəri] adj. 떨리는; 떨리는 목소리의.

quay [kiː] n. 부두, 선창, ⇒ DOCK[1].

quay·age [kíːidʒ] n. ⓤ **1** [집합적] 부두. **2** 부두 용지(用地). **3** 부두세(稅).

quay·side [kíːsàid] n. 부두 지역.

Que. (略) Quebec.

quean [kwiːn] n. (고어) **1** 뻔뻔스러운 여자, 굴러먹은 여자. **2** 매춘부. **3** (스코) 소녀, 처녀.

quea·sy [kwíːzi] adj. (**-si·er, -si·est**) **1** (위·사람 등이) 비위에 거슬리는, 메스꺼운(nauseous). **2** [음식 따위가] 욕지기나게 하는. **3** 불쾌한, 불안정한. **4** 까다로운, 소심한. **-si·ly** adv. **-si·ness** n. [주석].

Que·bec [kwibék] n. 퀘벡 [캐나다 동부의 주, 또는 그 주도].

que·bra·cho [keibrɑ́ːtʃou] n. (pl. **-chos**) **1** 옻나무과(科)의 나무 [재목과 껍질은 가죽 무두질·염료용]. **2** 협죽도과의 나무.

Quech·ua [kétʃwə] n. (pl. **-uas** or **-ua**) **1** ⓤ 케추아어 [원래 잉카 문명권의 공용어]. **2** [페루 등지의] 케추아족(族).

Quech·uan [kétʃwən] adj. 케추아어의. —— n. (pl. **-uans** or **-uan**) =Quechua.

queen [kwiːn] n. **1** 여왕, 여제(女帝). cf. king. **2** 왕비, 왕후. **3** [신화 등의] 여왕, 여신. **4** 여왕 같은 여자, [사교계의] 여왕; 여왕에 비길만한 것. ¶ the queen of society 사교계의 여왕 / Paris, queen of cities 도시의 여왕 파리 / the rose, queen of flowers 꽃의 여왕 장미. **5** 애인(sweetheart), 정부(情婦)(mistress); 아내(wife). **6** [곤충] 여왕개미, 여왕벌. ¶ a queen ant 여왕 개미. **7** [카드놀이] 퀸; [서양 장기] 여왕. **8** [항공 속어] 무선 조종기의 모(母)비행기. **9** [美속어] 남자의 동성애 연애자, 여자역의 인간. [호].

the Queen of Grace 자비의 여왕 [성모 마리아의 칭호].

the queen of hearts ① [카드놀이] 하트의 퀸. ② 미인.

the Queen of Juno 주노(Juno)의 칭호.

the Queen of heaven 하늘의 여왕 [성모 마리아의 칭호].

the Queen of love 사랑의 여신 [비너스(Venus)의 칭호].

the Queen of night ① 밤의 여신 [다이아나(Diana)의 칭호]. ② 달.

the Queen of Scots [역사] 스코틀랜드의 여왕 Mary Stuart의 칭호.

the Queen of Sheba [성서] 시바의 여왕 [솔로몬의 위대함을 알고 찾아온 여왕].

the Queen of the Adriatic 아드리아해의 여왕 [베니스(Venice)의 칭호].
the Queen of the seas 4해(海)의 여왕 [Great Britain의 칭호].
the Queen of the West 서부의 여왕 [미국 Cincinnati 시의 칭호].
to the queen's taste 나무랄 데 없이, 완전히.
— vt. **1** …을 여왕(왕비)으로 삼다; …의 여왕으로 군림하다. **2** 《서양 장기》 [졸]을 여왕이 되게 하다. — vi. 여왕이 되다, 여왕으로서 군림하다. 『(over…).
queen it 여왕으로서 군림하다, 여왕처럼 행세하다.
◇ queenlike, queenly adj.

Queen Anne n. 《건축》(형용사적으로) 앤 여왕조 양식의 [18세기 초두의 영국의 건축 및 가구의 양식에 관해서 말한다].
Queen Anne's lace n. 야생 당근(wild carrot).
queen bee n. 〔곤충〕여왕벌;《속어》[그룹·사회 활동 등에서의] 여성 지도자.
queen-cake n. (the-) 건포도가 든 하트형 빵과자.
queen consort n. 왕비, 황후.
queen·dom[kwíːndəm] n. **1** Ⓤ 여왕의 지위(신분). **2** 여왕국. cf. kingdom
queen dowager n. 황태후.
queen·hood[kwíːnhùd] n. Ⓤ 여왕의 신분(지위), 품격.
queen·ing[kwíːniŋ] n. **1** 《영》사과의 한 품종. **2** Ⓤ《서양장기》졸이 여왕으로 되기. 『(queenly).
queen·like[kwíːnlàik] adj. 여왕 같은, 여왕다운.
queen·ly[kwíːnli] adj. (-li·er, -li·est) **1** 여왕다운, 여왕의. 『the queenly office 여왕의 직무. **2** 여왕다운, 여왕에 어울리는, 위엄있는(majestic). — adv. 여왕답게, 여왕처럼. **-li·ness** n. 『하는 요정.
Queen Mab n. 〔아일·英 민화〕사람에게 꿈을 꾸게
queen mother n. **1** 〔현 국왕 또는 여왕의 어머니인〕황태후. **2** 〔왕가 또는 왕녀를 가진〕현 여왕.
queen·pin[kwíːnpìn] n. 〔조직 따위의〕핵심 여성.
queen post n. 〔건축〕퀸 포스트, 쌍대공〔지붕의 뼈대를 세로로 받치는 한 쌍의 지주 중 하나〕. cf. king post [queen post]
queen regent n. 섭정 여왕.
queen regnant n. 〔주권자로서의〕여왕.
Queens[kwiːnz] n. 미국 Long Island 에 있는 New York 시 동부의 독립구. ⇨ BOROUGH.
Queen's Bench n. (the ~)《영법률》여왕좌(女王座) 법원 [여왕 통치하의 영국 고등 법원].
Queens·ber·ry rules[kwíːnzbèri-/-bəri-] n. pl. 《권투》퀸즈베리 규약. [<작성자인 Queensberry 후작 (1844-1900)의 이름].
Queen's Birthday n. 《영》여왕 탄생일 [4월 21
queen's colour n. 《영》〔여왕기(旗)〕〔여왕 통치하의 영국 국기〕; 특히 연대기와 병용되는 것〕.
Queen's Counsel n. 〔英법률〕왕실 고문 변호사. = King's Counsel
queen's English n. Ⓤ 순수 영어, 표준 영어. cf. king's English
queen's highway n. 《英》공로(公路).
queen·ship[kwíːnʃip] n. Ⓤ **1** 여왕의 지위(신분, 직). **2** 여왕다움, 여왕에 어울림.
queen-size[kwíːnsàiz] adj. 《美구어》중특대(中特大)의 (king-size 보다 작은 사이즈). 『자기.
queen's ware n. Ⓤ Wedgwood 산(產)의 크림색 도
‡**queer** [kwiər] adj. **1** 별난, 기묘한, 괴상한. ⇨ STRANGE 〔類語〕『a queer act 기행(奇行). **2** 수상쩍은, 의심쩍은(suspicious). 『There's something queer about him. 그에게는 좀 수상한 데가 있다. **3** 기분이 나쁜, 현기증나는; 머리가 돈. 『feel queer 기분이 나쁘다 / He is queer in the head. 그는 머리가 돌았다. **4** 《美속어》가짜의, 나쁜, 부정한. 『queer money 가짜돈 / a queer character 교활한 성질. **5** 〔속어〕동성애의(homosexual). **6** 〔英속어〕술취한(drunk).

a queer fish (or **bird, card, cove**) 괴짜.
— vt. 〔속어〕…을 엉망으로 만들다, 못쓰게 만들다 (ruin); …의 기분을 해치다; 〔남〕을 불리한 입장에 두다. 『(~+图+剧+名) queer oneself with a teacher 선생의 신용을 잃다.
queer the pitch for a person; queer a person's pitch 《英》뒤에서 남의 성공의 기회를 망쳐놓다.
— n. **1** 《美속어》가짜 돈. **2** 《속어》괴짜; 동성 연애자(homosexual).
~**·ly** adv. ~**·ness** n.
Queer Street n. 《속어》경제적 곤란, 빚.
in Queer Street ① 경제적으로 궁지에 빠져서. ② 평판이 나빠서.

*__quell__[kwel] vt. **1** 〔폭동·혼란 따위〕를 가라앉히다, 진압하다 (suppress). **2** 〔감정〕을 억누르다, 〔공포 따위〕를 진정시키다. 『람.
quell·er[kwélər] n. 가라앉히는 사람, 진압하는 사
Quel·part[kwélpɑːrt] n. 퀠파트〔한국의 제주도의 별칭〕.
‡**quench**[kwentʃ] vt. **1** 〔욕망 따위〕를 억누르다, 억제하다 (suppress); 〔감정 따위〕를 누그러뜨리다; 〔갈증〕을 풀다, …을 만족시키다. 『quench desire (hatred) 욕망 (증오심)을 억누르다 / quench one's thirst 갈증을 풀다. **2** 〔주로 詩〕〔불·빛 따위〕을 끄다(extinguish). 『(~+图+剧+名) quench a fire with water 물로 불을 끄다. **3** 〔강철〕을 담금질하다, 급랭(急冷)하다. **4** 〔속어〕…을 찍소리 못하게 하다, 입을 다물게 (shut up).
quench smoking flax 〔성서〕꺼져가는 등불 심지를 끄다; 전도 유망한 발전을 중단하다 [←이사야(Isa.) 42
◇ quénchless adj.   [:3].
quench·a·ble[kwéntʃəbl] adj. 억제할 수 있는; 달랠 수 있는; 끌 수 있는.
quench·er[kwéntʃər] n. 억제하는 사람(것); 끄는 사람(것), 〔구어〕갈증을 풀어주는 것, 음료.
quench·less[kwéntʃlis] adj. 억누를 수 없는; 달랠 수 없는; 끌 수 없는. ~**·ly** adv. ~**·ness** n.
que·nelle[kənél] n. 고기 완자. 〔염료로 쓰임〕.
quer·ce·tin[kwɔ́ːrsitin] n. Ⓤ《화학》케르세틴〔황색
quer·i·mo·ni·ous[kwèrimóuniəs / kwèri-] adj. 불평하는, 투덜대는(complaining).
que·rist[kwíːrist / kwíər-] n. 질문하는 사람.
quern[kwəːrn] n. 〔곡식 따위를 빻는〕 맷돌.
quer·u·lous[kwér(j)uləs] adj. 불평하는, 불평을 늘어놓는, 투덜거리는(complaining); 화를 잘 내는(peevish). ~**·ly** adv. ~**·ness** n.
*__query__[kwíːri / kwíəri] n. (pl. **-ries**) **1** 〔의문을 품은〕질문, 의문 (question), 의심 (doubt). 『raise a query 의문을 내다. **2** 〔보통 qu., qy.로 줄여 쓰며, 단어 앞에 써서〕…을 물겠는데. 『Query (or Qu.), was the money ever paid? 도대체 돈은 지불했느냐? **3** 〔의문 따위에 기입하는〕의문 부호(?). — v. (**-ried, -ry·ing**) vt. **1** …을 묻다, 캐묻다 (question). ⇨ ASK 〔類語〕 『query a fact 사실을 캐묻다. **2** …을 의심하다 (doubt). 『(~+wh.剧) I query whether (or if) his word can be relied on. =I query the reliability of his word. 그의 말을 믿을 수 있을까는 의심이 간다. **3** …에 의문 부호를 붙이다. — vi. 질문하다; 의심하다, 의심을 품다.
ques.(略) question.
‡**quest**[kwest] n. **1** 탐색, 탐구 (search); 〔특히 중세 기사의 모험적인〕 탐색, 원정 (for…). 『a quest for gold mines 금광 탐사. **2** 탐색(원정)대. **3** 《英방언》검시(檢屍) (inquest).
in quest of …을 찾아서, 물어서. 『go in quest of adventure 모험을 찾아서 떠나다.
— vi. **1** 탐색 (탐구) 하다 (search, seek) (for, after…). **2** 〔사냥개 따위가〕뒤를 밟아 찾다, 찾아 다니다. 『(~+剧)(~+剧+名) quest about (or out) for

quester [kwéstər] *n.* 탐색자, 탐구자.

ques‧tion [kwéstʃ(ə)n] *n.* **1** 물음, 질문, 질의. *opp.* answer. ¶ a *question* and answer 질의 응답 / a tough *question* to answer 대답하기 어려운 질문 / May I ask you a *question*? 질문해도 되겠습니까만….
2 [문법] 의문문 (interrogative sentence).
3 ⓤ 의심, 의문, 의심쩍음, 미심쩍음 (doubt). ¶ There is no *question* [but] that it is true. 그것이 사실임은 의심할 여지가 없다 / There never was the slightest *question* about his honesty. 그가 정직하다는 데에는 의심할 여지가 조금도 없었다.
4 [토의해야 할] 문제, 논제, 논점, 의제, 현안. ⇨ PROBLEM [類語] ¶ a labor *question* 노동 문제 / an open *question* 미해결의 문제 / a pending *question* 현안(으로 되어 있는 문제) / a *question* at (or in) issue 계(係)쟁중, 현안 / a *question* of the day 오늘날의 문제 / The *question* is... 문제는 …이다 / That is not the *question*. 그것은 당면한 문제가 아니다.
5 [일반적으로] 문제, 일, 사항 (affair, matter) (*of* …). ¶ It is not a *question* of mere time and money. 그것은 시간과 돈만으로 해결될 문제가 아니다 / It's all a *question* of degree. 그것은 완전히 정도의 문제다.
6 (the ~) 표결 절차. ¶ put the *question* [의장이] 채결(採決)하다, 표결에 붙이다.
7 [법률] 계쟁 문제; 심문.
8 ⓤ 《폐어》 재판 (trial); 고문 (torture). ¶ put a person to the *question* 남을 고문하다.

beg the question ⇨ BEG. 절하지 아니하.
beside the question 문제 밖에서, 본론을 벗어나, 적절하지 않는.
beyond [*all*] *question* 의심할 여지없이, 물론, 분명히. ¶ His honesty is *beyond question*. 그가 정직하다는 것은 의심할 여지가 없다 / *Beyond question* you're right. 분명히 네 말대로이다.
call…*in* (or *into*) *question* ① …에 의심을 품다, 의를 제기하다. ② …을 논의하다.
come into question 문제가 되다, 논의되다.
fire question at …에 질문을 퍼붓다.
in question 문제의, ¶ the person *in question* 당사자.
make no question of …을 의심하지 않다.
out of question 《고어》 = beyond question.
out of the question 문제가 되지 않는, 생각할 가치도 없는, 논외인; 불가능한 (impossible). ¶ Such a talk is completely *out of the question*. 그런 이야기는 전혀 문제가 되지 않는다 / It's *out of the question* for me to finish the work in a week. 그 일을 1주일에 끝내라고 해도 될 수 아니다.
past question 《고어》 = beyond question.
pop the question ⇨ POP¹.
put a question to …에게 질문하다.
Question! [의회] [발언자의 탈선에 주의를 환기하며] 본론으로 돌아가시오!; 이의있소!
question and commands 문답 놀이.
raise a question [*whether*] …의 여부에 의문을 제기하다, …의 여부를 문제삼다.
without question = beyond question.

— *vt.* **1** [남]에게 질문하다; [남을] 심문하다 (interrogate). ⇨ ASK [類語] ¶ *question* a suspect 용의자를 심문하다 //(~+图+前+图) They *questioned* their teacher *about* the results of the mid-term examinations. 그들은 선생에게 중간 고사 결과를 물었다 / I *questioned* him *on* his opinion. 나는 그에게 의견을 물었다. **2** …을 의심하다 (doubt); …을 문제로 삼다, …에 이의를 제기하다 (dispute). ¶ (~+wh. 節) Some people *question* if (or *whether*) his remarks are true. 그의 말의 진실성을 의심하는 사람도 있다 // (~+that 節) It cannot be *questioned* [but] that …의 의심할 여지가 없다. **3** [현상·사실 따위]를 탐구하다, 연구하다, 조사하다 (study, examine). ¶ They *questioned* the stars to measure time. 그들은 시간을 재기 위해 별을 연구했다. — *vi.* 질문하다, 묻다.

◇ quéstionless *adv.*

*quéstion‧a‧ble [kwéstʃənəbl] *adj.* **1** [예의·도덕 따위가] 의심스러운, 미심쩍은. ¶ *questionable* conduct 미심쩍은 행위. **2** [진실성 따위가] 문제인, 의심인, 수상한. ⇨ DOUBTFUL [類語] ¶ a *questionable* statement 의심스러운 진술. ~**ness** *n.* **-bly** *adv.*

ques‧tion‧ar‧y [kwéstʃənèri / -nəri] *n.* (*pl.* **-ar‧ies**) = questionnaire. — *adj.* 질문의, 의문의.

ques‧tion‧er [kwéstʃənər] *n.* 질문하는 사람.

ques‧tion‧ing [kwéstʃəniŋ] *adj.* 질문하는 것 같은; 캐묻는 듯한, 의심하는 것 같은. — *n.* ⓤⓒ 질문, 질의. **-ly** *adv.*

ques‧tion‧less [kwéstʃ(ə)nlis] *adj.* **1** 문제가 없는, 의심할 여지가 없는 (unquestionable). **2** 문제시하지 않는, 의심하지 않는 (unquestioning). — *adv.* 의심할 여지없이, 이론(異論)없이.

quéstion màrk *n.* 의문 부호(?).
[주의] 형식은 의문문이 아닐 경우라도 실질적으로의 의문의 뜻을 나타낼 때에는 의문 부호를 쓴다. 주로 긍정적인 답을 기대할 경우에 사용된다: You will have a drink? (한잔 안하시겠습니까?) / You think I'll have ten minutes?(10분만 시간을 내주시겠습니까?). 또한 형식은 의문문이라도 의문의 뜻을 갖지 않을 경우에는 의문 부호가 생략되는 수도 있다. ⇨ PERIOD [주의]
2 의심스러운 것. ¶ His career is still a *question mark* to us all. 우리는 그의 경력을 아직도 분명히 알지 못하고 있다. (master).

quéstion màster *n.* 《英》 퀴즈 프로의 사회자(quiz-

ques‧tion‧naire [kwèstʃənέər, -tiə-, -tʃə-] *n.* 질문서, 질문(설문)표, 앙케이트. [<F]

quéstion tìme *n.* ⓤ [영국 의회에서] 질의 시간.

ques‧tor [kwéstər] *n.* [로마 역사] = quaestor.

quet‧zal [ketsɑ́ːl] *n.* **1** 케찰 [꼬리가 길고 아름다운 새; 중남미산(産)]. **2** 과테말라의 화폐 단위 [약 1달러에 상당].

*quéue** [kjuː] *n.* **1** 변발; 꼭뒤에서 땋아 내린 머리. **2** [차례를 기다리는 사람·차 따위의] 줄. ¶ In a *queue* 줄을 서서 / form a *queue* 줄을 서다. **3** [컴퓨터] 대기 행렬. [로 새치기 하다.
jump the queue 《英》 [차례를 무시하고] 줄의 앞쪽으
— *v.* (**queued, quéu‧ing** or **quéue‧ing**) *vt.* **1** [머리]를 땋아 내리다. **2** …에 줄을 서다 하다. — *vi.* **1** 줄을 서다, 줄을 서서 기다리다, 줄(지어)서다(*up*). **2** (~+) 《컴퓨터》 대기 행렬에 넣다. [기행렬 이론.

quéu‧ing théory [kjúːiŋ-] *n.* [수학] 대기 이론,

quib‧ble [kwíbl] *n.* **1** [문제를 얼버무리기 위한] 둘러대기, 핑계, 발뺌. **2** (고어) 시시한 재담, 말장난 (pun). **3** 까다로운 비판, 독설. — *vi.* (**-bled, -bling**) [애매한 말로] 얼버무리다.

quib‧bler [kwíblər] *n.* 말을 얼버무리는 사람.

quib‧bling [kwíbliŋ] *adj.* 말을 얼버무리는, 둘러대는; 트집잡는 (carping). — *n.* ⓤⓒ 둘러대기.

*quick** [kwik] *adj.* **1** [동작 따위가] 빠른, 급속한, 신속한, 민첩한; 속속에서의, *opp.* slow. ¶ a *quick* grower 속성 식물 / a *quick* journey 급한 여행 / a *quick* reply 즉답 / a *quick* walker 걸음이 빠른 사람 / Be *quick*! 서둘러라! / Quick[하라]! / He is *quick* about his work. 그는 일이 빠르다.
[類語] *quick* 행동이 민첩하고 빠른; 반응이 즉각적인: give a *quick* look 재빨리 힐끗 보다 / a *quick* response 즉각적인 반응. *fast* 일정 시간 연속적으로 사람이나 물건이 빨리 움직이는: a *fast* runner 빨리 달리는 사람. *rapid* 운동·행동이 fast한; 다소의 놀라움을 암시: make *rapid* progress 급속하게 진보하다.

swift 동작이 원활하고 매우 rapid 한; 약간 딱딱한 말: a *swift* arrow 눈에 보이지도 않는 화살. **speedy** 매우 속도가 빠른; 때로 허둥댐을 암시: *speedy* preparations 신속한 준비. **hasty** 급히 서두는; 종종 부주의·혼란 따위를 암시: a *hasty* trip 급히 서두는 여행. **prompt** [종종 훈련·교육의 결과] 반응이 quick 한: *prompt* service [호텔 따위의] 신속한 서비스. **ready** 행동·반응이 quick 하여 쉽게 대응할 수 있는: a *ready* speaker 준비없이 즉석에서 이야기할 수 있는 사람.
2 이해가 빠른, 영리한 (intelligent); 쉽게 느끼는, 민감한(sensitive), 날카로운(acute). ¶ a *quick* ear 예민한 귀 / a *quick* child 영리한 아이 / have *quick* wits 재치가 있다 / be *quick* of learning (sight) 빨리 익히다 (눈이 예리하다) / be *quick* at figures (apprehension) 계산(이해)이 빠르다 / be *quick* to understand 이해가 빠르다. **3** 성마른, 성미가 급한, 성급한. ¶ a *quick* temper 성급함. **4** 《커브가》 급한. ¶ a *quick* turn 급한 회전. **5** 《고어》 살아 있는(alive). ¶ go down *quick* into hell 산 채로 지옥에 떨어지다. **6** 《미》《경제》 바로 돈으로 바꿀 수 있는, 현금화할 수 있는. **7** 《채광》 광맥 따위가》 생산적인, 광석이 많은. **8** 살아 있는 사람으로 이루어진. **9** 《고어》《불 따위가》 한창 타고 있는. **10** 《고어》 임신한(pregnant) (with...). ¶ be *quick* with child 임신하고 있다. [...를 잘 내다.] *be quick of temper; be quick to take offense* 화 *in quick succession* 꼬리를 물고, 잇따라서.
— *n.* (the ~) **1** 살아 있는 사람들. ¶ the *quick* and the dead 산 자와 죽은 자. **2** 생살, [특히 손톱 밑의] 속살; [상처의] 새 살, 새 피부. **3** 《비유적》 감정의 급소, 급소, 아픈 곳. **4** 《주로 英》《집합적》 자라 있는 나무; [산울타리의] 산사나무.
to the quick ① 생살에 [까지]. ② 절실히, 뼈에 사무치게. ¶ My words cut (*or* touched) him *to the quick.* 내 말은 그의 아픈 곳을 찔렀다. ③ 순수하게, 철두철미. ¶ be brave *to the quick* 문자 그대로 용감하다 / He is a poet *to the quick.* 그는 진짜 시인이다. ④ 살아 있듯이. ¶ He is painted *to the quick.* 그의 초상화는 실물 그대로이다.
— *adv.* **1** 빨리, 서둘러(quickly) (* 항상 동사 뒤에 온다). ¶ walk *quick* 빨리 걷다 / as *quick* as lightning (*or* thought, wink) 전광석화처럼, 순식간에. **2** 《분사와 결합하여》 빨리. ¶ *quick*-growing 빨리 성장하는 / *quick*-setting cement 속건성(速乾性) 시멘트.
~**ness** *n.* quícken *n.*

quick-and-dirt·y [kwíkəndə́ːrti] *n.* 《미속어》 스낵 바, 간이 식당.
quíck ássets *n. pl.* 《회계》 당좌 자산, 유동 자산.
quíck bréad *n.* U 베이킹 파우더를 넣어 굽는 성 빵.
quíck búck *n.* 《미속어》 공돈; 부정하게 번 돈.
quick-change [kwíktʃéindʒ] *adj.* 《배우 등이》 재빨리 변하는. ¶ a *quick-change* artist [의상 따위를] 재빨리 바꿔 입는 연예인. **2** 여객선에서 화물선으로 재빨리 바꿀 수 있는.
quick-eared [kwíkíərd] *adj.* 귀가 밝은.
quick·en [kwíkən] *vt.* **1** ···을 빠르게 하다, 서두르게 하다(hasten). ¶ They *quickened* their steps. 그들은 보조를 빨리 했다. **2** ···을 되살아나게 하다, ···에 생명을 부여하다; ···을 활기있게 하다 (animate), 자극하다. ¶ Good literature *quickens* our interest. 훌륭한 문학 작품은 우리의 흥미를 북돋아준다 // (~+圖+前+名) *quicken* hot embers *into* flames 남은 불씨를 부숴서 내 다시 타오르게 하다. — *vi.* **1** 빨라지다. ¶ The pulse *quickens.* 맥이 빨라진다. **2** 살다, 되살아나다; 활기를 따다, 싱싱해지다. **3** [임신부가] 태동을 느끼다. [태아가] 태동을 시작하다. ◇ quick *adj.*
quick·en·er [kwíkənər] *n.* 빠르게 하는 사람(것), 활기띠게 하는 사람(것).
quick·en·ing [kwíkəniŋ] *adj.* 힘나게 하는; 되살아나게 하는, 활기띠게 하는. — *n.* U C 태동(기).
quick-eyed [kwíkáid] *adj.* 보는 눈이 날카로운.
quíck fíre *n.* U [이동 목표에 대한] 속사(速射).
quick-fire [kwíkfáiər] , **-fir·ing** [-fáiəriŋ] *adj.* 속사의, 속사용의. ¶ a *quick-firing* gun 속사포.
quick-fir·er [kwíkfáirər / -fáiərə] *n.* 속사포.
quíck fíx *n.* 《구어》 [일시적인] 즉효약; 일시적 해결책, 응급 처치.
quick-freeze [kwíkfríːz] *vt.* (-**froze**, -**fro·zen**, -**freez·ing**) [식료품을] 급속 냉동하다.
quick-freezer [kwíkfríːzər] *n.* 급속 냉동실(고).
quíck fréezing *n.* 급속 냉동법.
quíck hédge *n.* 산울타리.
quick·ie [kwíki] *n.* **1** 《속어》 급히 만든 것, [특히] 저속한 급조 영화, 급히 쓴 책(이야기, 소설). **2** 《미속어》 [술을] 빨리 마시기, 대포; 서둘러 하는 일(여행, 성교 따위), 임시 방편의.
quick·lime [kwíkláim] *n.* U 생석회.
quick-lunch [kwíklʌ́ntʃ] *n.* 간이 식당. [른.
‡**quick·ly** [kwíkli] *adv.* 빨리, 서둘러(rapidly); 곧, 얼
quíck márch *n.* U C 속보(速步) [행진].
quick·sand [kwíksænd] *n.* U C 유사(流砂) [해안·후미 따위에 있으며, 배나 동물 따위를 빨아들이는]. **2** 위험한 사태. [새를 잘 맡는.
quick-scent·ed [kwíkséntid] *adj.* 후각이 예민한, 냄
quick·set [kwíksèt] *n.* 《주로 英》 **1** 산울타리용의 나무[특히 산사나무]. **2** 《집합적》 산울타리용 식물. **3** 《집합적》 산울타리의 나무들. — *adj.* 산울타리의(로 된). [카로운.
quick-sight·ed [kwíksáitid] *adj.* 빨리 보는, 눈이 날
quick·sil·ver [kwíksìlvər] *n.* U 수은 (mercury). — *vt.* **1** [금속]을 수은과 합성시키다. **2** [거울용 유리 따위]에 수은을 칠하다. — *adj.* 변화 무쌍한, 예측할 수 없게 변하는(mercurial).
quick·step [kwíkstèp] *n.* **1** [행진의] 속보(速步). **2** 속보 행진곡. **3** [댄스의] 퀵스텝, 퀵.
quíck stúdy *n.* 습득이 빠른 사람(배우, 연주가).
quick-tem·pered [kwíktémpərd] *adj.* 성미가 급한, 화를 잘 내는.
quíck tíme *n.* U [행진의] 속보(速步). **2** 《군대》
quick-wit·ted [kwíkwítid] *adj.* 재치가 넘치는, 기민한, 눈치 빠른. ~**ly** *adv.* ~**ness** *n.*
quid[1] [kwid] *n.* 《씹는 담배의》 한 번 씹는 분량.
quid[2] *n.* (*pl.* **quid**) 《英속어》 1파운드 지폐; 1파운드 금화 (sovereign): 1파운드(£1).
quid·di·ty [kwíditi] *n.* (*pl.* -**ties**) **1** 본질, 실질. **2** 궤변, 억지 소리; 말꼬리를 물고 늘어지기.
quid·nunc [kwídnʌ̀ŋk] *n.* 아무 이야기나 듣고 싶어 하는 사람, 남의 이야기를 하기 좋아하는 사람; 참견쟁이 (busybody).
quid pro quo [kwíd prou kwóu] *n.* 《라틴》 (=something for something) **1** (*pl.* **quid pro quos**) 대상(代償) [물], 보수; 복수, 보복. ¶ do nothing without a *quid pro quo* 보수 없이는 아무 일도 하지 않다. **2** (*pl.* **quids pro quo**) 상당물, 대용품(substitute).
qui·es·cence [kwaiésns] *n.* U 정지 [상태].
qui·es·cen·cy [kwaiésnsi] *n.* =quiescence.
qui·es·cent [kwaiésnt] *adj.* 고요한; 쉬고 있는, [병이] 가라앉는; 정지하는, 움직이지 않는. ~**ly** *adv.*
‡**qui·et** [kwáiət] *adj.* **1** 고요한, 잔잔한. ⇒ CALM 類語
2 소리를 내지 않는, 시끄럽지 않은, 조용한; 한적한. ¶ *quiet* footsteps 조용한 발소리 / a *quiet* street 조용한 거리 / keep *quiet* 조용히 있다 / as *quiet* as a mouse 쥐 죽은 듯이 조용한 / Be *quiet*! 조용히 해라!
3 [마음이] 평온한, 편안한, 한가로운(peaceful). ¶ a *quiet* mind (sleep) 평온한 마음(편안한 잠).
4 침착한, 휴식을 취한, 진득한; 느긋한. ¶ The

quieten restless boy is quiet now. 수선을 피우던 그 소년은 이제 조용해졌다. **5** [태도 따위가] 조용한, 정숙한, 얌전한; 말수가 적은, 내성적인. ¶ a quiet girl 얌전한 소녀 / a quiet manner 얌전한 태도. **6** 평화로운, 평온한; 단조로운(monotonous). ¶ The country life is too quiet for me. 시골 생활은 내게는 너무나 단조롭다. **7** [색채·복장 따위가] 은은한, 점잖은, 눈에 띄지 않는. opp. loud ¶ a quiet dress 점잖은 옷. **8** 완곡한; 은밀한. ¶ a quiet irony 완곡한 풍자 / I had a quiet dig at him. 나는 그에게 빈정댔다 / They kept it quiet. 그들은 그것을 덮어두었다. **9** 비공식의(informal). ¶ a quiet dinner party 비공식 만찬회. **10** [상업] 활발하지 않은. ¶ a quiet market 활발치 못한 시장. — n. ⓤ **1** 조용함, 고요함, 평온, 한적함. **2** 유양, 안식(repose); [마음의] 안정, 평정. ¶ rest and quiet 안식, 휴식. **3** [세상의] 태평, 평화(peace). ¶ years of quiet 평화로운 시대.
at quiet 평온하게, 조용하게.
in quiet 고요하게, 평화롭게.
on the quiet 비밀로, 은밀히(secretly). * 속어에서는 on the q.t.로 생략한다.
— vt. **1** …를 조용하게 하다, 진정시키다. ¶ quiet excited students 흥분된 학생들을 진정시키다. **2** …을 위로하다, 달래다, 안심시키다. ¶ quiet a crying baby 우는 아이를 달래다. **3** (걱정 따위를) 가라앉히다.
— vi. 조용해지다, 잠잠해지다(down). ¶ (~+團) The excitement quieted down. 흥분이 가라앉았다.
~ness n. ◇ **quíeten** v., **quíetude** n.

qui·et·en [kwáiətn] 《주로 英》 vt. …을 조용하게 하다, 진정시키다. — vi. 조용해지다.

qui·et·er [kwáiətər] n. [기계] [내연 기관의] 방음 장치.

qui·et·ism [kwáiətìz(ə)m] n. ⓤ **1** 정적(靜寂)주의, 키에티즘 (Molinism) [17세기 후반의 일종의 종교적 신비주의]. **2** 평화, 평안, 평온.

qui·et·ist [kwáiətist] n. 정적주의자, 키에티즘 신봉자.

‡qui·et·ly [kwáiətli] adv. **1** 조용히, 침착하게, 평온하게. **2** 수수하게. **3** 은밀히.

qui·e·tude [kwáiit(j)ùːd/-tjùːd] n. ⓤ 조용함, 고요함, 평온, 안식.

qui·e·tus [kwaiíːtəs] n. **1** 숨통을 끊기, 결정타; [인생의] 총결산, 최후의 일격; 죽음. ¶ get one's quietus 죽다, 죽다 / give a quietus to a rumor 소문을 근절시키다 / give a person his quietus 숨통을 끊다. **2** [채무 따위의] 해제, 총결산. **3** 은퇴 기간, 무위의 상태.

quiff[1] [kwif] n. (pl. quiff or quiffs) 《美속어》처녀, 여자, [특히] 도덕적으로 단정치 못한 처녀, 품행이 좋지 않은 여자.

quiff[2] [kwif] n. 《英》이마에 늘어뜨린 곱슬곱슬한 머리.

*****quill** [kwil] n. **1** [새의 것의] 것 깃 (feather stem); [날개 또는 꼬리의 빳빳한] 깃. **2** 깃대로 만든 것, 깃펜(quill pen); 이쑤시개(toothpick); [악기의] 채; [낚시의] 찌(float); [관(管) 모양의] 실패(bobbin); [실패로 쓰는] 갈대의 줄기; 나무 껍질[특히 계피(桂皮)]을 작게 만것. **3** (~s) 고슴도치 따위의 가시.
drive the quill 펜을 움직이다, 쓰다.
— vt. …에 관상(管狀)으로 주름을 잡다; [실]을 실패에 감다.

quíll drìver n. 《속어》 펜을 많이 움직이는 사람, (특히 다작의) 작가, 서기(clerk).

quil·let [kwílit] n. 《고어》 세밀한 구별; 핑계, 얼버무리기.

quill·ing [kwíliŋ] n. 관(管) 모양으로 주름을 잡은 레이스; ⓤⓒ 관 모양의 주름을 잡기.

*****quilt** [kwilt] n. **1** [깃털·양모·솜 따위를 넣어서 만든] 누비 이불, 깃털 이불, 퀼트; 누벼서 만든 이불; 누빔질. ¶ wrap up in a quilt 누비이불을 덮다. **2** 덮이불, 윗덮 개, 침대 커버. — vt. **1** …을 누비다; [화폐·편지 따위를] […사이에 넣고] 꿰매다. ¶ (~+團+團+图) He quilted money in his belt. 그는 돈을 혁대에 넣고 누볐다. **2** 《英》[문학 작품 따위를] 긁어 모아서 편집하다. ¶ (~+團+團) quilt together a collection of verse 긁어모아서 시집을 만들다. **3** 《속어·방언》 …을 치다, 때리다(thrash).

quilt·ed [kwíltid] adj. 누비 이불 같은; 누비 이불처럼 속을 넣은. 「용의 재봉틀 부속품.

quilt·er [kwíltər] n. **1** 누비질하는 사람. **2** 누비질

quilt·ing [kwíltiŋ] n. ⓤ **1** [깃털 따위의] 누비질. **2** 누비이불의 재료.

quílting bèe (pàrty) n. 《美》누비 이불 따위를 만들기 위한 여자들의 모임.

quin [kwin] n. 다섯 쌍둥이의 하나.

qui·na [kíːnə] n. =cinchona.

quín·a·crìne hýdrochlóríde [kwínəkrìːn-] n. [약] 염산 키나크린[말라리아 예방·치료 약].

qui·na·ry [kwáinəri] adj. **1** 5개로 된; 5개씩 늘어놓은; 5진법의. **2** (pl. -ries) 5개 한 벌; 5진법의 수. 「은 잎으로 된.

qui·nate[1] [kwáineit] adj. [식물] [잎이] 다섯 개의 작

quin·ate[2] [kwáineit, kwí-] n. [화학] 키닌산염.

quince [kwins] n. 마르멜로; 마르멜로의 열매.

quin·cen·te·nar·y [kwìnsénténəri / kwìnsentíːnəri] n. (pl. -nar·ies) 500년제(祭). — adj. 500년마다의, 500년제의.

quin·cen·ten·ni·al [kwìnsenténiəl] adj., n. =quincentenary.

quin·cun·cial [kwinkʌ́nʃ(ə)l], **-cunx·ial** [-kʌ́nksiəl] adj. 다섯 눈 모양의, 5점형으로 늘어놓는.

quin·cunx [kwínkʌnks] n. 다섯 눈 모양, 5점형 [4각형의 네 구석의 점과 중심점의 모양]; [식물 따위를] 5점형으로 심기.

quin·dec·a·gon [kwindékəgən / -gən] n. [기하] 15각형.

quin·de·cen·ni·al [kwìndisénial, -njal] adj. 15년마다의, 15년제(祭)의. — n. 15년제.

quin·de·cíl·lion [kwìndisíljən] n. 킨디실리언 [미국·프랑스에서는 1,000의 16제곱수; 영국·독일에서는 1,000의 30제곱수].

quin·gen·ten·a·ry [kwìndʒenténəri / -tíːnə-] adj., n. (pl. -ries) =quincentenary.

quín·ic ácid [kwínik-] n. ⓤ [화학] 퀸산(酸) [기나 껍질 따위에 함유된 산].

qui·nine [kwáinain / kwiníːn] n. ⓤ [화학] **1** 키니네, 키닌. **2** 황산(염산) 키니네[말라리아 특효약].

qui·none [kwinóun] n. ⓤ [화학] 키논 [염료의 원료로 이용].

quin·qua·ge·nar·i·an [kwìŋkwədʒənɛ́(ː)riən / -nɛ́ər-] adj. 50세의, 50대의. — n. 50대 사람.

quin·quag·e·nar·y [kwinkwǽdʒinèri / kwìŋkwədʒíːnəri] adj. 50세(대)의. — n. (pl. -nar·ies) 50년제(祭).

Quin·qua·ges·i·ma [kwìŋkwədʒésimə] n. 사순절 직전의 일요일 (Quinquagesima Sunday); 재(灰) 의 일요일 전의 일요일.

quin·quan·gu·lar [kwiŋkwǽŋgjulər] adj. 5각의.

quinque- five 의 뜻의 연결형 (* 모음 앞에서는 quinqu- 를 쓴다). 예: *quinquereme, quinquangular*.

quin·quen·ni·ad [kwiŋkwéniəd] n. =quinquennium.

quin·quen·ni·al [kwiŋkwéniəl] adj. **1** 5년의, 5년간 계속되는, **2** 5년마다의, 5년 만의. — n. **1** 5년마다 일어나는 것. **2** 5년제(祭), 5주년 기념. **3** 5년의 재임 기간; 5년간. ~**ly** adv.

quin·quen·ni·um [kwiŋkwéniəm] n. (pl. **-ni·ums**

quinquepartite

or -ni·a [-niə]) 5년의 기간, 5년간.
quin·que·par·tite [kwiŋkwipá:rtait] *adj.* 5개의 부분으로 이루어지는; [식물] 5열(裂)의.
quin·que·reme [kwíŋkwirì:m] *n.* [고대 로마의] 5단의 노가 달린 갤러선(船).
quin·que·va·lent [kwiŋkwivéilənt, kwiŋkwévə-] *adj.* [화학] 5가(價)의(pentavalent).
quins [kwinz] *n. pl.* 《구어》다섯 쌍둥이(quintuplets).
quin·sied [kwínzid] *adj.* 편도선염에 걸린.
quin·sy [kwínzi] *n.* [U] [병리] 편도선염, 후두염.
quint[1] [kwint →2] *n.* [음악] 5도 5도 높은; [바이올린의] E선(線); [오르간의] 5도 높은 음을 내는 음전(音栓). **2** [kint] [카드놀이] 같은 종류의 패가 연속되는 5장.
quint[2] [kwint] *n.* 《구어》다섯 쌍둥이의 하나.
quin·tain [kwíntin] *n.* 창의 과녁; [U] 창으로 과녁 찌르기 [말 위에서 자루를 중세의 무예].
quin·tal [kwíntl] *n.* 퀸틀[중량의 단위, 100kg에 해당].
quin·tan [kwíntən] *adj.* [열병·오한 따위가] 닷새마다의, 닷새마다 일어나는. ― *n.* [병리] 5일열.
quinte [kænt] *n.* [펜싱] 제5의 자세 [방어의 기본 8종 중 하나].

[quintain]

quin·tes·sence [kwintésns] *n.* **1** [물질의] 순수한 엣센스; 본질(essence), 정수, 진수. **2** 전형, 권화(權化). ¶ Her dress is the *quintessence* of good taste and style. 그녀의 복장은 좋은 취미와 우아한 멋의 전형이다. **3** [철학] 제5원(元) [고대·중세 철학에서 불·바람·흙·물의 4대원(元) 이외에 존재하며 우주에 충만해 있다고 생각되었던 원(元)].
quin·tes·sen·tial [kwìntisénʃ(ə)l] *adj.* 본질의, 정수의, 전형적인; [철학] 제5원(元)의.
quin·tet, quin·tette [kwintét] *n.* **1** 5중주(창)곡. **2** 5중주(창)단. **3** 5인조, 5개 한 벌.
quin·til·lion [kwintíljən] *n.* (*pl.* **-lions** or 《수사(數詞) 뒤에서는》 **-lion**) 《美·프랑스》1000의 6승 [1 뒤에 0이 18개 붙는다]; 《英·독일》100만의 5승, 1000의 10승 [1 뒤에 0이 30개 붙는다]. ― *adj.* [수가] one quintillion 에 이르는.
quin·tu·ple [kwintjú(:)pl / kwíntju(:)pl] *adj.* 5배의; 5중의, 다섯 부분의. ― *n.* 5배, 5배량(倍量). ― *v.* (**-pled, -pling**) *vt.* …을 5배하다. ― *vi.* 5배로 되다.
quin·tu·plet [kwintʌ́plit, -tjú:- / kwíntjuplit] *n.* **1** 5인조, 5개 한 벌. **2** (~s) 다섯 쌍둥이. **3** 다섯 쌍둥이의 하나.
quin·tu·pli·cate [kwint(j)ú:plikit / -tjú:- // →*v.*] *adj.* 5배의, 5중의. ― *n.* 5배량(액), 5배 복사; 5개 한 벌인 것 중의 하나. ― [kwint(j)ú:plikèit / -tjú:-] [-cat·ed, -cat·ing] …을 5배(5배 복사)하다.
quin·tus [kwíntəs] *n.* 중세 음악의 다성곡(多聲曲)의 제5성부. ― *adj.* 다섯 번째의. * 이름이 같은 남자 학생에 대해서 쓴다.
quip [kwip] *n.* **1** 재치있는 대사, 익살스러운 말, 신소리, 경구(警句). **2** 빈정거리는 말, 신랄한 말, 빈정거리는 익살. **3** 발뺌, 핑계. **4** 기행(奇行), 기묘한 것, 놀리는(at). ― (**quipped, quip·ping**) *vi.* 빈정거리다, 비웃다, 놀리다(at). ¶ *quip at* a person 남에게 빈정거리다. ― *vt.* …을 놀리다, …에 빈정거리다.
quip·ster [kwípstər] *n.* 빈정거리는 사람, 문차.
qui·pu [kí:pu:, kwípu:] *n.* [고대 페루의] 결승(結繩).
quire[1] [kwáiər] *n.* 1종이 1첩(帖) [24 또는 25매]. **2** [미제본(未製本)의] 한 접지. ¶ **in** *quires* 미제본으로, 낱장으로. [choir.
quire[2] [kwáiər] *n., v.* (**quired, quir·ing**) 《고어》=
Quir·i·nal [kwírin(ə)l] *n.* **1** 퀴리누스 언덕 [로마의

일곱 언덕의 하나]. **2** [그 언덕에 세워진] 퀴리누스 궁전, 이탈리아 정부. ― *adj.* 퀴리누스 언덕(궁전)의, 이탈리아 정부의.
quirk [kwə:rk] *n.* **1** 버릇, 기벽(奇癖); 기행, 변덕. **2** 발뺌, 구실, 핑계(quibble). **3** [운명의] 급전(急轉). **4** [글자를] 멋부려 쓰기 **5** [건축] [쇠시리의] 깊은 홈. ― *adj.* 홈이 있는.
quirk·y [kwə́:rki] *adj.* (**quirk·i·er, quirk·i·est**) 버릇이 괴팍화된, 구실이 많은; 뜻하지 않은 급전(急轉)을 나타내는.
quirt [kwə:rt] *n.* [손잡이가 짧은 가죽으로 엮어 만든] 말채찍. ― *vt.* …을 말채찍으로 때리다.
quis·ler [kwízlər] *n.* =quisling.
quis·ling [kwízliŋ] *n.* 매국노, 배반자.
‡**quit** [kwit] *v.* (**quit·ted** or 《주로 美》 **quit, quit·ting**) *vt.* **1** …을 떠나다(leave), 물러나다. ¶ *quit* a house 집을 떠나다 / I *quitted* him in disgust. 나는 비위에 거슬려서 그의 곁을 떠났다. **2** 《美》 …을 그만두다, 그치다(give up). ⇨ STOP [語法] ¶ *quit* work 일을 집어치우다 // (~ + *ing*) *quit* playing 놀이를 그만두다. **3** …을 놓아주다(let go); [직장을] 떠나다, 사직하다(resign). ¶ *quit* office 사직하다 / *quit* the army 제대하다. **4** …을 […에서] 면하게 하다. ¶ (~ + 目 + 前 + 图) I *quitted* her of fear. 그녀의 공포심을 덜어주었다. **5** [고어] 행동하다(behave). ¶ *Quit* you like men. 남자답게 행동해라 / They *quitted* themselves like so many heroes. 그들은 용사들처럼 행동했다. **6** [詩] …에 보답하다, 갚다. ¶ (~ + 目 + 前 + 图) *quit* love *with* hate 사랑에 대해서 증오로 보답하다. ― *vi.* **1** 떠나다; [차지인(借地人)] 물러나다. ¶ I notice to *quit* 퇴거 통지. **2** 《美》 그만두다, 그치다; 사직하다(resign). ¶ (~ + 前 + 图) *quit on* life 생을 단념하다.
Death quits all scores. 죽음은 모든 것을 청산한다. ***quit hold of*** …을 놓아주다.
― *adj.* 《서술 형용사》 **1** [고어] 허용되어, 석방되어(free). ¶ *go quit* 석방되다. **2** 면제되어(rid), 물입이 끝나서(*of*…). ¶ *be quit for* …만으로 면제되다, …만으로 끝나다 / He was *quit* of his debts. 그는 빚을 모두 청산했다 / We are well *quit* of him. 그와 인연을 끊어 다행이다.
◊ *quittance* n.
quitch [kwitʃ] *n.* 개밀(quitch grass).
quit·claim [kwítklèim] *n.* [법률] **1** [U] 권리 양도. **2** 권리 양도 증서. ― *vt.* [토지 따위의] 청구권(권리)을 포기하다.
‡**quite** [kwait] *adv.* **1** 전적으로, 모조리, 완전히(completely), 절대(的)로(absolutely). ¶ I feel *quite* well 원기 왕성하다 / I *quite* agree with you. 너와 전적으로 동감이다 / That's *quite* another question. 그것은 전혀 별개의 문제다 / Oh, *quite.* = *Quite* so. 정말 그대로다, 바로 그렇다 / You are *quite* right. 과연 그렇군, 바로 네가 말한대로다 / be not *quite* proper [부분 부정] 그다지 적당하지 않다(rather improper) / He isn't *quite* a gentleman. 그는 신사라고는 좀 할 수 없다(* 《英구어》에서는 a gentleman 이 《美》 / He is *quite* a (or a *quite*) rich man. 그는 아주 부자다. * *quite* a 는 *quite* 에 대해서 구어적.
2 사실상(actually), 거의(almost), [말하자면] …과 마찬가지. ¶ It is *quite* a picture. 마치 그림과 같다 / You've been *quite* a stranger these days. 정말 오랜만이군.
3 《구어》 상당히, 제법, 적지 않이(rather, considerably). ¶ *quite* a nice fellow. 그는 아주 좋은 녀석이야 / He gave us *quite* a good dinner. 그는 우리에게 성찬을 베풀어 주었다 / I went *quite* a long way. 나는 상당히 멀리까지 갔다 / She has been in Korea for *quite* some time. 그녀가 한국에 온 지도 상당히 된다.
4 과연 […일지도 모르지만], 분명히 […이기는 하지만]. ¶ He was *quite* polite, of course, but somehow

I didn't like his manner. 과연 그는 정중하기는 했지만, 나는 어쩐지 그의 태도가 마음에 들지 않았다.
be quite the thing 유행하고 있다; 정말 안성맞춤이다.
quite a bit 《구어》 상당히. ¶ Mother left me *quite a bit* fortune. 어머니는 내게 적지 않은 유산을 남겨 주셨다.
quite a few ⇨ FEW.
quite a little ⇨ LITTLE.
quite something 《구어》 보통이 아닌, 굉장한, 대단한.
quite too 《속어》 무척; 너무도 […한]. ¶ It is *quite too* delightful. 그것은 아주 재미있다.
Qui·to [kíːtou] *n.* 키토 [남미 에콰도르의 수도].
quit ràte *n.* [노동] 이직률(離職率).
quit·rent [kwítrènt] *n.* [법률] 면역 지대(免役地代) [장원(莊園)의 자유 보유자 등이 다른 부역을 면제받는 대신에 지불하는 대가].
quits [kwits] *adj.* 《서술 형용사》 비긴, 피장파장의, 대차(貸借) 없는 (*with...*). ¶ *be quits with* …에 보복하다, …과 피장파장이 되다.
call it quits ① [일 따위에서] 오늘 일은 이 정도로 마무리짓다. ② 포기하다, 단념하다. ③ = cry quits.
cry quits 시합을 중지하기로 하다, 진음 인정하다.
quit·tance [kwít(ə)ns] *n.* ① 보상, 보복. ② [부채·의무로부터의]면제, 해제 (*from...*). ③ 영수; ⓒ 영수증.
quit·ter [kwítər] *n.* [장애에 부딪쳤면 곧 포기(단념)해 버리는 사람, 겁쟁이, 게으름쟁이.
quit·tor [kwítər] *n.* [獸醫] 제관염(蹄冠炎) [말의 발굽에 생기는 일종의 종기].
qui va là [F ki va lɑ́ː] 《프랑스》 (= Who goes there ?) 누구냐 [경비병 수하(誰何)하는 말].
‡**quiv·er**[kwívər] *vi.* 흔들리다, 떨다(tremble), 전율하다. ⇨ SHAKE 類語 ¶ *quiver* in the wind 바람에 나부끼다 / His voice *quivered* when he began to speak. 이야기를 시작했을 때 그의 목소리는 떨렸다 // (~ + 前 + 图) *quiver with* fear 공포에 떨다. — *vt.* …을 떨게 하, 진동시키다. — *n.* 떨림, 진동, 떨리는 소리, 진음 (震音). ¶ a *quiver* of excitement 흥분에 의한 떨림.
quiv·er[kwívər] *n.* 화살통, 전통(箭筒).
have an arrow left in one's quiver 아직 수단(재력)이 남아 있다.
have one's quiver full 수단(재력)은 충분하다. [(Ps.) 77:5].
a quiver full of children 대가족 [←시편]
quiv·er·ful [kwívərfùl] *n.* ① 화 살통(전 통)에 가득함. ② 다수. [quiver²]
quiv·er·ing·ly [kwív(ə)riŋli] *adv.* 떨면서, 흔들리어, 나부끼어, 진동하여, 전율하여.
qui vive [kiː víːv] 《프랑스》 (= Who goes there ?) 누구냐 [경비병 수하(誰何)하는 소리].
on the qui vive 경계하여.
Qui·xo·te [kihóuti, kwíksət / kwíksət, -sout / Sp kixóte] *n.* ⇨ DON QUIXOTE.
quix·ot·ic [kwiksátik, -sɔ́t-], (**quix·ot·i·cal** [-k(ə)l]) *adj.* (때로 Q-) 동키호테식의; 기사연(然)하는; 공상적인(visionary); 비현실적인. -**i·cal·ly** [-ikəli] *adv.*
quix·ot·ism [kwíksətìz(ə)m] *n.* (때로 Q-) ① 동키호테적 성격; ② 기사연(然)하는 태도, 비현실적인 언행.
quix·ot·ry [kwíksətri] *n.* = quixotism.
*‡**quiz** [kwiz] *n.* (*pl.* **quiz·zes**) ① (원래 美) [정식]이 아닌] 약식 시험, 간단한 테스트; 질문. ② a snap *quiz* 갑자기 하는 테스트. ② 짓궂은 장난, 희롱. ③ 장난꾸러기, 놀리는 사람, 야유하는 사람. ④ 《英·드물게》기인, 괴짜. ¶ a born *quiz* 타고난 괴짜. ⑤ [라디오·텔레비전의] 퀴즈. — *vt.* (**quizzed, quiz·zing**) ① 《美》(图+副+前+图) The teacher *quizzed* his pupils *on* English. 선생은 학생에게 간단한 영어 시험을 쳤다. ② [용의자]를 심문하다. ③ …을 비웃다, 놀려대다, …에게 장난 치다;《드물게》…을 힐끗힐끗 보다.
quíz gàme *n.* [라디오·텔레비전 따위의] 퀴즈 게임 《神童》.
quíz kìd *n.* 《구어》 뛰어나게 머리가 좋은 아이, 신동
quiz·mas·ter [kwízmæ̀stər / -mɑ̀ːs-] *n.* 퀴즈 프로의 사회자.
quíz prògram (shòw) *n.* [라디오·텔레비전의] 퀴즈 프로.
quiz·zee [kwizíː] *n.* 질문받는 사람, 퀴즈 프로의 해답자.
quiz·zer [kwízər] *n.* 질문자.
quiz·zi·cal [kwízik(ə)l] *adj.* ① 기묘한, 우스꽝스러운. ② 난처한, 당혹한. ③ 짓궂은, 놀려대는.
-**ly** [-kəli] *adv.*
quíz·zing glàss [kwíziŋ-] *n.* 외알 안경(monocle).
quo·ad [kwóuæd] *prep.* 《라틴》 (= whither to) … 인한에서는, …에 관하여서는. ⇨ QUOAD HOC.
quo·ad hoc [kwóued hák / -hɔ́k] *adv.*《라틴》 (= as much as this) 이에 한해서는(so much as this); 여기까지는(to this extent); 이에 관해서는(as to this).
quod [kwɑd / kwɔd] 《주로 英속어》 *n.* 감옥(prison). — *vt.* (**quod·ded, quod·ding**) …을 투옥하다(imprison).
quod e·rat de·mon·stran·dum [kwɑd érət dèmənstrǽndəm / kwɔd-] 《라틴》 (= which was to be demonstrated) 증명되었어야 하는[바의].
quod e·rat fa·ci·en·dum [kwɑd érət feìʃiéndəm / kwɔd-] 《라틴》 (= which was to be done) 이루어졌어야 하는[바의].
quod·li·bet [kwɑ́dlibèt / kwɔ́d-] *n.* ① 미묘한 논점, 논점의 미묘함. ② [음악] 쿼들리벳 [16-17세기에 유행한 우스꽝스러운 음악의 한 형식].
[< L what you please]
quod vi·de [kwɑd váidi / kwɔd-] 《라틴》 (= which see) 그 말(항)을 참조. ⇨참조 [略 q.v.].
quoin, coign [k(w)ɔin] *n.* ① [벽·건물의] 모서리, [방의] 구석(corner). ② 귓돌, 모서리돌. ③ 쐐기꼴의 받침; [인쇄] [판면(版面)을 죄는] 쐐기. — *vt.* …을 귓돌로 받치다, 쐐기로 죄다.
quoin·ing [k(w)ɔ́iniŋ] *n.* Ⓤ 귓돌 [쌓기].
quoit [kwɔit / k(w)ɔit] *n.* ① 쇠고리, 밧줄 고리. ② (~s) [단수 취급] 쇠고리(밧줄 고리) 던지기. — *vt.* [고리]를 던지다, [쇠고리·밧줄 고리 던지기처럼]…을 던지다. — *vi.* 쇠고리(밧줄 고리) 던지기를 하다.
quon·dam [kwɑ́ndəm / kwɔ́n-] *adj.* 이전의, …이었던, 지난날의, 원래의. ¶ a *quondam* friend 지난날의 친구.
Quón·set hùt [kwɑ́nsit- / kwɔ́n-] *n.* 퀀셋식 건축 [병사(兵舍)·숙사·주택·창고 등].
quo·rate [kwɔ́ːreit] *adj.* [법률] 정족수를 채운.
quo·rum [kwɔ́ːrəm / kwɔ́ː-] *n.* ① 정원(定員), 정족수. ② 선발된 단체. ③ 《집합적》《英역사》 일정수의 치안 판사들.
quot. = quotation.
quo·ta [kwóutə] *n.* ① 몫, 할당. ② 지분(持分), 할당액, 분담[분배]액. ③ 할당 인원수; [대학 따위의] 정원; [클럽의] 참가수; [이민법에 의한 미국에의] 할당 이민.
quot·a·bil·i·ty [kwòutəbíliti] *n.* Ⓤ 인용 가치가 있음.
quot·a·ble [kwóutəbl] *adj.* 인용할 수 있는, 인용 가치가 있는, 인용에 적합한. ¶ *quotable* words 인용할 수 있는 말.
quóta ìmmigrant *n.* 《美》 할당 이민 [미국 정부의 이민 수용 제한을 적용받는 이민].
quóta sỳstem *n.* 할당 제도 [수출입·분담액 따위를 정하는 제도; 교육·고용에 있어서 일정수의 흑인·여성을 받아들이게 하는 제도].
‡**quo·ta·tion** [kwo(u)téiʃ(ə)n] *n.* ① Ⓤ 인용[하기]; Ⓒ 인용어(구), 인용문. ¶ a *quotation from* the Bible 성서로부터의 인용문, 성구(聖句). ② [상업] 시세, 시가; Ⓤ Ⓒ 견적[가격을 내기]. ¶ daily market *quotations* 일일 시

장 시세 // a quotation for wheat 밀의 시세 / a quotation for mending a road 도로 보수비의 견적. **3** 〔인쇄〕공목, 인테르.
◇ quote v., quótative adj.
‡**quotátion màrk** n. 인용 부호, 따옴표〔single quotation marks (' ')와 double quotation marks (" ")가 있다〕.
quo·ta·tive[kwóutətiv]adj. 인용의; 인용을 좋아하는.
‡**quote** [kwout] v. (**quot·ed, quot·ing**) vt. **1** …을 인용하다(cite), 〔예로서〕…을 끌어대다. ¶ quote Milton 밀턴의 시를 인용하다 // (~+图+前+名) quote a passage from Chaucer 초서의 한 절을 인용하다 // (~+图+as 圃) This instance was quoted as important. 이 예가 중요한 것으로 인용되었다. **2** 〔말〕을 인용 부호로 싸다. **3** 〔상업〕〔값〕을 부르다; …에 시세를 매기다, …을 견적하다. ¶ quote a price 견적 가격을 대다 // (~+图+前+名) quote a commodity at five dollars 어떤 상품을 5달러로 견적하다. —— vi. **1** 인용하다(from...). ¶ (~+前+名) quote from the Bible 성서에서 인용하다. **2** 〔상업〕값(시세)을 부르다; 견적 가격을 내다. ¶ (~+前+名) quote for building a new house 신축 비용을 견적하다. —— n. **1** 인용구(문)(quotation). **2** (보통 ~s) 인용 부호, 따옴표(quotation marks).
◇ quotable n., quótative adj.
quote-drop [kwóutdràp / -dròp] vi. (**-dropped** or **-dropt, -drop·ping**)《美속어》함부로 인용구를 사용하다.

quot·er [kwóutər] n. 인용하는 사람; 가격을 견적하는 사람.
quote-wor·thy[kwóutwə̀ːrði]adj. 인용 가치가 있는.
quoth [kwouθ] vt. (고어) 말했다(said). * 1인칭·3인칭의 직설법 과거형에서 quoth I (he, she)와 같이 항상 주어 앞에 놓아 인용구와 함께 쓴다.
quoth·a [kwóuθə] interj.《고어》(경멸적·비꼬아서) 분명히(indeed), 그렇고말고, 암, 그렇군.
quo·tid·i·an [kwo(u)tídiən / kwo-] adj. **1** 매일의, 나날의(daily); 매일 일어나는. **2** 흔히 있는, 평범한. —— n. **1** 매일 일어나는 일. **2** 〔병리〕매일열(每日熱).
quo·tient [kwóuʃ(ə)nt] n. **1** 〔수학〕몫, 상(商). **2** 〔지능〕지수.
quo war·ran·to [kwóu wɔːræntou/·wɔ-] n.〔법률〕〔직권·특권의 남용자에 대한〕권한 개시(權限開示) 영장; 권한 개시 소송, 심문(審問) 재판; 심문 재판 첫머리의 진술.
qu·rush [kúərəʃ / kʌ́r-] n. (pl. **-rush** or **-rush·es**) 쿠루시〔사우디아라비아의 통화 단위〕.
q.v.《略》(라틴) quantum vis (=as much as you like) (임의의 분량으로); (pl. **qq.v.**) quod vide.
qwer·ty, QWER·TY [kwə́ːrti, 美+kweər-] adj. 〔컴퓨터의 키보드가〕통상의 문자 배열의.
QWL《略》quality of working life(노동 생활의 질〔노동 생활의 질적 충실, 즉 일하는 보람을 지향하는 세계적 운동〕).
Qy.《略》quay, query.

R

R, r [aːr] *n.* (*pl.* **R's** or **Rs; r's** or **rs**) **1** 영어 알파벳의 열 여덟째 자. ¶ *R* for Robert Robert 의 R (국제 전화 통화 용어). **2** R(r)이 나타내는 소리. **3** [연속된 것 중 의] 열 여덟 번째의 사람(물건). **4** R(r)자형 [의 물건]. **5** 《로마 숫자로》 80.
the **r** (*or* **R**) *months* 9월부터 이듬해 4월까지의 8개월 [이들 달 이름은 r을 포함하며, 굴(oyster)을 먹을 수 있는 계절]. 〔writing, arithmetic〕.
the three **R's** (*or* **Rs**) 읽기・쓰기・산수 (reading,
R 《略》《화학》radical; 《수학》ratio; 《전기》resistance; 《물리》roentgen; 《서양장기》rook; 《연극》stage right; restricted(보호자 동반으로 입장이 허가되는 영화).
r. 《略》rabbi; radius; railroad; railway; rain; range; rare; 《상업》received; residence; right; river; road; rod; rood; ruble; 〔야구〕run, runs.
R. 《略》rabbi, Radical; radius; railroad; railway; rector; redactor; regina; Republican; response; rex; river; road; royal; rule, rupee.
® 《略》registered trademark (등록 상표).
Ra [raː] *n.* 〔이집트 신화〕라, 태양신〔고대 이집트의 최고신; 매의 머리를 가지며 머리 위에 둥근 태양을 이고
Ra 《화학》radium 의 원자 기호.   〔있음〕.
R.A. 《略》*rear admiral; royal academician* (왕립 미술원 회원); *Royal Academy; Royal Artillery* (영국 포병대); 《천문》*right ascension* (적경(赤經)); *Regular Army*.
R.A.A.F. 《略》*Royal Australian Air Force* (호주 공군); *Royal Auxiliary Air Force*(英)공군 보조 부대).
RAAMS 《略》《군사》*remote anti-armor mine system* (원격 대(對) 장갑 지뢰 시스템).
Ra·bat [rɑbάːt, ＋美 rɑː-] *n.* 라바트 [Morocco 서북부에 있는 이 나라 수도・항항(海港)].
rab·bet [rǽbit] *n.* 은촉 이음 [두 널빤지를 잇기 위해 널빤지 끝을 잘라낸 은촉과 은촉 홈]. — *v.* (-**bet·ed, -bet·ing**) *vt.* 〔널빤지 끝 따위에〕은촉에 이음을 만들다, ...을 은촉 이음으로 잇다. — *vi.* 은촉 이음으로 되어 있다 (*on, over*...).
rábbet jòint *n.* 은촉 이음.   [rabbet]
rab·bi[1] [rǽbai] *n.* (*pl.* **-bis** *or* **-bies**) **1** 〔유대교〕랍비, 율법 박사 〔법률・제식(祭式)의 여러 문제를 재결(裁決)하고, 결혼식 따위에 입회한다〕. **2** 선생, 스승〔유대의 율법 박사에 대한 존칭〕. ¶ *Rabbi*, when did you come here? 스승님, 언제 오셨습니까?
rab·bi[2] [rǽbi] *n.* (*pl.* **-bis** *or* **-bies**) 〔교 회〕 [목사 가 입는 소매・옷이 없는 옷.
rab·bin [rǽbin] *n.* 〔고어〕=rabbi[1].
rab·bin·ate [rǽbinit] *n.* ⓤ 〔유대교〕율법 박사의 신분(직), 율법 박사단.
Rab·bin·ic [rəbínik, ＋英 ræ-] *n.* ⓤ 랍비어 〔중세의 율법 박사가 문서에 쓴 히브리어〕.
rab·bin·ic [rəbínik, ＋英 ræ-], **-i·cal** [-ik(ə)l] *adj.* 랍비(식)의, 랍비 교리의, 랍비식의.
 -i·cal·ly [-ikəli] *adv.*   〔랍비의 학설; 랍비어식.
Rab·bin·ism [rǽbinìz(ə)m] *n.* ⓤ 〔유대교〕율법주의.
Rab·bin·ist [rǽbinist] *n.* 랍비 신봉자 〔탈무드(Talmud)의 가르침과 랍비의 전통에 따르는 유대인〕.
rab·bit[1] [rǽbit] *n.* (*pl.* **-bits** *or* **-bit**) **1** 기르는 토끼, 집토끼 〔산토끼(hare)보다 작다〕; 《美》〔일반적으로〕 토끼. ¶ *run like a rabbit* 허둥지둥 달아나다 / *scared as a rabbit* 토끼처럼 겁많은 / *breed like rabbits* 아이를 많이 낳다. **2** ⓤ 토끼의 모피. **3** =Welsh rabbit. **4** 뱅충이, 겁쟁이. **5** 《英구어》〔크리켓・정구・골프 따위의〕서투른 경기자 (poor player). *opp.* tiger
produce a rabbit out of the hat 이제는 틀렸다고 생각했을 때 뜻밖의 해결책(해답)을 내놓다, 곤경에서 묘안을 생각해내다 〔마술에서〕.
— *vi.* **1** 토끼 사냥을 하다, 〔총으로〕토끼를 쏘다. ¶ *go rabbiting* 토끼 사냥을 가다. **2** 《美》달리다, 뛰다. **3** 《英속어》지절이다.
◇ **rábbity** *adj.*
rab·bit[2] [rǽbit] *vt.* 《卑語》(보통 명령으로) 저주하다. ¶ *Rabbit* it! Odd *rabbit* it! 빌어먹을!, 젠장!
rábbit anténna *n.* =rabbit ears 1.
rábbit bùrrow *n.* 토끼굴.
rábbit éars *n. pl.* 〔단수 취급〕 **1** 〔TV〕 실내용의 V자형 소형 안테나. **2** 〔스포츠 속어〕〔구경꾼의〕 야유에 흥분하는 선수.
rábbit féver *n.* ⓤ 《獸醫・병리》 야토병(野兎病) 〔토끼나 다람쥐의 전염병〕.
rábbit hútch *n.* 〔상자형의〕 토끼장.
rab·bit-mouthed [rǽbitmàuðd, -màuθt] *adj.* 언청이의(harelipped).
rábbit púnch *n.* 〔권투〕래빗 펀치 〔후두부의 목 근처를 가격하는 반칙 행위〕.
rab·bit·ry [rǽbitri] *n.* (*pl.* **-ries**) **1** (the ~) 《집합적》토끼. **2** 토끼 사육장, 토끼장.
rábbit's fóot[rǽbits-] *n.* **1** 〔행운의 부적〕 토끼의 뒷다리. **2** 클로버(clover)의 일종.
rábbit wárren *n.* **1** 토끼 사육장. **2** 지저분한 뒷거리.
rab·ble[1] [rǽbl] *n.* **1** 어중이떠중이, 오합지졸(mob). **2** (the ~) 《경멸적》하층 계급, 서민. **3** 〔동물・곤충 따위의〕 떼. ¶ *great rabbles of rats* 생쥐의 큰 떼.
— *vt.* (-**bled, -bling**) 〔어중이떠중이가 모여〕...에 떼지어 몰려가다, ...을 습격하다.
rab·ble[2] [rǽbl] *n.* 〔야금〕 **1** 배소로(焙燒爐) 따위의 교반봉(攪拌棒)(장치). — *vt.* (-**bled, -bling**) 〔녹은 광석〕을 휘젖다 (stir).
rab·ble[3] [rǽbl] *vt., vi.* (-**bled, -bling**) 《英방언》빨리 말하다(읽다, 이야기하다), 재잘거리다 (babble).
rab·ble·ment [rǽblmənt] *n.* ⓤ 《드물게》어중이떠중이의 소동, 와글거리는 소동; 어중이떠중이.
rab·ble-rouse [rǽblràuz] *vi.* (-**roused, -rous·ing**) 민중을 선동하다(agitate).
rab·ble-rous·er [rǽblràuzər] *n.* 민중 선동가.
Ra·be·lai·si·an [ræ̀bəléiziən] *adj.* 라블레식의, 야비하고 우스꽝스럽고 익살맞은. 〔프랑스의 풍자 작가 François Rabelais(1494?-1553)의 이름〕.
rab·id [rǽbid] *adj.* **1** 격렬한, 맹렬한 (violent). **2** 〔신념・의견이〕 과격한, 광신적인(fanatic). **3** 광견병에 걸린; 미친 (mad). **~·ly** *adv.* **~·ness** *n.*
ra·bid·i·ty [rəbíditi] *n.* ⓤ **1** 맹렬, 과격, 광태. **2** 광견병에 걸리기, 광기.
ra·bies [réibiːz, -biːz] *n.* ⓤ 〔병리〕 광견병, 공수병(恐水病) (hydrophobia).

R.A.C. 《略》《英》 Royal Automobile Club(영국 자동차 협회); Royal Armoured Corps(영국 기갑 부대).

rac·coon [rækúːn / rək-] n. (pl. **-coons** or **-coon**) 미국 너구리; 그 모피.

raccóon dòg n. 〔동남 아시아산(產)의〕 너구리.

‡**race**¹ [reis] n. **1** 경주, 레이스, 보트 레이스(boat race); 경마, 사이클 경기; 〔일반적으로〕 경쟁, …전(戰), …다툼(* 1회의 경주가 race 이고, 경주가 여러 차례 행하여지는 「경기 대회」 따위는 races로 복수형이 된다). ¶ a Marathon race 마라톤 경주 / a short distance race 단거리 경주 / an open race 〔아무나 참가할 수 있는〕 자유 경주 / a race for power 권력 다툼 / run(or have) a race 경쟁하다 / win (lose) a race 경쟁에서 이기다(지다) / sail a race 범주(帆走) 경쟁을 하다 / ride a race 경마(사이클 경기)에 출전하다 / row a race 보트 레이스를 하다 / run a race against time 시간과 싸우다 (일정한 시간 안에 일을 마치려고 노력하다). **2** (the ~s) 경마〔대회〕. ¶ go to the races 경마를 보러 가다 / play the race (美) 경마에 돈을 걸다. **3** 〔태양·달의〕 운행, 〔시간의〕경과; 인생 행로, 생애(career). ¶ The old politician's race was run. 그 노정치가의 명운(命運)은 끝났다 / Her race is nearly done. 그녀의 일생은 거의 끝났다. **4** 〔지질〕 급류, 여울; 용수로(用水路), 수로 (channel). ¶ with a strong race 급류가 되어. **5** 〔기계〕 〔직조기의〕 북이 왕복하는 홈, 〔볼 베어링의〕볼이 구르는 줄. **6** 〔항공〕 후류(後流) 〔프로펠러의 뒤쪽에 생기는 기류〕(slip stream).

be in the race 성공의 기회가 있다.
make the race (美)〔공직에〕 입후보하다.
The race is not to the swift. 빠른 경주자라고 선착하는 것이 아니다〔←전도서(Eccl.) 9 : 11〕.

— v. (**raced, rac·ing**) vi. **1** 경주하다, 경쟁하다 (compete); 질주하다, 전속력으로 달리다(with, against, for…). ¶ (~+前+名) race with a person 남과 경주하다 / race against time 시간과 경쟁하다 / They raced for the cup. 그들은 우승배를 두고 경주했다 / They raced over the course. 그들은 코스를 따라 달렸다. **2** 경마(사이클 경기)를 하다, 경마(사이클 경기)에 출전하다; 경마에 미치다; 경마를 업으로 삼다(at…). **3** 〔추진기 따위가〕 급전(急轉)하다, 헛돌다. — vt. **1** …을 레이스에 내보내다; …을 전속력으로 달리게 하다, 질주시키다. ¶ race a yacht 요트를 몰다. **2** 〔의안 따위〕을 통과시키다. ¶ (~+目+前+名) race a bill through the House 의안을 하원에서 서둘러 통과시키다. **3** …과 경주하다 ¶ (~+目+前+名) I raced my dog against his. 내 개와 그의 개를 경주시켰다 / I will race you to your house. 네집까지 경주하자. **4** 〔엔진 따위〕를 헛돌게 하다; …을 전속력으로 돌리다. ¶ race a motor 모터를 전속력으로 회전시키다. **5** (英) 〔재산〕을 경마(따위)로 탕진하다(… *away*). ¶ He raced his property *away*. 그는 경마로 재산을 탕진했다.

‡**race**² [reis] n. **1** 인종, 민족, 종족; 국민(nation). ¶ the human race 인류/the Korean race 한국 민족/the Anglo-Saxon race 앵글로색슨 민족/the white (the yellow) race 백색(황색) 인종/colored races 유색 인종/be different in race 민족이 다르다.

〔類語〕 race 공통의 조상·육체적 특징·언어 따위를 가진 인류학적 단위: the Mongoloid race 몽고 인종. **nation** 일정 지역에 거주하고 확립된 정부 아래 각종 국가를 구성하는 정치적 단위: the Korean nation 한국 국민. **people** 공통의 이해·문화로 연결된 사회적 단위; nation과 교환 가능한 일이 많으나 더 감정적 색채가 짙은 말: we, the *peoples* of Asia 우리들 아시아의 여러 민족(民族).

2 〔동물〕 종류, 속(屬). ¶ the feathered (or the winged) race 조류/the finny race 어류. **3** (the ~) 인류, 인간(mankind). **4** 가족, 자손; 명문, 구가(舊家), 자손. ¶ of noble (ancient) race 명문(구가) 출신의. **5** 〔…의〕동료, 동료, 패거리(group) (of…).

the race of artists 화가 동료. **6** Ⓤ Ⓒ 〔술·문예 따위의〕 품격, 특징; 풍미; 짜릿한 맛.
◇ **rácial** adj.

race³ [reis] n. 〔특히 생강과의〕 뿌리.

race·a·bout [réisəbàut] n. **1** 경주용 요트. **2** 〔경주용 자동차와 비슷한〕 지붕없는 자동차, 로드스터.

race-bait·ing [réisbèitiŋ] n. Ⓤ 인종 공격.

ráce bàll n. (英) 경마 대회(race meeting) 때 개최되는 무도회.

ráce càrd n. 경마의 프로그램; 출마표(出馬表).

race·course [réiskɔ̀ːrs / -kɔ̀ːs] n. **1** 경주로, 경조(競漕) 코스, 경마장(race track). **2** 〔물방아의〕 수로(水路)(millrace).

ráce gìnger n. 생강 뿌리〔건위제로 쓰인다〕.

race-go·er [réisgòuər] n. 경마의 단골, 경마광.

ráce gròund n. 경마장, 경주장.

ráce hòrse n. 경주마, 경마용 말.

ra·ceme [reisíːm, rə-] n. 〔식물〕 〔은방울꽃 따위의〕 총상 화서(總狀花序).

ráce mèeting n. (주로 英) 경마 대회.

ra·ce·mic [reisíːmik, rə- / rə-] adj. 〔화학〕 포도줌에서 채취하는; 라세미체(體)의; 라세미 화합물의; 라세미체로 이루어지는.

ra·cé·mic ácid n. 〔화학〕 포도산(葡萄酸), 라세미산.

rac·e·mi·za·tion [ræsəmizéiʃən / -mai-] n. **1** 〔화학〕 라세미화(化) 〔라세미 화합물을 만드는 과정〕. **2** 〔考古〕 라세미화(化) 측정법〔화석 연대 측정법의 하나〕.

rac·e·mose [ræsimous] adj. **1** 〔식물〕 총상 화서의(를 같은); 총상으로 배열된. **2** 〔해부〕 〔선(腺)이〕 포도상의, 술 모양의.

rac·e·mous [ræsíməs] adj. = racemose.

ráce préjudice n. Ⓤ 인종적 편견. 〔ogy〕

ráce psychólogy n. Ⓤ 민족 심리학 (folk psychol-

rac·er [réisər] n. **1** 경주자; 경마용 말; 경주용 자전거 (자동차). **2** 〔대포의〕 선회반(旋回盤). **3** 쾌속력을 가지고 있는 것; 발이 빠른 동물. 〔특히〕 움직임이 빠른 뱀. **4** 날이 앞뒤로 긴 관상(管狀) 스케이트화 (racing skate).

ráce rìot n. 인종간의 감정 대립에서 생기는 폭동, 〔특히〕 흑인과 백인 사이의 분쟁.

ráce sùicide n. Ⓤ 민족적 자살 〔산아 제한에 의한 출생률이 사망률보다 낮아지는 일〕.

ráce tràck n. 경마장, 경주로, 트랙.

ráce wàlker n. (스포츠) 경보 선수.

ráce wàlking n. (스포츠) 경보 경기.

race·way [réiswèi] n. **1** (주로 英) 〔물방아 따위의〕 수로(水路), 도수로 (channel). **2** 〔전기〕 배전관 〔지하·옥내 따위의 것을은 싸는 철관〕. **3** harness race의 경주로. **4** 〔기계〕 볼 베어링의 볼 같은 회로.

Ra·chel [réitʃəl] n. 〔성서〕 라헬(Jacob의 아내, Joseph과 Benjamin의 어머니. ← 창세기(Gen.) 29-35〕.

rachi-, rachio- spine, spinal의 뜻의 연결형. 예: *rachi*algia (아픔), *rachi*ometer (척추 만곡계(彎曲計)).

ra·chis [réikis] n. (pl. **ra·chis·es** or **rach·i·des** [-dìːz]) **1** 〔식물〕 〔총상 화서 따위의〕 꽃자루, 잎자루, 잎대. **2** 〔동물〕 척추. **3** 〔조류〕 깃대.

ra·chit·ic [rəkítik] adj. 구루병의.

ra·chi·tis [rəkáitis, +英 ræ-] n. Ⓤ〔병리〕 구루병(佝僂)(rickets).

*****rá·cial** [réi(ə)l] adj. **1** 인종〔상〕의, 민족의, 종족(간)의. **2** 인종 차별의, 인종적인. ¶ *racial* discrimination 인종 차별. **~·ly** [-ʃəli] adv.

rácial integrátion n. (美) 인종 차별 철폐.

ra·cial·ism [réiʃəlizm] n. Ⓤ 민족주의; 〔민족의 우월·열등·순결 등에 관한〕 인종 차별주의, 인종적 편견.

ra·cial·ist [réiʃəlist] n. 민족주의자.

*****rac·ing** [réisiŋ] n. Ⓤ 경주, 경마, 경조(競漕) — adj. 경주용의, 경주의; 경마장의. ¶ a *racing* boat 경주용 보트/ a *racing* car 경주용 자동차.

rácing cólors ((英)**cólours**) *n. pl.* [말의 주인을 명시하는] 기수의 모자, 자켓의 등록색(登錄色).
rácing cúp *n.* [경마 따위의] 우승배.
rácing flág *n.* 레이스기(旗) [경주중인 요트가 마스트 꼭대기에 다는 식별기].
rácing fórm *n.* [경주마·기수·과거의 기록을 실은] 경마 신문.
rácing skáte *n.* 경주용 스케이트.
rac・ism [réisiz(ə)m] *n.* Ⓤ **1** 민족적 우월감. **2** 인종적 차별(압박); 인종 차별 정책[을 취하는 정치].
rac・ist [réisist] *n.* 민족주의자, 인종 차별주의자. ── *adj.* 민족주의의; 인종 차별의, 인종 차별적인.

pinion 작은 톱니바퀴

‡**rack**¹ [ræk] *n.* **1** 《美종 복합어를 만들어》 선반, 시렁; [물건을 거는] ──걸이; [열차 따위의] 그물 선반; 그릇 선반; 식기 선반; 꼴시렁 (hayrack);
[서류 따위의] 분류 선반. *a bomb rack* [비행기의] 폭탄걸이 / *a clothes rack* 옷걸이 / *a hat rack* 모자걸이. **2** [건초 따위를 나를 때] 짐차 둘레에 세우는 틀. **3** [중세의] 고문대; 고문; [육체·정신의] 심한 고통. **4** [인쇄] 게라 선반. **5** [기계] 톱니바퀴가 구르는 톱니받침; 래크. **6** [항해] 틀, 걸이 [그물걸이·밧줄걸이]; 치판(齒板). **7** 《美俗어》 침대. *live at rack and manger* [고어] 호화롭게 살다, 사치스럽게 살다.
off the rack [옷이] 기성의, 레디 메이드의. 〔하여〕
on the rack 몹시 시달려, 심려하여, 걱정하여, 괴로워
put a person to (or *on*) *the rack* [사람의 지능 등을] 극도로 쓰게 하다; 남에게 따끔한 맛을 보여주다.
stand up to the (or *one's*) *rack* 《美》의무를 순순히 받아들이다, 운명을 감수하다.
── *vt.* **1** ──을 고문하다; [병 따위가] ──을 괴롭히다, 고통을 주다. ⇨ TORMENT 類語 ¶ *be racked with disease* (*pain*) 병(통증)으로 고통받다. **2** [머리 따위]를 혹사하다, 긴장시키다, 짜다; ──을 세차게 흔들다, 힘껏 잡아당기다. ¶ *rack* one's *brains* 머리를 짜다. **3** [지대(地代)·소작료]을 착취하다. ¶ *rack rents* 지대를 착취하다. **4** ──을 시렁(선반)에 얹다; [말]을 꼴시렁에 매다.
rack up 《俗》[승리 따위]를 얻다; [상대방]을 때려눕히다.

rack² [ræk] Ⓤ *n.*《폐어》파괴, 황폐 (destruction). * 보통 다음 숙어로 쓴다. 〔황폐해져〕
go to rack and ruin [건물·농장 따위]가 파괴되다.

rack³ [ræk] *n.* 조각구름, [바람에] 날려가는 구름. ── *vi.* **1** [구름이] 바람에 날려가다. **2** [항해] 좌우로 흔들리다.

rack⁴ [ræk] *n.* [말의] 경구보(輕驅步) [속보와 상보(常步)의 중간]. ── *vi.* 경구보로 달리다.

rack⁵ [ræk] *vt.* [포도주·사과주 따위]를 찌꺼기에서 짜내다 (*...off*).

rack⁶ [ræk] *n.* Ⓤ [염소·돼지·사슴·송아지의] 목덜미 고기.

rack⁷ [ræk] *n.* = arrack.

ráck・a・bónes [rǽkəbòunz] 《美구어》 *n. pl.* [단수 취급] 깡마른 사람(동물); [특히] 마른 말. ── *vi.* 떠들고(놀고) 다니다.

ráck cár *n.* 《美》 자동차 운반용 화차.

‡**rack・et**¹ [rǽkit], (**racquet**) *n.* **1** [정구·탁구 등의] 라켓. **2** (~s) [단수 취급] [벽으로 둘러싸인 코트 안에서 하는] 정구 비슷한 구기. **3** [사람이나 말의] 라켓 모양의 눈신(snowshoe).

rack・et² [rǽkit] *n.* **1** 소란, 소동, 왁자그르한 (떠들썩한) 소동; 노호, 야우성, 야단 법석, ⇨ NOISE 類語 ¶ *out of the racket of a city* 도시의 소란함을 벗어나 / *give a racket* once a year 1년에 한번 야단법석을 떨며 놀다 / *go on the racket* 유흥에 젖다. **2** 부정한 돈벌이; 밀매매(密賣買); 공갈, 협박, 횡령, 사기,

못된 계획. ¶ *work a racket* 사기치다 / *be in a racket* 못된 계획에 가담하다, 부정한 돈벌이패에 끼어 있다. **3** 《美俗어》장사, 일, 솜씨, 술책. ¶ It isn't my *racket*. 그것은 내가 알 바 아니다 / I've been in this *racket* for ten years. 이 일을 10년째 해오고 있다.
make a racket 큰 소동을 벌이다.
stand the racket 시련에 견디내다; 책임을 지다; 계산을 치르다.
What is the racket?《美구어》웬일이냐? (What is [the matter?])
── *vi.* 야단법석을 떨고(놀고) 다니다(*about, around*).

rácket báll *n.* 라켓놀이 공.
rack・et・eer [ræ̀kitíər] *n.* [가게 따위를 털어가는] 갈취자. ── *vi.* 갈취하다, 등치다, 강요하다.
rack・et・eer・ing [ræ̀kití(:)riŋ/-tíər-] *n.* Ⓤ [금전의] 갈취, 협박, 밀거래. 〔위두는 틀〕
rácket préss *n.* 라켓 프레스 [라켓이 휘지 않도록 채]
rack・et・tail [rǽkitèil] *n.* 벌새의 일종 [꼬리깃 2개가 특히 길고 끝이 라켓꼴로 되어 있다].
rack・et・y [rǽkiti] (*rack・et・i・er*; *rack・et・i・est*) *adj.* **1** 시끄러운 (noisy). **2** 야단법석을 떨기 좋아하는, 방탕하는.
rack・ing [rǽkiŋ] *n.* Ⓤ Ⓒ [석공] [벽돌·돌 따위의] 계단 쌓기.
ráck mónster *n.* 잠기(氣), [잠을 부르는] 전신 피로.
ráck ráil *n.* [철도] [등산 철도 따위의] 랙 레일, 톱니 궤도. 〔way〕
ráck ráilway *n.* 톱니 궤도식 철도. *cf.* cog rail-
rack-rent [rǽkrènt] *n.* Ⓤ Ⓒ 부당하게 [터무니없이] 비싼 지대(地代) (소작료, 집세) [토지 따위의 연수(年收) 또는 그와 거의 비등한 금액]. ── *vt.* ──에게서 터무니없는 지대(소작료, 집세)를 들어내다.
ráck whéel *n.* [기계] 큰 톱니바퀴(cog wheel).
ráck・work [rǽkwə̀ːrk] *n.* Ⓤ [기계] 랙 기구(장치).
ra・con [réikan / -kɔn] *n.* [무선] 레이콘 [레이더용 비콘]. 〔< RA[DAR] + [BEA]CON〕
rac・on・teur [rækɑ̀ntə́ːr / -kɔn-] *n.* 이야기꾼, 이야기를 구수하게 잘하는 사람. ¶ *a skillful raconteur* 능숙한 이야기꾼. 〔raccoon.〕
ra・coon [rækúːn / rək-] *n.* (*pl.* -**coons** or -**coon**) =
rac・quet [rǽkit] *n.* = racket¹.
rac・quet・ball [rǽkitbɔ̀ːl] *n.* 《美·캐나다》 [스포츠] 라켓볼 [정구와 비슷한 실내 스포츠].
rac・y [réisi] *adj.* (*rac・i・er, rac・i・est*) **1** 독특한 풍미의, 향긋한, 본바닥 것인, 신선한. ¶ *racy fruit* 신선한 맛이 나는 과일. **2** 원기(활기), 생기가 찬 (vigorous), 통쾌한 (piquant), 짜릿한, 신랄한, ¶ a *racy style* 생동하는 문체. **3** [이야기가] 아슬아슬한, 음란한, 도발적인(suggestive). ¶ a *racy novel* 에로 소설.
racy of the soil 솔직한, 생기가 도는, 활기찬.
rac・i・ly *adv.* **rac・i・ness** *n.*
rad¹ [ræd] *n.* [물리] 래드 [흡수선량의 단위. 1그램에 대하여 100에르그의 흡수 에너지를 주는 방사선량을 1래드라 한다]. 〔< RAD[IATION]〕
rad² [ræd] *n.*《美구어》 멋진, 근사한. ── *n.* 과격파. 〔< RAD[ICAL]〕
rad. (略) [수학] radical; radius; radix.
RADA (略) *Royal Academy of Dramatic Art* (영국 연극 학교).
*ra・dar [réidɑːr / -də, -dɑː] *n.* [전자 공학] 레이더, 전파 탐지기. 〔< RA[DIO] + D[ETECTING] + A[ND] + R[ANGING]〕
RAD-AR (略) *Risk/Benefit Assessment of Drugs-Analysis & Response*(의약품의 위험성과 수익성 평가 -분석 및 대응책).
rádar astrónomy *n.* Ⓤ 레이더 천문학.
rádar béacon *n.* [무전] 레이더 비콘 (racon).
rádar fénce (**scréen**) *n.* [군] 레이더망.
rádar gún *n.* 스피드 건, 속도 측정기.
ra・dar・man [réidɑːrmən, -mæ̀n, + 英 -də-] *n.* (*pl.* -**men** [-mən, -mèn]) 레이더 기술자.

ra·dar·scope [réidɑːrskòup, +英 -də-] *n.* 〖레이다의〗전파 영상기(映像器) 〖음극선관을 갖춘 전류 진동계(oscilloscope)로 받은 전파의 진동 상황을 볼 수 있게 하는 장치〗.

rádar télescope *n.* 레이다 망원경.

rádar tráp *n.* 〖교통〗**1** 〖레이다에 의한〗속도 위반 탐지 장치. **2** 속도 위반 탐지 구간(장소).

rad·dle¹ [rǽdl] *n.* ⓤ 대자석(代赭石), 자토(赭土). — *vt.* …에 대자를 바르다; …을 붉게 칠하다.

rad·dle² [rǽdl] *vt.* (**-dled, -dling**) 엮다, 짜다(interweave, wattle). — *n.* 〖방언〗〖엮어서 울타리 따위를 만드는〗길고 잘 휘는 나뭇가지; 그것으로 된 구조물〖울타리·담장 따위〗.

*__ra·di·al__ [réidiəl, -djəl] *adj.* **1** 방사상의(으로 늘어놓은), 복사형(輻射形)의; 방사상으로 움직이는, **2** radius의, 방사의, 광선의. **3** 〖수학〗반경의. **4** 〖동물〗방사 기관의, 방사부의, **5** 〖해부〗요골(橈骨)의, **6** 〖식물〗방사형 꽃의, 방사형의. **7** 〖기계〗회전 반경의. — *n.* **1** 방사부(radial part). **2** 요골신경(동맥). **3** =radial [ply] tire. ~·**ly** [-əli] *adv.* 〖내연 기관〗.

rádial éngine *n.* 〖기계〗성형(星形) 발동기, 성형

rádial [plý] tíre *n.* 레이디얼 타이어.

ra·di·an [réidiən, -djən] *n.* 〖수학〗라디안, 호도(弧度) 〖각도의 단위. 원의 반경의 길이와 같은 호에 대한 중심각은 1라디안(=57.2958°)이라 한다〗.

*__ra·di·ance__ [réidiəns, -djəns], (**ra·di·an·cy** [-si]) *n.* ⓤ 〖정신적·물질적인〗광휘, 빛남, 찬연 (brightness). ¶ the *radiance* of the tropical sun 열대의 태양의 빛남 / *Radiance* lit her face. 그녀의 얼굴은 밝게 빛났다. 〖<RADI[ANT]+-ANCE〗

ra·di·ant [réidiənt, -djənt] *adj.* **1** 빛나는, 번쩍거리는, 빛을 내고 있는, 밝은(bright, brilliant); 〖비유적〗빛날듯한, 훌륭한, 굉장한(splendid). ⇒ BRIGHT 〖類語〗 ¶ a *radiant* morning 환하게 밝은 아침 / her *radiant* beauty 그녀의 눈부신 아름다움. **2** 기쁨에 빛나는, 환한. ¶ a *radiant* smile 환한 미소. **3** 〖물리〗복사의, 방사의. **4** 〖식물〗방사상(으로 되어 있는), **5** 〖생물〗방사 분포(放散分布)의. — *n.* 광점(光點); 복사점(radiant point). ~·**ly** *adv.* ◊ rádiance *n.*, rádiate *v.*

rádiant énergy *n.* ⓤ 〖물리〗복사 에너지.

rádiant héat *n.* ⓤ 〖열역학〗복사열.

rádiant héating *n.* ⓤ 복사 난방. *cf.* convection

*__ra·di·ate__ *v.* [réidièit → *adj.*] (**-at·ed, -at·ing**) *vi.* **1** 〖빛·열을〗발하다, 사출(射出)하다, 복사하다; 〖빛·열이〗사방으로 방사하다. ¶ Light and heat *radiate*. 빛과 열이 나온다 // (~ +圃+图) Heat *radiates from* the stove. 열이 난로에서 방사한다. **2** 〖비유적〗〖도로 따위가〗사방으로 퍼지다(뻗다), 방사상으로 뻗다(*from*…); 〖사람이〗 기쁨 따위를 내뿜다. ¶ (~ +圃+图) Railways *radiate* to the suburbs of the city *from* the business center. 철도길이 상업 중심 지역에서 교외로 방사상으로 뻗어 있다.
— *vt.* **1** 〖빛·열을〗사출하다, 발산하다, 방사하다. ¶ *radiate* light and heat 빛과 열을 내다. **2** 〖비유적〗〖기쁨·사랑 따위를〗퍼뜨리다, 방산하다. ¶ Her face *radiates* happiness. 그녀의 얼굴은 행복으로 빛나고 있다. **3** …을 〖텔레비전·라디오로〗방송하다. — *adj.* [réidiit] 사출하는, 방사상의.
◊ rádiation *n.*, rádiant, rádiative *adj.*, rádiately *adv.*

rádiated ÉMI [-í:éimái] *n.* 〖전기〗방사 전자(電磁) 방해〖전기 기기에서 공중으로 방사되는 잡음〗.
〖<RADIATED+electro *magnetic* interference〗

ra·di·a·tive [réidiìti] *adj.* 사출하는, 방사하여, 방사선의.

*__ra·di·a·tion__ [rèidiéiʃ(ə)n] *n.* **1** ⓤ 〖물리〗〖열·빛·전파·음파 등의〗복사(輻射), 방사, 발산, 발광(發光); 방사물, 복사물. **2** ⓤ 복사 에너지, 복사선(방사) 작용. **3** 방사상 배열, 방사형.

radiátion chémistry *n.* ⓤ 방사선 화학.

radiátion fállout *n.* 방사성 낙진.

rà·di·á·tion-fíeld photógraphy [rèidiéiʃ(ə)n-fíːld] *n.* 〖의학〗방사 전자계(電磁界)〖진단〗사진.
* kirlian photography로도 쓴다.

radiátion fóg *n.* 〖기상〗복사무.

radiátion síckness *n.* ⓤ 〖병리〗방사선병, 방사능증〖방사성 물질의 입자의 영향을 받아 세포 원형질이나 세포핵이 장해를 일으킨다〗.

radiátion thérapy *n.* =radiotherapy.

ra·di·a·tive [réidièitiv] *adj.* 〖열·빛 따위를〗발산하는, 방열(발광)하는, 방사하는, 복사하는.

*__ra·di·a·tor__ [réidièitər] *n.* **1** 라디에이터, 방열기, 복사 방기기; 〖자동차·비행기 따위의 엔진의〗냉각기. ¶ a single-column *radiator* 외줄 방열기 / a wall *radiator* 벽에 붙이는 방열기. **2** 방사체(射光體), 방사체. **3** 〖무선〗공중선, 발진자(發振子).

*__rad·i·cal__ [rǽdik(ə)l] *adj.* **1** 근본의, 기초의, 근저의(basic), 기본적인, 근본적인, 주요한(fundamental), 중요한(essential), 본래의. ¶ a *radical* formula 기초 공식 / a *radical* principle 근본 원리 / a *radical* error 근본적인 잘못. **2** 〖개혁 따위가〗철저한(thorough), 극단적인(extreme). ¶ a *radical* reform 철저한 개혁 / a *radical* cure 완전한 치료. **3** 급진적인, 과격한, 혁명적인; 〖종종 R-〗급진당의. ¶ *radical* students 과격파 학생 / a *Radical* party 급진당. **4** 〖수학〗근(根)(root)의; 〖화학〗기(基)의. **5** 〖식물〗뿌리의, 뿌리에서 나는. **6** 〖문법〗어근의; 〖음악〗근음(根音)의. — *n.* **1** 근간, 기본 원리, 기초(foundation). **2** 〖종종 R-〗급진당원; 과격론자, 과격파. **3** 〖문법〗어근(語根); 〖한자의〗부수(部首), 자원(字源). **4** 〖수학〗근호(根號)(root); 〖화학〗근, 기. ◊ rádically *adv.*, rádix *n.*

rádical áxis *n.* 〖기하〗근축(根軸).

rádical expréssion *n.* 〖수학〗무리식(無理式).

rad·i·cal·ism [rǽdikəlìz(ə)m] *n.* ⓤ **1** 급진주의, 과격론. **2** 본질.
〖[상태]〗**3** 본질.

rad·i·cal·i·ty [rædikǽliti] *n.* ⓤ 과격〖상태〗, 급진.

rad·i·cal·ize [rǽdikəlàiz] *vt.* …을 〖정치적으로〗과격하게(급진적으로)하다, 과격(급진)론자가 되게 하다.
— *vi.* 과격해지다, 급진주의로 되다.

rádical léft *n.* = New Left.

*__rad·i·cal·ly__ [rǽdikəli] *adv.* **1** 근본적으로, 본래(naturally).**2** 완전히, 철저하게(thoroughly).**3** 과격하게.

rádical ríght *n.* 급진 우익, 극우.

rádical sígn *n.* 〖수학〗근호(根號) 〖√〗.

rad·i·cand [rǽdəkænd] *n.* 〖수학〗근기호 속의 수.

rad·i·cel [rǽdisèl] *n.* 〖식물〗어린 뿌리, 작은 뿌리(small root).

ra·di·ci·da·tion [rèidisidéiʃ(ə)n] *n.* 〖식료품·의료 기구에 대한〗방사선〖조사(照射)〗살균.

rad·i·cle [rǽdikl] *n.* **1** 〖식물〗어린 뿌리, 작은 뿌리. **2** 〖화학〗근, 기(radical). **3** 〖해부〗〖신경·혈관 따위의〗최소지(最小枝), 세근(細根).

rad·ic-lib [rǽdiklíb] *n.* 《美》급진적 자유주의자.
〖< RADIC[AL]+LIB[ERALIST]〗

ra·dic·u·lar [rədíkjulər] *adj.* **1** 〖식물〗작은(어린) 뿌리의, **2** 〖기〗의, 근(根)의.

ra·di·es·the·sia [rèidiesθí:ʒ(i)ə / -ìsθí:ʒjə, -ziə] *n.* ⓤ 〖막대기·추 따위로 사물을 감지하는〗방사 감지(放射感知); 〖추·막대기로 하는〗수맥(水脈) 탐지.

*__ra·di·o__ [réidiòu] *n.* (*pl.* **-os**) **1** (the ~) ⓤ 라디오, 라디오 방송. ¶ listen [in] to the *radio* 라디오를 듣다 / listen to music on (*or* over) the *radio* 라디오로 음악을 듣다 / talk over the *radio* 라디오에서 강연하다. **2** 라디오 (무선 수신기)(radio set). ¶ dial the *radio* 라디오의 다이얼을 돌리다 / turn (*or* switch) on (off) the *radio* 라디오를 틀다(끄다) / tune in the *radio* to …에 라디오의 파장을 맞추다. **3** ⓤ 무선 통신, 무선 전화(wireless); 무선 전보 (wireless telegram) (《英》에서는 wireless가 보통). ¶ send a message by *radio*

무선으로 전신을 보내다. **4** (the ~) [라디오의] 방송 사업(조직). — *adj.* 라디오의, 라디오를 쓴. ¶ a *radio* announcer 라디오 아나운서 / a *radio* concert 방송 음악회. — *vt.* …을 방송하다; 무선으로 보내다. — *vi.* 방송하다, 무선으로 전하다. ¶ *radio* for help 무선으로 구조요청하다.
[<RADIO[TELEGRAPHY], RADIO[TELEPHONE]]

radio- radial, radiant energy, radio, radioactive, radium 의 뜻의 연결형. 예: *radio*gram, *radio*broadcast, *radio*meter.

ra·di·o·ac·ti·vate [rèidiou(u)æktivèit] *vt.* [물리] [물질]에 방사능을 부여하다.

⋆ra·di·o·ac·tive [rèidiou(u)æktiv] *adj.* [물리·화학] 방사능이 있는, 방사성의. ¶ *radioactive* substance 방사성 물질 / a *radioactive* isotope 방사성 동위 원소 / *radioactive* fallout 방사능 재, 방사성 낙진 / *radioactive* contamination 방사능 오염 / *radioactive* rays 방사선. ◇ radioactívity *n.*

rádioàctive áge *n.* [물리] 방사성 [측정] 연대.
rádioàctive dáting *n.* 방사능 연대 측정.
rádioàctive ísotope *n.* 방사성 동위 원소.
rádioàctive stándard *n.* [물리] 표준방사성 물질[방사선 측정 장치에 사용].
rádioàctive wáste *n.* 방사성 폐기물.

ra·di·o·ac·tiv·i·ty [rèidiou(u)æktíviti] *n.* [U] 방사능, 방사성. ¶ artificial *radioactivity* 인공 방사능.
ra·di·o·am·pli·fi·er [rèidiou(u)æmplifàiər] *n.* [무선] 고주파 증폭기(장치). [터의] 방사능 분석.
ra·di·o·as·say [rèidiou(u)əséi] *n.* [시료(試料)로 부
rádio astrónomer *n.* 전파 천문학자.
rádio astrónomy *n.* [U] 전파 천문학[레이다·고주파의 이용에 의한 천체 운동의 연구].
ra·di·o·au·to·graph [rèidiou(u) ɔ́ːtəgræf / -gràːf] *n.* [물리] 방사성 사진 (autoradiograph).

rádio bèacon *n.* 라디오 비콘, 무선 표지[소].
rádio bèam *n.* [비행기 따위를 유도하기 위한] 신호 전파, 무선 빔[지향성을 가진 단파를 쓴다].
ra·di·o·bi·ol·o·gy [rèidiou(u)baiɑ́lədʒi / -ɔ́l-] *n.* [U] 방사선 생물학.

ra·di·o·broad·cast *v.* [rèidiou(u)brɔ́ːdkæst/kɑ̀ːst //→ *n.*]. (**-cast** *or* **-cast·ed, -cast·ing**) *vt.* …을 라디오 방송하다. — *vi.* 무선 방송하다. — *n.* [rèidiou(u)·brɔ́ːdkæst/-kɑ̀ːst] [U] 라디오(무선) 방송.

rádio càb *n.* 무선 [전화] 택시. [차.
rádio càr *n.* 무선경찰차, 연락용 무선장치를 한 자동
ra·di·o·car·bon [rèidiou(u) kɑ́ːrbən] *n.* [U] [화학] 방사성 탄소[carbon 14].
rádiocárbon dáting *n.* [考古] 방사성 탄소 연령 측정법[1946년 Chicago 대학의 W.F.Libby 가 고안].
ra·di·o·car·di·o·gram [rèidiou(u) kɑ́ːrdiou(u) græm] *n.* [의학] 방사능 심전도(心電圖).
rádio cassétte recórder *n.* 라디오 겸용 카세트 테이프 레코더.
ra·di·o·cast [rèidiou(u) kæst / -kɑ̀ːst] *vt.* (**-cast** *or* **-cast·ed, -cast·ing**) =radiobroadcast. [화학.
ra·di·o·chem·is·try [rèidiou(u) kémistri] *n.* [U] 방사
Rádio Cíty *n.* 미국 New York 시의 Rockefeller Center에 있는 오락 중심지[RCA 빌딩과 Radio City Music Hall이 있다].
rádio commùnicátion *n.* 무선 통신.
rádio cómpass *n.* 무선 방위 측정기[radio beacon 따위에서 오는 신호 전파에 의해서 자기의 위치를 아는 장치]. [종.
rádio contròl *n.* [U] [항공기·포탄 따위의] 무선 조
ra·di·o·con·trol [rèidiou(u) kəntróul] *vt.* (**-con·trolled, -con·trol·ling**) …을 무선 조종하다. [-기.
ra·di·o·de·tec·tor [rèidiou(u) ditéktər] *n.* 무선 검파
rádio diréction fìnder *n.* 무선 방위 측정기, 무선 방향 탐지기.

rádio écho sòunding *n.* [전기] 전파 음향 측심[법] [고주파 전파의 반사에 의해 수심(水深)·빙층(氷層)의 두께를 측정하는 방법].
ra·di·o·e·col·o·gy [rèidio(u) ikɑ́lədʒi (-) /-ikɔ́l-] *n.* 방사선 생태학 [방사성 물질과 생물과의 관계를 다룬다].
ra·di·o·el·e·ment [rèidio(u) éliment] *n.* 방사성 원소 (radioactive element).
Rádio Frée Éurope *n.* 《美》 자유 유럽 방송[옛 동유럽 지역에 내보내던 선전 방송].
rádio fréquency *n.* [U][C] (*pl.* **-cies**) 무선 주파수 [10 킬로헤르츠 이상].
rádio gálaxy *n.* [천문] X 선 우주.
ra·di·o·gen·ic [rèidio(u) dʒénik] *adj.* **1** [물리] 방사성 물질 붕괴에 의해 생기는. **2** 라디오 방송에 적합한.
ra·di·o·go·ni·om·e·ter [réidio(u) gòuniɑ́mitər /-ɔ́m-] *n.* 전파 방위계(方位計).
ra·di·o·gram[1] [réidio(u) græm] *n.* **1** 무선 전보(radiotelegram). **2** 《英》 **a**) 뢴트겐, X선(X-ray). **b**) 전보.
ra·di·o·gram[2] [réidio(u) græm], **-gram·o·phone** [rèidio(u) græməfòun] *n.* 《英》 레코드 플레이어가 달린 라디오.
ra·di·o·graph [réidio(u) græf / -grɑ̀ːf] *n.* 방사선(뢴트겐) 사진. — *vt.* [흉부 따위]를 뢴트겐 촬영하다.
ra·di·og·ra·pher [rèidiɑ́grəfər / -ɔ́g-] *n.* 뢴트겐 사진 기술자.
ra·di·o·graph·ic [rèidio(u) græfik], **-i·cal** [-ik(ə)l] *adj.* 뢴트겐 사진의. **-i·cal·ly** [-ikəli] *adv.*
ra·di·og·ra·phy [rèidiɑ́grəfi / -ɔ́g-] *n.* [U] 뢴트겐 사진술. [위 원소.
ra·di·o·i·so·tope [rèidio(u) áisətòup] *n.* 방사성 동
rádio knífe *n.* [외과] 전기 메스 [수술용].
ra·di·o·lar·i·an [rèidio(u) lɛ́əriən / -lɛ́ər-] *n.* 방산충(放散蟲)류. — *adj.* 방산충류의.
Rádio Líberty *n.* 《美》 자유 방송[소련 붕괴 이전의 핀헨 지역을 거점으로 한 대(對) 소련 선전 방송]. *cf.* Radio Free Europe, Voice of America
ra·di·o·lo·ca·tion [rèidio(u) lo(u) kéiʃ(ə)n] *n.* [U] 전파 탐지법.
ra·di·o·lo·ca·tor [réidio(u) lòukeitər, ‐ ‐ ‐ ‐ ‐] *n.* 《英》 전파 탐지기 (radar).
ra·di·o·log·i·cal [rèidio(u) lɑ́dʒik(ə)l / -lɔ́dʒ-], **-log·ic** [-lɑ́dʒik / -lɔ́dʒ-] *adj.* **1** 방사성 물질에 의한. **2** 방사선학의. [기(医사).
ra·di·ol·o·gist [rèidiɑ́lədʒist / -ɔ́l-] *n.* 방사선 학자
ra·di·ol·o·gy [rèidiɑ́lədʒi / -ɔ́l-] *n.* [U] **1** 방사선학, X선학. **2** [의학] 방사선과.
ra·di·o·man [réidio(u) mæn] *n.* (*pl.* **-men** [-mèn]) 무선 기사.
ra·di·o·me·te·or·o·graph [rèidio(u)·mí:tiərəgræf/-grɑ̀ːf] *n.* =radiosonde.
ra·di·om·e·ter [rèidiɑ́mitər / -ɔ́m-] *n.* 라디오미터, 복사계(輻射計).
ra·di·om·e·try [rèidiɑ́mitri- / -ɔ́m-] *n.* [U] 방사에너지 측정, 라디오 미터 측정법.
ra·di·o·mi·crom·e·ter [rèidio(u) maikrɑ́mitər / -krɔ́m-] *n.* 복사 에너지 검출의 정밀 장치.
rádio mónitoring *n.* [군사] 전파 감시. [radiometer]
rádio navigátion *n.* [항공·항해] 무선 항법(항행).
ra·di·on·ics [rèidiɑ́niks / -ɔ́n-] *n. pl.* 《단수 취급》 전자 공학, 라디오 공학, 라디오 기술. *cf.* electronics
ra·di·o·nu·clide [rèidio(u) n(j)úːklaid] *n.* [물리] 방사 핵종(核種).
rádio págèr *n.* 무선 호출 수신기, 삐삐(beeper).
ra·di·o·phar·ma·ceu·ti·cal [rèidio(u) fɑ̀ːrməsúː·tik(ə)l / -sjúː-] *adj., n.* 방사성 의약품[의].
ra·di·o·phone [réidio(u) fòun] *n.* 무선 전화기. —

radiophonics 1780 **rag**

vt., vi (-phoned, -phon·ing) […에] 무선 전화를 걸다.
ra·di·o·phon·ics [rèidio(u)fániks, -fóun- / -fóun-, -fɔ́n-] *n.* 《英》 **1** 전자 음악. **2** 라디오 방송[음]; 《특히 테이프 따위에 의한》 녹음 재생음.
ra·di·o·pho·no·graph [rèidio(u)fóunəgræf, -grà:f] *n.* 라디오 겸용 레코드 플레이어.
ra·di·o·pho·to [rèidio(u)fóutou], **-pho·to·graph** [-fóutəgræf / -grà:f] *n.* 무선 전송 사진.
ra·di·o·pho·tog·ra·phy [rèidio(u)fətágrəfi / -tɔ́g-] *n.* 무선 사진 전송.
ra·di·o·pro·tec·tor [rèidio(u)prətéktər] *n.* 《의학》 방사능 방어제.
rádio púlsar *n.* 《천문》 전파 천체 《강한 방사성 에너지를 발하는 전파 천체의 하나》.
rádio ránge *n.* 《항공기의 항행을 유도하는》 무전 장.
rádio ránge béacon *n.* 무전 항로 표지.   [치.
rádio recéiver *n.* 라디오 수신 장치.
rádio rélay *n.* 무선 중계 국(局).
ra·di·os·co·py [rèidiáskəpi / -ɔ́s-] *n.* 《U》 뢴트겐 검
rádio sét *n.* 라디오 수신(발신)기.   [사.
ra·di·o·sonde [réidio(u) sànd / -sɔ̀nd] *n.* 《기상》 라디오존데 《상층 기상 관측장치》.
rádio spéctrum *n.* 전자파 스펙트럼.
rádio stár *n.* 《페어》 《천문》 전파성(電波星).
rádio státion *n.* 무선국, 라디오 방송국.
ra·di·o·ster·il·ized [rèidio(u)stérilaizd] *adj.* X 선 《감마선》 살균을 한.   [보.
ra·di·o·tel·e·gram [rèidio(u)téligræm] *n.* 무선 전
ra·di·o·tel·e·graph [rèidio(u)téligræf / -grà:f] *n.* 무선 전신[기]. ── *vt.* …에 무선 전신을 보내다. ── *vi.* 무선 전신을 보내다.   [전신[술].
ra·di·o·te·leg·ra·phy [rèidio(u)tiléɡrəfi] *n.* 《U》 무선
ra·di·o·tel·e·phone [rèidio(u)téləfòun] *n.* 무선 전화. ── *v.* (-phoned, -phon·ing) *vt.* …에 무선 전화를 걸다. *vi.* 무선 전화를 걸다.   [전화[기].
ra·di·o·te·leph·o·ny [rèidio(u)tiléfəni] *n.* 《U》 무선
rádio téles·còpe *n.* 《천문》 전파 망원경.
ra·di·o·tel·e·type [rèidio(u)télitàip] *n.* 무선 텔레타이프, 무선 전신 인자기(印字機).
ra·di·o·ther·a·peu·tics [rèidio(u)θèrəpjú:tiks] *n. pl.* 《단수 취급》 방사선 의학; 방사선(X 선) 요법.
ra·di·o·ther·a·py [rèidio(u)θérəpi] *n.* 《U》 방사선 요법. 《透熱》 요법.
ra·di·o·ther·my [réidio(u)θɜ̀:rmi] *n.* 《U》 전기 투열
ra·di·o·tox·in [rèidio(u)táksin/-tɔ́k-] *n.* 《물리》 방사능 독(毒).
rádio transmítter *n.* 무선 송신기.
rádio tùbe *n.* 《라디오용》 진공관 (vacuum tube).
ra·di·o·vi·sion [réidio(u)vìʒ(ə)n] *n.* 《폐어》 =television.
rádio wáve *n.* 《전기》 전파, 전자파(電磁波).
rad·ish [rædiʃ] *n.* 무.
*ra·di·um** [réidiəm, -djəm] *n.* 《U》《화학》 라듐 《방사성 금속 원소》; 원자 기호 Ra》.
rádium èmanátion *n.* 《화학》 =radon.
rádium thèrapy *n.* 《U》《의학》 라듐 요법.
*ra·di·us** [réidiəs, -djəs] *n.* (*pl.* **-di·i** [-diài] or **-di·us·es**) **1** 《기하》 반경 (*cf.* diameter); 반경의 길이. **2** 복사선, 복사물(輻射物). **3** 일정 반경의 권내, 일정 거리의 구역; 《행동·능력·경험 따위의》 구역, 범위. ¶ within a *radius* of five miles 5마일 범위 안에서 / within (outside the) *radius* of one's capacity 능력이 미치는 범위 안(밖)에서 / the four miles *radius* [London의 Charing Cross에서] 4마일 이내 / a *radius* of action 행동 반경. **4** 《항공기 따위의》 항속 거리, 비행 반경. ¶ the flying *radius* of a plane 항공기의 항속 반경. **5 a)** 《식물》 사출화(射出花); 《동물》 사출부. **b)** 《해부》 요골(橈骨). **c)** 《우편의·사분의 따위의》 바늘,

침. **6** 《기계》 회전 반경. **7** 《차바퀴 따위의》 살, 스포크.
rádius véctor *n.* (*pl.* radii vectores) **1** 《수학》 동경(動徑). **2** 《천문》 동경 《태양과 행성 따위의 중심으로 잇는 직선》.
ra·dix [réidiks] *n.* (*pl.* **rad·i·ces** [rédisì:z, +美 ræd-] *or* **-dix·es**) **1** 《수학》 밑, 근(根), 기수(基數); 《통계의》 기수. **2** 《문법》 어근, 어간. **3** 《식물》 뿌리 (root).
RAdm (略) Rear Admiral.
ra·dome [réidoum] *n.* 레이돔 《항공기의 외부에 장착한 레이다 안테나의 덮개》.
ra·don [réidɑn / -dɔn] *n.* 《U》《화학》 라돈 《방사성의 회 (稀)가스류 원소; 원자 기호 Rn》.
RAF, R.A.F. (略) Royal Air Force 《영국 공군》.
RAFAR, Rafar [réfɑ:r] *n.* 전파 자동 복사 재생 방송 《가정으로의 송신될 미래의 전파 신문》.
[<*r*adio *a*utomated *f*acsimile *a*nd *r*eproduction]
raff [ræf] *n.* 《U》 **1** 하층민 (riffraff); ⓒ 인간 쓰레기. **2** 《英방언》 쓰레기, 폐물 (trash).
raf·fi·a [réfiə] *n.* **1** 라피아야자. **2** 《U》 라피아야자의 잎에서 얻는 섬유. **3** 라피아로 만든 모자《바구니》.
raf·fi·né [ræfi:néi] *adj.* 《프랑스》 (=refined) 세련된.
raf·fi·nose [réfinòus] *n.* 《화학》 라피노스 《단맛이 없는 무색의 삼당류(三糖類)로서 사탕무나 목화열매에 들어 있음》.
raff·ish [réfiʃ] *adj.* **1** 저속한 (vulgar); 값싼, 야한. **2** 품행이 나쁜, 방탕한, 음란한.
raf·fle¹ [réfl] *n.* 복권식 판매. ¶ a *raffle* for a radio 당첨되면 라디오를 주는 복권. ── *v.* (-fled, -fling) *vt.* …을 복권식 판매로 팔다 (...off). ── 《+图+圖》 *raffle off* a television 텔레비전을 복권식 판매에 내걸다. ── *vi.* 복권식 판매에 참가하다 (for...). ¶ (~+圖+图) *raffle* for a silver watch 은시계 복권 판매에 참가하다.
raf·fle² [réfl] *n.* 《U》 **1** 폐물, 쓰레기, 잡동사니 (rubbish). **2** 《항해》 《그물이나 돛 따위의》 뒤엉킨 것 (tangle).
*raft¹** [ræft / ra:ft] *n.* **1** 뗏목, 구조용 비상 뗏목. ¶ on a *raft* 뗏목을 타고. **2** 《상륙의 발판으로 삼는》 거점. **3** 《유목·유빙(流氷) 따위의》 집적(集積); 물사떼. ── *vt.* **1** …을 뗏목으로 나르다. **2** 《목재 따위를》 뗏목으로 엮다. **3** …을 뗏목으로 건너다. ── *vi.* **1** 뗏목을 쓰다. **2** 뗏목을 엮다.
raft² [ræft / ra:ft] *n.* 《구어》 다수, 다량, 많음 (lot).
*raft·er¹** [réftər / rá:ftə] *n.* 《건축》 서까래.
from cellar to rafter 집의 구석에서 구석까지, 온 집 안을 샅샅이.
── *vt.* **1** 《보통 과거 분사형으로》 …에 서까래를 대다; 《재목을》 서까래로 쓰다. **2** 《英방언》 《논밭》에 이랑을 내다.
raft·er² [réftər / rá:ftə] *n.* 뗏목을 만드는 사람, 뗏목
rafts·man [réftsmən / rá:fts-], (**raft·man** [ræft- / ra:ft-]) *n.* (*pl.* -men [-mən]) 뗏목을 만드는(타는) 사람 (rafter).
*rag¹** [ræg] *n.* **1** 넝마, 누더기 (tatter); 천조각, 돛의 작은 조각; (~s) 누더기 옷. ¶ be torn to *rags* 갈기갈기 찢어지다 / spread every *rag* of sail 모든 돛을 펴다 / I cannot go out in these *rags*. 이런 누더기옷을 입고서는 외출할 수 없다. **2** 《경멸적·익살조》 손수건, 《기》 (旗), 막(幕); 신문; 지폐, 돈. ¶ You surely don't read that *rag*. 너는 물론 저런 신문을 읽지는 않겠지. **3** 초라한 사람, 비천한 사람. **4** (~s) 《제지 원료·채워넣는 것으로서의》 넝마. **5** 단편, 종이조각; 소량. ¶ *rags* of clouds 조각 구름 / There is not a *rag* of evidence against him. 그에게 불리한 증거는 하나도 없다. **6** 《금속 자른 곳의》 들쭉날쭉. **7** (the R-) 《英속어》 육·해군인 클럽. **8** 《英방언》 의혹.
chew the rag (or *fat*) 《英속어》 불평을 늘어놓다, 나무라다, 《美속어》 지껄이다, 지껄도록 말하다.
do not leave a rag on a *person* 남을 철저하게 힐뜯

rag

다. ¶ She *did not leave a rag on* him. 그녀는 그를 사정없이 헐뜯었다.
feel like a rag 《구어》 지치다.
glad rags 《美속어》 나들이 옷, 단벌 옷.
have not a rag to one's back 입을 옷이 한벌도 없다. ¶ He *has not a rag to* his *back.* 그는 몸에 아무 것도 걸치지 않고 있다.
like a red rag to a bull 소에게 붉은 천을 보인 것처럼 [흥분(격분)시키는 것].
take the rag off [*the bush*] 《美구어》 단연 뛰어나다, 뛰어나게 훌륭하다.
— *vt., vi.* (**ragged, rag·ging**) 《美속어》 정장(正裝) 시키다(*...out*)(dress up) ◇ rágged *adj.*

rag² [ræg] *v.* (**ragged, rag·ging**) *vt.* **1** …을 꾸짖다 (scold), 나무라다. **2** …을 괴롭히다, 놀려대다(tease), 난처하게 만들다. **3** (英) …에게 짓궂게 굴다. — *vi.* **1** 잔소리하다, 꾸짖다. **2** 괴롭히다. **3** (英) 떠들어 대다. **4** (英) 장난치다. — *n.*《英속어》**1** 난장판, 큰 말다툼. **2** 장난, 농담.

rag³ [ræg] *n.* U **1** (英) 경질(硬質) 석판암(石盤石). **2** 지붕용 슬레이트의 일종.

rag⁴ [ræg] *n.* = ragtime. — *v.* (**ragged, rag·ging**) *vt.* …을 래그타임으로 연주하다. — *vi.* 래그타임에 맞추어 춤추다.

ra·ga [rɑ́ːgə] *n.* 라가 [인도 음악의 전통적인 선율].
rag·a·muf·fin [rǽgəmʌ̀fin] *n.* 누더기를 걸친 사람, 꼴사나운 사람; 부랑아.
rág and bóne màn *n.* (英) 넝마 장수.
rága ròck *n.* 라가 록[인도풍의 록 음악].
rag-a·zine [rǽgəziːn] *n.* (美) [가십 전문의] 싸구려 잡지. [<RAG | MAG]AZINE]
rág báby *n.* 봉제 인형(stuffed doll).
rág bàg *n.* [헝겊 따위를 넣는] 넝마 주머니.
rág bòlt *n.* 가시못, 미늘달린 볼트(barb bolt). — *vt.* …을 미늘달린 볼트로 죄다.
rág bòok *n.* 찢어지지 않게 천으로 만든 어린이 책.
rág dòll *n.* 봉제 인형.

‡**rage** [reidʒ] *n.* **1** UC 격노, 분노 (fury), 노발 대발. ⇒ ANGER 類語 ¶ with (or in a) *rage* 격노하여, 분노한 나머지 / fly (or get, fall) into a *rage* 화를 발칵 내다, 격노하다 / They were in a *rage* over the high prices. 그들은 값이 너무 비싼 데 대해 격분하고 있었다. **2** U C [폭풍우・화재・병 따위의] 격심함, 맹위, 맹렬, 격렬 (violence). ¶ the *rage* of the wind 폭풍의 광란 / the *rage* of the plague 페스트의 맹위 / the *rage* of faction 파벌의 격화. **3** 흥분 상태, 흥분 상태. ¶ a *rage* of excitement 극도로 흥분하여 상태 / a poetic *rage* 시적(詩的) 황홀 상태. **4** 열망, 갈망, 열정, 열광, …광(*for…*). ¶ have a *rage for* [collecting] stamps 우표 수집에 열중하고 있다 // have a *rage for* power and glory 권력과 명예를 갈망한다 // have a *rage to* live 생애의 열정. **5** (the ~) [일시적] 대유행물. 類語 ¶ Driving is [all] the *rage*. 드라이브가 대유행이다. — 터뜨리다. *burst into a rage of tears* (or *grief*) 와락 울음을 터뜨리다. — *vi.* (**raged, rag·ing**) **1** 격노하다, 고함지르다 (*against, at, over* …). ¶ (~+前+名) *rage against* an enemy 적에 대해 크게 분노하다 / He *raged at* her for her carelessness. 그는 그녀의 부주의를 크게 나무랐다. **2** 광란하다, 맹위를 떨치다; 극성을 떨다. ¶ A storm is *raging*. 폭풍우가 몰아치고 있다 / The battle *raged* six days. 싸움은 6일간이나 계속되었다.

rage·ful [réidʒful] *adj.* 격노한, 맹렬한.
rág fàir *n.* 헌옷 시장.

‡**rag·ged** [rǽgid] *adj.* **1** 누더기의, 너덜너덜한 (tattered); 찢어진. **2** 누더기를 걸친; 초라한. ¶ a *ragged* child 누더기를 걸친 아이. **3** [표면이] 깔쭉깔쭉한, 울퉁불퉁한. ¶ *ragged* stones 울퉁불퉁한 돌. **4** [소리가] 부조화한, 귀에 거슬리는. **5** 조잡한; 불완전한, 결함이 있는. ¶ a *ragged* style 조잡한 문체 / a *ragged* perform-

ance 거친 연기. **6** 야생의, 손질을 게을리한. ¶ a *ragged* lawn 멋대로 자란 잔디. ~·ly *adv.* ~·ness *n.*
rágged édge *n.* [벼랑 따위의] 가장자리, 물가.
on the ragged edge 위험한 고비에, …에 직면하여(*of…*).
rágged róbin *n.* 동자꽃의 일종.
rágged schóol *n.* (英고어) 빈민 학교.
rag·ged·y [rǽgidi] *adj.* (**rag·ged·i·er, rag·ged·i·est**) 《주로 美구어》 너덜거리는, 남루한, 초라한; 덥수룩한. ¶ a *raggedy* old coat 너덜거리는 낡은 코트 / a *raggedy* sheep dog 털이 더부룩한 양치기 개. [잡다한.
rag·gle-tag·gle [rǽgltǽgl] *adj.* 긁어 모은; 뒤범벅의,
rag·gy, rag·i [rǽgi] *n.* [식물] 왕바랭이[인도산(産) 벼과(科)의 식용 곡물]. [문격적인.
rag·ing [réidʒiŋ] *adj.* **1** 맹렬한, 격렬한. **2** 노하는, 격노한. ~·ly *adv.*
rag·lan [rǽglən] *n.* [느슨한] 라글란형 외투. [<영국의 육군 원수 Lord Raglan (1788-1855)의 이름]
ráglan sléeve *n.* 라글란 소매[소매 둘레선이 목둘레에서 겨드랑이 쪽으로 비스듬히 되어 있다].
rag·man [rǽgmæn] *n.* (*pl.* **-men** [-mèn]) 넝마장수, 넝마주이; 고물상.
Rag·na·rok [rɑ́ːgnərɔ̀k / -rɔ̀k] *n.* [북유럽신화] 신들의 황혼 [신과 악마와의 대결전 끝의 만물의 종말]. [raglan]
ra·gout [rægúː / -´-] *n.* 〔요리〕 라구〔고기・야채를 재료로 한 프랑스 스튜〕. 〔F〕
rág páper *n.* U 래그 페이퍼〔넝마를 원료로 한 상질 종이〕.
rág-pìck·er [rǽgpìkər] *n.* 넝마주이. [지 (上質紙).
rág rùg *n.* 넝마로 만든 깔개.
rág shòp *n.* 헌옷 가게, 넝마전. [암.
rag·stone [rǽgstòun] *n.* U 경질암(硬質岩), 조암(粗
rag·tag [rǽgtæg] *n.* **1** [집합적] 하층민, 사회의 쓰레기. **2** 깡패, 무뢰배. [bobtail 이라고도 한다].
rágtàg and bóbtàil *n.* = ragtag (* tagrag and
rag·time [rǽgtàim] *n.* **1** U [음악] 래그타임 [선율에 절분법(切分法)(syncopation)을 쓴 리듬]; 재즈 음악. **2** 《속어》 익살스러운, 우스꽝스러운.
rag·top [rǽgtàp / -tɔ̀p] *n.* 《속어》 개폐식 지붕의 자동차(convertible).
rág tràde *n.* (the ~) 《속어》 피복업계.
rag·weed [rǽgwìːd] *n.* **1** 돼지풀〔꽃가루는 알레르기의 원인〕. **2** (英) = ragwort. [퀴.
rág whèel *n.* 쇠사슬 톱니 바퀴, 스프로켓; 연마 바
rag·wort [rǽgwə̀ːrt] *n.* 쑥갓속(屬)의 식물.
rah [rɑː] *interj.* 만세 (hurrah).
rah-rah [rɑ́ːrɑ́ː] *adj.* 《구어》 [축구 시합의 응원처럼] 열광적인, 씩씩한. ¶ a *rah-rah* skirt [치어걸들이 입는] 주름 미니 스커트.

‡**raid** [reid] *n.* **1** 〔군사〕 침략, 기습, 습격. ¶ an air *raid* 공습 // make a *raid into* an enemy's territory 적의 영토를 기습하다. **2** 〔경찰관 등의〕 현장 급습, 수색 (*on, up- on*…). ¶ make a *raid on* (or *upon*) a gambling hell 노름판의 현장을 급습하다. **3** (증권) [주식 가격의 폭락을 유도하기 위한 투기꾼들의] 일제 매도 [매입]. **4** [다른 회사로부터의] 사람 빼돌리기. — *vt., vi.* …에 쳐들어가다, …을 침략하다; [경찰관 등이] …을 급습하다, …을 수색하다. **2** [투기꾼이] [시장]을 교란시키다; [경찰관이] 현장을 급습하다(*into*). — *vi.* **1** 침입하다, 습격하다(*on, 前+名*) Some Indians *raided on* the settlers. 인디언이 개척민들을 습격했다. **2** 시장을 교란시키다.
raid·er [réidər] *n.* 침략자; 침입기(侵入機); 현장을 급습하는 경찰.

‡**rail¹** [reil] *n.* **1** 가로장, 가로대 (bar). ¶ a towel *rail* 타월걸이, …의 가로대. **2** 난간; (~s) 방책, 울타리. **3** [철도의] 레일, 궤조(軌條); 철도 (railroad). **4** (~s) 철도주(鐵道株). **5** (美속어) 철도인. **6** 창호(窓戶) 따위의 동살, 중인방. **7** 〔항해〕 [뱃전의]난간, 현장(舷

rail

欄) 상부.
[*as*] *straight as a rail* 꼿꼿하게, 곧게.
beat the devil and carry a rail 《美》 결정적인 승리를 거두다.
by rail 기차로; 철도편으로. ¶ travel *by rail* 기차로 여행하다 / send (or 《美》 ship) goods *by rail* 철도편으로 화물을 부치다.
free on rail 〖상업〗 화차 인도, 철도 인도.
hunt the top rail 《美》 느닷없이 도망치다.
off the rails ① 탈선하여. ¶ The train got (or ran, went) *off the rails*. 열차가 탈선했다. ② [사상·행동이] 문란하여, 혼란하여, 상궤를 벗어나서.
over the rail 〖항해〗 뱃전을 넘어서.
ride a person on a rail 《美》 [타르와 깃털을 바른 뒤] 남을 가로장에 태워 거리 밖으로 끌어내다; 엄벌에 처하다.
— *vt.* **1** …을 난간(울타리)으로 둘러싸다(…*in, off*).
¶ (~+目+圃+图) The garden is *railed off from* the road. 정원은 울타리로 길에서 격리되어 있다. **2** a) …에 레일을 깔다. b) …을 철도로 보내다.

rail² [reil] *vi.* 욕하다, 악담하다, 심하게 비난하다, 불평을 하다(*at, against* …). ¶ (~+圃+图) He *railed at* his hard luck. 그는 자기의 불운을 저주했다 / They *railed against* the government. 그들은 정부를 심하게 비난했다. — *vt.* 《드물게》 [남]을 욕하서 …하게 하다.

rail³ [reil] *n.* 뜸부기.

rail·age [réilidʒ] *n.* Ⓤ《英》 철도 수송; 철도 운임.
rail·car [réilkà:r] *n.* 엔진이 달린 철도 차량.
rail·er [réilər] *n.* 욕하는 사람, 비웃는 사람.
ráil fènce *n.* 《美》 가로장 울타리.
rail·head [réilhèd] *n.* **1** 부설된 선로의 끝머리. **2** 《군사》 군수품 보급 기지 종점(단말)(終端末).
***rail·ing¹** [réiliŋ] *n.* Ⓤ Ⓒ **1** 〖집합적〗 레일, 궤조(軌條); 난간, 울타리. **2** 난간(울타리)의 재료.
rail·ing² [réiliŋ] *n.* Ⓤ Ⓒ 욕설, 악담, 비웃음, 비난하는 말. — *adj.* 욕설의, 비웃는; 불평하는. ~ly *adv.*
rail·ler·y [réiləri] *n.* Ⓤ Ⓒ (*pl.* **-ler·ies**) **1** 〖명랑한〗 놀림, 야유, 농담. **2** 야유하는 행위(말).
rail·less [réillis] *adj.* 레일이 없는, 철도가 없는.
rail·man [réilmən] *n.* (*pl.* **-men** [-mən]) **1** 철도 종업원, 철도원. **2** 항만 하역 작업원.
ráil mòtor *n.* 전동차, 기동차.
rail-motor [réilmóutər] *adj.* 철도·자동차 혼용의.
‡rail·road [réilròud] *n.* **1** 《주로 美》 궤도, 철도[선로] (* 기관차에 의한 원거리용의 선로를 말하며, 비교적 단거리의 시가 철도 따위는 railway 라 한다). ¶ an elevated (underground) *railroad* 고가(지하) 철도 / construct a *railroad* 철도[선로]를 부설하다 **2** 〖조직체로서의〗 철도 [회사, 설비·시설, 종업원 그밖의 일체를 포함]; 略 R.R.. **3** 〖볼링〗 스플릿(split). **4** 철도주(株), 철도채(債). **5** 〖형용사적으로〗 철도의, 철도에 의한. ¶ a *railroad* accident 철도 사고 / a *railroad* car 철도 차량 / a *railroad* company 철도 회사 / a *railroad* fare 철도 운임. — *vt.* **1** …에 철도를 부설하다; …을 철도로 수송하다. **2** 《美구어》 (의안 따위)를 일사 천리로 통과시키다; [부당하게] …을 빨리 보내다; [학교 따위에서] 지체없이 내보내다. ¶ (~+目+圃+图) *railroad* a bill *through* a committee 법안을 위원회에서 일사천리로 통과시키다. **3** 《속어》 [누명을 씌워] …을 투옥하다. — *vi.* **1** 철도에 종사하다, 철도에서 일하다. **2** 철도로 여행하다.

ráilroad cròssing *n.* 철도 건널목.
rail·road·er [-ər] *n.* 《주로 美》 철도 부설인(기술자), 철도 부설업자, 철도 종업원.
ráilroad flàt (apàrtment) *n.* [복도가 없고 열차의 차량처럼 2개 이상의 방이 붙어 있는] 철도식 아파트.

rail·road·ing [réilròudiŋ] *n.* Ⓤ 《주로 美》 철도 부설사업, 철도 경영; 철도 종업원의 일.
ráilròad màn *n.* =railroader.
ráilròad pèn *n.* [제도용의] 복선오구(復線烏口).
‡ráilroad státion *n.* 철도[역].
rail-split·ter [réilsplìtər] *n.* **1** 통나무를 가로로 쪼개는 사람. **2** (the R- S-) Abraham Lincoln의 별명.
ráil tráck *n.* 궤도, 선로.
‡rail·way [réilwèi] *n.* **1** 《英》 철도 [선로]; 《美》 railroad), **2** 〖기관차에 의한 중(重)교통 이외의〗 경편(輕便) 철도(궤도). ¶ a street *railway* 시가 전차 궤도. **3** 《英》 〖형용사적으로〗 철도의, 철도에 의한 (《美》 railroad). ¶ a *railway* novel [차 안에서 읽는] 딱딱하지 않은 소설.
at railway speed 황급히, 매우 빨리.
— *vt.* …을 철도로 여행하다. — *vi.* 철도를 부설하다.
ráilwày càrriage *n.* 객차.
ráilwày cròssing *n.* 《英》 철도 건널목.
rail·way·man [réilwèimən] *n.* (*pl.* **-men** [-mən]) 철도[종업]원(railway worker).
‡ráilwày státion *n.* =railroad station.
rai·ment [réimənt] *n.* Ⓤ《문어》 의상, 의복.

‡rain [rein] *n.* **1** Ⓤ 비, 빗물; Ⓒ (~s) 소나기, [우기의] 강우; Ⓤ (the ~) 우천. ¶ a fine *rain* 가랑비 / in the *rain* 빗속에, 비를 무릅쓰고 / We'll have *rain* tomorrow. 내일은 비가 올 것이다 / It looks like *rain*. 비가 올 것 같다 / Come in out of the *rain*. 비를 맞지 말고 들어오너라 / Bullets fell like *rain*. 탄환이 빗발치듯 날아왔다 / The river rises after heavy *rains*. 큰 비가 내린 뒤 강물이 불어나고 있다.
— **Usage** a rain, rain, rains — 비를 일반적으로 말할 경우에는 관사가 없고, 구체적인 비를 가리킬 때는 관사가 있다: *The rain* had stopped. 비는 이미 그쳐 있었다. little, much 를 제외하고 앞에 형용사가 올 경우에는 a 를 붙이는 것이 보통: *a heavy rain* / *a general rain* throughout the country 전국적인 비. 그러나 전반적으로 본 날씨에 관해 말할 경우 등에는 앞에 형용사가 와도 a 를 취하지 않는다: We had *heavy rain* last spring. 지난해 봄에는 큰 비가 내렸다. 또한 *rains* 는 '호우' '장마'의 뜻: The *rains* seem to be over. 장마가 그친 것 같다.
2 (the ~s) [열대 지방, 특히 인도의] 우계(雨季), 장마철(rainy season). ¶ Soon came the *rains*. 곧 장마철이 찾아왔다. **3** (the R-s) 〖대서양의〗 북서 무역풍의 비. **4** 《비유적》 …의 소나기(*of* …). ¶ a *rain* of ashes (bullets, kisses) 재(탄환, 키스)의 소나기. **5** 〖영화〗 [낡은] 필름의 비내리는 현상.
get out of the rain 《구어》 말썽이 생길 듯할 때는 모습을 감추다(나오지 않다).
know enough to get out of rain 자기 일은 자기가 알아서 할 정도로 빈틈이 없다.
rain or shine ① 날씨에 관계없이, 비가 오는 날이 개든. ¶ He insisted on going out, *rain or shine*. 그는 날씨에 관계없이 나가겠다고 고집을 부렸다. ② 어떤 경우라도, 어떤 일이 있더라도. ¶ He is always cheerful, *rain or shine*. 그는 어떤 일이 있어도 항상 명랑하다.
— *vi.* **1** (보통 it 를 주어로 하여) 비가 오다. ¶ It *rained* in torrents. 비가 억수같이 내렸다 / It has been *raining* off and on from morning. 비가 아침부터 오락가락 하고 있다 / It has *rained* over. 비가 그쳤다 / *It never rains but it pours*. 《속담》 비가 오기만 하면 억수로 퍼붓는다, 화불단행(禍不單行). **2** 비처럼 쏟아지다 (*upon, from* …). ¶ (~+圃+图) Shells and bullets *rained upon* us. 총포탄이 빗발처럼 쏟아졌다 // (~+圃) Tears *rained down* from her eyes. 눈물이 비오듯이 흘러내렸다. **3** [하늘·구름 따위가] 비를 뿌리다. ¶ The clouds *rained*. 그 구름이 비를 뿌렸다.
— *vt.* **1** (it 를 주어로 하여 재귀용법) 비를 내리다. ¶

rainband

(~+圄+罔) It has *rained* itself *out*. 비가 흠뻑 내린 뒤 그쳤다. **2** (it 를 주어로 하여) …의 비를 내리다. ¶ It *rained* large drops. 굵은 빗방울이 내렸다 / It *rained* blood. 피가 비오듯이 내렸다. **3** …을 비처럼 내리다. ¶ *rain* kisses 키스를 퍼붓다.
It rains cats and dogs. 비가 억수같이 쏟아진다[고양이는 억수 같은 비의 상징이고, 개는 바람에 따른 강풍의 상징이라 한다].
rain in 비가 새다; [비처럼] 쇄도하다. ¶ Letters *rain in*. 편지가 쇄도하다.
rain out (수동형으로) ① [농작물]을 비로 망치다. ② [옥외 경기]를 비 때문에 연기하다. ¶ The game was *rained out*. 경기는 비로 말미암아 연기되었다.
◇ **ráiny** *adj.*

rain·band [réinbænd] *n.* [물리] 우선(雨線) [태양 스펙트럼의 황색부에 나타나는 검은 띠].
rain·bird [réinbə̀ːrd] *n.* [울음소리로 비를 알린다고 하는] 뻐꾸기의 일종.
‡**rain·bow** [réinbòu] *n.* **1** 무지개, 무지개 모양의 것. ¶ a marine (*or* sea) *rainbow* 파도에 나타나는 무지개 / a primary (secondary) *rainbow* 제1(2) 무지개. **2** 넓은 범위(gamut).
all the colors of (*or in*) *the rainbow* 온갖 빛깔.
ráinbow cháser *n.* 환상을 쫓는 사람, 몽상가, 공론가.
ráinbow coalítion *n.* [선거 따위에서의] 소수당 (소수민족) 연합.
ráinbow píll *n.* [속어] 여러 색으로 된 정제(캡슐).
ráinbow tróut *n.* 무지개송어.
ráin bòx *n.* [연극] 빗소리의 음향 효과를 내는 상자.
ráin chàrt *n.* 등우선도(等雨線圖).
ráin chèck *n.* [경기 따위가 우천으로 순연될 때 주는] 차회 유효권; [美] 후일의 초대. ¶ I'd like to have a *rain check* for some later date. 뒷날 초대에 응합만 한다.
ráin clòud *n.* 비구름(nimbus).
‡**rain·coat** [réinkòut] *n.* 레인코트.
ráin dày *n.* [강우량 0.01 인치 이상의] 강우일.
ráin dàte *n.* [옥외 행사의] 우천일 경우의 변경일.
ráin dòctor *n.* 마술로 비가 내리게 하는 사람, 기우제의 기도사.
‡**rain·drop** [réindràp / -drɔ̀p] *n.* 빗방울.
‡**rain·fall** [réinfɔ̀ːl] *n.* ⓤ ⓒ **1** 강우. **2** 우량, 강우량.
ráin fòrest *n.* 열대 우림.
ráin gàuge *n.* 우량계(pluviometer).
ráin glàss *n.* 청우계(barometer).
rain·less [réinlis] *adj.* 비가 내리지 않는.
rain·mak·er [réinmèikər] *n.* **1** 기우제에서 주문을 외는 북미 인디언의 주술사(呪術師) (rain doctor). **2** 과학적인 방법으로 비를 오게 하는 사람, 인공 강우 전문가.
rain·mak·ing [réinmèikiŋ] *n.* ⓤ 인공 강우.
rain·out [réinàut] *n.* **1** [우천으로 연기된(취소된)] 운동 시합(야외 행사). **2** [물리] 방사성 물질의 강하 [방사성 물질이 비나 눈에 섞여 내리는 것].
rain·proof [réinprùːf] *adj.* 방수의, 비가 통하지 않는. ¶ a *rainproof* coat 방수 [가공] 코트. — *vt.* …을 방수로 하다.
ráin ràdar *n.* [레이더] 빗방울 레이다[빗방울 수나 크기를 측정하는 레이더 기술].
ráin shàdow *n.* [기상] 비그늘[산의 바람이 불어 내리는 쪽에 바람이 불어 올라가는 쪽에 비해 강수량이 현저하게 적은 지역].
ráin shòwer *n.* 소나기. ¶ scattered *rain showers* [일기 예보에서] 때때로 소나기.
rain·storm [réinstɔ̀ːrm] *n.* 폭풍우, 호우.
rain·tight [réintàit] *adj.* = rainproof.
rain·wash [réinwɔ̀ʃ, -wɑ̀ʃ / -wɔ̀ʃ] *n.* ⓤ [지질] 우식(雨蝕), 세식(洗蝕).
ráin wàter *n.* ⓤ 빗물, 천수(天水).

rain·wear [réinwɛ̀ər] *n.* ⓤ [레인코트 따위의] 비옷.
rain·worm [réinwə̀ːrm] *n.* 지렁이(earthworm).
‡**rain·y** [réini] *adj.* (**rain·i·er, rain·i·est**) **1** 비의, 비오는, 비가 많은. ¶ the *rainy* season 우기, 장마철 / *rainy* weather 우천 / It's *rainy* today. 오늘은 비가 내린다. **2** 비를 머금은, 비가 올 것 같은. ¶ *rainy* clouds 비구름. **3** 비에 젖은. ¶ *rainy* streets 비에 젖은 거리.
rain·i·ly *adv.* **rain·i·ness** *n.* ◇ rain *n.*
ráiny dáy *n.* **1** 우천. **2** (비유적) 만약의 경우, 곤궁할 때. ¶ It is wise to provide against (*or* for) a *rainy day*. 만약의 경우에 대비해 두는 것이 현명하다.

‡**raise** [reiz] *v.* (**raised, rais·ing**) *vt.* **1** …을 올리다, 들어 올리다, 높이 들다. ⇨ LIFT [類語] *opp.* lower ¶ (~+圄+罔) *raise up* one's arms 팔을 들다 / *raise* heavy loads 무거운 짐을 들어올리다 / *raise* the window 창을 밀어올리다 / *raise* one's eyebrows [경멸·놀라움 따위로] 눈썹을 치켜 올리다, 이마에 내천자를 그리다.
2 …을 일으키다, 세우다. ¶ (~+圄+罔+名) *raise* a person *from* his knees 무릎 꿇고 있는 사람을 일으켜 세우다.
3 [건물 따위]를 세우다(build, construct). ¶ *raise* a monument 기념비를 세우다.
4 [먼지 따위]를 일으키다; [사냥감]을 몰아붙이다, 몰아내다(rouse). ¶ *raise* a dust 먼지를 일으키다 / (~+圄+罔+名) *raise* a hare *from* an underbrush 토끼를 숲에서 몰아내다.
5 [파도·바람 따위]를 일으키다, 일게 하다; [소동·사건 따위]를 일으키다. ¶ *raise* the winds (the sea) 바람 (파도)을 일으키다 / *raise* a revolt 반란을 일으키다 // (~+圄+罔+名) *raise up* a storm of protests 빗발치는 항의를 불러 일으키다.
6 a) [양·가격·임금 따위]를 끌어올리다, 상승시키다. ¶ *raise* an income tax 소득세를 인상하다 / *raise* one's wages 급료를 올리다 / The coal retail price has been *raised* by 50 per cent. 석탄 소매 가격이 5할 인상되었다. **b)** [지위·신분]을 올리다, 승진시키다. ¶ *raise* oneself 입신 출세하다 // (~+圄+罔+名) *raise* a private to sergeant 병졸을 중사로 승진시키다 // (+圄+罔) He was *raised up* over all his equals. 그는 동료들에 앞서 발탁되었다. **c)** [정도·강도 따위]를 늘리다, 높이다. ¶ *raise* the standard of living 생활 수준을 높이다 / *raise* the temperature 온도를 높이다.
7 [소리]를 높이다, 지르다, [외치는 소리]를 내다 (utter); [이의 따위]를 제기하다, 제시하다, [질문 따위]를 제기하다, 내놓다, [별문 [소송]]을 제기하다. ¶ *raise* one's voice 소리를 지르다; 항의하다 / *raise* the shout of victory 승리의 함성을 지르다 / *raise* a cry (*or* an objection) against … 에 항의하다 / *raise* a question 문제를 제기하다 / *raise* a laugh 웃기다.
8 [죽은 사람]을 되살리다, [망령]을 불러내다, 출현시키다; …의 눈을 뜨게 하다. ¶ *raise* the spirits of the dead 망령을 불러내다 / *raise* a dead man 죽은 사람을 소생시키다.
9 …의 힘을 북돋우다, 분발시키다(incite). ¶ His encouragement *raised* her spirits. 그의 격려로 그녀는 힘을 냈다.
10 [돈]을 모금하다, 모으다(collect), 조달하다 (levy); 군대를 모병하다, 모집하다. ¶ *raise* a subscription 기부금을 모금하다 // (~+圄+罔+名) *raise* money on … 을 밑미로 돈을 조달하다 // (~+圄+罔) *raise up* an army 군대를 편성하다.
11 [아이]를 기르다, 양육하다, [동물]을 사육하다, [식물]을 재배하다. ¶ *raise* ten children 아이를 10명이나 기르다 / *raise* a family 가족을 부양하다 / *raise* cattle 소를 사육하다 / *raise* various kinds of roses 여러 종류의 장미를 재배하다.
12 [군사] [봉쇄 따위]를 풀다; [금지령 따위]를 해제하다. ¶ *raise* a blockade 봉쇄를 풀다 / *raise* the siege

포위를 풀다 / *raise* the ban 금지령을 해제하다.
13 [빵]을 부풀리다; …을 쌓아 올리다, 높이다. ¶ *raise* dough 밀가루 반죽을 부풀리다 / *raise* the head of the road 노면을 높이다.
14 [항해] …이 보이는 곳까지 오다. ¶ *raise* land 육지가 보이는 곳에 접근하다.
15 [포커·브리지 따위에서] …보다 많이 걸다.
16 [美] [상업] …을 변조하다. ¶ *raise* a check 수표를 변조하다.
17 [수학] …을 누승하다. ¶ *raise* 3 to 5th power 3
18 [美] [위원·위원회]를 임명하다, 구성하다. [다.
19 [스코] …을 화나게 하다(make angry), 미치게 하
20 …과 무선 연락을 취하다. ¶ Next time you *raise* the ship, tell them I'm on my way. 다음 번에 배와 연락이 닿거든 내가 가는 중이라고 전해주게.
— *vi.* **1** 《美방언》 일어나다, 일어서다(arise). **2** [포커·브리지 따위에서] 돈을 더 걸다.
raise Cain (or *hell*, *a dust*, *the devil*, *the mischief*, etc.) 《속어》 소동을 일으키다.
raise one's *glass to* …을 위하여 건배하다.
raise one's *hand to* [때릴 것 같은 자세로] …에게 손을 들다.
raise one's *hat* 모자를 들어올려 인사하다.
raise one's *head* 얼굴을 들다[출세했음을 나타내다].
raise the *wind* ⇒ WIND.
— *n.* **1** [美] 올리기, 높이기. **2** 승급, 가격 인상, [건 돈 따위의] 증가; [돈의] 변통. ¶ give a person a *raise* 남의 급료를 올리다 / demand a *raise* in pay 임금 인상을 요구하다. **3** 높아진 곳, 석가산(石假山); 언덕, 오르막.
*raised [reizd] *adj.* **1** 돋우진, 높아진, 돋우어 올린. **2** 불거진, 부조(浮彫)로 한. ¶ *raised* metalwork 양각의 금속 세공. **3** [요리] [효모로] 부푼. **4** 보풀을 세운. ┌층(bilevel).
ráised ránch *n.* 1층이 반지하로 된 이층집, 미니 이
ráis·er [réizər] *n.* **1** 사육(재배)하는 사람. **2** 들어올리는 사람(도구, 기계). **3** 효모. **4** 보풀을 세우는 직공, 기모기(起毛機).
*rai·sin [réizn] *n.* **1** 건포도. **2** [U] 보랏빛을 띤 갈색.
rai·son d'é·tat [F rɛzɔ̃ deta] *n.* 《프랑스》 (= reason of state) 국가 이성(理性).
rai·son d'ê·tre [réizɔ̃:n dét(r) / -déitr] *n.* (*pl.* **rai·sons d'-** [réizɔ̃:n-]) 《프랑스》 (=reason for being) 존재 이유.
rai·son·né [F rɛzɔne] *adj.* 《프랑스》 (=reasoned) 조직적인(논리적인), 주제별 분류의.
raj [rɑː] *n.* [인도] 지배, 통치, 주권. [< Hind]
ra·ja, **-jah** [rɑ́ːdʒə] *n.* 인도의 왕, 왕후, 귀족; [말레이·자바 등의] 수장(首長). [< Hind]
Raj·poot, **-put** [rɑ́ːdʒpuːt] *n.* [인도 북부의] 무사족(武士族)(Kshatriyas)의 자손인 호전적 종족의 사
*rake[1] [reik] *n.* **1** 갈퀴, 써레, 고무래; 갈퀴 모양의 기구[노름판에서 칩을 쓸어 모으는 도구(croupier's *rake*) 따위], **2** A horse *rake* 말한테 달게 하는 제초기.
[as] *lean* (or *thin*) *as a rake* (or *rakes*) 말라서 피골이 상접한.
— *v.* (**raked**, **rak·ing**) *vt.* **1** …을 갈퀴질하다, 긁어내다(…*out*); 긁어 모으다(…*up*); 긁어 평평하게 하다; 긁어 없애다(…*off*). ¶ *rake* a field 써레로 밭을 편평하게 고르다 // (~ +目+튀) *rake out* embers 타고 남은 찌꺼기를 긁어내다 / *rake up* a fire 불을 긁어 모으다 // (~ +目+튀+前+名) *rake* fallen leaves *from* a lawn 잔디밭에서 가랑잎을 긁어내다 // (~ +目+튀+前+名) *rake* a path clean 레이크로 길을 깨끗이 청소하다.
2 …을 찾아다니다, 샅샅이 뒤지다(search through), 신중히 찾다. ¶ (~ +目+前+名) *rake out* information 정보를 긁어 모으다 // (~ +目+튀) *rake* old magazines *for* facts 낡은 잡지를 뒤져서 사실을 캐내다.
3 …을 캐서 밝히다(…*up*). ¶ (~ +目+튀) *rake up* an old scandal 낡은 스캔들을 캐서 밝히다.
4 …을 스치다, 긁다, 할퀴다(scratch). ¶ like the clouds that *rake* the mountain summits 산꼭대기를 스치는 구름처럼.
5 …을 훑어보다, 바라보다. ¶ The preacher *raked* his congregations. 목사는 신도들을 훑어 보았다.
6 [부·재산]을 재빠르게(풍부하게) 손에 넣다(… *in*). ¶ (~ +目+튀) He had *raked* the cash *in* night after night for years. 그는 몇년에 걸쳐 밤마다 많은 현금을 손에 넣었다.
7 [군사] [함선·대열]을 살살이 종사(縱射) (소사(掃射))하다 (… *along*, *through*).
— *vi.* **1** 갈퀴질하다, 갈퀴로 긁다. **2** 캐다 (*in*, *into*, *among* …); 살살이 뒤지다. ¶ (~ +前+名) He *raked into* our life. 그는 우리 생활을 살살이 조사했다.
3 애써 모으다(수집하다).
rake and scrape 부지런히 긁어 모으다.
rake down 《美속어》 ① [내기 따위에서] [돈]을 벌다. ② …을 호통치다.
rake a person *over the coals for* ⇒ COAL.
rake[2] [reik] *n.* 방탕자, 난봉꾼(roué).
the rake's progress 방탕자의 타락 과정[영국의 화가 W.Hogarth(1697-1764)의 일련의 유화(1724)의 제명(題名)].
— *vi.* (**raked**, **rak·ing**) 방탕하다, 놀아나다.
rake[3] [reik] *vi.*, *vt.* (**raked**, **rak·ing**) 기울다(기울이다)(incline). — *n.* **1** 경사, 경도(傾度); 구배. **2** [항해] 선수(선미)부의 경사; [마스트 따위의] 선미에의 경사; [항공] 돌출부의 경사; [극장의] 무대(관객석)의 경사. **7** [기계] [절단기 따위의] 날의 경사.
rake[4] [reik] *vi.* [매가] 사냥감을 쫓아서 날다; [사냥개가] 땅에 코를 대고 사냥감을 쫓다;《방언》 빨리 나아가다.
rake·hell [réikhèl] *n.* 방탕에 젖어 있는 사람, 탕아, 건달(rake). — *adj.* 방탕의, 건달의, 방탕자(부랑배)의.
rake-off [réikɔ̀(ː)f / -ɑ̀f] *n.* **1** 《구어》 **1** [이익 따위의] 몫(share); [공공사업 따위에 관한 부정 이익의] 몫, 리베이트. **2** [값의] 할인(discount). [~·ness *n.*
rak·ish[1] [réikiʃ] *adj.* 방탕(무뢰)의, 난봉꾼의. ~·ly *adv.*
rak·ish[2] [réikiʃ] *adj.* **1** [형식에 구애됨이 없이] 멋진, 스마트한(smart, jaunty). **2** [배가] 날쌔게 생긴.
rale [rɑːl, ræl] *n.* [병리] [폐의] 수포음(水疱音), 라셀(rhonchus). [< F
Ra·leigh [rɔ́ːli, rɑ́ːli] *n.* 미국 North Carolina 주의 주도(州都).
ral·len·tan·do [rɑ̀ːləntɑ́ːndou / ræ̀ləntǽn-] *adj.*, *adv.* [음악] 서서히 느린(느리게) 하는(불러지는) 템포; 랄렌탄도의 곡. [略 *rall.*]. — *n.* 서서히 느리게 연주하는(불러지는) 템포; 랄렌탄도의 곡. [<It]
ral·li·car [rǽlikɑ̀ːr], **ral·li·cart** [rǽlikɑ̀ːrt], **rál·li càrt** [rǽli-] *n.* 4인승 2륜 마차. [< Ralli [최초의 사용자]]
*ral·ly[1] [rǽli] *v.* (**-lied**, **-ly·ing**) *vt.* **1** …을 다시 모아 정리하다, 규합하다, 다시 결속시키다. **2** [공통의 목적을 위하여] [사람들을] 불러 모으다. ¶ *rally* troops after a battle 전투 후에 군대를 재집결시키다 / *rally* one's supporters 후원자를 모으다. **3** [체력·기력 따위]를 회복하다, 되찾다(revive); [용기 따위]를 내다(stir up); [정력 따위]에 집중하다(concentrate). ¶ *rally* one's energy for last effort 마지막 노력을 위해 온 정력을 집중시키다. **4** [주(株)價 따위]를 다시 회복시키다. ¶ The news *rallied* an unsteady market. 그 뉴스는 불안정한 시장을 다시 회복시켰다. — *vi.* **1** [공통의 목적을 위하여] 모이다; [흩어졌던 군대 따위가] 다시 집결하다 / [사람·당파 따위]의 지원을 위해 모이다, 구원하러 오다 (*to*, *round* …). ¶ (~ +前+名) *rally*

rally to the side of a friend in trouble 곤경에 처한 친구를 도우러 모이다 / His partisans *rallied round* him. 그의 동지들은 그를 도우러 모여들었다. **2** 기운을 회복하다, 되찾다(revive)(*from* ...). ¶ (~+前+名) He began to *rally from* a long illness. 그는 오랜 병고에서 회복되기 시작했다. **3** [주가 따위가] 회복하다. ¶ (~+前+名) *rally in* price 다시 값이 오르다. **4** [테니스 따위에서] 쌍방이[는] 연속적으로 되받아 치다.
— *n*. (*pl*. **-lies**) **1** 재결속, [군대 따위의] 재집결, 재편성. **2** [기력·체력 따위의] 회복; [경기 따위의] 회복, [값의] 안정, 회복. **3** [美] [정치적·종교적 목적의] 집회, 대회. ⇨ MEETING 類語 ¶ a girl scout *rally* 걸 스카웃 대회 / a students' *rally* 학생 대회 / a political *rally* 정치 집회. **4** [테니스 따위에서] 랠리-공을 연속적으로 몇 번이고 치고받기; [권투] 집중타, [야구] 집중타. **5** 자동차 랠리[규정된 평균 속도로 달리는 장거리 경주].

ral·ly² [rǽli] *vt*. (**-lied**, **-ly·ing**) …을 놀리다, 야유하다 (banter); …을 가볍게 비꼬다. — *vi*. 자동차 경주.

ral·ly·cross [rǽlikrɔ̀(ː)s / -krɔ̀s] *n*. (스포츠) 단교 (斷

ral·ly·ing·ly [rǽliiŋli] *adv*. 야유하여, 농담으로.
ral·ly·ing point [rǽliiŋ-] *n*. 집합 장소, 집결 지점.
ral·ly·ist [rǽliist] *n*. [자동차] 랠리 참가자.
ral·ly·man [rǽli(ː)mæn] *n*. [자동차] 랠리 참가자.
ral·ly·mas·ter [rǽlimæ̀stər / -mɑ̀ːs-] *n*. [자동차 경주의] 주차자.

***ram** [ræm] *n*. **1** [거세되지 않은] 수양(tup). *cf*. ewe, sheep **2** (the R-) [천문] 백양궁(白羊宮), 목양좌(牧羊座) (Aries). **3** 충차(衝車) [옛날에 성을 공격할 때 썼다] (battering ram). **4** [army] 충각(衝角) [적함에 부딪쳐 구멍을 뚫기 위해 함수(艦首)에 장치한] 충각이 있는 군함. **5** [건축] 램, [말뚝을 박는] 드럼 해머, [흙을 다지는] 달구. **6** [수압기의] 피스톤; [자동 양수기, 수압 펌프(hydraulic ram). **7** [築城] 양각보(羊角堡).
— *vt*. (**rammed, ram·ming**) **1** …을 […에] 심하게 부딪치다, 큰 힘으로 치다(처박다). ¶ (~+目+前+名) *ram* one's head *against* a wall 벽에 머리를 부딪치다. **2** [화약 따위를] 재다; [난폭하게] 쑤셔 넣다, 밀어넣다; [지식 따위를] 주입하다. ¶ (~+目+前+名) *ram* a charge *into* a gun 총에 탄약을 재다 / He rammed the books *into* the bag. 그는 책을 가방에 밀어 넣었다. **3** [흙 따위를] 다지다(pound). ¶ (~+目+副) *ram earth well down* 흙을 잘 다지다. **4** [충각 따위로] 들이받다.

ram something down a person's throat; ram something into a person's head …에게 되풀이하여 말해서 충분히 알아듣게 하다(인식시키다).
ram something home [논의 따위를] 충분히 강조하다, 반복해서 철저히 하다.

RAM (略) *R*andom *A*ccess *M*emory(등속(等速) 호출 기억 장치); *R*evolutionary *A*ction *M*ovement [[인종 차별 반대의] 혁명적 행동 운동].
R.A.M. (略) *R*oyal *A*cademy of *M*usic (영국 음악 원).
Ra·ma [rɑ́ːmə] *n*. [인도 신화] 라마 [비슈누신(神)의 일곱번째 화신으로 서사시 *Ramayana*의 주인공].
Ram·a·dan [ræ̀mədɑ́ːn] *n*. [회교] 회교력(敎曆)의 제9월 [이 달에는 일출에서 일몰까지 단식한다]; 그 단식.
Ra·ma·ya·na [rɑːmɑ́ːjənə, +英 -mɑ́iənə] *n*. 라마야나 [산스크리트로 쓰인 고대 인도의 2대 서사시의 하나. 다른 하나는 *Mahabharata*].

***ram·ble** [rǽmbl] *vi*. (**-bled**, **-bling**) **1** [목적없이] 어슬렁거리다, 산책하다. ◊ ROAM 類語 **2** [식물 따위가] 사방으로 퍼지다; [도로 따위가] 무계획적으로 뻗어나가다. ¶ (~+前+名) Vines *rambled over* the fence. 덩굴이 담장을 덮었다. **3** 장황하게 이야기하다(쓰다), 산만하게 말하다(쓰다). ¶ *ramble on* interminably 장황하게 말을 늘어놓다. **4** [특정한 목적이 없이 학문 따위를] 탐구하다, 섭렵하다(explore). ¶ Most students *rambled* around among a lot of different subjects. 대다수의 학생들은 이렇다 할 목적도 없이 갖가지 문제들을 섭렵했다. — *n*. **1** 어슬렁거리기, 산책(stroll). **2** 만필; 만담. ¶ a *ramble* among books 독서 산책.

ram·bler [rǽmblər] *n*. **1** 어슬렁거리는 사람. **2** (=**rámbler róse**) 덩굴장미. **3** = ranch house.
ram·bling [rǽmbliŋ] *adj*. **1** 어슬렁거리는, 방랑하는; 이동하는, 이동성의. ¶ a *rambling* fellow 방랑자, 떠돌이. **2** [집 따위가] 사방으로 불규칙하게 뻗은, 곧 불거리는. ¶ a *rambling* old house [증축에 의해서] 꼴사납게 늘어난 낡은 집. **3** [시가 등이] 아무렇게나 뻗은, 꾸불꾸불 이어진. **4** [사상 등이] 산만한, 두서없는; [담화 등이] 장황한. **~·ly** *adv*.

Ram·bo [rǽmbou] *n*. (때로 r-) 람보, 불사신, 독불장군 [영화화된 David Morell의 소설 *First Blood*의 주인공 이름].
ram·bunc·tious [ræmbʌ́ŋk(t)ʃəs] *adj*. 《美구어》 **1** 떠들썩한, 시끄러운(boisterous). **2** 미친 듯이 날뛰는, 다루기 어려운, 제멋대로 노는, 억지를 부리는.
~·ly *adv*. **~·ness** *n*.
R.A.M.C. (略) 《英》 *R*oyal *A*rmy *M*edical *C*orps.
RAM-D (略) (군사) *r*eliability, *a*vailability, *m*aintainability and *d*urability [무기개발에 있어서의] 신뢰성·가동성·정비성·내구성).
ram·e·kin, -quin [rǽməkin] *n*. (U)램킨 [치즈에 빵조각·달걀을 섞어 구운 요리]; (C) 램킨 접시.
Ram·e·ses [rǽməsìːz] *n*. = Ramses.
ram·ie, ram·ee [rǽmi] *n*. 래미 [아시아산(産)의 식물. 질긴 섬유를 채취함]; (U) 그 섬유.
ram·i·fi·ca·tion [ræ̀məfikéiʃən] *n*. (UC) **1** 분지 (分枝), 분기(分岐). **2** 나뭇가지; 분지; [신경·엽맥(葉脈)·강 따위의] 지맥(支脈). **3** 세부, 소구분. **4** 결과, [일의] 추이. **5** [식물] 분지법(分枝法); 분지 형상.
ram·i·fy [rǽməfài] *v*. (**-fied, -fy·ing**) *vi*. **1** 가지를 내다, 가지 치다. **2** [엽맥 따위가] 가지 모양으로 뻗다; [강 등이] 분기하다. **3** 작게 구분되다(*into*...). — *vt*. [보통 수동형으로] 분지(분기), 소구분하다. ¶ Highways *are ramified over* the country. 간선 도로가 전국에 거미줄처럼 뻗어 있다.
ram·jet [rǽmdʒèt] *n*. = **rámjet èngine** [항공] 램제트 엔진[동압(動壓)을 이용한 제트 엔진의 일종].
ram·mer [rǽmər] *n*. **1** 탄약을 재는 사람 (도구); 달구. **2** [탄약을 재는] 꽂을대(ramrod).
ram·mish [rǽmiʃ] *adj*. **1** 수양 같은. **2** 악취가 심한; 역한 냄새(맛)의(rank). **3** ———.
ra·mose [réimous, rəmóus] *adj*. 가지가 많은; 가지가 있는, 가지 같은.
ra·mous [réiməs] *adj*. **1** =ramose. **2** 가지의, 가지 같은.

ramp¹ [ræmp] *n*. **1** [높이가 서로 다른 두 도로·건물 따위를 잇는] 경사로, 램프 [고속 도로의 진입로]. **2** [건축] [계단의 난간 따위의] 만곡부. **3** (= **bóarding rámp**) [여객기용] 이동 트랩.
[ramp¹ 1]
4 [사자 따위가] 달려들려고 하기(자세). — *vi*. **1** [敎章] [사자 따위가] 뒷다리로 서다, 달려들려고 하다. **2** [사람이] 미친듯이 날뛰다(*about*). **3** [식물이] 우거지다. **4** [건축] [높은(낮은) 쪽으로] 기울다. — *vt*. [길에] 사면을 만들다.
ramp² [ræmp] [英속어] *vt*. **1** …에게서 사취하다(swindle), **2** 낚아채다(snatch). — *n*. 사기; 폭리.
ram·page [rǽmpeidʒ] / // — *vi*. **1** 미친듯이 날뛰기, 광폭(난폭)한 행위, ¶ go on a *rampage* 미친듯이 날뛰다. — *vi*. [ræmpéidʒ] (**-paged, -pag·ing**) 미친 듯이 날뛰다, 광란하다.

ram·pa·geous [ræmpéidʒəs] *adj.* 난폭한, 사나운(violent), 감당할 수 없는(unruly). ~**ly** *adv.* ~**ness** *n.*

ramp·an·cy [rǽmpənsi] *n.* ⓤ **1** 난폭; 격앙. **2** 〔병 따위의〕유행, 만연; 〔풀·나무의〕무성. **3** 〔紋章〕 사자 따위의〕뒷다리로 서기.

*****ramp·ant** [rǽmpənt] *adj.* **1** 맹렬한 (violent), 격노한, 광포한(furious). **2** 〔병 따위가〕유행하는, 만연하는, 〔풀·나무가〕무성한. ¶ Disease and vice are *rampant* in the slums. 질병과 비행이 빈민가에 만연되고 있다. **3** 분방한, 억제되지 않은(unrestrained). **4** 돌리로서 서 있는, 〔옆얼굴의 사자 따위가〕뒷다리로 서 있는(ramping). ¶ a lion *rampant* 뒷다리로 선 사자. **5** 〔건축〕 〔아치 따위의〕 한쪽 받침대가 높은. ~**ly** *adv.*

[rampant 4]

*****ram·part** [rǽmpɑːrt, -pərt] *n.* 〔築城〕 누벽(壘壁), 성벽 (⇒ BASTION 그림); 방어하는 것(bulwark) 〔비유적〕 방어(defense). — *vt.* **1** …에 누벽(성벽)을 둘러싸다, …을 누벽(성벽)으로 방호하다. **2** …을 방어하다.

[rampart]

ram·pi·on [rǽmpiən, -pjən] *n.* 초롱꽃·도라지 무리의 식물.

ram·rod [rǽmrɑd / -rɔ̀d] *n.* **1** 탄약 꽂을대〔탄약을 밀어넣는 데 사용하는 대〕; 꽂을대〔총신을 소제하는 데 사용한다〕. **2** 엄격하게 규율을 지키는 사람, 〔특히 농장(ranch)의〕현장 감독. — *vt.* (**-rod·ded, -rod·ding**) …을 엄격하게 훈련하다. — *adj.* 딱딱한, 융통성이 없는(inflexible).

Ram·ses [rǽmsiːz] *n.* 고대 이집트 국왕들의 이름.

ram·shack·le [rǽmʃæ̀kl] *adj.* 덜커덩거리는, 곧 쓰러질 듯한, 흔들흔들하는(shaky). ¶ a *ramshackle* house 삐걱거리는 헌 집.

ran [ræn] *v.* run의 과거형.

Ran [ra:n] *n.* 북유럽 신화〕란 〔바다의 여신으로 Aegir의 아내〕.

R.A.N. (略) Royal Australian Navy (호주 해군).

rance [ræns] *n.* 엷은 청색과 백색 무늬가 든 적갈색 대리석.

*****ranch** [rænt / rɑːnt] *n.* **1** 농장, 농원. ¶ a fruit *ranch* 과수원. **2** (the ~) 〔집합적〕 농장에서 일하는 (생활하는) 사람들. **3** 〔주로 미서부〕 대목장 〔건물·토지를 포함한다〕. **4** 관광 목장(dude ranch). — *vi.* 목장(농장)을 경영하다; 목장에서 일하다. — *vt.* 〔소·말 따위〕를 목장(농장)에서 사육하다.

*****ranch·er** [rǽntʃər / rɑ́ːntʃə] *n.* **1** 목장(농장) 경영자 (소유자). **2** 목장(농장) 노동자.

ran·che·ro [ræntʃɛ́(ː)rou, -tʃéər-] *n.* (*pl.* **-ros**) **1** 〔중남미·미서남부〕=rancher. **2** 카우보이식 넥타이. [< Sp]

ranch house *n.* 〔美〕 **1** 목장에 있는 목장주의 집. **2** 〔특히 교외에 있는〕 지붕 물매가 뜬 단층집.

ranch·man [rǽntʃmən/rɑ́ːntʃ-] *n.* (*pl.* **-men** [-mən]) =rancher.

ran·cho [rǽntʃou / rɑ́ːn-] *n.* (*pl.* **-chos**) **1** 목장(농장) 노동자의 숙박하는 판자집, 오두막집(hut); 그 오두막집의 집단, 집단 마을. **2** =ranch. [< Sp]

ran·cid [rǽnsid] *adj.* **1** 〔부패하여〕 악취가 나는 (rank), 썩은 냄새(맛)가 나는, ¶ *rancid* butter 썩은 냄새(맛)가 나는 버터. **2** 〔냄새가〕 고약한, 코를 찌르는. ~**ly** *adv.* ~**ness** *n.*

ran·cid·i·ty [rænsíditi] *n.* ⓤ 부패악(한 상태); 〔썩은〕 냄새, 악취, 고약한 맛.

ran·cor, 〔英〕**-cour** [rǽnkər] *n.* ⓤⓒ 깊은 앙심, 원한, 증오. ⇒ MALICE 類語

ran·cor·ous [rǽnkərəs] *adj.* 증오(원한)을 품은, 원한이 있는. ~**ly** *adv.*

rand [rænd] *n.* **1** 〔구두의〕 뒤축 안창. **2** 〔英방언〕 변두리, 〔경작지의〕 가장자리. **3** 〔南아프리카〕 〔협곡을 낀〕 고지. **4** 랜드〔남아프리카 공화국의 화폐 단위; 略 R.〕.

ran·dan[¹] [rǽndæn, -́/-́] *n.* 〔방언〕 난장판, 야단법석, 흥청망청 떠들기. ¶ go on the *randan* 야단법석을 떨다.

ran·dan[²] [rǽndæn, -́/-́] *n.* 3인승 보트〔가운데 사람은 두 개의 노(scull)로, 앞뒤 사람은 한 개의 노로 젓는다〕; ⓤ 그 노젓기.

R & B, r & b (略) rhythm and blues.

R & D (略) research and development (연구 개발).

R. & I. (略) (라틴) **1** *Regina et Imperatrix* (= queen and empress). **2** *Rex et Imperator* (= king and emperor).

‡ran·dom [rǽndəm] *adj.* **1** 멋대로의, 되는 대로의, 닥치는 대로의, ¶ a *random* shot 맹목 사격, 난사, 〔비유적〕 어림짐작되.

類語 **random** 명확한 목적·방침·방법 따위가 없는: a *random* choice 멋대로의 선택. **haphazard** 적절성·효과·악영향 따위에 충분한 관심 없이 기분이나 형편 돌아가는 대로의: a *haphazard* policy 무정견의 정책. **desultory** 조직적이 아닌, 일관성 없는: *desultory* reading 산만한 독서.

2 〔통계〕 임의의, 무작위(無作爲)의. ¶ a *random* sample 임의로 추출한 견본.
3 〔석공〕 돌의 치수(크기, 모양)가 고르지 않은; 고르지 못한 돌을 쌓기의.
— *n.* ⓤ 되는 대로임. * 보통 다음 숙어로 쓴다.
at random 멋대로, 닥치는 대로, 마구잡이로. ¶ read *at random* 되는 대로 책을 읽다.
— *adv.* 〔드물게〕 되는 대로, 닥치는 대로(at random).
~**ly** *adv.*

rándom áccess *n.* ⓤ 〔컴퓨터〕 랜덤 액세스, 등속 (等速) 호출.

rándom fíle *n.* 〔컴퓨터〕 랜덤 파일〔파일 속 레코드의 기록 순서와는 관계 없이, 임의의 레코드를 추출하여 폐기·갱신할 수 있는 파일〕.

Ran·dom House, Inc. [rǽndəmháus-] *n.* 랜덤 하우스 〔미국 제 1위의 출판사〕.

ran·dom·ic·i·ty [rændəmísiti] *n.* 〔품질, 형상 따위의〕 불균일(질)성; 〔사건·현상 따위의〕 무법칙성, 우발(돌발)성.

ran·dom·ize [rǽndəmàiz] *vt.* 무작위화하다, 〔통계〕 추출(抽出)하다.

ran·dom·iz·er [rǽndəmàizər] *n.* 〔통계〕 무작위 추출자.

rándom lógic *n.* 〔전자공학〕 불규칙 논리〔논리 소자를 불규칙적으로 접속해서 구성하는 것〕.

rándom sámpling *n.* ⓤ 〔통계〕 무작위(無作爲) 〔임의〕 추출(법).

R & R (略) 〔군대〕 rest and recuperation 〔leave〕 (휴식 휴양(휴가)).

r & r, R & R (略) rock'n'roll.

rand·y [rǽndi] *adj.* **1** 〔英방언〕 시끄러운, 난장한 (disorderly), 다룰 수 없는(unruly). **2** 〔스코〕 거칠고 공격적인. **3** 〔구어〕 음탕한, 호색의(lustful). — *n.* (*pl.* **rand·ies**) 〔주로 스코〕 거칠고 공격적인 사람, 〔특히〕 불쾌한 거지; 바가지 긁는 여자.

ra·nee, ra·ni [rɑːníː / -́-] *n.* 인도의 왕비; 여왕.

rang [ræŋ] *v.* ring² 의 과거형.

‡range [reindʒ] *n.* **1** 〔수·양·정도의 변동의〕 범위, 한도; 진폭 (較差). ¶ a wide *range* of price 가격의 넓은 폭. ② ⓤ 〔작용의〕 범위, 유효 범위; 〔지식·능력의〕 포괄 범위. ¶ the *range* of vision (voice) 시야(성 (聲)域) / outside (beyond) the *range* of human understanding 인간의 이해력을 넘어서.

類語 **range** 「범위」의 뜻의 가장 일반적인 말; 종종 그 에 포함된 것의 다양성을 암시한다: the *range* of

prices 가격의 폭 / the *range* of one's hearing 들리는 범위. **scope** 자유로이 활동할 수 있는 범위: the *scope* of one's abilities 자기의 능력을 자유로이 발휘할 수 있는 범위. **reach** 힘·효과 따위가 도달할 수 있는 범위: beyond one's *reach* 손이 닿을 수 없는 곳에. **compass** 어떠한 범위를 한정하는 한계: within the *compass* of one's power 자기(권력)의 한계내에서. **3** [사람이나 물건의] 줄, 열; 연속, 일련(series). ¶ a *range* of mountains 산들의 이어짐, 연산(連山). **4** 산맥, 연산. ¶ the Appalachian *range* 애팔래치아 산맥. **5** [대포 따위의] 유효 사거리, 최대 사정, 착탄 거리; [비행기 따위의] 항속 거리; [탄환 따위의 발사 지점에서] 목표까지의 거리. **6** 사격 연습장; [미사일 따위의] 시사장(試射場). ¶ a rifle *range* 소총 사격장. **7** [음향 측정 따위에서] 측정되고 실험물질의 거리. **8** [통계] 편인지, 변동 범위[최소치와 최대치간의 범위]. **9** 《美》 [측량] 경선(經線)간 지구[자오선을 표준으로 6 마일의 간격을 두고 그은 경선 사이의 사각형 지역]; [물리의] 도달 거리. **10** 등급(rank), 계급(class), 서열(order). ¶ in the lower ranges of society 하층 사회에서는. **11** 배회, 산책(excursion). **12** [동물·식물의] 분포 구역(범위). **13** 《美》 [광대한] 방목지(구역), 목장. **14** 방향, 방위(direction). **15** 레인지 [요리용]. **16** [수학] 치역(값域).
at long (*close* or *short*) *range* 원(근)거리에서.
be at range 《美》 방목되고 있다.
go (*be helped*) *over the range* 죽다(피살되다).
in range with ... 와 나란히. ...자라다.
run on the same range 《美》친구로서 사귀다, 함께.
within (*out of*) *one's range* 힘이 미치는(못 미치는).
within (*out of beyond*) [*the*] *range* 사정 거리내 (밖)에서; 범위내 (밖)에. ¶ *within* (*out of*) *the range of our search* 우리의 수사 가능한 범위내 (밖)의.
— v. (**ranged, rang·ing**) vt. **1** [사람이나 물건을] 줄세우다, 정렬시키다. ¶ (~+圓+前+名) *range* books *on* a shelf 책을 책장에 가지런히 놓다. **2** ...을 분류하다(classify), 정리하다(set in order). ¶ *range* plants according to genus and species 식물을 속(屬)과 종(種)에 따라 분류하다. **3** [어떤 지역]을 돌아다니다(roam). ¶ He took his rifle and *ranged* the woods. 그는 총을 가지고 숲속을 돌아다녔다. **4** [가축]을 방목하다(pasture). **5** [총·망원경 따위를 목표]에 향하다, ...의 조준을 맞추다(train)(...on). **6** [수동형 또는 재귀용법으로] (남)에 [...에] 자기(반대) 편에 붙게 하다, ...의 입장에 서게 하다, 편들다(...with). ¶ (~+圓+前+名) He *ranged* himself with (against) the reform movement. 그는 개혁 운동에 찬성 (반대)하는 편에 섰다. **7** [항행] [주무로 미끄러져 내리도록] (닻을)을 갑판에 정돈하다; ...을 따라 항행하다. ¶ *range* the coastline 해안선을 따라 항행하다.
— vi. **1** [일정한 범위 안에서] 움직이다, 변동하다 (vary)(*between*...). ¶ (~+前+名) Prices *ranged from* 25 p. *to* 27 p. per ton. 톤당 가격은 25 펜스에서 27 펜스 사이에서 변동하였다. **2** 일렬(일직선)로 서다, 줄서 있다, 즐비하다, 병행하다; [산·숲 따위가] 연속되다, 이어지다. ¶ (~+前+名) Brick houses *range* along the road. 벽돌집이 길을 따라 즐비해 있다. **3** [탄환이] ...까지 도달하다, ...의 사거리를 가지다. ¶ (~+圓) This gun *ranges* 8 miles. 이 대포의 사정 거리는 8 마일이다. **4** [사상·연구·화제 등의 범위가] ...에 걸치다, 미치다. ¶ (~+前+名) His subjects *range* over many subjects. 그의 연구는 많은 문제에 걸쳐 있다. **5** 돌아다니다, 배회하다(in, over, through...). ⇒ ROAM 題義 **6** [동물·식물이] 분포하다, 발견되다, 퍼지다. **7** 위치를 차지하다, 입장을 취하다, 한패가 되다, 가담하다. ¶ (~+前+名) He *ranges* with the great writers. 그는 대작가들과 어깨를 나란히 한다.
◇ rángy adj.
ránge finder n. [총의] 거리 측정기; [카메라의] 거리계.

range·land [réindʒlænd] n. 방목장(지) (range).
rang·er [réindʒər] n. **1** 돌아다니는 사람, 방랑자 (wanderer). **2** [산림 따위의] 감시인. **3** [어떤 지역을 말이 타고 다니는] 유격병. **4** 《美》[제 2차 대전중의] 특별 유격대원. *cf.* 《英》 Commando **5** [밀림 지대에서의] 게릴라전의 특별 훈련을 받은 군인. **6** 《英》 왕실 소유림 감시관. **7** R-) 《美》《우주》 레인저 계획. **8** 《英》 시니어 걸 가이드(senior girl guide) [14세 이상의 소녀대원].
Ran·goon [ræŋgúːn] n. 랭군[Myanmar 의 수도 Yangon 의 구칭].
rang·y [réindʒi] adj. (때로 rang·i·er, rang·i·est) **1** [사람이나 동물이] 팔다리가 가늘고 긴. **2** [동물 따위가] 걸어다니기에 알맞은. **3** 산이 많은(mountainous). **4** 《美》[목장 따위가], 광활한(spacious). **rang·i·ness** n.
ra·ni [ráːni] n. =ranee.
‡**rank**¹ [ræŋk] n. **1** [사회의] 계급, 계층(class); 등급, 계급, 신분, 지위. ¶ men of all *ranks* and classes 각계 각층의 사람들 / the *rank* of captain [육군에서] 대위의 계급 / all *ranks* [군대] 전원 / be in the first *rank* 일류급이다 / give first *rank* to ...을 첫째로 치다. **2** Ⓤ 고위, 고관. ¶ persons of *rank* 귀족, 고위층의 사람들. **3** ⒸⓊ 열(line); [군대의] 횡렬, 횡대 (*cf.* file); 정렬(array). ¶ the front *rank* 전열, 앞줄 / in *rank* 열지은 / fall into *rank* 열에 끼다. **4** (~s) 군대(army), 병졸, 하사관. ¶ serve in the *ranks* 병역에 복무하다. **5** [서양 장기판의] 횡선. *cf.* file
break rank 낙오하다, 대열을 흐트러뜨리다.
close the ranks ⇒ CLOSE¹.
keep rank 질서를 지키다, 대열을 흐트러뜨리지 않다.
pull one's rank on (군대 속어) ...에게 계급(지위)의 힘으로 명령을 강요하다.
rank and fashion 상류 사회.
the rank and file 하사관과 졸병, 병졸들; 지도자를 좇는 사람, 졸병들; 일반 대중.
rise (or *come up*) *from the ranks* ① 병졸에서 장교가 되다. ② [낮은 신분]에서 출세하다.
swell the ranks of ...의 수를 늘리다.
take rank of ...의 위에 서다.
take rank with ...과 나란히 서다, 어깨를 나란히 하다. ¶ He can never *take rank with* the great poets. 그는 도저히 대시인과 어깨를 나란히 할 수는 없다.
— vt. **1** ...을 나란히 세우다, 정렬시키다. ¶ *rank* boys according to their height 소년들을 키순으로 줄세우다. **2** ...을 분류하다, 구분하다(classify); ...에 등급을 매기다; ...의 등급을 평가하다(rate), [어떤 지위에] 두다. ¶ (~+圓+補) We *rank* his abilities very high. 그의 재능을 높이 평가한다 / (~+圓+前+名) *rank* football *above* baseball 야구보다 미식축구를 높게 치다 // (~+圓+*as* 補) Byron is *ranked as* a great poet. 바이런은 위대한 시인으로 평가받는다. **3** 《美》 ...보다 우위에, ...보다 위에 서다(outrank). ¶ Ambassadors *rank* ministers. 대사는 공사보다 높다.
— vi. **1** 나란히 서다, 줄 서다; 자리잡다, 지위를 차지하다, 어깨를 겨누다(with, among...). ¶ (~+*as* 補) Korean *ranks* as the most important and essential subject in the curriculum of our schools. 한국어는 우리나라 학교의 교과 과정에서는 가장 중요한 필수 과목으로서의 지위를 차지하고 있다 // (~+前+名) Byron *ranks* among (or with) the greatest English poets. 바이런은 영국 최대의 시인들 중에 위치한다 // (~+圓+名) *rank* third on a list 명단의 3 등을 차지하다 / He *ranks* low (high) in his class. 그의 성적은 학급에서 하(상)위이다. **2** 《美》제 1위(최상위)를 차지하다. **3** [빚 따위를 지불받을 때] 파산자의 재산에 대해서 ...권리가 있다.
rank² [ræŋk] adj. **1** [식물 따위가] 무성한, 우거진, 멋대로 자란. ¶ tall *rank* grass 높게 우거진 풀 / a garden *rank* with weeds 잡초가 무성한 정원. **2** [땅이] 너무 기름진, 지나치게 비옥한. **3** 악취가 나는, 맛

이 고약한. ¶ *rank* fish 상한 냄새나는 생선. **4** 영락없는, 순전한(utter); 지독한. ¶ *rank* nonsense 얼토당토않은 넌센스. **5** 천한(indecent), 야비한(vulgar). ¶ *rank* language 천한 말씨. **—ly** *adv*. **~·ness** *n*.

rank-and-fil·er [rǽnkənfáilər] *n*. 병졸들, 일반 대중. *cf*. rank and file

rank·er [rǽŋkər] *n*. **1** 줄 세우는(분류하는, 평가하는) 사람. **2** 《英》병졸; [병졸에서 승진한] 특진(特進) 장교(사관).

rank·ing [rǽŋkiŋ] *n*. ⓤ 등급 매기기, 순위, 서열. **—** *adj*. **1** 최고위의. **2** 출중한, 걸출한(prominent).

ran·kle [rǽŋkl] *v*. (**-kled, -kling**) *vi*. **1** 〔불쾌한 감정·기억 따위가〕 마음속에 사무치다, 끊임없이 괴롭히다, 가슴에 맺히다. ¶ Much hatred still *rankles*. 강한 증오심이 아직도 가슴에 맺혀 있다 // (~+巫+图) The bitter experience *rankled in* our hearts. 쓰라린 경험이 우리 마음속에 사무쳤다. **2** 〔고어〕 〔상처가〕 쑤시다, 곪다. **—** *vt*. …을 괴롭히다; …을 신경질나게 하다. ¶ the market price which *rankled* the general public 일반 대중의 신경을 곤두세운 시장 가격.

RANN [ræn] *n*. 《美》긴급 문제 연구 계획〔환경·전강·사회 문제 해결을 목적으로 하는 미국 과학 재단의 연구 계획〕.
[< *R*esearch *A*pplied to *N*ational *N*eeds]

ran·sack [rǽnsæk] *vt*. **1** 〔장소·용기 따위를〕 샅샅이 뒤지다, 철저히 조사하다. ¶ (~+图+전+图) I *sacked* my room *for* the key. 열쇠가 없어져서 방 안을 샅샅이 뒤졌다. **2** 〔돈이나 재물 따위를〕 빼앗다, 약탈하다. ¶ *ransack* the town 도시를 약탈하다 // (~+图+전+图) The house was *ransacked* of all its valuables. 집안 귀중품을 모조리 약탈당했다.

*ran·som [rǽnsəm] *n*. **1** 몸값, 배상금; 〔약탈품 따위를 되찾을 때의〕 환매금. **2** ⓤ 〔포로·감금에서의〕 석방, 해방, 풀어 놓기; 〔약탈물 따위의〕 회수. **3** 〔무전을 받기 위한〕 대상금(代償金), 속전(贖錢), 특권세, 명예세. **4** 〔그리스도의〕 속죄, 죄의 보상.
hold a person to (or *for*) *ransom* 남을 인질로 해서 몸값을 요구하다.
a king's ransom 왕의 몸값; 큰 돈. ¶ It was sold at *a king's ransom*. 그것은 어마어마한 값으로 팔렸다.
— *vt*. **1** 〔배상금을 치르고〕 …을 되찾다. **2** …에게서 몸값〔배상금〕을 받다, 〔몸값을 받고〕 …을 석방하다.

ránsom bìll (**bònd**) 〔전시의〕 나포 선박 환매 계약서.

ran·som·er [rǽnsəmər] *n*. **1** 포로 등을 배상금을 주고 되찾는 사람. **2** 〔나포된 선박의 환매금이 도착할 때까지의〕 인질.

rant [rænt] *vi*. **1** 고함치다, 호통치다; 연극조로 떠벌리다, 호언장담하다. **2** 야단치다(rail)(...*at*). ¶ He *ranted at* the boy who paid no attention. 그는 열심히 듣지 않는 소년을 야단쳤다. **—** *vt*. …을 과장해서 떠들어대다. ¶ *rant* [*out*] one's denunciation 통렬히 비난하다.
rant and rave 마구 고함치다.
— *n*. ⓤ **1** 호언장담, 성난 소리. **2** 《英방언》야단법석.

ran·tan·ker·ous [ræntǽŋk(ə)rəs] *adj*. 심술궂은; 걸핏하면 싸우는(cantankerous).

rant·er [rǽntər] *n*. **1** 호언장담하는 사람, 고함〔호통〕치는 사람. **2** (R-) 초기의 감리교 신자〔그들의 열광적인 설교나 기도에 태도에서 비롯된 호칭〕. **3** 〔스코〕 시끄러운 가수〔연주가〕.

ra·nun·cu·lus [rənʌ́ŋkjuləs] *n*. (*pl*. **-lus·es** or **-li** [-lài]) 미나리아재비속(屬)의 식물 [buttercup, crowfoot 따위].

ranz des vaches [F rɑ̃ de vɑʃ] *n*. 〔프랑스〕 (=calling of the cows) 목곡(牧曲) 〔알프스의 목동이 소를 불러모을 때 뿔피리로 부는 곡〕.

*rap[1] [ræp] *v*. (**rapped, rap·ping**) *vt*. **1** …을 똑똑 두드리다, 톡톡(툭툭) 두드리다(knock, tap). ¶ *rap a* door 문을 똑똑 두드리다(노크하다) // (~+图+圖) (~+图+圖+图) *rap out* a tune *on* the piano 피아노를 두드리듯이 연주하다. ¶ (~+图) 〔귀신이 똑똑 두드려서〕 〔통신을〕 전하다. ¶ (~+图+圖+图) *rap out* a message 똑똑 두드려서 통신을 전하다. **3** …을 갑자기 날카롭게 말하다, 내뱉듯이 말하다(...*out*). ¶ (~+图+圖) *rap out* an oath 내뱉듯이 욕하다. **4** …을 비난하다, 욕하다, 나무라다, 혹평하다. **5** 〔속어〕 〔남〕을 체포하다.
— *vi*. **1** 똑똑 두드리다(*at*, *on*, *against*...). ¶ (~+圖+图) *rap on* a table 책상을 똑똑 두드리다. **2** 《美속어》지껄이다, 잡담을 늘어놓다.
rap a person on (or *over*) *the knuckles* 《구어》꾸짖다, 나무라다, 비난하다〔이전에 선생이 벌로 자막대기로 학생의 손가락 관절을 때린 데서〕.
— *n*. **1** 똑똑 두드림〔두드리는 소리〕, 〔유령이 내는〕 똑똑 치는 소리. **2** 《美속어》질책, 비난; 책망; 벌; 징역형〔의 판결〕. **3** 《美속어》수다.
beat the rap 《美속어》벌을 면하다, 방면되다.
give a rap on the knuckles = *rap* a person *on* (or *over*) *the knuckles*.
take the rap 《美속어》〔남의〕 죄를 뒤집어쓰다; 벌을 받다.

rap[2] [ræp] *n*. **1** 《구어》〔부정문과 함께 써서〕 근소, 가치 있는 것. ¶ not worth *a rap* 아무런 가치가 없다. ¶ I don't care *a rap*. 조금도 개의치 않는다. **2** 랩〔18세기 초기에 아일랜드에서 사용된 위조 화폐. 반(半)페니로 통용되었다〕.

rap[3] [ræp] *vt*. (**rapped** or **rapt, rap·ping**) **1** 〔폐어〕 …을 잡아채다, 낚아채다(snatch). **2** 〔보통 수동형으로〕 …을 넋잃게〔황홀하게〕 하다.
rap and rend 〔고어〕 강탈하다; 갖은 수단을 써서 얻다.

rap[4] [ræp] *n*. 〔us rap〕〔breakdancing의 반주 음악으로 쓰이는 팝 뮤직의 일종; 디스코 비트에 맞추어 흑인영어를 운(韻)을 밟아 리드미컬하게 외쳐대기도 한다〕.

ra·pa·cious [rəpéiʃəs] *adj*. **1** 강탈하는, **2** 욕심 사나운; 탐욕스러운. **3** 〔새나 짐승이〕 산 동물들을 잡아먹는, 육식하는. **~·ly** *adv*. **~·ness** *n*.

ra·pac·i·ty [rəpǽsiti] *n*. ⓤ 강탈, 약탈; 탐욕.

RAPCON 〔略〕〔항공〕 *R*adar *A*pproach *Con*trol 〔Center〕 〔레이다 유도 관제 〔시설〕〕.

*rape[1] [reip] *n*. ⓤⓒ **1** 강탈, 약탈. **2** 강간.
— *v*. (**raped, rap·ing**) *vt*. **1** …을 강탈〔약탈〕하다 (plunder). **2** 〔여자〕를 강간하다(violate). **—** *vi*. 강탈〔강간〕을 하다.

rape[2] [reip] *n*. ⓤ 〔식물〕 평지.

rape[3] [reip] *n*. ⓤ **1** 포도즙을 짜낸 찌꺼기〔초(醋) 양조용〕. **2** 〔초 양조용〕 여과(濾過) 장치.

rápe càke *n*. ⓤⓒ 평지씨 기름을 짜낸 찌꺼기〔초 양조용〕.

rápe òil *n*. ⓤ 평지씨 기름.

rape·seed [réipsìːd] *n*. ⓤⓒ 평지씨.

ráp gròup *n*. **1** 《美속어》토론 그룹. **2** 랩 그룹.

Raph·a·el [rǽfiəl, réi-/ réifl] *n*. 〔대(大)천사 중 하나.
Raph·a·el·esque [ræfiəlésk / -fe(i)əl-] *adj*. 라파엘식의, 〔<이탈리아의 화가 Raphael (1483-1520)의 이름〕

ra·phi·a [réifiə] *n*. 〔아프리카 원산의〕 종려나무.

‡rap·id [rǽpid] *adj*. **1** 〔속도가〕 빠른, 급속한, 급한; 〔동작이〕 긴급한. ⇒ QUICK〔類語〕 ¶ a *rapid* stream 급류 / *rapid* growth 급속한 성장 / a *rapid* worker 작업이 빠른 노동자 / a *rapid* journey 급행한 여행 / the *rapid* stream of time 빠른 시간의 흐름 / take a *rapid* glance 재빠르게 훑어보다. **2** 〔언덕 따위가〕 가파른, 험한. ¶ a *rapid* ascent 가파른 오르막길. **—** *n*. (보통 ~**s**) 급류, 여울. **~·ness** *n*. ◇ rapídity *n*.

rápid èye móvement *n*. ⇒ REM SLEEP.

rap·id-fire [rǽpidfáiər] *adj*. **1** 잇따라 쏘아대는, 속사포 같은. ¶ a *rapid-fire* talk 속사포 같은 이야기. **2** *a rapid-fire* gun 속사포.

*ra·pid·i·ty [rəpíditi] *n*. ⓤ 급속, 민첩; 신속; 속도 (velocity). ¶ with astonishing *rapidity* 놀라운 속도로,

◇ rápid *adj.*
‡rap·id·ly [rǽpidli] *adv.* 빨리, 급속히; 급히.
◇ rápid *adj.*
rápid tránsit *n.* [U] [고가 철도 또는 지하철에 의한] 고속 수송.
rápid wáter *n.* 《美》《화학》[소방 펌프의 물의 유출 속도를 증가시키기 위한] 소화용(消火用) 액제(液劑).
ra·pi·er [réipiər, pjər] *n.* [가느다란 양날의] 찌르는 검. ¶ a *rapier* thrust 찌르는 검으로 찌르기; 재치있게 받아넘기는 대답. [rapier]
rap·ine [rǽpin / -pain] *n.* [U]《詩·문어》강탈, 약탈. [plunder].
rap·ist [réipist] *n.* 강간자.
ráp músic *n.* 랩 음악. *cf.* rap⁴
rap·pa·ree [ræ̀pərí:] *n.* [17세기 아일랜드의] 비정규병 [약탈로 유명하다]; 강탈자, 약탈자(freebooter).
rap·pee [ræpí:] *n.* 독한 코담배의 일종.
rap·pel [ræpél, rə-] *n.* [등산] 현수 하강(懸垂下降) [2중의 로프를 이용하여 암벽을 타고 내려가는 방법].
── *vi.* (-pelled, -pel·ling) 라펠로 내려가다.
rap·per [rǽpər] *n.* 1 =KNOCKER 2. 2 두드리는 사람(장치). 3 《美俗》수다쟁이. 4 랩 가수(rapper).
rap·port [ræpɔ́:r / -pɔ́:] *n.* [U] 1 친밀한, 조화된 관계(relation). ¶ in (*or* en) *rapport* with …과 일치하여, 마음을 합쳐. 2 [심리] 라포르, 소통성 (疎通性).
rap·proche·ment [ræ̀prouʃmáːŋ / ræprɔ́ʃmɑ̀ːŋ] *n.* 《프랑스》 (=approach) [특히 국가간의] 친선 관계의 화립, 접근; 친교(교국) 회복, 우호.
rap·scal·lion [ræpskǽljən] *n.* 악한, 건달, 무뢰한, 깡패(rascal).
ráp séssion *n.*《俗語》그룹 토론.
ráp shéet *n.*《俗語》전과(前科) 기록.
*rapt [ræpt] *adj.* 1 열중(몰두)하는, 골몰한(deeply absorbed) (*in, upon*…). ¶ with *rapt* attention 골몰하여 // be *rapt in* meditation 사색에 잠겨 있다. 2 넋을 잃은, 황홀한; 환희의(enraptured). ¶ a *rapt* smile 황홀한 미소 / be *rapt* with joy 기쁨으로 어쩔줄을 모르다 / be *rapt* to the seventh heaven [환희로] 하늘에 오른 기분이다. ~·ly *adv.* ~·ness *n.* ⇨ RÁPTURE *n.*
rap·tor [rǽptər] *n.* 육식 새, 맹금류(猛禽類) (bird of prey).
rap·to·ri·al [ræptɔ́:riəl / -tɔ́-] *adj.* 1 [새나 짐승 따위가] 육식하는, 육식성의(predatory). 2 [발톱·부리 따위가] 먹이를 잡기에 알맞은. 3 맹금류의.
‡rap·ture [rǽptʃər] *n.* (종종 ~s) 큰 기쁨, 환흠[경]; 광희, 환희; 환희의 표현(말). ⇨ ECSTASY 類語 ¶ be in *raptures* over (*or* about, at) …에 기뻐서 어쩔줄을 모르다 / go (*or* fall) into *raptures* over …으로 넋을 잃다(황홀해지다) / fly into *raptures* from …에서 날뛰다. **rapture of the deep** (*or* **the depths**) 잠수병 (潛水病)에 의한 황홀 상태.
── *vt.* (-tured, -tur·ing)《문어》…을 황홀하게(넋을 잃게) 하다, 기뻐서 어쩔 바를 모르게 하다.
◇ rapt, ráptur·ous *adj.*, enrápture *v.*
rap·tured [rǽptʃərd] *adj.* 황홀한, 환희의.
rápture of the déep *n.* =caisson disease.
rap·tur·ous [rǽptʃ(ə)rəs] *adj.* 기뻐서 어쩔 바를 모르는, 미친듯이 기뻐하는; 열광적인. ~·ly *adv.*
ra·ra a·vis·es [ré(:)rə éivis/réərə, rá:rə ǽvis] *n.* (*pl.* **ra·ra a·vis·es** [ré(:)rə éivisìz / réərə -éivisi:z / réər-]) 희한한 사람(것, 일) (rarity). [< L rare bird]
‡rare¹ [rεər] *adj.* (rar·er, rar·est) 1 드문, 진기한, 희한한(uncommon), 드물게 발생하는, 보기 드문(infrequent). ¶ a *rare* book 희귀한 책 / a *rare* smile 드물게 보는 미소 / *rare* occasions 좀처럼 없는 기회 / in *rare* cases; on *rare* occasions 드물게[는]. 2 《공기·가스 따위가》희박한(thin). ¶ The air is *rare* on high mountains. 높은 산에서는 공기가 희박하다. 3 아주 뛰어난(excellent), 훌륭한(fine). ¶ a *rare* scholar 불출의 학자 / have a *rare* time of it; have *rare* fun 아주 즐겁게 지내다. 4 대단한, 심한.
rare and …(구어) 아주…, 대단히 …(very). ¶ I am *rare and* happy. 아주 행복하다.
~·ness *n.* rárity *n.*, rárely *adv.*
rare² [rεər] *adj.* (rar·er, rar·est) [고기가] 덜 익은, 설익은(underdone). ¶ *rare* roast beef 설익은 로스트 비프.
rare·bit [rέərbit] *n.* =Welsh rabbit.
ráre bóok *n.* [고서 따위] 희귀한(진귀한) 책.
ráre éarth *n.* [화학] 1 희토(稀土) 산화물. 2 = rare-earth element.
ráre-éarth élement [rέ(:)rə́:rθ-/rέər-] *n.* [화학] 희토류 원소[57번 원소에서 71번 원소까지].
rár·ee shów [rέ(:)ri-/réəri-] *n.* 요지경(peep show); [일반적으로] 구경거리(carnival).
rar·e·fac·tion [rὲ(:)rəfǽkʃən / rὲəri-] *n.* [U] 희박하게 하기, 희박화.
rar·e·fac·tive [rὲ(:)rəfǽktiv / rὲəri-] *adj.* 희박 작용이 있는, 희박하게 하는.
rar·e·fy [rέ(:)rəfài / rέəri-] *v.* (-fied, -fy·ing) *vt.* 1 [기체 따위]를 희박하게 하다. *opp.* condense 2 [인격·정신 등]을 정화(순화)하다, 세련되다(refine); [사상 따위]를 연마하다, 정묘하게 하다. ¶ *rarefy* an argument 논의를 세련되게 하다. ── *vi.* 희박해지다, 엷어지다.
‡rare·ly [rέərli] *adv.* 1 드물게, 좀처럼 …않다(seldom). ¶ He is *rarely* late. 그는 좀처럼 늦지 않는다 / He *rarely* comes to New York. 그는 좀처럼 뉴욕에 오지 않는다 / This is an accident *rarely* met with. 이것은 보기 드문 사전이다. 2 예외적으로(exceptionally), 극히(extremely). ¶ She is *rarely* beautiful. 그녀는 드물게 보는 미인이다. 3 훌륭하게(excellently), 멋지게 (beautifully). ¶ She played so *rarely* on the piano. 그녀는 아주 훌륭하게 피아노를 쳤다.
◇ rare *adj.*
rare·ripe [rέərràip] *adj.* [과일 따위가] 일찍 익는, 조숙하는, 올되는. ── *n.* 올되는 과일(채소).
rar·ing [rέ(:)riŋ / rέəriŋ] *adj.*《美구어》…하고 싶어하는(eager) (*to* do).
rar·i·ty [rέ(:)riti / rέər-] *n.* (*pl.* -ties) 1 [U] 드묾, 진귀, 희귀, 희박(infrequency). ¶ a thing of great *rarity* 아주 희귀한 물건. 2 진기한 것; 진품(珍品), 일품(逸品). ¶ an expensive *rarity* 값비싼 일품. 3 [U] [기체의] 희박, 희박 상태.
RAS《略》[컴퓨터] reliability, availability & serviceability([컴퓨터 능력 평가의 주요소인] 신뢰도·이용가능도·보수 가능도); [항공] rectified air speed(수정 대기(對氣) 속도); [항공] radar advisory service([경비행기] 레이더 통보 시스템); [해사] refueling at sea (해상 급유); (英) Royal Astronomical Society.
‡ras·cal [rǽsk(ə)l / rɑ́:s-] *n.* 1 악당, 불량배. ⇨ KNAVE 類語 2 장난꾸러기, 녀석. ¶ a lovable *rascal* 귀여운 개구쟁이. ── *adj.* 1 악당의; 비천한, 천한. 2《古語》하층 사회의. ¶ the *rascal* rout 하층 평민.
ras·cal·dom [rǽsk(ə)ldəm / rɑ́:s-] *n.* [U]《집합적》악인들; 악인의 세계.
ras·cal·i·ty [ræskǽliti / ra:s-] *n.* (*pl.* -ties) 1 [U] 악당 근성, 망나니 같은 성격(knavery). 2 악당의 소행.
ras·cal·ly [rǽskəli/rɑ́:s-] *adj.* 1 악당의, 악당 같은. 2 교활한; 천한(mean). ── *adv.* 교활하게, 약하게, 천하게.
rase [reiz] *vt.* (rased, ras·ing) =raze.
‡rash¹ [ræʃ] *adj.* [사람·행위가] 지각없는, 경솔한, 무분별한(imprudent); 성급한, 조급한. ¶ a *rash* decision 조급한 결단 / It was *rash* of him to marry her. 그가 그녀와 결혼한 것은 경솔했다. ~·ly *adv.* ~·ness *n.*
rash² [ræʃ] *n.* [홍역·성홍열 따위의] 발진(發疹), 피

진(皮疹), 홍진(紅疹), 뾰루지.
rásh·er [rǽʃər] *n.* 베이컨(햄)의 얇은 조각.
a rasher of wind (구어) 말라깽이.
rasp [ræsp / rɑːsp] *vt.* **1** …을 이가 굵은 줄로 갈다; …을 거칠게 / 문지르다, 박박 긁다(scrape roughly). ¶ (~+목+ 부) *rasp off (or away)* corners 모서리를 깎아 내다. **2** (남의 신경이나 감정 등을) 상하게 하다, 건드리다, 자극하다(irritate). ¶ *a remark that rasps the nerves* 신경을 건드리는 발언. **3** …을 귀에 거슬리는 목소리로 말하다(...out); …을 삐걱거리게 하다. ¶ (~+목+ 부) *rasp out* a denial 귀에 거슬리는 목소리로 거부하다.
— *vi.* **1** 문지르다(rub). ¶ *Don't let your file rasp.* 줄로 박박 긁지 마라. **2** 갈다, 긁는 듯한(박박 하는) 소리를 내다. ¶ (~+전+명) *rasp on* one's violin 귀에 거슬리는 소리를 내며 바이올린을 켜다.
— *n.* **1** 줄의 일종. **2** [줄질하는] 소리, 긁는 소리; 박박(북북, 바각바각)하는 소리; 신경을 건드리는 소리. **4** [긁는 소리 때문에 일어나는] 신경을 건드리는 소리.
***rásp·ber·ry** [rǽzbèri / rɑ́ːzb(ə)ri] *n.* (*pl.* *-ries*) **1** 나무딸기. **2** ⓤ 짙은 자줏빛. **3** (속어)[양 입술 사이에서 혀를 진동시켜서 내는] 조소할 때의 소리(Bronx cheer); 혹평. ¶ *give a raspberry* 조소하는 소리를 내다; [일반적으로]경멸하다.
rásp·er [rǽspər / rɑ́ːspə] *n.* **1** 문지르는(긁는 소리를 내는) 사람. **2** [사탕수수 등을] 가는 도구(기계).
rásp·ing [rǽspiŋ / rɑ́ːspiŋ] *adj.* **1** 긁는, 문지르는(scraping). **2** 긁는 소리를 내는. **3** [감정·신경을] 건드리는, 자극하는, [목소리 따위가] 귀에 거슬리는 (irritating). ~·**ly** *adv.*
rásp·y [rǽspi / rɑ́ːspi] *adj.* (**rásp·i·er**, **rásp·i·est**) **1** 긁는[소리가 나는]. **2** 성마른(irritable), 짜증나는.
rás·sle [rǽsl] *n.,* (*-sled, -sling*), *n.* (방언)=wrestle.
rás·ter [rǽstər] *n.* (TV) 래스터[방송이 없을 때 브라운관에 비치는 횡선의 가는 줄무늬].
‡**rat** [ræt] *n.* **1** 쥐[mouse 보다 큰 시궁쥐·집쥐 따위]. **2** (속어)[어려울 때의 당파나 동료를 버리는] 변절자, 탈당자, 배신자. **3** (속어)[조합의 협정가보다] 싼 임금을 받고 일하는 직공; 동맹 파업 불참자(scab). **4** (속어) 스파이, 밀고자, 경찰의 앞잡이(informer). **5** (미) (여자 머리에) 덧넣는 다리.
as drunk (poor, weak) as a rat 곤드레만드레 취하여(한 푼 없이, 기운이 빠져서).
give a person rats (미속어) 남을 호되게 꾸짖다.
like (or as wet as) a drowned rat 물에 빠진 생쥐처럼, 함빡 젖어서; 아주 풀이 죽어.
Rats! (속어) 시시하게 !; 어림도 없어 !
smell a rat 낌새를 채다, 알아채다[고양이가 쥐 냄새를 맡는 데서]. *cf.* Shakespeare 작 *Hamlet.* III. iv. 23].
— *vi.* (**-ted, -ting**) **1** 쥐를 잡다. **2** (속어) 변절하다, 탈당하다. **3** (속어) 파업에 불참하다; 협정 임금 이하로 일하다. **4** (속어) 비열한 짓을 하다; 염탐하다(*on*..).
◇ **rátty** *adj.*
rat·a·bíl·i·ty [rèitəbíliti] *n.* ⓤ **1** 평가 가능성. **2** (영) 과세 자격, 지방세 납부 의무.
rat·a·ble [réitəbl] *adj.* **1** 평가할 수 있는, 어림잡을 수 있는. **2** 비례한, **3** (영) 지방세를 부담해야 하는, 과세할 수 있는(taxable). ~**ness** *n.* **-bly** *adv.*
rat·a·fi·a [rætəfíːə] *n.* **1** 과실술[과실이나 과실의 씨로 맛을 낸 술]. **2** 과실로 맛을 낸 비스킷.
rat·al [réitl] *n.* (영) 과세 표준액.
rat·an [rætǽn] = **rattan**.
rat·a·plan [rǽtəplǽn] *n.* 둥둥[북소리]. (rub-a-dub).
— *vi.* (**-planned, -plan·ning**) 둥둥 울리다.
rat·a·tat [rǽtətǽt] *n.* 둥둥, 쾅쾅[문·북 따위를 두드리는 소리].
rát·bite féver [rǽtbàit-] *n.* ⓤ (의학) 서교증[鼠咬

rát·catch·er [rǽtkætʃər] *n.* **1** 쥐잡이꾼. **2** (~s) 《주로 영》 트위드의 상의·승마 바지에 각반 차림[약식 사냥복].
ratch [rætʃ] *n.* =ratchet.
ratch·et [rǽtʃit] *n.* **1** [바퀴의 역회전을 방지하는] 미늘 톱니바퀴, 래칫; 깔쭉톱니바퀴[장치]. — *vt.* 에 래칫 톱니바퀴를 달다.
rátchet drill *n.* 깔쭉톱니 송곳(드릴).
rátchet wheel *n.* 깔쭉톱니바퀴.
‡**rate**[1] [reit] *n.* **1** 비율, 율(ratio). ¶ *the birth (death) rate* 출생(사망)률 / *the rate of interest* 이율 / *the rate of discount* 할인율. **2** 요금; 가격; 시세. ¶ *the exchange rate*; *the rate of exchange* 환시세, 환시세/*postal rates* 우편 요금 / *a railroad (a freight) rate* 철도(화물) 운임/*a telephone rate* 전화(수도) 요금/*backward motion buy at a cheap rate* 싼 값으로 사다. **3** 속도, 진도; 정도(degree). ¶ *at a great rate* 고속도(高速度)로 / *at the (or a) rate of 20 miles an hour* 시속 20마일의 속도로 / *an extravagant rate of living* 사치스러운 생활 정도. **4** [특히 배 또는 선원의] 등급, 격(格). ¶ *a ship of the first (the third) rate* 1(3)급 선박. **5** (보통 ~s) (영) 세금; 지방세. ¶ *the poor rates* 구빈세(救貧稅) / *rates and taxes* 지방세와 국세. **6** (시계의) 오차.
as sure as rates (미) 확실히(very surely).
at all rates 기필코, 어떻게든.
at an easy rate 싼 값으로; 쉽게. [least].
at any rate 아뭏든, 좌우간(in any case); 적어도(at
at that rate (구어) 그래 가지고는, 그런 식으로는.
at this rate (구어) 이런 식으로는, 이래 가지고는.
cut rates (미) 요금을 할인하다.
give special rates 할인해주다.
— *v.* (**rat·ed, rat·ing**) *vt.* **1** (값을) 매기다, 평가하다(appraise). ¶ (~+목+ 부) *rate* a person's merits high 남의 공적을 높이 평가하다 // (~+목+전+명) *rate glory at its true value* 명예를 올바르게 평가하다. **2** [남]을 …라고 생각하다, 간주하다(consider). ¶ (~+목+[as] 보) He is *rated* [*as*] one of the most influential men of this city. 그는 이 도시에서 가장 세력 있는 유지의 한 사람으로 간주되고 있다 // (~+목+ 전+명) *Travel is rated among pleasures.* 여행은 오락의 하나라고 간주되고 있다. **3** [요금 따위]를 일정률(액)로 정하다, (운임)을 정하다. **4** (영) (보통 수동형으로) [과세 따위의 목적으로] …을 평가하다; (남)에게 지방세를 부과하다. ¶ (~+목+전+명) The house is *rated at* £60 per annum. 그 집의 가옥세는 연간 60파운드로 사정되어 있다. **5** [선원·선박의] 등급을 매기다(...*as*). **6** (구어) …의 값어치가 있다(deserve).
— *vi.* **1** 가치가 있다, 평가되다. ¶ (~+부) He *rates* high in my estimation. 나는 그를 높이 평가하고 있다 / England *rated* highest in cotton industry. 영국은 면공업에서는 최고의 위치를 차지했다. **2** …의 등급을 가지다. ¶ (~+as 보) The ship *rates as* first (third). 이 선박의 등급은 1(3)급이다.
rate up (남)에게 고율(高率)의 보험을 걸다.
rate[2] *v.* (**rat·ed, rat·ing**) *vt.* …을 야단치다, 꾸짖다. ⇒ REPROACH (類語) — *vi.* (드물게) 야단치다 (*at*..).
rate·a·ble [réitəbl] *adj.* =ratable.
ráte bàse *n.* (출판) (잡지의) 보증 부수(部數) [광고 결정의].
rat·ed [réitid] *v.* rate의 과거·과거분사. — *adj.* (보통 복합어를 만들어) …등급의, …으로 지정된. ¶ *an R-rated film* 보호자 동반 성인 영화.
ráted pówer [réitid-] *n.* [오디오의] 정격(定格) 출력[규정된 외곽을 이내에서 연속하여 끌어낼 수 있

ra·tel [réitl, +英 -tel] *n.* [남아프리카・인도산(産)의] 육식수[벌꿀을 특히 좋아한다].
rate-pay·er [réitpèi(ə)r] *n.* 《英》 지방세 납부자.
ratepàyer's hòtel *n.* 《英속어》 유치장, 교도소.
rat·er [réitər] *n.* **1** 견적하는 사람, 평가자. **2** 《속어》[보통는] 요트.
-rater 「…의」 등급의 사람・것」의 뜻의 연결형. 예: first-*rater*, second-*rater*.
rát fìnk *n.* 《속어》꼴보기 싫은 놈.
rath [rɑːt] *n.* [인도의 드라비다족의] 굴 사원.
rathe [reið] *adj.* 《英詩》 일찍 피는; 일찍 익는, 올되는.
‡rath·er [rǽðər / rɑ́ːðə /→4] *adv.* 얼마간, 다소, 약간, 좀(somewhat). ¶ *rather* nice 그런대로 괜찮은 / *rather* more 약간 많이 / He looks *rather* ill. 그는 몸이 좀 불편해 보인다 / I *rather* think you know that girl. 아무튼 너는 그 소녀를 알고 있다고 난 생각한다.

— **Usage** (1) rather a...와 a rather.—— 이 두 형태는 보통 뜻의 차이는 없으나 실제 용법에서는 rather 는 동사에 이끌려 부정 관사 앞에 나와, rather a 의 형태를 취하는 경우가 많다: He had *rather* an astonished look (= *a rather* astonished look). 그는 꽤 놀란 모습이었다. (2) rather 는 본래 비교급인데 그 의식이 희박해져서 비교급이나 too 앞에도 쓰인다: It is *rather* too cold today. 오늘은 어느 편인가 하면 좀 춥다 / I feel *rather* better today. 오늘은 약간 기분이 좋다.

2 《would rather, 《美》 had rather; 《구어》 'd rather 로 쓰여》 […보다는] 오히려, 차라리(than...). ¶ I'll take this *rather than* that. 저것보다 이것이 좋겠다 / I would *rather* go today *than* tomorrow. 내일보다 오히려 오늘 가고 싶다 / I'd *rather* not meet her. 그녀와는 만나고 싶지 않다 / Which would you *rather* have, tea or coffee? 홍차와 커피 중에 어느 쪽을 좋아하세요? / You had *rather* not mention them at all. 그것들에 대하여는 전혀 언급하지 않는 것이 좋다 / I had *rather* have never been born *than* have seen this day of shame. 이런 창피를 당할 바에야 차라리 세상에 태어나 질 말걸 / I'd *rather* he didn't know my secret. 그가 내 비밀을 모르면 좋겠는데.

3 …라기보다 오히려, 좀더 정확히 말하면; 차라리(on the contrary). ¶ This is *rather* purple *than* red. 이것은 붉다기보다는 오히려 자주색이다 / He recites *rather than* sings. 그는 노래한다기보다 낭송하다 / (* 흔히 rather 로 하여》 He is an art student, *or rather* a student of art history. 그는 미술 전공의, 아니 좀더 정확히 말하면 미술사(史)를 전공하는 학생이다.

4 [rǽðərr / rɑ́ːðəː] 《주로 英구어》《반어적으로 강한 긍정의 답으로서》 그렇고말고, 물론이지(certainly). ¶ Do you know her? — *Rather*; she's my mother. 저 부인을 아나? — 알다마다, 내 어머니야.

rath·er·ish [rǽðəriʃ / rɑ́ːð-] *adv.* 《구어》 얼마간, 다소 (somewhat).
rát hòle [rǽthòul] *n.* **1** 쥐구멍. **2** 옹색한 장소. **down the rathole** 하잘것 없는 목적을 위하여.
raths·kel·ler [rɑ́ːtskèlər] *n.* 《독일의》 지하실 맥주홀.
rat·i·cide [rǽtisàid] *n.* 쥐약. 〔살굣제〕.
***rat·i·fi·ca·tion** [rætifikéi(ə)n] *n.* Ⓤ Ⓒ 〔조약 따위의〕 비준, 승인, 재가(裁可) (sanction). ◇ **rátify** *v.*
rat·i·fi·er [rǽtifàiər] *n.* 비준자, 결재권자, 확인자.
***rat·i·fy** [rǽtifài] *vt.* (**-fied, -fy·ing**) 〔조약 따위〕를 비준하다, 재가하다; 확인하다, 확증하다. ⇒ APPROVE 類語
¶ ratification *n.*
rat·i·né [ræ̀t(i)néi] *n.* 라티네 직물[매듭진 실로 짠 거친 직물].
rat·ing¹ [réitiŋ] *n.* **1** 시험의 평점; Ⓤ Ⓒ 평가, 견적. **2** 〔항해〕 〔선박・선원 등의〕 등급, 급수; 《英》 해군 하 사관; (~s) 《英》 해군의 어떤 계급의 수병 전원. **3** 《英》《집합적》 특정한 등급에 속하는 사람들. **4** 〔사 람이나 상점 등의〕 신용도. **5** 《보통 ~s》 인기도; 〔텔레비전・라디오의〕 시청률. **6** 〔영화의〕 관람자 지정〔분류〕 등급. **7** 《英》 지방세의 부과〔액〕. **8** 〔전기〕 〔기계・기구 따위의〕 정격(定格).
rat·ing² [réitiŋ] *n.* Ⓤ Ⓒ 꾸짖음, 야단침. ¶ **give a sound** *rating* 호되게 꾸짖다.
***ra·tio** [réiʃou, -ʃiòu, -ʃiə] *n.* Ⓤ Ⓒ (*pl.* **-tios**) **1** 〔수학〕 비(比), 비례, 비율(proportion). ¶ direct (inverse *or* reciprocal) *ratio* 정(반)비례 / simple (compound) *ratio* 단(복)비 / be in the *ratio* of 5 to 3 5대 3의 비율이 되어 있다 (* of 5 to 3 는 5:3, 5/3 으로 표기된다). **2** 〔경제〕 〔복(複)〕본위제 하에서〕 금과 은의 상대 가치.
ra·ti·oc·i·nate [ræ̀ʃiósinèit, ræ̀ti-, -ás- / ræ̀tiós-] *vi.* (**-nat·ed, -nat·ing**) 추론하다, 추리하다.
ra·ti·oc·i·na·tion [ræ̀ʃiòsinéiʃ(ə)n, ræ̀ti-, -às- / ræ̀tiòs-] *n.* Ⓤ 추론, 추리.
ra·ti·oc·i·na·tive [ræ̀ʃiósinèitiv / ræ̀tiós-] *adj.* 추리의, 추론하는; 이론적으로 따지기 좋아하는.
***ra·tion** [rǽʃ(ə)n, +美 réi-] *n.* **1** 〔급여물의〕 정액, 정량, 배급량; (~s) 식량, 양식. ⇒ FOOD 類語 ¶ *rations* of coal and coffee 석탄과 커피의 배급. **2** 〔보통 ~s〕 〔육・해군에서〕 하루치의 식량, 〔군마(軍馬)의〕 하루치의 사료. ¶ the iron (*or* emergency) *rations* 비상용 휴대 식량. — *vt.* 〔식량 등〕을 지급하다; …에 정액(정량)을 할당하다; 〔비상시・재난시 따위에〕 〔식량・의복 등〕을 배급하다, 제한하다. ¶ They were compelled to *ration* gasoline in wartime. 전시에는 휘발유를 배급하지 않으면 안 되었다. **2** 〔군대 등〕에 급식하다. **3** 〔소비자의〕 소비를 제한하다.
***ra·tion·al** [rǽʃ(ə)n(ə)l] *adj.* (*opp.* irrational) **1** 도리에 맞는, 이치에 들어맞는, 합리적인. ⇒ REASONABLE 類語 **2** 이성있는, 이성적인. ¶ Man is a *rational* animal. 인간은 이성적인 동물이다. **3** 추리의, 추론의. ¶ a *rational* faculty 추리력, **4** 순리론(純理論)의, 이성주의의, **5** 〔수학〕 유리(有理)의.
— *n.* **1** =rational number. **2** (~s) 《英》 합리복 (合理服) 〔여성이 자전거를 탈 때 입는 반바지〕 (rational dress). —**ly** [-nəli] *adv.*
◇ rationalize *v.*
rátional dréss *n.* =rational *n.* 2.
ra·tio·nale [ræ̀ʃ(ə)nǽl, -nɑ́ːl(i) / -nɑ́ːl] *n.* **1** 이론적 해석, **2** 《理論》 근본적 이유, 이론적 근거.
rátional expectátions (hypóthesis) *n.* 〔경제〕 합리적 기대(가설) 이론.
ra·tion·al·ism [rǽʃ(ə)nəlìz(ə)m] *n.* Ⓤ 〔철학〕 이성론, 합리론(주의). *cf.* empiricism 〔의〕자.
ra·tion·al·ist [rǽʃ(ə)nəlist] *n.* 이성론자, 합리론〔주〕자의, 이성주의〔자〕의, **-ti·cal·ly** [-tikəli] *adv.*
ra·tion·al·is·tic [ræ̀ʃ(ə)nəlístik] *adj.* 합리론〔주의〕 〔자〕의, 이성주의〔자〕의.
ra·tion·al·i·ty [ræ̀ʃ(ə)nǽliti] *n.* (*pl.* **-ties**) **1** Ⓤ 합리성, 순리성; 이치에 맞음. **2** 〔보통 -ties〕 순리적 관찰 (고찰); 이성적 행동.
ra·tion·al·i·za·tion [ræ̀ʃ(ə)nəlizéi(ə)n / -laiz-] *n.* Ⓤ **1** 합리화. **2** 이유 부여, **3** 〔수학〕유리화(有理化).
ra·tion·al·ize [rǽʃ(ə)nəlàiz] *v.* (* 《英》에서는 **ra·tion·al·ise** 로도 쓴다) *v.* (**-ized, -iz·ing**) *vt.* **1** …을 합리적으로 설명하다(취급하다). **2** 〔심리〕〔자기가 한 행위〕를 합리적으로 보이려고 하다, …에 그럴 듯한 설명을 붙이다. **3** 〔주로 英〕 …을 합리화하다. ¶ *rationalize* industry 산업을 합리화하다. **4** 〔수학〕 …을 유리화하다. — *vi.* 〔주로 英〕 합리〔합리적〕으로 생각하다. **2** 〔심리〕 〔실제로는 다른 원인으로 인한 행위 따위에〕 그럴 듯한 이유를 붙이다.
◇ **rational** *adj.*
rátional númber *n.* 〔수학〕유리수(有理數).
rátion bòok (càrd) *n.* 배급 통장(카드).
rat·ite [rǽtait] *n.* 〔용골 따위에〕 용골(龍骨) 돌기가 없는, 〔주조류(走鳥類)와 같이〕 평평한 흉골을 가진.

rat·line [rǽtlin], (**rat·lin**) n. 《항해》 밧줄 사다리의 디딤줄; (~s) 밧줄 사다리.

RATO [réitou] n. 로켓 추진 이륙. [<*r*ocket-*a*ssisted *t*ake*off*]

ra·toon [rætúːn] n. 《특히 사탕수수의》 그루터기에서 나오는 새싹, 움돋이. — vi., vt. 그루터기에서 새싹이 돋다(돋게 하다).

rát ràce n. 《美》무의미한(극심한) 경쟁; 쫓고 쫓기는 경쟁, 악순환.

rát ràcer n. 《美》 냉혹한 경쟁자.

rats·bane [rǽtsbèin] n. 《U》 쥐약《특히 아비산(酸)》.

RATT 《略》《항공》 *r*adio *t*ele*t*ype《무선 텔레타이프》.

rat·tail [rǽttèil] n. 1 쥐꼬리. 2 털 빠진 말의 꼬리.

rat·tan [rætǽn /rə-, ræ-] n. 1 등(籐)《야자과(科)의 식물》. 2 《U》 등의 줄기《세공품을 만든다》. 3 등의 회초리(지팡이). /atat./

rat-tat [rǽttæt], (**rat-tat-tat** [rǽttættǽt]) n. =rat-tat-tat.

rat·ten [rǽtn] vt. 《英구어》《노동 쟁의 때》《기계》를 고장내다나 감추다;《고용주·비조합원》을 괴롭히다.

rat·ter [rǽtər] n. 쥐잡이《사람·개·고양이·기구》.

rat·tish [rǽtiʃ] adj. 쥐의, 쥐 같은; 쥐가 많은.

rat·tle [rǽtl] v. (-**tled**, -**tling**) vi. 1 덜걱덜걱(덜컹덜컹)하다(소리내다). ¶(~+前+名) The hail *rattled on the roof.* 우박이 지붕에 후두두 내리쳤다. 2 《구어》 덜컹덜컹 구르다. [덜컹거리며] 달리다(*along, down, over ...*). ¶(~+前+名) a train *rattling along the track* 레일 위를 덜컹거리며 달리는 열차. 3 빠른 말로 말하다, [아무런 생각 없이] 재잘거리다(chatter)(*away, on*). — vt. 1 덜걱덜걱(우르르) 소리나게 하다(울리다). ¶ The wind *rattled the window.* 바람이 창문을 덜컹거렸다. 2 …을 덜걱덜걱 움직이다(나르다). ¶(~+前+名) The gale *rattled the tiles from the roof.* 강풍으로 기와장이 지붕에서 와르르 떨어졌다. 3 《시·소설·선서 등》을 줄줄 읽다, 줄줄 종알 말하다(*off, out, over, away*). ¶(~+目+副) *rattle off* a speech 빠른 말로 연설하다. 4 …을 황급히 끝마치다, 해치우다. ¶(~+目+副) *rattle a piece of business through* 사무를 척척 처리하다. 5 《남》을 놀라게 하다, 당황케 하다(disconcert). ¶ Thunders of applause *rattled the speaker.* 우레 같은 갈채에 연사는 어리둥절했다. 6 《사냥》《사냥감》을 몰아내다, 내몰다. — n. 1 덜컹덜컹(딸깍딸깍)《하는 소리》. 2 딸랑딸랑 울리는 물건(장난감)[장단감]. ¶ 방울뱀 꼬리의 음향 기관; 여름 깍지 속에서 종자가 소리나는 식물. 3 《임종시 목에서 나는》 가래 끓는 소리; 수다(chatter), 큰소동; 수다쟁이.

rat·tle·box [rǽtlbὰks/-bɔ̀ks] n. 1 《장난감》 딸랑이 상자. 2 《식물》 활나물.

rat·tle·brain [rǽtlbrèin] n. 속없는 사람, 머리가 빈 《바보 같은》 수다쟁이.

rat·tle·brained [rǽtlbrèind] adj. 머리가 빈.

rat·tle·head [rǽtlhèd] n. =rattlebrain.

rat·tle·head·ed [rǽtlhèdid] adj. =rattlebrained.

rat·tle·pate [rǽtlpèit] n. =rattlebrain.

rat·tle·pat·ed [rǽtlpèitid] adj. =rattlebrained.

rat·tler [rǽtlər] n. 1 《美구어》 =rattlesnake. 2 딸깍딸깍 소리내는 사람(물건). 3 《英구어》《급행》화물 열차. 4 《구어》 훌륭한 물건, 일품(逸品). 5 《구어》 폭우, 폭풍.

***rat·tle·snake** [rǽtlsnèik] n. 방울뱀《미국산 독사》.

rat·tle·trap [rǽtltrǽp] n. 1 《마차·자동차 따위》 덜컹대는 탈것. 2 (보통 ~s) 잡동사니, 골동품. 3 《美속어》 수다쟁이. 4 《속어》 입. — adj. 덜컹거리는, 낡아빠진.

rat·tling [rǽtliŋ] adj. 1 덜컹덜컹(달랑달랑) 소리나는. ¶ *rattling* windows 덜커덕거리는 창문. 2 아주 빠른, 팔팔한(lively). 3 《구어》 우수한, 훌륭한. ¶ have a *rattling* dinner 훌륭한 만찬을 들다. — adv. 대단히, 굉장히(remarkably). ¶ a *rattling* good yarn 아주 재미나는 읽을거리, 모험·활극이 가득 실린 읽을거리.

rat·tly [rǽtli] adj. 덜컹거리는, 건들거리는; 덜컹덜컹(덜렁덜렁) 소리나는, 시끄러운.

rat·trap [rǽttrǽp] n. 1 쥐덫. 2 《口》 누옥, 황폐한(지저분한) 장소. 3 절망적 상태, 곤경.

rat·ty [rǽti] adj. (-**ti·er**, -**ti·est**) 1 쥐가 많은. 2 쥐[특유]의. 3 《속어》 불쌍한, 처량한, 초라한. 4 《英속어》 화를 잘 내는, 신경질내는.

rau·ci·ty [rɔ́ːsiti] n. 목쉼, 귀에 거슬림.

rau·cous [rɔ́ːkəs] adj. 목쉰 소리의(hoarse), 귀에 거슬리는(harsh). ~**·ly** adv. ~**·ness** n.

raugh·ty [rɔ́ːti] adj. (-**ti·er**, -**ti·est**) 《英속어》 rorty.

raunch [rɔ́ːntʃ] n. 《美속어》 조잡함, 야비함, 천함, 외설.

raun·chy [rɔ́ːntʃi] adj. (-**chi·er**, -**chi·est**) 《美속어》 1 싸구려의, 누추한. 2 외설적인, 음란한; 천한, 상스러운.

***rav·age** [rǽvidʒ] n. 1 《U》 파괴 행위, 파괴(destruction). 2 (~s) 파괴된 자취, 참화(慘禍). ¶ the *ravages of* a typhoon 태풍의 참화. — v. (-**aged**, -**ag·ing**) vt. …을 파괴하다, 황폐화하다, 《에》 피해를 주다(damage). ¶ a face *ravaged* by grief 슬픔으로 몰라보게 수척해진 얼굴. — vi. 휩쓸다.

rav·ag·er [rǽvidʒər] n. 파괴자, 약탈자.

***rave¹** [reiv] v. (**raved**, **rav·ing**) vi. 1 헛소리를 하다, [미친 듯이] 소리지르다, 고함치다(talk wildly). ¶ *rave with fury* 격노하다 ¶(~+前+名) *rave against* one's fate 자신의 불운을 미친 듯이 한탄하다. 2 폭풍우 따위》 노호(怒號)하다, 사납게 날뛰다(rage). ¶(~+前+名) The sea *raves against the cliffs.* 파도가 절벽에 부딪친다. 3 정신없이 이야기하다(설명하다); 격찬하다(*about, of, over ...*). ¶(~+前+名) They *raved about their trip.* 그들은 여행에 관해서 정신없이 이야기했다. — vt. 1 《재귀용법》《착란(錯亂) 상태에서》 …을 지껄이다, 고함치다, 절규하다. ¶(~+目+補) *rave oneself* hoarse 고함쳐서 목이 쉬다 //(~+目+前+名) *rave oneself* to sleep 날뛰다가 지쳐서 잠들다. 2 《재귀용법》《폭풍우 따위가》 사납게 날뛰다가 …이(…의 상태로) 되다. ¶(~+目+副) The storm *raved itself out.* 폭풍우는 사납게 몰아치다가 그쳤다. — n. 1 《U》《바람·파도 따위의》 노호(怒號), 2 불타는 듯한 색채. 3 《구어》《극평(劇評) 따위에서》 격찬, 절찬; 홀딱 반함. ¶ be in a ~ 어리둥절하다, 넋을 빼앗기다.

rave² [reiv] n. (보통 ~s) 《짐수레·썰매 따위의》 측면.

rav·el [rǽv(ə)l] v. (-**eled**, -**el·ing** or 《특히 英》 -**elled**, -**el·ling**) vt. 1 《편물·그물 따위》를 풀다(disentangle)(*... out*). 2 …을 얽히게 하다(tangle) 《문제》를 복잡하게 하다, 혼란하게 하다(confuse). ¶ the *raveled* skein of life 복잡하게 얽힌 인생. 3 …을 분명히 하다, 해명하다(*... out*). — vi. 1 《편물·그물 따위가》 풀리다(fray). 2 《곤란·분규가》 해소되다(*out*). 3 얽히다·복잡해지다. — n. 1 엉킴(tangle), 분규, 착잡(complication). 2 《편물·그물 따위의》 풀린 실 끝.

rave·lin [rǽvlin] n. 《築城》 반월형 보루《해자로 둘러싸인 V자 형의 외곽 보루》.

rav·el·ing, 《英》 -**el·ling** [rǽv(ə)liŋ] n. 1 《U》 올풀기, 풀기, 풀리기. 2 풀려나온 실.

rav·el·ment [rǽv(ə)lmənt] n. 《U》 엉킴, 혼란, 곤혹.

***ra·ven¹** [réiv(ə)n] n. 갈가마귀, 큰까마귀. — adj. 새까만, 칠흑의. ¶ *raven* locks 새까만 머리.

rav·en² [rǽv(ə)n] vi. 약탈하다(*about*). 2 《먹이》를 찾아 다니다(*after, for ...*). 3 갈망하다(*for ...*), 게걸스럽게 먹다. — vt. 1 …을 약탈하다, 휩쓸다 2 …을 게걸스럽게 먹다. — n. 《U》《C》 약탈[물]; 노획물; 먹이

rav·en·ing [rǽv(ə)niŋ] *adj.* 탐욕스러운, 게걸스러운, 욕심 사나운. ⇨ HUNGRY 類語
ravening wolves [늑대처럼] 욕심 많고 잔인한 사람들 [←마태 복음(Matt.) 7:15].
— *n.* ⓊⒸ 탐욕, 갈탐(rapacity).

rav·en·ous [rǽv(i)nəs] *adj.* 몹시 굶주린, 탐욕스러운, 걸신들린(*for*...). ⇨ HUNGRY 類語
~·ly *adv.* **~·ness** *n.*

rav·er [réivər] *n.* 《英속어》 자유 분방하게 생활하는 사람; 방탕아; 열광적인 사람, 열렬한 팬; 동성 연애자(homo).

rave-up [réivʌ̀p] *n.* 《속어》 떠들썩한 파티.

rav·in [rǽvin] *n.* ⓊⒸ 《詩·문어》 약탈(물), 먹이; 잡아먹음. ¶ *a beast of ravin* 맹수.

***ra·vine** [rəvíːn] *n.* [흐르는 물에 침식되어 생긴] 협곡, 계곡, 골짜기.

rav·ing [réiviŋ] *adj.* **1** 미쳐 날뛰는; 광란의. **2** 《美구어》광란적인, 훌륭한. ¶ *a raving beauty* 굉장한 미인. **3** 헛소리하는, 잠꼬대를 하는. — *n.* ⓊⒸ (종종 ~s) 헛소리, 잠꼬대; 고함지르기; 광란. **~·ly** *adv.*

ra·vi·o·li [rǽvióuli, rà:-] *n. pl.* 《보통 단수 취급》 라비올리(저민 고기를 밀가루 반죽으로 싸서 조리한 이탈리아 요리).

rav·ish [rǽviʃ] *vt.* **1** …을 몹시 기쁘게 하다, 황홀하게 하다. ¶ *be ravished by sweet music* 감미로운 음악에 황홀해지다. **2** …을 앗아가다, 탈취하다. ¶ *be ravished from the world by death* 타계(他界)(사망)하다. **3** [여자]를 강간하다(rape).

rav·ish·ing [rǽviʃiŋ] *adj.* 황홀한, 매혹적인. ¶ *a ravishing beauty* 황홀할 정도의 미인. **~·ly** *adv.*

rav·ish·ment [rǽviʃmənt] *n.* Ⓤ **1** 환희, 광희(狂喜), 기뻐서 어쩔줄 바를 모름. **2** 강탈, 약탈. **3** 강간(rape).

‡**raw** [rɔː] *adj.* **1** 날것의, 생의; 설익은. ¶ *eat raw fish* 날생선을 먹다. **2** 원료 그대로의, 가공하지 않은; 정제(精製)되지 않은, 물 타지 않은. ¶ *raw cotton* 원면 / *raw materials* 원료 / *raw* milk 살균하지 않은 우유 / *raw sugar* 원당 / *raw spirits* 진국술, 술의 원액. 類語 raw 가공하지 않고 천연 그대로의: *raw* silk 생사. **crude** 정제를 해야 하는, 완성 단계에서 먼: *crude* petroleum 원유. **rude** 자료·기술 따위가 불충분하고 임시적으로 만든: a *rude* hut 조잡한 오두막집. **3** [염증·상처 따위가] 쓰린, 얼얼한, 살갗이 벗어진. ¶ *a raw cut* 새 상처. **4** 세련되지 않은, 조야한(crude); 무지한(ignorant), 경험없는, 미숙한(*to* ...). ¶ *a raw recruit* 신병, 미숙한 사람 / rather *raw* humor 다소 세련되지 못한 유머 // *be raw to* one's work 일에 미숙하다. **5** 살을 에는, 으슬으슬한. ¶ *a raw* morning 쌀쌀한 아침. **6** 《구어》까놓은, 노골적인, 야비한, 버릇 없는(indecent), 외설적인. **7** 《속어》가혹한(harsh); 부당한, 불공평한(unfair). ¶ *a raw deal* 가혹한 처사.
raw head and bloody bones 두개골과 열십자형으로 교차한 대퇴골[죽음의 상징]; 동화 속에 나오는 무서운 것.
— *n.* **1** (the ~) 살갗이 벗어진 곳, 생살, 쓰린 곳. ¶ *touch a person on the raw* 남의 아픈 곳(약점)을 건드리다. **2** (the ~) 순수한 것, (특히) 물 타지 않은 독한 술; 생것; (~s) 원당; 생사.
in the raw ① 생것 그대로(의), 자연 그대로(의). ② 《구어》 벌거벗은(의).
~·ly *adv.* **~ 한.**
raw·boned [rɔ́ːbóund] *adj.* 뼈만 앙상한, 피골이 상접한.
ráw dáta *n.* 〖컴퓨터〗 생(生)정보[처리나 집계가 되어지지 않은 정보].
ráw déal *n.* 《구어》 부당한 취급, 잔혹한 처사. ¶ have(get) a *raw deal* 부당한 취급을 받다.
raw·hide [rɔ́ːhàid] *n.* **1** Ⓤ [소 따위의] 생가죽, 무두질하지 않은 가죽. **2** 생가죽 밧줄(채찍). — *vt.* (-hid·ed, -hid·ing) …을 생가죽 채찍으로 때리다(몰다).

ra·win [réiwin] *n.* 〖기상〗 레이윈〖송신기를 장치한 기구(氣球)에 의한 고층풍(高層風)의 측정〗. [< *ra*dio *win*d direction finding]

ra·win·sonde [réiwinsànd, -sɔ̀nd] *n.* 레이윈존데 〖레이윈용 라디오존데〗.

raw·ish [rɔ́ːiʃ] *adj.* 다소 생것인(덜 익은); 아직 미숙

Rawl·plug [rɔ́ːlplʌ̀g] *n.* 《英》〖상표명〗 콘크리트 벽 따위에 물체를 장치하기 위한 나무 나사.

ráw matérial *n.* 원료, 재료, 미제품(未製品), 미(未)가공품; [소설 따위의] 소재.

‡**ray**[1] [rei] *n.* **1** 광선. ⇨ LIGHT[1] 類語 ¶ *a ray of* sunshine 한줄기의 햇살. **2** (비유적) 광명, 번득임, 서광(曙光); 소량, 한줄기. ¶ *a ray of* genius (truth) 천재(진리)의 번득임 / *a ray of* hope 한줄기의 희망. **3** 〖물리〗열선(熱線), 방사선, 복사선. ¶ infrared (ultraviolet) *rays* 적외(자외) *rays* / anode (cathode) *rays* (양극)선. **4** 〖수학〗[원의] 반경(radius). **5** [별처럼] 사출형(射出形)을 이루는 것; 〖식물〗설상화(舌狀花), 방사(放射)의 것; 〖동물〗[불가사리의 팔], 〖물고기〗의 지느러미 가시. **6** 〖천문〗사선(射線)〖달의 분화구에서 사방으로 방사하는 휘선(輝線)〗.
— *vi.* **1** [빛·희망 따위가] 번쩍이다, 빛을 내다(*forth, off, out*). **2** 방사상이 되다.
— *vt.* **1** [빛 따위]를 발하다, 방사하다. **2** …에 광선을 비추다, …을 빛으로 반짝이게 하다. **3** …에 방사선을 비추다. **4** 《구어》…의 X선 사진을 찍다.

ray[2] [rei] *n.* 가오리[물고기 이름]. ¶ an electric *ray* 시끈가오리.

ra·ya, ra·yah [rɑ́ːjə] *n.* 오스만 투르크 제국의 비(非)회교도. [舌非化).

ráy flówer (flóret) *n.* 〖식물〗[국화과 식물의] 설상화.

ráy gùn *n.* [SF에 등장하는] 광선총.

ray·less [réilis] *adj.* 광선이 없는; 빛이 안 나는, 어두운.

Ray·naud's diséase (phenómenon) [reinóuz-] *n.* Ⓤ 레이노병〖냉기와 진동(振動)에 의한 손의 혈류 장애병〗.

*****ray·on** [réiɑn, -ɔn] *n.* 레이온, 인조 견사; 인조 견직물. [< RAY[1]; 햇빛이 비슷한 데서]

ray·on·nant [réiənənt] *adj.* 광선을 사출(射出)하는; [장식·건축 양식 따위] 방사선식(式)의.

raze [reiz] *vt.* (razed, raz·ing) **1** …을 철저히 파괴하다, 무너뜨리다. ¶ The city was *razed* to the ground. 그 도시는 철저히 파괴되었다. **2** [기억 따위에서] …을 지우다(*from*...).

ra·zee [reizíː] *n.* 상갑판을 제거하고 뱃전을 낮춘 군함(선박). — *vt.* (-zeed, -zee·ing) …을 군함으로 개조하다.

ra·zon [réizɑn, -zɔn] *n.* [무선 유도의] 방향·항속 범위 가변(可變) 폭탄(razon bomb).

‡**ra·zor** [réizər] *n.* 면도칼. **1** ⇨ 《에 면도칼을 대다, …을 밀다(shave), 자르다. *as sharp as a razor* 면도칼처럼 예리한, 빈틈없는. *be* (or *hung*) *on the* (or *a*) *razor's edge* 위기에 봉착해 있다.
cut blocks with a razor ⇨ BLOCK.

ra·zor-back [réizərbæ̀k] *n.* **1** 긴수염고래. **2** 미국 남부산(産)의 등이 뾰족한 야생(반야생) 돼지. **3** [산 따위의] 뾰족한 산등성이.

ra·zor-backed [réizərbæ̀kt] *adj.* 등이 뾰족한.

rá·zor-bìlled áuk [réizərbìld-], (**rá·zor-bìll** [réizərbìl]) *n.* 큰부리바다오리[auk 류(類)], 북대서양산.

rázor clám (shèll) *n.* 긴맛, 맛조개.

rázor cút *n.* 레이저 컷[면도날로 하는 헤어컷].

ra·zor-cut [réizərkʌ̀t] *vt.* [머리털]을 면도칼로 컷하다.

ra·zor-edge [réizərèdʒ] *n.* **1** 면도날, 날카로운 날. **2** 분기선; 아슬아슬한 갈림길; 위기. ¶ *be on a razor-*

ra·zor·fish [réizərfìʃ] *n.* (*pl.* **-fish** *or* **-fish·es**) **1** 놀래기과(科)의 물고기. **2** =razor clam.
ra·zor-grind·er [réizərgràindər] *n.* 면도칼 가는 사람.
rázor háircut *n.* =razor cut.
ra·zor-sharp [réizərʃɑ̀ːrp] *adj.* 아주 날카로운, 예리한.
ra·zor-strop [réizərstrɑ̀p/-strɔ̀p] *n.* [면도칼을 가는] 혁지(革砥).
ra·zor-thin [réizərθín] *adj.* 면도날처럼 얇은.
razz [ræz] 〔속어〕 *vt.* …을 비웃다, 조롱하다. ── *n.* 혹평; 비웃음, 조소. ¶ give (get) the *razz* 혹평하다 (받다).
raz·zi·a [ræziə] *n.* 침략, 약탈; 노략.
raz·zle [ræzl] *n.* 〔속어〕 =razzle-dazzle.
raz·zle-daz·zle [ræzldæzl] *n.* 1 ⓤ〔속어〕 야단법석, 난장판 유흥. ¶ go on the *razzle-dazzle* 난장판으로 놀다. **2** 파동식(波動式) 회전 목마. **3** 〔주로 미식 축구 따위에서〕 몹시 빠른 움직임. ── *adj.* 눈부신.
razz·ma·tazz [ræzmətæz] *n.* 〔미속어〕 **1** =razzle-dazzle 1. **2** ⓤ 활기, 원기; 현란함.
Rb 〔화학〕 rubidium 의 원자 기호.
R.B.A. (略) Royal Society of British Artists(영국 왕립 예술가 협회).
RBC, rbc (略) red blood cells; red blood count.
RBE (略) relative biological efficiency(방사선의 생물학적 효과 비율).
R.B.I. (略) 〔야구〕 run[s] batted in(타점[수]).
R.B.I. síngle (dóuble, tríple) *n.* 〔야구〕 타점으로 연결되는 안타(2루타, 3루타).
R.C. (略) Red Cross; Roman Catholic.
RCA (略) Radio Corporation of America(미국 전자 제품 회사).
R.C.A.F., RCAF (略) Royal Canadian Air Force.
R.C.Ch. (略) Roman Catholic Church.
RCCP (略) 〔토목〕 roller compacted concrete pavements(롤러 전압(轉壓) 콘크리트 포장).
R.C.M.P. (略) Royal Canadian Mounted Police (캐나다 기마 경찰).
R.C.N. (略) Royal Canada Navy(캐나다 해군).
r-col·ored, (英) -oured [ɑ́ːrkʌ̀lərd] *adj.* 〔음성〕 [모음에] r 음색을 갖고 발음된[ar, er, ir 따위의 미국식 발음에서 볼 수 있다. 보통 [r]로 표시된다].
R.C.P. (略) Royal College of Physicians(…의 사회).
rcpt. (略) receipt.
RCS (略) reaction control system(제어용 소형 분사 장치).
R.C.S. (略) Royal College of Surgeons(영국 외과 의…의 사회).
rd. (略) rendered; road; rod; round.
Rd. (略) Road.
R.D. (略) Rural Delivery(지방 배달).
R/D (은행) refer to drawer(발행인에게 돌릴 것).
RDA (略) recommended dietary allowance(권고 식이(食餌) 배당).
R-DAN (略) Radioactivity-Disaster Alarm Net(방사능 재해(災害) 경보망).
R.D.C. (略) Rural District Council(지방 회의); Royal Defence Corps(영국 국방성).
RDF (略) 〔美〕 Rapid Deployment Force(긴급 배치군 [분쟁 지역에 즉각 투입 가능한 기동 타격대]).
RDP (略) radar data processing system(항공로 레이다 정보 처리 시스템).
RDX [ɑ́ːrdíːeks] *n.* 〔폭탄 등에 쓰이는〕 강력 고성능 폭약(cyclonite). 〔<**R**esearch **D**evelopment E**x**plosive〕
re¹ [rei, riː] *n.* 〔음악〕 전음계의 제 2음, 레음.
re² [riː] *prep.* 〔주로 법률·상업〕 …에 관하여, …에 대하여. ¶ *re* estate of Mr. Robinson 로빈슨씨의 재산에 관하여.
Re [rei] *n.* 〔이집트 신화〕 =Ra.
Re 〔화학〕 rhenium 의 원자 기호.
're [-ər] *prep.* are 의 생략형. ¶ they're [ðéiər] / we're [wíər]

re- *pref.* **1** again, once more, anew 의 뜻. 동사 또는 그 파생어에 붙는다. 예: *re*arrange, *re*build, *re*capture. **2** in return, mutual[ly], opposition, behind, after, retirement, secrecy, off, away, repetition, emphasis, un-의 뜻. 라틴어계의 말에 붙어 합성어를 만든다. 예: *re*act, *re*pay, *re*bel, *re*sist, *re*lic, *re*main, *re*cluse, *re*mote, *re*lax, *re*press, *re*fine, *re*joice, *re*sign.

〖주의〗¹ 하이픈의 용법—(1) 1과 2의 합성어를 구별할 때, 1의 re 다음에 하이픈을 사용한다. 예: *re-form* (=form again), *cf. reform* (=make better); *re-creation*, *cf. recreation* (2) 특히 1의 뜻을 강조하는 새로운 nonce word(임시어)를 만들 경우, 모호해지지 않도록 하이픈을 쓴다. 예: make and *re-*make. (3) re 다음이 e로 시작될 때에는 하이픈을 사용한다. 예: *re-edit, re-elect.*

〖주의〗² re-의 발음—(1) 1의 뜻을 나타낼 때와 re- 다음이 모음으로 시작될 때에는 [riː-]로 발음. 예: *re*arrange [ríːəréindʒ]. (2) 1에 해당되지 않는 단어에서 다음에 오는 음절에 악센트가 있으면 [ri-]로 발음. 예: *reflect* [riflékt]. (3) re- 다음에 자음으로 시작되는 악센트 없는 음절이 올 때와 re-에 악센트가 있을 때에는 [re-]로 발음. 예: recollect [rèkəlékt], recognize [rékəgnàiz].

Re, re (略) rupee.
RE (略) real estate; rotary engine(회전식 발동기); rare earth(희토류(稀土類)).
R.E. (略) Reformed Episcopal (개신교 감독파의); Right Excellent (각하); Royal Engineers(영국 공병대); Royal Exchange(런던의 왕립 증권 거래소).
REA (略) Rural Electrification Administration(미국 농촌 전화국(電化局)).
re·ac·cede [rìːæksíːd] *vt.* (**-ced·ed, -ced·ing**) **1** …에 다시 동의하다. **2** …에 재취임하다; 재가입하다.
re·ac·com·mo·date [rìːəkɑ́mədèit / -ɔ́m-] *vt.* (**-dat·ed, -dat·ing**) **1** …에 재적응시키다. **2** …을 다시 화해시키다. **3** …을 재수용하다. **4** …에 다시 마련하다.
‡reach [riːtʃ] *vt.* **1** 〔장소에〕 닿다, 도착하다. ¶ *reach* one's destination 목적지에 닿다 / We'll *reach* New York in the evening. 저녁에 뉴욕에 도착합니다.
2 〔귀·눈 등에〕 이르다; 〔어떤 결과·상태 따위〕에 이르다, 〔목적 따위〕를 달성하다; …에 닿다(미치다); 〔법의 효력이〕 …에까지 미치다. ¶ *reach* adolescence (old age) 청년(노년)이 되다 / *reach* a conclusion 결론에 도달하다 / *reach* the object of one's desire 소망을 이루다 / *reach* a height of two meters 신장이 2 미터에 이르다 / *cannot reach* one's enemy 〔권투·펜싱 따위에서〕 상대방에게 편치(칼끝)가 닿지 않다 / Your letter has *reached* me this morning. 네 편지는 오늘 아침에 도착했다 / The sums *reach* ten thousand dollars. 총액은 1만 달러에 이른다 / The coat was so long that it *reached* her heels. 그 코트는 너무 길어서 그녀의 발꿈치까지 닿았다 / Not a sound *reached* my ears. 나에게는 아무 소리도 들리지 않았다 / This dictionary has *reached* its fifth edition. 이 사전은 5판까지 이르렀다 / The law does not *reach* her case. 법의 범위는 그녀의 사건에는 미치지 못한다 / No agreement was *reached* at the conference. 그 회의에서는 아무런 합의도 이루어지지 않았다.
3 〔손 따위를〕 내밀다, 뻗치다(…*out*); 〔손·발 따위를 뻗쳐서〕 …을 잡다(집다), …에 닿다; 〔손을 뻗쳐서〕 〔남〕에게 …을 건네다, 주다. ¶ (~+⬚+前+名) *reach* a book *from* a high shelf 손을 뻗쳐 높은 선반에서 책을 집어내다 // (~+⬚+副) a tree that *reaches out* its branches 가지를 뻗친 나무 / *reach down* one's hat 모자걸이에서 모자를 벗기다 / Would you *reach* me the mustard, please? 겨자를 좀 집어주시겠습니까? / *Reach* him a kick. 그놈을 걷어차 버려라.
4 …와 연락을 하다. ¶ Can I *reach* him by telephone? 그에게 전화 연락을 해도 되겠습니까?

5 〔남의 마음〕을 움직이다 (move, affect). ¶ The words *reached* her heart. 그 말이 그녀의 마음을 움직였다.
— *vi.* **1** 손(발)을 뻗다, 〔팔 따위가〕 뻗어 나오다; 〔손을 뻗어서〕 집으려(닿으려) 하다; 〔목적을 향하여〕 노력하다 (*for, after*...); 〔초목이〕 뻗다. ¶ (~ +圖) A hand *reached* out. 한 손이 뻗쳤다 / (~ +前+名) *reach* after happiness 행복을 얻으려고 노력하다 // (~ +前+名) (~ +圖) *reach* [*out*] *for* one's hat 손을 뻗쳐 모자를 집으려고 하다 / *reach* forward to an ideal 이상을 추구하다.
2 〔영향·작용 따위가〕 미치다; 〔공간·시간적으로〕 퍼지다, 미치다; 〔어떤 장소·거리 따위에〕 이르다. ¶ (~ +前+名) His power *reaches* into other lands. 그의 세력은 다른 나라에까지 뻗어 있다 // (~ +前+名) (~ +圖) The park *reaches* down to the river. 공원은 강까지 뻗어 있다 / His memory *reaches* far back to his boyhood. 그의 기억은 멀리 소년 시절에까지 거슬러 올라간다.
3 〔특정한 장소·사람·상태·금액 따위에〕 이르다, 도달하다, 닿다 (*to*...); 〔눈·목소리 따위가〕 미치는 한 // (~ +前+名) His folly *reaches* to madness. 그의 어리석음은 광기라고 하여도 좋을 정도다.
4 〔항해〕 어떤 구간을 지그재그로 항주하다.
— *n.* **1** 〔물건을 잡으려고〕 손을 내뻗기; 발돋움. ¶ make a *reach* for a weapon 무기를 집으려고 손을 내뻗다. **2** 〔작용·힘·권력 따위의〕 미치는 범위, 이르는 거리; 유효 범위; 능력, 이해력. ⇒ RANGE 類語 ¶ beyond (or above, out of) the *reach* of ...의 힘이 닿지 않는 곳에, ...의 힘이 미치지 않는 곳에 / within one's *reach* 손이 닿는 곳에, 힘이 미치는 범위에서 / He has a wonderful *reach* of imagination. 그는 놀라운 상상력의 소유자다. **3** 〔사물의〕 뻗은 넓이, 연장. ¶ a *reach* of woodland 넓은 삼림 지대. **4** (보통 ~es) 〔강의 두 굽이 사이의〕 직선 유역 (流域); 〔강의 굽이·만(灣), 호수 등의〕 굽이 지대. ¶ the upper (lower) *reaches* of the Thames 템즈강의 상(하)류 지방.

reach·a·ble [ríːtʃəbl] *adj.* 도달할 수 있는, 〔손이〕 닿는.
reach-me-down [ríːtʃmidàun] *n.* 〔英〕 (보통 ~s) 기성복. 〔기성품의(ready-made). ¶ a *reach-me-down* suit 기성복.
— *adj.* 기성품의(ready-made). ¶ a *reach-me-down* suit 기성복.
*re·act [riː(ː)ǽkt] *vi.* **1** 〔어떤 작용·힘에 대하여〕 반작용하다, 되튀다(*on, upon*...); 상호 작용하다. ¶ (~ +前+名) Cause and effect *react* upon each other. 원인과 결과는 상호 작용을 한다. **2** 반대하다, 반항하다 (*against*...). ¶ (~ +前+名) *react* against a plan 계획에 반대하다. **3** 〔자극 따위에 대하여〕 반응을 나타내다, 감응하다 (*to*...). ¶ (~ +前+名) The ear *reacts* to sound. 귀는 소리에 반응한다(*on*...). ¶ (~ +前+名) Acids *react* on iron. 산은 철에 반응한다.
5 역행하다, 되돌아가다.
◇ reáction *n.*, reáctionary, reáctive *adj.*
re-act [ríːǽkt] *vt.* ...을 다시 행하다, 재연하다.
re·ac·tance [riː(ː)ǽktəns] *n.* 〔전기〕 리액턴스, 감응 저항.
re·ac·tant [riː(ː)ǽktənt] *n.* **1** 반응하는 사람(것), 반작용하는 사람(것); 반대자, 반항자. **2** 〔화학〕 반응물(체).
‡re·ac·tion [riː(ː)ǽkʃən] *n.* U|C **1** 반작용, 반동, 반발; 상호 작용 (*against, to, upon*...). ¶ action and *reaction* 작용과 반작용. **2** 〔정치적인〕 반동, 보수(극우)적 경향; 〔사상·사조의〕 역행. **3** 반응, 태도. **4** 〔생리〕 〔어떤 자극·근육 따위의〕 반응. **5** 〔화학〕 반응, 화학 반응(변화); 핵반응 (nuclear reaction).
◇ reáct *v.*, reáctionary *adj.*
*re·ac·tion·ar·y [riː(ː)ǽkʃənèri] / -ʃ(ə)nəri] *adj.* **1** 반작용의; 반동의; 역행하는; 반응하는. **2** 반동적인, 복고조(調)의. — *n.* (*pl.* **-ar·ies**) 반동주의자, 보수주의자. ◇ reáction *n.*

reáction èngine *n.* 〔로켓공학〕 역(逆)추진 엔진.
reáction formàtion *n.* 〔정신분석〕 반동 형성〔잠재의식의 강한 욕구가 반대되는 행동·태도로 나타나는 것〕.
re·ac·tion·ism [riː(ː)ǽkʃ(ə)nìz(ə)m] *n.* U 반동(복고·보수)주의, 복고론.
re·ac·tion·ist [riː(ː)ǽkʃ(ə)nist] *n.* = reactionary.
reáction shòt *n.* 〔촬영〕 〔연기자의 감정의 반응을 표현하기 위한〕 얼굴 표정의 클로즈업 촬영.
reáction tìme *n.* U 〔심리〕 〔자극에서 반응까지의〕 반응 시간.
re·ac·ti·vate [riː(ː)ǽktivèit] *v.* (**-vat·ed, -vat·ing**) *vt.* ...을 부활(재개)시키다; ...을 현역으로 복귀하다.
— *vi.* 부활하다, 재개하다, 현역으로 복귀하다.
re·ac·tive [riː(ː)ǽktiv] *adj.* 반작용(반응)을 나타내는; 반동적인; 〔전기〕 리액턴스를 가진. **-ly** *adv.* 〔성〕.
re·ac·tiv·i·ty [rìːæktívəti] *n.* U 반작용; 반응; 반응성.
*re·ac·tor [riː(ː)ǽktər] *n.* **1** 반응을 나타내는 사람(것); 반동적인 사람(것); 반발적인 사람. **2** 〔물리〕 반응 장치; 〔전기〕 리액터. **3** 〔면역·獸醫〕 양성 반응을 나타내는 사람(동물).
reáctor zòne *n.* 〔물리〕 〔우라늄 광산 따위에서〕 핵〔반동지대.
‡read[1] [ríːd] *v.* (**read** [red], **read·ing**) *vt.* **1** 〔책·편지 등〕 읽다, 소리내어 읽다, 낭독하다, 읽어주다. ¶ *read* a book 책을 읽다 // (~ +圖+副) *read off* the names of the members 멤버의 이름을 낭독하다 / She *read* out (or *up*) the poem. 그녀는 그 시를 낭독했다 / I *read* it through six times. 나는 그것을 여섯 번 통독했다 // (~ +圖+副) + (~ +前+名) *read* a person a book; *read* a book *for* a person 남에게 책을 읽어주다.
2 〔특정한 말〕을 해독하다. 〔참으로〕 ...을 이해하다. ¶ He can *read* French. 그는 프랑스어를 읽을 수 있다 / She can really *read* classics. 그녀는 고전의 참다운 이해자다.
3 〔기호·부호·눈금 따위〕를 판독하다, 해독하다. ¶ *read* hieroglyphs 상형 문자를 판독하다 / *read* short-hand 속기를 해독하다 / *read* music 악보를 읽다 / *read* a thermometer 온도계의 눈금을 읽다.
4 〔성질·성격 따위〕를 알아채다; 〔운명 따위〕를 예지하다, 예언하다(foretell); 〔수수께끼 따위〕를 풀다. ¶ *read* the signs of the times 시대의 흐름을 간파하다 / *read* a person's hand 남의 손금을 보다 / *read* a dream 해몽하다 / *read* a person's mind (thoughts) 남의 마음(생각)을 알아채다 / *read* the sky 날씨를 예측하다 / *read* a person's fortune 남의 운명을 예언하다 / *read* a person's character *in* his face 관상으로 남의 성격을 판단하다 // (~ + *that* 圖) I *read* in his eyes *that* he meant what he said. 그의 눈초리로 그가 말한 것이 진담임을 알았다.
5 〔언어·행동 따위〕를 특정한 뜻으로 해석하다 (interpret). ¶ (~ +圖+ *as* 圖) *read* a statement as an insult 들은 말을 모욕의 뜻으로 받아들이다 // You can *read* the situation [*in*] two ways. 정세는 두 가지로 해석할 수 있다.
6 〔종종 곡해된 언외(言外)의 뜻〕을 읽어서 알다 (...*into, in*). ¶ (~ +圖+副) *read* false implications *into* a book 책 속에서 잘못된 뜻의 함축을 읽어서 알다.
7 〔다른 책의 고증(考證) 따위에서〕 ...이라고 읽다, ...으로 읽다, ...으로 고쳐 읽다. ¶ *For* "of" *read* "off." 〔정오표에서〕 of 는 off 의 오기(誤記).
8 〔온도계 따위가〕 ...을 가리키다(indicate). ¶ The thermometer *reads* 70 degrees. 온도계는 70도를 가리키고 있다.
9 〔컴퓨터〕 〔컴퓨터에〕 〔정보〕를 입력하다(...*in*); 〔컴퓨터에서〕 〔정보〕를 회수하다(...*out*).
10 ...을 공부하다, 연구하다(study). ¶ *read* law 법률의 시험 공부를 하다.

11 〔독서 따위로〕 …을 알다, 배우다(learn).
12 〔남〕에게 읽어주어 …하게 하다. ¶ *read* oneself hoarse 책을 읽다가 목소리가 쉬다 // (~+目+補)图) *read* a child *to* sleep 책을 읽어주어 아이를 잠들게 하다.
13 《보통 수동형으로》 〔의회〕 …을 독회에 회부하다 (... for). ¶ (~+目+前+图) The bill was *read for* a third time. 그 의안은 제3 독회에 회부되었다.
14 〔송신〕을 알아듣다, 이해하다.
15 〔유전〕〔유전 신호〕를 해독하다.
— *vi.* **1** 읽다, 독서하다. ¶ *read* aloud 소리내어 읽다 / *read* much 많이 읽다, 다독하다.
2 소리내어 읽다, 음독하다, 낭독하다. ¶ (~+前+图) *read to* a person 남에게 읽어주다 / *read to* oneself 묵독(默讀)하다 / *read for* a person 남을 위해 읽어주다 / *read from* (or *out of*) a book 책에서 일부를 택해서 낭독하다.
3 〔기호·부호 따위의 뜻을〕 판단하다, 판독하다, 해독하다; 〔음악〕 악보를 읽다. ¶ (~+前+图) The blind *read with* their fingers. 맹인은 손가락으로 판독한다.
4 연구하다, 공부하다(study) (*for*...). ¶ (~+前+图) *read for* the bar 변호사가 되기 위하여 공부하다 / *read for* a degree 학위를 따기 위하여 공부하다.
5 읽어서 알다 (*about*, *of*...). ¶ (~+前+图) We've *read about* her remarkable success. 〔어디선가 읽어서〕 그녀의 눈부신 성공을 알았다 / I *read of* his death in a newspaper. 신문에서 그의 죽음을 알았다.
6 …이라고 읽다, 읽어지다 〔…이라고〕 해석할 수 있다. ¶ a rule that *reads (in)* two different ways 두 가지로 해석되는 규칙 // (~+補) This book *reads* well (or interesting). 이 책은 읽기에 재미있다.
7 〔…이라고〕 쓰여 있다, 표현되어 있다(*as*, *like*...). ¶ (~+*as*補) It *reads as* follows. 다음과 같이 적혀 있다.
8 〔컴퓨터〕 데이터를 읽다(read data).
Do you read me? ① 《무선 용어》 내 말 들리는가? ② 《구어》 내 말 알아듣겠어?
He that runs may read. 달리면서도 읽을 수 있다; 아주 명백하다 (←하박국서(書)〕(Hab. 2:2〕.
read a lecture (or *a lesson*) 되게 꾸짖다.
read between the lines 행간의 숨은 뜻을 알아채다, 언외(言外)의 뜻을 헤아리다.
read oneself in 〔영국 국교의 39개 조의 신조 등을 낭독하여〕 목사직에 취임하다.
read, mark, learn, and inwardly digest 주의깊게 읽어 자기 것으로 하다 〔←기도서(Common Prayer)〕.
read a person out of a party 〔그 취지를 선언하고〕 남을 당에서 제명하다.
read over …을 통독하다; …을 다시 읽다.
read the riot act 《구어》 크게 반대하다, 크게 이의를 제기하다; 몹시 꾸짖다, 최후 통첩을 하다 (*to*...).
read up a subject 어떤 학과를 전공하다.
read up on a subject 어떤 과목을 시험 준비로 읽어 두다.
read with a boy 〔가정 교사가〕 학생의 공부를 봐주다.
— *n.* **1** (a~) 독서; 독서 시간. ¶ enjoy a good *read* 독서를 즐기다 / have (or take) a long (a quiet) *read* 장시간 (조용히) 독서하다. **2** 〔컴퓨터〕 판독.

‡**read**² [red] *v.* read의 과거·과거 분사. — *adj.* 《보통 복합어를 만들어》 읽어서 아는, …에 정통한, 박식한(learned). ¶ a well-*read* person 박식한 사람 // be deeply *read* in a subject 어떤 문제에 정통하다.

read·a·bil·i·ty [rìːdəbíləti] *n.* U 읽기 쉬움, 재미있게 읽힘. ¶ improvement in the *readability* of newspaper writing 신문 기사를 읽기 쉽게 개선하기.

read·a·ble [ríːdəbl] *adj.* **1** 〔책 따위가〕 읽기 쉬운; 읽기에 재미나는. ¶ a *readable* novel 재미있는 소설. **2** 〔문자·기호 따위가〕 읽을 수 있는, 읽기 쉬운. ¶ *readable* handwriting 읽기 쉬운 필적. **~·ness** *n.* **-bly** *adv.*

re·a·dapt [rìːədǽpt] *vt.* 〔남〕을 다시 적합(적응)시키다. — *vi.* 재적합하다, 재적응하다.

read·a·thon [ríːdəθɑ̀n, -θən/-θ(ə)n] *n.* 독서 마라톤, 연속 독서 장려 도서관 이용 운동.

re·ad·dress [rìːədrés] *vt.* 다시 말을 걸다; 〔편지〕의 겉봉을 다시 쓰다. ¶ *readdress* a letter *to* a person 남에게 편지를 전교(轉交)하다.

‡**read·er** [ríːdər] *n.* **1** 독자; 독서가. ¶ He is a great *reader.* 그는 대단한 독서가다. **2** 리더, 독본. **3** 〔원고 출판의 가부를 결정하는〕 출판사 고문(publisher's reader); 교정원(proofreader). **4** 낭독자; 〔교회의 예배 때 성서 등의〕 낭독자. **5** 《영》 〔대학의〕 강사; 《미》 〔대학 교수의〕 조수. ¶ a *reader* in French 프랑스어 강사. **6** 〔컴퓨터〕 판독기. ◇ *read* v.

Reader's Digest *n.* 리더스 다이제스트 〔1922년에 창간된 미국의 종합 월간지〕.

read·er·ship [ríːdərʃìp] *n.* U C **1** 독자〔수〕, 독자층; 독자의 질. **2** 《영》 대학 강사의 직〔지위〕; 《미》 대학 조수의 직〔지위〕.

‡**read·i·ly** [rédili] *adv.* **1** 즉시, 즉석에서(promptly). **2** 쉽사리(easily). **3** 쾌히, 기꺼이(willingly). ◇ *ready* *adj.*

‡**read·i·ness** [rédinis] *n.* U **1** 준비〔가 되어 있음〕; 〔심리〕 준비성. ¶ gauge a person's *readiness* 남의 적성을 재다 // get things in *readiness for* …에 대하여 만반의 준비를 갖추다 // We held ourselves in *readiness* to start. 언제라도 출발할 수 있도록 준비가 되어 있었다. **2** 신속, 민첩(promptness); 손쉬움(ease). ¶ *readiness* of speech 언변의 거침없음 / reply with *readiness* 즉답(卽答)하다 / acquire *readiness* in writing 척척 쓰게 되다. **3** 쾌락(快諾), 자진하여 〔기꺼이〕 하기(willingness). ¶ with *readiness* 기꺼이 / *readiness* to help others 자진하여 남을 돕고자 함.

‡**read·ing** [ríːdiŋ] *n.* **1** U C 읽기, 독서; 독서력; 〔서로 엮은〕 지식, 학식. ¶ intensive (extensive) *reading* 정(다)독 / a person of wide (or vast) *reading* 독서 범위가 넓은 사람. **2** 낭독; 낭독회. ¶ a penny *reading* 《영》 〔시골 등지에서 열리는 입장료가 싼〕 낭독 연예회. **3** 〔연극의 배역·악곡 등에 대한〕 해석〔법〕, 연출〔법〕, 연주〔법〕; 〔상황 따위의〕 해석, 판단. ¶ What's your *reading* of the situation? 이 정세를 어떻게 보십니까? **4** U 읽을거리; (~s) 선문집〔선잡집〕, 독본. ¶ good (dull) *reading* 재미있는 (재미없는) 읽을거리 / side *readings* 부독본. **5** 〔이본(異本) 고층에서〕 서로 다른 곳, 서로 다른 문장〔의 읽기〕. ¶ various *readings* of (or for) the passage 그 구절에 대한 여러 가지 읽는 법. **6** 〔계기의〕 눈금 표시(indication), 수치(數値). ¶ cholesterol *reading* 콜레스테롤 수치. **7** 〔의회의〕 독회. ¶ the first (the second) *reading* 제 1(제2) 독회.
— *adj.* **1** 독서〔용〕의. ¶ *reading* skill 독서 능력. **2** 독서하는, 독서를 좋아하는. ¶ the *reading* public 독서계(界). 〔아동의 평균 연령〕

reading age *n.* 독서 연령〔비슷한 독서 능력이 있는
reading desk *n.* 〔서 있는 사람을 위한〕 독서대, 열람 책상. ¶ 〔교회의〕 성서대.
reading glass *n.* 독서용 확대경 〔돋보기〕.
reading lamp *n.* 독서용 램프, 전기 스탠드.
reading list *n.* 〔대학 등의〕 추천 도서.
reading matter *n.* U 〔신문·잡지의〕 기사, 읽을거리.
reading notice *n.* 〔신문·잡지의〕 기사식(式) 광고, 기사 광고.
reading room *n.* 독서실, 열람실, 열람실; 교정실.
reading wand *n.* 〔상품 코드나 가격의〕 자동 판독(기록) 장치.

re·ad·just [rìːədʒʌ́st] *vt.* …을 재조정(개정)하다; …의 재정(財政)을 바로잡다; 〔회사〕를 재건하다.

re·ad·just·ment [rìːədʒʌ́stmənt] *n.* U C 재조정, 재정리; 〔회사의〕 재정을 바로잡음, 재건.

re·ad·mis·sion [rìːədmíʃ(ə)n] *n.* U 재허가; 재입학

허가(권리); 재입학.
re·ad·mit [rìːədmít] *vt.* (-mit·ted, -mit·ting) …을 다시 인정하다, 재허가하다; …에 재입학을 허가하다.
re·ad·mit·tance [rìːədmít(ə)ns] *n.* =readmission.
read-ón·ly mémory [ríːdóunli-] *n.* [컴퓨터] 판독 전용 기억 소자(素子) [略 ROM].
re·a·dopt [rìːədápt / -dɔ́pt] *vt.* …을 다시 입양하다; …을 다시 채용하다.
re·a·dorn [rìːədɔ́ːrn] *vt.* …을 다시 장식하다(꾸미다).
read·out [ríːdaut] *n.* ⓤⓒ [컴퓨터] 정보 판독.
***read·y** [rédi] *adj.* (**read·i·er, read·i·est**) **1** 준비된, 채비를 갖춘, 언제라도 …할 수 있도록 된(*for, to do*). ¶ *Ready!* Go! 준비! 땅! / Dinner is *ready*. 식사 준비가 되었습니다 // players *ready for* a game 경기 준비를 갖춘 선수들 / get (*or* make) *ready for* …의 준비를 하다 / Everything is *ready* for working. 작동 준비는 다 갖추어져 있다 / I am *ready to* go. 언제라도 갈 수 있다 / The food is *ready* [*to* eat]. 그 음식은 바로 먹을 수 있게 되어 있습니다 // (Are you) *Ready to* order? 주문하시겠습니까?
2 마음의 준비가 된, 각오가 된; 자진하여 (기꺼이) …하는(willing) (*for, to do*). ¶ I am *ready* for death. 나는 죽을 각오가 되어 있다 // I am *ready to* risk my life. 나는 목숨을 걸 결심이다 / I am *ready to* forgive you. 기꺼이 당신을 용서합니다.
3 재빠른, 신속한; 즉각적인(prompt); 능숙한, 솜씨좋은(skilled (*at*…). ⇨ QUICK [類語] ¶ a *ready* answer 재각적인 답변 / a *ready* response 재빠른 반응. ※ 주로 신문·잡지의 용법 / a *ready* wit 임기응변적인 재치 / a *ready* workman 솜씨좋은 직공 / a *ready* writer 건필가(健筆家) / a *ready* reckoner 계산 조견표 / find *ready* acceptance 쾌히 승낙을 얻다 / give a *ready* consent 쾌히 승낙하다 / *ready at* excuses 구실을 잘 붙이는 / He is *ready at* figures. 그는 계산을 잘한다.
4 …하기 쉬운, …하고 싶어하는(apt); 막 …하려고 하는, 금방이라도 …할 것 같은. ¶ a tree *ready to* fall 막 쓰러질 것 같은 나무 / She was *ready to* burst into tears. 그녀는 금방이라도 울음을 터뜨릴 것 같았다.
5 바로 쓸 수 있는; 손쉬운, 편리한. ¶ *ready* means 손쉬운 방법 / a *ready* weapon 간편한 무기 / the *readiest* way to do 가장 편리한 방법(첩경).
6 [군대] 준비 자세를 취한. ¶ *Ready*, present, fire! 겨눠, 겨누어, 쏴!
be *ready* **for off** [구어] 출발 준비가 되어 있다, 언제라도 출발할 수 있다.
ready to [one's] *hand* [*s*]; *ready at hand* 손 가까이 있는; 바로 쓸 수 있는.
── *adv.* (**read·i·er, read·i·est**) [고어] 《주로 과거 분사와 함께 써서》 미리, 이미(beforehand). ¶ The boxes are packed *ready* (*or ready* packed). 상자는 사전에 포장되어 있다.
── *vt.* (**read·ied, ready·ing**) 《종종 재귀용법》 …을 준비시키다(prepare) (...*for*). ¶ (~+圄+前+圉) *ready* the room for use 그 방을 사용할 수 있도록 준비하다 / They *readied* themselves for the journey. 그들은 여행 준비를 했다.
ready a horse (경마) 다음 경마에 유리한 핸디캡을 얻기 위하여 말을 고의로 느리게 달리다.
── *n.* (the ~) **1** 《속어》 현금(ready cash). ¶ plank down the *ready* 현금으로 지불하다. **2** [군대] 겨눔, hold a rifle at (*or* come to) the *ready* 겨총하다.
◇ **readiness** *n.*, **readily** *adv.* [것처럼 만든.
ready-fad·ed [rédifèidid] *adj.* [새옷이] 바랜(낡은)
‡**read·y-made** [rédiméid] *adj.* **1** 기성품 의. *opp.* custom-made, made-to-order ¶ *ready-made* clothes 기성복. **2** (생각 따위) 빌어온, 독창성이 없는. ── *n.* 기성품(복).
read·y-mix [rédimìks, +美 ⌣⌣⌣] *n.* 《각종 성분이》 미리 섞어 놓은 것(상품).

ready-mix concrete 레미콘.
ready móney *n.* ⓤ 현금, 맞돈.
ready réckoner *n.* =reckoner 2.
ready róom *n.* [항공] 승무원 훈시실.
ready-to-eat [rédiətíːt] *adj.* [식품] 인스턴트인, 즉석에서 먹을 수 있는, 조리가 된.
ready-to-wear [rédiətwéər] *n.* 기성복. ── *adj.* 기성복처럼 취급하는, 기성복의(ready-made). ¶ a *ready-to-wear shop* 기성복 판매점. [의.
ready-wit·ted [rédiwítid] *adj.* 재치있는, 임기 응변
re·af·firm [rìːəfəːrm] *vt.* **1** …을 다시 단언(시인)하다. **2** …을 재확인하다.
re·af·fir·ma·tion [rìːæfərméiʃ(ə)n] *n.* ⓤ **1** 재 단언. **2** 재확인. [림(造林)하다.
re·af·for·est [rìːəfɔ́(ː)rist, -fάr- / -fɔ́r-] *vt.* …에 다시 조
re·af·for·es·ta·tion [rìːəfɔ̀(ː)ristéiʃ(ə)n, -fὰr- / -fɔ̀r-] *n.* ⓤ 재조림(再造林).
Rea·gan·om·ics [rèigənάmiks / -nɔ́m-] *n.* 레이거노믹스 [미국 제40대 대통령 Ronald Wilson Reagan (1911-)의 경제 정책]. [<REAGAN+[ECON]OMICS]
re·a·gent [riː(ː)éidʒ(ə)nt] *n.* **1** [화학] 시약, 시제(試劑). **2** [심리] 피시험자, 반응자.
***re·al**[1] [ríː(ə)l / ríəl, rìː(ː)l] *adj.* **1** 진실의, 정말의; 진짜의, 진품의(genuine); 진심의(sincere); (묘사 따위가) 박진(迫真)한. ¶ a man's *real* character 사람의 참 성격 / the *real* reason for an act 어떤 행동의 진정한 동기 / an act of *real* charity 참된 자선 행위 / *real* silk 본견(本絹) / a *real* thing 진짜; 극상품 / a *real* friend 참다운 친구 / effect a *real* cure 근치(根治)하다 / I want a *real* holiday. 진정한 휴일을 갖고 싶다.
[類語] **real** 겉보기와 본질이 일치하는, 진짜의: a *real* diamond 진짜 다이아몬드, **actual** 상상·이론·가공적이 아닌, 실존의, 현실의: an *actual* fact 실제로 일어난 사실, **true** real, actual 한 것과 한치도 틀리없는; 기준·형식 따위를 대조할 판단을 암시: a *true* king 국왕다운 국왕.
2 현실의, 실재의(actual); 실존하는. *cf.* ideal ¶ It is said to be a story taken from *real* life. 실생활에서 취재한 이야기라고 한다 / The poet is a *real* man. 그 시인은 실존하는 인물이다.
3 [철학] 실재(實在)의; 현실의; [光學] 실상(實像)의 (*opp.* virtual); [수학] 실수(實數)의(*opp.* imaginary). ¶ a *real* number 실수.
4 [논리] [명제가] 참인, 의미있는(significant).
5 [법률] 물건에 관한; 부동산의. *cf.* personal, movable ¶ *real* rights 물권(物權) / *real* evidence 물적 증거.
── *adv.* 《미구어》 정말로, 참으로(very). ¶ I had a *real* good time. 참으로 즐거웠다.
for real 《속어》 정말로, in (reality).
~**ness** *n.* ◇ **reálity** *n.*, **réalize** *v.*, **réally** *adv.*
re·al[2] [ríː(ː)l / reiάːl / *Sp* reάːl] *n.* (*pl.* **re·als** *or* **re·a·les** [reάːles]) 옛날 스페인의 소액 은화[1/8 peso, 12 1/2 U.S. cents, 현재도 일부에서는 사용]; 옛날 스페인의 화폐 단위 [1/4 peseta].
re·al[3] [reiάːl / *Port* reάːl] *n.* reis 의 단수형.
réal áction *n.* [법률] 대물(對物) 소송. *cf.* personal action [산권(權).
***réal estáte** *n.* ⓤ 부동산(real property); 물적 부동
re·al-es·tate [ríː(ː)listèit] *adj.* 부동산의.
réal estáte ágent *n.* (美) 부동산 매매 중개인.
re·al·gar [riǽlgαːr] *n.* ⓤ 계관석(鷄冠石) [폭죽의 재료].
re·a·li·a [riːíːliə, reiάːliə] *n. pl.* **1** 실물 교재. **2** [철학] 실재물.
re·a·lign [rìːəláin] *vt.* …을 재조정(재편성)하다.
réal ímage *n.* [光學] 실상(實像).
***re·al·ism** [ríː(ː)əlìz(ə)m / ríəl-] *n.* ⓤ **1** 현실주의; 현

실성. **2** 〖문학·예술〗 사실주의, 리얼리즘. *cf.* naturalism, idealism **3** 〖철학〗 [스콜라 철학의] 실념론(實念論); 실재론. *cf.* nominalism ⇨ CONCEPTUALISM

***re·al·ist** [ríːəlist / ríəl-] *n.* **1** 현실주의자, 실제가(實際家). *cf.* idealist **2** 사실(寫實)주의자 **3** 〖철학〗 실념론자(實念論者); 실재론자. — *adj.* =realistic.

***re·al·is·tic** [rìːəlístik / rìəl-] *adj.* **1** 현실적인, 실제주의(자)의; 실제적인(practical). *cf.* idealistic, romantic **2** 사실(寫實)주의(자)의, 사실파의, 사실적인. **3** 〖철학〗 실념론[자]적인; 실재론[자]적인. **4** 박진(迫眞)한. **-ti·cal·ly** [-tikəli] *adv.*

‡**re·al·i·ty** [riː(ː)æləti] *n.* (*pl.* **-ties**) **1** ⓤ 진실(실재)임, 진실성, 현실성, 실질성; 실존[하는 것]; 사실과 꼭 같음, 박진성(迫眞性). ¶ the *reality* of our experience 우리 경험의 진실성 / It is reproduced with startling *reality*. 그것은 놀랍도록 진짜와 꼭같이 복제되어 있다. **2** 사실, 현실, 실존물. ¶ the stern *realities* of life 인생의 준엄한 현실. **3** ⓤⓒ 〖철학〗 [불변이며 절대적] 실체; 실재[성]. ¶ subjective (objective) *reality* 주관적(객관적) 실재.

in reality 진실로, 사실상; 현실로는, 실제로는.
◇ réal *adj.*

reálity chéck(tésting) *n.* 〖심리〗 현실 검증[상황을 객관적으로 평가해서 자아와 비(非)자아, 외계와 자기의 내부를 구별하는 능력].

re·al·iz·a·ble [ríːəlàizəbl] *adj.* **1** 실현(실행, 달성) 가능한. **2** 실감할 수 있는. **3** 〖증권·물품의〗 현금화할 수 있는.

***re·al·i·za·tion** [rìːəlizéiʃ(ə)n / -laiz-] *n.* ⓤⓒ **1** 실현, 현실화. **2** 이해, 실감, 자각. **3** 〖돈·재물의〗 취득; [재산 따위의] 현금화. ◇ réalize *v.*

‡**re·al·ize** [ríːəlàiz / ríəl-] *v.* (英)에서는 **re-al-ise** 로도 쓴다) *v.* (**-ized, -iz·ing**) *vt.* **1** 을 확실히 이해하다, 깨닫다, 자각하다, 실감하다, 체득하다. ¶ *realize* one's own danger 자신의 위험을 깨닫다 // (~+*that*節) He *realized* that he was in danger. 그는 위험에 처해 있다는 것을 자각했다 // (~+*wh.*節) He *realized* how difficult it was. 그는 그것이 얼마나 어려운가를 잘 알고 있었다. **2** [희망·계획]을 실현하다, 현실화하다. ¶ *realize* the dreams of one's youth 청년 시대의 꿈을 실현하다. **3** …을 실감나게 표현하다, 여실히 나타내다. **4** …을 현금으로 바꾸다. ¶ *realize* securities 증권을 현금화하다. **5** [팔아](이익)을 얻다, [어떤 금액]을 벌다; [어떤 금액]으로 팔리다(sell). ¶ He *realized* fifty dollars on the sale of the ring. 그는 반지를 팔아 50 달러를 받았다. — *vi.* [팔아] 현금화하다, 이득을 보다. ◇ réal *adj.*, realization *n.*

re·al·iz·er [ríːəlàizər / ríəl-] *n.* 실현하는 사람; 환금[하는 사람.

re·al·li·ance [rìːəláiəns] *n.* ⓤ 재동맹.

real-life [ríː(ː)láif / ríəl-, ríː(ː)l-] *adj.* 현실의, 공상이 아닌.

‡**re·al·ly** [ríː(ː)li / ríəli, ríː(ː)li] *adv.* **1** 실제로, 실로. ¶ see things as they *really* are 사물을 있는 그대로 보다. **2** 정말로, 참으로(truly). **3** Do you *really* mean it? 너는 정말로 그럴 셈이냐? **3** 과연(indeed), 아주. ¶ *Really*, this is fine. 과연 이것은 훌륭하다. **4** [감탄사적으로 써서 관심·가벼운 의문·놀람·항의 따위를 나타낸다] ¶ *Really* ? 정말로 ? / Not *really* ! 설마! / Well, *really* ! 원, 저런!

really and truly 〖구어〗 정말로, 아주. ¶ *Really and truly*, he was sorry for what he had done. 그는 정말 자기가 한 일에 대하여 미안하게 생각했다.

‡**realm** [relm] *n.* **1** 〖주로 수사적(修辭的)〗 또는 법률 용어로 써서〗 왕국(kingdom), 국토(country). ¶ the *realm* of England (the Netherlands) 잉글랜드 (네덜란드) 왕국 / the laws of the *realm* 국법. **2** 영역, 범위 (region). ¶ the *realm* of fancy(poetry) 공상(시)의 세계. **3** 〖학문의〗 분야, 부문(field); 〖동·식물의〗 …계. ¶ 구(區), 대(帶), 권(圈) (region). ¶ the *realm* of

nature 자연계.

réal móney *n.* 실가(實價) 화폐[한 종류 이상의 금속으로 그 가치가 규정된 화폐].

Re·al·po·li·tik [reiáːlpoulitíːk] *n.* 〖독일〗 (=real politics) 현실 정책. …에서의 실재(實在).

réal présence *n.* ⓤ 〖신학〗 성찬에서의 그리스도의

réal próperty *n.* 〖법률〗 물적 (물의) 재산, 부동산

réal ténnis *n.* 〖英〗= court tennis. 〖real estate〗

réal tíme *n.* ⓤ 〖컴퓨터〗 리얼 타임, 실(實) 시각; 즉시 응답.

real-time [ríː(ː)ltáim] *adj.* **1** 즉각적인. **2** 현장의; 생방송의(live). **3** 〖컴퓨터〗 리얼 타임의, 실시간의; 온라인의(on-line). 대화형의, 즉시 응답되는.

réal-tíme operátion [ríː(ː)ltáim-] *n.* 〖컴퓨터〗 실시간 작동[입출력 속도가 정보 처리 과정과 동시에 이루어지는 것].

réal-tíme sýstem *n.* 〖컴퓨터〗 실시간(實時間) 시스템, 즉시 처리 시스템, 온라인 시스템.

Re·al·tor [ríː(ː)ltər] *n.* 〖미국의 the National Association of Real Estate Boards에 소속된〗 부동산 중개인.

re·al·ty [ríː(ː)lti, ríːəl-] *n.* ⓤ 〖법률〗 물적 재산, 부동산(real property). *cf.* personalty

real-valued [ríːlvæljuː(ː)d] *adj.* 〖수학〗 실수치 (實數値)의. ¶ a *real-valued* function 실수치의 함수.

ream¹ [riːm] *n.* **1** 연 (連) [20 quires 에 상당하는 종이의 매수. 1 연은 보통 480 매로, 인쇄 용지의 경우 516 매, 신문지는 500 매]. ¶ a printer's *ream* 인쇄 용지 1 연 / a long *ream* 신문 용지 1 연(略 rm.]. **2** (보통 ~s) 대량(large quantity)[의 문서·인쇄물]. ¶ *reams* of verse 대량의 시.

ream² [riːm] *vt.* **1** [리머로] (구멍)을 넓히다; [총의 구경]을 크게 하다; [항해](뱃널의 이음매)를 넓히다. **2** [레몬 따위]의 즙을 짜다. **3** 《美속어》 …을 속이다 (cheat); …을 혼내 주다.

ream·er [ríːmər] *n.* 〖기계〗 리머, 확공기(擴孔器).

re·an·i·mate [riːǽnimèit] *vt.* (**-mat·ed, -mat·ing**) **1** …을 소생시키다. **2** …에 기운(용기)을 북돋아주다.

re·an·i·ma·tion [riːænəméiʃ(ə)n] *n.* ⓤ 소생시킴, 부활. **2** 격려, 고무(鼓舞).

‡**reap** [riːp] *vt.* **1** [농작물]을 베다, 베어들이다; [밭 위]에서 곡물을 수확하다(harvest). ¶ *reap* grain 곡물을 거둬들이다 / *reap* a field 밭에서 곡물을 수확하다 / *reap* two acres of oats 2 에이커의 귀리를 베어들이다. **2** [비유적][노력의 보답·결과로서] …을 받다, 얻다. ¶ *reap* large profits 큰 이익을 얻다. — *vi.* **1** 베어들이다, 거둬들이다. **2** 보답(결과)를 얻다. ¶ *They* that sow in tears shall *reap* in joy. 눈물을 흘리며 씨를 뿌리는 자는 기쁨으로 거두리로다〖←시편(Ps.) 126 : 5〗.

reap as (or *what*) *one has sown* 자기가 뿌린 씨를 자기가 거두다, 인과응보.

reap the fruits of one's action 자업자득이 되다.

reap where one has not sown 남의 고생 끝에 얻은 결실을 빼앗다, 심지 않은 데서 거두다〖←마태 복음(Matt.) 25 : 24〗.

sow the wind and reap the whirlwind 되로 주고 말로 받다, 부주의한 행동으로 중대한 결과를 초래하다.

***reap·er** [ríːpər] *n.* **1** 〖곡물 수확기〗 수확기(收穫機). **2** 거두어들이는 사람; (the R·) 사신(死神)(Grim Reaper). 〖단으로 묶는 기계〗.

réaper and bínder *n.* 수확 바인더[이삭을 베면서

réap·ing machíne [ríːpiŋ-] *n.* 자동 수확기.

re·ap·par·el [rìːəpǽrəl] *vt.* (**-eled, -el·ing**; 〖英〗**-elled, -el·ling**) …에 다시 옷을 입히다, …을 새로 단장하다.

***re·ap·pear** [rìːəpíər] *vi.* 재출현하다; 재발하다.

re·ap·pear·ance [rìːəpí(ː)rəns / -píər-] *n.* 재현(재발).

re·ap·pli·ca·tion [rìːæplikéiʃ(ə)n] *n.* ⓤⓒ 재적용(再適用) (second application); 재신청; 재지원.

re·ap·ply [rìːəplái] *v.* (**-plied, -ply·ing**) *vt.* …을 재

re·ap·point [rìːəpɔ́int] vt. …을 재임명(재지정)하다; …을 복직(재선)시키다.

re·ap·point·ment [rìːəpɔ́intmənt] n. ⓤ 재임명; 재지정, 재선.

re·ap·por·tion [rìːəpɔ́ːrʃ(ə)n / -pɔ́ː-] vt. …을 재배분하다.

re·ap·prais·al [rìːəpréiz(ə)l] n. ⓤⓒ 재평가.

‡**rear**¹ [riər] n. 1 후부(後部), 배면부(背面部), 배후; 후방, 뒤; [군대·함대의] 후미 부대, 후위(後衞), 최후부. cf. back, van ¶ at the rear of the house 그 집 뒤쪽에 / follow in the rear 뒤에 붙다, 뒤에서 따라가다 / take (or attack) an enemy in rear 적을 배후로 공격하다 / bring (or close) up the rear 〔원래 군사〕 후위를 맡다, 순번이 꼴찌가 되다 / hang on the rear of… 〔틈을 보아 공격하려고〕…의 뒤를 밟다 / send…to the rear 〔안전을 위하여〕…을 후방으로 보내다 / front and rear 〔부사 용법〕 앞뒤로, 2 〔구어〕 엉덩이, 둔부(buttocks). 3 《英남성 구어》 뒷간(latrine). — adj. 배후의, 후방의, 뒤로부터의; 맨뒤의(hindermost). ⇨ BACK 〔類語〕 ¶ a rear gate 뒷문 / a rear attack 배후 공격 / a rear rank 후열. (<〔AR〕REAR)

****rear**² [riər] vt. 1 〔아이〕를 키우다, 기르다; 〔가축 따위〕를 사육하다(breed); 〔작물〕을 재배하다(grow). 2 …을 세우다, 짓다(build). ¶ (~+圄+前+名) rear a monument to a person 남을 기념하여 비를 세우다. 3 …을 〔높이〕 들다, 세우다, 치솟게 하다. ⇨ LIFT 〔類語〕 ¶ rear a hand 손을 들다 / rear one's voice 목소리를 높이다 / rear a ladder 사다리를 세우다 / rear the standard of revolt 반기를 들다 // (~+圄+前+名) The mountains reared their crests into the clouds. 산들은 구름 속에 그 꼭대기를 내밀고 있었다. — vi. 〔말 따위가〕 뒷발로 서다, 곧추서다; 〔사람이 분연히 자리를 차고〕 일어서다 (up); 〔건물이〕 우뚝 솟다(tower).

rear one's head 고개를 쳐들다; 〔비유적〕 악한 마음 따위가〕 고개를 들다.

rear ádmiral n. 해군 소장[略 Rear Adm., R. A.].

rear énd n. 1 최후부. 2 〔구어〕 엉덩이, 둔부(臀部)(buttocks).

rear-end [ríərénd/rîər-] adj. 후미의, 후방의. opp. head-on ¶ a rear-end collision〔열차 따위의〕추돌(追突).

rear·er [ríərər] n. 1 양육자, 사육자, 재배자. 2 뒷발로 일어서는 버릇이 있는 말.

rear guárd n. 〔군대의〕 후위, 후진.

rear guárd áction n. 1 후위전〔후위 부대의 방위(지연) 작전〕. 2 예방(지연) 수단에 의한 노력 행위.

rear líght〔lámp〕 n. 〔자동차의〕 후미등(後尾燈).

re·arm [rìːáːrm] vt. …을 재무장〔재군비〕시키다; 〔군대에〕 신식 무기를 갖게 하다. — vi. 재무장하다, 재군비하다, 신식 무기로 장비하다.

re·ar·ma·ment [rìːáːrməmənt] n. ⓤ 재무장, 재군비.

rear·most [ríərmòust] adj. 최후미의; 최후의(last).

****re·ar·range** [rìːəréindʒ] vt. (-ranged, -rang·ing) …을 재정리하다, 다시 정리하다; …의 배열을 바꾸다.

re·ar·range·ment [rìːəréindʒmənt] n. ⓤⓒ 재정리, 재배열.

rear síght n. 〔총의〕 뒤쪽 가늠자.

rear vással n. 배신(陪臣).

rear·view mírror [ríərvjùː-] n. 〔자동차의〕 백미러.

rear-vi·sion mírror [ríərvìʒ(ə)n-] n. =rearview mirror.

rear·ward [ríərwərd] adj. 배후의, 후미(후부)의, 후방의; 후방으로의(backward). — adv. (=**rear·wards** [ríərwərdz]) 후미로, 후방, 배후; 뒤로. — n. ⓤⓒ 〔고어〕 후미, 후방, 배후; 후위.

rear-whéel drive [ríər(h)wíːl-] n. 〔자동차의〕 후륜 구동〔後輪驅動〕.

re·as·cend [rìːəsénd] vi. 다시 오르다.

re·as·cen·sion [rìːəsénʃ(ə)n] n. ⓤ 재상승(再上昇).

re·as·cent [rìːəsént] n. 재상승; 재부활; 재등반.

‡**rea·son** [ríːzn] n. 1 ⓤⓒ 이유(cause); 동기(motive); 근거, 변명, 핑계(excuse). ¶ the (or a) woman's reason 〔좋기 때문에 좋다는 식의〕 이유가 닿지 않는 이유 / a reason (or reasons) of State 국가적 이유〔국가의 이름으로 정당화되는 위정자의 핑계〕 / for certain reasons 까닭이 있어서, 어떤 이유로 / He retired for reasons of health. 그는 건강상의 이유로 퇴했다 / There is no reason to suspect him. 그를 의심할 이유가 전혀 없다 // I have good reasons for saying this. 이런 말을 하는 데는 충분한 이유가 있다 / He must have his own reasons for doing it. 그가 그것을 하는 데는 그 나름의 이유가 있음에 틀림없다 / The reason why he failed was that he tried to do too much. 그가 실패한 것은 너무 많은 것을 하려고 했기 때문이었다 (* 격식 차린 용법에서는 that, 구어에서는 because 를 흔히 쓴다).

⇨ 〔類語〕 **reason** 어떤 행동을 하는, 또는 어떤 신념·의견을 품게 되는 사정의 설명·변명: the reason for absence 결석의 이유. **cause** 어떤 결과를 낳는 것·사정 그 자체: the cause of an earthquake 지진의 원인. **ground**〔s〕 어떤 일을 유효하게 하는 증거·자료·사실 따위의 근거: the ground〔s〕 for guilt 유죄의 근거. **motive** 어떤 행동으로 이끌어가는 욕망·기대 따위: the motive for a crime 범죄의 동기. **occasion** 어떤 일을 뚜렷이 표면화하는 계기가 되는 것; 좀 격식 차린 말: have occasion to complain 불평을 하는 이유가 있다.

2 ⓤ 판단력, 추리력, 이지, 이성. ¶ Man has reason; animals do not. 인간에게는 이성이 있지만 동물에게는 없다.

3 ⓤ 양식(良識) (good sense), 사려, 분별, 상식; 〔사물의〕 도리, 조리(條理). ¶ beyond reason 터무니없는 / bring a person to reason 남에게 사물의 도리를 깨치게 하다 / see reason 사리를 분간하다, 도리를 알다 / There is reason in what you say. 너의 말은 조리에 닿는다.

4 ⓤ 정상적인 정신, 제정신(sanity). ¶ lose one's reason 이성을 잃다, 미치다 / be restored (or come) to reason 제정신으로 돌아오다.

5 ⓤ〔논리〕 전제, 소전제, 논거; 〔철학〕 〔칸트 철학에서〕 이성(理性). ¶ practical reason 실천 이성 / pure reason 순수 이성.

All the more reason for doing (to do) something. 그러니까 더욱 …해야지.

as reason was 이성이 명하는 대로, 당연한 일이었지.

by reason of …이라는 이유로, …때문에.

by reason 〔that〕 …이기 때문에(because of).

for no other reason than 도로지 …이라는 이유로. * for the simple reason that 로도 쓴다.

for some reason or other 어떤 이유로.

hear (or listen to) reason 도리에 따르다, 말귀를 알아듣다.

in 〔all〕 reason 도리상, 당연히; 도리에 맞게. ¶ I am willing to do anything in 〔all〕 reason. 도리에 맞는 것이라면 무슨 일이든지 기꺼이 하겠다.

neither rhyme nor reason; without rhyme or reason ⇨ RHYME.

out of 〔all〕 reason 부조리한, 도리에 맞지 않은.

stand to reason 도리에 맞다, 당연하다. ¶ It stands to reason that she broke off her engagement with him. 그녀가 그와의 약혼을 파기한 것은 당연하다.

with 〔good〕 reason 〔충분한〕 이유가 있어〔…하다〕, 〔…하는 것도〕 당연하다. ¶ He complains with reason. He complains, and with good reason. 그가 불평하는 것도 무리가 아니다.

within reason 도리에 맞는, 당연한.

— vi. 1 추론(推論)하다 (think logically); 결론을 짓다; 판단을 내리다. ¶ (~+前+名) reason about (or

여 이렇게 판단한다. **2** 논리적으로 이야기하다, 도리를 설명하다〈with ...〉. ¶ (~+前+名) I *reasoned with* him *on* the matter. 나는 그 일에 대하여 그와 논의했다.
— *vt.* **1** …을 추론하다, 논리적으로 생각하다(생각해 내다, 설명하다)(...out). ⇒ THINK 類語 ¶ (~+目+副) *reason out* the answer to the question 그 문제의 답을 생각해 내다 / You must *reason* your case *out* a bit more. 너는 좀더 자기의 경우를 생각해야만 한다 // (~+ wh.節) *reason whether* it is true or not 그것의 사실 여부를 생각하다 / You must *reason what* is meant by it. 그것이 무엇을 의미하는지를 생각해야 한다 // His speech was well *reasoned*. 그의 연설은 논리가 정연했다. **2** …이라고 결론짓다, 판단을 내리다, 단정하다. ¶ (~+that節) We *reasoned that* he was guilty. 그가 유죄라고 판단했다. **3** (남)에게 도리를 설명하여 …시키다, (남)을 설득하다(persuade). ¶ (~+目+副) *reason* a person *down* 남을 설득시키다 // (~+目+前+名) *reason* a person *into* accepting a proposal 남을 설득하여 제안을 받아들이게 하다 / *reason* a person *out of* his fears 남을 설득하여 공포심을 없애다.
◇ **réasonable** *adj.*
rea·son·a·bil·i·ty [ri:znəbíliti] *n.* Ⓤ 도리에 맞음, 합리성, 타당성(reasonableness).
‡**rea·son·a·ble** [ríːznəbl] *adj.* **1** 도리에 맞는, 합리적인. **2** 도리를 아는, 사려 분별이 있는; 적당한, 온당한(moderate); (가격 따위가) 비싸지 않은. ¶ *reasonable* terms 온당한 조건 / The price is *reasonable*. 값은 합당하다.
類語 **reasonable** 상식적·실제적이며 공정한: a *reasonable* choice 합리적인 선택. **rational** 감정적·정서적 요소가 없고, 고도의 논리적인 사고를 뜻하는 전문적·기술적 느낌의 말: a *rational* conclusion 이성적 결론.
3 이성이 있는. ¶ a *reasonable* creature 인간.
—**ness** *n.* ◇ **reasonable**, **reasonability** *n.*; **réasonably** *adv.*
*__**rea·son·a·bly**__ [ríːznəbli] *adv.* 도리에 맞게, 합리적으로; 온당하게, 알맞게(moderately); 상당히, 꽤.
rea·soned [ríːznd] *adj.* 이성에 의거한; 심사숙고한.
rea·son·er [ríːz(ə)nər] *n.* 추론자; 도리를 가르치는 사람.
*__**rea·son·ing**__ [ríːz(ə)niŋ] *n.* Ⓤ Ⓒ **1** 추론, 논리적 사고; 논리적 조리; 결론짓기; 논의. **2** 논거(論據), 증명(proof).
rea·son·less [ríːznlis] *adj.* **1** 도리를 모르는, 분별이 없는; 불합리한. **2** 이성이 없는.
re-as·sem·blage [ríːəsémblidʒ] *n.* Ⓤ 재집합, 재조립, 새 집단(集團).
re-as·sem·ble [ríːəsémbl] *v.* (-**bled**, -**bling**) *vt.* …을 다시 모으다. — *vi.* (헤어진 뒤) 다시 모이다.
re-as·sem·bly [ríːəsémbli] *n.* Ⓤ Ⓒ (*pl.* -**blies**) 재집합, 재소집.
re-as·sert [ríːəsə́ːrt] *vt.* …을 다시(거듭) 주장하다.
re-as·ser·tion [ríːəsə́ːrʃ(ə)n] *n.* Ⓤ Ⓒ 재주장, 재단언.
re-as·sess [ríːəsés] *vt.* …을 재평가(재사정)하다.
re-as·sign [ríːəsáin] *vt.* …을 다시 할당하다; …을 다시 선임하다; …을 다시 지정하다; (법률) …을 재양도(다시 이관)하다.
re-as·sign·ment [ríːəsáinmənt] *n.* Ⓤ Ⓒ 재할당, 재선임; 재지정, 재양도.
re-as·sume [ríːəsúːm / -s(j)úːm] *vt.* (-**sumed**, -**suming**) **1** …을 다시 취하다, 되찾다, 다시 인수하다; …을 다시 시작하다. **2** …을 다시 가장하다.
re-as·sump·tion [ríːəsʌ́m(p)ʃ(ə)n] *n.* Ⓤ Ⓒ 되찾기, 재인수; 재개(시); 재가정(再假定).
re-as·sur·ance [ríːəʃúə(ə)rəns / -ʃúər-] *n.* Ⓤ Ⓒ **1** 재보증(再保證). **2** 기운을 차림, 자신, 안심. **3** (英) 재보험.
*__**re-as·sure**__ [ríːəʃúər] *vt.* (-**sured**, -**suring**) **1** (남)에게 자신을 되찾게 하다; (남)을 안심시키다, 기운차리게 하다. **2** …을 재보증하다. **3** (英) …에 재보험을 들다(reinsure). ◇ **reassúrance** *n.*
re-as·sur·ing·ly [ríːəʃú(ə)riŋli / -ʃúər-] *adv.* 안심이 되도록, 기운나게, 마음 든든하게.
re-at·tack [ríːətǽk] *vt.* …을 다시 공격하다; …에 다시 착수하다. — *n.* Ⓤ Ⓒ 재공격, 재착수; [병의] 재발.
re-at·tempt [ríːətémpt] *vt.* …을 다시 해보다, 재차 시도하다. — *n.* 재시도, 다시 하기.
Ré·au·mur [réiəmjùər] *n.* 열씨(氏) 온도계 [프랑스의 물리학자 레오뮈르(Réaumur)(1683-1757)가 발명한 비등점 80°, 빙점 0°의 온도계]. — *adj.* 열씨온도계의 (略 R.).
reave [riːv] *v.* (**reaved** or **reft**, **reav·ing**) (고어) *vt.* …에게서 빼앗다, 약탈하다, 강탈하다(rob); (남)을 데려가다 (...of). ¶ (~+目+前+名) He *reaved* them *of* their daughters. 그는 그들로부터 딸을 빼앗았다.
— *vi.* 약탈하다.
re-a·wak·en [ríːəwéik(ə)n] *vt.* (남)을 다시 깨우다; (남)을 다시 깨닫게 하다. — *vi.* 다시 깨다; 다시 깨닫다.
reb [reb] *n.* (美구어) =rebel.
REB (略)(물리) *r*elativistic *e*lectron *b*eam(상대론적 전자 빔(500keV 이상의 고 에너지 전자 빔)).
re-bap·tism [riː(ː)bǽptiz(ə)m] *n.* Ⓤ Ⓒ 재세례(再洗禮); 재명명(再命名).
re-bap·tize [riː(ː)bǽptaiz] *vt.* (-**tized**, -**tiz·ing**) …에게 다시 세례를 베풀다, 새로 이름을 짓다.
re-bar·ba·rize [riːbɑ́ːrbəràiz] *vt.* (-**rized**, -**riz·ing**) …을 야만 상태로 되돌아가게 하다.
re-bar·ba·tive [riː(ː)bɑ́ːrbətiv] *adj.* 까닭없이 싫은.
re-bate[1] [ríːbeit, ribéit → *v.*] *n.* 할인, 환불, 리베이트. — *vt.* [ríːbeit, ribéit / ribéit] (-**bat·ed**, -**bat·ing**) **1** (지불액의 일부)을 환불하다, 할인하다. **2** (드물게) …을 줄이다(lessen). **3** (고어) …을 무디게 하다 (blunt).
re-bate[2] [ríːbeit, rǽbit] *n.*, *v.* (-**bat·ed**, -**bat·ing**) (건축) =rabbet.
re·bec, **-beck** [ríːbek] *n.* 리 벡 (중세의 2현 또는 3현 악기).
Re·bek·ah [ribékə] *n.* (성서) 리브가(라반(Laban)의 누이, 이삭(Isaac)의 아내. ←창세기(Gen.) 25: 20-28].

[rebec]

‡**reb·el** [rébl → *v.*] *n.* 모반 자 (謀反者), 반역자; (권위·지배에 대한) 반항자, 비복종자. — *adj.* 모반을 일으키는, 반역하는; 반항적인(rebellious). — *vi.* [ribél] (-**belled**, -**bel·ling**) **1** 모반(반란)을 일으키다, 거역하다, 반항하다, (법률) 반역하다; (…에) 반대하다, 저항하다(resist) 〈against...〉. **2** 아주 싫어하다, 소름끼치다 〈at...〉. ¶ (~+前+名) We *rebelled at* having to stay home on such a fine day. 그렇게 날씨 좋은 날에 집에 있어야 하는 것이 정말 싫었다 / She *rebelled* at the suggestion. 그녀는 그 지시에 몹시 불쾌한 태도를 나타냈다. **3** 조화하지 않다, 화합하지 않다, 반발하다 〈against...〉.
◇ **rebéllion** *n.*, **rebéllious** *adj.*
reb·el·dom [rébldəm] *n.* Ⓤ Ⓒ 반역자 지배 구역;〔집합적〕 반역자들; 반역 (행위), 모반, 반란.
‡**re·bel·lion** [ribéljən] *n.* Ⓤ Ⓒ **1** 모반, 반란(revolt). ⇒ REVOLUTION 類語 ¶ the Great *Rebellion* (英역사) 대반란(1642-60년의 시민 혁명) / rise in *rebellion* 반란을 일으키다. **2** (권위·지배에 대한) 반항, 불복종(against...).
*__**re·bel·lious**__ [ribéljəs] *adj.* **1** 반역하는, 모반하는, 반역적인, 반역자의; 반항적인, 순종치 않는. ¶ *rebellious* troops 반란부대. **2** (사물이) 다루기 힘든(refractory); (병이) 치료하기 힘든, 좀처럼 낫지 않는. —**ly** *adv.* —**ness** *n.*
re·bel·low [riːbélou] *vi.* (詩) [...에] 반향(反響)

re·bind [rì:báind] *vt.* (-bound, -bind·ing) …을 고쳐 묶다; …을 다시 제책하다.

re·birth [rì:bə́:rθ] *n.* ⓤⓒ 갱생, 재생, 부활 (revival).

re·bloom [ri(:)blú:m] *vi.* 다시 꽃피다; 되피다; 도로 젊어지다. ¶ …하는.

reb·o·ant [rébouənt] *adj.* 〖詩〗 소리 높이 반향(反響) 하는.

re-bop [rí:bɑp / -bɔp] *n.* = bop¹.

re·born [rì:bɔ́:rn] *adj.* 다시 태어난, 재생한, 갱생한.

re·bound¹ *v.* [ribáund → *n.*] *vi.* 1 되튀다. ¶ (~ + 前 + 名) A ball *rebounds from* a wall. 공이 벽에 맞고 되 튄다. 2 [응보 따위가] 되돌아오다 (*upon*...). 3 반향 하다. — *vt.* …을 되튀게 하다; …을 반향시키다 (reecho). — *n.* [rí:baund, ribáund] 1 되튐; 반향. ¶ a ball on the *rebound* 되튀는 공. ¶ [감정 따위의] 반동. ¶ marriage on the *rebound* [퇴짜맞은] 반발심 으로 한 결혼 / take (*or* catch) a person on (*or* at) the *rebound* 남의 반발심을 이용하여 반대 행동을 취하게 하다.

re·bound² [rì:báund] *vt.* rebind의 과거·과거 분사.

re·bo·zo [ribóuzou / *Sp* rebɔ́:θo, -so] *n.* (*pl.* -zos) [스페인 등지의] 길게 짠 여성용 목도리.

re·breath·er [rì:brí:ðər] *n.* 산소 호흡기.

re·broad·cast [rì:brɔ́:dkæst / -kɑ̀:st] *vt.* (-cast *or* -cast·ed, -cast·ing) [프로]를 재방송 (중계 방송)하다. — *n.* ⓤⓒ 재방송 (중계 방송)프로; 재방송, 중계 방송.

re·buff [ribʌ́f] *n.* 1 거절, 퇴짜, 퇴박. 2 저지, 격 퇴. 3 좌절. — *vt.* 1 …을 거절하다, 퇴짜놓다. 2 …을 저지하다, 격퇴하다. 3 …을 좌절시키다.

re·build [rì:bíld] *v.* (-built, -build·ing) *vt.* …을 재건 하다, 개축하다, 다시 세우다. 2 재건되다, 고쳐짓다.

re·buke [ribjú:k] *vt.* (-buked, -buk·ing) [남]을 책망 하다 (reprove), 훈계하다, 비난하다, 나무라다. ⇒ RE-PROACH 類語 ¶ (~ + 目 + 前 + 名) *rebuke* a person for his carelessness 남의 부주의를 책망하다. — *n.* ⓤⓒ 책망, 질책 (reprimand), 비난, 징계. ¶ give (receive) a *rebuke* 견책하다 (당하다) / without *rebuke* 나무랄데 없이, 대과 (大過) 없이.

re·buk·er [ribjú:kər] *n.* 비난 (질책)하는 사람.

re·buk·ing·ly [ribjú:kiŋli] *adv.* 비난하여, 나무라며.

re·bus [rí:bəs] *n.* 수수께끼 그림 [고양이 (cat)가 통나 무 (log) 위에 있는 것으로 목록 (catalog)을 나타내는 따 위와 같은 일종의 수수께끼].

re·but [ribʌ́t] *v.* (-but·ted, -but·ting) *vt.* …을 반박하 다; 〖법률〗…에 반증을 들어 항변하다. — *vi.* 반증을 준비하다.

re·but·ment [ribʌ́tmənt] *n.* = rebuttal.

re·but·tal [ribʌ́tl] *n.* 반박, 논박, 항변; 반증 제출.

re·but·ter [ribʌ́tər] *n.* 1 반박자, 항변자; 반증 제출 자. 2 〖법률〗 피고의 제3회째의 답변.

rec [rek] *n.* 《美구어》 = recreation.

rec. (略) receipt; 《라틴》 recens (= fresh) ([약의 처방에 서] 신선한); *recipe*; record, recorder, recording.

re·cal·ci·trance [rikǽlsitr(ə)ns], **-tran·cy** [-tr(ə)n-si] *n.* ⓤ 반항, 불순종; 고집셈.

re·cal·ci·trant [rikǽlsitr(ə)nt] *adj.* 반항하는; 고집 센, 감당할 수 없는; 다루기 힘든. — *n.* 반항하는 사 람, 고집쟁이.

re·cal·ci·trate [rikǽlsitrèit] *vi.* (-trat·ed, -trat·ing) 반항하다 (resist); 어기대다, 고집부리다 (*against*, *at*...).

re·cal·ci·tra·tion [rikæ̀lsitréiʃ(ə)n] *n.* ⓤ 반항, 고집 부림.

re·ca·lesce [rì:kəlés] *vi.* (-lesced, -lesc·ing) 〖야금〗 [냉각중인 쇠가 일정한 온도에서] 재휘 (再輝)하다, 재열 (再熱)하다.

re·ca·les·cence [rì:kəlés(ə)ns] *n.* ⓤ 〖야금〗 재휘, 재열, 열하다.

re·ca·les·cent [rì:kəlés(ə)nt] *adj.* 재휘의, 재열

‡**re·call** *vt.* [rikɔ́:l → *n.*] 1 …을 생각해내다, 상기 하다. ⇒ REMEMBER 類語 ¶ (~ + -*ing*) I can't *recall* having met him. 그와 만났다는 것을 생각해낼 수가 없다 // (~ + *that* 節) I *recall that* I read the news. 그 뉴스를 읽 은 것을 기억하고 있다 // (~ + *wh*. 節) Try to *recall* who he is. 그가 누구인지 잘 생각해내 봐라. 2 …을 생각나 게 하다. ¶ (~ + 目 + 前 + 名) I tried to *recall* myself to him. 그에게 나를 기억하게 해보았다. 3 〖국제법〗 [대사 등]을 되부르다, 소환하다. 4 …을 소생시키다 (restore), 회복 (부활) 시키다. ¶ (~ + 目 + 前 + 名) *recall*... to life …을 되살아나게 하다, 소생시키다. 5 …을 취소하다, 철회하다; …을 되돌리다. 6 《美》 …을 리콜하다.

— *n.* [+ 美 rí:kɔ̀:l] ⓤⓒ 1 되부름, 소환. 2 《美》 리콜 [일반 투표에 의한 공직자의 해임(면)], 3 회상 [력], 기억. 4 철회, 취소; 〖군대〗 [나팔 따위에 의한] 재집 합 신호, [깃발에 의한] 소정 (召艦) 신호.

beyond (*or past, without*) *recall* 되돌릴 수 없는; 생 각이 안 나는, 잊혀진.

re·call·a·ble [rikɔ́:ləbl] *adj.* 되부를 수 있는; 상기할 수 있는.

re·cant [rikǽnt] *vt.* (진술·신념 따위)를 취소하다, 철 회하다 (withdraw). — *vi.* [특히 공식적으로] 자기 진 술을 철회하다.

re·can·ta·tion [rì:kæntéiʃ(ə)n] *n.* ⓤⓒ [진술·자설 (自說) 따위의] 취소, 철회 (retraction); 변설 (變說), 개 종 (改宗).

re·cap¹ *vt.* [rì:kǽp, -´- → *n.*] (-capped, -cap·ping) [헌 타이어]를 보수하여 재생시키다. — *n.* [rí:kæp] 재생 타이어.

re·cap² [rí:kæp] *n.* = recapitulation. — *v.* (-capped, -cap·ping) = recapitulate.

re·cap·i·tal·i·za·tion [rì(:)kæ̀pit(ə)lizéiʃ(ə)n / rì:kəpitəlaiz-] *n.* ⓤ 자본의 재구성.

re·cap·i·tal·ize [rì(:)kǽpitəlàiz / rì:kəpít-] *vt.* (-ized, -iz·ing) …의 자본 구성을 고치다.

re·ca·pit·u·late [rì:kəpítʃulèit / -tju-] *v.* (-lat·ed, -lat·ing) *vt.* 1 …의 요점을 되풀이하다, …을 요약하다, 개괄하다 (summarize). 2 〖생물〗 …의 발달 단계를 반 복하다. 3 〖음악〗 …을 소나타 형식으로 재현하다. — *vi.* 요약하다.

re·ca·pit·u·la·tion [rì:kəpìtʃuléiʃ(ə)n / -tju-] *n.* ⓤ ⓒ 1 요점의 반복; 요약, 개괄. 2 〖생물〗 발생 반복. 3 〖음악〗 재현부.

re·ca·pit·u·la·tive [rì:kəpítʃulèitiv / -tju-] *adj.* = recapitulatory.

re·ca·pit·u·la·to·ry [rì:kəpítʃulətɔ̀:ri / -tjulət(ə)-ri] *adj.* 요약적인, 개괄적인, 적요(摘要)의.

re·cap·tion [rì(:)kǽpʃ(ə)n] *n.* ⓤ 〖법률〗 [남에게 불 법으로 점유된 물건·사람·동물 따위]를 제 힘으로 되찾기.

***re·cap·ture** [rì:kǽptʃər] *vt.* (-tured, -tur·ing) 1 …을 되찾다 (retake), 도로 빼앗다. 2 …을 생각해내 다, 상기하다. ¶ an attempt to *recapture* the past 과 거를 상기하려는 시도. 3 [정부가] [수익의 일부]를 징 수하다. — *n.* 1 되찾음, 탈환; ⓒ 탈환한 것 (사람). 2 ⓤ [정부에 의한 수익의] 일부 징수; 〖국제법〗 포획 물 되찾기; 전후 복권 (戰後復權) (postliminium).

re·cast *vt.* [rì:kǽst / -kɑ́:st → *n.*] (-cast, -cast·ing) 1 …을 개주 (改鑄)하다. 2 …을 고쳐 만들다 (쓰 다), 개작하다 (remodel). 3 …을 다시 계산하다 (recalculate). 4 [연극 따위]의 배역을 바꾸다, [배우] 의 역을 바꾸다. — *n.* [rì:kǽst / -kɑ́:st] 개주 (改鑄); 개작; 배역 변경; 재계산, 개주 (改鑄)물 (품).

re·cce [réki] *n.* = reconnaissance.

recd., rec'd. (略) received.

***re·cede**¹ [rì:síd] *vi.* (-ced·ed, -ced·ing) 1 물러나다, 멀어지다, 후퇴하다. 2 [빛깔·인상 따위가] 엷어지다, 희미해지다 (fade away) (*from*, *into*...). ¶ (~ + 前 + 名) The event *receded into* the dim past. 그 사건은 희미한 과거 속으 로 잊혀져 갔다 / A ship *receded from* the shore. 배가

recede

해안에서 멀어져 갔다. **2** 우묵 들어가다, 뒤로 기울다(slope backward). **3** 손떼다, 철회하다(*from*...). ¶ (~+前+名) *recede from* an agreement 계약을 철회하다. **4** [가치 따위가] 내리다, 떨어지다; 축소하다, 수축하다. ◆ recéssion, recéss *n.*, recéssive *adj.*

re·cede² [riːsíːd] *vt.* (-céd·ed, -céd·ing) [원 소유자에게] 되돌려 주다(back). [영토 따위]를 반환하다.

‡**re·ceipt** [risíːt] *n.* **1** Ⓤ 수취[됨]; 영수, 수령(受領). **2** 수취한 물건; (~s) 수령액, 수익, 수입금. **3** 영수증, 인수증, 리시트. **4** [방언] [요리 따위의] 제조법, [약의] 처방(*for*...).
be in receipt of [상업] ...을 받다(receive).
on [*the*] *receipt of* ...을 받는 즉시.
— *vt.* ...에 영수했다는 서명을 하다, ...의 영수증을 주다. *receive* 의 돈을 내주다(*for*...). ¶ (~+前+名) *receipt* for the money 대금에 대한 영수증을 내주다.
◇ recéive *v.*

recéipt bòok *n.* 수령 대장, 영수부.

re·ceip·tor [risíːtər] *n.* **1** 영수인, 수령인. **2** [법률] 압류물 보관인.

recéipt stàmp *n.* 수입 인지(revenue stamp).

re·ceiv·a·ble [risíːvəbl] *adj.* **1** 받을 수 있는, 받아야 할. ¶ a bill *receivable* 받을 어음. **2** 믿을만한, 받아들일 수 있는. — *n.* (~s) 수취 계정.

‡**re·ceive** [risíːv] *v.* (-céived, -céiv·ing) *vt.* **1** ...을 받다, 수령하다(accept); [수여된 것]을 받다, 얻다. ¶ *receive* [Holy] Communion 영성체하다 / *receive* many wedding gifts 많은 결혼 선물을 받다 / She *received* a good education. 그녀는 훌륭한 교육을 받았다 / (~+目+前+名) I *received* a sad letter *from* my mother. 나는 어머니로부터 슬픈 편지를 받았다.
2 ...을 떠받치다(support), 받아먹다, ...을 견디다(sustain); ...을 받아들이다(admit), 수용하다(hold). ¶ (~+目+前+名) *receive* a weight *on* one's back 등으로 무거운 것을 받치다.
3 ...을 이해하다(apprehend); ...을 믿다; ...을 인정하다(acknowledge). ¶ *receive* a new idea (theory) 새 사상(새 학설)을 받아들이다 // (~+目+*as* 補) I *received* it *as* certain. 나는 그것을 확실하다고 믿었다.
4 [제안·충고 따위]를 들어주다(listen to), 수리(受理)하다, [고백 따위]를 듣다. ¶ *receive* a person's confession (petition) 남의 고해를 듣다(탄원을 수리하다). **5** ...을 경험하다(experience); 피로연 (...으로) 을 받다(undergo), 입다(...*on*); 치료를 받다(be treated). ¶ *receive* sympathetic treatment 동정적인 취급을 받다 // (~+目+前+名) *receive* a blow *on* the head 머리를 한 대 얻어맞다.
6 ...을 접견하다; [손님 등]을 맞이하다, 환영하다(greet); [어느 곳에]...을 맞아들이다(...*into*). ¶ (~+目+前+名) *receive* a person *into* a club 남을 클럽의 일원으로 맞아들이다. [...인상을 받다.
7 ...을 마음에 품다. ¶ *receive* a bad impression 나쁜
8 [법률] [장물]을 사들이다, 고매(故買)하다.
9 [무선] ...을 수신하다, 청취하다.
10 [청구 따위에서] [서브]를 받아치다, 리시브하다.
— *vi.* **1** 받다, 얻다. **2** 응접하다, 방문을 받다. **3** [무선] 수신(수상)하다, 청취하다. **4** [영성체(領聖體)하다, 성체를 배수하다. **5** [청구 따위에서] 서브를 받아치다, [야구] 공을 잡다. **6** [의사가] 환자를 받다, 진료하다.
◇ recéipt, recéption *n.*, recéptive *adj.*

re·ceived [risíːvd] *adj.* 받아들여진, 일반에 인정된, 표준이 되고 있는.

recéived pronùnciátion *n.* [음성] 표준 발음 [영국에 있어서의 일반적인 발음, 런던 중심의 대학 교육을 받은 사람의 일상어의 발음; 略 R.P.].

Recéived Stándard *n.* 공인 표준 영어 [일반적으로 영국 남부의 교양있는 사람들의 영어, 특히 Oxford, Cambridge의 두 대학, Eaton, Harrow 따위의 public school 에서 쓰는 영어].

‡**re·ceiv·er** [risíːvər] *n.* **1** 수취인, 수령인. **2** 수납계원, 회계원. **3** 접대자. **4** 수화기; 수신기; 수상기; 리시버. **5** [ील्युiहानों] 제산 관리인, 관재인(管財人). **6** [장물의] 고매자(故買者)(fence). **7** 용기; 받는 그릇 (⇒ ALEMBIC), 유기실(溜汽室), 가스 탱크. **8** [정구 따위에서] 리시버. *cf.* server

re·ceiv·er-gen·er·al [risíːvərdʒén(ə)rəl] *n.* (*pl.* **receivers-**) 세입 징수 장관, 국세청장.

re·ceiv·er·ship [risíːvərʃìp] *n.* [법률] 재산 관리인의 직(지위); 재산 관리를 담당하고 있음.

re·ceiv·ing [risíːvɪŋ] *n.* Ⓤ **1** 받음; 수신, 수령. **2** [장물의] 고매. **3** [야구] 포수의, 환영의(하는).
be at (or *on*) *the receiving end* 수취인이다.

recéiving blànket *n.* 유아용 목욕 후의 담요.

recéiving ènd *n.* * 다음 숙어로 쓴다.
at (or *on*) *the receiving end* ① [선물·은혜 따위를] 받는 쪽이 되다. ② [비난·공격의] 대상이 되어. ③ [스포츠에서] 리시버(캐처)가 되어. [줄.

recéiving lìne *n.* 손님을 맞는 주최자·주빈들의

recéiving òrder *n.* [英법률] [파산 재산의] 관리 명령[서].

recéiving sèt *n.* 수신 장치, 수신기, 수상기.

recéiving shìp *n.* [해군] 신병 연습선.

re·cen·cy [ríːsnsi] *n.* Ⓤ [시간적으로] 새로움, [사건 따위가] 최근임.

re·cen·sion [risénʃ(ə)n] *n.* Ⓤ 교정(校訂); Ⓒ 교정본.

‡**re·cent** [ríːsnt] *adj.* **1** 최근의, 새로운; 근대의(modern). **2** in (*or* of) *recent* years 근년에. **2** (R-) [지질] 현세 (現世)의. ¶ the *Recent* Epoch 현세, 충적세 (沖積世). **~·ness** *n.* ◇ récency *n.* [LY 類]

re·cent·ly [ríːsntli] *adv.* 최근, 근래, 요즈음, ~ LATE

re·cept [ríːsept] *n.* [심리] 유상(類像) [유사한 자극을 반복해서 받음으로써 형성되는 심상(心象)·개념].

*****re·cep·ta·cle** [riséptəkl] *n.* **1** 그릇, 용기, 넣는 곳, 저장소. **2** [식물] 화탁(花托), 꽃턱. **3** [전기] 소켓, 콘센트.

re·cep·ti·ble [riséptibl] *adj.* 수리(受理)할 수 있는.

re·cep·tion [risép(ə)n] *n.* **1** Ⓤ 받기, 받아들이기, 수령(受領). **2** 수리(受理). **3** 응접, 환대, 환영, 접대 (*to*...). ¶ have *or* meet with) a warm *reception* 열렬한 환영을 받다 // give a *reception to* a person 남을 환영하다. **3** 리셉션, 환영회, 피로연(*for*...). ¶ A *reception* was held *for* the new ambassador. 신임 대사를 위한 리셉션이 개최되었다. **4** Ⓤ 사람 대우, 인기, 평판. ¶ have a favorable *reception* 호평을 얻다. **5** Ⓤ 터득, 감수, 감득, 이해[력]; 승인, 용인(mental approval). ¶ the faculty of *reception* 이해력. **6** Ⓤ[사회의] 입회[허가], 가입. **7** Ⓤ [TV·라디오] 수상, 수신[율]; 수신(수상)력. ◇ recéive *v.*, recéptive *adj.*

recéption cèntre *n.* (英) 집 잃은 가족의 공립 수용 시설.

recéption clèrk *n.* (美) [호텔의] 객실 예약계, 접수계원. [수계원.

recéption dày *n.* 면회일.

recéption dèsk *n.* 접수처; [호텔의] 프론트.

re·cep·tion·ist [risépʃənist] *n.* 접수 계원, 접대원.

recéption òrder *n.* (英) [병원으로 발송하는 정신 이상자의] 수용 명령.

recéption ròom *n.* 응접실, 접견실, [병원] 대합실.

*****re·cep·tive** [riséptiv] *adj.* **1** [잘] 받아들이는. ¶ be *receptive of* something ...을 받아들이기 쉽다. **2** 감수성이 예민한, 이해가 빠른. **3** [생리] 수용[기]의(受容器]). **~·ly** *adv.* **~·ness** *n.*
◇ recéive *v.*, receptívit, recéption *n.*

re·cep·tiv·i·ty [rìːseptívəti, rìːsep-] *n.* Ⓤ 감수성, 수용성, 이해력.

re·cep·tor [riséptər] *n.* **1** [생리] 수용기[관], 감각기관. **2** 수신 장치, 수화기(receiver). **3** [동물] [감각] 수용체.

re·cer·ti·fi·ca·tion [rìːsəːrtifikéiʃ(ə)n] *n.* 신분 증명[서]의 갱신; [간호사·비행사 등의] 자격 갱신[제도].

‡**re·cess** [ríːses, risés / risés] *n.* **1** ⓤⓒ 휴식, 휴게, 쉼; [의회 등의] 휴회; 《美》[대학 등의] 휴가. ¶ go into *recess* 휴회하다. **2** (보통 ~es) 마을에서 떨어진 곳, 구석진 (으슥한) 곳; [마음 따위의] 깊은 속; 오의(奧義). ¶ in the innermost *recesses* of the heart 마음속 깊은 곳에서는. **3** 방 안의 들어간 곳(alcove); 벽감(壁龕)(niche); [해안 따위의] 후미진 곳, 우묵한 곳. **4** [해부]기관의 일부분, 와, 와(窩).
at recess 휴식 시간에.
in recess 휴회중의.
— *vt.* **1** …을 오목한 곳(구석진 곳, 벽감 따위)에 두다(감추다). **2** …을 뒤로 물리다(set back). **3** …에 우묵한 곳을 만들다. — *vi.* 휴회(휴정, 휴식, 휴교, 휴가)하다, 쉬다. ◇ recéde *v.*

***re·ces·sion**[^1] [ríseʃ(ə)n] *n.* **1** ⓤ 퇴거, 후퇴. **2** (벽 따위의) 우묵한 곳, 우묵한 곳. **3** [경기 회복의 과정에서의] 일시적인 불경기, 경기 후퇴. **4** ⓤⓒ [예배가 끝난 뒤의] 퇴장, 퇴장하는 사람의 줄.

re·ces·sion[^2] [ríseʃ(ə)n] *n.* [점령지 따위의] 반환.

re·ces·sion·al [ríseʃən(ə)l] *adj.* [예배가 끝난 뒤의] 퇴장의. ¶ a *recessional* hymn 퇴장(폐회) 찬송가 [성가대나 회중이 퇴장할 때 부른다]. **2** [의회 등의] 휴회의; 휴정의; 휴가의.

re·ces·sion·ary [ríseʃ(ə)nèri / -ƏH] *adj.* 경기 후퇴의.

re·ces·sive [rísésiv] *adj.* **1** 퇴행(退行) (역행)의. **2** [유전] 열성(劣性)의. opp. dominant **3** [음성] [액센트가] 뒷부분에서 앞부분으로 옮아가는(붙기 쉬운), 역행의. — *n.* [유전] 열성 형질(개체).
~·ly *adv.* **~·ness** *n.*

Rech·a·bite [rékəbàit] *n.* **1** 레갑(Rechab)의 아들 요나답(Jonadab)의 자손 [금주 부족이며 옥외에서 살았다. ←예레미야 (Jer.) 35 : 2]. **2** 금주가 (abstainer); 금주 회원.

re·charge [ríːtʃáːrdʒ] *vt.* **(-charged, -charg·ing)** **1** …에 재장전(再裝塡)하다. **2** …에 재충전하다. **3** …을 재습격(습격)하다. **4** …을 재고발하다. — *n.* 재장전; 재충전; 재공격, 역습; 재고발.

re·char·ter [ríːtʃáːrtər] *vt.* (선박)을 다시 대절하다; 재용선(再傭船)하다.

ré·chauf·fé [rèiʃouféi] *n.* (*pl.* **-fés** [-féi]) **1** ⓤⓒ 재 탕(료리). **2** [작품 등의] 개작(改作)된 것. <F>

re·check [ríːtʃék] *vt.* …을 재검사(재조회)하다.

re·cher·ché [rəʃéərʃei] *adj.* **1** [요리·표현이] 공들인, 고상한(choice). **3** 세련된. <F>

re·chris·ten [ríːkrísn] *vt.* …에 다시(새로) 명명하다.

re·cid·i·vism [risídivìz(ə)m] *n.* ⓤ **1** 상습적 범행, 재범. **2** [정신병] [범죄나 반사회적 행위로 되돌아가는] 상습성.

re·cid·i·vist [risídivìst] *n.* 상습범.

***rec·i·pe** [résipi(ː)] *n.* **1** [요리의] 조리법, 요리법. **2** [약 따위의] 처방(전)(medical prescription). **3** 수단, 수단, 비결 (*for*…). ¶ one's *recipe for* health 건강법.

re·cip·i·ence [rísípiəns], **-en·cy** [-ənsi] *n.* ⓤ **1** 수납(受納), 수령 (reception). **2** 수용(감수)성 (receptivity).

re·cip·i·ent [rísípiənt] *n.* **1** 수취인, 수령인. **2** 용기, 그릇. — *adj.* **1** 받아들이는, 수령하는. **2** 감수성이 예민한.

***re·cip·ro·cal** [rísíprək(ə)l] *adj.* **1** 상호의, 서로의; 호혜적인. ⇒ MUTUAL 類語 ¶ *reciprocal* help 상호 부조 / a *reciprocal* treaty 호혜 조약. **2** 상호 교환의, 답례의, 보답의, 보복의. ¶ *reciprocal* hatred 서로 품은 혐오감 / a *reciprocal* gift 답례의 선물. **3** 서로 보완하는 (complementary). **4** [문법] 상호 관계(작용)를 나타내는. ¶ a *reciprocal* pronoun 상호 대명사 [each other, one another 따위]. **5** [수학] 상반하는, 역의 (opposite). **6** [수학] 상호적인 것; 역, 반대 (converse); 상당하는 것 (counterpart), 대응물. **2** [수학] 역수, 반수. **~·ly** [-kəli] *adv.*
◇ recíprocate *v.*, reciprócity, reciprocálity *n.*

re·cip·ro·cate [rísíprəkèit] *vt.* **1** …에 보답하다, 갚다. ¶ *reciprocate* a person's affection 남의 사랑에 보답하다. **2** …을 서로 주고받다. **3** …에 교환하다. ¶ *reciprocate* favors 서로 호의를 품다. **3** …에 왕복 운동을 시키다. — *vi.* **1** 보답하다, 답례하다. ¶ (~+前+名) To every attack he *reciprocated with* a blow. 공격받을 때마다 그도 반격을 가했다. **2** 서로 상응하다. **3** 왕복 운동을 하다. ¶ a *reciprocating* engine 왕복 기관.

re·cip·ro·ca·tion [rísìprəkéiʃ(ə)n] *n.* ⓤ **1** 교호(상호) 작용; 교환 (mutual exchange); 앙갚음, 보복. **2** [기계] [교호] 왕복 운동.

re·cip·ro·ca·tive [rísíprəkèitiv / -kətiv] *adj.* 보복적인, 보복하는; 상호적인, 교환하는; 왕복하는; 상응하는.

re·cip·ro·ca·tor [rísíprəkèitər] *n.* **1** 보복자. **2** [기계] 왕복 기관(reciprocating engine).

rec·i·proc·i·ty [rèsiprásiti / -prɔ́s-] *n.* ⓤ **1** 상호성, 상호 관계(작용). **2** 교환. **3** 상호 이익; [통상상의] 호혜주의.

re·ci·sion [rísíʒ(ə)n] *n.* **1** 취소, 폐지, 폐기.

re·cit·a·ble [rísáitəbl] *adj.* 낭송하기에 알맞은; 자세히 설명할 수 있는.

***re·cit·al** [rísáitl] *n.* **1** 리사이틀, 독주[회], 독창[회]; 한 작곡가의 작품 연주회. *cf.* concert **2** 암송, 낭송, 낭독. **3** 상술(詳述), 상설(詳說). **4** 설명, 기술 (description), 설화. **5** 사실의 설명 부분, [증서 따위의] 비고 부분. ◇ recíte *v.*

re·cit·al·ist [rísáitəlist] *n.* 리사이틀을 하는 사람.

***re·ci·ta·tion** [rèsitéiʃ(ə)n] *n.* **1** [구술(口述)되는] 설명; 이야기 (account). **2** ⓤ 상설, 상술. **3** ⓤⓒ 암송, 낭송; ⓒ 암송(낭독)문. **4** ⓤ 《美》[교사 앞에서의] 학과의 암송, 복창; 그것이 행해지는 수업.

rec·i·ta·tive[^1] [résitèitiv, risáitə-] *adj.* 설화(說話)의, 서술(敍述)의.

rec·i·ta·tive[^2] [rès(i)təti(ː)v] [음악] *adj.* 서창조(敍唱調)의. — *n.* 서창[조], 서창부 [오페라·오라토리오의 정식적이 아닌 구어적인 리듬].

‡**re·cite**[^1] [rísáit] *v.* **(-cit·ed, -cit·ing)** *vt.* **1** …을 암송하다; 《美》[학과]를 복창하다. ¶ *recite* the previous lesson 앞 과를 암송하다. **2** …을 낭송(낭송)하다. **3** …을 이야기하다 (narrate); …을 상술하다. ⇒ RELATE 類語 ¶ *recite* dull anecdotes 따분한 일화를 장황하게 이야기하다. **4** …을 열거하다 (list). **5** [법률] (사실 따위)를 구진(具陳)하다. — *vi.* **1** 암송하다, 음송하다, 낭송(낭독)하다. **2** 《美》[교사 앞에서] 학과를 암송하다. ¶ recítal, recitátion *n.*

re·cite[^2] [ríːsait] *vt.* 다시 인용하다. 《詠集》

re·cit·er [rísáitər] *n.* **1** 암송자, 낭송자. **2** 낭영집(朗詠集)

re·cit·ing nòte [rísáitiŋ-] *n.* [음악] 낭송부(朗誦符), 낭송조(朗誦調).

reck [rek] *v.* (문어·詩) (부정문·의문문에서) *vi.* 개의하다, 괘념하다, 주의하다 (*of, with*…). ¶ (~+前+名) *reck* little *of* something 어떤 일에 거의 개의치 않다 / He *recks* not *of* any peril. 그는 어떤 위험도 거리끼지 않는다. — *vt.* **1** …을 개의하다, 유의하다, 마음쓰다 (mind). ¶ (~+*wh.* 節) They do not *reck* what may become of him. 그들은 그가 어떻게 되든 상관치 않는다. **2** 《비인칭의 it를 주어로 하여》…에 상관하다 (concern). ¶ It *recks* him not. 그와는 상관이 없다 / What *recks* it him that he is poor? 가난 따위가 그에게 무슨 상관이 있단 말인가?

‡**reck·less** [réklis] *adj.* 앞뒤를 헤아리지 않는(rash), 무모한; 부주의한; …을 개의치 않는(*of*…). ¶ be *reckless of* consequences 결과를 개의치 않다.
~·ly *adv.* **~·ness** *n.*

‡**reck·on** [rékən] *vt.* **1** …을 세다, 계산하다 (count),

합계하다 (...*up*); 합계 …이 되다. ⇨ COMPUTE 類語 ¶ (~+目+副) *reckon* a bill *up* 계산서를 총계하다// *Reckon* the charges from today. 요금은 오늘부터 계산하시오. **2** …을 셈에 넣다, …속에 셈하다(포함하다). ¶ (~+目+前+名) You may *reckon* him *among* (or *in*) our supporters. 너는 그를 우리 지지자의 한 사람으로 쳐도 괜찮을 것이다. **3** …을 …으로 간주하다 (regard), 판단(판정)하다, 평가하다. ¶ (~+目+[*to be*] *reckon* a person [*to be*] a genius 남을 천재라고 생각하다 / (~+目+前+名) *reckon* a person *for* a wise man 남을 현명하다고 생각하다. **4** 《주로 美중·남부 구어》…이라고 생각하다 (think), 상상하다. ¶ (~+*that* 節) I *reckon that* it is going to rain. 비가 오리라 생각한다.
— *vi*. **1** 세다, 계산하다; 청산하다. **2** 《주로 英》기대하다. ⇨ RELY 類語 (*on*...). ¶ (~+前+名) *reckon on* a person's help 남의 원조를 기대하다. **3** 《주로 美중·남부 구어》상상하다. ¶ That's right, I *reckon*. 그렇다고 생각하네.
reckon* a person *up 《주로 英》남을 이해하다, [남의 성질·동기 따위를] 납득하다.
reckon with ① …을 청산하다, 셈을 끝내다. ② …을 고려에 넣다. ③ …을 처리하다, 다루다 (deal with).
reckon without …을 [셈에] 넣지 않다. ¶ It would be better for you to *reckon without* me, as I am not sure whether I shall be able to be present. 나는 계산에 넣지 않는 게 좋아, 참가할 수 있을지 없을지 확실하지 않으니까.
reckon without one's *host* ⇨ HOST¹.

reck·on·er [rék(ə)nər] *n*. **1** 계산자; 청산인. **2** 계산 조견표(早見表).

*reck·on·ing [rék(ə)niŋ] *n*. **1** ① 계산, 셈 (calculation); 견적; 셈. ¶ be good at *reckoning* 계산을 잘하다. **2** ⓒ [여관 따위의] 계산서(bill). **3** 응보, 벌. **4** 〖해〗배 위치의 추산(결정); 추정된 배 위치.
be out of (or ***in***) one's *reckoning* ① 계산을 틀리다. ② 판단을 그르치다, 기대에 어긋나다.
the day of *reckoning* ① 계산일. ② 최후의 심판일.

*re·claim [rikléim] *vt*. **1** …을 개간하다; …을 매립하다. **2** [천연 자원 따위를] 재생 이용하다. **3** …을 교정(矯正)하다, 개선하다, 선도하다, 개심시키다; …을 감화하다; (고어) …을 길들이다 (tame). ¶ (~+目+前+名) *reclaim* a person *from* a life of sin 남을 죄악의 생활에서 선도하다. — *vi*. (고어) 반대하다 (protest).
— *n*. ① **1** 개간, 매립, **2** 재생 이용; 재생물. **3** 교정, 개심, 개선, 선도 (reform), 회복; 교화.
past (or ***beyond***) *reclaim* 회복(교정, 선도, 교화)의 가망이 없는.
◇ recla·ma·tion *n*.

re-claim [ri:kléim] *vt*. …의 반환을 요구하다; [권리 따위]를 되찾으려 하다.

re·claim·a·ble [rikléiməbl] *adj*. **1** 회복할(되찾을) 수 있는. **2** 교정할 수 있는; 교화할 수 있는; (고어) 길들일 수 있는 (tamable). **3** 개간할 수 있는, 매립할 수 있는. **4** 재생 이용할 수 있는.

re·claim·ant [rikléimənt] *n*. 반환 청구자(요구자); 교정자(矯正者); 개간자.

rec·la·ma·tion [rèkləméiʃ(ə)n] *n*. ① ⓒ **1** 개간, 매립, **2** 교정, 교화; 길들임. **3** 재생 이용.

ré·clame [F reklam] *n*. ① **1** 널리 알려짐, 주지(周知) (publicity). **2** 자기 선전, 매명(賣名).

rec·li·nate [réklinèit, -nit], (**rec·li·nat·ed** [-nèitid]) *adj*. [식물] 밑으로 굽은, 밑으로 늘어진.

*re·cline [rikláin] *v*. (-**clined, -clin·ing**) *vi*. **1** 기대다, 의지하다 (lean), 눕다 (lie). ¶ (~+前+名) *recline* [*up*] *on* the grass 풀밭에 눕다/*recline against* a wall 벽에 기대다. **2** [비유적] 기대하다, 의지하다 (rely) ([*up*] *on*...). — *vt*. …에 기대게 하다, …을 눕히다. ¶ (~+目+前+名) *recline* one's head *on* a pillow 머리를 베개에 얹다, 베개를 베다.

re·clin·er [rikláinər] *n*. **1** 기대는(눕는) 사람. **2** [등받이를 조절하여] 뒤로 젖히는 의자 (reclining chair).

re·clín·ing chàir [rikláiniŋ-] *n*. 안락 의자 [등과 발받침을 앞뒤로 조절할 수 있다]. *cf*. rocking chair

re·clothe [ri:klóuð] *vt*. (**-clothed** or **-clad, -clothing**) …에게 다시 입히다; …에게 새로(갈아) 입히다.

re·cluse *n*. [riklú:s, +美 réklu:s → *adj*.] 은둔자, 세상을 버린 사람; 출가한 수도자. — *adj*. [riklú:s] 은둔한, 속세를 버린; 쓸쓸한, 적적한.

re·clu·sion [riklú:ʒ(ə)n] *n*. ① 은둔, 입산.

re·clu·sive [riklú:siv] *adj*. 속세를 버린, 은둔한; 틀어박힌; 쓸쓸한, 적적한 (solitary).

re·coal [ri:kóul] *vt., vi*. 새로이 석탄을 보급하다.

re·coat [ri:kóut] *vt*. …을 새로 칠하다, 덧칠하다, 고쳐 칠하다.

*rec·og·ni·tion [rèkəgníʃ(ə)n] *n*. ① ⓒ **1** 알아보기 (acknowledgment), 인식; 승인, 인정, 인지 (*of*...). ¶ receive (or meet with) *recognition* 인정 받다/ My *recognition* of him was immediate. 한눈에 곧 그임을 알았다. **2** [공로 등의] 인정, 표창. **3** 본 기억, 면식; 인사 (greeting). **4** [국제법] [다른 나라에 의한 새 정권 따위의] 승인.
beyond (or ***out of, past***) *recognition* 알아볼 수 없을 정도로, 원형을 찾아볼 수 없을 만큼.
in *recognition* ***of; as a*** *recognition* ***of*** …을 인정하여; …의 공로에 의하여, …의 답례로.
◇ récognize *v*.

*rec·og·niz·a·bil·i·ty [rèkəgnàizəbíliti] *n*. ① 인지(승인) 가능(능)성.

*rec·og·niz·a·ble [rékəgnàizəbl] *adj*. 인지(승인)할 수 있는; 본 기억이 있는; 분간할 수 있는. **-bly** *adv*.

re·cog·ni·zance [rikágnəz(ə)ns/-kɔ́g-] *n*. ① ⓒ **1** [법률] 서약[서]; 보증(보석)금. **2** (고어) 인지, 승인 (recognition).

re·cog·ni·zant [rikágniz(ə)nt/-kɔ́g-] *adj*. (고어) 인정(인지)하는, 의식하는 (*of*...). ¶ They were *recognizant* of the fact. 그들은 그 사실을 알고 있었다.

*rec·og·nize [rékəgnàiz] *v*. (*英에서는 **rec·og·nise**로도 쓴다) (-**nized, -niz·ing**) *vt*. **1** …을 보고 곧 알아보다, 분간하다, 인지하다; 생각해 내다; 인지하다. ¶ (~+目+*as* 補) *recognize* a person *as* one's son 남을 자기 자식으로 인지하다. **2** …을[진실임을] 인정하다, 승인하다 (admit), …에 동의하다. ¶ (~+目+*to be* 補) *recognize* a person *to be* honest 남이 정직함을 인정하다 / (~+*that* 節) He *recognized that* he had been beaten. 그는 졌음을 인정했다 // (~+目+*as* 補) *recognize* a country *as* an independent state 한 나라를 독립국으로 승인하다. **3** 《美》…에게 발언권을 인정하다(주다). **4** [알아보고] …에게 인사하다. **5** [공적 등]을 인정하다, 표창하다. — *vi*. 《美》[법률] 서약하다.
◇ recognition *n*., recógnizant *adj*.

*re·coil [rikɔ́il] *vi*. **1** 후퇴하다; 외축(畏縮)하다, 주춤(움찔)하다 (*at, before, from*...). ¶ (~+前+名) He *recoiled at* the sight. 그는 그 광경을 보고 움찔했다. **2** [용수철 따위가] 되튀다, 되돌아오다; 반동하다 (react). ¶ (~+前+名) Our acts *recoil* [*up*] *on* ourselves. 자기 행위의 결과는 자기에게 되돌아온다.
— *n*. ① ⓒ **1** 후퇴, 뒷걸음질, 외축; 혐오 (*from*...). **2** [용수철 따위의] 되튐, 반동 (reaction).

re·coil [ri:kɔ́il] *vt*. …을 다시 감다. — *vi*. 다시 돌돌 감기다.

re·coil·less [rikɔ́illis] *adj*. 되튐이 없는; 반동이 없는.

recóilless rífle *n*. (군대) 무반동포.

re·coin [ri:kɔ́in] *vt*. …을 개주(改鑄)하다.

re·coin·age [ri(:)kɔ́inidʒ] *n*. ① ⓒ 개주 (改鑄), 개주화.

*rec·ol·lect [rèkəlékt] *vt*. …을 생각해 내다, 회상하다. ⇨ REMEMBER 類語 ¶ (~+*ing*) (~+*to* do) I *recollect having* heard the melody. =I *recollect to* have heard the melody. 그 선율을 들은 기억이 있다 // (~+

圖+-ing) I *recollect* him (*or* his) *saying* so. 그가 그런 말을 한 것이 기억이 난다(* 목적격 him을 쓰는 것은 구어) // (~+*that* 節) I *recollect that* I have met her before. 그전에 그녀를 만난 적이 있다고 생각난다 // (~+wh. to do)(~+wh. 節) *recollect how* to do it; *recollect how* it was done 그것을 어떻게 해야 할지(어떻게 했는지) 생각해 내다. — *vi.* 상기하다, 기억나다.
◇ recolléction *n.*, recolléctive *adj.*

re-col·lect [rì:kəlékt] *vt.* **1** …을 다시 모으다. **2** (용기·기력 따위)를 북돋우다, 불러일으키다. **3** (마음)을 가라앉히다(recover), 진정시키다. ¶ *re-collect* oneself 마음을 가라앉히다.

‡**rec·ol·lec·tion** [rèkəlék∫(ə)n] *n.* **1** ⓊⒸ 상기(想起), 추억, 회상(remembrance); 기억력(*of*...). ⇨ MEMORY 類語 ¶ be beyond (*or* past) *recollection* 기억이 안 나다 / be within (*or* in) one's *recollection* 기억에 남아 있다 // have no *recollection* of it 그것을 전혀 기억하지 않다 / I have a vague *recollection* of having seen the man. 그 남자를 만난 기억이 어렴풋이 있다. **2** (종종 ~s) 기억되는 일, 추억. ¶ The happy *recollections* of one's childhood 어릴 때의 그리운 추억. **3** Ⓤ(드물게) [신앙상의] 명상.
◇ recolléct *v.*, recolléctive *adj.*

rec·ol·lec·tion [rì:kəlék∫(ə)n] *n.* Ⓤ 다시 모음.

rec·ol·lec·tive [rèkəléktiv] *adj.* 추억의(recollected); 기억력이 있는.

re·col·o·ni·za·tion [rì:kàlənìzéi∫(ə)n / -kɔ̀lənaiz-] *n.* Ⓤ 재식민지화.

re·col·o·nize [rì:kálənàiz / -kɔ́l-] *vt.* (-ized, -iz·ing) …에 재식민지 [하다, 고쳐 칠하다.

re·col·or, 《英》**-our** [rì:kʌ́lər] *vt.* …을 다시 착색

re·com·bi·na·tion [rì:kàmbinéi∫(ə)n / -kɔ̀m-] *n.* Ⓤ 재결합.

recómbinant DNA [ri:kámbinənt-] *n.* 〖생물〗재조합 DNA〖유전자 재조합 기술에 의해 이종(異種) 생물의 DNA를 결합시켜서 만든 잡종 DNA〗.

re·com·bine [rì:kəmbáin] *vt.* (-bined, -bin·ing) …을 다시 결합하다, 재결합하다.

re·com·mence [rì:kəméns] *vt., vi.* (-menced, -menc·ing) 다시 시작하다, 재개하다 [시작.

re·com·mence·ment [rì:kəménsmənt] *n.* Ⓤ 재

‡**rec·om·mend** [rèkəménd] *vt.* **1** …을 추천(천거)하다. ¶ (~+圄+*as* 補) *recommend* a person *as* a typist 남을 타자수로 추천하다 // (~+圄+圍+圄) *recommend* a person *for* a good post 남을 좋은 지위에 추천하다 / I *recommended* him to the firm. 나는 그를 그 회사에 추천했다. **2** …을 권하다, 권고하다, 충고하다(advise). ¶ (~+圄+*to* do) *recommend* a person to stop drinking 남에게 술을 끊도록 권하다 // (~+圄+圄)(~+圄+圍+圄) *recommend* a person a long rest; *recommend* a long rest *for* a person 남에게 장기 휴양을 권하다 // (~+*that* 節) I *recommend that* the work [should] be done at once. 그 일을 즉시 시행하도록 권합니다. * should를 생략하는 것은 주로 미식 용법. **3** …을 남의 마음에 들게 하다(make attractive), 남의 호감을 사게 하다. ¶ Her earnestness *recommends* her. 그녀는 성실해서 남에게 호감을 산다. **4** …을 위탁하다, 맡기다(entrust). ¶ (~+圄+圍+圄) *recommend* one's son *to* a person's care 아들을 보살펴 달라고 남에게 부탁하다. ¶ recommendátion *n.*, recómmendatory *adj.*

rec·om·mend·a·ble [rèkəméndəbl] *adj.* 추천할 수 있는, 추천할 만한.

‡**rec·om·men·da·tion** [rèkəméndéi∫(ə)n] *n.* **1** Ⓤ 추천, 천거. ¶ on the *recommendation* of a person 남의 추천으로. **2** Ⓒ 추천장, 장점. **3** Ⓤ 충고, 권고.
◇ recomménd *v.*, recomméndatory *adj.*

rec·om·mend·a·to·ry [rèkəméndətɔ̀:ri / -t(ə)ri] *adj.* **1** 추천(권고, 충고)의. **2** 장점이 되는.

rec·om·mend·er [rèkəméndər] *n.* 추천자; 권고자.

re·com·mis·sion [rì:kəmí∫(ə)n] *vt.* 재취역(再就役)시키다.

re·com·mit [rì:kəmít] *vt.* (-mit·ted, -mit·ting) **1** (나쁜 일·잘못 따위)를 다시 저지르다(범하다). **2** 〖의안 따위)를 다시 위원회에 회부하다. **3** …을 다시 투옥(구류)하다.

re·com·mit·tal [rì:kəmítl] *n.* Ⓤ [의안의] 재송부; 재투옥; 다시 향하기, 재범(再犯).

re·com·mit·ment [rì:kəmítmənt], **(re·com·mit·tal** [-mítl]) *n.* Ⓤ **1** 재차 회부. **2** 재행(再行); 재범. **3** 재투옥.

rec·om·pense [rékəmpèns] *vt.* (-pensed, -pens·ing) …에게 보답하다, 갚다; …에게 답례하다; …을 보상하다 (...*for*, *to*, *with*). ¶ (~+圄+圍+圄) *recompense* a person *for* his efforts 남의 노력에 대하여 보답하다 / *recompense* good *with* evil 선을 악으로 갚다. — *n.* Ⓤ Ⓒ 보답, 보수(reward); 보상(*for*...). ¶ in *recompense for* (*or* 《드물게》 *of*) …의 보수로써, …의 보상으로써, …을 보상하여.

re·com·pose [rì:kəmpóuz] *vt.* (-posed, -pos·ing) **1** …을 다시(고쳐) 만들다, 다시 짜맞추다(reconstitute). 〖인쇄〗…을 다시 짜다(조판하다). **2** [분쟁·감정 따위]를 가라앉히다, 진정시키다.

re·com·po·si·tion [rì:kampəzí∫(ə)n / -kɔm-] *n.* Ⓤ 개작(改作); 진정; 〖인쇄〗재조판.

re·con [rí:kan, ríkan / rékɔn, rikɔ́n] *n.* 《구어》= reconnaissance.

re·con·cen·tra·tion [rì:kàns(ə)ntréi∫(ə)n / -kɔ̀n-] *n.* Ⓤ 재집중.

rec·on·cil·a·ble [rékənsàiləbl] *adj.* 화해(조정)할 수 있는; 조화(일치)시킬 수 있는. ~·**ness** *n.* -**bly** *adv.*

‡**rec·on·cile** [rékənsàil] *vt.* (-ciled, -cil·ing) **1** (보통 재귀용법 또는 수동형) …을 감수하게 하다, 만족시키다 (...*to*). ¶ (~+圄+圍+圄) *reconcile* oneself *to* one's fate 자기의 운명을 감수하다 / He is *reconciled* to living in London. 그는 런던 생활에 만족하고 있다. **2** …을 화해(화합)시키다; (~+圄)(~+圄+圍+圄) *reconcile* him *to* (*or* with) Mr. A 그를 A 씨와 화해시키다. **3** …을 조정하다(settle); …과 조화시키다, 일치시키다(harmonize). ¶ (~+圄+圍+圄) *reconcile* a statement *with* a fact 언행을 일치시키다. **4** [더럽혀진 신성한 장소 등]을 정화하다(purify); [파문당한 사람]을 교회로 복귀시키다.
◇ reconciliátion *n.*, recónciliatory *adj.*

rec·on·cile·ment [rékənsàilmənt, +美 ` ` ` ` ` `] *n.* = reconciliation. [자, 조정자.

rec·on·cil·er [rékənsàilər], **(rec·on·ci·lor)** *n.* 화해

*‡**rec·on·cil·i·a·tion** [rèkənsìliéi∫(ə)n] *n.* **1** Ⓤ Ⓒ 조정, 화해; 조화, 일치. **2** Ⓤ 체념, 복종. **3** Ⓤ 회개에의 한 신에의 귀의. **4** Ⓤ [더럽혀진 성당 등의] 정화(淨化).

rec·on·cil·i·a·to·ry [rèkənsíliətɔ̀:ri / -t(ə)ri] *adj.* 화해적인; 조화적인; 조정의.

rec·on·dite [rékəndàit, +美 rikándait, +英 rikɔ́n-] *adj.* **1** 심오한, 난해한. ¶ the *recondite* origin of life 심원한 생명의 기원. **2** 거의 알려지지 않은(little known); 숨겨진, 비장(祕藏)의. ~·**ly** *adv* ~·**ness** *n.*

re·con·di·tion [rì:kəndí∫(ə)n] *vt.* …을 원상태로 되돌리다; …을 수리(수선)하다(repair).

re·con·duct [rì:kəndʌ́kt] *vt.* …을 도로 데려오다; …에 돌아가게 하다.

re·con·fig·ure [rì:kənfígjər / -gə-] *vt.* (-ured, -ur·ing) 〖비행기·전자 계산기]의 모양(부분품)을 바꾸다.

re·con·firm [rì:kənfə́:rm] *vt.* **1** [예약석 따위]를 재확인하다. **2** …을 다시 굳히다.

*‡**re·con·nais·sance** [rikánəs(ə)ns, -s(ə)ns / -kɔ́nis-] *n.* Ⓤ Ⓒ **1** 시찰, 사전 검사; 〖군대〗정찰(대). **2** 〖토목〗답사.

reconnáissance sàtellite *n.* 〖군사〗정찰(偵察) 위성〖상대국의 내부 사정을 탐사하기 위한 위성〗.

re·con·noi·ter, (英) **-tre** [rèkənɔ́itər, +美 riː-] *vt., vi.* (-tered, -ter·ing; (英) -tred, -tring) **1** [적정(敵情) 따위를] 정찰하다. **2** [토지를] 답사하다. **3** 조사하다, 사전 점검하다. —— *n.* (드물게) =reconnaissance.

re·con·noi·ter·er, (英) **-trer** [rèkənɔ́it(ə)rər] *n.* 정찰자; 답사자; 시찰자.

re·con·quer [riːkɑ́ŋkər /-kɔ́ŋ-] *vt.* …을 다시 정복하다; …을 정복하여 되찾다.

***re·con·sid·er** [rìːkənsídər] *vt., vi.* […을] 재고하다, 재심하다.

re·con·sid·er·a·tion [rìːkənsìdəréi∫(ə)n] *n.* Ⓤ 재고, 재심의(再審議).

re·con·sol·i·date [rìːkənsɑ́lidèit / -sɔ́l-] *vt.* (-dat·ed, -dat·ing) **1** …을 재통합하다. **2** …을 다시 공고히 하다.

re·con·stit·u·ent [rìːkənstítʃuənt / -tju-] *adj.* 새 조직을 만드는; 새 활력을 주는. —— *n.* 강장제.

re·con·sti·tute [rìːkɑ́nstit(j)ùːt /-kɔ́nstitjùːt] *vt.* (-tut·ed, -tut·ing) …을 다시 구성(편성, 제정)하다.

†re·con·struct [rìːkənstrʌ́kt] *vt.* …을 재건(개조, 복원)하다; …을 부흥하다.

◇ reconstruction *n.*, reconstructive *adj.*

†re·con·struc·tion [rìːkənstrʌ́k∫(ə)n] *n.* Ⓤ **1** 재건, 개조, 복원; 부흥. **2** (the R-) [美역사] 남부 제주(諸州)의 재편입; 그 기간(1867-77).

Re·con·struc·tion·ism [rìːkənstrʌ́k∫(ə)nìz(ə)m / rìː-] *n.* Ⓤ [유대교의] 현대적 개혁주의.

re·con·struc·tive [rìːkənstrʌ́ktiv] *adj.* 재건의, 개조의; 부흥의.

re·con·vene [rìːkənvíːn] *vt., vi.* (-vened, -ven·ing) […을] 재소집하다; 재소환하다.

re·con·ver·sion [rìːkənvə́ːrʒ(ə)n, -∫(ə)n / -∫(ə)n] *n.* Ⓤ **1** 재개종(再改宗); 복당(復黨); 복구. **2** 재전환, 재개편.

re·con·vert [rìːkənvə́ːrt] *vt.* …을 재개종(복당)시키다; …을 예전 상태로 복귀시키다; …을 재개편하다; …을 재전환하다.

re·con·vey·ance [rìːkənvéiəns] *n.* Ⓤ 재수송(再輸送), 반송(返送); 재양도.

re·cop·y [rìːkɑ́pi /-kɔ́pi] *vt.* (-cop·ied, -cop·y·ing) …을 다시 베끼다; 다시 복사하다.

‡re·cord *v.* [rikɔ́ːrd → *n., adj.*] *vt.* **1** …을 기록하다, 적어두다(set down); …을 등기(등록)하다(register). ¶ *record* a speech 연설을 기록하다 / (~+目+前+名) *record* something in a diary …을 일기에 적어두다. **2** …의 표시(기록)가 되다; [문헌 따위가] …을 말해주다. **3** [기계 따위가] …을 표시하다(indicate), 나타내다(show). ¶ The thermometer *recorded* 35℃. 온도계는 35℃를 가리켰다. **4** …을 녹음(녹화)하다; …을 레코드에 취입하다. —— *vi.* 기록(녹음)되다; …을 레코드에 취입하다.

—— *n.* [rékərd / rékɔːd] **1** ⓊⒸ 기록(등기, 등록(함)(記)). **2** [문서·공식 기록·의사록·공판록·증거(물) 따위]. **3** 경력, 이력; [학교의] 성적; 《美》 전과(前科) (criminal record). ¶ have a good (bad) *record* 경력이 좋다(나쁘다) / men with *records* 전과자. **4** [기록으로서] 남기는 기념물(memorial). **5** [축음기의] 레코드, 음반. ¶ cut a *record* 레코드에 녹음하다 / play a *record* 레코드를 틀다. **6** [경기의] 최고 기록. ¶ hold the (world's) *record* 《세계》 기록을 보유하다 / break (or beat, cut) the *record* 기록을 깨뜨리다.

bear record to …을 증언하다.

for the second 《반대 의견으로》 공개(발표)해도 되는.

go (or *put oneself*) *on record* 《美》 의견(입장)을 공적으로 표명하다; 기록에 남기다; 언질을 주다.

keep to the record 본론에서 벗어나지 않다.

a matter of record 확실히 기록에 실려 있는 사실.

off the record 《美》 공표해서는 안 될, 비공식의, 오프레코드의. ¶ speak *off the record* that... …이라고 비공식으로 말하다.

on [*the*] *record* 기록된; 공표되어 있는; 기록적인.

put ...on record …을 기록하다, 등록하다.

a record for all time 영원히 깰 수 없는 기록.

travel out of the record 본론에서 벗어나다.

—— *adj.* [rékərd / rékɔːd] 기록적인, 기록을 깨뜨리는, 최고의. ¶ a *record* crop 기록적 대풍(大豐) / *record* cold 기록적인 추위. 「럭자」.

récord brèaker *n.* 기록을 깨뜨린 사람, 신기록 수

rec·ord-break·ing [rékərdbrèikiŋ /-kɔːd-] *adj.* 기록을 깨는, 공전(空前)의. ¶ *record-breaking* sale 공전의 매상. —— *n.* Ⓤ 기록 돌파.

récord chànger *n.* 음반 자동 교환 장치.

recórd·ed delívery [rikɔ́ːrdid-] *n.* Ⓤ《英》 간이 등기 우편[2파운드 이상은 보상하지 않는다. *cf.* registered post].

‡re·cord·er [rikɔ́ːrdər] *n.* **1** 기록자, 등록자. **2** [자동] 기록기; 녹음기; 수신기. ¶ a time *recorder* 타임 기록기. **3** [英법률] 시(市) 재판관, 기록관. **4** 레코더 [8개의 구멍이 있는 구식 플루트의 일종].

récord fílm *n.* 기록 영화. *cf.* documentary film

récord hólder *n.* 기록 보유자.

***re·cord·ing** [rikɔ́ːrdiŋ] *adj.* 기록하는, 녹음하는; 기록용의, 녹음용의. ¶ a *recording* secretary 기록 계원 / a *recording* apparatus 자동 기록 장치 / a *recording* angel 인간계의 선악 행위를 기록하는 천사. —— *n.* ⓊⒸ 기록, 녹음; Ⓒ 녹음 테이프, 레코드 (phonograph record).

recórding héad *n.* [전자·공학] 기록(녹음·녹화) 헤드[테이프 레코더나 VTR에서 전기 신호를 자기(磁氣)의 변화로 바꾸어서 테이프 위에 기록하는 부품].

rec·ord·ist [rikɔ́ːrdist] *n.* 기록계원; [영화] 녹음계원.

‡récord plàyer *n.* 레코드 플레이어.

***re·count** [rikáunt] *vt.* …을 이야기하다(narrate) ((~ RELATE 類語)) …을 자세히 말하다; …을 차근차근 말하다; …을 하나하나 이야기하다, 세다; 열거하다 (enumerate).

re·count *vt.* [rìːkáunt → *n.*] …을 다시 세다, 다시 계산하다. —— *n.* [ríːkáunt, +美 ːː] 재계산, 다시 세기.

re·count·al [rikáuntl] *n.* 상술(詳述)(narration); 열거.

re·coup [rikúːp] *vt.* **1** [손실]을 회복하다; 벌충하다; 보상하다; [남]에게 변상하다. ¶ *recoup* one's losses 손실을 벌충하다 // *recoup* oneself at another's expense 남에게 손해를 끼쳐서 자기의 손실을 벌충하다 / *recoup* a person's loss; *recoup* a person *for* a loss 남에게 실분을 변상하다. **2** [법률] …을 빼다, 공제하다.

—— *n.* =recoupment.

re·coup·ment [rikúːpmənt] *n.* Ⓤ 벌충, 변상(compensation); [법률] 공제 (권) (reduction).

***re·course** [ríːkɔːrs, rikɔ́ːrs / rikɔ́ːs] *n.* **1** Ⓤ 의지 [하기] ((*to...*)). ¶ *by recourse to* violence 폭력에 호소하여 / have *recourse to* …에 의지하다, …을 사용하다. **2** Ⓒ 의지가 되는 것(사람). ¶ His last *recourse* is the law. 마지막에 가서는 그는 법률에 호소한다. **3** Ⓤ [상업·법률] 상환 청구권, 소구권(遡求權), 상환 청구; 상환 청구의 권리. ¶ without *recourse* 상환청구의 권리가 없음[배서인 또는 발행인이 어음에 쓰는 말].

‡re·cov·er [rikʌ́vər] *vt.* **1** …을 되찾다, 회복하다; 《재귀용법》[체력·평형·의식 등]을 되찾다. ¶ *recover* [one's] consciousness (one's health) 의식(건강)을 회복하다 / *recover* one's voice [놀란 뒤에] 간신히 목소리가 나오다 / *recover* one's feet (or legs) [쓰러졌다가] 일어서다 / *recover* a person's friendship 우정을 되찾다 / *recover* oneself 제정신이 들다; 마음이 가라앉다.

類語 **recover** 잃었던 것을 다시 손에 넣다; 노력의 뜻은 없다: *recover* a lost watch 잃었던 시계를 되찾다. **regain** 빼앗긴 것을 【강한 의지로】 되찾다: *regain* freedom 자유를 되찾다. **restore** 파괴·쇠약한 것을

본래의 좋은 상태로 회복시키다: restore one's reputation 명성을 되찾다. **retrieve** 열심히 노력한 결과 recover, regain, restore 하다: retrieve one's prosperity 노력하여 번영을 되찾다.
2 [손실]을 보상하다, 메우다, 벌충하다 (compensate). ¶ recover one's losses by hard work 열심히 일하여 손실을 메우다.
3 …을 재발견하다, [시체 따위]를 찾아내다. ¶ recover a lost art 잃어버린 기술을 재발견하다.
4 [타락에서] [남]을 벗어나게(개심케) 하다; …을 교정 (矯正)하다 (…from, out of). ¶ (~+目+前+名) recover a person from (or out of) vice 남을 악의 길에서 벗어나게 하다.
5 [법률] …의 배상을 받다; …의 소유권을 되찾다. ¶ recover lands in real action 소송으로 토지를 되찾다 // (~+目+前+名) recover damages for false imprisonment 불법 감금에 대한 배상을 받다.
6 [남]을 회복시키다. ¶ (~+目+前+名) recover a person to life 남을 소생시키다 / The medicine recovered me from the illness. 그 약을 먹었더니 병이 나았다.
7 [폐물에서] [유용한 물질]을 재생하다(reclaim); [바다 따위]를 매립하여 [토지]를 만들다. ¶ (~+目+前+名) recover land from the sea 바다를 매립하다.
8 [스포츠] …을 원 위치(상태)로 돌리다; [군대] [총 따위]를 [겨누는 자세에서] 원 위치(된 자세)로 돌리다. ¶ recover a sword [펜싱에서] 찌르고 나서] 검을 원 자세로 돌리다.
— vi. **1** 회복하다, 낫다; 원상태로 되다, 복구하다. ¶ (~+前+名) recover from a disaster 재난에서 복구하다 / I have quite recovered from my cold. 감기가 다 나았다. **2** [스포츠] 원자세로 되다. **3** [법률] [소송에 이겨] 권리를 회복하다.
recover the wind of [사냥에서] [짐승 따위]를 바람 불어가는 쪽으로 몰다.
— n. ⓤⓒ [펜싱이나 교련 따위에서] 원자세[로 돌아가기].
◇ recóvery n.

re-cov·er [riːkʌ́vər] vt. …을 다시 덮다, …의 표지를 갈아 붙이다.

re-cov·er·a·ble [rikʌ́v(ə)rəbl] adj. 되찾을 수 있는, 회복할 수 있는.

‡**re-cov·er·y** [rikʌ́v(ə)ri] n. ⓤⓒ (pl. **-er·ies**) **1** 되찾기, 회복 (restoration). **2** 병의 회복, 쾌차 (from…). ¶ make a complete recovery from an illness 완쾌하다. **3** 복구. **4** [폐물에서 유용 물질의] 재생; [바다 따위의] 매립. **5** [법률] 재산 회복. **6** [스포츠] 원자세로 돌아가기.

recóvery ròom n. [병원의] 회복실.

rec·re·ance [rékriəns] n. =recreancy.

rec·re·an·cy [rékriənsi] n. ⓤ 겁많음; 배신 (perfidy).

rec·re·ant [rékriənt] adj. **1** 겁많은, 비겁한 (cowardly). **2** 불성실한, 변절하는 (unfaithful). — n. **1** 겁쟁이, 비겁자 (coward). **2** 변절자, 배신자.
~·ly adv.

rec·re·ate [rékrièit] v. (-at·ed, -at·ing) vt. [오락·가벼운 운동 따위로] [남]에게 생기를 북돋우다, 소창시키다, [남]을 휴양시키다, 기운나게 하다 (refresh). ¶ recreate oneself with a hobby (by a holiday) 좋아하는 일을 하며 (휴가를 얻어) 즐기다. — vi. 소창하다, 쉬다; 생기를 기르다, 휴양하다.

re-cre·ate [rìːkriéit] vt. (-at·ed, -at·ing) …을 고쳐 만들다, 개조하다.

‡**rec·re·a·tion** [rèkriéi(ʃ)ən] n. ⓤⓒ **1** 레크리에이션, 기분 전환, 소창, 오락, 기분풀이가 되는 것.
類語 recreation 긴장을 풀고 심신을 상쾌하게 하기 위한 활동: gardening as a recreation 레크리에이션으로서의 원예. **amusement** 한가한 시간을 지루하지 않게 지내기 위한 즐거운 일: read for amusement 재미로 독서하다. **diversion** 틀에 박힌 일이나 걱정 따위에서 마음을 딴 데로 돌려 기분을 푸는 일: diversion for a woman in sorrow 슬픔에 젖은 여인을 위한 기분 전환. **entertainment** 남에게 제공하는 일: sing as an entertainment for guests 손님을 접대하기 위하여 노래하다. **hobby** 전문·본업이 아니면서 하는 일; 반드시 오락적인 것만은 아니다: My hobby is writing stories. 나의 취미는 소설을 쓰는 일이다. **pastime** 시간을 즐겁게 지낼 수 있는 모든 일: a game, sport, hobby and other pastime 게임·스포츠·취미 기타의 기분풀이.
2 휴양, 보양. ¶ take recreation 휴양하다.
◇ récreate v., recreátional adj.

re-cre·a·tion [rìːkriéi(ʃ)ən] n. ⓤⓒ 개조, 고쳐 만들기; 개조물.

*****rec·re·a·tion·al** [rèkriéi(ʃ)ən(ə)l] adj. 오락적인, 레크리에이션의, 기분 전환의; 보양 (保養)의, 휴양의.

recreátional véhicle n. 레저카, 유흥용 승용차 [camper, dune buggy, trailer 따위] [略 RV].

recreátion gròund n. (특히 英) 유원지; [축구 시합 따위를 하는 공공의] 운동장.

rec·re·a·tion·ist [rèkriéi(ʃ)ənist] n. [특히 야외에서] 레크리에이션을 즐기는 사람, 행락객.

rec·re·a·tion ròom (hàll) n. 오락실 (rec room).

rec·re·a·tive [rékrièitiv] adj. 기분 전환이 되는 (diverting), 생기를 돋구는, 휴양 (보양)이 되는.

re-crim·i·nate [rikrímənèit] v. (-nat·ed, -nat·ing) vi. 반소(反訴)하다, 되받아 비난하다. — vt. …에게 되받아 비난(책망)하다.

re-crim·i·na·tion [rikrìmənéi(ʃ)ən] n. ⓤⓒ 맞비난; 반소, 맞고소. [criminatory.

re-crim·i·na·tive [rikrímənèitiv/-nət-] adj. = recriminatory.

re-crim·i·na·to·ry [rikrímənətɔ̀ːri/-t(ə)ri] adj. 되받아 비난(책망)하는; 반소하는, 맞고소의.

réc ròom (hàll) [rék-] n. 《구어》 =recreation room. [(건너다).

re-cross [rìːkrɔ́ːs/-krɔ́s] vt. …을 다시 가로지르다

re-cru·desce [rìːkruːdés] vi. (-desced, -desc·ing) [병·상처·불평·불안 따위가] 재발하다, 재연하다 도치다.

re-cru·des·cence [rìːkruːdésns] n. ⓤⓒ 재발, 재연, 더침.

re-cru·des·cent [rìːkruːdésnt] adj. 재발하는.

*****re-cruit** [rikrúːt] n. 신병, 보충병; 신입 회원 (당원, 단원), 신입생, 신참자. ¶ a new (or raw) recruit 풋내기, 신참자. — vt. **1** [신병]을 모집하다; [회원(당원) 등]을 모집하다. **2** …을 신병·신입 회원 등의 보충(으로) 강화하다, 보강하다. **3** [군대]에 신병을 보충하다; [회·당 따위]에서 새 회원(당원) 등을 고용하다 (hire). **4** …을 보충하다, 보급하다; [건강·체력]을 회복하다 (restore). — vi. **1** 징병하다; 새 회원을 모집하다. **2** 보충하다, 보급하다; 건강(체력)을 회복하다; 잃었던 것을 되찾다. ◇ recrúitment n.

re-cruit·al [rikrúːt(ə)l] n. ⓤⓒ 보급, 보충(품).

re-crúit·ing òfficer [rikrúːtiŋ-] n. 징병관.

re-cruit·ment [rikrúːtmənt] n. ⓤⓒ 신병 징모, 징병, 새 회원 모집; 고용; 보급, 보충; [생리] 건강(체력) 회복.

re-crys·tal·lize [rìːkrístəlàiz] v. (-lized, -liz·ing) vt. …을 재결정하다.

Rec. Sec., rec. sec. 《略》 recording secretary.

rect- ⇨ RECTI-.

rect. receipt; rectified; rector; rectory.

rec·ta [réktə] n. rectum 의 복수형

rec·tal [rékt(ə)l] adj. 직장(直腸) (rectum)의.
~·ly [-təli] adv.

*****rec·tan·gle** [réktæŋgl] n. 직사각형, 장방형, 구형.
◇ rectángular adj.

*****rec·tan·gu·lar** [rektǽŋgjulər] adj. **1** 직사각형(구형, 장방형)의. **2** 직각을 이루는, 직각의. ¶ rectan-

gular coordinates 직교 좌표(直交座標) / a *rectangular* hyperbola 직각 쌍곡선 / a *rectangular* parallelepiped 직방체(直方體). ~**ly** *adv.*

rec·tan·gu·lar·i·ty [rektæŋgjuləriti] *n.* ⓤ 직각임.

rec·ten·na [rekténə] *n.* 정류(整流) 안테나[인공 위성을 이용한 태양열 발전소 계획에 필요한 마이크로파를 받아 전류로 바꾸는 장치]. [<REC [IFYING]+[AN]TENNA]

recti- right, straight 의 뜻의 연결형(* 모음 앞에서는 rect-로 씀다). 예: *recti*tude, *rect*angle.

rec·ti·fi·a·ble [réktifàiəbl] *adj.* 수정(교정(矯正)·개정)할 수 있는 (correctable); [기기(機器)가] 조정할 수 있는; [화학] 정류(精溜)할 수 있는; [전기] 정류(整流)할 수 있는; [수학] [곡선의] 길이를 구할 수 있는.

rec·ti·fi·ca·tion [rèktifikéiʃ(ə)n] *n.* ⓤ 수정, 교정, 개정, 조정; [화학] 정류; [전기] 정류; [수학] 구장(求長)[법](求長法).

rec·ti·fi·er [réktifàiər] *n.* 수정자, 교정자; [기기(機器)의] 조정자; [화학] 정류기; [전기] 정류기(관).

rec·ti·fy [réktifài] *vt.* (**-fied, -fy·ing**) **1** …을 바로잡다, 바루다, 고치다, 수정하다, 개정하다, 교정(矯正)하다; [기기(機器)를] 조정하다. ¶ *rectify* errors 틀린 것을 바로잡다 / *rectify* opinions 의견을 수정하다 / *rectify* a globe 천체의(天體儀)를 조정하다. **2** [화학] [알코올 따위를] 정류(精溜)하다(purify). **3** [전기] [교류]를 직류로 바꾸다, 정류(整流)하다. ¶ *rectifying* action 정류 작용 / a *rectifying* detector 정류 검파기(檢波器). **4** [수학] [곡선의] 길이를 구하다, 구장(求長)하다.

rec·ti·lin·e·al [rèktilíniəl] *adj.* = rectilinear.

rec·ti·lin·e·ar [rèktilíniər] *adj.* 직선을 이루는, 직선의; 직선으로 둘러싸인; 직선으로 나아가는, 직선적이다. ~**ly** *adv.*

rec·ti·tude [réktit(j)ù:d/-tjù:d] *n.* ⓤ **1** 정직, 고지식함, 성실(integrity); 공정; 올바름, 정확함(correctness). ⇒ HONESTY 類語 **2** 《드물게》 똑바름, 곧음(straightness).

rec·to [réktou] *n.* (*pl.* **-tos**) [인쇄] [책의] 오른쪽 페이지; 바른[겉]면(right, front) *opp.* verso). [<L]

*****rec·tor** [réktər] *n.* (* 여성형은 rectress) **1** [미국 감독 교회의] 교구 목사, [영국 국교회] 교구 사제(pastor). **2** [가톨릭] [예수회 등의] 수도원장. **3** [신학교·대학·각종 학교 따위의] 교장, 학장, 총장. ◇ rectórial *adj.*

rec·tor·ate [réktərit] *n.* ⓤⓒ rector 의 지위(직, 임기). ⇒ RECTOR. [한]. ⇒ RECTOR.

rec·tor·i·al [rektɔ́:riəl/-tɔ́:-] *adj.* rector 의 (에 관한).

rec·tor·ship [réktərʃìp] *n.* = rectorate.

rec·to·ry [rékt(ə)ri] *n.* (*pl.* **-ries**) **1** 《美》 교구 목사관(parsonage) 《英》 교구 사제관. **2** 《英》 교구 사제의 성직록.

rec·trix [réktriks] *n.* (*pl.* **-tri·ces** [-tríʃi:z, rektráisi:z]) [조류] 꽁지 깃. [[直腸]]

rec·tum [réktəm] *n.* (*pl.* **-tums** *or* **-ta**) [해부] 직장.

re·cum·ben·cy [rikʌ́mbənsi] *n.* ⓤ 기댐; 모로 누움; 활발치 않음; 태만.

re·cum·bent [rikʌ́mbənt] *adj.* **1** 기댄 (leaning); 드러누운, 활발치 못한; 게으른. **3** [생물] 다른 것에 기댄, 누워 있는. ~**ly** *adv.*

re·cu·per·ate [rik(j)ú:pərèit] *v.* (**-at·ed, ⁓at·ing**) *vi.* (병·피로에서) 회복하다, 건강을 되찾다, [손실을 바라다; 경제적 손실을 만회하다. ¶ *recuperate* after illness 병후 건강을 회복하다. ― *vt.* [남]을 건강하게 회복시키다; [체력·세력]을 도로 찾다; [경제적 손실]을 만회하다(recover).

re·cu·per·a·tion [rik(j)ù:pəréiʃ(ə)n] *n.* ⓤ 회복.

re·cu·per·a·tive [rik(j)ú:pərèitiv/-rət-] *adj.* 회복시키는, 기운차리게 하는; 회복력이 있는.

re·cu·per·a·tor [rik(j)ú:pərèitər] *n.* 회복하는 사람(것); [기기] 복열(復熱) 장치; [대포 따위의] 반사 후의 복좌(復座) 장치.

*****re·cur** [rikə́:r] *vi.* (**-curred, -cur·ring**) **1** [사물이] 다시 일어나다, 재발하다, 되풀이되다. ¶ Leap year *recurs* every four years. 윤년은 4년마다 돌아온다. **2** [생각이] 다시 떠오르다. ¶ (~+匣+图) His former mistake *recurred* to him (or to his mind). 전번의 실패가 그의 마음에 되살아났다. **3** [본래의 화제·상태로] 되돌아가다 (return) (*to*...). ¶ (~+匣+图) *recur* to the matter of cost 다시 비용 문제로 돌아가다. **4** [수학] 순환하다. ¶ a *recurring* curve 순환 곡선. ◇ recúrrence *n.*, recúrrent *adj.*

re·cur·rence [rikə́:rəns/-kʌ́r-] *n.* ⓤⓒ 재래 (再來), 재발, 재현, 되풀이, 순환; [본래의 화제·상태로의] 되돌아감; 회상.

re·cur·rent [rikə́:rənt/-kʌ́r-] *adj.* **1** 다시 일어나는, 되풀이하는; 순환하는, 순환적인. **2** [해부] 동맥·신경 따위가] 회귀성(回歸性)의. ¶ *recurrent* nerves 회귀 신경. ~**ly** *adv.*

recúrrent educátion *n.* [교육] 순환 교육[평생교육 구상의 하나로서, 학교 교육과 사회 교육을 순환적으로 체계화한 교육].

recúrrent féver *n.* ⓤⓒ [병리] 회귀열.

re·cúr·ring décimal [rikə́:riŋ-] *n.* [수학] 순환 소수(circulating decimal).

re·cur·sion [rikə́:rʒ(ə)n, -ʃ(ə)n] *n.* 회 귀(return); [컴퓨터] 회귀, 반복; [수학] 귀납. [[적인.

re·cur·sive [rikə́:rsiv] *adj.* [컴퓨터] 반복적인, 회귀

recúrsive subróutine *n.* [컴퓨터] 재귀적 서브루틴[자기 자신(그것 자체)를 직접 호출할 수 있는 서브루틴].

re·cur·vate [rikə́:rvit, -veit] *adj.* 휘어진, 젖혀진.

re·curve [rikə́:rv] *v.* (**-curved, -curv·ing**) *vt.* …을 뒤로 휘게 하다(젖히다). ― *vi.* 휘어지다, 뒤로 구부러지다(bend back).

rec·u·san·cy [rékjuz(ə)nsi, rikjʌ́z-] *n.* ⓤ **1** 완강한 불복종(거부, 반대). **2** 영국 국교 기피(nonconformity).

rec·u·sant [rékjuz(ə)nt, rikjʌ́z-] *adj.* **1** 막무가내로 복종하지 않는; 완강히 거부(반대)하는. **2** 《英史》 영국 국교를 믿지 않는. ― *n.* **1** 막무가내로 복종치 않는 사람, 완강히 거부(반대)하는 사람. **2** 《英史》 [특히 가톨릭교도의] 국교 기피자 (nonconformist). [vehicle.

rec·vee, rec-v [rèkví:] *n.* 《구어》 = recreational

re·cy·cla·ble [ri:sáikləbl] *adj.* 재생 이용할 수 있는.

re·cy·cle [ri:sáikl] *vt.* (**-cled, -cling**) …을 재생 이용하다, 재순환시키다.

re·cy·cling [ri:sáikliŋ] *n.* 재생 이용; 재순환[작용]; [경제] 단자 환류(短資還流).

***red** [red] *adj.* (**réd·der, réd·dest**) **1** 붉은, 빨간, 적색의, 불그스름한, 새빨갛게 빛나는; [피부가] 붉그레한, 건강색의. ¶ a *red* rose 붉은 장미꽃 / a *red* scarf 빨간 스카프 / *red* cheeks 붉은 뺨 / *red* hair 빨간 머리털, 붉은 옷을 입은, 붉은 털의; [노여움·부끄러움 때문에] 새빨개진. ¶ *red* girls 붉은 옷을 입은 소녀들 / get *red* [in the face] 얼굴에 홍조를 따다; 얼굴을 붉히다 / become *red* with rage 분노로 새빨개지다. **3** 피로 물든; [눈이] 충혈된, 핏발선; [전투 따위가] 피비린내나는, 격렬한. ¶ *red* eyes 충혈된 눈 / 울어서 붉어진 눈 / a *red* battle 혈전 / with *red* hands 피묻은 손으로, 살인을 범하고 / have *red* hands 살인을 범하다. **4** 《정치적으로》 붉은, 극좌의, 급진적인; (종종 R-) 공산주의의 (communist), 소련의, 공산권의. ¶ *red* ideas 붉은 사상 / a *red* anarchist 과격한 무정부주의자. **5** 《거래 따위가》 적자(赤字)의, 손해의. *opp.* black

paint the map red 《英》 영국 영토를 확장하다[지도에서는 보통 영국 영토를 붉게 하는 데서].

paint the town red 《속어》 [술집 따위에서] 흥청망청 놀다.

― *n.* **1** ⓤⓒ 빨강, 적색 [그림 물감, 염료]. **2** 붉은 것, 불그스름한 것; 붉은 털[의 사람, 동물]; ⓤ 붉은 옷

(천); (the ~) [당구의] 붉은 공, [체스 따위의] 붉은 말. ¶ be dressed in *red* 붉은 옷을 입고 있다. **3** (종종 R-) 공산주의자, 빨갱이. ¶ the *Reds* 적군(赤軍), 공산군. **4** (보통 R-s) 아메리카 인디언. **5** (보통 the ~) 적자. *opp*. black ¶ go into the *red* 적자를 내다, 빚지다 / be in the *red* 적자를 내고 있다, 빚지고 있다 / come out of the *red* 적자에서 헤어나다. **6** 《구어》 1센트 동전.
see red 《구어》 살기를 띠다, 격노하다.
◇ **rédden** *v.*

re·dact [ridǽkt] *vt.* [출판하기 위하여] [원고 따위를] 편집하다(edit), 교정하다, [성명서 따위를] 작성하다, 기초하다.
re·dac·tion [ridǽkʃ(ə)n] *n.* ⓤ [출판하기 위한] 편집, 개정(revision); ⓒ 편정, 신판(new edition).
re·dac·tion·al [ridǽkʃən(ə)l] *adj.* 편집의, 개정의.
re·dac·tor [ridǽktər] *n.* 편집자, 교정자.
réd ádmiral *n.* [곤충] 멋쟁이나비의 일종.
réd alért *n.* ⓤⓒ [적군 습격 직전의] 적색 경보. *cf.* blue alert, yellow alert
réd álga *n.* [식물] 홍조(紅藻).
re·dan [ridǽn] *n.* [築城] 철각보(凸角堡).
Réd Ármy *n.* (the ~) 적군(赤軍) [구소련의 정규군], [일반적으로] 공산군.
red-backed [rédbæ̀kt] *adj.* 등이 붉은.
red·bait [rédbèit] *vt.* …을 공산주의자라 하여 탄압하다.
red·bait·er [rédbèitər] *n.* 공산주의자 탄압자.
red·bait·ing [rédbèitiŋ] *n.* ⓤ 공산주의자 탄압.
réd bárk *n.* ⓤ 붉은 기나의 껍질[말라리아 특효약인 키니네의 원료].
réd béet *n.* [샐러드 용] 붉은 사탕무.
red·bird [rédbə̀ːrd] *n.* **1** = cardinal bird. **2** 피리새 무리의 작은 새.
red-blind [rédblàind] *adj.* 적(赤)색맹의.
red-blood·ed [rédblʌ́did] *adj.* 혈기 왕성한, 기운찬 (vigorous); [소설 따위가] 활국적인, 신나게 흥분시키는. [rbc].
réd blóod cèll (córpuscle) *n.* = erythrocyte[략]
Réd Bòok *n.* 《英》 [19세기에 영국에서 출판된 붉은 표지의] 신사록, 귀족 명감; [영국의] 직원록.
red·breast [rédbrèst] *n.* **1** = robin. **2** = knot².
red-breast·ed [rédbrèstid] *adj.* 가슴이 붉은.
red·brick [rédbrìk] *adj.* [영국의 대학이] 역사가 오래지 않은 [Oxford, Cambridge, London 대학 이외의 대학에 대해서 말하며, 붉은 벽돌로 지은 데서].
Réd Brigádes *n. pl.* (the ~) 붉은 여단 [1978년 Aldo Moro 전수상을 납치, 살해한 이탈리아의 극좌 테러단]. [권총집].
red·bud [rédbʌ̀d] *n.* 미국박태기나무 [콩과(科)의 낙엽 관목].
red·cap [rédkæ̀p] *n.* **1** 《美》 [철도의] 수하물 운반인, 짐꾼(porter). **2** 《英구어》 헌병. **3** = goldfinch.
réd cárpet *n.* **1** [고관의 출입구에 까는] 붉은 응단. **2** 극진한 대우(대접, 환영). ¶ The visiting princess was treated to the *red carpet* in Rome. 방문중인 공주는 로마에서 성대한 환영을 받았다.
red-car·pet [rédkɑ̀ːrpit] *adj.* 《美》 정중한; 성대한.
réd cédar *n.* 《美》 [미국산(産)의] 연필향나무 [목재는 연필 제조에 쓰인다]. **2** 미국측백 [미국 서부산의].
réd céll *n.* 적혈구 [동물의].
réd cént *n.* 《美구어》 **1** 1센트 동전. **2** 피천 한 잎. ¶ not worth a *red cent* 한푼의 값어치도 없는 / I don't care a *red cent*. 조금도 상관없다(개의치 않는다).
Réd Chína *n.* 중공.
Réd clóver *n.* 붉은토끼풀 [가축 사료로].
red·coat [rédkòut] *n.* 《종종 R-》 미국 독립 전쟁 당시의 영국 병정 [붉은 제복을 입었으니].
réd córpuscle *n.* 적혈구.
Réd Créscent *n.* (the ~) 적십자사와 동등한 일을 하는 단체로 붉은 초승달을 기장으로 하고있다].

Réd Cróss *n.* **1** (the ~) 적십자[사]. **2** 적십자장(章). **3** (r- c-) 성(聖) 조지 십자장 [영국의 국장].
Réd Cróss Socíety *n.* 적십자사.
redd [red] *vt.* (**redd** *or* **redd·ed**, **redd·ing**) 《방언》 …을 치우다, 정돈하다(put in order).
réd déal *n.* ⓤ 적송재(赤松材).
réd déer *n.* **1** [유럽·아시아산(産)의] 붉은사슴. **2** 붉은사슴 [미국의 Virginia deer의 여름철에 털빛이 붉을 동안의 이름].
***rèd·den** [rédn] *vt.* …을 붉게 하다; …의 얼굴을 붉히게 하다. — *vi.* 붉어지다; 얼굴을 붉히다, 홍조를 띠다(blush)(*at*…).
réd dévil *n.* 《속어》 세코바르비탈(secobarbital)의 붉은색 캡슐 [진정·수면제].
***red·dish** [rédiʃ] *adj.* 불그스름한, 붉은색을 띤.
red·dle [rédl] *n., v.* (**-dled, -dling**) = ruddle.
red-dog [réddɔ̀ːg / -dɔ̀g] *vt., vi.* (**-dogged, -dog·ging**) [미식 축구] [・・・]을 스크럼선을 넘어 전격적으로 공격하다.
rede [riːd] 《주로 英구어》 *vt.* (**red·ed, red·ing**) **1** …에게 충고하다(advise). **2** …을 해명하다, 설명하다(explain). — *n.* ⓤ **1** 충고. **2** 계획(plan). **3** 이야기(story). **4** 해명, 설명.
reck one's own rede 자기 자신의 판단에 따르다.
re·dec·o·rate [riːdékərèit] *vt.* (**-rat·ed, -rat·ing**) …을 다시 꾸미다, 새로 장식하다.
***re·deem** [ridíːm] *vt.* **1** …을 되사다, [저당물을] 되찾다; …을 도로찾다(*…from*). ¶ *redeem* mortgaged land 저당잡혔던 토지를 도로 찾다. **2** [공채 따위를] 상환하다, 상각하다. ¶ *redeem* a national debt 국채를 상환하다 / *redeem* a promissory note 약속 어음을 지급하다. **3** [지폐]를 태환하다, 정화(正貨)로 바꾸다. ¶ *redeem* paper money 지폐를 태환하다. **4** [의무·약속]을 이행하다(fulfill). **5** [결점 따위]를 벌충하다, 메우다. ¶ a *redeeming* point 결점을 벌충해 주는 점, 장점 // (~ + 目+前+图) A charm of voice *redeems* her plainness. = A charm of voice *redeems* her *from* plainness. 고운 목소리가 그녀의 못생긴 얼굴을 살려주고 있다. **6** [속전(贖金)을 치르고; [남]을 구하다, 빼내다(*…from*); [신학] [그리스도가] [죄인]을 구하다(*…from*). ¶ *redeem* oneself (*or* one's life) 속전을 내고 자기의 목숨을 구하다. **7** [언질의 따위를] 실행하다, [현금]으로 바꾸다.
◇ **redémption** *n.*, **redémptive, redémptory** *adj.*
re·deem·a·ble [ridíːməbl] *adj.* 되살 수 있는; 벌충할 수 있는, 상환할 수 있는, 속전을 치르고 구할 수 있는, 구제할 수 있는.
re·deem·er [ridíːmər] *n.* 되사는 사람, 저당물을 되찾는 사람, 속신자(贖身者); 구제자; (R-) 구세주, 그리스도.
re·deem·ing [ridíːmiŋ] *adj.* [과실·결점 따위를] 보완하는, 벌충이 되는, 상쇄하는. ¶ a *redeeming* quality (feature) 결점을 보완하는 특성.
re·de·liv·er [rìːdilívər] *vt.* **1** …을 재배달[재전달, 재교부, 재송부]하다. **2** …을 되돌리다, 돌려주다(return).
***re·demp·tion** [ridémpʃ(ə)n] *n.* ⓤ **1** 되사기, 저당물 되찾기; 속신(贖身); 상환, 태환; 구제; 해방(deliverance). ¶ *beyond* (*or* past) *redemption* 회복할 가망이 없는; 구제하기 어려운. **2** [종교] [그리스도에 의한] 속죄(salvation), 구제. ¶ *in the year of our redemption* 1980 서기 1980년에. **3** ⓒ 보상하는 것, 장점.
◇ **redéem** *v.*
re·demp·tive [ridémptiv] *adj.* 되사는; 보상하는, 상환의; 속전을 치르고 구해내는; 구제의, 속죄의.
re·demp·to·ry [ridémptɔ̀ːri/-t(ə)ri] *adj.* = redemptive.
re·de·nom·i·na·tion [rìːdinɑ̀mənéiʃ(ə)n/-nɔ̀m-] *n.* ⓤ 통화의 호칭 단위의 변경.

réd énsign n. 〔英〕 〔붉은〕 영국 상선기(商船旗).

re·de·ploy [ri:dipl5i] vt. 〔부대 따위〕를 이동(전전)시키다; 〔노동자 등〕을 배치 전환하다. — vi. 이동(전전)하다, 이동 전개하다.

re·de·ploy·ment [ri:dipl5imənt] n. ⓤ 이동, 전전(轉進); 배치 전환.

re·de·vel·op [ri:divéləp] vt. 1 …을 다시 발달시키다, 재개발하다. 2 〔사진〕 …을 다시 현상하다. — vi. 다시 발달하다.

red·eye [rédài] n. 1 〔특히 rudd 와 같은〕눈이 붉은 물고기. 2 ⓤ 《美俗》 독한 싸구려 위스키. 3 《美구어》 〔철도의〕 빨간 신호. 4 《구어》 = red-eye flight. — adj. 눈이 붉은, 눈이 충혈된.

red-eyed [rédáid] adj. 눈(눈가)이 붉은.

réd-èye flight n. 《구어》 〔기내 일반〕 야간 비행편 〔승객이 수면 부족으로 눈이 충혈되는데서〕.

réd-èye grávy [rédài-] n. 햄 기름에 물을 타서 만드는 육즙.

rédeye spécial n. 심야의 비행편, 야간 비행편. 〔<한밤중 출발로 이른 아침에 승객의 눈이 붉은 데서〕

red-faced [rédféist] adj. 얼굴이 붉은; 〔당황·분노로〕 얼굴이 붉어진; 홍조를 띤.

réd fíre n. 〔신호 따위에 쓰는〕 빨간 불꽃.

red·fish [rédfiʃ] n. (pl. **-fish** or **-fishes**) 연어〔시장에서 부르는 이름〕.

réd flág n. 1 적기(赤旗) 〔혁명기〕; 〔위험 신호로〕 붉은 기; 위험 신호. 2 (the R- F-) 적기가(歌) 〔혁명가〕. 3 남을 화나게 하는 것. 4 〔항해〕 〔배의 위험물 적재를 표시하는〕 붉은 색의 구형 표지.

réd fóx n. 붉은 여우.

réd gíant n. 〔천문〕 적색 거성(巨星).

réd góld n. 〈古金〉; 《古詩》 순금; 화폐.

réd góods n. pl. 〔신선한 식료품 따위가〕 이익은 적으나 회전이 빠르고 널리 팔리는 상품.

réd-grèen blíndness [rédgri:n-] n. ⓤ 적록(赤綠) 색맹.

réd gróuse n. 〔영국산(産)의〕 붉은 뇌조.

Réd Guard n. 〔1966년 8월의 중공 문화 대혁명 때의〕 홍위병(紅衛兵).

red-hand·ed [rédhǽndid] adj., adv. 1 피투성이의 손을 한〔하고〕. 2 현행범의(으로). ¶ catch a thief red-handed 도둑을 현행범으로 체포하다.
~ness n. ~ly adv.

réd hánds n. pl. 피 묻은 손; 《비유》 살인죄. ¶ with red hands 살인을 저지르고.

réd hát n. 〔추기경단의〕 붉은 모자; 추기경(cardinal).

red·head [rédhèd] n. 1 머리털이 붉은 사람. 2 〈새〉 흰죽지 무리의 새〔북미산(産)〕.

réd-head·ed [rédhèdid] adj. 빨간 머리털의; 머리 부분이 빨간.

réd-hèaded wóodpècker n. 〔북미산(産)의 머리와 목이 붉은〕 딱다구리의 일종.

réd héat n. 〔적열(赤熱) 온도(상태); 심한 흥분.

réd hérring n. 1 훈제한 청어. 2 〔주제나 본론으로부터 남의 주의를 딴 데로 돌리게 하는 것〕.
¶ draw a red herring across the path (or track) 주제와는 관계없는 것을 꺼내어 이야기를 딴 데로 돌리다.

***red-hot** [rédhát / -hɔ́t] adj. 1 적열(赤熱)의. 2 매우 흥분한, 달아오른; 격심한, 맹렬한, 열렬한; 격노한. ¶ He's a *red-hot* communist. 그는 열렬한 공산주의자이다. 3 〔정보가〕 최신의.

réd húnt n. 공산당 소탕, 공산주의자 색출.

re·dif·fu·sion [ri:difjú:ʒən] n. ⓤ 《주로 英》 〔라디오·텔레비전 프로그램·영화관 따위의〕 재방송.

re·di·gest [ri:didʒést, -dai-] vt. 1 …을 다시 소화하다. 2 …을 다시 정리하다.

Réd Índian n. 아메리카 인디언. cf. Indian

red·in·gote [rédiŋgòut] n. 앞이 터진 기장이 긴 여자 코트; 〔18세기경의〕 프록 코트풍의 남자용 더블 외투.

réd ínk n. ⓤ 1 붉은 잉크. 2 적자(赤字); 손실.

red-ink [rédiŋk] vt. …에 붉은 잉크로 기입하다, …을 붉은 잉크로 쓰다.

red·in·te·grate [redíntəgrèit] vt. (**-grat·ed, -grat·ing**) …을 완전히 본디대로 하다, 복원(복구)하다.

red·in·te·gra·tion [redìntəgréiʃ(ə)n] n. ⓤ 복원, 복구.

Réd Internátional n. 적색(제3) 인터내셔널〔1919년 Moscow에 창립〕.

re·di·rect [ri:dirékt, -dai-] vt. …을 고쳐 향하게 하다; …의 주소 성명을 고쳐 쓰다(readdress). — adj. 〔법률〕 재직접(再直接)의. ¶ *redirect* examination 재직접 심문.

re·di·rec·tion [ri:dirékʃ(ə)n, -dai-] n. ⓤ 방향을 고침; 주소 성명을 고쳐쓰기.

re·dis·count [ri:dískaunt] vt. …을 재할인하다.
— n. ⓤ ⓒ 2 (보통 ~s) 재할인의 어음.

rediscount ràte n. 〔상업〕 〔어음의〕 재할인율.

re·dis·cov·er [ri:diskʌ́vər] vt. …을 재발견하다.

re·dis·cov·er·y [ri:diskʌ́v(ə)ri] n. ⓤ ⓒ (pl. **-er·ies**) 재발견.

re·dis·trib·ute [ri:distríbju(:)t] vt. (**-ut·ed, -ut·ing**) …을 재분배, 다시 분배하다.

re·dis·tri·bu·tion [ri:distribjú:ʃ(ə)n] n. ⓤ ⓒ 1 재분배, 새로 분배함. 2 의원 정수(定數)의 재배정.

re·dis·trict [ri:dístrikt] vt. 《美》 〔주(州)·군〕을 새로 구획하다, …의 선거구를 개정하다.

re·di·vide [ri:diváid] vt., vi. (**-vid·ed, -vid·ing**) 분배(구분, 분할)하다(시키다), 고쳐 분배(구분, 분할)하다.

re·di·vi·sion [ri:divíʒ(ə)n] n. ⓤ ⓒ 재분배, 재분할.

réd lábel n. 《美》 화기(火氣) 주의 경고 문구〔위험 물질의 포장에 표시한다〕.

réd lámp n. 《英》 붉은 외등〔의사·약국의 야간등〕; 철도의 위험 신호.

réd léad n. ⓤ 연단(鉛丹), 광명단(光明丹)〔붉은 색 안료, 녹막이, 도료, 유리 제조용〕.

red·leg [rédlèg] n. 발이 붉은 새〔붉은발도요 따위〕.

red-leg·ged [rédlègd, -lègid] adj. 발이 붉은.

red-let·ter [rédlétər] adj. 붉은 글자의; 기념할만한 (memorable). ¶ a *red-letter* day 축제일; 경축일; 기념일; 길일(吉日), 행운의 날.

réd líght n. 〔교통의〕 붉은 신호; 위험 신호. cf. green
see the red light 적신호를 보다; 위험을 깨닫다; 겁내다. 〔柳街〕.

réd-líght dístrict [rédláit-] n. 홍등가, 화류가(花柳街).

red·line [rédlàin] vt. 1 〔비행기〕의 안전 속도를 규정하다; 〔비행기〕를 착륙하는다. 2 〔표·항목〕에 붉은 줄을 긋다, 지우다. 3 《美》 《금융》 빈민가를 융자·부보(附保) 대상에서 제외, 특정 경계 지구로 지정하다.

red·lin·ing [rédlàiniŋ] n. 〔금융 기관에 의한〕 특정 경계 지구 지정. 〔<슬럼화된 특정 지구를 융자·보험 계약 대상에서 제외, 지도에 붉은 선으로 표시한데서〕

réd mán n. 아메리칸 인디언 (Red Indian).

Réd Máss n. 사제(司祭)가 붉은 제의(祭衣)를 입고 올리는 미사.   cf. white mass

réd méat n. ⓤ 〔쇠고기·양고기 따위의〕 붉은 고기.

réd múllet n. 노랑촉수 〔촉수과 따위의 물고기〕.

red·neck [rédnèk] n. 《美》 〔경멸적〕 〔미국 남부의〕 촌뜨기 사람, 노동자. 〔<옥외 노동으로 목이 빨갛게 탄 데서〕

red·ness [rédnis] n. ⓤ 붉음; 빨갛게 됨. 〔서〕.

re·do [ri:dú:] vt. (**-did, -done, -do·ing**) …을 새로 (다시)하다; 고쳐 장식하다.

red·o·lence [réd(ə)ləns], **-len·cy** [-lənsi] n. ⓤ 방향(芳香), 향기(scent).

red·o·lent [réd(ə)lənt] adj. 1 향기로운 (fragrant). 2 …의 냄새가 나는 (of, with...). ¶ a kitchen *redolent* of something burning 무엇인가 타는 냄새가 나는 부엌. 3 …을 생각나게 하는, 암시하는 (suggestive) (of, with...). ¶ make a speech *redolent* of one by Lincoln 링컨의 연설을 상기시키는 연설을 하다 / His remark was *redolent with* his deep knowledge. 그의 말은 그의 지식을 짐작케 했다.

*re·dou·ble [ri(ː)dʌ́bl] v. (**-bled, -bling**) vt. **1** …을 배로 늘리다, 배가하다; …을 강화하다(intensify), 증가하다(increase). ¶ *redouble* one's efforts 노력을 배가하다. **2** …을 반향(反響)시키다(echo). **3** 〖카드놀이〗〖브리지에서〗(상대가 배로 지른 것)을 다시 배로 올려 지르다. **4** 〖고어〗…을 되풀이하다. ── vi. **1** 배가되다, 증대하다, 세어지다. **2** 반향하다. **3** 갑자기 되돌아가다. **4** 〖고어〗(상대가 배로 지른 것을) 다시 배로 올려 지르다. ── n. 〖카드놀이〗 다시 배로 올려 지르기.

re·doubt [ridáut] n. **1** 〖축성〗 각면보(角面堡)〖산꼭대기 같은 곳을 지점에 짓는 성채〗. **2** 〖일반적으로〗 요새 (stronghold).

re·doubt·a·ble [ridáutəbl] adj. **1** 가공할(formidable), 경외를 표할만한, 존경할만한.
~·ness n. -bly adv.

re·doubt·ed [ridáutid] adj. 〖고어〗 =redoubtable.

re·dound [ridáund] vi. **1** 〖명예·신용·이익 등을〗더하다, 높이다(to…). ¶ *redound to* a person's honor (advantage) 남의 명예(이익)가 되다. **2** 〖행위 따위의 결과가〗…에게 미치다, 돌아가다 (result) (*to…*). ¶ What you do *redounds to* your parents. 네가 하는 짓은 네 부모에게 돌아간다. **3** 〖명예·불명예 따위가〗되돌아오다(가다), 튀어 돌아오다 (rebound) (*upon…*). ¶ His cruelties will *redound upon* himself. 그의 잔혹 행위는 제 자신에게 되돌아갈 것이다.

red·out [rédaut] n. 〖항공〗 시력 적화 상실(視力赤化喪失) 〖공중 회전과 같은 항공기의 급격한 운동으로 발생한다〗.

red-pen·cil [rédpénsl] vt. (**-ciled, -cil·ing**;《특히 英》**-cilled, -cil·ling**) …을 삭제하다 (delete); 검열하다 (censor); 정정하다 (correct).

réd pépper n. 〖Ｕ〗〖Ｃ〗 고추.

Réd Póll (**Pólled**) n. 〖영국 원산(産)의〗 뿔 없는 붉은 소. 〖일종.

red·poll [rédpòul] n. (=**rédpòll wárbler**) 홍방울새의 일종.

Réd Pówer n. 〖美〗 레드 파워〖인디언의 문화적·정치적 운동의 슬로건〗. cf. Black Power

réd púrge n. 적색 분자 추방(숙청).

re·draft [ríːdrǽft / -drɑ́ːft // → ─ ─] n. **1** 고쳐 쓴 안(초고). **2** 〖상업〗 역(逆)환어음. ── vt. [rìːdrǽft / -drɑ́ːft] …을 고쳐 쓰다.

réd rág n. **1** 〖소·사람 등을〗 화나게 하는 것. **2** 붉은 형겊〖공산당 등의 적기(red flag)의 멸칭〗. **3** 〖英〗 밀의 곰팡이.

re·draw [riːdrɔ́ː] v. (**-drew** [-drúː], **-drawn** [-drɔ́ːn], **-draw·ing**) vi. 환어음을 다시 발행하다. ── vt. …을 고쳐 쓰다, 다시 작성하다.

*re·dress vt. [ridrés → ─] **1** 〖잘못 따위를〗 고치다, 교정하다 (correct, reform). ¶ *redress* social evils 사회악을 시정하다. **2** 〖폐해〗를 없애다. **3** 〖부정·손해 따위〗를 보상(배상)하다 (compensate); …을 구제하다; 〖고통·결핍 따위〗를 제거하다 (remove). ¶ *redress* grievances 불평을 제거하다. **4** …의 불균형을 바로 잡다. ¶ *redress* the balance 불균형을 바로잡다.
── n. [+美 ríːdres] 〖Ｕ〗〖Ｃ〗 **1** 교정, 시정 (correction). **2** 배상. ¶ There is no *redress for* loss of honor. 명예를 잃으면 벌충할 길이 없다. **3** 제거. **4** 구제[책].

re·dress [rìːdrés] vt. …을 다시 입히다; …에 붕대를 다시 감다.

réd ríbbon n. 〖+英 美〗 Bath 훈장〖수상자〗.

Réd Ríver n. (the ~) 미국 루이지애나(Louisiana) 주의 면화 지대를 관통하여 Mississippi 강으로 들어가는 강.

réd sánders n. 자단(紫檀).

Réd Séa n. (the ~) 홍해〖아라비아와 아프리카 사이에 있는 내해(內海). 수에즈 운하에 의해 지중해로 통한다〗.

réd séaweed n. 홍조(紅藻) (red alga).

red·shank [rédʃæŋk] n. 붉은 발 도요〖도요과(科) 의 새〗(redleg). 〖位〗.

réd shíft n. 〖천문〗 스펙트럼의 적색 편위(赤色偏位).

red·shirt [rédʃɔ̀ːrt] n. **1** 혁명당원〖특히 이탈리아 통일 전쟁에서 Garibaldi가 이끈 붉은 샤쓰를 입은 의용병〗. **2** 〖美〗 유급하여 선수 생활을 연장하는 대학생. ── vt. …을 유급 선수로서 1년간 출전시키지 않다.

red-short [rédʃɔ̀ːrt] adj. 〖야금〗 열에 약한.

red·skin [rédskìn] n. 〖종종 경멸적〗 북미 원주민.

réd snápper n. 붉돔〖심해 물고기〗.

réd snów n. 〖Ｕ〗 적설(赤雪) 〖미생물의 색소로 붉은 기를 띠는 눈. 북극 지방이나 고산에서 보인다〗.

Réd Squáre n. (the ~) 〖모스크바 Kremlin 궁 앞의〗 붉은 광장.

réd squírrel n. 〖북미(産)의〗 붉은다람쥐.

Réd Stár n. (the ~) 붉은 별〖소련 국방성 기관지〗.

red·start [rédstɑ̀ːrt] n. **1** 〖英〗 딱새. **2** 〖美〗 북미 동부산(産)의 솔새의 일종.

réd tápe n. 〖Ｕ〗 **1** 〖관청에서 공문서를 매는 데 쓰는〗 붉은 끈. **2** 〖관청의〗 형식주의, 관청식, 비능률, 관료주의; 상상력이 없음.

have a red tape mind 규칙만 내세우고 융통성이 없음.

red-tap·er·y [rédtéip(ə)ri], **-tap·ism** [rédtéipiz(ə)m] n. 〖Ｕ〗 관공의식, 관료적 형식주의.

red-tap·ist [rédtéipist] n. 관료적인 사람.

réd tíde n. 적조(赤潮) 〖바닷물속의 미생물 때문에 바닷물이 적갈색, 갈색 따위를 띠는 현상〗.

red·top [rédtɑ̀p/-tɔ̀p] n. 휜겨이삭〖건초·사료용 목초〗.

Réd tríangle n. 홍삼각(紅三角) 〖기독교 청년회의 휘장〗 기독교 청년회(Y.M.C.A.).

‡re·duce [rid(j)úːs / -djúːs] v. (**-duced, -duc·ing**) vt. **1** 〖수량·가격·힘 따위〗를 감소하다, 감소하다, 줄이다; …을 절감하다. ▷ DECREASE 類語. ¶ at *reduced* prices 에누리하여 / a map on a *reduced* scale 축척 지도. / *reduce* a person's expenditure 비용을 절감하다 / *reduce* armaments 군비를 축소하다 // (~+目+前+名) *reduce* prices by (to) 100 dollars 가격을 100달러만큼(로) 내리다.

2 〖신분·지위〗를 낮추다, 격사시키다 (degrade), 영락(몰락)케 하다. ¶ in *reduced* circumstances 몰락하여 // (~+目+前+名) *reduce* a person to poverty 남을 몰락시키다 / *reduce* a corporal to the ranks 상병을 병졸로 강등시키다.

3 〖신체〗를 약화시키다, 〖체력〗을 쇠약케 하다(weaken). ¶ (~+目+前+名) His illness *reduced* him *to* nothing (*or* a skeleton). 그는 병으로 피골이 상접했다.

4 …으로 변형하다, …을 〖바수거나 으깨어〗…으로 만들다, …을 간단하게 하다; …을 분류하다 (classify). ¶ (~+目+前+名) *reduce* wood *to* [a] pulp 목재를 펄프로 만들다 / *reduce* one's ideas *to* writing 생각한 것을 문장화하다.

5 …을 〖어떤 상태로〗 빠뜨리다, …을 강요하여 …시키다 (compel), …을 …으로 돌아가게 하다;《주로 수동형으로》 부득이 …하게 하다. ¶ (~+目+前+名) be *reduced to* eating nothing but bread 빵만 먹고 사는 신세가 되다 / *reduce* a person *to* order (*or* tears) 남을 질서를 지키게 하다(울리다) / The fire *reduced* the city *to* ashes. 그 화재로 그 도시는 잿더미가 되고 말았다.

6 …을 정복(진압)하다 (subdue), 복종시키다. ¶ (~+目+前+名) *reduce* mutineers *to* subjection 폭도를 진압하다. 〖력(減力)하다.

7 〖사진〗〖음화(陰畫) 따위〗의 농도를 감소시키다, 감

8 〖수학〗…으로 환산하다, …을 약분(통분)하다, 〖모양·단위〗를 바꾸다. ¶ (~+目+前+名) *reduce* pounds *to* pence 파운드를 펜스로 환산하다 / *reduce* fractions *to* their lowest terms 분수를 약분하다 // *reduce* an equation 방정식을 풀다.

9 〖화학〗…을 환원시키다 (deoxidize); …에 수소를 첨

가하다; 〔야금〕…을 정련하다(smelt). ¶〈 ~+目+前+名〉 reduce a compound to its elements 화합물을 본래의 원소로 분해하다. **10** 〔기름이나 테레빈으로 그림물감〕을 녹이다, 희석하다, 엷어지게 하다(thin). **11** 〔의학〕〔탈구(脫臼) 따위〕를 복위(復位)하다, 정복(整復)하다. ¶ reduce a dislocation 탈구를 정복하다. **12** 〔요리〕…을 졸이다. **13** 〔천체 관측 따위에서〕…을 수정하다, 조정하다(adjust). ── vi. **1** 줄다, 감소하다 (lessen). **2** 〔구어〕〔식이 요법으로〕체중을 줄이다, 절식하다.
◇ reducible, reductive adj.

re·duced [rid(j)úːst / ridjúːst] adj. 축소(감소)한; 〔형태·기능이〕불완전한; 몰락한; 쇠약한; 항복한; 환원한. ¶ a reduced output 감산(減産) / a reduced priced price 인하 가격.

re·duc·er [ridjúːsər / -djúːsə] n. **1** 축소(변형)하는 사람(물건). **2** 〔사진〕감력제, 감력액. **3** 〔기계〕지름이 다른 소켓. **4** 〔화학〕환원체.

re·duc·i·ble [ridjúːsəbl / -djúː-] adj. **1** 변형할 수 있는(to...). **2** 감소할 수 있는. **3** 〔수학〕약분(통분)할 수 있는. **4** 〔화학〕환원시킬 수 있는.
‑bly adv.

re·duc·ing [ridjúːsiŋ / -djúː-] n. ⓤ〔절식·약 따위로〕몸을 야위게 하는 법. ── adj. 〔화학〕환원하는; 축소하는.

redúcing àgent n. 〔화학〕환원제.

re·duc·tase [ridʌ́kteis, -teiz] n. 〔생화학〕환원 효소.

re·duc·ti·o ad ab·sur·dum [ridʌ́kʃiòu ædəb-sə́ːrdəm] n. 《라틴》 (= reduction to absurdity) 〔논리〕귀류법(歸謬法), 배리법(背理法), 간접 증명법.

‡**re·duc·tion** [ridʌ́kʃ(ə)n] n. **1** ⓤⓒ 축소, 감소, 삭감, 절감(액), 할인(액), 감량(액). ¶ a reduction in revenue 세입 축소 / at a reduction of 10 percent 1할 할인으로 / make grand reductions in prices 대할인하다. **2** ⓤ 변형, 유별(類別) (to, into...). ¶ a reduction of the device to practice 고안을 실행에 옮김. **3** ⓤⓒ 축소; 축사(縮寫), 축도. **4** ⓤ 정복, 진압, 함락. ¶ reduction of a fort 요새의 공략. **5** ⓤ 하락, 영락(degradation). **6** ⓤⓒ 〔생물〕〔염색체 수의〕 감수(減數). **7** ⓤ 〔화학〕환원. **8** ⓤ 〔사진〕감력〔음화의 농도도(濃盥度)를 감소하기〕. **9** ⓤ 〔수학〕환산, 약분, 통분. **10** ⓤ 〔의학〕정복(整復)법. **11** ⓤ 〔관측중의 오차의〕수정. **12** ⓤⓒ 〔논리〕환원법. ¶ a reduction to absurdity 〔논리〕귀류법, 배리법, 간접 증명 (reductio ad absurdum); 지나친 토론, 토론이 모순에 빠짐. **13** ⓤ 〔컴퓨터〕데이터의 정리 편집〔원시데이터를 보다 더 유용한 형태로 변경하는 일〕. cf. redúce v., redúctive, redúctional adj.

re·duc·tion·al [ridʌ́kʃ(ə)nəl] adj. 경감의, 변형의.

redúction divísion n. 〔생물〕감수 분열.

redúction gèar n. 감속 기어; 감속 장치.

re·duc·tion·ism [ridʌ́kʃ(ə)nìz(ə)m] n. **1** 환원(還元)주의〔복잡한 사상(事象)·명제 따위를 보다 단순하게 바꾸어 설명하려는 주의〕. **2** 〔경멸적〕지나친 단순화. **3** 〔생물〕환원법(론)〔생물학적 작용을 비생물학적 법칙으로 설명하려는 시도〕.

re·duc·tive [ridʌ́ktiv] adj. **1** 줄어드는, 감소(축소)하는, 축소의. **3** 전화(轉化)하는, 교화되는. 〜 미니멀 아트의.

re·dun·dan·cy [ridʌ́ndənsi], (re·dun·dance [-dəns]) n. (pl. -cies) **1** ⓤ 과잉, 여분(의 것), 잉여. **2** 군더더기 말. **3** ⓤⓒ 〔컴퓨터〕용장도(冗長度) 〔전달될 메시지에서 제거시켜도 정보가 손상을 입지 않는 부분의 정도〕.

redúndancy pàyment n. ⓤ〔특히 英〕잉여 노동자의 퇴직 수당; 증액 퇴직 수당.

re·dun·dant [ridʌ́ndənt] adj. **1** 〔문체〕장황한, 용장한. ¶ a redundant sentence 장황한 글. **2** 여분의, 불필요한 (unnecessary). **3** 풍부한 (plentiful), 남아도는, 과다한. ¶ redundant population 과잉 인구.

〜·ly adv.

redúndant vérb n. 〔문법〕이중 변화 동사 〔둘 이상의 과거형을 가진 동사. 예: hang, wake 따위〕.

re·du·pli·cate v. [ridjú:plikèit / -djú:- // → adj.] (-cat·ed, -cat·ing) vt. **1** …을 배로 하다, 2중으로 하다; 되풀이하다. **2** 〔문법〕〔문자·음절〕을 중복(반복)하다. 〔파생어·어형 변화〕를 음절을 중복하여 만들다. ── vi. 2중이 되다, 배가 되다. ── adj. [rid(j)úːplikit /-djuː-] 배가한, 반복한.

re·du·pli·ca·tion [rid(j)ùːplikéiʃ(ə)n -djú:-] n. ⓒ **1** 배가, 되풀이, 반복. ¶ Each day seemed a reduplication of the preceding day. 하루하루가 그 전날의 되풀이와 같았다. **2** 〔언어〕중복, 반복; 중복형 〔ticktock 따위〕.

re·du·pli·ca·tive [ridjúːplikèitiv -djúː́plikətiv] adj. 배가하는, 반복적인.

réd vítriol n. =colcothar.

réd wíne n. ⓤ 적포도주.

red·wing [rédwiŋ] n. 개똥지빠귀의 일종.

réd-wínged bláckbird [rédwiŋd-] n. 〔새〕붉은 어깨검정새〔북미산(産)쩌르레기과(科)의 새〕.

red·wood [rédwùd] n. 미국삼나무 [California 산(産)의 거목]; ⓤ 그 적색 목재, 〔일반적으로〕적색 목재.

re·dye [riːdái] v. (-dyed, -dy·ing) …을 재염색하다.

re-ech·o [riː(ː)ékou] vi., vt. 다시 반향(反響)하다(시키다); 울려퍼지다(퍼지게 하다). ── n. (pl. -oes) 반복해서 되울림, 반향의 되풀이.

‡**reed** [riːd] n. **1** 갈대; 갈대밭 [ⓤ〔지붕을 이는〕갈대 이엉. **2** 〔詩〕갈대 피리, 목적(牧笛)〔초기〕. **3** 〔詩〕화살(arrow). **4** 〔음악〕〔관악기의〕혀, 리드; 리드 악기 (reed instrument). cf. string, brass **5** 〔건축〕갈대꽃 쇠시리 장식. **6** 〔베틀의〕바디. **7** 〔성서〕고대 유대의 길이의 단위 [= 6 cubits]. cf. 에스겔서(書)(Ezek.) 40 : 3, 5

a broken (or bruised) reed 상한 갈대; 신뢰를 저버린 사람, 의지할 수 없는 사람(물건) [←이사야서(書)(Isa.) 36 : 6].

lean on (or trust to) a reed 신뢰할 수 없는 사람에게 의지하다, 의지할 수 없는 물건에 의지하다.

── vt. **1** 〔집·지붕〕을 갈대로 이다; 갈대로 장식하다. **2** 〔관악기〕에 리드를 달다.

re·ed·i·fy [riːédifài] vt. (-fied, -fy·ing) 〔집 따위〕를 다시 짓다(rebuild). 〔net 짜위〕.

réed ìnstrument n. 〔음악〕리드 악기〔oboe, clarinet 따위〕.

re·ed·it [riːédit] vt. …을 다시(새로) 편집하다.

re·edi·tion [riːídiʃ(ə)n / riː-] n. **1** ⓤ 개정(改訂), 개판.

réed màce n.《英》〔식물〕부들(cattail).

réed òrgan n. 리드 오르간.

réed pìpe n. **1** 갈대 피리, 목적(牧笛). **2** 〔음악〕〔오르간의〕설관(舌管), 리드 파이프.

réed stòp n. 〔리드 오르간 따위의〕설관 음전(音栓), 오르간 스톱.

re·ed·u·cate, re·ed- [riːédʒukèit/-édju-]vt. (-cat·ed, -cat·ing) …을 재교육하다.

re·ed·u·ca·tion, re·ed- [riːèdʒukéiʃ(ə)n / -èdju-] n. ⓤ 재교육.

réed wàrbler n. 〔유럽산(産)의〕개개비.

reed·y [ríːdi] adj. (reed·i·er, reed·i·est) **1** 갈대가 많은. ¶ a reedy lake 갈대가 무성한 호수. **2** 갈대의, 갈대로 만든. ¶ a reedy pipe 갈대 피리. **3** 갈대 같은, 호리호리한. ¶ a reedy youth 갈대같이 가냘픈 청년. **4** 피리 소리 같은, 새된. **reed·i·ly** adv. **reed·i·ness** n.

‡**reef**[1] [riːf] n. (pl. **reefs**) **1** 암초, 사주(砂洲). ¶ a coral reef 산호초 / strike a reef 좌초하다. **2** 〔채광〕광맥.

reef[2] [riːf] n. (pl. **reefs**) 〔항해〕축범부(縮帆部) 〔강풍이 불 때 돛의 면적을 줄이기 위하여 접는 부분〕.
take in a reef 〔항해〕축범(縮帆)하다; 〔재정 따위〕를

reefer — 긴축하다.
— *vt.* …을 축범하다, 줄이다.
reef·er [ríːfər] *n.* 1 [항해] 축범 담당자. 2 [보통 청색의] 더블 저고리 (reefer jacket). 3 [英속어] 해군 소위 후보생. 4 [美속어] 마리화나 담배. 5 [美속어] 냉장차(트럭), 냉동선.

réef knót *n.* [항해] 옭매듭 (square knot).

reek [riːk] *n.* 1 ⓤ 증기, 김 (vapor, steam). 2 ⓤⓒ 강한 악취. ¶ the *reek* of the slums 빈민굴의 코를 찌르는 악취. — *vi.* 1 연기를 내다; 김을 내다, 증기를 내다. 2 [비유적] …냄새가 나다, …의 기미(경향)가 있다 (*with, of*...). ¶ *reek* of mystery 신비감이 감돌다 / *reek* with (or of) snobbery 속물 냄새가 풍기다. 3 악취(구린내)를 풍기다 (*of*...). ¶ *reek* of garlic 마늘 냄새가 나다 / *reek* of blood 피비린내가 나다. 4 〔땀·피 따위의〕 투성이가 되다 (*with*...). ¶ *reek* with sweat 땀 투성이가 되다. — *vt.* …을 그을리다; 〔연기·김 따위〕를 내다, 발하다, 뿜다; …의 냄새를 풍기다. 〔람〕

reek·er [ríːkər] *n.* 김을 내는 것; 악취를 풍기는 것 (사람).
reek·y [ríːki] *adj.* (**reek·i·er, reek·i·est**) 1 악취를 풍기는. 2 김(연기)이 나는.

‡**reel¹** [riːl] *n.* 1 물레, 얼레, 자새. 2 〔실·밧줄·철사 따위를 감는〕 감개, 실패, 〔낚싯줄을 감는〕 릴; 《주로 英》 〔영화〕 a) 릴, 필름 감개. b) 〔릴에 감은 필름 1권(1권은 1000-2000피트).

¶ *right off the reel* 〔실을〕 얼레에 감아, 사리다 (wind). ¶ (~ + ⋮ + ⋮ + 名) *reel* silk from cocoons 고치에서 명주실을 뽑아내다. 2 〔릴을 감아〕 〔물고기〕를 끌어당기다, 낚다. ¶ (~ + ⋮ + ⋮ + 名) *reel a fish in* (or *up*) 릴을 감아서 물고기를 당겨들이다. — *vi.* 〔머리〕 따위가 귀찮은 듯하다.
reel off ① 〔고치에서〕 실을 뽑아 내다. 〔감겨 있는 실 따위〕를 풀다. ② 〔이야기 따위〕를 술술 말하다(쓰다). ¶ *reel off* the names of all the presidents 모든 대통령 이름을 술술 대다.

reel² [riːl] *vi.* 1 비틀거리다, 휘청휘청 걷다. ⇨ STAGGER. ¶ *reel* along (or down) the street 비틀거리 는 걸음으로 거리를 걸어가다 / *reel under* a heavy blow 강한 일격을 맞고 비틀거리다. 2 〔군대·전열〕이 흔들리다, 동요하다 (waver). 3 현기증이 나다, 〔머리가〕 어질어질하다; 심신이 동요하다. ¶ His brain *reeled*. 그는 현기증이 났다 / The street *reeled* before his eyes. 그에게서 거리가 빙빙 도는 것 같았다. 4 빙글빙글 돌다 (whirl). — *vt.* …을 비틀거리게 하다, 휘청거리게 하다. — *n.* 비틀걸음, 비틀걸음, 갈짓자 걸음. ¶ a drunken *reel* 갈짓자 걸음.

reel³ [riːl] *n.* 릴(스코틀랜드 고지 사람의 경쾌한 춤 (곡)).

*****re·e·lect** [rìːilékt] *vt.* …을 재선하다. ◇ reelécton *n.*
*****re·e·lec·tion** [rìːilékʃən] *n.* ⓤⓒ 재선. ◇ reeléct *v.*
re·el·i·gi·ble [rìːélidʒəbl] *adj.* 재선 자격이 있는.

reel·ing·ly [ríːliŋli] *adv.* 비틀거리며, 갈짓자 걸음으로; 빙빙 돌며.
reel-to-reel [ríːltəríːl] *adj.* 〔전기〕 카세트 식(式)이 아닌; 릴 2개 왕복식의, 오픈릴의. ¶ a *reel-to-reel* tape recorder 오픈릴식 테이프 레코더.
re·em·bark [rìːimbáːrk] *vt., vi.* 다시 승선시키다 (승선하다) (再乘船).
re·em·bar·ka·tion [rìːimbɑːrkéiʃ(ə)n] *n.* ⓤ 재승선 (再乘船).
re·em·bod·y [rìːimbádi / -bɔ́di] *vt.* (**-bod·ied, -bod·y·ing**) 1 〔정신〕에 다시 형체를 주다. 2 〔사상〕을 다시 구체화하다.
re·e·merge [rìːiməːrdʒ] *vt.* (**-merged, -merg·ing**) 다시 나타나다. 〔등장〕.
re·e·mer·gence [rìːiməːrdʒ(ə)ns] *n.* 재출현, 재(再乘船).
re·en·act [rìːinǽkt] *vt.* …을 다시 제정하다, 다시 법률로 정하다. 2 …을 다시 상연(행)하다.
re·en·act·ment [rìːinǽktmənt] *n.* ⓤ 〔법〕의 재제정.

re·en·force [rìːinfɔ́ːrs / -fɔ́ːs] *vt.* (**-forced, -forc·ing**) =reinforce. 〔forcement.
re·en·force·ment [rìːinfɔ́ːrsmənt / -fɔ́ːs-] *n.* =rein-
re·en·gage [rìːingéidʒ] *vt.* (**-gaged, -gag·ing**) …을 다시 고용하다.
re·en·gi·neer [rìːendʒiníər] *vt.* 재조직하다, 재제작하다, 재설계하다.
re·en·gi·neer·ing [rìːendʒiníəriŋ] *n.* 〔경영〕 리엔지 니어링(기업의 목표, 가치관, 조직, 공정, 업무 등을 원 점에서부터 수정, 재조직하는 경영 혁신).
re·en·list, re·en- [rìːinlíst] *vi., vt.* 재입대하다(시키 다), 다시 징병에 응하다(응하게 하다).
re·en·list·ment [rìːinlístmənt] *n.* ⓤ 재응모, 재징 모, 재입대; 재입대자.

*****re·en·ter** [rìːéntər] *vt.* 1 …을 다시 넣다. 2 …을 다시 기입하다. 3 〔조각〕 〔선명치 않은 선〕을 깊이 다 시 파다. — *vi.* 1 다시 들어가다. 2 〔우주선이〕 재 돌입하다. 〔가능한.
re·en·ter·a·ble [rìːéntərəbl] *adj.* 〔컴퓨터〕 재입 (再入)
re·en·trant [rìːéntr(ə)nt] *adj.* 1 다시 들어가는. 2 요입 (凹入)하는. 3 〔컴퓨터〕 재입 가능한. — *n.* 요 각(凹角), 요부(凹部).
re·en·try, re·en- [rìːéntri] *n.* ⓤⓒ (*pl.* **-tries**) 1 다시 들어감(넣음), 재가입. 2 〔우주선의〕 재돌입. 3 〔법률〕 〔토지의〕 재등기, 재기입; 소유권(점유권)의 재취득. 〔입 통로.
reéntry (reéntry) córridor *n.* 〔우주선의〕 재돌
*****re·es·tab·lish** [rìːistǽbliʃ] *vt.* 1 …을 재건하다. 2 …을 복직(복위)시키다. 3 …을 회복하다, 회복시키다. ¶ I am quite *reestablished* now. 내 몸은 이제 아주 회복되었습니다. ◇ reestáblishment *n.* 〔부흥.
re·es·tab·lish·ment [rìːistǽbliʃmənt] *n.* ⓤ 재건,

reeve¹ [riːv] *n.* 1 《英》 〔읍·지방의〕 장관, 원. 2 〔英역사〕 〔봉건 시대의 장원 (莊園) 따위의〕 관리자, 감 독자, 집사. 3 《캐나다》 읍면 의회 의장.
reeve² [riːv] *vt.* (**reeved** or **rove, rov·en, reev·ing**) 〔항해〕 1 〔밧줄〕을 구멍 따위에 꿰다 (pass) (*...through*); 〔밧줄〕을 구멍 등에 꿰다 《*...in, on, round, to*》. ¶ *reeve* a rope *through* a block 밧줄을 도르래에 꿰다 / *reeve* a rope *to* a yard 활대에 밧줄을 동여매다. 2 〔배〕를 좁은 곳을 지나가다, 그 사이를 조심스럽게 나아가다. ¶ *reeve* shoals 여울목을 누비며 항행하다.
reeve³ [riːv] *n.* 〔유럽산 (産)〕 목도리도요 (ruff)의 암컷.
re·ex·am·i·na·tion, re·ex- [rìːigzæmənéiʃ(ə)n] *n.* ⓤⓒ 재시험, 재검사, 재조사, 재정찰; 〔법률〕 재심문.
re·ex·am·ine, re·ex- [rìːigzæmin] *vt.* (**-ined, -ing**) 1 …을 재시험(재조사, 재정찰)하다. 2 〔법률〕 〔증인〕을 재심문하다.
re·ex·change [rìːikstʃéindʒ] *n.* 1 ⓤⓒ 재교환. 2 〔상업〕 재발행 환어음. — *vt.* (**-changed, -chang·ing**) …을 다시 교환하다.
re·ex·port, re·ex- [rìːekspɔ́ːrt / -pɔ́ːt / → *n.*] 〔수입한 물품〕을 재수출하다. — *n.* [rìːékspɔːrt / -pɔːt] ⓤⓒ 재수출 (reexportation), 재수출품.
ref [ref] *n.* 《구어》 〔스포츠〕 심판원 (referee).
— *vt., vi.* (**reffed, ref·fing**) 심판하다 (referee).
ref. (略) referee; reference, referred; reformation, reformed; refrain.
re·face [rìːféis] *vt.* (**-faced, -fac·ing**) 〔건물·돌 따위의 표면〕을 새롭게 하다.
re·fash·ion [rìːfǽʃ(ə)n] *vt.* …을 고쳐 만들다, 개조하다; 〔머리의 꾸밈새〕를 바꾸다, 개장하다.
re·fas·ten [rìːfǽsn / -fɑːsn] *vt.* …을 고쳐 고정시키다, 고쳐 잠그다.
Ref. Ch. (略) Reformed Church. 〔게 하다.
re·fect [rifékt] *vt.* 〔고어〕 〔음식물 따위로〕 …을 기운나
re·fec·tion [rifék(ə)n] *n.* 1 ⓤ 〔음식에 의한〕 기력 돋우기, 원기 회복. 2 식사, 가벼운 식사.
re·fec·to·ry [rifékt(ə)ri] *n.* (*pl.* **-ries**) 〔수도원·대학

re·fer [rifə́ːr] v. (**-ferred, -fer·ring**) vt. **1** (원인·기원 따위를) […에]돌리다, …의 탓으로 하다 (attribute) (...to), ¶ He *refers* his failure *to* bad luck. 그는 실패를 불운 탓으로 돌리고 있다. **2** …을 어떤 시대·장소·종류에] 속하는 것으로 하다 (...to), ¶ (~+몸+前+图) This picture is *referred to* the sixth century. 이 그림은 6세기의 것으로 간주되고 있다. **3** [문제·다툼·사건 따위를] […에] 위탁하다, 맡기다, 회부하다 (hand over, submit) (...to), ¶ (~+몸+前+图) *refer* a matter *to* arbitration 사건을 조정에 부치다. **4** [지식, 원소 따위를 구하여 …에게] …을 찾게 하다, 참조시키다, 참조시키다 (...to), ¶ (~+몸+前+图) *refer* a student *to* a dictionary 학생에게 사전을 찾게 하다 / He *referred* me *to* you *for* information. 그는 당신에게 문의하라고 나에게 말했다.
—— vi. **1** 알아보다, 참조하다, 조회하다, 문의하다 (to...), ¶ (~+前+图) *refer to* a former employer *for* a character 전고용주에게 인물을 조회하다 / *refer to* one's watch *for* correct time 정확한 시간을 알려고 시계를 보다. **2** 언급하다, 인용하다, 초들다 (to...) (⇨ ALLUDE [類語]); […을 …이라고] 말하다. ¶ (~+前+图) above *referred* to 위에서 언급한, 상술(上述)한 / Don't *refer to* the matter again. 이 일은 두 번 다시 입에 올리지 마라 / They always *referred to* him *as* "the blockhead". 그들은 언제나 그를 「얼간이」라고 불렀다. **3** 관계가 있다, 관련되다(relate); 적용하다 (apply); 지시하다 (to...), ¶ (~+前+图) This rule *refers* only *to* special cases. 이 규칙은 특수한 경우에만 적용된다 / The figures *refer to* pages (paragraphs). 숫자는 페이지(단락)를 나타낸다.
  refer to acceptor [인수인에게 회부] 회부를 하라.
  refer to drawer 발행인 회부 [은행에서 부도 어음에 적는 문구; 略 R.D., R/D].
  ◇ **reference** n., **referéntial** adj.
ref·er·a·ble [réf(ə)rəbl, rifə́ːrəbl] adj. **1** […에게] 돌릴 수 있는, …의 탓이라고 해도 되는 (to...). ¶ His sudden death is *referable to* a heart attack. 그의 급사는 심장 발작 탓이라고 생각된다. **2** […에 속하게 할 수 있는 (assignable) (to...).
ref·er·ee [rèfərí:] n. **1** 중재자, 조정자. **2** [운동 경기 따위의] 심판, 레퍼리. ⇨ JUDGE [類語] **3** [법률] 중재인. — v. (**-eed, -ee·ing**) vt. …을 중재하다, 심판하다. — vi. 중재의 노릇을 하다, 심판을 보다.
  referee stóp cóntest [권투] [아마추어의 복싱 에서] 심판 중지 시합 [略 RSC]. *cf.* TKO
‡**ref·er·ence** [réf(ə)rəns] n. **1** ⓤⓒ 참조, 참고, 출전 (出典) 지시; ⓒ 참조문, 인용문(절, 부분). ¶ *cross reference* [동일 서적 중의]전후 참조 / a library *for reference* 참고 도서관 (reference library) / a book of *reference* 참고서 / volumes for ready *reference* 곧 참조 할 수 있는 (여러 권의) 책 // *reference to* sources 출전 참조 / make [a] *reference to* a dictionary 사전을 찾다 **2** 참조 부호(reference mark). **3** ⓤ 언급, 논급 (allusion) (to...), ¶ make [a] *reference to* a previous conversation 앞서의 대화에 언급하다. **4** [신원·인물 따위의] 조회, 문의(to...); 신원 조회처; 신원 보증인. ¶ Who are your *references*? 당신의 신원 보증인은 누구인가요? // make a *reference to* a person's former employer 전의 고용주에 조회하다. **5** [신원·인물 따위의] 증명서, 보증서. ¶ a banker's *reference* 은행의 신용 증명서. **6** ⓤ 관련, 관계(regard, relation) (to...). ¶ Success seems to bear (or have) little *reference to* luck. 성공은 운과는 거의 관계가 없는 것으로 여겨진다. **7** ⓤ 중재·조정·재정 따위의 위탁, [사건 따위의] 부탁, 위부; 위탁된 권한. ¶ *reference of* a bill *to* a committee 의안의 위원회 회부.

in (or *with*) *reference to* …에 관하여. ¶ a phrase used *in reference to* …에 관해서 사용되는 말 / *with reference to* his suggestion 그의 제안에 관해.
  point of reference 《英》 활동 범위, 위임 사항, 권한.
  without reference 《英》 활동 범위, 위임 사항, 권한.
  without reference to …에 관계없이, …과 상관없이. ¶ all persons *without reference to* age or sex 남녀노소를 불문하고 모든 사람들.
—— vt. (**-enced, -enc·ing**) [책]에 참조 사항을 달다.
◇ **réference** v.
réference bòok n. 참고 도서 [사전·연감·지도책 따위].
réference gròup n. **1** [사회] 준거(準據) 집단 [개인이 그 안에 수용되기를 바라는 집단] **2** [시장 개척에서 구매 태도·행동에 영향을 주는 의사 결정의] 기준 표본 집단. *cf.* rental library
réference líbrary n. 참고 도서관[대출을 하지 않는다]
réference màrk n. 참조 부호 [asterisk (*), dagger (†), paragraph (¶), section (§) 따위].
ref·er·en·da·ry [rèfəréndəri] n. (pl. **-ries**) **1** [역사] 전주관(傳奏官), 승지 [궁정 등의 중요 문서의 접수, 검인, 상주, 청원 따위를 전달하던 고관]. **2** 《드물게》 중재인(referee).
ref·er·en·dum [rèfəréndəm] n. **1** (pl. **-dums** or **-da** [-də]) 국민(일반) 투표; 국민(일반) 투표 제도. **2** [외교] 청훈서(請訓書) [외교관이 본국 정부에 훈령을 청하여 내는 서한].
ref·er·ent [réf(ə)rənt] n. [언어] 낱말의 지시물(대상).
ref·er·en·tial [rèfərénʃ(ə)l] adj. **1** 관련이 있는, 관계가 있는(to...), **2** 참조의, 참고의. **3** *for referential use* 참조용의. **3** 참조가 붙은. **4** [언어] [낱말의] 지시하는, 대상의. **~·ly** [-ʃəli] adv.
re·fer·ral [rifə́ːrəl] n. **1** 소개; [환자 등을 다른 병원에] 돌리기. **2** 소개된 사람.
re·fill vt. [riːfíl → n.] …을 다시 채우다, 다시 넣다, 다시 충전하다. — n. [ríːfil] **1** 보충물, 다시 채우는 것; [음식·술 따위의] 다시 채운 잔. ¶ a *refill* for a pen 만년필에 갈아넣을 잉크 / How about a *refill*? 한 잔 더 하시겠습니까? **2** [연료의] 재보급 / [약의] 재조제.
re·fin·a·ble [rifáinəbl] adj. **1** 정제(정련)할 수 있는. **2** 품위있게 할 수 있는.
*re·fine [rifáin] v. (**-fined, -fin·ing**) vt. **1** …을 순화(純化)하다, …에서 불순물을 없애다, 정제하다, 정련하다 (purify). ¶ *refine* oil (petroleum) 설탕(석유)을 정제하다. **2** …을 고상(우아)하게 하다, 세련하다. (문장 따위를) 다듬다 (polish). ¶ *refine* one's manners (style, speech) 태도(문체, 말씨)를 품위있게 하다.
—— vi. **1** 순수해지다, 정련되다; 개량되다(on, upon...). **2** *refine on* a machine 기계를 개량하다. **2** 세련되다, 고상해지다. **3** 세밀하게 구별짓다, 상세히 논하다 (on, upon...). ◇ **refínement** n.
‡**re·fined** [rifáind] adj. **1** 정제(정련)된, 순화된. ¶ *refined* sugar 정(제)당. **2** 세련된, 때를 벗은, 품위 있는. ¶ a *refined* gentleman 세련된 신사 / be *refined* in manners 태도가 세련되어 있다. **3** 정교한, 세련된; 정밀한. ¶ a *refined* irony 교묘한 풍자. **~·ly** adv.
*re·fine·ment [rifáinmənt] n. ⓤ **1** 정제, 정련, 순화. ¶ the *refinement* of metals 금속의 정련. **2** 고상, 고아(高雅). ¶ a man of *refinement* 고상한 사람. **3** 세련[기교], 연마법, 때를 벗음. **4** [추리·추론에 있어서의] 정교, 정묘, 치밀, 미세한 구별; ⓒ [개량을 위한] 공들임. ¶ *refinement* of logic 논리의 정교함 / Many *refinements* can be found in this car. 이 차에는 많은 공이 눈에 띈다. ◇ **refíne** v.
re·fin·er [rifáinər] n. **1** 정제자(기), 정련자(기). **2** 세련하는 사람(것), 개량자.
*re·fin·er·y [rifáinəri] n. (pl. **-er·ies**) **1** 정제소, 정련소. **2** [정당] 장치, 세련장.
re·fit v. [riːfít → n.] (**-fit·ted, -fit·ting**) vt. …을 수리 (배 따위)를 다시 장비하다, 개장(改裝)하다.

refitment

— *vi.* 수리를 받다, 개장되다. — *n.* [+美 rí:fit] 수
re·fit·ment [ri:fítmənt] *n.* =refit. 리, 개장.
refl. (略) reflection, reflective; reflex, reflexive.
re·flag·ging [riflǽgiŋ] *n.* [분쟁 해역에서의 보호를 위한] 새 국기에 의한 선박 등록.
re·flate [rifléit] *v.* (**-flat·ed, -flat·ing**) *vt.* (통화를) 다시 팽창시키다. — *vi.* (통화가) 다시 팽창하다.
re·fla·tion [rifléi(ə)n] *n.* ⓤ 통화 재팽창, 리플레이션. *cf.* deflation, inflation
‡**re·flect** [riflékt] *vt.* **1** (빛·열·소리 따위를) 되돌리다, 반사하다. ¶ *reflect* heat (light, sound) 열(빛, 소리)을 반사하다. **2** (거울 따위가) (상)을 비추다. ¶ clouds *reflected* in the lake 호수에 비친 구름 / A mirror *reflects* your face. 거울은 얼굴을 비춘다. **3** (불명예 따위를) 초래하다, [결과로서] …을 가져오다. ¶ (~+囘+쪤+阎) deeds that *reflect* honor *on* him 그의 명예가 되는 행위. **4** (비유적) 반영하다, 나타내다 (show). ¶ skills that *reflect* years of training 여러 해의 훈련을 반영하는 기능. **5** …을 숙고하다, 곰곰 생각하다, 상기하다, **…**이라고 생각하다. ¶ (~+ *that* 節) He *reflected* that it was difficult to solve the problem. 그는 그 문제를 풀기가 어렵다고 생각했다. — *vi.* **1** 반사하다, 반향하다, 비치다. ¶ (~+阎) light *reflecting* from the water 수면에서 반사되는 빛. **2** 비치다, 반영(反映)되다. **3** 비추다, 반영하다. **4** 불명예를 초래하다, 체면을 손상시키다, 비난하다, 요상하다 (*on, upon*…). ¶ (~+阎+쪤) *reflect on* one's honesty 남의 성실성을 의심하다 / His carelessness *reflected* on his general job. 그의 경솔한 탓으로 그의 일 전체가 신용을 잃게 되었다. **5** 숙고하다, 조용히 생각하다 (*on, upon*…). ◆ THINK [類語] ¶ (~+阎+쪤) *reflect on* oneself 내성(內省)하다 / *reflect upon* a problem 문제를 숙고하다.
◇ refléction, reflexión *n.,* refléctive, refléxive *adj.*
re·flect·ance [riflékt(ə)ns] *n.* (물리·광학) 반사율 [입사광(光)에 대한 반사광의 비율].
re·flect·ing·ly [riflékt(i)ŋli] *adv.* **1** 반사에 의하여, 반영하여, 반사적으로. **2** 깊이 생각하여, 내성적으로.
re·flect·ing tel·e·scope [riflékt(i)ŋ~] *n.* 반사 망원경.
‡**re·flec·tion, (특히 英) ·flex·ion** [riflék((ə)n] (* 《英》에서는 reflexion은 주로 과학 용어로 쓴다) *n.* **1** ⓤ 반사, 반영; 반향, 반사광, 반향음, 반향음, 영상. **2** 《비유적》 반영, 반영된 것, 아주 잘 닮은 것. ¶ A high crime rate is a *reflection* of an unstable society. 높은 범죄 발생률은 불안정한 사회의 반영이다 / His speech and gestures are *reflections* of those of his master. 그의 말씨와 몸짓은 스승을 꼭 닮았다. **3** ⓤ 숙고, 심사, 반성. ¶ after due *reflection* 숙고한 결과 / on *reflection* 깊이 생각해 보니 / be lost in *reflection* 생각에 잠겨 있다. **4** (~s) [숙고 끝의] 생각, 감상, 의견, 평언(評言) (*on*…). ¶ write down one's *reflections on* …에 관한 감상을 적다. **5** 비난, 책망(blame); 비난의 꼬투리, 불명예를 초래하는 행위(*on, upon*…). ¶ cast a *reflection upon* …을 비난하다 / His conduct in this matter is a grave *reflection upon* his honor. 이 건에서의 그의 행동은 그의 명예를 실추시키는 것이다. **6** ⓤⓒ (해부) 반전(反轉) [부]. ◇ reflect *v.*
re·flec·tion·al [riflékʃən(ə)l] (* 《英》에서는 reflexional로도 씀) *adj.* 반사의, 반사에 의한; 반영의.
*‡**re·flec·tive** [rifléktiv] *adj.* **1** 반사(反射)하는, 되비추는(reflecting), 반사에 의한. ¶ a *reflective* surface 반사면 / the *reflective* glare of the beach 해안의 반짝이는 반사. **2** 생각이 깊은, 사려 깊은; 내성적인; 생각에 잠기는 ◆ PENSIVE [類語] ¶ a man of *reflective* mind 내성적인 마음을 가진 사람. **3** (문법) =reflexive.
~·ly *adv.* ~·ness *n.* ◇ reflect *v.*
re·flec·tiv·i·ty [rì:flektívəti] *n.* ⓤ (물리) 반사율.
re·flec·tor [rifléktər] *n.* **1** 반사물, 반사기, 반사경. **2** 반사 망원경(reflecting telescope). **3** 반영하는 것.

¶ The stock price is a *reflector* of economic conditions. 주가는 경제 상황을 반영하는 것이다.
*‡**re·flex** [rí:fleks → *v.*] *adj.* **1** (생리) 반사적인, 반사 작용의. ¶ *reflex* action 반사 작용. **2** (영향·효과 따위가) 반동적인, 되돌아오는. **3** (무선) 리플렉스 증폭 (增幅) 장치의. **4** (빛 따위가) 반사된. **5** (잎·줄기 따위가) 뒤로 잦혀진(reflected). **6** 내성적인 (introspective). **7** (기하) 우각(優角)의. ¶ *reflex* angle 우각 [180도보다 크고 360도보다 작은 각]. — *n.* **1** (생리) 반사, 반사 작용. ¶ a conditional *reflex* 조건 반사. **2** 반영; 영상, 그림자. **3** (빛 따위의) 반사; 반사광(열). **4** (무선) 리플렉스 증폭 장치 [동일 진공관으로 고·저주파 증폭을 겸하는]. — *vt.* [rifléks] **1** …에 반사(작용)을 일으키게 하다. **2** …을 잦히다.
~·ly [riflékslí] *adv.* ◇ refléxive *adj.*
réflex cámera *n.* (사진) 반사 카메라, 리플렉스 카메라. ¶ a single-lens (a twin-lens) *reflex camera* 1안 (眼) (2안) 리플렉스 카메라.
re·flex·i·bil·i·ty [riflèksibíləti] *n.* ⓤ 반사성.
re·flex·i·ble [rifléksibl] *adj.* (빛·열·음파 따위가) 반사되는, 반사성이 있는.
re·flex·ion [riflék(ə)n] *n.* (英) =reflection.
re·flex·ive [rifléksiv] *adj.* **1** (문법) 재귀(용법)의. ¶ a *reflexive* verb(pronoun) 재귀 동사(대명사). **2** 반사의, 반사되는 (reflective). **3** 내성적인 (introspective). **4** (영향·효과 따위의) 내성적인, 반영성의 (reflex). — *n.* (문법) 재귀 동사, 재귀 대명사.
~·ly *adv.* ~·ness *n.*
re·flex·iv·i·ty [rì:fleksívəti] *n.* ⓤ 재귀성; 반사성.
re·flex·ol·o·gy [rì:fleksálədʒi] *n.* (의학) 반사 요법 (反射療法) [손·발바닥을 마사지해 혈행을 원활하게 하거나 긴장을 풀기 위해 압력을 가하는 요법].
re·float [ri:flóut] *vt.* (배 따위를) 다시 뜨게 하다, 이초 (離礁)시키다. — *vi.* 다시 떠오르다, 이초하다.
ref·lu·ence [réfluəns] *n.* 역류, 퇴조(退潮).
ref·lu·ent [réfluənt] *adj.* 역류하는, (조수 따위가) 빠지는, 써는. *opp.* flux
re·flux [rí:flʌks] *n.* ⓤⓒ 퇴류(退流), 역류; 퇴조, 썰물.
re·foot [ri:fút] *vt.* (신·양말 등의) 바닥을 갈아 대다.
re·for·est [ri:fɔ́:rist, -fár-/ -fɔ́r-] *vt.* (산)에 다시 식림 (植林)하다.
re·for·est·a·tion [rì:fɔ:ristéi(ə)n] *n.* 재식림(再植林).
‡re·form [rifɔ́:rm] *vt.* **1** …을 개혁하다, 개정하다, 혁신하다, 개선하다(improve). ¶ *reform* a system 제도를 개혁하다. **2** …을 교정(矯正)시키다, 개심시키다, 품행을 고치게 하다. ¶ *reform* a criminal 죄인을 개심시키다 / *reform* oneself 개심하다. **3** (폐해·비행 따위)를 제거하다, 고치다, 일소하다. — *vi.* 개심하다, 고쳐지다(성)하여지다. — *n.* ⓤⓒ **1** (정치·사회·제도 따위의) 개혁, 혁신. ¶ administrative (social) *reform* 행정(사회) 개혁. **2** (품행 따위의) 교정, 개심, 개심시키기. **3** 개정, 개량. ¶ calendar *reform* 역법(曆法)의 개정. ◇ reformátion *n.,* refórmative *adj.*
re·form [rí:fɔ́:rm] *vt., vi.* 다시 만들다, 고쳐 만들다; [군대를] 재편성하다, 재편성되다.
re·form·a·ble [rifɔ́:rməbl] *adj.* 개혁(개정)할 수 있는, 교정할 수 있는.
*‡**ref·or·ma·tion** [rèfərméi((ə)n] *n.* **1** ⓤⓒ 개혁, 혁신; 개정, 개량. **2** ⓤ 교정(矯正), 감화; 개심. **3** (the R-) (역사) 종교 개혁. ◇ refórm *v.*
re·for·ma·tion [rì:fɔ:rméi(ə)n] *n.* 재구성, 개편성.
ref·or·ma·tion·al [rèfərméi(ə)n(ə)l] *adj.* 개혁의, 개정의; 교정하는.
re·form·a·tive [rifɔ́:rmətiv] *adj.* 개혁의, 혁신의; 교정의.
re·form·a·to·ry [rifɔ́:rmətɔ̀:ri / -t(ə)ri] *adj.* = reformative. — *n.* (*pl.* -**ries**) 감화원, 소년원.
Refórm Bíll *n.* (the~) (英) (역사) 선거법 개정 법안 [특히 1832년의 선거구 개정·선거권 확대의 법안].
re·formed [rifɔ́:rmd] *adj.* **1** 개혁된. **2** 교정된, 개

심한. **3** (R-) 프로테스탄트의, 개신교의, [특히] 칼빈파의.

refórmed spélling n. 개정 철자법[묵음(默音)을 빼고 소리 위주로 표기하는 방법].

***re·fórm·er** [rifɔ́:rmər] n. **1** 개혁가, 개정[론]자. **2** (R-) 종교 개혁자. **3** 선거법 개정론자.

re·fórm·ist [rifɔ́:rmist] n. 개혁론자, 개혁주의자. — adj. 개혁(개량) 운동의 (reformistic).

Refórm Júdaism n. ⓤ개혁파 유대교 [19세기초 독일에서 일어난 유대교의 한 종파, 과학적 진실에 입각한 교리의 합리화와 의식(儀式)의 간소화를 추구한다].

refórm schòol n. 《美》감화원, 소년원(reformatory).

re·for·mu·late [ri:fɔ́:rmjuléit] vt. (-lat·ed, -lat·ing) …을 다시 공식화하다, 다시 명확하게 말하다.

re·for·ti·fi·ca·tion [rì:fɔ:rtifikéiʃ(ə)n] n. ⓤ 재축성(再築城), 재강화.

re·for·ti·fy [ri:fɔ́:rtifài] vt. (-fied, -fy·ing) …을 다시 축성하다; 다시 견고하게 하다.

*__re·fract__ [rifrǽkt] vt. **1** [물·유리 따위가] [광선]을 굴절시키다. **2** [눈이나 렌즈의] 굴절도를 측정하다.

re·fráct·a·ble [rifrǽktəbl] adj. =refrangible.

re·fráct·ing tèlescope [rifrǽktiŋ-] n. 굴절 망원경.

re·frac·tion [rifrǽk(ə)n] n. ⓤ **1** [물리] [광선·소리·열 따위의] 굴절[작용]. **2** [光學] [눈의] 굴절력. **3** [천문] 대기차(大氣差).

re·frac·tion·al [rifrǽkʃən(ə)l] adj. 굴절의.

re·frac·tive [rifrǽktiv] adj. 굴절의, 굴절력 있는, 굴절성의. ~·ly adv. ~·ness n.

refráctive índex n. [光學] 굴절률.

re·frac·tiv·i·ty [rì:fræktíviti] n. ⓤ 굴절성.

re·frac·tom·e·ter [rì:fræktɔ́mitər / -tɔ́m-] n. [물리] 굴절계 [빛에 대한 물체의 굴절률을 측정하는 기계(器械)].

re·frac·tor [rifrǽktər] n. 굴절 매체(媒體); 굴절 렌즈; 굴절 망원경 (refracting telescope).

re·frac·to·ry [rifrǽkt(ə)ri] adj. **1** 고집센, 다루기 힘든, ⇒ WILLFUL [類語] ¶ a refractory child 말을 안 듣는 아이. **2** [병 따위가] 난치의, 고질인. ¶ She has a refractory cough. 그녀는 기침이 영 멎지 않는다. **3** [금속 따위가] 잘 안 녹는, 내화성(耐火性)의; 가공(처리)하기 힘든. — n. (pl. **-ries**) 내화 물질; (-ries) 내화 벽돌. **-ri·ly** adv. **-ri·ness** n.

*__re·frain__¹ [rifréin] vi. 억제하다, 그만두다, 삼가다, 자제하다, 참다 (forbear). ¶ (~+前+名) Please refrain from smoking. 담배는 삼가해 주십시오./ I could not refrain from tears. 나는 눈물을 금할 수가 없었다. — vt. 《고어》…을 억제하다; 삼가다; 참다. ¶ refrain oneself 자제하다, 삼가하다.

re·frain² [rifréin] n. [특히 시·노래 따위의] 절(節) 끝에 쓰이는 [반복구], 첩구(疊句), 후렴, 후렴 곡, 리프레인.

re·fran·gi·bil·i·ty [rifrændʒibíliti] n. ⓤ 굴절[가능]성.

re·fran·gi·ble [rifrǽndʒibl] adj. [광선이] 굴절 가능한, 굴절성의.

*__re·fresh__ [rifréʃ] vt. **1** [음식물·휴식 따위로] [기분]을 상쾌하게 하다, [남]을 기운나게 하다, …을 생기 넘치게 하다. ⇒ RENEW [類語] ¶ The shower refreshed the plants. 소나기가 내려 식물들이 생기가 넘쳤다 ./ She refreshed herself with a cup of tea. 그녀는 한 잔의 차로 기운을 되찾았다. **2** [기억]을 새로이 하다. ¶ refresh one's memory 생각해 내다. **3** …에 새로 공급하다, 보급하다. ¶ refresh a battery 전지에 충전하다 // (~+目+前+名) refresh a ship with supply 배에 식량을 보급하다. **4** [가공하여] …을 새롭게 하다. **5** [컴퓨터] 리프레시하다[비디오 스크린을 재조작하여 display가 지워져 없어지는 것을 막다]. — vi. **1** 먹고 마시다, [특히] 한잔하다. **2** 원기를 회복하다, 기분이 상쾌해지다(revive). **3** [배 따위가] 식량·연료·물 등을 보급하다. ¶ harbors where ships can refresh 배가 물자를 보급받을 수 있는 항구. ◇ refréshment n.

re·fresh·er [rifréʃər] n. **1** 원기를 회복시켜 주는 사람(것), 기분을 상쾌하게 하는 사람(것); 《속어》청량 음료. **2** 《英》[소송을 오래 끌 때의 변호사에 대한] 추가 사례금.

refrésher còurse n. 재교육 과정, 보습과(補習科).

*__re·fresh·ing__ [rifréʃiŋ] adj. 기운을 돋우는, 개운한, 상쾌하게 해주는; 드물게 재미있는. ¶ a refreshing breeze 상쾌한 미풍 / refreshing drinks 청량 음료 / a refreshing game 드물게 보는 재미있는 시합. ~·ly adv. ◇ refrésh v.

‡__re·fresh·ment__ [rifréʃmənt] n. **1** 원기를 회복시켜 주는 것, 기분을 상쾌하게 해주는 것. ¶ A shower is a great refreshment after a day's toil. 하루의 노동 끝에 샤워하면 심신이 매우 상쾌해진다. **2** (~s) 《가벼운》음식물, 다과. ¶ take some afternoon refreshments 오후에 가벼운 음식을 좀 먹다[마시다]. **3** ⓤ 원기 회복, 기분의 상쾌함, 상쾌(개운) 하게 함(됨). ¶ feel refreshment of mind and body 몸과 마음이 상쾌하게 느껴지다. ◇ refrésh v.

refréshment càr n. 식당차.

refréshment ròom n. [역·회의장 따위의] 식당.

Refréshment Súnday n. 사순절(Lent)중의 제4일요일. cf. Mid-Lent Sunday

refrig. (略) refrigerator.

re·frig·er·ant [rifrídʒərənt] adj. **1** 차게 하는, 얼리는(cooling). **2** [몸의] 열(熱)을 내리는. ¶ refrigerant medicines 해열제. — n. **1** 해열제. **2** 냉각제, 냉동제.

re·frig·er·ate [rifrídʒərèit] vt. (-at·ed, -at·ing) **1** …을 식히다, 차게 해주다. **2** [음식 따위] 을 냉장하다. ¶ refrigerated meat 냉동육. — vi. 차가워지다, 얼다.

re·frig·er·àt·ing machìne(èngine) [rifrídʒərèitiŋ-] n. 냉동기, 냉동 장치.

re·frig·er·a·tion [rifrìdʒəréiʃ(ə)n] n. ⓤ 냉각, 냉동, 냉장.

re·frig·er·a·tive [rifrídʒəreitiv / -rətiv] adj. 냉각하는, 냉장의.

*__re·frig·er·a·tor__ [rifrídʒərèitər] n. 냉장고, 냉동실, 냉각기, 냉장(냉동) 장치.

refrígerator càr n. [철도의]냉장차.

re·frig·er·a·to·ry [rifrídʒərətɔ̀:ri / -t(ə)ri] adj. = refrigerative. — n. =refrigerator.

re·frin·gent [rifríndʒənt] adj. =refractive.

reft [reft] v. reave의 과거·과거 분사.

re·fu·el [ri:fjú:əl] vt., vi. (-eled, -el·ing; 《英》-elled, -el·ling) 《…에》 연료를 보급하다.

*__ref·uge__ [réfju:dʒ] n. **1** ⓤ 피난, 보호. ¶ a harbor of refuge 피난항 / give refuge to …을 숨겨 주다 // take refuge from a storm 폭풍우로부터 피난하다. **2** 피난처, 은신처; 금렵구; [도로의] 안전 지대 (safety island). ¶ find a refuge in …에 피난하다. **3** 의지가 되는 사람(물건), 의지, 위안물. ¶ the refuge of the distressed 괴로와하는 자의 보호자. **4** 도피구, 핑계, 구실. ¶ the last refuge 마지막 수단.

a house of refuge 양육원, 빈민 수용소.

take refuge in (or *at*) ① …에 피난하다. ② …에 안을 구하다.

— v. (-uged, -ug·ing) 《고어》vt. …을 보호하다, …에게 피난 장소를 제공하다, …을 숨겨 주다. — vi. 피난하다.

*__ref·u·gee__ [rèfjudʒí:, ˈ-美 ˈ--] n. 피난자, 망명자; 도망자; 난민. ◇ réfuge v.

re·ful·gence [rifʌ́ldʒ(ə)ns], (**re·ful·gen·cy** [-dʒ(ə)nsi]) n. ⓤ 광휘, 빛남, 광채 (brilliance).

re·ful·gent [rifʌ́ldʒ(ə)nt] adj. 빛나는, 찬란한 (brilliant). ~·ly adv.

re·fund¹ [v. ri(:)fʌ́nd → n.] vt. [특히 금전]을 갚다, 환

불하다 (repay); 상환하다. —— vi. 반제하다, 반환(상환)하다. —— n. [ríːfʌnd] [U][C] 반제, 반환[금], 상환[물].

re·fund[2] [riːfʌ́nd] vt. **1** …을 다시 적립하다. **2** [부채·공채·빚 따위]를 차환(借換)하다.

re·fund·a·ble [ri(ː)fʌ́ndəbl] adj. 반제할(갚을 수 있는, 반환할 수 있는.

re·fund·ment [ri(ː)fʌ́ndmənt] n. [U] 반제, 반환, 상환.

re·fur·bish [riːfə́ːrbiʃ] vt. **1** …을 다시 닦다(갈다). **2** (외관 따위)를 일신하다(renovate). ¶ *refurbish* an old house 낡은 집을 개장(改裝)하다.

re·fur·nish [riːfə́ːrniʃ] vt. …에 다시 설비하다; …에 새로운 가구·비품을 설치하다(…with).

re·fus·a·ble [rifjúːzəbl] adj. 거절할 수 있는.

‡**re·fus·al** [rifjúːz(ə)l] n. [U][C] **1** 거절, 거부, 사퇴, 사절. ¶ The *refusal* of an invitation 초대의 사절 / give a person a flat *refusal* 남에게 딱 잘라 거절하다 / He will take no *refusal* from her. 그 같으면 그녀에게서 거절하는 말을 듣지는 않을 것이다 / a firm *refusal* to answer a question 답변에 대한 강경한 거부. **2** (the ~) 취사 선택(권), 우선권, 선매권(先賣權). ¶ ask for the *refusal* of …의 취사 선택권을 청하다, …을 조건으로 하다 / buy the *refusal* of …의 착수금을 주다, (착수금을 주고) …의 우선권을 얻다 / give the *refusal* of …의 선택권을 주다 / have the *refusal* of …의 선매권을 가지다.
◇ refuse *v.*

‡**re·fuse**[1] [rifjúːz] v. (-fused, -fus·ing) vt. **1** (제의 따위)를 거절하다, 사퇴하다, 사절하다. ¶ *refuse* an offer 제의를 사절하다 / *refuse* a bribe 뇌물을 거절하다. **2** (의뢰·요구·명령 따위)를 거절하다, 거부하다, 퇴하다, 물리치다; (여성)의 [결혼 신청]을 퇴짜놓다. ¶ *refuse* obedience 복종을 거부하다 / *refuse* orders 명령을 거부하다 / (~+图+图) *refuse* a person money 남의 돈 부탁을 거절하다 / They *refused* him admittance. 그들은 그의 입장을 거절했다.
[類語] **refuse** 수락할 의사가 없음을 분명히 표명하다: *refuse* a request for help 원조 요청을 거절하다. **decline** 정중하고 예의바르게 거절하다: *decline* a offer of help 원조 신청을 사퇴하다. **reject** 강한 말투로 단호히 refuse하다: *reject* an impolite courtship 무례한 구혼을 퇴짜놓다. **spurn** 경멸하며 reject하다: *spurn* a bribe 뇌물을 일축하다.
3 (…하기)를 마다하다. ¶ (~+to do) *refuse* to discuss the question 그 문제를 토의하기를 거부하다 / The wet wood *refused* to burn. 젖은 장작은 도무지 타지 않았다. **4** (말이) (장애물)을 뛰어넘으려 하지 않다, 뛰어넘지 않고 갑자기 서다. **5** (군대) (교전 전에) (부대의 측면)을 물러들어(남겨)두다. **6** (카드놀이) (판에 있는 패)와 같은 패를 못내다. —— vi. **1** 거절하다, 거부하다, 사퇴하다. **2** (말이) 장애물을 뛰어넘지 않고 갑자기 멈춰서다. ◇ refúsal *n.*

ref·use[2] [réfjuːs, 美 -fjuːz] n. [U] 쓰레기, 찌꺼기, 폐물, 쓸모없는 물건. —— adj. 무가치한, 쓰레기의, 폐물의. ¶ *refuse* matter 폐물.

re·fus·nik, -fuse- [rifjúːznik] n. (소련에서의) 출국 금지자, (특히) 외국 이주를 금지당한 유대인; (일반적으로) 명령 (지시)에 따르지 않는 사람.

re·fus·er [rifjúːzər] n. 거절자; (장애물)을 뛰어넘지 않는 말.

re·fut·a·ble [rifjúːtəbl, réfju-] adj. 논박할 수 있는.

re·fut·a·bly [rifjúːtəbli, réfju-] adv. 논박할 수 있게.

ref·u·ta·tion [rèfjutéi(j)ən] n. [U] 논박, 반박.

re·fute [rifjúːt] vt. (-fut·ed, -fut·ing) 논박하다, 반박하다; …의 잘못을 밝히다; (남)을 꼼짝 못하게 하다. ¶ *refute* an opponent 상대를 꼼짝 못하게 하다.

re·fut·er [rifjúːtər] n. 논박(반박)하는 사람.

reg [reg] n. (보통 ~s)《美구어》= regulations.

reg.《略》regent; regiment; region; register, registered, registrar, registry; regular, regularly, regulation, regulator.

Reg.《略》《라틴》*regina* (= queen); regiment.

*****re·gain** [rigéin] vt. **1** …을 회복하다, 도로 찾다. ⇨ RECOVER [類語] ¶ *regain* one's reputation 명성을 회복하다. **2** …에 되돌아가다, …에 귀착하다, 복귀하다. ¶ *regain* one's feet (or footing, legs) (넘어진 사람이) 일어나다, 일어서다 / *regain* the coast 해안에 되돌아가 닿다.

re·gal[1] [ríːg(ə)l] adj. **1** 왕의, 제왕의. ¶ the *regal* government 왕정 / the *regal* power 왕권. **2** 왕다운, 당당한, 위엄있는. ¶ live in *regal* splendor 국왕처럼 호사스런 생활을 하다. ~·ly [-gəli] adv. ~·ness n.

re·gal[2] [ríːg(ə)l] n. [16–17세기의] 휴대용 소형 오르간, 레갈.

re·gale [rigéil] v. (-galed, -gal·ing) vt. **1** …을 매우 기쁘게(즐겁게) 하다, 만족시키다. ¶ a sight that *regales* the eye 눈을 즐겁게 해주는 경치 // (~+图+前+图) *regale* oneself *with* a cigar 여송연을 느긋하게 피우다 / *regale* oneself *on* a beautiful scene 아름다운 경치를 보고 즐기다. **2** …을 대접하다, …에게 진수성찬을 베풀다(… *with*). ¶ *regale* one's guests *with* the best of everything 산해진미로 손님을 대접하다. —— vi. 진수성찬을 먹다(*on, upon* …). —— n. 《고어》 = regalement.

re·gale·ment [rigéilmənt] n. 향응, 성찬, 진미.

re·ga·li·a[1] [rigéiliə, -ljə] n. pl. (sing. **re·ga·le** [rigéili]) **1** 왕권. **2** [왕관·왕홀 따위의] 왕권의 표장(標章). **3** [관직·단체 따위의] 기장, 훈장. **4** 화려한 복장 (finery).

re·ga·li·a[2] [rigéiliə, -ljə] n. 쿠바산의 대형 고급 여송연.

re·gal·ism [ríːgəliz(ə)m] n. [U] 제왕 교권설(教權說) (주의).

re·gal·ist [ríːgəlist] n. 제왕 교권주의자.

re·gal·i·ty [ri(ː)gǽliti] n. (pl. -ties) **1** [U] 왕임, 왕위. **2** (-ties) 왕권. **3** 왕국(kingdom). **4** [U] (스코) (옛날에 왕이 하사한) 지방 관할권.

‡**re·gard** [rigáːrd] vt. **1** (어떤 감정을 가지고) …을 보다, 대하다 (… *with*). ¶ (~+图+前+图) *regard* a person *with* favor (dislike) 호의(혐오감)을 가지고 남을 보다. **2** …을 존중하다, 중요시하다, 평가하다; …에 주의하다. ¶ He does not *regard* my advice. 그는 내 충고를 존중하지 않는다 / Each must *regard* the rights of all. 각자가 모든 사람의 권리를 존중하지 않으면 안된다 / None *regarded* her screams. 아무도 그녀의 비명에 주의하지 않았다. **3** …을 고려(고찰)하다. ¶ *regard* the question from every point of view 온갖 관점에서 그 문제를 고찰하다. **4** …을 보다, 가만히 지켜보다, 응시(주시)하다. ¶ *regard* a person intently 남을 물끄러미 응시하다. **5** …에 관계하다, 관련을 가지다. ¶ The matter does not *regard* you at all. 그 일은 너와 전혀 관계가 없다. **6** …으로 간주하다, 여기다(… *as*). ¶ (~+图+*as* 圃) *regard* a person *as* a fool 남을 바보로 여기다 / Do you *regard* him *as* fit for the job? 그는 그 일에 알맞다고 생각합니까?
—— vi. **1** 주의하다, 주목하다. **2** 뚫어지게 보다, 응시하다(gaze).
as regards …에 대해서 말하면, …에 관해서는. ¶ *As regards* wheat, prices are rising. 밀에 대해 말하자면, 값이 올라가고 있다.
—— n. **1** [U] 관계, 관련 (*to*…). ¶ His remarks have no special *regard* to the matter. 그의 말은 그 문제와 특별한 관련은 없다. ¶ in *regard* to this matter 이 점에 대해서는. **3** [U] 주의, 고려, 관심 (*to, for* …). ¶ have (or pay) *regard* to …을 고려하다 / with special *regard for* your safety 너의 안전을 특별히 고려하여 / without *regard* to (or for) …을 돌보지 않고, …에 상관하지 않고 / I declined to make the matter public, out of *regard for* her parents. 그녀의 부모를 생각해서 그 일을 공개하기를 거부했다. **4** 주목, 응시(gaze). ¶ She

re·gard·ant [rigá:rd(ə)nt] *adj.* 〖紋章〗 [동물이] 뒤쪽을 향한.

re·gard·ful [rigá:rdfəl] *adj.* 1 주의 깊은, 사려 깊은, 마음을 쓰는(*of* ...). ¶ He is always *regardful* of what he wears. 그는 언제나 옷에 신경을 쓰고 있다. 2 경의를 표하는(respectful) (*for*...).
~·ly [-fəli] *adv.* ~·ness *n.*

‡**re·gard·ing** [rigá:rdiŋ] *prep.* ...에 관해서는, ...의 점에서는(with regard to). ¶ I know nothing *regarding* the matter. 나는 그 일에 대해서는 아무것도 모른다.

***re·gard·less** [rigá:rdlis] *adj.* 무관심한, 개의치 않는, 부주의한(*of* ...). ¶ One should not be *regardless* of one's duties. 사람은 자기의 의무에 무관심하면 안 된다.
regardless of ...에도 불구하고. ¶ *regardless of* the doctor's advice 의사의 충고에도 불구하고.
— *adv.* (구어) 비용에 개의치 않고, 돈을 아끼지 않고; 결과를 생각지 않고; 어떻게 해서라도.
~·ly *adv.* ~·ness *n.*

re·gath·er [ri:gǽðər] *vt.* ...을 다시 모으다.

***re·gat·ta** [rigǽtə] *n.* 1 레가터, 보트(요트) 레이스. 2 [본래 Venice에서 행해졌던] 곤돌라 경주.

regd. (略) registered.

re·ge·late [rí:dʒileit, ˻ ˻] *vi.* (**-lat·ed, -lat·ing**) 〖물리〗 복빙(復氷)하다.

re·ge·la·tion [rì:dʒiléiʃ(ə)n] *n.* 〖물리〗 복빙 [압력의 변화로 녹은 얼음이 다시 어는 현상].

re·gen·cy [rí:dʒ(ə)nsi] *n.* 〖U C〗 (*pl.* **-cies**) 1 섭정의 지위; 섭정 정치; 섭정단; 섭정 기간; 섭정 관구(管圖). 2 (the R-) 〖영역사〗 [Prince of Wales의] 섭정시대 (1811-20). — *adj.* (종종 R-) [Prince of Wales의] 섭정시대의, 〖R-〗 섭정 시대풍의.

re·gen·er·a·ble [ridʒénərəbl] *adj.* 재생시킬 수 있는, 갱생시킬 수 있는.

re·gen·er·a·cy [ridʒénərəsi] *n.* 〖U〗 재생; 갱생; 개심, 쇄신.

***re·gen·er·ate** *v.* [ridʒénəreit → *adj.*] (**-at·ed, -at·ing**) *vt.* 1 ...을 재생시키다, 갱생시키다. 2 [국가·사회 따위]를 재건하다, 쇄신시키다. 3 [생물] [잃은 부분]을 다시 나게 하다, 재생시키다. ¶ lizards that *regenerate* lost tails 없어진 꼬리를 재생시키는 도마뱀. 4 [열·에너지·압력 따위]를 재생 이용하다. ¶ *regenerate* a battery 전지를 다시 충전하다. 5 ...을 정신적으로 재생시키다, 갱생시키다, 개심시키다. ¶ Nails and hair are constantly *regenerating*. 손톱과 모발은 끊임없이 다시 나고 있다. 2 [정신적으로] 새사람이 되다, 갱생하다, 개심하다. 3 쇄신하다, 혁신하다. — *adj.* [ridʒénərit] 1 재생한, 새로난; 쇄신된, 다시 일어난. 2 [종교] 정신적으로 새로 태어난, 갱생한.

re·gen·er·a·tion [ri(:)dʒènəréiʃ(ə)n] *n.* 〖U〗 1 재생; 재건, 쇄신. 2 〖생물〗 [잃은 부분]의 재생. 3 [정신적인] 신생, 갱생, 개심.

re·gen·er·a·tive [ridʒénərèitiv, -rətiv] *adj.* 1 재생시키는, 개심시키는. 2 쇄신하는. 3 축열식(蓄熱式)의; [전기] 재생식의. ~·ly *adv.*

regenerative cóoling *n.* 〖U〗 〖물리〗 가스 액화법; 로켓의 재생 냉각.

regenerative fúrnace *n.* 축로로(蓄熱爐).

re·gen·er·a·tor [ridʒénərèitər] *n.* 1 재생자, 개심자. 2 쇄신자. 3 축열기; [전기] 재생기.

re·gen·e·sis [ridʒénisis] *n.* 〖U〗 재생, 갱생, 신생(新生).

re·gent [rí:dʒ(ə)nt] *n.* 1 섭정. 2 (美) [주립 대학의] 평의원(評議員); [대학의] 학생감(監). 3 [가톨릭 대학의] 성직의 평의원. 4 (드물게) 통치자, 지배자.
— *adj.* 1 (보통은 명사 뒤에 두어서) 섭정의. ¶ the Prince *Regent* 섭정 황태자. 2 (美) 평의원의; (고어) [대학의] 학생감의. 3 (고어) 통치하는.

re·gent·ship [rí:dʒ(ə)nt-ʃip] *n.* 〖U C〗 섭정의 직(임기).

re·ger·mi·nate [ri:dʒə́:rminèit] *vi.* (**-nat·ed, -nat·ing**) 다시 싹트다.

re·ger·mi·na·tion [ri:dʒə̀:rminéiʃ(ə)n] *n.* 다시 싹틈.

Re·ges [rí:dʒi:z] *n.* Rex의 복수형.

reg·gae [régei, réigei] *n.* 〖U〗 레게 [서인도 제도 기원(의) 록 음악].

reg·i·cid·al [rèdʒisáidl] *adj.* 국왕을 죽이는.

reg·i·cide [rédʒisàid] *n.* 1 〖U〗 국왕 시해범, 대역죄. 2 국왕 시해자; (the ~s) [특히] 영국에서 Charles 1세를 사형에 처한 67 명의 판사.

ré·gie [F reʒi] *n.* (프랑스) (=ruled) [담배·소금 따위의] 정부 직영 전매 제도.

re·gild [ri:gíld] *vt.* (**-gild·ed** *or* **-gilt, -gild·ing**) ...을 다시 도금하다, 고쳐 도금하다.

*∗**re·gime, ré·gime** [riʒí:m, rei-/rei-] *n.* 1 정부; 정권; 관리 체제; 제도, 사회 제도. ¶ the old(*or* ancient) *regime* 구(舊)정체, 구체제, 구제도 / establish a new *regime* 새 체제를 확립하다. 2 [의학]=regimen 1.

reg·i·men [rédʒimèn, ≠ -mən] *n.* 1 [의학] 양법, 섭생, 식이요법. 2 =regime 1. 3 〖U C〗 [문법] 지배.

*∗**reg·i·ment** *n.* [rédʒimənt → *v.*] 1 (군대) 연대, ARMY 주의 2 (종종 ~s) [주로 방언] 다수, 많은 무리, 대군(大群) (*of*...). ¶ whole *regiments* of grasshoppers 메뚜기의 큰 떼. 3 〖폐어〗 지배, 통치.
— *vt.* [rédʒimènt] 1 ...을 연대로 편성하다(에 편입하다). 2 ...을 조직화하다, 계통을 세우다, 통제하다. 3 [노동자 등]을 단체로 편성하여 똑같은 틀에 박히도록 하다, 획일화하다.

reg·i·men·tal [rèdʒiméntl] *adj.* 연대의, 연대에 딸린. ¶ the *regimental* colors 연대기. — *n.* (~s) 연대복; [일반적으로] 군복. ~·ly [-təli] *adv.*

reg·i·men·ta·tion [rèdʒimentéiʃ(ə)n] *n.* 〖U〗 연대 편성, 편제, 조직화, 통제.

Re·gi·na [ridʒáinə] *n.* 여왕 [포고 따위의 서명에 쓰이는 공식 칭호: 略 R.] (*V.R.=Victoria Regina (= Queen Victoria)의 뜻). (<L queen)

*∗**re·gion** [rí:dʒ(ə)n] *n.* 1 지역, 지구, 지대, 지방. DISTRICT 주의 ¶ mountainous *regions* 산악 지대 / the Arctic *regions* 북극 지방 / the tropical *regions* 열대 지방. 2 (보통 ~s) [세계·우주 따위의] 영역(域域), 계(界). ¶ the airy *region* 기계(氣界), 천계(天界) / the upper *regions* 하늘, 천국 / the lower *regions* 황천, 명부(冥府). 3 [대기·해수의] 층. ¶ the upper (the middle, the lower) *region* of the air 하늘의 상(중, 하)층권. 4 [활동·학문 따위의] 영역, 분야, 범위(sphere). ¶ the *region* of art (of metaphysics) 미술(형이상학)의 영역. 5 [도시·영지의] 행정구, 지구. 6 [생물 지리의] 구. cf. province 7 [해부] [신체의]부위, 국부, ...근방. ¶ the abdominal (the lumbar) *region* 복부(부) / a pain in the heart *region* 심장 근방의 통증.
in the region of ...의 부근에; 거의..., 약...
◇ *régional* *adj.*

*∗**re·gion·al** [rí:dʒən(ə)l] *adj.* 1 지역의, 지대의. 2 지방의, 지방적의(local). ¶ *regional* governments 지방 자치체. 3 [해부] 국부의. — *n.* 《美》지방 증권 거래소. ~·ly [-nəli] *adv.*

régional edítion *n.* 〖출판〗 지역판(版).

re·gion·al·ism [ríːdʒ(ə)nəlìz(ə)m] *n.* **1** 지방[분권] 주의(세도). **2** 지역적 특질. **3** 지방주의, 향토색. **4** [문학·미술] 지방주의.

régional líbrary *n.* 《美》지역 도서관〔보통 같은 주내의 수개 인접 지역 도서관의 공립 도서관〕.

‡reg·is·ter [rédʒistər] *n.* **1** [성명·사건·출생·결혼 따위의] 등록부, 등기부, 기록부; 호적부; 명부. ⇒ LIST [類語] ¶ a hotel register 숙박부 / a parish register 교구 호적부 / a register of voters (births) 선거인(출생) 명부. **2** 기록, 기입, 등기 (기재(記入) 사항. ¶ They could find no register of her death. 그들은 그녀의 사망 기록을 발견할 수 없었다. **3** 선적(船籍) 증명서(ship's register), 세관 증명서. **4** 자동 기록기, 레지스터. ¶ a cash register 금전 등록기. **5** [음악] 음역, 성역(聲域); [오르간의] 스톱, 음전(音栓) (stop). ¶ at the head (the chest) register 두성(頭聲) (흉성(胸聲)) 음역 / the upper (the middle, the lower) register of flute 플루트의 고(중, 저)음역. **6** [난방의] 통풍 장치, 온기(환기) 조정 장치. **7** [사진] 초점 유리와 감광판(필름)과의 정합(整合). **8** [인쇄] 인쇄 지면의 안팎의 합치 [행·난 따위의] [다색 인쇄에서] 색의 정확한 겹침. **9** [컴퓨터] 레지스터, 치수기(置數器) [소규모의 기억 장치].

— *vt.* **1** …을 정식으로 기록하다, 등록하다. ¶ *register* a birth (a death) 출생(사망)을 등기하다 / *register* oneself 선거인 명부에 등록하다. **2** [우편물]을 등기로 하다. ¶ *register* a letter 편지를 등기로 부치다 / *register* luggage on a railway 《英》짐을 철도 수화물로 부치다. **3** …을 마음에 명기하다, 인상지우다. ¶ (~+目+前+名) His face was *registered* in my memory. 그의 얼굴이 내 마음에 새겨졌다. **4** [온도계 따위가] [도수]를 가리키다(indicate); [계기 따위가]…을 자기(自記)하다. ¶ The thermometer *registers* 30 degrees. 온도계는 30도를 가리키고 있다. **5** [인쇄] [안팎의 인쇄면]을 정확히 맞추다; [다색 인쇄에서] [각 색의 인쇄]를 일치시키다. **6** [놀람·기쁨·노여움 따위]를 표정(몸짓)으로 표시하다. ¶ His whole bearing *registered* intense fear. 그의 모든 태도가 심한 두려움을 나타내고 있었다.

— *vi.* **1** [숙박부 따위에] 기명하다. ¶ (~+前+名) *register* at a hotel 호텔에 숙박자로서 이름을 등록하다. **3** [인쇄] [안팎의 인쇄면·색도 인쇄 따위가] 정확히 일치하다(맞다). **4** [배우가 놀람·기쁨 따위의] 표정을 짓다. **5** [구어] 인상을 주다.
◇ registrátion, régistry *n.*

reg·is·ter·a·ble [rédʒistərəbl] *adj.* =registrable.

‡reg·is·tered [rédʒistərd] *adj.* **1** 등록(등기, 기재)한; [우편물]등기의. ¶ a *registered* letter (parcel) 등기 편지(소포) / *registered* mail (or 《英》post) 등기 우편. **2** [상업] [공채 따위가] 기명의. ¶ a *registered* bond 기명 공채. **3** 공인의, 공식 등록의. ¶ a *registered* nurse 공인 간호사. **4** [소·말·개 따위가] 혈통 표가 등록된.

régister óffice *n.* 등기소; 《美》직업 소개소.
régister(régistered) tónnage *n.* U 《海事》 [배의] 등록 톤수.
reg·is·tra·ble [rédʒistrəbl], (**registerable**) *adj.* 등록(등기)할 수 있는; 등기로 부칠 수 있는.
reg·is·trant [rédʒistrənt] *n.* [상표 따위의] 등록자.
reg·is·trar [rédʒistrɑ̀ːr, ⁻⁻⁻] *n.* **1** 기록(등기) 계원; 등기 담당관; 호적 담당자. **2** [대학의] 사무국 [학생의 학적 따위를 기록한다]. **3** 《英》[병원의] 선임(先任)의사 (consultant (고문 의사)의 아래]. **4** 《美》《증권》주식 등기 기관.

Reg·is·trar-Gen·er·al [rédʒistrɑːrdʒén(ə)rəl] *n.* (pl. **Registrars-**) 《英》[London 의] 중앙 호적 등기소장.

reg·is·trar·ship [rédʒistrɑ̀ːrʃip, ⁻⁻⁻] *n.* U 기록관(호적 등기관)의 직.

‡reg·is·tra·tion [rèdʒistréiʃ(ə)n] *n.* **1** U 기재, 기명, 등록, 등기; [우편물의]등기. ¶ a *registration* fee 등록료 / *registration* of voters 선거인의 등록. **2** 등록된 것, 등록 사항 수(enrollment). **4** [온도계 따위의] 표시. **5** U [음악] [오르간 주자에 의한] 음전(音栓) 조절. **6** UC [인쇄] 인쇄지의 안팎 양면의 정합(整合), [다색 인쇄의] 각색의 일치. ◇ régister *n.*

registrátion bóok *n.* 《英》자동차 보유 인가증, 등록증.
registrátion númber *n.* 자동차 등록 번호, 차량 번호.
registrátion pláte *n.* [자동차의] 번호판.
reg·is·try [rédʒistri] *n.* (pl. **-tries**) **1** U 등록, 등기, 기록; [우편물의] 등기. **2** 등록부, 등기부 (register). **4** UC [선박의] 국적. ¶ a ship of Canadian *registry* 캐나다 국적의 배. **3** 직업 소개소.

régistry óffice *n.* 《英》**1** 호적 등기소. **2** 직업 소개소.

re·gi·us [ríːdʒiəs, -dʒəs] *adj.* **1** 왕의(royal). **2** 칙(勅任)의; 흠정(欽定)의. ¶ a *Regius* Professor [영국 Oxford, Cambridge 대학 등의] 흠정 강좌 담당 교수.

re·glaze [riːgléiz] *vt.* (**-glazed, -glaz·ing**) …에 다시 판유리를 끼우다; [창의] 깨진 유리를 바꿔 끼우다.

re·glet [réglit] *n.* **1** [건축] 평이랑, 평연(平緣) (fillet). **2** [印] [행간에 넣는] 인테르, 공목.

reg·nal [régn(ə)l] *adj.* 치세의, 왕(王)의. ¶ the *regnal* year 즉위 기원.

reg·nan·cy [régnənsi] *n.* U 통치, 지배; 우세.

reg·nant [régnənt] *adj.* **1** 통치하는, 지배하는, 군림하는(reigning) (* 보통은 명사 뒤에 붙는다). ¶ a queen *regnant* 여왕. **2** 우세한, 유력한(dominant). **3** 널리 행해지고 있는, 유행하고 있는(prevalent). ¶ customs now *regnant* 현재 널리 행해지고 있는 풍습.

reg·o·lith [régəlìθ] *n.* 표토(表土), 레골리스.

re·gorge [riːgɔ́ːrdʒ] *v.* (**-gorged, -gorg·ing**) *vt.* …을 토하다, 게우다; …을 되넘치다. — *vi.* [물 따위가] 역류하다.

re·grade [riːgréid] *vt.* (**-grad·ed, -grad·ing**) **1** …을 다시 등급으로 나누다. **2** [도로 따위에] 새로 경사를 지우다.

re·grant [riːgrǽnt / -grɑ́ːnt] *vt.* [특권·땅 따위]를 다시 허가하다(주다). — *n.* 재인가, 재수여.

re·grate¹ [rigréit] *vt.* (**-grat·ed, -grat·ing**) **1** [비싸게 팔 셈으로] [곡물·식료품 따위]를 매점(買占)하다. **2** [매점한 상품]을 비싸게 팔다, 전매(轉賣)하다; 소매하다.

re·grate² [rigréit] *vt.* (**-grat·ed, -grat·ing**) [석공] [새로이 보이도록] [벽·돌 따위의 표면]을 깎아 내다.

re·gress *vi.* [riː(ː)grés → *n.*] 되돌아가다, 역행하다;후퇴하다; 퇴행(退行)하다. — [ríːgres] UC **1** 귀환, 복귀; 복귀권(權). **2** 뒷걸음질, 후퇴, 퇴보; 역행.

re·gres·sion [riː(ː)gréʃ(ə)n] *n.* **1** 복귀, 후퇴. **2** 퇴보, 퇴화(retrogradation). **3** [생물] 퇴화. **4** [정신 분석] 퇴행. **5** [천문] 역행. **6** [기하] [곡선의] 회귀(回歸).

re·gres·sive [riːgrésiv] *adj.* 후퇴하는, 퇴보하는; [생물] 퇴화하는; [논리] 귀납적인; 일반적으로 거슬러오르는; 회귀(복귀)하는. **~·ly** *adv.* **~·ness** *n.*

re·gres·sor [riː(ː)grésər] *n.* 후퇴하는 사람; 복귀자.

‡re·gret [rigrét] *vt.* (**-gret·ted, -gret·ting**) **1** …을 후회하다, 뉘우치다, 서운해하다, 유감으로 생각하다. ¶ He *regrets* the follies of his youth. 그는 청춘 시절의 어리석었던 짓들을 후회하고 있다. ¶ (~+ 동명)+ that 節) I *regret* having spent the money. = I *regret* that I spent the money. 나는 그 돈을 쓴 것을 후회하고 있다. **2** …을 가엾게(딱하게) 생각하다, 애통해 하다 (deplore), 슬퍼하다, 한탄하다. ¶ I deeply *regret* his death. 나는 그의 죽음을 깊이 애도한다 // (~+ *to* do) I *regret* to say that he did not pass the examination.

regretful

가엾게도 그는 시험에 합격하지 못했다. **3** …을 아쉬워하다, 아까와하다. ¶ *regret* one's vanished youth 사라져간 청춘 시절을 아쉬워하다.
It is to be regretted that... …이라니 유감입니다.
── *n.* **1** ⓤ 후회, 회한, 유감 (*at, for, over*…). ¶ refuse *with* much *regret* (or *with* many *regrets*) 유감스럽게도 거절하다 // express *regret at* (or *for, over*) …에 대해 유감을 표시하다 / express *regret for* one's misdeed 자기의 비행을 사과하다 / I feel *regret for* past laziness. 나는 과거의 나태를 뉘우치고 있다 // It is a matter for (or of) *regret that* he failed in his business. 그가 사업에 실패한 것은 유감스러운 일이다.
[類語] *regret* 표면만의 실망부터 깊은 자책까지를 의미하는 넓은 뜻의 말: slight *regret* 약간의 실망 / express deep *regret* for one's rudeness 무례를 깊이 사죄하다. **penitence** 자기의 죄·잘못 따위를 자각함: show no *penitence* 나쁜 짓을 했다는 죄책감을 조금도 나타내지 않다. **repentance** penitence 에 더하여 고치겠다는 결의를 암시: sincere *repentance* for one's sin 죄를 진심으로 회개하는 마음. **remorse** 과거의 죄·잘못에 대한 오랫동안의 통절한 양심의 가책: bitter *remorse* for one's past 과거에 대한 절실한 회한.
2 ⓤ 애도, 애석, 비탄. ¶ It is with deep *regret* that we announce his death. 그분의 죽음을 충심으로 애도하며 알려드립니다. **3** (종종 ~s) [초대장에 대한] 사절 [장]. ¶ send *regrets* 사절장을 보내다.
to one's *regret* 유감스럽게도, 섭섭하지만.
◇ regrétful, regréttable *adj.*

re·gret·ful [rigrétfəl] *adj.* **1** 후회하는, 뉘우치는, 유감으로 여기고 있는. ¶ He is deeply *regretful for* what he has done. 그는 자기가 한 일을 깊이 후회하고 있다. **2** 애석해하는, 슬퍼하는.
~**·ly** [-fəli] *adv.* ~**·ness** *n.*

*****re·gret·ta·ble** [rigrétəbl] *adj.* 유감스러, 섭섭한, 마음아픈. ¶ a *regrettable* affair (or incident) 유감스런 사건 // It is highly (or really) *regrettable* that…. …이라니 참으로 유감스럽다.

re·gret·ta·bly [rigrétəbli] *adv.* 유감스럽게도, 애석하게도.

re·gret·ter [rigrétər] *n.* 후회하는(애석해 하는) 사람.

re·group [ri:grú:p] *vt.* …을 다시 나누다; …을 다시 무리로 만들다; [군대] …을 재편성(재편제)하다. ── *vi.* 다시 무리가 되다, *regroup·ment n.*

regs [regz] *n. pl.* (美속어) 법령, 법규, 규정, 규칙.

Regt. (略) regent; regiment.

reg·u·la·ble [régjuləbl] *adj.* **1** 조정(조절)할 수 있는. **2** 규정(제한)할 수 있는, 단속할 수 있는.

‡reg·u·lar [régjulər] *adj.* **1** 통상의, 일상의(usual). ¶ *regular* employ 상시 고용 / his *regular* seat 그의 평소의 자리. **2** 균형이 잡힌, 조화를 이룬. ¶ a man with *regular* features 용모가 단정한 남자. **3** 정시의, 정기적인(periodic); 정해진 시간(습관)을 지키는. ¶ a *regular* income 정기적인 수입 / a *regular* meeting 정기 집회 / a *regular* customer 단골 손님 / the *regular* course of events 일의 정해진 코스 // He is *regular* in his coming and going. 그는 언제나 정해진 시간에 왔다 가 간다. **4** 규칙적인, 정연한, 질서있는 (orderly). ¶ *regular* habits 규칙적인 습관 / *regular* as clockwork 시계 장치처럼 규칙적인 // keep *regular* hours 규칙적인 생활을 하다. **5** 규칙(표준)에 맞는; 정식의, 정규의; 본직의, ¶ a *regular* member 정회원 / a *regular* cook (doctor) 정식 요리사(의사). **6** (구어) 완전한, 전적인 (thorough). ¶ a *regular* rascal 진짜 악당. **7** [문법] 규칙 변화의 [를 하는], 규칙적인. ¶ *regular* verbs 규칙 동사. **8** [식물] [꽃이] 가지런한, 균정(均整)한. ¶ a *regular* flower 균정화. **9** [수학] 정치(正則)의; [다각형에서] 등변 등각의; [다면체에서] 각 면이 등변 등각인 다각형의. ¶ a *regular* polygon 정다각형. **10** [종교] 회칙에 따르는, 수도회에 속하는. *opp.* secular. ¶ the

regular clergy 수도사, 수사. **11** 《美》【정치】[당의] 공인의. ¶ a *regular* candidate 공인 후보. **12** 【군대】 정규의, 상비의. ¶ *regular* soldiers 정규병.
── *n.* **1** (보통 ~s) 단골, 고객. **2** 《美》【종교】수사, 수도사. **3** 【군대】정규병, 상비병. **4** 《美》【정치】충실한 당원. **5** 【의류품의】표준 크기; 그 크기의 옷속. **6** 정규(레귤러)선수.
◇ regulárity *n.*, régularly *adv.*

régular ármy *n.* 《美》정규군, 상비군; (the R- A-) 《美》[예비군을 포함하지 않는] 미합중국 상비군.

reg·u·lar·i·ty [règjulǽriti] *n.* ⓤⓒ (*pl.* **-ties**) 규칙바름 (바른 것), 일정 불변[한 것], 균형이 잡혀어 있음 (있 것), ¶ *regularity* in conduct 행동에 대해서의 규칙바름 / with *regularity* 규칙바르게, 규칙대로, 어김없이.

reg·u·lar·i·za·tion [règjulərizéiʃ(ə)n / -raiz-] *n.* ⓤ 질서를 세우기, 조직화; 규칙화.

reg·u·lar·ize [régjuləràiz] *vt.* (**-ized, -iz·ing**) …의 질서를 세우다, 규칙바르게 하다.

‡reg·u·lar·ly [régjulərli] *adv.* **1** 규칙바르게, 어김없이; 정기적으로, **2** 정식으로, 정규적으로. **3** 균형있게. **4** (구어) 아주, 정말.

régular séason *n.* [야구] 공식전(公式戰).

*****reg·u·late** [régjulèit] *vt.* (**-lat·ed, -lat·ing**) **1** [규칙·법규 따위로] …을 규정하다, 제한하다, 통제하다, 단속하다. ¶ *regulate* the industries of a country 일국의 산업을 통제하다. **2** …을 조절하다; …을 조정하다. ¶ *regulate* the temperature of a room 실내 온도를 조절하다 / *regulate* a clock 시계를 조정하다. **3** …을 규칙바르게 하다, 정상 상태로 하다. ¶ *regulate* the traffic 교통을 정상화하다 / *regulate* one's habits 규칙바른 습관을 지니다. ◇ regulátion *n.*

‡reg·u·la·tion [règjuléi(ə)n] *n.* **1** 규칙, 규정(rule) 조례, 법규; ⓤ 단속, 제한. ¶ LAW [類語] ¶ traffic *regulations* 교통 법규. **2** ⓤ 조절; 조정. ¶ the *regulation* of prices 물가의 조절. **3** ⓤ [전기] 변동률(變動律). **4** [경제] 조절 이론 [공(公)과 사(私), 노(勞)와 사(使) 등 대립 세력의 협조로 발전을 이룩해야 한다는 학설].
── *adj.* **1** 규정의, 표준의. ¶ a *regulation* uniform 제복, 정복 / a *regulation* speed 규정 속도. **2** 보통의(usual), 통례의(customary). ¶ the *regulation* size 보통 크기. ◇ régulate *v.* (褻).

regulátion móurning *n.* (the ~) 정식상(正式

reg·u·la·tive [régjulèitiv / -lətiv] *adj.* =regulatory.

reg·u·la·tor [régjulèitər] *n.* **1** 규정자, 단속자. **3** 조절(조정)자(물). **3** [시계의] 정시기(整時器), 표준시계, [기계의] 조속기(調速器).

régulator géne *n.* [생화학] 제어 유전자.

reg·u·la·to·ry [régjulətò(:)ri / -t(ə)ri] *adj.* 규제의(조정)하는. **2** 규정하는, 단속하는. ¶ [동 조절 장치.

Reg·u·lo [régjulou] *n.* (상표명) [가스 렌지의] 온도 자

Reg·u·lus [régjuləs] *n.* (*pl.* **-lus·es** or **-li** [-lài]) **1** (R-) [천문] 사자좌(Leo)의 1등성. **2** [야금] 금속 소구(小球) / [광석 용련(熔鍊)때에 바닥에 모이는 금속덩이].

re·gur·gi·tate [rigə́:rdʒitèit] *v.* (**-tat·ed, -tat·ing**) *vi.* [액체·가스 따위가] 되쏟다, 역류하다; [먹은 것이 위에서] 넘어오다. ── *vt.* [액체·가스 따위를] 되뿜어내다, [먹은 것을] [위에서] …을 토하다, 게우다.

re·gur·gi·ta·tion [rigə̀:rdʒitéiʃ(ə)n] *n.* ⓤ **1** [액체·가스 따위의] 되쏟기, 역류. **2** [의학] 구토. **3** [생리] 혈액의 역류.

re·ha·bil·i·tate [ri:(h)əbílitèit] *vt.* (**-tat·ed, -tat·ing**) **1** [의료의 치료에] [사람]의 건강을 원상태로 회복시키다; [사람]을 사회에 복귀시키다. ¶ *rehabilitate* patients 환자를 다시 건강하게 하다. **2** …의 명예를 회복시키다. ¶ *rehabilitate* oneself 명예를 회복하다. **3** …을 재건하다, 부흥하시다 [원래의 지위 등에] …을 돌리다, 복위(복권)시키다.

*****re·ha·bil·i·ta·tion** [ri:(h)əbìlitéiʃ(ə)n] *n.* ⓤ **1** 사회 복귀, 리허빌리테이션. **2** 명예(신용) 회복; 부흥, 복구;

re·ha·bil·i·ta·tor [riː(h)əbílitèitər] n. 복직(복위, 복권)자, 명예 회복자.

re·han·dle [riːhǽndl] vt. (**-dled, -dling**) …을 다시 다루다; …을 개조(개작)하다. ¶ *rehandle* a story 이야기를 개작하다.

re·hash vt. [riːhǽʃ → n.] **1** [고기 따위]를 다시 저미다. **2** 〔비유적〕…을 재탕하다, 고쳐 말하다, 개작하다. — n. [ríːhæʃ] 재탕, 고쳐 말하기, 개작.

re·hear [riːhíər] vt. (**-heard** [-hə́ːrd], **-hear·ing**) 〔증언 따위〕를 다시 듣다; 【법률】〔사건〕을 재심하다.

***re·hears·al** [rihə́ːrs(ə)l] n. **1** ⓤⓒ〔연극·음악 따위의〕시연(試演), 리허설, 예행 연습, 총연습. ¶ a public *rehearsal* 공개 시연 / a dress *rehearsal* [연극의] 본 연습 / in *rehearsal* 예행 연습중에(으로). **2** ⓤ 암송; 복창. **3** 이야기. ◇ rehéarsal v.

***re·hearse** [rihə́ːrs] vt. (**-hearsed, -hears·ing**) vt. **1** 〔음악·연극 따위〕의 예행 연습(리허설)을 하다. ¶ *rehearse* a play 연극의 리허설을 하다. **2** 〔배우 등〕에게 예행 연습을 시키다. **3** 〔이미 말한(들은) 것〕을 되풀이하다(repeat); …을 낱낱이 열거하다, 암송(복창)하다. ⇨ RELATE 類語 ¶ *rehearse* the familiar story 귀에 익은 이야기를 반복하다. — vi. 〔연극 따위의〕예행연습(리허설)을 하다. ◇ rehéarsal v.

re·hears·er [rihə́ːrsər] n. 리허설을 하는 사람, 예행 연습을 시키는 사람; 〔특히〕오케스트라의 리허설 지휘자, 음송자(吟誦者).

re·heat [riːhíːt] vt. …을 다시 가열하다, 새로 데우다.

re·house [riːháuz] vt. (**-housed, -hous·ing**) …에게 새 집을 주다, 새 집에 살게 하다.

re·hu·man·ize [riːhjúːmənàiz] vt. (**-ized, -iz·ing**) 〔마음〕에 다시 인간미를 갖게 하다, 바른 길로 다시 인도하다, 참사람을 만들다.

Reich [raik / G raiç] n. 독일국. ¶ the First *Reich* 신성 로마 제국(962–1806) / the Second *Reich* 〔비스마르크 시대의〕독일 제국(1871–1919) / the Third *Reich* 〔나치의〕 제3제국(1933–45). [<G empire, kingdom]

Reichs·bank [ráiksbæŋk] n. 독일 국립 은행 (1876–1945).

reichs·mark [ráiksmɑːrk] n. (*pl.* **-marks** or **-mark**) 〔때로 R-〕라이히스마르크〔1924년부터 1948년까지 통용된 독일의 화폐 단위〕.

Reichs·tag [ráikstɑːg] n. 〔독일 역사〕독일 제국(1871–1919) 및 바이마르 공화국(1919–1933)의 하원.

re·i·fy [ríːifai] vt. (**-fied, -fy·ing**) 〔추상 개념 따위〕를 구체화하다, 구상화하다.

‡**reign** [rein] n. **1** 치세, 통치 기간. ¶ *under* (or *in*) the *reign* of Queen Elizabeth 엘리자베스 여왕 치세에. **2** ⓤ 지배, 통치, 군림(sovereignty). ¶ hold the *reign* of government 정권을 잡다. **3** ⓤ 지배 세력, 영향력의 범위, 권세. ¶ the *reign* of law 법의 지배.
the Reign of Terror ① 〔프랑스 역사〕공포 시대 (1793–94). ② (the r- or t-) 공포의 때, 무서운 일이 일어나는 기간.
— vi. **1** 주권을 잡다, 지배하다, 군림하다(*over* …). ⇨ GOVERN 類語 ¶ (~ + 前 + 图) *reign over* people 국민 위에 군림하다 // Better to *reign* in Hell than serve in Heaven. 천국에서 종노릇을 하기보다는 지옥에서 왕노릇을 하는 것이 낫다〔← Milton 作「실낙원」(*Paradise Lost*)〕. **2** 세력(권세)을 떨치다; 강대한 영향력을 가지다, 크게 유행하다(prevail).

re·ig·nite [rìːignáit] vt. (**-nit·ed, -nit·ing**) …에 다시 점화하다. …을 회복시키다.

re·il·lu·sion [rìːilúːʒ(ə)n] vt. …에 대한 믿음·환상을 회복시키다.

re·im·burse [rìːimbə́ːrs] vt. (**-bursed, -burs·ing**) **1** …에게 변상하다, 배상하다. **2** …을 반제하다, 갚다 (repay). ¶ *reimburse* the loss 그 손실을 반제하다.

re·im·burse·ment [rìːimbə́ːrsmənt] n. ⓤⓒ 변상, 배상; 갚기, 반제, 상환.

re·im·port vt. [rìːimpɔ́ːrt / -pɔ́ːt] → n.] 〔수출품〕을 재(역)수입하다. — n. [rìːimpɔ́ːrt / rìːímpɔːt] **1** ⓤ 재(역)수입. **2** 〔보통 ~s〕재(역)수입품.

re·im·por·ta·tion [rìːimpɔːrtéiʃ(ə)n / -pɔː-] n. ⓤ 재(역)수입; ⓒ 재(역)수입품.

re·im·pose [rìːimpóuz] vt. (**-posed, -pos·ing**) 〔일단 폐지했던 세금 따위〕를 다시 과하다.

re·im·po·si·tion [rìːimpəzíʃ(ə)n] n. ⓤ 재과세, 재부과.

re·im·pres·sion [rìːimpréʃ(ə)n] n. **1** ⓤⓒ 재인상 (재인쇄), 재판. **2** 재판, 중판(reprint).

re·im·print [rìːimprínt] vt. …을 재판하다; 번각하다.

***rein** [rein] n. **1** 〔보통 ~s〕고삐. ⇨ HARNESS 그림. ¶ hold (or take) the *reins* 고삐를 잡다 / pull (or gather) up one's *reins* 고삐를 당기다(죄다) / let go (or loosen) one's *reins* 고삐를 늦추다. **2** ⓤ 통제 (제어) 수단; 구속[력]. ¶ take the *reins* 지배하다, 권력을 잡다. **3** (~s) 지배권, 지휘권. ¶ take (or hold) the *reins* of government 정권을 쥐다 / assume (drop) the *reins* of government 정권을 잡다(내놓다).
draw rein; draw in the reins 고삐를 당기다; 속력을 늦추다, 그만두다.
gather the reins into one's **hands** 지배권을 휘두르다, 좌우지하다.
give rein[s] (or **free rein, the rein[s]**) **to; throw the reins to** ① 〔말〕을 마음대로 가게 하다. ② …에게 자유를 주다, 눈 감아 두다.
— vt. **1** 〔말 따위〕를 고삐로 제지하다(…*in, up, back*). ¶ *rein in* a horse 말을 제지하다 / *rein up* (or *back*) a horse 말을 세우다. **2** …을 제어(억제)하다 (restrain) (…*in, up*). ¶ (~ + 前 + 图) *rein* in one's temper 화를 억누르다. **3** …을 고삐로 다루다. ¶ *rein* a horse to the right 고삐로 말을 오른쪽으로 향하게 하다.
— vi. **1** 〔말이〕고삐에 따르다(*in, up, back* …). ¶ The horse *reins* well. 그 말은 시키는 대로 잘 따른다. **2** 말의 보조를 늦추다, 말을 세우다(*in, up, back* …).

re·in·car·nate vt. [rìːinkɑ́ːrnèit, ---// → adj.]. (**-nat·ed, -nat·ing**) 〔영혼〕에 다시 육체를 부여하다; …을 환생시키다; …을 다시 화신(化身)이 되게 하다. — adj. [rìːinkɑ́ːrnit, + 英 -neit] 다시 육체를 얻은; 환생한; 화신이 된.

re·in·car·na·tion [rìːinkɑːrnéiʃ(ə)n] n. **1** ⓤ 영혼 재생설. **2** ⓤⓒ〔영혼의〕재생, 환생, 화신. **3** ⓤ 다시 육체를 얻음.

re·in·cor·po·rate [rìːinkɔ́ːrpərèit] vt. (**-rat·ed, -rat·ing**) …을 다시 합동(합체)시키다 (…*with, into*); …을 다시 편입시키다.

***rein·deer** [réindìər] n. (*pl.* **-deer** or **-deers**) 순록 (馴鹿).

réindèer mòss (líchen) n. 꽃이끼〔순록의 먹이〕.

re·in·dus·tri·al·i·za·tion [rìːindʌ̀striəlizéiʃ(ə)n] n. 〔특히 미국의〕재공업화, 산업 부흥.

re·in·fect [rìːinfékt] vt. 【의학】〔남을〕〔전염병 따위〕에 2차 감염시키다.

re·in·fla·tion [rìːinfléiʃ(ə)n] n. ⓤ 재팽창, 통화 재팽창; 〔물가·주가의〕재폭등.

***re·in·force** [rìːinfɔ́ːrs / -fɔ́ːs], (**reenforce**) vt. (**-forced, -forc·ing**) **1** …을 보강하다. ¶ (~ + 图 + 前 + 图) *reinforce* a wall *with* mud 진흙으로 벽을 보강하다. ¶ 〔부대 따위〕를 증강하다, 강화하다. ¶ *reinforce* a garrison 수비대를 증강하다. **3** …을 강하게 하다; [보충하여] …을 증대시키다. ¶ *reinforce* efforts 더욱 노력하다 / *reinforce* a supply 공급을 증대시키다. **4** 〔지시에 따른 실험 동물〕에게 상을 주다. — n. **1** 보강물(재). **2** 총상(銃床).
◇ reínfórcement n.

rè·in·fórced cóncrete [rìːinfɔ́ːrst / -fɔ́ːst-] n. ⓤ 철근 콘크리트.

re·in·force·ment [rìːinfɔ́ːrsmənt / -fɔ́ːs-] n. **1** ⓤ

re·ink [riːíŋk] vt. …에 다시 잉크를 적다(묻히다).

rein·less [réinlis] adj. 1 고삐가 없는. 2 속박이 없는, 자유로운; 방종한.

reins [reinz] n. pl. (고어) 1 신장, 콩팥. 2 신장이 있는 부분, 허리. 3 [성서에서] 감정(애정)의 자리.

re·in·sert [rìːinsə́ːrt] vt. …을 다시 끼워넣다, 다시 삽입하다.

re·in·state [rìːinstéit] vt. (-stat·ed, -stat·ing) (원래의 지위·상태 따위에) …을 복귀시키다, 복위(복직)시키다; …을 본래대로 하다. [복권].

re·in·state·ment [rìːinstéitmənt] n. ⓤ 복위, 복직.

re·in·struct [rìːinstrʌ́kt] vt. (남)을 다시 가르치다, 재교육하다. [재보험].

re·in·sur·ance [rìːinʃúə(ː)rəns / -ʃúər-] n. ⓤ (보험)

re·in·sure [rìːinʃúər] vt. (-sured, -sur·ing) (보 험)…을 재보험하다. ¶ the reinsured 피(被) 재보험가.

re·in·te·grate [riːíntigreit] vt. (-grat·ed, -grat·ing) …을 재통합하다; …을 회복(부흥)하다; …을 재건하다.

re·in·te·gra·tion [rìːintigréiʃ(ə)n] n. ⓤ 다시 통합하기; 회복, 부흥; 재건.

re·in·ter [rìːintə́ːr] vt. (-terred, -ter·ring) (시체)를 고쳐묻다, 개장(이장)하다.

re·in·tro·duce [rìːintrəd(j)úːs / -djúːs] vt. (-duced, -duc·ing) …을 다시 소개하다; 다시 제출하다.

re·in·tro·duc·tion [rìːintrədʌ́kʃ(ə)n] n. ⓤⒸ 재소개; 재제출.

re·in·vest [rìːinvést] vt. 1 (남)에게 다시 주다 (...with). 2 (남)을 복위(복직)시키다 (...in). 3 (돈)을 재투자하다. 4 (군대)(적 등)을 다시 포위하다.

re·in·ves·ti·gate [rìːinvéstigèit] vt. (-gat·ed, -gat·ing) …을 다시 조사하다.

re·in·vest·ment [rìːinvéstmənt] n. ⓤⒸ 재부여, 재수여; 재임명(再敍任), 복위, 복직; 재투자, 재포위.

re·in·vig·or·ate [rìːinvígərèit] vt. (-at·ed, -at·ing) …을 다시 기운차게 하다; …의 기운을 회복시키다.

reis [reis] n. pl. (sing. **re·al**) 옛날의 포르투갈·브라질의 화폐 단위.

re·is·sue [rìːíʃuː, +英 -ísjuː] vt. (-sued, -su·ing) (통화·증권·서적 따위)를 재발행하다. — n. ⓤⒸ 재발행; ⓒ 재발행된 것.

REIT [riːt, rait] n. 《美》 부동산 투자 신탁 [회사].
[< reusing estate investment trust]

re·it·er·ate [riːítərèit] vt. (-at·ed, -at·ing) (행위·발언·요구 따위)를 되풀이하다, 반복하다. ⇨ REPEAT 類語. [복.

re·it·er·a·tion [rìːìtəréiʃ(ə)n] n. ⓤⒸ 되풀이, 반

re·it·er·a·tive [riːítərèitiv, -rətiv] adj. 되풀이하는, 되풀이의 (반복) —. n. (문법) 중첩어(重疊語) (예: dillydally, tittle-tattle 따위); 반복어(예: prate 에서 파생한 prattle 따위). ~·ly adv.

reive [riːv] v. (reived, reiv·ing) 《스코》 = reave.

re·jas·ing [riːdʒéisiŋ] n. 《美》 폐물 재이용.
[< reusing junk as something else]

‡**re·ject** vt. [ridʒékt → n.] 1 (제안·요구 따위)를 거절하다, 거부하다, 받아들이지 않다; 인정하지 않다. opp. accept ¶ reject a diplomatic note 외교상의 통고서를 인정하지 않다. 2 (남)을 퇴짜놓다, 거절하다 (rebuff). ⇨ REFUSE 類語 ¶ reject a suitor 구혼자에게 퇴짜놓다. 3 (쓸모없거나 불만족하여) …을 제거하다, 버리다. 4 (음식 따위)를 받아들이지 않다, 토하다 (vomit). — n. [rídʒekt] 거부된 사람(물건); 폐기물, 파치, 불합격품; 불합격자.

re·ject·a·ble [ridʒéktəbl] adj. 배척해야 할 (할 수 있는), 거부해야 할(할 수 있는).

re·jec·ta·men·ta [rìːdʒektəméntə] n. pl. 폐기물; 투하(投荷).

re·ject·ee [rìːdʒektíː, -dʒéktiː] n. 거절당한 사람, [특히] 징병 검사 불합격자.

re·ject·er, -jec·tor [ridʒéktər] n. 거절자, 폐기자.

*****re·jec·tion** [ridʒékʃ(ə)n] n. 1 ⓤ 거절, 폐기, 배제. 2 배설물, 폐기물. 3 (의학) 거절 반응.

Rejéction Frónt n. 이스라엘 거부 전선.

re·jec·tion·ist [ridʒékʃənist] n. (정치) 이스라엘에 부하는 아랍 지도자(당파, 국가), (아랍의) 대(對) 이스라엘 강경파. [통고 쪽지.

rejéction slìp n. [집필자에게 보내는]원고 불채택

re·jec·tive [ridʒéktiv] adj. 1 거부적인. 2 미니멀 아트(최소한 예술)의.

rejéctive árt n. = minimal art.

re·jig [rìːdʒíg] vt. (-jigged, -jig·ging) (공장)에 새로운 설비를 도입하다.

‡**re·joice** [ridʒɔ́is] v. (-joiced, -joic·ing) vi. 기뻐하다, 좋아하다; 축하하다 (celebrate) (at, in, over, on …). opp. grieve, lament ¶ (~+前+图) rejoice at (or in) another's success 타인의 성공을 기뻐하다 / We rejoiced over the news of their victory. 우리는 그들이 승리했다는 소식을 기뻐했다 / Let's rejoice together on this great occasion. 다 같이 이 큰 경사를 축하합시다 // (~+to do) I rejoiced to hear of your success. 네가 성공했다는 말을 듣고 나는 기뻤다 / (~+that ~) I rejoice that he is well. 그가 건강해서 기쁘다. — vt. …을 기쁘게 하다 (gladden), 좋아하게 하다, 즐겁게 하다. ¶ Your letter rejoiced my heart. 네 편지는 정말로 기뻤다 // We are rejoiced at his comeback. 우리는 그의 컴백을 기뻐하고 있다 / I am rejoiced to hear of her recovery. 나는 그녀의 회복 소식을 기뻐하고 있다.

—— Usage rejoice at, rejoice in, rejoice over — 주로 rejoice at은 남의 일에 대한 기쁨이고, rejoice in은 자기일을 기뻐하는 경우가 많다: We rejoiced at the completion of your work. 당신의 작품이 완성되었다는 이야기를 듣고 우리는 기뻐했다 / He rejoiced in his children's happiness. 그는 자식들의 행복을 알고 기뻐했다. 또 at은 보고 듣는 등 알게 된 원인을 나타내는 데 대해, over는 원인이 되는 사항을 나타내어, 예컨대 rejoice over the victory(승리를 기뻐하다) 따위로 쓰지만, 이 구별은 명확하지는 않다.

rejoice in (or at) …을 즐기다; …[의 혜택]을 누리고 있다.

*****re·joic·ing** [ridʒɔ́isiŋ] n. 1 ⓤ 기뻐하기, 기쁨, 환희. 2 ⓤ 환호, 환성. 3 (종종 ~s) 축전(祝典), 축하연; 경사. ~·ly adv.

re·join[1] [rìːdʒɔ́in] vt. 1 …에 다시 한 패로 끼다(들어가다); …과 재회하다. ¶ I will rejoin you soon. 곧 재회하게 될 것입니다. 2 …을 다시 결합시키다. ¶ rejoin the broken pieces of a pot 항아리의 조각들을 다시 맞추다. — vi. 다시 함께 되다(한 패로 들어가다); 다시 결합하다.

re·join[2] [ridʒɔ́in] vt. …이라고 대답하다, 답변(응답)하다. ⇨ ANSWER 類語 — vi. 1 대답하다, 답변(응답)하다. 2 (법률) (피고)가 제2 소답(訴答)을 하다.

re·join·der [ridʒɔ́indər] n. 1 (대답에 대한) 답변, 대답, 응답 (response). ¶ in rejoinder 대답으로, 응답하여 / make a witty rejoinder 재치있는 답변을 하다. 2 (법률) 피고의 제2 소답. cf. surrejoinder

re·judge [rìːdʒʌ́dʒ] vt. (-judged, -judg·ing) …을 재심하다.

re·ju·ve·nate [ridʒúːvinèit] vt. (-nat·ed, -nat·ing) (사람)을 다시 젊어지게 하다, 회춘시키다, 활기띠게 하다; [생리인] [정력]이 솟게 하다. 2 (지리) (강)의 침식 작용을 재발하게 하다(회복시키다). — vi. 다시 젊어지다, 원기를 회복하다.

re·ju·ve·na·tion [ridʒùːvinéiʃ(ə)n] n. ⓤ 도로 젊어지게 하기, 도로 젊어짐, 회춘, 원기 회복; (강·토지의) 회복, 회춘(작용).

re·ju·ve·na·tor [ridʒúːvinèitər] *n.* 다시 젊어지게 하는 사람(것).

re·ju·ve·nesce [ridʒùːvinés / riːdʒuː-] *v.* (**-nesced, -nesc·ing**) — *vi.* 다시 젊어지다; [생물] [세포가] 새로운 활력을 얻다. — *vt.* …을 다시 젊어지게 하다; [생물] [세포에] 새로운 활력을 주다.

re·ju·ve·nes·cence [ridʒùːvinésns / riːdʒuː-] *n.* 다시 젊어짐, 회춘. [시 젊어지는; 회춘의.

re·ju·ve·nes·cent [ridʒùːvinésnt / riːdʒuː-] *adj.* 다

re·ju·ve·nize [ridʒúːvinàiz] (*《英》에서는 re·ju·ve·nise로도 쓴다*) *v.* (**-nized, -niz·ing**) =rejuvenate.

re·kin·dle [riːkíndl] *v.* (**-dled, -dling**) *vt.* **1** …에 다시 불을 붙이다(점화하다); …을 다시 달구다. **2** [희망·흥미 따위를] 되살아나게 하다. — *vi.* **1** 다시 타다. **2** 다시 타오르다(기운나다).

-rel, -erel *suf.* diminutive(작은…) 또는 pejorative (경멸적인…)의 뜻의 명사를 만든다. 예: cock*erel*, dogg*erel*.
[gion, religious.

rel. (略) relating, relative, relatively; released; reli-

re·la·bel [riːléibl] *vt.* (**-beled, -bel·ing**; 《英》 **-belled, -bel·ling**) …에 딱지를 다시 붙이다; …의 라벨을 고쳐(갈아) 붙이다.

re·laid [riːléid] *v.* re-lay의 과거·과거분사.

re·lapse [rilǽps] *vi.* (**-lapsed, -laps·ing**) **1** [원래의 좋지 않은 상태·습관으로] 되돌아가다(*into*…). ¶ *relapse into* moody silence 다시 뚱하게 침묵 하다. **2** [병이] 재발하다, 도지다(*into*…). **3** 다시 나쁜 짓(버릇)에 빠지다, 타락하다(*into*…). ¶ *relapse into* a crime 다시 죄를 저지르다.
— *n.* [원 상태·습관으로] 되돌아감; 퇴보; [병의] 재발, 도짐; 타락. ¶ have (*or* suffer) a *relapse* 재발하다. ¶ a *relapse* into barbarism 야만으로의 되돌아감.

re·láps·ing féver [rilǽpsiŋ-] *n.* (의학) 열대 지방에서 볼 수 있는) 회귀열(回歸熱).

‡**re·late** [riléit] *v.* (**-lat·ed, -lat·ing**) *vt.* **1** …을 말하다, 진술하다, 이야기하다(narrate). ¶ curious to *relate* 묘한 이야기지만 / He *related* the adventures of his youth. 그는 청춘 시절의 모험담을 이야기하였다.
類語 **relate** 목격·경험의 내용을 상세히 또는 순서있게 이야기하다: *relate* one's past 자기의 과거를 말하다.
rehearse 1 기지(旣知)의 사실을 요약하여 되풀이하다. **2** 예행 연습으로 복창하다, 현재는 **2**의 뜻이 보통: *rehearse* an opera 오페라의 예행 연습을 하다.
recite 1 세부·항목을 열거하여 말하다. **2** 암기한 대로 되풀이하다; 현재는 **1**의 뜻으로는 recount 를 쓰는 것이 보통: *recite* a poem 시를 암송하다.
recount = recite: *recount* the events of the day 그 날 일어난 일들을 하나하나 이야기하다. **narrate** 조설같이 전개하고 클라이맥스를 곁들어 가며 이야기하다: *narrate* the story of one's life 자기의 인생 행로를 이야기하다. **describe** 상황이 생생하게 머리에 떠오르도록 묘사하다: *describe* a scene 광경을 생생하게 이야기하다. ⇒ SAY.
2 …을 관계(관련) 짓다, 결부시키다(connect)(*…with, to*). ¶ (~+围+前+名) We cannot *relate* these phenomena *with* (*or to*) any known rules. 이들 현상은 기존의 어떤 법칙과도 관련시킬 수 없다. **3** (보통 수동형으로) [결혼 따위로] …과 혈연적으로 결합시키다; 인척(친족) 관계이다(*…to*). ¶ I am *related to* him. 나는 그와 인척 관계에 있다.
— *vi.* **1** 가리키다, 관계되다(*to* …). ¶ What event did his remarks *relate to*? 그의 말은 어떤 사건을 가리킨 것입니까? **2** 관련이 있다(*to* …). ¶ It shows how parts *relate to* parts. 그것은 각 부분이 서로 어떻게 관련되고 있는가를 나타내고 있다. **3** 부합하다, 조화하다 (fit in)(*with* …). ¶ The evidence does not *relate with* the fact. 그 증거는 사실과 부합하지 않는다. **4** 잘 어울리다, 마음이 통하다(*to* …). ¶ They are unable to *relate* to each other. 그들은 사이가 나쁘다.

◇ **relátion, rélative** *n.*

‡**re·lat·ed** [riléitid] *adj.* **1** 관계(관련)있는, 서로 관련된 (*to, with* …). ¶ painting and the *related* arts 회화 및 관련 예술 / a body of *related* phenomena 일단의 관련 현상. **2** 친척의, 혈연(인척) 관계가 있는, 동족의. ¶ persons *related* in the third degree 3촌등(親等)의 친척. **3** (음악) [곡조가] 근접한, 상관적인. **~·ness** *n.*
◇ **reláte** *v.*

reláted kéy *n.* [음악] 친근(근접) 조(調).

re·lat·er [riléitər] *n.* 이야기하는 사람, 담화자.

‡**re·la·tion** [riléiʃ(ə)n] *n.* **1** ①② [사물간의 추상적인] 관계, 관련, 상관. ¶ bear no *relation* to, be out of all *relation* to …과 전혀 관계가 없다; 전혀 어울리지 않다 / have *relation* to …과 관계가 있다 / a *relation between* dreams and waking actions 꿈과 깨어 있을 때의 행동과의 관계. **2** [갖가지의 구체적인] 관계, 사이. ¶ the *relation* of father *to* son 아버지와 아들과의 관계 / the diplomatic *relation between* Korea and the U.S.A. 한미간의 외교 관계 // the *relation* of members of the same community 같은 공동체의 구성원끼리의 관계. **3** (~s) [국가간 따위의 있어서의] 관계, 교섭; [사람과 사람과의] 관계, 인연; [남녀의] 성적인 관계, 정교 (情交). ¶ the foreign *relations* of a country 일국의 외교 관계 // cultivate close *relations with* Italy 이탈리아와 친선 관계를 맺다 / I broke off all *relations with* her. 나는 그녀와의 모든 관계를 끊어버렸다.
類語 **relation** 「관련·관계」를 뜻하는 일반적인 말: the *relation* between the two events 그 두 사건 사이의 관계. **relationship** 밀접하고 정서적인 relation: a good teacher-student *relationship* 교사와 학생간의 좋은 관계.
4 ① 친족(혈연, 인척) 관계, 동족 관계(kinship); ② 친척, 일가(relative). ¶ [a] *relation by* marriage 인척 관계 / a *relation by* (*or on*) my mother's side 외가쪽의 친척 / What *relation* is he *to* you? 그는 너와 어떤 혈연 관계인가? **5** 이야기, 설화(narration). ① 진술, 언급, ¶ make *relation* to …을 언급하다. **6** ① (법률) 범죄 통보; 고발; (법의) 효력 소급.
in (*or* 《드물게》 **with**) **relation to** …에 관하여. ¶ I had a lot to say *in relation to* that affair. 나는 그 일에 관하여 할 말이 많았다.
◇ **relátional** *adj.*

re·la·tion·al [riléiʃən(ə)l] *adj.* **1** 관계있는, 관계적인. **2** 친족 관계의. **3** (문법) 관계를 나타내는, 상관적인. **~·ly** [-nəli] *adv.*

‡**re·la·tion·ship** [riléiʃ(ə)nʃìp] *n.* ① **1** 관계, 관련. ⇒ RELATION. 類語 the *relationship between* two things 두 사물간의 관계. **2** 친족(혈연, 인척)관계 (kinship). ◇ **relátion** *n.* **~·ly** [-vəli] *adv.*

rel·a·ti·val [rèlətáiv(ə)l] *adj.* (문법) 관계사(詞)의.

‡**rel·a·tive** [rélətiv] *n.* **1** 친척, 인척, 일가(relative). ※비교적 먼 친척의 경우에는 relation 보다 relative 를 많이 쓴다. **2** 관계(상관)물. **3** (논리) 상대 명사(相對名辭) (relative term). **4** (문법) 관계사; 관계 대명사 (형용사, 부사).
— *adj.* **1** 비교상의(comparative); 상대적인, *opp.* absolute ¶ *relative* velocity 상대 속도 / Heat, speed, strength are *relative* words. 열, 속도, 강도는 상대적인 말이다 / with *relative* coolness 비교적 침착하게. **2** 상관적인, 대응하는. ¶ *relative* phenomena 상관 현상. **3** 관계 있는, 관련되어 있는(relevant) (*to* …). ¶ the details *relative* to the matter 그 문제에 관한 상세한 내용. **4** 호응하는, 비례하는 (*to* …). ¶ Supply is *relative to* demand. 공급은 수요에 비례한다. **5** (문법) 관계를 나타내는, 관계사에 이끌리는. **6** (음악) 관계의(가락·음계가 동일한 기호를 갖는).
relative to …에 관하여, …에 비례하여, …에 비해.
◇ **reláte** *v.*

rélative áddress *n.* (컴퓨터) 상대(相對) 어드레

rélative adjéctive n. 〔문법〕 관계 형용사.
‡**rélative ádverb** n. 〔문법〕 관계 부사.
rélative cláuse n. 〔문법〕 관계사절.
rélative humídity n. 〔물리・기상〕 상대(관계) 습도. cf. absolute humidity
*__rel・a・tive・ly__ [rélətivli] adv. **1** 상대적으로; 비교적 (comparatively). ¶ *relatively* speaking 상대적으로 말해서. **2** 《고어》 …과 관련하여(in relation) (*to* …). **3** …과 비교하여, …에 비례하여, …에 비해(*to* …).
◇ rélative adj.
rélative majórity n. 《英》 상대 다수〔선거에서 과반수 미달인 경우의 수위〕. cf. absolute majority
rel・a・tive・ness [rélətivnis] n. ⓤ 관련성, 상관성, 상대성.
‡**rélative prónoun** n. 〔문법〕 관계 대명사. 〔고〕
rel・a・tiv・ism [rélətivìz(ə)m] n. ⓤ〔철학〕 상대론(주관설에 대하여).
rel・a・tiv・ist [rélətivist] n. 상대론자, 상대성이론 학자.
rel・a・tiv・is・tic [rèlətivístik] adj. 〔철학・물리〕 상대성 이론의, 상대론적인.
rel・a・tiv・i・ty [rèlətíviti] n. ⓤ **1** 관계있음, 관련(상관)성; 상대성; 상호 의존(성). **2** 〔물리〕 상대성. ¶ the principle of *relativity* 상대성 원리. **3** 〔철학〕 상대성.
re・la・tor [riléitər] n. **1** 이야기하는 사람. **2** 〔법률〕 〔고발자.
‡**re・lax** [rilǽks] vt. **1** …의 힘을 빼다(slacken). ¶ *relax* one's grip 꼭 쥔 손의 힘을 늦추다. **2** 〔노력 따위〕를 늦추다, 줄이다(abate). ¶ *relax* one's efforts 노력을 적게 하다. **3** 〔규율 따위〕를 관대하게 하다, 경감하다. ¶ *relax* a rule (discipline) 규칙(규율)을 완화하다. **4** …을 편하게 하다, 쉬게 하다. ¶ A pill of tranquilizer *relaxed* me. 신경 안정제를 한 알 먹었더니 기분이 느긋해졌다. — vi. **1** 느슨해지다, 풀어지다; 누그러지다, 약해지다. ¶ His features *relaxed*. 그의 표정이 부드러워졌다. **2** 편안하게 하다(쉬다); 휴식하다 (*in*…). ¶ *relax* at the seashore 해변에서 휴식을 하다 / Don't *relax* in your efforts. 쉬지 말고 노력해라.
◇ relaxátion n.
re・lax・ant [rilǽksənt] adj. 늦추는, 완화시키는. ¶ the *relaxant* effect of a drug 약의 완화(弛緩) 작용.
— n. 〔약〕 완화(이완)제.
*__relax・a・tion__ [rì:lækséiʃ(ə)n] n. **1** ⓤ 편히 쉼, 한숨 돌림; 소창, 기분 전환; ⓒ 기분 전환으로 하는 일, 레크리에이션. ¶ *relaxation* from one's labors 일하다가 한숨 돌리기 / play golf as a *relaxation* 기분 전환으로 골프를 치다. **2** ⓤ 풀림, 완화; 이완; 경감. ¶ *relaxation* of muscles 근육의 이완 / *relaxation* of a law 법률의 완화. ◇ relax v.
re・laxed [rilǽkst] adj. 느슨한, 관대한. ¶ a person of somewhat *relaxed* morals 품행이 다소 단정치 못한 사람. **2** 편히 쉬는, 풀린, 힘을 뺀; 태평한, 마음 편한(easygoing). ¶ the *relaxed* style of a comedy 가볍게(마음 편히) 읽을 수 있는 한 희극의 문체. **3** 〔병리〕 이완된. **-lax・ed・ly** [-læksídli] adv.
relàxed thróat n. 〔병리〕 인후(咽喉) 카타르.
re・lax・ing [rilǽksiŋ] adj. 〔날씨・기후가〕 사람을 나른하게 만드는. opp. bracing
re・lay[1] n. [rí:lei ↓ v.] **1** 교체자, 새 사람; 교대, 교체, 새 재료의 공급. ¶ work in *relays* 교대로 일하다 / send a fresh *relay* of soldiers to a battle front 전선에 교체할 병사를 보내다. **2** 〔여행에서〕 갈아타는 말, 〔사냥에서〕교대용 개; 〔엽렵이서〕 새로운 엽맹. **3** 릴레이 경주, 계주 (relay race); 〔릴레이 주자가〕 뛰는(맡은) 거리. **4** 〔전기〕 계전기; 〔방송〕 중계. — v. [rí:lei, riléi] (**-layed, -lay・ing**) vt. **1** …을 교체하다(역할)를 준비하다, …을 중계하여 전하다; …을 교체하다. **2** 〔방송〕 …을 중계하다. — vi. 중계 방송하다.
re・lay[2] [rì:léi] vt. (**-laid, -lay・ing**) = re-lay.
Re・lay [rí:lei] n. 《美》 〔우주〕 실험용 중고도(中高度)

통신 위성.
re-lay [rì:léi] vt. (**-laid, -lay・ing**) **1** …을 다시(고쳐) 놓다, 다시 깔다(부설하다). **2** 〔세금 따위〕를 다시 부과하다. **3** …을 다시(거듭) 칠하다.
rélay bróadcast n. 〔무선〕 중계 방송(rebroadcast).
rélay móbile n. 〔방송〕 중계차.
rélay ràce n. 계주, 릴레이 경주.
rélay státion n. 〔무선〕 중계국.
re・learn [rì:lə́:rn] vt. (**-learned** or **-learnt, learn・ing**) 〔잊어버린 것〕을 다시 배우다.
re・leas・a・ble [rilí:səbl] adj. **1** 해방(방면)할 수 있는. **2** 면제될 수 있는. **3** 포기(양도)할 수 있는.
‡**re・lease** [rilí:s] v. (**-leased, -leas・ing**) vt. **1** 〔의무・고통・속박 따위에서〕 …을 해방(방면, 석방)하다(opp. bind); …을 해제(면제)하다. ⇒ FREE 類語 ¶ (~+圖+前+图)*release* a person *from* slavery 남을 노예의 신분에서 해방시키다. **2** …을 풀어주다, 놓아주다(loose) (opp. fasten); …을 방출(放出)하다. ¶ *release* an arrow 화살을 쏘다 / (~+圖+前+图) *release* a bomb *from* an airplane 비행기에서 폭탄을 투하하다. **3** 〔법률〕〔권리 따위〕를 포기하다, 양도하다. **4** 〔영화 따위〕를 개봉하다, …을 발표(발매, 공개)하다. ¶ (~+圖+前+图) *release* the Pope *released* his message *to* the world. 교황은 전세계를 향해 메시지를 발표했다.
— n. **1** ⓤ 해방, 석방, 방면; 해제, 면제; 구제, 위자(慰藉); ⓒ 〔구체적인〕 해제, 면제. ¶ obtain [a] *release* from obligation 의무를 면제받다. **2** ⓤ 발사, 방출; 〔액체의〕 투하; ⓒ 〔기계〕 시동 정지(해제, 방출) 장치, 늦춤 장치; 〔카메라의〕 릴리스. **3** ⓒ 개봉, 발표, 발매, 공개; ⓒ 개봉 영화, 발표물, 발매물. **4** 〔법률〕 포기, 양도(권리), 〔포기〕 증서. ◇ reléasement n.
re-lease[rì:lí:s] vt. (**-leased, -leas・ing**) **1** 〔부동산 등〕을 다시 계약해서 임대하다. **2** 〔법률〕 …을 양도하다.
reléase còpy n. 〔저널리즘〕〔공식 발표 등의〕 사전 보도 자료. 〔한(時限).
reléase dàte n. 〔저널리즘〕 release copy의 보도 시
re-léased tíme [rilí:st-] n. 《美》 교외(校外)에서의 종교 교육을 위한 시간.
re・leas・ee [rilì:sí:] n. 〔법률〕 〔재산 따위의〕 양수인(opp. releasor); 〔채무 따위의〕 피(被)면제자.
re・lease・ment [rilí:smənt] n. ⓤ 〔고어〕 해방, 방면, 해제, 면제. 〔용 필름.
reléase prínt n. 〔영화〕 개봉 영화〔필름〕, 일반 상영
re・leas・er [rilí:sər] n. 해방자, 석방자.
re・lea・sor [rilí:sər] n. 〔법률〕 권리 포기자, 〔재산 따위의〕 양도자. opp. releasee
rel・e・ga・ble [réligəbl] adj. **1** 좌천시켜야 할, 내쫓아야 할. **2** 귀속시킬 수 있는. **3** 〔남에게〕 위탁할 수 있는.
rel・e・gate [réligèit] vt. (**-gat・ed, -gat・ing**) **1** 〔낮은 지위・상태로〕 …을 내쫓다, 좌천시키다 (…*to, into*); …을 추방하다 (exile) (…*out of*). ¶ (~+圖+前+图) *relegate* a person to an inferior post (*out of* the community) 남을 좌천시키다〔공동 사회에서 추방하다〕. **2** 〔일 따위〕을 이관하다; 위탁하다. ¶ (~+圖+前+图) He *relegated* the task *to* his assistant. 그는 그 일을 조수에게 맡겼다. **3** 〔어떤 종류 따위〕을 귀속시키다, 분류하다 (*to*…). ¶ (~+圖+前+图) *relegate* a new species *to* a given family 신종을 소정의 과(科)에 귀속시키다. 〔속.
rel・e・ga・tion [rèligéiʃ(ə)n] n. ⓤ 좌천, 추방; 위탁; 전
*__re・lent__ [rilént] vi. **1** 마음이 부드러워지다, 누그러지다. ¶ *relent* at the sight of misery 비참한 꼴을 보고 불쌍히 여기다. **2** 〔바람 따위가〕 약해지다 (slacken). ◇ reléntless adj.
re・lent・ing・ly [riléntiŋli] adv. 부드럽게; 불쌍히 여겨, 하라는 대로, 고분고분, 약해져서.

re·lent·less [riléntlis] *adj.* 무정한, 가차없는, 잔인한. ~**ly** *adv.* ~**ness** *n.*

re·let [ri:lét] *vt.* (**-let, -let·ting**) [부동산 따위를] 다시 임대하다; …을 전대(轉貸)하다.

rel·e·vance [rélivəns], **(rel·e·van·cy** [-si]) *n.* U 1 관련[성]; 적절, 적당 (pertinence) (*to*...). ¶ have *relevance to* …에 관련되어 있다. 2 당면한 중대 사회 문제에 관련이 있음.

***rel·e·vant** [rélivənt] *adj.* 1 [당면한 문제에] 관련된; 적절한(*to*...). ¶ *matters relevant to* the subject 그 문제와 관련이 있는 사항. 2 당면한 사회 문제나 생활과 관련이 있는. ~**ly** *adv.*

re·li·a·bil·i·ty [rilàiəbíliti] *n.* U 신뢰할 수 있음; 신뢰 (확실)성, 신빙성.

***re·li·a·ble** [rilái əbl] *adj.* 신뢰(신용)할 수 있는 (dependable), 믿을 수 있는, 의지할 수 있는 (trustworthy); 확실한, 틀림없는 (sure, safe). ¶ a *reliable* assistant 신용할 수 있는 조수 / *reliable* witness 확실한 증언 / from a *reliable* source 믿을 수 있는 출처로부터의. ~**ness** *n.* -**bly** *adv.*

***re·li·ance** [rilái əns] *n.* 1 U 신뢰, 신용 (trust, confidence), 신임, 의지 (dependence) (*in, on, upon*...). ¶ feel (*or* have, place) *reliance in* (*or* [*up*]*on*) a person 남을 신뢰하다, 남을 의지하다. 2 신뢰(의지)할 수 있는 사람(것).

in reliance on …을 신뢰하여, 의지하여. ¶ act *in reliance on* a person's support 남의 지지를 믿고 행동하다.

re·li·ant [rilái ənt] *adj.* 1 신뢰하는, 의지하는(*on, upon*...). 2 독립 독행하는, 자신 있는 사람 (self-reliant).

***rel·ic** [rélik] *n.* 1 (보통 ~s) 유물, 유적. ¶ *historic relics* 역사적 유물. 2 유풍, [과거의 풍속 따위의] 자취, 흔적. ¶ a *relic* of paganism 이교(異敎)의 자취. 3 유물, 기념물 (memento). 4 [교회] 성유골, 성유물 [성인·순교자의 유해나 그 일부, 또는 유품]. 5 (~s) [고어·詩] 시체, 유골.

rel·ict [rélikt] *n.* 1 [생태] 잔존 생물[환경의 변화에서 살아남은 생물]. 2 나머지, 남은 것; 잔존자. 3 [고어] 미망인, 과부.

***re·lief**[1] [rilí:f] *n.* U 1 [고통·애로 등의] 제거, 경감 (*from*...), ¶ get *relief from* anxiety 걱정이 없어지다. 2 (또는 a~) 안심, 위안, 위자 (慰藉). ¶ It was a great *relief* to me to know his safety. 나는 그가 무사함을 알고 크게 안심했다. 3 U 기분 전환, 한숨 돌리기, 유쾌 (*to*...); C 기분 전환이 되는 것; [문학·연극] [줄거리속 따위에서의] 유쾌하고 급속한 변화, 한숨돌리기. ¶ a *relief to* the eye 눈요기거리 / *by way of relief* 기분 전환으로, 심심풀이로. 4 구원, 구조, 구제; [군제] 포위를 풀기, 구원; [법률] [소송 따위의 원인의] C 구조 물자 (자금). ¶ the *relief* of the poor 빈민 구제. 5 [봉건법] [토지 상속자가 영주에게 바치는] 상속 상납금. 6 교체, 증원; ¶ a *relief* pitcher 구원 투수. *on relief* [실업자 등이 정부의] 구호를 받고.
◇ **relíeve** *v.*

re·lief[2] [rilí:f] *n.* 1 U [대조에 의한] 선명, 두드러짐, 뚜렷함 (distinctness); 탁월 (prominence); 강조. 2 U C [조각] 돋을새김 (양각) [한 것]; 양각 세공품. ¶ *high* (*low*) *relief* 깊은 (얕은) 양각 [품]. 3 U [그림] 도드라지게 그리기. 4 U [지리] [토지의] 고저, 높낮이, 기복. 5 U [인쇄] 철판 (凸版).
bring (*or throw*) *into relief* …을 두드러지게 하다. *in relief* 양각(부조)으로 한; 뚜렷하게, 두드러지게. ¶ a pattern woven *in relief* on a white ground 흰 바탕에 도드라지게 짠 무늬 / The peak stands out *in strong relief* against the blue sky. 산봉우리가 푸른 하늘을 배경으로 뚜렷하게 솟아 있다.

relief áce *n.* [야구] [가장 신뢰를 받는] 구원 투수.

re·lief·er [rilí:fər] *n.* 1 생활 보호·구제를 받는 사람. 2 [야구] 구원 투수 (relief pitcher). 3 [일시적인] 교사자, 대행자.

relief máp *n.* 기복 (모형) 지도. [press].

relief prínting *n.* [인쇄] 철판 (凸版) 인쇄 (letter-

relief róad *n.* 《英》 우회로 (by-pass).

relief válve *n.* [기계] 안전판.

relief wórks *n. pl.* [실업 대책 사업으로 이루어진] 도로·교량·건조물 등의 공공 시설.

re·li·er [riláiər] *n.* 의뢰인(…), 의지하는 사람.

re·liev·a·ble [rilí:vəbl] *adj.* 1 구조 (구제) 할 수 있는; 편하게 할 수 있는; 경감할 수 있는; 위안해 줄 수 있는. 2 두드러지게 할 수 있는.

‡**re·lieve** [rilí:v] *vt.* (**-lieved, -liev·ing**) 1 [고통·애로 따위를] 덜다, 경감하다, 편하게 하다 (ease), 완화하다 (lessen). 2 《보통 수동형으로》…을 안심시키다, 위안하다; [긴장 따위를] 풀다. ¶ I was *relieved at* (*or to*) hear) the news. 그 소식을 듣고 나는 안심하였었다. 3 [고통 따위에서] [남]을 해방하다, 구제하다, [걱정]을 없애다 (...*of, from*); [악사]…을 훔치다 (...*of*). ¶ (~ + 目 + 前 + 图) *relieve* a person *from* fear 남의 공포를 덜어 애주다 / Let me *relieve* you *of* your baggage. 당신의 짐을 제가 들어드리지요. 4 …을 구제 (구조)하다 (aid), 구원하다. ¶ (~ + 目 + 前 + 图) *relieve* the poor *from* poverty 빈민을 빈곤에서 구제하다. 5 …에 변화를 주다, 아취있게 하다, …의 단조로움을 덜다. 6 …과 교체시키다, …과 교대하다, …를 해임하다. [야구] [구원 투수로서]…과 교대하다 (replace). ¶ *relieve* a sentry 보초를 교대시키다 // (~ + 目 + 前 + 图) *relieve* a person *of* his post 남을 해임하다. 7 …을 두드러지게 하다, 돋보이게 하다. ¶ (~ + 目 + 前 + 图) a peak *relieved against* the sky 하늘을 배경으로 뚜렷하게 솟아 있는 산봉우리. [다.

relieve one's feelings 화풀이나 고함질리기로 기분을 풀 *relieve nature* (*or oneself*) 대변 (소변) 을 보다.
◇ **relíef** *n.*

re·liev·er [rilí:vər] *n.* 구제자 (물); 위안하는 사람

re·líev·ing ófficer [rilí:viŋ-] *n.* 빈민 구제 담당자.

re·lie·vo [rilí:vou] *n.* (*pl.* **-vos**) [조각] 양각, 돋을새김 (relief). *cf.* intaglio ¶ *alto-* (*basso-*) *relievo* 깊은 (얕은) 양각.

‡**re·li·gion** [rilídʒ(ə)n] *n.* 1 U 종교. ¶ *natural* (*revealed*) *religion* 자연 (계시) 종교 / preach *religion* 종교에 관해 설교하다. 2 종파, 교파, …교. ¶ the Christian (the Buddhist) *religion* 기독교(불교) / the established *religion* 국교 (國敎) / found a *religion* 종파를 일으키다 / What *religion* do you profess? 당신의 종파는 무엇입니까? 3 U 신앙, 신앙심; 신앙 생활, 수도 생활 (monastic life). ¶ enter [into] *religion* 수도 생활에 들어가다 / get *religion* 《속어·익살》 신앙을 가지다 / lead the life of *religion* 신앙 생활을 하다. 4 [행동 따위의] 신조, [종교처럼] 신봉하는 것, 전념하는 것 (*to*...). ¶ make a *religion* of fighting prejudice 편견과 싸우는 것을 신조로 하다 // Cleanliness was a *religion* to him. 청결은 그의 신조였다. 5 (~s) [고어] 의식.
◇ **relígious, relígiose** *adj.*

re·li·gion·ism [rilídʒ(ə)nìz(ə)m] *n.* U 1 종교 (신앙)에 빠지기 (미치기), 광신. 2 사이비 신앙, 신앙심이 깊은 체하기. [적인.

re·li·gi·ose [rilídʒìous] *adj.* 종교에 빠진 (미친), 광신

re·li·gi·os·i·ty [rilìdʒiásiti] *n.* U 1 믿음이 깊음, 깊은 종교적 신앙; 사이비 신앙.

‡**re·li·gious** [rilídʒəs] *adj.* 1 종교[상]의, 종교에 관한. ¶ a *religious* book 종교 서적. 2 종교적인, 경건한 (pious), 믿음이 깊은; 신성한. ¶ a *religious* man 신앙심이 깊은 사람.
[類語] *religious* 일상 생활에서 자기가 믿는 종교의 가르침을 잘 지키다: a *religious* life 종교심이 두터운 생활. **devout** 자기가 믿는 종교에 대해 충심으로 열렬한 신앙심을 바치는: a *devout* Buddhist 열렬한 불교도. **pious** 어떤 종교의 의식·계율 등 외면적 의무에 충실

religious house

한; 종종 걸치레만의 신앙심을 암시: a *pious* hypocrite 신앙이 깊은 체하는 위선자. **3** 양심적인; 세심한, 엄정한 (strict). **4** 수도의, 계율을 지키는; 수도회(교단)에 속하는. ¶ a *religious* order 수도회.
— n. (pl. **-gious**) **1** [교회] 수도자(사), 수사 (monk), 수도녀, 수녀 (nun). **2** (the ~) 신앙가(종교가)들.
~**ly** adv. ~**ness** n. ◇ *religion* n.
relígious hòuse n. 수도원 (convent, monastery).
re·line [riːláin] vt. (**-lined, -lin·ing**) …의 안을 갈다, …에 다시 안을 대다; …에 다시 선을 긋다.
re·lin·quish [rilíŋkwiʃ] vt. **1** [소유물 따위]를 포기(양도)하다 (renounce); …을 그만두다, 버리다, 단념하다. ⇒ ABANDON [類語] ¶ *relinquish* one's right 권리를 포기하다 / *relinquish* a plan 계획을 단념하다 // (~+圖+前+名) *relinquish* the throne to a person 왕위를 남에게 양도하다. **2** [쥐고 있던 것을] 놓다, 늦추다 (release). ¶ *relinquish* one's hold 쥐고 있던 손을 늦추다(놓다).
re·lin·quish·ment [rilíŋkwiʃmənt] n. ⓤ 포기 (renunciation), 양도, 면제.
rel·i·quar·y [rélikwèri, -kwəri] n. (pl. **-quar·ies**) 성해함(聖骸函), 성유물함. [relic.
rel·ique [rélik, rilíːk] n. (pl. **-iques** [-iks]) (고어) =
rel·i·qui·ae [rilíkwiːì] n. pl. **1** (동·식물의) 화석; (줄기에 들러붙은) 시든 잎. **2** 유골, 유해; 유물 (remains),
***rel·ish** [réliʃ] n. ⓒ ⓤ 맛 (taste), 풍미 (flavor), 향미, …의 독특한 맛. ¶ a *relish* of beef 쇠고기 맛 / add *relish* to food …에 풍미를 더하다. **2** ⓤ 식욕 (appetite), 기호; 상미(賞味); 흥미, 의욕, 기호 (liking), 자극. ¶ lose all *relish* for one's food 식욕을 완전히 잃다 / have no *relish* for …에 흥미가 없다 // eat (listen) with *relish* 맛있게 먹다 (재미있게 듣다) / Hunger gives *relish* to simple food. 시장이 반찬이다. **3** 식욕을 자극하는 것 (appetizer), 흥미를 돋우는 것; [요리] 조미료, 양념; 오르되브르, 전채(前菜), **4** …기미 (trace), …기색(of...). ¶ There was a *relish* of malice in his remark. 그의 말에는 약간의 악의 같은 것이 있었다.
— vt. **1** …을 즐기다 (enjoy), 좋아하다. ¶ *relish* a long journey 긴 여행을 즐기다 // (~+-*ing*) He won't *relish* doing so. 그는 그렇게 하는 것을 좋아하지 않을 것이다. **2** …을 맛있게 먹다, 상미하다. **3** …에 풍미를 더하다. — vi. 맛이 나다; 풍미가 있다; 기미가 있다. ¶ *relish* well 맛이 좋다 // (~+前+名) The drink *relishes* of ginger. 그 음료는 생강 맛이 난다.
rel·ish·a·ble [réliʃəbl] adj. **1** 재미있는. **2** 맛있는.
re·live [riːlív] v. (**-lived, -liv·ing**) vi. 되살아나다, 소생하다. — vt. **1** …을 다시 살리다. **2** …을 다시 체험하다; (특히 공상 속에서) (과거의 경험)을 회상하다.
re·load [riːlóud] vt., vi. […에] 다시 짐을 싣다; (총 따위에) 다시 총알을 재다. — n. **1** 다시 짐을 싣기, 재장전. **2** 한번 산 손님에게 값어치 없는 증권·부동산을 다시 팔아먹기. [가능한.
re·lo·cat·a·ble [riːlóukéitəbl] adj. (컴퓨터) 재배치
re·lo·cate [riːlóukeit / ≠ ≠] vt. (**-cat·ed, -cat·ing**) **1** …을 재배치하다, 다시 배치하다; (美) …을 강제 소개(疎開)시키다, 격리 수용하다. **2** (컴퓨터) …을 재배치하다, 이동하다.
re·lo·ca·tion [riːloukéiʃ(ə)n] n. ⓤ 재배치; (美) 강제 소개(疎開), [적국인 등의] 강제 격리 수용.
rel. pron. (略) *relative pronoun*. [밝은.
re·lu·cent [riljúːsnt] adj. (드물게) 반짝이는, 빛나는,
re·luct [rilʌ́kt] vi. (고어·드물게) **1** 저항 (반항, 반대)하다 (*against, at, to*...). **2** 싫어하다; 맛설이다 (*at*...).
***re·luc·tance** [rilʌ́ktəns] n. (드물게) **1** 내키지 않음, 싫음, 마지못해 함, 본의 아님 (*in, to do...*). ¶ with *reluctance* 마지못해 / without *reluctance* 기꺼이 // feel some *reluctance* in going 가기를 조금 꺼리다 / show

remain

reluctance to it (*to do* it) 그것을 (그것을 하기를) 꺼리는 내색을 하다. **2** (드물게) 저항, 반항 (opposition). **3** (전기) 자기(磁氣) 저항. ◇ *relúctant* adj.
re·luc·tan·cy [rilʌ́ktənsi] n. (드물게) =*reluctance*.
***re·luc·tant** [rilʌ́ktənt] adj. **1** 싫어하는, 꺼리는, 내키지 않는 (unwilling, disinclined); 마지못해 하는 (...). ¶ be *reluctant* to do …하기를 꺼리다.
[類語] **reluctant** 하지 않으면 안 되지만 하기 싫은; 내심의 저항을 암시하는 말: be *reluctant* to get up 마지못해 일어나다. **unwilling** reluctant 이상으로 강한 저항을 암시하는 말: be *unwilling* to get up 일어나기 싫어한다. **hesitant** 두려움·불안·혐오·우유부단 따위로 망설이다: be *hesitant* to dive 뛰어들기를 망설이다. **disinclined** 취미·성향이 맞지 않거나 찬성할 수 없는 까닭에 마음이 내키지 않는: be *disinclined* to punish one's child 제 자식을 벌 줄 마음이 안 난다. **indisposed** disinclined 이상으로 반감을 암시하는 말: be *indisposed* to cooperate 협력하기를 꺼리다. **loath** 매우 싫어서 하기를 마다하는: be *loath* to beat one's child 자기 자식을 때리기 싫어하다. **averse** 습관적으로 싫어서 피하려 하는; 반드시 강한 혐오감이 있는 것은 아니다: be *averse* to driving 평소에 운전하기를 싫어하다.

2 (詩) 다루기(얻기) 어려운; (드물게) 저항하는(*to*...). ¶ a soil *reluctant* to the plow 쟁기질하기 힘든 땅.
~**ly** adv. ◇ *relúctance, relúctancy* n.
relúctant drágon n. 충돌을 피하고자 하는 지도자 (정치가·장성).
re·lume [riljúːm / -lúːm] vt. (**-lumed, -lum·ing**) …에 다시 점화하다, 다시 불타게 하다; …을 다시 비추다, 재조명하다.
‡**re·ly** [rilái] vi. (**-lied, re·ly·ing**) 의지하다, 믿다, 신뢰하다, 기대를 걸다 (depend) (*on, upon...*), ¶ (~+前+名) *rely on* one's father for his help 아버지의 도움에 의지하다 / He cannot be *relied* upon. 그는 믿을 수 없다.
[類語] **rely** 판단·성격·행동·결과 따위가 기대대로일 것이라고 신뢰하다: You can *rely* on his prompt action. 그의 신속한 행동은 믿어도 좋다. **depend** 지지·원조를 기대하고 의지하다: Don't *depend* on my help. 나의 도움에 의지하지 마라. **trust** 기대가 어긋러지지 않을 것을 확신하고 절대적으로 신뢰하다: I *trust* your ability. 나는 당신의 능력을 믿고 있다. **count, reckon** 어떤 것을 확실하다고 생각하고 의지하다; depend 보다 의존의 뜻이 강하다: I *count* (or *reckon*) on your help. 나는 당신의 도움을 믿고 있다.
rely upon it 꼭, 틀림없이, 확실히. ¶ *Rely upon* it, she will be well again. 틀림없이 그녀는 회복할 것이 다. ◇ *reliance* n., *reliable* adj.
rem [rem] n. (pl. **rem**) (물리) 렘 (인체에 끼치는 피해 정도에 의거한 방사선량의 단위). [< *roentgen equivalent man*]
REM¹ [rem] n. (pl. **REMs**) (심리) 꿈꾸고 있을 때의 빠른 안구 운동. [< *rapid eye movement*]
REM² [rem] n. (pl. ~) (물리) (방사선의 RBE 선량(線量) 단위). [< *roentgen equivalent man*]
REM³ [rem] n. (컴퓨터) 렘 주석문 (註釋文) (BASIC 어로서, 프로그램 중의 첫머리에 쓰이어 연산 (演算)과 관계없이 프로그램 작성의 주의 사항으로 삽입하는 것. [< *remark*]
rem. (略) *remark*; *remittance*.
‡**re·main** [riméin] vi. **1** 남다, 잔존하다 (*in, on, to, of...*); 살아남다 (survive). ¶ (~+前+名) *remain on* (or in) one's memory 기억에 남다 / My mother *remains* to me. 어머니는 살아 계십니다 / Nothing *remained* of the building after the fire. 화재로 그 건물은 흔적도 없이 다 타 버렸다. **2** (같은 장소에) 머무르다, 체재하다 (stay). ¶ (~+圖) *remain abroad* 외국에 체류하다 // (~+前+名) *remain* at one's post 유임하다 / *remain*

in London 런던에 체재하다. **3** …않은 채 남아 있다, 아직도 〔앞으로〕 …해야 하다. ¶ (~+*to* do) Nothing *remains* but *to* wait for him. 그를 기다리는 일밖이 남아 있다 / That *remains to* be proved. 그것은 앞으로 증명되어야 한다. **4** 여전히 …인 그대로이다, 변함없이 …이다. ¶ (~+補) *remain* silent 여전히 입을 다문 채로 있다 / He *remained* a cynic. 그는 여전히 냉소적이었다 // (~ +前+名) They *remained at* peace. 그들은 여전히 평화스러웠다 // (~+*as*補) Let it *remain as* it is. 그것을 그대로 내버려 두시오. **5** 결국 …의 것이 되다, …의 수중에 들어가다. ¶ (~+前+名) The victory *remained with* him. 승리는 그에게 돌아갔다.
I remain yours truly (or sincerely) 재배, …올림 〔편지의 맺음말〕.
The fact remains that… 그래도 여전히 …이다. ¶ *The fact remains that* you don't have the money. 그래도 여전히 네겐 돈이 없다.
— *n*. (보통 ~s) **1** 나머지〔것〕, 잔존〔생존〕자; 유해; 유족. **2** 유풍, 유물, 유적, 화석. **3** 유고, 유작.

*re·main·der [riméindər] *n*. **1** 나머지〔것〕, 잔여; 잔류자(물), 그 밖의 사람들 (rest).
類語 remainder 어떤 것을 제거·소비한 나머지: the *remainder* in a subtraction 뺄셈의 나머지. rest 이미 언급한 것 이외의 것; remainder 와 교환 가능한 경우가 많으나 제거·소비 따위의 뜻은 없다: spend the *rest* of one's life in the country 여생을 시골에서 보내다. balance 대차(貸借)의 차액; 상업·회계학상의 용어: pay the *balance* of a bill 계산서의 잔액을 지불하다. remnant 하잘 것 없는 나머지; *remnants* of cloth 자투리. residue 화학 변화 따위의 어떤 과정, 또는 유산 정리 후에 남는 것을 가리키는 전문적인 말: a *residue* after evaporation 증발하고 남은 찌꺼기. residuum 상당히 중요하고 가치있는 residue. surplus 필요 이상의 잉여: *surplus* food 잉여 식량.
2 잔존부(물), (보통 ~s) 유적, 유품. **3** [수학] 나지, 잉여. **4** U〔C〕 [법률] 계승권; 잔여권. **5** 잘못 팔다 남은 책. **6** (보통 ~s) 〔우표수집〕 유효기간이 지난 소장 우표.
— *adj*. 나머지의, 잔여의(leftover), 따로 간직해 둔.
— *vt*. …을 재고품(remainder)으로 싸게 처분하다(팔다).

re·make [riːméik] *vt*. (**-made, -mak·ing**) …을 다시 만들다; 고쳐 만들다; …을 개조(개작)하다; 〔영화〕 …을 다시 제작하다. — *n*. 〔C〕개작, 개조; 재생; 〔C〕재제품(再製品), 개조물; 〔영화〕 재제품.

re·man [riːmǽn] *vt*. (**-manned, -man·ning**) **1** …에 다시 승무원을 태우다, 새로 인원을 배치하다. **2** …에게 남자다움(용기)을 회복시키다. — *n*. 〔자동차〕 **1** 부품 재(再)제조. **2** 완전 재생 부품. **3** 완전 재생 부품 제조업자.

re·mand [rimǽnd / -máːnd] *vt*. **1** …을 되돌려보내다, 반송하다, 송환하다 (…to); 〔도둑말〕 을 소환하다. **2** 〔법률〕 …을 하급 법원에 환송하다; …을 재구류하다, 재유치하다. — *n*. U 재구류; 반송, 송환. ¶ on (or under) *remand* 재구류 중에(의). **2** 피(被) 재판자.

remánd hòme *n*. 〔英〕[8-16세의 미성년 비행자의] 감화원(구치소).

rem·a·nent [rémənənt] *adj*. 《드물게》 남겨진, 잔존의.

‡**re·mark** [rimάːrk] *vt*. **1** …에 주의〔주목〕하다; …을 보다, 인지하다 (perceive); …을 알아차리다. ¶ NOTICE
類語 remark the resemblance between the two 사이의 유사점에 주목하다 // (~+目+*do*) *remark* a boy pass by 소년이 지나가는 것을 알아차리다 // (~+*that*節) I *remarked that* it had got colder. 나는 날씨가 추워진 것을 깨달았다. **2** 〔비평·감상 따위를〕 말하다, 진술하다, 쓰다(write); 말하다(say). ¶ (~+*that*節) I should like to *remark that* he is insincere. 나는 그가 불성실하다고 말하고 싶다. — *vi*. 〔감상 따위를〕 비평하다, 소견을 진술하다, 비평하다 (comment) (*on, upon*…). ¶ (~+前+名) *remark on*

the event 그 사건에 관해 논평하다.
— *n*. **1** U 주목, 관찰, 인지(認知). ¶ a person worthy of *remark* 주목할 만한 인물. **2** 논평, 비평; 말; 의견; 기사. ¶ make (or pass) a *remark* (or *remarks*) 한마디 하다; 비평하다, 소견을 말하다 (~+前+名) make a *remark about* (or [*up*]*on*) the weather 날씨에 관하여 한마디 하다. **3** 〔미술〕 =remarque.
類語 remark 간단한 감상·의견: a *remark* about a TV show 어떤 텔레비전 프로에 대한 감상. comment 비평·해석·설명으로서 말하는 의견: a *comment* on the plot of a story 이야기의 줄거리에 대한 비평(의견). observation 주의 깊은 관찰·검토에 따른 판단: an *observation* on the meaning of history 역사의 의미에 관한 의견. ◇ remárkable *adj*.

‡**re·mark·a·ble** [rimάːrkəbl] *adj*. 주목할 만한; 현저한, 두드러진 (▷ OUTSTANDING 類語); 놀랄 만한 (noteworthy); 비범한 (*for*…); 희한한 다. ¶ a *remarkable* change 현저한 변화 / be *remarkable for* generosity 놀랄 만큼 관대하다. **~·ness** *n*.

‡**re·mark·a·bly** [rimάːrkəbli] *adv*. 주목할 만하게, 현저하게 (unusually), 눈에 띄게; 매우, 몹시; 희한하게, 매우.

re·marque [rimάːrk] *n*. 〔미술〕 **1** 〔도판·조각의 진도를 나타내는〕난외 표시, 표적. **2** 난외 표시(약도)가 있는 도판(조각물) (* remarque proof 라고도 한다).

re·mar·riage [riːmǽridʒ] *n*. U·C 재혼.

re·mar·ry [riːmǽri] *v*. (**-ried, -ry·ing**) *vt*. …과 재혼하다; — *vi*. 재혼시키다.

re·match [riːmǽt∫ → *vt*.] 〔같은 상대·팀과의〕재시합, 리턴 매치; …을 재시합을 시키다.

Rem·brandt·esque [rèmbrǽntésk] *adj*. 렘브란트류(풍)의〔명암의 대조가 현저하다〕. 〔＜네덜란드의 화가 Rembrandt(1606-1669)의 이름〕

R.E.M.E. (略) 〔英〕 *R*oyal *E*lectrical and *M*echanical *E*ngineers (영국 공병 기계 기술부). 〔시 재다.

re·meas·ure [riːméʒər] *vt*. …을 다시 재다, 측량하다.

re·me·di·a·ble [rimíːdiəbl, -djə-] *adj*. 치료할 수 있는 (curable); 교정(矯正)할 수 있는; 구제할 수 있는; 보수(補修)할 수 있는. **-bly** *adv*.

re·me·di·al [rimíːdiəl, -djəl] *adj*. **1** 치료(교정, 구제)하는 (for). **2** 〔교육〕 학력 부족을 보충하는. **~·ly** [-əli] *adv*.

rem·e·di·less [rémidilis] *adj*. 불치의; 구제(교정)할 수 없는, 돌이킬 수 없는 (irremediable); 보수할 수 없는. ¶ a *remediless* disease 불치의 병. **~·ly** *adv*.

‡**rem·e·dy** [rémidi] *n*. (*pl*. **-dies**) **1** 의료, 치료, 요법; 의약 (*for*…). ¶ a good *remedy for* a cold 감기의 영약. **2** 교정법, 구제책 (*for*…). **3** 〔법률〕 구제 방법, 배상. ¶ I will have my *remedy*. 나는 변상을 받겠다. **4** 〔조폐〕 〔화폐의〕 공차 (公差). — *vt*. (**-died, -dy·ing**) **1** …을 치료하다, 고치다. ⇨ CURE 類語 **2** …을 보수하다 (repair); …을 교정하다, 구제하다 (relieve). **3** …을 배상하다. ◇ remédiable, remédial, rémediless *adj*.

re·melt [riːmélt] *vt*. …을 다시 녹이다. — *n*. 다시 융해된 물질; 다시 용해할 수 있는 물질.

‡**re·mem·ber** [rimémbər] *vt*. **1** …을 상기하다, 생각해내다. ¶ *remember* a name 이름을 생각해내다 // (~+*that*節) He suddenly *remembered* that he made a promise with her. 그는 갑자기 그녀와 약속을 했었다는 사실이 생각났다.
類語 remember 잊지 않고 기억하고 있다, 노력하지 않고도 곧 생각나다. recall 노력한 결과 잊었던 것을 생각해내다. recollect 이전보다 더 큰 노력을 암시하는 말. reminisce 그립게 여러 번 회상하다.
2 …을 기억하고 있다, 외고 있다 (…*for, against, by*); 잊지 않고 있다 (*opp*. forget). ¶ *remember* a person's name 남의 이름을 기억하고 있다 // (~+*to* do) *Remember to* get the letter registered. 그 편지를 잊지 말고 등기로 부쳐주시오 / Please *remember to* call me at six. 잊지 말고 6시에 나를 깨워주시오 // (~+*ing*)

(~+*that* 節) I *remember* meeting her once. =I *remember that* I met her once. 나는 그녀를 한번 만난 기억이 있다(* remember to do 는 미래, remember doing 은 과거의 경우에 씀) / I *remember* having heard it. 그것을 들은 기억이 있다 // (~+目+-*ing*) I *remember* him *singing* beautifully. 나는 그가 노래를 아주 멋지게 부른 것을 기억하고 있다 // (~+目) I can't *remember* who mentioned it. 누가 그 말을 했는지 기억나지 않는다 // (~+*wh. to do*) Do you *remember how* to play chess? 체스 두는 법을 기억하고 있습니까? // (~+目+*as* 補) I *remember* her *as* vivacious. 나는 그녀가 쾌활했던 것으로 기억하고 있다 // (~+目+前+名) *remember* a person *for* his kindness 친절했기 때문에 남을 잊지 않고 있다 / Don't *remember* this *against* me. 이 일로 해서 나를 나쁘게 생각하지는 마십시오. **3** …에게 사례(선물)을 하다 (reward); …에게 팁을 주다 (tip); [기도할 때] …의 이름을 외다(넣다). ¶ Please *remember* the waiter. 웨이터에게 팁을 주십시오. // (~+目+前+名) *remember* a person *in* one's prayer 남을 위해 기도하다. **4** …에게 안부를 전하다(...*to*). ¶ (~+目+前+名) *Remember* me *to* your family. 가족 여러분에게 안부 전해 주십시오. — *vi.* **1** 기억하고 있다; 생각해내다. ¶ as far as I *remember* 내가 기억하는 한에서는 // (~+副) If I *remember* aright (or right[ly]) 내 기억이 맞다면. **2** 기억력이 있다.
remember of 《美》…을 상기하다; 기억하고 있다.
remember oneself ① 생각해내다. ② [실수 따위를] 깨닫고 아차하다, 제정신이 들다.
Remember your manners. (구어) 몸가짐 조심해라, 예의도 모르니!
◇ *remembrance n.*
‡re·mem·brance [rimémbr(ə)ns] *n.* **1** ⓤ 기억 (memory), 추억 (recollection); 기억력, 기억 범위. ⇨ MEMORY 類語 ¶ to the best of one's *remembrance* …이 기억하고 있는 한에서는 / escape one's *remembrance* 잊어버리다 / have no *remembrance* of …을 전혀 기억하고 있지 않다 / bear (or have, keep) … in *remembrance* …을 상기시키다(하다) / bring (or call) … to *remembrance* 생각나다, 기억이 떠오르다. **2** ⓤ 기념; ⓒ 기념품, 유품 (memento), 기념비. ¶ in *remembrance* of …의 기념으로. **3** (~s) 안부, 문안 (greetings). ¶ give one's *remembrances* to …에게 안부 전하다. ◇ *remember v.*
Remembrance Day *n.* (英·캐나다) 현충일 [제1차·제2차 세계 대전의 전사자를 추도하는 날. 11월 11일 또는 그전 일요일]. *cf.* Armistice Day, Veterans' Day
re·mem·branc·er [rimémbr(ə)nsər] *n.* **1** 생각나게 하는 것 (사람); 유품, 기념품 (memento); 메모, 비망록. **2** (R-) 《英》 런던시 의회 대표자 (City Remembrancer); 왕실 채권 징수관 (King's (or Queen's) Remembrancer).
re·merge [rimə́ːrdʒ] *v.* (-merged, -merg·ing) *vt.* …을 다시 몰입시키다, …의 모습이 사라지게 하다 (...*in, into*), …을 다시 합동(합병, 합체)시키다 (...*in*). — *vi.* 다시 삼켜지다, 다시 합병(융합)하다 (*in*...).
rem·i·grant [rémigrənt] *n.* 귀소성 동물 (새·벌레 따위); 귀국자, 귀환자.
re·mi·grate [riːmáigreit] *vi.* (-grat·ed, -grat·ing) **1** 다시 이주하다, 다시 이동하다. **2** 〔이민(移民)이〕 귀국하다.
re·mi·gra·tion [rìːmaigréiʃ(ə)n] *n.* ⓤ 재이주. **2** 본국으로 돌아감; 귀국.
re·mil·i·ta·ri·za·tion [riːmìlitərizéiʃ(ə)n] / -raiz- *n.* ⓤ 재군비 (rearmament).
re·mil·i·ta·rize [riːmílitəràiz] *vt.* (-rized, -riz·ing) …을 재군비하다.

re·mind [rimáind] *vt.* …에게 상기시키다, 깨우다 (...*of*). ¶ (~+目+前+名) He *reminds* me *of* his brother. 그를 보면 그의 동생이 생각난다 // (~+目+*to do*) Please *remind* her *to* call me. 나에게 전화하는 것을 잊지 않도록 그녀에게 일러주시오 // (~+目+*that* 節) *Remind* him *that* I'll come tomorrow. 내가 내일 간다는 것을 그에게 다짐해 주시오. ◇ *remíndful adj.*
*re·mind·er [rimáindər] *n.* 생각나게 하는 (사람), 기념품, 유품; 주의, 조언; 〔상업〕 독촉장.
re·mind·ful [rimáindfəl] *adj.* **1** 생각나게 하는, 추억거리가 되는 (*of*...). **2** 기억하고 있는 (*of*...).
rem·i·nisce [rèmənís] *vt., vi.* (-nisced, -nisc·ing) **1** […을] 추억하다, […의] 추억 (회상)에 잠기다. ⇨ REMEMBER 類語 **2** 〔추억을〕 이야기하다 (쓰다).
rem·i·nis·cence [rèmənís(ə)ns] *n.* **1** ⓤ 추억 (회상); 기억(력), 상기(력). ⇨ MEMORY 類語 ¶ the doctrine of *reminiscence* 〔철학〕 〔플라톤의〕 회상설 / indulge in one's *reminiscence* of …의 추억에 잠기다. **2** ⓒ 추억 (memory). ¶ have a *reminiscence* of …의 추억이 있다. **3** (~s) 회고담, 추상(회고)록. **4** 생각나게 (그립게) 하는 것.
rem·i·nis·cent [rèmənís(ə)nt] *adj.* **1** 생각나게 하는, 암시하는 (*of*...). ¶ a cloud *reminiscent* of a ship 배를 연상하게 하는 구름. **2** 추억의, 회고의. **3** 추억을 이야기하기를 좋아하는. **4** 추억에 잠기는. — *n.* 추억을 이야기하는 사람, 회상록의 필자. ~·ly *adv.*
re·mint [riːmínt] *vt.* …을 다시 주조하다, 개주 (改鑄)하다.
re·mise [rimáiz] *v.* (-mised, -mis·ing) *vt.* 〔법률〕 〔권리·자산 따위를〕 양도하다, 포기하다 (give up). — *n.* 〔법률〕 〔권리·자산 따위의〕 양도, 포기.
re·miss [rimís] *adj.* **1** 태만한, 무책임한 (*in*...); 부주의한. ¶ a *remiss* housekeeper 칠칠찮은 주부 // *remiss* in one's duties 직무에 태만하다 / be *remiss* in writing 편지(글)쓰기를 귀찮아하다. **2** 무기력한, 굼뜬. ~·ly *adv.* ~·ness *n.*
re·mis·si·bil·i·ty [rimìsəbíliti] *n.* ⓤ 용서할 수 있음.
re·mis·si·ble [rimísəbl] *adj.* 용서할 수 있는, 면제할 수 있는.
re·mis·sion [rimíʃ(ə)n] *n.* ⓤⓒ **1** 용서 (pardon), 〔죄의〕사면; 〔조세·부채 따위의〕 면제. ¶ the *remission* of sins 면죄. **2** 〔노력·긴장 따위의〕 감퇴, 헤이 (relaxation), 저하; 〔병 따위의〕 소강. **3** 〈드물게〉 송금; 〔소송의〕 이송; 재구류; 연기.
re·mis·sive [rimísiv] *adj.* **1** 용서하는, 면제하는; 관대한. **2** 늦추는, 누그러지는, 완화하는.
*re·mit [rimít] *v.* (-mit·ted, -mit·ting) *vt.* **1** 〔돈·화물을〕 보내다, 송금하다 (send). ¶ (~+目+前+名) *Remit* me the money at once. = *Remit* the money *to* me at once. 즉시 나에게 송금하여 주십시오. **2** 〔세금 따위를〕 면제하다, 경감하다; 〔죄 따위를〕 용서하다 (forgive). ¶ (~+目+前+名) *remit* taxes *to* half the amount 세금을 반감하다. **3** 〔화·고통을〕 녹이다, 덜다 (abate). 〔노력을〕 늦추다, 경감하다. **4** 〔결정·판단·실행 따위를〕 위탁하다, 일임하다 (refer); 〔법률〕 〔소송을〕 하급 법원에 이송 (환송) 하다. **5** …을 연기하다 (put off) (...*to, till*). **6** 〈드물게〉 …을 원상으로 되돌리다; 《고어》 …을 다시 투옥하다. — *vi.* 1 감퇴하다 (slacken), 누그러지다, 가라앉다. ◇ *remíssion, remíttal, remíttance n.*
¶ Kindly remit by check. 수표로 송금해 주십시오. **2** 감퇴하다 (slacken), 누그러지다, 가라앉다.
re·mit·ment [rimítmənt] *n.* ⓤⓒ 송금; 송금액.
re·mit·ta·ble [rimítəbl] *adj.* 면제 (완화) 할 수 있는.
re·mit·tal [rimítl] *n.* ⓤⓒ **1** 면제; 사면; 경감, 완화 (remission) (*for*...). **2** 〔소송 사건의〕 이송.
re·mit·tance [rimít(ə)ns] *n.* ⓤⓒ 송금; 송금액.
remittance man *n.* 본국으로부터의 송금으로 생활하는(특히 영국으로부터의) 해외 이주자.
re·mit·tee [rimitíː] *n.* 〔법률〕 〔환 따위의〕 수취인.
re·mit·tent [rimít(ə)nt] *adj.* 〔특히 병으로 열이〕 오르내리는, 이장(弛張)하는. — *n.* 이장열.

re·mit·ter [rimítər] *n.* **1** 〔환 따위의〕 발행인, 송금인; 출하인 **2** ⓤ〔법률〕재산 명의 개서(改書)(변경); 원권(原權) 회복; 소송 사건의 하급 법원에의 이송. **3** ⓤ 〔드물게〕 복위, 복권; 복구.

re·mit·tor [rimítər] *n.* 〔법률〕 송금인.

****rem·nant** [rémnənt] *n.* **1** (the ~) 나머지, 잔여; 생존(잔존)자. ¶ the last *remnant* of wisdom 마지막 남은 지혜. **2** 조각(fragment), 단편, 자투리, 지스러기(scrap). ⇒ REMAINDER 類語 **3** 자취, 옛모습, 유풍. ¶ the *remnant* of ancient customs 옛 풍습의 자취. ── *adj.* 나머지의(leftover). ¶ a *remnant* sale 재고(품) 정리 특매.

re·mod·el [ri:mádl / -mɔ́dl] *vt.* (**-eled**, **-el·ing**; 《英》**-elled**, **-el·ling**) …을 고쳐 만들다, 개조(개작)하다 (remold), 모델을 바꾸다; 〔행실 따위를〕 고치다; …을 재편성하다. ¶ (~+图+前+名) *remodel* a building *into* an apartment house 빌딩을 아파트로 개조하다.

re·mold, 《英》**-mould** [ri:móuld] *vt.* …을 개조(개작)하다(remodel); …을 이겨 다시 만들다(改鑄)하다.

re·mon·e·ti·za·tion [rì:mὰnitizéi(ə)n, -mὰn-/-mɔ̀ni-taiz-] *n.* ⓤ 〔화폐로서의〕 통용 회복, 재통용.

re·mon·e·tize [rì:mánitàiz, -mʌ́n-/-mʌ́ni-] (*《英》*에서는 **re·mon·e·tise** 로도 쓴다) *vt.* (**-tized**, **-tiz·ing**) …을 다시 통용 화폐로 하다.

re·mon·strance [rimánstr(ə)ns / -mɔ́n-] *n.* ⓤⓒ 항의, 간언(諫言), 타이름, 충고(*against…*); 〔英역사〕 진정〔書〕. ¶ make a *remonstrance against* …에 대해 항의하다.

re·mon·strant [rimánstr(ə)nt / -mɔ́n-] *adj.* 항의하는; 간하는, 타이르는, 충고하는. ── *n.* 항의하는 사람; 충고자. ~**·ly** *adv.*

re·mon·strate [rimάnstreit / rémənstrèit, rimɔ́n-streit/] *v.* (**-strat·ed**, **-strat·ing**) *vi.* 반대(반대)하다 (*protest*); 간하다, 타이르다(expostulate); 충고하다. ¶ (~+前+名) *remonstrate with* a boy *about* (or *against, [up]on*) his rude behavior 소년의 난폭한 행동에 대해 충고하다. ── *vt.* …에 대해 항의하여 말하다 (*…that*).

re·mon·strat·ing·ly [rimάnstreitiŋli/rémənstrèit-] *adv.* 항의(충고)하여.

re·mon·stra·tion [rì:mɑnstréi(ə)n, rèmən-/rèmən-, rìmɔn-] *n.* 충고, 간언; 항의(protest).

re·mon·stra·tive [rimάnstrətiv / -mɔ́n-] *adj.* 충고(항의)의(remonstrant). ~**·ly** *adv.*

re·mon·stra·tor [rimάnstreitər / rémənstrèi-] *n.* 항의(항변, 충고)자, 타이르는(간하는) 사람.

re·mon·tant [rimάntənt/-mɔ́n-] *adj.* 〔장미 등〕 한 계절에 여러 번 피는. ── *n.* 한 계절에 여러 번 피는 장미.

rem·o·ra [rémərə] *n.* **1** 〔어류〕 빨판상어류. **2** 〔고어〕 장애(방해)(물), 방해(obstacle).

****re·morse** [rimɔ́:rs] *n.* ⓤ **1** 후회; 양심의 가책, 죄책감 (*at*, *for*, *of…*). ⇒ REGRET 類語 ¶ in *remorse for* …을 후회하여 / feel *remorse for* (or *at*) one's fault 과오를 후회하다. **2** 연민(pity), 동정. ¶ *without remorse* 사정없이, 가차없이. ◇ **re·mórse·ful** *adj.*

re·morse·ful [rimɔ́:rsfəl] *adj.* 후회하고 있는, 양심의 가책을 받고 있는. ~**·ly** [-fəli] *adv.* ~**·ness** *n.*

re·morse·less [rimɔ́:rslis] *adj.* 무정한(pitiless); 사정(무정) 없는(merciless). ~**·ly** *adv.* ~**·ness** *n.*

*‡***re·mote** [rimóut] *adj.* (**-mot·er**, **-mot·est**) **1** 〔거리적으로〕 먼 (far), 멀리 떨어진; 외진, 외딴, 벽지의 (*from…*). ⇒ DISTANT 類語 ¶ a *remote* country 먼 나라 / a *remote* village 벽촌 / *remote from* any place of habitation 인가에서 멀리 떨어진. **2** 〔시간적으로〕 먼, 먼 옛날의(훗날)의. ¶ in the *remote* past 먼 과거에. **3** 〔혈연 관계가〕 먼. ¶ a *remote* relative 먼 친척. **4** 〔부사적 용법〕 멀리 떨어져서, 멀리 가서, 소원한 (*from…*). ¶ live *remote* 벽지(벽촌)에서 살다 / dwell *remote from* human passions and affections 인간의 희로애락을 초월하여 살다. **5** 관계가 먼, 동떨어진; 크게 다른 (*from…*). ¶ *remote from* common experiences 여느 경험과 동떨어진. **6** 〔주로 최상급으로〕 근소한, 미미한(slight). ¶ a *remote* possibility 만일의 가능성 / You don't have the *remotest* idea of it. 당신은 그것에 대해 전혀 모르고 있다. **7** 〔컴퓨터〕 리모트(원격)의; 통신 회선으로 접속된. ~**·ly** *adv.* ~**·ness** *n.*

remóte áccess *n.* 〔통신·컴퓨터〕 원격 입출력〔통신 회로를 통해 멀리 떨어진 곳에 있는 단말기가 중앙 컴퓨터와 교신하는 것〕.

remóte bátch *n.* 〔컴퓨터〕 리모트 배치〔떨어져 있는 중앙처리 장치로는 메인 컴퓨터와 단말 장치와의 사이에서 일괄 전송(轉送) 처리되는 데이터〕.

remóte contról *n.* ⓤ〔전파 따위에 의한〕 원격 조작(제어). 〔略 RJE〕.

remóte jób éntry *n.* 〔컴퓨터〕 원격 작업 입력

remóte prócessing *n.* 〔컴퓨터〕 원격 처리.

remóte sénsing *n.* ⓤ〔지형 따위의〕 원격 감지(측정)법.

remóte sénsor *n.* 〔우주 공학〕 원격 측정기〔인공 위성 따위에 설비되는 천체 관측용 카메라나 레이다 장치〕.

re·mo·tion [rimóu(ə)n] *n.* ⓤ 제거; 이동.

re·mould [ri:móuld] *vt.* 《英》 = remold.

re·mount *v.* [ri:máunt →] *vt.* **1** 〔말에〕 다시 타다. **2** 〔산 따위에〕 다시 오르다(reascend). **3** 〔대포 따위를〕 다시 설치하다; 〔보석 따위를〕 고쳐 끼우다(박다). **4** 〔근원〕으로 거슬러 올라가다(…*to*). ¶ (~+图+前+名) *remount* a stream *to* its source 흐름의 수원으로 거슬러 올라가다. ── *vi.* **1** 다시 타다. **2** 거슬러 올라가다. ¶ (~+前+名) *remount to* the first principle 근원으로 거슬러 올라가다. ── *n.* [rí:màunt, -´] 갈아 타는 말, 예비(보충) 말, (특히 기병대의 훈련이 달린) 새 말.

re·mov·a·bil·i·ty [rimù:vəbíliti] *n.* ⓤ **1** 이동할 수 있음, 제거할 수 있음. **2** 면직(해임)할 수 있음.

re·mov·a·ble [rimú:vəbl] *adj.* **1** 이동할 수 있는, 움직일 수 있는; 제거할 수 있는. **2** 면직(해임)할 수 있는. ~**·ness** *n.* **-bly** *adv.*

****re·mov·al** [rimú:v(ə)l] *n.* ⓤ **1** 제거; 살해. ¶ the *removal* of a disease 병의 제거. **2** 이동, 이전. ¶ a *removal* to a new house 새 집으로의 이사. **3** 면직, 해임, 파면(dismissal). ◇ **re·móve** *v.*

*‡***re·move** [rimú:v] *v.* (**-moved**, **-mov·ing**) *vt.* **1** …을 옮기다, 이동시키다. ¶ *remove* furniture 〔업자가〕 이사짐을 옮기다 / (~+图+前+名) *remove* a desk to another room 책상을 다른 방으로 옮기다. **2** …을 제거하다, 떼어내다; …을 치우다; …을 벗다(take off). ¶ *remove* dishes 접시를 치우다 / *remove* one's coat 외투를 벗다 // (~+图+前+名) *remove* a name *from* a list 명단에서 이름을 삭제하다. **3** 〔남〕을 떠나게 하다, 물러나다. ¶ (~+图+前+名) *remove* oneself *from* a place 어떤 장소에서 물러나다 / *remove* a student *from* school 학생을 퇴학시키다. **4** 〔남〕을 내쫓다, 면직하다. ¶ (~+图+前+名) *remove* an official *for* taking bribes 수회한 죄로 공무원을 파면하다. **5** …을 멜출다, 죽이다. ¶ *remove* one's head *from* the window 창문에서 내민 머리를 움츠리다. **6** 《英》 〔수동형으로〕 〔요리에서〕 …이 들어가고 나오다(…*with*). ¶ (~+图+前+名) Fish was *removed by* roast beef. 생선 다음에 로스트 비프가 나왔다. **7** 〔고어〕 암살하다(assassinate).

── *vi.* **1** 이전(이동)하다, 이사하다(*to…*). (* 이 뜻으로는 《美》나《英구어》에서 move to 를 쓴다.) ¶ (~+前+名) *remove to* New York 뉴욕으로 이사하다. **2** 〔詩〕 떠나가다, 사라지다. **3** 지워지다. ¶ paint that *removes* easily 간단히 지워지는 페인트.

── *n.* **1** 이동, 이전, 이사. ¶ *Three removes are as bad as a fire.* 《속담》 세 번 이사하면 불난 것과 같은 손해. **2** 〔다른 것과의〕 간격, 거리 (distance); 〔정도의〕 차이; 등급 (degree), 단계 (step); 촌수. ¶ a cousin

at one *remove* 사촌의 아들 딸; 양친의 사촌 / The scene changes at each *remove*. 그 경치는 거리에 따라 각각 달라진다 / His ideas are at a far *remove* from mine. 그의 생각은 나의 생각과 거리가 멀다. **3** 《英》[학교의] 진급 (promotion). ¶ get one's *remove* 진급하다. **4** 《英》 다음 [에 나오는] 요리.
◇ removál, remótion n.
re·moved [rimú:vd] *adj.* **1** 떨어진, 동떨어진; …과 다른 (*from*…). ¶ a character far *removed* from holiness 신성이라는 것과는 거리가 먼 성질. **2** [사촌의]; 친등(親等)의. ¶ a [first] cousin once *removed* 사촌의 아들딸, 재종.
re·mov·er [rimú:vər] *n.* **1** 제거자; 이동자(移動者) 운송업자. **2** [칠·얼룩 따위를] 벗기는 것, 박리제(剝離劑). **3** [법률] [다른 법원으로의] 사건 이송.
RÉM sléep [rém-] *n.* [생리·심리] REM 수면, 역설 (逆說) 수면 [뇌파에 각성파(覺醒波)가 나타나는 수면 상태]. [<*r*apid *e*ye *m*ovement *sleep*]
re·mu·ner·a·ble [rimjú:nərəbl] *adj.* 보수를 줄 만한.
re·mu·ner·ate [rimjú:nərèit] *vt.* (**-at·ed, -at·ing**) …에 보답하다, …에 보수를 주다; …에 보상하다. ¶ (~+圄)(+圄+前+名) *remunerate* a person *for* his labor 남의 노고에 보답하다.
re·mu·ner·a·tion [rimjù:nəréi∫(ə)n] *n.* ⓊⒸ 보답, 보수, 보상 (reward); 급료 (pay, salary).
re·mu·ner·a·tive [rimjú:nərèitiv / -n(ə)rətiv] *adj.* 보수가 있는, 보답이 되는; 보답하는.
~·ly *adv.* ~·ness *n.*
re·mu·ner·a·tor [rimjú:nərèitər] *n.* 보수자, 보상자.
Re·mus [rí:məs] *n.* [로마 전설] 레무스 [로물루스 (Romulus)의 쌍둥이 형제]. ⇨ ROMULUS.
***Ren·ais·sance** [rènəsá:ns, -z- / rinéis(ə)ns] *n.* **1** [이탈리아를 중심으로 한 14-16세기의] 문예 부흥 [기], 르네상스; 르네상스 양식. **2** (때로 r-) [예술·학문의 영역에서의] 르네상스에 유사한 부흥. **3** (r-) 신생, [문예·종교의] 부활, 부흥. ¶ a theatrical *renaissance* 연극의 부흥. — *adj.* 문예 부흥[기]의; 르네상스식의.
re·nal [rí:n(ə)l] *adj.* [해부] 신장의, 신장부의.
re·name [ri:néim] *vt.* (**-named, -nam·ing**) …에 새로운 이름을 붙이다; …을 개명하다.
Ren·ard [rénərd] *n.* =Reynard.
Re·nas·cence [rinǽsns] *n.* (때로 r-) =Renaissance.
re·nas·cent [rinǽsnt] *adj.* 부흥(부활)하고 있는.
ren·coun·ter [renkáuntər] *n.* **1** 전투 (battle). **2** 논쟁, 경쟁. **3** 뜻밖의 마주침, [페어] 적과 전투하다. — *vt., vi.* [친구 등과] 우연히 만나다.
rend [rend] *v.* (**rent, rend·ing**) *vt.* **1** …을 째다, 찢다; 발기발기 찢다; …을 ⇨ TEAR² [類語]. ¶ a tree *rent* by lightning 낙뢰로 산산조각이 난 나무. **2** …을 가르다, 분열시키다. ¶ (~+圄)(+圄+前+名) The country was *rent* in two. 국토는 둘로 분열되었다. **3** …을 떼어 놓다, 잡아떼다 (wrench) (…*off,* …*away*). ¶ (~+圄) (+圄+前+名) *rend* a child *from* his mother's arm 어머니의 팔에서 아이를 강제로 잡아 떼다. **4** [슬픔·노여움 따위에서] […옷·머리털·마음을] 쥐어뜯다, 산란하게 하다, 에다. ¶ *rend* one's hair 머리털을 쥐어 뜯다. **5** [외침 따위가] [하늘을] 찌르다. ¶ A shout of joy *rent* the air. 환호 소리가 천지를 진동했다. — *vi.* 째지다, 쪼개지다, 분열하다. ¶ (~+圖) *rend asunder* 두 동강이 나다 / The clouds *rend apart*. 구름이 갈라지다.
◇ rent² *n.*
‡**ren·der**¹ [réndər] *vt.* **1** …로 하다, …이 되게 하다 (make). ¶ (~+圄+圄) Age has *rendered* him peevish. 그는 나이 탓으로 까다로운 사람이 되었다.
2 […에게] 어떤 일을 하다, 행하다, 다하다 (perform). ¶ [원조·답을] 주다, 제공하다; [경의 등을] 표하다. ¶ (~+圄)(+圄+前+名)*render* a service *to* a person; *render* a person a service 남을 위하여 진

력하다.
3 …을 보답으로 주다, 갚다, 보복하다. ¶ (~+圄+ 前+名) *render* good *for* evil 악을 선으로 갚다.
4 [공물 따위를] 바치다; [세금]을 납부하다. ¶ (~+ 圄)(+圄+前+名) *render* tribute *to* the king 왕에게 공물을 바치다 / *Render* unto Caesar the things that are Caesar's. 가이사의 것은 가이사에게 바치라 [←마태복음 (Matt.) 22:21].
5 …을 갚다, 돌려주다 (give back). ¶ (~+圄+圖) I'll *render back* your money. 네 돈을 갚겠다.
6 [설명·계산서 등]을 제출하다, 내다. ¶ an account *rendered* (상업) 지불 청구서 / *render* a bill 계산서를 내다.
7 …을 넘겨주다, 양도하다; …을 내주다; …을 명도(明渡)하다, 포기하다 (surrender). ¶ *render* a stronghold 요새를 포기하다.
8 …을 번역하다 (…*into*). ¶ (~+圄+前+名) *render* a piece of Latin *into* English 한 편의 라틴어로 된 글을 영어로 번역하다.
9 …을 묘사하다, 표현하다 (represent), 재현하다 (reproduce); …을 연주하다, 연기하다. ¶ He *rendered* the part of Hamlet well. 그는 햄릿의 역을 잘 해냈다.
10 [벽돌·벽 따위]를 회반죽으로 애벌(초벌) 칠하다.
11 [지방 따위]를 녹이다, 녹여서 정제하다. ¶ (~+ 圄)+*render down* fat 지방을 정제하다.
12 [항해] [로프·도르래가 통할 수 있게] …을 늦추다, 풀어내다.
13 [법률] [돈·물건·일 따위로] …을 지불한다.
— *vi.* **1** 보수를 주다. **2** [항해] [사슬·밧줄이] 도르래를 지나가다.
— *n.* **1** 연공(年貢). **2** [건축] [벽의] 애벌(초벌)칠.
◇ rendítion *n.*
ren·der² [réndər] *n.* 발기발기 찢는 사람, 째는 사람, 분열시키는 사람.
ren·der·er [rénd(ə)rər] *n.* 주는 사람, 인도하는 사람.
ren·der·ing [rénd(ə)riŋ] *n.* ⓊⒸ **1** 표현, 묘사; 연출, 연주. **2** 번역[문]. **3** 회반죽의 애벌칠. **4** [지방(脂肪) 의] 정제(精製). **5** [디자인] [만들어지기 전의 제품의 이미지를 파악하기 위해 그리는] 제품의 실물과 같은 묘사.
ren·der·set [réndərsèt] *adj.* 두 번 칠한.
***ren·dez·vous** [rándivù: / rón-] *n.* (*pl.* **-vous** [-vù:z])
1 회합(면회)의 약속. **2** 회합 장소. **3** [군대·함대의] 집결지(항). **4** [우주선의] 랑데부. — *vt.* …을 집합시키다, 만나게 하다. — *vi.* 집합하다, 회합하다 (assemble).
ren·di·tion [rendí∫(ə)n] *n.* ⓊⒸ **1** 번역 (translation). **2** 연출, 연주 (performance); 묘사. **3** (고어) 명도; 인도.
rend·rock [réndràk / -rɔ̀k] *n.* Ⓤ 폭파용 폭약의 일종.
re·neague [riní:g, -néig / -ní:g] *v.* (**-neagued, -neagu·ing**) 《英)方》 =renege.
ren·e·gade [rénigèid] *n.* **1** 탈당자, 변절자, 배신자.
2 배교자(背教者), [특히] 회교로 개종한 기독교도.
— *adj.* 변절의, 배신의; 배교의. — *vi.* (**-gad·ed, -gad·ing**) 변절하다, 배반하다; 배교자가 되다.
re·nege [riníg, -nég, -ní:g / -néig, -neg·ing] *v.* **1** [카드놀이] 물주의 패와 같은 짝의 패를 가지고 있으면서 고의로 딴 패를 내다. **2** 약속을 어기다 (*on*…). — *vt.* …을 부정하다, 부인하다 (deny).
— *n.* [카드놀이] 물주의 패와 같은 짝의 패를 가지고 있으면서 고의로 딴 패를 내기 [반칙].
re·ne·go·ti·ate [rì:nigóu∫ièit] *vt., vi.* (**-at·ed, -at·ing**) **1** 재교섭하다. **2** [전시중의 계약 따위]를 재조정하다; 재조정.
re·ne·go·ti·a·tion [rì:nigòu∫iéi∫(ə)n] *n.* ⓊⒸ 재교섭, 재조정.
‡**re·new** [rin(j)ú: / -njú:] *vt.* **1** …을 다시 시작하다 (resume), 재개하다. ¶ *renew* a battle 전투를 재개하

다. **2** …을 새롭게 하다, 갱신하다, 쇄신하다; …을 새 것과 바꾸다. ¶ *renew* curtains 커튼을 새로 갈다.
類語 **renew** 헌 것·마모된 것을 원모습으로 회복하는, 새것과 바꾸다: *renew* one's memory 기억을 새롭게 하다 / *renew* upholstery 의자의 커버 따위를 갈다. **renovate** 세탁, 수리, 재건 따위를 하여 renew 하다: *renovate* an old building 낡은 집을 수리하여 모습을 새롭게 하다. **refresh** 휴양·음식 따위로 체력·원기를 회복하다: the mind *refreshed* by sleep 수면으로 거뜬해진 머리.
3 …을 다시 채우다, 보충하다. ¶ *renew* the store of petrol 휘발유를 보충하다. **4** …을 다시 하다(말하다), 반복하다 (repeat). ¶ *renew* one's vows 맹세를 새롭게 하다. **5** …을 부흥(부활) 시키다, 재건하다 (reestablish). ¶ *renew* the old splendor of a palace 궁전의 옛날의 장엄함을 재현하다. **6** [젊음·힘 따위]을 되찾다, 회복하다 (recover). ¶ *renew* the sentiment of youth 젊은 기분을 되찾다. **7** [정신적으로] …을 일신하다, …의 마음을 고치게 하다(regenerate). ¶ *renew* the heart and mind 심기일전하다; 마음을 고쳐먹다. **8** [어음·증서 따위]를 개서하다, 갱신하다; [계약 따위]를 계속하다; [도서관의 책 따위]의 대출 기한을 연장하다.
— *vi.* **1** 재개하다 (recommence). **2** [드물게] 새로와지다; 회복하다. **3** [어음·증서 따위]를 개서하다; [계약 따위]를 계속하다.
◇ renéwal *n.*
re·new·a·ble [rinjúːəbl /-njúː-] *adj.* 재개할 수 있는; 갱신할 수 있는; 회복할 수 있는; [계약 따위] 계속할 수 있는. **-bly** *adv.*
renéwable énergy *n.* 재생 가능 에너지[태양열·수력·풍력·파력(波力) 따위]. [원.
renéwable resóurces *n. pl.* [환경]재생 가능 자
***re·new·al** [rinjúːəl /-njúː-] *n.* ⓤⓒ **1** 재개. **2** 갱신, 쇄신; 회복; 부흥, 부활. **3** [어음·증서 따위]의 갱신, 계속, 기한 연장.
re·new·ed·ly [rinjúːidli /-njúː-] *adv.* 다시, 새롭게.
reni- kidney(신장(腎臟))의 뜻의 연결형. 예: *reni*form.
ren·i·form [rénifɔ̀ːrm] *adj.* 신장형(形)의.
re·nin [ríːnin] *n.* ⓤ [생화학] 레닌[신장에 포함되어 있는 단백질 분해 효소의 하나로 고혈압의 원인으로 알려져 있다].
ren·min·bi [rènmínbíː] *n. pl.* 인민폐(人民幣) [중국의 통화로 기본 단위는 원(元); 略 RMB].
ren·net [rénit] *n.* ⓤ **1** 송아지의 제 4 위(胃)의 내막(內膜). **2** [생화학]송아지 위 속의 rennin 함유 물질; 응유(凝乳) 효소 (rennin).
ren·net [rénit] *n.* [英] 사과의 일종 [디저트용].
ren·nin [rénin] *n.* ⓤ[생화학] 레닌, 응유 효소[송아지 위액에서 얻어지는 우유를 응고시키는 효소].
Re·no [ríːnou] *n.* 미국 Nevada 주의 도시[이혼이 쉬운 곳으로 유명].
reno- RENI-.
re·nom·i·nate [riːnáminèit/-nɔ́m-] *vt.* (-nat·ed, -nat·ing) …을 재지명하다.
re·nom·i·na·tion [riːnɑ̀minéiʃ(ə)n/-nɔ̀m-] *n.* ⓤⓒ 재지명, 재임명.
***re·nounce** [rináuns] *v.* (-nounced, -nounc·ing) *vt.* **1** …을 포기하다, 버리다, 단념하다(give up); [요구 따위]를 정식으로 포기(폐기)하다. ➪ ABANDON 類語 ¶ *renounce* a demand (right) 요구(권리)를 포기하다. **2** …을 부인하다, 인정하지 않다, 거절하다, 부정하다. ¶ *renounce* the authority of a church 교회의 권위를 부인하다. **3** …과 관계를 끊다, 인연을 끊다 (repudiate). [자식]과 의절하다 (disown). ¶ *renounce* one's friend 벗과 절교하다. — *vi.* **1** [카드놀이] 딴 종류의 패를 내놓다. **2** [법률] [권리 따위]을 포기하다.
— *n.* [카드놀이] 딴 종류의 패를 내기.
◇ renunciátion, renóuncement *n.*

re·nounce·ment [rináunsmənt] *n.* ⓤ 포기(renunciation); 부인, 거절, 부정; 절연, 절교.
ren·o·vate [rénəvèit] *vt.* (-vat·ed, -vat·ing) **1** …을 새것으로 만들다; …을 수리하다 (repair). ➪ RENEW 類語 **2** [따위의 원기]을 회복시키다, 활기띠게 하다 (revive).
ren·o·va·tion [rènəvéiʃ(ə)n] *n.* ⓤⓒ 개혁, 갱신; 수리; 원기의 회복.
ren·o·va·tor [rénəvèitər] *n.* 개혁자, 수선하는 사람.
***re·nown** [rináun] *n.* ⓤ **1** 명성, 유명, 명망(fame) (*for* …). ¶ a man of great *renown* 아주 유명한 사람 // have *renowned for* …으로 유명하다, 명성이 있다. **2** [폐어] 소문, 평판.
***re·nowned** [rináund] *adj.* 유명한, 평판 높은, 명성 있는. ➪ FAMOUS
†rent[rent] *n.* ⓤⓒ **1** 지대(地代), 소작료; 집세, 방세; 임대료, 사용료. ¶ *land* (or ground) *rent* 지대 / *rent* in kind 현물 소작료 / collect *rents* 임대료(사용료)를 징수하다 // pay *rent* for a house 집세를 내다. **2** [경제] 부동산의 수익.
for rent [美] 세놓기 위한, 세놓는(＊[英]에서는 to let). ¶ costumes *for rent* 임대 의상 / Room[s] *for Rent.* [게시문] 셋방 있음.
— *vt.* **1** …을 임차하다, 빌리다. ¶ (～+팀+젼+명) *rent* a room *from* a person 남에게서 방을 세얻다. **2** …을 임대하다, 빌려주다. ➪ HIRE 類語 ¶ (～+팀+젼+명) *rent* a room *to* a person 남에게 방을 세놓다.
— *vi.* 임대되다, 세놓아지다. ¶ (～+젼+명) The house *rents* at (or for) $200 a month. 그 집의 집세는 월 2백 달러이다.
rent[rent] *n.* **1** [의상 따위의] 째진 틈 (slit), 해진 곳; 갈라진 틈. **2** 협곡 (峽谷). **3** [조직·우정 등의] 분열.
rent[rent] *v.* rend 의 과거·과거 분사. [열, 결렬.
rent-a-bike [réntəbàik] *n.* 대여 자전거; 자전거 대
rent·a·ble [réntəbl] *adj.* 임대(임차)할 수 있는.
rent-a-car [réntəkàːr] *n.* 렌터카, 임대 자동차; ⓤ 렌터카업(業). ➪ 〈상표명 Rent-a-Car〉.
***rent·al** [réntl] *n.* **1** ⓤ 지대(집세, 사용료)의 액수; 지대(집세, 사용료) 수입. **2** 임대 아파트, 셋집. **3** 지대장부, 임대(사용료) 기록부 (rent-roll). — *adj.* 지대(집세, 사용료)의.
réntal cár *n.* 렌털 카, 임대 자동차 (rent-a-car).
réntal líbrary *n.* [美] 대출 도서관. *cf.* reference library ['의 사람에게 지불되는] 지대.
rént chárge *n.* [양도 증서 따위에 의하여 지주 이외
rente [F rãːt] *n. (pl. rentes* [F rãːt]) [프랑스] (= rent) **1** 연금, 연수 (annual income); 그 증서. **2** (～s) [프랑스 정부 발행의] 장기 공채; 그 이자.
rent·ed [réntid] *adj.* [복합어를 만들어] 지대 (집세) … 한. ¶ high-(low-)*rented* 임대료가 비싼(싼).
Ren·ten·mark [réntənmɑ̀ːrk] *n.* (때로 R-) 렌텐마르크 [1923-31년에 독일 정부가 통화 안정을 위하여 발행한 지폐].
rent·er [réntər] *n.* **1** 임차인, 차가(借家)인, 소작인; 세든 사람, 셋방든 사람. **2** 임대인. **3** (주로 [英]) 영화 배급자. ['이)].
rent-free [réntfríː] *adj., adv.* 지대(집세)가 없는(없
ren·tier [F rɑ̃ntjei / róntiei] *n.* [프랑스] [지대·배당 따위의] 정기적으로 수입이 있는 사람, 이자 생활자.
rent-roll [réntròul] *n.* **1** 지대 장부, 집세 장부. **2** [지대·집세의] 총수입.
rént sérvice *n.* ⓤ [法] 지대 대신의, 지대 봉사; 노역에 의한 차지(借地).
rént stríke *n.* [美] [허술한 빌딩 관리에 항의하는] 입주자의 집세 지불 거부. [세다.
re·num·ber [riːnʌ́mbər] *vt.* …을 다시 세다, 고쳐
re·nun·ci·a·tion [rinʌ̀nsiéiʃ(ə)n, -ʃi-] *n.* ⓤⓒ **1** 포기, 폐기; ⓒ 포기 선언서. ¶ the *renunciation* of a lease 차지(借地)의 인도 / the *renunciation* of war 전쟁 포기 [선언]. **2** 부인, 부정; ⓒ 부인서(書), 거절서.

3 중지, 단념.

re·nun·ci·a·tive [rinʌ́nsièitiv, -ʃi-/-ʃiətiv] *adj.* 포기의(하는), 기권의; 부인의, 거절의; 중지의.

re·nun·ci·a·to·ry [rinʌ́nsiətɔ̀ːri, -ʃi-/-t(ə)ri] *adj.* =renunciative.

re·oc·cu·py [rìːɑ́kjupài/-ɔ́k-] *vt.* (**-pied, -py·ing**) 〔장소·지위 따위〕를 다시 차지하다; …에 다시 종사하게 하다; …에 다시 살다.

re·of·fer [riːɔ́ːfər/-ɔ́f-] *vt.* …을 다시 제의(신청)하다, 재제출하다. ── *n.* 재신청, 재제출, 재제의.

re·o·pen [riːóup(ə)n] *vt., vi.* 재개하다, 다시 시작하다.

re·or·der [riːɔ́ːrdər] *vt.* **1** …을 재정비(정돈)하다. **2** 〔상업〕…을 재주문하다. ── *n.* 〔상업〕재주문, 추가 주문.

re·or·gan·i·za·tion [rìːɔːrɡənizéiʃ(ə)n/-naiz-] *n.* ⓤⓒ 재편성, 재조직, 개편; 〔재정의〕개편.

re·or·gan·ize [riːɔ́ːrɡənàiz] *vt., vi.* (**-ized, -iz·ing**) 재편성하다, 재조직하다, 개편하다; 〔재정 따위를〕개편하다. ◇ reorganizátion *n.*

re·o·ri·ent [riːɔ́riènt/-ɔ́ːr-] *vt.* …을 새로운 방향으로 돌리다; …을 새로운 환경에 적응시키다; …을 재교육하다.

re·o·ri·en·ta·tion [riːɔ̀ːrièntéiʃ(ə)n/-ɔ̀ːr-] *n.* 방향을 설정해 주기, 재교육.

re·o·vi·rus [ríːouvàirəs] *n.* 리오바이러스 〔기관(氣管)·장관(腸管)의 분비물중에 존재하며, 암세포에서도 발견되는 바이러스의 총칭; 병원(病原)이 되지는 않는다〕. [<*r*espiratory *e*nteric *o*rphan *virus*]

rep[1], **repp** [rep] *n.* ⓤ 골지게 짠 직물.

rep[2] [rep] *n.* ⓤⓒ(속어) 평판, 명성(reputation).

rep[3] [rep] *n.* (속어) 탕아, 타락자, 난봉꾼(reprobate).

rep[4] [rep] *n.* 〔학생 속어〕암송(repetition).

rep[5] [rep] *n.* 〔미속어〕대표(representative).

rep[6] [rep] *n.* (*pl.* **rep**) 〔물리〕렙〔방사선 조사(照射)량의 단위〕. [<*r*oentgen *e*quivalent *p*hysical]

rep[7] [rep] *n.* 레퍼터리〔극장〕(repertory〔theater〕).

rep. (略) repeat; report, reported, reporter; repertory.

Rep. (略) Representative, Republic, Republican.

re·pack [rìːpǽk] *vt.* …을 다시 포장하다, 고쳐 꾸리다.

re·paid [riːpéid] *v.* repay의 과거·과거 분사.

re·paint *vt.* [rìːpéint] …을 다시 칠하다. ── *n.* [ríːpèint, -´] 〔그림의〕 다시 칠한 부분; 재도장.

‡re·pair[1] [ripɛ́ər] *vt.* **1** …을 수리하다, 수선하다. ⇨ MEND[類語] ¶ *repair* a road 도로를 보수하다. **2** 〔기운 따위〕를 회복하다. ¶ *repair* one's health 건강을 다시 찾다. **3** …을 정정하다, 교정(矯正)하다. ¶ *repair* a mistake 잘못을 정정하다. **4** …을 보상하다 (compensate). ¶ *repair* a wrong done 부당 행위를 보상하다. **5** …을 치료하다. ¶ *repair* a wound 상처를 치료하다. ── *n.* **1** ⓤ 수리, 수선. ¶ beyond(*or* past) *repair* 수리할 수 없을 정도로(의). **2** (보통 ~s) 수리(수선) 작업. ¶ during *repairs* 수리중[에는] / under *repair*[*s*] 수리중[에] / do(*or* make) *repairs* 수리하다. **3** ⓤ 수리된 상태. ¶ in good *repair* 수리가 되어서 / in good (bad) *repair* 손질이 잘 되어 있어서(있지 않아서). **4** ⓤ 회복. ◇ reparátion *n.*

re·pair[2] [ripɛ́ər] *vi.* **1** 가다, 향하다. ¶ (~+㋺+㉿) *repair* in person *to* London 몸소 런던으로 가다. **2** 이따금 가다. **3** 구하러 (의지하러) 가다. ¶ (~+㋺+㉿) *repair to* a shop for tools 도구를 구하러 가게로 가다. ── *n.* ⓤ 〔고어〕 자주 가는 곳, 사람이 붐비는 곳. ¶ a place of *repair* 사람들이 많이 모여드는 곳. **2** 자주 가기, **3** 의지, 의뢰. ¶ have *repair* to …에 의지하다.

re·pair·a·ble [ripɛ́(ː)rəbl/-pɛ́ər-] *adj.* 수리(보상)할 수 있는, 수선할만한 가치가 있는.

re·pair·er [ripɛ́(ː)rər/-pɛ́ərə] *n.* 수리자; 수리 도구.

re·pair·man [ripɛ́ərmæ̀n, -mən] *n.* (*pl.* **-men** [-mèn, -mən]) 수리공, 수선하는 사람, 수리업자.

re·pair·per·son [ripɛ́ərpə̀ːrsn] *n.* 〔남녀 구별없이 포괄적으로 지칭하여〕수리공, 수리인.

re·pand [ripǽnd] *adj.* 〔식물〕〔잎 따위의〕 가장자리가 약간 물결진.

re·pa·per [rìːpéipər] *vt.* …에 벽지를 갈아붙이다; …을 종이로 다시 포장하다.

rep·a·ra·ble [rép(ə)rəbl] *adj.* 수리할 수 있는; 정정할 수 있는; 돌이킬 수 있는, 보상(배상)할 수 있는. ⇨ irreparable

‡rep·a·ra·tion [rèpəréiʃ(ə)n] *n.* **1** ⓤ 보상, 배상(*for*…). ¶ *reparation* talks 배상 교섭 // make *reparation* for …의 보상을 하다. **2** (보통 ~s) 배상금, 배상 물건(*for*…). ¶ Japanese *reparations* for the war 전쟁에 대한 일본의 배상금. **3** ⓤ 수선, 회복. ＊ 현재는 보통 repair[s]를 쓴다.

◇ repáir[1] *v.*, repárative, repáratory *adj.*

re·par·a·tive [ripǽrətiv] *adj.* **1** 수리의, 수선의. **2** 회복시키는, 치료하는. **3** 보상하는, 보상의, 배상의.

re·par·a·to·ry [ripǽrətɔ̀ːri/-təri] *adj.* =reparative.

rep·ar·tee [rèpərtíː] *n.* **1** 현답, 명답, 재치있는 응답; 재치있는 대화. **2** ⓤ 재치있는 응답술.

re·par·ti·tion [rìːpɑːrtíʃ(ə)n, -pər-] *n.* 분배, 구분. **2** 재분할(재분배). ── *vt.* 분배하다, 구분하다; 재분할(재분배)하다.

re·pass [rìːpǽs/-pɑ́ːs] *vt.* **1** …을 다시 지나가게 하다. **2** …을 다시 통과시키다. **3** 〔의안〕을 재가결하다. ── *vi.* 다시 지나가다, 되돌아가다.

re·pas·sage [rìːpǽsidʒ] *n.* ⓤ 재통과, 되돌아감.

re·past [ripǽst/-pɑ́ːst] *n.* **1** 〔1회의〕식사량. **2** 식사 (meal). **3** ⓤ 식사 시간; 식사하기. ── *vt.* 〔페어〕…에 식사(먹이)를 주다. ── *vi.* 《드물게》먹다 (*on, upon*…).

re·pa·tri·ate *vt.* [rìːpéitrièit/-pǽt-//-//*n.* (**-at·ed, -at·ing**) 〔포로·망명자 등〕을 본국으로 송환하다, 귀화시키다. ── *n.* [rìːpéitriit] 귀환자, 송환자, 철수자.

re·pa·tri·a·tion [rìːpèitriéiʃ(ə)n/-pæt-] *n.* ⓤ 본국 송환, 귀환.

‡re·pay [ri(ː)péi] *v.* (**-paid, -pay·ing**) *vt.* **1** 〔돈〕을 되돌려주다, 〔남〕에게 돈을 갚다. ¶ *repay* a debt (*or* loan) 빚을 갚다 / *repay* a person in full 남에게 빚을 전액 갚다 / (~+㋺+㉿+名+㉿+名) *Repay* me the money. =*Repay* the money *to* me. 돈을 갚아 주게. **2** …에 보답하다, 은혜를 갚다; …에 보복하다. ¶ *repay* a person's kindness (cruelty) 남의 친절(잔인함)에 보답(보복)하다 // (~+㋺+㉿+名) *repay* a person *for* his kindness 남의 친절에 보답하다 / *repay* a person *with* ingratitude 남에게 배은 망덕하다. **3** …을 되돌리다. ¶ *repay* a visit 답례로서 방문하다 // (~+㋺+㉿+名) *repay* compliments *with* a smile 찬사에 미소로 응답하다. ── *vi.* 돈을 갚다; 보답하다. ◇ repáyment *n.*

re·pay·a·ble [ri(ː)péiəbl] *adj.* 물어줄 수 있는; 되지급할 수 있는.

re·pay·ment [ri(ː)péimənt] *n.* ⓤⓒ 반제(返濟)(금); 변제; 보은, 보상, 앙갚음.

‡re·peal [ripíːl] *vt.* 〔공식적으로〕…을 취소하다(cancel), 무효로 하다 (annul), 폐지하다. ── *n.* ⓤⓒ **1** 취소, 폐지 (revocation), 철폐. **2** 〔英역사〕합병 철회 운동 〔영국·아일랜드 합병의 법령(1801)에 대한 반대 운동〕.

re·peal·a·ble [ripíːləbl] *adj.* 취소할 수 있는, 철폐할 수 있는.

re·peal·er [ripíːlər] *n.* **1** 취소하는 사람, 철폐(론)자. **2** 〔英역사〕 영국·아일랜드 합병 철회론자.

‡re·peat [ripíːt] *vt.* **1** 〔말 따위〕를 반복하다, …을 되풀이하다. ¶ *repeat* one's mistake 실패를 반복하다 / Such a conduct must never be *repeated*. 이런 일을 다시 되풀이해서는 안 된다.

[類語] *repeat* 「반복」의 뜻의 가장 일반적인 말: *repeat* a play 재연하다. **iterate** 한번 *repeat* 하다. **reiterate** 여러 번 *repeat* 하다: *reiterate* the same request 같은

repeatable / replace

요구를 여러 번 되풀이하다. **2** …을 되풀이해서 말하다. ¶ Let me *repeat* what I have just said. 지금 내가 한 말을 다시 한번 반복하겠다 // (~+*that* 節) I *repeat that* I can't accede to your demand. 다시 한번 말하지만 나는 너의 요구에는 응할 수 없다.
3 …을 흉내내어 말하다. ¶ *repeat* a sentence after a teacher 선생을 따라 글을 외다.
4 …을 남에게 말하다, 전하다. ¶ *repeat* a secret 비밀을 딴 사람에게 전하다 / Don't *repeat* it to anybody. 그 것을 딴 사람에게 말하지 마라.
5 …을 암송하다, 복창하다. ¶ *repeat* a poem 시를 암송하다.
6 …을 다시 인수(경험)하다. ¶ *repeat* an experience 다시 한번 경험하다.
— *vi.* **1** 반복하다, 되풀이해서 말하다. **2** [음식물이] 식도로 되올라오다, 넘어오다 (*on*...). ¶ (~+前+名) Fried mackerels always *repeat on* me. 고등어 튀김을 먹으면 언제나 넘어온다. **3** 《美》《불법으로》 2중 투표를 하다. **4** [수·소수(小數) 따위가] 순환하다.
repeat oneself 같은 모습으로 거듭 나타나다; 같은 일을 되풀이하다. ¶ History *repeats itself*. 《속담》 역사는 반복된다.
— *n.* **1** 되풀이, 반복. **2** 사본, 복사, 복제품. **3** 《음악》 반복 악절; 반복 기호; 반복되는 무늬. **4** 《상업》 재공급, 재주문. **5** 〖텔레비전·라디오의〗 재방송[프로그램]. **6** 《스포츠》 연패(連覇), 연속 승리.
◊ repetition *n.*, repetitious, repetitive *adj.*
re·peat·a·ble [ripí:təbl] *adj.* 되풀이할 수 있는.
*re·peat·ed·ly [ripí:tidli] *adv.* 되풀이해서, 재삼 재사.
re·peat·er [ripí:tər] *n.* **1** 반복하는 사람(것); 암송자. **2** 연발총. **3** =repeating watch. **4** 《교육》 낙제생, 재수생. **5** 《美》 《불법적인》 2중 투표자. **6** 〖수학〗 순환 소수 (circulating decimal). **7** 중계 장치. **8** 〖항해〗 대표기(旗) [세 가지로서 제1, 제2, 제3의 3종] (substitute).
re·péat·ing décimal [ripí:tiŋ-] *n.* 〖수학〗 순환 소수.
repéating rífle (revólver) *n.* 자동 연발 소총.
repéating wátch *n.* 〖3, 15분 또는 15분 단위의〗 종을 치는 시계.
re·pê·chage [rəpéʃɑ́:ʒ, rèpi-] *n.* 《프랑스》 (=fishing up again) 〖토너먼트나 리그전 따위의〗 패자 부활전.
re·peg [ri:pég] *vt.* 〖경제〗 〖변동 화폐〗를 고정시키다, …의 시세를 안정시키다.
*re·pel [ripél] *v.* (**-pelled, -pel·ling**) *vt.* **1** …을 쫓아버리다. ¶ *repel* an enemy 적을 격퇴하다. **2** …을 물리치다, 퇴짜놓다 (thrust back), 튀기다. **3** …의 침투를 막다 (resist), 반발하다. **4** …을 거절하다, 일선 못하게 하다, 거부하다(reject), 억누르다. ¶ *repel* a temptation 유혹을 물리치다. **5** …에게 혐오감을 주다, …에게 불쾌감을 주다. ¶ His untidy appearance *repelled* her. 그녀는 그의 단정하지 못한 몰골에 혐오감을 느꼈다. **6** 〖물리적으로〗 …에 반발하다; …에 섞이지 않다, 튀기다. *opp.* attract — *vi.* **1** 쫓아버리다. **2** 불쾌감을 주다. ◊ repéllent *adj.*
re·pel·lence [ripéləns] *n.* Ⓤ 반발성; 격퇴성.
re·pel·len·cy [ripélənsi] *n.* =repellence.
re·pel·lent [ripélənt] *adj.* **1** 불쾌한, 싫은 (loathsome). **2** 격퇴하는, 반발하는. **3** 방수의. — *n.* **1** 방충제, 구충제. **2** 〖종기 따위의〗 삭게 하는 약. **3** 방수포(防水布). **4** 혐오감을 주는 것, 반발하는 것, 반발력.
~·ly *adv.*
‡re·pent¹ [ripént] *vi.* 후회하다, 회개하다, 유감으로 여기다; 참회하다 (*of*...). ¶ (~+前+名) *repent* of one's rashness 경솔을 후회하다 / *repent* of one's sins 자기의 죄를 회개하다. — *vt.* …을 뉘우치다, 유감으로 여기다, …으로 생각하다(regret), 회개하다. ¶ *repent* one's sins (thoughtless act) 죄(경거)를 후회하다 // (~+*-ing*) (~+*that* 節) I *repent* having flunked. =I *repent* that I have flunked. 나는 낙제한 것을 후회한다.

◊ repentance *n.*, repentant *adj.*
re·pent² [ripént] *adj.* 《동·식물》 기는, 기어다니는 (crawling).
*re·pent·ance [ripéntəns] *n.* Ⓤ 후회, 회오, 회개. ⇨ REGRET 類語 ◊ repent¹ *v.*, repentant *adj.*
re·pent·ant [ripéntənt] *adj.* 뉘우치는, 후회하는; 후회의, 후회를 나타내는 (penitent). ~·ly *adv.*
re·pent·er [ripéntər] *n.* 후회하는 사람, 회개자.
re·peo·ple [ri:pí:pl] *vt.* (**-pled, -pling**) **1** …에 사람을 다시 들여 살게 하다. **2** …에 다시 동물을 들이다.
re·per·cus·sion [rì:pərkʌ́ʃən] *n.* **1** 〖사건 따위의〗 영향, 반향(反響). **2** 반격, 격퇴. **3** 튀김, 반동. **4** 〖빛의〗 반사, 〖소리의〗 반향. **5** Ⓒ 〖음악〗 〖푸가에서〗 주제의 반복.
re·per·cus·sive [rì:pərkʌ́siv] *adj.* **1** 튀기는, 반향 (반사)시키는. **2** 반향(반사)적인.
rep·er·toire [répərtwɑ̀:r] *n.* 〖언제든지 상연(연주)될 수 있는〗 상연 목록, 연주 목록, 레퍼토리. ¶ a large *repertoire* of songs 노래의 다양한 레퍼토리.
rep·er·to·ry [répərtɔ̀:ri/-t(ə)ri] *n.* (*pl.* **-ries**) **1** =repertoire. **2** 〖지식 등의〗 축적, 저장. **3** 창고 (storehouse), 보고 (寶庫).
répertòry théater (《英》 théatre) *n.* 전속 극단이 여러 가지 극을 연속 상연하는 극장. 재음미.
re·pe·rus·al [rì:pərú:z(ə)l] *n.* Ⓤ (Ⓒ) 재숙독(再熟讀).
re·pe·ruse [rì:pərú:z] *vt.* (**-rused, -rus·ing**) …을 재숙독하다, …을 재음미하다.
re·pe·tend [rípètènd] *n.* **1** 〖수학〗 〖순환 소수 중의〗 순환절. **2** 〖음악〗 반복 악절. **3** 〖韻律〗 〖시 등에서의〗 반복구.
‡rep·e·ti·tion [rèpətíʃ(ə)n] *n.* Ⓤ Ⓒ 〖언어·행동의〗 되풀이, 반복, 재상연, 재연주, 재현. **2** Ⓤ Ⓒ 〖말의〗 반복, 복창; 암송 (recitation), Ⓒ 암송문. **3** 사본, 복사 (copy), 모방. ◊ repeát *v.*, repetítious *adj.*
rep·e·ti·tion·al [rèpətíʃ(ə)nəl] *adj.* =repetitious.
rep·e·ti·tious [rèpətíʃəs] *adj.* 반복이 많은, 지루한.
~·ly *adv.* ~·ness *n.*
re·pet·i·tive [ripétitiv] *adj.* **1** 되풀이하는, 반복적인.
2 =repetitious. ~·ly *adv.* ~·ness *n.*
repétitive DNA *n.* 〖유전·생화학〗 반복성 DNA 〖각 세포에 특유의 유전자가 반복해서 포함되어 있는 DNA〗.
re·pho·to·graph [ri:fóutəgræf/-grɑ̀:f] *vt.* …을 재촬영하다. — *n.* Ⓤ Ⓒ 재촬영 (retake).
re·phrase [ri:fréiz] *vt.* (**-phrased, -phras·ing**) …을 재표현하다, 고쳐 말하다, 바꾸어 말하다.
re·piece [ri:pí:s] *vt.* (**-pieced, -piec·ing**) …을 다시 엮다.
re·pine [ripáin] *vi.* (**-pined, -pin·ing**) 투덜거리다, 불평하다 (complain).
*re·place [ripléis] *vt.* (**-placed, -plac·ing**) **1** …에 대신하다, …의 뒤를 잇다 (succeed). ¶ TV has *replaced* radio. 텔레비전이 라디오 대신 등장하였다 // (~+目+*as* 補) A *replaces* B *as* pitcher. A가 B 대신 투수가 된다.
類語 replace 「대신하다」의 뜻의 가장 일반적인 말: *replace* one's aged father as president 고령의 아버지 대신 사장이 되다. displace 어떤 것을 배제하고 대신 그 장소를 차지하다; replace, supersede 낡은 것을 쓴다. supersede 낡은 것·뒤떨어진 것을 대신하다: Electricity has *superseded* steam. 전기가 증기를 대신했다. supplant 음모 따위로 지위를 빼앗아 대신 들어앉다: *supplant* a lawful heir 정당한 상속인의 지위를 빼앗다.
2 …을 원위치에 놓다, 제자리에 다시 놓다 (put back). ¶ (~+目+前+名) *replace* a book *on* a shelf 책을 책장에 도로 놓다. **3** …을 돌려주다, 갚다. ¶ *replace* a sum of money borrowed 빚을 갚다. **4** …을 바꾸어 놓다, …을 대체하다, 교환하다. ¶ (~+目+前+名) *replace* a worn tire *by* (or *with*) a new one 헌 타이어를 새것과 바꾸어 끼우다. **5** …을 복직시키다. ¶ *replace* a king on the throne 왕을 복위시키다.

◇ replácement n.
re·place·a·ble [ripléisəbl] adj. 대체할 수 있는, 대신이 될 수 있는; 제자리에 돌아올 수 있는; 바꾸어 놓을 수 있는.
re·place·ment [ripléismənt] n. **1** ⓤ 제자리에 돋, 반환, 변제; 복직, 복위. **2** ⓤ 대체, 교환 (substitution); ⓒ 교환물, 교체자. ¶ in replacement of …대신에. **3** [美軍] 보충 요원, 교체 요원. **4** ⓤⓒ [지질] 교체 작용. **5** ⓤⓒ [結晶] 결우(缺隅)[새로운 면이 생겨 각(角)이 없어지기].
replácement dèpot n. (군대) 보충대.
replácement lèvel n. [통계] 인구 보충 수준[종인구를 유지하기 위해 필요한 출생률].
re·plant [riːplænt / ‑pláːnt] vt. **1** …을 다시 심다, 이식하다. **2** (토지에) 다른 식물을 심다. **3** (남)을 이주시키다. ∼**·ing** n. 식, 재식(再植).
re·plan·ta·tion [rìːplæntéi(ə)n / ‑plaː‑] n. ⓤⓒ 이식.
re·play vt. [ripléi→n.] **1** (시합 따위)를 재경기(재시합)하다. **2** …을 재연하다, …을 녹화로 재생하다. — [ríːplèi] 재시합; 재연되는 것.
re·plen·ish [ripléniʃ] vt. **1** …을 다시 채우다, …을 계속 공급하다 (…with), **2** …을 보충(보급)하다. ¶ replenish one's stock of food 저장 식량을 보충하다 / (∼+몸+엶+名) replenish the fire with fuel 불에 연료를 계속 공급하다. **2** [사람·동물이] (땅)에 살다, (땅)을 사람(동물)으로 가득 채우다(people). ¶ Be fruitful, and multiply, and replenish the earth. 생육하고 번성하여 땅에 충만하라 ←창세기 (Gen.) 1 : 28.
re·plen·ish·ment [ripléniʃmənt] n. ⓤⓒ 보충, 보급; ⓒ 보충물, 보급물.
re·plete [riplíːt] adj. (서술 형용사) **1** […으로] 가득한, 충만한(filled), 풍부한 (with…), ¶ be replete with every comfort and luxury 모든 사치를 다하고 있다. **2** […으로] 배가 부른, 포식한 (with…). ¶ be replete with delicious foods. 그는 맛있는 음식으로 배를 채웠다. **3** 완벽한, 충일해진 (complete). ∼**·ly** adv.
re·ple·tion [riplíːʃ(ə)n] n. ⓤⓒ 충만 (fullness); 만복 (滿腹); 만복 (滿腹), 포식; ⓤ 다혈증. ¶ to repletion 충분히, 가득히, 실컷 / eat to repletion 포식하다.
re·plev·in [riplévin] n. ⓤⓒ[법률] 압류된 동산의 반환을 요구하는 동산 점유 회복 소송(영장). — vt. = replevy.
re·plev·y [riplévi] vt., vi. (**-plev·ied, -plev·y·ing**) [법률] (부당하게 압류된 동산)을 동산 점유 회복 소송에 의하여 다시 찾다. — n. ⓤⓒ (pl. **-plev·ies**) 압류 동산의 소유권 회복.
rep·li·ca [réplikə] n. **1** [원작자의 손으로 된 예술 작품의] 사본, 복제. ⇨ FACSIMILE [類語] **2** ¶ make a replica of …을 모사하다, …을 복제하다. **2** [일반적으로] 사본, 복제, 똑같은 것 (copy). ¶ Each house is a replica of the rest. 어느 집이나 모두 똑같다.
rep·li·car [réplikɑːr] n. 클래식 카의 복제차[엔진이나 부품을 새것]. [<REPLI[CA]+CAR]
rep·li·cate [réplikit→v.] (식물) 뒤로 젖혀진. — n. [음악] 레플리카트, 반복. — v. [réplikèit] (**-cat·ed, -cat·ing**) vt. **1** …을 접어 젖히다 (fold). **2** …을 반복하다 (repeat). **3** (드물게) …이라고 대답하다. — vi. 세포 분열로 복제(複製)하다.
rep·li·ca·tion [rèplikéiʃ(ə)n] n. ⓤⓒ **1** 답신, 회답 (answer); 응답; [법률] [피고의 답변에 대한] 원고의 응답. **2** 반향 (echo). **3** 사본, 복사; 복제. **4** (드물게) [잎 따위가] 뒤로 접힘, 접은 곳. **5** [통계] 일정 조건의 반복 실험.
re·plot·ting [riplátiŋ / ‑plɔ́t‑] n. 환지; 토지 구획 정리. ¶ a replotting map 구획 정리도 (圖).
‡**re·ply** [riplái] v. (**-plied, -ply·ing**) vi. **1** 답하다, 대답하다, 응답하다 (to…). ⇨ ANSWER [類語] ¶ reply in the negative 아니라고 대답하다 // (∼+몸+엶+名) reply to a person 남에게 답하다 / reply to a letter 편지에 답장을 쓰다 / reply for one's father 아버지를 대신해서 대답하다 / He replied for the company. 그는 회사를 대표해서 답사를 했다. **2** 응하다, 응수하다, [특히] 응전(應戰)하다 (to…). ¶ (∼+몸+엶+名) reply to an enemy's fire 적의 포격에 응사하다 / reply to a signal 신호에 답하다. **3** 반향(反響)하다 (echo). **4** [법률] [원고가 피고의 항변에] 재항변하다. — vt. …이라고 답하다, 대꾸하다. ¶ I have nothing to reply. 대답할 말이 없다 // (∼+that [節]) He replied that his mind was made up. 그는 결심이 섰다고 대답했다.
— n. (pl. **-plies**) **1** 답, 대답, 회답. ¶ make a reply 대답하다 / wire a reply 회신 전보를 치다. **2** 응수, 응전(to…). **3** [법률] [피고의 항변에 대한 원고의] 답변. **4** [음악] [푸가 따위의] 응답부.
in reply to …에 답하여; …의 회답으로서.
réply càrd n. 왕복 엽서.
réply cóupon n. 반신권(返信券) [우표와 교환이 가능하다].
re·ply-paid [ripláipèid] adj. 회신료가 선불된, 회신료 지불필의; 우편 요금 수취인 지불의. ¶ a reply-paid telegram 회신료 선불의 전보.
re·po [ríːpou] n. 《美口語》[금융] [정부에 의한 국채의] 환매(還買) 계약. 다시 바르다.
re·point [riːpɔ́int] vt. (벽돌 구조물 따위의) 이음매를 다시 바르다.
ré·pon·dez s'il vous plaît [reipóundei siːl vuː pléi] 회답해 주시기 바랍니다[초대장에 쓰는 인사말; 略 R.S. V.P.]. [<F reply, if you please]
re·pop·u·late [riːpápjulèit / ‑pɔ́p‑] vt. (**-lat·ed, -lat·ing**) …에 다시 사람을 살게 하다, 다시 식민하다.
‡**re·port** [ripɔ́ːrt / ‑pɔ́ːt] n. **1** [연구·조사의] 보고 (on…). ¶ a report on a peace conference 평화 회의에 관한 보고 / make a medical report on a patient 환자에 관한 의학적인 보고를 하다. **2** 공식 보고; [학교의] 성적 통지표. ¶ a weather report 기상 통보 / Report to the Nation [영국 정부가 2주마다 신문에 게재는 국민에의] 보고 / He has a bad report this term. 그의 이번 시기 성적은 나쁘다. **3** ⓤⓒ 소문 (rumor), 세평; ⓤ 평판, 명성. ¶ a man of bad report 악평 높은 사람 / through good and evil report 평판이 좋고 나쁘고 간에 / discredit a report 소문을 믿지 않다 / be of good report 평판이 좋다 / Report goes (or runs, has it) that… 라는 소문이다, 소문에 따르면 …이라고 한다 / the report that the bridge is dangerous 그 교량은 위험하다는 소문. **4** 보도, 기사; [연설·토의 따위의] 기록, (∼s) 의사록; (∼s) [법률] 판결록. ¶ a newspaper report 신문 보도 / a report of a battle 전투 상황 정보. **5** 폭음, 총성, 포성.
— vt. **1** [연구·조사 따위]를 보고하다; (들은 것 따위)를 전하다, 말하다, 이야기 하다 (relate); …을 보도하다; …을 공표하다; [세상에서] …라고 전하다, 말하다. ¶ report progress 진도를 보고하다, 경과를 보고하다 / report the discovery of a new element 새 원소의 발견을 보도하다 // (∼+몸+[to be] [補]) report him to be a good officer 그를 유능한 관리라고 보고하다 / They reported him dead. 그들은 그가 죽었다고 보도했다 / He was reported [to be] killed in the war. 그는 전사한 것으로 보도되었다 (※ to be를 생략하는 것은 주로 [美]) // (∼+몸+to be [補]) (∼+that [節]) The war was reported to be over.=It was reported that the war was over. 전쟁은 끝났다는 소문이다 // (∼+몸+엶+名) report the accident to the police 경찰에 그 사건을 알리다 // (∼+that [節]) (∼+ing) He reported that he had met her.=He reported having met her. 그는 자기가 그녀와 만났다고 말했다.

2 (의사(議事)·강연 따위)를 기록하다; …의 기사를 쓰다. ¶ report the proceedings of a law court 재판의 진행 상황을 기록하다 / report a fire 화재 기사를 쓰다. **3** …을[상사 등에게] 고자질하다, 일러바치다. ¶ (∼+몸+엶+名) report a servant to her employer for

reportable / **represent**

misconduct 하녀의 행실이 나쁘다고 주인에게 일러바치다. **4** …의 소재(상황 따위)를 보고하다, 통보하다, 신고하다; 《재귀용법》 출두하다. ¶ (~+목+전+명) *report a person to the police* 남을 경찰에 고발하다 / *Report yourself to the manager.* 지배인에게 직접 가 보시오.
— *vi.* **1** 보고하다, 보고서를 작성(제출)하다 (*of, on, upon...*). ¶ (~+전+명) *report on the condition of a mine* 광산의 상황에 관한 보고서를 제출하다 / *report of a person's health* 남의 건강 상태를 보고하다. **2** 기자(통신원) 노릇을 하다(*for...*); 기사를 쓰다, 보도하다. ¶ (~+전+명) *He reports for the Times.* 그는 타임지의 기자이다. **3** [소재·상황 따위를] 신고하다, 출두하다, 출근하다. ¶ (~+전+명) *report sick* 병이라고 신고하다 / (~+전+명) *report to the police* 경찰에 [소재를] 신고하다 / *report for duty* (or *work*) 출근하다 / *Report to Room 7 at 8:30 a.m. tomorrow.* 내일 아침 8시 30분에 7호실로 출두하시오 / *The teacher did not report at the class.* 그 선생은 교실에 나오지 않았다.
move to report progress 〖英의회〗 [의사 방해의 목적으로] 토의 종결을 동의하다.
report in [무선 따위에서] 현 위치를 보고하다.
report progress 중간(경과) 보고를 하다.
re·port·a·ble [ripɔ́ːrtəbl/-pɔ́ːt-] *adj.* 보고(보도)할 수 있는, 보고(보도)할 가치가 있는; [법률에 의한] 보고의 의무가 있는.
re·port·age [ripɔ́ːrtidʒ, rèpɔːrtɑ́ːʒ/rèpɔːtɑ́ːʒ] *n.* 보고 문학(문제), 르포르타주, 르포.
repórt càrd *n.* 〖학교의〗 성적표, 통지표.
re·port·ed·ly [ripɔ́ːrtidli/-pɔ́ːt-] *adv.* 들리는 바에 의하면, 소문에 의하면; 보도에 의하면.
repórted spéech [ripɔ́ːrtid-/-pɔ́ːt-] *n.* 〖문법〗 = indirect discourse; [직접 화법의] 피(被) 전달부, 전달 내용.
*re·port·er [ripɔ́ːrtər/-pɔ́ːtə] *n.* **1** 보고자, 통보자; [신문·라디오·텔레비전 따위의] 보도 기자, 통신원, 취재 기자, 리포터(*for...*). ¶ *a financial reporter* 경제 기자. **2** 의사록 (판결 기록) 작성자, 속기사. **3** 휘보(彙報), 기관지.
re·por·to·ri·al [rèpɔːrtɔ́ːriəl/-pɔːtɔ́ːr-] *adj.* **1** 보고자의, 통신원의; 기록계의, 속기사의. **2** 보고의, 보고적인.
repórt stàge *n.* (the ~) [영국 하원의] 보고 심의[법 안 심의·위원회의 결과를 위원장이 본회의에 보고하고, 그에 따라서 심의를 하는 일. 다음 과정이 제3독회].
re·pos·al [ripóuz(ə)l] *n.* 〖U,C〗 [신뢰를] 두기; 위임.
re·pose¹ [ripóuz] *n.* 〖U〗 **1** 휴식, 휴게, 휴양(rest); [흥분·위험·걱정·곤란 따위로부터의] 해방, 평온함, 안심(relief); 잠, 수면(sleep); 영면. ¶ *a volcano in repose* 휴화산 / *seek* (or *take*) *repose* 휴식하다. **2** 한적함, 평화(peace); 고요함, 정적(calm). ¶ *a village in repose* 한적한 마을. **3** 차분함, 침착, 고요한 곳; [그림 따위의] 색의 조화(짝음새). ¶ *well-bred repose* 품위있는 침착함. **4** 정지(靜止). ¶ *a face in repose* 잔잔한 표정의 얼굴.
— *v.* (-**posed**, -**pos·ing**) *vi.* **1** a) 눕다, 휴식하다; [시체가] 안치되다, 영면하다. ¶ (~+전+명) *repose on* (or *upon*) *a bed* 침대에 눕다 / *repose in a hammock* 해먹에 눕다 / *repose in sleep* 자다 / *The body will repose in the chapel for two days.* 그의 유해는 2일간 교회에 안치된다 / *He reposes at Arlington Cemetery.* 그는 알링턴 묘지에 잠들어 있다. b) […에 의해] 놓여 있다. ¶ (~+전+명) *cakes reposing on a table* 탁자 위에 놓여 있는 케이크. **2** [토지·바다 따위가] 고요하다. ¶ (~+전+명) *The forest reposes in the dusk.* 숲이 황혼녘에 고요하다. **3** […에] 기초를 두다 (*on...*). ¶ *The scheme reposes on a revival of trade.* 이 계획은 무역 부흥에 그 기초를 두고 있다. **4** […에] 의지하다, […을] 신뢰하다(*in...*). ¶ (~+전+명) *repose in a person's loyalty* 남의 충성을 신뢰하다. **5** [기억·생각 따위가 …에] 머물다 (*on, upon...*). ¶ (~+전+명) *His mind reposed on* (or *upon*) *the past.* 그는 과거의 일에 생각을 잠기었다.
— *vt.* …을 눕히다, 쉬게 하다. ¶ *repose oneself* 눕다, 누워서 쉬다 // (~+목+전+명) *repose one's head on a pillow* 베개를 베고 쉬다.
◇ repóseful *adj.*

re·pose² [ripóuz] *vt.* (-**posed**, -**pos·ing**) **1** [신용을] 두다(place), [희망을] 걸다(*...in*). ¶ *repose one's faith in God* 신을 믿다 / *repose hope in a person* 남에게 희망을 걸다. **2** …을 위임하다, 위탁하다 (*...in*).
re·pose·ed·ly [ripóuzidli] *adv.* 평온하게, 침착하게.
re·pose·ful [ripóuzfəl] *adj.* 침착한, 평온한(quiet, calm, restful), ~·ly [-fəli] *adv.* ~·ness *n.*
re·pos·it [ripázit/-pɔ́z-] *vt.* **1** …을 제자리에 놓다 (replace), 돌려주다. **2** …을 저장하다, 보존하다 (restore).
re·po·si·tion [rìːpəzíʃ(ə)n, rèp-] *vt.* **1** [뼈·장기(臟器)를] 본래 위치에 도로 놓다. **2** 새로운 위치에 놓다. **3** [신제품의] 선전·판매 방법을 바꾸다.
re·pos·i·to·ry [ripázətɔ̀ːri/-pɔ́zit(ə)ri] *n.* (*pl.* -**ries**) **1** 보존(저장) 용기; 저장소, 창고; 진열소; 〖英〗 상점, 매점. **2** [천연 자원의] 매장지대, 매장소, 묘지. **4** 비밀 따위를 털어놓을 수 있는 사람, 신뢰할 수 있는 사람. ¶ *He made me the repository of his sorrows.* 그는 나에게 슬픔을 털어놓았다.
re·pos·sess [rìːpəzés] *vt.* **1** …을 다시 손에 넣다, 회복하다. **2** [남]에게 도로 찾아 주다(*...of*). ¶ *repossess a person of his former position* 남에게 원래의 지위를 다시 찾아 주다.
re·pos·ses·sion [rìːpəzéʃ(ə)n] *n.* 〖U〗 소유권 회복, 재소유.
re·pot [rìːpát/-pɔ́t] *vt.* (-**pot·ted**, -**pot·ting**) …을 딴 화분에 옮겨 심다.
re·pous·sé [rəpuːséi/- - -́] *adj.* [금속의 안쪽을 쳐서] 겉으로 무늬를 도드라지게 한, 도드라진 무늬의, 그러한 세공. — *n.* 〖U,C〗 도드라지게 하는 세공.
repp [rep] *n.* = rep¹.
rep·re·hend [rèprihénd] *vt.* …을 비난하다, 꾸짖다, 나무라다.
rep·re·hen·si·ble [rèprihénsəbl] *adj.* 비난받을 만한, 괘씸한(blamable). ~·ness *n.* -**bly** *adv.*
rep·re·hen·sion [rèprihénʃ(ə)n] *n.* 〖U〗 비난, 질책.
rep·re·hen·sive [rèprihénsiv] *adj.* 비난(견책)하는 것 같은. ~·ly *adv.*
*rep·re·sent [rèprizént] *vt.* **1** [물건이] …을 나타내다, 의미하다, 상징하다(symbolize). ¶ *Notes represent musical sounds.* 음표는 악음을 나타낸다 / *The scepter of a king represents his power and authority.* 제왕의 홀(笏)은 권세를 상징한다.
2 …의 대리를 하다; …을 대표하다, [선거민·선거구]를 대표하다, …선출의 의원이다. ¶ *He is represented by a lawyer in this lawsuit.* 그는 이 소송에서 변호사를 대리로 내세우고 있다 / *He represented Korea at the conference.* 그는 한국 대표로서 회의에 참석했다 / *He represents the company in New York.* 그는 회사의 뉴욕 주재 대표이다 / *Every class was represented at the meeting.* 그 회합에는 모든 계급의 대표자가 참석했다 / *He represents Michigan in the Senate.* 그는 미시간주 선출의 상원 의원이다.
3 …을 묘사하다, 그리다(portray). ⇒ DEPICT 類語 ¶ *The prince is represented in hunting costume.* 그 왕자는 사냥복 차림으로 그려져 있다 / *Whom does this portrait represent?* 이 초상화는 누구를 그린 것이냐?
4 …을 상상하다 (image), 마음에 떠올리다 (recall). ¶ (~+목+전+명) *Can you represent infinity to yourself?* 무한이라는 것을 상상할 수 있느냐?
5 …라고 말하다, …을 기술하다(describe), 주장하다, 단언하다, 말하다. ¶ (~+목+*as* 보)

re-present

(~+目+to be 補) He *represented* himself *as* (or *to be*) a student. 그는 자기가 학생이라고 말했다 / He *represented* his father *as* stern. 그의 아버지는 엄격하시다고 그는 말했다 ¶ (~+that 節) He *represented that* they were in urgent need of help. 그들은 원조가 절실히 필요하다고 그는 말했다.

6 …을 설명하다, 납득시키다. ¶ (~+目+前+名) He *represented* many truths *to* the people. 그는 사람들에게 많은 진리를 설명하였다 / I don't know how to *represent* it *to* you. 어떻게 해야 네가 납득이 갈 수 있는 설명이 될지 나는 모르겠다.

7 …을 상연하다; …의 역을 연기하다, …으로 분장하다. ¶ She *represented* a queen. 그녀는 여왕역을 연기하였다.

8 …의 표본(전형)이 되다, 일례가 되다. ¶ She *represents* the most typical Yankee girl. 그녀는 전형적인 양키 처녀의 한 표본이다.

9 …에 상당(해당)하다 (correspond to).
◇ representátion *n.*, representátive *adj.*

re-pre-sent [rìːprizént] *vt.* …을 […에게] 다시 선사(제출, 증정)하다; [극 따위]를 재연하다.

rep-re-sent-a-ble [rèprizéntəbl] *adj.* **1** 나타낼 수 있는, 표현할 수 있는; 기술할 수 있는. **2** 대리(대표)할 수 있는. **3** 설명할 수 있는; 상상할 수 있는. **4** 상연할 수 있는.

*rep-re-sen-ta-tion [rèprizentéiʃ(ə)n] *n.* **1** ⓒⓤ 표시; 표현; 묘사. ¶ a graphical *representation* 도식 표시 / a literary *representation* 문학적 표현. **2** 초상(화), 그림, 조각상. ¶ a *representation* of Zeus 제우스상. **3** (종종 ~s) 주장, 단언; 설명, 진술; 제의, 항의, 진정; [법률] 표시. ¶ make *representations* to (against) …에게 진정(항의)하다 // on a *representation* that… …이라는 진술에 의거하여. **4** ⓤⓒ [극의] 상연, 연출. **5** ⓤⓒ 대표(제), 대리(제); 대표 파견; [정치] 대의원 선출(권); [외교] 국가의 대표; (the~) (집합적) 대표자, 대의원, 대표단, 의원단. ¶ proportional *representation* 비례 대표제. **6** ⓤⓒ 상상(력), 개념 작용; [심리] 표상(表象).
◇ represént *v.*, representative, representátional *adj.*

rep-re-sen-ta-tion-al [rèprizentéiʃ(ə)nəl] *adj.* 묘사적인; [미술] 구상주의의. *cf.* abstract

‡**rep-re-sent-a-tive** [rèprizéntətiv] *n.* **1** 대표자; 대리인, 대행자; 재외사절. ¶ a diplomatic *representative* 외교관 / the British *representative* 영국 대표. **2** 대의원, 국회 의원; (R-) (美) 하원 의원. ¶ the House of *Representatives* (美) 하원. **3** [법률] 법률상의 대표자 [유언 집행자·법정 대리인 등]. **4** 예, 견본; 전형.
— *adj.* **1** 표시하는, 표현하는, 묘사하는, 상징하는 (of…). ¶ a painting *representative* of ballerinas 발레리나의 그림. **2** 대리의, 대행의; 대표하는; 대의제의. ¶ a *representative* capacity 대표의 자격 / a *representative* body 대표단 / a *representative* government 대의 정체. **3** 대표적인, 전형적인 (typical). ¶ a *representative* American 전형적인 미국인. **~ly** *adv.* **~ness** *n.*
◇ represént *v.*, representátion *n.*

*re-press [riprés] *vt.* **1** …을 억제하다, 참다. ¶ *repress* tears 눈물을 참다. **2** …을 진압하다 (suppress). ¶ *repress* a rebellion 반란을 진압하다. **3** …을 억누르다, 억압하다. ¶ The education in those days tended to *repress* individuality. 그 당시의 교육은 개성을 억압하는 경향이 있었다. **4** (정신 분석) (욕구·충동 따위)를 억압하다. ¶ représsion *n.*, représsive *adj.*

re-press [riːprés] *vt.* **1** …을 다시 누르다, 다시 죄다. **2** (레코드)의 복사를 하다.

re-pressed [riprést] *adj.* 억제(진압, 억압)된.

re-press-er [riprésər] *n.* 억압(진압)자, 폭군.

re-press-i-ble [riprésəbl] *adj* 억제(억압, 진압)할 수 있는.

re-pres-sion [ripréʃ(ə)n] *n.* **1** ⓤⓒ 억제; 억압; 진압; (정신 분석) 억압. **2** ⓤ (억압된) 충동, 본능.

re-pres-sive [riprésiv] *adj.* 억제하는; 억제적인; 진압하는. **~ly** *adv.* **~ness** *n.*

re-pres-sor [riprésər] *n.* =represser. **2** [유전] 리프레서 [작동 유전자(operator gene) 억제 작용을 가진 물질].

re-prieve [riprí:v] *vt.* (-prieved, -priev-ing) **1** [수형자의] 형(사형)집행을 연기하다. **2** [고통·근심 따위]로부터 (남)을 일시적으로 편하게 해주다(…from).
— *n.* **1** [특히 사형의] 집행 연기, 집행 연기 영장. **2** [고통·근심 따위의] 일시적 경감, 일시적 유예. **3** 패자 부활전.

rep-ri-mand [réprimænd/-màːnd] *n.* (특히 공식적인) 견책, 징계; 질책, 비난. — *vt.* …을 견책하다, 징계하다. ⇨ REPROACH 類語 ¶ (~+目+前+名) The captain *reprimanded* the sentry *for* deserting his post. 대장은 보초가 정위치를 이탈한 것을 질책했다.

*re-print [rìːprínt] *vt.* …을 재판(再版)하다, 중판(重版)하다, 증쇄(增刷)하다, 번각(飜刻)하다.
— [ríːprint] *n.* **1** 재판, 중쇄, 번각; 재판물, 증쇄물, 번각본. **2** [논문 따위의] 발췌 인쇄 (offprint); [우표 수집] 통용되지 않는 우표의 재판.

re-pris-al [ripráiz(ə)l] *n.* ⓤⓒ **1** 보복, 앙갚음; (전시의 적국에 대한) 보복 행위. ⇨ REVENGE 類語 ¶ by way of *reprisal for* …에 대한 보복으로서 // make *reprisal*(s) on …에게 보복하다. **2** (타국에 대한 보복 수단으로서의) 무력 행사, 실력 행사. **3** 보복적 탈취.

re-prise [ripráiz ~ *n.*2] *n.* **1** (보통 ~s) [법률] 토지의 연간 필요 경비. **2** [+英 rəprìːz] (음악) 러프리즈, 반복[부], 반복 제1주제의 재현. **3** 재개. — *vt.* (-prised, -pris-ing) …을 되풀이하다, 반복하다.

re-priv-at-i-za-tion [riːpràivətizéiʃ(ə)n / -taiz-] *n.* ⓤⓒ [국영 기업의] 재민영화(再民營化). [proof.

re-pro [ríːprou] *n.* (*pl.* -pros) (구어) =reproduction

‡**re-proach** [ripróutʃ] *vt.* …을 꾸짖다, 비난하다 (…for), 나무라다 (…with). ¶ (~+目+前+名) He *reproached* his son *with* carelessness. 그는 아들이 조심성이 없다고 나무랐다 / They *reproached* him *for* cowardice. 그들은 그가 비겁하다고 비난했다.

類語 **reproach** 잘못 따위를, 크게 꾸짖어 창피를 주다. **rebuke** 몹시 엄하게 질책하다. **reprimand** 권위를 가진 자가 하급자를 정식으로 (때로 공표하여) 질책하다. **reprove** 결점 따위를 고치도록 하기 위하여 다정하게 조용히 타이르다. **scold** (때로 잘못도 없는데) 불쾌함이나, 노여움 때문에 큰소리로 야단치다. **chide** 조용히 타이르다. **upbraid** 확실한 근거가 있어 scold 하다. **rate**, **berate** 장황하게 심한 말로 scold 하다.

2 …의 체면을 손상시키다. ¶ This crime will *reproach* him. 이 범죄는 그의 수치가 될 것이다.
— *n.* **1** ⓤⓒ 비난, 질책. ¶ beyond (or without) *reproach* 나무랄 데 없는, 흠잡을 데 없이; 나무랄 데 없이, 훌륭히 / meet with *reproach* 잔소리를 듣다 / heap (or cast) *reproaches* on (or upon) …을 호되게 꾸짖다 (비난하다). **2** 치욕거리, 비난의 대상; ⓤ 불명예, 치욕. ¶ This will bring *reproach* upon (or on) our family. 이것은 우리 집안의 치욕이 될 것이다.
◇ repróachful, repróachless *adj.*

re-proach-a-ble [ripróutʃəbl] *adj.* 나무라야 할.

re-proach-er [ripróutʃər] *n.* 질책하는 사람.

re-proach-ful [ripróutʃfəl] *adj.* **1** 비난에 찬, 비난하는 듯한, 책망하는 듯한, 질책하는 듯한. ¶ a *reproachful* look 비난의 눈초리. **2** (폐어) 비난할 만한, 수치스러운. **~ly** [-fəli] *adv.* **~ness** *n.*
◇ repróach *v.*

re-proach-ing-ly [ripróutʃiŋli] *adv.* 나무라듯이, 비난 조로 (reproachingly).

re-proach-less [ripróutʃlis] *adj.* 더할 나위 없는, 나무랄 데 없는.

rep-ro-bate [réprəbèit] *n.* 타락자, 무뢰한 (scoundrel), (the ~) 신에게 버림받은 사람. — *adj.* 타락한; 신에게 버림받은. — *vt.* (-bat·ed, -bat·ing) **1** …을 책망하다, 질책하다, 비난하다; …을 거절하다. **2** [신이] [사람을] 저버리다.

rep·ro·ba·tion [rèprəbéiʃ(ə)n] *n.* U **1** 비난, 질책; 거절. **2** [신학] 영벌(永罰) [신의 버림을 받아 구원이 안 됨].

re·proc·ess [riːprɑ́ses / -próus-] *vt.* …을 재가공하다.

re·próc·ess·ing plànt [riːprɑ́sesiŋ- / -próus-] *n.* [원자력] [핵 연료] 재처리 공장.

*re·pro·duce [rìːprəd(j)úːs / -djúːs] *v.* (-duced, -duc·ing) *vt.* **1** …을 복제하다; …을 복사하다, 모사하다; [인물·풍경을] 그리다(portray); …을 모조하다(imitate). ¶ (~+图+前+名) *reproduce* a picture *from* an old print 낡은 판화에서 그림을 복제하다 / *reproduce* a movement on film 동작을 필름에 재현하다. **2** [기관(器官) 따위]를 재생하다. ¶ *reproduce* a torn tail [도마뱀 따위가] 없어진 꼬리를 재생하다. **3** (생물) …을 생식(번식, 증식)시키다 / *reproduce* roses 장미를 번식시키다 / *reproduce* oneself 자식을 낳다, 번식하다. **4** …을 재생(재현)하다; …을 생각해 내다; [극 따위]를 재연하다; [책]을 재판하다. ¶ *reproduce* the glories of Rome 로마의 영화를 재현하다 / *reproduce* an experience 경험을 상기하다. **5** [마르크스 경제학] …을 재생산하다. — *vi.* **1** 생식(번식)하다. **2** 복제(재생, 모사)가 되다. ¶ This print *reproduces* well. 이 판화는 복제가 잘 된다.
◇ reprodúction *n.*, reprodúctive *adj.*

re·pro·duc·er [rìːprəd(j)úːsər / -djúːs-] *n.* 재생(재현)하는 사람, 복제(복사)하는 사람, 재연자.

re·pro·duc·i·ble [rìːprəd(j)úːsəbl / -djúːs-] *adj.* 재생(재현)할 수 있는, 복사(복제)할 수 있는, 모사(모조)할 수 있는.

*re·pro·duc·tion [rìːprədʌ́kʃ(ə)n] *n.* **1** C U 복제[품], 모조[품]; 사본, 모사, 재판[품]. ⇨ FACSIMILE [類語] **2** (생물) 번식, 생식(작용). ¶ *reproduction* by division 분열 생식 / sexual (asexual) *reproduction* 유(무)성 생식. **3** U 재생, 재현, 재건, 복원; 재연; 재간행. ¶ the *reproduction* of the Parthenon 파르테논의 복원(재건). **4** U [마르크스 경제학] 재생산.
◇ reprodúce *v.*, reprodúctive *adj.*

rèprodúction pròof *n.* [인쇄] 전사(轉寫).

re·pro·duc·tive [rìːprədʌ́ktiv] *adj.* **1** 재생의, 재현의. **2** 생식의, 번식의, 복제의. ¶ a *reproductive* organ (process) 생식 기관(작용). ~·ly *adv.* ~·ness *n.*

reprodúctive héalth *n.* 리프러덕티브 헬스[인간의 성(性)과 생식에 관해서는 제한·위협 따위가 없이 건전하게 유지되어야 한다는 개념; 종래의 섹스 또는 생식이라는 말 대신 사용되고 있다].

re·pro·gram [rìːpróuɡræm] *vt.* [컴퓨터] 프로그램을 재(再)작성하다.

re·pro·graph·y [rìːpróuɡrəfi] *n.* U 복사 기술.

*re·proof [riprúːf] *n.* (*pl.* -proofs) U 책망, 비난, 질책, 꾸지람. ¶ [to] 비난(질책)의 말, 잔소리. ¶ give a glance of *reproof* 책망하는 눈초리로 보다 / administer a sharp *reproof* to …을 매섭게 비난하다.
in *reproof* of …을 비난하여, 책하여.
◇ repróve *v.*

re-proof [rìːprúːf] *vt.* [외투 따위의] 다시 방수(防水)하다.

répro pròof *n.* [인쇄] = reproduction proof.

re·prov·a·ble [riprúːvəbl] *adj.* 비난·질책할 만한, 괘씸한.

re·prov·al [riprúːv(ə)l] *n.* = reproof.

*re·prove [riprúːv] *v.* (-proved, -prov·ing) *vt.* …을 야단치다, …에게 잔소리를 하다; …을 비난하다, 책하다. ⇨ REPROACH [類語] ¶ *reprove* a person's conduct 사람의 행위를 비난하다 // (~+图+前+名) The mother *reproved* her child *for* disobedience. 말을 안 듣는다고 어머니가 자식을 야단쳤다. — *vi.* 잔소리를 하다, 책망하다, 타이르다. ◇ repróof *n.*

re·prove [riprúːv] *vt.* (-proved, -proved *or* -prov·en, -prov·ing) …을 다시 증명하다.

re·prov·ing·ly [riprúːviŋli] *adv.* 꾸짖듯이, 책망(질책)하듯이, 비난하듯이.

re·pro·vi·sion [rìːprəvíʒ(ə)n] *vt.* …에 식량을 재공급(보급)하다.

reps [reps] *n.* = rep¹.

rept. (略) [상업] receipt; report.

rep·tant [réptənt] *adj.* [동·식물] 기어 다니는(repent, creeping).

*rep·tile [répt(i)l, -tail / réptail] *n.* **1** 파충류의 동물; 기어 다니는 동물. **2** 아주 천한 사람, 비열한 사람. — *adj.* **1** 기어 다니는, 파행성(爬行性)의. **2** 천한, 비열한(mean), ◇ reptílian *adj.*

Rep·til·i·a [reptíliə] *n. pl.* 파충류.

rep·til·i·an [reptíliən] *adj.* **1** 파충류의; 기어 다니는, 파행성의. **2** 비열한. — *n.* 파충류의 동물(reptile).

Repub. (略) Republic, Republican.

‡re·pub·lic [ripʌ́blik] *n.* **1** 공화국, 공화정체 (略 R., Rep., Repub.), ¶ the Federal *Republic* of Germany 독일 연방 공화국. **2** [공동의 목적·이익을 갖는] …단체, …사회, …계(界). ¶ the *republic* of letters 문단. **3** (R-) (고어) 국가(state).
◇ repúblican *adj.*

*re·pub·li·can [ripʌ́blikən] *adj.* **1** 공화국의, 공화정체의; 공화제의. **2** 공화주의의. ¶ a *republican* form (or system) of government 공화 정체 / hold *republican* opinions 공화주의를 신봉하다. **2** (R-) (美) 공화당의. ¶ the *Republican* Government 공화당 정부. **3** [동물이] 군서(群棲)하는. — *n.* **1** 공화 정체(공화제) 지지자, 공화주의자. **2** (R-) (美) 공화당원.
◇ repúblic *n.*, repúblicanize *v.*

re·pub·li·can·ism [ripʌ́blikənìz(ə)m] *n.* U **1** 공화 정치, 공화제, 공화주의. **2** (R-) (美) 공화당의 주의(정책).

re·pub·li·can·ize [ripʌ́blikənàiz] *vt.* (-ized, -iz·ing) …을 공화국으로(공화 정체로) 하다; …을 공화주의로 향화시키다.

Repúblican párty *n.* (the ~) (美) 공화당. *cf.* Democratic party

re·pub·li·ca·tion [rìːpʌblikéiʃ(ə)n] *n.* 재공포, 재공표; 재간행, 재발행; 재발행물.

re·pub·lish [rìːpʌ́bliʃ] *vt.* …을 재공포하다; [책]을 재발행하다, 재출판하다, 번각(飜刻)하다.

re·pu·di·ate [ripjúːdièit] *vt.* (-at·ed, -at·ing) **1** …을 거부하다, 거절하다; …을 부인하다. ¶ *repudiate* a charge as untrue 비난을 사실이 아니라고 부정하다. **2** [정부·빚 따위가] [공채 따위의] 지불을 거절하다. **3** …와 인연을 끊다, 의절하다.

re·pu·di·a·tion [ripjùːdiéiʃ(ə)n] *n.* U 거부, 거절(refusal); 부인; 지불 거절; 의절, 절연.

re·pu·di·a·tor [ripjúːdièitər] *n.* 거절자, 부인자; 지불 거절자; 의절자, (美) 공채 지불 거절자.

re·pugn [ripjúːn] *vt.* …에 반대하다. — *vi.* (고어) 반항하다.

re·pug·nance [ripʌ́ɡnəns] *n.* **1** U 싫음, (강한) 혐오, 증오, 반감(*to, against*…). ⇨ AVERSION [類語] ¶ *repugnance* to (or *against*) snakes 뱀에 대한 혐오 / have no *repugnance* to injuring insects 예사로 곤충을 해치다 / *repugnance* to accept instructions 지시를 받는 데 대한 반감. **2** U C 모순, 양립하지 않음(inconsistency) (*of, between, to, with…*). ¶ the *repugnance* of actions to (or *with*) one's words 언행의 모순 / the *repugnance* between the title and the purport of a speech 연설 제목과 내용의 모순.

re·pug·nant [ripʌ́ɡnənt] *adj.* **1** 싫은, 불쾌한, 비위에 거슬리는 (*to…*). ¶ All food is *repugnant* to me just now. 지금은 어떤 음식도 먹을 수 없다. **2** 모순된, 양립할 수 없는, 일치하지 않는(*to, with…*). ¶ actions *repugnant to* one's words 말과 모순되는 행동. **3** 반대하는, 반항하는 (*to…*). ~·ly *adv.*

*re·pulse [ripʌ́ls] *vt.* (-pulsed, -puls·ing) **1** [적]을 격

repulsion 1838 **requisite**

퇴하다(repel), 반격하다; …을 반박(논박)하다. **2** [제의·제의자]를 퇴짜놓다, 거부하다, 거절하다(reject). ¶ *repulse* a suitor 구혼자를 퇴짜놓다.
— *n*. ⓤⓒ **1** 반박, 논박. **2** 퇴짜, 거부, 거절.
◇ repúlsion *n*., repúlsive *adj*.

re·pul·sion [ripʌ́lʃ(ə)n] *n*. ⓤ **1** 격퇴, 반격, 반박; 거절. **2** 패퇴, 패배. **3** ⓤⓒ 반감, 증오(*for*…), ¶ feel [a] *repulsion for* a person 남에게 반감을 갖다. **4** [물리][대전체 따위의] 반발 작용, 반발력, 척력(斥力).

re·pul·sive [ripʌ́lsiv] *adj*. **1** 혐오감을 일으키게 하는, 불쾌한(disgusting). ¶ a *repulsive* smell 역겨운 냄새 / Snakes are *repulsive* to me. 나는 뱀이 아주 싫다. **2** 거부적인, 붙임성 없는; 쌀쌀한, 냉담한(cold). **3** [물리] 반발하는. ¶ *repulsive* force 척력.
~ly *adv*. ~ness *n*.

repúlsive màglev *n*. [철도] 반발식 자기 부상(磁氣浮上).

re·pur·chase [riːpə́ːrtʃəs] *vt*. (-chased, -chas·ing) …을 다시 사다; …을 되사다(buy back). — *n*. 다시 사기; 되사기.

rep·u·ta·ble [répjutəbl] *adj*. **1** 평판이 좋은; 훌륭한, 존경할 만한(respectable). ¶ a *reputable* calling 부끄럽지 않은 직업 / lead a *reputable* life 훌륭한 생활을 하다. **2** [언어] 어법에 맞는, 바른. ¶ *reputable* speech 올바른 말씨. ~ness *n*. -bly *adv*.

‡**rep·u·ta·tion** [rèpjutéiʃ(ə)n] *n*. ⓤⓒ **1** 평판, 세평(repute). ¶ a man of good *reputation* 평판이 좋은 사람 / suffer from a bad (or a poor) *reputation* 악평을 받다 // He has (or enjoys) a *reputation for* an able man. 그는 수완가라는 평이 있다 / The book has the *reputation of* being the best seller. 그 책은 베스트셀러라는 평판이다. **2** 호평; 명성(fame). ¶ lose one's *reputation* 명성을 잃다, 평판이 나빠지다 / live up to one's *reputation* 명성에 부끄럽지 않은 생활을 하다.
◇ repúte *v*.

*****re·pute** [ripjúːt] *n*. ⓤ **1** 세평, 평판, 소문. ¶ a man of good *repute* 평판이 좋은 사람 / through good and ill *repute* 세평에 개의치 않고 / be in high (or good) *repute* 평판이 좋다; 신용이 있다 / I know him by *repute*. 나는 그를 소문으로 알고 있다. **2** 호평; 명성; 신망. ¶ a scientist of *repute* 저명한 과학자 / a book of no little *repute* 적지 않게 평이 좋은 책. — *vt*. (-put·ed, -put·ing) 《보통 수동형으로》 [세상이] [남]을 …이라 평하다, 간주하다, 생각하다. ¶ (~+閇+閇) be well (ill) *reputed* 평판이 좋다(나쁘다) // (~+閇+ [to be] 閇) He is *reputed* [to be] a perfect fool. 그는 철저한 바보라고 평이 나있다 // (~+閇+[as] 閇) They *repute* her [as] an honest girl. 그들은 그녀를 정직한 소녀라고 생각하고 있다.
◇ reputátion *n*., réputable *adj*.

re·put·ed [ripjúːtid] *adj*. **1** 평판이 좋은(reputable); 유명한(famous). **2** …이라는 평판의, …이라고 간주되고 있는, …이라고 일컬어지고 있는. ¶ his *reputed* generosity 유명한 그의 관용 / the *reputed* author of the book 그 책의 저자로 생각되고 있는 사람. ~ly *adv*.

‡**re·quest** [rikwést] *n*. ⓤⓒ **1** 요구[물], 요망[사항], 요청[사항]; 희망[사항], 소망[사], 의뢰[물], 간청. ¶ at a person's *request*; at a request of a person 남의 요망(의뢰)에 따라 / by *request* 요구(의뢰)에 응해서 / yield to a person's *request* 남의 요구에 응하다 / obtain one's *request* 요구되는 것을 얻다 // make many *requests for* assistance 몇 번이나 원조를 요청하다. **2** 수요(demand). ¶ come into *request* 필요하게 되다 / She is in great *request* as a singer. 그녀는 가수로서 여기저기 오라는 데가 많다 // There is a great *request for* his books. 그의 책은 수요가 많다.
on request 요청(신청)이 있는 대로.
— *vt*. **1** …을 요청하다, 구하다, 원하다, 간청하다. ¶ *request* a permission to go out 외출을 구하다 / Your presence is *requested* immediately. 즉시 출석을

바랍니다. **2** [남]에게 …하도록 원하다, 의뢰하다, 구하다. ⇨ BEG 類語 ¶ **as requested** 요청받은 대로 // (~+閇+*to* do) Gentlemen are *requested* not *to* smoke in this room. 이 방에서는 담배를 삼가 주십시오 / We must *request* you *to* hold your tongue. 조용히 해주시기를 바랍니다 // (~+*that* 節)(~+閇+*that* 節) He *requested* [us] *that* we [should] pay attention to the fact. 그는 우리에게 그 사실에 유의하도록 요청했다 (※《美》에서는 종종 should를 생략한다).

re·quest·er [rikwéstər] *n*. 청구자, 의뢰자.

requést stòp *n*. 《英》[승·하차객이 있을 때만 서는] 임시 버스 정류장.

re·quick·en [riːkwík(ə)n] *vt*., *vi*. 소생시키다(하다).

Req·ui·em, req- [rékwiəm / -em] *n*. **1** [가톨릭] 레퀴엠, 죽은 이를 위한 미사[곡](Requiem Mass). **2** [일반적으로] 진혼곡, 애가, 만가(挽歌)(dirge).

réquiem shàrk *n*. 강남상어과(科)의 상어[열대산(産) 상어의 총칭].

req·ui·es·cat [rèkwiéskæt] *n*. 죽은 사람의 안식을 위한 기도.
re·qui·es·cat in pa·ce [rèkwiéskæt in péisi, -kɑːt in pɑ́ːtʃei] 《라틴》 (=may he (or she) rest in peace) 고이 잠드소서 〔종종 묘비에 쓴다; 略 R.I.P.〕.

‡**re·quire** [rikwáiər] *v*. (-quired, -quir·ing) *vt*. **1** …을 필요로 하다, …이 필요하다. ¶ A surgeon *requires* steady nerves. 외과 의사는 차분한 신경이 필요하다 / The matter *requires* haste. 그 일은 긴급을 요한다 / (~+*to* do)(~+ -*ing*) We *require* to know it. =We *require* knowing it. 우리는 그것을 알 필요가 있다 / (~+*that* 節) The emergency *requires that* it [should] be done. 위급한 때이므로 그것을 하지 않으면 안 된다. (※《美》에서는 should를 생략한다.) **2** 〔권위를 가지고〕 [남]에게 […할 것]을 요구하다, 명하다, 요청하다. ⇨ DEMAND 類語 ¶ (~+閇+*to* do) He *required* them *to* be present. 그는 그들에게 출석할 것을 명했다 / You are *required to* report to the headquarters at once. 즉시 본부에 출두하시오 / (~+閇+閇+閇) I'll do all that is *required of* me. 나에게 요구되는 일은 전부 하겠다 / They *require* some more money *from* us. 그들은 우리에게 돈을 더 요구하고 있다 // (~+*that* 節) He *required that* I [should] pay the money. 그는 나에게 돈을 지불하라고 말했다. **3** 착용 의무가 있다. ¶ We usually *require* a tie at this table. 이 테이블에서는 넥타이를 매야 합니다.
— *vi*. 필요하다(need), 요구하다, 명하다. ¶ if circumstances *require* 필요하다면 / We should do as the law *requires*. 우리는 법률이 요구하는 대로 해야 한다.
◇ requírement, requisítion, requést *n*., réquisite *adj*.

re·quired [rikwáiərd] *adj*. 《美대학》 필수(必須)의. ¶ *required* course 필수 과목 / *required* reading 필독 도서. *opp*. elective

‡**re·quire·ment** [rikwáiərmənt] *n*. **1** 요구되는 것; 필요한 것(necessity), 필요 조건; 자격. ¶ *requirements for* graduation 졸업에 필요한 조건 / the daily *requirements* of the sick 병자가 매일 필요로 하는 것. 類語 **requirement** 일정한 규정에 따라 남에게 요구되는 조건: college entrance *requirements* 대학 입학의 필요 조건. **requisite** 외부로부터 요구되는 것이 아니라, 그 자체 본질상 필요한 것: Love of knowledge is a *requisite for* a university student. 지식애는 대학생으로서 갖추어야 할 요건이다.
2 ⓤⓒ 요구[하기] (request).
◇ requíre *v*.

*****req·ui·site** [rékwizit] *adj*. 필요한, 필수의, 불가결한(essential) (*for*, *to*…). ⇨ NECESSARY 類語 ¶ the number of votes *requisite for* (or *to*) election 선거에 필요한 투표수. — *n*. 필요품, 필수품; 필수 조건, 요소, 요건 (*for*, *to*…). ⇨ REQUIREMENT 類語 ¶ a *requisite for* (or *to*) a teacher 교사로서 필수적인 자질. ~ness *n*.

req·ui·si·tion [rèkwizí(ə)n] *n.* **1** ⓤ [특히 정식 문서에 의한] 요구, 요청; [법률] [범인 따위의] 인도 요구; [전시의]징집, 징발; ⓒ 요구서; 소환서, 징집(징발)명령. ¶ on the *requisition* of ⋯의 요구로 / make *requisition* for ⋯을 청구하다. **2** ⓤ 필요, 소요, 수요 (*for* ⋯); 필요 조건, 자격 (*for* ⋯). ¶ be in *requisition* 필요하게 되어 있다.
call (or *bring, place*) ⋯*into requisition; put* ⋯*in requisition; lay* ⋯*under requisition* ⋯을 징발하다, 징용하다.
— *vt.* ⋯을 요구하다; 징집하다, 징발하다 (⋯ *for*); ⋯에게 요구하다, ⋯에서 징집(징발)하다 (⋯ *for*). ¶ (~+몸+前+名) *requisition* supplies *for* troops 군용 물자를 징발하다 / *requisition* noble metals *from* a town; *requisition* a town *for* noble metals 읍내에서 귀금속을 징발하다.

re·quit·al [rikwáitl] *n.* ⓤ 보답, 보수; 보복, 앙갚음. ¶ in *requital* for (or of) ⋯의 앙갚음으로, ⋯의 보답으로.

re·quite [rikwáit] *vt.* (-quit·ed, -quit·ing) **1** 〔친절 따위에〕 보답하다, 〔남〕에게 은혜를 갚다. ¶ *requite* a person's kindness 남의 친절에 보답하다 // (~+몸+前+名) *requite* good *with* evil 은혜를 원수로 갚다 / *requite* a person *for* a benefit 남에게 은혜를 갚다. **2** 〔학대·불법 따위에〕 앙갚음하다; 〔원수〕에게 보복하다 (avenge). ¶ (~+몸+前+名) *requite* a traitor *with* death 배반자를 사형에 처하다. **3** ⋯을 메우다, ⋯을 보상하다 (recompense).

re·ra·di·a·tion [rìːrèidiéiʃ(ə)n] *n.* ⓤ 〔물리〕 〔전자의〕 재방사, 2차 전자 방사. ¶ 스 읽다.

re·read [rìːríːd] *vt.* (-read [-réd]) ⋯을 재독하다, 다시 읽다.

re·re·cord [rìːrikɔ́ːrd] *vt.* ⋯을 재녹음하다.

rere·dos [ríərdɔs, -dɔs] *n.* 〔주로 英〕 〔교회의〕 제단 뒤의 장식적인 병풍(벽, 스크린).

re·re·fine [rìːrifáin] *vt.* 〔사용한 모터 오일을 윤활유로 만들〕 재생 〔재정제〕 하다.

re·re·lease [rìːrilíːs] *n.* 재공개, 재발매. — *vt.* 〔영화·레코드 등〕을 재공개(발매)하다.

re·route [rìːrúːt, +군사 -ráut] *vt.* (-rout·ed, -rout·ing) ⋯을 새로운(다른) 길로 수송하다; ⋯의 길을 변경하다.

re·run *vt.* [rìːrʌ́n →*n.*] (-ran, -run, -run·ning) **1** ⋯을 재상영하다. **2** 〔컴퓨터〕 ⋯을 재계산하다 — *n.* [ríːrʌ̀n] **1** 재상영. **2** 〔컴퓨터〕 재계산, 다시 하기; 사건; 재산. [<L]

res [riːz] *n.* (*pl.* **res**) 〔법률〕 물건, 사물, 사실; 사건; 재산. [<L]

res. 《略》 research; reserve; residence; resigned; resistance; resistor; resolution. ¶ 고쳐 놓다.

re·sad·dle [rìːsǽdl] *vt.* (-dled, -dling) ⋯에 안장을 다시 얹다.

re·sail [rìːséil] *vi.* (-sailed) 다시 항해(범주)하다, 귀항하다 (sail back). — *vt.* ⋯을 다시 범주하다, 다시 항해하다.

re·sale [ríːsèil, - -́] *n.* ⓤⓒ 재판매, 전매.

re·scind [risínd] *vt.* 〔법률 따위〕를 폐지하다, 폐기하다 (annul), 폐기하다; 〔계약 따위〕를 취소하다(cancel), 철회하다.

re·scis·sion [risíʒ(ə)n] *n.* ⓤ 무효로 하기; 폐지, 폐기; 취소; 계약 해제.

re·scis·so·ry [risísəri, -síːz-] *adj.* 무효로 하는, 폐지하는, 취소하는, 철회의, 취소의(revoking), 해제의.

re·script [ríːskript] *n.* **1** 〔로마 황제의〕 회칙(回勅), 교황 답서. **2** 조칙(詔勅), 칙서, 칙령. **3** 고쳐 쓰기, 고쳐 쓴 것; 사본(copy).

‡**res·cue** [réskjuː] *vt.* (-cued, -cu·ing) **1** 〔남〕을 구하다, 구조하다, 구제하다; 〔남〕을 해방하다 (save 類語). ¶ *rescue* slaves 노예를 해방하다 // (~+몸+前+名) *rescue* a drowning child; *rescue* a child *from* drowning 물에 빠진 아이를 구조하다. **2** 〔압류 물건〕을 불법으로 탈환하다, 〔죄수〕를 탈주시키다; 〔재산 따위〕를 탈환하다. — *n.* **1** ⓤⓒ 구조, 구출, 구제;《형용사적 용법》구조(구제)를 위한. ¶ a *rescue* party 구조대 / *rescue* work 〔부녀〕구제 사업 / go to the *rescue* of ⋯을 구조하러 가다. **2** ⓤ〔법률〕 불법 석방, 불법 탈환(forceful recapture).

réscue báll *n.* 개인용 우주 탈출 구형(球形) 장치〔우주선이 고장 났을 때 다른 우주선으로 옮기는 데 사용〕.

réscue bóat *n.* 해난(海難) 구조선.

res·cu·er [réskjuː(ː)ər] *n.* 구조자, 구출자; 구제자.

re·seal [rìːsíːl] *vt.* ⋯을 다시 봉하다, ⋯을 고쳐 봉하다.

‡**re·search** [risə́ːrt, +美 ríːsəːrt] *n.* ⓤⓒ 《종종 ~es》 〔학술적〕 연구, 탐구, 조사(*into* ⋯). ⇒ EXAMINATION 類語 ¶ *researches into* the history of languages 언어사의 연구 / make academic *researches* 학문적 연구를 하다 / be engaged in *research* 연구에 종사하다. **2** 〔신중한〕 수색, 탐구, 조사(*for, after* ⋯). ¶ *researches after* the cause of a fire 화재의 원인 조사. **3** ⓤ 연구 능력. ¶ a scholar of great literary *research* 문학 연구에 대하여 대단히 유능한 학자. — *vi.* 〔⋯을〕 연구하다. ¶ (~+前+名) *research into* a problem 문제를 조사하다. — *vt.* ⋯을 연구하다, 조사하다.

re·search [risə́ːrt] *vt., vi.* 〔⋯을〕 재조사하다.

*re·search·er [risə́ːrtər, +美 ríːsəːrtʃ-] *n.* 연구자, 조사자.

re·search·ful [risə́ːrtʃfəl, +美 ríːsəːrtʃ-] *adj.* 학구적인(scholarly).

re·search·ist [risə́ːrtʃist] *n.* 연구자, 조사자.

reséarch líbrary *n.* 학술 도서관.

reséarch proféssor *n.* 연구 교수〔대학 따위에서 자유롭게 자기의 연구에 몰두할 수 있는 교수〕.

reséarch reáctor *n.* 연구(실험)용 원자로.

reséarch submérsible *n.* 〔海事〕〔심해〕 잠수 조사선.

reséarch wórker *n.* = researcher.

re·seat [rìːsíːt] *vt.* **1** ⋯에 새 좌석을 마련하다. ¶ *reseat* a hall 홀에 새 좌석을 설비하다. **2** ⋯을 다시 앉히다; ⋯을 복직시키다. **3** 〔의자〕의 시트를 갈다.

re·seau [re(i)zóu] *n.* (*pl.* -**seaux** [-zóu, -zóuz] or -**seaus**) **1** 그물코, 그물 모양의 조직. **2** 그물 모양의 레이스 천. **3** 〔천문〕 〔천체 사진 촬영시, 유리판에 눈금을 새긴〕 방안(方眼). [<F]

re·sect [risékt] *vt.* 〔외과〕 〔조직의 일부〕를 절제하다.

re·sec·tion [risékʃ(ə)n] *n.* ⓤⓒ 절제(술).

re·se·da [risíːdə / résidə] *n.* **1** 목서초(木犀草) 〔목서초과의 1년생 초목〕. **2** 회록색.

re·seg·re·ga·tion [rìːsegrigéiʃ(ə)n] *n.* 〔사회〕 〔학교 등에서의〕 인종 차별의 부활, 흑백인의 재분리.

re·seize [rìːsíːz] *vt.* (-seized, -seiz·ing) ⋯을 다시 잡다, ⋯을 도로 빼앗다.

re·sei·zure [rìːsíːʒər] *n.* ⓤⓒ 재점유, 탈환.

re·sell [rìːsél] *vt.* (-sold, -sell·ing) ⋯을 다시 팔다, 전매하다.

*re·sem·blance [rizémblənsɪ] *n.* **1** ⓤⓒ 유사, 상사, 닮음 (similarity). ⓒ 유사점, 상사점(*to, between, of* ⋯). ⇒ LIKENESS 類語 ¶ bear (or have) some (great) *resemblance to* ⋯을 약간(많이) 닮았다 / There is a close *resemblance between* the two. 양자는 많이 닮았다. **2** 유사물; 닮은 얼굴, 초상, 상(likeness). **3** 《고어》 외형, 외형. ⓒ resemble v. ¶ (*to* ⋯).

re·sem·blant [rizémblənt] *adj.* 《드물게》 유사한 (⋯ *to*). ◇ resémblance *n.*

‡**re·sem·ble** [rizémbl] *vt.* (-bled, -bling) **1** ⋯을 닮다; ⋯와 유사하다. **2** 《고어》 ⋯을 〔⋯에〕 비유하다 (⋯ *to*). ◇ resémblance *n.*

re·send [rìːsénd] *vt.* (-sent, -send·ing) **1** ⋯을 다시 보내다. **2** ⋯을 반송하다(send back).

*re·sent [rizént] *vt.* 〔남의 언행 따위〕를 불쾌하게 여기다, 분개하다, 노하다, 원망하다. ¶ I *resent* constant interruptions when I am working. 일하고 있을 때 줄곧 방해하는 것은 불쾌하다 // (~+*ing*) I *resent* his *being*

resentful too arrogant. 그가 너무 오만한 것이 불쾌하다.
◇ reséntment n., reséntful adj.

re·sent·ful [rizéntfəl] adj. 화난, 분개한, 노한, 원망하는; 성 잘내는. ~·ly [-fəli] adv. ~·ness n.

*re·sent·ment [rizéntmənt] n. ⓤ 원한, 적의; 불쾌.
◇ resént v.

re·ser·pine [risə́:rpin] n. ⓤ《약》레세르핀〔혈압 강하제〕.

*res·er·va·tion [rèzərvéiʃ(ə)n] n. **1**〔권리 따위의〕보류, 유보; ⓒ 유보된 권리(권력, 이익); ⓤⓒ〔법률〕〔재산권 따위의〕유보, 유보권. **2** 조건, 제한; ⓤ 속셈, 은폐, 감춤, 삼가기. ¶ without reservation 숨김없이 / with certain reservations 어떤 조건부로. **3** 《美》 〔인디언 따위를 위한 정부의〕지정 보류지; 〔학교·삼림용 따위의〕공공 보류지. ¶ a military (an Indian) reservation 군용(인디언) 보류지. **4** 금렵지(禁獵地). 〔새·포유 동물 따위의〕사육지. **5**〔종종 ~s〕예약(booking), 지정, 대절; 예약석; 예약석(실). ¶ obtain (or secure) sleeper reservations 침대 예약을 해두다. **6** ⓤ〔교회〕〔병자 등을 위하여〕성체를 보존해두기; b) ¶ 유보됨; 〔교회에 유보된〕성직 임명권;〔그 밖의〕보류권.
◇ resérve v.

*re·serve [rizə́:rv] vt. (-served, -serving) **1**〔장래나 어떤 목적을 위해서〕…을 떼어 두다, 비축하다 (save), 남겨 두다. ⇨ KEEP 類語 ¶ (~+图+前+图) reserve money for a rainy day 만약의 경우에 대비하여 돈을 따로 모아두다.
2〔특정한 따위를 위하여〕…을 마련해 두다, 따로 두다, 준비해 두다; …을 예정해 두다;〔군사〕…을 확보해 두다; …을 운명지어 두다〔…for, to〕. ¶〔~+图+前+图〕 A great future is reserved for him. 그에게는 양양한 앞길이 약속되어 있다.
3〔사전에〕…을 예약하다. ¶ This table is reserved. 이 좌석은 예약된 것입니다 / All Seats Reserved. 《게시문》지정석, 전체 지정석.   유하다.
4〔법률〕〔권리·이익 따위〕를 유보하다, 보류하다.
5 …을 연기하다, 넘기다; 지금은 …을 유보해 두다, 삼가해 두다. ¶ reserve criticism 지금은 비평을 삼가다.
6〔교회〕〔병자·불참례자를 위하여〕〔성체(聖體)의 빵〕을 남겨 두다;〔교황·주교가〕〔특수한 죄의 사면권〕을 유보하다, 보류하다;〔교황이〕〔성직 임명권〕을 유보(保留)하다.

— n. **1**〔후일을 위한〕비축(store), 보관품, 예비품; ⓤ 비축되어 있음, 축적, 적립; 예비, 예비금, 보존. ¶ have (keep) a good reserve of food for emergencies 만일의 경우에 대비하여 식량을 충분히 비축하고 있다(해 두다).
2〔상업〕〔은행 따위의〕준비금, 예비금, 적립금. ¶ a legal reserve 법정 적립금 / a reserve for dead loans (or bad debts) 대손금(貸損金)에 대한 준비금.
3 ⓤ 삼가기, 겸손; 사양, 수줍음; 침묵; 자제(selfrestraint). ¶ maintain reserve on political problems 정치적인 문제에 관해서는 쓸데없는 말을 삼가다 / break down (or throw off) [all] reserve 흉금을 툭 털어놓다.
4 ⓤ 제한, 조건, 한정(restriction); 감안, 참작; ⓒ〔그 이하의 가격으로는 팔지 않는다는〕최저 가격.
5〔특수한 목적을 위한 정부의〕지정 지역, 보호지, 특별 보류지(reservation). ¶ forest reserves 보유림.
6〔경기〕예비 선수, 보결 선수; 보결 팀, 제2군;〔품평회 등에서〕입상자 실격의 경우 입상자가 되는〕예비 입상자.
7〔군사〕〔종종 ~s〕예비 부대, 예비군; 증원 부대; 예비 함대, 증원 함대. ¶ a soldier in [the] reserve[s] 예비역 군인.
8〔형용사적 용법〕**a)** 따로 남겨 둔, 예비의. ¶ a reserve fund 준비금, 적립금. **b)** 제한이 있는; 최저 가격이 명시되어 있는.
in reserve 따로 남겨둔 (예비로 둔), 예비의.
place (or *carry*)...*to reserve* …을 예비금에 넣다.
with all reserve 진위(眞僞)에 대한 보증은 일체 하지 않고.
with reserve 조건부로; 삼가하여; 참작하여. ¶ His words must be taken *with* a certain *reserve*. 그 사람이 하는 말은 다소 감안해서 들어두지 않으면 안된다.
without reserve ① 솔직히, 거짓없이; 거리낌없이 (frankly). ¶ Everybody expressed their opinions *without reserve*. 모두 솔직하게 의견을 발표했다. ② 무조건으로, 무제한으로. ¶ an auction *without reserve* 최저 가격을 붙이지 않고 행하는 경매.
◇ resérvation n.

re·serve [rizə́:rv] vt. (-served, -serving) …에 다시 근무하다.

resérve bànk n. 《美》준비 은행〔연방 준비 은행제 (Federal Reserve System)에 의해 나누어진 전국 12개 지역에 각각 설치되어 있다. 별명 Federal Reserve Bank〕.

resérve cíty n. 《美》준비금 도시〔국립 은행 조례(條例)에 의하여 정해진 전국 47개 금융 중심 도시의 하나. 그 곳에 있는 국립 은행은 일정률의 준비금을 보유해야 하는 규정이 있다〕.

resérve clàuse n.〔스포츠〕유보 조항〔프로 선수는 계약 해제나 트레이드에 의해서만 이적이 가능함을 규정한 조항〕.

*re·served [rizə́:rvd] adj. **1** 따로 떼어 둔, 보존하여 둔, 보류된. **2** 예약한, 대절된, 지정된. ¶ reserved seats 예약석. **3** 제한된, **4** 삼가하는, 서름서름한, 말 없는, 내성적인. ¶ be reserved in speech 말을 조심성 있게 하다. **5**〔군사〕예비의. **6**〔특히 다른 색으로 표면을 부분적으로 칠할 때〕소지(素地)를 남겨놓은.
-serv·ed·ness [-vid-] n.

resérved ármy n. 예비군.

resérved bóok n.〔도서관의〕대출(열람) 예약 도서; 필수 과목용 참고서.

resérved líst n.《英》해군 예비역 장교 명부.

re·serv·ed·ly [rizə́:rvidli] adv. 삼가서, 조심스럽게.

resérved wórd n.〔컴퓨터〕예약어(語)〔프로그래밍 언어중에서 의미가 특정되어 있어서, 사용자가 그 의미를 변경할 수 없는 단어〕.

resérve òfficer n. 예비역 장교.

resérve príce n. 경매의 한정(최저) 가격.

resérve rátion n. 예비 식량〔비상용 농축 식품〕.

re·serv·ist [rizə́:rvist] n. 예비병, 재향 군인.

*res·er·voir [rézərvwɑ̀:r, -vwɔ̀:r] n. **1** 저수지, 저수조; 저수조(槽); 가스 탱크; 유조(油槽);〔램프의〕기름통;〔만년필의〕잉크통. ¶ a depositing (or a settling) *reservoir* 침전지(沈澱池). **2**〔생물〕〔액체를 저장하는〕저장기, 저장소; 저장기. **3**〔비유적〕〔경험·지식의〕저장, 축적, 비축. ¶ a *reservoir* of knowledge 지식의 축적. — vt. …을 저장하다, 축적하다;〔물〕을 저수지에 저장하다.

re·set¹ [ri:sét] vt. [n.] (-set, -setting) **1** …을 다시 놓다(set again),〔활자〕를 다시 짜다,〔보석〕을 고쳐 끼우다. ¶ (~+图+前+图) *reset* a field *with* plants 밭에 식물을 다시 심다. **2**〔면도칼·톱 따위〕를 날을 고쳐 세우다, 다시 갈다. **3**〔부러진 뼈〕를 이어 맞추다, 정형하다. **4**〔컴퓨터〕…을 지우다, 고쳐놓다.
— [ríːsèt] n. **1** 다시 놓기(끼우기, 짜기), 고쳐 장치하기; 다시 놓은 (끼운, 짠) 것. **2** 이식할 식물. **3** 복원 장치. **4**〔인쇄〕〔편〕을 다시 세우기, 리셋.

re·set² [riːsét] vi., vt. (-set·ted or -set, -set·ting) 《스코》〔훔친 물건〕을 받다, 고매(故買)하다,〔죄인〕을 은닉하다. — n. ⓤ《스코》장물 수수(收受); 죄인 은닉.

re·set·tle [ri:sétl] v. (-tled, -tling) vt. **1**〔분쟁·사태 따위〕를 다시 안정(진정)시키다. **2** …을 다시 식민하다, 다시 정주시키다. ¶ He *resettled* himself *in* Korea. 그는 다시 한국에 정주하였다. — vi. 다시 안주(安住)하다.

re·set·tle·ment [ri:sétlmənt] n. ⓤ 재식민, 재정주.

re·shape [riːʃéip] v. (-shaped, -shap·ing) vt. …을 고쳐 만들다; …을 새로운 모양으로 만들다. — vi. 새 모습을 취하다.

re·sharp·en [riːʃɑ́ːrp(ə)n] vt. …을 다시 날카롭게 하다, 다시 버리다.

re·ship [riːʃíp] v. (-shipped, -ship·ping) vt. **1** …을 다시 배에 싣다; …을 딴 배에 갈아 싣다. **2** …을 다시 붙이다. — vi. (특히 선원으로서) 다시 승선하다.

re·ship·ment [riːʃípmənt] n. **1** ⓤⓒ 재선적, 갈아싣기, 다시 딴 배에 싣기. **2** 재승선.

re·shuf·fle [riːʃʌ́fl] vt. (-fled, -fling) **1** [카드의 패]를 다시 치다. **2** [사태 따위]를 전환시키다; [각료 등]을 바꾸다, [내각]을 개조하다. — n. 패를 다시 치기; 전환; 개조.

re·sid [rizíd] n. [화학] 원유를 정제하고 남은 중유 기름[증유·아스팔트]. [<residual oil of this type]

‡**re·side** [rizáid] vi. (-sid·ed, -sid·ing) **1** 살다, 거주하다(⇨ LIVE 類語); 주재하다, 재직하다다. ¶ (~+副+名) He resides here in Seoul. 그는 서울에 살고 있다. **2** [물건·성질 따위가] 갖추어져 있다, 존재하다(in). ¶ (~+副+名) The value resides solely in this point. 그 값어치는 전적으로 이 점에 있다. **3** [권리·지위 등] 귀속되다, 속하다. ¶ (~+副+名) The power of decision resides in the President. 결정권은 대통령에게 있다. ◇ résidence n., résident n.

‡**res·i·dence** [rézid(ə)ns] n. **1** 주택, 주거; [큰, 훌륭한] 저택, 집. ⇨ HOUSE 類語 ¶ an official residence 관저 / change one's residence 이사하다. **2** ⓤ 거주, 안주(安住), 거류; [공적 의무 따위에 의한] 주재. ¶ His residence in foreign countries matured him. 그는 해외 생활을 함으로써 원숙해졌다. **3** ⓤ 주재(주류, 거주) 기간. **4** ⓤ [권력 따위의] 소재.

have (or keep) one's residence 거주하다, 살다.
in residence 주재하여, 기숙하여.
take up one's residence [in] […에] 주거를 정하다.
◇ resíde v., résident, residéntial, residéntiary adj.

res·i·den·cy [rézid(ə)nsi] n. (pl. -cies) **1** =RESIDENCE. **2** [옛날 인도의 각 지방에 있던] 영국 총독 대리의 관저. **3** 옛 네덜란드령(領) 동인도의 행정 구획. **4** ⓤ [병원에서 전문의] 실습 기간, 레지던트의 신분.

‡**res·i·dent** [rézid(ə)nt] n. **1** 거주자, 정주자; 거류민. ¶ summer residents 피서객. **2** 변리(辨理) 공사; 외국 주재 사무관; [옛] 인도 주재 영국 총독 대리자; 옛 네덜란드령 동인도의 지사. **3** [병원에서 유급으로 일하는] 레지던트. **4** 전문학 실습생 [연구실 따위에서 연수하는 대학원의 학생 등]. **5** 유조(留鳥), 텃새. cf. migrant — adj. **1** 사는, 거주하는 (in, at...). ¶ be resident in (or at) …에 거주하다. **2** 거류하는, 들어와 사는, 주재하는. ¶ a resident tutor 들어가 가정 교사 / resident political agents 주재관. **3** 내재하는, 고유의 (in...). **4** energy resident in matter 물질에 내재하는 에너지. **4** [새·동물 등] 이주성이 아닌, 텃새의. cf. migratory
◇ résidence n., resíde v.

résident commissioner n. (美) [하원에서] 푸에르토리코 대표[발언권은 있으나 표결권은 없다]. **2** (英) [식민지 따위의] 판무관.

*‡**res·i·den·tial** [rèzidénʃ(ə)l] adj. **1** 주거의, 거주의, 주택에 관한. **2** 주택[용]의, 거주에 알맞은. **3** [학생을 위한] 숙박 설비가 있는. **4** 강의에 출석함을 필요로 하는.

residéntial hotél n. 거주용 호텔, 호텔 아파트.

res·i·den·ti·ary [rèzidénʃièri / -ʃəri] adj. 거주하는, 거류하는; [일정 기간] 관사에 거주해야 하는. — n. (pl. -aries) 거주자, 재류(在留)자(resident). [교회]

résident registrátion n. 주민등록. [주재 신부.

re·sid·u·al [rizídʒu(ə)l / -dju-] adj. **1** 남겨진, 나머지의, 잔류의. ¶ residual property 잔여 재산. **2** [수학] 잉여의, 나머지의. **3** [의학] [배출후 또는 기관(器官)에] 잔류하고 있는. — n. **1** 나머지, 잔여, 찌꺼기.

2 [수학] 잉여, 오차. **3** [지질] 잔구(殘丘). **4** [광고] 재방송료.

resídual próduct n. 부산물(by-product).

resídual secúrity n. [증권] 보통주(株); 보통주로 전환할 수 있는 증권.

re·sid·u·ar·y [rizídʒuèri / -dju(ə)ri] adj. **1** [법률] 잔여 재산의. ¶ a residuary legatee 잔여 재산 수증(受贈)자. **2** 나머지의(remaining), 잔여의; 잔재(殘滓)[성]의.

residuary estáte n. [법률] 잔여 재산.

res·i·due [rézid(j)ùː / -djùː] n. **1** 나머지, 찌꺼기, 잔여. ⇨ REMAINDER 類語 ¶ for the residue 기타에 관해서는, 잔여로는. **2** [화학] 잔재, 찌꺼기(residuum); [분자의] 잔기(殘基). **3** [법률] 잔여 재산. **4** [수학] 잉여. ◇ residual adj.

re·sid·u·um [rizídʒuəm / -dju-] n. (pl. **-ums** or **-sid·u·a**) **1** 나머지, 찌꺼기, 잔여. ⇨ REMAINDER 類語 **2** [화학] 잔재, 노폐물(waste product); 부산물. **3** [법률] 잔여 재산. **4** [수학] 잉여, 오차. **5** 최하층 사람.

‡**re·sign** [rizáin] vi. **1** [공식으로] 사직(사임)하다, 퇴직하다(retire) (from...). ¶ (~+as 補) He resigned as president. 그는 회장직에서 물러났다. **2** 포기하다, 양도하다;《드물게》굴하다, 따르다(yield), 단념하다. — vt. **1** 사직하다 [직·지위 따위]를 사임하다, 그만두다, 물러나다(give up). ¶ resign office 관직을 사임하다 **2** [권리 따위]를 포기하다, 단념하다 (renounce). **3** 《보통 재귀용법 또는 수동형으로》…에 몸을 맡기다, 따르다, 맡기다; …을 단념하여 하다; …에 빠지다. ¶ (~+目+副+名) I resigned myself to fate. 나는 운명에 몸을 맡겼다. **4** [신탁하여] …을 맡기다, 위탁하다(consign); …을 양도하다(hand over) (...to). ¶ (~+目+副+名) resign one's duties to more capable hands 보다 유능한 사람들에게 임무를 넘겨주다. ◇ resignátion n.

re-sign [riːsáin] vt. …에 다시 서명하다, 새로 서명하다.

*‡**res·ig·na·tion** [rèzignéiʃ(ə)n] n. **1** ⓤ 사직, 사임, 퇴직. **2** 사표, 사직원. ¶ send in one's resignation 사표를 제출하다. **3** ⓤ 인종(忍從) (patience); 감수, 체념, 포기, 단념 (to...). ¶ resignation to fate 운명의 감수(체념). ◇ resígn v.

re·signed [rizáind] adj. **1** 순종하는(submissive); 체념(단념)한, 묵묵히 순종하는. **2** 사직(퇴직)한. **-sign·ed·ly** [-záinidli] adv.

re·sile [rizáil] vi. (-siled, -sil·ing) **1** 되튀다(rebound), [원래의 자리로]되돌아가다, 탄력이 있다; 기운을 회복하다. **2** 위축하다, 움츠러들다 (from...). **3** 회복력이 있다, 잘 감응(感應)하다.

re·sil·ience [rizíljəns, -liəns], **-ien·cy** [-ənsi] n. ⓤ **1** 탄성, 탄력; 튀어 되돌아감. **2** 회복력, 복원력(復元力), 쾌활.

re·sil·ient [rizíljənt, -liənt] adj. **1** 되돌아가는, 되튀는. **2** 탄력성이 있는(buoyant), 복원력이 있는. ⇨ FLEXIBLE 類語 **3** 곧 기운을 차리는, 잘 회복하는, 쾌활한.

*‡**res·in** [rézin] n. ⓤⓒ **1** 수지(樹脂); 송진. **2** 합성수지. — vt. …을 수지로 처리하다, …에 수지를 바르다.

res·in·ate [rézinèit] vt. (-at·ed, -at·ing) …을 수지로 처리하다, 수지를 먹이다(스며들게 하다). — n. 수지산염(酸鹽). [하는.

res·in·if·er·ous [rèzinífərəs] adj. 수지를 내는(분비

res·in·i·form [rézinifɔ̀ːrm] adj. 수지 모양의.

res·in·i·fy [rézinifài] v. (-fied, -fy·ing) [화학] vi. 수지화(化)하다. — vt. …을 수지화하다. **2** …을 수지로 처리하다. [지상 물질.

res·in·oid [rézinɔ̀id] adj. 수지상(모양)의. — n. 수

res·in·ous [rézinəs] adj. 수지질(質)의, 수지성의(가 있는), 수지에서 얻은.

‡**re·sist** [rizíst] vt. 1 …에 저항(반항)하다, 항쟁하다; 〔열·힘·유혹 따위〕에 견디다(withstand), 버티다. ⇨ OPPOSE 類語. ¶ (~+*ing*) resist being arrested 체포되지 않으려고 반항하다. 2 〔병·화학 작용 따위에〕 침범당하지 않다, 침식되지 않다. ¶ *resist* disease 병에 안 걸리다 / Gold *resists* rust. 금은 녹슬지 않는다. 3 〔적 따위〕를 격퇴하다, 물리치다(repel), 막아내다. ¶ *resist* an enemy 적을 격퇴하다. 4 …을 방해하다, 훼방하다, 저지하다(impede); …을 막다. ¶ *resist* a stream 냇물을 막다. 5 〔원안(原案) 따위〕에 반대하다; …을 승인하지 않는다; 〔법 따위〕를 무시하다, 지키지 않다; …을 거역하다(disobey). ¶ *resist* the law 법을 무시하다. 6 《보통 부정문에서》 …을 참다, 견디다, 누르다. ¶ (~+*ing*) I cannot *resist* making a joke. 농담을 한마디 하지 않을 수 없다. *vi*. 저항(반항)하다, 참다. *opp*. submit — *n*. 방부제, 방식(防蝕)제; 〔직물 특히 칼리코의〕 방염제(防染제); 절연(絶緣) 도료. ◇ resístance *n*., resístant *adj*.

re·sist·ance [rizíst(ə)ns] *n*. ⓤⓒ 1 저항, 반항, 항쟁, 반대(opposition); 방해, 적대. ¶ take (or choose, follow) the line of least *resistance* 가장 쉬운 길(방법)을 택하다 // make no effort at *resistance* 저항하려고 하지 않다 // offer (or make, put up) *resistance* to (or against) …에 저항하다, …을 방해하다. 2 저항력, 반항력. ¶ *resistance* to fever (disease) 신열(병)에 대한 저항력. 3 〔물리·전기〕 저항; ⓒ 전기 저항 장치. 4 《종종 the R-》 《특히 나치(Nazi) 점령하의 프랑스 등지의》 지하 저항 운동, 레지스탕스.
a piece of resistance 주요 작품, 압권(壓卷); 가장 중요한 요리. ◇ resístant *adj*., resíst *v*.

resístance bòx *n*. 〔전기〕 저항함(기).
resístance còil *n*. 〔전기〕 저항 코일.
resístance thermòmeter *n*. 저항 온도계.
re·sist·ant [rizíst(ə)nt], (**re·sist·ent**) *adj*. 저항(반항)하는, 방해하는 (resisting) (* 종종 복합어로 쓴다). — *n*. 저항자(물); 방염제(물).
re·sist·er [rizístər] *n*. 저항자(물).
re·sist·i·bil·i·ty [rizìstəbíləti] *n*. ⓤ 저항력, 반항력.
re·sist·i·ble [rizístəbl] *adj*. 저항할 수 있는.
re·sist·ing·ly [rizístiŋli] *adv*. 저항하여, 반항하여.
re·sis·tive [rizístiv] *adj*. 저항성의; 저항력이 있는.
re·sis·tiv·i·ty [rì:zistíviti] *n*. ⓤ 1 저항력, 저항성. 2 〔전기〕 고유 저항(specific resistance).
re·sist·less [rizístlis] *adj*. 저항하기 어려운, 불가항력의; 저항력이 없는(unresisting). ~·ly *adv*. ~·ness *n*.
re·sist·o·jet [rizístədʒèt] *n*. 저항 제트 엔진.
re·sis·tor [rizístər] *n*. 〔전기〕 저항기, 저항 장치.
re·sit [ri:sít] vt.《英》〔시험〕을 다시 치르다.
res ju·di·ca·ta [rí:z dʒù:díkéɪtə] *n*. 〔법률〕 기결(既決) 사항(사건); (former adjudication). <L>
re·sole [ri:sóul] vt. (-soled, -soling) 〔구두〕의 가죽 창을 갈아대다.
re·sol·u·ble [rizáljubl, ré:zəl-/ rizɔ́l-, ré:zəl-] *adj*. 1 용해(분해) 할 수 있는(resolvable). 2 해결할 수 있는.
*****re·so·lute** [rézəlù:t] *adj*. 결심이 굳은, 단호한, 확고한 (determined). ¶ He is *resolute* to fight. 그는 싸울 결심을 하고 있다 / The king was *resolute* for (against) peace. 왕은 강화할(하지 않을) 결심으로 있었다.
~·ly *adv*. ~·ness *n*. ◇ resolútion *n*., resólve *v*.
‡**res·o·lu·tion** [rèzəlú:ʃən] *n*. 1 〔의회·집회 따위의〕 결의, 결의안(문·사항). ¶ The meeting passed a *resolution* against war. 그 회의는 전쟁 반대의 결의안을 가결했다. 2 ⓤⓒ 결의, 결심, 결단. ¶ keep (break) one's *resolution* 결심을 지키다(깨다) // make (or form) a *resolution* to get up early 일찍 일어날 결심을 하다. 3 ⓤ 단호한 기질, 확고부동, 불굴, 과단(果斷)(firmness). ¶ a man of great *resolution* 단호한 기질의 소유자. 4 ⓤ 분해, 분석; 전환; 분해된 상태. ¶ the *resolution* of sunlight *into* its spectral colors 햇빛의 스펙트럼 색 분해. 5 ⓤⓒ 〔문제·의문 따위의〕 해결, 해명, 해답(solution). 6 ⓤ 〔법률〕 재결(裁決) 〔의학〕 〔종기 따위의〕 소산(消散); 〔음악〕 해결〔불협화음에서 협화음으로 이행하기〕; 〔광학〕 해상도(解像度) 〔텔레비전 따위의 영상의 선명도〕, 분해능(分解能).
◇ resólve *v*., résolute, résolutive *adj*.

res·o·lu·tive [rézəlù:tiv, ＋美 rizálju-] *adj*. 1 분해력이 있는, 용해(분해) 할 수 있는; 〔고름 따위를〕 삭일 수 있는. 2 〔법률〕 해제의 효과가 있는. ¶ a *resolutive* condition 해제 조건. — *n*. 〔고어〕 삭히는 약, 해응제(解凝劑)(resolvent).
re·solv·a·bil·i·ty [rizàlvəbíliti / -zɔ̀lv-] *n*. ⓤ 분해(분석, 해결) 가능성; 해결 가능성.
re·solv·a·ble [rizálvəbl / -zɔ́lv-], (**re·solv·i·ble**) *adj*. 1 분해할 수 있는, 분석할 수 있는, 용해할 수 있는. 2 해결할 수 있는, 풀리는.
‡**re·solve** [rizálv / -zɔ́lv] *v*. (**-solved, -solv·ing**) *vt*. 1 …에 결심(결의)을 하게 하다, 결심시키다. ¶ (~+閏+*to do*) This fact *resolved* him *to* fight. 이 사실 때문에 그는 싸울 결심을 했다.
2 a) 〔…을〕 결심〔결의〕하다(determine). ⇨ DECIDE 類語. ¶ (~+*to do*) *resolve* to quit smoking 담배를 끊으려고 결심하다 // (~+*that* 節) He *resolved that* nothing should hold him back. 그는 어떤 일이 있어도 물러서지 않기로 결심했다. b) 〔의회가〕 …을 의결(결의)하다. ¶ (~+*that* 節) *Resolved that* this meeting is in favor of the motion. 〔결의문〕 동의에 찬성하기로 결의하다 // (~+*to do*) The House *resolved* to take up the bill. 의회는 그 법안의 채택을 결의했다.
3 〔문제·의문 따위〕를 해결하다(settle, solve); …을 설명하다(explain). ¶ *resolve* a problem 문제를 해결하다.
4 〔의심·공포 따위〕를 해소(제거)하다, 풀다(dispel, clear up). ¶ His letter *resolved* all our doubts. 그의 편지는 우리의 의심을 말끔히 씻어 주었다.
5 …을 〔구성 요소로〕 분해〔분석·용해〕 시키다; …을 변화시키다, 환원시키다(...*into*). ¶ (~+閏+*into*+名) *resolve* a thing *into* its elements 물건을 그 요소로 분해시키다 / *resolve* water *into* oxygen and hydrogen 물을 산소와 수소로 분해시키다.
6 〔화학〕 〔라세미(racemic) 화합물〕을 분해시키다; 〔음악〕 〔음〕을 불협화음에서 협화음으로 옮아가게 하다; 〔光學〕 …을 분해하다, 따로따로 보이게 하다; (...*in*); 〔종기·염증 따위〕를 곪지 않게 하고 삭게 하다, 소산시키다.
7 《종종 재귀용법으로》 …을 변화〔변형〕시키다, 귀착시키다(...*into*). ¶ (~+閏+*prep*+名) The discussion *resolved* itself *into* an argument. 토론이 논쟁으로 번했다.
— *vi*. 1 결심〔결의〕하다, 결정하다〔종종 *on, upon*...〕. ¶ (~+*to do*) He *resolved* on making an early start. 그는 일찍 출발하기로 결심했다. 2 〔구성 요소로〕 분해하다; 〔분해·분석 따위에 의해〕 …으로 되다, 변형하다, 환원하다(*into, in*...). ¶ (~+閏+前+名) It *resolves into* its elements. 그것은 분해되어 원소가 된다. 3 〔음악〕 해결하다, 협화음이 되다; 〔법률〕 무효가 되다, 실효(失效)하다(lapse); 〔의학〕 〔종기 따위가〕 삭아지다.
— *n*. ⓤⓒ 결심, 결의, 결단(determination); 불굴의 의지. ¶ make a *resolve* to abstain from alcohol 술을 끊을 결심을 하다. 2 〔의회 등의〕 결의(resolution).
*****re·solved** [rizálvd / -zɔ́lv-] *adj*. 단호한, 결연한(resolute), 굳은; 깊이 생각한 나머지의, 신중한. ¶ He is *resolved* to carry it out. 그는 그것을 해내기로 결심하고 있다. **-solv·ed·ly** [-vidli] *adv*. **-solv·ed·ness** *n*.
re·sol·vent [rizálv(ə)nt / -zɔ́lv-] *adj*. 용해시키는; 분해시키는; 〔종기〕를 삭히는. — *n*. 1 용〔해〕제, 분해물. 2 〔수학〕 역해(逆核). 3 〔의학〕 〔종기 따위의〕 소산제

re·solv·er [rizálvər / -zɔ́l-] n. 결심하는 사람; 해결자
re·sólv·ing pòwer [rizálviŋ-/-zɔ́l-] n. ⓤ [光學] [분광기 따위의] 분해능.
res·o·nance [réz(ə)nəns] n. ⓤ 1 반향, 울림. 2 [전기] [과장의] 공진(共振), 동조. 3 [음성·의학·물리·화학] 공명(共鳴), 공진.
res·o·nant [réz(ə)nənt] adj. 1 [소리·목소리가] 반향하는, 울리는(resounding), 잘 울리는, 낭랑한. ¶ a resonant voice 낭랑한 목소리. 2 [벽·장소 따위가] 반향을 일으키는, 울리는 (with...). ¶ The room is resonant with the music sound. 방 안이 음악소리로 울리고 있다. 3 공명의, 공진의. — n. [음성] 공명음. ~·ly adv.
res·o·nate [réz(ə)nèit] v. (-nat·ed, -nat·ing) vi. 1 반향하다(resound), 공명하다. 2 [전자 공학] 공진하다. — vt. …을 반향시키다, 울려퍼지게 하다.
res·o·na·tor [réz(ə)nèitər] n. 반향 장치, 공명 장치, 공진기. [시 흡수하다.
re·sorb [risɔ́ːrb] vt., vi. [삼출물(滲出物) 따위를] 다
re·sorb·ent [risɔ́ːrbənt] adj. 다시 흡수하는.
res·or·cin [rezɔ́ːrsin] n. =resorcinol.
res·or·cin·ol [rezɔ́ːrsinòul / -ɔ̀l] n. ⓤ [화학·약학] 레조르시놀, 레조르신 [약용·염료용].
re·sorp·tion [risɔ́ːrp(ə)n] n. ⓤ 재흡수.
‡**re·sort** [rizɔ́ːrt] vi. 1 [특히 습관적으로] 가다, 다니다, 여럿이 같이 가다, 모이다 (to...), ¶ (~+前+图) resort to a hot spring 온천에 잘 다니다. 2 의지하다, 힘(도움)을 빌다(to...), ¶ (~+前+图) resort to violence 폭력에 호소하다.
— n. 1 사람이 잘 다니는 (모이는) 장소; 행락지, 휴양지. ¶ a summer (a winter) resort 피서(피한)지 / a pleasure resort 환락지 / a resort of beggars 거지의 소굴. 2 ⓤ 자주 드나들기; 여러 사람이 드나들기; [사람의] 몰려들기(throng). ¶ a place of public (or popular) resort [행락지의] 인파가 몰리는 곳. 3 ⓤ [사람·원조 따위에] 의지하기, [수단 따위에] 의지(호소)하기(recourse)(to...). ¶ have (or make) resort to …에 호소하다, 의지하다 / without resort to …에 의지(호소)하지 않고. 4 의지가 되는 사람(것); 수단, 방책, 방편, 수.
in the (**as a** or **as the**) **last resort** 마지막 수단으로서, 결국. [다.
re·sort [risɔ́ːrt] vt. …을 다시 분류하다, 재분류하
re·sort·er [rizɔ́ːrtər] n. 잘(자주) 가는 사람 (frequenter), 몰려드는 사람; [휴양지 따위로] 가는 사람, 다니는 사람.
*__re·sound__ [rizáund] vi. 1 [장소가 소리 따위로] 반향하다, 메아리치다, 소리로 가득하다(with...). ¶ (~+前+图) The room resounded with the children's shouts. 방안은 아이들의 고함소리로 가득 찼다. 2 [물건·악기·소리 따위가] 울려퍼지다, 반향하다, 계속 울리다(울려퍼지다). 3 [명성·이름 따위가] 널리 알려지다, 떨치다. ¶ (~+前+图) His act resounded through the nation. 그의 행동은 전국에 널리 알려졌다.
— vt. 1 [소리]를 울리게 하다, 메아리치게 하다 (echo). 2 …을 소리 높이 말하다(되풀이하다). 3 …을 칭찬하다; …을 널리 알리다, 유명하게 하다.
re·sound [riːsáund] vt. …의 소리를 다시 내다; …을 다시 울리다. — vi. 다시 울리다(sound again).
re·sound·ing [rizáundiŋ] adj. 반향하는, 울리는, 울려퍼지는(resonant). ~·ly adv.
‡**re·source** [risɔ́ːrs / -sɔ́ːs] n. 1 [공급·원조 따위의] 원천, 힘. 2 [나라의] 부(富), 자원. 3 (보통 ~s) 자금, 재원, 자재, 자력(assets). ⇨ POSSESSION [類語] ¶ resources and liabilities 자산과 부채. 4 둘러대기, 변통, 변천(shift); [긴급 때의] 의지

할 것, 수단, 방책. ¶ as a last resource 마지막 수단으로서 / A woman's resource is patience. 여자가 믿을 것은 참을성이다. 5 ⓤ [곤란·위급한 때의] 수완, 기략 (機略), 지략(智略); 기지, 재치, 주변성. ¶ a man of resource 수완있는 사람, 오락. ¶ a man without (or no) resources 심심풀이의 방도가 없는 사람, 무료한 사람. 7 ⓤ (보통 부정문에서) 구제(원조·회복)의 가망. ¶ She is lost without resource. 그녀는 이제 무의 무탁한 처지가 되었다. [어.
at the end of one's **resources** 온갖 수단이 헛되이 되
◇ resóurceful, resóurceless adj.
re·source·ful [risɔ́ːrsfəl / -sɔ́ːs-] adj. 1 지모가 있는, 기략(기지·주변성)이 좋은, 지모가 풍부한. 2 재력이 넉넉한, 자원이 풍부한. ~·ly[-fəli] adv. ~·ness n.
re·source·less [risɔ́ːrslis / -sɔ́ːs-] adj. 1 주변 (지략)이 없는, 기지(수단)이 없는, 미덥지 못한. 2 자력 (자원)이 부족한.
‡**re·spect** [rispékt] n. 1 ⓤ 존경, 경의(for...). ¶ feel (or have) great respect for …을 크게 존경하다 // be held in respect 존경받다.
[類語] 「존경」. **regard** 유어중 가장 무색하고 형식적인 말. **esteem** respect에 애정이 담긴 말. **admiration** 사람이나 사물의 미점(美點)에 마음이 크게 끌림을 강하게 나타내는 말. **adoration** 상대를 우상숭배하듯 하는 헌신적인 admiration. **reverence** 숭배에 가까운 매우 깊은 respect, esteem. **veneration** 신성 불가침한 존재에 대한 [것과 같은] 깊은 reverence. **honor** respect의 외면적인 표현인 「명예」. **homage** honor에 숭배·공경을 더한 것. **deference** respect한 나머지 상대방의 의견·판단 따위에 양보하는 심정.
2 ⓤ 존중, 고려, 배려, 유념, 유념, 관심. ¶ One must have respect for the feelings of others. 사람은 남의 감정을 존중해야 한다. 3 (~s) [언동으로 표시된] 경의, 전언, 문안(to...). ¶ pay one's respects to [경의를 표하여] …을 방문하다, …에게 문안드리다, 인사하러 가다 / Please give my respects to your brother. 형에게 인사 (문안) 말씀을 전해 주세요. 4 점(點), 대목, 사항 (particular), 세목(detail). ¶ in all (many, some) respects 모든(많은, 어떤) 점에서. 5 ⓤ 관계, 관련 (relation). ¶ the respect of parts to each other 각 부분간의 상호 관계. 6 ⓤ 차별, 역성. ¶ respect of persons 남에 대한 역성. 7 ⓤ (고어) 고려할 사항; 동기.
in respect of (or **to**); **with respect to** …에 관해서는.
in respect that ... (고어) …이라는 것을 생각할 때, …을 고려해서, …이라는 사실 때문에, …이므로.
without respect to (or **of**) …을 고려하지 않고, 무시하고.
— vt. 1 …을 존경하다, 공경하다; …을 중히 여기다, 존중하다(esteem). ¶ I respect oneself 자중하다, 자존심을 가지다 / (~+图+as 图) I respect him as my senior. 나는 그를 선배로서 존경하고 있다. 2 …을 고려(배려)하다, 중요시하다, …을 참작하다. ¶ respect the ideas and feelings of others 남의 생각이나 감정을 참작하다. 3 …에 개입하지 않다, …을 방해하지 않다, 지키다. ¶ respect the law 법을 지키다. 4 …에 관계하다, 관련되다. ¶ The treaty respects our commerce. 그 조약은 우리의 통상과 관계가 있다.
as respects …에 관해서는, …에 대해서는 (as regards). ¶ **as respects** a person's honor 남의 명예에 관해서는.
respect persons (or **the person**) [지위 등에 따라] 남을 차별 대우하다, 역성들다.
◇ respéctful, respéctable adj.
re·spect·a·bil·i·ty [rispèktəbíliti] n. (pl. **-ties**) 1 ⓤ 인격이 고결함, 품행이 방정함, 인품이 훌륭함. 2 ⓤ 점잖음(decency), 체면; 존경할 만한 사회적 지위. 3 존경할 만한 사람, 점잖은 사람; (the ~) [집합적] 존경

할 만한 사람들, 명망가들, 명사들. **4** (-ties) 인습적 예절(습관). ◇ respéctable *adj.*

‡**re·spect·a·ble** [rispéktəbl] *adj.* **1** 존경(존중)할 만한, 훌륭한, 덕망있는. **2** 신분이 훌륭한; 평이 좋은, 명성이 있는. ¶ a *respectable* neighbor 지체 높은 이웃 사람. **3** 점잔을 빼는, 체면만 생각하는. **4** 고상한, 품위있는, 천하지 않은, 점잖은, 남부끄럽지 않은. **5** 상당한, 어지간한, 상당히 좋은(fairly good). ¶ a *respectable* position 상당한 지위. **6** [수·양·크기 따위가] 상당한(considerable). ¶ a *respectable* amount 상당한 양. — *n.* (보통 ~s) 훌륭한 사람, 존경할 만한 사람. ~·ness *n.* -·bly *adv.* ◇ respectabílity *n.*

re·spect·er [rispéktər] *n.* respect 하는 사람.
no respecter of persons 남을 차별 대우하지 않는 사람. ¶ God is *no respecter of persons*. 하나님은 사람의 외모를 취하지 아니하신다 [←사도 행전(Acts) 10 : 34].

***re·spect·ful** [rispéktfəl] *adj.* 경의를 표하는, 공손한, 정중한, 예의바른. ¶ a *respectful* bow 공손한 절 // be *respectful* of money 돈을 중히 여기다 / be *respectful* to (or *toward*) one's superiors 손윗 사람에게 공손하다.
keep (or *stand*) *at a respectful distance from* [경의를 표해] …으로부터 조금 거리를 두다, 을 경원하다.
~·ly [-fəli] *adv.* ~·ness *n.*

re·spect·ing [rispéktiŋ] *prep.* …에 관하여, …에 대하여.

***re·spec·tive** [rispéktiv] *adj.* 개개의, 각각의, 각자의. ¶ the *respective* merits of candidates 후보자들 각자의 장점.

***re·spec·tive·ly** [rispéktivli] *adv.* (보통 문장 끝에서) 각각, 각기, 각자.

re·spell [ri:spél] *vt.* (-**spelled** or -**spelt**, -**spell·ing**) …을 고쳐 철자하다; (말)을 발음 기호로 쓰다.

re·spir·a·ble [rispái(ə)rəbl, réspir-] *adj.* 호흡할 수 있는, 호흡에 적합한.

***res·pi·ra·tion** [rèspəréiʃ(ə)n] *n.* **1** ⓤ 호흡[작용] (breathing); ⓒ 한 호흡, 한 숨. **2** ⓤ (생리) 호흡 작용. ◇ respíre *v.*, respíratory *adj.*

res·pi·ra·tor [résp ərèitər] *n.* **1** [인공 호흡용] 마스크. **2** (英) 방독면(gas mask). **3** 인공 호흡용 기구(장치).

res·pi·ra·to·ry [réspirətɔ̀ːri, rispáiərə- / rispáiərət(ə)ri] *adj.* 호흡의, 호흡용의, 호흡기와 관련된. ¶ *respiratory* difficulties 호흡 곤란 / the *respiratory* organs 호흡 기관.

re·spire [rispáiər] *v.* (-**spired**, -**spir·ing**) *vi.* 호흡하다, 숨쉬다(breathe); 한숨 돌리다. — *vt.* …을 호흡하다.

res·pite [réspit / -pait] *n.* **1** [고뇌·일·의무 따위의] 일시적 중단(휴지), 소강(小康) 상태. ¶ a *respite* from work 일을 잠깐 쉬기. **2** 연기, 유예; 사형의 집행 유예(reprieve).
put … in respite …을 연기하다.
— *vt.* (-**pit·ed**, -**pit·ing**) **1** [고통 따위]를 일시 경감하다, 한숨 돌리게 하다. **2** [형벌의 집행·책임의 수행 따위]를 연기하다(suspend), 유예하다; [사형자]의 형의 집행을 연기하다. **3** (고어) (군대) (봉급 지불)을 정지하다, 유예하다.

re·splend·ence [rispléndəns] *n.* ⓤ 빛남, 눈부심.

re·splend·en·cy [rispléndənsi] *n.* (*pl* -**cies**) **1** = resplendence. **2** 화려한 것.

re·splend·ent [rispléndənt] *adj.* 눈부시게 빛나는, 찬란한, 휘황 찬란한, 화려한(brilliant). ~·ly *adv.*

‡**re·spond** [rispánd / -spɔ́nd] *vi.* **1** 답하다, 대답(응답)하다, 응하다; 감응(반응)하다(*to*…). ⇒ ANSWER [類語] ¶ (~에+图+图) *respond to* an insult with a blow 모욕에 대해 일격(一擊)으로 응수하다. **2** (생리) 반응하다 (react) (*to*…). **3** (美) (법) 책임이 있다(*in*…). **4** (교회) 응창(應唱)하다, 답창하다. **5** (드물게) 일치하다, 부합하다(correspond) (*to*…). — *vt.* …에 답하다.

대답(응답)하다(reply).
— *n.* **1** (건축) [아치를 떠받치는] 대응주(對應柱), 벽의 버팀기둥; (기둥의) 대응. **2** (교회) 응창; 답송(答誦), 응창구(responsory), 답창구(response); 응답 성가. **3** (드물게) 대답(answer). *adj.* ◇ respónse, respóndence *n.,* respóndent, respónsive

re·spond·ence [rispándəns / -spɔ́n-], (**re·spond·en·cy** [-si]) *n.* ⓤⓒ **1** 응답, 반응(response). **2** 일치; 적합.

re·spond·ent [rispándənt / -spɔ́nd-] *adj.* **1** 반응하는, 응하는 (*to*…). ¶ be *respondent to* a stimulus 자극에 반응하다. **2** (법률) 피고의 입장에 있는. — *n.* **1** 응답자. **2** (법률) [특히 이혼 소송 따위의] 피고(defendant), 피항소인(상소인).

‡**re·sponse** [rispáns / -spɔ́ns] *n.* ⓤⓒ 대답 (answer), 응답, 보답; 반응, 반향. ¶ make no *response* 아무 대답이 없다, 아무 반응(반향)도 보이지 않다 / In *response* to my urging, he yielded. 나의 강권(强勸)에 그는 꺾였다. **2** ⓤⓒ (생물·심리) [자극에 대한] 반응 (reaction). ¶ a motor *response* 운동성 반응. **3** (교회) 답창구(答唱句); [선창자에 답하여 교인들 또는 합창대가 부르는] 응답 성가.
◇ respónd *v.*, respónsive *adj.*

respónse tìme [컴퓨터] 응답 시간.

re·spon·si·bil·i·ty [rispànsəbíliti / -spɔ̀n-] *n.* (*pl.* -**ties**) **1** ⓤ 책임, 의무(duty), 의리. ¶ lay the *responsibility* on …에게 책임을 지우다 / take the *responsibility* of performing the duties 책임을 가지고 그 일을 완성하다 / assume *responsibility* for it 그 책임을 지다 / feel the *responsibility* of one's act 자기 행동에 책임을 느끼다 // on one's [own] *responsibility* 자기 책임으로 (하래); 독단으로. **2** 책무, 직책, [구체적인] 책임; 부담. ¶ A family is a great *responsibility*. 가족을 부양한다는 것은 큰 책무이다 / be relieved of one's *responsibilities* (책임이) 해제되다, 해임되다. **3** ⓤ 지불 능력, 계약(의무) 이행 능력; 신뢰성(reliability). ◇ respónsible *adj.*

‡**re·spon·si·ble** [rispánsəbl / -spɔ́n-] *adj.* **1** 책임을 져야 할, 책임이 따르는; 책임이 무거운 (*to, for*…). ¶ a *responsible* post (or *position*) 책임있는 지위 // The ideally free individual is *responsible* only to himself. 이상적인 자유인은 오직 자기에 대해서만 책임을 진다 / Who is *responsible* for this state of affairs? 이 사태에 대한 책임은 누구에게 있는가?
[類語] **responsible** 주어진 의무에 대하여 그것을 수행할 책임을 지는 것을 말한다. **answerable** 자기나 자기 관리하에 있는 어떤 사람의 언동에 대하여 도의적 또는 법률적으로 져야 할 책임이 있는: be *answerable* for the conduct of one's child 자기 자식의 행위에 대해 책임이 있다. **accountable** 책임을 다하지 못했을 경우의 제재를 강하시키키는 말: be *accountable* for one's statement 자기 말에 대한 분명히 책임을 지다.
2 잘못을 가릴 줄 아는, 책임을 다할 수 있는, 의무를 수행할 수 있는. ¶ a *responsible* age 사리를 판단할 수 있는 연령. **3** [부채 따위]를 갚을 수 있는, 지불 능력이 있는; 신뢰(신용)할 수 있는; 마음 놓이는, 확실한. ¶ She is a *responsible* person. 그녀는 믿을 수 있는 사람이다.
make oneself responsible for …의 책임을 떠맡다.
-·**bly** *adv.* ◇ responsibílity *n.*

re·spon·sion [rispánʃ(ə)n / -spɔ́n-] *n.* **1** (드물게) 응답하기. **2** (~s) (영국 Oxford 대학의) 제1시험 [B.A. 학위 취득에 필요한 세 번의 시험중에 첫번째].
cf. small 5

***re·spon·sive** [rispánsiv / -spɔ́n-] *adj.* 응답하는, 반응하는; 공명하는, 공명하기 쉬운, 민감한(sensitive) (*to*…), 동정적인. ¶ be *responsive to* kindness 친절에 민감하다. **2** (교회) 응답 성가를 부르는. **3** (생리) [자극 따위에] 잘 반응하는. ~·ly *adv.* ~·ness *n.*

re·spon·so·ry [rispánsəri / -spón-] *n.* (*pl.* **-ries**) 〔교회〕 답창, 성서 낭독후의 성가; 응답 성가.

res pu·bli·ca [riːz púːblikə] *n.* 〈라틴〉(=public matter) 국가, 사회.

res·sen·ti·ment [F rəsɑ̃timɑ̃] *n.* 〈프랑스〉(=resentment) 어떤 사람들에 대한 원한(분노).

‡**rest**¹ [rest] *n.* **1** ⓊⒸ 〔잠에 의한〕 휴식, 수면, 잠. ¶ go (or retire) to *rest* 잠자리에 들다, 자다 / have a good night's *rest* 밤잠을 푹 자다. **2** ⓊⒸ 휴식, 휴게; 휴양, 정양, 안정. ¶ absolute *rest* 절대 안정 / a day of *rest* 휴식일 / without *rest* 쉬지 않고 / give a person a *rest* 남을 쉬게 하다 / take a (or one's) *rest* 쉬다, 휴식을 하다. **3** Ⓤ 〔근심·걱정·일로부터의〕 자유, 면제; 마음의 편안함, 안심(peace), 안도, 평정(tranquility). ¶ There is no *rest* for the wicked. 악인에겐 마음의 편안함은 없다. **4** Ⓤ 죽음(death), 영면; 무덤. ¶ go to one's [final] *rest* 죽다, 영면하다. **5** Ⓤ 휴지 (休止), 정체, 정지(immobility). ¶ come to *rest* 멈추다, 정지하다 / bring a car to *rest* 차를 멈추다(정지시키다). **6** 〔음악〕 휴지, 휴지부; 〔詩〕 중간 휴지(caesura). **7** 휴식(안식) 처, 휴게소; 〔여객·선원 등의〕 숙박소. **8** 〔물건을 얹는〕 대(臺), 대가(臺架). ¶ a foot *rest* 발 얹어놓는 대. **9** 〔총의〕 조준대; 〔당구〕 큐걸이 (bridge).

at rest ① 잠들어, 휴식하여. ② 휴지(정지)하여. ③ 안심하여, 침착하여. ¶ set a person's mind *at rest* 남을 안심시키다. ④ 〔문제 따위가〕 해결하여. ⑤ 죽어서, 영면하여.

Give it a rest! 〈구어〉 그만 해! ; 그만 지껄여!

Give me arest! 〈구어〉 제발 그만! ; 귀찮게 굴지 마!

lay ...to rest ① 〔죽은 이를〕 매장하다. ¶ *lay* the dead *to rest* 죽은 이를 매장하다. ② 〔소문·루머를〕 가라앉히다. ¶ *lay* a rumor *to rest* 소문을 가라앉히다.

— *vi.* **1** 〔자거나 드러누워서〕 쉬다; 자다(sleep). ¶ lie down and *rest* 드러누워서 쉬다(자다). **2** 〔일 따위를 그만두고〕 쉬다, 휴식하다, 휴양하다. ¶ (~+前+㊇) *rest from* work 일을 쉬다 / *rest on* one's arms 무장한 채로 쉬다; 방심하지 않다. **3** 안심하고 있다, 마음 편히 있다, 조용(평온)히 있다. ¶ (~+前+㊇) I can not *rest under* these circumstances. 이런 사정으로는 마음 편히 있을 수 없다. **4** 땅 밑에서 잠들다, 영면하다. ¶ (~+前+㊇) He *rests* in the grave. 그는 땅 밑에 잠들어 있다 / Let him (or May he) *rest* in peace! 그로 하여금 평화로이 잠들게 하소서! **5** 조용하다, 정지하다, 휴지(休止)하다. **6** 현상에 머무르다, 그대로 있다. ¶ Let the matter *rest*. 그 일을 그대로 두어라. **7** 놓다, 앉다(sit); 기대다(lean); 놓이다, 설치되어 있다(be set). ¶ (~+前+㊇) His arm *rested on* the table. 그의 팔은 테이블 위에 놓여 있었다. **8** 〔농업〕 토지가 묵혀 있다(lie fallow). **9** 〔무거운 짐·책임 등이〕 지워져 있다(on, upon...). ¶ (~+前+㊇) No responsibility *rests on* you. 너에게는 아무런 책임도 없다. **10** 의지하다, 의존하다(rely); 〔희망 등이〕 달려(걸려) 있다; 신뢰하다(on, upon...). ¶ (~+前+㊇) We *rest on* (in) your promise. 우리는 너의 약속을 믿고 있다. **11** 기초를 두다, 의거하다. ¶ (~+前+㊇) Science *rests on* (or rests in) phenomena. 과학은 현상에 기초를 두고 있다. **12** 〔성적·결정·선택 따위가〕...에 달려 있다, 걸려 있다. ¶ ...나름이다 (depend) (with...). ¶ (~+前+㊇) It *rests with* you to decide. 결정은 너에게 달려 있다. **13** 〔죄·책임·결정권 따위가〕...에게 있다, 찾아볼 수 있다(with...). ¶ (~+前+㊇) The fault *rests with* him. 잘못은 그에게 있다. **14** 〔그 장소에〕 오래 머무르다, 감돌다, 꾸물거리다 (linger) (on, upon...). ¶ (~+前+㊇) A smile *rests on* her lips. 미소가 그녀의 입가에 감돌고 있다. **15** 〔눈·시선 따위가〕 머무르다, 향해져 있다. ¶ (~+前+㊇) His eyes *rested on* the picture. 그의 눈길은 그 그림에 머물렀다. **16** 〔법률〕 자발적으로 증언을 중지하다. ¶ I *rest* my case. 저의 변론은 이것으로 끝납니다.

— *vt.* **1** ...을 쉬게 하다, 휴양(정양)시키다. ¶ *rest* oneself 휴식하다 / be *rested* 〔몸이〕 쉬다. **2** ...을 두다, 얹다; ...을 기대게 하다, 의지하게 하다. ¶ (~+㊇+前+㊇) *rest* one's chin on one's hands 손에 턱을 괴다. **3** 〔눈길 따위를〕 보내다(direct), 박다. ¶ (~+㊇+前+㊇) *rest* one's eyes on a person 남을 바라보다(응시하다). **4** ...의 기초를 두다, ...을 기초 위에 서게 하다(base); 〔희망 따위를〕 걸다, 맡기다. ¶ (~+㊇+前+㊇) *rest* one's case on a single argument. 단 한가지 논거에 의거하여 자기 주장을 내세우다. **5** ...을 그치게 하다, 정지(유지)시키다(stop, halt). **6** 〔법률〕 ...을 증언 사건의 증인이 자발적으로 중지하다. ¶ The prosecution *rests* 검찰측 논고를 끝냅니다. **7** 〔논·밭 따위를〕 휴경하다.

rest up 〈미〉 휴양하여 기운을 모으다.

◇ **rést·ful, rést·less** *adj.*

‡**rest**² [rest] *n.* **1** (the ~) 나머지, 잔여, ...의 나머지. ⇒ REMAINDER 類語 ¶ He lived there for the *rest* of his life. 그는 여생을 그곳에서 보냈다. **2** (the ~) 〔복수 취급〕 남은 사람들, 잔류자, 그밖의 사람들 (the others). ¶ All the *rest* of us went there. 우리들 중 나머지 사람들은 모두 그곳에 갔다. **3** (the ~) 〈영〉 〔은행〕 준비금, 적립금, 잉여금(surplus), 초과금. **4** 〔정구〕 공의 끊임없는 되받아치기(의 시간).

above [*all*] *the rest* 특히, 그중에서도(above all).

among the rest 그 안에 끼어; 그중에서도.

and the rest; and [*all*] *the rest of it* 그 밖에 여러 가지, 그 밖에 모두, 기타 등등. 〔서 말하면.

as to the rest 그밖의 점에 있어서는, 다른 점에 관해 [as] *for the rest* 그밖은, 그 이외의 것은.

The rest is history. 나머지는 여러분이 잘 알고 계실 것이므로 생략합니다. (*중계 방송에서 경기 종료 때).

The rest is nowhere. 나머지는 문제가 안 된다, 나머지는 문제 밖이다〔경기 따위에서 뒤로 뚝 떨어진 사람들에게 말한다〕.

— *vi.* 〔보어를 수반하여〕 여전히 ...이다, ...그대로이다(remain). ¶ (~+㊇) *rest* satisfied (or content) 만족해 있다 / *rest* assured 안심하고 있다 / I could not *rest* a silent witness. 나는 가만히 보고만 있을 수가 없었다. 〔는 부분.

rest³ [rest] *n.* 〔역사〕 갑옷의 창받침대〔창대 끝을 받치**re·stage** [riːstéidʒ] *vt.* 〔연극〕 재공연 하다.

re·stamp [riːstǽmp] *vt.* ...에 다시 도장을 찍다; ...에 다시 우표를 붙이다; ...을 다시 밟다.

re·state [riːstéit] *vt.* (**-stat·ed, -stat·ing**) ...을 다시 말하다(진술하다), ...을 고쳐 말하다, 바꾸어 말하다.

re·state·ment [riːstéitmənt] *n.* Ⓤ 재진술, 재성명.

‡**res·tau·rant** [réstərənt, -rɑ̀ːnt / réstərɔ̀ːŋ, -rɔ̀ːŋ] *n.* 요리점, 음식점, 식당, 레스토랑, 〔큰 호텔 따위의〕 식당.

réstaurant càr *n.* 〈영〉 식당차(dining car). 〔인.

res·tau·ra·teur [rèstərətə́ːr / -tɔːr-] *n.* 레스토랑 주**rést cùre** *n.* 〔의학〕 〔정신병 따위의〕 안정 요법.

rést dày *n.* 휴일, 안식일(Sabbath).

rést ènergy *n.* 〔물리〕 정지(靜止) 에너지.

rest·ful [réstfəl] *adj.* **1** 휴식이 되는, **2** 조용한(placid), 편안한, 평온한(quiet). **-ly** [-fəli] *adv.* **-ness** *n.*

rest·har·row [résthǽrou] *n.* 토끼풀 비슷한 잠초 〔콩과〕.

rést hòme *n.* 요양소, 휴양소. ¶ (*pl.* **-hous·es** [-hàuziz]) **1** 〈나이든〉 휴게〔숙박〕소, **2** 〈미〉 〔충분한 휴식을 할 수 있는〕 휴양소.

rest·iff [réstif] *adj.* 〈英고어〉=restive. 〔시설.

rest·ing [réstiŋ] *adj.* **1** 쉬고 있는, 활동하지 않는; 〔생물학〕 휴면하고 있는. **2** 〔세포 따위가〕 증식하지 않는. ¶ a *resting* spore 휴면 포자(胞子) / a *resting* stage 휴면기.

rest·ing-place [réstiŋplèis] n. 1 휴게소. 2 무덤 (grave). 3 층계참[계단 중간에서 잠간 쉬게 되는 넓은 곳](landing, halfpace).

res·ti·tute [réstit(j)ùːt / -tjùːt] v. (-tut·ed, -tut·ing) (드물게) vi. 배상하다, 보상하다; 반환하다. — vt. …을 배상하다, 반환하다, 되돌리다, 회복하다.

res·ti·tu·tion [rèstit(j)úː(ʃ)ən / -tjúː-] n. ⓤ 1 상환, 반환; 손해 배상. ¶ make *restitution* 반환(배상)하다. 2 회복, 복권; 복직, 복위. 3 [물리] [탄력에 의한] 되돌아감, 복원(復元).

res·tive [réstiv] adj. 1 차분하지 못한(restless). 2 말을 잘 안 듣는, 다루기 힘든, 고집센(stubborn). 3 [말이] 나아가려고 하지 않는(balky), 물기 힘든. ~·ly adv. ~·ness n.

‡**rest·less** [réstlis] adj. 1 들뜬, 불안한(uneasy). ¶ a *restless* child 조용히 있지 못하는 아이. 2 한시도 가만히 있지 않는, 멈추지 않는. 3 휴식이 없는, 잠 못 자는. ¶ a *restless* night 잠 못 이루는 밤. 4 활동적인. ¶ a man of *restless* energy 활동가, 정력가. ~·ly adv. ~·ness n.

rést máss n. [물리] 정지(靜止)질량[Einstein의 특수 상대성 원리에서 정지 때의 물질의 질량]

re·stock [riːstɑ́k/-stɔ́k] vt., vi. 새로 사들이다, 보충하다; [농장ㆍ가축을] 다시 늘이다.

re·stor·a·ble [ristɔ́ːrəbl/-stɔ́ːr-] adj. 되돌릴 수 있는, 회복할 수 있는, 다시 일으킬 수 있는.

*****res·to·ra·tion** [rèstəréi(ʃ)ən] n. 1 회복, 부흥; [건강의] 회복(from...), 2 반환(restitution). 3 복귀, 복고; (the R-) [영국사] [1660년의 Charles 2세의] 왕정 복고; 왕정 복고 시대[Charles 2세(1660-85), 때로는 다시 연장하여 James 2세(1685-88)의 재위 시대]. 4 [고대 건축물ㆍ동물 따위의] 수복(修復), 복원; ⓒ 복원도(圖) (모형), ¶ the *restoration* of extinct reptiles 사멸한 파충류의 복원 모형. 5 [신학] 만민 구제. ◇ *restóre* v.

re·stor·a·tive [ristɔ́ːrətiv / -stɔ́(ː)rə-] adj. 1 부흥의, 복구의. 2 [건강ㆍ원기 따위를] 회복시키는, 정신 들게 하는. — n. 강장제; 각성제, 흥분제. ~·ly adv. ~·ness n.

‡**re·store** [ristɔ́ːr / -stɔ́ː] vt. (-stored, -stor·ing) 1 …을 회복하다, 부흥(복구)하다, 부활하다. ⇒ RECOVER [類語] ¶ *restore* order 질서를 회복하다. 2 [건물ㆍ그림 따위를] 수복(修復)하다, 재건하다, 복원(復原)하다. ¶ *restore* an old castle 옛 성을 수복하다 / be *restored* out of all recognition 몰라보리만큼 수복되다. 3 [건강ㆍ원기 따위를] 되찾다, 회복하다(renew). ¶ *restore* one's health 건강을 되찾다 / (~ +囸+前+名) *restore* a person to life 남을 되살아나게 하다. 4 [원래의 장소ㆍ지위 따위로] …을 되돌리다, 복귀시키다, 복직시키다(to...), ¶ (~+囸+前+名) *restore* an employee to his old post 고용인을 원지위에 되앉히다. 5 …을 되돌려 주다, 반환하다(return).
◇ *restorátion* n., *restórative* adj.

re·stor·er [ristɔ́ːrər/-stɔ́ːrə] n. 원상으로 되돌려 주는 사람(것).

restórer géne n. [식물] 수정능력 회복 유전자[추출하여 식물의 수정 촉진제로 사용].

‡**re·strain** [ristréin] vt. 1 …을 억누르다, 억제하다 (repress). ¶ *restrain* one's anger (curiosity) 노여움 (호기심)을 참다 / *restrain* oneself 자제하다. 2 …을 말리다, 제지하다, 방지하다. ⇒ CHECK [類語] ¶ (~+囸+前+名) *restrain* a child *from* doing mischief 아이를 장난치지 못하게 하다. 3 …을 구속하다, 구금하다 (confine). ◇ *restráint* n.

re·strain [ristréin] vt., vi. […에] 당기다.

re·strain·a·ble [ristréinəbl] adj. 1 억누를 수 있는; 제지할 수 있는. 2 구속할 수 있는.

*****re·strained** [ristréind] adj. 1 [사람이] 자제하고 있는 / [생각이] 은근한, 차분한. 2 억제된, 억눌

린, 구속된. -**strain·ed·ly** [-stréinidli] adv.

re·strain·er [ristréinər] n. 1 억제하는 사람(것), 구속자. 2 [사진] 현상 억제제.

re·strain·ing òrder [ristréiniŋ-] n. [美] [법률] [법원의] 가처분 명령, [현상 변경] 금지 명령.

*****re·straint** [ristréint] n. 1 ⓤⓒ 억제, 제지. ¶ in *restraint* of …을 억제하여 / lay *restraint* on one's emotion 감정을 억누르다 / His anger was beyond *restraint*. 그의 분노는 억누를 길이 없었다. 2 구속하는 것, 방해가 되는 것. ¶ put a *restraint* on (or upon) oneself 자제하다. 3 ⓤⓒ [활동 따위의] 제한. 4 ⓤ 구속, 감금, 구금. ¶ be under *restraint* 감금되어 있다 / put (or place) a person under *restraint* 남을 감금하다. 5 ⓤⓒ 조심, 삼가기, 자제; [표현상의] 절제, 억제. ¶ She lost all *restraint*. 그녀는 자제심(조심성)을 완전히 잃어버렸다.
without restraint 마음대로, 실컷.
◇ *restráin* v.

restráint of tráde n. [법률] 거래 제한, 영업 제한.

*****re·strict** [ristríkt] vt. …을 제한하다, 한정하다; [범으로] 금지하다 (…to, within). ⇒ LIMIT [類語] ¶ (~+囸+前+名) be *restricted within* narrow limits 좁은 범위로 제한되다 / Our membership is *restricted to* twenty. 우리 회원은 20명으로 제한된다.
◇ *restriction* n., *restrictive* adj.

*****re·strict·ed** [ristríktid] adj. 제한된, 한정된; 좁은 (limited). ¶ a *restricted* area 출입 금지 (지역); 속도 제한 구역. 2 [美] [정부ㆍ군대] [정보ㆍ문서 따위가] 기밀의, 공표되지 않은, 대외비(對外秘)의. 3 [美] 특정 집단(계급)에만 한정된, 백인 전용의. ¶ a *restricted* hotel 백인 전용 호텔. 4 [美] [영화가] 17세 이하는 부모 동반이라야 입장 허가됨[略 R]. ~·ly adv.

*****re·stric·tion** [ristríkʃ(ə)n] n. 1 ⓤⓒ 제한, 한정, 구속. ¶ *without restriction* 무제한으로. 2 제한(구속)하는 것; 제한 조건 (규정). ¶ the *restrictions* of time 시간상의 제한(제약) / put (or place) *restrictions* on foreign trade 무역에 제한을 가하다 / remove (or lift) *restrictions* on …에 대한 제한[규정]을 없애다. 3 ⓤⓒ 자제, 삼가기(reserve).
◇ *restríct* v., *restrictive* adj.

re·stric·tion·ism [ristríkʃ(ə)nìz(ə)m] n. ⓤ [무역ㆍ이민 따위의] 제한주의[정책].

re·stric·tion·ist [ristríkʃ(ə)nist] n. [무역ㆍ이민 따위의] 제한주의자. — adj. 제한주의의.

*****re·stric·tive** [ristríktiv] adj. 1 제한(한정)하는, 제한(한정)적인; 구속하는. ¶ *restrictive* regulations 제한 규정. 2 [문법] 제한적인, 한정적인. cf. *continuative* ¶ *restrictive* use 제한적 용법. — n. [문법] 한정사 (辭). ~·ly adv. ◇ *restríct* v.

re·strike vt. (riːstráik → n.) (-struck, -struck or -strick·en, -strik·ing) 1 …을 다시 치다, 고쳐 치다. 2 [화폐를] 개주(改鑄)하다. — n. [riːstràik] 개주 화폐.

re·string [riːstríŋ] vt. (-strung, -string·ing) [바이올린 따위의] 현(弦)을 갈아 끼우다.

rést ròom n. 1 [극장ㆍ백화점 등의] 화장실, 변소; 화장실을 갖춘 휴게실. 2 [인도 등의] 여행자 휴게실.

re·struc·ture [riːstrʌ́ktʃər] vt. (-tured, -tur·ing) …을 개조하다, 개편하다.

re·struc·tur·ing [riːstrʌ́ktʃəriŋ] n. [기구, 제도 따위의] 개혁, 근본적 개편.

re·stud·y [riːstʌ́di] vt. (-stud·ied, -stud·y·ing) …을 다시 연구(학습)하다 …을 새로이 평가하다, 재검토하다.

re·stuff [riːstʌ́f] vt. …을 다시 채워넣다, 다시 채우다.

re·style [riːstáil] vt. (-styled, -styl·ing) …을 다시 만들다, 모델을 바꾸다.

‡**re·sult** [rizʌ́lt] n. 1 ⓤⓒ 결과, 결말, 귀추, 효과; 성과, 성적. ⇒ EFFECT [類語] ¶ as a (or the) *result* of …의

결과로서 / in *result* 그 결과 / in the *result* 결국 / with the *result* that ... 그 결과 ...인 / without *result* 헛되이 / The *result* was that he had a fit. 끝내 그는 졸도하고 말았다 // get (*or* obtain) a satisfactory *result* from ...에서 만족스러운 결과를 얻다. 2 [수학] [계산의] 결과, 답. 3 [美] [입법 기관 따위의] 결정, 결의. 4 (~s) [경기 따위의] 결과, 성적. ── *vi*. 1 [결과로서] 생기다, 일어나다 (*from* ...). ¶ (~+前+名) Her death *resulted from* injuries. 그녀는 부상의 결과 목숨을 잃었다. 2 [...의 결과로] 되다, 끝나다, 귀착하다 (*end*) (*in* ...). ¶ (~+前+名) His efforts *resulted in* failure. 그의 노력은 실패로 끝났다.
◇ resúltant, resúltful, resúltless *adj*.
re·sult·ant [rizʌ́lt(ə)nt] *adj*. 1 결과로서 생기는, 결과로서의. 2 [물리] 합성되는. ¶ a *resultant* force 합력 / a *resultant* velocity 합성 속도. ── *n*. 1 결과. 2 [물리] 합력; 합성 운동. 3 [수학] 종결식. **-ly** *adv*.
re·sult·ful [rizʌ́ltfəl] *adj*. 효과가 있는, 유효한.
re·sult·ing·ly [rizʌ́ltiŋli] *adv*. 결과로서. [*adv*.
re·sult·less [rizʌ́ltlis] *adj*. 효과가 없는, 헛된. **~ly**
re·sum·a·ble [rizúːməbl] *adj*. 1 되찾을 수 있는, 되찾을 수 있는. 2 재개할 수 있는, 속행이 가능한.
‡**re·sume** [rizúːm | -z(j)úːm] *v*. (-sumed, -sum·ing) *vt*. 1 [이야기·일 따위를] 다시 시작하다, 다시 계속하다. ¶ *resume* one's work 일을 다시 시작하다. 2 ...을 다시 차지하다, 다시 ...에 들어앉다 (reoccupy). ¶ *resume* one's seat 자리로 돌아가다. 3 ...을 다시 사용하다; [그만두었던 일을] 다시 시작하다. ¶ *resume* one's pipe 담배를 다시 피우기 시작하다. 4 ...을 되찾다, 회복하다. ¶ *resume* one's liberty (health) 자유(건강)을 회복하다. 5 ...을 요약하다. ── *vi*. 1 다시 시작(계속)되다. ¶ Then the dancing *resumed*. 그때 춤이 다시 계속되었다. 2 다시 차지하다, 도로 찾다.
◇ resúmption *n*., resúmptive *adj*.
ré·su·mé [rèzuméi / rézju(ː)mèi] *n*. 1 적요(摘要), 요약, 개요. 2 [美] 이력서. [<F resumed]
re·sum·mon [risʌ́mən] *vt*. ...을 다시 소집(召喚)하다.
re·sum·mons [risʌ́mənz] *n*. 재소집, 재소환. [다.
‡**re·sump·tion** [rizʌ́m(p)ʃən] *n*. 1 [U] 재개 (recommencement), 속행. 2 되찾기, 회복, 회수.
re·sump·tive [rizʌ́m(p)tiv] *adj*. 1 요약한(하는), 적요의. 2 다시 찾는, 회복하는 (속행의).
re·su·pi·nate [risúːpinèit/-s(j)úː-] *adj*. 뒤로 굽은. [식물] [꽃·잎 따위가] 전도(顚倒)된, 잦혀진, 거꾸로 된.
re·su·pi·na·tion [risùːpinéi(ə)n/-s(j)úː-] *n*. [U] 전도(顚倒), 반전(反轉), 역전.
re·sur·face [risə́ːrfis] *v*. (-faced, -fac·ing) *vt*. ...에 새로운 거죽(표면)을 붙이다, ...을 새로 포장하다. ── *vi*. 다시 떠오르다.
re·surge [risə́ːrdʒ] *vi*. (-surged, -surg·ing) 되살아나다, 부활하다; 재기하다. [기.
re·sur·gence [risə́ːrdʒəns] *n*. [U] 부활 (revival); 재
re·sur·gent [risə́ːrdʒ(ə)nt] *adj*. 되살아나는, 부활하는, 재기하는. ── *n*. 부활자; 재기하는 사람.
res·ur·rect [rèzərékt] *vt*. 1 [죽은 자]를 되살아나게 하다, 소생시키다. 2 [쇠퇴한 습관 따위]를 부활시키다, 부흥시키다, 다시 살리다 (쓰다, 일으키다). ¶ *resurrect* an old custom 옛 관습을 부활시키다. 3 [시체]를 파헤치다, 발굴하다 (exhume). ── *vi*. [죽은 자가] 되살아나다.
‡**res·ur·rec·tion** [rèzərék(ə)n] *n*. [U] [C] 1 [죽은 자의] 부활, 소생. 2 (the R-) 그리스도의 부활; [최후의 심판날에] 만인의 부활. 3 재기, 부흥; 재유행. ¶ the *resurrection* of hope 희망의 소생. 4 시체 발굴.
◇ resurréct *v*.
res·ur·rec·tion·al [rèzərék(ə)nəl] *adj*. 부활의; 재기의, 부흥의.

res·ur·rec·tion·ist [rèzərék(ə)nist] *n*. 1 부활시키는 사람. 2 [그리스도 또는 만인의]부활론자. 3 [해부용으로 팔기 위해] 시체를 훔치는 사람 (body snatcher).
rèsurréction màn *n*. = resurrectionist 3.
res·ur·rec·tor [rèzərékər] *n*. 부활시키는 사람; 시체 발굴자.
re·sur·vey *vt*., *vi*. [riːsə́ː(ː)rvéi → *n*.] 재 측량하다; 재조사하다. ── *n*. [riːsə́ːrvei, + 美 riːsə(ː)rvéi] 재 측량; 재조사.
re·sus·ci·tate [risʌ́sitèit] *v*. (-tat·ed, -tat·ing) *vt*. 1 ...을 소생시키다, 의식을 회복시키다, 기운을 차리게 하다. ¶ *resuscitate* a drowned person by artificial respiration 물에 빠진 사람을 인공 호흡으로 되살아나게 하다 (revive), 의식을 회복하다. ── *vi*. 되살아나다 (revive), 의식을 회복하다, 부흥(restoration), 갱신.
re·sus·ci·ta·tion [risʌ̀sitéi(ə)n] *n*. [U] 1 소생, 의식의 회복. 2 부활, 부흥(restoration), 갱신.
re·sus·ci·ta·tive [risʌ́sitèitiv] *adj*. 되살아나게 하는, 회복시키는; 부활시키는.
re·sus·ci·ta·tor [risʌ́sitèitər] *n*. 되살아나게 하는 사람, 부활시키는 사람; [의학]소생기 (蘇生器).
ret [ret] *vt*. (**ret·ted, ret·ting**) [부드럽게 하여 섬유를 뽑아내기 위해] [아마 따위]를 물에 담그다, 물기를 쐬게 하다.
ret. (略) retired; returned.
re·ta·ble [ritéibl] *n*. 1 제단 뒤의 선반 [십자가·촛대 따위를] 세운다. 2 제단 뒤의 장식이 달린 칸막이대.
***re·tail** *n*. [ríːteil → 1] [U] 소매. opp. wholesale ¶ at (or by) *retail* 소매로, 소매에. 소매상인, 소매상의. ¶ a *retail* dealer 소매상인 / the *retail* price 소매 가격 / *retail* trade 소매업. ── *adv*. 소매로. ¶ buy *retail* 소매값으로 사다. ── *v*. [riːtéil + 英 riː(ː)téil → 2] *vt*. 1 ...을 소매하다. ¶ *retail* tea [홍]차를 소매하다. 2 ...을 소매하다. ¶ *retail* a scandal 추문을 퍼뜨리다. ── *vi*. 소매되다 (at, for...). ¶ (~+前+名) It *retails at* (or *for*) 500 won. 그것은 소매로 500원이다.
rétail CDs *n. pl*. [금융] 소액 (少額) CD.
re·tail·er [ríːteilər → 2] *n*. 1 소매 상인 (retail dealer). 2 [소문 따위를] 퍼뜨리는 사람.
‡**re·tain** [ritéin] *vt*. 1 ...을 보유(유지)하다, 계속 지니다, 간직하다. ⇒ KEEP [類語] ¶ *retain* youth 젊음을 유지하다. 2 ...을 계속 실행(시)하다. ¶ *retain* an old custom 구습을 지키다. 3 [물·열·색 따위]를 그대로 간직하다, 살리다. ¶ Lead *retains* heat. 납은 열을 그대로 간직하다. 4 ...을 마음에 간직하다, 기억해 두다 (remember). 5 ...을 고용해 두다 (employ), 의뢰해 두다. ¶ *retain* a lawyer 변호사를 고용(의뢰)해 두다.
◇ reténtion *n*., reténtive *adj*.
re·tain·a·ble [ritéinəbl] *adj*. 보유(유지)할 수 있는; 고용할 수 있는.
re·táined óbject [ritéind-] *n*. [문법] 보류 목적어. [예: He gave me an apple.의 수동태 I was given an *apple* by him. 또는 An apple was given *me* by him. apple *me*.]
re·tain·er[1] [ritéinər] *n*. 1 보유자. 2 [역사] 가신 (家臣), 배신 (陪臣), 신하, 하인. 3 [기계] 롤러베어링의 리테이너.
re·tain·er[2] [ritéinər] *n*. 1 변호 계약. 2 변호사 선 [임료.
re·tain·ing fèe [ritéiniŋ-] *n*. = retainer[2].
retáining wàll *n*. [토사의 붕괴를 막는] 옹벽.
re·tain·ment [ritéinmənt] *n*. 보유, 유지.
re·take [riːtéik → *n*.] (-took, -taken, -taking) 1 ...을 다시 가지다 (취하다). 2 ...을 되찾다, 도로 빼앗다. 3 ...을 다시 잡다, 재촬영하다. ── *n*. [ríːtèik] [사진·영화] 다시 찍기, 재촬영; 재촬영한 영화 (장면).
re·tal·i·ate [ritǽlièit] *v*. (-at·ed, -at·ing) *vi*. 보복하다, 복수하다 (*on*, *upon*, *for*...). ¶ (~+前+名) *retali*-

ate for an injury 상해를 입고 같은 방법으로 보복하다 / *retaliate on* (or *upon*) one's enemy 자기의 적에게 복수하다. ― *vt.* …에 앙갚음하다, 보복하다, 복수하다, 똑같은 수법으로 대갚음하다.

re·tal·i·a·tion [ritæ̀liéiʃ(ə)n] *n.* ⓤ [같은 방법에 의한] 대갚음, 앙갚음, 보복, 복수. ⇨ REVENGE 類語 ¶ in *retaliation* for …에 대한 보복으로.

re·tal·i·a·tive [ritǽliètiv] *adj.* =retaliatory.

re·tal·i·a·to·ry [ritǽliətɔ̀ːri / -t(ə)ri] *adj.* 앙갚음의, 보복적인. ¶ a *retaliatory* measure (tariff) 보복 조치(관세).

re·tard [ritάːrd] *vt.* …을 더디게 하다, …을 늦추다(delay), …을 방해하다(hamper). ― *vi.* 늦어지다, 지연되다(be late). ― *n.* 1 ⓤⓒ 지연; 방해; 저지. ¶ the *retard* of the tide 〔천문〕 지조(遲潮) 시간 〔만월 때와 만조 때와의 시작〕 / be in *retard* 늦어지고 있다 / in *retard* of …에 늦어. 2 지능 발달이 늦은 사람.

re·tard·ant [ritάːrdənt] *adj.* 더디게 하는, 저지하는. ― *n.* 〔화학〕 반응 속도를 더디게 하는 물질. ¶ a fire *retardant* 방화재(제) / a rust *retardant* 방청제(防錆劑).

re·tar·date [ritάːrdeit] *n.* 〔美〕 지능 발달이 늦은 사람.

re·tar·da·tion [rìːtɑːrdéiʃ(ə)n, ri-] *n.* ⓤⓒ 1 지연, 지체; 방해 (hindrance); 방해물; 지능 발달 지체. 2 〔음악〕 감속도(減速度). opp. acceleration 3 〔음악〕 지체, 계류음(繫留音).

re·tar·da·tive [ritάːrdətiv] *adj.* 더디게 하는, 지체시키는; 방해하는, 저지하는.

re·tar·da·to·ry [ritάːrdətɔ̀ːri / -t(ə)ri] *adj.* =retardative.

re·tard·ed [ritάːrdid] *adj.* 지능 발달이 늦은. ¶ a *retarded* child 지능 발달이 늦은 아이.

re·tard·ee [ritάːrdi, rìːtɑːrdíː] *n.* 〔교육·심리〕 지능 지체자, 지진아.

re·tar·get [riːtάːrgit] *vt.* 〔상품〕을 새로운 구매자층에 맞추다.

re·taste [riːtéist] *vt.* (-**tast·ed**, -**tast·ing**) …을 다시 맛보다, 재음미(재감상)하다.

retch [retʃ, +英 riːtʃ] *vi.* 구역질나다, 헛구역질하다. ― *vt.* …을 토하다, 게우다(vomit). ― *n.* 구역질, 욕지기; 그 소리.

retd. 〔略〕 retained; retired; returned.

re·tell [riːtél] *vt.* (-**told**, -**tell·ing**) 1 …을 다시 말하다, 되풀이하다, 고쳐 말하다. 2 …을 다시 세다(count again).

re·ten·tion [ritenʃ(ə)n] *n.* ⓤ 보존, 유지. 2 억류. 3 유지력, 보존력. 4 기억, 기억력(memory). 5 〔의학〕 〔분비물의〕 이상 정체. ¶ *retention* of urine 폐뇨(閉尿).

re·ten·tive [riténtiv] *adj.* 1 유지(보존)하는; 유지력이 있는(*of*…). ¶ be *retentive* of moisture 습기를 유지하다. 2 습기를 유지(간직)하는, *retentive* soil 습기 있는 흙. 3 기억력이 좋은. ¶ a *retentive* memory 좋은 기억력. 4 〔외과〕 〔붕대 따위를〕 움직이지 않게 하는, 고정시키는. **~·ly** *adv.* **~·ness** *n.*

re·ten·tiv·i·ty [rìːtentíviti] *n.* ⓤ 유지력, 보존력. 2 〔물리〕 보자성(保磁性).

re·test *vt.* [rìːtést → *n.*] …을 다시 시험하다, 재시험하다; …을 재분석하다. ― *n.* [rίːtest] 재시험; 재분석.

re·think [rìːθíŋk] *v.* (-**thought**, -**think·ing**) *vt.* …을 재고하다, 다시 판단하다; …을 다시 상기하다. ― *vi.* 다시 생각하다; 다시 상기하다. ◎ *n.* 재고.

R. et I. 〔略〕 (라틴) *Rex et Imperator* (=King and Emperor); *Regina et Imperatrix* (=Queen and Empress).

re·ti·ar·y [ríːʃièri / -ʃəri] *adj.* 1 그물을 쓰는; 그물을 치고 기다리는. 2 그물 모양의(netlike). 3 〔거미가〕 그물 모양의 줄을 치는. ― *n.* 그물줄을 치는 거미.

ret·i·cence [rétis(ə)ns] *n.* ⓤ 말이 없음, 말이 적음, 과묵, 침묵; ⓤ 자기 속을 드러내지 않음, 조심, 삼가하기.

ret·i·cen·cy [rétis(ə)nsi] *n.* (*pl.* -**cies**) =reticence.

ret·i·cent [rétis(ə)nt] *adj.* 말이 없는(silent), 말이 적은; 조심하는, 삼가는. ¶ be *reticent* about (or on) the matter 그 일에 대해서는 입을 다물고 있다. **~·ly** *adv.*

ret·i·cle [rétikl] *n.* 〔光學〕 〔망원경의 대물 렌즈의〕 망선(網線), 십자선, 레티클.

re·tic·u·lar [ritíkjulər] *adj.* 1 그물 모양의, 망상(網狀)의, 망상 조직의. 2 복잡한, 뒤얽힌(intricate).

re·tic·u·late *adj.* [ritíkjulit →] 1 그물 모양의, 망상 조직의(netted). 2 〔식물〕 〔잎이〕 망상맥(脈)의, *reticulate* leaves 망상맥의 잎. ― *v.* [ritíkjulèit] (-**lat·ed**, -**lat·ing**) *vt.* 1 …을 그물 모양으로 하다. 2 …을 그물 모양의 것으로 덮다. ― *vi.* 그물 모양이 되다. **-late·ly** [-litli] *adv.*

re·tic·u·la·tion [ritìkjuléiʃ(ə)n] *n.* (종종 ~s) 그물코, 망상 조직; 그물 세공; 〔사진〕 〔감광 유제에 생기는〕 그물 모양의 주름.

ret·i·cule [rétikjùːl] *n.* 1 〔여자용의〕 손에 드는 그물 모양의 주머니, 그물 주머니. 2 〔光學〕 =reticle. (< L)

re·tic·u·lum [ritíkjuləm] *n.* (*pl.* -**la** [-lə]) 1 그물 세공, 망상막, 망상 구조. 2 〔해부〕 망상 조직. 3 〔동물〕 〔반추 동물의〕 제 2 위(胃), 벌집위(胃).

re·tie [riːtái] *vt.* (-**tied**, -**ty·ing**) 1 …을 다시 동여매다, 새로 묶다. 2 …을 다시 매다. 3 …을 다시 접으로 하다.

ret·i·form [ríːtifɔ̀ːrm, rét-] *adj.* 그물 모양의; 망상 조직의.

ret·i·na [rétinə] *n.* (*pl.* -**nas** or -**nae** [-niː]) 〔해부〕 〔눈의〕 망막.

ret·i·nal [rétin(ə)l] *adj.* 〔해부〕 망막의.

ret·i·ni·tis [rètináitis] *n.* ⓤ 〔병리〕 망막염.

ret·i·no·scope [rétnəskòup] *n.* 〔눈의〕 검영기(檢影器)(skiascope).

ret·i·nue [rétin(j)ùː / -njùː] *n.* 〔집합적〕 수행원, 시종(侍從) (suite).

‡re·tire [ritáiər] *v.* (-**tired**, -**tir·ing**) *vi.* 1 물러서다, 물러나다(withdraw), 이동하다. ¶ (~+前+名) I *retired* to my room. 나는 내 방으로 물러났다. 2 자다, 잠자리에 들다(* 점잖은 표현). ¶ I always *retire* early. 나는 늘 일찍 잠자리에 든다 // (~+前+名) *retire* to rest (or bed) 취침하다. 3 은퇴하다, 퇴직하다; 은둔하다(*from*, *into*…). ¶ *retire* on a pension 연금을 받고 퇴직하다 / *retire* under an age clause 정년 퇴직하다 // (~+前+名) *retire* from business 폐업하다, 실업계에서 물러나다 / *retire* from the world 속세를 버리다; 수도원에 들어가다 / *retire* into the country 시골로 은둔하다 / *retire* into oneself 세상을 등지다; 침묵을 지키다. 4 〔군대가〕 퇴각하다(retreat). 5 〔파도 따위가〕 물러가다. 〔해안선 따위가〕 움푹 들어가다. 6 〔야구·크리켓〕 아웃이 되다, 물러나다. 7 〔펜싱〕 후퇴하다. ― *vt.* 1 …을 뒤로 물리다(옮기다). 2 …을 정수(후퇴)시키다(withdraw). 3 〔어음·지폐 따위〕를 회수하다. 4 …을 숨기다, 되당기다. 5 〔야구·크리켓〕 〔타자〕를 아웃시키다. ― *n.* 1 후퇴(철수) 신호〔나팔·북소리〕. ¶ sound a (or the) *retire* 퇴각(후퇴) 나팔을 불다. 2 〔드물게〕 은퇴(은거)의 장소, 3 ⓤⓒ 은퇴, 은거. ◇ retfrement *n.*

‡re·tired [ritáiərd] *adj.* 1 은퇴한, 은퇴한, 퇴역의. ¶ a *retired* officer 퇴역 장교 / lead a *retired* life 은퇴(은둔) 생활을 하다. 2 퇴직자에게 주는. ¶ a *retired* allowance (or pay) 퇴직 연금. 3 후미진, 외진, 외딴. ¶ a *retired* village 외딴 마을. 4 나서기를 꺼리는, 수줍어하는, 소극적인(reserved). **~·ness** *n.*

retíred líst (the~) 〔美〕 퇴역 군인 명부; 〔英〕 퇴역 장교 명부.

re·tir·ee [ritàiríː / -tàiəríː] *n.* 퇴직자, 은퇴자.

‡re·tire·ment [ritáiərmənt] *n.* 1 ⓤⓒ 퇴직, 퇴역, 은퇴, 은거, 은둔. ¶ go into *retirement* 은퇴(은거, 은

둔]하다 / live (or dwell) in *retirement* 한거(閑居)하다 // *retirement* from the world 은퇴. **2** 은거처, 은둔처; 외진 곳, 외진 시골. **3** ⓤⓒ〔군대〕후퇴, 퇴각, 철수, 퇴거. **4** ⓤ 〔지폐 따위의〕 회수. ¶ the *retirement* of paper currency 지폐의 회수.

retírement commùnity *n*. 〔특히 美〕 노인(은퇴자) 전용 주택지, 노인의 마을.

re·tir·ing [ritáiriŋ/-táiər-] *adj.* **1** 은퇴하는, 퇴직의. ¶ a *retiring* pension 퇴직 연금. **2** 내향적인, 삼가는, 나서기 싫어하는, 수줍은(reserved, shy). ¶ a man of *retiring* nature 얌전 사람. — **ly** *adv*.

retíring áge *n*. 퇴직 연령.

retíring colléction *n*. 설교(연주회) 후의 헌금.

re·told [ri:tóuld] *v*. retell 의 과거·과거 분사.

re·took [ri:túk] *v*. retake 의 과거.

re·tool [ri:tú:l] *vt*., *vi*. **1** 〔신제품을 내기 위해〕공구를 갈다(새로 사들이다). **2** 재편성하다, 개편하다.

re·tor·sion [ri:tɔ́ːrʃən] *n*. ⓤⓒ 〔국제법〕 보복.

*re·tort[1] [ritɔ́ːrt] *vt*. **1** 〔상대방의 모욕·언동〕에 보복하다, 되받아치다, 응수하다. ¶ *retort* a sarcasm 야유에 야유로 응수하다 ¶ (~ +⊜+⊛) *retort* blow for blow 한 대 맞고 되받아치다. **2** …을 역습하다, 대갚음하다. ⇒ ANSWER 類語 ¶ *retort* an argument 〔상대방의 주장을〕 반격(반론)하다. — *vi*. 앙갚음하다, 역습하다, 역습하다(on, upon, against...) ¶ (~ +⊜+⊛) He *retorted* upon me for what I said. 그는 내가 한 말에 역습(반격, 반박)해 왔다. — *n*. ⓤⓒ 대갚음, 〔주장에 대한〕 반론, 역습, 반박, 〔멋진〕 말대꾸, 응수; 보복. ¶ the *retort* courteous 정중한 반박(되돌리치기). ¶ Shakespeare 작 *As You Like It*. 5:4].
◇ retórtion *n*.

re·tort[2] [ritɔ́ːrt] *n*. 〔화학〕 레토르트, 증류기(蒸溜器).

re·tórt·a·ble póuch[ritɔ́ːrtəbl-] *n*. 레토르트〔포장〕 식품〔장기 보존이 가능한 내열 플라스틱·알루미늄박 밀봉의 가열 살균 식품〕.

re·tórt·er [ritɔ́ːrtər] *n*. 되받아치는(반박하는) 사람; 말대꾸하는 사람.

[retort] 증류기
beaker 비커
[retort[2]]

re·tor·tion [ritɔ́ːrʃən] *n*. ⓤ **1** 비틀어 젖히기, 비틀기. **2** 〔국제법〕 〔고을 관세 등에 대한〕 보복 〔조치〕.

re·touch [ri:tʌ́tʃ] *vt*. 〔그림·문장 따위〕에 손을 대다, 가필하다. ¶ *retouch* a picture 그림에 가필하다 / *retouch* makeup 화장을 고치다〔손질하다〕. **2** 〔사진〕 …을 수정하다. — *n*. 가필; 수정.

re·tóuch·er [ri:tʌ́tʃər] *n*. 가필자, 수정자.

re·trace [ritréis] *vt*. (-**traced**, -**trac·ing**) **1** …을 되돌아오다, 되돌아가다, 되돌이하다. ¶ *retrace* one's way (or steps) 〔오던 길을〕 되돌아가다. **2** …을 거슬러 올라가다, 거슬러 올라가서 조사하다, …의 근원을 알아보다. **3** …을 회상하다, 되생각해 내다(recall). ¶ *retrace* one's childhood 어린 시절을 회상하다. **4** = re-trace.

re·trace [ri:tréis]*vt*. (-**traced**, -**trac·ing**) 〔선 따위〕를 다시 그리다, 투사(透寫)하다. ¶ *re-trace* a drawing 그림을 베껴 그리다.

re·tráce·a·ble [ritréisəbl] *adj*. 되돌아갈 수 있는, 거슬러 올라갈 수 있는; 되생각해 낼 수 있는, 회상해 낼 수 있는.

re·tract[1] [ritrǽkt] *vt*. 〔신체의 일부 따위〕를 오므리다, 움츠리다. ¶ A snail *retracts* its horns. 달팽이가 더듬이를 움츠러뜨린다. — *vi*. 오므라들다. 움츠러들다, 수축하다.

re·tract[2] [ritrǽkt] *vt*. 〔의견·약속·말 따위〕를 취소하다, 철회하다(withdraw). ¶ *retract* one's opinion 의견을 철회하다. — *vi*. 취소하다, 철회하다.

re·tráct·a·ble [ritrǽktəbl] *adj*. **1** 쑥 들어가는, 오므라

릴(오므릴) 수 있는, 신축 자재의. **2** 취소(철회)할 수 있는.

re·trac·ta·tion [rì:træktéiʃ(ə)n] *n*. =retraction.

re·trac·tile [ritrǽkt(i)l / -tail] *adj*. 〔동물〕 〔거북의 머리처럼〕 오므릴 수 있는, 신축 자재의. *cf*. protractile

re·trac·til·i·ty [rì:træktíliti] *n*. ⓤ 신축 자재, 신축성.

re·trac·tion [ritrǽkʃ(ə)n] *n*. ⓤⓒ **1** 오므림, 움츠림. **2** 〔의견·약속 따위의〕 취소, 철회. **3** 수축력.

re·trac·tive [ritrǽktiv] *adj*. 쑥 들어가는, 오므리는, 신축 자재의.

re·trac·tor [ritrǽktər] *n*. **1** 〔약속 따위를〕 취소하는 사람. **2** 〔해부〕 수축근. **3** 〔외과〕 견인기〔상처 구멍을 벌려놓는 기구〕.

re·train [ri:tréin] *vt*. …을 재교육하다, 다시 훈련하다. — *vi*. 다시 교육을 받다, 다시 훈련을 받다.

re·tral [ri:trəl] *adj*. 뒤쪽의, 후방의, 뒤쪽에 있는.

re·trans·fer *vt*. [rì:trænsfə́ːr→ *n*.] (-**ferred**, -**fer·ring**) …을 재이송(移送)하다, 반송하다(return). …을 재양도하다. — *n*. [rì:trǽnsfər] ⓤⓒ 재이송, 반송, 재양도.

re·trans·late [rì:trænsléit, -trænz-] *vt*. (-**lat·ed**, -**lat·ing**) …을 새로 번역하다, 개역하다; 〔원어(原語)로〕 되역하다.

re·trans·la·tion [rì:trænsléiʃ(ə)n, -trænz-] *n*. ⓤⓒ 신역, 개역; 복문(復文).

re·tread *vt*. [ri:tréd→ *n*.] 〔헌 타이어〕에 다시 바닥(tread)을 붙이다. — *n*. [rí:tred] **1** 재생 타이어. **2** 〔美속어〕 재소집병. **3** 〔美속어〕 〔물건·작품 따위의〕 손질하여 신품(신작)인양 내놓는 사람.

re·tread [rì:tréd] *vt*., *vi*. (-**trod**, -**trod·den** or -**trod**, -**tread·ing**) …을 다시 밟다, 되밟고 돌아오다.

‡**re·treat** [ritrí:t] *n*. **1** ⓤⓒ 후퇴, 퇴각, 철수; ¶ be in full *retreat* 총퇴각하다, 완패하다 / cover the *retreat* 후퇴를 엄호하다 / cut off the *retreat* 퇴로를 차단하다(끊다) / make good one's *retreat* 잘(무사히) 후퇴하다. **2** 〔군대〕 후퇴의 신호; 〔해질 때의〕 귀대 나팔. ¶ blow (or sound) the (or a) *retreat* 〔북·나팔 따위로〕 후퇴 신호를 울리다. **3** ⓤ 피난; 은퇴(retirement), 은둔. ¶ make *retreat* into a forest 숲속으로 은둔하다. **4** 피난처; 은둔처, 피신처(refuge). **5** 〔대주가·정신병자 따위의〕 보호 수용소(asylum), 요양소. **6** ⓒ 〔교회〕 묵상〔의 시간〕; 〔때의〕 피정(避靜) 〔기간〕, 묵상회. **7** ⓤ 〔항공〕 〔날개 따위의〕 뒤쪽으로의 경사. ■ **beat a retreat** ① 〔군대〕 북을 쳐서 후퇴를 알리다. ② 〔황급히〕 후퇴하다, 도망가다, 사업에서 손을 떼다. — *vi*. **1** 〔군대 따위가〕 물러나다, 후퇴하다, 도망치다. ¶ (~ +⊜+⊛) *retreat* from the front 최전방에서 후퇴하다. **2** 물러나다, 퇴직하다(retire) 인. **3** 움츠러들다, 쑥 들어가다(recede). **4** 몸을 빼다(빼내다)(from...). **5** 〔교회〕 묵상하다. **6** 〔서양 장기〕 〔날개끝이〕 뒤로 기울다. — *vt*. **1** 〔서양 장기〕 〔말〕을 뒤로 물리다(draw back). **2** …을 물러서게 하다, 퇴각시키다; …을 은퇴시키다.

re·treat [ri:trí:t] *vt*., *vi*. 다시 처리하다, 다시 다루다.

re·treat·ant [ritrí:tənt] *n*. 〔수도원 따위에 일시 들어와 있는〕 묵상자, 피정하는 수사.

re·tree [ri:trí:] *n*. ⓤ 흠있는 종이, 불량지.

re·trench [ritréntʃ] *vt*. **1** 〔비용·경비 등〕을 절약하다, 긴축하다, 줄이다, 삭감하다(reduce). ¶ *retrench* school expenses 학비를 줄이다. **2** …을 삭제하다(remove), 〔문장〕을 생략하다. ¶ *retrench* a paragraph 한 절을 삭제하다. **3** 〔군사〕 내각(內郭)을 쌓아서 …을 수비하다. — *vi*. 절약하다, 비용을 절감하다(economize).

re·trénch·ment [ritréntʃmənt] *n*. ⓤⓒ **1** 삭감, 축소; 생략, 단축(abridge); 절약, 〔築城〕 복곽(複郭).

re·tri·al [ri:tráiəl] *n*. ⓤⓒ 재심, 재시험; 내곽.

ret·ri·bu·tion [rètribjúːʃ(ə)n] *n*. ⓤ **1** 〔내뿐 짓의 응보, 보복, 앙갚음(requital); 천벌; 〔신학〕 〔내세의〕 응보(應

報). ⇨ REVENGE 類語 ¶ the day of *retribution* 최후의 심판의 날 / *retribution* for one's sin 죄에 대한 벌 / just *retribution* of (or for) a crime 인과응보.
re·trib·u·tive [ritríbjutiv] *adj.* 앙갚음의, 보복적인; 천벌의; 인과응보의. **~·ly** *adv.*
re·trib·u·tiv·ism [ritríbjutivìz(ə)m] *n.* ⓤ [형벌의] 보복주의.
re·trib·u·to·ry [ritríbjutɔ̀:ri / -t(ə)ri] *adj.* =RETRIButive.
re·triev·a·ble [ritrí:vəbl] *adj.* 되찾을 수 있는; 회복 (복구)할 수 있는, 돌이킬 수 있는; 만회할 수 있는; 구제할 수 있는.
re·triev·al [ritrí:v(ə)l] *n.* ① 1 되물림, 만회; 회복, 복구. 2 보상, 벌충; 정정. 3 구조, 구출. 4 [컴퓨터] [정보] 검색(檢索).
beyond (or **past**) **retrieval** 돌이킬 수 없는, 회복의 가망이 없는.
***re·trieve** [ritrí:v] *v.* (**-trieved, -triev·ing**) *vt.* 1 …을 되찾다, 회수하다; …을 만회하다, 복구하다, 회복하다(recover). ⇨ RECOVER 類語 ¶ *retrieve* freedom 자유를 되찾다 / *retrieve* one's character 명예를 회복하다. 2 [손실·과실 따위] 의 벌충을 하다, …을 보상하다, …을 갱생시키다; [잘못을] 정정하다(correct). ¶ *retrieve* one's errors 잘못을 고치다. 3 [불행 따위에서] …을 구해 내다(rescue). ¶ (~+图+前+图) *retrieve* a person *from* (or *out of*) ruin 남을 파멸로부터 구하다. 4 …을 상기하다, 다시 생각해내다(recall). 5 [사냥] [사냥개가] [사냥감을] 찾아서 가져오다. 6 [컴퓨터] [정보]를 검색하다. —— *vi.* 1 [사냥] [사냥개가 사냥감을] 찾아서 가져오다. 2 낚시줄을 당기다 (감아올리다). —— *n.* 되찾기, 만회, 회복; 회수.
beyond (or **past**) **retrieve** 회복의 가망이 없는.
re·triev·er [ritrí:vər] *n.* 1 회복자, 되찾는 사람. 2 리트리버[총에 맞은 사냥감을 찾아오도록 훈련된 사냥개의 일종].
re·trim [ri:trím] *vt.* (**-trimmed, -trim·ming**) …을 다시 깎다, 다시 정돈하다; [램프의 심지를] 자르다; …을 다시 꾸미다.
ret·ro [rétrou] *n.* (*pl.* **-ros**) 1 [음악·패션 따위의] 리바이벌, 복고풍. 2 retrorocket. 3 (R-) [美] [우주] 우주선의 역추진 로켓 기사(技師). [<RETR[OFIRE]+O[FFICER]]
—— *adj.* 리바이벌의, 복고풍(조)의.
retro- *pref.* backward, behind의 뜻. 예: *retro*spect, *retro*choir.
ret·ro·act [rètrou(:)ǽkt] *vi.* 1 반동하다(react). 2 뒤로(거꾸로, 반대로) 작용하다, 과거로 거슬러 올라가다, 소급력이 있다.
ret·ro·ac·tion [rètrou(:)ǽkʃ(ə)n] *n.* ① 역동(逆動), 반동(reaction). 2 소급[력].
ret·ro·ac·tive [rètrou(:)ǽktiv] *adj.* 1 반동(역작용) 적인. 2 [법률 따위가] 소급력이 있는, [효력이] 소급하는. ¶ a *retroactive* law 소급법. **~·ly** *adv.*
ret·ro·ac·tiv·i·ty [rètrou(:)æktívəti] *n.* ① 소급력 (to...), 과거로 소급하여 영향을 미치기, 소급 효력.
ret·ro·cede[1] [rètrou(:)sí:d] *vi.* (**-ced·ed, -ced·ing**) 뒤로 되돌아가다(recede); 후퇴하다; 물러서다(retire).
ret·ro·cede[2] [rètrou(:)sí:d] *vt.* (**-ced·ed, -ced·ing**) [영토 따위]를 반환하다(cede back).
ret·ro·ces·sion[1] [rètrou(:)séʃ(ə)n] *n.* ① 후퇴, 퇴각.
ret·ro·ces·sion[2] [rètrou(:)séʃ(ə)n] *n.* ① [영토의] 반환.
ret·ro·choir [rétrou(:)kwàiər] *n.* [건축] [대성당의] 성가대석(또는 대제단)의 뒷부분.
ret·ro·en·gine [rétrou(:)èndʒin] *n.* =RETROROCKET.
rétro fáshion *n.* [服飾] 복고조 모드.
ret·ro·fire [rètrəfáiər] *v.* (**-fired, -fir·ing**) *vt.* [역추진 로켓]에 점화를 하다. —— *vi.* 역추진 점화를 하다.
ret·ro·fit [rétrəfìt] *n.* 구식 장치의 개장(改裝) (개조).
—— *vt., vi.* (**-fit·ted, -fit·ting**) [낡은 것을] 개조하다.

ret·ro·flex [rétrəflèks], **-flexed** [-flèkst] *adj.* 1 뒤로 굽은(휜), 반곡(反轉)의. 2 [음성] 반전음의. 3 [병리] 후굴(後屈)의.
ret·ro·flex·ion [rètrəflékʃ(ə)n] *n.* ① 1 뒤로 굽기 (휘기), 반전. 2 [병리] 자궁 후굴. opp. anteflexion 3 [음성] 반전[음].
ret·ro·gra·da·tion [rètro(u)greidéiʃ(ə)n, -grəd-] *n.* ① 1 후퇴. 2 쇠퇴, 퇴화. 3 [천문] [행성의] 역행.
ret·ro·grade [rétro(u)grèid] *adj.* 1 후퇴하는, 역행하는; 퇴화하는. 2 [순서 따위가] 거꾸로 된, 반대의 (inverse). ¶ in a *retrograde* order 역순(逆順)으로. 3 [주로 생물] 퇴화하는, 퇴행하는. ¶ *retrograde* cancer 퇴행성 암. 4 [천문] [동에서 서로] 역행의.
—— *vi.* (**-grad·ed, -grad·ing**) 1 후퇴하다, 은퇴하다. 2 [주로 생물] 퇴화하다(degenerate). 3 [천문] 역행하다, 역전하다. 4 쇠하다, 악화되다(reversely).
—— *adv.* 역행하여, 역으로, 거꾸로. **~·ly** *adv.*
ret·ro·gress [rétro(u)grès, ⌐ ⌐ ⁄ ⌐ ⌐] *vi.* 1 뒤로 되돌아가다. 2 퇴보하다, 나빠지다, 쇠퇴하다.
ret·ro·gres·sion [rètro(u)gréʃ(ə)n] *n.* ① 1 후퇴, 퇴보, 역행. 2 쇠퇴; [생물] 퇴화. 3 [천문] 역행.
ret·ro·gres·sive [rètro(u)grésiv] *adj.* 1 후퇴(역행)하는; 퇴화하는; 쇠퇴하는. **~·ly** *adv.*
ret·ro·ject [rétrədʒèkt] *vt.* …을 뒤로 던지다; 되던지다.
ret·ro·nym [rétrənim] *n.* 1 일반화된 상표명(상품명이 보통 명사화되어 사용되는 것). 예: band-aid(반창고), Kleenex(클리넥스). 2 일반화된 광고 표기.
ret·ro·pack [rétroupæ̀k] *n.* [우주 공학] 우주선의 역추진 보조 로켓 시스템.
ret·ro·pul·sion [rètrəpʌ́lʃ(ə)n] *n.* ① 1 뒤쪽으로 밀어내기, 뒤로 몰기. 2 [병리] 후방 돌진; 내공(內攻).
ret·ro·re·flec·tion [rètrou(:)riflékʃ(ə)n] *n.* [光學] 역반사 [입사광이 입사시(入射) 경로와 평행인 경우].
ret·ro·rock·et [rétrou(:)rɑ̀kit/-rɔ̀k-] *n.* 역추진 로켓.
re·trorse [ritrɔ́:rs] *adj.* 뒤쪽을 향한. **~·ly** *adv.*
ret·ro·spect [rétrou(:)spèkt] *n.* ① 1 회상, 회고, 추억. *cf.* prospect ¶ see things in *retrospect* 지난 일들을 회상하다 / It is pleasant in the *retrospect*. 그것을 되돌아보기가 즐겁다. 2 소급력. —— *vi.* 회상(회고) 하다 (reflect); 과거를 되돌아보다 (*on, to*...). ¶ *retrospect* to one's childhood 어린 시절을 돌이켜 생각하다(회상하다). —— *vt.* …을 회고하다(recollect). [회고, 추억,
ret·ro·spec·tion [rètro(u)spékʃ(ə)n] *n.* ① ⓒ 회상, ˩
ret·ro·spec·tive [rètro(u)spéktiv] *adj.* 1 회고적인, 추억에 잠기는. *cf.* prospective 2 과거로 소급하는, 소급력이 있는(retroactive). 3 [경치가] 뒤쪽에 있는. **~·ly** *adv.*
ret·rous·sé [rètru:séi / rətrú:sei] *adj.* [특히 코끝이] 위를 향한, 위로 젖혀진(turned up). [<F]
ret·ro·ver·sion [rètrou(:)və́:rʒ(ə)n, -ʃ(ə)n] *n.* ① ⓒ 1 후방으로 굽혀지기(휘기), 반전. 2 [병리] [자궁 따위의] 후굴.
ret·ro·vert [rètrou(:)və́:rt] *vt.* 《주로 수동태로》 …을 뒤쪽으로(거꾸로) 돌리다(굽히다); [자궁 따위]를 후굴시키다.
ret·ro·vert·ed [rétrou(:)və̀:rtid] *adj.* 뒤로(거꾸로) 향한(굽은); [자궁 따위가] 후굴한.
ret·ro·vi·rus [rétrou(:)vái(ə)rəs] *n.* [생물] 레트로 바이러스[HIV를 비롯한 RNA 바이러스].
re·try [ri:trái] *vt.* (**-tried, -try·ing**) 1 …을 다시 시도하다. 2 [재판·피고]를 재심하다.
ret·si·na [rétsinə / retsí:nə] *n.* ① 수지(樹脂)가 든 그리스산(産) 포도주.
ret·ter·y [rétəri] *n.* (*pl.* **-ter·ies**) 아마(亞麻)를 물에 담가 두는 곳.   [ret
‡re·turn [ritə́:rn] *vi.* 1 [원래의 장소·지위·상태 따위로] 돌아가다, 돌아오다. ¶ (~+前+图) *return* to America 미국으로 돌아가다 / *return* to life (dust) 되살아나다(흙으로 돌아가다, 죽다) / *return* to oneself 제

정신으로 돌아가다 / He will *return from* Europe soon. 그는 유럽으로부터 곧 돌아올 것이다 / The property will *return to* the family. 재산은 그 가족에게로 되돌아갈 것이다 / *return* in triumph 개선하다 / *return* home 귀가하다; 귀향하다; 귀국하다 / *return* safe and sound 무사히 돌아오다. **2** (원래의 문제·화제로) 되돌아가다. ¶ (~+前+名) Let's *return to* the subject. 본론으로 돌아갑시다. **3** (상태·감정 따위가) 되살아나다, 되돌아오다; (병이) 재발하다. ¶ The bad weather has *returned*. 날씨가 다시 나빠졌다 / The fever *returned*. 열이 다시 났다. **4** 답하다, 대구하다(reply, answer).
— *vt.* **1** …을 되돌려 놓다, 되갖다 놓다(put back); …을 반환하다; …을 돌려 보내다, 반송하다(send back). ¶ *return* the borrowed money 빌린 돈을 갚다 // (~+ 图+前+名) *Return* this book *to* the shelf. 이 책을 서가에 도로 갖다 놓아라.
2 (같은 것으로) …에게 되돌려주다, 보답하다, 답례(응수)하다. ¶ *return* a bow (or salute) 답례하다 / *return* a visit 답방하다 / *return* a blow 되받아치다 / (~+图+前+名) *return* good *for* evil 악을 선으로 갚다 / *return* like for like 똑같은 수법으로 대대하다 / *return* kindness *with* ingratitude 은혜를 원수로 갚다, 배은망덕하다.
3 …에 답하다, 대구하다, 회답하다; …에 대답음하다; (말을) 되받다, 반박(반격)하다. ¶ *return* a "Do as you like" "좋을 대로 하라"고 대답하다 // (~+图+前+名) *return* a polite answer *to* a question 질문에 정중히 대답하다.
4 (배심원이) …을 답신하다; …을 공표하다, (정식으로) …을 보고하다. ¶ *return* a verdict of guilty 유죄의 평결(評決)을 답신하다 // (~+图+補) *return* a person guilty 남을 유죄라 답신하다 // (~+ 图+as 補) *return* a soldier *as* killed 병사를 전사한 것으로 보고하다.
5 (빛·소리 따위)를 반사하다, 반향하다(reflect).
6 (이자·이익 따위)를 낳다, 내다(produce). ¶ *return* a profit 이익을 내다 / The party *returned* 200 dollars. 파티에서 200달러의 수익이 났다.
7 (국회 의원)을 선출하다, 선거하다(elect). ¶ (~+ 图+前+名) *return* members *to* Parliament 국회 의원을 선출하다 / He was *returned* (or They *returned* him) *for* Devonshire. 그는 데본주에서 선출되었다.
8 (카드놀이) …에 대해 같은 패로 응수하다; (스포츠) (공)을 되받아치다.
9 (군대) (무기 따위)를 (제자리에) 되돌려 놓다(...to). ¶ *return* a sword 칼집에서 도로 꽂다.
10 (주로 건축) …의 선을 원래의 방향으로 되꺾다. *return* a person's lead (카드놀이) 같은 패로 응수하다. ¶ *return* a person's lead of spade 자기 짝이 하는 대로 자기도 스페이드 패를 내놓다.
to return (독립구) 본론으로 돌아가서, 여담은 그만두고.
— *n.* **1** [U][C] 귀가, 귀향, 귀국; 재방문. ¶ await a person's *return* 남의 돌아오기를 기다리다 / after one's *return* from abroad 해외로부터의 귀로부 / on one's *return* home 귀가하면(곧).
2 [U][C] 되돌리기; 반환, 환부. ¶ I requested the *return* of the book I lent him. 빌려준 책을 되돌려 달라고 그에게 요구했다. 「의 반품.
3 (보통 ~s) 반품(返品), ¶ *returns* of cottons 면제품
4 [U][C] 복귀, 복임; (계절 따위의) 순환, 되돌림; (병 따위의) 재발. ¶ the *return* of health 건강의 회복 / a *return* of pain 통증의 재발 / Many happy *returns* of the day. 축하합니다(이 기쁜 날이 되돌이되기를 / 생일 따위의 축하 인사).
5 [U][C] 답례, 보답, 갚음; 응답, 대답(reply). ¶ by way of *return* 답례로서 // make a *return* for …에 보답하다; 앙갚음(보복)을 하다.
6 (공식적인) 보고(서), 신고(서); (보통 ~s) 통계표. (법률) 신고(서); 집행 보고서. ¶ an official *return* 공보 / make an income tax *return* 소득세의 신고를 하다.
7 (국회 의원 등의) 당선, 선출. ¶ secure a *return* for Colchester 콜체스터에서 당선되다.
8 (종종 ~s) 수익, 이익, 이윤(yield, profit). ¶ yield a fair *return* on one's investment 그 투자에서 상당한 이익을 내다 / Small profits and quick *returns*. 《상점 표어》박리 다매 [略 S.P.Q.R.].
9 (건축) (정면으로부터 측면으로의) 꺾이기(혼히 90도), 되꺾이기. 「아 찌르기.
10 (스포츠) (정구 따위의) 되받아치기; (펜싱의) 되반
11 (주로 英구어) 왕복표(return ticket).
12 (~s) (맛이 순한 일종의) 살담배.
13 (형용사적 용법으로) **a)** 돌아가는, 돌아오는; 왕복의. ¶ a *return* cargo 반송 하물 / a *return* current 환류 / a *return* postcard 왕복 엽서. **b)** 접은(turned back). **c)** 되돌리는, 대답의, 답례의; 보복의. ¶ a *return* visit 답례 방문. **d)** 재차의, 다시 하는.
by return of post (or 《美》*mail*) 받은 즉시로, 지급으로. ¶ answer *by return of post* 지급으로 회답하다.
in return ① 답으로서, 답례로서. ¶ write *in return* 답장을 쓰다. ② 그 대가(代價)로, …와 맞바꾸어서 (*for*...). ¶ hand goods *in return for* a receipt 영수증과 맞바꾸어 물건을 건네주다.
◇ retúrnless *adj.*
re·turn·a·ble [ritə́ːrnəbl] *adj.* **1** 되돌릴 수 있는; 반환할 수 있는; 반환되어야 할, 회부해야 할. **2** 보고해야 할. **3** 회수할 수 있는.
retúrn addréss *n.* **1** 발신인(발송인) 주소. **2** (컴퓨터) 복귀 번지.
retúrn cárd *n.* (상점 따위의 광고용) 왕복 엽서.
re·turned [ritə́ːrnd] *adj.* 송환된; 돌아온. ¶ a *returned* soldier 귀환병 / *returned* empties (임자에게) 돌려보내은 빈 상자(통) (따위); 식민지에서 영국 본토에 돌아온 목사.
re·turn·ee [ritə̀ːrníː] *n.* (여행 따위로부터) 돌아온 사람; (해외 근무로부터의) 귀환병; 복학생(復學生).
retúrn gáme (**mátch**) *n.* 설욕전, 리턴 매치.
re·turn·ik [ritə́ːrnik] *n.* 동구·구 소련의) 망명으로부터의 귀환자; (일반적으로) 역(逆) 이민자.
retúrning ófficer [ritə́ːrniŋ-] *n.* 《英》선거 관리관. 「(이득)이 없는.
re·turn·less [ritə́ːrnlis] *adj.* 돌아오는 게 없는, 수익
retúrn on invéstment *n.* (회계) = R.O.I.
retúrn póstage *n.* [U] 반신용 우편 요금. 「(ticket).
retúrn tícket *n.* 《주로 英》왕복표 / 《美》round-trip
retúrn tríp *n.* 《주로 英》왕복 여행 / 《美》round trip).
re·tuse [rit(j)úːs; -tjúːs] *adj.* (식물) (잎 따위가) 끝이 둥글고 오목한.
Reu·ben [rúːbin] *n.* 르우벤 [야곱(Jacob)과 레아 (Leah)의 장남. ← 창세기(Gen.) 29].
re·u·ni·fi·ca·tion [rìːjuːnifikéiʃ(ə)n] *n.* [U] 재통일, 재통합. 「일하다, 재통합하다.
re·u·ni·fy [riːjúːnifài] *vt.* (**-fied, -fy·ing**) …을 재통
***re·un·ion** [riːjúːnjən] *n.* [U] 재통합, 재결합; 재회. ¶ the lovers' *reunion* after the war 전쟁후의 애인들의 재회. **2** 친목회. ¶ a class *reunion* 급우회.
re·un·ion·ism [riːjúːnjəniz(ə)m] *n.* [U] 교회 통합(교회 재통합)론 [가톨릭 교회와 영국 국교회와의 통합론].
re·un·ion·ist [riːjúːnjənist] *n.* 교회 재통합론자.
re·u·nite [rìːjuːnáit] *vt., vi.* (**-nit·ed, -nit·ing**) 다시 통합(결합)시키다(하다); 재회시키다(하다); 화해시키다(하다).
re-up [ríːʌ́p] *vi.* (**-upped, -up·ping**) 《구어》《군대》재 입대하다. 재응모하다(reenlist).
re·us·a·ble [riːjúːzəbl] *adj.* 재사용할 수 있는.
***re·use** *vt.* [riːjúːz → *n.*] (**-used, -us·ing**) …을 다시 사

re·used [riːjúːzd] *adj.* 〔양털 따위〕 재사용의, 재생의. ¶ *reused* wool 재생 양모.

Reu·ters [rɔ́itərz] *n.* 〔영국의〕 로이터 통신사. *Reuters* commodity index 로이터 통신사의 상품시세 지수. 〔<창설자 이름〕

re·u·ti·lize [riːjúːtilàiz] (*《英》에서는 **re·u·ti·lise** 로도 쓴다〕 *vt.* (-lized, -liz·ing) …을 다시 이용하다.

rev [rev] *n.* 〔구어〕 〔기관 따위의〕 회전. — *v.* (revved, rev·ving) *vt.* …의 속도를 갑자기 내다 (…*up*). ¶ (~+圖+圖) *rev* a motor *up* 모터의 속도를 갑자기 내다. — *vi.* 속도가 갑자기 내다(*up*). ¶ (~+圖) The motor *revs up*. 모터가 갑자기 내다.
〔<REV[OLUTION]〕

rev. 《略》 revenue; reverse; review, reviewed; revise, revised, revision; revolution; revolving.

Rev. 《略》 Revelation; Revelations; Reverend.

re·vac·ci·nate [riːvǽksinèit] *vt.* (-nat·ed, -nat·ing) …에 다시 우두를 놓다.

re·val·o·ri·za·tion [riːvæ̀lərizéiʃ(ə)n / -raiz-] *n.* ⓤ 통화 가치의 회복.

re·val·or·ize [riːvǽləràiz] *vt.* 〔자산의〕 평가를 변경하다; 〔통화의〕 가치를 변경하다. ― 〔재평가하다.〕

re·val·u·ate [riːvǽljuèit] *vt.* (-at·ed, -at·ing) …을

re·val·u·a·tion [riːvæ̀ljuéiʃ(ə)n] *n.* ⓤ 재평가.

re·val·ue [riːvǽljuː] *vt.* (-val·ued, -val·u·ing) …을 재평가하다, 다시 평가하다.

re·vamp [riːvǽmp] *vt.* 1 〔구두〕에 새로운 구두코를 달다; 〔…을〕 수선하다(renovate). 2 〔시대에 맞게〕 〔연극·구간(舊間) 서적 따위〕를 개작하다, 개정하다, 〔기구 따위〕를 개편하다(revise). ¶ *revamp* the cabinet 내각을 개편하다.

re·vanche [rivɑ́ːnt ʃ] *n.* ⓤ 복수; 구(舊)영토 수복(탈환).

re·vanch·ism [rivɑ́ːntʃìz(ə)m] *n.* ⓤ 구(舊)영토 수복(탈환) 정책, 보복주의.

revd., Revd. 《略》 reverend.

‡**re·veal** [rivíːl] *vt.* 1 〔감추어진 것〕을 알리다, 〔비밀〕을 누설하다, 폭로하다(disclose). ¶ *reveal* a secret 비밀을 누설하다 / *reveal* oneself 이름을 대다, 정체를 밝히다 / (~+圖+ [to be] 圖) (~+圖+ *that*) Research *revealed* him [*to be*] a bad man. Research *revealed* that he was a bad man. 조사(규명)한 결과 그가 악인이라는 것이 드러났다. 2 …을 보이다, 가리키다, 나타내다(display, exhibit). ¶ *reveal* a mystery 수수께끼를 풀다 / The painting *reveals* the painter. 화법을 보면 누가 그린 그림인지를 알게 된다 // (~+圖+圖+圖) The fog cleared and *revealed* a distant view to our sight. 안개가 걷혀서 원경이 모습을 드러냈다 // (~+圖+*as* 圖) She *reveals* herself *as* full of mercy. 그녀는 아주 자애로운 사람처럼 군다.

〔類語〕 **reveal** 베일을 걷듯이 모습·정체를 드러내다: He *reveals* his past in the book. 그 책 속에서 그는 자기의 과거를 밝히고 있다. **disclose** 지금까지 보여주지 않던 것을 보이다: *disclose* one's real purpose 자기의 진정한 목적을 밝히다. **divulge** 개인적인 일·비밀 따위를 여럿에게 이야기하다; 배신의 경우가 많다: *divulge* a family secret 집안의 비밀을 누설하다. **expose** 비밀로 해두고 싶은 것을 세상에 공개하다: *expose* a political scandal 정치적 스캔들을 백일하에 폭로하다. **betray** 남을 배신하여, 또는 자기의 뜻과 달리 divulge 하다: *betray* a conspiracy 음모를 누설하다.

3 〔신학〕 〔신·초자연력이〕 …을 시현(示現)하다, 계시하다, 묵시하다 ― *n.* 1 ⓤ 시현, 계시, 묵시(revealing, revelation); 폭로. 2 〔건축〕 창틀이나 문설주를 끼우고 남은 벽의 폭(jamb); 〔자동차의〕 창틀.

◇ reveláteon, reveálment *n*.

re·veal·a·ble [rivíːləbl] *adj.* 밝힐 수 있는, 나타낼 수 〔있는.〕

re·vealed religion [rivíːld-] *n.* ⓤ 계시종교 〔특히 기독교〕. *cf.* natural religion 〔하는 사람.〕

re·veal·er [rivíːlər] *n.* 나타내는 사람, 〔신학〕 계시

re·veal·ing [rivíːliŋ] *adj.* 1 의미 심장한. 2 〔옷 따위가〕 살을 노출시키는. ― **ly** *adv.*

re·veal·ment [rivíːlmənt] *n.* ⓤ 폭로; 〔신학〕 시현, 계시, 천계(天啓) (revelation).

rev·eil·le [rév(ə)li / rivéli] *n.* 〔군대〕 기상 나팔(북).

*****rev·el** [rév] *v.* (-eled, -el·ing; 《英》 -elled, -el·ling) *vi.* 1 크게 즐기다, 향락하다; 〔술·도박 따위에〕 빠지다 (indulge), 열중하다, 탐닉시키는. ¶ (~+圖+圖) *revel in* reading 독서를 즐기다 / *revel in* crime 나쁜 일에 빠져들다. 2 술 잔치를 벌이다, 흥청대다. ¶ *revel* all night long 밤새도록 술을 마시고 흥청대다.
― *vt.* 〔시간·돈〕을 흥청망청 쓰다. ¶ (~+圖+圖) *revel* one's time *away* 흥청대며 시간을 허송하다. ― *n.* ⓤⓒ 〔종종 ~s〕 술잔치, 흥청대기(merry-making).

*****rev·e·la·tion** [rèvəléiʃ(ə)n] *n.* 1 ⓤ 폭로, 적발, 발각 (disclosure). ¶ the *revelation* of his hiding place 그의 은신처의 폭로. 2 폭로되는 것(일), 뜻밖의 사실(신발견). 3 ⓤ 〔신학〕 계시, 천계, 묵시; 신감(神感) (*cf.* inspiration); ⓒ 계시된 것; 성서. 4 〔종종 the R- 또는 〔the〕 R-s〕 〔성서〕 요한 계시록(*정식 이름은 the Revelation of Saint John the Divine).

◇ reveál *v.*

rev·e·la·tion·al [rèvəléiʃ(ə)nəl] *adj.* 천계(묵시)의.

rev·e·la·tion·ist [rèvəléiʃ(ə)nist] *n.* 1 천계를 믿는 사람, 계시론자. 2 (the R-) 묵시록의 작자.

rev·e·la·tor [révəléitər] *n.* 계시자; 알려주는 사람.

rev·el·er, 《英》 **-el·ler** [révələr] *n.* 술잔치를 하는 사람, 술마시고 흥청대는 사람.

rev·el·ry [révlri] *n.* ⓤⓒ (*pl.* -ries) 〔종종 -ries〕 흥청망청 떠들고 놀기, 흥청대기; 환락.

rev·e·nant [révənənt] *n.* 1 〔귀양·긴 여행 등에서〕 돌아온 사람. 2 저승에서 돌아온 사람, 망령, 유령 (ghost).

re·ven·di·ca·tion [rivèndikéiʃ(ə)n] *n.* ⓤ 〔정식 요구에 의한 재산·권리의〕 회복, 탈환.

‡**re·venge** [rivéndʒ] *n.* 1 ⓤⓒ 복수(vengeance), 원수 갚기; 보복〔행위〕, 앙갚음 (*on*, *upon*…). ¶ a blow struck in *revenge* 앙갚음으로 후려갈긴 일격 / out of *revenge* 복수하기 위해 / threaten *revenge* 복수하겠다고 위협하다 // have (*or* take) one's *revenge on* (*or upon*) a person 남에게 원수를 갚다 / in *revenge for* (*or of*) …의 복수로서/take *revenge for* one's father's death 살해된 부친의 원수를 갚다. 2 ⓤ 복수심, 원한, 앙심. ⓤ 〔복수의 기회〕; 〔특히 카드놀이·경기 따위에서〕 복수〔설욕〕의 기회(*on*, *upon*…). ¶ seek *revenge on* (*or upon*) a person 남에게 복수할 기회를 노리다 / give a person his *revenge* 〔승자가 패자에게〕 설욕의 기회를 주다, 설욕전에 응하다.

〔類語〕 **revenge** 〔복수〕라는 뜻의 가장 일반적인 말. **vengeance** 상대방으로부터 받은 괴로움과 같은 정도의 고통을 주기. **reprisal** 보통 전쟁에서의 적의 불법 행위에 대한 보복. **retribution** 부정·비행에 대한 〔법정·천운 따위에 의한〕 정당한 응보: a just *retribution* for a sin 죄악을 범한 자가 받는 정당한 응보. **retaliation** 상대편에서 받은 것과 똑같은 내용의 보복: the *retaliation* of blow for blow 주먹질을 주먹질로 갚기.

― *v.* (-venged, -veng·ing) *vt.* 1 《종종 재귀용법 또는 수동형으로》 …의 복수를 하다, …의 원수를 갚아주다, 원한을 풀어주다. ⇨ AVENGE 〔類語〕 ¶ (~+圖+圖+圖) *revenge* oneself *on* (*or upon*) a person 남에게 복수하다 // The brother of the deceased *revenged* him. 고인의 형(동생)이 〔고인의〕 원수를 갚아주었다. 2 〔모욕·가해(加害) 따위〕의 앙갚음을 하다, 보복하다. ¶ *revenge* a wrong 부당한 행위에 보복하다.
― *vi.* 《폐어》 복수하다, 원수를 갚다, 원한을 풀다.

◇ revéngeful adj.
re·venge·ful [rivéndʒfəl] adj. 복수심에 불타는; 원한을 잊지 않는; 복수의, 원한 품이의.
~ly [-fəli] adv. ~ness n.

‡**rev·e·nue** [révin(j)uː/-njùː] n. **1** Ⓤ [국가·도시의] 세입. ¶ *revenue* from taxes 세금 수입, 세수 / *revenue* and expenditure 세입 세출. **2** (보통 the ~) 국세청, 세무서. **3** ⓒ 수익, 수입원(源), 수입 항목. **4** (~s) [국가·개인 따위의] 총수입, 소득 총액. **5** =revenue stamp.

révenue bònd n. 세입 담보채(債).
révenue cùtter n. [세관의] 밀수 감시선.
révenue enhàncement n. 세입 증가[증세(增稅)라는 표현을 대신하는 말].
révenue òfficer n. 《美》 밀주(密酒) 단속관.
rev·e·nu·er [révin(j)uːər/-njùːə] n. 세무관, 《세관》 감시선.
révenue shàring n. 《美》 [연방 정부의 각 주에 대한] 세입 교부, 세입 분여(分與).
révenue stàmp n. 수입 인지.
révenue tàriff n. 수입 관세. cf. protective tariff
révenue tàx n. 수입세(收入稅).

re·verb [rivə́ːrb] n. [스테레오 등의] 전기적으로 만들어진 반향(잔향(殘響))[효과]; 반향[잔향] 장치.
re·ver·ber·ant [rivə́ːrb(ə)rənt] adj. 울려퍼지는, 반향하는. ~ly adv.
re·ver·ber·ate v. [rivə́ːrb(ə)rèit → adj.] (-at·ed, -at·ing) vi. **1** [소리가] 반향하여, 울려퍼지다(reecho, resound). ¶ (~+前+名) A loud voice *reverberates* through the hall. 큰 소리가 회장 안에 울려퍼진다. **2** [물리] [빛·열이] 반사하다(reflect), 굴절하다(deflect). — vt. **1** [소리]를 울리게 하다. ¶ (~+目+前+名) The steam whistle of the train was *reverberated* through the hills. 열차의 기적 소리가 이산 저산에 메아리쳤다. **2** [빛·열]을 반사하다, 굴절시키다.
— adj. [rivə́ːrb(ə)rit] =reverberant.
re·ver·ber·a·tion [rivə̀ːrbəréiʃ(ə)n] n. Ⓤ **1** 반향, 여운, 반사; (~s) 반향음. **2** 반사 [광선, 열].
re·ver·ber·a·tor [rivə́ːrb(ə)rèitər] n. 반사물; 반사경(reflector); 반사로(爐).
re·ver·ber·a·to·ry [rivə́ːrbərətɔ̀ːri/-t(ə)ri] adj. 반향하는; 반사의; 반사형(型)의. ¶ a *reverberatory* furnace 반사로(爐). — n. (pl. -ries) 반사로.
re·vere¹ [riviə́r] vt. (-vered, -ver·ing) …을 외경(畏敬)하다, 우러러 공경하다(venerate).
re·vere² [riviə́r] n. =revers.
*rev·er·ence** [rév(ə)rəns] n. **1** ⓊⒸ 외경, 공경(veneration), 숭배; 존경(for...). ⇒ RESPECT 類語 ¶ pray with *reverence* 경건한 마음으로 기도하다 / hold a person in *reverence* 남을 존경하다 / feel *reverence* for a person 남에게 존경하는 마음을 품다 / pay (or 《고어》 do, make) *reverence* to …을 존경하다, 경의를 표하다. **2** 경례(deep bow); 공손한 태도(to...). ¶ They made a profound *reverence* to the queen. 그들은 여왕에게 정중히 인사를 올렸다. **3** Ⓤ 존경받기, 위엄, 고위(高位). **4** (R-) 성직자에 대한 존칭. ¶ His (or Your) *Reverence* 스님, 존경하는 목사[신부]님.
saving your reverence ⇒ PRESENCE.
— vt. (-enced, -enc·ing) …을 공경(외경, 숭배)하다(venerate).
◇ revére v., réverend, réverent, reveréntial adj.

*rev·er·end** [rév(ə)rənd] adj. **1** [사람·장소·관습 따위가] 존귀한, 존경할만한, 마땅한.
2 (보통 the R-) …신부, 목사[略 Rev., Revd.]. ¶ the [Right] *Revd*. John Stevens 존 스티븐스 신부.
주의 Dean(수석 의 목사)에 대해서는 the Very *Revd*. the Dean of..., Bishop(주교)에 대해서는 the Right *Revd*. the Lord Bishop of..., Archbishop(대주교)에 대해서는 the Most *Revd*. the [Lord] Archbishop of … 와 같이 말한다.

3 신부의, 성직(聖職)의. ¶ the *reverend* gentleman 그 성직자(목사).
— n. (구어) 신부(priest), 목사(clergyman).
◇ revére v., réverence n.
rev·er·ent [rév(ə)rənt] adj. 숭배하는, 공경하는. ¶ *reverent* behavior 존경할만한 행동/give *reverent* attention to …을 경청하다 / be *reverent* toward God 신을 공경하다. ~ly adv.
rev·er·en·tial [rèv(ə)rénʃ(ə)l] adj. 공손한, 경건한. ~ly [-ʃəli] adv. ~ness n.
rev·er·ie, -er·y [rév(ə)ri] n. (pl. -ies) **1** ⓊⒸ 공상, 환상, 몽상. ¶ be lost in *reverie* 공상에 잠기다. **2** [음악] 환상곡.
re·vers [rəviə́r, +美 -véər] n. (pl. -vers [-víərz, +美 véərz]) (양복의) 깃·소매 따위의) 젖힌 부분.
re·ver·sal [rivə́ːrs(ə)l] n. Ⓤⓒ **1** 뒤집기, 전도(轉倒), 반전, 역전. **2** [법률] 취소, 파기. **3** [사진] = solarization.

*re·verse** [rivə́ːrs] adj. **1** [방향·순서·성질 따위가] 반대의, 역으로 된(opposite), 거꾸로 된(contrary); 뒤집힌. ⇒ OPPOSITE 類語 ¶ in the *reverse* direction (order) 반대 방향으로(순서로). **2** 뒤의, 뒤를 향한, 배후의. ¶ *reverse* fire 배후(로부터의)포격. **3** [기계 따위가] 거꾸로 움직이는, 역전하는. ¶ *reverse* motion 복귀 운동/ a *reverse* gear 역진(逆進) 장치.
the reverse side of the medal 문제의 다른 한 면, 문제의 이면.
— n. **1** (the ~) [정]반대, 역(逆), 거꾸로 된 것(contrary). ¶ quite the *reverse*; the very *reverse* 그 정반대 / It is just the *reverse* of what he thinks. 그것은 그가 생각하고 있는 것과는 정반대이다 / It is the *reverse* of kindness. 그것은 친절이 아니라 바로 그 반대이다. **2** 이면(opp. right); [화폐] [경화·메달 따위의] 뒷면의 무늬 (opp. obverse); [인쇄] [책의] 뒷 (왼쪽)면(verso)(opp. recto). **3 a)** [사태의] 역전, (주로 무용의) 역회전. ¶ a *reverse* of fortune 운명의 역전. **b)** (종종 ~s) 불운(misfortune), 실패(failure), 패배(defeat). ¶ a *reverse* in my affairs 나에게 닥쳐온 불운 / suffer (or sustain) a *reverse* 불운을 맞보다, 패배하다 / have (or experience) *reverses* 역전을 당하다, 실패(패배)하다. **4** [기계] 역진; ⓒ 역진 장치. ¶ throw an engine into *reverse* 엔진을 역회전시키다. **5** [미식축구] 반대 방향의 후위에게 패스하기.
in reverse 역으로; 후진으로; 배후에서. ¶ take the enemy *in reverse* 적을 배후에서 공격하다.
— v. (-versed, -vers·ing) vt. **1** [방향·순서 따위]를 반대로 하다, 역으로 돌리다, 뒤집다, 뒤엎다. ¶ *reverse* a glass 컵을 엎어놓다 / *Reverse* arms!〈구령〉거꾸로 총! [조의를 표할 때 총구를 아래로 향하게 하는 구령]. **2** …을 갈아넣다, 바꾸어 놓다 (transpose). ¶ Their positions are now *reversed*. 그들의 입장은 이제 뒤바뀌었다. **3** …의 주의·입장·결정 따위를 완전히 바꾸어 놓다. ¶ *reverse* oneself 자기 주장을 번복하다. **4** [법률] …을 파기하다, 취소하다 (annul). ¶ *reverse* the decision(sentence) of a lower court 하급 법원의 판결(선고)을 파기하다. **5** [기계] …을 역전(역동)시키다, 역회시키다. — vi. **1** 역으로 되다, 반대가 되다, 반대로 돌다. **2** [춤 따위에서] 반대로 돌다; [기관 따위가] 역회전하다. **3** 기어를 역진으로 넣다.
— adv. 역으로, 반대로, 전도하여, 거꾸로.
~ly adv. ~sal n.

revérse ángle n. [TV] 역(逆)각도 [카메라의 위치를 바꿔, 주된 피사체의 뒤쪽으로 돌아가 대면하고 있는 리포터를 영사하는 것].
revérse commúter n. 역방향 통근자 [도시에서 교외로 통근하는 사람]. ¶ ~향 통근.
revérse commúting n. [도시에서 교외로의] 역방향 통근.
revérse cùlture shóck n. 역(逆)문화 쇼크[외국

에서 오래 살다가 귀국했을 때 느끼는 소외감 따위의 충격].

re·versed [rivə́ːrst] *adj.* 반대로(역으로)된, 뒤집어 놓은, 전도된; [법률 따위] 파기된(annuled). ¶ a *reversed* charge [英] [전화의] 요금 수신인 부담.

revérse discriminátion *n.* (美) 역차별[흑인을 우대한 나머지 백인이 불리해지는 현상].

revérse enginéering *n.* 분석 공학[다른 회사의 신제품을 분해해 철저하게 분석하는 기술].

re·vers·i·bil·i·ty [rivə̀ːrsəbíliti] *n.* ⓤ 거꾸로 될 수 있는 일, 표리 양면 사용이 되는 것; [판결 따위의] 철회 가능성.

re·vers·i·ble [rivə́ːrsəbl] *adj.* **1** 거꾸로 할 수 있는; 취소할 수 있는, 뒤집을 수 있는, 양면으로 입을 수 있는. ¶ a *reversible* coat 양면 겸용 코트. **2** 가역성의(可逆性)의. ¶ a *reversible* reaction 가역 반응. — *n.* 표리 양면 겸용의 옷. **-bly** *adv.* **~ness** *n.*

re·vérs·ing líght [rivə́ːrsiŋ-] *n.* [자동차의] 후진등(後進燈).

re·ver·sion [rivə́ːrʒ(ə)n, -ʃ(ə)n] *n.* ⓤⓒ **1** 전도, 역전(reversal), 전환. **2** [원래의 습관·신앙·상태 따위로의] 복귀[상태], 되돌아감. **3** [생물] 귀선(歸先)유전, 격세 유전(atavism). **4** [법률] 복귀권; 복귀 재산, 상속권. **5** 사망후 지불받는 연금.

re·ver·sion·al [rivə́ːrʒ(ə)n(ə)l, -ʃən-/-ʃən-] *adj.* = reversionary.

re·ver·sion·ary [rivə́ːrʒ(ə)nèri, -ʃ(ə)n-/-ʃ(ə)nəri] *adj.* **1** [법률] 장차 계승해야 할. **2** [생물] 귀선 유전의, 격세 유전의(atavistic). **3** 복귀의, 되돌아가는.

re·ver·sion·er [rivə́ːrʒ(ə)nər, -ʃ(ə)n-/-ʃ(ə)n-] *n.* [법률] [재산 따위를] 장차 향유해야 할 사람, 복귀권자.

*****re·vert** [rivə́ːrt] *vi.* **1** [원래의 습관·상태 따위로] 되돌아가다, 복귀하다(*to*...). ¶ (~ +匣+图) *revert* to the old system 구제도로 되돌아가다 / The region has *reverted* to a wilderness. 그 지방은 원래의 황무지로 되돌아가고 말았다. **2** [당초의 이야기로] 되돌아가다, 돌이켜보다(*to*...). ¶ (~ +匣+图) *revert* to the original topic of conversation 당초의 화제로 되돌아가다. **3** [생물] 귀선(歸先) 유전하다(*to*...). **4** [법률] [원소유자·상속인 등에게] 복귀하다(*to*...). — *n.* = reverter. [법률] = reversion. **3** 원래의 교리에 복귀한 사람. ◇ revérsion *n.*, revértible *adj.*

re·ver·tant [rivə́ːrtənt] *n., adj.* [유전·생물] 복귀돌연 변이[의].

re·vert·er [rivə́ːrtər] *n.* revert to 하는 사람(것).

re·vert·i·ble [rivə́ːrtəbl] *adj.* 되돌아갈 수 있는; [재산·권리 따위] 복귀해야 할.

re·vet [rivét] *vt.* (**-vet·ted, -vet·ting**) [둑·벽 따위를] [돌 따위로] 다지다, 덮다. 「(護岸)

re·vet·ment [rivétmənt] *n.* [성채 따위의] 옹벽, 호안

re·vict·u·al [riːvítl] *v.* (**-ualed, -ual·ing**; (주로 英) **-ualled, -ual·ling**) *vt.* …에게 다시 음식을 공급하다. — *vi.* 식량 보급을 받다.

‡**re·view** [rivjúː] *n.* **1** ⓤ재조사, 재검토. **2** 개관(槪觀), 관찰(survey), 회고, 반성. ¶ a *review* of experiences 경험의 회고 [검토]. **3** [신간 서적·연극 따위의] 비평(criticism), 평론, 평론 잡지. ¶ a book *review* 신간서 비평. **4** ⓒ복습, 연습; ⓒ연습 문제. **5** 검사, 검열; 사열, 관병식 (觀艦式). ¶ a military (a naval) *review* 사열(관함)식. **6** ⓤ [법률] 재심 [리]. **7** = revue 2.

march in review 사열 행진을 하다.

pass...in review ① …을 검사(검열, 열병)하다. ② …을 차례차례로 기억에 떠올리다, 차례차례로 생각하다. ¶ *pass* one's life *in review* 자신의 일생을 회고하다.

under review 논평(조사, 검토)을 받아(받고 있는).

— *vt.* **1** …을 재조사하다, 재검토하다; 정밀 조사하다. ¶ *review* one's manuscript 자신의 원고를 재검토하다. **2** …을 회고하다, 회상하다. **3** [학과의] 복습을 하다. **4** …을 관찰(개관)하다(survey). **5** [비평·평론·서평 따위]를 쓰다. ¶ *review* books 서평을 쓰다. **6** …을 검열하다, 사찰하다(inspect). ¶ *review* troops 군대를 사열하다. **7** [(하급 법원의 판결)을] 재심하다. ¶ *review* an evidence 증언(증거)을 재심하다. — *vi.* 서평을 쓰다, [영화·연극 따위를] 평론하다. ◇ revíewal *n.*

re·view·a·ble [rivjúːəbl] *adj.* 검사(검열)할 수 있는, 회고할 수 있는; 비평할 수 있는; 사열할 수 있는; 재심할 수 있는.

re·view·al [rivjúːəl] *n.* ⓤⓒ 재조사[재검토]; 검열[평론, 서평].

re·view·er [rivjúː(ː)ər] *n.* **1** [신간 서적·영화·연극 등의] 평론가, 비평가, 서평가. **2** 검열자, 재심자.

*****re·vile** [riváil] *v.* (**-viled, -vil·ing**) *vt.* …의 욕을 하다, …을 비방하다, 욕설을 퍼붓다(abuse). — *vi.* 욕하다 (speak abusively) (*at, against*...). ◇ revîlement *n.*

re·vile·ment [riváilmənt] *n.* 욕지거리, 욕설 비방.

re·vil·er [riváilər] *n.* 욕지거리하는 사람, 비방하는 사람.

re·vis·al [riváiz(ə)l] *n.* **1** 정정, 개정, 수정(revision); 교정(correction). **2** 개정판, 수정판; 정정판.

*****re·vise** [riváiz] *vt.* (**-vised, -vis·ing**) **1** [마음·의견 따위]를 바꾸다(alter). ¶ *revise* one's opinion of him 그에 대한 견해를 고치다. **2** …을 정정(개정, 교정, 수정)하다; 교열을 보다. ¶ a *revised* edition 개정판 / *revise* a book (a document) 책(원고)을 수정(교정)하다. **3** [英] [시험을 위해] …을 복습하다. — *n.* **1** 수정[판], 개정[판]. **2** [인쇄] 재교지. ◇ revîsion *n.*, revîsory *adj.*

Revíse d Stándard Vérsion *n.* (the ~) 개정 표준역 성서[미국 학자에 의한 현대어역(譯) 성서; 신약은 1946년, 구약은 1952년에 발행; 略 RSV, R.S.V.].

Revíse d Vérsion [of the Bíble] *n.* (the ~) 개정역(改訂譯) 성서[King James's Authorised Version의 개정판; 신약은 1881년, 구약은 1885년에 발행; 略 R. V., Rev. Ver.].

re·vis·er [riváizər] *n.* **1** 교정(교열)자; 개정(정정, 수정)자; [특히] 개정역 성서의 집필자. **2** 교정 담당자.

*****re·vi·sion** [rivíʒ(ə)n] *n.* **1** ⓤⓒ 개정, 교정, 수정. **2** [책의] 개정판. ◇ revíse *n.*, revisional, revísory *adj.*

re·vi·sion·al [rivíʒən(ə)l] *adj.* 개정(교정)의. 「적.

re·vi·sion·ism [rivíʒənìz(ə)m] *n.* ⓤ 수정론; [특히] 마르크스주의자들 사이에서의] 수정주의; 수정 사회주

re·vi·sion·ist [rivíʒənist] *n.* 수정론자; 성서 개정역자.

re·vis·it [riːvízit] *vt.* 재방문하다, …에 돌아오다.

re·vi·so·ry [riváizəri] *adj.* 개정의, 교정의.

re·vi·tal·ize [riːváitəlàiz] *vt.* (**-ized, -iz·ing**) …을 소생시키다, 생기를 회복시키다.

*****re·viv·al** [riváiv(ə)l] *n.* ⓤⓒ **1** 소생, 회복, 재생(再生). **2** 부흥, 재기, 부활; (the R-) 문예 부흥(the Renaissance). **3** [신앙] 부흥; [신앙 부흥 전도] 집회. **4** [법률] [법적 효력의] 부활; 회복. **5** [옛 연극·영화 따위의] 재상영(공연)

the Revival of Learning 문예 부흥. 「동.

re·viv·al·ism [riváiv(ə)lìz(ə)m] *n.* ⓤ 신앙 부흥 운

re·viv·al·ist [riváiv(ə)list] *n.* **1** [옛 관습·관례 따위를] 부흥시키는 사람, 부흥 운동자. **2** 신앙 부흥 운동자[특히 성직자].

*****re·vive** [riváiv] *v.* (**-vived, -viv·ing**) *vt.* **1** …을 소생시키다(return to life). ¶ *revive* a half drowned person 익사할뻔한 사람을 소생시키다. **2** [희망 따위]를 회복시키다, …을 기운나게 하다(reanimate). ¶ Hot coffee *revived* him. 뜨거운 커피로 그는 기운을 회복하였다. **3** [기억 따위]를 되살아나게 하다(bring back), 회상하다. ¶ *revive* the memory of …을 회상하다. **4** …을 부흥(부활)시키다. …을 재유행시키다. **5** [연극·영

reviver

화 따위)를 재상연(재상영)하다. **6** [화학] [금속 따위]를 환원시키다.
— *vi.* **1** 소생하다, 의식을 회복하다. ¶ (~+慟+匐) *revive from* a swoon 의식을 되찾다. **2** [희망 따위]가 되살아나다; 기운을 되찾다. **3** [기억 따위]가 새로워지다. **4** 부흥(부활)하다; 재유행하다. **5** [화학][금속 따위]가 환원하다. ◇ *revíval* n.

re·viv·er[riváivər] *n.* **1** 소생하는(시키는) 사람(것), 부활하는(시키는) 사람(것). **2** 머리 염색제. **3** 《속어》 자극성 음료.

re·viv·i·fi·ca·tion[ri:vìvifikéi(ə)n] *n.* U 원기 회복.

re·viv·i·fi·er[ri:vívifàiər] *n.* 활기를 되찾게 하는 사람(것), 부활하는(시키는) 사람(것); 소생하는(시키는) 사람(것).

re·viv·i·fy[ri:vívifài] *v.* (-**fied**, **-fy·ing**) *vt.* **1** …에 활기를 다시 불어넣다(reanimate); …을 부활시키다 (revive). **2** [화학] …을 [원래의 상태로] 환원시키다. *vi.* =revive.

rev·i·vis·cence[rèvivís(ə)ns] *n.* U 부활, 원기 회복 (reanimation); [생물이] 동면에서 깨어나는 것.

rev·i·vis·cent[rèvivís(ə)nt] *adj.* 부활하는; 원기(활기)를 되찾는, 소생하는. [법] 소송의 재개.

re·vi·vor[riváivər] *n.* U©《英》[법률] [중단되었던] 소송의 재개.

rev·o·ca·bil·i·ty[rèvəkəbíliti] *n.* U 취소(해제)할 수 있음, 폐지할 수 있음.

rev·o·ca·ble[révəkəbl] *adj.* 폐지될 수 있는, 취소될 수 있는. **-bly** *adv.* [(annulment).

rev·o·ca·tion[rèvəkéi(ə)n] *n.* U© 취소, 해제, 폐

re·vo·ca·to·ry[révəkətɔ̀:ri / -t(ə)ri] *adj.* 폐지의, 해제의. ¶ a *revocatory* action 계약 해제 소송.

re·voice[ri:vɔ́is] *vt.* (**-voiced**, **-voic·ing**) **1** …을 다시 소리내다; …을 반향(反響)시키다(echo). **2** …을 조율(調律)하다.

rev·o·ka·ble[révəkəbl] *adj.* =revocable.

re·voke[rivóuk] *v.* (**-voked**, **-vok·ing**) *vt.* …을 취소하다(cancel), 폐기하다, 무효로 하다(annul), 철회(해제)하다. ¶ *revoke* a licence 면허를 취소하다. **2** [카드놀이] 물주와 같은 패를 가졌으면서도 일부러 다른 패를 내다(renege). — *n.* **1** 《드물게》 취소(cancellation). **2** [카드놀이] 물주와 같은 패를 내지 않고 고의로 다른 패를 내놓기. ¶ make a *revoke* 물주와 같은 패를 갖고 있으면서 고의로 다른 패를 내놓다.

beyond revoke 취소할 수 없는.

re·vok·er[rivóukər] *n.*《드물게》취소(폐지, 무효화, 해약, 철회)하는 사람.

‡**re·volt**[rivóult] *vi.* **1** 배반하다, 반항하다(rebel), 폭동을 일으키다. ¶ (~+慟+匐) *revolt against* a dictator 독재자에 항거하다 / *revolt from* one's allegiance 충성의 맹세를 저버리다. **2** 극히 역해지다, 혐오감을 느끼다, 반감을 가지다(at, against, from…). ¶ (~+慟+匐) My stomach *revolts* at such food. 나는 그러한 음식을 먹으면 체한다. — *vt.* …을 역하게 만들다, 불쾌감을 느끼게 하다(disgust), 반감을 일으키게 하다; …을 화나게 하다. ¶ His attitude *revolted* us. 그의 태도는 우리를 화나게 했다. — *n.* **1** 반항, 반란, 봉기(蜂起) (against…) ⇒ REVOLUTION [類語]; U 반항심. **2** U 반감, 불쾌, 혐오, 증오.

in revolt 반항하여, 반란을 일으켜. ¶ rise *in revolt* 반란을 일으키다, 폭동을 일으키다.

◇ revólltion n.

re·volt·er[rivóultər] *n.* 반역자, 반항자(rebel).

re·volt·ing[rivóultiŋ] *adj.* **1** 몸서리나는, 가슴을 역하게 하는, 불쾌감을 느끼게 하는. **2** 배반하는, 반란을 일으키는(to…). **~·ly** *adv.*

rev·o·lute¹[révəlù:t] *adj.* [생물] 뒤쪽으로(아래로) 감긴, [잎 따위가] 바깥으로 말린, 외선(外旋)의.

rev·o·lute² [révəlù:t] *vi.* 혁명 운동하다, 혁명에 가담하다, 혁명을 일으키다.

‡**rev·o·lu·tion**[rèvəlú:(ə)n] *n.* **1** U© [사회] [정

부·정치 조직 따위의] 혁명; [일반적으로] 대변혁, 대개혁. ¶ a bloodless *revolution* 무혈 혁명 / a *revolution* in the industrial world 산업계의 대개혁 / A *revolution* breaks out. 혁명이 일어나다.

[類語] **revolution** 공공연한 대규모 반란으로 현정부를 타도하고 신정부를 수립하기. **rebellion** 보통 실패로 끝난 조직적인 무장 반란. **revolt** 소규모의 반란. **insurrection** 치안 교란 따위로 정권 탈취를 노리는 국지적인 revolt. **uprising** 일부 국민들 사이에서 일시적으로 일어나는 소규모의 비효과적인 반란; 대규모 반란의 전조. **mutiny** 군대 내부나 함선 안에서의 상관에 대한 조직적 반란. **coup d'état** 보통 군대의 지지를 얻어 정당한 헌법 절차에 의하지 않고 정부를 전복하는 [종종 무혈의] 혁명.

2 U 순환, 회귀(回歸), 주기; 일순(一巡). **3** U [기계] 회전(운동); © 회전, 선회. **4** U [천문] 자전(自轉), 공전.

◇ revolt, revolutionize, revólve *v.*, revolútionary *adj.*

*****rev·o·lu·tion·ar·y**[rèvəlú:(ə)nèri / -nəri] *adj.* **1** 혁명의, 혁명적인; 대개혁의. ¶ a *revolutionary* army 혁명군 / *revolutionary* discoveries 대변혁을 가져올 만한 발견. **2** 회전하는(revolving). **3** (R-)《美》독립 전쟁(시대)의. — *n.* (*pl.* -**ar·ies**) 혁명가(당원); 혁명론자(revolutionist).

Rèvolútionary Cálendar *n.* (the ~) 프랑스 혁명력(曆) [제1프랑스 공화국의 달력(1793-1805). 1년을 12개월(한 달이 30일)로 나누고, 나머지는 국민 축일로 정했다. [olution.

Rèvolútionary Wár *n.* (the ~) =American Rev-

rev·o·lu·tion·ism[rèvəlú:(ə)nìz(ə)m] *n.* U 혁명주의, 혁명론. [론자.

rev·o·lu·tion·ist[rèvəlú:(ə)nist] *n.* 혁명당원, 혁명

rev·o·lu·tion·ize[rèvəlú:(ə)nàiz] *vt.* (**-ized**, **-iz·ing**) **1** 《드물게》…에 혁명을 일으키다. **2** …에 혁명 사상을 불어 넣다. **3** …을 근본적으로 바꾸다. ¶ Peaceful uses of atomic energy will *revolutionize* modern life. 원자력의 평화적 이용은 현대 생활을 근본적으로 바꾸어 놓을 것이다. [는.

re·volv·a·ble[riválvəbl / -vɔ́lv-] *adj.* 회전할 수 있

*****re·volve**[riválv / -vɔ́lv] *v.* (**-volved**, **-volv·ing**) — *vi.* **1** [축의 둘레를] 돌다, 회전하다; [천체가] 자전하다(rotate); 공전하다, 운행하다. ⇒ TURN [類語] ¶ (~+慟+匐) The earth *revolves* on its axis. 지구는 자전한다 / The moon *revolves* around the earth. 달은 지구의 둘레를 공전한다. **2** 순환하다; 주기적으로 일어나다; [마음 속을] 맴돌다, 오가다. ¶ *revolving* seasons 주기적으로 돌아오는 계절. — *vt.* **1** …을 회전시키다, 선회시키다; …을 운행하게 하다, 공전시키다. **2** [가슴 속에서] …을 이리저리 생각하다, 궁리하다, 생각을 짜내다, 숙고하다(consider, ponder). ¶ He *revolved* the problem before giving an answer. 그는 대답하기에 앞서 그 문제를 곰곰이 생각했다. ◇ revolútion *n.*

*****re·volv·er**[riválvər / -vɔ́lvə] *n.* **1** [회전식] 연발 권총(피스톨). ¶ the policy of the big *revolver* 《보복 위협 따위의》 위협 정책. **2** 회전하는 사람(것); [제강(製鋼)의] 회전로(回轉爐).

re·volv·ing[riválviŋ / -vɔ́lv-] *adj.* **1** 돌아오는, 순환하는. **2** [기계] 회전하는, 회전식의. ¶ a *revolving* chair(door) 회전식 의자(문) / a *revolving* furnace 회전로 / a *revolving* stage 회전 무대.

revólving crédit *n.* [상업] 회전 신용 계정[미(未) 변제 융자 금액이 한도 이내면 몇 번이고 이용 가능하게 해줌].

revólving dóor *n.* **1** 회전문. **2** [퇴직 관리의] 낙하산 인사[관련 민간 기업·단체에 들어가는 것].

re·vólv·ing-door[riválviŋdò:r / -vɔ́lviŋdò:-] *adj.* **1** 끓임 없이, 헛돌기만 하는. ¶ a *revolving-door* Cabinet 끓임 없이 내각하는 불안정한 정권. **2** 전직 관리가 유관 사기업에 들어가는, 낙하산 중역이 많은.

revólving fúnd *n.*《美》회전 자금.

re·vue [rivjú:] n. 1 시사 풍자극. 2 [촌극(寸劇)·춤·노래 따위를 함께 엮은] 경(輕)희극, 레뷰. [<Freview]

re·vul·sion [riv∧́l∫ən] n. ⓤⓒ 1 [감정의] 급변, 격변, 급격한 반동. 2 강한 혐오, 반감(repulsion). 3 잡아 떼기, 회수(回收). 4 〖의학〗[반대 자극에 의한] 유도법.

re·vul·sive [riv∧́lsiv] adj. 반동을 일으키는, 유도법의. ― n. 〖의학〗유도제(誘導劑), 유도 기구.

Rev. Ver. (略) Revised Version [of the Bible].

‡**re·ward** [riwɔ́:rd] n. ⓤⓒ 1 보수, 보상, 포상, 사례금, 보상금, 현상금(for...). ¶ a reward for one's efforts 남의 노력에 대한 보수 / He received a reward for saving an injured boy. 그는 부상한 소년을 구조하여 포상을 받았다.
類語 reward 행위·노력 따위에 대한 유형·무형의 보수: a reward for finding a lost child 미아 찾기에 대한 보수. prize 경쟁·승부·추첨 따위에 입상한 것에 주는 유형의 것: a lottery prize 당첨 상금(상품). award 판정자가 우수하다고 인정해서 수여하는 prize 또는 명예; 엄밀한 뜻의 경쟁은 아니다: the Academy Award 아카데미상.
2 응보(應報), [악의] 과보(果報), 벌. [여.
in reward for (or *of*) ···의 상으로서, ···에 보답하여 ― vt. 1 ···에 보답하다; ···에 상(포상)을 주다(하다) (...for, with). ¶ ―+目+前+名] His labors have been rewarded with good fruit. 그의 노력은 좋은 결과로 보답을 받았다. 2 ···에 보답하다, ···을 벌하다. ― vi. 보답하다. ～**less** adj.

re·ward·a·ble [riwɔ́:rdəbl] adj. 보답을 받는, 보수를 줄 수 있는.

re·ward·ing [riwɔ́:rdiŋ] adj. 보답이 있는; [···할만한] 가치있는. ¶ a rewarding experience 해볼만한 값어치가 있는 경험.

re·ward·less [riwɔ́:rdlis] adj. 무보수의, 헛수고의.

re·wa·ter [ri:wɔ́:tər, +美-wɑ́t-] vt. ···에 다시 물을 주다.

re·weigh [ri:wéi] vt. ···의 무게를 다시 달다, 두번 달다.

re·wind [ri:wáind] vt. (-wound or 〖드물게〗-winded, -winding) ···을 반대로 감다. ― n. 반대로 감기.

re·wire [ri:wáiər] vt. (-wired, -wiring) 1 ···에 배선을 다시 하다, 철사를 다시 감다. 2 ···에 전보를 다시 치다, 답전(하다.

re·word [ri:wɔ́:rd] vt. ···을 바꾸어 말하다, ···의 말을 바꾸다; ···을 반복하다, 반복하여 말하다(repeat).

re·work [ri:wɔ́:rk] vt. ···을 개정하다, ···에 다시 손대다.

‡**re·write** vt. [ri:ráit→,↗] (-wrote, -written, -writing) ···을 다시 쓰다, 고쳐 쓰다; 개정하다 (revise); 《美》 [신문에 낼 수 있도록] [취재 기사]를 고쳐 쓰다. ― n. [ri:ràit] 《美》 고쳐 쓴 기사. [당.

re·writ·er [ri:ráitər] n. 고쳐 쓰는 기자, 고쳐 쓰는

Rex [reks] n. (pl. *Re·ges* [ri:dʒi:z]) 〖라틴〗(=King) 왕, 현국왕(군주) [略 R]. ¶ George Rex 조지 왕(King George).

rex·ine [réksi:n] n. ⓤ 〖제본용〗모조 헝겊.

Rey·kja·vik [réikjəvi:k] n. 레이캬비크[아이슬란드 공화국의 항구·수도].

Reyn·ard [rénərd,+美 réinɑ:rd] n. 1 중세의 풍자 동물 소설 Reynard the Fox (여우 이야기)의 주인공인 여우 이름. 2 (r-) 여우(fox).

r.f., R.F. (略) radio frequency; range finder; rapid fire; 〖야구〗right field; Reserve Force.

R.F.A. (略) Royal Field Artillery (영국 야전 포병

R̄ factor (略) 〖생화학〗R 인자, (＝resistance)

RFC (略) Reconstruction Finance Corporation (부흥 금융 회사); Royal Flying Corps (영국 비행대).

RFD, R.F.D. (略) rural free delivery (지방 무료 배달); radio farm director (농사 방송 통신원).

RFI (略) 〖통신〗radio frequency interference (무선

r.g. (略) 〖미식축구〗right guard. [주파 방해).

R.G.A. (略) Royal Garrison Artillery.

RGB (略) 〖TV〗red, green, blue (컬러 TV 화상의 3원색).

R.G.S. (略) Royal Geographical Society (영국 지리학

Rh¹ (화학) rhodium 의 원자 기호. [회].

Rh² [ɑ́:réit] adj. 〖생화학〗Rh 인자의(에 관한). cf. Rh

r.h. (略) right hand. [factor

R.H. (略) relative humidity (상대 습도); Royal Highlanders (영국 고지 연대병); Royal Highness (전

R.H.A. (略) Royal Horse Artillery. [하).

rhab·do·man·cy [rǽbdəmænsi] n. ⓤⓒ (pl. -cies) 막대기 점[특히 막대기로 지하의 광맥·수맥 따위를 찾아내는 점법].

rhab·do·vi·rus [rǽbdo(u)vàiərəs-vàiərəs] n. 래브도 바이러스[곤충이나 동물에 의해 상처에서 옮기는].

Rhad·a·man·thine [rædəmǽnθin / -θain] adj. 라다만토스 (Rhadamanthus)와 같은; 엄정한, 강직한.

Rhad·a·man·thus [rædəmǽnθəs] n. 1 〖그리스 신화〗라다만토스 [제우스(Zeus)와 유로페 (Europa)의 아들. 정의의 모범으로 섬겨져 사후에는 지옥의 재판관으로 임명되었다]. 2 엄정한 재판관.

Rhae·to-Ro·man·ic [rí:tou/ro(u)mǽnik] n. ⓤ 레토로만어(語)〖스위스 남부, Tyrol 과 이탈리아 북부에서 쓰이는 일련의 로만스어〗. ― adj. 레토로만어의.

rhap·sod·ic [ræpsɑ́dik / -sɔ́d-] adj. 서사시〖풍〗의; 열광적인 (ecstatic).

rhap·sod·i·cal [ræpsɑ́dik(ə)l / -sɔ́d-] adj. =rhapsodic. ～**ly** [-kəli] adv.

rhap·so·dist [rǽpsədist] n. [고대 그리스의] 음유(吟游) 시인, 서사시 낭송가(朗誦者), 광상시〖곡〗작가.

rhap·so·dize [rǽpsədàiz] (* ≪英≫에서는 rhap·so·dise 로도 쓴다) vi., vt. (-dized, -diz·ing) 1 광시 (狂詩) 풍으로 쓰다, 광상곡을 짓다; 음송 서사시처럼 읊다; 음송 서사시화 하다. 2 열광적으로 쓰다 (over, about, on...).

rhap·so·dy [rǽpsədi] n. (pl. -dies) 1 [고대 그리스의] 서사시의 일부. 2 ⓒⓤ 광상시, 광상문; 광상적인 언사; 〖음악〗광상곡. 3 ⓤ 환희, 열중.
go into rhapsodies over ···을 열광적으로 말하다(는 다); ···을 과장하여 말하다.

rhat·a·ny [rǽtəni] n. (pl. -nies) [남미산(産)의] 다년생 콩과(科)의 관목; 그 뿌리 [의약용, 포트와인의 착색용].

r.h.b., rhb., RHB (略) 〖축구〗right halfback.

r.h.d. (略) right-hand drive (오른쪽 핸들식).

Rhe·a [rí:ə] n. 1 〖그리스 신화〗레아 [우라노스 (Uranus)와 가이아 (Gaea)의 딸. 크로노스 (Cronus)의 아내로 제신(諸神)의 어머니 (Mother of the Gods)라고 불리고 있다]. 2 (r-) 남미산(産) 타조〖발톱이 3개〗.

Rhen·ish [réni∫, +英 rí:n-] adj. 라인 (Rhine) 강〖지방〗의. ― n. ⓤ≪英≫라인강 지방 산(産)의 포도주 (Rhine wine). [나, 원자 기호 Re).

rhe·ni·um [rí:niəm] n. ⓤ 〖화학〗레늄 [금속 원소의 하

rheo- flow, stream, current (흐름)의 뜻의 연결형. 예: rheoscope, rheotaxis (〖생물〗주류성 (走流性)).

rhe·ol·o·gy [ri:ɑ́lədʒi / -ɔ́l-] n. ⓤ 유동학(流動學), 레올로지〖물질의 변형과 유동에 관한 과학〗.

rhe·om·e·ter [ri:ɑ́mitər / -ɔ́m-] n. 유량계(流量計), 전류계; 혈류계.

rhe·om·e·try [ri:ɑ́mitri / -ɔ́m-] n. ⓤ 유량(전류) 측정.

rhe·o·scope [rí:ouskòup] n. 전류 검사기, 검류기. [〖變抗器〗.

rhe·o·stat [rí:o(u)stæt] n. 〖전기〗가감 저항기; 변항기

rhe·o·stat·ic [rì:o(u)stǽtik] adj. 가감 저항기의.

rhe·o·tome [rí:ətòum] n. 〖전기〗단속기 (斷續器) (interrupter).

rhe·sus [rí:səs] n. 리서스원숭이, 벵골원숭이 [북인도 산(産)으로, 의학 실험에 쓰인다].

Rhésus fáctor n. =Rh factor.
rhet. (略) rhetoric; rhetorical.
rhe·tor [ríːtər, +英 -tɔː] n. **1** ⓤ수사학자. **2** 웅변
*__rhet·o·ric__ [rétərik] n. **1** ⓤ수사(학), 연설법; 웅변
[술]. **2** ⓤ미사어구(美辭麗句); 과장된 말(bombast).
3 ⓤⓒ《美》[작시법에 대하여] 작문법; ⓒ작문(수사학) 1
도서. ◇ rhetórical adj.
rhe·tor·i·cal [ritɔ́ːrik(ə)l, -tár-/-tɔ́r-] adj. **1** 수사
학(법)의. **2** 과장된, 미사어구의. ~·ly [-kəli] adv.
rhetórical quéstion n. 수사 의문[문] [뜻을 강조
하기 위하여 긍정적 진술을 의문형으로 표현한다. 예컨
대 Everyone knows.의 뜻으로 Who does not know?].
rhet·o·ri·cian [rètərí∫(ə)n] n. 수사학자(가); 웅변가,
과장된 표현의 연사(작가).
rheum [ruːm] n. ⓤ **1** [눈물·콧물과 같은] 점막 분
비물. **2** 비염(鼻炎)(rhinitis); 감기(cold).
rheu·mat·ic [ruː(ː)mǽtik] 〖병리〗adj. 류머티즘의,
류머티즘에 걸린, 류머티즘성의. — n. **1** 류머티즘 환
자. **2** (the ~)〖구어〗류머티즘(rheumatism).
-i·cal·ly [-ikəli] adv.
rheumátic féver n. ⓤ〖병리〗류머티즘열[발열성 질
환으로 심장 장애를 수반한다]. [matic.
rheu·mat·ick·y [ruː(ː)mǽtiki] adj.《구어》=rheu-
‡rheu·ma·tism [rúː(ː)mətìz(ə)m] n. ⓤ〖병리〗류머티
즘. ◇ rheumátic adj.
rheu·ma·toid [rúː(ː)mətɔ̀id] adj. 류머티스성의, 류머
티즘과 비슷한(rheumatic). [증
rhèumatóid arthrítis n.〖병리〗류머티스성 관절
rheum·y [rúːmi] adj. (**rhéum·i·er, rhéum·i·est**) **1**
점액을 분비하는; 코카타르에 걸린. **2** 〖공기가〗차고 습
기 많은.
Rh fáctor n.〖생화학〗리서스 인자, Rh 인자 [Rhesus
factor의 준말. 사람이나 리서스원숭이(rhesus) 혈액 속
에 있는 일종의 유전적 항원. 이 인자를 가진 혈액형을
Rh positive (Rh 陽性)이라 하며 이것이 없는 것을 Rh
negative (Rh 陰性)라고 한다].
R.H.G. (略) *R*oyal *H*orse *G*uards.
rhin- ⇒ RHINO-. [cavities 비강.
rhi·nal [ráin(ə)l] adj. 코의; 비강(鼻腔)의. ¶ *rhinal*
*__Rhine__ [rain] n. (the ~) 라인강[스위스에서 발원하여
독일과 네덜란드를 거쳐 북해로 흘러 들어간다].
rhine·stone [ráinstòun] n. ⓤ 라인스톤, 모조 다이아
몬드.
Rhíne wíne n. ⓤ 라인 포도주(Rhenish); [일반적
rhi·ni·tis [raináitis] n. ⓤ〖병리〗비염(鼻炎).
rhi·no[1] [ráinou] n. (pl. **-nos** or **-no**) =rhinoceros.
rhi·no[2] [ráinou] n. ⓤ《주로 英·古》돈; 현금(cash).
rhi·no[3] [ráinou] n. (pl. **-nos**) (=rhíno férry)《美》
상륙 작전 때 쓰는 자동 주정(舟艇).
rhino- nose 의 뜻의 연결형 (* 모음 앞에서는 rhin-을
쓴다). 예: *rhino*logy.
*__rhi·noc·er·os__ [rainás(ə)rəs / -nɔ́s-] n. (pl. **-os·es**
or **-os**) (동물) 코뿔소과(科)에 속하는 동물.
◇ rhinocerótic adj.
rhi·nol·o·gy [rainálədʒi / -nɔ́l-] n. ⓤ 비과학 [학].
rhi·no·plas·tic [ràino(u)plǽstik] adj. 조비 술(造鼻
術)의. [술(成形術)
rhi·no·plas·ty [ráino(u)plǽsti] n. ⓤⓒ 코 성형
rhi·no·scope [ráinəskòup] n.〖의학〗비경(鼻鏡).
rhi·nos·co·py [rainάskəpi / -nɔ́s-] n. ⓤ〖의학〗비경
검사.
rhi·no·vi·rus [ráinouvàirəs / -vàiərəs] n. 라이노바
이러스[감기의 병원(病源)].
rhizo- root (뿌리)의 뜻의 연결형. 예: *rhizo*phagous.
rhi·zoid [ráizɔid] adj. 뿌리 모양의. — n. [이끼 따
위의] 가근(假根).
rhi·zo·ma [raizóumə] n. (pl. **-ma·ta** [-mətə]) =rhi-
zome.
rhi·zome [ráizoum] n.〖식물〗근경, 지하경(地下莖).

rhi·zoph·a·gous [raizáfəgəs / -zɔ́f-] adj. 뿌리를 먹
는.
rhi·zo·pod[ráizəpɔ̀d / -pɔ̀d] n. 근족충(根足蟲)류 [아
rhi·zo·sphere [ráizəsfìər] n. (the ~) 식물 뿌리가
뻗는 부분의 토양스. [의, Rh 인자가 없는.
Rh-neg·a·tive [áːréití(négətiv] adj. Rh 음성(陰性)
rho [rou] n. (pl. **rhos**) **1** 로[그리스어 알파벳의 열
일곱째 자, Ρ, ρ; 영어의 R, r에 해당한다]. **2** 로 중간
자 (rho meson). [성 색소].
rho·da·mine [róudəmì(ː)n] n. ⓤ〖화학〗로더민 [염
Rhóde Ísland [roud-] n. 미국 동북부의 대서양 연안
의 주 [New England 지방의 일부. 주도(州都) Provi-
dence; 略 R.I.]. [민).
Rhóde Íslander n. Rhode Island 태생의 사람(주
Rhóde Ísland Réd n. 미국산(産) 닭의 일종.
Rhodes [roudz] n. 로도스섬 [에게해 남부의 섬. 그리
스령]; 그 섬에 있는 항구·수도. cf. Colossus
Rho·de·si·a [roudíːʒ(i)ə / -zjə] n. 로디지아 [1970년
공화국을 선포한 남아프리카의 나라; 수도 Salisbury].
Rho·de·si·an [roudíːʒ(i)ən/-zjən] adj. 로디지아의,
로디지아인의. —n. 로디지아 사람.
Rhodésian mán n. 로디지아인 [아프리카 Zambia
에서 발견된 화석인(化石人)].
Rhódes schólar n. 영국 Oxford 대학의 Cecil
John Rhodes 장학생.
Rhódes schólarship n. 로즈 장학금[영국의 식민
지 정치가 Cecil John Rhodes (1853-1902)의 유언에 따라
Oxford 대학에 마련된 것으로서, 영연방·미국·독일 등
지에서 선발된 사람들에게 수여된다].
Rho·di·an [róudiən, -djən] adj. 로도스(Rhodes) 섬의;
로도스섬 사람의. — n. 로도스섬 태생의 사람(주민).
rho·di·um [róudiəm, -djəm] n. ⓤ〖화학〗로듐 [금속
원소의 하나, 기호 Rh].
rhodo- rose 의 뜻의 연결형. 예: *rhodo*lite.[의 식물.
rho·do·den·dron [ròudədéndr(ə)n] n. 진달래속(屬)
rho·do·lite [róudəlàit] n. ⓤ 장미빛 석류석의 일종.
rho·do·ra [roudɔ́ːrə / -dɔ́ː-] n. 북미산(産)의 진달래.
rhomb [ram(b) / rɔm] n. =rhombus.
rhom·bic [rámbik / rɔ́m-], (**rhom·bi·cal** [-k(ə)l] adj.
마름모꼴의, 사방형(斜方形)의; 마름모꼴 면을 가진;〖結
晶〗사방성(斜方晶)의.
rhom·bo·he·dron [ràmbəhíːdrən/ròmbəhéd-, -híːd-]
n. (pl. **-drons** or **-dra** [-drə]) 능면체, 사방 6면체.
rhom·boid [rámbɔid / rɔ́m-] n. 편능형(偏菱形), 장
(長) 사방형. — adj. 편능형의, 장사방형의.
rhom·boi·dal [rambɔ́idl / rɔm-] adj. =rhomboid.
rhom·bus [rámbəs / rɔ́m-] n. (pl. **-bus·es** or **-bi**) **1**
마름모꼴, 사방형. **2** 능면체 (rhombohedron).
rhó mèson n.〖물리〗=rho 2.
rhon·chal [ráŋk(ə)l / rɔ́ŋ-], **-chi·al** [-kiəl] adj. 〖의
학〗수포음(水泡音)의, 라셀의.
rhon·chus [ráŋkəs / rɔ́ŋ-] n. (pl. **-chi** [-kai])〖의학〗
폐음(肺音), 라셀[음], 나음(囉音).
r.h.p. (略) *r*ated *h*orse*p*ower (정격 마력(定格馬力)).
R.H.P.C. (略) *r*apid *h*ardening *p*ortland *c*ement(급
경(急硬) 시멘트.
Rh-pos·i·tive [áːréitipázitiv / -pɔ́z-] adj. Rh 양성(陽
性)의, Rh 양성을 지닌.
R.H.S. (略) *R*oyal *H*istorical *S*ociety (영국 사학회);
*R*oyal *H*orticultural *S*ociety (영국 원예학회); *R*oyal
*H*umane *S*ociety (영국 수해 구조회).
rhu·barb [rúːbɑːrb] n. ⓤ **1** 대황(大黃); 대황의 잎
줄기 [식용]. **2** 대황의 뿌리 [하제(下劑)용]. **3** 담황
색 (citrine). **4** ⓤ 《美속어》말다툼, 격론; 불평, 항의.
rhu·barb·ing [rúːbɑːrbiŋ] 《英》adj. [연극에서 연기
자가] 군중으로서 떠들어대는. — n. 떠들어대는 소리,
소란, 혼란.
rhumb [rʌm(b) / rʌm] n.〖항해〗**1** =rhumb line.
2 나침(羅針) 방위[선]; 나침 방위 2점 사이의 각거리

(角距離)(11°15′).
rhum·ba [rÁmbə, +美 rú(:)m-] n., vi. =rumba.
rhúmb líne n. [항해] 항정선(航程線). * loxodromic curve 라고도 한다.
***rhyme, rime** [raim] n. **¶** [U] [시 의]운, 압운(押韻), 각운(脚韻). **¶** double (feminine or female, weak) rhyme 2중운 (여성운, 약운) [강세가 없는 제2음절을 수반, 압운이 2음절에 걸치는 것]; scatter and patter 따위] / imperfect rhyme 불완전운(=동음운은 sight 와 site, 음음(類音)은 toil and smile, 시각운 bomb and comb 따위] / single (masculine or male, strong) rhyme 단운 (남성운, 강운) [압운이 한 음절뿐인 것; face 와 place 따위]. **2** 동운어(同韻語), 운이 맞는 낱말(for, to...). **¶** give rhymes 압운하다 / "Dove" is a rhyme for "love". dove 와 love 는 운이 맞는다. **3** [U][C] 압운시(押韻詩); [일반적으로] 운문, 시[가]. **¶** nursery rhymes 동요, 자장가.
neither (or *no*) *rhyme nor reason; without rhyme or reason* 무슨 영문인지 알 수 없는 [← Shakespeare 작 *As You Like It*. III. ii. 416].
— v. (rhymed, rhým·ing; rimed, rím·ing) vi. **1** 압운(韻)을 짓다. **2** [...과] 운이 맞다, [시 따위가] 운을 밟다(*with, to...*). **¶** (~+剛+客) "Care" rhymes with (or to) "fair." care 와 fair 는 운이 맞는다. — vt. **1** ...을 압운시키다, ...에 운을 맞게 하다(*...with*). **¶** (~+囯+剛+客)*rhyme* "shepherd" *with* "leopard" shepherd 를 leopard 와 운을 맞추다. **2** ...을 압운시(운문)으로 짓다. **3** [시간 따위]를 시작하게 쏟다(*...away*).
rhymed [raimd] adj. 운을 밟은, 압운된; 운문의. **¶** *rhymed* verse 압운시. cf. blank verse
rhyme·less [ráimlis] adj. 운을 밟지 않은, 운(韻)이 없는.
rhým·er, rim- [ráimər] n. 작시자(versifier); 서투른 시인.
rhýme róyal n. [韻律] 라임 로열 [Chaucer 가 시작한 시의 한 형식. 장단격 7행 절로 ababbcc 순의 압운].
rhýme·ster, rime- [ráimstər] n. 서투른 시인.
rhým·ing sláng [ráimiŋ-] n. [U] 압운 슬랭 [tealeaf 에서 thief 를 나타내는 따위; [:if]의 음이 맞음]; 사람.
rhým·ist [ráimist] n. 작시자. **¶** a poor *rhymist* 서투른 시인.
rhy·o·lite [ráiəlàit] n. 유문암(流紋岩).
‡**rhythm** [ríð(ə)m, -θm] n. **1** [U][C] 리듬, 율동, 규칙적인 순환, 주기 운동. **¶** the *rhythm* of an engine 엔진의 리듬 / the *rhythm* of the seasons 계절의 순환. **2** [음악] 리듬, 음율, 박자. **¶** play in quick *rhythm* 빠른 리듬으로 연주하다. **3** [韻律] 운율(meter), 운율형식(metrical form). **4** [미술] 조화, 균형. **¶** the *rhythm* of a statue 입상(立像)의 조화. **5** [문장 따위의] 리듬. **¶** the *rhythm* of a sentence 문장의 리듬.
◇ rhýthmic, rhýthmical, rhýthmless adj.
rhýthm and blúes n. [음악] 리듬 앤드 블루스 [미국 흑인 음악의 일종].
***rhyth·mic** [ríðmik], **-mi·cal** [-k(ə)l] adj. **1** 주기적인, 규칙적 순환의. **2** 리드미컬한, 가락이 맞는. **3** 율동의, 운율의. **-cal·ly** [-kəli] adv. ◇ rhýthm n.
rhyth·mics [ríðmiks] n.pl. [단수 취급] 음률학(音律學).
Rhythmic [spórtive] gymnástics n. [스포츠] 리듬 체조 [리듬에 맞춰 공·로프·리본·곤봉·링의 5가지 도구를 다루는 여자 무용 체조, 1984년 Los Angeles Olympic 대회 때부터 정식 경기 종목으로 채택].
rhyth·mist [ríðmist] n. 리듬 감각이 있는 사람.
rhythm·less [ríð(ə)mlis] adj. 리듬이 없는, 운율이 없는, 박자가 맞지 않는, 균형이 잡히지 않은.
rhýthm méthod n. 주기 피임법.
R.I. 《略》[라틴] *Regina et Imperátrix* (=Queen and Empress); 《라틴》 *Rex et Imperátor* (=King and Emperor); *Rhode Island; Royal Institution*(왕립 과학 연구소); *Rotary International*(국제 로터리 클럽);
ri·a [rí:ə] n. 길게 좁혀든 후미, (~s)리아스식 해안.

RIAA 《略》 *Recording Industry Association of America, Inc.* (미국 레코드 공업 협회).
ri·al [ráiəl] n. 리알 [이란의 화폐 단위]; 그 은화.
Ri·al·to [riǽltou] n. **1** 이탈리아 Venice 의 상업 중심지. **2** Venice 의 Grand Canal 에 걸려있는 대리석 다리. **3** [미국 New York City 의] Broadway 의 극장가. **4** (r-) 시장, 상점가; 거래소.
ri·ant [ráiənt] adj. [풍경 따위가] 화창한, 환한.
‡**rib**¹ [rib] n. **1** [해부] 늑골, 갈빗대. **¶** false *ribs* 가(假) 늑골. **2** [뼈째의 2] 갈빗살, 아바리살. ⇒ BEEF 그림. **3** [건축] 리브, 홍예의 늑재(肋材); 격자 천정의 구획테; [다리의] 가로보. **4** [조선] [배의] 늑골, 늑재; [통발의] 가두리테; [광산] 광주(鑛柱), 광벽; [양산의] 살. **5** [식물] 엽맥(葉脈). **6** [직물·편물 따위의] 이랑; [전답의] 두둑; [모래 위에 남은] 파도 자국. **7** 《익살》 처, 아내, 여자 방세기 (Gen.) 2 : 21-22].
poke a person in the ribs 남의 옆구리를 신호하듯이 쿡쿡 찌르다.
smite a person under the fifth rib 남의 심장을 꿰뚫다 [← 사무엘기(하) (2 Sam.) 2 : 23]; 남을 깜짝 놀라게 하다, 극도로 놀라게 하다.
— vt. (ribbed, rib·bing) **1** ...에 늑골[늑재]을 붙이다, ...을 늑재(肋材)로 보강하다. **2** ...을 늑골[늑재]로 두르다. **3** ...에 이랑 [무늬]를 붙이다.
◇ ríbless adj.
rib² [rib] vt. (ribbed, rib·bing) ...을 놀리다, 괴롭히다.
rib·ald [ríbəld] adj. 입버릇이 나쁜, 아비한, 상스러운. — n. 상스러운 말을 하는 사람, 입버릇이 나쁜 사람.
rib·ald·ry [ríbəldri] n. [U] **1** 야비함, 상스러움, 입이 더러움(scurrility). **2** 상스러운 언사.
rib·and [ríbənd] n. **1** [紋章] [방패 무늬 바탕으로 씨는 보통 사대(斜帶)의 약 1/8 의] 사대. **2** [고어] =ribbon.
rib·band [ríbbænd, ríb(ə)n(d)] n. **1** [조선] [배의 늑재를 받치는] 대판(帶板). **2** [건축] =ribbon 6.
ribbed [ribd] adj. **1** 늑골이 있는, 늑재가 있는. **2** [직물·편물의] 이랑[무늬]가 있는; 이랑 무늬로 짠.
rib·ber [ríbər] n. **1** 늑재를 붙이는 사람. **2** 이랑 무늬 편물기.
rib·bing [ríbiŋ] n. [U] **1** [집합적] 늑골(ribs). 늑골 모양의 조직, 늑재, [직물의] 이랑. **2** 늑재[이랑]를 붙임.
‡**rib·bon** [ríbən] n. **1** 리본, [장식용] 띠. **2** [타자기·프린터의] 잉크 리본; [훈장의] 리본, 약장, 기장. **¶** the blue *ribbon* [Garter 훈장의] 청수(靑綬). **3** 끈(띠)모양의 것; 태엽; 띠풀, 금속제 줄자, (*ribbons* of) mist 등 가다의 따처럼 보이는 안개. **4** (~s) 찢어진 조각, 잘게 찢어진 것. **¶** be torn to *ribbons* 갈기 갈기 찢기다. **5** [조선] [배의] 대판(帶板) (ribband). **6** [건축] 장선받이, [비계의] 가로대, [토대로 만든 주단의] 격자 창틀용. **7** (~s) [구어] 고삐. **¶** handle (or take) the *ribbons* 고삐를 잡다, 말을 몰다.
to a ribbon [미국구어] 완전히.
— vt. **1** ...에 리본을 달다, ...을 리본으로 장식하다. **2** ...에 줄무늬(선)을 넣다. **3** ...을 갈기갈기 찢었다, 가늘게 찢다. — vi. 띠 모양으로 되다.
◇ ríbbonlike adj.
ríbbon búilding n. [英] 대상(帶狀) 건축[고속도로 변에 무질서하게 주택·점포 따위가 늘어서기].
ríbbon cándy n. [U] 리본 캔디 [리본 모양으로 겹쳐 놓은 크리스마스 사탕].
ríbbon cópy n. 타자기로 친 문서의 원본 [최초의 것].
ríbbon devélopment n. [U][英] 대상(帶狀) 발전. cf. ribbon building
rib·boned [ríbənd] adj. **1** 리본을 단, 리본으로 장식한. **2** 리본 모양의 줄이 있는.
rib·bon·fish [ríbənfìʃ] n. (pl. ~-fish or ~-fish·es) 납작하고 긴 바닷물고기[갈치 따위].
rib·bon·like [ríbənlàik] adj. 리본 모양의.
ríbbon párk n. 대상 녹지(帶狀綠地).

ríbbon wíndows *n. pl.* 대상 유리창 [기둥 외면의 유리창].
ríb càge *n.* 흉곽(胸郭).
ríbes [ráibi:z] *n.* 《단·복수 양용》 까치밥나무속(屬) [의 식물].
ríb·less [ríblis] *adj.* **1** 늑골이 없는, 늑재가 없는. **2** 살이 찐 (plump).
rí·bo·fla·vin [ràibou(ə)fléivin, -flæv-], **(rì·bo·fla·vine** [-vin, -vi:n]) *n.* U 《생화학》 리보플라빈[비타민 B₂, 비타민 G 의 별칭]. lactoflavin 이라고도 한다.
rí·bo·nu·cle·ase [ràibou(ə)klí:èis, -njú:-] *n.* 《생화학》 리보뉴클레이제 [RNA 의 가수 분해를 촉매하는 효소].
rì·bo·nu·cléic ácid [ràibo(u)n(j)u:klí:ik-/-njú:-] *n.* U 《생화학》 리보핵산 (略 RNA).
rí·bo·some [ráibo(u)sòum] *n.* 《생물》 리보솜 [단백질과 리보핵산으로 이루어지는 알갱이].
Ri·car·di·an [riká:rdiən] *adj.* 리카도 설(說)의; 리카도 학파의. [<영국의 경제학자 David Ricardo(1772~1823) 의 이름]
‡**rice** [rais] *n.* U 벼; 쌀, 쌀밥. ¶ a *rice* crop 벼농사 / boil *rice* 밥을 짓다. —— *vt.* (riced, ric·ing) (감자 따위)를 으깨다, 쌀 모양으로 만들다. —— *adj.* 쌀의, 쌀로 만든; [무연탄의 입자 크기가] ³⁄₁₆~⁵⁄₁₆인치의, 쌀알 크기의. ¶ *rice* cake 떡. [sparrow.
ríce-bìrd [ráisbə̀:rd] *n.* **1** = bobolink. **2** = Java
ríce bòwl *n.* [동남 아시아 등의] 미작(米作) 지대.
ríce flòur *n.* U 쌀가루(米粉).
ríce pàper *n.* U 라이스 페이퍼, 얇은 고급 종이.
ríce púdding *n.* UC 라이스 푸딩 [우유와 쌀가루로 만든].
ric·er [ráisər] *n.* 라이서 [감자 따위를 으깨어 거르는 기구].
ríce thròwing *n.* U 결혼식 후에 신랑 신부에게 쌀을 뿌리는 일.
ríce wàter *n.* U [쌀로 죽을 쑤어 만든] 환자용의 미음.
ríce wèevil *n.* 〖곤충〗 바구미.
‡**rich** [rit∫] *adj.* **1** 돈 많은, 부자의, 부유한(opp. poor); (the ~) 《명사적 용법》 《복수 취급》 부자, 부호(rich people). ¶ *rich* and poor 부자와 가난한 자, 부자나 빈자나 / as *rich* as a Jew (or Croesus) 매우 돈이 많은 / *Rich* folk have many friends. 부자들은 친구가 많다 / The *rich* are not always happy. 돈 많은 자가 반드시 행복하다고는 할 수 없다.
類語 *rich* 「부자」라는 뜻의 가장 일반적인 말; 때로는 벼락 부자를 암시. **wealthy** 의 *rich* 하고 그 지위가 확고부동이며 안정되고 생활 환경도 호화롭고 사회적 영향력이 큰: a *wealthy* family 부유한 집안. **well-to-do**, **well-off** *rich*, *wealthy* 의 부류에는 못 들어가나 안락한 생활을 누릴만한 돈과 재산이 있는. **affluent** 번영이 지속되고 더욱 재력이 붙어나고 있는: *affluent* society 풍요한 사회. **opulent** *rich* 한 일부이고 외관으로 나타내는: *opulent* decorations 사치스런 장식.
2 풍부한, 풍요로운, 윤택한(abundant), 많은 (in, with...). ¶ a *rich* crop 풍작 / *rich* hair 탐스러운 머리 / *rich* experiences 풍부한 경험 // a tract *rich* in minerals 광물 자원이 풍부한 지역 / a castle *rich* with historic incidents 역사적 사건이 많은 성채.
3 [토지가] 비옥한; 풍부하게 산출되는. ¶ *rich* fields 비옥한 전답 / a *rich* mine 산출이 많은 광산.
4 귀중한, 값진, 훌륭한, 사치스런. ¶ *rich* gifts 값진 선물 / a *rich* banquet 사치스런 연회.
5 [음식이] 영양이 풍부한(nutritious); 진한, 기름진. ¶ *rich* milk 농도가 진한 우유 / *rich* wine 감칠맛이 나는 포도주.
6 [색깔 따위가] 짙은 (deep), 선명한 (vivid); [소리·목소리가] 굵직한, 낭랑한; [향기가] 강력한. ¶ a *rich* voice 낭랑한 목소리 / *rich* perfume 짙은 향기.
7 의미심장한. ¶ *rich* words 의미심장한 말.
8 《구어》 매우 재미 있는, 유머가 풍부한; 웃기는, 터무니없는. ¶ a *rich* joke 재미있는 농담.
9 〖분사와 결합하여 복합어를 만들어〗 훌륭하게, 화려하게; 풍부하게. ¶ a *rich*-bound book 장정(裝幀)이 훌륭한 책.
passing rich 아주 부자인.
rich beyond the dream of avarice 아주 돈이 많은; 매우 행복한.
That's rich! 《구어》《반어적으로》 그것 참 재미있다 ! ← Shakespeare 작 *Richard III* 을 영국의 배우·극작가 Colley Cibber (1671-1757)가 개작했을 때의 삽입구.
◇ ríches *n.* ríchness *n.*
Rich·ard [rít∫ərd] *n.* 남자 이름. ¶ *Richard's himself again.* 리차드는 회복했다〖질병·실망 따위로부터 회복했을 때에 말한다. ← Shakespeare 작 *Richard III* 을 영국의 배우·극작가 Colley Cibber (1671-1757)가 개작했을 때의 삽입구〗.
Ríchard Róe [-rou] *n.* **1** 〖법률〗 [부동산 점유 회복 소송(ejectment)에 있어서의] 피고의 가상명. *cf.* John Doe **2** 〖일반적으로 거래·소송의〗 한쪽(가공)의 가상명(假想名). [사람 한.
rích-clad [rít∫klæd] *adj.* 쪽 빼입은, 사치스러운 옷차
rích·en [rít∫ən] *vt.* ⋯을 풍부하게 하다, 부자로 만들
‡**rich·es** [rít∫iz] *n. pl.* 《보통 복수 취급》 부(富), 재물 (wealth), 풍부함, 많음. ¶ the *riches* of crop 수확의 풍부함 / the *riches* of knowledge 풍부한 지식 / heap up *riches* 막대한 부를 쌓아 올리다 / *Riches* have wings. 《속담》 돈에는 날개가 있다. ◇ rich *adj.*
‡**rich·ly** [rít∫li] *adv.* **1** 풍부하게, 부유하여; 화려하게; 값지게, 훌륭하게. **2** 기름지게. **3** 질게, 강력하게. **4** 완전히, 충분히. ¶ deserve *richly* 충분히 받을 가치가 있다.
Rich·mond [rít∫mənd] *n.* **1** 미국 Virginia 주의 주도 (州都). **2** New York City 서남부의 구(區). **3** 영국 Surrey 주의 도시 [Kew Gardens 로 유명].
another Richmond in the field 뜻밖에 만난 새로운 호적수. *cf.* Shakespeare 작 *Richard III*. V. iv.
*****ríchness** [rít∫nis] *n.* U **1** 부유, 호화. **2** 윤택. **3** 비옥. **4** 농후함, 강렬함. **5** 귀중함.
Rích·ter scàle [ríktər-] *n.* (the ~) 리히터 [리진계] 눈금 [지진의 진도(震度)를 나타내는 눈금으로 1~10 으로 표시]. [<미국의 지진학자 Charles F. Richter (1900~1985)의 이름]
rick¹ [rik] *n.* **1** 짚더미, 볏가리, 건초가리 [이엉으로 엮은 지붕이 덮여 있다]. **2** 〖숙성(熟成) 중인 술통을 얹는〗시렁. —— *vt.* [건초 따위]를 쌓다, 볏가리로 쌓아 올리다.
rick² [rik] *n.* 《英》 = wrick. [올림이].
rick·ets [ríkits] *n. pl.* 《보통 단수 취급》 〖병리〗 구루병 (佝僂病), 곱사등.
rick·ett·si·a [rikétsiə] *n. pl.* -si·ae [-tsií:] or -si·as) 리케챠 [세균과 바이러스 중간 크기의 미생물로, 이·진드기 따위의 체내에 기생한다].
rick·et·y [ríkiti] *adj.* **1** 쓰러질 듯한, 흔들흔들하는. ¶ a *rickety* chair 흔들흔들한 의자. **2** 관절이 약한, 비틀거리는; 허약한; 불규칙한. **3** 구루병의. -**et·i·ness** *n.*
rick·ey [ríki] *n.* UC《美》리키 [진 따위의 알코올성 음료에 라임 주스와 탄산수를 가미한 음료].
rick·rack, ric·rac [ríkræk] *n.* UC 리크래크 [여러 갈래를 엇갈려 짠 가는 끈으로, 옷 가장자리 장식용].
rick·sha [ríkʃə], **-shaw** [-ʃɔ:] *n.* 인력거(人力車).
rick·y·tick [ríkitìk] *adj.* 《美속어》 [1920년대의 음악과 같이] 떠들썩한, 고풍스러운.
ric·o·chet [ríkəʃèi, +英 -ʃét] *n.* **1** 스쳐 날기 [지면·수면을 스쳐 날기], 수면을 스치며 날기, 스치며 튀는 돌 (탄). —— *vi.* (-chet·ed [-ʃèid], -chet·ing [-ʃèiiŋ];《英》-chet·ted [-ʃètid], -chet·ting [-ʃètiŋ]) 스쳐 날다, 물수제비뜨며 날다; 〖총알 따위가〗 스쳐 날다.
ri·cot·ta [riká:tə / -kɔ́tə ; *It* rikɔ́tta:] *n.* U 리코타 [이탈리아제의 부드러운 일종의 cottage cheese].
ric·tus [ríktəs] *n. pl.* (**tus** *or* **-tus·es**) **1** 입을 벌리

기. **2** [새]부리의 벌림.

‡rid[rid] *vt.* (**rid** *or* **rid·ded, rid·ding**) **1** …을 모면하다, 자유롭게 하다; …을 제거하다, 구축하다 (free) (…*of*). ¶ (~+目+前+名) *rid* a house *of* rats 집에서 쥐를 구축하다 / *rid* oneself *of* one's mind *of* doubt 의심하는 생각을 없애다 / *rid* oneself *of* one's troubles 귀찮은 일에서 벗어나다 / They are *rid of* a lot of debt. 그들은 거액의 빚을 덜게 되었다. **2** [고어] …을 구제하다, 구조하다 (rescue, save) (…*out of, from*).

get rid of …을 면하다, 제거하다, 쫓아버리다, 끝내다. ¶ When he comes on a visit, there's no *getting rid of* him. 그가 방문해 온다면 도저히 쫓아버릴 수는 없다.

◇ **riddance** *n.*

rid²[rid] *v.* 《고어》 ride 의 과거·과거 분사. [방언]

RID 《略》 Remove Intoxicated Drivers (음주 운전자 추방)

rid·a·ble, ride- [ráidəbl] *adj.* **1** [말 따위가] 탈 수 있는. **2** [도로·하천 따위가] 말타고 갈 수 있는.

rid·dance [ríd(ə)ns] *n.* ⓤⓒ 모면하기, 제거, 일소, 귀찮은 일을 일소하기. ¶ make clean *riddance* of some trouble 귀찮은 일을 일소하다.
A good riddance (*to bad rubbish*)! 《감탄사적으로》 드디어 귀찮은 일에서 해방됐다!

‡rid·den [rídn] *v.* 《고어》 ride 의 과거 분사. —— *adj.* 《보통 복합어를 만들어》 지배된, 학대받은, 억압당한; [악몽 따위에] 시달림을 받은, 괴롭힘을 당한. ¶ a king-*ridden* land 왕의 압제에 시달린 나라 / fear-*ridden* 공포의 괴로움을 받아온.

‡rid·dle¹ [rídl] *n.* **1** 수수께끼, 알아맞히기. ⇨ PUZZLE 題義 ¶ ask (solve) a *riddle* 수수께끼를 풀다 (알아맞히다) / speak in *riddles* 수수께끼를 던지다, 수수께끼 같은 말을 하다. **2** 난문, 난제; 불가사의한 일; 이해할 수 없는 사람. ¶ the great *riddle* of life 인생의 커다란 수수께끼. —— *v.* (**-dled, -dling**) *vi.* 수수께끼를 내다; 수수께끼 같은 말을 하다. —— *vt.* [수수께끼]를 풀다 (solve). ¶ *Riddle* me, *riddle* me what it is. [수수께끼에] 그것은 무엇이니? * Riddle me, riddle me. 라고도 말한다.

rid·dle² [rídl] *vt.* (**-dled, -dling**) **1** [탄환 따위로] [사람·배 따위]를 벌집처럼 만들다. ¶ a warship *riddled with* shots 탄환으로 벌집이 된 군함. **2** …을 체질하다, 체질로 거르다. **3** [사람]을 공박하다; [논의 (論議) 따위]를 정밀 조사하다. —— *n.* 어레미 [체].

rid·dler [rídlər] *n.* 수수께끼를 내는 (푸는) 사람.

rid·dling [rídliŋ] *adj.* 수수께끼 같은. —— **-ly** *adv.*

rid·dlings [rídliŋz] *n. pl.* 무거리 (찌꺼기) (siftings).

‡ride [raid] *v.* (**rode** *or* 《고어》 **rid, rid·den** *or* 《고어》 **rid, rid·ing**) *vi.* **1** [말·탈것 따위]를 타다, 승마하다; 말타고 가다, 말을 몰다, 말을 달리다. ¶ We *rode* twenty miles. 우리는 20마일을 말을 타고 달려왔다 / *ride* (at) full speed (or tilt) 전속력으로 달리다 / (~+副) *ride away* 말을 몰고 가버리다 / *ride behind* 뒤에 타다 // (~+前+名) He *rode into* a crowd. 그는 군중 속으로 말을 타고 들어갔다 // (~+副) (~+前+名) *ride out* to town 시내까지 말을 몰고 가다 / *ride up* to …으로 말을 타고 가다. **2** 말타듯 올라타다, 걸터앉다. ¶ (~+前+名) *ride on* a person's back (shoulders) 남의 등에 올라타다 (목말 타다). **3** [탈것에] 타다, 타고 가다 (여행하다). ¶ (~+前+名) *ride in* a carriage 마차를 타고 가다 / *ride in* a cart (a bicycle) 짐수레 (자전거)를 타고 가다 / *ride in* a ship 배를 타고 가다. **4** 실려서 가다, [차바퀴 등이] 지탱되어 돌다 (*on*...). ¶ (~+前+名) *ride on* the waves of popularity 인기의 물결을 타다 / The wheel *rides on* the shaft (*or* axle). 차바퀴는 굴대를 중심으로 돈다 / Anger *rode on* his face. 노기가 그의 얼굴에 나타났다. **5** [물위에] 뜨다, 떠돌다; [배가] 정박하다. ¶ (~+前+名) The ship *rides at* anchor. 그 배는 정박 중이다.

6 [공중에] 걸치다, 뜨다, 오르다; 날다. ¶ (~+前) The moon *rides* high. 달이 높이 떠 있다 // (~+前+名) The bird *rides* lightly *on* the wind. 그 새는 바람을 타고 가볍게 날고 있다.

7 [물건의 끝과 끝이] 겹치다, 얹혀지다; [색이] 겹쳐 인쇄되다; 빗나가다, 치켜 올라가다 (*up*...). ¶ A bone *rides*. 골절되어 겹치다 // (~+前) His collar *rides up* constantly. 그의 칼라는 언제나 치켜 올라가 있다 // (~+前+名) The red *rides on* the blue. 붉은 색이 청색 위에 겹쳐서 인쇄되어 있다.

8 승마하는데 적합하다, 탄 기분이 …하다. ¶ (~+補) This horse *rides* quiet. 이 말은 얌전히 태운다 / *ride* easy (hard) 탄 기분이 편 (불편)하다 / The rain made the ground *ride* too soft. 비로 말타기에는 땅이 너무 부드러웠다 // This car *rides* very smoothly. 이 차는 탄 기분이 매우 편안하다.

9 《고어》 기병 (騎兵)이다.

10 《美俗어》 순조롭게 나아가다, 이어지다. ¶ I'll let the matter *ride* a few months. 나는 그 일을 몇 달 동안 내버려둘까 생각한다. [(*on*...).

11 《영》[…에] 의해 결정되다, 여하에 달리다 (depend)

12 [재즈] 주제를 바꾸어 즉흥적으로 연주하다.

—— *vt.* **1** [말·탈것 따위]를 타다, 타고 가다; [말 위]를 몰다(manage). ¶ *ride* a horse 말을 타다 / *ride* one's hobby (*or* horse) 장기(특기)를 보이다 // (~+目+前+名) *ride* one's horse *at* a fence (the enemy) 말을 타고 담장을 넘으려고 하다 (적을 습격하다).

2 …을 말타고 지나가다, 말타고 건너다. ¶ *ride* a circuit 말타고 순회하다 / *ride* a boundary 말타고 경계를 넘다.

3 …을 말을 타고 하다; [말·자전거로] [경주 따위]에 나가다; 말타고 …의 사냥을 하다. ¶ *ride* a race 경마를 하다.

4 …을 태우다, 걸터앉히다 (cause to ride); …을 태우고 가다, 실어나르다; …에 걸터타다. ¶ *ride* a broomstick 빗자루에 걸터타다 // (~+目+前+名) *ride* a child *on* one's shoulders 아이를 목말태우다 / *ride* a person *on* a rail as punishment 벌로 남을 가로대에 실어나르다 (사형 (私刑)의 일종).

5 …에 걸려 있다, 실려 있다; …에 겹치다, 타려고 하다. ¶ Glasses *ride* one's nose. 안경이 코에 걸려 있다.

6 [배가] [물·파도] 위에 뜨다, [새 따위가] [바람]에 실려 가다; 받쳐지다. ¶ *ride* the waves [배가] 파도를 타고 가다 / The birds *ride* the gale. 새가 강풍을 타고 있다.

7 [배]를 정박시키다 (keep at anchor). ¶ (~+目+前+名) *ride* a ship *at* anchor 배를 정박시키다.

8 《주로 수동형으로》…을 지배하다, 압박하다, 학대하다. ⇨ RIDDEN. ¶ be *ridden* by superstition 미신에 사로잡히다.

9 《속어》…을 괴롭히다, 고통을 주다 (harass, torment); …을 놀리다, 웃음거리로 만들다 (ridicule). ¶ be *ridden* with a nightmare 악몽에 시달리다 / The fear *rode* him day and night. 그는 밤낮으로 공포에 시달렸다.

10 [재즈] [주제]를 마음대로 바꾸어 즉흥 연주하다.

ride and tie 《고어》 두 사람이 교대로 한 마리의 말을 타다.

ride down ① …을 말타고 추적하다, 따라잡다. ② …을 말로 짓밟다; [배가] [the enemy *down*]을 유린하다. ③ [말]을 쓰러질 때까지 타다.

ride for a fall ⇨ FALL. [혹사하다.

ride herd ⇨ HERD.

ride a person off [폴로 경기에서] 공과 상대편 사이에 말을 몰아넣어 상대방의 타구를 방해하다. [다.

ride off on a side issue 지엽 문제로 요점을 회피하다.

ride out ① (*vt.*) [폭풍 따위]를 이겨내다. ② (*vi.*) 잘 참고 견디다 (endure successfully).

ride over ① …을 짓밟다 (trample); …에 유세를 부리

rideable

ride roughshod ⇒ ROUGHSHOD.
다, …을 압도하다. ②[경마에서] …에게 당당히 이기다.
ride the whirlwind 선풍을 타다; 혁명의 기운에 편승하다.
ride ... to death [말]을 쓰러질 때까지 타다; 《비유적》〔방법·농담 등〕을 너무 하여 효과가 없어지다.
ride to hounds ⇒ HOUND.
— n. **1** [말·탈것 따위를] 타기(태워주기), 타고(태우고) 가기; 기마(자전거) 여행, 탈것을 이용한 여행; 타고 있는 시간. ¶ a boat(train) ride 《美》뱃놀이(기차 여행) / give a person a ride 남을 차에 태워주다 / have a long ride 원거리를 타고 가다 / go for a ride [말·자전거·자동차 따위를] 한바퀴 타기 위해 떠나다 / go on a ride [단체에서 버스 따위를] 타고 떠나다 // a ride in a carriage 마차를 타고 가기 / a ride on a bicycle 자전거를 타고 가기 / give a child a ride on one's back 아이를 등에 태워 주다. **2** [특히 숲 속의] 승마 도로. **3** 《英》《군대》기마 보충대, [집어서 참여하다.
go along for the ride 《美》장난삼아 참가하다, 소극take a person for a ride 《美속어》① 남을 자동차로 끌어내어 죽이다. ② 남을 속이다, 사기치다(hoax, deceive).

ride·a·ble [ráidəbl] adj. =ridable.
‡**rid·er** [ráidər] n. **1** 타는 사람, (훌륭한) 기수. **2** 부기(附記), 부칙, 첨가 서류. **3** 추가 조항; [배심원 평결의] 상신서. **4** [기계] 라이더 [다른 물건 위에서 운전하는 기계 부분]; 다른 물건 위를 지나가는 물건. 《造船》 [목조선의] 연결재, 받침대. **6** 연역(演繹)된 것. **7** 《수학》응용 예제(응용예제). **8** [난간의] 가로대. **9** 옛날 네덜란드·스코틀랜드의 금화.
rid·er·less [ráidərlis] adj. 탈 사람이 없는; 추가 조항이 없는. [이용자 수.
rid·er·ship [ráidərʃip] n. U《美》특정 교통 기관의
‡**ridge** [ridʒ] n. **1** 산등성이, 용마루; 분수령(선). **2** 융기(隆起), 마루, 이랑; the ridge of a wave 파도의 물마루 / the ridge of the nose 콧등. **3** [동물의] 등성이, 등줄기. **4** 두둑, 이랑; 두둑을 올린 온상. **5** [지붕의] 용마루. **6** [일기도의] 고기압 기압 마루.
— v. (**ridged, ridg·ing**) vt. [집]을 용마루를 얹다; [논·밭]에 이랑을 세우다. — vi. 이랑지다, 등성이를 이루다. ◇ rídgy adj.
ridge·piece [rídʒpìːs] n. =ridgepole.
ridge·pole [rídʒpòul] n. [집의] 마룻대, [천막의] 보 막대.
ridge tìle n. 용마루 기와.
ridge·tree [rídʒtrìː] n. 《고어》 =ridgepole.
ridge·way [rídʒwèi] n. 산등성이 길.
ridg·y [rídʒi] adj. (**ridg·i·er, ridg·i·est**) 등성이 있는; 융기한. ◇ ridge n.
*__**rid·i·cule**__ [rídikjùːl] n. U 비웃음, 조소 (嘲笑), 조롱, 놀림. ¶ in ridicule of a person 남을 비웃어서 2 《고어》조롱의 대상, 웃음거리.
bring a person into ridicule; cast ridicule upon a person; hold up a person to ridicule; turn a person to (or into) ridicule 남을 비웃다, 놀리다.
— vt. (-culed, -cul·ing) …을 조소하다, 놀림감을 삼다. ◇ ridiculous adj. [랄.
rid·i·cul·er [rídikjùːlər] n. 비웃는 사람, 놀리는 사
‡**ri·dic·u·lous** [ridíkjələs] adj. 우스운, 어리석은; 엉터리없는. ⇒ FOOLISH 類語. ¶ a ridiculous dress 우스운 옷차림 / That's simply ridiculous. 그것은 분명히 엉터리없는 짓이다. **~·ly** adv. **~·ness** n. ◇ rídicule n., v.
*__**rid·ing**__[ráidiŋ] n. **1** U 타기, 승차, 승마. ¶ take a riding 말〔타기〕을 타다. **2** 승마길, 승마장. **3** 《형용사적으로》 승마(용)의. ¶ a riding dress 승마복 / a riding crop (or whip) 승마용 채찍 / riding boots 승마화.
rid·ing² [ráidiŋ] n. 구(區) [원래 영국 Yorkshire 의 행정 구획. 1974년에 이 명칭을 폐지; 식민지의 구획; 《캐나다》 선거구. ¶ the Three Ridings [원래의] 전(全)

rig

요크주(州).
rid·ing brèeches n. pl. 승마용 바지.
rid·ing hàbit n. [여성용] 승마복.
rid·ing light n. =anchor light.
rid·ing màster n. 마술 교관, [특히] 기병대 마술 교관.
rid·ing schòol n. 승마 학교, [특히] 육군 마술 교습소.
riel [riː(ə)l] n. 리엘 [캄보디아의 지폐·화폐 단위].
Ries·ling [ríːzliŋ] n. 《종종 r-》 U 라인산의 백포도주.
rif [rif] n. 《美속어》 (-s) [특히] 공무원 해고, 해고. — vt. (**riffed, riffing**) [특히 공무원·군무원]을 해고하다. [< reduction in force]
RIF [略]《美》Reduction in Force ([예산 부족으로 의한] 공무원의 감원).
rife [raif] adj. (**rif·er, rif·est**) 《서술 형용사》 **1** 유행하고 있는, 왕성한, 퍼져 있는. ¶ Superstition is rife among uncivilized people. 미개인 사이에선 미신이 퍼져있다. **2** 많은, 가득 찬 (with...). opp. scarce ¶ Society is rife with scandals. 사회는 부정 사건투성이다.
~·ness n. [악질을 연주하다.
riff [rif] n. 《재즈》 n. 반복 악절 (反復樂節). — vi. 반복
Riff [rif] n. (pl. **Riffs** or **Riff·e** [rífi]) **1** 리프족 (族) [북 모로코에 사는 한 종족]. **2** 리프 지방 (Rif) [모로코 북부의 해안 산악 지대].
Rif·fi·an [rífiən] n. =Riff
rif·fle [rífl] n. **1** 《美》얕은 여울; 급류, 살여울, 잔물결. **2** [광산][사금의] 채취용의 홈통. **3** 리플 [카드를 두 손에 나누어 서로 튕기며 섞는 방식].
— vt., vi. (-fled, -fling) **1** 잔물결을 일게 하다〔일다〕. **2** 책장을 팔락이며 넘기다. **3** [카드놀이]에서 리플하다.
riff·raff [rífrèf] n. **1** (the ~) 하층민, 천민, [인간] 쓰레기. **2** U 잡동사니, 찌꺼기, 쓰레기 (trash, rubbish).
*__**ri·fle¹**__[ráifl] n. **1** 라이플총, 소총; 선조총 (旋條銃). **2** 선조, 강선 (腔線) (腔線) [탄환을 선회시키기 위한 총신 안쪽의 흠]. **3** (~s) 라이플총 부대, 소총 부대. — v. (-fled, -fling) vt. **1** [총신·포신]에 선조를 새기다. ¶ rifle a gun 총신에 선조를 새기다. **2** 《美》〔공〕을 빠른 속도로 보내다. — vi. 《드물게》 라이플총을 쏘다.
ri·fle² [ráifl] vt. (-fled, -fling) **1** [약탈할 목적으로] …을 샅샅이 뒤지다 (ransack); …을 샅샅이 뒤져서 훔치다. **2** …에서 강탈하다, 약탈하다; …을 발가벗기다 (of).
rifle bìrd n. 극락조의 일종.
Rifle Brigàde n. (the ~) 《英역사》라이플 여단.
rifle còrps n. [지원병으로 구성된] 소총 부대.
ri·fled [ráifld] adj. [총·포강]에 선조(旋條)를 새긴; 탄환이 선조에 맞도록 한.
rifle grèen n. 암녹색 [rifleman 이 입는 군복 빛깔].
rifle grenàde n. 《군대》총유탄 (銃榴彈) [소총으로 발사하는 수류탄].
ri·fle·man [ráiflmən] n. (pl. **-men** [-mən]) 라이플총병; 병; 라이플총의 명수.
rifle pìt n. 사격호.
ri·fler [ráiflər] n. **1** 약탈자, 강도. **2** [총신·포신]에 선조를 새기는 사람.
rifle rànge n. **1** 소총 사격장. **2** 소총의 사정 (射程).
ri·fle·ry [ráiflri] n. U 라이플 사격〔술〕.
rifle salùte n. [군대에 의한] 총례 (銃禮).
ri·fle·scope [ráiflskòup] n. 라이플총용 망원 조준기.
rifle·shot [ráiflʃɑ̀t /-ʃɔ̀t] n. **1** 소총탄. **2** U 소총 사격 (rifle range). **3** 소총 사수, 명사수.
ri·fling [ráifliŋ] n. U [총신]에 선조를 새기기; 선조.
rift [rift] n. **1** 쪼개진 데, 찢어진 (갈라진) 틈 (cleft); 불화; [지질] 단층. ¶ a rift in the lute 불화의 조짐. **2** 《美》〔강물의〕 여울. — vt. …을 가르다, 찢다.
— vi. 쪼개지다, 갈라지다.
*__**rig¹**__[rig] vt. (**rigged, rig·ging**) **1** 《항해》 …에 삭구 (索具)를 장치하다, …을 의장(艤装)하다. ¶ rig the mainmast 주돛대에 삭구를 달다. **2** [비행기]를 정비하다, 조립하다. **3** …을 장비하다, 정비하다, 준비하다

rig (...*out, up*). **4** …을 임시 변통으로 세우다, 급히 만들다(...*up*). ¶ *rig an election* 부정 선거를 하다 / *rig* a hut 판자집을 급히 세우다. **5** 《구어》…을 치장하다, …에게〔눈에 띄는〕옷치장을 시키다(dress) (...*out, up*). ¶ (~+图+圖) He was *rigged out* as a clown. 그는 어릿광대 의상을 차려 입었다. — *n.* **1** ⓤ 준비, 채비. **2** 삭구 장치, 의장(艤裝), 범장(帆裝). **3** 《美》말이 매인 마차; 트랙터 트레일러. **4** 석유 굴짓(掘井)장치. **5** ⓤ《구어》의복; [특히 묘한] 복장, 의상. ¶ in [one's] clown *rig* 어릿광대 옷차림으로. **6** 《구어》낚시 도구; [특수한 목적을 위한] 기구, 도구.

rig² [rig] *vt.* (**rigged, rig·ging**) …을 부정 수단으로 조작하다, 속이다. ¶ *rig* an election 부정 선거를 하다 / *rig* the market 부정 수단으로 시세를 조작하다. — *n.* ⓤⓒ **1** 모의, 사기, 기만; 계략, 술책. **2** 《주로 英》장난, 못된 장난(prank). ¶ run a *rig* on …에게 장난을 치다. **3** 《상업》사재기.

Ri·ga [ríːga] *n.* 리가 [라트비아 공화국의 수도 · 항구].

rig·a·doon [rìgədúːn] *n.* 리가돈, 리고동 [한때 유행했던 두 사람이 추는 템포 빠른 춤]; 그 무곡.

Ri·gel [ráig(ə)l, +美 -dʒəl] *n.* 《천문》리겔, 오리온자 β성 [푸른빛을 띤 일등성으로 그 성좌 중에서 가장 밝은 별].

ri·ges·cence [ridʒés(ə)ns] *n.* ⓤ 경화(硬化), 경직.

ri·ges·cent [ridʒés(ə)nt] *adj.* 굳어지는, 경직되는.

rigged [rigd] *adj.* 《보통 복합어로》…식 범장(帆裝)의. ¶ barque-*rigged* 바크식 범장의 / schooner-*rigged* 스쿠너식 범장의.

rig·ger [rígər] *n.* **1** 삭구 장비자, 의장자(艤裝者); 기체 정비원. **2** 준비원, 준비 담당. **3** 감아 올리는 담당. **4** [건축 현장의 낙하물 방지용] 비계 장치. **5** 시세 조작꾼.

rig·ging [rígin] *n.* ⓤ **1** 삭구[장치], 조법(操帆) 장치. **2** [일반적으로] 준비, 채비. **3** 《구어》의복[류]. **4** 《美》도구, 장치.

Riggs' disease [rígz-] *n.* ⓤ 《치과》치조 농루(齒槽).

†right [rait] *adj.* **1** [행동이 도의적으로] 옳은, 정당한, 정의로운. *opp.* wrong. ¶ *right* conduct 정당한 행동 / Always do what is *right*. 항상 옳은 일을 해라.

2 정확한, 틀림없는, 확실한 (accurate). ⇨ CORRECT 類語 *opp.* wrong. ¶ a *right* answer (solution) 올바른 해답 (해결) / at the *right* time 제시간에.

3 [의견 · 판단 · 행위 따위가] 정당한, 마땅한, 옳은. *opp.* wrong. ¶ You are quite *right*. 네말이 맞다 / It is *right* that he should think so. 그가 그렇게 생각하는 것은 당연하다 / He was *right* in his answer. 그의 답변은 적절했다.

4 [마음 따위가] 건전한, 정상적인, 제정신의; 건강한, 기분이 좋은. ¶ be in one's *right* mind (or senses) 전 정한 상태이다 / not quite *right* in one's head 머리가 약간 이상한 / Are you *right* now? 이제 괜찮니?

5 이상이 없는; 질서정연한, 정리가 잘 된. ¶ I found them all *right*. 모두가 이상이 없음을 알게 되었다.

6 앞의, 표면의, 정면의(front, upper). *opp.* wrong ¶ the *right* side of cloth (rug) 직물(모포)의 겉면.

7 흠잡을 데 없는, 나무랄 데 없는. ¶ All's *right*. 만 사가 제대로다.

8 적당한, 적절한, 타당한, 흡족한. ⇨ GOOD 類語 ¶ the *right* amount 적절한 금액 / the *right* man in the *right* place 적재 적소 / Learn to say the *right* thing at the *right* time. 적시에 적절한 말을 할 수 있도록 몸에 익혀라 / Are we on the *right* road? 제 길로 가고 있는 거지?

9 《고어》진실한, 진정한(genuine), 정당한(rightful).

10 《한정용법》오른쪽의, 오른손의, 우측의, 우측에 있는. *opp.* left¹ ¶ the *right* eye 오른쪽 눈 / a *right* bank [하류를 향하여] 오른쪽 둑 / look to the *right* hand 우측을 바라보다 / at (*or* on, to) one's *right* hand 우측에. ⇨ RIGHT HAND.

11 《종종 R-》[정치적인] 우파의, 우익의, 보수파(당) 의. *opp.* left¹

12 곧은 (straight) (* 수학 용어 이외는 《고어》); 직각의; 직각의. ¶ a *right* line 직선 / a *right* cone 직원추 (直圓錐) / a *right* angle ⇨ RIGHT ANGLE.

all right ⇨ ALL.

[as] *right as rain* (or *a trivet*) 매우 건강하여, 전전하여, 기분이 좋아서. ¶ I was not well last week, but I am *as right as rain* now. 지난주는 기분이 좋지 않았으나 이제는 매우 기분이 좋아.

do the right thing by …에 의무를 다하다.

a fault on the right side 대단치 않은 실수.

get on the right (wrong) side of …의 마음에 들다 (안 들다).

get right ① (*vt., vi.*) …을 바르게 하다 (되다); 반듯하게 하다 (되다). ② …을 바르게 이해시키다 (이해하다).

give a person the right hand of fellowship ⇨ FELLOWSHIP. [···살이 하지 안 된].

on the right (or *hither, sunny*) *side of* [나이가]

put one's right hand to the work ⇨ RIGHT HAND.

put (or *set*) ...*right* ① …을 정리(정돈)하다. ② …을 수정하다. ② …을 건강으로 되돌아가게 하다. ③《재귀용법》자신이 옳다고 주장하다.

Right oh! 《英속어》좋아!, 알았다!

right or wrong 좋건 나쁘건, 꼭.

Right you are! ① 네 말대로다!, 지당한 말씀! ② 좋아!, 알았다! [제안 · 명령 등에 응낙으로 말하면].

That's right. ① 좋아. ②《구어》옳아.

— *adv.* **1** 곧바로, 일직선으로, 직접. ¶ He went *right* home. 그는 곧바로 집으로 갔다.

2 완전히, 모두, 남김없이. ¶ go *right* to the end 마지막 끝까지 가다 / rotten *right* through 완전히 썩어 / turn *right* round 빙글 돌다.

3 곧, 바로, 즉시. ¶ *right* after dinner 저녁 식사후 곧 / Stop playing *right* now. 그만 놀아라.

4 꼭, 알맞게, 꼭 바로. ¶ *right* here 바로 이곳에서, 즉석에서 / *right* opposite 바로 맞은편에, 정반대로 / *right* there 바로 저곳에 / He stood *right* before me. 그는 바로 내 앞에 섰다.

5 [도덕적으로] 옳게, 정당하게, 공정하게 (upright). *opp.* wrong ¶ act *right* 올바르게 행동하다.

6 틀림없이, 정확하게, 바르게. ¶ judge *right* 바르게 판단하다 / guess *right* 알아맞추다, 바르게 추측하다 / if I remember *right* 내 기억에 틀림이 없다면.

7 적당하게, 적절하게, 마땅하게, 알맞게, 당연히. *opp.* wrong ¶ It serves him *right*. 그렇게 당해 마땅하다, 고소하다.

8 안성맞춤으로, 생각대로, 흡족하게, 잘, [원래 상태대로] 좋게. ¶ come *right* 호전되다 / 좋아지다 / turn out *right* 잘되다 / set oneself *right* with another person 남과 잘 사귀다.

9 오른쪽에, 우측에, 우측 방향으로. ¶ turn *right* 우측으로 돌다 / Eyes *right*! 우로 봐! / *Right* dress! 우로 나란히!

10 《방언 · 구어》대단히 (extremely). ¶ *right* humble 매우 겸손한 / He knows *right* well. 그는 잘 알고 있다.

11 《경칭 · 칭호 앞에 써서》매우. ¶ the *Right* Reverend (Honorable) 매우 존귀한 (지체 높은) 분, 각하.

right along 《美》끊임없이, 잇따라.

right and left; 《때로》*left and right* 좌우에 (의); 여기저기서, 도처에서, 닥치는 대로. ¶ swindle people *right and left* 닥치는 대로 사람들을 속이다.

right away (or *off, now*) 《美구어》곧바로, 즉시.

right down 《구어》솔직하게, 노골적으로; 모두.

right off the reel 즉시, 즉석에서.

right on 《美속어》① (*interj.*) 찬성!, 옳소! ② (*adj.*) 납득한; 올바른, 좋은.

right smart 《美남부》다량(의), 무수(의). ¶ There's *right smart* of visitors in town. 시내에는 매우 많은

rightable

손님들이 왔다.
— n. 1 ⓤⒸ [법률·정치·도덕상의] 권리; (때로 ~s) 권리로서 요구할 수 있는 것. ¶ civil rights 공민권 / natural rights 자연권, 천부 인권 / stand on (or upon) one's rights 자기 권리를 주장하다 // the right to vote 선거권 / the right to impeach the President; the right of impeaching the President 대통령 탄핵권 // claim a right to …에 대한 권리를 주장하다 / A citizen has the right to life, liberty and happiness. 시민은 생명, 자유, 행복을 누릴 권리가 있다.
2 (종종 ~s) [상업] [주식의 신주 인수] 우선권; 판권, 상영권, 소유권.
3 ⓤ 올음, 선, 정당, 정의, 정도; 공평, 공정(justice). opp. wrong ¶ right and wrong 정사(正邪), 선악, 진위 / do right 옳은 일을 하다 / do a person right 남을 공정하게 대하다, 정당하게 평가하다 / stand up for the right 정의를 위하여 일어서다 / Might is right. 《속담》힘은 정의다.
4 (the ~) 정확, 확실(correctness); 옳은 행동, 옳은 생각. ¶ in the right 틀림없이, 정확하게 / be in the right 이치에 맞다, [행동에] 잘못이 없다.
5 (~s) 진상, 진실; 본래의 질서. ¶ I don't know the rights of the case. 나는 그 사건의 진상을 모른다.
6 (the ~, one's ~) 바른쪽, 우측. ¶ on one's right 오른 쪽에 / turn to the right 우회전하다.
7 (the ~) [야구 등의] 우익; 《美》[항해] 우현(右舷).
8 오른쪽의 것, 오른쪽. 맞는 것 [장갑·구두 따위의 좌우 짝에 대하여]. ¶ Is this glove a right or a left? 이 장갑은 오른쪽 것인가 왼쪽 것인가?
9 (보통 the R-) [의장석에서 보아] 우측에 있는 의원들 [유럽에서는 보수당]; 우파, 보수당. opp. Left
10 (the ~) 표면, 정면. opp. reverse
a bit of all right 《속어》기분이 좋은 것, 호감이 가는 사람(something or someone very pleasant).
bring …to rights …을 고치다, 바르게 하다, 원래 상태로 하다.
by (or of) right [s]; by good rights 바르게; 당연히, 정당하게.
by (or in) right of …의 권한으로; …에 의해, …의 이유로.
get (or be) in right with …의 마음에 들다.
go (or turn) to the right about 「뒤로 돌아」를 하다; 국면(주의, 정책 따위)을 바꾸다.
in one's own right 자기의 권위(능력)로; 당연히.
keep on one's right side …의 비위를 건드리지 않다; 정도(正道)를 걷다.
Keep to the right. 《게시문》우측 통행.
Mr. Right 《익살》어울리는 결혼 상대.
to rights 《구어》바로. ¶ set (or put) a room to rights 방을 바로 정돈하다.
— vt. 1 …을 똑바로 세우다(하다), 곧추세우다, 일으켜 세우다. ¶ We righted the boat. 우리는 배를 평형으로 했다. 2 …을 바로 고치다, 정정하다, 개선하다, 교정하다. ¶ right errors 잘못을 정정하다. 3 [남에게] …의 권리를 회복시키다; …을 정당하게 대하다(do justice to); …을 구하다, 구제하다(relieve). ¶ right the oppressed 억압된 사람들을 구하다. 4 …을 정돈[정리] 하다, 바로 해놓다. ¶ right a room 방을 정돈하다.
— vi. [배가] 도로 수평이 되다. ¶ The ship righted as the waves passed. 파도가 지나가자 배는 도로 수평으로 되었다.
◇ rightly adv., rightness n.

right·a·ble [ráitəbl] adj. 1 바로 잡을 수 있는. 2 고쳐 놓을 수 있는. 3 구제할 수 있는.

right·a·bout [ráitəbàut] n. (the ~) 반대 방향; 뒤로 돌아서기. ¶ turn to the rightabout 「뒤로 돌아」를 하다. send a person to the rightabout [s] 남을 쫓아 버리다, 그 자리에서 해고하다.
— adj. 반대 방향의. ¶ a rightabout turn 뒤로 돌아서기; 전향; 역전. — adv. 반대 방향(으로에).

right about face n. 1 [군대] 뒤로 돌아[의 구령].

2 방향 전환, [주의·정책 따위의] 전향.

right-and-left [ráitən(d)léft] adj. 좌우의, 좌우 양발(양손)에 맞게 설계된(고안된).   [각으로.

‡right ángle n. 직각. ¶ at right angles with …과 직

right-an-gled [ráitǽŋgld] adj. 직각의, 직각을 이루 는.

right árm n. 오른팔, 심복(right hand).

right ascénsion n. [천문] 적경(赤經).

Right Bánk n. 우안(右岸) [파리(Paris)의 (Seine)강 북쪽(北岸)지구].

right-down [ráitdàun, ´-´] adj. 순전한, 철저한.

right·en [ráitn] vt. = right 1, 2.

*right·eous [ráitʃəs] adj. 1 올은, 정의의, 정직한; 공정한. ⇒ MORAL [類語] 2 정당한, 당연한, 마땅한. 3 (the ~) 《명사적 용법》정의의 사람들. ~ly adv.
◇ right, righteousness n.

*right·eous·ness [ráitʃəsnis] n. ⓤ 정의, 정직, 공정; 당연. ¶ make for righteousness 정의를 위해 이바지하다.

right·er [ráitər] n. 바로 잡는 사람, 교정하는 사람.

right fáce n. [군대] 우향우[의 구령].

right fíeld n. ⓤ [야구] 우익수, 라이트.

right fíelder n. [야구] 우익수.

*right·ful [ráitfəl] adj. 1 합법적인, 정통의; 당연한. ¶ a rightful rank 당연한 지위 / the rightful king 정통의 왕. 2 올바른, 정당한. ¶ a rightful act 정당한 행동. ~ly [-fəli] adv. ~·ness n.

right hánd n. 1 오른손. 2 우측, 오른쪽. ¶ at (or on, to) one's right hand 오른쪽에. 3 (종종 one's ~) 가장 믿을 만한 사람, 오른팔, 심복. 4 명예로운 지위. give a person the right hand of fellowship …와 FELLOWSHIP.   [착수하다.
put one's right hand to the work 본격적으로 일에

right-hand [ráithǽnd, +美 ´-`] adj. 1 우익, 오른쪽의. ¶ the right-hand side 우측. 2 오른손을 쓰는; 오른손잡이의; 오른손에 맞는. 3 오른쪽이 되는, 심복의. 4 [로프 따위의] 오른쪽으로 꼬인; 오른쪽으로 도는. ¶ a righthand rope 오른쪽으로 꼬인 밧줄.

right-hand·ed [ráithǽndid] adj. 1 오른손잡이의. ¶ a right-handed boy 오른손잡이의 소년. 2 오른손으로 한. 3 오른손으로 쓰는. ¶ a right-handed tool 오른손으로 쓰는 도구. 4 [기계] 우로 도는, 시계 바늘 방향의. ¶ a right-handed screw 오른쪽으로 돌리는 나사. 5 [건축] [경첩이 문짝의] 오른쪽에 달린. ~·ness n.

right-hand·er [ráithǽndər] n. 1 오른손잡이. 2 《구어》오른팔로 치기; 오른팔 투수.

right-hánd mán n. 심복, 오른팔.

Right Hónorable n. 백작(俗) 이하의 귀족 고관에 대한 의례적 또는 공식 칭호 [略 Rt. Hon.].

right-ish [ráitiʃ] adj. 오른쪽으로 기운, 우익적의.

right-ist [ráitist] adj. 보수적인, 우파의, 우익 정당의 (conservative). — n. 보수파 사람, 우파. cf. leftist

right·less [ráitlis] adj. 권리가 없는, 자격이 없는.

right-lined [ráitlàind] adj. 직선의.

*right·ly [ráitli] adv. 1 정확하게, 틀림없이, 진정으로. ¶ He cannot understand it rightly. 그는 그것을 정확하게 이해하지 못하고 있다. 2 정당하게, 공정하게, 옳게. ¶ live rightly 바르게 살다. 3 당연히, 마땅히, 적절하게. ¶ He was rightly punished. 그는 마땅한 처벌을 받았다.

right-mind·ed [ráitmáindid] adj. 마음이 올바른, 정직한, 성실한, 충실한, 신의가 있는. ~·ly adv. ~·ness n.

right·ness [ráitnis] n. ⓤ 1 진실, 진정, 정직; 정의, 공정. 2 정확. 3 적절, 적당.

right-o [ráitóu, ´-`] interj. 《주로 英구어》좋다, 알았다, 걱정 마라(right-oh).

right of áccess n. (the ~) [매스미디어에 대한] 액세스권(權), 접근 이용권.

right of asýlum n. 피난자 보호권 [한 국가나 제3국의 난민·망명자·도망 피고인들을 보호할 권리].

right of light n. ⓤ (종종 R-of L-)《英》=right to sunshine. 〔생활 보호권〕

right of privacy n. (the ~) 프라이버시권(權)〔人

right of search n. ⓤⓒ〔국제법〕교전국의 중립국 선박에 대한 수색권《평시에서의》수색권.

right of user n. (the ~)〔법률〕사용권; 계속적 행사에서 발생하는 추정(推定) 권리.

right of way n. =right-of-way.

right-of-way [ráitəvwéi] n. ⓤⓒ (pl. **rights-** or **-ways**) **1**〔법률상의〕 통행권(先行權). **2** 통행권, 통행권이 있는 도로. ¶ *Give right of way*.《게시문》 **3**《美》철도 용지, 선로 부지; 도로 용지; 송전선 용지.

right-oh [ráitòu, ╌╱╱╌] interj. =righto.

right-on [ráitən / -ɔ́n] adj.《美속어》찬성할 만한, 이해할 수 있는, 시대에 앞선.

rights [raits] n. pl.《美구어》공민권 (civil rights).
—— adj.《美구어》공민권의.

rights issue n.〔증권〕주주 할당 발행.

right-to-choose group [ráittətʃú:z] adj.《美》〔임신 중절여부를〕여성이 선택할 권리를 주장하는.

right-to-die [ráittədái] adj. **1**〔식물 인간 등의〕생명 연장 조치를 반대하는, 죽을 권리를 요구하는. **2**〔법률〕이 죽을 권리를 인가하는.

right to know n. 알 권리.

right-to-life [ráittəláif] adj.〔태아의〕태어날 권리를 주장하는, 임신 중절을 반대하는 (pro-life); 〔말기 환자의〕살 권리를 주장하는.

right-to-li·fer [ráittəláifər] n. 인공〔임신〕 중절 반대 지지자, 임신 중절 반대〔법안 지지〕자.

right to sunshine n. 《美구어》일조권 (日照權).

right-to-work [ráitəwə́:rk] adj.〔노동 조합의〕유니언 숍제(制) 금지의.

right triangle n. 직각 3각형.

right·ward [ráitwərd] adv. (=**right-wards**[-wərdz]) 우측으로, 오른쪽으로. —— adj. 오른쪽의, 오른쪽의.

right whale n. 수염고래. —— 우측으로 향한.

right wing n. **1**〔스포츠의〕우익; 우익수. **2** (종종 R-W-) 우익적〔의〕 파, 우익, 보수파.

right-wing [ráitwíŋ] adj. **1** 우익〔수〕의. **2** 우파(의).

right-wing·er [ráitwíŋər] n. 우익(우파) 사람; 보수주의자.

right·y [ráiti] n.《英》우익분자, 우익(우파) 사람.

***rig·id** [rídʒid] adj. **1** 굳은, 휘지 않는, 경직된, 단단한. ⇒ HARD [類語] ¶ a *rigid* bar 단단한 몽둥이. **2** 단단히 고정된, 움직이지 않는. **3** 엄격한, 엄중한; 엄정한. ⇒ SEVERE [類語] ¶ *rigid* discipline 엄격한 규율. **4**〔사고 방식 따위가〕경직된, 딱딱하게, 완고한. **5**〔항공〕〔비행선·헬리콥터 따위의〕경식(硬式)의. ¶ a *rigid* airship 경식 비행선. ◇ rigídity, rígor n.

ri·gid·i·ty [ridʒídəti] n. ⓤ **1** 단단함, 경직. **2** 엄격, 엄중; 엄밀, 엄정. **3**〔물리〕강성률(剛性率).

rig·ma·role [rígməròul], (**rig·a·ma·role**) n. **1** 시시한 이야기. **2** 신중하고 까다로운 절차. —— adj. 시시한.

***rig·or**,《英》**rig·our** [rígər] n. ⓤ **1** 엄격함, 가혹함; ⓒ 가혹한 행위. ¶ the *rigor* of martial law 군법의 엄격함 / the utmost *rigor* of the law 법률의 엄격한 집행, 엄법. **2** (또 ~s)〔생활 따위의〕곤궁, 어려움. ¶ the *rigor* of life 생활고. **3** (또 ~s)〔기후 따위의〕혹독함, 맹렬함. ¶ live through the *rigor* of a long, cold winter 길고도 추운 혹독한 겨울철을 이겨내다. **4** 엄밀, 정밀. ¶ the *rigor* of his argument 그의 논증의 정밀함 / with *rigor* 엄격하게. **5**〔병리〕한기, 오한; 〔생리〕경화, 경직.
◇ rígorous, rígor n. 〔정주의, 실천주의

rig·or·ism [rígərìz(ə)m] n. ⓤ **1** 엄격, 엄정. **2** 엄격주의.

rig·or·ist [rígərist] n. 엄격(엄정)주의자.

rig·or mor·tis [-mɔ́:rtis] n.〔생리〕사후(死後) 경직. (<L *rigor* of death)

***rig·or·ous** [ríg(ə)rəs] adj. **1** 엄격한, 엄한 ⇒ SEVERE [類語] **2** 엄밀한, 정밀한. ¶ *rigorous* definition 엄밀한 정의. **3**〔날씨 따위〕혹독한. ¶ a *rigorous* winter 엄동. **4**〔논리·수학〕이론적으로 정당한, 근거있는.
—— adv. **~·ness** n. ◇ rígor n.

rig-out [rígàut] n.《속어이》채비, 준비, 장비 (outfit).

Rigs·dag [rígzdà:g] n.〔덴마크〕옛 덴마크 국회.

Rig-Ve·da [rígvéidə, + rig -ví:də] n. 시편(詩篇) 베다〔인도 최고의 종교 문학, 바라문교의 성전의 하나〕. ⇒ VEDA.

R.I.I.A.(略) Royal *I*nstitute of *I*nternational *A*ffairs (영국 국제 문제 연구소).

Riks·dag [ríksdà:g] n. 스웨덴의 국회.

rile [rail] vt. (**riled, ril·ing**)《주로 美》**1** …을 화나게 하다. **2**〔물 따위를〕휘저어 흐리게 하다 (roil).

ri·lie·vo [riljévou / rìliéi-] n. (pl. **-vi** [-vi:])〔이탈리아〕 (=relief) 부조(浮彫), 돋을 새김.

***rill** [ril] n. **1** 작은 내, 실개천. **2** (=**rille**) 달 표면의 좁고 긴 골짜기.

rill·et [rílit] n. 작은 내, 실개천.

‡rim[1] [rim] n. **1**〔원형의〕 가장자리, 테. ⇒ EDGE [類語] ¶ the *rim* of a hat 모자의 테. **2**〔차 바퀴의〕테, 테 〔타이어를 끼우는 외륜(外輪)〕. **3**〔농구의 골망을 담아매는〕쇠테두리. **4**〔해사〕수면, 해면. —— vt. (**rimmed, rim·ming**) …에 가장자리를 두르다; 〔차 바퀴〕의 테를 달다.

rim[2] n.〔고어〕막; 복막 (peritoneum).

rim brake n. 림 브레이크〔자전거 따위의 바퀴테를 누르는 브레이크〕.

rime[1] [raim] n., v. (**rimed, rim·ing**) =rhyme.

rime[2] [raim] n. ⓤ 서리, 흰서리. —— vt. (**rimed, rim·ing**) …을 서리로 덮다.

rim·er [ráimər] n.《英》=reamer.

rime·ster [ráimstər] n. =rhymester.

rim·land [rímlænd, -lənd] n. 주변 지역.

rim·less [rímlis] adj. 가장자리(테)가 없는.

rimmed [rimd] adj. …테 의, 테두리 의. ¶ *gold-rimmed* 금테의. —— 의 이름.

Rim·mon [rímən] n. 옛날 Damascus 에서 숭배된 신 *bow down in the house of Rimmon* 림몬의 당에 들어가 거기서 숭배하다〔자신의 신념을 굽히다, 사회의 체면 유지를 위해 잘못된 것을 알면서도 하다〕〔←열왕기(하) 2 Kings〕 5 : 18〕.

ri·mose [ráimous, -ˊ-], **-mous** [-məs] adj. 갈라진 (터진) 틈이 많은 (full of crevices).

Rim·Pac [rímpæ̀k] n. 〔군사〕 림팩〔환태평양 합동 연습〕. (<*Rim* of the *Pacific* Exercise)

rim·rock [rímràk / -rɔ̀k] n.《美》〔지질〕벼랑의 가장자리 바위〔고원을 둘러싸고 노출된 수직으로 된 바위〕; 그 바위의 가장자리(면). —— vt.《美 서부》(양)을 벼랑에 떨어뜨려 죽이다;《속어》〔사람〕을 함정에 빠뜨리다〔실패시키다〕.

rim·y [ráimi] adj. (**rim·i·er, rim·i·est**) 서리로 덮인, 서리가 내린, 서리로 하얗게 된.

***rind** [raind] n. ⓤⓒ〔동물·식물·과일 따위의〕껍질, 꼬투리, 외피; 치즈의 껍질, 베이컨의 껍질. ⇒ SKIN [類語] **2** 외견, 외모. —— vt. …의 껍질을 벗기다.

rind·ed [ráindid] adj. …의 껍질이 있는, 껍질이 …의.
¶ smooth-*rinded* 껍질이 매끄러운. 〔소 페스트〕.

rin·der·pest [ríndərpèst] n. ⓤ〔獸醫〕우역 (牛疫).

‡ring[1] [riŋ] n. **1** 반지; 팔찌, 귀걸이, 코걸이. ¶ an engagement *ring* 약혼 반지 / a wedding *ring* 결혼 반지 / have (or wear) a *ring* on one's finger 반지를 끼고 있다. **2** 바퀴, 고리, 테모양의 둥근 것. ¶ a curtain *ring* 커튼 고리 / *rings* of smoke 담배에서 피어오르는 연기 고리 / a *ring* round the moon 달무리 / form a *ring* 원을 이루다, 둘러앉다 / dance in a *ring* 원을 그리며 춤추다. **3** 순환선, 둥근 표, 둥근 무늬; 원형 도로. **4**〔차바퀴·안경·접시·화폐 따위의〕둥근 테두리; 나

ring

사의 한바퀴. **5** 〖기하〗두 동심원의 면적 차이에서 생기는 환상형(環狀形)의 빈 곳, 고리; 〖화학〗고리 [그림에서 환상으로 표시되는 원자 집단). **6** 〖식물〗나이테 (annual ring). ¶ count the *rings* in the wood of a tree 나무의 나이테를 세다. **7** 고리처럼 늘어서 있는 것, 둘러앉은 사람들. **8** 원형의 경기장; 경마장; 권투 경기장, [씨름] 경기장, 서커스 경연장. ¶ the *ring* of a circus 서커스 경연장. **9** (~s) 경마(의) 도박업자 [석]. **10** (the ~) 권투 경기 [관계자]; 〖집합적〗경마의 도박업자 [석]. **11** 〖상업·정치적으로 결탁된〗동맹, 매점(買占) 동맹. ¶ a *ring* of corrupt politicians 부패 정치가의 일당 / lead the *ring* 솔선하다, 발기인이 되다.
form(or *make*) *a ring* ① 둥글게 에워싸다. ② 동맹하여 시장을 좌우하다.
hold the ring 싸움에 관여치 않고 방관하다.
make(or *run*) *rings round*(or 《美》*around*) *a person*《구어》남보다 훨씬 빨리 가다(하다); 남을 훨씬 능가하다, [스포츠 등에서] 상대방에게 완승하다.
ride(or *run*) *at the ring* [옛날 무예 겨루기에서] 매단 고리를 달리는 말 위에서 창으로 찌르다.
throw(or *toss*) *one's hat in the ring* ⇨ HAT.
 ── *vt.* **1** 을 둥글게 둘러싸다, 에워싸다, 둘러앉다. ¶ The thick mist *ringed* the slopes. 짙은 안개가 비탈을 에워쌌다. **2** …에게 반지를 끼우다, 코걸이를 끼우다. ¶ *ring* a bull 소에 코뚜레를 끼우다. **3** 〖나무 따위〗의 껍질을 고리 모양으로 벗기다; …을 고리 모양으로 썰다. **4** [가축 따위]를 에워싸서 한군데로 몰아넣다, **5** 〖게임 따위에서〗…에 고리를 던지다. ¶ *ring* a quoit 고리를 던져다 땅 위에 세워놓은 철봉에 끼우다. ── *vi.* **1** 에워싸 원을 이루다, 둥글게 되다. **2** [매 따위가] 원을 그리며 날아 오르다, [토끼 따위가] 원을 그리며 뛰어다니다.

‡**ring²** [riŋ] *v.* (**rang** [ræŋ] or 《드물게》**rung** [rʌŋ], **rung**, **ring·ing**) *vi.* **1** (종·벨 따위가) 울리다, 울려 퍼지다, 우렁차게 퍼지다. ¶ Did the telephone *ring*? 전화가 걸려왔습니까? **2** (소리나 목소리가) 크게 나다, 울려 퍼지다(sound loudly). ¶ (~+圖) Her surprisingly young laughter *rang* out. 그녀의 놀랄만큼 싱싱한 웃음 소리가 울려 퍼졌다. ¶ …의 소리가 나다, 들리다. ¶ (~+圖) The bells *rang* clear. 종은 맑은 소리를 내며 울렸다 / His words *rang* false (true). 그의 말은 거짓말(참말)처럼 들렸다. **4** 신호의 종(초인종)을 울리다(*at*…), 울려서 부르다(*for*…). ¶ (~+前+명) I *rang* at the front door. 나는 정문의 벨을 울렸다 / He *rang* for the servant. 그는 초인종을 눌러 하인을 불렀다. **5** [장소에 소리·목소리가] 울려 퍼지다, 메아리치다(resound). ¶ (~+前+명) The hall *rang* with laughter. 그 홀은 웃음 소리로 떠들썩했다 / His name *rang* through the country. 그의 이름은 온 나라에 자자하게 알려졌다. **6** [귀·마음 따위가] 울리다, 남다. ¶ (~+前+명) *ring* in one's ears 귀에 쟁쟁하다 / *ring* in one's heart (or one's mind) 기억 속에 살아 있다. **7** 귀울음이 나다. ¶ My ears are *ringing*. 귀가 울리고 있다.
 ── *vt.* **1** (종·벨 따위)를 울리다, 쳐서 울리다. ¶ *ring* a bell 벨을 울리다. ¶ (~+圖+前+명) I *ring* a servant *in* (*down*, *up*). 벨을 울려서 하인을 안으로(아래로, 위로) 부른다. **3** [종·요령의] (소리)를 내다; [종·벨 따위를 울려서 (가 울려) …을 알리다(고하다). ¶ *ring* an alarm 종을 쳐서 경보를 알리다 / (~+圖+前+명) The bells *rang out* a merry peal. 종이 신나는 소리를 [요란하게] 울리고 있었다. **4** [경화(硬貨)]를 소리나게 하여 진짜인가 아닌가 검사하다; [기계 따위]를 쾅쾅 치다. ¶ *ring* a coin [음색으로 가짜인가 아닌가를 가리키어] 경화를 소리나게 하다 / *ring* a sale [금전 등록기 따위를 쳐하고 울려대며, …에 전화를 걸다. ¶ (~+圖+圖+명) I don't want you *ringing* me *up* all the time. 줄곧 전화를 거는 일은 그만두게. **6** …을 소리 높이 외치다 (proclaim), 되풀이

ringman

말하다, 퍼뜨리다. ¶ *ring* a person's praises 남을 높이 칭찬하다.
ring back 《英구어》나중에 전화하다(《美》call back).
ring down (*up*) ***the curtain*** ⇨ CURTAIN.
ring in ① 종을 쳐서 불러(맞이)들이다. ② 타임 레코더로 출근 시간을 찍다. ③ 《美구어》몰래 숨어들다; 살짝 안으로 넣다(끌어들이다).
ring off ① 전화를 끊다; 전화가 끊이다. ¶ I must *ring off* now. 그러면 이것으로 전화를 끊어야겠습니다. ② 《英구어》〖명령형으로〗닥쳐(shut up); 꺼져(go away).
ring out ① 종을 치며 …을 보내다. ¶ *ring* in the New Year, *ring out* the Old Year 종을 울려 새해를 맞이하고 묵은 해를 보내다. ② 타임 레코더로 퇴근 시간을 찍다. ③ 울려 퍼지다. ⇨ *vi.* 2.
ring the bell ⇨ BELL.
ring the changes ⇨ CHANGE.
ring up ① …에 전화를 걸다(*cf. vt.* 5의 예문); 벨을 울려 [집에] 일어나게 하다. ② 벨을 울려 [남]을 위로 부르다. *cf. vt.* 2 ③ [금전 등록기의 키를 눌러 [어떤 금액]을 나오게 하다. *cf. vt.* 4
 ── *n.* **1** 종·벨 따위의 울리기, 소리내기. **2** 우렁찬 목소리(소리), 울림, 음색, 장단. ¶ There is a *ring* at the door. 문간에서 벨이 울리고 있다. **3** 〖전화의〗벨소리(telephone call); 전화를 걸기. ¶ I'll give you a *ring* at seven. 일곱 시에 전화를 걸겠습니다. **4** [교회의] 한 벌의 종[소리].
have the true ring 진짜 같다, 틀림없을 것 같다 [옛날 진짜 돈과 가짜 돈을 가려내기 위하여 그 화폐의 음을 들었던 데서].

ring-a-ding [ríŋədiŋ]《美구어》*n.* **1** 야단법석. **2** 깜짝 놀라게 하는 것(사람). ── *adj.* 활기있는, 기운찬.
ring-a-round-the-ros·y [ríŋərἀundðəróuzi], **-a·ros·y** [-əróuzi] *n.* ⓤ 자리차지 놀이.
ring·bark [ríŋbὰːrk] *vt.* (나무의) 껍질을 둥글게 벗기다.
ring·bolt [ríŋbòult] *n.* 고리 달린 볼트, 링 볼트.
ring·bone [ríŋbòun] *n.* 【獸醫】지골(趾骨)의 혹 [말의 지골에 생기는 병적인 골질물].
ring·dove [ríŋdʌv] *n.* **1** 숲 비둘기 (wood pigeon). **2** 〖아시아·유럽산(産)의〗고리 비둘기.
ringed [riŋd] *adj.* 반지를 낀; 고리가 달린.
rin·gent [ríndʒ(ə)nt] *adj.* **1** 입을 크게 벌린. **2** 〖식물〗입 벌린 모양의 것.
ring·er¹ [ríŋər] *n.* [고리 던지기 따위에서] 쇠고리·말굽쇠 따위를 던지는 사람; 던져지는 쇠고리(말굽쇠); 쇠고리(말굽쇠) 던지기.
ring·er² [ríŋər] *n.* **1** 종(벨)을 울리는 사람; 초인종 장치. **2** 《美구어》대역, 속어로 경기에 출장하는 사람. **3** 꼭 닮은 사람. **4** 고리(말굽쇠) 던지기놀이에서 말뚝에 꽂힌 것.
Ringer's solútion *n.* ⓤ 링게르액(液).
ring fence *n.* **1** 〖둥글게 둘러싼〗울타리, 울. **2** 속박, 제한.
ring finger *n.* [보통 결혼 반지를 끼는 왼손의] 약손가락.
ring goal *n.* 고리 던지기놀이의 일종.
ring hunt *n.* 둘레에 불을 놓아 잡는 사냥법.
ring·ing [ríŋiŋ] *adj.* 울리는, 메아리치는, 울려 퍼지는. ~·ly *adv.*
ring·lead·er [ríŋlìːdər] *n.* 주모자, 장본인.
ring·let [ríŋlit] *n.* **1** 작은 고리. **2** 고수머리.
ring·let·ed [ríŋlitid], (**ring·let·ted**) *adj.* 고수머리로 만든, 곱슬곱슬한.
ring·let·y [ríŋliti] *adj.* [털이] 곱슬곱슬 말리는.
ring lock *n.* 고리 자물쇠 [여러 줄의 둥글게 파인 홈을 맞추어서야 여는 부합(符合)쇠].
ring mail *n.* ⓤ 작은 고리로 엮어 만든 사슬 갑옷 (chain mail).
ring·man [ríŋmən] *n.* (*pl.* **-men** [-mən]) [경마의] 마

ring·mas·ter [ríŋmæstər / -mɑ̀ːs-] *n.* 〔기〕 감독.
권업자.
ring-necked [ríŋnèkt] *adj.* 〖동물〗목에 고리 무늬가 있는.
ring nèt *n.* 후릿그물 비슷한 어망.　　　〖帶〗.
ring of fire *n.*(the ~)환(環)태평양 화산대(火山
ring-pull [ríŋpùl] *adj.* 〖맥주 깡통 따위가〗고리를 잡아당겨 여는.
ring ròad *n.* 〖英〗=belt highway.　　　〖이드.
ring·side [ríŋsàid] *n.* 〖권투 따위의〗맨 앞자리, 링사
ring·ster [ríŋstər] *n.* 〖美구어〗도당(일당)의 한 사람.
ring·toss [ríŋtɔ̀ːs, -tɑ̀s-/-tɔ̀s] *n.* 〖美〗고리 던지기.
ring vaccinátion *n.* 전원(全員)접종〖환자와 관계있는 전원에게 실시하는 예방 접종〗.
ring·way [ríŋwèi] *n.*〖英〗환상(環狀)도로.　　〖짐.
ring·worm [ríŋwə̀ːrm] *n.* 〖병리〗백선(白癬), 버
rink [riŋk] *n.* **1** 스케이트장, 롤러 스케이트장; 〖얼음판의〗컬링(curling)경기장; 〖잔디밭의〗볼링(bowling)장. **2** 〖컬링·볼링 경기장 따위에서〗한쪽 팀. ── *vi.* 〖링크에서〗스케이트를 타다, 지치다.
rink·er [ríŋkər] *n.* 링크에서 지치는 사람.
rin·ky-dink [ríŋkidìŋk] *adj.* 〖美속어〗고리타분하게, 싸구려의. ── *n.* 고리타분한 것.
***rinse** [rins] *vt.*(rinsed, rins·ing) **1** …을 헹구다, 부시다, 가볍게 씻다. ¶ *Rinse* a glass 컵을 가볍게 씻다 / *Rinse* out your mouth. 입안을 가셔요. **2** …을 씻어〖헹구어〗내다(…*away, off, out*). ¶ *Rinse* the soap *out of* your head. 머리에서 비눗기를 말끔히 씻어내세요. **3** 〖음식〗을 흘려 넣다(…*down*). ¶ *rinse* the food down with a glass of milk 우유로 음식을 흘려 넣다. ── *n.* **1** 헹구기, 씻어내기. **2** 헹구는 물; 〖화장용〗린스제. **3** 〖英속어〗고지식한 사람.
rins·ing [rínsiŋ] *n.* UC 헹구기, 가볍게 씻기. **2** (보통 ~s)헹구는 물.
Ri·o [ríːou] *n.* (구어)=Rio de Janeiro.
RIO (略) 〖美〗 r*adar-intercept* o*fficer.*
Río Declarátion *n.* 〖환경〗리우 선언〖정식명은 Rio Declaration on Environment and Development; 1992년 6월 리우에서 있었던 지구 서미트에서 채택된 세계 환경 보전의 향방과 원칙을 제시한 선언〗. *cf.* UNCED
Ri·o de Ja·nei·ro [ríːou dei ʒəníː(ː)rou/-də dʒənérou] *n.* 리우데자네이루〖브라질 동남부의 항구; 예수도〗.
Rio Gran·de [ríːou grǽnd(i)] *n.*(the ~)리오그란데강(江)〖멕시코만에 유입하는 미국·멕시코접경의 강〗.
***ri·ot** [ráiət] *n.* **1** 폭동, 소동, 소란, 반란. ⇒ DISORDER 〖類語〗 ¶ put down a *riot* 폭동을 진압하다. **2** U 〖음자리 따위의〗난장판, 방종, 난봉. **3** 혼란, 뒤죽박죽. **4** 〖정열 따위의〗폭발; 〖색채 따위의〗현란한 모양; 〖말 따위의〗분방. ¶ The garden was a *riot* of color. 뜰에는 온갖 색깔의 꽃이 만발해 있었다. **5** 〖구어〗신나게 떠드는 사람(물건). ¶ He was a *riot* at the party. 그는 파티에서 신나게 떠들어댔다.
run riot 1 난봉부리다; 제멋대로 놀다; 떠들어대다. ② 〖식물이〗무성하게 자라다; 〖꽃이〗어지럽게 피다.
── *vi.* **1** 폭동에 가담하다, 폭동을 일으키다. **2** 방탕한 생활을 하다, 먹고 마시며 떠들다. **3** 〖감정 따위에〗빠지다, 탐닉하다(*in*…). ¶(~+闸+图)She *riots in* emotion easily. 그녀는 쉽게 감정에 휘말린다. **4** 〖美〗〖사냥〗〖사냥개가〗노렸던 사냥감이 아닌 다른 동물을 추격하다. ── *vt.* …을 방탕으로 탕진하다, 낭비하다. ¶(~+闸+图)Don't *riot away* your time. 방탕으로 허송세월 하지 마라.
◇ **ríotous** *adj.*
Riot Act *n.* **1** (the ~)〖英법률〗소요 단속령〖1715년 공포〗. **2** (종종 r- a-)경고.
read the riot act ① 〖폭도에게〗소요 단속령을 읽어서 들려주고 해산을 명하다. ② 〖속어〗엄하게 나무라다, 엄중히 타이르다.

ri·ot·er [ráiətər] *n.* 폭도, 난봉꾼.
ríot gèar *n.* 폭동 진압용 장비.
ríot gùn *n.* 〖폭도 진압용〗총신이 짧은 연발 산탄총.
ri·ot·ous [ráiətəs] *adj.* 폭동의; 분방한; 떠들썩한.
~·**ly** *adv.* ~·**ness** *n.*
ríot sàle *n.* 〖美속어〗특매(特賣).　　　　　〖기둥대.
ríot shìeld *n.* 폭동 진압용 방패.
ríot squàd (políce) *n.* 〖집합적〗폭도 진입 경찰대.
***rip**[¹] [rip] *v.* (**ripped, rip·ping**) *vt.* **1** …을 찢다, 잡아째다, 잡아 뜯다. ⇨ TEAR 〖類語〗 ¶(~+图+圖)*rip* open a letter 편지를 잡아 찢어서 개봉하다. **2** 떼내다, 벗기다. ¶(~+图+圖+图)She *ripped* buttons *off* the coat. 그녀는 상의에서 단추를 떼내었다. **3** 〖목재따위〗를 쪼개다, 세로 켜다; …에 갈라진 금을 내다. **4** …을 폭로하다, 꼬치꼬치 캐다. **5** …을 격렬히 비난하다, 사납게 꾸짖다. **6** 〖야구〗(안타)를 터뜨리다, 〖美〗〖스포츠〗…을 압도하다; …에 압승을 거두다. ── *vi.* **1** 찢어지다, 갈라지다. ¶(~+圖)The sleeve *ripped away* from the coat. 저고리에서 소매가 찢겨 나갔다. **2** 대단한 속력으로(거칠게)돌진하다; 멋대로 놀다. ¶(~+闸+图)The car *ripped along* the highway. 자동차는 하이웨이를 돌진했다. **3** 격한 언사를 쓰다.
let her (or **it**) **rip** 〖배·차·기계 따위를〗멈추지 않다, 방치하다.
let rip 〖주로 英속어〗① 욕설을 퍼붓다, 〖심한 노여움 따위〗를 터뜨리다. ② 맹렬히 말하다(쓰다).
let things rip 일을 되는 대로 내버려두다, 팽개쳐 두다.　　　　　　　　　　　　　　　　〖치다.
rip into 〖구어〗…에 험한 말을 퍼붓다, 공격하다, 덮
rip off ① …을 뜯어내다, 벗기다. ¶ *rip off* the lining 안(속)감을 뜯어내다. ② 〖美속어〗…을 훔치다, 빼앗다; …을 속이다, 이용하다.
rip out ① 〖욕설 따위〗를 거침없이 말하다, 마구 토해내다. ② 뜯어내다(rip off).
rip up the back〖뒤에서〗비난하다, 험담을 하다 (backbite).
── *n.* **1** 째진 틈, 째기; 터진 곳; 터진 상처. **2** 〖英속어〗돌진, 스피드.　　　　　　　　　〖물결; 샘물살.
rip[²] [rip] *n.* 〖바다·강 따위의〗여울의 흐름(물결), 잔
like rips 〖美속어〗거세게, 정력적으로.
rip[³] [rip] *n.* 난봉꾼, 건달. ¶ a regular *rip* 완전한 난봉꾼. **2** 폐마(廢馬). **3** 잡놈(사니).
R.I.P. (略)(라틴) r*equiesca*[*n*]*t in pace*(=may he or she, they rest in peace).
ri·par·i·an [ripɛ́(ː)riən, rai-/raipɛ́ər-] *adj.* 물가의, 강가의; 강기슭에 사는. ── *n.* 〖법률〗강가의 토지 소유자.
ríp còrd *n.* 〖항공〗낙하산을 여는 줄; 기구(氣球)의 잡아당기는 줄.
‡ripe [raip] *adj.* **1** 여문, 익은. ¶ a *ripe* grape 익은 포도 / *Soon ripe, soon rotten.* 빨리 익으면 빨리 썩는다. **2** 〖익은 과실처럼〗빨간, 도톰한. **3** 성숙한, 원숙한, 노련한; 한창 때의; 고령의, 노년에 접어든. ¶ *ripe* beauty 무르익은 여인 / a person of *ripe* years 원숙한 연령의 사람 / at the *ripe* age of … …의 고령이다. **4** 먹을 만하게 된, 마실 만하게 된. ¶ *ripe* wine 마실 만하게 익은 술. **5** 실행할 준비(채비)가 된, 기회가 무르익은; 마음의 준비가 된(*for, to*…). ¶ The plan is *ripe for* execution. =The plan is *ripe to* be executed. 그 계획은 실행 시기가 무르익었다.
〖類語〗 **ripe** 잘 익어서 먹을만한, 수확할만하게 된; 준비·채비가 다 된 ¶ *ripe* grapes 먹을만하게 익은 포도. **mature** 충분히 성장·발달한; 능력 따위가 최고의 상태에 달했다는 강조 ¶ a *mature* bull 충분히 자란 황소. **mellow** 푹 익은 과실처럼 말랑말랑하고 달콤하고 감칠 맛이 도는: *mellow* wine 감칠 맛이 도는 포도주 / a *mellow* gentleman 원숙한 신사. **adult** 사춘기를 넘어 성인이 된: an *adult* student 어른 학생. **grown-up** 특히 어린 티가 나지 않는다는 것을 강조하는 말: *grown-up* behavior 어른스러운 행동.
6 곪은. **7** 〖속어〗취한(drunk).

~**ly** *adv.* ~**ness** *n.* ◇ rípen *v.*

*rip·en [ráip(ə)n] *vi.* **1** 익다, 성숙하다. ¶ (~+󰀃) Friendship often *ripens into* love. 우정은 흔히 애정으로 발전한다. **2** 원숙해지다, 숙성하다; [기회가] 무르익다. ¶ (~+󰀃) The time *ripens* good for a reformation. 개혁할 기회는 무르익었다. — *vt.* **1** …을 익게 하다, 성숙하게 하다. **2** …을 원숙(발달)케 하다. ¶ Due reflection *ripened* his judgment. 잘 궁리함으로써 그의 판단은 원숙해져 갔다. ◇ **ripe** *adj.*

rip-off [rípɔ:f/-ɔ̀f] *n.* 《美俗》도둑; 착취, 사취, 폭리.

ri·poste [ripóust] *n.* **1** 《펜싱》민속한 되찌르기. **2** 재치있는 (응수), 예리한 반박(응수). — *vi.* (-**post·ed**, -**post·ing**) **1** 재빨리 되찌르다. **2** 재치있게 되받아 넘기다, 즉각 되받아 응수하다.

rip·per [rípər] *n.* **1** 잡아 째는 사람(물건); [목을 째는] 살인자. **2** 솔기를 뜯는 기구; 내림톱(ripsaw). **3** 《美》두 대를 연결한 쌍썰매. **4** 《주로 英俗》멋있는 사람(물건), 훌륭한 사람(물건).

rip·ping [rípiŋ] *adj.* **1** 잡아째는, 가르는. **2** 《주로 英俗》멋들어진, 훌륭한(splendid).

~**ly** *adv.* ~**ness** *n.*

rípping bàr *n.* 받침대가 붙은 지레, 바.

‡rip·ple[1] [rípl] *v.* (-**pled**, -**pling**) *vi.* **1** 잔물결이 일다, 파문을 짓다; 잔물결을 일으키며 흐르다; 찰랑찰랑 소리내며 흐르다. **2** [천 따위가] 주름이 생기다, 물결 모양이 되다. — *vt.* **1** …에 잔물결(파문)을 일으키다. ¶ A breeze *rippled* the quiet surface of the pond. 미풍이 못의 고요한 수면에 잔물결을 일으켰다. **2** [머리털 따위를] 물결 모양으로 지지다. — *n.* **1** 잔물결, 파문. ⇨ WAVE [類語]. **2** [머리털 따위의] 웨이브. **3** 찰랑대는 소리, 찰싹찰싹. ¶ a *ripple* of laughter 잔물결처럼 이는 잔잔한 웃음 소리. ◇ **rípply** *adj.*

rip·ple[2] [rípl] *n.* 삼비, 亞麻. — *vt.* (-**pled**, -**pling**) …을 삼비로 빗다, 훑어내리다.

rípple effèct *n.* 파급 효과, 연쇄 작용; [완만한] 증대(보급) 효과.

rípple màrk *n.* [모래 위 따위의] 물결 자국, 바람 자국, 파형(波形).

rip·pler [ríplər] *n.* 삼 (아마)을 훑는 사람. **2** 삼비.

rip·plet [ríplit] *n.* 잔 물결, 작은 파문.

rip·ply [rípli] *adj.* (-**pli·er**, -**pli·est**) **1** 잔물결이 일고 있는, 파문이 있는. **2** 찰싹찰싹 (살랑살랑) 소리가 나는.

rip·rap [rípræ̀p] *n.* **1** [기초 공사용으로] 잡석(雜石), 쇄석, 부순 자갈; 잡석 기초[잡석을 던져 넣어서 만든다]. — *vt.* (-**rapped**, -**rap·ping**) …을 잡석으로 보강하다.

rip-roar·ing [rípròːriŋ / -rɔ̀ː-] *adj.* 《구어》웃고 떠드는, 떠들썩한 놀이판의.

rip·saw [rípsɔ̀:] *n.* 내림톱, 세로 켜는 톱.

rip·snort·er [rípsnɔ̀:rtər] *n.* 《구어》**1** 몹시 떠드는 사람(물건). **2** 대폭풍. **2** 호되는 사람(물건).

ríp strìp *n.* 립 스트립[담배갑 따위의 셀로판 포장을 뜯기 쉽게 하기 위해 붙인 리본 테이프 따위](tear strip).

rip·tide [ríptàid] *n.* 조충(潮衝)[다른 조류와 부딪쳐 격랑을 일으키는 조류].

Rip Van Win·kle [rípvænwíŋkl] *n.* **1** Washington Irving 작 *The Sketch Book* 중 같은 이름의 이야기 주인공[20년 동안 잠을 잤다]. **2** 《비유적》시대에 뒤떨어진 사람. [명령 세트 컴퓨터].

RISC(略) *r*estricted *i*nstruction *s*et *c*omputer (한정

‡rise [raiz] *v.* (**rose**, **ris·en**, **ris·ing**) *vi.* **1** 일어나다(서다), 몸을 가누다; 기상하다. ¶ (~+󰀃+󰀃) *rise* to one's feet 일어서다 // *rise as* one man 일제히 일어서다 / The horse *rose* on its hind legs. 말은 뒷발로 곧추섰다. / I *rose* quickly *from* my seat. 나는 자리에서 벌떡 일어섰다. / Class, *rise*! 《교실에서》기립! / Judge King presenting. All *rise*! 킹 재판장이 입정하십니다. 전원 기립해 주십시오. **2** [피어]오르다, 올라가다. [무대의 막이] 오르다. ¶ The curtain *rises*. 무대의 막이 오른다 // (~+󰀃) Smoke *rose up*. 연기가 피어올랐다.

3 [양이] 증대하다, 부풀다; 응기가 늘다; [빵 따위가] 부풀다. ¶ The river *rose* five feet. 강물이 5피트 불었다.

4 [해·달이] 지평(수평)선상에 뜨다(돋다); [소리가] 높아지다, 커지다, 크게 들리기 시작하다. ¶ (~+󰀃+󰀃) The moon *was rising above* the horizon. 달이 지평선 위로 떠오르고 있었다.

5 입신(출세)하다, 승진하다; 향상하다. ¶ (~+󰀃+󰀃) *rise to* fame(greatness) 유명해(위대해)지다 / He *rose from* an office boy *to* president. 그는 일개 사환에서 사장으로 출세했다.

6 [격하기·세기 따위가] 더해지다, 도를 더하다, 증대하다; [물가가] 오르다. ¶ Her color *rose on* the cheeks. 그녀의 볼에 붉은색이 돌았다 / Stocks *rise* in price. 주가가 오른다.

7 [비탈길이] 오르막이 되다; [산·건물 따위가] 솟다, 치솟다. ¶ (~+󰀃) Mt. Samkak *rises high*. 삼각산이 높이 솟아 있다 // (~+󰀃+󰀃) The Empire State Building *rises above* the other buildings. 엠파이어 스테이트 빌딩은 다른 빌딩 위로 우뚝 솟아 있다.

8 [수면에] 뜨다; 떠오르다; [물고기가] 먹이를 쫓아 수면에 떠오르다; [사람이] 유혹에 빠지다. ¶ (~+󰀃+󰀃) *rise at* (or *to*) a bait [물고기가] 먹이를 물다; 유혹에 넘어가다 / Tears *rose to* his eyes. 그의 눈에 눈물이 괴었다.

9 반란을 일으키다(*against*...), 군사를 일으키다(*in*...). ¶ (~+󰀃+󰀃) They *rose against* the oppressor. 그들은 압제자에게 항거하여 일어섰다.

10 메슥거리다. ¶ (~+󰀃+󰀃) My gorge (or stomach) *rises at* it. 그것을 보니(들으니) 속이 메슥거린다 (화가 치민다).

11 발원하다; 나다. ¶ (~+󰀃+󰀃) The River Nakdong *rises from* Mt. Hambeck. 낙동강은 함백산에서 발원한다 / Trouble *rose between* them. 그들 사이에 분쟁이 일어났다.

12 마음에 떠오르다; 보이다, 나타나다. ¶ (~+󰀃+󰀃) Land *rose ahead of* the ship. 배의 전방으로 육지가 보이기 시작했다.

13 [바람·폭풍 따위가] 일어나다; [사건·소문이] 나다, 발생하다. ¶ The wind *rises*. 바람이 불기 시작한다.

14 [식물이] 싹트다, 돋아나다, 자라다(grow taller).

15 [집이] 서다, 세워지다. ¶ (~+󰀃+󰀃) Many houses *rose in* this vicinity. 이 부근에 많은 집이 세워졌다(들어섰다).

16 폐회가 되다, 산회하다(adjourn).

17 대응하다, 견디다(*to*...). ¶ (~+󰀃+󰀃) *rise to* the occasion 사태에 대응하다, 사태에 용감히 맞서나가다 / He can *rise to* the requirement. 그는 그 요구에 응할 수가 있다.

18 되살아나다, 소생하다(revive). ¶ (~+󰀃)(~+󰀃+󰀃) *rise again*; *rise from* the dead 소생하다.

— *vt.* **1** …을 올리다, 올라가게 하다, 높이다, [물기]를 등귀시키다. **2** [물고기]를 수면으로 꾀어내다. **3** 《英俗》…을 키우다, 기르다.

rise above …을 초월하다. ¶ We should *rise above* petty feelings. 우리는 시시한 감정을 초월해야 한다. [명령형으로 쓴다]

rise and shine 잠자리에서 나오다, 일어서다. ＊종종

rise in arms (or *rebellion*) ⇨ ARM[2].

rise in a person's opinion (or *estimation*) 남에게 중시되다.

rise in the world (or *in life*) 입신 출세하다.

— *n.* **1** 오르기, 올라가기, 상승; [해·달이] 뜨기; [물고기가] 물 위로 떠오르기, [새가] 날아 오르기. **2** 입신 출세, 승진; 번영; 진보. ¶ the *rise and fall* of the Roman Empire 로마 제국의 흥망 / have (or make, achieve) a *rise* 입신(출세)하다, 돈을 벌다 / a *rise in* the world 출세. **3** 등귀, 증대;《주로 英》승급 (*in* ...) (＊《美》에서는 raise를 쓴다). ¶ a *rise in* the cost of living 생활

비의 증대 / I had (or got) ten-thousand-won rise in pay. 나는 봉급이 1만 원 올랐다. **4** [목소리가] 커지기; 오르는 길; [건축] 높은 지대, 언덕. ¶ Our school stands on the rise. 우리 학교는 높은 지대에 있다. **5** 감정의 북받쳐 오르기, 격앙, 반발. **6** 기원, 근원; 원인, 근거; 발생, 출현. ¶ the rise of a river in a mountain 산속에 있는 강물의 발원지. **7** [건축] [총계의] 한 층대의 높이, [아치 따위의] 수직 높이. ⇒ ARCH¹ 그림. **8** 되살아나기, 부활, 소생.
and the rise(美구어) 그리고 그 이상(and more).
get (or *have, take*) *a rise out of a person* (구어) 남을 도발하여 화나게 하다, 술수에 말려들게 하다; 《주로 美》 남으로부터 바랐던 답을 끌어내다; 감쪽같이 속이다.
give rise to …을 낳다, 일으키다. ¶ give rise to evil reports 나쁜 소문이 나게 하다.
on the rise [특히 증권 따위가] 올라, 오름세에. ¶ Prices are *on the rise*. 물가가 오름세에 있다.
the rise of 《美구어》 …보다 약간 많은 (a little more than). ¶ *the rise of* $5,000 5천달러의 약간 위.
take its rise in …으로부터 시작되다, …에 기원하다(originate in).
*ris·en [rízn] *v.* rise 의 과거 분사. ── *adj.* 솟은, 오른; 소생한, 되살아난.
ris·er [ráizər] *n.* **1** 일어나는 사람, [특히] 기상하는 사람. ¶ an early *riser* 일찍 일어나는 사람. **2** [총계의] 수직널(수직판).
ris·i·bil·i·ty [rìzibíliti] *n.* (*pl.* -ties) **1** ⓤ 웃기 잘하는 성질, 웃는 버릇. **2** (종종 -ties) 웃는 능력, 웃음의 감각.
ris·i·ble [rízibl] *adj.* **1** 웃기 좋아하는, 웃는 버릇이 있는; 웃을 줄 아는; 웃음의. **2** 우스운, 웃기는(laughable).
*ris·ing [ráiziŋ] *adj.* **1** 올라가는, 피어오르는; [해·달·별이] 돋는. ¶ *rising* fire 피어오르는 불. *the rising* sun 아침해. **2** 등귀하는, 증대(증가)하는; 승진하는, 신진의, 치솟는, 기세등등한. ¶ a *rising* market 오름세의 시장 / a *rising* novelist 신진 작가. **3** 오르막길의; 발흥하는, 발전 도상의, 성장하는. ¶ *rising* ground 오르막 / the *rising* generation 새로운 세대, 청소년층.
── *prep.* **1** (구어) [수·양이] …이상의. ¶ The number came to *rising* 7,000. 수는 7천 이상에 달했다. **2** (방언) [연령 따위가] …에 가까운. ¶ He was *rising* sixty. 그는 예순 살이 되려 하고 있었다.
── *n.* ⓤⓒ **1** 오름, 상승. ¶ *the rising of the tide* 밀물, 만조. **2** 기립, 이륙; 부활, 소생, 일어섬, 봉기, 반란; 솟아남, 용기, 돌기(突起). **3** 《방언》 종기, 부스럼.
a rising of 《美구어》 …이상의, …을 넘는. ¶ *a rising of* three months 3개월 이상.
rísing rhýthm *n.* [韻律] 상승 운율[악센트가 시의 각행 마지막 음절에 있다].
rísing vóte *n.* 기립 투표.
‡risk [risk] *n.* **1** ⓤⓒ 위험, 위험률, 손해(손상)를 입을 우려, 모험, 도박걸기. ◇ DANGER 類語 ¶ He ran the *risk* of losing his life. 그는 목숨을 걸었다. **2** ⓤⓒ [보험] 손해의 가능성; 위험률, 위험의 정도; 보험 금액; 피보험자(물). **3** 위험 분자.
at all risks; *at any* (or *whatever*) *risk* 어떠한 위험을 무릅쓰고라도, 결단코.
at one's own risk 각자의 위험 부담으로, 자기 책임으로.
at risk (英) 위험 상태에서. └하에.
at the risk of …을 걸고, …을 잃을 각오로. ¶ *at the risk of* one's life 목숨을 걸고.
── *vt.* **1** …을 위태롭게 하다, 걸다. ¶ He *risked* his life to save the boy. 그는 제목숨을 걸고 그 소년을 구했다 / *risk* life and limb 목숨을 잃거나 크게 다칠 각오로 임하다. **2** …을 각오하고 해보다, 감히 하다. ¶ *risk* a failure 실패를 각오하고 해보다 / *risk* it 운을 하늘에 맡기고 해보다 // (~+*ing*) He *risked* getting knocked out. 그는 녹아웃당할 위험을 무릅썼다.
rísk-bén·e·fit rátio [rískbénifit-] *n.* 위험도와 수익도의 비율[위험과 결딴 나는 수익률].
rísk cápital *n.* ⓤ [경제] 위험 부담 자본, 벤처캐피털(venture capital). └사람; 투기꾼.
risk·er *n.* 모험가, 물불 가리지 않고 덤비는
rísk-frée [rískfrí(:)] *adj.* [통신 판매 따위에 해약해도] 위험성을 보지 않는.
risk·ful [rískfəl] *adj.* 위험성이 많은, 위태로운, 위험│한.
risk·less [rískləs] *adj.* 위험이 없는, 안전한.
rísk mánager *n.* 보험 담당 임직원.
rísk-mòn·ey [ríském∧ni] *n.* [은행 출납원에게 주는] 부족금 보상 수당.
risk·y [ríski] *adj.* (risk·i·er, risk·i·est) **1** 모험적인, 대담한, 위험한(dangerous). **2** = risqué.
risk·i·ly *adv.* risk·i·ness *n.*
ri·sot·to [risɔ́:tou / -sɔ̀t-] *n.* ⓤ 스튜 요리의 하나. [<It] [<F]
ris·qué [riskéi / ´-´] *adj.* 음란(외설)한, 아슬아슬한.
ris·sole [rísoul] *n.* [요리] 만두. [<F]
Ri·ta [rí:tə] *n.* 《美구어》 반전(反戰) 군인.
ri·tar·dan·do [rì:tɑːrdɑ́ːndou / -dǽn-] [음악] *adv., adj.* 점점 느리게(되는).
*rite [rait] *n.* **1** 의식, 예식, 전례(典禮). ⇒ CEREMONY 類語 ¶ the *rite* of baptism 세례식/burial *rites* 장례식. **2** 관습, 관례, 습관. ¶ the *rites* of hospitality 대접하는 관례. ◇ rítual *adj.*
ríte of pássage *n.* **1** 통과 의식[성인식 따위]. **2** 인생의 한 단락이 되는 사건.
ri·tor·nel·lo [rìtərnélou] *n.* (*pl.* -los or -li [-lai]) [음악] **1** [17, 18세기 오페라에서 아리아나 각종 장면과 결합되어 되풀이되는] 기악부. **2** [18세기의 협주곡 연주 중에서 독주 부분과 번갈아 되풀이되는] 관현 총주부(總奏部).
*rit·u·al [rítʃu(ə)l] *n.* **1** [종교적] 의식, 예식, 전례(典禮), 의례식. ⇒ CEREMONY 類語 **2** [교회] 식전서, 전례서. **3** 의식적(예식적)인 행사(관습). ── *adj.* **1** 의식의, 식전의, 제사의. **2** 관례(관습)의. ~·ly [-əli] *adv.*
rit·u·al·ism [rítʃu(ə)lìzəm] *n.* ⓤ 의식 존중(고수)주의; 의식(전례) 연구; 의식 편중.
rit·u·al·ist [rítʃu(ə)list] *n.* **1** 의식문 연구(정통)자. **2** 의식 고수주의자. **3** (보통 R-) [영국 국교회의] 예전파(禮典派)의 사람.
rit·u·al·is·tic [rìtʃu(ə)lístik] *adj.* 의식주의의, 의식의, 전례를 존중하는. -ti·cal·ly [-ikəli] *adv.*
rit·u·al·ize [rítʃu(ə)làiz] *v.* (-ized, -iz·ing) *vi.* 의식화(儀式化)하다, 의식적이 되다. ── *vt.* 의식(예식)적으로 만들다; (轉) (…을) 【…의) 식적인】 인간 살해.
rítual múrder *n.* [신에게 바치기 위한] 의식적(儀
ritz [rits] *n.* ⓤ 과시, 자랑삼기. ── *vt.* …에 오만한 (도도한) 태도를 보이다. [<고급 호텔 Ritz의 이름]
ritz·y [rítsi] *adj.* (ritz·i·er, ritz·i·est) 《속어》 멋있는, 화려한, 고급스러운, 우아한(elegant).
riv. 《略》 river.
riv·age [rívidʒ, ráiv-] *n.* 《고어》 해안, 강기슭, 강가.
‡ri·val [ráiv(ə)l] *n.* **1** 경쟁자, 대항자, 적수, 라이벌 (*in …*). ¶ a *rival in* love 사랑의 라이벌, 사랑의 경쟁자 / *rivals for* a lady's hand 여성으로부터 결혼 약속을 따내려고 겨루는 경쟁자들. **2** 맞먹는 사람, 대등한 사람 (*in …*). ¶ without a *rival* 비길 것이 없는; 무적의 // *rivals in* intelligence 지성이 막상 막하인 사람들.
── *adj.* 경쟁하는, 대항하는. ¶ *rival* business agents 경쟁하는 대리점. ── *v.* (-valed, -val·ing; 《英》-valled, -val·ling) *vt.* …와 경쟁하다, …에 필적하다, 못지 않다. ¶ (~+団+團+전) She *rivaled* her mother *in* beauty. 그녀는 아름다운 점에서 어머니에 못지않다(어머니 못지않은 미인이다). ── *vi.* 《고어》 경

쟁하다, 겨루다, 필적하다(with...). ◇ rívalry n.
*ri·val·ry [ráiv(ə)lri] n. U C (pl. -ries) 경쟁, 대항.
◇ rival v.
ri·val·ship [ráiv(ə)lʃip] n. U (드물게) =rivalry.
rive [raiv] v. (rived, rived or riv·en, riv·ing) vt. 1
…을 찢다(⇒TEAR 類語).   ¶ (~+圖+前+名) rive a branch off a
wisteria 등나무의 가지를 잡아 떼다 // (~+圖+副) The
bark of the trunk was riven off (or away). 나무껍질
이 터졌다. 2 [마음 따위]를 아프게 하다, 갈기갈기 찢
다.
— vi. 찢어지다, 빠개지다, 깨지다. ¶ (~+圖) This
stone rives easily. 이 돌은 간단히 깨진다. ¶ rift n.
riv·el [rív(ə)l] vi., vt. (-eled, -el·ing(英) -elled,
-el·ling)(英語·드물게) 주름이 잡히다, …을 구기다.
riv·en [rív(ə)n] v. rive의 과거 분사의 하나.
— adj. 찢긴, 빠개진.
‡riv·er¹ [rívər] n. 1 강 / 하천의 명칭은 《美》에서는
the Mississippi River, 《英》에서는 the river (or
River) Thames 라고 쓴다. 또 the river of Jordan 는
옛날 식이다). 2 [일반] 강[액체]의 흐름. 3 (~s) 대량의 유출(abundant
time 시간의 흐름. 3 (~s) 대량의 유출(abundant
stream). ¶ rivers of tears 흐르는 눈물 / rivers of
blood [전쟁·학살 따위의] 피의 강.
go down the river 《美》[노예가] 강의 하류 쪽으로 팔
려 가다.
sell a person down the river 《美》남을 속이다, 배신
하다; 전보다 더 나쁜 상태에 빠뜨리다, 남을 가혹하게
다루다 [가사를 돌보던 노예를 노동 조건이 가혹한 미
시시피 강 하류의 농장에 팔았던 데서].
send a person up the river 《美구어》남을 교도소에
처넣다 [허드슨강 상류에 Sing Sing 교도소가 있는 데
서].   ◇ ríverine adj.
riv·er² [ráivər] n. 찢는 사람, 비틀어 떼는 사람.
riv·er·ain [rívərèin, -´-`] adj. =riverine. — n. 강변
에 사는 사람.
riv·er·bank [rívərbæŋk] n. 강둑, 강기슭.
ríver bàsin n. [지리] 유역. [床].
riv·er·bed [rívərbèd] n. 강바닥, 갯바닥, 하상 (河
riv·er·boat [rívərbòut] n. 강배[barge, rowboat 따
위]. cf. sea boat
ríver bóttom n. 《美》강변의 낮은 지대.
riv·er·front [rívərfrʌnt] n. [특히 도시의] 강변 지대.
riv·er·god [rívərgòd / -gɔ̀d] n. 강의 신, 하백(河伯).
riv·er·head [rívərhèd] n. 강의 수원(水源), 원류.
ríver hòrse n. 하마(hippopotamus).
riv·er·ine [rívəràin] adj. 강[변]의; 강가에 사는.
ríver nóvel n. =roman-fleuve. cf. saga novel
ríver pòrt n. 하항(河港).
*riv·er·side [rívərsàid] n., adj. 강기슭[의], 강가[의].
*riv·et [rívit] n. 리벳, 대갈못.
— v. (-et·ed, -et·ing; 《英》-et·ted, -et·ting) vt. 1
…을 리벳으로 박아 붙이다 (…together, down; ...on,
into).   ¶ (~+圖+副) rivet two pieces of iron
together 두 조각의 쇠를 리벳으로 잇다. 2 [못 따위]
의 끝을 찌부러뜨리다, 대가리를 꾸부리다. 3 …을 움
직이지 않도록 단단히 고정시키다(비유적) …을 확고하
다, 을 튼튼하게 하다. ¶ riveted hatred 뿌리 깊은 원
한 // (~+圖+前+名) rivet something in one's mind 어
떤 마음에 새기다 / Terror riveted her to the spot. 그녀
는 무서운 나머지 그 자리에 못박힌 듯 꼼짝을 못했다.
4 [눈·주의]를 집중하다; […의 마음을 빼앗다. ¶
(~+圖+前+名) rivet one's eyes on …에 주목하다.
— vi. (비유적) 못박힌 듯 꼼짝 못하게 되다. ¶ (~+
圖+名) She stood riveted to the spot. 그녀는 그 자리에
못박힌 듯 서 있었다.
riv·et·er [rívitər] n. 리벳공(工), 리벳 박는 기계.
rívet gùn n. 〔자동식〕 리벳 박는 기계.
riv·et·ing [rívitiŋ] adj. 〔못박힌듯이〕 황홀케 하는.

Riv·i·er·a [rìvié(:)rə / -éərə] n. (the ~) 리비에라 [경
승지로 유명한 프랑스의 관광·휴양지].
ri·vière [rivjɛ́ːr, +美 rivjéər] n. 〔특히 두 줄 이상으
로 된〕보석 목걸이. 〔<F〕
riv·u·let [rívjulit] n. 개울, 시내(streamlet).
*rix·dol·lar [ríksdàlər / -dɔ̀l-] n. 릭스 달러 [네덜란
드·덴마크, 독일 등의 옛 은화].
Ri·yadh [ri:jɑ́:d] n. 리야드 [사우디아라비아 수도].
ri·yal [rijɑ́:l, -jɔ́:l] n. 리얄 [사우디아라비아 화폐 단
위].   〔력〕.
RJE (略) 〔컴퓨터〕 remote job entry (원격 작업 입
RKO (略) Radio Keith Orpheum(미국 영화 회사 이
R.L.S. (略) Robert Louis Stevenson.   〔름〕.
rly, Rly (略) railway.
RM, r.m. (略) reichsmark.
rm. (略) (pl. rms.) ream; room.   〔Marines.
R.M. (略) resident magistrate; royal mail; Royal
R.M.A. (略) 《英》 Royal Marine Artillery, Royal
Military Academy; random multiple access (임의 다
중 동시 교신); Rice Millers Association (미국 정미 (精
米)업자 협회).
RMB (略) renminbi.
R.M.C. (略) 《英》 Royal Military College.
R. Met. S. (略) 《英》 Royal Meteorological Society.
R.M.G. (略) Royal Marine Guard.
R.M.L.I. (略) Royal Marine Light Infantry.
Ŕ mònths [ɑ́:r-] n. R자가 든 달 [즉 9월 (September)에서 4월 (April)까지의 8개월로서 굴 (oyster)을 먹
을 수 있는 계절].
rms, r.m.s., RMS (略) root mean square.
RMS (略) 〔우주공학〕 remote manipulator system (원
격 조작 시스템).
R.M.S. (略) Railway Mail Service; 《英》 Royal Mail
Service, Royal Mail Steamship.
Rn 〔화학〕 radon 의 원소 기호.
R.N. (略) registered nurse (공인 간호사); Royal
RNA (略) ribonucleic acid.   〔Navy.
R.N.A.S. (略) Royal Naval Air Service.
R.N.C. (略) 《英》 Royal Naval College.
R.N.D. (略) Royal Naval Division.   〔[원].
R.N.R. (略) Royal Naval Reserve (영국 해군 예비대
R.N.V.R. (略) Royal Naval Volunteer Reserve.
R.N.Z.A.F. (略) Royal New Zealand Air Force.
R.N.Z.N. (略) Royal New Zealand Navy.
R.O. (略) Receiving Office; Receiving Officer; Regimental Order; Royal Observatory.
roach¹ [routʃ] n. 1 = cockroach. 2 《美속어》마리
화나 담배 꽁초.
roach² [routʃ] n. (pl. roach or roach·es) 유럽산(產)
잉어과(科)의 민물고기; 그것과 비슷한 북미 동부산(產)
의 물고기.
roach³ [routʃ] n. 〔항해〕 로치 [돛대나 밧줄에 닿지 않도
록 가로돛의 아랫 부분, 또는 양측 곡선 부분을 활동처
럼 잘라낸 것].
‡road [roud] n. 1 길, 도로, 가로, 간선 도로. ¶ the
Canterbury road 캔터베리 가로 / the silk road 실크 로
드 / This road leads (or goes) to the station. 이 길은
역으로 통한다. 2 《美》 철도(railroad). 3 진로, 행
로, 코스(to...). ¶ the road of life 인생 행로 / give a
person the road 남에게 길을 양보하다 / the road to
London 런던으로 통하는 길. 4 (비유적) […에의) 길,
방법, 수단(to ...). ¶ There is no royal road to learning. 학문에 왕도는 (손쉬운 길은) 없다. 5 (종
종 ~s) 〔항해〕 =roadstead. 6 (the ~) 〔극단 따위의〕
New York 이외의 순회 공연지. 7 〔채광〕 〔광산의〕 지
하 갱도, 지하도.
break a road 길을 뚫으며 (곤란을 물리치며) 나아가
다.
burn up the road 《속어》굉장한 속도로 운전하다 (나
아가다).

for the road 작별의 표시로[술을 마시는 따위].
a gentleman (or **knight**) **of the road** ⇨ GENTLEMAN.
get out of *a person's* (or **the**) **road** 남의 통행에 방해가 되지 않도록 옆으로 비키다.
go over the road 교도소로 가다(go to prison). 「다.
hit the road 《속어》 [다시] 여행을 시작하다; 출발하
hold (or **hug**) **the road** [자동차가] 노면에 밀착하여 달리다. 「방해가 되어.
in *a person's* (or **the**) **road** 남의 길을 막고; 남에게
on the road ① 여행을 하고 있는; 통행중인. ¶ There are lots of cars *on the road* today. 오늘은 자동차가 많이 지나가고 있다. ② 지방을 돌고 있는; 순회 공연을 하고 있는. ③ …을 향해 가고 있는, 진전 중인(on the way) (*to...*). ¶ He is *on the road to* recovery. 그는 회복중이다.
take the road of *a person* 남의 위에 서다.
take to the road ① 여행을 떠나다. ② (고어) 노상 강도가 되다, 부랑자가 되다.
— *vt.* [개가] [사냥감의] 발자국 냄새를 맡아 추적하다.

road·a·bil·i·ty [ròudəbíləti] *n.* ⓤ 자동차의 [도로] 주행 능력.

road·a·ble [róudəbl] *adj.* 도로를 갈 수 있는; [비행기가] 날개를 접으면 자동차로 변할 수 있는.

róad àgent *n.* 《美고어》 노상 강도.

road·bed [róudbèd] *n.* [철도의] 노반(路盤); 노상(路

road·block [róudblɑ̀k/-blɔ̀k] *n.* **1** 《군대》 도로상의 바리케이드. **2** [범인의 도망을 막기 위한] 도로상의 장애물. **3** 장애물; 방해 행동. — *vt.* …을 방해하다.

road·book [róudbùk] *n.* 도로 안내서.

road·bound [róudbáund] *adj.* 도로 전용의, 이동하는데 도로밖에 이용하지 못하는.

róad còmpany *n.* 지방 순회 극단.

road·craft [róudkræft/-krɑ̀:ft] *n.* 《英》 운전 기술.

róad dràg *n.* 노면 고르는 기계.

róad fùnd *n.* 《英》 도로 기금[도로, 교량의 건설·유지를 목적으로 한다]. 「명서.

róad fùnd lìcence *n.* 《英구어》 자동차세 납부 증

róad gàme *n.* 《야구·농구의》 순회(원정) 경기.

róad gàng *n.* 도로 보수반; 죄수의 도로 보수 작업반.

róad hòg *n.* 길 한가운데를 차지하고 달리는 무법 운전자; 난폭한 자동차(자전거) 운전자. 「전성.

road·hold·ing [róudhòuldiŋ] *n.* ⓤ 자동차의 주행 안

road·house [róudhàus] *n.* (*pl.* **-hous·es** [-hàuziz]) [자동차 운전자를 위한] 가로변의 여관(술집 따위).

road·ie [róudi] *n.* 《구어》 [록 그룹 등의] 지방 공연

road·lamp [róudlæ̀mp] *n.* 가로등. 「매니저.

road·mak·er [róudmèikər] *n.* 도로 건설[기술]자.

róad màking *n.* ⓤ 도로 건설.

road·man [róudmən] *n.* (*pl.* **-men** [-mən]) 도로 건설 「공.

róad mànager *n.* =roadie.

róad màp *n.* 도로 지도.

róad mènder *n.* 도로 보수공. 「위].

róad mètal *n.* ⓤ 《英》 도로 포장용 재료[자갈 따

róad mònkey *n.* 《美속어》 =road mender.

róad pèn *n.* 끝이 두 갈래로 갈라진 제도용 펜.

róad péople *n.* 《美구어》 방랑족.

róad ràcing *n.* [특히 자동차의] 도로 경주.

róad ràge *n.* 교통 체증으로 인한 분노.

róad ròller *n.* 롤러로 땅을 고르는 사람; 도로를 고르는 기계. 「[북미산(産)].

road·run·ner [róudrʌ̀nər] *n.* 지상성 뻐꾸기류의 새

róad sàfety *n.* 교통 안전.

róad sènse *n.* [운전자·보행자·개 따위의] 도로 안전 이용 능력, 도로 감각.

róad shòw *n.* ① [연극 따위의] 순회 공연, 지방 순회. ② [영화의] 특별 상영, 독점 개봉 상영, 로드 쇼.

****road·side** [róudsàid] *n.* 길가, 노변. — *adj.* 노변 [의].

róad sìgn *n.* 도로 표지.

róad stàke *n.* (떠돌이 노동자의) 여행 비용.

road·stead [róudstèd] *n.* 〔항해〕 〔앞바다의〕 정박지, 앞바다의 투묘지(投錨地).

road·ster [róudstər] *n.* **1** 로드스터 [한 좌석에 2,3명이 타는 지붕 없는 자동차]. **2** [도로를 가는] 타는 말, 마차끄는 말; 《英》 자전거. **3** roadstead 에 닻을 내린 배. **4** 도보 여행[자].

róad tèst *n.* [자동차 성능의] 노상 주행 테스트. — *vt.* 노상 테스트를 하다, 시운전하다; [재능을] 실지 시험하다.

road-train [róudtrèin] *n.* 자동차 대열[행렬].

róad wàrrior *n.* 외판원, 순회 판매원(traveling salesman).

****road·way** [róudwèi] *n.* 도로(road); 차도.

road·work [róudwə̀:rk] *n.* ⓤ **1** 로드워크 [권투 선수가 시합 전에 체력 조정을 위해 하는 러닝]. **2** 도로 공

road·wor·thy [róudwə̀:rði] *adj.* 노상에서 쓰기에

‡**roam** [roum] *vi.* [정처 없이] 돌아다니다, 배회하다, 방랑하다 (*about*, *in*, *through...*). ¶ (~+前+名) *roam over* the mountains 산을 헤매다.

[類語] **roam** 넓은 지역을 정처·목적 없이 [호기심 따위 때문에] 돌아다니다. **ramble** 길을 밟는 순서나 목적지에 아랑곳없이 마음내키는 대로 즐겁게 [일정한 거리를] 어슬렁거리다: *ramble* through a meadow 목장을 어슬렁어슬렁 지나가다. **range** 넓지만 한정된 지역 안을 [무엇인가를 찾는 따위 일로] 샅샅이 돌아다니다: *range* over the area for the lost child 미아를 찾기 위해 그 지역을 구석구석까지 빠짐없이 돌아다니다. **rove** 뚜렷한 목적을 가지고 넓은 지역을 돌아다니다: a *roving* ambassador 순회 대사. **prowl** 사냥감을 찾아서 밤에 몰래 돌아다니다: Tigers *prowl* at night. 호랑이는 밤에 배회한다. **stray** 어떤 장소·무리에서 벗어나 길을 잃고 헤매다: *stray* from street to street 거리에서 거리로 길을 잃고 헤매다. **wander** 일정한 목적 없이 떠돌아다니다.

— *vt.* …을 돌아다니다, 방랑하다.
— *n.* 헤매기, 배회, 방랑.

roam·er [róumər] *n.* 정처 없이 걷는 사람, 방랑자.

roan [roun] *adj.* [특히 말이] 밤색털에 흰색 또는 회색 털이 섞인, 황바탕에 검정 기타의 색이 섞인. — *n.* **1** 그런 짐승 [특히 말]. **2** 〔모로코 가죽의 대용품으로 쓰이는 제본용의〕 연한 양피(羊皮).

‡**roar** [rɔːr/rɔː] *vi.* **1** [맹수가] 포효(咆哮)하다, 〔사람이〕 큰 소리를 내다; 고함치다, 소리지르다, 노호(怒號)하다; 큰 소리로 말하다; 크게 웃다. ⇨ CRY [類語][2] (~+前+名) *roar* for mercy 살려달라고 아우성치다 / *roar with* laughter 크게 웃다 / *roar at* a joke 농담에 웃음을 터뜨리다. **3** [바람·파도·천둥·불 따위가] 쾅쾅 울다, 울려퍼지다. ¶ East winds *roared over* the fenland. 동풍이 소택지에 휘몰아쳤다. **4** [차 따위가] 요란한 소리를 내다. ¶ The jet plane *roared* away. 제트기가 폭음을 울리며 날아갔다. **5** 〔병든 말이〕 그렁거리며 숨쉬다, 헐떡거리다. **6** 〔장소 따위가〕 떠나갈 듯 울리다. — *vt.* **1** …을 큰 소리로 말하다(노래하다); 고함치다, 외치다. ¶ *roar* a welcome 환성을 지르며 맞이하다 // (~+目+副) *roar out* a command 큰 소리로 명령하다. **2** 큰 소리를 질러 [남]을 어떤 상태로 만들다. ¶ (~+目+補) *roar* oneself hoarse 고함을 너무 쳐서 목이 쉬다 / (~+目+副) *roar* a speaker *down* 연사에게 야유를 퍼부어 말을 못하게 하다. **3** 〔엔진 따위가〕 굉음을 내게 하다.

— *n.* **1** 〔맹수의〕 포효, 으르렁거리는 소리. **2** 〔사람의〕 고함 소리, 외치는 소리, 크게 말하는 소리, 왁자한 웃음 소리. ¶ a *roar* of laughter 왁자한 웃음 소리 / in a *roar* 와글와글 떠들며 웃으며. **3** 〔바람·파도·천둥·불 따위의〕 쾅쾅. **4** 〔발동기·차 따위의〕 굉음.

roar·er [rɔ́ːrər/rɔ́ːrə] *n.* 포효(노호)하는 것; 〔맹수 따위〕; 큰 소리를 지르는 사람, 고함치는 사람; 〔바람·파도·불 따위의〕 요란한 소리를 내는 것; 숨을 할딱이

는 말.

roar·ing [rɔ́:riŋ / rɔ́:r-] n. **1** ⓤⓒ 으르렁거림; 그 소리; 포효(노호); 우렁찬 소리, 떠들썩한 소리, 굉음. **2** ⓤ[獸醫] [말의] 천명증(喘鳴症). —— adj. **1** 으르렁거리는; 고함치는, 큰 소리를 내는; [바람·파도가] 잉잉거리는; [차가] 굉음을 내는. ¶ a *roaring* night 먹고 마시며 떠들어대는 밤. **2** (영업 따위가) 번성하는; 활발한, 활기넘치는. ¶ in *roaring* health 활기에 넘쳐 / They are driving a *roaring* business. 그들은 장사가 잘 되고 있다. —— adv. 대단히 (very). ¶ He is *roaring* drunk. 그는 엉망진창으로 취해 있다.

róaring fórties n. pl. (the ~) 북위 및 남위 40도에서 50도 사이의 해양 폭풍대(帶).

Róaring Twénties n. 광란의 1920년대 [미국에서 재즈 음악이 맹렬히 유행하던 시대].

‡**roast** [roust] vt. **1** [고기 따위]를 [화덕에, 불에 바로 쬐어, 뜨거운 재에 묻어] 굽다, 그슬리다 (⇒ BURN 類語); [콩 따위]를 볶다, [불에] 쬐다. ¶ (~+图+補) *roast* the beans brown 콩을 다갈색으로 볶다. **2** [태양이] …을 태우다, 뜨겁게 하다. ¶ The sun *roasted* the valley. 햇빛이 골짜기를 지글지글 지져 놓았다. **3** [불에 쬐어] …을 데우다. ¶ (~+图+前+名) *roast* oneself *at* the fire 불을 쬐어 몸을 녹이다 / *roast* one's hands *over* the fire 손을 불에 쬐어 녹이다. **4** [야금] [광석 따위]를 배소(焙燒)하다. **5** (구어) …을 희롱하다, 놀리다; …을 조롱하다; …을 혹평하다. ¶ The critics *roasted* the elaborately staged work. 비평가들은 꼼꼼한 무대 장치를 혹평했다.

—— vi. **1** 고기를 굽다. **2** [고기가] 구워지다, 쬐어지다; [콩이] 볶이다. **3** 몹시 덥다 (더워지다).

—— n. **1** ⓤ 불고기. **2** [불고기용의] 고기, 로스 고기. **3** 굽기(쬐기, 볶기). **4** (구어) 희롱; 혹평 (severe criticism). **5** (구어) 불고기 야유회.

rule the roast 지배하다, 좌지우지하다.

—— adj. 구운, 볶은(roasted). ¶ *roast* beef 쇠고기 구이, 로스트 비프 / *roast* pig 돼지 통구이.

roast·er [róustər] n. **1** 굽는(볶는, 그슬리는) 기구, 로스터. **2** 통째로 굽는 [볶는] 것[병아리, 돼지 새끼 따위]. **3** 굽는(볶는, 그슬리는) 사람.

roast·ing [róustiŋ] adj. 굽기에 알맞은, 로스트용의. **2** (찌는)듯한, 몹시 더운. ¶ a *roasting* day 몹시 더운날 / be simply *roasting* 찌는 듯이 덥다.

róasting jàck n. [고기 굽는 데 쓰이는] 쇠꼬챙이 회전의.

‡**rob** [rab / rɔb] v. (**robbed, rob·bing**) vt. **1** (남)으로부터 빼앗다, 약탈하다, 강탈하다 (...*of*). ¶ (~+图+前+名) I was *robbed of* my watch. 나는 시계를 빼앗겼다 / The insufficient nutrition *robbed* him *of* his sight. 그는 영양 실조로 시력을 잃었다.

類語 **rob** 폭력·협박·사기 따위로 빼앗다: *rob* a person of his money 협박하여 남으로부터 돈을 빼앗다. **steal** 몰래 훔치다: *steal* a wallet 돈지갑을 훔치다. **deprive** 권리·지위, 기타 추상적인 것을 빼앗다: *deprive* the people of freedom 인민으로부터 자유를 빼앗다.

2 …의 알맹이를 훔치다, 속을 샅샅이 뒤져서 빼앗다. ¶ *rob* a safe 금고 속의 것을 훔치다 / *rob* a bank 은행 강도질을 하다 / His house was *robbed* last night. 어젯밤 그의 집이 도둑에게 털렸다.

—— vi. 도둑질(강도질)을 하다, 약탈하다 (plunder). ¶ He said he would not *rob* again. 그는 다시는 도둑질을 않겠다고 말했다.

rob Peter to pay Paul ⇒ PETER.

◇ róbbery n. [thief

‡**rob·ber** [rábər / rɔ́b-] n. 강도, 도둑, 노상 강도. *cf.* **róbber báron** n. 봉건시대의 영국이나 19세기 말 미국의] 노상 강도 귀족.

***rob·ber·y** [rábəri / rɔ́b-] n. (pl. -ber·ies) **1** ⓤⓒ 강도, 강탈, 약탈. ⇒ THEFT 類語. **2** ⓤ [법률] 강도죄.
◇ rob v.

‡**robe** [roub] n. 길고 헐거운 겉옷; (종종 ~s) 예복, 관복, 법복, 법의, 의복. ¶ official *robes*; robes of office [정식의] 관복 / royal *robes* 왕복(王服) / the short *robe* 군복; 군인 / the long *robe* 법률가·성직자의 옷(직업) / the gentlemen of the [long] *robe* 법률가 (변호사들) / follow the *robe* 법률가가 되다. **2** [일반적으로] 길고 헐거운 옷[가운, 위생복, 유아복 따위]; 집 원피스형의 우아한 여성복. **3** (~s) 의복, 옷(clothes). **4** (美) [짐승 가죽 따위로 만든] 무릎 덮개. **5** (비유적) (詩) 덮개, 옷. ¶ fruitful land clad with a *robe* of plants 초록의 옷을 입은 기름진 땅.

—— vt. (남)에게 예복(정복)을 입히다; (남)에게 옷을 입히다; (비유적) …에 옷을 입히다, …을 덮다. ¶ land *robed* with (or in) snow 눈 덮인 땅. —— vi. 예복(정복) 따위를 입다; 옷을 걸치다.

robe-de-cham·bre [roubdəʃɑ̃ːbr] n. (프랑스) (= robe of chamber) (pl. **robes-de-** [F rɔbdə-]) 실내복.

Rob·ert [rábərt / rɔ́b-] n. (英구어) 순경 (policeman).

‡**rob·in** [rábin / rɔ́b-] n. **1** [유럽산(産)] 붉은가슴울새 (robin redbreast). **2** 미국울새 [북미산(産)].

Róbin Góod·fél·low [-gúdfèlou] n. 영국 민화에 나오는 우스꽝스러운 장난꾸러기인 작은 요정 (Puck).

Róbin Hóod n. 로빈 후드 [Sherwood Forest에 살고 있었다고 하는 중세 영국의 전설적인 의적(義賊)].

go around Robin Hood's barn 우회적인 방법으로 올바른 결론에 도달하다.

sell Robin Hood's pennyworth 헐값으로 팔아넘기다 [로빈 후드가 훔친 물건을 필요한 경비만 받고 처분했다는 데서].

rób·in's-ègg blúe [rábinzèg- / rɔ́b-] n. ⓤ (때로 a ~) 엷은 녹색을 띤 청색.

Rob·in·son Cru·soe [rábins(ə)nkrúːsou / rɔ́b-] n. 로빈슨 크루소 [Daniel Defoe가 지은 같은 이름의 소설 (1719)의 주인공].

ro·ble [róublei] n. (식물) [미국 California 주 산(産)] 참나무의 일종.

ro·bomb [róubàm / -bɔ̀m] n. = robot bomb.

rob·o·rant [rábərənt / rɔ́b-] adj. 몸을 보호하는, 정력을 북돋우는. —— n. 보약, 강장제 (tonic).

ro·bot [róubət, ráb- / róubɔt, rɔ́b-, -bət] n. **1** 로봇, 인조 인간. **2** [자기 판단에 의하지 않고 행동하는] 로봇 같은 인간. **3** 자동 장치. **4** (춤) 로봇[로봇처럼 관절을 하나씩 움직여 반동을 붙여서 추는 춤]. [< Czech *robota* work, statute labor: Karel Capek (1890-1938) 가 쓴 연극 *R.U.R.* (= *Rossum's Universal Robots*) 에 나오는 인조 인간의 이름]

róbot bómb n. 로봇 폭탄 (flying bomb). [봇 공학.

ro·bot·ics [ro(u)bátiks / -bɔ́t-] n. pl. (단수 취급) 로**ro·bot·ism** [róubətìz(ə)m, ráb- / róubətìz(ə)m, rɔ́b-] n. ⓤ [로봇처럼 감정·판단이 들지 않은] 기계적인 방식, 로봇주의.

ro·bot·i·za·tion [ròubətizéiʃ(ə)n / -tai-] n. [산업 설비의] 로봇화, 자동화.

ro·bot·ize [róubətàiz] vt. (**-ized, -iz·ing**) …을 로봇화하다, 자동화하다.

róbot lánguage n. [컴퓨터] 로봇 언어 [산업용 로봇에게 작업 순서를 명령하기 위한 프로그램 언어].

róbot pílot n. 자동 조종 장치 (automatic pilot).

róbot revolútion n. 로봇 혁명 [산업혁명과 비교하는 뜻에서 쓰임].

Robt. (略) Robert.

ro·bur·ite [róubəràit] n. ⓤ [화학] 로버라이트 [광산용의 고성능 무염 (無焰)폭약].

***ro·bust** [ro(u)bʌ́st, +美 róubəst] adj. **1** 건장한 (vigorous), 튼튼한, 건강한; 건전한. ¶ a *robust* youth 굳건한 청년 / a woman of *robust* health 건강미가 넘치는 여성. **2** 옹골찬, 늠름한. ⇒ STRONG 類語. ¶ a man of *robust* physique 굳건한 체격의 사람. **3** [일 따위가] 힘이 드는, [운동 따위가] 격렬한. **4** 거친 (rude); 조야 (粗

野)한. **5** 〖맛이〗 감칠맛이 도는. ¶ the *robust* flavor of wine 포도주의 그윽한 맛. **~ly** *adv.* **~ness** *n*.
ro·bus·tious [ro(u)bʌ́stʃəs / -tjəs] *adj.* 《고어·익살》 **1** 거친, 난폭한, 떠들썩한(boisterous). **2** 강건한, 건장한, 건강한; 〖몸집이〗 건장하게 생긴(robust).
roc [rak / rɔk] *n.* 〖아라비아 전설〗로크 새〖거대하고 괴상한 새〗.
ROC (略) *r*equired *o*perational *c*haracteristics(요구 운용 특성), …의 일종〖조미료용〗.
roc·am·bole [rákəmbòul / rɔ́k-] *n.* 유럽산(產) 부추〖…의 일종〖조미료용〗.
Ro·chelle sàlt [rouʃél-] *n.* U 《화학·약학》 로셸염(鹽) 〖주석산(酒石酸)칼륨 나트륨의 별명; 완하제(緩下劑)〗.
roch·et [rátʃit / rɔ́tʃ-] *n.* 〖교회〗〖주교(감독), 수도원장, 사제, 사제 보조 등이 입는〗 아마포의 짧은 흰옷.
‡**rock**[1] [rak / rɔk] *n.* **1** ⓤⓒ 〖일반적으로〗 바위, 암석, 암반, 암괴; 〖지질〗 암석. ¶ *igneous rock* 화성암 / as firm as a *rock* 바위처럼〖매우〗 견고한 / built (or founded) on the *rock* 반석 위에 지은, 든든한 기반 위에 놓은〖←마태 복음(Matt.) 7 : 24〗. **2** 《美》 돌, 잔돌. **3** (종종 ~s) 암초(岩礁), 암초(暗礁); 위험물. ¶ a sunken *rock* 암초(暗礁) / go upon the *rocks* 암초에 올라앉다 / run against a *rock* 암초에 부딪치다, 좌초하다; 위험에 부딪치다 / *Rocks* ahead ! 〖항해〗 암초다!;《비유적》 위험해! / That's the *rock* you'll split on. 〖비유적〗 거기에 위험이 도사리고 있다. **4** 〖바위처럼〗 튼튼한 반침, 지주, 의지. ¶ *The Lord is my rock*. 여호와는 나의 반석이시오 〖二 사무엘기(하) (2 Sam.) 22 : 2〗. **5** ⓤ (주로 英) 〖딱딱한 막대 모양의〗 사탕 과자;《美》 =**rock candy**. **6** (종종 ~s) 《속어》 화폐; 1 달러 지폐. **7** 《속어》 다이아몬드, 보석(gem). **8** =**rockfish**. **9** =**rock dove**. **10** 《美》 어리석은 실수(boner).
have rocks in one's (or **the**) **head** 《美》《보통 의문문에서》바보다, 어리석다(※ 미련한 질문이나 제안을 한 상대에게 쓴다). 〖것이 이미 증명된.
of the old rock〖보석이〗 묻지 그대로 멋진, 좋다는.
on the rocks ① 《구어》 좌초하여, 난파하여; 진퇴 양난의 궁지에 빠져, 파탄을 초래하여; 돈에 궁해서, 파산 하여. ¶ Their engagement went *on the rocks*. 그들의 약혼은 파탄을 가져왔다. ② 〖위스키 따위에〗 얼음만 넣고(넣은).
the rock of ages 영원한 반석〖그리스도를 가리킨다〗 (*cf.* 이사야서(書) (Isa.) 26 : 4〗; 믿을 수 있는 것(사 ◇ **rócky** *adj.* 〖람〗.
‡**rock**[2] [rak / rɔk] *vi.* **1** 전후(좌우)로 흔들리다, 진동하다. ⇒ **SWING**〖類語〗 **2** 감정이 세게 흔들리다, 감동하다. **3** 〖광산〗 선광기(에서) 광을 흔들어 선광되다. **4** 로큰롤로 노래하다(춤추다), 로큰롤을 연주하다.
— *vt.* **1** …을 가볍게 앞뒤(좌우)로 흔들다. ¶ *rock* a cradle 요람을 살살 흔들다. **2**〖남〗을 부추겨〖달래어〗… 을 하게 하다,〖남〗을 기분좋게 만들어주다, 달래다. ¶ (~+圈+圃) She *rocked* her baby asleep. 그녀는 아기를 달래어 잠들게 했다 // (~+圓+圄+名) He was *rocked into* a false sense of security. 그는 멍청하게도 안전하다고 안심하고 있었다. **3** …을 크게 감동시키다. ¶ Everyone in the court was *rocked* by the verdict. 법정에 있던 모든 사람이 그 평결에 깊은 감동을 받았다. **4** …을 세차게 흔들는다, 진동시키다. ¶ The strong wind *rocked* trees. 강풍이 나무들을 마구 뒤흔들었다. **5** 〖광산〗…을 선광기로 흔들어 선광하다. **6** 〖판화〗〖동판〗을 도둘모로 새기다.
rock the boat ⇒ **BOAT**.
— *n.* **1** 진동, 동요, 흔들기. **2** ⓤ 로크 음악. **3** 〖영국의〗 로크족(族) 〖가죽 잠바 차림의 오트바이광〗 ◇ **rócky** *adj.* 〖狂〗.
rock[3] [rak / rɔk] *n.* 《고어》 실패, 실감개(distaff).
rock[4] [rak / rɔk] *n.* =**striped bass**.〖음악의 일종〗.
rock·a·bil·ly [rákəbìli / rɔ́k-] *n.* ⓤ 로카빌리〖대중
rock·a·by, -bye [rákəbài / rɔ́k-] *vi.* =**hushaby**.
rock-air [rakɛ́ər / rɔ́k-] *n.* 로크에어〖비행기로 상공에

가지고 가서 발사하는 관측용 로켓〗.〖roll.
rock-and-roll [rák(ə)nróul / rɔ́k-] *n.* =**rock-'n'-
rock ballet *n.*〖록 음악에 맞추어 추는〗 록발레.
rock bottom *n.* ⓤ 맨 밑바닥 (very bottom), 최저.
rock-bot·tom [rákbátəm / rɔ́kbɔ́t-] *adj.* 최저의, 맨 밑바닥의. ¶ the *rock-bottom* price 최저 가격.
rock-bound [rákbàund / rɔ́k-] *adj.* 바위에 둘러싸인, 바위가 많은(rocky).〖한 과자〗.
rock cake *n.* 로크 케이크〖표면이 까칠까칠하고 딱딱
rock candy *n.* ⓤ 얼음 사탕(※ 《英》에서는 candy 또는 sugar candy 라고 한다).
rock-climb·er [rákklàimər / rɔ́k-] *n.* 암벽 등반가.
rock-climb·ing [rákklàimiŋ / rɔ́k-] *n.* ⓤ 암벽산 타기, 암벽 등반.
rock cork *n.* 〖코르크질의〗 석면의 일종.
rock crystal *n.* 무색의 수정.
rock dove *n.* 유럽 및 아시아산(產) 흑비둘기.
rock drill *n.* 착암기.
Rock·e·fel·ler Center [rákəfèlər / rɔ́k-] *n.* (the ~) 록펠러 센터〖New York 시의 중심부에 있는 비즈니스·오락 지구〗.
Rockefeller Foundation *n.* 록펠러 재단〖미국의 자선가인 John Davison Rockefeller(1839-1937)가 1913년에 설립〗.
rock·er [rákər / rɔ́kə] *n.* **1** 요람,〖흔들 의자 따위의 밑에 대는〗 활모양의 된 막대. **2** =**rocking chair**. **3** 활주부가 활모양의 날로 된 스케이트. **4** 〖광산〗 흔드는 선광기. **5** 〖영국의〗 로크족(族)(rock).
off one's **rocker** 《속어》 미쳐서 (mad). ¶ She went *off her rocker*. 그녀는 미치고 말았다.
rock·er·y [rákəri / rɔ́k-] *n.* (*pl.* **-er·ies**) =**rock garden**.
‡**rock·et**[1] [rákit / rɔ́k-] *n.* **1** 로켓; 로켓탄(彈). **2** 봉화, 불화살; 쏘아올리는 꽃불. **3** 《英속어》 심한 꾸지람. ¶ give a person a *rocket* 남을 심하게 꾸짖다, 남을 닦아세우다.
— *vt.* **1** …을 로켓으로 운반하다. **2** …을 로켓탄으로 공격하다. — *vi.* **1** 〖로켓처럼〗 날아오르다, 돌진하다. **2** 〖특히 꿩이〗 빨리 일직선으로 날아오르다. **3** 〖물가나 인기 따위가〗 급히 상승하다.
rock·et[2] *n.* **1** 〖샐러드용으로 쓰이는 유럽산(產) 겨자과(科)의 식물. **2** 갖가지 색깔의 장식용 화초의 일종, 큰장대〖관상용〗. **3** 유해한 잡초의 일종.
rocket astronomy *n.* 〖천문〗 로켓 천문학〖로켓의 탐측 기기를 이용하는 천문학〗.
rocket base *n.* 로켓 기지.
rocket bomb *n.* 로켓탄; 분사식 미사일.
rock·et·drome [rákitdròum / rɔ́k-] *n.* 로켓 발사장 (기지). [<**ROCKET**+〖**AERO**〗**DROME**]〖종자〗.
rock·et·eer [ràkitíər / rɔ̀k-] *n.* 로켓 기술자(사수, 조
rocket engine *n.* 로켓 기관, 로켓 엔진.
rocket gun *n.* 로켓포(砲).
rocket launcher *n.* 로켓탄 발사포.
rocket plane *n.* 로켓 비행기.
rock·et-pro·pelled [rákitprəpéld / rɔ́k-] *adj.* 〖주된 동력으로〗 로켓의 힘을 이용하는, 로켓 추진식의.
rocket propulsion *n.* ⓤ 로켓식 분사 반동 추진.
rocket range *n.* 로켓 시사장(試射場).
rocket rattling *n.* 로켓〖무기〗에 의한 위협.
rock·et·ry [rákitri / rɔ́k-] *n.* ⓤ 로켓 공학.
rocket ship *n.* **1** 로켓선(船) 〖로켓탄 발사포를 가진 작은 함정〗. **2** 로켓식 항공기.
rocket sled *n.* 로켓 썰매〖항공기 불시착 때의 생존성·사출 좌석 따위를 시험하기 위한 로켓 가속 추진 레일용 썰매〗.
rock·et·sonde [rákit-sànd / rɔ́kit-sɔ̀nd] *n.* 〖기상〗 로켓 존데〖고공 기상 관측용; 로켓으로 쏘아올리고 낙하산으로 회수한다〗.
rock·fest [rákfèst / rɔ́k-] *n.* 《美》 로큰롤 음악.
Rock fever *n.* ⓤ 〖병리〗 몰타열(熱).

rock·fish [rákfiʃ / rɔ́k-] *n.* (*pl.* **-fish** *or* **-fish·es**) **1** 암초 부근에 서식하는 각종 물고기[곤들매기 따위]. **2** = striped bass.
róck gárden *n.* 암석 정원[바위를 석가산(石假山) 식으로 쌓은 정원으로서 고산 식물 따위를 심는다].
róck góat *n.* 야생 염소(ibex).
rock-hewn [rókhjùːn / rɔ́k-] *adj.* 바위를 잘라서 된[든.
rock-hound [rákhàund / rɔ́k-] *n.* 《미구어》지질학자; 돌 모으는 취미를 가진 사람, 암석 수집가.
Rock·ies [rákiz / rɔ́k-] *n.* (the ~) = the Rocky Mountains.
róck·ing béd [rákiŋ /-rɔ́k-] *n.* 인공 호흡용 흔들대.
rócking cháir *n.* 흔들의자, 로킹 체어.
rócking hórse *n.* 흔들목마(hobbyhorse).
rócking léather *n.* [가죽처럼 얇은 층을 이룬] 석면(石綿)의 일종. *cf.* rock cork
rócking stóne *n.* 흔들바위; 흔들리는 돌.
rock-ing·turn [rákiŋtɜ̀ːrn / rɔ́k-] *n.* 〔스케이트〕요전(搖轉) [호선(弧線)의 바깥쪽으로부터 몸을 비틀어서 스케이트의 같은 쪽 날로 미끄러져 되돌아오기].
róck lóbster *n.* = spiny lobster.
rock-'n'-roll [rák(ə)nróul / rɔ́k-] *n.* U 로큰롤[재즈·대중 음악의 일종].
róck óil *n.* U 〔주로 英〕 석유(petroleum).
rock-oon [rakúːn / rɔk-] *n.* 로쿤[고공 기구(氣球)에서 발사되는 작은 로켓].
róck ópera *n.* 로크 음악에 의한 오페라.
róck pígeon *n.* = rock dove.
róck plánt *n.* 암영 식물[바위생식물].
rock-ribbed [rákríbd / rɔ́k-] *adj.* **1** 암석이 많은. **2** 완고한, 완강한.
róck·rose [rákròuz / rɔ́k-] *n.* 물푸레나무속(屬) 또는 반일화(半日花)속(屬)의 식물.
róck sálmon *n.* 〔英〕 = dogfish.
róck sált *n.* U 암염(岩塩)(halite). *cf.* sea salt
róck sháft [rákʃæft / rɔ́kʃàːft] *n.* 〔英〕〔기계〕 흔들축.
róck snáke *n.* 비단뱀(류)(python).
róck tár *n.* U 석유(petroleum).
róck wóol *n.* U 광질면(鑛質綿)[광석을 녹여서 만든 섬유. 방음·절연 용재](mineral wool).
rock-work [rákwəːrk / rɔ́k-] *n.* **1** 암괴(岩塊). **2** = rock garden.
‡**rock·y¹** [ráki / rɔ́ki] *adj.* (**rock·i·er, rock·i·est**) **1** 바위가 많은, 바위투성이인; 바위로 된. ¶ a *rocky* seashore 바위투성이의 해안. **2** 바위 같은. **3** 바위처럼 견고한, 완고한; 냉혹한, 무정한(unfeeling). ¶ a *rocky* heart 무정한 마음.
rock·i·ly *adv.* **rock·i·ness** *n.*
rock·y² [ráki / rɔ́ki] *adj.* (**rock·i·er, rock·i·est**) **1** 흔들대는, 한들한들하는; 불안정한(unstable). **2** 불안한, 불확실한(uncertain). **3** 《구어》 어지러운, 기분이 좋지 않은.
Rócky Móuntain góat *n.* = mountain goat.
Rócky Móuntains *n. pl.* (the ~) 로키 산맥(the Rockies)[알래스카에서 멕시코에 이르는 북미 서부의 큰 산맥].
Rócky Móuntain shéep *n.* = bighorn.
Rócky Móuntain spótted féver *n.* 〔병리〕 로키산 홍반열(紅斑熱)[진드기로 옮겨지는 리케차의 의한 풍토병].
ro·co·co [rəkóukou / roukóukou] *n.* **1** U 로코코식 [18세기 전반에에 프랑스에서 유행한 화려한 건축·장식 양식]. **2** 로코코식으로 된 것; 로코코 음악; 《종종 경멸적》 로코코 취미로 된 문체; 속되고 품위가 없는 것.
— *adj.* **1** 로코코식의. **2** 지나치게 치장한, 화려한[치장에 지나쳐서] 속되게 만들어진. **3** 유행에 뒤떨어진 (old-fashioned).
‡**rod** [rad / rɔd] *n.* **1** [나무나 금속의] 막대, 장대, 지팡이. **2** 어린 가지, 작은 가지. **3** 낚싯대(fishing rod); 점치는 막대; 요술 지팡이; 피뢰침(lightning rod); 커튼을 매다는 막대(curtain rod); 수준 측량간(測量桿). **4** 자. **5** 로드. **a)** 길이의 단위 [5.5야드; 약 5.03미터]. **b)** 면적의 단위 [30 1/4 평방 야드; 약 25.29평방 미터] (square rod). **6** 매, 회초리; (the ~) 징벌, 매질(punishment). ¶ give a person the *rod* 남을 매질하다 / Spare the *rod* and spoil the child. 《속담》 매를 아끼면 아이를 망친다; 귀여운 아이에게는 고생을 시켜라. **7** 권표(權標), 관장(官杖); 권위, 권력. **8** 〔성서〕 자손, 혈통(tribe). **9** 《미구어》 권총. **10** 〔해부〕〔망막 내부의〕 간상체(桿狀體); 〔세균〕 간상균(桿狀菌). **11** 《미속어》 = hot rod.
kiss the rod 순순히 벌을 받다(* 옛날 어린이가 벌을 받기 전에 회초리에 입을 맞춘 데서).
make a rod for one's ***own back*** 스스로 어려움을 자초하다.
ride the rods 《美》 화물 열차에 무단(무임) 승차하다.
a rod in pickle 기다리고 있는 벌, 장차 떨어질 채벌 (* 옛날 회초리 가지를 낭창낭창하게 만들기 위하여서 소금물에 담가 두었던 데서). ¶ I have a *rod in pickle* for him. 기회가 닿으면 그를 벌줄 생각한다.
rule with a rod of iron 사정없이 다루다, 엄하게 지배하다 [←고어 계시록(Rev.) 2:27].
— *vt.* …에 피뢰침을 달다.
rod up 《美》 무기를 주다, 무장하다.
‡**rode¹** [roud] *v.* ride 의 과거형.
rode² [roud] *vi.* [들새, 멧도요 따위가] 밤에 날다.
ro·dent [róud(ə)nt] *adj.* **1** 갉아먹는, 물어 뜯는(gnawing). **2** 설치류(類)의. — *n.* 설치류의 동물 [쥐·다람쥐·토끼 따위].
ro·den·tial [roudénʃ(ə)l] *adj.* 설치류의.
ro·den·ti·cide [roudéntisàid] *n.* 쥐약.
ro·de·o [róudiòu, 美 ro(u)déiou] *n.* (*pl.* **-de·os**) 《美》 **1** 로디오 [카우보이가 야생마 타기나 밧줄 던지기 솜씨를 겨루는 공개적인 목축 경기회]. **2** [낙인을 찍거나, 마리 수를 세기 위하여서] 소떼를 그모으기.
rod·man [rádmən / rɔ́d-] *n.* (*pl.* **-men** [-mən]) **1** [철근 콘크리트를 만들 때] 철봉을 쓰는 사람. **2** 낚시꾼. **3** 〔측량〕 [수준 측량 막대를 들고 다니는] 측량 조수. **4** 《미속어》 권총 갖은 자.
rod·o·mon·tade [ràdəmɑntéid, -táːd / rɔ̀dəmɔn-] *n.* U 허풍, 큰소리; 자기 자랑. — *adj.* 허풍쟁이의, 큰소리치는, 자기 자랑의 늘어놓는. — *vi.* (**-tad·ed, -tad·ing**) 허풍을 떨다, 자기 자랑을 하다.
roe¹ [rou] *n.* U 물고기의 알, 곤이(鰻卵)(hard roe) 어란, 이리(soft roe) 〔갑각류의〕 알.
roe² [rou] *n.* (*pl.* **roe** *or* **roes**) = roe deer.
ROE (略) Return On Equity (주주 자본 이익률).
roe·buck [róubʌ̀k] *n.* (*pl.* **-bucks, -buck**) 숫노루.
róe déer *n.* 〔유럽·아시아산(産)의 작은〕 노루.
roent·gen·o·gram [réntgənəgræm / rɔ́ntgénə-, rɔ́ntjənə-] *n.* 뢴트겐 사진.[< X 선을 발견한 독일의 물리학자 Wilhelm Konrad Roentgen (1845-1923) 의 이름].
roent·gen·o·graph [réntgənəgræf / rɔ́ntgénəgràːf, rɔ́ntjənə-] *n.* = roentgenogram.
roent·gen·og·ra·phy [rèntgənágrəfi / rɔ̀ntgənɔ́g-] *n.* U 뢴트겐 사진술(촬영법).
roent·gen·ol·o·gy [rèntgənálədʒi / rɔ̀ntgənɔ́l-] *n.* U 뢴트겐선(線)학.
roent·gen·o·ther·a·py [rèntgəno(u)θérəpi / rɔ̀nt-] *n.* U 뢴트겐선 요법.
Röent·gen ráy [réntgən- / rɔ́ntjən-, rʌ́ntgən-] *n.* (때로 r-) 뢴트겐선, X 선.
roe·stone [róustoun] *n.* 어란석(魚卵石).
Roe vs. Wáde *n.* 로우 대 웨이드 사건(판결)[미국 대법원이 1973년에 내린 조건부 임신 중절 합헌 판결].
Rog. (略) Roger.
R.O.G. (略) receipt of goods (상품 수령증).
Ro·gal·list [rougǽlist] *n.* 로갈리스트(행글라이더)로 활공

Ro·gal·lo [rougǽlou] n. 행글라이더.
〈← 미국 NASA 기술자 F.M.Rogallo 의 이름〉

ro·ga·tion [ro(u)géiʃ(ə)n] n. **1** (보통 ~s) [교회] [그리스도 승천일 전 3일 동안 행렬을 지어 연도(連禱)를 올는] 기도 행사. **2** [로마] 법률안의 제출, 그 법안.

Rogátion Dáys n. pl. 기도절[승천일 전 3일 동안].

Rogátion Súnday n. 기도절 전의 일요일.

rog·er [rádʒər / rɔ́dʒə] interj. (때로 R-) **1** 〖美속어〗 좋다, 알았다(all right, O.K.). **2** 〖통신에서〗 알았음. ¶ Roger wilco. 알았다, 그렇게 하겠다(* wilco's will comply の 단축형). ── vt. 《英속어》 ...와 성교하다.

Rog·er [rádʒər / rɔ́dʒə] n. **1** 〖英〗영국의 고풍스러운 시골 청년. :- Jolly Roger.

Ro·gét's thesáurus [rouʒéiz- / rɔ́ʒeiz-] n. 로제 유사어 분류 사전〖원래 영국인 P.M. Roget(1779-1869)가 편집〗.

rogue [roug] n. **1** 사기꾼, 악당, 건달. ⇨ KNAVE 〖類語〗 **2** [정답게 부르는 말로] 장난꾸러기, 개구쟁이. **3** 떠돌이, 거지, 부랑자. **4** 무리에서 떨어져 나온 소 따위의 동물[특히 코끼리]. **5** 〖생물〗 [보통 열등한] 변이; 열성(劣性)의 묘(苗). ── v. (rogued, ro·guing or ro·gueing) vi. 방랑하다; 나쁜 짓을 저지르다, 사기를 치다. ── vt. **1** ...을 속이다, 사기치다(cheat). **2** [나쁜 묘목 따위를] 송두리째 없애다, 뽑아내다.

◇ **róguish** adj.

ro·guer·y [róugəri] n. (pl. -guer·ies) **1** ⓤⓒ 사기, 못된 것. **2** ⓤ 장난(mischievousness).

rógues' gállery n. [경찰서의] 범죄인 사진첩.

rógue's márch n. 추방곡[사람이나 군인이 사회나 연대에서 추방될 때 조롱하듯 연주하는 반주곡].

ro·guish [róugiʃ] adj. **1** 무뢰한의, 악한의, 무법자의; 부정직한(dishonest). **2** 장난기 어린, 익살스러운, 짓궂은. ¶ a roguish wink 짓궂은 윙크.
~·ly adv. ~·ness n.

roi [F rwa] n. (pl. rois [F rwa]) 〖프랑스〗 (=king) 왕.

le roi le veult [F lə rwa lə(a) vǿl] 재가[국왕이 안을 재가할 때 쓰는 문구] (= the King wills it).

le roi s'avisera [F -savizra] 불(不)재가[국왕이 안을 재가하지 않을 때 쓰는 문구] (=the King will consider).

ROI 〖경영〗 return on investment(투자 수익률〖투자액에 대한 일정 기간에 얻은 수익의 비율〗).

roil [rɔil] vt. **1** 〖물 따위를〗 휘저어 섞다(stir up), 휘저어서 탁하게 만들다. **2** 〖마음의 평정을〗 어지럽히다; ...의 화를 돋우다, 초조하게 만들다.

roil·y [rɔ́ili] adj. (roil·i·er, roil·i·est) 탁한(muddy).

rois·ter [rɔ́istər], (roys·ter) vi. 떠들어대다, 마구 으스대다(swagger); 술을 마시고 법석을 떨다.

roist·er·er [rɔ́ist(ə)rər] n. 으스대는 사람, 술을 마시고 떠드는 사람. [떠들어대는, 요란한.

roist·er·ous [rɔ́ist(ə)rəs] adj. 으스대는; 술을 마시고,

Rok [rak / rɔk] n. 한국군(군인).
〈← Republic of Korea〉

ROK (略) Republic of Korea(대한 민국).

ROKA (略) ROK Army(한국 육군).

ROKAF (略) ROK Air Force(한국 공군).

ROKMC (略) ROK Marine Corps(한국 해병대).

ROKN (略) ROK Navy(한국 해군). [일종.

ro·la·mite [róuləmàit] n. [S자 형으로 된] 회전 축받.

Ro·land¹ [róulənd] n. **1** 롤랑 〖Charlemagne 대왕의 12 기사 중의 한 사람〗. **2** 용장.
die like Roland 굶어 죽다, 목말라 죽다.
a Roland for an Oliver 막상막하, 당장 되받아치기, 치고받기〖두 사람이 5일 동안 싸워도 승부가 나지 않았다는 고사에서〗.

Ro·land² [róulænd] n. 〖군사〗〖프랑스 서독이 공동 개발한〗 기동식 야전용 지대공 미사일.

role, rôle [roul] n. **1** 〖배우의〗 배역, 역(part). ¶ play an important role 중요한 배역을 맡아 하다. **2** 역할, 소임, 임무, 직무(function). ¶ an advisory role 고문역, 상담역 / fill the role of ...의 소임을 다하다.
〈F rôle 원뜻 두루마리: 배우의 대사를 쓴 두루마리〉

rôle módel n. 역할 모델〖특히 젊은이들이 흉내내는 행동이나 역할을 하는 사람〗.

rôle pláy n. =role-playing.

role-play [róulplèi] vt., vi. [어떤 역할을] 실제로 연기하다; 행동으로 나타내다.

role-play·ing [róulplèiŋ] n. 〖심리·경영〗 역할 연기〖심리극·세일즈맨 훈련 등에서 활용되는 체험적 학습법으로서, 어떤 역할의 행동을 실제로 연기해 보는 일〗.

‡**roll** [roul] vi. **1** 〖구슬 따위가〗 구르다, 회전하다 (rotate); 대굴대굴 구르다. ¶ (~+ 囲) roll on 굴러 가다 / roll over 뒹굴다 / (~+ 前+ 名) roll in bed 잠자리에서 몸을 뒤치다 / Rocks rolled down the precipice. 바위가 벼랑에서 굴러 떨어졌다.
2 〖차가〗 가다, 달리다; 〖사람이〗 차를 타고 가다.
3 〖파도가〗 너울거리다, 밀려오다; 〖구름이〗 둥실둥실 떠다니다, 헤매다(wander). ¶ (~+ 前+ 名) The wave rolled against the rock. 너울거리며 밀려온 파도가 바위에 부딪쳤다 // (~+ 囲) The mist rolled away. 안개가 걷혔다.
4 〖땅이〗 완만하게 기복하다, 넘실거리다. ¶ ...했다.
5 〖때가〗 지나다(pass)(on, away, by...); 〖계절 따위가〗 돌다(round...); 〖천체가〗 운행하다. ¶ (~+ 前+ 名) The moon rolls in its course. 달은 그 궤도를 운행한다 / (~+ 囲) The years rolled by. 세월이 흘러갔다 / Roll on, July! 7월이여, 어서 오라!
6 〖천둥·북 따위가〗 우르릉거리다, 울리다; 〖담 위 따위가〗 유창하다; 〖새가〗 간드러지게 지저귀다(trill).
7 〖눈알이〗 뒤룩거리다. ⇨ SWING 〖類語〗
8 〖배가〗 좌우로 흔들리다, 좌우로 흔들리며 나아가다.
9 몸을 흔들며 걷다; 비슬거리다. ¶ The fat woman rolls in her gait. 그 뚱보 여인이 몸을 뒤뚱거리며 걷는다.
10 〖속어〗 시작하다(begin); 나아가다(advance), 전진
11 〖무리가〗 모이다, 오므라들다(up, together...); 〖말린 것이〗 풀리다(out...). ¶ (~+ 前+ 名) The string rolled into a tight ball. 그 실은 말려서 단단한 공처럼
12 〖인쇄 잉크 따위가〗 번지다, 퍼지다. [되었다.
13 〖구어〗 남아돌 만큼 있다(wallow)(in...). ¶ (~+ 前+ 名) roll in money 돈이 대단히 많다 / roll in luxury 호화로운 생활을 하다.
── vt. **1** ...을 굴리다, 회전시키다; ...을 넘어뜨리다. ¶ He rolled the barrel slowly up the hill. 그는 통을 고개 위쪽으로 서서히 굴리며 올라갔다.
2 ...을 굴림대(roller)로 옮기다; ...을 차로 운반하다.
3 〖물이나 파도를〗 세차게 밀어붙이다, 퍼붓다(pour).
¶ (~+ 囲+ 前+ 名) The ocean rolls its waves against the cliff. 대양의 파도가 벼랑에 세차게 부딪친다.
4 ...을 낭랑히 말하다; 〖풍금〗〖곡을〗 장중하게 연주하다. ¶ He rolled his words. 그는 낭랑한 목소리로 말했다.
5 ...을 혀 꼬부라진 소리로 발음하다. ¶ She rolled her r's. 그녀는 r을 혀 꼬부라진 소리로 발음했다.
6 〖눈알을〗 뒤룩뒤룩 굴리다, 빙글빙글 돌리다. ¶ (~+ 囲+ 前+ 名) roll up one's eyes on a person 남을 힐끗 노려보다.
7 ...을 좌우로 흔들다. cf. pitch ¶ (~+ 囲+ 前+ 名) The waves rolled the ship along. 배는 파도로 좌우로 흔들리면서 나아갔다.
8 ...을 말다, 감다; ...을 말아서 만들다. ¶ (~+ 囲+ 前+ 名) roll a bandage around one's hand 손에 붕대를 감다 / roll a string into a ball 실을 돌돌 말아서 둥글게 만들다.
9 〖한번 만 것을〗 펴다, 펼치다(spread out)(...out). ¶ (~+ 囲+ 前+ 名) He rolled the map out on the table. 그는 지도를 탁자 위에 펼쳤다.
10 ...을 감싸다, 싸다, 둘러싸다(wrap). ¶ She

rolled the child *in* a blanket. 그녀는 아이를 담요로 둘러쌌다.
11 [밀방망이나 롤러로] …을 고르다, 밀어서 펴다; [땅]을 롤러로 고르다; [인쇄][잉크]를 롤러로 펴다; [금속]을 압연기로 펴다. ¶ *roll* dough 반죽을 밀방망이로 펴다.
12 [북 따위를] 연달아 치다, 둥둥 울리다.
13 (속어)[취한 사람으로부터] …을 훔치다(rob).
roll along ① 굴러가다. ②(구어) 착실히 진행하다.
roll back [통제에 의해] [물가]를 원래 수준으로 되돌리다.
roll in ① (구어) …이 넘칠 만큼 있다. ②(美구어) 자다. ③ (*vi., vt.*) 척척 모이다(모으다). ¶ Offers of help are *rolling in*. 돕겠다는 제안이 쇄도하고 있다. ④ [기차 등이] 미끄러져 들어오다. ⑤[컴퓨터] …을 집어넣다. *cf. roll out* ④
roll out ① …을 펴다, …을 펼치다. ②(속어) 일어나다. ③ 여행을 떠나다. [컴퓨터] …을 뽑아 내다, 주 (主)기억 장치로부터 보조 기억 장치로 자료를 옮기다.
roll up ① 불어나다(increase); …을 그러모으다 (accumulate). ¶ *roll up* a large vote 많은 표를 그러모으다 / The reckoning is *rolling up*. 견적액은 눈덩이처럼 불어나고 있다. ②《美구어》(*vi.*) 차를 타고 나타나다, 차로 달려오다; (英구어) 모습을 나타내다, 출현 하 다. ¶ He *rolled up* to the front door in a chauffeur-driven limousine. 그는 운전 기사가 모는 리무진으로 정문에 도착했다. ③ …을 말다, 싸다. ¶ *roll up* a map 지도를 둘둘 말다. ④ [연기 따위가] 뭉게뭉게 피어 오르다. ⑤ …을 감아 올리다.
— *n.* **1** [종이·양피지 따위의] 두루마리(scroll).
2 표(表), 목록, 기록부; 명부, 출석부; (보통 ~s) 변호사 명부. ⇨ LIST 類語 ¶ the *roll* of honor 명예 전사자 명부/an honor *roll* 우등생 명부 / the Master of Rolls (英) 공공의 기록을 보관하는 공소원 판사의 한 사람 / in the *roll* of saints 성인록에 올려져 있는 / on the *rolls* 변호사 명부에 나와 있는 / be struck off the *rolls* 변호사 명부에서 삭제되다 / call the *roll* 출석을 부르다.
3 둥글게 말린 것, 한 동, 한 자루; [원통형의] 덩어리. ¶ a sausage *roll* 소시지 덩어리 / a *roll* of printing paper 인쇄 용지 한 두루마리. **4** [건축] [코린트식·이오니아식 주두(柱頭)의] 소용돌이, 둥근 쇠시리, 둥근 기와살. **5** 굴대, 롤러, 땅 고르는 기계, 압연기, 녹로; [제본] 금박 압연기(押型機). **6** 말아서 만든 것; 궐련, 롤 카스텔라, 롤 빵, 돌돌 말아서 요리하는 고기. **7** 회전, 구르기, 넘실거림; [배 따위의] 옆질. *cf.* pitch; [항공][비행기의] 횡전(橫轉), [몸의 뒤뚱거림, 흔들거리기], [태양의] 기복. ¶ the *roll* of a prairie 대초원의 기복. **8** 낭랑한 목소리; [천둥·대포 따위의] 울리는 소리; [특히 롤러카나리아의] 지저귐. ¶ the deep *roll* of breaking waves 파도가 부서지며 울리는 소리. **9**《美속어》 돈 (money); [특히] 돈다발; 자금.
◇ enroll *v.*
roll·a·way [róulǝwèi] *adj.* 작은 바퀴(롤러)가 달린.
roll·back [róulbæ̀k] *n.* **1** [통제에 의한] 인하 정책; 롤백 전술. ¶ a *rollback* policy 롤백 정책. **2** [컴퓨터] 주(主)기억 장치로 자료를 되돌려 보내기.
róll bàr *n.*《美》[충돌에 대비한] 자동차의 지붕 보강용 철봉.
róll bòok *n.* [학생 또는 종업원용의] 출석부, 출근부.
róll càge *n.* [경주용 자동차의] 안전용 보호용 철제 보강(補強)틀. [ROLL[OVER], ROLL[BAR]+CAGE]
róll càll *n.* [U][C] **1** 점호, 출석 조사. **2** [군대에서 북 따위의] 점호 신호, 점호 나팔. ¶ a morning (a tattoo) *roll call* 아침(저녁) 점호.
roll-call [róulkɔ̀ːl] *n.* …의 출석을 부르는, 출결을 조사하는.
roll-cu·mu·lus [róulkjùːmjulǝs] *n.* 층적운(層積雲).
rólled góld [rould-] *n.* ⓤ 도금용 금(filled gold).
rólled óats *n. pl.*《뱃물에 갈아》 탄 귀리.
‡**roll·er** [róulǝr] *n.* **1** 굴리는 물건(사람), 롤러, 굴림대, 땅 고르는 기계; [인쇄인] 인주봉(印朱棒); 회전하는 원통형의 물체. **2** [금속 가공] 압연기[담당]. **3** 큰 파도, 놀. ⇨ WAVE 類語 **4** 붕대 두루마리. **5** 비둘기의 일종; 롤러카나리아.
róller aréna *n.* 롤러스케이트장.
róller béaring *n.* [기계] 롤러 베어링, 고패대받이.
róller blìnd *n.*《英》감아올리는 블라인드(차양).
róller cóaster *n.*《美》[놀이터의] 롤러 코스터, 제트 코스터.
róller dérby *n.* [편을 짜서 하는] 롤러 스케이트 경기.
róller dìsco *n.* 롤러 디스코[롤러 스케이트를 신고 추는 디스코 및 그 장소].
roll·er·drome [róulǝrdròum] *n.*《美》롤러 스케이트장.
róller hóckey *n.* 롤러하키[롤러스케이트를 신고 하는 하키].
róller mìll *n.* 롤러 밀[롤러의 사이를 지나가게 하여 재료의 모양을 변화시키는 장치의 총칭].
róller skàte *n.* 롤러 스케이트.
roll·er·skate [róulǝrskèit] *vi.* (-**skat·ed, -skat·ing**) 롤러 스케이트를 타다.
róller skàter *n.* 롤러 스케이트를 타는 사람.
róller tòwel *n.* 롤러 타월[긴 타월의 양끝을 꿰매어 높은 곳에 매달아서 빙빙 돌려가며 쓰는 타월].
roll·ey [ráli / rɔ́li] *n.* =rulley.
róll fìlm *n.* ⓤ[C][사진] 롤 필름[돌돌 만 긴 필름].
roll·lick [rálik / rɔ́l-] *vi.* 좋아서 날뛰다, 까불거리다, 신나서 떠들어대다(romp). — *n.* ⓤ 좋아서 날뛰기, 신바람. [거리는, 쾌활한.
roll·lick·ing [rálikiŋ / rɔ́l-] *adj.* 좋아서 날뛰는, 까부
roll·lick·some [ráliksǝm / rɔ́l-] *adj.* =rollicking.
roll-in [róulin] *n.* **1** [컴퓨터] 롤인[멀티프로그래밍 처리에서 외부기억 장치에 프로그램을 전송(轉送)하는 일]. **2** [하키] 사이드라인을 넘어간 공을 제자리에 되돌려놓기.
‡**roll·ing** [róuliŋ] *n.* ⓤ[C] **1** 굴리기, 구르기, 회전, 횡전(橫轉). **2** 옆질; 몸의 흔들거림; 넘실거림; 기복. **3** 울림. — *adj.* **1** 구르는, 회전하는; 엎질하는; 몸을 흔들거리는, [눈알이] 뒤룩거리는. ¶ *rolling* eyes 뒤룩거리는 눈알. **2** [파도가] 넘실거리고 있는; [땅이] 완만하게 기복하는, **3** [모자의 챙 따위가] 말려올라간, 휘어진. **4** [계절 따위가] 순환하는. **5** 세차게 울리는.
rólling barráge *n.*《軍事》유도탄막(誘導彈幕), 이동 탄막 사격(creeping barrage).
rólling brìdge *n.* 전개교(轉開橋). [매는 방식.
rólling hìtch *n.*《항해》[둥근 기둥 따위에] 밧줄을
rólling kìtchen *n.*《군대》이동 취사차.
rólling mìll *n.* 압연 공장; 압연기.
rólling pìn *n.* 밀방망이, 국수 방망이.
rólling préss *n.* 롤 인쇄기.
rólling stóck *n.*《집합적》[철도의] 차량; [운수 회사의] 화물 자동차, 트럭.
rólling stóne *n.* 굴러다니는 돌; 떠돌이, 직업(집)을 자주 바꾸는 사람. ¶ A *rolling stone* gathers no moss. (속담) 구르는 돌은 이끼가 끼지 않는다; 직업을 자주 바꾸는 사람에게는 돈이 모이지 않는다.
Rolling Stones *n. pl.* (the ~) 롤링 스톤스[1962년에 창단한 영국 출신의 록 음악 밴드].
roll-mop [róulmɑ̀p / -mɔ̀p] *n.* 피클스에 덮어씌운 청어의 살점.
roll-neck [róulnèk] *adj.* 롤 네크의[옷깃을 말아 접은
roll-on [róulɑ̀n / -ɔ̀n] *adj.* **1** [화장품이] 볼펜식인. **2** [화물선이] 트럭으로 드나들 수 있는.
róll-òn shíp *n.* 차량을 그대로 싣고 내릴 수 있는 수송선.
roll·out [róulàut] *n.* **1** 항공기의 첫 공개 (전시); 착륙 후의 활주. **2** [컴퓨터] [자료의] 뽑아내기, 롤 아웃. **3** [미식축구] 롤 아웃[쿼터백의 공격 동작].
roll·o·ver [róulòuvǝr] *n.* **1** 회전 뛰기; 전락. **2** 자동차 전복(사고). **3**《속어》[형무소 출소] 전날 밤.

roll·past [róulpǽst / -pàːst] *n.* 중무기의 분열 행진.
Rolls-Royce [róulzrɔ́is] *n.*〔상표명〕롤즈로이스[영국제 고급 승용차].
róll tòp *n.* 〔상의〕접는 뚜껑.
roll-top [róultɑ̀p / -tɔ̀p] *adj.* 접는 뚜껑이 달린.
róll-tòp désk *n.* 접는 뚜껑이 달린 책상.
ro·ly-po·ly [róulipóuli] *adj.* 통통하게 살진, 땅딸막한. — *n.* (*pl.* **-lies**) **1** 오동통하게 살진 사람(동물). **2** (주로 英) 잼(과일)이 든 소용돌이꼴 푸딩(roly-poly pudding).
Rom [roum / rɔm] *n.* 남자(소년) 집시.
ROM [rɑm / rɔm] *n.*〔컴퓨터〕독해(讀解) 전용 기억장치[전원을 끊어도 기억하고 있는 기억 소자].
[< read only memory]
rom.(略) *rom*an type (로마 자체(字體)).
Rom.(略) Romance; Romanic; Romans.
Ro·ma [rɔ́ːmɑː] *n.* Rome의 이탈리아어 이름.
Ro·ma·ic [ro(u)méiik] *n.* (U) 현대 그리스어(語). — *adj.* 현대 그리스의; 현대 그리스어(사람)의.
ro·maine [ro(u)méin] *n.* **1** 상추의 일종[식물의 이름](romaine lettuce]. **2** 로멘크레이프[비단 또는 화학 섬유의 얇은 직물](romaine crepe).
‡**Ro·man** [róumən] *adj.* **1** 로마의, (특히) 고대 로마의, 로마 사람(시대)의. ¶ the *Roman* alphabet 고대 로마 사람이 쓴 알파벳. **2** [고대] 로마 사람 기질의. **3** (보통 r-) 로마 자체의(*cf.* italic); 로마 숫자의. **4** 로마 가톨릭교(회)의. **5** 아치 또는 아치위가) 로마풍의, 반원형인. — *n.* **1** (특히) 고대·현대)의 로마 사람, 고대이탈리아의의 로마 사투리. **3** (보통 r-) (U) 로마 자체(字體), 로마 활자. *cf.* italic 로마 가톨릭교도; (보통 ~s) (기독교로 개종한) 고대 로마 사람. **5** (the ~s) (단수 취급)〔신약 성서의〕로마 사람에게 보낸 편지, 로마서(書) [略 Rom.]. **6** (드물게) 라틴어.
◇ **Rómanish** *adj.*, **Rome** *n.*, **Rómanize** *v.*
ro·man à clef [F rɔmɑ̃ ɑ kle] *n.* (*pl.* **ro·mans à clef** [F rɔmɑ̃zɑ-])〔프랑스〕(=novel with a key) 실화소설.
Róman árch *n.* 반원형 아치.
Róman cálendar *n.* 로마 달력[기원전 46년 율리우스 달력을 쓰기 전까지 사용되던 역(曆)].
Róman cándle *n.* 로마 폭죽[원통 속에 화약을 넣고 손에 들고 터뜨리는데 때로 불통이 튀어나온다].
Róman Cátholic *adj.* 로마 가톨릭 교회의. — *n.* 로마 가톨릭 교도. *cf.* Anglo-Catholic
Róman Cátholic Chúrch *n.* (the ~) 로마 가톨릭 교회.
Róman Cathólicism *n.* 로마 가톨릭교; 그 교리·의식.
‡**ro·mance**[1] [ro(u)mǽns, 美 róumæns] *n.* **1** (U)(C)〔전기(傳奇)〕소설, 공상(모험, 연애) 소설, 로맨스. ¶ NOVEL 項 ¶ a *romance* of the desert 사막의 로맨스. **2** (U) 로맨틱한 분위기(세계, 생활); 공상하는 버릇. **3** 중세 기사 이야기[보통 운문이며 로맨스어로 쓴 이야기]. ¶ the Arthurian *romances* 아서왕 이야기. **4** 〔가공의〕꾸며낸 이야기, 허구. **5** 연애 사건, 모험적인 사건, 소설적인 사건. **6** (R-) (U)(C) =Romance languages. — *adj.* (R-) 로맨스어(語)의. — *vi.* 이야기를 꾸며 말하다; 공상적인 생각(이야기)에 잠기다; 과장하다. ¶ You are *romancing*. 당신은 꿈을 꾸고 있군요.
◇ **romántic**, **romántic** *adj.*
ro·mance[2] [ro(u)mǽns] *n.* **1** 〔음악〕로맨스[감미롭고 서정적인 소곡]. **2** 〔스페인 문학〕서사 단편시.
Románce lánguages *n.* *pl.* (the ~) 로맨스어[라틴어에서 발전한 언어로서 이탈리아어·프랑스어·스페인어·포르투갈어·루마니아어가 있다].
Róman cemént *n.* (U) 로만 시멘트[천연 시멘트의 일종].
ro·manc·er [ro(u)mǽnsər] *n.* **1** 로맨스 작가, 전기(傳奇) 소설 작가. **2** 공상가. **3** 거짓말쟁이.
ro·manc·ist [ro(u)mǽnsist] *n.* 〔중세의〕전기(傳奇) 작가.
Róman Cúria *n.* 로마 교황청.
Róman Émpire *n.* (the ~) 로마 제국[기원전 27년 아우구스투스가 세우고, 395년 동서로 분열].
Ro·man·esque [ròumənésk] *adj.* 〔건축·미술〕로마네스크 양식의. **2** (r-) 전기 로맨스의, 공상 소설의; 공상적인. **3** 로망스어의. — *n.* 〔건축·미술〕로마네스크 양식.
ro·man-fleuve [F rɔmɑ̃flœːv] *n.* (*pl.* **ro·mans-fleuves** [F rɔmɑ̃flœːv])〔프랑스〕(=stream-novel) 대하 소설, 계도(系圖) 소설[한 가문(家門)의 이야기를 쓰는 장편 소설].
Róman hóliday *n.* 만행이나 보복을 내세우는 구경거리(논쟁); 남을 괴롭힘으로써 얻는 쾌락(이득). ¶ be butchered to make a *Roman holiday* 남의 즐거움을 위한 제물이 되다. [< 고대 로마에서 오락을 위해 참혹한 싸움을 시킨 데서]
Ro·ma·nia [ro(u)méiniə, -njə] *n.* = Rumania.
Ro·ma·ni·an [ro(u)méiniən, -njən] *adj., n.* =Rumanian.
Ro·man·ic [ro(u)mǽnik] *adj.* **1** 고대 로마의; 고대 로마 사람의. **2** 로망스어의.
Ro·man·ish [róumənì] *adj.* 《보통 경멸적》로마 가톨릭교(회)의.
Ro·man·ism [róumənìz(ə)m] *n.* (U) **1** 《보통 경멸적》로마 가톨릭교. **2** 고대 로마 정신; 로마주의.
Ro·man·ist [róumənist] *n.* **1** 《보통 경멸적》로마 가톨릭 교도. **2** 고대 로마 연구가. **3** 로망스어 학자. **4** (~s)〔미술〕로마파(派) 화가, 로마니스트.
Ro·man·i·za·tion [ròumənizéi(ʃ)(ə)n / -naiz-] *n.* (U) **1** 로마화(化). **2** 로마 가톨릭교화(化). **3** (r-) 로마자(字)〔체(體)〕화.
Ro·man·ize [róumənàiz] (*英)에서는 **Ro·man·ise** 로도 쓴다) *v.* (**-ized, -iz·ing**) *vt.* **1** …을 로마화하다. **2** …을 로마 가톨릭교화하다. **3** (r-) …을 로마자로 쓰다. — *vi.* **1** 로마 가톨릭 신자가 되다. **2** 로마(사람)풍을 따르다. **3** 로마자를 쓰다.
Róman láw *n.* (U) 로마법(法).
róman létters *n.* 〔인쇄〕로마자체(字體)의 문자, 로마자.
Róman nóse *n.* 로마 코, 매부리코.
Róman númerals *n.* *pl.* 로마 숫자[기본적인 부호는 I=1, V=5, X=10, L=50, C=100, D=500, M=1000 따위. 예: XLVII(=47), MCMXIV(=1914)]. *cf.* Arabic numerals
Róman órder *n.* (the ~)〔건축〕〔기둥의〕로마 양식, 혼합 양식.
Ro·ma·nov [róumənɔ̀ːf / -nɔ̀f], (**Ro·ma·noff**) *n.* 로마노프 왕조[1613-1917년 동안 러시아를 지배했다]; 로마노프 집안의 일원.
Róman róad *n.* 고대 로마군이 영국을 점령했을 때 건설한 도로[현재도 영국에 남아 있다].
Ro·mansh [ro(u)mǽn, 美 róumæn] *n.* (U) **1** 로만시어(語)[스위스 동부의 Grisons 지방에서 쓰는 레토로만어의 방언; 스위스의 공용어 가운데 하나]. **2** 〔일반적으로〕로만스어의. *adj.* 로만시어의, 로만로만어의.
‡**ro·man·tic** [ro(u)mǽntik] *adj.* **1** 전기(傳奇)(공상) 소설, 소설 속에서나 있을 법한, 낭만적인, 로맨틱한. ¶ a *romantic* love 낭만적인 사랑. **2** 실제적이 아닌, 비현실적인, 엉뚱한, 공상적인; 공상을 즐기는. ¶ a *romantic* conceit 엉뚱한 생각 / a *romantic* mind (person) 공상을 좋아하는 마음(사람). **3** 신비적인, 이상한(mysterious); 가공의, 가상의. **4** (보통 R-) 〔문〕낭만파의, 낭만주의의. — *n.* **1** 낭만적인 사람, 로맨틱한 사람. **2** (보통 R-) 낭만주의자(romanticist). **3** (~s) 낭만적인 생각(언동).
-ti·cal·ly [-tikəli] *adv.* **-tical·ness** *n.*
◇ **románce**, **románticism** *n.*, **románticize** *v.*
ro·man·ti·cism [ro(u)mǽntisìz(ə)m] *n.* (U) **1** 공상적(소설적)인 것, 낭만적인 기분(경향, 생각). **2** (보통 R-) 낭만주의[고전주의에 반대하여 감정의 해방·자연스럽고 자유로운 표현·창조 정신의 발휘 따위를 주장한 것]. *cf.* classicism
ro·man·ti·cist [ro(u)mǽntisist] *n.* 낭만주의자.

ro·man·ti·cize [ro (u) mǽntisàiz] *v.* (**-cized, -cizing**) *vt.* …을 낭만화하다, 소설적(공상적)인 성격을 갖게 하다. — *vi.* 낭만적(공상적)으로 쓰다(보다, 다루다).

Romántic Móvement *n.* (the ~) [근세] 낭만주의

róman týpe *n.* [인쇄] 로마자체(字體) 활자.

Rom·a·ny [rάməni, róum-/rɔ́m-] *n.* (*pl.* **-nies**) **1** 집시(Gypsy). **2** [집합적] 집시 종족. **3** [U] 집시어(語). — *adj.* 집시의; 집시어(풍속)의.

ro·maunt [rou(ː)mά:nt, -mɔ́ːnt/-mɔ́ːnt] *n.* [고어] 전기(傳奇) 소설(romance).

Rom. Cath. (略) *Roman Catholic.*

‡**Rome** [roum] *n.* **1** 로마[이탈리아의 수도; 고대 로마 제국의 수도; 로마 교황청의 소재지]. ¶ *Rome was not built in a day.* 《속담》로마는 하루에 세워진 것이 아니다; 대기만성 / *Do in Rome as the Romans do.* = *When in Rome do as the Romans do.* 《속담》 로마에 가면 로마의 풍습을 따르라 / *All roads lead to Rome.* 모든 길은 로마로 통한다. **2** = Roman Catholic Church. **3** = Roman Catholicism.

fiddle while Rome burns 위급한 사태가 벌어지고 있음에도 불구하고 하찮은 일에 열중하고 있다[네로 황제가 불타는 로마를 구경하면서 하프에 맞추어 노래를 부르고 있었다는 고사에서].

go over to Rome 기독교로 개종하다.

◇ **Róman** *adj.*

Ro·me·o [róumiòu] *n.* **1** 로미오 [Shakespeare 작의 비극 *Romeo and Juliet* 에서의 여주인공의 애인]. **2** (*pl.* **-os**) 사랑에 눈먼 사나이, [사랑을 이루려는 이름이 난] 행운아. **3** (*pl.* **-os**) [여성편에서 본] 남자 애인(lover). **4** [남자용] 슬리퍼의 일종.

a regular Romeo [경멸적] 자칭 미남.

ro·me·ro [roumé(ː)rou/-méər-] *n.* (*pl.* **-ros**) 로메로 [캘리포니아산(産) 관목의 일종].

Rome·ward [róumwərd] *adv.* 로마로; 로마 가톨릭교로. — *adj.* 로마에의; 로마 가톨릭교의 [교회].

Rom·ish [róumiʃ] *adj.* 〈종종 경멸적〉 로마 가톨릭교의.

Rom·ma·ny [rάməni/rɔ́m-] *n.* (*pl.* **-nies**) *adj.* = Romany.

romp [ramp/rɔmp] *vi.* 깡충깡충 뛰놀다, 까불며 뛰놀다, 장난치며 뛰놀다. **2** 〈경주·경마에서〉 시원하게 빨리 뛰다(along…). ¶ *romp along the course* 코스를 시원시원하게 달려가다 / *romp home* (or *in*) 〈구어〉 〈경마에서〉 수월하게 이기다 / *romp away with* …을 낙승하다. — *n.* **1** 장난치며 뛰놀기, 떠들썩한 놀이. **2** 장난치며 뛰노는 아이; 말괄량이(tomboy). **3** 〈경주·경마에서〉 수월하게 빨리 뛰기; 낙승(easy victory). ¶ *The horse won in a romp.* 그 말은 수월하게 달려서 이겼다.

romp·er [rάmpər/rɔ́mpə] *n.* **1** 장난치며 뛰노는 사람(아이). **2** 〈경주·경마에서〉 수월하게 빨리 뛰는 사람(말). **3** (~s) 롬퍼즈[아이들이 입고 노는 저고리와 바지가 붙은 옷].

romp·ish [rάmpiʃ/rɔ́mp-] *adj.* 장난치며 뛰노는, 장난치는; 말괄량이의.

romp·y [rάmpi/rɔ́mpi] *adj.* (**romp·i·er, romp·i·est**) = rompish.

Rom·u·lus [rάmjuləs/rɔ́m-] *n.* [로마 전설] 로물루스 [로마의 건국자로서 초대의 왕. 쌍둥이인 형 레무스(Remus)와 함께 암이리의 젖을 먹고 양치기에게 길러진 것으로 전한다].

ron·deau [rάndou/rɔ́n-] *n.* (*pl.* **-deaux** [-dou(z)]) **1** [韻律] 론도[2개의 운을 밟는 13행 또는 10행짜리 정형의 짧은 시. 첫마디가 두 번 접구(疊句)(refrain)으로서 되풀이된다]. **2** [음악] = rondo. [<F]

ron·del [rάndl/rɔ́n-] *n.* [韻律] 론델[보통 2개의 운을 밟으며 일반 14행으로 된 정형의 짧은 시. 론도체(體)시의 일종].

ron·do [rάndou/rɔ́n-] *n.* (*pl.* **-dos**) [음악] 론도, 회선

ron·dure [rάndʒər/rɔ́n-] *n.* 〈드물게〉 **1** 원형[인것](circle). **2** 우아한 곡선(둥그스름함).

Ro·ne·o [róuniou] *n.* 〈英〉 〈상표명〉 복사기. — *vt.* …을 복사하다.

Rönt·gen ráy *n.* [réntgən-/rɔ́ntjən-, rάntgən-] = Roentgen ray.

rood [ruːd] *n.* **1** 십자가에 못박힌 그리스도상(像). **2** 〈고어〉 그리스도가 처형된 십자가; [일반적으로] 십자가. **3** 〈英〉 루드[길이의 단위. 지방에 따라 5 1/2∼8 야드에 해당]. **4** 〈英〉 루드[특히 토지 면적의 단위. 1/4 에이커에 해당].

by the [*holy*] *Rood* 십자가에 맹세하거니와, 확실히.

róod bèam *n.* [교회당의] 강단 입구 위에 가로지른 십자가가 들보.

róod lòft *n.* [교회당의] 강단 후면의 자리.

róod scrèen *n.* [교회당의] 강단 칸막이.

‡**roof** [ruːf, +美 ruf] *n.* **1** 지붕, [빌딩 따위의] 옥상. ¶ *a pointed roof* 뾰족탑. **2** 꼭대기, 최고부(summit). ¶ *the roof of heaven* 창공 / *the roof of the world* 세계의 지붕[파미르 고원, 또는 일반적으로 매우 높은 곳을 가리킨다]. **3** [위치·형태·용도 따위가] 지붕 비슷한 것; 천장(ceiling). ¶ *the roof of a cave* 동굴의 천장 / *the roof of the mouth* 입천장, 위턱. **4** (비유적) 집(house), 가정(home); 생활(life). ¶ *under a person's roof* 남의 집에 묵는, 남의 신세를 지는 / *live under the same roof* 한집에 살다 / *keep a roof above one's head* 버젓한 집에 살다 / *be left without a roof*; *have no roof over one's head* 살 집도 없다.

hit the roof 〈속어〉 발끈 화를 내다, 화가 치밀다.

raise the roof 〈구어〉 지붕이 떠나갈듯이 떠들다, 큰 소리로 불평을 털어놓다; 관례를 무시하다. ¶ *The angry crowd raised the roof.* 격분한 군중이 큰 소란을 피웠다.

— *vt.* …에 지붕을 이다, 지붕을 덮다; …을 지붕으로 (처럼) 가리다. ¶ (~+目+目+전+名) *roof a house* [*over*] *with tiles* 기와로 지붕을 이다.

roof·age [rúːfidʒ, +美 rúf-] *n.* = roofing.

roofed [ruːft, +美 ruft] *adj.* 지붕이 (덮개가) 있는. **2** (보통 복합어를 만들어) …의 지붕의. ¶ *flat-roofed* 납작 지붕의.

roof·er [rúːfər, +美 rúfə] *n.* **1** 지붕 이는 직공. **2* 〈英구어〉 향응에 대한 답례장.

róof gàrden *n.* 옥상 정원.

roof·ing [rúːfiŋ, +美 rúf-] *n.* **1** [U] 지붕 공사; 지붕 감. **2** 지붕(roof).

roof·less [rúːflis, +美 rúf-] *adj.* 지붕이 없는. **2** 집 없는.

róof·plate [rúːfplèit, +美 rúf-] *n.* 지붕판(板).

róof ràck *n.* 〈英〉 차 지붕 위의 짐 싣는 대.

roof·scap·ing [rúːfskèipiŋ] *n.* [U] 옥상 정원 설계(시공).

roof·top [rúːftàp, rúf-/rúːftɔp] *n.* 지붕, 옥상.

roof·tree [rúːftriː, +美 rúf-] *n.* 마룻대; 지붕.

rook¹ [ruk] *n.* **1** [유럽산] 떼까마귀. **2** [카드놀이 따위에서] 사기위꾼, 사기 도박꾼(swindler). — *vt.* …을 속이다, 사기치다. ¶ [에 해당] (castle).

rook² [ruk] *n.* [서양장기] 루크, 성장(城將) [차(車)]

rook·er·y [rúkəri] *n.* (*pl.* **-er·ies**) **1** 떼까마귀떼; 그 군서지(群棲地). **2** [펭귄·바다표범 따위의] 번식지, 군서지. **3** 〈드물게〉 [다수인의] 공동 주택; [특히] 빈민굴(slum).

rook·ie [rúki] *n.* 〈속어〉 **1** 신병; 신임 경찰관. **2** 신출나기, 풋내기(〈구어〉/야구) [특히 프로의] 신인 선수, 루키.

rook-rifle [rúkràifl] *n.* 떼까마귀 사냥용 소총.

rook·y [rúki] *adj.* (**rook·i·er, rook·i·est**) 떼까마귀 많은, 떼까마귀가 떼지어 모이는.

‡**room** [ru(ː)m] *n.* **1** 방, 실(室) (chamber). ¶ *a living room* 거실. **2** (~s) [침실·거실 따위가] 딸린 셋방, 하숙방(lodgings). **3** (the ~) 방에 있는 사람들, 모인 사람들. ¶ *The whole room burst into laughter.* 좌중

room clerk

이 모두 웃음바다를 이루었다. **4** ⓤ [사람·물건 따위가 차지하는] 장소, 공간(space); 비어 있는 장소; 여지, 여유, 기회(opportunity) *(for...)*. ¶ There is plenty of *room for* improvement. 개량의 여지가 많다 / His remark leaves no *room for* dispute. 그의 발언에는 논쟁의 여지가 없다. **5** ⓤ 능력(capacity). ¶ have no *room for* linguistics 언어학의 재주가 없다. **6** [광산] 막장, 채탄장(stall).
give room to …에 자리를 내주다, …을 위해 은퇴하다.
in a person's room; in the room of a person 남 대신에, 남을 대신하여. ¶ Brown is coming *in the room of* Johnson. 존슨 대신에 브라운이 온다.
make room for …을 위해 자리(장소, 길)를 비키다(만들다).
men's(ladies') room 남자(여자) 화장실.
prefer a person's room to his company; a person's room is better than his company 남과 동석하지 않는 것이 좋다, 남이 한자리에 없는 편이 낫다.
room and board 숙식을 함께 제공하는 하숙.
There's no room to swing a cat [in]. ⇒ CAT.
— *vi.* 《구어》 기숙(하숙)하다, 유숙하다(lodge). ¶ (~+前+囵) I *roomed with* him in the dormitory. 기숙사에서는 그와 한방이었다. — *vt.* 《구어》 을 숙박시키다, 유숙시키다. ◇ róomy *adj.*

róom clérk *n.* 호텔의 프런트 접수원, 객실 담당원.
róom divíder *n.* [방의] 칸막이용 가구.
roomed [ru:]md] *adj.* 《보통 복합어를 만들어》 …의 방이 있는. ¶ a two-*roomed* cottage 방이 2개인 오두막집.
room·er [rú(:)mər] *n.* 《美》 셋방살이하는 사람, 하숙인.
room·ette [ru(:)mét] *n.* 《美》 [침대차의] 일인용 소침실. *cf.* compartment, bedroom.
room·ful [rú(:)mfùl] *n.* **1** 방 하나 가득. **2** 《집합적》 방을 가득 채운 사람들(만화의), 만좌의 사람들.
room·ie [rú:mi, rúmi / rúmi] *n.* 《구어》 =roommate.
róoming hòuse [rú(:)miŋ-] *n.* 《美》 하숙집(lodging house).
róoming-ín [rú(:)miŋín] *n.* (pl. -ins) 병원에서 신생아를 산모와 한방에서 키우게 하는 일.
room·mate [rú(:)mmèit] *n.* 한방에서 기거하는 사람.
róom sèrvice *n.* ⓤ 룸 서비스[호텔 따위에서 주문에 따라 식사·음료 따위를 방으로 날라다 주기]; ⓒ 룸 서비스 담당자.
róom témperature *n.* 실내 온도[보통 20℃ 정도].
room·y [rú(:)mi] *adj.* (**room·i·er, room·i·est**) 넓은, 널찍한(spacious). **room·i·ly** *adv.* **room·i·ness** *n.*

roor·back [rúərbæk], (**roor·bach**) *n.* 《美》 [선거전 따위의 여러 정적에 대한] 중상적 허위 선전, 모략 선전, 비방, 욕설.

*****roost** [ru:st] *n.* **1** 《새가 앉는》 홰; 닭장, 새장, 보금자리; 홰에 앉은 한 떼의 새. **2** 《비유적》 [사람의] 휴식처, 보금자리, 잠자리.
at roost ① 보금자리(잠자리)에 들어. ② [사람이] 잠들어, 쉬고 있어.
come home to roost [특히 반갑지 않은 일 따위가] 자기에게로 되돌아오다, 제자리로 돌아오다. ¶ *Curses come home to roost*. 《속담》 누워서 침뱉기.
go to roost ① 보금자리로 돌아가다. ② 《구어》 [사람이] 쉬다, 자다. ③ …지하다, 일을 주관하다.
rule the roost (or **roast**) 《구어》 지배하다, 좌지우…
— *vi.* **1** 홰에 앉다, 보금자리에 들다. **2** [사람이] 묵다, 머무르다. — *vt.* …을 보금자리에 들게 하다, 묵게(유숙하게) 하다.
*****roost·er** [rú:stər] *n.* 《美》 **1** 수탉(《英》 cock). **2** 《구어》 건방진 사나이.

‡**root¹** [ru:t, +美 rut] *n.* **1** [식물의] 뿌리; 뿌리 달린 식물; (~s) 근채류(根菜類). **2** 뿌리가 난 밑동 부분; [산 따위의] 기슭; [바다 따위의] 밑바닥. ¶ the *roots* of the hair 모근 / the *root* of the tongue 혀뿌리. **3** [사물의] 근저, 본질, 기초, 원인. ⇒ ORIGIN [類語] ¶ the *root* of a trouble 분쟁의 원인 / get at(or go to) the *root* of a matter 일의 원인을 규명하다 [—욥기(Job) 19 : 28] / lay(or set) the ax to the *root* of …의 근본에 도끼를 대다, …을 근본으로부터 파괴하다 / The love of money is the *root* of all evil. 돈을 사랑함이 일만 악의 뿌리가 된다 [←디모데전서(1 Tim.) 6 : 10]. **4** 조상, 시조; [성서] 자손. **5** (~s) 원(原) 보금자리, [마음의] 고향. **6** [수학] 루트, 근(根). ¶ a square (a cube) *root* 평방(입방)근. **7** [언어] 어근(語根). **8** [음악] 기음(基音).

[주의] 「근」을 읽는 법——√4=2: The square(or The second) *root* of four [약하여 The *root* of 4 또는 *Root* 4라고도 한다] is two. ³√8=2: The cube(or The third) *root* of eight is two.

at [the] root 근본에 있어서는, 본질적으로는.
by the root[s] 뿌리째, 근본적으로. ¶ tear out an evil *by the roots* 악을 근절하다.
root and branch 송두리째, 뿌리째, 철저하게(utterly). ¶ He destroyed it *root and branch*. 그는 그것을 철저하게 파괴하였다.
strike at the root of …을 근절시키다, …을 철저하게 파괴하다.
take (or **strike**) *root* ① 뿌리가 생기다, 뿌리내리다 (박다). ② 《비유적》 정착하다. ¶ Her popularity as a singer has *taken root*. 그녀의 가수로서의 인기는 자리가 잡혔다.
to the root[s] 근본적으로, 뿌리(근원)까지, 철저하게.
— *vi.* 뿌리를 내리다, 정착하다. ¶ [식물을] 뿌리박게(내리게) 하다. ¶ (~+囹+前+囵) *root* the seeds *in* a hotbed 온상에서 종자를 뿌리내리게 하다. **2** 《비유적》 …을 고착시키다. ¶ (~+囹+前+囵) *root* a principle *in* the mind 주의(主義)를 마음속 깊이 심어주다 / Terror *rooted* her *to* the spot. 그녀는 공포 때문에 얼어붙은 듯 그 자리에서 꼼짝 못했다. **3** …을 뿌리째 뽑다, 근절시키다 (exterminate) 《*away, up, out*》. ¶ (~+囹+副)*root up* weeds 잡초를 뿌리째 뽑아 없애다.
root out …을 근절시키다. ¶ *root out* evils 악폐를 근절시키다. ◇ rooty, róotless *adj.*, róotage *n.*

root² [ru:t, +美 rut] *vi.* [돼지 따위가] 코로 땅바닥을 헤집다(뒤집다); [묻힌가를 찾아] 뒤적거리다, 찾다 (poke). ¶ (~+前) He *rooted about* in a drawer for the paper. 그는 그 서류를 찾아 서랍을 뒤졌다. **2** [항해] [배가 거친 바다에서]뱃머리에 파도를 뒤집어쓰다. **3** 《美俗》 열심히 일하다(drudge). — *vt.* [돼지 따위가] …을 코로 헤집다(파헤치다); …을 파헤쳐내다, 들춰내다 《*up*》.

root³ [ru:t, +美 rut] *vi.* 《美俗》 [운동팀이나 후보자를] 응원(성원)하다, 힘을 북돋우다(cheer) 《*for*...》.
root·age [rú:tidʒ, +美 rút-] *n.* ⓤ **1** [깊이] 뿌리박기; 정착, 자리잡기, 고착. **2** 《집합적》 뿌리[전체].
róot bèer *n.* ⓤ 루트 비어[나무 뿌리·껍질·약초에서 짜낸 즙에 시럽을 타서 만드는 탄산 음료].
róot canál *n.* [치과] [치아의] 근관(根管).
róot cáp *n.* [식물] 근관(根冠) [뿌리끝의 생장점을 싸고 있는 부분].
róot cróp *n.* 근채류 [무·고구마·사탕무 따위].
*****root·ed** [rú:tid, +美 rút-] *adj.* 뿌리가 내린, 뿌리를 박은; 뿌리깊은; 고착한. ¶ a *rooted* objection to militarism 군국주의에 대한 뿌리깊은 반대.
~ly *adv.* ~ness *n.*

root·er¹ [rú:tər, +美 rút-] *n.* 코로 땅을 파헤치는 동물; 땅을 파헤치는 사람(기계), 루터.
root·er² [rú:tər, +美 rút-] *n.* **1** [열광적인] 응원자, 응원단. **2** 열성있는 원조자(신봉자).
róot háir *n.* [식물] 근모(根毛), 뿌리털.
roo·tle [rú:tl] *v.* 《英》 (**-tled, -tling**) =root².
root·less [rú:tlis, +美 rút-] *adj.* **1** 뿌리가 없는. **2**

root·let [rúːtlit, 美 rút-] *n.* 〔식물〕 잔(어린)뿌리; 지근(支根).

róot méan squáre *n.* 〔수학〕 제곱 평균의 제곱근.

róot nódule *n.* 콩과(科) 식물의 뿌리혹, 근류(根瘤)〔는 레이크.

róot ráke *n.* 〔큰 가래 모양의 날이 붙은〕 뿌리 캐내

róot·stalk [rúːtstɔ̀ːk, 美 rút-] *n.* 〔식물〕 근경(根莖) (rhizome).

root·stock [rúːtstɑ̀k, rúːt- / rúːtstɔ̀k] *n.* **1** 〔원예〕 〔접목용〕 대목(臺木); 근경 (rhizome). **2** 〔비유적〕 근원, 기원 (origin).

roots·y [rúːtsi] *adj.* 〔음악 따위가〕 본고장에 뿌리를 둔, 민족 특유의.

root·y[1] [rúːti, 美 rúti] *adj.* (**root·i·er, root·i·est**) 뿌리가 많은; 뿌리 같은, 뿌리 모양의.

root·y[2] [rúːti, 美 rúti] *n.* 〔英軍 속어〕 빵 (bread).

R.O.P. 〔略〕 run-of-paper (발행인이 지정하는 광고 스페이스).〔어〕 성이 난.

rop·a·ble [róupəbl] *adj.* **1** 결박할 수 있는. **2** 〔濠구〕

‡**rope** [roup] *n.* **1** 새끼, 로프, 밧줄, 노끈. *cf.* cord, cable ¶ skip a *rope* 줄넘기를 하다. **2** 〔카우보이의〕 올가미줄, 올무(lasso); 줄타기용 밧줄; 측량용 삭조(索條); 〔등산용〕 로프. **3** (~s) 〔권투 경기장 따위의 둘레의〕 로프. **4** (the ~) 〔교수형의〕 목매는 줄(halter); 〔비유적〕 교수형. **5** 한 타래, 한 꿰미, 한 두름; 새끼처럼 하나로 엮은 것(plait). **6** 〔반죽 따위에 생기는〕 실 모양의 끈끈한 것. **7** (the ~) 〔어떤 일의〕 요령, 비결. ¶ put a person up to the *ropes*; show a person the *ropes* 남에게 요령을 가르쳐주다 / know (learn) the *ropes* 요령을 알고 있다 (배우다) / be outside the *ropes* 요령 (속사정)을 모르다. **8** 〔특히 일신에 해로운〕 활동의 자유.

be at (or *come to, run to*) *the end of one's rope* 진퇴양난이 되다, 오도 가도 못하게 되다, 속수무책이 되다.

carry a rope in one's pocket 〔카드놀이에서〕 썩 잘 붙다 (되다) 〔남의 목을 조른 로프의 끄트머리를 가지고 있으면 게임이 잘 된다는 미신에서〕.

dance on a (or *the*) *rope* ⇒ DANCE.

fight back to the ropes 마지막까지 싸우다, 끝까지 버티다. * 원래는 권투 용어.

fight with a rope round one's neck 사생결단으로 싸우다, 배수의 진을 치고 싸우다.

give a person rope enough (or *plenty of rope*) *to hang himself* 남을 제멋대로 하게 해서 결국엔 자업자득의 꼴을 당하게 하다.

money for old rope ⇒ MONEY.

on the high ropes 의기양양하여; 거만하게 〔줄타기 곡예사가 관객을 내려다 보는 데서〕.

on the ropes 〔등산자들이〕 서로 자일로 몸을 연결하여.

on the ropes ① 〔권투에서 그로기 상태가 되어〕 로프에 매달려. ② 〔구어〕 궁지에 몰려, 모든 것이 끝장나.

One's rope is out. 진퇴양난에 빠졌다, 손쓸 여지가 없다.

a rope of sand 믿을 수 없는 것, 허황된 유대 (결합).

— *vt.* (**roped, rop·ing**) **1** …에 새끼 (밧줄)를 걸다, …을 로프로 묶다, 동이다(...to); 〔등산자들이〕 〔몸〕을 서로 자일로 연결하다(...up). **2** …을 새끼 (밧줄)로 차단하다, 둘러치다 (...in, off, out). ¶ (~+目+副) The police *roped* off the entrance. 경찰들이 입구에 새끼줄을 쳐서 출입을 막았다. **3** 〔주로 美〕 …을 올가미줄을 던져서 잡다 (lasso). **4** 〔英〕〔경마〕 고의로〔말〕의 속도를 늦추다.

— *vi.* **1** 새끼 (모양)이 되다. **2** 〔등산자가〕 자일로 몸을 연결하여 (together), 끈적끈적해지다, 끈적 끈적해서 실처럼 늘어지다. **4** 〔英〕〔경마〕 이기지 못하도록 고의로 말을 누르다; 〔일반적으로〕 힘을 다 내지 않다.

rope a person in 〔속어〕 남을 한 패로 끌어넣다, 남

◇ **rópy** *adj.*

rope·danc·er [róupdænsər / -dɑ̀ːnsə] *n.* 줄타기 곡예〔사.

rope·danc·ing [róupdænsiŋ / -dɑ̀ːns-] *n.* ⓤ 줄타기.

rópe ládder *n.* 줄사닥다리.

rop·er·y [róupəri] *n.* (*pl.* **-er·ies**) **1** 제강소(製綱所), 새끼 제조소. **2** ⓤⓒ 〔고어〕 나쁜 짓, 사기, 야바위짓.

rópe's énd *n.* 새끼 채찍의 끝 부분〔형구〕. ¶ give a person a *rope's end* 남을 매질하다.

rope·walk [róupwɔ̀ːk] *n.* 새끼 제조소, 제강소(ropery).

rope·walk·er [róupwɔ̀ːkər] *n.* =ropedancer.

rope·walk·ing [róupwɔ̀ːkiŋ] *n.* ⓤ 줄타기, 〔궤도, **rope·way** [róupwèi] *n.* 삭도(索道) (cableway), 전차.

rópe yárn *n.* **1** 로프를 형성하는 가는 줄(실). **2** 하찮은 것 (일) (trifle).

rop·ing [róupiŋ] *n.* ⓤ **1** 밧줄 만들기, 새끼 꼬기. **2** 강삭 (綱索)류, 삭구(索具)류. **3** 〔항해〕 돛 따위의 볼트로프 (boltrope)의 보강.

rop·y [róupi] *adj.* (**rop·i·er, rop·i·est**) **1** 로프와 같은, 밧줄 (새끼) 모양의. **2** 끈적끈적하며, 실 같은 것을 내는, 점착성의. **rop·i·ly** *adv.* **rop·i·ness** *n.*

roque [rouk] *n.* ⓤ 크로케 (croquet)의 일종.

Roque·fort [chéese] [róukfərt/rɔ́kfɔː] *n.* 〔상표명〕 로크포 치즈〔양 또는 염소 젖으로 만든 짙은 풍미의 치즈〕.

roque·laure [rákəlɔ̀ː*r* / rɔ́kilɔ̀ː] *n.* 〔18세기에 남자들이 입던〕 무릎까지 덮는 외투, 로클로.

ro·quet [ro(u)kéi / róuki, -kei] 〔크로케〕 *n.* **1** (**-quet·ed** [-kéid / -kid, keid], **-quet·ing** [-kéiiŋ / -kiiŋ, -kei-]) *vt.* 자기 공을 〔상대편 공〕에 맞히다. — *vi.* 〔공이〕 다른 공에 부딪치다. — *n.* ⓤⓒ 공을 상대편 공에 맞히기; 공이 다른 공에 맞기.

ro·ric [rɔ́ːrik / rɔ́-] *adj.* 이슬의, 이슬 같은(dewy).

ro·rò shíp [róurou-] *n.* 짐을 실은 트럭을 통째 실을 수 있는 화물선.

ror·qual [rɔ́ːrkwəl] *n.* =finback.〔수 있는 화물선.

RORSAT [rɔ́ːrsæt, rɔ́ː-] *n.* 〔군사〕 레이더 해양 정찰 위성. 〔< *R*adar *O*cean *R*econnaissance *Sat*ellite〕

Ror·schach tèst [rɔ́ːrʃɑːk-/rɔ́ːʃ-] *n.* 〔심리〕 로르샤하 검사〔스위스의 심리학자 Hermann Rorschach (1884-1922)가 시작한 성격 검사 방법. 잉크의 얼룩무늬를 부정확하게 하여 사람의 성격을 분석·검사하는 방법〕.〔즐거운(pleasant).

ror·ty [rɔ́ːrti] *adj.* (**-ti·er, -ti·est**) 〔英속어〕 유쾌한,

Ro·sa [róuzə] *n.* Monte ~ 몬테 로자 〔스위스와 이탈리아 국경의 알프스 산맥 의 고봉〕.

ro·sace [róuzeis] *n.* 〔건축학〕 장미 모양의 장식 (rosette); 장미〔모양〕의 창 (rose window).

ro·sa·ceous [ro(u)zéiʃəs] *adj.* **1** 장미과(科)의; 장미와 같은 (roselike). **2** 장미빛의(rosy).

ros·an·i·line [rouzǽn/ilìːn] *n.* ⓤ 〔화학〕 로즈 애닐린〔붉은색 염료〕; 그 염기(鹽基).

ro·sar·i·an [ro(u)zɛ́(ː)riən, -zǽr- / -zɛ́ər-] *n.* **1** 장미 재배가; 장미 애호가. **2** (R-) 〔가톨릭〕 로사리오회 (會)의 회원.

ro·sar·i·um [ro(u)zɛ́(ː)riəm / -zɛ́ər-] *n.* (*pl.* **-i·ums** or **-i·a** [-i·ə]) 장미원 (rose garden).

ro·sa·ry [róuzəri] *n.* (*pl.* **-ries**) **1** 〔가톨릭〕 로사리오〔기도에 쓰는 염주〕; 염주를 굴리면서 올리는 기도. **2** 〔다른 종교의〕 염주 (念珠). **3** 장미원 (rosarium).

‡**rose**[1] [rouz] *n.* **1** 장미〔꽃〕〔영국 국화〕. *cf.* thistle, shamrock ¶ a wild *rose* 들장미 / a blue *rose* 푸른 장미; 있을 수 없는 것 / *No rose without a thorn.* 〔속담〕 가시없는 장미는 없다. **2** ⓤ 장미빛, 연홍색; 장미 향기. **3** 〔the ~s〕 장미같이 고운 혈색 (안색). ¶ She has lost her *roses* because of a long illness. 오랜 병으로 그녀의 꽃다운 안색이 간 곳 없다. **4** (the ~) 미인, 미모의 여자, 명화 (名花); 화려한 존재. ¶ She is the *rose* of our village. 그녀는 우리 마을에서 제일 예쁘다. **5** 장미꽃 모양의 장식물; 〔紋章〕 다섯 꽃잎의 장미 무

늬; [리본 따위의] 장미꽃 모양의 매듭; [건축] 장미꽃 장식(rosette), 장미창(rose window); [보석] 로즈형, 로즈컷[표면의 컷 방법]. **6** [지도 따위에 그려져 있는] 나침반의 방사 모양의 눈금면(compass card). **7** [물뿌리개의] 살수구. **8** (the ~) 단독(丹毒)(erysipelas).
a(or *the*) *bed of roses* 《주로 부정문에 써서》 안락한 처지(지위). *cf.* a bed of thorns ⇒ BED
come up roses 썩 잘 되어가다. ¶ Everything came up roses. 만사가 잘 되어가다.
gather [*life's*] *roses* 환락을 쫓다, 쾌락을 찾다.
not all roses 반드시 좋은 (즐거운) 일만 있는 게 아닌.
a path strewn with roses 장미꽃을 깔아놓은 길, 환락에 찬 생활. ¶ Her *path* seemed strewn with roses. 그녀의 생활은 행복의 연속인 것 같았다.
A rose by any other name would smell as sweet. 《주로 비꼬아서》 이름 따위는 아무래도 좋다, 실질이 중요하다.
the rose of Jericho 안산수(安產樹) [아시아 원산의 1년초].
the rose of May 백수선(白水仙) [수선속(屬) 식물의 일종].
the rose of Sharon [성서] 샤론의 들꽃; 고추나물; 무궁화의 일종 [아욱과(科)에 속하는 낙엽 관목].
under the rose 비밀로, 내밀히(privately).
the Wars of the Roses [영역사] 장미 전쟁 (1455-1485) [York 가(家) (흰 장미)와 Lancaster 가(家) (붉은 장미) 사이의 왕위 쟁탈전].
the white rose of virginity(or *innocence*) 흰 장미처럼 청순한 처녀.
── *adj.* 장미의, 장미빛의, 연홍색의; 장미 향내가 나는.
── *vt.* (rosed, ros·ing) …을 장미빛으로 하다, [얼굴 따위]를 붉히다(flush). * 보통 과거 분사형으로 쓴다.
◇ rósy *adj.*

‡rose² [rouz] *v.* rise 의 과거형.
ro·se·ate [róuziit, -èit] *adj.* **1** 장미 빛의(rosy). **2** 밝은(bright); 쾌활한, 낙관적인; 유망한(promising). ¶ depict a *roseate* future 장미빛 미래를 그리다.
~·ly *adv.*
rose·bay [róuzbèi] *n.* **1** 서양협죽도(夾竹桃)(oleander). **2** 석남(石南). **3** (영) 분홍바늘꽃(willow herb).
róse bèetle *n.* = rose chafer.
Róse Bòwl *n.* (the ~) (미) 로즈 볼 [매년 1월 1일에 열리는 대학 미식 축구 선수권전].
*rose·bud [róuzbʌ̀d] *n.* **1** 장미꽃 봉오리. **U** 자주색이 도는 빨간색. **2** 아름다운 소녀, 묘령의 소녀; (미구어) 처음 사교계에 나온 소녀(debutante).
rose·bush [róuzbùʃ] *n.* 장미나무, 장미덤불.
róse cháfer *n.* 꽃무리속에 속하는 풍뎅이의 일종 [장미의 해충].
róse cóld *n.* [병리] = rose fever.
róse cólor *n.* 장미빛; 유망함; 호경기. ¶ seem all *rose color* 만사가 잘 되어가다.
rose-col·ored, (영) -oured [róuzkʌ̀lərd] *adj.* **1** 장미빛의, 새빨간 색의 **2** 즐거운; 낙관적인; 유망한(promising). ¶ *rose-colored* plans for the future 장래에 대한 즐거운 계획/take a *rose-colored* view 낙관하다.
róse-còlored glásses (spéctacles) *n. pl.* [확실한 근거가 없는] 즐거운 또는 낙관적인 시각 (사고 방식). ¶ see things through *rose-colored spectacles* 사물을 낙관적으로 보다.
róse díamond *n.* 로즈형(形) (로즈컷) 다이아몬드.
rose-drop [róuzdrɑ̀p / ·drɔ̀p] *n.* [의학] 비사증(鼻皶症); 주부코.
róse féver *n.* [병리] 장미열[장미의 꽃가루가 원인이 되다는 알레르기 증상].
róse gárden *n.* 장미원.
Róse Gárden strátegy *n.* 로즈가든 전략[미국 대통령이 현직의 강점을 이용, 재선을 노리는 선거 전술].
róse gerànium *n.* [남미산의] 양아욱.

róse hìp *n.* = hip².
rose·leaf [róuzlìːf] *n.* (*pl.* -leaves) 장미의 꽃잎; 장미나무의 잎.
a crumpled roseleaf [한창 행복한 중에 일어나는] 사소한 풍파·말썽.
róse mállow *n.* **1** [장미빛의 큰 꽃이 피는] 무궁화속(屬)의 식물. **2** 접시꽃(hollyhock).
rose·mar·y [róuzmɛ̀ri / -m(ə)ri] *n.* (*pl.* -mar·ies) 로즈메리 [지중해 지방이 원산지인 상록 관목; 충실·정절(貞節)·기억의 상징].
róse nóble *n.* 장미 무늬가 든 금화 [15-16세기경 영국에서 유통].
róse óil *n.* (U) 장미유 [향유]. [진.
ro·se·o·la [rou(ə)zíːələ] *n.* [병리] 장미진(疹), 홍
róse pínk *n.* (U) 장미빛, 장미색 안료.
rose-pink [róuzpíŋk] *adj.* 장미빛의, 연홍색의.
rose-red [róuzréd] *adj.* 장미의, 장미꽃처럼 빨간.
rose-root [róuzrùːt, +米 -rùt] *n.* 바위솔[돌나물과(科)의 … 그 뿌리는 장미 냄새를 풍긴다].
ros·er·y [róuzəri] *n.* (*pl.* -ser·ies) 장미원, 장미 재배원. [것].
róse trèe *n.* 장미 나무 [특히 입목(立木)으로 자란
Ro·sét·ta stòne [rou(ə)zetə-] *n.* (the ~) 로제타석(石) [1799년 이집트 북부의 도시 Rosetta 근처에서 발견된 돌조각. 고대 이집트의 상형문자·속자(俗字) 및 그리스 문자 등 3가지 문자로 비문이 새겨져 있어 고대 이집트 문자 해독의 첫 실마리가 되었다].
ro·sette [rou(ə)zét] *n.* **1** 장미꽃 모양으로 된 것, 장미꽃 장식, [리본 따위의] 장미(모양) 매듭, **2** [건축] 장미창(rose window), 장미꽃 모양 무늬 장식. **3** [식물] 좌엽(座葉)[근생엽(根生葉)이 수평·방사꼴로 퍼진 것].
róse wàter *n.* (U) **1** 장미 향수. **2** [비유적] 감상적인 기분; 미지근한 수법; 겉치레의 인사(찬사) (compliments).
rose-wa·ter [róuzwɔ̀ːtər, +米 -wɑ̀t-] *adj.* **1** 장미 향수와 같은. **2** 부드러운(gentle); 감상적인. **3** 우아한, 우미한(elegant). **4** (미구어) 아첨하는.
róse wìndow *n.* [건축] 장미꽃 무늬 창(rosette).
rose·wood [róuzwùd] *n.* 로즈우드, 자단(紫檀) [열대산 향목; 가구 용재]; (U) 자단재(材).
Rosh Ha·sha·nah [róuʃ-həʃɑ́ːnə, rɔ́ːʃ- / rɔ́ːʃ-, róuʃ-] *n.* 유대교의 신년제 [유대력 Tishri (1월)의 1일, 2일에 해당].
Ro·si·cru·cian [rouzikrúːʃən, -ʃiən, -ʃ(i)ən] *n.* 장미 십자 회원 [17-18세기경 유럽에 있었던 신비주의적 종교 개혁가들의 비밀 결사 회원].
── *adj.* 장미 십자회원의.
ros·in [rázin / rɔ́z-] *n.* (U) 로진 [송진에서 테레빈유(油)를 증류하고 남은 수지]. **2** 수지, 송진(resin).
── *vt.* …에 로진을 바르다(으로 문지르다, 봉하다).
Ros·i·nan·te [ràz(i)nǽnti / rɔ̀z-] *n.* **1** 로시난테 (Cervantes 작(作)의 소설 *Don Quixote* 의 주인공이 탄 말라깽이 말). **2** (r-) 늙어빠진 말, 막대먹은 말(jade).
rósin bàg *n.* [야구] 송진가루 주머니 [투수가 손이 미끄럽지 않도록 바르는 송진가루가 든 주머니].
ros·in·y [rázini / rɔ́z-] *adj.* 수지(樹脂)가 많은, 수지성(樹脂性)의.
Róss Séa [rɔ́ːs-, rás- / rɔ́s-] *n.* (the ~) 로스해(海) [남극 대륙의 Victoria Land 와 King Edward VII Land 에 둘러싸인 만(灣)].
ros·ter [rástər/róus-] *n.* **1** [군대] 근무 당번표. **2** [일반적] 명부, 등록부(register).
ros·tral [rástrəl / rɔ́s-] *adj.* **1** 주둥이(부리) (beak)의, 주둥이(부리)가 있는, 주둥이(부리) 모양의. **2** 뱃부리 장식이 있는. ¶ a *rostral* pillar(*or* column) [해전의] 승전 기념주(柱) [적함(敵艦)의 뱃부리로 기둥을 장식한 것].
ros·trate [rástreit / rɔ́s-] *adj.* **1** [생물] 액 각(額角)

[rose window]

이 있는, 주둥이(부리) 모양의 돌기가 있는. **2** 뱃부리가 있는, 뱃부리 모양의 무늬가 있는.
ros·trum [rɔ́strəm/rɔ́s-] n. (pl. **-tra** [-trə] or **-trums**) **1** 연단, 강단; 설교단(pulpit); (-tra) (단수 취급)〔로마 역사〕 뱃부리 연단(해적의 전리품인 뱃부리로 장식한 연단). ¶ take the rostrum 등단하다. **2** 〔로마 역사〕 뱃부리(부리) 모양의 뱃머리에 있는 돌기〕. **3** 〔생물〕 주둥이(부리) 모양의 돌기(beak). **4** 〔英〕 〔연극〕 접었다 할 수 있는 연단. ◇ rόstral adj.
ros·u·late [róuzulit/rózju-] adj. 〔식물〕 로제트(rosette) 모양으로 된.
‡**ros·y** [róuzi] adj. (**ros·i·er, ros·i·est**) **1** 장미빛의, 장미와 같은; 장미꽃이 향기가 나는. ¶ rosy clouds 장미색 구름. **2** (얼굴빛이) 건강하게 붉은, 혈색이 좋은. ¶ You look hale and rosy. 당신은 정정하신 것 같고 혈색도 좋으십니다. **3** 얼굴을 붉힌(blushing). **4** 밝은(bright), 유망한; 즐거운(cheerful), 낙관적인(optimistic). **5** 장미꽃으로 덮인, 장미꽃으로 만든(장식한).
rόs·i·ly adv. **rόs·i·ness** n.
‡**rot** [rɑt/rɔt] v. (**rot·ted, rot·ting**) vi. **1** 썩다, 부패하다(decay), 못쓰게 되다, 썩어(삭아, 곯아) 떨어져 나가다 (away, off, out). ⇒ DECAY 類語 ¶(～+副) At the first frost the last chrysanthemum rotted off. 첫서리 맞으로 마지막 국화꽃도 떨어졌다. **2** (도덕적으로) 부패하(타락)하다, 나빠지다(degenerate). **3** (진행형으로) (주로 英속어) 놀리다(jest), 비꼬다. ¶ They are only rotting. 그들은 놀리고 있는 것뿐이야. **4** 수척해지다, 쇠약해지다. ¶ The prisoner was left to rot in the jail. 죄수는 옥중에서 쇠약해하기고 있었다.
— vt. **1** …을 썩이다, 부패시키다; …을 못쓰게 만들다(spoil), 나쁘게 만들다. **2** 〔英속어〕 …을 놀려대다, 조롱하다(tease). ¶ I felt that I was being rotted. 나는 조롱당하고 있다고 느꼈다.
rot about (구어) 부질없는 일로 시간을 낭비하다, 하는 일 없이 시간을 잠치다.
— n. U **1** 부패, 부식(腐蝕), 썩어 문드러짐; 부패물. ¶ The rot set in. 뜻밖의 실패가 잇따라 일어났다, 무너지기 시작했다. **2** (병리) 부패병; (보통 the ～) 〔獸醫〕 (양의) 간장내, 디스토마병; 〔식물〕 〔균 따위에 의한〕 부패병. **3** (속어) 헛소리, 시시한 일. ¶ Don't talk rot! 헛소리 하지 마! **4** C 〔크리켓의〕 연속 실패.
— interj. 젠장!, 제기랄! ¶ Oh, rot! 이런!, 젠장!
ROT (略) rule of thumb (주먹구구식 계산).
ro·ta [róutə] n. **1** 《주로 英》 윤번, 순번, 당번. **2** 근무 당번표, 근무 명부 (roster). **3** 윤창(輪唱) (round). **4** (R-) 〔가톨릭〕 로마 교황청 고등 법원 (Sacred Roman Rota).
Ro·tar·i·an [ro(u)tέ(:)riən/-tέər-] n. 로터리 클럽 (Rotary club)의 회원. — adj. 로터리 클럽(회원)의.
Ro·tar·i·an·ism [ro(u)tέ(:)riənìz(ə)m/-tέər-] n. U로터리주의(사회 봉사와 세계 평화의 증진 따위를 목표로 한다).
*‡**ro·ta·ry** [róutəri] adj. **1** 회전하는, 선회하는; (기계가) 회전부가 있는, 회전식의. ¶ a rotary engine 로터리 엔진 / rotary motion 회전 운동 / a rotary press 윤전기 / Typhoons are rotary and progressive in their motion. 태풍은 선회하면서 전진한다. **2** 윤번(제)의.
— n. (pl. **-ries**) **1** 윤전기; 로터리 엔진. **2** (= rότary converter) 회전 변류(變流)기. **3** (=rότary intersection) 로터리(환상(環狀) 교차 지점) (traffic circle). **4** (R-) =Rotary Club. ◇ rότate v.
Rότary Club n. (the ～) 로터리 클럽 [1905년 Chicago 에서 설립되어 현재는 세계 각지에 지부가 있고 국제 봉사와 국제 친선(Rotary International)을 구성하고 있다. 사업 봉사와 직업인을 표방하며 사업가와 지적 전문직 업인을 회원으로 삼는다].
rότary drílling n. 〔공학〕 로터리 드릴링〔회전 굴착기에 의한 유정(油井) 굴착〕.

rότary éngine n. 로터리 엔진(회전체에 의한 내연 기관).
rότary plów n. 〔로터리식 제설차(除雪車)의〕 회전익(翼). 회전식 경작기.
rότary prínting n. 〔인쇄〕 윤전 인쇄.
rό·ta·ry-wìng áircraft [róutəriwìŋ-] n. 회전익 항공기〔헬리콥터 따위〕 (수 있는).
ro·tat·a·ble [róuteitəbl/-´-´-] adj. 회전되는 〔시킬 수 있는〕.
*‡**ro·tate**[róuteit/-´-] v. (**-tat·ed, -tat·ing**) vi. **1** 회전하다, 선회하다 (revolve). ⇒ TURN 類語 **2** 순환하다, 교대하다. — vt. **1** …을 회전시키다, 선회시키다. **2** …을 순환시키다, 교대시키다; (농작물 따위를) 윤작(輪作)하다. ¶ rotate crops in fields 밭에서 작물을 윤작하다. ◇ rotátion n., rότary, rótative adj.
ro·tate[²] [róuteit/-´-] adj. 〔식물〕 〔화관(花冠) 따위가〕 바퀴 모양의.
rό·tat·ing-wìng áircraft [róuteitiŋwìŋ-] n. = rotary-wing aircraft.
*‡**ro·ta·tion** [ro(u)téi(ə)n] n. UC **1** 회전, 선회; 〔천문〕 〔지구의〕 자전. **2** 순환. **3** 윤번, 교대; 배치 전환. ¶ by (or in) rotation 순번으로(교대)으로, 윤번제로. **4** 〔농업〕 윤작. **5** 〔球技〕 로테이션.
◇ rόtate v., rotátional, rótative adj.
ro·ta·tion·al [ro(u)téi(ə)nl] adj. **1** 회전의; 순환의; 교대의; **2** 〔농업〕 윤작의.
ro·ta·tive [róuteitiv/-tətiv] adj. **1** 회전하는(rotating); 회전의, 회전 운동을 일으키는. **2** rotative velocity 회전 속도. **2** 규칙적으로 일어나는, 순환하는.
ro·ta·tor [róuteitər/-´-´-] n. (pl. **-tors →2**) **1** 회전하는 것, 회전기. **2** (pl. **-to·res** [ròutətɔ́:ri:z/-tɔ́:r-]) 〔해부〕 회전근(筋). **3** 〔물리〕 회전자(子). **4** 〔야금〕 회전로.
ro·ta·to·ry[róutətɔ̀:ri/-t(ə)ri] adj. **1** 회전의. **2** 〔근육 따위〕 회선(回旋)하는. **3** 순환하는.
R.O.T.C. (略) Reserve Officers' Training Corps (예비역 장교 훈련단, 학도 군사 훈련단).
rote [rout] n. U 기계적인 방식. * 보통 다음 숙어로 쓰임.
by rote 기계적으로, 외서. ¶ learn (or get, have) by rote 고스란히 외다. 외우다.
ro·te·none [róut(ə)nòun] n. U 로테논(식물성 살충제).
rot·gut [rɑ́tgʌ̀t/rɔ́t-] n. U(美속어) 질이 낮은 합성주(酒), 싸구려술.
ROTH Rádar n. 미국 해·공군이 전술용으로 개발한 레이더(1600km 이상의 탐지거리).
[<Relocatable Over The Horizon Radar]
ro·ti [F roti] n. 《프랑스》 (=roast) 불고기, 고기구이.
ro·ti·fer [róutifər] n. 윤충(輪蟲)류에 속하는 담수 플랑크톤의 하나.
ro·ti·form [róutifɔ̀:rm] adj. 바퀴 모양의.
ro·tis·ser·ie [ro(u)tísəri] n. 《美》 **1** 불고기집, 불고기 요리집. **2** 회전식 불고기 구이 장치.
ro·to [róutou] n. (pl. **ro·tos**) =rotogravure.
ro·to·chute [róutə∫ù:t] n. 로토슈트(우산 모양의 몸체 대신에 회전익이 달린 낙하산).
ro·to·graph [róutəgrǽf/-gràːf] n. 〔사진〕 로토그래프(연속적으로 인화하는 자동 장치).
ro·to·gra·vure [ròutəgrəvjúər] n. UC 윤전 그라비어(美) 신문의 rότo section.
ro·tor [róutər] n. **1** 〔물리·전기〕 회전자 (cf. stator); 〔자동 시계의〕 회전자. **2** 〔항공〕 〔헬리콥터 따위의〕 회전익. **3** 〔로터리회전식 발동기〕으로, 회전하는 원통, 축차(軸車). **4** 〔기상〕 회전 기류.
rótor bláde n. 〔항공〕 회전익 항공기의 날개, 회전익의 품판(風板).
ro·tor·craft [róutərkræft/-krɑ̀:ft] n. 〔항공〕 회전익 항공기(헬리콥터 따위) (rotary-wing aircraft).
rότor pláne n. 〔항공〕 =rotorcraft.

rótor shìp n. 〔항해〕로터선(船), 원통선.
róto sèction n. 〔신문의〕 윤전 그라비아 사진 페이지.
Ro·to·till·er [róutətìlər] n. 〔상표명〕 경운기.
ro·to·vate [róutəvéit] vt. (**-vated, -vat·ing**)《英》〔땅〕을 경운기로 갈다.
ro·to·va·tor [róutəvèitər] n. 《英》경운기.
‡**rot·ten** [rátn / rɔ́tn] adj. **1** 썩은, 썩어 문드러진(decayed). 더러운, 불결한, 구린. ¶ be rotten to the core 속속들이 썩다; 완전히 타락하다. **2** 푸석푸석(허물허물, 너덜너덜)한, 약한. ¶ a rotten beam 약해져서 부러질 것 같은 보. **3** 〔도덕적·사회적으로〕부패(타락)한(corrupt). **4** 《속어》시시한, 못쓸, 열등한; 역겨운, 불쾌한, 고약한. **5** 〔양〕이 디스토마에 걸린.
~**ly** adv. ~**ness** n.
rótten bórough n. 〔英역사〕부패 선거구〔유권자의 수가 격감했는데도 국회 의원 선거권을 그대로 유지했던 도시〕.
Rót·ten Rów [rátn-/rɔ́tn-] n. 로튼 거리〔런던의 Hyde Park 동남의 승마길. 지금은 보통 the Row 라 부른다〕.
rot·ten·stone [rátnstòun / rɔ́tn-] n. ⓤ 트리폴리석〔규질(硅質) 석회석으로, 금속류의 연마사(研磨砂)로 쓴다〕.
rot·ter [rátər / rɔ́tə] n. 《주로 英속어》깡패, 건달.
Rot·ter·dam [rátərdæm/rɔ́t-] n. 로테르담〔네덜란드 서남부에 있는 항구·공업 도시〕.
ro·tund [ro(u)tʌ́nd] adj. **1** 둥근, 원형의; 통통하게 살찐, 똥똥한, 땅딸막한. ⇨ FAT 類語 ¶ a rotund figure 통통하게 살진 사람. **2** 울리는 목소리의; 잘 울리는, 낭랑한(sonorous). ¶ a rotund utterance 낭랑하게 잘 울리는 말. **3** 〔문체 따위가〕당당한, 버젓한, 화려한(florid); 과장된. ~**ly** adv. ~**ness** n.
ro·tun·da [ro(u)tʌ́ndə] n. 〔둥근 지붕(dome)이 있는〕원형 건축물; 원형의 큰 홀.
ro·tun·di·ty [ro(u)tʌ́nditi] n. ⓤⒸ (pl. **-ties**) **1** 둥글함, 둥근 건축물(물체). **2** 똥똥함, 비만(plumpness). **3** 〔목소리가〕낭랑함; 속이 찬 말〔투〕(말씨); 〔말씨 따위가〕정교함, 화려함.
ro·tu·rier [F rɔtyrje] n. (pl. **-riers** [F -rje])《프랑스》 = plebeian) 평민, 서민.
rou·ble [rú:bl] n. = ruble.
rou·é [ru:éi/ =́-] n. 방탕자, 난봉꾼(rake). 〔F〕
Rou·en [ru:áːn] n. 루앙〔프랑스 서북부 Seine 강가의 항구·공업 도시. 잔 다르크(Joan of Arc)의 처형지로서, 또 Cathedral of Notre Dame 의 소재지로 유명〕.
*****rouge**[1]** [ru:ʒ] n. **1** 《英》 연지, 입술 연지, 루즈, 철단(鐵丹), 벵갈라〔산화 제이철로 된 붉은색 안료; 유리·금속의 연마재용〕.— adj. 《드물게》붉은 색의. — vi., vt. (**rouged, roug·ing**)[…에] 연지를 바르다.
rouge[2] [ru:ʒ] n. 《英》〔럭비〕**1** 스크럼(scrummage). **2** 상대방의 득점으로 처리되는 자기편 골라인 안에서의 터치다운(touchdown)〔Eton 교에서 쓰는 용어〕.
róuge et nóir [rúːʒ e(i) nwáːr] n. ⓤ 〔붉고 검은 마름모꼴 무늬가 있는 테이블 위에서 하는〕카드놀이의 하나. 〔< F red and black〕
‡**rough** [rʌf] adj. **1** 〔토지 따위가〕울퉁불퉁한, 기복이 있는. ¶ a rough district (road) 지형이 기복이 심한 지방(울퉁불퉁한 길). **2** 〔표면이〕거칠거칠한(껄껄한); 깔쭉한; 〔천의〕올이 굵은. ¶ rough paper 껄껄한 종이 (깔끄러운) / a silver coin with a rough edge 가장자리가 깔쭉깔쭉하게 줄금이 진 은전. 「이 많은. **3** 〔머리털 따위가〕텁수룩한(부스스한); 털투성이의, 털이 **4** 〔날씨·바다가〕사나운, 거친, 폭풍우의; 〔항해·비행 따위가〕악천후를 무릅쓰는. ¶ a rough weather (voyage) 악천후(을 무릅쓰는 배여행). **5** 〔성질·행동이〕사나운, 거친, 난폭한, 억세고 촌스러

운, 버릇없는; 꾸밈없는, 소박한; 〔말씨·문제가〕세련되지 않은; 〔일 따위가〕힘든, 고된, 체력을 요하는. ¶ a rough handling 난폭한 취급 / a rough answer 퉁명스러운 대답 / a rough style 세련되지 않은 문체 / rough manual labor 중노동.
6 자연 그대로의, 손질을 아니한, 미가공의; 〔일〕 덜 끝난, 미완성의, 조잡한, 아무렇게나 한; 대충(대강)의, 개략적인. ¶ a rough ruby 루비 원석 / rough rice 벼 / in a rough state 자연 그대로의 상태에서 / rough coating 벽의 초벌(바닥) 칠 / a rough guess 개략적인 추정(어림짐작) / a rough draft 초고(草稿) / I have a rough idea about semantics. 의미론에 관해서 나는 대강의 개념을 가지고 있다.
7 〔목소리가〕 귀에 거슬리는, 거친, 듣기 거북한; 〔장소·시간 따위가〕시끄러운, 귀찮은. ¶ rough sounds 귀에 거슬리는 소리.
8 〔남에 대해서〕불친절한, 불쾌한; 〔생활이〕수월치 않은, 부자유한, 고된; 〔음식 따위가〕좋지 않은, 조악한. ¶ be rough on a person 남에게 심하게 (거칠게) 대하다 / have a rough time of it 고생하다, 혼이 나다.
9 〔약품 따위의 작용이〕강한; 〔맛이〕 독한, 넓은, 쓴, 시큼한. ¶ rough wine 시큼한 포도주. 「rated).
10 〔음성〕기음(氣音) 발성의, h 음이 따르는 (aspi-
get rough with …에게 거칠게 대하다.
give a person a lick with the rough side of one's **tongue** 남을 야단치다, 훌닦아 세우다.
— n. **1** ⓤ 울퉁불퉁한 땅; (the ~) 〔골프〕 러프〔풀을 깎지 않은 코스〕 (cf. fairway). ¶ over rough and smooth 울퉁불퉁한 데 굳은 데나 평평한 데에서도; 도처에. **2** ⓤⒸ 만져서 부드럽지 (미끈하지) 못한; 그러한 것(물건). **3** 편자에 박는 징. **4** ⓤⒸ 자연 그대로〔의 것〕, 미가공〔의 것〕, 원료, 조약돌, 스케치; 〔보석의〕원석. **5** (보통 the~) 고생스러운 것, 괴로운 것, 고난. ¶ the rough of a battle 전쟁의 참화 / the rough[s] and the smooth[s] 고락, 인생의 부침. **6** 《주로 英》 불량자, 깡패.
in rough 미완성의, 대충의(엉성한) 상태의(에서). ¶ I've got the essay written out in rough but I have yet to revise it. 그 소론은 초는 잡아 놓았지만 고쳐야 한다.
in the rough ① 자연 그대로〔의〕, 미가공의(으로), 미완성의(으로). ¶ a diamond in the rough 다이아몬드 원석. ② 〔옷차림 따위〕평상복 차림의(으로); 난잡한(하게). ③ 대충〔의〕, 대략〔의〕. ¶ That is true in the rough. 그것은 대체로 틀린 말이 아니다.
— adv. **1** 조잡하게. **2** 대체로, 대략. **3** 거칠게, 난폭하게.
— vt. **1** …을 거칠거칠(울퉁불퉁)하게 하다. **2** …을 난폭하게 다루다, 학대하다(…up). **3** 〔말〕을 길들이다. **4** …을 대충 마무리하다, 초벌 마무리를 하다; …의 대충의 계획을 세우다(…down, off, out), …의 개략을 쓰다(그리다) (…in, out). ¶ (~+圄+圖) rough out a scheme 대충 계획을 세우다. **5** 〔렌즈 따위〕을 초벌 가공하다. — vi. **1** 거칠거칠(울퉁불퉁) 해지다. **2** 거칠게 굴다.
rough it 〔구어〕〔캠핑 따위에서〕원시적 생활을 하다. ¶ We wanted to rough it in the woods. 우리는 숲속에서 원시적 생활을 하고 싶었던 것이다.
rough up — vt. **1, 2.** ② 〔털 따위〕을 곤두세우다; 마구 구기다. ③ 〔피아노〕를 아무렇게나 조율하다.
rough a person up the wrong way 남을 화나게 하다, 약올리다.
~**ness** n. ◇ róughen v.
rough·age [rʌ́fidʒ] n. ⓤ **1** 조잡한 재료, **2** 조잡한 식품(사료). 〔야채·과실 따위 장의 연동(蠕動)을 촉진하는〕섬유질 식품.
rough-and-read·y [rʌ́f(ə)nrédi] adj. 임시 변통의; 조잡한, 급히 아무렇게나 만든.
rough-and-tum·ble [rʌ́f(ə)ntʌ́mbl] adj. 마구잡이의, 무모한; 뒤죽박죽인. — n. 혼전(混戰), 난투.
rough·cast [rʌ́fkæst / -kàːst] n. ⓤ **1** 〔벽의〕초벌,

rough coat 초벌칠, 러프코트. **2** 대충의 틀 또는 모형. —— *vt.* (-cast, -casting) **1** (벽을) 초벌질(초벌칠)하다. **2** …의 대충의 줄거리를 세우다, …을 대충 틀잡아 놓다.

róugh cóat *n.* [페인트 따위의] 애벌(초벌)칠, 막칠.

róugh cút *n.* 아직 편집하지 않은 영화 필름.

rough-cut [rʌ́fkʌ́t] *adj.* [잎담배를] 굵게 썬. opp. fine-cut

róugh díamond *n.* **1** 다이아몬드의 원석. **2** 갈지 않은 옥[갈고 닦으면 진가가 나타나는 사람].

rough-dry *vt.* [rʌ́fdrái →]. **1** (-dried, -drying) …을 다리지 않고 말리다. —— *adj.* [rʌ́fdrài] 다리지 않고 말린.

rough-en [rʌ́f(ə)n] *vt.* …의 [표면을] 거칠게(꺼칠하게, 울퉁불퉁하게) 하다. —— *vi.* 거칠거칠(울퉁불퉁)해지다.

rough-er [rʌ́fər] *n.* 초벌일(작업) 하는 사람. 「는.

rough-foot-ed [rʌ́ffútid] *adj.* [새가] 발에 깃털이 있

rough-hew [rʌ́fhjúː] *vt.* (-hewed, -hewed or -hewn, -hew·ing) **1** [나무·돌 등을] 건목치다, 대충 다듬다. **2** …을 대충 마무리하다, 대충 만들어내다.

rough-hewn [rʌ́fhjúːn] *vt.* rough-hew 의 과거 분사의 하나. —— *adj.* **1** 건목친; 대충 마무린, 조제(粗製)의. **2** 상스러운, 투박한.

rough-house [rʌ́fhàus] *n.U.C* (*pl.* -hous-es [-hàuziz]) [특히 옥내에서의] 난장, 법석; 난폭. —— *v.* (-housed [-hàuzd], -hous-ing [-hàuziŋ]) *vt.* [종종 장난삼아] …을 함부로 다루다. —— *vi.* 야단법석을 떨다; 폭력을 휘두르다.

rough·ing [rʌ́fiŋ] *n.U.C* 반칙적 방해.

rough·ish [rʌ́fiʃ] *adj.* [표면이] 좀 거친; 다소 털이 많은; 약간 거친, 다소 난폭한; 좀 귀에 거슬리는; 다소 조잡한.

rough-legged [rʌ́flégd] *adj.* [말·새가] 발에 털이 난.

‡**rough-ly** [rʌ́fli] *adv.* **1** 거칠게, 난폭하게; 버릇없이; 꾸밈없이, 투박하게. **2** 조잡하게, 아무렇게나; 대충, 대략. ¶ *roughly* speaking 대충 말해서. **3** 귀에 거슬리게, 시끄럽게.

rough·neck [rʌ́fnèk] *n.* 《美구어》 난폭(우락부락)한

rough·ride [rʌ́fràid] *vi.*, *vt.* **1** [야생마를] 타서 길들이다. **2** 거칠게 다루어 억압(제압)하다.

rough-rid·er [rʌ́fràidər] *n.* **1** [말의] 조련사; 사나운 말을 부려내는 사람. **2** (R-) [미·스페인 전쟁때 미국에서 조직된] 의용 기마대. * Rough Rider로도 쓴 「(航).

rough·shod [rʌ́fʃád / -ʃɔ́d] *adj.* [말이] 미끄러지지 않도록 징을 박은, 편자를 댄.

ride roughshod over …을 짓밟다, [상대편의 이익·감정을] 생각지 않고 함부로 다루다; 으스대며 함부로 굴다,

róugh slédding *n.* 《구어》 난행(難行), 난항(難

rough-spo·ken [rʌ́fspóukən] *adj.* 말씨가 거친.

róugh stúff *n.* U《속어》 **1** 폭력, 난폭. **2** 〔경기 따위에서의〕와일드 플레이, 반칙. **3** 노골적인 외설(저속한).

rough-wrought [rʌ́frɔ́ːt] *adj.* 날림으로 만든.

rou·lade [ruːláːd] *n.* **1** 《음악》 룰라드. **2** 룰라드

rou·leau [ruːlóu] *n.* (*pl.* -leaux [-lóuz] *or* -leaus) 가늘고 길게 만 것, [특히 경화(硬貨)를] 기둥 모양으로 쌓아 놓이게 싼 것.

rou·lette [ruːlét] *n.* **1** U.C 룰렛[도박의 일종]; 그 연장. **2** [우표 따위에 점선을 내는 기어 달린] 점선기(點線機); 재봉용 룰렛; 미싱질한 자취. **3** 《수학》 전적선(轉跡線). **4** [머리 웨이브용] 클립.
〈F small wheel〉

Rou·ma·ni·a [ruːméiniə, -njə] *n.* =Rumania.

‡**round**[1] [raund] *adj.* **1** 둥근, 원형의; 구형의; 원통형의; 반원의; 활 모양으로 굽은. ¶ a *round* arch 반원 아치 / *round* shoulders 새우등 (*cf.* round-shouldered). **2** 동뚱하게 살찐 (plump), 통통한; 불룩한. ¶ *round* cheeks 포동포동한 볼(뺨). **3** 빙빙 돌면서 하는; 한 바퀴 도는, 일주하는. *cf.* round dance, round trip **4** 우수리가 없는, 꼭 맞는, 몇 다즌 꼭 찬 다스 / *round* numbers 우수리가 없는 수[10, 100, 1000 따위]. **5** 대충의, 대략의. ¶ a *round* sum 개산(概算)액 / in *round* numbers 개산으로. **6** 둥근 (圓脣)의. ¶ [u] is a *round* vowel. [u]는 원순 모음이다. **7** [문체 따위가] 원숙한, 잘 다듬어진, 균형이 잡힌. ¶ a *round* sentence 미끈한 문장. **8** [목소리 따위가] 잘 울리는, 낭랑한 (sonorous). **9** 상당한, 기운찬. ¶ a *round* pace 기운찬 발걸음. **10** 상당한, 어지간한, 넉넉한. ¶ a good *round* sum of money 상당히 많은 돈. **11** 있는 그대로의, 정직한, 솔직한, 거침(기탄) 없이 말하는. ¶ a *round* answer 솔직한 대답 / *round* dealing 정직한 거래 / in good *round* terms 솔직한 표현으로 / be *round* with a person 남에게 거리낌없이 말하다.

—— *n.* **1** 원(circle), 고리(ring); 원형의 것, 《英》 둥글게 자른 빵의 한 조각; 구형의 물건; 원통형의 물건, [쇠고기의] 둥글게 썬 사태 (⇒ BEEF 그림); [사닥다리의] 발판, [의자다리 사이의] 둥근 널판, (the ~) 《조각》입체 조각〔상(像)〕 (*cf.* relief); 둥근 붓, 만곡부, [특히 불룩한] 원형. ¶ in a *round* 동그라미를 지어. **2** [원형물의] 둘레; 범위, 한계. **3** (때로 ~s) [일 따위의] 순환, [주기적으로] 되풀이되는 일. ¶ the daily *round* 일과(日課) / the trivial *round* 지루한 일의 되풀이. **4** (종종 ~s) [한바퀴 돌기, 한차례 돌기; [술 따위의] 한 순배]는 분량; 순회, 순시; [경찰 등의] 순찰 구역, [우편 집배원 등의] 담당 구역. ¶ a *round* of wine 한 순배분의 포도주 / a *round* of calls 순방(巡訪) / take a long *round* [쇼핑 따위로] 많이 돌아다니다 / make the *round* of …을 순회하다 / go (or make, take, walk) one's *round* [경관 등이] 담당 구역을 순찰하다. **5** 한차례(판) [시합], [전투의] 한 라운드, ¶ a fight of ten *rounds* [권투의] 10회전. **6** [총알의] 1발, 일제 사격 [에 드는 탄약]; 일제 박수, [환성의] 한 차례; [사람의] 일단 (group, circle). ¶ fire a *round* 일제 사격을 하다. **7** [음악] 윤창, 원무곡; 원무(round dance).

go the round [*of*] ① […을] 한바퀴 돌고 오다. ¶ The bottle *goes the round of* the party. 술병을 좌중에 돌려가며 마신다. ② [소문 따위가] […에] 전해지다, 퍼지다, 돌다. ¶ The news quickly *went the round of* the neighborhood. 그 소식은 곧 이웃에 쫙 돌았다.

go the rounds ① 차례로 방문하다, 순방하다. ② 순회하다, 조사하다. ③ [뉴스·소문 따위가] 퍼지다.

in the round ① [예술] 어느 각도에서나 볼 수 있게 조각한. ② [연극] 원형 극장에서의. ③ 폭넓은 이해〔각도〕로. ¶ a character as seen *in the round* 폭넓은 각도에서 본 성격.

make the rounds ① 순회하다 (go the rounds). ② [배우가] 프로듀서에 줄을 대어 일거리를 얻다, [작가가] 편집자에게 채용 기회를 대어 얻다.

—— *adv.* **1** 돌아서, 회전하여, 빙, 빙그르. ¶ *round* and *round* 빙빙, 돌고 돌아서 / look *round* 둘러보다 / turn *round* 뒤돌다; [차바퀴가] 돌다. **2** 주위에, 둘레에; 가까이에, 그 일대에, 온 둘레에; 여기저기에, 사방에. ¶ all the village *round* 온 마을에 / a residence with trees all *round* 주위가 나무들로 둘러싸인 저택. **3** 둘레가 …인. ¶ The lake is 20 kilometers *round*. 그 호수는 둘레가 20킬로미터이다. **4** 《계절 따위가》돌아[와]서, [처음부터 끝까지] 한 바퀴 돌아서. ¶ all [the] year *round* 1년 내내 / sleep the clock *round* 하루 종일 자다 / Winter will soon come *round* again. 곧 겨울이 돌아온다. **5** 차례차례로 [돌아서], 골고루[돌아서]. ¶ The rumor is going *round*. 소문이 퍼지고 있다. **6** [어떤 장소에] 돌아서, 둘러서; 길을 돌아, 우회하여. ¶ go a long way *round* 멀리 (크게) 돌

아서 가다 / Bring my car *round*. 내 차를 이쪽으로 보내(돌리)시오 / I went *round* by a department store on my way home. 나는 돌아오는 길에 백화점에 들러 왔다 / Come *round* and see me this evening. 오늘 저녁 놀러 오세요.
ask a person *round* 남을 자택으로 초청하다.
bring a person *round* ① 남을 함께로 끌어들이다. ② 남을 정신들게(차리게) 하다; 남을[병 따위에서] 회복시키다.
come *round* ① 생각을 바꾸다 […에게] 동조하다. ② 제정신이 들다, [병 따위가] 회복하다. [이 저걸이다.
go *round and round* 《속어》 부질없는 이야기를 끝없
round about ① 원형을 지어. ② 사방으로, 여기저기에, 둘레에. ③ 길을 돌아서, 우회하여, 간접으로. ④ 반대 편에. ⑤ 약, 대충.
— *prep.* **1** …을 둘러싸고, …의 둘레에(의); …의 주변 일대에; …을 중심(축)으로. ¶ I saw them seated *round* the table. 나는 그들이 식탁 둘레에 앉아 있는 것을 보았다. **2** …을 일주하여, 뺑 한바퀴 돌아서. ¶ travel *round* the world 세계 일주 여행을 하다. **3** …을 돌아서, 굽어서, …을 돌아간 곳에(있는). ¶ a store *round* the corner 모퉁이를 돌아간 곳에(있는) 가게. **4** …의 안을 여기저기. 《장소·시간》 사방, 내내. ¶ walk *round* the town 거리를 사방 걸어다니다 / work *round* the day 하루 내내(종일) 일하다 / There are parking lots all *round* the city. 시내 여기저기에 주차장이 있다. **5** 《장소》 …의 가까이에[있는], …근처의, 《시간》 …무렵의. ¶ the country *round* Seoul 서울 근교 / It is *round* lunch time now. 점심때가 다 된 것 같다.
get (or **come**) *round* a person 남을 감언이설로 농락하다, 남을 속여서 목적을 이루다.
get *round* a *difficulty* 곤란을 피하다.
—— **Usage** round와 around —— 크게 말해서 around는 「둘레를 아주 둘러싼」의 뜻이고, round는 「둘레를 도는, 돌아가는」따위의 운동을 뜻하는데, 지금은 이러한 용법상의 구분이 그다지 지켜지지 않는다. 현대 영어에서는 round를 즐겨 쓰고, around의 사용 범위는 매우 한정되어 있다. They sat [a]*round* the fire. (그들은 난로 둘레에 앉았다)와 같은 정지한 것에 대해서나 She looked [a]*round* her. (그녀는 둘레를 두리번거렸다) 같이 주위를 도는 운동에 대해서나 두 말은 별 뜻의 차이없이 쓰인다. 한편, 《美》에서는 around가 널리 쓰이며, round와 around가 자유로이 바뀌어 쓰이기도 하는 것이 특징.
—— *vt.* **1** …을 둥글게 하다, …을 둥글리다; …을 원형(구형·원통형)으로 하다, 활 모양으로 굽히다 (...*off, out*). **2** …을 돌다. **3** …을 통통하게 살찌우다; …을 불룩하게 부풀리다. **4** …을 완성시키다, 마무리하다 (...*off, out*). ¶ (~+图+前+名) He *rounded* the sentence *with* an epigram. 그는 맨 끝에 경구(警句)를 넣어 문장을 맺었다 // (~+图+副) *round off* a sentence 문장을 완성하다 / He *rounded* off his trip to Asia with a visit to Djakarta. 그는 끝으로 자카르타를 방문하여 아시아 여행을 마쳤다. **5** 《음성》…을 입술을 둥글게 하여 발음하다. **6** …을 둘러싸다, 포위하다, 에워싸다 (encircle). **6** …을 일주하다, [모퉁이·돌출부 따위]를 돌다. **7** …을 돌리다, 회전시키다; …을 돌아보게 하다. **8** 《수(數)의 우수》…를 사사오입(반올림)하다 (...*off*). — *vi.* **1** 둥글게 되다, 원형(구형·원통형)으로 되다, 만곡(彎曲)하다 (*out*...). **2** 통통하게 살찌다; 불룩해지다. **3** 완성되다, 원숙해지다, 온전히 되다. ¶ (~+图+前+名) The boy *rounded* into manhood. 소년이 성장하여 어른이 되었다. **4** 돌다, 회전하다; 돌아보다, 향(向)을 바꾸다. 돌다. **5** 일주하다, 순회하다, 순시하다.
round down (우수리(끝)를) 잘라버리다.
round in [항해] [밧줄 따위를] 끌어당기다.
round off... with 《구어》…으로 마무르다, …으로 매듭짓다. ¶ We *rounded* off the evening *with* supper at a small restaurant. 그날 밤은 자그마한 식당에서 저녁을 먹고 끝냈다.
round on a person ① 남을 밀고하다, 남을 배반하다. ② [친구·자기편 등]에게 대들다, [주인 등]에게 반항하다.
round to [항해] 뱃머리(이물)를 바람 불어오는 쪽으로 돌리다.
round up ① 〔공 모양〕으로 둥글게 하다. ② 〔수〕를 우수리 없는 수로 잘라올리다, 반올림하다. ③ 〔가축〕을 말을 타고 몰아내다, [흩어진 사람·물건]을 그러모으다. ④〔구어〕…을 몰아붙이다, 검거(체포)하다. ¶ The police *rounded up* the rogue. 경찰은 악한을 마침내 검거했다.
~-**ness** *n.* ◇ **róundly** *adv.*
round² [raund] *vi., vt.* (고어) 속삭이다(whisper).
***round·a·bout** [ráundəbàut] *adj.* **1** 〔길〕 멀리 돌아가는; 〔말·방법 따위가〕 우회적인, 에두르는, 간접적인, 완곡한. ¶ I dislike to talk in a *roundabout* way. 나는 말을 둘러서 하는 것은 싫다. **2** 〔옷이〕 자락〔단〕이 평평하게 박힌, 짤막한, 땅딸막한. —— *n.* **1** 둘러서 가는 길; 완곡한 말(표현); 우회적인 방법. **2** 《英》 로터리, 환상(環狀) 교차점《美》rotary, traffic circle). **3** 남자용 짧은 자켓. **4** (주로 英) 회전 목마(merry-go-round).
lose on the swings what you gain (or *make*) *on the roundabouts* ⇨ SWING.
róund brácket *n.* 《英》=parenthesis 1.
róund dánce *n.* 윤무(輪舞); 원무.
round·ed [ráundid] *adj.* **1** 둥글린, 둥글게 된; 〔음성〕 원순음(圓脣音)의. **2** 세련된, 원숙한, 완성된.
roun·del [ráundl] *n.* **1** 둥근 것, 원형물; 원형의 작은 창(나무접시). **2** 원반; 〔紋章〕원형문(紋). **2** 원무, 윤무 (round dance). **3** 〔詩〕 롱도체(體) (rondel, rondeau); 영국풍 로도체의 변형.
roun·de·lay [ráundilèi] *n.* **1** 짧은 반복이 있는 노래 (가곡). **2** 원무의 일종.
round·er [ráundər] *n.* **1** 물건을 둥글게 하는 사람 (기구). **2** 순회자, 순시자; (R-) 《英》〔갈리교파의〕 순회 설교자. **3** 〔술집 따위〕를 마시고 돌아다니는 사람, 주정뱅이 건달, 상습범. **4** ~(~s) 《단수 취급》 라운더즈 《야구 비슷한 일종의 구기(球技)》.
róund gáme *n.*〔조를 짜지않고〕각자가 단독으로 행하는 놀이.
róund hánd *n.* 둥글둥글하고 또렷한 필기체.
Round·head [ráundhéd] *n.* 〔英역사〕〔17세기의 내란 당시의〕 의회당원, 원두당(圓頭黨)원 〔왕당파가 정발하였던 데 대하여 의회당원은 머리를 짧게 깎았다.
round·heel [ráundhí:l] *n.* 《美俗》 말을 잘 듣는 사람(여자); 〔특히〕 성적으로 헤픈 여자.
round·house [ráundhàus] *n.* (*pl.* -**hous·es** [-hàuziz]) **1** 원형의 기관차 차고. **2** 〔항해〕 후갑판; 선미(船尾)의 선실. **3** 〔英고어〕 구치소. **4** 〔야구〕 크게 커브로 투구. **5** 〔권투〕 옆으로 팔을 크게 휘두른 펀치.
round·ish [ráundi∫] *adj.* 둥그스름한. ~-**ness** *n.*
round·ly [ráundli] *adv.* **1** 둥글게, 원 모양으로, 둥그스름하게, **2** 힘차게, 활발히, **3** 솔직히, 정직하게, 가차없이, 기탄없이, 거침없이. **4** 충분히, 완전히. **5** 어림으로, 대강; 우수리를 떼어버리고.
róund róbin *n.* **1** 〔사발통문 식으로〕원형으로 서명한 청원서(항의서). **2** 〔정구·서양장기 따위의〕리그전. 〔의.
round·shoul·dered [ráund∫óuldərd] *adj.* 새우등
rounds·man [ráundzmən] *n.* (*pl.* -**men** [-mən]) **1** 〔검사 따위를 위해〕 순회하는 사람. **2** 《英》 수주원(受注員), 외무 사원. **3** 《美》 경사. 〔고기.
róund stéak *n.* 허벅다리살에서 두툼하게 잘라내는
róund táble *n.* **1** 원탁, 둥근 회의; 원탁에 둘러앉은 사람들; 원탁 회의; 회의(의 의제). **2** (R-T-) 〔아서왕 전설〕에 나오는〕 거대한 대리석 원탁; 〔집합적〕 원탁의 기사단.
round-ta·ble [ráundtèibl] *adj.* 원탁에 둘러앉은, 원

round-the-clock [ráundðəklák / -klɔ́k] *adj.* 밤낮을 가리지 않는, 주야겸행(晝夜兼行)의, 24시간 연속의 (around-the-clock).

round-the-world [ráundðəwə:rld] *adj.* 세계 일주.

round-top [ráundtàp / -tɔ̀p] *n.* 〖항해〗 장무(檣樓).

róund tríp *n.* 왕복 여행; 왕복표.

round-trip [ráundtríp] *adj.* 왕복 [여행]의.

round-trip-per [ráundtrípər] *n.* 《美俗語》 훈련.

róund túrn *n.* (완전히) 한 사리; 〖항해〗 〔밧줄의〕 한 사리.

round-up [ráundʌp] *n.* **1** 〖미국 서부 따위에서의〗 가축 몰아넣기; 〖몰아넣는〗 가축떼; 〖가축을 몰아넣는〗 카우보이(말). **2** 〖범인의〗 검거, 일제 검거, 소탕. ¶ a *roundup* of hoodlums 깡패 일제 검거. **3** 〖정보·상황 따위의〗 총괄, 요약. ¶ by the latest *roundup* of information 최신 정보를 종합(요약) 하면.

róund vísit *n.* 순회 방문, 〖의사의〗 회진(回診).

round-worm [ráundwə̀:rm] *n.* 회충. 〖질환〗

roup¹ [ruːp] *n.* Ⓤ 〖獸醫〗 가금(家禽)의 전염성 호흡기병.

roup² [ruːp] *n.* 목 쉼, 쉰 목소리.

roup³ [ruːp] 《스코·北英》 *vt.* …을 경매하다. — *n.* 경매.

roup·y¹ [rúːpi] *adj.* 〖가금〗 전염성 호흡기병에 걸린.

roup·y² [rúːpi] *adj.* (**roup·i·er, roup·i·est**) 목이 쉰, 쉰 목소리의.

‡**rouse**¹ [rauz] *v.* (**roused, rous·ing**) *vt.* **1** …을 깨우다, …을 일어나게 하다. 그의 의식을 되찾게 하다. ¶ (～+圖+嗣) *rouse up* one's child 아이를 깨우다 〔일어나게 하다〕// (～+圖+嗣+名) He was *roused from* the swoon. 그는 기절해 있다가 의식(정신)이 되돌아왔다. **2** 〔남〕을 분발케 하다, 기운차리게 하다, 격려하다 (...*up*). ¶ *rouse* oneself 정신(기운) 차리다, 분발 하다 〔(～+圖+嗣+名) *rouse* a person *from* his idleness (*to* action) 남을 분기(奮起)시키다 〔부추겨서 행동 케 하다〕. **3** …의 감정을 자극하다; 〖(감정)을 불러일 으키게 하다. ¶ (～+圖+嗣+名) He was *roused to* anger. 그는 발끈 성을 냈다. **4** 〖새·짐승〗을 〖숨어 있는 곳에서〕날리다. ¶ (～+圖+嗣+名) The dogs *roused* pheasants *from* the bushes. 개가 꿩을 수풀에서 날아오르게 했다. **5** 〖액체, 특히 양조중인 맥주〗를 휘젓다 (stir). **6** 〖항해〕 〔밧줄을〕 세게 당기다(haul). — *vi.* **1** 눈을 뜨다, 일어나다(wake) (*up*). ¶ (～+圖) *rouse up from* sleep 잠에서 깨다. **2** 분기하다, 활동을 시작하다. ¶ (～+圖) He *roused up* suddenly. 그는 갑자기 분발했다. **3** 〔새·짐승이〕날아〔뛰어〕 오르다. — *n.* 각성; 분기; 기상 신호(reveille).

rouse² [rauz] *n.* 《古語》 주연(酒宴), 술마시며 떠들기; Ⓤ 통음. ¶ have (*or* take) a *rouse* 통음하다.

rous·er [ráuzər] *n.* **1** 각성시키는 사람(것), 각성제, 격려하는, 격려거리 〔자극〕이 되는 것. **2** 〖양조용〗 교반기(攪拌器). **3** 팔목할 만한〖엄청난〗 것; 엄청난 말; 목소리가 큰 사람.

rous·ing [ráuziŋ] *adj.* **1** 격려하는; 분발시키는; 마음을 돋우는, ¶ a *rousing* speech 격려 연설 / *rousing* cheers 격려의 갈채, 성원(聲援). **2** 팔팔한, 힘찬; 활발한, 활황(活況)의. ¶ a *rousing* trade 활발한 무역. **3** 놀라운, 터무니없는. ¶ a *rousing* lie 터무니없는 거짓말. ~·ly *adv.*

Rous·seau·ism [ruːsóuiz(ə)m] *n.* Ⓤ 루소주의. 〖프랑스의 사상가 Jean Jacques Rousseau(1712-78)의 이름〗

roust [raust] *vt.* 〖방언〕 …을 깨우다, …을 일으키다; …을 몰아내다 (*out, up*).

roust·a·bout [ráustəbàut] *n.* 《美》 항만 하역 인부, 본선·거룻배 간의 하역 인부; 〖서커스 따위의〗 잡역 인부; 〖유전의〗 미숙련 노동자.

*****rout**¹ [raut] *n.* **1** ⓊⒸ 패주(敗走), 참패. ¶ in *rout* 전면적으로 무너져서 / We put the enemy *to rout.* 우리는 적을 패주시켰다. **2** 압도적인 군중, 어중이떠중이, 오합지졸 ; 폭도; 《고어》 〖사람의〗 떼거리, 무리, 대(隊); 단. 〖법률〗 〖3인〗 이상의 불온 집회. **4** 《英에서는 古語》 대야회(大夜會). — *vt.* 〖적군 따위〗를 패주시키다, 완패 시키다; …을 대응하다.

rout² [raut] *vi.* **1** 〔돼지가〕 코로 흙을 파헤치다 (root). **2** 샅샅이 뒤지다. — *vt.* **1** 〔돼지가〕 〖흙〗을 코로 파헤치다. **2** …을 찾아내다 (... *out*); …을 〔침대에서〕 끌어내리다, 쫓아내다 (... *up, out*). ¶ *rout up* a person 남을 두드려 깨우다 / *rout* a person *out of* the house 남을 집에서 쫓아내다. **3** …을 〖골로〗 도려내다.

‡**route** [ruːt→2,3] *n.* **1** 길, 통로; 노선, 항로, 루트 (*to*...). ⇒ WAY 〖類語〗 ¶ an overland *route* 육로 / take one's *route to* …을 향하여 나아가다 / I stopped at Taegu on the *route* (*or en route*) *to* Pusan. 부산으로 가는 도중 대구에 들렀다. **2** 〖美 raut〗 《美》 〔신문·우유 따위의〕 배달 구역. ¶ a *route* of 200 customers 200집의 배달 구역 / I have a newspaper *route.* 나는 신문 배달구역을 가지고 있다. **3** 〖+美 raut〗 《美》 〖군대〗 행군 명령, 발진 명령. ¶ give (get) the *route* 행군 명령을 내리다(받다).

go the route ① 〖일·경기 따위를〗 마지막까지 해내다. ② 《야구 속어》 〔투수가〕 완투하다.

— *vt.* (**rout·ed, rout·ing**) **1** …을 특정 노선 편으로 보내다, 발송하다; …을 〔어떤 방향으로〕 돌리다. **2** …의 노순(일 순서, 수단)을 정하다.

route·man [rúːtmən] *n.* (*pl.* **-men** [-mən]) 〖한 구역의〕 배달 책임자.

róute márch *n.* 〖군대〕 도보 행군.

rout·er [ráutər] *n.* 홈파는 기구(기계); 〖끝〕 마무리.

róute stèp *n.* Ⓤ 〖군대〕 장거리 행군 보조.

‡**rou·tine** [ruːtíːn] *n.* ⒸⓊ **1** 판(틀)에 박힌 일, 일과. ¶ the daily *routine* 매일 하는 판에 박힌 일/ break the *routine* 판에 박힌 일에서 벗어나다. **2** 틀에 박힌 수법, 기계적인 수법; 정례〔定例〕적인 일, 관례. **3** 〖컴퓨터〕 루틴〔어떤 일을 할 때의 일련의 명령군(群); 완성된 프로그램〕. — *adj.* 일상적인, 판에 박힌, 일과의, 상례적인. ¶ *routine* duties 틀에 박힌 일상적 업무.
~·ly *adv.*

rou·ti·neer [rùːtiníər] *n.* 기계적 사무에만 적합한 사람, 창의성이 없는 사람.

rou·ti·nier [F ruːtiːnyéi] *n.* 《프랑스》 판에 박힌 전통적 기법을 고수하는 오케스트라 지휘자.

rou·tin·ism [ruːtíːniz(ə)m] *n.* Ⓤ 상례(常軌) 〔관례〕 존중, 관례 엄수, 천편일률 〔주의〕: 〖주의자.

rou·tin·ist [ruːtíːnist] *n.* 천편일률주의자, 관례 존중자.

rou·tin·ize [ruːtíːnaiz] *vt.* (**-ized, -iz·ing**) …을 관례화하다; …을 틀에 박힌 그대로 하다.

roux [ruː] *n.* 루〖녹인 버터에 밀가루를 섞은 것. 소스·수프를 되직하게 하는 데 사용함〗. 〖<F〗

ROV 〖略〗 〖해양 공학〗 *r*emote-*o*perated *v*ehicle 〖원격 조작 장치 〖유삭 무인(有索無人)식 해중(海中) 작업 장치의 총칭〗.

*****rove**¹ [rouv] *v.* (**roved, rov·ing**) *vi.* **1** 배회하다, 헤매다, 유랑하다, 〔바다를〕표류하다 (*over, through*...). ⇒ ROAM〖類語〗 ¶ (～+圖+嗣+名) Aeneas *roved over* sea and land. 아에네아스는 바다와 육지를 두루 방랑했다. **2** 〖눈이〕 두리번거리다. **3** 〖산 미끼로〕 낚시질하다. **4** 임시로 정한 먼 과녁을 쏘다. — *vt.* …을 헤매다, 유랑하다. ¶ *rove* woods 숲속을 헤매다. — *n.* 배회, 유랑, 유랑. ¶ *on the rove* 헤매면서, 표류하면서.

rove² [rouv] *v.* reeve²의 과거형의 하나.

rove³ [rouv] *n.* 굵게〔거칠게〕 꼰 실; 〔가늘게〕 실을 뽑기 전의〔실〕 굵은 〔실〕가닥. — *vt.* (**roved, rov·ing**) 〔고운 실을 뽑기 전에〕 …에 굵은 가닥을 자아내다.

rove⁴ [rouv] *n.* 리벳의 고정 따리쇠(burr) (washer).

róve bèetle *n.* 반날개과(科)의 곤충.

*****rov·er**¹ [róuvər] *n.* **1** 유랑자, 표류자, 해적. **2** 《英》 〖음악회 따위의〗 입석 관람자. **3** 《英》〖18세 이상의〗 보

rover

이 스카우트 단원. **4** [弓術] 멀리 잡은 임시 과녁. ¶ shoot at *rovers* 먼 과녁을 쏘다. **5** [크로케] 로비(門柱)를 모두 통과하여 결승주만 맞히면 되는 공. **6** 월(月面) 이동차.
at rovers 무턱대고, 마구잡이로. ¶ run *at rovers* 마구잡이(엉터리)로 하다, 엉망진창이 되다 / shoot *at rovers* 무턱대고 쏘다.
rov·er [róuvər] *n.* 조연기(粗撚機); 조연공(工).
rov·ing¹ [róuviŋ] *n.* ⓤ 조연(粗撚)하기; 조방사(粗紡絲).
rov·ing² [róuviŋ] *n.* 방랑; 멀리 잡은 과녁을 쏘기.
— *adj.* 방랑하는; 이동하는, 상주(常駐)하지 않는; 두리번거리는; 종잡을 수 없는, 산만한. ¶ a *roving* ambassador (minister) 순회 대사(공사) / have a *roving* eye 곁눈을 팔다.

‡**row**¹ [rou] *n.* **1** 줄을 짓고 있는 사람(것), 줄, 열(列). ¶ a *row* of trees 줄지은 나무, 가로수 / in *rows* 줄지어 / arrange something in four *rows* 어떤 것을 4열로 줄짓게 하다. **2** [극장 따위의] 좌석의 줄. ¶ in the front (second) *row* 첫(둘째)줄에. **3** 줄지은 집; [양쪽에 집이 늘어선] 거리; (the R-) 〈英〉=Rotten Row. **4** ⓒⓤ …가(街) [같은 업종의 가게 따위가 줄지어 있는 것]. [지혜서].
at the end of one's row 〈美〉 막다른 지경에 이르러; *do not amount to a row of beans* 〈美〉 아무것도 안되는, 아무 도움이 안 되는.
a hard (or *a long*) *row to hoe* 〈美〉 힘든 일; 큰 일.
have a new (or *another*) *row to hoe* 〈美〉 새로운 계획이 있다, 새로운 할 일을 하려다.
hoe one's own row 〈美〉 자기 일을 하다; 자기 일에만 전념하다; [남의 도움 없이] 제 혼자 힘으로 하다.
in a row 잇따라, 연속적으로.
— *vt.* …을 줄짓게(서게) 하다, 정렬시키다 (... *up*).

row² [rou] *vi.* **1** 배를 젓다. ¶ (~ +前+名) *row across a river* 배를 저어 강을 건너다. ¶ The boat *rows* easily. 그 배는 젓기 좋다. **3** 보트레이스에 참가하다 (*against* ...); 보트레이스에 참가하다 (*in*...). — *vt.* **1** (보트를) [노로] 젓다; (보트)로 나(오)감이가 되다, …번 노를 잡다(젓다). **2** (보트레이스)에 출전하다; …과 보트레이스를 하다. ¶ *row a race* 보트레이스를 하다 / The Oxford crew is to *row* the Cambridge's tomorrow. 내일 옥스퍼드·캠브리지 대항 보트레이스가 있다. **3** 배로 (물건 따위)를 …로 나르다. ¶ (~+目+前+名) The ferryman *rowed* me *across the river* (*to the island*). 뱃사공이 배를 저어 나를 강을(섬으로) 건너가게 해주었다. ¶ (배가) [노·노잡이]를 갖추다. ¶ The boat *rows* 8 oars. 그 보트는 노(오어)가 8자루(짝)이다.
row against the flood (or *the stream, the wind, the tide*) 반대를 무릅쓰고 나아가다, 곤란과 싸우다.
row down 노를 ….을 따라잡다, 따라붙다.
row dry ① 헛노질을 하다, 노젓는 시늉을 하다. ②〈구어〉물을 튕기지 않고 노를 젓다.
row in one (or *the same*) *boat* 함께 노를 잡다, 같은 처지이다, 같은 사업에 함께 종사하다.
row a person out 노를 젓게 하여 남을 지치게 하다.
row over [보트레이스에서] 이기다, 낙승(樂勝) 하다.
row a person up Salt River 〈美속어〉 반대당을 패배시키다.
row water 물을 튀기면서 노를 젓다.
— *n.* 보트 젓기; 보트 젓는 거리. ¶ go for a *row* 보트 놀이를 하러 가다.

‡**row**³ [rau] *n.* **1** 시끄러운 입씨름, 말다툼 (*with* ...); have a *row with* a person 남과 말다툼을 하다. **2** ⓤⓒ 〈구어〉소란, 소동. ¶ What's the *row*? 왜 이 야단(소동)이냐? **3** 질책. ¶ He often gets into a *row* for being late at the office. 그는 종종 출근이 늦어서 야단을 맞는다.
kick up (or *make*) *a row* ① 소란을 피우다. ② 몹시

— *vi.*〈구어〉싸우다; 말다툼하다. — *vt.*〈구어〉을 몹시 야단치다, 꾸짖다.
row·an [róuən, ráuən] *n.* [식물] 마가목; 그 붉은 열매.
row·boat [róubòut] *n.* 노로 젓는 배, 보트.
row-de-dow [ráudidàu-] *n.* ⓤ 소음, 시끄러움.
row·dy [ráudi] *n.* (*pl.* -**dies**) 난폭한 사람, 싸움 잘하는 사람. — *a.* 난폭한. -**di·ly** *adv.* -**di·ness** *n.*
row·dy·dow [ráudidáudi] *adj.* 소란스러운.
row·dy·ish [ráudiiʃ] *adj.* 난폭한.
row·dy·ism [ráudi(ə)m] *n.* ⓤ 난폭한 행동.
row·el [ráuəl] *n.* **1** [박차 끝의] 작은 톱니바퀴. **2** [獸醫] [고름 빼는 데 쓰는] 삽환 탕논기(挿環打膿器). — *vt.* (-**eld**, -**el·ing**;〈英〉-**elled**, -**el·ling**) **1** …에 박차를 가하다. **2** [獸醫] …에 삽환 탕논기를 삽입하다.
row·er [róuər] *n.* 노를 젓는 사람, 노잡이.
row·house [rou-] *n.*〈美〉같은 형의 집이 2채 이상 맞닿은 테라스 하우스[의 한 집].
rów·ing bòat [róuiŋ-] *n.*〈英〉=rowboat.
rów·ing machine *n.* [노젓기 연습용] 로잉 머신.
row·lock [rálək, rál- / rɔ́l-, rɑ́l-] *n.*〈英〉노걸이 (oarlock).
Rox·burghe [ráksbə̀ːrou, -bɑ̀r- / rɔ́ksb(ə)rə] *n.* 록스버리 장정(金박 문자가 박힌 가죽으로 책등을 대고 나를 가지런히 자른 장정).

‡**roy·al** [rɔ́iəl] *adj.* **1** 국왕(여왕)의, 국왕(여왕)에 관한, 왕실의, 황실의. ¶ the *royal* blood; the blood *royal* 왕족, 왕가 / a *royal* crown 왕관 / a *royal* prince (princess) 왕자(공주) / His (Her) *Royal* Highness 전하(왕비 전하). **2** 왕(여왕)의 보호 아래 있는, 왕립의; 칙정(勅定)의, 칙허(勅許)의. ¶ a *royal* edict 칙령 / a *royal* bounty 〈英〉 상사(死傷) 장교 가족에 대한 하사금(下賜金) / a *royal* charter 칙허. **3** (보통 R-) 〈英〉 왕국을 위한; 왕(여왕)을 섬기는. ¶ the *Royal* Army (Navy) 영국 육군(해군). **4** 왕다운, 당당한, 고귀한, 장려(壯麗)한. ¶ a *royal* bearing 당당한 태도 / a *royal* temple 장려한 신전(神殿). **5**〈구어〉멋진(fine), 호화로운, 최고(일류)의. ¶ a *royal* feast 호화판 향연 / have a *royal* time of it 멋진 시간을 보내다. **6** 특제 의; 특대(特大)의; 특별히 고급(양질)인; 특히 중요한. *royal* folio 로열 폴리오 판(版), 특대 2절판 / *royal* paper 로열 페이퍼.
in royal spirits 무척 원기왕성한(하여).
— *n.* **1**〈구어〉왕족의 한 사람. **2** [항해] 로열 마스트상의 돛(*royal* sail). **3**〈英〉ⓤ [종이 크기의] 로열판(判) (*royal* paper) [필기용 24×19인치, 인쇄용 25×20인치]. -**ly** *adv.* ◊ **róyal·ty** *n.*
Róyal Acádemy *n.* (the ~) 〈영국〉 왕립 미술원 [1768년에 George 3세가 창설; 略 R.A.].
róyal blúe *n.*ⓤ (때로 a ~) 진보라색.
róyal évil *n.* =king's evil. 〔R.E.〕
Róyal Exchánge *n.* (the ~) 런던 거래소[略 R.E.].
róyal férn *n.* 고비의 일종[다년초].
róyal físh *n.* 〈英법률〉 진상어(進上魚) [잡히면 국왕 또는 국왕의 처벌을 받은 자의 차지가 되는 고래·돌고래·용철갑상어 따위].
róyal flúsh *n.* [카드놀이] 로열 플러시 [포커에서 동일한 모양의 ace, king, queen, jack, 10의 5장이 연속된 최고의 끗수].
Róyal Híghness *n.* 전하(殿下) [왕족에 대한 경칭; 略 R.H.].
roy·al·ism [rɔ́iəliz(ə)m] *n.* ⓤ 왕당(王黨) (근왕)주의.
roy·al·ist [rɔ́iəlist] *n.* **1** 왕정(王政)주의자, 근왕가, (R-) 〈英〉 17세기 영국의 내란 때 Charles 1세를 지지했던 왕당원; 〈프랑스의〉 부르봉(Bourbon) 왕가 지지자. **2** 〈美〉 완고한 보수적 기업가. — *adj.* (=**roy·al·ís·tic** [rɔ́iəlístik]) 왕정주의(자)의, 왕당(원)의.
róyal jélly *n.*ⓤ 로열 젤리 [꿀벌이 여왕벌이 될 애

róyal mást n. 〖항해〗로열 마스트〖큰 돛대의 아래서 세번째 마스트의 윗부분〗, 맨 꼭대기 마스트.

Róyal Návy n. 영국 해군〖略 R.N.〗.

róyal pálm n. 대왕야자〖Florida주 남부, Cuba산(產)〗.

róyal púrple n. ⓤ 푸른기가 도는 짙은 자주.

*****róyal róad** n. 왕도(王道), 첩경, 편한 길(방법). ¶ There is no royal road to learning. 《속담》학문에 지름길은 없다.

róyal sáil n. 로열 마스트에 다는 돛, 맨 꼭대기 돛.

Róyal Socíety n. (the ~) 영국 학술원〖정식 명칭은 The Royal Society of London for the Advancement of Science; 略 R.S.〗.

róyal stándard n. 《영》왕기(王旗).

*****róy·al·ty** [rɔ́ɪəlti] n. (pl. **-ties**) **1** 〖집합적〗왕실 사람들, 왕족; 왕족의 일원. **2** ⓤ 왕의 신분, 왕위; (보통 -ties) 왕의 특권, 왕권. **3** ⓤ 왕자다운, 고귀함, 관대함. **4** 왕령(王領), 왕국. **5** 특허권 사용료; 자본 상연료, 인세(印稅); 광산 사용료, 광구세(鑛區稅); royalties on a book 책의 인세.

roys·ter [rɔ́ɪstər] v. = roister.

roz·zer [rázər / rɔ́zə] n. 《영속어》경찰(관).

RP (略) Republic of the Philippines(필리핀 공화국).

R.P. (略) Reformed Presbyterian(개혁 장로 교회 사람); Regius Professor; Received Pronunciation; Radio Press(세계 각국의 방송을 듣고 얻은 재료를 언론기관에 제공하는 통신사).

RPG (略)〖컴퓨터〗Report Program Generator(보고서 프로그램 생성(生成)루틴).

RPI (略) retail price index(소매 물가 지수).

r.p.m. (略) revolutions per minute(매분(分) …전).

R.P.O. (略) Railway Post Office.

RPS (略) retail price survey(소매 물가 통계 조사).

r.p.s. (略) revolutions per second(매초(秒) …전).

rpt. (略) report.

RPV (略)〖항공〗remotely piloted vehicle(지상에서 전화로 유도되는) 무인 항공기).

R.Q. (略) respiratory quotient(호흡률).

R.R. (略) railroad; Right Reverend.

R-rated [áːrrèitid] adj. 관람객의 연령을 제한하는. ¶ an R-rated film 연령 제한 영화.

R.R.C. (略)《영》Royal Red Cross.

-rrhagia [의학] bursting forth (유출(流出))의 뜻의 연결형. 예: enterorrhagia(장출혈), hemorrhagia.

-rrhea [의학] flow, discharge (유출)의 뜻의 연결형. 예: logorrhea(다변증).

RRR (略)〖美軍〗reduced residual radiation(잔류 방사선 저감 폭탄).

Rs. (略) reis; rupees.

RSC (略)〖권투〗referee stop contest(아마추어 권투 시합에서) 심판 중지 시합〖프로의 KO에 해당〗.

R.S.F.S.R., RSFSR (略) Russian Soviet Federated Socialist Republic.

R.S.M. (略) regimental sergeant major.

R.S.P.C.A. (略)《영》Royal Society for the Prevention of Cruelty to Animals(영국 동물 애호 협회).

RSS (略)〖우주 공학〗rotating service structure(회전식 정비탑).

RSV (略) Revised Standard Version [of the Bible].

R.S.V.P. (略)《프랑스》Répondez s'il vous plaît.(= Reply, if you please.)(회답을 바랍니다).

RT (略) radiotelephone.

rt. (略) right.

'rt (古語) art의 생략형. ¶ thou'rt=you are.

RTB《略》restrictive business practice(다국적 기업의 경제적 행위).

RTF《略》《프랑스》La Radio Diffusion et Télévision Française(프랑스 라디오·텔레비전 방송).

RTG《略》〖공학〗radioisotopic thermoelectric gen-erator (원자력 전지(인공 위성이나 우주 탐사기 따위에 사용한다)).

Rt. Hon.《略》Right Honourable(각하(백작 이하의 귀족·런던 시장 등에 대한 경칭)).

RTL《略》〖전자공학〗Resister-Transistor Logic(저항 트랜지스터 논리(회로)).

RTO, R.T.O.《略》Railway Transport Officer(철도 수송 지휘관).

RTOL《略》[áːrtoul] n.〖항공·군사〗단거리 이착륙기. [<reduced take-off and landing aircraft]

Rt. Rev.《略》Right Reverend.

Rts.《略》〖재정〗rights.

RTW《略》〖항공〗round the world(세계 일주).

r-t-w《略》ready-to-wear.

Ru(화학) ruthenium의 원자 기호.

R.U.《略》《영》Rugby Union.

ru·a·na [ruɑ́ːnɑ] n. 루아나(콜롬비아의 산악 지방에서 입는 poncho 비슷한 겉옷).

Ru·an·da [ru(ː)ɑ́ːndə] n. **1** Rwanda의 옛 이름. **2** (pl. **-das** or **-da**) 루안다(Rwanda) 사람. **3** ⓤ 루안다말.

Ru·an·da-U·run·di [ru(ː)ɑ́ːndəurúndi] n. 중앙 아프리카의 구(舊) 벨기에 신탁 통치령(1962년 이후 루안다(Rwanda)와 부룬디(Burundi)의 두 독립국으로 분리되어 있다).

‡**rub**¹ [rʌb] v. (**rubbed, rúb·bing**) vt. **1** …을 문지르다, 마찰하다; 닦다, 갈다. ¶ (~+图+副) rub up brass 놋쇠를 닦아 윤을 내다 // (~+图+前+名) rub a glass with a cloth 걸레로 유리잔을 형겊으로 닦다. **2** …을 문질러 바르다(넣다), 비벼넣다 (... over, in, into, through). ¶ (~+图+前+名) rub cream over the face 얼굴에 크림을 바르다. **3** …을 맞비비다, 서로 비벼대다 (... together). ¶ rub two sticks to make fire 불을 붙이기 위해 두 개의 나무 막대기를 맞비비다 // (~+图+副) He rubbed his hands together. 그는 두 손을 비벼댔다. **4** …을 비벼 없애다, 닦아내다 (... off, out, away). ¶ (~+图+副) rub off dust 먼지를 닦아내다 / Rub out the pencil marks. 연필 자국을 지워 없애라. **5** (피부·껍질)을 벗기다. ¶ This shoe rubs my heel. 이 구두 때문에 뒤꿈치가 벗겨진다. **6** …을 문질러서 (갈아서) … (로) 만들다. ¶ (~+图+副) rub oneself dry 몸을 문질러서 말리다 // (~+图+前+名) (~+图+副) rub a thing [down] to powder 어떤 것을 갈아서 가루로 만들다. **7** …의 탁본(拓本)을 뜨다. ¶ (~+图+前+名) rub a copy from a monument 기념비의 탁본을 뜨다.

— vi. **1** 스치다, 마찰하다, 닿다; 맞스치다 (against, on, upon...). ¶ (~+前+名) The door rubs on the floor. 문이 마룻바닥에(에) 스친다(닿는다) // (~+副) Blood stains don't rub off easily. 핏자국은 잘 닦아 [지워] 지지 않는다. **2** (론볼링의 공(bowl)이) 잔디 위의 장애물과 부딪치다;《비유적》《구어》억지로 나아가다; 그럭저럭 헤쳐 나아가다 (along, on, through ...). ¶ (~+前+名) rub through jungle 밀림을 뚫고 나아가다 // (~+副) We are rubbing along very well together. 우리들은 함께 그럭저럭 잘 해나가고(지내고) 있습니다.

rub a person **against the grain** → GRAIN.

rub down ① …을 위로부터 아래까지 닦다(갈다); …에 솔질을 하다; …을 마사지하다 (massage). ② …을 갈아서 납작하게 (가늘게) 만들다. — vt. **6**. ③ [소지품 검사를 위해] …의 몸을 더듬다.

rub [it] **in** 《속어》 듣기 싫은 소리를 되뇌어서 괴롭히다. ¶ Don't rub it in! 그렇게 자꾸 같은 말을 되뇌지 마라(잘못되었다는 것을 누누이 말하지 말라).

rub out ①…을 비벼 없애다, 닦아내다. (vi.) 스쳐서 지워지다 (없어지다). ②《美속어》…을 완전히 파괴하다, 죽이다. ▶사격.

rub shoulders (or **elbows**) **with** 〖명사(名士)〗등과 쓰이며

rub a person **the wrong** (the **right**) **way** 남을 화나게 하다, 남의 비위를 건드리다(남을 기쁘게 하다, 만

rub up ① …을 문지르다, 닦다. ¶ I want you to *rub up* the car. 차를 좀 닦아 주었으면 하오. ② …을 휘저어 섞다, 섞어 반죽으로 하다. ③ …을 생각해 내다, …의 기억을 되살리다, 복습하다.
rub up against ① …을 스쳐가다, 건드리다, 접촉하다. ② …을 맞닥뜨리다, 뜻밖에 만나다. ¶ You occasionally *rub up against* most interesting people in unlikely places. 사람이란 때로 뜻밖의 장소에서 아주 재미있는 사람을 만나게 된다.
— n. **1** 닦기, 문지르기, 마찰. ¶ give a thing a *rub* 물건을 닦다(문지르다, 갈다). **2** 감정을 건드리는 것; 비난, 질책, 조롱, 빈정댐, 비꼼. **3** [구장(球場) 따위의]울퉁불퉁함; [그것으로 인한] 공의 빗나감. ¶ a *rub* of (or on) the green 〖골프〗공이 우연히 뭔가에 부딪쳐 방향이나 위치가 바뀌기. **4** 장애[물], 문제점. ¶ The *rub* is that I flunked. 문제는 내가 낙제한 일이다.
rub² [rʌb] *n.* =rubber².
rub-a-dub [rʌ́bədʌ̀b] *n.* [북의] 둥둥 울리는 소리.
Ru·bái·yát [rùːbaijáːt, -bi-, -jǽt, -ː-] *n.* (the ~) 루바이야트〖페르시아 시인 Omar Khayyám 의 4행 시집〗.
ru·ba·to [ruːbáːtou] 〖음악〗 *adj.* 루바토의. — *n.* (*pl.* -tos) 루바토 주법(奏法)〖감정 표현을 위해 템포를 자유로이 연주하는〗, 루바토 악절(악구). — *adv.* 루바토[주법]으로. 〔It〕
‡rub·ber¹ [rʌ́bər] *n.* **1** 천연 고무, 탄성 고무(India rubber); 합성 고무; ⓒ 고무 제품; 고무 지우개; 고무 밴드(rubber band), 고무 띠(고리), (~s) 〖美〗고무신, 덧신, 오버슈즈(galoshes). **2** 문지르는(닦는, 가는) 사람, 마사지사, 안마사, 때밀이. **3** 가는(닦는) 것(기구), 사지(砂紙), 사포(砂布), 거친 줄, 숫돌, 칠판 지우개; 〖英〗행주(dishcloth). **4** 〖야구〗[투수판의] 장방형의 흰색 고무판. **5** 장애[물];불운. **6** 《속어》콘돔(condom). — *adj.* 고무로 만든; 고무가 나는. — *vi.* 《美 고어·속어》=rubberneck. ◇ rúbbery *adj.*
rub·ber² [rʌ́bər] *n.* **1** 〖카드놀이〗3판(때로 5판) 승부. **2** 3판 승부의 2판 이기기(결승전).
rúbber bánd *n.* 고무 밴드.
rúbber búllet *n.* [반란·폭동 진압용] 고무 탄환.
rúbber cemént *n.* 고무풀, 고무 접착제〖가죽 제품·금속 따위를 접착하는 데 사용〗.
rúbber chéck *n.* 《美구어》 부도 수표.
rúbber dúck *n.* [적지(敵地) 잠입 공작원을 태우는] 고무 보트.
rúbber gáme *n.* 〖스포츠〗[승수(勝數)가 같을 때의] 결승전.
rub·ber·ize [rʌ́bəràiz] (*《英》에서는 **rub·ber·ise** 로도 쓴다) *vt.* (-ized, -iz·ing) …에 고무를 입히다(먹이다).
rub·ber·neck [rʌ́bərnèk] 《구어》 *n.* 목을 쭉 빼밀고 이를 보고 싶어하는 사람, 호기심 많은 사람; 관광객(sightseer). — *adj.* 뭣이든 보고 싶어하는; 관광의. — *vi.* 보려고 목을 쭉 빼다, 두리번거리다.
rúbber plánt *n.* 고무나무.
rúbber ríng *n.* 《美》 **1** 고무 밴드; 병의 고무 마개. **2** 수영을 배우는 사람이 허리에 두르는 부낭.
rúbber shéath *n.* =condom.
rúbber shóes *n. pl.* 러버화(靴) [sneaker, 테니스화 따위].
rúbber stámp *n.* **1** 고무 도장, 고무 인. **2** 《구어》덮어놓고 도장 찍는 사람, 경솔한 찬성자.
rub·ber-stamp [rʌ́bərstǽmp] *vt.* **1** …에 고무 도장을 찍다. **2** 《구어》…에 덮어놓고 도장을 찍다(찬성하다), 경솔하게 찬성하다.
rúbber trée *n.* =rubber plant.
rub·ber·y [rʌ́bəri] *adj.* 고무(줄) 같은, 탄성이 있는, 강인한.
rub·bing [rʌ́biŋ] *n.* ① ⓒ 마찰, 갈기, 닦기, 마사지, 안마. **2** 〖비명(碑銘) 따위의〗 탑본.
rúbbing álcohol *n.* 《美》 소독용 알코올.

*rub·bish [rʌ́biʃ] *n.* ① **1** 쓰레기, 잡동사니, 폐물. **2** 하찮은(시시한) 생각, 허튼 (쓸데)없는 일, 시시한 일, 넌센스. ¶ talk *rubbish* 부질없는 소리를 지껄이다. **3** 《감탄사적으로 써서》쓸데없이. ¶ Oh, *rubbish*! 아이 시시해!, 쓸데없어!
rúbbish bín *n.* =dust bin.
rub·bish·ing [rʌ́biʃiŋ] *adj.* 《구어》=rubbishy.
rub·bish·y [rʌ́biʃi] *adj.* **1** 먼지투성이의, 구닥다리의, 폐물의. **2** 시시한, 데데한, 실없는.
rub·ble [rʌ́bl] *n.* ① **1** 〖건축 공사 따위에 쓰는 자연히 바스러진〗 암석 조각, 돌덩이, 거친돌, 잡석, 쇄석. **2** =rubblework. **3** [얼음 따위의] 조각. **4** 〖지질〗 [암석 표면의] 분괴층(分壞層).
rub·ble·work [rʌ́blwəːrk] *n.* ① [모양이 일정치 않은 돌을 다듬지 않고 그대로 쌓는] 돌쌓기 공사, 잡석쌓기.
rub·bly [rʌ́bli] *adj.* (-bli·er, -bli·est) 잡석(rubble)의(으로 된), 돌부스러기 [모양]의.
rub·down [rʌ́bdàun] *n.* 위로부터 아래로 마찰하기, [운동 또는 증기탕에서 나온 후의] 마사지.
rube [ruːb] *n.* 《美속어》 순진한 촌뜨기(hick).
ru·be·fa·cient [rùːbiféiʃ(ə)nt / -ʃjənt] 〖의학〗 *adj.* [약품이] 피부를 붉게 하는. — *n.* 발적제(發赤劑)〖외용약〗.
ru·be·fac·tion [rùːbifǽkʃ(ə)n] *n.* ①〖의학〗 발적제의 작용; [피부의] 발적 상태.
ru·be·fy [rúːbifài] *v.* (-fied, -fy·ing) =rubify.
ru·bel·la [ruːbélə] *n.* 〖병리〗 풍진(風疹) (German measles).
ru·be·o·la [ruːbíːələ] *n.* ① 〖병리〗 홍역(measles); 풍진.
ru·bes·cent [ruːbés(ə)nt] *adj.* 붉어진, [얼굴을] 붉히는.
Ru·bi·con [rúːbikàn / -kən] *n.* **1** (the ~) 루비콘강〖이탈리아 중부의 강; Caesar 가 "주사위는 던져졌다"라고 말하면서 건너가, Pompey 와 싸운 곳(49 B.C.)〗. **2** (r-) 〖카드놀이〗루비콘〖piquet 에서 상대가 100점을 따기 전에 이기기〗. 〘중대한 결심을 따기 하다. **cross (or pass) the Rubicon** 단호한 수단을 취하다.
ru·bi·cund [rúːbikʌnd / -kənd] *adj.* 〖얼굴이〗 붉은, 불그레한(reddish), 홍조를 띤(flushed), 혈색이 좋은.
ru·bi·cun·di·ty [rùːbikʌ́nditi] *n.* ① 붉은색, 혈색 좋음, 건강색, 붉은 얼굴.
ru·bid·i·um [ruːbídiəm] *n.* ①〖화학〗루비디움〖금속 원소의 하나; 원자 기호 Rb〗. (redden).
ru·bi·fy [rúːbifài] *vt.* (-fied, -fy·ing) …을 붉게 하다.
ru·big·i·nous [ruːbídʒinəs] *adj.* 녹빛의, 거무스름한.
Rú·bik's Cúbe [rúːbiks-] *n.* 〖상표명〗루빅스 큐브 〖27개의 소(小)입방체로 이루어진 입방체의 각 면을 같은 색깔이 되게 맞추는 퍼즐 장난감〗. 〖<고안자인 헝가리의 건축 디자이너 Erno Rubik (1945-)의 이름〗.
ru·bi·ous [rúːbiəs] *adj.* 루비색의(ruby-colored).
ru·ble [rúːbl] (**rou·ble**) *n.* 루블〖구 소련을 구성했던 각국의 통화 단위·은화〗.〔…가의 살인.
rub-out [rʌ́bàut] *n.* 《美속어》살인〖사건〗, [특히] 암살.
ru·bric [rúːbrik] *n.* **1** [인쇄물 따위의 주서(朱書)한] 문구의 장·절 따위의 제목(제명), 붉게 인쇄된 것. **2** 〖교회〗 루브리카, [옛날에 붉게 썼던] 전례 규구(典禮規矩); 전례 법규(法規). **3** ①《구어》붉은 흙, 홍토. — *adj.* **1** 주서한, 붉게 인쇄된. **2** 《구어》 붉어진.
ru·bri·cal [rúːbrik(ə)l] *adj.* **1** 붉은색의; 주서된, 붉게 인쇄된. **2** 전례 규구(規矩)의. — **-ly** [-kəli] *adv.*
ru·bri·cate [rúːbrikèit] *vt.* (-cat·ed, -cat·ing) **1** …을 붉게 쓰다, 붉게 인쇄하다. **2** …에 붉은 글씨로 주석을 달다, …을 전례 법규로 정하다.
ru·bri·ca·tion [rùːbrikéiʃ(ə)n] *n.* **1** ① 주서(朱書), 붉게 인쇄하기, ⓒ 붉은 제목. **2** 주서한 것, 붉은 인쇄물.

ru·bri·cian [ru:bríʃ(ə)n] n. 전례 법규를 잘 공부하고 있는 사람, 전례 법규를 잘 지키는 사람, 전례 고수가.
rub·stone [rʌ́bstòun] n. 숫돌(whetstone).
rub·urb [rʌ́bə:rb] n. (종종 ~s) 원교(遠郊)[의 읍·마을]. [〈RU[RAL]+SU[BURB]]
***ru·by** [rúːbi] n. (pl. -bies) **1** 루비, 홍옥; 루비로 만든 것. **2** ⓤ진홍색, 루비빛. **3** ⓤ적포도주[권투] 피(blood). **4** 여드름, 붉은 부스럼. **5** ⓤ(인쇄) 루비[5.5 포인트 활자. 미국의 agate 에 해당]. **6** (-bies) (속어) 입술.
above rubies 매우 귀중한.
— adj. (-bi·er, -bi·est) 루비로 장식한; 루비색의.
◇ rúbious adj. 《착색한 것》.
rúby gláss n. ⓤ 붉은색 유리 [산화철·산화동으로]
rúby wédding n. 루비 혼식(婚式)[결혼 40주년 기념].
ruche [ruːʃ] n. 루시, 주름 장식[여성복의 깃·소매끝 따위의 장식으로 붙인다]. [〈F]
ruch·ing [rúːʃiŋ] n. ⓤ 루시의 재료; 《집합적》 루시.
ruck[1] [rʌk] n. **1** 다수, 다량; 무리, 떼, 군집; 어중이떠중이; 대중; 《경마에서》 뒤처진 말들.
— vi. 떼를 지어 몰려서다(억지로) 공을 굴리다하다.
ruck[2] [rʌk] n. [옷감 따위의] 주름, 주름살, 구김살.
— vt. 을 구기다, …의 주름을 잡다(…up). — vi. 구김살이 지다, 주름이 잡히다.
ruck·le[1] [rʌ́kl] n. [특히 사람이 숨을 거둘 때] 목에 담이 끓는 소리. — vi. (ruck·led, ruck·ling) 담끓는 소리를 내다. [ruck[2].
ruck·le[2] [rʌ́kl] v. (ruck·led, ruck·ling) 《英》=
ruck·sack [rʌ́ksæk, rúk-/rʌ́k-] n. 룩색, 배낭.
ruck·us [rʌ́kəs] n. ⓤⓒ《美구어》 소란, 소동, 싸움.
ruc·tion [rʌ́kʃ(ə)n] n. ⓤⓒ《구어》 소란, 소동, 싸움.
rud·beck·i·a [rʌdbékiə] n. 삼입국화 [국화과(科)의 다년초].
rudd [rʌd] n. 유럽산 잉어과(科)의 민물고기.
***rud·der** [rʌ́dər] n. [배의] 키; [항공] 방향타; (새의) 꽁지깃. **¶** *Ease the rudder*! [항해] 키를 가운데로 되돌려라! / *Full rudder*! [항해] 키를 한껏 꺾어라! **2** [맥아의] 교반봉(攪拌棒). **3** 지도 원리, 지침; 지도자.
rud·der·fish [rʌ́dərfìʃ] n. (pl. ~·fish or ~·fish·es) 배를 쫓아가는 물고기[pilot fish 따위]. [는.
rud·der·less [rʌ́dərlis] adj. 키가 없는, 지도자가 없
rud·der·post [rʌ́dərpòust] n. [항해] 키를 다는 고물의 기둥, 타주(舵柱).
rud·dle [rʌ́dl] n. 홍토(紅土), 대자석(代赭石).
— vt. (-dled, -dling) [양 따위를] 홍토로 붉게 칠하다, 붉은 표지를 하다.
rud·dock [rʌ́dək] n. 유럽산(産) robin 의 속칭.
***rud·dy** [rʌ́di] adj. (-di·er, -di·est) **1** [안색이] 불그레한, 혈색이 좋은. **¶** *a ruddy* health 건강. **2** 붉은(red), 불그레한(reddish), 붉게 빛나는. **¶** *a ruddy* sky 붉게 타는 [놀이 진] 하늘. **3** 《英속어》 싫은, 진저리나는(damned). — vt., vi. (-died, -dy·ing) …을 붉게 만들다; 붉어지다. ***rúd·di·ly** adv. ~·ness n.
rúddy dúck n. 〔북미산(産)의〕 홍오리.
rúddy túrnstone n. 꼬까도요 [새 이름].
‡**rude** [ruːd] adj. (rúd·er, rúd·est) **1** 버릇없는, 무례한, 막돼먹은; 거만한. **¶** *a rude* fellow 예절을 모르는 사나이 / *be rude to* …에 대해서 무례하다 / *It is rude to make a noise while eating*. 음식을 먹으면서 소리를 내는 것은 예법에 어긋나는 짓이다.
類語 *rude* 고로의 무뚝뚝하고 거만한: *a rude* answer 무례한 대답. **ill-mannered** 고의가 아니고 무지하지 못했거나 경험 부족으로 예의 범절을 모르는: an *ill-mannered* youth 버릇없는(예의가 없는) 청년. **impolite** 사교상의 예절을 지키는 법을 모르는: be *impolite* to a guest 손님에게 예가 아니게 굴다. **discourteous** 친절한 마음씨도 품위도 없는. 거의 rude 와 같다: be *discourteous* to a lady 부인에게 무례한 태도를 하다. **uncivil** 사회인으로서 필요한 최소한의 예의마저 지키지 않는: be *uncivil* to a stranger 모르는 사람에게 막되게 굴다. **ungracious** 경험 부족이나 자기 기분 때문에 친절하지 못한: an *ungracious* refusal 불친절한(무뚝뚝한) 거절.
2 교양이 없는, 무식한; 야만의, 미개의. **3** 거친, 박한, 우락부락한(rough); 사나운, 거센(violent); 별안간의(abrupt). **¶** *rude* seas 사나운 바다 / winter's *rude* winds 겨울의 거센 바람 / *rude* awakening 돌연한 각성. **4** 조잡하게 만든; 자연 그대로의, 미가공의. ⇨ RAW 類語 **¶** *a rude* cabin 허술한 오두막 / *rude* materials 미가공 원료. **5** 귀에 거슬리는, 신경을 건드리는; 입에 안 맞는, 천한. **6** 미숙한, 서투른, 어설픈, 세련되지 못한; 개략적인, 대충의. **¶** *rude* verses 미숙한 시 / at a *rude* estimate 개산(概算)으로, 어림짐작으로. **7** 처량한, 황량한(wild). **¶** *a rude* landscape 황량한 풍경. **8** 건장한, 튼튼한. **¶** *rude* health 강건. ~·ness n.
***rude·ly** [rúːdli] adv. **1** 버릇(예절)없이, 무뚝뚝하게, 거칠게; 조잡하게. **2** 개략적으로, 대충. **¶** *rudely* estimated 대충 어림잡아서.
ru·der·al [rúːdərəl] adj. [식물] [길가·자갈밭 따위의] 거친 땅에서 자라는. — n. 황지(荒地) 식물.
Rü·des·hei·mer [rúːdishàimər] n. 뤼데스하임 백(白)포도주[라인 포도주의 일종]. [〈G]
ru·di·ment [rúːdimənt] n. (보통 ~s) **a)** 원리, 근본, 기초, 초보. **¶** *the rudiments of grammar* 문법의 원리. **b)** [발달·진보 따위의] 싹수, 조짐, 실마리, 시작. **2** [생물] 원기(原基); 발육이 불완전한 기관(부분); 퇴화한 기관, 흔적 기관.
ru·di·men·tal [rùːdiméntl] adj. =rudimentary.
ru·di·men·ta·ry [rùːdimént(ə)ri] adj. **1** 원리의, 기본의, 기초의; 초보의. ⇨ ELEMENTARY 類語 **¶** *rudimentary* education 초보 교육. **2** 미발달의, 미완성의. **3** [생물] 원기(原基)의, 발육 부전(不全)의; 흔적의. **-ta·ri·ly** adv. **-ta·ri·ness** n.
rud·ish [rúːdiʃ] adj. 좀 난폭(무례)한, 좀 거친.
rue[1] [ruː] v. (rued, ru·ing) vt. **1** …을 뉘우치다, 후회하다, 유감으로(원통하게) 여기다. **2** …이 없었으면 하고 생각하다. **¶** *rue the day when* … 했던 날이 없었으면 하고 생각하다. — vi. 슬퍼하다, 원통해하다.
— n. ⓤ(고어) **1** 비탄, 후회. **2** 동정, 연민.
rue[2] [ruː] n. ⓤ 루타[향기가 짙은 식물로, 옛날에 흥분제·자극제로 쓰였다.
rue·ful [rúːfəl] adj. **1** 가엾은, 애처로운(pitiable). **2** 슬퍼 보이는, 후회하는 듯한, 침울한. **¶** *a rueful* smile 어두운 미소 / the Knight of the *Rueful* Countenance 우울한 얼굴의 기사 [Don Quixote 의 별칭]. ~·ly adv. ~·ness n.
rue·rad·dy [rúːrædi] n. (pl. -dies) 《英》 [어깨에 걸고 무거운 짐을 끌어당기는] 가죽 띠(밧줄).
ru·fes·cent [ruːfésnt] adj. 붉은 기가 도는, 불그레한.
ruff[1] [rʌf] n. **1** 러프, 주름 잡은 깃[16-17 세기에 남녀 모두 사용했다]. **2** 주름 깃 모양의 것, [새·짐승의] 목둘레의 깃(털). **3** 목도리도요 [새 이름].
— vt. 주름을 잡다, 골내게 하다(tease).

[ruff[1] 1]

ruff[2] [rʌf] [카드놀이] n. **1** 으뜸 높은 패로 잡기. **2** ⓤ 러프[옛 카드놀이의 종류의 하나]. — vt., vi. 으뜸 높은 패로 잡다, 으뜸 수로 잡다.
ruff[3] [rʌf] n. 농어류의 하나 [유럽산 민물고기].
ruffed [rʌft] adj. 주름 깃이 있는; [새·짐승이] 목에 깃털이 있는.

rúffed gróuse n. 목도리뇌조[북미산의 새].

***ruf·fi·an** [rʌ́fiən, -fjən] n. 악당, 불한당, 깡패(bully).
— adj. =ruffianly.

ruf·fi·an·ism [rʌ́fiənìz(ə)m, -fjən-] n. ⓤ 1 흉악(무도, 잔인)한 행위. 2 흉악한 성질, 악당 기질.

ruf·fi·an·ly [rʌ́fiənli, -fjən-] adj. 1 악당다운, 악당(과 같은). 2 악당 기질의, 흉악한, 잔인한, 무도한.

***ruf·fle**¹ [rʌ́fl] v. (-fled, -fling) vt. 1 [수면]을 물결치게 하다, 물결 모양으로 하다; [이마]에 주름잡다. 2 [새가 성이 나서] [깃]을 곤두세우다(...up). 3 …의 평정을 깨뜨리다; 어지럽히다(disturb). 4 …을 성나게 하다, 짜증나게 하다(irritate). ¶ (~+国+圖) He ruffled up his hair in anger. 그는 화가 나서 머리칼을 엉망으로 헝클어 뜨렸다. 4 [천 따위]를 주름잡다, …의 가장자리를 주름 장식으로 하다. 5 [책장]을 소리가 나도록 빨리 넘기다. 6 [카드]를 서서 섞다(shuffle). — vi. 1 형클어지다; [수면]이 물결치다; [머리털]이 헝클어지다; 약이 오르다. 2 으스대며 뻐기다, 거만하게 굴다.
— n. 1 주름잡힌 가장자리, 주름 장식; 주름 장식 모양의 것 [새·짐승]의 목둘레 깃털(목털). 2 ⓒⓤ 불안, 동요, 혼잡; 짜증, 성냄. ¶ without ruffle or excitement 조용히, 차분히. 3 잔물결, 파문. 4 (드물게) 소리, 싸움. ◇ rúffly adj.

ruf·fle² n. (나직이 연달아 울리는) 북소리.
— vt. (-fled, -fling) [북]을 처음으로 잇따라 울리다.

ruf·fled [rʌ́fld] adj. 1 주름 가장자리(장식)가 달린. 2 목[털]의 깃털이 난, 깃털 있는.

ruf·fler [rʌ́flər] n. 1 뽐내는 사람, 허풍선이. 2 오만(惡漢), 불량배. 3 주름 깃을 꿰매는 기계.

ruf·fly [rʌ́fli] adj. (-fli·er, -fli·est) =ruffled.

RU-486 n. 《상표명》 피임약[프랑스 회사가 개발].

ru·fous [rúːfəs] adj. 적갈색의(reddish), 불그레한.

‡rug [rʌg] n. 1 깔개, 융단, 양탄자, 까는 모피. 2 (주로 英) 무릎 가방.
cut the rug 《美》춤을 추다; (특히) 지르박을 추다.
pull the rug(s) out from under …을 속여 알리다.

ru·gate [rúːɡit, -ɡeit] adj. =rugose.

Rug·bei·an [rʌɡbíː(ə)n] n. 럭비 학교의, 럭비 학교의 학생(졸업생).

Rug·by [rʌ́ɡbi] n. 1 영국 Warwickshire의 도시. 2 럭비학교(Rugby school) [Rugby에 있는 유명한 public school. 1567년 창립]. 3 (=Rúgby fóotball) ⓤ 럭비.

Rúgby fóotball n. =Rugby 3, 럭비.

rug·ged [rʌ́ɡid] adj. 1 울퉁불퉁한, 깔쭉깔쭉한; 바위 투성이의. ¶ rugged ground 울퉁불퉁한 지면(땅). 2 [얼굴이] 우락부락한, 울퉁불퉁한; [고생을 해서] 주름살이 진; 볼품없는, ¶ rugged looks 우락부락한 표정. 3 엄격한, 심한, 모진(severe). 4 교양없는, 조야한, 야만스러운. 5 곤란한, 쓰라린, [날씨가] 궂은. ¶ He had rugged times. 그는 신산(辛酸)을 맛보았다. 6 귀에 거슬리는. ¶ rugged sounds 귀에 거슬리는 소리. 7 허술한, 검소한(homely). 8 튼튼한, 억센.
~·ly adv. ~·ness n.

rug·ger [rʌ́ɡər] n. 《英구어》 =Rugby 3.

ru·gose [rúːɡous, -´-] adj. 주름살이 잡힌(많은).

ru·gos·i·ty [ruːɡɑ́siti / -ɡɔ́s-] n. (pl. -ties) 주름; ⓤ 주름이 많음, 주름투성이.

ru·gous [rúːɡəs] adj. =rugose.

Ruhr [ruər] n. 1 (the ~) 루르강 [독일 서부를 흐르는 라인(Rhine)강의 지류]. 2 루르 지방 [루르강 유역의 탄광·중공업 지대].

‡ru·in [rúː(ː)in] n. 1 (~s) 폐허, 유적(遺蹟). ¶ the ruins of Pompeii 폼페이의 유적. 2 ⓤ 파괴, 파멸, 황폐, 멸망; [건물의] 붕괴; 손해, 손상.
顯顯 ruin 저절로 서서히 진행하는 파괴·붕괴: the ruin of a bridge 다리의 노후화(老朽化). destruction 외적 인 힘에 의한 파괴: the destruction of a bridge 다리의 파괴. demolition 분쇄하는 일: the demolition of a bridge in an air raid 공습에 의한 교량의 분쇄. havoc 천재(天災) 따위의 대규모적인 파괴와 혼란: the havoc by an earthquake 지진에 의한 황폐. 3 황폐하게 된 것; 폐허로 화한 옛모습. ¶ The old castle is a complete ruin. 그 고성은 완전히 폐허가 되어 있다. 4 ⓤ 몰락, 영락(零落), 실각; 파산; 건강의 쇠퇴; [여자의] 타락. ¶ The great loss brought down ruin upon him. 그 큰 손실 때문에 그는 몰락하고 말았다. 5 몰락(파멸, 영락)의 원인, 화근. ¶ Gambling was his ruin. 노름 때문에 그는 파멸했다.
bring...to ruin …을 몰락(영락, 실패)시키다.
come (or fall, go) to ruin 황폐하다, 영락하다.
lie in ruin 황폐해 있다.
— vt. 《특히 과거 분사형으로》 1 …을 파괴하다, 파멸시키다, 황폐시키다. ¶ the ruined land 황폐지 / his ruined hopes 그의 무너진 희망 / The rice crops were ruined by the typhoon. 태풍으로 벼농사가 완전히 망가졌다. 2 …을 파산시키다, 몰락시키다, 영락시키다. 3 (여자)를 타락시키다, 더럽히다(seduce). — vi. 1 파멸하다, 황폐하다, 멸망하다. 2 파산하다.
◇ rúinable adj. rúinate v.

ru·in·ate [rúː(ː)inèit] 《고어》 vt. (-at·ed, -at·ing) …을 파괴하다, 파멸(붕괴, 황폐, 몰락)시키다. — adj. 파괴(파멸)된, 몰락한(타락한)된(ruined).

ru·in·a·tion [rùː(ː)inéi(ə)n] n. 1 ⓤ 파괴, 붕괴, 황폐; 몰락, 파산; 타락. 2 파멸의 원인, 화근.

ru·in·ous [rúː(ː)inəs] adj. 1 파괴적인, 파멸을 초래하는. ¶ a ruinous luxury 파멸을 초래하는 사치. 2 황폐한. ~·ly adv. ~·ness n.

rul·a·ble [rúːləbl] adj. 1 (루어) 지배(통치)할 수 있는. 2 《美》규칙상 허용되는.

‡rule [ruːl] n. 1 규칙, 규정; 법칙; 정관(定款); 자; 룰. ⇒ LAW 顯顯 ¶ a general rule 총칙(總則) / a standing rule 정관 / the golden rule 황금률 / the rule of thumb 경험법 / a rule for the admission of new members 회원 신규 가입 규칙 / lay down a rule that... …라는 규정을 설정하다 / under the rule of …의 규칙에 따라. 2 《종교》(회규), 《법원의》규칙; 명령, 재정(裁定); (~s) 《옛날 형무소 가까이 있던》최수 거주 구역; 그 구역내에서 거주할 자유. 3 《수학》규칙, 해법(解法). 4 표준, 준거, 근거, 표준(standard, criterion). 5 《개인의》습관, 상습(常習), 주의; 《일반적인》관습, 상례(常例), 상투(常套), 통례. ¶ I make it a rule to keep early hours. 일찍 자고 일찍 일어나는 것을 습관으로 삼고 있다(* make it a rule to do는 현재(文語)적이고, 일상 대화에서는 부사로 generally, usually, as a rule을 쓰는 것이 좋다). 6 ⓤ 지배, 통치, 치세; 통치 기간, 통치권. ¶ the rule of force 무력 정치 / under British rule 영국 지배하에 / bear rule 지배하다. 7 자, 척도(尺度)(ruler); (R-) 《천문》수준기좌(水準器座). 2 《인쇄》패, 괘선.
as a rule 대체로, 일반적으로, 통례로서. ¶ As a rule, the inhabitants in warm countries are premature. 대체로 따뜻한 나라 주민들은 조숙하다.
by rule 1 규정대로, 2 획일적(기계적)으로, 일률적으로.
work to rule [노동 조합원이] 법을 지키며 투쟁하다.
— v. (ruled, rul·ing) vt. 1 …을 통치하다, 지배하다, 관리하다. ⇒ GOVERN 顯顯 ¶ Some kings ruled their subjects by law. 어떤 왕들은 백성을 공포로써 다스렸다. 2 《수동형으로》 남에게 이끌리다, 남의 말을 듣다. ¶ Listen to my words and be ruled by me. 내 말을 잘 듣고 따르시오. 3 …을 억제하다, 제어(制御)하다(control). ¶ I think you had better rule your passions. 당신의 감정을 억제하는 편이 좋을거요. 4 …의 무게를 이루다, 가장 중요한 요소를 이루다. ¶ A note of good humor rules the essay. 좋은 유머 감각이 그 수필의 두드러진 특징이다. 5 …을 판결하다, 결정하다. ¶ (~+that 圖) The court ruled that his trans-

rulebook / **rump**

action was out of order. 법정은 그의 거래는 위반이라고 판결했다. **6** [자로] [선]을 긋다, [특히] [평행선]을 긋다; …에 패선(罷線)을 긋다. ¶ (~+목+전+명) *rule* paper *with* lines 종이에 선을 긋다.
— *vi.* **1** 통치하다, 지배하다. ¶ (~+전+명)The king *ruled over* the subjects with justice. 왕은 국민을 공정하게 통치했다. 재정(裁定)하다, 결정하다. ¶ (~+전+명) The court will soon *rule* on the matter. 법정은 그 사건에 대해 곧 판결을 내릴 것이다. **3** [물가가] 보합(保合)을 이루다, 상태를 그대로 유지하다(prevail). ¶ (~+보) Prices of commodities *rule* high. 물가는 오른 대로 있다.
rule a person (something) out of order 남(어떤 일)을 위법이라고 판정하다, 문제가 되지 않는다고 판단하다. ¶ The chairman *ruled* the question *out of order*. 의장은 그 질문은 규칙 위반이라고 판정했다.
rule out ① [결의에 의해] …을 제외시키다, 배제하다 (exclude). ¶ The regulations *rule out* anyone under the age of eighteen. 규칙에 의하면 18세 이하는 제외된다. ② …을 불가능케 하다, …의 가능성을 없애버리다. ¶ The heavy rain *ruled* the picnic *out* for the day. 비가 몹시 와서 그날 소풍은 갈 수 없게 되었다.
rule·book [rúːlbùk] *n.* **1** [취업] 규칙서. **2** (the ~) 규칙집(集).
rule jòint *n.* **1** 접자, 절척(折尺). **2** 돌쩌귀식(式) 이음매 [암·수돌쩌귀나 팔꿈치 관절처럼 맞물려 한쪽 방향으로만 열고 접도록 된 이음매].
rule·less [rúːllis] *a.* **1** 지배되지 않는, 법률을 따르지 않는. **2** 규칙이 없는, 무질서한.
rúle of láw *n.* 법의 지배, 법치주의(法治主義).
rúle of the gáme *n.* 게임의 규칙(법칙).
rúle of thúmb *n.* (the ~) **1** 어림셈, 어림 계산. **2** 경험상 대개 틀림이 없는 방식(어림셈), 경험 법칙[略 ROT].
rul·er [rúːlər] *n.* **1** 지배자, 군주; 주권자. **2** 자, 부기봉(簿記棒).
rul·er·ship [rúːlərʃip] *n.* U **1** 통치(지배)자의 지위 (직권, 재위 기간). **2** 주권, 통치권. [원회
rúles commíttee *n.* [미국 하원 등의] 의원 규칙 위 **rul·ing** [rúːliŋ] *n.* U **1** 지배, 통치; ② [법률] 판결, 재결, **2** 패[선]을 긋기; [집합적] 패선. — *a.* **1** 지배하는, 통치하는. ¶ the *ruling* class 지배 계급. **2** 유력한, 지배적인. ¶ a *ruling* opinion 지배적인 의견 / a *ruling* precedent 결정적인 선례, 확립된 전례. **3** [시세 따위] 일반적인, 현재의(current). ¶ the *ruling* price 시가(時價). **4** 선을 긋는 데 쓰는.
rúling élder *n.* [장로 교회의] 장로.
rúling pèn *n.* 가막 부리 [제도용] 펜 (drawing pen).
rul·ley [ráli] *n.* 《英》 [평평한] 네 바퀴 짐차, 트럭.
***rum**[¹] [rʌm] *n.* U **1** 럼주(酒), **2** 《美》[특히 나쁜 의미로], 일반적인] 술. ◇ **rúmmy²** *a.*
rum[²] [rʌm] *a.* (**rum·mer, rum·mest**) 《주로 英俗어》 **1** 싱상한, 기묘한. ¶ a *rum* lot 별난 녀석 / a *rum* start 놀라운 사건. **2** 위험한, 만만찮은, 무법의; 서투른, 졸렬한(poor). **rúm·ly** *adv.* **~ness** *n.*
Ru·ma·ni·a [ruːméiniə, -njə] *n.* 루마니아 [유럽 동남부의 공화국; 수도 Bucharest].
Ru·ma·ni·an [ruːméiniən, -njən] *a.* 루마니아의. — *n.* 루마니아 사람(말)의; U 루마니아 말.
rum·ba [rámbə, rúm-] *n.* 룸바 [원래 쿠바 원주민의 춤]; 룸바의 곡. — *vi.* (*-baed, -ba·ing*) 룸바를 추다. [<Sp]
***rum·ble**[¹] [rámbl] *v.* (*-bled, -bling*) *vi.* **1** 우렁우렁 울리다. **2** [차 따위가] 덜커덕거리며 가다(along, by). ¶ (~+전+명) The train *rumbled by*. 기차가 덜커덕거리며 지나갔다. **3** 《俗어》 [10대의 젊은이들이] 길거리에서 싸움질하다. — *vt.* **1** …을 와글와글 말하다, 낮고 무

거운 소리로] 말하다(*out, forth*). **2** …에 굉음을 내게 하다. — *n.* **1** 덜커덕(우르르) [소리], 굉음. ¶ the *rumble* of thunder 천둥소리. **2** =rumble seat. **3** [마차의] 종자석(從者席).
rum·ble[²] [rámbl] *vt.* (*-bled, -bling*) 《英俗어》 …을 꿰뚫어보다, 간파하다.
rum·bler [rámblər] *n.* **1** 우르르(덜커덕) 소리내는 물건(사람). **2** 럼블러, 전마기(轉磨器), 회전통(回轉筒). **3** [보조 좌석].
rúmble sèat *n.* [자동차 뒤쪽의] 접었다 펴는 좌석.
rúmble strìp *n.* [간선 도로 따위의] 요철(진동) 구간 [운전자에게 전방의 위험 구간을 차체 진동으로 알리기 위해 설치].
rum·ble-tum·ble [rámbltámbl] *n.* **1** 마차 뒤쪽의 종자석(席). **2** 덜거덕거리는 차. **3** 심한 동요.
rum·bus·tious [rʌmbʌ́stʃəs/-tʃəs] *a.* 시끄러운, 소란스러운.
ru·men [rúːmin/-men] *n.* (*pl.* **-mi·na** [-minə]) **1** 유위(胃囊) [반추 동물의 첫째 위]. **2** [첫째 위로부터] 입에 되돌려 씹기, 되돌려 씹는 음식.
ru·mi·nant [rúːmənənt] *n.* 반추 동물. — *a.* **1** 반추하는, 반추류의. **2** 곰곰 음미하는, 생각에 잠기는.
ru·mi·nate [rúːmənèit] *vi., vt.* (*-nat·ed, -nat·ing*) (* *vt.* 는 드물다) **1** 반추하다 (chew the cud). **2** 깊이 생각하다, 생각에 잠기다, 숙고하다 (*about, of, on, over* …). ⇒ PONDER ¶ He *ruminated* on his misfortunes. 그는 자신의 불행을 되씹으며 생각했다.
ru·mi·na·tion [rúːmənéiʃ(ə)n] *n.* U **1** 반추. **2** 심사(深思), 숙고, 곰곰이 생각하기.
ru·mi·na·tive [rúːmənèitiv/-nətiv] *a.* 명상에 잠기는, 묵상적인. **-ly** *adv.* [생각하는 사람.
ru·mi·na·tor [rúːmənèitər] *n.* 명상하는 사람, 깊이 생각하는 사람.
rum·mage [rámidʒ] *v.* (*-maged, -mag·ing*) *vt.* **1** …을 뒤지다, 살살이 찾다. ¶ *rummage* a house 집안을 몽땅 뒤지다 (*out, up*). ¶ (~+목+부) She *rummaged out* the pin. 그녀는 핀을 찾아냈다. **3** [항해] (배 안)을 살살이 점검하다, 수색(임검)하다. ¶ (~+목+전+명) *rummage* a ship *for* opium 아편을 찾아 배 안을 살살이 수색하다. — *vi.* 뒤져서 찾다, 살살이 뒤지다 (*about, for, among, in*…). ¶ (~+전+명) *rummage for* a ring *in* a drawer 반지를 찾으려고 서랍을 살살이 뒤지다. — *n.* **1** 잡동사니, 쓰레기. **2** [항해] 선박 임검 (수색).
rúmmage sàle *n.* **1** 자선시(慈善市), 바자. **2** 떨이, 재고 정리, 정리 판매.
rum·mer [rámər] *n.* 큰 술잔.
rum·my[¹] [rámi] *n.* U 러미 [카드놀이의 일종].
rum·my[²] [rámi] *n.* (*pl.* **-mies**) 《美俗어》 주정뱅이, 술고래(drunkard). — *a.* (*-mi·er, -mi·est*) 럼주(酒) 의(와 같은).
rum·my[³] [rámi] *a.* (*-mi·er, -mi·est*) 《주로 英俗어》 = rum². **-mi·ly** *adv.* **-mi·ness** *n.*
***ru·mor**, 《英》**-mour** [rúːmər] *n.* U © **1** 풍문, 소문, 유언 비어. ⇒ GOSSIP 類語 ¶ a groundless *rumor* 근 거없는 풍문 / a *rumor* of his death 그가 죽었다는 풍문 / start a *rumor* 소문을 내다 // *Rumor* has it *that* he died. (약간 고어) 그가 죽었다는 풍문이 나돌고 있다 / The *rumor* runs *that* he has been missing. 그가 행방 불명이라는 소문이 퍼지고 있다. **2** (고어) 소음, 웅성거리기 (큰), (보통 수동형으로) 소문내다, 풍문을 퍼뜨리다. ¶ (~+that 절) (~+목+to do) It is *rumored* that he will accept the offer. = He is *rumored to* accept the offer. 그는 그 제안에 응할 것이라는 소문이다.
ru·mor·mon·ger, 《英》**-mour-** [rúːmərmʌ̀ŋgər] *n.* 소문을 내는 사람.
***rump** [rʌmp] *n.* **1** [동물의] 엉덩이, 궁둥이, 둔부. **2** 《주로 英》 [쇠고기의] 엉덩이 살 (rump steak). ⇒ BEEF 圖. **3** [비유적] 남은 것, 남은 찌꺼기; 잔당

rum·ple [rʌ́mpl] v. (-pled, -pling) vt. **1** (천·종이 따위)를 구기다. **2** (머리칼 따위)를 헝클다, 엉클어지게 하다(..up). — vi. 구겨지다. — n. 구김살; 주름.

Rump Parliament n. [英역사] 럼프 국회 [1648년 장로 교회파 의원의 추방으로 시작되어 1653년까지 계속된 국회].

rum·pus [rʌ́mpəs] n. [구어] 소동, 시끄러움, 소음(uproar); 싸움(quarrel); 격론(激論).

rúmpus ròom n. 유희실, 오락실 [보통 지하층에서 가족이 놀이를 하고 파티를 여는 방]. * 약간 낡은 명칭. 〔선박〕.

rum·run·ner [rʌ́mrʌ̀nər] n. [美구어] 주류 밀수입자

‡**run**¹ [rʌn] v. (ran, run, run·ning) vi. **1** 달리다, 뛰다; 서두르다, 돌진하다; [가까운 곳에] 잠깐 가다. ¶ *He who runs may read.* 뛰면서도 읽을 수 있다; 극히 명백하다 [←하박국 서(書)(Hab.) 2:2] // (~+前+名) *run through* one's work 급히 일을 해치우다 / *Run to* the letter box with this letter. 이 편지를 가지고 우체통까지 잠깐 다녀오게.

2 도망치다, 도주하다(flee); 의지하다(*to*...). ¶ (~+前+名) *run to* one's parents at every difficulty 어려운 때에는 언제나 부모에게 매달린다 / He *ran for* his life. 그는 걸음아 나 살려라 하고 도망쳤다.

3 짧은 기간(급히) 여행하다, 약식 방문을 하다, 잠깐 들르다(*down, over, up*). ¶ (~+副) (~+前+名) *run up to* Kyongju 경주에 급히 여행하다.

4 어슬렁거리다, 슬슬 거닐다, 헤매다(rove), 자유로이 돌아다니다(*about, around*). ¶ (~+副) (~+前+名) *run about in* the field 들판을 헤매다.

5 구르다, 미끄러지다, 잘 움직이다; [기계가] 돌아가다, 작동하다(operate), 계속 하다(《비유적》순조롭게 나아가다, 읽기 좋다. ¶ *This verse runs.* 이 시는 읽기 좋다 / His business *runs* smoothly. 그의 장사는 잘 되어 간다 // (~+前+名) Drawers *run on* ball bearings. 서랍은 볼 베어링 위를 움직인다 / The engine *runs on* gasoline. 그 엔진은 가솔린으로 움직인다 / (~+副) His tongue *ran on and on.* 그는 나불나불 잘도 지껄였다.

6 [스포츠] 경주에 참가하다, [경주에서] ―번째가 되다; [선거에] 입후보하다(*for*...). ¶ (~+副) The horse *ran* third. 그 말은 3위로 골인했다 // (~+前+名) *run for* Congress (President) 국회 의원(대통령)에 입후보하다. 〔거슬러 오르다.〕

7 [물고기가] 이동하다(migrate), [산란을 위해] 강을

8 [바람이] 불다, [불이] 옮겨 번지다.

9 [탈 것이] 다니다, 지나가다, 발차(출발)하다; [버스·배 따위가] 왕복하다. ¶ The buses *run* every ten minutes. 버스는 10분마다 다닌다 // (~+前+名) This bus *runs between* Seoul and Suwon. 이 버스는 서울과 수원 사이를 운행한다.

10 [식물 덩굴 따위가] 뻗다; 자꾸자꾸 성장하다. ¶ (~+副) The garden is *running* wild. 정원에 잡초가 무성해지고 있다.

11 [편물·천 따위가] 풀리다, 해어지다; [양말에] 줄이 가다((英) ladder). ¶ Silk stockings *run* easily. 실크 양말은 줄이 잘 간다.

12 [강 따위가] 흐르다; 유입하다; [액체(液體)가] 퍼지다, 흘러내리다; [혈액이] 순환하다, [피·눈물 따위가] 뚝뚝 떨어지다. ¶ The boy's nose *ran.* 그 아이는 콧물을 흘리고 있다 / (~+圄) The stream *runs* clear (thick). 그 개울은 맑게 흐른다(흙탕물이다) / (~+前+名) The room *ran with* blood. 그 방에는 피가 흐르고 있었다 / Her eyes *ran with* bitter tears at the news of his sudden death. 그가 갑작스럽게 죽었다는 소식을 듣고 그녀의 눈에는 뜨거운 눈물이 흘렀다.

13 [색이] 번지다, 흩어지다, 용해하다(melt), 녹아 흐르다; 새다; 넘치다 (*over*); 젖다. ¶ The color *ran* when the cloth was washed. 그 천을 빨았더니 색깔이 번졌다 // (~+副) The pot began to *run over.* 그 냄비가 넘치기 시작했다.

14 [범위가] 미치다, 걸치다; [어떤 방향·거리로] 뻗다, 퍼지다; [어떤 상태로] 변하다; [그 시대에] 속하다. ¶ His memory does not *run* so far *back.* 그의 기억은 아주 옛날까지 미치지는 못한다 / The road *runs close to* the river. 길이 강 가까이에 나 있다 / (~+前+名) His family *runs back to* the Conquest. 그의 가계(家系)는 노르망디의 영국 정복 시대까지 거슬러 올라간다 // (~+前+名) a repertoire *running from* tragedy to comedy 비극에서 희극에 이르기까지의 레퍼터리.

15 [시간이] 흐르다, 경과하다(elapse). ¶ (~+副) I am afraid time is *running out.* 시간이 다돼 가서 걱정이다.

16 [어떤 상태로], 변하다; [...에] 빠지다; [상업] [빛의 이자·지불 따위가] 총계 ...이 되다. ¶ (~+圄) Her blood *ran* cold. 그녀는 오싹했다 / I'm *running* short of money. 돈이 바닥나기 시작했다 / (~+前+名) *run into* debt 빚지다 / The payment *ran to* $100. 지불은 100달러에 이르렀다.

17 ...라고 쓰여 있다, [글 등이] ...으로 되어 있다. ¶ (~+*as* 圄) His statement *runs as* follows. 그의 성명서는 다음과 같다 / (~+副) *How* does the first verse *run*? 첫 절(節)이 어떻게 되어 있나?

18 예금 인출을 위해 쇄도하다; [빛이] 밀리다, 지불 기한이 되다. ¶ (~+前+名) *run on* a bank 예금 인출을 위해 은행에 쇄도하다 (*with*...).

19 [법률] 유효하다; [권리·의무가] 따르다, 수반하다

20 계속하다; [이야기·기사 따위가] 이어지다; [극(영화)이] 계속 공연되다; [책이] 판을 거듭하다. ¶ The play *ran* two months. 그 연극은 2개월 동안 계속 공연되었다 / The novel *ran into* thirty editions. 그 소설은 30판을 거듭했다.

21 인쇄되다; 찍히다; 기사화되다, 게재되다. ¶ (~+前+名) The topic *ran* in all the weeklies. 그 기사는 모든 주간지에 실렸다.

22 [생각이] 퍼뜩 떠오르다, 스치다; 끊임없이 반복되다, 회상되다; [어떤 감각이] 느껴지다 (*through, in*...). ¶ (~+前+名) The memories of childhood kept *running through* his mind. 어린 시절의 추억들이 그의 마음속에 떠올라 떠나지 않았다 / A note of despair *runs through* the whole narrative. 절망적인 기분이 이 이야기 전편에 흐르고 있다.

23 급히 보다, 쭉 훑어보다 (*over, through*...). ¶ (~+前+名) His eyes *ran over* the pages. 그는 몇 페이지를

24 [풍문 따위가] 전해지다, 퍼지다; [화폐가] 유통하다. ¶ The rumor of his death *ran* all over the country. 그의 죽음에 대한 소문이 전국에 나돌았다.

25 ...의 경향이 있다 (*to*...); 평균 ...이다; [어떤 성질·모양·특징]이다; [혈통이] 이어지다, 흘러나오다, 내재(內在)하다. ¶ (~+圄) Peaches are *running* unusually large this year. 올해는 복숭아가 유난히 크다 / Prices *run* high. 물가가 높다 / (~+前+名) His desire always *runs to* excess. 그의 욕망은 언제나 극단으로 달린다 / Courage *runs in* the family. 그 가족은 용맹으로 이름높다 / They *run to* big mouths in her family. 그녀의 집안 식구는 모두 입이 크다.

— vt. **1** [어떤 거리·길 따위를] 달리다, 주파(走破)하다; [말 따위를] 달리게 하다, [버스·배 따위를] 다니게 하다; ...을 달리게 해서 ...으로 하다; ...을 헤매다. ¶ *run* a mile 1마일 달리다 / *run* the streets 거리를 서성거리다 / Let things *run* their course. 되어가는 대로 내버려두라 // (~+圄+前+名) *run* a bus *between* Chicago and Detroit 시카고·디트로이트 사이에 버스를 다니게 하다 / *run* a horse *to* death 말을 달리게 해서 죽게 하다 // (~+圄+副) He *ran* himself breathless. 그는 너무 달려 숨이 찼다.

2 [경주]를 하다, ...을 달려서 하다; [남]과 경주하다;

[말]을 경마에 내보내다. ¶ *run* a race [*with* a person] [남과] 경주하다/*run* an errand for a firm 회사의 심부름을 하다 // (~+目+目) I must *run* him 200 meters. 나는 그와 200미터 경주를 하지 않으면 안 된다/(~+目+前+名) He *ran* his horse *in* the Derby. 그는 그의 말을 더비 경마에 내보냈다.

3 [차로]...을 운반하다. ¶ (~+目+前+名) He *ran* us *to* the station in his car. 그는 우리들을 역까지 차로 보내주었다.

4 ...을 획 움직이다, 미끄러지게 하다(slide); [시선]을 보내다, 쭉 훑어보다;...을 꿰매다(철하다). ¶ (~+目+前+名) *run* letters *into* a file 편지를 파일에 철하다 / He *ran* his eyes *over* the newly published book. 그는 신간 서적을 쭉 훑어보았다.

5 [사냥감]을 쫓아다니다(drive), 추적하다, 몰아넣다, 사냥하다(hunt). ¶ *run* a scent 냄새를 추적하다 // (~+目+目) *run* close an enemy 적을 바짝 추격하다 // (~+目+前+名) *run* a fox *to* cover 여우를 굴까지 몰아붙이다 / *run* a rumor *to* its source 풍문의 출처를 추적하다.

6 ...을 부딪치다(...*against*); ...을 찌르다, 꿰다, 통과시키다(...*into, through*). ¶ (~+目+前+名) *run* a rope *in* a pulley 도르래에 로프를 걸다 / *run* one's head *against* a wall 벽에 머리를 부딪치다; 《비유적》 불가능한 일을 시도하다; 운명에 거역하다.

7 [물·눈물 따위]를 흘리다, 흐르게 하다, 쏟아붙이다; [그릇]을 물로 채우다; ...을 주조(鑄造)하다, 용해시키다(melt); [우물 따위가] ...을 뿜어내다. ¶ *run* metal types 활자를 주조하다 / *run* a tub 욕탕에 물을 채우다 / The pipe *runs* hot water. 그 파이프에서는 뜨거운 물이 나온다 // (~+目+前+名) *run* lead *into* molds 납을 거푸집에 붓다.

8 ...을 입후보시키다(...*for*). ¶ (~+目+前+名) *run* a person *for* governor 남을 주지사 선거에 입후보시키다.

9 [위험 따위]를 무릅쓰다. ¶ *run* a risk 위험을 무릅쓰다.

10 [열]을 내다. ¶ *run* a slight fever 미열을 내다.

11 ...에서 도망하다, 탈출하다(escape); ...을 도망시키다. ¶ The clerk *ran* the town after the defalcation. 그 사무원은 돈을 횡령하고 나서 그 도시에서 도망쳤다.

12 ...을 달려서 빠져나가다, 돌파하다; ...을 극복하다. ¶ *run* a blockade 봉쇄를 돌파하다.

13 ...을 운전하다, 움직이다; ...을 공전시키다, 굴리다. ¶ *run* a tractor 트랙터를 운전하다 // (~+目+前+名) *run* a car *off* the road 자동차를 도로 밖으로 나가게 하다.

14 ...을 경영하다, 관리하다, 지휘하다. ¶ *run* a school 학교를 운영하다 / *run* a factory 공장을 경영하다.

15 ...을 인쇄하다, 찍다(...*off*); 《美》[광고]를 내다; [기사]를 싣다. ¶ *run* an advertisement for a week 일주일간 광고를 싣다 // (~+目+副) *Run off* these posters. 이 포스터를 인쇄해 주시오.

16 ...을 제조하다, 정제(精製)하다, 처리하다. ¶ *run* a blood test 혈액 검사를 하다 / *run* 10,000 gallons of oil a day 하루에 1만 갤론의 석유를 정제하다.

17 [가축]에게 풀을 먹이다, [가축]을 방목하다; [가축이] [풀]을 먹다.

18 ...을 밀수하다.

19 [지불 따위]를 외상으로 하다, 체불하다, 밀리게 하다.

20 [양말]에 줄을 가게 하다, [매듭·실 따위]를 풀리게 하다. ¶ (~+目+前+名) She *ran* her stocking *on* a nail. 그녀는 스타킹을 못에 걸어서 줄이 가게 했다.

21 [어떤 상태에] ...을 휘몰다, 빠지게 하다(...*into*). ¶ (~+目+前+名) *run* a person *into* trouble 남을 곤경에 빠뜨리다.

22 ...을 늘어뜨리다, 펴다, [선]을 긋다, [경계]를 짓다. ¶ *run* a contour line 윤곽선을 긋다 / *run* a distinction 차별을 하다.

23 값이 ...이다; 비용이 ...만큼 들다. ¶ This bookshelf *runs* $50. 이 서가는 50달러이다 // (~+目+團) That dress will *run* her about $100. 그녀가 그 옷을 맞추려면 100달러는 들 것이다.

24 〔게임〕〔...점〕을 연속 득점하다.

cut and run ⇨ CUT.

run across ...에서 우연히 만나다, ...을 우연히 찾아내다. ¶ I *ran across* him in a bar. 나는 바에서 그를 우연히 만났다.

run afoul of ⇨ AFOUL.

run after ① ...을 뒤쫓다. ¶ The policeman *ran after* the thief. 경관은 그 도둑을 추격했다. ② 《구어》 ...의 꽁무니를 따라다니다. ¶ He wastes his time *running after* girls. 그는 여자의 뒤꽁무니를 따라다니면서 시간을 낭비하고 있다.

run against ① ...에 충돌하다, 부딪치다. ② ...과 우연히 만나다. ¶ They *ran against* resistance. 그들은 예기치 않았던 저항에 부딪쳤다. ③ ...에게 불리하게 되다. ¶ The times *run against* him. 시세(時勢)는 그에게 불리하다.

run around 《구어》 ① 어울리다, 교제하다 (*with*...). ② 아내(남편)을 배반하다. ¶ Is it true that he was *running around*? 그가 바람을 피우고 있다는 것은 정말인가?

run at ...에게 달려들다, ...을 공격하다. ¶ A dog *ran at* the boy. 그 아이에게 달려들었다.

run away ① 가버리다, 떨어지다. ② 도망치다. ③ 미련없이 떠나다; 가출하다.

run away with 《구어》 ① [남녀가] 사랑의 도피행을 하다. ¶ He *ran away with* his friend's wife. 그는 친구의 아내와 함께 사랑의 도피행을 했다. ② ...을 가지고 도망치다. ③ ...보다 압도적으로 뛰어나다. ¶ She *ran away with* the show. 그녀는 그 쇼에서 단연 두각을 나타냈다. ④ 감정에 치우치다. ¶ He let his feelings *run away with* his judgment. 그는 감정에 치우친 판단을 내렸다. ⑤ ...을 지레짐작하다, 속단하다. ¶ Don't *run away with* the idea that I am rich. 내가 부자라고 속단하지 마시오. ⑥ [돈·시간 따위]를 탕진하다, 다 써버리다.

run away with it 《美》 잘 해내다.

run before ① ...의 앞을 달리다. ② ...에 쫓기어 도망치다. ③ ...보다 뛰어나다. ④ ...을 예상하다, 내다보다.

run behind ① ...보다 뒤지다. ② [비용 따위]가 부족하다. ¶ *run behind* one's expenses 수지가 맞지 않다, 지출이 수입을 앞지르다.

run down ① 《드물게》 ...을 찔러 넘어뜨리다, [탈것으로] ...에 충돌하다; [충돌해서] [배]를 침몰시키다. ¶ He was *run down* by a careless motorist. 그는 조심성없는 운전사가 모는 차에 부딪쳤다. ② ...을 몰아넣다, 잡다. ¶ The detective *ran down* the criminal. 형사가 범인을 잡았다. ③ [기계가] 멈추다; [전지 따위가] 다 소모되다. ④ 《구어》 ...을 헐뜯다, 통렬하게 비판하다. ⑤ ...을 찾아내다. ¶ *run down* a quotation 인용문의 출처를 찾아내다. ⑥ 〔야구〕 [주자]를 루와 루 사이에서 터치 아웃시키다. ⑦ 《보통 수동형으로》 ...을 쇠약하게 하다, 건강 상태가 나쁘다. ¶ He is *run down* from overwork. 그는 과로 때문에 허약해졌다. ⑧ 남다. ⑨ [도시에서] 시골을 방문하다 (*to*...). ⑩ ...을 도망치다.

run for it 도망치다.

run high ① [시세가] 오르다. ② [바다가] 거칠어지다. ③ [감정 따위가] 격해지다.

run in ① [집에] 들르다. ¶ Won't you *run in* for a few minutes? 잠깐 들르지 않겠습니까? ② 《속어》 [보통 가벼운 죄로] ...을 투옥하다. ¶ They *ran* him *in* for robbery. 그들은 그를 강도죄로 체포했다. ③ 〔인쇄〕 ...에 잇대어 조판하다. ④ [새로운 기계·차 따위]를 길들이다, [자동차]를 길들이기 위해 처음에 천천히 몰다. ⑤ 〔럭비〕 공을 쥐고 상대방의 골

안으로 뛰어들어 땅에 대다. ⑥ …을 끼워 넣다. ⑦ 일치하다 (with...).
run into ① …와 충돌하다, 부딪치다. ② …와 우연히 만나다. ③ 합계 …이 되다. ¶ The loss *ran into* millions of won. 손해는 수백만 원에 이르렀다. ⇨ *vi.* 16. ④ …에 계속되다. ⑤ [남]을 …에 빠뜨리다.
run off ① 도망치다. ② [이야기가] 탈선하다, 빗나가다, ③ (*vt.*) …을 술술 써나가다. ¶ *run off* a new song 새 노래를 단숨에 써내다. ④ …의 결승을 하다. *cf.* runoff ⑤ …을 추방하다. ⑥ …을 인쇄하다. ⇨ *vt.* 14.   [눈이 맞아 함께 도망치다.
run off with …을 가지고 도망치다, 훔치다; [남녀]가
run on ① 계속되다; 계속 달리다. ② [글씨체가] 흘려서 쓰다. ② [글씨체가] 흘려서 써 끊이지 않고 이어지다. ③ 경과하다. ④ 계속 이야기하다. ⑤ …을 덧붙이다. ¶ *run on* 행을 바꾸지 않고 잇대어 조판하다. ⑦ …에 이르다. ¶ All his talks *run on* baseball matches. 그의 이야기는 야구 시합에 관한 것뿐이다.
run out ① 내닫다. ② 끝나다, 다 되다. ③ [물건의 공급 따위가] 떨어지다, 끊기다. ¶ Her money *ran out*. 그녀는 돈이 떨어졌다. ④ 돌출하다. ⑤ [밧줄이] 풀려 나오다. ⑥ 추방하다. ⑦ [총 따위]를 내밀다. ⑧ [밧줄]을 풀어 내리다. ⑨ [경기]의 승부를 짓다. ⑩ [주자·타자]를 아웃시키다. ⑪ [재귀용법] 달려서 지치다.
run out of [사람이]…을 탕진하다; [물건]을 바닥내다. ¶ *run out of* money (bread) 돈(빵)이 떨어지다.
run out on [구어] [곤궁에 처한 사람]을 버리다.
run over ① [차가] …을 치다, [사람이] 차로 …을 치다. ¶ He *ran over* a box in the middle of the road. 그는 길 한복판에 있는 상자를 깔아뭉겠다. ② …을 넘다, …이 넘치다. ③ [구어] …을 복습하다. ④ …을 대강 흩어보다. ¶ *run over* a list 목록을 대충 흩어보다. ⇨ *vi.* 23.
run through ① [드물게] [칼 따위]로 …을 찌르다. ¶ *run* a person *through* 남을 칼로 찌르다. ② [구어] …을 낭비하다. ¶ *run through* a fortune 한 재산을 탕진하다. ③ …을 대충 흩어보다, 대충 연습하다. ⇨ *vi.* 23. ④ …에 고루 미치다, 퍼지다. ¶ A vein of superstition *runs through* all his action. 미신적 기질이 그의 모든 행동에 나타나고 있다. ⑤ [문자]를 줄을 그어 지우다. ⑥ …을 관통하다.
run to ① …에 빠지다. ¶ *run to* ruin 황폐해지다. ② …의 자력(資力)이 있다. ¶ *run to* holidays abroad 해외에서 휴가를 보낼 여유가 있다. ③ [수량]에 이르다. ⇨ *vi.* 16. ④ [보리 따위가] 결실하려 하다.
run up …을 급히 꿰매다, [빚 따위]를 늘리다. ¶ *run up* huge debts 막대한 빚을 지다. ② [건물]을 급히 서둘러 짓다. ③ [깃발]을 높이 올리다. ④ [값·수 따위]를 올리다, 늘리다. ⑤ 빠르게 성장하다(*to*...). ⑦ [값이] 오르다. ⑧ [수량이] …에 달하다(*to*...). ⑨ 결승에서 패하다.
run up against = run across.
run upon ① …에 충돌하다. ② …과 뜻하지 않게 맞닥뜨리다. ③ [생각이] …에 사로잡히다.
— *n.* **1** 뛰기, 달리기; 경주; 서두르기; 도주; 뛰는 힘. ¶ a *run* for a stake 현상 경주(경마) / There is no more *run* left in him. 그에게는 더 이상 뛸 힘이 없다. **2** [탈것이] 달리기, 운전, 경기 운행; [급한] 여행. ¶ a nonstop *run* to Glasgow 글래스고까지의 직행. **3** [항공] 활주; [폭격 목표물에의] 접근; [짧은] 비행. **4** 주정(走程), 항정(航程), 행정(行程); 항로, 노선; [배달인의] 담당 구역. **5** 운전, 작업, 조업(操業); 운전(조업) 시간; 생산고, 작업고. ¶ an eight-hour *run* 8시간 조업 / The factory will make a *run* this year. 그 공장은 올해 조업을 단축하려 할 것이다.
6 [양말의 실이 풀려 생긴] 줄([영국] ladder), 해짐, 터짐, 풀림. ¶ a *run* in a stocking 스타킹에 생긴 줄.
7 전진, 발전; 방향; 출세. ¶ the *run* of business 사업의 발전 / the *run* of the grain 나뭇결의 방향.
8 경향, 형세, 동향, 추세. ¶ The *run* of the silk market is dull. 실크 시장의 시황(市況)은 좋지 않다.
9 사용 (출입)의 자유. ¶ You may have the *run* of my library. 내 장서를 마음대로 읽어도 좋습니다.
10 [연극 따위의] 계속 공연, 연속 흥행; 계속, 연속; 광맥(鑛脈), 층, 탄층, 장기 흥행. ¶ a long *run* 롱런, 장기 흥행, ⇨ 5 / a heart *run* 하트 패의 연속 / a *run* of good luck 행운의 연속.
11 주문 쇄도, 인기, 유행 (*on*...); [은행의] 예금 인출의 쇄도. ¶ This dictionary has an extensive *run*. 이 사전은 아주 잘 팔린다 // a great *run* on a new novel 신간 소설의 대단한 팔림새 / a *run* on a bank 은행에 대한 예금 인출의 쇄도.
12 [신문 따위에의] 연재.   [유출 기간.
13 작은 시내; 홈통, 수관(水管); 흐름, 흐르기; 유출량.
14 [상품 따위의] 품질, 종류, 등급, 종별; 보통의 종류. ¶ a superior *run* of coats 좋은 상의 / The ordinary *run* of mankind prefers ease to work. 보통 사람들은 일보다는 안락을 택한다.
15 경사지, 기울어진 면, 슬로프, 코스. ¶ a *run* for training beginning skiers 스키 초보자 훈련용 슬로프.
16 방목장, 사육장; [동물의] 통로. ¶ a *run* 가축장.
17 [특히 산란기 물고기의] 이동; 이동중의 물고기(동).
18 [야구] [베이스의] 일순(一巡); 득점; [게임] 연속
19 [음악] herb의 연주(roulade).   [득점.
20 [항해] 고물의 끝 부분.
21 (the ~s) 설사(diarrhea).
22 [컴퓨터] 런, 실행(實行).
at a run 구보로.
by the run ① 급속하게, 갑자기, 별안간. ② 생산고로. ③ [항해] 계속하여, 멈추지 않고.
get the run upon [미] …을 놀리다; …보다 한 수 더
give a person a run for his money 남의 에너지를 소모시키다, 남을 골려 애먹게 하다.
have the run of one's teeth [노동자가 보수의 일부로서] 무료로 식사하다.   [대체로.
in the long run 긴 안목으로 보면, 결국은 (finally).
in the short run 요컨대.
keep the run of [미] …과 접촉을 유지하다, …에 뒤떨어지지 않다.
on the run [구어] ① 달려서, 구보로; [범인이] 도망쳐, 경찰에 쫓기어. ¶ He arrived *on the run*. 그는 달려왔다. ② 부산을 떠는. ¶ He's always *on the run*. 그는 언제나 부산을 떨고 있다. ③ 경찰관의 눈을 피하여.
a run for one's money ① 접전(接戰), 격렬한 경쟁. ② 지출·노력 따위의 효과, 노력에 대한 다소의 위안. ¶ I had a good *run for* my money. 비용(노력)만큼의 가치는 충분히 있었다.
Run that(it) by [me] again [미속어] 다시 한 번 말해 주시오, 다시 반복합니다.
with a run 급격하게, 별안간, 한꺼번에, 와르르. ¶ The building (Prices) came down *with a run*. 건물이 와르르 무너졌다(값이 별안간 내렸다).

‡**run**² [rʌn] *v.* run¹의 과거 분사, — *adj.* **1** 녹은 (melted). ¶ *run* butter 녹은 버터. **2** 주조(鑄造)된. ¶ *run* metal 주금(鑄金). **3** [물고기가] 막 강을 거슬러 올라온. **4** 짜낸, 뽑아낸. ¶ *run* honey 뽑아낸 벌꿀. **5** [복합어를 만들어] 경영하는, 운영하는. ¶ a well-*run* company 경영 상태가 좋은 회사 / a state-*run* television 국영 텔레비전.

run·a·bout [rʌ́nəbàut] *n.* **1** 소형 오픈 카; 소형 무개 마차. **2** 소형 모터 보트. **3** 뛰어다니는 사람; 부랑자.
run·a·gate [rʌ́nəgèit] *n.* [고어] **1** 도망자, 탈주자.
2 부랑자, 방랑자.
run·a·round [rʌ́nəràund] *n.* **1** [구어] 발뺌, 회피. ¶ give a person a *run-around* 남에게 발뺌을 하다. **2** [인쇄] [삽화 따위의 주위에] 글자를 빽빽하게 짜는 활자.
***run·a·way** [rʌ́nəwèi] *n.* **1** 도망자, 탈주자, 고삐풀

린 말. ¶ a *runaway* from home 가출인. **2** 도망, 탈주; [남녀기] 눈이 맞아 함께 달아남. **3** 일방적인 승리, 낙승. **4** 국외 제작의 미국 영화. — *adj.* **1** 도망한, 탈주한; 남녀가 함께 도망친; [말 따위가] 도망간, 다루기 어려운. ¶ a *runaway* marriage 사랑의 도피결혼 / a *runaway* horse 고삐 풀린 말. [시합이] 일방적인, 낙승의. ¶ a *runaway* victory 일방적인 승리. **3** [미국 영화가] 국외 제작의. **4** [상업] [가격이] 급등하는, 자꾸 오르는[인플레 따위].

run·back [ránbæk] *n.* **1** [미식축구] 런백 [kickoff 를 받은 다음 공을 들고 되달려 돌아오기]; 그 거리. **2** [정구] 런백 [베이스라인과 후방 네트의 사이].

rún·ci·ble spóon [ránsəbl-] *n.* 세 가닥진 스푼 [포크 모양으로 생긴 스푼].

run·ci·nate [ránsinit, +美 -nèit] *adj.* [식물] 민들레의 잎 따위처럼] 밑으로 아래를 향한 톱니 모양의.

run·dle [rándl] *n.* **1** [사다리의] 단. **2** 수레바퀴. **3** 《美방언》 개울, 실개울.

run-down [rándàun] *n.* **1** 보통 구두에 의한] 요약, 개요. **2** 감원, 병력 감소. **3** [야구] 협살(挾殺).

run-down [rándàun] *adj.* **1** 지친; 건강을 해친, 쇠약해진; 절망의. ¶ He was in a *run-down* condition. 그는 기진맥진해 있었다. **2** 황폐한. **3** [시계가] 나사가 느슨해져 멈춘, 태엽이 풀린; [기계가] 움직이지 않는.

rune [ru:n] *n.* **1** 룬 문자, 고대 북유럽 문자. **2** 고대 스칸디나비아의 시. **3** 신비적(마술적)인 문자(기호).

run·field [ránfì:ld] *n.* [항공] 활주로.

run-flat [tire] [ránflæt-] *adj.* [여] 펑크나도 속도를 줄이면 주행이 가능한 [타이어].

‡**rung**[1] [ráŋ] *v.* ring[2]의 과거 분사. [rune 1]
∗ 드물게는 과거형으로도 쓰인다.

rung[2] [ráŋ] *n.* **1** [사다리의] 가로장, 단. **2** [의자 다리의] 가로장. **3** [차·톱니 바퀴 따위의] 살(spoke).

ru·nic [rú:nik] *adj.* **1** 룬 문자(rune)의, 룬 문자로 기록된. **2** 고대 북유럽 사람의; [문학·시 따위가] 고대 북유럽의; [장식이] 룬문자풍의. **3** 신비스러운 뜻을 지닌. — *n.* **1** 룬 문자의 비문(碑文). **2** ① [인쇄] [장식용의] 획이 굵은 활자.

run-in [ránìn] *n.* **1** 《美구어》 싸움. **2** [인쇄] 잇대어 조판된 기사. — *adj.* [인쇄] 잇대어 조판된.

run·less [ránlis] *adj.* [야구] 무득점의.

run·let [ránlit] *n.* = runnel.

run·na·ble [ránəbl] *adj.* 사냥에 적합한. ¶ runnable stag 사냥하기에 알맞은 수사슴.

run·nel [ránəl)l] *n.* 작은 내, 실개울 (brook); 작은 수로(水路), 도랑.

‡**run·ner** [ránər] *n.* **1** 달리는 사람; 경주자(者). **2** 심부름꾼; 수금원(收金員)[외교원];《美》유객(誘客)꾼. **3** [야구] 주자(走者). **4** [기계에] 몰리, [야구] 쇳날. **5** [썰매·스케이트의] 활주부; [흔들의자 다리의] 만곡부(彎曲部). **6** [기계의] 운전자; [터빈의] 날개 바퀴; [맷돌의] 회전석(回轉石) [위쪽]; [쟁기의] 날. **7** 길고 좁다란 융단, 책상 복판에 까는 길쭉한 보. **8** [식물] 덩굴 식물; 포복지(匍匐枝). **9** 밀수업자(smuggler); 밀수선. **10** 전령(傳令)류의 식용어; 달리는 새 종류 [특히 뜸부기]. **11** 《방언》 세로 실이 풀린 곳.

rúnner bèan [英] 꼬투리를 먹는 콩 (string bean); 그 꼬투리.

run·ner-up [ránərʌ̀p] *n.* (*pl.* **run·ners-**) [경기 따위의] 차점자(팀), 2위의 경기자;[골프에서] 마지막 경기에서 진 사람.

‡**run·ning** [ránɪŋ] *n.* ① **1** 달리기, 러닝; 경주; 주력(走力). **2** [야구] 주루; 트랙의 상태. **3** 경영, 관리; 운전. 흘러나오는 것; 유출량; 흘러나오는 고름.

in (out of) the running ① 경주에 출장하여 (출장하지

지 않아. ¶ His horse was *out of the running* in the race. 그의 말은 레이스에 나오지 않았다. ② 이길 승산이 있어 (없어). [기준을 정하다.
make the running 보조(步調)를 정하다, 앞장 서다;
take up the running 선두에 서다; 솔선해라 이끌다.

— *adj.* **1** 달리는, [말이] 전속력으로 달리는; 경마의. **2** [식물이] 포복성의, 땅을 기는. **3** 수월하게 진행되는, 원활한; [밧줄이] 술술 풀리는. **4** [기계 따위가] 움직이고 있는, 운전[가동]중의. **5** 똑바로 잰; 직선의. **6** 연속하고 있는; [필적이] 초서체의. ¶ a *running* commentary [라디오의] 실황 방송. **7** [개울 따위가] 흐르고 있는; 녹는; 유동체의; 고름이 흐르는. ¶ a *running* sore 고름이 흐르는 상처. **8** 현재의, 현행의. ¶ the *running* month 이 달. **9** 달리면서 하는, 대충의. ¶ a *running* inspection 대략적인 점검.

give a person his running shoes 《美》 남을 해고하다; 남과의 교제를 끊다, 남을 퇴짜놓다.

— *adv.* [복수 명사에 수반하여] 잇따라(in succession). ¶ He won the championship for three years *running*. 그는 연속 3년간 선수권을 장악했다.

rúnning accòunt *n.* [은행의] 당좌 계정.

rúnning báttle *n.* **1** =running fight. **2** 장기전; 끊임없는 싸움.

rúnning bóard *n.* 자동차 양쪽의 발판.

rúnning dóg *n.* [정치] [경멸적] 주구(走狗), 앞잡이; 추종자. <중국어 tsou kou(走狗)>

rúnning fíght *n.* 추격전, 이동전(戰).

rúnning fíre *n.* **1** [군대] [움직이면서 하는] 연속 급사격. **2** [질문 등의] 연발, 계속해서 퍼붓는 질문.

rúnning géar *n.* [전차·자동차 따위의] 구동(驅動)장치.

rúnning héad (héadline) *n.* [인쇄] 페이지 상단에 (다는) 난외(欄外) 표제.

rúnning júmp *n.* 도움닫기높이(넓이) 뛰기.

rúnning knót *n.* 잡아당기면 술술 풀리는 매듭(slipknot).

rúnning líghts *n. pl.* 선박(항공기) 야간 항행등.

rúnning máte *n.* **1** 경마에 출전하는 말의 보조를 조정하기 위한 연습 상대자. **2** 한 조(組)가 된 입후보자 중 하위의 후보자; 부통령 후보. **3** [특정한 사람과] 언제나 함께 있는 사람. [리].

rúnning nóose *n.* 고리줄 [running knot로 만든 고

rúnning rígging *n.* ① 《집합적》 돛·짐 따위를 조작하기 위한 삭구(索具).

rúnning stárt *n.* **1** [스포츠] [삼단뛰기 등의] 도움닫기. **2** [사업 등의] 유리한 조건(好條件).

rúnning stóry *n.* [저널리즘] **1** [신문·잡지의] 연재 기사, 연재물. **2** [조판공에게] 조금씩 나누어 보내지는 기사.

rúnning téxt *n.* [신문·잡지 따위의] 기사 본문.

rúnning títle *n.* =running head.

rúnning wáter *n.* ① 수도; 급수; 흐르는 물.

run·ny [ráni] *adj.* (-ni·er, -ni·est) 액체 모양의; 점액을 분비하는, 흐르는 경향이 있는. ¶ a *runny* nose 콧물이 나오는 코.

Run·ny·mede [ránimì:d] *n.* 러니미드 [London의 서쪽, Thames 강 남쪽 기슭에 있는 초원. 1215년 Magna Carta를 조인한 장소].

run-off [ránɔ̀:f, -àf/-ɔ̀f] *n.* ① ⓒ 흘러가는 것, 땅 위를 흐르는 빗물. **2** 결승전. [선 투표.

runóff prímary *n.* 《美》 [북미 남부 여러 주의] 결

run-of-mill [ránəvmíl], **-of-the-mill** [-ðəmíl] *adj.* 보통의, 특별한 것이 아닌, 평범한(ordinary).

run-of-mine [ránəvmáin], **-of-the-mine** [-ðəmáin] *adj.* **1** 정선한 것이 아닌. **2** 보통의, 평범한.

run-of-pa·per [ránəvpéipər] *adj.* [저널리즘] [광고·기사 따위에] 게재 위치는 편집자에게 일임된 [略 R.O.P.].

run-on [ránɔn, -ɔ́:n / -ɔ́n] *adj.* [인쇄] 행을 바꾸지 않고 잇대어 조판한; 추가의; [韻律] 행 끝에서 끝나지 않

run·proof [rʌ́nprùːf] *adj.* [양말 따위가] 매듭줄이 풀리지 않는.
runt [rʌnt] *n.* **1** [같은 종류 중의] 작은 동물(식물);《경멸적》소인, 난쟁이, 꼬마. **2** 작은 돼지. **3** 집 비둘기의 일종. **4**《英방언》못난 여자.
run-through [rʌ́nθrùː] *n.* **1** 훑어보기, 통독(通讀). **2** 리허설, 예행 연습.
run-time [rʌ́ntàim] *n.* [컴퓨터] [프로그램의] 실행 기간.
runt·y [rʌ́nti] *adj.* (**runt·i·er, runt·i·est**) 발육 불량의, 꼬마의.
run-up [rʌ́nʌ̀p] *n.* **1**《英》전초전; 예고, 전조. **2** [경기] 조주(助走), 도움닫기.
***run·way** [rʌ́nwèi] *n.* **1** 주로(走路), 통로 (course); 활주로(airstrip); 자동차 도로. **2** [짐승이 밟아서 굳힌] 지나는 길. **3** [가축의] 길. **4** [강의] 하상(河床). **5** [재목 따위를 미끄러뜨려 내려보내는]경사로. **6** [볼링] 공이 투구한 사람에게로 되돌아오는 길, 어프로치(approach). **7** [극장의] 무대와 관람석을 잇는 통로.
ru·pee [ruːpíː] *n.* **1** 루피[인도·파키스탄·스리랑카의 화폐 단위;略 r, R, Re]. **2** 루피 화폐.
ru·pi·ah [ruːpíːə] *n.* (*pl.* **-ah** *or* **-ahs**) 루피아[인도네시아의 화폐 단위].
rup·ture [rʌ́ptʃər] *n.* **1** ⓤ 파열; ⓒ [지표 따위의] 터져 벌어짐, 균열. ¶ the *rupture* of a blood vessel 혈관의 파열. **2** ⓤⓒ 결렬, 단절; 불화 (*with, between*...). ¶ the *rupture* of diplomatic relations 국교 단절 / come to a *rupture* 사이가 틀어지다, 교섭이 결렬되다 // a *rupture between* relatives 친척간의 다툼. **3** [병리] 헤르니아, 탈장.
— *v.* (**-tured, -tur·ing**) *vt.* **1** …을 파열시키다, 터뜨리다, 찢다. ¶ *rupture* a blood vessel 혈관을 파열시키다. **2** [우호 관계 따위를] 단절시키다, 의를 갈라놓다. **3** [병리] [남에게 헤르니아를 일으키게] 하다.
— *vi.* **1** 터지다, 찢어지다, 파열하다. **2** 단절하다. **3** [병리] 헤르니아에 걸리다.
‡**ru·ral** [rúː(ə)l / rúə-] *adj.* **1** 시골의, 전원의, 시골풍의; 시골에 사는. *cf.* **urban** ¶ a *rural* life 전원 생활 / in *rural* seclusion 시골에 틀어박혀서.
[類語] **rural** 도회에 대해「시골의」: *rural* education 농촌 교육. **rustic** 도회[풍]의 세련성에 대해 시골[풍]의 소박·조야(粗野)를 강조하는 말: *rustic* simplicity (speech) 시골의 소박함(거친 말투). **pastoral** 속세를 떠난 전원의 목가·소박함을 강조하는 나이스 말: the *Pastoral* Symphony [베토벤의] 전원 교향곡.
2 농업의 (agricultural). ¶ *rural* economy 농업 경제. **~·ly** [-rəli] *adv.* **ru·rál·i·ty** *n.*
rúral déan *n.* [영국 국교회의] 지방 감독.
rúral delívery *n.* 시골의 무료 우편 배달.
ru·ral·ism [rúː(ː)r(ə)lìz(ə)m / rúər-] *n.* ⓤ 시골풍[의 생활]; ⓒ 시골풍의 표현(말).
ru·ral·ist [rúː(ː)rəlist / rúər-], **-ite** [-làit] *n.* 시골(농촌) 생활을 하는 사람; 전원 생활주의자; 농부.
ru·ral·i·ty [rurǽliti / ruər-] *n.* (*pl.* **-ties**) ⓤ 시골풍. 전원 생활; ⓒ 전원의 풍습, 전원 풍경; 시골 생활. 「전원화(田園化).
ru·ral·i·za·tion [rùː(ː)rəlizéiʃ(ə)n / rùərəlaiz-] *n.* ⓤ
ru·ral·ize [rúː(ː)rəlàiz / rúər-] (*《英》-rural·ise*) *v.* (**-ized, -iz·ing**) *vt.* …을 시골풍으로(전원화) 하다. *opp.* **urbanize** — *vi.* 시골 생활을 하다.
rur·ban·i·za·tion [rə̀ːrbənizéiʃ]*n.* / -nai-] *n.* 도비(都鄙)화 [도시와 농촌간의 문화·인구·재화가 교류되어 공통적인 생활 양식이 나타나는 현상].
rur·ban [rə́ːrbən] *adj.* 전원 도시의.
ru·ri·de·ca·nal [rùː(ː)rìdékənəl / rùəridikéi-] *adj.* [영국 국교회의] 지방 감독 (rural dean)의.
Ru·ri·ta·ni·a [rùːritéiniə, -njə / rùər-] *n.* 유럽 중부에 있는 것으로 여겨졌던 가공의 로맨틱한 왕국.
rurp [rəːrp] *n.* [등산] 피톤(piton)의 일종. [< **r**ealized **u**ltimate **r**eality **p**iton].

Rus.(略)Russia; Russian.
ruse [ruːz] *n.* 책략, 계략(trick), 모략. 「사한.
ru·sé [F ryːz] *adj.*《프랑스》(=cunning) 교활한, 간
rush[1] [rʌʃ] *vi.* **1** 돌진하다 (dash), 달려가다 (빠르게) 달리다; 급행하다. ❆ **HASTEN**[類語] ¶ (~+囲+名) *rush* to the scene of an accident 사고 현장에 급히 가다 // (~+囲) The river *rushed* along. 강이 세차게 흐르고 있다 / The people *rushed* in for seats. 사람들이 자리를 차지하려고 돌진했다. **2** 공격하다(charge), 갑자기 달려들다, 덤비다. ¶ *rush at* the enemy 적을 향해 돌격하다 / The dog *rushed upon* the child. 개가 그 어린아이에게 갑자기 달려들었다. **3** 갑자기 일어나다 (*to, into*...). ¶ Tears *rushed to* her eyes. 그녀의 눈에 눈물이 솟구쳤다 / A good idea *rushed into* his mind. 좋은 생각이 별안간 그의 마음에 떠올랐다. **4** 급히 하다, 성급히(함부로) 하다 (*into, to*...). ¶ (~+囲+名) *rush into* extremes 극단으로 치닫다 / *rush to* a conclusion 성급한 결론을 내리다 / *rush into* print 서둘러 출판하다 ¶ (~+囲) Fools *rush in* where angels fear to tread.《속담》바보는 천사가 두려워하여 가지 않는 곳으로 뛰어든다, 하룻강아지 범 무서운 줄 모른다[← Pope 작 *Essay on Criticism*].
— *vt.* **1** …을 급하게(부리나케) 하다, 해치우다, 나르다; …을 돌진시키다, 돌격시키다, 재촉하다. ¶ *rush* one's work 서둘러 일을 하다 // (~+囲+囲+名) *rush* a sick person to a hospital 환자를 급히 병원에 보내다 / *rush* a bill *through* Congress 법안을 서둘러 의회에 통과시키다. **2** …에 돌격하다; …을 점령하다; …을 급습하다; …을 돌파하다 [급광하여 쇄도하여 차지하다. ¶ They *rushed* the enemy. 그들은 적을 급습하다. **3** [미식축구] [공]을 가지고 돌진하다. **4**《美어》[여자]에게 접근하다, 구혼하다, 열렬히 구애하다 (court); [대학에서] [사교 클럽 (fraternity, sorority)의 회원]이 되도록 권유하다. **5**《英어》…에 비싼 값을 부르다. ¶ (~+囲+名+名) The salesman *rushed* the lady ten pennies for a ribbon of two pennies. 점원은 부인에게 2페니의 리본을 10페니라고 비싼 값을 불렀다.
be rushed for [시간 따위가] 모자라다, [시간 따위에] 쫓기다.
be rushed off one's *feet*《구어》혹사당하다; 독촉에 쫓기다, 떼밀리다.
— *n.* **1** 돌진; 돌격; 세차게 흐르기 (불기), 별안간 나타나기. ¶ a *rush* of wind 돌풍. **2** 쇄도, [금광 따위에] 사람들이 쇄도하기. ¶ a gold *rush*; a *rush* for gold 금광열 (金鑛熱), 골드 러시 / during the period of morning *rush* 아침의 러시 아워 때에 / a *rush* of blood to his face 얼굴에 핏기가 오름, 상기(上氣), 홍조 / a *rush* of business 장사가 활기를 띰. **3** 대단한 수요 증가 (*for, on*...). ¶ a *rush on* textiles 직물에 대한 수요 급증(急增). **4** 분망, 다망, 망쇄(忙殺); 급격한 증가. ¶ the *rush* of city life 도시 생활의 분망함 / He is on the *rush* (or in a *rush*). 그는 눈코 뜰 사이없이 바빴다. **5** [미식축구] 러시 [적진을 돌파해서 공을 골로 가져가려는 일]. **6**《美》[대학에서] 클래스 대항의 맞닥뜨림이나 힘겨루는 놀이. **7**《종종 ~es》[영화] 러시 [제작중의 편집 프린트]. **8**《美어》열렬한 구애. **9**《美어》마약의 쾌감; 좋은 기분.
a regular rush 터무니없는 값, 순전한 사기.
What's the rush? 무얼 그렇게 허둥대고 있어?, 그렇게 서둘지 않아도.
with a rush《원래 군대》급습하여; 와락 한꺼번에, 갑자기. ¶ carry an enemy's fort *with a rush* 급습해서 적의 요새를 함락시키다 / Suddenly she began to speak *with a rush*. 별안간 그녀는 말문을 열어 이야기를 쏟아놓기 시작했다.
— *adj.*《한정 형용사》**1** 돌진하는; 시급한, 서두르는. ¶ *rush* orders 급한 주문. **2** 바쁜, 쇄도하는. ⇨ **RUSH HOUR**.
rush[2] [rʌʃ] *n.* **1** 골풀 [깔개·바구니 따위를 만든다].

2 하찮은 것. ¶ do not care a *rush* 조금도 개의치 않다 / no worth a *rush* 아무런 가치도 없는. —— *vt.* ···에 골풀을 깔다; ···을 골풀로 세공하다.

rúsh bàggage *n.* 〖항공〗 급송 수화물[배달이 잘못된 경우 올바른 목적지에 급송되는 수화물].

rush-bear·ing [rʌ́ʃbɛ̀(ː)riŋ / -bɛ̀ər-] *n.* 《英》 교회 헌당 기념제[영국 북부에서 교회에 골풀을 뿌리는 행사].

rúsh cándle *n.* 골풀 양초.

rúsh hóur *n.* (종종 ~s) 러시 아워. 「황새처.

rush·ing·ly [rʌ́ʃiŋli] *adv.* 돌진해서, 급히 서둘러, 당

rush·light [rʌ́ʃlàit] *n.* **1** =rush candle. **2** 《비유적》 쓸모없는 사람(물건); 불충분한 지식.

rush-like [rʌ́ʃlàik] *adj.* 골풀 같은.

Rush·more [rʌ́ʃmɔ̀ːr / -mɔ̀ː] *n.* 러시모어 산(山) [Washington, Jefferson, Lincoln, T. Roosevelt 의 얼굴이 조각되어 있는 미국 South Dakota 주의 산].

rush·y [rʌ́ʃi] *adj.* (**rush·i·er, rush·i·est**) 골풀 같은, 골풀이 우거진; 골풀로 만든.

rusk [rʌsk] *n.* **1** 러스크 〖빵에 버터·설탕을 바르고 오븐에서 구운 것〗. **2** 비스킷의 일종.

Russ [rʌs] *n.* (*pl.* **Russ** or **Russ·es**), *adj.* 〖고어〗 Russ-.

Russ. (略) Russia; Russian.

Rús·sel réctifier [rʌ́sl-] *n.* 〖전기〗 러셀 파동 정류기〖파동의 운동 에너지를 전기 에너지로 바꾸는 장치〗. 〖<영국 기술자 R. Russel 의 이름〗

rus·set [rʌ́sit] *n.* **1** ⓤ 황갈색, 적갈색. **2** ⓤ 황(적) 갈색의 〖두꺼운〗 손수건 또는 짠 나사, 또 그것으로 만든 옷 〖옛날 시골 사람들이 입었다〗. **3** 붉은 사과의 일종(russet apple). —— *adj.* 적(황) 갈색의; 손으로 짠.

rus·set·y [rʌ́siti] *adj.* 황갈색의(russet).

‡**Rus·sia** [rʌ́ʃə] *n.* 러시아(정식명칭은 Russian Federation); 〖옛날의〗 러시아 제국(Russian Empire).

◇ Russian *adj.*

Rússia léather (cálf) *n.* ⓤ 러시아 가죽〖원래는 러시아에서 만든 질이 좋은 무두질한 가죽〗.

‡**Rus·sian** [rʌ́ʃ(ə)n] *n.* 러시아의, 러시아인(말)의.

—— *n.* 러시아인; ⓤ 러시아말.

the Russian Bear 러시아, 소련.

scratch a Russian and you will find a Tartar 문명인도 거죽만 껍질 벗기면 야만인, 문명이 발달해도 인간의 본성은 변하지 않는다.

Rússian Chúrch *n.* 러시아 정교회 〖그리스 정교회〗

Rússian dréssing *n.* ⓤⓒ 러시아식 드레싱〖칠리 소스·피클 등 섞은 피클이 든 마요네즈 소스〗.

Rússian Émpire *n.* (the ~) 러시아 제국 〖유럽 동부와 북서 아시아에 걸쳐 있었던 대제국. 1917년 혁명으로 붕괴〗.

Russian Federation *n.* 러시아 연방〖구 소련의 핵심을 이루던 공화국. 1991년 소련방 해체에 따라 연방 국가로 재발족; CIS 창설을 주도. 수도 Moscow. 구칭은 Russian Soviet Federated Socialist Republic (RSFSR)〗.

Rus·sian·i·za·tion [rʌ̀ʃ(ə)nizéiʃ(ə)n / -naiz-] *n.* ⓤ 러시아화(化), 러시아인화(化).

Rus·sian·ize [rʌ́ʃənàiz] *vt.* 《英》에서는 **Rus·sian·ise** 로도 쓴다) *vt.* (**-ized, -iz·ing**) ···을 러시아(인)화(化) 하다, 러시아풍으로 하다.

Rússian Rèvolútion *n.* (the ~) 러시아 혁명 〖1917년 러시아력(曆) 2월과 10월의 공산 혁명〗.

Rússian roulétte *n.* 러시안 룰렛 〖한 사람만 들어있는 연발 권총의 탄창을 돌리면서 몇 사람이 차례로 자신의 머리에 대고 방아쇠를 당기는 죽기 아니면 살기의 놀이; 생사의 전무 시험〗.

Rússian thístle *n.* 〖식물〗 명아주과의 잡초.

Rússian wólfhound *n.* =borzoi. 「tion.

Rus·si·fi·ca·tion [rʌ̀sifikéiʃ(ə)n] *n.* =Russianiza-

Rus·si·fy [rʌ́sifài] *vt.* (**-fied, -fy·ing**) =Russianize.

Russo- Russia, Russian 이라는 뜻의 연결형. 예: *Russo*phile.

Rus·so-Jap·a·nese [rʌ́so(u)dʒǽpəniːz, + 美 -nǐːs] *adj.* 러시아와 일본의, 노일(露日)의. ¶ the *Russo-Japanese* War 노일 전쟁 (1904-05).

Rus·so-Ko·re·an [rʌ́so(u)kəri(ː)ən] *adj.* 한국과 러시아의, 한로(韓露)의.

Rus·so·phil [rʌ́so(u)fil], **-phile** [-fàil] *n.* 친로파.

—— *adj.* 러시아편을 드는, 친로의.

Rus·soph·i·lism [rʌsɑ́filìz(ə)m / 美 -ɔ́-] *n.* ⓤ 친로주의.

Rus·so·phobe [rʌ́so(u)fòub] *n.* 러시아를 싫어하는 사람, 공로병자(恐露病者).

Rus·so·pho·bi·a [rʌ̀so(u)fóubiə] *n.* ⓤ 공로병(恐露病), 러시아를 싫어함.

rust [rʌst] *n.* ⓤ **1** 녹, 녹 비슷한 것, 얼룩. ¶ be in *rust* 녹슬어 있다 / gather (remove) *rust* 녹이 슬다(녹을 벗기다). **2** 〖재능 따위가〗 무디어짐, 무위(無爲), 정신적 부패. ¶ a life of *rust* 무위의 생활. **3** 〖식물〗 녹병, 녹병균(rust fungus). **4** 녹슨 색, 적갈색. —— *vi.* **1** 녹슬다; 〖재능 따위가〗 무디어지다 (*away, out*). ¶ talents left to *rust* 쓰지않아서 무디어지는 재능 // (~+圖) *rust away* 녹슬어 못쓰게 되다 / *Better wear out than rust out.* = *It is better to wear out than to rust out.* 〖속담〗 묵혀 없애느니 써서 없애는 편이 낫다〖기력이 좋은 노인이 종종 하는 말, 또는 늙어서 무위도식하지 말라는 뜻으로 쓰인다〗. **2** 적갈색이 되다. **3** 〖식물〗 녹병에 걸리다. —— *vt.* **1** ···을 녹슬게 하다; 잘 쓰지않고 묵혀 〖재능 따위를〗 무디게 하다. ¶ Damp air *rusts* iron. 습한 공기는 쇠를 녹슬게 한다. **2** ···을 적갈색으로 하다. **3** 〖식물〗 ···을 녹병에 걸리게 하다.

◇ rústy *adj.*

rúst bèlt (bówl) *n.* (때로 R- B-) 《미구어》 녹(鐻) 지대, 사양(불황) 지대 〖미국의 중서부·북동부의 경공업 지대로 최근 불황에 허덕임〗. 「색의.

rust-col·ored, -oured [rʌ́stkʌ̀lərd] *adj.* 적갈

‡**rus·tic** [rʌ́stik] *adj.* **1** 시골풍의, 전원 생활의. *cf.* urban ⇨ RURAL 類語 **2** 꾸밈없는, 소박한. ¶ *rustic* simplicity 소박함. **3** 버릇없는, 촌스럽고 천한(rough, rude). ¶ *rustic* manners 조야한 거동. **4** 통나무로 만든, 거친 나무로 만든; 〖석공〗 거칠게 다듬은. ¶ *rustic* furniture 통나무로 만든 가구 / *rustic* work 통나무집 〖만들기〗. —— *n.* 시골뜨기, 농부, 아인(野人), 거친 사람. **-ti·cal·ly** [-tikəli] *adv.* ◇ rustícity *n.*, rústicate *v.*

rus·ti·cate [rʌ́stikèit] *v.* (**-cat·ed, -cat·ing**) *vi.* 시골로 가다; 시골에 살다(머물다). —— *vt.* **1** ···을 시골로 보내다; ···을 시골에서 살게 하다. **2** ···을 촌스럽게(시골풍으로) 하다. **3** 〖석공〗 ···을 거칠게 다듬다. **4** 《英》 〖대학에서〗 ···을 정학 처분하다(suspend). ¶ be *rusticated from* Cambridge 케임브리지 대학에서 정학 처분을 당하다.

rus·ti·ca·tion [rʌ̀stikéiʃ(ə)n] *n.* ⓤ **1** 시골로 가기(가게 하기), **2** 시골살이; 전원 생활. **3** 시골풍으로 하기. **4** 《英》 〖대학의〗 정학〖기간〗. 「원 생활자.

rus·ti·ca·tor [rʌ́stikèitər] *n.* 시골에서 사는 사람, 전

rus·tic·i·ty [rʌstísiti] *n.* ⓤ **1** 시골풍, 소박, 거칠고 촌스러움, 예절없음. **2** 시골 생활, 전원 생활.

‡**rus·tle** [rʌ́sl] *v.* (**-tled, -tling**) *vi.* **1** 〖명주·종이 따위가〗 바삭바삭 소리내다, 살랑거리다. **2** 바삭바삭 (살랑살랑) 소리를 내며 움직이다, 옷 스치는 소리를 내다. ¶ (~+圖) leaves *rustling* down 살랑살랑 떨어지는 나뭇잎. **3** 《미구어》 활발하게 움직이다(일하다), 정력적으로 활동하다. ¶ (~+圖) *rustle around* 활발하게 움직이다, 이리 뛰고 저리 뛴다. **4** 《미구어》 가축을 훔치다. —— *vt.* **1** ···에 바삭바삭(살랑살랑) 소리를 내게 하다. ¶ *rustle* the papers nervously 신경질적으로 파닥파닥 신문을 뒤적이다 / The wind *rustled* the leaves. 바람이 불어 나뭇잎이 바삭거렸다. **2** 《미구어》 ···을 재빨리 손에 넣다. **3** 《미구어》 〖가축〗을 훔치다.

rustle up ···을 노력해서 얻다(모으다), 급히 그러 모으다. ¶ *rustle up* supper 이럭저럭 저녁을 만들다.

—— *n.* 바삭바삭(살랑살랑) 하는 소리; 옷이 스치는

get a rustle on 《美구어》걸음을 재촉하다, 서둘러 가다.
rus·tler [rʌ́slər] n. 1 바삭바삭 (살랑살랑) 소리를 내는 것 (사람). 2 《美구어》 활동가, 활약가. 3 《美》 축 도둑.
rust·less [rʌ́stlis] adj. 녹슬지 않은, 녹슬지 않는 (rust-proof).
*rus·tling [rʌ́slin] n. 바삭바삭 (살랑살랑) 소리나는; 옷 스치는 소리가 나는. ~·ly adv.
rust·proof [rʌ́stprù:f] adj. 녹슬지 않는. ¶ made of *rustproof* steel 녹슬지 않는 강철로 만든.
‡**rust·y**¹ [rʌ́sti] adj. (**rust·i·er, rust·i·est**) 1 녹슨, *rusty* spots (or stains) 녹슨 자리, 얼룩. 2 《식물》녹병에 걸린. 3 〔사용하지 않은 탓으로〕무디어진, 쓸모 없게 된, 게을러진; 서툴러진; 시대에 뒤떨어진 (*in*...). be *rusty in* memory 기억력이 무디어지다 // He is getting *rusty*. 그는 시대에 뒤떨어지고 있다 / My English is getting a little *rusty*. 내 영어는 좀 녹이 슬어 간다. 4 녹빛의, 빛이 바랜 (faded); 낡은 (old-looking). ¶ *rusty* clothes 낡은 옷. **rust·i·ly** adv. **rust·i·ness** n.
◇ rust n.
rust·y² [rʌ́sti] adj. (**rust·i·er, rust·i·est**) 《주로 방언》1 〔말 따위가〕다루기 어려운, 말 안 듣는 (restive). 2 완고한, 고집 센; 성격이 고약한, 성미가 까다로운 (ill-tempered). ¶ turn (or cut up) *rusty* 《속어》까다롭게 되다, 다루기 어렵게 되다.
rut¹ [rʌt] n. 1 바퀴 자국 (furrow), 차가 지나간 자국. 2 홈, 가는 홈. 3 판에 박힌 방식, 상투 (常套). ¶ get into a *rut* 틀에 박히다 / go on in the same old *rut* 판에 박은 듯 같은 일만 하다 / move in a *rut* 틀에 박힌 일을 하다. — vt. (**rut·ted, rut·ting**) 《보통 과거 분사형으로》…에 바퀴 자국을 내다; …에 홈을 파다. ¶ a *rutted* road 바퀴 자국이 난 길 / The wagons *rutted* the plains. 짐마차가 들에 자국을 남겼다.
rut² [rʌt] n. ① 1 〔사슴·양 따위의〕암내, 발정 (發情) (heat). 2 〔종종 the ~〕암내 내는 철, 발정기 (期).
at (or *in*) [*the*] *rut* 암내를 내어, 발정하여
go to [*the*] *rut* 암내내다, 발정하다.
— vi. (**rut·ted, rut·ting**) 암내내다, 발정하다.
ru·ta·ba·ga [rù:təbéigə] n. 순무의 일종 〔뿌리가 황색인 무〕.
ruth [ru:θ] n. ① 《드물게》 1 연민 (pity), 동정 (compassion), 2 슬픔 (sorrow); 비탄 (grief). 3 후회.
Ruth [ru:θ] n. 1 《성서》룻 [Boaz와 결혼하여 David의 조상이 된 여인]. 2 《성서》〔구약 성서 중의〕룻기.
ru·the·ni·ous [ru:θíːniəs, -njəs], (**ru·the·nous** [ruːθ(ə)nəs]) adj. 《화학》〔특히 비교적 낮은 원자가의〕루테늄을 함유하는.
ru·the·ni·um [ru:θíːniəm, -njəm] n. ① 《화학》루테늄 〔백금속에 속하는 금속 원소의 하나; 원자 기호 Ru〕.
*ruth·less [rúːθlis] adj. 무정한, 무자비한 (pitiless); 잔인한. ⇨ CRUEL 類語 ~·ly adv. ~·ness n.
ru·tile [rúːtiːl, -tail] n. ① 《광물》금홍석 (金紅石).
rut·tish [rʌ́tiʃ] adj. 암내를 낸; 호색의 (lustful).
rut·ty [rʌ́ti] adj. (**-ti·er, -ti·est**) 〔길 따위가〕바퀴 자국이 많은, 바퀴 자국투성이의.
rux [rʌks] n. ① 《英학생 속어》화, 성 (temper).
R.V. 《略》 *r*ecreational *v*ehicle (레크리에이션 차); *r*eentry *v*ehicle (재돌입 우주선); *R*evised *V*ersion 〔of the Bible〕(*cf.* A.V.).
R-val·ue [ɑ́ːrvǽlju(ː)] n. 《美》R값 〔건축재료 등의 단열 (斷熱) 성능을 나타내는 값; 단열성이 높을수록 R값이 올라간다. (<*r*esistance *value*)
RVO 《略》 *r*eceiving only earth station (수신 전용 지구국 (地球局) 〔각종 위성 전파를 수신하는 무선국으로 가정용 안테나도 포함된다〕).
RVR 《略》 *r*unway *v*isual *r*ange (활주로 시 (視) 거리).
R.V.S.V.P. 《略》 《프랑스》*R*épondez *v*ite *s'il v*ous *p*laît. (=Please, relpy at once.) (속히 회신 주시기 바랍니다).
R.W. 《略》 *r*adioactive *w*arfare; *r*adiological *w*arfare; *R*ight *W*orshipful (*W*orthy) 각하; *R*oyal *W*arrant (왕실 납품 허가증). 「의 공화국; 수도 Kigali
Rwan·da [ruɑ́ːndə / ruǽn-] n. 루완다 〔중앙 아프리카
RWD 《略》 *r*ewind 〔되감기〔테이프 레코더 따위의 테이프를 급속으로 되감는 것〕); *r*ear *w*heel *d*rive (후륜 구동 (後輪驅動) 자동차).
R/WM 《略》 *r*ead/*w*rite *m*emory.
Rwy. 《略》 *R*ailway.
Rx 《略》 1 = prescription. 2 《라틴》〔처방전에서〕recipe. 3 = tens of rupees.
-ry *suf.* 다음 뜻을 나타내는 명사를 만든다. *cf.* -ery 1 직업·일. 예: dentist*ry*, chemist*ry*. 2 행위. 예: mimic*ry*. 3 상태·경우. 예: rival*ry*, slave*ry*. 4 집합. 예: jewel*ry*, peasant*ry*. 5 제조 (사용)소. 예: bake*ry*.
Ry. 《略》 *R*ailway.
ry·a [ríːə] n. ① 리어 〔북유럽의 융단〕.
*rye [rai] n. ① 1 호밀 〔위스키 따위의 원료〕; 호밀의 종자. 2 = rye bread. 3 = rye whiskey. — adj. 호밀 「의 가루로 만든.
rý**e bréad** n. ① 〔호밀로 만든〕흑빵. 「초〔사료용〕
rye-grass [ráigræs / -grɑ́ːs] n. ① 독보리속 (屬)의 목
rye-peck [ráipèk] n. 《英》〔물속에 꽂아 배를 매어 두는 끝에 쇠붙이가 달린〕장대.
rý**e whískey** n. ① 호밀로 만든 위스키.
ry·ot [ráiət] n. 〔인도의〕농부, 농민 (peasant); 소작인.
R.Y.S. 《略》 *R*oyal *Y*acht *S*quadron.
Ryu·kyu [riúːkjúː / *Jap.* rjúːkjúː] n. 유구 (琉球) 열도 (=Ryukyu Islands).
Ryu·kyu·an [rjùːkjúːən] n. 유구 (琉球) 사람.
— adj. 유구의, 유구 주민의.

S

S, s [es] *n.* (*pl.* **S's** *or* **Ss; s's** *or* **ss**) **1** 영어 알파벳의 열 아홉째 자. ¶ *S for Samuel* Samuel 의 S[국제 전화 통화 용어]. **2** S (s)를 나타내는 소리. **3** [연속된 것 중의] 열 아홉째 사람(물건). **4** S(s)자 모양(의 물건). ¶ make an *S* S자 모양을 하다. **5** [학업 성적의] S [Satisfactory 의 약자(略字)].

S (略) satisfactory; Saxon; signature; small; soft.

S [화학] sulphur(sulfur)의 원자 기호; 필름의 감광도 표

S, S., s, s. (略) south; southern. ∖∣ S 기호의 남쪽.

's¹ [-z, -s, -iz] *suf.* 명사의 소유격을 만든다. 예: boy's, women's, chamber's.

주의 [s] [z] [ʃ] [ʒ] [tʃ] [dʒ]의 뒤에서는 [-iz], 그밖의 유성음 뒤에서는 [-z], 그밖의 무성음 뒤에서는 [-s]로 발음된다. s로 끝나는 고유 명사에는 보통 -'s, -s'의 어느 쪽으로도 쓰인다. 예: Dickens's, Dickens'. 단 보통 명사의 s로 끝나는 복수형의 뒤에서는 -s's가 쓰이지 않는다. 예: boys', girls'.

's² [-z, -s, -iz] **1** is, has, us, 《구어》 does 의 단축형. 예: He's (=He is) at home. She's (=She has) gone to America. Let's (=Let us) start at once. / What's (= What does) he say? **2** 〖고어〗=God's. **3** 알파벳의 문자·숫자 따위의 복수를 나타낸다. 예: s's, 3's.

-s *suf.* 명사의 복수 어미. 예: books, girls (※ [s] [z] [ʃ] [ʒ] [tʃ] [dʒ]의 뒤에서는 [-iz], 그 밖의 유성음 뒤에서는 [-z], 또 그밖의 무성음 뒤에서는 [-s]로 발음된다). **2** 동사의 제3인칭 단수 현재형 어미. 예: It snows. **3** 부사의 어미. 예: always, needs, unawares.

s. (略) saint; school; second; section; see; series; shilling; shillings; sign; signed; silver; singular; sire; small; society; son; steamer; stem; stem of; substantive.

S. (略) Sabbath; Saint; Saturday; Saxon; School; Sea; Senate; September; Signor; Socialist; Society; Soprano; Sunday.

＄, $ (略) dollar, dollars [라틴어의 *solidus* 의 두문자 S를 장식화한 것].

SA (略) Support Assistance (지원 원조); Sub-Authorization (부(副) 구매 승인서); Sub-Automation (점포의 자동화 시스템).

S.A. (略) Salvation Army; 〖라틴〗 *secundum artem* (=according to art) (인공적으로); South Africa; South America; South Australia; 《속어》 sex appeal.

Saar [zɑːr / sɑːr] *n.* **1** 자르[독일 서부에 있는 주(州))로서 자르강 유역의 공업 지대]. **2** 자르강[프랑스 동북부의 Vosges 산맥 속에서 발원하여 독일 서부의 Moselle 강으로 흘러든다].

Saar·land [zɑ́ːrlænd, sɑ́ːr-] *n.* (the ~) =Saar 1.

sab [sæb] *n.* 《영구어》 [스포츠로서의] 사냥 반대론자, 동물 보호론자. [SAB[OTEUR]]

Sab. (略) Sabbath.

Sa·bae·an [səbíːən] *adj.* **1** 사반 아라비아의 옛 왕국 시바(Sheba)의. **2** 시바인(어)의. — *n.* ① 시바인; ① 시바어.

Sa·bah·an [sɑ́bɑːhən] *adj., n.* Sabah 의 (주민). (敎)

Sa·ba·ism [séibiːz(ə)m] *n.* ① 성수 숭배, 배성교(拜星敎)

Sab·a·oth [sǽbiɔ̀θ, -ɔ̀θ / sæbéiɔθ] *n. pl.* [성서] 만군(萬軍)(armies, hosts). ¶ *the Lord of Sabaoth* 만군의 주, 하느님[←Rom.) 9 : 29, 야고보서(James) 5 : 4].

Sab·ba·tar·i·an [sæbətɛ́(ː)riən / -téər-] *n.* **1** 토요일(의) 안식일을 지키는 유대교도. **2** [일요일의] 안식일을 지키는 기독교도. **3** 토요일을 안식일로 삼는 기독교 도. — *adj.* 안식일을 지키는, 안식일을 엄수하는.

Sab·ba·tar·i·an·ism [sæbətɛ́(ː)riənìz(ə)m / -téər-] *n.* ① 안식일 엄수(주의).

***Sab·bath** [sǽbəθ] *n.* **1** 안식일 [유대교에서는 토요일(←출애굽기(Exod.) 20 : 8-11), 기독교에서는 일요일]. ¶ *break*(*keep, observe*) *the Sabbath* 안식일을 어기다(지키다). **2** (s-) 안식(휴식)의 한때. **3** 마귀의 잔치 (witches' sabbath).

Sabbath day's journey ① 안식일의 행정(行程) [유대인의 안식일에 허용된 여행 행정(약 $2/3$마일)]. ② 편안한 여행.

◇ Sabbátical *adj.* 「키지 않는 사람.

Sab·bath-break·er [sǽbəθbrèikər] *n.* 안식일을 지

Sábbath Schòol *n.* **1** 주 일 학교 (Sunday School). **2** 안식일 학교.

Sab·bat·i·cal [səbǽtik(ə)l], **-ic** [-ik] *adj.* **1** 안식일의 같은. **2** (s-) 안식의; 휴식의. -i·cal·ly [-ikəli] *adv.*

sabbàtical yéar *n.* **1** 안식년 [고대 유대인이 7년째마다 1년씩 경작을 쉬고 부채를 탕감하여 주던 해]. **2** (美) 보통 7년째마다 한 번씩 연구·여행·휴양을 위해 대학 교수에게 주어지는 1년간 또는 반 년간의 휴가

sab·e [sǽbi] *v., n.* =savvy. (sabbatical leave).

Sa·be·an [səbíːən] *adj., n.* =Sabaean.

Sa·bel·li·an [səbélian] *n.* [로마 역사] 사벨리인[Sabines 나 Samnites 등의 고대 이탈리아 종족]. — *adj.* 사벨리인의. 「Belgian World Airlines).

Sa·be·na [sæbíːna] *n.* 사베나 벨기에 항공 (Sabena

***sa·ber**, 《英》 **-bre** [séibər] *n.* **1** 사브르, 기병검. **2** 기병(騎兵); (~s) 기병대. **3** (the ~) 무력; 무단 정치. **4** 〖펜싱〗 사브르. — *vt.* ~을 사브르로 찌르다(베다).

sáber ràttling *n.* ① 무력의 과시; 무력에 의한 위

sáber sàw *n.* 휴대용 전기 실톱. 「협.

sa·ber-toothed, 《英》 **sa·bre-** [séibərtùːθ, -tùːð] *adj.* 사브르 모양의 송곳니가 있는. ¶ a *saber-toothed tiger* [고생물] 검치호(劍齒虎).

Sa·bi·an [séibiən] *n.* 〖회교 경전 Koran 에서〗 회교도·유대교도·기독교도와 마찬가지로 참다운 신의 신자로 인정되고 있다. — *adj.* 사비교도의.

sa·bin [séibin] *n.* 〖음향〗 흡음(吸音)의 단위.

Sa·bine [séibain / sǽb-] *adj.* 사빈인의. — *n.* **1** 사빈(인) [고대 이탈리아의 한 종족]. **2** 사빈인(어). 「비 생 왁친.

Sá·bin vàccine [séibin-] *n.* ① 세이빈 왁친 [소아마

***sa·ble** [séibl] *n.* **1** 검은담비; 아메리카 족제비. **2** ① 검은담비의 모피; (~s) 검은담비 모피로 만든 웃옷. **3** ① 〖紋章〗 검은색. **4** (~s) 상복(喪服). — *adj.* **1** 검은담비의 모피로 만든. **2** 〖詩〗 검은, 흑색의. **3** 음침한, 음울한. **4** 악마의, 악마와 같은 (satanic). ¶ *His Sable Majesty* 마왕.

sa·bled [séibld] *adj.* 상복을 입은; 검은.

sa·ble·fish [séiblfiʃ] *n.* (*pl.* **~, -fish** *or* **-fishes**) 〖어류〗=candlefish.

sab·ot [sǽbou] *n.* (*pl.* **-ots** [-ouz]) **1** [프랑스·벨기에 등지의 농부가 신는] 나막신; 바닥이 나무로 된 신. **2** 〖군대〗 탄저판(彈底板). 〈＜F〉 [sabot 1]

sab·o·tage [sǽbətɑ̀ːʒ, -tìdʒ] *n.* ① **1** 사보타주 [노동

saboteur 쟁의 전술의 하나. 고의로 기계 설비·제품 따위에 손상을 입혀 생산을 저해하는 행위]. **2** 파괴, 방해.
— v. (**-taged, -tag·ing**) vt. **1** …에 대해 사보타주하다. **2** [고의로] …을 파괴(방해)하다. — vi. 사보타주를 행하다. [<F saboter damage(v.)<sabot 나막신+-AGE: 옛날 프랑스의 노동자가 쟁의를 일으킬 때 sabot 로 기계 따위를 파괴한 데서: 동계어 sabot]

sab·o·teur[sæbətə́ːr] n. **1** 사보타주 하는 사람. **2** 파괴 공작원.

sa·bra [sάːbrə] n. (pl. **-bras**) 《미국어》 이스라엘 태생의 (순수) 이스라엘인.

***sa·bre** [séibər] n., vt. (**-bred, -bring**) 《영》 =saber.

sa·bre·tache [séibərtæʃ, sǽb-] n. [기병 장교가 군도의 혁대에서 늘어뜨린] 작은 가방.

sab·u·lous [sǽbjuləs] adj. **1** 모래가 많은, 모래와 같은(sandy). **2** [오줌 따위가] 침전물이 많은.

sac [sæk] n. [동·식물의] 낭(囊), 액낭(液囊), 기낭(氣囊).

Sac [sæk, sɔːk] n. (pl. **Sac** or **Sacs**) =Sauk.

SAC (略) Strategic Air Command(미국 전략 공군 사령부).

sac·cade [sækάːd] n. 단속적(성) 운동[독서할 때의 안구의 순간적 운동 따위].

sac·cate [sǽkit, -keit] adj. 낭(주머니) 모양의, 낭이 있는.

sac·cha·rate [sǽkəreit] n. 《화학》 당산염(糖酸鹽).

sac·char·ic [səkǽrik, 英 sæk-] adj. 《화학》 당질의, 《화학》 당에서 얻은.

sac·char·ic ácid 《화학》 당산.

sac·cha·ride [sǽkəràid, -rid] n. 《화학》 당류(糖類). **2** 단당류(單糖類).

sac·cha·rif·er·ous [sæ̀kərífərəs] adj. 당분이 들어 있는, 당분이 생기는.

sac·char·i·fi·ca·tion [səkæ̀rifikéi(ə)n] n. U 당화 [糖化] [작용].

sac·char·i·fy [səkǽrifài, sæk-] vt. (**-fied, -fy·ing**) [전분]을 당화하다.

sac·cha·rim·e·ter [sæ̀kərímitər] n. 검당계(檢糖計).

sac·cha·rin [sǽkərin] n. U 《화학》 사카린.

sac·cha·rine adj. [sǽkərài n, -rin, -rìːn → n.] **1** 당분을 함유하는, 당질(糖質)의. **2** (비유적) 감미로운. — n. [sǽkərin, -rìːn] =saccharin. — **ly** adv.

sac·cha·rin·i·ty [sæ̀kəríniti] n. U 당질(糖質), 단맛.

sac·cha·rize [sǽkəràiz] vt. (**-rized, -riz·ing**) …을 당화(糖化)하다(saccharify). **2** 발효시키다 (ferment).

saccharo- sugar 라는 뜻의 연결형(* 모음 앞에서는 sacchar-을 쓴다). 예: saccharometer, saccharoid.

sac·cha·roid [sǽkərɔ̀id] adj. [지질] [돌의 질이] 가락사탕 같은. — n. 당질물(糖質物), 가락사탕 모양의 물질.

sac·cha·rom·e·ter [sæ̀kərάmitər / -rɔ́m-] n. 《화학》 당액 비중계(糖液比重計) [용액중의 당분 함유량을 측정함].   [(sucrose).

sac·cha·rose [sǽkəròus] n. U 《화학》 자당(蔗糖)

sac·ci·form [sǽksifɔ̀ːrm] adj. 주머니 모양의.

sac·u·lar [sǽkjulər] adj. 주머니 모양의.

sac·cu·lat·ed [sǽkjulèitid] adj. 소낭(小囊)의, 소낭으로 이루어진.

sac·cu·la·tion [sæ̀kjuléi(ə)n] n. U 작은 주머니로 이루어지기; 주머니 모양의 구조.

sac·cule [sǽkjuːl] n. **1** 〔해부〕 [내이(內耳)의] 구형낭(球形囊). **2** 작은 주머니.

sac·er·do·cy [sǽsərdòusi] n. U [성서] 사제직 (priesthood). **2** 〔교회〕 성직: 〔드물게〕 사제의 직위.

sac·er·do·tal [sæ̀sərdóutəl] adj. **1** 사제의 [priest-ly]; 성직의. **2** 성직 특권주의의. **~·ly** [-təli] adv.

sac·er·do·tal·ism [sæ̀sərdóutəlìz(ə)m] n. U **1** 성직(聖職) 제도, 성직자 기질; 성직. **2** 《보통 경멸적》 성직자들의 정략(priestcraft). **3** 성직 특권주의.

sac·er·do·tal·ist [sæ̀sərdóutəlist] n. 사제제(司祭制)주의자, 성직 특권주의자.

SACEUR (略) Supreme Allied Commander, Europe(NATO 유럽 연합군 최고 사령관(사령부)).

sa·chem [séitʃəm] n. **1** [북미 인디언의] 추장, 우두머리. **2** [뉴욕시 타마니 협회의] 총무, 간사. **3** 거물, 거두.

sa·chet [sæʃéi / -́-] n. **1** 냄새주머니. **2** 향가루. [<F]

sack¹ [sæk] n. **1** [삼베·즈크 따위로 만든] 큰 부대, 자루 [곡물·석탄·과일·양털 따위를 넣는다]. ⇨BAG [類語] **2** 한 부대 분량, 한 자루. ¶ a sack of potatoes 감자 한 부대(한 자루). **3** 《미》 [일반적으로] 부대(bag). **4** [여성·아동용의] 헐렁한 저고리(sacque) [특히 17·18세기에 유행했던 옷]. **5** 《미국어》 침대 (bed), 침낭. **6** (the ~)(속어) 해고, 면직(dismissal). **7** 〔야구 속어〕 루(壘), 베이스(base).

get the sack《속어》해고되다; 퇴짜맞다.

give a person **the sack**《속어》남을 해고하다, 남을 퇴짜놓다.

hit the sack《미속어》잠자리에 들다, 눕다.

hold the sack; be left to hold the sack《미구어》억지로 책임을 지우다, 궁지에 혼자 남다.

— vt. **1** …을 부대에 넣다. **2** 《속어》 …을 해고하다, 을 퇴짜놓다. ⇨DISMISS [類語] ¶ His employer sacked him for incompetence. 그의 고용주는 무능하다는 이유로 그를 해고했다. **3** 《속어》 [경기에서] …을 이기다. **4** 《구어》 …을 슬쩍 훔치다.

sack out (or **in**)《미속어》① 취침하다, 자다. ¶ Well, it's time to sack out. 이제는 자야 할 시간이다. ② 충분히 자다, 푹 자다.

◇ **sáckful** n.

sack² [sæk] vt. [도시 따위]를 약탈하다(plunder). — n. (the ~) [점령지의] 약탈(pillage). ¶ the sack of Troy 트로이의 약탈 / put a city to the sack 도시를 약탈하다.

sack³ [sæk] n. U 색주(酒) [옛날 스페인의 Canary 제도 등지에서 수출된 백포도주의 일종].

buy the sack 술에 취하다.

sack·but [sǽkbʌt] n. **1** 중세의 관악기로 현재의 트럼본과 비슷한 악기. **2** 〔성서〕 삼현금(三絃琴) [수금을 닮은 현악기의 일종] [←다니엘서(Dan.) 3:5].

sack·cloth [sǽkklɔ̀ːθ / -klɔ̀(ː)θ] n. U **1** 부대 만드는 천, 즈크, 거친 삼베(sacking). **2** 상복(喪服); 참회복.

be in (or **wear**) **sackcloth and ashes** 깊이 후회하다; 〔드물게〕 슬픔의 표시를 하다[←마태 복음(Matt.) 11:

sáck cóat 《미》 신사복 저고리.   [21].

sáck drèss n. 자루옷 [밑 등이 없고 헐렁한 여성복].

sack·er [sǽkər] n. **1** 부대를 만드는(채우는) 사람. **2** 〔야구 속어〕 누수(baseman).

sack·ful [sǽkfùl] n. 한 부대(의 양), 많은 분량.

sack·ing [sǽkiŋ] n. **1** 부대 만드는 천, 거친 삼베(sackcloth). **2** 약탈, 강탈.

sack·less [sǽklis] adj. 〔스코〕 **1** 정력[힘]이 없는; 의기 소침한(dispirited). **2** 의지가 박약한(feeble-minded). **3** 〔고어〕 죄가 없는, 결백한.

sáck ràce n. 부대 경주 [두 발을 자루 속에 넣어 묶고, 껑충껑충 뛰어가는 경주].

sáck sùit n. 《미》신사복.

sáck tìme n. 《미속어》수면 시간.

sack·y [sǽki] adj. (**sack·i·er, sack·i·est**) [옷이] 헐렁헐렁한; 어깨에서 축 늘어진.

SACLANT (略) Supreme Allied Commander, Atlantic(NATO 대서양군 최고 사령관(부)).

sac·like [sǽklàik] adj. 주머니와 같은, 주머니로 된.

sacque [sæk] n. =sack¹ 4.

sa·cra [séikrə] n. sacrum 의 복수형의 하나.

sa·cral¹ [séikrəl] adj. 성례(聖禮)의 (를 위한).

sa·cral² [séikər] adj. 〔해부〕 천골(薦骨)의. — n. 천골(薦骨).

sac·ra·ment [sǽkrəmənt] n. **1** 〔교회〕 a) [프로테스

탄트의〕 성례전(聖禮典) 〖세례와 성찬을 말한다〗. **b)** 〖로마 가톨릭, 영국 국교회 및 그리스 정교의〗 성사(聖事) 〖영세·견진(堅振)·성체·고백·종부(終傅)·신품(神品)·혼인 등 7성사〗. **2** (종종 the S-) 성찬(식), 성체(聖體) (Holy Sacrament). **3** (the~) 성체〖영국 국교회 및 로마 가톨릭에서는 the Holy (the Blessed) *Sacrament*〗. **4** 신성한 것, 신비. **5** 표상(sign), 증거(token), 상징(symbol). **6** 맹세, 서약; 신성한 맹세; 〖고대 로마 군대의〗 입대 선서.
administer the sacrament 성사를 주다; 성찬식을 행하다.
go to sacrament 성찬식에 참석하다.
take (or **receive**) **the sacrament to** *do* (or **upon**) …할 것을 맹세하고 성찬을 받다 〖약속이나 맹세의 확인〗.
— *vt.* (특히 과거 분사형으로) …을 신성하게 하다; …에 선서시키다. ¶ a *sacramented* covenant 성스러운 약속. ◇ sacraméntal *adj.*
sac·ra·men·tal [sæ̀krəméntl] *adj.* **1** 성사의, 성례전의; 성체의; 성찬식의. ¶ *sacramental* wine 성찬용 포도주. **2** 신성한(sacred). **3** 성사(성례전)를 존중하는. — *n.* **1** 〖가톨릭〗 성수·성유를 붓거나 성호를 긋는 따위의 준(準)성사. **2** (~s) 〖드물게〗 성찬식 용구. ~·**ly** [-təli] *adv.*
sac·ra·men·tal·ism [sæ̀krəméntəlìz(ə)m] *n.* U 성사 중시주의; (특히) 성찬 중시주의.
sac·ra·men·tal·ist [sæ̀krəméntəlist] *n.* 성사 중시주의자, 특히 성찬 중시주의자.
Sac·ra·men·tar·i·an [sæ̀krəmentέ(:)riən / -téər-] *n.* **1** 성찬 형식론자. **2** (s-) =sacramentalist. — *adj.* **1** 성찬 형식론자의. **2** (s-) 성찬의.
sac·ra·men·tar·i·an·ism [sæ̀krəmentέ(:)riənìz(ə)m / -téər-] *n.* =sacramentalism.
sac·ra·men·ta·ry [sæ̀krəméntəri] *adj.* **1** 성사의; 성찬식의(sacramental). **2** 성찬 존중주의자의(sacramentarian). — *n.* (*pl.* -**ries**) **1** =Sacramentarian. **2** (-**ries**) 성사 전문(聖事典文); 성례전 의식서.
Sac·ra·men·to [sæ̀krəméntou] *n.* 미국 California 주의 주도(州都).
Sácrament Sùnday *n.* 〖프로테스탄트〗 성찬식일.
sa·crar·i·um [səkrέ(:)riəm / -kréər-] *n.* (*pl.* -**i·a** [-iə]) **1** 〖성서〗 성전의 지성소(至聖所); 〖고대 역사〗 제단; 〖저택 안의〗 성소(聖所). **2** 〖교회〗 성당의 제단 앞〖성직자와 성가대가 자리하는 곳〗. **3** 〖가톨릭〗 성수반(水盤)(piscina).
‡**sa·cred** [séikrid] *adj.* **1** 신성한, 신께 바쳐진. ⇨ HOLY 類語 ¶ a *sacred* building 신전(神殿) / a *sacred* edifice 교회 건물. **2** 종교의, 종교적인. ¶ a *sacred* history 성서에 기록된 역사 / a *sacred* number 〖종교상의〗 성수(聖數) 〖7따위〗 / *sacred* music 종교 음악. **3** 〖신·사람·목적 등에〗 바쳐진, 헌정된(dedicated) (*to* ...). ¶ a monument *sacred to* the memory of the Unknown Soldiers 무명 용사의 메모리를 기념비. **4** 신성해서 범할 수 없는; 신성(神聖) 불가침의. ¶ *sacred* rights 침해할 수 없는 권리 / His (Her, Your) most *Sacred* Majesty 폐하 〖옛날 영국의 왕·여왕의 존칭〗 / Snakes are held *sacred* in some part of Africa. 아프리카의 어느 지역에서는 뱀이 신성시되고 있다.
be sacred from …을 면하다, 당하지 않다.
~·**ly** *adv.* ~·**ness** *n.*
sácred babóon *n.* 비비(狒狒)의 일종.
Sácred Cóllege *n.* (the~) 〖가톨릭〗 추기경회 〖추기경으로 구성되는 교황의 최고 자문 기관〗.
sácredców *n.* **1** 〖인도의〗 성우(聖牛). **2** 비판(공격)해서는 안 되는 것(사람).
Sácred Héart *n.* (the~) 〖가톨릭〗 〖신의 사랑의 상징으로서의〗 예수의 마음, 예수 성심(聖心). **2** 그 축일.
‡**sac·ri·fice** [sǽkrəfàis] *n.* **1** U 신에게 산 제물을 바치기; ⓒ 산 제물. ¶ a human *sacrifice* 인신(人身) 제물. **2** (the~) 그리스도가 십자가에 못박히기(the Crucifix-ion); 성찬(the Eucharist). **3** U C 〖일반적으로〗 희생, 희생적 행위, 희생하는 것. ¶ the great (*or* the last) *sacrifice* 국가를 위한 싸움에서 죽는 일 / fall a *sacrifice to* …의 희생이 되다 / make a *sacrifice to* …에 희생되다. **4** 투매(投賣); 투매에 의한 손실. ¶ sell *at a sacrifice* 투매하다, 헐하게 팔다. **5** 〖야구〗 희생 번트, 희생타.
at the sacrifice of …을 희생시켜. ¶ Some people work *at the sacrifice of* their pleasure. 자신의 즐거움을 희생시키고 일하는 사람도 있다.
— *v.* (-**ficed, -fic·ing**) *vt.* **1** …을 제물로 바치다, 희생시키다. ¶ (~+目+前+名) *sacrifice* sheep *to* God 양을 신에게 제물로 바치다. **2** 〖일반적으로〗 …을 희생하다, 바치다. ¶ (~+目+前+名) *sacrifice* oneself *for the good of humanity* 인류의 복지를 위해 자신을 희생하다 / *sacrifice* one's whole life *for* a passing whim 일시적인 기분을 위해서 일생을 희생하다. **3** 〖물건을〗 투매하다. **4** 〖야구〗 〖주자〗를 희생타에 의해 진루(進壘)시키다. — *vi.* **1** 제물을 바치다. ¶ (~+前+名) *sacrifice to* God 신에게 제물을 바치다. **2** 〖야구〗 희생타를 치다. ◇ sacríficial *adj.*
sácrifice flý *n.* 〖야구〗 희생 플라이.
sácrifice hít(búnt) *n.* 〖야구〗 희생 번트, 희생타.
sac·ri·fic·er [sǽkrəfàisər, +美 -fàiz-] *n.* **1** 희생자. **2** 제물을 바치는 성직자.
sac·ri·fi·cial [sæ̀krifí(ə)l] *adj.* **1** 제물의, 희생의. **2** 희생적인, 헌신적인. **3** 투매(投賣)의. ~·**ly** [-ʃəli] *adv.*
sac·ri·lege [sǽkrilidʒ] *n.* U **1** 성소(聖所)〖신성한 것〗를 더럽힘, 신성 모독. **2** 신성한 것을 훔치기, 교회 도둑.
sac·ri·le·gious [sæ̀krilídʒəs, +美 -líːdʒəs] *adj.* **1** 신성(神聖)을 더럽히는, 신을 모독하는; 벌받을. **2** 교회를 터는. ~·**ly** *adv.* ~·**ness** *n.*
sa·cring [séikriŋ] *n.* 〖고어〗 **1** U 〖미사의〗 성찬의 빵과 포도주를 축성(祝聖)하기. **2** 〖군주·대주교 등의〗 취임식, 축성식.
sácring béll *n.* 〖가톨릭〗 미사의 축성 후 성체를 몸에 보일 때 울리는 제령(祭鈴); 축성(聖)을 알리는 교회의 종.
sa·crist [séikrist, +美 sǽk-] *n.* =sacristan.
sac·ris·tan [sǽkrist(ə)n] *n.* **1** 〖교회·수도회〗의 제기(祭器)·제복(祭服) 따위의 보관인. **2** 《폐어·고어》 교회의 잡역꾼, 성당지기 (sexton).
sac·ris·ty [sǽkristi] *n.* (*pl.* -**ties**) 〖교회·수도회〗의 제기(祭器)·제복(祭服) 따위의 보관소.
sac·ro·il·i·ac [sæ̀krou(ə)fliæk, sèik-] 〖해부〗 *n.* 천장 관절(薦腸關節) 〖천골과 장골의 관절〗. — *adj.* 천장관절의, 천골과 장골의.
sac·ro·sanct [sǽkro(u)sæ̀ŋkt] *adj.* **1** 특히 신성한. **2** 〖종종 비꼬아서〗 신성 불가침의. ~·**ness** *n.*
sac·ro·sanc·ti·ty [sæ̀kro(u)sǽŋktiti] *n.* U 신성(神聖)함.
sa·crum [séikrəm, +美 sǽk-] *n.* (*pl.* **sa·cra** [-krə] *or* **sa·crums**) 〖해부〗 천골(天骨)의 최하부의 뼈, 천골.
‡**sad** [sæd] *adj.* (**sád·der, sád·dest**) **1** 슬픈(sorrowful), 슬픔을 나타내는, 슬픔에 잠겨 있는. ¶ *sad to say* 슬프게도 / feel *sad* 슬퍼하다 / a *sad* song 슬픈 노래. **2** 슬픈 듯한, 슬픔에 젖은. ¶ a *sad* face 슬픔에 젖은 얼굴.
類語 **sad** 가벼운 일시적인 울적함에서 깊은 슬픔에 이르기까지 넓은 뜻을 뜻하는 가장 일반적인 말. **sorrowful** 사별(死別) 등의 큰 불행으로 슬퍼하는: *sad and sorrowful* 비탄에 잠겨 있는. **depressed** 피로·불행·무력 따위 때문에 일시적으로 마음이 가라앉은. **dejected** 외부적·구체적인 일 때문에 실망·좌절감 따위로 잠시 기운을 잃은: *dejected* over missing a bus 버스를 놓쳐 낙심한. **gloomy** 슬픔에 젖어 있는 사람이 자아내는 어둡고 우울한 기분을 나타내는 말: a

gloomy person 음울한 사람. **melancholy** 외부의 영향에 의해서라기 보다 기질적인 우울·수심을; 반드시 심각하거나 불쾌한 것은 아니다.
3 슬프게 하는, 애석한(depressing). ¶ It is *sad* that you failed in your exam. 네가 시험에 낙방한 것은 애석한 일이다. **4** 〔색이〕 거무스름한, 어두운, 충충한, 침침한(dark). **5** 《구어》 지독한(very bad), 한심한, 말도 안 되는. ¶ a *sad* boy 한심한 놈, 골칫덩이 / write *sad* stuff 형편없는 문장을 쓰다 / He is a *sad* dog.《익살》 그는 난봉꾼이다. **6** 〔방언〕〔빵 따위가〕설구워진, 많이 절척절척한(soggy). **7** 〔고어〕 단단한(firm); 제정신의, 진정의(serious). ¶ in *sad* earnest 정색을 하고, 진정으로.
a sadder and a wiser man 슬픈 경험으로 많은 것을 깨달은 사람, 어려움을 겪는 사람 [← S.T. Coleridge 작 *The Ancient Mariner*].
sad to say《보통 글 머리에》유감스러운 것은.
◇ **sádden** v., **sádly** adv., **sádness** n.

sad-col·ored,《英》**-oured** [sǽdkΛ́lərd] *adj.*
sad·den [sǽdn] *vt.* …을 슬프게 하다, …을 거무스름하게 하다. ── *vi.* 슬퍼하다; 거무스름한 색이 되다.
‡**sad·dle** [sǽdl] *n.* **1** 〔말 위의〕안장; 〔마구(馬具)의〕안장 부분. **2** 〔자전거·오토바이 따위의〕앉는 자리, 새들, 안장. **3** 〔안장을 놓을 말의〕등. **4** 양장 모양의 물건. **5** 〔양고기 따위의〕등심. **6** 〔두 산봉우리를 잇는〕등마루, 산등성(鞍). **8** 〔배의〕침목. **9** 〔구어〕 구두판.

[saddle 1]
1 flap 안장깔개 2 pommel 안장머리 3 seat 안장(鞍)座) 4 cantle 뒷머리 5 girth 복대 6 stirrup 등자

cast a person out of the saddle 남을 면직시키다.
in the saddle ① 말을 타고. ② 실권을 장악하여, ③ 일에 착수하여, 준비가 끝나.
lose the saddle 말에서 떨어지다.
put the saddle on the wrong (right) horse 엉뚱한 사람을 책망하다 (마땅히 책망할 사람을 책망하다).
take (or get into) the saddle ① 말을 타다. ② 실권을 장악하다.
── v. (-dled, -dling) *vt.* **1** 〔말 따위에〕 안장을 얹다. ¶ *saddle* a horse 말에 안장을 얹우다(... *with*), ¶ (~+目+前+名) *saddle* a person *with* responsibility 남에게 책임을 떠맡기다. ── *vi.* 말에 안장을 얹다.

sad·dle·back [sǽdlbæ̀k] *n.* **1** 안장 모양의 산 등성이. **2** 〔건축〕 =saddle roof. **3** 등에 안장 모양의 무늬가 있는 새나 짐승.
sad·dle·backed [sǽdlbæ̀kt] *adj.* **1** 안장 모양의, 등이 우묵한. **2** 〔새 따위〕등에 안장 모양의 무늬가 있는.
sad·dle·bag [-bæ̀g] *n.* **1** 〔안장 뒤〕 〔안장 뒤쪽 좌우에 하나씩 다는 자루〕. **2** ⓤ 그것을 만드는 천〔페르시아 융단의 일종〕.
sáddle blánket *n.* =saddlecloth.
sad·dle·bow [sǽdlbòu] *n.* 안장의 앞테.
sad·dle·cloth [sǽdlklɔ̀:θ / -klɔ̀(ː)θ] *n.* (*pl.* **-cloths** [-klɔ̀:ðs, -klɔ̀:θs]) 〔말 안장 밑에 까는〕 안장 방석.
sáddle hòrse *n.* 승용마.
sad·dle·less [sǽdllis] *adj.* 안장이 없는, 안장 모양 아닌.
sad·dler [sǽdlər] *n.* **1** 마구(馬具) 제조(수리·판매)인, 마구상(商). **2** 승용마 (saddle horse).
sáddle ròof *n.* 〔건축〕 양박공 지붕.
sad·dler·y [sǽdləri] *n.* (*pl.* **-dler·ies**) **1** 〔집합적〕 마구(馬具)〔한 벌〕. **2** ⓤ 마구 제조(수리·판매)업, ⓒ 마구상.
sáddle shòe *n.* 〔보통 ~s〕 등만 다른 빛깔로 된 운동화.
sáddle sòap *n.* ⓤ 가죽 닦는 비누.

sáddle sòre *n.* **1** 〔말〕 안장에 쏠린 상처. **2** 〔안장에 쏠린〕다리 가랑이의 상처.
sáddle stìtch *n.* **1** 〔제본〕 등매기〔주간지처럼 등을 철사로 묶는 제본 방식〕. **2** 〔재봉〕 새들 스티치〔가죽 제품의 둘레를 누비는 바느질〕.
sad·dle·tree [sǽdltrì:] *n.* **1** 안장틀. **2** 〔북미산의〕 튤립나무(tulip tree).
Sad·du·ce·an [sæ̀dʒʊsíːən / -djuː-] *adj.* 사두개파의.
Sad·du·cee [sǽdʒʊsìː / -djuː-] *n.* 〔유대교〕 사두개파〔구전(口傳)의 권위·죽은 자의 부활·천사나 영혼의 존재 사상을 부정한 고대 유대교 일파의 사람〕.
Sad·du·ce·ism [sǽdʒʊsìːɪz(ə)m / -djuː-] *n.* ⓤ **1** 사두개교. **2** 영혼 멸망론.
sad·hu [sάːduː] *n.* 〔힌두교〕 성인(holyman).
sad·i·ron [sǽdàɪərn] *n.* 다리미〔속에 숯불을 넣고, 올 다리는 앞뒤 쪽의 국자 모양을 한 다리미의 기구〕.
sad·ism [sǽdiz(ə)m, séɪd-] *n.* ⓤ 〔정신 의학〕 **1** 사디즘, 가학성 음란증. **2** 〔일반적으로〕기학(嗜虐), 잔학한 일을 즐김. *cf.* masochism 〔<F: 이것을 다룬 프랑스의 소설가 Marquis de Sade(1740-1814)의 이름〕.
sad·ist [sǽdist, séɪd-] *n.* **1** 가학성 음란증의〔사람〕. *cf.* masochist **2** 잔학한 일을 즐기는〔사람〕.
sa·dis·tic [sǝdístɪk, seɪ-] *adj.* 사디스트적인.
-ti·cal·ly [-tɪkəlɪ] *adv.*
‡**sad·ly** [sǽdli] *adv.* **1** 슬퍼하여, 비탄에 젖어; 슬프게. ¶ She was standing *sadly* beside the grave. 그녀는 무덤 곁에 슬픈 듯이 서 있었다. **2** 몹시(badly). ¶ He was *sadly* disheartened. 그는 몹시 낙심하였다.
── *adj.*《英방언》《서술 형용사》건강을 해친, 기분이 좋지 않은.
‡**sad·ness** [sǽdnɪs] *n.* ⓤ **1** 슬픔, 비애, 비탄 (grief). ⇒ SORROW〔類語〕 **2** 슬픈 모습.
sa·do- 「사디즘에 관한」이라는 뜻의 연결형. 예: *sado*-sexuality.
sad·o·mas·o·chism [sæ̀do (u)mǽzəkɪ̀z(ə)m, sèɪd-, -mæ̀s-] *n.* ⓤ 가학 피학성(加虐被虐性) 변태 성욕.
sad·o·mas·o·chist [sæ̀do (u)mǽzəkɪst, sèɪdo (u)-, -mæ̀s-] *n.* 가학 피학성 변태 성욕자.
sád sàck *n.* 《美구어》〔사람은 호인이나〕 요령이 없는(얻은) 병사; 요령이 없는 사람, 멍텅구리.
sae [seɪ] *adv.*《주로 스코》 =so.
SAE(略) *Society of Automotive Engineers* 〔미국 자동차 기술자 협회〕.
s.a.e.(略) *stamped addressed envelope*.
SAE númber *n.* 〔기계〕 윤활유 점도(粘度) 번호〔윤활유의 점도를 표시; 수가 클수록 점도가 높다〕.
sa·fa·ri [səfάːrɪ] *n.* ⓤ 〔아프리카 동부에서의〕사파리, 사냥〔원정〕여행. ¶ on *safari* 사냥 여행중의. **2** 사냥 원정대.
safári jàcket *n.* 사파리 재킷〔네개의 주머니와 허리 벨트가 달린 큰 재킷; 두꺼운 면으로 만든다〕.
safári pàrk *n.* 자연 동물 공원〔동물을 놓아 먹이며 차 안에서 구경하는 동물 공원〕.
‡**safe** [seɪf] *adj.* (**sáf·er, sáf·est**) **1** 안전한, 위험이 없는, 해를 당하지 않는(harmless), *opp.* dangerous ¶ a *safe* place to live in 살기에 안전한 장소 / Is it *safe* to leave him alone? 그를 혼자 남겨두어도 괜찮을까? / This dog is *safe* to touch. 이 개는 만져도 위험하지 않다 // be *safe from* attack 공격을 받을 염려가 없다.
〔類語〕 **safe** 사람·물건에 대하여 위험성이 없다는 뜻.
secure 위험 따위를 걱정할 필요가 없는; 안전감을 느끼는 의미에서 safe 보다 강한 뜻: a *secure* foundation 튼튼한 기초.
2〈come, arrive, bring, keep 따위의 보어로서〉무사히, 탈없이, 안전하게. **a)**《주격 보어로서》¶ arrive *safe* 무사히 도착하다 / come home *safe* from war 전쟁에서 무사히 돌아오다. **b)**《목적격 보어로서》¶ see a person *safe* home 남을 무사히 집까지 바래다 주다.
3 어김없는, 틀림없는. ¶ a *safe* estimate 어김없는 추

산(견적) / It is *safe* to say [that] …이라 하여도 무방하다(과언이 아니다) // You're perfectly *safe in* believing what he tells you. 그가 너에게 말하는 것을 믿어도 절대 틀림없다.
4 신뢰할 수 있는, 믿을 수 있는(trustworthy); 신중한, 주의 깊은(cautious). ¶ a *safe* guide 믿을 수 있는 안내인 / a *safe* person to confide in 비밀을 털어놓아도 괜찮을 사람 // Your secret will be *safe* with me. 너의 비밀은 누설하지 않겠다.
5 [감금 따위에 의하여] 위해를 가할 염려가 없는, 도망칠 우려가 없는. ¶ a criminal *safe* in jail 감옥에 들어가 있어서 도망칠 염려가 없는 죄인 / We have him *safe* enough. 그는 도망칠 우려가 없다.
6 확실한, 반드시 …하는, …이 일어날 가능성이 있는. ¶ a *safe* first 1등이 확실한 사람 // We are *safe* to succeed. 우리는 반드시 성공한다.
7 〖야구〗 세이프의.
[as] *safe as houses* (or *a house*) 아주 안전한.
[as] *safe as the Bank of England* 《英》 극히 안전한, 매우 신뢰할 수 있는.
on the safe side 신중을 기하여. ¶ take an umbrella so as to be *on the safe side* 신중을 기하여 우산을 가지고 가다 / err *on the safe side* 설사 잘못되더라도 안전한 쪽을 택하다, 신중을 기하다.
safe and sound 무사히, 탈없이 [←누가 복음(Luke) 15 : 27]. ¶ return *safe and sound* 무사히 돌아오다.
── *n*. **1** 금고. ¶ break a *safe* 금고를 털다. **2** 〖쥐나 파리가 드나들지 못하게 만든〗 찬장(meat safe). **3** 새는 물받이 접시. **4** 〖俗〗 =condom.
── *adv*. 안전하게(safely). ✻ 종종 복합어로 쓴다. 예: *safe*-hidden, *safe*-moored.
~ness *n*. *safety n*., *safely adv*.   [괴.
safe·blow·ing [séifblòuiŋ] *n*. ⓤ폭약에 의한 금고 파
safe·break·er [séifbrèikər] *n*. 금고털이[사람].
safe-con·duct [séifkʌ́ndʌkt / -kɔ́n-] *n*. **1** 〖전시에 안전을 보장하는〗통행증(권). **2** ⓤ안전 통행권(權).
in (or *with, under, upon*) [*a*] *safe-conduct* 통행권을 소지하고, 안전 통행권을 허가받아.
safe·crack·er [séifkrækər] *n*. 금고털이.
safe-de·pos·it [séifdipàzit / -pɔ̀z-] *adj*. 귀중품 따위를 안전하게 보관하는, 보호 예수(預受)의. ¶ a *safe-deposit vault box* 대여 금고 / a *safe-deposit* 대여 금고실.
***safe·guard** [séifgàːrd] *n*. **1** 보호(protection), 방호(防護) (defense); 예방, 보증. **2** 보호 수단, 예방 수단; 안전 장치, …막이(against…). ¶ a *safeguard against* disease 질병의 예방 수단. **3** 〖貿易〗 긴급 수입 제한 조치[특정 상품의 수입 급증으로 국내 관련 산업이 위협받을 때 취하는 수입 제한 조치]. **4** 보호자(protector), 호위[병](guard); 호위선(船). **5** 통행권, 여행권. ── *vt*. …을 막다, 지키다(guard), 보호하다(protect); 안전하게 하다, 보증하다. ⇨ DEFEND 〖類語〗
¶ *safeguard* industries 산업을 보호하다.
safe hòuse *n*. [간첩등의] 은신처, 안전 가옥, 아지
safe·keep·ing [séifkìːpiŋ] *n*. ⓤ 보호, 보관.   [트.
be in safekeeping with a person 남에게 보관시키고 있다.   (安全光).
safe·light [séifláit] *n*. ⓤ[사진] [암실용의] 안전 광
‡safe·ly [séifli] *adv*. 안전히, 무사히, 손상을 받지 않고. **2** 지장없이. ¶ One can *safely* say (or It can *safely* be said) that … …이라고 말해도 무방하다.
saf·en [séif(ə)n] *vt*. …을 안전하게[무해하게] 하다. 〜의 독성을 완화하다.
saf·en·er [séif(ə)nər] *n*. 독성 완화제.
sáfe pèriod *n*. [생리] [임신 가능성이 가장 적은 월경 전후의] 피임 안전 기간.
sáfe séx *n*. 안전한 성행위[콘돔 착용 등 성감염 질병에 대한 예방 조치를 한 성행위].
safe-time [séiftàim] *n*. 〖우주〗 안전 시간[비행중인

미사일에 핵탄두가 폭발하기 전의 시간].
‡safe·ty [séifti] *n*. (*pl*. **-ties**) **1** ⓤ 안전, 무사; 안전성. ¶ flee for *safety*; seek *safety* in flight 피난하다 / in *safety* 무사히 / with *safety* 안전하게, 위험하지 않게, 탈없이 / The captain was held responsible for the *safety* of his airplane. 기장(機長)은 자기 비행기의 안전에 관한 책임을 지고 있었다 / *There is safety in numbers*. 《속담》 수가 많은 편이 안전하다 // The people of that country lived in *safety from* their enemies. 그 나라 사람들은 적의 침범없이 평화스럽게 살았다. **2** 안전 장치, 안전판(瓣). ¶ a gun at *safety* 안전 장치를 한 총. **3** 〖미식축구〗 세이프티; 〖야구〗 안타.
play for safety 안전하게 굴다, 신중을 기하다, 요행수를 노리지 않다.
sáfety first 안전 제일 [사고 방지의 슬로건].
◇ safe *adj*.
sáfety bèlt *n*. 안전 벨트; 구명대(救命帶).
sáfety bìcycle *n*. 안전 자전거 [현재 많이 보급되어 있는 양 바퀴의 크기가 같은 자전거].
sáfety bòlt *n*. **1** [문이나 대문 따위의] 빗장. **2** [총 따위의] 안전 장치.
sáfety cùrtain *n*. [극장의] 방화막(防火幕).
sáfe·ty-de·pos·it [séiftidipàzit / -pɔ̀z-] *adj*. =safe-deposit.
sáfety fìlm *n*. ⓤⓒ 불연성(不燃性) 필름.
sáfety fùse *n*. ⓤ 안전 도화선; 안전 퓨즈.
sáfety glàss *n*. ⓤ안전 유리[강화(强化) 유리·망(網) 유리 따위].
sáfety hàt *n*. 안전모(帽) [공사장의 작업용 헬멧].
sáfety ìsland *n*. [가로상의] 안전 지대(safety zone).
sáfety làmp *n*. [광산용의] 안전 램프.
sáfety lòck *n*. **1** 안전 자물쇠. **2** [총 따위의] 안전
sáfety mátch *n*. 안전 성냥.   [장치.
sáfety nèt *n*. **1** [곡예사·고소 작업자 등을 위한] 안전망. **2** 《비유》 [금융 거래 등의] 안전 보장, 안전책; 안전 정책. ¶ social *safety* net 사회 보장 제도.
sáfety pìn *n*. 안전핀.
sáfety ràzor *n*. 안전 면도[기].
sáfety shòes *n*. *pl*. 안전화 [낙하물로부터 발가락을 보호하는 보조 기구가 달린 신; 또는 인화 물질 취급자가 신는 발화 발생 방지용 신창을 댄 신].
sáfety vàlve *n*. **1** 안전판(瓣). ¶ act as a *safety valve* 안전판 구실을 하다. **2** [감정 따위의] 배출구,
sit on the safety valve 억압 수단을 쓰다, 탄압을 가하다.
sáfety zòne *n*. [가로상의] 안전 지대(safety island).
saf·flow·er [séfláuər] *n*. **1** 잇꽃. **2** ⓤ [그 꽃에서 채취한 주홍색의] 잇꽃 염료(약제).
***saf·fron** [sǽfrən, +美 -fɔːrn] *n*. **1** 〖식물〗 사프란; ⓤ 사프란(劑) [사프란의 암술머리를 건조시킨 것. 약용·염색용·요리 착색용]. **2** ⓤ 사프란색, 선황색(鮮黃色)(saffron yellow). ◇ **sáffrony** *adj*.
saf·fron·y [sǽfrəni] *adj*. 사프란색의.
S.Afr. (略) South Africa; South African.
saf·ra·nine [sǽfrənìːn, -nin], (**saf·ra·nin**) *n*. ⓤ [화학] 사프라닌[염료의 일종이며 양모·명주실 따위를 염색하는 데 쓴다]. 확적색.
sag [sæg] *v*. (**sagged, sag·ging**) *vi*. **1** [중량으로 가운데 것이 한가운데에] 늘어지다, 축 처지다, 휘다; [세로의 것이] 구부러지다(bend). ¶ The rope is *sagging*. 밧줄이 처져 있다. **2** [물품없이] 축 늘어지다, 처지다. ¶ a *sagging* skirt 볼품있이 늘어진 스커트. **3** [물가가] 떨어지다(decline). **4** 기운이 빠지다, 약해지다(droop). **5** [항해] [선체의 중앙부가 자체의 무게로] 처지다. ¶ *sag* to leeward [배가 바람에 밀려] 흘러가다, 표류하다. ── *vt*. …을 처지게 하다. ── *n*. **1** 처짐, 늘어짐, 휨, 처진 곳, [물품을] 내려놓는 곳. ¶ a deep *sag* in the seat of a chair 의자의 움푹 내려앉은 데. **2**

sa·ga [sáːgə] *n.* **1** 북유럽 전설. **2** [일반적으로] 영웅 이야기, 무용담, 모험담. **3** 계도(系圖) 소설, 대하(大河) 소설 (saga novel). ¶ *the Forsyte Saga* 포사이트 이야기 [포사이트가(家)를 주제로 한 이야기. John Galsworthy 작].

****sa·ga·cious** [səgéiʃəs] *adj.* **1** 현명한, 기민한, 영리한, 빈틈없는. **2** [폐어][동물 따위가] 예민한 후각을 가진. ~**·ly** *adv.* ~**·ness** *n.*

****sa·gac·i·ty** [səgǽsiti] *n.* ⓤ 기민, 명민(明敏), 현명.

sag·a·more [sǽgəmɔːr / -mɔ̀ː] *n.* [북미 New England 지방에 사는 인디언의] 추장.

sága nòvel *n.* 계도 소설, 대하 소설.

****sage¹** [seidʒ] *n.* 현인(賢人), 철인(哲人). ∗ 종종 비꼬아서 쓰이다.

the Seven Sages 칠현인[고대 그리스의 Thales, Solon, Periander, Cleobulus, Chilo, Bias, Pittacus를 가리키며, the Seven Wise Men of Greece 라고도 한다].

— *adj.* (**sag·er, sag·est**) **1** 현명한(wise), 사려 깊은. **2** 현명한(사려 깊은) 체하는, 점잔 빼는.
~**·ly** *adv.* ~**·ness** *n.*

sage² [seidʒ] *n.* **1** 셀비어, 깨꽃. **2** 세이지[차조기과(科)의 다년생 초본]; 그 잎[약용·조미료용].

SAGE [seidʒ]《略》Semi-Automatic Ground Environment(반자동식 방공 관제 지상 시설). *cf.* BUIC

sage·brush [séidʒbrʌ̀ʃ] *n.* ⓤ 쑥 [북미 서부의 불모지에 자생한다].

ságe chéese *n.* ⓤⓒ 세이지 치즈 [세이지로 조미한 치즈].

ságe gréen *n.* ⓤ (때로 a ~) 셀비어색, 칙칙한 황록색[세이지의 잎사귀의].

ságe gróuse *n.* 뇌조(雷鳥)의 일종 [북미 서부의 sagebrush가 많은 지방에 산다].

ságe hèn *n.* sage grouse 의 암컷. ∗ sage grouse 일반을 가리키기도 한다.

ságe tèa *n.* 세이지차 [셀비어의 잎을 달인 액, 약용].

sag·ger, -gar [sǽgər] *n.* 토갑(土匣) [내화토(耐火土)로 만든 용기. 고급 도기는 여기에 넣어 굽는다].

sag·gy [sǽgi] *adj.* (-**gi·er, -gi·est**) [무게로] 처진, 축 늘어진, 느슨해진.

Sa·ghal·ien [sǽgəliːn, + 美 səgáːliən] *n.* = Sakhalin.

Sa·git·ta [sədʒítə] *n.* [천문] 화살좌(座) (the Arrow).

sag·it·tal [sǽdʒit(ə)l] *adj.* **1** [해부] [두개(頭蓋)의] 시상 봉합의(矢狀縫合의). **2** 화살의, 화살[촉] 모양의.

Sag·it·ta·ri·us [sæ̀dʒitɛ́(ː)riəs / -tɛ́ər-] *n.* [천문] 궁수좌(弓手座) (the Archer); 인마궁(人馬宮) [황도(黃道)의 제9궁]. *cf.* ZODIAC 그림.

sag·it·tar·y [sǽdʒitèri / -t(ə)ri] *n.* (*pl.* -**tar·ies**) [그리스 신화] 활을 가진 반인 반마(半人半馬)의 괴물 (centaur).

sag·it·tate [sǽdʒitèit] *adj.* [잎 따위가] 화살촉 모양의.

sa·go [séigou] *n.* (*pl.* -**gos**) **1** ⓤ 사고 [사고야자의 나무심에서 뽑은 녹말 모양의 식품]. **2** =sago palm.

ságo pàlm *n.* 사고야자 [그 나무심에서 sago를 채취한다].

sa·gua·ro [səɡ(w)áːrou] *n.* (*pl.* -**ros**) 사과로 선인장 [키가 매우 크고, 미국 Arizona 주의 주화(州花)].

Sa·ha·ra [səhǽ(ː)rə, -háːrə / -háːrə] *n.* **1** (the ~) 사하라 사막 [아프리카 북부의 대사막]. **2** 불모의 땅, 황야. **3** [비유적] 무미건조한 곳.

Sa·har·an [səhǽ(ː)rən, -hǽr-, -háːr-/ -háːrən], (**Sa·har·i·an** [-riən]) *adj.* 사하라 사막의. **2** [땅이] 불모의 (Saharan).

Sa·har·ic [səhǽ(ː)rik, -hǽr-, -háːr-/ -háːr-] *adj.*

Sa·hel [səhéil, -híːl] *n.* (the ~) [사하라 사막 주변부의 대초원(대평원)], 사헬.

sa·hib [sáː(h)ib] *n.* **1** (S~) 각하, 나리, 대감, …님 [특히 식민지 시대에 인도인이 유럽인을 부르던 경칭으로, sir, master 에 해당. 이름이나 관명 다음에 붙인다]. ¶ Jones *Sahib* 존스님. **2** 〔구어〕 유럽인(European); 신사(gentleman).

sa·hi·ba [sáː(h)ibə] *n.* sahib 의 여성형. *cf.* memsahib

‡**said** [sed] *v.* say 의 과거·과거 분사. — *adj.* [주로 법률] 전기(前記)의, 전술(前述)의. ¶ the *said* witness 전술한 증인.

Sai·gon [saiɡάn / -ɡɔ́n] *n.* 사이곤 [베트남 남부의 항구 도시이며, 이전의 South Vietnam 의 수도. Ho Chi Minh City 의 옛 이름].

‡**sail** [seil] *n.* **1** [배의] 돛; (the ~) [집합적으로] [일부 또는 전부]. ¶ a set *sail* 올린 돛 / at full *sails* (or *sail*) 돛을 모두 올려서, 전속력으로(at full speed) / with all *sails* set 돛을 모두 펴고 / bend the *sail* 돛을 활대에 동여매다 / carry *sail* 돛을 올리다 / fill the *sail* 이 바람을 가득 받게 하다 / furl a *sail* 돛을 접다 / pack on all *sails* 돛을 모두 펴다 / set *sail* for ~을 향하여 출항하다. **2** 돛 모양의 것; 풍차의 날개; [매 따위의] 새의 날개; [새치 따위의] 등지느러미(fin); [앵무조개 따위의] 촉수(tentacle). **3** 범주의 사령탑. **3** [집합적] [범선의] 회유(回遊); 배 여행; 항해; 항정(航程) (voyage). ¶ go for a *sail* 출항하다. **4** 범선(sailing ship) [집합적] 배, ··척. ¶ a fleet of 30 *sail* 30 척의 함대.

crowd **on** *sail* 돛을 될 수 있는 대로 많이 펴다.
get in a **sail** 축범(縮帆)하다.
get under **sail** 출항하다, 출범하다.
hoist **sail** ① 돛을 올리다. ② 〔속어〕 떠나다, 물러가다. ¶ You may *hoist sail*. 돌아가 주십시오.
in **sail** 돛을 올리고.
lower (or *haul down*) *one's* **sail** ① 돛을 내리다. ② 항복하다.
make **sail** [항해] ① 돛을 올리다, 돛을 더 늘려서 달리다. ② 출범하다.
Sail ho! 배가 보인다 [경보].
strike **sail** ① 급히 돛을 내리다. ② 주제넘게 나서지 않다, 삼가다. ③ 항복하다, 패배를 인정하다.
take in **sail** ① 돛을 줄이다(줄이다). ② [비유적] 야심을 억제하다.
under **sail** 돛을 올리고; 범주(帆走) 중에, 항행중에. ¶ *under easy sail* 순풍을 돛에 받아, 순풍에 돛 달고.

— *vi.* **1** 범주하다, 항행하다, 출항하다. ¶ *sail* [at] ten knots 10노트로 항행하다 / (~ + 前 + 图) *sail* round an island 섬을 돌아서 항행하다 / We *sailed* down the river by steamer. 우리들은 기선으로 강을 내려갔다 / (~ + 图) The ship is *sailing* along. 그 배는 항해중이다 // (~ + 前) *sail* large 돛에 충분한 바람을 받고 달리다. **2** [공중을] 경쾌하게 날다(미끄러지다), 미끄러지듯이 날다; [수면(수중)을] 미끄러지듯이 나아가다 (glide). ¶ clouds *sailing* overhead 머리 위를 경쾌하게 떠가는 구름 // (~ + 前) He *sailed up* in a new car. 그는 새 차로 달렸다. **3** 점잔 빼며 (당당하게) 걷다; 얌전하게(기품 있게) 걷다. ¶ (~ + 前 + 图) She *sailed into* the room. 그녀는 가만가만히 방으로 들어갔다. **4** 〔구어〕힘차게 일을 시작하다; 과감히 하다 (*in, into*...). ¶ (~ + 前 + 图) He *sailed in* (or *into*) the work. 그는 기운차게 일을 시작했다. **5** 〔구어〕공격하다, 욕하다 (*in, into*...). ¶ (~ + 前 + 图) He *sails into* his wife whenever his work goes badly. 그는 일이 잘 안 되면 언제나 아내를 욕한다.

— *vt.* **1** [배·사람이] (바다)를 건너다, 항해하다. ¶ *sail* the seven seas 7대양을 두루 항해하다. **2** [새·비행기 따위가] [수면]을 달리다. ¶ *sail* the air 하늘을 날다. **3** [배]를 [돛으로] 달리게 하다, 항행시키다; [범선 따위]를 조종하다(navigate); [배]를 띄우다. ¶ *sail* a toy boat on a pond 못에 장난감배를

sail before the wind ① 순풍에 돛을 달고 달리다. ② 《비유적》[일이] 순조롭게 (척척) 진척되다; 출세하다.
sail in 입항하다.
sail through 척척 해치우다, 수월하게 해내다.
sail under false colors ⇨ COLOR.
sail with a large (a scant) wind 충분한 바람(역풍)을 받으며 항행하다.

sail·board [séilbɔ̀ːrd / -bɔ̀ːd] *n.* **1** 1-2인용 소형 요트. **2** 윈드서핑용 보드.
sail·board·ing [séilbɔ̀ːrdiŋ / -bɔ̀ːd-] *n.* 윈드서핑 (windsurfing).
sail·boat [séilbòut] *n.* 범선; 요트.
sail·cloth [séilklɔ̀ːθ / -klɔ̀(ː)θ] *n.* ⓤ **1** 범포(帆布), 즈크. **2** [옷·커튼용의]굵은 삼베의 일종.
sail·er [séilər] *n.* **1** 범선. **2** [속력이 …한] 배. ¶ a good (a slow) *sailer* 속력이 빠른 (느린) 배.
sail·fish [séilfìʃ] *n.* (*pl.* **-fish** *or* **-fish·es**) 돛새치.
‡**sail·ing** [séiliŋ] *n.* ⓤ **1** 범주(帆走), 항해, 항행, [새·비행기 따위의] 비행. ¶ The *sailing* was marvelous. 항해는 기막히게 좋았다. **2** 요트놀이, 보트놀이 **3** [배의] 속력, 항행력. ¶ a ship remarkable for her fast *sailing* 속력이 몹시 빠른 배. **4** 항해술, 항법 (navigation). ¶ great circle *sailing* 대권 항법(大圈航法). **5** ⓤⓒ 출범, 출항. ¶ the date for *sailing* 출범(출항) 날짜.
plain (*or* **fair, smooth**) ***sailing*** 간단하고 쉬운 일.
sáiling bòat *n.* [英] 범선(sailboat); 요트.
sáiling dày *n.* [여객선의] 출범(출항)일.
sáiling màster *n.* 선장; 항해장[서], 항해 지시서.
sáiling òrders *n. pl.* 항해 명령(서), 항해 지시서.
sáiling shíp (**véssel**) *n.* 범선. ¶ [보이지 않는].
sail·less [séillis] *adj.* [배가] 돛이 없는; [바다의] 배가 [서].
sail·mak·er [séilmèikər] *n.* **1** 돛 꿰매는 직공, [배의] 돛 꿰매는 선원. **2** [미국 해군의 구제도상의] 돛 꿰매는 하사관.
sáil nèedle *n.* 돛 꿰매는 바늘.
‡**sail·or** [séilər] *n.* **1** 선원, 해원(海員) (mariner), 뱃사람(seaman), 하급 선원. **2** 수병; 해군 군인. *cf.* officer **3** 뱃멀미에 강한 (약한) 사람. ¶ a good *sailor* 뱃멀미 안하는 사람 / a bad (*or* a poor) *sailor* 뱃멀미 하는 사람. **4** = sailor hat.
a sailor before the mast 평(平)선원, 평수병.
sáilor cóllar *n.* [여성복의] 밖으로 젖혀가는 큰 옷깃의 일종.
sáilor hát *n.* [여성모자; 해군 모자], [여성용의] 납작한 밀짚 모자; [어린이용의] 챙이 위로 젖혀진 밀짚 모자.
sail·or·ing [séiləriŋ] *n.* ⓤ 선원 생활; 선원의 일(직).
sail·or·ly [séilərli] *adj.* 선원다운, 선원 같은.
sail·or·man [séilərmən, -mæn- / -mæn] *n.* (*pl.* **-men** [-mən, -mèn / -mèn]) = sailor.
sáilor's knót *n.* 수병 매듭, 세일러 노트[넥타이의 일종].
sáilor sùit *n.* [남자 아이의] 수병복, 세일러복.
sail·plane [séilplèin] *n.* 글라이더 (soaring glider).
—vi. (**-planed, -plan·ing**) 글라이더로 활공(滑空)하다.
sail·yard [séiljɑ̀ːrd] *n.* [돛의] 활대.
sain·foin [séinfɔin, +英 sǽn-] *n.* 유럽산 콩과(科) 목초의 일종 [사료용].
‡**saint** [seint] *n.* **1** [가톨릭교의 엄밀한 의미에서의 (證聖)된] 성인(聖人); 성자(聖者), 성도(* 인명, 지명, 교회명 등에 붙이는 경우는 보통 St. [s(ə)n(자음 앞)], s(ə)nt(모음 앞)]로 줄이고, 성 …이라 부른다). ¶ *St.* John 성 요한/*St.* George's Channel 세인트 조지 해협. **2** [일반적] 성인 같은 사람, 덕이 높은 사람, 자비심이 깊은 사람; 《비꼬아서》 성인 체하는 사람. ¶ be [as] patient as a *saint* 성인처럼 참을성이 강하다 / play the *saint* 성인인 체하다, 신앙가인 체하다 / *Young saints, old sinners* (*or* devils). 《속담》 젊어서의 신앙심은 믿을 수 없다. **3** 천당에 간 사람, 죽은 사람; (the S-s) 승천(昇天)한 사람. ¶ a departed *saint* 고인(故 人) / the [blessed] *Saints* 천상(天上)의 사람들, 승천한 성인들 / He is now with the *Saints.* 그는 지금 천국에 있다. **4** 【성서】 천사(angel). ¶ *Saint* Michael the archangel 대천사 성 미가엘. **5** (보통 S-) 【성서】기독교인, 기독교도; Saints로 자칭하는 종교 단체의 일원.
try the patience of a saint; *provoke a saint* 《우리러 할 군자도 화를 내게 하다; 더할 나위 없이 화나는 짓을 하다》.
—vt. …을 시성하다, 성인으로서 인정하다 「들다」.
saint it 성인답게 행동하다, 성인인 체하다 (*over* …).
◇ **sáintly** *adj.* 「획
SAINT (略) *Satellite Inspector* (인공 위성 사찰 위원).
Sàint Ág·nes's Éve [-ǽgnisiz-] *n.* 성녀 아그네스 동정 순교자 기념일 전야제[1월 20일의 밤, 소녀가 장래의 남편 꿈을 꾼다고 한다].
Sàint Ándrew's Cróss *n.* X 자형의 십자가, 성 안드레아 십자가.
Sàint Ánthony's Cróss *n.* T자형의 십자가, 성 안토니오 십자가.
Sáint Bernárd *n.* 세인트 버너드개 [원래 알프스의 St. Bernard 수도원에서 인명 구조를 위하여 사용한 큰 개].
saint·dom [séintdəm] *n.* = sainthood. 「형·개」.
saint·ed [séintid] *adj.* **1** 시성된, 성인이 된. **2** 천국에 들어간, 고인이 된. **3** 신성한; 성인 같은. 「(女)」.
saint·ess [séintis] *n.* 《드물게》 여자 성인, 성녀(聖
saint·foin [séintfɔin] *n.* = sainfoin.
Sàint Géorge's Cróss *n.* [흰 바탕에 빨간색으로 된] 그리스 십자가.
saint·hood [séinthùd] *n.* ⓤ **1** 성인임, 성인의 신분 (지위). **2** 【집합적】 성인.
saint·like [séintlàik] *adj.* 성인다운; 숭고한, 신성한.
Sàint Lúcia *n.* 세인트 루시아[서인도 제도 동남부 Windward 제도에 있는 나라. 원래 영국령, 1979년 2월에 독립. 수도 Castries].
saint·ly [séintli] *adj.* (**-li·er, -li·est**) **1** 성인 다운, 성인에게 알맞은. **2** 숭고한. **-li·ness** *n.*
Sàint Pátrick's Dáy *n.* 성패트릭 주교의 축일 [3월 17일. Ireland의 수호 성인 St. Patrick을 기념하는 아일랜드의 축일].
Sàint Pául *n.* 성바울로, 성바울로[그리스도의 사도].
sáint's dày *n.* 성인 축일. 「지위; 신분」.
saint·ship [séintʃip] *n.* ⓤ 성인임, 성인다움; 성인의
Saint-Si·mo·ni·an [sèint-saimóuniən / sn(t)-] *adj.* 생시몽(Saint-Simon)[프랑스의 사회 사상가(1760-1825)]의, 국가 사회주의의. *—n.* 생시몽의 신봉자, 국가 사회주의자.
Saint-Si·mo·ni·an·ism [sèint-saimóuniənìz(ə)m / sn(t)-] *n.* ⓤ 생시몽(Saint-Simon)류의 사회주의, 국가 사회주의.
Sàint Válentine's Dày *n.* 성발렌타인 데이[2월 14일. 이 날 연인에게 선물을 주거나 연애 편지를 보내는 관습이 있음]. 「(舞蹈病).
Sàint Vítus's dánce[-váitəsiz-] *n.* ⓤ 【의학】무도
Sai·pan [saipǽn / -páːn] *n.* 북태평양 마리아나 (Mariana)제도 중의 섬. 「법·현재.」
saith [seθ] *v.* 《고어·詩》 say의 제 3 인칭·단수·직설
sake [seik] *n.* ⓤ **1** 동기(motive), 이유(reason), 이익 (interest), 목적(purpose) (* 현재는 for the sake of…, for ~'s (*or* ~s) sake「…을 위하여」의 형으로만 쓴다; sake 앞의 보통 명사의 어미가 [s]음일 경우에는 종종 소유격의 s가 생략된다. 예: for peace' sake, for goodness' sake. ¶ for the *sake* of money; for money's *sake* 돈[벌이] 때문에/for the *sake* of appearance; for appearance' *sake* 외견상, 체면상 / for conscience' *sake* 양심 때문에, 마음 편하게 / for brevity's (*or* shortness') *sake* 간결을 위하여 / for both our *sakes*(or 《드물게》 *sake*) 우리들 쌍방을 위하여 / Do it at once for my own *sake* as well as yours. 당신을 위해서 뿐만 아니라 저를 위해서도 곧 그렇게 해 주십시오 / *art for art's sake* 예술을 위한 예술, 예술 지

saker / **salesroom**

상주의.
for any sake 하여튼, 어떻든간에.
for God's (or *goodness', heaven's, mercy's, pity's*) *sake*[s] 제발, 아무쪼록, 부디. ¶ *For God's sake*, speak the truth. 아무쪼록 진실을 말해 주시오.
for old sake's sake 옛정을 생각하여.
for one's name's sake 명예(이름)를 위하여.
Sakes [*alive*]! 《美》이거 참 놀라겠는걸! (Good heavens!)
without sake 《고어》 까닭없이, 이유없이.
sa·ker [séikər] *n.* 〖매사냥용의〗 바다매의 일종.
Sa·kha·lin [sǽkəlí:n] *n.* 사할린 [북해도 북쪽의 섬].
sa·ki [sá:ki, +美 sǽki] *n.* 〖남미산(産)의〗 꼬리가 긁은 원숭이의 일종.
sal¹ [sæl] *n.* 〖약〗염(鹽), 소금(salt).
sal² [sɑ:l] *n.* 사라수(沙羅樹) (sal tree) [인도산 나왕의 일종].
Sal [sæl] *n.* 美 속어〗 구세군 (救世軍) (Salvation Army).
sa·laam [səlá:m] *n.* 1 〖「평화」를 뜻하는〗 회교도의 인사. 2 이마에 손을 대고 절하는 인사; 오른손을 이마에 대고 하는 동양의 인사법. ¶ make one's *salaam* 이마에 손을 대고 절하다, 경례하다. 3 (보통 ~s) 경의를 표하는 인사. ¶ send *salaams* 경의를 표하는, 인사말을 전하다. — *vi.* 이마에 손을 대고 절하다. — *vt.* …에게 이마에 손을 대고 절하다.
sal·a·bil·i·ty [sèiləbíliti] *n.* ① 팔기에 알맞음, 잘 팔림.
sal·a·ble, sale- [séiləbl] *adj.* 1 팔기에 알맞은, 잘 팔리는. 2 쉽게 팔리는; 〖값이〗 알맞은.
sa·la·cious [səléiʃəs] *adj.* 1 호색의, 추잡한. 2 〖책 따위가〗 음란한, 외설스러운. ¶ a *salacious* fiction 외설 소설. ~·ly *adv.* ~·ness *n.*
sa·lac·i·ty [səlǽsiti] *n.* ⓤ 호색, 외설, 음란.
‡**sal·ad** [sǽləd] *n.* 1 ⓒⓤ 샐러드, 생채 요리. 2 샐러드용 채소, 〖특히〗 상치(lettuce). 〖운터.
sálad bàr *n.* 레스토랑내의 셀프서비스식 샐러드 카
sálad bòwl *n.* 샐러드볼; 샐러드를 담는 사발.
sálad crèam *n.* 샐러드에 치는 크림.
sálad dàys *n. pl.* 경험이 없는 청년 시절.
sálad dréssing *n.* ⓤ 샐러드용 드레싱.
sa·lade [səlá:d] *n.* =sallet.
Sal·a·din [sǽlədin] *n.* 살라딘(1138-93) 〖아라비아의 아이유브 왕조의 시조〗.
sálad òil *n.* ⓤ 샐러드유.
sal·a·man·der [sǽləmæ̀ndər] *n.* 1 도롱뇽. 2 불도마뱀 〖불 속에 산다는 전설상의 괴물〗; 불의 요정. 3 불에 견디는 사람(물건); 불 속에서 쓰는 도구. 4 〖요리용의〗 굽는 철판.

[salamander 1]

5 휴대용 난로(salamander stove).
sal·a·man·dri·an [sæ̀ləmǽndriən] *adj.* 1 도롱뇽의 (같은). 2 불도마뱀의(같은); 불에 잘 견디는, 내화(耐火)(성)의.
sal·a·man·drine [sæ̀ləmǽndrin / -drein] *adj.* 1 salamander의(같은). 2 불에 견디는, 내화(耐火)의.
sa·la·mi [səlá:mi] *n. pl.* (*sing.* -**me** [səlá:mei]) 살라미 소시지〖마늘로 양념한 이탈리아 원산의 소시지〗. <It>
salámi táctics *n.* 살라미 전술〖조직 따위에서 바람직하지 않은 사람을 제거하는 정책〗.
sál ammóniāc [sǽl-] *n.*〖화학〗염화 암모늄.
sal·an·gane [sǽləŋgæ̀n, -gèin] *n.* 칼새의 일종.
sa·lar·i·at [səlɛ́(:)riæ̀t, -æt / -lɛ́ər-] *n.* (the ~) 봉급 생활자 계급.
sal·a·ried [sǽlərid] *adj.* 1 봉급을 받는, 월급쟁이의. ¶ a *salaried* man 봉급 생활자. 2 〖지위·직위 따위가〗 유급(有給)의.

‡**sal·a·ry** [sǽləri] *n.* (*pl.* -**ries**) 봉급, 급료〖연봉·월급·주급 따위〗. ¶ a professor's *salary* 교수의 봉급 / get (or draw) a high *salary* 많은 급료를 받다 / eke out one's *salary* with a part-time job 아르바이트로 급료의 부족분을 보충하다.
〖類語〗 **salary** 정액(定額) 〖보통은 연액(年額)〗이 정기적 〖월급 또는 주급〗으로 지급되는 봉급. **wage**[s] 육체 (공장·가사) 노동자의 임금; 시간급 또는 일급이 보통이며 주마다 지급: an auto worker's *wages* 자동차 공의 임금. **pay** salary, wage[s]를 대신하는 구어. **stipend** 특히 교수·목사·공무원의 장학금·연금으로서 지급되는 것을 가리키는 일도 있다.
— *vt.* (-**ried, -ry·ing**) …에게 봉급을 주다. ¶ We are *salaried* by the Government. 우리들은 정부로부터 급료를 받고 있다.
‡**sale** [seil] *n.* 1 ⓤⓒ 팔기, 판매, 매각. ¶ *sale* for (or on) cash 현금 판매 / *sale* on credit, *sale* (on) account 외상(신용) 판매 / an advance *sale* for tickets 표의 선매. 2 (~s) 매상고. ¶ A book of *sales* 매상 장부 / an account of *sales* 매상 계산서 / *sales* records for the month of January 1월의 판매성적. 3 (종종 ~s) 팔림새, 판로, 수요 (demand). ¶ have a quick (a slow) *sale* 팔림새가 빠르다(느리다) / I found a large *sale* for this article. 나는 이 상품의 광범한 판로를 발견했다 / The dictionary has attained a *sale* of five hundred thousand copies. 그 사전은 50만 부 팔렸다. 4 염가 판매, 특매(投賣), 세일. ¶ a bargain (a clearance) *sale* 염가 대매출, 바겐(클리어런스) 세일. 5 (~s) 판매일; 판매 부문. 6 경매, 공매 (auction).
for (or *on*) *sale* 매물건의, 팔려고 내놓은. ¶ goods *for* (or *on*) *sale* 팔 물건, 매물(賣物) / goods not *for sale* 비매품 / place (or put) a thing *on sale* 어떤 물건을 팔려고 내놓다 / offer a thing *for sale* 어떤 물건을 팔려고 내놓다.
on sale and (or *or*) *return* 〖상업〗 팔리지 않을 경우에는 반품한다는 약속으로, 잔품(殘品) 인수 조건부 판매로.
put up for (or *to*) *sale* 팔려고 내놓다; 경매에 부치다.
sale of work 자선 바자.
◇ **sell** *v.*, **sálable** *adj.*
sale·a·bil·i·ty [sèiləbíliti] *n.* =salability.
sale·a·ble [séiləbl] *adj.* =salable.
Sa·lem [séiləm, +英 -lem] *n.* 1 〖성서〗 성도 살렘〖← 창세기(Gen.) 14: 18, 히브리서(Heb.) 7: 2〗. 2 〖英〗 비국교도(非國敎徒)의 교회당. 3 미국 Massachusetts 주 동북부의 항구. 4 미국 Oregon 주의 주도(州都).
sal·ep [sǽləp] *n.* ⓤ 샐럽〖난과(科) 식물의 구근(球根)을 말린 것. 약용 또는 식용〗.
sal·e·ra·tus [sæ̀lərétəs] *n.* ⓤ 요리용 〖중탄산〗 소다.
sále rìng *n.* 〖경매에서〗 원매자(願買者)들의 무리.
sale·room [séilru(:)m] *n.* 경매장; 경매실.
sáles anàlysis *n.* 〖마케팅〗 판매 분석.
sáles chèck *n.* =sales slip. 〖점원(판매원).
sáles·clerk [séilzklə̀:rk/-klà:k] *n.* 《美》 남자 (여자)
sáles depártment *n.* 〖생산·유통〗 부문에 대하여〗 판매 부문. 〖술자.
sáles engineèr *n.* 판매부 소속 기술자, 판매 전문 기
sáles·girl [séilzgə̀:rl] *n.* 《美》 여점원.
sáles·la·dy [séilzlèidi] *n.* (*pl.* -**dies**) 《美》 =salesgirl.
‡**sáles·man** [séilzmən] *n.* (*pl.* -**men** [-mən]) 점원, 판매원; 〖美〗 외교 판매원, 외판원, 세일즈맨.
sáles·man·ship [séilzmənʃìp] *n.* ⓤ 판매 기술.
sáles·peo·ple [séilzpì:pl] *n. pl.* 판매원들; 외판원들.
sáles·per·son [séilzpə̀:rsn] *n.* 판매원. 〖원.
sáles promòtion *n.* ⓤ 판매 촉진. 〖부〗
sáles resístance *n.* 〖판매〗 판매 저항〖구매자의 구매 거
sáles·room [séilzru(:)m] *n.* =saleroom.

sáles slíp n. 매상 전표.
sáles tálk n. 1 구매 권유, 상담. 2 설득하려는 이야기.
sáles táx n. 물품세, 거래액세, 매상세.
sáles·wom·an [séilzwùmən] n. (pl. **-wom·en** [-wìmin]) 여점원, 여자 판매원; 여자 여성 외판원.
Sa·li·an[1] [séiliən, -ljən] adj. 살리계(系) 프랑크족(族)의. ─ n. 살리계 프랑크인.
Sa·li·an[2] [séiliən, -ljən] adj. [고대 로마의 군신(軍神) 마르스(Mars)의 제사장(Salii)의.
Sal·ic [sǽlik, séi-] adj. 살리계 프랑크족의.
sal·i·cin [sǽlisin] n. U 살리신 [버드나무 껍질에서 채취되는 배당체(配糖體)로 해열제·강장제·류머티즘 치료약용].
Sálic láw n. (the ~) [역사] 살리카 법전 [살리계 프랑크인이 제정한 법전으로, 여자의 토지 상속권이나 왕위계승권을 부인].
sal·i·cyl [sǽlisil] n. [화학] 살리실기(基).
sa·lic·y·late [səlísəlèit, sǽlisəl- / sǽlisi-] n. [화학] 살리실 염의. ¶ sodium salicylate 살리실산(酸) 소다.
sal·i·cyl·ic [sǽlislílik] adj. [화학] 살리실산에서 얻은, 살리실산의. ¶ salicylic acid 살리실산.
sa·li·ence [séiliəns, -ljəns] n. U C 1 돌출, 돌기. 2 두드러짐, 특징. 3 중요점, [이야기의] 고비.
sa·li·en·cy [séiliənsi] n. (pl. **-cies**) =salience.
sa·li·ent [séiliənt, -ljənt] adj. 1 두드러진, 눈에 띄는. ¶ salient traits 두드러진 특징. 2 [외부로] 돌출한(projecting), 철각(凸角)의. ¶ a salient feature [얼굴·지형 따위의] 돌출부. 3 뛰는, 도약하는(jumping); [정기(精氣)·물 따위가] 용솟음치는, 분출하는, ¶ a salient animal 뛰는 동물. ¶ salient spirits of youth 젊은이의 용솟음치는 기개(氣槪). 4 [紋章] [동물이 뒷발을 땅에 대고] 몸을 솟구는. ─ n. 1 돌각(突角); 철각. 2 참호 따위의 돌출부. **-ly** adv.
sa·li·en·ti·an [sèiliénʃiən] n., adj. [동물] 무미류(無尾類) (개구리목) [의] [개구리 두꺼비 따위의].
sa·lif·er·ous [səlífərəs] adj. 염분을 함유하고 있는, 염분을 생성하는.
sal·i·fy [sǽlifài] vt. (-fied, -fy·ing) 1 …을 염화(鹽化)하다. 2 …에 염분을 혼합하다, …을 염으로 화합시키다.
sa·lim·e·ter [səlímitər] n. [화학] 염도계(鹽度計).
sa·li·na [səláinə] n. 1 [지질] 염수성(鹽水性)의 늪(호소). 2 제염소(製鹽所).
sa·line adj. [séiləin → 1.] 1 소금의; 염분이 있는(salty), 짠, 소금과 같은. ¶ a saline lake 염수호(鹽水湖). 2 [특히 알칼리 금속, 마그네슘 따위의] 염류의, 염성의. ─ [səláin / sáláin] n. 1 함수호, 염천(鹽泉), 해수 소택지. 2 염전, 제염소. 3 (~s) 염류, 함염류(含鹽物). 4 함염 하제(下劑), 마그네슘 하제.
sa·lin·i·ty [səlíniti, +se sei-] n. U 염도(鹽度), 소금기.
sal·i·nom·e·ter [sǽlinámitər / -nɔ́m-] n. [화학] 염도계(鹽度計).
Sa·lique [səlíːk, sǽlik, séi-] adj. =Salic.
Salis·bur·y [sɔ́ːlzbèri / -bəri] n. 1 영국 남부 Wiltshire의 도시. 2 로디지아(Rhodesia) 공화국의 수도.
Sálisbury Pláin n. (the ~) 영국 남부 Salisbury 북쪽의 넓은 고원 지대(Stonehenge의 소재지).
Sálisbùry stéak n. 햄버그 스테이크의 일종.
Sal·ish [séiliʃ] n. [샐리시어(語)(Salishian)를 사용하는 북미 인디언의 한 종족.
sa·li·va [səláivə] n. U 침, 타액(唾液).
sal·i·var·y [sǽlivèri / -vəri] adj. 타액을 분비하는. ¶ a salivary gland [해부] 타액선.
sal·i·vate [sǽlivèit] v. (-vat·ed, -vat·ing) vi. 타액을 분비하다. ─ vt. [수은제를 사용하여] …에게 과도하게 타액을 분비시키다.
sal·i·va·tion [sǽlivéiʃ(ə)n] n. U 타액 분비; 타액 분비 과다, [병리] 유연증(流涎症).

sal·i·va·tor [sǽlivèitər] n. [의학] 타액 분비를 촉진하는; [약학] 최타제(催唾劑). ─ 소크 왁찐.
Sálk vàccine [sɔ́ːl(k)-] n. U C 소아마비 예방용.
salle [sæl] n. 《프랑스》 1 방, 대청, 홀; 방.
salle à man·ger [F salamɑ̃ʒe] n. (pl. **salles** [F sal-]) 《프랑스》(=room for eating) 식당, 다실.
sal·let [sǽlit] n. [중세의] 가벼운 투구.
***sal·low**[1] [sǽlou] adj. [안색이] 병적으로 누르께한, 흙빛의, 창백한, 혈색이 나쁜. ¶ a sallow complexion 창백한 안색. ─ vt. (안색)을 창백하게 하다. ─ vi. 흙빛으로 되다, 혈색이 나빠지다; 기지가 넘치는 말, 재담, 경구(警句). **~·ness** n.
sal·low[2] [sǽlou] n. 갯버들의 일종 (류(類)의 나무).
sal·low·ish [sǽlo(u)iʃ] adj. [안색이] 약간 누르스름한, 흙빛을 띤, 약간 혈색이 나쁜.
ɬsal·ly [sǽli] n. (pl. **-lies**) 1 [농성군(籠城軍)의 출격, 돌격. ¶ make a sally 출격하다. 2 갑자기 밖으로 떠어나감; 갑작스러운 활동 개시. 3 외출; 소풍, 짧은 여행. 4 [감정·상상 따위의 용솟음, 격발, 돌발. ¶ a sally of anger 노여움의 폭발. 5 [기지 따위의] 솟구침; 기지가 넘치는 말, 재담, 경구(警句). ─ vi. (-lied, -ly·ing) (* 보통 out, forth를 수반하여) 1 [농성군이] 출격하다. 2 기운차게 나가다; 외출하다, 소풍 가다. 3 (~+圖) Let's sally forth and look at the town. 자, 나가서 시내 구경을 하자. 4 [사물이] 솟아나오다, 뿜어나오다. ¶ (~+圖) Her warm blood sallied out from the wound. 그녀의 상처에서 더운 피가 뿜어나왔다.
Sálly lúnn [-lʌ́n] n. [구워서 곧 버터를 발라 홍차에 곁들여 먹는] 단 과자의 일종.
sály pòrt n. [성 따위의] 출격문, 뒷문, 비상문.
sal·ma·gun·di [sæ̀lməɡʌ́ndi] n. U C 1 [썬 육류·멸치·달걀·양파·후추·식초·기름 따위로 조미한] 일종의 모듬 요리. 2 잡탕; 그러모은 것 [문서·책 따위].
sal·mi [sǽlmi] n. U C [반쯤 구운 새고기를 포도주로 삶은] 스튜 요리의 일종.
ɬsalm·on [sǽmən] n. (pl. **-on** or **-ons**) 1 연어, 연어의 물고기; U 연어 살. 2 U 연어살빛, 주황색, 새먼 핑크색. ─ adj. 연어 살빛의, 주황색.
sal·mon·ber·ry [sǽmənbèri / -bəri] n. (pl. **-ries**) 새먼베리 [새먼 핑크색의 열매가 열리는 미국산(産) 나무딸기의 일종].
sal·mo·nel·la [sæ̀lmənélə] n. (pl. **-lae** [-néli·] or **-la** or **las**) [세균] 살모넬라균(菌) [식중독을 일으킨다]. [<미국의 수의사(獸醫師) D.E. Salmon(1850-1914)의 이름]
sal·mo·nid [sǽ(l)mənid] adj., n. 연어과(科)의 [물고기].
sálmon làdder(**lèap, stàir**) n. 연어 따위가 상류로 올라갈 수 있도록 만든 어도(魚道) (fish ladder).
sal·mo·noid [sǽ(l)mənɔ̀id] adj. 1 연어 비슷한 (같은). 2 연어아목 [의] 물고기의. ─ n. 연어 비슷한 (같은) 물고기, 연어아목의 물고기.
sálmon pèel n. 연어의 유어(幼魚).
sálmon pínk n. =salmon 2.
sálmon tròut n. 1 [유럽산(産)의] 바다 송어. 2 [북미산(産)의] 호수 송어.
sal·ol [sǽloul, -al / -ɔl] n. U [화학] 살롤 [방부제].
Sa·lo·me [səlóumi] n. 살로메 ─ 마태 복음(Matt.) 14:6-11. Herod왕의 후처 Herodias의 딸, 왕에게 청하여 세례 요한의 목을 치게 했다.
***sa·lon** [səlɑ́n / sǽlɔːn] n. 1 [대저택의] 객실, 응접실, 대청; [거기에서 열리는] 명사들의 모임, 상류층 여성의 초대회(招待會). 2 미술품 전람회장; (the S-) 살롱 [파리에서 매년 개최되는 현대 미술 전람회]. 3 (美) 가게, …실 (parlor). ¶ a beauty salon 미용실, 미장원. [<F]
salón mùsic n. 살롱 음악 [살롱에 어울리는 경음악].
***sa·loon** [səlúːn] n. 1 [대저택·호텔 따위의] 큰 홀

saloon car (hall). **2** [여객선의] 담화실(談話室), [여객기의] 객실. **3** 특수한 목적으로 공개한 방(가게), …실. ¶ a beauty *saloon* 미용실, 미장원 / a dancing *saloon* 댄스홀 / a hair-dresser's *saloon* 이발(소) / a refreshment *saloon* 다방, 다실 / a dining *saloon* (배 따위의) 식당. **4** 진열장, 전람회장. **5** 《美》 술집, 바(bar) 《英》 선술집(public house)의 특별실, 고급 술집(saloon). **6** 《英》 설문형 승용차, 세단형 승용차(saloon car) 《(美)sedan》. **7** 《英》 1등 객차(saloon car, saloon carriage) 《美》 parlor car).

salóon cár n. 《英》 =saloon 6, 7.
salóon cárriage n. 《英》 =saloon 7.
salóon déck n. 1등 선객용 갑판.
sa·loon·ist [səlúːnist] n. 《美》 =saloon keeper.
salóon kéeper n. 《美》 술집 주인.
salóon pístol n. 《英》 옥내 사격장용 권총.
salóon rífle n. 《英》 옥내 사격장용 소총.
sa·loop [səlúːp] n. ⓤ 새서프러스 또는 sassafras에 우유와 설탕을 섞어서 만든 따뜻한 음료. *cf.* salep
Sa·lo·pi·an [səlóupiən, -pjən] *adj., n.* **1** [영국의] Shropshire의 [주민]. ⇨ SHROPSHIRE. **2** [Shropshire의 수도] 슈루즈베리(Shrewsbury)의 [주민]; 슈루즈베리교(校)(Shrewsbury School)의 [학생, 졸업생].
sal·pa [sǽlpə] n. (pl. **-pas** or **-pae** [-piː]) 살파 [플랑크톤의 일종].
sal·pi·glos·sis [sælpiglɑ́sis / -glɔ́s-] n. 가지과(科)의 식물; 칠레 원산의 관상용 식물.
sal·si·fy [sǽlsifài] n. (pl. **-fies**) 선모(仙茅) [뿌리는 식용으로 하는 식물, 굴(oyster)과 비슷한 풍미가 있어서 oyster plant, vegetable oyster 라고도 부른다].
sál sòda [sǽl-] n. [결정(結晶)] 탄산 소다, 세탁 소다.
‡salt [sɔːlt] n. **1** ⓤ 소금, 식염. ¶ table *salt* 식탁용 / industrial *salt* 공업염 / cooking *salt* 요리용 염. **2** [화학] 염(塩). **3** (~s) 염제(塩劑), 약용염 [특히 하부제 따위]. ¶ a dose of *salts* 하제 1첩. **4** 식탁용 소금 그릇(saltcellar); 해수 소택지(salt marsh). **5** ⓤ 자극·생기 따위를 주는 것; 기지(wit); 통쾌함, 신랄함 (pungency). ¶ attic *salt* 점잖은 익살 / a talk full of *salt* 재치있는 이야기 / Adventure is the *salt* of life to many. 모험은 많은 사람에게 인생의 자극이 된다. **6** 《구어》 뱃사람(sailor), 《종종 old를 수반하여》 노련한 뱃사람.

be faithful (or **true**) **to** one's **salt** 주인에게 충실하다.
be not made of salt 비에 젖어도 녹지 않다.
be not worth one's **salt** 봉급만큼의 일을 하지 못하다, 쓸모없다; 계속하여 도와줄 가치가 없다.
drop a pinch of salt on the tail of 〈새〉를 어렵지 않게 잡다.
earn (or **make**) one's **salt** 간신히 살아갈 만큼 벌다.
eat a person's salt; eat salt with a person 남의 손님이 되다; 남의 접대를 받다; 남의 집 손님이 되다.
in salt 소금을 뿌린(친), 소금에 절인.
put some salt on a person's tail 〈새〉를 잡다, 붙잡다 [새의 꼬리에 소금을 뿌리면 새가 붙잡힌다는 전설에서].
the salt of the earth 세상의 소금 [사회의 중견이 될 인격이 뛰어난 사람들. ← 마태 복음(Matt.) 5:13]. ¶ Everybody considers Jim the *salt* of the earth. 모두가 짐을 훌륭한 인물로 여기고 있다.
sit above (**below**) **the salt** 상석 (말석)에 앉다.
[**take**] **with a grain** (or **a pinch**) **of salt** 에누리하여 듣다, [듣다].

— *adj.* **1** 소금의, 소금 [기]를 함유한; 짭짤한; 소금에 절인. ¶ *salt* water 소금물 / *salt* cod 소금에 절인 대구. **2** [토지 따위가] 바닷물에 잠긴; [식물이] 소금기 나는, ¶ *salt* weeds 해초. **3** [드물게] [재담 따위가] 신랄한(pungent). **4** [눈물·통증 따위가] 쓰라린, 고

통스러운, 쓰라린(bitter). **5** 《속어》 [비용 따위가] 엄청나게 비싼.
— *vt.* **1** …을 소금으로 짠맛을 내다; …에 소금을 치다(뿌리다). **2** …을 소금으로 절이다. ¶ *salt* the food 음식물에 짠맛을 내다 / *salt* pork 돼지고기를 소금에 절이다. **2** [화학] …을 염(塩)으로 처리하다. **3** [동물 따위에] 게 소금을 주다. **4** [이야기 따위]에 양념을 치다, 짜릿한 맛이 나게 하다. **5** [상품 따위]를 실제 이상으로 좋게 보이게 하다, 에누리하다; [비싸게 팔기 위하여] [광산(유정)]에 질좋은 다른 광석(석유)을 넣어 비싸게 팔다. ¶ *salt* prices 터무니없이 비싼 값을 매기다(부르다) / *salt* an account 에누리하다 / *salt* a mine 광산에 다른 광산의 좋은 광석을 넣어 비싸게 팔다. **6** [장부 따위]를 속이다, 불리다. ¶ *salt* books 장부를 속이다.

salt away =salt down①.
salt down ① …을 소금에 절여 저장하다; 《구어》 …을 남몰래 저축하다; [돈 따위]를 유리하게 투자하다. ② [남]을 꾸짖다.
salt out [화학] …을 염석(塩析)하다.
◇ **sálty, sáline** *adj.*
SALT [sɔːlt] 《略》 Strategic Arms Limitation Talks (전략 무기 제한 협상).
salt-and-pep·per [sɔ́ːlt(ə)npépər] *adj.* (=**pepper-and-salt**) 1 백인과 흑인이 뒤섞인. **2** 흰 바탕에 검은 반점이 섞인. — *n.* 흰 바탕에 검은 반점이 섞인 옷감.
sal·tant [sǽltənt] *adj.* 춤추는; 경충 뛰는.
sal·ta·rel·lo [sæltərélou] *n.* (pl. **-los** or 《이탈리아》 **-li** [-liː]) 살타렐로 [2명이 1조가 되어 경쾌하게 뛰면서 춤추는 이탈리아의 무도곡 및 무용곡].
sal·ta·tion [sæltéiʃ(ə)n] *n.* **1** 춤추기; [경충] 뛰기; 도약. **2** 급격한(갑작스런) 변동. **3** [생물] 도약 진화.
sal·ta·to·ri·al [sæltətɔ́ːriəl / -tɔ́ː-] *adj.* **1** 경충 뛰는, 도약하는. **2** [동물] 도약하는, 도약에 알맞은.
sal·ta·to·ry [sǽltətɔ̀ːri / -t(ə)ri] *adj.* 춤의, 무용의. **2** 도약하는, 비약하는.
sált-box [sɔ́ːltbɑ̀ks / -bɔ̀ks] *n.* **1** [목제의 부엌용] 소금통. *cf.* saltcellar **2** (=**sáltbòx hòuse**) 소금통 모양의 가옥 [전면은 2층이고 후면은 단층].
sált cáke *n.* ⓤ 조제(粗製) 황산 나트륨. 「금 단지.
salt·cel·lar [sɔ́ːltsèlər] *n.* [식탁용의] 소금 그릇, **sált dòme** *n.* 《美》 암염 돔 구조 [함유충].
salt·ed [sɔ́ːltid] *adj.* **1** 소금으로 간을 맞춘; 소금에 절인, 소금을 친. **2** [동물이 한 번 병에 걸렸다가 나은 뒤] 전염병에 감염되지 않는. **3** 《속어》 [어떤 직업에] 경험을 쌓은, 숙련된.
salt·er [sɔ́ːltər] *n.* **1** 제염업자, 소금 장수; 제염소 직공. **2** [생선 따위의] 소금 절임 업자.
salt·ern [sɔ́ːltərn] *n.* 제염소, 염전.
sált field(**gàrden**) *n.* 염전.
sált-free díet [sɔ́ːltfríː-] *n.* 무염(無塩) 식품.
sált gràss *n.* 염습지(塩濕地)의 식물. 「(고기).
sált hòrse *n.* 《항해 속어》 소금에 절인 쇠고기 (돼지).
sal·ti·grade [sǽltigrèid] *adj., n.* 도약에 알맞은 다리를 가진 [파리잡이 거미 따위].
salt·ine [sɔːltíːn] *n.* 소금 뿌린 크래커.
sal·tire [sǽltaiər, sɔ́ːl-, 美 -tiər] *n.* [紋章] X 형 십자; 성앙드레아 십자가.
per saltire 맞꼭지각을 2개 이루어; 4개의 부분으로 분 「할되어.
salt·ish [sɔ́ːltiʃ] *adj.* 약간 짭잘한, 소금기가 있는.
sált jùnk *n.* ⓤ《항해 속어》 소금에 절인 쇠고기 (dried salted beef).
Sált Láke Cíty *n.* 미국 Utah 주의 주도(州都).
salt·less [sɔ́ːltlis] *adj.* **1** 소금기가 없는, 맛이 없는, 싱거운. **2** 활기가 없는; 시시한.
sált lìck *n.* **1** 동물이 소금을 핥으러 모이는 함염지 (含塩地). **2** 가축들로 하여금 핥게 하기 위하여 목장에 두는 암염(岩塩) 덩어리. 「늪.
sált mársh *n.* 해수 소택지, 조수가 드나드는 해안의

salt mine n. 암염갱, 암염 산지.
salt·pan [sɔ́ːltpæ̀n] n. **1** 《제염용의》 소금 가마. **2** 〔해안의 천연의〕 염전.
salt·pe·ter, (英) -tre [sɔ́ːltpíːtər / ⨪ ⸺] n. ⓤ **1** 초석(硝石) (niter). **2** 칠레 초석 (chile saltpetre).
sált pít n. 염갱(塩坑).
sált pórk n. ⓤ 소금에 절인 돼지고기.
sált rhéum n. ⓤ《美》〔병리〕 습진(濕疹) (eczema).
sált rísing n.《美》 달걀·우유·밀가루 따위를 섞어 소금을 친 일종의 효모(酵母) 식품.
Sált Ríver n. (the ~) 《美》 Arizona 주 동부에서 서쪽으로 흐르는 강 [Roosevelt Dam 이 있다].
row a person up Salt River《美속어》남을 정치적 경쟁 따위에서 패배시키다.   ⟨소금 뿌리게.
salt·shak·er [sɔ́ːlt-ʃèikər] n. 〔위쪽에 구멍이 뚫린〕
sált spóon n. 〔식탁용의〕 소금 숟가락.
sált trée n. =sal².
sal·tus [sǽltəs, sɔ́ːl-] n. **1** 갑작스러운 변동(sudden transition), 격변. **2** 〔토론 등의〕 중단, 〔논리의〕 속단.
sált wáter n. ⓤ **1** 소금물; 바닷물; 바다. **2**《익살》 눈물 (tears).
salt-wa·ter [sɔ́ːltwɔ̀ːtər, +美 -wɑ̀tər] adj. 소금물의, 짠물의; 바닷물의; 바다의, 바다의 속에 사는. cf. fresh-water ¶ a salt-water fish 바닷물고기.
sált wéll n. 염정(塩井) 〔염분을 함유한 물을 길어올리는 우물〕.   ⟨염소.
salt·works [sɔ́ːltwɔ̀ːrks] n. pl. 〔단·복수 양용〕제
salt·wort [sɔ́ːltwɔ̀ːrt] n. 해얀·해수 소택지 따위에 나는 명아주(과)의 식물〔수송나물·통통마디·솔장다리 따위〕.
***salt·y** [sɔ́ːlti] adj. (salt·i·er, salt·i·est) **1** 소금을 함유한, 소금기가 있는; 짠, 짭짤한. **2** 신랄한, 따끔한(sharp), 〔말·이야기 등이〕 풍부한(witty). **3** 바다의, 바다 냄새가 나는; 해상 생활의. salt·i·ly adv. salt·i·ness n.
sa·lu·bri·ous [səlúːbriəs] adj. 〔토지·기후 따위가〕 건강에 좋은, 몸에 좋은. ⇨ HEALTHY 頚語
~·ly adv. ~·ness n.
sa·lu·bri·ty [səlúːbriti] n. ⓤ 건강에 좋음.
sa·lud [saːlúːd] interj. 〔스페인어〕 (=health) 건배.
Sa·lu·ki [səlúːki] n. (때로 s-) 페르시아·아라비아 지방 원산의〕 그레이하운드와 비슷한 사냥개.
sal·u·ret·ic [sæ̀ljurétik] adj. 〔의학·약학〕 염분 이뇨(塩類利尿)의, 에 의한, 염분 배설을 촉진하는.
── n. 염분 이뇨제. **-i·cal·ly** [-ikəli] adv.
〔L sal salt + [DI]URETIC〕
Sa·lus [séiləs] n. 〔로마 신화〕 살루스〔건강과 번영의 여신, 그리스 신화의 휘기에이아(Hygeia)에 해당〕.
sal·u·tar·y [sǽljutèri / -t(ə)ri] adj. **1** 건강에 좋은, 몸에 좋은(salubrious). ⇨ HEALTHY 頚語 **2** 유익한, 이로운. **-tar·i·ly** adv. **-tar·i·ness** n.
***sal·u·ta·tion** [sæ̀ljutéi(ə)n] n. ⓤⓒ **1** 인사(하기) (greeting), 인사말, 〔절·악수 따위의〕 인사하는 행동. ¶ a word of salutation 인사의 말 / a cordial salutation 마음에서 우러나오는 인사 / return one's salutation to a person 남에게 답례하다. **2** 〔편지의 서두·연설의 첫머리의〕 인사말 〔Dear Sir, Ladies and Gentlemen 따위〕. **3** 《드물게》 경례(salute). ◇ salúte v., salútatory adj.
sal·u·ta·tion·al [sæ̀ljutéi(ə)nl] adj. 인사의.
sal·u·ta·to·ri·an [səlùːtətɔ́ːriən / -tɔ́t-] n.《美》고등학교·대학의 졸업식에서 개회사를 하는 우등 졸업생. cf. valedictorian
sal·u·ta·to·ry [səlúːtətɔ̀ːri / -t(ə)ri] adj. 인사의.
── n. (pl. -ries) 《美》 〔고등학교·대학의 졸업생의〕 우등 졸업생의 식사(式辭).
‡**sa·lute** [səlúːt] v. (-lut·ed, -lut·ing) vt. **1** 〔남〕에게 인사하다(greet), 〔경어〕 〔남〕 인사로서 키스하다. **2** 〔…으로〕 남을 맞이하다(... with); 〔…이〕 〔남의 눈〕에 띄다, 〔남의 귀〕에 들리다. ¶ A dismal sight saluted us. 음산한 광경이 우리 눈에 들어와 있다 /

Shouts of welcome saluted their ears. 환영의 고함소리가 그들의 귀에 들려왔다 // (~+圓+前+图) salute a person with a smile (cheers) 미소(환호)로 남을 맞이하다. **3**《군대》 〔거수·받들어총·예포 따위에〕 〔남〕에게 경례하다, 경의를 표하다(...with, by). ¶ (~+圓+前+图) salute one's superior officer with a sword 상관에게 칼을 겨누어 경례를 하다. ── vi. 인사하다, 절하다, 〔군대〕 경례하다, 예포를 쏘다.
── n. **1** 인사(greeting), 절;《고어》〔인사로서의 손·뺨에의 키스. ¶ give a salute 인사하다. **2**《군대》 경례, 거수 경례; 받들어총; 집도 경례; 예포. ¶ come to the salute 경례하다 / receive a salute 경례를 받다 / take the salute 〔최고위 장교가〕 일동의 경례를 받다 / fire (or give) a salute of 21 guns 21발의 예포를 쏘다. **3**《펜싱》 시합 개시의 경례.
at [the] **salute**《군대》 받들어총을 하여;《군대·펜싱》 경례의 자세로. ¶ stand **at** [the] **salute** 경례의 자세로.
in salute 인사로서, 〔군대〕 경례로서.   ⟨나로.
return a salute 답례하다; 〔군대〕 답포를 쏘다.
◇ salutátion n., salútatory adj.
sa·lu·tif·er·ous [sæ̀ljuː(t)tíffərəs] adj. 건강에 좋은 (salutary).
Salv.《略》 Salvador.
salv·a·ble [sǽlvəbl] adj. 구조할 수 있는, 구제할 수 있는.
Sal·va·dor [sǽlvədɔ̀ːr] n. **1** =El Salvador. **2** = São Salvador.
Sal·va·do·ran [sæ̀lvədɔ́ːrən], (**Sal·va·do·ri·an** [-riən]) adj. 엘살바도르의; 엘살바도르인의. cf. El Salvador ── n. 엘살바도르인.
***sal·vage** [sǽlvidʒ] n. ⓤ **1** 〔선박의 화재·난파·침몰 따위의〕 해난 구조, 침몰선 인양 작업. ¶ a salvage boat 해난 구조선. **2** 구조된 선박(화물). **3** 해난 구조 보상금, 해난 구조료. **4** 〔화재·위험 따위로부터의〕 재산 구조; 구조 재산; 구조 재산의 매각〔금〕, 피보험의 구조 재산(의 가치). **5** 폐물 이용, 폐물 회수. ── vt. (-vaged, -vag·ing) 〔난파·침몰·화재 따위로부터〕 〔선박·재산〕을 구조하다; 〔난선(難船) 따위〕를 인양하다.
sálvage còrps n. (pl. salvages-) 《英》 화재 구조대 (fire patrol).
sal·vag·er [sǽlvidʒər] n. 해난 구조자 (salvor).
Sal·var·san [sǽlvərsæ̀n, +英 -sən] n. 《상표명》 〔약〕 살바르산 〔매독약〕.
***sal·va·tion** [sælvéi(ə)n] n. ⓤ **1** 〔재해·위험 따위로부터의〕 구조, 구출, 구제. **2** ⓒ 구제해 주는 것, 구제자, 구제 수단. ¶ be the salvation of …을 구제하다, …의 구제자(구제 수단)이 되다. **3** ⓒ(또) 〔기독교〕 〔죄악으로부터의〕 구원, 구제(redemption). ⓒ 구세주, 구주. ¶ Christ is my salvation. 그리스도는 나의 구주(救主)이다.
find salvation ① 기독교로 개종하다. ②《익살》 얼씨구나(옳거니) 하고 변절하다, 형편 나름으로 변절하다, 변절에 대해 안성맞춤의 핑계를 발견하다.
Salvátion Ármy n. (the ~) 구세군.
Sal·va·tion·ism [sælvéi(ə)niz(ə)m] n. ⓤ 구세군의 주의(행동, 방법).
Sal·va·tion·ist [sælvéi(ə)nist] n. 구세군 군인.
salve¹ [sæv / sɑːv, sælv] n. **1** ⓤⓒ《주로 詩》고약, 연고. **2** ⓒ〔마음의 괴로움·애로 따위를〕 풀어주는 것, 위로, 위안 (for, to...). ¶ a salve to heartbreak 단장의 아픔에 대한 위로. **3** ⓤⓒ《속어》 아첨, 아부(flattery). ── vt. (salved, salv·ing) **1** 〔고통·해로움〕을 덜어주다, 〔괴로움〕을 달래다. **2** 〔난국·모순 따위〕을 얼버무리다, 넘겨주다, 속이다. **3** …에 고약(연고)를 바르다 (anoint).
salve² [sælv] vt. (salved, salv·ing) =salvage.
salve³ [sǽlvei] interj. 환영, 찬송합니다(hail).
── n. **1**《가톨릭》 [Salve, regina (=Hail, queen)로 시작되는〕 성모 찬가; 그 곡. 〈L salvāre save〉
sal·ver [sǽlvər] n. 〔하인이 과자·편지·명함 따위를 얹어서 가져오는〕 금속제의 쟁반.

sal·vi·a [sǽlviə] n. 〖식물〗샐비어, 깨꽃.

sal·vo¹ [sǽlvou] n. (pl. **-vos** or **-voes**) **1** 〖포탄 따위의〗일제 사격; 〖예포 따위의〗일제 발포. **2** 일제히 일어나는 박수 갈채(찬사).

sal·vo² [sǽlvou] n. (pl. **-vos**) **1** 변명, 핑계. **2** 〖양심·자존심을〗달래어 주는〗위안. **3** 〖법률〗유보(留保)조항, 단서.

sal vo·la·ti·le [sæl vo(u)lǽt(ə)liː] n. Ⓤ 탄산 암모늄; [이것을 알코올에 녹여 각성제로 쓰는] 암모니아의 향기 나는 구조제(水).

sal·vor [sǽlvər] n. 해난 구조자(선).

Salz·burg [sɔ́ːlzbəːrg / sǽlts-] n. 잘츠부르크〖오스트리아 서부의 도시. 모차르트(Mozart)의 탄생지〗.

Sam [sæm] n. 남자 이름 Samuel 의 애칭. ───── 〖속어〗 **stand Sam** 비용 지불을 도맡다, (특히 술을) 한턱 내다. **take one's Sam upon it** (속어) 책임지다, 장담하다. **upon my Sam** (or **Sammy**) ; **'pon my sacred Sam** (속어·익살) 맹세코, 반드시, 절대로, 꼭.

SAM [sæm] (略) surface-to-air missile (지대공(地對空) 미사일).

Sam. (略) (성서) Samuel. ─── (略) 미사일.

S. Am. (略) South America; South American.

sam·a·ra [sǽmərə] n. 〖식물〗익과(翼果), 시과(翅果) [단풍속(屬)의 식물의 열매처럼 익상체(翼狀體)로 날아 흩어지는 것].

Sa·ma·ri·a [səmɛ́(ː)riə / -mɛ́ər-] n. (성서) 사마리아 [고대 팔레스타인(Palestine)의 북부 지방명].

Sa·mar·i·tan [səmǽritn] n. (성서) **1** 사마리아인, Ⓤ 사마리아어. **2** 인정 많은 사람 (compassionate person). *cf.* good Samaritan ── *adj.* 사마리아의; 사마리아어(인)의.

Sa·mar·i·tan·ism [səmǽritənìz(ə)m] n. Ⓤ **1** 사마리아인의 신앙. **2** 사마리아어법(語法). **3** 사마리아인 다움, 사마리아인의 주의, 인정 많음, 자비로움.

sa·mar·i·um [səmɛ́(ː)riəm, -mɛ́ər-] n. Ⓤ 〖화학〗사마륨 (회토류 원소의 하나; 원자 기호 Sm).

sa·mar·skite [səmáːrskait] n. Ⓤ〖광물〗사마르스키석(石) [우라늄 따위를 함유한다].

Sa·ma-Ve·da [sáːmvéidə, -víːdə] n. 사마베다 [바라문교의 성전의 하나].

sam·ba [sǽmbə] n. 삼바 [아프리카에서 비롯된 브라질의 경쾌한 4분의 2박자의 춤 및 그 곡]. ── *vi.* 삼바를 추다.

sam·bar, -bur [sǽmbər] n. 〖인도·동남아시아산(産)의〗세 갈래 뿔을 가진 큰 사슴.

sam·bo¹ [sǽmbou] n. (pl. **-bos**) **1** 흑인과 아메리칸 인디언 또는 흑백 혼혈아(mulatto)와의 혼혈아. **2** (S-) 〖비난·경멸적〗흑인 [Negro 의 별명].

sam·bo² [sǽmbou] n. (러시아) (유도 비슷한) 레슬링의 일종.

Sám Brówne [bèlt] n. 권총·검 따위를 받치는 장교용의 혁대.

sam·bu·ca [sæmbjúːkə] n. 그리스 등에서 쓰였던 고대의 현악기.

sam·bur [sǽmbər] n. = sambar.

‡**same** [seim] *adj.* (보통 the ~) **1** 같은, 동일한; 똑같은, 같은 모양의, 동종의. ¶ eat the *same* food every day 매일 같은 식사를 하다 / It is the *same* old story (game). 흔히 있는 이야기(쓰는 수법)이다 // 〖전치사 with 와 상관적으로 써서〗 I want the *same* watch *with* you. 네 것과 같은 시계를 가지고 싶다 / He holds the *same* idea *with* me. 그는 나와 같은 생각을 가지고 있다 // 〖as 구(절)와 상관적으로 써서〗 in the *same* place *as* yesterday 어제와 같은 곳에 / hold the *same* opinion *as* those of the majority 대다수의 사람들과 같은 의견을 가지다 // 〖that 절과 상관적으로 써서〗 This is the *same* watch *that* I lost the other day. 이것은 요전날 내가 잃어버린 것과 꼭같은 시계이다 / We went back by the same way *that* we had come by. 우리들은 왔던 길을 통해서 되돌아갔다 (* 보통 the same ~ as … 는 「같은 종류·모양의 것」을, the same ~ that … 는 「동일한 것」을 가리키지만, 그 구별은 반드시 엄격한 것은 아니며, the same ~ 에 계속되는 절이 생략적으로

되는 경우에는 항상 as 가 온다) // 〖wh.절과 상관적으로 써서〗 at the same place(time) *where* (*when*) I met you 너와 만났던 바로 그 장소에서(시간에) / He is the *same* man *whom* I saw yesterday. 그는 내가 어제 만났던 바로 그 사람이다.

類語 same ① 〖하나의 것에 관하여〗 동일한: go to the *same* school 같은 학교에 다니다. ② 〖별개의 것〗 같은: the *same* dress as mine 내것과 같은 옷. **identical** ① same 과 거의 같은 뜻이지만, 더욱 엄밀하게 쓰이다: be born on the *identical* hour 똑같은 시간에 태어나다. ② 〖별개의 것이〗 세부까지 조금도 다르지 않은: two *identical* cars 2대의 똑같은 차. **similar** of the same kind 의 뜻이지만, same 보다 뜻이 약하다: two *similar* cars 2대의 비슷한 차. **equal** 양·크기·가치·정도 따위에 차이가 없는: *equal* salaries 같은 액수의 급료. **equivalent** 힘·가치·뜻·효과 따위가 그것에 상당한다. 종종 물리화학·수학 따위의 전문어로서 쓰인다.

2 〖성격·상태 따위가〗 변함없는, 불변의(unchanged). ¶ He is the *same* kind gentleman. 그는 여전히 친절한 신사이다. **3** (this, these, that, those 를 수반하여) 같은 종류의; 전기(前記)의, 앞서 말한(just mentioned). ¶ This *same* man is my brother. 방금 말한 이 분이 나의 형님입니다. **4** 〖드물게〗 단조로운, 변동 없는(monotonous). ¶ a tendency to become somewhat *same* 약간 단조로와지는 경향.

at the same time ⇒ TIME.
come to the same thing 결국 마찬가지가 되다.
one and the same 동일한, 똑같은. ¶ 〔다.
Same here. (구어) 이쪽도 마찬가지다, 나도 마찬가지 다.
the very same 똑같은, 바로 그. ¶ This is *the very same* thing I have been looking for. 이것은 바로 내가 찾고 있던 그것이다.
── *pron.* (보통 the, this, that 를 수반하여) **1** (생략적으로 또는 경멸적으로) 동일한 물건, 동일한 일; 마찬가지 물건(일). ¶ Happy New Year! ── The *same* (or *Same*) to you! 새해에 복 많이 받으십시오! ── 복 많이 받으십시오!〖"Merry Christmas!" 라든가 Happy New Year! 라고 인사를 받았을 때의 대답〗 / The *same* is true of my case. 나의 경우도 매한가지이오. **2** 〖고어·드물게〗 동일 인(the same person). ¶ To (From) the *same*. 같은 사람에게(으로부터) 〖편지 따위의 첫머리에 쓴다〗. **3** 〖법률·상업〗 (일반적으로는 뜃) 앞서 말한 사람(일, 물건) 〖he, him, she, her, they, them, it, this 따위〗.
all (or **just**) **the same** ① 똑같은, 〖…은〗 아무래도 상관없는. ② 〖부사적으로〗 그래도 역시(yet, still).
much (or **about**) **the same** 〖앞서서〗 거의 같은.
── *adv.* (보통 the 를 수반하여) 마찬가지로, 똑같이. ¶ I think the *same* 마찬가지로 생각하다 // (as 구(절)와 상관적으로 써서) They do not look at things the *same* as we do. 그들은 사물을 우리들처럼 보지 않는다.
◇ sámeness *n*.

same·ness [séimnis] *n.* Ⓤ 같음, 동일함; 일률적임, 단조로움.

S. Amer. (略) South America; South American.

Sám Híll *n.* (美속어)(hell의 완곡한 표현)(의문사를 강조하여) 대관절, 도대체. ¶ Who in *Sam Hill* is he? 도대체 그는 어떤 사람인가?

Sa·mi·an [séimiən] *adj.* 사모스섬(Samos)의; 사모스섬 사람의. ─ *n.* 사모스섬 사람.

sam·iel [sæmjél] *n.* = simoom.

sam·ite [sǽmait, séi-] *n.* Ⓤ 새마이트직(織) [중세의 견직물. 종종 금실과 섞어 짰다].

sam·iz·dat [sɑ́ːmizdɑ̀ːt] *n.* Ⓤ 소연방 시대 때의 지하 출판(물).

Saml. (略) Samuel.

sam·let [sǽmlit] *n.* 연어의 새끼 (fingerling salmon).

Sam·my [sǽmi] *n.* (pl. **-mies**) (속어) 〖제1차 세계 대전 때의〗미국 병사.

Sam·nite [sǽmnait] *adj.* 삼니움(Samnium)의; 삼니움인(人)의. — *n.* 삼니움인; ⓤ 삼니움어.

Sa·mo·a [səmóuə] *n.* **1** 사모아[남태평양상의 독립국]. **2** 사모아 제도.

SAMOS (略) satellite anti-missile observation system(미사일 정찰 위성망).

sam·o·var [sǽmouvɑ̀ːr, ⁻-⁻] *n.* 사모바르[러시아의 물 끓이는 주전자]. [< Russ. selfboiler]

Sam·o·yed [sǽməjéd / sǽmòied // ⁻⁻⁻3] *n.* **1** [중앙 시베리아의] 사모예드인. **2** ⓤ 사모예드어 [우랄알타이어족에 속하는 1]. **3** [sǽməjèd / samóied] 사모예드견(犬) [희고 긴 털을 가진 중간 크기의 러시아개].

Sam·o·yed·ic [sǽməjédik] *adj.* 사모예드인(어)의. — *n.* ⓤ 사모예드어.

samp [sæmp] *n.* ⓤ 《美》 [맷돌 따위로] 탄 옥수수로 만든 죽.

sam·pan [sǽmpæn] *n.* 삼판 [중국 등의 하천이나 연안에서 쓰는 목조 평저선(平底船)].

sam·phire [sǽmfàiər] *n.* [유럽 산(産)의] 미나리과(科)의 식물; 통통마디.

[sampan]

sam·ple [sǽmpl / sɑ́ːm-] *n.* **1** 견본, 표본. ⇨ EXAMPLE 類語 ¶ a *sample* of cloth 천의 견본 / sell by *sample* 견본으로 판매하다 / up to *sample* 견본대로. **2** 실례(example). ¶ give a *sample* of one's skill 기량의 실례를 보이다. — *vt.* (·pled, ·pling) **1** …의 견본을 뽑다; …의 견본(실례)이다 [견본으로] …을 시험하다(판단하다). **2** …의 맛을 보다, …을 시식(시음)하다.

sámple càrd *n.* 견본 카드.

sam·pler [sǽmplər / sɑ́ːm-] *n.* **1** 견본 담당원; 시식(시음)자. **2** 견본을 뽑는(만드는) 장치. **3** 자수 견본 작품. **4** 선집(選集).

sámple ròom *n.* 견본 진열실.

sam·pling [sǽmpliŋ] *n.* ⓤ **1** 견본 추출(抽出). ¶ random *sampling* 〖통계〗 무작위(無作爲) 표본 추출. **2** [검사·분석용의] 추출 견본. **3** [분포.

sámpling distribùtion *n.* 〖통계〗 통계량의 확률

sámpling inspèction *n.* ⓤ 〖상업〗 [상품의] 표본 추출 검사.

Sam·son [sǽmsn] *n.* **1** [성서] 삼손 [이스라엘의 사사(士師)로 힘이 엄청난 장사. ← 사사기(Judg.) 13-16]. **2** [일반적으로] 힘이 엄청난 남자, 장사.

sam·son·ite [sǽms(ə)nàit] *n.* ⓤ 강력한 폭약의 일종.

Sámson pòst *n.* [항해] [배의] 데릭 지주(支柱), 닻줄매는 짧은 기둥.

Sam·u·el [sǽmju(ə)l] *n.* **1** [성서] 사무엘 [히브리의 사사·예언자]. **2** [성서] [구약 성서의] 사무엘기 [상·하 2서로 나뉜다]. [< Heb]

san [sæn] *n.* 《구어》 =sanatorium.

san·ad [sʌ́nʌd] *n.* [인도 정부 발행의] 양도 증서; 허가, 인가.

san·a·tive [sǽnətiv] *adj.* 병을 고치는, 치유력이 있는.

san·a·to·ri·um [sæ̀nətɔ́ːriəm / -tóu-] *n.* (*pl.* ·ri·ums or -ri·a [-riə]) **1** [특히 결핵이나 정신병 환자 요양의] 새너토리엄, 요양소. **2** [고원의] 보양지(保養地).

san·a·to·ry [sǽnətɔ̀ːri / -t(ə)ri] *adj.* 건강에 좋은 (healthgiving), 병을 고치는 (curative).

san·be·ni·to [sæ̀nbəníːtou / -bén-] *n.* (*pl.* -tos) 지옥복 [옛날 스페인의 종교 재판소에서 화형에 처해질 이단자에게 입혔던 화염·악마 따위의 무늬가 있는 검은 옷]. **2** 회개복 [위 재판소에서 회개하는 이단자에게 입혔던 노란 옷]. [< Sp]

San·cho Pan·za [sǽntʃou pǽnzə] *n.* 산초 판자

[Cervantes 작 동 키호테(*Don Quixote*)의 주인공의 종자].

sanc·ta [sǽŋktə] *n.* sanctum의 복수형의 하나.

sanc·ti·fi·ca·tion [sæ̀ŋ(k)tifikéi(ə)n] *n.* ⓤ 성화(聖化)[된 상태], 정화(淨化) (holiness); 축성(祝聖)[식].

sanc·ti·fied [sǽŋ(k)tifàid] *adj.* **1** 성화된(consecrated), 축성된. **2** 믿음이 두터운 체하는.

sanc·ti·fi·er [sǽŋ(k)tifàiər] *n.* **1** 축성(성화, 정화)하는 사람. **2** 성령(Holy Spirit).

sanc·ti·fy [sǽŋ(k)tifài] *vt.* (-fied, -fy·ing) **1** …을 축성하다(consecrate); …을 신성하게 하다, 숭앙하다. **2** [죄 따위를] 씻다, 깨끗이 하다(purify). **3** *sanctify* one's heart 마음을 정화하다. **3** …을 시인하다, 정당화하다(justify). ¶ The end *sanctifies* the means. 목적은 수단을 정당화한다. ◇ sánctity, sanctificátion *n.*

sanc·ti·mo·ni·ous [sæ̀ŋ(k)timóuniəs, -njəs] *adj.* **1** 신성한 체하는; 믿음이 두터운 체하는, 독실한 신자의 체하는 사람. **2** [폐어] 신성한(holy). —·ly *adv.* —·ness *n.*

sanc·ti·mo·ny [sǽŋ(k)timòuni / -m(ə)ni] *n.* ⓤ **1** 신성한 체함, 믿음이 깊은 체함, 독실한 신자의 체함. **2** [폐어] 신성(sacredness).

sanc·tion [sǽŋ(k)ʃ(ə)n] *n.* ⓤ **1** [정부 등에 의한] 재가(裁可), 인가; 시인(approval); 지지(support). ¶ give *sanction* to …을 재가(시인)하다. **2** [도덕률 따위의] 구속[력]. ¶ moral *sanction* 도덕적 구속 / the *sanction* of an oath 선서의 구속력. **3** [법률] [법의] 강제력, 제재(制裁), 상벌; ⓒ 제재 규정, 처벌. ¶ civil (penal) *sanction* 민사(형사) 제재 / execute the last *sanction* of the law 법의 최후적 제재(사형)를 집행하다. **4** (보통 ~s) [국제법] [국제법 위반국에 가하는] 제재. ¶ economic (military) *sanctions* 경제(군사) 제재 / take *sanctions* against …에게 제재 수단을 취하다. — *vt.* **1** …을 인가(재가)하다, 찬성하다. ⇨ APPROVE 類語 ¶ *sanctioned* by custom 관례에 의해 인정된. **2** …을 확인하다(confirm). **3** [법령 따위에] 제재 규정을 두다. ◇ sánctionless *adj.*

sanc·tion·less [sǽŋ(k)ʃ(ə)nlis] *adj.* **1** 재가를 받지 않은, 인가가 없는. **2** 제재가 없는.

sanc·ti·ty [sǽŋ(k)titi] *n.* (*pl.* -ties) ⓤ **1** 고결함; 청정(淸淨). **2** 거룩함(saintliness); 존엄; 불가침성(inviolability). **3** (종종 -ties) 신성한 의무(감정). ¶ disregard the *sanctities* of the home 가정의 신성한 의무를 무시하다.

sanc·tu·ar·y [sǽŋ(k)tʃuèri / -tju(ə)ri] *n.* (*pl.* -ar·ies) **1** 성소(聖所) (holy place); 예루살렘 신전의 지성소(至聖所). **2** [교회당의] 제단 주변(chancel). **3** 성역(聖域), 피난처, 은신처 [중세에 교회처럼 법률의 힘이 미치지 못했던 곳]; ¶ [교회 등의] 성역권, 죄인 비호권(庇護權); 보호. **4** (새·짐승의) 금렵구(禁獵區). **5** [남의 눈을 피하는] 편안한 장소.

break (or **violate**) **sanctuary** [죄인을 체포하기 위하여] 성역(권)을 침범하다.

take (or **seek**) **sanctuary** [보호를 구하여] 성역으로 도망하다, 피난하다.

sanc·tum [sǽŋ(k)təm] *n.* (*pl.* -tums or -ta) **1** 성소 (sacred place). **2** 서재(study), 사실(私室).

sánctum sanc·tó·rum [-sæŋ(k)tɔ́ːrəm / -tóu-] *n.* **1** [유대 신전의] 지성소(至聖所). **2** 사실, 개인 방; 피난처; 서재.

Sanc·tus [sǽŋ(k)təs] *n.* **1** (때로 s-) 상투스 [감사송 다음에 부르는 기쁨의 노래; 'Holy, holy, holy,'(거룩하시다)로 시작된다]; 그 곡 [미사곡의 하나].

‡**sand** [sænd] *n.* **1** ⓤ 모래; (~s) 모래알. ¶ a grain of *sand* 한 알의 모래알 / tons of *sand* and gravel 여러 톤의 모래와 자갈 / numberless (or numerous) as the *sand* (or *sands*) on the seashore 해변의 모래(알)처럼 무수한. **2** (보통 ~s) 모래사장, 모래밭, 모래벌; 모래 땅, 사막 (desert); 사주(砂洲). **3** play on the *sands* 모래밭에서 놀다 / strike (or be cast on) the *sands* 모래

sandal

톱으로 밀려 올라가다. **3** (보통 ~s) [모래 시계의] 모래알; (비유적) 시각, 시간; 수명, 명. ¶ His *sands* are running out. 그의 수명은 끝나가고 있다. **4** ⓤ《비유적》불안정한 기초. ¶ a house built on [the] *sand* 모래 위에 지은(불안정한) 집 [←마태복음 (Matt.) 7 : 26]. **5** ⓤ《美俗》용기(courage), 기운, 기골, 기력, 기개(氣槪); 결의[의 굳음]. ¶ He hasn't got *sand* enough to have a date with her. 그는 그녀와 데이트할 만한 배짱이 없다. **6** ⓤ 모래빛. **7** ⓤ《속어》굵은 설탕, 싸라기 설탕.
bury one's head in the sand → HEAD.
make ropes of sand 헛된 일을 하다.
plow (or *number*) *the sand*[*s*] 헛수고하다.
put sand in the wheels (or *machine*) 방해하다.
sow the sand 무익한 짓을 하다.
— *vt*. **1** …에 모래를 뿌리다. ¶ *sand* a road 길에 모래를 뿌리다. **2** …을 모래로 덮다, 모래로 파묻다(*...over, up*). ¶ (~+目+副) The harbor is *sanded up* by the current. 그 항구는 조류에 실려 온 모래로 얕아져 있다. **3** …에 모래를 섞다. ¶ *sand* cement 시멘트에 모래를 섞다. **4** …을 모래(사포)로 닦다.
◇ **sándy** *adj*.

ǃsan·dal¹ [sǽndl] *n*. **1** 샌들 [고대 그리스·로마인이 신던 가죽 신발]. **2** [주로 여성·아동용의] 샌들 [신발]. **3** 《美》운두가 얕은 오버슈즈의 일종. **4** 샌들의 끈. — *vt*. (*-daled, -dal·ing*) 《英》*-dalled, -dal·ling*) …에게 샌들[신발]을 신기다.

san·dal² [sǽndl] *n*. =sandalwood.

san·daled, 《英》**-dalled** [sǽndld] *adj*. 샌들을 신은.

san·dal·wood [sǽndlwùd] *n*. 백단향(白檀香); ⓤ 백단향 재목. ¶ a red *sandalwood* 자단(紫檀).

san·da·rac [sǽndəræk], (**san·da·rack**) *n*. **1** ⓤ 샌더랙 [sandarac tree 의 수지. 향료·와니스로 쓰임]. **2** =sandarac tree.

sandaràc trèe *n*. [북아프리카산(産)] 소나무과(科)의 식물.

sánd·bàg [sǽn(d)bæ̀g] *n*. **1** 모래자루. **2** (강도 등의 무기로서의) 모래자루. — *vt*. (*-bagged, -bag·ging*) **1** …을 모래자루로 틀어막다(보강하다). ¶ …에 모래주머니를 쌓다. **2** …을 모래자루로 때려눕히다. **3** 《구어》무리하게 …시키다, …에게 강요하다(coerce). **4** 《美속어》[일부러 서투른 플레이를 하여] 상대를 속이다.

sánd·bàg·ger [sǽn(d)bæ̀gər] *n*. **1** 모래자루로 남을 때려눕히는 사람 [특히 강도]. **2** 《구어》모래주머니를 바닥짐으로 쌓은 홀수(吃水)가 얕은 범선.

sánd·bànk [sǽn(d)bæ̀ŋk] *n*. 모래톱, 모래언덕.

sánd·bàr [sǽn(d)bɑ̀ːr] *n*. 하구(河口) 따위의 모래톱.

sánd bàth *n*. **1** 모래찜질, 모래뜸질. **2** 《화학》열사반(熱沙盤) [뜨거운 모래를 담는 그릇].

sánd bèd *n*. 모래바닥, 모래층(層).

sánd·blàst [sǽn(d)blæ̀st/-blɑ̀ːst] *n*. **1** ⓤ 모래 분사 [유리·금속 따위의 표면을 갈거나 닦기 위한 처리]. **2** 분사기(噴砂機). — *vt*. [금속·석재·유리 따위]를 모래 분사로 갈다.

sánd·blàst·er [sǽn(d)blæ̀stər/-blɑ̀ːstə] *n*. [금속 따위에] 모래 분사로 가는 사람, 분사기.

sánd·blìnd [sǽn(d)blàind] *adj*. 《고어》반소경의, 눈이 침침한(purblind), 시력이 약한. *cf*. gravel-blind, stone-blind

sánd·bòx [sǽn(d)bɑ̀ks/-bɔ̀ks] *n*. **1** [기관차의 미끄럼 방지용] 모래 상자. **2** [어린이가 그 속에서 모래 장난하며 노는] 모래 상자. **3** 《골프》 [tee 로 쓰는] 모래 넣는 통.

sánd·bòy [sǽn(d)bɔ̀i] *n*. 《英》모래팔이 아이. ∗ 현재는 다음 숙어로만 쓴다.
[*as*] *jolly* (or *happy, merry*) *as a sandboy* 매우 명랑한.

sand-cast [sǽn(d)kæ̀st/-kɑ̀ːst] *vt*. (*-cast, -cast·ing*) [녹은 금속을 모래 주형(鑄型)에 부어서] (주물)을 만들다.

sand·cas·tle [sǽn(d)kæ̀sl/-kɑ̀ːsl-] *n*. [아이들이 만드는] 모래성.

sánd clòud *n*. [사막의 열풍으로 일어나는] 모래 연무(煙霧). *cf*. simoom

sánd cràck *n*. **1** [獸醫] 열제(裂蹄) [말의 발굽 질환]. **2** [뜨거운 모래를 밟는 사람에게 생기는] 발의 금.

sánd dòllar *n*. 섬게의 일종 [미국 동해안산(産)].

sánd drìft *n*. 유사(流砂), 표사(漂砂).

sánd dùne *n*. 모래 따위의 바람에 의해 생긴 언덕.

sand·ed [sǽndid] *adj*. **1** 모래땅의; 모래를 뿌리넣은; 모래투성이의(sandy). **2** 〔페어〕모래빛의. **3** 싸라기 설탕을 뿌린.

sánd èel *n*. [어류] 까나리 (sand lance).

sand·er [sǽndər] *n*. **1** 사포(砂布)로 가는 사람(장치). **2** 샌더 [모래로 가는 기계].

sand·er·ling [sǽndərliŋ] *n*. 《새》세발가락도요새.

san·ders [sǽndərz], **-ders·wood** [-wùd] *n*. 자단(紫檀) (red sandalwood) [위에 뜨는] 찌꺼기.

san·de·ver [sǽndivər], (**san·di·ver**) *n*. ⓤ 【녹인 유리】

sánd flèa *n*. =beach flea. **2** =chigoe.

sand·fly [sǽn(d)flài] *n*. (*pl. -flies*) 눈에놀이(모기) 숱한 흡혈성 곤충).

sand·glass [sǽn(d)glæ̀s/-glɑ̀ːs] *n*. 모래시계(hourglass).

san·dhi [sǽnd(h)iː, sʌ́n-, + 美 sɑ́ːn-] *n*. ⓤ [언어] 연성(連聲) [문장 안의 단어가 인접한 음의 영향을 받아 두음(頭音)·미음(尾音)이 변하는 일. It's의 's는 is의 sandhi 이다].

sánd hìll *n*. 모래언덕.

sand·hill·er [sǽn(d)hìlər] *n*. 모래언덕 지대의 주민.

sand·hog [sǽndhɑ̀g, -hɔ̀ːg/-hɔ̀g] *n*. **1** 모래 파는 인부. **2** 지하 작업원 [특히 잠함(caisson) 속에서 일하는 노동자].

sánd hòpper *n*. 해변톡토기 (sand flea).

San Di·e·go [sæ̀n diéigou] *n*. 미국 California 주 서남부의 항구 도시.

san·di·ver [sǽndivər] *n*. =sandever.

S & L 《略》savings *and* loan [association] (저축 융자 조합).

sánd lànce(**làunce**) *n*. 까나리 (sand eel).

sánd·lòt [sǽn(d)lɑ̀t/-lɔ̀t] *n*. 《美》[도시 속의] 스포츠용 빈터. — *adj*. 스포츠용 빈터의; 아마추어 야구의. ¶ a *sand-lot* player 아마추어 야구 선수.

sánd·lòt·ter [sǽn(d)lɑ̀tər/-lɔ̀tə] *n*. 《美》아마추어 야구 선수.

S & M 《略》sadist *and* masochist; sadism *and* masochism.

sand·man [sǽn(d)mæ̀n] *n*. (*pl. -men* [-mèn]) 잠꾸러기 아이들의 눈에 모래를 뿌려서 졸리게 한다는 동화의 요정]. ¶ The *sandman* is about. 졸음이 오는구나 [졸린 눈을 하고 있는 아이를 놀릴 때 하는 말].

sánd màrtin *n*. 《英》개천제비(bank swallow).

sánd pàinting *n*. [나바호 인디언의 주술적인] 모래 그림.

sand·pa·per [sǽn(d)pèipər] *n*. ⓤ 사포(砂布), 샌드페이퍼. — *vt*. …을 사포로 닦다(문지르다).
sandpaper the anchor 《海事》전혀 불필요한 짓을 하다.

sánd pìle *n*. 【건축】사갱(砂坑) [지반에 구멍을 뚫고 모래를 채워 굳힌 것. 무른 땅에 기초 작업을 할 때 쓴다].

sand·pip·er [sǽn(d)pàipər] *n*. (*pl. -pip·ers* or *-pip·er*) 도요과(科)의 새 [깝작도요·뻑뻑도요 따위].

sánd·pìt [sǽn(d)pìt] *n*. **1** 사갱, 모래 채취장. **2** 《英》모래상자 (sandbox).

sánd pùmp *n*. 모래 퍼올리는 펌프.

sánd shòe *n*. 《美》 [가벼운] 정구화; 고무창으로 된 구두.

sánd sìnk *n*. 모래를 사용하는 유출수(流出油) 처리[법].

sánd·sòap [sǽn(d)sòup] *n*. ⓤ 모래 섞인 비누(gritty soap).

sánd spòut *n*. 사주(砂柱), 모래 선풍(dust devil) [사

sand·stone [sǽn(d)stòun] *n.* 〖지질〗 사암(砂岩). cf. dust storm
sand·storm [sǽn(d)stɔ̀ːrm] *n.* [사막의] 모래 폭풍.

sánd táble *n.* **1** 모래판〖아이들의 모래놀이용〗. **2** 〖광산〗 샌드 테이블〖선광기의 일종〗 〖의 하나〗.
sánd tràp *n.* 〖골프〗 모랫구멍, 벙커〖코스의 장애물
‡**sand·wich** [sǽn(d)witʃ / sǽnwidʒ, -witʃ] *n.* **1** 샌드위치. ¶ a ham (a cheese) *sandwich* 햄(치즈) 샌드위치. **2** 샌드위치 모양의 것. ¶ a *sandwich* of good and bad 선과 악의 등을 맞댄 공존. **3** = sandwich man. *ride* (*sit*) *sandwich* 두 사람 사이에 끼여 타다(앉다)〖특히 동등한 사람 사이에 끼인 아랫 사람, 남자 사이에 끼인 여자에 대하여 말한다〗.
— *vt.* …을 샌드위치 속에 끼우다. ¶ …을 사이에 끼우다, 〖억지로〗 끼워넣다. ¶ (…+图+圖]+(…+图+前+图] *sandwich* an appointment *in between* two board meetings 두 임원 회의 사이에 남과 만날 약속을 끼워넣다. 〖<영국의 Earl of *Sandwich*, John Montagu (1718-92)가 하루 24시간 계속되는 도박에서 식사 시간이 아까와 이를 만들어 먹은 데서〗

sándwich bàr *n.* 샌드위치 식당.
sándwich bóard *n.* 샌드위치맨이 등과 가슴에 늘 어뜨려 다는 광고판.
sándwich còurse *n.* 〖英〗 샌드위치 과목〖실업 학교에서 실습과 이론 연구를 번갈아 실시하는 과목〗.
Sándwich Íslands *n. pl.* (the ~) Hawaiian Islands의 옛 이름.
sándwich màn *n.* 샌드위치맨.
sándwich shòp *n.* 간이 식당. 〖끼〗.
sánd·worm [sǽndwə̀ːrm] *n.* 갯지렁이〖낚시용 미
sánd·wort [sǽndwə̀ːrt] *n.* 벼룩자리속(屬)의 잡초〖건조한 모래땅에 자란다〗.
*****sand·y** [sǽndi] *adj.* (**sánd·i·er, sánd·i·est**) **1** 모래의; 모래투성이의, 모래로 덮인. ¶ a *sandy* beach 모래사장. **2** 모래빛의, 엷은 갈색의. ¶ a *sandy* beard 엷은 갈색의 턱수염. **3** 〖모래처럼〗 변동하기 쉬운, 불안정한 (unstable). **sánd·i·ness** *n.*

San·dy [sǽndi] *n.* 스코틀랜드인의 별명.

sánd yácht *n.* 샌드 요트〖모래 위를 바람의 힘으로 달리는 네 바퀴가 달린 요트〗.
sand·y·ish [sǽndiiʃ] *adj.* **1** 모래 섞인. **2** 〖모래처럼〗 깔쭉한. **3** 모래빛을 띤, 엷은 갈색을 띤.
*****sane** [sein] *adj.* (**sán·er, sán·est**) (*opp.* insane) **1** 제 정신의, 정신이 또렷한, 미치지 않은. ¶ a *sane* person 제정신인 사람. **2** 〖사고 방식이〗 건전한(sound), 분별 있는(sensible). **3** 합리적인(logical). ¶ *sane* advice 분별이 있는 충고. **~·ly** *adv.* **~·ness** *n.* ◇ **sán·i·ty** *n.*

San·for·ize [sǽnfəràiz] *vt.* (-**ized, -iz·ing**) 〖상표명〗〖천〗을 샌포라이즈하다, …을 방축(防縮) 가공하다. 〖<Sanford L. Cluett. 미국의 이 방법 발명자〗
San·for·ized [sǽnfəràizd] *n.* 《美》〖상표명〗 빨아도 줄지 않게 가공한 천.
‡**San Fran·cis·co** [sæ̀n frænsískou / frəǹ-] *n.* 미국 California 주 중부의 상공업·항만 무역 도시.
‡**sang** [sæŋ] *v.* sing 의 과거형
san·ga [sǽŋgə], **san·gar** [sǽŋgər] *n.* 《美》〖인도의 고지(高地) 종족이 이용하는〗 돌 흉벽(胸壁).
san·ga·ree [sæ̀ŋgəríː] *n.* U 상가리〖스페인 지방에서 포도주에 설탕물·향료 따위를 섞어서 마시는 음료〗.
sang-froid [sɑːŋfrwɑ́ː, sæŋ-] *n.* U 냉정, 평정(平靜) (composure), 침착(equanimity). 〖<F cold blood〗
San·graal, **-greal** [sæ̀ŋgréil] *n.* 성배(聖杯) (Holy Grail) 〖그리스도가 최후의 만찬에서 썼다〗.
San·grail [sæŋgréil] *n.* = Sangraal.
san·gri·a [sæŋgríːə] *n.* U 산그리아〖보통 적포도주에 과즙·소다수 따위를 섞어서 만든 청량 음료〗. 〖<Sp〗
sangui- blood(피)의 뜻의 연결형. 예: *sangui*ferous.
san·guif·er·ous [sæŋgwífərəs] *adj.* 〖혈관 따위가〗 혈액을 나르는.
san·gui·nar·i·a [sæ̀ŋgwinέ(ː)riə / -nέər-] *n.* 〖북미산의 빨간 뿌리의〗 양귀비과(科) 식물(bloodroot); 그 말린 뿌리와 줄기〖알칼로이드를 함유하여 약용〗.
san·gui·nar·y [sǽŋgwinèri / -nəri] *adj.* **1** 유혈의, 피투성이의, 피비린내 나는 전투. **2** 피에 굶주린(bloodthirsty), 잔인한, 살벌한. ¶ a *sanguinary* temper 잔인한 기질. **3** 〖법률〗 함부로 사형에 처하는. **4** 《英》입이 험한, 야비한; 지독한, 심한. ¶ *sanguinary* language 험한 말. **-nar·i·ly** *adv.* **-nar·i·ness** *n.*
*****san·guine** [sǽŋgwin] *adj.* **1** 쾌활한(cheerful), 희망에 찬, 낙천적인, 있는(*of, that…*). ¶ be *sanguine* of a person's success; be *sanguine* that a person will succeed 남의 성공을 확신하다. **2** 〖얼굴이〗 혈색이 좋은(ruddy). **3** 〖중세의 생리학에서〗 다혈질의. **4** 〖詩〗 피 빛깔의, 피처럼 붉은(blood-red). **5** 〖드물게〗 피를 좋아하는, 잔인한(sanguinary).
— *n.* 붉은 크레용〖화〗. **~·ly** *adv.* **~·ness** *n.*
◇ **san·guíne·ous**, **sán·gui·nar·y** *adj.*

san·guin·e·ous [sæŋgwíniəs] *adj.* **1** 피의, 피를 함유한. **2** 핏빛의. **3** 유혈의(sanguinary). **4** 다혈질의(full-blooded); 낙천적인(optimistic).
san·guin·o·lent [sæŋgwínələnt] *adj.* **1** 피의. **2** 피를 함유한; 피묻은.
San·he·drin [sænhédrin, sɑn-, -híːd- / sǽnidrin], **-drim** [-drim] *n.* 〖고대 유대의 입법·사법을 맡던〗 종교 의회〖중의회(衆議會)와 전의회(全議會)가 있었고, 후자는 71명으로 구성된 사법·종교 문제의 최고 의결 기관〗.
san·i·cle [sǽnikl] *n.* 참반디속(屬)의 식물.
sa·ni·es [séiniìːz] *n.* U 〖병리〗 묽은 피고름〖상처 따위에서 나오는 고름과 피가 섞인 물은 액체〗.
san·i·fy [sǽnifài] *vt.* (**-fied, -fy·ing**) 〖사람〗을 건강하게 하다; 〖장소〗를 위생적으로 하다.
sanit. (略) sanitarian; sanitary; sanitation.
san·i·tar·i·an [sæ̀nitέ(ː)riən / -tέər-] *adj.* 위생의, 공중 위생의. — *n.* 공중 위생학자(전문가).
*****san·i·tar·i·um** [sæ̀nitέ(ː)riəm / -tέər-] *n.* (*pl.* **-i·ums** *or* **-i·a** [-riə]) = sanatorium.
‡**san·i·tar·y** [sǽnitèri / -t(ə)ri] *adj.* **1** 〖공중〗 위생의, 위생상의(hygienic). ¶ ● HEALTHY 類語 ¶ a *sanitary* engineer 위생 기사; 〖상하수도 따위의〗 연관공(鉛管工). / *sanitary* engineering 위생 공사. / a *sanitary* officer 〖항구에 있는〗 검역소. / *sanitary* science 공중 위생학. **2** 위생적인, 청결한(clean). ¶ a *sanitary* napkin (*or* 《英》 towel) 월경대(月經帶) / *sanitary* ware 위생 도기/ a *sanitary* cup 종이 컵. — *n.* (*pl.* **-tar·ies**) 공중 변소(public toilet). **-tar·i·ly** *adv.* **-tar·i·ness** *n.*
◇ **sán·i·tate** *v.*

sánitàry bélt *n.* [sanitary napkin을 고정시키는] 생리대 벨트.
sánitàry inspéctor *n.* 〖하수 따위의〗 위생 설비 검사관.
san·i·tate [sǽnitèit] *vt.* (-**tat·ed, -tat·ing**) …을 위생적으로 하다, …에 위생 설비를 하다.
*****san·i·ta·tion** [sæ̀nitéiʃ(ə)n] *n.* U 공중 위생; 위생 설비, 하수 설비(drainage).
sanitátion enginèer *n.* 《美》〖완곡〗〖쓰레기를 수거하는〗 청소원(sanitationman).
san·i·ta·tion·man [sæ̀nitéiʃ(ə)nmæ̀n] *n.* (*pl.* **-men** [-mèn]) 청소원, 위생 직원.
san·i·tize [sǽnitàiz] *vt.* (-**tized, -tiz·ing**) 〖청소·소독 따위를 하여〗 …을 위생적으로 하다.
san·i·tiz·er [sǽnitàizər] *n.* 〖음식물 따위의〗 소독제.
san·i·to·ri·um [sæ̀nitɔ́ːriəm / -tɔ́ː-] *n.* (*pl.* **-ri·ums** *or* **-ri·a** [-riə]) = sanatorium.
‡**san·i·ty** [sǽniti] *n.* U **1** 제정신, 정신이 멀쩡함, 정신의 정상(건전함). **2** 〖사상의〗 온건, 공정(公正) (soundness of judgment).
san·jak [sænd̬ʒǽk] *n.* 〖터키〗 군(郡) 〖vilayet 을 다

시 세분한 행정 구획]. 「의 도시.
San Jo·se [sæn (h)ouzéi] *n.* 미국 California 주 서부
San Jo·sé [sáːn (h)ɔːséi] *n.* 산호세 [중미 코스타리카(Costa Rica) 공화국의 수도].
San Jo·se scale [sǽn (h)ouzèi skéil] *n.* 《곤충》 산호세 개각충(介殼蟲) [미국 전역에 분포하는 식물의 해충].
San Juan [sæn (h)wáːn] *n.* 산환[서인도 제도 중의 미국 자치령 섬 푸에르토리코(Puerto Rico)의 항구 도시·
‡sank [sæŋk] *v.* sink 의 과거형. [수도].
San·ka [sǽŋkə] *n.* 《상표명》 생커 커피[카페인을 제거한 커피].
San·khya [sáːŋkjə] *n.* 수론파(數論派) [고대 인도 6파 철학의 한 파. 현실 및 정신과 물질의 2원성을 제창했다].
San Ma·ri·no [sæn məríːnou] *n.* 산마리노 [이탈리아 중동부에 있는 공화국. 유럽 최고(最古)의 소독립국; 그 수도].
sann·ya·si [sʌnjáːsi], **-sin** [-sin] *n.* 힌두교의 탁발승(托鉢僧) [Hindu monk].
sans [sænz] *prep.* …없이 (without). ¶ *Sans teeth, sans eyes, sans taste, sans everything.* [늘어서] 이도 없고, 눈도 없고, 맛도 모르고, 아무것도 없다 [← Shakespeare 작 *As You Like It* II, vii, 166]. 〈F〉
Sans. 《略》 Sanskrit.
San Sal·va·dor [sæn sǽlvədɔ̀ːr] *n.* **1** 산살바도르 [중미 엘살바도르(El Salvador)의 수도]. **2** 영국령 서인도 제도에 있는 바하마(Bahama) 제도 중의 한 섬 [1492년 콜럼버스(Columbus)가 발견].
San·scrit [sǽnskrit] *n., adj.* =Sanskrit.
sans-cu·lotte [sænzk(j)uɫ(ɔ́)lɑ́t / -lɔ́t] *n.* **1** 《프랑스 혁명 당시의》 하층민 혁명가 [귀족적인 knee breeches 를 배격하고 특히 pantaloons 를 입었던 데서 붙여진 이름]. **2** 과격 공화주의자, 급진 혁명가. 〈F〉
sans-cu·lot·tic [sænzkjulɑ́tik / -lɔ́t-] *adj.* 급진적 공화주의(자)의, 혁명적인 (revolutionary), 과격파의 (radical).
san·ser·if [sǽnsérif] *n.* 《인쇄》 =sans serif.
san·se·vi·e·ri·a [sænsivíːriə / -víəriə] *n.* 천년란 (千年蘭) [아시아·아프리카 원산의 백합과(科) 식물].
San·skrit [sǽnskrit] *n.* 산스크리트어, 범어(梵語).
—— *adj.* 산스크리트어의, 범어의. 〈Skt *samskrita* perfected, symmetrically arranged < *sam* together + *krita* done, made, perfected〉 [학자.
San·skrit·ist [sǽnskritist] *n.* 산스크리트 학자, 범어
sans serif [sænz(z) sérif / sæn sér-] *n.* 《인쇄》《인》 세리프로체 활자 [세리프(serif)가 없는 활자]. *cf.* block letter [자의.
sans-ser·if [sæn(z)sérif / sǽnsér-] *adj.* 산세리프 활자
sans sou·ci [F sɑ̃ susí] 《프랑스》 (=without care) 마음 편한, 걱정없는 (carefree).
San·ta [sǽntə] *n.* =Santa Claus.
‡Sán·ta Cláus(Kláus) [-klɔ̀ːz, +英 ʒ²] *n.* 산타클로스.
Sán·ta Fé [-féi / ¬²-, ⅚¬] *n.* 미국 New Mexico 주의 주도(州都)·관광 도시.
Sán·ta Fé Tráil *n.* 산타페 도로 [미국 Missouri 주의 Independence 와 New Mexico 주의 Santa Fe 를 잇는 교역 루트. 1820년대부터 철도가 개설되어 1880년경까지 중요한 역할을 했다].
Sán·ta Món·i·ca [-mɑ́nikə / -mɔ́n-] *n.* 미국 California 주 서남부의 Los Angeles 가까이의 해안 도시.
San·ti·a·go [sæntiɑ́ːgou] *n.* 산티아고 [남미 칠레의 수도].
San·to Do·min·go [sǽnto(u) dəmíŋgou] *n.* 산토 도밍고 [서인도 제도 중의 도미니카 공화국의 수도].
san·ton [sǽntən] *n.* 회교 성직자, 회교의 은자(隱者).
san·ton·i·ca [sæntɑ́nikə / -tɔ́n-] *n.* **1** 세멘시나 [영거 시과(科)에 속하는 다년초]. **2** 이 꽃봉오리를 건조

한 회충 구충제. [제].
san·to·nin [sǽntənin] *n.* U 《화학》 산토닌 [회충 구충
San·tos [sǽntəs] *n.* 상투스 [브라질 남부의 항구 도시. 세계 최대의 커피 수출항, 상파울루의 외항(外港)].
san·ya·si [sʌnjáːsi] *n.* =sannyasi.
São Pau·lo [sàuŋ páulu:] *n.* 상파울루 [브라질 남부의 도시. 커피의 대집산지].
São Sal·va·dor [sàuŋ sǽlvədɔ̀ːr] *n.* 상살바도르 [브라질 동부의 항구 도시. 정식 명칭은 Salvador].
São To·mé and Prin·ci·pe [sàuŋ təméi ənd prínsipei] *n.* 상투메 프린시페 [아프리카 기니만 동남부의 민주 공화국. 상투메섬과 프린시페섬으로 구성. 1975년 포르투갈로부터 독립. 수도 São Tomé].
‡sap¹ [sæp] *n.* U **1** 수액(樹液). ¶ rubber *sap* 고무 수액. **2** 《詩》 피; 《비유적》 원기, 활기, 생기 (vigor). **3** the *sap* of youth 청년의 활력. **3** [나무껍질 밑의] 백목질(白木質) (sapwood). **4** C 《美속어》 멍청이, 바보 (saphead). —— *vt.* (**sapped, sap·ping**) **1** 〔나무에서〕 수액을 짜내다; 〔나무〕의 백목질을 제거하다. **2** 《비유적》 …을 약화시키다, 쇠약하게 하다, 기력을 빼앗다. ¶ *sap* a person's energy 남의 정력을 약화시키다.
◇ **sáppy, sápless** *adj.*
sap² [sæp] *n.* **1** 《군사》 대호(對壕) [적진에 접근하기 위해 파는 참호]; U 대호 파기. **2** U 《신앙·권위 따위를〕 점차로 뒤엎기, 몰래 파괴하기. —— *v.* (**sapped, sap·ping**) *vt.* **1** 《군사》 〔적진 따위〕에 대호를 파서 육박 (접근)하다; 〔지면〕에 대호를 파다. **2** …의 밑을 파서 무너뜨리다, …을 서서히 파괴하다, 약하게 하다 (weaken). —— *vi.* 대호를 파다; 대호를 파서 적진에 접근하다.
sap³ [sæp] 《英학생 속어》 *n.* **1** 공부벌레, 공부만 파는 사람. **2** U C 고된 일; 공부. —— *v.* (**sapped, sap·ping**) 악착같이 공부만 하다. ¶ (~+題+图) He is always *sapping at* English. 그는 언제나 영어를 악착같이 공부하고 있다.
sap⁴ [sæp] 《美속어》 *n.* 짧은 곤봉. —— *vt.* (**sapped, sap·ping**) 〔남〕을 짧은 곤봉으로 때리다.
sap·a·jou [sǽpədʒùː] *n.* 《동남미산 (産)의》 거미원숭이.
sa·pan·wood [səpǽnwùd / sǽpən-] *n.* =sappan-wood.
sáp gréen *n.* U 갈매나무(buckthorn)의 열매에서 채취하는 암록색 안료(顔料).
sap·head *n.* 《속어》 열간이, 바보 (fool).
sap·head·ed [sǽphèdid] *adj.* 《속어》 얼간이 같은, 바보 같은.
sap·id [sǽpid] *adj.* **1** 맛있는, 풍미있는 (savory), 맛 좋은, 입에 맞는. **2** 재미있는, 즐길만한.
sa·pid·i·ty [səpídəti] *n.* U 풍미 있음, 맛있음; 흥취.
sa·pi·ence [séipiəns, -pjəns] *n.* U **1** 지혜. **2** 아는 체함, 유식한 체하기.
sa·pi·en·cy [séipiənsi, -pjən-] *n.* =sapience.
sa·pi·ens [séipiənz] *adj.* 〔화석인(化石人)〕에 대하여 현(現)인류(Homo sapiens)의.
sa·pi·ent [séipiənt, -pjənt] *adj.* 《종종 비꼬아서》 **1** 지혜있는, 현명한 (wise). **2** 아는 체하는, 유식한 체하는.
—— *n.* 원시인. **~·ly** *adv.*
sa·pi·en·tial [sèipiénʃ(ə)l] *adj.* 지혜의, 〔특히〕 신의 지혜의, 지혜를 나타내는, 지혜를 주는.
sapiéntial bóoks *n. pl.* (the ~) 지혜의 서 [구약 성서 중의 잠언·전도서·아가서].
sap·less [sǽplis] *adj.* **1** 수액(樹液) 없는; 마른 (withered), 시든. **2** 활기(기운)없는, 쇠약한; 맛없는 (insipid).
*sap·ling [sǽpliŋ] *n.* **1** 어린 나무, 묘목. **2** 젊은이 (youth). **3** 그레이하운드종(種)의 강아지.
sap·o·dil·la [sæ̀pədílə] *n.* 《식물》 **1** 사포딜라 [열대 아메리카산(産) 사포딜라과(科)의 식물. 검은 원료 chicle 을 채취한다]. **2** (=**sapodilla plum**) 사포딜라의 열매 [식용].

sap·o·na·ceous [sæpənéiʃəs] *adj.* **1** 비누질의(soapy), 비누 같은. **2** 〔비유적〕 구변 좋은. **~·ness** *n.*

sa·pon·i·fi·a·ble [səpánifàiəbl / -pɔ́n-] *adj.* 〔화학〕 비누화할 수 있는.

sa·pon·i·fi·ca·tion [səpὰnifikéiʃ(ə)n / -pɔ̀n-] *n.* 〔U〕 〔화학〕 비누화 〔에스테르를 알칼리로 가수(加水) 분해하기〕.

sa·pon·i·fy [səpánifài / -pɔ́n-] *v.* (**-fied, -fy·ing**) 〔화학〕 *vt.* …을 비누화하다, 비누로 만들다. — *vi.* 비누화되다.

sap·o·nin [sǽpənin] *n.* 〔U〕〔C〕 사포닌〔식물에 분포하는 배당체(配糖體). 비누처럼 거품이 일어서 세척제로 쓴다〕.

sa·por [séipər, -pɔːr / -pɔː] *n.* 〔U〕 맛, 풍미(flavor).

sap·pan·wood, sa·pan- [sǽpænwùd / sǽpən-] *n.* **1** 다목, 소방목(蘇枋木)〔적색 염료를 채취〕. **2** 소방〔인도 원산의 콩과(科)의 작은 관목〕.

sap·per [sǽpər] *n.* 〔英〕 공병(工兵).

Sap·phic [sǽfik] *adj.* 사포(Sappho)의; 사포풍〔시체(詩體)〕의. — *n.* 사포 시체(Sappic verse).

Sap·phi·ra [səfáirə / -fáiə] 〔성서〕 삽비라〔거짓말 때문에 신벌(神罰)을 받아 남편 아나니아(Ananias)와 함께 급사한 여자. ←사도 행전(Acts) 5:1-11〕.

***sap·phire** [sǽfaiər] *n.* **1** 사파이어, 청옥(青玉). **2** 〔U〕 사피어색, 하늘빛, 푸른빛. — *adj.* 사파이어 빛의. ◇ **sápphirine** *adj.*

sápphire wédding *n.* 사파이어 혼식(婚式)〔결혼 45주년 기념〕.

sap·phir·ine [sǽfirin, -rìːn / -ràin] *adj.* 사 파 이 어 [빛]의, 청옥(빛)의, 하늘(빛)으로 만든. — *n.* 〔U〕 〔광물〕 사피린〔담청색 또는 담록색의 광물〕.

sap·phism [sǽfiz(ə)m] *n.* (때로 S-) 〔U〕 여성의 동성애(lesbianism).

sap·py [sǽpi] *adj.* (**-pi·er, -pi·est**) **1** 수액(樹液)이 많은(juicy). **2** 정력적인, 활력에 찬(vigorous). **3** 〔속어〕바보 같은, 어리석은(foolish). **-pi·ness** *n.*

sa·pre·mi·a, 〔특히 英〕 -prae- [səpríːmiə] *n.* 〔U〕 〔병리〕 부패혈증(腐敗血症).

sapro- rotten(부패한)이라는 뜻의 연결형(* 모음 앞에서는 sapr-를 쓴다). 예: *saprogenic, saprémia.*

sap·ro·gen·ic [sæ̀prou(u)dʒénik] *adj.* 부패를 일으키는, 부패성의; 부패에서 생긴.

sa·proph·a·gous [səpráfəgəs / -prɔ́f-] *adj.* 〔생물〕 부패물을 먹이로 하는.

sap·ro·phyte [sǽprəfàit], (**sap·ro·phite**) *n.* 사물(死物) 기생 식물, 부생(腐生) 식물; 부생균(菌).

sap·ro·phyt·ic [sæ̀prəfítik] *adj.* 사물 기생 식물적인.

sap·sa·go [sǽpsəgòu, ..´.ˌ] *n.* 〔U〕 〔스위스산(産)의〕 단단한 녹색 치즈. (..´.ˌ) (産).

sap·suck·er [sǽpsʌ̀kər] *n.* 딱다구리의 일종〔북미산〕.

sap·wood [sǽpwùd] *n.* 〔U〕 변재(邊材), 백목질(白木).

Sar. (略) Sardinia.

SAR (略) 〔항공〕 *synthetic aperture radar*(합성 개구(開口) 레이더); *search and rescue*(수색 및 구조).

S.A.R. (略) 〔美〕 *Sons of the American Revolution* (독립 전쟁 유가족 청년단〔원〕(*cf.* D.A.R.); *South African Republic*.

Sa·ra [sáːrə] *n.* (*pl.* **-ras** or **-ra**) 중앙 아프리카 공화국(Central African Republic)의 흑인.

sar·a·band, -bande [sǽrəbæ̀nd] *n.* **1** 사라반드〔3박자의 느리고 엄숙한 스페인 춤〕. **2** 사라반드곡〔무도곡〕.

Sar·a·cen [sǽrəs(ə)n] *n.* **1** 〔역사〕 사라센 사람; 〔나중에〕 아라비아 사람. **2** 〔특히 십자군에 대한〕 회교도. — *adj.* = Saracenic. ◇ **Saracénic** *adj.*

Sar·a·cen·ic [sæ̀rəsénik] *adj.* 사라센 사람의; 〔건축 따위가〕 사라센식의.

Sáracen's héad *n.* 사라센 사람의 머리〔문장(紋章)이나 여관 간판에 쓰였다〕.

Sar·ah [sɛ́(ː)rə] 〔성서〕 사라〔아브라함의 아내이며 이삭의 어머니. ←창세기(Gen.) 17:15-22〕.

SARAH (略) 〔항공〕 *Search And Rescue And Homing*(수색 구조 자동 유도).

Sa·ra·je·vo [sǽrəjèivou, ˌ··´··] *n.* 사라예보 〔유고슬라비아의 도시. 오스트리아의 페르디난트(Ferdinand) 대공(大公)이 이곳에서 암살되어 제1차 세계 대전의 도화선이 되었다〕.

sa·ran [sərǽn] *n.* 〔U〕 사란〔합성 수지의 일종〕.

sa·ran·gi [sáːrəŋgi] *n.* 사랑기〔인도의 29현(弦)의 악기〕.

sa·ra·pe [sərápi] *n.* = serape. 〔끝].

Sàr·a·tó·ga trúnk [sæ̀rətóugə-] *n.* 〔19세기에 유행한 주로 여성용의〕 대형 여행 트렁크.

sar·casm [sáːrkæz(ə)m] *n.* 〔U〕 〔1〕 비꼼, 풍자, 빈정댐, 야유, 비웃음(sneer). ⇒ IRONY[1] 類語 **2** 비꼬는 말, 비웃는 말.

sar·cast [sáːrkæst] *n.* 《드물게》 비꼬는 사람, 비웃는 사람.

§**sar·cas·tic** [saːrkǽstik], (**sar·cas·ti·cal** [-tik-əl]) *adj.* 비꼬는(bitterly ironical), 풍자적인, 빈정대는, 비웃는; 야유투 하는. **-ti·cal·ly** [-tikəli] *adv.*
◇ **sárcasm** *n.*

sar·celle [saːrsél] *n.* 발구지〔오리과(科)의 새〕, 〔일종의〕 상오리(teal). 〔직물〕 〔안감이나 리본용〕.

sarce·net, sarse- [sáːrsnit] *n.* 〔U〕 부드럽고 얇은 견을 쓴다.

sarco- flesh(살)의 뜻의 연결형(* 모음 앞에서는 sarc-를 쓴다). 예: *sarcocarp; sarcous.*

sar·co·carp [sáːrkou(u)kàːrp] *n.* 〔식물〕 과육(果肉); 〔2〕 다육질 과실. 〔의〕 원형질(protoplasm).

sar·code [sáːrkoud] *n.* 〔U〕 〔예〕 〔생물〕 〔하등 동물의〕 원형질(protoplasm).

sar·coid·o·sis [sὰːrkɔidóusis] *n.* 〔U〕 〔의학〕 사르코이도시스, 유육종증 (類肉腫症).

sar·co·ma [saːrkóumə] *n.* (*pl.* **-mas** or **-ma·ta** [-tə]) 〔U〕〔C〕 〔병리〕 육종(肉腫).

sar·co·ma·to·sis [saːrkòumətóusis] *n.* 〔병리〕 〔종증.

sar·coph·a·gous [saːrkɑ́fəgəs / -kɔ́f-] *adj.* 고기를 먹는, 육식하는.

sar·coph·a·gus [saːrkɑ́fəgəs / -kɔ́f-] *n.* (*pl.* **-gi** [-dʒài, -gài] or **-gus·es**) 〔조각 따위를 한〕 석관(石棺).

sar·cous [sáːrkəs] *adj.* 살의, 근육의.

sard [saːrd] *n.* 〔U〕 〔광물〕 홍옥수(紅玉髓) 〔보석용의 적갈색 광물〕.

sar·delle [saːrdél(ə)], **-del** [-dəlan] or **-delles; -dels**) = sardine[1].

***sar·dine**[1] [saːrdíːn] *n.* (*pl.* **-dines** or **-dine**) 정어리, 고등어. *packed like sardines* 빽빽이 들어차서.
— *vt.* (**-dined, -din·ing**) …을 빽빽이 들어차게 하다.

sar·dine[2] [sáːrdin, -dain] *n.* 〔성서〕 = sard〔←요한 계시록 4:3〕.

Sar·din·i·a [saːrdíniə, -njə] *n.* **1** 사르디니아 〔이탈리아 서쪽의 지중해에 있는 이탈리아령의 섬〕. **2** 사르디니아 왕국 (Sardinia, Savoy, Piedmont, Genoa를 포함한 옛 왕국(1720-1860)〕.

sar·don·ic [saːrdánik / -dɔ́n-], (**sar·don·i·cal** [-ik(ə)l]) *adj.* 냉소적인(cynical), 비웃는. **-i·cal·ly** [-ikəli] *adv.*

sar·do·nyx [saːrdániks, sáːrdən- / -sáːdəniks] *n.* 〔U〕 〔광물〕 붉은 줄마노(瑪瑙).

sa·ree [sáːri(ː)] *n.* = sari.

sar·gas·so [saːrgǽsou] *n.* (*pl.* **-sos**) 모자반〔해초〕.

Sargásso Séa *n.* (the ~) 조해(藻海)〔북대서양, 서인도 제도 동북부의 해초가 많은 잔잔한 해역〕.

sar·gas·sum [saːrgǽsəm] *n.* 모자반류(類)의 해초.

sarge [saːrdʒ] *n.* 〔美구어〕 = sergeant. 〔초〕.

sa·ri [sáːri(ː)] *n.* 사리〔인도 여성이 몸에 감고, 끝을 머리에 쓰는 무명 또는 비단천〕.

sark [saːrk] *n.* 〔스코〕 샤츠, 슈미즈, 속옷.

sar·men·tose [saːrméntous] *adj.* 〔식물〕 포복지(匍匐枝)(runner)가 있는.

sa·rong [sərɔ́ːŋ, -ráŋ / -rɔ́ŋ] *n.* 사롱〔말레이 제도의 남녀가 허리에 두르는 천〕; 〔U〕 사롱용의 천.

sa·ros [sɛ́(ː)ras / sǽərəs] *n.* 〔천문〕 사로스 주기(周期), 칼데아 식기(蝕期) 〔거의 같은 상태로 일식(日蝕)

sar·ra·ce·ni·a [sæsrəsíːniə] *n.* 사라세니아, 병자초(瓶子草)〔식충(食蟲)식물〕.

sar·sa·pa·ril·la [sɑ̀ːrsəpəríljə] *n.* 1 사르사〔열대 아메리카산(產)의 백합과(科) 밀나물속(屬)의 식물〕. 2 Ⓤ 사르사 뿌리〔약용〕. 3 Ⓤ 《美》 사르사 뿌리로 맛들인 청량 음료.

sar·sen [sɑ́ːrsən] *n.* Ⓤ 대사암(大砂岩) (large sandstone)〔주로 잉글랜드 백악(白堊)지대에 산재한다〕.

sarse·net [sɑ́ːrsnit] *n.* =sarcenet.

sar·to·ri·al [sɑːrtɔ́ːriəl /‑tɔ́‑] *adj.* 재봉사의, 재봉의. 2 〔특히 남자의 특별 주문품의〕 의복의.
~·ly [‑əli] *adv.*

sar·to·ri·us [sɑːrtɔ́ːriəs /‑tɔ́‑] *n.* (*pl.* **‑ri·i** [‑riài]) 〔해부〕 봉공근(縫工筋)〔넓적다리의 안쪽의 기다란 근육〕.

SAR treaty [sɑ́ːr‑] *n.* 〔海事〕 해상 수색 구조 조약. (<search and rescue treaty)

Sar·um [sɛ́(ː)rəm / sɛ́ər‑] *n.* 영국 Salisbury 와 그 bishop 관구(管區)의 종교상의 명칭 [bishop 의 서명(署名)약호로서, 또는 그 관구의 의식 습관 따위에 쓰인다].

SAS [sæs, èseiés] 〔略〕 Scandinavian Airlines System (스칸디나비아 항공 회사); 《英》 Special Air Services (대(對)게릴라 활동·파괴 활동을 하는) 공군 특수 부대); 《美》 small astronomy satellite (소형 천문 관측 위성); space adaptation syndrome (우주 부적응 증후군).

SASE 〔略〕 self-addressed stamped envelope (회신용).

‡**sash**[1] [sæʃ] *n.* 1 〔어린이·여성용의 비단 따위로 만든〕 장식띠. 2 〔군인 등이〕 어깨에서 걸치는 견대(肩帶), 현장(懸章). —— *vt.* …에 장식띠를 두르다; …에 견대(현장)를 두르다.

sash[2] [sæʃ] *n.* 〔보통 위아래로 움직이는〕 창틀, 새시; 내리닫이창. *cf.* casement —— *vt.* …에 새시(내리닫이창)를 달다.

sa·shay [sæʃéi] *vi.* 1 《美구어》 미끄러지듯이 나아가다(glide), 움직이다, 돌아다니다. 2 《美》 〔춤에서〕 발을 비비며 나아가다.

sásh chàin *n.* 〔내리닫이창의〕 매단 사슬.
sásh còrd (lìne) *n.* 〔내리닫이창의〕 매단 줄.
sásh lìft *n.* 〔내리닫이창의〕 손잡이 쇠.
sásh pòcket *n.* 창틀 추〔가 위아래로 움직이는 홈〕.
sásh wèight *n.* 창틀 추.
sásh wìndow *n.* 내리닫이창, 오르내리창.

sa·sin [séisin / sǽsin] *n.* 인도 영양(羚羊).

sas·ka·toon [sæ̀skətúːn] *n.* 《美》 채진목류의 나무 〔장미과(科)〕; 그 열매〔작은 자주색으로 식용〕.

Sas·quatch [sǽskwæts, ‑kwɑːtʃ] *n.* 원인(猿人)〔미국 서북부 산중에 산다고 전해지는 팔이 길고 털이 많은 사람 비슷한 동물〕.

sass [sæs] *n.* Ⓤ 1 《방언》 야채 (garden vegetables); 디저트용의 설탕을 쳐서 변 과일. 2 《구어》 건방진 말, 말대꾸 (back talk). —— *vt.* 《구어》 …에게 건방진 말을 하다, 말대꾸하다.

sas·sa·by [sǽsəbi / səséibi] *n.* (*pl.* **‑bies**) 〔남아프리카산(產)〕 흑갈색의 영양(羚羊).

sas·sa·fras [sǽsəfræs] *n.* 1 사사프라스 〔북미산(產) 녹나무과(科)의 식물〕. 2 그 뿌리 껍질 〔약용·향료용〕. [adj. =Sassanid.

Sas·sa·ni·an, Sa·sa- [səséiniən, sæs‑, ‑njən] *n.*,
Sas·sa·nid [sǽsənid], (**Sas·sa·ni·de**) *n.* (*pl.* **‑sa·nids** or **‑san·i·dae** [sǽsənídìː]) 1 〔페르시아의〕 사산조(朝)사람. 2 (~s) 사산조(朝). —— *adj.* 사산조 (朝)의.

Sas·se·nach [sǽsənæk, ‑nɑx] *n.* 《아일·스코》 〔경멸적〕 〔게일어 사용 지역에 사는〕 잉글랜드 사람.

sas·sy [sǽsi] *adj.* (**‑si·er, ‑si·est**) 《구어》 건방진.

‡**sat** [sæt] *v.* sit 의 과거·과거 분사.

SAT 〔略〕 《美》 Scholastic Aptitude Test (대학 입학 학력 평가시험).

Sat. 〔略〕 Saturday; Saturn.

‡**Sa·tan** [séitən] *n.* 〔성서〕 사탄 〔←마가 복음 (Mark 3 : 23]), 마왕; 악마 (devil) 〔와 같은 사람〕.
a limb of Satan 《익살》 장난꾸러기.
◇ **satánic** *adj.*   [동전.

sa·tang [sɑːtǽŋ] *n.* (*pl.* **‑tang**) 태국의 화폐 단위, 二

sa·tan·ic [seitǽnik, sə‑] *adj.* 1 (때로 S‑) 사탄의, 마왕의. ¶ *the Satanic* host 타락한 천사의 군대. 2 악마 같은(devilish), 극악무도한, 흉악한 (extremely wicked). ¶ *satanic* cruelties 극악무도한 행위.
‑i·cal·ly [‑ikəli] *adv.*

sa·tan·i·cal [seitǽnikəl, sə‑] *adj.* 〔고어〕 =satanic.

Sa·tan·ism [séit(ə)nìz(ə)m] *n.* Ⓤ 1 악마 숭배 (diabolism), 악마주의. 2 악마주의적, 악마적 행위.

Sa·ta·nol·o·gy [sèit(ə)nálədʒi / ‑nɔ́l‑] *n.* Ⓤ 사탄 연구.

S.A.T.B. 〔略〕 *s*oprano, *a*lto, *t*enor, *b*ass.

***satch·el** [sǽtʃ(ə)l] *n.* 학생 가방, 손가방.   [멘.

satch·eled, 《英》 **‑elled** [sǽtʃ(ə)ld] *adj.* 학생 가방을

sat·com [sǽtkàm / ‑kɔ̀m] *n.* 위성 통신 센터.

sate[1] [seit] *vt.* (**sat·ed, sat·ing**) …을 충분히 만족시키다 (satisfy to the full), 만끽시키다, …에 물리게(싫증 나게)하다(...*with*).

sate[2] [sæt] *v.* 〔고어〕 sit 의 과거·과거 분사.

sa·teen, ‑tine [sætíːn] *n.* Ⓤ 면수자(綿繻子), 모(毛)

sate·less [séitlis] *adj.* 〔고어·詩〕 =insatiate.   [수자.

‡**sat·el·lite** [sǽt(ə)làit] *n.* 1 〔천문〕 위성. *cf.* planet ¶ shoot up a man-made (*or* an artificial) *satellite* 인공 위성을 쏘아 올리다. 2 《비유적》 종자(從者), 추종자, 부하 (follower); 식객. 3 위성국 (satellite state); 위성 도시. 4 인공 위성. 5 위성 방송 (satellite broadcasting), 위성 TV. —— *adj.* (=**sat·el·lit·ic** [sæ̀t(ə)lítik]) 1 〔인공〕 위성의; 위성 같은. ¶ The nation's new *satellite* program 그 나라의 새로운 인공 위성 계획 / a *satellite* station 인공 위성의 우주 정류장. 2 종속하는 (subordinate). ¶ *satellite* countries 위성국.

sátellite bròadcasting *n.* 위성 방송.
sátellite bùsiness *n.* 위성 비즈니스〔통신 위성을 의한 통신·정보 서비스 비즈니스〕.   [택 도시.
sátellite cìty (tòwn) *n.* 1 위성 도시. 2 신흥 주
sátellite dìsh *n.* 90cm‑4m 의 거대한 파라볼라 안테나〔위성에서 전파를 직접 수신〕.
sátellite DNA [‑díːènéi] *n.* 〔생물〕 부수(附隨) DNA 〔주성분 DNA 와는 비중(比重)이 다르다〕.
sátellite kìller *n.* 〔군사〕 파괴 위성〔적의 군사 위성을 파괴하는 것〕.
sátellite pùblishing *n.* 위성 발행.
sátellite stàtion *n.* 인공 위성(우주선) 기지; 위성 방송국. ¶ a *satellite* TV. TV.   [방송 기지.
sat·el·li·za·tion [sæ̀t(ə)lizéiʃ(ə)n/‑lai‑] *n.* 위성국화(化), 종속화.
sat·el·loid [sǽt(ə)lɔ̀id] *n.* 〔로켓 공학〕 궤도 위성.
sat·el·loon [sæ̀t(ə)lúːn] *n.* 기구 위성 〔에코 위성 등〕.
sa·ti [sɑːtíː, ‑‑́] *n.* =suttee.

sa·ti·a·bil·i·ty [sèiʃiəbíləti /‑ʃjə‑] *n.* Ⓤ 물리게 〔신물나게〕할 수 있음.

sa·ti·a·ble [séiʃ(i)əbəl / ‑ʃjə‑] *adj.* 물리게 〔신물나게〕 할 수 있는. **~·ness** *n.* **‑bly** *adv.*

sa·ti·ate [séiʃièit] *vt.* (**‑at·ed, ‑at·ing**) 1 …을 물리게 하다, 신물나게 하다 (glut). ¶ be *satiated with* food 물릴 정도로 먹다. 2 《드물게》 …을 충분히 만족 시키다, 만끽 〔포식〕시키다.

sa·ti·a·tion [sèiʃiéiʃ(ə)n] *n.* Ⓤ 포식(飽食), 포만 (滿), 물림, 신물남.

sa·ti·e·ty [sətáiəti] *n.* Ⓤ 포식; 물림; 신물남.

*‡**sat·in** [sǽtin] *n.* 1 Ⓤ 새틴, 공단, 수자(繻子), 수자직(織). 2 새틴 의복. 3 Ⓤ《英속어》 진(gin). 4 〔특히 방의 일종〕 white satin). —— *adj.* 1 공단의, 수자의, 공단 (수자) 같은; 매끄러운 (smooth), 광택이 나는 (glossy). 2 수자직(공단)으로 만든; 수자직(공단)으로 덮인. ¶ a *satin* pillow 수자직의 베개. —— *vt.* …에 수자(공단) 같은 광택을 내다, …을 수자(공단)로 마무리

satinet

하다. ◇ sátiny adj.
sat·i·net [sæ̀tinét], (**sat·i·nette**) n. ⓤ **1** [면을 섞은] 유사 수자(공단). **2** 얇게 짠 수자(공단).
sátin páper n. ⓤ 광택지(光澤紙), 새틴 종이.
sátin spár (**stóne**) n. ⓤ [광물] 진주 같은 광택나는] 섬유 석고.
sátin stítch n. [자수의] 새틴 스티치.
sat·in·wood [sǽtinwùd] n. [동인도산(產)의 마호가니의 일종; 그 목재 [가구 제작용].
sat·in·y [sǽtini] adj. 수자(공단) 같은; 매끄러운; 광택있는, 반들한.
‡**sat·ire** [sǽtaiər] n. **1** 비꼼, 풍자, 빈정댐, 야유. ◇ IRONY[類語] **2** 풍자시(문); ⓤ 풍자 문학. **3** 웃음거리.
◇ satíric, satírical adj., sátirize v.
sa·tir·ic [sətírik], **-i·cal** [-ik(ə)l] adj. **1** 풍자의, 풍자가 많은; 비꼬는, 빈정대는, 야유하는. **2** 풍자[문]을 쓰는. **-i·cal·ly** [-ikəli] adv. **-i·cal·ness** n.
sat·i·rist [sǽtərist] n. **1** 풍자 작가(satirical writer), 풍자 시인. **2** 풍자가, 비꼬는 사람, 빈정대는 사람.
sat·i·rize [sǽtəràiz] (*[英]에서는 **sat·i·rise** 로도 쓴다) vt. **-rized, -riz·ing** **1** 풍자시[시(문)]으로 공격하다, 풍자하다, …에게 비꼬아 말하다, …을 빈정대다.
sa·tis [sǽtis] n., adv. [라틴] (=enough) 충분[히]; 합격. **jam satis** 이젠 충분.

‡**sat·is·fac·tion** [sæ̀tisfǽk(ʃ)ən] n. **1** ⓤ 만족시키기(하기); 만족(contentment), 흡족 ◇ CONTENT[類語] **¶** a feeling of satisfaction 만족 감 / with [great] satisfaction [매우] 만족하 여 / attain (or obtain) satisfaction 만족을 얻다 / reach complete satisfaction 완전히 만족하다 / I had the satisfaction of seeing the work finished. 나는 그 일이 끝나는 것을 보고 만족했다 // express one's satisfaction at (or with) the result 그 결과에 만족의 뜻을 나타내다 / find satisfaction in doing …하는 데 만족을 느끼다. **2** [감정·욕망 따위의] 만족시키는 것. **¶** It is a great satisfaction to know that.… …임을 알고 매우 만족하다 / His visit was a great satisfaction to me. 그의 방문은 나를 크게 만족시켜 주었다. **3** ⓤ [부채의] 지불(payment), 변제 의무의 이행; 배상(reparation)(for…). **¶** in satisfaction of …의 배상으로 / make satisfaction for …을 보상하다, 배상하다 / take satisfaction for …의 배상을 받다, 보복하다. **4** ⓤ 사죄(apology); [명예 회복의] 결투(duel). **5** ⓤ[교회] 참회의 고행(penance); [신학] 그리스도에 의한 인류의 죄의 갚음, 속죄(atonement).
demand satisfaction ① 배상을 요구하다. ② 사죄(결투)를 요구하다.
enter [**up**] **satisfaction** 채무 지불의 완료를 법원 기록에 기입하다.
give satisfaction ① …을 만족시키다(satisfy). ② …을 배상하다(compensate). ③ 결투 신청에 응하다.
to a person's [**own**] **satisfaction; to the satisfaction of a person** 만족스럽게, 만족하도록. **¶** The matter was settled to the satisfaction of all interested parties. 그 사건이 해결되어 관계자 일동은 만족했다.
◇ sátisfy n., satisfáction n.
***sat·is·fac·to·ri·ly** [sæ̀tisfǽkt(ə)rili] adv. 만족하게, 더할 나위 없이.
‡**sat·is·fac·to·ry** [sæ̀tisfǽkt(ə)ri] adj. **1** 만족한, 더할 나위 없는, 충분한(sufficient) (to, for…). **2** [신학] 죄갚음이 되는, 속죄의(atoning). **-ri·ness** n.
◇ sátisfy v., satisfáction n.
sat·is·fi·a·ble [sæ̀tisfáiəbl] adj. 만족시킬 수 있는; 보상할 수 있는.
sat·is·fi·er [sǽtisfàiər] n. 만족시키는 사람; 이행하는 사람.
‡**sat·is·fy** [sǽtisfài] v. (**-fied, -fy·ing**) vt. **1** [욕망 따위]를 만족시키다; [남]의 뜻을 충족시키다(…with…). **¶** satisfy one's hunger 공복을 채우다 / The result did not satisfy me. 그 결과는 나를 만족시키지 못했다 // (~+目+前+名) I could not satisfy him with the answer. 나는 그 답으로 그를 만족시키지 못했다 /《수동형에서 형용사적으로 써서》Are you satisfied with your income? 당신은 당신 수입에 만족하고 있습니까? / I tried to satisfy him by carrying out all his instructions. 나는 그의 가르침을 모두 실행해서 그를 만족시키려고 했었다 / (~+目+ to do) I was satisfied to meet her. 나는 그녀를 만나서 만족했다.
2 [요구]에 응하다; [의무]를 다하다(이행하다); [숙원]을 이루다; [부채]를 지불하다(pay), [채권자 등]에게 변제하다; …을 배상하여 만족시키다(compensate). **¶** satisfy a creditor 채권자에게 변제하다 // (~+目+前+名) satisfy a debt for a person 남에게 부채를 치르다(빚을 갚다).
3 [근심·의심 따위]를 풀다(dispel); …을 납득시키다, 안심시키다, 확신시키다(convince) (…of). **¶** satisfy one's anxiety (doubts) 근심(의심)을 풀어주다 // (~+目+前+名) satisfy a person of a fact 남에게 어떤 사실을 납득시키다 // (~+目+that[節]) He satisfied me that it was true. 그는 그것이 진실임을 내게 납득시켜 주었다.
4 [수학] …의 조건(요건)을 충족시키다(채우다); …을 만족시키다.
5 [신학] [그리스도가] …의 속죄를 하다(expiate).
— vi. 만족을 주다, 충분하다.
rest satisfied …에 만족하고 있다. …하다.
satisfy the examiners [대학 시험에서] 합격점에 달하다.
◇ satisfáction n., satisfáctory adj.
***sat·is·fy·ing** [sǽtisfàiiŋ] adj. **1** 만족을 주는, 만족스러운, 충분한. **2** 납득이 가는, 확실한.
~·ly adv. **~·ness** n.
sa·trap [séitræp, sǽt- / sǽtrəp] n. **1** [고대 페르시아의] 태수(太守). **2** [전제적인] 총독(viceroy), 장관, 지사.
sa·trap·y [séitrəpi, sǽt- / sǽt-], (**-trap·ies**) n. ⓤ **1** satrap의 지배(관할) 구역. **2** ⓤ satrap의 통치(권력).
sat·u·ra·ble [sǽtʃərəbl] adj. [화학] 포화(飽和)시킬 수 있는.
sat·u·rant [sǽtʃərənt] [화학] n. 포화제(劑). — adj. 포화시키는(saturating); 침윤(浸潤)하는.
***sat·u·rate** vt. [sǽtʃərèit] v. (**-rat·ed, -rat·ing**) **1** …을 담그다, 흠뻑 적시다. **¶** (~+目+前+名) saturate a handkerchief with water 손수건을 물에 적시다 / saturate oneself with sunshine 햇볕을 흠뻑 쬐다. **2** [화학] …을 포화시키다. **¶** (~+目+前+名) saturate water with salt 물을 소금으로 포화시키다. **3** [연구 따위에] …을 몰두시키다; [학문·편견 따위]를 …에게 배어(스며)들도록 하다(imbue). **¶** (~+目+前+名) be saturated with learning 학문에 몰두하다 / In those days I saturated myself in English literature. 그 당시 나는 영문학 연구에 몰두하고 있었다. **4** [군사] …을 집중 폭격하다. — adj. [sǽtʃərit, -rèit] =SATURATED.
◇ saturátion n., sáturant adj.
sat·u·rat·ed [sǽtʃərèitid] adj. **1** 스며든, 배어 든(soaked), 흠뻑 젖은; 충만한(pervaded). **2** [빛깔이] 진한, 짙은, 강렬한. **3** [화학] 포화된. **¶** saturated liquid (vapor) 포화 액체(증기).
sat·u·ra·tion [sæ̀tʃəréi(ʃ)ən] n. **1** ⓤ 침투, 침윤; 충만. **2** [화학] 포화 상태. **3** [색의] 순도(純度). **4** [기상] 포화 상태 [대기 중의 수증기가 습도 100%인 상태].
saturátion bómbing n. ⓤ [군사] 집중 폭격.
saturátion cúrrent n. 포화 전류.
saturátion cúrve n. 포화 곡선.
saturátion díving n. ⓤ 포화 잠수 [감압(減壓)시간을 줄이기 위해 일정 심도(深度)에서 혼합 기체를 들이마시는 잠수법].
saturátion márket n. [마케팅] 포화 시장 [세대당 구매 보급률이 한계 보급률에 달해 시장 자체의 신장이 한계에 도달한 시황(市況)].
saturátion póint n. 포화점.
sat·u·ra·tor [sǽtʃərèitər] n. [화학] 포화기(장치).
‡**Sat·ur·day** [sǽtərdi, -dèi] n. 토요일 [略 Sat.].

Sáturday níght spécial *n.* 《美》**1** 소형 권총[토요일 밤의 청소년 범죄에 자주 쓰인 데서]. **2** 《경제》[회사를 가로채기 위하여] 예고 없이 시작하는 주식의 공개 매입.

Sat·ur·days [sǽtərdiz, -dèiz] *adv.* 토요일마다, 매주

Sat·ur·day-to-Mon·day [sǽtərditəmʌ́ndi] *adj.* 토요일부터 월요일까지의, 주말의(week-end) . —— *n.* 주말의 휴가.

*****Sat·urn** [sǽtərn] *n.* **1** 《로마 신화》 사투르누스 [농경의 신. 그리스 신화의 Cronus 신에 해당한다]. **2** 《천문》 토성. **3** ⓤ 《鍊金術》 납. **4** 《美》 우주선 추진 장치. ◇ **Satúrnian, satúrnine** *adj.*

Sat·ur·na·li·a [sæ̀tərnéiliə, -ljə] *n.* (*pl.* **-li·a** *or* **-li·as** [-əs]) **1** 《때로 복수 취급》 농신제(農神祭)[고대 로마에서 매년 12월 17일 경에 행하였던 Saturn 의 축제]. **2** (s-) 축제 소동, 야단 법석. ¶ a *saturnalia* of crime 멋대로 저지른 범죄(악행).

Sat·ur·na·li·an [sæ̀tərnéiliən, -ljən] *adj.* **1** 농신제의. **2** (s-) 흥청거리며 떠드는, 야단법석의, 난장판의.

Sa·tur·ni·an [sætə́:rniən] *adj.* **1** 《천문》 토성의. **2** 농신(農神) Saturn 의. **3** 《시대 따위가》 번영한, 행복한. ¶ the *Saturnian* age (*or* era) 황금 시대. —— *n.* **1** 토성의 주민. **2** (~s) (=**Satúrnian vérse**) 새턴 운율(韻律) [초기의 라틴 시체(詩體)].

sa·tur·nic [sətə́:rnik] *adj.* 《의학》 연독(鉛毒)〔성〕의.

sat·ur·nine [sǽtərnàin] *adj.* **1** 〖점성〗 토성의 영향을 받고 태어난; 음침한, 음울한(gloomy); 무뚝뚝한. ¶ a man of *saturnine* temper 성질이 음울한 사람. **2** 납의; 연독에 걸린. ¶ *saturnine* poisoning 연독. ~**·ly** *adv.* ~**·ness** *n.*

sat·ur·nism [sǽtərnìz(ə)m] *n.* ⓤ 〖병리〗 연독.

Sat·ya·gra·ha [sʌ̀tjəgrʌ̀hə / sɑtjáːgrə-] *n.* 〔인도의〕 간디(Gandhi) 가 제창한 무저항 불복종 운동.

sa·tyr [séitər, sǽt- / sǽt-] *n.* **1** (종종 S-) 〔그리스 신화〕 사티로스 〔반인반수(半人半獸)의 주색을 좋아하는 숲의 신으로 Bacchus 의 종자(從者), 로마 신화의 faun 신에 해당한다〕. **2** 호색가; 색정광. ◇ **satýric** *adj.*

sa·ty·ri·a·sis [sèitiráiəsis, sæ̀t- / sæ̀t-] *n.* ⓤ 〖병리〗 남자의 색정 이상 항진증(亢進症). *cf.* nymphomania

sa·tyr·ic [sətírik], **-i·cal** [-ik(ə)l] *adj.* 숲의 신 satyr 의, satyr 와 같은; 호색의.

(satyr 1)

‡**sauce** [sɔːs] *n.* **1** ⓤⓒ 소스. ¶ white *sauce* 화이트 소스. **2** ⓤⓒ (비유적) 맛을 더하는 것, 재미, 자극. ¶ Hunger is the best *sauce*. 《속담》 시장이 반찬 / What's *sauce* for the goose is *sauce* for the gander. 《속담》 한쪽에 들어맞는 것은 다른 쪽에도 들어맞는다 [토론 때 대갚음하는 말]. **3** ⓤ 과일의 설탕 조림, 쨈. **4** ⓤ 《구어》 건방짐, 뻔뻔스러움; 건방진(뻔뻔스러운) 말. ¶ What *sauce*! 참으로 건방지다 !/ None of your *sauce* !=I don't want any of your *sauce* ! 건방진 소리 마라 ! **5** ⓤ《방언》〔고기에 곁들이는〕 야채, 샐러드. **6** (the ~) 《미속어》 독한 술.

on the sauce 《美속어》 많은 술을 마시는, 다량의 위스키를 마시는.

poor man's (*or* **carrier's**) *sauce* 공복, 식욕.

The sauce is better than the fish. 주요 부분보다 부속품 쪽이 낫다.

serve a person with the same sauce 남에게 대갚음하다.

—— *vt.* (**sauced, sauc·ing**) **1** …에 소스를 치다, 소스로 맛을 내다(season). **2** …에 재미(흥미)를 더하다. **3** 《구어》〔남에게〕 무례하(건방진) 말을 하다. ◇ **sáucy** *adj.*

sauce·boat [sɔ́ːsbòut] *n.* 배모양을 한 소스 그릇. *cf.* butter boat

sauce·box [sɔ́ːsbɑ̀ks / -bɔ̀ks] *n.* 《구어》 건방진 녀석(놈).

sauce·pan [sɔ́ːspæ̀n] *n.* 긴 자루가 달린 스튜 냄비.

[sauceboat]

‡**sau·cer** [sɔ́ːsər] *n.* **1** 〔컵의〕 받침 접시, 소서. ¶ a cup and *saucer* 받침접시가 달린 컵 (* 발음은 [kʌ́p(ə)n sɔ́ːsər] 로 된다). **2** 받침접시 모양의 것; 화분 받침; 〔토지의〕 얕은 구덩이. ¶ a flying *saucer* 비행접시.

sáucer éye *n.* (종종 ~s) 〔접시처럼〕 둥글고 큰 눈.

sau·cer·man [sɔ́ːsərmæ̀n] *n.* (*pl.* **-men** [-mèn]) 비행접시의 승무원; 우주인.

*****sau·cy** [sɔ́ːsi] *adj.* (**-ci·er, -ci·est**) **1** 건방진, 뻔뻔스러운. ⇒ IMPERTINENT 類語 ¶ a *saucy* child 건방진 아이. **2** 쾌활한; 날씬한, 멋진(smart). ¶ a *saucy* hat 멋진 모자. **-ci·ly** *adv.* **-ci·ness** *n.*

Sau·dia [sáudiə] *n.* 사우디 항공 [사우디 아라비아의 국영 항공사 (Saudi Arabian Airlines)].

Sa·ú·di Arábia [sɑːúːdi-, sáudi-, sɔ́ːdi-] *n.* 사우디 아라비아 〔아라비아 반도의 회교 왕국; 수도 Riyadh, 종교상은 Mecca〕.

sau·er·bra·ten [sáuərbrɑ̀ːtən] *n.* 〔요리〕 식초에 절인 쇠고기(돼지고기) 〔남부 독일의 요리〕.

sau·er·kraut [sáuərkràut] *n.* ⓤ 소금에 절인 양배추 〔발효해서 시어질 때까지 소금물에 담가 두는 독일의 채소 절임〕.

Sauk [sɔːk] *n.* (*pl.* **Sauk** *or* **Sauks**) 사크족 〔북미 인디언의 한 종족〕.

Saul [sɔːl] *n.* 〖성서〗 **1** 사울 〔이스라엘의 초대 왕, 사무엘(上) (1 Sam.) 9:2〕. **2** 사울 〔사도 Paul 의 최초의 이름. →사도 행전 (Acts) 9:1〕.

Sáult Ste. Marie Canáls [súː sèint mərí-] *n. pl.* (the ~) Superior 호와 Huron 호를 잇는 2개의 운하 〔미국과 캐나다의 국경면에 있다〕. 〔중기욕(浴)〕.

sau·na [sáunə, +美 -nɑː] *n.* 사우나 욕, 사우나 목욕탕 〔핀란드의〕 〔중기욕(浴)〕.

saun·ter [sɔ́ːntər, +美 sɑ́ːn-] *vi.* **1** 산책하다, 어슬렁어슬렁 걷다. ⇒ STROLL 類語 **2** (고어) 빈둥거리다, 게으름 피우다. —— *n.* 어슬렁어슬렁 걷기, 산책.

saun·ter·er [sɔ́ːntərər, +美 sɑ́ːn-] *n.* 어슬렁거리는 〔산책하는〕 사람.

sau·rel [sɔ́ːrəl] *n.* 전갱이 〔물고기 이름〕.

sau·ri·an [sɔ́ːriən] *adj.* 도마뱀의; 도마뱀 같은. —— *n.* 도마뱀류의 동물.

sau·roid [sɔ́ːrɔid] *adj.* 도마뱀 같은. "…의" 동물.

-saurus lizard 의 뜻의 연결형. 예: bronto*saurus*.

sau·ry [sɔ́ːri] *n.* (*pl.* **-ries**) 꽁치류의 물고기.

‡**sau·sage** [sɔ́ːsidʒ / sɔ́s-] *n.* **1** ⓤⓒ 소시지, 순대. **2** 〖항공〗 소시지형 계류 기구 [관용어]. **3** 《美속어》 독일인. **4** 《美속어》 실력이 형편없는 운동선수 [특히 프로 권투선수]. **5** 《美속어》 멍청이, 바보.

sáusage dòg *n.* 《英구어》 =dachshund.

sáusage fínger *n.* 굵고 뭉툭한 손가락.

sáusage mèat *n.* ⓤ 소시지 (요리 속) 용의 조미하여 다진 고기.

sáusage róll *n.* sausage meat 를 넣은 롤빵.

sau·té [soutéi, sɔ- / sóutei] *adj.* 살짝 튀긴 (부친), 소테로 한. —— *vt.* (**-téed, -té·ing**) …을 살짝 튀기다 (부치다). —— *n.* 살짝 튀긴 (부친) 것, 소테 [요리]. 〔<F〕

Sau·terne, -ternes [so(u)tə́:rn] *n.* ⓤ 소테른 술 〔프랑스의 Sauternes 원산 (産) 의 백포도주〕.

sauve qui peut [F soːv ki pǿ] *n.* 《프랑스》 (=let him save himself who can) 총후퇴, 대패주 (大敗走), 궤주 (潰走). 〔축 (절약) 할 수 있는,

sav·a·ble, save·a- [séivəbl] *adj.* 구조할 수 있는,

‡**sav·age** [sǽvidʒ] *adj.* (**-ag·er, -ag·est**) **1** 야만스런, 미개의. ⇒ BARBARIAN 類語 ¶ *savage* tribes 미개 부 (종) 족. **2** 〔동물이〕 야생의, 사나운; 〔사람이〕 잔인한,

sav·age·ry [sǽvidʒ(ə)ri] *n.* (*pl.* **-ries**) ⓤ **1** 야만(미개) 상태. **2** 흉포성(凶暴性), 잔인; ⓒ 만행. **3** [자연계가] 황폐함, 황량함(wilderness).

*sa·van·na, -nah [səvǽnə] *n.* **1** [특히 아프리카 수단 지방의] 나무가 없는 벌판. **2** [열대 또는 아열대 지방의] 대초원, 사바나.

sa·vant [səvɑ́ːnt, sǽvənt / sǽvənt] *n.* [특히] 저명한 학자, [대]학자. 〈F〉

sav·a·rin [sǽvərin] *n.* 사바랭[양과자의 일종].

sa·vate [səvǽt] *n.* ⓤ 프랑스식 권투[발도 사용된다].

‡**save**[1] [seiv] *v.* (**saved, sav·ing**) *vt.* **1** [위험·재난·손해 따위에서] 구하다, 구조하다(...*from*). ¶ *save* a person's life 인명을 구조하다 // (~+目+前+名) *save* a person *from* drowning 남이 익사하는 것을 구해내다.

類語 *save* 「구하다」의 뜻의 가장 일반적인 말: *save* many lives 많은 인명을 구하다. *rescue* 절박한 위험에서[신속·적극적인 행동으로] 구출하다: *rescue* the crews of a wrecked ship 난파선의 승무원을 구출하다. *deliver* 감금·속박·고뇌 따위에서 해방하다.

2 …을 [안전하게] 지키다, 수호하다(safeguard). ¶ *save* one's honor 명예를 지키다 / The stone building *saved* the rare pictures from the flames. 석조 건물이 귀중한 그림들이 불에 타지 않았다 / God *save* the Queen(King)! 여왕(국왕) 폐하 만세! (* 영국의 국가). **3** …을 모으다, 저축하다, 아껴두다, 소중히 하다. ¶ *save* [*up*] money 돈을 모으다 / *save* one's eyes 눈을 소중히 하다 / (~+目+前+名) *save* some milk for lunch 점심으로 밀크를 약간 남겨두다 / He *saved* his best suit *for* the occasion. 그는 만일의 경우를 대비하여 제일 좋은 옷을 남겨 두었다 / ¶ *A penny saved is a penny gained.* 《속담》 한푼 안 쓰면 한푼 번 셈이다.

4 [금전·곤란·노고 따위]를 덜다, 쓰지 않고 지내다, 면하게 하다, 줄이다. ¶ *save* oneself 몸을 아끼다 / *save* trouble 수고를 덜다 / I was *saved* the trouble to do it. 나는 그것을 하는 수고를 덜었다 / (~+~*ing*) This shirt *saves* ironing. 이 셔츠는 다림질을 안해도 된다 // (~+目+名) That will *save* me $ 50. 그것으로 50달러가 절약된다 / You have *saved* me a disappointment. 네 덕분으로 내가 실망하지 않았다 // *A stitch in time saves nine.*《속담》제때의 한 뜸은 때늦은 열 뜸.

5 …의 시간에 대다. ¶ *save* the tide 조수가 빠지지 않은 동안에 입항(출항)하다;《비유적》호기를 놓치지 않다 / He wrote hurriedly to *save* the post. 그는 집배(集配)에 늦지 않으려고 서둘러서 편지를 썼다.

6 〖신학〗…을 [죄에서] 구하다, 구원하다. ¶ Christ came to *save* the world. 그리스도는 세계를 구원하기 위해 태어났다.

7 [미식 축구 따위에서] 상대편에게 [득점]을 막다. ── *vi.* **1** 구하다, 구제하다. **2** 모으다, 저축(저금)하다(*up, for*...), 절약하다; 절약하며 살다. ¶ (~+目) (~+目+名) *save up* for a trip abroad 해외 여행을 위해서 저금하다 / *save for* one's old age 노후를 위해서 돈을 모으다 / *save for* a rainy day 만일의 경우를 위해서 저축(준비)하다. **3** [물고기·과일 따위가 먹을 것이] 오래가다(keep). ¶ These peaches won't *save*. 이 복숭아는 오래가지 않을 것이다. **4** [미식 축구 따위에서] 골을 지키다, 상대편에게 득점 못하게 하다.

save ground 〖경마〗인코스를 따라서 달리다.

save one's bacon ⇒ BACON.

save one's breath ⇒ BREATH.

save one's face 체면이 서다, 면목을 잃지 않다.

save it 《美俗》 처녀성을 지키다.

Save (or *God save*) *me from my friends!* 내 걱정은 마라!, 참견 마라!

save on 〔식량, 연료 따위]를 절약하다. ¶ *save on* gas 휘발유를 절약하다.

save one's pocket 지출을 면하다, 손해를 보지 않다.

save the mark 아이쿠 실례했습니다, 천만에, 이럴! 이럴 수가 있나! [특정한 표현에 대해서 비꼬는 문구]. ¶ He called himself —*save the mark*— a gentleman. 그는 자신을 — 원 세상에 — 신사라고 불렀다니까요.

save the situation 시국을 수습하다, 절박한 난국을 타개하다.

Save us!; God save us! 아이구 깜짝이야!

── *n.* [미식 축구 따위에서] 상대편의 득점을 방해하기;〔카드놀이〕[브리지에서] 큰 손실을 막기 위해 쓰는 수. ¶ make a *save* 상대편의 득점을 방해하다.

◇ *sávior n., safe adj.*

‡**save**[2] [seiv] *prep.* …을 제외하면, …이외는 (except) (*《英》에서는 고어·문어로, 《美》에서는 except 정도는 아니나 보통 흔히 쓰인다》. ⇒ EXCEPT 類語 the last *save* one 끝에서 두 번째로 / *save* him 그 사람 이외는 모두 / He works every day *save* Sundays. 그는 일요일을 제외하고는 매일 일한다.

save and except …이외에는, …을 제외하면.

save for …을 제외하고는.

── *conj.* **1** …을 제외하고는, …이외는. ¶ I'm well *save that* I have a cold. 감기가 들었을 뿐 건강합니다. **2** 《고어》만일 …아니면(unless).

save-all [séivɔ̀ːl] *n.* **1** 낭비를 막는 장치, 절약 장치. **2** 양초받이〔접시〕. **3** 〔주로 방언〕위아래로 이어진 작업 바지(overalls). **4** 〔아이의〕겉옷, 덧옷. **4** 〖항해〗[바람을 많이 받기 위한〕부가 돛. **5** 저금통.

sav·e·loy [sǽvilɔ̀i] *n.* ⓤⓒ《주로 英》건제 소시지.

sav·er [séivər] *n.* **1** 구조자, 구제자. **2** 절약가; 저축가. **3** 〔주로 복합어를 만들어〕절약 장치.

Sáv·ile Rów [sǽvil-] *n.* 새빌 가(街)[영국 London의 고급 양복점 거리].

sav·in [sǽvin] *n.* **1** 노간주나무의 일종〔식물의 이름〕; ⓤ 그것으로 만든 약. **2** =red cedar.

‡**sav·ing** [séiviŋ] *adj.* **1** 구하는, 구조하는. ¶ by the *saving* grace of God 하나님의 가호로. **2** 절약하는 (economical); 알뜰한. **3** 벌충(보상)이 되는(redeeming), 손해가 안 되는. ¶ a *saving* bargain 손해를 안 보는 거래. **4** 보류하는, 제외의. ¶ a *saving* clause 유보조항, 단서.

── *n.* ⓤⓒ **1** 구조, 구제. **2** 절약, 검약; 절약한 것; (~s) 저금, 저축[액]. ¶ *From saving comes having.* 《속담》절약은 부의 근원. **3** [법률] 보류, 유보, 제외 (exception). ¶ 표현하면.

── *prep.* **1** …이외는, …을 제외하고. **2** …에 경의를 *saving your presence* (or *reverence*) ⇒ PRESENCE.

── *conj.* 《고어》〔보통 that 절을 수반하여〕…이외는, …을 제외하고는.

~*ly adv.* ~*ness n.*

sáv·ing gráce *n.* 구원의 은혜, 은총. ¶ by the *saving grace* of God 신의 은총으로. **2** [다른 결점을 메우는] 쓸모, 장점. ¶ He has the *saving grace* of modesty. 그에게는 겸손할 줄 안다는 장점이 있다.

sávings accóunt *n.* 저금 계좌. *cf.* checking account

sávings and lóan associàtion *n.* 《美》저축 대부 조합〔주택 금융 기관; 略 S&L〕.

sávings bànk *n.* 저축 은행.

sávings bònd *n.* 〔미국의〕저축 채권.

sávings stàmp n. 《美》저축 스탬프[일정 액수에 달하면 savings bond 로 전환할 수 있].
*sav·ior, 《英》 -iour [séivjər] n. **1** 구조자, 구제자. **2** (S·) 그리스도, 구세주. * 이 뜻으로는 보통 Saviour 로 쓴다. ¶ our Saviour 구세 그리스도.
sa·voir-faire [sǽvwɑːrfɛ́ər] n. U 임기응변의 재주, 재치(tact). 〈F〉
sa·voir-vi·vre [sǽvwɑːrvíːvr(ə)] n. U 예의범절을 알고 있음. 〈F〉
*sa·vor, 《英》 -vour [séivər] n. C U **1** 맛; [특별한] 풍미, 향미. ⇨ TASTE [類語] **2** 흥취, 재미, 흥미, 자극. ¶ Danger gives a *savor* to rock-climbing. 암벽 등반에는 위험이 따르므로 재미가 난다. **3** (주로 a ~) 기미, 다소 (of...). ¶ There is a *savor* of sadness in her manner. 그녀의 태도에는 어딘지 슬픈 데가 있다. **4** 독특한 맛, 특성. **5** 《고어》 명성, 평판(repute). — vi. **1** ...의 맛(향미)이 나다; ...의 기미(느낌)가 있다(smack) (of...). ¶ (~+전+名) His opinion *savors* of dogmatism. 그의 의견은 일방적인 데가 있다. — vt. **1** 〔드물게〕...에 맛(향미)을 내다(flavor); ...의 기미를 보이다. **2** ...을 맛보다, 음미하다; ...을 감상하다.
◇ sávory *adj*.
sa·vor·er, 《英》 -vour- [séivərər] n. 맛을 가미하는 사람(것).
sa·vor·less, 《英》 -vour- [séivərlis] *adj*. 맛(풍미) 없는, 김빠진, 멋없는.
sa·vor·ous, 《英》 -vour- [séiv(ə)rəs] *adj*. 풍미(맛) 있는.
sa·vor·y¹, 《英》 -vour- [séiv(ə)ri] *adj*. (-vor·i·er, -vor·i·est;《英》-vour·i·er, -vour·i·est) **1** 맛(풍미)이 좋은, 냄새가 좋은, 향기로운, 맛있어 보이는. ¶ a *savory* dish 맛있는 요리. **2** [보통 부정문에 써서] 기분좋은, 평판이 좋은, 도덕적으로 틀림이 없는, 바람직한. ¶ He does not have a very *savory* reputation. 그의 평판은 그다지 좋지 않다. **3** 〔요리〕 소금기가 있는, 짠. — n. (pl. **-vor·ies;**《英》**-vour·ies**) 《英》〔식전·식후의〕 짭짤한 요리, 입가심. **-vor·i·ly** *adv*. **-vor·i·ness** n.
sa·vor·y² [séiv(ə)ri] n. 〔유럽산(産)의〕 차조기과(科)의 식물〔요리에 쓰이는〕.
sa·voy [səvɔ́i] n. 양배추의 일종.
Sa·voy [səvɔ́i] n. **1** 사보이 〔프랑스 동남부의 지방〕. **2** 이탈리아의 왕가(1861-1946).
Sa·voy·ard [səvɔ́iərd / -ɑːd] n. **1** Savoy 사람. **2** 〔영국 London 의〕 Savoy 오페라 극장의 배우(연출자, 팬). — *adj*. Savoy 의.
sav·vy [sǽvi] 《美속어》 vt., vi. (-vied, -vy·ing) 알다, 이해하다(understand). — n. U 이해력 (understanding), 지력(intelligence), 기지. — *adj*. (-vi·er, -vi·est) 빈틈없는, 잘 아는, 영리한, 경험 있고 박식한.
‡saw¹ [sɔː] n. **1** 톱. **2** 톱 비슷한 연장〔도구〕. ¶ the teeth of a *saw* 톱니 / cut a tree with a *saw* 톱으로 나무를 자르다. **2** 〔동물〕 톱니 모양의 부분(기관).
— v. (**sawed**, **sawed** or **sawn**, **saw·ing**;《英》**sawed**, **sawn** or 〔드물게〕 **sawed**, **saw·ing**) vt. **1** ...을 톱으로 켜다(자르다). ¶ (~+目+전+名) *saw* a log *in* half (or two) 통나무를 두 토막으로 켜다 / *saw* a log *into* boards; *saw* boards *out of* a log 통나무로 켜서 판자로 만들다 / (~+目+副) *saw* a tree *down* 나무를 톱으로 켜서 쓰러뜨리다 / *saw* a branch *off* 가지를 톱으로 켜서 자르다; *saw* wood *up* 나무를 잘게 켜다. **2** 〔톱질하듯이〕 ...을 앞뒤로 움직이다. ¶ (~+目+전+名) *saw* a knife *through* meat 칼로 고기를 썰다 // (~+目+副)(~+目+전+名) *saw* out a tune *on* the violin 〔활을 앞뒤로 움직여서〕 바이올린으로 한 곡을 켜다. **3** 〔제본〕 〔책의 등 부분〕에 금을 내다.
— vi. **1** 나무를 켜다, 톱질하다. ¶ *saw* longways (crossways) of the grain 나뭇결을 세로(가로)로 켜다. **2** 〔나무가〕 톱으로 켜지다. ¶ (~+副) This timber *saws* easily (badly). 이 재목은 톱으로 잘 (안) 켜진다. **3** 톱질하는 듯한 동작을 하다. ¶ (~+副)(~+전+名) He *sawed* away dissonantly *at* the violin. 그는 바이올린을 서투르게 마구 켰다.
saw wood 《美속어》 ① 〔남의 일에 참견치 않고〕 자기 일에 힘쓰다. ② 코를 골다(snore). ③ 자다.
‡saw² [sɔː] v. see 의 과거형.
saw³ [sɔː] n. 속담, 격언(proverb). ¶ an old *saw* 로부터의 속담, 옛 속담 / a wise *saw* 금언 [← Shakespeare 작 *As You Like It*].
saw·bill [sɔ́ːbìl] n. 〔鳥類〕 비오리(merganser) 〔오리의 일종〕.
saw·bones [sɔ́ːbòunz] n. (*pl.* **-bones** or **-bones·es**) 《단수 취급》(속어) 외과 의사(surgeon).
saw·buck [sɔ́ːbʌ̀k] n. **1** 《美》=sawhorse. **2** 《美속어》 10달러 지폐.
sáwbùck táble n. X 자 형의 다리가 달린 테이블.
saw·der [sɔ́ːdər] n. U 《英속어》 아부, 아첨(flatter).
sáw dòctor n. 톱날 세우는 기계.
saw·dust [sɔ́ːdʌ̀st] n. 톱밥.
let the sawdust out of 〔인형 속에서 톱밥을 끄집어내듯이〕 ...의 거만한 콧대를 꺾다.
saw-edged [sɔ́ːèdʒd] *adj*. 톱니 모양의, 들쑥날쭉한.
sawed-off [sɔ́ːdɔ́ːf, -ɑ́f / -ɔ́f] *adj*. 《美속어》 **1** 총신이 짧은, ¶ a *sawed-off* shotgun 총신이 짧은 산탄총. **2** 표준보다 작은, 보통 키(크기)보다 작은.
saw·fish [sɔ́ːfìʃ] n. (*pl.* ~**·fish** or **·fish·es**) 톱 상어.
saw·fly [sɔ́ːflài] n. (*pl.* **-flies**) 잎벌〔곤충〕.
sáw fràme(gàte) n. 〔틀톱(framesaw)의〕톱테, 톱틀.
[sawfish]
sáw gìn n. 〔톱니가 달린〕 조면기(繰綿機). 〔모탕, **sáw·horse** [sɔ́ːhɔ̀ːrs] n. (*pl.* **-hors·es**) 〔X자형의〕 톱질
sáw lòg n. 널 재목〔켜서 판자를 만드는 통나무〕.
‡saw·mill [sɔ́ːmìl] n. 제재소.
*sawn [sɔːn] v. saw¹의 과거 분사의 하나.
Saw·ney [sɔ́ːni] n. **1** 《속어》 스코틀랜드 사람〔경멸적인 별명〕. **2** (s-)〔주로 英〕 얼간이, 바보(fool).
sáw pìt n. 톱질 구덩이 〔위아래로 두 사람이 재목을 켤 때 아래 사람이 들어가는 구덩이〕.
sáw sèt n. 톱날 세우는 연장.
saw·tooth [sɔ́ːtùːθ] n. (*pl.* **-teeth**) **1** 톱니. **2** 〔건축〕 톱니 지붕. — *adj*. 들쑥날쭉한(serrate) 〔한.
saw-toothed [sɔ́ːtùːθt] *adj*. 톱니 모양의, 들쑥날쭉한.
saw·yer [sɔ́ːjər] n. **1** 톱질하는 사람(sawer). **2** (=sáwyer bèetle) 천우(天牛), 하늘소. **3** 〔가지가 물 위에 드러누워〕 물 위에 드러누워 있는 유목(流木).
sax¹ [sæks] n. 《구어》 = saxophone.
sax² [sæks] n. 고대 스칸디나비아의 외날 단검.
Sax. 〔略〕 Saxon; Saxony.
sax·a·tile [sǽksətil, -tàil] *adj*. 암석 〔사이〕에 사는 〔기는〕.
saxe [sæks] n. U **1** (=sáxe blúe) 색스니 청(靑), 짙은 청색〔염료〕. **2** 영국의 (Englishman), 잉글랜드의.
Saxe-Co·burg-Go·tha [sǽkskòubəːrggóuθə] n. **1** 독일 중앙부에 있던 공국(公國). **2** 영국 왕가(1901-1917)의 이름.
sax·horn [sǽkshɔ̀ːrn] n. 색스혼〔금관 악기〕. 〔tile.
sax·i·col·ous [sæksíkələs] *adj*. 〔동·식물〕 =saxatile.
sax·i·frage [sǽksifridʒ] n. 범의귀속(屬)의 식물.
*Sax·on [sǽksn] n. **1** 색슨 사람; (the ~s) 색슨족〔독일 서북부에 살고 있던 민족, 5,6세기경 그 일부가 영국에 침입함〕. **2** 영국인(Englishman), 잉글랜드 사람. **3** 앵글로색슨 사람. **4** 〔독일의〕 Saxony 의 사람, **5** 색슨 말; 앵글로색슨 말. — *adj*. **1** 색슨 사람(말)의. **2** 영국인의; 앵글로색슨 사람(말)의.
Sax·on·ism [sǽksnìz(ə)m] n. U **1** 앵글로 색슨 어법, 앵글로색슨 기질.
Sax·o·ny [sǽks(ə)ni] n. **1** 색스니, 작센〔동독 남부

sax·o·phone [sǽksəfòun] *n*. 색소폰 [목관 악기].
sax·o·phon·ist [sǽksəfòunist, +英 sæksɔ́fən-] *n*. 색소폰 취주자.
sax·tu·ba [sǽkstjùːbə/ -tjùː-] *n*. 색스튜바(대형 saxhorn].

‡**say** [sei] *v*. (**said, say·ing**; 3인칭·단수·현재형 **says** [sez]) *vt*. **1** …라고 말하다, 이야기하다; [말로] 나타내다; [의견으로서] …이라고 말하다, [전해 따위를] 진술하다, 말하다, 언명하다. ⇒ SPEAK 類語. ¶ *say* no(yes) 싫다(좋다)고 말하다, 승낙하지 않다(하다) / *say* a few words 몇 마디 말하다, 간단하게 이야기하다 / What I *say* is… 나의 의견은 …이다 / It is *saying* a great deal. 그것은 대단한 일이다, 그것은 여간한 일이 아니다 / *Say* no more. 더 말하지 마라, 이젠 충분하다 / I've never seen her more angry, I would *say*. 그녀가 그렇게까지 성낸 것을 본 적은 없다고 할 거야 / Who shall I *say*, sir? 누구시라고 여쭐까요? / I mean what I *say*. 내 말은 진정이야 / You don't *say* so! 설마! / You may well *say* so. 그렇고말고, 듣고 보니 그렇게 말할만도 해 / Do you *say* so? 그것은 정말입니까? / So you *say*! 그런가요! / [의심을 나타냄] / That is well *said*. 그것은 잘 말한 것이다 // (~+that 節) The spokesman *said* [*that*] little damage was caused. 대변인은 손해가 거의 없다고 말했다 // (~+wh. 節) *Say* when you want to start. 언제 출발하고 싶은지 말해 라 // (~+目+前+名) have something (nothing) to *say* to (or *with*) …와 관계가 있다(없다), …에게 할 말이 있다(없다) / What do they *say* of me? 사람들이 나에 대해서 무어라고 말합니까? / He *said* a good word *for* his friend. 그는 친구를 위해서 좋게 말했다; 그는 친구를 변호했다 // Easier *said* than done. (속담) 말하기는 쉽고 행하기는 어렵다 / The less *said* about it the better. (속담) 말은 적을수록 좋다.

2 …을 암송하다, 외다, 복창하다(recite). ¶ *say* one's lessons [선생 앞에서] 배운 것을 암송하다 / *say* grace [식전 식후에] 감사의 기도를 올린다.

3 [세간 풍문 따위에서] …이라고 말하다, 남의 이야기를 하다, 전하다(report); [수동형으로] …이라고 전해지고 있다, [책 따위에] …이라고 적혀 있다, 서술되어 있다, [신문 따위에] …이라고 쓰여있다, 나와 있다. ¶ (~+that 節) Today's paper *says that* we'll have rain tonight. 오늘 신문에 의하면 밤에 비가 온다고 한다 / They (or People) *say that* he is a millionaire. 그는 백만 장자라고 소문이 나 있다 / It *says* in the Bible *that*…; The Bible *says that*… …이라고 성서에 쓰여 있다 / It is *said that* he is a liar. 그는 거짓말쟁이라고 한다 / He is *said* to be a good painter. 그는 그림을 잘 그린다고들 한다 (* 이것은 They *say that* he is a good painter. 의 수동형 구문으로도 생각되고, It is *said that* he is a good painter. 의 단문으로도 생각된다).

4 [대체적으로] …이라고 말하다, 가정하다(suppose); [명령형에 써서] …이라고 [가정하다(if); [삽입절으로 써서]] 말하자면, 이를테면, 글쎄요. ¶ Come and see me one of these days, *say*, about next Saturday. 근일 중에, 글쎄요, 다음 토요일경에 놀러오시지 않아요 / (~+that 節) *Say* it were true, what then? 그것이 정말이라면 어떻게 되는 거요?

5 (美구어) …을 명하다, …하라고 말하다. ¶ (~+to do) He *said* [for me] to start at once. 그는 곧 출발하라고 말했다.

— *vi*. **1** 말하다, 이야기하다. ¶ It is just as you *say*. 바로 네 말대로다 // (~+圖) *Say* on! 말을 계속하오! / *Say* away. 말하고, 말해 버려라. **2** 의견을 말하다. ¶ I cannot *say*. 나로서는 무어라 말할 수 없다, 잘 모르겠다. **3** (美구어) 저어, 이봐, 여보게, 이봐 (英) [주의]. ¶ *Say* there! 여보게요!

as much as to say …라고나 말하려는 듯이, …이라고 말하려는 것처럼 (* *to say* 는 [목적]을 나타낸 部詞的 用法). ¶ He looked *as much as to say*, "That's ridiculous!" 그는 「그건 말도 안 돼!」라고 말하려는 듯한 표정을 하고 있었다.

as who should say (고어) …이라고 말하려는(것)(사람)
be saying something (美속어) 아주 매력적이다.
don't say (구어) …이라니 설마 거짓말은 하고 말겠지. ¶ *Don't say* you're going for a walk in this wretched weather! 설마 이런 고약한 날씨에 산책하러 간다는 말은 아니겠지!
Enough said !; *Say no more* ! 더이상 말하지 마!, …이젠 됐어.
hear say [*that*] …이라고 하는 것을(이라는 소문을) 듣다, …이라는 풍문을 듣다.
I dare say 아마 …일 것이다.
I'll say. (구어) 말 그대로지, 물론이지.
I must say (구어) (강조법으로) 진짜로, 정말로.
I say (英구어) 어이, 여보세요, 이봐; 어머나, 깜짝이야. * 주의는 환기시키기 위해, 또는 가벼운 놀람을 나타낼 때에 쓴다. ¶ *I say*, Henry! 이봐, 헨리! / *I say*, what are you talking about? 이봐, 자네들 무슨 이야기를 하고 있는 거야? ……[같어].
It goes without saying that …은 말할 것(나위)도 없다.
not to say …이라고까지는 아닐지라도, …이라고 하는 말 못해도. ¶ She is very frugal, *not to say* stingy. 그녀는 인색하다고까지는 말 못해도 대단한 절약가이긴 하다 / It is very cool, *not to say* cold. 춥다고까지는 말할 수 없지만, 꽤 서늘하다.
say for oneself 변명하다, 해명하다.
say it with flowers ⇒ FLOWER.
say out 터놓고(숨김없이) 말하다.
say over 되풀이해서 말하다; 외다. ………[다].
say one's piece 말하고 싶은 바를 말한다, 할 말을 하다.
says I (속어) 내 말은, 내가 말한 것인데(said I).
say the word 명령을 내리다.
say to oneself 마음속으로 생각하다(말하다); 혼잣말을 하다.
Say you ! (구어) 설마!, 정말입니까! [불신을 나타내는 표현].
Say what ? 뭐라고?, 다시 말해 봐.
Say when. ⇒ WHEN.
so say I (or *all of us*) (익살) 정말 그렇다.
so to say 말하자면(so to speak, as it were).
that is [*to say*] ① 바꿔 말하면, 즉. ② 적어도.
That's what you say. 너만이 그렇게 말하고 있을 뿐이다(상대의 발언에 대한 불신을 나타낸다).
though I say it [*who should not*] 내 입으로 말하는 것은 무엇하지만, 자랑은 아니나.
to say nothing of …은 제쳐놓고(고사하고), …은 말할 것도 없고.
to say the least [*of it*] ⇒ LEAST.
What do you say ? 어떻게, 생각해?, 어떻습니까?
What do you say to … ? (구어) …은 어떻까?, …하면 어떨까요? ¶ *What do you say to* a walk (or going for a walk)? 산책[하는 것이] 어떨까요?
when (or *after*) *all is said* [*and done*] 결국, 필경(after all). ……[로 그렇다.
You can say that again. (구어) 너의 말대로다, 바로 그거다.

— *n*. **1** (one's ~) 하고 싶은 말, 해야 할 말, 할 말. ¶ have (or *say*) one's *say* [out] 하고 싶은 말을 하다. **2** Ⓒ Ⓤ (보통 단수형) (구어) 발언권, 발언의 차례(기회); (美) (the ~) [최종적] 결정권. ¶ It's now my *say*. 이번에는 내가 말할 차례다 / He has a (no) *say* in that matter. 그는 그 일에 발언할 권리가 있다(없다) / She had the *say in* firing and hiring of the servants. 고용인의 해고와 채용에 대해서는 그녀가 결정권을 쥐고 있었다. ………[립 저축 제도].

S.A.Y.E. (略) saving as you earn ([영국의] 정기 적
say·est [séiist], **sayst** [seist] *v*. (고어) *say* 의 2인칭·단수·직설법 현재.

‡**say·ing** [séiiŋ] *n*. **1** 말하기, 한 말, 말, ¶ *sayings* and doings 언행 / There is no *saying* what will become of him in future. 그가 장차 어떻게 될 것인지 알 수가 없다. **2** 속담(proverb), 경구(警句) (apothegm), 격언, 금언(金言) (maxim). ¶ as the *saying* goes (or is) 속

say-so [séisòu] *n.* (*pl.* **-sos**) 《美구어》 **1** (보통 one's ~) 단언, 독단. **2** (the ~) 결정권, 권위, 권력; 권위 있는 말, 명령.

Say·yid [sá:jid, sáiid], (**Said, Say·id**) *n.* 《회교국에서》 Mohammed의 자손에 대한 경칭.

Sb 《화학》 antimony의 원자 기호.

SB 《略》 simultaneous broadcast(동시 방송).

sb. 《略》 substantive.

s.b., sb 《略》《야구》 stolen base[s] (도루).

S.B. 《略》《라틴》 Scientiae Baccalaureus (=Bachelor of Science) (이학사(理學士)).

SBA 《略》 Small Business Administration(중소 기업청 《미국 정부 기관의 하나》). 〔초단파대(帶)〕

S-band [ésbænd] *n.* S 밴드[1550-5200메가헤르츠의

SBC 《컴퓨터》 single board computer(단일 보드 컴퓨터); small business computer(사무용 소형 컴퓨

SbE 《略》 south by east(남미동(南微東)). 〔터〕.

sbir·ro [zbírou] *n.* (*pl.* **-ri** [-ri:]) 《이탈리아》 (~ 차!〕 policeman) 경관, 순경.

'sblood [zblʌd] *interj.* 《고어》 빌어먹을!, 제기랄!, 아

SBN 《略》 Standard Book Number(표준 도서 번호).

SBR 《略》 styrene-butadiene rubber(합성 고무의 일종, 천연 고무의 대용품). *cf.* NBR

SBS 《略》《의학》 sick building syndrome. 〔위〕.

SBU 《略》《경영》 strategic business unit(전략 사업 단

SbW 《略》 south by west(남미서(南微西)).

Sc 《화학》 scandium의 원자 기호.

sc. 《略》 scale; scene; science; scilicet.

Sc. 《略》 Scotch, Scotland, Scots, Scottish.

s.c. 《略》 small capitals; supercalendered.

S.C. 《略》 Sanitary Corps; Security Council [of the U.N.]; Signal Corps; South Carolina; Supreme Court; Staff Corps; shopping center(쇼핑 센터).

scab [skæb] *n.* **1** 〔상처의〕 딱지. **2** 《동물의, 특히 양의》 개선(疥癬), 옴(scabies); 부패병〔감자·사과 따위에 덧지가 생기게 한다〕. **3** 《구어》 악한, 악당 (rascal). **4** 노동 조합 불참가자; 파업을 깨뜨리는 노동자. — *vi.* (**scabbed, scab·bing**) **1** 〔상처에〕 딱지가 앉다, 딱지가 생기다 (*over*). **2** 파업을 깨뜨리다. (~+匿+图) *scab* on strikers 파업하는 사람들을 배반하다, 파업을 깨뜨리다. ◇ **scábby** *adj.*

*scab·bard [skǽbərd] *n.* 〔칼·단검 따위의〕 집.
fling (or **throw**) **away the scabbard** 단호하게 싸울 결심을 하다, 끝까지 싸우다.
— *vt.* 〔도검(刀劍) 따위를〕 칼집에 넣다.

scab·bed [skæbd, skǽbid] *adj.* 딱지가 앉은(있는); 〔동물이〕 개선에 걸린; 〔식물이〕 부패병에 걸린.

scab·ble [skǽbl] *vt.* (**-bled, -bling**) 〔석재(石材) 따위를〕 대충 다듬다.

scab·by [skǽbi] *adj.* (**-bi·er, -bi·est**) **1** 딱지가 앉은 (있는), 딱지로 덮인, 딱지투성이의. **2** 〔동물의〕 개선 (옴)에 걸린; 〔식물이〕 부패병에 걸린. **3** 《구어》 비열한, 비천한. **-bi·ly** *adv.* **-bi·ness** *n.* 〔옴, 개선(疥癬)〕.

sca·bies [skéibii:z, -bi:z] *n. pl.* 《단수 취급》《병리》

sca·bi·o·sa [skèibióusə] *n.* 체꽃속(屬)의 식물.

sca·bi·ous[1] [skéibiəs] *adj.* 개선(疥癬)(성)의; 딱지가 앉은(있는) (scabby).

sca·bi·ous[2] [skéibiəs] *n.* =scabiosa.

sca·brous [skéibrəs] *adj.* **1** 우둘두둘한, 꺼칠거칠한. **2** 몹시 어려운, 곤란한, 골치아픈. **3** 온당치 못한, 외설한(obscene). **-ly** *adv.* **-ness** *n.*

scad[1] [skæd] *n.* (*pl.* **scad** or **scads**) 전쟁이〔물고기〕.

scad[2] [skæd] *n.* (종종 ~s) 《美구어》 **1** 다량, 다수, 많음. ¶ *scads* of money 거액의 돈. **2** 경화(硬貨) (coin).

SCAD 《略》 subsonic cruise armed decoy(아(亞) 음속 순항 무장 유인기(誘引機)).

*scaf·fold [skǽf(ə)ld, -fould] *n.* **1** 〔건축용의〕 비계, 발판. **2** 처형대, 교수대, 단두대; (the ~) 《비유적》 사형. ¶ **go to** (or **mount**) **the scaffold** 사형에 처해지다 / **send** (or **bring**) **a person to the scaffold** 남을 사형에 처하다. **3** 〔일시적인〕 조립식 야외 무대, 〔야외의〕 관람석, 대(臺). **4** 〔해부〕 뼈대, 골격. — *vt.* …에 비계(발판)를 만들다; …을 발판으로 받치다.

scaf·fold·ing [skǽf(ə)ldiŋ, -fould-] *n.* U **1** 비계, 발판(scaffolds); 발판 재료. **2** 골격, 뼈대.

scag [skæg] *n.* U 《美속어》 헤로인(heroin).

scagl·io·la [skæljóulə] *n.* U 〔장식용〕 인조 대리석.

scal·a·ble [skéiləbl] *adj.* **1** 측정할 수 있는. **2** 〔비늘 등을〕 벗길 수 있는. **3** 〔산·경사가〕 오를 수 있는.

sca·lar [skéilər] *n.* 〔수학〕 스칼라〔수수(實數)로 표시할 수 있는 수량〕. *cf.* vector — *adj.* **1** 사닥다리 모양의. **2** 〔수학〕 스칼라의.

scal·a·wag, (英) scal·la- [skǽləwæg] *n.* **1** 《구어》 불량배, 건달. **2** 《美역사》 남북 전쟁 후 공화당을 지지한 남부 백인. **3** 발육 불충분한 동물.

*scald[1] [skɔ:ld] *vt.* **1** 〔뜨거운 물·김 따위로〕 …을 데게 하다. ¶ **be** *scalded* **to death** 화상으로 죽다 // (~+匿+图) He *scalded* himself *with* boiling water. 그는 끓는 물에 데었다. **2** 〔기구〕를 열탕 소독하다, 끓는 물(열탕)로 씻다(헹구다) (*...out*); …을 열탕에 잠그다. **3** 《우유 따위》를 비등점 가까이까지 가열하다. ¶ *scalded* **cream** 우유를 비등점 가까이까지 끓여서 만든 크림. — *vi.* 데다. — *n.* **1** 〔뜨거운 물·김에 의한〕 화상; 〔햇볕 따위에 의한〕 덴 상처와 같은 증상. **2** 〔식물 병리〕 〔심한 더위에 의한〕 나뭇잎의 탐〔과일 따위의〕 무러져서 썩음.
get a good scald on 《방언》 …에 크게 성공하다.

scald[2] [skɔ:ld, +美 skɑ:ld] *n.* =skald.

scald[3] [skɔ:ld, +美 skɑ:ld] *n.* 《고어》〔머리에〕 딱지가 앉은(있는), 기계충〔두부 백선〕의. **2** U 〔폐어〕〔머리에 앉은〕 딱지, 기계충.

scald·er [skɔ́:ldər] *n.* 열탕 소독기, 펄펄 끓이는 기구.

scald·ic [skɔ́:ldik, +美 skɑ́:ld-] *adj.* =skaldic.

scald·ing [skɔ́:ldiŋ] *n.* U 데게 함, 뎀. — *adj.* 데일 듯한, 끓어오르는, 뜨거운, 타는 듯한.

scal·di·no [skɑ:ldí:nou] *n.* (*pl.* **-ni** [-ni:]) 《이탈리아에서 쓰이고 있는》 오지로 만든 화로.

*scale[1] [skeil] *n.* **1** 비늘. ¶ **the scale of a snake** 뱀의 비늘. **2** 비늘 모양의 것, 비늘질(質)의 것. **3** 비늘 조각, 파편의 얇은 조각, 〔나비 따위의〕 인분(鱗粉). **4** 〔병리〕 딱지. **5** 갑옷의 미늘〔갑옷 따위를 만드는 쇠 또는 가죽의 작은 조각〕. **6** 〔식물〕 〔싹·봉오리를 싸고 있는〕 인편(鱗片), 포엽(苞葉), 〔곡물의〕 껍질, 〔콩의〕 꼬투리. **7** 《비유적》 눈을 흐리게 하는 것〔←사도 행전 (Acts) 9:18〕. ¶ **The scales fell off from his eyes.** 그의 눈에서 비늘 같은 것이 벗어졌다, 그는 자기의 잘못을 깨달았다. **8** U 〔보일러의 안쪽 따위에 생기는〕 물때; 〔달군 쇠의 표면에 생기는〕 산화물; 치석(齒石). **9** (=**scále ínsect**) UC 개각충(介殼虫).
fall in scales 〔페인트 따위가〕 호슬부슬 벗겨져 떨어지다.
remove the scales from one's eyes 진실을 깨닫게 하다, 현실에 눈을 뜨게 하다.
— *v.* (**scaled, scal·ing**) *vt.* **1** …의 비늘을 벗기다, 껍질을 벗기다(까다). ¶ *scale* **a fish** 생선의 비늘을 벗기다 / *scale* **peas** 완두콩의 꼬투리를 까다. **2** …의 물때를 벗기다; 치석을 제거하다. ¶ *scale* **a boiler** 보일러의 물때를 벗기다 / *scale* **teeth** 치석을 제거하다 // (~+匿+匣+图) *scale* **tartar** *from* **the teeth** 치석을 제거하다. **3** …을 비늘로 덮다; …에 딱지(물때, 치석)가 생기게 〔끼게〕 하다.
— *vi.* **1** 〔비늘처럼〕 벗겨져 떨어지다(*off...*). ¶ (~+匣)(~+匣+图) **The paint is** *scaling* **off** [**the door**]. 〔문의〕 페인트가 벗겨져 나가고 있다. **2** 〔보일러 따위의〕 물때가 끼다.
◇ **scály** *adj.*

*scale[2] [skeil] *n.* **1** 저울의 접시, 천칭의 접시. **2** (종

종 ~s) 저울, 천칭(balance); 체중계. ¶ **a pair of** *scales* 천칭 / **a spring** *scale* 스프링 저울. **3** (종종 ~s) (비유적) 가치 평가의 기준, [운명을 정하는] 저울. ¶ **the** *scales* **of justice** 정의의 저울. **4** (the S-s) (천문) 천칭궁(宮)(Libra).
go to scale 체중을 재다.
hang in the scale 아직 어느 쪽으로도 결정되지 않고 있다. 「판정하다.
hold the scales even (or *true, equally*) 공평하게
throw one's sword into the scale ⇒ SWORD.
tip the scale[s] ① 무게가 …나가다(weigh) (at...). ¶ It *tips the scales* at 5 pounds. 그것은 5파운드 나간다. ② 한쪽을 우세하게 하다.
turn the scale[s] ① 국면을 일변시키다; 형세를 결정적으로 만들다. ② …의 무게가 나가다 (at...).
— v. (scaled, scal·ing) vt. …을 천칭(저울)으로 달다; …을 저울에 달다, 견주다, 비교하다(compare). — vi. 무게가 … 나가다 (이다). ¶ (~+圖) It *scales* 10 pounds. 그것은 10파운드 나간다.

‡**scale**³ [skeil] n. **1** 눈금, 저울눈, 척도. **2** 비례, 비율; 축척; 비례자(尺), 자(ruler). ¶ **a calculating** *scale* 계산자 / **a map drawn to a** *scale* **of one to fifty thousand** 축척 5만분의 1의 지도 / **a model on a** *scale* **of full (half) size** 실물 크기(¹/₂ 크기)의 모형. **3** 규모, **a large (a small)** *scale* 대(소)규모로. **4** [임금·과세 따위의] 율(率); (英) [건축가나 변호사의] 요금표, ¶ **a** *scale* **of wages** 임금표. **5** 계급, 등급(rank), 계급으로 되어 있음(gradation). ¶ **the social** *scale* 사회적인 계급 / **at the bottom (the top) of the** *scale* 어떤 계급의 최하위(최상위)에 / **sink in the** *scale* 하위로 떨어지다, 열등해지다. **6** (수학) 기수법(記數法), …진법(進法). ¶ **the decimal** *scale* 10진법 / **the** *scale* **of notation** 기수법. **7** (음악) 음계. ¶ **the major (the minor)** *scale* 장(단)음계 / **learn one's scales** 음악을 배우기 시작하다. **8** (교육·심리) [지능·적성 검사 따위의] 측정 척도, 기준. **9** U (건축) 상대적 치수, 적당한 치수. **10** (폐어) 사닥다리, 계단.
in scale 일정한 척도에 따라서.
out of scale [너무 크거나 너무 작아서] 균형이 안 잡힌, 지나친.
to scale 일정한 비율로.
— v. (scaled, scal·ing) vt. **1** …을 (기어) 오르다, [사닥다리 따위로] …을 (…에) 오르다. ⇒ CLIMB [類語] **2** …을 축척으로 제도(설계)하다; …을 율(率)에 따라서 정하다; (인물·물품 따위를) 어느 기준으로 평가하다; (製材) (통나무를) 재다, (숲의 수목 따위의) 재적(材積)을 어림잡다. — vi. **1** 기어오르다. **2** (수량 따위가) 비례하다, 공통의 척도를 가지다. **3** 단계로 되어 있다, 점점 높아지다.
scale down (up) …을 어떤 비율로 줄이다(늘리다).
scále ármor ((英) **ármour**) n. 미늘 갑옷.
scále bèam n. [대저울의] 저울대, [앉은뱅이 저울의] 눈금 달린 대.
scále·board [skéilbɔ̀ːrd / -bɔ̀ːd] n. **1** [액자·거울 따위의] 얇은 널; (인쇄) 얇은 목제 인테르. **2** [베니어판용의] 얇은 널빤지.
scaled [skeild] adj. **1** 비늘(거죽)이 벗겨진, 껍질이 벗겨진. **2** 비늘 모양의. **3** (갑옷의) 작은 미늘을 포갠.
scale-down [skéildàun] adj. 일정한 비율로 축소(감소)하는. n. 계획적 축소, 비례 축소.
scále ínsect n. = scale¹ 9.
scále·less [skéillis] adj. 비늘이 없는.
scále móss n. 비늘이끼.
sca·lene [skeilíːn, -∠] adj. **1** (기하) 부등변의; [원뿔의] 축이 비스듬한. **2** (해부) 사각근(斜角筋)의.
sca·le·nus [skəlíːnəs] n. (pl. -ni [-nai]) (해부) 사각근.
scal·er¹ [skéilər] n. 비늘(물때)을 벗기는 사람(것).
scal·er² [skéilər] n. 천칭(저울)으로 다는 사람.

scal·er³ [skéilər] n. 기어오르는 사람.
scal·er⁴ [skéilər] n. (전자 공학) 계수 장치; 계수 회로.
scale-up [skéilʌp] n., adj. 정량(定量) 증가(하는).
scal·i·ness [skéilinis] n. U 비늘이 있음, 비늘 모양(질).
scál·ing làdder [skéiliŋ-] n. 공성(攻城) 사닥다리; 소방 사닥다리. 「부체.
scall [skɔːl] n. U [특히 머리 부분의] 딱지가 생기는 피
scal·la·wag [skǽləwæg] n. (주로 英) = scalawag.
scal·lion [skǽljən] n. 골파류의 파(shallot), 부추류 (leek), 줄기가 길고 잎이 푸른 양파(green onion).
scal·lop [skáləp, skǽl-/ skɔ́l-], **(scol·lop)** n. **1** 가리비. **2** (= scállop shéll) 가리비의 조가비; (굴따위를 요리하는) 조개 냄비, (조가비 모양의) 질냄비. **3** 가리비의 조각 관자, (보통 ~s) 조개 관자 요리, **4** (~s) 부채꼴 가장자리 장식, 스캘럽 (가리비의 가장자리와 같은 물결 무늬). — vt. **1** …을 조개 냄비로 요리하다. **2** …을 부채 모양으로 하다, 부채꼴 가장자리 장식으로 꾸미다.
scal·lop·ing [skáləpiŋ, skǽl-/ skɔ́l-] n. U **1** 가리비 채취(잡이). **2** 부채꼴 무늬, 가장자리 장식.
scal·ly·wag [skǽliwæg] n. = scalawag.

*‡**scalp** [skælp] n. **1** 머리가죽, 머리털이 붙은 머리가죽 (특히 아메리칸 인디언이 전리품으로서 적의 시체의 머리에서 벗긴 것). **2** 전리품, 전승 기념물. **3** 둥근 민둥산 꼭대기(scaup). **4** [개·이리 따위의] 머리가죽. **5** (美구어) (주식·표 따위의 중매(仲買)에 의한) 적은 이윤.
have the scalp of …을 패배시키다; …에게 복수하다.
out for scalps ① 머리가죽 사냥에 나가서. ② 당장 싸울 듯이, 호전적으로.
take scalps ① 머리가죽을 벗겨내다. ② 이기다.
— vt. **1** …의 머리가죽을 벗기다. **2** …을 혹평하다, 헐뜯다. **3** (美구어) …을 박리(薄利)로 팔다, …의 차익금을 바라고 상거래하다; 암표상 노릇을 하다. — vi. (美구어) 박리로 팔다.
scalp·el [skælpəl] n. 외과용 메스.
scalp·er [skælpər] n. **1** 머리가죽을 벗기는 사람. **2** 매매 차익금을 따먹는 사람, 남의 수입의 일부를 떼어먹는 사람; 암표상. **3** (조각술) 둥근 끌.
scalp·less [skǽlplis] adj. **1** 머리가죽이 벗겨진, 머리가죽이 없는. **2** 대머리의.
scálp lòck n. [인디언의 전사가 적에 대한 도전으로 머리가죽에 남기는] 한 타래의 머리카락.
scal·y [skéili] adj. (scal·i·er, scal·i·est) **1** 비늘이 있는, **2** 비늘 모양의, 비늘질(質)의, 벗겨 떨어지는, **3** 개각충(介殼蟲)이 붙은. **4** (속어) 천한, 비열한; 인색
scály ánteater n. = pangolin. 「한; 빈약한.
scam [skæm] n. (美구어) 신용 사기.
What's the scam? (美구어) 무슨 일이에요?
— vt. (scam·med, scam·ming) …을 속이다, 편취하다.
scam·ble [skæmbl] v. (-bled, -bling) vi. **1** (폐어) 서로 다투며 빼앗다. **2** (방언) 비틀비틀 걷다. — vt. (방언) 을 긁어모으다.
scam·mo·ny [skǽməni] n. (pl. -nies) 스카모니아 (소아시아 지방산(産)의 메꽃과 식물); U (그 뿌리에서 채취하는) 스카모니아 수지(樹脂) (하제용(下劑用)).
scamp [skæmp] n. 악한(rogue), 무뢰한, 불량배, — vt. (일 따위를) 되는 대로(소홀히) 하다, 아무렇게나 하다.
*‡**scam·per** [skǽmpər] vi. **1** 냉큼 달리다(뛰어 들어가다) (into...); 급히 떠나다, 허둥지둥 도망가다 (away, off...); [어린이가] 뛰어다니다, (장난치며) 깡충거리다 (about...). ¶ (~+圈+圀) I saw a fox *scamper* into an earth. 나는 여우가 굴로 뛰어 들어가는 것을 보았다. **2** 급히 여행하다; 급히 (대중) 읽다 (through...). ¶ (~+圈+圀) *scamper through* Europe 유럽을 급히 여행하다.
— n. **1** 냉큼 달리기 (뛰어 들어가기, 떠나기, 도망가

scampi [skǽmpi] *n.* (*pl.* **-pi** or **-pies**) 녹색의 큰 참새우.

scamp·ish [skǽmpiʃ] *adj.* 불량배 같은, 무뢰한의.

***scan** [skæn] *v.* (**scanned, scan·ning**) *vt.* 1 …을 자세히 조사하다, 정밀 검사하다; …을 눈여겨 보다, 유심히 보다. 2 〖신문·책 따위의〗 …을 대충 훑어보다, 급히 읽다. 3 〖시〗의 운율을 살피다, 〖시행(詩行)〗을 음각(韻脚)으로 나누다, 〖시〗를 운율적으로 낭독하다. 4 〖TV〗〖영상〗을 주사(走査)하다. 5 〖레이더〗…에 전파를 발하다. —— *vi.* 1 시의 운율을 살피다, 시행을 음각으로 나누다; 〖시행이〗 운율에 맞다, 운율로 나누어지다. 2 〖TV〗〖영상〗 주사하다. —— *n.* 1 정밀 검사, 음미; 눈여겨 보기. 2 대충(급히) 읽기. 3 〖시〗의 운율 살피기, 음각 나누기, 운율적 낭독. 4 〖TV〗 주사. 5 시야, 이해의 범위, 이해력. 6 인체에 넣은 방사성 물질의 분포 사진. ◇ **scánsion** *n.*

Scan. (略) Scandinavia.

Scand. (略) Scandinavia, Scandinavian.

scan·dal [skǽndl] *n.* 1 〖U〗 추문, 스캔들, 〖세상을 떠들썩하게 하는〗 부정 행위〈사건〉, 오직(독직)사건, 의옥(疑獄), 부끄러운 행위. ⇒ GOSSIP 類語 ¶ Watergate is a historic *scandal*. 워터게이트는 역사에 남을 스캔들이다. 2 〖UC〗 치욕, 불명예, 체면 손상, 명예 손상 (*to* …). ¶ a national *scandal* 국치(國恥) // His conduct is a *scandal* to his family. 그의 행위는 가문의 명예에 손상이다. 3 명예를 더럽히는 사람. 4 〖세상의〗 반감, 분개. ¶ give rise to *scandal* 세상의 반감을 사다, 세상에 물의를 일으키다. 5 〖U〗 욕설, 중상, 비방, 악평. ¶ talk *scandal* 욕을 하다, 중상하다 / make up a *scandal* 악평을 하다.

to the scandal of …을 분개시킨 것은. ¶ To the *scandal* of his mother he had stolen some money. 그가 엄마의 돈을 훔친 것이 어머니를 분개시켰다. —— *vt.* (**-daled, -dal·ing**; (英) **-dalled, -dal·ling**) 1 〖고어〗 …의 악평을 부채질하다, 욕을 하다, …을 비방하다, 중상하다. 2 〖폐어〗 …을 모욕하다. ◇ **scándalize** *v.*, **scándalous** *adj.*

scan·dal·i·za·tion [skænd(ə)lizéiʃ(ə)n / -laiz-] *n.* 〖U〗 아연케 하기, 분개시키기.

scan·dal·ize[1] [skǽnd(ə)làiz] (* (英) 에서는 **scan·dal·ise** 로도 쓴다) *vt.* (**-ized, -iz·ing**) 1 〖부정 행위·무례함으로〗 〖남〗을 아연케 하다, 분개시키다. ¶ *scandalize* a person *with* (or *by*) …으로 남을 아연케 하다, 분개시키다 / be *scandalized at* …에 아연해지다, 분개하다. 2 〖고어〗 …의 험담을 하다, …을 중상하다. ◇ **scándal** *n.*

scan·dal·ize[2] [skǽnd(ə)làiz] (* (英) 에서는 **scan·dal·ise** 로도 쓴다) *vt.* (**-ized, -iz·ing**) 〖항해〗〖돛〗의 면적을 줄이다.

scan·dal·iz·er [skǽnd(ə)làizər] *n.* 〖세상을〗 분개시키는 사람, 아연케 하는 사람.

scan·dal·mon·ger [skǽndlmʌ̀ŋɡər] *n.* 남의 욕을 하고 다니는 사람.

***scan·dal·ous** [skǽndələs] *adj.* 불명예스러운, 면목이 없는, 수치스러운; 괘씸한, 언어 도단의. 2 중상적인, 비방하는; 중상하기 좋아하는, 남의 욕을 하는. ~**ly** *adv.* ~**ness** *n.* ◇ **scándalize** *v.*

scándal shèet *n.* 〖美〗 고십 신문(잡지).

scan·dent [skǽndənt] *adj.* 〖식물〗 기어오르는.

scan·dic [skǽndik] *adj.* 〖화학〗 스칸듐의. ⇒ SCANDIUM.

Scan·di·na·vi·a [skændinéiviə, -vjə] *n.* 1 스칸디나비아 〖Norway, Sweden, Denmark 의 총칭〗, 북유럽. 2 = Scandinavian Peninsula.

***Scan·di·na·vi·an** [skændinéiviən, -vjən] *adj.* 스칸디나비아〈스칸디나비아 사람〉의. —— *n.* 1 스칸디나비아 사람. 2 〖U〗 스칸디나비아 말.

Scandinávian Península *n.* (the ~) 스칸디나비아 반도.

scan·di·um [skǽndiəm] *n.* 〖화학〗 스칸듐〖금속 원소의 하나; 원자 기호 Sc〗.

scan·ner [skǽnər] *n.* 1 정밀히 조사하는 사람. 2 시행(詩行)을 음각(韻脚)으로 나누는 사람. 3 〖TV〗 주사기(走査機), 주사판(板); 주사 공중선.

scan·ning [skǽniŋ] *n.* 〖UC〗 1 = scansion. 2 정사(精査). 3 〖TV〗 주사(走査) 〖하기〗. 4 인체에 방사성 물질을 살束은 단면을 사진으로 찍어 진단하는 방법. —— *adj.* 정사하는.

scánning bèam *n.* 〖TV〗 주사 광선(走查光線).

scánning dìsk 《英》 **dísc**) *n.* 〖TV〗 주사판.

scánning eléctron mícroscope *n.* 주사(走査) 전자 현미경.

scánning lìne *n.* 〖TV〗 주사선.

scánning rádar *n.* 〖전자공학〗 주사식(走査式) 레이다.

scan·sion [skǽnʃ(ə)n] *n.* 〖UC〗 〖운율〗 시의 운율을 살펴서 음각 나누기, 운율에 따라서 낭독하기. ◇ **scan** *v.*

scan·so·ri·al [skænsɔ́ːriəl / -sɔ́ː-] *adj.* 〖동물〗 〖새 따위가〗 나무에 기어오를 수 있는, 나무에 기어오르는; 〖다람쥐처럼〗 기어오르기에 알맞은.

***scant** [skænt] *adj.* 1 얼마 안 되는; 불충분한, 부족한 (*of*, *in* …). ⇒ SCANTY 類語 ¶ a *scant* retiring allowance 얼마 안 되다는 퇴직 수당 / pay *scant* attention 그다지 주의를 기울이지 않다 / be *scant of* money 돈이 부족하다 / be *scant in* sense 상식이 모자라다 / He is fat, and *scant of* breath. 그는 뚱뚱해서 숨이 가쁘다. 2 겨우 되는, 가까스로의, 빠듯한. ¶ a *scant* three meters 3미터에 조금 모자라는 길이. 3 한정된(limited), 제한된; 작은, 빈약한(meager) 4 아끼와하는, 인색한. ¶ treat a person with *scant* courtesy 남을 예절에 벗어나게 대하다. —— *vt.* 1 …을 내기 아까와하다, 인색하게 굴다, 절약하다. 2 …을 아무렇게나 다루다. —— *adv.* (방언) 가까스로, 겨우, 간신히. ~**ly** *adv.* ~**ness** *n.*

scan·ties [skǽntiz] *n. pl.* 〖여성용의〗 짧은 팬티.

scant·ling [skǽntliŋ] *n.* 1 〖U〗 〖서까래 따위에 쓰는〗 작게 쪼갠 재목, 작은 각재(角材); 〖집합적〗 작은 재목. 2 〖U〗 〖목재 따위의〗 마무리 치수. 3 (a ~) 소량, 소액. 4 〖고어〗 견본, 표본.

‡**scant·y** [skǽnti] *adj.* (**scant·i·er, scant·i·est**) 1 근소한, 모자라는; 불충분한, 부족한, *opp.* ample ¶ The rice crop will be *scanty* this year. 금년의 쌀 농사는 흉작일 것이다.

類語 **scanty** 수량·정도 따위가 필요분에 달하지 못하는: a *scanty* supply of water 부족한 물 공급. **scant** 겨우 차거나 약간 부족하는: a *scant* hour 대충 1시간. **meager** 질적으로도 빈약하고 수량도 한정되어 최저의 필요도에도 못 미치는: a *meager* life 궁핍한 생활. **spare** 반드시 궁한 것은 아니나 근검 절약 따위로 수량이 충분치 않은: a *spare* meal 검소한 식사. **short** 양이 기준에 달하지 않는: *short* rations 부족한 식사. **sparse** 넓은 지역에 흩어져 밀도가 낮은: a *sparse* population 희박한 인구. 2 좁은, 작은, 옹색한.

scant·i·ly *adv.* **scant·i·ness** *n.*

SCAP (略) Supreme *C*ommander for the *A*llied *P*owers (연합군 최고 사령관).

scape[1] [skeip] *n.* 1 〖식물〗 화경(花莖), 근생 화경(根生花梗) 〖튤립 따위와 같이 땅속에서 직접 나오는 것〗. 2 〖동물〗 병절(柄節); 〖곤충〗 〖곤충 촉각의 첫째 마디〗를 이루는 병절. 3 〖건축〗 주신(柱身).

scape[2] [skeip], ('**scape**) *n.*, *v.* (**scaped, scap·ing**) 〖고어〗 = escape. [skyscape.

-scape view 의 뜻의 연결형. 예: land*scape*, sea-

scape·goat [skéipɡòut] *n.* 1 남의 죄를 대신 지는 사람, 〖남 대신의〗 희생(자). 2 〖성서〗 속죄의 염소

[고대 유대에서 속죄일에 인간의 죄를 대신 지워 황야에 내다버린 염소. ←위기(Lev.) 16: 8-22].
scape·goat·ism [skéipgòutìz(ə)m] *n.* ⓤ 《남에게의》 죄의 전가, 책임 전가. 〔기, 개구쟁이.
scape·grace [skéipgrèis] *n.* 전달, 밥벌레; 말썽 꾸
scape·ment [skéipmənt] *n.* =escapement.
scápe whèel *n.* =escape wheel.
scaph·oid [skǽfɔid] *adj.* 배 모양의. ── *n.* 〔해부〕 주상골(舟狀骨).
scap·u·la [skǽpjulə] *n.* (*pl.* **-lae** [-lìː] *or* **-las**) 〔해부〕 견갑골(肩胛骨).
scap·u·lar [skǽpjulər] *adj.* 어깨의, 견갑골의. ──
1 〔가톨릭〕 스카폴라리오. [a] 수사(修士)가 어깨에 걸 치입는 겉옷. b) 수사·신자가 어깨에서 2개의 끈으로 가슴과 등에 달아매는 2개의 천. 성모 마리아의 축복을 받은 것을 뜻한다. **2** 〔외과〕 견갑 붕대. **3** 〔해부·동 물〕 견갑골. **4** 〔새〕 견우(肩羽), 어깨깃.
scap·u·lar·y [skǽpjulèri/-ləri] *adj.* (*pl.* **-lar·ies**) =scapular.
‡**scar**[1] [skɑːr] *n.* **1** 〔상처·화상·종기〕의 자국, 흉 터. ¶ The cut will not leave any *scar*. 그 벤 상처는 흉 터가 남지 않을 것이다. **2** 《비유적》 마음의 상처; [신 용·명예 등의] 상처, 타격. ¶ the *scars* left by poverty on one's face 가난이 얼굴에 나타낸 빈곤의 자국. **3** 〔식물〕 엽 흔(葉痕), 잎자국. ── *v.* (**scarred, scar·ring**) *vt.* … 에 자국을 남기다. ¶ His face is *scarred* with (*or* by) smallpox. 그의 얼굴에는 천연두 자국이 남아 있다.
── *vi.* 상처 자국을 남기다. ¶ (~+副) The cut will *scar* over. 그 벤 상처는 자국(흉터)이 남을 것이다.
scar[2] [skɑːr] *n.* 《英》 **1** 낭떠러지. **2** 암초.
SCAR (略) **S**cientific **C**ommittee on **A**ntarctic **R**esearch(국제 학술 연합 남극 과학 위원회).
scar·ab [skǽrəb] *n.* **1** 〔고대 이 집트 사람이 신성시한〕 성(聖)투구 풍뎅이, 스카라베. **2** 스카라베 돌 (인장) 〔부적 또는 장식용〕.
[scarab 2]
scar·a·bae·id [skærəbíːid] *adj., n.* 풍뎅이과(科)의 〔곤충〕.
scar·a·bae·oid [skærəbíːɔid], (**scar·a·boid** [-bɔid]) *adj.* **1** 풍뎅이 같은. **2** 성투구풍뎅이 〔돌〕 같은. ── *n.* 모조 성투구풍뎅이 돌(도장).
Scar·a·mouch [skǽrəmùːtʃ, -màutʃ] *n.* **1** 이탈리 아 옛 희극의 겁이 많고 허세부리는 어릿광대. **2** (s-) 허 세부리는 겁쟁이, 허풍선이, 건달.
‡**scarce** [skɛərs] *adj.* (**scarc·er, scarc·est**) **1** 《보통 서술용법》 부족한, 불충분한, 모자라는 (*of*…). ¶ Food becomes *scarce* in wartime. 전시에는 식량이 부족해진 다 / Vegetables are getting *scarce*. 야채가 모자라지고 있다 // The village is *scarce* of water. 마을은 물이 부 족하다. **2** 드문, 희귀한(rare). ¶ a *scarce* book 희 귀서.
make oneself *scarce* 《구어》 슬쩍(살금살금) 떠나다; 퇴거하다, 물러나다; 접석 등을 회피하다(*at*…) (avoid).
── *adv.* 《고어·문어》 =scarcely.
~·ness *n.* ◇ scarcity *n.*
‡**scarce·ly** [skɛ́ərsli] *adv.* **1** 겨우, 간신히, 가까스로 (barely). ¶ There were *scarcely* thirty people present at the meeting. 그 회의의 참석자는 겨우 30명이었다 / He was so tired that he could *scarcely* eat. 그는 몹시 피곤해서 식사도 겨우 할 수 있었다 / It is *scarcely* time for dinner. 저녁 식사 시간이 될까말까 하다. **2** 거의 …않 다. ⇨ HARDLY 〔類〕 ¶ I *scarcely* see him now. 이젠 저 사람과 거의 만나지 않는다 / *Scarcely* a day passes without traffic accidents. 교통 사고가 없는 날이 거의 없다. **3** 아마 (설마) …아니 다 (probably not). ¶ What he said can *scarcely* be true. 그가 말한 것은 아마 정말이 아닐 것이다. **4** 단연코(결코, 확실히) …아니 다 (definitely not). ¶ I can *scarcely* believe such a foolish thing. 그런 어리석은 일은 결코 믿어지지 않는다.
scarcely any 거의 없다. ¶ There is *scarcely any* water on this island. 이 섬에는 물이 거의 없다.
scarcely… but …않는 …은 거의 없다. ¶ There is *scarcely* a rule *but* has some exceptions. 예외 없는 규칙은 거의 없다.
scarcely ever ⇨ EVER. 〔법칙은 거의 없다.
scarcely less 거의 같게,
scarcely… when (or *before*) …하자마자, …함과 동시 에. *cf.* hardly… when (⇨ HARDLY) ¶ He had *scarcely* started (or *Scarcely* had he started) *when* the rain began to fall. 그가 출발하자마자 비가 오기 시작했다.
scarce·ment [skɛ́ərsmənt] *n.* 〔건축〕 벽의 발판, 벽 면의 턱, 벽의 작은 단(段).
*‡**scar·ci·ty** [skɛ́ərsiti] *n.* ⓤ **1** 부족, 결핍; 생활 물자 부족, 〔특히〕 식량 부족, 기근, ⇨ LACK 〔類〕 **2** 드뭄, 희귀함(rarity). ◇ scarce *adj.*
scárcity vàlue *n.* ⓤ 희소 가치.
‡**scare**[1] [skɛər] *v.* (**scared, scar·ing**) *vt.* **1** …을 겁나 게 하다, 깜짝 놀라게 하다(frighten). ¶ a *scared* face 겁먹은 얼굴 / be *scared* to death 섬뜩(오싹)해지다 / be *scared* stiff 몸을 움직이지 못할만큼 놀라다 / be more *scared* than hurt 지나친 걱정을 하다 / The child was *scared* by the thunder. 그 아이는 천둥에 겁먹었다. **2** …을 위협하여 (겁주어) …시키다 (*into*); …을 쫓아 쫓아버리다 (…*away, off*). ¶ (~+图+前+图) *scare* a person *into* confession 남을 위협하여 자백시키다 / *scare* information *out of* a person 남을 으르대어 정보 를 알아내다 // (~+图+副) *He scared* the salesman *away*. 그는 외판원을 겁주어 쫓아냈다. ── *vi.* 겁내다, 놀라다. ¶ (~+前+图) She *scared at* a lizard. 그녀는 도마뱀에 놀랐〔다.
scare out 《美구어》 =scare *up*
scare a person out of his seven senses …을 단단히 겁나게 하다, 깜짝 놀라게 하다.
scare the pants off 《구어》 놀라게 하다, 놀래다 (terrify).
scare up 《美구어》 ① 〔숨어 있는 사냥감〕을 몰아내다, 날아 오르게 하다. ② 〔돈 따위〕를 마련하다, 급히 변 통하다, 그러모으다, 겨우 손에 넣다; …을 가까스로 발 견하다.
── *n.* **1** 〔이유도 없이〕 겁먹기, 무서워하기, 놀라기, 〔이 유 없는〕 공포; 세상을 떠들썩하게 하기, 소동. ¶ give a good *scare* 호되게 위협하다 / cause a *scare* 소란을 피 우다. **2** 경제 공황.
throw a scare into a person 《美구어》 남을 깜짝 놀라 게 하다, 질겁하게 하다.
scare[2] [skɛər] *n.* 〔골프〕 클럽의 머리와 자루를 접합 한 부분.
scáre bùying *n.* ⓤ 《경제》 비축(備蓄) 구입.
‡**scare·crow** [skɛ́ərkròu] *n.* **1** 허수아비. **2** 헤괴 비, 2 누더기를 걸친 사람, 초라한 사람, 여윈 사람.
scared·y-cat [skɛ́ərdikæ̀t] *n.* 《구어》 남달리 겁많은 사람, 겁쟁이, 소심한 사람.
scáre·head [skɛ́ərhèd] *n.* 《美구어》 〔신문의〕 특대 표 제. *cf.* screamer 4
scáre héadline *n.* =scarehead.
scare·mon·ger [skɛ́ərmʌ̀ŋɡər] *n.* 세상을 소란하게 하 는 사람, 유언비어를 퍼뜨리는 사람. 〔람(것).
scar·er [skɛ́ərər] *n.* 위협하는(겁주는) 사
‡**scarf**[1] [skɑːrf] *n.* (*pl.* **scarfs** *or* **scarves** [skɑːrvz]) **1** 스카프, 목도리. **2** 〔17세기의〕 남성용 스카프; 넥타 이. **3** 《美》 〔옷장·피아노·테이블 따위의〕 씌우개, 보. **4** 〔군인 등이 어깨에 걸치는〕 어깨띠, 현장(懸章).
── *vt.* **1** …에 스카프를 두르다. **2** …을 스카프처럼 걸치다(감다).
scarf[2] [skɑːrf] *n.* (*pl.* **scarfs**) **1** 접합·장부촉 잇기 용 재목 따위의 다른 한쪽. **2** =scarf joint. **3** 〔포경〕 〔고래의 가죽을 벗기기 위해〕 갈라베기. ── *vt.* **1** 〔목재·금속 따위를〕 접합하다, 끼워 잇다. **2** 〔고래를〕

갈라 헤쳐서 가죽과 지방을 벗기다.
scar-faced [skɑ́ːrfèist] *adj.* 얼굴에 [칼자국 따위의] 흉터가 있는.
scarf jóint *n.* [목재·금속 따위의] 끼워 잇기, 이음.
scárf-pìn [skɑ́ːrfpìn] *n.* (英) 넥타이핀, 목도리 핀.
scarf ríng [skɑ́ːrfrìŋ] *n.* 넥타이용 고리; 스카프 핀.
scárf-skìn [skɑ́ːrfskìn] *n.* ⓤⓒ 표피(表皮), (수피), (특히) 손톱 뿌리의 표피.
scárf wéld [skɑ́ːrfwèld] *n.* ⓤ 금속의 용접에 의한 이음.
scar·i·fi·ca·tion [skæ̀rifikéiʃ(ə)n, +英 skɛ̀ər-] *n.* ⓤ (외과) 난자법(亂刺法).
scar·i·fi·ca·tor [skǽrifikèitər, +英 skɛ́ər-] *n.* (외과) 난자기(器); 난자하는 사람.
scar·i·fi·er [skǽrifàiər, +英 skɛ́ər-] *n.* 1 = scarificator. 2 혹평하는 사람. 3 농토(도로면)를 갈아 헤치는(파헤치는) 기계(사람).
scar·i·fy [skǽrifài, +英 skɛ́ər-] *vt.* (-fied, -fy·ing) 1 (외과) (피부)를 째다, 난자하다, 깎아내리다, 헐뜯다, …의 감정을 상하게 하다. 3 (농지)를 파 도로면)을 갈아헤치다. 4 (식물) (굳은 씨의 표피)에 진집을 내어 싹을 빨리나게 하다.
sca·ri·ous [skɛ́(ː)riəs / skɛ́ər-] *adj.* (식물) 얇은 막 모양의, 막질(膜質)의.
scar·la·ti·na [skɑ̀ːrlətíːnə] *n.* ⓤ (병리) 성홍열.
scar·less [skɑ́ːrlis] *adj.* 상처 자국(흉터)이 없는(을 남기지 않는).
scar·let [skɑ́ːrlit] *n.* 1 (=**scárlet réd**) ⓤⓒ 주홍색, 심홍색(육군 장교·판사·추기경의 예복 따위에 쓰이는 색깔). 2 ⓤ 주홍색 천; 주홍색 옷. 3 ⓤ 죄악을 상징하는 주홍색. — *adj.* 1 주홍색의. 2 주홍색 옷을 입은. 3 음란한.
scárlet féver *n.* ⓤ(병리) 성홍열.
scárlet hát *n.* 추기경의 주홍색 모자; 추기경의 직위.
scárlet létter *n.* 주홍 글씨 [옛날 간통자의 가슴에 달게 했던 adultery의 머리글자 A].
scárlet pímpernel *n.* (식물) = pimpernel.
scárlet rúnner *n.* 붉은꽃강낭콩[남미산(産)의 식물].
scárlet tánager *n.* (鳥類) (미국산(産)) 풍금조 (수컷은 주홍과 꼬리가 검고 몸통은 진홍색).
scárlet wóman *n.* (S·W·) (성서) 자줏빛과 붉은빛 옷을 입은 음녀(淫女) [←요한 계시록(Rev.) 17: 1-6]. 2 세속화한 로마 가톨릭 교회 [가톨릭 교회를 경멸하는 말]. 3 매춘부.
scarp [skɑːrp] *n.* 1 가파른 비탈길, 급사면, 2 (築城) 성의 외호(外濠)의 안쪽 둑. *cf.* counterscarp — *vt.* 1 …의 비탈을 급경사지게 하다. 2 (외호의) 안쪽 둑을 쌓다.
scarp·er [skɑ́ːrpər] *vi.* (英속어) (특히 대금을 지불하지 않고) 도망치다, 내빼다.
scarves [skɑːrvz] *n.* scarf¹의 복수형의 하나.
scar·y [skɛ́(ː)ri / skɛ́əri] *adj.* (**scar·i·er, scar·i·est**) (구어) 1 무서운, 무시무시한, 접나는. 2 겁많은, 소심한, **scar·i·ly** *adv.*
scat¹ [skæt] (구어) *v.* (**scat·ted, scat·ting**) *vi.* (보통 명령형으로) 빨리 가라. — *vt.* (고양이 따위)를 쉿 소리를 내어 내쫓다. — *interj.* 쉿.
scat² [skæt] *n.* ⓤⓒ(재즈) 스캣(가사 대신에 의미없는 음절을 부르는 창법). — *vi.* (**scat·ted, scat·ting**) 스캣을 부르다.
scat³ [skæt] *n.* [Shetland 및 Orkney 제도에서] 공유지 사용의 대한 토지세(地租).
SCAT (略) *School and College Ability Test*; supersonic commercial air transport.
scat·back [skǽtbæ̀k] *n.* (축구 속어) 민첩한 후위.
scathe [skeið] *v.* (**scathed, scath·ing**) *vt.* 1 …을 혹평하다, 호되게 까다. 2 (古어) …을 해치다, 상처를 입히다, …에게 손해(손상)을 주다(입히다). — *n.* ⓤ(고어·방언) 해, 손해, 손상, 상처.

scathe·less [skéiðlis] *adj.* 《서술 형용사》상처없는, 무사히.
scath·ing [skéiðiŋ] *adj.* 1 (비평 등이) 통렬한, 신랄한, 가혹한. 2 남을 입히는, 해치는. ~**ly** *adv.*
scat·o·log·i·cal [skæ̀tǝlɑ́dʒik(ə)l / -lɔ́dʒ-] *adj.* 1 외설의. 2 분변학(糞便學)의.
sca·tol·o·gy [skətɑ́lədʒi / -tɔ́l-] *n.* 1 (문학에서의) 외설 연구, 외설 취미. 2 분석학(糞石學), 분변학.
sca·toph·a·gous [skətɑ́fəgəs / -tɔ́f-] *adj.* 《드물게》 (곤충 따위가) 분식성(糞食性)의.
scát sínging *n.* ⓤ(재즈) = scat².
scatt [skæt] *n.* = scat³.
scat·ter [skǽtər] *vt.* 1 …을 뿌리다, 흩뿌리다, 살포하다, (씨)를 뿌리다. ¶ *scatter* leaflets 삐라를 뿌리다 // (~ +目+前+图) *scatter* seeds *over* the fields; *scatter* the fields *with* seeds 밭에 씨를 뿌리다 / The fallen leaves lie *scattered on* the ground. 낙엽이 땅에 흩어져 있다.
(類語) *scatter* 널리 흩뿌리다. *sprinkle* 물방울·낟알을 뿌리다: *sprinkle* water on the grass 잔디에 물을 뿌리다. *strew* 표면을 덮듯이 빽빽하게 뿌리다: *strew* flowers on a coffin 관 위에 꽃을 뿌리다.
2 …을 사방으로 흐트러뜨리다, 쫓아버리다(disperse). ¶ The policeman *scattered* the mob. 경관이 군중을 쫓아버렸다. 3 (희망·망상·의심 따위)를 사라지게 하다. ¶ *scatter* one's fear 공포심을 없애다. 4 (재산)을 마구 뿌리다, 낭비하다. 5 (탄환)을 산발(散發)하다, 흐트러지게 쏘다. 6 (물리) (빛)을 확산시키다. — *vi.* 1 뿔뿔이 헤어지다, 분산하다. ¶ The crowd *scattered*. 군중은 사방으로 흩어졌다. 2 (총포가) 탄환을 산발하다.
scatter to the winds ① …을 날리다. ② …을 낭비하다. — *n.* 1 ⓤⓒ 흩뿌리기, 살포; 분산, 무산; ⓒ 흩뿌려진 것. 2 ⓤ (산탄의) 비산(飛散) 범위.
scat·ter·brain [skǽtərbrèin] *n.* 주의가 산만한 사람, 정신이 흐트러진 사람, 차분하지 못한 사람.
scat·ter·brained [skǽtərbrèind] *adj.* 침착하지 못한, 들떠, 경솔한, 주의력이 산만한.
***scat·tered** [skǽtərd] *adj.* 1 흩뿌려진; 산재(散在)해 있는, 드문드문한; 뿔뿔이 헤어진, ¶ *scattered* hamlets 드문드문 있는 부락. 2 (생각 따위가) 정리되지 않는, 산만한, 마음이 산란한.
scat·ter·good [skǽtərgùd] *n.* 낭비가(spendthrift).
scat·ter·gun [skǽtərgʌ̀n] *n.* (美구어) 산탄총.
scat·ter·ing [skǽtəriŋ] *n.* 1 ⓤ 흩뿌리기, 살포. 2 뿌려진 것, 조금. 3 뿔뿔이 흩어진, 드문드문한; 산발적인. 3 표가 분산된(갈라진).
scátter rúg *n.* (부분적으로 쓰이는) 작은 융단.
scat·ter·site [skǽtərsàit] *adj.* (美) (저소득자층 주택 따위의) 위치를 분산하는 방식의.
scáttersìte hóusing *n.* (美) 분산 주택 (계획) (중산층 거주 지구에 분산 건립하는 저소득층의 공영 주택).
scat·ty [skǽti] *adj.* (**-ti·er, -ti·est**) (英구어) 미친[듯]한.
scaup [skɔːp] *n.* 1 (방언) = scalp. 2 = **scaup duck**.
scáup dúck *n.* 검은머리흰죽지[오리의 일종].
scau·per [skɔ́ːpər] *n.* (조각용) 둥근 끝.
scaur [skɑːr, skɔːr] *n.* (스코) = scar².
scav·enge [skǽvindʒ] *v.* (**-enged, -eng·ing**) *vt.* 1 (거리 따위)를 청소하다. 2 (내연 기관)을 배기(排氣)하다. 3 (금속)을 순화하다. — *vi.* 1 거리 위의 청소부로 일하다, 쓰레기를 치우다(뒤지다). 2 (내연 기관)을 배기하다. 3 먹을 것을 찾아다니다.
scav·en·ger [skǽvindʒər] *n.* 1 거리 청소 도구, 2 썩은 고기(것)를 먹는 동물; 독수리. 4 추잡한 글을 즐겨 쓰는 작가. 5 (화학) 방사성 물질을 침전시켜 제거하기 위한 담체(擔體); (유리) (遊離基) 포착제(劑).

Sc.B. (略) =S.B.
SCC, S.C.C. (略) Sea Cadet Corps.
Sc.D. (略) =S.D.
Sc.D.Med (略) Doctor of Medical Science (의학박 「사).
sce·na [ʃéinə, +美 -naː] n. (pl. -nae [-niː]) (이탈리아)(=scene) [음악] 세나 [가극의 한 장면; 가극 속에서의 연극적 독창곡].
sce·nar·i·o [siné(ː)riòu, -náːr-/-náːr-] n. (pl. -i·os)
1 시나리오, 각본; [연극 따위의] 줄거리 대본. 2 행동 계획, 계획안. [<It] 「작가, 시나리오 라이터.
sce·nar·ist [siné(ː)rist, -náːr-] n. [연극의] 장
sce·nar·ize [siné(ː)raiz, -náːr-/sínəráiz] vt. (-rized, -riz·ing) …을 영화화하다, 영화를 위해서 각색하다.
scend [send] 《항해》 vi. 「배가」 앞뒤로 흔들리다.
— n. (배가) 앞뒤로 흔들리기.
‡**scene** [siːn] n. 1 [사건이 일어난] 장소, 장면, 현장; [인간이 활동하는 자리로서의] 무대, 인생, 현세, 세계. ¶ a *scene* of disaster 조난 현장. 2 [연극에서 사건이 일어나는] 장소, 장면, 무대. ¶ The *scenes* of *A Tale of Two Cities* are laid in London and Paris. 『두 도시 이야기』의 무대는 런던과 파리이다. 3 경치, 풍경, 광경. ⇒ VIEW 類語 ¶ a night *scene* 야경. 4 [연극의] 장(場), [영화의] 장면, 신. ¶ Julius Caesar Act V, *Scene* iii 줄리어스 시저 제5막 제3장. 5 [연극의] 배경, 무대 도구, 무대 장치. 6 [울고불고 하는] 소동, 야단법석; 추태. ¶ make a *scene* 울고불고 야단법석을 떨다. 7 [고어] [고대 그리스·로마의 극장] 무대. 8 (속어) 분야, 방면, 사정, …계. ¶ the drug *scene* 마약계, 마약 사정.
behind the scenes ① 무대 뒤에서, 분장실에서. ② 흑막으로서; 내막에 밝아서. ③ 남몰래, 비밀리에.
come (or **appear**) **on the scene** ① 무대에 나타나다, 등장하다. ② 남의 이목을 끌다.
make the scene 《미속어》 [활동·행사에] 참가하다, 끼다, 나타나다. ¶ Let's *make the scene* at the club tonight. 오늘밤은 클럽에 가자.
on the scene 현장에; 그 자리에 마침 있어. 「다.
quit the scene ① 그 자리를 떠나다, 퇴장하다. ② 죽
set the scene ① 배경을 자세히 이야기하다. ② 예비 지식을 주다, 준비하다 《*for* …》.
steal the scene (구어) [중요한 일, 사람 따위로부터] 주의를 딴 데로 돌리다.
◇ **scénic** adj.
scene·man [síːnmæn] n. (pl. -men [-mən])=scene- 「shifter.
scéne páinter n. [극장의] 배경 화가.
‡**scen·er·y** [síːnəri] n. (pl. -er·ies) 1 U [한 지방 전체의] 풍경, 광경, 경치, 경관(景觀). ⇒ VIEW 類語 ¶ the mountain *scenery* 산의 경치. 2 U[C] [집합적] 무대 장치, 무대 배경, 무대 도구.
chew the scenery 과잉 연기를 하다.
scene-shift·er [síːnʃìftər] n. [극장의] 도구계.
scene-steal·er [síːnstìːlər] n. 관객의 주목을 잘 끄는 배우; 주역을 압도하는 단역.
*‡**scen·ic** [síːnik, sén-] adj. 1 경치의, 풍경의. ¶ *scenic* representation 풍경 묘사. 2 경치가 좋은, 아름다운. ¶ a *scenic* resort 경치가 아름다운 휴양지. 3 무대의, 극의; 무대 배경의, 무대 장치의. ¶ *scenic* effects 무대 효과. 4 극적인, 연극 같은, 신파조의. 5 회화적인, 여실한, 연극을 보는 듯한. ¶ a *scenic* picture 생생하게 (여실히) 묘사된 그림. ¶ ⋄ scene. ~·ly [-kəli] adv.
sce·ni·cal [síːnik(ə)l, sén-] adj. 연극 같은, 신파조의.
scénic ráilwày n. [유원지·박람회 따위에 인공적으로 만든] 유람용 소형 철도.
sce·no·graph [síːnəgræf, -gràːf] n. 원근도(遠近畵).
sce·no·graph·ic [sìːnəgrǽfik], (**sce·no·graph·i·cal** [-ikəl]) adj. 원근 화법의, 원근 도법의. **-i·cal·ly** [-ikəli] adv.
sce·nog·ra·phy [siːnɑ́grəfi/-nɔ́g-] n. U 1 원근 화법. 2 [특히 고대 그리스의] 원근 도법.

‡**scent** [sent] n. 1 U[C] 냄새, 향기, 향내. ⇒ SMELL 類語 ¶ the *scent* of fruits (roses) 과일 (장미)의 향기. 2 U[C] [사냥개가 느끼는 짐승 따위의] 남긴 냄새, 냄새 흔적; (비유적) 자국, 단서. ¶ a cold (hot) *scent* 희미한(강한) 냄새 흔적 / a false (or a wrong) *scent* 추적자를 속이는 따위 엉터리) 냄새 흔적; 헛짚은 단서 / on the right *scent* 행방을 틀리지 않고 / get *scent* of; take the *scent* of …을 냄새맡다, 알아차리다 / follow up the *scent* [사냥개가] 사냥감을 추격하다; [사람이] 단서를 추구하다 / lose the *scent* [사냥개가] 냄새 흔적을 놓치다; [사람이] 단서를 놓치다 / put (or throw) a person off the *scent* 뒤밟는 사람을 따버리다, 남으로부터 자취를 감추다. 3 U[C] (주로 英) 향수, 향료 (perfume). 4 U[C] 후각; (비유적) 냄새맡는 감, 직각(直覺), 알아차리는 힘(*for*…). ¶ a keen *scent* 날카로운 후각 ¶ He has an acute *scent* for trickery. 그는 속임수를 간파하는 날카로운 육감이 있다 / Businessmen have a quick *scent* of their own interest. 사업가는 자신의 이해 관계에 대해서는 민감하다. ¶ a fresh 잡기(hare and hounds)에서 hare 가 된 아이가 뿌리는 (및) 조각. **on the scent** 냄새 흔적을 뒤쫓아서; 단서를 얻어; 추적하여. ¶ We are not yet on the right *scent*. 우리는 아직도 정확한 단서를 얻지 못하고 있다.
— vt. 1 [사냥개 따위가] …을 냄새맡다, 냄새로 알아차리다(…*out*). *scent* [*out*] game 냄새로 사냥감을 찾아내다. 2 (비밀 따위) 탐지해 내다, 알아차리다. ¶ *scent* a plot 음모를 알아차리다. 3 …을 향기로 채우다, 향기나게 하다, 향긋하게 하다. ¶ Lilies *scent* the air. 백합이 공기를 향긋하게 해주고 있다. 4 …에 향수를 바르다(뿌리다).
— vi. 냄새 흔적을 따라 (후각으로) 추적하다.
scént bàg n. 1 냄새주머니(sachet). 2 동물의 발향선(發香腺).
scent·ed [séntid] adj. 향수를 바른; 좋은 냄새가 나는.
scént glànd n. [동물] 사향(麝香) 분비선, 향선.
scent·less [séntlis] adj. 1 (미) (향기)가 없는, 2 냄새가 안 남은, 냄새를 남기지 않는. 3 냄새맡기 힘든, 냄새를 잘 못 맡는.
scep·sis [sképsis] n. 《주로 英》=skepsis.
*‡**scep·ter**, 《英》 **-tre** [séptər] n. 왕권의 상징으로서 임금이 갖는 홀(笏); (the ~) 왕권, 주권, 왕위 (sovereignty). ¶ sway the *scepter* 지배하다, 군림하다 / wield the *scepter* 통치하다, 군림하다. — vt. …에게 홀을 주다, 왕권을 주다, …을 왕위에 앉히다.

scep·tered, 《英》 **-tred** [séptərd] adj. 〔scepter〕 홀을 가진, 왕권을 쥔, 왕위에 오른.
scep·tic [sképtik] n., adj. 《주로 英》=skeptic.
scep·ti·cal [sképtik(ə)l] adj. 《주로 英》=skeptical.
~·ly [-kəli] adv.
scep·ti·cism [sképtisìz(ə)m] n. 《주로 英》=skepticism. 「scepter.
scep·tre [séptər] n., v. (-tred, -tring) 《주로 英》=
Scha·den·freu·de [ʃáːd(ə)nfrɔ̀idə] n. (독일) 남의 불행을 기뻐함.
Schan·ze [ʃǽntsə] n. (독일) [스키] 샨체, 도약판.
schap·pe [ʃáːpə] n. U 재생 명주실로 짠 견직물.
schat·chen [ʃɑ́ːtʃən] n. (pl. -chen·im [-ʃɑ́ːtʃənim] or -chens) [유대인 사이의] 결혼 중매인(업자).
‡**sched·ule** [skédʒuːl/ʃédjuːl] n. 1 U[C] (미) [예정· 행동의] 날짜 잡기, 일정, 기일, 스케줄, 예정, 예정표 《*for*…》. ¶ behind *schedule* 예정보다 늦게 / ahead of *schedule* 예정보다 빨리 // She has a full *schedule* for next week. 그녀는 다음주는 예정이 꽉 차 있다. 2 (英) 시간표; 발착(發着) 시간표 (timetable). 3 표, 일람표, 목록. ⇒ LIST[1] 類語; [본문에 붙은] 별표, 명세표. ¶ a *schedule* of advertising rates 광고료 일람표.

on (or *according to, up to*) *schedule* 시간표대로, 정시에, 예정대로.
— *vt.* (**-uled, -ul·ing**) **1** …의 표(일람표, 목록, 예정표)를 만들다; …을 표(일람표, 목록, 예정표)에 써넣다 (기입하다) **2** …을 목록에 넣다. **3** 《종종 수동형으로》…을 (어떤 기일로) 예정하다. ¶ (~+圄+ *to do*) He is *scheduled to* arrive here tomorrow. 그는 내일 이곳에 도착할 예정이다 / (~+圄+圗+圀) The general meeting is *scheduled for* December. 총회는 12월에 있을 예정이다.

schéduled cástes *n.* 《복수 취급》[인도 사회에서] 불가촉(不可觸) 천민[계급 제도(castes)에서 제외된 최하층의 천민]. *cf.* untouchable
schéduled flíght *n.* [항공] 정기 항공편.
cf. charter flight [주성분인 광석].
scheel·ite [ʃéilait, ʃíː-] *n.* ⓤ 회중석 (CaWO₄) [텅스텐이
Sche·her·a·za·de [ʃihèrəzáːd(ə), — hǐː(ː)r-/-hǐər-]
n. **1** 세라자드[인도 왕비로 「천일 야화」를 이야기해 준 사람]. **2** 세라자드[Rimsky-Korsakov가 작곡한 교향조곡(組曲)(1888)].
scheik [ʃiːk, +英 ʃeik] *n.* =sheikh.
sche·ma [skíːmə] *n.* (*pl.* **-ma·ta** [-mətə]) **1** 적요, 개요 (outline). **2** 설계[도]; 도식, 도표 (diagram). **3** [3단 논법의] 격(格). **4** [칸트 철학의] 선험적(先驗的) 도식. **5** 비유. [< L]
sche·mat·ic [skiː(ː)mǽtik] *adj.* **1** 대요의. **2** 도식의, 도표에 따른. — *n.* 모형도, 배선도.
-i·cal·ly [-ikəli] *adv.*
sche·ma·tism [skíːmətìz(ə)m] *n.* ⓤ **1** [어떤 것의] 특별한 형태, 배치. **2** [과학자와 같은] 조직적 체계. **3** [칸트 철학] 도식화, 도식론. [도식화하다.
sche·ma·tize [skíːmətàiz] *vi., vt.* (**-tized, -tiz·ing**)
:scheme [skiːm] *n.* **1** 계획, 설계, 안 (¶ ⇒ PLAN 願語]) 《英》시책. ¶ a drastic *scheme* 과감한 계획 / adopt a *scheme* 계획을 채택하다 / lay (or form, devise, make) a *scheme* 계획을 세우다 / a *scheme for* relieving housing shortage 주택난 완화 계획. **2** 공상적인 (실행 불가능한) 계획(안), **3** 음모, 책동, 계략, 획책 (intrigue). ¶ a *scheme* to hijack a plane 비행기 납치 음모. **4** 조직, 기구, 체계; 배치 (system). ¶ the *scheme* of color 색채의 배합 / the *scheme* of Kantism 칸트 철학의 체계 / the postwar educational *scheme* 전후의 교육 제도. **5** 분류[표]; 도식, 도해, 약도; [점성] 천상도(天象圖), 점괘. **6** 적요, 개요 (epitome).
in the *scheme* of things 체제상(구성상) 당연히.
— *v.* (**schemed, schem·ing**) *vt.* **1** …을 계획하다, 설계하다, 고안해 내다(*out*). ¶ *scheme* (*out*) a new airline 새로운 항공 노선을 계획하다. **2** …의 음모를 꾸미다, …을 책동하다, 기도하다. ¶ (~+*to do*) They *schemed* to overthrow the Cabinet. 그들은 내각 타도를 꾀했다. — *vi.* 계획을 세우다; 음모를 꾸미다, 책동하다 *scheme on* 《속어》…과 희롱거리다, 농담하다. [다.
schem·er [skíːmər] *n.* **1** 계획자, 설계자, 고안자 (projector). **2** 음모자, 책동가, 모사 (plotter, intriguer).
schem·ing [skíːmiŋ] *adj.* 계획을 세우는; 고안하는, 음모를 꾸미는; 교활한 (crafty). **-ly** *adv.*
scher·zan·do [skɛərtsáːndou, -tsǽn-/-tsǽn-] *adj.* 《음악》 해학적인, 장난 기분의, 익살스러운 (playful, sportive). [<It]
scher·zo [skɛərtsou] *n.* (*pl.* **-zos** or **-zi** [-tsi]) 《음악》 스케르초, 해학곡[3박자의 경쾌한 악곡]. [<It. sport]
Schíck tést [ʃik-] *n.* 〔의학〕 시크[반응] 시험[헝가리 태생의 미국 의사 Béla Schick(1877-1967)가 발명한 디프테리아 면역 시험].
Schie·dam [skiːdǽm, +美 -dáːm] *n.* **1** 스키담[네덜란드 서남부의 주]. **2** ⓤ 스키담 산(產) 진 (gin).
schil·ler [ʃílər] *n.* [광물] 섬광(閃光)[어떤 광물의 내부 반사에 의한 특수한 청동색, 때로는 비단벌레의 날개 빛과 같은 광택을 가진다].

schil·ling [ʃíliŋ] *n.* **1** 실링[오스트리아의 화폐 단위 (=100 groschen)]; 실링 백동화. **2** 옛날 독일에서 사용되던 작은 화폐.
schip·per·ke [ʃípərki/ʃíp-, skíp-] *n.* 시퍼키케[벨기에 원산의 작은 애완용 검둥개].
schism [síz(ə)m] *n.* **1** ⓤⓒ 분리, 분열, 결렬. **2** ⓤⓒ 교회 분리, 분파, 이교(離敎). **3** 분리된 단체(교단 (敎團)), 교회), 당파. **4** ⓤ 분리의 죄, 종파 분리의 죄.
schis·mat·ic [sizmǽtik], (**schis·mat·i·cal** [-tik (ə)l]) *adj.* **1** 분리의, 분열의. **2** 분리(분립)에 찬성하는; 교회 분리에 찬성론자, 교회 분리파 교도. **-i·cal·ly** [-ikəli] *adv.*
schist [ʃist] *n.* ⓤ [광물] 편암(片岩), 결정(結晶) 편암 [엽편(葉片) 모양의 변성암(變成岩)].
schis·tose [ʃístous], (**schis·tous** [-təs]) *adj.* 편암 의, 편암 모양의(질, 성)의.
schis·to·some [ʃístəsòum] *n.* 주혈흡충 (住血吸蟲).
schis·to·so·mi·a·sis [ʃìstəsou(ː)máiəsis] *n.* ⓤ [병리] 주혈흡충병.
schiz-, schizo- split (분열), cleavage (열개(裂開))를 뜻하는 연결형(* 모음 앞에서는 schiz-를 쓴다). 예: *schizo*phrenia 분리(파, 派).
schiz·o·carp [skízo(u) kàːrp/-tso(u)-] *n.* [식물] [생물] 분열 생식.
schiz·o·gen·e·sis [skìzo(u)dʒénisis/-tso(u)-] *n.* ⓤ 〔생물〕 분열 생식.
schiz·oid [skítsɔid, skíːz-] *adj.* 정신 분열(성)의.
— *n.* 정신 분열증 환자.
schiz·o·my·cete [skìzo(u)maisíːt, -tso(u)-] *n.* 분열균류(菌類), 세균 식물 (bacterium).
schiz·o·phre·ni·a [skìzo(u)fríːniə, -tso(u)-] *n.* ⓤ [정신병] 정신 분열증.
schiz·o·phren·ic [skìzo(u)frénik, -tso(u)-] *adj.* 정신 분열증의, 조발성 치매증 (早發性 癡呆症)의.
schiz·y, -zy [skítsi] *adj.* 정신 분열병의, 분열병적인
— *n.* 정신 분열병 환자.
schle·miel, -mihl [ʃləmíːl] *n.* 《美속어》바보; 불운한 녀석.
schlep, schlepp [ʃlep] 《美속어》 *v.* (**schlepped, schlep·ping**) *vt.* …을 나르다. — *vi.* 발을 끌며 걷다.
— *n.* **1** 무능한 사람. **2** 먼 도정 (道程), 먼 거리.
Schles·wig-Hol·stein [ʃléswighóulstain/ʃlézwighóːl-] *n.* 슐레스비히홀슈타인. **1** 덴마크의 2개의 옛 공국(公國)[그 귀속에 관하여 국제 분쟁이 계속됐으나 Schleswig는 1864년에, Holstein은 1866년에 독일에 각각 병합되었다]. **2** 독일 동북부의 주 [주도 Kiel].
schlock [ʃlak/ʃlɔk] *adj.* 《美속어》 싸구려의. — *n.* ⓤ 싸구려 물건.
schlock·meis·ter [ʃláɑkmàistər/ʃlɔ́k-] *n.* 《美속어》 싸구려 물건 전문 판매(제작)인.
schlock·y [ʃláki/ʃlɔ́ki] *adj.* 《속어》 값싼, 싸구려의
schmaltz, schmalz [ʃmaːlts] *n.* **1** 《구어》 감상적인 곡. **2** ⓤ 〔음악·연속 방송국 따위의〕극단적인 감상주의.
schmaltz·y [ʃmáːltsi] *adj.* (**schmaltz·i·er, schmaltz·i·est**) 《속어》 감상적인.
schmalz·y [ʃmáːltsi] *adj.* (**schmalz·i·er, schmalz·i·est**) =schmaltzy
schmear [ʃmiər] *n.* 《속어》일, 것(사물).
Schmídt cámera [ʃmít-] *n.* 슈미트 카메라 [천체 관측용의 밝고 시야가 넓은 카메라].
schmo, schmoe [ʃmou] *n.* (*pl.* **schmoes**) 《美속어》 멍청이, 바보; 게으름뱅이; 괴짜.
schmooze [ʃmuːz] 《美속어》 *vi.* (**schmoozed, schmooz·ing**) 시시하게 이야기하다. — *n.* ⓤ 시시한 이야기.
schmuck [ʃmʌk] *n.* 《美속어》 멍청이, 시시한 놈.
schnapps [ʃnæps, +美 ʃnɑːps] *n.* ⓤ [일반적으로] 독한 술; [특히] 네덜란드 진 (Holland gin).
schnau·zer [ʃnáuzər] *n.* 독일종의 테리어개.

schnit·zel [ʃnítsl] n. ⓤⓒ [독일 요리의] 송아지 고기의 커틀릿.
schnook [ʃnuk] n. 《美속어》잘 속는 사람, 얼간이.
schnor·kel [ʃnɔ́ːrkl] n. = snorkel.
schnor·rer [ʃnɔ́ːrər / ʃnɔ́rə] n. 《속어》거지(beggar);《식객》.
schnoz·zle [ʃnázl / ʃnɔ́zl] n. 《속어》코 (nose).
schol [skɑl / skɔl] n. 《구어》장학금. ⇨ SCHOLARSHIP.
‡**schol·ar** [skɑ́lər / skɔ́lə] n. **1** 학자; [특히] 고전학자. ¶ an accomplished *scholar* 대학자. **2** 《고어》학생, 생도; 문하생, 제자; 배우는 사람, 학습자. ⇨ PUPIL¹ 類語 ¶ a dull(an apt) *scholar* 이해력이 나쁜(좋은) 사람. **3** 장학생, 특대생. **4** 《주로 방언》교육받은 사람, 외국어를 아는 사람. ¶ He is a good French *scholar*. 그는 프랑스어를 잘한다.
◇ **schólarly** adj., adv. **scholástic** adj.
schol·arch [skɑ́lɑːrk / skɔ́l-] n. **1** [고대 아테네의] 철학 학교 교장. **2** [일반적으로] 교장.
schol·ar·li·ness [skɑ́lərlinis / skɔ́l-] n. ⓤ 학자다움; 박식; 학구적임, 학문을 좋아함.
*****schol·ar·ly** [skɑ́lərli / skɔ́l-] adj. **1** 학자의, 학자(학구)적인, **2** 박식한, 학문을 좋아하는. ¶ a *scholarly* person 박식한 사람. **3** 학문적인.
— adv. 학자답게, 학자적으로.
*****schol·ar·ship** [skɑ́lərʃip / skɔ́l-] n. ⓤ **1** 박학, [특히 고전상의] 학식, 학력. ⇨ INFORMATION 類語 ¶ *scholarship* in archaeology 고고학의 지식. **2** ⓒ 장학금, 장학금(육영) 제도. ¶ a *scholarship* association 육영회 / award (receive) a *scholarship* 장학금을 주다(받다) / study on a *scholarship* 장학금을 받고 공부하다 / He is a *scholarship* student. 그는 장학생이다. **3** 장학생의 신분(자격).
*****scho·las·tic** [skəlǽstik], (**scho·las·ti·cal** [-tik(ə)l]) adj. **1** 학교의, [학교] 교육의; 대학의; 중등 교육의; 교사의, 학구적인. ¶ the *scholastic* post 교직 / *scholastic* records 학업 성적. **2** 학자(학)풍의, 학자인 체하는(pedantic); 엄격한, 딱딱한; 형식적인. ¶ a narrow *scholastic* mind 편협(옹졸)한 학자 기질 / *scholastic* attire 학자풍의 복장. **3** (때로 S-) 스콜라 철학(신학)의 [자]의. ¶ *Scholastic* philosophy (theology) 스콜라 철학(신학). — n. **1** (때로 S-) 스콜라 철학자(신학자). **2** 형식주의자(formalist); 학자인 체하는 사람. **3** 《가톨릭》예수회의 수학생. **4** 《고어》학생.
-ti·cal·ly [-tikəli] adv.
scho·las·ti·cism [skəlǽstisìz(ə)m] n. ⓤ **1** (때로 S-) 스콜라 철학. **2** 학풍 고집, 전통적 교리 고집.
scho·li·ast [skóuliæst] n. **1** 고전 주해(주석)자, 고전학자. **2** [일반적으로] 주해(주석)자.
scho·li·as·tic [skòuliǽstik] adj. [고전] 주석자의; 주해적인.
scho·li·um [skóuliəm] n. (pl. **-li·a** [-liə]) **1** (고전의) 주석, 주해; [고전의] 난외 주석. **2** [수학 책 따위의 도해에 의한] 보주(補註).
‡**school**¹ [skuːl] n. **1** [시설로서의] 학교 (* 주로 국민학교·중학교·고등 학교를 말하는); [대학과 대비해서] 고등학교. ¶ an elementary *school* 국민 학교 / a girls' *school* 여학교 / enter a *school* 입학하다 / establish (or found) a *school* 학교를 설립하다 / run a *school* 학교를 경영하다 / teach in a *school* 학교에서 가르치다.
2 교사, 교실, 교장(敎場) (classroom); 강당. ¶ a newly-built *school* 신축 교사 / the handicraft *school* 공작(工作) 교실 / the fifth form *school* 《英》5학년 교실.
3 (the ~) [단수 취급] 전교 학생, 교사·학생 전체. ¶ address the whole *school* 전교 학생에게 강연하다 / The whole (or The entire) *school* likes the new head-master. 교사와 학생이 모두 새 교장 선생님을 좋아한다.
4 ⓤ (무관사로) [교육이라는 의미에서의] 학교, 수업 [시간], 학업. ¶ after *school* 방과 후 / at *school* 재학중, 수업중 / in *school* 재학중 / attend (or go to) *school* 학교에 다니다 / finish *school* 졸업하다 / leave *school* 퇴학하다; 졸업하다 / stay away from *school* 학교를 결석하다 / put (or send) a child to *school* 아이를 학교에 보내다 / There is no *school* today. 오늘은 학교가 쉬는 날이다 / *School* begins at 9 o'clock. 학교는 9시에 시작한다 / *School* has closed. 수업이 끝났다.
5 [특수한 기능을 가르치는] 학교, 연수원, 교습소, 양성소. ¶ a beauticians' *school* 미용사 양성소 / a dancing *school* 댄스 교습소 / a finishing *school* 신부 학교.
6 시련의 장, 단련장, 도장; [도양적인] 환경, 경험. ¶ in the *school* of adversity 역경이라는 시련 속에서 / in a severe *school* 모진 시련 아래서.
7 [대학의] 학부 (faculty), 대학 건물. ¶ the *school* of medicine 의학부 / the *school* of nursing 간호학부.
8 [Oxford 대학의] 학위 시험 과목; (~s) [대학의] 학위 시험[장], 우등 졸업 시험.
9 (the ~s) [집합적] 대학, 학계.
10 [중세 대학의] 강당, 강의실.
11 [학문·예술 따위의] 학파, 유파(流派); 제자, 문하생. ¶ the Socratic *school* of philosophy 소크라테스파의 철학 / the romantic *school* 로만파 / a painter of the Venetian *school* 베니스파의 화가 / psychoanalysis of the Freudian *school* 프로이트 학파의 정신 분석.
12 [습관·생활·사고 따위의] 양식, 방식, …식. ¶ a lady of the old *school* 옛날식 귀부인.
13 [군대] 교련 규정; 각개 훈련.
14 [음악] 교본, 입문서, 교습서.
come to school 《구어》행실을 고치다, 이전의 잘못을 뉘우치다.
go to school to (or **in**) …에게서 가르침을 받다, …에게서 배우다. ¶ He *went to school to* the wisdom of ants. 그는 개미의 지혜에서 배운 바 있었다.
tell tales out of school 내부의 비밀을 외부에 누설하다.
— adj. **1** 학교[교육]의(에 관한). ¶ *school* cap 학생 모 / *school* land 《美》학교 부지 / *school* grammar [과학 문법에 대하여] 학교 문법 / a *school* library 학교 도서관. **2** 《폐어》스콜라 철학적인.
— vt. **1** …을 교육하다, 가르치다(teach), 단련하다, 훈육하다(train). ¶ *school* a bad temper 고약한 성미를 다스리다 // (~+图+전+명) be well *schooled* in French 프랑스어를 잘 교육 받고 있다 / *school* oneself *in* adversity 역경에서 자신을 단련하다 / *school* oneself *to* patience 인내심을 키우다 / *school* oneself *against* … 하지 않도록 마음을 단련하다. **2** …을 학교에 보내다, …에게 학교 교육을 하다. **3** 《고어》…을 꾸짖다, 타이르다, 깨우치다(admonish).
school² [skuːl] n. [물고기·고래 따위의] 떼 (shoal). ⇨ FLOCK¹ 類語 ¶ a *school* of fish 물고기의 떼 / They swam in a *school* as whales. 그들은 고래처럼 떼를 지어 헤엄쳤다. — vi. [물고기 따위가] 떼짓다, 떼를 지어 나아가다. ¶ Sardine are *schooling*. 정어리가 떼를 지어 나아가고 있다.

school áge n. ⓤ **1** 학령, 취학 연령. **2** 의무 교육 연령.
school·bag [skúːlbæ̀g] n. [통학용] 가방.
schóol bóard n. **1** 《美》교육 위원회 [지방 공립 학교의 관리·운영 기관]. **2** 《英》학무 위원회.
school·book [skúːlbùk] n. 교과서(textbook).
— adj. 교과서식의, 개략적으로 정리한.
‡**school·boy** [skúːlbɔ̀i] n. 남학생, cf. schoolgirl
schóol bús n. 통학 버스(통학 전용 버스).
school·child [skúːltʃàild] n. (pl. **-chil·dren** [-tʃìldr(ə)n]) 학동(學童).
schóol cólor n. [대표 선수의 유니폼 따위의] 교색(校色).
school committee n. 《英》= school board 1.
school·dame [skúːldèim] n. 《英》옛 날의 dame school의 경영자; 여교사, 여교장 (schoolmistress).
schóol dáy n. **1** 수업일. **2** 수업 시간. **3** (~s) 학창 시절, 학생 시대.
schóol dístrict n. 학구.
schóol dóctor n. 교의.

school edition n. 학생판(版), 학생용판[본문이 압축되고 주석 따위가 많다].

school·er [skúːlər] n. 《복합어를 만들어》[…의] 학생.

school fée n. 《때로 복수 취급》 수업료.

school·fel·low [skúːlfèlou] n. 학우, 동창생, 교우.

‡**school·girl** [skúːlgə̀ːrl] n. 여학생, 여생도, cf. schoolboy

school guárd n. 학동 등하교시의 교통 정리원.

‡**school·house** [skúːlhàus] n. (pl. **-hous·es** [-hàuziz]) 1 교사(校舎). 2 《영국 public school에 부속되는》 교장 사택; 교장 사택의 기숙생.

*school·ing [skúːliŋ] n. U 1 학교 교육; 《통신 교육 수강생의》 교실 수업, 면접 수업. 2 학비, 수업료, 교육비. 3 훈련; 《특히》 조마(調馬), 승마 훈련. 4 《고어》 견책, 징계.

school inspéctor n. 장학사, 장학관.

school·kid [skúːlkìd] n. 《구어》 학동 (schoolchild).

school·ma'am [skúːlmɑ̀ːm, -mæ̀m], **-marm** [-mɑ̀ːrm] n. 《구어》 1 여교사. 2 학자인 체하는 여자; 시대에 뒤진 여자; 숙녀인 체하는 사람.

school·man [skúːlmən, -mæn] n. (pl. **-men** [-mən, -mèn]) 1 (때로 S-) 《중세 대학의》 신학(철학) 교수; 스콜라 학자. 2 학교 교사.

‡**school·mas·ter** [skúːlmæ̀stər / -mɑ̀ːs-] n. 1 《남자》 교사, 교원, 선생; 교장. 2 교육 기자재. 3 《멕시코만산(産)의》 도미의 일종. — vt., vi. […의] 선생 노릇을 하다, 가르치다.

school·mas·ter·ing [skúːlmæ̀stəriŋ / -mɑ̀ːs-] n. U 교직; 학교 교육 (교사의(같은)).

*school·mate [skúːlmèit] n. 동창생, 학우, 학교 친구.

school·mis·tress [skúːlmìstris] n. 여선생; 여교장.

school·mis·tress·y [skúːlmìstrisi] adj. 딱딱하고 가르치려 드는; 《가는 것을 싫어하는.

school·pho·bi·a [skùːlfóubiə] n. 학교 공포증, 학교 혐오증.

school repórt n. 《영》 성적 통지표, 통신부.

‡**school·room** [skúːlrùːm] n. 1 《학교의》 교실, 교장 (敎場). 2 《가정의》 공부방, 학습실.

school shíp n. 연습선(船).

school·teach·er [skúːltìːtʃər] n. 《초·중·고교의》 교사.

school·teach·ing [skúːltìːtʃiŋ] n. U 1 수업, 과업. 2 교직.

school·time [skúːltàim] n. U 1 수업 시간. 2 《보통 ~s》 학교(학창) 시대 (school days). 3 수련 (대개 勉學》 기간.

school·work [skúːlwə̀ːrk] n. U 학업, 학업 성적, 면학.

school·yard [skúːljɑ̀ːrd] n. 교정; 《학교의》 운동장.

school yéar n. 학년 (《영》《미》에서는 9월에 시작하여 6월에 끝난다》 (academic year).

*schoon·er [skúːnər] n. 1 《해》 스쿠너 《돛대가 2~4개 있는 세로돛식의 경쾌한 범선》. 2 《미구어》 포장마차 (prairie schooner). 3 《미구어》 대형의 맥주잔. 4 《영》 셰리 (포트와인)용의 큰 유리잔.

schoon·er-rigged [skúːnərrìgd] adj. 스쿠너(범선)식의.

schorl [ʃɔːrl] n. U 흑전기석(黑電氣石) (black tourmaline).

Schú·man Plán [ʃúːmən-] n. 쉬망 계획 [1950년에 프랑스의 정치가 Robert Schuman이 발의한 유럽의 석탄·철강의 국제 관리안].

schuss [ʃus] [스키] n. 직활강 (直滑降). — vi. 직활 강하다.

schuss·boom [ʃúsbùːm] vi. 《속어》 《스키》 맹렬한 속도로 직활강하다.

schwa [ʃwɑː] n. 《음성》 1 슈와, 모호한 모음 [예: ago, system 따위의 ⌜의 소리]. 2 모호한 모음의 발음 기호.

sci. (略) science, scientific.

sci·ag·ra·phy [saiǽgrəfi] n. = skiagraphy.

sci·am·a·chy [saiǽməki] n. (pl. **-chies** [-kìːz]) 그림자와의 싸움, 상상 속의 싸움; 모의전 (sham combat).

sci·am·e·try [saiǽmitri] n. U 1 일식·월식의 이론, 일월식론. 2 X선학.

sci·at·ic [saiǽtik] adj. 1 《해부》 좌골 [신경]의, 궁둥이의. 2 좌골 신경통의 (에 걸린). — n. 《해부》 좌골부.

sci·at·i·ca [saiǽtikə] n. U 《병리》 좌골 신경통.

SCID (略) 《병리》 severe combined immunodeficiency (중복 면역 부전증 (重複免疫不全症)).

‡**sci·ence** [sáiəns] n. 1 U C 과학 [연구], 학술, 체계적 지식, 학, 과학의 한 부문. ¶ abstract (applied) science 이론 (응용) 과학 / exact science 정밀 과학 / the wonders of modern science 현대 과학의 경이 / the science of language 언어학 / economic (medical) science 경제(의)학. 2 U 《특히》 자연 과학, 이학 (理學). 3 U 술 (術), 기술 (skill), 숙련. ¶ the science of boxing 권투술 / Science is very important in wrestling. 레슬링에서는 기술이 대단히 중요하다. 4 (S-) 《미》 = Christian Science.

the seven liberal sciences 7개 고등 학예 [문법·수사(修辭)·논리·산술·기하·음악·천문].

◇ scientific, sciéntial adj.

science fíction n. U 공상 과학 소설 [略 SF].

sci·en·tial [saiénʃ(ə)l] adj. 1 학문(지식)이 있는, 박식한, 재능 있는 (capable). 2 과학의, 학문의, 지식의.

sci·en·tif·ic [sàiəntífik] adj. 1 과학의, 자연 과학 [상, 용]의. ¶ scientific books (studies) 과학책 (연구). 2 과학적인, 학리 (學理)적인; 정확한, 엄밀한; 체계적인. ¶ a scientific research (method) 과학적 연구 (방법) / a scientific argument 체계적인 토론. 3 과학 연구에 종사하는; 과학적으로 생각하는. ¶ scientific men 과학자 / have a scientific mind 과학적으로 생각하는 머리를 가지다. 4 《경기·업무 따위에서》 훈련이 된; 기량이 있는, 교묘한. ¶ scientific farming 과학적 농업 / a scientific boxer 기량이 뛰어난 권투 선수.

-i·cal·ly [-ikəli] adv. ◇ science n.

sci·en·tism [sáiəntìz(ə)m] n. U 1 《종종 경멸적》 과학주의. 2 과학적 방법; 과학자적 태도. 3 과학 용어.

‡**sci·en·tist** [sáiəntist] n. 1 과학자, 《특히》 자연 과학자, 과학 연구자. 2 (S-) = Christian Scientist.

sci·en·tol·o·gy [sàiəntɑ́lədʒi / -tɔ́l-] n. U 사이언톨로지 [미국의 L. Ron Hubbard에 의한 정신 위생의 종합 과학].

sci-fi [sáifái] adj. 《미》 공상 과학 소설(science fiction)의. — n. 《미》 = science fiction. [sc.]

scil·i·cet [sílisèt / sáil-] adv. 즉, 바꿔 말하면 [略 scil.,

scim·i·tar [símitər], **(scim·i·ter)** n. [아라비아인·페르시아인 등이 쓰는] 초승달 모양의 칼, 신월도 (新月刀).

scin·ti·gram [síntigræ̀m] n. 섬광도 (閃光圖), 섬광 계수도 (計數圖).

[scimitar]

scin·tig·ra·phy [sintígrəfi] n. U 섬광 계수법 [방사성 물질 추적법의 하나].

scin·til·la [síntílə] n. 1 불꽃, 번쩍임. 2 《보통 부정으로 써서》 미량, 극소, 조금 (of...). ¶ There is not a scintilla of evidence. 증거가 조금도 없다. [리는.

scin·til·lant [sínt(i)lənt] adj. 불꽃을 튀기는, 번쩍거

scin·til·late [sínt(i)lèit] v. (**-lat·ed, -lat·ing**) 1 불꽃을 튀기다, 번쩍거리다, [별 따위가] 반짝반짝 빛나다. 2 [재치·기지가] 번뜩이다, 번쩍 떠오르다. — vt. … 을 번쩍이게 하다, 번득이다.

scin·til·la·tion [sìnt(i)léiʃ(ə)n] n. U C 1 불꽃을 튀김. 2 불꽃; 번쩍임, 번득임. 3 《재치·기지의》 번뜩임. 4 《천문》 항성 (恒星)의 번쩍임. 5 《물리》 신틸레이션 [형광체 (螢光體)에 방사선을 쐬었을 때의 섬광].

scintillátion cóunter n. 《물리》 신틸레이션 계수관.

scin·til·la·tor [síntilèitər] n. 《물리》 신틸레이션 계수관, 신틸레이터.

scin·til·lom·e·ter [sìnt(i)lάmitər / -lɔ́m-] n. = scintillation counter. [터의 일종.

scin·ti·scan·ner [síntiskæ̀nər] n. 신틸레이션 계수

sci·o·lism [sáiəlìz(ə)m] *n.* ⓤ 천박한(겉핥기의) 지식; 아는 체하기.
sci·o·list [sáiəlist] *n.* 천박한 학자, 아는 체하는 사람.
sci·o·lis·tic [sàiəlístik] *adj.* 어설픈, 겉핥기식의, 아는 체하는.
sciol·to [ʃɔ́:ltou / ʃɔ́l-] *adj., adv.* ((이탈리아)) (=in free manner) 《음악》 자유로운(룹게); 단음적(斷音的)인 (으로).
sci·o·man·cy [sáiəmænsi] *n.* ⓤ 죽은 사람의 영을 불러 내서 치는 점, 영매술(靈媒術), 《무당》의 공수.
sci·on [sáiən] *n.* **1** 〔특히 귀족·명문의〕 자손(descendant), 후손. **2** 〔접목용〕 접수(接穗), 접순, 접지(接枝).
*《美》에서는 이 뜻으로 보통 cion 을 쓴다.
sci·op·tic [saiáptik / -ɔ́p-] *adj.* 〔암실에서의〕 사상(寫像) 작용의.
sci·re fa·ci·as [sáiri féiʃiəs / sáiəri-] *n.* 〔법률〕 판결 따위가 집행(취소) 불가능하다는 이유를 밝히라는 고지(告知) 영장; 그 소송 절차.
scir·rhoid [s(k)íroid / sír-] *adj.* 〔병리〕 경성 암(硬性癌)에 가까운.
scir·rhous [s(k)írəs / sír-] *adj.* 〔병리〕 경성 암[성]의, 경성암에 가까운(비슷한).
scir·rhus [s(k)írəs/sír-] *n.* (*pl.* **-rhi**[-rai] or **-rhus·es**) 〔병리〕 경성암.
scis·sel [sísəl] *n.* ⓤ 〔판금을〕 잘라낸 부스러기, 뚫어낸 부스러기. 〔찢어지기 쉬운〕.
scis·sile [sísil / -sail] *adj.* 잘라지기(베어지기) 쉬운, 쪼개지기 쉬운.
scis·sion [síʒ(ə)n, -ʃ(ə)n-] *n.* **1** 절단, 분할 (division), 분열, 분리. **2** 〔화학〕 〔분자·화합물 따위의〕 분열 (cleavage).
scis·sor [sízər] *vt.* …을 가위로 자르다 (*...off, up, into*); …을 오려내다, 도려내다, 잘라내다 (*...out*). ¶ *scissor out* a paragraph from a newspaper 신문의 한 절을 오려내다.
scis·sor·bill [sízərbìl] *n.* **1** 갈매기류(類)의 물새. **2** 《美어》 아무것도 모르는 사람; 〔조합에 가입하려고 하지 않는〕 계급 의식이 없는 노동자.
‡**scis·sors** [sízərz] *n. pl.* **1** 《보통 복수 취급》 가위. ¶ a pair (three pairs) of *scissors* 가위 한 자루(세 자루); These *scissors* aren't sharp. 이 가위는 잘 들지 않는다. **2** 《단수 취급》 〔체조〕 〔양다리를〕 가위로 펴닫기; 〔레슬링〕 가위로 죄기.
have scissors to grind 할 일이 있다, 꼭 해야 할 일이 있다. ¶ I have my own *scissors to grind.* 나도 내 할 일이 있다〔그래서 당신의 일에까지는 손이 돌아가지 않는다〕.
scissors and paste 가위와 풀로 하는 일〔다른 사람이 쓴 것을 오려내어 책 따위를 편집하는 일〕.
◇ *scíssor v.*
scíssors kíck *n.* 〔수영〕 양다리를 번갈아 차기〔횡영법(橫泳法)에서 사용〕.
scis·sor·tail [sízərtèil] *n.* 딱새류(類)의 새〔두 갈래로 갈라진 꼬리가 가위처럼 〔開閉〕한다. 미국산(産)〕.
sclaff [sklæf] *vt.* 〔골프〕 〔골프채〕를 스클래프 치기로 하다. — *vi.* 스클래프 치기를 하다. — *n.* 스클래프 〔골프채 머리를 땅바닥에 스치며 치는 타법〕.
Sclav [skla:v, ＋美 sklæv] *n., adj.* ((고어)) =Slav.
SCLC ((略)) Southern Christian Leadership Conference (미국 남부 기독교 지도자 회의).
scle·ra [sklí(:)rə / skléərə] *n.* 〔해부〕 〔눈의〕 공막(鞏膜).
scle·ren·chy·ma [sklí(:)réŋkimə / skli-] *n.* 〔식물〕 후막 조직〔종려나무의 줄기나 호두·밤 따위의 외피의〕 경막 (硬膜) 조직.
scle·ri·a·sis [sklíriáiəsis / skli(ə)r-] *n.* ⓤ 〔병리〕 경피 증(硬皮症).
scle·ri·tis [skliráitis / skli(ə)r-] *n.* 〔병리〕 〔눈의〕 공막염.
sclero- hard 의 뜻의 연결형〔* 모음 앞에서는 scler- 를 사용〕, 예: *scler*enchyma, *sclero*meter.
scle·roid [sklí(:)roid, sklér- / sklí(ə)r-] *adj.* 〔생물〕 경질(硬質)의, 경조직의, 경화된.
scle·ro·ma [sklirőumə / skli(ə)r-] *n.* (*pl.* **-ma·ta** [-mətə]) 〔병리〕 경종(硬腫), 점막 경화증.
scle·rom·e·ter [sklirámitər / skli(ə)rɔ́m-] *n.* 〔광물〕 경도계(硬度計).
scle·ro·sis [sklirőusis / skli(ə)r-] *n.* ⓤⓒ (*pl.* **-ses** [-si:z]) **1** ⓤ 〔병리〕 경화증. **2** 〔식물〕 세포벽 경화.
scle·rot·ic [sklirátik / skli(ə)rɔ́t-] *n., adj.* **1** 〔해부〕 공막의. **2** 〔병리〕 경화(증)의. **3** 〔식물〕 세포벽 경화의. — *n.* (the ~) 〔해부〕 공막.
scle·rot·i·ca [sklirátikə / skli(ə)rɔ́t-] *n.* 〔해부〕 공막 (鞏膜).
scle·ro·ti·tis [sklì(:)rətáitis / sklì(ə)rə-] *n.* 〔병리〕 =scleritis.
scle·rous [sklí(:)rəs / sklíərəs] *adj.* **1** 굳은, 경화한 (indurated). **2** 뼈 모양의, 골질(骨質)의 (bony).
Sc. M. ((略)) ((라틴)) *Scientiae Magister* (=Master of Science) (이학 석사).
scobs [skabz / skɔbz] *n.* ⓤ 〔나무·금속 따위의〕 깎은 부스러기, 톱밥, 대팻밥.
*scoff[1] [skɔ(:)f, skaf / skɔf] *n.* **1** ⓤ 비웃음, 조롱, 조소; 놀림(jeer) (*at*...). **2** 웃음거리, 웃음감(*of*...). ¶ the *scoff* of the world 세상의 웃음거리. — *vi.* 비웃다, 조소(조롱)하다, 놀리다(*at*...). ¶ (~+*前*+图) *scoff at* the recent fad 최근의 유행을 조소하다. — *vt.* …을 비웃다, 조소(조롱)하다, 놀리다.
scoff[2] [skɔ(:)f, skaf / skɔf] *n.* ⓤⓒ 《주로 英속어》 음식물; 식사. — *vt.* **1** …을 게걸스럽게 먹다 (eat greedily). **2** 을 훔치다 (steal). — *vi.* 게걸스럽게 먹다.
scoff·er [skɔ́:fər, skáf- / skɔ́fə] *n.* 비웃는 사람, 조소 (조롱)하는 사람.
scoff·ing·ly [skɔ́:fiŋli, skáf- / skɔ́f-] *adv.* 조소적으로, 놀려대어, 비웃으며, 냉소하여.
scoff·law [skɔ́:flɔ̀:, skáf- / skɔ́f-] *n.* 《구어》 법을 우습게 보는 사람; 〔법규 따위의〕 상습적 위반자.
‡**scold** [skould] *vt.* …에게 잔소리를 하다, …을 꾸짖다 (rebuke) (*...about, for*). ▶ REPROACH 類語 ¶ *scold* a naughty child 장난꾸러기를 꾸짖다 // (~+图+*前*+图) *scold* a person *for* his carelessness 부주의하다고 남을 꾸짖다. — *vi.* 잔소리를 하다, 꾸짖다, 야단치다, 호통 치다, 상스럽게 욕하다 (*at*...). ¶ *scold at* each other 서로 욕하다. — *n.* 잔소리가 심한 사람; 〔특히〕 잔소리가 많은 여자.
scold·er [skóuldər] *n.* 꾸짖는 사람, 잔소리가 많은 사람.
scold·ing [skóuldiŋ] *adj.* 특히 여자가〕 잔소리가 많은. — *n.* ⓤ잔소리, 호된 꾸지람 (harsh reproof).
sco·lex [skóuleks] *n.* (*pl.* **sco·le·ces** [skoulí:si:z] or **sco·li·ces** [skálisì: , skóul- / skɔ́l-]) 〔동물〕 〔촌충류의〕 머리마디.
sco·li·o·sis [skòulióusis, skàli- / skɔ̀li-] *n.* ⓤ 〔병리〕 척추 만곡(彎曲), 〔특히〕 척추 측만(側彎)(증).
scol·lop [skáləp / skɔ́l-] *n., vt.* =scallop.
scol·o·pen·drid [skàləpéndrid / skɔ̀l-] *n.* 지네 과(科)의 동물; 지네.
scol·o·pen·drine [skàləpéndrain / skɔ̀l-] *adj.* 지네과 (같은).
sconce[1] [skans / skɔns] *n.* 벽에 달린 돌출 촛대〔의 양초꽂이〕.
sconce[2] [skans / skɔns] *n.* **1** 보루(堡壘), 작은 성채. **2** 차폐물(遮蔽物), 피신처 (shelter).
— *vt.* (**sconced, sconc·ing**) **1** 〔보루로〕 …을 방어하다. **2** 〔피어〕 …의 방비를 단단히 하다.
sconce[3] [skans / skɔns] *vt.* (**sconced, sconc·ing**) 〔영국의 대학에서〕 〔예절을 어긴 하급생에게〕 벌금을 과하다 (fine). — *n.* 그와 같은〕 벌금 (fine). [sconce[1]]
build up a sconce 지불을 미루어 두었다가 지불금을 …속이다; 속이다.
sconce[4] [skans / skɔns] *n.* **1** ((고어·속어)) 머리, 두

scone 개골 (skull). **2** ⓤ재치, 분별.
scone / skoun / skɔn, skoun\ n.《英》둥근 과자 빵; 그것을 4개로 자른 조각.
Scone [skuːn / +美 skoun] n. 스코틀랜드의 Perthshire에 있는 마을[아래의 돌이 있던 수도원의 소재지].
the Stone of Scone 스코틀랜드왕이 즉위했을 때에 앉았던 돌[현재는 영국왕의 즉위식에 쓰이고 있다].

‡scoop [skuːp] n. **1** [밀가루·설탕 따위를 퍼내는] 작은 삽, 국자, 주걱, 큰 숟가락 [아이스크림 따위를] 떠내는 그릇(숟가락). ¶ take out salt with a *scoop* 큰 숟가락으로 소금을 떠내다. **2**《英》석탄풍. **3** [준설기의] 바께쓰, 진흙 퍼내는 통; [토목용] 삽[흙·모래 따위를 파고 깎는 공구]. **5**《외자》[이물(異物)을 떠내는] 큰 숟가락. **6** [도려내어 생긴] 움푹 들어간(패인) 곳, 구멍(hollow), 골짜기. **6** 한번 퍼(떠)내기, 그 양; 퍼(떠)내기. ¶ a *scoop* of sugar 한번 퍼(떠)낸 설탕 / make a *scoop* 한번 퍼(떠)내다. **7** 《구어》[신문의] 특종, 스쿠프, [특종으로 타사를] 앞지르기. ¶ get a *scoop* on other papers 특종으로 타사를 앞지르다. **8** 《구어》 큰 벌이, 큰 이익 (big haul). ¶ make a *scoop* over an investment 투자를 해서 큰 벌이를 하다. **9** [여성복의] 둥글게 파인 목깃. — vt. **1** …을 푸다, 뜨다, 퍼(떠)내다(…up); [진흙 따위를] 쳐내다(…out). ¶ (~ +囲+젭) *scoop* a boat dry 보트의 물을 몽땅 퍼내다 // (~ +囲+젭+젭) *scoop* water *out of* a barrel 통에서 물을 퍼내다. **2** …을 파다, 도려내다. ¶ (~ +囲+젭+젭) *scoop* a hole *in* the sand 모래에 구멍을 파다. **3** 《구어》[특종을 내어 타사를] 앞지르다. ¶ *scoop* a rival paper 특종을 내어 경쟁지를 앞지르다. **4** 《구어》…을 자꾸 벌어 이익을 보다(…in). …을 그러모으다.

scoop-er [skúːpər] n. **1** 푸는(뜨는) 사람(물건). **2** [조각용] 파내는 끌. **3** 되부리장다리물떼새(avocet).
scoop-ful [skúːpfùl] n. 한 숟가락(주걱·삽) [분량].
scóop nèt n. 떠(퍼)내는 그물, 반두.
scóop whèel n. [물방아의] 물 푸는 바퀴.

scoot [skuːt] 《구어》 vi. 뛰어가다, 돌진하다, 질주하다. — vt. **1** …을 뛰게 하다, 돌진시키다. — n. **1** 달리기, 돌진, 질주. **2** (*pl.* **scoots** or **scoot**) 검둥오리 (scoter).
scoot-er[1] [skúːtər] n. **1** 한발 스케이트[한 발을 올리고, 다른 발로 땅을 차서 달리게 하는 어린이의 탈것]. **2** [모터] 스쿠터. **3** 《美·캐나다》[수상·빙상용의] 활주 범선. **4** 가래의 일종. — vi. 스케이트(스쿠터)로 달리다(타다).
scoot-er[2] [skúːtər] n. (*pl.* **-ers** or **-er**) =scoter.

‡scope [skoup] n. **1** ⓤ [관찰·활동의] 범위. ⇨ RANGE 類語 ¶ an investigation of wide *scope* 광범위한 조사 / beyond one's *scope*; out of one's *scope* 자기 역량의 범위 밖에서 / within the *scope* of …의 범위내에서 / broaden the *scope* of one's work 자기 일의 범위를 넓히다. **2** ⓤ 지력, 시야. ¶ a man of wide (limited) *scope* 식견이 넓은(좁은) 사람. **3** ⓤ 여유, 배출구(for...). ¶ have ample (or full) *scope* for one's activities 활동하는 데 충분한 여지가 있다 / have no *scope* for imagination 상상의 여지가 없다 / seek *scope* for …을 위한 기회를 찾다 / The job gave full *scope* to his genius. 일은 그의 천분을 충분히 발휘시켰다. **4** 넓이, 피어, 지역. ¶ a great *scope* of land 넓은 토지. **5** [항해] 닻줄의 길이(length). **6** [드물게] 목적(purpose).
-scope instrument for viewing (관찰하는 기계)의 뜻의 연결형. 예: microscope, telescope.
sco-pol-a-mine [skəpɑ́ləmìːn, skòupəlǽmin] n. [약] 스코폴라민[진정제·수면제].
scop-u-la [skɑ́pjulə / skɔ́p-] n. (*pl.* **-las** or **-lae** [-liː]) [동물] 거미의 다리나 집게에 있는 거미줄 치는 데 쓰는 강모군(剛毛群).
scop-u-late [skɑ́pjulèit, -lit / skɔ́p-] adj. [동물] 비 모양의, 솔처럼 생긴(brushlike).

-scopy examination (검사), observation (관찰)의 뜻의 연결형. 예: telescopy.
scor-bu-tic [skɔːrbjúːtik] adj. [병리] 괴혈병(壞血病)(scurvy)의, 괴혈병에 걸린.
‡scorch [skɔːrtʃ] vt. **1** [물건]의 겉을 태우다, …을 그슬리다, 눋게 하다. ¶ She *scorched* her blouse while ironing it. 그녀는 다리미질을 하다가 블라우스를 눋게 했다. **2** [심한 볕으로] …을 시들게 하다, 말리다, 말려 죽이다 (wither). ¶ The sun *scorched* the wheat in the field. 심한 볕으로 밭의 밀이 말라 죽었다. **3** …을 마구 헐뜯다, 깎아내리다(criticize severely), …에게 욕지거리하다. **4** …을 초토화하다. ¶ a *scorched*-earth strategy 초토 작전. — vi. **1** 타다, 눋다; 마르다, 시들다. **2** 《구어》[자동차 따위를] 마구 몰다. ¶ He *scorched off* on a motorcycle. 그는 오토바이로 질주했다. — n. **1** 타기, 눋기. **2** 《구어》[자동차 따위에 의한] 질주.
scórched éarth [skɔːrtʃt-] n. ⓤ [침략군에게 쓸모 있는 모든 것을 불태워 버리는] 초토화[병략·전술].
scorch-er [skɔ́ːrtʃər] n. **1** 태우는(눋게 하는) 사람(것). **2** 《구어》찌는 듯이 더운 날씨. **3** 심한 잔소리, 비난, 혹평. **4** 《구어》[자동차 따위를] 마구 몰아대는 사람. **5** 센세이션을 일으키는 것.
scorch-ing [skɔ́ːrtʃiŋ] adj. **1** 태우는, 태울 듯한; 몹시 더운, 타는 듯한. ¶ a *scorching* day 불덩이처럼 뜨거운 날. **2** 아주 심한, 통렬한. ¶ *scorching* sarcasm 통렬한 비꼼. — n. ⓤ **1** 태우기, 눋기. **2** 《구어》질주. **-ly** adv.

‡score [skɔːr / skɔː] n. **1** [경기의] 득점, 스코어, 득점 기록(표). ¶ a clean *score* 전승 득점 / count the *score* 점수를 세다 / keep [the] *score* 득점을 기록하다 / make a good *score* 대량 득점하다 / The *score* was 5 to 3 in our favor. 득점은 5 대 3으로 우리가 이겼다.
2 [교육·심리] [시험·검사의] 점수, 성적. ¶ achieve a perfect *score* in mathematics 수학에서 만점을 따다.
3 재긴 금(notch), 긁힌 상처(scratch), 베인 상처, [셈 따위를 외어 두려고 막대기에 새긴] 계산용 눈금 (tally). ¶ a deep *score* of distress on a person's face 얼굴에 남은 고뇌의 깊은 자국.
4 [선술집의] 계산서 기록(메모), 셈 (account); 빚(debt); 원 한(grudge). ¶ drink beer on a person's *score* 남의 계산으로 맥주를 마시다 / pay one's *score* 빚을 갚다 / run up a *score* (or *scores*) to …에게의 빚이 늘다 / *Death pays all scores.* 《속담》죽으면 셈은 끝난다, 죽은 사람을 원망하는 법은 아니다.
5 경계선; [경기의] 출발(결승)점; 사적선(射的線) [사수자의 위치]. ¶ start off from the *score* 출발선에서 스타트하다.
6 (*pl.* **score**) 20 [명, 개]. ¶ three *score* and ten [인생] 70년[←시편(Ps.) 90 : 10] / He died about a *score* of years ago. 그는 약 20년 전에 죽었다.
7 (~s) 다수. ¶ *scores* of times 수십 번, 몇 번이고 / People came in [by] *scores*. 사람들이 수십 명씩 왔다.
8 점 (point), 이유, 근거. ¶ on the *score* of economy 경제라는 점에서는 / Upon what *score*? 무슨 이유로? / He knows more on that *score* than anyone else. 그는 그것에 대해서는 다른 누구보다도 많이 알고 있다 / He quit office on the *score* of low pay. 그는 저임금 때문에 사직했다.
9 《구어》진상, 사실(real facts). ¶ He got to know the *score* of the affairs. 그는 사건의 진상을 알게 되었다.
10 남을 꼼짝(찍소리) 못하게 하는 말(비꼼); 성공 (success), 행운; 좋은 수(솜씨). ¶ What a *score*! 참 운도 좋지!.
11 [음악] 총보(總譜), 악보. ¶ a piano *score* 피아노의 악보 / a compressed (or a short) *score* [성악의] 고음부와 저음부의 2단으로 갈라 쓴 악보 / in *score* 총보로.

go off at [full] score; start off from score ① 전

속력으로 달리기 시작하다. ② 힘차게 시작하다; 자랑스럽게 말하기 시작하다. ③ [자기 스스로가] 억제하지 못하게 되다. ┃꼼짝 못하게 하다.
make a score (or *scores*) *off* 《속어》…을 이겨내다.
make a score off one's own bat 혼자 힘으로 하다.
pay off (or *settle*) *a score* (or *scores*) ① 해묵은 원한을 풀다. ②《드물게》빚을 갚다.
— *v.* (**scored, scor·ing**) *vt.* 1 [경기에서] …을 득점하다; [팀 메이트]에게 득점시키다. ¶ *score* a century at cricket 크리켓에서 100점을 따다. 2 …의 가치가 있다, …에 상당(해당)하다; …점이 되다. ¶ Four aces *score* one hundred. 에이스 4장이면 100점에 해당된다. 3 [교육·심리] [시험 따위를] 채점하다(mark), 평가하다. 4 [음악] …을 관현악으로 편곡하다. …의 총보를 쓰다. 5 [요리] [고기 따위에] 얇게 칼금을 내다. 6 …에 새긴(벤) 자국을 내다, 표를 내다, 선을 긋다. ¶ *score* timber 재목에 금을 그어 표시하다. 7 [득점을] 기록하다. 8 [부채를] 장부에 기입하다(…*up*). 9 [성공을] 거두다, [이익 따위]를 얻다(gain). ¶ The comedy *scored* a great success. 그 희극은 큰 성공을 거두었다. 10 [말 따위]를 출발점에 데리고 오다; 〖야구〗 [히트를 쳐서] [주자]를 진루시키다. 11 《美》 크게 꾸아내리다, 욕을 퍼붓다, 비난하다. ¶ Some newspapers *scored* the Government for its educational policy. 몇 신문은 정부의 문교 정책을 혹평했다. 12《美속어》 [여자]를 손에 넣다; [마약]을 입수하다.
— *vi.* 1 [경기에서] 2 득점을 기록하다, 점수를 계산하다. 3 성공하다, 이익을 얻다, 재미보다. 4 새긴(벤) 자국을 내다, 선을 긋다. 5 빚이 늘다.
score off 《英》 [토론 따위에서] …에게 이기다, …을 짝 못하게 하다.
score out …을 줄을 그어 지우다, 삭제하다; 말살하다.
score up 기록하다; 장부에 기입하다; 계산하다; 외상으로 달아놓다.
score·board [skɔ́ːrbɔ̀ːrd / skɔ́ːbɔ̀ːd] n. 스코어보드, 득점 게시판.
score·book [skɔ́ːrbùk / skɔ́ː-] n. 득점 기입장, 득점부.
score·card [skɔ́ːrkɑ̀ːrd / skɔ́ː-] n. 1 득점표. 2 《경기》 [선수의 이름·번호·수비 위치 따위를 인쇄한] 선수 일람표.
score·keep·er [skɔ́ːrkìːpər / skɔ́ː-] n. 기록원, 득점계.
score·less [skɔ́ːrlis / skɔ́ː-] adj. 득점 없는.
scor·er [skɔ́ːrər / skɔ́ːrə] n. 1 득점 기록계. 2 득점자.
sco·ri·a [skɔ́ːriə / skɔ́ː-] n. (pl. **-ri·ae** [-riː]) 1 ⓤ 광재(鑛滓) (slag), 쇠똥. 2 ⓤⓒ 화산암의 암재(岩滓), 스코리아.
sco·ri·a·ceous [skɔ̀ːriéiʃəs / skɔ̀ː-] adj. 광재의.
sco·ri·fi·er [skɔ́ːrəfàiər / skɔ́ː-] n. 〖야금〗 소용(燒熔) 그릇, 소용(燒融) 그릇, 스코리파이어 [금은의 건식 시금(乾式試金)에 쓰이는 그릇].
sco·ri·fy [skɔ́ːrəfài / skɔ́ː-] vt. (**-fied, -fy·ing**) [금은의 시금으로] …을 광재로 만들다, 소용(소융)하다.
scor·ing [skɔ́ːriŋ / skɔ́ː-] n. ⓤⓒ 1 득점; 시합 기록. 2 관현악의 총보 작성.
scóring posítion n. 〖야구〗 스코어링 포지션 [득점 가능성이 높은 2, 3루].
‡**scorn** [skɔːrn] n. 1 ⓤ 경멸, 모욕, 깔봄, 조소, 냉소 (contempt). 2 ⓒ 경멸(조소)의 대상. ¶ have (or feel) *scorn* for …에게 경멸하는 마음을 품다 / hold a person in *scorn* 남을 경멸하다, 깔보다 / laugh a person to *scorn* 남을 조소하다 / think (or hold) it *scorn* to do …하는 것을 치사하게 여기다 / think *scorn* of …을 경멸하다. 2 경멸당하는 사람(것), 경멸의 대상, 웃음거리. ¶ become a *scorn* to (or the *scorn* of) …의 조롱거리가 되다. — vt. 1 …을 경멸하다, 깔보다 (contemn). ⇨ DESPISE 〖類語〗 2 …을 치사하게 생각하다. ¶ (~ + *to* do) (~ + -*ing*) *scorn* to tell a lie; *scorn* telling a lie 거짓말하는 것을 부끄럽게 여기다. — vi. 비웃다, 냉소하다.
◇ scórnful adj.

****scorn·ful** [skɔ́ːrnfəl] adj. 경멸하는, 비웃는, 깔보는; 냉소적인 (contemptuous). **~ness** n.
****scorn·ful·ly** [skɔ́ːrnfəli] adv. 경멸하여, 깔보고.
Scor·pi·o [skɔ́ːrpiòu] n. 1 〖천문〗 전갈좌; 〖점성〗 천갈궁(天蠍宮) 「황도의 제8궁」. ⇨ ZODIAC 그림. 2 전갈속(屬).
scor·pi·oid [skɔ́ːrpiɔ̀id] adj. 1 전갈 같은. 2 전갈류(類)의. 3 전갈의 꼬리처럼 둥글게 굽은.
****scor·pi·on** [skɔ́ːrpiən, -pjən] n. 1 전갈. 2 전갈 비슷한 도마뱀 (물고기, 물건). 3 (the S-) 〖천문〗 = Scorpio 1. 4 [성서] 전갈 채찍 [=열왕기〈상〉(1 Kings) 12:11]. 5 《역사》 고대의 투석기(投石機). 6 《군대 속어》 지브롤터 (Gibraltar) 사람 [별명].

[scorpion 1]

Scor·pi·us [skɔ́ːrpiəs] n. 〖천문〗 = Scorpio 1.
scot [skɑt / skɔt] n. ⓤ 《역사》 세금; [지불의] 몫. *cf.* lot. ¶ pay *scot* and lot 분에 맞는 세금을 내다.
****Scot**[1] [skɑt / skɔt] n. 1 스코틀랜드인. 2 스코트족(族)의 사람 [6세기경 아일랜드에서 영국 서북부로 이주한 게일인(Gael)의 한 파. Scotland는 이 종족의 이름에서 유래].
◇ Scótch, Scóttish adj.
Scot[2] [skɑt / skɔt] n. God의 전화(轉化). * Scott라고도 쓴다. ¶ Great *Scot*! 참!, 아차!, 저런!
Scot. 《略》 Scotch, Scotland, Scottish.
scotch [skɑtʃ / skɔtʃ] vt. 1 …을 자르다, 베다, 얇게 새기다, …에 표(금, 홈)를 내다 (score). 2 …을 눌러 부수다, 밟아 없애다, 억누르다, 탄압하다. ¶ *scotch* a plot 음모를 꺾어버리다. 3 …을 반쯤 죽이다, 불구로 만들다. ¶ We have *scotched* the snake, not killed it. 뱀을 반쯤 죽여 놓았으나 아주 죽이지는 않았다 [위험하다고 생각되는 것을 일시적으로 별탈없는 것으로 만들다.] ← Shakespeare 작 *Macbeth*] 8 [바퀴이나 쐐기 따위로] …을 움직이지 않도록 하다. — n. 1 얕은 상처; 벤(자른) 자리(자국). 2 [차의] 바퀴굄, 밑에 받치는 쐐기.
out of all scotch and notch 끝없이.
‡**Scotch** [skɑtʃ / skɔtʃ] adj. 스코틀랜드의; 스코틀랜드인의.
〖注意〗 Scotch는 잉글랜드의 중·남부의 방언이며, 스코틀랜드 이외의 곳에서 일반적으로 널리 쓰인다. Scots, Scottish는 스코틀랜드 및 잉글랜드 북부에서 즐겨 쓴다.
— n. 1 (the ~) 《집합적》 스코틀랜드인. 2 = Scotch whisky. 3 ⓤ 스코틀랜드어.
◇ Scótland, Scóts n.
Scótch bróth n. ⓤⓒ 양고기·야채·보리로 만든 짙은 수프.
Scótch cáp n. [스코틀랜드 고지 사람이 쓰는] 챙 없는 모자 (glengarry).
Scótch ég̀g n. 《英》 튀긴 소시지에 잘 삶은 달걀을 끼운 것.
Scótch fír n. 유럽 소나무.
Scotch-I·rish [skɑtʃáiəriʃ / skɔtʃáiəriʃ] adj. 1 스코틀랜드계 아일랜드인의. 2 스코틀랜드인과 아일랜드인의 혼혈의. — n. 스코틀랜드계 아일랜드인.
scotch·man [skɑtʃmən / skɔtʃ-] n. (pl. **-men** [-mən]) 〖항해〗 [삭구(索具)에 붙인 쇠나 나무의] 마찰을 덜게 하는 기구.
Scotch·man [skɑtʃmən / skɔtʃ-] n. (pl. **-men** [-mən]) 1 스코틀랜드인. 2 《속어》 쥐노래미과(科)의 식용 물고기 [북태평양 연안산] (lingcod).
Scótch míst n. ⓤⓒ [스코틀랜드 산악지대의] 짙은 안개.
Scótch píne n. = Scotch fir.
Scótch tápe n. 《상표명》 스카치 테이프 [투명 접착 테이프].
Scótch térrier n. = Scottish terrier.
Scótch whísky n. ⓤ 스코틀랜드산(産) 위스키, 스카치(위스키).
Scotch·wom·an [skɑtʃwùmən / skɔtʃ-] n. (pl. **-wom·en** [-wìmin]) 스코틀랜드의 여성.

Scotch wóodcòck *n.* 반죽한 안초비(anchovy paste)를 발라 달걀 요리를 얹은 토스트.
sco·ter [skóutər] *n.* (*pl.* **-ters** or **-ter**) 검둥오리.
scot-free [skátfrí: / skɔ́t-] *adj.* **1** 무사한, 해를 입지 않은; 처벌을 면한. **2** 면세의, 지불이 면제된.
sco·tia [skóuʃə, +美 -ʃiə] *n.* [건축] [원기둥의 받침돌로 쓰는] 깊이 판 쇠시리.
Sco·tia [skóuʃə, +美 -ʃiə] *n.* 《문어》=Scotland.
Scot·i·cism [skátisìzəm / skɔ́t-] *n.* =Scotticism.
Sco·tism [skóutizəm / skɔ́t-] *n.* [철학] 스코투스 철학 [13세기의 Duns Scotus의 철학].
Sco·tist [skóutist] *n.* 스코투스 학파의 사람.
‡**Scot·land** [skátlənd / skɔ́t-] *n.* 스코틀랜드 [Great Britain의 북부. 수도 Edinburgh].
◇ **Scotch, Scóttish** *adj.*
Scótland Yárd *n.* **1** 스코틀랜드 야드시(街) [영국 런던 경찰청의 옛 소재지. 그 후 New Scotland Yard로 옮겼으며, 현재는 다른 곳으로 이전해 있다]. **2** 런던 경찰청; 특히 그 형사부 [원 소재지의 이름에서 유래].
scoto- darkness(어둠)의 뜻의 연결형. 예: *scoto*ma.
scot·o·din·i·a [skàto(u)díniə / skɔ̀t-] *n.* U 현기, 어지러움.
scot·o·graph [skátəgræ̀f, skóut- / skɔ́təgrɑ̀:f] *n.* **1** 장님용 사자기(寫字器), 암중(暗中) 사자기. **2** 뢴트겐 사진기(radiograph).
sco·to·ma [skətóumə] *n.* (*pl.* **-mas** or **-ma·ta** [-mətə]) [병리] [망막(網膜)상의] 암점(暗點); U 암점증(症).
Scots [skats / skɔts] *n.* (the ~) [집합적] 스코틀랜드인; **2** 스코틀랜드어, 스코틀랜드 방언. — *adj.* 스코틀랜드의; 스코틀랜드인(어)의.
Scots·man [skátsmən / skɔ́ts-] *n.* (*pl.* **-men** [-mən]) **1** =Scotchman 1. **2** (The ~) 에딘버러 발행의 고급 일간지.
Scots·wom·an [skátswùmən / skɔ́ts-] *n.* (*pl.* **-wom·en** [-wìmin]) =Scotchwoman.
Scot·ti·cism [skátisìzəm / skɔ́t-] *n.* UC 스코틀랜드 말씨, 스코틀랜드 사투리.
Scot·ti·cize [skátisàiz / skɔ́t-] (*英*에서는 **Scot·ti·cise**로도 쓴다) *vi., vt.* (**-cized, -ciz·ing**) **1** [말·습관 따위가(를)] 스코틀랜드풍(식)으로 되다(하다), 스코틀랜드화하다. **2** 스코틀랜드어로 옮기다.
Scot·tie [skáti / skɔ́ti] *n.* (=Scotty) 《구어》 **1** 스코틀랜드인. **2** =Scottish terrier.
*****Scot·tish** [skátiʃ / skɔ́tiʃ] *adj.* 스코틀랜드의; 스코틀랜드인(어, 문학)의. — *n.* U 스코틀랜드어. (the ~) [집합적] 스코틀랜드인. ◇ **Scots, Scótland** *adj.*
Scóttish térrier *n.* 스코틀랜드산(産)의 테리어, 스카치 테리어 [개의 일종].
scoun·drel [skáundrəl] *n.* 악당, 악한, 무뢰한, 깡패. ⇒KNAVE 類語 — *adj.* 악당의, 무도의.
scoun·drel·ly [skáundrəli] *adj.* **1** 악당의, 악당과 같은 (villainous). **2** 뻔뻔스러운, 비열한(mean).
*****scour**[1] [skauər] *vt.* **1** 문질러 닦다, 갈다. ¶ *scour* saucepans 스튜 냄비의 때를 닦아 없애다. **2** …을 문질러 씻다, 빨다, 세탁하다. ¶ *scour* dirty clothing 더러워진 옷을 빨다. **3** [녹·얼룩 따위]를 비벼(문질러) 없애다, 빨아 없애다(...*off, away, out*). ¶ (~+目+前+名) *scour* rust *off* a knife 칼의 녹을 문질러 없애다. **4** [수관 따위]를 훑어내다, 쳐내다, [물로] …을 씻어내다; [강바닥 등]을 쳐내다. ¶ (~+目) [+副] *scour* [*out*] a ditch 물을 흘려보내어 도랑을 깨끗이 쳐내다. **5** [말(馬)에 下劑] 따위로, …의 창자 속을 씻어내리다, …에 하제를 쓰다. ¶ *scour* a horse 말의 창자 속을 씻어 내리다. **6** …을 일소하다, 소탕하다. ¶ (~+目+前+名) This poison *scoured* my house of rats. 이 독약으로 집안의 쥐를 일소했다.
— *vi.* **1** 문질러 닦다; 빨다, 세탁하다. **2** 닦아서 윤이 나다. **3** 설사하다, 배가 꺼지다.
— *n.* **1** 문질러 닦기. **2** [물살로 모래 따위를] 씻어 흘려보내기(흘려보내는 작용). ¶ the *scour* of a drainpipe 하수관을 씻어 흘려보내기. **3** 물살로 토사가 흘러 내려서 생긴 우묵한 곳. **4** (보통 ~s) [단·복수 양용] 가축의 설사. **5** 마분(磨粉)·비누류.
scour[2] [skauər] *vi.* 급히 찾아 다니다, 뛰어 다니다; 질주하다(rush)(*away, off*). ¶ (~+前) The fox *scoured* about in search of food. 여우는 먹을 것을 찾아 다녔다.
— *vt.* **1** …을 급히 찾아 다니다, 구하려고 헤매다. ¶ (~+目+前+名) He *scoured* the library *for* the book. 그는 그 책을 찾으려고 서고 속을 헤맸다. **2** …을 급히 지나쳐가다, 뛰어 지나다. **3** …을 대충 생각하다, …을 대충 훑어보다.
scour·er[1] [skáurər / skáuərər] *n.* **1** 문질러 닦는 사람, 세탁하는 사람. **2** 닦는 기구, 세탁기.
scour·er[2] [skáurər / skáuərər] *n.* **1** 돌아다니는 사람, 질주자. **2** [17-18세기에] 밤거리를 헤매 다니던 부랑자(밤도둑).
*****scourge** [skə:rdʒ] *n.* **1** [징벌에 쓰는] 회초리, 매 (whip). **2** 신이 내리는 벌 [돌림병·전쟁·천재 따위], 벌, 징벌, 천벌. ¶ the *scourge* of war 전화(戰禍) / the white *scourge* 폐병. **3** 재앙의 원인, 원한(의 씨). ¶ Flies are a regular *scourge* in summer. 여름의 파리는 아주 골칫거리다. — *vt.* (**scourged, scourg·ing**) **1** …을 채찍질하다. **2** 호되이 벌주다(punish severely); 따끔한 맛을 뵈다; …에게 고통을 주다, 괴롭히다.
scóur·ing rùsh [skáuriŋ- / skáuər-] *n.* 속새 [속새과의 상록 다년초].
scour·ings [skáuriŋz / skáuər-] *n. pl.* 먼지, 쓰레기; 곡식 부스러기; 인간 쓰레기, 사회의 낙인자.
scouse [skaus] *n.* U 《英》 [항해] 굳은 빵을 가루로 만들어 고기·야채 따위를 섞어 만든 스튜 [선원 음식]. **2** (S-)《英속어》 리버풀(Liverpool)의 주민; U 리버풀 방언. — *adj.* (S-) 《英속어》 리버풀[사람]의.
‡**scout**[1] [skaut] *n.* **1** 척후, 정찰병, 수색병; 정찰함, 정찰기. **2** [스포츠] [상대방 팀을] 내탐하는 사람, 스카우트 선수 권유계; [예능계의] 신인 발굴계. **3** 정찰, 감시(watch). ¶ be on the *scout* 정찰 [감시]을 하고 있다. **4** =boy scout, girl scout. **5** 《구어》 《보통 구(句)로 써서》 놈, 녀석 (fellow). ¶ a good (or an old) *scout* 좋은 녀석. **6** Oxford 대학의 사환 [Cambridge 대학에서는 gyp, Dublin 대학에서는 skip이라고 한다]. — *vi.* 정탐하다, 정찰하다.
— *vt.* **1** [정보 따위를 얻으려고] …을 정찰하다. **2** 《구어》 …을 찾다, 찾아나니다(...*out, up*). ¶ **매다.** *scout about* (or *round*) 찾아서 돌아다니다, 찾아 헤 매다.
scout[2] [skaut] *vt.* [제의·제안 따위]를 거절하다, 퇴짜 놓다; …을 상대도 하지 않다, 업신여기다(mock).
scóut cár *n.* [미육군의 기관총을 장비한] 정찰 자동차.
scout·craft [skáutkræ̀ft, -krɑ̀:ft] *n.* U 정찰술, 보이 (걸) 스카우트의 활동[에 필요한 훈련이나 기술].
scout·er [skáutər] *n.* 정찰자, 감시하는 사람. **2** [18세 이상의] 보이 스카우트 단원. **3** 원임(신분).
scout·hood [skáuthùd] *n.* U 보이(걸) 스카우트의 단
scout·ing [skáutiŋ] *n.* U **1** 척후(정찰) 활동. **2** 보이(걸) 스카우트의 활동. **3** [스포츠] [팀, 선수의] 전력 분석.
scóuting pláne *n.* 정찰기.
scout·mas·ter [skáutmæ̀stər / -mɑ̀:s-] *n.* 척후대장, 척후 대장. **2** 보이 스카우트단장.
scow [skau] *n.* 스카우 [운송용 대형 평저선(平底船)], 거룻배, …을 스카우로 나르다 (운반하다).
*****scowl** [skaul] *vi.* **1** 얼굴을 찡그리다, 언짢은 낯을 하다, 노려보다, 쏘아보다. ¶ (~+前+名) The prisoner *scowled at* the jailer. 죄수는 간수를 노려봤다. **2** [날씨가] 사나와지다. — *vt.* **1** …을 상을 찌푸려 쫓아내다(...*away*), …에게 싫은 표정을 지어 …시키다. **2** 얼굴을 찌푸리고 …을 나타내다. ¶ He *scowled* his

scowlingly

disappointment. 그는 얼굴을 찌푸리고 실망의 빛을 내보였다. — n. 1 찌푸린 상, 우거지상(frown). 2 [날씨의] 사나움.

scowl·ing·ly [skáuliŋli] adv. 상을 찌푸리고, 노려보고.
SCP (略) 《생화학》 single-cell protein(단세포 단백질).
SCR (略) silicon controlled rectifier(실리콘 제어 정류).
scr. (略) scruple.
S.C.R. (略) 《英》 Senior Combination(Common) Room([Cambridge, Oxford 대학 등의] 특별 연구원 사교실).

scrab·ble [skrǽbl] v. (-bled, -bling) vt. 1 [손 또는 손톱으로]…을 휘저어 찾다, 더듬어 찾다. 2 …을 아무렇게나 쓰다, 휘갈겨 쓰다, 낙서하다(scribble). — vi. 맞붙어 싸우다, 뒤엉켜 싸우다; [앞을 다투어] 뺏으려고 하다. — n. 1 휘저어 찾기, 더듬어 찾기. 2 아무렇게나(휘갈겨) 쓰기, 낙서. 3 서로 뺏기.

Scrab·ble [skrǽbl] n. 《상표명》 스크래블 [anagram이나 crossword puzzle을 짜맞춘 것 같은 단어 작성 놀이].

scrag [skræg] n. 1 바싹 마른 사람(동물). 2 ⓤ 목의 고기. 3 《속어》 [사람의] 가는 목(thin neck). — vt. (scragged, scrag·ging) 《속어》 …의 목을 조르다; …을 목졸라 죽이다(throttle).

scrag-end [skrǽgénd] n. 양의 목덜미고기.

scrag·gly [skrǽgli] adj. (-gli·er, -gli·est) 1 울퉁불퉁한, 들쭉날쭉한(jagged). 2 [털 따위가] 텁수룩한.

scrag·gy [skrǽgi] adj. (-gi·er, -gi·est) 1 바싹 마른 (thin and bony); 빈약한, 불모의. 2 울퉁불퉁한(uneven), 들쭉날쭉한. -gi·ly adv. -gi·ness n.

scram [skræm] vi. (scrammed, scram·ming) 《구어》 나가다; 달아나다 (flee). * 주로 명령형으로 쓴다.

scram·ble [skrǽmbl] v. (-bled, -bling) vi. 1 기어오르다, 붙잡고 오르다. ¶ (~ + 前 + 名) scramble up the edge of a cliff 벼랑가를 기어오르다. 2 서로 쟁탈하다(빼앗다), 손에 넣으려고 다투다 (after, for...). ¶ (~ + 前 + 名) scramble for a seat 자리 다툼을 하다 / They scrambled after promotion in the office. 그들은 사내에서의 승진을 위해서 서로 경쟁했다. 3 바쁘게 서둘러 하다. ¶ (~ + 前 + 名) scramble through one's work 바삐 서둘러서 일을 해치우다. 4 《군대》 [적기를 요격하기 위하여] 긴급 출격하다. 5 [덩굴 등 따위가] 뻗어퍼지다, 무성하게 자라다(ramble). 6 《미식축구》 막는 사람 없이 공을 갖고 돌진하다. — vt. 1 황급히 …을 긁어 모으다, …을 휘저어 섞다, 마구 뒤섞다(jumble)(...up, together). ¶ (~ + 目 + 副) He scrambled the papers up on the desk. 그는 책상 위의 서류를 후닥닥 그러모았다. ¶ She scrambled our names and faces. 그녀는 급한 나머지 우리들의 얼굴과 이름을 혼동했다. 3 …을 갑자기 움직이다. 4 [달걀]을 버터나 밀크 따위와 뒤섞어서 익히다. 5 [도청 방지를 위해서]…의 파장을 바꾸다. 6 《군대》…을 긴급 출격시키다.

scramble along (or *on*) 기어서 나아가다 ; 이럭저럭 살아가다(살아가다).

— n. 1 기어오르기, 붙잡고 올라가기. 2 서로 다투어 빼앗기, 쟁탈. 3 뒤섞기, 긁어(그러)모으기. 4 《군대》 [전투기의] 긴급 출격, 스크램블.

scram·bler [skrǽmblər] n. scramble 하는 사람(물건). 2 《비밀 통신의》 주파수대 변환기.

scrámbler télephone n. 도청 방지 전화.

scram·bling [skrǽmbliŋ] adj. 1 서로 다투어 빼앗는. 2 무질서한, 불규칙한. -**ly** adv.

scram·jet [skrǽmdʒèt] n. 초음속 기류 속에서 연료를 연소시키는 램젯. [< supersonic combustion ramjet]

scran [skræn] n. ⓤ 《속어》 음식(의) 찌꺼기; 음식(food).

Bad scran to you! (아일) 뚱이나 처먹어라!, 망할 자식!

scran·nel [skrǽnl] adj. 《고어》 1 가냘픈, 여윈(thin). 2 [목소리가] 잠긴, 가늘어 귀에 거슬리는(unmelodious).

scran·ny [skrǽni] adj. 《방언》 바싹 마른.

‡**scrap**¹ [skræp] n. 1 작은 조각, 자투리, 동강. ¶ a (mere) scrap of paper 종이 조각; (비유적으로) 휴지 조각이나 다름없는 조약. 2 (~s) 먹다 남은 것(밥, 음식); 지방 찌꺼기, 생선 찌꺼기. 3 (~s) [신문 따위의] 오려낸 것, 오려내어 붙인 책, [글 따위의] 발췌, [시 따위의] 단편(斷片). 4 ⓤ (집합적) 쓰레기, 폐물, 잡동사니; 쇠부스러기, 파쇠, 스크랩. 5 약간, 조금(bit).

not a scrap of 조금도 …이 아닌(not at all). ¶ It didn't make a scrap of difference. 거의 차이가 없다.
— adj. 쓰레기가 된, 폐물이 된; 남은 것으로 만든.
— vt. (scrapped, scrap·ping) 1 …을 쓰레기(폐물, 스크랩)로 만들다, 찢어버리다. 2 …을 폐기하다, 쓰레기(파쇠, 파철)로서 버리다. ◇ scráppy¹ adj.

scrap² [skræp] 《구어》 n. 다툼, 싸움(quarrel). ¶ have a scrap with a person 남과 다투다.
— vi. (scrapped, scrap·ping) 다투다 (with...).

*__scrap·book__ [skrǽpbùk] n. [신문·사진 따위의] 오려내어 붙인 책, 스크랩북.

scráp cáke n. 기름을 짜낸 물고기 찌꺼기 [가축의 사료].

‡**scrape** [skreip] v. (scraped, scrap·ing) vt. 1 …을 문지르다, …을 긁어내다, 닦아내다. ¶ (~ + 目 + 副) scrape paint off 페인트를 긁어내다. 2 …을 박박(북북) [에]…을 문질러 (긁어, 비벼) 내다, …에 생채기를 내다. ¶ scrape one's knee 무릎에 생채기를 내다 // (~ + 目 + 前 + 名) scrape a pen on the paper 종이를 긁듯이 펜으로 쓰다 / He scraped his initials on the rock. 그는 바위에 자기 이름의 머리글자를 새겼다. 3 [고생해서] …을 긁어모으다(...up, together). ¶ scrape a living 생활비를 긁어모으다 (~ + 目 + 副) scrape together enough money for …에 쓸 수 있을 만큼의 돈을 애써 긁어모으다. 4 …을 긁어내다; [긁어내어] 파다, 도려내다(...out). ¶ (~ + 目 + 副) He scraped out a hole in the garden. 그는 뜰에 구멍을 팠다. 5 [포장하지 않은 도로]를 평평하게 고르다 (level).

— vi. 1 문지르다, 긁다, 스치다. ¶ (~ + 前 + 名) There is something scraping against the window. 무엇인가가 창문을 스치고 있다. 2 그럭저럭 해나가다 (barely manage), 그럭저럭 빠져나가다. ¶ (~ + 前 + 名) scrape through an examination 그럭저럭 시험에 합격하다, 빠듯한 점수로 시험에 합격하다 // (~ + 副) She scraped along without her parents' help. 그녀는 양친의 도움을 받지 않고 그럭저럭 살아갔다. 3 [절을 할 때] 한쪽 발을 뒤로 빼다. ¶ bow and scrape 오른발을 뒤로 빼고 절을 하다. 4 [악기를] 삐익삐익 울리다. ¶ (~ + 前 + 名) scrape on a violin 바이올린을 삐익삐익 켜다. 5 꾸준히 모으다, 몹시 절약하다. ¶ pinch and scrape; scrape and screw 지독하게 절약하다 / He scraped to own his house. 그는 자기집을 갖기 위해 몹시 절약했다.

scrape a leg ⇒ LEG.
scrape by 이럭저럭 생계를 꾸려 나가다, 간신히 살아가다
scrape down ① …을 긁어내다, 매끄럽게 하다. ② 《주로 英》 바닥을 울려 (남)을 방해하다. ¶ The students scraped down the speaker. 학생들은 발을 굴러 연사가 말을 못하게 했다.
scrape [up] an acquaintance with [아무 소개도 없이] …과 억지로(간신히) 사귀게 되다.

— n. 1 문지르기, 긁기. 2 생채기; 긁은 자국. ¶ a scrape on the shin 정강이의 생채기. 3 쓱쓱 문지르는(긁는) 소리, 삐익삐익 (북북) 소리, 삐걱 소리, 켜는 소리. ¶ The scrape of a bough on the windowpane 큰 가지가 창유리를 스치는 소리. 4 [특히 자초한] 곤경, 궁지 (distressing situation). ⇒ PREDICAMENT [類語] ¶ be in a scrape 곤경에 처해 있다 / get into (out of) a scrape 궁지에 빠지다 (에서 벗어나다). 5 의견의 차이; 다툼(conflict). 6 [절할 때] 한 발을 뒤로 빼기.

bread and scrape ⇒ BREAD.
a scrape of the pen [중요한 말 따위의] 한 줄 쓰기, 기

scrape·pen·ny [skréippèni] *n.* 구두쇠(miser).
scrap·er [skréipər] *n.* **1** 깎는(긁는, 문지르는) 사람; 깎는 도구, 긁어 내는 막대; 땅을 고르는 기계(grader). **2** 구두쇠, 수전노(miser). **4** 이발사(barber). **5** [문간의]구두흙 털개.
scrap heap *n.* 파철(고철) 더미, 쓰레기통.
scrap-heap [skrǽphi:p] *vt.* 쓰레기통에 버리다; [무가치(불필요)하여] 버리다.
scrap·ing [skréipiŋ] *n.* [U][C] **1** 깎기, 긁기. **2** 깎는 소리, 긁는 소리. **3** (보통 ~s) 깎아낸 부스러기, 긁어 낸 것; 긁어모은 것. — *adj.* **1** 삑삑(북북) 소리 나는. **2** 인색한, 욕심많은(miserly).
scráp ìron *n.* [U] 쇠부스러기, 고철.
scráp mèrchant *n.* 고철상, 폐품 수집업자.
scráp mètal *n.* 파쇠.
scrap·per[1] [skrǽpər] *n.* 쓰레기를 치우는 사람.
scrap·per[2] [skrǽpər] *n.* 《구어》 툭하면 싸우는 사람, 투사.
scrap·ple [skrǽpl] *n.* [U]《미》 잘게 썬 돼지고기·야채·옥수수 가루 따위로 만든 튀김 요리, 스크래플.
scrap·py[1] [skrǽpi] *adj.* (-**pi·er**, -**pi·est**) **1** 부스러기의, 찌꺼기의. **2** 단편적인, 토막난, 산만한.
-**pi·ly** *adv.* -**pi·ness** *n.*
scrap·py[2] [skrǽpi] *adj.* (-**pi·er**, -**pi·est**) 《구어》 툭하면 싸우는(quarrelsome).
‡**scratch** [skrætʃ] *vt.* **1** …을 긁다, 할퀴다, …에 생채기를 내다. ¶ *The cat scratched my face.* 고양이가 내 얼굴을 할퀴었다 / *Marble can be scratched with a knife.* 대리석은 칼로 자국을 낼 수 있다 / *Scratch a Russian, and you will find a Tartar.* 《속담》 문명인도 한꺼풀 벗기면 타타르인. **2** 긁어서 [구멍 따위] 를 파다. ¶ (~ + 目 + 副) *scratch out a hole in the ground* 땅바닥에 구멍을 긁어 파다. **3** [가려운 곳]을 긁다, 비비다(rub). ¶ *scratch mosquito bites* 모기에 물린 데를 긁다 / *He scratched his head.* 그는 난처해서 머리를 긁었다 / *Scratch my back and I'll scratch yours.* 《속담》 내 등을 긁어주면 네 등도 긁어주겠다, 오는 정이 있어야 가는 정이 있다. **4** …을 지워 없애다, 삭제하다, 취소하다; [경기의 선수·말]을 출전 명부에서 없애다;《미》《정치》[후보자의 이름]을 지워버리다(...out). ¶ (~ + 目 + 副) *His name was scratched out from the list.* 그의 이름은 명부에서 지워져 있었다. **5** [돈 따위]를 긁어모으다(scrape), 저축하다(...up, together). ¶ (~ + 目 + 副) *She scratched up some money for holidays.* 그녀는 휴가를 위해서 돈을 좀 축했다. **6** …을 갈겨(휘갈겨) 쓰다(scribble). ¶ *scratch a note* 짧은 편지를 휘갈겨 쓰다.
— *vi.* **1** 긁다, 할퀴다, 긁어서 생채기를 내다; 긁어 파다, 뒤져 찾다. ¶ *Cats scratch.* 고양이는 할퀸다 // (~ + 副) *scratch about* for evidence 증거를 뒤져 찾다. **2** 가려운 데를 긁다, 득득(북북) 긁다. **3** ¶ *This pen scratches.* 이 펜은 득득 긁힌다. **4** 꾸준히 일해서 돈을 저축하다; 이력저력 생활을 해나가다. ¶ (~ + 副) *scratch along* on very little money 아주 적은 돈으로 이력저력 살아가다. **5** 후보자의 이름을 삭제하다; [출전을 등록한 뒤에] 출전을 그만두다. **6** 〔당구〕요행수로 들어맞다. **7** 〔카드놀이 따위에서〕 득점이 없다, 점수가 오르지 않다(score no points).
scratch a person's back 보답하고 …에게 알랑거리다, 아첨하다. ¶ 기 스스로의 이익을 찾다.
scratch for oneself 《미구어》 자기 힘으로 해나가다, 자립하여 떠나다.
scratch it 지체없이 떠나다.
scratch the surface of …의 겉만 핥다, 문제의 핵심 까지 파고들지 않다.
— *n.* **1** 긁기, 할퀴기; 생채기, 찰과상(slight wound). ¶ *escape without a scratch* 생채기 하나 입지 않고 달

아나다 / *His face was covered with scratches.* 그의 얼굴은 생채기투성이었다. **2** 긁는(할퀴는) 소리, 득득(박박)하는 소리. ¶ *the scratch of a pen* 펜의 득득하는(긁적거리는) 소리. **3** 〔경주에서 핸디캡을 받지 않는 사람의〕 출발선; 무(nothing), 제로. **4** 갈겨쓰기, 휘갈겨쓰기(scribble). ¶ *a scratch of the pen* 한줄 쓰기, 서명, 서명. **5** 〔당구〕 요행수로 들어맞음, 플루크(fluke). **6** [U]《미속어》돈(money). **7** = scratch wig. **8** 〔음악〕 스크래치[디스크 자키 등이 활용하는 사운드의 일종〕. **9** 〔컴퓨터〕 스크래치[내부 또는 외부의 작업용 기억 매체]. **10** 《미속어》 마권(馬券).
come [up] to the scratch 《구어》 출발할 준비가 되다; 의무(약속)를 완수(이행)하다, 기대한 바대로의 행동을 하다; 소정의 기준에 도달하다.
from scratch 《구어》 무에서, 아주 처음부터; 무에서부터.
on scratch 《구어》 제시간에, 정각에. ¶ *start (arrive) on scratch* 제시간에 출발하다(도착하다).
up to scratch 《구어》 좋은 상태에서, 표준에 달해서; 기대한 대로의. ¶ *This piece of work is not up to scratch.* 이 작품은 기대에서 어긋나 있다.
— *adj.* **1** 낙서용의, 잡기장의. ¶ *scratch paper* 잡기용지. **2** 핸디캡이 없는, [입장이 서로] 평등한. **3** 《구어》 긁어(그러)모은, 있는 대로 추려낸. ¶ *a scratch team* 그러모은 팀 / *a scratch dinner* 마침 있는 것을 가지고 차려낸 식사. **4** 《구어》요행수의, 우연의(chance). **5** 〔컴퓨터〕 작업용의, 일시적으로 사용하는. ◇ **scrátchy** *adj.*
Scratch [skrætʃ] *n.* (보통 Old ~) 악마(Satan).
scratch·back [skrǽtʃbæk] *n.* 〔가려운 데를 긁는〕 효자손.
scratch·board [skrǽtʃbɔ̀ːrd, -bɔ́ːd] *n.* 스크래치보드〔긁어서 그림을 그릴 수 있는 초크 말린 판지〕.
scrátch còat *n.* 막토칠, 초벌칠.
scratch·er [skrǽtʃər] *n.* **1** [땅바닥이나 나무의 겉면 따위를 긁어내기 위해서] 기구를 사용하는 사람, **2** 긁어내는(문지르는) 사람(기구); 긁어 없애는 사람. **3** 《속어》위조자(forger).
scratch·es [skrǽtʃiz] *n. pl.* 〔단수 취급〕〔獸醫〕 〔말다리에 생기는〕 습진성 염증.
scrátch hìt *n.* 〔야구〕 우연한 안타.
scrátch lìne *n.* 〔경기의〕 출발선; 〔창던지기의〕 투척선, 〔주폭도(走幅跳)의〕 도약선.
scrátch pàd *n.* **1** 《미》잡기(휘갈겨 쓰기)용 편지지. **2** 스크래치 패드[정보의 일시적 기억역(域) 등으로 쓰이는 작업용 보조적 기억역].
scrátch pàper *n.* [U] 잡기(메모) 용지.
scrátch ràce *n.* 핸디캡이 없이 하는 경기. 〔신문〕
scrátch shèet *n.* 《미구어》 〔경마 정보를 담은〕 경마신문.
scrátch tèst *n.* 〔의학〕 피부 반응 시험〔알레르기 반응을 시험하는 것〕.
scrátch wìg *n.* 〔18세기에 유행한〕 반 가발(short wig).
scratch·y [skrǽtʃi] *adj.* (**scratch·i·er**, **scratch·i·est**) **1** 〔펜 따위가〕긁히는, 득득(박박) 소리나는. ¶ *a scratchy pen* 긁히는 펜. **2** 긁어모은, 있는 대로의(haphazard), 갑자기 만든. ¶ *a scratchy team* 갑자기 만들어낸 팀. **3** 〔문자·그림 따위가〕 겹날린, 휘갈긴. **4** 가려운(itching), 따끔따끔하는.
scratch·i·ly *adv.* **scratch·i·ness** *n.*
***scrawl** [skrɔːl] *vt.* …을 아무렇게나 쓰다, 갈겨쓰다, 마구 쓰다. ¶ *scrawl a letter* 편지를 휘갈겨 쓰다 // (~ + 目 + 前 + 名) *He scrawled a few sentences on the blackboard.* 그는 몇 개의 문장을 칠판에 휘갈겨 썼다.
— *vi.* 갈겨(휘갈겨) 쓰다, 낙서하다. ¶ (~ + 前 + 名) *The boy scrawled over the wall.* 그 아이는 벽에 낙서를 했다. ¶ *scratch* a *letter* 갈겨 쓰기; 난잡한 필적, 낙서. ¶ *write bad scrawls* 서투른 글씨를 쓰다.
scrawl·er [skrɔ́ːlər] *n.* **1** 아무렇게나 쓰는 사람, 낙서하는 사람. **2** 〔농업용의〕 이랑을 만드는 기계.
scrawl·y [skrɔ́ːli] *adj.* (**scrawl·i·er**, **scrawl·i·est**) 휘

scrawny [skrɔ́:ni] *adj.* (**scrawn·i·er, scrawn·i·est**) 수척한, 빼빼 앙상한. ⇒ THIN 類語

screak [skri:k], (**screek**) *vi.* **1** 째지는(새된) 목소리를 내다(screech). **2** 삐걱삐걱하다, 삐걱거리다.
— *n.* **1** 째지는 소리. **2** 삐걱거리는 소리.

‡**scream** [skri:m] *vi.* **1** 꺅(꽥) 소리를 지르다, 새된 목소리로 외치다(말하다, 노래하다, 연기하다)르다; [아이가] 양양 울다. ¶ (~+前+名) *scream* in anger (sudden pain) 화가 나서(갑작스런 통증으로) 꽥 째지는 소리를 내다(내다). **2** 낄낄 웃다. ¶ (~+前+名) The girls *screamed* with laughter. 소녀들은 배꼽이 빠지도록 깔깔 웃어댔다. **3** [새 따위가] 날카로운 소리를 들다; [바람이] 휙휙거리다; [기적 따위가] 울리다. ¶ Owls *screamed* in the dark. 올빼미가 어둠 속에서 날카로운 소리를 냈다. **4** [빛깔이] 야하여 어울리지 않다. — *vt.* **1** …이라고 새된 목소리로 말하다, 큰소리로 말하다(…*out*). ¶ (~+目+副) *scream* out a curse (an order) 새된 목소리로 저주(명령)하다 // (~+ that 節) She *screamed* that her baby was being killed. 그녀는 아기가 죽는다고 째지는 목소리로 외쳤다. **2** 《재귀 용법》째지는 목소리를 질러 …으로 되게 하다. ¶ (~+目+補) *scream* oneself hoarse 큰 소리로 외쳐서 목이 쉬다 / The girl *screamed* herself red in the face. 소녀는 얼굴을 붉히며 소리질렀다.
— *n.* 째지는 소리, 비명; 날카롭게 우는 소리; 쌩쌩부는 소리. ¶ give a *scream* 비명을 지르다.
類語 **scream** 공포·고통 따위로 인한 크고 날카롭고 긴 외침; 놀라서 숨이 막힐 때의 희미한 외침. **shriek** scream 보다도 더욱 날카롭고 짧은 외침; 여자들이 들떠서 깩깩대는 소리. **screech** 째진 목소리의 불쾌함·귀에 거슬림·천함 따위를 강조하는 말.
2 《구어》매우 우습광스러운 사람(물건). ¶ It was a perfect *scream*. 아주 우스워 죽을 지경이다.
◇ **scréamy** *adj.*

scream·er [skrí:mər] *n.* **1** 새된 목소리(소리)를 내는 사람(물건), 째지는 소리를 내는 사람. **2** 《구어》 깜짝 놀랄 만한 물건(사람), 포복 절도할 이야기, 평장히 센 녀석. **3** 《속어》 감탄부호(exclamation mark). **4** 《美속어》[신문의] 선정적인 커다란 표제(sensational headline). *cf.* scarehead **5** 《야구 속어》 강렬한 라이너. **6** 명매기의 일종(남미산의 産).

scréamer bómb *n.* 음향 폭탄.

scream·ing [skrí:miŋ] *a.* **1** 째지는 소리를 내는, 쌩쌩 소리를 내는, 삐걱삐걱 소리를 내는. **2** 야한; 선정적인. ¶ *screaming* colors 야한 빛깔. **3** 깜짝 놀랄 만한(startling), 포복절도할; 낄낄 소리내어 웃는. — ⓤ 째지는 소리[를 냄], 삐걱삐걱하는 소리[를 냄]. **~·ly** *adv.* [도의 정신적 긴장]

screaming mee-mees [-mí:mi:z] *n. pl.* 《美속어》 극도의 정신적 긴장.

scream·y [skrí:mi] *adj.* (**scream·i·er, scream·i·est**) **1** 날카롭게 외치는, 절규하는. **2** 요란(야)한, 강렬한. **scréam·i·ly** *adv.* **scréam·i·ness** *n.*

scree [skri:] *n.* ⓤ 《산허리의》 돌 부스러기의 퇴적, 바위부스러기, 잔돌.

*****screech** [skri:tʃ] *n.* 찢는 듯한 외마디 소리, 날카로운 외침; 삐걱삐걱 소리. ⇒ SCREAM 類語 ¶ let out a *screech* 새된 외마디 소리를 지르다. — *vi.* 외마디 소리를 지르다; 《공포·고통 따위로》비명을 지르다; 삐걱 삐걱 소리내다. ¶ The brakes *screeched* as the car suddenly stopped. 차가 급정거하자 브레이크가 끽 하는 소리를 냈다. — *vt.* 을 찢는 듯한 소리로 외치다(…*out*). ¶ (~+目+副) She *screeched* out her innocence. 그녀는 찢는 듯한 소리로 자기의 결백을 외쳤다.
◇ **scréechy** *adj.*

scréech òwl *n.* 《미》 외마디의 부엉이. *cf.* barn owl
screech·y [skrí:tʃi] *adj.* (**screech·i·er, screech·i·est**) 외마디 소리의; 삐걱삐걱하는 소리의.

screed [skri:d] *n.* **1** (특히 불평·비난의) 장광설, 장황한 이야기; 너무 기다란 장(章)(편지). **2** 《英방언》 (천 따위의) 조각(fragment). **3** (미장이가 사용하는) 자 막대기. **4** 《스코》터진 데, 풀린 데(rent); 열상(裂傷). — *vi.* 《스코》찢어지다(tear). — *vt.* 《스코》…을 찢다.

‡**screen** [skri:n] *n.* **1** 가리개, 병풍, 칸막이, (특히 교회의) 당상 칸막이. ¶ a fire *screen* [난로 따위의 앞에 놓는] 우리 가리개 / a folding *screen* 병풍 / a sliding *screen* 미닫이, 미세기 / set up a *screen* 병풍(칸막이)을 치다. **2** [창 따위의] 쇠그물, 그물창. ¶ a window *screen* 창의 쇠그물. **3** [TV·전자 공학] 화면, 형광면 (螢光面). **4** [영화의] 영사막, 은막, 스크린; (the ~) (총칭적) 영화, 영화계. **5** 차폐물, 보호물, 그늘. ¶ a smoke *screen* 연막 / behind a *screen* of trees 나무 그늘에 숨어서 / under *screen* of night 어둠을 타서. **6** (석탄·모래 따위의) 체(sieve). **7** 《군사》 전위 부대, 전위 함대. **8** 《물리》 [전기·자기 따위의] 차벽(遮蔽). **9** [사진] 필터(filter). **10** [크리켓] [타자가 볼을 잘 볼 수 있도록 처놓는] 흰칠을 한 이동식] 널빤지(캔버스). **11** [사진 망판(網版)용의] 가느다란 눈금을 친 유리판.
put on a *screen* of indifference 모른 체하다, 시치미를 떼다.
— *vt.* **1** …을 가리다(shelter), …을 덮다, 보호하다(protect). ¶ *screen* windows 방충용의 쇠그물을 창에 치다 / *screen* a guilty man 죄를 범한 자를 감싸다 // (~+目+前+名) The trees *screen* his house *from* public view. 그의 집은 나무로 사람 눈에 잘 띄지 않게 가려져 있다 / We must *screen* them *from* danger. 그들을 위험으로부터 지켜주어야 한다 // (~+目+副) One corner of the room was *screened off*. 방의 한 구석은 칸막이가 되어 있었다. **2** …을 영사(상영)하다(project); [소설·연극 따위]을 영화화하다; …을 촬영하다. **3** [모래·석탄 따위]를 체질하여 분류하다, 체질하다. **4** [남]을 심사(선발)하다. ¶ a *screening* committee 전형 위원회. **5** [전기·자기의 간섭]를 차단하다. — *vi.* 상영(영사)되다; [배우 따위가] 영화에 알맞다. ¶ (~+副) He *screens* well (badly). 그는 영화 향수(부적)이다.

screen-cast [skrí:nkæst / -kà:st] *vi.* (-cast) 《보통 과거 분사로》뉴스 영화에 설명을 붙이다.

scréen dóor *n.* 방충망 따위가 쳐진 문.
scréen gríd *n.* 〔컴퓨터〕〔전자관(電子管)의〕 차폐격자, 차폐 그리드.

screen·ing [skrí:niŋ] *n.* ⓤ ⓒ **1** 가리기, 차폐하기, 방호; 체질; 감별, 적격 심사. **2** 영사하기, 영화의 상영. **3** (~s) (단·복수 양용) (일 따위의) 기울, 체로 쳐치고 남은 찌꺼기. **4** 〔마케팅〕 스크리닝 〔새로운 제품아이디어를 평가하여, 더욱 연구할 가치의 유무를 식별하는 제품 라이프 사이클의 한 단계〕.

screen·play [skrí:nplèi] *n.* 영화 각본, 시나리오.
scréen prínting *n.* 스크린 인쇄(silk-screen printing).
scréen stár *n.* 영화 스타.
scréen tést *n.* 스크린 테스트 오디션 (배역) 심사. 〔배우의 적성〕
screen-wash·er [skrí:nwɔ̀ʃər, -wɔ̀:ʃ- / -wɔ̀ʃ-] *n.* 《英》 자동차의 전면 유리 자동 세척 장치.
screen-writ·er [skrí:nràitər] *n.* 영화 각본 작가, 시나리오 작가(scenarist).

screeve [skri:v] *v.* (**screeved, screev·ing**) 《주로 英》 *vi.* 〔가두 화가가 통행인에게 구걸하기 위하여〕 보도에 그림을 그리다. — *vt.* …에게 구걸 편지를 쓰다.

screev·er [skrí:vər] *n.* 《주로 英》 가두 화가.

screw [skru:] *n.* **1** 나사, 나사못, 나사 볼트. ¶ tighten up a *screw* 나사를 단단히 죄다. **2** 나선 모양의 것; 나사 모양의 물건. **3** 스크루 추진기(screw propeller). **4** 〔드롭게〕 스크루션. **4** 코르크 병마개 뽑이. **5** (보통 the ~s) 압박, 강제, 위압(coercion). **6** 《주

로 英〕〔담배·설탕·소금 따위의〕 한 봉지, 한줌. **7** 〔나사·나사의〕 한 바퀴 돌리기, 한 번 죄기(twist). ¶ give a nut a good *screw* 너트를 단단히 죄다. **8** 구두쇠(miser), 수전노, 에누리하는 사람; 《俗語》 바보 (fool). **9** 《주로 英》 폐마(廢馬), 말라빠진 말. **10** 《英구어》 봉급, 임금, 급료(salary). ¶ a monthly *screw* 월급 / draw a *screw* 급료를 받다. **11** 〔당구·정구〕 공을 깎아치기. ¶ put a *screw* on a tennis ball 정구공을 깎아치기. **12** 〔감수, 옥리(prison guard). **13** 《美학생》〔학생을 골리는〕 대학의 강사; 〔시험 따위의〕 어려운 문제. **14** 《卑語》〔단수형으로〕 섹스〔상대〕.
apply the screw to (or *put the screw on*) a person 남에게 강제하다, 남을 아주 못살게 굴다.
put a debtor under the screw 채무자에게 심하게 빚독촉하다.
a screw loose ① 늦추어진 나사; 결함, 고장, 실수. ¶ There's *a screw loose* somewhere. 어딘가 고장이 있다. ② 《俗語》 머리가 이상함. ¶ He has got *a screw loose*. 그는 머리가 좀 돌았다.
— *vt.* **1** …을 나사로 고정하다, 죄다(fasten). ¶ (~+图+副) *screw* on a knob 손잡이를 나사로 죄다 / *screw down* a lid 뚜껑을 나사로 죄다 / *screw open* a bottle 나사를 돌려서 병마개를 따다 // (~+图+前+图) *screw* a bracket *to* a wall 벽에 가로대를 나사로 고정시키다.
2 〔압착기 따위〕를 나사로 죄다, 나사로 공작하다.
3 《美》〔학생〕을 시험으로 골탕먹이다.
4 〔몸·팔 따위〕를 비틀다, 굽히다; 〔얼굴〕을 찌푸리다 (distort); 〔눈 따위〕를 가늘게 뜨다. ¶ *screw* a person's arm round 남의 팔을 비틀다 / *screw* one's eyes 눈을 가늘게 뜨다 // (~+图+副) *screw* one's head *round* 목을 꼬다 // (~+图+前+图) *screw* one's face *into* wrinkles 얼굴을 잔뜩 찌푸리다. ¶ (*~*+图+副 *...up*).
5 〔마음〕을 긴장시키다, 정신차리게 하다; …에 능률을 올리다.
6 …을 짜다, 쥐어짜다, …을 억지로 빼앗다(*...out of, from*). ¶ (~+图+前+图) *screw* water *out of* a towel 타월의 물을 짜내다 / *screw* money *from* people 남에게서 돈을 우려내다 / *screw* a promise *out of* a person 남에게 억지로 약속을 시키다.
7 …에 강요하다(compel); …을 압박하다; 〔매도인〕에게 에누리하게 하다(*...down*). ¶ (~+图+前+图) be *screwed down* by strict rules 엄한 규칙에 얽매이다.
8 〔돈 등〕을 마지못해 내다. ¶ (~+图+副) He *screwed out* one thousand won for the dish. 그는 요리값으로 천 원을 마지못해 냈다.
9 〔당구의 공〕을 비틀어 치다, 깎다. ¶ (~+图+前+图) *screw* the red *into* the pocket 붉은 공을 비틀어 쳐서 포켓에 밀어넣다.
10 《俗語》 을 바꾸 죄다(cheat), 등치다.
11 《俗語》…과 성교하다.
— *vi.* **1** 〔나사가〕 돌다; 나사처럼 돌다. **2** 나사로 돌다; 나사로 해체할 수 있다. 〔돈 따위를〕 비틀다. **4** 〔공이〕 비틀리다. **5** 인색하게 굴다, 지나치게 아끼다. **6** 착취하다; 강요하다, 압제하다.
have one's head screwed on (or *One's head is screwed*) *on the right way* 〔구어〕 빈틈이 없다, 야무지다. ¶ The new manager *has his head screwed on the right way*. 새 지배인은 빈틈이 없다.
screw around 빈둥거리다, 정성들여 하지 않다.
screw into …에게 교묘하이 환심을 사다. ¶ The dealer *screwed into* tourists. 그 상인은 관광객들에게 환심을 샀다. 〔around.
screw off ① 자위 하다(masturbate). ② …을 *screw out of* 《俗語》〔남〕에게 강제하다, 책략을 쓰다; 〔물건〕을 등쳐 빼앗다, 압력을 넣어 얻어내다.
screw up ① 을 바짝 죄다. ¶ *screw up* the strings of a violin 바이올린 줄을 팽팽하게 죄다. ② …을 둥글게 말다. ¶ *screw up* a piece of paper into… 종이를 똘똘 말아 …으로 만들다. ③ …을 긴장시키다 (intensify), 〔용기〕를 불러 일으키다. ¶ *screw up* one's courage (discipline) 용기를 내다(규율을 한층 엄하게 하다). ④ 〔눈·입〕을 가늘게 하다, 오므리다. ⑤ 《俗語》 잘못을 저지르다, 엉망을 만들다. ⑥ 〔집세 따위〕를 터무니없이 올리다. ¶〔갖추다.
screw oneself up to 감히 …에 맞서다, …을 할 태세를 ◇ **scréwy** *adj.*

scréw·ball [skrúːbɔ̀ːl] *n.* **1** 《美俗》 괴짜, 기인 (eccentric person). **2** 《野》 스크루볼〔우투수가 좌타자에게 던졌을 경우 타자에게 가깝게 휘어지는 볼〕. — *adj.* 《美俗》 특이한, 별난, 괴짜의(eccentric). ¶ a *screwball* plan 특이한 계획.

scréw bòlt *n.* 나사 볼트. 〔이.
scréw bòx *n.* **1** 〔나무마개의〕 나사틀. **2** 나사받
scréw cāp *n.* 나사뚜껑.
scréw cóupling *n.* 나사 연결용 너트.
scréw-driv·er [skrúːdràivər] *n.* **1** 나사돌리개, 드라이버. **2** 칵테일의 일종.
scréwed [skruːd] *adj.* **1** 나사로 죈. **2** 〔나사 모양의〕 홈이 있는. **3** 《주로 英俗語》 얼근히 취한(intoxicated). **4** 속은(cheated).   〔노.
scréw·er [skrúːər] *n.* **1** 나선형〔모양〕의 것. **2** 수전
scréw èye *n.* 대가리는 고리 모양이고 끝은 나사로 되어 있는 쇠못.
scréw gèar (**gèaring**) *n.* 나사 톱니바퀴.
scréw hòok *n.* 나사갈퀴〔대가리가 갈퀴 모양으로 되어 있는〕.
scréw jàck *n.* 나사책, 나선 기중기(jackscrew).
scréw kèy *n.* 나사 돌리개, 스패너(screw wrench).
scréw nùt *n.* 나사 볼트 끝의 죄는 부분, 너트.
scréw pile *n.* 나사로 돌려박는 말뚝.
scréw prèss(**pùnch**) *n.* 나사 프레스〔압착기〕.
scréw propèller *n.* 〔기선·항공기 따위의〕 나선 (스크루) 추진기, 프로펠러. 〔배.
scréw stèamer *n.* 스크루선(船), 나사 추진기가 달린
scréw tàp *n.* 〔수도 따위의〕 암나사틀, 물고동.
scréw thrèad *n.* 나사의 날, 나사줄.
scréw tòp *n.* = screw cap. ¶ a *screw top* (cap) lid 나사마개로 된 뚜껑. 〔실수.
scréw-up [skrúːʌ̀p] *n.* 《美俗》 실수만 하는 사람, 큰
scréw wrènch (**spànner**) *n.* 나사 돌리개, 스패너.
screw·y [skrúːi] *adj.* (**screw·i·er, screw·i·est**) **1** 나선 모양의, 꾸불꾸불한. **2** 인색한(mean); 값을 에누리하지 않는. **3** 〔말(馬)이〕 쓸모없는. **4** 《英俗語》 얼근히 취한(somewhat intoxicated). **5** 《美俗》 머리가 이상한, 돈(crazy); 괴짜의.

scrib·al [skráib(ə)l] *adj.* **1** 붓으로 쓴, 필사(筆寫)의. **2** 필기중에 생기는, 필기중인. ¶ a *scribal* error 오사 (誤寫).

*****scrib·ble**[1] [skríbl] *v.* (**-bled, -bling**) *vt.* **1** …을 휘갈겨 쓰다. ¶ *scribble* a letter 편지를 휘갈겨 쓰다. **2** …을 아무렇게나 쓰다. — *vi.* **1** 휘갈겨 쓰다; 낙서하다. ¶ No *scribbling*!〔게시〕 낙서 금지. **2** 서투른 글 (시)을 쓰다, **3** 문필을 업으로 삼다. ¶ *scribble* for a bare existence 문필로써 가까스로 생활해가다. — *n.* **1** 휘갈겨 쓰기, 난필. **2** 졸작(拙作), 휘갈겨 쓴 편지. ◇ **scríbbly** *adv.*

scrib·ble[2] [skríbl] *vt.* (**-bled, -bling**) 〔양모 또는 면화〕를 애벌 빗질하다(card roughly).

scrib·bler[1] [skríblər] *n.* **1** 휘갈겨 쓰는 사람, 난필가. **2** 졸작만 내놓는 작가, 3류 문인(hack writer).

scrib·bler[2] [skríblər] *n.* 얼레빗질하는 기계(carding machine).   〔용 원고지책.

scríb·bling blòck [skríbliŋ-] *n.* 《英》 잡기(雜記)

scribe[1] [skraib] *n.* **1** 필기하는 사람, 필경사, **2** 필필가(penman). **3** 문인, 신문 기자, 저작자. **4** 〔성서〕 유대의 율법학자.

scribe² [skraib] *vt.* (**scribed, scrib·ing**) 1 〔목재 따위〕에 선을 긋다, 획선기(劃線器)로 선을 긋다. 2 〔드물게〕…을 쓰다, 적어두다.

scrib·er [skráibər] *n.* 먹통, 획선기(劃線器) 〔목재·돌 따위의 짝아낼 부분이에 대는 것〕.

scrim [skrim] *n.* ⓤ 스크림 〔실내 장식품의 안감으로 사용하는 면포 또는 마포〕.

scrim·mage [skrímidʒ] *n.* 1 난투, 싸움, 격투, 맞붙잡고 싸우기. 2 〔럭비〕 스크럼. ── *v.* (**-maged, -mag·ing**) *vt.* 1 …과 난투하다, 맞붙잡고 싸우다, 격투하다(tussle). 2 〔럭비〕〔볼〕을 스크럼 속에 넣다. ── *vi.* 1 난투하다. 2 〔럭비〕 스크럼을 짜다.

scrimp [skrimp] *vt.* 1 …을 바짝 줄이다(stint). 2 〔음식 따위를〕 바짝 줄이다. ── *vi.* 인색하게 굴다, 절약하다(*on*...). ¶ (~+前+名) She *scrimps on* food. 그녀는 음식에 인색하다.

scrimp·y [skrímpi] *adj.* (**scrimp·i·er, scrimp·i·est**) 바짝 줄인, 인색하게 구는; 부족한, 모자라는(scanty).

scrim·shank [skrímʃæŋk] *vi.* 《영속어》〔직무 따위를〕 게을리 하다, 태만히 하다(shirk).

scrim·shaw [skrímʃɔː] *vi.* 심심풀이 세공을 하다. ── *vt.* …에 심심풀이 세공 하다. ── *n.* ⓤ 심심풀이(조각) 세공 〔포경선원 등이 항해중의 심심풀이로 경골·해마의 엄니·조가비 따위에 조각하는 것〕.

scrip¹ [skrip] *n.* 1 영수증, 증명서, 《美》 각서, 메모. 2 한조각의 종이. 3 〔상업〕 가주권(假株券). 4 ⓤ 〔집합적〕 가(假)증권류. 5 《美》 〔점령군의〕 군표(軍票). 6 《美우사》 〔1달러 미만의〕 소액 통화.

scrip² [skrip] *n.* 《고어》 〔순례자 등의〕 작은 주머니, 전대(wallet).

‡**script** [skript] *n.* 1 ⓤ 손으로 쓰기(handwriting), 서체, 필적. 2 ⓤ 〔인쇄〕 필기체 활자. 3 〔영화〕 각본, 텔레비전·라디오 방송용의 대본, 스크립트. 4 〔법률〕 원본, 정본(original manuscript). 5 〔시험의〕 답안. ── *vt.* …의 대본을 쓰다.

Script. (=) scriptural, Scripture.

scrípt èditor(rèader) *n.* 스크립트 에디터〔정부의 규정과 회사의 이념이 일치하도록 스크립트나 광고 방송을 편집하는 사람〕.

script·er [skríptər] *n.* =scriptwriter.

scrípt gìrl *n.* 스크립트 걸 〔감독·연출가의 비서. 영화나 텔레비전의 촬영 현장에서 촬영의 상황·진행 따위를 정확하게 기록하는 여자〕.

scrip·to·ri·um [skriptɔ́ːriəm / -tɔ́ː-] *n.* (*pl.* **-ri·a** [-ria] *or* **-ri·ums**) 〔수도원의〕 필사실(筆寫室), 기록실.

scrip·tur·al [skríptʃ(ə)rəl] *adj.* (때로 S-) 성서의, 성서에 관한, 성서에 입각한(Biblical). **~·ly** [-rəli] *adv.*

***Scrip·ture** [skríptʃər] *n.* 1 성서. * Holy Scripture 또는 [the] Scriptures 라고도 한다. 2 (때로 s-) 성서에서 인용한 구(장). 3 기독교 이외의 성전, 경전. ¶ the *Scripture* of Islam 회교의 성전.

Scrípture rèader *n.* 빈민·문맹자의 집을 찾아다니며 성경을 읽어 주는 평신도.

script·writ·er [skríptràitər] *n.* 〔영화·연극·텔레비전·라디오 방송용〕 대본 작가, 각색가, 스크립트 라이터.

scriv·en·er [skrívnər] *n.* 1 《고어》 1 필경사, 서기(clerk). 2 공증인(notary public). 3 금융업자(money broker).

scrívener's pàlsy *n.* ⓤ 〔의학〕 서경(書痙) 〔글씨를 쓸 때에만 손이 경직되어 글씨를 쓰지 못하게 되는 병〕(writer's cramp).

scrod [skrɑd / skrɔd] *n.* 《美》 〔특히 요리용으로 썰은〕 대구 새끼.

scrof·u·la [skrɔ́ːfjulə, skrɑ́f- / skrɔ́f-] *n.* 〔병리〕 연주창 〔결핵균 때문에 목의 임파선이 붓는 병〕(king's evil).

scrof·u·lous [skrɔ́ːfjuləs, skrɑ́f- / skrɔ́f-] *adj.* 1 연주창의, 연주창에 걸린, 선병질의. 2 타락한(morally corrupt). **~·ly** *adv.* **~·ness** *n.*

***scroll** [skroul] *n.* 1 두루마리, 〔한국·중국 등의〕 족자. 2 〔장식의〕 소용돌이 무늬(spiral ornament); 소용돌이꼴. 3 〔인명 따위의〕 일람표, 명부; 목록, 표(list). ¶ on the *scroll* of fame 이름을 후세에 남기고. 4 꾸며 쓴 글씨, 화압(花押). 5 〔컴퓨터〕 화면 이동. ── *vt.* 《보통 crm과 분사형으로》 …을 소용돌이 무늬로 장식하다 ── *vi.* 말다 (curl up), 두루마리가 되다.

[scroll 1, 2]

scróll gèar(whèel) *n.* 소용돌이꼴 톱니바퀴.

scroll·head [skróulhèd] *n.* 〔항해〕 소용돌이 모양의 뱃머리 장식.

scróll sàw *n.* 구름 모양으로 도려내는 톱; 실톱.

scroll·work [skróulwə̀ːrk] *n.* ⓤ 소용돌이 모양의 장식, 소용돌이 장식; 구름 무늬, 당초 무늬.

Scrooge [skruːdʒ] *n.* 1 스크루지 〔Charles Dickens 작 *A Christmas Carol* 의 늙은 구두쇠〕. 2 (종종 s-) 수전노.

scroop [skruːp] *vi.* 삐걱거리다, 삐걱 소리내다. ── *n.* 〔비단 천 따위의〕 부스럭거리는 소리(creak).

scro·tum [skróutəm] *n.* (*pl.* **-ta** [-tə] *or* **-tums**) 〔해부〕 음낭(陰囊).

scrounge [skraundʒ] *v.* (**scrounged, scroung·ing**) *vt.* 1 …을 슬쩍 훔치다, 〔남의 것〕을 슬쩍 집어서다. ¶ He *scrounged* one thousand won from my wallet. 그는 내 지갑에서 천원을 슬쩍 빼내갔다. 2 …을 둘치다(cadge). ── *vi.* 〔물건을 슬쩍〕 어슬렁거리다. ── *n.* 1 날치기, 들치기; ⓤ 날치기한 것. 2 들치기(날치기)하는 사람.

‡**scrub**¹ [skrʌb] *v.* (**scrubbed, scrub·bing**) *vt.* 1 〔브러시·천 따위로〕…을 북북 문지르다(rub vigorously). ¶ (~+目+副) *scrub* a poster *off* the pillar 기둥에서 포스터를 문질러 긁어내다 // (~+目+前+名) *scrub* oneself *with* a towel 타월로 몸을 북북 문지르다. 2 〔물 따위의 세제로〕〔가스 따위의 불순물〕을 제거하다, 세정(洗淨)하다(cleanse). 3 〔로켓〕〔미사일 발사〕를 중지하다, 연기하다(postpone). 4 《속어》 …을 중지하다, 취소하다(cancel). ¶ *Scrub* your travel. 여행을 중지해라. ── *vi.* 북북 문지르다(씻다); 북북 문질러 소제하다.

scrub alòng 《美俗》 가까스로, 생계를 이어가다, 겨우 살아가다.

── *n.* 1 북북 문지르기(씻기), 물청소, 물청소 용구, 브러시. 2 물청소하는 사람, 힘든 일을 하는 사람, 부지런히 일하는 사람. 3 〔로켓〕 미사일 발사 중지. 4 《속어》 중지.

scrub² [skrʌb] *n.* 1 ⓤ 관목 숲; 덤불; 잡목림. 2 발육이 나쁜 사람(것). 3 작아서 하찮은(보잘것없는) 사람(것), 왜소한 사람. 2 《美구어》 잡종(mongrel), 혼혈아. 3 《美구어》 2류 선수, 보결 선수. ── *adj.* 1 성장을 그치, 조그마한. 2 열등의(inferior), 쓸모없는. 3 《美구어》 2류 선수로 이루어진, 급조한. ¶ a *scrub* game 2류 선수의 시합. 4 관목(덤불)이 우거진, 덤불로 뒤덮인.

scrub·ber¹ [skrʌ́bər] *n.* 1 청소부, 갑판 청소부. 2 브러시, 수세미. 3 가스 세정기. 4 《英》 외박하고 다니는 몸가짐이 단정치 못한 처녀.

scrub·ber² [skrʌ́bər] *n.* 1 〔특히 소의〕 잡종; 깡마르고 발육이 좋지 못한 소; 《濠》 숲으로 도망쳐 야생으로 되돌아간 가축 〔특히 소〕. 2 《濠》 숲에 사는 사람(동물).

scrúb·bing brùsh [skrʌ́biŋ-] *n.* =scrub brush.

scrúb brùsh *n.* 세탁용 브러시, 수세미.

scrub·by [skrʌ́bi] *adj.* (**-bi·er, -bi·est**) 1 잘 자라지 못한, 왜소한(stunted). 2 잡목이 우거진. 3 초라한(shabby); 좀스러운. 4 〔동물이〕 열등인(inferior).

scrúb typhus *n.* ⓤ 〔병리〕 양충병(恙蟲病)(river

scrub-up [skrʌ́bʌ̀p] n. 세정, 깨끗이 소제하기.
scrub·wom·an [skrʌ́bwùmən] n. (pl. **-wom·en** [-wìmin]) 잡역부(charwoman).
scruff [skrʌf] n. 목덜미, 뒷덜미. ¶ take (or seize) a person by the *scruff* of the neck 남의 목덜미를 잡다. ((못한, 초라한(shabby).
scruff·y [skrʌ́fi] adj. (**scruff·i·er, scruff·i·est**) 칠칠치
scrum [skrʌm], **scrum·mage** [skrʌ́midʒ] n. **1** 격투, 난투(confused struggle), 작은 충돌. **2** [럭비] 스크럼. — vi. (**scrummed, scrum·ming; -maged, -mag·ing**) **1** 서로 치고받다, 격투하다. **2** [럭비] 스크럼을 짜다. — **3** [럭비] 스크럼을 짜다.
scrúm hàlf n. [럭비] 스크럼 하프[불을 스크럼 사이에 넣는 하프백].
scrump·tious [skrʌ́mpʃəs] adj. (구어) 유쾌한, 훌륭한, 평장한(splendid); 맛좋은(delicious); 멋진. ¶ have a *scrumptious* time 유쾌한 시간을 보내다. ~**ly** adv.
scrum·py [skrʌ́mpi] n. ⓤ (英) 사과술.
scrunch [skrʌntʃ] vi. **1** =CRUNCH. **2** 웅크리다(*down*). — vt. =CRUNCH. — n. =CRUNCH.
*****scru·ple** [skrúːpl] n. **1** ⓤⓒ 의심, 주저(hesitation), 양심의 가책, ¶ a man of no *scruples* 에사로 나쁜 짓을 하는 사람 / I had *scruples* about justifying my action. 자기 행위를 변명하는 데 마음(양심)이 켕겼다 / He'll make no *scruple* to disgrace his family. 그는 예사로 자기 집 명예를 훼손할 것이다 / Tell me the truth without *scruple*. 기탄없이 사실대로 말하여라. **2** 조금, 미량. **3** 스크루플 [약량(藥量)의 단위, 20 grains (약 1.296 그램)에 해당].
stand on scruple 사양하다, 꺼리다.
— v. (**-pled, -pling**) vi. 양심의 가책을 느끼다, 마음에 걸리다, 켕기다, 주저하다(hesitate). ¶ (~+圓+图) *scruple at* doing wrong 나쁜짓 하기를 주저하다. — vt. …을 주저하다, …에 양심의 가책을 받다. ¶ (~+ing) *scruple giving* one's opinion 의견을 말하기를 주저하다 // (~+to do) Do not *scruple* to do as you like. 서슴지 말고 하고 싶은 대로 하여라.
◇ scrúpulous adj.
scru·pu·los·i·ty [skrùːpjuləsiti / -lɔ́s-] n. ⓤ 소심, 정직, 근엄, 주의주도함.
*****scru·pu·lous** [skrúːpjuləs] adj. **1** 견실한, 양심적인, 성실한(conscientious), 착실한, 꼼꼼한. ¶ a *scrupulous* adherence to truth 진실에 대한 양심적 신봉 / a *scrupulous* editor 꼼꼼한 편집자. **2** 신중한; 용의주도한, 정확한(exact), 면밀한. ¶ He always has a *scrupulous* attitude. 그는 언제나 신중한 태도를 취한다.
~**ly** adv. ~**ness** n.
scru·ta·ble [skrúːtəbl] adj. 정사(精査)할 수 있는; 조사(연구)에 의하여 해명할 수 있는.
scru·ta·tor [skruːtéitər] n. **1** 조사자, 검사자(examiner). **2** =SCRUTINEER. ((투표 검사인.
scru·ti·neer [skrùːtiníər] n.(주로 英) 검사인; (특히)
*****scru·ti·nize** [skrúːt(i)nàiz] (* (英) 에서는 **scru·ti·nise** 로도 쓴다) vt. (**-nized, -niz·ing**) **1** …을 면밀히 검사하다(examine thoroughly). **2** (남의 얼굴 따위)를 찬찬히 살피다. ◇ scrútiny n.
scru·ti·niz·ing·ly [skrúːt(i)nàiziŋli] adv. 말끄러미 쳐다보며; 면밀히 음미하여.
*****scru·ti·ny** [skrúːt(i)ni] n. (pl. **-nies**) **1** ⓤⓒ 찬찬히 (말끄러미) 쳐다봄. **2** ⓤ 정사(close examination), 면밀한 음미, 꼬치꼬치 따지기. ⇒ EXAMINATION [類語]. ¶ a *scrutiny* of reference books 참고 문헌의 조사 / make a *scrutiny* into …을 정사(음미)하다, 꼬치꼬치 따지다. **3** 투표의 재검표.
scry [skrai] vi. (**scried, scry·ing**) 수정(水晶)을 치다.
scry·er [skráiər] n. 수정(水晶)점을 치는 사람.
SCU (略) stroke care unit (뇌졸중 집중 치료실).
scu·ba [skúːbə] n. 수중 호흡 장치, 스쿠버. cf. Aqualung

scud [skʌd] vi. (**scud·ded, scud·ding**) **1** 질주하다, 급히 달리다. ¶ Sparrows were *scudding* in the sky. 참새들이 잽싸게 하늘을 날고 있었다. **2** [구름 따위가] 바람에 날다; [화살이] 과녁을 벗어나 높이 날다. **3** [항해] 순풍을 받아 달리다. ¶ Our yacht *scudded* before the breeze. 우리 요트는 바람을 타고 달렸다.
— n. **1** 질주, 빨리 날기. **2** [바람에 날리는] 구름; 지나가는 비; 눈보라; 한번 불어치는 바람. **3** 비구름. **4** (S-) =SCUD MISSILE.
Scúd mìssile n. 스커드 미사일 [옛 소련제 지대지 미사일].
scu·do [skúːdou] n. (pl. **-di** [-di]) 이탈리아의 옛 금화.
scuff [skʌf] vt., vi. **1** (땅·마루 따위)를 발을 질질 끌고 걷다. **2** [발을 질질 끌어] (구두 바닥 따위)를 마모시키다(shuffle), — n. **1** 질질 끌고 걷기 (것을 소리). **2** [질질 끌든가, 신어서] 손상된 곳. **3** 슬리퍼.
scuf·fle [skʌ́fl] vi. (**-fled, -fling**) **1** 난투하다, 붙들고 싸우다. **2** 허둥지둥 가다. **3** 발을 질질 끌고 걷다. — n. **1** 난투, 맞붙잡고 싸우기. **2** 발을 질질 끌고 걷는 걸음걸이.
scuf·fler [skʌ́flər] n. 걸은이, ((걷는 소리).
scug [skʌg] n. (英學生 俗語) 그리 똑똑하지 못한 학생, 존재가 희미한 학생, 매력없고 보잘것없는 사람.
scull [skʌl] n. **1** 스컬 [두 손에 한 개씩 가지고 젖는 작은 노]. **3** [스컬로 젖는] 보트. — vt. (배)를 스컬로 젖다. — vi. 스컬로 젖다.
scull·er [skʌ́lər] n. 스컬로 배를 젖는 사람; (英) 스컬 [가벼운 경조(競漕)용 보트].
scul·ler·y [skʌ́ləri] n. (pl. **-ler·ies**) 그릇 닦는 (취두는) 곳 [주방에 붙은 작은 방].
scul·lion [skʌ́ljən] n. **1** (英古語) [주방의] 심부름꾼, 접시닦기. **2** 비천한 사람.
sculp [skʌlp] vt., vi. (구어) =SCULPTURE.
scul·pin [skʌ́lpin] n. (pl. **-pin** or **-pins**) 횟대어류(類)의 담수어.
sculp·sit [skʌ́lpsit] v. (라틴) =he (or she) carved it) …의 작(作), …이 이를 조각하다 [조각의 서명; 略 sc.].
sculpt [skʌlpt] vt., vi. (미술) 새기다, 조각하다.
*****sculp·tor** [skʌ́lptər] n. **1** (* 여성형은 sculptress) 조각가. **2** (S-) [천문] 조각실좌(座).
sculp·tur·al [skʌ́lptʃ(ə)rəl] adj. 조각의, 조각술의, 조각적인(sculpturesque). ~**ly** [-əli] adv.
‡sculp·ture [skʌ́lptʃər] n. **1** ⓤ 조각, 조각술; 조소술(彫塑術) **2** (개개의) 조각품, 조각상; 조소; ⓒ (집합적) 조각 작품, 조소 작품. **3** [동·식물] 식물의 표면·조가비에 나타나는 무늬. — v. (**-tured, -tur·ing**) vt. …을 조각하다, 새기다, 파다, 조소하다. ¶ (~+图+前+图) *sculpture* a statue *in* (*out of*) stone 돌에 (로) 상(像)을 새기다. **2** …에 조각하다, …을 조각으로 장식하다. **3** [지질] …을 침식하다(erode). ¶ The river has *sculptured* the rock. 강이 바위를 침식했다. — vi. 조각하다, 조각가가 되다.
◇ sculpt v., sculpturésque adj.
sculp·tured [skʌ́lptʃərd] adj. 조각적인; [동·식물] [표면에] 조각과 같은 무늬가 있는. ¶ a *sculptured* marble wall 조각한 대리석 벽면.
sculp·tur·esque [skʌ̀lptʃərésk] adj. **1** 조각과 같은, 조각한 것 같은. **2** 모양이 단정한, 당당한. ¶ *sculpturesque* beauty 조상미(彫像美).
scum [skʌm] n. ⓤ **1** [끓거나 발효한 뒤에 생기는] 뜨는 찌꺼, 거품(foam), 더껑이. **2** 찌꺼기, 부스러기 (refuse). **3** 광재(鑛滓)(scoria). **4** (the ~) [집합적] (비유적) 인간 쓰레기(riffraff), 쓸모없는 사람; ⓒ 쓸모없는 사람. ¶ the *scum* of the earth 인간 쓰레기.
— v. (**scummed, scum·ming**) vt. …에서 뜬 찌꺼기를 걷어내다. — vi. 뜬 찌꺼기가 생기다, 뜨는 찌꺼기 (더껑이)로 덮이다.
scum·ble [skʌ́mbl] vt. (**-bled, -bling**) [그림] [불투명

scum·my [skʌ́mi] adj. (-mi·er, -mi·est) 1 뜨는 찌꺼기 투성이의. 2 쓸모없는; 비열한(mean). ¶ a very *scummy trick* 매우 비열한 책략. **-mi·ly** adv. **-mi·ness** n.

scunge [skʌndʒ] vt., vi. 《濠속어》 빌다(borrow). — n. 1 시시한 녀석, 더러운 놈. 2 〔물건을〕 늘 빌기만 하는 녀석.

scungy [skʌ́ndʒi] 《濠속어》 adj. 지저분한; 불쌍한; 한심한.

scun·ner [skʌ́nər] 《스코·北英》 n. 몹시 싫어함; 몹시 싫은 것. ¶ take a *scunner* at (or against) …을 몹시 싫어하다, …에 반감을 품다. — vt. 〔남〕을 진저리나게 하다(disgust); …을 몹시 싫어하게 하다. — vi 메스꺼워지다(feel sick); 싫증나서 못견디게 되다(at, with…).

scup [skʌp] n. (pl. **scup** or **scups**) 〔북미 대서양 연안산〕의 도미과의 식용어.

scup·per [skʌ́pər] n. 1 〔항해〕 〔갑판의〕 배수구, 배수관. 2 〔지붕 따위의〕 물받이. — vt. 《英속어》 위기(곤란)에 빠뜨리다; …을 급습하여 몰살시키다; 〔배〕를 가라앉히다.

scup·per·nong [skʌ́pərnɔ̀ːŋ, -nɑ̀ŋ / -nɔ̀ŋ] n. 《미국 남부산(產)》 왕머루, 〔①〕〔그것으로 빚은〕 백포도주.

scurf [skəːrf] n. 〔U〕 1 비듬(dandruff). 2 찌꺼기, 때. 3 《英속어》 사회의 쓰레기, 인간 쓰레기.

scurf·y [skə́ːrfi] adj. (**scurf·i·er, scurf·i·est**) 비듬성이의, 비듬 같은. [scurrilous.

scur·rile, scur·ril [skə́ːril / skʌ́ril] 〔古어〕 =

scur·ril·i·ty [skərí́liti / skʌr-] n. (pl. **-ties**) 〔U〕 1 상스러움, 천함, 입이 더러움. 2 〔U〕〔C〕 품위없는 말 (abusive remark, jest).

scur·ril·ous [skə́ːriləs / skʌ́r-] adj. 품위없는, 입이 더러운, 독설의. ¶ a *scurrilous jest* 품위없는 농담. **-ly** adv. **-ness** n.

*****scur·ry** [skə́ːri / skʌ́ri] v. (-**ried, -ry·ing**) vi. 종종 달리다, 황급히 달리다. — vt. …을 허둥대게 하다, 서두르게 하다. — n. (pl. **-ries**) 1 황급히 달리기, 질주; 허둥댐. ¶ There was a *scurry* towards the staircase. 계단 쪽으로 사람이 몰려들었다. 2 황급한 발소리. 3 〔단거리의〕 경주, 경마. 4 소나기, 별안간 오는 눈[눈·비를 동반한] 한 가닥 바람(flurry). ¶ There seems to be a *scurry* about. 곧 소나기(눈)가 올 것 같다. [< │HURRY│SCURRY│]

scur·vied [skə́ːrvid] adj. 괴혈병(壞血病)에 걸린, 괴혈병의.

scur·vi·ly [skə́ːrvili] adv. 천하게, 야비하게.

scur·vi·ness [skə́ːrvinis] n. 〔U〕 천함, 비열, 야비함.

scur·vy [skə́ːrvi] n. 〔U〕〔병리〕 괴혈병〔비타민 C 결핍으로 일어나는 병으로 빈혈 따위를 수반〕. — adj. (-**vi·er, -vi·est**) 야비한, 비열한, 비겁한(contemptible), 추잡한(mean). ¶ a *scurvy trick* 비열한 책략. 〔약〕.

scúrvy gràss n. 겨자과 식물의 일종〔괴혈병 치료에 쓰임〕.

'scuse [skjúːz] v. 《구어》 =excuse.

scut [skʌt] n. 1 〔특히 토끼·사슴의〕 짧은 꼬리(short tail). 2 《美속어》 야비한 사람. 3 신인, 신참자(newcomer); 풋내기.

scu·ta [skjúːtə] n. scutum 의 복수형.

scu·tage [skjúːtidʒ] n. 〔역사〕 병역 면제세〔봉건시대에 영주에게 납부하는 세금〕.

scu·tate [skjúːteit] adj. 1 〔식물〕 둥근 방패 모양의. 2 〔동물〕 둥근 방패 모양의 비늘이 있는, 인갑(鱗甲)이 있는.

scutch [skʌtʃ] vt. 〔면(綿)·마(麻)따위〕를 쳐서 가리어 추려내다. — n. =scutcher.

scutch·eon [skʌ́tʃ(ə)n] n. 1 =escutcheon. 2 〔동물〕 인갑(鱗甲) (scute). 3 열쇠 구멍 덮개. 4 명찰, 이름표(name plate).

scutch·er [skʌ́tʃər] n. 타면(打綿)기〔打綿(麻)機〕〔직공〕.

scute [skjuːt] n. 〔동물〕 1 인갑(鱗甲). 2 큰 비늘.

scu·tel·late [skjúːtəlèit, skjuːtél(ə)lèit], **-lat·ed** [skjúːtəlèitid] adj. 〔동물〕 1 인갑이 있는. 2 방패꼴의.

scu·tel·lum [skjuːtéləm] n. (pl. **-tel·la**) 1 〔동물〕 순상부(楯狀部). 2 〔식물〕 소인편(小鱗片).〔의.

scu·ti·form [skjúːtifɔ̀ːrm] adj. 방패 모양의, 방패꼴

scut·ter [skʌ́tər] vi., n. 《英속어》 =scurry.

*****scut·tle**¹ [skʌ́tl] n. 1 〔실내용의〕 석탄통. 2 《英방언》 〔곡물·야채 따위를 담는 바닥이 얕은〕 큰 광주리.

scut·tle² [skʌ́tl] vi. (-**tled, -tling**) 서둘러 가다(hurry off); 황급히 달아나다(off…). — n. 서둘러 걷기(달아나기, 달아남).

scut·tle³ [skʌ́tl] n. 1 〔항해〕 〔갑판 위의〕 소형 승강구; 그 뚜껑. 2 천장(天窓), 현창(舷窓), 창. — vt. (-**tled, -tling**) 1 〔배〕에 구멍을 뚫다, 구멍을 뚫어 침몰시키다. 2 〔계획·희망 따위〕를 버리다(abandon).

scut·tle·butt [skʌ́tlbʌ̀t] n. 1 〔항해〕 음료수통. 2 《美구어》 헛소문(rumor). 〔자.

scut·tler [skʌ́tlər] n. 1 황급히 달리는 사람. 2 경주

scu·tum [skjúːtəm] n. (pl. **-ta**) 1 〔동물〕 인갑(鱗甲) (scute), 〔곤충의 가슴이나 등 따위의〕 순판(楯板). 2 〔고대 로마의〕 큰 장방형의 방패. 3 〔천문〕 (S-) 방패좌(자리).

scuzz [skʌz] n. 《속어》 불쾌한 놈〔일, 것〕.

scuz·zy [skʌ́zi] adj. 《속어》 불쾌한, 추접스러운.

Scyl·la [sílə] n. 1 (* 현재는 Scil·la 로도 쓴다) 스킬라 〔이탈리아의 메시나(Messina) 해협에 있는 바위〕. 2 〔그리스 신화〕 스킬라〔이 바위에 살고 있는 것으로 전해지는 6두(頭) 12족(足)의 괴물〕.

between Scylla and Charybdis 진퇴양난의.

scy·phus [sáifəs] n. (pl. **-phi** [-fai]) 1 〔식물〕 〔꽃의〕 배상부(杯狀部). 2 〔고대 그리스의 손잡이가 둘 달린 컵〕.

*****scythe** [saið] n. 1 큰 낫, 풀 베는 낫. cf. sickle 2 〔역사〕 전차 낫〔옛날 전차의 두 바퀴에 단 낫〕. — vt. (**scythed, scyth·ing**) …을 낫으로 베다.

[scythe 1]

Scyth·i·a [síðiə, -θiə] n. 스키타이〔옛날 흑해와 카스피해(Caspian Sea)의 동부에 있었던 지방명.

Scyth·i·an [síðiən, -θiən] adj. 스키타이의; 스키타이 사람의. — n. 1 스키타이 사람. 2 〔U〕 스키타이어.

s.d. 《略》《라틴》 sine die (=without a day) (무기연으로).

S.D. 《略》《라틴》 *Scientiae Doctor* (=Doctor of Science); 《美》 special delivery (속달).

S/D 〔상업〕 sight draft (일람불 환어음).

S. Dak., S.D. 《略》 South Dakota.

'sdeath [zdéθ] interj. 〔古어〕 제기랄! ; 빌어먹을! , 아차! , 저런! ; 노여움·놀람·결심을 나타낸다.

SDF 《略》 Self-Defense Forces (일본의 자위대).

SDI 《略》 selective dissemination of information (정보 선택 제공); Strategic Defense Initiative (전략 방위 계획).

SDR, S.D.R. [s] 《略》 special drawing rights (〔국제 통화 기금의〕 특별 인출권(引出權).

SDS 《略》 Students for a Democratic Society (〔미국의〕 민주 사회주의 학생 동맹〔신좌익의 학생 단체〕); Satellite Data System (위성 데이터 시스템); special discount sale (특별 할인 판매).

se- pref. apart, withdraw, without 의 뜻. 예: *seclude, select*.

SE 《略》 systems engineering; sound effect (효과음).

SE, S.E., s.e. 《略》 southeast, southeastern.

Se 〔화학〕 selenium 의 원자 기호.

S/E 《略》 Stock Exchange (증권 거래소).

‡**sea** [siː] n. **1** (the ~) 바다, 해양, 대양(*《美》에서는 「바다」의 뜻으로는 ocean이 흔히 쓰인다). ¶ a *sea* like a looking glass; a glassy *sea* 거울 같은 바다 / an open *sea* 외해, 공해 / the four *seas* [영국을 둘러싼] 사방의 바다 / by the *sea* 해변에서 / go to the *sea* 해변으로 가다 / swim in the *sea* 바다에서 헤엄치다 / spend the summer at the *sea* 여름을 바다에서 보내다 / have the command of the *sea* 제해권을 장악하다 / Praise the *sea*, but keep on land. 《속담》군자는 위험에 가까이 가지 않는다.
2 [육지에 둘러싸인] 해양의 일부, …해(바다). ¶ an inland *sea* 내해 / the Mediterranean *Sea* 지중해 / the Yellow *Sea* 황해.
3 [큰] 염수호; 대호(大湖). ¶ the Dead *Sea* 사해.
4 [U C] [어떤 상태의] 바다; 파도, 파랑, 큰 파도 (large wave); 조수 (tide). ¶ a calm (*or* a peaceful) *sea* 잔잔한 바다 / a stormy (*or* a rough) *sea* 거친 바다 / a high *sea* 거친 파도 / a full *sea* 만조, 사리 / A heavy *sea* struck the rock. 격랑이 바위에 부딪쳐 부서졌다 / The *sea* is running high. 파도가 높다.
5 (비유적) 많음, 방대한 양, 다량; 광대함, 넓은 범위 (*of*…). ¶ a *sea* of blood 피바다 / a *sea* of smiling faces 무수한 웃는 얼굴 / a *sea* of trees 수해(樹海).
6 (는 또는 무관사로) 선원 생활, 해상 생활. ¶ sea articles 선원 계약서, 해상 생활.
7 (성서) [솔로몬 신전의 놋쇠로 된] 큰 대야 (laver).
above [*the level of*] *the sea* 해발…. ¶ The mountain is 3,000 feet *above the sea*. 그 산은 해발 3천 피트이다.
all at sea = *at sea* ③.
at sea ① 항해중에, 해상에서 (on the ocean). ② 수부로서 고용되어. ③ 어찌할 줄 모르는, 오리무중에. ¶ He is all *at sea* on this problem. 그는 이 문제에 관하여 오리무중이다.
between the devil and the deep sea ⇒ BETWEEN.
beyond (or *over, across*) [*the*] *sea*[*s*] 해외에, 국외에.
by sea 해로로. *cf.* overland ¶ Do you go to England *by sea*? 영국에 배로 갑니까?
drink the sea 고래를 고래로 마시다.
follow the sea 선원이 되다; 선원이다.   [sailor].
go to sea ① [배가] 출항하다. ② 선원이 되다 (become
half seas over [원래 항해] 거나하게 취한; 곤드레만드레의.
keep the sea ① 제해권을 유지하다. ② [배가] 항해를 계속하다. ③ [배가] 육지를 떠나 [바다에] 있다.
on the sea ① 해상에, 선상에. ② [집 따위가] 바다에 임한, 해변의. ¶ a hotel *on the sea* 해안의 호텔 / My house faces *on the sea*. 나의 집은 해변에 있다.
put [*off* or *out*] *to sea* 출항하다; 출범하다 (leave port).
ship a sea [보트·사람 등이] 파도를 뒤집어 쓰다.
stand to sea 바다로 타고 나가다.
take the sea ① 승선하다. ② [배가] 출항하다, 출범하다 (set sail); 진수하다; 바다로 나가다.
when the sea gives up its dead (성서) 부활하는 날에 [수장할 때 하는 말.←요한 계시록 (Rev.) 20: 13].
wish a person at the bottom of the sea 남이 물귀신이 되었으면 좋겠다고 생각하다, 남을 저주하다.
— *adj.* **1** 바다의, 해상의, 해양의, 해양성이 있는 (seagoing); 해안의. **2** 해군의 (naval). ¶ *sea* bases 해군 기지.
séa áir *n.* [U] 바다(가)의 공기, 해상의 공기.
séa ánchor *n.* [정박중에 띄우는] 해묘 (海錨).
séa anémone *n.* 말미잘.
séa bág *n.* 의복 부대 [수부·선원 등이 의복이나 소지품을 넣는 원통형의 즈크 부대].
séa bánk *n.* 방파제; 해안, 해변 (seashore).
séa báss *n.* 농어서(科)의 식용어.
séa báthing *n.* [U] 해수욕.
sea-beach [síːbìːtʃ] *n.* 해변.

séa béar *n.* **1** 흰곰, 북극곰. **2** 물개.
sea-bed [síːbèd] *n.* 해저.
Sea-bee [síːbìː] *n.* 미 해군 건설 부대원 [1941년 창설].
séa bélls *n. pl.* (단·복수 양용) 갯메꽃.
séa bírd *n.* 해조 (갈매기·바다제비 따위).
sea-board [síːbɔ̀ːrd /-bɔ̀ːd] *n.* 해안, 해변; 해안지방, 연해지 (沿海地). ⇒ SHORE 類語 — *adj.* 바다에 접한 (임한), 해안의.
séa bóat *n.* **1** [연안 선박에 대한] 외항선 (外航船). **2** [배에 실은] 구명정 (救命艇).
séa-born [síːbɔ̀ːrn] *adj.* 바다에서 태어난 (생긴).
sea-borne [síːbɔ̀ːrn /-bɔ̀ːn] *adj.* 해로(배)로 운반된, 해상 수송의, 해운의. ¶ *seaborne* articles 수입품.
séa bréach *n.* [제방 따위에 부딪쳐] 부서지는 파도.
séa bréad *n.* 선박용 건빵 (ship biscuit, hardtack).
séa bréam *n.* 도미과(科)의 식용어.
séa brèeze *n.* 해연풍(海軟風), 해풍.
séa cálf *n.* 바다표범 (harbor seal).
séa cáptain *n.* **1** 선장, 함장. **2** 《詩》대항해자 (大航海者), 대(大)제독 (commander at sea).
séa cát *n.* 바다표범; 물개 (fur seal).
séa chánge *n.* **1** 바다의 작용에 의한 변화. **2** 변형, 변모 (transformation).   [이루다.
suffer a sea change (좋은 방향으로) 기적적인 변화를
séa chést *n.* [선원의] 의복 상자.
séa chéstnut *n.* =sea urchin.
séa cóal *n.* 《英고어》석탄 [탄광 지대에서 먼 지방에서 Newcastle로부터 배로 운반된 석탄으로 charcoal과 구별하여 부른 이름].
sea-coast [síːkòust] *n.* 해안, 해안선.   [벨브.
séa cóck [síːkɒ̀k /-kɔ̀k] *n.* (항해) 해수판(瓣), 선저
sea-cop-ter [síːkɒ̀ptər /-kɔ̀p-] *n.* 수륙 양용 헬리콥터. [<SEA+[HELI]COPTER].
séa ców *n.* **1** 해우 (海牛), 듀공 (dugong). **2** 바다표범. **3** (폐어) 하마 (hippopotamus).
séa crów *n.* 바다오리, 붉은 부리 갈매기.
séa cúcumber *n.* 해삼 (holothurian).
sea-cul-ture [síːkʌ̀ltʃər] *n.* [U] 해산물의 양식 (養殖).
séa dévil *n.* [열대산의] 쥐가오리 (manta ray, devilfish).
séa dóg *n.* **1** 물개 (seal). **2** 상어 (dogfish). **3** 북미 캘리포니아주 연안의 작은 해달 (small sea lion). **4** 노련한 뱃사람 (experienced sailor). **5** 해적 (pirate).
sea-dog [síːdɒ̀ɡ /-dɔ̀ɡ] *n.* 안개무지개 (fogbow).
sea-drome [síːdròum] *n.* 해상 착륙장. [<SEA+[AIR]DROME].
séa éagle *n.* **1** 흰꼬리수리. **2** 《美구어》물수리 (osprey).
sea-ear [síːìər] *n.* 전복 (abalone).
séa élephant *n.* 해상 (海象) (elephant seal).
séa fán *n.* 부채꼴 산호 [특히 서인도 제도의] 부채꼴 산호의 일종.
sea-far-er [síːfɛ̀(ː)rər, -fɛ̀ər] *n.* **1** 선원, 수부 (mariner). **2** 해상 여행자, 항해자.
sea-fa-ri [síːfɑ́ːri] *n.* [C][U] 《美》해양 모험 여행.
sea-far-ing [síːfɛ̀(ː)riŋ /-fɛ̀ər-] *adj.* **1** 해상 여행의. **2** 배타기를 업으로 하는, 선원살이의. — *n.* **1** [U C] 해상 여행, 바다 여행 (travel by sea). **2** [U] 선원살이.
séa fárming *n.* [U] 수산물 양식.
séa fíght *n.* 해전.
sea-flow-er [síːflàuər] *n.* 말미잘 (sea anemone).
séa fóam *n.* **1** 바닷물결의 거품. **2** [U] 해포석 (海泡石) (meerschaum).   [어오는 안개.
séa fóg *n.* [U] 바다안개 [바다에서 내륙으로 흘러 들
sea-food [síːfùːd] *n.* [U C] 《美》바다에서 나는 식품, 해산물.
sea-fowl [síːfàul] *n.* =sea bird.
séa fóx *n.* 환도상어 (thresher shark).
séa frónt *n.* [도시·건물의] 바다에 면한 측; 해안가, 해안의 산책로.   [深器).
séa gáuge *n.* **1** 흘수 (吃水). **2** 자기 측심기 (自記測

sea-girt [síːgəːrt] *adj.* 바다에 둘러싸인, 환해(環海).
sea-god [síːgɑ̀d / -gɔ̀d] *n.* 해신.
sea-go·ing [síːgòuiŋ] *adj.* **1** 원양 항해의(에 알맞은). ¶ a *seagoing* vessel 외항선. **2** 배를 타고 살아가는, 선원살이의. **3** [산란을 위해 물고기가] 바다로 내려가는 (catadromous). —— *n.* = seafaring.
sea-grant cóllege [síːgrænt- / -grɑ̀ːnt] *n.* 《美》 [연방 정부의 자금 원조를 받는] 해양학 연구 대학.
séa grápe *n.* **1** 모자반(gulfweed). **2** (~s) 오징어류의 알.
séa gréen *n.* ⓤ (때로 a ~) 해록색(海綠色).
sea-green [síːgríːn] *adj.* 해록색의.
séa gúll *n.* **1** 갈매기. **2** 《美속어》 [선원을 유혹하는] 해안 거리의 매춘부.
séa hédgehòg *n.* **1** 섬게(sea urchin). **2** 복(globefish).
séa hóg *n.* 돌고래(porpoise).
séa hórse *n.* **1** 해마. **2** 해마[말 머리, 물고기 꼬리의 괴수로 해신의 수레를 끈다고 한다]. **3** 해상(海象) (walrus).
séa-ìs·land còtton [síːàilənd-] *n.* ⓤ 해도면(海島綿) [원래 미국의 Sea Islands (South Carolina 주, Georgia 주 해역 여러 섬)에서 재배되던, 현대는 주로 West Indies 에서 재배되고 있는 상질면].
séa kále *n.* 갯배추[유럽에 자생하는 십자화과(科)의 식물. 그 싹은 식용].
séa kíng *n.* [중세 북유럽의] 해적왕. *cf.* Viking
‡**seal**[1] [siːl] *n.* **1** [봉랍·봉연(封鉛) 따위에 누른] 도장, 인장, 문장(紋章), 증인(證印). ¶ under *seal* 조인되어, 압인(押印)을. **2** [문장(紋章)·머리문자·약자 따위를 새긴] 도장, 인형(印形), 옥새(玉璽). ¶ the Great *Seal* 《英》 국새(國璽) / Lord Keeper of the Privy (*or* the Great) *Seal* 《英》 국새상서(尙書) / I had my *seal* engraved. 나는 도장을 새기었다. **3** 봉(封), 봉인. ¶ break the *seal* 개봉하다 / put the *seal* upon a document 문서를 봉하다. **4** 《비유적》 비밀로 하는 것, 비밀을 지킬 약속(의무), 사람의 입을 봉하는 것, 약속의 표시나 보증. ¶ under the *seal* of secrecy 비밀을 지킬 약속으로. **5** [보증·확증·증명 따위의] 증표; 두드러진 징후, 상(相). ¶ a *seal* of friendship (love) 우정(사랑)의 증표 / the *seal* of death 죽음의 상 / give the *seal* to love 사랑을 보증(증명)하다. **6** [자선 사업 따위가 모금 운동으로 발행하는] 기념(장식) 스탬프, 실. ¶ a Christmas *seal* 크리스마스 실. **7** [하수관 따위의] 방취(防臭) 밸브; [그 안에 가두는] 봉수(封水). **8** (the ~s) 《英》 대법관(국무장관)의 직인. ¶ return the *seals* [장관이] 사임하다.
affix (or **put, set**) one's *seal* to …에 날인하다; …에 찬동의 뜻을 나타내다; …을 승인하다(ratify).
under (or **with**) a **flying** *seal* 개봉으로.
under one's **hand and** *seal* 서명 날인되어.
—— *vt.* **1** [인가·확증의 증표로서] …에 도장을 찍다, 날인하다, [품질 표시 따위를 증명에] …에 검인 (刻印)을 찍다, 검인을 찍다. ¶ The treaty was signed and *sealed* by both governments. 그 조약은 양 정부에 의하여 서명 날인되었다.
2 [날인하여] [사면(赦免) 따위]를 부여하다, 하사(下賜)하다, 양여하다 (*~*+圓+圓) He has *sealed* his will *to* his son. 그는 유서에 날인하여 아들에게 건네주었다.
3 …을 봉하다, 봉인하다, …을 밀봉하다, 밀폐하다, …에 이음매칠을 하여 [틈]을 막다 (…*up*); 봉쇄하다. ¶ (~+圓+圓) *seal up* a letter 편지를 봉하다 / *seal up* the window 창에 이음매칠을 하다.
4 《비유적》 [눈]을 꼭 감다, [입술]을 꼭 다물다(shut closely). ¶ eyes *sealed* in death 죽어서 꼭 감은 눈.
5 …을 확실하게 하다, 확증하다, 승인하다, 증명(보증)하다(certify). ¶ (~+圓+圓+图) We *sealed* the promise *with* a handshake. 그 약속을 우리는 악수로써 보증했다.
6 …을 결정하다 (decide), 정하다; [운명 따위]를 정

하다. ¶ Your casual words have *sealed* his fate. 네가 어쩌다 한 말이 그의 운명을 결정해 놓았다 / Her fate is *sealed*. 그녀의 운명은 정해졌다.
7 《英軍》 [무기·군복 따위]를 공인(채용)하다. ¶ a *sealed* pattern 공인형, 표준형.
8 [전기] [소켓 따위]를 꽂다.
9 《모르몬교》 [부부·양자 등]의 영원한 결연을 하다.
10 [하수관 따위]를 방취(防臭) 밸브로 방취하다.
seal **off** ① 밀봉(밀폐)하다. ② 봉쇄하다. ¶ *seal off* the area 지역을 봉쇄하다.
‡**seal**[2] [siːl] *n.* (*pl.* **seals** *or* **seal**) **1** 바다표범 [일반적으로] 기각류(鰭脚類)의 바다짐승 [강치·물개·바다표범 따위]. ¶ a harbor *seal* 점박이 바다표범 / a fur *seal* 물개. **2** ⓤ 바다표범(물개)의 털가죽. **3** ⓤ 진한 (암) 갈색 (*seal* brown). —— *vi.* 바다표범(물개) 사냥을 하다. ¶ go *sealing* 바다표범(물개) 사냥을 가다.
Sea·lab [síːlæ̀b] *n.* 《美》 해저(海底) 실험실. [<SEA+LAB[ORATORY]]
séa láne *n.* 항로.
seal·ant [síːlənt] *n.* 봉함제, 밀폐제(密閉劑) (sealing agent).
séa lávender *n.* 기송(磯松)류의 해안 식물.
séa láwyer *n.* **1** 《속어》 따지기 좋아하는 선원; [주어진 명령 따위에] 불평을 하기 좋아하는 선원. **2** 상어 (shark).
séal báby *n.* 바다표범 모양의 기형아.
séal brówn *n.* (때로 a ~) 진한 갈색, 암갈색.
seal-easy [síːlìːzi] *adj.* 쉽게 봉합할 수 있는.
sealed [síːld] *adj.* **1** 조인된; 봉인된; 밀봉된. **2** 불가해한, 잘 알지 못하는, 불명의 (unknown).
séaled bóok *n.* **1** 내용을 알 수 없는 책. **2** 수수께끼.
séaled órders *n. pl.* 봉함 명령, [게게] 비밀.
séa légs *n. pl.* **1** 흔들리는 갑판 위를 비틀거리지 않고 걸을 수 있음. **2** 뱃멀미하지 않음.
find (*or* **get, have**) one's *sea legs* 배의 흔들림에 익숙해지다, 갑판 위를 비틀거리지 않고 걸을 수 있다, 뱃멀미를 하지 않게 되다.
séa léopard *n.* [남극해(南極海)산(産)] 바다표범류.
seal·er[1] [síːlər] *n.* **1** 날인자. **2** 도량형(度量衡) 검사관. **3** [통조림 따위를] 밀폐하는 기계(장치).
seal·er[2] [síːlər] *n.* 바다표범(물개) 사냥꾼(배).
seal·er·y [síːləri] *n.* (*pl.* **-er·ies**) ⓤ 바다표범(물개) 어업; ⓒ 어장(번식장) (seal fishery).
séa létter *n.* [전시의] 중립국 선박 증명서 (sea pass).
séa léttuce *n.* 파래 [해초].
séa lével *n.* ⓤ 해면, 평균 해면. ¶ 2,000 meters above *sea level* 해발 2,000m.
séal físhery *n.* **1** 바다표범(물개) 어업. **2** 바다표범(물개) 어장.
sea-lift [síːlìft] *n.* 해상 수송.
séa líly *n.* 갯나리[해저에 사는 극피(棘皮) 동물의 일종].
séa líne *n.* 수평선.
seal·ing [síːliŋ] *n.* ⓤ 바다표범(물개) 어업 (seal fishery).
séaling wáx *n.* ⓤ 봉랍(封蠟).
séa líon *n.* 바다사자류, [특히] 강치.
Séa Lórd *n.* 《英》 해군본부 위원[군본부 위원회(Board of Admiralty)의 해군 무관 출신 구성원].

[sea lion]

séal ríng *n.* 인발이 박힌 반지.
seal·skin [síːlskìn] *n.* ⓤ 바다표범(물개)의 모피; ⓒ 그것으로 만든 의복(물건).
Séa·ly·hàm térrier [síːlihæ̀m-] *n.* [영국의 웨일스 원산(産)의] 테리어 개.
‡**seam** [siːm] *n.* **1** 솔기, 이은자리; 겹친 자리. **2** 갈라진 틈, 흠. **3** 주름살(wrinkle). **4** 상처 자국, 흉터 (scar) **5** 《해부》 [두개골의] 봉합선. **6** [지질] 박층 (薄層), 얇은 광맥층. —— *vt.* **1** …을 봉합하다, 이어 붙이다, 꿰매다. ¶ (~+圓+圓) *seam up* a dress 옷을

꿰매다 / *seam* two pieces of cloth *together* 두 조각의 천을 이어붙이다. **2** 〔주로 과거 분사형으로〕…에 상처(흠)를 내다; …에 주름을 잡다. ¶ (~+目+前+名) a face *seamed with* wrinkles 주름잡힌 얼굴. **3** 뒤집어서 꿰매 줄무늬를 만들다. — *vi.* **1** 갈라진 틈(주름)이 생기다. **2** (편물) 뒤집어서 줄무늬를 내다.
◇ séamy, séamless *adj*.

sea-maid [síːmèid], **(sea-maid·en** [-mèidn]) *n*. (詩)
1 인어(人魚)(mermaid). **2** 바다의 요정(여신)(seagoddess).

‡**sea·man** [síːmən] *n.* (*pl.* **-men** [-mən]) **1** 수부, 뱃사람, 선원, 해원(＊〈英〉상선에서는 선장・물길 안내인・연습생, 〈美〉상선에서는 연습생을 제외한 선원 전체). ¶ a merchant *seaman* 상선 선원 / a good (a poor) *seaman* 배의 조종이 능숙한(서툰) 선원. **2**〔해군〕수병, 〈美〉상등 수병. ¶ a leading *seaman* 1등 수병 / an able (*or* an able-bodied) *seaman* 2등 수병〔略 A.B.〕 / an ordinary *seaman* 3등 수병〔略 O.S.〕.
◇ séamanly, séamanlike *adj*.

séaman apprêntice *n.* 〈美〉1등 수병.
sea-man-like [síːmənlàik] *adj.* **1** 뱃 사람(수 병)다운. **2** 배의 조종이 능숙한 (skillful in navigating).
sea·man·ly [síːmənli] *adj.* = seamanlike.
séaman recrûit *n.*〈美〉2등 수병.
sea·man·ship [síːmənʃip] *n.* ⓤ 선박 조종술.
sea·mark [síːmɑ̀ːrk] *n.* 항로 표지, 해표(海標).
séa mèw *n.* 갈매기, 〔특히〕유럽종(種)의 갈매기.
séa mìle *n.* 해리(海里) (nautical mile).
seam·less [síːmlis] *adj.* 솔기가 없는, 이음매가 없는.
séa mònster *n.* **1** 바다의 괴물, 괴어. **2** 은상어.
sea·mount [síːmàunt] *n.* 해산(海山).
seam·stress [síːmstris / sém-] *n.* 재봉부(婦), 침모.
séa mùd *n.* ⓤ 해니(海泥)〔종종 비료로 쓰인다〕.
séa mùle *n.* 〔거룻배(barge) 따위를 끄는〕 상자 모양의 끄는 배.
seam·y [síːmi] *adj.* (**seam·i·er, seam·i·est**) **1** 보기 흉한 (unpleasant); 이면(裏面)의. **2** *the seamy* side of life 생활의 이면. **2** 솔기가 있는; 상처가 있는.
seam·i·ness *n.*

Sean·ad Éir·eann [ʃǽnəd ɛ́(ː)rən / -ɛ̀ər-] *n.* 〔아이랜드 공화국 의회의〕상원. *cf.* Dail Eireann
sé·ance [séiɑːns] *n.* **1** 강신(령)술(降神(靈)術)의 회합 〔망령(亡靈)과 영교하기 위하여 모인 회합〕. **2** 〔개회(회기)중의〕 회.
séa nèttle *n.* 해파리 (jellyfish).
séa nŷmph *n.* 바다의 요정.
séa ònion *n.* 해총(海葱)〔지중해 지방 원산의 나리과의 다년생 식물〕; 해총근(根)〔말려서 약용으로 한다〕.
séa òtter *n.* 해달〔동물의 이름〕.
séa páss *n.* – sea letter. 〔일종〕
séa pèn *n.* 바다조름〔해저에 사는 강장(腔腸)동물의일종〕.
séa pìe *n.* **1** ⓤⓒ 소금에 절인 파이〔선원용〕. **2**〔주로 英〕검은도요 (oyster bird).
sea-piece [síːpìːs] *n.* 바다 그림 (seascape).
séa pìg *n.* **1** 돌고래 (dolphin). **2** 듀공 (dugong).
séa pìnk *n.* 아르메리아(기송과의 다년초)(thrift).
sea·plane [síːplèin] *n.* 수상 비행기.
‡**sea·port** [síːpɔ̀ːrt / -pɔ̀ːt] *n.* **1** 해항. **2** 항구 도시.
séa pówer *n.* **1** 해군국. **2** ⓤ 해군력 (naval strength).
séa pùrse *n.* 〔상어・홍어 따위의〕 알주머니.
sea·quake [síːkwèik] *n.* 해저 지진.
sear [siər] *vt.* **1** …을 그슬리다, 태우다; …에 낙인을 찍다; 〔상처 따위의〕 뜨거운 인두로 지지다. ¶ *sear* the meat 고기를 태우다. **2** 을 마비시키다, 무감각하게 하다 (harden); …의 끼기를 없애다. **3** …을 시들게 하다 (wither). ¶ Cold wind *seared* the leaves. 찬 바람이 나뭇잎을 시들게 했다. — *vi.* 시들다. ¶ *the sear* and yellow leaf

인생의 내리막, 노령. — *n.* **1** 시든 상태. **2** 탄 자국, 낙인 자국.
‡**search** [səːrtʃ] *vt.* **1** …을 찾다, 수색하다; 탐색하다; 〈美 따위〉를 뒤지다. ¶ *search* a ship 배를 임검하다 / *search* a book 〔인용문 따위를 찾아〕 책을 자세히 조사하다 // ¶ (~+目+前+名) *search* one's pockets *for* money 호주머니를 뒤져 돈을 찾다 / *search* a house *for* documents 가택 수색을 하여 서류를 찾다.
2 〔숨긴 것을 찾아〕 〔남〕을 몸수색하다. ¶ (~+目+前+名) *search* a person *for* smuggled goods (weapons) 밀수품(흉기)을 갖고 있지 않은지 수색하다.
3 …을 유심히 살피다, 말똥말똥 바라보다. ¶ *search* a person's nose 남의 코를 유심히 바라보다 // ¶ (~+目+前+名) *search* a ship *with* a telescope 망원경으로 배를 둘러보며 바라보다.
4 〔외과 용구 따위로〕〔상처〕를 살피다; 〔사람의 마음·감정 따위〕를 살피다. ¶ *search* a wound 상처를 살피다 / *search* a person's conscience 남의 양심을 살펴보다 / *search* one's memory 기억을 더듬다.
5 〔바람・추위가〕…에 스며들다, 스미다 (penetrate); 〔광선이〕…에 비치들다; 〔군대〕 〔탄환이〕…을 관통하다, 소사(掃射)하다. ¶ The cold wind *searched* her ragged clothings. 찬 바람이 그녀의 다 해진 옷속으로 스며들었다 / The rain of shells *searched* the trench. 탄우(彈雨)가 참호로 퍼부어졌다.
— *vi.* 찾다; 구하다; 정사(精査)하다, 조사하다 (investigate). ¶ (~+前+名) *search after* health and happiness 건강과 행복을 추구하다 / *search for* stolen goods 도난품을 찾다 / *search into* an accident 사고를 조사하다.

search out …을 찾아내다; …을 알아 (조사해) 내다. ¶ I will *search out* the truth. 나는 진실을 캐내고 말겠다.

You can search me!; *Search me!* 《구어》〔질문에 답하여〕나는 모르겠다, 나는 모른다, 알 리 있나.
— *n.* ⓤⓒ **1** 수색, 탐구; 추구 (*for, of...*). ¶ *search for* a missing fisherman 행방불명된 어부의 수색 / in *search of* truth; in the (*or* a) *search for* truth 진실을 찾아서.
2 조사, 음미, 파고(캐고)들기 (*for...*). ¶ make a *search for* (*or after*) hidden treasures 숨겨진 보물을 찾다.
3 〔교전국에 의한 중립국 선박의〕 임검, 〔권리에 입각한〕 수색. ¶ the right of *search* 〔중립국 선박에 대한〕 수색권.
◇ séarchless *adj*. 〔수색권.
search·a·ble [səːrtʃəbl] *adj.* 찾을 수 있는; 조사할 수 있는. **~·ness** *n.*
search-and-de·stroy [səːrtʃənddistrɔ́i] *adj.* 게릴라를 철저히 찾아내어 소탕하는.
search·er [səːrtʃər] *n.* **1** 수색자, 조사자(관), 검사자(관), 추구하는 사람. **2** 세관 검사관, 선박 검사관. **3** 〔죄수의〕신체 검사관. **4** 대포 검사기. **5** 〔의사가 사용하는〕탐침(探針) (probe).
***search·ing** [səːrtʃiŋ] *n.* ⓤ 수색, 추구, 조사, 음미. ¶ the *searchings* of heart 양심의 가책. — *adj.* **1** 수색하는 (examining). ¶ a *searching* party 수색대. **2** 면밀한, 철저한 (thorough), 엄중한, 날카로운, 통찰력이 있는. ¶ a *searching* glance 날카로운 눈길. **3** 살을에는 듯한. **~·ly** *adv.* 〔빛.
search·light [səːrtʃlàit] *n.* 서치라이트, 탐조등; ⓤ
séarch pàrty *n.* 수색대.
séarch wárrant *n.* 〔법률〕가택 수색영장. 〔이.
sear·ing·ly [síəriŋli] *adv.* 타는 듯이, 말라가듯
séa rìsk *n.* (종종 ~s) 〔보험〕해난, 해상 사고 (이.
séa ròad *n.* 〈美〉해로 (sea route), 항로. 〔협.
séa ròbber *n.* 해적.
séa ròbin *n.* 성대류 (gurnard)의 물고기.
séa ròom *n.* ⓤ **1** 조선여지 (操船餘地) 〔배를 조종하기에 충분한 수면〕. **2** 자유로운 활동 기회, 충분한 활동 여지.
séa ròute *n.* 해로 (sea road). 〔동의 여지.

sea rover n. 해적(pirate); 해적선.
sea salt n. ⓤ 바다 소금. *cf.* rock salt
sea-scape [síːskèip] n. (*cf.* landscape) **1** 바다 경치. **2** 바다 그림(사진).
sea-scout [síːskàut] n. 해양 소년단원; (~s) 해양 소년단.
sea serpent n. **1** 큰 바닷뱀[거대한 뱀모습을 한 가상적 괴물]. **2** =sea snake. **3** (S-) [천문] 바닷뱀좌(Hydra).
sea shell n. 조가비.
‡**sea·shore** [síːʃɔ̀ːr /-ʃɔ̀ː] n. **1** 해안, 해변. ⇒ SHORE [類語] **2** [법률] 해안[만조선(線)과 간조선(線)사이의 땅].
*****sea·sick** [síːsìk] adj. 뱃멀미의, 뱃멀미하는. ¶ get seasick 뱃멀미가 나다. ~·ness n.
‡**sea·side** [síːsàid] n. (보통 the ~) 해변, 바닷가. ⇒ SHORE [類語] — adj. 해변의, 임해(臨海)의. ¶ a *seaside* resort 해수욕장, 해안 피서(한)지 / a *seaside* school 임해 학교.
sea·slug [síːslʌ̀g] n. [英軍] 함대공(艦對空) 미사일
sea snake n. **1** 바다뱀. **2** =sea serpent 1.
‡**sea·son** [síːzn] n. **1** [달력상의] 계절, 철 [1년의 4계(季)](spring, summer, autumn, winter)의 하나]. ¶ the four *seasons* 사철 / at all *seasons* 사철을 통해서, 1년중. **2** 절후, 시절. ¶ a dry *season* 건[조]기 / The rainy *season* has set in. 우기로 접어들었다. **3** [과일 따위의] 한창 나돌 때, 한물, 최성기, 제철; [농작물 수확의] 시기, 철; [꽃의] 개화기; 유행기. ¶ the apple *season* 사과 철 / the harvest *season* 수확기 / a close (an open) *season* 금렵(수렵) 기 / the *season* for pruning [가지 따위의] 전지기(剪枝期). **4** [스포츠·행사 따위의] 시기, 시절, 시즌. ¶ the baseball *season* 야구 시즌 / a tourist *season* 관광 시즌 / It is now the best *season* for fishing (*or* to fish). 지금이 제일 좋은 낚시철이다. **5** [어떤] 기간, 시기; 잠깐, 잠시(while). ¶ a dull *season* in trade 무역 불황기 / I live in London for a *season* 잠시동안 런던에서 살다. **6** 《英구어》정기권(season ticket).
behind the season 철이 지난.
in good season 마침 알맞게; 좀 일찍감치.
in season ① [어류·과일·야채 따위가] 제철이 된, 한창인, 성수기인. ¶ fishes *in season* 제철을 맞은 물고기. ② 사냥철에. ③ 시기가 적절하게, 때마침, 제때에 (in good time). ¶ a word *in season* 적절한 충고.
in season and out of season 언제든지, 때를 가리지 않고(continuously), 사철, 자나깨나. ¶ He would talk about horse racing *in season and out of season*. 그는 자나깨나 경마 이야기 뿐이었다.
out of season ① 시기(철)를 벗어나, 제철을 잃어, 한물 간. ¶ Watermelons are *out of season* now. 수박은 이제 한물 갔다. ② 금렵기(禁獵期)에. ③ 시기에 맞지 않은, 호기를 놓치고.
Season's Greetings !; With the greetings of the season. 《美》시후(時候)의 문안 올립니다 [크리스마스 때 방송이나 카드에서 쓰이는 인사말. 주로 비기독교도가 쓰며 기독교도는 Merry Christmas !라고 쓴다].
— vt. **1** [양념·향료 따위로] [음식]의 맛을 돋우다, 조미하다. ¶ (~+囯+젠+圀) *season* a dish *with* salt 요리에 소금을 쳐서 맛을 돋우다. **2** …에 흥미(를) 돋우다, 맛을 내다. ¶ (~+囯+젠+圀) conversation *seasoned with* humor (wit) 유머(재치)로 흥을 돋운 대화. **3** [기후 따위에] … 을 길들이다(habituate); 익게 하다(ripen); [재목을] 건조시키다(train). ¶ (~+囯+젠+圀) She *seasoned* herself *to* the heat. 그녀는 더위에 익숙해 졌다. **4** 완화하다, 누그러뜨리다(soften).
— vi. 익다; 길들다; [재목 따위가] 건조되다, 마르다.
◇ séasonal, séasonless adj.
sea·son·a·ble [síːznəbl] adj. **1** 제철의, 계절에 맞는. ¶ *seasonable* weather 계절에 맞는(알맞은) 날씨. **2** 때에 알맞은, 기회가 좋은(timely), 호기의, ⇔ OPPORTUNE [類語] ¶ a *seasonable* gift 때에 알맞은 선물.

~·ness n. ~·bly adv.
*****sea·son·al** [síːzn(ə)l] adj. 계절의, 계절적인; 계절마다의, 주기적인(periodical). ¶ a *seasonal* wind 계절풍 / a *seasonal* laborer 계절적 노동자. ~·ly [-əli] adv.
sea·soned [síːznd] adj. **1** 조미한, 맛을 들인. **2** [재목 따위가] 잘 마른. **3** 익숙한, 경험을 쌓은(experienced). [조미료.
sea·son·er [síːznər] n. **1** 조미하는 사람. **2** 양념,
sea·son·ing [síːzniŋ] n. **1** ⓤ 조미[하기]; ⓒ 조미료. **2** ⓤ [재목을] 건조시키기; 길들기(들이기), 순화(馴化). **3** 흥을 돋우기. [는.
sea·son·less [síːznlis] adj. 철이 없는, 철의 구별이 없
season ticket n. 《英》**1** 정기 (승차) 권[승차] commutation ticket). **2** [흥행 따위의] 정기 입장권, 입장 회수권.
sea squirt n. 우렁쉥이 [원삭(原索) 동물의 일종] (ascidian).
sea swallow n. 제비갈매기[갈매기과 (科)의 새]; 《英방언》바다제비.
‡**seat** [siːt] n. **1** 좌석, 자리. ¶ a reserved (an unreserved) *seat* 예약 (보통)석 / take (*or* 《美》have) a *seat* 좌석에 앉다, 착석하다 / give one's *seat* to an old man; give up one's *seat* for an old man 노인에게 자리를 양보하다 / book (*or* reserve) *seats* in a theater 극장의 좌석을 예약하다 / rise [up] from one's *seat* 자리를 뜨다 / resume one's *seat* 자리로 돌아가다 / Please be *seated.* 자리에 앉아 주십시오. **2** 걸상, 의자, 벤치; [걸상·의자의] 앉는 부분, 앉는 자리. ¶ the *seat* of a chair 의자의 앉는 자리. **3** [기계 따위의] 대(臺), 좌(座), 대좌; [물건이 위에] 얹혀질 부분. ¶ the *seat* of an engine 기관좌 (機關座). **4** [몸의] 엉덩이(buttocks); [의복의] 엉덩이 부분. ¶ *seat* of one's trousers 양복바지의 엉덩이 부분 / be out at the *seat* 엉덩이 부분이 찢어져 있다. **5** [말 따위에 올라탄] 자세, 앉음새. ¶ have a good (a poor) *seat* on a horse 탄 자세가 좋다(나쁘다). **6** [제왕의] 옥좌; 주교좌(主敎座); 권좌, 왕권; 주교권. **7** 의원의 지위(신분), 의석, 의원권; 회원의 지위(신분) (membership); [증권거래소 등의] 회원권. ¶ win (lose) a *seat* [in Congress] 의석을 획득하다(상실하다) / hold a *seat* in the Cabinet 내각에 자리를 차지하다 / take one's *seat* in the House of Commons 하원의원 당선후 처음으로 등원하다.
8 중심지(가) (center), 요지(要地); 소재지, 장소, 위치. ¶ the *seat* of learning 학문의 중심지 / the *seat* of war 싸움터 / Seoul is the *seat* of commerce. 서울은 상업 중심지이다 / The lungs are the *seat* of his disease. 그는 폐에 병이 있다.
9 [귀족의 시골] 저택; [시골의] 땅.
by the seat of one's pants 《구어》육감으로, 감(感)
— vt. **1** …을 착석시키다, 앉히다. ¶ (~+囯+젠+圀) *seat* a person *in* a sofa 남을 소파에 앉히다 / Please *seat* yourself *in* a chair. 의자에 앉아 주십시오. **2** …에 자리를 마련하다; …할 만한 좌석이 있다; …을 수용하다(accommodate). ¶ The theater can *seat* 1,000 people. 그 극장은 천 명을 수용할 수 있다. **3** [의자위의] 앉는 부분을 대다(갈아대다); [바지 따위에] 엉덩이받이를 대다. **4** [권위의 지위에] …을 취임시키다, …으로 선출하다, 의석을 얻게 하다. **5** 《종종 수동형 또는 재귀법으로》 [어떤 장소에] …을 설치하다; [남]을 정주시키다(settle). ¶ (~+囯+젠+圀) They *seated* themselves *along* the shore. 그들은 해안에 정주했다.
◇ séatless adj.
sea tangle n. 해초류, [특히] 다시마속(屬)의 해초.
seat belt n. [비행기 따위의] 좌석 벨트.
seat·ed [síːtid] adj. **1** 자리에 앉은, 착석한. **2** 《복합어를 만들어》결상의 …인; 뿌리의 …인. ¶ a cane-*seated* chair 등의자 / a deep-*seated* disease 뿌리깊은 병, 고질.
seat·er [síːtər] n. 《복합어를 만들어》[자동차·비행기의] …인승. ¶ a two-*seater* 2인승.

seat·ing [síːtiŋ] *n.* ⓤ **1** 착석[시키기]. **2** 좌석의 배치(설비), 수용력. ¶ a *seating* capacity 수용좌수; 수용력. **3** 의자의 재료; [특히] 안에 넣은 속 재료, 깔천(가죽)(upholstery). **4** 승마 자세.

seat·less [síːtlis] *adj.* 자리가 없는; 의석이 없는.

seat-mate [síːtmèit] *n.* [탈것 따위에서] 옆자리 사람, 동석자. ¶ 의 수송 단위.

séat míle *n.* 〔항공〕좌석 마일〔유료 여객 1인 1마일

SEATO [síːtou] 〔略〕*S*outheast *A*sia *T*reaty *O*rganization(동남 아시아 조약 기구). *cf.* NATO

séa tráin *n.* 열차 수송선〔화물을 적재한 열차 차량의 수송선〕.

séa tróut *n.* **1** 바다송어[연어과(科)의 경골어]. **2** 〔조기류의 물고기〕.

Se·at·tle [siǽtl] *n.* 미국 Washington 주 서부의 Puget Sound 에 면한 항구 도시.

séat·work [síːtwə̀ːrk] *n.* ⓤ 〔美〕아이들이 교실의 자기 자리에서 하는 학습이나 과제. ¶ 〔동물〕.

séa úrchin *n.* 섬게〔해저 바위틈에 사는 극피(棘皮)

séa wáll *n.* 〔해안의〕호안 제방, 방조제(벽).

***séa·ward** [síːwərd] *adv.* 바다 쪽으로, 바다로 향하여(seawards). — *adj.* 바다에 면한, 바다로 향한; [바람 따위가] 바다에서 불어오는. ¶ a *seaward* wind 해풍.
— *n.* (the ~) 바다 쪽(방향).

séa·wards [síːwərdz] *adv.* =seaward.

séa·ware [síːwɛ̀ər] *n.* ⓤ 비료용 해초(sea wrack).

séa wáter *n.* ⓤ 해수.

séa·way [síːwèi] *n.* ⓤⓒ **1** 해로, 항로; 외해, 외양; 항진(航進), 속력. ¶ make *seaway* 항진하다. **2** 거친 물결, 거친 바다. ¶ in a *seaway* 거친 파도에 휘말려서. **3** 〔외양선이 통과할 수 있는〕내륙 수로.

***sea·weed** [síːwìːd] *n.* ⓤⓒ 해초, 해조(海藻).

séa wólf *n.* **1** = wolffish. **2** 해적(pirate).

sea·wor·thy [síːwə̀ːrði] *adj.* [배가] 외양에 알맞은; 내항성(耐航性)의. *cf.* airworthy -**thi·ness** *n.* ¶ 해초.

séa wráck *n.* 〔특히 파도에 밀려 바닷가에 널려 있는]

se·ba·ceous [sibéiʃəs] *adj.* 〔생리〕지방질의, 지방이 많은; 지방성 물질을 분비하는. ¶ *sebaceous* glands 피지(皮脂腺).

SEbE 〔略〕*s*outh*e*ast *b*y *e*ast(동남미동(東南微東)).

SEbS 〔略〕*s*outh*e*ast *b*y *s*outh(동남미남(東南微南)).

se·bum [síːbəm] *n.* 〔생리〕피지(皮脂)〔피지선에서 분비되는 지방성 분비물〕.

sec[1] [sek] *adj.* [포도주가] 맛이 신(dry), 단맛이 없는.

sec[2] [sek] *n.* 〔구어〕초(秒).

SEC, S.E.C. 〔略〕*S*ecurities and *E*xchange *C*ommission 〔미국〕증권 거래 위원회; *S*upreme *E*conomic *C*ouncil 〔구소련의〕최고 경제 회의.

sec. 〔略〕*sec*ond; *sec*ondary; *sec*retary; *sec*tion; *sec*tor; *sec*undum.

se·cant [síːk(ə)nt, +美 -kənt] *n.* 〔기하〕할선(割線)(⇒ CIRCLE 그림), 〔삼각함수〕정할(正割), 세컨트 [略 sec]. — *adj.* 〔선이나 면이〕나누는, 가르는, 교차하는.

sec·a·teurs [sékətə̀ːrz / sèkətə́ːz] *n. pl.* 〔단·복수 양용〕〔주로 英〕나무 베는 가위, 전지 가위(pruning scissors).

sec·co [sékou] *adj.* 마른(dry). — *n.* ⓤⓒ 마른 회벽 위에 그리는 템페라 그림(fresco secco). *cf.* fresco

se·cede [sisíːd] *vi.* (**-ced·ed, -ced·ing**) 정당·종교 단체 따위에서 탈퇴하다; 분리하다(*from*…).

se·ced·er [sisíːdər] *n.* **1** 탈퇴자, 분리자. **2** (the S-)〔1733년 국교에서 분리한 스코틀랜드의〕장로 교회 신자.

se·cern [sisə́ːrn] *vt.* 〔사상으로〕…을 구별하다, 식별하다. — *vi.* 〔사상으로〕구별되다, 식별되다.

se·cern·ent [sisə́ːrnənt] *adj.* 〔생리〕분비하는(secreting). — *n.* **1** 분비기관, 분비기능. **2** 분비 촉진제.

se·ces·sion [siséʃ(ə)n] *n.* **1** ⓤⓒ 〔정당·종교 단체 따위부터의〕탈퇴, 분리. **2** ⓤ (종종 S-)〔美역사〕[1860-61년에 시도되었던〕남부 11개주의 분리. ¶ the War of *Secession* 남북 전쟁(the Civil War). **3** (보통 S-) ⓤ 〔미술〕분리파〔19세기 말에 비엔나에서 시작된 건축 사상의 혁신적 예술 운동〕.

se·ces·sion·al [siséʃ(ə)nl] *adj.* 탈퇴의, 분리의.

se·ces·sion·ism [siséʃənìz(ə)m] *n.* ⓤ **1** 탈퇴론, 분리론. **2** (종종 S-)〔美역사〕[남북 전쟁 당시의〕분리주의.

se·ces·sion·ist [siséʃənist] *n.* **1** 탈퇴[분리]론자. **2** (종종 S-)〔美역사〕분리주의자.

Séck·el [sékl-] 〔péar〕 *n.* 배의 일종; 그 나무. [<미국의 재배자의 이름]

***se·clude** [siklúːd] *vt.* (**-clud·ed, -clud·ing**) …을 틀어박혀 살게 하다, 은퇴시키다(withdraw); …을 떼어놓다, 차단하다, 격리하다(isolate), 몰아내다. ¶ (~ +目+前+图) *seclude* oneself *from* society 사회에서 은둔하다 / *seclude* a person *from* his companions 남을 동료에게서 떼어내다. ◇ **se·clu·sion**, **se·clu·sive** *adj.*

se·clud·ed [siklúːdid] *adj.* 격리된; 은둔한, 틀어박힌; 호젓한, 한적한, 인가에서 멀리 떨어진. ¶ a *secluded* life 은둔 생활. -**ly** *adv.* -**ness** *n.*

***se·clu·sion** [siklúːʒ(ə)n] *n.* ⓤ **1** 격리, 차단. ¶ a policy of *seclusion* 쇄국 정책. **2** 은퇴, 은둔(retirement), 독거(獨居), 한거(閑居). ¶ live in *seclusion* 은거하다, 은둔생활을 하다 // be in the *seclusion* of one's own home 자기 집에 틀어박혀 있다 / She sought *seclusion* in her study. 그녀는 서재에 틀어박혔다.
◇ **seclude** *v.*, **seclusive** *adj.*

se·clu·sion·ist [siklúːʒənist] *n.* 은둔주의자; 쇄국(鎖國)주의자.

se·clu·sive [siklúːsiv] *adj.* 틀어박히기[은둔]를 좋아하는, 은둔적인. -**ly** *adv.* -**ness** *n.*

sec·o·bar·bi·tal [sèːkoubɑ́ːrbitɔ̀ːl, -tæ̀l] *n.* 〔화학〕세코바르비탈〔신경 안정제·수면제로 사용〕.

Sec·o·nal [sékənæl, -nɔːl] *n.* 〔상표명〕세코날〔최면제〕.

***sec·ond**[1] [sék(ə)nd → *vt.*3] **1** 제2의, 두 번째의, 2등의〔略 sec., 2nd〕; 열등의, 부수적인, 2차적인(*to*…). ¶ goods of the *second* grade 2등(2류)품 / the *second* [day] of the month 달의 2일째 / the *second* largest city in the country 그 나라 제2의 대도시 / in the *second* place 두 번째로, 다음으로 / go by the *second* train 두 번째 열차로 가다 / This is the *second* time I've read the book through. 이 책을 읽은 것은 이번이 2번째이다 // *second* only to …을 빼놓고는 어느 것(누구)에도 못지 않은 / *second* to none 누구(어느 것) 못지 않은. **2** 하나 건너의, 하나 거른(alternate). ¶ every *second* evening 하룻밤 걸러. **3** 〔…을 붙여서〕다른, 또하나의(another), 다른, 추가의; 아주 닮은, 다시 찾아든. ¶ a *second* time 다시 한번 / a *second* helping 〔식사의〕한 그릇 / a *second* Solomon 제2의 솔로몬 / a *second* Daniel 다니엘 같은 명재판관. **4** 〔음악〕부차적인, 저음의. ¶ *second* alto 제 2 알토 / *second* trombone 제2 트롬본. **5** 〔자동차〕세컨드 [기어]의, [변속기의] 제2 속도의.

***at second hand** 간접적으로, 한 손 건너; 고물로, 중고로. ¶ buy books *at second hand* 고본을 사다.
— *adv.* 두 번째로, 2등칸으로도. ¶ come *second* 두 번째로 되다(오다) / travel *second* 2등칸으로 여행하다.

***second off** 두 번째로도.

— *n.* (보통 the ~) 〔지위·경쟁·시험 따위에서〕제2위인 사람, 2착, 2번; 제2세, 제2대째; 타인, 딴 사람, 두번째 사람(에 내); 제2일; 2등, 둘째 무관사 단수)〔英 구〕2루. ¶ a good *second* 1등과 큰 차가 없는 2등 / get into a *second* 2등차를 타다 / He was the *second* to come out. 그가 두 번째로 나왔다. / 〔보통 *a~*〕돕는 사람, 보좌관, 후원자, 〔동의의〕찬성자; 〔결투·복싱 따위의〕세컨드, 보조인. *cf.* principal ¶ act as a most useful *second* 보조인 역할을 하다. **3** (~s) 2등품, 2급품, 밀가루〔의 빵〕. **4** 〔자동차명〕제2 속도, 세컨드. **5** 〔음

악〕2도 음정; 2도 음; 2도음의 결합에 의한 협화음(協和音); 저음부(低音部). **6** (~s) 〔속어〕〔식사의〕또 한 그릇(second helping).
— vt. **1** …을 원조하다, 후원하다; 〔결투·복싱 등에서〕…의 세컨드(보조인)가 되다. ¶ *second* a person's efforts 남의 노력을 뒷받침하다. **2** 〔목적 따위〕를 촉진하다, 조장하다; 〔동의·결의〕에 찬성하다. ¶ *second* a bill 법안에 찬성하다. **3** [sikǽnd, sékənd / sikə́nd] 〔英〕〔군대〕〔일시적으로 (육군 장교)에의 대기 발령을 내리다; 〔공무원의 소속〕을 일시적으로 바꾸다(...*for*).
◇ sécondary *adj.*, sécondly *adv.*

‡**sec·ond·ar·y**² [sék(ə)nd] *n*. **1** 초, 1초시(時) 〔부호 ″〕; 〔기하〕 초, 세컨트〔각·도의 단위, 부호 ″〕. ¶ 20 degrees, 8 minutes, and 40 *seconds* 20도 8분 40초 〔略 20°8′40″〕. **2** 잠깐, 순간◀ MOMENT ¶ In a *second* 금방, 순간적으로 / We must not lose a *second*. 잠시도 꾸물거려서는 안 된다 / Wait a *second* for me. 잠깐 기다려라.

Sécond Ádvent *n.* (the ~) 그리스도의 재림(再臨) 〔론(論)〕 (Second Coming), 재림.

sec·ond·ar·i·ly [sék(ə)ndèrili / -d(ə)ri-] *adv.* 제2〔위〕적으로, 종속적으로; 보조적으로.

‡**sec·ond·ar·y** [sék(ə)ndèri / -d(ə)ri] *adj.* **1** 제2위의, 제2류의, *cf.* primary ¶ a *secondary* post 2류의 지위 / be of *secondary* importance 그리 중요하지 않다. **2** 다음의, 부차...; 종속적인, 부차적인, 보조적인. ¶ a *secondary* cause 제2(부)원인/a *secondary* product 부산물. **3** 중등 교육(학교)의. ¶ *secondary* education 중등 교육. **4** 〔전기·화학〕2차의. ¶ a *secondary* current 2차 전류. **5** (S²) 〔지질〕중생대(中生代)의. **6** 〔문법〕 a) 〔단어가〕파생적인. b) 〔그리스어·라틴어·산스크리트어에서〕과거시제의. **7** 〔경기〕 2차 어구의, 형용사의, 형용사 상당어구의. *cf.* primary **7** 〔새〕 다음 줄의〔깃털 따위〕; 〔의학〕 속발성의; 제2차의, 뒤에 생기는; 〔광물·식물〕 나중 나온, 2차적인. — *n.* (*pl.* -ar·ies) **1** 제2번째(자리)의 사람(것), 2차적인 것. **2** 대리인, 보좌역. **3** 〔경기〕 2차 회로, 2차 코일. **4** 〔지질〕 중생대. **5** 〔문법〕 2차 어구, 형용사 상당 어구; 〔언어〕 = secondary accent. **6** 〔새〕 완우(腕羽) (secondary feather) 〔⇒ COCK¹그림〕; 〔곤충〕 〔나비류의〕 뒷날개. **7** 〔천문〕 제2권(圈), 종권(從圈); 위성(satellite). **8** 〔미식 축구〕 제2 수비수.
-ar·i·ness *n.* ◇ secondarily *adv.*

sécondary áccent *n.* 제2 액센트. *cf.* primary accent

sécondary céll *n.* 〔전기〕 2차 전지(電池), 가역(可逆) 전지.

sécondary cólor ((英) cólour) *n.* 등화색(等和色) 〔원색 두 가지를 등량으로 섞은 색〕.

sécondary consúmer *n.* 〔생태〕 제2차 소비자〔제1차 소비자(primary consumer)를 먹는 동물; 초식동물을 잡아먹는 육식동물〕.

sécondary dáta *n.* 〔마케팅〕 2차 데이터〔조사방법 구분에 있어 이미 다른 목적을 위해 수집된 자료〕.

sécondary derívative *n.* 〔문법〕 **1** 2차 파생어 [teacher, pennilessness 따위]. **2** 〔수학〕 2차 도함수.

sécondary distribútion *n.* 〔경제〕 제2차 분배 (分賣) 〔이미 발행된 증권을 대량으로 일반에게 파는 일〕.

sécondary educátion *n.* 〔교육〕 중등 교육. ¶ 〔출〕. secondary school

sécondary emíssion *n.* 〔U|C〕 〔물리〕 2차 전자 방출.

sécondary gróup *n.* 〔사회〕 제2차 집단 〔간접적으로 교섭을 유지하고 있는 사람들의 집단〕. *cf.* primary group

Sécondary Módern School *n.* (=**sécondary módern**) 〔英〕 세컨더리 모던 스쿨〔제1차 세계 대전 후에 설치되어 실용 과목을 중시하는 중등 학교의 하나〕. *cf.* Secondary Technical School, Grammar School

sécondary próduct *n.* 2차 산품〔다소 가공한 제품〕.

sécondary recóvery *n.* 〔홍수 따위로 생산이 중지된 유정(油井)에서의〕 재채유(再採油), 2차 채유.

sécondary schóol *n.* 〔英〕 중등 학교〔미국의 high school, 우리 나라의 중·고등 학교 따위〕.

sécondary séx cháracterístic *n.* 〔의학〕 제2차 성징(性徵) 〔사춘기에 시작되는 남녀의 신체적 특징〕.

sécondary stórage (mémory) *n.* 〔컴퓨터〕 보조 기억 장치(auxiliary storage).

sécondary stréss *n.* = secondary accent.

Sécondary Téchnical Schóol *n.* 〔英〕 중등 실업 학교. *cf.* Secondary Modern School

sécondary wáve *n.* 〔지진(地震)의〕 제2파(波) (S wave).

sécondary wórd *n.* 〔언어〕 제2차적 파생어.

sécond bállot *n.* 결선 투표.

sécond banána *n.* 〔美속어〕 **1** 〔특히 익살 희극 따위에서〕 조역(助役). **2** 〔일반적으로〕 종속적인 지위의 사람.

sécond báse *n.* 〔보통 무관사 단수〕 〔야구〕 2루.

sécond bést *n.* 차선(次善)의 것(것).

sec·ond-best [sék(ə)ndbést] *adj.* 두 번째로 좋은, 차선의. ¶ one's *second-best* clothes 2번째로 좋은 나들이옷.
— *adv.* 둘째로, 2위로. * 보통 다음 숙어로 쓴다.
come off second-best 지다, 패배하다(be beaten).

sécond bírth *n.* 재생, 다시 태어남(regeneration).

sécond chámber *n.* 〔양원제 의회의〕 상원.

sécond chíldhood *n.* 〔U〕 노쇠, 노망(dotage).

sécond cláss *n.* **1** 〔기차·기선 따위의〕 2등. **2** 〔英〕 〔대학 우등 시험의〕 2급. ¶ get (*or* take) a *second class* in law 법학에서 2급을 따다. **3** 〔美〕 제2종〔우편물〕.

sec·ond-class [sék(ə)n(d)klǽs / -klɑ́:s] *adj.* **1** 2등의, 2류의. ¶ a *second-class* railway carriage 2등차. **2** 〔美〕 〔우편물 따위의〕 제2종의. ¶ a *second-class* matter 제2종 우편물〔신문·정기 간행물 따위〕. **3** 이류의, 하급의(inferior). — *adv.* 2등으로. ¶ travel (*or* go) *second-class* 2등으로 여행하다.

Sécond Cóming *n.* = Second Advent.

sécond cóusin *n.* 육촌.

sécond déath *n.* 〔神學〕 제2의 죽음, 영원한 죽음.

sec·ond-de·gree [sék(ə)n(d)digríː] *adj.* 〔화상(火傷)·죄상(罪狀) 따위가〕 제2급(도)의.

sécond divísion *n.* 〔집합적〕 **1** 〔英〕 〔재판에서 결〕 교도소 안에서의 중등의 취급. **2** 〔美〕 〔야구〕 하위(B) 클라스.

se·conde [sikǽnd / -kɔ́nd] *n.* 〔펜싱〕 제2의 자세〔방어 자세〕.

sec·ond·er [sék(ə)ndər] *n.* 후원자; 〔특히 동의에의〕 재청자, 찬성자.

sécond estáte *n.* 〔집합적〕 〔옛 신분제 사회의〕 제2 계급; 〔프랑스의〕 귀족; 〔영국의〕 상원 의원〔귀족 출신의 의원의 총칭〕.

sécond fíddle *n.* **1** 〔오케스트라의〕 제2 바이올린. **2** 보좌역인 역할; 보좌역을 맡고 있는 사람. ¶ play *second fiddle* to a person 남의 보좌를 하다.

sécond flóor *n.* 〔美〕 2층; 〔英〕 3층. *cf.* first floor

sec·ond-gen·er·a·tion [sék(ə)ndd3ènərèi∫(ə)n] *adj.* **1** 2세의. **2** 〔컴퓨터〕 제2세대의〔고체 소자(素子) 반도체를 쓰는 컴퓨터의 것이다〕.

sécond generátion compúter *n.* (the ~) 〔컴퓨터〕 제2세대 컴퓨터. *cf.* fifth generation computer

sécond grówth *n.* 〔美〕 〔처녀림 벌채 후에 자연 발생하는〕 2차림.

sec·ond-guess [sékəndgès] *vt.* **1** 〔비판·정정 따위〕를 고쳐 생각하다, 재고하다. **2** …을 예언으로 (predict); 〔남〕을 간파하다.

*****sécond hánd** *n.* **1** [sék(ə)nd hǽnd] 〔시계의〕 초침. **2** [sék(ə)nd hǽnd] 조수, 조력자(assistant).

*****sec·ond·hand** [sék(ə)ndhǽnd] *adj.* **1** 전해 들은; 되

파는, 빌려온. ¶ secondhand information 전해 들은 정보. **2** 중고의; 고물을 거래하는. ¶ a secondhand bookseller 헌책방. —— adv. **1** 고물로. **2** 전문(傳聞)으로, 간접적으로. ¶ I heard the news secondhand. 그 소식을 전해 들었다.

sécondhánd smóke n. 간접 흡연[비흡연자가 마시게 되는 남의 담배 연기]

Sécond Internátional n. (the ~) 제2인터내셔널 [1889년 Paris에서 조직되고, 1923년에 사회주의 노동자 인터내셔널에 흡수]. [명 부인.

Sécond Lády n. (the~, 때로 the s- l-) 《美》부통

Sécond lánguage n. **1** 〔한 나라의〕제2 공용어[모어(母語) 다음 가는〕제2의 언어. **2** 〔학교로서의〕제1 외국어.

sécond lieuténant n. 〔군대〕 소위. cf. lieutenant

*sec·ond·ly [sék(ə)ndli] adv. 둘째로, 다음으로. ¶ Firstly it isn't true and secondly it isn't important. 첫째로 그것은 사실도 아니고 또 둘째로 중요하지도 않다.

sécond márk n. 초(秒) 부호(˝).
sécond mórtgage n. 제2 저당권.
sécond náture n. 〔U C〕제2의 천성; 성벽(性癖). ¶ Habit is [a] second nature. 습관은 제2의 천성이다.
se·con·do [sikándou / sekɔ́n-] n. (pl. -di) 〔음악〕 〔특히 피아노 2중주의〕저음부; 저음부 주자(奏者), —— [＜It 之友]
sécond pápers n. pl. 《美》제2차 서류 〔외국인이 미국으로 귀화하는 최종 신청서〕. ¶ first papers
sécond pérson n. (the ~) 〔문법〕 제2인칭 [you].
sec·ond-rate [sék(ə)ndréit] adj. **1** 2류의, 2급의. **2** 열등한 (inferior), 평범한.
sec·ond-rat·er [sék(ə)ndréitər] n. 2류의 사람(것), 평범한 사람(그것); 쓸모없는 사람.
sécond réading n. 〔정치〕 〔의회의〕 제2독회.
sécond rún n. 〔영화〕 제2차 흥행 〔개봉 다음의 흥행〕.
sécond sélf n. (one's~) 제2의 자기, 지기지우(知己之友)
sécond síght n. 〔U〕 천리안, 투시력, 혜안(慧眼).
sécond sóurce n. 〔컴퓨터〕 〔하드웨어 등의〕 2차 공급원(源).
sec·ond-sourc·ing [sék(ə)ndsɔ̀:rsiŋ/-sɔ̀:s-] adj. 2차 공급하는
sec·ond-sto·ry [sék(ə)ndstɔ́:ri /-stɔ̀:-] adj. 《美》 **1** 2층의. **2** 〔구어〕〔강도 따위가〕2층 창문에서 들어오는(들어온). ¶ 들어오는 강도.
sécond-stóry mán n. 〔구어〕 특히 2층 창문으로 들어오는 강도.
sécond-stríke [sék(ə)ndstráik] adj. 제2 격의 〔핵무기가 숨겨져 있어 핵공격에 의한 반격력이 있는〕. cf. first-strike
sec·ond-string [sék(ə)ndstríŋ] adj. 2류의; 대리의; 쓸모없는. cf. first-string
sécond thóught n. (종종 ~s) 재고; 재고 후의 의견. ¶ on second thought 다시 잘 생각하여 [보니].
sécond tóoth n. (pl. s- teeth) 영구치.
sécond wínd n. 〔wínd〕 n. **1** 〔심한 운동 따위로 숨이 가빠졌다가 가라앉는 이후에 나오는〕숨, 호흡. **2** 원기의 회복.
Sécond Wórld Wár n. (the ~) 제2차 세계 대전
se·cre·cy [síːkrisi] n. 〔U C〕 (pl. -cies) **1** 비밀, 은밀 (privacy), 은둔, 은퇴 (seclusion). ¶ in secrecy 비밀로, 은밀히. **2** 비밀을 지킬 능력; 비밀로 하려는 버릇, 비밀주의. ¶ rely on a person's secrecy in something 남이 그 비밀을 엄수해 줄 것으로 믿다. ◇ sécret adj.
‡se·cret [síːkrit] adj. **1** 비밀의, 기밀의; 남모르는; 수 근수근하는; 쉬쉬하는. ¶ a secret treaty 비밀 협정 / secret negotiations 비밀 교섭 / a secret passage 사잇길 / the secret parts 〔몸의〕 음부 / a secret traffic in drugs 마약의 비밀 거래 // be secret in one's habits 남의 눈을 피하는 습관이 있다 / keep a matter secret from a person 어떤 일을 남에게 비밀로 하다. **2** 비밀을 지키는, 입이 무거운. ¶ be as secret as a grave 입이 아주 무겁다. **3** 〔장소 따위가〕 남의 눈에 띄지 않는, 깊숙한, 숨은. ¶ a secret valley 깊숙한 골짜기 / the secret depths of the sea 심해의 바다. **4** 인간으로는 알수 없는, 헤아릴 수 없는, 신비의. ¶ the secret Providence of God 헤아릴 수 없는 신의 섭리.
—— n. **1** 〔C〕비밀, 기밀, 숨겨진 것. ¶ an open secret 공공연한 비밀 / keep a (the) secret 어떤(그) 비밀을 지키다 / keep a matter a secret 어떤 일을 비밀로 해두다 / make a (no) secret of a matter 어떤 일을 비밀로 하다(하지 않다) / let out a secret; tell a secret 비밀을 누설하다. **2** (종종 ~s) 신비, 불가사의, 이해할 수 없는 것 (mystery). ¶ the secrets of nature 자연의 신비. **3** 비결, 비전(祕傳). ¶ the secrets of success 성공의 비결. **4** (S-) 〔가톨릭〕 〔미사의〕 묵송(默誦). **5** 이해의 열쇠, 참뜻. **6** (~s) 음부.
be in the secret 비밀에 관여하고 있다, 비밀을 알고 있다.
in secret 비밀로, 은밀히. ¶ hold a meeting in secret 은밀히 회합하다.
let a person **into the secret** 남에게 비밀을 누설하다.
~**ness** n. ◇ sécrecy n., sécretly adv.
sécret ágent n. 비밀 정보부원; 스파이, 간첩.
sec·re·taire [sèkritɛ́ər] n. 책상.
sec·re·tar·i·al [sèkrətɛ́(ː)riəl / -tɛ́ər-] adj. **1** 서기 〔관〕의, 비서의. ¶ secretarial duties 서기의 일. **2** 대신의, 장관의.
sec·re·tar·i·at [sèkrətɛ́(ː)riət / -tɛ́ər-], (**sec·re·tar·i·ate**) n. **1** 비서(서기)직. **2** (종종 the ~) 〔집합적〕비서(문서)과; 그 직원. **3** (the S-) 유엔 사무국.
‡sec·re·tar·y [sékrətèri / -tri] n. (pl. **-tar·ies**) **1** 〔개 인의〕 비서 (※ 종종 여성), 비서관, 서기, 서기관; 〔회 관, 협회의〕 간사. ¶ 《英》 an honorary secretary 명예 간사 // be secretary to the president 사장(학장)비서로 근무하다. **2** (S-) 〔미국, 영국의 각 부의〕 장관, ~상 (相), 《英》 minister ¶ the Secretary of State 《美》국무장 관, 《英》국무상 / the Secretary of Defense (Agriculture, Commerce) 《美》국방(농무, 상무) 장관 / the Home Secretary 《英》내무장관, 내상, the Foreign Secretary = the Secretary of State for Foreign Affairs 《英》외무장관, 외상 **3** 《英》 차관 (undersecretary). ¶ a parliamentary (a permanent) secretary 정무(사무) 차관. **4** = secretaire. **5** 〔인쇄〕 필기체 활자.
◇ secretárial adj.
—— 〔주의〕 미국 연방 정부의 각 부 (Department) 직급: secretary 장관 — deputy secretary 부장관 (우리 나라의 차관급) — undersecretary 차관 — assistant secretary 차관보 — deputy assistant secretary 부차관보.
sécretary bírd n. 뱀잡이새 〔아프리카산 (産)의 맹금, 뱀을 잡아 먹는다〕.
sec·re·tar·y-gen·er·al [sèkrətèridʒén(ə)rəl / -tri-] n. (pl. **sec·re·tar·ies-**) 사무 총장, 사무 국장.
sec·re·tar·y·ship [sékrətèriʃíp / -tri-] n. 서기〔서기관, 비서관, 대신 등〕의 지위 (임기, 일).
sécret bállot n. 비밀(무기명) 투표. opp. open ballot
se·crete[1] [sikríːt] vt. (**-cret·ed, -cret·ing**) 〔생리〕 …을 분비하다. ¶ a secreting cell 분비 세포.
se·crete[2] [sikríːt] vt. (**-cret·ed, -cret·ing**) …을 숨기다, 비밀로 하다. ⇨ HIDE 〔類語〕 ¶ secrete oneself 숨다.
se·cre·tin [sikríːtin] n. 〔U〕 〔생화학〕 세크리틴 〔소장 안에 생기는 일종의 호르몬〕.
sécret ínk n. 〔U〕 비밀 잉크 〔불에 쬐면 글씨가 나타난다〕.
se·cre·tion [sikríː(ə)n] n. 〔U C〕 **1** 〔생리〕 분비, 분비작용; 분비액(물). **2** 숨기기, 은닉.
se·cre·tive [síːkritiv, sikríː-] adj. **1** 숨기는, 비밀주의의; 입을 다물고 있는 (reticent). **2** 분비의, 분비를 촉진하는. ~**ly** adv. ~**ness** n.
‡se·cret·ly [síːkritli] adv. **1** 비밀로, 은밀히, 남모르게. **2** 〔예배 따위에서 기도할 때〕소리를 낮추어서, 들리지 않게.

se·cre·tor [sikríːtər] *n.* 〔해부〕 분비선; 분비 기관.
se·cre·to·ry [sikríːtəri] *adj.* 분비의, 분비하는.
— *n.* (*pl.* **-ries**) 분비 기관, 분비선.
sécret políce *n.* 비밀 경찰.
sécret sérvice *n.* (보통 the ~) **1** 〔정부의〕 첩보부(기관). **2** (S- S-) 《美》재무부 비밀 검찰국〔대통령의 경호, 화폐 따위의 위조범 적발을 담당〕. **3** 첩보활동.
sécret sérvice mòney *n.*《英》기밀비.
sécret socíety *n.* 비밀 결사.
‡**sect** [sekt] *n.* **1** 〔종교의〕 분파, 교파, 종파; 〔특히 영국 국교에서 분리된〕 비국교파. **2** 〔학문·사상 따위의〕 파(派), 학파(school); 파벌; 당파(faction).
sect. (略) section.
sec·tar·i·an [sekté(ː)riən / -téər-] *adj.* **1** 분파(종파, 교파)의 **2** 종파(당파) 심이 강한, 파벌적인. ¶ *sectarian* politics 파벌 정치. — *n.* **1** 교도, 신도; 종파. **2** 종파심이 강한 사람, 파벌적인 사람.
sec·tar·i·an·ism [sekté(ː)riənìz(ə)m / -téər-] *n.* ⓤ 종파심, 파벌심; 〔종교상의〕 파벌, 학벌, 섹트주의.
sec·ta·ry [séktəri] *n.* (*pl.* **-ries**) **1** 교도, 문도, 신도; 종파심이 강한 사람. **2** 〔17-18세기 영국의〕 비국교파의 신교도.
sec·tile [séktil, -tail] *adj.* 〔운모 따위와 같이 부드러운 광물이〕 절단할 수 있는; 〔칼로 매끄럽게 자를 수 있는.
‡**sec·tion** [sék∫(ə)n] *n.* **1** ⓤ 베기, 자르기; ⓒ 잘라낸 부분, 자른 조각. ⇨ PART 類語. ¶ a triangular *section* of cheese 3각꼴으로 자른 치즈. **2** 〔책·문장·법률·규약 따위의〕절, 항(項) 〔기호 §〕; 〔음악〕 악절(樂節). **3** 조립 부분, 〔조립식의〕 대의 하나. ¶ a bookcase built in *sections* 조립식 책장. **4** 〔사회적〕 구획, 계급. ¶ various *sections* of society 사회의 여러 계층. **5** 《美》 구획지 (640에이커, 이것이 36개 모여 하나의 township을 형성); 지역, 구역, 지방. **6** 집단, 〔외과·해부의〕 절개 (incision); 〔현미경용〕 박편 (薄片). **7** 〔물건의〕 절단면, 〔기하〕 〔입체의〕 단면, 단면도. ¶ a *section* of diseased bone 병에 걸린 작은 뼛조각. ¶ a midship *section* 선체 중앙의 단면도 / a conic *section* 원추 곡선 / a cross (or a transverse) *section* 횡단면. **8** 〔군사〕 분대, 반소대(小隊). ⇨ ARMY 注意; 〔관청 따위의〕 과(課); 〔답제의〕 반, 당. ¶ the document *section* 문서과. **9** 〔철도〕 〔침대차의〕 한 구획; 보선구; 폐색(閉塞) 구간. **10** 〔식물〕 아속(亞屬). **11** 〔제본〕 접지(摺紙).
— *vt.* **1** …을 분할하다, 구분하다, 구획하다; …을 단락(段落)〔절, 항〕으로 나누다. **2** …의 단면도를 그리다; 〔현미경용으로〕 …의 단면이 나오도록 자르다.
◇ séctional *adj.*
sec·tion·al [sék∫(ə)nəl] *adj.* **1** 부분(부속)의; 부분적인, 파벌적인; 지방적인, 국부적인. ¶ *sectional* interests 지방적 이해 관계 / *sectional* quarrels 파벌 다툼. **2** 〔독일〕 분리의, 구간으로 갈라진, 단락(段落)의; 조립식의. ¶ a *sectional* house 조립식 주택. **3** 과의, 분과의. **4** 단면(도)의. ¶ a *sectional* plan of a building 건물의 단면〔설계〕도. ~·ly [-nəli] *adv.*
◇ séction·n. *v.,* séctionalism *n.*
sec·tion·al·ism [sék∫(ə)nəlìz(ə)m] *n.* ⓤ 지방 편중주의, 지방적 편견, 파벌주의, 섹트주의.
sec·tion·al·ize [sék∫(ə)nəlàiz] *vt.* (*《英》에서는 **sec·tion·al·ise** 로도 쓴다*) (**-ized, -iz·ing**) …을 부분(부문)으로 나누다; …을 구분(구획)하다.
Séction Éight *n.*《美》부적격자로서의 제대〔자〕.
séction gàng *n.*《美》〔철도의〕 보선 작업반(保線員班).
séction hànd(màn) *n.*《美》〔철도의〕 보선 작업원.
séction màrk *n.* 절표(節標) 〔책 따위의 절을 나누는 부호 §〕.   [(paper).
séction pàper *n.* ⓤ《英》방안지 (《美》graph
sec·tor [séktər] *n.* **1** 〔기하〕 부채꼴. **2** 함수(函數)자. **3** 〔기계〕 부채꼴 톱니바퀴. **4** 〔군사〕 〔전선의〕 선형구(扇形戰區); 방위 구역, 작전 지역. **5** 〔일반적으로〕 구역, 지역. **6** 〔산업 따위의〕 부문, 분야. ¶ the private (public) *sector* 민간(공공) 부문. — *vt.* …을 선형(扇形)으로 하다.
sec·tor·al [séktərəl] *adj.* 〔기하〕 선형의; 함수자의;〔군〕
sec·to·ri·al [sektóːriəl/-tɔ́ː-] *adj.* **1** 부채꼴의. **2** 〔동물〕 〔이빨이〕 고기를 찢기에 알맞은. — *n.* 〔식육수(食肉獸)의〕 살을 물어뜯는 이빨.
*‡**sec·u·lar** [sékjulər] *adj.* **1** 속세의, 세속적이고 인 세상의; 종교적인의. *cf.* spiritual, religious, sacred ¶ *secular* affairs 세속적인 일 / the *secular* power (or arm) 속권(俗權) / *secular* education 〔종교를 교과에 가미하지 않은〕 보통 교육. **2** 〔가톨릭〕 수도원 밖의. *cf.* regular ¶ a *secular* priest 교구 사제(司祭). **3** 한 시대(1세기)에 한 번의. ¶ the *secular* games of Rome 〔고대의〕 로마의 백 년제. **4** 몇 세기나 존속하는, 오랜 세월에 걸친; 〔詩〕 극히 오랜, 오래 묵은. ¶ the *secular* bird 불사조 (phoenix) / a *secular* change 장기간에 걸쳐 서서히 일어나는 변화. **¶** 비전문가, 속인(俗人).
2 교구 사제. ~·**ly** *adv.* **secular·i·ty** *n.*, **secular·ize** *v.*
sec·u·lar·ism [sékjulərìz(ə)m] *n.* 세속주의, 비성직주의 (*cf.* clericalism); 교육·종교 분리론, 비종교적 도덕론.
sec·u·lar·ist [sékjulərist] *n.* 세속주의자; 교육·종교 분리론자, 비종교적 도덕론자. — *adj.* = secularistic.
sec·u·lar·is·tic [sèkjulərístik] *adj.* 세속주의의; 교육·종교 분리론의, 비종교적 도덕론의.
sec·u·lar·i·ty [sèkjulǽriti] *n.* (*pl.* **-ties**) **1** = secularism. **2** ⓤⓒ 속심(俗心), 세속성 (worldliness); 세속적인 일.
sec·u·lar·i·za·tion [sèkjulərizéi∫(ə)n / -raiz-] *n.* ⓤ **1** 세속화, 속화(俗化), 환속(還俗). **2** 교육과 종교를 분리하기.
sec·u·lar·ize [sékjuləràiz] (*《英》에서는 **sec·u·lar·ise** 로도 쓴다*) *vt.* (**-ized, -iz·ing**) **1** …을 세속화하다, 정신적(종교적)인 관계(영향)에서 이탈시키다. **2** …을 환속시키다; 〔가톨릭〕 〔수도원의 사제〕를 교구 사제로; 〔교회용 재산 따위〕를 일반용으로 하다.
se·cund [síːkʌnd, sék-] *adj.* 〔동·식물〕 편측생(偏側生)의, 한쪽에 치우친.   [로.
se·cun·do [sikándou] *adv.* 〔라틴〕 (= secondly) 둘째
se·cun·dum [sikándəm] *prep.* 〔라틴〕 (= according to) …에 따르면, …에 따라, …에 의거하여.
se·cun·dus [sikándəs] *adj.* 제2의 (* 동성(同姓)의 중 젊은 쪽 또는 후배 쪽을 말할 때, 그 Christian name 의 뒤에 붙인다). *cf.* primus, tertius ¶ John *secundus* 젊은 쪽의 존.
se·cur·a·ble [sikjú(ː)rəbl / -kjúər-] *adj.* **1** 손에 넣을 수 있는 (obtainable). **2** 확실히 할 수 있는. **3** 안전히 할 수 있는.
‡**se·cure** [sikjúər] *adj.* **1** 〔장소 따위가〕 위험이 없는, 안전한; 낭풍탈락의. ⇨ SAFE 類語. ¶ a *secure* landing spot 위험이 없는 상륙(착륙) 지점 / a *secure* fortress 난공불락의 요새. **2** 〔건물 따위가〕 튼튼한(firm), 〔받침대가〕 쓰러지지 않는. ¶ a *secure* knot 단단한 매듭 / a *secure* foundation 튼튼한 토대 / make a row of bookshelves *secure* to the wall 책장을 벽에 단단히 붙여 세우다. **3** 안전하게 보관된; 엄중히 감금된. ¶ keep prisoners *secure* 죄수를 엄중하게 감금해 두다 // be *secure* against (or from) …할 위험성이 없다. **4** 불안이 없는, 장래에 대하여 걱정이 없는; 마음이 잔잔한, 확신하고 있는, 분명한(of …); 안정된; 신뢰할 수 있는, 믿을 수 있는 (trustworthy). ¶ a peaceful and *secure* old age 평화롭고 안정된 노년 / feel *secure* as to …에 대하여 안심하다 / have one's mind *secure* 마음 놓다, 마음이 편하다 / Victory is *secure*. 승리는 확실하다 / be *secure* of success 성공을 확신하다.
— *v.* (**-cured, -cur·ing**) *vt.* **1** …을 안전하게 하다

(make safe), 단단히 지키다, 굳히다. ¶ (~+图+前+图) They *secured* their town *from* an assault. 그들은 그들의 도시를 공격으로부터 지켜냈다. **2** …을 확실하게 하다, 보증하다(ensure); …에 담보를 받다, 보험에 넣다. ¶ *secure* a loan 차관에 담보를 받다(잡다) // (~+图+前+图) *secure* oneself *against* accidents 사고에 들다. **3** …을 단단히 죄다(고정시키다); [남]을 감금하다, 묶다(tie up). ¶ *secure* a door 문 단속을 하다 / *secure* a prisoner 죄수를 감금하다. **4** …을 확보하다, 보장하다; [손]에 넣다, 획득하다(obtain); [사람·동물]을 잡다. ⇨ GET [類語] ¶ *secure* a position 지위를 얻다 / *secure* the freedom of speech 언론의 자유를 지키다 // (~+图+图)(~+图+前+图) *secure* a person a seat; *secure* a seat *for* a person 남의 자리를 잡아두다. **5** [항해] …을 일에서 해방시키다, …에게 작업을 그만두게 하다. —— *vi.* **1** 안전하다(하게 되다) (*against*...), (~+图+前+图) *secure against* accidents 사고로부터 몸을 지키다. **2** [항해] 작업을 그만두다; [배가] 정박하다(moor).

secure arms [군사] [비에 젖지 않도록] 총의 주요부를 껴안다. ¶ *Secure arms!* 받들어 총[구령].

~·ly *adv.* ◇ secúrity *n*. [람, 보증하는 사람.

se·cur·er [sikjú(:)rər / -kjúərə] *n*. 안전하게 하는 사

se·cu·ri·ty [sikjú(:)riti / -kjúər-] *n*. (*pl.* -ties) **1** ⓤ 안전, 무사(safety). ¶ personal *security* 신체의 안전 / in *security* 평온하게, 무사히. **2** ⓤ 안심, 자신, 마음 든든함; 방심(*in*...). ¶ fatal *security* 돌이킬 수 없는 방심 / feel great *security* in …에 크게 안심하다 / *Security* is the greatest enemy. 《속담》방심은 금물. **3** 방어, 방위, 경비; ⓒ 보호물, 방어물, 방어(방위) 수단; 안전 장(*against*, *from*...); (때때로 S-) [당·복수 의미] 경비 조직. ¶ give *security against* harm 위해로부터 지키다. **4** ⓤⓒ [법률] 보증, 보증인; 저당, 저당물, 담보(*for*...). ¶ personal *security* 인적(人的) 담보 // in *security* for …의 저당(보증, 담보)으로서 / as *security* for a loan 대출금의 담보로서. **5** (보통 -ties) 유가 증권. ¶ government *securities* 공채.

go (or **stand**) **security for** …의 보증인이 되다.

on good security 좋은 담보를 잡고.

◇ secúre *adj.*, *v.*

security ànalyst *n*. 증권 분석가.

security blànket *n*. 어린이가 안도감 때문에 항상 잡고 있는 작은 모포(천 조각); 부적, 정신 안정제.

security chèck *n*. [항공] [공중납치 방지를 위한] 보안 검사.

security cléarance *n*. [정부·군의] 기밀 취급 허가.

Security Cóuncil *n*. (the ~) [유엔의] 안전 보장 이사회 [略 SC].

security fòrce *n*. **1** [중요인물·장소의 보호나 스파이에 대한 기밀 유지가 임무인] 공안부대; 방위군. **2** (S- F-) UN군(United Nations Peacemaking Force).

security guàrd *n*. 경비요원.

security industry *n*. 경비 산업.

security màn *n*. 경비원, 경호원, 보디가드.

security pàct(**trèaty**) *n*. 안전 보장(방위) 조약. ¶ Korea-U.S. *Security Treaty* 한미 방위 조약.

security políce *n*. ⓤ(집합적)비밀 경찰.

security rìsk *n*. [국가의 안전에 위험하다고 주목되는] 위험 인물.

sec'y., **secy**. (*b*) secretary.

se·dan [sidǽn] *n*. **1** 세단형 자동차 [2∼4인승의 보통 상자형 자동차]. **2** =sedan chair.

sedán chàir *n*. 가마.

se·date [sidéit] *adj.* 조용하게, 침착한, 냉정한; 진실한, 근엄한. —— *vt.* (-dat·ed, -dat·ing) [진정제로] [남]을 진정시키다, 침착하게 하다.

~·ly *adv.* ~·ness *n*.

se·da·tion [sidéi(ə)n] *n*. ⓤ [의학] 진정(작용).

sed·a·tive [sédətiv] *adj.* 진정시키는, 누그러뜨리는; [의학] 진정 작용이 있는. —— *n*. 진정제.

se defen·den·do [si:dìfəndéndou] *adv.* [법률] 자기 방위를 위하여, 정당 방위를 위하여. [<L]

***sed·en·tar·y** [sédntèri / -t(ə)ri] *adj.* **1** 앉아 있는, 앉아서 하는, 앉아 일하는. ¶ a *sedentary* posture 앉은 자세 / a *sedentary* occupation 앉아서 하는 직업. **2** 늘 앉아 있는, 정착성의. ¶ lead a *sedentary* life 늘 앉아 있는(정착성의) 생활을 하다. **3** (주로 동물) [새 따위가] 이주하지 않는, (일정 지역에) 정착하는. —— *n*. (*pl.* -tar·ies) 늘 앉아 있는 사람; 앉아 일하는 직업을 가진 사람. -tar·i·ly *adv.* -tar·i·ness *n*. [밤 축제.

Se·der [séidər] *n*. (유대교) 유월절 (Passover)의 첫날

se·der·unt [sidí(:)rənt / -dèər-] *n*. [종교상의] 집회, 오랜 시간 앉아 있기; [일반적으로] 좌담회, 간담회.

sedge [sedʒ] *n*. 사초속(屬)의 각종 식물. [목회.

sédge wàrbler (**wrèn**) *n*. 개개비(새)류.

sedg·y [sédʒi] *adj.* (sedg·i·er, sedg·i·est) **1** 사초가 우거진, 사초가 많은. **2** 사초의와 같은.

se·di·le [sedáili] *n*. (*pl.* -dil·i·a [-dílìə, -ljə, +英 -dái-]) 사제석 [교회의 제단 옆에 놓인 목회자의 자리], 목사석.

sed·i·ment [sédəmənt] *n*. ⓤ **1** 침전물, 찌끼, 앙금. **2** [지질] 침전물, 침적물(沈積物).

sed·i·men·tal [sèdəméntl] *adj.* 침전의에 의한.

sed·i·men·ta·ry [sèdəméntəri] *adj.* **1** 침전물의, 침적(성)의. **2** 침전(침적)물로 된, 침전(작용)에 의한, 수성(水成)의. ¶ *sedimentary* rocks 수성암

sed·i·men·ta·tion [sèdəməntéi(ə)n] *n*. ⓤ [지질] 침전(작용), 침강(沈降); 퇴적 [작용].

sèdimentátion ràte *n*. 침강 속도.

se·di·tion [sidíʃ(ə)n] *n*. ⓤ **1** 동란선동, 폭동 교사(선동), 치안 방해[죄]. **2** 반항, 폭동.

se·di·tion·ar·y [sidíʃ(ə)nèri / -nəri] *adj.* = seditious. —— *n*. (*pl.* -ar·ies) 선동자, 폭도 교사자, 치안 방해자.

se·di·tious [sidíʃəs] *adj.* 선동적인, 치안 방해의, 방해적인, ~·ly *adv.* ~·ness *n*.

***se·duce** [sid(j)ú:s / -djú:s] *vt.* (-duced, -duc·ing) **1** (남)을 부추기다(꾀다), (여)를 유혹하다. **2** (의무·옳은 길)에서 (남)을 벗어나도록 하다, 나쁜 길로 유혹하다, 타락시키다. ⇨ TEMPT [類語] ¶ (~+图+前+图) *seduce* a person *into* error 남을 꾀어 잘못을 저지르게 하다 / *seduce* a person *from* his duty 남을(으로 하여금) 의무를 저버리게 하다 / *seduce* a person *from* diligence to idleness 근면한 남을 꾀어 게으르게 만들다. **2** [부녀자]를 유혹하다. **3** (좋은 뜻으로) …을 매혹하다, 반하게 하다 (attract). ◇ sedúction *n*., sedúctive *adj.*

se·duce·ment [sid(j)ú:smənt / -djú:s-] *n*. [드물게] = seduction.

se·duc·er [sid(j)ú:sər / -djú:sə] *n*. 유혹하는 사람, 여자를 잘 유혹하는 사람, 엽색가(獵色家).

se·duc·i·ble [sid(j)ú:sibl / -djú:-] *adj.* 유혹할 수 있는, 유혹되기 쉬운.

se·duc·tion [sidʌ́k(ə)n] *n*. **1** ⓤⓒ 유혹, 부추기기, 꾀기, 교사(to...). **2** (종종 ~s) 유혹물, 남을 미혹시키는 것; 매력, 매혹(魅惑). [적인. ~·ly *adv.* ~·ness *n*.

se·duc·tive [sidʌ́ktiv] *adj.* 유혹하는, 매혹적인, 매력

se·duc·tress [sidʌ́ktris] *n*. 남자를 바치는 여자, 남자를 유혹하는 여자.

se·du·li·ty [sid(j)ú:liti / -djú:-] *n*. ⓤ 부지런함, 근면.

sed·u·lous [sédʒuləs / -dju-] *adj.* **1** 근면한(diligent), 끈기있는, 끈질긴, 지칠 줄 모르는. **2** 공들인, 꼼꼼한, 소홀한 구석이 없는.

play the sedulous ape to [작가가] …의 스타일을 본내다, …식의 문체로 쓰다, 충실히 흉내내다.

~·ly *adv.* ~·ness *n*.

se·dum [sí:dəm] *n*. 꿩의비름속(屬)의 식물.

***see**[1] [si:] *v.* (**saw**, **seen**, **see·ing**) *vt.* **1** …을 보다,

[sedan chair]

이 보이다; [주의하여]…을 보다; [책 따위]를 읽다 (read), 보다. ⇨ LOOK 類語 ¶ *See* page 20. 20 페이지를 보라 / Animals appear to *see* things invisible to human sight. 동물에게는 사람에게 보이지 않는 것이 보이는 것 같다 // (~+目+原) I *saw* her go out. 그녀가 외출하는 것을 보았다 / She was *seen* to go out. 그녀가 외출하는 것이 눈에 띄었다(* 수동형에서는 부정사를 동반한다) // (~+目+-ing) I *saw* her *knitting* wool into stockings. 그녀가 털실로 양말을 뜨고 있는 것을 보았다.
— **Usage** see+목적어+do와 see+목적어+-ing — 일반적으로 말하면, 원형 부정사 do를 쓴 경우에는 어떤 행위 전체를 본다는 뜻이 되는 데 대하여 -ing를 쓴 경우에는 진행중인 행위, 또는 그 일부를 보는 것이 된다: I saw him *cross* the road. (=He *crossed* the road and I saw it.) / I saw him *crossing* the road. (=He was *crossing* the road, and I saw him while he was doing this.)
2 [명소 따위]를 구경하다, [연극 따위]를 보다. ¶ *see* a play 연극을 보다 / *see* Rome 로마를 구경하다 / *see* the sights 명소를 구경하다.
3 …을 식별하다, …을 알다. ⇨ UNDERSTAND 類語 ¶ *see* the use (the fun) of doing …하는 가치(재미)를 잘 알다 / *see* a joke 농담을 이해하다 / I *see* you. (구어)네 말을 알아듣겠다 // (~+wh. 節) I *see* what you mean. 네 말 뜻을 잘 안다 // (~+that 節) I *see* that he is joking. 그가 농담을 하고 있는 것을 잘 안다.
4 …을 살펴보다, 확인하다. ¶ *see* a person *off* 남을 전송하다, 검사하다. It would be better for you to go and *see* its truth for yourself. 직접 가서 네 눈으로 진위를 알아보는 게 좋을 것이다 // (~+that 節) (~+wh. 節) *See* that (or *if*, *whether*) the door is locked. 문에 자물쇠가 채워져 있는지 확인하여라.
5 …을 경험하다, [사건 따위]에 봉착하다. ¶ *see* life 세상 경험을 쌓다 / *see* service 군복무 경력이 있다 / She has *seen* better days. 그녀는 한때 잘 산 적도 있다 / He will never *see* 40 again. 그는 이미 40 고개를 넘겼다 / He *saw* the time when he hastened his end. 그는 죽을 때를 재촉한 꼴이 되었다.
6 …[하도록] 조심하다, 배려하다, 조치를 취하다(…을 *see* to it that…); …을 돌보다; [금전]의 원조를 하다. ¶ (~+目+done) I'll *see* the work *done*. 일이 틀림없이 끝나도록 조치하겠다, 직접 감독하여 그 일을 끝내게 하겠다.
7 …을 방문하다(visit); …을 문병하다; …을 면담하다; [의사]에게 진찰을 받다. ¶ I shall be *seeing* him this afternoon. 오늘 오후에 그를 문병가겠다 / You had better *see* a lawyer. 너는 변호사와 상의하는 것이 좋겠다 / I should like to *see* a doctor. 의사에게 보이고 싶다.
8 [남]을 만나다, 면회하다, 회견하다. ¶ I am very pleased to *see* you again. 또 뵙게 되어 정말 반갑습니다 / I haven't *seen* you for ages. 오랫동안 못 뵈었습니다, 오랜만입니다.
9 …에 동행하다, …을 전송하다, 데려다주다 (escort). ¶ (~+目+圖) *see* a person *home* 남을 집까지 데려다 주다 // (~+目+圖) I *saw* my friend *to* the station. 친구를 역까지 전송하였다.
10 [꿈·환각]을 보다; [꿈·환각 속에서] …을 보다. ¶ *see* things 환상을 보다, 착각을 일으키다 / *see* visions 환영(幻影)을 보다.
11 …을 찾아내다, 인식하다, 알아내다. ¶ …을 알아차리다; …을 예견하다, 예측하다(foresee). ¶ (~+目+前+名) I *saw* the charming points *in* him. 나는 그에게서 몇 가지 좋은 점을 찾아냈다 // (~+目+圖) I *saw* at once *that* I had made a mistake. 내가 틀렸다는 것을 금방 알아챘다 // (~+wh. 節) It remains to be *seen whether* he is reliable or not. 그가 믿을만한지의 여부는 두고 보아야 한다.

12 …을 생각해 보다, 상상하다, 마음속에 그리다. ¶ (~+目+as 補) I can't *see* him *as* a teacher. 그가 교사가 된 모습을 도저히 상상할 수 없다 // (~+目+-ing) I can't *see* her *knowing* my secret. 그녀가 내 비밀을 알고 있다고는 상상할 수도 없다.
13 …을 […으로] 생각하다, 간주하다. ¶ as I *see* it 내가 생각하는 바로는 // (~+目+圖) I can't *see* the matter that way. 이 문제를 그렇게는 생각하지 않는다.
14 …을 묵인하다. ¶ (~+目+-ing) I can't *see* him *making* use of me. 그가 나를 이용당하고 가만히 있지는 않을 것이다 // (~+目+do) I can't *see* many people suffer. 나는 많은 사람들이 고통받는 것을 가만히 보고만 있을 수 없다.
15 [카드놀이] [포커 따위에서] [상대방의 내기]에 응하다, [상대방]과 같은 액수를 걸다.
16 [美구어] …에게 뇌물을 먹이다, …을 매수하다.
17 …과 자주 만나다, 데이트하다.
— *vi*. **1** 보다, 보이다, 눈에 띄다. ¶ as far as I can *see* 눈에 보이는 데까지는 / *See*, the sky is very blue. 보아라, 하늘이 정말 파랗구나 / It's dark; I can't *see* to read. 어두워져서 읽을 수가 없구나 / Just born animals do not *see*. 갓 태어난 동물은 볼 수 없다 / I *see* no further than my nose. 앞날이 깜깜하다. **2** 이해하다, 알다. ¶ [as] you *see* 아시다시피, 잘 아시겠지만 / as far as I can *see* 내 생각으로는 / (I *see*. (구어)아하, 알았소, 그렇군요 / You shall *see*. 곧 알게 될 겁니다 / Oh, I *see* now, he was only joking. 아아, 이제 알겠는데, 그는 농담을 하고 있었군요. **3** 생각하다, 숙고하다. Let me *see*. = Let's *see*. 으음, 가만 있자, 좀 생각해 보자. **4** 살펴보다, 확인하다, 살피다(*into*...); 캔파하다 (find out). ¶ Go and *see* for yourself. 직접 가서 확인해 보아라 / He will *see into* the matter. 그는 그 문제를 조사해 볼 것이다. **5** […하도록] 마음을 쓰다, 배려하다, 조치하다(*to*...).

Be seeing you ! (구어)안녕 (Good-bye !).
[*I've*] *Seen better.* (구어)[부정적]그저 그래.
[*I've*] *Seen worse.* (구어)[긍정적]그저 그래.
see a lot of a person 남을 자주 만나다. ¶ 잔하다.
see a man (or *a friend*) [남을 만난다는 뜻에서] 한
see about ① …을 조사하다(investigate). ② …에 유의하다, 배려하다, …을 조치하다. ¶ Have you *seen about* the concert ticket? 음악회 입장권을 준비해 두었느냐? ③ …의 조치를 생각하다. ¶ I must *see about* getting that freezer repaired. 어떻게 저 냉장고를 수선하도록 해야겠다. ④ [결정하기 전에] 잘 생각하다.
¶ Let me *see about* it. 좀더 생각하여서 해주세요.
see after …을 돌보다, …에 유의하다(look after).
see a person back 남을 데려다 주다.
see a person coming 남에게 바가지를 씌우다, 모르는 것을 기화로 남을 속이다.
see a person damned (or *blowed, hanged, further, in Hell*) *first* 절대로 싫다. ¶ I'll *see* him *damned first* before I go with him. 그와 함께 가는 것은 질색이다.
see daylight ⇨ DAYLIGHT.
See everything clear ! 준비 ! [보트를 내릴 때의 구령].
see fit to do ⇨ FIT¹.
See here ! [美]여보세요 [英] I say !; Look here !).
See if I care ! (구어)마음대로(알아서) 해 !
see into ① …을 살피다, 조사하다. ⇨ *vi*. 4. ② …을 간 *see it* 양해하다, 이해가 가다, 납득하다 (see through).
see much (*something, nothing*) *of* a person 남을 자주 만나다(가끔 만나다, 전혀 만나지 않다).
see a person off 남을 전송하다.
see out ① …을 끝까지 보다(해내다). ¶ *see* a long play *out* 그 연극을 끝까지 보다. ② [남]을 배웅하여 문까지 가다. ③ (구어) [술 따위로] [남]을 이기다. ④ (구어) …보다 오래 살다(outlive); 오래 살다, 버티어 내다. ¶ The doctor was doubtful whether the patient would *see* the week *out*. 의사는 그 환자가 그

주말까지 버틸 수 있을지 의심스럽다고 생각했다.
see over ①…너머로 보다. ¶ *see over* a fence 울타리 너머로 보다. ②…을 검사하다, 살[펴]보다.
see snakes ⇨ SNAKE.
see the color of a person's money ⇨ MONEY.
see the last of ⇨ LAST.
see the light [of day] ⇨ LIGHT.
see the red light ⇨ RED LIGHT.
see things ⇨ THING.
see through ①…을 해내다, 성취하다. ¶ *see a scheme through* 계획대로 해내다. ②[남]을 끝까지 도와주다(뒤를 보아주다). ¶ *see a person through his troubles* 곤경에 처한 사람을 끝까지 도와주다; 끝까지 돌봐주어 어려움을 이겨내게 하다. ③…을 간파하다, 꿰뚫어보다. ¶ …을 이해하다. ¶ *see through a brick wall* 통찰력이 매우 예리하다 / *see through a person* 이 품을 꿰뚫어보다 / *see through a problem* 문제를 이해하다, …을 통하여 보다. ¶ *see through colored spectacles* 색안경을 끼고 보다; 편견을 지니고 보다.
see through a ladder ⇨ LADDER.
see to …에 유의하다, 주의하다, 배려(조치)하다. ¶ *see to* the health 건강에 조심하다 / I saw to the work done at once. 일이 곧 끝나도록 조치했다.
see to it that… …하도록 마음쓰다, 배려하다, 조치하다, 꼭 …하게 하다. ¶ *See to it that* he gets his homework done first. 그가 우선 숙제를 끝내도록 해주세요.
see one's way [clear] ⇨ WAY.
see with a person 아이의 의견이 일치하다, 남에게 동의 [하다].
See you(ya) [later or again, around, soon]! (구어) 안녕!, 또 만나요(so long).
We'll(I'll) see. 생각해 봅시다.
You'll see. 어디 두고 보자(내 말대로 될 것이다).
You see (구어) 저, 알지 [강조 또는 주의를 끌기 위하여]; (발언에 앞서) 저어, 어, 1 *You see*, I was not twenty then. 어, 그 당시 나는 스무 살이 못 되었어 / *You see*, do it like this. 자, 이렇게 해라.
◇ sight *n*.

see² [siː] *n*. 주교관구; 주교좌(座). ¶ the Holy (or the Apostolic, the Papal) *See* the *See* of Rome 교황좌.
see·a·ble [síːəbl] *adj*. 볼 수 있는. 【로마 주교관구】
Sée·beck éffect [zéibek-, sf-] *n*. (the ~) (물리) 제백 효과; 열전전력(熱起電力)에 의한 열전류(熱電流). [〈독일의 물리학자 Thomas J. Seebeck(1770-1831)의 이름)]
‡**seed** [siːd] *n*. (*pl*. **seeds** or **seed**) 1 (식물) 씨, 종자; U(집합적) 씨앗. ¶ sow (or put) *seed*[s] in the ground 땅에 씨를 뿌리다. 2 U(C) 씨의 구실을 하는 부분, 구근, 구경(球莖). 3 (보통 the ~s) 근원, 발생, 발단. ¶ Oppression sows the *seeds* of revolt. 압제는 반항의 씨를 뿌린다. 4 (보통 the ~) 자손; (~s) 아이들(children). ¶ the *seed* of Abraham 아브라함의 자손, 헤브라이 사람. 5 U 정액(精液), 어백(魚白), 이리; [새우·굴 따위의] 알; (양식용의) 씨굴, 종패(種貝, seed oyster). 6 (유리 속의) 기포(氣泡). 7 (구어) 종반까지 남은 실력있는 경기자.
go (or *run*) *to seed* (꽃이) 결실기에 접어들다; 한창 때를 지나다, 한물 가다, 쇠퇴하다.
in seed (식물에) 씨가 생겨; (땅에) 씨가 뿌려져.
raise up seed 아이를 낳다. 【하다.
sow the good seed ① 좋은 씨를 뿌리다. ② 복음을 전 — *vt*. 1 [땅에] 씨를 뿌리다, 구근을 심다. ¶ (~+目+前+名) *seed* the field *with* corn 밭에 곡물의 씨를 뿌리다. 2 (과실)에서 씨를 가려내다. ¶ *seed* raisins 건포도의 씨를 빼다. 3 (경기자들) 시드하다[(경기 선수·팀끼리 처음부터 대전하지 않게 하다). ¶ *seed* the draw 추첨에서 시드제(制)에 의하여 실력별로 제비뽑게 하다. 4 (인공 강우를 위하여) [구름]에 드라이 아이스 따위의 약제를 뿌리다. — *vi*. 1 씨를 뿌리다. 2 씨

가 생기다; 성숙하다. 3 씨를 떨어뜨리다.
◇ *séedy adj*.
séed bànk *n*. 종자 은행(절멸 위험성이 있는 식물 품종의 씨를 보존한다).
seed·bed [síːdbèd] *n*. 모판, 못자리.
seed·cake [síːdkèik] *n*. (보통 캐러웨이(caraway) 따위가 든) 씨가 박힌 과자.
séed càpsule *n*. (식물)(씨를 싸는) 삭(★), 과피(果皮).
séed·case [síːdkèis] *n*. 씨주머니, 종낭(種囊), 과피(果皮).
séed còn *n*. (식물)(씨의 種皮).
séed còrn *n*. U 종자용 곡물, 씨옥수수.
séed·eat·er [síːdìːtər] *n*. 곡물을 먹는 작은 새.
séed·er [síːdər] *n*. 1 씨뿌리는 사람(기계). 2 (건포도 따위의) 씨 빼는 기계. 3 (인공 강우의) 모립(母)
séed fìsh *n*. 알밴 물고기. 〔粒] 살포 장치.
séed·ing [síːdiŋ] *n*. U 1 씨뿌리기. 2 인공 강우 (粒) 살포 장치.
séed lèaf *n*. (식물) 자엽(子葉). 【립(母粒) 살포.
séed·less [síːdlis] *adj*. 씨가 없는. ~**ness** *n*.
***seed·ling** [síːdliŋ] *n*. 1 실생(實生); 또 그러한 식물. 2 (높이 3피트 이하의) 어린 나무; 묘목.
séed mòney *n*. U(美) 대사업(대모금)의 출발 기금.
séed òyster *n*. (양식용) 종자굴. 〔금.
séed pèarl *n*. 종자 진주[작은 알갱이].
séed plànt *n*. 종자 식물.
seed-plot [síːdplàt / -plɔ̀t] *n*. 1 모판, 묘상(苗床). 2 (비유적) 온상, 둥지, 기르는 곳.
seeds·man [síːdzmən] *n*. (*pl*. **-men** [-mən]) 씨를 뿌리는 사람; 종자 상인.
séed·time [síːdtàim] *n*. U 종자 뿌리는 시기.
séed vèssel *n*. (식물) 과피(果皮) (pericarp).
seed·y [síːdi] *adj*. (**seed·i·er; seed·i·est**) 1 씨가 많은, 2 (개화기에서) 씨가 생긴, 열매를 맺은. 3 (브래디가) 풀냄새가 나는. 4 (복장 따위가) 허름해진, 초라한. 5 (英) 기분이 좋지 않은. ¶ feel *seedy* 기분이 언짢다. 6 세평이 좋지 않은, 풍기상(風紀上) 좋지 않은, 저급한. **séed·i·ly** *adv*. **séed·i·ness** *n*.
***see·ing** [síːiŋ] *n*. U(C) 보기; 시각, 시력. ¶ *Seeing is believing*. (속담) 백문이 불여 일견. — *adj*. 1 눈이 보이는, 눈 뜬. 2 (the ~)(명사적 용법) 눈이 보이는 사람들. — *conj*. …라는 점에서 보면, …을 고려하면 (considering); …이므로(since). ¶ His English is not bad, *seeing* that he has learned it only for a year. 배우기 시작한 지 1년밖에 되지 않은 것을 생각한다면 그의 영어도 그리 서툴지 않다. 〔導大.
Sée·ing Èye dòg *n*. 장님을 이끄는 개, 맹도견(盲)
‡**seek** [siːk] *v*. (**sought, seek·ing**) *vt*. 1 …을 찾으러 가다. ¶ *seek* a new house 새 집을 찾으러 가다. 2 …을 조사하다, 탐사하다. ¶ *seek* the causes of a disease 병의 원인을 조사하다. 3 …을 얻으려고 애쓰다, 구하다, 요구하다, 추구하다, 노리다. ¶ *seek* fame 명성을 추구하다 / *seek* a person's advice 남의 충고를 구하다 / *seek* a quarrel 싸움을 걸다 / *seek* a person's life 남의 생명을 노리다 / (~+目+前+名) *seek* a lady's hand *in* marriage 여자에게 구혼하다. 4 …하려고 노력하다, 시도하다 (try). ¶ (~+*to do*) *seek to* find an answer 해답을 찾으려고 노력하다. 5 …로 가다, 향하다. ¶ (~+目+前+名) He sought the woods *for* peace. 그는 조용히 있기 위하여 숲으로 갔다. 6 (고어) …을 찾다. — *vi*. 1 찾다(for), 살살이 뒤지다(*through*…). ¶ (~+前+名) He is *seeking for* employment. 그는 일자리를 찾고 있다 / He sought *through* the park but he could n't find his son. 그는 공원 안을 샅샅이 뒤졌으나 아들을 찾지 못했다. 2 구하다, 추구하다(*for*, *after*…). ¶ (~+前+名) He is always *seeking for* (or *after*) power. 그는 항상 권력을 추구하고 있다.
be much to seek 아주 드물다. ¶ Industry *is much to seek* among them. 그들에게는 노력이 크게 모자라다.

seek one's **bed** 잠자리에 들다.
seek out …을 찾아내다; …을 주의 깊게 찾다.
seek·er [síːkər] n. **1** 수색(탐구, 추구)하는 사람; 구도자(求道者). **2** 《미사일의》 목표물 탐색 장치; 그 장치가 붙은 미사일.
seel [siːl] vt. **1** [매사냥] (길들이기 위하여) (매의 눈)을 꿰매다. **2** (고어) (눈)을 감다(close); …의 눈을 보이지 않게 하다(blind).
‡**seem** [siːm] vi. **1** …인 것 같다, …인 듯하다; (외관은) …의 인상을 주다. ¶ (~+*to be*) 慣 He seems [*to be*] an honest man. 그는 정직한 사람인 것 같다 / The tale *seems* [*to be*] incredible. 그 이야기는 믿을 수 없을 것 같다 / He *seems* glad to see us. 그는 우리를 보고 반가와하는 것 같다 / Things are not always what they *seem*. 사물은 외관과 반드시 같지는 않다 // (~+*to do*) He *seemed* to think so to me. 내게는 그가 그렇게 생각하고 있는 것처럼 보였다.
類語 seem 「…인 것 같다」처럼 말하는 사람의 주관을 나타내는 말: He *seems* to be happy. 그는 행복한 것 같다[고 나는 생각한다]. **appear** 외관이 「…처럼 보이다, …인듯」 종종 실제와는 다르다는 것을 암시하는 말: He *appears* to be cheerful, but really he is not. 그는 겉으로는 명랑해 보이지만 사실은 그렇지 않다. **look** 외관이 「…같다」로 분명히 눈에 비치다, 실제로도 그렇다는 것을 암시하는 말: He *looks* happy. 그는 행복해 보인다.
2 《1인칭을 주어로 하여》 …처럼 생각되다, …같은 생각이 들다. ¶ (~+*to do*) I *seem* to have heard his name. 그의 이름을 들은 일이 있는 것같이 생각되다.
3 …이 있는 것 같다. ¶ (~+[*to be*] 補) There *seems* [*to be*] no need to hurry. 서둘 필요가 없는 것 같다 / There *seems* [*to be*] no point in going. 가보았자 별 소용이 없을 것같이 생각된다.
4 《It을 주어로 하여》 …이 정말 같다, …인 것 같다. ¶ (~+補) It *seems* likely to rain. 비가 올 것 같다 / It *seems* good to me to do so. 내게는 그렇게 하는 것이 좋을 것 같다; 나는 그렇게 할 생각이다 // (~+*that* 節) It *seems* [*that*] he was not there. 그는 그곳에 없었던 것 같다 / It would *seem* *that* the weather is improving. 날씨가 좋아질 것 같다 (* It *seems that* …보다 조심스러운 말투) / It *seems* to me *that* he likes study. 내게는 그가 공부하기를 좋아하는 것으로 생각된다 (* He *seems to* like study를 바꾸어 말할 수 있다) / It *seems* as if this bag were leather-made. 이 가방은 마치 가죽 제품처럼 보인다.
seem·er [síːmər] n. 겉치레하는 사람, 허울만 그럴듯한 사람.
***seem·ing** [síːmiŋ] adj. 겉에 나타난, 외관상의; 표면상의, 허울만의, 그럴싸한. ━ n. ⓤ 외관, 외양(appearance); 허울. ~·ness n.
***seem·ing·ly** [síːmiŋli] adv. 보기에는, 겉으로.
seem·ly [síːmli] adj. (-li·er, -li·est) **1** 품위있는, 어울리는, 알맞은, 적당한. **2** 풍채좋은, 보기에 아름다운, 태가 나는. ━ adv. **1** 품위있게; 적절하게, 어울리게; **2** 보기에 아름답게, 풍채좋게. **-li·ness** n.
‡**seen** [siːn] v. see¹의 과거 분사.
seep¹ [siːp] vi. **1** (액체 따위가) 스며나오다, 배어나오다(*through*…). **2** (생각 따위가) 서서히 침투하다, 퍼져나가다(*down to*…). ━ n. **1** 스며나온 액체. **2** 지하수·석유 따위가 스며나와 고인 곳.
seep² [siːp] n. 수륙 양용 지프.
seep·age [síːpidʒ] n. ⓤ (액체의) 침출(浸出), 누출(漏出); 침출(누출)량.
seep·y [síːpi] adj. (seep·i·er, seep·i·est) (지면·토지 따위가) 질척질척한, 물이 스며 나오는.
***se·er**¹ n. [síːər ~에서 2] 보는 사람. **2** [síər] 선견지명이 있는 사람, 선각자; 예언자; 점술사.
seer² [siər] n. 인도의 중량 단위 (약 2 파운드 1 온스).
see·ress [síː(ː)ris / síər-] n. (seer의 여성형) 여자 점쟁이; 여자 접술사(占術師).
seer·fish [síərfiʃ] n. (pl. -fish or -fish·es) 고등어류
seer·suck·er [síərsʌkər] n. ⓤ (인도산(産)의) 청·백의 얼룩무늬가 있는 아마·면의 투명한 직물.
***see·saw** [síːsɔ̀ː] n. ⓤ 시소 놀이; ⓒ 시소(판). ¶ play at seesaw 시소 놀이를 하다. **2** ⓤⓒ 상하 운동; 전후 운동; 일진 일퇴; 변동. ━ vi. **1** 시소 놀이를 하다; [시소를 타고] 위아래로 움직이다. **2** 위아래로 움직이다; 동요하다; 변동하다. ━ vt. …을 상하(전후)로 움직이다, 동요시키다. ━ adj. 상하(전후)로 움직이는, 동요하는, 일진 일퇴의. ¶ a seesaw game 일진일퇴의 접전, 시소 게임 / a seesaw policy 기회주의적 정책.
***seethe** [siːð] v. (seethed or 《고어》 sod, seethed or 《고어》 sod·den, seeth·ing) vt. **1** (수피(獸皮) 따위)를 부드럽게 하기 위하여 물에 담그다. **2** …을 삶다, 대치다. ⇒ BOIL 類語. ━ vi. **1** 끓다, 비등하다. **2** [파도가] 물거품이 일다, 소용돌이치다. **3** 거칠어지다, 소란해지다, 들끓다. ¶ His mind was *seething* with conflicting emotions. 그의 마음은 상충되는 감정으로 어수선했다 / The world *seethed* over the massacre. 온 세계가 그 대학살을 둘러싸고 떠들썩했다.
see-through [síːθrùː] adj. (옷 따위가) 비쳐 보이는. ━ n. 비쳐 보이는 옷. [ist.
seg [seg], **seg·gie** [ségi] n. 《美속어》= segregation-
***seg·ment** [ségmənt] n. **1** 단편, 절편, 부분, 구분, 분절(分節). ⇒ PART 類語. ¶ a segment of an orange 귤 한쪽. **2** 【기하】 [원(圓)] 활꼴; [직선의] 선분(線分). **3** 【동물】 환형(環形) 동물·절족(節足) 동물의 몸의 마디, 환절(環節). **4** 【기계의】 부채꼴 톱니바퀴(도르래). ━ v. [ségment / -²] vt. …을 나누다, 분단하다, 분할하다, 분열시키다. ━ vi. 갈라지다, 분열하다.
◇ segméntal adj., segmentátion n.
seg·men·tal [segméntl] adj. **1** 단편의, 절편의, 부분의. **2** 활꼴의; 선분의. **3** 환절의, 체절(體節)의. ¶ a *segmental* organ 환절 기관(器官). **~·ly** [-təli] adv.
seg·men·tar·y [ségməntèri / -təri] adj. = segmental.
seg·men·ta·tion [sègməntéiʃ(ə)n] n. ⓤ **1** 분단, 분할, 분열. **2** 【동물】 분열(分節); 세포 분열, 난할(卵割). **3** 【생물】 분절(分節) 생장, 세포 분열.
se·gno [séinjoː, sén-] n. (pl. **-gni** [-nji]) 【음악】 **1** 기호(sign). **2** 반복 부호.
se·go [síːgou] n. (pl. **-gos**) = sego lily.
ségo líly n. 《미국 서부의》 나리과(科)의 식물 (Utah 주의 주화(州花)); 그 구근(식용으로 한다).
***seg·re·gate** [ségrigèit - , adj.] (-gat·ed, -gat·ing) 《opp. integrate》 vt. …을 나누다, 분리하다, 격리하다; …을 [인종] 차별하다. ¶ *segregate* men from (or and) women 남자와 여자를 분리하다 / *segregate* the colored into a special section of a city 유색 인종을 시의 특수 지구로 격리하다. ━ vi. **1** 분리하다, 갈라지다 (*from*…). **2** 〔유전〕 (다른 것으로) 분리되다. **3** 〔결정〕 분정(分晶)하다. ━ adj. [ségrigit, -gèit] = segregated. ¶ *ségrigit, -gèit* 격리(분리, 차별)된 사람(물건, 집단).
seg·re·gat·ed [ségrigèitid] adj. 인종 차별이 있는; 분리된, 격리된, 〔설비·시설 따위가〕 인종 차별을 하는. *opp.* integrated ¶ *segregated* education 인종 차별(분리) 교육.
seg·re·ga·tion [sègrigéi(ə)n] n. ⓤ **1** 분리, 격리. **2** ⓒ 분리(격리)된 것. **3** 인종 차별(대우). *opp.* integration **4** 〔유전〕 [잡종의] 분리; 〔결정〕 분정(分晶).
seg·re·ga·tion·ist [sègrigéiʃənist] n. 격리주의자, 인종 차별주의자. ━ adj. 인종 차별주의의.
seg·re·ga·tive [ségrigèitiv] adj. 잘 분리하는; 비사교적인; 인종 차별적인, 차별 대우의.
seg·re·ga·tor [ségrigèitər] n. **1** 분리자, 격리자. **2** 〔의학〕 뇨분비기(尿分秘器), 분뇨기(分泌器).
sei·del [sáidl, zái-] n. 〔뚜껑이 달린〕 큰 맥주잔.

Seid·litz pow·ders [sédlits-] *n. pl.* 사이드리츠 분말, 비듬산(沸騰散)의 일종[비듬시켜 마시는 완화제].
sei·gneur [si:njɔ́:r / séi-] *n.* (때로 S-) **1** 봉건 군주, 영주. **2** (캐나다) 지주.
seign·ior [síːnjər / séi-] *n.* (때로 S-) **1** 군주, 지배자. **2** 장원 영주. **3** 신사; …님(Sir 에 해당하는 존칭).
seign·ior·age [síːnjəridʒ / séi-] *n.* U C **1** 군주(영주)의 특권. **2** 화폐 주조로 얻는 이익(세).
seign·ior·y, sig·no·ry [síːnjəri / séi-] *n.* (*pl.* **-ior·ies**) **1** U C 군주(영주)의 권력(권위, 영지). **2** 〔중세 이탈리아 도시 국가의〕 시의회(市議會).
sei·gno·ri·al [siːnjɔ́ːriəl / seinjɔ́ː-] *adj.* 군주의, 영주의.
Seil [zail] *n.* 등산용 밧줄, 자일. [<G]
seine [sein] *n.* 예망(曳網), 후릿그물. — *v.* (**seined, sein·ing**) *vt.* 후릿그물로 〔물고기〕를 잡다; …에 후릿그물을 치다. — *vi.* 후릿그물로 물고기를 잡다, 후릿그물질을 하다.
*****Seine** [sein / F sen] *n.* (the ~) 센느강. [j을을 치다.
sein·er [séinər] *n.* 예망(후릿그물)으로 물고기를 잡는 사람(배).
seise [siːz] *v.* (**seised, seis·ing**) 《주로 英》= seize.
sei·sin, -zin [síːzin] *n.* 〔법률〕 점유〔특히 부동산, 자유 보유권의 봉건적 점유를 말한다〕, 점유권; 점유 물건.
seism [sáiz(ə)m] *n.* 지진(earthquake). [건, 재산.
seis·mal [sáizm(ə)l] *adj.* = seismic.
seis·mic [sáizmik] *adj.* 지진의, 지진에 의한. ¶ a *seismic* zone 지진대 / a *seismic* intensity 진도(震度).
seis·mic·i·ty [saizmísiti] *n.* U 지진 활동도(活動度) 〔일정 지역의 지진의 빈도·강도·분포 따위의 활동의 양상〕.
seismic prospecting *n.* 〔지질〕 지진 탐광(探鑛) 〔인공적인 지진을 일으켜 그 파동을 통해 지질 구조를 탐지하는 방법〕.
seis·mism [sáizmiz(ə)m] *n.* U 지진 현상.
seismo- seism 이라는 뜻의 연결형. *ex. seismo*logy.
seis·mo·gram [sáizməgræm] *n.* 〔지진계가 기록한〕 진동도(震動圖).
seis·mo·graph [sáizməgræf / -grɑːf] *n.* 지진계. [자.
seis·mog·ra·pher [saizmágrəfər / -mɔ́g-] *n.* 지진 학
seis·mo·graph·ic [sàizməgræfik], (**seis·mo·graph·i·cal** [-k(ə)l]) *adj.* 지진계의, 지진계에 의한.
seis·mog·ra·phy [saizmágrəfi / -mɔ́g-] *n.* U 지진관측[학].
seis·mo·log·i·cal [sàizməládʒik(ə)l / -lɔ́dʒ-], (**seis·mo·log·ic** [-ik]) *adj.* 지진 학의. **-i·cal·ly** [-ikəli] *adv.*
seis·mol·o·gist [saizmálədʒist / -mɔ́l-] *n.* 지진 학자.
seis·mol·o·gy [saizmálədʒi / -mɔ́l-] *n.* U 지진학.
seis·mom·e·ter [saizmámitər / -mɔ́m-] *n.* 지진계.
seis·mom·e·try [saizmámitri / -mɔ́m-] *n.* U 지진 측학(計測學).
seis·mo·scope [sáizməskòup] *n.* 감진기(感震器).
seiz·a·ble [síːzəbl] *adj.* **1** 잡을 수 있는, 강탈할 수 있는. **2** 압수(압류)할 수 있는.
‡**seize** [siːz] *v.* (**seized, seiz·ing**) *vt.* **1** …을 붙잡다, 쥐다, ⇒ TAKE 類語 ¶ *seize* a rope 로프를 꽉 잡다 // (~+팀+前+名) *seize* a person by the hand 남의 손을 붙잡다. **2** 〔뜻〕을 파악하다, 이해하다, 납득하다. ¶ I *seized* your meaning. 네가 뜻하는 바를 알았다. **3** 〔기회〕를 잡다, 포착하다. ¶ *seize* (+to do) *seize* an opportunity *to* ask questions 질문할 기회를 포착하다. **4** …을 강탈하다, 빼앗다. ¶ *seize* the throne 왕위를 빼앗다 / *seize* enemy ships 적선을 강탈(나포)하다. **5** 〔공포·병 따위〕가 엄습하다, 침범하다. ¶ He was *seized* with terror. 그는 공포에 사로잡혔다. **6** …을 몰수하다, 차압하다, 압류하다. ¶ *seize* a person's goods 남의 재산을 몰수하다. **7** 〔보통 수동형으로〕 〔법률〕 〔…〕에게 점유(소유)케 하다(seise) (...*of*...). ¶ (~+팀+前+名) He is *seized of* three farms. 그는 농장을 세 개 소유하고 있다. **8** 〔범인〕을 체포하다. ¶ 〔밧줄〕을 동여매다. ¶ (~+팀+副) *seize* ropes *together* 밧줄과 밧줄을 동여매다.
— *vi.* **1** 불잡다, 쥐다(*on, upon* ...). ¶ (~+前+名) *seize on* (or *upon*) a rope 로프를 붙잡다. **2** 〔기회〕를 포착하다 (*on, upon* ...). ¶ (~+前+名) *seize on* a chance 기회를 포착하다. **3** 〔공포·병 따위가〕 엄습하지 못하게 되다, 서다. **4** 〔과열 따위 때문에 기계가〕 움직이지 못하게 되다, 서다.
seize hold of …을 붙잡다, 잡다. ¶ He *seized hold of* the first weapon that came to hand. 그는 가까이 있는 무기를 잡았다.
seize the day (or *hour, moment*) ① 오늘을 즐기다, 내일을 생각하다. ② 기회를 포착(활용)하다.
seize a person up 〔항해〕 〔매질하기 위하여〕 남을 활대에 동여매다. ◇ **séiz·a·ble** *a.*
seiz·er [síːzər] *n.* 붙잡는 사람; 압류하는 사람.
sei·zin [síːzin] *n.* = seisin.
seiz·ing [síːziŋ] *n.* 〔U〕 **1** 잡기, 붙잡기. **2** 몰수, 압류. **3** 소유, 점유. **4** 〔항해〕 동여매기; 팔착(括着); (~s) 팔착 로프.
seiz·or [síːzər] *n.* 〔법률〕 몰수(압류)하는 사람. [*seizing* 4]
*****sei·zure** [síːʒər] *n.* **1** U 잡기, 붙잡기. **2** U 압수〔물〕, 몰수〔물〕, 압류〔물건〕; 약탈, 강탈. **3** 〔갑자기〕 병에 걸리기, 〔특히 뇌일혈 따위의〕 발작. ◇ **seize** *v.*
se·jant [síːdʒənt] *adj.* 〔紋章〕 〔사자 따위가〕 앞다리를 세우고 앉은 자세의.
Sejm [seim] *n.* 폴란드의 단원제 국민 의회.
sel. (略) selected; selection; selections.
SELA (略) *Sistema Económico Latino Americano* (라틴 아메리카 경제 조직; 1975년 10월 창설).
se·la·chi·an [siléikiən] *n., adj.* 연골어(軟骨魚) 〔에 속하는〕.
se·lah [síːlə] *n.* 셀라〔구약 성서 시편에 나오는 의미 불명의 헤브루어(語); 악곡에서 소리를 주악의 가락을 높이거나 멈추기를 지시하는 말〕.
‡**sel·dom** [séldəm] *adv.* 좀처럼 …않다(rarely); 드물게, 모처럼. ¶ He is *seldom* late. 그는 좀처럼 늦지 않는다 / He *seldom* looks happy. 그는 행복스런 표정을 좀처럼 짓지 않는다 / He takes a walk very *seldom*. 그는 좀처럼 산책을 하지 않는다 / *Seldom* seen, soon forgotten. 《속담》 거자 일소(去者日疎).
not seldom 이따금, 흔히.
seldom, if ever 좀처럼 …않다. ¶ He *seldom, if ever*, speaks ill of others. 그는 남을 좀처럼 헐뜯지 않는다.
seldom or never 좀처럼 …않다, 전혀 …않다. [나는다.
— *adj.* 드문, 좀처럼 없는(rare, infrequent). **~·ness** *n.*
‡**se·lect** [silékt] *vt.* …을 고르다, 선발하다, 발췌하다. ⇒ CHOOSE 類語 ¶ (~+팀+前+名) *select* the best *out of* (or *from, among*) many books 많은 책 중에서 제일 좋은 것을 선택하다 / *select* a birthday present *for* one's child 아이에게 줄 생일 선물을 고르다 // (~+팀+副) She *selected out* the biggest pearl. 그녀는 제일 큰 진주를 골라냈다. — *adj.* **1** 선택된, 선발된, 뽑힌; 훌륭한, 제일 좋은; 다른 것들보다 월등한. ¶ a *select* book 양서. **2** 〔교제 따위〕 가리는; 입회 조건이 까다로운; a *select* club 입회 자격이 까다로운 클럽 / a *select* society 상류 사회 / the *select* few 전문가, 통(通) ¶ be *select in* making friends 친구 선택에 까다롭다. **~·ly** *adv.* **~·ness** *n.* ◇ **seléction** *n.*, **seléctive** *adj.*
select committee *n.* 특별 위원회.
se·lect·ed [siléktid] *adj.* 선택된, 뽑힌, 선발된.
se·lect·ee [silèktíː / sèlektíː] *n.* 《美》 〔선발 징병 제도에 의해 뽑힌〕 징집병.
‡**se·lec·tion** [silék∫(ə)n] *n.* **1** U C 선발, 선택, 정선(精選). ⇒ CHOICE 類語 ¶ a good *selection* of material 재료의 올바른 선정, 정선, 정선품, 발췌, 선집(選集). **2** 〔집합적〕 선택된 사람들(물건들). **3** a wide

selection of winter goods 각종 겨울 상품 // *selections for* a match 시합에 뽑힌 사람들 / *selections from* Shakespeare 셰익스피어 선집. **3** ⓤ 도태. ¶ artificial (natural) *selection* 인위(자연) 도태. **4** ⓤ 〔무선〕 분리. ◇ seléct *v.*, seléctive *adj.*

selec·tion·al restric·tion [silékʃən(ə)l-] *n.* 〔언어〕 〖생성문법의〗 선택 제약.

*se·lec·tive [siléktiv] *adj.* **1** 선택력이 있는, 선택하는; 선택적인, 선택의, 발췌의. **2** 도태의. **3** 〔무선〕 분리가 잘 되는. ~·ly *adv.* ~·ness *n.*

seléctive sérvice *n.* ⓤ 〖美〗의무 병역 제도.
se·lec·tiv·i·ty [silèktíviti] *n.* ⓤ **1** 선택〔성〕, 도태〔성〕. **2** 〔무선〕〖수신기의〗선택도(度), 선택성, 분리성.
se·lect·man [siléktmən] *n.* (*pl.* -men [-mən]) 〖美〗〖New England 여러 주의〗도시 행정 위원.
se·lec·tor [siléktər] *n.* 선택자; 선택기(器).
seléctor lèver *n.* 〖자동차〗 〖클러치 없는 차의〗 변속 레버, 체인지 레버.
sel·e·nate [sélinèit] *n.* 〔화학〕 셀렌산염(酸鹽).
Se·le·ne [silí:ni:] *n.* 〔그리스 신화〕 셀레네〔달의 여신. 로마 신화의 Luna에 해당〕.
se·len·ic [silí:nik, -lén-] *adj.* 〔화학〕 셀렌의. ¶ *selenic* acid 셀렌산(酸).
se·le·ni·ous [silí:niəs] *adj.* 〔화학〕 아(亞)셀렌의. ¶ *selenious* acid 아셀렌산.
sel·e·nite [sélinàit] *n.* **1** ⓤ 〔광물〕 셀레나이트, 투명 석고. **2** 〔화학〕 아(亞)셀렌산염.
se·le·ni·um [silí:niəm, -njəm] *n.* ⓤ 〔화학〕 셀렌, 셀레늄〔비금속 원소의 하나; 원자 기호 Se〕.
seleno-[1] moon 이라는 뜻의 연결형. 예: *seleno*graphy.
seleno-[2] selenium 이라는 뜻의 연결형. 예: *seleno*sis (셀레늄 중독).
se·le·no·cen·tric [silì:no(u)séntrik] *adj.* 달 중심의.
sel·e·nod·e·sy [sèlinádisi / -nɔ́d-] *n.* 월면 측량학; 측량학(測月學).
se·le·no·graph [silí:nəɡræf / -ɡrὰ:f] *n.* 월면도(月面圖).
sel·e·nog·ra·phist [sèlinάɡrəfist / -nɔ́ɡ-] *n.* 월리학자. 〖月理學〗
sel·e·nog·ra·phy [sèlinάɡrəfi / -nɔ́ɡ-] *n.* 월리학; 월리학자.
sel·e·nol·o·gy [sèlinάlədʒi / -nɔ́l-] *n.* 월학(月學).
‡**self** [self] *n.* (*pl.* selves) **1** ⓤⓒ 그 사람 자신, 그것 자체, 자기 자신, 자기. ¶ beauty's *self* 아름다움 그 자체 / one's own (*or* very) *self* 자기 자신 / one's larger *self* 대아(大我) / my poor (*or* humble) *self* 보잘것없는 이 사람 / your honored *self* 〖상업〗 귀하 / Our Royal *Self* 짐이 / *Self* do, *self* have. 〖속담〗 자업자득, **2** 개성, 본성; 성격의 일면. ¶ one's better *self* 좋은 성질, 양심. **3** ⓤ 사리, 사욕, 이기심. ¶ put *self* first 자기 본위로 하다 / rise above *self* 자기를 초월하다. **4** ⓤ (종종 the ~) 〔철학〕 자아. ¶ the essence of the *self* 자아의 본질.
— *pron.* 〖상업 용어 또는 익살〗 =myself, yourself, himself, etc. ¶ pay to *self* 서명자자 지불〔수표의 문구〕 / your good *selves* 귀하, 귀점(貴店) 〔상용문의 문구〕 / a room for *self* and wife 우리 부부의 방.
— *adj.* **1** 〔색 따위가〕 한결같은, 〔꽃 따위가〕 단색인. **2** 〔다른 것과〕 동일 종류의. **3** 동일 재료의; 〔활이〕 한 나무로 만들어진. ◇ sélfish *adj.*
self- self 의 뜻의 연결형. **a**) 재귀 목적어 관계를 나타낸다. 예: *self*-control, *self*-government, *self*-help. **b**) 부사적 관계를 나타낸다. 예: *self*-conscious; *self*-evident.
self-a·ban·doned [sélfəbǽndənd] *adj.* 자포자기한, 방종한.
self-a·ban·don·ment [sélfəbǽndənmənt] *n.* ⓤ 자포 자기.
self-a·base·ment [sélfəbéismənt] *n.* ⓤ 비하(卑下), 겸손; 〔열등감·죄악감에 의한〕 자기 모멸.
self-ab·hor·rence [sélfəbhɔ́:rəns, -hǽr- / -hɔ́r-] *n.*
ⓤ 자기 혐오.
self-ab·ne·ga·tion [sélfæbnigéiʃ(ə)n] *n.* ⓤ 자기 부정.
self-ab·sorbed [sélfəbsɔ́:rbd, -zɔ́:rbd] *adj.* 자기 생각에 잠긴, 자기 일에 몰두한.
self-ab·sorp·tion [sélfəbsɔ́:rpʃ(ə)n, -zɔ́:rp-] *n.* ⓤ 자기도취, 전념.
self-a·buse [sélfəbjú:s] *n.* ⓤ **1** 자기 질책. **2** 자기 모독. **3** =masturbation.
self-ac·cu·sa·tion [sélfækjuzéiʃ(ə)n] *n.* ⓤ 자책.
self-act·ing [sélfǽktiŋ] *adj.* 자동의; 자작 행동의; 자동의.(automatic).
self-ac·tion [sélfǽkʃ(ə)n] *n.* ⓤ 자주적 행동(활동), 독자 행동.
self-ac·tive [sélfǽktiv] *adj.* 자동의.
self-ac·tor [sélfǽktər] *n.* 자동식 기계, 자동식 목마.
self-ac·tu·al·i·za·tion [sélfæktʃuəlizéiʃ(ə)n / -lai-, -tju-] *n.* 자기의 실체 인식, 자기의 동기나 목적의 이해.
self-ad·dressed [sélfədrést] *adj.* 자기 이름 앞으로 된.
self-ad·he·sive [sélfədhí:siv] *adj.* 〔봉투 가〕 풀이나 물을 쓰지 않고서 봉할 수 있는.
self-ad·just·ing [sélfədʒʌ́stiŋ] *adj.* 자동 조정의.
self-ad·just·ment [sélfədʒʌ́stmənt] *n.* ⓤ 자동 조정.
self-af·fir·ma·tion [sélfæfərméiʃ(ə)n] *n.* ⓤ 자기 확인, 자기 단정.
self-an·ti·gen [sélfæntidʒən] *n.* 〔의학〕 자체 항원(抗原).
self-ap·point·ed [sélfəpɔ́intid] *adj.* 자기 추천의.
self-as·sert·ing [sélfəsə́:rtiŋ] *adj.* 자기를 주장하는, 고집부리는; 주제넘은.
self-as·ser·tion [sélfəsə́:rʃ(ə)n] *n.* ⓤ 자기 주장; 주제넘게 나섬.
self-as·ser·tive [sélfəsə́:rtiv] *adj.* 자기를 주장하는, 주제넘은.
Sélf Asséssment *n.* 〖美〗 과세액 자체 평가, 신고 납세.
self-as·sumed [sélfəsú:md / -s(j)ú:md] *adj.* 전 단 (專斷)의; 외람된, 건방진.
self-as·sur·ance [sélfəʃú(ə)rəns / -ʃúər-] *n.* ⓤ 자신 (自信). ⇒ CONFIDENCE 類語
self-as·sured [sélfəʃúərd] *adj.* 자신이 있는, 자기 만족의.
self-bind·er [sélfbáindər] *n.* 〔보릿단 따위를〕 자동으로 묶는 기계.
self-burn·ing [sélfbə́:rniŋ] *n.* ⓤ 분신 자살.
self-cen·tered, 〖英〗-tred [sélfséntərd] *adj.* **1** 자기 중심의, 이기적인, 자기 본위의. **2** 중심으로서 고정된. ~·ly *adv.* ~·ness *n.*
sélf-chéck·ing nùmber [sélftʃékiŋ-] *n.* 〔컴퓨터〕 자기 검사 번호, 자기 검사 숫자.
self-col·lect·ed [sélfkəléktid] *adj.* 침착한, 냉정한.
self-col·ored, 〖英〗-oured [sélfkʌ́lərd] *adj.* 단색의; 자연색의.
self-com·mand [sélfkəmǽnd / -mά:nd] *n.* ⓤ 자제 (自制), 극기(克己); 침착.
self-com·pla·cence [sélfkəmpléisns], **-cen·cy** [-snsi] *n.* ⓤ 자기 만족, 자기 도취.
self-com·pla·cent [sélfkəmpléisnt] *adj.* 자기 만족 (도취)의. ~·ly *adv.* 〔한(calm)〕.
self-com·posed [sélfkəmpóuzd] *adj.* 차분한, 침착한.
self-con·ceit [sélfkənsí:t] *n.* ⓤ 자만, 자부심.
self-con·ceit·ed [sélfkənsí:tid] *adj.* 자만심이 강한.
self-con·demned [sélfkəndémd] *adj.* 자책의.
self-con·fessed [sélfkənfést] *adj.* 자인(자칭)하는. ¶ He is a *self-confessed* gambler. 그는 자신도 인정하는 노름꾼이다.
self-con·fi·dence [sélfkάnfid(ə)ns / -kɔ́n-] *n.* ⓤ 자신, 자신 과잉. ⇒ CONFIDENCE 類語
self-con·fi·dent [sélfkάnfid(ə)nt / -kɔ́n-] *adj.* 자신이 있는, 자기를 과신하는. ~·ly *adv.*
*self-con·scious [sélfkάnʃəs / -kɔ́n-] *adj.* 자기를 의식하는, 자의식 과잉의; 남의 이목을 의식하는(꺼리는). ~·ly *adv.* ~·ness *n.*

self-con·se·quence [sélfkánsikwèns / -kɔ́ns(i)-kwəns] *n.* ⓤ 거만, 거만 피우기, 거들먹거림.

self-con·sis·ten·cy [sélfkənsístə(ə)nsi] *n.* ⓤ 자기 모순이 없음, 시종 일관, 조리가 정연함.

self-con·sist·ent [sélfkənsíst(ə)nt] *adj.* 자기 모순이 없는, 시종일관하는; 조리가 정연한. **~·ly** *adv.*

self-con·sti·tut·ed [sélfkánstit(j)ùːtid / -kɔ́nstitjùːtid] *adj.* 자신이 설정한, 자신이 정한.

self-con·tained [sélfkəntéind] *adj.* 1 필요한 물건이 모두 갖추어진. 2 [아파트 등이] 호별 독립식의. 3 자제하는, 말수가 적은. 4 [기계가] 자체로서 완비된.

self-con·tain·ment [sélfkəntéinmənt] *n.* ⓤ 자기 충족.

self-con·tempt [sélfkəntémpt] *n.* ⓤ 자기 경멸, 비

self-con·tent [sélfkəntént] *n.* ⓤ 자기 만족.

self-con·tent·ed [sélfkənténtid] *adj.* 스스로 만족하고 있는.

self-con·tent·ment [sélfkənténtmənt] *n.* ⓤ 자기 만족.

self-con·tra·dic·tion [sélfkɑ̀ntrədíkʃ(ə)n / -kɔ̀n-] *n.* ⓤⓒ 자기 모순; 모순된 진술(성명).

self-con·tra·dic·to·ry [sélfkɑ̀ntrədíkt(ə)ri / -kɔ̀n-] *adj.* 자기 모순의.

*****self-con·trol** [sélfkəntróul] *n.* ⓤ 자제, 극기.

self-con·trolled [sélfkəntróuld] *adj.* 자제력이 있는.

self-cor·rect·ing [sélfkəréktiŋ] *adj.* 자동 조정(식)의.

self-cor·rec·tive [sélfkəréktiv] *adj.* =self-correcting.

self-crit·i·cism [sélfkrítisìzə(ə)m] *n.* ⓤ 자기 비판.

self-cul·ture [sélfkʌ́ltʃər] *n.* ⓤ 자기 수양.

self-deal·ing [sélfdíːliŋ] *n.* ⓤ 사적(私的) 금융 거래, 자기 거래, [특히] 회사(재단) 돈의 사적 이용.

self-de·ceit [sélfdisíːt] *n.* =self-deception.

self-de·ceiv·ing [sélfdisíːviŋ] *adj.* =self-deceptive.

self-de·cep·tion [sélfdisépʃ(ə)n] *n.* ⓤⓒ 자기 기만.

self-de·cep·tive [sélfdiséptiv] *adj.* 자기를 기만하는.

self-de·feat·ing [sélfdifíːtiŋ] *adj.* 자기 좌절의, 자멸적인.

*****self-de·fense**, (英) **-fence** [sélfdiféns] *n.* ⓤ 자기 방어, 자위; 정당 방위.

self-de·fen·sive [sélfdifénsiv] *adj.* 자위의; 정당 방위의.

self-de·lu·sion [sélfdilúːʒ(ə)n] *n.* ⓤⓒ 자기 기만, 미망(迷妄).

self-de·ni·al [sélfdináiə(ə)l] *n.* ⓤ 자제, 극기; 무사.

self-de·ny·ing [sélfdináiiŋ] *adj.* 자제하는, 극기의; 이기적이 아닌. **~·ly** *adv.*

self-de·pend·ence [sélfdipéndəns] *n.* ⓤ 자기 신뢰(의존), 독립 독행.

self-de·struct [sélfdistrʌ́kt] *vi.* =destruct.

self-de·struc·tion [sélfdistrʌ́kʃ(ə)n] *n.* ⓤ 자멸; 자살.

self-de·ter·mi·na·tion [sélfditə̀ːrminéiʃ(ə)n] *n.* 1 자결(自決), 자기 결정, 자율. 2 민족 자결.

self-de·ter·mined [sélfditə́ːrmind] *adj.* 스스로 결정한.

self-de·ter·min·ing [sélfditə́ːrminiŋ] *adj.* 스스로 결정하는.

self-de·vo·tion [sélfdivóuʃ(ə)n] *n.* ⓤ 헌신, 자기 희생.

self-dis·ci·pline [sélfdísiplin] *n.* ⓤ 자기 단련, 극기.

self-dis·trust [sélfdistrʌ́st] *n.* ⓤ 자신 부족; 자신없음.

self-dis·trust·ful [sélfdistrʌ́stfəl] *adj.* 자신이 없는.

self-ed·u·cat·ed [sélfédʒukèitid / -édju-] *adj.* 독학의.

self-ed·u·ca·tion [sélfèdʒukéiʃ(ə)n / -èdju-] *n.* ⓤ 독학, 자수(自修).

self-ef·face·ment [sélfiféismənt] *n.* ⓤ [겸양·비하로] 표면에 나서지 않음.

self-ef·fac·ing [sélfiféisiŋ] *adj.* 표면에 나서지 않는.

self-em·ployed [sélfimplɔ́id] *adj.* 자가 경영의, 자영의.

self-es·teem [sélfistíːm] *n.* ⓤ 1 자존. 2 자부심,

자만. ⇨ PRIDE 類語

*****self-ev·i·dent** [sélfévid(ə)nt] *adj.* 자명한. **~·ly** *adv.*

self-ex·am·i·na·tion [sélfigzæ̀minéiʃ(ə)n] *n.* ⓤ 자성(自省), 반성.

self-ex·cit·ed [sélfiksáitid] *adj.* 【전기】자려(自勵).

self-ex·e·cut·ing [sélféksikjùːtiŋ] *adj.* 【법률】이(시)자동 발효되는.

self-ex·ist·ence [sélfigzíst(ə)ns] *n.* ⓤ 독립적 존재.

self-ex·ist·ent [sélfigzíst(ə)nt] *adj.* 독립적으로 존재하는; 자존하는.

self-ex·plain·ing [sélfikspléiniŋ] *adj.* 자명한.

self-ex·plan·a·to·ry [sélfiksplǽnətɔ̀ːri / -t(ə)ri] *adj.* 설명을 필요로 하지 않는, 자명한.

self-ex·pres·sion [sélfikspréʃ(ə)n] *n.* ⓤ 자기(개성)표현.

self-feed·er [sèlffíːdər] *n.* 자동 보급 장치.

self-feed·ing [sélffíːdiŋ] *adj.* 자급의; 자동 보급식의.

self-fer·ti·li·za·tion [sélffə̀ːrt(i)lizéiʃ(ə)n / -lai-] *n.* ⓤ [식물] 자가 수정(自家受精). *cf.* cross-fertilization

self-fill·ing [sèlffíliŋ] *adj.* 자동 주입식의.

self-fo·cus·ing [sèlffóukəsiŋ] *adj.* [텔레비전 이]자동 초점식의.

self-for·get·ful [sélffərgétfəl] *adj.* 자기의 이익(득실)을 초월하는, 사심이 없는, 욕심없는.

self-ful·fill·ing [sélffulfíliŋ] *adj.* 스스로의 힘으로 목적(포부 따위)을 달성하는.

self-gen·er·at·ing [sèlfdʒénəreitiŋ] *adj.* 자기 생성의.

self-gov·erned [sélfgʌ́vərnd] *adj.* 자치의, 독립의; 자기 결정의; 자제의.

self-gov·ern·ing [sélfgʌ́vərniŋ] *adj.* 자치의.

*****self-gov·ern·ment** [sélfgʌ́və(r)nmənt, +英 -gʌ́vn-] *n.* ⓤ 1 자치. 2 자제, 극기.

self-hate [sélfhéit], **-ha·tred** [-héitrid] *n.* ⓤ 자기 혐오.

self-heal [sélfhìːl] *n.* 1 꿀풀. 2 범의귀.

*****self-help** [sèlfhélp] *n.* ⓤ 1 자조, 자립. 2 【법률】 자구(自救) 행위 [법률에 호소하지 않고 자기 힘으로 자기의 권리를 지키는 일].

self·hood [sélfhùd] *n.* ⓤ 1 개인임. 2 개성. 3 자기 중심, 이기주의.

self-hu·mil·i·a·tion [sélfhju(ː)mìliéiʃ(ə)n] *n.* ⓤ 비하(卑下), 겸손.

self-hyp·no·sis [sélfhipnóusis] *n.* 자기 최면.

self-im·age [sélfímidʒ] *n.* 자아상(自我像), 자기 자신에 대해 품고 있는 인간상.

self-im·mo·la·tion [sélfimə̀léiʃ(ə)n] *n.* [이상이나 남을 위해 하는] 자기 희생(부정).

self-im·por·tance [sélfimpɔ́ːrt(ə)ns] *n.* ⓤ 거만, 자만.

self-im·por·tant [sélfimpɔ́ːrt(ə)nt] *adj.* 거만한, 으스대는 자만심이 강한. **~·ly** *adv.*

self-im·posed [sélfimpóuzd] *adj.* 스스로 과한, 자진해서 하는.

self-im·prove·ment [sélfimprúːvmənt] *n.* ⓤ 자기 개선, 자기 수양.

self-im·prov·ing [sélfimprúːviŋ] *adj.* 자기 개선(수양)의.

self-in·duced [sélfind(j)úːst / -djúːst] *adj.* 1 자기가 끌어들인. 2 【전기】자기 유도에 의하여 생긴.

self-in·duc·tion [sélfindʌ́kʃ(ə)n] *n.* ⓤ 【전기】자기 유도.

self-in·dul·gence [sélfindʌ́ldʒ(ə)ns] *n.* ⓤ 제멋대로 하기, 방종.

self-in·dul·gent [sélfindʌ́ldʒ(ə)nt] *adj.* 제멋대로 하는, 방종의. **~·ly** *adv.*

self-in·flict·ed [sélfinflíktid] *adj.* 스스로 과한.

*****self-in·ter·est** [sélfínt(ə)rist] *n.* ⓤ 이기주의; 사리(私利).

self-in·ter·est·ed [sélfínt(ə)ristid] *adj.* 이기주의의.

self-in·vent·ed [sélfinvéntid] *adj.* 스스로 날조한, 꾸며낸.

self-in·vit·ed [sélfinváitid] *adj.* 불청객으로 방문하는.

‡**self·ish** [sélfiʃ] *adj.* 제멋대로의, 이기적인; 자기주의의.

◇ self n. ~ly adv. ~ness n.
sélfish géne n. (유전) 이기적 유전자.
self-jus・ti・fi・ca・tion [sélfdʒʌstifikéi(ə)n] n. 자기 정당화, 자기 변호(변명), 핑계.
self-knowl・edge [sélfnálidʒ/-nɔ́l-] n. Ⓤ 자기 인식.
self・less [sélflis] adj. 자기를 돌보지 않는, 이기심이 없는, 무사한. ~ness n.
self-liq・ui・dat・ing [sélflíkwidèitiŋ] adj. 1 [상품 따위가] 당장 팔리는, 곧 현금화되는. 2 [투자 따위가] 스스로 청산되는, 자체 회수작의.
self-load・ing [sèlflóudiŋ] adj. [총 따위가] 자동 장전식으로 된.
self-lock・ing [sélflákiŋ/-lɔ́k-] adj. 자동적으로 자물쇠가 잠기는.
self-love [sélflʌv] n. Ⓤ 1 [본능적인] 자애(自愛). 2 이기주의, 자기 본위.
self-made [sélfméid] adj. 1 자력으로 입신 출세한. 2 자기가 만든, 손수 만든.
self-mail・er [sélfméilər] n. 봉투에 넣지 않고 우송할 수 있는 팜플렛.
self-mail・ing [sélfméiliŋ] adj. 봉투에 넣지 않고 우송할 수 있는. 〔자체; 침착.
self-mas・ter・y [sèlfmǽst(ə)ri/-máːs-] n. Ⓤ 극기,
self-mor・ti・fi・ca・tion [sélfmɔ̀ːrtifikéi(ə)n] n. 금욕.
self-mo・tion [sélfmóu(ə)n] n. Ⓤ 자동.
self-mov・ing [sélfmúːviŋ] adj. 자동의.
self-mur・der [sélfmɔ́ːrdər] n. Ⓤ 자살.
self・ness [sélfnis] n. =selfhood.
self-noise [sélfnɔ́iz] n. 1 [해사] 자생 잡음[배가 전진할 때 배 자체에서 나는 잡음; 물결 소리와는 구별된다]. 2 [통신] 자기 잡음[송수신기 자체가 원인인 잡음].
self-o・pin・ion・at・ed [sélfəpínjənèitid] adj. 1 자만심이 강한. 2 [자기의 의견 따위에] 완고한.
self-o・pin・ioned [sélfəpínjənd] adj. = self-opinionated. 〔자신이 떠는한.
self-or・dained [sélfɔːrdéind] adj. 스스로 제정한.
self-per・pet・u・at・ing [sélfpə(ː)rpétjuèitiŋ] adj. 영속 느끼하는; 언제까지나 자리에 붙어 있으려 하는.
self-pit・y [sélfpíti] n. Ⓤ 자기 연민.
self-pol・li・nat・ed [sèlfpálinèitid/-pɔ́l-] 〔식물〕 자가 수분(受粉)의.
self-pol・li・na・tion [sélfpàlinéi(ə)n/-pɔ̀l-] n. Ⓤ 〔식물〕자가 수분. 〔상.
self-por・trait [sèlfpɔ́ːrtrit, -treit/-pɔ́ːtrit] n. Ⓤ 자 화
self-pos・sessed [sélfpəzést] adj. 냉정한, 침착한.
self-pos・ses・sion [sélfpəzé(ə)n] n. Ⓤ 냉정, 침착,
self-praise [sélfpréiz] n. Ⓤ 자찬, 자만. 〔자분한.
self-pres・er・va・tion [sélfprèzərvéi(ə)n] n. Ⓤ 자기 보존, 자기 방위; 자위 본능.
self-pro・nounc・ing [sélfprənáunsiŋ] adj. [발음 기호에 의하지 않고] 직접 철자에 발음을 나타내는 부호를 찍은.
self-pro・pelled [sélfprəpéld] adj. 자력으로 추진하는, 자동 추진식의. ¶ a self-propelled gun 자주포(自走砲).
self-pro・pel・ling [sélfprəpéliŋ] adj. = self-propelled.
self-pro・tec・tion [sélfprətéki(ə)n] n. Ⓤ 자기 방위.
self-pub・lish・ing [sélfpʌ́bli(iŋ] n. 자가(自家) 출판, 자비 출판.
self-rais・ing [sélfréiziŋ] adj. 베이킹 파우더가 든.
self-re・al・i・za・tion [sélfrìːəlaizéi(ə)n/-riəlaiz-] n. Ⓤ 자기 완성, 자기의 전 능력 발휘.
self-rec・og・ni・tion [sélfrèkəgní(ə)n] n. Ⓤ 자기(자아) 인식.
self-re・cord・ing [sélfrikɔ́ːrdiŋ] adj. 자동 기록식의.
self-re・gard [sélfrigáːrd] n. Ⓤ 이기; 자존, 자중.
self-re・gard・ing [sélfrigáːrdiŋ] adj. 이기적; 자존의.
self-reg・is・ter・ing [sélfrédʒist(ə)riŋ] adj. 자동 기록식의, 자기식(自記式)의.
self-reg・u・lat・ing [sélfrégjulèitiŋ] adj. 자동 조절의.

self-re・li・ance [sélfriláiəns] n. Ⓤ 자기 의존, 자립, 독립 독행.
self-re・li・ant [sélfriláiənt] adj. 자기를 믿는, 자립의, 독립 독행의. ~ly adv.
self-re・nun・ci・a・tion [sélfrinʌ̀nsiéi(ə)n, +美-ʃiéi-] n. Ⓤ 자기의 의지·이익 따위의 포기, 자기 희생, 헌신; 무사(無私).
self-rep・li・cate [sélfréplikeit] vt. (-cat・ed, -cat・ing) 〔핵산(核酸) 따위가〕…을 자기 전사(轉寫)로 증식시키다.
self-re・pres・sion [sélfripré(ə)n] n. Ⓤ 자기 억제.
self-re・proach [sélfripróut(] n. Ⓤ 자책, 후회.
self-re・proach・ful [sélfripróut(fəl] adj. 자책하는, 후회하는.
self-re・pro・duce [sélfriːprəd(j)úːs] vt. =self-replicate. 〔類語〕
*****self-re・spect** [sélfrispékt] n. Ⓤ 자존, 자중. ⇒ PRIDE
self-re・spect・ing [sélfrispéktiŋ] adj. 자존심이 있는.
self-re・straint [sélfristréint] n. Ⓤ 극기, 자제.
self-re・veal・ing [sélfriːvíːliŋ] adj. 사적인 감정(태도) 따위를 표면에 나타낸, 자기 현시(顯示)적인.
self-rev・e・la・tion [sélfrèviléi(ə)n] n. Ⓤ 자기 계시(啓示).
self-rev・er・ence [sélfrév(ə)rəns] n. Ⓤ 강한 자존심.
self-right・eous [sélfráit(əs] adj. 스스로 옳다고 하는, 독선적인. ~ly adv. ~ness n.
self-right・ing [sélfráitiŋ] adj. [배 따위가] 자동적으로 복원하는.
self-ris・ing [sélfráiziŋ] adj. [효모(酵母)를 넣지 않아도] 저절로 부풀어오르는.
self-rule [sélfrúːl] n. Ⓤ 자치 (self-government).
*****self-sac・ri・fice** [sélfsǽkrifàis] n. ⓊⒸ 자기 희생, 헌신, 〔의, 헌신적인.
self-sac・ri・fic・ing [sélfsǽkrifàisiŋ] adj. 자기 희생
self・same [sélfsèim] adj. 완전히 동일한, 똑같은. ~ness n.
*****self-sat・is・fac・tion** [sélfsætisfǽk(ə)n] n. Ⓤ 자기 만족, 자만, 독선. 〔선적인.
self-sat・is・fied [sélfsǽtisfàid] adj. 자기 만족의, 독
self-sat・is・fy・ing [sélfsǽtisfàiiŋ] adj. 자기 만족을 주는.
self-seal・ing [sélfsíːliŋ] adj. 펑크가 나도 자동적으로 막게 되어 있는; 자동 방수식(防漏式)의. ¶ a self-sealing gas tank 자동 방수식 가스 탱크.
self-search・ing [sélfsɔ́ːrt(iŋ] n. 자성(自省)적인.
self-seek・er [sélfsíːkər] n. 이기적인 사람, 자기 일밖에 모르는 사람.
self-seek・ing [sélfsíːkiŋ] n. Ⓤ 이기주의, 제멋대로 하기, 자기 본위. —adj. 이기적인, 제멋대로의, 자기 본위의.
self-serv・ice [sélfsɔ́ːrvis] n. Ⓤ 〔식당 따위의〕 셀프 서비스, 자급식(自給式). —adj. 셀프 서비스의, 자급식의. 〔는, 이기적인.
self-serv・ing [sélfsɔ́ːrviŋ] adj. 자기에게만 봉사하
self-slaugh・ter [sélfslɔ́ːtər] n. 자살, 자멸.
self-sown [sélfsóun] adj. 〔식물 따위가〕 저절로 자란, 자생의; 〔종자 따위가〕 저절로 뿌려진.
self-start・er [sélfstáːrtər] n. 1 [자동차 따위의] 자동 시동기, 자동 스타터. 2 《구어》자발적으로 계획을 실행하는 사람.
self-stim・u・la・tion [sélfstìmjuléi(ə)n] n. Ⓤ [자신의 행동·활동의 결과로 생기는] 자체 자극.
self-stud・y [sélfstʌ́di] n. Ⓤ 독학; 자기 관찰.
self-styled [sélfstáild] adj. 자칭의, 자임(自任)하는.
self-suf・fi・cien・cy [sélfsəfí(ə)nsi] n. Ⓤ 1 자급 자족. 2 자만.
self-suf・fi・cient [sélfsəfí(ə)nt] adj. 1 자급 자족할 수 있는. 2 자만심이 강한, 오만한. ~ly adv.
self-suf・fic・ing [sélfsəfáisiŋ] adj. =self-sufficient.

self-sug·ges·tion [sélfsədʒéstʃ(ə)n, 美 -səgdʒés-] n. ⓤ 자기 암시.

self-sup·port [sélfsəpóːrt / -pɔ́ːt] n. ⓤ 자활, 자립.

self-sup·port·ed [sélfsəpóːrtid / -pɔ́ːt-] adj. 자활의, 자립의, 자급의.

self-sup·port·ing [sélfsəpóːrtiŋ / -pɔ́ːt-] adj. 자활하는, 자급하는.

self-sur·ren·der [sélfsəréndər] n. ⓤ 자기 포기, 인종(忍從).

self-sus·tained [sélfsəstéind] adj. 자활의, 자립하는, 자급의.

self-sus·tain·ing [sélfsəstéiniŋ] adj. 자활하는, 자립하는.

self-taught [sélftɔ́ːt] adj. 독학의.

self-tim·er [sélftáimər] n. 〔카메라의〕 자동 셔터, 자동 개폐기(開閉器), 셀프 타이머.

self-tor·ture [sélftɔ́ːrtʃər] n. ⓤ 난행, 고행.

self-trust [sélftrʌ́st] n. =self-confidence.

self-will [sélfwíl] n. ⓤ 자기 뜻, 제멋대로 굶, 완고.

self-willed [sélfwíld] adj. 방자한, 옹고집의, 완고한.

self-wind·ing [sélfwáindiŋ] adj. 〔시계가〕 자동으로 감기는.

Sel·juk [seldʒúːk] adj. 셀주크 사람의, 셀주크 왕조의.
— n. (=**Sel·juk·i·an** [seldʒúːkiən]) 셀주크인[11-13세기에 중근동(中近東) 지역을 지배했던 터키 왕조의 사람].

‡**sell** [sel] v. (**sold, sell·ing**) vt. 1 …을 팔다, …을 팔아넘기다. opp. buy 『 a house to sell 팔 집 / To sell. 〈게시문〉매물 / sell goods cheap (dear) 물건을 싸게(비싸게) 팔다 // (~+图+前+图) sell goods at a discount 물건을 할인하여 팔다 / sell goods at a profit (a loss, a sacrifice) 물건을 이익을(손해를) 보고 팔다 / sell a thing at (or for) $1,000 물건을 천 달러로 팔다 / sell goods by retail 물건을 소매하다. 2 …을 판매하다, 거래하다. 『 This store sells imported cigars. 이 가게에서는 수입 담배를 팔고 있다. 3 …을 잘 팔리도록 하다. 『 Good advertising will sell goods. 선전을 잘하면 매상이 늘어난다. 4 …을 선전하다, 팔아먹다; …을 납득시키다 // (~+图+前+图) (~+图+to+图) sell an idea to a person; sell a person [on] an idea 아이디어를 남에게 팔아먹다. 5 〔비유적〕…을 팔다, 배신하다. 『 sell one's country 나라를 팔다 / sell a game (or a match) 뇌물을 받고 경기에 일부러 지다, 사기 시합을 하다 / sell one's honor 명예를 버리다. 6 〔구어〕 〔보통 수동형으로〕 …을 감쪽같이, …을 속이다, 실망시키다. 『 be sold over private contract 비밀 계약으로 속다 / Sold again! 또 속았다! ; 아차, 또 넘어갔다.
— vi. 1 팔리다, 장사하다. 『 My brother sells in Boston. 나의 형은 보스턴에서 장사하고 있다. 2 팔리다, 팔려가다 …하다, 〔…에〕 팔리다 (at, for...). 『 (~+图) The book sells well. 그 책은 잘 팔린다 / (~+图) This chair sells for five dollars. 이 의자는 5달러로 팔린다. 3 〔구어〕 받아들여지다; 인기있다, 환영받다. 『 His idea will sell. 그의 생각은 먹혀들 것이다.
be sold on 〔美〕…에 열중하다, 정신이 팔리다.
sell forward …을 선매(先賣)하다.
sell one's **life dear** (or **dearly**) 적에게 큰 손해를 입히고 죽다, 개죽음 하지 않다. 〔기 선전을 하다
sell oneself ① 자기 몸을 팔다, 매춘하다. ② 〔구어〕 〔…에게〕…을 팔아 넣으려 하다, 〔남에게〕 보고 받아들이게 하다.
sell off 〔물건 따위〕을 싸게 팔아 치우다, 투매하다.
sell out ① 〔상점〕 전부를 팔아 치우다; 〔한몫 보고 장사를〕 집어 치우다. ② 〔美구어〕…을 속이다. ③ (vi.) 〔美구어〕 겁쟁이가 되다, 〔두려워서〕 탈협하다. ④ (vi.) 〔美구어〕 돈 때문에 주장을 굽히다.
sell over …을 매도하다; …을 전매(轉賣)하다.
sell short ① 〔증권에서〕 현물없이 팔다, 공매(空賣)하다. ② 〔구어〕…을 경시하다.
sell up 〔英〕 ① …을 팔아치우다. ② 〔채무자의 재산〕을 경매에 붙이다. 『 They sold him up. 그들은 그의 재산을 경매에 붙였다.
— n. 1 〔속어〕협잡, 사기. 2 〔구어〕 실망. 『 What a sell! 보기좋게 속았군!, 실망했어. 3 ⓤ 팔기, 판매 ◇ sale n. 〔술.

sell·a·thon [séləθən, -θən/-θ(ə)n] n. 《美》 장기 바겐세일; [TV의] 장시간 상품 안내 프로.

sell-by date n. 《英》 〔식품 따위의〕 판매 (유효) 기간 (《美》 pull-by date).

sell·er [sélər] n. 1 파는 사람, 판매인. 2 팔리는 물건. 『 a good (poor) seller 잘 팔리는(안팔리는) 물건 / a best seller 제일 잘 팔리는 물건(책), 베스트 셀러.

sellers' market n. 판매자 시장[수요에 비해 공급이 적어서 판매자에게 유리한 시장]. cf. buyers' market

seller's option n. 매방(賣方) 선택 〔略 s.o., S.O.〕

‡**sell·ing** [séliŋ] adj. 1 판매의. 『 a selling price 판매 가격. 2 판매업의. 『 a selling agent 판매 특약점. 3 잘 팔리는. 『 ⓤ 판매, 매각. 〔의 폭등.

selling climax n. 〔증권〕 대량 투매에 따른 주가

selling plate n. 이긴 말을 일정한 값으로 판다는 규정에 따라 입장이 허용되는 경마.

selling point n. 판매할 때의 강조점.

selling race n. 《드물게》 〔경주후에 일정한 값으로 우승마를 매각하는〕 경마.

sell-off [sélɔ̀ːf/-ɔ̀(ː)f] n. 매물이 많아 값이 싸김.

sel·lo·tape [séləteip] 《英》 n. 〔종종 S-〕 〔상표명〕 셀로테이프 (《美》 Scotch tape). — vt. (**-taped, -tap·ing**) …을 셀로테이프로 붙이다.

sell-out [sélàut] n. 1 매진. 2 〔쇼 따위의〕 좌석 매진, 만원. 『 a sellout audience 만원인 청중. 3 배반.

sell-through [sélθrùː] n. 〔상업〕 〔특히 비디오의〕 소매(retail sale).

Selt·zer [séltsər] n. ⓤ 1 셀처 탄산수(광천수) 〔서독의 Nieder selters의 천연 광천수〕. 2 〔종종 s-〕 동질의 탄산수. 〔자물쇠의〕 가장자리의 쇠.

sel·vage [sélvidʒ] n. 1 〔직물의〕 가장자리, 귀. 2

sel·vaged [sélvidʒd] adj. 〔피륙에〕 식서(飾緖)가 달린.

sel·va·gee [sèlvədʒíː] n. 〔항해〕 속환삭(束環索). [.릴.

selves [selvz] n. self의 복수형.

SEM 《略》 scanning electron microscope (주사(走査) 전자 현미경).

Sem. 《略》 Seminary; Semitic.

se·man·teme [simæntiːm] n. 〔언어〕 의의소(意義素).

se·man·tic [simæntik] adj. 1 어의(語義)의, 의미의. 2 의미론의, 어의(발달)론의. **-ti·cal·ly** [-tikəli] adv.

semantic analysis n. 〔심리〕 의미 해석(분석).

se·man·tics [simæntiks] n. pl. 〔단수 취급〕 1 〔언어〕 의미론, 어의(발달)론. 2 〔논리〕 의의학.

sem·a·phore [séməfɔ̀ːr/-fɔ̀:] n. 1 신호기, 가로대식 신호기. 2 수기(手旗) 신호. — v. 1 (**-phored, -phor·ing**) vt. …을 신호(기)로 알리다, 신호하다. — vi. 2 신호하다. 〔기〕의.

sem·a·phor·ic [sèməfɔ́rik, -fɑ́r-/-fɔ́r-] adj. 신호

se·ma·si·ol·o·gy [simèisiɑ́lədʒi/-ɔ́l-] n. 〔언어〕 = semantics 1.

se·mat·ic [simætik] adj. 〔생물〕 〔독사의 색채처럼 다른 동물에〕 경계하는. 『 a sematic color 경계색.

sem·bla·ble [sémbləbl] 〔고어〕 adj. 1 닮은, 유사한. 2 외견상의, 겉치레의. — n. 유사(likeness).

*****sem·blance** [sémbləns] n. 1 ⓒⓤ 외관, 외형, 외양; 겉보기. ◇ APPEARANCE 〔類語〕 『 in semblance 겉보기로는, 외상상으로는 // under the semblance of …인 체하고 / without even the semblance of …의 시늉조차 않고 / put on a semblance of …의 시늉을 하다. 2 유사, 비슷한 얼굴(likeness). 『 in the semblance of …과 비슷한 모습으로 / to the semblance of …과 비슷하여.

se·mé [səméi / sémei] adj. 〔紋章〕 〔별・꽃 따위의〕 작은 무늬가 깔린. [〈F]

se·mei·ol·o·gy [sìːmaiɑ́lədʒi / -ɔ́l-] n. ⓤ 1 기호학(記號學). 2 기호 언어. 3 〔의학〕 증후학(症候學).

sem·eme [síːmiːm] n. 〔언어〕 의의소(意義素). cf. semantene

se·men [síːmən/-men] n. ⓤ 〔생리〕 정액(精液).

se·mes·ter [siméstər] *n.* [미국·독일 등의 1 년 2 학기 제 대학의] 학기.
se·mes·tral [siméstrəl] *adj.* 학기 (semester)의.
semi- *pref.* half 의 뜻. 예: *semi*annual, *semi*dome (*고유 명사 또는 i 로 시작되는 낱말과 결합하는 이외에는 하이픈을 쓰지 않는다).
sem·i·an·nu·al [sèmiǽnjuəl, +美 sèmai-] *adj.* 반년마다의, 연 2 회의; 반년 계속의. **~·ly** [-əli] *adv.*
sem·i·ar·id [sèmiǽrid, +美 sèmai-] *adj.* [기후가] 강우량이 적고 증발이 심한, 반건조성의 (牛乾燥性)의.
sem·i·au·to·mat·ic [sèmiɔ̀ːtəmǽtik, +美 sèmai-] *adj.* 1 반자동식의. 2 [화기가] 자동 장전의. — *n.* 자동 장전식 소총(화기).
sem·i·bar·bar·i·an [sèmibɑːrbɛ́(ː)riən, +美 sèmai-/-bɛ́ər-] *adj.* 준(準)야만의, 반(半)개화의. — *n.* 준야만인, 반개화인.
sem·i·breve [sémibriːv, +美 sèmai-] *n.* 《주로 英》 [음악] 전음표 (全音標) (whole note).
sem·i·cen·ten·ni·al [sèmisenténiəl, -njəl, +美 sèmai-] *adj.* 50년마다의. — *n.* 50 년제(祭).
sem·i·cho·rus [sémikɔ̀ːrəs, sèmai-/sémikɔ́ː-] *n.* [음악] 소 합창곡.
sem·i·cir·cle [sémisə̀ːrkl] *n.* 반원, 반원형; 반원형의 것.
sem·i·cir·cu·lar [sèmisə́ːrkjulər] *adj.* 반원형(形)의; 반원형의 것. **~·ly** *adv.* [(管)]
sèmicircular canál *n.* [해부] 삼반규관 (三半規
sem·i·civ·i·lized [sèmisívilàizd, +美 sèmai-] *adj.* 반문명의, 반개화의.
‡sem·i·co·lon [sémikòulən / -ˊ-ˊ-] *n.* 세미콜론 [；][period (.) 과 comma (,) 와의 중간 역할을 한다].
sem·i·co·lo·ni·al [sèmikəlóuniəl, +美 sèmai-] *adj.* 반식민지적인.
sem·i·com·a·tose [sèmikóumətòus, +美 sèmai-, -kám-] *adj.* 반혼수 상태의.
sem·i·con·duc·tor [sèmikəndʌ́ktər, +美 sèmai-] *n.* [전자 공학] 반도체.
sem·i·con·scious [sèmikánʃəs, sèmai-/sèmikɔ́n-] *adj.* 반의식적인, 반은 의식이 있는. **~·ly** *adv.* **~·ness** *n.*
sem·i·cyl·in·der [sèmisílindər, +美 sèmai-] *n.* 반원통[형]의 것.
sem·i·dai·ly [sèmidéili, +美 sèmai-] *adj.* 1 일 2 회
sem·i·de·tached [sèmiditǽtʃt, +美 sèmai-] *adj.* 1 절반쯤 떨어진. 2 [집이] 칸막이 벽으로 이어지는 있는.
sem·i·de·vel·oped [sèmidivéləpt, +美 sèmai-] *adj.* 반쯤 개발된, 개발이 충분치 못한.
sem·i·di·am·e·ter [sèmidaiǽmitər, +美 sèmai-] *n.* ⓤⓒ 반경 (radius).
sem·i·di·ur·nal [sèmidaiə́ːrn(ə)l, +美 sèmai-] *adj.* 반일 (半日)의; 1 일 2 회의. [(半神)의.
sem·i·di·vine [sèmidiváin, +美 sèmai-] *adj.* 반신
sem·i·doc·u·men·ta·ry [sèmidàkjumént(ə)ri, sèmai-/sèmidɔ̀k-] *n.* (*pl.* -ries) 반기록 영화.
sem·i·dome [sémidòum, +美 sèmai-] *n.* 반원형 지붕.
sem·i·farm·ing [sèmifɑ́ːrmiŋ, +美 sèmai-] *n.* ⓤ 1 [동물을 놓아 기르는] 방치 사육(농업). 2 반농업 [근대적 양계에 대해 안뜰에서 닭을 기르는 따위].
sem·i·fi·nal [sèmifáin(ə)l, +美 sèmai-] [스포츠] *adj.* 준결승의. — *n.* 준결승. *cf.* quarterfinal
sem·i·fi·nal·ist [sèmifáinəlist, +美 sèmai-] *n.* [스포츠] 준결승 출장 선수.
sem·i·fin·ished [sèmifíniʃt, +美 sèmai-] *adj.* 반제품의, 부분적으로 완성된.
sem·i·flu·id [sèmiflúːid, +美 sèmai-] *adj.* 반유동체 (半流動體)의. — *n.* 반유동체.
sem·i·flu·id·i·ty [sèmifluːíditi, +美 sèmai-] *n.* ⓤ 반유동체(성)임.
sem·i·for·mal [sèmifɔ́ːrm(ə)l, +美 sèmai-] *adj.* 준공식 (準公式)의, 준예장 (準禮裝)의. [semifluid.
sem·i·liq·uid [sèmilíkwid, +美 sèmai-] *adj., n.* =

sem·i·lit·er·ate [sèmilítərit, +美 sèmai-] *adj.* 읽기 쓰기를 조금밖에 못하는, 반문맹의; 읽을 수는 있으나 쓰지는 못하는.
sem·i·lu·nar [sèmilúːnər, +美 sèmai-] *adj.* 반달 모양의, 초승달 모양의. ¶ *a semilunar* valve [해부] 반월판 (半月瓣).
sem·i·man·u·fac·tures [sèmimænjufǽkt(ʃ)ərz] *n. pl.* 반(半)제품[철강·신문 인쇄용지 따위].
sem·i·month·ly [sèmimʌ́nθli, +美 sèmai-] *adj.* 보름마다의, 월 2 회의. — *n.* (*pl.* -lies) 월 2 회 일어나는 것, 월 2 회의 간행물. — *adv.* 보름마다에, 월 2회.
sem·i·nal [sémin(ə), síːm-] *adj.* 1 정액 (精液)의. 2 [식물] 종자의. 3 발생의, 생식의. ¶ *seminal power* 생식력. 4 미발달의; 근본의; 발달 가능성이 있는. 5 매우 독창적인; 매우 영향력이 있는.
~·ly [-nəli] *adv.*
‡sem·i·nar [séminɑ̀ːr, -ˊ-ˊ] *n.* 1 [대학 따위의] 연구 그룹; 세미나, 연습. 2 연구실, 연습실. 3 [대학의] 연구반, 대학원 과정. 4 [일반적으로] 연구 집회.
sem·i·nar·i·an [sèminɛ́(ː)riən / -nɛ́ər-] *n.* = seminarist.
sem·i·nar·ist [séminərist] *n.* 《주로 英》 1 신학교의 학생; [신학교 출신의] 성직자. 2 [대학] 세미나의 연구생.
sem·i·nar·y [séminèri / -n(ə)ri] *n.* (*pl.* -nar·ies) 1 [기독교 각파의] 신학교. 2 [종교 단체가 경영하는] 학교, 학원, 전문학교. 3 = seminar 1. 4 [비유적] 양성. ¶ *a seminary* of vice 악의 온상.
sem·i·na·tion [sèminéiʃ(ə)n] *n.* ⓤⓒ 1 씨뿌리기, 파종 (播種) (sowing). 2 보급, 전파 (propagation).
sem·i·nif·er·ous [sèminífərəs, +美 sèmai-] *adj.* 1 [해부] 정자를 낳는 (나르는). 2 [식물] 종자가 생기는.
Sem·i·nole [séminòul] *n.* (*pl.* -noles *or* -nole) [북미의] 세미놀 인디언의. — *n.* 세미놀 인디언.
sem·i·of·fi·cial [sèmiəfíʃ(ə)l, +美 sèmai-] *adj.* 반공식적인, 반관적 (半官的)인. ¶ *a semiofficial* organ 반관적 기관. **~·ly** *adv.* [ology.
se·mi·ol·o·gy [sìːmaiɑ́lədʒi, -mi-/-ɔ́l-] *n.* = semei-
se·mi·ot·ic [sìːmiɑ́tik, -mai-/-ɔ́t-] *adj.* 1 기호 의. 2 [의학] 증후의 (증候)의.
se·mi·ot·ics [sìːmiɑ́tiks, -mai-/-ɔ́t-] *n. pl.* [단수 취급] 1 [논리·철학] 기호학. 2 [의학] 증후학.
sem·i·per·ma·nent [sèmipə́ːrmənənt, +美 sèmai-] *adj.* 반영구적인, 임시의. **~·ly** *adv.*
sem·i·per·me·a·ble [sèmipə́ːrmiəbl, +美 sèmai-] *adj.* [막(膜) 따위가] 반투성 (半透性)의.
sem·i·post·al [sèmipóust(ə)l, +美 sèmai-] *n.* 기부금이 붙은 우표. [우표가] 기부금이 붙은.
sem·i·pre·cious [sèmipréʃəs, +美 sèmai-] *adj.* (準)보석의. ¶ *a semiprecious* stone 준보석.
sem·i·pri·vate [sèmipráivit, +美 sèmai-] *adj.* 1 반사용 (私用)의. 2 [병실이] 2-3인용인.
sem·i·pro [sémiprðu, +美 sèmai-] *adj., n.* (*pl.* -pros) 《구어》 = semiprofessional.
sem·i·pro·fes·sion·al [sèmiprəféʃ(ə)n(ə)l, +美 sèmai-/sèmai-] *adj.* 세미 프로의, 반직업적인. — *n.* 반직업적인 스포츠 선수. [(半公共)의.
sem·i·pub·lic [sèmipʌ́blik, +美 sèmai-] *adj.* 반공공
sem·i·qua·ver [sémikwèivər, +美 sèmai-] *n.* 《주로 英》[음악] 16 분 음표.
sem·i·rig·id [sèmirídʒid, +美 sèmai-] *adj.* [항공] [비행선이] 반경식 (半硬式)의.
sem·i·skilled [sèmiskíld, +美 sèmai-] *adj.* [직공 따위가] 반숙련의. [따위가] 반쯤 무른.
sem·i·soft [sèmisɔ́ːft, sèmai-/sémisɔ́ft] *adj.* [치즈
sem·i·sol·id [sèmisɑ́lid, sèmai-/sémisɔ́l-] *adj.* 반고체의. — *n.* 반고체의 물질.
Sem·ite [sémait, síːm-] *n.* 1 노아의 장남 셈의 자손. 2 유대인. *cf.* Aryan 3 셈족[의 사람].
Se·mit·ic [simítik] *adj.* 셈인 (족)의; 셈어의.

― *n*. Ⓤ 셈어계(語系)[아라비아어・헤브라이어 등].
Sem·i·tism [sémitiz(ə)m] *n*. **1** Ⓤ 셈 풍(기질); [특히] 유대풍, 유대인 기질. **2** 셈 어법(語法).
Sem·i·tist [sémitist] *n*. 셈 학자.
Sem·i·to-Ha·mit·ic [sémitòuhæmítik] *adj*. 햄셈족의[아프리카 아시아 어족의 옛 이름].
sem·i·tone [sémitòun] *n*. 〖음악〗 반음[정].
sem·i·ton·ic [sèmitóunik] *adj*. 〖음악〗 반음[정]의.
sem·i·trail·er [sémitrèilər, 美 sémai-] *n*. 세미트레일러[조종부와 트레일러 부분이 분리되는 대형 화물(합승) 자동차].
sem·i·trans·par·ent [sèmitrænspέ(:)rənt, sèmai-/sèmitrænspέər-] *adj*. 반투명의.
sem·i·trop·i·cal [sèmitrápik(ə)l, sèmai-/-trɔ́p-] *adj*. 아(亞)열대의.
sem·i·vo·cal [sèmivóuk(ə)l, 美 sémai-] *adj*. 반모음의.
sem·i·vow·el [sémivàu(ə)l, 美 sémai-] *n*. 〖음성〗 반모음[j][w] 따위]; 반모음자[w,y 따위].
sem·i·week·ly [sèmiwíːkli, 美 sémai-] *adj*. 주 2 회의. ― *n*. (*pl*. **-lies**) 주 2 회의 간행물. ― *adv*. 주 2 회.
sem·i·year·ly [sèmijíərli, sèmai-/sèmijə́ːli] *adj*. 연 2 회의. ― *n*. (*pl*. **-lies**) 연 2 회의 간행물. ― *adv*. 연 2 회.
sem·mit [sémit] *n*. 《스코》 속옷, 내의 (undershirt).
sem·o·li·na [sèməlíːnə] *n*. Ⓤ 세몰리나, 조(粗)소맥분[마카로니・푸딩의 원료].
sem·per fi·de·lis [sémpər fidéilis, -díː-] 《라틴》(=always faithful) 언제나 충실한[미 해병대의 모토].
sem·per pa·ra·tus [sémpər pəréitəs] 《라틴》(=always ready) 언제나 준비가 되어 있는[미 해안 경비대의 모토].
sem·pi·ter·nal [sèmpitə́ːrn(ə)l] *adj*. 《문어》 영원한, 영구적인 (eternal). [〖영구 (eternity).
sem·pi·ter·ni·ty [sèmpitə́ːrniti] *n*. 〖문어〗
sem·pli·ce [sémplitʃèi /-tʃi] 《음악》 단순한, 간단한; 단음(單音)의, 장식음이 없는 (<It. simple).
sem·pre [sémprei /-pri] *adv*. 《음악》 항상, 끊임없이. ¶ *sempre* forte 항상 강하게. (<It. always)
semp·stress [sém(p)stris] *n*. 여자 재봉사 (seamstress).
sen. 《略》 senate; senator; senior. [stress).
SEN 《略》 state enrolled *n*urse.
se·nar·i·us [sinέ(:)riəs/-nέər-] *n*. (*pl*. **-i·i** [-nέ(:)riài /-nέər-]) 《韻律》 그리스・라틴 시의 6 각(脚) 시구.
sen·ary [sénəri, síːnəri/síːn-] *adj*. 6 의. ¶ the *senary* scale 《수학》 6 진법(進法).
‡**sen·ate** [sénit] *n*. **1** 의회, 입법 기관. **2** (S-) 《미국・프랑스・오스트레일리아 등의》 상원. ⇒ CONGRESS. **3** 《로마 역사》원로원. **4** 《대학의》평의회, 이사회.
◇ senatórial *adj*.
senate-house [sénithàus] *n*. (*pl*. **-hous·es** [-hàuziz]) **1** 상원 의사당. **2** 《대학 등의》 평의원 회관, 이사 회관.
‡**sen·a·tor** [sénətər] *n*. **1** (S-) 《美》 상원 의원. **2** 《대학의》 평의원, 이사. **3** 《로마 역사》 원로원 의원.
◇ senatórial *adj*.
sen·a·to·ri·al [sènətɔ́ːriəl, -tóː-] *adj*. **1** 상원[의원]의. **2** 《美》상원 의원 선거권을 가진. ¶ a *senatorial* district 상원 의원 선거구. **3** 《대학의》평의원의. **4** 《로마 역사》 원로원의. ~**·ly** [-əli] *adv*. 〔위〕.
sen·a·tor·ship [sénətərʃip] *n*. Ⓤ senator 의 직 [지.
se·na·tus con·sul·tum [sinéitəs kənsʌ́ltəm] *n*. (*pl*. *s- con·sul·ta* [-kənsʌ́ltə]) 《라틴》(=decree of the senate) 〖고대 로마의〗 원로원 포고(布告).
‡**send**[1] [send] *v*. (**sent, send·ing**) *vt*. **1** …을 보내다, 부치다, 발송하다. ¶ *send* a letter by post (air) 편지를 우송하다(항공편으로 보내다) / *send* a telegram 전보를 치다 (/~+阝+阝)/ *send* a person *home* 남을 집까지 바래다 주다 (/~+阝+阝)(/~+阝+阝)/ *send* a person a parcel; *send* a parcel *to* a person 남에게 소포를 보내다 / *send* one's love (or regards) *to* a person 남에게 안부를 전하다.
2 …을 가게 하다, 파견하다, 심부름을 보내다. ¶ *send* an emissary 밀사를 파견하다 (/~+阝+阝) *send* a person *abroad* 남을 해외로 파견하다 (/~+阝+阝+阝) *send* a person *on* an errand 남을 심부름 보내다 / *send* a child *to* college (bed) 아이를 대학에 보내다(자러 보내다) / *Send* a car *for* us. 차를 한 대 보내 주시오.
3 〖접시・술 따위를〗 돌리다, 차례로 돌리다.
4 …을 쫓아보내다, 억지로 보내다. ¶ (~+阝+阝+阝) *Send* the cat *out of* the room. 고양이를 방에서 쫓아내다.
5 …을 던지다, 〔탄환 따위를〕쏘다, 〔빛・연기 따위를〕내다. ¶ …*forth, off, out, through*). ¶ *send* a ball 볼을 던지다 / *send* an arrow 화살을 쏘다 (~+阝+阝) *send out* smoke (light) 연기(빛)를 내다 / *send forth* buds 싹을 내다 (/~+阝+阝+阝) *send* a rocket *to* the moon 달을 향하여 로켓을 발사하다.
6 〔어떤 상태〕에 빠뜨리다, …하게 하다. ¶ (~+阝+阝) *send* a person mad (or crazy) 남을 미치게 하다 (/ (~+阝+阝+阝) *send* a person *into* tears (laughter) 남을 울리다(웃기다) / (~+阝+ *ing*) *send* a stone *rolling* down the hill 산에서 돌을 굴려 떨어뜨리다.
7 〔신이〕…을 부여하다, 허용하다, …하게 하다. ¶ (~+阝) God *send* him success! 하나님, 그가 성공하게 하소서.
8 〖전기〗…을 전도(傳導)하다.
9 《俗》…을 매혹시키다, 흥분시키다. ¶ His trumpet used to *send* me. 그의 트럼펫은 언제나 나를 흥분시켰다.
― *vi*. **1** 사람을 보내다, 심부름을 보내다. ¶ (~+阝+阝) (~+*to* do) He *sent* to me *to* come soon. 그는 나한테 곧 오라고 사람을 보내왔다. **2** 편지를 보내다, 써서 알리다, 알리다. **3** 〖전기〗발신하다.
send a person about his business 남을 쫓아내다; 해
send away ①…을 멀리 가지러 보내다, 먼데서 가져오다. ②…을 추방하다, 해고하다.
send away for …을 우편으로 주문하다.
send back …을 돌려주다, 되돌려 보내다.
send down ①…을 내리다, 하락시키다, 강등시키다, 좌천시키다. ②《英》[특히 Oxford, Cambridge 대학에서] …을 정학시키다, 제적하다.
send flying ①〔물체 따위를〕튀게 하다. ②〔남〕을 밀어 나가떨어지게 하다. ③〔적〕을 궤주(潰走)시키다.
send for …을 가지러 보내다, 부르러 보내다; …을 청구하다; …을 주문하다. ¶ *send for* a doctor 의사를 부르러 보내다 / *send for* help 도움을 청하다 / I have *sent for* a dozen copies of the book. 그 책을 12권 주문했다. ②〔정당 지도자〕를 〔원수(元首)가〕 총리로 임명하기 위해 초치하다.
send forth ①…을 내다, 쏘다, 발하다. ⇒ *vt*. 5. ②…을 보내다, 파견하다. ③…을 수출하다 (export). ④…을 발행하다, 출판하다 (publish). ⑤…을 낳다, 만들어내다.
send forward …을 앞으로 보내다.
send in ①…을 보내다, 내놓다, 제출하다. ¶ *send in* one's papers 서류를 제출하다; [군인이] 사표를 내다. ②〔명함・이름〕을 전하다. ¶ *send in* one's name 이름을 전하게 하다; 〔경기 따위에〕 참가 신청을 내다. ③〔물건〕을 〔남〕을 들게 하다.
send off ①…을 발송하다. ②…을 전송하다 (see off). ¶ *send* a person *off* 남을 전송하다. ③…을 쫓아내다, 몰아내다.
send on 〔편지 따위〕를 회송하다, 전송(轉送)하다.
send out ①〔향기〕를 내다; 〔싹 따위〕를 내다. ⇒ *vt*. 5. ②…을 파견하다, 보내다, 우편으로 배포하다. ③…을 라디오로 방송하다.
send over …을 파견하다. ¶ *send* a person *over to* …에게 남을 파견하다. ②…을 방송하다.
send a person packing 남을 쫓아내다, 해고하다.
send round …을 돌리다, 회송하다.

send through 〖전언 따위〗를 전하다, 알리다.
send *a person* **to Coventry** ⇨ COVENTRY.
send to the skies ⇨ SKY.
send up ① …을 올리다, 오르게 하다. ② 〖손님 따위〗를 들게 하다. ③〖공 따위〗를 보내다. ④〖서류〗를 제출하다. ⑤《美속어》…을 투옥하다. ⑥《英속어》…을 놀리다, 익살스러운 말 흉내를 내다. ⑦〖학생〗을 교장에게 추주시키다.
send word 전언하다, 보고하다.
send² [send] *n., vi.* =scend.
sen·dal [séndl] *n.* Ⓤ 센들 천〖중세의 얇은 견직물〗; 센들 천의 의복〖법의(法衣)·기(旗)〗.
*****sénd·er** [séndər] *n.* **1** 발송인, 출하주(出荷主). **2** 발신(송신, 송화)기.
sénd-óff [séndɔ̀(:)f, -ɑ̀f / -ɔ̀f] *n.*《구어》**1** 전송, 송별. ¶ He was given a good *send-off*. 그는 성대한 전송을 받았다. **2** 〖사람·물건 따위의〗 출발, 스타트.
sénd-úp [séndʌ̀p] *n.*《英속어》익살스러운 흉내, 익살스러운 풍자.
Sen·e·ca [sénikə] *n.* (*pl.* **-cas** *or* **-ca**) **1** 〖북미 인디언의 한 종족의〗 세네카족 사람, Ⓤ 세네카족 말.
sen·e·ga [sénigə] *n.* 세네가 뿌리〖북미산(産)의 (科) 식물의 뿌리, 거담제(去痰劑)로 사용〗.
Sen·e·gal [sènigɔ́:l] *n.* **1** 세네갈〖아프리카 서부의 공화국; 수도 Dakar〗. **2** (the ~) 세네갈 강〖세네갈의 북쪽 국경을 흐르다 대서양으로 흘러든다〗.
Sen·e·ga·lese [sènigəlíːz, -ɡɑ-, +美 -líːs] *adj.* 세네갈〖사람, 말〗의. — *n.* (*pl.* **-lese**) 세네갈 사람; Ⓤ 세네갈 말.
se·nes·cence [sinésns] *n.* Ⓤ 노령기, 노경, 노쇠.
se·nes·cent [sinésnt] *adj.* 노경의, 연로한.
sen·e·schal [sénɪʃ(ə)l] *n.* 〖중세 왕후·귀족의〗 집사, 가령(家令).
se·nhor [sinjɔ́:r / senjɔ́:] *n.* 〖포르투갈에서〗 …님, 씨 〖영어의 Mr., Sir 에 해당하는 경칭; 略 Sr.〗; 신사.
se·nho·ra [sinjɔ́:rɑ / senjɔ́:rə] *n.* 〖포르투갈에서〗 부인, 부인님〖영어의 Mrs., Madam 에 해당하는 경칭; 略 Sra.〗; 기혼 여성.
se·nho·ri·ta [sènjərí:tə] *n.* 〖포르투갈에서〗 …양, 영애〖영어의 Miss 에 해당하는 경칭; 略 Srta.〗; 미혼 여성.
se·nile [sí:nail, +美 sén-] *adj.* 고령의, 노쇠한, 망령든.
— *n.* 고령자.
seníle deméntia *n.* 〖의학〗 노인성 치매(痴呆).
se·nil·i·ty [sinílɪti] *n.* Ⓤ 고령, 노쇠, 노망.
‡**se·nior** [sí:njər] *adj.* **1** 연장의, 연장자의(*to*...). (* Sr. 로 줄여서 동명의 부자·형제 따위를 구별하기 위하여 이름 뒤에 쓴다). *cf.* junior ¶ a *senior* statesman 정계의 원로 / Robert Robertson, *Sr.* 〖동명의 부자·형제 중에서〗 아버지(형)인 로버트 로버트슨 // She is three years *senior* to me. 그녀는 나보다 세 살 연상이다. **2** 선배의, 선임의; 상위의, 상급의. ¶ a *senior* officer 선임 장교 / a *senior* man 《英》 상급생. **3** 《美》 〖고교·대학 따위의〗 최상급의, 최고 학년의. **4** 본가(큰집) 의. ¶ the *senior* branch of a family 본가. — *n.* **1** 연장자, 원로, 어른. ¶ the town *seniors* 그 도시의 원로들. **2** 선배, 상관, 선임자, 고참자, 수석. **3** 《美》〖고교·대학 따위의〗 최상급생 (*cf.* freshman, sophomore, junior); 《英》 상급생. ◇ senióri·ty *n.*
sénior chíef pétty ófficer *n.* 《美해군》 하사관 계급의 하나〖chief petty officer 의 위이고 master chief petty officer 의 아래〗. 〖금생활품.〗
sénior cítizen *n.* 《美》 〖65 세 이상의〗 노인, 퇴직 연금생활자.
sénior cóllege *n.* 《美》 〖bachelor 학위를 주는〗 4년 제 칼리지.
se·ni·or·es pri·or·es [sìnjɔ́ː(r)i:z praiɔ́ː(r)i:z / -íːriːz praió:r-] 《라틴》 (=elders first) 연장자를 우선적으로, 연장자 우선〖젊은이에 대한 경우〗.
sénior hígh schóol *n.* 《美》 고등 학교. *cf.* junior high school

se·ni·or·i·tis [sìːnjərɑ́itis] *n.* 〖의학〗 학생들 중에 무기력·집중력 결여, 장래에 대한 불안감 따위의 증상이 일어나는 질환.
sen·ior·i·ty [si:njɔ́(:)riti, -njɑ́r- / sìːniɔ́r-] *n.* Ⓤ Ⓒ (*pl.* **-ties**) **1** 연상, 연장. **2** 상위; 선임, 선배임.
senióri·ty sýstem *n.* 연공 서열제(年功序列制).
sénior official *n.* 고관, 정부 고위층〖미국에서는 통 차관보 이상〗.
sénior sèrvice *n.* (the ~) 《英》 영국 해군.
sen·na [sénə] *n.* **1** 센나〖석결명·결명차류의 콩과(科) 초본〗. **2** Ⓤ 〖약〗센나 잎〖하제(下劑)〗.
sen·net [sénit] *n.* 나팔 신호〖엘리자베스 여왕 시대의 연극 속에서의 등장·퇴장 신호〗.
sen·night [sénait, +美 -nit] (**se·n·night**) *n.* 《고어》 1 주간. 【one 을 꾸미 만든 것】. **2** 밀짚.
sen·nit [sénit] *n.* **1** 꼰 밧줄〖보통 3-9 가닥의 가는 줄〗.
se·nor, -ñor [senjɔ́ːr] *n.* (*pl.* **-nors, -ño·res** [-njɔ́ireis / -jɔ́:-]) **1** 〖스페인에서〗 …님, 씨〖영어의 Mr., Sir 에 해당하는 경칭〗. **2** 〖스페인의〗 신사.
〖< Sp gentleman〗
se·no·ra, -ño- [senjɔ́:rə] *n.* **1** 〖스페인에서〗 …부인, 마님〖영어의 Mrs., Madam 에 해당하는 경칭〗. **2** 〖스페인의〗 기혼 여성. 〖< Sp lady〗
se·no·ri·ta, -ño- [sènjərí:tə] *n.* **1** 〖스페인에서〗 …양〖영어의 Miss 에 해당하는 경칭〗. **2** 〖스페인의〗 미혼 여성. 〖< Sp young lady〗
Se·nou·si, -nous·si [senúːsi] *n.* =Senusi.
sen·sate [sénseit] *adj.* 감각의, 오관으로 느낄 수 있는.
‡**sen·sa·tion** [senséɪʃ(ə)n] *n.* **1** Ⓤ 감각, 지각, 지각력; Ⓒ 느낌; 기분. ⇨ FEELING [類語] ¶ a pleasant *sensation* 쾌감 / the *sensation* of cold (heat) 한냉(온열) 감각. **2** Ⓤ Ⓒ 감동, 인기 어리거리함, 센세이션, 감흥. ¶ a scientific *sensation* 과학상의 큰 화제 / chill the *sensation* 감흥을 깨다. **3** 큰 인기의 근원, 큰 소동의 원인; 대사건, 인기가 큰 것. ¶ The latest educational *sensation* 교육계의 최근의 대문제 / cause (*or* create, make) a *sensation* 센세이션을 불러일으키다.
◇ sensátion·al *adj.*

‡**sen·sa·tion·al** [senséɪʃ(ə)n(ə)l] *adj.* **1** 지각의, 감각의. **2** 세상을 깜짝 놀라게 하는; 세상을 떠들썩하게 하는; 선정적(煽情的)인, 인기를 끄는. ¶ a *sensational* event 세상을 떠들썩하게 하는 사건 / a *sensational* novel (writer) 선정적 소설(작가). **3** 굉장한, 경이적인, 눈부신. **~·ly** [-ʃ(ə)nəli] *adv.*
◇ sensátion *n.*, sensátional·ize *v.*
sen·sa·tion·al·ism [senséiʃ(ə)n(ə)liz(ə)m] *n.* Ⓤ **1** 선정주의, 선정적 작품(문체). **2** 〖철학〗 감각론. **3** 〖윤리〗 관능주의.
sen·sa·tion·al·ist [senséiʃ(ə)n(ə)list] *n.* **1** 선정적인 사람. **2** 〖철학〗 감각론자. **3** 〖윤리〗 관능주의자.
sen·sa·tion·al·is·tic [senséiʃ(ə)nəlístik] *adj.* 감각론〖자〗의.
sen·sa·tion·al·ize [senséiʃ(ə)n(ə)làiz] (* 《英》에서 는 **-sa·tion·al·ise** 로도 쓴다) *vt.* (**-ized, -iz·ing**) …을 센세이셔널하게(선정적으로) 다루다(보도하다).
‡**sense** [sens] *n.* **1** 감각, 관능, 감각 기능. ¶ the [five] *senses* 5감 / the *sense* of sight (hearing, smell, taste, touch) 시각(청각, 후각, 미각, 촉각) / have keen *senses* 감각이 날카롭다.
2 느낌; 의식, 지각. ⇨ FEELING [類語] ¶ a *sense* of delight 쾌감 / a *sense* of warmth (uneasiness) 따뜻한 느낌(불 안감) / the sexual *sense* 성욕 / I had a vague *sense* of having failed. 나는 실패했다는 것을 어렴풋이 느꼈다. // He had the *sense* that his child was in danger. 그는 자기 아들이 위험에 처해 있다는 것을 느끼고 있었다.
3 〖지적·도덕적〗 관념, 감각, 의식. ¶ a *sense* of social responsibility 사회적 책임감 / a religious *sense* 신앙심 / the *sense* of justice 정의감 / have no *sense* of

citizenship 시민의식이 없다 / a *sense* of time 시간관념. **4** 지각(감각) 능력, 센스, 감. ¶ a good musical *sense* 훌륭한 음악적 센스 / a *sense* of humor 유머 감각 / cultivate a language *sense* 언어 감각을 기르다.
5 (보통 ~s) 제정신, 본성, ¶ be out of one's *senses* 제정신을 잃고 있다, 머리가 돌았다 / bring a person to his *senses* 제정신을 차리게 하다, 본심으로 돌아가게 하다 / come to one's *senses* 정신을 차리다 / recover one's *senses* 정신으로 돌아오다 / lose one's *senses* 기절하다 / take leave of one's *senses* 제정신을 잃다 / No one in his [right] *senses* would believe this story. 제정신이 있는 사람이라면 아무도 이 이야기를 믿지 않을 것이다.
6 ⓤ판단력, 사려, 분별[이 있는 일], 양식[이 있는 일], 도리에 맞는 일, ¶ common *sense* 상식 / *sense* and sensibility 이지와 감정 / a man of *sense* 사려분별이 있는 사람 / talk (*or* speak) *sense* 사리에 맞는 말을 하다 / stand to *sense* 도리에 맞다, 사리에 맞는 말이다(* 보통은 stand to reason을 쓴다) // He has more *sense* than *to* say such a foolish thing. 그는 분별이 있으니 그런 어리석은 말은 하지는 않는다.
7 의의, 의미. ⇨ MEANING 類語 ¶ in a *sense* 어떤 의미로는; 말하자면 / in a chemical *sense* 화학적 의미로는 / in a bad (a good) *sense* 나쁜(좋은) 뜻으로 / a word used in a very narrow *sense* 매우 좁은 뜻으로 쓰이는 말 / In what *sense* do you use the word? 그 말은 어떤 뜻으로 쓰는 것인가?
8 ⓤ가치, 의의, 효과. ¶ There is no (little) *sense* in complaining to her. 그녀에게 불평해 봤자 헛수고다 / What is the *sense* of studying so hard? 그렇게 공부만 해서 어쩌겠다는 거냐?
9 ⓤ [전체 사람들의] 의견, 의향. ¶ take the *sense* of a meeting 회의에 모인 사람들의 의향을 확인하다.
10 [수학] 벡터 (vector)의 한쪽의 방향.
make sense 뜻이 통하다. ¶ His answer does not *make sense*. 그의 대답은 이치에 닿지 않는다.
make sense of …의 뜻을 이해하다. ¶ Can you *make sense of* the essence of our constitution? 너는 우리 나라 헌법의 본질을 알 수 있느냐?
— *vt.* (**sensed, sens·ing**) **1** …을 감지하다, 느끼다, …을 깨닫다. ¶ (~ + that 節) He vaguely *sensed that* danger was approaching. 그는 위험이 다가오고 있다는 것을 어렴풋이 깨달았다. **2** …을 이해하다, 이해하다, 깨닫다. ¶ The president *sensed* the grave national danger. 대통령은 중대한 국가적 위기를 깨달았다.
◇ sénsible, sénsitive, sénsory, sénsual, sénsuous *adj.*
sénse cènter ((英)) **cèntre**) *n.* 감각 중추.
sénse dàtum *n.* [심리] [5관의 감각작용에 의한] 감각 자료(내용).
sénse·ful [sénsfəl] *adj.* 의미가 있는, 의의가 있는.
***sénse·less** [sénslis] *adj.* **1** 감각이 없는, 무의식의 (unconscious). ¶ fall (*or* lie) *senseless* 기절하다 / knock a person *senseless* 남을 때려서 기절하게 하다, 깜짝 놀라게 하다. **2** 무분별한, 어리석은. ¶ He is not so *senseless* as to do such a thing. 그는 그런 짓을 할 만큼 어리석지는 않다. **3** 무의미한.
~·ly *adv.* ~·ness *n.*
sénse òrgan *n.* 감각 기관.
sénse percéption *n.* ⓤ [인식에 대하여] 감각.
***sen·si·bíl·i·ty** [sènsəbíləti] *n.* (*pl.* **-ties**) **1** ⓤ 감각 [력], 감성. ¶ The skin has lost its *sensibility*. 피부에 감각이 없어졌다 / an unusual *sensibility for* (*or* to) colors 이상한 색채 감각. **2** ⓤ 잘 느낌(됨), 민감성 (sensitiveness). 감수성 to kindness 친절을 느끼는 기. **3** (종종 -ties) [섬세한] 감수성, 감정. ¶ a person of strong *sensibilities* 감수성이 강한 사람 / injure (*or* wound) one's *sensibilities* 감정을 상하게 하다.
類語 **sensibility** 섬세한 정서적·지적 감지력, 특히 미적·정서적 자극에 반응하는 능력: the *sensibility* of a poet 시인의 감수성. **susceptibility** 어떤 영향, 특히 정서적 자극에 움직이기 쉬운 성질; 복수로는 sensibility 와 같은 뜻으로 쓴다: a man of keen *susceptibilities* 감수성이 강한 사람. **sensitiveness** 외부의 자극에 쉽게 반응하는 민감성; *sensitiveness* to heat 열에 대한 민감함. **sensitivity** 생리적 또는 물리·화학적 자극에 대한 민감성의 정도: the *sensitivity* of a film 필름의 감광도.

정기 따위의) 감도. ◇ sénsible *adj.*
***sen·si·ble** [sénsəbl] *adj.* **1** 양식(분별)이 있는, 현명한, 이해가 빠른(reasonable); 재치가 있는. ¶ a *sensible* man 이해가 빠른 사람 // How *sensible* of her (*or* she is) *to* keep out of his way ! 그를 피하게니 그녀는 얼마나 현명한가! / **2** 느끼고 있는, 의식하고 있는 (*of*…). ¶ be *sensible* of one's fault 자기의 결점을 의식하고 있다 // He is *sensible that* he has made a mistake.=He is *sensible of* having made a mistake. 그는 자기가 잘못한 것을 알고 있다. **3** 눈에 띌 정도의, 상당한. ¶ a *sensible* difference in the temperature 상당한 온도차. **4** [몸·기관이] 지각할 수 있는, 느낄 수 있는 (*to*…). *cf.* intelligible **5** 실용 위주의. ¶ *sensible* clothes 기능 위주의 옷. **6** [고어] 느끼기 쉬운, 민감한.
~·ness *n.* ◇ sense, sensibílity *n.*, sénsibly *adv.*
***sen·si·bly** [sénsəbli] *adv.* **1** 눈에 띌 만큼, 느낄 수 있을 만큼, 상당히. **2** 분별있게, 현명하게.
***sen·si·tive** [sénsitiv] *adj.* **1** [5감이] 민감한, 예민한, 섬세한. ¶ a *sensitive* skin 섬세한 피부 / *sensitive to* cold 추위에 민감한. **2** 감수성이 강한, 섬세한, 느끼기 쉬운; 신경질적인, 신경 과민한; 신경을 잘 쓰는. ¶ a *sensitive* child 감수성이 예민한 아이 / *sensitive to* literature (*to* blame) 문학에 대한 감수성이 예민하다 (비난에 대해서 신경 과민이다) / He is *sensitive about* his appearance. 그는 자기의 용모에 신경을 쓰고 있다. **3** [시장이] 변동하기 쉬운, 불안정한. ¶ a *sensitive* stock market 변동하기 쉬운 주식 시장. **4** 고도의 신중을 요하는, 기밀을 요하는, [국가 안보에 관한 기밀 취급을 위해] 절대적인 충성을 필요로 하는. **5** [필름 따위] 감광성(感光性)의. **6** [기계 따위가] 감도가 좋은. ¶ a *sensitive* thermometer 예민한 온도계. — *n.* 민감한 사람, [특히] 최면술에 걸리기 쉬운 사람. **-ly** *adv.*
sénsitive·ness [sénsitivnis] *n.* ⓤ 민감, 예민, 과민. ⇨ SENSIBILITY 類語
sénsitive pàper *n.* ⓤ 감광지(感光紙).
sénsitive plànt *n.* 함수초(含羞草).
***sen·si·tiv·i·ty** [sènsitívəti] *n.* ⓤⓒ (*pl.* **-ties**) **1** 민감; 감수성. **2** [생리] 감수성. **3** [라디오의] 감도; [필름의] 감광도. ⇨ SENSIBILITY 類語
◇ sénsitive *adj.*
sensitívity tràining *n.* ⓤ 집단 감수성 훈련.
sen·si·ti·za·tion [sènsitizéi(ə)n / -taiz-] *n.* ⓤ [사진] 감광.
sen·si·tize [sénsitàiz] (*(英))에서는 **sen·si·tise** 로도 쓴다) *vt.* (**-tized, -tiz·ing**) **1** …을 민감하게 하다. **2** [사진] …에 감광성(性)을 주다.
sen·si·tiz·er [sénsitàizər] *n.* [사진] 감광약(제).
sen·si·tom·e·ter [sènsitámitər / -tɔ́m-] *n.* [사진] 감광도(感光度計).
sen·sor [sénsər, +美-sɔːr] *n.* 감지기, 감지 장치, 센서.
sénsor-bàsed compúter *n.* [컴퓨터] 센서 베이스 컴퓨터 (센서로 물리적 상태 따위를 입력하여 자동 제어를 하는 컴퓨터).
sen·so·ri·al [sensɔ́ːriəl / -sɔ́ː-] *adj.* =sensory.
sen·so·ri·um [sensɔ́ːriəm / -sɔ́ː-] *n.* (*pl.* **-ri·ums** *or* **-ri·a** [-riə]) **1** [해부·심리] 감각 중추; 감각(지각) 기관. **2** [익살] 두뇌, 마음.
sen·so·ry [sénsəri] *adj.* **1** 감각의, 감각상의. **2** [생리] 지각의, 감각 중추의. ¶ a *sensory* nerve 감각 신경.

— n. (pl. **-ries**) 감각 기관.

*sen·su·al [sénʃuəl / -ʃju-] adj. 1 육체적 감각의, 육욕의, 관능적인. ⇨ SENSUOUS 類語 ¶ sensual pleasures 육체적 쾌락 / sensual lips 육감적인 입술. 2 호색적인, 음란한. ¶ a sensual expression 음란한 표현. 3 감각적인. 4 〖드물게〗〖철학〗감각론의.
~·ly [-əli] adv. ~·ness n.
◇ sense, sensuálity n., sénsualize v.

sen·su·al·ism [sénʃuəlìz(ə)m / -sju-] n. ⓤ 1 육욕주의, 육욕에 탐닉하기. 2 〖윤리〗관능주의; 〖철학〗감각론(주의). 3 〖미술〗관능주의.

sen·su·al·ist [sénʃuəlist / -sju-] n. 감각론(주의)자, 관능주의자; 호색가.

sen·su·al·i·ty [sènʃuǽliti / -sju-] n. ⓤⓒ (pl. **-ties**) 관능(육욕)성; 관능(육욕)에 탐닉하기, 호색.

sen·su·al·i·za·tion [sènʃuəlizéiʃ(ə)n / -sjuəlaiz-] n. ⓤ 육욕에 탐닉하게 하기, 타락시키기.

sen·su·al·ize [sénʃuəlàiz / -sju-] (*《英》에서는 **sen·su·al·ise**로도 쓴다) vt. (-**ized**, -**iz·ing**) …을 육욕에 탐닉하게 하다; …을 타락시키다.

sen·su·ous [sénʃuəs / -sju-] adj. 1 감각적인, 감각에 호소하는. ¶ sensuous description 감각적 표현. 2 〖관능적인 뜻이 아닌〗미적인, 심미적인, 민감한.
類語 sensuous 주로 미적 감각의 만족에 관한 것을 뜻하는 말: sensuous delight in beautiful things 아름다운 것에 대한 감각적인 기쁨. sensual 비교적 천한 육체적인 만족을 뜻하는 말: a sensual charm 육감적인.
~·ly adv. ~·ness n.

‡**sent** [sent] v. send 의 과거·과거 분사.

‡**sen·tence** [séntəns] n. 1 〖문법〗문(文), 문장. ¶ a declarative (an interrogative, an imperative, an exclamatory, an optative) sentence 서술(의문, 명령, 감탄, 기원)문(중, 복문). 2 〔어떤 문제에 대한〕의견, 결정(decision). ¶ My sentence is against innovation. 내 의견은 개혁에 반대이다. 3 ⓤⓒ 〖법률〗판결, 선고, 형벌. ¶ a sentence of five-year imprisonment 5년 금고형의 판결 / serve the sentence 복역하다 / He is under sentence of death. 그는 사형 선고를 받고 있다. 4 〖음악〗악구(樂句). 5 〖고어〗금언, 경구, 격언.
— vt. (-**tenced, -tenc·ing**) …에게 판결을 내리다, 형을 선고하다. ¶ (~+図+前+名) sentence a person to death 남에게 사형 선고를 내리다 / He was sentenced for perjury. 그는 위증죄(偽證罪)의 판결을 받았다.
◇ senténtial, senténtious adj.

séntence stréss n. 〖음성〗문장 악센트.

sen·ten·tial [senténʃ(ə)l] adj. 1 판결의. 2 〖문법〗문장의, 문장의 형태의.

sen·ten·tious [senténʃəs] adj. 1 금언(격언)이 많은. 2 금언 같은, 점잔부리는, 딱딱한, 독선적인. 3 금언적인, 함축성 있는(pithy), 간결한. ~·ly adv. ~·ness n.

sen·tience [sénʃ(ə)ns], **-tien·cy** [-ʃ(ə)nsi] n. ⓤ 느낄 수 있는 상태, 지각(감각)력이 있음.

sen·tient [sénʃ(ə)nt] adj. 느끼는, 지각(감각)력이 있는. n. 감각력이 있는 사람(것); 마음, 정신. ~·ly adv.

‡**sen·ti·ment** [séntəmənt] n. 1 ⓤⓒ (종종 ~s) 의견, 감상, 소감. ¶ general sentiment 여론, 세론 // public sentiment for good roads 좋은 도로의 건설을 요구하는 여론 / He expressed his sentiments on the problem. 그는 그 문제에 대한 소감을 개진했다 / Those are my sentiments. 그것이 내 감상이다. 2 ⓤⓒ 감정, 정서; ⓤ 세련된 감정, 정조(情操). ⇨ FEELING 類語 ¶ a sentiment of pity 연민의 정 / patriotic sentiment 애국심 / a man of tender sentiment 정서가 우아한 사람 // have friendly sentiments toward …에 대하여 우정을 품다. 3 ⓤ 〖문학·예술·음악 따위에 나타나는〗정서, 정취; 눈물이 많은(헤픔), 정에 약함, 감상. ¶ a man of sentiment 다정다감한 사람 // You must have no sentiment about punishing him. 그를 처벌하는 데 인정 사정 보아서는 안 된다. 4 〖전배 때의〗간단한 인사, 경구. ¶ Mr. Jones was called on for a sentiment. 존스씨는 간단한 인사말을 요청받았다. ◇ sentiméntal adj.

‡**sen·ti·men·tal** [sèntiméntl] adj. 1 감정적인, 감정의, 감정에 의한. ¶ sentimental reasons 감정적인 이유 / strike a sentimental note 〔연설에서〕감상조가 되다. 2 눈물이 헤픈; 지나치게 감상적인. ¶ a sentimental schoolgirl 다감한 여학생. ~·ly [-təli] adv.
◇ séntiment, sentimentálity n., sentiméntalize v.

sen·ti·men·tal·ism [sèntiméntəl(ə)m] n. ⓤ 1 감상적인 성격, 눈물이 많음(헤픔); 다감, 감상(상)주의; ⓒ 감정(감상)적인 언동.

sen·ti·men·tal·ist [sèntiméntəlist] n. 감상가, 감상적인 사람, 다감한 사람, 눈물이 헤픈 사람.

sen·ti·men·tal·i·ty [sèntimentǽliti] n. (pl. **-ties**) ⓤ 감정(감상)적임, 눈물을 잘 흘림; ⓒ 감정(감상)적인 언동.

sen·ti·men·tal·ize [sèntiméntəlàiz] (*《英》에서는 **sen·ti·men·tal·ise**로도 쓴다) v. (-**ized**, -**iz·ing**) vi. 감상에 젖다, 눈물을 흘리다; 감상적으로 되다나 생각하다(over, about…). — vt. …을 감정(감상)적으로 되게 하다, 감상적으로 다루다.

sen·ti·mo [séntəmòu] n. (pl. ~s) n. 센티모(centavo)〖필리핀의 통화단위; 1/100 peso〗.

*sen·ti·nel [séntin(ə)l] n. 파수, 감시인, 보초. ¶ stand sentinel [over] prisoners 죄수들을 감시하다, 보초를 서다. — vt. (-**neled, -nel·ing**;《英》-**nelled, -nel·ling**) 보초로서다 …을 감시(수호)하다.

*sen·try [séntri] n. (pl. **-tries**) 보초, 파수꾼, 감시병(sentinel); 보초(watch, guard). ¶ go on (come off) sentry 보초 근무를 서다(끝내다) / keep sentry 감시를 하다 // stand (or be) on sentry over captives 포로의 감시를 하다.

séntry bòx n. 초소, 보초(파수)막.

séntry gò n. ⓤ 보초 경계 구역; 보초 근무. ¶ be on sentry go; do sentry go 보초 근무를 하다.

séntry ràdar n. 감시 레이다〖지상 부대가 적군 부대를 감시하는 데 사용〗.

Se·nu·si, -nus·si [senúːsi] n. (pl. ~**, -sis**) 시누시 교단(敎團) 〖북 아프리카의 회교도의 한 파〗. 〖단의〗

Se·nu·si·an, -nus·si·an [senúːʃiən] adj. 시누시 교도의.

sen·za [séntsə] prep.《이 탈 리 아》 without 〖음악〗…을 빼고, 없이. ¶ senza organo 풍금 없이.

Se·oul [soul] n. 서울〖한국의 수도〗.

Seoul·ite [sóulait] n., adj. 서울 사람(시민) 〖의〗.

sep. 〖略〗 sepal; separate.

Sep. 〖略〗 September; Septuagint.

se·pal [síːpl; 《英》sép-] n. 〖식물〗꽃받침의 귀, 악편(萼片).

-sepalous 〖악편(sepal)이 달린〗의 뜻의 연결형. 예: polysepalous 많은 악편이 달린.

sep·a·ra·bil·i·ty [sèp(ə)rəbíliti] n. ⓤ 분리할 수 있음, 가분성(可分性).

sep·a·ra·ble [sép(ə)rəbl] adj. 분리(구별)할 수 있는, 뗄 수가 있는(from…). ~·ness n. -**bly** adv.

‡**sep·a·rate** v. [sépərèit → adj., n.] (-**rat·ed, -rat·ing**) vt. 1 …을 분리하다(divide), 떼어놓다, 사이를 떼다. ¶ separate church and state 종교와 정치를 분리시키다 // (~+図+前+名) separate a branch from the tree 가지를 나무에서 절단하다.
2 〖힘으로〗〔남〕을 떼어놓다; 〔남〕을 떨어지게 하다, 별거시키다, 이간시키다; 〔남〕을 해임하다. ¶ separate the two boys who are fighting 싸움하고 있는 두 아이를 떼어놓다 // (~+図+前+名) be separated from one's wife 아내와 별거하다 / separate oneself from one's family 가족과 헤어지다.
3 …을 골라내다, 분류하다(sort), 분리해서 꺼내다(… from; out). ¶ (~+図+前+名) separate cream from milk 우유에서 크림을 분리하다(탈지(脫脂)하다) / separate the grain from the chaff 곡물을 껍질과 선별하다.

separate 붙어 있는 것을 따로 떼어놓다: *separate* the parts of a clock 시계의 부품을 뜯어내다. **divide** 몇 개 부분으로 분할하다: *divide* the class into two groups 학급을 둘로 나누다. **part** 밀접하게 일체가 되어 있는 것을 완전히 떼는(때로는 영구히) separate하다: *part* company with a friend 친구와 절교하다. **sever** 절단하다, 힘으로 완전히 separate하다: *sever* a cable 케이블을 절단하다.

4 …을 식별하다, 구별하다; …을 떼어놓고 생각하다. ¶ (~+團+前+名) *separate* good *from* evil 선악을 구별하다.

5 [땅 따위]를 나누다; …을 세분하다, 구분하다. ¶ (~+團+前+名) *separate* a big tract of land *into* small plots 넓은 땅을 작은 땅덩어리로 분할하다.

— *vi.* **1** 떨어지다, 갈라지다, 독립하다, 분리되다; 교제를 끊다, 절연하다. ¶ (~+前+名) *separate from* the mother country 모국으로부터 독립하다 / The society *separates into* several classes. 그 사회는 몇 개의 계급으로 갈라져 있다. **2** [부부가] 별거하다. **3** [일부 성분이] 분리하다. ¶ (~+前+名) Oil *separates from* water. 기름은 물에서 분리된다. **4** 헤어지다, 해산(산회)하다. ¶ After dinner, we *separated*. 만찬 후 우리는 헤어졌다. **5** 끊기다.

— *adj.* [sép(ə)rit] **1** 분리된, 떨어진(*from…*). ¶ live *separate from* others 타인과 떨어져 살다. **2** 개개의, 공유하지 않는, 개별적인, 각각의. ⇨ DIFFERENT 類語 ¶ These are *separate* questions. 그것은 각각 별개의 문제이다. **3** 다른 것과 관계가 없는, 독립된. ¶ *separate* houses 독립 가옥 / in their *separate* ways 각각 독자적인 방법으로.

— *n.* [sép(ə)rit] **1** 분책(分冊) (offprint); 단행(單行) 논문. **2** (보통 ~s) 위아래 따로 떨어진 여성복.
~**ness** *n.*
◇ separátion *n.*, séparative *adj.*, séparately *adv.*

sép·a·rate-but-é·qual prín·ciple [sépəreitbʌtí:kwəl] *n.* 분리 평등의 원칙[주거·학교 등은 흑·백인을 분리하지만, 시설은 흑·백인용 모두 차별없이 설치한다는 방책].〔산〕

séparate estáte *n.* Ⓤ [법률] [특히 아내의] 개인 재산

****sep·a·rate·ly** [sép(ə)ritli] *adv.* 떨어져서, 갈라져서, 따로따로; 독립하여.

séparate máintenance *n.* Ⓤ [별거중인 남편이 아내에게 지급하는] 별거 수당.

‡**sep·a·ra·tion** [sèpəréiʃ(ə)n] *n.* ⓊⒸ **1** 분리, 분열, 이탈, 구별(*from…*). ¶ the *separation* of church and state 정교(政敎) 분리, **2** 분리된 곳. **3** 이별, [특히 부부의] 별거. ¶ judicial *separation* [법정의 판결에 입각한] 부부 별거. **4** 이직(離職). ¶ the *separation from* the service 이직. ◇ séparate *n.*, séparative *adj.*

separátion allówance *n.* [출정 군인의 아내에게 지급하는] 별거 수당.

separátion cénter *n.* 동원 해제(제대) 사무 본부.

sep·a·ra·tion·ist [sèpəréiʃ(ə)nist] *n.* =separatist.

sep·a·ra·tism [sép(ə)rətìzəm] *n.* Ⓤ **1** 정교(政敎) 분리주의. **2** [소수 민족 따위의] 분리 독립 주의(운동).

sep·a·ra·tist [sép(ə)rətist] *n.* **1** [종교상의] 분리주의자; 정교(政敎) 분리주의자; 국교 이탈자. **2** [분리 독립 주의자(운동가); (캐나다) Quebec 주 독립 추진파.

sep·a·ra·tive [sép(ə)rèitiv / -rət-] *adj.* 분리성의, 분리시키는; 독립의.

sep·a·ra·tor [sép(ə)rèitər] *n.* 분리하는 사람 (것), [우유의] 크림 분리기, 겨 분리기; 선광기(選鑛器); [전기] 격리판(隔離板). 키는, 분리용의.

sep·a·ra·to·ry [sép(ə)rətɔ̀:ri / -t(ə)ri] *adj.* 분리시(시)

Se·phar·dim [sifάː/rdim / se-] *n. pl.* (sing. -**di** [-di]) 스페인(포르투갈)계 유대인. *cf.* Ashkenazim

se·pi·a [síːpiə, -pjə] *n.* Ⓤ **1** 오징어의 먹; [그 먹으로 만드는] 암갈색 그림물감. **2** 암갈색, 세피아 색. **3** Ⓒ 오징어의 일종. **4** [사진] 세피아색의 사진 인화, 세피아화(畵). — *adj.* 세피아색(암갈색)의.

se·poy [síːpɔi] *n.* [한때 특히 영국군에 종군하고 있던] 인도의 토민병(土民兵).

Sépoy Rebéllion(Mútiny) *n.* 세포이 반란[인도 토민군의 폭동(1857-59)].

seps [seps] *n.* (*pl.* **seps**) 독(毒) 도마뱀의 일종. [용.

sep·sis [sépsis] *n.* Ⓤ [병리] 패혈증(敗血症), 패혈작

sept [sept] *n.* **1** [특히 고대 아일랜드·스코틀랜드의] 씨족(氏族) (clan). **2** [인류] 공동 조상에서 발생한 것으로 믿어지고 있는 집단.

sept- ⇨ SEPTI-.

***Sept.** (略) September; Septuagint.

sep·ta [séptə] *n.* septum의 복수형.

sep·tal [sépt(ə)l] *adj.* 격막(隔膜)의.

sep·tan [séptən] *adj.* 7일마다 일어나는. ¶ *septan* fever [의학] 7일열. *cf.* tertian

sep·tan·gle [séptæŋgl] *n.* 7각형.

sep·tan·gu·lar [septǽŋgjulər] *adj.* 7각(형)의 (된).

sep·tate [sépteit] *adj.* 격벽(격막)이 있는(으로 칸막이)

‡**Sep·tem·ber** [septémbər, səp-] *n.* 9월(略 Sep., Sept.).

Septémber Mássacre *n.* 9월 학살 [프랑스 혁명중 1792년 9월에 파리 감옥 안에서 혁명 당원이 왕당파와 그밖의 수감자를 학살한 사건].

Sep·tem·brist [septémbrist, səp-] *n.* 9월 당원 [프랑스의 9월 학살에 가담한 혁명 당원].

sep·tem·par·tite [septempά:rtait] *adj.* [식물] [잎이] 일곱 가닥으로 갈라진, 칠심렬(七深裂)의.

sep·te·nar·y [séptənèri / septíːnəri] *adj.* 7의; 7개로 된; 7개씩의; 7년마다의; 7년간의. — *n.* (*pl.* **-nar·ies**) **1** 7개 1조, 7년간, [숫자의] 7. **2** [韻律] 7시각(詩脚)의 시행(詩行).

sep·ten·nate [sépténit] *n.* 7년간, 7년 임기.

sep·ten·ni·al [septénial] *adj.* 7년마다의, 7년에 1회의; 7년간의, 7년간 계속의. ~**ly** [-əli] *adv.*

sep·ten·ni·um [septéniəm] *n.* (*pl.* **-ni·a** *or* **-ni·ums**) 7년간, 7년기(期).

sep·ten·tri·o·nal [septéntriən(ə)l] *adj.* 북의, 북방의 (으로부터의) (northern).

sep·tet, -tette [septét] *n.* **1** 7인(7개) 1조(組). **2** 7중창(주) [단], 7중창(주)곡. 〔葉〕 등.

sep·tic [séptik] *adj.* [병리] 부패한, 부패성의; 패혈증 (敗血症)의. — *n.* 부패하게 하는 것, 부패물.

sep·ti·ce·mi·a, -cae·mi·a [sèptisíːmiə] *n.* Ⓤ [병리] 패혈증.

sep·tic·i·ty [septísiti] *n.* Ⓤ 부패, 부패성.

séptic tánk *n.* 부패조(槽) [박테리아를 이용하는 하수 정화조].

sep·ti·lat·er·al [sèptilǽt(ə)r(ə)l] *adj.* 7변(邊)이 있는, 7면을 가진.

sep·til·lion [septíljən] *n.* **1** (美·프랑스) 1000의 8승 [1에 0을 24개 붙인 수]. **2** (英·독일) 1000의 14승 [에 0을 42개 붙인 수]. — *adj.* septillion에 달하는.

sep·ti·mal [séptiməl] *adj.* 7의, 7을 기초로 한.

sep·time [séptiːm] *n.* [펜싱] 제7의 자세 [8개 방어 자세 중의 하나].

sep·tu·a·ge·nar·i·an [sèpt(j)uədʒinέ(ː)riən / -tjuədʒinέər-] *adj.* 70세(대)의. — *n.* 70세(대)의 사람.

sep·tu·a·ge·nar·y [sèpt(j)uædʒənèri / -tjuədʒíːnəri] *adj.*, *n.* (*pl.* **-nar·ies**) =septuagenarian.

Sep·tu·a·ges·i·ma [sèpt(j)uːədʒésimə / -tjuə-] *n.* [교회] 사순절(四旬節)(Lent) 앞에의 제 3 일요일 (Septuagesima Sunday).

Sep·tu·a·gint [sépt(j)uədʒìnt / -tjuə-] *n.* 70 인 역(譯) 성서 [가장 오래된 그리스어역(譯) 구약 성서, 이집트 왕 Ptolemy II의 요청으로 72인의 유대인 학자가 70일(또

는 72일)간에 번역했다고 하며 현재도 그리스 교회에서 쓰이고 있다(다).

sep·tum [séptəm] *n.* (*pl.* **-ta** [-tə]) **1** 〖생물〗격막(隔膜), 중격(中膈); 〖식물의〗포편(胞片). **2** 격벽(隔壁).

sep·tu·ple [séptjupl, septi(j)ú:pl / -tju-] *adj.* 7 곱의, 7 겹의. — *n.* 7 배. — *vt., vi.* (**-pled, -pling**) 7 배하다(7 배가 되다).

***sep·ul·cher**, (英) **-chre** [sép(ə)lkər] *n.* **1** (특히 석조의) 묘(무덤) (grave), 매장소. **2** 성유물갑(聖遺物匣).

the [*Holy*] *Sepulcher* 그리스도의 성묘(聖墓).
— *vt.* (**-chered, -cher·ing**; (英) **-chred, -chr·ing**) …을 묘에 묻다, 매장하다(bury).
◇ sepúlchral *adj.*

se·pul·chral [sipʌ́lkrəl] *adj.* **1** 묘의. ¶ a *sepulchral* stone 묘석. **2** 매장의, ¶ *sepulchral* rites 매장식. **3** 묘와 같은; 음산한(gloomy); [소리 따위가] 음산한, ¶ a *sepulchral* voice 음산한 목소리. **~ly** *adv.*

sep·ul·ture [sép(ə)ltʃər] *n.* Ⓤ 매장(burial). 【(고어)】 묘, 묘지.

seq. (略) sequel; (라틴) *sequens* (=the following [one]) (…이하). 예: p. 3 *seq.* (3 페이지 이하).

seqq. (略) (라틴) *sequentia* (=the following [ones]) (…이하).

se·qua·cious [sikwéiʃəs] *adj.* 【(고어)】 **1** 추종적인, 독창적이 아닌. **2** 일관된, 조리가 통하는. **~ly** *adv.*

se·quac·i·ty [sikwǽsiti] *n.* Ⓤ **1** 맹종하기. **2** 논리에 맞음.

se·quel [sí:kwəl] *n.* **1** 이어짐, 속편, 후편(*to*...). ¶ the *sequel* to a novel 소설의 속편. **2** 경과. **3** 결과 (result), 귀결 (consequence). ¶ in the *sequel* 결과적으로.

se·que·la [sikwíːlə] *n.* (*pl.* **-lae** [-liː]) (보통 -lae) 〖병리〗후유증, 여병(餘病).

‡se·quence [síːkwəns] *n.* **1** Ⓤ 이어짐, 계속 (succession), 연속 [해서 일어나기]; Ⓒ [서로 관계가 있는] 연속물. ⇒ SERIES〖類語〗¶ The *sequence* of the seasons 사계의 순환 / the *sequence* of events 계속 일어나는 일련의 사건 / a sonnet *sequence* 일련의 소네트(14행시). **2** Ⓤ 순서, 경로. ¶ in *sequence* 차례로 / in alphabetical (regular) *sequence* 알파벳 순으로(순서대로) / The story lacks *sequence*. 이야기의 앞뒤가 맞지 않는다. **3** Ⓒ Ⓤ 결과 (consequence), 귀결, 도리, 인과적 (因果的) 관련(*to*...). ¶ the natural *sequence* to the folly 어리석은 짓의 당연한 귀결. **4** 〖가톨릭〗속창(續唱) [미사의 답창 사이에 이어지는 찬가와 그 가사]. **5** 〖영화〗일련의 화면, 한 국면. **6** 〖카드놀이〗3매 이상의 수가 연속된 동종의 패. **7** 〖수학〗수열(數列).

the sequence of tenses 〖문법〗시제의 일치(호응).
— *vt.* 〖컴퓨터〗[데이터]를 배열하다.
◇ séquent, sequéntial *adj.*

se·quent [síːkwənt] *adj.* **1** 계속하여 일어나는, 연속되는. ⇒ SUCCESSIVE 〖類語〗 **2** 결과로서 생기는 (*on, upon*...). — *n.* 차례(다음)에 일어나는 일.

se·quen·tial [sikwénʃ(ə)l] *adj.* **1** 잇따라 일어나는, 결과로서 생기는(*to*...). ⇒ SUCCESSIVE 〖類語〗 **2** 〖컴퓨터〗 순차(逐次)의. **3** 〖약을〗순서대로 복용하는. — *n.* 순서대로 복용하는 약 [피임약 따위]. **~ly** [-ʃəli] *adv.*

sequéntial áccess *n.* 〖컴퓨터〗순차적 액세스.

sequéntial númbering sýstem *n.* 일련 번호 부여 방식.

***se·ques·ter** [sikwéstər] *vt.* **1** (주로 재귀용법)[…을] 물러나게 하다 (seclude), 은퇴시키다; …을 격리하다 (~+囘+前+囝) He *sequestered* himself *from* the world. 그는 은퇴하여 세상을 일시적으로 단절하다, 압수(몰수, 접수)하다; 〖법률〗…을 일시적으로 단절하다, 압수(접수)하다. — *vi.* [미망인이] 죽은 남편의 유산에 대한 권리를 포기하다.

se·ques·tered [sikwéstərd] *adj.* **1** 은퇴한, 세상을 버린. ¶ a *sequestered* life 은퇴(은둔) 생활. **2** 호젓한. ¶ a *sequestered* village 벽촌.

se·ques·tra·ble [sikwéstrəbl] *adj.* 압류할 수 있는, 압수(몰수)할 수 있는.

se·ques·trate [sikwéstreit] *vt.* (**-trat·ed, -trat·ing**) **1** 〖법률〗…의 재산을 가처분하다; …을 몰수하다. **2** 〖고어〗…을 격리하다.

se·ques·tra·tion [sìːkwestréi(ə)n, ＋美 sìkwes-] *n.* Ⓤ **1** 제거, 분리; 추방, 구축. **2** 은퇴, 은둔; 격리. **3** 〖법률〗재산의 가처분(가압류).

se·ques·tra·tor [síːkwestrèitər] *n.* 〖법률〗가압류인; 몰수인, 〖가압류 재산의〗보관자.

se·ques·trum [sikwéstrəm] *n.* (*pl.* **-tra**) 〖병리〗질병 따위 때문에 건전한 뼈로부터 분리하는 부골편(腐骨片).

se·quin [síːkwin] *n.* **1** (의복 따위에 꿰매 다는 원형의) 장식용 금속판(편) (spangle). **2** 고대 이탈리아·터키의 금화.

se·quoi·a [sikwɔ́iə] *n.* 세쿼이아 [미국 California 주(州) 산(産) 삼목과(科)의 거목. big tree(세계수), redwood(미국 삼목)의 2 종이 있음] [<cherokee 문자를 고안한 아메리카 인디언 Sequoya 의 이름].

se·quoi·a·den·dron [sikwɔ̀iədéndrən] *n.* 큰 침엽수의 일종; 세계수(big tree).

Sequóia Nátional Párk *n.* 미국 California 주 중부의 국립 공원 [거대한 세코이아로 유명].

ser [siər] *n.* =seer².

ser- ⇒ SERO-.

ser. (略) serial; series; sermon.

se·ra [sí(ː)rə / síərə] *n.* serum 의 복수형.

sé·rac [siræk / sérak] *n.* 큰 탑 모양의 빙괴(氷塊), 빙탑 [빙하의 갈라진 틈 사이에 생긴다]. [<F]

se·ragl·io [siræljou / seráːliou] *n.* (*pl.* **-ios**) **1** 〖회교국의〗후궁(後宮); 처첩실(妻妾室) (harem); [그 안에 사는] 처첩. **2** (the S-) [터키의] 구왕궁. **3** [<cherokee (It)] 유곽. [<It]

se·rai [sərái / sérái] *n.* [인도 등지의] 여인숙, 대상(隊商) 숙소.

se·rang [sərǽŋ] *n.* [동부 인도인의 수부장(水夫長) (boatswain), [작은 상선의] 선장.

se·ra·pe [səráːpi / -pei] *n.* [라틴 아메리카에서 쓰는 화려한 색의] 어깨걸이(무릎덮개), 세라페.

ser·aph [sérəf] *n.* (*pl.* **-aphs** *or* **-a·phim** [sérəfim]) 〖성서〗치품 천사(熾品天使) [천사의 위계의 하나]. ⇒ ANGEL〖類語〗〖[6자]; 청순한.

se·raph·ic [siræfik / se-] *adj.* 천사의(와 같은); 신성.

Se·ra·pis [sirǽipis / sérə-] *n.* 〖그리스·이집트 신화〗세라피스신(神) [지옥의 신].

Serb [səːrb] *n., adj.* **1** =Serbian. **2** Serbo-Croatian.

Ser·bi·a [səːrbiə, -bjə] *n.* 세르비아 [원래 왕국. 지금은 유고슬라비아 연방 공화국을 형성하는 한 공화국. 수도 Belgrade].

Ser·bi·an [səːrbiən, -bjən] *n.* 세르비아 인; Ⓤ 세르비아 말. — *adj.* 세르비아의; 세르비아 인(말)의.

Ser·bo-Cro·a·tian [səːrbo(u)kro(u)éiʃ(ə)n] *n.* Ⓤ 세르보 크로아티아 말 [유고슬라비아에서 쓰이는 슬라브 계의 언어]. — *adj.* 세르보 크로아티아어(계 주민)의.

Ser·bo·ni·an [səːrbóuniən, -njən] *adj.* [고대 이집트의] 세르보니아 늪의.

Serbónian bóg *n.* **1** 세르보니아 늪 [옛날 나일 삼각주와 수에즈 지협 (地峽) 사이에 있었던 위험한 늪]. **2** (비유적) 난경, 궁지.

sere¹ [siər] *adj.* 〖(詩)〗 마른, 건조한 (dry), 시든.

sere² [siər] *n.* 〖생태〗 발달(생장) 단계.

se·rein [sərǽn] *n.* 천송(天泣) [일몰 후 구름이 없는 하늘에서 내리는 가랑비].

***ser·e·nade** [sèrinéid] *n.* 소야곡, 세레나데 [특히 야간에 남자가 애인의 창밑에서 부르는 악곡을 말한다]; 야곡 (夜曲). *cf.* nocturne. — *vt., vi.* (**-nad·ed, -nad·ing**) […에게] 소야곡을 불러 (연주해) 주다.

ser·e·nad·er [sèrinéidər] n. 소야곡을 부르는(연주하는) 사람.

ser·e·na·ta [sèrináːtə] n. (pl. **-tas** or **-te** [-təː]) (악) 1 칸타타(cantata). 2 세레나타[조곡(組曲)과 교향곡의 중간에 해당하는 기악곡.

ser·en·dip·i·ty [sèrəndípiti] n. U 기대하지 않았던 것을 뜻밖에 발견하는 재능, 횡재 잘하기.

‡**se·rene** [siríːn] adj. (종종 **-ren·er**, **-ren·est**) 1 (수면 따위가) 잔잔한, 조용한(calm). ¶ the *serene* waters of the Hanryosudo 한려수도의 잔잔한 해면. 2 (마음이) 차분한, 침착한, 잔잔한, 평정한, 평화로운. ⇨ CALM **類語** ¶ *serene* courage 침착한 용기. 3 (일기 따위가) 화창한, 조용하고 한가로운, 맑은, 청명한; 구름 한 점 없는. ¶ a *serene* sky 구름 한 점 없는 하늘. 4 (S-) (유럽 대륙에서 왕후의 경칭으로서) 전하. ¶ His (Her) *Serene* Highness 전하[略 H.S.H.] / Your *Serene* Highness 전하 / Their *Serene* Highnesses 전하[略 T.S.H.].

All serene! (英속어) 이상없음(all right).
— n. (the ~) 1 잔잔함. 2 (고어·詩) 맑은 하늘; 잔잔한 바다(古え).
— vt. (**-rened**, **-ren·ing**) (詩) …을 맑게 하다; …을 잔잔하게 하다, 침착하게 하다, 진정시키다(tranquilize).
~**ly** *adv.* ~**ness** *n.* ◇ serénity *n.*

***se·ren·i·ty** [sirénəti] n. (pl. **-ties**) 1 U 조용함, 평온 (calmness); 침착. 2 U 청명, 청징(清澄). 3 (S-) (유럽 대륙에서) 전하. ¶ His (Her, Your) *Serenity* 전하.
◇ serène *adj.*

serf [səːrf] n. (pl. **serfs**) 1 (봉건 시대에 영주에게 토지와 함께 매매되었던) 농노(農奴). 2 노예(slave).
serf·age [sə́ːrfidʒ] n. U 농노임, 농노의 처지(신분).
serf·dom [sə́ːrfdəm] n. = serfage.
serf·hood [sə́ːrfhùd] n. = serfage.
Serg. (略) Sergeant.
***serge** [səːrdʒ] n. U 사지, 세루 [양복지]. [< F]
ser·gean·cy [sə́ːrdʒ(ə)nsi] n. U sergeant 의 직.
‡**ser·geant**, (주로 英) **-jeant** [sá:rdʒ(ə)nt] n. 1 상사 (corporal 보다 상위의 하사관), 美공군에서는 airman first class 위의 하사관; 略 Serg., Sergt., Sgt.). 2 경사 ([美]에서는 captain 또는 lieutenant, [英]에서는 inspector 바로 밑의 계급). 3 = sergeant at arms. 4 = sergeant-at-law. 5 (폐어) [knight 밑의] 영민(領民).
sérgeant at árms n. (pl. **sergeants at a-**) (왕실·의회·법정 등의) 경위, 경호원.
sérgeant-at-láw [sá:rdʒ(ə)ntətlɔ́ː] n. (pl. **sergeants-**) =serjeant-at-law.
sérgeant first cláss n. (pl. **sergeants f- c-**) (美육군) 1등 상사(* platoon sergeant 라고도 한다).
sérgeant májor n.(pl. **sergeants m- or s-majors**) (군대) 특무상사, 준위. ─ (직(지위, 임기)).
ser·geant·ship [sáːrdʒ(ə)ntʃip] n. U sergeant 의 직.
ser·geant·y [sáːrdʒ(ə)nti] n. U (중세 英법률)토지 보유법[토지 보유의 권리에 대하여 국왕 또는 영주에게 봉사·부역의 의무를 진다].
ser·gette [sərdʒét] n.U 얇은 사지천.
Sergt. (略) = sergeant.
SERI (略) *Solar Energy Research Institute*([美국] 태양 에너지 연구소; 1983년 발족).
***se·ri·al** [sí(ː)riəl / síər-] n. 1 [신문·잡지·영화 따위의] 연속물, 연재물. 2 연속적으로 간행되는 정기 간행물[신문은 포함되지 않는다]. ─ adj. 1 연속물의, 연재물의; 연속적으로(차례로) 출판되는, 연속 출판의, 정기의. ¶ SUCCESSIVE **類語** ¶ a *serial* story 연재 소설 / *serial* rights 연재물의 판권 / publish in *serial* form 연재물로 간행하다. 2 연속의; 일련의; 순차(順次)의. ¶ in *serial* order 연속하여, 번호순으로.
~**ly** [-əli] *adv.*

sérial-áccess mèmory [sí(ː)riəlǽkses- / síə-] n. (컴퓨터) 순차 액세스 메모리.

se·ri·al·ism [sí(ː)riəlìz(ə)m / síər-] n. U (음악) 12음 음악, 12음절 기법.
se·ri·al·ist [sí(ː)riəlist / síər-] n. 연재 (연속)물 작가.
se·ri·al·ize [sí(ː)riəlàiz / síər-] (*[英]에서는 **se·ri·al·ise** 로도 쓴다) vt. (**-ized**, **-iz·ing**) …을 연재(연속)물로서 간행(연재, 방송)하다.
sérial márriage n. 연속 결혼[8-10년 마다 배우자를 바꾸는 결혼 형태].
sérial nùmber n. 일련 번호.
se·ri·ate [sí(ː)riit / síər- // → *vt.*] 연속되는, 일련의. ─ *vt.* [-rièit] (**-at·ed**, **-at·ing**) …을 계속하다, 연속적으로 배열하다. ~**ly** *adv.*
se·ri·a·tim [sì(ː)riéitim / sìər-] *adv.* 차례로.
se·ri·a·tion [sì(ː)riéi(ʃ)(ə)n / sìər-] n. U 연속 배치(배열).
se·ri·ceous [sirí(ː)əs / se-] *adj.* 1 비단의 (과 같은) (silky). 2 (식물) [잎 따위가] 솜털로 덮여 있는.
ser·i·ci·cul·ture [sérisikʌ́ltʃər] n. = sericulture.
ser·i·cin [sérisin] n. U (화학) 세리신 [명주에서 채취하는 단백질의 일종. 별명 silk gum].
ser·i·cite [sérisàit] n. U 견조모(絹雲母) [백운모(白雲母)의 일종].
ser·i·cul·tur·al [sèrikʌ́ltʃ(ə)rəl] *adj.* 양잠의, 잠사업 (蠶絲業)의.
ser·i·cul·ture [sérikʌ̀ltʃər] n. U 양잠(잠업) [업]. [< SERI[CI]CULTURE]
ser·i·cul·tur·ist [sèrikʌ́ltʃ(ə)rist] n. 양잠가(養蠶家).
‡**se·ries** [sí(ː)riːz / síər-] n. (pl. **-ries**) 1 연속, 일련, 한 벌. ¶ a *series* of columns 기둥의 열 / a *series* of victories 연승 / in a continued *series* 연속하여.

類語 **series** 서로 관련된 동종의 것의 연속; 연속된 것 전체를 하나로 강조하는 말: a *series* of five games 5시합 연속의 대전. **sequence** 시간적·논리적·인과적 관련이 매우 밀접한 것의 연속: the *sequence* of the seasons 사계의 연속. **succession** 서로 반드시 연관되지는 않은 것의 연속: a *succession* of disasters 꼬리를 물고 일어나는 참사. **chain** 논리적·인과적 관련이 인정되는 series 또는 succession: a *chain* of events 일련의 사건. **train** 어떤 것에 부수적(결과적)으로 연속하여 따르는 것: a *train* of her admirers 그녀 뒤를 따르는 숭배자의 대열. **string** 성격이나 모양 따위가 한 가닥 실에 매인 것 같은 연속: a *string* of cars 자동차의 행렬.

2 연속(연재)물, 총서, 연속 출판물, 시리즈 [물]. ¶ the first *series* 제1집. 3 [수학] 급수(級數). (수학] 열). [화학] 열(系). [전기] 직렬(直列). [지질] 통(統). [생물] 속(屬), 과(科). [음악] 음렬(音列). [修辭] 대등구(等句)의 연속. ¶ [수학] an arithmetical (a geometric) *series* [수학] 등차(등비) (등비(等比)) 급수 / a *series* circuit [전기] 직렬 회로(直列回路).
in series ① 연속하여; 총서로서. ② [전기] 직렬로. *cf.* in parallel
◇ sérial *adj.*, sériate *adj.*, *v.*

séries génerator n. 직권 발전기.
séries páralèl n. [전기] 직병렬(直並列).
se·ries-wound [sí(ː)riːzwáund / síər-] *adj.* [전기] 직렬로 감은. *cf.* shunt-wound
ser·if [sérif] n. (pl. **serifs**) (인쇄) 세리프 [I, M 따위 활자의 종선(縱線) 위아래에 있는 가늘고 짧은 선].
ser·i·graph [sérigræf / -grɑ̀:f] n. (serigraphy 로 인쇄한) 실크 스크린 인화.
se·rig·ra·phy [sirígrəfi] n. U 실크 스크린 채색화 인쇄(법).
ser·in [sérin] n. 검은방울새류의 명금.
se·ri·o·com·e·dy [sí(ː)rio(u)kámidi / sìəriokɔ́mi-] n. 진지하면서도 우스운 연극(사건, 입장).
se·ri·o·com·ic [sì(ː)rio(u)kámik / sìəriokɔ́mik] *adj.* 심각(진지)하면서도 우스운. **-i·cal·ly** [-ikəli] *adv.*

se·ri·ous [sí(ː)riəs / síər-] *adj.* **1** 진지한, 엄숙한, 심각한; 생각에 잠긴; [짐짓] 정색을 하는, 근엄하게이다. ⇔ EARNEST [類語] ¶ a *serious* face 진지(심각)한 얼굴 / be *serious* about one's work 자기 하는 일에 진지하다. **2** 진심의, 진정의, 농담이 아닌. ¶ a *serious* offer 진심으로 하는 제의, 진지한 제의 / take something for *serious* ···을 진정으로 받아들이다 / Are you *serious*? 진정인가? **3** 중대한(weighty), 방심할 수 없는, 예삿일이 아닌. ¶ a *serious* mistake 중대한 과오. **4** 위독한, 위험한(critical). ¶ a *serious* illness 중병 / He is in a *serious* condition. 그는 중태이다. **5** 딱딱한 문제를 다룬, 오락물이 아닌. ¶ *serious* reading 딱딱한 읽을거리. **6** [금액 따위가] 상당한. ¶ *serious* money 많은 돈.
── *adv.* (美구어) =seriously.
◇ sériously *adv.*, sériousness *n.*

‡**se·ri·ous·ly** [sí(ː)riəsli / síər-] *adv.* **1** 진지하게, 진정으로. **2** 심각하게, 위험스럽게. ¶ be *seriously* ill 중병이다. **3** (구어) [글머리에] 그건 그렇다 치고(by the way), 객소리(농담)는 그만두고. ¶ But *seriously*, who wrote this? 그건 그렇고 누가 이걸 썼지?

se·ri·ous-mind·ed [sí(ː)riəsmáindid / síər-] *adj.* 진지한, 성실한. **-ly** *adv.* **-ness** *n.*

***se·ri·ous·ness** [sí(ː)riəsnis / síər-] *n.* ⓤ 진지함, 진심에서 우러남; 중대함.

ser·iph [sérif] *n.* [인쇄] =serif.

ser·jeant [sáːrdʒ(ə)nt] *n.* (주로 英) =sergeant.

ser·jeant-at-arms [sáːrdʒ(ə)ntətɑ́ːrmz] *n.* (pl. **ser·jeants-**) 영국 왕실(의회)의 수위, [의회의] 경호원, [법정의] 정리(廷吏).

ser·jeant-at-law [sáːrdʒ(ə)ntətlɔ́ː] *n.* (pl. **ser·jeants-**) (英) 옛날의 상급 법정 변호사(오늘의 King's (*or* Queen's) Counsel 에 해당).

‡**ser·mon** [sə́ːrmən] *n.* **1** 설교, 강론, 설법, 수양담 (修養談); 교훈. ¶ at *sermon* 교회의 예배에 출석하여, 예배중 / deliver (*or* preach) a *sermon* 설교(강론)하다. **2** 지루한 설교, 잔소리. ¶ treat a person to a *sermon* 남에게 설교하다. **3** 지루한 이야기.
the Sermon on the Mount (성서) 산상 수훈[←마태복음(Matt.) 5:7].
sermons in stones 돌 따위에 숨은 자연의 교훈 [← Shakespeare 의 *As You Like It* II. i].
◇ sérmonize *v.*, sermónic *adj.*

ser·mon·et, -ette [sə̀ːrmənét] *n.* 짧은 설교. [인.

ser·mon·ic [səːrmánik / -mɔ́n-] *adj.* 설교의, 설교조

ser·mon·ize [sə́ːrmənàiz] (* 英 **ser·mon·ise**) *v.* (**-ized, -iz·ing**) 설교하다; 잔소리를 하다. ── *vt.* **1** ···에게 설교하다(preach); 잔소리를 하다. **2** ···을 타일러 ···의 상태로 만들다. ¶ *sermonize* a person awake (into energy) 설교하여 남을 각성(분기)하게 하다.

ser·mon·iz·er [sə́ːrmənàizər] *n.* 설교하는 사람.

sero- serum 의 뜻의 연결형 (* 모음 앞에서는 **ser-**을 쓴다). 예: serology. [k(ə)l] *n.* 혈청학(血淸學)의.

se·ro·log·ic [sì(ː)rəládʒik / sìərəlɔ́dʒ-], **-i·cal** [-i-

se·rol·o·gy [sirálədʒi / -rɔ́l-] *n.* ⓤ 혈청학.

se·ros·i·ty [si(ː)rásiti / siərɔ́s-] *n.* (생리) 장액(漿液); 장액성(性). [학] 혈청 요법(serum therapy).

se·ro·ther·a·py [sì(ː)rəθérəpi / sìərə(u)-] *n.* (의

se·rot·i·nous [serát(i)nəs / -rɔ́t-] *adj.* (식물) 만성(晩生)의, 만발성(晩發性)의, 철 늦게 피는.

se·ro·to·nin [sì(ː)rətóunin] *n.* (생화학) 세로토닌 [혈청(血淸)중에 함유되어 혈관 수축 작용을 나타내는 호르몬의 일종].

se·ro·type [sí(ː)rətàip / síərə-] *n.* (의학) [미생물의 항원성의 한] 혈청형(血淸型), 항원형(抗原型)을 갖는. ── *vi.* (**-typed, -typ·ing**) ···의 혈청(항원)형을 결정하다.

se·rous [sí(ː)rəs / síər-] *adj.* **1** 장액(漿液) [성]의; 장액을 가진(분비하는). **2** 물 같은(watery), 희박한.

sérous mémbrane [동물·해부] 장막(漿膜).

Ser·pens [sə́ːrpenz] *n.* (천문) 뱀좌(座)(the Serpent).

ser·pent [sə́ːrp(ə)nt] *n.* **1** [특히 큰] 뱀. *cf.* snake. **2** [성서] 음흉한 사람, 교활한 사람. **3** (the [Old] S-) 악마(Satan) [←창세기(Gen.) 3:1-5]. **4** 뱀불꽃. **5** [음악] 뱀 모양의 저음 취주악기. **6** [천문] (the S-) 뱀좌(座).
◇ sérpentine *adj.*

ser·pen·tar·i·um [sə̀ːrpəntɛ́(ː)riəm / -tɛ́ər-] *n.* 뱀(파충류)관(館).

ser·pent-charm·er [sə́ːrp(ə)nttʃɑ̀ːrmər] *n.* 피리를 불어 뱀을 부리는 사람.

sérpent gràss *n.* 산범꼬리 [고산성(高山性)의 다년초.

ser·pen·tine [sə́ːrp(ə)ntìːn, -tàin / -tàin] *adj.* **1** 뱀의, 뱀과 같은. **2** 꼬불꼬불한(sinuous), 나선형의. ¶ the *serpentine* course of a stream 꼬불꼬불한 시내. **3** [뱀처럼] 교활한(cunning), 음흉한, 음험한.
── *n.* **1** ⓤ 사문석(蛇紋石). **2** (스케이트) S 자 곡선. **3** 옛날 대포의 일종. **4** (the S-) (英) [런던의 Hyde Park 의] 서펜타인 못.
── *vi.* (**-tin·ed, -tin·ing**) 꾸불꾸불 꾸부러지다; 꾸불꾸불 움직이다.

ser·pi·go [səːrpáigou] *n.* ⓤ [병리] 포행진(匍行疹).

ser·rate *adj.* [sérit → *v.*] (주로 생물) =serrated. ── *vt.* [siréit] (**-rat·ed, -rat·ing**) ···을 톱니꼴로 만들다.

ser·rat·ed [sə́reitid / - - -] *adj.* 톱니꼴의, 톱니꼴로 팬자국이 있는, 톱니가 있는.

ser·ra·tion [seréiʃ(ə)n] *n.* **1** ⓤ 톱니꼴. **2** ⓤⓒ 톱니꼴의 가장자리(새김, 자른 자국)(의 하나).

ser·ried [sérid] *adj.* 꽉 찬, 빽빽한, 밀집한.

ser·ru·late [sérjulit, -lèit], (**ser·ru·lat·ed** [-lèitid]) *adj.* 가는 톱니꼴의, 가는 톱니가 있는.

ser·ru·la·tion [sèrjuléiʃ(ə)n] *n.* ⓤ 작은 톱니꼴 [임]; ⓒ 작은 톱니.

se·rum [sí(ː)rəm / síər-] *n.* ⓤⓒ (pl. **-rums** *or* **-ra**) **1** 혈청(blood serum). ¶ a *serum* injection 혈청 주사. **2** 장액; 임파액. **3** 유장(乳漿).

sérum thérapy *n.* ⓤ 혈청 요법(serotherapy).

ser·val [sə́ːrvəl] *n.* (동물) 삽팽이의 일종 [아프리카산(產), 다리가 길고 얼룩무늬가 있다].

‡**ser·vant** [sə́ːrv(ə)nt] *n.* **1** 하인, 종, [집안일을 하는] 사용인. *cf.* master (* 보통 단독으로 말을 사용하지 않고, manservant, maidservant 라 하든가, 또는 수식어를 사용하여 말을 한다). ¶ a domestic *servant* 하인(하녀) / an outdoor *servant* 바깥일을 보는 하인 (정원사 등) / keep a *servant* 하인을 한 사람 두고 있다. **2** 봉사자, 부하, 종복; [신·신조 따위의] 믿고 따르는 사람, 충실한 사람. ¶ a *servant* of the public 사회 봉사자 / a *servant* of art 예술에 몸을 바치는 사람. **3** 공무원, 관리. ¶ a civil *servant* 문관, 관리 / a public *servant* 공무원, 관공리, 공복. **4** 종업원, 사무원, 사용인. **5** [사용을 잘 하면] 도움이 되는 것. ¶ Fire and water may be good *servants*, but bad masters. (속담) 불과 물은 유익한 것이지만 잘못 쓰면 해를 입는다.
the servant of servants of God 하나님의 가장 천한 하인 [로마 교황의 자칭. 라틴어 *Servus Servorum Dei* 의 번역].
Your obedient servant (英) 경구(敬具), 여불비례(餘不備禮) (* 현재는 공문서 용어).

‡**serve** [səːrv] *v.* (**served, serv·ing**) *vt.* **1** ···을 위하여 일하다, ···에 봉사하다, 시중들다. ¶ *serve* God 신을 섬기다; 착한 일을 하다 / *serve* the devil 악마를 섬기다; 나쁜 짓을 하다 / *serve* mankind (one's country) 인류에 봉사하다 (국가를 위해 일하다) / (~+图+圖) *serve* a family well 어떤 집에서 일을 잘하다.
2 [임기·임무 따위]를 채우다 (수행하다); [역할을] 다하다. ¶ *serve* two terms as mayor 시장을 두 번 역임

하다 / *serve* one's sentence 〔최수가〕 복역하다.
3 〔웨이트레스 등이〕〔손님〕의 주문을 받다, 〔손님〕에게 보이다. ¶ *serve* a customer 손님 접대를 하다 // (~ +图+前+名) What may I *serve* you *with*? 무엇을 보여 드릴까요?
4 〔안주인 등이〕〔음식 따위〕를 내다(제공하다); 〔손님〕에게 식사 시중들다. ¶ Dinner is *served*. 식사 준비가 다 되었읍니다 // (~+图+補) The dish must be *served* hot. 요리는 뜨거울 때 내놓아야 한다 // First come, first *served*. 《속담》 먼저 온 사람이 제일.
5 …에 도움이 되다(쓸모가 있다), 공헌하다; 〔목적〕에 맞다, …의 역할을 하다; 을 만족시키다(gratify); ¶ *serve* two ends 일거양득이다 / if my memory *serves* me right 내 기억에 틀림이 없다면 // (~+图+*as* 補) This box *serves* us *as* a table. 이 상자는 식탁 역할을 한다.
6 …의 요구를 충족시키다; 〔규칙적·계속적으로〕〔필요한 물건〕을 공급하다; …에 〔…을〕 공급하다(…*with*). ¶ *serve* one's will 소망을 충족시키다 / The hospital *serves* the entire city. 그 병원은 그 도시 전체의 환자를 떠맡고 있다 / (~+图+前+名) *serve* a town *with* gas; *serve* gas *to* a town 도시에 가스를 공급하다.
7 …을 취급하다, 대우하다, 다루다(treat); …에 보답하다. ¶ (~+图+名)(~+图+前+名) *serve* a person a trick 남에게 속임수를 써서 골탕먹이다 / *serve* a person 〔*with*〕 the same sauce 남에게 복복하다 / (~+图+副) *serve* a person *cruelly* (*well*) 남을 학대하다(친절하게 대하다)/It *serves* you *right*! = *Serve*[s] you *right*! 〔구어〕 그래 싸다, 그것 보라니까.
8 〔법률〕〔영장 따위〕를 송달하다; 〔남〕에게 〔영장 따위〕를 송달하다(...*with*), 집행하다. ¶ (~+图+前+名) *serve* a person *with* a summons; *serve* a summons *on* (or *upon*) a person 남에게 소환장을 송달하다.
9 〔정구·배드민턴 따위에서〕〔공〕을 서브하다.
10 〔대포 따위〕를 조작(발사)하다; 〔항해〕 로프 따위를 동이다, 묶다.
11 종마 따위가 …와 교미하다.
12 〔교회〕〔미사에서〕 복사 노릇을 하다.
— *vi.* **1** 종살이하다, 하인(하녀)으로 일하다; 봉사하다; 근무(복무)하다; 〔특히〕 군에 복무하다; 임기를 마치다. ¶ (~+前+名) *serve on* a farm (*in* the kitchen) 농장(주방)에서 일하다 / *serve on* jury 배심원 노릇을 하다 / *serve with* a company 회사에 근무하다 / *serve under* the general 그 장군 밑에서 일하다 // (~+*as* 補) *serve as* a soldier 병사로서 복무하다. **2** 시중들다, 손님을 돌보다 (시중들다). ¶ (~+前+名) *serve behind* a counter 점원 노릇을 하다 / *serve at* table 식사 시중을 들다. **3** 〔날씨·기일 따위가〕 알맞다, 형편이 좋다. ¶ when the tide *serves* 〔좋은〕 때가 되면, 형편이 좋은 때에 / as memory *serves* 생각나는 대로 / as occasion *serves* 기회가 있는 대로. **4** 쓸모가 있다, 역할(구실)을 하다. 〔목적〕에 맞다. ¶ (~+前+名) *serve for* a wing 날개 구실을 하다 / (~+*as* 補) *serve as* a bed 〔소파 따위가〕 침대 구실을 하다 // (~+*to* do) It *serves* to show her honesty. 그것은 그녀의 정직성을 잘 나타내 주고 있다.
5 〔테니스 따위에서〕 제1구를 보내다, 서브하다. ¶ (~+副) *serve well* (*badly*) 서브가 좋다(나쁘다). **6** 〔교회〕〔미사에서〕 복사(服事) 노릇을 하다.
serve a person a bad turn 남을 혼내 주다.
serve out ① 〔식량 따위〕를 분배하다 (...*to*). ② 〔일정기간의 근무〕를 끝까지 마치다.
serve a person *out* 남에게 복복하다.
serve round 〔음식 따위〕를 차례로 분배하다.
serve tables 〔성서〕 하나님의 말씀을 제쳐놓고 공궤(供饋)를 일삼다, 육체적 필요를 채우다 〔←사도행전 (Acts) 6:2〕. 〔다(temporize).
serve the time (or *the hour*) 시세(時勢)에 영합하다
serve time 복역하다.

serve one's time 고용 계약 기간〔임기〕을 채우다〔마치다〕.
serve up …을 대접하다, 식탁에 내다.
— *n.* 〔U〕〔C〕〔테니스 따위에서〕 서브〔방식〕; 서브할 차례.
◊ *service n.*
server.er [sə́ːrvər] *n.* **1** 근무자; 봉사자, 시중드는 사람. **2** 〔테니스 따위에서〕 서브하는 사람, 서버. **3** 〔교회〕〔미사에서 사제를 돕는〕 복사(服事); *cf.* acolyte **4** 쟁반, 접시, 다기 한벌; 식탁에서 음식을 나누어 담는 기〔포크·스푼·주걱 따위〕. **5** 〔컴퓨터〕 서버〔각종 데이터를 제공하는 컴퓨터〕.
servery [sə́ːrvəri] *n.* (*pl.* **-eries**) 식기실.
Servian [sə́ːrviən] *adj., n.* Serbian 의 고어형.
‡service¹ [sə́ːrvis] *n.* **1** 〔U〕 쓰임; 고용〔살이〕. ¶ go into *service*; go out to *service* 고용살이 나가다 / leave one's *service* 휴가를 얻다, 그만두다 / find *service* 일자리를 얻다.
2 〔U〕〔C〕 근무, 봉직; 임무, 노역(勞役); 〔관공서 따위 공공 기관의〕 부문, 부. ¶ the diplomatic *service* 외교관 근무; 〔집합적〕 외교관 / inside *service* 내근 / the public *service* 공무.
3 〔U〕〔C〕〔군대〕 군무, 병역; (the ~) 군(armed forces); 〔병기〕 대포의 조작. ¶ the military (the naval) *service* 육(해)군〔병역〕 / the 〔fighting〕 *services* 〔육·해·공〕군.
4 (종종 ~s) 진력(盡力), 봉사, 공헌, 공로; 〔U〕 유용; 도움(*to*...). ¶ public (or social) *service* 사회 봉사 / distinguished *services* 수훈(殊勳) / be of 〔great〕 *service* to …에 〔크게〕 도움이 되다 / Please do me a *service*. 부탁을 하나 들어주십시오.
5 〔C〕〔U〕〔전신·전화 따위의〕 공공 사업; 시설; 〔차 따위의〕 편(便), 운전; 〔가스·수도·전기 따위의〕 공급; 부설; 〔병원의〕 과(科). ¶ a bus *service* 버스편 / the telephone *service* 전화 업무 / water *service* 급수 / the pediatric *service* 소아과.
6 〔C〕〔U〕〔종교〕 예배, 근행(勤行); 성가(聖歌); 의식. ¶ a church *service* 예배 / a burial *service* 장례식.
7 〔U〕 손님 시중, 서비스. ¶ poor *service* 소홀한 서비스 / give good *service* 좋은 서비스를 하다.
8 〔U〕〔전기 기구 따위의〕 애프터서비스; 수리. ¶ television repair *service* 텔레비전 수리 서비스.
9 〔식기 따위의〕 한 벌, 세트(set). ¶ a table *service* 식기 한 벌 / a tea *service* 다(茶) 도구 한 벌.
10 〔U〕〔법률〕〔영장 따위의〕 송달.
11 〔U〕〔C〕〔테니스 따위에서〕 서브하기, 서브 차례. ¶ Whose *service* is it? 누가 서브할 차례입니까?
12 〔집합적〕〔항해〕〔배의 로프를 동여매는〕 가는 줄.
13 〔말 따위의〕 흘레 붙이기. 〔검색(檢索).
14 〔U〕〔고어〕 안부 인사, 경의(*to*...). ¶ My *service to* her. 그녀에게 안부 전하세요.
at a person's service 제멋대로, 임의로. ¶ place a thing *at* a person's *service* 물건을 남에게 마음대로 쓰게 하다 / I am *at* your *service*. 무슨 일이든 시켜주십시오.
in (or *on*) *active service* 현역 복무중인; 재직중인.
in service 재직(복무)중인; 고용되어.
on his (or *her*) *Majesty's service* 〔英〕 공용으로〔공문서 용어〕; 略 O.H.M.S.
on service 재직(현역)중인(에).
out of service 퇴직하여, 실직하여, 일자리를 잃고.
see service ① 종군하다, 실전의 경험을 얻다. ② (완료형으로) 오랫동안 근무해 오다; 〔물건이 오래 써서〕 낡아 빠지다.
take service with (or *in*) …에 근무하다, 고용살이하다.
— *adj.* **1** 도움이 되는, 유용한(useful). **2** 군용의; 근무의; 평상시의. ¶ *service* clothes 평상복. **3** 사용의, 봉사의; 수리 서비스를 하는. ¶ a *service* department 서비스부.
— *vt.* (**-viced, -vic·ing**) **1** 〔전기·가스·수도 따위〕를 공급하다. **2** …의 애프터서비스를 하다; …을 수리

serv·ice² [sə́ːrvis] *n.* **1** =service tree. **2** service tree의 과실.

serv·ice·a·bil·i·ty [sə̀ːrvisəbíliti] *n.* ⓤ 도움이 됨, 유용, 편리.

***serv·ice·a·ble** [sə́ːrvisəbl] *adj.* **1** 유익한, 도움이 되는, 편리한, 유용한(useful)(*to*...). ¶ a *serviceable* animal 유용한 동물. **2** 오래가는(durable), 실용적인. **3** 《고어》 친절한, 돌봐주기 좋아하는(obliging).
~·**ness** *n.* -**bly** *adv.*

sérvice àrea *n.* **1** =service plaza. **2** 《공익 사업의》 관할 구역; 《방송》 가시청 [可視聽] 지역.

sérvice bòok *n.* 기도서, 예배식 책, 미사 전서 (典書).
sérvice càp *n.* 《군대》 군모, 전투모.
sérvice cèiling *n.* 《항공》 실용 상승 한도.
sérvice chàrge *n.* **1** 《호텔 따위의》 봉사료. **2** 수수료. **3** 《금융》 원리금 상환. **4** 《아파트의》 관리비.
sérvice clùb *n.* **1** 사회 봉사 사교 단체〔로터리 클럽 따위〕. **2** 《군대의 사교·오락·요양을 위한》 집회소, 서비스 클럽.
sérvice còurt *n.* 《정구》 《코트의》 서브공을 쳐넣는 구역.
sérvice dèpot *n.* =service station.
sérvice èlevàtor *n.* 《美》 업무용 엘리베이터.
sérvice enginèer *n.* 수리 기술자, 수리공.
sérvice èntrance *n.* 종업원 출입구, 통용문.
sérvice flàg *n.* 붉은 테의 백기 〔전시중 종군 용사 또는 전사자가 있는 집·빌딩 따위에 내건다〕.
sérvice flàt *n.* 《英》 식사까지 제공하는 셋방.
sérvice hàtch *n.* 《英》 《식당의》 음식을 내보내는 쪽문〔창구〕.
sérvice ìndustry *n.* 서비스(산)업 〔교통·관광·보험 따위〕.
sérvice lìfe *n.* 《경제적인》 사용 기간, 내용 [耐用] 연수.
sérvice lìne *n.* 테니스 따위의 서브 라인. ㄴ수.
sérvice màin *n.* 급수 [배수] 본관(本管).
sérv·ice·man [sə́ːrvismæ̀n] *n.* (*pl.* -**men** [-mèn]) **1** 군인. ¶ an ex-*serviceman* 재향군인. **2** 《美》 수선공.
sérvice màrk *n.* 《법률》 서비스 마크 〔운수·금융·방송·보험·요식업 등 자기가 제공하는 서비스를 타업체와 구별하기 위한 상징적인 마크; 또는 서비스업자의 이름〕.
sérvice mèdal *n.* 《군대》 무공 훈장. ㄴ등록번호.
sérvice mèter *n.* 《전화의》 통화 도수계.
sérvice mòdule *n.* 《우주》 기계선(機械船).
sérvice nèeds *n.* 행정 수요 〔행정 관청의 업무 범위〕.
sérvice pìpe *n.* 《수도·가스의》 옥내 파이프.
sérvice plàza *n.* 《고속 도로변의》 서비스 플라자 〔식당·주유소 등이 있다〕. ㄴ스 업(기업).
sérvice provìder *n.* 《컴퓨터》 인터넷 접속 서비
sérvice ròad *n.* 《英》 지선 (支線) 도로(frontage road) 〔고속도로 따위와 평행하게 만든 연락 도로〕.
sérvice stàtion *n.* **1** 주유소 (filling station). **2** 《라디오 따위의》 부품 판매소; 수선소.
sérvice strìpe *n.* 《美軍》 《군복의 왼쪽 소매에 다는》 연공장(年功章).
sérvice tòwer *n.* 미사일 정비 발사탑.
sérvice trèe *n.* **1** 유럽산 〔팥배〕의 마가목류의 나무. **2** 채진목(采振木)(Juneberry).
sérvice ùniform *n.* 《英》 《군인의 작업용·예장용이 아닌》 평상복. *cf.* dress uniform, full dress
sérvice wìre *n.* 〔전기〕 옥내선.
ser·vi·ette [sə̀ːrviét] *n.* 냅킨(napkin).

***ser·vile** [sə́ːrvil, -vail / -vail] *adj.* **1** 노예의, 노예와 같은. ¶ *servile* drudgery 고역. **2** 비천한, 비열한, 아첨하는, 노예 근성의(자주성이 없는), 맹종적인(*to*...). ¶ *servile* imitation 맹목적 모방 // *servile to* public opinion 여론에 추종하는. **4** 〔문법〕 〔그 자체는 발음되지 않고 소리의 모음을 변화시킨(長音化)하는〕 덧붙인 글자의〔stone, make 따위의 e〕. —**ly** [-víli, -vàili] *adv.* ~·**ness** *n.* ◇ servílity, sérvitude *n.*

ser·vil·i·ty [səːrvíləti] *n.* **1** ⓤ 노예 상태(slavery). **2** 노예 근성; 비굴, 추종. **3** 맹종.

serv·ing [sə́ːrviŋ] *n.* ⓤ **1** 〔음식을〕 그릇에 담기, 급식하기. **2** 음식 한 그릇, 음료 한 잔. **3** 〔전선·케이블 따위의〕 보호용 피복재(被覆材).
sérv·ing·man [sə́ːrviŋmæ̀n] *n.* (*pl.* -**men** [-mən]) 남자 머슴, 종복 (從僕)(manservant).
sérving tàble *n.* 왜건 〔식사를 내놓을 때 사용되는 바퀴 달린 테이블〕; 소형 식기대.
ser·vi·tor [sə́ːrvitər] *n.* 〔고어·詩〕 **1** 종복. **2** 〔유리 재료를 부는〕 유리공(工). **3** 《英》 〔원래 Oxford 대학의〕 급비생.
***ser·vi·tude** [sə́ːrvit(j)uːd / -tjuːd] *n.* ⓤ **1** 노예 상태, 예속. **2** 고역, 징역. ¶ penal *servitude* 징역형. **3** 〔법률〕 지역권 〔타인의 토지를 자기 편익에 이용할 수 있는 권리〕. ◇ sérvile *adj.*
ser·vo [sə́ːrvou] *n.* (*pl.* -**vos**) =servomechanism. **2** =servomotor. —*adj.* 서보 〔기구(機構)〕의.
ser·vo·con·trol *n.* [sə́ːrvo(u)kəntròul] *n.* **1** 《항공》 서보 조타 (操舵) 장치. **2** =servomechanism. —*vt.* [sə̀ːrvo(u)kəntróul] (-**trolled**, -**trol·ling**) 〔기계 따위를〕 서보 조타 장치로 조작하다.
ser·vo·mech·an·ism [sə̀ːrvo(u)mékənìz(ə)m] *n.* ⓤ 서보 기구 (機構) 〔다른 동력원을 사용해서 무거운 물건을 작은 힘으로 움직이도록 한 일종의 자동 제어 장치〕.
ser·vo·mo·tor [sə́ːrvo(u)mòutər] *n.* 보조 전동기, 서보 모터 〔서보 기구의 일부〕.
sérvo·táb [sə́ːrvo(u)tæ̀b] *n.* 《항공》 =servocontrol.
SES(略) socioeconomic status (사회 경제적 지위).
ses·a·me [sésəmi] *n.* **1** 참깨, 《집합적》 참깨씨(sesame seed); ⓤ 참기름 (sesame oil). **2** =open sesame.
ses·a·moid [sésəmɔ̀id] *adj.* 〔해부〕 참깨(씨) 모양의; 종자골 (種子骨)의. ¶ a *sesamoid* cartilage 종자 연골 (軟骨). —*n.* 종자〔연〕골.
sesqui- 다음의 뜻의 연결형. **1** one and a half (1배반)의 뜻. 예: *sesqui*centennial. **2** 《화학》 化合의 비율이 「3:2」의 뜻. 예: *sesqui*oxide (삼이 산화물).
ses·qui·cen·ten·ni·al [sèskwisenténiəl, -njəl] *adj.* 150년간(每)의. —*n.* 150년제.
ses·qui·pe·da·li·an [sèskwipidéiljən, -liən] *adj.* **1** 1피트 반이나 되는. **2** 〔어구가〕 매우 긴; 음절 수가 많은; 장황한. **3** 긴 낱말을 쓰기 좋아하는. —*n.* 기다란 말.
sess.(略) session.
*: **ses·sile** [sésil, -sail / -sail] *adj.* **1** 〔식물〕 꼭지나 줄기가 없는. ¶ a *sessile* leaf 무병엽(無柄葉). **2** 〔해부·동물〕 고착한, 정착한.
*: **ses·sion** [séʃ(ə)n] *n.* **1** ⓤ 〔회의의〕 개회; 〔법정의〕 개정; 〔거래소의〕 입회. ¶ in full *session* 총회에서 / in *session* 개회 (회의, 개정) 중에 (의) / go into *session* 개회하다. **2** ⓒ 회기, 개정 (開廷) 기. ¶ extend the *session* 회기를 연장하다. **3** 《특히 美·스코》 〔대학의〕 학년 (academic year); 학기 (term); 수업〔시간〕, 과업. ¶ the morning *session* 오전의 수업. **4** (~s) 〔英법률〕 치안 판사 특별 회의; 〔경범죄 또는 인가 사항을 처리하는〕 법원. ¶ petty *sessions* 간이 〔즉결〕 법원. **5** (the S-) = the Court of Session. **6** 〔목사와 장로로 구성된〕 장로 교회 (Presbyterian Church)의 관리 기관. **7** 〔집단 활동의〕 기간, 한동안. **8** 《美》 어떤 일을 한동안의 시간, 2인 이상으로 무엇인가를 하기. ¶ a television *session* 함께 텔레비전을 보기. **9** 〔드물게〕 착석. 〔원. *the Court of Session* 스코틀랜드의 최고 민사 법
ses·sion·al [séʃən(ə)l] *adj.* **1** 개회 (개정)의, 회기〔중〕의. ¶ *sessional* orders (*or* rules) 〔영국 의회에서〕 회기중의 의사 규정. **2** 회기마다 반복되는.
ses·terce [séstəːrs] *n.* 고대 로마의 화폐 〔동화, 후에는 동화(銅貨), ¼ denarius〕.
ses·ter·ti·um [sestə́ːrʃ(i)əm, +英 -tjəm] *n.* (*pl.* -**tia** [-ʃiə, +英 -tiə]) 고대 로마의 화폐 [1,000 sesterces].
ses·tet [sestét, ‐́-] *n.* **1** 〔韻律〕 〔14행 시 (sonnet) 의〕 후반 6행. **2** 〔음악〕 6중창곡 (주) (sextet).
ses·ti·na [sestíːnə] *n.* (*pl.* -**nas** *or* -**ne** [-niː]) 〔韻律〕

6행절 6연(聯)과 끝에 3행절 1연이 있는 시.

set [set] v. (**set, set·ting**) vt. **1** …을 두다, 놓다, 얹어 놓다, 앉히다. ¶ ➡PUT 頭語 (* put보다 문어적) ¶ (~+目+前+名) *set* chairs for six people 6인분의 의자를 놓다 / *set* a glass *on* a table 컵을 탁자 위에 놓다 / *set* foot *in* a person's house 남의 집에 들르다(들어가다) // (~+目+副) *set down* the load 짐을 내려놓다. **2** …을 대다, 접근시키다, 붙이다. ¶ (~+目+前+名) *set* fire *to* a house; *set* a house *on* fire 집에 불을 놓다 / *set* a glass *to* one's lips 컵에 입술을 대다. **3** …을 배치하다; …을 시키다. ¶ *set* a watch 파수꾼을 세우다 / *set* a guard *at* the gate 문지기를 세우다 / *set* spies *on* a person 남에게 스파이를 붙이다. **4** …을 [어떤 상태로] 하다(만들다). ¶ (~+目+補) *set* a prisoner free 죄수를 석방하다 / He *set* his dog loose.그는 개를 풀어주었다/(~+目+前+名) *set* one's mind *at* rest 마음을 진정시키다 / *set* one's room *in* order 방을 치우다(정돈하다) // (~+目+-ing) *set* the engine *going* 시동을 걸다.
5 [일·문제 따위]를 맡기다, 내다, 지정하다; [모범 따위]를 보이다. ¶ (~+目+目) (~+目+前+名) *set* a person an example *to* a person 남에게 본보기로 모범을 보이다/He *set* me a difficult question.＝He *set* a difficult question *for* me. 그는 내게 어려운 문제를 냈다.
6 …을 앉히다 (seat). ¶ (~+目+副) *set* oneself *down* 착석하다 // (~+目+前+名) *set* a person *on* the throne 남을 왕위에 앉히다.
7 [남]에게 …시키다, …을 명하다; [재귀용법] …하려고 노력하다. ¶ (~+目+*to* do) *set* a person *to* paint the door 남에게 문에 페인트 칠을 하게 하다 / She *set* herself *to* finish the homework. 그녀는 숙제를 마치려고 애썼다.
8 [기계·기구 따위]를 조절하다, 맞추다, 사용 가능한 상태로 하다, 갖추다, 준비하다; [인쇄] [활자]를 짜다, [원고]를 활자로 짜다; [배]를 맞추다. ¶ *set* a razor 면도날을 갈다 // (~+目+前+名) *set* one's watch *by* the time signal 시계를 라디오 시보에 맞추다 / *set* one's camera lens *to* infinity 카메라 렌즈를 무한대에 맞추다.
9 …을 끼워 박다, [보석 따위]를 촘촘히 박아넣다, …에 박아 넣다, …을 물리다. ¶ (~+目+前+名) *set* a diamond *in* gold 다이아몬드에 황금 거미발을 물리다 / *set* gold *with* jewels 금에 보석을 온통 박아 넣다.
10 …을 심다. (씨)를 뿌리다. ¶ *set* plants 묘목을 심다 / *set* seeds 씨를 뿌리다.
11 [암탉]에게 알을 안기다. ¶ (~+目+前+名) *set* a hen *on* eggs; *set* eggs *under* a hen 암탉에게 알을 품게 하다.
12 [진로]를 잡다, 향하게 하다; [마음]을 돌리다; …을 쏟다. ¶ (~+目+前+名) *set* one's eyes *toward* the wood 눈을 숲쪽으로 돌리다 / *set* one's mind *against* a person's petition 남의 청원에 귀를 기울이지 않다 / *set* one's affections *on* a person 남에게 애정을 느끼다 / He *set* his heart (*or* hopes) *on* becoming a novelist. 그는 어떻게든 소설가가 되겠다고 마음먹었다 / They *set* sail *for* America. 그들은 미국을 향해서 출발했다.
13 [값]을 매기다, 평가하다(estimate). ¶ (~+目+前+名) *set* a price *on* an article 상품의 값을 정하다 / *set* the value of the vase *at* ₩50,000 그 꽃병의 값을 5만원으로 정하다.
14 …을 굳히다, 단단하게 하다; …을 고정시키다. ¶ *set* a butterfly 나비를 핀으로 고정시키다 // (~+目+前+名) The wheels are *set in* the mud. 수레바퀴가 진창에 빠져 움직이지 않는다.
15 [음악] [가사]에 곡을 붙이다, 작곡하다, [곡]에 가사를 붙이다; …을 편곡하다; [연극] [무대]를 장치하다, …을 무대로 하다. ¶ (~+目+前+名) *set* a psalm *to* music 찬송가를 작곡하다 / *set* a scene *in* Hawaii 하와

이를 무대로 하다.
16 [장소·일시 따위]를 정하다, 지정하다; [한계]를 정하다. ¶ (~+目+前+名) *set* a place and time *for* a meeting 회합의 장소와 시간을 결정하다 / *set* no limit *to* one's ambitions 공명심에 좌우되어 행동하다.
17 [머리]를 세트하다. ¶ have one's hair *set* 머리를 세트하다.
18 [과수(果樹)]의 열매를 맺게 하다. …세트하다.
19 [사냥개가] [짐승]의 위치를 가리키다.
20 [부풀린 기 위하여] [반죽]을 발효시키다.
— vi. **1** [해·달이] 지다, 넘어가다; 《비유적》 [세력이] 기울다. ¶ (~+前+名) The sun *sets in* the west. 해는 서쪽으로 진다. **2** 결실하다. ¶ (~+副) The apple trees have *set well* this year. 금년에는 사과가 잘 열렸다. **3** [액체 따위가] 응고하다, 굳어지다; [물감 따위가] [표정이] 굳어지다. ¶ His face has *set*. 그의 표정이 굳어졌다. **4** [사냥개가 멈춰서서] 사냥감의 소재를 가리키다; [암탉이] 알을 품다. ¶ (~+副) This dog *sets well*. 이 개는 사냥감이 있는 곳을 잘 찾아낸다 // (~+前+名) A hen *sets on* (*or upon*) eggs. 암탉이 알을 품고 있다. **5** [조류·바람 따위가] 향하다, 불다, 흐르다; [감정·의견 따위가] 기울다, 흐르다. ¶ (~+前+名) The wind *sets to* (*from*) the north. 바람이 북쪽으로(북쪽에서) 분다 // (~+副) The tide *sets in* (*out*). 조수가 밀려든다(빠진다). **6** 종사하다; 착수하다(*about, to*…). ⇨ set about, set to; 출발하다. ⇨ set forth, set forward, set out. **7** [옷이] 맞다 (* 이 뜻으로는 fit가 보통이다). ¶ (~+副) That dress *sets well* (*badly*). 그 옷은 몸에 잘 맞는다(맞지 않는다). **8** [날씨 따위가] 개다. ¶ (~+補) The autumn weather has *set* fair. 가을 날씨가 맑아졌다. **9** [춤에서] 상대방과 마주서다. **10** 《주로 방언》＝sit.

be hard *set* 곤란을 받고 있다(*for*…).
be sharp (*or* **keen**) *set* 배가 고프다.
set about ① …에 착수하다, 시작하다(start). ¶ *set about* one's job 일에 착수하다. ② 《구어》 …을 공격하다. ③ 《英》 [소문 따위]를 퍼뜨리다.
set abroad [고어] [소문 따위]를 세상에 퍼뜨리다. 공개하다.
set against ① [남]에게 반감을 품게 하다. ② …에 대항하게 하다. ③ …과 비교하다. ④ …과 균형을 맞추다. ⑤ (*vi.*) …에 반대 경향을 보이다. ¶ Public opinion *sets against* the policy. 여론은 그 정책을 반대하고 있다.
set apart ① …을 따로 떼어 두다, 따로 하다(*for*…). ② …을 눈에 띄게 하다.
set aside ① …을 따로 제쳐두다, 챙겨 두다(reserve) (…*for*). ② …을 무시하다; …을 물리치다; …을 취소하다, 무효로 하다; …을 거절하다; …을 파기하다; …을 제외하다. ¶ *set aside* a claim 요구를 물리치다 / He *set aside* his own error. 그는 자기의 잘못을 모르는 척했다.
set at …을 공격하다(attack); [개 따위]를 …에 덤벼들게 하다.
set a thing *at naught* (*or nothing*) …을 무시하다.
set back ① …을 저지하다, 방해하다; …을 퇴보시키다. ② [시계 바늘 따위]를 되돌리다. ¶ *set back* one's watch three minutes 시계 바늘을 3분 되돌리다. ③ 《美 속어》 [비용]이 [남]에게 들다.
set a thing before ① [남 앞에] …을 늘어놓다; [음식]을 차려내다. ¶ *set* food *before* a guest 손님에게 음식을 차려내다. ② [사실 따위]를 [남에게] 설명하다.
③ …에게 보이고자 하다.
set by ① …을 저장하다(따로 떼어)두다. ¶ *set* money *by* for the future 장래를 위해 저금하다. ② …을 존중하다.
set one's cap *at* (*or* **for**) ⇨ CAP¹.
set down ① …을 [밑에] 놓다. ② [승객]을 내리다. ¶ *Set* me *down* at the station. 역에서 내려다오. ③ …을 적어두다(…*in*…), 인쇄하다. ¶ *set* a thing *down in* one's notebook …을 노트에 적어두다. ④ …을 …의 탓으로 하다, …의 탓으로 돌리다(…*to*). ¶ *set down* one's success *to* luck 성공을 행운 때문이라고 돌리다. ⑤ …을 …으로 간주하다(…*as*). ⑥ …을 꾸짖다. ⑦ …을

규정하다. ⑧ …을 옥죄다. ⑨ 착착하다.
set one's face (or *oneself*) **against** ⇒ FACE.
set forth ① (*vi.*) 출발하다(start)(*on, for*...). ② …을 말하다; …을 설명하다; …을 제창하다. ¶ He *set forth* his view upon the subject. 그는 그 문제에 관해서 의견을 진술했다. ③ 《폐어》…을 발행하다; …을 공개하다. ④ …을 진열하다; 꾸미다.
set forward 〔고어〕① …을 촉진하다(promote). ② …을 제출하다. ③ …을 성명하다. ④ (*vi.*) 출발하다 (start).
set in ① 시작되다, …이 되다. ¶ Winter has *set in* early this year. 금년은 겨울이 빨리 왔다. ② 밀물이 들어오다; 〔바람이〕육지로 불다. ⇨ *vi.* 5.
set little (or *light*) **by** …을 경시하다.
set off ① (*vi.*) 출발하다; (*vt.*) …을 출발시키다. ¶ *set off* soon after daybreak 날이 밝자마자 출발하다.
── **Usage** set off, set out, start off ─── (1) set off, set out는 둘 다 다소 문어조의 구로서, set out는 사람의 경우에만 쓰고 열차 따위에는 쓰지 않는다. 또한 보행의 경우에 많이 쓴다: He *set off* for New York. / He *set out* at 5 a.m. (2) set off 는 구어적이며, set off 가 목적지를 의식시키는 데 반하여, start off 는 출발한(하는) 사실만을 나타낸다: He *started off* last night.
② …을 돋보이게 하다, …의 장식이 되다. ③ …을 발사하다; …을 폭발시키다. ④ …을 〔갑자기〕(와하고)…하게 하다. ¶ *set a* person *off* laughing 남을 와하고 웃기다. ⑤ …을 상쇄하다, 빼다(...*against*). ⑥ …을 구획하다. 칸막이하다. ¶ *set off* a clause by a comma 절을 코머로 끊다.
set on ① …을 부추기다, 선동하다; …을 추적하게 하다. ¶ *set on* a dog 개를 부추기다(* on 은 전치사). ¶ *set a* dog *on* a person 남에게 개를 부추겨 덤벼들게 하다(* on 은 전치사). ③ …을 습격하다. ④ …에 착수하다. ⑤ (*vi.*) 출발하다. 〔안내하다.
set a person **on** his way 〔고어·방언〕남을 도중까지
set out ① (*vi.*) 출발하다(start) (*for*...). ⇨ SET OFF (Usage). ② 착수하다, 시작하다 (*in, with*...). ③ …을 장식하다, 진열하다; 〔음식을 늘어놓다. ④ …을 구획하다. ⑤ …을 말하다 (state), 설명하다. ⑥ 〔위치를〕측정하다. ⑦ …을 설계하다. ⑧ …을 속아내다. ⑧ (*vi.*) 조수가 빠지다. ⇨ *vi.* 5. ⑨ …을 두드러지게 하다, 강조하다(set off). ⑩ 〔사이를 두고〕(나무 따위를) 심다.
set over …을 지배하다; …을 양도하다; …을 위에 놓다. 감독자로 정하다. ¶ *set a* person *over* others 남을 다른 사람들의 감독자로 삼다.
set straight ⇨ STRAIGHT. 〔인의 감독자로 삼다.
set to ① …에 종사하다, 착수하다. ② (* to 는 부사) …을 전력적으로 시작하다, 먹기 시작하다. ③ 〔복수의 주어를 수반하여〕〔싸움·전쟁〕을 시작하다. ¶ He *set to* with a good appetite. 그는 왕성한 식욕으로 먹기 시작했다.
set up ① …을 건립하다, 세우다 (erect), 똑바로 세우다; …을 조립하다. ② …을 설비하다; …을 창설(表裝)하다. ② …을 위에 두다; …에게 권력을 가지게 하다. ③ …을 출세시키다. ④ (*vi.*) 〔…인〕체하다; 〔…인〕척하다 (*for*...). ¶ *set up for* a scholar 학자인체하다. ⑤ …을 창설하다, 시작하다. (*vi.*) 〔장사 따위를〕시작하다, 개업하다 (*as*...). ¶ *set up as* a baker 빵집을 시작하다. ⑥ 외치다, 〔음성을〕높이다. ⑦ …을 공급하다(...*with*); …을 설비하다. ¶ be well *set up* with money 충분히 돈을 받고 있다. ⑧ …을 단련하다, 훈련시키다. ⑨ …에게 힘을 내게 하다, …을 회복하다, …을 우쭐하게 하다. ⑩ 〔활자를〕짜다, 조판하다. ⑪ …을 박쥐로 만들다. ⑫ …을 보이게 하다, 게시하다. ⑬ 〔속어〕〔술〕을 한턱 내다, 값을 취하하다. ⑭〔종종 수동형으로〕〔병 따위에〕걸리게 하다.
set up against …에 대항하다.
set upon = *set on.*

adj. **1** 고정된; 움직이지 않는(immovable); 〔눈 따위가〕차분한. ¶ a *set* machine 설치된 기계 / *set* eyes 움직이지 않는 눈. **2** 확고한, 단호한; 〔이를〕악물; 〔속으〕굳고한, 고집센(obstinate). ¶ a man of *set* opinions 완고한 의견을 가진 사람 / with *set* teeth 이를 악물고, 굳은 결심으로. **3** 예정의; 일정한. ¶ a *set* distance 일정한 거리 / a *set* time 규정된 시간에. **4** 틀에 박힌, 규정대로의, 정식의; 〔기도 따위가〕미리 정해진, 지정된. ¶ a *set* phrase 상투적인 말 / *set* forms of prayer 격식대로의 기도. **5** 미리 준비된(ready). ¶ get *set* 준비를 갖추다 / all *set* 〔구어〕만반의 준비가 되어 / Ready, *set*, Go! 준비, 시작!
── *n.* **1** 〔U〕〔詩〕〔해가〕짐, 일몰. *opp.* rise ¶ at [the] *set* of sun 일몰시에 (at sunset). **2** 〔기구의〕한 벌, 한벌, 짝, 〔우표 따위의〕세트. ¶ a *set* of tools 도구 1벌 / a complete *set* of Kant 칸트 전집. **3** 〔라디오의〕수신기, 〔텔레비전의〕수상기. **4** 〔공통의 이익, 관습, 관심, 취미, 직업, 지위 따위로 결집된〕집단, …족(族), 패거리, 동아리, 당, 〔집합적〕〔특별한〕사회; 〔알의〕한 배치, 둥지 속의 알. ¶ a fine *set* of men 훌륭한 사람들 / the best *set* 상류 사회. **5** (the ~) 구어, 굽이, 비틀어짐, 휜 정도; 경향, 추세 (tendency); 〔향해〕〔바람·조류의〕방향. ¶ the *set* of public opinion 여론의 경향 / the *set* of a wind 풍향. **6** (the ~) 체격, 몸매, 자세, 태도; 옷(모자)의 입음새, 매무새. ¶ the *set* of her shoulders 그녀의 어깨 모양 / the *set* of a coat 웃옷의 매무새. **7** 묘목, 꺾꽂이. **8** (the ~) 〔액체의〕굳고, 응결(凝結). **9** 〔무용〕〔스퀘어댄스 따위의〕한쌍, 춤꾼. **10** 〔정구〕세트. **11** 나사 돌리개, 정〔鍛鐵〕마무리 기구, 몰림쇠, 뻰지. **12** 톱날, 톱날 세우개 〔기구〕. **13** 〔연극·영화〕무대 장치, 대도구, 세트. **14** 〔광산〕 1구획; 〔갱도의〕지주. **15** 〔사냥개가 사냥감을 발견하여〕멈춰 서기; 〔사냥감을 잡는〕덫. **16** 〔벽의〕마무리 칠, 마감칠, 겉칠. **17** 〔머리의〕세트. **18** 〔수학〕집합. **19** 오소리의 굴. **20** 〔포장용의 4각형〕포석 (鋪石).
make a dead set at ⇨ DEAD SET.

Set [set] *n.* 〔이집트 신화〕세트 〔오시리스 (Osiris)의 동생으로서 짐승머리에 코가 뾰족한 암흑과 밤과 악의 신〕.

se·ta [síːtə] *n.* (*pl.* **-tae** [-tiː]) 〔동·식물〕강모 (剛毛); 가시; 강모 모양의 부분.

se·ta·ceous [sitéiʃəs] *adj.* 강모와 같은, 강모 모양의; 강모가 난. **~·ly** *adv.*

set·back [sétbæk] *n.* **1** 〔진보하의〕방해, 역행, 역전 (reverse); 퇴보; 좌절, 패배 (defeat), 패인. ¶ receive a setback 좌절을 초래하다. **2** 〔건축〕벽단 (壁段), 단형 (段形) 후퇴 〔채광·통풍을 위해 고층 건축물의 벽면을 아래에서 위로 순차로 후퇴시키는 건축법〕. 〔setback 2〕

set·down [sétdàun] *n.* **1** 질책, 욕지거리, 매도 (罵倒) (abuse); 퇴짜. ¶ give a person a *setdown* 남을 퇴짜 놓다. **2** 착좌. 〔면〕

set-fair [sétfɛ́ər] *n.* 〔건축〕마무리칠을 한 표면.

sét gùn *n.* 용수철 총 〔건드리면 발사된다〕.

Seth [seθ] *n.* **1** 〔성서〕셋 〔아담 (Adam)의 셋째 아들로서 노아 (Noah)의 선조. ← 창세기 (Gen.) 4:25〕.

SETI (略) Search for *E*xtra*t*errestrial *I*ntelligence (지구외 지성 (문명) 탐사 계획). *cf.* CETI

se·ti·form [síːtifɔ̀ːrm] *adj.* 강모 (剛毛) (가시) 모양의.

set-in [sétìn] *adj.* 따로 만들어 붙인, 박아 넣은.

set-line [sétlàin] *n.* 〔美〕〔고기를 잡는〕주낙류.

set-off [sétɔ̀ːf, -âf / -ɔ̀f] *n.* **1** 〔반대의〕대조 (물); 장식 (ornament). **2** 〔회계〕〔부채 따위의〕공제 (控除), 상쇄; 메꾸기. **3** 〔건축〕벽단 (壁段) (setback). **4** 〔인쇄〕오프세트 오염 (offset).

se·ton [síːt(ə)n] *n.* 〔외과〕**1** 관선 (串線)법. **2** 관선.

se·tose [síːtous], (**se·tous** [-təs]) *adj.* 강모(가시)가 많
set-out [sétàut / -ʆ] *n.* **1** [식기의] 한 벌, 한 쌍. [은.
2 ⓤⓒ 준비, 채비; 복장. **3** 출발, 개시. ¶ at the first
setout 애초에. **4**《구어》동아리, 패.
sét píece *n.* **1** 계산된 행동; 효과를 노린 예술적 표
현. **2** 〖연극〗소도구. **3** 특수 장치된 꽃불.
sét póint *n.* 〖정구〗세트의 승패를 정하는 1점.
sét scéne *n.* 〖연극〗무대 장치; 〖영화〗촬영용 장치.
set-screw [sétskrùː] *n.* 〖기계〗멈춤나사, 고정나사
[톱니바퀴·바퀴 따위의 굴대에 죄어 다는 나사].
sét squáre *n.* 3각자(triangle).
sett [set] *n.* **1** [금속 가공용] 정(stake). **2** [포장용
의] 포석(鋪石), 네모로 자른 돌(pitcher).
set-tee [setíː] *n.* 등받이가 있는 긴 의자.
set-ter [sétər] *n.* **1** 놓는[두는] 사람, 상감자(象嵌
者); 식자공. **2** 선동자; 미끼, 야바위꾼, 스파이, 밀고
자. **3** [사냥감을 지시하는] 세터종 사냥개.
sét théory *n.* 〖수학〗집합론.
***set·ting** [sétiŋ] *n.* **1** ⓤ 놓기, 고정시킴. **2** ⓤ [해·달
의] 지기. **3** ⓤ 경화, 응고, 응결 [특히 콘크리트 따위의];
ⓒ 걸칠. **4** ⓤ 박아 끼우기, 상감(inlaying); ⓒ 박은
따위의 거미줄; 대좌(臺座); 〖기계〗대(臺). **5**
〖연극〗무대 장치, 배경, 도구 설비. **6** 주위, 환경. **7**
ⓤ [톱의] 날 세우기. **8** ⓤ작곡, 곡조 붙이기; [가사
에 붙인] 곡. **9** [바람의] 방향; ⓤⓒ [조류(潮流)의] 밀
려듦. **10** ⓤⓒ 사냥개가 사냥감 있는 곳을 가리키
기. **11** ⓤ [인쇄] 식자. **12** [알의] 한배치, 한배에 깐
알(clutch).
sétting círcle *n.* [망원경 따위의] 지표환(指標環).
sétting cóat *n.* [벽 따위의] 겉칠, 마감 칠.
sétting lótion *n.* 머리 세트용 화장수.
sétting póint *n.* 빙점, 응고점.
sétting rúle *n.* [인쇄] [금속제의] 식자용 자, 세틴.
sétting stíck *n.* 스틱 〖식자용구의 일종〗.
set·ting-up [sétiŋʌ́p] *n., adj.* 조립[용의].
sétting-úp éxercises *n. pl.* 몸을 유연·기민하게
하기 위한 운동(calisthenics).
***set·tle¹** [sétl] *v.* **-tled**, **-tling** *vt.* **1** [움직이지 않도
록] …을 놓다, 설치하다. ¶ (~+囼+前+囵) *settle*
oneself *in* an armchair 안락의 자에 앉다 / *settle* a
thing *in* one's heart 어떤 일을 마음속에 깊이 새겨두다. ¶ They *settled*
Canada. 그들은 카나다에 이민했다.
3 [남]에게 직업을 갖게 하다; …을 안정시키다.
¶ (~+囼+前+囵) *settle* oneself *in* business 실업에 종사
하다 / He *settled* his daughter by marriage. 그는 딸을
출가시켜 살게 했다.
4 [마음·신경 따위]를 진정시키다, 가라앉히다.
¶ *settle* a disordered brain 혼란된 머리를 진정시키다 /
settle one's stomach 위를 진정시키다, 구토를 달래다.
5 [문제 따위]를 해결하다, 처리하다(dispose). ¶ *set-
tle* difficulties 곤란을 해결하다 / *settle* doubts 의문을 풀
다 / The affair is *settled* and done with. 문제의 건은
전부 해결되었다.
6 …을 결정하다, 결심하다(determine). ¶ *settle* one's
route 진로를 정하다 // (~+*wh.* to do) Have you *set-
tled* what to do? 어떻게 할 것인지 정했느냐? // (~+ to
do) I have *settled* to study law. 법률을 공부하기로 정
했다.
7 [계산서]를 청산하다, 지불하다. ¶ *settle* a bill 셈을
치르다 // (~+囼+前+囵) I have a debt to *settle* with
him. 그에게 갚을 빚이 있다.
8 [제도 따위]를 확립시키다, 영구적인 것으로 하다
(establish). ¶ Custom is *settled* by a long experi-
ence. 관습이란 오랜 경험에 의하여 고정된다.
9 …을 침전시키다, [액체]를 맑게 하다. ¶ The rain
will *settle* the dust. 비가 왔으니 먼지가 일지 않을 게다.
10 …을 정식으로 양도하다, [재산]을 나누어주다(…
on, upon). ¶ (~+囼+前+囵+囵) He has *settled* his

estate *on* his son. 그는 재산을 아들에게 물려주었다.
11 [야단치거나 때려서] …을 침묵시키다, 해치우다.
¶ One blow *settled* him. 그는 일격에 나가 떨어졌다 /
The rebuke *settled* him. 그는 꾸지람을 듣고 마음을 잡
았다.
— *vi.* **1** 자리잡다, 정주하다, 정착하다(*down*). ¶
(~+前+囵) They *settled* in Brazil. 그들은 브라질로 이
주했다 // (~+頭) *settle down* to the married life 마음
을 잡고 결혼 생활로 들어가다. **2** [날씨 따위가] 가라앉
아 안정되어 가고 있다. **3** [일]에 전념하다, 마음을 붙이다
(*down, to*…). ¶ (~+前+囵) He *settled* to his work.
그는 마음을 붙이고 일에 착수했다 // (~+頭) *settle*
[*down*] *to* reading 열심히 책을 읽다. **4** [마음·감정 따
위가] 가라앉다, 진정되다(*down*). **5** 정하다, 결정하다
(decide)(*on, upon, with*…). ¶ (~+前+囵) Have
you *settled on* the day for the meeting? 회합 일자를
결정했느냐? **6** [새 따위가] 내려앉다, 쉬다(*on*…). ¶
(~+前+囵) The bird *settled on* a bough. 새가 가지에
앉았다. **7** [토대 따위가] 내려앉다; [배가] 가라앉다.
8 [찌꺼기가] 가라앉다, [액체가] 맑아지다(*down*). ¶
[안개 따위가] 내리다, 끼다, […이]되다; [침묵·우울 따
위가] 지배하다. ¶ (~+前+囵) Silence *settled on* the
lake. 호수는 고요에 쌓여 있었다.
settle one's affairs [유언장 따위로] 뒷일을 정해 놓다,
재산을 정리하다.
settle a person's hash ⇨ HASH.
settle down ① 안정하다, 가라앉다; 정주하다. ⇨ *vi.*
1. ② 전념하다, 본격적으로 착수하다(*to*…). ⇨ *vi.*3.
③ [흥분 따위가] 가라앉다, 진정되다 ⇨ *vi.*4. ④ [찌
꺼기가] 가라앉다, 앙금이 앉다; 침하하다, 기울다. ⇨
vi. 8. ⑤ 유쾌하다.
settle for …으로 만족하다, 참다. [정시키다]
settle in 이사하다, 거처를 정하다, 안정(安定)하다(은
settle up ① 결말짓다, 처리하다. ② 정산하다.
settle with ① …와 화해하다, 해결을 보다. ② …을 청
산하다, 결제하다. ③ …을 처리하다.
That settles it.; That's (It's) settled.《구어》이것으
로 이야기는 끝났어., 이것으로 매듭진다.
set·tle² [sétl] *n.* [등이 높은] 긴 의자.
***set·tled** [sétld] *adj.* **1** 고정된, 확립된, 정착된 (fixed,
established). ¶ a *settled* people 정 주 민 족. *cf.*
nomadic people 〖유목 민족〗**2** 만성의, 만성적인. **3**
[날씨 따위가] 안정된, 고요한; 쾌청한. **4** 청산이 끝난,
협정이 된.
***set·tle·ment** [sétlmənt] *n.* **1** ⓤⓒ 해결, 화해, 결정.
¶ come to(reach) a *settlement* 낙착되다. **2** ⓤ 정주
[함], 안정, [결혼 따위로] 안정되기; 직업을 가짐. **3**
ⓤ 식민, 이민(emigration). ¶ the *settlement* of a new
country 신개척지로의 식민. **4** 이민단; 식민지; 이민지;
거류지;《美》부락; 〖상업〗청산, 결산. **5**
¶ the *settlement day* [주식 청산 거래의] 결산일. **6**
ⓤⓒ 〖법〗[재산] 수여, 양도. ¶ the *settlement* duty
유산 상속세. **7** ⓤⓒ [사회 사업] 인보(隣保) 사업 ¶ 세
틀먼트 [빈민가에 정주하여 그 지역의 향상을 도모하는 복
지 사업(단, 시설)]; ⓒ 인보관(隣保館). **8** ⓤ 액체가 맑
아짐, 침전; [일기 등이] 안정됨.
the Act of Settlement 〖英역사〗왕위 계승법.
séttlement hóuse *n.* (*pl.* **s- hous·es** [-hàuziz])인보관
séttlement wórker *n.* 인보 사업가. [(隣保館).
***set·tler** [sétlər] *n.* **1** [논쟁 따위의] 해결자. **2** 침전
기(沈澱器). **3**《구어》최후의 결말을 내는 것, 결정타.
4 이주자, 식민지 정착자.
set·tling [sétliŋ] *n.* ⓤ **1** 결정; 해결; 결산. **2** 고정. **3**
진정, 안정. **4** 이민, 식민. **5** (보통 ~s) 침전물, 찌꺼기.
séttling dáy *n.*《英》[주식 거래의] 청산일, 결산
séttling réservoir *n.* 침전지(沈澱池). [일.
set·tlor [sétlər] *n.* 〖법〗재산 양도자.
set-to [séttùː/ -ʆ] *n.* (*pl.* **-tos**)《구어》**1** 난타전, 싸

움. **2** 격론.
***set·up** [sétʌp] *n*. **1** 기구, 조직(organization). **2** [실험용] 장치, 설비. **3** 몸놀림, 자세. **4** 《美구어》 미리 짜고 하는 일(시합). **5** 《美》 술을 마시는 데 필요한 것 일습(一襲) 〔술잔·소다수·얼음 따위〕.
‡**sev·en** [sév(ə)n] *adj*. 7의, 7개의, 7인의. ¶ the *seven* chief (or cardinal, principal) virtues 일곱 가지 덕목(德目) 〔신의·희망·자선·현명·절제·정의·용기〕 / the *seven* deadly sins 7대 죄악〔오만·탐욕·사음(邪淫)·노여움·탐식(貪食)·질투·나태〕 / the *seven* liberal arts 자유 7과(科) 〔중세의 교양 과목: 문법·논리·수사(修辭)·산수·기하·음악·천문〕 / the City of the *Seven* Hills 7언덕의 도읍 [Rome의 통칭] / the *Seven* Wonders of the World 세계 7대 불가사의. —— *n*. **1** 7인, 7개. ¶ *seven* of them 그것들 중의 7명(그들 중의 7인). **2** 7시; 7세. **3** 7, 〔일곱 번째의〕 물건(사람) 〔카드놀이〕 7의 패. **4** 7, 7의 문자〔7, vii, VII〕. **5** 7인 *at* (or *to*) *sixes and sevens* ⇒ SIX. ↓(7개)의 한 조.
sev·en·fold [sév(ə)nfòuld] *adj*. 7배의; 일곱 겹의, 7개의 부분으로 된. —— *adv*. 7배로; 일곱 겹으로.
Séven Ságes *n. pl.* (the ~) 고대 그리스의 7 현인.
séven séas *n. pl.* (the ~) 7대양 〔남북 태평양·남북 대서양·인도양·남빙양(南氷洋)·북빙양〕.
sev·en-sis·ters [sév(ə)nsístərz] *n.* (*pl.* **-ters**) 사보텐의 일종.
séven sléepers of Éphesus *n. pl.* (the ~) 7 면자(眠子) 〔옛날 Ephesus에 기독교인 박해를 피하여 암굴 속에 들어가 200년간 잠을 잔 후 깨어났을 때에는 로마 제국이 기독교화 되었더라는 7인의 귀족〕.
‡**sev·en·teen** [sèv(ə)ntíːn] *adj*. 17의, 17개의, 17인의. —— *n.* **1** 17인, 17개. **2** 17세. ¶ sweet *seventeen* 방년 17세, 묘령. **3** 17, 17의 문자〔17, xvii, XVII〕. **4** 17인(17개)의 한 조.
‡**sev·en·teenth** [sèv(ə)ntíːnθ] *adj*. **1** 제17의, 열 일곱번째의. **2** 17분의 1의. —— *n.* **1** (보통 the ~) 제17번째, 열 일곱번째의 것, 〔월의〕 17일. **2** 17분의 1.
sév·en·téen-yèar lócust *n*. 〔미국산(産)의〕 17년 매미〔땅속의 유충기가 13-17년에 이른다〕.
‡**sev·enth** [sév(ə)nθ] *adj*. 제7의, 일곱번째의. **2** 7분의 1의. —— *n.* **1** (보통 the~) 제7번째, 일곱번째의 것, 〔월의〕 7일. **2** 7분의 1. **3** 〔음악〕 제7도, 7도 음정. **-ly** *adv*.
Séventh Ávenue *n*. (the ~) 미국 New York City의 거리 이름〔의류 산업의 중심지〕; 미국 의류업계(산업).
séventh dày *n*. 〔유태교의〕 안식일.
sev·enth-day [sév(ə)nθdèi] *adj*. 토요일을 안식일로 하는 나라.
séventh héaven *n*. (the ~) 제7천국; 최고의 행복, 하늘 나라. ¶ **in** the *seventh heaven* 그지없는 환희에, 미칠 듯 기뻐하여.
sev·en·ti·eth [sév(ə)ntiiθ] *adj*. **1** 제70의, 일흔 번째의. **2** 70분의 1의. —— *n.* **1** (보통 the ~) 제70번째, 일흔 번째의 것. **2** 70분의 1.
‡**sev·en·ty** [sév(ə)nti] *adj*. 70의, 70개의, 70인의. *seventy times seven* 〔성서〕 일흔 번씩 일곱 번이라도, 몇 번이고 되풀이하여〔←마태복음(Matt.) 18 : 22〕. —— *n.* (*pl.* **-ties**) **1** 70인, 70개. **2** 70세; (the -*ties*) 〔세기의〕 70년대. **3** 70, 70의 문자〔70, LXX〕. **4** 70인 (70개)의 한 조; (the S-) 70인역 성서 (Septuagint) 작성에 종사한 학자들.
sev·en·ty-eight, 78 [sév(ə)ntiéit] *n*. 《구어》 78회전 음반, 에스피 레코드〔옛날의 표준형 레코드〕.
sev·en·ty-five [sèv(ə)ntifáiv] *adj*. 75의, 75개의, 75인의. —— *n.* **1** 75인, 75개. **2** 75세. **3** 75, 75의 문자〔75, LXXV〕. **4** 〔군사〕 75 밀리 포; 75밀리 야포〔제1차 세계 대전 때 프랑스·미국군이 사용했다〕.
sev·en-up [sév(ə)nʌ́p] *n.* **1** 〔U〕 2-4명이 하는 카드놀이의 일종. **2** (S-) 《상표명》 세븐업〔청량 음료의 일종〕.

Séven Wónders of the Wórld *n. pl.* (the ~) 세계의 7대 불가사의〔Egypt의 Pyramids, Halicarnassus의 Mausoleum, Ephesus의 Artemis 신전, Babylon의 공중 정원인 Hanging Gardens, Rhodes섬의 Colossus 거상인, Olympia의 Zeus 신상, Alexandria의 Pharos 등대〕. ↓〔2 바람기〕의 버릇〕.
séven-yèar ítch [sév(ə)njîər·] *n.* 1 〔피부〕 옴.
Séven Yèars' Wár *n.* (the ~) 7년 전쟁〔오스트리아·러시아·프랑스 등과 프러시아·영국과의 전쟁 (1756-63)〕.
*sev·er** [sévər] *vt.* **1** ···을 절단하다, 끊다(separate, cut) (... *from*). ¶ *sever* a rope 로프를 끊다//(~+目+前+图) *sever* a limb *from* the body 손발을 〔몸에서〕 절단하다. **2** ···을 떼어놓다(separate), 가르다(divide); ···에 개재하다(... *from*, *into*). ¶ (~+目+前+图) The world is *severed into* two blocks. 세계는 두 진영으로 갈려 있다. **3** 〔유대·관계 따위를〕 끊다, ···의 사이를 갈라놓다. ≒SEPARATE 〔類語〕 ¶ *sever* husband and wife 부부 사이를 갈라놓다. **4** 〔법률〕 〔재산·권리·책임 따위를〕 분리하다, 나누다(divide), 별개의 것으로 취급하다. ¶ *sever* an estate 재산을 분리하다. —— *vi.* **1** 끊어지다, 갈라지다, 분리되다. **2** 단절하다, 사이를 끊다. ◇ **séverance** *n*.
sev·er·a·ble [sév(ə)rəbl] *adj.* **1** 절단할 수 있는, 끊을 수 있는; 자를 수 있는. **2** 〔법률〕 분리할 수 있는.
‡**sev·er·al** [sév(ə)rəl] *adj.* **1** 몇몇의, 여러의, 몇 사람의(* 보통 3, 4 또는 4, 5를 뜻하며, a few보다는 많고, many보다는 적다는 뜻을 나타낸다). ¶ *several* times 한 번도 아니고 몇 번씩 / myself and *several* others 나와 그 밖의 몇 사람. **2** 여러 가지의, 따로따로의(separate), 각각의; 각기 다른 (different). ¶ *Several* men, *several* minds. 《속담》 각인각색. **3** 〔법률〕 단독의, 개개(each) (or every) *several* 각각의, 각개의. ↓〔별의〕. *go* one's *several ways* 각자의 길을 가다, 흩어져 가 *in several minds* 갈피를 못 잡다. 〔다. *joint and several* 〔법률〕 연대(連帶)의. —— *pron.* 몇, 몇 사람, 몇몇, 몇 마리. ¶ *several* of them 그 중 몇 개(그들 중 몇 사람).
in several 따로따로.
◇ **séverally** *adv.*, **séveralty** *n*.
sev·er·al·fold [sév(ə)rəlfòuld] *adj.* 몇 겹의, 몇 배의. —— *adv*. 몇 겹으로, 몇 배로. 〔각각.
sev·er·al·ly [sév(ə)rəli] *adv.* 따로따로, 개별적으로,
sev·er·al·ty [sév(ə)rəlti] *n.* 〔U〕 별개임, 각자, 각각; 〔법률〕 〔토지 따위의〕 단독 소유.
sev·er·ance [sév(ə)rəns] *n.* 〔U〕 절단, 〔관계 따위의〕 단절; 〔법률〕 분리.
séverance pày *n.* 〔U〕 해직(퇴직) 수당.
‡**se·vere** [siviər] *adj.* (**-ver·er, -ver·est**) **1** 〔사람·규율 등의〕 엄한; 가혹한; 〔비판 등이〕 통렬한, *cf.* lenient. ¶ *severe* punishment 엄벌 / *severe* criticism 혹평 / *severe in* one's treatment of others 남에 대한 취급이 엄한 / He was very *severe with* his children. 그는 자기 아이들에게 엄하여. / The judge was rather *severe on* the prisoner. 피고에 대한 재판관의 판단은 다소간 가혹한 것이었다.
〔類語〕 **severe** 엄함을 뜻하는 일반적인 말: a *severe* teacher (rule) 엄격한 교사(가혹한 규칙). **stern** 절대로 타협하지 않고 외견상으로도 위엄있는: a *stern* teacher 보기에도 엄격하고 무서운 교사. **strict** 기준· 조건 따위를 완전히 지킬 것을 요구하는: a *strict* rule (order) 절대로 어기면 안 되는 규칙(명령). **stringent** strict 하며 속박·제한을 가하는: a *stringent* rule 엄격하며 자유로운 활동을 속박하는 규칙. **rigid** 때로는 필요 이상으로 타협적·융통성이 없는: a *rigid* rule 조문 그대로 융통성이 없는 규칙. **rigorous** rigid 하며 고통·곤란을 받는: a *rigorous* rule 융통성없고 엄한 규칙. **austere** 사람의 수련·생활 양식·환경 따위가 엄 (정)·색채·장식·생기가 없는; 자제·검소 따위를

severely 1974 **Sextans**

칭찬하는 뜻이 되는 수도 있다: the *austere* postwar life 전후의 내핍 생활. **harsh** 부드러운 맛이나 매끄러움이 없어 불쾌한; 냉혹 무정한: a *harsh* parent 냉혹한 부모.

2 [태풍·병 따위가] 맹렬한(violent). ¶ a *severe* rain (wind) 호우(폭풍) / a *severe* winter (heat) 엄동(혹서)/ *severe* illness 중병. **3** 〔예술〕 간소한(simple, plain), 수수한. ¶ *severe* architecture 간소한 건축. **4** 진지한 (serious), 엄격한; 까다로운(difficult); 엄정한. ¶ a *severe* face (or look) 엄숙한 표정 / *severe* reasoning 엄정한 추론(推論).
 —ness *n*., **severely** *adv*.
‡se·vere·ly [sivíərli] *adv.* 엄격하게; 격심하게; 심하게. ¶ be *severely* ill 중병이다.
*se·ver·i·ty [sivérəti] *n*. (*pl.* **-ties**) ⓤ **1** 엄함, 엄격; 가혹. **2** [문체·취미 따위의] 간소, 수수함. **3** [기후의] 격렬, 혹심. **4** 고통, 어려움; 중대성(gravity). **5** (종종 -ties) 혹독한 처사. ◇ *sevére adj*.
Sèvres [sévrə, sévərz / séivr] *n*. **1** 프랑스 북부, 파리 부근의 도시. **2** ⓤ 세브르 도자기[Sèvres 산(産)의 고급 자기].
‡sew [sou] *v*. (**sewed, sewed** or **sewn, sew·ing**) *vt*. **1** …을 꿰매다, 깁다, 꿰매어 붙이다(달다). **2** …에 sew cloth 천을 꿰매다 // (~+목+전+명) *sew* a button *on* a coat 웃옷에 단추를 꿰매어 달다. **2** …을 꿰매어 만들다. ¶ *sew* a shirt 샤쓰를 꿰매어 만들다. **3** [책]을 매다(bind), 제본하다.
 — *vi*. 바느질(재봉)을 하다; 재봉틀로 박다.
sew up ① [구멍·상처 따위]를 꿰매어 놓다, 꿰매 막다. ¶ *sew up* a rip 찢어진 곳을 깁다. ② …을 속이다(swindle). ③ 을 매우 취하게 하다. ④ 《속어》 … 을 막히게 하다. ⑤ 《속어》 [상담 따위]를 잘 결말짓다. ⑥ 《美구어》 …을 독점하다, 확보하다.
sew·age [sú:idʒ / sjú:(]:)-] *n*. ⓤ [하수의] 오물, 오수.
séwage dispósal *n*. ⓤ 하수 처리.
séwage fàrm *n*. 하수(오물) 이용 농장.
se·wan [síːwən] *n*. [New England 지방의 북미 인디언이 화폐로 사용한] 조가비로 만든 작은 구슬. *cf.* wampum
*sew·er¹ [súːər / sjúə] *n*. **1** [도시의] 하수구(溝). **2** 〔해부〕 배설 구멍. **—** *vt*. [도시 따위]에 하수를 설비하다.
sew·er² [sóu(ə)r] *n*. 꿰매는 사람, 재봉사.
sew·er³ [súːər / sjúə] *n*. 〔중세 유럽의〕 급사장(給仕長).
sew·er·age [súːəridʒ / sjúə-] *n*. ⓤ 하수도; ⓤ 하수 설비, 하수 처리, 하수도의.
sew·er-gas [súːərgæs / sjúə-] *n*. 하수(下水) 가스〔메탄가스·이산화 탄소를 함유〕. ¶ *sewer-gas* poisoning 하수 가스 중독.
sew·in [súːin(s)(j)úːin] *n*. [영국산(産)의 송어의 일종.
*sew·ing [sóuiŋ] *n*. **1** ⓤ 바느질, 재봉; 꿰맴; 바느질감. ¶ (~ s) 삯.
séwing cìrcle *n*. [자선을 위한] 재봉 봉사회.
séwing còtton *n*. ⓤ 무명 재봉실, 튼튼하게 꼰 바느질용 실.
séwing machìne *n*. 〔재봉·제본용〕머신, 재봉틀.
*sewn [soun] *v*. sew의 과거 분사의 하나.
‡sex [seks] *n*. ⓤⓒ **1** 성(性), [남녀·자웅의] 성별. ¶ both (or two) *sexes* 남녀, 양성 / without *sex* 성이 없는 / without distinction of age or *sex* 남녀 노소의 구별 없이. **2** 〔집합적〕 남성, 수컷(males); 여성, 암컷(females); (the ~) 〔익살·드물게〕 여성, 여자(women). ¶ the fair (or gentler, softer, weaker) *sex* 여성 / the rough (or sterner, stronger) *sex* 남성 / the female *sex* 여성, 여자. **3** 성교; 성기; ⓤ 성욕.
have sex 《구어》 성교하다.
 — *adj*. 《구어》 성의, 성에 관한(sexual). ¶ *sex* education (or instruction) 성교육 / *sex* impulse (instinct) 성의 충동(본능) / *sex* reversal 성의 전환.
 — *vt*. **1** 〔병아리〕의 성(性)을 감별하다. **2** 《구어》

…의 성적 매력을 증진시키다(*…up*); …의 성욕을 돋우다 ◇ **séxual, séxy** *adj*. 〔(*…up*)〕.
sex- six의 뜻의 연결형. 예: *sex*digitate.
sex·a·ge·nar·i·an [sèksədʒinéəriən / -néər-] *adj*. 60세(대)의. **—** *n*. 60세(대)의 사람.
sex·ag·e·nar·y [seksædʒənèri / sèksədʒíːnəri] *adj*. **1** 60의, 60씨의, 60단위의. ¶ the *sexagenary* cycle 60년의 주기, 간지(干支). **2** =sexagenarian. **—** *n*. (*pl.* **-nar·ies**) =sexagenarian.
Sex·a·ges·i·ma [sèksədʒésimə] *n*. 〔교회〕 사순절(四旬節)(Lent) 전의 제 2 일요일(Sexagesima Sunday) (※ 가톨릭에서는 폐이).
sex·a·ges·i·mal [sèksədʒésiməl] *adj*. 60의, 60을 기본으로 하는. **—** *n*. 60분수(分數).
sex·an·gle [séksæŋgl] *n*. 〔수학〕 6각형.
sex·an·gu·lar [sekséŋgjulər] *adj*. 6각(형)의.
séx appèal *n*. ⓤ 성적 매력.
sex·cen·te·nary [sekssèntənèri / sèkssentíːnəri] *adj*. 600의; 600년(제)의. **—** *n*. (*pl.* **-nar·ies**) 600년 제.
séx chànge *n*. ⓤ 성 전환. 〔제.
séx chèck *n*. 〔스포츠〕 〔여자 선수의〕 성 검사 [gender verification의 구칭〕.
séx chròmosome *n*. 〔생물〕 성 염색체.
séx clìnic *n*. 성문제 상담실(진료소).
sex·cur·sion [skskə́ːrʒ(ə)n, -ʃ(ə)n] *n*. 〔남자의〕 섹스 관광 여행. [<SEX+[EX]CURSION] 〔〔작용〕.
séx determinàtion *n*. ⓤ 〔수태할 때의〕 성의 결정
sex·dig·i·tate [sèksdídʒitèit] *adj*. 육손의.
sexed [sekst] *adj*. 성별이 있는; 성욕이 …인; 성적 매력이 있는. 〔에 번의. **~·ly** [-əli] *adv*.
sex·en·ni·al [sekséniəl] *adj*. 6년의; 6년 계속되는; 6년
sex·foil [séksfɔil] *n*. **1** 〔식물〕 6엽(葉)성의 식물(꽃). **2** 〔건축〕 6엽 장식.
séx hòrmone *n*. ⓤⓒ 〔생리〕 성 호르몬.
séx hýgiene *n*. ⓤ 성 위생.
sexi- ⇒ SEX-.
sex·i·dec·i·mal [sèksidésiməl] *adj*. 16진법의 (進法)
sex·il·lion [séksíljən] *n*. =sextillion.
sex·i·ly [séksili] *adv*. 《구어》 섹시하게.
sex·i·ness [séksinis] *n*. ⓤ 《구어》 섹시함. 〔별.
sex·ism [séksiz(ə)m] *n*. ⓤ 여성 차별(주의), 남녀 차
sex·ist [séksist] *adj*. 성차별주의자의; 성차별적인, 남녀를 차별하는. **—** *n*. 성차별주의자.
séxist lànguage *n*. 성차별어[man, he 따위를 남녀 구별 없이 쓰는 것].
sex·i·va·lent [sèksivéilənt, +英 sèksívələnt] *adj*. 〔화학〕 6가(價)의(hexavalent).
séx kítten *n*. 《구어》 성적 매력이 있는 처녀.
sex·less [sékslis] *adj*. 무성의, 성별이 없는, 중성의; 성 감각이 없는, 성적 매력이 없는. 〔유전.
sex-link·age [sékslíŋkidʒ] *n*. ⓤ 〔생물〕 반성(伴性)
sex-linked [séksliŋkt] *adj*. 〔생물〕 반성의.
sex·ol·o·gy [seksálədʒi / -sɔ́l-] *n*. ⓤ 성 과학. 〔어진.
sex·par·tite [sekspáːrtait] *adj*. 6개의 부분으로 이루
sex·ploi·ta·tion [sèksplɔitéiʃ(ə)n] *n*. 〔성을 이용하는 일, 성영화 제작; 성적 착취. 〔히 여성〕.
séx pòt *n*. 《美속어》 대단히 성적 매력이 있는 사람[특
séx rátio *n*. 성비(性比)〔여성 100에 대한 남성의 인구〕
séx revolùtion *n*. 성(性)혁명. 〔비〕.
séx shòp *n*. 포르노 숍[포르노 잡지·에로 사진·최음제·성구(性具) 따위를 파는 가게〕.
séx sýmbol *n*. 《속어》 성적 매력으로 유명한 사람, 섹스의 상징.
sext [sekst] *n*. **1** 〔교회〕 〔교회 기도(성무(聖務) 일과)의〕 육시과 (六時課). **2** ⓤ 6도 음음.
sex·tain [sékstein] *n*. 〔韻律〕 6행 연구(聯句).
sex·tan [sékstən] *adj*. 〔열 따위가〕 엿새째마다 일어나는. **—** *n*. 6일열(日熱)(sextan fever).
Sex·tans [sékstənz] *n*. 〔천문〕 육분의좌(六分儀座).

sex·tant [sékstənt] *n.* **1** 육분의. **2** (드물게) 원의 6분의 1. **3** (S-) (천문) =Sextans.
séx test *n.* (스포츠) =sex check.
sex·tet, -tette [sekstét] *n.* **1** 6개 1조. **2** (음악) 6중창(주).
sex·til·lion [sekstíljən] *n.* **1** (美·프랑스) 1,000의 7제곱[1에 21개의 0을 붙인 수]. **2** (英·독일) 100만의 6제곱[1에 36개의 0을 붙인 수]. — *adj.* sextillion의.
sex·to [sékstou] *n.* (*pl.* **-tos**) 6절판의 책].
sex·to·dec·i·mo [sèkstoudésimòu] *n.* (*pl.* **-mos**) 16절판의 책][16mo 또는 16°로 쓰고 sixteenmo 라고 읽는다]. — *adj.* 16절판의.
sex·ton [sékstən] *n.* 사찰(절)지기 [교회지기]; 무덤 파는 일꾼.
sex·tu·ple [sekst(j)ú:pl, -tʌpl, sékstju- / sékstju-] *adj.* **1** 여섯 겹의, 6배의. **2** (음악) 6박자의. — *n.* 6배. — *vi., vt.* (**-pled, -pling**) 6배를 하다(가 되다).
sex·tu·plet [sekst(j)ú:plit, -tʌpl-, séksjju- / sékstju-] *n.* **1** 여섯 쌍둥이 중의 하나. **2** 여섯 개의 조(벌). **3** (음악) 6연음부.
sex·tus [sékstəs] *adj.* [규칙 따위의] 제6의.
‡**sex·u·al** [sékʃuəl / -sju-] *adj.* **1** 성의, 성적인, 성에 관한. ¶ *sexual* morality 성도덕. **2** 성욕의, 성행위의. ¶ *sexual* appetite (*or* desire) 성욕 / *sexual* intercourse (*or* commerce) 성교. **3** 유성(有性)의, 양성(兩性)의. ¶ *sexual* generation (reproduction) 유성생식 (생식) / *sexual* organs 생식 기관. **~·ly** [-əli] *adv.* ◊ sex, sexuality *n.*
séxual haràssment *n.* (특히 여성에 대한) 성적 괴롭힘(학대, 희롱); 성폭행.
*****sex·u·al·i·ty** [sèkʃuǽləti / -sju-] *n.* [U] **1** 성별, 유성. **2** 성욕, 성적 관심; 성 활동.
sex·u·al·ize [sékʃuəlàiz / -sju-] (※ (英)에서는 **sex·u·al·ise** 로도 쓴다) *vt.* (**-ized, -iz·ing**) …을 성적으로 하다.
sex·y [séksi] *adj.* (**sex·i·er, -i·est**) (구어) **1** 성적인; 외설적인. **2** 성적 매력이 있는, 성적 자극이 있는, 섹시한.
Sey·chelles [seiʃél, -ʃélz / -ʃél] *n.* 세이셸 [공화국] (Republic of Seychelles) [인도양 서부 세이셸 제도로 구성, 1976년 독립; 수도 Victoria].
Séy·fert [gálaxy] [sáifərt] *n.* (천문) 세이퍼트 우주[중심핵이 밝은 한 무리의 소우주].
sez you [sez jú:] (시각 방언)(英속어) [좀 비꼬듯이] 말씀은 그러하시나 글쎄올시다(좀 어떻게 생각하는데요).
sf, SF (略) science *f*iction; San *F*rancisco.
sf. (略) (음악) s*f*orzando.
SFA (略) *S*ports *f*or *A*ll(모두(전원)를 위한 스포츠).
SFC (略) *s*ergeant *f*irst *c*lass.
sfer·ics, spher- [sfériks] *n. pl.* **1** (단수 취급) 전자 기상 관측 장치. **2** (복수 취급) 공중 전파. **3** (복수 취급) 공전(空電) (atmospherics).
sfor·zan·do [sfɔːrtsɑ́:ndou / -tsǽn-] *a., adv.* (음악) 강음의(으로), 힘찬(차게)(略 sf.). [<It]
S.F.R.C. (略) *S*enate *F*oreign *R*elations *C*ommittee ((美) 상원 외교 위원회); *S*teel *F*iber *R*einforced *C*oncrete(강섬유 강화 콘크리트).
S.F.S.R. (略) *S*oviet *F*ederated *S*ocialist *R*epublic.
SFX (略) *s*pecial *e*f*f*ects([영화 등의] 특수 효과).
sfz, sfz. (略) (음악) s*f*or*z*ando.
SG (略) (美해군) *s*enior *g*rade(상급(上級)); *S*ecretary *G*eneral(사무 총장); *S*urgeon *G*eneral(군대) 군의관).
s.g. (略) *s*pecific *g*ravity.
S.G. (略) *S*olicitor *G*eneral.
sgd. (略) *s*igned.
Sgt. (略) *S*er*g*eant.
sh, shh [ʃː] *interj.* 쉬[조용히 하라는 소리].
sh. (略) *sh*eep; [제본] *sh*eet; *sh*illing[s]; *sh*unt.
S.H. (略) *S*chool *H*ouse [public school 의 기숙사·교장 주택].

‡**shab·by** [ʃǽbi] *adj.* (**-bi·er, -bi·est**) **1** 닳아 해진, 누더기의. ¶ *shabby* clothes 닳아 해진 옷. **2** 초라한, 꾀죄죄한, 추레한. **3** 천한(mean), 비열한; 조잡한.
-bi·ly *adv.* **-bi·ness** *n.*
shab·by·gen·teel [ʃǽbidʒentíːl] *adj.* 영락(零落)했으면서도 체면차리는, 하세부리는.
shab·rack, -raque [ʃǽbræk] *n.* (군사) (경기병(輕騎兵)의) 안장 깔개. [순절(五旬節).
Sha·bu·oth, -vu- [ʃəvúːoθ, -ouθ, -ou]s] *n.* 유대의 오
shack [ʃæk] *n.* 판자집, 오두막.
— *vi.* (美속어) **1** 동서(同棲)하다; 불의의 관계를 가지다(*up*, *with* …). **2** 살다, 머무르다(*up*, *in* …).
*****shack·le** [ʃǽkl] *n.* **1** 수갑, 쇠고랑; 수(족)쇄(鎖). ¶ put *shackles* on …에 수갑(족쇄)를 채우다. **2** [빗장자물쇠의] 걸쇠; [철도의] 연결기 (連環). **3** (전기) 소반 모양의 애자(碍子). **4** (보통 ~s) 거추장스러운 것; 속박, 구속(restraint); [형제·결혼 등의] 맺음. ¶ the *shackles* of convention 인습의 속박 / knock (*or* throw) off the *shackles* 속박을 벗어던지다. — *vt.* (**-led, -ling**) **1** …에 수갑을 채우다, 수(족)쇄를 채우다. **2** …을 속박하다, 구속하다, 방해하다.
shad [ʃæd] *n.* (*pl.* **shad** *or* **shads**) 청어류.
shad·ber·ry [ʃǽdbèri / -bəri] *n.* (*pl.* **-ries**) 채진목(茱振木); 그 열매.
shad·bush [ʃǽdbùʃ] *n.* 채진목; 그 나무.
shad·dock [ʃǽdək] *n.* 왕귤나무; 그 열매.
‡**shade** [ʃeid] *n.* **1** [U][C] [일대가 어둡게 되어 있는] 그늘, 응달, 그늘진 곳(shady place). ¶ light and *shade* 명암(明暗)/[비유적] 천양지차 / under the *shade* of a tree 나무 그늘에서. [밤의 장막.
2 (~s) 땅거미, 어스름, 어둠. ¶ the *shades* of night **3** (보통 ~s) 구석진(후미진) 곳, 사람 눈에 띄지 않는 곳. ¶ some forest *shades* 어떤 숲속의 으슥한 곳.
4 (the ~) 드러나지 않음, 알려지지 않음 (obscurity), 눈에 띄지 않음. ¶ fall into the *shade* 그림자가 희미해지다; 세상에서 잊혀지다 / throw (*or* put, cast) a person into the *shade* 남의 빛을 잃게 하다, 무색하게 하다; 남을 이기다.
5 유령, 망령 (ghost, specter); 영상(影像), 환상. ¶ the shadow of a *shade* 덧없는 그림자, 더없이 허망한 것, 환영(幻影) / speak with the *shade* of …의 영혼(망령)과 이야기하다.
6 저승에 사는 사람; (~s) [집합적] 죽은 사람의 혼; (the ~s) 저승, 황천(Hades), 죽은 사람의 세계. ¶ join the *shades* of the ancients; go down to the *shades* 저승길로 가다, 황천길로 가다, 죽다(die).
7 [U](주로 詩) 그림자(shadow); [색의] 색조의 어두운 부분; [빛깔, 색 등] 그늘진 곳, 섞기는 농담 (濃淡)의 색조, 명암의 정도. ⇒ COLOR (類語). ¶ various *shades* of blue 청색의 여러 가지 색조, 청색의 여러 가지 농담 / without light and *shade* [그림에] 명암이 없는. [문장·성질 따위의] 변화가 없는, 단조로운(monotonous) / people of all *shades* of opinion 여러 가지 의견을 말하는 사람들.
8 (a ~) 극히 조금, 약간(slight amount); [뜻 따위의] 미묘한 차이, 사소한 차이, 기미(氣味). ¶ A delicate *shade* of meaning in synonyms 동의어에 있어서의 뜻의 미묘한 차이 / There is not a *shade* of doubt (hesitation) 조금도 의심 (주저)의 여지가 없다 / The patient is a *shade* worse today. 환자가 오늘은 조금 상태가 좋지 않다.
9 차양(blind); 해가리개; (美) 블라인드, 커튼(window shade); 양산; 남포의 갓; [눈의] 차광기; (~s) (美속어) 선글라스; 보호(保護) (protection). ¶ under the sweet *shade* of …의 보호 아래.
10 (~s) 술·맥주의 지하 저장실; 술집.
in the shade ① 응달(그늘, 나무그늘)에서. *cf.* **in the sun** ② 은퇴하여 (in retirement); 눈에 띄지 않게, 세인의 기억에서 사라져서. ¶ *in the shade* of obscurity 남

shadeless

의 눈을 피하여; 세상에서 잊혀져서.
— v. (**shad·ed, shad·ing**) vt. **1** …위에 그늘지게 하다, …에 그늘을 만들다. **2** …을 어둡게 하다, 흐리게 하다(darken)(… with). ¶ A sullen look *shaded* his face. 시무룩한 표정이 그의 얼굴을 어둡게 했다 // (~+国+쮐)a face *shaded* with melancholy 우울하여 그늘진 얼굴. **3** [보이지 않도록] …을 감추다. **4** [물건에 빛(열)이] 비치지 않게 하다; [가리개 따위로] [빛·열]을 막다, 가리다, …을 덮다(cover). ¶ a *shaded* lamp 갓을 씌운 전등 / *shade* a light 불빛을 가리다 // (~+国+쮐+名)*shade* one's eyes *with* one's hand 손으로 햇빛을 가리다. **5** [그림자로] 그늘을 지우다, 바림하다; …에 명암(농담(濃淡))이 지게하다; …을 조금씩 변화시키다. **6** [의견·방법 따위]를 점차(조금씩) 변화시키다. **7** [물건값]을 조금 내리다. ¶ *shade* the price 값을 깎다. — vi. [의견·뜻·방법·색채 따위가] 점차로 변화하다 (*away, off; into …*).
◇ **shády** adj.

shade·less [ʃéidlis] adj. 응달(그늘)이 없는, [빛을] 막아주는 것이 없는. 「무.
sháde trèe n. 그늘을 짓는 나무, 햇볕을 가려주는 나
shad·ing [ʃéidiŋ] n. ⓤ **1** 응달(그늘)지게 하기, 차양. **2** [그림] 명암법, 음영. **3** [색·명암 따위의] 점차적 변화.

‡**shad·ow** [ʃǽdou] n. **1** [밝은 장소에 비치는 일정한 모양의] 그림자, [물건의] 투영(投影). ¶ the *shadow* of a person(house) 사람(집)의 그림자 / throw a *shadow* over …에 그림자를 던지다 / be afraid of one's [own] *shadow* 제 그림자에 놀라다, 몹시 겁을 내다 / May your *shadow* never grow (or be) less! 더욱 더 번영하시기를 빕니다!, 오래도록 건강하시기를! **2** 어둠, 컴컴함. ¶ Her face was in deep *shadow*. 그녀의 얼굴은 [모자 따위로] 완전히 그늘져있었다. **3** (보통 ~s) [저녁의] 어둠(darkness). ¶ The *shadows* of evening are falling. 저녁 어둠이 다가오고 있다. **4** (~) 피난처(shelter); 비호(庇護), 보호(protection). ¶ under the *shadow* of the Almighty 신의 가호 아래. **5** (a ~) 극소량, 근소; 기미; 흔적, 자취. ¶ There is not a *shadow* of hope (doubt). 털끝만큼도 희망(의심)이 없다. **6** 유령, 망령; 헛것, 환영(幻影), [그림자처럼] 허무한 것. **7** 이름뿐인 것; 희미한 모습. ¶ have only the *shadow* of freedom 명목뿐인 자유를 갖다 / He is only a *shadow* of his former self. 그는 지난날의 모습을 약간 띠고 있을 뿐이다. **8** [거울·수면 따위의] 영상(映像) (reflected image); [그림] 음영(陰影). ¶ one's own *shadow* in the water 물위에 비친 자신의 모습. **9** 우정·명성 따위에 대한] 검은 그림자, 흐림; 마음의 어두움. ¶ the *shadows* of old age 노쇠의 그림자 / the *shadow* of death 죽음의 그림자, 사상(死相). 「정. **10** 그림자처럼 따라다니는 사람, 미행자, 탐 **11** (종종 ~s) 전조(前兆), 조짐(omen). ¶ *shadows* of things to come 앞날의 일의 조짐. 「음. **12** (the ~) 남의 눈에 띄지 않음, 세상에 알려지지 않음 **13** [고어] 식객(食客).
be worn to a shadow 그림자처럼 여위다, 볼품없이 몹시 수척하다.
beyond the shadow of doubt 반드시, 필히.
catch at shadows 헛수고하다.
in the shadow of …에 아주 접근하여.
The shadows lengthen. ① 저녁이 가까와진다. ② 점점 나이가 든다, 죽음이 가까와진다.
under the shadow of ① …의 보호아래 → **4**. ② …에 매우 근접하여. ③ …의 위험에 직면하여.
— vt. **1** …에 그림자를 던지다, …을 그늘지게 하다 (shade). ¶ Huge oaks *shadowed* the house. 큰 떡갈나무의 그늘이 집을 덮고 있었다. **2** …을 어둡게 하다(darken), 흐리게 하다(cloud). **3** [물체 따위에] 빛[열]이 비치지(닿지) 않게 하다; [빛·열]을 가리다

(shade). ¶ (~+国+前+名) *shadow* the heat *from* one's face 얼굴에 열이 미치지 않도록 가리다. **4** …을 막연히 나타내다, 상징하다, …의 조짐이 되다 (… *forth, out*). ¶ (~+国+前+名) *shadow forth* future events 장차의 일의 조짐을 나타내다. **5** …을 그림자처럼 따라다니다, …을 미행하다. ¶ He testified that he had been *shadowed* by a man. 한 사나이에게 미행을 당했다고 그는 증언했다. **6** 《고어》 …을 보호하다, 지키다 (protect). **7** 《화어》[그림] …에 그늘지게 하다, …을 흐릿하게 하다.
◇ **shádowy** adj.

shádow bànds n. [개기식 전후에 보이는] 음영대 (陰影帶). 「상자.
shádow bòx n. [보석 따위의] 전시용 벽걸이의 작은
shad·ow·box·ing [ʃǽdoubàksiŋ / -bòks-] n. ⓤ **1** [권투에서] 혼자하는 연습, 새도 복싱. **2** 비현실적인 노심초사.
shádow càbinet n. 《주로 英》 예비 내각 [야당 각료 후보자들].
shádow dànce n. 새도 댄스[스크린에 비쳐진 무용수의 그림자를 보여주는 댄스].
shádow fàctory n. 유사시에는 군수 산업으로 전환할 수 있는 공장.
shad·ow·graph [ʃǽdougræf / -grɑ̀:f] n. **1** 그림자 그림. **2** 뢴트겐 사진(radiograph). 「朧).
shad·ow·i·ness [ʃǽdouinis] n. ⓤ 어두움, 몽롱(朦
shad·ow·ing [ʃǽdouiŋ] n. ⓤ **1** 광선(일광)의 차단. **2** 그림자를 지음, 바림. **3** 그림자, 명암. **4** 전조, 예시(豫示). 「망령·세계.
shad·ow·land [ʃǽdoulænd] n. ⓤⓒ 유명계(幽冥界).
shad·ow·less [ʃǽdoulis] adj. 그림자가 없는.
shádow pìcture n. X선 사진(Roentgen picture).
shádow plày n. 그림자 연극.
***shad·ow·y** [ʃǽdoui] adj. **1** 그늘이 많은, 그늘이 있는; 그늘을 이루는. ¶ a *shadowy* tree 그늘지게 하는 나무. **2** 그늘진(shady). ¶ a *shadowy* garden 그늘진 정원. **3** 그림자 같은; 어두운(dim), 어렴(희미)한(faint). ¶ a *shadowy* outline(form) 희미한 윤곽(그림자) / the *shadowy* past 확실치 않은 먼 과거. **4** 공허한, 텅 빈, 덧없는(unreal). ¶ a *shadowy* hope 허망한 희망.
◇ **shádow** n.

***shad·y** [ʃéidi] adj. (**shad·i·er, shad·i·est**) **1** 그늘이 많은, 그늘이 있는; 그늘을 이루는. ¶ a *shady* path 그늘진 오솔길 / a *shady* spot 응달. **2** 희미한(indistinct); 요괴의(spectral). **3** 《구어》 뒤가 구린, 수상한. ¶ a *shady* character (occupation, hotel) 수상한 인물(직업, 호텔) / the *shady* side 내리막길; 암흑면.
keep shady 《미속어》 남의 눈을 피하다.
on the shady side of ⇒ SIDE.
shad·i·ly adv. **shad·i·ness** n.

SHAEF [ʃeif] 《略》 Supreme Headquarters Allied Expeditionary Forces(연합군 파견군 최고 사령부).
‡**shaft** [ʃæft / ʃɑ:ft] n. **1** 창의 손잡이, 자루, 화살(arrow), 창. ¶ *shafts* of envy (satire) 《비유적》 질투의 화살(칼날같이 날카로운 풍자의 화살) / direct a *shaft* of ridicule 《비유적》 조소의 화살을 퍼붓다. **2** 한 줄기 광선, 번개, 전광. ¶ a *shaft* of sunlight 한 줄기의 햇빛. **3** [망치·도끼 따위의] 자루, 손잡이; [수레]의 채(thill). **4** 《기계》 샤프트, 굴대; [건축] [원주의] 기둥, 기둥몸; 굴뚝[의 옥상 위로 내민 부분]; [원주형의] 기념탑, 방첨탑(方尖塔) (obelisk). **5** [빌딩 내부의] 통로; [수직 공간]; (광산) 수갱(竪坑); 환기갱(換氣坑). ⇒ CAISSON. ¶ put down (or sink) a *shaft* 수갱을 파다. **6** 《식물》 줄기(trunk); 《동물》 축, 우간(羽幹) (scape).
get the shaft 《속어》 속다.
give a person the shaft 《속어》 남을 속이다.
— vt. 《미속어》 남을 속이다.
shaft·ing [ʃǽftiŋ / ʃɑ́:ft-] n. ⓤ《집합적》샤프트; 축계

shag¹ [ʃæg] *n.* ⓤ **1** 거친 털, 조모(粗毛), 길게 난 털. **2** 〔직물의〕 보풀(nap); 보풀 일게 짠 천. **3** 하등품 살담배. —— *vt.* (**shagged, shag·ging**) 〔초목〕을 무성하게 자라게 하다; …을 텁수룩하게 하다.

shag² [ʃæg] *n.* 유럽산(產) 가마우지의 일종〔새의 일종〕.

shag³ [ʃæg] *vi.* (**shagged, shag·ging**) 번갈아 한 발로 뛰는 스텝으로 춤추다. —— *n.* (the ~) 교대로 한 발로 뛰는 춤의 스텝.

shag⁴ [ʃæg] *vt.* (**shagged, shag·ging**) **1** …을 추격하다. **2** 〔야구 속어〕〔공〕을 주워 던진다.

shag·bark [ʃǽgbɑ̀:rk] *n.* 히코리(hickory)의 일종; 그 열매; ⓤ 그 재목.

shag·gy [ʃǽgi] *adj.* (**-gi·er, -gi·est**) **1** 털북숭이의, 털이 텁수룩한. **2** 더부룩한, 단정치 못한. **3** 〔초목〕이 무성한. **4** 〔직물〕이 보풀이 일어서. -**gi·ly** *adv.* -**gi·ness** *n.*

shággy dóg stòry *n.* **1** 듣는 사람에게는 지리하고 따분한 긴 이야기. **2** 말을 하는 동물이 나오는 우스운 이야기.

shag·gy-mane [ʃǽgimèin] *n.* 〔식물〕 식용 버섯의 일종(shaggy mushroom, shaggy cap).

sha·green [ʃəgrí:n, ʃæg-] *n.* ⓤ 새그린 가죽, 우툴두툴한 가죽; 상어 가죽〔연마용〕.

Shah [ʃɑ:] *n.* 이란 국왕의 존칭. *cf.* padishah

Shak. (略) Shakespeare.

shak·a·ble [ʃéikəbl] 「는; 동요시킬 수 있는.

‡**shake** [ʃeik] *v.* (**shook, shak·en, shak·ing**) *vi.* **1** 흔들리다, 진동하다(vibrate). ¶ The trees are *shaking* in the wind. 나무가 바람에 흔들리고 있다. **2** 〔몸·목소리가〕 떨리다; 부들부들 떨다(tremble); 흔들리다. ¶ Her courage began to *shake* when she heard the news. 그 소식을 듣자 그녀는 용기가 꺾이기 시작했다 // (~＋前＋名) *shake with* cold (fear, fever) 추위〔공포, 열〕로 덜덜〔벌벌〕 떨다 / His voice was *shaking with* anger. 그의 목소리는 노여움으로 떨리고 있었다.

[類語] *shake* 「떨리다」의 뜻의 가장 일반적인 넓은 뜻의 말. *tremble* 추위·공포·흥분 따위로 몸이 가늘게 계속 떨리다: *tremble* with cold 추위로 덜덜 떨다. *quake* 크게 tremble 하다: *quake* with great terror 크나큰 공포로 벌벌 떨다. *quiver* 악기의 현〔絃〕처럼 가볍게 떨다; 공포·걱정 따위보다는 정신의 긴장을 암시: *quiver* with extreme tension 극도의 긴장으로 떨다. *shiver* 추위로 떨다; 비유적으로 기대·예감 따위에도 사용된다: *shiver* in the snow 눈 속에서 덜덜 떨다. *shudder* 큰 공포·혐오로 갑자기 심하게 몸을 떨다. *vibrate* 가늘게 일정한 리듬으로 진동하다: a *vibrating* string 진동하는 현〔絃〕.

3 〔과일·곡물 따위가〕 후두두 떨어지다(**down, off**). ¶ (~＋副) Sand *shakes* off. 모래가 후두두 떨어진다. **4** 악수하다(shake hands). ¶ Let's *shake* and be friends again. 악수하고 다시 사이좋게 지내자. **5** 〔음악〕 떠는 목소리로 노래하다(trill).
—— *vt.* **1** …을 흔들다, 뒤흔들다; …을 흔들어〔뒤흔들어〕 떨다. ¶ *shake* a bottle of milk 우유병을 흔들다 / *shake* oneself 온몸을 흔들다 / To be *shaken* before taking 복용 전에 흔들 것〔약병의 주의서〕 / (~＋目＋副) She *shook* the snow *off*. 그녀는 눈을 털었다 / (~＋目＋前＋名) *shake* fruit *from* a tree; *shake* a tree *for* fruit 나무를 흔들어 과일을 떨어뜨리다 / *shake* a person *by* the shoulder 남의 어깨를 잡아 흔들다 / *shake* a thing *into* pieces 뒤흔들어 물건을 산산이 부수다 / (~＋目) He caught hold of my arm and I could not *shake* myself *free*. 그에게 팔을 붙들려 뿌리칠 수 없었다. **2** …을 진동시키다, 떨게 하다; …을 뒤흔들다(rock). ¶ The earthquake *shook* the tall building. 지진 때문에 고층 건물이 흔들리다. **3** …을 휘두르다(brandish). **4** 〔신앙 등〕을 동요하게 하다, 흔들리게 하다; 〔남의 마음을 흔들어 놓다, 안정성을 잃다 하다

(agitate); 〔자신 따위〕를 약화시키다; 〔남의 의기를 꺾다. ¶ *shake* one's faith (resolution) 신념〔결심〕이 흔들리다 / He was visibly *shaken* by(*or* with, at) the news. 그는 그 소식에 눈에 띄게 동요했다 // (~＋前＋名) She has been *shaken out of* all reason. 그녀는 완전히 이성을 잃었다. **5** 〔인사로서〕〔남의 손〕을 잡다. **6** 〔남〕을 분발하게 하다(stir up). **7** 〔음악〕〔목소리·악기 소리〕를 떨게 하다, 떠는 소리로 노래하다(trill). **8** 〔던지기 전에 손 안에서〕〔주사위〕를 섞다. **9** 〔속어〕〔악습·나쁜 친구 등〕을 떨어버리다, 떼어버리다(get rid of). ¶ He *shook* his pursuers. 그는 뒤쫓는 사람을 따돌려버렸다. 을 정도로 높은. *more than one can shake a stick at* 〔美〕셀 수 없는.
shake a foot (or *a leg*) ① 댄스를 하다, 춤추다; 바삐 걷다. ② 서두르다(hurry).
shake a person by the hand ⇒ HAND.
shake down ① 후두두 떨어지다(⇒ *vi.* 3); …을 흔들어〔휘둘러〕 떨어뜨리다(⇒ *vt.* 1). ② …을 흔들어 가득히 채우다, 흔들어 고르게 하다. ¶ *shake* grain *down* 곡식을 흔들어 추스르다. ③ …을 자리잡게 하다; 자리잡다, 익숙하다. ¶ *shake* oneself *down* to (*or* at) one's new school 새 학교에 익숙하다. ④ 임시 잠자리를 마련하여 자다. ⑤〔美속어〕…에게서 돈을 빼앗다, 옭아내다.
shake one's finger at …에게 집게손가락을 까딱까딱 움직이다〔협박·경계·질책을 나타내는 동작〕.
shake one's fist (*stick*) *in a person's face* (or *at a person*) 주먹(몽둥이)을 휘두르며 으르대다.
shake one's habit 나쁜 버릇을 고치다.
shake hands with a person ⇒ HAND.
shake one's head ① 머리를 가로젓다〔부정·실망·비난 따위의 표시〕. ② 머리를 끄덕이다〔승인의 표시〕.
shake in one's shoes ⇒ SHOE.
shake it 〔*up*〕〔구어〕 서두르다, 빨리 움직이다〔가다〕.
shake off 〔먼지 따위〕를 떨다. ⇒ *vt.* 1. ②〔병·악습 따위〕를 고치다, 버리다(get rid of). ¶ I can't *shake off* my cold. 도무지 감기가 떨어지지 않는다. ③〔나쁜 친구 따위〕와 관계를 끊다; …을 메치다. ④〔뒤쫓는 사람〕을 메치다, 따돌리다. ⑤〔요망 따위〕를 거절하다.
shake off the dust of one's *feet* ⇒ DUST.
shake out ① 〔모래 따위〕를 털다. ②〔상의·모포 따위〕를 털어 펼치다;〔기 따위〕를 펼치다. ③〔내용물〕을 흔들어 내다.
shake one's sides 배를 움켜쥐고 웃다.
shake the elbow 주사위를 만지작거리다, 도박하다.
shake oneself together 분발하다, 용기를 내다.
shake up ① …을 흔들어 섞다. ¶ *shake up* a bottle of medicine 약병을 잘 흔들어 섞다. ② …을 흔들어 아주 깨우다; …을 격려하다(stir up). ¶ *Shake* yourself *up*. 기운을 내라. ③〔베개 따위〕를 흔들어 모양을 바로잡다. ④〔신경〕을 흔들어 놓다, 섬뜩하게 하다.
shake with laughter = *shake one's sides*.

—— *n.* **1** 흔들기, 한번 흔들기(shaking). ¶ with a *shake* of the head 머리를 가로저으며(까딱이며). *cf.* *shake one's head* / give a tree a *shake* 나무를 흔들다. **2** 진동, 흔들림, 동요(vibration);〔차 따위의〕요동(jolt); 격동(shock);〔구어〕지진. **3** 밀림, 전율(tremor). ¶ a *shake* in the voice 목소리의 떨림. **4** (the ~s)〔단수 취급〕오한이 남. ¶ I have the *shakes* 오한이 난다. **5** 타격(blow); 충격(shock);〔마음의〕동요. **6** 악수(handshake). **7**〔美〕밀크 세이크(milk shake). **8**〔지면의〕갈라진 금;〔목재의〕갈라진 금. **9**〔음악〕전음(顫音), 트릴〔소리를 떨게 하기〕. **10** 순간(instant). ¶ Wait a *shake*. 잠깐 기다려라. **11**〔구어〕거래, 조치(deal).
all of a shake 덜덜 떨어.
be no great shakes〔속어〕대단한 일이 못되다.
give a person a shake (or *the shakes*) 남을 해고하

다.

in a brace (or a couple) of shakes; in two shakes of a lamb's tail 즉시, 곧(in no time).
◇ sháky adj.

shake-down [ʃéikdàun / -⌒] n. **1** 〔U|C〕《美속어》갈취, 돈을 등침. **2** 철저한 수색. **3** 정비, 조정 **4** 임시 침상, 임시 침대. **5** 흔들어서 떨어뜨리기. ── adj. 익히기 위한, 조정을 위한; 성능 시험용의.

shāke-hánd gríp [ʃéikhǽnd-] n. 〔탁구〕 셰이크핸드 그립(western grip)〔탁구채를 악수하듯이 쥐는 법〕. cf. penholder grip 〔handshake〕.

shake-hands [ʃéik(ə)n] n. 《단수 취급》악수.

‡**shake-en** [ʃéikbændz] v. shake 의 과거 분사.

shake-out [ʃéikàut] n. **1** 〔경제〕〔경기의〕침체,폭락. **2** 〔인사·정책 따위의〕근본적 변혁; 합리화, 재편.

shak-er [ʃéikər] n. **1** 흔드는 사람, 떠는 사람; 흔드는 기구, 〔소금·설탕 따위를〕뿌리는 용기; 〔칵테일용 의〕세이커. **2** (S-) 세이커 교도〔미국의 기독교의 일파〕.

Shak-er-ism [ʃéikəriz(ə)m] n. 〔U〕 세이커 교도의 교리.

*****Shake-spear-e-an, -i-an** [ʃeikspí(:)riən / -píər-] adj. 셰익스피어〔풍〕의. ── n. 셰익스피어 학자. 〔<영 국의 극작가 William Shakespeare(1564-1616)의 이름〕

Shake-spear-e-a-na, -i-a-na [ʃèikspi(:)riænə, -éinə / -piəriá:nə] n. pl. 셰익스피어 문학〔문헌〕.

Shake-spear-i-an-ism [ʃeikspí(:)riənìz(ə)m / -spíər-] n. 셰익스피어어투의 어법.

Shakespéarian sónnet n. 셰익스피어풍 14행 시 (Elizabethan sonnet, English sonnet).

shake-up [ʃéikʌ̀p] n. **1** 〔기구의〕대개편, 인사의 쇄신; 〔정책의〕대전환. **2** 낙담시키는 것.

shak-ing [ʃéikiŋ] n. 〔U|C〕 흔들어 움직이기; 진동(振動), 동요. **2** 소름, 학질. **3** (~s) 진동으로 해서 떨어진 물건; 밧줄 동강이나 돛 나부랭이. ── adj. 흔들리는, 떨리는. **~·ly** adv.

shak-o [ʃǽkou, +美 ʃéi-] n. (pl. -os) 샤코모자〔깃털 장식이 있는 원통형의 군모〕. 〔shako〕

Shaks. 〔略〕Shakespeare.

Shak-ti [ʃʌ́kti] n. 〔두교〕 샤크티〔여성의 생식력; 신비(神秘), 특히 시바신(神)의 비(妃)〕. ⇨ SIVA.

Shak-tism [ʃʌ́ktiz(ə)m] n. 〔U〕〔힌두교〕 샤크티 숭배.

*****shak-y** [ʃéiki] adj. (**shak-i-er, shak-i-est**) **1** 흔들리는 (shaking); 떠는 (trembling); 비틀거리는. **2** 불확실한, 불안정한, 기대할 수 없는. **3** 약한, 병약한(weak).
shák-i-ly adv. shák-i-ness n.

shale [ʃeil] n. 〔U〕 혈암(頁岩), 이판암(泥板岩).

shále òil n. 〔U〕 혈암유.

‡**shall** [강 ʃæl, 약(弱)ʃl] auxil.v. (과거형 should; 〔고어〕 2인칭 단수 현재형 shalt, 과거형 should[e]st; 긍정 단축형 'll, 부정 단축형 shan't, 'll not; 〔속어·방언〕'se).
I 《미래 시제 조동사》**1** 《서술문에서》**a**) 《단순 미래》 …일 것이다, …이겠지 (* 1인칭 주어에 붙여서 주로 《英》에서 사용되며, 《美》구어에서는 흔히 will, 'll 을 쓴다). ¶ I shall start tomorrow. 내일 출발한다 / We shall miss you. 네가 보고 싶어지겠지 / By the time you come back, I shall have finished the work. 네가 돌아올 때쯤은 일이 끝나 있을 것이다. **b**) 《의지 미래》 《말하는 사람의 강한 의지를 나타내어》…할 작정이다, …하게 할 셈이다 (* 2·3인칭 주어에 붙여서 사용하며, 종종 shall [ʃæl], shan't [ʃænt]라고 악센트를 붙여 발음한다). ¶ You shall come with us. 너와 함께 가야 해 / You shall hear from us. 우리는 너에게 편지 하겠다 / He shall be saved. 그를 살려 주겠다 / It shall be done at once. 즉시 하도록 하겠다 / They shall have some. 그들에게 얼마간 주겠다 / You shan't have your own way. 네 멋대로 하게 내버려두지는 않겠다.
2 《의문문에서》**a**) 《단순 미래》…할까, …이겠지 (* 1·2인칭 주어에 붙여서 주로 《英》에서 사용되며, 《美》에서는 will을 잘 쓴다. 또한 《英》구어에서도 Shall you...? 대신에 Will you...?가 많이 사용된다). ¶ Shall I live long? 오래 살 수 있을까? / Shall we arrive in time? 시간에 맞추어서 도착할 수 있을까? / Shall you be getting home late this evening? 오늘 밤에는 늦게 돌아올 예정인가? / Shall you be back early this evening? 오늘 밤에는 빨리 돌아오겠는가? (* Shall you 대신 Will you...? 라고도 할 수 있으나 Will you...? 의 경우에는 「빨리 돌아오느냐」의 뜻, 또는 「빨리 돌아오라」의 뜻이 된다. 또한, 부정문에서는 Will you not ?; Won't you...?를 사용한다). **b**) 《의지 미래》《상대방의 의지를 물어》…할까, …하게 할까 (* 1·3인칭 주어에 붙는다). ¶ Shall I sing a song? 노래를 부를까? / Shall I get some more tea? 차를 좀더 드리겠습니까? / Shall we have another game? 한 게임 더 (다시 한번) 해볼까? / Let's go out for a walk, shan't we? 산책이나 할까요? / Shall he go first? ──Yes, he shall. 우선 그를 보낼까요? ──예, 그렇게 합시다 / When shall it be? 그것은 언제로 할까요? (⇨1 b).
3 《간접 화법 따위의 종속절에서》(* 원칙적으로 종속절에서도 독립 문장의 경우처럼 사용된다) **a**) 《단순 미래》⇨ 1 a. ¶ He thinks I shall not recover. 나의 병은 회복되지 못할 것이라고 그는 생각하고 있다 〔특별 용법으로서〕 He thinks he shall recover. 그는 병이 회복될 것으로 생각하고 있다 (* 이와 같이 주절의 주어와 종속절의 주어가 일치하는 경우에는, 직접 화법의 shall 이 간접 화법으로도 남아 있는 특별한 용법이다. 주어가 2·3인칭인 경우에도 will 대신에 shall 이 사용되는 경우가 있다. 예: He said, "I shall be back late this evening." → He said he shall (* 보통은 will) be back late this evening. / Do you think you shall (* 보통은 will) succeed?). **b**) 《의지 미래》⇨ 1 b. ¶ I think she shall have it. 그녀에게 그것을 주려고 한다 / Who says you shall pay for it? 누가 너에게 그 보복을 하겠다고 하던 가?
4 《고어·문어》《때·조건의 부사절에서》(* 보통은 현재형을 쓴다) ¶ If he shall come, we shall be saved. 그가 온다면 우리는 구해질 것이다 / When we shall be defeated, we shall be killed to a man. 우리가 패하면 최후의 1인까지 모두 살해될 것이다.
II 《법조동사》(* 의지적 용법의 법조동사의 한 용법이라고 볼 수 있다) **1** 《결의·약속·주장을 나타내어》…하겠다, 어떻게 하든 …하다 (* 1인칭에 대해서는 사용되며 종종 악센트를 둔다). ¶ I shall whip you if you don't behave. 얌전하게 굴지 않으면 매질할 거야 / I shall visit the dentist. 무슨 일이 있어도 치과에 가야겠다 / I shan't move a step. 한 발짝도 움직이지 않겠다. **2** 《고어》《예언을 나타내어》…하리라. ¶ No king so great shall never rise again. 그처럼 위대한 왕은 두 번 다시는 나오지 않을 것이니라 / Seek, and ye shall find. 구하라, 그러면 너희에게 주실 것이요 [← 마태 복음(Matt.) 7:7].
3 《문어·고어》《결정·결의·명령·금지 따위를 나타내어》…하겠다. ¶ The fine shall not exceed 100 dollars. 벌금은 100달러를 초과하지 말 것 / The association shall be called the E.E.S. 본 협회는 E.E.S.라 호칭할 것 / Thou shalt not kill. 살인하지 말지니라 [← 출애굽기(Exod.) 20:13]. * 예외로 금지를 나타내는 shall 또는 shalt 에는 항상 악센트를 둔다.

shal-loon [ʃəlú:n, ʃæl-] n. 〔U〕 샬룬 천 〔능직(綾織)의 얇은 모직물〕. 〔배.

shal-lop [ʃǽləp] n. 〔노·돛으로 달리는〕 조각배, 가벼운

shal-lot [ʃəlɑ́t / -lɔ́t] n. 〔식물〕 골파류(類)의 파, 셜롯.

‡**shal-low** [ʃǽlou] adj. **1** 얕은, opp. deep. ¶ a shallow stream 얕은 시냇물. **2** 천박한. ¶ a shallow mind 천박한 생각. **3** 〔호흡이〕약한. ── n. (보통

shallow-brained

~s)《단·복수 양용》얕은 곳, 여울. — vt. …을 얕게 하다. — vi. 얕아지다. ~ly adv. ~ness n.

shal·low-brained [ʃǽloubréind] adj. 천박한, 어리석은.

shal·low-heart·ed [ʃǽlouháːrtid] adv. 박정스러운, 야박한. ~ly adj. ~ness n.

sha·lom [ɑːlóum] interj., n. 안녕하세요, 안녕 〖유대〗[인의 인사].

shalt [강 ʃælt, 약 ʃlt] auxil. v. 《고어》shall 의 2인칭 단수 현재형. * 주어 thou 와 함께 사용한다.

shal·war, shul- [ʃǽlwɑːr / -wɑː] n. pl. 〖동남아에서 착용하는 남녀 공용의〗헐렁한 바지. 〖(과 같은).

shal·y [ʃéili] adj. (**shal·i·er, shal·i·est**) 혈암(頁岩) (shale)의.

sham [ʃæm] n. **1** 가짜, 모조품; (때로 a~) 속임수, 야바위. ¶ These diamonds are all shams. 이 다이아몬드는 전부 모조품이다. **2** 허풍선이; 사기꾼, 야바위꾼; 퍼뢰쟁이. **3** 〖베개 따위의〗쒸우개. ¶ a pillow sham 베갯잇.
— adj. 가짜의, 허위의, 모조의. ¶ a sham doctor 가짜 의사 / sham piety 거짓 신앙 / a sham examination 모의 시험 / a sham fight 모의전, 군사 연습.
— v. (**shammed, sham·ming**) vt. …인 체하다, …을 가장하다. ⇨ PRETEND 類語 ¶ sham madness 미친 체하다 / sham sleep 자는 체하다. — vi. 거짓 꾸미다, 가장하다. ¶ He is only shamming. 그는 그저 가장하고 있을 뿐이다 // (~+圃) sham dead 죽은 체하다.

sha·man [ʃɑ́ːmən, ʃǽm-, ʃéi- / ʃǽm-] n. (pl. -mans) 샤먼, 무당; 〖일반적으로〗마술사.

sha·man·ism [ʃɑ́ːmənìz(ə)m, ʃǽm-, ʃéi- / ʃǽm-] n. ① 샤머니즘 [shaman 을 중심으로 형성되는 주술적(呪術的)이며 비의적(祕儀的)·신비주의적 성격의 광의(廣義)의 종교 현상. 북아시아 지방에서 전형적인 예를 볼 수 있다].

sha·man·ist [ʃɑ́ːmənist, ʃǽm-, ʃéi- / ʃǽm-] n. 샤머니즘 신자. — adj. 샤머니즘의.

Sha·mash [ʃɑ́ːmɑːʃ] n. 〖악카드(Akkad) 의〗태양의 신.

sham·a·teur [ʃǽmətə̀ːr, -t(j)ùər, -tər / -tər, -t(j)ùər-] n. 《속어》사이비 아마추어 선수, 세미 프로 선수 [아마추어이면서 프로처럼 돈을 받고 있는 선수]. [<SHAM+[AM]ATEUR]

sham·a·teur·ism [ʃǽmətə̀ːriz(ə)m, -t(j)ù(ː)r-/ -təri-, -tjùər-] n. 《속어》세미 프로 선수를 아마추어로 취급하기.

sham·ble¹ [ʃǽmbl] n. **1** (~s)《단·복수 양용》도살장; 육류의 장터, 수라장. **2** 《英 속어》푸줏간, 정육점.

sham·ble² [ʃǽmbl] vi (**-bled, -bling**) 비틀거리다, 어슬어슬 걷다. — n. 비틀걸음.

sham·bol·ic [ʃæmbɑ́lik / -bɔ́l-] adj. 《英 속어》혼잡한, 몹시 난잡한. [<SHAM[BLES]+[SYM]BOLIC]

‡**shame** [ʃeim] n. ① 부끄러, ¶ in shame 창피하여 / blush with (or for) shame 부끄러워 얼굴을 붉히다 / I cannot do it for (or from, out of) shame. 창피해서 그런 짓은 못하겠다. / She has no shame. 그녀는 창피한 줄 모른다 / It brought him no shame. 그는 그것을 조금도 부끄러워하지 않았다 // feel shame at the recollection of one's conduct 자기의 행위를 뒤돌아보고 부끄러워지는 끼다. **2** 치욕, 불명예, 수치. ⇨ DISGRACE 類語 ¶ bear shame 수치를 참다 / To my shame, I must confess that … 창피스럽만 일이지며, 실은… / bring shame on (or upon) oneself (one's family) 면목을 잃게 되다(집안 망신이 되다) / suffer the shame of being inferior to one's fellows 동료보다 못한 것을 수치로 여기다. **3** 수치스러운 일, 망신감. ¶ He is a shame of (or to) his family. 그는 집안의 망신꾼이다. **4** 부끄러운 일, 혹심한 일, 유감된 일. ¶ It's a shame that he was swindled. 그가 사기에 걸린 것은 유감이다 // feel (or think) shame to do …하는 것을 부끄러워하다[너무하다고, 유감으로] 여기다 // It's a shame not to give children enough to eat. 아이들을 잘 먹이지 않는다는 것은 너무 심한 일이다.
bring (or put) a person to shame ① 남에게 창피를

주다, 남을 모욕하다. ② 남을 능가하다, 앞지르다.
cry shame upon [너무하다, 창피하다고 말해] …을 비난하다.
dead (or lost) to shame 창피를 모르는.
Fie for shame!; For shame!; Shame [on you]! 창피한 줄 알아라!
That's (It's) a shame. 유감이다; 그럴 수 있어요?, 괘씸한다.
— vt. (**shamed, sham·ing**) **1** …을 창피주다; …을 망신시키다, 면목을 잃게 하다, 모욕하다. ¶ He was shamed before the whole school. 그는 전체 학생 앞에서 망신을 당했다. **2** 창피를 주어 [남]을 …하게 하다. ¶ (~+圃+前+名) His example shamed me into working hard. 그의 모범적 행위에 나는 부끄러워 열심히 일하게 되었다 / He was shamed out of his bad habits. 그는 수치를 느껴 악습을 끊었다.
◇ shámeful adj.

shame·faced [ʃéimfèist] adj. 부끄러워하는 (shy), 수줍어하는, 겸손한, 얌전한 [잘난].
-fac·ed·ly [-sid-] adv. **-fac·ed·ness** n.

*shame·ful** [ʃéimfəl] adj. 부끄러운, 창피스러운, 면목없는; 괘씸한; 추잡한. ~·ly adv. ~·ness n.

*shame·less** [ʃéimlis] adj. **1** 부끄러움을 모르는; 파렴치한, 뻔뻔스러운(impudent). **2** 추잡한, 음란한.
~·ly adv. ~·ness n.

sham·mer [ʃǽmər] n. 야바위꾼, 사기꾼.

sham·my [ʃǽmi] n. (pl. **-mies**), v. (**-mied, -my·ing**) =chamois.

sham·oy [ʃǽmi] n., v. =chamois.

*sham·poo** [ʃæmpúː] vt. (**-pooed, -poo·ing**) 〖머리〗를 감다, 샴푸하다. **2**《고어》〖목욕 후〗…을 마사지하다. — n. **1** 샴푸하기, 세발(洗髮). **2** 세발제, 샴푸.

sham·poo·er [ʃæmpúːər] n. 샴푸하는 사람.

sham·rock [ʃǽmræk / -rɔk] n. 토끼풀〖클로버 종류의 식물. 아일랜드 공화국의 국화〗. cf. rose

sha·mus [ʃɑ́ːməs, ʃéi-] n. (pl. **-mus·es**)《미속어》사립 탐정; 경찰관.

shan·dry·dan [ʃǽndridæ̀n] n. 〖구식의〗경장 2륜 마차; 낡은 고물 마차.

shan·dy [ʃǽndi] n. ① 섄디〖맥주와 레모네이드의 혼합 음료〗.

shan·dy·gaff [ʃǽndigæ̀f] n. ① 《주로 英》섄디가프〖맥주와 진저 에일의 혼합주〗.

shang·hai [ʃǽŋhai, -´-/ -´-] vt. (**-haied, -hai·ing**) **1** 〖항해 속어〗〖남〗을 마취약·술 따위로 의식을 잃게 하고 배에 납치해서 선원으로 만들다. **2** 《속어》〖남〗을 속여 억지로 …하게 하다(나쁜 짓에).

Shang·hai [ʃǽŋhai] n. 상하이(上海)〖중국의 항구도시〗.

Shan·gri-la, -gri-La [ʃǽŋɡriːlɑ́ː] n. **1** 지상의 낙원 〖James Hilton 작의 소설 Lost Horizon (1933) 중의 이상향의 이름〗. **2** 아무도 모르는 장소, 비밀 장소.

shank [ʃæŋk] n. **1** 정강이, 정강이 뼈 ; 〖소 따위의〗 정강이 살 ; ⇨ BEEF 그림 ; 다리, **2** 〖기물(器物)의〗 자루 부분 ; 〖연장의〗대, 축(軸), 닻의 몸체(shaft) ; 〖인쇄〗 활자의 몸체 ; 〖구두창의〗땅에 닿지 않는 부분. **3** 《미국어》〖기간의〗시초 ; 끝. ¶ the shank of the evening 황혼이 깃들 무렵 / the shank of the morning 아침이 끝날 무렵, 낮 가까이. **4** 〖골프〗섕크〖골프채의 뒤축으로 치는 강한 우측 방향의 타구〗.
ride (or go) on shanks' (or shank's) mare (or pony) 타자 걸어가다, 터벅터벅 걷다.
— vt. 〖골프〗〖공〗을 채의 뒤축으로 치다, 섕크하다.
— vi. **1** 〖꽃이〗떨어지다. **2** 《주로 스코》도보 여행을 하다, 터벅터벅 걷다.

shanked [ʃæŋkt] adj. 〖보통 복합어를 만들어〗〖…의〗정강이가 있는. ¶ spindle-shanked 다리가 가느고.

shánk's pòny(**màre**) n. 《구어》자기 다리; 도보.

¶ go by shank's pony 걸어서 가다.
*shan't [ʃænt / ʃɑːnt] shall not 의 단축형.
Shan·tung n. **1** [ʃæntʌ́ŋ, +英 ʃændʌ́ŋ→2] 〔중국 동북부의〕산동성(山東省) 〔성도(省都)는 제남(濟南)〕; 산동 반도. **2** [ʃæntʌ́ŋ] (때로 s-) Ⓤ 〔산동산(山東産)의〕 명주 실로 짠 비단, 산동견(山東絹).
shan·ty¹ [ʃǽnti] n. (pl. -ties) 오두막, 판자집; 초라한 작은 집, 산막, 산속의 오두막집.
shan·ty² [ʃǽnti] n. (pl. -ties) =chantey.
shan·ty·town [ʃǽntitàun] n.《美》판자촌, 변두리의 빈민가.
shap·a·ble [ʃéipəbl] adj. 형성되는, 형체를 이룰 수 있는.
‡**shape** [ʃeip] n. **1** ⓊⒸ 형체, 형상, 모양; 체형(體型) ⇒ FORM 類語 ¶ a building of a square shape 4각형의 건물 / a rock in the shape of a human face 사람 얼굴 모양의 바위 / hold (lose) one's shape 모습이 망그러지지 않다(망그러지다) / It resembles a ball in shape. 그 형체는 공과 같다 / What shape is it? 그것은 어떤 형입니까? **2** ⓊⒸ 모습, 외양. ¶ an enemy in the shape of a friend 우군을 가장한 적 / take the shape of …의 모습으로 나타나다/Mt. Halla has an exceptionally graceful shape. 한라산의 모습은 참으로 우아하다. **3** 어렴풋한 모습, 환상, 유령(ghost). ¶ A white shape appeared from the shadows. 그늘에서 흰 유령이 나타났다. **4** ⓊⒸ 구체화된 형태, 뚜렷한 모양; 본연의 모습. ¶ assume one's own shape 본색을 나타내다 / put (or get) one's ideas into shape 생각을 정리하다, 구체화하다 / throw … into shape …에 모양을 만들다, …을 정리하다 / give shape to …에 모습을 부여하다, …을 정리하다 / The school building is taking shape. 교사(校舍)가 모양을 갖추어가고 있다 / The poet's dreams find a shape in his poetry. 시인의 꿈은 시에서 실현된다. **5** Ⓤ 상태, 형세; [몸의] 형편, 상태. ¶ The market is in good (bad) shape. 시장은 호황(불황)이다 / He is in good(bad) shape. 그는 컨디션이 좋다(좋지 않다). **6** 종류. ¶ dangers of every shape 모든 종류의 위험. **7** 형, 목형(木型), 젤리 틀; 모형(model). ¶ a hat shape 모자의 골(목형).
in any shape or form 종류·방법 여하에 관계없이, 어떤 형이든; 〔부정어와 함께〕 결코 …않다.
in no shape 조금도 …아니다 (not at all).
in shape ① 형은 〔부사적〕 **1**.②본래의 상태로, 정상 상태로. ③〔몸이〕호조〔된〕.
in the shape of …의 형식으로〔의〕, …으로서〔의〕. ¶ a reward in the shape of $ 100 100달러의 사례 / I have nothing in the shape of food. 식량이라고는 아무것도 없다.
out of shape ① 모양이 엉망이 되어. ② ⇒ 5. ③ 〔몸이〕 부조(不調)로.
take shape 모습을 갖추다, 구체화하다 (in…). ⇒ 징후.
the shape of the things to come 미래를 예고하는 징조.
whip (or *knock, lick*) *into shape* 〔구어〕① …을 정상화하다. ② …사람으로 만들어 놓다.
— v. (shaped or 〔고어〕 shap-en, shap·ing) vt. **1** …을 모양짓다, 만들다. ¶ MAKE 類語 ¶ (~+몸+前+名) shape clay into a ball 진흙으로 공을 만들다 / shape clay like an apple 진흙으로 사과 모양을 만들다. **2** 〔비유적〕 …을 구체화하다, 구체화하다. ¶ shape one's plan 계획을 구체화하다 // (~+몸+前+名) shape one's rough materials into a book 조잡한 소재(素材)를 책으로 만들다. **3** …을 적합하게 하다 (adjust) (to…). ¶ (~+몸+前+名) shape shoes to one's feet 신발을 발에 맞추어 만들다 / You should shape your plans to your abilities. 능력에 맞는 계획을 세워라. **4** 〔진로·방침〕을 정하다. ¶ shape one's course 행로를 정하다.
— vi. ① 형태를 취하다, 형태가 되다; 〔계획 따위가〕 구체화되다 / 정리되다; 〔…으로〕 발전하다, 되어가다. ¶ (~+몸) Our plan is shaping well. 우리의 계획은 잘 되어가고 있다. ② It shapes well. 그것은 유망하다.
shape up《구어》(vi.) ① 일정 형태〔상〕가 되다. ②

잘 되다. ¶ Everything is shaping up well. 만사가 다 진전되고 있다. ③ 뜻하는 대로 하다; 동조하다, 따르다.
◇ **shápely** adj. 〔몸의 상태를 조절하다.
SHAPE, Shape [ʃeip] 〔略〕Supreme Headquarters Allied Powers in Europe 〔유럽 연합군 최고 사령부〕
shape·a·ble [ʃéipəbl] adj. = shapable.
shaped [ʃeipt] v. shape의 과거 분사의 하나. — adj. 〔종종 복합어를 만들어〕 〔…〕형의. ¶ bell-shaped 종 모양의. 〔圓錐彈〕.
shaped chárge n. 〔군사〕성형(成形) 폭약, 원추탄
*shape·less [ʃéiplis] adj. **1** 〔일정한〕 형이 없는. **2** 볼품없는, 꼴사나운. ~-ly adv. ~-ness n.
shape·ly [ʃéipli] adj. (-li·er, -li·est) 모양좋은, 〔특히 여성이〕 균형잡힌 (well-formed). -li·ness n.
shap·en [ʃéip(ə)n] v. 〔고어〕 shape의 과거 분사의 하나. — adj. 〔보통 복합어를 만들어〕 〔…〕형의. ¶ an ill-shapen form 볼품없는 형태.
shap·er [ʃéipər] n. 모양을 만드는 사람; 〔기계〕 형삭반(形削盤), 셰이퍼.
shape-up [ʃéipʌp] n.《美》부두에 항상 모이는 사람들 가운데서 고르던 〔하역 인부 고용의〕 방법.
shard [ʃɑːrd], (**sherd**) n. **1** 도자기·질그릇의 파편. **2** 〔동물〕비늘(scale), 〔달걀·달팽이 따위의〕 껍질 (shell); 〔곤충〕 〔딱정벌레 따위의〕 겉날개, 시초(翅鞘) (elytron).
‡**share**¹ [ʃεər] n. **1** 몫, 배당몫. ¶ one's fair share 당연한 몫 / take the lion's share 최대의 몫을 차지하다, 남다른 이득을 보다 // claim a share in (or of) profits 이익 배당을 요구하다 / get (or come in for) a share of …의 몫을 받다 / We had a share of laughs. 우리도 함께 웃었다 / He has some share of his father's artistic talent. 그는 아버지의 예술적 재능을 얼마간 이어받고 있다.
2 할당량, 분담량, 지분(持分), 출자의 한 몫; 부담. ¶ bear (or take) one's share of the responsibility 그 책임의 일단을 지다 / Do your share of the work. 자기에게 배당된 일을 해라 / Your share of the expenses is five dollars. 너의 지출 분담금은 5달러이다.
3 역할; 관여; 진력, 공헌. ¶ contribute a large share to …에 대해 큰 공헌을 하다 / She took no share in the crime. 그녀는 범죄에 가담하지 않았다 / A woman took (or had) a large share in defending their country. 자기 나라를 지키는 데 있어서 한 여자가 큰 역할을 했다.
4 〔기업·재산 따위의〕 분담 소유, 공유〔권〕; 시장 점유율; 주, 주식, 주권. ¶ ordinary shares 보통주 / deferred (preferred) shares 〔이익〕 후배주(後配株) 〔우선주〕 / a ship owned in 50 shares 50명의 출자자 공유 선박 / an issue of 10,000 shares 1만 주의 발행 / The shares pay fifteen percent. 그 주식의 배당은 15%이다 / I have (or hold) 2,000 shares in the bank. 나는 그 은행의 주식을 2천 주 가지고 있다.
go shares with a person 남과 나누다, 남과 공동으로 하다 (in…). ¶ go shares with a person in the purchase of a villa 남과 공동으로 별장을 사다.
on (or *upon*) *shares* 이해 관계를 함께 하여, 공동으로. ¶ work on shares 이해 관계를 함께 하여 일하다.
share and share alike with a person 남과 나누어서.
— v. (**shared, shar·ing**) vt. **1** …을 분배하다, 나누다 (apportion) (~, out). ¶ (~+몸+前+名) share [out] food and clothing to (or with) the poor 빈민에게 의식(衣食)을 분배하다 / He shared [out] his property among his three children. 그는 세 아이에게 재산을 분배했다. **2** …을 서로 나누다, 함께 하다, 공유하다; …을 분담하다 (…with…). ¶ share expenses 비용을 분담하다 / share the blame 함께 그 문책을 받다 / (~+몸+前+名) share the bed with a person 남과 함께 자다 / share a room with a person 남과 방을 같이 쓰다 / share a person in his distress 남과 고난을 같이 하다 /

My parents *share* joys and sorrows *with* me. =My parents *share* my joys and sorrows. 양친은 기쁨과 슬픔을 나와 함께 하신다.
— *vi.* **1** 분배를 받다; 분담하다; 참가하다(participate) (*in*...). ¶ (~+國+图) *share* in profits 이익의 분배를 받다 / *share in* a person's distress; *share with* a person *in* his distress 남과 고난을 함께 하다. **2** 평등하게 배당을 받다, 등분하다(*out*). 「[의]날.
share² [ʃɛər] *n.* 보습의 끝(날)(plowshare), 「농기구
share·brok·er [ʃɛ́ərbròukər] *n.*《英》주식 중매(仲買)인,《美》stockbroker.
sháre certíficate *n.* 주권(株券).
share-crop [ʃɛ́ərkrɑ̀p / -krɔ̀p] *vt., vi.* (**-cropped, crop·ping**) 《美》[토지를] 소작인으로서 물납(物納) 계약으로 경작하다, 소작하다.
share-crop·per [ʃɛ́ərkrɑ̀pər / -krɔ̀pə] *n.*《美》[노예 페지 후 미국 남부에 생긴] 물납 소작인. 「화장실.
sháred báthroom *n.* [아파트 따위의] 공용(공동)
sháred fíle [ʃɛ́ərd-] *n.* [컴퓨터] 공용(공유) 파일.
sháred hóusing *n.* 양로(養老) 공동 주거, 공동 노인 맨션. 「(holder).
share·hold·er [ʃɛ́ərhòuldər] *n.* 주주(株主) (stock-
sháre líst *n.*《英》주식 시세표(《美》stock list).
share-out [ʃɛ́(:)ràut/ʃɛ́ər-] *n.* [공제 조합] 배당.
sháre prémium *n.*《英》자본 잉여금(《美》capital surplus). 「팔러 다니는 외교원.
share-push·er [ʃɛ́ərpùʃər] *n.*《英》가짜 주식을 증권을
shar·er [ʃɛ́(:)rər / ʃɛ́ərə] *n.* **1** 분배자, 배당자. **2** 분배(배당)를 받는 사람, 배당을 받는 사람, 동업자.
share-ware [ʃɛ́ərwɛ̀ər] *n.* [컴퓨터] 공용 소프트웨어, 무료 소프트웨어.
sháre wárrant *n.*《英》전액 불입 주권.
Sha·ri·a [ʃɑːríː] *n.* (종종 s~) 코란과 모하메드의 교훈으로 된 회교 율법.
‡**shark**¹ [ʃɑːrk] *n.* **1** 상어. ¶ the blue *shark* 청새리 상어 / the great white *shark* 백상아리.
shark² [ʃɑːrk] *n.* **1** 탐욕스러운 사람; 고리 대금업자(usurer); 사기꾼. **2**《英속어》세관원(customs officer). **3**《美속어》명인, 달인;《美학생 속어》잘하는 학생. He is a *shark* at golf (mathematics). 그는 골프에 있어서는 명수다 (수학을 잘한다). — *vt.* **1** 울 사취하다, 속이다 (... *up*). **2** ~을 게걸스럽게 먹다. — *vi.* 사기를 하다, 악착스런 짓을 하다. 「[킨[직물의 일종).
shark·skin [ʃɑ́ːrkskìn] *n.* ⓤ **1** 상어 가죽. **2** 샤크스
Shar·on [ʃɛ́(:)rən / ʃɛ́ərən] *n.* [성서] 샤론 [팔레스티나(Palestine) 서부의 비옥한 평야. ←이사야서(Isa.) 65:10].
‡**sharp** [ʃɑːrp] *adj.* **1** [날·끝이] 날카로운, 예리한. *cf.* dull ¶ a knife with a *sharp* edge 날이 예리한 칼.
[類語] **sharp** 날이나 끝이 예리한는: a *sharp* needle 뾰족한 바늘. **keen** [비교적 긴] 날이 날카로운: a *keen* blade 날카로운 날. **acute** 각도가 예리한: an *acute* angle 예각(銳角)
2 [형이] 모가 난, 끝이 뾰족한; 급히 굽은; 급한, 가파른(steep). ¶ a *sharp* peak 뾰족한 봉우리 / *sharp* features 날카로운 용모 / a *sharp* ascent (descent) 가파른 오르막(내리막).
3 선명한, 뚜렷한; [빛이] 선명한, 눈이 부신. ¶ a *sharp* impression 선명한 인상 / *sharp* differences of opinion 뚜렷한 의견 차이 / the *sharp* contrast between black and white 흑과 백의 분명한 대조.
4 [추·냄새가] 살을이는, 격심한, 열열한; [주위·태도 따위가] 모진, 매서운; [고통·통증·욕망 따위가] 심한, 강렬한. ¶ a *sharp* taste 얼얼한 맛 / *sharp* smoke 눈이 매운 연기 / a *sharp* wind 살을에는 듯한 바람.
5 [소리가] 날카로운, 드높은 소리의(shrill); [음악] 반음 높은, 샤프의, 반음 올림의 [기호 #](*opp.* flat); [음성] 경음(硬音)의, 무성의 (*opp.* flat). ¶ a *sharp* voice 날카로운 소리.

6 [감각이] 예민한, 민감한; [두뇌가] 예민한, 영리한; 빈틈없는, 잔꾀가 많은; 약은. ¶ a *sharp* intelligence 에리한 지성 / *sharp* eyes 혈안(炯眼) / a *sharp* nose 예민한 코 / *sharp* practices 교활한 방법 / as *sharp* as a needle 대단히 영리한 / keep a *sharp* watch for ···을 빈틈없이 감시하다 // (~+國+图) be *sharp* at figures 계산이 빠르다. 빈틈이 없다.
[類語] **sharp** 이해·분석력의 신속·정화, 빈틈없음을 뜻한다: *sharp* business practices 빈틈없는 영업 방법. **keen** 분석력의 명석·신속 이외에 열의의 뜻도 있다: *keen* insight 예리한 통찰력. **acute** 미묘한 점을 식별하는 감수성의 예리함을 뜻한다: an *acute* reader 예리한 독서가.
7 [언사가] 심한, 통렬한, 신랄한; 과격한, 강렬한. ¶ a *sharp* answer 신랄한 대답 / a *sharp* tongue 독설 // be *sharp* on a person 남에게 신랄하게 굴다, 남에게 엄격하다.
8 [동작이] 기민한, 재빠른, 활발한(brisk). ¶ a *sharp* run 질주 / go for a *sharp* walk 활발하게 산책을 하다.
9 《속어》[복장이] 멋진, 멋내는, 맵시있는. ¶ a *sharp* dresser 복장이 멋진 사람, 미끈하게 차려입은 사람.
10 [무선·전자 공학] 분리가 잘 되는, 감도가 좋은. ***Sharp's the word!*** 서둘러라!, 빨리빨리!
— *vt.* **1** [음악] ···을 반음 올리다, ···의 음조를 올리다. **2** ···을 속이다, 사기하다. **3** [고어·卑語]=sharpen. — *vi.* **1** [음악] 반음 올리다. **2** 부정을 저지르다.
— *adv.* **1** 예리하게, 심하게, 통렬하게. **2** 갑외의, 급히. **3** 민감하게; 기민하게, 재빨리; 빈틈없이. ¶ look out *sharp* 빈틈없이 주의를 하다 / Look *sharp*! 빨리 해!; 조심해! **4** 정각에, 제시간에 꼭 (punctually). ¶ at four o'clock *sharp* 4시 정각에. **5** [음악] 높은 음조로, 반음 높게.
— *n.* **1** 예리한 것, 날카로운 바늘. **2** [음악] 샤프음 [기호] (*opp.* flat); [음성] 무성음. **3** 《구어》사기꾼. **4** 《구어》전문가(expert). **5** (~s) 《英》거친 밀가루 (middlings).
~**·ness** *n.* ◇ shárpen *v.*, shárply *adv.*
sharp-cut [ʃɑ́ːrpkʌ̀t] *adj.* **1** 예리하게 잘린. **2** 윤곽이 뚜렷한, 선명한. 「은.
sharp-eared [ʃɑ́ːrpíərd] *adj.* 귀가 뾰쪽한; 귀가 밝
sharp-edged [ʃɑ́ːrpédʒd] *adj.* **1** 날카로운 날이 달린, 날이 선. **2** 신랄한, 예리한.
*****sharp·en** [ʃɑ́ːrpən] *vt.* **1** ···을 날카롭게 하다, 갈다. ¶ *sharpen* a pencil 연필을 깎다. **2** ···을 격심하게 하다, 강하게 하다, 돋우다. ¶ *sharpen* one's appetite 식욕을 왕성하게 하다. **3** [감각·재능 따위]를 예민하게 하다. ¶ *sharpen* one's tongue 독설을 퍼붓다. — *vi.* **1** 날카롭게 되다. 뾰족해지다. **2** 격심하게 되다, 심하게 되다. **3** 민감하게 되다, 에민하게 되다.
◇ **shárp** *adj.*
sharp·en·er [ʃɑ́ːrp(ə)nər] *n.* 가는 사람(것), 깎는 사람(것). ¶ a pencil-*sharpener* 연필깎이. 「문 도박꾼.
sharp·er [ʃɑ́ːrpər] *n.* 사기꾼, 협잡꾼(swindler); 전
sharp-eyed [ʃɑ́ːrpáid] *adj.* 눈치빠른, 관찰력이 예민한.
sharp-freeze [ʃɑ́ːrpfríːz] *vt.* (**-froze, -fro·zen, -freez·ing**) 급속 냉동하다(quick-freeze).
sharp·ie [ʃɑ́ːrpi] *n.* **1** [원래 New England 지방의] 3각 돛과 하나 (두 개)의 마스트를 가진 바닥이 평평한 배. **2** =sharper. **3** 《美구어》매우 빈틈없는 사람; 사기꾼. **4** 《속어》맵시꾼.
‡**sharp·ly** [ʃɑ́ːrpli] *adv.* **1** 날카롭게. **2** 급하게, 급격하게. **3** 선명하게, 뚜렷이. **4** 격렬하게, 강렬하게. **5** 민감하게, 주의 깊게. **6** 엄하게, 신랄하게. **7** 재빨리, 기민하게. **8** [강조] 대단히, 매우.
sharp-nosed [ʃɑ́ːrpnóuzd] *adj.* **1** 뾰족한 코를 한; 정면으로 튀어나온. **2** 후각(嗅覺)이 예민한.
sharp-point·ed [ʃɑ́ːrpɔ́intid] *adj.* 끝이 뾰족한.
sharp-set [ʃɑ́ːrpsét] *adj.* **1** 몹시 배고픈. **2** 열망하는, 갈망하는. **3** 예각(銳角)이 되게 붙인.

sharp·shoot·er [ʃáːrpʃùːtər] *n.* 사격의 명수; (군사) 1등 사수, 저격병.

sharp·shoot·ing [ʃáːrpʃùːtiŋ] *n.* Ⓤ 정확한 사격.

sharp·sight·ed [ʃáːrpsáitid] *adj.* 1 눈썰미가 예리한, 눈치빠른. 2 통찰력에 예리한, 혜안(炯眼)의.

sharp·tongued [ʃáːrptʌ́ŋd] *adj.* 언어가 신랄한, 독설의.

sharp·wit·ted [ʃáːrpwítid] *adj.* 기지가 예리한, 약삭빠른, 영리한, 빈틈없는. **~·ly** *adv.* **~·ness** *n.*

Shásta dáisy [ʃǽstə-] *n.* 샤스타 데이지 [프랑스 국화와 해변국화와의 교배종].

shas·tra [ʃáːstrə] *n.* 힌두교의 성전(聖典).

‡shat·ter [ʃǽtər] *vt.* 1 …을 산산이 부수다, 분쇄하다; …을 파괴하다, 엉망으로 만들다. ⇨ BREAK 類語 ¶ the houses *shattered* by the typhoon 태풍으로 파괴된 집들. 2 [건강 따위]를 망치다; [희망·자신 따위]를 꺾다, 해치다. — *vi.* 1 [유리 따위가] 산산이 부서지다, 산산 조각이 나다. 2 [건강이] 나빠지다; [희망·자신·꿈 따위가] 꺾이다, 깨지다. — *n.* (보통 ~s)《주로 방언》파편. ¶ in (*or* into) *shatters* 산산이 부서져.

shátter còne *n.* [운석(隕石) 따위가 떨어진 뒤의] 분쇄추(粉碎錘). [바스러지지 않는.

shat·ter·proof [ʃǽtərprùːf] *adj.* [유리 따위가] 잘게

‡shave [ʃeiv] *v.* (**shaved, shaved** *or* **shav·en, shav·ing**) *vt.* 1 [남]의 얼굴을 면도하다, [얼굴 따위]를 면도하다; [수염 따위]를 깎다 (*...away, off*). ¶ *shave* a customer 손님을 면도해 주다 / *shave* one's chin 턱수염을 깎다 / *shave* oneself 스스로 면도하다 / get *shaved* 수염을 깎게 하다. 2 …을 깎다, 밀다; …을 대패질하다; [잔디 따위]를 짧게 깎다. ¶ *shave* wood 재목을 대패질하다. 3 …을 스치다, …을 스칠 듯 지나다. ¶ His car just *shaved* the fence. 그의 자동차는 담을 스칠 듯 지나갔다. 4 [어음·증권 따위]를 대폭 할인하여 사다; [상점에서] [값]을 깎다. ¶ *shave* a note 어음을 대폭 할인하여 사다 / *shave* the prices of coats 코트의 값을 깎다. — *vi.* 수염을 깎다, 면도하다. ¶ *shave* everyday 매일 면도하다.

— *n.* 1 수염깎기. ¶ have a clean *shave* 매끈하게 면도하다(하게 하다). 2 대팻밥. 3 면도 기구; 면도 칼; 껍질 깎는 기구. 4 스치고 지나가기; 간신히 면하기, 위기일발. ¶ by a narrow (*or* a close) *shave* 간신히, 아주 근소한 차이로 / have a close *shave* [of it] 간신히 위기를 모면하다. 5 (美구어) [어음 따위의] 고율 할인. 6 (英) 사기, 협잡, 속임수, 야바위(trick).

shave·ling [ʃéivliŋ] *n.* 1 (경멸적) 까까중, 중. 2 애송이, 어린 녀석.

shav·en [ʃéiv(ə)n] *v.* shave 의 과거 분사의 하나. — *adj.* 깎은; 짧게 깎은.

shav·er [ʃéivər] *n.* 1 [얼굴 따위]를 면도하는 사람, 이발사, 대패질하는 사람. 2 면도하는(깎는) 도구; 전기 면도기(electric razor). 3 (구어) 어린 녀석, 애송이. 4 사기꾼; 고리 대금업자.

shave·tail [ʃéivtèil] *n.* (속어) 1 (美육군) 소위(second lieutenant). 2 아직 훈련되지 않은 노새.

Sha·vi·an [ʃéiviən, -vjən] *adj.* G.B.Shaw 의; 쇼류(流)의. ¶ *Shavian* humor 쇼류의 유머. — *n.* 쇼 연구가 (숭배자). [《영국의 극작가·비평가 George Bernard Shaw (1856–1950)의 이름》]

***shav·ing** [ʃéiviŋ] *n.* 1 Ⓤ Ⓒ [얼굴의] 면도함, 면도, 깎아냄. 2 (~s) 깎아낸 부스러기, 대팻밥.

sháving brùsh *n.* 면도용 솔.

sháving crèam *n.* Ⓤ 면도용 크림.

sháving hòrse *n.* [나무 따위를 깎는 데 사용되는] 받

sháving sòap *n.* Ⓤ 면도용 비누. [침대.

shaw [ʃɔː] *n.* (英고어) 작은 숲; 덤불(thicket).

***shawl** [ʃɔːl] *n.* 숄, 어깨 걸치개. — *vt.* …에 숄을 걸치다, …을 숄로 싸다.

sháwl páttern *n.* 숄 무늬 [중근동(中近東)의 숄처럼 다채로운 무늬].

shawm [ʃɔːm] *n.* 숌 (오보에의 전신인 옛 목관 악기).

Shaw·nee [ʃɔːníː] *n.* 쇼니족(族) [원래 미국 중부에 살던 Algonquin 족에 속하는 인디언]; Ⓤ 쇼니어(語).

shay [ʃei] *n.* (고어·俚語·방언) = chaise.

‡she [ʃiː, 약 ʃi] *pron.* (인칭 대명사, 3인칭·단수·여성·주격) (*pl.* **they**; 소유격 **her**, 목적격 **her**, 소유 대명사 **hers**) 그녀는. ¶ Who is *she*? 저 여자는 누구입니까.

— Usage *she* 의 주의해야 할 용법 — (1) baby, child, infant 는 보통 it 로 받으나 성별이 분명하고 다소 과 도 그것이 중요성을 지닐 경우에는 he 또는 she 로 받는다. (2) 개·고양이도 (1)에 준한다, 그 외에 dove, lark, hare, swallow 따위 순한 동물이나 rose, lily, ivy 따위 꽃 또는 식물은 다소 의인화되면 문체에서 she 로 받는다. (3) 선박·기차·비행기 따위 탈것은 친근 감을 가지고 she 로 받기도 한다. (4) 국명에서는 moon, sea, earth, country (및 나라 이름), city (및 도시 이름) 이나 Nature, Fortune, Science, Liberty, Mercy, Peace 따위 추상 명사는 다소 의인화되어 여성 취급을 받는 일도 있다. The *moon* was showing *her* cold face in the sky. / England at that time was not the maritime power *she* has since become.

— *n.* (*pl.* **shes**) 1 여자, 여성, 계집애, 애인. *cf.* he ¶ Is the child a he or a *she*? 그 아기는 사내아이인가요, 계집아이인가요? 2 암컷. ¶ Our cat is a *she*. 우리 집 고양이는 암컷이다.

she- she (여성·암컷)이라는 뜻의 연결형. *ex*: *she*-cat, *she*-fox, *she*-god, *she*-cousin.

sheaf [ʃiːf] *n.* (*pl.* **sheaves**) [베어낸 곡물의] 단, 묶음; [일반적으로] 다발. ¶ a *sheaf* of hay 한 묶음의 건초 / a *sheaf* of paper 한 묶음의 종이. — *vt.* 묶음다, 다발 짓다.

***shear** [ʃiər] *v.* (**sheared** *or* (방언·고어) **shore**, (英에서는 드물게) **sheared** *or* **shorn, shear·ing**) *vt.* 1 [큰 가위 따위로] …을 깎다, 베어내다, 전단(剪斷)하다; …의 털을 깎다. ¶ *shear* sheep 양의 털을 깎다 / *shear* cloth 직물의 보풀을 베어버리다 // (~+囯+前+名) *shear* wool from sheep 양털을 깎다. 2 [남]으로부터 박탈하다, 빼앗다 (*...of*). ¶ (~+囯+前+名) He was *shorn* of all his privileges. 그는 모든 특권을 빼앗겼다. 3 (주로스코) …을 낫으로 베다. 4 …을 뚫고 나가다. ¶ The bird *sheared* the sky. 새가 하늘을 가르며 날았다.

— *vi.* 1 큰 가위 따위를 쓰다; 양털을 깎다; (가위로) 잘리다; [기계] 전단(剪斷)되다. 2 뚫고 나가다. ¶ (~+前+名) The ship *sheared through* the waves. 배는 파도를 가르며 나아갔다. [리다.

shear off a *person's* **plume** 남의 오만한 콧대를 꺾어버 — *n.* 1 (~s) 큰 가위, 전단기(剪斷機). ¶ a pair of *shears* 한 자루의 큰 가위. 2 [기계] 전단 변형 (剪斷變形); 비뚤어짐, 엇갈림. 3 깎기, 자르기; [특히 양털] 깎기, [양의 나이를 가리키는] 털 깎은 횟수; [양털 따위] 깎아낸 것. ¶ a *sheep* of three *shears* 털깎기 세 번을 한 양, 세 살된 양.

shear·er [ʃí(ː)rər / ʃɪərə] *n.* 1 [곡물 따위]를 베는 사람; 양털을 깎는 사람. 2 전단기(剪斷機).

shear·ing [ʃí(ː)riŋ / ʃí(ə)r-] *n.* Ⓤ Ⓒ 1 양털 깎기; 깎아낸 양털. 2 [기계] 전단, 전단 변형.

shéaring stréss *n.* Ⓤ (기계) 전단 응력(應力).

shéar lègs *n. pl.* (기계) 두 발 기중기.

shear·ling [ʃɪərliŋ] *n.* (주로 英) 털을 한 번 깎은 양, 한 살박이 양.

shéar stéel *n.* Ⓤ 칼날 만드는 데 쓰는 강철.

shear·wa·ter [ʃɪərwɔ̀ːtər, +美 -wὰt-] *n.* 섬새과(科)에 속하는 바다새(물을 베듯이 난다).

sheat·fish [ʃíːtfiʃ] *n.* (*pl.* **-fish** *or* **-fish·es**) (유럽産)의 큰메기.

sheath [ʃiːθ] *n.* (*pl.* **sheaths** [ʃiːðz, ʃiːθs]) **1** 〔칼·나이프 따위의〕칼집after(scabbard). 〔도구류의〕덮개, 상자. **2** 【식물】엽초(葉鞘). 〔생물〕풍뎅이의 시초(翅鞘). **3** 〔전기〕〔전선의〕외피(外被). **4** 강기슭의 돌담. **5** 콘돔. **6** 몸에 꼭 맞는 드레스.
— *vt.* =sheathe. ◇ **sheathe** *v.*

sheathe [ʃiːð] *vt.* (**sheathed, sheath·ing**) **1** …을 칼집에 넣다. ¶ *sheathe* the sword 칼을 칼집에; 화해하다. **2** 〔칼〕을 푹 찌르다. **3** …을 덮다, 싸다, 〔판자·금속판 따위로〕〔전선 따위에 외피를 입히다 (... *with*), …을 상자에 넣다.

sheath·ing [ʃiːðiŋ] *n.* **①** 칼집에 넣기. **2** 덮개, 피복(被覆)재료; 〔특히〕배 밑바닥의 외장판, 가옥의 외벽·지붕 따위 밑에 까는 얇은 널빤지.

shéath knífe 칼집 달린 작은 칼, 장도.
sheave[^1] [ʃiːv] *vt.* (**sheaved, sheav·ing**) …을 다발로 묶다.
sheave[^2] [ʃiːv] *n.* 〔활차의〕도르래, 활차(滑車) 바퀴.
sheaves [ʃiːvz] *n. sheaf* 의 복수형.
She·ba [ʃiːbə] *n.* 〔성서〕 **1** 시바〔아라비아 서남부에 있었던 예 왕국〕. **2 the Queen of**~ 시바의 여왕〔어려운 문제를 가지고 솔로몬 왕을 시험하려고 하였다. ←열왕기(상) (1 Kings) 10 : 1-13〕.

she·bang [ʃibǽŋ] *n.* 《美구어》 **1** 〔조직·계략·사건 따위의〕구성. ¶ *The whole shebang* of an affair 사건의 전모. **2** 오두막집; 도박장.

she·been [ʃibíːn] *n.* 〈스코·아일〉 무허가 선술집.
shed[^1] [ʃed] *n.* 오두막집(hut), 벽에 붙여 지은 곁채. **2** 헛간, 광; 차고, 격납고; 가축 우리. ¶ an engine *shed* 기관차고(車).

shed[^2] [ʃed] *v.* (**shed, shed·ding**) *vt.* **1** 〔피·눈물 따위〕를 흘리다, 쏟다. ¶ *shed* sweat 땀을 흘리다 / *shed* one's blood 피를 흘리다 / *shed* the blood of a person; *shed* a person's blood 남을 죽이다, 희생시키다. **2** 〔빛·소리·냄새〕를 내다, 발산하다. 〔영향·사상 따위〕를 주다, 미치다. ¶ (~+圓+圖+圖) Roses *shed* their fragrance *around*. 장미는 주위에 향기를 풍긴다 // (~+圓+圖+图) *shed* light on …에 빛을 던지다, …을 밝히다. **3** 〔방수포·기름 종이 따위〕〔물〕을 튀기다. **4** 〔잎 따위〕를 자연히 떨어뜨리다, 〔표피·허물·뿔 따위〕를 벗다, 〔의복〕을 벗어 던지다, 〔비유적〕중요한 것·악습 따위〕를 버리다, 포기하다. — *vi.* 〔잎·종자 따위가〕떨어지다, 쏟아지다; 탈피〔탈모·털갈이〕하다.

she'd [ʃiːd, 약 ʃid] she had (would) 의 단축형.
SHED 〔略〕 【우주공학】 solar heat exchanger drive (태양열 교환 추진).
shed·der [ʃédər] *n.* **1** 흘리는 사람(것). **2** 탈각기(脫殻期)의 게(새우). **3** 나무에서 떨어진 열매.
shed·ding [ʃédiŋ] *n.* **①** 흘리기, 발산. (보통 ~s) 벗어버린 허물(껍데기). **③** 나누기, 분체(分體).
shed·ding [ʃédiŋ] *n.* 딴채, 헛간, 차고, 격납고.
she-dev·il [ʃiːdévl] *n.* 독부(毒婦), 악마 같은 여자(녀).
shed-like [ʃédlàik] *adj.* 헛간 같은.
sheen [ʃiːn] *n.* **①** 번쩍임, 광채; 섬광. **2** 광택, (luster). ¶ the *sheen* of pearls 진주의 광택. **3** 화려한 의상. — *adj.* 〔고어〕 번쩍이는, 빛나는; 아름다운.
— *vi.* 〈스코·北英〉 빛나다, 번쩍이다.
sheen·y[^1] [ʃiːni] *adj.* (**sheen·i·er, sheen·i·est**) 〈詩〉 빛나는, 번쩍이는, 광택 있는, 윤나는(glossy).
sheen·y[^2] [ʃiːni] *n.* (*pl.* **sheen·ies**) 〈경멸적〉 유대 사람.
‡**sheep** [ʃiːp] *n.* (*pl.* **sheep**) **1** 양, 면양. *cf.* ewe, lamb, ram ¶ a lost (or stray) *sheep* 길 잃은 양, 옳은 길에서 벗어난 사람〔예레미야서 (Jer.) 50 : 6〕 / *One may as well be hanged for a sheep as a lamb.* 《속담》 바늘 도둑이나 소도둑이나 매한가지이다. **2** 양피(羊皮). ¶ a book bound in *sheep* 표지를 양피로 묶은 책. **3** 〔양처럼〕 순한사람, 암띤 사람, 겁쟁이, 바보. **4** (the~) 〔집합적〕 《주로 익살》 신자, 교구민(敎區民). ¶ *follow like sheep* 맹종하다.

make (or *cast*) *sheep's eyes at* ① …에 추파를 던지다, 윙크를 하다. ②…을 곁눈으로 보다.
return to one's sheep 이야기의 본론으로 돌아가다.
separate the sheep from the goats 양과 염소를 분별하다; 선인과 악인을 구별하다〔←마태 복음(Matt.) 25 : 32〕. 〔졸.
sheep that have no shepherd 지도자가 없는 오합지〕
◇ **sheepish** *adj.*

sheep·cote [ʃiːpkòut] *n.* 《주로 英고어》 양 우리.
sheep-dip [ʃiːpdìp] *n.* 【獸醫】〔양의 피부에 붙은 기생충을 구제하기 위한〕 양을 씻기는 약물.
sheep-dog [ʃiːpdɔːg / -dɔ̀g], **shéep dòg** *n.* 양을 지키는 개.
sheep·fold [ʃiːpfòuld] *n.* 《주로 英》 양 우리.
sheep·herd·er [ʃiːphə̀ːrdər] *n.* 양치는 사람, 양치기 (shepherd).
sheep-hook [ʃiːphùk] *n.* 양치는 사람의 지팡이.
sheep-ish [ʃiːpiʃ] *adj.* 〔양처럼〕 순한, 검 많은, 내성적인, 소심한(timid). ~**·ly** *adv.* ~**·ness** *n.*
shéep lóuse 양에게 꾀는 이.
sheep·man [ʃiːpmæn, -mən] *n.* (*pl.* -**men** [-mèn, -mən]) **1** 목양업자(牧羊業者). **2** 양치기(shepherd).
shéep rùn 〔오스트레일리아의〕 광대한 목양장(牧羊場).
sheep-shank [ʃiːpʃæ̀ŋk] *n.* **1** 양의 정강이. **2** 〔밧줄을 일시 짧게 하기 위하여〕 밧줄을 짧게 푸는 법, 짧게 묶기.
sheeps·head [ʃiːpshèd] *n.* **1** 〔미국 대서양 근해산 (產)의〕 도미과(科)의 식용어. **2** 〔요리명〕 양(羊)의 머리(페어) 요리.
sheep-shear·er [ʃiːpʃì(ː)rər / -ʃɛ̀ərə] *n.* **1** 양 털 깎는 사람. **2** 털 깎는 기계.
sheep-shear·ing [ʃiːpʃì(ː)riŋ / -ʃɛ̀ər-] *n.* 〔①C〕 양털깎기; 양털 깎는 시기, 양털 수확 축제.
sheep-skin [ʃiːpskìn] *n.* **1** 〔①〕 양피(羊皮), 양가죽; 〔C〕 양피지(= 가죽 따위). **2** 〔①〕 양피지. **3** 〈美구어〉 졸업장(diploma). 〔본〕
shéep sòrrel 〔식물〕 애기수영〔마디풀과의 다년생 초〕
sheep-walk [ʃiːpwɔ̀ːk] *n.* 〈英〉 목양장(牧羊場).
‡**sheer**[^1] [ʃiər] *adj.* **1** 〔한정 용법〕 완전한, 순전한(utter), 절대적인(absolute). ¶ *sheer* waste 완전한 낭비 / by *sheer* force 억지로. **2** 〔경사가〕 가파른, 깎아지른 듯한. ¶ a mountain pass of *sheer* ascent 가파른 오르막의 고개. **3** 〔직물 따위가〕 투명한, 얇은. ¶ *sheer* silk 얇은 견직물. **4** 섞인 것이 없는, 순수한, 진국의. ¶ *sheer* whisky 물을 타지 않은 위스키.
— *adv.* **1** 참으로, 완전히, 전혀(quite). **2** 수직으로, 똑바로; 〔경사가〕 가파르게. — *n.* 얇고 비치는 천.
~**·ly** *adv.* ~**·ness** *n.*
sheer[^2] [ʃiər] *vi.* 〔배가〕 침로(針路)에서 벗어나다; 방향을 바꾸다. ¶ The yacht *sheered away* (or *off*). 요트가 방향을 바꿨다. — *vt.* 〔배〕를 침로에서 벗어나게 하다, …의 방향을 바꾸게 하다. ¶ *sheer* a boat *off* 보트의 방향을 바꾸다. — *n.* **1** 〔배의〕 침로 전환, 만곡 진행. **2** 현호(舷弧)〔배의 이물과 고물 사이의 곡선 각도〕. **3** 닻을 하나만 내리고 정박하여 움직이기 쉬운 배의 상태.

sheer·legs [ʃiərlègz] *n. pl.* = shear legs.
sheers [ʃiərz] *n. pl.* = shear legs.
‡**sheet**[^1] [ʃiːt] *n.* **1** 시트, 옷 요. ¶ *get between the sheets* 잠자리에 들다, 자다. **2** 〔종이〕 한 장, 〔서류의〕 1매. ¶ *two sheets* of paper 종이 두 장. **3** 인쇄물, 팜플렛; 전표; 편지, 〔우표의〕 시트; 〈구어〉 신문 (newspaper). **4** 〔빛·눈·불길 따위의〕 가득 펴짐. ¶ a *sheet* of water (fire) 물(불)바다 / *a white sheet* of blossoms 일면 가득히 피어 있는 흰 꽃 / *sheets* of rain 호우(豪雨). **5** 〔금속·유리 따위의〕 얇은 판, 〔음식을 굽는〕 철판. ¶ a *sheet* of iron (glass) 철판(유리) 한 장. **6** 수의(壽衣); 〔참회하는 사람이 입는〕 흰옷. ¶

put on (*or* stand in) a white *sheet* 참회하다. **7** (주로 삼) 돛 (sail). **8** [지일] 암상(岩床). [*as*] *white as a sheet* [죽은 사람처럼] 창백한, 핏기가 없는.
a blank sheet ① 백지. ② [선·악 어느 쪽에나 물들 수 있는] 백지와 같은 사람(마음).
a clean sheet 전과가 없는(품행이 바른, 선량한) 인물.
in sheets ① 얇은 판으로 펴서, 박(箔)으로 만들어. ② [인쇄 용지가] 인쇄된 채 아직 제본되지 않은. ③ [비·안개 따위가] 심하게, 쫠쫠. ¶ The rain was falling *in sheets*. 비가 억수같이 쏟아지고 있었다.
— *vt.* **1** …에 시트를 깔다; …을 시트로 싸다. **2** …을 온통 덮다. ¶ a lake *sheeted* with ice 얼음으로 온통 덮인 호수. **3** …을 얇은 판으로 만들다. **4** …에게 수의를 입히다.

sheet² [ʃiːt] *n.* **1** [항해] 시트, 돛밑을 묶는 밧줄, 범각삭(帆脚索). **2** (~s) [이물·고물의] 빈자리, 공간.
have a sheet in the wind (or *in the wind's eye*) (속어) 얼근히 취하다.
have three (or *both*) *sheets in* (or *to*) *the wind* (속어) 곤드레만드레 취하다.
— *vt.* [항해] [돛밑을 묶는 밧줄로] [돛]을 펴다. ¶ *sheet* sails home 범각삭을 잡아당겨 돛을 활짝 펴다.
shéet ànchor *n.* **1** [항해] [비상용의] 커다란 예비 닻, 시트 앵커. **2** 최후의 희망, 마지막으로 믿는 것.
shéet bènd *n.* 시트 밴드 [굵기가 다른 두 밧줄을 잇는 방법].
shéet glàss *n.* (U) 얇은 판유리. *cf.* plate glass
sheet·ing [ʃíːtiŋ] *n.* (U) **1** 시트로 싸기(씌우기). **2** 시트 감. **3** 판금(板金). [토목] 콘크리트나 흙이 흘러 내리지 않도록 막는 판자 울타리 [sheet pile의 열(列)].
shéet líghtning *n.* (U) 막전(幕電), 막전 현상(번개 불이 구름에 반사되어 하늘 전체가 환하게 밝아지는 현상].
shéet métal *n.* (U) 판금, 얇은 금속판.
shéet músic *n.* [철하지 않은] 한 장으로 된 악보.
shéet pìle *n.* [토목] 방축 말뚝 [흙이 무너지지 않도록 박는다].
Shéf·field pláte [ʃéfiːld-] *n.* 경질(硬質) 은(銀)도금판.
sheik, sheikh [ʃiːk, +英 ʃeik] *n.* **1** (아랍 및 기타 회교인에게서) 가장(家長), 수장, 족장, 교주. **2** (속어) [여자 눈에서] 매력적인 남자, 호남, 색골.
sheik·dom, sheikh- [ʃíːkdəm, +英 ʃéik-] *n.* sheik 가 지배하는 영토.
shei·la [ʃíːlə] *n.* (濠속어) 소녀, 젊은 여성.
shek·el [ʃékl] *n.* **1** 세켈[고대 바빌로니아 등에서의 무게의 단위]; [특히 헤브리쫀의] 그 무게의 금·은화. **2** (~s) (속어) 돈(money), 화폐(coin), 현금(cash).
She·ki·nah [ʃikáinə, -kíː-/ʃekíː-, ʃi-] *n.* [신학] 하느님의 보좌에 나타난 여호와의 모습, 영광.
shel·drake [ʃéldrèik] *n.* (*pl.* -**drakes** or -**drake**) **1** 물오리속(屬)의 새. **2** = merganser
shelf [ʃelf] *n.* (*pl.* **shelves**) **1** 선반; 선반형의 받침. ¶ put up a *shelf* 선반을 매다다. **2** 선반처럼 생긴 것; 바위 시렁(ledge); 사주(砂洲), 여울목, 암초(reef). **3** [채광·지질] 암상(岩床), 평반층(平板層). **4** 선반 위에 얹어둔 것.
off the shelf [재고품이 있어] 당장 손에 넣을 수 있는.
on the shelf (속어) ① 선반에 얹혀져; 버림받아; 폐지되어. ② put a bill *on the shelf* 법안을 보류하다. ② [여자가] 혼기를 놓친, 결혼할 가망이 없는.
◇ **shelve**¹ *v.*
shelf·ful [ʃélffùl] *n.* 선반 하나 가득 [한 양].
shélf ìce *n.* 빙붕(氷棚) [빙하를 흘러 내려오는 얼음 덩어리 위에 생긴 빙벽(氷壁)]. *cf.* ice shelf
shélf lìfe *n.* [포장 식품 따위의] 보존 기간.
shelf·y [ʃélfi] *adj.* 사주가 많은, 암초가 많은.

‡**shell** [ʃel] *n.* **1** [동·식물의] 딱딱한 외피(外皮), 껍질, 조가비, 등딱지, 비늘, 시즈(翅鞘), 번데기의 외피, [알·꼬투리의] 껍질. ¶ cast the *shell* 탈피하다. 껍질을 벗다. **2** 껍질 비슷한 것; 건물의 바깥 울타리, 뼈대; 선체; [계획 따위의] 개요, 줄거리. ¶ The house is a mere *shell*. 그 집은 겨우 뼈대뿐이다. **3** 껍질이 있는 연체 동물, 조개. **4** (감정을 숨기기 위한) 껍데기, 외관, 외형, 겉치레. ¶ come out of one's *shell* 제 껍질에서 나오다, 마음을 터놓다 / retire into one's *shell* 자기를 드러내지 않다, 마음을 터놓지 않다 / I could not penetrate her *shell*. 그녀의 겉모습에서는 속마음을 알 수가 없었다. **5** 셸[길고 좁은 경주용 보트]. **6** 포탄, 유탄(榴彈), 탄환, 탄약통(筒)[이 의미에서는 복수형도 단수형이 된다]. ¶ a blind *shell* 불발탄. **7** (고어·詩) 7현금(弦琴) (lyre). **8** (英) [학교의] 중간 학급. **9** (美) 여성용의 헐렁한 소매 없는 블라우스. **10** [원자의] 각(殼); [해부] 외이(外耳).
in the shell 부화(孵化)되지 않고; (비유적) 발달하지 아직 않은.
— *vt.* **1** …의 껍질을 벗기다, [콩]의 꼬투리를 까다. ¶ *shell* nuts (oysters) 나무 열매(굴껍질)를 까다. **2** [옥수수]을 알을 떨다, …을 탈곡하다. **3** …을 껍질로 씌우다, [도로 따위]에 껍질을 깔다. **4** …을 포격하다, 폭격하다. **5** (야구 속어) [상대 투수]에게 안타를 퍼붓다. ¶ He was *shelled*. 그는 난타를 당했다. — *vi.* 껍질이 벗겨지다(떨어지다); [금속 따위가] 벗겨지다(*off*).
[*as*] *easy as shelling peas* (속어) 누워서 떡먹기 같은, 아주 손쉬운.
shell out (속어) [돈]을 건네 주다; (*vi.*) 마구 돈을 주다
◇ **shélly** *adj.*
she'll [ʃiːl, 약 ʃil] she will, she shall 의 단축형. [HE'LL.
shel·lac, -lack [ʃəlǽk] *n.* (U) 셸락[락을 정제하여 얇은 조각으로 만든 것으로 바니시의 원료]; 셸락 바니시. — *vt.* (-lacked, -lacking) **1** …에 셸락 바니시를 칠하다. **2** (美속어) …을 때리다, 처부수다; …을 대패(大敗)시키다. [태형, 처부수기, 대패.
shel·lack·ing [ʃəlǽkiŋ] *n.* (U)(C) (속어) 매질[맞는 벌].
shell·back [ʃélbæ̀k] *n.* **1** [항해 속어] 늙은 선원. **2** 배로 적도를 횡단한 사람.
shell·bark [ʃélbɑ̀ːrk] *n.* 히코리[호두의 일종]
shéll bèan *n.* 꼬투리를 먹지 않는 콩[강낭콩·잠두 따위].
shelled [ʃeld] *adj.* **1** 껍질을 벗긴. **2** (종종 복합어를 이루어) 껍질이 있는. ¶ thick-*shelled* 두꺼운 껍질의
shéll ègg *n.* [가공하지 않은] 보통의 달걀.
shéll fìre *n.* (U)(C) (군사) 포격, 포화.
*‡**shell·fish** [ʃélfìʃ] *n.* (*pl.* -**fish** or -**fish·es**) 조개류·갑각류의 동물 [굴·새우·게 따위].
shéll gàme *n.* (美) 협잡 도박의 일종.
shéll hèap (**mòund**) *n.* 패총(貝塚), 조개 무지 (kitchen midden). [폭격.
shell·ing [ʃéliŋ] *n.* **1** 껍데기 벗기기. **2** 포격, **shéll jàcket** *n.* **1** [열대 지방에서 입는] 남자용 약식 예복. **2** (英) 육군 장교의 평상복.
shell·less [ʃéllis] *adj.* 껍데기가 없는.
shéll lìme *n.* (U) 조가비회(灰).
shéll mòney *n.* 조가비 화폐, 패각(貝殻) 화폐 [옛 미개 사회의 통화].
shell-out [ʃélàut] *n.* [당구] [세 사람 이상이 하는] 피라밋 놀이의 일종.
shell·proof [ʃélprùːf] *adj.* 폭격(포격)에 견디는, 방탄의.
shéll shòck *n.* (U)(C) (정신병) 포탄 쇼크, 전투 신경증(神經症) (combat fatigue).
shell-shocked [ʃélʃɑ̀kt/-ʃɔ̀kt] *adj.* (정신병) 탄환성 (彈丸性) 충격을 받은, 전투 신경증이 된 [되어 있다].
shéll sùit *n.* 보온복[걸은 방수 나일론, 안은 면으로 된 운동복의 일종].
shell·work [ʃélwə̀ːrk] *n.* (U) 조가비 세공.
shell·y [ʃéli] *adj.* (**shell·i·er, shell·i·est**) **1** 조가비가 많은. **2** 조가비의; 조가비 같은.
‡**shel·ter** [ʃéltər] *n.* **1** 피난처, 은신처(refuge); 보호물, 엄호물, 차폐물, 차폐소(遮蔽所) (from…). ¶ a bus *shelter* 버스 대기소 / an air-raid *shelter* 방공호 // a *shelter from the rain* 비를 피하는 곳. **2** (U) 보호, 차폐, 피난

shelterbelt / **shift**

(*from...*). ¶ give (*or* provide) shelter to …에게 잠자리를 제공하다, …을 보호하다, 숨겨주다 / He sought *shelter* at my house. 그는 우리집으로 피난해 왔다 // find (*or* take) *shelter from* …로부터 피난하다, …으로부터 숨다, …을 피하다 / He tried to take *shelter in a lie*. 그는 거짓말로 모면하려 했다. **3** ⓤ 집(housing). ¶ food, clothing and *shelter* 의식주. — *vt.* …을 보호하다, 비호하다; …에 피난처를 제공하다; …을 덮다, 감추다. ¶ *shelter* a person for the night 남을 하룻밤 재워주다 // (~+图+面+名) The hills are *sheltered from* the north wind. 그 항구는 뒷산이 가려 주어 북풍을 받지 않는다 / He *sheltered* himself in the crannies of the rocks. 그는 바위로 피난했다. — *vi.* 피난하다; [비·바람·햇빛 따위를] 피하다; 숨다. ¶(~+面+名) I *sheltered* for some time *from* the shower under a tree. 나는 나무 밑에서 잠시 비를 피했다.

shel·ter·belt [ʃéltərbèlt] *n.* 방풍림(防風林).
shel·ter·er [ʃéltərər] *n.* 피난하는 사람, 숨는 사람; 비호자, 원호하는 사람.
shélter hàlf *n.* [shelter tent 의 절반의] 소형 천막.
shel·ter·less [ʃéltərlis] *adj.* 피난처가 없는; 의지할 데가 없는, 한데의.
shélter tènt *n.* [군대에서 사용하는 2 인용] 소형 천막[shelter half 2개로 되어 있다].
shélter trènch *n.* 산병호(散兵壕).
shel·ty [ʃélti] *n.* (*pl.* -ties) =Shetland pony.
*shelve¹ [ʃelv] *vt.* (shelved, shelv·ing) **1** …을 선반에 얹다. ¶ The books are *shelved* in order. 책들은 선반 위에 정돈되어 있다. **2** [의안·문제 따위]를 보류하다, 깔아 뭉개다. ¶ *shelve* a bill 법안을 보류하다. **3** …을 면직하다, 해고하다(dismiss). **4** …에 선반을 달다.
◇ shelf *n.*
shelve² [ʃelv] *vi.* (shelved, shelv·ing) 서서히 비탈지다, 완만하게 경사지다, 완만한 구배를 이루다.
*shelves [ʃelvz] *n.* shelf 의 복수형.
shelv·ing¹ [ʃélviŋ] *n.* ⓤ **1** 선반에 얹어 두기; (비유적) 보류, **2** 선반의 재료, **3** [집합적] 선반.
shelv·ing² [ʃélviŋ] *n.* ⓤ 서서히 치받이가 되기; ⓒ 완만한 경사. — *adj.* 완만한 비탈의, 경사가 완만한.
Shem [ʃem] *n.* 셈 [Noah 의 장남이며 셈족의 조상. ←창세기(Gen.) 10 : 21].
Shem·ite [ʃémait] *n.* =Semite.
Shem·i·tic [ʃemítik] *adj.* =Semitic.
she-moz·zle [ʃimázl/-mɔ́zl] *n.* 《英속어》싸움, 소동.
she·nan·i·gan [ʃinǽnigən, +美 -gæn] *n.* 《美구어》ⓤⓒ 속임수, 거짓, 허위. **2** (보통 ~s) 헛소리, 장난.
She·ol [ʃíːoul] *n.* **1** 《성서》 [히브리 사람의] 죽음의 나라, 황천(Hades); 저승. **2** (s-) 지옥(hell).
*shep·herd [ʃépərd] *n.* **1** 양치기, 목양자(牧羊者). **2** 목사; 지도자. **3** (the S-) 선한 목자 그리스도 [←요한 복음(John) 10 : 11]. — *vt.* **1** [양]을 지키다; …을 잘 감시하다. ¶ *shepherd* flocks 양떼를 지키다. **2** …을 안내하다, 인도하다(guide). ¶ (~+图+面+名) *shepherd* a crowd *into* a train 군중을 인도하여 열차에 태우다.
shépherd dòg *n.* =sheep dog.
shep·herd·ess [ʃépərdis] *n.* **1** 양치는 여자. **2** 시골 처녀.
Shépherd Kíngs *n. pl.* 힉소스 (Hyksos) 왕조 [기원전 18-16세기경 이집트를 지배했다].
shépherd's chéck *n.* 흑백(黑白)의 격자 무늬; ⓤ 그런 천(직물).
shépherd's píe *n.* 다진 고기를 으깬 감자로 싸서 구운 파이.
shép·herd's-purse [ʃépərdzpə̀ːrs] *n.* 냉이.
she-pine [ʃíːpáin] *n.* [오스트레일리아산(産)] 소나무의 일종.
shep·py [ʃépi] *n.* 《英》양우리(sheepcote).
sher·bet [ʃə́ːrbit] *n.* ⓤⓒ **1** 셔벳 [빙과의 일종]. **2** 《英》과즙에 물을 타서 차게 한 청량 음료.
sherd [ʃəːrd] *n.* =shard.

she·reef [ʃəríːf] *n.* =sherif.
she·rif [ʃəríːf], **(shereef)** *n.* **1** Mohammed 의 자손. **2** Mecca 의 장관. **3** 아랍의 왕(추장).
*sher·iff [ʃérif] *n.* **1** 《美》 보안관 [군(county) 의 치안 책임자]. **2** 《英》주 장관 [원래 county 또는 shire 의 집정 장관]. [직위 (임기, 권한).
sher·if·al·ty [ʃérifəlti] *n.* ⓒⓤ (*pl.* -ties) sheriff 의
sher·if·dom [ʃérifdəm] *n.* **1** sheriff 의 관할 구역. **2** ⓤ sheriff 의 직무.
sher·iff·hood [ʃérifhùd] *n.* =sheriffalty.
sher·iff·ship [ʃérifʃip] *n.* =sheriffalty.
Sher·lock Holmes [ʃə́ːrlɑk hóumz / -lɔk-] *n.* Conan Doyle 작 추리 소설 주인공.
Sher·pa [ʃéərpə, ʃə́ːr-/ʃə́ː-] *n.* (*pl.* -pas *or* -pa) **1** 셰르파 족(族), 셰르파 족의 사람 [Himalaya 산맥에 사는 티벳 사람. 등산의 안내·운반하는 일을 한다]. **2** 《英속어》짐꾼(porter).
sher·ry [ʃéri] *n.* ⓤ 셰리주(酒) [스페인 남부산(産)의 독한 백포도주].
Shér·wòod Fórest [ʃə́ːrwùd-] *n.* 셔우드의 숲 [영국 동부 Nottinghamshire 에 있던 옛 왕실 소유림; Robin Hood 의 전설로 유명].
she's [ʃiːz, 약 ʃiz] she is (has)의 단축형.
Shét·land Íslands [ʃétlənd-] *n.* (the ~) 영국 Scotland 의 동북방에 있는 제도(諸島).
Shétland póny *n.* Shetland 제도산(産)의 작은 말.
Shétland wóol *n.* ⓤ Shetland 제도산(産)의 아주 가는 양털.
shew [ʃou] *n., vt.* (shewed, shewn [ʃoun], shew·ing), *n.* (고어) =show.
shew·bread [ʃóubred] *n.* 《성서》진설병(陳設餠) [출애굽기 (Exod.) 25 : 30, 레위기 (Lev.) 24 : 5-9].
SHF, shf (略)《라디오》super*high f*requency.
Shi'ah, Shi·a, Shi·ah [ʃíːə] *n., adj.* 《회교》시아파 [sunni]
[마호메트의 사위 Ali 를 정통 후계자로 추대]. *cf.*
shib·bo·leth [ʃíbəliθ, -leθ / -leθ] *n.* **1** [어떤 계급·단체의 특유한] 발음, 관습, 복장. **2** 시험해 보는 말, 암호말. **3** 《성서》십볼렛 [에브라임 사람과 구별하기 위해 길르앗 사람이 사용한 말. ←사사기 (Judg.) 12 : 4-6].
shick·er [ʃíkər], **(shick·ker)** *n.* 《濠속어》대주가 (drunkard); 술, 알코올 음료. ¶ on the *shicker* 《속어》 취해서. — *adj.* 술취한.
*shield [ʃiːld] *n.* **1** 방패; 방패 비슷한 것. **2** 방어물, 보호물; 보호자. ¶ taking the *shield of* faith 믿음의 방패를 가지고 [에베소서 (Eph.) 6 : 16]. **3** [경찰관 등의] 뱃지. **4** 《砲術》 방순(防楯) [포수를 보호하는 방패]; 구순(構楯), 실드 [광부를 보호하는 실드]; [기계 따위의] 가장(假裝). **5** [동물] [게 따위] 방패꼴의 보호물. **6** [의복의] 땀받이 (dress shield). **7** 《紋章》 방패 모양으로 된 바탕. **8** [지질] 순상지(楯狀地).
both sides of the shield 방패의 양면; 사물의 안팎. *one* (*or the other*) *side of the shield* 방패의 뒷면; 문제의 다른 일면.
— *vt.* …을 방패로 막다; …을 보호하다, 감싸다 (⇒ DEFEND (類語)); …을 가리다. ¶ (~+图+面+名) *shield* a person *from* danger 남을 위험으로부터 막아 주다. — *vi.* 보호하다, 후원자가 되다.
shíeld béarer *n.* 방패잡이.
shield·er [ʃíːldər] *n.* 보호자, 방어물.
shíeld làw *n.* 《美》비밀 수호권 법 [저널리스트가 취재원(源)을 밝히지 않는 취재의 비밀 수호권 보장 법률].
shield·less [ʃíːldlis] *adj.* 방패가 없는; 무방비의.
shiel·ing [ʃíːliŋ] *n.* 《스코》 **1** 방목장(放牧場). **2** 양치기의 오두막집.
shi·er¹ [ʃáiər] *adj.* shy 의 비교급의 하나.
shi·er² [ʃáiər] *n.* 잘 놀라는 말(馬).
*shift [ʃift] *vi.* **1** 이동하다, 옮기다, 위치를 변경하다,

shiftable   1986   **shine**

바꾸다. ¶ The scene *shifts*. 장면이 바뀐다 // (~+副) She *shifted about* for many years. 그녀는 여러해 동안 여기저기 옮겨 살았다 //(~+前+名) *shift from* one place *to* another 장소를 옮기다/The wind has *shifted* [*round*] *to* the south. 바람이 남풍으로 바뀌었다. **2** 여러 가지로 해 보다, 변통하다. ¶ (~+前+名) *shift with* little money 적은 돈으로 그럭저럭 꾸려가다 / I can *shift for* myself somehow. 혼자서 그럭저럭 꾸려갈 수 있다. **3** 속이다, 핑계대다. **4** [자동차의] 변속 기어를 바꿔넣다. ¶ *shift* automatically 자동으로 변속하다. **5** [언어] 음은(音韻)이 변화하다. **6** [고어·방언] 옷을 갈아입다.
— *vt.* **1** …을 이동하다, …의 위치를 바꾸다(옮기다), 돌리다. ¶ (~+目+前+名) *shift* a burden *to* the other shoulder 짐을 다른 어깨로 옮기다 / (자기의) blame *on* to others 그 책임을 남에게 전가하다 / (~+目+副) *shift* one's head *round* 머리를 빙 돌리다. **2** …을 변경하다 (change). ¶ *shift* the helm 키의 방향을 바꾸다 / *shift* one's ground [토론의] 입장(논거)을 바꾸다. **3** [변속 기어]을 바꾸다. **4** [언어] [소리]를 계통적으로 변화시키다. **5** …을 제거하다. ¶ *shift* the tax 탈세하다 // (~+目+前+名) *shift* obstacles *out of* the way 장애물을 제거하다, (…을) 피하다 (avoid). **7** [고어·방언] …을 갈아입다.
shift off ① [토론]을 피하다, [의무]를 미루다. ¶ *shift off* payment 지불을 연기하다. ② [책임]을 회피하다.
— *vt.* **1** 변화, 변경; 전환, 이동; [사물의] 변천. ¶ a *shift* of wind 풍향의 변화 / the *shifts* and changes of life 인생의 변화 무쌍. **2** 교체, 교대제 근무 시간; 교대조(組). ¶ a double *shift* 주야 근무 / an eight-hour *shift* 8시간 교대제 / on the night *shift* 야간 근무제 / They work in two *shifts* of eight hours at the factory. 그 공장은 8시간 2교대제 근무이다. **3** ⓒⓊ 수단, 방법, 궁리, 방편, 변통. ¶ The last *shift* 최후의 수단 / for a *shift* 방편으로, 임시 방편으로 / live by(*or* on) *shift*[*s*] 그럭저럭 꾸려나가다 / be put(*or* reduced) to one's [last] *shift* 궁여지책을 쓰다. **4** 책략, 계략, 속임수 (trick); 말빼, 핑계. **5** [자동차의] 기어 체인지, 기어 변환. **6** 시프트 드레스; [고어] [여성의] 슈미즈 (chemise); [고어·방언] 갈아입을 옷. **7** [미식 축구] 시프트 [시합 직전의 수비 위치의 이동]. **8** [광산] 광맥의 단층(斷層). **9** [음악] [현악기를 연주할 때의] 손놀림. **10** [언어] 음의 추이(推移); [품사의] 전환 (functional shift). ¶ a vowel *shift* 모음 추이. **11** [농업] 윤작(輪作).
make [*a*] ***shift*** 변통해 나가다; 그럭저럭 꾸려가다. ¶ *make shift* with a small income 적은 수입으로 꾸려 나가다.
¶ **shifty** *adj.*
shift·a·ble [ʃíftəbl] *adj.* **1** 이동 가능한, 변경 가능한. **2** 소유자를 바꿀 수 있는.
shift·er [ʃíftər] *n.* **1** 바꾸는(옮기는) 사람; 이동 장치. **2** 속이는 사람.
shift·ing [ʃíftiŋ] *adj.* **1** 이동하는; 변하는; [바람·방향 따위] 변하기 쉬운; *shifting* sand 흐르는 모래. **2** 권모술수를 쓰는, 속임수의. — *n.* ⓊⓒⒶ **1** 속임수, 평계 (evasion), 술책, 잔꾀주. **2** 이동, 변천 (moving); 교환, 교대, 변화, 경질 (changing).
shífting cultivátion *n.* 이동 경작(耕作) [열대 아프리카 등지의 토지 경작 이용법].
shíft kéy *n.* 시프트 키 [타자기에서 대문자 따위의 상단에 표시된 활자를 칠 때 누르는 키].
shift·less [ʃíftlis] *adj.* 변통수 없는, 무능한, 무기력한. **2** 게으른 (lazy), 칠칠치 못한. **~·ly** *adv.* **~·ness** *n.*
shíft stíck *n.* 변속 기어 (《英》 gear lever).
shift·y [ʃífti] *adj.* (**shift·i·er, shift·i·est**) **1** 연구심이 왕성한, 수완이 있는. **2** 교활한, 속임수에 능한, 정직하지 못한. **3** 수상쩍은. **shíft·i·ly** *adv.* **shíft·i·ness** *n.*
Shi·ite [ʃíːait] *adj.*, *n.* [회교] 시아파(Shiah)의 [사

shi·kar [ʃikáːr] *n.* ⓊⒸ 《인도》 사냥, 수렵. — *vt., vi.* (**-karred, -kar·ring**) 사냥하다 (hunt).
shi·ka·ri [ʃikáːri, -kǽri], (**shi·ka·ree**) *n.* 《인도》 사냥꾼.
shill [ʃil] *n.* 《속어》 사기꾼의 끄나풀, 앞잡이.
shil·le·lagh [ʃiléili, -lə], (**shil·la·lah**) *n.* 《주로 아일》 [참나무 따위로 만든] 곤봉 (cudgel).
‡**shil·ling** [ʃíliŋ] *n.* **1** 실링 [영국의 옛 화폐 단위; 12 pence, 1/20 pound에 해당; 略 s.]; 실링 은화 [새로운 5 펜스에 해당]. **2** 실링 [영국령 동아프리카의 화폐 단위; 100 cents에 해당]. **3** 18-19세기의 미국 화폐 [가치는 주마다 달랐다].
cut a person off with a shilling 남하고 의절하다, 남에게 유산을 안 주다. [사가 되다.
take the King's(*or* **the Queen's**) ***shilling*** 《英》 병
shílling márk *n.* 실링 기호(/) [실링과 펜스 사이에 표시]. 예: 2/6 (2실링 6펜스).
shílling shócker *n.* 《英》 선정적인 단편 소설.
shil·ly-shal·ly [ʃíliʃæli] *vi.* (**-lied, -ly·ing**) 망설이다, 꾸물대다. — *n.* ⓊⒸ (*pl.* **-lies**) 우유부단, 망설임. — *adj.* 우유부단한, 꾸물대는. — *adv.* 망설이며, 꾸물거리며.
shi·ly [ʃáili] *adv.* = shyly.
shim [ʃim] *n.* 틈새를 막는 나무(금속) 조각, 사이에 끼우는 나무(금속). — *vt.* (**shimmed, shim·ming**) …에 나무(금속) 조각으로 틈을 메우다.
*shim·mer** [ʃímər] *vi.* 아른아른 빛나다, 희미하게 빛나다. ⇨ **SHINE** [類語]. — *n.* 아른아른하는 빛, 희미한 빛.
shim·mer·y [ʃíməri] *adj.* 아른아른 빛나는, 희미하게 빛나는.
shim·my [ʃími] *n.* (*pl.* **-mies**) **1** 《美》 시미 [어깨나 허리를 흔들며 추는 미국의 재즈 춤]. **2** 《美》 [자동차 앞바퀴의] 심한 진동. **3** 《구어》 = chemise. — *vi.* (**-mied, -my·ing**) **1** 시미를 추다. **2** 진동하다 (vibrate).
*shin** [ʃin] *n.* **1** 앞 정강이. **2** 정강이뼈, 경골(脛骨). **3** 《주로 英》 소의 정강이 살 (shank). — *v.* (**shinned, shin·ning**) *vi.* **1** 기어오르다. ¶ (~+前+名) *shin up* a tree 나무에 기어오르다. **2** 걷다, 뛰어 돌아다니다 (*about, along*…). ¶ (~+前+名) (~+副) *shin along* [the street] [거리를] 걸어가다. — *vt.* **1** …을 기어오르다 (…*up*). **2** …의 정강이를 차다. ¶ (~+目+前+名) *shin* oneself *against* a rock 바위에 정강이를 부딪치다.
Shi·nar [ʃáinaːr] *n.* [성서] 성경 속의 지명(地名) [종종 바빌로니아와 동일시된다].
shín·bone [ʃínbòun] *n.* 정강이뼈, 경골(脛骨) (tibia).
shin·dig [ʃíndig] *n.* 《美구어》 떠들썩한 파티, 연회.
shin·dy [ʃíndi] *n.* (*pl.* **-dies**) 《구어》 **1** 법석, 소동. ¶ kick up a *shindy* 소동을 일으키다. **2** = shindig.
‡**shine** [ʃain] *v.* (**shone** → *vt.* **3, shin·ing**) *vi.* **1** 빛나다, 비치다, 빛을 내다; [반사광 따위로] 번쩍이다. ¶ The moon *shines* bright. 달이 밝게 빛나다 // (~+前+名) The sun *shone on* the water. 해가 수면에 비치고 있었다.
[類語] ***shine*** 빛이 변함없이 빛나거나 반사하다: The sun *shines* by day. 해는 낮에 빛난다. ***beam*** 찬연하게 밝은 빛을 내다: The sun *beamed* above us. 머리위에 태양이 찬연히 빛나고 있었다. ***flash*** 갑자기 순간적인 빛을 내다: Lightning *flashed*. 번개가 번쩍였다. ***glare*** 쨍쨍 내리쬐다: A burning sun *glared* all day. 타오르는 태양이 하루 종일 쨍쨍 내리쬐었다. ***gleam*** 매체를 통하여 또는 비교적 어두운 배경에서 약하게 빛나다: A distant light *gleams*. 먼 불빛이 가물가물 빛난다. ***glisten*** 젖은 표면에서 비치듯이 반들반들 빛나다: Dew *glistens* in the moonlight. 이슬이 달빛에 반들거린다. ***glitter*** 강하게 번쩍번쩍 빛나다: Gold *glitters*. 금이 번쩍인다. ***glow*** 불꽃없이 밝은 빛을 내다: Metal *glows* in a furnace. 용광로에서 금속이 빛발하고 있다. ***shimmer*** 희미하게 아른아른 가물거리며 빛나다나 반사하다: Moonlight *shimmered* on waves. 달빛이 파도위에

shiner 불꽃을 튀기며 빛나다, 강하게 glitter하다: Gems *sparkle*. 보석은 반짝반짝 빛난다. **twinkle** 부드럽게 어른거리듯이 단속적으로 빛나다: Stars *twinkle*. 별이 빛난다.
2 밝게 빛나다, 환하게 빛나다; [기쁨 따위가] 얼굴에 나타나다. ¶ (~+前+图) Happiness *shines* on her face. =Her face *shines* with happiness. 행복으로 그녀의 얼굴은 환히 빛난다. **3** 이채를 띠다, 두드러지다, 탁월하다 (excel). ¶ (~+前+图) *shine* in society (school) 사교계(학교)에서 이채를 따다 // (~+*as*图) He *shines* as a scholar. 그는 학자로서 출중하다.
— *vt.* **1** …을 빛내다, 반짝이게 하다; (불빛·거울 따위를) 비추다. ¶ (~+图+前+图) *Shine* your flashlight *on* my steps. 회중 전등으로 내 발밑을 비춰다오. **2** (*p., p.p.* **shined**) [구두 따위를] 닦다(polish), …의 윤을 내다. ¶ *shine* shoes 구두를 닦다.
shine up to; shine round 《속어》[남]에게 환심을 사다, 아첨하다; [이성]에게 잘 보이려고 하다. * 이 경우 *p., p.p.*는 **shined**.
— *n.* **1** ⓤ 광채(光彩), 빛남, 빛. **2** ⓤ 광택(luster). **3** ⓤ 햇빛; 맑게 갠 하늘. **4** [구두 따위의] 윤내기; 닦기. ¶ Give a good *shine* to one's shoes; put a good *shine* on one's shoes 구두를 반들반들 윤나게 닦다. **5** (~s) 《구어》 장난, 희롱. **6** 《속어》 소동 (shindy). ¶ kick up (*or* make) a *shine* 소란을 피우다. **7** 《美속어》 흑인(Negro).
rain or shine ⇨ RAIN.
take a shine to 《美구어》 …이 좋아지다.
take the shine off (*or* ***out of***) …의 광택을 없애다; ◊ shíny *adj.* …을 하여 무색케 하다.

shin·er [ʃáinər] *n.* **1** 빛나는 것; 출중한 사람, 이채를 띤 사람. **2** 《속어》 [매 맞아서] 멍든 눈(black eye). **3** (*pl.* **-ers** *or* **-er**) 《美》 작은 은빛 담수어 (淡水魚). **4** 《英속어》 금화(金貨); (~s) 돈(money).

***shin·gle**[¹][ʃíŋgl] *n.* 지붕널, 지붕 이는 널판지. **2** 〔여성 머리의〕 치켜 깎기, 싱글 컷. **3** 《美구어》 [의사·변호사 등의] 작은 간판. ¶ hang out one's *shingle* [의사·변호사 등으로] 개업하다. — *vt.* (**-gled, -gling**) **1** …을 지붕널(판자)로 이다. **2** 〔머리를〕치켜 깎다.

shin·gle[²][ʃíŋgl] *n.* ⓤ 《주로 英》 [해안의] 조약돌, 자갈; 자갈 해변.

shin·gles [ʃíŋglz] *n. pl.* 《병리》 대상 포진(帶狀疱疹).

shin·gly[¹] [ʃíŋgli] *adj.* 판자로 지붕을 이은; 지붕 판자 모양의.

shin·gly[²] [ʃíŋgli] *adj.* 《주로 英》 조약돌(자갈)이 많은.

shín guàrd *n.* [스포츠] 〔하키·야구 따위의〕 정강이 받이.

shin·ing [ʃáiniŋ] *adj.* **1** 번쩍이는, 빛나는 **2** 이채를 띠는, 빛나는 ¶ *shining* talent 탁월한 재능 ¶ a *shining* example 훌륭한 예. ~·ly *adv.*

shin·ny[¹] [ʃíni], (**shin-ney**) *n.* (*pl.* **-nies**) **1** ⓤ 시니 [하키를 단순화한 경기]. **2** 시니에 쓰이는 타구봉.
— *vi.* (**-nied, -ny·ing**) 시니 경기를 하다.

shin·ny[²] [ʃíni] *vi.* (**-nied, -ny·ing**) 《美》 [나무 따위에] 기어오르다(shin)(*up*…).

shin·plas·ter [ʃínplæstər · -plɑːs-] *n.* **1** 정강이에 붙이는 고약. **2** 《美》 소액 지폐; 가치가 하락한 지폐.

shin·ty [ʃínti] *n.* =shinny[¹].

***shin·y** [ʃáini] *adj.* (**shin·i·er, shin·i·est**) **1** 반짝이는, 빛나는(bright); 해가 나는(glossy). **2** [의복 따위가] 오래 입어 반들반들한.
shín·i·ness *n.*

‡**ship** [ʃip] *n.* **1** 배, 함선 [보통 여성으로 취급된다]. *cf.* boat, vessel ¶ a capital *ship* 주력함 / a hospital *ship* 병원선 / a merchant *ship* 상선 / a sister *ship* 자매선 / a *ship* of the line 전열함 (戰列艦) / a *ship's* company 선원 / a *ship's* doctor 선의(船醫) / a *ship's* journal 항해 일지 / a *ship's* officer 고급 선원 / launch a *ship* 배를 진수(進水)시키다 / leave a *ship* 배에서 내리다 / go out on (*or* in) a *ship* 선편으로 떠나다 / go on board a *ship* 승선하다. **2** 〔항해〕 [돛대가 셋 이상인] 대형 범선. **3** [배의] 승무원, 선원(crew). **4** 비행선(airship), 비행기. **5** 우주선(spaceship).
About ship! 배를 돌려라!; 침로를 돌려라!
burn one's ship 배수진을 치다.
by ship 선편으로, 배로, 해로로, ⇨ BY (Usage[³]). ¶ travel *by ship* 배로 여행하다.
give up the ship ① 배를 버리다. ② 무리하다, 궁지에 빠지다.
jump ship ① 배를 버리다. ② 쏜살같이 달아나다.
run a tight ship 좌지우지하다, 쥐고 흔들다.
a ship of the desert 낙타.
speak a ship 다른 배에 신호(통신)하다.
spoil the ship for a ha'p'orth of tar 《속담》 기와 한 장 아끼다 대들보 썩이다.
take ship 승선하다.
when one's ship comes home (*or* **in**) 부자가 되면, — *v.* (**shipped, ship·ping**) *vt.* **1** …을 배에 싣다, …을 선편으로 보내다; [일반적으로] …을 수송하다 (transport). ¶ *ship* cattle by railroad 소를 철도로 수송하다. ¶ The corn was *shipped* to Africa. 곡물이 배로 아프리카로 수송되었다. **2** 〔항해〕 [배가] [파도를] 뒤집어쓰다. ¶ *ship* a wave (*or* a sea) 파도를 뒤집어쓰다. **3** …을 배 안에 넣다. ¶ *ship* rigging 삭구(索具)를 배 안에 넣다. **4** [선원 등]을 고용하다. ¶ *ship* a new crew 새로운 선원을 고용하다. **5** [배의 장비]를 제자리에 장치하다. ¶ *ship* oars 노를 노자리에 걸다. — *vi.* **1** 승선하다, 배를 타다 (embark). **2** 선원으로 근무하다. ¶ (~+图+前+图) *ship* as purser *on* an ocean liner 외국 항로 정기선의 사무장이 되다.

ship off ① …을 배에 실어 보내다. ⇨ *vt.* 1. ¶ *ship off* a lot of cotton to Korea 대량의 목화를 배로 한국에 보내다. ② …을 쫓아내다(send away).

ship out ① [배 따위로]…을 외국에 보내다. ¶ *ship* soldiers *out* to a foreign country 외국으로 파병하다. ② [배 따위로] 본국을 떠나다. ③ 《구어》 그만두다; 해고당하다.

-ship *suf.* **1** 명사에 붙여 condition, character, office, skill 따위의 뜻의 추상 명사를 만든다. 예: friend*ship*, king*ship*, leader*ship*, scholar*ship*. **2** 형용사에 붙여 추상 명사를 만든다. 예: hard*ship*.

shíp bìscuit (brèad) *n.* 선원용 건빵(hardtack).

ship·board [ʃípbɔːrd · -bɑːd] *n.* ⓤ 배 《고어》 뱃전. ***on shipboard*** 선상에(서). ¶ go *on shipboard* 승선하다.

ship·borne [ʃípbɔːrn · -bɑːn] *adj.* 배로 운반된.

ship brèaker *n.* 폐선 해체업자.

ship bròker *n.* 선박 중개인.

ship·build·er [ʃípbìldər] *n.* 조선 기사, 조선업자.

ship·build·ing [ʃípbìldiŋ] *n.* ⓤ 조선; 조선술(학). ¶ a *shipbuilding* yard 조선소.

ship canàl *n.* 선박용 운하.

ship chàndler *n.* 선구상(船具商).

ship chàndlery *n.* **1** 선구업. **2** 〔집합적〕 선구.

ship decànter *n.* [밑바닥이 넓은 선박용] 목이 가는 유리병.

ship fèver *n.* ⓤ 《고어》 발진 티푸스(typhus).

ship lètter *n.* 우편선 이외의 배로 보내는 편지.

ship·load [ʃíploud] *n.* **1** 배 한 척분의 적재량. **2** 적하(積荷).

ship·man [ʃípmən] *n.* (*pl.* **-men** [-mən]) 《고어》 **1** 선원, 뱃사람(sailor). **2** 선장.

ship·mas·ter [ʃípmæstər · -mɑːs-] *n.* 선장 (captain).

ship·mate [ʃípmeit] *n.* 같은 배의 동료 선원.

*****ship·ment** [ʃípmənt] *n.* **1** ⓤ 적재; 탁송. ¶ *shipment* by railroad 철도 탁송. **2** ⓤⓒ 적하(積荷)[량], 탁송 화물. *cf.* freight

shíp mòney *n.* ⓤ 《英역사·법률》 전함세(建艦稅) [전시에 군함 건조비로 항구나 해안 도시에 부과한 세금].

ship·own·er [ʃípòunər] *n.* 선주, 선박 소유자.
ship·pen [ʃíp(ə)n] *n.* 《英방언》외양간, 가축 우리.
ship·per [ʃípər] *n.* 하주(荷主), 하송인(荷送人).
‡**ship·ping** [ʃípiŋ] *n.* ⓤ **1** 선적, 탁송. ¶ *shipping expenses* 운송비. **2** 해운업, 운송업. **3** 《집합적》선박수(數). **4** 《폐어》항해(voyage). 〔船〕
shípping àgent *n.* 선박 운송 회사, 선박 회사 대리
shípping árticles *n. pl.* 선원 고용 계약서.
shípping bìll *n.* 《상업》하물 송장(荷物送狀), 선하권.
shípping clèrk *n.* 《화물의》 발송계.
shípping màster *n.* 《英》 고용 계약 따위에 입회하는》선원 감독관.
shípping ròom *n.* 공장 따위의 발송실.
ship-rigged [ʃíprìgd] *adj.* 【항해】 3개의 돛대에 가로돛을 단.
shíp's bíscuit *n.* = ship biscuit.
shíp's bóat *n.* 구명 보트, 작업용 보트.
ship·shape [ʃípʃèip] *adj.* 정연한, 정돈된(trim). —— *adv.* 정연히, 말쑥하게.   〔인.
shíp's húsband *n.* 〔소유주를 대리하는〕선박 관리
shíp's pápers *n. pl.* 선박 서류〔선박 국적 증명·선원 명부·항해 일지·적하 목록 따위〕.
ship·way [ʃípwèi] *n.* **1** 조선대(造船臺). **2** = ship canal.
ship·worm [ʃípwə̀:rm] *n.* 좀조개.
*****ship·wreck** [ʃíprèk] *n.* ⓤⓒ **1** 난파, 난선(難船); ⓒ 조난 사고. ¶ *cause shipwreck* 난파시키다 / *suffer shipwreck* 난파하다 / They perished in a *shipwreck*. 그들은 배의 조난 사고로 사라졌다. **2** 난파선. **3** 〔비유〕파멸, 실패. ¶ the *shipwreck* of one's fortune 재산의 파멸 / make *shipwreck* of ···을 파멸시키다, 망쳐 놓다. —— *vt.* **1** 난파시키다 《보통 수동형으로》 ···을 난파(난선) 시키다. ¶ a *shipwrecked* vessel 난파선 / A few little boats were *shipwrecked*. 수척의 작은 배가 난파되었다. **2** ···을 파멸(실패)하게 하다. ¶ It *shipwrecked* his prosperous career. 그것으로 그의 양양한 앞길이 파탄했다. —— *vi.* **1** 난파(난선)하다. **2** 파멸(실패)하다.
ship·wright [ʃípràit] *n.* 【조선】 선장공(船匠)〔배를 만드는 목수〕; 조선공.
ship·yard [ʃípjà:rd] *n.* 조선소.
shir [ʃə:r] *vt.* (**shirred, shir·ring**), *n.* = shirr.
shire [ʃáiər] *n.* 〔영국의〕 주(州) 〔현재의 county에 해당하는 행정 구역〕 《* 주로 county 이름의 어미로 쓴다. 예: York*shire*》 《the S-s》 -shire 를 어미로 쓰는 주의 총칭; 〔특히〕영국 중부 지방 〔초원이 많고 여우 사냥으로 유명〕.
shíre hòrse *n.* 짐마차를 끄는 크고 힘센 말의 일종 〔영국 중부 지방산〕.
shirk [ʃə:rk] *vt.* 〔일·의무·책임 따위를〕 회피하다, 피하다(evade), 게을리하다. ¶ *shirk* military service 징병을 기피하다 // (*~ -ing*) *shirk*ing going to school war 학교에 가기를 게을리하다. —— *vi.* 〔일·의무 따위를〕 피하다, 게을리하다. // (*~ -ᇢ*) *shirk* off (or out) 살짝 빠져나가다 / (*~ -前·ᇢ*) *shirk* from one's duty 의무를 회피하다. (*~ -er*) = shirker.
shirk·er [ʃə́:rkər] *n.* 게으름뱅이, 기피(회피)자.
shirr [ʃə:r] *vt.* **1** 《천》에 장식 주름을 잡다. **2** 《달걀》을 얕은 접시에 익히다. **3** *n.* = shirring.
shírr·ing [ʃə́:riŋ] *n.* 주름잡기; 장식 주름.
‡**shirt** [ʃə:rt] *n.* **1** 〔남자용〕와이셔츠. ¶ wear a nylon *shirt* 나일론 샤쓰를 입다 / work in one's *shirt* 샤쓰 바람으로 일하다 // *Near* (or *Close*) is my *shirt*, but *nearer* (or *closer*) is my skin. 《속담》몸이 살고 볼일, 옷보다 나에 가깝다. **2** 샤쓰, 속옷(undershirt). **3** 〔여자용〕 블라우스.   [(on ···).
bet one's *shirt* 확신하다, 꼭 ···이라고 생각하다
get (or *have*) one's *shirt out* (or *off*) 《속어》화내다, 짜증내다.   〔하다.
get a person's shirt out (or *off*) 《속어》남을 화나게
give a person a wet shirt 많이 나도록 땀을 부리다.
have not a shirt to one's back 입을 샤쓰도 없다. 매

우 가난하다.
in one's *shirt sleeves* 상의를 벗고, 샤쓰 바람으로.
keep one's *shirt on* 《속어》냉정을 유지하다, 화내지 않다.
lose one's *shirt* 《속어》무일푼이 되다.
put one's *shirt on* (or *upon*) 《속어》〔경마 따위〕에 있는 돈을 모두 걸다.   〔몽땅 털리고.
stripped to the shirt 샤쓰 바람으로, 몸에 걸친 것을
without a shirt to one's *back* 입을 샤쓰도 없다, 매우 가난하여.
shirt·band [ʃə́:rtbænd] *n.* 와이쎠쓰의 깃〔칼라가 있는 부분〕; 샤쓰의 소맷부리. 〔dickey〕
shírt frònt *n.* 와이셔츠의 가슴 부분; 가슴 판
shirt·ing [ʃə́:rtiŋ] *n.* ⓤ 와이샤쓰감.
shirt-sleeve [ʃə́:rtslì:v], (**shirt-sleeves** [-slì:vz], **shirt-sleeved** [-slì:vd]) *adj.* **1** 상의를 입지 않은, 와이셔츠 바람의. **2** 솔직한, 꾸밈없는; 비공식적인 (informal). ¶ *shirt-sleeve* diplomacy 비공식 외교. **3** 평범한, 조잡한, 속된. ¶ *shirt-sleeve* philosophy 통속 철학.
shirt·tail [ʃə́:rttèil] *n.* **1** 와이셔츠 자락. **2** 〔저널리즘〕 기사 끝에 추가하는 간단한 관련 기사.
shirt-waist [ʃə́:rtwèist] *n.* 〔여성용〕와이셔츠식의 블라우스.
shirt·y [ʃə́:rti] *adj.* (**shirt·i·er, shirt·i·est**)《英·濠》기분이 좋지 않은, 화난.
shish ke·bab [ʃíʃ kəbà:b] *n.* ⓤ 씨시케밥〔터키 요리의 일종〕.
shit [ʃit] 《卑語》*n.* ⓤ **1** 똥, 대변. **2** 〔감탄사적으로〕 제!, 똥 같은 자식! **3** 엉터리, 거짓말. **4** ⓒ 쓸모 없는 것은, 보잘것없는 인간, 똥쌀 만한. **5** 마약, 헤로인. —— *vi.* (**shit, shit·ting**) 대변을 보다.
shit·head [ʃíthèd] *n.* 《속어》빌어먹을 녀석, 똥 같은 놈;《英》 마리화나(대마초) 상습자.   [shirtwaist]
shit·less [ʃítlis] *adj., adv.* 《속어》똥도 못쌀〔만큼〕, 몹시. ¶ *scared shitless* 몹시 놀라서.
shiv [ʃiv] *n.* 《속어》 날붙이, 칼.
Shi·va [ʃí:(v)ə] *n.* 《힌두교》= Siva.
shiv·a·ree [ʃívərí:] *n.* **1** 〔신혼 부부를 위하여〕 냄비나 놋대야를 두드리며 놀려대는 일(charivari). **2** 《구어》 야단법석. —— *vt.* (*-reed, -ree·ing*) 〔신혼 부부를 위하여〕〔야단법석〕을 떨다.
shiv·er[1] [ʃívər] *vi.* **1** 〔추위·공포·흥분 따위로〕 떨다, 전율하다. ⇨ SHAKE 類語. ¶ (*~ -前·ᇢ*) *shiver with* cold 추위로 떨다. **2** 〔항해〕〔바람에 돛이〕 펄럭이다, 펄럭거리다. —— *n.* **1** 몸서리치기, 전율. **2** (the ~s) 한기, 오한; 오싹한 느낌. ¶ *give* a person *the shivers* 남을 몸서리치게 하다. ◇ **shívery**[1] *adj.*
shiv·er[2] [ʃívər] *vt.* ···을 산산조각으로 부수다, 조각내다(shatter). —— *vi.* 산산조각이 되다, 부서지다. —— *n.* 《보통 ~s》파편, 조각(fragment). ¶ *in shivers* 산산조각으로 / *break into shivers* 박살나다.
shiv·er·ing [ʃív(ə)riŋ] *n.* 떨림, 몸서리침.
shiv·er·ing·ly [ʃív(ə)riŋli] *adv.* 떨려서, 몸서리쳐서.
shiv·er·y[1] [ʃív(ə)ri] *adj.* **1** 떠는, **2** 몹시 쉬운, 잘 떠는, **3** 오슬오슬 추운, 한기를 느끼는.
shiv·er·y[2] [ʃív(ə)ri] *adj.* 부서지기 쉬운, 무른(brittle).
shlep, shlepp [ʃlep] *n., v.* (**shlepped, shlep·ping**) = schlep.
shlock [ʃlɑk / ʃlɔk] *adj.* 《美속어》= schlock.
*****shoal**[1] [ʃoul] *n.* **1** 얕은 여울; 주(洲), 사주(砂洲). ¶ *deeps and shoals* 깊은 바다와 얕은 여울 / *strike* (or *strand*) *on a shoal* 얕은 곳에 배가 올라앉다. **2** 《보통 ~s》 《비유적》 숨은 위험〔장애물〕, 함정(pitfall). —— *adj.* 얕은(shallow). —— *vi.* 얕아지다. —— *vt.* **1** ···을 얕게 하다. **2** 〔항해〕〔배〕를 얕은 곳으로 가게 하다. ◇ **shóaly** *adj.*

shoal² [ʃoul] *n.* **1** [사람·물건의] 떼, 다수, 다량. ¶ *shoals* of people 많은 사람들 / *shoals* of butter 다량의 버터 / in *shoals* 떼를 지어; 많이. **2** 어군(魚群). ⇨ FLOCK¹ 類語. ── *vi.* 떼를 짓다, 무리를 이루다(throng).

shoal·y [ʃóuli] *adj.* (**shoal·i·er, shoal·i·est**) 얕은 여울이 많은. **shoal·i·ness** *n.*

shoat [ʃout] *n.* [젖 떨어진] 돼지 새끼.

‡**shock**¹ [ʃak / ʃɔk] *n.* **1** 충돌, 격돌, 충격; 진동. ¶ the *shock* of an earthquake 지진의 충격. **2** ⓒⓤ [마음의] 충격, 타격, 동요, 경악; 분개. ¶ a *shock* of grief 슬픔의 타격, 심한 비탄 / give a person a *shock* 남을 놀라게 하다. **3** 충격(타격)을 주는 사건. ¶ His death was a great *shock* to his friends. 그의 죽음은 친구들에게 큰 충격이었다. **4** ⓤ [병리] 쇼크, 충격. ¶ die of *shock* 충격으로 죽다. **5** 전격(電擊). ¶ get (or receive) an electric *shock* 감전하다. **6** (구어) 마비. **7** (~s) (구어)=shock absorber. ── *vt.* **1** …에 충격(타격)을 주다, …을 깜짝 놀라게(소름끼치게) 하다; …을 분개하게 하다. ¶ His bad language *shocked* everyone there. 그의 입이 건 데는 그곳에 있던 모든 사람들이 아연실색했다 // I was *shocked* at the news. 그 뉴스를 듣고 나는 놀랐다 // (~+*to* do) They were *shocked* to hear of his scandal. 그에 대한 추문을 듣고 그들은 깜짝 놀랐다. **2** …을 감전시키다. ── *vi.* **1** (고어·시) 격돌하다. **2** 고민하다, 슬퍼하다.

shock² [ʃak / ʃɔk] *n.* 곡물의 단을 쌓은 가리, 볏가리; (美) 옥수수 다발. ── *vt.* …을 볏가리로 하다, 다발로 하다(옥수수 따위를) 다발로 묶다.

shock³ [ʃak / ʃɔk] *n.* **1** ⓤ 엉클어진 털, 난발(亂髮). **2** =shock dog. ── *adj.* 털이 엉클어진, 난발의. ¶ a *shock* head 덥수룩한 머리.

shóck absórber *n.* [기계] 완충기, 완충 장치.

shóck áction *n.* (군대) 충격, 충격 작전, 급습.

shóck córd *n.* 완충 고무줄 [소형 비행기나 글라이더 따위를 착륙시키거나 띄울 때에 사용하는 것].

shóck dòg *n.* 털이 길고 텁수룩한 개, [특히] 푸들개.

shock·er [ʃákər / ʃɔ́k-] *n.* **1** 쇼크를 주는 사람(것), 오싹하게 하는 사람(것). **2** (주로 구어)선정적인 소설.

shock·head·ed [ʃákhèdid / ʃɔ́k-] *adj.* 머리칼이 흘러진, 머리가 텁수룩한.

*****shock·ing** [ʃákiŋ / ʃɔ́k-] *adj.* **1** 충격을 주는, 충격적인, 쇼킹한. ¶ the *shocking* news of his death 그의 죽음에 대한 충격적인 소식. **2** 어이없는, 불쾌한. **3** 고약한, 지독한. ¶ a *shocking* voice 형편없는 목소리 / a *shocking* coward 지독한 겁쟁이. ── *adv.* (구어) 매우, 아주. ¶ *shocking* hot 아주 더운 / a *shocking* poor play 아주 빈약한 연극. **~ly** *adv.* **~ness** *n.*

shock-proof [ʃákprù:f / ʃɔ́k-] *adj.* [시계·기계 따위가] 내진성(耐震性)의. ── *vt.* [시계·기계 따위를] 충격에서 보호하다.

shóck stáll *n.* (항공) 충격파(波) 실속(失速) [항공기의 속력이 음속에 가까워질 때에 충격적으로 생기는 실속].

shóck thérapy (tréatment) *n.* ⓤ (의학) 충격 요법 (정신병의 치료법). [특윤퍼.

shóck tróops *n. pl.* (군대) 돌격 부대, 기습 부대.

shóck wàve *n.* [음속을 돌파한 제트기 따위가 받는 공기의 충격파]. *send* (or *spread*) *shock waves through* …에 충격을 주다.

shod [ʃad / ʃɔd] *v.* shoe 의 과거·과거 분사의 하나. ── *adj.* 신을 신은.

shod·dy [ʃádi / ʃɔ́di] *n.* ⓤⓒ (*pl.* **-dies**) **1** 재생한 털실, 재생 모직물. *cf.* mungo **2** 가짜, 위조품, 값싼 물건. ── *adj.* (**-di·er, -di·est**) **1** 재생 털실(모직)의. **2** 조잡한, 가짜의. **-di·ly** *adv.* **-di·ness** *n.*

‡**shoe** [ʃu:] *n.* (*pl.* **shoes** or (고어·방언) **shoon**) **1** 신, 구두 [(美)에서는 목이 길고 끈 달린 구두도 포함. 특히 구별할 경우에는 low shoes, high shoes 라고 한다]; (英) 단화. *cf.* boot¹ ¶ a pair of *shoes* 구두 한 켤레 / have one's *shoes* on 구두를 신고 있다 / put on (take off) one's *shoes* 구두를 신다(벗다). **2** 구두 모양의 물건, 편자·썰매 따위의 미끄럼쇠. **3** [지팡이·장대 따위의] 끝에 붙인 쇠, 물미. **4** 타이어의 겉싸개. **5** (바퀴의) 제동자(制動子)(drag).

another pair of shoes 전혀 다른 것, 별문제.
die in one's *shoes*; *die with* one's *shoes on* ① 변사(變死)하다. ② 교수형이 되다.
fill a person's shoes 남을 대신하다.
in a person's shoes 남의 입장이 되어, 남을 대신하여.
lick a person's shoes ⇨ LICK.
over (or *up to*) *the shoes* 몰두하여.
put the shoe on the right foot 책망할만한 사람을 책망하다, 칭찬할만한 사람을 칭찬하다.
shake in one's *shoes* 부들부들 떨다, 겁내다.
step into a person's shoes 남의 후임이 되다, 남의 자리에 앉다.
The shoe is on the other foot. 사정(형세)은 역전(逆轉)하였다.
wait for dead men's shoes 남의 유산(지위)을 노리다.
where the shoe pinches 재앙·슬픔 따위의 원인. ¶ *Only the wearer knows where the shoe pinches.* (속담) 진짜 고생은 당해 본 사람만이 안다.

── *vt.* (**shod** or **shoed**, **shod** or **shoed** or **shod·den, shoe·ing**) **1** …에 구두를 신기다; (말)에 편자를 박다. **2** …끝에 쇠붙이를 달다; …에 물미를 달다.

shoe·black [ʃú:blæ̀k] *n.* 구두닦기(bootblack).

shoe·brush [ʃú:brʌ̀ʃ] *n.* 구두 닦는 솔.

shóe búckle *n.* 구두 죄는 쇠붙이.

shoe·horn [ʃú:hɔ̀:rn] *n.* 구두 주걱. ── *vt., vi.* 좁은 장소로 밀어넣다(쑤셔넣다).

shoe·lace [ʃú:lèis] *n.* 구두끈.

shóe léather *n.* 구두 가죽; (속어) (총칭적) 구두. ¶ as good (honest) a man as ever trod *shoe leather* 누구 못지않게 좋은(정직한) 사람. [수선공.

*****shoe·mak·er** [ʃú:mèikər] *n.* 구두 만드는 사람, 구두장이.

shoe·mak·ing [ʃú:mèikiŋ] *n.* ⓤ 구두 제조(업), 구두

shóe pólish *n.* 구두약. [수선(업).

sho·er [ʃú:ər] *n.* 편자공(工).

shoe·shine [ʃú:ʃàin] *n.* (美) **1** 구두닦기 ((英) boot polish). **2** 닦은 구두의 표면.

shoe·string [ʃú:strìŋ] *n.* **1** 구두 끈(shoelace). **2** (구어) 적은 돈(자본). ¶ A business started on a *shoestring*. 사업은 소액의 자본으로 시작되었다. ── *adj.* 겨우 자랄 정도의, 불안정한(precarious).

shóestring cátch *n.* (야구) 땅을 스치는 듯한 공을 잡기.

shóestring majórity *n.* 겨우 되는 과반수.

shóestring potátoes *n. pl.* (美) 잘게 쓴 감자 튀김, [튀는] 구두들.

shoe·tree [ʃú:trì:] *n.* [모양을 보존하기 위하여 넣어 두는] 신골, 구두 골.

sho·far [ʃóufɑr] *n.* [유대교의] 뿔 피리.

shone [ʃoun / ʃɔn] *v.* shine 의 과거·과거 분사.

shoo [ʃu:] *interj.* 쉬, 쉬이 [새 따위를 쫓는 소리]. ── *vt., vi.* 쉬이라고 하다, 쉬이 하고 쫓다.

shoo-fly [ʃú:flài] *n.* (美) 흔들목마, 파리의 일종.

shoo-in [ʃú:ìn] *n.* (구어) **1** [당선이 확실한] 후보자(경쟁자). **2** [전기의] 판거리.

shook¹ [ʃuk] *n.* **1** [통·가구 따위를 짜는] 한 벌의 판자. **2** [밀·옥수수 따위의] 단을 쌓아올린 더미. ── *vt.* 단의 벌판을 다발짓다.

‡**shook**² [ʃuk] *v.* shake 의 과거형. [(shaken).

shook-up [ʃúkʌ̀p] *adj.* (속어) [심리적으로] 동요된.

‡**shoot** [ʃu:t] *v.* (**shot, shoot·ing**) *vt.* **1** …을 쏘다, 발사하다; 쏘아 잡다, 사살하다, 총살하다. ¶ *shoot* a bird 새를 쏘다 / *shoot* oneself [총으로] 자살하다 // (~+

shoot-'em-up

⑪+⑪+⑫) He was *shot in* the left arm. 그는 왼팔을 총에 맞았다 // (~+⑪+⑪) *shoot* a person *dead*; *shoot* a person *to* death 남을 사살하다; (~+⑪+⑪)He had his arm *shot off*. 그는 포탄에 팔을 잃었다.
2 [총]을 쏘다, [탄환]을 발사하다, [화살]을 쏘다. ¶ *shoot* a gun 총을 쏘다 //(~+⑪+⑪+⑫)*shoot* an arrow *into* the air 공중으로 화살을 쏘다.
3 [질문 따위]를 쉴 새 없이 연발하다(퍼붓다). ¶ (~+⑪+⑪+⑫) *shoot* question after question *at* a person 남에게 연속적으로 질문을 퍼붓다.
4 [어떤 장소]에서 사냥하며 다니다, 사냥감을 쏘다. ¶ *shoot* a woodland 숲에서 사냥하다.
5 [급류]를 쏜살같이 통과하다, 쏜살같이 내려가다. ¶ *shoot* the rapids in a canoe 카누를 타고 급류를 내려가다.
6 [빛]을 발하다; [그물·시선 따위]를 던지다; [용암 따위]를 분사(噴射)하다. ¶ *shoot* a fishing net 투망을 치다 / (~+⑪+⑪+⑫) *shoot* a light *on* the stage 광선을 무대에 비추다 / *shoot* a smile *at* a person 남에게 미소를 던지다.
7 [짐 따위]를 내던지다(...*out*); [손·발 따위]를 내밀다(...*out*); [초목이] [싹]을 내다(...*forth, out*), ¶ *shoot* an anchor 닻을 내리다 / (~+⑪+⑪+⑫) *shoot out* buds 싹이 트다 / (~+⑪+⑪+⑫) The rider was *shot over* the horse's head. 기수는 말머리 너머로 내동댕이쳐졌다 / He *shot* his finger *at* my nose. 그는 내 코앞에 손가락을 들이댔다.
8 [스포츠] [골문에] [공]을 슛하다; [구슬·주사위 따위]를 튕기다, 던지다.
9 [사진] ...의 사진을 찍다, ...을 촬영하다(film).
10 [태양 등 천체]의 고도를 측정하다.
11 (주로 수동형으로) ...에 다른 색의 실 따위를 섞어 짜다, 다른 것을 혼합하다(...*with*). ⇒ SHOT². ¶ (~+⑪+⑪+⑫) silk *shot with* gold 금실을 섞어 짠 견직물 / a story *shot with* humor 유머가 섞인 이야기.
12 [빗장 따위]를 걸다, 끼우다.
13 [대패로] [목재]를 곱게 밀다.
14 [항공] 되풀이 해서 연습하다.
15 (속어) ...을 건네주다, 넘겨주다(pass); 보내주다. ¶ *Shoot* the salt to me. 소금을 건네주시오.
16 (미속어) [마약]을 정맥에 주사하다.
— *vi.* **1** 쏘다, 발사하다, 사격하다; [총으로] 사냥하다. ¶ *shoot* wide of the mark [탄환 따위가] 표적에서 멀리 빗나가다 / *Shoot* to kill! 쏴 죽여라!! / He *shoots* well (ill). 그는 사격 솜씨가 좋다(나쁘다) // (~+⑪+⑫) *shoot at* a target (a bird) 표적(새)을 쏘다.
2 [총에서] 탄환이 튀어나가다. ¶ My gun won't *shoot* straight. 내 총은 아무래도 명중하지 않는다.
3 세차게 날다(나아가다), 돌진하다, 쏜살같이 지나다, 번쩍이다; 분출하다. ¶ (~+⑪) Flames *shot up* from the burning house. 불난 집에서 불길이 확 치솟아 올랐다 / A motorboat *shot past.* 모터보트가 세차게 지나갔다 // (~+⑪+⑪+⑫) A star *shot across* the sky. 별 하나가 하늘을 가로질러 떨어졌다 / A sudden thought *shot across* my mind. 순간적으로 한가지 생각이 마음속에 번뜩였다 / A glance *shot from* his eyes. 그는 흘긋 시선을 보냈다 / Blood *shot from* the wound. 상처에서 피가 터져나왔다.
4 [초목 따위가] 싹트다, 발아(發芽)하다; [쑥쑥] 성장하다(*up*). ¶ (~+⑪) The leaves have begun to *shoot forth.* 나뭇잎들이 싹이 돋기 시작했다.
5 [곶 따위가] 돌출하다, [산 따위가] 우뚝 솟다. ¶ (~+⑪) (~+⑪+⑫) a cape *shooting out into* the sea 바다로 불쑥 돌출한 곶 / The mountain *shoots up against* the blue sky. 산이 푸른 하늘에 우뚝 솟아 있다.
6 [사진] 사진을 찍다, 촬영하다.
7 [스포츠] [골]을 향하여 슛하다.
8 몸이 욱신거리다, 쑤시듯이 아프다. ¶ (~+⑪+⑫)

shop

A sharp pain *shot through* me. 심한 통증이 나의 전신을 쑤셨다.
9 (미속어) 말을 꺼내다; (명령법으로) 어서 말해.
I'll be shot if [강한 부정·거절을 뜻하여] 만일 ...이면 내 목을 쳐라, 절대로 ...은 아니다.
shoot a line ⇒ LINE¹.
shoot ahead ① 힘차게 나아가다; 경쟁자를 앞지르다. ② 급속한 발전을 보이다.
shoot away ① [탄약]을 다 쏘아버리다. ② ...을 잇따라 쏘다.
shoot down ① ...을 쏘아 떨어뜨리다; ...을 쏘아 죽이다. ② [토론 따위에서] [상대]를 완전히 이기다.
shoot fire [눈이] 반짝이다.
shoot for (or *at*) (구어) ...을 목표로 하다, 목표 달성을 위해 노력하다.
shoot from the hip 조급하게 말하다(행동하다).
shoot off 발포하다.
shoot off one's (or *at the*) *mouth* (or *face*) (속어) [무책임하게] 주절거리다.
shoot out ① [손·발 따위]를 불쑥 내밀다 ⇒ vt. 7. ② [곶 따위]가 돌출하다. ⇒ vi. 5. ③ ...을 무력으로 해결하다.
shoot the breeze ⇒ BREEZE¹.
shoot the bull ⇒ BULL¹.
shoot the moon ⇒ MOON.
shoot the sitting pheasant 약한 사람을 괴롭히다.
shoot the works ⇒ WORK.
shoot up ① 급속히 성장하다. ⇒ *vi.* 4. ② 우뚝 솟다. ⇒ *vi.* 5. ③ 힘차게 오르다; [물가가] 폭등하다. ④ 마구 쏘아대다; (구어) 총을 난사하여 위협하다. ⑤ (*vt., vi.*) [마약]을 정맥에 주사놓다.
— *interj.* (미속어) **1** 체!(실망의 소리). **2** 어서 말해.
— *n.* **1** 사격, 발포, 발사. **2** (속어) 주사. **3** (주로 영) 유럽관(遊覽官), 유럽 여행. **4** 사냥터. **5** 풀·나무의 발아(發芽), 성장; 햇가지, 새촉. ⇒ BRANCH [類語]; 지맥(支脈), 분맥(分脈). **6** 급류, 여울, 분수(噴水). **7** 돌진; [물가가] 오름. **8** [빛의] 조명(照明). **9** [석탄·곡물 따위의] 운반 홈통. **10** [보트의] 한번 젓는 동안의 시간.
the whole shoot n. (속어) 몽땅.
◇ shot *n.*

shoot-'em-up [ʃúːtəmʌ̀p] *n.* (미속어) 총격·유혈·액션 장면이 많은 영화(텔레비전 프로).
shoot-er [ʃúːtər] *n.* **1** 사수(射手), 포수; 사냥꾼. **2** (주로 복합어로 써서) 연발식 권총. ¶ a six-*shooter* 6연발총. **3** [크리켓] 땅을 스쳐 날아가는 공. **4** [유희] 구슬치기에서 튀기는 구슬. **5** 슛을 잘하는 선수.
shoot·ing [ʃúːtiŋ] *n.* **1** (U) 사격, 발사. **2** (U) 총사냥; (주로 영) 사냥터, 수렵권(狩獵權). **3** (U) 사출(射出); 돌진(darting). **4** (U) 심한 통증.
Sure as shooting. (미속어) 말하면 잔소리지(= Absolutely yes).
shóoting bòx *n.* (주로 영) 사냥터의 오두막집.
shóoting gàllery *n.* 장난감총을 쏘는 오락장; 사격 연습장.
shóoting ìron *n.* (속어) 화기(火器); (특히) 권총.
shóoting màtch *n.* **1** 사격 대회. **2** (속어) [집합적] 많은 사람(것). **3** [어떤 사물에 관해] 모든 것, 일체(*는 숙어로 쓴다). ¶ the *whole shooting match* (구어) 모든 일, 모든 것.
shóoting ràge *n.* 사격장.
shóoting scrìpt *n.* [TV·영화] 촬영 대본.
shóoting stàr *n.* **1** 유성(流星). **2** 미국앵초(櫻草, *을 수 있게 되어 있다).
shóoting stìck *n.* 사냥용 지팡이[위쪽을 벌려서 앉을 수 있게 되어 있다].
shóoting wàr *n.* ⓤ(C) 실전(實戰).
shoot-out [ʃúːtàut] *n.* ...으로 하는 결투; 총격전.
shoot-up [ʃúːtʌ̀p] *n.* (속어) [마약의] 정맥 주사; (구어) 총격전.
shop [ʃap/ʃɔp] *n.* **1** (영) 상점, 소매점(*에서는 store 라고 한다). ¶ a flower *shop* 꽃집 / a grocer's

shop 식품점 / open a *shop* 개점하다, 장사를 시작하다 / close a *shop* 폐점하다 / run a *shop* 상점을 경영하다 / keep *shop* 가게를 보다. **2** 《美》전문(고급품)점. ¶ a gift *shop* 선물 전문점. **3** 작업장, 일터 (workshop). ¶ a barber's *shop* 이발소./《美》barber *shop*) / a carpenter's *shop* 목공소. **4** 제조 공장, 수리 공장. ¶ a machine *shop* 기계 제작소. **5** 《속어》사무소 (office). **6** 《英속어》일(job), [특히 배우의] 출연 계약, 일자리. ¶ He can't find a *shop*. 그는 일자리를 찾지 못하고 있다. **7** 《英속어》시설(institution)[근무처·학교·음식점 따위]. ¶ the other *shop* 경쟁업자. **8** 자기 일(직업·장사); ⓤ 자기 직업에 관한 이야기 (shoptalk). ¶ sink the *shop* 자신의 직업을 감추다; 자신의 직업(전문) 이야기를 삼가하다 / smell of the *shop* 전문가 티 나다 / talk *shop* 자기 자신의 사업(전문적인 일) 이야기만 하다 / Cut the *shop*! 일 이야기는 그만둬라! **9** 《美》[국민 학교나 중학교의] 공작실(室); ⓤ 공작.
all over the shop 《속어》사방팔방으로; 어질러 놓고.
come to the wrong shop 《속어》엉뚱한 사람에게 부탁하러 가다, 번지수를 잘못 짚다.
set up shop 일(사업)을 시작하다, 개업(개점)하다.
shut up shop 일(사업)을 그만두다, 폐점하다.

── *v.* (shopped, shop·ping) *vi.* 물건을 사다(at...). ¶ go *shopping* 장보러(물건을 사러) 가다 / *shop* at stores 가게에서 물건을 사다.
── *vt.* **1** 《美구어》(가게)에서 사다; (물품을) 사다. **2** (주로 英구어) …을 형무소에 넣다; (공범자 등을) 밀고하다(betray).
shop around 《美》① 일자리를 찾아다니다. ② 상품 (상점)을 보고 다니다.
── *interj.* [가게 주인이 점원에게] 손님 모셔라!

shop·a·hol·ic [ʃɑ́pəh(ː)lik] *n.* 쇼핑 광(狂), 쇼핑 중독자. [SHOP+A[LCO]HOLIC]
shóp assìstant *n.* 《英》[소매점의] 점원.
shóp automátion *n.* 제조 현장의 자동화.
shop·boy [ʃɑ́pbɔ̀i / ʃɔ́p-] *n.* 《英》[어린] 점원.
shóp cháirman *n.* =shop steward.
shóp commìttee *n.* [노동 조합의] 직장 위원회.
shóp députy *n.* [노동 조합의] 직장 대표.
shop-fit·ter [ʃɑ́pfìtər / ʃɔ́p-] *n.*《英》가게의 내부 장식을 하는 사람.
shóp flóor *n.* [회사·공장 따위의] 작업 현장; (the ~) [공장] 노동자, 노동자 측.
shop·girl [ʃɑ́pɡə̀ːrl / ʃɔ́p-] *n.* 여점원(salesgirl).
shóp hóurs *n.*《복수 취급》[상점의] 영업 시간, 개점 시간.
shop·keep·er [ʃɑ́pkìːpər / ʃɔ́p-] *n.* 《英》[소매점의] 가게 주인, 소매 상인. *cf.* merchant [매점.
shop·keep·ing [ʃɑ́pkìːpiŋ / ʃɔ́p-] *n.* ⓤ 상점 경영; 소매.
shop·lift [ʃɑ́plìft / ʃɔ́p-] *vt., vi.* 물건을 사는 체하고 훔치다, 들치기하다. [훔치는 사람, 들치기.
shop·lift·er [ʃɑ́plìftər / ʃɔ́p-] *n.* 물건을 사는 체하고
shop·lift·ing [ʃɑ́plìftiŋ / ʃɔ́p-] *n.* ⓤ 들치기.
shop·man [ʃɑ́pmən / ʃɔ́p-] *n.* (*pl.* **-men** [-mən]) **1** 점원(salesman). **2** (주로 英) 가게 주인(shopkeeper).
shoppe [ʃɑp / ʃɔp] *n.* =shop. * shop을 멋내기 위해 쓰는 철자. **2** 대리 구매인.
shop·per [ʃɑ́pər / ʃɔ́pə] *n.* **1** 물건을 사는 사람, 손님.
‡**shop·ping** [ʃɑ́piŋ / ʃɔ́p-] *n.* ⓤ 물건 사기, 쇼핑. ¶ do [one's] *shopping* 물건을 사다, 쇼핑하다.
shópping bàg *n.* =carrier bag.
shópping-bàg làdy *n.*《美》쇼핑백에 전 재산을 넣고 대도시의 거리나 공원을 떠도는 중년녀 여성.
shópping cárt *n.* [수퍼마켓 같은 데서 사용하는] 손님용 손수레. [상점가(street).
shópping cènter *n.*《美》[특히 교외의] 쇼핑 센터.
shópping màll *n.*《美·캐나다·濠》보행자 전용 상점가, 쇼핑 센터내의 한 구획.
shópping plàza *n.*《美》=shopping cen- [ter.

shop·py [ʃɑ́pi / ʃɔ́pi] *adj.* (**-pi·er, -pi·est**) **1** 소매상 [점]의, 소매 상점이 많은, ¶ a *shoppy* street 상점가. **3** 《속어》자신의 장사(전문, 일)에 관한.
shop-soiled [ʃɑ́psɔ̀ild / ʃɔ́p-] *adj.*《英》=shopworn.
shóp stèward *n.*《주로 英》노동 조합의 대표자.
shop-talk [ʃɑ́ptɔ̀ːk / ʃɔ́p-] *n.* ⓤ **1** 직업상의 용어(회화). **2** [특히 사적인 경우의] 장사(전문·일)에 관한 이야기. [walker.
shop-walk·er [ʃɑ́pwɔ̀ːkər / ʃɔ́p-] *n.*《英》=floor-
shop-win·dow [ʃɑ́pwíndou/ʃɔ́p-] *n.* [상점의] 진열장, 쇼윈도(show window).
put all one's goods in the shopwindow 있는 상품을 모조리 진열하다; (비유적) 깊이가 없다, 천박하다.
shop·worn [ʃɑ́pwɔ̀ːrn / ʃɔ́pwɔ̀ːn] *adj.* [상품이] 오랫동안 내놓아서 찌든.
shor·an [ʃɔ́ːræn / ʃɔ́ː-] *n.* (때로 S-) [항공기의] 쇼랜, 단거리 무선 항법 장치. *cf.* loran [물가.

‡**shore**¹ [ʃɔːr / ʃɔː] *n.* **1** (바다·호수·하천의) 기슭, [類] *shore* 바다·호수·바다의 기슭; 가장 일반적인 말: reach *shore* 기슭에 닿다. **bank** 하천의 기슭; 반드시 제방과 같이 경사지지 않아도 무방하다. **beach** [간조 (干潮)시에] 넓어지는[ ] 모래밭이나 자갈밭: play on the *beach* 해변에서 놀다. **coast** 바다에 접한 지역, 육지에서 본 바다의 경계: the Atlantic *coast* 대서양 연안. **seaboard** 육지와 바다의 경계선: the eastern *seaboard* 동부의 해안선. **seashore** 해안; 엄밀하게는 만조시의 해안과 간조시의 해안 사이의 지역. **seaside** 휴양지·유람지로서의 해안 지방, 해변: go to the *seaside* on vacation 휴가로 해변(바닷가)에 가다.
2 [특정한] 지방, 나라. ¶ my native *shore* 나의 고향 / on a distant *shore* 머나먼 나라에 / within these *shores* 이 나라 안에, 이 지방에. **3** ⓤ 땅, 육지(land). ¶ come (or go) on *shore* 상륙하다. **4** [법률] 고조선 (高潮線)과 저(低)조선과의 사이의 땅.
in shore 해안 가까이에, 얕은 여울에.
off shore 해안에서 떨어져서, 난바다에.

shore² [ʃɔːr / ʃɔː] *n.* [선체·건물·수목 따위의] 지주(支柱)(prop), 버팀목. ── *vt.* (shored, shor·ing) … 을 지주로 버티다, …에 버팀목을 대다(…*up*).
shore³ [ʃɔːr / ʃɔː] *v.* 《방언》 shear의 과거형.
shore-based [ʃɔ́ːrbèist / ʃɔ́ː-] *adj.* [비행기가] 육상에 기지를 둔. [shore²]
shóre dínner *n.* 해산물 요리, 어패류의 요리.
shóre lèave *n.* ⓤ《해군》상륙 허가; 상륙 기간 [보통 2일 정도].
shore·less [ʃɔ́ːrlis / ʃɔ́ː-] *adj.* **1** 끝없는 (boundless). **2** 상륙 가능한 해안이 없는.
shore·line [ʃɔ́ːrlàin / ʃɔ́ː-] *n.* 해안선.
shóre párty *n.* 《군대》상륙 전초 부대. [SP].
shóre patról *n.*(종종 S- P-) 미국 해군 헌병대[略
shore·ward [ʃɔ́ːrwərd / ʃɔ́ː-] *adv.* (=**shore·wards** [-wərdz]) 해안(육지)에(으로). ── *adj.* 해안 쪽의, 해안으로 향한.
shor·ing [ʃɔ́ːriŋ / ʃɔ́ːr-] *n.* ⓤ **1**《집합적》지주(支柱), 버팀목들(shores). **2** 지주로 받치기.
shorn [ʃɔːrn / ʃɔːn] *v.* shear의 과거 분사의 하나. ── *adj.* 머리(털)를 깎은. ¶ *God tempers the wind to the shorn lamb.* 《속담》하나님은 털을 갓 깎인 어린 양(약자)에게는 찬바람을 보내시지 않는다.

‡**short** [ʃɔːrt / ʃɔːt] *adj.* **1** [길이·거리·시간 따위의] 짧은, 가까운. opp. **long**¹ ¶ a *short* bill 단기 어음 / a *short* life 짧은 인생, 단명 / a *short* story 단편 소설 / a *short* sword 단검 / a *short* way off 조금 떨어져서 / for a *short*

short account

while 잠시 동안 / in a *short* time 잠시 후에.
2 〔이야기 따위가〕짧은, 간결한. ¶ to cut (*or* make) a long story *short* 짧게(줄여) 말하면 / His remark was *short* and to the point. 그의 말은 간결하고 요령이 있었다.

類語 **short** 시간적·거리적으로 짧은; 때로는 불완전·중단·미완결(未完結) 따위의 암시: a *short* walk 짧은 산책, 걸어서 얼마 안되는 거리. **brief** 시간적으로 짧은; 때로는 내용의 압축을 암시: a *brief* talk 짧은 [그러나 내용 있는] 이야기.

3 신장(키)이 작은. opp. tall ¶ a *short* man 키가 작
4 멋없는, 무뚝뚝한, 퉁명스러운(curt). ¶ She answered in a *short* way (*or* manner). 그녀는 퉁명스럽게 대답했다.
5 〔생각·기억 등이〕표준에 미치지 않는, 얕은, 불충분한; 〔중량·물품 따위가〕모자라는; 〔숨결 따위가〕빠른. ⇨ SCANTY 類語 ¶ a *short* thinking 앞을 내다보지 못하는(얕은) 생각 / a *short* temper 성급함 / a *short* crop 흉작 / a *short* hour 한 시간 미만 / *short* weight (measure) 중량(치수) 부족 / *short* wind 숨 가쁨; 끈기가 없음 / in *short* supply 공급이 달려 / have a *short* memory 기억력이 나쁘다 // *short of* breath 숨이 차서. ⇨ be *short of*.
6 〔지력·능력 등이〕열등한, 약한 (in, on...). ¶ He is *short* on brains. 그는 머리가 좋지 않다 / He is *short* on common sense. 그는 상식이 모자란다.
7 〔과자 따위가〕아삭아삭(바삭바삭)한(crisp); 〔점토·금속 따위가〕부서지기 쉬운, 무른.
8 《英구어》〔술 따위가〕물타지 않은, 진국의, 독한; 〔유리잔에 따른, 소량의. ¶ something *short* 〔위스키 따위의〕한 잔, 한 모금 / a *short* beer 작은 맥주잔으로 한 잔 6 달러 모자란다.
9 《속어》돈이 모자란. ¶ I am six dollars *short*. 돈
10 〔상업〕〔증권〕현물 없이 파는. ¶ a *short* sale 공매(空賣).
11 〔음성〕단음의; 약음(弱音)의. ¶ *short* vowels 단 [be] *short for* ⋯을 생략한 것, ⋯의 생략, ⋯의 생략형이다.
be short of ① ⋯이 부족하다(모자라다). ¶ *be short of* money (hands) 돈(사람 손)이 부족하다 / I can't offer you coffee, as we're *short of* milk. 밀크가 떨어져서 커피를 권하지 못하겠다. ② ⋯에 이르지 못하다, 못미치다. ¶ His age is *short of* forty. 그는 아직 마흔 살이 못되었다/She is far *short of* her sister in cooking. 요리에 있어서 그는 언니만 훨씬 못하다/It is surely *short of* satisfactory. 그것으로는 아무래도 만족할 수가 없다.
by a short head 가까스로, 근소한 차이로.
get the short end of it (or **the deal, the stick**) 헛수고하다, 불리한 제비를 뽑다, 운이 나쁘다.
in the short run ⇨ RUN¹.
little (or **nothing**) *short of* 거의(완전히) ⋯인, ⋯에 가까운. ¶ My escape was *nothing short of* miraculous(*or* a miracle). 나의 탈출은 완전히 기적이었다.
make short work of ⋯을 빨리 처리하다.
short and sweet 《비꼬아서》아주 짧은. ¶ Make your speech *short and sweet*. 말을 간단히 해주시오.
— *adv*. **1** 짧게, 간략하게, 간단히. **2** 쌀쌀맞게, 무뚝뚝하게. **3** 급히, 갑자기. ¶ stop *short* 갑자기 그만두다(세우다), 중단되다 / bring (*or* pull) up *short* 갑자기 서다(세우다). **4** 〔목표에〕못 미쳐, 도중에서. **5** 모자라서, 불충분하게. **6** 〔상업〕공매(空賣)로. ⇨ *sell short.*
be taken short 《구어》갑자기 뒤가 마려워지다.
break short [**off**] 뚝 꺾다(꺾이다); 갑자기 중단하다.
come (or **fall**) **short** [**of**] ① [⋯에] 못 미치다. ¶ His speech *came short of* my expectation. 그의 이야기는 나의 기대에 어긋났다. ② [⋯이] 결핍(缺乏)하다. ¶

They came *short* of provisions. 그들은 식량이 부족해졌다.
cut ...short ① 〔목숨·행동 따위〕를 갑자기 끝내다. ② 〔말〕을 가로막다. ③ 〔예산 따위〕를 삭감하다.
go short [*of*] [⋯] 없이 해나가다, 부족함을 참다.
run short [*of*] [⋯이] 부족하다, [⋯이] 떨어지다.
sell short ⇨ SELL.
short of ⋯을 제하고, ⋯은 별문제로 하고. ¶ *Short of* swindling, he can't do anything. 사기치는 일을 빼면 그는 아무 일도 할 수 없다.
take *a person* [**up**] **short** 남의 말을 가로막다.
— *n*. **1** 〔구어〕짧음, 간결, 간단, 개요. **2** (the ~) 요점, 개요. **3** (~s) 반 바지, 운동 팬츠, 숏 팬츠. **4** (~s) 중급품(中級品); 중급 밀가루. **5** 〔군대〕표적에 닿지 않는 탄환. **6** 〔전기〕 단락, 누전 (short circuit). **7** 〔韻律〕 단음, 단음절. **8** 〔야구〕유격수, 숏스톱 (shortstop); 〔U〕 유격수의 수비 위치(범위). **9** 〔영화〕단편물(短篇物). **10** (~s) 〔상업〕 공매; 공매 중개업자, 단기 국채. **11** (~s) 부족, 결손. **12** 〔英구어〕〔맥주에 대해서 위스키 따위의〕한 잔.
for short 생략하여. ¶ We call her Beth *for short*. 우리는 그녀의 이름을 줄여서 베스라고 부른다.
in short 짧게 말하면, 요는.   다(되다).
— *vt*., *vi*. 〔전기〕 〔⋯을〕 단락(누전)시키다, 쇼트시키
◇ shórtage, shórtness *n*., shórten *v*., shórtly *adv*.

shórt accóunt *n*. 〔증권〕단기 예측(豫測) 매각, 공매(空賣).

shórt·age [ʃɔ́ːrtidʒ] *n*. **1** 〔U〕〔C〕〔양(量)의〕부족, 지불 부족 ⇨ LACK 類語 ¶ a *shortage* of money 금전 부족. **2** 부족량, 부족 금액. ◇ *short* *adj*.

shórt bónd *n*. 〔증권〕〔만기일이 5년 이내인〕단기채권(債券).   종.

shórt·bread [ʃɔ́ːrtbrèd] *n*. 〔U〕버터를 넣은 쿠키의 일

shórt·cake [ʃɔ́ːrtkèik] *n*. 〔U〕〔C〕 쇼트케이크.

shórt-change [ʃɔ́ːrttʃéindʒ] *vt*. (**-changed, -changing**) 《구어》**1** ⋯에게 거스름돈을 덜 주다. **2** ⋯을 속이다(cheat), 부당하게 다루다.

shórt círcuit *n*. 〔전기〕단락, 쇼트; 누전.

shórt-cir·cuit [ʃɔ́ːrtsə́ːrkit] *vt*. **1** 〔전기〕⋯을 단락(쇼트, 누전)시키다. **2** ⋯을 짧게(간단하게) 하다. **3** ⋯을 방해하다. — *vi*. 〔전기〕합선하다, 쇼트되다.

shórt-clothes [ʃɔ́ːrtklòuz, -klòuðz / -klòuðz] *n*. *pl*. 〔긴 옷이 아닌〕아동(유아)복.   다.

shórt-coat [ʃɔ́ːrtkòut] *vt*. 〔애기〕에게 배내옷을 입히

*shórt·com·ing [ʃɔ́ːrtkʌ̀miŋ, -ˊ- -] *n*. (보통 ~s) **1** 단점, 결점. ⇨ FAULT 類語 **2** 부족; 불충분한 점 〔농작물의〕흉작.

shórt·com·mons [ʃɔ́ːrtkɑ́mənz / -kɔ́m-] *n*. *pl*. 《단수 취급》《주로 英》식량의 공급 부족.

shórt cóvering *n*. 〔U〕〔증권〕공매한 증권의 환매.

shórt·cut [ʃɔ́ːrtkʌ̀t] *n*. 〔비유적으로〕 지름길.

shórt-dat·ed [ʃɔ́ːrtdéitid] *adj*. 〔어음 등이〕단기의.

shórt-day [ʃɔ́ːrtdèi] *adj*. 〔식물〕단일성(短日性)의, 낮의 길이가 짧을 때 자라는.

*shórt·en [ʃɔ́ːrtn] *vt*. **1** ⋯을 짧게 하다, 축소하다, 줄
類語 **shorten** 시간·정도·공간을 짧게 하다: *shorten* a skirt (a visit) 스커트(체재 기간)을 짧게 하다.
abridge 요약이나 압축 따위로 길이·크기를 축소하다: *abridge* a lengthy English 장문의 보고서를 요약하다.
curtail 줄이다; 짧게(축소) 하기 위하여 일부분이 결여되어 불완전한 것이 되는 것을 암시: *curtail* home budgets 가정의 예산을 줄이다.
2 ⋯을 덜다, 삭감하다. **3** 〔항해〕〔돛〕을 조르다. **4** 〔빵〕을 부서지기 쉽게 하다, 바삭바삭하게 하다. — *vi*. **1** 짧아지다, 줄어들다. **2** 감소하
◇ *short* *adj*.   다.

shórt·en·ing [ʃɔ́ːrtniŋ] *n*. 〔U〕 **1** 단축. **2** 〔C〕 쇼트닝 〔제과용 재료의 버터·라드 따위〕. **3** 〔언어〕 생략(省略); 〔법〕 〔C〕 생략어.

short·fall [ʃɔ́ːrtfɔ̀ːl] n. 부족(액).
shórt fíeld n. 〖야구〗 유격수의 수비 범위.
shórt fúse n. 《美》 성급함.
‡**short·hand** [ʃɔ́ːrthæ̀nd] n. ⓤ 속기(술). — adj. 속기(용)의, 속기의. ¶ a *shorthand* writer 속기사.
short-hand·ed [ʃɔ́ːrthǽndid] adj. 일손이 모자라는, 사람이 부족한. ~·ness n.
shórthànd týpist n. 《英》 속기사.
shórt-hául [ʃɔ́ːrthɔ̀ːl] adj. 〖항공기 따위〗 근거리용의, 근거리 수송의 [리]; 신승(辛勝).
shórt héad n. 〖경마에서〗 말머리 하나의 차(差) ;
short·head [ʃɔ́ːrthèd] n. 단두형(短頭型)의 사람. cf. longhead
short·head·ed [ʃɔ́ːrthèdid] adj. 단두의(brachy cephalic). cf. longheaded ~·ness n.
short·horn [ʃɔ́ːrthɔ̀ːrn] n. 뿔이 짧은 소, Durham 종의 소.
short·ie [ʃɔ́ːrti] n. =shorty.
short·ish [ʃɔ́ːrtiʃ] adj. **1** 좀 짧은, [키가] 좀 작은; 다소 간단한. **2** 〖음성〗 약간 단음의.
short-life [ʃɔ́ːrtlàif] adj. = short-lived.
short-list [ʃɔ́ːrtlìst] vt. 《英》…을 예비 심사에서 합격시키다. [없는.
short-lived [ʃɔ́ːrtláivd, -lívd / -lívd] adj. 단명의; 덧
‡**short·ly** [ʃɔ́ːrtli] adv. **1** 곧, 이윽고(soon). ¶ *shortly* after the war 전후 얼마 안 있어. **2** 간단히, 짤막하게. ¶ to say *shortly* 간단히 말하면. **3** 무뚝뚝하게, 통명스럽게. ¶ answer *shortly* 통명스럽게 대답하다.
shórt márk n. 단음 부호[⏑] (breve).
short·ness [ʃɔ́ːrtnis] n. ⓤ **1** 짧음, 부족, 결핍. ¶ *shortness* of breath 숨가쁨 / *shortness* of memory 기억력이 나쁨, 건망증. **2** 간단, 간결. **3** 무뚝뚝함, 나폭함. **4** 파삭파삭함. [석 요리.
shórt órder n. 〖식당 따위〗에서 곧 만들어지는 즉
short-or·der [ʃɔ́ːrtɔ́ːrdər] adj. 즉석 요리 전문의; 즉각 처리한. [기의.
short-range [ʃɔ́ːrtréindʒ] adj. 사정 거리가 짧은; 단
shórt ríbs n. pl. 소의 갈비살.
short-run [ʃɔ́ːrtrʌ́n] adj. 단기의.
shórt sále n. 〖증권〗 주식의 공매(空賣).
shórt séller n. 〖증권〗 공매자(空賣者).
short-short [ʃɔ́ːrtʃɔ́ːrt] n. 장편(掌篇) 소설, 초단편 소설(short-short story).
shórt shrift n. 〖사형 집행 직전의〗 참회와 면죄를 위한 짧은 시간(유예). **2** 용서없음, 용서없는 처사, 무자비. ¶ give *short shrift* to …을 재빨리 해치우다(처치하다).
shórt síght n. ⓤ 근시(myopia), 근시안; 단견, 단견
‡**short-sight·ed** [ʃɔ́ːrtsáitid] adj. **1** 근시[안]의. **2** 선견지명이 없는, 근시안적인, 단견의. ~·ly adv. ~·ness n. [drink).
shórt snórt n. 《美》 《속어》 〖술〗을 단숨에 마시기(quick
short-spo·ken [ʃɔ́ːrtspóukən] adj. 말이 적은, 무뚝뚝한, 통명스런, 상냥하지 못한. [는, 부족한.
short-staffed [ʃɔ́ːrtstǽft] adj. 직원이다 모자라
short·stop [ʃɔ́ːrtstɑ̀p / -stɔ̀p] n. **1** 〖야구〗 유격수. **2** 〖사진〗 현상(現像) 정지액(욕) (stop bath).
shórt stóry n. 단편 소설.
shórt súbject n. 〖영화〗 단편 영화. [잘 내는.
short-tem·pered [ʃɔ́ːrttémpərd] adj. 성급한, 성을
short-term [ʃɔ́ːrttə́ːrm] adj. 단기의, 단기 지불의.
shórt tíme n. ⓤⓒ 조업 단축.
shórt tón n. 미(美) 톤[중량 단위 2,000 lb]. cf. ton¹
shórt tráck ráce n. 〖스포츠〗 쇼트 트랙 레이스 [한 바퀴가 111.12미터인 타원형 트랙에서 하는 스피드 스케이팅 경기] (short track speed skating).
short-waist·ed [ʃɔ́ːrtwéistid] adj. 허리선이 올라간 [의상 따위가] 허리가 짧은.
short·wave [ʃɔ́ːrtwéiv] n. 〖무선〗 단파; 단파 수신기. — adj. 단파의. — vt., vi. (-waved, -wav·ing)
[…을] 단파로 보내다.
short-weigh [ʃɔ́ːrtwéi] vt. 무게를 속여서 팔다.
short-wind·ed [ʃɔ́ːrtwíndid] adj. **1** 곧 숨이 가빠지는, 숨이 찬. **2** 간결한; 요령이 있는. opp. long-winded
short·y [ʃɔ́ːrti] n. (pl. **short·ies**) **1** 《구어》 키 작은 사람, 꼬마. **2** 《구어》 기장이 짧은 옷. **3** 《美속어》 단편 영화.
‡**shot¹** [ʃɑt / ʃɔt] n. (pl. **shots** →4) **1** 발사, 사격; 총(포)성(聲). ¶ a *shot* of distress 조난 신호포 / a flying *shot* 비조(飛鳥) 사격 / a 후의 발로. **2** 사정, 착탄 거리. ¶ out of (within) *shot* 사정 거리 밖(안)에. **3** 저격, 조준 사격 (at…). ¶ a good *shot* 명중 // have (or make, take, try) a *shot* at a bird 새를 겨누어 쏘다. **4** (pl. **shot**) 탄환(bullet), 포탄 (cf. shell); 산탄. **5** 〖경기용〗 포환(砲丸). ¶ put the *shot* 포환을 던지다. **6** 〖스포츠〗 찌르기, 던지기, 치기, 차기(at…). **7** 사수(射手). ¶ a good (a bad) *shot* 우수한(서툰) 사수 / a dead (or a crack) *shot* 사격의 명수. **8** 시도(試圖) (for, at…). ¶ a long *shot* 어려운 시도 / have a *shot* for (or at) …을 시도하다 / make a *shot* at …을 추측하여 말하기; 최후의 수단. **9** ¶ a *shot* at a person 남에게 빗대어 말하기. **10** 〖광산〗 발파, 폭발. **11** 《구어》 〖술〗의 한잔; 한 모금; 주사; [투망(投網)의] 한번 던짐. **12** 〖사진〗 촬영; 〖영화 따위의〗 숏, 촬영 거리, 한 화면, 사진, 스냅. ¶ a close *shot* 근접 촬영 / a long *shot* 원거리 촬영. **13** 〖항해〗 닻줄의 한 마디 [길이 90피트].
call one's shots 목표(노리는 것)를 미리 말하다; 결과 (진전 과정)를 예언하다.
call the shots 지배하다, 통제하다.
like a shot 즉시, 급히; 갑자기.
not by a long shot 조금도 …하지 않다.
a shot in the arm 기운을 회복시키는 것, 자극.
a shot in the dark 억측, 터무니없는 추측.
a shot in the locker 최후의 발; 최후의 수단.
— vt. (**shot·ted, shot·ting**) …에 장탄하다.
◇ shoot v.
shot² [ʃɑt / ʃɔt] v. shoot 의 과거·과거 분사. — adj. **1** 비단 벌레 색깔(천)의, 색이(빛에 따라) 변하는. **2** […의] 색에 물든. ⇨ SHOOT vt. 11. ¶ the evening sky *shot* with red 붉게 물든 저녁 하늘. **3** 못쓰게 된, 황폐(피폐)한. **4** 《속어》 술에 취한. ¶ 자신 몸을 내다.
shot³ [ʃɑt / ʃɔt] n. 계산, 배당액(몫). ¶ pay one's *shot*
-shot [ʃɑt / ʃɔt] suf. **1** …이 미치는 범위. ¶ within *earshot* (or a rifle*shot*) 들리는 범위(사정 거리)안에. **2** [피가] 모인 ¶ blood*shot* 출혈된, 핏발선.
shóte [ʃout] n. = shoat.
shót efféct n. (the ~) 〖전자 공학〗 진공관의 음극에서 방사되는 열전자의 산탄(散彈)(숏트) 효과 (shot noise).
shot-fir·er [ʃɑ́tfàiərər / ʃɔ́tfàiərər] n. 〖발파의〗 점화자
shot·gun [ʃɑ́tgʌ̀n / ʃɔ́t-] n. 산탄총, 엽총. — adj. **1** 엽총의, 엽총으로 쏜. **2** 강압적인. **3** 무턱대고 하는, 무차별의. — vt. (**-gunned, -gun·ning**) **1** …을 엽총으로 쏘다. **2** …에 강압적인 수단을 쓰다.
shótgùn márriage(wédding) n. ⓤ 강제 결혼 [여성이 임신했기 때문에 마지못해 하는 결혼].
shót hóle n. **1** 다이나마이트의 발파용 구멍. **2** 〖곤충 따위에 의한〗 나무 구멍.
shot·proof [ʃɑ́tprùːf / ʃɔ́t-] adj. 방탄의.
shót pùt n. (the ~) 투포환.
shot-put·ter [ʃɑ́tpùtər / ʃɔ́t-] n. 투포환 선수.
shót tówer n. 탄환 제조탑 [용해된 납을 밑에 있는 물속에 떨어트려 탄환을 만든다].
‡**should** [강 ʃud, 약 ʃəd] auxil. v. (shall 의 과거형; 《고어》 2인칭 단수 과거형 **should[e]st**; 부정 단축형 **shouldn't** ⇨ SHALL).
I 《미래 시제 조동사 shall 의 과거》《주절의 동사가 과거인 경우의 간접 화법의 피전달문·종속절에 있어서》 ⇨ SHALL Ⅰ 3. ¶ He said he *should* be ready soon. = He

said, "I *shall* be ready soon." 그는 곧 준비가 다 될거라고 말했다. / You said you *should* go to the library after school. 너는 방과 후 도서관에 갈거라고 말했었다 / He said to me that I *should* succeed. 그는 나에게 내가 성공할 것이라고 말했다(= He said to me, "You will succeed.").

II 《가정법 과거》 **1** 《조건절에 써서 강한 가정을 나타낸다》 만일, 만약 …한다면(하더라도). ¶ Even if the river *should* flow backward, I will not betray you. 비록 강물이 역류하는 일이 있다 하더라도 나는 너를 배반하지 않을 것이다. / If anyone *should* come to see me, tell him I am not at home. 누가 찾아오든 내가 부재중이라고 말해 주게 / I will go, unless it *should* be rainy. 비가 오지 않는다면 나는 가겠다.

2 《조건·양보의 귀결문에서》. ¶ If he came, we *should* be delighted. 그가 온다면 우리는 참 기쁠 텐데 / If I were rich, I *should* donate to charity. 내가 부자라면 자선 사업에 돈을 기부할 텐데.

3 《조건을 내포하고, 완곡한 표현으로서》 어쩌면(아마) …한 듯하다(* I should... …은 제안의 뜻을 나타낸다). ¶ It *should* seem that the ancients thought that way. 아마 옛 사람들은 그러한 생각을 했던 것 같다(* 보통은 should 가 아니고 would 를 쓴다) / He is over 60, I *should* say. 그는 아마 60세가 넘었을 걸 / Is he going to give it up? —— Yes, I *should* think so. 그는 그것을 단념하려는 걸까? —— 그래, 아마 그런 것 같아 / I *should* get it back as soon as possible. 나 같으면 되도록 빨리 그것을 되찾아 놓을 텐데.

III 《법(法)조동사》 **1** 《의무·당연》 …해야 한다, …하는 것이 당연하다, …해야 마땅하다(ought to) (* 원래는 가정법 과거, 인칭에는 관계없다). ¶ You *should* obey traffic regulations while driving. 운전할 때에는 교통 규칙을 따라야 한다 / Teachers *should* be careful not to discourage students. 교사는 학생을 실망하게 하는 일이 없도록 유의해야 한다 / 《should+have+과거분사》 You *should have done* that. 너는 그것을 꼭 했어야 했는데(그것을 했으면 좋았을 텐데) (* 과거의 일에 대하여 그것이 실현되지 못해 유감이라는 뜻을 나타낸다) / You *should have seen* it. 네가 그것을 보았어야 하는 건데; 너에게 보여주고 싶었다.

2 아마(틀림없이) …할 것이다. ¶ Shortly I *should* get used to the work. 머지않아 나는 그 일에 익숙해질 것이다 / It was not to be expected that they *should* help each other. 그들이 서로 도울 것이라고 기대하지 못했어야 했다.

3 《의아·의외·놀라움》 (* why, how 와 함께 쓰인다. 또 who, what 따위와 함께 but 를 수반, 과거의 '뜻밖의' 사실을 나타낸다). ¶ Why *should* he spend so much time in the coffee shop? 도대체 무엇 때문에 그는 다방에서 그렇게 많은 시간을 보내는 거지? / How *should* you have come to know that? 너는 어떻게 그 일을 알게 되었느냐? / Who *should* come next *but* my old friend A? 다음에 찾아온 것은 뜻밖에도 나의 옛 친구 A 군이었다.

4 《권고·희망·의도·명령·결정 따위 문장의 목적을 나타내는 명사절에서》 *《美》에서는 종종 should 를 생략하고 가정법 현재가 된다. ¶ The king commanded that all the people[*should*] be assembled at once. 국왕은 모든 백성이 즉시 집합하도록 명령했다 / It was proposed(*or* suggested) that he [*should*] stay with his uncle. 그는 숙부의 집에 머무르는 것이 어떻겠느냐는 제안을 받았다. / The doctor insisted that she [*should*] keep her bed. 의사는 그녀가 자리에 누워 있어야 한다고 주장했다.

5 《의견·감정 따위를 말하는 문장의 주절(主節)에 이끌리는 절에서 의외·유감 따위의 감정을 나타낸다》 (*《美》에서는 종종 should 를 생략하고 가정법 현재가 된다. 의견·감정을 말하는 주절에서는 It is fit(natural, necessary, important, proper, strange)... 따위를 사용한다》.

¶ It is strange that he [*should*] say so. 그가 그런 말을 한다는 것은 이상하다(*이런 경우에, 의견·감정의 부분은 생략되는 때도 있다. 예: That he *should* say so! 그가 그런 말을 하다니!) / It is a pity that she [*should*] have been deserted like that. 그녀가 그런 식으로 버림을 받았다니 가엾은 일이다 / I regret that things [*should*] come to this. 사태가 이 지경이 되었다니 유감스럽다 / It is natural enough that he [*should*] not understand it. 그가 그것을 이해하지 못하는 것은 당연하다 / It is right that you [*should*] decline his proposal. 네가 그의 제의를 거절하는 것은 당연하다 / It is time that you[*should*] go to bed 이제 너는 자야 할 시간이다.

6 《so that 이나 lest 에 연결되는 목적을 나타내는 부사절에서》 *《美》에서는 should 를 생략하고 가정법 현재가 된다. ¶ He turned away sharply *so that* she *should* not notice the tears in his eyes. 그는 눈에 맺힌 눈물을 그녀가 보지 못하도록 재빨리 얼굴을 돌렸다 / I will note it *lest* I *should* forget [it]. 잊어버리지 않도록 그것을 적어 두어야겠다.

7 《관계절 안에서 가정적 조건을 나타낸다》 *문어적 표현. ¶ Anyone who *should* wish to come will be welcome. 오고자 하는 사람은 누구나 환영을 받을 것이다.

as who should say 《古》 …라고 말하려는 듯이(as much as to say).

[*I (We)*] *should like to do* …하고 싶다(*《美》에서는 would like to be 쓴다). ¶ I *should like to* stay here. 나는 이곳에 머무르고 싶다 / I *should have liked to stay* here.= I *should like to have stayed* here. 나는 이곳에 있고 싶었는데. * I should have liked to have stayed...은 틀린 표현이다.

‡**shoul·der** [ʃóuldər] *n.* **1** 어깨, 어깨 관절; (~s) 견부(肩部), 윗동. ¶ look over one's *shoulder* 남의 어깨 너머로 보다 / put out one's *shoulder* 어깨 뼈를 접질리다. **2** (종종 ~s) 《구어》 《비유적》 [책임을 지는] 어깨, 두 어깨. ¶ take... on one's own *shoulders* …의 책임을 지다 / lay the blame on the right *shoulders* 당연히 져야 할 사람에게 책임을 지우다 / shift the blame on to the other *shoulders* 남에게 죄를 전가하다. **3** [짐승의] 어깨 살, [큰 고깃 덩어리로서의] 동물의 앞다리. **4** 어깨 부분, [의복의] 어깨, [산·쟁기·병 따위의] 어깨(모양의 돌출부). **5** [인쇄] [활자의] 어깨; [건축] 장부(tenon)가 나오는 단면; 도로의 양 옆, 노견(路肩); 견각(肩角) [능보(稜堡)의] 전면과 측면을 이루는 각. **6** 《군대》 어깨총 자세. **7** 《서형》 물결의 어깨.

come to the shoulder 어깨총을 하다.

cry on a person's shoulder 걱정 따위를 남에게 털어놓고 동정을 구하려고 하다. [SHOULDER.

give (*or* show, turn) *the cold shoulder to* ⇨ COLD

have a [*good*] *head on one's shoulders* ⇨ HEAD.

head and shoulders ⇨ HEAD.

put (*or* set) *one's shoulder to the wheel* 온 힘을 다 쏟다, 열심히 노력하다.

rub shoulders with ⇨ RUB¹. [로 협력하여.

shoulder to shoulder ① 어깨를 나란히 하여. ② 서로 *straight from the shoulder* 정면에서; 솔직하게.

— *vt.* **1** …을 어깨에 메다(걸이키다). ¶ *Shoulder arms!* 어깨총! **2** 《비유적》 [책임 따위를] 떠맡다, 쌍견에 걸어지다. ¶ *shoulder* great responsibilities 중대한 책임을 지다. **3** …을 어깨로 밀다(밀어젖히다), 어깨로 밀치고 나아가다. ¶ (~+圖+圖+圖) *shoulder* a person *out of* the way 남을 어깨로 밀어젖히다 / *shoulder* one's way *through* a crowd 군중을 헤치고 나아가다. — *vi.* 어깨로 밀다.

shóulder bàg *n.* [여성용] 어깨에 메는 백, 숄더백.

shóulder bèlt *n.* **1** 《군대》 멜빵, 견대(肩帶).
2 =shoulder harness. [(ula).

shóulder blàde (**bòne**) *n.* 《해부》 견갑골(scap-

shóulder bràce *n.* 새우등 교정기(校正器).

shoul·der-flash [ʃóuldərflæʃ] *n.* 《英》견장(肩章).
shóulder hárness *n.* 《美》어깨에 메는 안전 벨트.
shóulder knòt *n.* [리본 따위의] 어깨 장식; 《군대》 [장교의] 견장.
shóulder lòop *n.* 《美》《육군》 [장교의] 견장.
shóulder màrk *n.* 《美》《해군》 [장교의] 견장.
shóulder pàtch *n.* 《美軍》 [소속 밀의] 부대 표지; 수장(袖章) (shoulder sleeve insignia).
shoul·der-piece [ʃóuldərpìːs] *n.* 어깨받이; [갑옷의] 어깨 죽지 미늘.
shóulder stràp *n.* 1 바지(스커트)의 멜빵. 2 《군 [대]견장.
should·est [ʃúdist], **shouldst** [judst, 약 ʃədst] *auxil. v.* 《고어》 shall의 2인칭 단수 과거형. * thou와 수반하다. ⇨ SHOULD.
should·n't [ʃúdnt] should not의 단축형.
shouse [saus] 《濠속어》 *n.* 화장실, 변소. —— *adj.* 침울한, 기운이 없는.
‡**shout** [ʃaut] *vi.* 1 외치다, 큰 소리로 말하다, 큰 소리로 내다. ⇨ CRY《類語》¶ (~+前+名) *shout for* a waiter 큰 소리로 급사를 부르다 / *shout to* (or *for*) a person to come 오라고 소리지르다 / *shout at* a girl 소녀에게 큰소리치다. **2** 고함지르다. ¶ (~+前+名) *shout with* (or *for*) joy 환호하다 / *shout with* laughter 큰 소리로 웃다 / *shout with* one voice 이구동성으로 외치다. —— *vt.* **1** …라고 외치다, 큰 소리로 말하다. ¶ *shout* approbation 큰 소리로 찬성하다 // (~+目+副) *shout out* an order 큰 소리로 명령하다 // (~+that 節) He *shouted that* it had stopped raining. 그는 비가 멎었다고 소리쳤다. **2** 큰 소리를 내어 …하게 하다. ¶ (~+目+副+補) *shout* a boy *down* 큰 소리를 질러 소년을 입다물게 하다 // (~+目+補) *shout* oneself hoarse 고함으로 목이 쉬다. **3** 《속어》…에게 술을 대접하다. **All is over but the shouting.** 승부는 이미 났다. **shout for** 《美》〔정당·후보자 등을〕 지지하다. **within shouting distance** 큰 소리를 지르면 들릴만한 곳에.
—— *n.* **1** 외침, 큰소리; 환성. ¶ give (or raise, set up) a *shout* 고함치다, 큰소리치다. **2** 《속어》한턱내는 차례. ¶ It is my *shout*. 내가 한턱 낼 차례다.
shout·er [ʃáutər] *n.* 1 외치는(큰 소리 내는) 사람. 2 《美》열렬한 지지자.
*shove [ʃʌv] *v.* (shoved, shov·ing) *vt.* 1 〔뒤에서〕 …을 밀다, 밀어 움직이다, 밀치다; 밀어 넣다(in). ⇨ PUSH《類語》 ¶ (~+目+前+名) *shove* a person *over* a cliff 남을 벼랑에서 밀어떨어뜨리다 / *shove* a person *out of* the room 남을 방 밖으로 밀어내다 // (~+目+副) *shove each* other *about* 서로 밀고 밀치다. **2** 〔구어〕 …을 놓다(put); 집어〔밀어〕 넣다(*in*, *into*). ¶ (~+目+前+名) *shove* something *in* one's pocket 남의 포켓에 어떤 것을 밀어넣다 // (~+目+前+名) *shove* something *down* on paper 종이에 무엇인가 적어 놓다 / *shove* one's clothes *on* 옷을 입다. —— *vi.* 밀다; 밀고 나아가다; 떼밀어 내다. ¶ (~+副) *shove along* 밀고 나아가다 / *shove in* 밀고 들어가다 // (~+目+前+名) *shove past* (or *through*) a crowd 군중을 헤치고 나아가다.
shove off (or **out**) ① 〔배를〕 밀어내다. ②《구어》떠나다, 출발하다.
—— *n.* **1** 밀기, 떼밀기, 찌르기(*off*). ¶ give a boat a *shove* 보트를〔기슭에서〕 밀어내다 / give a person a *shove of* 남을 떼밀다. **2** 밀치고 나감.
shove-half·pen·ny, -ha'·pen·ny [ʃʌvhéipi(ə)ni] *n.* 《U영반 지갑이〔판자 위에서 원반을 밀어 보내는〕.
*shov·el [ʃʌ́vl] *n.* 1 삽; 부삽; 〔설탕을 뜰 때 쓰는〕 큰 스푼. **2** 한 삽 가득 (shovelful). **3** 〔구어〕 = shovel hat. —— *v.* (*-eled, -el·ing*; 〔英〕 *-elled, -el·ling*) *vt.* 1 …을 삽으로 떠내다. ¶ (~+目+副) *shovel up* coal 석탄을 삽으로 떠내다. **2** …을 삽으로 파내다, 〔길 따위를〕 삽으로 닦다. ¶ (~+目+前+名) *shovel* a path *through* the snow 삽으로 눈을 치워 길을 내다. **3** …을 다량(에) 넣다. ¶ (~+目+前+名) *shovel* sugar *into* one's coffee 커피에 설탕을 듬뿍 넣다. —— *vi.* 삽질하다.
shovel up (or **in**) **money** 돈을 긁어 모으다.
shov·el·bill [ʃʌ́vlbìl] *n.* = shoveler 2.
shov·el·board [ʃʌ́vlbɔ̀ːrd/-bɔ̀ːd] *n.* U 원반 밀기 〔밀어 보내기〕 놀이 (shuffleboard); ⓒ 이 놀이용 판대기.
shov·el·er, 〔英〕 -el·ler [ʃʌ́vlər] *n.* **1** 삽질하는 사람. **2** 넓적부리 〔새〕.
shov·el·ful [ʃʌ́vlfùl] *n.* 한 삽 가득 〔한 양〕.
shóvel hàt *n.* 셔블 모자 〔주로 영국 국교회 성직자가 쓰는 챙 넓은 모자〕.
‡**show** [ʃou] *v.* (**showed, shown** or **showed, show·ing**) *vt.* 1 〔물건·자취 따위를〕 보이다, 나타내다, 제시하다. ¶ *show* oneself 남 앞에 나가다, 모습을 보이다 // (~+目) (~+目+前+名) He *showed* me a book. = He *showed* a book *to* me. 그는 나에게 한 권의 책을 보여주었다 // (~+目+前+名) She *showed* the letter *to* all her friends. 그녀는 그 편지를 그녀 친구 모두에게 보여주었다.
《類語》**show** 「보여주다」를 뜻하는 가장 일반적인 낱말: *Show* me your pen. 너의 펜을 보여다오 / *show* one's full powers 전 능력을 보여주다. **display** 돋보이도록, 눈앞에 펼쳐〔치켜올려〕 보이다: *display* new fashions in the window 새 유행 상품을 진열장에 장식하다. **exhibit** 특히 남의 주의를 끌어 관심있게 볼 수 있도록 공개하여 보이다: *exhibit* a collection of stamps 수집한 우표를 전시하다. **parade** 이거 보라는 듯이 오만하게 자랑해 보이다: *parade* one's strength 자신의 힘을 자랑해 보이다. **flaunt** 경솔하게 자랑삼아 과시하다: *flaunt* one's riches 재력을 과시하다. **manifest** 의심할 여지 없이 명백하게 드러내 보이다: *manifest* one's ambition 야심을 뚜렷하게 드러내다. **evince** 감정·관심·능력 따위의 징후를 드러내다: *evince* one's ignorance 무지함을 드러내다. **demonstrate** 주로 감정을 명백히 〔때로는 고의로〕 표면에 드러내다: *demonstrate* one's approval by a nod 고개를 끄덕여 찬동의 뜻을 나타내다.
2 …을 진열(출품)하다, 전람(전시)하다(display), 〔연극을〕 상연하다, 〔영화 따위를〕 상영하다.
3 〔…라는 것을〕 보이다, 나타내다; …을 표시하다; …을 증명하다(prove), 밝히다, 설명하다. ¶ My watch *shows* ten. 내 시계는 10시를 가리키고 있다 // (~+目+補) *show* oneself a foolish man 자기 스스로 바보라는 것을 증명하다 / If you are a gentleman, you must *show* yourself such. 신사라면 신사임을 보여주어야 한다 // (~+that 節) (~+目+to be 補) The fact *shows* that he is honest. = The fact *shows* him *to be* honest. 그 사실은 그가 정직하다는 것을 보여주고 있다 // (~+目+that 節) He *showed* me that it was true. 그는 그것이 사실임을 나에게 보여 주었다 // (~+wh. 節) This letter *shows* what he is. 이 편지는 그의 정체를 말해주고 있다.
4 …을 지시하다, 지적하다; 〔길 따위를〕 가리켜주다. ¶ (~+目+目) *show* a person the way to the station 남에게 정거장으로 가는 길을 가리켜주다 // (~+目+ *wh*. 節) She *showed* me where the bank was. 그녀는 내게 은행 있는 곳을 가리켜 주었다 // (~+目+ *wh*. to do) *Show* me *what* to do. 무엇을 해야 할지 가르쳐다오.
5 …을 안내하다, 인도하다, 전송하다. ⇨ GUIDE《類語》¶ (~+目+前+名) *show* a person *to* the gate 남을 문까지 전송하다 // (~+目+副) *show* a guest *in* (*out*) 손님을 안내〔전송〕하다 / *show* a person *over* (or *round, around*) a house 남에게 집을 안내하고 보여주다.
6 〔감정 따위를〕 나타내다, 〔호의 따위를〕 베풀다, 보이다 (grant). ¶ *show* one's pleasure at the news 소식을 듣고 얼굴에 기쁨을 나타내다 // (~+目+目) *show* a cold shoulder *to* a person 남에게 무정하게 대하다 /

show and tell

show mercy *on* a person 남을 불쌍히 여기다 // (~+目+目) *show* a person much kindness 남에게 매우 친절하게 하다.
7 [법률]…을 진술하다. ¶ *show* cause 이유를 진술하다. — *vi.* **1** 보이다, 나타나다, 눈에 띄다; 표나다. (~+種) The mountain *shows* purple from here. 그 산은 이곳에서 자줏빛으로 보인다 / (~+目+名) *show to* advantage 돋보이다 / The blood vessel *shows* through the skin. 혈관이 피부를 통해서 보인다 / Grief showed *in* her face. 그녀의 얼굴에 슬픈 빛이 떠올랐다. **2** 전람(전시)하다; 흥행(상연)하다. **3** (구어) 대중 앞에 나타나다, 모습을 보이다. **4** (美) (경마) 3착으로 들어오다
show one's **hand** (or **cards**) ⇨ CARD¹.
show one's **nose** (or **head**) 얼굴을 내놓다, 사람을 앞에 나오다.
show off ① (역량 따위를) 과시하다. ② …을 돋보이게 하다.
show a person **the door** ⇨ DOOR.
show a **thing the fire** …을 살짝 데우다.
show up ① (*vt.*)…을 폭로하다. ② (*vi.*) 돋보이다 (*against*…). ¶ Mt. Halla *shows up against* the sky. 한라산이 하늘 밑에 선명하게 보인다. ③ 나타나다, 얼굴을 내보이다(appear). ¶ *show up* at a meeting 집회에 출석하다.
— *n.* **1** [U][C] 보이기, 나타내기; 표시, 전시. ¶ in open *show* 공공연히 / on *show* 진열되어 / vote by [a] *show* of hands 거수 투표를 하다. **2** 구경거리, 전람회(exhibition); 연극, 흥행, 쇼; 영화 (관); (라디오·텔레비전의) 프로그램. ¶ a dog *show* 개 전시회 / the greatest *show* on earth 지상 최대의 쇼, 서커스(circus) / give two *shows* a day (극장 따위의) 하루 2회 공연하다. **3** 웃음거리, 놀림감. ¶ make a *show* of oneself 웃음거리가 되다. **4** 경치, 경관(sight). **5** 징후, 흔적, 자국(trace); (의학) (월경·분만의) 징조. **6** [U][C] 겉치레, 꾸밈, 허식. ¶ for *show* 겉치레로 / make a *show* of one's talent 재능을 자랑해 보이다 / be fond of *show* 겉치레를 좋아하다. **7** [U] (때로 a~) 외관, 외양, 허울; модо́й, 꿈세, ¶ make an outer *show* / make a good *show* 겉모양이 좋다. **8** (구어) 기회, 호기(好機) (chance). ¶ give a person a fair *show* 남에게 충분한 기회를 주다. **9** (구어) 사업; 일, 사건(affair); 기획; 단체, 기관. **10** [U] (美) (경마 따위의) 3위, *cf.* place, win
give away the (*whole*) **show** 비밀을 누설하다, 내막을 폭로하다; 비결을 털어놓다.
Good show! (주로 英) 훌륭하다!, 근사하다! (*남의 행동 따위를 칭찬할 때 말한다).
put(or **get**) **the show on the road** (美속어) 일을 시작하다.
run the show 주도권을 잡다. 우이(牛耳)를 잡다.
show of reason 그럴듯함.
stand (or **have**) **a show** (구어) 기회가 있다.
steal (or **walk off with**) **the show** (조연이 주연의) 인기를 가로채다; 인기를 독차지하다.
stop the show [몇 번이나 앙코르에 응하여 다음 차례를 못할 정도로] 대인기를 끌다.
◇ *shówy adj.*
shōw and téll *n.* **1** 의견 발표회 [학생으로 하여금 어떤 물건을 가지고 와 반에서 그에 대해 발표하게 하는 것]. **2** 실물 발표(전시, 선전).
shōw bíll (**cárd**) *n.* 광고 전단, 포스터; 프로그램.
show·biz [ʃóubiz] *n.* (美속어) =show business.
show·boat [ʃóubòut] *n.* **1** 연예선, (극장 시설이 있는) 순회 연예선. **2** 남의 이목을 끄는 사람(것). — *vt., vi.* […을] 구경거리로 내놓다.
show·bread [ʃóubrèd] *n.* (성서) =shewbread.
shōw búsiness *n.* [U] (연극·영화·텔레비전 따위의) 흥행, 흥행 사업, 연예업.
shōw cárd *n.* **1** 광고 쪽지. **2** 상품견본이 붙어 있는 카드.
show·case [ʃóukèis] *n.* **1** 진열장, 진열 상자, 쇼케이스. **2** (인물·물건을) 돋보이게 하는 것. — *vt.*

(**-cased, -cas·ing**) …을 돋보이게 하다, 피로하다.
show·down [ʃóudàun] *n.* **1** (포커에서) 가진 패를 모두 내보여주기. **2** 폭로, 공개, 공표. **3** 최종 단계, 막판. ¶ a *showdown* vote 결선 투표.
‡show·er¹ [ʃáuər] *n.* **1** 소나기; (우박·싸라기눈 따위의) 갑자기 내림. ¶ be caught in a *shower* 소나기를 만나다 / I fear we are going to have a *shower*. 소나기가 올까봐 걱정이다. **2** (눈물·탄환·질문·선물 등의) 빗발, 쇄도. ¶ a *shower* of complaints 빗발치는 불평. **3** (美) (신부·어머니가 될 사람에 대한) 선물 (증정회). **4** =shower bath. **5** (英속어) 쓸데없는 녀석 (들). **6** (물리) 우주선(線) 샤워. — *vt.* **1** …에 소나기로 적시다, …에 물을 쏟다. **2** …을 빗발처럼 붓다, 아낌없이 (많이) 주다. ¶ (~+目+前+名) He *showered* gifts *on* (or *upon*) his son. 그는 아들에게 선물을 많이 주었다 / He *showered* his son with gifts. 그는 아들에게 선물을 많이 주었다. — *vi.* **1** 소나기가 오다; 비처럼 쏟아지다; 다량으로 오다. ¶ (~+前+名) Tears *showered down* her cheeks. 눈물이 볼을 타고 비오듯 흘러내렸다. **2** 샤워(shower bath)를 하다. ◇ *shówery adj.*
show·er² [ʃóuər] *n.* 보이는 (가리키는, 설명하는) 사람.
shōwer báth [ʃáuər-] *n.* 샤워; 샤워 장치.
show·er·y [ʃáu(ə)ri / ʃáuəri] *adj.* 소나기가 많은; 소나기의 같은. **-er·i·ness** *n.*
show·folk [ʃóufòuk] *n.* (복수 취급) 예능인.
shōw gírl *n.* (쇼나 나이트 클럽의) 코러스 걸, (연기보다 몸매가 좋은) 간판 여배우.
show·i·ly [ʃóuili] *adv.* 보란듯이, 화려하게, 현란하게.
show·i·ness [ʃóuinis] *n.* [U] **1** 사치, 화려함. **2** 허세.
‡show·ing [ʃóuiŋ] *n.* [U][C] **1** 전시(회), 전람(회). **2** 표시, 진술; (진상 따위의) 발표. **3** 외관, 외양. **4** 주장, 진술.
shōw júmping *n.* [U] (馬術) 장애물 뛰어넘기.
show·man [ʃóumən] *n.* (*pl.* **-men** [-mən]) (서커스 따위의) 흥행사, 연예인; 겉치레를 잘하는 사람.
show·man·ship [ʃóumənʃip] *n.* [U] 연예인으로서의 솜씨, 흥행술. 기질.
Shōw Mē Státe *n.* (the~) 미국 Missouri주의 속칭.
‡shown [ʃoun] *v.* show의 과거 분사의 하나.
show-off [ʃóuɔ́(ː)f, -ɑ̀f / -ɔ̀f] *n.* [U][C] 과시, 자랑; [C] 자랑삼아 (뽐내) 보이는 사람.
show·piece [ʃóupìːs] *n.* **1** 전시품. **2** 우수한 견본.
show·place [ʃóuplèis] *n.* 명소; 명물, 구경할만한 곳.
show·room [ʃóurù(ː)m] *n.* (상품) 진열실, 쇼룸.
show-stop·per [ʃóustɑ̀pər / -stɔ̀pə] *n.* (연극) (대갈채를 받는) 명연기; 명배우, 명연기자.
show-through [ʃóuθrùː] *n.* 인쇄가 종이 뒤에 비쳐 보이기.
show·up [ʃóuʌ̀p] *n.* (美속어) 폭로, 들춤; 적발.
shōw wíndow *n.* (상점의) 진열창, 쇼윈도.
‡show·y [ʃóui] *adj.* (**show·i·er, show·i·est**) **1** 사치스러운, 눈에 띄는; 화려한, 야한. **2** 겉치레의.
‡shrank [ʃræŋk] *v.* shrink의 과거의 하나.
shrap·nel [ʃrǽpn(ə)l] *n.* (군대) 유산탄(榴散彈) [편]. (<발명자는 영국 군인 H. Shrapnel (1761–1842))
‡shred [ʃred] *n.* **1** (가느다란) 끄트러기, 조각, 단편. ¶ tear to *shreds* 갈기갈기 찢다 / in *shreds* 갈기갈기 찢겨져. **2** 조금, 근소(bit). — *v.* (**shred·ded** *or* **shred, shred·ding**) *vt.* …을 갈기갈기 찢다 (자르다). — *vi.* 갈기갈기 찢어지다.
shred·der [ʃrédər] *n.* 조각조각 끊는(깎는) 기구 (서류 절단기).
shrew [ʃruː] *n.* **1** 뒤쥐 (식충 포유 동물) (shrewmouse). **2** 잔소리 심한 여자.
‡shrewd [ʃruːd] *adj.* **1** 영리한, (세상 물정 따위에) 빈틈 없는, 약삭빠른. ¶ It was a *shrewd* comment. 그것은 빈틈없는 논평이었다 / He is *shrewd* in business. 그는 장삿속에 빈틈이 없다. **2** (고통·추위 따위가) 매서운, 혹심한. **3** (고어) 심술궂은, 악의에 찬; 잔소리 많은. ¶ do a person a *shrewd* turn 남에게 심술궂은 짓을 하다. **~·ly** *adv.* **~·ness** *n.*

shrew·ish [ʃrúːiʃ] *adj.* 입버릇 나쁜, 잔소리 심한; 심술궂은. **~ly** *adv.* **~ness** *n.* [shrew 1.
shrew-mouse [ʃrúːmaus] *n.* (*pl.* **-mice**[-mais]) =
‡**shriek** [ʃriːk] *n.* 〖날카로운〗 외침(웃음) 소리, 비명, 새된 목소리, 예리한 소리. ⇒SCREAM【類語】 ¶ give (or utter) a *shriek* 비명을 지르다. —— *vt.* …을 새된 목소리로 말하다. ¶ (~+匣+副) *shriek* curses *at a person* 날카로운 목소리로 남을 저주하다 // (~+匣+副) *shriek out* a warning 새된 음성으로 경고를 발하다. —— *vi.* 날카로운 소리(비명)를 지르다. ¶ (~+前+名) *shriek with* pain 아파서 비명을 지르다.
shriev·al·ty [ʃríːv(ə)lti] *n.* 〖Ｕ〗〖Ｃ〗 (*pl.* **-ties**) 《英》 sheriff 의 직(職) (권한, 임기); sheriff 의 관할 구역.
shrift [ʃrift] *n.* 〖Ｕ〗〖Ｃ〗 〖古語〗 1 〖참회에 의한〗 사죄. 2 참회; 임종의 참회.
shrike [ʃraik] *n.* 때까치.
‡**shrill** [ʃril] *adj.* 날카로운, 새된; 시끄러운: 〖빛·음성 따위가〗 강렬한, 예리한. —— *vt.* …을 새된 목소리로 말하다. ¶ (~+匣[+副]) *shrill* [*out*] an order 새된 음성으로 명령하다. —— *vi.* 날카로운 목소리(새된 음성)를 내다. —— *n.* 새된 목소리, 날카로운 음성. —— *adv.* 〖드물게〗 새된 목소리로, 날카로운 소리로.
~ness *n.* **shril·ly** [ʃri(l)li] *adv.*
*****shrimp** [ʃrimp] *n.* (*pl.* **shrimps** or **shrimp**) 1 〖식용〗 작은 새우. 2 꼬마, 하찮은 사람. —— *vi.* 작은 새우를 잡다.
‡**shrine** [ʃrain] *n.* 1 〖성인·성자들의 유물·유골 따위를 모신〗 성당(聖堂)함, 감실(龕室). 2 〖기도를 하기 위한〗 작은 성당, 제단, 영묘(靈廟). 3 〖유적으로서의 신성시되는〗 성지, 영장(靈場), 전당. 4 〖사원·불당의 특별되는〗 사당(祠堂). —— *vt.* (**shrined, shrin·ing**) = enshrine. ◇ enshrine
‡**shrink** [ʃriŋk] *v.* (**shrank** *or* 〖종종〗 **shrunk, shrunk** *or* **shrunken, shrink·ing**) *vi.* 1 줄다, 오그라들다. ¶ *shrink* in the wash (with water) 〖모직물 따위가〗 빨면 〖물에 담그면〗 줄다. 2 〖분량이〗 감소하다. ¶ (~+前+名) *shrink from* drought 〖수량 따위가〗 가뭄으로 줄다. 3 물러서다, 피하다; 움츠리다. ¶ (~+前+名) *shrink from* danger 위험을 피하다 / *shrink from* speaking in the public 대중 앞에서 이야기하는 것을 두려워하다 / (~+前) *shrink up* 움츠러들다 / *shrink back* (or *away*) *from a person* 남을 피하다. —— *vt.* …을 수축시키다 〖방축(防縮)을 위해〗〖천〗을 미리 수축시키다, …을 줄이다. —— *n.* 1 수축, 움츠러 빼기, 2 《美俗》 정신과 의사, 정신 분석 의사(psychiatrist). ◇ **shrínkage** *n.*
shrink·a·ble [ʃríŋkəbl] *adj.* 줄어들기 쉬운; 수축할 수 있는.
shrink·age [ʃríŋkidʒ] *n.* 〖Ｕ〗〖Ｃ〗 1 줄기, 축소, 수축; 수축량, 수축도. 2 〖분량·가치 따위의〗 감소, 하락. 3 〖가축의〗 원증량과 가공 정육 중량과의 차이.
shrink·er [ʃríŋkər] *n.* 꽁무니 빼는 사람; 수축기.
shrink·ing·ly [ʃríŋkiŋli] *adv.* 꽁무니 빼고, 겁을 내어. 〖사람.
shrínking víolet *n.* 수줍음을 타는 사람, 내성적인
shrink-pack [ʃríŋkpæk] *vt., n.* =shrink wrap.
shrink-proof [ʃríŋkprùːf] *adj.* 빨아도 줄어들지 않는, 수축 방지의.
shrink-wrap [ʃríŋkræp] *vt.* (**-wrapped, -wrap·ping**) …을 〖플라스틱 피막으로〗 수축 포장하다. —— *n.* 수축 포장.
shrive [ʃraiv] *v.* (**shrove** *or* **shrived, shriv·en**[ʃrív(ə)n] *or* **shrived, shriv·ing**) 〖古語〗 *vt.* 1 …의 참회(고해)를 듣고 면죄를 선언하다; …에게 속죄의 고행을 시키다. 2 《재귀용법》 참회(고해)하고 면죄를 구하다. —— *vi.* 참회 고해하다.
shriv·el [ʃrívl] *v.* (**-eled, -el·ing**; 《英》 **-elled, -el·ling**) *vi.* 1 주름지다; 줄다, 시들다, 말라죽다. ⇒WITHER【類語】 ¶ Flowers *shriveled away* (or *up*). 꽃이 시들었다. 2 약해지다, 못쓰게 되다, 무력해지다. —— *vt.* …을 오그라드리다, …을 주름지게 하다, …을 시들게 하다. ¶ *shrivel up* flowers 꽃을 시들게 하다.
shroff [ʃraf / ʃrɔf] *n.* 1 〖인도의〗 환전상(換錢商). 2 〖중국 등의〗 화폐 감정인. 3 〖화폐〗 검사인.
shroud [ʃraud] *n.* 1 수의(壽衣). 2 싸는 물건, 보자기; 장막, 막. 3 (~s) 〖항해〗 돛대 밧줄 〖돛대 꼭대기에서 양 뱃전에 이르는 밧줄〗. —— *vt.* 1 …에 수의를 입히다; …을 싸다, 덮다. ¶ a city *shrouded in* snow 눈에 뒤덮인 도시. 〖어 있지 않은.
shroud-less [ʃráudlis] *adj.* 1 수의를 입지 않은. 2 덮
shrove[1] [ʃrouv] *n.* 〖Ｕ〗 참회[에 의한] 사죄(赦罪). ¶ *Shrove* sunday 성회일(Ash Wednesday) 전의 일요일.
shrove[2] [ʃrouv] *v.* shrive 의 과거형의 하나.
Shrove-tide [ʃróuvtàid] *n.* 참회의 3일간 〖Ash Wednesday 의 전일까지의 3일간〗.
Shróve Túesday *n.* Ash Wednesday 의 전 날 〖Shrovetide 의 3일째〗.
*****shrub**[1] [ʃrʌb] *n.* 관목(灌木) (bush). ◇ **shrúbby** *adj.*
shrub[2] [ʃrʌb] *n.* 〖Ｕ〗 시럽 〖과즙에 설탕·럼주를 탄 음료〗.
shrub·ber·y [ʃrʌ́b(ə)ri] *n.* (*pl.* **-ber·ies**) 1 〖Ｕ〗〖집합적〗 관목. 2 관목 숲, 식수한 관목들; 관목을 심은 길.
shrub·by [ʃrʌ́bi] *adj.* (**-bi·er, -bi·est**) 관목(모양)의; 관목이 우거진.
shrug [ʃrʌg] *v.* (**shrugged, shrug·ging**) *vt.* 〖어깨를〗 움츠리다. ¶ *shrug* one's shoulders 어깨를 움츠리다. —— *vi.* 어깨를 움츠리다.
*****shrunk** [ʃrʌŋk] *v.* shrink 의 과거·과거 분사의 하나.
shrunk·en [ʃrʌ́ŋk(ə)n] *v.* shrink 의 과거 분사의 하나. —— *adj.* 줄어든, 오그라든; 쭈그러진.
shtet·l [ʃtétl] *n.* (*pl.* **shtet·lach**[-lɑːx] *or* **-ls**) 유대인 〖재주.
shtick, shtik [ʃtik] *n.* 《俗語》 〖무대의〗 상투적인
shuck [ʃʌk] *n.* 1 〖옥수수·밤 따위의〗 껍질(husk), 꼬투리(pod); 〖조개의〗 조가비. 2 (보통 ~s) 《美俗》 시시한 〖무가치한〗 것. ¶ not worth *shucks* 아무 값어치도 없다. 3 《美俗》 가짜. ¶ (~s) (구어) 〖감탄사적으로 써서〗 체!, 저런!, 아차! 〖가볍운 불쾌·후회 따위를 나타낸다〗. —— *vt.* 1 …의 껍질(꼬투리, 깍지)을 벗기다, … 껍데기를 까다. 2 《美俗》 …을 속이다.
shuck·er [ʃʌ́kər] *n.* 껍질(꼬투리, 깍지)을 벗기는 사람(기계).
shucks [ʃʌks] *interj.* 《美俗》 저런!, 아차!, 체! 〖불쾌·후회 따위를 나타내는 소리〗.
shud·der [ʃʌ́dər] *vi.* 몸서리치다, 떨다, 전율하다, 오싹하다. ⇒SHAKE【類語】 ¶ (~+前+名) *shudder with* cold 추위로 몸을 떨다 / (~+前+名 / ~+*to* do) *shudder at* the thought of; *shudder to* think of …을 생각하면 오싹해지다. —— *n.* 몸서리침, 떨림, 전율.
*****shuf·fle** [ʃʌ́fl] *v.* (**-fled, -fling**) *vt.* 1 〖다리를〗 질질 끌며 걷다. 2 〖춤〗을 발을 끌며 추다. 3 〖카드 따위를〗 치다 (...*together*), ¶ (~+匣+副) *shuffle* the papers *together* 서류를 뒤섞어 놓다. 4 …을 이리저리 움직이다. 5 …을 슬쩍 섞어 놓다 (...*in*), 속여서 빼내다 (...*out*). 6 …을 급하게 하다; 〖옷〗을 서둘러 입다, 걸치다 (...*on*); …을 서둘러(되는 대로) 벗다 (...*off*). ¶ (~+匣+副+前+名) *shuffle* one's clothes *on* (*off*) 옷을 서둘러 입다(벗다). —— *vi.* 1 발을 질질 끌며 걷다. ¶ (~+匣) He *shuffles along*. 그는 발을 질질 끌며 걷는다. 2 발을 끌며 춤추다. 〖옷 따위를 걸치다 (*into*...); 벗을(*out of*...); 4 교활하게 피하다, 가까스로 빠져나가다; 핑계대다, 발뺌하다. ¶ (~+匣+前+名) *shuffle out of* one's responsibilities 교활하게 책임을 벗어나다 / *shuffle through* one's task 일을 적당히 하다. 5 카드를 섞어 치다.
shuffle off …을 버리다, 빼놓다; 〖책임〗을 전가하다.
shuffle the cards ① 카드를 치다. ② 역할을 바꾸다.
—— *n.* 1 발을 질질 끌며 걸어가기(춤추기). 2 카드 섞어치기, 뒤섞음질. 3 발뺌, 속혁.
shuf·fle·board [ʃʌ́flbɔ̀ːrd / -bɔ̀ːd] *n.* =shovelboard.

shuf·fler [ʃʌ́flər] n. 1 발을 끌며 걷는(춤추는) 사람. 2 사기꾼. 3 〖카드 놀이 전에〗 카드를 쳐서 떼는 사람. 4 《방언》 검은머리흰죽지.
shuft·i [ʃʌ́fti] n.《英속어》 보기, 보는 것.
***shun** [ʃʌn] vt. **(shunned, shun·ning)** …을 피하다, 비키다, 멀리하다, 꺼리다. ⇨ ESCAPE 類語 〖형〗
'shun [ʃʌn] interj. 차렷! 〖구령〗.〖＜attention의 단축
shun·ner [ʃʌ́nər] n. 피하는 사람(것). …하지 않는.
shun·pike [ʃʌ́npàik] adj.《美》 유료 고속 도로를 이용
shun·pik·er [ʃʌ́npàikər] n.《美》 유료 고속 도로를 피하여 샛길을 이용하는 운전자.
shunt [ʃʌnt] vt. 1 …의 방향을 돌리다, 〖문제 따위를〗 바꾸다, 빗나가게 하다, 회피하다; …을 제쳐놓다 〖남〗을 떠넘기다. ¶ (~+圀+前+名) shunt the conversation on to another subject 이야기를 딴 화제로 돌리다 // (~+圀+副) be shunted aside 떠돌림을 당하다. 2 〖전기〗 …에 분로(分路)를 만들다. 3 〖철도〗 〖열차를〗 다른 선로에 옮겨 놓다, 전철(轉轍)하다(switch). ¶ (~+圀+副) shunt a train into the siding 열차를 측선으로 넣다. 4 〖해부〗 〖혈액을〗 다른 부분으로 돌리다. ― vi. 〖철도〗 한쪽으로 비키다, 바뀌다. 2 전철하다, 대피하다. ― n. 1 한쪽으로 비키기(피하기); 전환. 2 〖전기〗 분로(分路). 3 〖철도〗 전철기. 4 〖해부〗 문합(吻合).
shúnt dýnamo n. 〖전기〗 분로(分路) 직류 발전기.
shunt·er [ʃʌ́ntər] n. 1 《英》 〖철도〗 전철수(轉轍手); 전철기. 2 《英속어》 수완이 있는 조직자.
shúnt·ing éngine [ʃʌ́ntiŋ-] n. 《주로 英》 전철 기관차(switch engine).
shunt-wound [ʃʌ́ntwáund] adj. 〖전기〗 〖발전기가〗 분로(分路) 연결된.
shush [ʃʌʃ] interj. 쉿!, 조용히!― vt. …을 잠잠하게 하다, 조용하게 시키다. ― vi. 잠잠해지다, 조용해지다.
‡shut [ʃʌt] v. **(shut, shut·ting)** vt. 1 〖창·문 따위를〗 닫다, 잠그다; …의 뚜껑을 덮다(...up), opp. open ⇨ CLOSE 類語 ¶ Please shut the window. 창문을 닫아주십시오 // (~+圀+前+名) shut one's mind (or heart) to something …을 받아들이려 하지 않다 / shut one's eyes (ears) to something …을 보지(듣지) 않으려다. 2 〖책 따위를〗 덮다, 접다, 오므리다. ¶ shut an umbrella 우산을 접다 / shut one's teeth 이를 악물다, 이를 악물다. 3 …을 가두어 넣다(confine); …을 에워싸다, …을 가로막다. ¶ (~+圀+副) shut a place in by a bamboo fence 어떤 장소를 죽책(竹柵)으로 둘러싸다 // (~+圀+前+名) shut a monkey into a cage 원숭이를 우리 속에 가두다. 4 〖창·점포 따위〗를 폐쇄하다, 문 닫다(...up). ¶ (~+圀+副) He shuts (up) his store for the winter. 그는 겨울 동안 가게문을 닫는다. 5 〖눈을〗 끼게 하다. ¶ (~+圀+前+名) shut one's clothes in a door 문틈에 옷이 끼다. ― vi. 닫히다, 잠기다. ¶ The door won't shut. 문이 안 닫힌다.
shut down 1〖창·문 따위를〗 닫다, 내리다. 2〖구어〗〖임시로〗 〖공장 따위를〗 폐쇄하다, …을 휴업하다. 3 (vi.) 〖안개 따위로〗 내리다.
shut one's lights [off] 죽다.
shut off ① 〖가스·라디오 따위를〗 잠그다(끄다). ②…을 제외하다, 차단하다, 메어내다(...from). ③ (vi.) 그치다.
shut out ①…을 못 들어오게 하다; …을 가로막다 (...of, from). ② 〖야구 따위에서〗 …을 완봉하다, 셧아웃 하다.
shut the door against (or **on**) …을 거절하다, 거부하다, 따돌리다. ¶ shut the door on proposals 제안을 거부하다.
shut to (vi., vt.) 〖문 따위가〗 닫히다(닫다) (* to 는 부사). ¶ The door shut to again. 문이 다시 닫혔다.
shut together …을 밀착시키다.
shut up 1 〖가게 따위를〗 닫다, 폐쇄하다. ― vt. 4. ②…을 가두어 두다, 감금하다. ③…을 잠그다 (lock). ④…에 뚜껑을 덮다; …을 밀봉하다. ⑤〖구어〗…을 입다물게 하다; (vi.) 입다물다. ¶ Shut up! 입 닥처!
Shut your face!《美속어》＝Shut up!
― adj. 문 닫힌, 갇힌; 〖음성〗 폐쇄음(閉鎖音)의. **shut of** …속에서 벗어나, 피하여, 인연이 끊어져서. ¶ I was shut of him. 나는 그와 인연이 끊어졌다 / He got shut of all his debts. 그는 모든 빚을 갚아버렸다.
― n. 1 ⓤ 닫음; 마지막; ⓒ 잠그는 것, 〖음성〗 폐쇄음(stop) [p, b, t, k 따위]. 2 용접 부위.
shut-down [ʃʌ́tdàun] n. 폐쇄; 〖美〗 임시 휴업; 조업 중단.
shut-eye [ʃʌ́tài] n. ⓤ《속어》 수면(sleep).
shut-in [ʃʌ́tìn] adj. 1 〖병 따위로, 집·병원 등에〗 틀어박힌, 집안에 갇힌, 외출할 수 없는. 2 〖정신 의학〗 고독벽(癖)의. ― n. 외출할 수 없는 사람(환자).
shut-off [ʃʌ́tɔ̀ːf, -àf, -ɔ̀f] n. 1 마개, 꼭지쇠; 차단하는 것 〖輸수〗. 2 중지, 정지; 정체(stoppage).
shut-out [ʃʌ́tàut] n. 1 배제, 따돌리기; 공장 폐쇄. 2 〖스포츠〗 상대방에 득점을 허용 않음, 완봉승(完封勝), 셧아웃.
‡shut·ter [ʃʌ́tər] n. 1 문 닫는 사람(것). 2 덧문, 겉문; 뚜껑. ¶ take down the shutters 덧문(겉문)을 열다. 3 〖사진〗 셔터. 4 〖오르간의〗 개폐기.
put up the shutters ① 겉문을 닫다; 〖밤이 되어〗 폐점하다. ② 〖영업 부진으로〗 가게를 걷어치우다.
― vt. 1 〖창에〗 덧문(겉문)을 달다, …을 덧문(겉문)으로 닫아 놓다. 2 〖가게 따위를〗 걷어치우다.
shut·ter·bug [ʃʌ́tərbʌ̀g] n.《美속어》 사진광(狂).
***shut·tle** [ʃʌ́tl] n. 1 〖직조기〗 북; 〖자봉틀의〗 북실 통, 셔틀. 2 〖특히 근거리의〗 정기 왕복 항공기, 왕복 열차(버스); 우주 왕복선(space shuttle). 3 ＝shuttle-cock. 4 〖정치〗 왕복 외교. ― vt., vi. **(-tled, -tling)** 좌우로 움직이게 하다(움직이다), 베틀 왕복시키다(하다); 〖TV〗 〖비디오 테이프를〗 고속 전진시키다.
shúttle bús n. 근거리 왕복 버스.
shut·tle·cock [ʃʌ́tlkàk, -kɔ̀k] n. 1 〖배드민턴 따위〗의 깃털 공. 2 ⓤ 깃털 공 〖배드민턴, 제기〗 놀이. ― vt. …을 서로 받아서 치다, …을 교환하다, 주고받다. ― vi. 이리저리 움직이다. ― adj. 〖교통 기관이〗 왕복하는. 〖오가면서 협상하는〗
shúttle díplomacy n. 왕복 외교 〖두 나라 사이를
‡shy¹ [ʃai] adj. (**shy·er** or **shi·er, shy·est** or **shi·est**) 1 〖사람이〗 암띤, 부끄럼타는, 소심한, 수줍어하는 (of...). ¶ He is shy of asking foreigners a question. 그는 소심하여 외국인에게 질문하기를 꺼린다.
類語 shy 소심하거나 경험 부족 때문에 남들과 어울리지 못하고 꺼리는 빼는: a shy person 소심한 사람. **bashful** 본능적으로 남의 눈에 띄는 것을 피하고 부끄러워하며 어쩐지 어색한 언행을 하는: a bashful girl 부끄럼 타는 소녀. **diffident** 자신이 없기 때문에 언행을 주저하는: a diffident youth 소심하고 내성적인 청년. **modest** 자신은 있으나 겸손하여 주제넘게 나서지 않는: a modest woman 조심성 있는 여자. **demure** 겸손한 척하며 얌전빼고 새침한: a girl demure on her first date 처음 데이트에 얌전빼고 새침한 소녀. **coy** 얌전한 척하고 고태를 부리는: a coy barmaid 교태를 부리는 술집 여자.
2 〖동물이〗 잘 놀라는, 사람을 보면 곧 달아나는. 3 의심 많은(suspicious), 믿지 않는; 조심성 있는, 조심하여 …하지 않는, 마음내키지 않는, 싫어하는 (of ...). 4 《속어》 …이 부족한, …이 없는 (of, on ...). ¶ They are shy of funds. 그들은 자금이 부족하다. 5 〖식물〗 열매를 잘 맺지 않는; 〖동물이〗 새끼를 잘 낳지 않는.
fight shy of …을 피하다, 피하다(avoid).
look shy at (or **on**) …을 의심하다, 수상히 보다.
― vi. **(shied, shy·ing)** 1 〖사람이〗 꽁무니빼다, 겁내다 (at, from...). 2 〖특히 말이〗 뒷걸음치다 (at...).
― n. (pl. **shies**) 〖말의〗 뒷걸음질.
shý·ly adv. **shý·ness** n.
shy² [ʃai] v. **(shied, shy·ing)** vt. 〖돌 따위를〗 잽싸게 던지다, 팔매질하다. ¶ shy a stone at a wall 벽에 돌

팔매질을 하다. —— vi. 잽싸게 던지다, 내던지다(fling). —— n. (pl. shies) 1 팔매질(fling). 2 (구어) 시도(attempt); 겨냥; 기회(chance). 3 (구어) 조롱, 놀림. have (or take) a shy at ① …을 놀리다, 조롱하다. ②…을 시도하다.   [worksʰy.
-shy [ʃai] shy¹ adj.의 뜻의 연결형. 예: gunshy.
shy・er [ʃáiər] n. 1 꽁무니빼는 사람. 2 잘 놀라는 말, 뒷걸음질치는 말.
Shy・lock [ʃáilɑk/-lɔk] n. 1 Shakespeare 작 The Merchant of Venice 에 나오는 냉혹한 유대인 고리 대금업자. 2 (일반적) 비정한 고리 대금업자.
*shy・ly [ʃáili] adv. 수줍어서, 부끄러워.
*shy・ness [ʃáinis] n. ⓤ 수줍음, 암띰.
shy・ster [ʃáistər] n. 《美구어》 1 엉터리(악질) 변호사, 협잡꾼(pettifogger). 2 빈틈없다, 모사(謀
si [si:] n. 《음악》 [도레미파 창법의] 시(제 7 음).(土).
sí [si:] adv. 《스페인》(=yes) 네.
Si 《화학》 silicon 의 원자 기호. [도량형국).
SI 《略》 Système International d' Units (파리의) 국제
S.I. 《略》 Sandwich Islands; Staten Island; [Order of] the Star of India (인도 성(星)훈장.
SIA 《略》 Semiconductor Industry Association (반도체 공업 협회); Securities Industry Association.
SIAD 《略》 Society of Industrial Artists and Designers.
si・al [sáiæl] n. ⓤ[지질] 시알 [지각의 표층부].
 [＜SI[LICON]＋AL[MINIUM]
si・a・loid [sáiəlɔ̀id] adj. 침 같은, 타액 모양의.
Si・am [saiǽm, ´-] n. 샴 [Thailand 의 옛 이름].
si・a・mang [sí:əmæ̀ŋ, +英 sái-] n. 큰긴팔원숭이 [수마트라산(產)].
Si・a・mese [sàiəmí:z, +美 -mí:s] adj. 1 샴(국, 어)의, 2 쌍둥이의; 밀접한; 비슷한(similar). —— n. (pl. -mese) 1 샴인; ⓤ 샴어, 2 (보통 s-) 두 갈래 소화전(消火栓). 3 =Siamese cat.
Síamèse cát n. 샴고양이.
Síamèse twíns n. 샴 쌍둥이 [허리가 붙어 있는 기형의 쌍둥이 Chang 과 Eng(1811-74)]. 2 신체가 붙어서 태어난 쌍둥이;《비유적》일심동체인 사람.
sib¹ [sib] adj. 혈연의, 혈족의(to…). —— n. 혈연자, 친척;《집합적》친척 일동, 혈족, 일가; (보통 ~s) 형제 자매.
sib² [sib] n. 《인류》씨족(氏族).
Sib. 《略》 Siberia; Siberian.
*Si・be・ri・a [saibí(:)riə/-bíər-] n. 시베리아 [러시아의 우랄 산맥 동쪽 지역]. ◇ Sibérian adj., n.
Si・be・ri・an [saibí(:)riən/-bíər-] adj. 시베리아 (사람, 말)의. —— n. 1 시베리아 사람. 2 (=Siberian húsky) 시베리안 허스키 [썰매 끄는 개의 일종].
sib・i・lance [síbilən s], -lan・cy [-lənsi] n. ⓤ〔음성〕 치찰음(齒擦音) 이기.
sib・i・lant [síbilənt] adj. 1 쉬쉬 하는 [소리가 나는]. 2 〔음성〕 치찰음의(이 나는). —— n. 〔음성〕 치찰음(s, z, ʃ, ʒ 따위). ~・ly adv.
sib・i・late [síbilèit] vi., vt. (-lat・ed, -lat・ing) 쉬쉬 (시시) 소리내다; 치찰음으로 발음하다.
sib・i・la・tion [sìbilé i(ə)n] n. ⓤⓒ 쉬쉬 소리 [시시] 내기. 2 치찰음(화(化)].
sib・ling [síbliŋ] n. 1 (보통 ~s) 양친 또는 부모 한쪽이 같은) 형제, 자매. 2 《인류》 씨족의 공동 구성원.
sib・yl [síbil] n. 1 [고대 그리스・로마 등의 신탁(神託)을 전하는] 무당, 무녀. 2 여자 점쟁이; 여자 마법사(witch).
sib・yl・line [síbəli:n, -làin/síbilain] adj. 1 무녀의(과 같은), sibyl이 말한, sibyl이 써 놓은. 2 예언적인, 신탁적(神託的)인; 신비적인.
Sibylline Bóoks n. pl. [그리스어로 씌어진 신비적인 유래가 있다는] 고대 로마의 신탁집(集).
sic [sik] vt. (sicked, sick・ing) 1 (특히 개에 대한 명령)…을 공격하다(attack). ¶ Sic him! 저 사람에게 덤

벼라! 2 [개 따위]를 […에게] 덤벼들게 하다(…on).
sic [sik] adv. 《라틴》(=so, thus) 원문 그대로 [인용어구 따위가 틀린 것으로 생각될 때 그 뒤에 (sic)이라고 괄호 안에 써넣어 원문 그대로임을 나타냄).
sic・ca・tive [síkətiv] adj. 건조시키는, 건조를 돕는. —— n. (특히 페인트에 넣는) 건조제(drier).
sice¹ [sais, +美 saiz] n. [주사위의] 6의 눈.
sice² [sais] n. =syce.
Si・cil・ian [sisíljən, -ljən] adj. 시칠리아섬(사람)의; 시칠리아 방언의. —— n. 시칠리아 사람; ⓤ 시칠리아 방언.
si・ci・li・a・no [sisìliá:nou, sitʃìl-], -na [-na:] n. (pl. -nos; -nas) 시칠리아무곡.
*Sic・i・ly [sísili] n. 시칠리아섬 [이탈리아 반도 남단의 지중해 최대의 섬]. ◇ Sicílian adj., n.
‡sick¹ [sik] adj. 1 병든, 병난, 몸이 편찮은. [the ~] 《명사적 용법》《집합적》 환자들; 병에 걸린 (* 英) 에서는 서술용법으로는 일반적으로 ill 을 쓴다); 월경중인 (menstruating). ¶ a sick man 환자 / fall (or get) sick 병에 걸리다 / She was taken sick. 그녀는 병에 걸렸다 // I am sick with a cold. 감기들었다 / He is sick in bed. 그는 병으로 누워있다. 2 (특히 英) 《서술용법》 구역질이 나는, 메스꺼운. ¶ feel sick 메스껍다 / I am going to be sick. 나는 토할 것 같다 / The sight made me sick. 그것을 보고 나는 메스꺼워졌다. 3 〔한정용법〕 병자의, 환자용의. ¶ a sick ward 병동. 4 〔서술용법〕비관하, 괴로운. ¶ She is sick of love. 그녀는 사랑 때문에 고민하고 있다 / He is sick at heart. 그는 수심(비관)하고 있다. 5 《구어》《서술용법》 싫증이 나서, 지긋지긋하여; 화가 나서, 낙담하여, 실망하여, 분해서 (of…). ¶ He is sick of life. 그는 인생에 싫증이 나 있다. 6 《서술용법》 애태우고, 그리워하고, ¶ She is sick for her home. 그녀는 집이 그리워하고 있다. 7 〔얼굴빛 따위가〕 병색이 짙은, 창백한(pale); 오싹하게 하는; [사상 따위가] 병적인, 불건전한(unsound). ¶ sick skin 창백한 피부 / sick thoughts 불건전한 사상. 8 [탈 것 따위가) 수리를 해야 할, 결함이 있는(faulty). 9 [물건이] 불량한; [포도주 따위가] 맛이 변한, 싱거운; [농업] [땅이] 생산이 없는.
call in sick 아파서 결근한다고 연락하다.
go (or report) sick 《군대》 병가원을 내다.
sick to death; sick and tired 아주 지긋지긋하여, ◇ sícken v.   └아주 싫증이 나서.
sick² [sik] vt. =sic.
síck bày n. 〔항해〕 (선박 안의) 진료실.
síck・bed [síkbèd] n. 병상.
síck bénefit n. 《英》 〔건강 보험의〕 질병 수당.
sick búilding n. [입주자, 근무자 따위에게] 옥내 환경이 열악한 빌딩.
síck búilding sýndrome n. 병든 건물 증후군 [통풍 따위의 관리가 엉망인 건물의 오염된 공기로 생기는 갖가지 증상; 略 SBS].
síck cáll n. 《군대》 진료 소집; 그 신호(시간).
*sick・en [síkn] vi. 1 병들다;《주로 英》 병든 징후가 나타나다. ¶ (~+젠+図) He is sickening for measles. 그는 홍역 증상을 보이고 있다. 2 메스꺼워지다, 욕지기 나다. ¶ a sickening sight 속이 메스꺼워지는 광경 // (~+젠+図) I sickened at the mere sight of the lice. 나는 이를 보기만 했는데 속이 메스꺼워졌다 // (~+to do) She sickened to see many snakes. 그녀는 많은 뱀을 보고 욕지기가 났다. 3 싫증이 나다, 넌더리 나다 (of…). ¶ (~+젠+図) I am sickening of my daily routine. 나는 날마다 되풀이되는 일상 업무에 넌더리가 난다. 4 약해지다, 쇠약해지다, 시들다. —— vt. 1 …을 병나게 하다; …에 욕지기 나게 하다. 2 …을 싫증 나게 하다. 3 …을 약하게 하다(weaken). ◇ sick adj.
sick・en・er [síkənər] n. 진저리 나는 것.
sick・en・ing [síkniŋ] adj. 병들게 하는; 욕지기 나게 하는; 넌더리 나게 하는. ~・ly adv.

sick·er [síkər] *n.* 《美軍 속어》입원 환자.
síck flág *n.* [배 안에 전염병 환자가 있다는 것을 나타내는] 검역기(檢疫旗). 〔통(偏頭痛).
síck héadàche *n.* ⓊⒸ 〔병리〕구토성 두통, 편두
sick·ish [síkiʃ] *adj.* 1 좀 메스꺼운, 구역질 날 듯한.
2 병날 것 같은, 속이 좀 언짢은.
*****sick·le** [síkl] *n.* 1 낫, 작은 낫. *cf.* scythe 2 (S-) 〔천문〕〔사자자리(座)의〕(Leo) 안의〕낫 모양의 별무리. 3 〔장닭 꼬리의 긴〕낫 모양의 깃 (sickle feather).
síck lèave *n.* Ⓤ 의병(依病) 휴가, 의병 휴가의 허가.   〔증〔흑인의 유전병〕.
síckle cèll anèmia *n.* Ⓤ 겸상(鎌狀) 적혈구 빈혈
sick·le·mi·a [síklí:miə] *n.* Ⓤ 겸상 적혈구증(症).
sick·li·ness [síklinis] *n.* Ⓤ 병약, 병든 몸; 메스꺼움.
síck lìst *n.* 〔특히 육해군·선박 따위의〕환자 명부.
***on the sick list** 병으로, 병에 걸려.
*****sick·ly** [síkli] *adj.* (-li·er, -li·est) 1 건강이 좋지 않은, 병약한, 병인. 2 병(병약)으로 인한; 창백한; 건강에 나쁜. 3 욕지기 나게 하는 (nauseating), 진저리 나게 하는. ¶ a *sickly* smell 욕지기 나게 하는 악취.
4 〔빛·색채가〕퇴색한, 바랜, 약한. 5 감상적인.
— *adv.* 병적으로, 병으로.
— *vt.* (-lied, -ly·ing) …을 창백하게 하다(…*over*).
sick-mak·ing [síkmèikiŋ] *n.* 《英구어》= sickening.
ˢsick·ness [síknis] *n.* 1 Ⓒ 병, 병든 상태.
ILLNESS 類語 ¶ a severe *sickness* 중병. 2 Ⓤ 《英》욕지
sick-out [síkàut] *n.* 병가(病暇) 파업.   〔기.
síck paràde *n.* 《英》= sick call.
síck pày *n.* = sick benefit.
sick·room [síkrù(:)m] *n.* 병실.
sic tran·sit glo·ri·a mun·di [sik trǽnsitglɔ́:riə múndai / -glɔ́:riə-] 〔라틴〕(=Thus passes away the glory of this world.) 이리하여 이 세상의 영예는 흘러간다.
*****side** [said] *n.* 1 〔물체의 전후·좌우·상하 따위의〕측, 쪽, 측면, 옆 부분, 〔얇은 물체의 겉 또는 뒤의〕면. ¶ the front (the back) *side* 앞쪽(뒤 쪽) / the right *side* 우측 (the wrong) *side* of cloth 천의 표면(뒷면) / on this *side* of Easter 부활절 전에 / the near (the off) *side* 〔말·차·도로 따위의〕좌(우)측 / He wears his coat [with] the wrong *side* out. 그는 상의를 뒤집어 입고 있다.
2 〔신체의〕옆구리, 허리, 늑골; 겨드랑이; 〔소 따위의〕옆구리 고기 〔사람의〕옆, 가까운 곳. ¶ a *side* of bacon 돼지 옆구리 고기 / by the *side* of a person; by a person's *side* 사람 옆에, 사람 가까운 곳에; (비유적) 남과 비교하여 / on one *side* the *side* 측근에 / hold (or shake, burst, split) one's *sides* with laughing (or for laughter) 웃음으로 배꼽 빼다, 포복절도하다.
3 〔문제 따위의〕면, 양상(phase), 관점. ¶ the blind *side* 약점, 빈틈 / from every *side* (or all *sides*) 모든 관점에서 / Life has two *sides*; bright and dark. 인생에는 명암의 양면이 있다.
類語 side 상하·좌우·표리 따위와 같이 대립된 것을 예상한 면(面). aspect 특정한 관점에서 본 면(面) 관점이 달라지면 다른 면이 나타남을 암시: study every *aspect* of a child's growth 아이들의 성장에 관한 모든 면을 연구하다. phase 발전·전개·변화의 단계로서의 면; 관점은 변치 않고 대상 그 자체의 변화를 암시: study every *phase* of a baby's growth 아기의 성장에 관한 모든 면(단계)을 연구하다. facet 동일한 면이 다수 있는 중의 하나: one *facet* of his character 그의 성격의 일면. angle 한정된 범위의 관점에서 보이는 면. 특히 the: the economic *angle* of a problem 문제의 경제적인 측면.
4 〔중심점(부)에서 본〕어떤 지역(region), 어떤 방면, 방향(direction), 〔동서남북의〕쪽, 향, ¶ the south *side* of a city 시의 남쪽(남부) / on all *sides* 도처에, 사방에.
5 [middle, center 에 대하여] 끝, 가, 언저리. ¶ a shop by the *side* of a road 길가에 있는 가게 / from *side* to *side* 끝에서 끝까지, 좌우로, 옆으로.
6 〔수학〕〔3각형 따위의〕변, 〔입방체의〕면.
7 〔경기·시합 따위의〕편, 팀 〔적·자기편의〕쪽, 당파 (the party). ¶ the credit (the debit) *side* 대(차)변 / change *sides* 당적을 바꾸다, 탈당하다 / choose *sides* 〔경기에서〕편을 가르다 / play *sides* 편을 짜서 하다 / I took *sides* with Frank in his argument with his brother. 프랭크가 그의 동생과 말다툼하고 있을 때 나는 프랭크의 편을 들었다 / *The Lord is on my side.* 주님은 내 편이시다 [←시편(Ps.) 118 : 6〕.
8 고개, 산허리, 〔고개 따위의〕비탈, 경사(slope).
9 〔혈통의〕…쪽, 계(系) (lineage). ¶ the paternal (or the spear) *side* 아버지 쪽, 부계 / the maternal (or the distaff, the spindle) *side* 외가 쪽, 모계.
10 〔항해〕뱃전, 현, 측현(舷側). ¶ the port (the starboard) *side* 좌현(우현).
11 Ⓤ 《英》〔당구〕틀어(치기(English).
12 〔紋章〕세로 줄, 세로 줄 무늬.
13 〔고어〕〔인쇄물·사본 따위의〕지면, 페이지(page). ¶ a pamphlet of 14 *sides* 14 페이지의 소책자.
14 〔보통 ~s〕〔연극〕대본의 대사, 〔배역의〕대사.
15 Ⓤ 〔英속어〕거드름, 젠체하기, 거만함, 오만함. ¶ have much (or lots of) *side* 〔속어〕거드름 부리다.
get on the right (*wrong*) *side of* (or *at*) 《구어》…의 마음에 들다(들지 않다).
No side! 〔축구〕경기 종료!
off (*on*) *side* 〔축구〕반칙(정규) 위치에.
on the right, the better, the bright, the sunny, the hither) *side of* …살을 넘지 않은.
on the side ① 부업으로, 본직업 외에, 아르바이트로. ② 덤으로, 따로.
on the … side 다소 …한 기미가 보이는. ¶ The consumers' prices are *on the* high *side*. 소비자 가격이 상승세에 있다.
on the wrong side (*the shady, the thither*) *side of* …살을 넘어서, …세를 넘은.
the other side (때때로 O- S-) 저승, 사후 세계.
put on side ① 《속어》젠체하다. ② 〔당구〕공을 틀어치다.   〔력하여.
side by side ① 나란히; 막상막하로. ② 결탁하여, 협
— *adj.* 1 측면의, 한쪽의, 곁의, 옆구리의, 옆면의, 한쪽에의; 측면으로의. ¶ a *side* glance 곁눈질. 2 버금가는, 지엽 말단의. ¶ a *side* job 부업.
— *v.* (sid·ed, sid·ing) *vi.* 〔…의〕편에 서다(*with*, *against*…). 〔…편에〕편들다(*with*…). — *vt.* 1 …에 측면을 대다. 2 《美방언》…을 치우다(arrange). 3 …과 나란히 서다, 나란히 걷다.
síde àrm *n.* 〔권총·대검 따위〕허리에 차는 무기.
side-arm [sáidɑ̀:rm] *adj., adv.* 〔야구 따위에서〕옆으로 던지는(던진). ¶ a *sidearm* delivery 〔공을〕옆으로 던지기.
síde bànd *n.* 〔통신〕측파대(側波帶), 변조 반송파(搬送波)의 주파대(周波帶).   〔차적인 내기〕.
síde bèt *n.* 〔카드놀이 따위에서 본래 내기 외에〕부
ˢside-board [sáidbɔ̀:rd / -bɔ̀:d] *n.* 1 식기대, 찬장.
2 측면판(側面板). 3 (~s) 〔속어〕= side burns.
side-bone [sáidbòun] *n.* 1 〔해부〕좌골, 무명골. 2 (보통 ~s) 〔단수 취급〕〔獸醫〕환골종(環骨腫).
side-burns [sáidbə̀:rnz] *n. pl.* 짧은 구레나룻.
side-car [sáidkɑ̀:r] *n.* 1 〔오토바이의〕사이드카.
2 칵테일의 일종.
síde chàin *n.* 〔화학〕측쇄(側鎖).
síde chàir *n.* 〔식탁 따위에 놓는〕팔걸이 없는 의자.
síde chàpel *n.* 교회당 부속의 소예배당.
síde cùrtain *n.* 사이드 커튼〔건물이나 자동차 창에 친다〕.
sid·ed [sáidid] *adj.* 측면(변)이 있는.
síde dìsh *n.* 〔주요리의〕곁들임 요리.
side-dress [sáiddrès] *vt.* (-dressed, -dress·ing) 〔농작물에〕이랑 따라 비료를 주다, 추비(追肥)하다.

— n. [이랑 따라 주는 (추비용)]비료.
side effect n. [약 따위의] 부작용.
side-foot [sáidfùt] vt., vi. [축구] 발의 측면으로 차다.
side-glance [sáidglæns / -glɑ̀ːns] n. 결눈질; 흘기는 눈.
side-hill [sáidhìl] n. 언덕의 비탈, 산허리.
side horse n. (the ~) [체조] 안마(鞍馬).
side issue n. 지엽 문제, 부차적인 문제(일·것).
side-kick [sáidkìk] n. 친구; 짝패(mate); 조수.
side-light [-lait] n. 1 ⓤⓒ 측광(側光), 옆에서 비추는 빛. 2 측등(側燈)(side lamp); 옆창, 채광창; [배의] 현등(舷燈); [군함의] 현문등(舷門燈). 3 ⓤⓒ [사정 따위의] 측면에서의 설명, 우연(간접)의 해명(정보). ¶ throw (or let in) a sidelight on …을 방증(傍證)하다.
side-line [sáidlàin] n. 1 측선, 횡선. 2 [가게의] 전문외 상품; 부업, 내직. 3 [스포츠] [축구 경기장 따위의] 측선, 사이드라인; (~s) 사이드라인 바깥쪽. — vt. [-lined, -lin·ing] 1 [족쇄로] [말 따위의] 한쪽 앞뒤 다리를 함께 묶다. 2 [구어] [병이나 부상 따위로] [선수를] 출장 못하게 하다.
side-lin·er [-nər] n. 방관자.
side·ling [sáidliŋ] adv., adj. =sidelong.
side·long [sáidlɔ̀(ː)ŋ / -lɔ̀ŋ] adj. 1 경사진, 한쪽으로 기운. 2 옆[으로]의, 결의, ¶ cast a sidelong glance upon (or at) a person 남을 결눈질로 보다. 3 노골적이 아닌, 완곡한, 간접적인(indirect). — adv. 옆에슷하게; 옆으로. — n. 탐지 레이더.
side-look·ing rádar [sáidlùkiŋ-] n. [항공] 측면 레이더.
side·man [sáidmæn, -mən] n. (pl. -men [-mèn, -mən]) [밴드나 오케스트라의] 악기 주자; [특히] 반주 악기 연주자.
side meat n. ⓤ [美남·중부] 소금에 절인 돼지 안심.
side-note [sáidnòut] n. [인쇄] [작은 활자로 단] 방주(傍注).
side order n. [美] 결들임 요리(side dish).
side-out [sáidàut] n. 사이드 아웃[배구·배드민턴에서 서브하이 득점하지못해 서브권을 잃는 일].
side-piece [sáidpìːs] n. 측면부; 옆에 덧붙은 물건.
si·de·re·al [saidí(ː)riəl / -díər-] adj. 별의, 항성의, 성좌의. ¶ a sidereal hour 항성시 [59분 50.17초] / a sidereal day 항성일 [23시간 56분 4.09초] / a sidereal month 항성월 [27일 7시간 43분 11.5초] / a sidereal year 항성년 [365일 6시간 9분 9.54초] / a sidereal revolution 항성 주기.
sid·er·ite [sídərait / sáidə-] n. ⓤ [광산] 1 능철광(菱鐵鑛). 2 철운석(鐵隕石).
síde róad n. 옆길, 샛길.
sid·er·o·sis [sìdəróusis] n. ⓤ [병리] 철분 폐진증(鐵[粉肺塵症]).
side·sad·dle [sáidsædl] n. 여성용 결잔장 [보통 두다리를 모아 좌측에 드리우게 되어 있다]. — adv. 결안장에 올라타고.
síde scène n. [연극] 1 무대의 좌우 공간; [이동식] 보조 도구. 2 주요 장면의 결에서 연출되는 보조 장면.
side·seat [sáidsìːt] n. [버스 따위의] 옆자리.
síde shòw n. 1 [서커스 따위의] 여흥, 촌극. 2 부차적인 문제, 지역 말단의(부수적인) 문제.
side·slip [sáidslìp] vi. (-slipped, -slip·ping) [자동차·자전거 따위가] 옆으로 미끄러지다; [비행기에서] (橫轉)하다. — n. 1 옆으로 미끄러짐; 횡전. 2 [英] 옆가지; [비유적] 사생아.
sides·man [sáidzmən] n. (pl. -men [-mən]) 교구 위원 (집사)의 조수, 교회일을 보는 사람.
side·split·ting [sáidsplìtiŋ] adj. 우스워 배꼽 빼는, 포복절도할, 우스워 견딜 수 없는.
síde stèp n. 1 [무엇을 피하기 위해] 옆으로 한발 비켜 서기; [스키 따위의] 사이드 스텝. 2 차의 옆에 댄 디딤판.

side-step [sáidstèp] vi., vt. (-stepped, -step·ping) 한발짝 비키다; [문제 따위를] 피하다, [일·책임 따위를] 회피하다. [jack.
síde-strád·dle hòp [sáidstrǽdl-] n. =jumping
side·stream [sáidstrìːm] n. 타고 있는 담배에서 나오는 [독한] 연기.
síde strèet n. 골목길. cf. back street
side·stroke [sáidstròuk] n. [수영] 횡영(橫泳), 사이드 스트로크.
side·swipe [sáidswàip] vt., vi. (-swiped, -swip·ing) […을] 옆을 스치듯 가볍게 때리다, 살며시 때리다. — n. 살짝 때리기, 가볍게 치기. [불.
síde táble n. 측탁(側卓), 벽쪽에 세워놓는 결 테이
side·track [sáidtræ̀k] n. [철도의] 측선, 대피선. — vt. 1 …을 측선(대피선)에 넣다. 2 [주제·본론에서] …을 빗나가게 하다, 제외하다(set aside). — vi. 1 측선으로 들어가다. 2 [주제·본론에서] 벗어나다, 탈선하다.
síde víew n. 측면도, 측경(側景), 측면관; 옆얼굴.
‡**side·walk** [sáidwɔ̀ːk] n. (주로 美) [포장된] 인도, 보도, ⓤ pavement). [전거.
sídewàlk bíke n. [보조 뒷바퀴가 달린] 어린이 자
sídewàlk superinténdent n. (美구어) 건축 현장의 구경꾼. [어의 일종.
side·wall [sáidwɔ̀ːl] n. 1 측벽(側壁). 2 [美] 타이
side·ward [sáidwərd] adj. 옆의, 결의, 측면의, 비스듬한. — adv. (=**side·wards** [sáidwərdz]) 옆으로, 비스듬하게, 결에.
side·way [sáidwèi] n. 1 옆길, 샛길, 골목길. 2 인도. — adj., adv. =sideways.
***side·ways** [sáidwèiz] adj. 1 옆의, 결의, 측면의; 비스듬한; 옆으로 향한. 2 간접의(indirect). — adv. 옆으로, 측면으로, 옆쪽에; 비스듬히, 옆으로. ¶ look sideways at …을 결눈질로 보다.
síde whèel n. [sáid(h)wìːl] n. [항해] [배의] 외륜(外輪), 물갈퀴. [있는.
síde-whèel [sáid(h)wìːl] adj. [항해] [배가] 외륜이
síde-whèel·er [sáid(h)wìːlər] n. 1 [美] 외륜선. 2 [美속어] [야구] 왼손잡이, 왼손잡이 투수(southpaw).
síde whískers n. pl. (구어) [긴] 구레나룻.
síde wìnd n. 1 측면에서 부는 바람. 2 간접 공격 (방법).
side·wind·er [sáidwàindər] n. 1 [美] [서남부의 사막에 사는] 작은 방울뱀의 일종. 2 [구어] 옆으로부터의 강한 일격. 3 (S-) [美] [군대] 사이드 와인더 [미군의 공대공 미사일].
side·wise [sáidwàiz] adj., adv. =sideways.
sid·ing [sáidiŋ] n. 1 [철도의] 측선, 대피선 2 ⓤ [건물의 바깥쪽에 붙인] 널빤지, 판자. 3 ⓤ [편들기]. 4 [항해] [뱃머리(stem)의] 폭.
si·dle [sáidl] v. (-dled, -dling) vi. 1 옆걸음지 치다, 비스듬히 걷다. 2 [무섭거나 부끄러워서] 가만히 걷다 (along, up, away). — vt. 옆걸음질 치기; 다가 들기.
Si·don [sáidn] n. 시돈 [고대 페니키아의 가장 오래된 항구 도시]. [사병(突然死病)].
SIDS (略) sudden infant death syndrome 유아 돌연
sie·cle [sjékl] n. [프랑스] 시대(age); 세기(century).
‡**siege** [siːdʒ] n. ⓒⓤ 1 포위, 포위 공격, 공략; 포위 기간. ¶ a regular siege 정공법(正攻法) / lay siege to …을 포위하다, 포위 공격하다 / press (or push) a siege 맹렬히 포위 공격하다 / raise the siege of [포위(전)이] …의 포위를 풀다, 포위 공격을 풀게 하다 / stand a siege 포위 공격을 견디다, 농성을 계속하다. 2 (비유적) 몰아세우기, 설득하여 납득시킴, ¶ lay siege to a lady's heart 여자를 설득하다. 3 [병 따위의] 괴롭고 지루한 기간. 4 [백로 따위 새의] 무리(sedge). — vt. (sieged, sieg·ing) …을 포위 (공격)하다, 공략하다.

siege-gun [síːdʒgÀn] *n.* 〔역사〕 공성포(攻城砲).

Siege Perílous *n.* 아서왕의 원탁에 있던 위험한 자리〔성배(聖杯)〕를 찾아낼 운명을 가진 기사 이외는 누구나 앉으면 죽었다고 한다.

siege-works [síːdʒwə̀ːrks] *n. pl.* 공성 보루(堡壘).

Sieg·fried [síːgfriːd / *G* zíːkfriːt] *n.* 지그프리트〔거룡(巨龍)을 퇴치한 독일의 전설 *Nibelungenlied* 의 영웅〕. *cf.* Brunhild

Siegfried Line *n.* 지그프리트선〔제2차 세계 대전 전에 만들어진 독일의 요새 선〕.

si·en·na [siénə] *n.* ⓤ **1** 시에나 토(土), 농황토(濃黃土). ¶ raw *sienna* 생 시에나 토〔황갈색의 안료〕/ burnt *sienna* 군 시에나 토〔적갈색의 안료〕. **2** 황(적) 갈색, 시에나 토.

si·er·ra [siérə, +※ sIɛ́rə] *n.* **1** 〔특히 톱니 모양의〕 뽀족뾰족한 산맥, 연봉. **2** 삼치(고등어과)의 물고기〕.

Siérra Le·ó·ne[-lióun(i)] *n.* 시에라리온〔아프리카 서부에 있는 영연방내 공화국, 수도 Freetown〕.

si·es·ta [siéstə] *n.* ⓒⓤ 〔스페인·라틴 아메리카 등지에서〕 점심 뒤에 자는 낮잠. 〔<Sp〕

sieur [*F* sjœːr] *n.* 《프랑스》 (=sir) 남자에 대한 옛 경칭〔현재는 법률 용어〕.

***sieve** [siv] *n.* **1** 체, 조리, 여과기(濾過器). ¶ He has a memory (or a head) like a *sieve*. 그는 기억력이 나쁘다. **2** 입이 가벼운 사람, 비밀을 못 지키는 사람.
— *vt., vi.* (**sieved, siev·ing**) 〔…을〕 체질하다, 거르다 (sift).   〔부는 사람.

sif·fleur [*F* siflœːr] *n.* 《프랑스》 (=whistler) 휘파람

sift [sift] *vt.* **1** …을 체질하다, 체로 치다, 가리다, 분류하다. ¶ (~ +目 +前 +名) *sift* the wheat *from* the chaff 밀왕을 밀짚에서 가려내다. **2** 〔설탕 따위를 뿌리다(sprinkle) (... *upon, over, onto*). **3** …을 엄밀히 조사하다, 정밀 검사하다, 감별하다. — *vi.* **1** 체질하다. **2** 〔빛·눈 따위가〕 새어들다. ¶ (~ +前 +名) The moonlight *sifts through* the window. 달빛이 창문에서 새어들어 온다.

sift·er [síftər] *n.* **1** 체질하는 사람. **2** 정밀 검사하는 사람. **3** 체(sieve), 〔후추 따위의〕 뿌리개.

sig., Sig. 〔略〕 signal; signature; signor.

sigh [sai] *vi.* **1** 한숨 쉬다(짓다), 탄식하다, 한탄하다, 아까와하다. ¶ (~ +前 +名) *sigh for* grief 탄식하다 / *sigh* with relief 안도의 한숨을 쉬다. **2** 〔바람 따위가〕 한숨 같은 소리를 내다. **3** 사모하다, 그리워하다(long) (*for*...). ¶ (~ +前 +名) She *sighed for* the happy old days. 그녀는 지나난 즐거웠던 시절을 그리워했다. — *vt.* …을 탄식하며(한숨 쉬며) 말하다(슬퍼하다, 보내다). ¶ (~ +目 +副) *sigh out* one's grief 한숨 지으며 슬픔을 이야기하다. — *n.* **1** 한숨, 탄식, 한탄. ¶ draw (or heave) a *sigh* 한숨 짓다. **2** 〔바람 따위의〕 한숨과 같은 소리.

sigh·er [sáiər] *n.* 한숨 짓는 사람, 탄식하는 사람.

sigh·ing·ly [sáiiŋli] *adv.* 한숨 지으며, 탄식하고.

‡**sight** [sait] *n.* **1** ⓤ 〔a ~〕 보기, 보임; 언뜻 보기, 일견, 일별(glance), 일람(view). ¶ at (*or on*) *sight* 보자마자 / in a person's *sight* 남의 눈 앞에서, 남의 눈으로 보며/ catch (or get, gain) *sight of* …을 발견하다 / have a *sight of* …을 언뜻 보다 / He fell in love with her at first *sight*. 그는 그녀에게 한눈에 반했다. / I know him *by sight*. 나는 그를 본 적이 있다 / At〔the〕*sight of* a policeman, he ran away. 경관이 눈에 띄자 그는 도 주했다. **2** ⓤ 시력, 시각(vision). ¶ have good (bad) *sight* 시력이 좋다(나쁘다) / have long (or far) *sight* 원시이다, 멀리를 내다보다 / have short (or near) *sight* 근시이다 / She lost her *sight*. 그녀는 실명했다. **3** ⓤ 시계(視界), 시야, 안계(眼界). ¶ a line of *sight* 시선 / come in *sight* 시야에 들어오다 / vanish from *sight* 안 보이게 되다 / keep something in *sight* 눈에서 사라지지 않도록 하다 / Get out of my *sight*! 내 앞에서 꺼져! **4** 광경, 풍경, 경치; 장관; (the ~s) 명소. ⇒ VIEW 〔類語〕 ¶ do (*or* see) the *sights* 명소를 구경하다. **5** 《구어》 색다른 것, 구경거리, 〔불쾌한·이상한〕 꼴불견, 웃음거리. ¶ a perfect *sight* 진짜 꼴불견. **6** ⓤ 견지, 견해, 의견, 판단. ¶ Money is trash in his *sight*. 그의 눈에는 돈 같은 것은 쓰레기로 보인다. **7** 〔총포 따위에 의한〕 겨냥, 조준(aim); 〔측량 기기 따위의 측정; 〔사격기의 파인더; 〔총포의 가늠자, 가늠쇠. ¶ take a *sight* 겨냥하다, 조준을 맞추다. **8** 《구어》 다수, 거액, 많음; 〔부사적으로 써서〕 훨씬, 많이. ¶ a *sight* of money 거액의 돈 / This pen is a 〔long〕 *sight* better. 이 펜이 훨씬 좋다. **9** 〔상품의〕 전시회 사전 검토.

at sight 보자마자; 〔상업〕 일람후(一覽後). 〔을 주다.
find (or get) favor in a person's *sight* 남에게 호감
lose sight of ① …을 시야에서 놓치다. ② …을 기억에서 잊다. ③ …의 소식이 끊기다.
make oneself a sight; make a sight of oneself 남의 눈에 띄는 (야릇한) 몸차림을 하다.
not by a long sight 《구어》 절대로 …하지 않다.
out of sight ① 보이지 않는 곳에; 먼 곳에. ¶ *Out of sight, out of mind.* 《속담》 떠나 사람은 날로 소원해진다. ② 〔물건 값·표준이〕 매우(터무니없이) 높은. ③ 훨씬. ¶ This is *out of sight* better than that. 이것은 저것보다 훨씬 좋다. ④ 〔속어〕 뛰어난, 멋진.
put something out of sight ① …을 숨기다. ② …을 무시하다.
a sight for sore eyes 《구어》 보기만 해도 즐거운 것; 귀한 손님(물건).
sight unseen 〔상업〕 현물을 보지 않고.
within sight 보이는 곳에. ¶ The plan is already *within sight*. 그 계획은 이미 실현 단계에 와 있다.
— *vt.* **1** …을 보다, 인지하다, 발견하다. **2** 〔기기 따위를 써서〕 …을 관측하다, 측정하다. **3** …에 조준을 맞추다, …을 겨냥하다; …에 조준기를 달다; …의 조준기를 조정하다. **4** 〔상업〕 〔어음 따위를〕 〔수령인에게 제시하다(일람시키다). — *vi.* 조준을 맞추다, 겨누다; 〔특정한 방향을〕 잘 살피다.
◇ *see n., sightly adj.*

sight draft *n.* 〔상업〕 일람불 환어음.

sight·ed [sáitid] *adj.* **1** 〔보통 복합어를 만들어〕 시력이 …의 ¶ near (or short) -*sighted* 근시〔안〕의 / far (or long) -*sighted* 원시〔안〕의. **2** 《영》 〔총〕 조준기가 달린.

sight gag *n.* 〔대사가 아닌〕 동작에 의한 개그(익살).

sight·ing [sáitiŋ] *n.* **1** ⓒ 관측되는 것. **2** ⓒ 불만한 곳, 견문; 목격, 관측.

sight·ing shot *n.* 〔사격에서 조준을 위한〕 시사(試射)〔탄〕.

sight·less [sáitlis] *adj.* **1** 보지 못하는, 눈먼(blind). **2** 〔詩〕 눈에 안 보이는(invisible). — **·ly** *adv.* — **·ness** *n.*

sight·li·ness [sáitlinis] *n.* ⓤ 전망이 좋음; 아름다움.

sight·ly [sáitli] *adj.* (**-li·er, -li·est**) **1** 전망이 좋은, 보아서 기분이 좋은, 외모가 좋은. ¶ a *sightly* castle 아름다운 성채. **2** 경치가 좋은, 전망이 좋은. ¶ a *sightly* hill 전망이 좋은 언덕.

sight-read [sáitríːd] *vt., vi.* (**-read**[-red], **-read·ing**) 〔외국어나 악보를〕 한번 보고 알다, 첫눈에 읽다(연주하다, 노래하다).

sight-read·er [sáitríːdər] *n.* 예습 없이 외국어를 읽는 사람, 악보를 보고 그 자리에서 연주〔노래〕하는 사람.

sight-read·ing [sáitríːdiŋ] *n.* ⓤ 예습 없이 외국어를 수월하게 읽기, 악보를 보고 그 자리에서 연주〔노래〕하기; 〔외국어·악보 따위의〕 즉석 이해력.

sight-see [sáitsìː] *vt.* (**-saw, -seen, -see·ing**) …을 구경하다, 관광(관광)하다.

‡**sight-see·ing** [sáitsìːiŋ] *n.* ⓤ 관광, 구경, 유람. ¶

go *sight-seeing* 관광하러 가다. — *adj.* 관광(구경, 유람)의. ¶ a *sight-seeing* tour (bus) 관광 여행(버스).
◇ sight-see *v.*
sight·se·er, sight-se·er [sáitsìːər] *n.* 관광객, 유람객, 구경꾼.
sight·wor·thy [sáitwə̀ːrði] *adj.* 볼 만한, 볼 가치가 있는. **-thi·ness** *n.*

sig·il [sídʒil] *n.* 1 도장, 인장(seal, signet). 2 [불가사의한 힘을 가지고 있는] 부적(sign).
sig·int (SIGINT) [sígint] *n.* [암호 통신의 방수(傍受)·수집·해독 등에 의한] 정보 수집. cf. humint [<*sig*nal *int*elligence]
sig·ma [sígmə] *n.* 1 시그마 [그리스어 알파벳의 제18자(Σ,σ,s)의 명칭; 영어의 S, s에 해당한다]. 2 [물리] 시그마 입자 [소입자의 하나]. 3 [생화학] 시그마 인자 [리보 핵산 합성을 촉진하는 단백질].
sig·mate *adj.* [sígmit → *v.*] Σ자(S자) 형의. — *vt.* [sígmeit] (-mat·ed, -mat·ing) …의 어미에 Σ(S)를 붙이다.
sig·ma·tion [sigméi(ə)n] *n.* U 어미에 Σ(S)를 붙이기.
sig·moid [sígmɔid] *adj.* S(Σ)자형의, S(C)모양 만곡부의. — *n.* S(C) 모양 [만곡부].
sig·moid·o·scope [sigmɔ́idəskòup] *n.* [의학] S상(狀) 결장경(結腸鏡).
‡**sign** [sain] *n.* 1 표, 표상; 부호, 기호; 표지, 표시(mark); 수학(음악) 기호. ⇒ MARK 類語 ¶ *signs* of the time 시대의 표적, 시표 [마태 복음(Matt.) 16 : 3] / deaf and dumb *signs* 수화(手話) 문자(finger alphabet) / phonetic *signs* 음표(音標) 문자 / the negative (or the minus) *sign* [수학] 음 부호(−) / the positive (or the plus) *sign* [수학] 양 부호(+). 2 손짓, 몸짓(gesture); 신호, 암구호(暗口號)(password), 암호(부호)(signal). ¶ make a *sign* (or *signs*) to …에게 신호하다 / make the *sign* of the cross [축복·속죄 등의 몸짓으로서] 십자를 긋다 / talk in (or by) *signs* 손짓으로 말하다. 3 징후, 징조, 전조; 기색; [의학] [병든] 징후(token). ¶ *signs* of madness 미치광이의 징후 / The swallow is a *sign* of summer. 제비는 여름의 전조이다. 4 간판(signboard), 게시, 도표(道標), 표지. ¶ an inn *sign* 여인숙 간판 / a traffic *sign* 교통 표지. ¶ There was no *sign* of houses. 인가의 흔적이 없었다. 6 《美》(보통 ~s) [야수의] 발자국(track), [deer *signs* 사슴이 다닌 발자국. 7 [신(神)의] 표적, 신업(神業), 기적(miracle). 8 궁(宮) [황도(zodiac)의 12구분의 하나].
a sign and countersign 암호[말].
— *vt.* 1 …에 서명하다, 사인하다; …에 서명하고 승인(보증)하다. ¶ *sign* a letter 편지에 서명하다 / *sign* and seal a paper 증서에 서명 날인하다 // (~+目+前+名) *sign* one's name *to* a check 수표에 서명하다. 2 [권리 따위를] 서명하여 양도(처분)하다, 건네주다 (... *away*, *off*, *over*). ¶ (~+目+前+名) She *signed over* the property *to* me. 그녀는 재산을 나에게 양도했다. 3 [계약서 서명에 의하여] [직업 선수 따위를] 전속시키다. ¶ *sign* a new baseball player 새 야구 선수를 전속 계약하다. 4 …에 표를 하다; [특히 세례 따위에서] …에 성호를 긋다, …에 십자를 그어 축복하다(cross). 5 [손짓·몸짓 따위로] [남]에게 …을 신호하다, 알리다, 보이다. ¶ *sign* one's assent (dissent) [몸짓으로] 찬성(반대)을 표시하다 / (~+目+*to do*) He *signed* us *to* enter the room. 그는 우리들에게 방에 들어오도록 신호했다. 6 [길 따위에] 표지를 세우다, …을 표지하다. ¶ *sign* a road 도로에 서명하다, 서명하여 승인하다, 서명 계약하다 (*for*...). 2 [손짓·몸짓 따위로] 알리다, 표시하다. ¶ (~+前+名) The policeman *signed* to me to stop. 그 순경은 나에게 멈추라고 손짓했다. 3 [도로 따위에] 표지를 세우다.
be signed and sealed 결정되다.
sign in (*out*) 서명하고 들어가다(나가다).

sign off 《구어》 ① (*vt.*, *vi.*) [라디오·텔레비전의] 방송 마감을 알리다, 방송을 끝내다. ②[권리 따위를] 포기하다, [계약 따위를] 파기하다. ③《속어》 입을 다물다, 말을 중지하다. ④ (*vi.*) 서명하다 [술 따위를] 끊다(*from*...).
sign on ①…을 서명 조인하고 고용하다; (*vi.*) 계약하다, 고용되다. ¶ *sign on* as a pitcher 투수로서 전속되다. ②(*vt.*, *vi.*) [라디오·텔레비전의] 방송 개시를 알리다, 방송을 시작하다.
sign on for …에 종사할 것을 서명 계약하다.
sign up 《구어》 ① (*vi.*) 계약서에 서명하고 고용되다, 『…과』 계약하다(*for*...); (*vt.*) [고용주가] 계약서에 서명하여 …을 고용하다. ② (*vi.*, *vt.*) […에] 참가하다, 《美》 응모하다, 가입하다.
◇ signature *n.*

‡**sig·nal** [sígn(ə)l] *n.* 1 신호, 군호, 암호; 신호기, 시그널, 신호등(기), 봉화. ⇒ MARK 類語 ¶ a danger *signal* 위험 신호 / an alarm (or a warning) *signal* [비상] 경보 / the international code of *signal* 국제 통신 규약 / a *signal* of distress; a distress *signal* 조난(난파) 신호. 2 계기, 동기, 도화선. ¶ the *signal* of rebellion 반란의 도화선. 3 [드물게] 표, 증표(token); 징조, 전조, 징후(sign). 4 [카드놀이] [자기와 짝패인 동료에 대한] 신호. 5 [통신] 송신(수신)되는 전파 [충격타, 신호음).

Royal Corps of Signal [英육군] 통신대.
— *adj.* 《한정 형용사》 1 신호(암호)의, 신호용의, 신호(군)의 역할을 하는. ¶ a *signal* bell (whistle) 신호종(기적). 2 뛰어난, 두드러진, 현저한, 주목할만한(notable). ¶ a *signal* victory 대승리 / a *signal* historian 저명한 역사학자.
— *v.* (-naled, -nal·ing;《英》-nalled, -nal·ling) *vt.* [사람·배 따위에] 신호(암호)를 보내다; …에 신호로 통지하다(알리다), 경보를 보내다. ¶ *signal* an S.O.S. 조난 신호를 보내다 // (~+目+*to do*) He *signaled* me *to* stop talking. 그는 나에게 이야기를 중단하라고 신호했다. — *vi.* 눈짓하다, 신호(눈짓)로 알리다. ¶ (~+前+名) *signal for* a rescue boat 구조선을 부르는 신호.
◇ signalize *v.*, signally *adv.* 를 보내다.
signal book *n.* [특히 육해군의] 암호표, 신호책.
signal box *n.* 《英》[철도 따위의] 신호소.
Signal Corps *n.* 《美육군》통신대.
sig·nal·er, 《英》-nal·ler [sígnələr] *n.* 1 신호수. 2 신호기.
sig·nal·ing, 《英》-nal·ling [sígnəliŋ] *n.* U 신호법; 신호를 나타내기.
sig·nal·ize [sígnəlàiz] (*《英》*에서는 **sig·nal·ise**로도 쓴다) *v.* (-ized, -iz·ing) *vt.* 1 …을 유명하게 하다, 돋보이게 하다. ¶ (~+目+前+名) He *signalized* himself *by* discovering a new comet. 그는 새 혜성을 발견함으로써 유명해졌다. 2 …을 지적하다, …에게 신호를 보내다. — *vi.* [드물게] 신호(암호)를 보내다 (signal).
sig·nal·ly [sígnəli] *adv.* 뛰어나게, 돋보이게, 두드러지게.
sig·nal·man [sígn(ə)lmən, +英 -mæn] *n.* (*pl.* -men [-mən, -mèn]) 1 [철도 따위의] 신호수. 2 《군대》 통신병.
sig·nal·ment [sígn(ə)lmənt] *n.* U [범인 따위의] 인상서.
signal tower *n.* [철도의] 신호탑.
sig·na·to·ry [sígnətɔ̀ːri / -t(ə)ri] *adj.* [계약·조약 따위에] 서명한, 서명 조인한. ¶ the *signatory* powers *to* a peace treaty 평화 조약의 조인국. — *n.* (*pl.* -ries) 서명(조인)자; 조약 가맹국.
‡**sig·na·ture** [sígnitʃər] *n.* 1 서명, 사인, 서명하기. 2 [음악] 기호. ¶ a key (a time) *signature* 조(調)(박자)기호. 3 [라디오·TV] [프로그램의] 테마 음악, 테마 송. 4 [제본] 접지, 쪽지(section) [4의 배수(倍數) 페이지를 인쇄한 전지(全紙)를 페이지 순으로 접은 것); [인쇄] 접지 번호; [접지 번호가 붙어 있는] 인

쇄 전지. **5** [의학] [의사가 처방전에 쓰는] 사용법, 표시(標示), 용법 주의 [略 S., Sig.]. **6** (고어) 특징; 흔적.
◇ sign v., sígnatory adj.

sígnature tùne n. =theme song 2.

sign·board [sáinbɔ̀ːrd /-bɔ̀ːd] n. 간판, 게시판.

sign·er [sáinər] n. **1** 서명자; (종종 S-) 《美》독립 선언의 서명자. **2** 수화(手話) (sign language) 를 하는 사람.

sig·net [sígnit] n. **1** (작은) 도장, 일반 도장. **2** = signet ring. **3** (the ∼) 옥새(玉璽) (the privy signet). **4** 찍힌 도장, 날인 (捺印). ── vt. …에 도장을 찍다, 날인하다.

sígnet rìng n. 도장을 새긴 반지.

sig·nif·i·cance [signífikəns] n. Ⓤ **1** 의미, 의의, 취지. ⇒ MEANING [類語] **2** 함축성 있는 것, 의미 심장함. ¶ with some *significance* in one's face 의미 심장한 표정을 짓고. **3** 중요성, 중대성. ⇒ IMPORTANCE [類語] ¶ The matter is of no (little) *significance*. 그 일은 전혀 의미가 없다(그리 중요하지 않다). ◇ significant adj.

‡**sig·nif·i·cant** [signífikənt] adj. **1** 중요한, 중대한 (important), 주목할만한 (notable). opp. insignificant ¶ Today is a *significant* date for this school. 오늘은 이 학교의 뜻 깊은 날(기념일)이다. **2** 뜻이 있는; …의 뜻을 나타내는, 시사적인 (of...). ¶ a gesture *significant* of dislike 싫다는 것을 나타내는 몸짓. **3** 함축성있는, 의미 심장한, 암시적인 (suggestive). ¶ a *significant* look 의미심장한 얼굴 표정. ~·ly adv.
◇ significance n.

signíficant fígures n. pl. (수학) 유효 숫자 [0을 뺀 1에서 9까지].

sig·ni·fi·ca·tion [sìgnifikéiʃ(ə)n] n. **1** Ⓤ 의미, 의의, Ⓒ 어의(語義). ⇒ MEANING [類語] **2** Ⓤ Ⓒ 표시, 지시 (indication).

sig·nif·i·ca·tive [sígnifikèitiv /-kətiv] adj. **1** 표시 하는, …의 뜻을 나타내는 (of...). **2** 의미 있는, 의미 심장한 (significant), 암시적인 (suggestive).

sig·nif·i·ca·tor [sígnifikèitər] n. **1** 뜻을 나타내는 사람 (것), 표시자. **2** 사람의 운명을 가리키는 별.

sig·ni·fi·er [sígnifàiər] n. =significator.

*ˈsig·ni·fy [sígnifài] v. (-fied, -fy·ing) vt. **1** (몸짓·말·행동 따위로) …을 뜻하다 (mean), …을 나타내다. ¶ *signify* one's intention 의향을 알리다 / What does it *signify*? 도대체 그것이 어떤 뜻이 있단 말이냐? (그리 중요한 일이 아니지 않느냐?) // (~ + *that* 節) With a nod he *signified* that he approved. =He *signified* his approval by nodding. 그는 고개를 끄덕이고 찬성의 뜻을 표시했다. **2** …의 전조가 되다. ¶ A halo *signifies* rain. [해 또는 달의] 무리는 비의 전조이다. ── vi. (부정문에 사용하여) 중요하다, 영향을 끼치다. ¶ (~ + 圃) It does not *signify* much. =It *signifies* little. 그것은 대수로운 일이 아니다.
◇ significant, significative adj., signification n.

sign-in [sáinìn] n. 서명 운동.

si·gnior [siːnjɔ́ːr / síːnjɔː] n. =signor.

sígn làn·guage [몸짓(손짓) [언어], 수화; Ⓤ 수화 법 (dactylology) [署], 자서(自署).

sígn mán·u·al n. (pl. signs m-) 〔국왕의〕친서 (親署).

sign-off [sáinɔ̀ːf, -ɑ̀f /-ɔ̀f] n. [라디오·텔레비전의] 방송 종료[의 신호].

sign-on [sáinɔ̀n /-ɔ̀n] n. [라디오·텔레비전에서의] [개시의 신호].

si·gnor [siːnjɔ́ːr / síːnjɔː] n. (pl. -gnors or It **-gno·ri** [-riː]) **1** (S-) 님, 씨, 선생, 각하 [Mr., Sir 에 해당 하며, 이름 앞에 붙여 쓴다]. **2** (특히 이탈리아의) 신사, 귀족. [<It]

si·gno·ra [sinjɔ́ːrə /-njɔ́ːrə] n. (pl. **-ras** or It **-re** [-re]) **1** (S-) 부인, 마님, 여사 [Madam, Mrs.에 해당한다]. **2** (특히 이탈리아의) 귀부인. [<It. *signore*]

si·gno·re [siːnjɔ́ːrei /-njɔ́ːrei] n. (pl. **-res** or It **-ri** [-riː]) =signor 2.

si·gno·ri·na [sìːnjɔːríːnə, +美 -njə-] n. (pl. **-nas** or It **-ne** [-ne]) **1** 양, 아가씨, 영애 [Miss 에 해당하며 이름 앞에 붙인다]. **2** [특히 이탈리아의] 영애. [<It. young lady]

si·gno·ri·no [sìːnjɔːríːnou, +美 -njə-] n. (pl. **-nos** or It **-ni** [-ni]) **1** 젊은 남자에 대한 이탈리아어의 경칭 [Master에 해당한다]. **2** (특히 이탈리아의) 도련님.

sig·no·ry [síːnjəri] n. =seigniory.

sígn páinter n. 간판장이.

sign·post [sáinpòust] n. 도표 (道標), 길잡이; 간판 둥.

Si·gurd [sígərd /-guəd, -gəːd] n. 지구르트 [북유럽 전설 *Volsunga Saga* 의 주인공. 독일 전설의 *Nibelungenlied* 에 나오는 Siegfried 에 해당한다].
cf. Brynhild

Sikh [siːk] n. 시크교도. ── adj. 시크교 [도] 의.

Sikh·ism [síːkiz(ə)m] n. Ⓤ 시크교 [16세기에 인도 북부의 Punjab 지방에서 일어난 힌두교의 일파].

Sik·kim [síkim] n. 시킴 [네팔 (Nepal) 과 부탄 (Bhutan) 사이의 히말라야 산맥 고지에 있는 인도 보호국; 수도 Gangtok].

si·lage [sáilidʒ] n., v. =ensilage.

‡**si·lence** [sáiləns] n. **1** Ⓤ (또는 a ∼) 침묵, 무언, 과묵, 정숙, 무성 (無聲) (muteness). ¶ a man of *silence* 과묵한 사람 / keep (break) *silence* 침묵을 지키다 (깨다) / in dead *silence* 매우 정숙하게 / put (or reduce) a person to *silence* 남을 찍소리 못하게 하다 / *Silence* gives consent. 《속담》 침묵은 승낙의 표시 / Speech is silvern (or silver), *silence* is golden (or gold). 《속담》 웅변은 은이요, 침묵은 금이다. **2** Ⓤ (또는 a ∼) 고요, 정적 (stillness). (보통 S-) 죽음 (death). ¶ the *silence* of midnight 심야의 정적. **3** Ⓤ Ⓒ 무소식, 두절. ¶ Please excuse me for my long *silence*. 오랫동안 소식을 전하지 못한 것을 용서하십시오. **4** Ⓤ 언급 없음, 묵살; 침묵을 지킴, 비밀 (secrecy). ¶ pass a matter with *silence*; pass over a matter in *silence* 어떤 일을 묵살하다 / give the *silence* 《속어》 무시하다 / buy a person's *silence* 돈으로 남의 입을 막다. **5** Ⓤ 망각 (oblivion). ¶ The scandal passed into *silence*. 그 스캔들(추문)도 이제는 망각속에 사라져 버렸다. **6** Ⓤ Ⓒ [음악] 휴지 (休止) [부 (符)] (rest); [韻律] 휴지.
── vt. (**-lenced, -lenc·ing**) **1** …을 침묵시키다 (quiet), …을 입다물게 하다; [의심 따위] 을 가라앉히다. ¶ *silence* one's objector 반대자의 입을 다물게 하다. **2** …의 소리를 없애다, [소음 따위] 를 가라앉히다 (없애다). **3** (군대) [적의 포화]를 침묵시키다. ¶ *silence* the enemy's gun 적의 포화를 침묵시키다.
── interj. 조용하게 !, 입닥쳐 !, 쉬 ! ¶ *Silence*, please. 조용히 하십시오. [용히 하십시오.

sílence clòth n. 《美》테이블보 밑의 깔개.

si·lenc·er [sáilənsər] n. **1** 침묵시키는 사람 (것). **2** (총포 · 화기 따위의) 소음 장치; (주로 英) (내연 기관의) 소음기 (消音器). **3** 《美》 =silence cloth.

‡**si·lent** [sáilənt] adj. (때로 **∼·er, ∼·est**) **1** 조용한, 소리내지 않는, 정숙한. ⇒ CALM [類語] ¶ *silent* as the grave 무덤처럼 조용한. **2** 무언의, 과묵한 (taciturn), 침묵의. ¶ offer a *silent* prayer 묵념하다 / Be *silent* ! 조용히 해 ! **3** 아무 언급이 없는, 아무 기록이 없는 (about, on...). ¶ The paper was *silent* on the matter. 그 신문은 이 사건을 묵살해 버렸다. **4** (기계 따위가) 가동되지 않는; 휴화산 (休火山) 의 (inactive, dormant). **5** (음성) 발음되지 않는, 묵음의 (mute); (연극) 무언의 ¶ a *silent* letter 묵자 / a *silent* film 무성 영화. cf. sound film **6** (상업) 익명(匿名) 의. ~·ness n. silence n.

sílent bútler n. [손잡이 · 뚜껑 달린] 쓰레기통.

sílent díscharge n. (전기) 무음 방전(放電).

‡**si·lent·ly** [sáiləntli] adv. 조용히, 소리없이, 괴괴히, 정적 (靜寂) 하게, 묵묵히, 잠자코 있게.

Sílent Majoritárian n. 말없는 다수의 한 사람. cf.

Silent Majority

Silent Majority
Sílent Majórity *n.* (the ~) (때때로 s- m-) 《특히 美》 의견을 잘 말하지 않는 국민의 대다수; 일반 대중.
sílent pártner *n.* 《美》 [합명 회사의] 익명 사원 (조합원) (《英》 sleeping partner). *cf.* active partner
sílent sérvice *n.* (the ~) 잠수함 부대 (대).
sílent spríng *n.* 침묵의 봄 [공해에 의한 자연 파괴가 초래한 새 소리도 없는 봄]. [<Rachel Carson 의 저서]
Si·le·nus [sailí:nəs] *n.* (*pl.* **-ni** [-nai]) 1 〔그리스 신화〕 실레노스 〔주신(酒神) Bacchus 의 양부(養父)로서 쾌활한 배불뚝이 술꾼〕. 2 (s-) 거나하게 취해 기분 좋은 할아버지.
Si·le·sia [sailí:ʃ(i)ə, sil-, -ʒə / sailí:zjə] *n.* 1 실레지아 〔유럽 중부의 한 지방으로 현재 폴란드령과 체코령으로 나뉘어 있다〕. 2 (s-) 실레지아 천 〔안감용으로 쓰이는 면직물 따위〕.
Si·le·sian [sailí:ʃ(i)ən, sil-, -ʒən / sailí:zjən] *adj., n.* 실레지아의 [사람].
si·lex [sáileks] *n.* 1 =silica. 2 ⓤ 내열 유리. 3 (S-) 〔상표명〕 사일렉스 〔내열 유리로 된 진공식 커피 포트〕.
***sil·hou·ette** [sìlu(:)ét] *n.* 1 〔보통 흑색의〕 반면 영상(半面影像), 그림자 그림, 실루에트, 2 그림자. ¶ the *silhouette* of the mountain against the moon 달빛을 배경으로 뚜렷이 나타난 산 그림자. /로. *in silhouette* 실루에트로, 그림자 그림으로, 윤곽만으로
— *vt.* (**-et·ted, -et·ting**) (보통 수동형으로) …을 실루에트로 그리다, …의 그림자를 비추다. ¶(~+图+图) the distant hills *silhouetted* in black *against* the blue sky 푸른 하늘을 배경으로 검게 윤곽을 드러내고 있는 먼 산들.
[<프랑스의 재무대신 Étienne de Silhouette(1709-67)]
sil·i·ca [sílikə] *n.* ⓤ 〔화학〕 실리카, 무수 규산(無水硅酸), 2산화 규소(硅素).
sílica gél *n.* 〔화학〕 실리카 (규산) 겔 〔흡습·건조제〕.
sil·i·cal·cite [sílik(ə)lsàit] *n.* ⓤ 모래와 석회로 된 발포성(發泡性) 콘크리트.
sil·i·cate [sílikit, -kèit] *n.* 〔화학〕 규산염(塩).
sil·i·cat·ed [sílikèitid] *adj.* 〔화학〕 규산 혼화(混和)의, 규산과 화합한.
si·li·ceous [silíʃəs], (**silicious**) *adj.* 〔화학〕 규산을 함유한, 규산질 토양에서 나는.
si·lic·ic [silísik] *adj.* 〔화학〕 규소를 함유한; 규산의, 규토(硅土)의. /규산화하다.
si·lic·i·fy [silísifài] *vt.* (**-fied, -fy·ing**) (광물질을)
si·li·ci·um [silíʃiəm, -si-] *n.* ⓤ 〔화학〕 규소 (silicon).
silico- flint, silica, silicon 의 뜻의 연결형 (* 모음 앞에서는 silic-을 쓴다). 예: *silico*sis.
sil·i·con [sílikən] *n.* ⓤ 〔화학〕 규소 〔비금속 원소의 하나; 원자 기호 Si〕.
sil·i·cone [sílikòun] *n.* ⓤ 〔화학〕 실리콘 〔유기 화합물; 기름·그리스·고무·수지 등의 성질을 함유한 것〕.
sil·i·co·nize [sílikə(u)nàiz] *vt.* (**-nized, -niz·ing**) 1 …을 실리콘화하다. 2 …을 실리콘으로 덮다 (처리하다), …에 실리콘을 바르다.
sílicon sýndrome *n.* 《美》 〔의학〕 실리콘 증후군 〔기술자·과학자인 남편이 일에 몰두한 나머지 부부 생활에 금이 가게 하는 증상〕.
Sílicon Válley *n.* 실리콘 밸리 〔미국 샌프란시스코 근교 산타클라라 지구의 별명, 반도체 소자 업체의 밀집 지대〕. /규분증(硅粉症).
sil·i·co·sis [sìlikóusis] *n.* 〔병리〕 규폐증(硅肺症),
sil·i·cot·ic [sìlikátik / -kɔ́t-] *adj.* 규폐증에 걸린.
— *n.* 규폐증 환자.
si·lique [silí:k, sílik] *n.* 〔식물〕 장각 과(長角果) 〔유채·콩 따위 씨가 길쭉한 꼬투리에 들어 있는 식물〕.
sil·i·quose [sílikwòus] *adj.* 〔식물〕 장각과(科)가 있는, 장각과 모양의.
‡silk [silk] *n.* ⓤ 1 명주실, 생사; 비단 (명주) 〔천〕, 견

직물. ¶ *artificial* (*raw*, *thrown*) *silk* 인조견 (생사, 꼰 명주실). 2 (~s) 명주 (비단) 옷, 견직물. ¶ *Silks and satins put out the fire in the kitchen.* (속담) 옷치레가 심하면 끼니를 굶게 된다. 3 《英구어》 왕실 변호사의 제복; 왕실 변호사 (King's or Queen's Counsel). 4 〔보석 따위의〕 명주실 같은 광택. 5 〔거미줄 따위〕 명주실 같은 것; 《美》 옥수수의 수염 (corn silk). ¶ 하고 있다.
be dressed in silks and satins 호화로운 옷차림을
hit the silk (속어) 낙하산으로 비행기에서 탈출하다.
take [*the*] *silk* 《英》 왕실 변호사가 되다.
— *adj.* 1 명주 (비단)의, 명주실의, 명주 (비단)로 만든. 2 명주실 같은, 명주 모양의.
◇ **sílken, sílky** *adj.*
sílk cótton *n.* ⓤ 판야, 명주솜 (kapok).
***silk·en** [sílk(ə)n] *adj.* 1 명주 [실·천]의; 명주로 만든. 2 (명주처럼) 광택이 있는 (lustrous), 보드라운, 촉감이 좋은. ¶ *silken hair* 명주처럼 윤기있는 머리카락. 3 명주 옷을 입은; 사치로운 (luxurious), 화려한. 4 〔태도가〕 부드러운, 유한, 품위있는, 우아한 (elegant); 비위 맞추는 (flattering). ¶ have a *silken* tongue 말솜씨가 번드르르하다. ◇ silk *n.*
sílk gówn *n.* 《英》 왕실 변호사의 제복.
sílk gúm *n.* = sericin.
sílk hát *n.* 실크 해트.
silk·i·ly [sílkili] *adv.* 명주실 (비단) 같이.
silk·i·ness [sílkinis] *n.* ⓤ 1 명주실 (비단) 같음. 2 〔말씨·태도 따위가〕 부드러움 (매끄러움).
Sílk Róad *n.* (the ~) 실크 로드, 비단길 〔중국과 서방 여러 나라를 잇는 고대의 통상로〕.
silk·screen [sílkskrì:n] *n.* 1 실크스크린. 2 = silk-screen process. — *vt.* 실크스크린 법으로 …을 날염(捺染)하다.
sílk-scréen pròcess [sílkskrì:n-] *n.* 실크스크린 날염법 〔명주를 사용하여 천·종이·유리 따위에 하는 애채 인쇄법〕.
silk-stock·ing [sílkstákiŋ/-stɔ́k-] *adj.* 1 명주 양말을 신은; (옷이) 사치스러운 (luxurious), 고상한 옷차림을 한 (elegant). 2 부유한, 귀족적인 (aristocratic), 고상한. — *n.* 호사바치; 부유층 (상류 계급)의 사람, 귀족 (aristocrat).
silk·worm [sílkwə̀ːrm] *n.* 누에.
silk·y [sílki] *adj.* (**silk·i·er, silk·i·est**) 1 비단 (의)(같은), 비단 (명주) 천의. 2 광택이 있는 (lustrous), 보드라운 (soft). 3 나긋나긋한, 상냥한; 말솜씨가 매끄러운. 4 〔식물〕 ¶ a *silky* ass 명주실 보풀이 난.
sill [sil] *n.* 1 〔집·울타리·다리 따위의〕 토대. 2 문지방, 문턱 (threshold). 3 〔지질〕 실 〔지면에 평행 또는 거의 수평의 관입 (貫入) 암상 (岩床). 4 갱도의 바닥, 탄층상 (炭層床).
sil·la·bub, syl- [síləbʌ̀b] *n.* 실러버브 〔우유나 크림에 포도주 또는 사과주를 섞고 설탕과 향료를 넣어 만든 음식〕.
síller [sílər] *n.* 《스코 방언》 은; 돈 (money).
Síl·lery [síləri] *n.* ⓤ 실러리 샴페인 술 〔프랑스의 고급 포도주, 실러리는 그 산지 이름〕.
sil·li·ly [sílili] *adv.* 바보같이, 어리석게 (도).
sil·li·ness [sílinis] *n.* ⓤ 1 어리석음, 우둔. 2 어리석은 짓.
‡sil·ly [síli] *adj.* (**-li·er, -li·est**) 1 바보 같은, 어리석은; 생각이 모자라는; 어이없는 (absurd) (*of…*). ⇒ FOOLISH 〔類語〕 ¶ a *silly* ass 바보 같은 놈. // You are very *silly* to go by taxi. = It is very *silly* of you to go by taxi. 택시로 가다니 너 참 어리석구나. 2 망령된, 노망한 (senile); 저능한, ¶ get *silly* in one's old age 늙어서 망령들다 / Don't be *silly*! 바보 같은 소리 (짓) 마라! 3 〔구어〕《서술용법》〔얻어맞아〕 기절한 (stunned). ¶ He knocked me *silly*. 그는 때려서 기절하게 했다. 4 〔크리켓〕 〔야수(野手)가〕 3주문 (wicket)에 아주 접근한. 5 〔고어〕 단순한, 순진한 (innocent); 검소한, 소박한.

6 〖페어〗약한(weak). — *n.* (*pl.* **-lies**) 〖구어〗바보 〖같은 사람〗; 멍청이, 바보〖주로 아이들에게 쓰이는 말〗.
¶ Don't be a *silly*! 바보 같은 소리 하지 마라!

sílly séason *n.* 뉴스의 고갈 시기〖늦여름 무렵을 말한다〗.

si·lo [sáilou] *n.* (*pl.* **-los**) **1** 〖저장용〗지하실, 사일로. **2** 《美》 사일로〖발사 준비된 미사일의 지하 격납고〗, 저장하다. — *vt.* 〖곡물·목초 따위를〗사일로(지하실)에 넣다, 저장하다.

sílo búster *n.* 《美軍 속어》 사일로 파괴용 미사일.

silt [silt] *n.* 〖U〗 침니(沈泥) 〖수로나 항만 따위의 모래보다 잘고 진흙보다 거친 침적토, 침적토(沈積土)〗. — *vt., vi.* 〖침니로〗…을 막다(막히다). — 〖니로 꽉 찬〗.

silt·y [sílti] *adj.* (**silt·i·er, silt·i·est**) 침니〖모양〗의; 침니로 꽉 찬.

Si·lu·ri·an [silúriən, sai-/-l(j)úər-] *adj.* **1** 〖고대 영국의〗실루리아 사람(Silures)의; 실루리아 사람이 살던 지방의. **2** 〖지질〗실루리아기(紀)(계(系))의. — *n.* (the ~) 〖지질〗실루리아기(계).

sil·va [sílvə] *n.* (*pl.* **-vas** *or* **-vae** [-viː]) **1** 〖특정 지역의〗삼림, 수림. **2** 〖일정 지역의 수목에 관하여 기술한〗수림지(樹林誌).

sil·van [sílvən] *adj., n.* = sylvan.

Sil·va·nus [silvéinəs] *n.* (*pl.* **-ni** [-nai]) **1** 〖로마 신화〗실바누스〖삼림·농업·목축의 신; 뒤에는 Pan과 동일시되었다〗. **2** (s-) 숲의 요정(faun과 같은 것).

‡**sil·ver** [sílvər] *n.* **1** 〖화학〗은〖금속 원소의 하나; 원자 기호 Ag〗; 은화. ¶ fine (*or* refined, pure) *silver* 순은. **2** 은화, 〖일반적으로〗화폐, 돈. ¶ give the change in *silver* 거스름돈을 은화로 주다. **3** 은그릇, 은제공품(silverware), 은식기. ¶ table *silver* 은식기. **4** 〖은과 같은〗은색; 은과 같은 광택·색깔을 가진 물질. **5** 《美》〖사진〗질산은, 브롬화은(銀). — *adj.* 은의, 은으로 만든, 은을 입힌; 은을 함유하는(산출하는). **2** 은과 같은 광택을 갖는; 은백색의. ¶ *silver* hair 은발. **3** 〖경제〗은본위제의. **4** 〖음성의〗은방울 같은, 낭랑한, 맑은; 말 잘하는, 유창한(eloquent). ¶ He has a *silver* tongue. 그는 능변이다. **5** 〖결혼 기념일 등이〗25년째의. *cf.* golden **6** 제2위의〖금은 제1위로 하여〗. 〖SPOON.
be born with a *silver* spoon in *one's* **mouth** ⇨
— *vt.* **1** …에 은〖과 같은 것〗을 입히다〖사진〗…에 질산은을 칠하다, 은도금하다. **2** 〖색깔·광택 따위를〗은처럼 하다; …을 은색(백발)으로 하다. ¶ Time *silvered* her hair. 세월이 흘러 그녀의 머리는 백발이 되었다. — *vi.* 은빛으로 빛나다, 은(백)색으로 되다.
◇ sílvery, sílvern *adj.*, sílverly *adv.*

sílver áge *n.* **1** (the ~) 〖신화〗은시대〖신화 시대의 제2기로서, 쾌락과 불신앙의 시대〗. *cf.* golden age, bronze age **2** 〖문예상의〗은시대〖라틴 문학에서는 Augustus 황제가 죽은 뒤의 음성기(14-138); 영문학에서는 Anne 여왕 시대(1702-15)〗.

sílver annivérsary *n.* 〖결혼·즉위 등의〗25년 기념일(축제). 〖容器〗.

sílver báth *n.* 〖사진〗감광판, 질산은 용액〖의 용기〗.

sílver béll *n.* 때죽나무과의 관목〖북미산(産)〗; 흰 방울 모양의 꽃이 핀다.

sil·ver·ber·ry [sílvərbèri] *n.* (*pl.* **-ries**) 북미산(産) 보리수나무.

sílver bírch *n.* = paper birch. 〖화학〗 블녀나무.

sílver brómide *n.* 〖U〗〖화학〗브롬화은.

sílver búllet *n.* 〖구어〗〖문제 해결의〗묘책, 특효약〖늑대인간(werewolf) 따위의 요괴를 잡는 데 은제 탄환을 써야 한다는 데서 유래〗.

sílver certíficate *n.* 《美》 은화(銀貨) 증권.

sílver chlóride *n.* 〖U〗〖화학〗염화은.

sílver córd *n.* **1** 은줄〖생명의 뜻〗. **2** 모자간의 애정의 유대. **3** 댓줄.

sílver dóctor *n.* 인조 제물 낚시.

sil·ver·fish [sílvərfìʃ] *n.* **1** (*pl.* **-fish** *or* **-fish·es**) 〖은빛〗붕어, 금붕어; 〖일반적으로〗은백색 물고기. **2**
(*pl.* **-fish**) 〖곤충〗좀벌레〖책·옷 따위를 쏘는 벌레〗.

sílver fóil *n.* 〖U〗 은박(銀箔).

sílver fóx *n.* 은빛여우; 〖U〗 그 모피.

sílver gílt *n.* 〖U〗 은도금. 〖은회색〗.

sílver gráy《英》 **gréy** *n.* 〖U〗(때로 a ~) 은백색.

sil·ver·haired [sílvərhéərd] *adj.* 은발의, 백발의.

sil·ver·i·ness [sílv(ə)rinis] *n.* 〖U〗은과 같음; 은색; 〖은방울 굴리듯〗낭랑한 소리.

sil·ver·ing [sílv(ə)riŋ] *n.* 〖U〗〖C〗 **1** 〖은을 입히기〗; 〖은을 입힌(도금한) 물건. **2** 〖사진〗질산은으로 감광(感光) (처리)하기.

sílver íodide *n.* 〖U〗〖화학〗요드화은(銀).

sílver júbilee *n.* 25주년. *cf.* jubilee

sílver léaf *n.* 〖U〗〖매우 얇은〗은박.

sílver líning *n.* 〖절망이나 불행 속에서 찾아내는〗밝은 희망. ¶ Every cloud has a *silver lining*. 《속담》 어떤 먹구름도 안은 은빛으로 빛난다; 비관 속의 광명.

sil·ver·ly [sílvərli] *adv.* **1** 〖색·광택 따위가〗은처럼 〖빛나〗. **2** 〖목소리·소리 따위가〗은방울 굴리듯 아름답게, 맑게. 〖친; 은으로 장식한.

sil·ver·mount·ed [sílvərmáuntid] *adj.* 은으로 된 받

sil·vern [sílvərn] *adj.* 《고어·詩》은의, 은으로 만든, 은빛의.

sílver nítrate *n.* 〖U〗〖화학〗질산은. 〖은과 같은〗.

sílver páper *n.* 〖U〗 은박〖으로 씌운 종이〗, 은종이; 〖사진〗은 감광지; 석박(錫箔).

sílver pláte *n.* 〖U〗〖집합적〗 은그릇〖류〗, 은식기; 《美》 은도금한 물품. 〖…을 은도금하다.

sil·ver·plate [sílvərpléit] *vt.* (**-plat·ed, -plat·ing**)

sil·ver·plat·ed [sílvərpléitid] *adj.* 은도금한.

sílver·point [sílvərpòint] *n.* 〖C〗〖U〗 은필(銀筆); 은필 〖화법〗.

sílver prínt *n.* 〖사진〗질산은 사진.

sílver scréen *n.* 〖영화〗영사막, 은막; (the ~) 〖집합적〗영화〖계〗. 〖맛있는 살로기〗.

sil·ver·side [sílvərsàid] *n.* 《주로 英》 소의 허벅지의

sil·ver·smith [sílvərsmìθ] *n.* 은세공사, 은장이, 은

sílver stándard *n.* 은〖화〗본위제. 〖그릇 제조인〗.

Sílver Stár Médal *n.* 〖미군의〗은성 훈장.

Sílver Státe *n.* (the~) 미국 Nevada 주의 속칭.

sil·ver·tongued [sílvərtλŋd] *adj.* 구변좋은, 능변의(eloquent), 설득력있는(persuasive).

sil·ver·ware [sílvərwèər] *n.* 〖U〗〖집합적〗은그릇, 은제품; 〖특히〗 탁상 은식기류.

sílver wédding *n.* 은혼식〖결혼 25주년 기념〗. *cf.* diamond wedding, golden wedding

sil·ver·weed [sílvərwìːd] *n.* 뱀말기류의 식물.

*****sil·ver·y** [sílv(ə)ri] *adj.* **1** 〖색깔·광택 따위가〗은과 같은, 은백색의. **2** 〖목소리가〗은방울을 굴리듯 아름다운, 맑은. **3** 은을 〖삼림학(forestry), 식림(조림)의. 〖silver.

sil·vi·cul·ture, syl- [sílvikλltʃər] *n.* 〖U〗산림 재배,

s'il vous plaît [F sil vu: plɛ] 《프랑스》(=if you please; please) 제발, 부디, 미안합니다만.

si·ma [sáimə] *n.* 〖U〗〖지질〗시마〖대륙 지각(地殼)의 하부나 해양 지각 구성 물질의 명칭〗. [<SI[LICIUM]+MA[GNESIUM]]. 〖제초약(除草藥)〗.

si·ma·zin [sáiməzin], **-zine** [-ziːn] *n.* 〖U〗 시아마진

Sim·e·on [símiən] *n.* **1** 〖성서〗 시몬〖Jacob과 Leah의 아들. ←창세기(Gen.) 29:33〗. **2** 〖성서〗예루살렘의 한 예언자; ←누가복음(Luke) 2:25-35〗.

si·mi·an [símiən] *adj.* 원숭이의(같은), 유인원(類人猿)의(같은). — *n.* 원숭이(monkey), 유인원류.

‡**sim·i·lar** [símilər] *adj.* **1** 유사한, 비슷한, 꼭같은, 마찬가지의(identical), 동류의, 동종의 (to...). ⇨ SAME 〖類語〗 ¶ Your watch is *similar* to mine in shape and color. 너의 시계는 모양과 색깔이 나의 것과 비슷하다. **2** 〖수학〗상사(相似)의, 닮은꼴의. ¶ *similar* figures 상사형, 닮은꼴. **3** 〖음악〗둘 이상의 성부(聲部)가 평행하여 진행하는. ¶ *similar* motion 병진행(並進行). — *n.* 유사물, 상사물, 닮은 사람(counterpart).

sim·i·lar·i·ty [sìməlǽrəti] n. (pl. -ties) 1 ⓤ 비슷함, 닮음, 유사, 상사(resemblance)(between, in, to ...). ⇨ LIKENESS 類語 2 유사점; 유사물, 상사물(between...). ¶ There was a wonderful similarity between the twins. 그 쌍둥이는 놀랍도록 닮은 데가 있었다.
◇ símilar adj. 「마찬가지로,
*sim·i·lar·ly [símələrli] adv. 유사하게, 상사적으로,
sim·i·le [símili, 美 -lì:] n. ⓤⓒ [修辭] 직유(直喩), 명유(明喩) [like, as, so 따위의 비교를 나타내는 말을 사용하여 직접 다른 것과 비교하는 수사법, 예: light like a feather]. cf. metaphor
si·mil·i·tude [simíli(j)ù:d / -tjù:d] n. 1 ⓤ 유사, 상사; ⓒ 닮은 사람(것)(counterpart), 유사물(점), 상사물(점); 아주 닮은 면. ¶ They show common similitudes. 그들에게는 공통점이 있다. 2 비교, 비유, 1 ⓤ speak (or talk) in similitudes 비유하여 말하다. 3 ⓤ 모습, 상(像)(image), 외형, 외모. ¶ assume the similitude of ...의 외형(모습)을 갖추다 / in the similitude of ...을 본떠서(모방하여). 4 비유(allegory).
◇ símilar adj.
sim·i·tar [símitər] n. =scimitar.
*sim·mer [símər] vi. 1 부글부글 끓다(비등하다). ⇨ BOIL 類語 2 (비유적) 억제하고 있는 노여움·웃음 따위가] 금방이라도 폭발하려고 하다, 투덜투덜 성내다. ¶ (〜+腹+名) He simmered with indignation. 그는 노여움을 참느라 속이 부글부글 끓었다.
— vt. ...을 부글부글(서서히) 삶다(끓이다), 약한 불로 끓이다.
simmer down 끓은 것이 서서히 식다; [노여움 따위가] 가라앉다, 진정되다, 누그러지다.
— n. 부글부글 삶기(끓이기), 부글부글 삶는(끓는) 상태; [억제했던 노여움(웃음)이] 금방이라도 폭발하려는 상태. ¶ at a simmer; on the simmer 끓어 올라, [노여움·웃음 따위가] 폭발하려고 하여.
sim·nel [símn(ə)l] n. =simnel cake.
símnel cáke n. (주로 英) 심넬 케이크[크리스마스나 부활제 등에 쓰이는 프루트케이크].
si·mo·le·on [simóuliən] n. (美俗) =dollar.
Si·mon [sáimən] n. 〔성서〕 시몬(Simon Peter)[그리스도의 사도 베드로(Peter)의 본디 이름].
si·mo·ni·ac [saimóuniæk, 美 sim-] n. 성직 매매자.
— adj. (=si·mo·ni·a·cal [sàimənáiək(ə)l]) 성직 매매[죄]의. -a·cal·ly [-kəli] adv.
si·mon·ist [sáimənist, 美 sím-] n. =simoniac.
si·mon·ize [sáimənàiz] vt. (-ized, -iz·ing) (에나멜을 칠한 자동차의 차체)를 왁스(wax)로 닦다.
Símon Le·grée [-ligrí:] n. 1 Stowe 작 Uncle Tom's Cabin에 나오는 잔인·잔인한 노예 매매업자. 2 냉혹·잔인한 주인(고용주).
Símon Má·gus [-méigəs] n. 〔성서〕 마술사 시몬[사마리아(Samaria)의 마술사, ⇨ 사도행전(Acts) 8 : 9-24].
Símon Péter n. =Peter 2, Simon 2. [24].
si·mon-pure [sáimənpjúər] adj. 진짜의, 틀림없는, 진정한, [〈영국의 극작가 Mrs. S. Centlivre(1667?-1723)작 A Bold Stroke for a Wife 중의 인물 Simon Pure〉]
Símon sáys n. 어린이 놀이의 하나 [사이먼 역이 「Simon says」라고 말하면 그가 하는 동작과 명령을 전원이 그냥 흉내내는 놀이].
si·mo·ny [sáiməni, 美 sím-] n. ⓤ 1 성직 매매의 이익[←사도행전(Acts) 8 : 18-24]. 2 성직 매매[의 죄].
si·moom [simú:m, 美 sai-], (si·moon [-mú:n]) n. 시뭄[북아프리카 또는 아라비아 사막의 건조한 모래 열풍].
simp [simp] n. (美俗) 바보, 숙맥(simpleton).
sim·pa·ti·co [simpǽtikòu, -pǽt-] adj. 친밀감을 가질 수 있는.

sim·per v. [símpər] vi. 히쭉히쭉 웃다, 선웃음치다, 억지로 웃다, 웃다(smirk). vt. ...을 히쭉히쭉 웃으며(선웃음치며) 말하다. — n. [얼빠진] 바보 웃음, 선웃음.
sim·per·ing·ly [símpəriŋli] adv. 선웃음치면서.
*sim·ple [símpl] adj. (-pler, -plest) 1 쉬운, 용이한, 다루기 쉬운(easy)(to do). ¶ a simple work 쉬운 일 / a simple method 간단한 방법 / The story is written in simple English. 그 이야기는 알기 쉬운 영어로 쓰여 있다.
2 간소한, 간결한, 꾸밈없는(unadorned); 검소한(plain), 수수한. ¶ a simple style of architecture 간소한 건축 양식 / live a simple life 검소한 생활을 하다. 類語 simple 복잡하여 공이 많이 드는 데가 없는; 때로는 자발적으로 선택한 검소(간소)를 암시한다: lead a simple life 검소한 생활을 하고 지내다. plain 장식 따위가 넘치는 것이 전연 없고 남의 눈에 잘 띄지 않는; 때로는 담백한 데서 오는 우아함을 암시한다: an expensive but plain dress 돈은 들었지만 깔끔한 옷.
3 있는 그대로의(natural), 흥감부리지 않는, 솔직한(plain). ¶ simple manners 꾸밈없는 태도. 4 순진한, 티 없는(innocent), 소박한(artless). ¶ He is as simple as a child. 그는 아이처럼 순진하다. 5 순전한, 순(absolute, sheer). ¶ simple fact 분명한 사실 / simple madness 순 미친 짓 / It is a trick pure and simple. 그것은 순전한 속임수이다. 6 보통의, 여느(common, ordinary). ¶ a simple citizen 일개 시민. 7 신분이 낮은, 평민 출신의; 하찮은(unimportant). 8 무지한(uneducated), 사람 좋은, 좀 모자라는, 숙기 없는. ⇨ FOOLISH 類語 9 단일의, 부분으로 나누어져 있지 않은; [전문 용어로서] 단(單)..., 순... ¶ a simple substance 〔화학〕 단체(單體) [O, O₂ 처럼 한 원소로 이루어지는 물체] / a simple curve 〔수학〕 단일 곡선 / simple interval 〔음악〕 1옥타브 이상에 걸치지 않는 음정.
— n. 1 바보, 속기 쉬운(단순한) 사람, 어수룩한 사람. 2 단(單)체, 단순물. 3 (고어) 약초[로 만든 약]. 4 (고어) 신분이 낮은 사람. 5 (〜s) (주로 英방언) 어리석은 행동(foolish behavior).
〜·ness n. ◇ símplify v., símply adv.
símple equátion n. 〔수학〕 일차 방정식.
símple fráction n. 〔수학〕 단분수(單分數).
símple frúit n. 〔식물〕 [한 개의 암술에서 생기는] 단과(單果).
sim·ple-heart·ed [símplhá:rtid] adj. 순진한, 성실한(sincere); 티없는, 담백한. 〜·ly adv. 〜·ness n.
símple ínterest n. ⓤ 〔상업〕 단리(單利). cf. compound interest
símple machíne n. 〔기계〕 단순 기계[지렛대(lever), 바퀴와 굴대(wheel and axle), 도르래(pulley), 경사면(inclined plane), 쐐기(wedge), 나사(screw) 따위의 것을 가리킨다. 이들의 조합에 의하여 복잡한 기계가 성립된다].
símple mícroscope n. 확대경.
sim·ple-mind·ed [símplmáindid] adj. 1 소박한, 천진난만한, 순진한. 2 사람 좋은, 속기 쉬운. 3 정신박약의; 어리석은. 〜·ly adv. 〜·ness n.
símple séntence n. 〔문법〕 단문(單文). cf. complex sentence, compound sentence
símple tíme n. ⓤ 〔음악〕 단순 박자. opp. compound time
sim·ple·ton [símplt(ə)n] n. 바보, 얼간이, 숙맥(imbecile). ⇨ FOOL 類語
sim·plex [símpleks] adj. 단일의; 단신(單信)[한 쪽의 전선으로 송·수신을 번갈아 하는 단신법]의. — n. (pl. -plex·es or -pli·ces [-plìsi:z]) (단신 〔單體〕).
‡sim·plic·i·ty [simplísiti] n. (pl. -ties) ⓤ 1 단일[성], 단순, 2 간단, 간이, 평이. 3 간소, 수수함. 4 꾸밈없음, 소박, 천진 난만(innocence), 순진. 5 무지, 우둔, ⓒ 어리석은 짓, 바보. ◇ símple adj.

sim·pli·fi·ca·tion [sìmpləfikéiʃ(ə)n] n. ⓤⓒ 간소(간략)화, 단순(단일)화, 평이(간이)화.

sim·pli·fied [símpləfàid] adj. 간이화한.

***sim·pli·fy** [símpləfài] vt. (-fied, -fy·ing) …을 간단히 하다, 단순화하다, 쉽게 하다.
◇ símple adj., simplification n.

sim·plism [símpliz(ə)m] n. ⓤ [문제의 복잡성은 고려하지 않는] 과도한 간소주의, 지나친 단순화.

sim·plist [símplist] n. 간소주의자.

‡**sim·ply** [símpli] adv. **1** 간단히, 간편하게, 쉽게 (easily). **2** 알기 쉽게, 평이하게, 명료하게. **3** 꾸밈없이, 수수하게, 간소하게. **4** 있는 그대로, 순진하게, 천진난만하게. **5** 무턱대고, 어리석게. **6** 오직, 다만 (merely). **7** 전연, 전혀 (really); 굉장히, 무척.

sim·u·la·crum [sìmjuléikrəm] n. (pl. -cra [-krə]) **1** 그림자, 환영. **2** 상(像), 모습, 영상(映像) (image). **3** 가짜, 모조품 (sham).

sim·u·lant [símjulənt] adj. **1** 가장하는. **2** …처럼 보이는(of …). **3** 【생물】의태 (擬態)의(의색 (擬色))의. — n. 흉내내는 사람, 닮은 물건, 모의자(者) (장치).

*sim·u·late v. [símjulèit → adj.] (-lat·ed, -lat·ing) vt. **1** …인 체하다, 시늉을 하다. ⇒ PRETEND 類語 ¶ *simulate* death 죽은 체하다. **2** …을 흉내내다, 가장하다, …로 분장하다. **3** 【생물】…의 의태를 하다, 의색 하다. ¶ Some insects *simulate* leaves. 곤충 중에는 나뭇잎 같은 모습을 한 것이 있다. **4** 【컴퓨터·우주】…의 모의 실험을 하다, …을 시뮬레이트 하다. — vi. 가장하다, 체하다, 속이다, 의장하다.
— adj. [símjulit] 《고어》…같이 보이는, 흉내낸, 가장한 (simulated). ◇ simulátion n., símulative adj.

sim·u·la·tion [sìmjuléiʃ(ə)n] n. ⓤⓒ **1** 가장, 흉내; 속임(것). **2** 【컴퓨터·우주】시뮬레이션, 모의 실험. **3** 꾀병[죄를 면하기 위해 정신병을 가장하기].

sim·u·la·tive [símjulèitiv] adj. 가장하는, […인] 체하는, […을] 가장하는, 속이는, 의태하는(of …).
-ly adv.

sim·u·la·tor [símjulèitər] n. **1** 흉내내는(가장하는, 속이는) 사람(것). **2** 시뮬레이터, 모의 장치.

si·mul·cast [sáim(ə)lkæst, sím-/-kà:st] n. ⓤⓒ 텔레비전·라디오 동시 방송 (프로그램). — vt. (-cast or -cast·ed, -cast·ing) [프로그램]을 텔레비전과 라디오(AM 과 FM)로 동시에 방송하다.

si·mul·ta·ne·i·ty [sàim(ə)ltəní:əti, sìm-] n. ⓤ 동시에 일어나기(작용하기), 존재함, 동시성.

*si·mul·ta·ne·ous [sàim(ə)ltéiniəs, sìm-, -njəs] adj. 동시에 일어나는(concurrent), 동시에 존재하는 (with …). ¶ a *simultaneous* interpreter 동시 통역자 // His treason was almost *simultaneous* with the king's death. 그의 반역은 왕의 죽음과 거의 동시에 있었다.
~·ness n. 식.

simultáneous equátions n. pl. 【수학】 연립 방정식.

simultáneous interpretátion n. ⓤ 동시 통역.

*si·mul·ta·ne·ous·ly [sàim(ə)ltéiniəsli, sìm-, -njəs] adv. 동시에, 일제히.

‡**sin** [sin] n. **1** ⓤⓒ 〖종교·도덕상의〗 죄, 죄악, 죄업(罪業) (against …). ⇔ CRIME 類語 ¶ one's besetting *sin* 〖유혹 따위에 의해〗 빠지기 쉬운 죄악 / commit a *sin* 죄를 범하다 / cloak a *sin* 죄를 숨기다 // the *sins* against the Holy Ghost 성령을 어긋나는 죄. **2** 〖일반적으로〗 예의 범절 따위에 어긋나는 〖과실, 위반, 반칙 (offense) (against …), ¶ a *sin against* manners 예절 없음, 무례. **3** 〖구어〗어리석은 짓, 바보 같은 일. ¶ It is a *sin* to waste your money on such a fruitless work. 그런 효과 가 없는 일에 돈을 낭비하는 것은 어리석은 짓이다.
live in sin [남녀가] 불의(불륜)의 생활을 하다.
like sin 《속어》몹시, 격렬하게, 맹렬히. ¶ I hate a person *like sin* 남을 몹시 미워하다.
— v. (sinned, sin·ning) vi. 죄를 범하다; 〖예의 범절〗따위에〗 어긋나다. ¶ (~ + 前 + 名) *sin against* God 신을 거역하다 / *sin in* company with …과 같은 죄를 저지르다. — vt. 《드물게》〖죄악〗을 범하다, 〖죄〗를 짓다. ¶ *sin* a *sin* 죄악을 범하다 // (~ + 目 + 副) *sin in* one's ill health 나쁜 짓을 해 건강을 해치다 / *sin away* one's happiness 나쁜 짓을 범하여 행복을 잃다.
sin one's **mercies** 받은 복을 고맙게 여기지 않다.
◇ sínful, sínless adj.

sin² [sin] n. =SINE.

Si·nai [sáinai, -niài/-niài] n. **1** 시나이 반도[이집트 의 동북부], Red Sea 의 최북단, Suez 만과 Aqaba 만의 사이에 위치). **2 Mount ~** 〖성서〗시내산(山) 〖모세가 신으로부터 십계명을 받은 곳〗.

Sin·an·thro·pus pek·i·nen·sis [sìnænθrə(u)pəs pì:kinénsis, sìnænθróupəs] n. (라틴)=Peking man. (mustard plaster).

sin·a·pism [sínəpìz(ə)m] n. ⓤ 〖의학〗겨자 반죽

Sin·ar·quism [sínɑːrkìz(ə)m, +美 sinɑ́ːr-] n. ⓤ 〖멕시코의〗 국수적(國粹的) 전체주의.

Sin·bad [sínbæd] n. =Sindbad the Sailor.

‡**since** [sins] conj. **1** …이후로, …이래로, …때부 터[쪽] (from the time when …). ¶ I have known him *since* he was a mere boy. 나는 저 사람을 어릴 때 부터 알고 있다/It is five years *since* he began writing novels. =Five years have passed *since* he began writing novels. 그가 소설을 쓰기 시작한 지 5년이 된다.
── **Usage**¹ since 와 시제 ──(1) since 는 과거의 어느 시점에서 현재까지의 계속을 의미하기 때문에, since 를 포함하는 주문(主文)은 보통 현재 완료가 된다. 다만 기간을 나타내는 경우, 예를 들어 「그가 죽은 지 5 년이 된다」을 Five years *have passed* since he died. 라고 하는 것은 문어적이며, 구어에서는 It is five years since he died. 라고 한다. 또 《美》에서는 *It has been* four years since I came to this country. 의 문형이 많이 쓰인다.
(2) since 가 이끄는 부사절 속의 동사는 보통 과거형을 쓰지만, 특히 현재까지의 계속을 명시하는 경우는, 드물게 현재 완료형을 쓰는 경우도 있다. I have seen him many times *since I came* (or *have come*) to Korea. ＊ since 가 과거의 어느 시점에서 다음 과거의 어느 시점까지에 대하여 쓰이는 경우에는 동사의 시제도 그에 따라 시제씩 옮긴다.
2 …때문에, …이므로, …인 이상 (＊ 이 뜻의 since 는 ⇒ BECAUSE 類語 ¶ *Since* you look tired, you had better take a rest. 너는 지친 것처럼 보이므로 휴식을 취하는 게 좋겠다.
— prep. …이후, …이래, …부터 [지금까지], …쪽. ¶ *since* the war 전쟁 이후 쪽 / *since* his coming to Korea 그가 한국에 온 이래 / He has been in Seoul *since* last month. 그는 지난달부터 서울에 와 있다 / He has been writing the novel *since* before the war. 그는 전쟁 이전부터 그 소설을 쓰고 있다.
── **Usage**² since a week ago —— since …ago 는 전혀 쓰이지 않는 것은 아니지만, 《英》에서는 for a week, for the last five years, these five years 따위와 같이 하는 것이 보통.
— adv. **1** 그 뒤, 이후, 이래, 그 후 줄곧[지금까지] (＊ 종종 ever 를 동반한다). ¶ I have not seen her *since*. 나는 그 뒤 그녀를 만나지 않았다 / They have lived here happily *ever since*. 그들은 그 이래 이곳에서 행복하게 지내었다. **2** [지금부터] …전에 (ago); [그 때부터…] 전에 (before). ¶ a little while *since* 바로 그 전에 / not long *since* 얼마 전에 / not long *since* for happy, 수년 전에 그리 행복하지 않다.

‡**sin·cere** [sinsíər] adj. (-cer·er, -cer·est) **1** 성실한 (earnest), 진심어린 우러난 (⇒ HEARTY 類語); 진실의 (real), 정직한, 거짓없는, 솔직한. ⇒ EARNEST 類語 ¶ a life of *sincere* devotion 마음으로부터의 헌신의 일생 // He is *sincere* in his words. 그 사람에게는 표리가 없다, 그는 약속을 지킨다. **2** 《고어》순수한 (pure), 섞이

sin·cere·ly [sinsə́rli] *adv.* 성실하게, 충심으로, 진정으로.
Yours sincerely = *Sincerely* [*yours*] 여불비례(餘不備禮), 경구(敬具) 〔편지의 끝맺음말〕.

*__sin·cer·i·ty__ [sinsériti] *n.* ⓤ 성실, 진실, 정직, 진심. ⇒ HONESTY 類語. ¶ *in all sincerity* 진정으로.
◇ sincére *adj.*

sin·cip·i·tal [sinsípit(ə)l] *adj.* 전두부(前頭部)의, 두개 전정부(頭蓋前頂部)의.

sin·ci·put [sínsipʌt] *n.* (*pl.* **-puts** or **-cip·i·ta** [sinsípitə]) 〔해부〕 **1** 전상두부(前上頭部), 두개 전정부(頭蓋前頂部). **2** 두정부(頭頂部), 두개관(頭蓋冠).

Sínd·bad the Sáilor [sín(d)bæd-] *n.* 뱃사람 신드바드 〔*The Arabian Nights* 에 나오는 Bagdad 의 부상(富商)〕.

sin·do·nol·o·gy [sìndənάlədʒi / -nɔ́l-] *n.* 〔기독교〕 성수의(聖壽衣) 연구 〔이탈리아 토리노의 성시도 성당에 보존되어 있는 예수의 수의에 관한 신비의 현상을 과학적으로 연구하는 것〕.

sine [sain] *n.* 〔수학〕 정현(正弦), 사인. ¶ *a sine curve* 정현 곡선.

si·ne [sáini] *prep.* 〔라틴〕(= without) …없이.

si·ne·cure [sáinikjùər, sín-] *n.* **1** 〔명목뿐이면 책무(責務)가 별로 없는〕한직(閑職). **2** 〔교화(敎化) 임무를 맡지 아니한〕유급(有給) 성직.

si·ne·cur·ist [sáinikjùə(ː)rist, sín-/-kjùər-] *n.* 한직에 있는 사람, 명목만의 성직에 있는 사람.

si·ne di·e [sáini dáii] 〔라틴〕(= without fixing a day) 무기한으로.

si·ne qua non [sáini kwei nɑ́n /-nɔ́n] *n.* 〔라틴〕 (= without which not) 불가결한 것, 필요 조건.

*__sin·ew__ [sínju:/sínju:] *n.* **1** 〔건〕(tendon). **2** (주로 ~s) 근육, 근골, 체력, 완력(muscular power). **3** (보통 ~s) 자력(資力), 자금; 크게 의지가 되는 것 (mainstay). ¶ *sinews* of war 군자금. — *vt.* 힘줄으로 …에 근력을 붙이다, 기운을 북돋우다 (strengthen). — sínewy, sínewless *adj.*

sin·ew·y [sínju:i / sínju:i] *adj.* **1** 건의, 건과 같은; 강인한, 질긴, 힘줄이 불거진. **2** 근골이 건장한, 강건한 (tough). **3** 〔문체 따위가〕 힘찬, 박력 있는, 긴축된 (緊縮的)의. —ew·i·ness *n.*

sin·fo·ni·a [sìnfo(u)níː(ː)ə] *n.* (*pl.* **-ni·e** [-níː(ː)ei]) 〔음악〕 교향곡, 심포니; 〔특히 초기 이탈리아 가극의〕 서곡 (overture). 〔< It *symphony*〕

sin·fo·ni·et·ta [sìnfo(u)njétə] *n.* 〔음악〕 신포니에타, 소교향악〔곡〕.

*__sin·ful__ [sínfəl] *adj.* 죄 있는, 죄 많은, 사악한(wicked), 죄받을. ~·ly [-fəli] *adv.* ~·ness *n.*

‡**sing** [siŋ] *v.* (**sang** or 〔고어·드물게〕 **sung**, **sung**, **sing·ing**) *vi.* **1** 〔노래를〕 부르다, 노래하다. ¶ (~ + 前 + 名) *sing* in (*out of*) *tone* 가락에 맞게(틀리게) 노래하다 / *sing* to the piano 피아노에 맞추어 노래하다. **2** 시(노래)를 짓다(읊조리다), 시(노래)로 찬미하다, 예찬하다(*of*...). ¶ Homer *sang* of the Trojan War in his *Iliad*. 호머는 「일리어드」에서 트로이 전쟁을 시로 읊었다. **3** 〔물 끓이는 주전자·화살·총알·바람 따위가〕 윙윙 소리내다. **4** 〔새·벌레 따위가〕 울다, 지저귀다; 귀가 울리다. ¶ A bad cold made his ears *sing*. 그는 고약한 감기에 걸려 귀가 울렸다. **5** 기뻐하다 (rejoice), 광희(환희)하여 노래하다 (*for*...). ¶ (~ +前 + 名) *sing for joy* 기뻐서 마음이 설레다. **6** 〔가사 따위가〕 노래가 되다, 노래로 부를 수 있다. ¶ (~ + 副) The text of the song may *sing* well. 그 가사는 노래로 부르기에 좋을 것이다. **7** 《美俗어》 〔특히 남을 끌어들이기 위하여〕 입을 열다, 자백하다; 밀고하다 (squeal).
 — *vt.* **1** 〔노래를〕 부르다; 〔미사의 시편 따위를〕 읊다. 낭송하다 (chant). ¶ (~ + 目 + 目) *Sing* me the songs I delighted to hear. 내가 듣기 좋아했던 노래를 불러 다오. **2** 노래하여 …시키다. ¶ (~ + 目 + 補 + 名) *sing* a child *to sleep* 노래 불러 아이를 잠재우다 / *sing* a person *in good humor* 노래 불러 남의 기분을 고쳐주다. **3** 노래 불러 …을 환송하다(맞이하다); …을 노래하며 가다, 노래하여 …을 하다. ¶ *sing* one's *way* 노래하며 가다 // (~ + 目 + 副) *sing* the old year *out* and the new year *in* 노래로 묵은 해를 보내고 새해를 맞이하다 / *sing* one's days *away* 날마다 콧노래를 부르며 지내다. **4** …을 칭찬하다 (praise), 칭송하다 (extol), 노래로써 축하하다; 〔새·벌레 따위가〕〔노래〕를 지저귀다, 울다.
make a person's head sing 남의 머리를 띵하게 때리다.
sing another song ⇒ SONG.
sing dumb 침묵하다, 침묵하고 있다.
sing for one's supper ⇒ SUPPER.
sing low 조심성있게 행동하다.
sing on the other (or *the wrong*) *side of one's mouth* = *sing another song*.
sing out 〔구어〕 큰소리로 부르다; 외치다, 고함치다 (shout).
sing small ⇒ SMALL.
sing the same (or *the old*) *song* (or *tune*) ⇒ SONG.
 — *n.* **1** 노래 부르기, 창가; 노래하는 능력. **2** 〔美구어〕 창가회, 합창회. **3** 〔총알 따위의〕 퓽퓽 소리; 〔물건이〕 내는 소리, 울리는 소리.
◇ song *n.*

sing. 〔略〕 single; singular.

sing·a·ble [síŋəbl] *adj.* 노래할 수 있는, 노래하기 쉬운.

sing-a·long [síŋəlɔ̀ːŋ/-lɔ̀ŋ] *n.* 노래 부르기 위한 모임.

Sin·ga·pore [síŋ(g)pɔ̀ːr / sìŋ(g)əpɔ́ː] *n.* 싱가포르 〔말레이 반도 남단의 섬나라, 그 수도〕.

singe [sindʒ] *v.* (**singed, singe·ing**) — *vt.* **1** …의 표면을〔살짝〕 굽다, 그스르다 (scorch). **2** 〔머리칼[의 끝]이나 털의 〕 〔새·짐승 따위의〕 털을 그스르다; 〔천 따위의〕 보풀을 태우다. ¶ *singe* a person's hair 남의 머리칼을 지지다. **3** 〔비유적〕 …을 손상하다, …을 상처 입히다. — *vi.* 눋다, 타다.
singe one's feathers (or *wings*) 명성을 더럽히다, 평판을 떨어뜨리다; 손해를 입다, 실패하다, 애먹다.
 — *n.* 그스름, 눋음; 탐; 그을린 자국.

*__sing·er__[¹] [síŋər] *n.* **1** 노래하는 사람, 가수, 성악가. **2** 가인(歌人), 시인 (poet). **3** 우는 새, 명금(鳴禽) (songbird).

sing·er[²] [síndʒər] *n.* 그을리는 사람(것), 털을 태우는 사람(것).

sing·er-song·writ·er [síŋərsɔ̀ːŋrɑ̀itər / -sɔ̀ŋ-] *n.* 가수겸 작곡가(작사가).

Sin·gha·lese [sìŋgəlíːz, -美-líːs], (**Cingalese**) *adj.* 스리랑카 (Ceylon) 〔사람, 말〕의. — *n.* (*pl.* **-lese**) 스리랑카 사람; ⓤ 스리랑카 말.

sing-in [síŋìn] *n.* 《美구어》 청중이 노래하는 모임, 합창회.

‡**sing·ing** [síŋiŋ] *n.* ⓤⓒ **1** 노래〔하기〕, 창가. **2** 〔새·벌레 등의〕 우는 소리. **3** 귀울림, 이명(耳鳴).
 — *adj.* 노래하는, 우는, 지저귀는.

sínging màster *n.* 노래(음악) 선생; 〔교회의〕 성가대 지휘자.

‡**sin·gle** [síŋgl] *adj.* **1** 단 하나의, 하나뿐인, 한 개의, 개개의 (individual); 단독의. ⇒ ONLY 類語.《부정어와 함께》 단 하나도 …않다. ¶ He spoke not a *single* word. 그는 단 한마디도 말하지 않았다 / Misfortunes never come *single*. 《속담》 화불단행(禍不單行), 엎친 데 덮친다. **2** 순수한, 단일의, 〔식물〕 따위가〕 외겹의, 단판(單瓣)의, 한 겹의. ¶ a *single* [-petaled] flower 단판화. **3** 1인(한 가족)용의, 한 사람(가족)에게 적합한. **4** 혼자의, 고독한 (solitary); 독신의, 미혼의 (unmarried). ¶ a *single life* 독신 생활 / *single* blessedness 홀가분한 독신. **5** 〔경기·승부 따위에서〕 단 둘이서 싸우는, 1대 1의. **6** 정직한(honest), 순진한, 올바른, 성실한 (sincere). ¶ a man of *single* meaning 표리가 없는 사람. **7** 일치한, 단결한. ¶ with a *single* voice 일제히 한 소리로. **8** 〔英〕 편도(片道)의. ¶ a *single*-ticket 편도 차표 (《美》 a oneway ticket).

with a single eye 성심 성의로.
— n. **1** [사람·물건에 대하여] 한 사람, 한 개, 단일; 《美俗》 독신자. ¶ I'm a *single*. 나는 독신이다. **2** 〖야구〗 단타(單打); 《美俗》 1루수; (~s) 〖경구〗 싱글스, 단식 경기; 〖골프〗 2인 경기. **3** 《英》 편도 차표. **4** 《美俗》 1달러 지폐. **5** 단판화(單瓣花).
in singles 한 사람 한 사람, 하나하나.
— v. (-gled, -gling) vt. **1** …을 뽑아내다, 선발하다 (choose) (...out). ¶ (~+圖+圖) We have *singled* you *out* from all the candidates. 여러분들을 전지원자 안에서 선발했다. **2** [단타]를 치다.
— vi. 〖야구〗 단타를 치다.
◇ singulárity, síngleness n., síngular adj., síngly adv.

sín-gle-act-ing [síŋglǽktiŋ] adj. 단동(單動)[식]의, 한쪽 방향으로만 운동하는. cf. double-acting

sín-gle-ác-tion [síŋglǽk(ə)n] adj. **1** 단동식의 (single-acting). **2** 〖발사 전에〗총의 공이치기를 세우기로 된.

sín-gle-bár-rel [síŋglbǽrəl] n. 단신총(單身銃).

sín-gle-blínd [síŋglbláind] adj. 〖의학〗단순 맹검(盲檢)의[실험을 하는 동안 실험자는 그 구조를 알고 있으나 피검자(被檢者)는 알지 못하는 실험 방법].
cf. double-blind

sín-gle-bréast-ed [síŋglbréstid] adj. [상의·조끼 따위가] 싱글의, 한 줄에만 단추를 단. cf. double-breasted

sín-gle-céll [síŋglsél] adj. 〖생물〗단세포의. ¶ *single-cell* animals 단세포 동물.

síngle créam n. 〖U〗《英》 18%의 유지(乳脂)를 함유 [하는 크림].

sín-gle-déck-er [síŋgldékər] n. **1** 단층선(單層船). **2** 《英》 단층 버스(전차).

síngle éntry n. 〖U〗〖簿記〗단식 부기. cf. double entry

sín-gle-éyed [síŋgláid] adj. **1** 단안(單眼)의. **2** 딴 마음이 없는.

síngle fíle n. 〖U〗《군대》1렬 종대(側面), 종렬.

sín-gle-fíre [síŋglfáiər] adj. 〖탄약통 따위〗단발(單發)의.
— vi. [말이] 가벼운 구보로 달리다.

sín-gle-fóot [síŋglfút] n. [말의] 가벼운 구보.

sín-gle-hánd-ed [síŋglhǽndid] adj. **1** 독립된, 혼자 힘으로 하는, 단독의; 1대 1의. **2** 한 손의, 한 손을 쓰는. ~ly adv.

sín-gle-héart-ed [síŋglhá:rtid] adj. 성실한 (sincere), 딴 마음이 없는, 순진한. ~ly adv. ~ness n.

sín-gle-léns réflex [síŋglènz-] n. 단안(單眼) 레플렉스 카메라[略 SLR].

sín-gle-lóad-er [síŋgllóudər] n. 단발총.

síngle márket n. 단일 시장. ¶ *single* European *market* 유럽 단일 시장.

sín-gle-mínd-ed [síŋglmáindid] adj. **1** 성실한 (sincere). **2** 한가지 목표(목적)에만 골몰하는.
~ly adv. ~ness n.

sín-gle-ness [síŋglnis] n. 〖U〗 **1** 단일[성], 단독. **2** 성실, 정직, 일편단심; 전심(專心). **3** 독신[임].

sín-gle-phàse [síŋglfèiz] adj. 〖전기〗단상(單相)의.

síngles bár n. 독신 남녀 전용 바. 〖행기(자동차)〗

sín-gle-séat-er [síŋglsí:tər] n. 1인승의 탈것; 단좌 비행기.

síngle stándard n. **1** 〖화폐〗 단본위제(單本位制). **2** 〖남녀 공용으로〗평등한[성] 도덕률.

sín-gle-stìck [síŋglstìk] n. [한 손으로 잡는] 목도(木刀)[예전에 펜싱에서 쓰였다], 봉(棒); [한 손 목도를 잡고 하는] 목도 시합.

sín-glet [síŋglit] n. **1** 《英》 [남성용] 내의, 속옷, 운동 대지 않은 조끼. **2** 〖물리〗1중항(重項), 〖한다〗.

síngle tàx n. 〖U〗〖C〗〖경제〗단일세 [특히 토지에 부과함].

sín-gle-ton [síŋgltən] n. **1** 〖카드놀이〗 (어떤 패에 있는) 한 장 패[pair에 대한 말]. **2** 하나씩 일어나는 것, 한 개의 것; 단생아(單生兒)[쌍둥이에 대한 말].

sín-gle-tràck [síŋgltrǽk] adj. **1** 〖철도〗단선의 (onetrack). **2** 융통성 없는.

sín-gle-trèe [síŋgltrì:] n. =whiffletree.

***sín-gly** [síŋgli] adv. **1** 단 혼자서, 단 하나로, 단독으로. **2** 하나씩, 한 사람씩. **3** 혼자 힘으로, 남의 도움을 받지 않고.

Sing Sing [síŋsíŋ] n. **1** 미국 New York주(州) Ossining에 있는 주립 교도소. **2** Ossining의 옛이름.

síng-song [síŋsɔ̀:ŋ / -sɔ̀ŋ] n. **1** 단조로운 시가(詩歌), 2 단조음; 단조로운 어조(리듬) (monotonous rhythm). ¶ in a *singsong* 단조롭게. **3** 《英》 음악 애호가의 음악회, 즉흥 합창회. — adj. 단조로운, 억양이 없는. 〖의 일종, 경가극(輕歌劇)의.

Síng-spiel [síŋspì:l] n. 〖특히 18세기 독일의〗오페라

†sín-gu-lar [síŋgjulər] adj. **1** 보통이 아닌, 주목할 만한, 두드러진. **2** 뛰어난, 훌륭한, 굉장한. **3** 이상한 (extraordinary), 색다른, 기묘한, 기이한. ⇨ STRANGE 類義 ¶ a *singular* coincidence 기이한 일치. **4** 단일의, 한 사람의, 단독의; 단 혼자의, 단 하나의; 〖문법〗단수[형]의[略 sing.]. cf. dual, plural **5** 〖법률〗각자의, 개개의 (separate). **6** 〖논리〗단칭 명제(單稱命題).
all and singular; *each and singular* 《고어》 어느 것이나, 전부, 모든 (every one).
— n. **1** 〖고어〗한 사람, 한 개의 것, 일례. **2** 〖문법〗단수[형]. **3** 〖논리〗단칭 명제(單稱命題).
~ly adv. ~ness n. ◇ singulárity n., síngle adj.

sin-gu-lar-i-ty [sìŋgjulǽrəti] n. (pl. **-ties**) **1** 〖U〗단일, 단독. **2** 〖U〗이상, 비범. **3** 〖C〗기묘, 기이(peculiarity). **4** 〖C〗색다름, 기행(奇行). **5** 특성, 특색. **6** 〖수학〗특이점 (singular point).

sin-gu-lar-ize [síŋgjulərài z] (*《英》에서는 **sin-gu-lar-ise** 로도 쓴다》vt. (-ized, -izing) **1** …을 두드러지게 하다, 현저하게 하다; …을 색다르게 하다. **2** …을 단수(형)으로 하다.

Sin-ha-lese [sìnhəlí:z, -lí:s / sínhəli:z] adj., n. (pl. **-lese**) =Singhalese, Cingalese.

***sín-is-ter** [sínistər] adj. **1** 불길한, 상서롭지 못한. **2** 나쁜, 사악한, 악의를 품은. **3** 부정직한, 부패한. **4** 불행한, 불운한 (unfortunate). ¶ It was an accident very *sinister* to him. 그것은 그에게는 대단히 불행한 사고였다. **5** 왼쪽의, 좌측의. **6** 〖紋章〗방패 무늬 바탕의 왼편의. cf. dexter ~ly adv. ~ness n. ◇ sínistral, sìnistrous adj. [<L left, auspicious, lucky; 점을 칠 때 로마 사람은 남면(南面)하였기 때문에 왼쪽의 동쪽은 길했지만, 그리스 사람은 북면하였기 때문에 왼쪽이 불길]

sin-is-tral [sínistr(ə)l] adj. 왼쪽의, 좌측의; [조가비가] 왼쪽으로 말린; 왼손잡이의 (left-handed). cf. dextral
~ly adv. [-rəli] adv. 〖용하〗, 왼손잡이.

sin-is-tral-i-ty [sìnistrǽliti] n. 〖U〗왼쪽(왼손)임.

sin-is-trous [sínistrəs] adj. **1** 불길한, 불운한 (sinister). **2** =sinistral.

†sink [siŋk] v. (**sank** [sæŋk] *or* 《주로 美》 **sunk** [sʌŋk], **sunk**, **sink·ing**) vi. **1** 가라앉다, 침몰하다, 함몰하다, 기울다. ¶ (~+圖+圖) The boat *sank* to the depths of the sea. 보트는 바닷밑 깊이 가라앉았다 / The road *sinks* toward the river. 그 길은 강 쪽으로 경사져 있다.
2 [해·달 따위가] 수평선(지평선) 밑으로 지다, 보이지 않게 되다. ¶ (~+圖+圖) The sun was *sinking* in the west. 해는 서쪽으로 넘어가고 있었다.
3 감소하다; 줄다; 〖폭풍·폭풍 등의 기세가〗약해지다; [음성·가락 등이] 낮아지다, 약해지다. ¶ (~+圖) The flames have *sunk* down. 불기운이 약해졌다.
4 〖수량 따위가〗감소하다; [가치·가격 따위가] 하락하다. ¶ (~+圖+圖) The stock *sank* to nothing. 재고가 바닥났다.
5 〖목·팔 따위가〗수그러지다, 처지다 (droop); [눈이] 아래를 향하다; 풀이 죽다. ¶ (~+圖) (~+圖+圖) His head *sank down* on his chest. 그는 고개를 푹 숙였다.
6 쇠약해지다, 체력이 쇠퇴하다, 위독하게 되다, 쓰러지다, 풀썩 주저앉다. ¶ (~+圖+圖) *sink from*

exhaustion 피로로 쇠약해지다 // (~ +圖) (~ +前) +名) She *sank down* wearily *into* a chair. 그녀는 의자에 풀썩 주저앉았다.
7 [잠·망각·절망 따위에] 빠지다 (*in, into...*). ¶ (~ +前) +名) *sink into* silence 침묵하다, 조용해지다.
8 [눈이] 쑥 들어가다, 우묵해지다; [볼이] 홀쭉해지다. ¶ (~ +圖) His cheeks have *sunk in*. 그는 뺨이 홀쭉해졌다.
9 타락하다, 영락하다; [지위·명성 따위를] 잃다 (*into...*). ¶ (~ +前) +名) *sink into* evil habits (poverty) 악습(빈곤)에 빠지다.
10 스며들다, 침투하다; 깊이 명심하다. ¶ (~ +前) +名) The rain *sank through* the clothes. 빗물이 옷에 스며들었다 / (~ +圖) (~ +前) +名) His sayings have *sunk deep into* my mind. 그의 말은 나의 마음에 깊은 감명을 주었다.
11 덮다(덮치다), 내리다. ¶ (~ +前) +名) Silence *sank on* all around. 온 주위가 조용해졌다.
— *vt.* **1** …을 가라앉히다, 격침하다, 침하시키다. **2** [말뚝 따위를] 땅에 박다. ¶ (~ +圖) +前) +名) *sink piles into* the ground 땅 속에 말뚝을 박다. **3** [땅 따위를] 파내리다, [우물 따위를] 파다. **4** 새기다, 파다, 조각하다 (engrave). ¶ *sink* a die 주형(鑄型)을 파다. **5** …을 숙이다, 드리우다. ¶ (~ +圖) +前) +名) *sink* one's head *on* one's chest 고개를 숙이다. **6** [목소리·가락 따위를] 낮추다, 떨어뜨리다; [수량 따위를] 줄이다; [가격·가치 따위를] 내리다, 낮게 하다, [명가·권위 따위를] 떨구다, 손상시키다. ¶ (~ +圖) +前) +名) *Sink* your voice *to* a whisper. 목소리를 낮추어 소곤소곤 이야기해라. **7** …을 감하다(減少)시키다, 빼게 하다. ¶ A long spell of fine weather has *sunk* the river. 오랜 가뭄으로 강물이 줄었다. **8** …을 망치다, 파멸시키다, 파산시키다. ¶ (~ +圖) +前) +名) Their crime has *sunk* them *to* the dust. 죄악이 그들을 멸망시켰다. **9** …을 무시하다 (ignore), 제외하다, 생략하다; [신원 따위를] 숨기다. ¶ *sink* one's identity 신원을 숨기다 / He *sank* his position. 그는 지위를 감추었다.
10 [자본]을 고정(固定)시키다, …에 투자하다, [불운한 투자에 의하여] …에 손실을 입다. ¶ (~ +圖) +前) +名) *sink* one's capital *in* a mine 광산에 투자하다. **11** …을 상환하다, 감채(減債)하다. ¶ *sink* the principal 원금을 갚다. **12** [항해] [배가 항행함에 따라] …이 보이지 않게 되다, …에서 멀어지다. **13** [인쇄] [행(行)]을 내리다.
sink oneself 이기심을 버리고 남의 이익을 꾀하다.
sink in (구어) 충분히 인식(이해)되다.
sink into absurdity 어리석은 짓을 하다.
sink into oblivion 망각되다.
sink or swim 성패간에, 흥하든 망하든. ¶ I have decided to go in, *sink or swim*. 성패는 하늘에 맡기고 해보기로 결심했다.
sink tooth into 《美俗》…을 먹다.
— *n.* **1** [부엌 따위의] 싱크, 물 버리는 곳; 수채, 하수통, 시궁창; 《美》 세면대. **2** [물이 괴는] 낮은 땅, 소택지, 소(沼湖). **3** [비유적] 쓰레기 하치, …의 소굴. **4** [연극] 대도구(大道具)를 아래위로 움직이는 홈. ◇ **sínkage** *n.*
sink·a·ble [síŋkəbl] *adj.* 가라앉힐 수 있는.
sink·age [síŋkidʒ] *n.* ① 침하, 함몰, 침하도(度); 침하 물체; [인쇄] 행(行) 내리기.
sink·er [síŋkər] *n.* **1** 가라앉히는 사람(것). **2** 우물 파는 사람, 조각하는 (새기는) 사람. **3** [낚싯줄 따위의] 봉돌, 추. **4** 《美俗》 도넛. **5** [야구] 싱커[타자 가까이에서 갑자기 가라앉듯이 떨어지는 투구].
sink·hole [síŋkhòul] *n.* **1** 하수통, [부엌 개수대의] 배수구. **2** 악의 소굴. **3** [지질] 지호(地壼) [석회암 지대의 지표에 접구 모양으로 팬 땅].
Sin·kiang [síŋkjǽŋ / *Ch* ʃíndʒáːŋ] *n.* 신강(新疆) [중국 서북부에 있던 성(省), 수도는 Urumchi. 현재는 Uigur 족 자치구].
sink·ing [síŋkiŋ] *n.* ⓤⓒ **1** 가라앉기, 침몰, 함몰. **2** 파 내림. **3** 의기 소침, 쇠약. **4** 파임, 움푹 팬 땅. **5** [건축] 구멍, 받이. [금.
sínking fúnd *n.* 감채(減債)기금, 상각(償却)적립
sínking spéll *n.* [경기·건강의] 일시적 하락(악화).
sínk únit *n.* = kitchen unit. [ness *n.*
sin·less [sínlis] *adj.* 죄없는, 결백한. ~·ly *adv.* ~·
*****sin·ner** [sínər] *n.* **1** [종교·도덕상의] 죄인, 못 된 사람. **2** [사회적 규범·관습 따위의] 위반자, 품행이 좋지 않은(음란한) 여자. **3** 《익살》 악한 [가벼운 뜻], 장난꾸러기.
Sinn Fein [ʃínféin] *n.* **1** ⓤ 신 페인 운동 [아일랜드 독립 운동]; 신 페인당(黨). **2** ⓒ 신 페인 당원.
Sino- Chinese 의 뜻의 연결형. 예: *Sinology*.
sín óffering *n.* 속죄를 위한 공물, 산 제물.
Si·no-Ko·re·an [sàino(u)təríːən, sìno(u)-] *adj.* 중국과 한국 사이의, 한중(韓中)의.
Si·nol·o·gist [sainάlədʒist, si- / -nɔ́l-] *n.* 중국학자.
Si·no·logue [sáinəlɔ̀ːg, sín- / -lɔ̀g] *n.* = Sinologist.
Si·nol·o·gy [sainάlədʒi, si- / -nɔ́l-] *n.* ⓤ 중국학 [중국의 언어·문학·역사·문화 따위를 연구하는 학문].
sin·o·phile [sínənəfàil, sín-], **sin·o·phil** [-fil] (때로 S-) *adj.* 중국을 좋아하는, 중국풍을 좋아하는. — *n.* ⓤ 중국을 좋아하는 사람.
Si·no-Ti·bet·an [sàino(u)tibétən, sìn-] *n.* ⓤ 중국·티베트어(語族). — *adj.* 중국·티베트 어족의.
SINS 《略》 ship's inertial navigation system (항행 전체 계기)[항해중의 배의 위치·속도·진로를 측정].
sin·ter [síntər] *n.* ⓤ **1** [온천의] 탕화(湯花), 버캐. **2** [야금] 소결물(燒結物), 소괴(燒塊). — *vt.* [야금] …을 소결(燒結)시키다.
sin·u·ate [sínjuèit → *adj.*] *vi.* (-at·ed, -at·ing) 꾸불꾸불 구부러지다, 굴절하다. — *adj.* [sínjuit, -it] **1** 꾸불꾸불한, 물결 모양의. **2** [식물] [잎 가장자리에] 파상의.
sin·u·at·ed [sínjuèitid] *adj.* = sinuate. [(波狀)의.
sin·u·os·i·ty [sìnjuάsiti / -ɔ́s-] *n.* (*pl.* -ties) **1** ⓤ [또는 -ties] 만곡(彎曲), 꾸불꾸불함. **2** (-ties) 꾸불꾸불 구부러지는 운동. **3** [강의] 만곡부, [도로의] 만곡부.
sin·u·ous [sínjuəs] *adj.* **1** 꾸불꾸불한, 물결 모양의, 완곡한, 에두르는; [성질 따위가] 비뚤어진. **2** [식물] = sinuate. **3** 복잡한, 어려운. ~·ly *adv.* ~·ness *n.*
si·nus [sáinəs] *n.* **1** 만곡[부], **2** 구멍, 우묵한 곳. **3** [병리] 누(瘻), [해부] 공동(空洞), 두(寶), **4** [식물] [잎의 열편(裂片) 사이의 후미진 곳].
si·nus·i·tis [sàinəsáitis] *n.* ⓤ [병리] 정맥동염(靜脈洞炎), **2** 부비강염(副鼻腔炎).
si·nus·oid [sáinəsɔ̀id] *n.* **1** [수학] 사인 곡선. **2** [해부] 동양(洞樣) 구조; 지누소이드 [모세 혈관이 문합하여 약간 크게 확대된 종말부].
Si·on [sáiən] *n.* = Zion. [만든다. *cf.* -tion
-sion *suf.* 「동작·상태」 따위를 나타내는 추상 명사를
Siou·an [súːən] *n., adj.* = Sioux.
Sioux [suː] *n.* (*pl.* Sioux [suː, súːz]) 수족(族) [아메리카 인디언의 한 종족]; ⓤ 수 어(語). — *adj.* 수족의.
Sioux Státe *n.* (the ~) 미국 North Dakota 주의 속칭.
‡sip [sip] *v.* (sipped, sip·ping) *vt.* **1** …을 조금씩 마시다, 찔끔찔끔 마시다, 홀짝이다. ¶ *sip [up]* one's coffee 커피를 홀짝이다. **2** …에서 찔끔찔끔 마시다. — *vi.* 찔끔찔끔 마시다, 홀짝이다. — *n.* 홀짝거림, 한번 홀짝임, 한 모금; 한번 홀짝거린 분량.
*****si·phon** [sáif(ə)n], (sy·phon) *n.* **1** 사이펀, 흡수관. **2** 사이펀 병, 탄산수 병. **3** [동물] 수관(水管), 흡관(吸管). — *vt.* **1** …을 사이펀으로 옮기다 (빨아올리다), 사이펀으로 옮기다. ¶ (~ +圖) +前) +名) *siphon* gasoline *from* a tank 탱크에서 가솔린을 사이펀으로 빼내다. **2** (비유적) …을 짜내다, 흡수하다(... *off*). — *vi.* 사이펀을 지

si·phon·age [sáifənidʒ] *n.* ⓤ《물리》사이펀 작용, 사이펀으로 빼내기.

si·phon·al [sáifən(ə)l] *adj.* 사이펀의, 사이펀과 비슷

síphon bòttle (탄산수를 넣는) 사이펀 병.

si·phon·ic [saifɑ́nik / -fɔ́n-] *adj.* = siphonal.

sip·id [sípid] *adj.* 풍미있는; 흥미있는.

sip·pet [sípit] *n.* [굽거나 기름에 튀긴] 빵조각.

SIPRI (略) Stockholm International Peace Research Institute (스톡홀름 국제 평화 문제 연구소).

‡**sir** [강조, 약 sər] *n.* **1** 님, 귀하, 선생, 각하, 나리《손윗 남자에 대한 존칭적·의례적 호칭; 점원이 남자 손님을 호칭할 때도 쓰인다》. ¶ Excuse me, sir. 실례합니다 / Good morning, sir. 안녕하십니까? / May I help you, sir? 뭘 도와드릴까요? **2** 이봐, 이놈아, 이양반아 《노여움·경멸·비꼼는 표현에 쓴다》. ¶ Go out, sir. 이봐, 꺼져. (S-) 《英》서, 경(卿)《영국에서 baronet 또는 knight 에 대한 존칭. 일상의 호칭 용법은 사람의 이름과 병용한다》. **4** (S-) 근계(謹啓), 배계(拜啓) 《편지의 첫머리의 인사말로 쓰인다》; (S -s) 각위(各位), 귀중(貴中) 《회사 앞으로 보내는 경우에 쓰인다》. ¶ Dear Sir; [Dear] Sirs 배계. **5** …선생, …가(家) 《직업 따위에 붙인 빈정대는 경칭》. ¶ *sir* critic 비평가 선생님. **6** (고어) …님《지위·직업 등에 붙인 남성의 경칭》. ¶ *sir* priest 사제님.

— **Usage** Sir의 주요한 용법 — (1) 나이트작(爵) (knight) 및 준남작(准男爵) (baronet)에 쓰인다. 정식으로는 Sir Winston Churchill 과 같이 붙이며, 간략하게 줄 때는 Sir Winston 처럼 쓰인다. Sir Churchill 처럼 성에만 붙이는 것은 잘못이다. ✻ Sir 가 붙는 사람의 부인은 정확하게는 Dame 을 붙이지만 Lady 를 붙여도 된다.
(2) 손윗사람에 대한 경어로서 자기의 발언의 최초나 대답의 끝에 붙이는 것. 편지의 첫머리 인사말로는 Sir 이외에 Dear Sir, My Dear Sir 따위가 있다. 그러나 Sir 〔sir〕는 정식의 경우에는, 특히 미국에 있어서는 그다지 쓰지 않는다. 또 《美구어》에서는 경칭으로서가 아니라 그저 강조로서 Yes, sir.; No, sir. 라고 말하는 경우가 있다. 그 외에 남에게 항의·충고를 하는 경우에 my dear sir 를 쓰는 일이 있으며, 남을 꾸짖는 경우에도 sir 를 쓰는 일이 있다. ✻옛날에는 sir 를 여성에게도 썼다.

— *vt.* (**sirred** *or* **sir'd, sír·ring**) …에게 sir 라고 부르다. ¶ Don't worship and *sir* me now. 이제 나에게 각하니 선생이니 하지 말아 주게.

sir·car, -kar [sə́:rkɑːr, +美 sərkɑ́ːr], (**cir·car**) *n.* 《인도》 **1** 정부, 정청(政廳), 국가. **2** 《인도인의》 집사, 가령(家令), 회계원. **4** 〔무갈 제국의〕 주(州).

sir·dar, sar-, ser- [sə́:rdɑːr, +美 sərdɑ́ːr] *n.* **1** 〔인도 등의〕 군 지휘관, 사령관, 대장(隊長). **2** 〔이전 이집트군의〕 영국인 사령관.

sire [saiər] *n.* **1** 《부르는 말로》 폐하 《남성에게만 쓰인다》. **2** 《詩》 아버지, 조상. **3** 〔말 따위의〕 애비, 종마. *cf.* dam². — *vt.* (**sired, sír·ing**) 〔종마가〕〔새끼를〕 만들다.

✻**si·ren** [sáirən] *n.* **1** 《종종 S-》 《그리스 신화》 사이렌 《반인 반조(牛人牛鳥)의 바다 요정, 아름다운 노랫소리로 뱃사람을 유혹하여 죽음에 이르게 했다고 한다》. **2** 요부, 마녀, 목소리가 아름다운 여성 가수; 인어(人魚). **3** 호적(號笛), 사이렌. **4** 뱀장어 비슷한 아가미 (과)의 양서류.

si·re·ni·an [airíːniən] *n.* 해우류(海牛類)의 동물. — *adj.* 해우(류)의.

si·ren·ic [sairénik], **-i·cal** [-nik(ə)l] *adj.* 사이렌의(같은), 매혹적인; 미성(美聲)의.

síren sùit *n.* 《英》 **1** 〔제2차 세계 대전때 공습 경보

때 입던〕 공습 경비복. **2** 몸에 착 붙는 작업복(유아복).

Si·ri·a·sis [siráiəsis] *n.* 《병리》 일사병, 햇볕쬐기.

Sir·i·us [síriəs] *n.* 《천문》 시리우스, 천랑성(天狼星) (Dog Star).

sir·kar [sə́:rkɑːr, +美 sərkɑ́ːr] *n.* 《인도》 = sircar.

sir·loin [sə́:rlɔin] *n.* ⓤⓒ 소의 허리 상부의 고기, 설로인. ⇨ BEEF 그림. ¶ a *sirloin* steak 설로인 스테이크.

si·roc·co [sirɑ́kou / -rɔ́k-], (**sci·roc·co**) *n.* (*pl.* **-cos**) **1** 시로코 《북아프리카에서 남유럽으로 몰아치는 열풍》. **2** 비를 동반하는 남풍; 찌무룩하는 열풍.

sir·rah [sírə], (**sir-ra**) *n.* 《고어》 이놈, 야, 이놈아 《경멸·화·비난을 나타내는 소리》.

sir·ree [sərí:], (**siree**) *interj.* 《美》 yes 또는 no 의 뒤에 덧붙여 뜻을 세게 하는 말 〔sir 의 강조형〕.

✻**sir·up** [sírəp, +美 sə́:r-] *n.*, *vt.* = syrup.

sir·up·y [sírəpi, +美 sə́:r-] *adj.* = syrupy.

sir·vente [sərvént], **-ventes** [-vénts / F vɑ̃:t] *n.* 프랑스 중세의 음유 시인 (troubadour) 이 자주 읊은 풍자시.

sis [sis] *n.* 《구어》 = sister.

SIS (略) Scientific Intelligence Survey (과학 정보 조사단); 《경영》 strategic information system(전략적 정보 시스템); 《군사》 Satellite Interceptor System (위성 요격 시스템).

si·sal [sáis(ə)l, sís-] *n.* **1** 용설란(龍舌蘭)의 일종. **2** (= **sísal hèmp**) ⓤ 사이잘마(麻).

sis-boom-bah [sísbú:mbɑ́ː] *interj.* 후레이 후레이. — *n.* 《美속어》 보는 스포츠 《특히 미식 축구》.

sis·kin [sískin] *n.* 검은방울새.

siss [sis] *vi.* 슈우 하는 소리를 내다. — *n.* 슈우 하는 소리.

sis·si·fy [sísifai] *vt.* (**-fied, -fy·ing**) 유약(나약)하게 만들다.

sis·soo [sísu:], (**sis-su**) *n.* 시수 《동인도산(産)의 견고한 나무》.

sis·sy [sísi] *n.* (*pl.* **-sies**) **1** 《구어》 여자 같은 사내 (년), 뱅충맞이. **2** 소녀. **3** 《美속어》 동성애의 남자. — *adj.* = sissyish.

síssy bàr *n.* 〔오토바이·자전거의〕 등받이.

sis·sy·ish [sísiiʃ] *adj.* 유약한, 여자 같은.

‡**sis·ter** [sístər] *n.* **1** 자매, 누이, 언니, 여동생. *cf.* brother **2** 의붓 자매, 배다른 자매; 의자매; 젖자매. **3** 자매처럼 친한 사람(친구); 자매선(船); 자매어(語). **4** 동포 자매, 여성의 동급생(동료), 같은 종파의 여성, 여자 회원. **5** 《가톨릭》 수녀, 시스터; (~ s) 〔자선·교육 따위의 사업을 하는〕 여성 단체《the S-s》수녀회. ¶ the mother Superior and the *sisters* 여자 수도원장과 수녀들 / the *Sisters* of Loretto 로레토 수녀회. **6** 《英》간호사 (nurse), 수간호사, 수간호사 (head nurse). **7** 《구어》 〔여성에 대한 호칭으로, 특히 익살·경멸의 뜻을 나타내어〕 아주머니, 언니, 아가씨.

be like sisters 매우 친밀하다.

◇ **sísterly** *adj.*

síster gérman *n.* 친 자매 (full sister).

sis·ter·hood [sístərhud] *n.* **1** ⓤ 자매임, 자매 관계. **2** 〔공통의 목적·신앙·직업을 가진〕 여성 단체, 수녀회.

síster hòok *n.* 자매(쌍) 갈고리 〔맞추면 8자 모양이〕.

✻**sis·ter-in-law** [sístərinlɔ̀ː] *n.* (*pl.* **sis·ters-** [sístərz-]) 의자매 《형수·제수·시누이·올케·처형·처제 등》.

síster lánguage *n.* 〔언어〕 자매어.

sis·ter·ly [sístərli] *adj.* 자매의, 자매와 같은, 자매다운; 의좋은. — *adv.* 자매처럼, 자매답게. **-li·ness** *n.*

síster shíp *n.* 자매선, 동형 선박.

síster úterine *n.* 어머니는 같고 아버지가 다른 자매. *cf.* half-sister

Sis·tine [sísti(:)n, -tain], **Six-** [síkstin] *adj.* **1** 로마 교황 식스투스 (Sixtus) 《특히 Sixtus IV (1471-84) 또는 Sixtus V (1585-90)》의. **2** 시스틴 예배당의.

Sístine Chápel *n.* (the ~) 시스틴 예배당 〔Vatican 의 교황 예배당〕.

sis·trum [sístrəm] *n.* (*pl.* **-trums** *or* **-tra** [-trə]) 고대

이집트 사람들이 여신 Isis 제(祭) 때에 쓰던 금속 악기.
Sis·y·phe·an [sìsifí:ən] *adj.* **1** Sisyphus 왕의. **2** 끝없는, 헛수고의. ¶ a *Sisyphean* labor 아무리 되풀이하여도 헛수고가 되는 일.
Sis·y·phus [sísifəs] *n.* [그리스 신화] 시서포스 [욕심 많고 사악한 코린트(Corinth)의 왕. 죽은 후 지옥에 떨어져 큰 바위를 산꼭대기에 올려 놓는 일이 과해졌는데, 정상에 가까워지면 그 바위는 도굴러 떨어져 그 고역은 한이 없었다].
‡**sit** [sit] *v.* (**sat** or (고어) **sate, sat** or (고어) **sit·ten, sit·ting**) *vi.* **1** 앉다, 걸터 앉다, 착석하다. ¶ (~+前+名) *sit at* table 식탁에 앉다 / *sit in*(or *on*) a chair 의자에 앉다 / *sit on* one's knees 무릎을 꿇다 // (~+副) Please *sit down*. 앉으십시오 / *Sit up* straight. 똑 바로 앉아라.
2 [개 등이] 앉다, 쭈그리다; [새가] [나뭇가지에] 앉다; 보금자리에 들다, 알을 품다(brood). ¶ (~+前+名) *sit on* a branch [새가] 가지에 앉다 / *sit on* eggs 알을 품다.
3 [초상화나 사진을 위해] 포즈를 취하다(pose). ¶ (~+前+名) *sit to* a photographer 사진을 찍게 하다 / *sit for* a painter 화가의 모델이 되다.
4 (英) [시험 따위를] 치르다. ¶ (~+前+名) *sit for* an examination 시험을 치다.
5 앉은 채로 있다, 꼼짝 않고 있다; [사태 따위가] 변화 않다. ¶ (~+前+名) He *sat* at home all day. 그는 하루 종일 집에서 빈둥거렸다 // let the matter *sit* 사태를 그대로 방치하다.
6 […에] 위치하다, 놓여 있다. ¶ (~+前+名) The temple *sits* among the bamboos. 그 절은 대나무숲 속에 있다.
7 [바람이…에서] 불어오다. ¶ (~+前+名) The wind *sits in* the north. 바람이 북쪽에서 불어오고 있다.
8 [재판관·관리 따위가] 자리에 앉다(벼슬에 앉다). ¶ (~+前+名) *sit on* the bench 재판관이 되다 / *sit in* Parliament (*or* Congress) 국회 의원이 되다.
9 [의회가] 개회하다, [법원이] 개정하다. ¶ Parliament is *sitting* now. 국회는 지금 개회중이다.
10 마음에 걸리다, 부담이 되다; [먹은 것이] 얹히다. ¶ (~+前+名) Grief *sits* heavily at her heart. 슬픔이 그녀의 마음을 몹시 괴롭히고 있다 / The dishes *sit* on my stomach. 그 요리는 위에 부담스럽다.
11 [옷 따위가] 몸에 맞다, 어울리다(fit); [지위·행동 따위가] 적합하다. ¶ (~+副)(~+前+名) The dress *sits* badly on her. 그 옷은 그녀에게 맞지 않는다 / Conservatism *sits* well upon him. 보수주의는 그에게 잘 맞는다.
12 아이를 보다(baby-sit).
— *vt.* **1** …을 앉혔다, 착석시키다. ¶ (~+目+副) (~+目+前+名) I *sat* myself *down* beside him. 나는 그의 옆에 앉았다 / I *sat* him *down* in a chair. 나는 그를 의자에 앉혔다. **2** [말·보트 따위를] 타다. ¶ (~+目+副) She *sits* her horse *well*. 그녀는 말을 잘 탄다.
sit at the feet of a person; *sit at* a person's *feet* ⇒ FOOT.
sit back [의자에] 깊숙이 앉다, 편안히 쉬다, 몸을 뒤로 젖히다; 가만히 때를 기다리다.
sit by …에 소극적인(무관심한) 태도를 취하다.
sit down 앉다; 자리잡다; …에 진을 치다, 포위하다.
sit down (*hard*) *on* (美) …에 강경하게 반대하다.
sit down to …을 시작하다, 열심히 착수하다.
sit down under [모욕·비난 따위를] 순순히 받다.
sit down with …으로 끝내다, …을 단념하다.
sit in ① [경기에] 참가하다(at…); [회의에] 출석하다; [수업을] 참관(하기 위해)하다. ¶ *sit in on* the rehearsal [초대되어] 리허설 (예행 연습)에 참가하다. ② (英口語) [고용되어] 어린애를 보다 (baby-sit).
sit in judgment on (or *upon*) ⇒ JUDGMENT.
sit lightly on a person 남에게 고통(부담)이 안 되다.
sit loose on (or *upon*) ⇒ LOOSE.
sit on (or *upon*) ① [위원회 등]이 ② …을 …

조사하다, 협의하다. ¶ *sit on* a case 어느 사건을 심리하다. ③ (口語) [남]을 억박지르다, 들볶다; [남]에게 잔소리를 하다. ④ (口語) [나쁜 소식·계획 따위]를 덮어 두다(suppress).
sit on one's *hands* ⇒ HAND.
sit on the fence ⇒ FENCE.
sit on the throne ⇒ THRONE.
sit out ① [연극·음악 따위]를 마지막까지 보다(듣다). ¶ *sit out* a dull speech 지루한 연설을 끝까지 듣다. ② [손님이] …보다 더 오래 머무르다. ③ [댄스·경기 따위에] 참가하지 않다. ④ (*vi.*) 옥외에 나가다.
sit pretty (口語) 유리한(우월한) 입장(쾌적한 상태)에 있다; 유복하다.
sit through …가 끝날 때까지 가만히 있다.
sit tight ⇒ TIGHT.
sit under a person 남의 설교를 듣다; 남의 강의에 출석하다.
sit up ① 일어나 앉다; [개 따위가] 앞발을 들고 서다; 단정히 앉다. ② 자지 않고 일어나 있다. ¶ *sit up* late 밤 늦도록 안 자다(* 특별한 목적을 말할 때는 till을 쓰는 일이 많다. 예: *sit up* till late preparing for the examination) / *sit up* all night 철야하다 / *sit up* with a person 남을 자지 않고 기다리다 / *sit up* with a person 남을 자지 않고 간호하다. ③ 놀라다; 정신차리다, 분발하다, 갑자기 조용해지다. ¶ make *sit up* 놀라게 하다.
sit up and take notice ⇒ NOTICE.
SIT (略) *s*pecial *i*nterest *t*ravel (tour) (특정 목적의 여행); *s*tatic *i*nduction *t*ransistor (靜電 (靜電) 유도 트랜지스터).
si·tar [sitá:r], (**sittar**) *n.* 시타르[인도의 현악기].
sit·com [sítkàm / -kɔ̀m] *n.* (美口) = situation comedy.
sit-down [sítdàun] *n.* **1** (英口) 편히 쉼, 편히 쉬는 때(곳). **2** (=**sít-dòwn stríke**) 연좌(농성) 파업.
sit-down·er [sítdàunər] *n.* 연좌(농성) 파업중인 노동자.
‡**site** [sait] *n.* **1** 위치, 장소; 용지, 부지. ¶ a *site* for a new stadium 새 경기장의 용지 / The bank has a good *site* in town. 은행은 시에서 좋은 장소에 있다. **2** 유적, [사건 따위가 있었던] 장소. ¶ historic *sites* 사적(史蹟). **3** [컴퓨터] 사이트 [인터넷에서 정보를 보거나 내려 수 있는 장소]. ¶ Web *site* 웹 사이트. — *vt.* (**sit·ed, sit·ing**) …의 위치를 정하다(locate); [대로 따위]를 …는 장소에) 배치하다, 토박이 놓다.
síte plàn *n.* [집단 주택의] 단지 계획.
sith [siθ] *conj., prep., adv.* (古語) = since.
sit-in [sítìn] *n.* **1** 연좌(농성) 항의 [특히 미국에 있어서의 인종 차별에 대한 항의]. **2** = sit-down [strike].
sít·ka sprúce [sítkə] *n.* 가문비나무의 일종 [북태평양 연안산(產)].
si·tol·o·gy [saitɑ́lədʒi / -tɔ́l-] *n.* ⓤ 영양학, 식품학.
sit·tar [sitá:r] *n.* = sitar.
sit·ten [sítn] *v.* (古語) *sit* 의 과거 분사의 하나.
*****sit·ter** [sítər] *n.* **1** 앉아 있는 사람, 착석자, [초상화를 그리게 하기] 위하는 사람. **2** 알을 품는 새. **3** = baby-sitter. **4** (英) 쉽게 명중하는 사격; 금방 할 수 있는 (수월한) 일. **5** (美俗) 엉덩이 (buttocks).
sit·ter-in [sítərín] *n.* (*pl.* **sitters-**) (英) = baby-sitter.
‡**sit·ting** [sítiŋ] *n.* ⓤ **1** 앉음, 착석, 앉아 있음. **2** [모델·독서 따위를 위한] 한번 앉기(의 시간); 한 바탕의 일, 단숨, 단번. ¶ a *sitting* 한번에, 단숨에 / She is giving *sittings* to a painter. 그녀는 초상화를 그리기 위하여 화가 앞에 앉아 있다. **3** [교회의] 지정석, 자기의 앉는 시기; [1회의] 포란수 (抱卵數). **5** [의회의] 개회, 회기, [법정의] 개정 (開廷), 개정 기간. **6** [배운 의]의 식당, 식사 시간. — *adj.* **1** 앉아 있는; 앉아 있는. **2** 현직의. ¶ a *sitting duck* (호구, 좋은 봉 (dupe).
sítting dúck *n.* (俗語) (비유적) [맞히기] 쉬운 목표.
‡**sítting ròom** *n.* 거실방, 거실. *cf.* living room
sit·u·ate [sítʃuèit] — *adj.* /-tju-/ *vt.* **-at·ed, -at·ing**) …

을 [어느 장소에] 놓다, 설치하다, …의 위치를 정하다.
— *adj.* 美 sítʃuit, -èit] (고어) =situated.
‡**sit·u·at·ed** [sítʃuèitid / -tju-] *adj.* **1** …에 위치해 있는, 있는; …에 놓여진(*at, on*...). ¶ **a house nicely** *situated* 좋은 위치에 자리잡고 있는 집 // **the orchard** *situated* **on the hillside** 산허리에 있는 과수원. **2** 경우가(입장이) …한.
‡**sit·u·a·tion** [sìtʃuéiʃ(ə)n / -tju-] *n.* **1** 장소, 위치; 부지 (site). **2** 입장, 상태, 사정, 경우. ⇨ STATE 類語 **3** 사태, 정세, 형세, 상황, 시국, 국면. ¶ **a political** *situation* 정국 / **a grave** *situation* 중대 사태. **4** [연극·소설 따위의] 중대한 국면(장면), 절정(climax). **5** [사회·심리] 장(場), 장면, 상황. **6** 지위; 일자리. ⇨ POSITION 類語 ¶ *Situation* **wanted.** [광고] 일자리 구함. ◇ sítuate *v.*, sìtuátional *adj.*
sit·u·a·tion·al [sìtʃuéiʃən(ə)l / -tju-, -tʃu-] *adj.* 상황(장면)에 따른. [극].
sìtuátion cómedy *n.* [텔레비전의] 연속 코메디(회
sìtuátion éthics *n. pl.* 《단수 취급》 상황 윤리.
sìtuátion róom *n.* 전황(戰況) 보고실, 상황실.
sit-up [sítʌp] *n.* 윗몸 일으키기, 복근 운동.
sit-up·on [sítəpàn / -pɔ́n] *n.* 〈주로 英구어〉 엉덩이.
si·tus [sáitəs] *n. (pl.* **-tus)** **1** 위치 (position). **2** [신체의 기관의] 정상적 위치, 원위치; 태위(胎位).
sítz báth [síts-] *n.* 좌욕 (坐浴); 그 욕조(浴槽).
sitz·krieg [sítskri:g, zíts-] *n.* 교착전. [<G]
sitz·mark [sítsmɑ̀:rk, zíts-] *n.* 〔스키〕 시츠마크[활주 중 넘어져서 눈 위에 남긴 자국].
SI ùnit [èsái-] *n.* 국제 단위[국제 단위계 (Système International d'Unités)의 단위]; 미터·킬로그램·초·암페어 따위].
Si·va, Shi- [síːvə, ʃíː-, +英 sívə] *n.* 〔힌두교〕시바, 대재재천(大在在天) [브라마 (Brahma)·비시누 (Vishnu)와 함께 힌두교 3대신을 이루고 있는 파괴의 신 또는 구원의 신].
‡**six** [siks] *adj.* 6의, 6명의, 6개의. — *n.* **1** 6명, 6개. **2** 6시; 6세. ¶ **a child of** *six* 여섯 살 된 아이. **3** 〔시리즈에서〕여섯 번째의 것(사람); 〔카드놀이〕6의 카드[도미노 따위의] 6점, 6의 패; [주사위의] 6의 눈; [장갑·구두 따위의] 6호 사이즈의 것. ¶ *the six* **of spades** 스페이드의 6. **4** 6, 6의 문자[6, VI, vi]. **5** 6명(6개)의 일조(一組). ¶ **in** *sixes* 6명(6개) 일조로. **6** 〈英〉6펜스 (sixpence), 6실링[실링은 구화폐]. **7** 〔크리켓〕6점[장외로 볼을 치기].
at (or **to**) *sixes and sevens* ① 난잡하게, 혼란하여. ¶ **Everything went** *to sixes and sevens.* 모든 것이 혼란해져 버렸다. ② 불화로, 일치하지 않아.
hit *someone* (or *something*) **for** *six* 대성공을 거두다.
six of one and half-a-dozen of the other 어느나 다 비슷함, 오십 보 백 보.
six of the best 〈英속어〉 볼기를 맞기.
six to one ⇨ ONE.
six·er [síksər] *n.* 〔크리켓〕6점타 (打).
six·fold [síksfòuld, +美 -fɔ̀ːld] *adj.* 6겹의; 6배의; 6부분으로 이루어진. — *adv.* 6겹으로, 6배로.
six-foot·er [síksfútər] *n.* 〈구어〉 신장 6피트의 사람.
six-gun [síksɡʌ̀n] *n.* 〈美〉 육연발 권총 (six-shooter).
six-mo [síksmou] *n.* (*pl.* **-mos**) 〔책의〕6절판 본 (sexto); 6절판의 책(종이) [略 6mo].
six-pack [síkspæ̀k] *n.* 〔깡통·병 등에 든 음료를 운반하는 손잡이가 달린〕 6개 들이 종이 상자; 6개 들이 팩 [두꺼운 종이].
*****six·pence** [síkspəns] *n.* (*pl.* **-pence** *or* **-penc·es**) 〈英〉 **1** 6펜스의 금액 (가치). **2** 6펜스 은화[1971년 2월부터 폐지].
six·pen·ny [síkspèni, -pəni / -pəni] *adj.* **1** 6펜스의; 하찮은. ¶ **a** *sixpenny* **bit** (*or* **piece**) 6펜스 은화. **2** 싼, 싸구려의; **3** 〔특히 못(釘)〕 2인치의.
six-shoot·er [síksʃúːtər] *n.* 〈구어〉 6연발 권총.

sixte [sikst] *n.* 〔펜싱〕 여섯 째의 수비 자세.
‡**six·teen** [síkstíːn] *adj.* 16의, 16명의, 16개의. — *n.* **1** 16명, 16개. **2** 16세. **3** 〔시리즈의〕16번째의 것; [의복의] 16번 사이즈의 것. **4** 16, 16의 문자[16, XVI, xvi]. **5** 16면 (16개)의 일 (一組). **6** (~s) 16절판(折判) [의 책] (sixteenmo).
six·teen·mo [síkstíːnmou] *n.* (*pl.* **-mos**) Ⓤ 16절판[약 4¹/₂×6³/₄ 인치]; (sextodecimo); Ⓒ 그 크기의 책. — *adj.* 16절판의.
‡**six·teenth** [síkstíːnθ] *adj.* **1** 제16의, 16번째의. **2** 16분의 1의. — *n.* **1** (the ~) 제16번, 16번째의 것, [달의] 16일. **2** 16분의 1. ¶ **five** *sixteenths* 16분의 5. **3** 〔음악〕=sixteenth note.
sixtéenth nòte *n.* 〔음악〕 16분 음표.
‡**sixth** [siksθ] *adj.* **1** 제6의, 6번째의. **2** 6분의 1의. — *n.* **1** (the ~) 제6번, 6번째의 것, [달의] 6일. **2** 6분의 1. ¶ **five** *sixths* 6분의 5. **3** 〔음악〕 6도(度) 음정, [음계의] 제6음. **4** [펜싱] =sixte. **~·ly** *adv.*
síxth cólumn *n.* 제6부대[제5부대 등으로는 그룹; 제5부대에 대항하여 싸우는 그룹]. ⇨ FIFTH COLUMN.
síxth fórm *n.* (the ~) 〔英〕 제6학년 [그래머(퍼블릭) 스쿨 최상급 학년, 한국의 고교 3년에 해당].
six-three-three [síksθríːθríː] *adj.* 교육 제도의 6·3·3제의.
síxth sénse *n.* 제6감, 직감 (intuition).
‡**six·ti·eth** [síkstìiθ] *adj.* **1** 제60의, 예순 번째의. **2** 60분의 1의. — *n.* **1** (the ~) 제60번째, 예순 번째의 것. **2** 60분의 1. ¶ **seven** *sixtieths* 60분의 7.
Six·tine [síkstin] *adj.* =Sistine.
‡**six·ty** [síksti] *adj.* 60의, 60개의, 60명의. — *n.* (*pl.* **-ties**) **1** 60명, 60개. **2** 60세, 60년; (·ties) 60대(代), [세기의] 60년대. ¶ **She is under** *sixty.* 그녀는 아직 예순살이 안 되었다/ **He is in his** *sixties.* 그는 60대이다. **3** 60, 60의 문자[60, LX, lx].
like sixty 〈구어〉 쉽게, 잽싸게; 세차게, 굉장하게.
six·ty·fold [síkstifòuld] *adj., adv.* 60배의(로).
síx·ty-fóur-dól·lar quéstion [síkstifɔ́ːrdɑ́lər- /-fɔ́ːdɔ̀lə-] *n.* 〈美구어〉 가장 중요한 문제.
[<1940년대 최고의 상금을 주었던 라디오 퀴즈 프로그램에서]
six·ty-four·mo [síkstifɔ́ːrmou / -fɔ́ː-] *n.* Ⓤ Ⓒ (*pl.* **-mos**) 64절판의 책. *n.* 64절판의.
six·ty-fóurth nòte [síkstifɔ́ːrθ-/-fɔ́ːθ-] *n.* 〔음악〕 64분 음표.
siz·a·ble, size·a- [sáizəbl] *adj.* 상당한 크기의, 꽤 큰. **~·ness** *n.* **·bly** *adv.*
siz·ar [sáizər] *n.* (sizer) *n.* [Cambridge 대학이나 Dublin의 Trinity College의] 특대생, 급비생, 장학생.
‡**size**[1] [saiz] *n.* **1** Ⓤ 크기, 치수, 몸집; Ⓒ 〈옷 따위의〉 사이즈, 형(型); [종이 따위의] 판(判). ¶ *the size* **of a book** 책의 크기 / **a life** *size* 실물대 (實物大) / **a small** *size* 소형 / **take** *the size* **of** …의 사이즈를 재다. **2** Ⓤ 큼, 상당한 크기. ¶ **a man of** *size* 몸집이 큰 사람 / **It's of some** *size.* 그것은 상당히 크다. **3** Ⓤ 규모, 정도 (extent), 크기. ¶ **What is the** *size* **of the enemy army?** 적군의 병력은 어느 정도인가? **4** Ⓤ Ⓒ 역량, 수완, 기량(器量). ¶ **a man of large** *size* 대수완가(大手腕家). **5** (the ~) 〈구어〉 실상, 진상. ¶ **This is about the** *size* **of his business.** 그의 사업의 실상은 대개 그 정도이다. **6** 〈英〉[공식물의] 기준량, 정량(定量); [Cambridge 대학의 식료실(食料室)에서 내주는] 정량 음식물. **7** 〔복합어를 만들어〕…사이즈의, …형의 (sized). ¶ **an economy-size box** 경제형 (덕용) 상자.
for size ① 크기(사이즈)를 정하기 위하여. ¶ **try on a hat** *for size* 모자가 맞는지 어떤지 시험적으로 써 보다. ② 크기의 면에서.
of a size 같은 크기 (사이즈) 의. ¶ **Their hats are both** *of a size.* 그들의 모자는 같은 사이즈다.
— *v.* (**sized, siz·ing**) *vt.* **1** …을 어떤 치수(크기)의

만들다. ¶ (~+몸+젠+명) size a hat to one's head 모자를 머리에 맞추어 만들다. 2 …을 크기에 따라 분류하다, 크기 순에 따라 늘어놓다; [군대] …을 키 순으로 세우다. ¶ (~+몸+젠+명) size the clothes into three classes 의복을 사이즈에 따라 3단계로 분류하다. 3 …을 계량하다, 재다(measure); …을 평가하다(estimate). 4 (폐어) …을 어느 표준에 따라 조정하다.
— vi. (영) [Cambridge 대학에서 식료실(食料室)에] 정량 음식물을 주문하다.
size down …을 큰 것부터 차례로 늘어 놓다; …을 차츰 작게 하다.
size up (구어) ① …의 크기를 재다; [인물 등]을 평가하다, [정세 따위]를 판단하다. 2 (vi.) […의 규준에] 달하다, [필요 조건 따위에] 맞다, […만] 못하지 않다, 필적하다(to, with…).

size² [saiz] n. ⓤ [서양 옷이 천이 번지는 것을 막는] 아교물, 도사(陶砂); 직물에 먹이는 풀; 박(箔) 밑에 칠하는 와니스. — vt. (sized, siz·ing) …에 사이즈를 칠하다; …에 풀을 먹이다.

size·a·ble [sáizəbl] adj. =sizable.

sized [saizd] adj. (복합어를 만들어) …크기의, 크기가 …인, …형의. ¶ a large-sized car 대형차 / a family-sized bottle of milk 패밀리 사이즈의 병에 넣은 우유.

siz·er¹ [sáizər] n. 크기에 따라 분류하는 정립기(整粒器); 치수 측정기; 크기에 따라 분류하는 사람.

siz·er² [sáizər] n. =sizar.

size stick n. 발의 치수를 재는 자.

size-up [sáizλp] n. 평가, 판단; 평가하기.

siz·ing [sáiziŋ] n. 1 …의 크기의 차례로 늘어놓기; 정립(整粒). 2 (영) [Cambridge 대학의 식료실에서 내는] 정량 음식물(size).

siz·ing² [sáiziŋ] n. 아교 처리, 풀 먹이기. ⇨ SIZE².

siz·y [sáizi] adj. (siz·i·er, siz·i·est) (고어) 끈덕끈덕하는.

sizz [siz] vi. 지글지글 끓는 소리(내다).

siz·zle [sízl] vi. (-zled, -zling) 1 [끓어서] 지글지글 하다. 2 찌는 듯이 덥다(out). 3 (물같이) 성나 있다. 4 (미) 좋은 성적을 올리다. — n. 지글지글 끓는 소리.

siz·zler [sízlər] n. (미구어) 뜨거운 것, 찌는 듯이 더운날.

S.J. [略] Society of Jesus (예수회).

sjam·bok [ʃæmbók / ʃǽmbɔk] n. [무소·하마의 가죽으로 만든] 무거운 채찍. — vt. …을 무소 가죽 채찍으로 때리다.

S.J.C. [略] Supreme Judicial Court (대법원).

skag [skæg] n. =scag.

skald [skɔːld] n. 고대 북유럽의 음창 시인.

skald·ic, scald- [skɔ́ːldik] adj. 고대 북유럽의 시인(의 시)의. …종의 카드놀이.

skat, scat [skaːt] n. ⓤ 3명이 32매의 카드로 하는 일

‡**skate¹** [skeit] n. 1 스케이트 구두(ice skate); 롤러스케이트 구두(roller skate). * 스포츠로서의 스케이트는 skating. 2 [스케이트의] 날, 에지.
— vi. (skat·ed, skat·ing) 1 스케이트(롤러스케이트)를 타다. 2 미끄러지듯(빨리) 달리다.
skate on (or **over**) **thin ice** ① (비유적) 살얼음을 밟다, 위험한 다리를 건너다. ② 아슬아슬한 문제를 다루다; …에 대해 대처하다.

skate² [skeit] n. (pl. skates or skate) 홍어 과(科)의 물고기.

skate·board [skéitbɔ̀ːrd / -bɔ̀ːd] n. (미) 스케이트보드[위에 타고서 언덕 따위에서 미끄럼 타며 노는 바퀴 달린 판]. ⇨ 스케이트보드를 타다.

skate·park [skéitpɑ̀ːrk] n. skateboard 장(場).

*****skat·er** [skéitər] n. 스케이트를 타는 사람, 스케이터. 2 물수제비, 소금쟁이, 물매암이.

‡**skat·ing** [skéitiŋ] n. ⓤ [스포츠로서의] 스케이팅, 얼음 지치기. ¶ go skating 스케이트 타러 가다. — adj. 스케이트로 미끄러지는.

skát·ing rìnk n. 물러(아이스) 스케이트 장.

skat·ole [skǽtoul] n. ⓤ [생화학] 스카톨[똥 냄새의 성분].

skean, skeen, skene [skiːn] n. 옛날 아일랜드와 스코틀랜드의 고지(高地)에서 사용되었던 은(銀) 손잡이가 있는 양날로 된 단도.

ske·dad·dle [skidǽdl] vi. (-dled, -dling) 황급히 도망치다. — n. ⓤⓒ 황급히 도망치기.
— interj. 꺼져라! [-ing] =ski.

skee [skiː] n. (pl. skees or skee), v. sleed, skee·

skeet [skiːt] n. ⓤ 트랩 사격의 일종. ⇨ TRAPSHOOTING.

skein [skein] n. 1 [실패에 감은 실 따위의] 타래, 토리. 2 [머리카락 따위의] 다발. 3 [날고 있는 들새의] 무리, 떼. 4 (비유적) 엉킴, 혼란. [라 빠진.

‡**skel·e·tal** [skélitl] adj. 골격의, 해골의, 해골 같은, 말

‡**skel·e·ton** [skélitn] n. 1 골격, 해골, 해골 바가지. ¶ be reduced (or worn) to a skeleton 피골이 상접하다. 2 (구어) 앙상한 사람(동물). ¶ a mere (or living, a walking) skeleton 뼈와 가죽만 남은 사람. 3 [건물 따위의] 뼈대(framework); (불탄 집 따위의) 잔해; [일의] 조직, 줄기. ¶ the steel skeleton of a building 건물의 철골. 4 [문예 작품 따위의] 줄거리, 골자(outline). 5 (형용사적 용법) a) 골격의, 해골의; 뼈와 가죽뿐인. b) 뼈대뿐인; 개요의, 윤곽만의. c) (인원수가) 최소한도의. ¶ a skeleton staff 최소한도의 인원 / a skeleton crew [항해] 기간 요원(정원(定員))

a skeleton at the feast 흥을 깨뜨리는 것, 파흥(破興)거리.
a (or **the**) **skeleton in the cupboard** (or **the closet**); **a family skeleton** 남의 이목을 꺼리는 집안 [의 비밀.
◊ skéletal adj., skéletonize v.

skel·e·ton·ize [skélitənàiz] (* (英)에서는 skel·e·ton·ise 로도 쓴다) vt. (-ized, -iz·ing) 1 …을 해골로 만들다. 2 …의 살을 없애버리다. 2 …의 개략(대요)을 쓰다, …의 인원을 극도로 삭감하다.

skéleton kèy n. 맞쇠[master key의 일종].

skelp [skelp] (스코·英방언) vt. …을 찰싹 때리다; [동물]을 손바닥을 쳐서 쫓다. — n. 손바닥으로 치기, 찰싹 치는 소리.

skep [skep] n. 1 [농가에서 쓰는] 둥근 바구니; 둥근 바구니 자루의 분량. 2 [특히 짚으로 만든] 꿀벌 집.

skep·sis, scep- [sképsis] n. ⓤ 철학적 회의(懷疑)

skep·tic, scep- (주로 英) [sképtik] n. 1 의심 많은 사람, 2 기독교를 믿지 않는 사람; 종교적 회의론자(atheist). 3 (S-) [철학] [고대 그리스의] 회의학파의 사람; [일반적으로] 회의 철학자. — adj. =skeptical.

*****skep·ti·cal** (주로 英) **scep-** [sképtik(ə)l] adj. 1 의심 많은, 의혹적인, 회의적의. ◊ DOUBTFUL 類語 ¶ be skeptical about (or of) …에 대하여 의심(의심)을 가지다. 2 믿지 않는; 종교의 교의를 의심하는. 3 (S-) 회의론(汛)의. — **~·ly** [-kəli] adv.

skep·ti·cism (주로 英) **scep-** [sképtisìz(ə)m] n. ⓤ 의심, 회의; [철학] 회의론(주의); 회의적 태도; 기독교를 믿지 않음.

sker·rick [skérik] n. (보통 not a~) (美구어·濠구어) 소량, 작은 조각, 조금. ¶ Not even a skerrick of cake was left. 과자는 조금도 남아 있지 않았다.

‡**sketch** [sketʃ] n. 1 스케치, 사생화(도), 소묘(素描) 밑그림; 약도, 2 초고, 겨냥도, 3 개략, 대요, [인물 등의] 점묘(點描). ¶ a biographical sketch 약전(略傳). 4 [문학·연극·음악 작품 따위의] 소품, 단편, 촌극, 소곡.
— vt. …을 스케치하다, 사생하다; …의 밑그림(약도, 겨냥도)을 그리다. ⇨ DEPICT 類語 ¶ sketch Mont Blanc 몽블랑을 스케치하다. 2 …의 개략을 쓰다, …을 약기(略記)하다; [인물 등]을 묘사하다.
— vi. 스케치를 하다, 사생하다; 약도를 그리다. ¶ (~+몸) sketch from nature 스케치하다.
sketch out (or **in**) ① …을 스케치하다, 소묘하다. ②

…의 개략을 쓰다, 대강의 줄거리를 세우다.
◇ skétchy adj.

sketch·a·ble [skétʃəbl] adj. 스케치하기 알맞은.

skétch blòck n. 떼어낼 수 있게된 도화지첩, 사생화첩.

skétch·book [skétʃbùk] n. 1 스케치북, 사생화첩. 2 소품집, 단편집, 수필집.

sketch·er [skétʃər] n. 스케치하는 사람, 겨냥도를 그리는 사람.

skétch màp n. 약도, 겨냥도, 안내도.

sketch·y [skétʃi] adj. (sketch·i·er, sketch·i·est) 1 스케치 형식(풍)의; 개략뿐의, 대강의. ¶ a sketchy hand 휘갈겨 쓰기. 2 불완전한; 대수롭지 않은, 가벼운. ¶ a sketchy breakfast 가벼운 아침 식사.
sketch·i·ly adv. sketch·i·ness n.

skew [skju:] vi. 1 빗나가다, 벗어나다; 비스듬해지다, 비스듬이 나아가다; 비뚤어지다. 2 곁눈질하다 (at...); 스쳐보다; 사팔뜨기다. ― vt. 1 …을 비스듬하게 하다; …을 구부리다, 비뚤어지게 하다. 2 …을 곡해하다, 억지로 갖다 붙이다, 의곡하다(distort). ― adj. 1 비스듬한, 비스듬히 나아가는; 비뚤어진, 굽은; 기울어진. 2 《수학》비대칭(非對稱)의. ― n. 1 (the ~) 비스듬함, 사행(斜行); 비뚤어짐, 굽음. ¶ on the skew 비스듬히, 기울어지게. 2 〔건축〕 갓돌, 사절석(斜切石).

skew·back [skjú:bæk] n. 〔건축〕 기공석(起拱石), 공좌석(拱座石), 홍예받침돌 〔아치의 양끝을 받치는 면(面)이 사면(斜面)인 받침돌〕; 그 사면.

skew·bald [skjú:bɔ:ld] adj. 〔말 따위가 특히 흰색과 갈색의〕 얼룩의. ― n. 얼룩말.

skew·er [skjúːər / skjúːə] n. 꼬챙이, 꼬치, 구이꼬치; 꼬치 모양의 것, 핀; (익살) 검, 칼. ― vt. …을 꼬챙이에 꿰다, 꼬챙이에 꿰어 붙이다.

skew-eyed [skjúː:àid] adj. 곁눈질의; 사시 (사팔뜨기)의.

skew·whiff [skjúː(h)wíf] adj., adv. 〔英방언·英구어〕 =askew.

‡**ski** [skiː], (**skee**) n. (pl. **skis** or **ski**) 스키 〔용구〕. * 스포츠로서의 스키는 skiing. ― v. (**skied, ski-ing**) vi. 스키를 타다, 스키로 달리다. ― vt. …을 스키로 하다.

ski·a·graph [skáiəgræf / -grɑ́:f] n. 뢴트겐 사진. ― vt. …의 뢴트겐 사진을 찍다.

ski·ag·ra·phy [skaiǽgrəfi] n. ⓊⒸ 뢴트겐 사진술.

ski·am·e·try [skaiǽmitri] n. Ⓤ 〔의학〕 검영법(檢影法)에 의한 눈의 조절 측정.

ski·a·scope [skáiəskòup] n. 〔의학〕 눈의 굴절을 판정하는 데 쓰이는 검영기.

ski·as·co·py [skaiǽskəpi] n. Ⓤ 〔의학〕 1 검영법[검영기를 사용하여 망막을 조사(照射)하여, 그 끝이 동공위를 운동하는 것을 보고 눈의 굴절을 판정하는 법.] 2 X선 검사법.

ski-boat [skíːbòut] n. 1 뗏목식 보트. 2 설상(빙상)스키용 보트.

ski·bob [skíːbɑ̀b / -bɔ̀b] n. 스키보브〔스키를 신고 앉아 미끄러 타는 썰매〕.

ski-borne [skíːbɔ̀ːrn / -bɔ̀ː-] adj. 스키로 움직이는. cf. airborne ¶ a ski-borne troop 스키 부대.

skí bùnny n.《속어》=snow bunny.

skid [skid] n. 1 〔무거운 것을 밀어 움직일 때 밑에 까는〕 활재(滑材); 미끄럼길, 스키드. 2 〔비탈길에 두는〕 지륜(止輪)장치, 미끄럼막이. 3 〔비행기의〕 활주부(滑走部). 4 (~s)〔항해〕〔뱃짐을 싣거나 부릴 때 뱃전의 손상을 막기 위해 대는〕 방현재(防舷材); (보통 ~s) 미끄럼 판. 5 (the ~)〔자동차 바퀴의〕 공전, 옆으로 미끄러지기(slip). 6《美속어》(the ~s) 내리막, 몰락의 길.
on the skids《美속어》실패할 것 같은; 해고 당할 것 같은; 내리받이에 선, 한물 간다.
put the skids under (or *on*) *a person*《美속어》남을 몰락하게 하다, 실패하게 하다.
― v. (**skid·ded, skid·ding**) vt. 1 …을 활재 위에 놓고 끌다. 2 〔수레바퀴 따위〕를 미끄럼 막이로 멈추게 하다. ― vi. 〔수레바퀴가〕 미끄러지다, 옆으로 미끄러지다.

skid·ding [skídiŋ] n. ⓊⒸ 〔자동차·수레바퀴의〕 옆으로 미끄러지기(slip).

skid·doo, ski-[skidúː] vi.《구어》가버리다, 달아나다.

ski·dy [skídi] adj. 미끄러지기 쉬운.

skíd fìn n. 〔항공〕〔초기 비행기의〕 주익 상수직판(主翼上垂直板).

skid·lid [skídlìd] n.《英구어》(crash helmet).

ski·doo² [skidúː] n. 스키스쿠터(ski-scooter).

skíd pàd n. 1 〔자동차 따위〕 미끄럼 운전 연습 코스. 2 〔자동차의〕 브레이크 장치.

skíd pàn n.《英》〔자동차〕 바퀴의 제동 지륜(止輪)장치, 〔…가〕 미끄러지지 않게 한.

skid·proof [skídprùːf] adj. 〔타이어·도로 표면 따위가〕 미끄럼(滑材) 방지의.

skíd ròad n.《美》1 활재 〔길〕〔통나무를 깔아 목재가 굴러가게 한 길〕. 2 =skid row.

skíd ròw n.《美》〔부랑자들이 모이는〕 하층 사회의 소굴, 흥등가.

ski·er [skíːər] n. 스키를 타는 사람, 스키 선수, 스키어.

skiff [skif] n. 스키프, 경정(輕艇)〔한 사람이 노젓는 작은 보트〕.

skif·fle [skifl] n. Ⓤ 1 스키플〔블루스나 포크송 따위에서 나온 1920년대의 재즈 음악〕. 2 컨트리와 로크를 혼합한 음악〔1960년대에 영국에서 유행〕.

‡**ski·ing** [skíːiŋ] n. Ⓤ 〔스포츠로서의〕 스키.

ski·jor·ing [skíːdʒɔ̀ːriŋ / -dʒɔ̀ːr-] n. Ⓤ 말로 끌게 하는 썰매의 일종.

skí jùmp n. 〔스키〕 점프; 〔스키〕 점프장(場).

skil·ful [skílfəl] adj. =skillful. ~·ness n.

*skil·ful·ly [skílfəli] adv. skillfully.

skí lìft n. 〔스키〕 리프트〔skier를 실어 올리는 케이블카〕.

‡**skill**[1] [skil] n. 1 Ⓤ 숙련, 노련, 능란(expertness); 뛰어난 능력, 역량, 솜씨(in...). ¶ a man of skill 숙련자, 노련한 사람, 솜씨가 있는 사람 // He has no skill in diplomacy. 그에게는 외교적 수완이 없다 // He showed wonderful skill in rowing. 그는 참으로 능란한 솜씨로 보트를 저었다. 2 〔특수한〕 기능, 기술. ¶ skills to tune a piano 피아노 조율의 기술. 3 〔英방언〕애호, 기호(liking)(of...). 4〔폐어〕이유, 원인(cause). ◇ skilled, skillful adj.

skill[2] [skil] vi.〔고어〕1 문제가 되다(matter). 2 도움이 되다.

skilled [skild] adj. 1 숙련된, 노련한, 능란한; 특수 기술을 가지고 있는(in...). ⇒ SKILLFUL 〔類語〕. ¶ a skilled workman 숙련공; 특수 기능공 // He is skilled in speech. 그는 이야기하는 데 익숙해 있다 // He is skilled in teaching. 그는 노련하게 잘 가르친다. 2〔일이〕숙련을 요하는, 특수 기술을 요하는. ¶ skilled work 숙련을 요하는 일. ◇ skill n.

skílled lábor n. 숙련 노동;《집합적》숙련공.

skil·let [skílit] n. 1 프라이팬(frying pan). 2《英》〔보통 발이 달리고〕 긴 손잡이가 달린 작은 냄비.

‡**skill·ful, skil-** [skílfəl] (*《美》에서는 skillful 또는 skilful이라 쓰기에,《英》에서는 skilful로 쓴다) adj. 1 숙련된, 솜씨 좋은, 교묘한(at, in...). ¶ He is skillful at skiing. 그는 스키를 잘 탄다 // She became skillful in painting 그녀의 그림 솜씨가 좋아졌다.

〔類語〕skillful 「숙련된」이라는 뜻의 가장 일반적인 말. skilled ① 어느 일에 있어서 세부까지 완전히 익힌. ② 〔산업계에서〕 사용자가 정한 일정한 기술적 수준에 적격한. **proficient** 훈련·연습의 결과 평균 이상으로 능란한: a *proficient* typist 숙련된 타이피스트. **adept** 적응성·재주·영리함을 강조하는 말: be *adept* in shooting 사격을 잘한다. **expert** 고도로 proficient 또는 adept 한: an *expert* lawyer 매우 노련한 변호사. **dexterous** 조작·동작 따위를 아주 거침없이 기민하게

할 수 있는. **adroit** dexterous 할 뿐만 아니라 익숙하지 아니한 정세에도 대처할 수 있는 능력을 가진. **2** 솜씨를 나타내는, 교묘하게 한. ¶ a *skillful* piano solo 능숙한 피아노 독주. ~**ness** *n*.

***skill·ful·ly, skil-** [skílfəli] *adv.* 교묘하게, 솜씨 있게, 능란하게, 숙련하여. ¶ 일종의 죽.

skil·ly [skíli] *n.* U《주로 英》오트밀에 고기를 조금

‡**skim** [skim] *v.* (**skimmed, skim·ming**) *vt.* **1** [액체 표면에서] (뜬 껍질·웃물 따위를) 걷어내다, 떠내다 (...*from, off*). ¶ (~+图+副) *skim off* the harshness 이물(異物)을 걷어내다 // (~+图+前+名) *skim* the cream *from* (*of*) milk 우유에서 지방분을 걷어내다. **2** [수면·지표면]을 스치듯 날아가다, 미끄러지듯 달리다. ¶ The sailboat *skimmed* the calm sea. 돛배가 조용한 바다위를 미끄러지듯 지나갔다. **3** [수면·지표면]을 스치게]; …을 던지다. ¶ (~+图+前+名) *skim* a flat stone *over* the water 납작한 돌멩이를 수면을 스치게 날리다. **5** [액체]를 엷은 막으로 덮다. — *vi.* **1** 스치듯 날아가다, 미끄러져 가다 (*over, along...*). ¶ The plane *skims* 200 feet above ground. 그 비행기는 지상 200 피트 높이를 난다. **2** 대충 훑어보다 (*over, through...*). ¶ (~+图) *skim over* a paper 신문을 대충 훑어보다. **3** [액체가] 엷은 막으로 덮이다; [액체에] 더껑이(뜬 껍질)가 생기다. ¶ (~+副) The boiled milk *skims over*. 끓인 우유는 위에 막이 생긴다. — *n.* **1** [액체의 더껑이 따위를] 걷어 (떠) 내기; [떠낸] 더껑이 (찌끼); [액체 표면에 낀] 막(층), 박피(薄皮). **2** =skim milk.

skim·ble-scam·ble [skím(b)lskæ̀m(b)l] *adj.* 지리멸렬한; 종잡을 수 없는; 두서없는, 산만한; 어이없는, 터무니없는(nonsensical).

skim·board [skímbɔ̀ːrd] *n.* 스킴보드 [물가에서 사용하는 파도타기 널]. *cf.* surfboard

skímmed mílk [skimd-] *n.* =skim milk.

skim·mer [skímər] *n.* **1** [액체의] 더껑이 (뜬찌끼)를 걷어내는 사람; 그물 국자. **2** 대충(급히) 훑어 읽는 사람. **3** 제비갈매기류 [눈을 스치듯 난다는]. **4** 챙이 넓은 맥고 모자. **5** 《美》소매가 없는 간이복.

skím mílk *n.* U 탈지유, 스킴 밀크. *cf.* whole milk

skim·ming [skímiŋ] *n.* U **1** [액체의] 더껑이 (찌끼), 웃물]을 걷어내기. **2** (보통 ~s) 걷어 (떠)낸 것 [더껑이·찌끼 따위]; **3** 《美》탈세를 위하여 도박장의 매상 속이기.

skímming príce pòlicy *n.* [경영] 상층 계급 수 가격 정책 [고예 수요자를 대상으로 고급품 이미지를 조성한 다음, 차차 가격을 내려가는 가격 정책].

skimp [skimp] *vt.* **1** …에 [음식·먹이 따위를] 찔끔찔끔 주다; …에 인색하게 내다 (주다), …을 너무 절약하다(scrimp). ¶ *skimp* food 먹을 것을 절약하다 // (~+图+前+名) *skimp* a dog *with* (or *in, for*) food 개밥 주기를 아까워하다. **2** [일]을 되는 대로 하다. — *vi.* 절약하다, 구두쇠 노릇하다. — *adj.* 인색한, 내기 아까와하는(scrimpy). ◇ *skímpy adj.*

skimp·ing·ly [skímpiŋli] *adv.* 쩨쩨하게, 인색하게, 되는 대로, 적당히.

skimp·y [skímpi] *adj.* (**skimp·i·er, skimp·i·est**) **1** [크기 따위가] 불충분한, 빈약한(scanty). **2** 인색한, 쩨쩨한. **skímp·i·ly** *adv.* **skímp·i·ness** *n.*

‡**skin** [skin] *n.* **1** U [동물의] 가죽; (종종 the ~) [사람의] 피부, 살갗. ¶ the outer *skin* 표피 / the true (or inner) *skin* 진피(眞皮) / be only *skin* and bone 여위어서 뼈와 가죽뿐이다, 피골이 상접하다 / *Near* is my shirt, but nearer [is] my *skin*. 《속담》 내 몸 먼저 생각하는 것, 나보다 제일 소중하다. **2** C [U [가공한] 가죽 (피혁), [깔개·장식용의] 짐승 가죽 (pelt); [술 따위를 넣는] 가죽 부대 (주머니). **3** [일반적으로] 외피 (外被), 가죽, [액체 표면에 생기는] 엷은 막(層), 상피 (上皮) (film). **4** [과실의] 껍질; [과실 씨의] 껍질. [類語] skin 동물·식물의 「가죽·피부」를 뜻하는 가장

반적인 낱말. **hide** 큰 짐승의 가죽 (* 작은 동물의 경우 skin 이라 한다). **pelt** 작은 동물의 무두질하지 않은 귀한 생가죽. **fur** pelt 에 붙어 있는 짧고 부드러운 털; pelt 를 가공한 털옷류, 모피(毛皮). **leather** 짐승 가죽을 무두질하여 부드럽게 만든 가죽: a *leather* bag 가죽 가방. **rind** 과실·훈제 식품 따위의 단단한 껍질. **bark** 나무껍질. **peel** 과실 따위의 손으로 벗길 수 있는 연한 껍질.

5 [배의 늑재(肋材)를 덮는] 외판(外板), 외각(外殼). **6** 《美속어》사기꾼, 협잡꾼 (swindler); 구두쇠 (skinflint). **7** 《속어》야윈 말; (익살) 사람, 녀석, 놈 (person). **8** (~s) 《美속어》 [재즈 밴드의] 드럼. **9** 《美속어》**1** 달러. ┌의 입장에 서다.

be in a person's skin 남의 처지가 되어 생각하다, 남
be no skin off one's back (or *nose, teeth*) 《구어》전혀 영향이 없다, 관계없다, 알 바 아니다.
be wet to the skin 함빡 젖다. ┌【신히.
by (or *with*) *the skin of one's teeth* 가까스로, 간
change one's skin 성격이 바뀌다, 딴 사람이 되다.
get under a person's skin 《구어》① 남을 화나게 하다, 약올리다 (irritate) ② 남을 감동케 하다 (impress).
have a thick (*a thin*) *skin* 둔감 (민감) 하다.
in (or *with*) *a whole skin* 《구어》 다치지 않고, 멀쩡(무사) 하게.
jump (or *leap*) *out of one's skin* [기쁨 따위로] 날뛰다, 펄쩍뛰다. ┌져나가다.
save one's skin 《구어》 다치지 않고 넘기다; 무사히 빠
— *v.* (**skinned, skin·ning**) *vt.* **1** [짐승 따위의] 가죽을 벗기다. [과실 따위의] 껍질을 벗기다; [무릎·손 따위]를 생채기 내다. ⇨ PEEL [類語] **2** [가죽을 벗기듯이] …을 벗기다, 벗겨 내다 (*...off*). **3** 《속어》[남]에게서 [돈·소지품]을 빼앗다, [특히 도박에서] 깡그리 벗겨먹다 (*...of*). ¶ (~+图+前+名) *skin* a person *of* every shilling 남에게서 돈을 깡그리 빼앗다. **4** [상처 따위에] 새살이 나게 하다. **5** [가죽 따위]를 몰아내다. **6** 《속어》…를 완패시키다, 해치우다. **7** 《美속어》…을 혹평하다; …을 호되게 꾸짖다(castigate).
— *vi.* **1** 껍질이 생기다 (*over*). ¶ The wound will *skin over* soon. 상처는 곧 아물 것이다. **2** 《구어》 급히 (슬쩍) 빠져나가다 (*out*); 가까스로 통과하다 (*by*), 합격하다; 기어오르다. **3** 《美속어》=skin-pop.
have (*got*) *a person skinned* (*a mile*) 남을 완패 (完敗) 시키다. ┌하고 있다, 방심치 않다.
keep one's eyes skinned 《속어》 지켜보고 있다, 경계
skin a flint ⇨ FLINT.
skin alive ① [동물·사람] 의 생가죽을 벗기다. ② 《美구어》남을 꾸짖다 (벌주다); …을 철저하게 해치우다, …에 크게 이기다.
Skin me! = *Give* (or *Slip*) *me some skin!* 《美속어》약수하자!, 손뼉 마주치자!
— *adj.* 《美속어》 나체로 돈을 버는, 누드의, 외설적인. ◇ **skínny, skínless** *adj.*

skin-deep [skíndí:p] *adj.* 가죽 한 거풀 깊이의; 피상적인, 겉치레만의 (superficial). — *adv.* 가죽 한 거풀만; 피상적으로.

skin-dive [skíndàiv] *vi.* (**-dived** or **-dove, -div·ing**) 스킨다이빙을 하다. ┌람.

‡**skin-div·er** [skíndàivər] *n.* 스킨다이빙을 하는 사

‡**skín díving** *n.* U 스킨 다이빙. ┌효과.

skín effèct *n.* [전기] [주파수 전도체의] 표피(表皮)

skin-flick [skínflìk] *n.* 《美속어》섹스 (외설) 영화.

skin·flint [skínflìnt] *n.* 지독한 구두쇠 (miser).

skín fòod *n.* [피부 화장용의] 스킨 크림.

skin·ful [skínfùl] *n.* **1** 가죽 부대 하나 가득 [의 분량]. **2** 《구어》 배불리 잔뜩 [의 분량]; 잔뜩 취할 술의 분량. ¶ *with* a *skinful* of drinks 잔뜩 취해서.

skín gàme *n.* 《美구어》 불공정 거래; 사기, 협잡.

skín gràft *n.* [의학] 이식용 피부 조각.

skin grafting *n.* 〖외과〗 식피(植皮)〖술〗, 피부 이식〖술〗.

skin·head [skínhèd] *n.* 《英속어》 까까머리족, 스킨헤드족(族) 〖장발족에 대항하여 머리를 박박 깎은 전투적 보수파 청년〗.

skink [skiŋk] *n.* 〖약으로 쓰는〗 도마뱀의 일종.

skin·less [skínlis] *adj.* **1** 가죽(껍질)이 없는. **2** 민감한, 다감한.

skinned [skind] *adj.* 〖복합어를 만들어〗 가죽(피부·껍질)이 …한. ¶ *dark-skinned* 피부색이 검은/*thick-skinned* 가죽이 두꺼운; 둔감한.

skin·ner [skínər] *n.* **1** 가죽 벗기는 사람. **2** 피혁상, 모피상. **3** 사기꾼, 협잡꾼, 야바위 꾼. **4** 《美구어》 〖말·노새를〗 모는 사람. **5** 《美구어》 〖트랙터·불도저의〗 운전사.

skin·ny [skíni] *adj.* (**-ni·er, -ni·est**) **1** 피골이 상접한, 말라(여위어) 빠진. ⇨ THIN 類語 **2** 가죽 모양의, 피질(皮質)의. **-ni·ness** *n.*

skin·ny-dip [skínidìp] 《美구어》 *vi.* (**-dipped, -dipping**) 벌거벗고 헤엄치다. — *n.* 벌거벗고 헤엄치기.

skin-pop [skínpàp / -pɔ̀p] *vt., vi.* (**-popped, -popping**) 《美속어》 〖마약을〗 피하 주사하다.

skín spècialist *n.* 〖의학〗 피부과 전문의(dermatologist).

skint [skint] *adj.* 《英속어》 돈이 한푼도 없는.

skín tèst *n.* 〖의학〗 피부 시험〖첩포(貼布) 시험 (patch test) 등〗.

skin-tight [skíntàit] *adj.* 〖옷이〗 몸에 꼭 끼는(맞는).

‡**skip**¹ [skip] *v.* (**skipped, skip·ping**) *vi.* **1** 깡충 거리다, 가볍게 뛰어 다니다(*about...*), 뛰면서 나아가다 (*along...*), 〖돌이〗 튀다. ⇨ JUMP 類語 ¶ (~+副) *skip about* for joy 기뻐서 깡충거리다 // (~+前+名) Don't *skip about* (or *in*) the room. 방 안에서 뛰어다니지 마라 / He *skipped along* the street. 그는 거리를 뛰어 다녔다. **2** 줄넘기를 하다. **3** 〖어떤 데를〗 건너뛰고 나아가다(*over...*), 〖책을〗 띄엄띄엄 읽다 (*through...*), ¶ 〖수업 따위〗 어려운 귀절을 건너뛰고 읽다. **4** 〖교육〗 건너뛰어 진급하다, 월반하다. **5** 《구어》 〖어떤 곳·화제·일로〗 급히(갑자기) 옮겨 가다(*off, from...*); 급히(살짝) 도망치다. ¶ (~+副) *skip over* (or *across*) to France 잠 간 프랑스로 여행하다 // (~+前+名) *skip from* dance *to* mathematics 춤 이야기에서 갑자기 수학 이야기로 옮겨가다.

— *vt.* **1** 을 가볍게 뛰다, 뛰어 넘다. **2** 〖돌멩이 따위〗를 물수제비뜨게 던지다. ¶ (~+目+前+名) *skip* a stone *on* the river 강에서 수면을 스쳐가게 돌을 던지다. **3** 을 건너뛰다, 빼다, 생략하다; …을 말하지 않고 넘어가다; …을 건너뛰고 읽다. **4** 《구어》 …로부터 급히(살짝) 빠져나가다, 내빼다. ¶ *skip* the room 방을 살짝 빠져나가다. **5** 〖수업 따위〗를 빠지다, 빼먹다, 결석하다, 빠져나가다. [마라! *Skip it!* 《美구어》 없었던 것으로 해!, 됐어!, 개의치 — *n.* **1** 가볍게 뛰기, 껑충 뛰기; 가벼운 도약; 깡충거리는 걸음걸이. **2** 날리기, 건너뛰기, 생략; 〖여행 따위의〗 뛰어 다니기; 날려 읽기.

skip² [skip] *n.* **1** 〖curling 이나 bowling 팀의〗 주장. **2** 선장(skipper¹). 〖사환, 잡역부.

skip³ [skip] *n.* 《英》 Dublin 소재 Trinity College의〗

skip⁴ [skip] *n.* **1** 〖광산〗 부출(搬出) 상자, 스킵 〖수직갱·사갱에서 쓰는 운반용 철제 바구니〗. **2** 〖공장 따위에서 쓰는〗 광주리, 양동이; 〖용광로 용〗 무개차.

skí pànts *n. pl.* 스키용 바지.

skip-bomb [skípbàm/-bɔ̀m] *vt., vi.* 〖선박 따위에〗 저공 측면 폭격을 가하다.

skíp bòmbing *n.* 〖U.C〗 저공 〖비행 선박〗 폭격법.

skíp dìstance *n.* 〖라디오〗 〖단파 전파의〗 도약 거리 (跳躍距離) 〖전파 발사지점과 전리층으로부터 반사파가 돌아오는 지점의 최소 거리〗.

skip·jack [skípdʒæ̀k] *n.* (*pl.* **-jacks** or **-jack**) **1** 〖가다랭이·참치 따위〗 수면으로 뛰어오르는 바다 물고기. **2** 〖곤충〗 방아벌레. 〖동체에 붙은 비행기〗.

ski·plane [skí:plèin] *n.* 스키 비행기〖썰매같은 것이 달린 비행기〗.

skí pòle *n.* 〖스키용〗 지팡이.

skip·pa·ble [skípəbl] *adj.* 〖책 따위가〗 건너뛰며 읽을 수 있는, 생략할 수 있는; 건너뛰며 읽기 쉬운.

skip·per¹ [skípər] *n.* **1** 〖특히 소형 상선·어선의〗 선장, 〖팀의〗 주장(captain). — *vt.* …의 선장(주장)을 맡아보다.

*****skip·per**² [skípər] *n.* **1** 뛰는 사람(것). **2** 〖방아벌레 따위〗 깡충깡충 뛰는 곤충; 팔랑나비. **3** 지각없는 젊은이.

skip·ping·ly [skípiŋli] *adv.* 깡충거리면서; 빠트리고.

skípping ròpe [skípiŋ-] *n.* 줄넘기의 줄.

skíp zòne *n.* 〖통신〗 도약대(帶), 불감(不感)지대. *cf.* skip distance

skirl [skə:rl] *vi.* **1** 풍적(風笛)〖백파이프〗을 불다; 풍적같은 빼액 소리를 내다. **2** 〖스코·北英〗 째는 듯한 소리를 내다. — *n.* **1** 풍적 소리. **2** 《스코·北英》 째는듯한 목소리.

*****skir·mish** [skə́:rmiʃ] *n.* **1** 〖군사〗 소충돌, 소규모 접전. **2** 〖일반적으로〗 사소한 충돌, 작은 논쟁. — *vi.* 작은 접전을 벌이다(*with...*).

skir·mish·er [skə́:rmiʃər] *n.* 소접전을 하는 사람; 〖군사〗 척후병, 전위, 산병(散兵).

skírmish lìne *n.* 〖군사〗 산병선(散兵線) 〖산병으로 이루어진 전투선〗.

skirr [skə:r] *vt., vi.* 급히 가다, 달려가다, 날아가다, 서두르다. — *n.* 삐걱거리는 소리.

‡**skirt** [skə:rt] *n.* **1** 〖여성용〗 치마, 스커트. ¶ a divided *skirt* 여성용 승마 바지. **2** 〖가운·코트 따위의〗 자락. **3** 〖말의〗 안장 양옆의 자락(flap). **4** 〖건축〗 걸레받이, 폭목(幅木) (skirting board). **5** 〖보통 ~s〗 〖물도의〗 가장자리, 가, 끝부분; 교외, 변두리 (outskirts). ¶ the *skirts* of a city 도시의 교외 / on the *skirts* of a town 시(읍)의 변두리에. **6** 《속어》여자 (woman), 아가씨(girl). **7** 〖소 따위의〗 횡격막 (midriff). **8** 〖기계 따위의〗 스커트, 덮개. — *vt.* …의 가(가장자리)에 있다, …을 에워싸다, …의 경계를 이루다. ¶ The road *skirts* the wood. 그 길은 숲을 싸고 돈다 / …에 자락을 대다, …을 자락으로 덮다. **3** …을 피하다, 비켜 가다, …의 가를 지나다. — *vi.* **1** 가에 있다. **2** 가장자리(끝)를 지나가다, 가장자리를 따라 나아가다 (*along...*). ¶ (~+前+名) *skirt along* the edge of a cliff 낭떠러지의 가를 지나가다.

skírt dànce *n.* 스커트 댄스 〖19세기에 유행했던 일종의 발레 춤. 긴 스커트 자락을 우아하게 휘날리면서 춤〗.

skirt·ing [skə́:rtiŋ] *n.* 〖U〗 **1** 자락, 스커트; 스커트 (치마)감. **2** 《英》 〖건축〗 = skirting board.

skírting bòard *n.* 《英》 〖건축〗 걸레받이, 폭목(幅木).

skí rùn *n.* 스키의 슬로프, 스키용 경사면(활강면).

ski-scoot·er [skí:skù:tər] *n.* 《英》 스키(설상)스쿠터.

skí sùit *n.* 스키복. 〖터(skidoo).

skit [skit] *n.* **1** 가벼운 풍자, 희문(戱文)(*on, upon...*). **2** 소(小)희곡, 촌극, 스킷. **3** 조소, 조롱. **4** 《英방언》 신소리, 익살, 농담.

skí tòuring *n.* 크로스컨트리 스키, 단교(斷郊) 스키; 스키 투어.

skí tòw *n.* 스키 토우〖스키 리프트의 일종〗.

skit·ter [skítər] *vi.* **1** 재빨리 달리다(나아가다). **2** 〖특히 수면을〗 스쳐 날다. **3** 낚시줄을 물위에 끌면서 낚다. — *vt.* …을 수면을 스치게 날리다(던지다).

skit·ter·y [skítəri] *adj.* (**-ter·i·er, -ter·i·est**) = skittish.

skit·tish [skítiʃ] *adj.* **1** 〖말 따위가〗 잘 놀라는, 겁많은. **2** 〖여자가〗 활발하고 수선스러운; 말괄량이의, 변덕스러운, 미덥지 못한. **3** 수줍은. **~·ly** *adv.* **~·ness** *n.*

skit·tle [skítl] *n.* 《주로 英》 1 (~s) 《단수 취급》 구주희(九柱戱) 《나무 원반·공을 각기 던지거나 굴려서 9개의 핀을 넘어뜨리는 놀이》(ninepins). 2 《구주희의》 나무 기둥.
all beer and skittles 단순한 오락. ¶ Life is not *all beer and skittles*. 인생엔 늘 재미있는 일만 있는 것이 아니다.
skíttle bàll *n.* 구주희에 쓰는 원반.
skive[1] [skaiv] *vt.* (**skived, skiv·ing**) 1 〔가죽(껍질)〕 깎다〔젖다〕. 2 〔보석〕을 갈다. — *n.* 〔보석〕을 가는〕 다이아몬드 바퀴.
skive[2] [skaiv] *vi.* (**skived, skiv·ing**) 《英속어》 일을 게을리하다.
skiv·er [skáivər] *n.* 1 〔가죽 따위를〕 깎아내는 사람 〔칼, 연장〕. 2 ⓤ 〔제본용의〕 얇은 양피.
skiv·vy[1] [skívi] *n.* (*pl.* **-vies**) 《속어》 1 〔남성용〕 면 T 셔츠. 2 (-vies) 〔T 셔츠와 팬츠가 한 벌인〕 속옷.
skiv·vy[2] [skívi] *n.* (*pl.* **-vies**) 《英속어》 《경멸적》 하녀.
ski·vy [skáivi] *adj.* 《英속어》 정직하지 못한, 교활한.
ski·wear [skí:wɛ̀ər] *n.* ⓤ 스키복.
skoal [skoul] *interj.* 건강을 축하하여, 건배합시다 (Bottom up). — *n.* 건배. — *vi.* 건배하다.
Skt., Skr., Skrt. (略) Sanskrit.
sku·a [skjú:ə] *n.* 1 도둑갈매기. 2 《英》=jaeger.
skul·dug·ger·y [skʌldʌ́g(ə)ri] *n.* (*pl.* **-ger·ies**) ⓤⓒ 《美구어》 부정 행위, 사기, 속임수.
skulk [skʌlk] *vi.* 1 〔나쁜 이유로〕 숨다, 남의 눈을 피하다. ⇒ LURK 〔類語〕 2 살금살금 숨어 다니다〔행동하다〕, 피해서 숨다. 3 《英》 꾀부리다, 꾀병 부리다. — *n.* 1 숨어다니는 사람. 2 늑대의 떼. 3 〔드물게〕 숨기. 「사람.
skulk·er [skʌ́lkər] *n.* 살금살금 숨는〔숨어 행동하는〕
skulk·ing·ly [skʌ́lkiŋli] *adv.* 몰래 숨어서.
***skull** [skʌl] *n.* 1 두개(頭蓋), 두개골. 2 《보통 경멸적》 머리, 두뇌. ¶ have a thick *skull* 머리가 나쁘다, 둔하다. 3 〔갑옷의〕 투구.
skúll and cróssbònes *n.* 두개골 밑에 대퇴골 두 개를 십자로 교차시킨 도안〔죽음의 상징. 옛날 해적들이 깃발로 썼으나 지금은 독약의 표시로 쓴다〕.
skull-cap [skʌ́lkæ̀p] *n.* 1 스컬캡〔비단·빌로도 따위로 만든 테두리없는 실내 모자〕. 2 골무꽃.
skúll pràctice (sèssion) *n.* ⓤ 《美구어》 《축구 따위의》 교실에서〔교본상의〕 작전 연구; 〔정보나 의견 교환을 위한〕 두뇌 회의.
***skunk** [skʌŋk] *n.* (*pl.* **skunks** *or* **skunk**) 1 스컹크〔북미산 족제비과(科) 작은 동물〕; 스컹크의 모피. 2 《구어》 싫은 놈, 상종못할 놈. 3 《美방俗속어》 미학인 선박(표적). — *vt.* 《美속어》 《경기에서》 …을 완패시키다. 「초〕.
skúnk càbbage *n.* 앉은부채 〔천남성과(科)의 다년 *****sky** [skai] *n.* (*pl.* **skies**) 〔종종 skies〕 1 하늘, 창공 (firmament). ¶ a blue *sky*; blue *skies* 푸른 하늘. 2 구름이 있는 하늘, 상공. ¶ threatening *skies* 비가 올 듯한 하늘. 3 하늘, 천국 (celestial heaven). 4 기후, 풍토 (climate); 날씨 (weather). ¶ a foreign *sky* 타향, 외국 / the sunny *skies* of Southern California 남 캘리포니아의 하늘.
— *Usage* **sky** 와 **skies** —— 보통 the sky 처럼 단수형을 쓰지만, 문어 에서나 시에서는 the skies 처럼 복수형을 쓴다. 〔특히 끝없이 넓이를 강조하여〕 the skies 처럼 복수형을 쓸 때가 있다. praise a person to the *skies* (남을 극구 칭찬하다), be in the *skies* (의기양양하다) 따위 속어에서는 보통 복수형을 쓴다. ✻ 날씨·기후에 관하여 말할 때는 《구어》 에서도 복수형을 쓸 때가 있다: our northern gloomy *skies* 북국의 음산한 기후.
be raised to the skies 승천(昇天)하다, 죽다.
in the skies 기뻐서 어쩔 줄 몰라.
out of a clear sky 느닷없이, 뜻밖에도, 청천벽력 *Reach for the sky.* 《구어》 손 들어.
send to the skies 《구어》 죽이다 (kill).

The sky is the limit. 《구어》 천정부지(天井不知)이다, 무제한이다, 얼마든지 있다.
to the skies (*or the sky*) 한껏, 몹시, 매우 높이, 크게.
under the open sky 야외에서, 옥외에서.
— *vt.* (**skied** *or* **skyed, sky·ing**) 《구어》 1 〔공 따위〕를 하늘 높이 쳐올리다. 2 〔그림〕을 진열장 벽의 높은 곳에 걸다〔그림이 신통치 않아서〕.
◇ skýish, skýless, skýey *adj.*
ský blúe *n.* ⓤ 《때로 a~》 하늘색 (azure).
sky-blue [skáiblú:] *adj.* 하늘색의. 「난.
sky-born [skáibɔ̀:rn] *adj.* 《詩》 천계(天界)에서 태어**sky-borne** [skáibɔ̀:rn / -bɔ̀:n] *adj.* 공수(空輸)의 (airborne). ¶ *skyborne* troops 공수 부대.
sky·cap [skáikæ̀p] *n.* 《美》 공항의 수하물 운반원.
sky·coach [skáikòutʃ] *n.* 〔최저급의〕 여객기.
ský díver *n.* 스카이 다이버. 「강한 스포츠〕.
sky·div·ing [skáidàiviŋ] *n.* ⓤ 스카이 다이빙〔낙하산**Skye** [skai] *n.* 1 스카이 〔Hebrides 제도의 한 섬〕. 2 =Skye terrier.
sky·er [skáiər] *n.* 《크리켓》 비구 (飛球).
Skýe térrier *n.* 스카이종(種)의 테리어 〔털이 길고 다리가 짧다〕.
sky·ey [skáii] *adj.* 《주로 문학》 1 하늘의, 하늘에서 내려온. 2 하늘에 있는; 높은 (lofty). 3 하늘 같은, 하 「매우 높은(높은).
sky-high [skáihái] *adv., adj.* 하늘 높이(처럼 높은).
sky-hitch·ing [skáihítʃiŋ] *n.* ⓤ 하늘의 히치하이크〔무전 여행〕. 「선.
sky·hook [skáihùk] *n.* 《구어》 우주선(線) 측정용 풍**sky·ish** [skáiiʃ] *adj.* 1 하늘과 같은. 2 하늘에 닿을 듯한.
sky·jack [skáidʒæ̀k] *vt.* 〔비행기〕를 공중 납치하다.
sky·jack·er [skáidʒæ̀kər] *n.* 비행기 공중 납치범.
Sky·lab [skáilæ̀b] *n.* 스카이랩, 우주 실험실〔지구를 도는 미국의 우주 위성〕.
‡**sky·lark** [skáilɑ̀:rk] *n.* 1 종달새. 2 《구어》 법석떨기. — *vi.* 《구어》 법석떨다, 떠들어 장난치다.
sky·less [skáilis] *adj.* 하늘이 보이지 않는; 흐린 (cloudy). 「(天窓).
sky·light [skáilàit] *n.* 지붕·천장의 채광창, 천창 ***sky-line** [skáilàin] *n.* 1 지평선 (horizon). 2 〔도시 따위의〕 하늘을 배경으로 한 윤곽, 스카이라인.
sky·lounge [skáilàundʒ] *n.* 스카이라운지 차(車) 〔시내와 공항을 잇는 차로서 각 터미널의 승객을 모아 태우고 크레인 달린 헬리콥터에 의해 공항으로 운반된다〕.
sky·man [skáimən] *n.* (*pl.* **-men** [-mən]) 1 비행가 (aviator). 2 낙하산병 (paratrooper).
ský márshal *n.* 비행기 납치범에 대비한〕 항공 보안관 (경관).
ský pílot *n.* 《속어》 1 성직자, 목사. 2 조종사.
sky-rock·et [skáirɑ̀kit / -rɔ̀k-] *n.* 살별 모양의 불꽃, 봉화. — *vi.* 〔물가가〕 치솟다, 〔명성 따위가〕 급상승하다. — *vt.* 〔물가〕를 급등시키다, 〔명성〕을 높이다.
sky·sail [skáisèil, 항해 -sl] *n.* 《항해》 셋째 돛대의 윗돛 〔가로돛단배의 맨 위에 있는 로열 돛 꼭대기에 다는 돛〕.
sky·scape [skáiskèip] *n.* 하늘의 경치; 하늘의 그 ***sky·scrap·er** [skáiskrèipər] *n.* 1 초(超)고층 빌딩, 마천루. 2 〔항해〕 skysail 바로 위에 단 삼각형의 돛. ⇒ SKYSAIL.
ský sígn *n.* 공중(옥상) 광고물, 스카이 사인.
ský súrfing *n.* 행글라이더 타기 (hang gliding).
sky·tel [skaitél] *n.* 전세기·자가용기등을 위한 호텔.
ský tràin *n.* 공중 열차〔air train〕〔1대 이상의 글라이더와 그것을 끄는 비행기〕. 「(troops).
sky·troops [skáitrù:ps] *n.* *pl.* 《美》 공수 부대 (para-**ský trúck** *n.* 《구어》 대형 헬리콥터.
sky·walk [skáiwɔ̀:k] *n.* 두 빌딩 사이를 공중으로 연결한 통로.

sky·ward [skáiwərd] *adv., adj.* 하늘로[의], 하늘을 향한(하여).
sky·wards [skáiwərdz] *adv.* =skyward. [wave
ský wàve *n.* 〖라디오〗공간파(空間波). *cf.* ground
sky·way [skáiwèi] *n.* **1** 〖구어〗항공로. **2** 고가 고속 도로.
sky·writ·er [skáiràitər] *n.* 공중 광고 문자를 쓰는 비행기.
sky·writ·ing [skáiràitiŋ] *n.* ⓤ 비행기가 연기를 내뿜어 공중에서 글씨를 쓰기.
SL(略) steam *l*ocomotive(증기 기관차). 〔없음〕.
s.l. (略)〖라틴〗*s*ine *l*ocō (=without place)(출판사명
***slab** [slæb] *n.* **1** 〖돌·나무 따위의〗넓은 토빤지. **2** 〖빵·케이크 따위의〗두꺼운 조각. ¶ *a slab* of bread 두툼한 빵조각. **3** 〖재목의〗죽더기 널빤지. **4** 〖야구 속어〗투수판(pitcher's plate).
─ *vt.* (**slabbed, slab·bing**) …을 두꺼운 널빤으로 켜(깎)다 ; (재목)에서 죽더기를 켜내다.
slab·ber [slǽbər] *v., n.* =slobber.
slab-sid·ed [slǽbsàidid] *adj.* 〖구어〗**1** 측면이 길고 평평한. **2** 길쭉한.
slab·stone [slǽbstòun] *n.* 판석(板石).
*slack¹ [slæk] *adj.* **1** 느슨한, 늘어진(loose). **2** 부주의한(careless), 태만(소홀)한(negligent). ¶ *a slack* workman 태만한 직공 / He is *slack* in his study. 그는 공부를 게을리한다. **3** 느린(slow), 굼뜬, 꾸물거리는. ¶ at *a slack* pace 느릿느릿한 발걸음으로 / *slack* in stays 〖돛배가〗뱃머리 돌리는 속도가 느린. **4** 활기 없는, 나른한(dull), 불경기의 ; 〖날〗따위가 〗무질거리는. ¶ *slack* weather 끄물거리는 날씨 / feel *slack* 몸이 나른하다. **5** 〖조류·바람 따위가 〗완만한, 순한. ¶ *slack* wind 〖정신〗상태의 바람. **6** 〖빵 따위가 〗설 구워진, 덜 말린. **7** 〖음성〗이완(弛緩)음의, 개구음(開口音)의. **8** 〖화학〗〖석회가 〗소화(消和)된, 비화(沸化)된. ¶ *slack* lime 소석회(消石灰).
keep a slack hand (or *rein*) 고삐를 늦추다, 너그럽게(관대하게)다루다.
─ *adv.* 느슨히 ; 천천히, 느릿느릿, 완만히 ; 불충분히.
─ *n.* **1** 느슨함, 이완(弛緩). **2** (the ~) 〖밧줄·돛〗의 느슨해진 부분. ¶ *pull in the slack* 느슨해진 곳을 죄다. **3** 〖구어〗한숨 돌리기(rest). **4** 〖장사 따위의〗부진(한 시기), 저조(低潮). **5** 〖지리〗slack water. **6** 〖산 사이 또는 지표의〗움푹 들어간 곳, 골짜기. **7** 〖韻律〗이약음(弛弱音). **8** 〖英방언〗주제넘음, 건방짐(impertinence).
─ *vt.* **1** 〖직무 따위를〗게을리하다(shirk). **2** 〖노력·속력 따위를〗늦추다, 경감하다(relax) (...*up*). **3** 〖밧줄 따위를〗늦추다(loosen) (...*off, out*). ¶ (~ +圄+剾) *slack off* a rope. 밧줄을 늦추다. **4** 〖석회를〗소화(消和)하다, 비화(沸化)하다(slake). ── *vi.* **1** 〖직무 따위를〗게을리 하다, 무책임하게 되는 대로 하다. **2** 활발치 못하게 되다 ; 〖속력이〗느려지다, 〖힘이〗약해지다 (*up*). **3** 〖밧줄 따위가〗느슨해지다. **4** 〖석회가〗소화하다, 비화하다.
slack off ① 늦추다. ② 노력을 하지 않다, 태만하게 되다.
slack up ① 속력을 떨어뜨리다, 늦추다. ② 〖노력을〗게을리하다.
~·ly *adv.* ~·ness *n.* ◊ sláck·en *v.*
slack² [slæk] *n.* ⓤ 분탄(粉炭)(coal dust).
slack-baked [slǽkbèikt] *adj.* 설 구워진 ; 반숙의, 미숙한 ; 〖결과가〗어중간한, 불완전한.
*slack·en [slǽk(ə)n] *vi., vt.* **1** 완만하게 되다(하다), 활발하지 않게 되다(하다). **2** 〖속도가〗늦어지다, […의〗속도를 늦추다. ¶ *slacken* in one's energy 기운이 없어지다 / *slacken* one's work 일을 게을리 하다. ─ *vt.* **1** 느슨해지다. **2** …을 늦추다.
slack·er [slǽkər] *n.* **1** 책임 회피자 ; 게으른 사람. **2** 병역 기피자.
slacks [slæks] *n. pl.* 〖운동복 따위의 남녀 공용의〗헐거운 바지, 슬랙스.

slack sùit *n.* 슬랙스와 재킷으로 된 한 벌의 남성용 평상복[여성용으로는 pants suit라 한다].
slack wàter *n.* ⓤ 정지 상태의 조류, 게류(憩流), 제조(憩潮) ; 뜬 물.
slag [slæg] *n.* ⓤ **1** 녹은 쇠찌꺼기, 용재(鎔滓), 광재(鑛滓). **2** 화산암 찌꺼기. ── *vi.* (**slagged, slag·ging**) *vt.* 광물 찌꺼기를 내다. ── *vi.* 화산암 찌꺼기처럼 되다.
slag·gy [slǽgi] *adj.* (**-gi·er, -gi·est**) 용재(광재)〖모양〗의 ; 화산암 찌꺼기〖모양〗의.
slag-heap [slǽghì:p] *n.* (특히 英) 광석을 정련하고 남은 돌 찌꺼기 더미.
slág wòol *n.* ⓤ 광재 찌꺼기로 만든 섬유질, 광물면(鑛物綿) (mineral wool).
*slain [slein] *v.* slay 의 과거 분사.
slake [sleik] *v.* (**slaked, slak·ing**) *vt.* **1** 〖욕망을〗채우다, 〖화〗를 누그다, 진정시키다, 만족시키다(satisfy). ¶ *slake* one's thirst 갈증을 풀다. **2** 〖불을〗끄다. **3** …을 둔화시키다, 약화시키다, 〖열정 따위를〗식히다, 달래다. **4** 〖석회를〗소화(消和)하다, 비화(沸化)하다. **5** …〖불을〗끄다, 늦추다(slacken).
─ *vi.* **1** 〖석회가〗소화하다, 비화하다. **2** 〖古語〗발치 못하게 되다, 누그러지다(abate).
sláked líme [slèikt-] *n.* ⓤ 소석회(消石灰).
sla·lom [slá:ləm, sléi-] *n.* 〖스키〗슬랄롬, 회전 경기.
*slam¹ [slæm] *v.* (**slammed, slam·ming**) *vt.* **1** 〖문·창문 따위를〗쾅(탕) 닫다. ¶ (~+圄+剾) *slam down* the lid of a box 상자 뚜껑을 쾅(탕) 닫다 // Don't *slam* the door. 문을 쾅 닫지 마라. **2** 〖물건〗을 털썩 내려놓다 ; 찰싹 때리다(던지다). ¶ (~+圄+剾+囵) *slam* a book *on* a desk 책을 책상 위에 털썩 놓다 / The boy *slammed* the dog *about* its head with a stick. 소년은 개의 머리를 막대기로 탁 때렸다. **3** 〖美구어〗…을 혹평하다, 깎아내리다.
─ *vi.* 〖문·창문 따위가〗쾅(탕) 닫히다. ¶ We heard the door *slam* in the wind. 문이 바람에 쾅 닫히는 소리가 들렸다.
─ *n.* **1** 찰칵 잠그기, 탁 때리기. **2** 쾅, 쿵, 탕, 털썩. ¶ *with a slam* 쾅(탕)하고, 철썩(털썩)하고 ; 거칠게. **3** 〖美구어〗혹평. **4** 〖美속어〗구치소(prison).
slam² [slæm] *n.* 〖카드놀이〗**1** 〖브리지에서〗전승. **2** 구식 카드 놀이의 일종.
slam-bang [slǽmbǽŋ] *adv.* 〖구어〗쾅 하고, 쾅쾅(탕탕), 세차게 ; 무모하게, 재빨리.
slám dùnk *n.* =dunk shot.
slam·mer [slǽmər] *n.* 〖美속어〗**1** 교도소, 유치장. **2** 문, 창문.
*slan·der [slǽndər / slá:n-] *n.* ⓤ ⓒ 중상, 비방, 욕설. **2** 〖법률〗구두(口頭) 비방, 〖말로 하는〗명예 손. *cf.* libel ── *vt., vi.* 〖…을〗나쁘게 말하다 ; 중상하다, 〖…의〗명예를 훼손하다. ◊ slánderous *adj.*
slan·der·er [slǽndərər / slá:n-] *n.* 중상자, 비방자.
slan·der·ous [slǽnd(ə)rəs / slá:n-] *adj.* 중상하는, 입버릇이 나쁜 ; 명예를 훼손하는. ~·ly *adv.* ~·ness *n.*
slang [slæŋ] *n.* ⓤ **1** 속어, 슬랭〖일상 회화 때 쓰이나 표준어로는 인정되지 않는 말〗. **2** 〖어떤 계급·사회의〗통용어, 술어, 변말. ¶ doctors' *slang* 의사의 사용어 / college *slang* 학생어. **3** 〖도적 따위의〗은어, 변말, 암호말(argot). ── *vi.* 속어를 쓰다. ── *vt.* (주로 英) …을 상스러운 말로 욕하다, 야비한 욕을 하다.
slángy *adj.*
slan·guage [slǽŋgwidʒ] *n.* 속어, 슬랭, 속어적 표현.
sláng wòrd *n.* 〖개개의〗속어〖표현〗.
slang·y [slǽŋi] *adj.* (**slang·i·er, slang·i·est**) **1** 속어의, 속어적인 ; 속어를 쓰는. **2** 〖복장·태도가〗야한, 속된. **slang·i·ly** *adv.* **slang·i·ness** *n.*
slank [slæŋk] *v.* 〖古語〗slink¹ 의 과거.
*slant [slɑ:nt / slænt] *vt.* **1** …을 경사지게 하다. **2** 〖美구어〗…을 특수한 각도에서 말하다(쓰다) ; 〖기사 따위를〗어떤 독자용으로 고쳐 쓰다. ¶ (~+圄+剾+囵)

slant a story *for* children 어린이에 맞도록 이야기를 고쳐 쓰다. — *vi.* **1** 비스듬해지다, 경사지다(slope). ¶ (~+*前*+*名*) *slant* to the right 오른쪽으로 기울다. **2** […의] 경향이 있다(toward ...).
— *n.* **1** 경사, 구배, 비탈(slope); 경사선(면). **2** [마음의] 경향, 편향(偏向). **3** 《구어》 힐끗 보기, 일별(一瞥)(glance); 곁눈질. ¶ take a *slant* at him 그를 힐끗 보다. **4** 《미구어》 [특수한] 견지, 관점(viewpoint). **5** [저널리즘] 작품 따위의 특수한 분위기, 맛. ¶ a humorous *slant* 유머러스한 맛. **6** 눈초리의 경사; 《미속어》 동양인 [몽고인처럼 눈초리가 치켜 올라간 데서]. *on a* (or *the*) *slant* 비스듬히, 경사하여. *a slant of wind* [항해] [일진의] 순풍(順風).
— *adj.* 비스듬한, 경사한(sloping).

slant-eyed [slǽntàid / slɑ́ːnt-] *adj.* 눈초리가 치켜 올라간; 《경멸적》극동 출신의.

slan·tin·dic·u·lar [slæ̀nt(i)ndíkjulər / slɑ̀ːn-] *adj.* 《속어》**1** 비스듬한, 경사한. *cf.* perpendicular **2** 간접의, 완곡한.

slant·ing·dic·u·lar [slǽntiŋdìkjulər / slɑ́ːn-] *adj.* =slantindicular

slant·ing·ly [slǽntiŋli / slɑ́ːnt-] *adv.* 비스듬히; 넌지시

slant·ways [slǽntwèiz / slɑ́ːnt-] *adv.* =slantwise
— *adj.* 비스듬히.

slant·wise [slǽntwàiz / slɑ́ːnt-] *adv.* 비스듬히.

‡**slap** [slæp] *n.* **1** 손바닥으로 [뺨] 치기, 찰싹 치기. **2** 찰싹 [뺨] 치는 소리, 빈정거림, 비난, 모욕(insult)(*at*...). ¶ a *slap* in the face 맞대고 하는 비난(모욕).
— *vt.* (slapped, slap·ping) **1** [손바닥·납작한 것으로] ⋯을 찰싹 치다. ⇨ BEAT 類語 ¶ (~+*目*+*前*+*名*) *slap* a person *in* the face; *slap* a person's face 남의 얼굴을 찰싹 때리다 / *slap* a person *on* the back 남의 등을 툭 치다 [정다움을 표시하는 인사]. **2** ⋯을 세차게 (아무렇게나) 부딪치다(내던지다), 내동댕이치다. ¶ (~+*目*+*前*+*名*) *slap* a hat *on* one's head 모자를 날쌔게 휙 집어 쓰다.
slap down 《구어》 ⋯을 몹시 꾸짖다.
— *adv.* **1** 찰싹, 세게. **2** 《영구어》 갑자기(suddenly). **3** 《구어》 똑바로, 직접(directly).

slap-bang [slǽpbǽŋ] *adv.* 《주로 영구어》 세차게; 갑자기(suddenly); 똑바로, 쏜살같이. — *adj.* 《구어》 세찬, 격렬(맹렬)한.

slap-dash [slǽpdæ̀ʃ] *adv.* 무턱대고, 함부로, 무모하게; 똑바로. — *adj.* 저돌적인, 무모한, 성급한; 되는 대로의; 깔끔치 못한, 허술한. — *n.* ⓤ 앞뒤 가리지 않음, 무모.

slap-hap·py [slǽphæ̀pi] *adj.* (-pi·er, -pi·est) 《구어》 **1** 권투 선수 등이 머리를 맞아 정신이 아찔한. **2** 바보 같은, 어리석은, 명청한; 취한. **3** 터무니없이 떠들어대는.

slap·jack [slǽpdʒæ̀k] *n.* ⓤ 간단한 카드 놀이의 일종. **2** 《미》 핫케이크류의 과자(flapjack).

slap·ping [slǽpiŋ] *adj.* 《속어》 **1** 매우 빠른, 나는 듯이 빠른. **2** 매우 큰, 굉직한, **3** 멋드러진, 훌륭한.

slap·stick [slǽpstìk] *n.* **1** 왁자지껄한 광대 놀이 [저속한 희극]. **2** 광대가 상대역을 때리는 데 쓰는 막대기. — *adj.* 왁자지껄한 광대 놀이 [식] 의, 훌륭한.

slap-up [slǽpʌ̀p] *adj.* 《영구어》 제1급의, 일류의, 훌륭한.

SLAR 《略》 《항공》 *s*ide-*l*ooking *a*irborne *r*adar (기상 측위 (側視) 레이다).

*****slash** [slæʃ] *vt.* **1** [칼·나이프 따위로] ⋯을 썩 베다, ⋯을 깊이 베다(gash); ⋯을 난도질하다. **2** [남]을 매질하다(lash). **3** [예산·급료 따위를] 깎다, 크게 삭감하다. ¶ Our budget has been *slashed*. 예산이 삭감되었다. 《보통 수동형으로》 [의복의 안이 보이도록 일부분을] 갈라서 벌어지게 하다. **6** ⋯을 혹평하다, 헐뜯다.
— *vi.* [싹] 베다, 베어 젖히다; 마구 베며 나아가다.
— *n.* **1** [칼로] 휙 베기, 후려치기, 일격(一擊). **2** 줄이기, 삭감. **3** 깊은 상처, 큰 부상. **4** [의복 위의] 터진 곳, 슬릿. **5** [잔가지·나뭇조각 따위가 흩어져 있는] 숲속의 빈터; 흩어져 있는 잔가지(나뭇 조각). **6** 사선(斜線)[/]. **7** 《영속어》 소변. ¶ go for a *slash* 소변을 보다.

slash·er [slǽʃər] *n.* **1** 칼; 약자를 괴롭히는 사람. **2** 《형용사적으로 쓰여》 [영화·비디오 따위에서] 잔혹한 장면을 보여주는. ¶ a *slasher* film 잔혹한 폭력물 영화.

slash·ing [slǽʃiŋ] *adj.* **1** 마구 베는. **2** 맹렬한(violent), 기세 좋은; 통렬한; 성급한. **3** 《구어》 대단한, 훌륭한; 거대한. ¶ a *slashing* success 대성공. — *n.* ⓤ 《주로 미》 =slash *n.* 5. **-ly** *adv.*

slat¹ [slæt] *n.* **1** [발·침대 따위에 쓰는] 잘게 켠 널빤지, 엷은 널빤지. **2** (~s) 《속어》 갈비뼈(ribs); 궁둥이. — *vt.* (slat·ted, slat·ting) ⋯에 엷은 널빤지를 대다, 엷은 널빤지로 ⋯을 만들다.

slat² [slæt] 《주로 영방언》 *v.* (slat·ted, slat·ting) *vt.* ⋯을 세차게 던지다. — *vi.* [돛 따위가] 소리내어 펄럭이다, 소리내어 부딪치다. — *n.* 찰싹 치기(때리기).

S. Lat. 《略》 *s*outh *lat*itude (남위(南緯)).

‡**slate**¹ [sleit] *n.* **1** ⓤ 점판암(粘板岩). **2** ⓒ 지붕을 이는] 슬레이트; [필기용] 석판(石板). **3** ⓤ 슬레이트색, 푸른빛이 도는 회색. **4** 《미》 후보자 명부. **5** 《형용사적용법》 점판암의, 슬레이트의, 석판의; 슬레이트색의.
a clean slate 흠잡을 데 없는 경력. ¶ start with *a clean slate* 백지로 돌아가서 새로 시작하다, 갱생하다. *clean the slate* 백지로 돌리다, 기왕의 일은 없던 것으로 하다.
put it on the slate 《영구어》 외상으로 달아놓다.
— *vt.* (slat·ed, slat·ing) **1** [지붕을] 슬레이트로 이다. ¶ *slate* a house 지붕을 슬레이트로 이다. **2** 《미》 《미구어》 《수동형으로》 ⋯의 예정을 세우다, 예정하다. ¶ (~+*目*+*前*+*名*) The meeting is *slated* for August. 그 모임은 8월에 열릴 예정이다. ◇ **sláty** *adj.*

slate² [sleit] *vt.* (slat·ed, slat·ing) 《영구어》 **1** ⋯을 혹평하다, 짜아 내리다. **2** ⋯에게 욕설(비난)을 퍼붓다, 호되게 닦아세우다(scold harshly).

sláte clùb *n.* 《영》 [매주 소액의 돈을 갹출하는] 공제회(共濟會).

sláte péncil *n.* 석필(石筆).

slat·er¹ [sléitər] *n.* 슬레이트 직공.

slat·er² [sléitər] *n.* 혹평하는 사람.

slath·er [slǽðər] 《구어·방언》 *vt.* **1** [버터 따위를] 듬뿍 바르다. **2** [돈 따위를] 아낌없이 쓰다.
— *n.* (~s) 《구어》 대량.

slat·ing¹ [sléitiŋ] *n.* ⓤ **1** [지붕을] 슬레이트로 이기, 슬레이트 지붕. **2** 《집합적》 슬레이트, 지붕 이는 재료.

slat·ing² [sléitiŋ] *n.* 비난, 꾸짖음; 혹평.

slat·tern [slǽtərn] *n.* [몸가짐이] 단정치 (깔끔치) 못한 여자; 매춘부.

slat·tern·ly [slǽtərnli] *adj.* **1** 깔끔하지 못한, 칠칠치 못한. **2** 여자가 몸을 함부로 굴리는. — *adv.* 칠칠치 못하게, 게으르게. **-li·ness** *n.*

slat·y [sléiti] *adj.* (slat·i·er, slat·i·est) **1** 슬레이트와 같은), 석판질(質) (모양)의. **2** 슬레이트 색의.

*****slaugh·ter** [slɔ́ːtər] *n.* ⓤ **1** [소·돼지 따위의] 도살. **2** 학살, 살육; 대량 살인. **3** 투매(投賣). **4** 《미》 완패. — *vt.* **1** ⋯을 도살하다. ⇨ KILL 類語 ¶ *slaughter* cattle 소를 잡다(죽이다). **2** ⋯을 학살하다, 대량으로 죽이다(massacre). **3** ⋯을 투매하다. **4** 《미》 ⋯을 완전히 해치우다. ◇ **sláughterous** *adj.*

slaugh·ter·er [slɔ́ːtərər] *n.* 도살자, 학살자.

slaugh·ter·house [slɔ́ːtərhàus] *n.* (*pl.* -hous·es [-hàuziz]) **1** 도살장. **2** 《비유적》 수라장.

slaugh·ter·ous [slɔ́ːt(ə)rəs] *adj.* 살육을 좋아하는, 잔악한(murderous), 살인의; 파괴적인(destructive). **~ly** *adv.*

Slav [slɑːv, slæv] *n.* 슬라브 사람; 슬라브 민족 [유럽 동

Slav. 부·동남부·중앙부에 널리 분포되어 있는 인종). ── *adj.* 슬라브 민족의, 슬라브 말의(Slavic).

Slav. (略) Slavic.

‡**slave** [sleiv] *n.* **1** 노예. **2** [노예처럼] 뼈빠지게 일 하는 사람(drudge). **3** [비유적] [욕망·악습 따위의] 포로, …에 사로잡힌 사람, 열중하는 사람(*of, to…*). ¶ a *slave to* (or *of*) fashion 유행에 사로잡힌 사람. **4** 종속 장치[다른 장치에 의하여 제어되는 장치]; [특히 방사성 물질 취급용] 원격 조종 장치. **5** =slave ant. *make a slave of* …을 노예처럼 부려먹다.
── *v.* (**slaved, slav·ing**) *vi.* 노예처럼 일하다, 뼈빠지게 일하다(drudge). ¶ (~+前+名) *slave for* money to buy daily food 하루 하루의 끼니를 위하여 뼈빠지게 일하다. ── *vt.* …을 노예로 삼다(enslave); …을 노예처럼 부리다. ◇ slávery *n.,* slávish *adj.*

sláve ànt *n.* 노예 개미[다른 종류의 개미 사회에서 노예로 일하는 개미].

sláve bràcelet *n.* [팔찌처럼] 발목에 끼는 장식.

Sláve Còast *n.* (the ~) 노예 해안 [아프리카 서부, Guinea 만의 북쪽 해안; 16-19 세기 노예 매매의 중심지].

sláve drìver *n.* **1** 노예 감시인. **2** 혹독한 고용자.

slave-grown [sléivgròun] *adj.* [채소 따위] 노예의.

slave-hold·er [sléivhòuldər] *n.* 노예 소유자.

slave-hold·ing [sléivhòuldiŋ] *n.* 노예 소유. ── *adj.* 노예 소유의.

sláve húnting *n.* [아프리카의] 노예 사냥.

sláve lábor (英) **lábour** *n.* **1** 노예 노동. **2** [포로 수용소 따위에서의] 강제 노동. [일반적으로] 강제적인 노동, 쉬지 않 할 수 는.

sláve machìne *n.* [비디오] 슬레이브 VTR [비디오 카세트를 dubbing 할 때 마스터 VTR 에 연결하여 녹화 하는 데 쓰이는 VTR].

sláve màker *n.* =slave-making ant.

sláve-màk·ing ànt [sléivmèikiŋ-] *n.* 노예주(主) 개미[다른 종의 개미집에서 그 번데기를 훔쳐다가 길러 노예로 삼는 습성이 있음].

sláve màrket *n.* 노예[매매] 시장.

slav·er[1] [sléivər] *n.* **1** 노예 상인(소유자). **2** =slave ship.

slav·er[2] [slǽvər, 美 sléivər] *vi.* **1** 침을 흘리다 (slobber). **2** 아첨하다, 아부하다(fawn). ── *vt.* 《口語》…을 침으로 젖게 하다(더럽히다). ── *n.* ① **1** 침. **2** [노골적인] 아첨.

‡**slav·er·y**[1] [sléivəri] *n.* ① **1** 노예의 신분(처지)(bondage). **2** 노예 제도; 노예 소유. ¶ abolish *slavery* 노예 제도를 폐지하다. **3** 몹시 고된 일, 고역(drudgery). **4** …의 포로가 된 상태, [욕망·악습 따위에] 사로잡히기; 예속, 굴종(*to…*).

slav·er·y[2] [slǽvəri] *adj.* [고어] =slobbery.

sláve shíp *n.* 노예[무역] 선.

Sláve Státe *n.* (the ~) [美역사] 노예주(州) [남북 전쟁까지 노예 사용이 합법적이었던 미국 남부 여러 주].

sláve tráde *n.* ① 노예 매매. ── ¶ 하녀.

slav·ey [sléivi, +美 slǽvi] *n.* 《英口語》 [특히 하숙집 의] 하녀.

Slav·ic [slǽ:vik, slǽv-] *adj.* 슬라브 민족의, 슬라브 어 파(語派)의. ── *n.* ① 슬라브 어.

slav·ish [sléiviʃ] *adj.* 노예의; 노예 같은, 노예 근성의. **1** 천한, 비굴한, 비열한, 상스러운(base). ¶ a *slavish* follower 비굴한 추종자. **3** 모방적인(imitative), 독창성이 없는. ~·ly *adv.* ~·ness *n.*

Slav·ism [slɑ́:viz(ə)m, slǽv-] *n.* ① **1** 슬라브인 기질, 슬라브 민족적(통일)주의. **3** ⓒ 슬라브 어법(語法), 슬라브 말투.

slav·oc·ra·cy [sleivɑ́krəsi / -vɔ́k-] *n. (pl. -cies)* ⓤⓒ 노예 소유자들의 지배력(세력); 힘을 가진 노예 소유자 단체.── ¶ 북부의 것].

Sla·vo·ni·a [sləvóuniə] *n.* 슬라보니아 [크로아티아의 한 지방].

Sla·vo·ni·an [sləvóuniən] *adj.* **1** 슬라보니아의; 슬라보니아 사람의. **2** =Slavic. ── *n.* **1** 슬라보니아 사람. **2** 슬라브인(Slav). **3** ⓤ 슬라브어(Slavonic).

Sla·von·ic [sləvɑ́nik / -vɔ́n-] *adj.* **1** =Slavonian. **2** =Slavic. ── *n.* ⓤ 슬라보니아파(Slavic).

Slav·o·phile [slɑ́:vəfàil, slǽv-], **-phil** [-fil] *n.* 슬라브 편, 친(親) 슬라브 파. ── *adj.* 슬라브 편을 드는, 친(親) 슬라브의.

Slav·o·phobe [slɑ́:vəfòub, slǽv-] *n.* 슬라브를 싫어하는 사람, 슬라브 공포증에 걸린 사람. ── *n.* 슬라브를 싫어(두려워) 하는.

slaw [slɔː] *n.* ⓤ 《美》 잘게 썬 양배추 샐러드(coleslaw).

‡**slay** [slei] *v.* (**slew** →3, **slain, slay·ing**) **1** 《주로 詩·익살》 [폭력으로] 죽이다, 살해하다(⇒ KILL 類語); …을 학살하다(murder). **2** …을 파괴하다 (destroy). **3** (*p. slayed*) 《美구어》 …을 꼼짝 못하게 하다, 웃기다. ¶ [남]를 크게 웃기다.

slay·er [sléiər] *n.* 살해자, 《수렵 발사 탄도 미사일》.

SLBM (略) submarine-*l*aunched *b*allistic *m*issile (잠수함 발사 탄도 미사일).

SLCM (略) submarine-*l*aunched *c*ruise *m*issile (잠수함 발사 순항 미사일).

sld. (略) sealed; sealed. [함 발사 순항 미사일)].

sleave [sliːv] *vt.* (**sleaved, sleav·ing**) 《폐어》 [얽힌 실 따위]를 풀다, 풀어 헤치다. ── *n.* ⓤ **1** [드물게] 얽힌 것. **2** [폐어] [고치의] 부풀, 풀솜(floss), 실밥.

sléave sílk *n.* ⓤ 풀솜[꼬지 않은 명주실].

sleaze [sliːz] *n.* ⓤ **1** 저속함, 추잡한 것. **2** 《美구어》 저속한(꼼꼼한, 부도덕한) 놈; 몸이 헤픈 여자; 끔찍한 곳. ── *vi.* 꼴사납게 굴다; 몸이 헤프다.

sleaze-bag [slíːzbæg] *n.* 《美구어》 =sleaze 2.

sléaze fáctor *n.* 스캔들 요인, 부패 요소 [측근의 스캔들이나 부패상이 인기도나 선거에 끼치는 영향].

slea·zy [slíːzi, +美 sléi-] *adj.* (*-zi·er, -zi·est*) **1** [직물이] 얇은, 아주 얄팍한(flimsy). **2** 조잡한, 값싼, 겉치레뿐인; 보잘것없는. **3** 《구어》 행실이 나쁜, 깔끔[단정]치 못한. *-zi·ly adv. -zi·ness n.*

‡**sled** [sled] *n.* **1** [눈 위에서 짐을 나르는] 썰매 (sledge). ★《英》에서는 농업용. **2** [활강용의] 소형 썰매. ── *v.* (**sled·ded, sled·ding**) *vi.* 썰매를 타다, 썰매로 가다. ── *vt.* …을 썰매로 나르다. [말(개)].

sled·der [slédər] *n.* **1** 썰매 타는 사람. **2** 썰매 끄는.

sled·ding [slédiŋ] *n.* ⓤ **1** 썰매로 나르기, 썰매 타기. **2** [썰매 탈 수 있는] 눈의 상태. **3** 썰매의 진행 상태, [비유적] 일의 진행 상태. ¶ hard *sledding* 힘든 일.

sléd dóg *n.* 썰매 끄는 개.

‡**sledge**[1] [sledʒ] *n.* **1** [승용·짐 수송용] 썰매. **2** 《英》 대형 썰매(sleigh). ── *v.* (**sledged, sledg·ing**) *vt.* …을 썰매로 나르다. ── *vi.* 썰매로 가다; 썰매를 타다.

sledge[2] [sledʒ] *n.* =sledge hammer. ── *v.* (**sledged, sledg·ing**) =sledge-hammer.

slédge dóg *n.* =sled dog.

slédge hámmer *n.* [두 손으로 쓰는] 큰 망치.

sledge-ham·mer [slédʒhæ̀mər] *vt., vi.* 큰 망치로 치다; 《비유적》 큰 타격을 가하다. ── *adj.* 큰 망치 같은; 아주 강력한, 무거운.

‡**sleek** [sliːk] *adj.* **1** [모발·모피 따위가] 매끄러운, 윤택 있는(glossy). **2** 토실토실하게 살찐; 손질이 잘된. **3** [동작·말투가] 미끈한, 세련된; 구변 좋은, 바람 같이 잘 맞추는. ¶ a *sleek* salesman 구변 좋은 세일즈맨. ── *vt.* …을 매끄럽게(부드럽게) 만들다; …에 광택을 내다; …을 반반하게 매만지다. ~·ly *adv.* ~·ness *n.* ◇ sléeky *adj.*

sleek·y [slíːki] *adj.* (**sleek·i·er, sleek·i·est**) **1** 매끄러운, 반들반들한(sleek). **2** 《주로 스코》 남을 속이는, 약은(sly); 말재주 있는.

‡**sleep** [sliːp] *v.* (**slept, sleep·ing**) *vi.* **1** 자다, 수면을 취하다. ¶ *sleep* well 잘 자다 / *sleep like a top* (or *a log*) 푹 자다, 숙면하다 / *sleep* the clock round 12 시간 내내 자다. **2** [죽은 밤에 식물이 잎을 오므리고] 자다. **3** [재능 따위가] 잠자고 있다; 활동 안하다, 잔잔해(멍하니)있다. ¶ The town *slept*. 온 도시는 잠자듯 조용했다. **4** 죽어 있다, 영면하다, 묻혀 있다. ¶ *sleep* in

the grave 지하에 잠들어 있다. **5** 묵다, 숙박하다. ¶ I shall *sleep* in London tonight. 오늘 밤은 런던에서 묵는다. **6** (팽이가) 서다[빨리 돌아서 멈춘 것처럼 보이다]. **7** 《구어》이성과 동침하다 (*with*...).
— *vt.* **1** 《동족 목적어를 수반하여》 잠자다. ¶ *sleep* a pleasant *sleep* 기분좋게 잠자다. **2** …이 숙박할 수 있다, …을 숙박시킬 수 있다, …의 숙박 시설이 있다. ¶ a hotel that can *sleep* 300 people 300명이 숙박할 수 있는 호텔.
sleep aróund 《속어》여러 남자(여자)와 동침하다.
sleep awáy ① …을 잠자며 보내다. ¶ *sleep* one's life *away* 한평생을 잠자머 보내다, 허송하다, 취생몽사(醉生夢死)하다. ② =*sleep off*.
sleep ín ① 고용된 집에서 묵으며 일하다. ② 늦잠자다.
sleep óff 잠으로써 잊어(떨쳐) 버리다. ¶ *sleep off* one's hangover 잠으로 숙취(宿醉)를 떨쳐 버리다.
sleep ón (or *upón, óver*) 《구어》…을 한밤 자고 생각하다, 결단을 다음날로 미루다.
sleep óut ① 옥외에서 자다; 외박하다. ② 주인집에서 자지 않고 통근하다. ③ …을 잠자머 보내다.
sleep óver 《구어》외박하다.
— *n.* [U,C] **1** 잠, 수면[상태]; [C] 한잠[자는 시간]; a broken *sleep* 가끔 잠이 깨는 얕은 잠 / a dead *sleep* 숙면, 단잠 / go to *sleep* 잠이 들다 / read a child to *sleep* 책을 읽어 주어 아이를 잠들게 하다. **2** 활동 정지 (dormancy), 활발하지 않음; 마비; 죽음. **3** 영면, 죽음. ¶ one's last *sleep* 죽음, 영면 (death).
put ... *to sléep* …을 잠들게 하다; 《구어》…을 죽이다. ¶ *put* a baby *to sleep* 아기를 잠재우다, 잠들게 하다.
◇ sléepy *adj.*

*sléep·er [slí:pər] *n.* **1** 잠든(자는) 사람(동물); 동면 동물; 잠꾸러기. ¶ a good (a bad) *sleeper* 잘 자는(못 자는)사람. **2** 《영》〔철도의 침목(tie); 〔건축〕마루 멍에. **3** =sleeping car. **4** 《미구어》뜻밖에 성공하는 사람; 뜻밖의 값이 나가는 것; 숨은 중대 문제; 다크 호스. **5** (보통 ~s) 유아용 잠옷의 일종. **6** 《볼링 속어》 슬리퍼(스페어를 낼 때 다른 핀에 가려 보이지 않는 핀). **7** 《미속어》수면제.
sléep-in [slí:pìn] *n.* 집단 철야 농성.
‡sléep·ing [slí:piŋ] *n.* [U] **1** 잠자기, 수면. **2** 휴지 (休止). — *adj.* 자고 있는, 쉬고 움직이지 않는. ¶ *Let sleeping dogs lie.* 《속담》잠자는 개를 깨우지 마라; 긁어 부스럼을 만들지 말라. **2** 수면용의. ¶ a *sleeping* suit 잠옷. **3** 최면성(性)의.
sléeping bàg *n.* 〔등산용 따위의〕 침낭(寢囊), 슬리핑 백.
sléeping càr *n.* 침대차(sleeper).
sléeping càrriage *n.* 《영》=sleeping car.
sléeping dràught *n.* 〔물약으로 된〕 수면제.
sléeping pártner *n.* 《영》=silent partner.
sléeping pìll *n.* 〔정제·캡슐로 된〕 수면제.
sléeping políceman *n.* 《영스러스》 방지도(帶) 〔주택 지구나 학교주변 도로에서 차의 속도 제한을 위해 만든 둔덕〕. *cf.* speed bump
sléeping síckness *n.* [U] 〔의학〕잠자는 병[열대 아프리카의 전염병]; 기면성(嗜眠性) 뇌염.
sléep·less [slí:plis] *adj.* **1** 잠 못 이루는(안자는). ¶ a *sleepless* night 잠 못 이루는 밤. **2** 방심하지 않는 (alert). **3** 쉬지 않는, 늘 움직이는.
~·ly *adv.* ~·ness *n.*
sléep-out [slí:pàut] *n., adj.* 근무처 밖에서 자고 출근하는 가정부·간호사 (의).
sléep·walk·er [slí:pwɔ̀:kər] *n.* 몽유병자.
sléep·walk·ing [slí:pwɔ̀:kiŋ] *n.* [U] 〔의학〕몽유병.
— *adj.* 몽유병의.
‡sléep·y [slí:pi] *adj.* (**sléep·i·er, sléep·i·est**) **1** 졸리는, 졸음이 오는(drowsy); 잠이 많은. ¶ feel *sleepy* 졸음이 오다. **2** 〔장소 따위가〕 조용한, 활기가 없는 (quiet). ¶ a *sleepy* little town 조는 듯이 조용한 시도시. **3** 졸리게 하는. **4** 〔과실 따위가〕 썩기 시작한.

sléep·i·ly *adv.* **sléep·i·ness** *n.*
*sléep·y·head [slí:pihèd] *n.* 잠이 많은 사람, 잠꾸러기.
sléepy síckness *n.* =sleeping sickness.
*sléet [slí:t] *n.* [U] 진눈깨비. — *vi.* 《비인칭의 it를 주어로 하여》진눈깨비 내리다. ¶ It is *sleeting*. 진눈깨비 내리고 있다. ◇ sléety *adj.*
sléet·y [slí:ti] *adj.* (**sléet·i·er, sléet·i·est**) 진눈깨비의, 진눈깨비 같은; 진눈깨비 내리는. **sléet·i·ness** *n.*
‡sléeve [sli:v] *n.* **1** 〔옷의〕 소매, 소맷자락. ¶ *Every man has a fool in his sleeve.* 《속담》약점이 없는 사람은 없다. **2** 음반(音盤)의 종이 케이스. **3** 〔기계〕 슬리브, 투환(套環) 〔긴 축 따위를 끼우는 관(管)모양의 쇠붙이〕.
láugh in (or *úp*) *one's sléeve* 몰래 웃다, 고소하다.
pín (or *háng*) *on a pérson's sléeve* 남에게 의지하다, 남의 의견에 따라 자기 생각을 결정하다.
túrn (or *róll*) *úp one's sléeves* ① 소매를 걷어 올리다. ② 싸움(일)을 시작할 준비를 하다.
úp one's sléeve 〔언제든지 내놓을 수 있도록〕 몰래 준비해 두고.
wéar one's héart on one's sléeve ⇒ HEART¹.
— *vt.* (*sléeved, sléev·ing*) **1** …에 소매를 달다. **2** 〔기계〕 〔기계〕에 슬리브(투환)을 끼우다(달다).
sléeve-board [slí:vbɔ̀:rd /-bɔ̀:d] *n.* 소매 받침대 〔샤쓰 소매를 다릴 때 쓰는 받침대〕.
sléeve bùtton *n.* 소매 단추, 커프스 단추.
sléeved [slí:vd] *adj.* 소매가 달린.
sléeve·less [slí:vlis] *adj.* 소매 없는.
sléeve·let [slí:vlit] *n.* 슬리브레트, 소매 커버.
sléeve lìnk *n.* 《영》커프스 단추. *cf.* 《미》cuff link
sléeve-note [slí:vnòut] *n.* 《영》레코드 자켓에 인쇄된 해설문(《미》liner note).
sléeve tàrget *n.* 〔군대〕 〔비행기에 매다는 대공 사격 연습용〕 기류(旗旒) 표적.
sléeve válve *n.* 〔기계〕 슬리브 밸브(판(瓣)) 〔내연기관의 원통형 밸브〕.
‡sléigh [slei] *n.* 썰매, 큰 썰매 〔여객·짐 운반용 썰매로 보통 말이 끈다〕. — *vi.* 썰매를 타다, 썰매로 가다. — *vt.* …을 썰매로 나르다.
sléigh bèll *n.* 썰매 방울 〔말 안장·썰매 따위에 몇개씩 단다〕.

[sleigh]

sléigh·ing [sléiiŋ] *n.* [U] **1** 썰매타기. **2** 썰매의 달림새; 썰매를 탈 눈의 상태.
sléight [slait] *n.* [U,C] **1** 능란한 솜씨(skill); 날랜 솜씨, 재주. **2** 술책, 책략(stratagem); 간지(奸智).
sléight of hánd *n.* 날랜 손재주; 요술.
sléight of móuth *n.* 좋은 말재주(구변).
‡slén·der [sléndər] *adj.* **1** 가느다란, 호리호리한, 날씬한. ⇒ THIN 類語 ¶ a *slender* girl 몸매가 호리호리한 소녀. **2** 〔양 따위가〕 얼마 안 되는, 빠듯한, 빈약한 (scanty). ¶ *slender* family finances 빠듯한 가계. **3** 〔가치·근거 따위가〕 박약(빈약)한, 미덥지 못한. ¶ a *slender* hope 가냘픈 한줄기 희망. **4** 〔소리 따위가〕 약한, 가냘픈. ~·ly *adv.* ~·ness *n.* sléndar·ize *v.*
slén·der·ize [sléndəràiz] *v.* (**-ized, -iz·ing**) *vt.* **1** …을 가늘게 하다, 마르게 하다. **2** …을 호리호리(날씬) 하게 보이게 하다. — *vi.* 여위다, 호리호리해지다.
‡slépt [slept] *v.* sleep의 과거·과거 분사.
sléuth [slu:θ] *n.* **1** 〔고어〕 냄새 자취; 발자취. **2** 《미구어》 탐정(detective). — *vt.* **1** …의 냄새 자취를 쫓다. **2** …을 추적하다 (track). — *vi.* 탐정 노릇을 하다.
sléuth-hound [slú:θhàund] *n.* **1** 경찰견(bloodhound). **2** 《미구어》탐정(detective).
*sléw¹ [slu:] *v.* slay의 과거형.
slew² [slu:] *n.* 비틀림(twist), 회전(turn). — *vt.*

slew …을 비틀다, 돌리다, 회전시키다. — *vi.* 비틀리다, 돌다.

slew³ [sluː] *n.* 《美·캐나다》 늪지대, 습지(slough).

slew⁴ [sluː] *n.* 《종종 ~s》 《구어》 많음, 다수, 다량(lot). ¶ a *slew* of people 많은 사람들.

slewed [sluːd] *adj.* 《속어》 술 취한(drunk).

‡**slice** [slais] *n.* **1** 조각, 얇은 조각. ¶ a *slice* of bread (bacon) 빵(베이컨) 한 장(조각). **2** 일부분(portion), 몫(share). ¶ a *slice* of the profits 이익의 몫. **3** 얇은 주걱, 튀김 따위 뒤지개; 생선 베는 칼; [인쇄용] 잉크를 개고 바르는 주걱. **4** 《스포츠》 《골프·야구 따위의》 슬라이스, 우곡구(右曲球). *cf.* hook
— *v.* (**sliced, slic·ing**) *vt.* **1** …을 얇게 베다(베어내다); [주격 따위로] 잘라(깎아, 급어)내다(… *up, off*). ¶ *slice off* a piece of meat 고기를 한 점 베어내다(잘라내다). **2** 응을 쪼개다, 분할하다. ¶ (~+图+图) *slice* a watermelon *in* four 수박을 네 토막으로 쪼개다. **3** 〔물 따위를〕 가르고 나아가다(cleave). The steamer *sliced* the sea. 기선이 파도를 가르고 나아갔다. **4** 《스포츠》 〔공〕을 오른쪽으로 깎아 치다, 슬라이스시키다. — *vi.* **1** 《스포츠》 〔공이〕 오른쪽으로 커브하다, 슬라이스하다. **2** 〔칼날처럼〕 얇게 베다 (*through* …).

slíce bār *n.* 불쑤시개 〔용광로 따위에서 쓴다〕.

slíce of lífe *n.* 《광고》 실생활의 한 단면을 묘사한 상업 선전 광고.

slic·er [sláisər] *n.* 얇게 베는(자르는) 사람(연장, 기계), 슬라이서〔빵 따위를 얇게 자르는 기구〕.

*****slick** [slik] *adj.* **1** 매끈매끈한, 번들번들한, 윤기나는 (sleek). ¶ a *slick* road 미끄러운 길. **2** 《구어》 구변이 좋은; 붙임성있는; 약삭빠른; 교활한(sly). **3** 교묘한, 능란한; 《구어》 흠잡을 데 없이 깊이가 없는. **4** [얼음·기름 따위로] 미끌매끈한. **5** 《美속어》 멋들어진 (wonderful), 굉장한, 일류의(first-rate). — *n.* **1** 〔조용한 바닷물처럼〕 매끄러운(반들반들한) 장소; 미끄러운 곳; 유막(油膜). **2** 《구어》 〔매끈한 종이를 쓴〕 고급 잡지. — *adv.* 매끄럽게; 교묘히; 똑바로. — *vt.* **1** …을 매끈매끈(반들반들)하게 하다. **2** 《구어》 …을 윤을 내어 만들다, 깔끔하게 만들다; 멋있게 만들다(… *up*). ~·ly *adv.* ~·ness *n.*

slick·en·side [slíkənsàid] *n.* 《종종 ~s》 [지질] 활면 (滑面), 경암(鏡岩) 〔마찰·압력 따위로 생긴 암석의 매끄럽게 된 면〕.

slick·er [slíkər] *n.* **1** 《美》 〔길고 헐거운〕 레인코트. **2** 《美구어》 사기꾼, 야바위꾼(swindler). **3** 도시 출신의 세련된 사람.

slick·ster [slíkstər] *n.* 《美》=slicker 2.

‡**slid** [slid] *v.* slide의 과거·과거분사의 하나.

‡**slide** [slaid] *v.* (**slid, slid** or **slid·den, slid·ing**) *vi.* **1** 〔얼음 위 따위를〕 미끄러지다, 활주하다; 《야구》 슬라이딩하다 (*down, into* …). ¶ The snow *slid* down the mountainside. 눈이 산허리를 미끄러져 내렸다.
類 **slide** 미끄러지며 이동하는데; 때로 짧은 시간의 이동, 또는 가속적인 이동을 표시. **glide** 매우 미끄럽게 소리없이 흐르듯이: *glide* over the ice 얼음 위를 미끄러지듯이 미끄러져가다. **slip** 〔보통 부주의 나 사고 따위로〕 갑자기 휙 미끄러지다: *slip* on a banana peel 바나나 껍질을 밟아 주르륵 미끄러지다.
2 〔헛디디어〕 미끄러지다, 실패하다. **3** 미끄러지듯 가다(움직이다), 미끄러져 들어가다(나가다, 떠나다). **4** *let things slide* 일을 되는 대로 내버려두다 // (~+图+图) *slide into* a room 방에 슬쩍 들어가다. **4** 〔매가〕 어느덧 지나가다. ¶ (~+图) The years *slid* away. 세월이 어느덧 흘러갔다. **5** 〔나쁜 버릇 따위에〕 빠져들다, 점차도 모르게 …이 되다. ¶ (~+图+图) *slide into* bad habits 나쁜 습관에 빠져들다.
— *vt.* **1** …을 미끄러지게 하다, 활주하다; 〔~+图+ 图〕 *slide* a glass *across* the table 유리잔을 테이블을 건너로 미끄러뜨려 보내다. **2** …을 슬쩍 들여보내다, 슬쩍 집어 넣다(… *in, into*). ¶ (~+图+图+图) He *slid* the revolver *into* the pocket of his coat. 그는 옷 호주머니에 권총을 슬쩍 집어 넣었다.
slide over …을 깨끗이 해치우다. ¶ *slide over* a difficult subject 까다로운 문제를 깨끗이 해치우다.
— *n.* **1** 미끄러지기, 활주. ¶ have a *slide* on the ice 얼음 위를 지치다. **2** 활주로; 미끄럼(비탈)길; 활강(滑降)·운반 장치(chute) [기계 따위의] 활동부(滑動部). **3** [지질] 산(땅)사태(landslide), 눈사태(snowslide). **4** 〔현미경·환등기의〕 슬라이드. **5** [음악] 장식음; [트롬본 따위의] U자형 활주관(滑奏管).

slíde bār *n.* [기계] 〔증기 기관의〕 활봉(滑棒), 미끄럼 막대(tener).

slíde fástener *n.* 지퍼(zipper), 척, 파스너(fastener).

slide-film [sláidfìlm] *n.* ⓤⓒ 환등 필름(filmstrip) [슬라이드용으로 만들어진 35mm의 필름].

slid·er [sláidər] *n.* **1** 미끄러지는 사람(것). **2** 〔기계의〕 활동부(滑動部). **3** 《야구》 슬라이더, 활구(滑球). **4** 〔북미산〕 거북의 일종.

slíde ráil *n.* 가동(可動) 레일.

slíde rúle *n.* 계산자, 활자(滑尺).

slíde válve *n.* [기계] 활판(滑瓣).

slide-way [sláidwèi] *n.* 활주로, 활사로(滑斜路); [기계의] 활동구(guideway).

slid·ing [sláidiŋ] *adj.* **1** 미끄러지는, 활동(滑動)하는. ¶ a *sliding* door 미닫이문. **2** 〔사정에 따라〕 이동하는, 변화하는. — *n.* **1** 미끄러지기, 활주; 〔야구〕 미끄러져 들어가기, 슬라이딩. **2** = sliding scale 1.

slíding rúle *n.* 《고어》 = slide rule.

slíding scále *n.* **1** 〔경제〕 순응률(順應率); 물가 연동제(連動制) 〔임금 따위를 물가 변동에 연동시키는 방식〕. **2** 계산자(slide rule).

slíding séat *n.* 〔경주용 보트의〕 활좌(滑座).

slíding tíme *n.* 《美》=flextime.

‡**slight** [slait] *adj.* **1** 〔양·정도 따위가〕 얼마 안 되는, 적은. ¶ a *slight* difference 사소한 차이 / a *slight* meal 가벼운 식사. **2** 하찮은, 보잘것없는(trifling). ¶ a *slight* argument 하찮은 시비. **3** 가는, 호리호리한 (slender). ¶ a *slight* girl 몸매가 호리호리한 소녀. **4** 무른, 약한(frail). **5** 〔병 따위가〕 경미한, 가벼운 (mild). ¶ a *slight* cold 가벼운 감기. **6** 알맹이가 없는, 실속 없는.
make slight of …을 얕잡다, 경시하다.
not … in the slightest 조금도 …않다.
— *vt.* **1** …을 얕잡다, 경시하다; …을 경멸하다; 〔일 따위〕를 되는 대로 하다. ⇨ NEGLECT 類語
— *n.* 얕봄, 경시; 경멸; 등한, 소홀. ¶ (~+图) ╌하다. *put a slight upon a person* 남을 얕잡아 보다, 경시하다. ~·ly *adv.* ~·ness *n.*

slight·ing [sláitiŋ] *adj.* 경멸하는, 경시하는, 모욕하는. ¶ a *slighting* remark 남을 무시(모욕)하는 말. ~·ly *adv.*

sli·ly [sláili] *adv.* =slyly(⇨ SLY).

*****slim** [slim] *adj.* (**slim·mer, slim·mest**) **1** 가느다란, 호리호리한, 날씬한. ⇨ THIN 類語 ¶ a *slim* figure 낯선 한 몸매. **2** 적은; 여유가 없는(scanty), 보잘것없는. ¶ a *slim* income 얼마 안 되는 수입. **3** 《구어》 교활한, 약삭빠른. — *vt., vi.* (**slimmed, slim·ming**) 〔철사 따위로〕 여위다, 여위게 하다, 가늘어지다, 가늘게 하다. 에이즈. ~·ly *adv.* ~·ness *n.*

slime [slaim] *n.* **1** ⓤ 진흙, 곤죽, 연니(軟泥), 늪지 럭이. **2** 〔성서〕불결하거나 악취가 나는 점착성(粘着性) 물질; 끈적끈적하다. **3** 〔뱀·물고기·식물 따위의〕 점액(粘液). — *vt.* (**slimed, slim·ing**) **1** 〔점액 따위를〕 뒤덮다, 바르다. **2** 〔통조림을 하기 위하여〕 〔물고기〕의 점액을 빼다. **3** 〔광석을〕 부수어 경…

니(輕泥)로 만들다. — vi. 슬쩍 빠져 나가다, 미꾸라지같이 빠져 나가다.

slíme mòld 《英》**mòuld**) n. 변형균(變形菌).

slim·ming [slímiŋ] adj. 체중을 줄이기 위한. ¶ *slimming* exercise 체중 감량 운동. — n. ⓤ [체중을 줄이기 위한] 식이 요법.

slim·nas·tics [slìmnǽstiks] n. pl. 〔단수 취급〕 감량 (미용, 살빼기) 체조. [<SLIM+[GYM]NASTICS]

slim·sy [slímzi] adj. (-si·er, -si·est) 《美》〔천 따위가〕 얄팍한; 약한, 무른. [<SL[IM]+[FL]IMSY]

slim·y [sláimi] adj. (slim·i·er, slim·i·est) 1 끈적끈적한, 질척질척한, 곤죽 같은. ¶ A *slimy* liquid 점액. 2 진흙투성이의. ¶ a *slimy* road 진흙길. 3 더러운. 4 알랑거리는, 비열한(vile). **slim·i·ly** adv. **slim·i·ness** n.

‡sling¹ [sliŋ] n. 1 무석기(投石器); 고무줄 새총(slingshot). 2 달아 올리는 기계; [들어올리기 위하여] 걸치는 밧줄(사슬). 3 (~s) 〔항해〕 [보트 따위를 달아올리고 내리는] 쇠사슬. 4 〔총의〕 멜빵. 5 어깨에 거는 붕대. 6 〔투석기에 의한〕 투석, 내던지기.
— vt. (slung, sling·ing) 1 …을 〔투석기로〕 던지다; …을 내던지다. 2 〔밧줄(사슬)로〕 …을 달아올리다. 3 …을 매달다(suspend); 〔멜빵 따위로〕 …을 걸머지다. ¶ (~+몸+젠+명) *sling* a rifle *over* one's shoulder 총을 어깨에 메다.

sling hash 《美속어》 [레스토랑에서] 웨이터로 일하다.

sling ink 《속어》 글을 함부로 끄적거리다; 작가(신문기자)가 되다. [자나… 술을 팔아가다.

sling *oneself up* 술을 마시고 몸을 가누지 못하게

sling² [sliŋ] n. ⓤ《美》슬링〔진·브랜디 따위에 물·설탕·레몬주스·향료 따위와 얼음을 타서 차게 한 음료〕.

slíng cart n. 매달아 운반하는 차〔차축(車軸)에 매달아 운반함〕.

slíng chàir n. 캠버스 체어, 데크 체어.

sling·er [slíŋər] n. 1 투석기로 무장한 옛 병사. 2 매달아 올리는 기계의 조작자.

slínger rìng n. 《항공》 〔프로펠러에 부동액을 뿌리는〕 결빙 방지액 운반 파이프.

slíng pùmp n. 〔보통 ~s〕 구두의 일종〔굽이 낮은 샌들 모양의 여성용 구두〕.

sling·shot [slíŋʃàt / -ʃɔ̀t] n. 《美》 [어린이 장난감이] 고무줄 새총 《英》 catapult).

slink¹ [sliŋk] v. (**slunk** *or* 《고어》 **slank, slunk, slink·ing**) vi. 살금살금 걷다, 몰래 도망치다 (*into* ...). ⇒ LURK ¶ *slink* into a corner 슬쩍 구석으로 물러서다.

slink² [sliŋk] vt. (**slinked** *or* **slunk, slink·ing**) 〔소 따위가〕 〔새끼를〕 조산(早産)하다. — adj. 조산의, 달이 덜 찬. ¶ a *slink* calf 조산된 송아지. — n. 〔특히 소 따위의〕 조산된 송아지.

slink·y [slíŋki] adj. (slink·i·er, slink·i·est) 1 살금살금 몰래하는, 남의 눈을 피하는. 2 〔여자 옷이〕 신체의 선을 아름답게 드러내는. [몸매가] 부드럽고 아름다운.

‡slip¹ [slip] v. (**slipped** *or* 《고어》 **slipt, slipped, slip·ping**) vi. 미끄러지다(glide) (⇒ SLIDE 類語); 미끄러지듯 가다(지나가다); 살짝 들어가다(나오다). ¶ (~+전+명) He *slipped into* the room. 그는 살짝 방안으로 들어갔다. 2 〔손 따위가〕 미끄러지다, 〔물건이〕 미끄러져 떨어지다, 벗겨지다, 풀리다. ¶ The knife *slipped* and cut my hand. 칼이 미끄러져 손을 베었다 / (~+전+명) The cat *slipped off* my knee. 고양이가 무릎에서 빠져 나갔다. 3 미끄러져 넘어지다, 걸려 넘어지다, 헛디디다(trip). ¶ (~+전+명) *slip* on the ice 얼음 위에서 미끄러져 넘어지다. 4 〔기억 따위에서〕 사라지다(pass). ¶ (~+전+명) His name has *slipped from* my memory. 그의 이름을 깜박 잊었다. 5 〔모르는 사이에〕 시간이 지나다, 경과하다; 〔기회 따위〕가 사라지다. ¶ I let a good chance *slip* 호기를 놓치다 // 《~+부》 The years *slipped by* (or away). 어느덧 세월이 흘렀다. 6 〔무심코·엉겁결에〕 입 밖에 내다, 〔입〕을 놀리다; 잘못을 저지르다; 〔정도〕를 벗어나다. ¶ (~+전+명) She often *slips in* her grammar. 그녀는 문법을 가끔 틀린다. 7 〔옷을〕 잼싸게(아무렇게나) 입다(벗다). ¶ (~+전+명) *slip into* a dress 옷을 얼른 걸치다 / *slip off* one's shoes 신발을 얼른 벗다. 8 〔물가·질·양이〕 떨어지다; 〔능력이〕 저하하다, 떨어지다. ¶ Prices have *slipped*. 물가가 하락했다. 9 〔항공〕 〔비행기가〕 옆으로 미끄러지다.

— vt. 1 …을 미끄러지게 하다, 미끄러져 들어가게 하다 (... *in, into*); …을 슬슬(재빨리) 끼우다(벗기다). ¶ (~+몸+전+명) *slip* a ring *on* (*off*) one's finger 반지를 손가락에(에서) 끼우다(벗기다) / *slip* a note *into* a person's hand 메모를 남의 손에 살짝 쥐어주다. 2 〔옷 따위〕를 입다(벗다). ¶ (~+몸+부) *slip* one's clothes *on*(*off*) 옷을 얼른 입다(벗다). 3 〔기억 따위〕에서 사라지다. ¶ The appointment *slipped* my memory. 약속을 깜박 잊었다. 4 〔속박 따위〕에서 벗어나다; 〔추적자 따위〕를 떠돌리다, …을 따돌리다. ¶ *slip* one's pursuers 추적자를 따돌리다. 5 〔매·사냥개 따위〕를 풀다, 풀어주다. 6 〔매듭 따위〕를 풀다(untie); 〔항해〕 〔닻·닻줄〕을 잡아놓은 채로 두다, 벗기다. 7 〔기회 따위〕를 놓치다; …을 모르고 넘기다(지내다) (miss); …을 못보고 넘기다. ¶ *slip* an opportunity 기회를 놓치다. 8 …을 생각하다(omit); …을 빼다(말하지) 않고 빼먹다. 9 〔가축이〕 …을 조산(유산)하다. 10 〔뱀 따위가〕 〔허물〕을 벗다. 11 〔관절〕을 탈구(脫臼)하다(dislocate).

let slip ① …을 미끄러지게 하다; …을 놓아주다. ② 〔무심코〕 …을 입 밖에 내다.

let slip the dogs of war 《詩》 전쟁을 시작하다.

slip along 《속어》 황급히 가다.

slip into ① …을 후려치다. ② …을 실컷 먹다.

Slip me five ! 《美속어》 악수하자! (Give me five!)

slip one over on a person 《美구어》 …으로 남을 속이다, 남을 속여 꼭뒤 지르다. 빗하다; 실패하다.

slip up ① 미끄러지다, 걸려 넘어지다. ② 잘못하다. — n. 1 미끄러지기, 미끄럼, 미끄러짐; 〔자동차 따위의〕 옆으로 미끄러지기, 슬립. ¶ a *slip* on the ice 얼음 위에서 미끄러져 넘어지기. 2 잘못, 과실; 행실이 나쁨, 비행. ∞ MISTAKE 類語 ¶ a *slip* of the tongue 말 실수 / *There's many a slip twixt* (or *between*) *the cup and the lip*. 《속담》 컵을 입술에 가져가는 사이에도 실수는 얼마든지 있다; 방심은 금물이다. 3 〔쫓는 자 등으로부터의〕 도주, 도피. ¶ give a person the *slip* 남을 따돌리고 달아나다. 4 〔물가·질·양 따위의〕 저하, 하락. 5 〔여성용〕 속옷, 슬립; 〔어린이의〕 턱받이; 베갯잇; (보통 ~s) 〔주로 英〕 〔남자용〕 수영 팬티. 6 〔개를 풀어 주는〕 가는 끈. 7 〔海事〕 〔경사진〕 조선대(造船臺). 8 〔배·항공기 따위의〕 슬립〔프로펠러의 회전에 대한 실속력 감소의 비율〕; 〔펌프의〕 누출, 샘; 〔기계〕 공전(空轉). 9 〔크리켓〕 슬립〔삼주문(三柱門) (wicket)의 뒷쪽, 타자가 볼 때 왼쪽의 위치, 그 위치의 경기자〕. 10 〔지질〕 〔단층의〕 어긋남, 소단층(小斷層). 11 (the ~s) 《英》 극장 무대의 옆 출입구. ◇ **slíppery, slíppy** *adj.*, **slíppage** *n.*

slip² [slip] n. 1 꺾꽂이 가지, 접지(接枝). 2 〔나무·종이·토지 따위의〕 가늘고 긴 한 조각. ¶ a *slip of paper* 가늘고 긴 종이 조각. 3 전표(傳票). 4 여윈 남자(어) 아이. ¶ a *slip of a boy* 가냘프게 생긴 사내 아이. 5 《美》 〔교회의〕 좁고 긴 좌석. — vt. (**slipped, slip·ping**) 〔나무〕에서 꺾꽂이 가지(접지)를 베어내다.

slip³ [slip] n. ⓤ 점토액(도예용).

slíp càrriage n. 《英》 떼어놓고 가는 차량〔급행 열차가 통과역에 정차하지 않고 떼어놓고 가는 차량〕.

slip-case [slípkèis] n. 책을 넣는 종이 케이스〔표지가 상하지 않게 한다〕. [으로 된] 덮개.

slip-cov·er [slípkʌ̀vər] n. 〔긴 의자 따위에 씌우는 천

slíp jòint n. 〔기계의〕 미끄럼 이음매, 활동(滑動) 연결부.

slip-knot [slípnɑ̀t / -nɔ̀t] n. 1 〔당기면 쉽 풀리는〕 매듭. 2 당겨서 죄어지는 매듭.

slip-noose [slípnùːs] n. 고리줄(running noose).

slip-on [slípɑn, -ɔ́ːn / -ɔ́n] *adj.* [스웨터처럼] 머리로부터 뒤집어 쓰듯 입는(slipover); 간편하게 입었다 벗었다 할 수 있는. —*n.* **1** 머리에서부터 뒤집어 쓰듯 입는 옷. **2** [끈없는] 쉬 신었다 벗었다 할 수 있는 구두.

slip·o·ver [slípòuvər] *adj.*, *n.* =slip-on.

slip·page [slípidʒ] *n.* ⓤ **1** 미끄러지기. **2** 미끄러지는 양(정도); 어긋나는 정도. **3** [기계] 미끄럼; [톱니바퀴의 미끄럼 따위로 인한] 작업 손실량. —

slípped dísk [slípt-] *n.* [병리] 추간판(椎間板) 탈

‡**slip·per** [slípər] *n.* **1** 슬리퍼, [실내용] 덧신. ¶ a pair of bedroom *slippers* 침실용 슬리퍼 한 켤레. **2** [차 바퀴의] 브레이크. —*vt.* (아이)를 슬리퍼로 때리다, 엄하게 벌주다.

slip·pered [slípərd] *adj.* 슬리퍼를 신은.

***slip·per·y** [slípəri] *adj.* (-per·i·er, -per·i·est) **1** [바닥·물건 따위가] 미끈미끈한, 잘 미끄러지는, ¶ a *slippery* floor 미끄러운 마룻바닥. **2** [손에서] 미끄러져 빠질 것 같은; 잡기 어려운. ¶ as *slippery* as an eel 뱀장어처럼 손에 잘 잡히지 않는. **3** [사람·사람 따위가] 미덥지 못한(fickle); 속임수의(tricky). ¶ a *slippery* witness 믿을 수 없는 증인. **4** 불안정한. ¶ a *slippery* condition 불안정한 상태. **-per·i·ly** *adv.* **-per·i·ness** *n.*

slíppery élm *n.* [북미 동부산] 느릅나무의 일종; ⓤ 그 속껍질[진통제로 사용한다].

slíp próof *n.* [인쇄] 내리닫이 교정쇄.

slip·py [slípi] *adj.* (-pi·er, -pi·est) **1** (구어) 미끈끈한(slippery). **2** 《영속어》재빠른, 약삭빠른, 빈틈없는. ¶ 《약고 빈틈없어라》. be (or look) *slippy about it* 《영속어》잽싸게 하다.

slíp ríng *n.* [전기] [발동기·전동기 따위의] 집전자(集電子).

slip-road [slíproud] *n.* 고속 도로의 출입구에 있는 우

slip-sheet [slípʃiːt] *n.* 공장에서 갓 나온 인쇄물의 지면 사이에 끼우는 얇은 종이. —*vt.*, *vi.* [⋯에] 박지(薄紙)를 끼우다.

slip·shod [slípʃɑd / -ʃɔd] *adj.* **1** [옷차림·습관이] 단정치 못한; 되는 대로의. **2** 뒤축이 닳은 신을 신은; 슬리퍼를 신은.

slip·slop [slípslɑp / -slɔp] *n.* ⓤ (구어) **1** 싱거운 음식. **2** 감상적인 (아무지지 못한) 이야기(문장); 싱거운 이야기. **3** 터덜터덜 [슬리퍼 따위를 끌며 걷는 소리].

slip-sole [slípsòul] *n.* [구두의] 깔창.

slip·stick [slípstìk] *n.* 《美속어》계산자(slide rule).

slíp stítch *n.* 공그르기 [실 땀이 걸으로 나오지 않게 꿰매기].

slip·stream [slípstrìːm] *n.* [항공] 프로펠러의 후류(後流) [프로펠러가 뒤로 밀어내는 기류].

slipt [slipt] *v.* (고어) slip¹의 과거형.

slip-up [slípʌ̀p] *n.* (구어) 착오, 잘못(error); 재난.

slip·way [slípwèi] *n.* [항해] [경사진] 조선대; 선가(船架).

***slit** [slit] *v.* (**slit**, **slit·ting**) *vt.* **1** [선을 따라] ⋯을 베어 가르다, 쪼개 가르다. **2** ⋯을 가느다랗게 베다(다)(split). ¶ (~+囯+젼+영) *slit* cloth *into* strips 천을 여러 조각으로 째다. —*vi.* [좁고 길게] 째어지(터지)다. —*n.* **1** 가늘고 길게 쨰진 곳. ¶ a *slit* in one's coat 코트의 쨰진 곳. **2** [공중 전화 따위의] 요금 넣는 구멍.

slit-eyed [slítàid] *adj.* 눈이 가늘게 쨰진.

slith·er [slíðər] *vi.* 슬슬 미끄러지듯 나아가다(걷다). —*vt.* ⋯을 (슬슬) 미끄러뜨리다. — 슬슬 미끄러지기.

slit·ter [slítər] *n.* **1** 가늘고 길게 베는(쨰는) 기구. **2** 그것으로 베는 사람.

slít trénch *n.* [군대] 개인용 참호[1-2인 수용].

sliv·er [slívər] *n.* **1** [나무 따위의] 길쭉한 조각; 쪼개진 조각. ¶ a *sliver* of cheese 치즈의 길쭉한 조각. **2** [낚시밥으로 쓰는] 작은 생선을 가른 조각. **3** [방적] 슬라이버, (꼬아 짜려고 다듬어 놓은) 올이 굵은 섬유.

—*vt.* ⋯을 길쭉하게 베다(쨰다), 세로 쪼개다. —*vi.* 가늘고 길게 쪼개(쪼개)지다.

sliv·o·vitz [slívəvits, -wits, slív-] *n.* ⓤ 슬리보비츠 [동유럽산(産)의 살구 브랜디].

Slóam Ránger *n.* 《英》[런던의] 보수적이나 유행에 민감한 상류층 젊은이. [<런던의 광장 Sloam Square 에서]

slob [slɑb / slɔb] *n.* **1** ⓤ《아일》진흙, 물가의 부드러운 진흙. **2** (구어) 느림보, 지저분한 사람.

slob·ber [slɑ́bər / slɔ́bə] *vi.* **1** 군침을 흘리다, 군침으로 더럽히다. **2** 우는 소리를 하다. —*vt.* **1** (군침·음식 따위로) ⋯을 적시다, 더럽히다. **2** ⋯에 연거푸입을 맞추다. — 하다.
slobber over a person (키스 따위로) 남을 마구 애무 —*n.* **1** ⓤ 군침. **2** ⓤⓒ 푸념, 우는 소리.

slob·ber·er [slɑ́bərər / slɔ́b-] *n.* 군침을 흘리는 사람; 우는 소리를 하는 사람.

slob·ber·y [slɑ́bəri / slɔ́b-] *adj.* **1** 군침 흘리는; 군침으로 젖은. **2** 우는 소리(푸념)를 하는. **3** 진흙투성이의, 진창의; 너절한.

slób íce *n.* ⓤ 해상의 작은 부빙(浮氷).

sloe [slou] *n.* 굵은 벗나무; 미국산 야생 오얏 [벗나무속(屬)]; 그 열매. —눈초리가 치켜오른.

sloe-eyed [slóuàid] *adj.* 사는 열매처럼 눈이 검은;

slóe gín *n.* ⓤ 오얏 열매(sloe)를 넣은 진술, 슬로진.

sloe·worm [slóuwəːrm] *n.* 《英》 =slowworm.

slog [slɑg / slɔg] *v.* (**slogged, slog·ging**) *vt.* [권투·크리켓 따위에서] ⋯을 강타하다, 난타하다. —*vi.* **1** 강타하다. **2** 터벅터벅 걷다. **3** 부지런히 [힘들여] 일하다(toil). —*n.* **1** 강타, 난타. **2** 터벅터벅 걷기. **3** 알들어 힘겹게 하는 일; 고투, 난항(難航).

‡**slo·gan** [slóugən] *n.* **1** [단체·당파·개인 등의] 슬로건, 표어. **2** 선전 문구. **3** 옛날 스코틀랜드 고지 사람들의 전투 때의 함성, 모이라는 외침.

slo·gan·eer [slòugəníər] *n.* 《美》(특히 정치적·상업적 목적을 위한) 슬로건(표어)의 작가(사용자). —*vi.* 슬로건을 만들다(사용하다).

slo·gan·ize [slóugənàiz] *vt.* (-**ized, -iz·ing**) 《美》⋯을 슬로건으로 [정리하여 간결하게] 표현하다.

slog·ger [slɑ́gər / slɔ́gə] *n.* **1** 야구·권투·크리켓 따위의 강타자. **2** 부지런히 일하는 사람.

sloid, slojd [slɔid] *n.* =sloyd.

slo-mo, slo-mo [slóumou] *n.* 《美구어》[영화·비디오의] 슬로 모션 [장치].

SLOOC (略) Seoul Olympic Organizing Committee (서울 올림픽 대회 조직 위원회).

sloop [sluːp] *n.* [항해] 슬루프 [돛대가 하나인 범선]. ¶ a *sloop* of war 슬루프형(型) 포함 [포를 10-32문 갖춘 옛 군함]. — (帆裝)한.

sloop-rigged [slúːprìgd] *adj.* 슬루프형으로 범장

slop¹ [slɑp / slɔp] *v.* (**slopped, slop·ping**) *vt.* **1** (액체)를 흘리다, ⋯위에 뛰기다. **2** ⋯에 흘려서 더럽히다. ¶ *slop* a floor *with* some paint 페인트를 엎질러서 바닥을 더럽히다. **3** (돼지 따위)에 남은 음식을 주다. —*vi.* **1** (물 따위가) 엎질러지다(about), (액체가) 넘쳐내리다, 넘치다(over). **2** 진흙·진창 속을 걷다.
slop over **1** 넘치다, 넘쳐 흐르다. **2** (구어) 마구 지껄여대다, 실없이 감상조가 되다, 푸념을 늘어놓다.

—*n.* **1** 엎질러진 (흘린) 물; (보통 ~s) 구정물, 오수 (汚水). **2** (보통 ~s) 《주로 英》반(半)유동식 (流動食); 맛없는 음식. **3** (~s) 부엌에서 생기는 찌꺼기 (swill) [돼지 따위의 사료]. **4** 진창, 구정물. **5** (~s) 양조(술) 찌꺼기. **6** ⓤ (구어) 값싼 감상적인 말.

slop² [slɑp / slɔp] *n.* 《고어》**1** (~s) 선원에게 지급하는 옷·침구 따위. **2** (~s) [자켓 따위] 헐거운 상의. **3** (~s) [일반적으로] 옷, 작업복 기성복.

slop³ [slɑp / slɔp] *n.* 《英속어》순경, 경찰관. [<police 를 거꾸로 쓴 것]

slóp básin (**bòwl**) *n.* 《英》개수통, 구정물통.

slóp chèst n. 선원복 따위를 넣는 상자[항해중 선원에게 지급한다]; [선내의] 선원복·담배 따위를 파는 곳.

‡**slope** [sloup] v. (**sloped, slop·ing**) vi. **1** 경사지다, 비탈지다. ¶ (~+뛝)(~+뛝+剧) The hill *slopes* gently *down* to the foot. 그 구릉은 기슭까지 부드럽게 경사져 있다. **2** 비스듬히 가다(올라가다, 내려가다). **3** 《구어》 도망치다, 내빼다(*off*); 가버리다(*out*); 어슬렁거리다. ¶ (~+剧) *slope about* 어슬렁어슬렁 가다.
— vt. **1** …을 경사지게 하다; …을 구배(勾配)지게 하다. ¶ *slope* the standard 군기를 비스듬히 기울이다 [경례의 한 형식]. **2** 〔총 따위〕를 메다. ¶ *Slope* arms! 어깨총 ! 〔구령〕. n. **1** 비탈, 사면(斜面). **2** ⓤⓒ 경사〔도〕, 구배. ¶ give a *slope* to …을 경사지게 하다; …을 구배지게 하다. **3** 어깨총의 자세. **4** 경기 하락. **5** 《미군대 속어》 베트남 인. ⇨ 〔A〕SLOPE

slop·ing [slóupiŋ] adj. 기울어진, 경사진.

slóp jàr n. 〔부엌의〕 구정물통; 침실용 변기, 요강.

slóp pàil n. 침실 변기, 부엌용의 구정물통.

slop·py [slápi / slɔ́pi] adj. (**-pi·er, -pi·est**) **1** 진흙투성이의, 질척질척한; 〔넘친 물로〕 흠뻑 젖은(더러워진). **2** 싱거운, 맛없어 보이는. **3** 《구어》 몹시 감상적인. **4** 부주의한; 조잡한. **5** 〔옷 따위가〕 단정치 못한; 너저분한. **-pi·ly** adv. **-pi·ness** n.

slóppy jòe n. 《구어》 헐렁하고 두꺼운 여성용 스웨터. **2** 토마토 소스로 맛을 내고 빵에 얹어 먹는 다진 고기. **3** 옷차림이 단정치 못한 남자.

slop·sel·ler [slápsèlər / slɔ́p-] n. 기성복 판매상.

slop·shop [slápʃàp / slɔ́pʃɔ̀p] n. 기성복점.

slóp sìnk n. 〔바닥의 깊은〕 개수대.

slop·work [slápwə̀ːrk / slɔ́p-] n. ⓤ **1** 기성복 만드는 일; 값싼 의류. **2** 날림 일.

slosh [slaʃ / slɔʃ] n. **1** 진창길, 눈이 녹은 길(slush). **2** 진창(웅덩이) 속을 걷기. **3** 〔물 따위가〕 튀어오름, 물이 튀기는 소리, 질퍽질퍽하는 소리.
— vi. **1** 흙탕물을 튀기다, 〔흙탕물 속에서〕 뛰어 다니다. **2** 〔용기 안에서 액체가〕 출렁거리다.
— vt. **1** 을 첨벙첨벙 휘젓다(섞다). ¶ *slosh* coffee *over* one's knees 커피를 무릎위에 쏟아 붓게 하다. **3** 《英속어》 〔연달아〕 …을 치다(beat), 때려 눕히다.

slot[1] [slat / slɔt] n. **1** 길쭉한 구멍(홈). **2** 〔자동 판매기 따위의〕 동전 구멍. **3** 〔비행기의 큰 날개 앞가장자리에 뚫은〕 좁고 긴 틈. **4** 《美구어》〔조직안에서의〕 지위, 위치(niche). — vt. (**slot·ted, slot·ting**) **1** …에 홈(구멍)을 내다. **2** 《美구어》 …을 어떤 위치에 앉히다.

slot[2] [slat / slɔt] n. (pl. **slot**) 〔사슴 따위의〕 발자국, 냄새자취; 〔일반적으로〕 자취. — vt. (**slot·ted, slot·ting**) …의 뒤를 밟다, 추적하다(track).

slót càr n. 《美·캐나다》 슬롯 카 〔원격 조종으로 홈 위를 달리게 하는 장난감 자동차〕.

*****sloth** [slɔːθ, slouθ / slouθ] n. **1** ⓤ 나태, 게으름 (laziness). **2** 나무늘보 〔열대 아메리카산(産)의 빈치류(貧齒類) 동물〕. ◇ **slóthful** adj.

slóth bèar n. 곰의 일종〔인도·실론산(産)〕.

sloth·ful [slɔːθfəl, slouθ- / slouθ-] adj. 나태한, 게으른, 빈둥거리는. ⇨ IDLE 〔類語〕 **-ly** [-fəli] adv. **-ness** n.

*****slót machìne** n. 자동 판매기; 자동(공중) 전화기; 자동 도박기.

slót màn n. 〔신문사의〕 기사(원고) 정리 부장 〔뉴스 기사의 레이아웃을 담당하는 신문 편집자〕.

slót ràcing n. ⇨ SLOT CAR.

slouch [slautʃ] vi. **1** 보기 흉한 자세로 수그리다, 몸을 굽히고 보기 흉하게 앉다(서다, 걷다). ¶ *slouch about* (or *along*) 앞을 꾸부정하게 몸을 수그리고 돌아다니다. **2** 〔모자의 챙 따위가〕 앞으로 늘어지다. — vt. **1** 〔어깨 따위〕를 앞으로 구부리다. **2** 〔모자챙 따위〕를 앞으로 늘어뜨리다. **3** **1** 앞으로 수그림; 앞으로 구부린 자세. **2** = SLOUCH HAT. **3** 《구어》 솜씨가 무

딘 사람, 게으름뱅이; 변변치 못한 사람(것) (* 종종 부정어와 함께 사용한다). ¶ He is no *slouch* at table tennis. 그는 탁구는 잘 한다.

slóuch hát n. 〔앞챙이 늘어진〕 소프트 모자.

slouch·y [sláutʃi] adj. (**slouch·i·er, slouch·i·est**) **1** 〔자세가〕 앞으로 수그린. **2** 단정치 못한, 게으른.
slouch·i·ly adv. **slouch·i·ness** n.

slough[1] [slau〔n. 2〕] n. **1** 진창, 진구렁, 수렁. **2** 《美以》《美·캐나다》 습지, 늪지대, 소지(沼地)(slew). **3** 빠져나갈 수 없는 상황; 〔타락·절망 따위의〕 수렁, 구렁텅이.

the Slough of Despond 실망의 수렁, 절망의 구렁이 [← Bunyan 작: *Pilgrim's Progress*]. — vt. 《美》 …을 흙탕물 구덩이(와 같은 상태)에 빠뜨리다. **2** 〔차〕를 체포하다(arrest)(…*in, up*).

slough[2] [slʌf] n. **1** 〔뱀 따위의〕 허물; 탈피(脫皮). **2** 《비유적》 버린 습관 〔편견 따위〕. **3** 〔부스럼〕 딱지 (scab). **4** 〔카드놀이〕 버린 패(discard). — vi. **1** 〔뱀의 허물 따위가〕 벗겨지다, 허물벗다. **2** 〔딱지 따위가〕 떨어지다, 벗겨지다. **3** 〔카드놀이〕 패를 버리다. — vt. **1** 〔껍질 따위〕를 벗다. **2** 《비유적》 …을 버리다, 벗어버리다(…*off*). ¶ (~+剧) *slough off* old habits 오랜 습관을 벗어던지다. **3** 〔병의 부위 따위〕를 벗기다. **4** 〔카드놀이〕〔불필요한 패〕를 버리다.

slough over …을 가볍게 보다(slight).

slough·y[1] [slúːi, sláui / sláui] adj. (**slough·i·er, slough·i·est**) 흙탕물 구덩이가 많은, 수렁이 깊은; 소택(沼澤)이 많은.

slough·y[2] [slʌ́fi] adj. 허물의(같은); 딱지의(같은); 벗겨져 나가는; 탈락(脫落)하는.

Slo·vak [slóuvæk] n. **1** 슬로바키아 사람. **2** ⓤ 슬로바키아말. — adj. 슬로바키아의; 슬로바키아 사람(말)의.

Slo·va·ki·a [slo(u)vɑ́ːkiə, -vǽk-] n. 슬로바키아〔구 체코슬로바키아 연방의 일부였으나 1993년 1월 분리 독립. 정식 명칭은 Slovak Republic, 수도 Bratislava〕.

Slo·va·ki·an [slo(u)vɑ́ːkiən, -vǽk-] n. = Slovak.

slov·en [slʌ́v(ə)n] n. 〔옷차림·외양·언동 따위가〕 단정치 못한 사람, 게으른 사람.

Slo·vene [slóuviːn, - -́] n. **1** 슬로베니아 사람. **2** ⓤ 슬로베니아말. — adj. 슬로베니아의; 슬로베니아 사람(말)의.

Slo·ve·ni·a [slo(u)víːniə, -njən] n. 슬로베니아 〔구 유고슬라비아 연방의 한 공화국이었으나, 1991년 6월에 독립, 수도 Ljubljana〕.

Slo·ve·ni·an [slo(u)víːniən, -njən] adj., n. = Slovene.

slov·en·li·ness [slʌ́v(ə)nlinis] n. ⓤ 게으름; 겉날림.

*****slov·en·ly** [slʌ́v(ə)nli] adj. (**-li·er, -li·est**) 〔옷차림 따위가〕 단정치 못한; 〔일 따위가〕 거친, 아무렇게나 하는; 〔말씨 따위가〕 아무렇게나 하는. — adv. 《고어》 칠칠치 못하게; 엉성하게.

‡**slow** [slou] adj. **1** 〔속도가〕 느린, 더딘, 완만한. ¶ a *slow* train 완행 열차 / a *slow* stream(tempo) 느린(완만한) 흐름(템포) / *Slow* and (or but) steady wins the race. 《속담》 드문드문 걸어도 황소 걸음, 느려도 착실히 하면 이긴다. **2** 〔변화·작용 따위가〕 더딘, 완만한. **3** 〔사진〕 노출 시간이 긴, 감광도(感光度)가 낮은. ¶ a *slow* poison 약효가 더딘 독약 / a *slow* growth 완만한 성장 / a *slow* film 감광도가 낮은 필름. **3** 동작·움직임·감각 따위가〕 둔한, 우둔한; 좀체로 …하지 않는. ¶ *slow* wits 아둔패기, 바보 // be *slow* of speech 입이 무겁다 / He is slow *in*(or *of*) *understanding*. 그는 이해가 늦다 // be *slow* to take offense 좀처럼 성내지 않는다. **4** 〔상황(商況)·무역 따위가〕 활발치 못한; 〔화력이〕 약한, 잘 안 타는. ¶ a *slow* season 불경기 / a *slow* fire 약한 불, 뭉근 불. **5** 〔보통 서술용법〕 〔시계 따위가〕 더디

slow burn / **slumgullion**

가는; [사람이] 시간에 늦은, 지각한. ¶ This watch is five minutes *slow*. 이 시계는 5분 늦다 // The guests are *slow* in arriving. 손님들의 도착이 늦다. **6** 시간 가는 것이 더딘; 활기가 없는; 지루한(boring); 재미없는. ¶ a *slow* day 긴(지루한) 하루 / a *slow* town 활기없는 도시 / a *slow* party 지루한 파티.
— *adv.* 더디게, 느리게, 천천히(* go, run, speak, burn 따위 동사의 뒤, 또는 감탄문에서 how 다음에 쓰인다). ¶ Drive *slow*. 차량 서행 / Please read *slower*. 더 천천히 읽어 주시오.
go slow ① 천천히 하다(가다). ② 늦어지다. ③ 천천히 신중하게 하다, 조심하다.
— *vi.* 속력이 떨어지다, 속력을 늦추다; 늦어지다 (*down, up, off*). — *vt.* [속력을] 떨어뜨리다, 늦추다; …을 지연시키다 (*…down, up, off*). **~ness** *n.*
◇ **slówly** *adv.*

slów búrn *n.* 《美속어》 천천히(점점) 약이 오르기; 화가 치밀어오르기(* 종종 다음 숙어로). ¶ do a *slow burn* 점점 화가 치밀어오르다.

slów cóach *n.* 굼벵이, 미련퉁이; 시대에 뒤떨어진 사

*slow-down [slóudàun] *n.* **1** 감속. **2** 조업(操業) 단축; 《美》 태업(怠業) 《英》 go-slow.

slow-foot·ed [slóufútid] *adj.* 발이 느린, 느림보의.

‡**slów·ly** [slóuli] *adv.* 늦게, 더디게, 느리게.

slów mátch *n.* [폭발용] 도화선.

slow-mo·tion [slóumóu(ə)n] *adj.* **1** [동작·운동이] 느린. **2** 고속도 촬영에 의한; 슬로모션의.

slow-mov·ing [slóumúːviŋ] *adj.* **1** 걸음이 느린, 움직임이 굼뜬; 진보가 더딘. **2** [상품 따위의] 매출이 부진한.

slow·poke [slóupòuk] *n.* 《속어》 느림보; 진보가 더딘

slów púncture *n.* 서서히 공기가 빠져나가는 펑크.

slów reáctor *n.* 저속 중성자 원자로.

slów tíme *n.* 《美구어》 [서머타임에 대하여] 표준시 (標準時). *cf.* daylight saving time

slów vírus *n.* 슬로 바이러스 《체내에 오래 머무는 만성병 바이러스》. [(dull).

slow-wit·ted [slóuwítid] *adj.* 머리가 나쁜, 우둔한

slow·worm [slóuwə̀ːrm] *n.* 유럽산(産) 무족(無足) 도마뱀 《blindworm》.

sloyd [slɔid] *n.* ⓤ 목공(木工)에 중점을 둔 스웨덴식 공작(工作) 교육(과정).

S.L.P. (略) Socialist Labor Party (사회 노동당).

S.L.R. (略) single-*l*ens *r*eflex (단안(單眼) 레플렉스 카메라).

SLSI (略) 《전자공학》 *s*uper *l*arge *s*cale *i*ntegration (초(超) 대규모 집적 회로).

slub [slʌb] *vt.* (**slubbed, slub·bing**) [양털·솜 따위의 슬라이버(sliver)]로 초벌 꼬다, …을 시방(始紡)하다.
— *n.* 시방사, 초벌 꼰 방적사(紡績絲).

slub·ber[1] [slʌ́bər] *n.* 시방기(機).

slub·ber[2] [slʌ́bər] *vt.* **1** …을 되는 대로 하다, 서둘러 아무렇게나 하다. **2** 《주로 英방언》 …을 더럽히다 (stain).

sludge [slʌdʒ] *n.* ⓤ **1** 진흙, 진창, 녹은 눈. **2** [강 바닥의] 연한 진흙, 침전물; [보일러 따위의] 침적물, 앙금, 찌꺼기 된 폐수. **3** [항해] 묽에 뜬 작은 얼음.

sludg·y [slʌ́dʒi] *adj.* (**sludg·i·er, sludg·i·est**) 진흙투성이의, 진창의.

slue[1] [sluː] *v.* (**slued, slu·ing**). *n.* =slew[2].
slue[2] [sluː] *n.* =slew[3].
slue[3] [sluː] *n.* =slew[4].

*slug[1] [slʌg] *n.* **1** [동물] 괄태충(括胎蟲); 괄태충 모양의 나방 유충의 총칭. **2** 느린 사람(차, 동물). **3** 조그만 쇠덩어리. **4** [공기총·공 소총 따위의] 산탄, 탄환(bullet). **5** [자동 판매기용] 대용 동전; 가짜 동전. **6** 《속어》 [라이노타이프]활자의 행; 두꺼운 공목(인테르). **7** [물리] 슬러그 《1파운드의 무게가 작용할 때 1푸트/s²의 가속도를 내는 질량》. — *v.* (**slugged, slug·ging**) *vi.*

1 《드물게》 게으름 피우다, 빈둥거리다. **2** 《英》 괄태 충을 잡다. — *vt.* **1** [시간을] 빈둥거리며 보내다. **2** [인쇄] …에 공목(인테르)을 끼우다.
◇ **slúggish** *adj.*

slug[2] [slʌg] *n.* 《美구어》 *v.* (**slugged, slug·ging**) *vt.* [주먹으로] …을 강타하다; [야구·크리켓에서] [공]을 세게 치다. — *vi.* 강타하다, 격렬하게 싸우다; [애써] 나아가다. — *n.* [주먹에 의한] 강타.

slug[3] [slʌg] *n.* 《美구어》 [스트레이트로 마시는] 술 한잔.

slug·a·bed [slʌ́gəbèd] *n.* 잠꾸러기; 게으름뱅이.

slug·fest [slʌ́gfèst] *n.* 《美구어》 **1** [권투] 강타를 주 고받기. **2** [야구] 격렬한 타격전.

slug·gard [slʌ́gərd] *n.* 게으름뱅이, 나태한 사람.
— *adj.* 게으른, 일을 귀찮아하는. [아 하는.

slug·gard·ly [slʌ́gərdli] *adj.* 게으른, 느린; [매사에] 귀찮

slug·ger [slʌ́gər] *n.* 《美구어》 [야구의] 강타자, 슬러거; [상금을 노리는] 직업 권투 선수. [(率).

slúg·ging àverage [slʌ́giŋ-] *n.* [야구] 장타율(長打

slúg·ging mátch *n.* 《美구어》 =slugfest.

*slug·gish [slʌ́giʃ] *adj.* **1** 게으른, 나태한. ⇒ INACTIVE 頬語 **2** [반응·움직임 따위가] 둔한, 느린; [흐름 따위가] 완만한. **3** 활기가 없는, 굼뜬. **4** [상황(商況) 따위가] 활발하지 못한, 불경기의. **~·ly** *adv.* **~·ness** *n.*

sluice [sluːs] *n.* **1** 봇둑; 수문 (sluice gate). **2** 수문에서 흘러나오는 물, 봇물. **3** 인공 수로, 방수로(放水路); 배수구(溝); [목재 따위를 떠내려보내는] 인공 수로. **4** [광산] 세광(洗鑛)용 홈통, 물받이. **5** [감정 따위의] 배출[구].

open (or **free, let loose**) **the sluices** ① 수문을 열다. ② 와락 말문을 터뜨리다.
— *v.* (**sluiced, sluic·ing**) *vt.* **1** [수문을 열어] [물]을 흘러내보내다 (*…out, down*). **2** [수문을 열어] [물]을 끌다 (*…into, from, out of*). ¶ (~+囯+前+名) *sluice* water *into* a pond [홈통에서] 연못에 물을 끌다. **3** …에 수문을 설치하다. **4** [물을 쏟아부어 흘려] …을 씻어 내다(없애다). **5** [재목을] 인공 수로로 흘려보내다. **6** [광산] [사금]을 세광(洗鑛) 홈통으로 채취하다.
— *vi.* 수문에서 쏟아져 나오다, 세차게 흐르다.

slúice gàte *n.* 수문.

slúice vàlve *n.* [수문의] 제수(制水) 밸브, 제수판 [溜].

sluice·way [slúːswèi] *n.* 수문구(水門溝), 방수로, 인공 수로.

slum[1] [slʌm] *n.* (보통 ~s) 빈민굴, 슬럼가(街), 빈민가. — *vi.* (**slummed, slum·ming**) [호기심 또는 자선을 위하여] 빈민굴을 방문(시찰)하다.
go slumming 빈민굴에서 자선 사업을 하다.

slum[2] [slʌm] *n.* ⓤ 이광(泥鑛).

‡**slum·ber** [slʌ́mbər] *vi.* **1** 선잠을 자다, 잠시 졸다. **2** 활동하지 않다, 하는 일 없이 지내다. — *vt.* **1** [시간을] 잠자고 보내다, 허송하다 (*…away, out, through*). ¶ (~+囯+前) I *slumbered away* the daytime. 나는 낮 동안 잠만 자고 지냈다. **2** [불안 따위를] 잠으로 쫓다 (*…away*). — *n.* ⓒⓤ **1** [특히 가벼운] 잠, 선잠, 졸음, 얕은 잠. **2** 무활동 상태, 침체.
◇ **slúmberous** *adj.* [보.

slum·ber·er [slʌ́mbərər] *n.* 잠자는 사람; 게으른 잠

slum·ber·land [slʌ́mbərlænd] *n.* ⓤⓒ 잠의 나라(아이들이 꿈 속에서 찾아간다는 가상의 나라).

slum·ber·ous [slʌ́mb(ə)rəs], **-brous** [-brəs] *adj.* **1** 졸린, 졸려 하는, 꾸벅꾸벅 조는, 졸음 겨운, **2** 졸리게 하는, 잠들게 하는. **3** 조용한, 잠자는 듯한. ¶ a *slumberous* village 잠자듯 조용한 마을.

slúmber pàrty *n.* 《美》 파자마 파티(pajama party) 《10대의 소녀들이 동성의 친구집에서 자며 노는 파티》.

slúm cléarance *n.* 슬럼 철거[정책]; 불량 주택가 개량 사업, 도시 재개발.

slum·dwel·ler [slʌ́mdwèlər] *n.* 빈민굴의 주민.

slum·gul·lion [slʌmgʌ́ljən] *n.* ⓤ 《美구어》 묽은 싸구

slum·lord [slʌ́mlɔ̀:rd] *n.* 《美속어》 슬럼가(街)의 아파트 주인.
slum·mer [slʌ́mər] *n.* 슬럼가의 주민, 슬럼가를 구경하는 사람, 슬럼가에서 봉사 활동을 하는 사람.
slum·my [slʌ́mi] *adj.* 슬럼가풍의.
slump [slʌmp] *vi.* **1** 쿵하고 떨어지다, 털썩[쑥] 빠지다. ¶ *slump down into* a hole 구멍으로 쿵하고 떨어지다. **2** [경기가] 쇠퇴하다; 기력이 떨어지다, 기가 죽다, 슬럼프에 빠지다; 폭락하다. **3** [사업·인기 따위가] 급격히 쇠퇴하다. — *n.* **1** 쿵(뚝) 떨어지기. **2** 부진, 슬럼프. **3** [물가 따위의] 폭락. **4** [사업·인기 따위의] 부진, 불황(depression), 급락(急落). *cf.* boom
slump·fla·tion [slʌmpfléiʃ(ə)n] *n.* 불경기 하의 인플레이션. *cf.* stagflation [<SLUMP+[IN]FLATION]
*slung** [slʌŋ] *v.* sling의 과거·과거 분사.
slúng shót *n.* 가죽·밧줄·사슬 등의 끝에 분동(分銅)을 매단 무기.
slunk [slʌŋk] *v.* slink¹,² 의 과거·과거 분사.
slur [slə:r] *v.* (**slurred, slur·ring**) *vt.* **1** …을 본체만체하다, 못보고 지나가다(...*over*). **2** [의무 따위를] 아무렇게나 해치우다. **3** [말 따위를] 똑똑하지 않게 빨리 발음하다; [글씨·말 따위] 알아보기 힘들게 이어쓰다. **4** 《음악》…에 연결선을 긋다; [음표]를 잇대어 연주(노래)하다. **5** …을 헐뜯다, 중상하다(calumniate); [명예 따위]를 더럽히다. — *vi.* **1** 잇대어 똑똑하지 않게 말하다(읽다, 발음하다). **2** 급히 아무렇게나 하다. — *n.* **1** 똑똑하지 않게 잇대어 발음하기; 불명료한 발음. **2** [인쇄] 2중 인쇄, 선명하지 않은 부분. **3** 《음악》이음줄, 연결선. **4** 비방, 중상. **5** 오점; 오명, 치욕. *cast* (or *put*) *a slur upon*; *cast* (or *throw*) *slurs at* …을 비방하다, …에 상처를 입히다, 명예를 손상시키다; 흠을 잡다.
slurb [slə:rb] *n.* 교외의 빈민가, 슬럼가.
slur·bi·a [slə́:rbiə] *n.* [U] 교외 빈민 지구[주민].
slurp [slə:rp] *vt., vi., n.* 《속어》후루룩 소리내며 마시다(먹다); 그렇게 마시기(먹기)의 그 소리.
slur·ry [slə́:ri] *n.* (*pl.* **-ries**) 광니(鑛泥); 이장(泥漿), 슬러리[석회·석고 따위와 같은 불용해물에 물을 탄 혼합물]. — *vt.* (**-ried, -ry·ing**) …을 슬러리로 만들다.
slur·vi·an [slə́:rvion] *n., adj.* 발음이 분명치 않은 말[의].
slush [slʌʃ] *n.* [U] **1** 녹기 시작한 눈; 곤죽, 진창. **2** 【항해】 배의 조리실에서 생기는 남은 것, 찌꺼기. **3** 윤활유; 백연 석회회(白鉛石灰灰)[녹막이용]. **4** 지나치게 감상적인 이야기(글), 우는 소리, 실없는 소리. **5** 《美속어》뇌물, 매수 자금(slush fund); 가짜 돈. **6** 【英방언】게으름뱅이. **7** 《美》잘게 부순[식용의] 얼음 덩이. — *vt.* **1** [진흙 따위]를 튀기다. **2** …에 윤활유를 바르다. **3** …에 모르타르(시멘트)를 채워넣다. **4** [갑판 따위]에 물을 쏟아부다(씻다).
slúsh fúnd *n.* **1** [배에서 요리하고 남은 찌꺼기를 팔아 얻은] 자금. **2** [정치적 목적으로 쓰는] 매수(부정) 자금.
slush·y [slʌ́ʃi] *adj.* (**slush·i·er, slush·i·est**) **1** 진창의; 눈이 녹은. **2** 실없는. **3** 감상적인.
slush·i·ly *adv.* **slush·i·ness** *n.*
slut [slʌt] *n.* **1** 깔끔하지 못한 여자; 행실이 나쁜 여자; 《美》매춘부(prostitute). **2** 《戱》사소한 계집. **3** 암캐.
slut·tish [slʌ́tiʃ] *adj.* **1** 깔끔(단정)치 못한, [여자가] 행실이 나쁜. **2** 추잡한; 상스러운. ~·**ly** *adv.* ~·**ness** *n.*
‡**sly** [slai] (**sly·er, sly·est**; 《美》**sli·er, sli·est**) **1** [행동 따위가] 교활한, 간교한(crafty), 엉큼한. ¶ *a sly scheme* 엉큼한 계획 / *a sly dog* 교활(엉큼)한 놈. **2** 남모르게 살짝하는, 비밀의, 장난기가 있는, 익살맞은, 악의없는(roguish). **3** 장난기가 있는, 익살맞은.
on the sly 살짝, 남몰래.
~·**ly** *adv.* ~·**ness** *n.*
sly·boots [sláibù:ts] *n.* [특히 아이·동물의] 장 난꾸러기; 엉큼한 사람. [의] 회랑(回廊).
slype [slaip] *n.* 【건축】영국의 대성당·수도원 따위의
Sm 《화학》samarium의 원자 기호.
SM (略) service *m*odule; 〔우주공학〕 system *m*anagement(시스템 관리); *s*adism and *m*asochism(가학·피학성 성욕); *s*ado*m*asochism.
sm. (略) small.
S.M. (略)《라틴》 *Scientiae Magister* (=Master of Science 이학 석사); *s*ergeant *m*ajor; *S*tate *M*ilitia (국민 군).
*smack¹ [smæk] *n.* **1** 맛, 풍미, 향기, 독특한 풍미(향기, 맛). ¶ an orange with a bitter *smack* 쓴 맛이 나는 오렌지. **2** 기미, …풍, …비슷한 점, …다운 데(점). **3** 한 입; 소량, 조금(*of*...). ¶ *a smack* of wine 소량의 포도주. **4** 《美속어》헤로인. — *vi.* **1** 맛이 나다; 풍미(향기)가 있다(*of*...). **2** …의 기미가 있다, …다운(…같은) 데가 있다(*of*...). ¶ (~+圊) Her talk *smacks* of the stage. 그녀의 말투에는 배우 같은 데가 있다.
*smack² [smæk] *vt.* **1** …에 입맛을 다시다, 혀를 차다. ¶ (~+圊+쩰+쪝) *smack* one's lips *over* the soup 수프를 소리를 내며 마시다. **2** [손바닥 따위로] 찰싹 때리다. ¶ (~+圊+쩰+쪝) *smack* a person *on* the face 남의 얼굴을 찰싹 때리다. **3** [최초리 따위]를 휙휙(탁탁) 휘둘러 소리내다. **4** …에 크게(쪽) 소리를 내며 키스하다. — *vi.* **1** 입맛을 다시다, 혀를 차다(*at* ...). **2** 찰싹 때리다(맞다)(*against*...). **3** 크게(쪽) 소리를 내며 키스하다.
smack down 《美속어》 ① …을 호되게 질책하다. ② …을 실각시키다.
— *n.* **1** 입맛 다시기, 혀를 차기. **2** [손바닥 따위로] 찰싹 때리기. **3** 크게(쪽) 소리를 내며 하는 키스.
have a smack at 《구어》…을 해보다(try). 거절.
a smack in the eye 《구어》 ① 눈을 찰싹 때리기. ② 《구어》거절.
— *adv.* 《구어》**1** 찰싹하고, 갑자기 세차게. **2** 똑바로, 정면으로, 바로. ¶ run *smack* into …과 정면 충돌하다.
smack³ [smæk] *n.* 【연안 항행 및 어업용의】소형 돛배(벗선). **2** 《美》스맥 [배 밑에 활어조(活魚槽)를 설비한 어선].
smack·er [smǽkər] *n.* **1** 입맛을 다시는 사람. **2** 찰싹 때리는 사람. **3** (~s) 《美속어》달러(dollars); 《英속어》파운드(pounds). **4** 쪽 하고 소리나는 키스. **5** 《英》훌륭한 것, 일품(逸品).
smack·er·oo [smækərú:] *n.* (*pl.* **-oos**) 《속어》달러.
smack·head [smǽkhèd] *n.* 《속어》헤로인 상습자.
smack·ing [smǽkiŋ] *n.* [U.C] **1** 입맛 다시기, 혀차기. **2** 찰싹 때리기. — *adj.* **1** 입맛을 다시는. **2** [키스 따위가] 크게 (쪽) 소리를 내는. **3** [바람 따위가] 세찬(brisk). **4** 《美구어》아주 큰; 매우 좋은.
smacks·man [smǽksmən] *n.* (*pl.* **-men** [-mən]) 스맥(smack³)의 선주(선원).
SMaj *S*ergeant *Maj*or.
‡**small** [smɔ:l] *adj.* **1 a)** [크기·모양 따위가] 작은, [같은 종류의 다른 것과 비교하여] 소형의; 가는(thin). ⇒ LITTLE 類]. ¶ The girl is *small* for her age. 그 소녀는 나이에 비해서 작다 (*little* 이 나타내는 「귀여운, 사랑스러운」 따위의 감정적 요소를 포함하지 않는다). **b)** (고어) 세로의, 세로에 가로가 좁은. **c)** [수량·가격 따위가] 적은, 얼마 안 되는, 약간의. ¶ a *small* number 얼마 안 되는 수. **2** 사소한, 하찮은, 시시한(petty); 중요하지 않은. ¶ a *small* fault 대단치 않은 잘못. **3** 수수한, 참한, 조그마한, 소규모의, 소자본의. ¶ a *small* factory 조그마한 공장 / on a *small* scale 소규모로 / in a *small* way 소규모로, 조촐하게. **4** 마음이 좁은, 도량이 좁은(small-minded); 인색한, 비열한(mean). ¶ a man of *small* character (*or* mind) 도량이 좁은 사람 / a *small* nature 인색한 근성. **5** 신분이 낮은; 무명의. ¶ a *small* poet 무명의 시인. **6** 어린, 미숙한(im-

mature). ¶ a book for *small* children 유아용의 책. **7** [소리가] 약한, 작은(gentle). ¶ a *small* voice 작은 목소리. **8** [맥주·술 따위가] 싱거운, 묽게 한(dilute), 약한(weak). **9** 부끄러운, 기가 죽은, 초라하게 느끼는. **10** 힘이 약한, 소량의. ¶ a *small* nation 약소국. **11** [시간 따위가] 짧은(short). **12** [문자가] 소형의, 소문자의.

feel small 부끄럽게 여기다, 초라하게 느끼다, 부끄러워하다.
look small 수줍어하다, 부끄러워하다, 움츠리다.
no small 작지 않은, 대단한. ¶ He showed *no small* skill. 그는 대단한 솜씨를 보였다.
— *adv.* **1** 작게; 가늘게; 조촐하게. **2** [소리 따위] 낮게, 조용하게. **3** 경멸하여 (contemptuously).
sing small ① 낮은 목소리로 노래하다. ② 공손하게 굴다; 풀이 죽다.
— *n.* **1** (보통 the ~) 작은 물건(사람); 얼마 안 되는 것, 소량; 작은 조각. **2** (the ~) 작은 부분, 세부, [특히] 허리 부분. ¶ I feel pain in the *small* of the back 등허리 부분에 통증을 느끼다. **3** (보통 the ~) 신분이 낮은 사람; 재능이 모자라는 사람. ¶ [the] great and [the] *small* 신분의 상하 귀천[을 불문하고]. **4** (~s) 소형의 상품 [장신구·소형의 과자 따위]. **5** (~s) 《英》 Oxford 대학의 B.A. 학위를 취득하기 위한 제1차 시험(responsions). **6** (~s) 《英구어》 [자질구레한] 세탁물; 속옷(underclothes).
by small and small 조금씩, 서서히 (bit by bit).
in small 작은 형으로, 소규모로.
a small and early 소수 인원으로 빨리 끝나는 만찬
~ness *n.* ◇ smállish *adj.*

smáll ád *n.* 《英》=classified advertisement. [리.
small-age [smɔ́ːlidʒ] *n.* 《드물게》 [특히] 야생의 셀러
smáll árm *n.* (보통 ~s) 휴대 병기 [소총·권총 따위].
smáll béer *n.* **1** ⓤ《英구어》 약한 맥주. **2** ⓤⓒ 작은 병맥주. **3** ⓤ《집합적》《英구어》 하찮은 사람(것).
smáll búsiness *n.* 중소 기업. ¶ *Small Business Administration* 미국 중소 기업청.
smáll cálorie *n.* 소(小) 칼로리. ⇒ CALORIE
smáll cápital *n.* 소형 대문자 [소문자 크기의 대문자; 略 s. c.].
smáll chánge *n.* ⓤ **1** 잔돈. **2** 하찮은 것.
smáll círcle *n.* 《수학》 소원(小圓). *cf.* great circle
small-clothes [smɔ́ːlklòuz/-klòuðz/-klòuðz] *n. pl.* **1** [18세기에 유행한] 꼭 끼는 반바지. **2** 자질구레한 의류 [속옷·손수건 따위]; 아이 옷.
smáll frý *n.* ⓤ《집합적》**1** 작은 물고기, 잡어. **2** 어린이들(children). **3** 시시한 사람(것).
small-fry [smɔ́ːlfrài] *adj.* **1** 7류의, 중요치 않은. **2** 어린이[용]의, 아이들 같은. ⇨ big game
smáll gáme *n.* 《집합적》《사냥》 작은 사냥 거리, 소물.
smáll góvernment *n.* 《정치》 작은 정부 [정부 기구를 축소하여 재정 지출을 줄이는 정부].
smáll hólder *n.* 《주로 英》 소규모 자작농.
smáll hólding *n.* 《주로 英》 소규모 자작 농지.
smáll hóurs *n. pl.* (the ~) 심야, 사경(四更); 한밤중 지난 2,3시간.
smáll intéstine *n.* 소장, 작은 창자. ⇒ ALIMENTARY
small-ish [smɔ́ːliʃ] *adj.* 좀 작은, 자그마한.
small-mind-ed [smɔ́ːlmáindid] *adj.* 속이 좁은, 도량이 좁은; 인색한, 비열한. ~**ly** *adv.* ~ness *n.*
smáll píca *n.* [인쇄] 스몰 파이카 활자, 11포인트 활자. *cf.* pica¹
smáll potátoes *n. pl.* 《종종 단·복수 양용》《美구어》 그다지 중요하지 않은 사람(것), 시시한 사람(것).
*****small-pox** [smɔ́ːlpɔ̀ks/-pɔ̀ks] *n.* ⓤ 《병리》 천연두. ¶ bovine *smallpox* 우두.
smáll scréen *n.* (the ~) 《英》 텔레비전.
small-sword [smɔ́ːlsɔ̀ːrd/-sɔ̀ːd] *n.* 찌르는 칼 [펜싱에서 쓴다].

smáll tálk *n.* ⓤ 잡담, 세상 이야기 (chitchat).
small-talk [smɔ́ːltɔ̀ːk] *vi.* […와] 잡담하다.
small-time [smɔ́ːltáim] *adj.* 《구어》 하찮은, 시시한, 삼류의. *opp.* big-time
small-ware [smɔ́ːlwɛ̀ər] *n.* (보통 ~s)《英》 자질구레한 상품; 장신구; 대수롭지 않은 양품류.
smalt [smɔːlt] *n.* (보통 ~s) 화려한 감청색, 화려한 감청색의 그림 물감.
smarm [smɑːrm] *vt.* **1** 칠 하다, 살짝 바르다 (down). — *vi.* …에게 아첨하다, …에게 계속 지껄이다, 아첨하다 (over, up, to). — *n.* 헌픈 감상; 아첨; 아첨.
smarm·y [smɑ́ːrmi] *adj.* (smarm·i·er, smarm·i·est) 《주로 英구어》 지나치게 아첨하는, 몹시 공손한.

‡**smart** [smɑːrt] *adj.* **1** [아픔 따위가] 심한, 혹심, 찌르는 듯한; [상처 따위가] 따끔따끔 (쑥쑥) 쑤시는; [외용약·담배가] 쎈; [타격 따위가] 쎈, 날카로운, 통렬한. ¶ a *smart* blow 강타. **2** [사람의 행동 따위가] 활발한, 기민한, 척척 해치우는, 빠른. **3** 재치있는, 현명한, 영리한, 약삭빠른, 재기(才氣)가 있는. ⇨ CLEVER 類語 ¶ a *smart* child 영리한 아이 / It was *smart* of him to make the proposal. 그는 영리하게도 그 제안을 했다. **4** 빈틈없는; 교활한; 건방진; 허술한 점이 없는 (witty). ¶ a *smart* salesman 빈틈없는 외판원. **5 a)** [몸차림] 단정한, 맵시있는, 세련된, 멋진 (stylish). ¶ a *smart* man 멋진 사나이. **b)** [복장 따위가] 유행을 따른, 현대풍의 (fashionable). ¶ a *smart* shawl 유행을 따른 숄. **6** 《구어·방언》 꽤 많은, 상당수 (량)의, 제법 큰. ¶ a *smart* price 상당한 값. **7** [사무기기·빌딩·무기 따위가] 컴퓨터로 작동하는, 컴퓨터화 된. *opp.* dumb
as smart as a steel trap 《美구어》 매우 기민한 (영리한).
as smart as three pence 매우 영리한.
make a smart job of it 척척 (솜씨 좋게) 해내다.
a smart few 꽤 많음 (많은).
— *adv.* =smartly.
— *vi.* **1** [상처 따위가] 따끔따끔 (쑥쑥) 쑤시다, 쓰리다; [약 따위가] 스머들다, 열열하다. ¶ The burn *smarts.* 화상이 아리다. **2** 정심하다, (보고 따위에) 괴롭게 여기다, 감정이 상하다, 애태우다. ¶ (~ +前+名) *smart* at a person's remarks 남의 말에 분개하다 / I am still *smarting* from the memory. 그 일을 생각하면 아직도 가슴이 아프다. **3** 벌을 받다 (for…). — *vt.* …을 아프게 하다, 쓰리게 하다, 괴롭히다.
— *n.* **1** 상처·타박 따위의 아픔, 고통, 동통, 쑤심. **2** 마음의 아픔, 고뇌, 상심; 분노, 비분, 분개.
◇ smárten *n.*

smárt áleck (áléc) [-ǽlik] *n.* 《구어》 매우 자부심이 강한 사람; 아는 (똑똑한) 체하는 사람 (wiseguy).
smart-al-eck·y [smɑ́ːrtǽliki], **-al-ecky** [-ǽliki] *adj.* 《구어》 매우 자부심이 강한; 아는 (똑똑한) 체하는.
smárt bómb *n.* 《美軍 속어》 스마트 폭탄 [레이저 광선으로 유도되어 목표를 정확히 맞추는 폭탄].
smárt búilding *n.* 스마트 빌딩 [엘리베이터·냉난방 장치·조명·방화장치 등을 모두 컴퓨터로 자동화한 시스템의 빌딩].
smárt cárd *n.* 스마트 카드 [종래의 자기 테이프 (magnetic stripe) 대신에 마이크로 프로세서나 메모리 등의 반도체 칩을 내장한 카드].
smart-en [smɑ́ːrtn] *vt.* **1** …을 말쑥 (산뜻)하게 하다 (up). ¶ (+目+副) *smarten* up a room 방을 깨끗하게 하다 / *smarten* oneself *up* 몸차림을 말쑥하게 하다. **2** …을 교육하다, 가르치다 (…up). **3** …을 활발하게 하다; (보조 따위)를 빨리하다. — *vi.* **1** 멋내다, 깨끗해지다 (up). **2** 활발해지다.
smart·ly [smɑ́ːrtli] *adv.* **1** 호되게, 심하게, 열열 (따끔따끔)하게. **2** 활발하게, 기민하게. **3** 눈치 빠르게, 영리하게. **4** 빈틈없게, 재치있게. **5** 말쑥 (산뜻)하게, 멋지게. **6** 꽤, 상당히 (considerably).

smart money *n.* ⓤ 1 [법률] 벌금, 손해 배상금; 《英》군인의 부상 수당; 고용인이 사용인에게 지불하는 부상 수당. 2 《美》투기꾼의 투자금.

smart·ness [smá:rtnis] *n.* ⓤ 1 멋. 2 활발, 기민. 3 영리; 빈틈없음.

smart phone *n.* 고도 자동기능 전화[각종 자동 기능을 갖춘 전화].

smart set *n.* (the ~) 《집합적》유행을 따르는 사람들, 멋쟁이들.

smart·weed [smá:rtwì:d] *n.* 여뀌류(類) 식물의 일종.

smart·y [smá:rti] *n.* (*pl.* **smart·ies**) 《美구어》 = smart aleck.

smart·y-pants [smá:rtipæ̀nts] *n.* = smart aleck.

*****smash** [smæʃ] *vt.* 1 ⋯을 산산이 부수다, 분쇄하다. ⇒ BREAK 類語 ¶ (~+몸+團) *smash* a door *in* (or *down*) [밖에서] 문을 때려부수다 // (~+몸+團+名) *smash* a bottle *into* pieces 병을 산산조각으로 깨뜨리다 ¶ (~+몸+團) *smash* a window *open* 창을 때려부수어 열다. 2 ⋯을 강타하다, 후려치다, 힘껏 세게 때리다. ¶ (~+몸+團+名) He *smashed* me *with* his fist. 그는 주먹으로 나를 힘껏 때렸다. 3 [정구·배드민턴·탁구] (공)을 스매시하다. 4 ⋯을 철저하게 격파(분쇄)하다, 대패시키다(*...up*). 4 (비유적)[건강 따위]을 해치다. ¶ *smash* a theory 학설을 타파하다. 5 ⋯을 파산(도산)시키다. 5 《英속어》(가짜 돈)을 사용하다.
— *vi.* 1 산산이 부서지다(깨지다), 박살나다. ¶ (~+前+名) The glass *smashed into* pieces. 컵은 산산조각으로 깨졌다. 2 격돌하다(*against*, *into*, *through* ...). ¶ (~+前+名) The car *smashed into* a guardrail. 자동차는 난간에 격돌했다. 3 파산하다(*up*). 4 [정구 따위에서] 스매시하다.
— *n.* 1 분쇄, 도괴(倒壞); 부서지는 소리. 2 격돌, 충돌[음]. 3 격파, 파멸, 파탄, 파산(bankruptcy). 4 강타, 강렬한 일격. 5 [정구·배드민턴·탁구]스매시. 7 ⓤⓒ 스매시 [일종의 알코올 음료]. 8 《美》크게 적중함, 대성공, 히트.

go (or *come*) *to smash* 《구어》① 산산이 부서지다, 깨지다. ② 파산하다. ③ 완패하다.
— *adv.* 쨍그랑 하고; 정면으로. ¶ go (or run) *smash into*... ⋯에 정면으로 부딪히다, ⋯과 정면 충돌하다.
— *adj.* 《구어》 대성공의, 크게 적중한, 히트한.

smash-and-grab [smǽʃ(ə)ngrǽb] *adj.* 《특히 英구어》 진열장을 깨고 귀중품을 털어가는. ¶ *smash-and-grab* raid 진열장을 깨고 귀중품을 순식간에 털어가는 도둑질.

smashed [smæʃt] *adj.* 《속어》술 취한.

smash·er [smǽʃər] *n.* 1 분쇄자(기); 분쇄물. 2 강타, 호된 추락. 3 《주로 英구어》훌륭한(멋진) 것(사람). 4 [정구 등에서] 스매시하는 사람. 5 [상대를] 믿고 따르게 하는 주장. 6 가짜 돈 사용자.

smash hit *n.* 《구어》[연극] 대성공, 대히트.

smash·ing [smǽʃiŋ] *adj.* 1 분쇄하는. 2 《구어》 맹렬한, 압도적인; 훌륭한. ¶ win a *smashing* victory 대승리를 거두다. **~·ly** *adv.*

smash-up [smǽʃʌp] *n.* 1 분쇄, 파쇄(破碎). 2 [자동차 따위의] 충돌. 3 파멸, 전멸; 재난, 파국. 4 [사업의] 실패; 파산.

smat·ter [smǽtər] *vi.*, *vt.* 1 아는 체하고 이야기하다, 어설픈 지식을 자랑하다. 2 어설프게 알다.
— *n.* 수박 겉핥기[의 지식].

smat·ter·er [smǽtərər] *n.* 어설프게 아는 사람, 수박 겉핥기로 아는 사람.

smat·ter·ing [smǽt(ə)riŋ] *n.* (보통 단수로만 써서) 수박 겉핥기로 아는, 어설픈 지식[수효](*of*...). ¶ a *smattering* of Greek 어설픈 그리스어 지식. — *adj.* 어설프게 아는, 수박 겉핥기의.

smaze [smeiz] *n.* 《美》연하(煙霞) [smog 보다 엷고 연기와 아지랭이가 섞인 것]. [<SM[OKE]+H[AZE]]

*****smear** [smiər] *vt.* 1 [기름·페인트·오물 등]을 바르다; [상처 따위]에 유상(油狀) 약제 따위를 도포하다 (바르다). ¶ (~+몸+前+名) *smear* butter *on* bread 빵에 버터를 바르다. 2 ⋯을 문질러 더럽히다; ⋯을 못 알아보게 하다. 3 [명성·명예 등]을 손상하다. 4 《美속어》⋯을 완패시키다, 철저하게 해치우다. 5 《美속어》⋯에게 뇌물을 주다(bribe). — *vi.* 더러워지다; 희미하게 되다. — *n.* 1 더러움, 얼룩, 오점. 2 칠하는 것, 유성(油性)(점성(粘性)의 것, [도기의] 유약. 3 도말(塗抹) [표본] [현미경의 검경판(檢鏡板)에 바른 극소량의 피검(被檢) 재료]. 4 명예 훼손, 중상.
◇ **sméary** *adj.*

smear-sheet [smíərʃìːt] *n.* [스캔들·악랄한 풍자를 일삼는] 저속 신문(잡지).

smear test *n.* = Pap test(smear).

smear word *n.* 중상, 비방.

smear·y [smí(ː)ri / smíəri] *adj.* (**smear·i·er**, **smear·i·est**) 1 더럽혀진, 얼룩투성이의. 2 기름이 밴, 끈적거리는. **smear·i·ness** *n.* [頭]의 홈에 낀 때.

smeg·ma [smégmə] *n.* ⓤ 피지(皮脂); [특히] 귀두(龜

‡**smell** [smel] *v.* (**smelled** or **smelt**, **smel·ling**) *vt.* 1 [후각(嗅覺)으로] ⋯을 냄새맡다(sniff), 냄새맡아서 알다; ⋯의 냄새를 알아채다. ¶ (~+몸+-ing) Nobody *smelled* gas *leaking*. 아무도 가스 새는 냄새를 맡지 못했다. 2 냄새맡아서 알아(찾아)내다; ⋯을 찾아내다, ⋯을 찾아내다(*...out*). ¶ (~+몸+團) *smell out* a plot 음모를 눈치채다. 3 ⋯의 냄새를 피우다; ⋯을 취기(臭氣)로 채우다(*...up*). ¶ You *smell* beer. 맥주 냄새가 난다 // (~+몸+團) The burnt toast *smelled up* the room. 탄 토스트의 냄새가 온 방을 가득 채웠다. — *vi.* 1 냄새를 맡다, 후각을 작용하다, 후각이 있다(*at*, *of*...). ¶ (~+前+名) She is *smelling at* lilacs. 그녀는 라일락 꽃의 냄새를 맡고 있다 / Just *smell of* this herb. 잠깐 이 풀의 냄새를 맡아보세요. 2 냄새맡으며 돌아다니다, 찾아다니다. ¶ (~+團) The policemen *smelled* all *about* (or *around*). 경관들은 부근을 구석구석까지 훑었다. 3 냄새가 풍기다, […의] 냄새가 나다, 고약한 냄새가 나다(*of*...). ¶ (~+前+名) *smell good* 좋은 냄새가 나다 // (~+前+名) His breath *smells of* garlic. 그의 입김에서 마늘 냄새가 지독하다. 4 악취를 풍기다, 구리다 (stink). ¶ The eggs *smell*. 그 달걀은 상한 냄새가 난다. 5 (비유적) ⋯한 데가 있다, ⋯의 낌새가 나다(*of*...).

smell a rat 의심하다, [낌새를] 눈치채다.

smell of the lamp ⇒ LAMP.

smell powder 종군 경험이 있다, 실전 경험이 있다.
— *n.* 1 ⓤ 후각. 2 ⓤⓒ 냄새, 향기. ¶ a pleasing 類語 **smell** 「냄새·향기」의 뜻의 가장 일반적인 말: the *smell* of grass 풀 냄새. **odor** 물질의 화학적 특성으로서의 smell; 흔히 발산해서 즉시 맡을 수 있는 smell: the *odor* of gasoline 가솔린 냄새. **scent** 약한 smell. 종종 예민한 후각이 아니면 맡을 수 없음을 암시한다: the *scent* of a distant fire 먼 곳에서 나는 화재의 냄새. **fragrance** 꽃 및 그 밖의 성장하는 것이 발산하는 신선한 좋은 smell: the *fragrance* in the garden 정원에 풍기는 향기. **perfume** 강한 fragrance: the *perfume* of lilies 백합의 향기. **aroma** 주위에 퍼져서 후각뿐만 아니라 미각을 돋우는 향기로운 smell: the *aroma* of coffee 커피의 향기로운 냄새.

3 ⓤⓒ 악취, 구린내. 4 [냄새를] 맡기. 5 ⓤⓒ 기미, 낌새(atmosphere).

take a smell at; *have a smell of* ⋯의 냄새를 맡다.
◇ **smélly** *adj.*

smell·er [smélər] *n.* 1 냄새맡는 사람, 후각으로 검사하는 사람, 후각이 있는 동물. 2 촉각, 촉모(觸毛). 3 《속어》코; 주먹; 강타하기.

smell·ie [sméli] *n.* 냄새를 풍기는 영화.

smell·ing bot·tle [sméliŋ-] *n.* 정신들게 하는 약병, 냄새맡는 병 [smelling salts 를 넣은 작은 병].

smélling sàlts *n. pl.* 정신들게 하는 약.
smell-less [smélis] *adj.* **1** 냄새 없는. **2** 후각이 없는.
Smell-O-Vi·sion [smélouvìʒ(ə)n] *n.* 《상표명》스멜로비전[냄새를 풍기는] 영화.
smel·ly [sméli] *adj.* (**smell·i·er, smell·i·est**) [싫은] 냄새가 나는, 악취를 풍기는. **smell·i·ness** *n.*
smelt[1] [smelt] *vt.* **1** [광석 따위]를 용해하다. **2** [용해하여]…에서 금속을 뽑아내다, …을 제련(製鍊)하다.
smelt[2] [smelt] *n.* (*pl.* **smelts** *or* **smelt**) 빙어(氷魚)의 식용어.
‡**smelt**[3] [smelt] *v.* **smell** 의 과거·과거 분사.
smelt·er [sméltər] *n.* 제련자; 제련소; 제련소 소유자.
smew [smjuː] *n.* 흰비오리 [오리과(科)의 물새].
smid·gen [smídʒin] *n.* 《구어》 소량, 소수, 조금 (bit).
smi·lax [smáilæks] *n.* **1** 청미래덩굴 〔백합과(科)의 식물〕. **2** 사르사파릴라 〔온실 재배의 관엽(觀葉) 식물〕.
‡**smile** [smail] *v.* (**smiled, smil·ing**) *vi.* **1** 미소짓다, 생긋 웃다, 생글생글 웃다. ¶ LAUGH 類語 ¶ 〔~+젠+명〕 The infant *smiled at* (*or on*) his mother. 그 애기는 어머니를 보고 방실 웃었다 // (~+*to do*) She *smiled to* see the sight. 그 광경을 보고 그녀는 미소지었다. **2** 일소(一笑)에 부치다, 비웃다(*at*…). **3** 〔풍경 따위〕 보기에 즐겁다, 환하다. ¶ *smiling* flowers 환하게 핀 꽃. **4** 〔운 따위가〕 트이다, 열리다. ¶ 〔~+젠+명〕 Fortune *smiled upon* him. 그에게 행운이 트였다.
I should smile. 《속어·경멸적》 그럴거야.
— *vt.* **1** 〔동족 목적어와 함께〕…한 웃음을 웃다. ¶ *smile* a sweet (a happy) *smile* 상냥하게[즐겁게] 미소하다. **2** 미소로 …을 나타내다. ¶ *smile* approval 미소로 찬성을 나타내다. **3** 미소하며 …시키다. ¶ (~+목+젠+명) *smile* a person *into* peace of mind 생긋 웃으며 남을 안심시키다 // 〔~+목+젠+명〕 *smile* one's grief (*or* tears) *away* 웃음으로 슬픔을 잊어버리다.
come up smiling 《구어》 재난을 당하고도 기운차게 일어서다.
keep smile 《美구어》 기운을 내다.
Smile when you say that. 《구어》 농담으로 알겠다.
— *n.* 미소, 방실거림; 웃는 얼굴, 희색(喜色). ¶ with a *smile* on one's face 얼굴에 미소를 머금고. **2** (보통 ~s) 호의, 은혜. ¶ the *smiles* of fortune 운명의 은총. **3** 〔풍경 따위의〕 환함. **4** 《속어》 술; 〔특히〕 위스키 한 잔. ◇ smíleless *adj.*
smile·less [smáillis] *adj.* 웃지 않는, 진지한(solemn).
smil·ey [smáili] *adj.* 생글거리는, 미소 띤.
*smil·ing [smáiliŋ] *adj.* **1** 생글거리는, 방긋 웃는. **2** 〔경치가〕 밝은, 청명한, 화창한. — **·ly** *adv.*
smirch [sməːrtʃ] *vt.* **1** …을 더럽히다, 때묻히다. **2** 〔명예〕를 손상하여; 욕되게 하다. — *n.* 더러움, 얼룩, 오점; 오명, 불명예.
smirk [smərːk] *vi.* 뽐내며[점잖빼며] 웃다; 억지로 웃다. — *n.* 억지 웃음, 선웃음.
*smite [smait] *v.* (**smote** *or* 〔고어·詩〕 **smit, smit·ten** *or* 〔고어·詩〕 **smit, smit·ing**) 〔주로 고어·詩〕 (* 현재는 일반적으로 strike 를 쓴다) *vt.* **1** …을 강타하다, …을 세게 때리다(치다). ¶ 〔~+목+剧〕 *smite* a person *dead* 남을 때려 죽이다. **2** …을 패배시키다, 때려 죽이다. ¶ *smite* the enemy *hip and thigh* 〔질병·재해 따위가〕…을 갑자기 덮치다. **4** 〔남의 마음〕을 괴롭히다; …으로 괴로워하다. ¶ My conscience *smites* me. 나는 양심의 가책으로 괴로워하고 있다. **5** 〔생각 따위가 갑자기〕〔마음〕에 떠오르다. ¶ A good idea *smote* me. 좋은 아이디어가 떠올랐다. **6** 〔남의 마음〕을 세게 치다, 깊이 감동시키다; …을 매료하다(charm) (…*with*). **7** 〔소리·냄새 따위가 갑자기〕 〔감각 기관〕을 덮치다. — *vi.* **1** 강타하다, 때리다, 부딪다, ¶ 〔~+젠+명〕 His knees *smote together* in awe. 그는 두려워서 무릎이 덜덜 떨렸다. **2** 덮치다(*on, upon*…).
be smitten by (*or with*) ① 〔남〕에게 마음을 빼앗기

다. ¶ He is *smitten with* her charms. 그는 그녀의 매력에 홀딱 반하고 있다. ② 〔병〕에 걸리다.
— *n.* **1** 때리기, 강타, 타격. **2** 시도, 기도, 企. ¶ have a *smite* at …을 해보다, 시도하다.
*smith [smiθ] *n.*〔보통 복합어를 만들어〕 금속 세공인; 대장장이. ¶ a black*smith* 대장장이.
smith·er·eens [smìðəríːnz], **smith·ers** [smíðərz] *n. pl.* 〔구어〕 산산조각, 작은 파편 (bits).
smith·er·y [smíθəri] *n.* (*pl.* **-er·ies**) ⓤ 대장장이의 직; ⓒ 철공장.
Smith·só·ni·an Insti·tú·tion [smiθsóuniən-] *n.* 스미스소니언 협회 〔Washington, D.C.에 있는 학술 협회. 1846년 창립〕;〔동협회 소속의〕 미국 국립 박물관.
smith·y [smíθi, smíði] *n.* (*pl.* **smith·ies**) 대장장이의 일터, 대장간; 대장장이 (blacksmith).
smit·ten [smítn] *v.* smite 의 과거 분사. — *adj.* **1** 세게 맞은. **2** 몹시 피로워하는. **3** 홀딱 반한, 매료된.
S.M.M. (略) 〔우주공학〕 *Solar Maximum Mission* 《미국의》태양 활동 관측 위성).
*smock [smɑk / smɔk] *n.* 헐거운 겉옷, 작업복. — *vt.* **1** …에 smock 을 입히다. **2** 주름 (smocking)으로 장식하다.
smóck fròck *n.* 〔유럽의 농부가 입는〕 작업복, 일옷.
smock·ing [smɑ́kiŋ / smɔ́k-] *n.* ⓤ 거북 모양의 장식 주름, 쇠사슬 자수.
*smog [smɑg / smɔg] *n.* ⓤ 스모그, 연무(煙霧) 〔매연이나 배기 가스가 섞인 안개〕. ⇨ FOG 類語 〔<SM〔OKE〕+F〔OG〕〕

[smock]

smog·bound [smɑ́gbàund / smɔ́g-] *adj.* 연무(스모그)로 덮인.
smog-free [smɑ́gfrìː / smɔ́g-] *adj.* 매연이 없는, 스모그가 발생하지 않는.
smog·gy [smɑ́gi / smɔ́gi] *adj.* (**-gi·er, -gi·est**) 스모그의; 연무가 많이 낀.
smok·a·ble, smoke·a·ble [smóukəbl] *adj.* 담배 피우기에 적합한. — *n.* (보통 ~s) 〔집합적〕 담배류.
‡**smoke** [smouk] *n.* ⓤ **1** 연기, ⓒ 연기의 줄기. ¶ emit black *smoke* 검은 연기를 내다 / hang (*or* dry) a salmon in *smoke* 연어를 훈제(燻製)로 하다 / be stifled by *smoke* 연기에 숨이 막히다. ¶ *There is no smoke without fire.* 《속담》 아니 땐 굴뚝에 연기나랴. */ There is no fire without smoke.* 《속담》 연기 안내고 불을 피울 수 없다; 무슨 일에나 선약 양면이 있다. **2** 연기와 비슷한 것〔증기·안개·아지랭이 따위〕. ¶ the *smoke* of a volcano 화산이 뿜어내는 연기. **3** 실체가 없는 것, 사라져 없어지는 것, 덧없는 것; 분명치 않은 상태. ¶ The plan *ended* in smoke. 계획은 무산되었다. **4** ⓒ 흡연; 〔담배나 마리화나의〕 한 모금, 한 대 피우는 시간. **5** (보통 ~s) 《속어》 담배 (cigarette), 엽궐련 (cigar). ¶ a box of *smokes* 담배 한 상자. **6** ⓒ 모깃불. **7** 〔속어〕 쏜살같이 빛을 숨, 싸구려 술. **8** 〔공의〕 스피드. **9** ⓒ 〔美속어〕 흑인. **10** 〔속어〕 (the (big) s-) 대도시. *the* [*big, great*] *smoke* 〔英속어〕 런던, 대도시.
from smoke into smother 갈수록 태산.
like smoke; like a smoke on fire 《속어》 곧, 재빨리. — *v.* (**smoked, smok·ing**) *vi.* **1** 연기를 내다. 〔불이 잘 타지 않고〕 연기만 나다. **2** 김(수증기)을 내다(steam). **3** 흡연하다, 담배를 피우다; 《속어》 마리화나를 피우다. ¶ Do you mind my *smoking* in the room? 방 안에서 담배를 피워도 좋습니까? **4** 《속어》 〔먼지를 내며〕 질주하다(speed); 《濠》 도망치다; 실종하다. **5** 〔영 속어〕 얼굴을 붉히다(blush). — *vt.* 〔담배 따위〕를 피우다; 흡연하여 …하게 하다. ¶ (~+목+剧) *smoke away* one's time 시간을 보내려고 담배를 피우다 // (~+목+剧) *smoke* oneself *into composure* 담배를 피우며 마음을 가라앉히다. **2** …을 연기나게 하다, 태워서 연기를 내다, 그을리다; …을 연기로 소독하다. **3** …을 훈제로 하다. ¶ *smoke ham* 햄을 훈

제로 하다. **4** …을 연기로 훈증(燻蒸)하다; [여우 따위]를 연기를 피워 몰아내다(…*out*). **5** 《고어》 …을 놀리다, 괴롭히다.
smoke out ① …을 연기를 피워 몰아내다. ②《美》…을 탐지해 내다, 알아내다.
◇ smóky, smókeless *adj*.
smóke báll *n*. [군대] 연막탄, 발연통(發煙筒); [야구] 강속구(强速球).
smóke béll *n*. [남포 따위의] 그을음받이.
smóke bòmb *n*. [군대] 발연탄.
smoke-box [smóukbɑ̀ks / -bɔ̀ks] *n*. [기계] [증기 기관 따위의] 연실(煙室).
smóke consùmer *n*. 완전 연소 장치.
smóke detèctor *n*. 연기 탐지기 [화재 경보기의 하나].
smoke-dried [smóukdràid] *adj*. 훈제의, 훈제한.
smóke-filled róom [smóukfíld-] *n*. 《美》 정치적인 막후 흥정이 이루어지는 방.
smóke hélmet *n*. [소방용의] 방독면; 소방모(帽).
smoke-house [smóukhàus] *n*. (*pl*. **-hous·es** [-hàuziz]) [살코기·물고기 따위의] 훈제소(실).
smoke-in [smóukìn] *n*. 집단 흡연 항의.
smoke-jack [smóukdʒæ̀k] *n*. [불고기용] 구이꼬치를 돌리는 장치, 연차(煙車) [굴뚝에 장치하여 공기의 힘으로 구이꼬치를 돌린다].
smoke-jump·er [smóukdʒʌ̀mpər] *n*. 《美》 낙하산으로 강하하는] 삼림 소방 대원.
smoke-less [smóuklis] *adj*. 연기를 내지 않는, 무연의.
smókeless pówder *n*. ⓤ 무연 화약.
smoke-oh [smóukòu] *n*. 《濠》 [오전·오후의 노동자의] 휴식 시간(break).
smóke pollùtion *n*. 연기 공해, 연기 오염.
smoke-proof [smóukprùːf] *adj*. [방 따위가] 연기가 들어오지 않는.
*smok·er [smóukər] *n*. **1** 흡연자; 연기를 내는 것. ¶ a heavy *smoker* 담배를 많이 피우는 사람. **2** = smoking car. **3** 《英》 = smoking-concert. **4** 《美》 [남자만의] 흡연 사교회.
smóke róom *n*. (주로 英) = smoking room.
smóker's héart *n*. ⓤ 지나친 흡연으로 일어나는 심장병(tobacco heart).
smóke scréen *n*. **1** [군대] 연막. **2** (비유적) 위장(僞裝).
smoke-shade [smóukʃèid] *n*. ⓤ 대기 속의 연진도(煙塵度), 연진.
smóke shéll *n*. [군대] 발연탄(發煙彈).
smoke-stack [smóukstæ̀k] *n*. [기선·공장 따위의] 굴뚝.
smoke-stone [smóukstòun] *n*. ⓤ 연수정(煙水晶)(cairngorm).
smóke trée *n*. 황로(黃櫨); 옻나무과(科)의 관목. 꽃이 연기처럼 보인다.
Smok·ey [smóuki] *n*. 《美》 삼림 감시원의 복장을 한 곰 [산불 방지용 마크].
‡**smok·ing** [smóukiŋ] *n*. ⓤ **1** 연기를 냄, 연기가 남, 그을림. **2** [특히 상습적으로] 흡연, 끽연. **3** 많음 냄.
— *adj*. **1** 연기를 내는. **2** 김을 내는; 땀이 나는. **3** 흡연하는, 흡연이 허용된.
smóking cár *n*. 끽연차(smoker).
smóking compártment *n*. [기차의] 흡연실, 담배 피우는 칸.
smo·king-con·cert [smóukiŋkɑ̀nsəːrt / -kɔ̀n-] *n*. 《英》 담배를 피워도 좋은 음악회.
smóking gùn (pìstol) *n*. 확실한 (반박의 여지없는) 증거.
smóking jàcket *n*. 스모킹 자켓 [남자용의 헐거운 평상복].
smóking mìxture *n*. 파이프용 혼합 담배.
smóking ròom *n*. 끽연실.
smok·ing-room [smóukiŋrù(ː)m] *adj*. 흡연실에서의, 흡연실에 알맞은; 저속한, 야비한.
smóking stànd *n*. 스탠드식 재떨이.

smok·o [smóukou] *n*. (*pl*. **-os**) 《濠》 = smoke-oh.
*smok·y [smóuki] *adj*. (**smok·i·er, smok·i·est**) **1** [대량의] 연기를 내는, 내뿜, 그을리는; 연기가 자욱한; 흐릿한(hazy). **2** 연기빛의; 연기와 같은, 연기 냄새나는. **3** 연기로 더러워진.
smok·i·ly *adv*. **smok·i·ness** *n*. [gorm).
smóky quártz *n*. ⓤ [광물] 연수정(煙水晶)(cairn-
smol·der, (英) smoul- [smóuldər] *vi*. **1** 내다, 그을리다(*up*). **2** [노여움·불만 따위가] 마음에 쌓이다, 울적하다, 속에서 맺히다. **3** [억압된 감정이] 밖으로 나오다.
— *n*. ⓤⓒ 연기나는 불, 내는 불, 연기(남].
smolt [smoult] *n*. 두 살된 연어.
SMON [sman / smɔn] *n*. ⓤ 스몬병, 아급성(亞急性) 척추 시신경증(視神經症). [< subacute *myelo-optico-*
smooch¹ [smuːtʃ] *v., n*. [neuropathy]
smooch² [smuːtʃ] 《구어》 *vi*. 키스하다; 애무하다.
— *n*. 키스, 애무.
‡**smooth** [smuːð] *adj*. **1** [물체의 표면이] 매끄러운, 매끈매끈한, 평탄한, 요철(凹凸)이 없는; [닳아서 반들반들해진]. ⇨ LEVEL 顯 ¶ a *smooth* plank 납작한 판자 / a *smooth* tire 닳아빠진 타이어 // The fabric is *smooth to* touch. 그 직물은 감촉이 매끄럽다. **2** [수면이] 물결치지 않는; [날씨·바다 따위가] 잔잔한, 평온한(calm). ¶ The sea is *smooth*. 바다는 잔잔하다. **3** [피부에] 털이 안 난; [얼굴에] 수염이 없는; [모발 따위가] 손질이 잘 된, 윤이 나는. **4** [버터·소스 따위가] 응어리가 없는, 잘 이겨진, 고른; [음식물이] 입에 당기는; [소리 따위가] 귀에 거슬리지 않는. **5** [기계 따위가] 원활히 움직이는, 고장이 없는; [사물이] 술술 진행되는, 순조로운, 장애가 없는, 평온 무사한. ¶ a *smooth* running of a motor 모터의 순조로운 운전 / The airplane made a *smooth* landing. 비행기는 무사히 착륙했다. **6** [감정·기질 따위가] 온건한, 조용한(serene), 부드러운. **7** [말·태도가] 붙임성이 있는, 남의 기분을 잘 맞추는; 구변좋은. ¶ speak *smooth* things 듣기 좋은 말을 하다. **8** [말·문체 등이] 유창한, 술술 나오는(fluent); 《구어》세련된; [음성] 기식음(氣息音)이 없는. **9** 《古》즐거운, 매력있는.
make things smooth 장애를 제거하고 일을 하기 수월하게 하다.
reach (or get to) smooth water 곤란을 극복하다.
— *adv*. = smoothly.
run smooth ① 순조롭게. ② 느긋하게 움직이다.
— *vt*. **1** [물체의 평면을] 매끄럽게 하다, 평탄하게 하다, 고르다. **2** [주름·천 따위를] 펴다, [깃털·두발 따위를] 매만지다(…*down, out*). **3** [곤란·장애 따위를] 제거하다, …을 쉽게 하다. ¶ (~+圇+圇) *smooth* difficulties *away* 곤란을 제거하다. **4** …을 가라앉히다, 달래다(soothe) (…*down*). **5** [말 따위]를 부드럽게 하다; [태도]를 고상하게 하다. **6** …을 잘 얼버무리다, [과실 따위]를 숨기다, 속이다(…*away, out, over*). ¶ (~+圇+圇) *smooth over* one's faults 과실을 숨기다.
7 [수학] [식]을 간략히 하다.
— *vi*. **1** 매끄매끄해지다, 평탄해지다, 평온해지다. **2** [일이] 원활하게 되어 가다, 순조로이 되다, 안정되다. **3** (~+圇) Everything has *smoothed* down. 모든 것이 순조로운 것이다.
— *n*. **1** 매끈(평온)하게 하기, [머리 따위를] 매만지기. ¶ give a *smooth* to one's hair 머리를 매만지다. **2** 매끄러운 물건(부분), 평면, 평지; 《美》 초원, 목초지 (meadow). [을 개의치 않다.
take the rough with the smooth 인생의 고락·행복을
smooth-bore [smúːðbɔ̀ːr / -bɔ̀-] *adj*. [총포(총신) 안쪽에] 선조(旋條)가 없는, 활강(滑腔)의. — *n*. 활강총(포). *cf*. rifle¹
smooth·en [smúːð(ə)n] *v*. = smooth.
smooth·er [smúːðər] *n*. 매끄럽게 하는 사람(것).
smooth-faced [smúːðféist] *adj*. **1** [얼굴에] 수염이 없는. **2** [표면이] 매끄러운. **3** 붙임성이 좋은, 본성을

smooth·hound [smúːðhàund] *n.* 돔발상어 [유럽 연안산(產)의 몸이 매끄러운 작은 상어. 돔발상어과(科) (smoothhound shark)].

smooth·ie, smooth·y [smúːði] *n.* (*pl.* **smooth·ies**) **1** (구어) 고상한 사람, 애교가 있는 사람; 여성의 비위를 맞추는 남자. **2** 《美속어》 [좋은 유광지(流光紙)로 된] 고급 잡지. **3** 스무디 [바나나 따위 과일을 믹서로 우유, 요구르트, 아이스크림, 얼음 등과 뒤섞은 걸쭉한 음료].

smóothing ìron [smúːðiŋ-] *n.* 인두, 다리미 (flatiron).

‡**smooth·ly** [smúːðli] *adv.* 매끄럽게; 유창하게; 평온하게; 붙임성있게.

smóoth múscle *n.* [해부] 평활근(平滑筋).

smooth·ness [smúːðnis] *n.* ⓤ 매끄러움; 평온; 용이함; 유창함; 서글서글함; [음료] 감칠맛이 있음.

smooth-shav·en [smúːðʃéiv(ə)n] *adj.* 수염을 말끔히 깎은, 수염이 없는.

smooth-spo·ken [smúːðspóuk(ə)n] *adj.* 온화하게 말하는; 설득력이 있는, 구변이 좋은, 아첨을 잘 하는.

smooth-tongued [smúːðtʌ́ŋd] *adj.* 구변 좋은.

smor·gas·bord, smör·gås- [smɔ́ːrɡəsbɔ̀ːrd/-bɔ̀ːd] *n.* ⓤⓒ 스모가스보드 [스칸디나비아식 요리의 전채(前菜)]; 스모가스보드 요리점.

*smote [smout] *v.* smite의 과거형.

*smoth·er [smʌ́ðər] *vt.* **1** …을 숨막히게 하다, 질식시키다; …을 질식사시키다; …의 성장·발전을 저지하다. ¶ (~+몡+젠+몡) be *smothered* with smoke 연기로 숨이 막히다. **2** [덮어씌워서] [불]을 끄다; [등불]을 덮어 가리다. 3 (~+몡+젠+몡) *smother* a fire *with* ashes 재를 덮어 불을 끄다. **3** [연기·안개·천 따위이] …을 완전히 덮다, 둘러싸다, 싸다. **4** …을 진하게 바르다, 도포하다. **5** [사실·추문 따위]를 덮어 숨기다, 깔아뭉개다; [제안 등]을 묵살하다. ¶ (~+몡+뷔) The serious scandal was *smothered* up. 그 중대한 독직 사건은 흐지부지 얼버무려졌다. **6** [감정·충동 따위]를 억제하다, 누르다 (repress). **7** [~에게] [키스·선물 등]을 숨도 못 쉴 정도로 퍼붓다. **8** [요리] …을 찌다, 찜으로 하다. — *vi.* **1** 목이 메다, 숨이 막히다, 질식[사]하다. **2** [감정 등이] 억압되다, 울적하다. **3** 죄 따위이] 은폐되다; [제안 등이] 묵살되다. — *n.* 1 짙은 연기, 농무, 자욱한 먼지. **2** 연기가 남, 그을음; 연기나는 것. **3** 큰 소동, 대혼란, 혼란 상태. ◇ smóthery *adj.*

smoth·er·y [smʌ́ðəri] *adj.* 숨막히는, 질식시키는.

smoul·der [smóuldər] *v., n.* 《英》 =smolder.

SMS (略) shuttle *m*ission *s*imulator (우주 비행사 훈련용으로 쓰는 오비터 cockpit의 실물 크기 모형).

SMSA (略) 《美》 *S*tandard *M*etropolitan *S*tatistical *A*rea (표준 대도시 지구).

SMTAS (略) 《우주》 *s*huttle *m*odel *t*est and *a*nalysis *s*ystem (셔틀 모델 분석 시스템).

smudge [smʌdʒ] *n.* **1** 더러움, 얼룩, 오점. **2** 《美》 연기를 피우는 모닥불, 모깃불. — *v.* (**smudged, smudg·ing**) *vt.* **1** …을 더럽히다 …에 얼룩을 지게 하다. **2** 《美》 [해충의 구제(驅除)·과수의 서리 방지를 위하여] …을 그을리다. — *vi.* **1** 더러워지다, 번지다, 얼룩지다. **2** 연기가 나다, 그을다.

smudg·y [smʌ́dʒi] *adj.* (**smudg·i·er, smudg·i·est**) **1** 더러워진, 얼룩투성이의; 불명료한 (blurred). **2** 연기나는, 내운. **smúdg·i·ly** *adv.* **smúdg·i·ness** *n.*

smug [smʌg] *adj.* (**smug·ger, smug·gest**) **1** 자부심이 강한, 자기 만족의. **2** 점잔빼는, 잘난 체하는. **3** 말쑥한 (neat). — *n.* 《英學生속어》 공부 벌레. **~·ly** *adv.* **~·ness** *n.*

*smug·gle [smʌ́ɡl] *v.* (**-gled, -gling**) *vt.* **1** …을 밀수[출]하다(...*in, out, over*). ¶ *smuggled* goods 밀수품 // (~+몡+뷔) *smuggle* watches *abroad* 시계를 밀수출하다. **2** …을 밀입국(출)시키다, 밀항시키다.

3 …을 몰래 가지고 들어오다, 몰래 운반하다, 숨기다. ¶ (~+몡+젠+몡) *smuggle* a note *into* a person's hand 종이 조각을 남의 손에 살짝 넘기다. — *vi.* 밀수입(수출)하다; 밀입국(출)하다.

*smug·gler [smʌ́ɡlər] *n.* 밀수업자, 밀수선.

smut [smʌt] *n.* **1** 검댕, 석탄가루. **2** 더럼, 얼룩. **3** ⓤ 음탕한 말, 음담. **4** ⓤ [식물] 흑수병(黑穗病) [균]. — *v.* (**smut·ted, smut·ting**) *vt.* [검댕 따위로] …을 더럽히다, 검게 하다. **2** …을 흑수병에 걸리게 하다. — *vi.* **1** 더러워지다. **2** 흑수병에 걸리다.

smutch [smʌtʃ], **smouch** [smautʃ] *v., n.* =smudge.

smut·ty [smʌ́ti] *adj.* (**-ti·er, -ti·est**) **1** 검은, 더러워진, 불결한 (dirty). **2** 거무스름한, 검은빛을 띤; 흑수병에 걸린. **3** 음탕한, 음란한 (obscene). **-ti·ly** *adv.* **-ti·ness** *n.*

SMV (略) *s*low-*m*oving *v*ehicle (저속차(低速車)).

Smyr·na [smə́ːrnə] *n.* 스미르나 [Izmir의 구칭].

Sn (화학) 주석의 원자 기호.

SN (略) *s*ervice *n*umber (군번); *s*erial *n*umber (일련 번호).

snack [snæk] *n.* **1** [정해진 식사 사이에 먹는] 가벼운 식사. **2** [음식의] 한 입, 몫 (portion). ***go snack*** (or **snacks**) 몫으로 나누다. — *vi.* [정해진 식사 사이에] 가벼운 식사를 하다.

snáck bàr *n.* 《美》 간이 식당.

snáck tàble *n.* 접게 된 소형 테이블.

snaf·fle¹ [snǽfl] *n.* [말의] 작은 재갈. ***ride a person on*** (or **in, with**) **the snaffle** 남을 부드럽게 다루다; 남을 수월하게 다루다. — *vt.* (**-fled, -fling**) [말]에 작은 재갈을 물리다; [작은 재갈로] …을 제어하다, (비유적) …을 제어하다.

snaf·fle² [snǽfl] *vt.* (**-fled, -fling**) 《英속어》 …을 훔치다, 잡아채다 (steal).

sna·fu [snæfúː, -́-] *adj.* (속어) 혼란한, 뒤죽박죽의. — *n.* 혼란 상태 (confusion). — *vt.* (**-fued, -fu·ing**) …을 혼란 상태에 빠뜨리다.

snag [snæg] *n.* **1** [강·호수 따위에서 항행을 방해하는] 잠긴 나무, 가려진 나무. **2** 그루터기, [바람 따위로 꺾여진] 돌출한 짧은 가지; 마디, 옹이. **3** 부러진 이의 뿌리, 고르지 못한 이, 빠드렁니 (snaggletooth). **4** (옷 따위의) 걸려서 찢어진 곳. **5** 뜻하지 않은 장애, 곤란. ¶ ***strike*** (or **come up against**) ***a snag*** 뜻하지 않은 장애에 부딪치다. — *v.* (**snagged, snag·ging**) *vt.* **1** [보통 수동형으로] [배]를 잠긴 나무에 얹히게 하다, [잠긴 나무에 걸려서] 파손시키다. **2** [천]을 [못 같은데] 걸려서 찢다. **3** 잠긴 나무를 제거하다; [그루터기 등]을 베어내다. **4** …을 방해하다. — *vi.* **1** 얽히다. **2** [배가] 잠긴 나무에 충돌하다.

snagged [snægd] *adj.* =snaggy.

snag·gle·tooth [snǽɡltùːθ] *n.* (*pl.* -*teeth*) 고르지 못한 이, 빠드렁니, 덧니.

snag·gy [snǽɡi] *adj.* (-**gi·er, -gi·est**) **1** 그루터기가 많은, 마디(옹이)투성이의. **2** [물속에] 잠긴 나무가 많은. 장애가 많은.

‡**snail** [sneil] *n.* **1** 달팽이. ¶ *at a snail's pace* 느릿느릿. **2** 고둥, 권패(卷貝). **3** (비유적) 게으름뱅이, 늘보.

snail·er·y [snéiləri] *n.* (*pl.* -*er·ies*) 식용 달팽이 사육장.

snail·like [snéillàik] *adj.* 달팽이 같은 (snailish).

snail-paced [snéilpèist] *adj.* 매우 느린.

snail-slow [snéilslòu] *adj.* =snail-paced.

‡**snake** [sneik] *n.* **1** 뱀. ¶ *a poisonous snake* 독사. **2** [비유적] 음험하고 냉혹한 사람, 방심할 수 없는 적. **3** 연관(鉛管) 청소기. ***have snakes in one's boots*** 알코올 중독에 걸려 있다. ***raise*** (or **wake**) ***snakes*** 소동을 일으키다, 소란을 피우다.

see snakes ① 《美속어》 알코올 중독에 걸려 있다. ② 망상(妄想)의 날개를 펴다.

a snake in the grass ① 숨은 적, 눈에 보이지 않는 위험. ② (우정을 가장한) 방심할 수 없는 사람.
warm (or *cherish*) *a snake in one's bosom* 은혜를 원수로 보답받다, 믿는 도끼에 발등 찍히다.
— v. (snaked, snak·ing) vi. (뱀처럼) 꿈틀거리다, 꿈틀거리며 움직이다. — vt. 1 (신체 따위)를 휘어 구부리다, 비틀다. 2 《美구어》(통나무 따위)를 끌다, 세게 당기다(끌다), 휙 끌어(잡아)당기다.
◇ snáky, snákelike *adj.*
snake·bird [snéikbə̀ːrd] *n.* 가마우지의 일종.
snake·bite [snéikbàit] *n.* 뱀에 물린 상처.
snáke chármer *n.* 뱀 부리는 사람.
snáke dánce *n.* 1 (북미 인디언의 종교적인) 뱀 춤. 2 (향의 데모나 승리 축하식의) 지그재그 행진.
snáke éyes *n. pl.* 주사위의 2점 (1의 눈이 두 개).
snáke fénce *n.* 가로대가 갈 지(之)자 모양인 울타리.
snake·head [snéikhèd] *n.* 나도사향풀.
snake·like [snéiklàik] *adj.* 뱀 같은.
snáke òil *n.* ⓤ 《美》(장터에서 파는 두꺼비 기름과 같은) 수상쩍은 묘약.
snáke pìt *n.* 1 뱀을 기르는 구덩. 2 《구어》환자가 들어차고 혼잡한 정신 병원. 3 《구어》몹시 불결하고 혼잡한 장소.
snake·root [snéikrùːt/-rùt] *n.* 뱀뿌리 식물의 총칭. [잘 듣는다는 식물(취밥 따위).
snákes and ládders *n. pl.* 《단수 취급》어린아이의 주사위놀이의 일종.
snake·skin [snéikskìn] *n.* ⓤ 뱀가죽.
snake·weed [snéikwìːd] *n.* 범 꼬리속(屬) (여 뀌과)의 다년초. [니가 있는 나무.
snake·wood [snéikwùd] *n.* ⓤ 《브라질산(產)》뱀
snak·y [snéiki] *adj.* (snak·i·er, snak·i·est) 1 뱀의, 뱀 같은. 2 뱀이 많은. 3 꾸불꾸불한. 4 음흉한, 교활한, 간사한(cunning). snák·i·ly *adv.* snák·i·ness *n.*
‡**snap** [snæp] *v.* (snapped, snap·ping) vi. 1 찰깍 (따) 하고 소리나다, 쨀각 소리나다. 2 탁 (탕) 하고 닫히다 (잠기다). 3 딱 (똑) 부러지다, 툭 끊어지다. 4 (눈이 노여움·비꼼 따위를 나타내어) 번쩍 빛나다 (flash). ¶ His eyes are *snapping* with anger. 그의 눈은 노여움으로 번쩍이고 있다. 5 재빠르게 행동하다 (집다), 날쌔게 움직이다. ¶ (~+匣+웹) The soldiers *snapped* to attention. 병사들은 잽싸게 차려 자세를 취했다. 6 《사진》스냅 촬영을 하다, 순간 촬영을 하다. 7 (덤석) 달려들어 물다, 물어뜯다 (덤벼들다 (*at*...)). 8 딱 딱거리다, 잘칵 날카롭게 말하다 (*at*...). ¶ *snap* and snarl 딱딱거리다, 마구 욕하다.
— *vt.* 1 (덤석) 들어다, ...을 앞을 다투어 손에 넣다; ...을 잡아 (낚아) 채다, 빼앗다 (...*up, off*). 2 (~+匣+웹) *snap up* a bargain 앞을 다투어 거래하다 // (~+匣+웹) *snap* a bag *from* a person 남에게서 가방을 빼앗다. 3 ...에 달려들어 물다, 을 물다, 물어뜯다 (...*up, off*). 4 (~+匣+웹) The dog *snapped up* a piece of meat. 개는 고기 토막을 덥석 물었다. (판결 따위)를 충분히 심리하지 않고 재빨리 결정하다. 5 ...을 짤깍 (딱) 하고 소리나게 하다 (crack), (손가락 따위)를 딱하고 소리나게 하다; (권총 따위)를 쏘다; (두껑·자물쇠 따위)를 찰깍(탕)하고 채우다(열다). ¶ *snap* a whip 채찍을 짝 소리내다 // ¶ *snap* open a watch 시계의 두껑을 짤깍 열다. 5 《구어》...에게 날카롭게 말을 걸다, 심술궂게 말참견하다 (...*up*); ...을 호통치듯 말하다 (...*out*). ¶ (~+匣+웹) *snap* out one's criticisms 딱딱거리며 비난하다. 6 ...을 딱(똑) 부러뜨리다(꺾다), 툭 끊다. ¶ (~+匣+웹+웹) *snap* a stick *into* two 막대기를 둘로 딱 분지르다. 7 ...을 급히 움직이다, 급히 던지다. ¶ (~+匣+웹+웹) *snap* a ball *to* the second 공을 2루에 재빨리 던지다. 8 (사진) ...을 속사(速寫)하다, ...의 스냅 사진을 찍다. 9 (미식축구) (중위(中衛)가) (공)을 재빨리 뒤로 던지다. 10 (사냥) (총)을 속사하다. 11 (야구) (점수의 균형)을 깨다.

¶ *snap* a 1-1 tie 1대 1의 균형을 깨다.
snap one's fingers [*at*] ⇨ FINGER. [기 시작하다.
snap into it 《美구어》날쌔게 시작하다, 본격적으로 하
Snap it up (or *off*)*!* = *Snap to* (or *into*) *it!* 《구어》빨리 해!, 서둘러!; 조심해! ¶ *Come on. Snap it up!* — I'm hurrying! 자, 서둘러! — 알았어!.
snap off a person's nose (or *head*) 남의 이야기를 방해하다; 남에게 딱딱거리다.
snap out of it, *snap back* 《美구어》기운을 차리다, 정신을 차리다.
— *n.* 1 획(탁, 찰싹) 소리나기, 그 소리, 뚝(똑) 부러지기(는 소리). ¶ a *snap* of glass 유리가 쨍그랑 깨지는 소리. 2 멈춤쇠, 걸쇠; 췸쇠, 방아쇠, 스냅. 3 ⓤ (말·문체 따위가) 힘차고 명쾌한 부분; 《구어》(행동 따위의) 활기, 민활함 (nimbleness), 정력 (vigor). 4 덥석 물기, 물어뜯기; 잡아채기; 급히 먹는 식사. 5 한번 무는 양, 한입분, 조금, 소량 (bit, morsel). 6 딱딱거리기, 말다툼, 논쟁. ¶ have a *snap* with one another 서로 말다툼하다. 7 (날씨의) 일시적인 급변, (특히) 갑자기 닥쳐온 추위의 한 시기. 8 《사진》순간 촬영한 사진 (snapshot), 스냅. ¶ take a *snap* of ...의 스냅 사진을 찍다. 9 《구어》편하고 유리한 일; 수월한 학과. 10 《미식축구》(중위 (中衛)가) 재빨리 뒤로 던지기. 11 작고 무른 과자, 생강이 든 쿠키 (gingersnap). 12 ⓤ (카드놀이) 어린아이의 패 맞추기 놀이의 일종. 13 《英방언》(노동자·여행자의) 도시락(lunch).
in a snap 곧, 바로.
not care (or *give*) *a snap* [*of one's fingers*] *for* ...을 아무렇지 않게 생각하다, 조금도 개의치 않다.
not worth a snap 한푼의 가치도 없는.
— *adj.* 1 (멈춤쇠 따위가) 찰깍하고 채워지는, 용수철 장치의. 2 불의의 (unexpected), 즉석의. 3 《속어》수월한, 용이한 (easy).
— *adv.* 1 딱, 탁, 찰깍; 민첩하게 (briskly). 2 《英》
◇ snáppish, snáppy *adj.* [어) 딱 들어맞게.
SNAP (略) systems for nuclear auxiliary power (원자력 보조 전원(電源)).
snap·back [snǽpbæ̀k] *n.* (미식 축구) 중위(中衛)가 공을 재빨리 뒤로 던지기. [(bean).
snáp bèan *n.* 《美》강낭콩, 꼬투리째 먹는 콩 (string
snáp bòlt *n.* 자동식 빗장. [= flapdragon.
snap·drag·on [snǽpdræ̀gən] *n.* 1 금어초 (金魚草).
snáp fástener *n.* 스냅, 똑딱 단추.
snáp lòck *n.* 용수철 자물쇠.
snap·per [snǽpər] *n.* 1 (*pl.* ~·**pers** or ~·**per**) 도미와 비슷한 식용 물고기. 2 = snapping turtle. 3 = click beetle. 4 찰싹하고 소리내는 것; 딱딱거리는 사람.
snápping bèetle [snǽpiŋ-] *n.* = click beetle.
snápping tùrtle *n.* (북미의 강에서 나는) 자라 비슷한 거북.
snap·pish [snǽpiʃ] *adj.* 1 (개 따위가) 물려고 덤빌 듯한, 무는 버릇이 있는. 2 딱딱거리는; 성질이 급한, 골 잘내는 (irritable). 3 무뚝뚝한 (curt).
~·**ly** *adv.* ~·**ness** *n.*
snap·py [snǽpi] *adj.* (-pi·er, -pi·est) 1 (개 따위가) 무는 버릇이 있는 (snappish). 3 《불이》 바싹바싹 타는. 4 재빠른, 급한;《구어》팔팔한, 민활한. 5 《구어》(추위가) 살을 에는. 6 말쑥한, 멋진.
Make it snappy. 《美속어》서둘러라, 빨리 해라.
-**pi·ly** *adv.* -**pi·ness** *n.*
snáp ròll *n.* (항공) (비행기의) 급횡전 (急橫轉).
snap·shoot [snǽpʃùːt] *vt.* (-**shot** [-ʃɑ̀t/-ʃɔ̀t], -**shoot·ing**) ...의 스냅 사진을 찍다. [람.
snap·shoot·er [snǽpʃùːtər] *n.* 스냅 사진을 찍는 사
snap·shot [snǽpʃɑ̀t/-ʃɔ̀t] *n.* 1 스냅, 순간 촬영 사진. 2 (사냥) 속사 (速寫). — *vt., vi.* (-**shot·ted**, -**shot·ting**) (...의) 스냅 사진을 찍다.
snapshot dùmp *n.* (컴퓨터) 스냅숏 덤프(프로그램의 실행중에 레지스터나 지정된 기억역(域)의 내용을 프

snare¹ [snɛər] n. **1** 올가미, 덫. ⇨ TRAP [類語] ¶ lay (or set, spread) a snare 올가미(덫)를 놓다. **2** (비유적) 유혹(temptation), 함정. ¶ Popularity is often a snare. 인기에 편승하면 흔히 함정에 빠지기 쉽다. **3** (외과) 종기를 제거하는 기구. ── vt. (snared, snar·ing) **1** …을 덫(올가미)으로 잡다, 덫(올가미)에 걸리게 하다. ¶ I snare a fox여우를 올가미로 잡다. **2** …을 함정에 빠뜨리다(entrap), 꾀어들이다, 유혹하다.

snare² [snɛər] n. [작은 북의] 향선(響線).

snáre drúm n. 작은 북 [향선이 쳐져 있다].

snark [snɑːrk] n. **1** 괴상한 동물[Lewis Carroll 작의 The Hunting of the Snark(1876)속에 나오는 가공의 동물]. **2** (S-) 미국의 지대지(地對地) 전략용 미사일.

snarl¹ [snɑːrl] vt. [개 따위가] 이빨을 드러내고 으르렁거리다. ¶ (~ +前+名) The dog snarled at me. 그 개는 나에게 으르렁거렸다. **2** 딱딱거리다, 고함(호통)치다(at, against…). ── vi. …을 딱딱거리며 말하다, …이라고 호통치다, 소리지르며 …을 보이다(…out). ¶ (~ +前+名) He snarled out his anger. 그는 성이 나서 소리질렀다. ── n. **1** 으르렁거림, 으르렁거리는 소리. **2** 딱딱거림, 고함소리, 노호(怒號).

snarl² [snɑːrl] n. **1** [실·머리칼 따위의] 얽힘, 엉클어짐. ¶ Her hair is full of snarls. 그녀의 머리는 몹시 엉클어져 있다. **2** 혼란, 갈등, 분규. ⇨ CONFUSION [類語] ¶ all in a snarl 완전히 뒤얽혀서. **3** [나무의] 마디; [철사 따위의] 꼬임. ── vt. **1** [실·머리칼 따위를] 얽히게 하다. **2** [사태]를 혼란하게 만들다, 분규시키다. ¶ The traffic was snarled for a time owing to an accident. 사고 때문에 교통이 한때 혼란했다. **3** [금속 세공에서] [무늬 따위]를 돋우다. ── vi. [실 따위가] 얽히다; [사태 등이] 혼란하게 되다.

snarl·er [snɑːrlər] n. **1** 으르렁거리는(호통치는) 사람. **2** 으르렁거리는 동물[특히 개].

snarl·ing·ly [snɑːrliŋli] adv. **1** 으르렁거리며. **2** 딱딱거리며, 마구 지껄여대며, 호통치며.

snarl-up [snɑːrlʌp] n. 혼란, 교통 체증.

snarl·y¹ [snɑːrli] adj. (snarl·i·er, snarl·i·est) **1** 으르렁거리는. **2** 딱딱거리는.

snarl·y² [snɑːrli] adj. (snarl·i·er, snarl·i·est) [실 따위가] 얽힌; [사태 따위가] 혼란한.

‡**snatch** [snætʃ] vt. 잡아(낚아)채려 하다, 덤벼(달려)들다(at…). ¶ (~ +前+名) snatch at a handbag 핸드백을 낚아채려 하다 / snatch at a chance 호기를 덥석 잡다. ── vt. **1** …을 잡아(낚아) 채다, 쥐다(쥐다), 강탈하다, 붙잡다(…from, out of; …away, off, up). ⇨ TAKE [類語] ¶ snatch one's hat (rifle) 모자(총)을 움켜잡다. ¶ (~ +目+前+名) snatch a purse from (out of) a woman's hand 여인의 손에서 핸드백을 잡아채다 // (~ +目+副) A violent gust of wind snatched off all the leaves. 맹렬한 돌풍으로 나뭇잎이 모조리 떨어졌다 / I snatched his pistol up. 나는 그의 권총을 뺐었다. **2** …을 급히 하다(먹다), 겨우(뜻밖에) 얻다. ¶ snatch a meal 급히 식사를 하다 / I was able to snatch a few hours free from the gloomy thoughts. 나는 간신히 몇 시간 우울한 생각을 잊게 되었다. **3** …을 갑자기 가져가 버리다(숨기다); …을 처치하다, 죽이다(…away, from). ¶ (~ +目+前+名) The dark clouds snatched the blue sky from our sight. 검은 구름 때문에 푸른 하늘이 갑자기 보이지 않게 되었다 / He was snatched away from the face of the earth. 그는 이 세상에서 모습을 감추었다. **4** …을 간신히 구출하다(…from). ¶ (~ +目+前+名) The child was snatched from the jaws of death. 그는 간신히 죽음을 면했다. **5** (속어) [어린아이]를 채가다, 유괴하다(kidnap).

snatch a kiss 갑자기 키스하다.
snatch a nap (or a short sleep) 한숨 자다.
snatch a victory out of defeat [질 듯하던 판국에] 겨우 이기다.

── n. **1** 잡아채기, 날치기, 달려(덤벼)들기(at…). ¶ make a snatch at …을 잡아채려 하다, …에 달려(덤벼)들다. **2** (~s) 단편(斷片)(fragments); 한 입, 근데 먹는 식사; 단문(短文), 단구(短句). ¶ I overheard snatches of the conversation. 나는 그 이야기를 군데군데 엿들었다. **3** (보통 ~s) 한바탕 하는, 한동안, 한참 동안, 잠깐. ¶ a snatch of rest 잠깐의 휴식 / We play tennis in a snatch between two lessons. 우리는 수업 사이의 짧은 휴식 시간에 정구를 합니다. **4** (the ~) (속어) 유괴; 도둑. ¶ a snatch racket (미속어) 유괴업. **5** (미속어) 여자의 성기; 성교.

by (**fits and**) **snatches** 때때로 [생각난 듯이].
in snatches of time 틈틈이.
put the snatch on …에게 요구하다 (demand). ¶ put the snatch on a person for money 남에게 금전을 요구하다.

◇ **snátchy** adj.

snatch·er [snǽtʃər] n. **1** 잡아 (낚아) 채는 사람, 날치기, 도둑, 시체 도둑. **2** 유괴자(kidnaper). **3** [도살장의] 내장 제거 담당자.

snatch·y [snǽtʃi] adj. (snatch·i·er, snatch·i·est) 단속적인, 이따금씩의, 불규칙한. **snatch·i·ly** adv.

snath [snæθ], **snathe** [sneið] n. 큰 낫(scythe)의 긴 자루.

snaz·zy [snǽzi] adj. (-zi·er, -zi·est) (미속어) 멋진, 모양새 좋은, 훌륭한.

SNCC (略) Student National (Nonviolent) Coordinating Committee (학생 전국 (비폭력) 조정 위원회).

SNCF (略) (프랑스) Société Nationale des Chemins de Fer Français (= French National Railways 프랑스 국유 철도).

*__sneak__ [sniːk] v. (sneaked or (미구어) snuck, sneak·ing) vi. **1** 몰래 움직이다, 살금살금 들어가다 (나오다), 배회하다, 살짝 도망치다 (about, along, away, in, into, off, out, out of, round…). ⇨ LURK [類語] ¶ (~ +前+名) sneak into a pawnshop 살짝 전당포에 들어가다 // (~ +副) sneak away from company 몰래 동료들로부터 떠나가다. **2** 몰래 하다, 비겁한 행동을 하다. **3** (구어) [종] 도둑질을 하다(steal). **4** (영속어) 굽실거리다, 아첨하다(to…). **5** (영학생 속어) [교사에게] 고자질하다, 일러바치다(peach).

── vt. **1** …을 몰래 (움직이다, 놓다, 처치하다.) ¶ (~ +目+前+名) He sneaked his hand to the pistol. 그는 몰래 손을 권총쪽으로 움직였다. **2** (구어) …을 훔치다, 날치기하다. ── n. **1** 살그머니 하는 사람, 비열한 사람. **2** (구어) 몰래 하기(떠나기); 복면(覆面) 시사회 (sneak preview). **3** 좀도둑, 빈집털이. **4** (영학생 속어) 고자질하는 학생(informer). **5** (~s) (구어) [소리가 나지 않는] 고무창을 댄 신(sneakers). **6** [크리켓] 땅볼.

on the sneak 몰래, 살그머니.
◇ **snéaky** adj.

sneak·er [sniːkər] n. **1** 몰래 (살그머니) 하는 사람, 비열한 사람(sneak); 몰래 출몰하는 동물. **2** (~s) 고무창을 댄 신.

sneak·ing [sniːkiŋ] adj. **1** 몰래 (살그머니) 하는, 소리없이 걷는, 은밀한(stealthy). **2** 비열한(mean). **3** 내밀의, 비밀의. ¶ a sneaking suspicion 남몰래 품고 있는 의심.

sneak·ing·ly [sniːkiŋli] adv. 몰래, 비겁하게, 살그머니.

snéak préview n. [관객의 반응을 보는] 복면(覆面) 시사회.

sneak-raid [sniːkrèid] n. [야간 또는 허술한] 방비를 틈탄 기습 폭격.

snéak thíef n. 좀도둑(prowler), 빈집털이.

sneak·y [sniːki] adj. (sneak·i·er, sneak·i·est) 몰래 하는; 은밀한, 비열한, 비겁한(cowardly).
sneak·i·ly adv. **sneak·i·ness** n.

sneck [snek] n. (북영·스코) (문어) 걸쇠 (latch). ── vt. (문어) 걸쇠를 걸다.

*__sneer__ [sniər] vi. **1** 조소하다, 비웃다, 코웃음치다 (at…). ⇨ LAUGH [類語] ¶ (~ +前+名) The courtiers

sneered at the countryman. 정신(廷臣)들은 그 시골 사람을 비웃었다. **2** 빗대어 빈정대다, 비꼬아 말하다 (*at...*). — *vt.* **1** …을 비웃으며 말하다, 코웃음치며 말하다. **2** 남을 조소에 붙이다, 조소하여 …시키다. ¶ (~+目+副) *sneer* a person's fame *away* 남의 명성을 일소에 붙이다 / *sneer* a person *down* 남을 깎아내리다(헐뜯다) / *sneer* a person *into* 침묵시키다 ¶ (~+目+前+图) *sneer* a person *into* insignificance 남을 헐뜯어 하찮게 만들다 / *sneer* a person *out of* countenance 남을 냉소하여 당황케 하다.
— *n.* **1** 조소, 냉소, 비웃음, 남을 업신여기는 표정(말). **2** 경멸, 모욕.
have a sneer at …을 비웃다, 냉소하다.

sneer·ing·ly [sníːriŋli / snír-] *adv.* 조소하여, 냉소적으로.

*****sneeze** [sniːz] *vi.* (**sneezed, sneez·ing**) 재채기를 하다.
not to be sneezed at 상당한, 깔볼 수 없는.
— *n.* 재채기. ◇ snéezy *adj.*

sneez·er [sníːzər] *n.* **1** 재채기를 하는 사람. **2** 《속어》 코(nose). **3** 한잔[의 술]. **4** 비범한 사람.

sneez·y [sníːzi] *adj.* (**sneez·i·er, sneez·i·est**) 재채기가 나는, 재채기를 일으키는.

snell [snel] *n.* 목줄 [낚시줄에 매는 짧은 실].

SNF (略) *s*hort-*r*ange *n*uclear *f*orces (단거리 핵전력).

SNG (略) *s*ubstitute (*s*ynthetic) *n*atural *g*as (대체(합성) 천연 가스); *s*atellite *n*ews *g*athering (통신 위성을 이용한 텔레비전 뉴스 취재 시스템).

snib [snib] 《스코》 **1** 《문어》 걸쇠, 빗장. — *vt.* (**snibbed, snib·bing**) …에 걸쇠를 걸다, 빗장을 지르다.

snick [snik] *vt.* **1** …을 가위로 자르다; …에 새김눈을 내다(nick) (*...off, out*). ¶ *snick out* a superfluous part 나머지 부분을 잘라내다. **2** …을 강타하다. **3** 《방아쇠》를 짤깍 당기다, [칼]을 뽑다. **4** 《크리켓》 《공》을 깎아치다. — *n.* **1** 싹둑 자르기; 새김눈. **2** 《크리켓》 공의 깎아치기.

Snick [snik] *n.* =SNCC. 『을 깎아서지.

snick·er [sníkər] *vi.* **1** 킥킥 웃다, 소리를 죽이고 웃다. **2** 《말이》 울다(neigh). — *vt.* …을 킥킥 웃으며 말하다. — *n.* 킥킥 웃기, 소리를 죽이고 웃기, 몰래 웃기.

snick·er·snee [sníkərsniː / -sníː-] *n.* 비수, 단도.

snide [snaid] *adj.* **1** 《보석 따위가》 가짜의, 모조의(sham). **2** 명예를 손상시키는. **3** 천한, 비열한, 정직하지 못한(crooked). — *n.* 가짜; 비열한 사람.

Sni·der [snáidər] *n.* 스나이더식 총 [구식 후장총(後裝銃). (<Jacob Snider(?-1866) 미국의 발명가]

*****sniff** [snif] *vi.* **1** 코로 들이쉬다, 코를 훌쩍이다, 코를 막히게 하다. **2** 쿵쿵거리며 냄새를 맡다 (*at*...). ¶ (~+前+图) *sniff at* roses 장미의 냄새를 맡다. **4** 흥하고 코방귀뀌다 (*at*...). ¶ (~+前+图) I *sniffed at* his proposal to show my disapproval. 나는 그의 제안에 코방귀를 뀌어 불찬성의 뜻을 보였다.
— *vt.* **1** …을 코로 들이마시다 (*...in, up*). ¶ *sniff the fresh morning air* 신선한 아침 공기를 들이마시다 // (~+目+副) *sniff up* an opiate 마취제를 들이마시다. **2** …의 냄새를 맡다(smell). **3** …을 킁킁대다, 알아차리다 (*...out*). ¶ *sniff danger* 위험을 알아차리다. **4** 《드물게》 코를 훌쩍거려 소리내어 …을 말하다.
— *n.* 코로 들이마시기 (마시는 소리); 코를 훌쩍거리기. ¶ Let's take a *sniff* of the open air. 바깥 공기를 잠깐 마시자. **2** 코로 냄새를 맡기; 맡은 냄새. ¶ give a *sniff* 코로 쿵쿵 냄새를 맡다. **3** 코웃음치기. **4** [위험 따위의] 알아차리기.
◇ snìffy *adj.*

snif·fer [snífər] *n.* **1** 냄새 맡는 사람 (것). **2** 킁킁대는 (알아차리는) 사람, [폭탄] 탐지기; 사람 냄새 맡기 (people sniffer).

snif·fle [snífl] *vi.* (**-fled, -fling**) 코를 훌쩍이다, 훌쩍이며 울다, 흐느껴 울다. — *n.* **1** 코를 쿵쿵거리기 (거리는 소리). **2** (the ~s) 《구어》 코감기, 코가 막힘; 흐느껴 울기.

sniff·y [snífi] *adj.* (**sniff·i·er, sniff·i·est**) **1** 《구어》 코웃음치는, 교만한, 얕보는, 경멸적인. **2** 《영》 악취가 나는. **sníff·i·ly** *adv.* **sníff·i·ness** *n.*

snif·ter [sníftər] *n.* **1** [서양배(pear) 모양을 한] 술잔. **2** 《美속어》 [브랜디 따위의] 미량(微量), 한 모금, 단 한잔.

snig·ger [snígər] *v., n.* 《주로 英》 = snicker.

snig·gle [snígl] *v.* (**-gled, -gling**) 《뱀장어의 구멍 낚시질을 하다. — *v.* 《뱀장어》를 구멍낚시질하다.

snip [snip] *v.* (**snipped, snip·ping**) *vt.* …을 싹둑 자르다, [가위 따위]로 뚝뚝 베다(...*away, from, off*). ¶ *snip* a cloth 천을 싹둑 자르다 / *snip* a hole 잘라 구멍을 내다 // (~+目+副) *snip off* the ragged ends of a cloth 천의 가지런하지 못한 가장자리를 잘라내다. — *vi.* 싹둑 자르다 (*at*...). — *n.* **1** 싹둑 자르기 (잘라내기); 싹둑 자르는 소리. **2** 한번에 가위질, 뭔가 썰기. **3** 자투리, 단편; 소량. **4** 《英속어》 재단사, 재봉사(tailor). **5** (~s) [금속판을 자르는] 손가위. **6** 《英속어》 확실한 것(certainty); 싸게 산 물건 (bargain); [경마] 확실한 가망. **7** 《美구어》 하찮은 (시시한) 사람, 애송이, 풋내기. **8** 《英속어》 잘 산 물건.
◇ sníppy *adj.*

snipe [snaip] *n.* (*pl.* **snipes** or **snipe**) 도요새. **2** [높은 곳으로부터의] 저격. **3** 《美속어》 담배 꽁초. **4** 경멸해야 할 인간. — *v.* (**sniped, snip·ing**) *vi.* **1** 도요새 사냥을 하다. **2** 《군대》 저격하다 (*at*...). — *vt.* 《군대》 [적]을 저격하다. 『 낭꾼.

snip·er [snáipər] *n.* **1** 《군대》 저격병. **2** 도요새 사

snip·er·scope [snáipərskòup] *n.* 《총에 장치하는》 야간 저격용 안경.

snip·pet [snípit] *n.* **1** [잘라낸] 작은 조각, 토막, 자투리(scrap). ¶ *cut into snippets* and shreds 여러 토막으로 끊다. **2** (종종 ~s) 토막 지식; [문예 작품에서의] 짧은 발췌. **3** 《美구어》 하찮은 사람, 풋내기(snip).

snip·pet·y [snípiti] *adj.* **1** 단편으로 이루어진, 긁어 모은. **2** 자그마한(petty), 하찮은. **3** 《美구어》 무뚝뚝한.

snip·py [snípi] *adj.* (**-pi·er, -pi·est**) **1** 단편적인 (fragmentary), 긁어 모은. **2** 《구어》 무뚝뚝한(curt), 상냥치 못한, 건방진. **-pi·ly** *adv.* **-pi·ness** *n.*

snip-snap [snípsnæ̀p] *n.* **1** [가위로] 싹둑싹둑 자르기 (자르는 소리). **2** 적중(的中)한 답. — *vi.* (**-snapped, -snap·ping**) 싹둑싹둑 잘라내다.

snit [snit] *n.* 《속어》 흥분, 애탐.

snitch[1] [snitʃ] *vt.* 《속어》 낚아채다, 훔치다 (steal). 『 고자.

snitch[2] [snitʃ] *vi.* 《속어》 고자질(밀고)하다.

sniv·el [snívl] *v.* (**-eled, -el·ing**; 《英》 **-elled, -el·ling**) *vi.* **1** 콧물을 흘리다; 코를 훌쩍이다. **2** 눈물을 흘리며 울다, 우는 소리를 내다. — *vt.* …을 코멘 소리로 (울면서) 말하다.
— *n.* **1** 울먹이는 소리를 내기, 훌쩍훌쩍 울기; 거짓 눈물, 애처러운 모습. **2** [口] 콧물. **3** (the ~s) 코감기.

sniv·el·er, 《英》 -el·ler [snívlər] *n.* 콧물을 흘리는 사람; 훌쩍훌쩍 우는 사람, 울보.

S.N.O. (略) *S*enior *N*aval *O*fficer.

snob [snab / snɔb] *n.* **1** 속물(俗物), 사이비 신사, 지위·재산 숭배자, 웃사람에게 아첨하고 아랫사람에게 뽐내는 사람, 학자인 체하는 사람, 어떤 일에 통달한 체하는 사람. **2** 《고어》 신분이 천한 사람; 평민(commoner), 서민. **3** 《학생·고어》 도회인(都會人), 읍내 사람(townsman). **4** 《英방언》 구두장이(shoemaker).

snob·ber·y [snábəri / snɔ́b-] *n.* (*pl.* **-ber·ies**) Ⓤ 속물 근성, 신사·재산 숭배; 속물적 행위.

snob·bi·ness [snábinis / snɔ́b-] *n.* Ⓤ 속물 근성.

snob·bish [snábiʃ / snɔ́b-] *adj.* 속물(근성)의, 지위·

snob·by [snábi / snɔ́bi] *adj.* (**-bi·er, -bi·est**) =snobbish.

snob·oc·ra·cy [snabákrəsi / snɔbɔ́k-] *n.* ⓤ 속물 사회, 속물 패거리, 사이비 신사들.

SNOBOL [snóubɔl] *n.* 【컴퓨터】 프로그램 언어의 일종. (<*s*tring *o*riented *s*ymbolic *l*anguage)

Sno-Cat [snóukæt] *n.* 《상표명》 설상차(雪上車)의 일종.

snoek [snuːk] *n.* 《南아프리카》 꼬치고기류(類) (barracuda).

sno·fa·ri [snoufáːri] =snowfari.

snog [snɑɡ / snɔɡ] *vi.* (**snogged, snog·ging**)《英속어》 애무하다, 페팅을 하다.

snol·ly·gos·ter [snáliɡɑstər / snɔ́liɡɔs-] *n.* 《美속어》 지조 없이 약삭 빠르기만 한 사람 (특히 정치가).

snood [snuːd / snu(ː)d] *n.* 1 [옛날 스코틀랜드나 북부 英국에서 여성이 미혼의 표시로 머리에 두른] 머리 띠 리본. 2 《美》 뒷머리를 넣는 자루 모양의 머리망(網) [모(帽)]. 3 목줄(snell). — *vt.* [머리에] 머리 띠 리본을 두르다(매다). [뒷머리를] 머리 망으로 싸다.

[snood 1]

snook¹ [snu(ː)k] *n.* 《속어》 엄지손가락을 코끝에 대고 나는 네 손가락을 펴는 동작 [경멸·불신 따위를 나타낸다].

cock (or *cut, make*) *a snook* (or *snooks*) *at* 《구어》 …에게 경멸의 동작을 하다, …을 업신여기다.

Snooks! 시시하게 !

snook² [snu(ː)k] *n.* (*pl.* **snook** or **snooks**) 꼬치고기류(類)의 식용 물고기.

snook³ [snuːk] *vi.* 《방언》 1 냄새를 맡으며 다니다, 엿보고 (기웃거리고) 다니다 (pry about), 찾다. 2 몰래 나오다 (들어가다) (sneak).

snook·er [snúk(i)ər] *n.* ⓤ 당구의 일종. ——《구어》 [끼어들어] …의 훼방을 놓다, 방해하다.

snoop [snuːp] *vi.* 《구어》 방황하다 (prowl), 기웃거리며 다니다, 몰래 캐고돌다. — *vt.* 《英구어》 1 …을 미행하다, …을 캐고돌다. 2 …을 훔치다, 슬쩍 훔치다 (steal). — *n.* 1 방황하는 사람, 캐고드는 사람 (snooper). 2 방황하기, 캐고돌기.

snoop·er [snúːpər] *n.* 《구어》 1 기웃거리며 다니는 사람. 2 빈집털이, 좀도둑. 3 《美구어》 [정부의] 검사관 (investigator).

snoop·er·scope [snúːpərskòup] *n.* 【물리】 [어두운 밤에 쓰는] 적외선 암시경(暗視鏡).

snoop·y [snúːpi] *adj.* (**snoop·i·er, snoop·i·est**) 엿보며 (기웃거리며) 다니는; 캐기 좋아하는 (curious), 참견하기 좋아하는.

snoot [snuːt] *n.* 1 《美속어》 코. 2 [경멸을 나타내는] 찡그린 얼굴. 3 《美구어》 속물(俗物) (snob). — *vt.* 《구어》 …에 대하여 코방귀 뀌다, 경멸하다, 업신여기다, 얕보다.

snoot·y [snúːti] *adj.* (**snoot·i·er, snoot·i·est**) 《구어》 속물 근성의 (snobbish); 자만하는, 건방진, 교만한 (haughty). **snoot·i·ly** *adv.* **snoot·i·ness** *n.*

snooze [snuːz] *v.* (**snoozed, snooz·ing**) *vi.* 《구어》 졸다 (doze). — *vt.* [시간을] 빈둥빈둥 보내다 (…*away*). — *n.* 앉아서 졸기, 선잠.

*snore [snɔːr / snɔː] *vi.* (**snored, snor·ing**) *vi.* 코를 골다. ¶ *He snores horribly.* 그는 코를 몹시 곤다. — *vt.* 1 코를 골며 보내다 (…*away, out*). ¶ (~+圓+團) *snore away the whole night* 밤새껏 코를 골다. 2 코를 골며 …시키다. ¶ (~+圓+團) *snore oneself awake* 스스로 코를 고는 바람에 잠을 깨다 // (~+圓+前+图) *snore oneself into a nightmare* 자신의 코고는 소리에 가위눌리다. — *n.* 코골기, 코고는 소리.

snor·er [snɔ́ːrər / snɔ́ːrə] *n.* 1 코고는 사람. 2 강풍(强風).

*snor·kel [snɔ́ːrk(ə)l] *n.* 1 잠수함의 환기 장치. 2 스노클 [잠수용의 호흡 기구]. — *vi.* 스노클로 잠수하여 헤엄치다.

*snort [snɔːrt] *vi.* 1 [말 따위가] 코를 울리다 (쿵쿵거리다), 콧김을 뿜다. 2 [경멸·노여움 따위가] 콧바람 (코방귀) 치다, 씩씩거리다. 3 [증기 기관차가] 증기를 내뿜다. 4 [경멸·노여움 따위를 품고] 푸우하고 바람을 불다. — *vt.* 1 씩씩거리며 …이라고 말하다; [경멸·노여움 따위를] 씩씩거리며 나타내다 (…*out*). ¶ *He snorted out, "I'll be damned if I do."* "절대로 그런 일은 하지 않겠다"라고 그는 고함쳤다. 2 [증기 따위를] 내뿜다. — *n.* 1 거센 콧김 (콧바람), 씩씩거림. 2 [증기 따위의] 내뿜음, 배기음 (排氣音). 3 《술을 스트레이트로》 쭉 들이마시기. 4 《美》 =snorkel. ◇ **snórty** *adj.*

snort·er [snɔ́ːrtər] *n.* 1 콧김 센 사람 (동물). 2 떠들썩한 (세찬) 것, 《英속어》 폭풍. 3 질책. 4 《구어》 뛰어난 것. 5 [코에 대한] 일격 (一擊). 6 술을 쭉 들이 켬. 7 《속어》 허풍선이.

snort·y [snɔ́ːrti] *adj.* (**snort·i·er, snort·i·est**) 콧숨 (콧김)이 거친; 경멸적인; 화 잘 내는; 불만스러워 하는.

snot [snɑt / snɔt] *n.* 1 ⓤ《卑語》 콧물. 2 《속어》 운 놈.

snot·ty [snɑ́ti / snɔ́ti] *adj.* (**-ti·er, -ti·est**) 1 《卑語》 콧물의, 콧물로 더러워진. 2 《구어》 교만한, 건방진; 속물의.

snout [snaut] *n.* 1 [돼지 따위의] 코; [바구미 따위의] 주둥이, [동물의] 주둥이 모양의 돌기 (rostrum). 2 [사람의 크고 흉한] 코. 3 [수관(水管) 따위의] 주둥이, 꼭지. 4 [절벽 따위의] 쑥 내민 벼랑.

snóut bèetle *n.* 바구미 [긴 주둥이가 있는 곤충].

snout·ed [snáutid] *adj.* 코 (주둥이, 꼭지)가 있는.

‡**snow** [snou] *n.* ⓤ 1 【기상】 눈; 강설 (snowfall); 《종종 ~s》 설원[량], 설경(雪景). ¶ *heavy snow* 대설 / [as] *white as snow* 눈처럼 흰 / *We have had much snow this year.* 금년에는 눈이 많이 왔다 / *The snow is one meter deep.* 눈이 1미터 쌓였다 / *Deep snow in winter; tall grain in summer.* 《속담》 눈은 풍년의 징조. 2 ⓤⓒ 눈과 비슷한 것, 눈 모양의 것. 3 《詩》 순백, 설백(雪白); 흰 색; 《종종 ~s》 [노령에 의한] 백발 (white hair). ¶ *a virgin with the breast of snow* 눈처럼 흰 가슴을 가진 처녀 / *the snows of age* 늙은이의 백발. 4 《요리》 스노 [계란 흰자위를 거품을 일으켜서 만든 디저트]. 5 【화학】 고체 무수 탄산 (無水炭酸), 드라이 아이스 (dry ice); 고체 아세틸렌. 6 《속어》 분말 코카인 (powdered cocaine), 헤로인 (heroin). 7 【TV】 스노 노이즈 [화면의 흰 반점]. 8 ⓒ 연 (年) (year). 인디언식 표현. ¶ *thirty snows ago* 30년 전.

— *vi.* 〖비인칭 it 를 주어로 하여〗 눈이 내리다. ¶ *It snows heavily.* 눈이 몹시 내린다 / *It is snowing in great flakes.* 함박눈이 내리고 있다. 2 《꽃 따위가》 눈처럼 떨어지다, 빗발처럼 쏟아지다 (*in*). 3 (~+團) *Threatening letters come snowing in.* 협박장이 잇달아 쏟아져 들어오고 있다. — *vt.* 1 …을 눈으로 묻다 (가두다) (…*in, over, under, up*). 2 …을 눈처럼 내리게 하다, 뿌리게 (하얗게) 하다. ¶ (~+圓+前+图) *The ground is snowed with flowers.* 꽃이 땅위에 덮여져 있다. 3 …을 눈 모양으로 하다; [머리 따위]를 희게 하다 (whiten). ¶ *a man snowed with age* 늙어서 백발이 된 사람. 4 《美속어》 …을 깜짝 놀라게 하다; 감언으로 (사람)을 속이다 (deceive).

be snowed in (or *over, up*) 눈에 갇히다.

be snowed under ① 눈에 파묻히다. ¶ *The town was snowed under.* 그 읍(邑)은 눈에 파묻혔다. ② 《美속어》 압도되다 (be overwhelmed), [선거 등에서] 완패 하다. ¶ *They were snowed under* with protests. 그들은 항의를 받고 꼼짝 못했다. ◇ **snówy** *adj.*

*snow·ball [snóubɔ̀ːl] *n.* 1 눈뭉치, 눈덩이. ¶ *have*

snowbank

a *snowball* fight 눈싸움을 하다. **2** 산백당나무속(屬)의 일종. **3** (구어) [시럽을 쳐서 종이 컵에 넣는] 빙과의 일종. **4** (英) 눈덩이식 모금(募金). **5** (익살) 백발의 흑인. **6** (구어) 거의 실현 불가능한 희망, 만의 하나의 가능성(snowball's chance). — *vi.* **1** 눈덩이처럼 커지다. — *vt.* **1** …에게 눈뭉치를 던지다 (...*at*). **2** …을 눈덩이식(가속적)으로 크게 하다.

snow·bank [snóubæŋk] *n.* 바람에 쌓인 눈더미.
snow·belt [snóubèlt] *n.* **1** 대설(大雪) 지대. **2** (S-) 태평양에서 대서양에 걸친 미국 북부 지역.
snow·ber·ry [snóuberi / -bəri] *n.* (*pl.* **-ries**) [북미산 (産)의] 인동속(科)의 관목.
snow·bird [snóubə̀ːrd] *n.* **1** =snow bunting. **2** = junco. **3** (美속어) 코카인 (헤로인) 상용자.
snow-blind [snóublàind] *adj.* 설맹(雪盲)의.
snów blíndness *n.* ⓤ 설맹(雪盲) [눈의 반사 광선으로 일어난다].
snow·blink [snóubliŋk] *n.* ⓤ [설원(雪原) · 빙원(氷原)의] 반사광. *cf.* iceblink.
snów blówer *n.* [제설용] 눈을 불어 날리는 기계, 분사식 제설기.
snow·bound [snóubàund] *adj.* 눈에 갇힌, 눈 때문에 꼼짝 못하는.
snow·break [snóubrèik] *n.* **1** 눈 녹음, 눈 석임 (thaw). **2** 수목의 눈으로 부러짐 [부러졌던 지역]. **3** 방설림(防雪林).
snow·broth [snóubrɔ̀ːθ / -brɔ̀(ː)θ] *n.* ⓤ 눈 녹은 물.
snów búnny *n.* (속어) **1** [특히 여성의] 스키 초심자. **2** 남성과 사귀는 것을 목적으로 스키장에 가는 여성.
snów búnting *n.* 흰멧새 [한랭 지방산(産)의 새].
snow·cap [snóukæ̀p] *n.* **1** (비유적) 산정의 눈. **2** 별새 [머리 꼭대기가 희다]. **3** [눈 덮인].
snow-capped [snóukæpt] *adj.* [산 따위가] 꼭대기에 눈 덮인.
snow-clad [snóuklæd] *adj.* 눈으로 덮인.
snów cóver *n.* 적설(積雪); 적설량, 적설 지역.
snow-cov·ered [snóukʌ̀vərd] *adj.* 눈에 덮인.
snow·drift [snóudrìft] *n.* **1** 눈이 바람에 날려 쌓임, 그렇게 쌓인 곳. **2** 바람으로 쌓인 눈더미.
snow·drop [snóudràp / -drɔ̀p] *n.* **1** 스노드롭 [초봄에 순백색 꽃이 핀다]. **2** 아네모네의 일종.
snow·fall [snóufɔ̀ːl] *n.* ⓤⓒ 강설(량).
snow·fa·ri [snóufɑ̀ːri] *n.* ⓤ 극지(極地) 여행.
snów fénce *n.* 방설책(防雪柵).
snow·field [snóufìːld] *n.* [산악·극지(極地)의] 만년설, 설원(雪原).
snow·flake [snóuflèik] *n.* **1** 눈송이, 설편(雪片). **2** 영란수선 [식물명]. **3** =snow bunting.
snów góggles *n. pl.* 눈(雪)안경 [적설의 자외선으로부터 눈을 보호하려고 나뭇조각의 갈라진 틈을 통하여 보는 에스키모의 안경].
snów góose *n.* 흰기러기 [백색이며 날개 끝만 검은 극지(極地)에 사는 거위의 일종].
snów gráins *n.* 싸라눈.
snów gróuse *n.* 뇌조(雷鳥) [겨울에는 백색으로 변하는 꿩과(科)의 새].
snów íce *n.* [설빙(雪氷)] [눈이나 얼음이 녹았다가 다시 언 것].
snow·i·ly [snóuili] *adv.* 눈으로, 눈과 같이.
snow·i·ness [snóuinis] *n.* ⓤ 눈이 많음; 강설; 눈처럼 힘, 눈(雪)같음.
snów jób *n.* (美속어) 권유 (설득)하는 말; 달콤한 말.
snów léopard *n.* 흰 표범 [동물명] (ounce).
snów líne *n.* 설선(雪線) [만년설이 있는 지역의 하한선(下限線)].
snów màk·er [snóumèikər] *n.* 인공설(雪) 제조기.
snow·man [snóumæ̀n] *n.* (*pl.* **-men** [-mèn]) **1** 눈사람. **2** 눈 연구(전문)가. **3** 설인(雪人) [히말라야 산중에 산다는 동물] (Abominable Snowman).

snow·mo·bile [snóuməbìːl] *n.* 설상차(雪上車), 눈자동차.
snow-on-the-moun·tain [snóuɑnðəmáunt(i)n / -ɔnðəmáuntin] *n.* 천일초의 일종 [미국 서부산(産)의 식물].
snow·pack [snóupæk] *n.* 눈더미에 덮인 들판 [여름에는 수원(水源)이 된다].
snów péllets *n. pl.* [소나기 섞어 오는] 우박.
snow·plow, (英) **-plough** [snóuplàu] *n.* **1** 눈치는 넉가래, 제설기(車), **2** [스키] 전제동((制動), 활주(滑走)의 속도를 늦추기 [멈춰 서기].
snow·scape [snóuskèip] *n.* 눈경치, 설경.
snow·shed [snóuʃèd] *n.* [철도 선로상의] 눈사태 방지 설비.
snow·shoe [snóuʃùː] *n.* (보통 ~s) 눈신, 동설 (多趨). — *vi.* (**-shoed, -shoe·ing**) 눈신을 신고 걷다.
snow·slide [snóuslàid] *n.* 눈사태 (avalanche).
snow·slip [snóuslìp] *n.* (주로 英) =snowslide.
snow·storm [snóustɔ̀ːrm] *n.* 눈보라. [snowshoes]
snow·suit [snóusùːt / -s(j)ùːt] *n.* 눈옷 [특히 스키복과 비슷한 어린이용 방한복].
snów tíre *n.* 스노 타이어 [설(雪面)용].
snow-white [snóu(h)wáit, ≃≃] *adj.* 눈같이 흰, 설백(雪白)의, 순백의 (pure white).
snow·y [snóui] *adj.* (**snow·i·er, snow·i·est**) **1** 눈의, 눈이 내리는, 눈이 많은. ¶ a *snowy* weather 눈이 내릴 듯한 날씨 / a *snowy* month 눈이 많은 달. **2** 눈이 쌓인, 눈으로 덮인. ¶ a *snowy* summit 눈으로 덮인 산정. **3** 눈과 같은, 순백의; 맑은, 깨끗한 (pure), 오점이 없는. ¶ *snow*_.
S.N.P. (略) *Scottish National Party* (스코틀랜드 민족당).
Snr. (略) (英) Senior.
snub [snʌb] *vt.* (**snubbed, snub·bing**) **1** …을 냉대하다, 무시하다 (ignore). **2** …에게 퇴박주다, 딱 잘라 거절하다, 호되게 야단치다 (rebuke). ¶ (~ +⑥+匣+⑧) *snub* a person *into* silence 남을 야단쳐서 입을 다물게 하다. **3** [항해] [사슬·밧줄·케이블 따위]을 갑자기 멈추다; [배·말 따위]를 급정지시키다. — *n.* **1** 경멸, 냉대, 퇴박 (rebuff). **2** 급히 멈추기 **3** (드물게) 들창코. — *adj.* **1** (코가) 짧고 치켜 올라간. **2** 땅딸막한 (blunt).
snub·ber [snʌ́bər] *n.* **1** 냉대하는 사람, 꼼짝 못하게 하는 사람. **2** (밧줄 따위)를 급히 멈추는 장치. **3** (美) 자동차의 완충기.
snúb·bing póst [snʌ́biŋ-] *n.* [항해] 부두 말뚝 [밧줄을 던져 걸어서 배의 항진을 막는 데 사용].
snub·by [snʌ́bi] *adj.* (**-bi·er, -bi·est**) **1** 냉대하는, 업신여기는. **2** 들창코 비슷한. **3** 땅딸막한.
snub-nosed [snʌ́bnòuzd] *adj.* 들창코의.
snuck [snʌk] *v.* (美구어) sneak의 과거형의 하나.
snuff[1] [snʌf] *vt.* (* (英)에서는 현재 보통 sniff를 쓴다) **1** …을 코로 들이쉬다. ¶ *snuff* the fresh air 신선한 공기를 들이마시다. **2** …의 냄새를 맡다, (동물이)…을 킁킁거리며 냄새를 맡다. **3** …을 냄새로 찾아 (알)아내다, 눈치를 챔새하다. ¶ (~+⑥+匣+⑧) *snuff up* danger 위험을 알아챘다. **4** (코담배)를 들이쉬다(맡다). — *vi.* **1** 코를 킁킁거리며 냄새를 맡다. **2** 코담배를 들이쉬다. **3** (폐)에 [경멸·불쾌 따위를 나타내어] 코방귀를 뀌다. **2** …을 코로 들이쉬기. **3** 냄새 (smell). **3** ⓤ 코담배 [의 한 줌]. ¶ take a pinch of *snuff* 한 줌의 코담배를 들이쉬다.
beat a person *to snuff* 남을 때려눕히다.
give a person *snuff* 남을 호되게 야단치다 (응징하다).
in high snuff 의기양양하게.

up to snuff《구어》① [건강·품질 따위가] 양호하여, 만족할만한. ②《英속어》빈틈없는(clever). ¶ put a person *up to snuff* 남을 일깨워주다, 훈수하다.
◇ **snúffy** *adj.*

snuff² [snʌf] *n*. **1** ⓤ 양초(남포) 심지의 탄 부분. ¶ go off like the *snuff* of a candle 급사(急死)하다. **2** 가치가 없는 것, 무가치한(시시한) 우수리. —— *vt*. **1** [양초 따위]의 심지를 잘라내다. ¶ *snuff* a candle 양초의 심지를 자르다. **2** [심지를 잘라서] [촛불 따위]를 끄다. ¶ *snuff it*《속어》죽다(die).
snuff out ① [촛불 따위]를 끄다. ② …을 멸망시키다(kill). ¶ The stars were *snuffed out* by the rising sun. 떠오르는 태양으로 별들은 사라졌다. ③ (*vi*.)《구어》죽다(die).

snúff-bòx [snʌ́fbɑ̀ks / -bɔ̀ks] *n*. 코담배갑.
snúff-còl·ored, 《英》**-còl·oured** [snʌ́fkʌ̀lərd] *adj*. 코담배 색깔의, 황갈색의.
snuff·er¹ [snʌ́fər] *n*. **1** 코를 킁킁거리는 사람. **2** 코담배를 맡는(들이쉬는) 사람.
snuff·er² [snʌ́fər] *n*. **1** [양초 따위]의 심지를 자르는 사람. **2** (보통 ~s) 심지 자르는 가위.

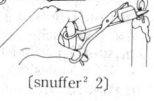
[snuffer² 2]

snuff·i·ness [snʌ́finis] *n*. ⓤ [색·냄새 따위가] 코담배와 비슷함; 불쾌함; 구중중함.
snuf·fle [snʌ́fl] *v*. (**-fled**, **-fling**) *vi*. **1** 킁킁거리며 냄새를 맡다, 코를 킁킁거리다. **2** 콧소리를 내며 숨을 쉬다, 말(노래)하다. —— *vt*. …을 콧소리로 말(노래)하다 (...*out*, *forth*). ¶ **1** 킁킁거려서 냄새를 맡기, 콧소리를 내기; 콧소리, 애처로운 목소리. **2** (the ~s) 코가 멤, 코감기, 비(鼻) 카타르(nasal catarrh).
snuf·fler [snʌ́flər] *n*. 코를 킁킁거리는 사람; [뽐내며] 콧소리로 말하는 사람; 위선자.
snuff·y [snʌ́fi] *adj*. (**snuff·i·er**, **snuff·i·est**) **1** 코담배의(같은). **2** 코담배를 상용하는(하여 더러워진). **3** 누추한, 구중중한, 남을 불쾌하게 하는(disagreeable). **4** 화를 잘 내는, 불쾌한.

*****snug** [snʌg] *adj*. **1** 아늑한, 편안한(cozy), 안락한. ⇒ **COMPARTABLE** 《類語》 ¶ a *snug* corner behind the stove 난로 뒤의 따뜻하고 기분좋은 곳. **2** 조촐한, 깔끔한, 아담한, 말쑥한(neat). **3** [의류가] 꼭 맞는. **4** [수입 따위가] 부자유(불편)함이 없는, 꽤 유복한. ¶ a *snug* little income 알맞은 생활을 할 수 있는 수입. **5** 숨은, 비밀의(secret); 집안끼리의. ¶ lie *snug* 숨어 있다. **6** [배 등이] 정돈되어 있는, 항해에 견디는.
as snug as a bug in a rug [소파 따위에] 매우 기분 좋게 자리잡고 앉은(앉아서), 편안하게 들어앉은(앉아서).
—— *adv*. 아늑하게, 기분좋게, 안락하게, 조촐하게, 깔끔하게; 꼭 맞도록. —— *v*. (**snugged**, **snug·ging**) *vi*. 편안히 (기분좋게) 쉬다(지내다) (nestle). —— *vt*. **1** [사람·장소]를 기분 좋게 하다, 잘 정돈하다. **2** 《항해》[돛 따위를 접어서] 악천후에 대비하다 (...*down*). —— *n*.《英속어》술 파는 곳의 개인용 방(별실).
~·**ly** *adv*. ~·**ness** *n*.
snug·ger·y [snʌ́gəri] *n*. (*pl*. **-ger·ies**)《英》**1** 아늑한 (기분좋은) 장소(작은 방, 사실(私室)). **2** [여관의] 술 파는 곳(bar).
snug·gies [snʌ́giz] *n. pl.*《구어》따스한 털실의 속옷 (긴 팬츠) [여성·어린이용].
snug·gle [snʌ́gl] *v*. (**snug·gled**, **snug·gling**) *vi*. 다가붙다, 바싹 달라붙다 (*to*...); 〈온기(溫氣)를 찾아〉 껴안다 (*up*). ¶ *snuggle* close to a person 남에게 바싹 다가붙다 / *snuggle up* in a blanket 모포를 뒤집어쓰다. —— *vt*. …을 껴안다(cuddle), 끌어안다 (...*to*). ¶ She *snuggled* her baby to herself. 그녀는 자기의 아기를 끌어안았다. —— *n*. 다가붙기, 껴안기.
snurf·ing [snə́ːrfiŋ] *n*. 스노우 서핑, 스너핑[플라스틱으로 만든 판자를 타고 눈 위를 달리는 스포츠].

‡**so¹** [sou] *adv*. **1**《방법》그렇게, 그와 같이, 이와 같이, 이렇게(thus). ¶ Do it *so*. 그와 같이 하시오/Hold your racket *so*. 그런 식으로 라켓을 잡으시오. **2**《상태》그러하여, 그러한 상태로, 그대로. ¶ Is that really *so*? 정말 그렇습니까? **3**《정도》그만큼, 그 정도까지, 그렇게. ¶ Don't walk *so* fast. 그렇게 빨리 걷지 마시오 / Why are you *so* late? 왜 그렇게 늦었습니까? **4**《강조》(* 여성이 흔히 쓴다) 실로, 정말, 매우, 대단히 (very); (구어) 몹시. ¶ I am *so* tired. 나는 무척 피곤합니다 // We are *so* happy together. 함께 살게 되어 매우 행복합니다 / My teeth ache *so*. 이가 몹시 아프다. **5**《so+주어+동사+주어의 구문으로》 …도 또한(역시) (too), 또 마찬가지로. ¶ He is discouraged, and *so* am I. 그는 실망하고 있다, 나도 그렇다 / My father has caught cold. *So* has my mother. 아버지는 감기 드셨다. 어머니도 그러하시다. **6**《so+주어+술어 동사의 구문으로》정말로, 바로 그대로. ¶ You have caught cold? *So* I have. 감기 걸렸군요?—예, 그래요 / They say knowledge is power and *so* it is. 지식은 힘이라고 하는데 바로 그렇다.

—— **Usage**! So am I.와 So I am. —— (1)예를 들면 A가 "I am a college student."라고 말한 데 대하여 B가 "Só am I."라고 하는 것은 "I"를 강조(추가)하여 "나도 그렇습니다"라는 뜻. (2) A가 B에 대하여 "I think you are a college student."라고 말한 데 대하여 B가 "Só I ám."라고 답하면 A의 발언을 강하게 긍정하여 「바로 그렇습니다」라는 뜻.

and so forth (forth) ⇨ AND.
as ..., so... …과 마찬가지로 …하다. ¶ *As* you sow, *so* shall you reap.《속담》인과응보(因果應報).
even so ⇨ EVEN¹.
ever so 매우(very), 대단히(greatly).
ever so much《구어》매우. ¶ The patient is *ever so* much better today. 환자의 용태가 오늘은 매우 좋다.
If so 만일 그렇다면. ¶ *If so*, for what reason? 만일 그렇다면 무슨 이유입니까?
not so ... as ... …만큼 …하지 않다. ¶ He is *not so* stupid *as* he looks. 그는 겉보기만큼 그렇게 바보는 아닙니다.
not so much as ⇨ MUCH.
Quite (Just) so. 정말로 그렇다.
so as to *do*《구어》《목적》…하도록, …하기 위하여. ¶ He struck the snake with his stick *so as to* kill it. 그는 뱀을 죽이려고 막대기로 쳤다.
so ... as to *do*《정도·결과》…할 만큼. *cf*. *so ... that* ¶ Will you be *so* good *as to* summon all the others? 다른 사람들을 모두 불러 모아주시겠습니까? / I got up *so* early *as to* be in time for the first train. 나는 아침 일찍 일어났기 때문에 첫 기차 시간에 댈 수 있었다.
so far ⇨ FAR.
so (in so) far as ⇨ FAR.
so far from *doing* … 은 커녕. ¶ The rain, *so far from* being seasonable, did a good deal of damage to the crops. 단비는 커녕 농작물에 큰 손해를 끼쳤다.
So long. ⇨ LONG¹. **so long as** ⇨ LONG¹.
so many ⇨ MANY. **so much** ⇨ MUCH.
so much for ⇨ MUCH.
so much so that 매우 그러하므로 …하다. ¶ He is diligent —— and *so* much *so* that he is always at the top of his class. 그는 열심히 공부한다. 그래서 언제나 학급의 수석이다.
so so《구어》좋지도 않고 나쁘지도 않은, 그저 그만한. ¶ Her performance is *so so*. 그녀의 연기는 그저 그만하다.
so that ①《목적》…하기 위하여. ¶ I am going to the theater early *so that* I may get a good seat. 나는 좋은 좌석을 차지하려고 일찍 영화관에 가고 있는 중이다. ②《결과》그 결과, 그러므로, 그 때문에. (* 구어

에서는 보통 that 이 생략된다). ¶ His father died suddenly, *so that* he was obliged to leave school. 그는 아버지가 갑자기 돌아가셔서 학교를 중퇴해야만 했다. ③《고어》《조건》…하기만 하면, *You may go so that* you are back by dinner time. 식사 시간에 돌아오기만 한다면 가도 좋다.

so ... that ①《결과·정도》대단히 …하므로; …할 만큼 (* 구어에서는 종종 that 이 생략된다). ¶ It is *so* dark *that* I can't see my hand before me. 너무 어두워서 눈 앞의 손도 보이지 않는다; 눈앞의 손이 보이지 않을 정도로 어둡다. ②《목적》…하기 위하여, …하도록. We should *so* act *that* we shall have nothing to regret. 후회하는 일이 없도록 행동해야만 한다.

so then 그러면, 그러니까.
so to say (or ***say***) 말하자면. ¶ I was an outsider, *so to speak*. 나는 말하자면 문외한이었다.
without so much as ⇨ MUCH.

— *conj*. 1《구어》그 결과, 그러므로, 그래서, 따라서. ⇨ THEREFORE 顥語 (*종종 and so, so that 의 형으로 쓴다. *cf*. so that ②). ¶ He looked honest, [and] *so* I lent him that money. 그는 정직해 보여서 그 돈을 꾸어주었다.
2《구어》《문두에서 감탄적으로》그럼, 자, 드디어, 그 럭저럭. ¶ *So* we have met at last. 우리는 드디어 만나게 되었군요 / *So* you are back again ! 그래, 또 돌아왔구나 !
3《美구어》…하도록, …하기 위하여. *cf*. so that ① ¶ I will give you the data *so* you can judge for yourself. 당신 자신이 판단할 수 있도록 자료를 드리겠습니다.
4《고어》《종종 just 가 선행하여》…하기만 하면, *cf*. so that ③ ¶ Let him go *just so* he comes home in time. 시간에 맞게 귀가할 수 있다면 그를 가게 하십시오 / *So* it is done, it matters not how. 할 수만 있다면 방법은 어떻든지 상관이 없다.

So that's that. ⇨ THAT.
So what? ⇨ WHAT¹.

— *pron*.《do, call, say, tell, think, speak, hope, expect, suppose, imagine, hear 따위의 목적어 또는 보어 대신으로》그렇게, 그처럼. ¶ I think *so*. 그렇게 생각한다 / I hope *so*. 그렇기를 바란다 / *So* he says. 그는 그렇게 말한다 / *So* saying, he went out. 그렇게 말하고 그는 외출했다.

— **Usage²** I hope so.에 관하여 —— 예를 들면 A가 "I believe he is safe."라고 말한 데 대하여 B가 "I hópe so."라고 답한 경우, 이 so 는 선행한 문장 전체 (he is safe)의 반복을 피하기 위하여 막연히 쓰인 지시 대명사이다. 또 "He isn't here now."에 대하여 "*So* I've heard."라고 말한 경우의 so도 지시 대명사이지만, 두쪽에는 다소 접속사의 역할을 겸하고 있어서 앞 예문의 후치(後置)된 so보다 뜻이 강해진다.

or so …정도, …안팎(쯤). ¶ five hundred *or so* 500 정도, 500안팎 / a beggar *or so* 거지 비슷한 사람.
— *interj*. **1**. 됐어, 그것으로 좋아. ¶ *So* ! I finished ! 됐어 ! 다 했다 / *So*, so. 좋아, 좋아 / A little louder, *so*. 좀 더 큰 소리로, 그대로 좋아. **2** 저런, 설마. ¶ *So* ! 정말입니까 ! **3** 조용히, 가만히.

so² [sou] *n*.《음악》= sol¹.
So. (略) south, southern.
S.O. (略) seller's option; strike out; shipping order; Signal Officer; Special Order; Standing Order.

‡**soak** [souk] *vi*. **1** 잠기다, 젖다; 흠뻑 젖다(wet thoroughly). ¶ The clothes to be washed have been *soaking* in water for an hour. 세탁물은 1시간이나 물속에 담겨져 있다. **2** 스며들다, 스미다, 스며나오다 (percolate) (*in, into, out, through*). ¶ (~+囲+劃) The gentle spring rain will *soak* well *through* the earth. 부슬부슬 내리는 봄비는 지면에 잘 스며든다. **3**《비유적》천천히 머리에 들어오다, 차차 알게 되다(*in, into...*). ¶ (~+囲+劃) The facts *soaked into* his mind. 그는

사실을 차차 알게 되었다. **4** 술을 진탕 마시다.
— *vt*. **1** …을 적시다, 잠그다, 담그다 (steep); …을 흠뻑 적시다. ⇨ DIP 類語 ¶ (~+囲+前+囹) *soak* dirty clothes *in* water 더러워진 옷을 물에 담그다. **2**《물·습기 따위가》…에 스며들다(permeate). **3** …을 빨아들이다(absorb);《비유적》《지식 따위》흡수하다(*...in, up*). ¶ (~+囲+劃) Blotting paper *soaks up* ink. 압지는 잉크를 빨아들인다. **4** …을 스며나오게 하다, 빨아내다(*...out*). **5**《~+囹》…을 취하게 하다. **6**《俗》…을 엄벌하다, 몹시 때리다; …에게 부당하게 높은 값을 요구하다(overcharge), …에서 우려내다(빼앗다); …에게 중세(重稅)를 과하다. **7**《俗》…을 전당잡히다(pawn).

soak oneself in …에 전렴하다, 몰두하다.

— *n*. **1** 담그기, 적시기, 스며들게 하기, 스며들기. ¶ Broad beans need a *soak* before cooking. 잠두콩은 요리하기 전에 물에 담가 둬야 한다. **2**《俗》(浸液), 담그는 국물. **3** 큰 비, 호우(heavy downpour). **4**《俗》술고래(drunkard); 통음(痛飮), 주연. **5**《俗》강타. **6**《口》《俗》전당잡히기(pawn). ¶ put a watch in *soak* 시계를 전당잡히다. **7**《俗》터무니없는 대금. **8** (淕)《일시적으로 생기는》늪, 웅덩이(pool).

soak·age [sóukidʒ] *n*. ⓤ **1** 담그기, 적시기. **2** 침투(량).
soaked [soukt] *adj*. **1**《비·땀 따위로》함빡 젖은. **2**《가슴에》새겨진 (*with, into*...). **3**《俗》만취한 (drunk).
soak·er [sóukər] *n*. **1** 담그는(적시는) 사람(것). **2** 술고래. **3** 호우, 억수. **4** (~s) 뜨개질한 기저귀 커버.
soak·ers [sóukərz] *n*. *pl*. [털실의] 기저귀 커버.
soak·ing [sóukiŋ] *n*. ⓤ⒞ **1** 담그기, 흠뻑 적시기; 흠뻑 젖음. **2** 스며들기. — *adj*. 침투하는; 스며드는; 흠뻑 젖은, 흠뻑 젖게 되는.
‘**so-and-so** [sóuənsòu] *n*. (*pl*. **-sos**) 아무개, 무엇무엇.
‡**soap** [soup] *n*. ⓤ **1** 비누. ¶ a cake of *soap* 비누 한 개 / toilet (washing) *soap* 화장(세탁) 비누. **2**《화학》지방산(脂肪酸)의 알칼리 금속염(鹽). **3**《俗》돈, 금전; (특히 정치가에 주는) 뇌물; 아첨.
no soap《俗》① 잘 안 된다, 승낙할 수 없다. ② 보람도 없이(to no avail).

— *vt*. **1** …을 비누로 문지르다(빨다). **2**《俗》…에게 아첨하다(flatter). ◇ *sóapy adj*.

soap·ber·ry [sóupbèri /-bəri] *n*. (*pl*. **-ries**) 무환자 나무속(屬)의 나무; 그 열매 [비누의 대용이 된다].
soap-boil·er [sóupbɔ̀ilər] *n*. 비누 제조업자.
soap·box [sóupbɑ̀ks / -bɔ̀ks] *n*. **1** 비누를 넣는 나무 상자. **2** [가두 연설 따위의 연단으로 쓰는] 빈 비누 상자. — *vi*. 가두 연설을 하다; 열변을 토하다. — *adj*. **1** 비누 상자 모양의. **2** 가두 연설(자)의; 열변의.
sóap búbble *n*. **1** 비눗방울, 비누 거품. **2** 겉보기만 그럴듯한 것. **3**《비유적》덧없는 것.
soap·er [sóupər] *n*.《美구어》= soap opera.
sóap flákes(chíps) *n*. *pl*. 선전용의 소형 비누.
soap·i·ly [sóupili] *adv*. 매끄럽게.
soap·i·ness [sóupinis] *n*. ⓤ 비누질(質).
soap·less [sóuplis] *adj*. **1** 비누 가루가 없는, 비누를 쓰지 않는. **2** 씻지 않은(unwashed), 더러운.
sóapless sóap *n*. ⓤ 중성 세제.
sóap nút *n*. soapberry의 열매.
sóap ópera *n*.《美구어》소프 오페라[낮 시간에 가정주부를 상대로 방송되는 연속 멜로드라마, 주로 비누 회사가 스폰서였던 데서].
sóap pówder *n*. ⓤ 가루 비누.
soap·stone [sóupstòun] *n*. ⓤ 활석(滑石)의 일종[들어서 탁자판 따위로 쓴다].
soap·suds [sóupsʌ̀dz] *n*. *pl*. 거품이 인 비눗물, 비누 거품.
soap·wort [sóupwə̀:rt] *n*. 비누풀[패랭이과(科)의 다년생 식물; 옛날에는 그 잎을 비누 대용으로 썼다].
soap·y [sóupi] *adj*. (**soap·i·er**, **soap·i·est**) **1** 비누의,

비누 같은, 비누질의; 매끄러운. **2** 비누(사포닌)를 함유하는. ¶ *soapy* water 비눗물. **3** 비누[거품] 투성이인. **4** 《속어》 상냥한, 말주변이 좋은, 알랑거리는 (flattering).

‡**soar** [so:*r* / sɔ:] *vi.* **1** [새 따위가] 날아오르다, 하늘 높이 날다, 창공으로 하다(滑空)하다(fly aloft). ⇒ FLY [類語] **2** [비행기 따위가] 일정한 높이에서 활공하다. **3** [산 따위가] 높이 솟다(tower); [연기 따위가] 높이 오르다. **4** [물가 따위가] 치솟다. **5** [희망 · 사상 · 기운 등이] 솟구치다, 높아지다. — *n.* **1** 높이 날기, 비상(飛翔). **2** 높이 날 수 있는 한도; 고도.

soar·er [sɔ́:rər / sɔ́:rə] *n.* **1** 높이 나는 사람(것). **2** 고급 글라이더, 고성능 활공기(soaring plane).

*soar·ing [sɔ́:riŋ / sɔ́:r-] *n.* U **1** 하늘 높이 날기, 치솟기; 상승. **3** [스포츠] 소링[글라이더 등으로 상승기류를 이용하여 장시간 활공(滑空)하기]. — *adj.* **1** 높이 나는, 치솟는. **2** 상승하는. **4** [희망 등이] 원대한, 고매한(lofty). **~·ly** *adv.*

‡**sob** [sɑb / sɔb] *v.* (**sobbed, sob·bing**) *vi.* **1** 흐느껴(목메어) 울다. ⇒ CRY [類語] **2** [바람이] 윙윙 소리내며 불다; [증기 기관 따위가] 씩씩 하는 소리를 내다; [파도 따위가] 좔좔 소리를 내다. **3** 숨을 헐떡거리다. — *vt.* **1** …을 흐느끼며 털어놓다; …을 눈물을 흘리며 이야기하다(...*out, up*). ¶ (~+몸+囲) *sob* one's heart (or soul) *out* 가슴이 터지도록 흐느껴 울다; [~+몸+]前+名] *sob* oneself *to* sleep 흐느껴 울다가 잠들어 버리다. — *n.* 흐느낌(우는 소리); 윙윙거리는 바람 소리. — *adj.* 《美속어》〔한정 형용사〕 눈물을 자아내는, 울게 만드는.

S.O.B., s.o.b. 《略》 《속어》 son of a bitch.

‡**so·ber** [sóubər] *adj.* **1** 술에 취하지 않은, 술을 마시지 않은; 맑은 정신의. **2** 절주하고 있는. **3** 온건한, 실중 있는. **4** [성질 · 태도 등이] 진지한; 근엄한, 차분한, 냉정한(cool). **5** [as] *sober* as a judge 아주 착실한 / in *sober* earnest 진지하게. **5** 과장이 없는; 사실을 왜곡하지 않은. ¶ the *sober* truth 진상 / a *sober* estimate 온당한 평가; 부풀리지 않은 견적 / in *sober* fact 사실상. **6** 이성이 있는; 건전한, 올바른 정신, 성한(sane); [감정 · 감정이] 균형잡힌. ¶ in one's *sober* senses 똑바른 정신으로; 맑은 정신으로. **7** [색깔 · 옷 따위가] 수수한, 점잖은. — *vi.* **1** 술이 깨다(*off, up*...), **2** 진지해지다(become serious), 침착해지다, 냉정해지다(*down*). — *vt.* …을 술을 깨게 하다(...*up*); …을 진지하게 하다, 냉정하게 하다, 가라앉히다(*down*). **~·ly** *adv.* **~·ness** *n.* ◇ sobríety *n.*

so·ber-mind·ed [sóubərmáindid] *adj.* 냉정한; 진지한, 절도있는, 분별있는(sensible).

so·ber·sides [sóubərsàidz] *n. pl.* 〔단 · 복수 양용〕 진지하고 침착한 사람, 근엄한 사람.

so·bri·e·ty [sə(u)bráiəti] *n.* U **1** 취하지 않은 상태, 맑은 정신. **2** 절주, 금주. **3** 진지함; 엄숙. **4** 침착, 냉정.

sobríety chéckpoint *n.* 음주 운전 검문소[통칭 drunk driver trap이라고 함] (name).

so·bri·quet [sóubrikèi], **sou-** [sú:-] *n.* 별명(nickname).

sób síster *n.* 《美구어》 **1** 감상적인 (울게 만드는) 기사를 쓰는[여]기자. **2** 매우 감상적인 사람.

sób stóry *n.* 《美구어》 **1** 울리는 이야기. **2** [듣는 사람의 동정을 사려는] 변명.

sób stúff *n.* 《美구어》 달콤하고 감상적인 이야기, 울리는 홍행물(작품).

SOC 《略》 social overhead capital(사회 간접 자본).

Soc. 《略》 socialist; 〔종종 s-〕 society; sociology.

soc·age, soc·cage [sɑ́kidʒ / sɔ́k-] *n.* U 《英法制史》 〔봉건 제도의〕농역적(農役的)인 토지 보유권〔일정한 지대(地代)를 지불하거나 병역 이외의 부역을 맡음으로써 확립되었다〕.

‡**so-called** [sóukɔ́:ld] *adj.* **1** 소위 **2** 〔경멸적으로는〕 이른바, 흔히 일컫는. ¶ a *so-called* upstart 이른바 벼락 부자.

***soc·cer** [sɑ́kər / sɔ́kə] *n.* U 축구, 사커(association football). *cf.* Rugby [<[AS]SOC[IATION]+-ER].

Sóccer Tríbe *n.* 사커족(族)[영국의 열광적인 프로 축구 팬].

so·cia·bil·i·ty [sòuʃəbíləti] *n.* U 사교성; 붙임성, 교제를 좋아함, 사근사근함.

*so·cia·ble [sóuʃəbl] *adj.* **1** 사교적인, 붙임성있는, 교제를 좋아하는, 사근사근한. **2** 친목의, 우의를 다지는. ¶ a *sociable* evening 친목의 밤. **3** 〔동물 따위가〕 군서(群棲)하는(social). — *n.* **1** [2명씩 마주앉게 되어 있는] 지붕없는 4륜 마차. **2** [2 이용어] S 자형 안락의자. **3** 〔주로 美북부 · 중부〕 [특히 교회 신자들의] 친목회. **~·ness** *n.* ◇ sóciably *adv.*

so·cia·bly [sóuʃəbli] *adv.* 사교적으로, 상냥하게.

‡**so·cial** [sóu(ʃ)əl] *adj.* **1** 사회의, 사회에 관한, 사회에 있어서의. ¶ *social* life 사회 생활 / *social* problems 사회 문제. **2** 사회 생활을 하는, 사회적인. ¶ Man is a *social* being(animal). 인간은 사회 생활을 영위하는 존재(동물)이다. **3** 상냥한(friendly), 붙임성이 있는 (sociable), 사교적인. ¶ a person of *social* disposition 사교적인 성격의 사람. **4** 사교용의, 허물없는. ¶ a *social* club 사교 클럽. **5** 사회 복지 사업의(에 관한). **6** 사회가의. ¶ *social* theories 사회주의 이론. **7** 상류 사회의(에 관한). ¶ a column of *social* gossip [신문 따위의] 상류 사회 고십란. **8** 〔동물〕 군서(群棲)하는. *cf.* solitary **9** 〔식물〕 군생(群生)하는. ¶ *social* plants 군생 식물. **10** 〔로마 · 스코 법률〕 사회〔조합, 법인, 회사, 단체〕의. **11** 〔역사〕 동맹국 사이의.
— *n.* 친목회, 간친회(friendly meeting).
~·ly [-ʃəli] *adv.* **~·ness** *n.*
◇ society *n.*, socialize *v.*

sócial anthropólogy *n.* U 사회 인류학.
sócial cláss *n.* 〔마케팅〕 사회 계층(계급).
sócial clímber *n.* 입신 출세주의자, 야심가.
sócial cómpact *n.* =social contract.
sócial cóntract *n.* (the ~) 사회 계약설, 민약론(民約論)〔17-18세기에 Hobbes, Locke, Rousseau등이 제창〕.
Sócial Crédit *n.* U 〔경제〕 사회 채권설.   〔창〕.
Sócial Démocracy *n.* U 사회 민주주의.
Sócial Démocrat *n.* 〔특히 유럽의〕 사회 민주 당원.
sócial diséase *n.* U〔C〕 성병(venereal disease).
sócial dístance *n.* 〔美사회〕사회적 거리〔미국의 사회 학자 R.E. Park (1864-1944)가 제창했다〕.
sócial dynámics *n. pl.* 〔단수 취급〕 사회 역학.
sócial enginéering *n.* U 사회 공학.
sócial évil *n.* **1** 사회에 해로운 것, 사회악. **2** (the ~) 〔완곡적〕 매춘(prostitution).
sócial evolútion *n.* 〔사회〕 사회 진화.
sócial héritage *n.* 〔사회〕 사회적 유산.
sócial hýgiene *n.* U 성(性) 위생.
*socialism** [sóuʃəlìz(ə)m] *n.* U 사회주의[운동].
*socialist** [sóuʃəlist] *n.* 사회주의자; (S-) 사회당원. — *adj.* 사회주의(자)의. ¶ a *socialist* state 사회주의 국가.

so·cial·is·tic [sòuʃəlístik] *adj.* 사회주의의, 사회주의자의(socialist). **-ti·cal·ly** [-tikəli] *adv.*

Sócialist párty *n.* (the ~) 《英》 사회당. **2** 사회주의 정당.

so·cial·ite [sóuʃəlàit] *n.* 사교계의 명사.

so·ci·al·i·ty [sòuʃəlíləti] *n.* (*pl.* **-ties**) **1** U 사교성, 붙임성, 교제를 좋아함(sociability). **2** U C 사회적 행동(관습); 사교(친목)의 모임. **3** 사회성; 군거성(群居性).

so·cial·i·za·tion [sòuʃəlizéiʃ(ə)n / -laiz-] *n.* U 사회화, 사회주의화.

*so·cial·ize** [sóuʃəlàiz] (* 《英》에서는 **socialise** 로도

쓴다) v. (-ized, -iz·ing) vt. 1 …을 사회화하다, 사회적으로 만들다; …을 사교적으로 만들다; …을 사회적 목적을 위해 사용하다. ¶ *socialize* one's manners 예의범절을 공석에 나가도 부끄럽지 않도록 다듬다. 2 …을 사회주의화하다; 〔 국유(국영)화하다 (nationalize). 3 〔교육〕〔학습〕을 그룹 활동으로 하다. 4 〔이성〕과 사교적으로 사귀다. —— vi. 1 사회 활동에 참여하다. 2 〔남과〕사귀다.

só·cial·ized médicine [sóuʃəlàizd-] n. 回 의료 사회화 제도.

sócial órganism n. 〔사회〕사회 유기체. 〔독.
Sócial Régister n. 〔상표명〕(美) 〔사교계의〕 명사록.
sócial scíence n. ⓤ○ 사회 과학. cf. natural science
sócial secúrity n. ⓤ 1 사회 보장(제도). 2 (보통 S- S-) (美) 〔정부가 1935년에 제정한〕 사회 보장(제도).
sócial sérvice n. ⓤ 사회 복지 사업.   〔과목.
sócial stúdies n. pl. 〔국민학교·중학교의〕 사회과
sócial wélfare n. ⓤ 사회 복지; 사회 사업.
sócial wórk n. ⓤ 사회 사업.
sócial wórker n. 사회 사업가. cf. caseworker
so·ci·e·tal [səsáiət(ə)l] 1 사회의, 사회 관습의.

‡so·ci·e·ty [səsáiəti] n. (pl. -ties) 1 ⓤ 사회, 사회 집단; 세상〔사람들〕; ⓒ 특정한 사회, 공동체. ¶ a primitive *society* 원시 사회 / a danger to *society* 사회를 위태롭게 하는 사람(사물) / get on in *society* 출세하다. 2 ⓤⓒ 〔동물〕군거(群居), 〔식물〕군생(群生); 동·식물의 사회. ¶ live in *society* 군거(군생)하다. 3 ⓤ 사교 사회, 사교계〔사람들〕. ¶ the fashionable (or polite, select) *society* 상류 사회 / live in *society* 사교계에 섞여 살다 / get (or go) into *society* 사교계로 나서다. 4 ⓤ 교제; 함께 있기, 담의 면전(面前). ¶ He goes much into *society*. 그는 남과 교제하기를 매우 좋아한다 / He keeps aloof (or far) from *society* 그는 세상 사람들과 어울리지 않는다. 5 ⓤ (주로 집합적) 교제하고 있는 사람들; 교우, 동료. 6 조직, 집단; 회, 협회, 조합, 단체. —— adj. 상류 사회(사교계)의. ¶ *society* column 〔신문의〕 사교란 / a *society* reporter 상류 담당 기자.
◇ sócial adj.

Society Íslands n. pl. (the ~) 소시에테(Sociéte) 제도〔프랑스령·남태평양에 있는 제도로서 주도(主島)는 Tahiti〕.
Society of Fríends n. (= Religious socíety of Fríends) 프렌드 교파〔퀘이커 교파의 공식 명칭〕.
Society of Jésus n. (the ~) 예수회〔가톨릭 교회의 수도회; 略 S.J.〕.   〔하고 우아한 시.
society vérse n. 〔상류 사교계의 취미에 맞는〕 경쾌
socio- social, sociological, society 의 뜻의 연결형. 예: *sociometry*.
so·ci·o·bi·ol·o·gy [sòusiobaiálədʒi, -ʃi-/-5l-] n. ⓤ 사회 생물학.
so·ci·o·cul·tur·al [sòusio(u)kʌ́ltʃ(ə)rəl] adj. 사회 문화적인.
so·ci·o·ec·ol·o·gy [sòusio(u)iːkálədʒi / -kɔ́l-] n. 사회 생태학.
so·ci·o·e·co·nom·ic [sòusio(u)iːkənámik / -nɔ́m-] adj. 사회 경제적인.
so·ci·o·gram [sóusiəgræm] n. 〔사회〕 소시오그램〔인간 관계·집단 구조의 도표〕.
sociol. (略) sociological, sociology.
so·ci·o·lin·guis·tic [sòusio(u)liŋgwístik] adj. 사회 언어학의, 언어 사회학의.
so·ci·o·log·i·cal [sòusiəládʒik(ə)l / -lɔ́dʒ-], -i·cal [-dʒik(ə)l] adj. 사회학(상)의; 사회 문제의.
-i·cal·ly [-ikəli] adv.
*so·ci·ol·o·gist [sòusiálədʒist, -ʃi-/-ɔ́l-] n. 사회학자.
*so·ci·ol·o·gy [sòusiálədʒi, -ʃi-/-ɔ́l-] n. ⓤ 사회학.
so·ci·om·e·try [sòusiámitri, -ʃi-/-ɔ́m-] n. ⓤ 사회 측정학, 계량 사회학.

so·ci·o·path [sóusiəpæθ, -ʃi-] n. 반사회적 인물, 사회를 적대시하는 사람.
so·ci·o·po·lit·i·cal [sòusio(u)pəlítik(ə)l, -ʃi-] adj. 사회 정치적인.
so·ci·o·psy·cho·log·i·cal [sòusio(u)sàikəládʒik(ə)l / -lɔ́dʒ-] adj. 사회 심리학적인.

‡sock¹ [sak / sɔk] n. 1 (pl. socks or sox) (보통 ~s or sox) 짧은 양말. cf. stocking 1 2 구두 속에 까는 바닥 가죽, 안창. 3 〔고대 그리스·로마의 희극 배우가 사용한〕 가벼운 신발; 희극(comedy). cf. buskin ¶ the *sock* and buskin 희극과 비극, 연극.
pull up one's socks 〔英〕 정신을 차리고 시작하다.
Put a sock in (or into) it. (속어) 조용히 해, 입 닥쳐. —— vt. …에게 양말을 신기다.
sock in (보통 수동형으로) 〔일기 불순 따위 때문에〕〔비행기〕를 날지 못하게 하다.
sock² [sak / sɔk] (속어) vt. …을 강타하다, 때리다; 해치우다.
sock awáy …을 따로 두다, 저장하다(put away).
sock it to a person (속어) 남을 사정없이 해치우다.
—— n. 1 때리기, 강타(hard blow). ¶ give a person socks 남을 때리다. 2 〔연극 따위의〕 대성공(wow).
—— adv. 정통으로, 알맞게.
sock³ [sak / sɔk] (英학생 속어) n. 맛좋은 것, 과자 (sweets), 간식. —— vt. 〔남〕에게 한턱 내다, 〔남〕에게 물건을 주다. —— vi. 〔스스로〕 먹다.
sock⁴ [sak / sɔk] n. 〔英방언·스코〕 보습, 보습 주걱 (plowshare).
sock·dol·a·ger, -dol·o- [sakdɑ́lədʒər / sɔkdɔ́l-] n. (美속어) 1 엄청난 것, 엄청나게 큰(무거운) 것. 2 결정적인 논의(대답), 결정적인 한 마디. 3 최후의 일격, 결정타.
sock·er [sákər / sɔ́kə] n. (주로 英) = soccer.
*sock·et [sákit / sɔ́k-] n. 1 꽂는 구멍, 꽂이 구멍, 〔촛대의〕 초꽂이; 〔전기〕 소켓. 2 〔해부〕〔뼈의〕 와(窩), 강(腔). ¶ an eye *socket* 안와(眼窩). —— vt. …을 소켓에 끼우다.   〔ner〕.
sócket wrénch n. 〔美〕박스 스패너 (box span-
sock·eye [sákài/sɔ́k-] n. (= sóckeye sálmon) 붉은 연어, 붉은 송어(red salmon).
sóck hóp n. 양말만 신고 추는 무도회.
sock·o [sákou / sɔ́k-] adj. (美속어) 훌륭한, 대성공의.
so·cle [sákl, sóukl / sɔ́kl] n. 〔건축〕〔기둥 따위의〕 받침, 주춧돌; 〔조상(彫像) 따위의〕 대좌(臺座) (plinth).
So·crat·ic [so(u)krǽtik, +英 sɔ-] adj. 소크라테스의; 소크라테스 철학의.   소크라테스 학도.
-i·cal·ly [-ikəli] adv. (<고대 그리스의 철학자 Socrates(470?-399 B.C.)의 이름에서).
Socrátic írony n. ⓤ 소크라테스식 반어법〔논적에 대해 짐짓 자기가 무식한 체하면서 거꾸로 상대방의 오류를 폭로하는 논법〕.
Socrátic méthod n. (the ~) 소크라테스식 문답법.
*sod¹ [sad / sɔd] n. ⓤ 잔디밭; 잔디, 메(turf).
the old sod 고향 (* 특히 아일랜드인이 쓴다).
under the sod 매장되어, 저승에서.   〔장으로 덮다.
—— vt. (sod·ded, sod·ding) …에 잔디를 깔다, …을 뗏
◇ sóddy adj.
sod² [sad / sɔd] v. (페어) seethe 의 과거형.
sod³ [sad / sɔd] (주로 英속어) 〔보통 경멸적〕 n. 남색자 (男色者) (Sodomite); 녀석(guy, chap); 새끼(kid).
—— vt. (sod·ded, sod·ding) 〔명령형으로 써서〕 뒈져버려, 알랑 녀석.
‡so·da [sóudə] n. 1 ⓤ 소다, 〔중〕 탄산소다, 중조; 〔넓은 뜻으로〕 나트륨 화합물. 2 ⓤⓒ 소다수 (soda water); 사이다 (soda pop). ¶ a whisky and *soda* 소다수를 탄 위스키. 3 〔카드놀이의 faro 에서〕 맨 먼저 젖혀 놓는 카드.
sóda ásh n. ⓤ 〔화학〕 소다회〔공업용 탄산 소다〕.
sóda cráck·er n. 얇고 단맛이 없는 살짝 구운 크래커.

soda fountain *n.* 1 소다수 판매장(대) [아이스크림·가벼운 식사 따위도 판다]. 2 [보통 꼭지가 큰] 소다수 용기.

sóda jèrk (jèrker) *n.* 《구어》 soda fountain에서 일하는 사람.

sóda lìme *n.* ⓤ 소다 석회.

so·dal·i·ty [soudǽliti] *n.* (*pl.* **-ties**) 1 ⓤ 동료의(fellowship), 교제; 우정. 2 ⓒ 조합; 협회(association). 3 [가톨릭] 신도회[신앙·자선 활동을 위한 단체].

sóda pòp *n.* ⓤⓒ 소다 풀[맛들인 소다수], 사이다.

so·dar [sóudɑːr] *n.* ⓤ 음파 기상 탐지기.

sóda wàter *n.* ⓤ 소다수, 탄산수.

sod·den[1] [sɑ́dn / sɔ́dn] *adj.* 1 [물 따위에] 잠긴, 흠뻑 젖은(saturated). 2 [음식 따위가] 물에 불은; [빵 따위가 설구워져서] 눌컹거리는. 3 [얼굴 따위가] 부석부석한. 4 [술로] 머리가 멍청해진(dull), 생기가 없는(inert). 5 [고어] 끓은(boiled). — *vt.* …을 담그다, 적시 하다; …을 물에 붇게 만들다; …을 멍청하게 만들다. — *vi.* 물에 잠기다, 젖다; 물에 붇다.
~·ly *adv.* **~·ness** *n.*

sod·den[2] [sɑ́dn / sɔ́dn] *v.* 《페어》 seethe의 과거 분사.

sod·ding [sɑ́diŋ / sɔ́d-] *adj.* 《英속어》 지독히, 싫은.

sod·dy [sɑ́di / sɔ́di] *adj.* (**-di·er, -di·est**) 잔디가 난, 잔디가 많은(turfy). — *n.* (*pl.* **-dies**) 《美서부》 떼로 이은 집.

*****so·di·um** [sóudiəm] *n.* ⓤ [화학] 나트륨(natrium), 소듐 [금속 원소의 하나; 원자 기호 Na].

sódium bicárbonate *n.* (= **sódium ácid cárbonate**) ⓤ [화학·약학] 중탄산나트륨.

sódium chlóride *n.* ⓤ [화학] 염화 나트륨, 식염.

sódium cýanìde *n.* ⓤ [화학] 시안화 나트륨.

sódium flúoride *n.* ⓤ [화학] 불화(弗化) [플루오르화] 나트륨.

sódium hydróxide *n.* ⓤ [화학] 수산화 나트륨.

sódium hypos·úlfite *n.* ⓤ [화학] 차아황산(次亞黃酸) 나트륨; 티오 황산 나트륨.

sódium nítrate *n.* ⓤ [화학] 질산 나트륨.

sódium pén·to·thàl [-péntəθɔ̀ːl] *n.* ⓤ [약학] 펜토탈 나트륨 [마취·수면제].

sódium thìosúlfate *n.* ⓤ [화학] 티오 황산 나트륨.

só·di·um-và·por làmp [sóudiəmvèipər-] *n.* [전기] 나트륨등(燈).

Sod·om [sɑ́dəm / sɔ́d-] *n.* 1 [성서] 소돔 [사해 근처에 있던 옛도시. 주민의 죄악 때문에 하늘에서 내린 불로 멸망했다. ← 창세기(Gen.) 19:24-28]. 2 죄악이 성행하는 곳.

Sod·om·ite [sɑ́dəmàit / sɔ́d-] *n.* 1 소돔(sodom) 사람. 2 (s-) 남색자(男色者); 수간자(獸姦者).

sod·om·y [sɑ́dəmi / sɔ́d-] *n.* ⓤ 남색; 수간.

so·ev·er [souévər] *adv.* 1 비록 …이라 할지라도 (* 문어체 용법이며, 보통 who, what, when, where, how 따위의 뒤에 오지만, 종종 그 사이에 형용사·부사 따위가 따위가 삽입된다. ¶ how dark *soever* the night may be 밤이 제아무리 어둡다 할지라도). 2 《부정문에서》 결코(조금도) …아닌(at all). ¶ He has no home *soever*. 그에게는 집이라곤 없다.

-soever 의문 대명사(부사)와 결합해서 「비록 …일지라도」의 뜻을 강조하는 연결형. 예: whoso*ever*, what*soever*.

SOF (略) *sound on film*; *Special Operation Force* (특수 작전 부대).

‡**so·fa** [sóufə] *n.* 소파, 긴 안락 의자. [< Arab *suffah*]

SOFA (略) *Status of Forces Agreement* ([한미] 주둔군 지위 협정).

so·far [sóufɑːr] *n.* 수중 측음(測音) 장치.
[< SO[UND]+F[IXING]+A[ND]+R[ANGING]]

sof·fit [sɑ́fit / sɔ́f-] *n.* [건축] 「arch나 beam 따위의] 아랫면.

So·fi [sóufi] *n.* = Sufi.

So·fi·a [sóufiə, so(u)fíːə] *n.* 소피아 [불가리아의 수도].

So·fism [sóufiz(ə)m] *n.* = Sufism.

S. of S. (略) *Secretary of State* ([미국] 국무장관).

S. of Sol (略) [성서] *Song of Solomon* (솔로몬의 아가(雅歌)).

‡**soft** [sɔːft / sɔft] *adj.* 1 부드러운, 유연한, *opp.* hard, tough. ¶ a *soft* bed 푹신한 침대 / a *soft* hat 중절 모자 / *soft* as clay (*or* butter) 아주 부드러운.
2 매끄러운, 보들보들한(smooth); 술·담배 따위가 입에 당기는; [음식이] 소화가 잘 되는. *opp.* coarse, rough
3 쾌적한(pleasant), 아늑한(comfortable).
4 [음성이] 잔잔한(gentle), 낮은(low), 조용한.
5 [색깔·광선 따위가] 번쩍거리지 않는(not glaring), 차분한.
6 [선·윤곽 따위가] 억세지 않은; 희미한, 부드러운.
7 [바람·비 따위가] 잔잔한; [기후 따위가] 온화한(mild), 상쾌한. ¶ a *soft* winter 온난한 겨울 / a *soft* wind 산들바람.
8 《英》[날씨 따위가] 눅눅한, 비 오는, 눈이 녹는.
9 [성격 따위가] 고운(tender-hearted), 부드러운, 순한, 인정이 많은; 감동하기 쉬운, 다정다감한, 여린. ⇒ GENTLE [類語] ¶ the *soft* (*or* the *softer*) sex 여성 // be *soft with* children 아이들에게 약하다.
10 [말 따위가] 달콤한, 구변이 좋은(smooth), 다정한. ¶ *soft* nothings 남녀간의 정담; 비위 맞추는 말 / *soft* things 정사(情事); 비위 맞추는 말.
11 [조건·협정 따위가] 엄하지 않은, 너그러운; [경제] [물가·시세 따위가] 불안정한(unstable); [대부(loan)가] 장기 저리의. [섬세한]
12 [근육·살결 따위가] 약한(weak), 유약(柔弱)한.
13 쉬운, 수월한(easy). ¶ a *soft* job 수월한 일.
14 속기 쉬운, 어리석은(silly), 우둔한(foolish). ¶ a bit *soft* in the head 머리가 좀 모자라는.
15 [물이] 연성(軟性)의; [금속 따위가] 연질(軟質)의. ¶ *soft* water 연수. *opp.* hard 「hard
16 알코올 성분이 그다지 않은(nonalcoholic). *opp.*
17 [사진] 연조(軟調)의. *opp.* contrasty
18 [음성] 연음(軟音)의(lenis) [cent의 [s], gem의 [dʒ] 따위의]; [특히] 유성(有聲) 연음의; [슬라브계 언어에서 자음이] 구개화(口蓋化)된(palatalized). *opp.* hard
19 [군사] [기지 따위가] 취약한, 견고하지 않은(vulnerable); [우주 로켓이] 연착륙하는.
20 [금전이 경화가 아니고] 지폐인; [통화가 금 또는 외국 통화와 교환이 안되는] 연화(軟貨)의. *opp.* hard *soft* currency 연화.
21 [세제가] 폐수 속에서 분해되는. ¶ a *soft* detergent 연성 세제.
22 [예술 작품이] 소프트한, 부드러운 소재를 쓴. ¶ *soft* art 소프트 아트.
23 [마약이] 습관성이 없는, 약한. [다.
be soft on ⓵ …을 부드럽게 다루다. ⓶ …을 연모하
— *n.* 1 부드러운 것(부분); ⓤ부드러움(softness). 2 모자라는 사람, 멍청이.
— *adv.* 부드럽게, 조용히(gently); 상냥하게, 온건하게(softly) (* 비교급으로 쓰이는 경우가 많다.). ¶ speak *softer* 좀더 조용히 말하다.
— *interj.* [고어] 조용히 해, 쉿(hush). ¶ *Soft*! Someone comes. 조용히 해! 누가 온다. 2 천천히(조용히) 가라; 기다려라(stop).
~·ness *n.* ◇ **sóften** *v.*, **sófty, sóftish** *adj.*, **sóftly** *adv.*

soft-ball [sɔ́ːftbɔ̀ːl / sɔ́ft-] *n.* ⓤ 소프트볼; ⓒ 소프트볼에서 쓰는 공. *cf.* hard-boiled

soft-boiled [sɔ́ːftbɔ́ild / sɔ́ft-] *adj.* [달걀이] 반숙인.

soft-bound [sɔ́ːftbáund] *adj.* = soft-cover, paperback. *cf.* hardbound

sóft cóal *n.* ⓤ 역청탄(瀝靑炭), 유연탄.

sóft cópy *n.* [컴퓨터] 소프트 코피 [인쇄물 등의 hard copy에 대해, 표시 장치에서 분리할 수 없는 비(非)

구적인 표시 화상(畵像)]. opp. hard copy

sóft-córe [sɔ́:ftkɔ́:r / sɔ́ftkɔ́:] adj. 1 [포르노영화·잡지 따위가] 기계적으로 별로 노골적이지 않은. opp. hard-core ¶ *soft-core* porn 꽤 점잖은 포르노. 2 알기 쉬운.

sóft-cóv·er [sɔ́:ftkʌ̀vər / sɔ́ft-] adj. [책이] 표지가 얇은. cf. hardcover — n. 표지가 얇은 책(paperback).

sóft cúrrency n. 〔경제〕 연화(軟貨) [달러와 자유로이 교환될 수 없는 통화]. opp. hard currency

sóft dóck n. 〔우주공학〕 연(軟) 결합[복수(複數)의 우주선이 기계적으로 일체가 되는 결합이 아니라 나일론 끈 따위로 결합하는 일].

sóft drínk n. 알코올 성분이 없는 음료.

sóft drúg n. 약한 마약[마리화나 따위].

‡**sof·ten** [sɔ́:fn / sɔ́fn] vt. 1 …을 부드럽게 하다, 누그러뜨리다. opp. harden ¶ *soften* one's anger 화를 풀다 / Time *softens* grief. 시간이 흐르면 슬픔도 누그러진다. 2 …을 온순하게 하다, 온화하게 하다. ¶ *soften* a person's heart 아무의 마음을 누그러뜨리다. 3 …을 연약하게 하다, 나약하게 하다. 4 〔소리·색깔·광선 따위〕를 부드럽게 하다, 낮추다(lower), 수수하게 하다. ¶ *soften* one's voice 목소리를 낮추다 / *soften* coloring 채색을 수수하게 하다. 5 〔경수〕를 연수로 바꾸다. 6 〔물가〕를 내리다; 〔수요〕를 억제하다. 7 〔적〕의 저항을 약화시키다(…*up*).

— vi. 1 부드러워지다; 〔경수가〕 연수로 되다. 2 〔마음이〕누그러지다, 온순해지다; 〔노여움 따위가〕사라지다, 풀리다; 연약해지다, 온화해지다. ◇ sóft adj.

sóf·ten·er [sɔ́:fnər / sɔ́f-] n. 1 부드럽게 하는 사람 (것), 연화하게 하는 사람(것). 2 〔화학〕 경수를 연수로 바꾸는 약품, 연화제.

sóft énergy n. 소프트 에너지[태양열·풍력 따위에서 얻어지는 에너지].

sóft-fo·cus [sɔ́:ftfóukəs / sɔ́ft-] adj. 〔사진〕 연초점의.

sóft góods n. pl. 직물류(textiles). cf. hard goods

sóft hát n. 〘美〙중절 모자(felt hat).

sóft·head [sɔ́:fthèd] n. 바보, 멍청이.

sóft·head·ed [sɔ́:fthédid / sɔ́fthèdid] adj. 어리석은, 머리가 모자라는(foolish, stupid). 멍청한. ~·ness n.

sóft·heart·ed [sɔ́:ftháːrtid / sɔ́ft-] adj. 마음씨 고운, 인정 많은(tender). ~·ly adv. ~·ness n.

sóft·ie [sɔ́:fti / sɔ́fti] n. = SOFTY.

sóft·ish [sɔ́:ftiʃ / sɔ́ft-] adj. 좀 부드러운, 느슨한.

sóft·land [sɔ́:ftlænd / sɔ́ft-] vi., vt. 연(軟)착륙하다.

sóft·land·er [sɔ́:ftlændər / sɔ́ft-] n. 연착륙선(船).

sóft lánding n. 〘U〙〘C〙〔우주선의〕연착륙; 〔경제의〕 안정성장 진입, 소프트 랜딩.

sóft léns n. 소프트(콘택트) 렌즈.

sóft líne n. 유연(온건) 노선.

sóft-lin·er [sɔ́:ftláinər / sɔ́ft-] n. 유연(온건)파 중의 사람.

sóft lóan n. 〔경제〕 소프트 론 [dollar 따위 국제 통화로 빌려주고 현지 통화로 상환받는 유리한 차관; 개도국 저리 대부].

‡**sóft·ly** [sɔ́:ftli / sɔ́ft-] adv. 부드럽게, 조용히; 상냥하게.

sóft móney n. 지폐, 어음; 〔인플레로 말미암아 구매력(가치)이 떨어진 통화〕 약세 통화.

sóft pálate n. 〔해부〕 연구개(軟口蓋)(velum). cf. hard palate

sóft pédal n. 〔피아노의〕 약음(弱音) 페달.

sóft-ped·al [sɔ́:ftpédl / sɔ́ft-] vt. (-aled, -al·ing; 〘英〙 -alled, -al·ling) vt. 1. 약음 페달을 밟다. — vt. 2 〘구어〙〔어조·가락 따위의〕을 약음 페달을 밟아 부드럽게 하다. 2 〘구어〙…을 부추기다; …을 돋보이지 않게 하다, 적당히 조절하다.

sóft róck n. 〘U〙 소프트 록 〔섬세한 록 음악〕.

sóft sáwder n. 〘U〙〘속어〙아첨, 아부(flattery).

sóft scíence n. 사회 과학, 행동 과학, 인문 과학.

sóft séll n. 〘U〙은근한(점잖은) 판매 방식.

sóft-shéll [sɔ́:ftʃèl / sɔ́ft-] adj. 딱지가 연한.

— n. 탈피한 직후의 딱지가 연한 게〔그대로 요리해서 먹는다〕(soft-shell crab).

sóft shóulder n. 〔큰길의〕 포장되지 않은 가장자리.

sóft sóap n. 〘U〙 1 연성 비누, 물비누. 2 〘구어〙 아첨(flattery).

sóft-soap [sɔ́:ftsóup / sɔ́ft-] vt. 1 …에 연성(물) 비누를 쓰다. 2 〘구어〙 …을 부추기다; …에게 아첨하다(flatter), 연성 비누로 씻다.

sóft sólder n. 〘U〙금속용 가용성(可溶性) 땜납[700°F 이하에서 녹는다]. cf. hard solder

sóft-spo·ken [sɔ́:ft-spóuk(ə)n / sɔ́ft-spòuk(ə)n] adj. 1 상냥하게 말하는, 온화한. 2 〔말씨가〕 부드러운; 설득력이 있는.

sóft spót n. 1 약점, 불리한 입장(지위, 상태). 2 민감, 감수성; 기호, 편애(leaning).

sóft tárget n. 〔군사〕 취약 목표 [방호 수단을 갖지 않는 취약한 군사 목표].

sóft technólogy n. 소프트 테크놀로지 [태양열·풍력 따위 자연력 이용에 관한 과학 기술]. 〔<미국의 물리 학자 Amory Lovins 작 *Soft Energy Paths*(1976)〕

sóft tóuch n. 〘속어〙 1 〔특히 금전 문제에서〕 잘 속는 사람, 잘 넘어가는 사람, 어수룩한 사람(easy mark). 2 간단히 지는 사람(팀). 3 수월한 돈벌이.

*****sóft·ware** [sɔ́:ftwɛ̀ər / sɔ́ft-] n. 〘U〙 1 〔컴퓨터〕 소프트웨어 [컴퓨터의 프로그램 체계의 총칭]. cf. hardware 2 〔기계·설비의〕 이용법, 이용 기술. 3 〔로켓·미사일 따위의〕 설계·연료 따위. 4 〔어학 실습실 따위의〕 프로그램·교재 따위.

sóftware enginéering n. 소프트웨어 공학.

sóftware páckage n. 〔컴퓨터〕 범용(汎用) 소프트웨어 제품 [수많은 기업들에 공통으로 이용될 수 있도록 미리 작성된 기제(旣製) 프로그램].

sóft-wit·ted [sɔ́:ftwítid / sɔ́ft-] adj. = soft-headed.

sóft·wood [sɔ́:ftwùd / sɔ́ft-] n. 〘U〙연한 나무, 연한 재목, 침엽수 재목. 2 〔식물〕 침엽수(림).

sóft·y, sóft·ie [sɔ́:fti / sɔ́fti] n. (pl. **soft·ies**) 〘구어〙 1 쉽사리 감정에 좌우되는 사람. 2 사내답지 못한 남자, 나약한 남자. 3 바보, 멍청이, 잘 속는 사람.

sóg·gy [sági / sɔ́gi] adj. (**-gi·er, -gi·est**) 1 〔토지 따위가〕 물에 잠긴, 흠뻑 젖은. 2 진득진득한; 부석부석한. 3 기운(기력)이 없는, 맥이 빠진, 멍청한.
-gi·ly adv. **-gi·ness** n.

sóh [sou] interj. = SO[1].

so·ho [souhóu] interj. 자!, 저것 봐라![남의 주의를 끌 때에 쓰는 말. 원래는 사냥할 때 썼다].

So·ho [sóuhou, souhóu] n. 런던시 Oxford Street 남쪽에 있는 지구 [외국인이 경영하는 식당 따위로 유명].

So·Ho [sóuhou / sóuhòu] n. 소호 [New York 시 Manhattan 남부의 지구; 화랑·부티 예술 등의 중심지].

soi-di·sant [F swadizɑ̃] adj. 〘프랑스〙 (=self-saying) 1 자칭하는(self-styled). 2 소위, 이른바(so-called).

soi·gné [swɑːnjéi] adj. (✻여성에게는 **soi·gnée**를 쓴다) 1 공들여 화장한. 2 빈틈없는; 몸차림이 단정한.

〔<F〕

‡**soil**[1] [soil] n. 〘U〙〔종류는〘C〙〕 흙, 토양; (the ~) 경작된 땅. ¶ a son of the *soil* 농민, 농부/the lord of the *soil* 영주(領主), 지주. 2 〘C〙나라, 지방; 출생지; 〔악 따위의〕 온상(hotbed), 태어나서 자란 곳. ¶ one's native *soil* 고향 / a friendly *soil* 우호국 / on foreign *soil* 이역에서.

*****soil**[2] [soil] vt. 1 …을 더럽히다, …을 얼룩지게 하다 (stain). ¶ *soil* one's clothes 옷을 더럽히다. 2 〔죄 따위로〕〔명예·도덕〕을 오손(汚損)하다(sully). — vi. 더러워지다, 얼룩이 지다; 오손되다; 타락하다. — n. 〘U〙 1 더럽히기, 더러워지기, 더러움; 오점. 2 〘C〙더러워진 장소(점). 2 오물, 하수(下水)(sewage); 똥; 비료 (manure). ◇ sóilure n.

soil[3] [soil] vt. 〔가축〕에게 갓 벤 푸른 풀을 먹여 살찌게

sóil bànk n. 《美》[잉여 농산물] 휴경(休耕) 보조금

soil-borne [sɔ́ilbɔ̀ːrn/-bɔ̀ːn] adj. 토양에 의해 운반되는, 토양성의.

soil-ce·ment [sɔ́ilsimènt] n. 흙과 시멘트를 섞어 적당한 물을 붓고 굳힌 것 [도로 포장의 기초 따위에 쓴다].

sóil condítioner n. 토양 개량제.

sóil·less [sɔ́illis] adj. 토양이 없는, 토양을 쓰지 않는.

sóil mechànics n. pl. (단·복수 양용) 토질 역학.

sóil pìpe n. 오수관(汚水管).

sóil pollútion n. 〔생태〕 토양 오염.

sóil scìence n. 토양학(pedology).

sóil sùrvey n. 토질(土質) 조사.

soi·rée, -rée [swɑːréi/ーー] n. 야회(夜會), (밤의) 초대회, 밤의 모임. ¶ a musical soiree 음악의 밤. (<F)

***so·journ** vi. [sóudʒəːrn, -ー/sɔ́dʒəːn// →] n. 묵다, 체류하다; 기류(寄留)하다(at, in, with...).
— n. [sóudʒəːrn/sɔ́dʒɜːr-] 체류, 체재; 기류.

so·journ·er [sóudʒəːrnər, -ー/sɔ́dʒəːnə] n. 체류자; 기류인.

soke [souk] n. 《古英 법률》 [U] 재판(사법)권; [C] 재판(사법)관구.

so·kol [sóukɔːl/-kɔl] n. 체육대회. 〔셋째 S〕

sol[1] [soul, sɔl], **so**[2] [sou] n. 〔음악〕 솔 [전음계의 제 5 음].

sol[3] [soul, sɔl] n. (pl. **sols** or Sp **so·les** [sóules]) 솔 [페루의 화폐 단위로 100 centavos]; 솔 은화(지폐); [옛날의] 솔 금화.

sol[4] [soul, sal, sɔl] n. 〔화학〕 졸 [액체 속에서 물질이 콜로이드상(狀)으로 흩어져 있는 상태]. cf. gel

Sol [sal, soul, sɔl] n. 1 고대 로마인의 태양신 [그리스의 Helios에 해당한다]. 2 〔익살〕 태양(the sun).

sol. soluble; solution.

Sol. 〔略〕 Solicitor; Solomon.

so·la [sóulə/-lə] n. 〔인도산(產)의〕 자커렐 [콩과(科)의 관목성 초본, 줄기는 헬멧 모자의 재료로].

so·la [sóulə] adj. 《라틴》 (=alone) solus의 여성형.

***sol·ace** [sális/sɔ́l-] n. [U] 위로, 위안(consolation); [C] 위안물, 위로가 되는 것. ¶ find solace in ...에 위안을 얻다. — vt. (-aced, -ac·ing) 1 ...에 위안을 주다, ...을 위로하다. ¶ COMFORT 類語 ¶ (~+園+前+名) solace oneself with ...으로 스스로 위안하다. 2 ...을 덜어주다, 누그러뜨리다(alleviate).

sol·ace·ment [sálismənt/sɔ́l-] n. [U] 위로; 위로하기.

sol·ac·er [sálisər/sɔ́l-] n. 위로하는 사람.

so·lan [sóulən] n. = solan goose.

sólan góose n. = gannet.

so·lan·der càse (bòx) [səlǽndər-] n. 솔랜더 케이스 [서류·책 따위를 넣기 위해 책 모양으로 만든 가죽 케이스].

so·la·num [so(u)léinəm] n. 가지과(科)의 식물.

‡**so·lar**[1] [sóulər] adj. 1 태양의, 태양에 관한. ¶ a solar spot 태양 흑점 / a solar myth 태양 신화. 2 태양의 운행에 의해 측정되는; 태양에 의해 생기는 (일어나는). ¶ a solar hour 태양 시간(solar day)의 24분의 1길이의 시간) / solar energy 태양 에너지.
— n. =solarium. ◇ sun n., sólarize v.

so·lar[2] [sóulər, sál-, sɔ́l-] n. 〔중세 영국 주택의〕 개인방, 위쪽 방.

sólar árt n. 솔라 아트 [태양 광선을 렌즈초점에 모아 흰나무판을 태워서 그린 낙화(烙畫) (pyrograph)의 일종].

sólar báttery (cèll) n. 태양 전지.

sólar colléctor n. 태양열 수집(집열)기.

sólar cónstant n. 태양 상수(常數) [지표에 도달하는 태양 에너지의 기준치].

sólar cýcle n. 〔천문〕 태양 순환기, 28주년.

sólar dáy n. 〔천문〕 태양일 [태양이 2회 같은 자오선을 통과하는 데 소요되는 시간]. cf. lunar day

sólar eclípse n. 일식(日蝕).

sólar fárm n. 〔공학〕 솔라 팜 [사막과 같은 광대한 토지를 이용하여 태양 에너지로 전기 에너지의 대부분을 공급하려는 시설].

sólar fláre n. 태양면 폭발.

sólar fúrnace n. 태양로(爐).

sólar hóuse n. 태양열 〔난방〕 주택.

so·lar·ism [sóulərìz(ə)m] n. [U] 〔신화·전설 따위의〕 태양 중심설.

so·lar·ist [sóulərist] n. 태양 중심론자.

so·lar·i·um [so(u)lέ(ː)riəm・léər-] n. (pl. **-i·a**[-riə]) 1 일광욕실, 선룸. 2 해시계(sundial).

so·lar·i·za·tion [sòulərizéi(ə)n/-raiz-] n. [U] 〔사진〕 솔라리제이션 〔화상(畫像)의 명암이 거꾸로 나오는 현상〕, 반전 현상.

so·lar·ize [sóulərài z] (《英》에서는 **so·lar·ise**로도 쓴다) v. (-ized, -iz·ing) vt. 1 〔사진〕 ...을 지나치게 노출시키다. 2 〔사진〕 반전(反轉)시키다. 3 ...을 햇빛에 쬐다, 감광(感光)시키다. — vi. 〔사진〕 〔건판이〕 노출 과다로 상하다.

sólar pánel n. 태양 전지판.

sólar pléxus n. 1 〔해부〕 〔위(胃)의 후부에 있는〕 태양 신경총(神經叢). 2 〔구어〕 명치.

sólar pónd n. 태양 축열지(蓄熱池).

sólar pówer n. 1 태양 에너지. 2 태양열 발전. ¶ a solar power plant 태양열 발전소 / a solar power satellite 태양열 발전 인공 위성.

sólar sáil n. 태양돛[태양 광선을 받아서 우주선을 안정시키는 장치].

sólar sált n. 천일염(天日鹽).

sólar sýstem n. (the ~) 〔천문〕 태양계.

sólar wínd n. 태양풍, 태양 플래스마, 태양 미립자의 흐름.

sólar yéar n. 태양년 [지구가 태양을 일주하는 시간의 길이; 365일 5시간 48분 46초]. cf. lunar year

so·la·ti·um [so(u)léiʃiəm/-sjəm] n. (pl. **-ti·a**[-ʃiə]) 위자료, 위문금, 배상금(reparation).

‡**sold** [sould] v. sell의 과거・과거 분사.

sol·der [sádər/sɔ́ldə] n. 1 [U]땜납, 백랍(白鑞). 2 결합물; 기반(羈絆), 유대(bond). — vt. 1 ...을 땜질하다. 2 ...을 결합하다. 3 ...을 고치다, 수리하다.
— vi. 땜질하다; 결합하다.

sól·der·ing ìron (còpper) [sádəriŋ-/sɔ́ldər-] n. 땜질 인두.

‡**sol·dier** [sóuldʒər] n. 1 〔육군〕 군인; 병사, 병정. ¶ a soldier of fortune [돈과 모험을 위해 일하는] 고용 군인; 풍운아 / go (or enlist) for a soldier 군인이 되다 / play at soldiers 〔아이들이〕 병정놀이를 한다 [익살로 지원병의 훈련을 가리키기도 한다]. 2) 병졸(private) (cf. officer); 하사관(noncommissioned officer). 3 장교, 장군, 지휘관. ¶ the great soldiers of history 역사상의 명장. 4 〔주의 따위를 위해〕 싸우는 사람, 투사. ¶ a soldier of Christ (or the cross) 기독교 전도자. 5 〔구어〕 일하는 체하고 게으름만 피우는 사람, 농뗑이(drone). 6 soldier ant. 7 《속어》 훈제한 청어, 소라게(hermit crab). 9 《美속어》 〔마피아의〕 평단원.
old soldier 1 노련한 군인, 고참병; 노련한 사람. 2 《속어》 빈병; 〔담배〕 꽁초(butt).
— vi. 군인이 되다, 군무에 복무하다. ¶ go soldiering 군인이 되다 // (~+園+名) He soldiered in two wars. 그는 두 전쟁에 종군했다. 2 게으름을 피우다, 농뗑이치다, 꾀병을 부리다(malinger) (on...). ◇ sóldiery n.

sóldier ánt n. 〔곤충〕 병정개미.

sol·dier·ing [sóuldʒəriŋ] n. [U] 군인 생활; 병역.

sol·dier·like [sóuldʒərlàik] adj. =soldierly.

sol·dier·ly [sóuldʒərli] adj. 군인다운; 용감한(brave).

sol·dier·ship [sóuldʒərʃip] n. [U] 군인 임, 군직(軍職), 군인 정신, 군인의 지위.

Sóldier's Médal n. 《美》[전투 이외의 영웅적인 행위에 대한] 군인 훈장.

sol·dier·y [sóuldʒəri] n. (pl. **-dier·ies**) **1** 《집합적》 군인, 병정(soldiers). **2** ⓤ 군인이라는 직업(신분). **3** ⓤ 군사 훈련; 군사 과학.

‡**sole**¹ [soul] adj. **1** 단 한 사람뿐의, 하나뿐의, 유일한. ⇨ ONLY 類語 ¶ the sole heir 유일한 상속자. **2** 독신한, 달리 유례가 없는(unique). **3** 독점적인(exclusive), 도맡은. **4** 【법률】 독신의, [특히 여성의] 미혼의(unmarried). **5** 《고어》 외토리의(alone), 고독한.
◇ sólitude n., sólely adv.

*sole² [soul] n. **1** 발바닥; 신바닥, 구두창. **2** [일반적으로 물건의] 밑바닥, 기부(基部), 토대(bottom). — vt. (soled, sol·ing) [구두 따위에] 밑창을 대다, …에 밑바닥을 갈다.

sole³ [soul] n. (pl. **soles** or **sole**) 혀가자미, 혀넙치[서대기과의 식용어].

sol·e·cism [sálisìz(ə)m / sɔ́l-] n. **1** 문법 위반, 어법 위반, 파격(破格). **2** 버릇없음, 무례, 실례. **3** 잘못 (mistake), 부당.

sol·e·cist [sálisist / sɔ́l-] n. 문법 (어법) 위반자, 버릇없는 사람.

sol·e·cis·tic [sàlisístik / sɔ̀l-], (**sol·e·cis·ti·cal** [-tik(ə)l]) adj. **1** 문법 (어법) 위반의, 파격의. **2** 버릇없는, 무례한. **3** 잘못된, 부당한. **-ti·cal·ly** [-tikəli] adv.

soled [sould] adj. 《복합어로》 바닥이 …인. ¶ thin-soled 밑바닥이 얇은 / rubber-soled shoes 고무창 구두.

‡**sole·ly** [sóu(l)li / sóulli] adv. **1** 혼자서, 단독으로 (alone). ¶ I am solely responsible for it. 그것은 전적으로 내 책임이다. **2** 주로, 아주; 오직(only).

‡**sol·emn** [sáləm / sɔ́l-] adj. **1** 진지한, 엄숙한, 장엄한. ¶ a solemn mass 장엄 미사 / on solemn occasions 엄숙한 경우에. **2** 엄숙한 체 하는, 거드름 피우는. **3** 중대한, 소중한. **4** 격식을 차리는, 격식에 맞는(formal). **5** 종교상의, 신성한. ¶ a solemn sacrifice 제물(祭物). **6** 【법률】 정식의. **~ness** n.
◇ solémnity n., sólemnize, solémnify v.

so·lem·ni·fy [səlémnifài] vt. (-**fied, -fy·ing**) …을 엄숙하게 하다, 장엄하게 하다 (make solemn).

*sol·em·ni·ty [səlémniti] n. (pl. **-ties**) ⓤ **1** 엄숙, 장중, 장엄. **2** 진지함, 진지한 체하기. **3** ⓒ 《종종 -ties》 의식, [종교상의] 식전(式典). **4** 【법률】 정식(正式). ◇ sólemn adj.

sol·em·ni·za·tion [sàləmnizéi(ə)n / sɔ̀ləmnaiz-] n. ⓤ 거식(擧式), 식을 올려 축하하기; 장엄화.

sol·em·nize [sáləmnàiz / sɔ́l-] (*《英》에서는 **sol·em·nise** 로도 쓴다) v. (**-nized, -niz·ing**) vt. **1** …을 식을 올려 축하하다(celebrate). **2** [식]을 올리다. [특히] [결혼식]을 올리다. ¶ solemnize a marriage 결혼식을 올리다. **3** …을 엄숙(장엄, 장중)하게 하다 (dignify). — vi. 엄숙(장엄)해지다.

*sol·emn·ly [sáləmli / sɔ́l-] adv. 진지하게, 엄숙하게, 장엄하게, 거룩하게; 접잔 빼며; 정식으로.

Sólemn Máss n. [가톨릭] 장엄(莊嚴) 미사(High Mass).

so·len [sóulən] n. 맛조개(razor clam).

so·le·noid [sóulinɔ̀id] n. 【전기】 원통형 코일, 솔레노이드.

sólent góose [sóulənt-] n. =solan goose.

sol-fa [sòulfá: / sɔ̀l-] n. ⓤⓒ 【음악】 도레미파 음계 [do, re, mi, fa, sol, la, ti]; 도레미파부르기, 계명(階名) 창법. — vi., vt. 【음악】 도레미파로 노래하다 (사람).

sol-fa·ist [sòulfá:ist / sɔ̀l-] n. 도레미파[창법]을 쓰는 사람.

sol·feg·gio [salfédʒou, -dʒiòu / sɔlfédʒiòu] n. (pl. **-feg·gi** [-fédʒi:] or **-feg·gios**) 【음악】 음계 연습곡.

Sol. Gen. (略) Solicitor General.

so·li [sóuli:] n. solo 의 복수형의 하나.

so·li- alone, solitary 의 뜻의 연결형. 예: *soli*fidian.

*so·lic·it [səlísit] vt. **1** …을 간절히 원하다(request earnestly), 졸라대다(importune). ⇨ BEG 類語

¶ solicit a person's help 남의 도움을 구하다 // (~ + 目 + 前 + 名) solicit a person for help; solicit help from a person 남의 도움을 간청하다. **2** [못된 짓을 하도록] [남]을 부추기다, 유혹하다(entice). **3** [창녀가] [남자]를 끌어들이다(accost). ¶ solicit judges [뇌물 따위로] 재판관을 포섭하다 // (~+目+前+名) solicit a person into doing 남을 꾀어 …시키다. — vi. **1** 간청하다 (for…); 거래(주문, 광고)를 원하다; 구걸하다. **2** 못된 짓에 유혹하다; [창녀가] 손님을 끌다.
◇ solícitous adj., solícitude, solicitátion n.

so·lic·i·ta·tion [səlìsitéi(ə)n] n. ⓤⓒ **1** 간청, 졸라대기. **2** [창녀가 손님을] 끌기, [못된 짓으로의] 유혹. **3** 【법률】 교사죄.

*so·lic·i·tor [səlísitər] n. **1** 간청하는 사람. **2** 《美》[상사 따위의] 권유원, 주문받는 사람; 선거 운동가. **3** 《美》[시·읍 따위의] 법무관. **4** 《英》 소송 대리인, 사무 변호사 [법정 변호사와 의뢰인 사이에 서서 소송 업무를 다룸다]. ⇨ LAWYER 類語

solícitor géneral n. (pl. **solicitors g-; s- generals**) **1** 【검찰총장이 없는 주의】 수석 검사, (S-G-) 법무 차관. **2** 《英》 법무 차관, 검사장.

so·lic·i·tor·ship [səlísitərʃìp] n. ⓤ solicitor 의 지위.

so·lic·i·tous [səlísitəs] adj. **1** 걱정하는, 염려하는, 근심하는(concerned) (about, for…). ¶ She is always solicitous about her son's health. 그녀는 언제나 아들의 건강을 염려하고 있다. **2** 간절히 바라는; 몹시 …하고 싶어하는(for…). ¶ be solicitous to be promoted 승진하기를 갈망하다 // be solicitous for one's success 성공을 갈망하다. **~ly** adv. **~ness** n.

so·lic·i·tude [səlísit(j)ù:d / -tjù:d] n. **1** ⓤ 걱정, 근심(anxiety)(about…), **2** 갈망; 지나친 걱정 (excessive care)(for…). **3** (~s) 근심거리(cause of care).

‡**sol·id** [sálid / sɔ́l-] adj. **1** 고체의, 고형(固形)의. cf. liquid, fluid, gaseous ⇨ HARD 類語 ¶ solid food 고형 음식. **2** 속이 비지 않은, 빽빽한; 실속있는, 알찬; 모두 질이 같은, 도금이 아닌, 진짜의, 순수한(real). ¶ a solid meal 실속이 있는 식사 / solid gold 순금. **3** [체격 따위가] 건장한, 튼튼한(sturdy); [기초가] 단단한. ¶ a man of solid frame 체격이 건장한 사람. **4** 【재정적으로】 틀림없는, 신용이 있는, 믿을 수 있는, 진실한. **5** 일치 단결한, 만장 일치의(unanimous); 《美구어》 사이가 좋은(with…). ¶ a solid vote 만장 일치의 투표 / be (or go) solid for (against) …을 지지(반대)하고 있다 / I am solid with him. 나는 그와 사이가 좋다. **6** 연속된, 끊긴 데가 없는, 둘린 구석이 없는; 완전한, 꼬박…(whole). ¶ spend two solid hours in …하는 데 꼬박 2시간이 걸리다. **7** [색깔(색조)이] 고른(uniform), 변화가 없는. **8** [구름·안개 따위가] 짙은(dense); 두꺼운(thick); 무거운(heavy). **9** 【수학】 입체의(three-dimensional), 입방의(cubic). **10** 【복합어로】 하이픈 없이 한 낱말로 된. **11** 【인쇄】 행간에 인터르를 넣지 않은, 행간을 매지 않은. **12** 《美구어》 충분한(thorough), 철저한, 힘찬(vigorous) ¶ 《강조어로서 혼히 good 뒤에 온다》 ¶ a good solid scolding 실컷 꾸지람을 하기(듣기). **13** 《美구어》 [음악·리듬 따위가] 훌륭한(excellent). — n. **1** 고체, 고형물. cf. liquid, gas **2** 【수학】 입체, 입방체. — adv. 만장일치로 (unanimously). **~ly** adv. **~ness** n.

sol·i·dar·i·ty [sàlidǽriti / sɔ̀l-] n. ⓤ **1** 일치 단결, 결속. ⇨ UNION 類語 **2** 【단체내·단체간의】 연대 책임. **3** [S-] 연대[폴란드의 자유 노조].

sólid fúel n. 《로켓의》 고체 연료.

sólid geómetry n. 입체 기하학.

sol·i·di [sálidài / sɔ́l-] n. solidus 의 복수형.

so·lid·i·fi·ca·tion [səlìdifikéi(ə)n] n. ⓤ 응고; 단결.

so·lid·i·fy [səlídifài] v. (-**fied, -fy·ing**) vt. **1** …을 고체로 만들다, 굳히다, 응고시키다; …을 결정(結晶)시키다. **2** …을 일치 단결시키다. — vi. 고체가 되다,

solidity 2048 **Somali**

응고하다; 결정하다; 단결하다.
so·lid·i·ty [səlídəti] *n.* ⓤ **1** 고체성, 고형성, 단단함. *cf.* fluidity **2** 실질적임(substantiality), 속이 비지 않음; 짙음(density). **3** 〖정신·인격·재정 따위의〗 튼튼함; 견실, 견고. **4** 입체성; 〖수학〗 체적, 용적.
sólid néwel *n.* 나선형 계단의 주(主)기둥.
sólid propéllant *n.* =solid fuel.
Sólid Sóuth *n.* (the ~)《美》〖민주당의〗 지반으로서의 남부의 여러 주.
sol·id-state [sálidstéit / sɔ́l-] *adj.* 〖전자 공학〗 솔리드 스테이트의〖트랜지스터 따위의 고정된 회로로 전류를 조정할 수 있는〗.
sólid státe electrónics *n.* 고체 전자 공학.
sol·i·dus [sálidəs / sɔ́l-] *n.* (*pl.* **-di**) **1** 로마 제국의 금화; 〖중세 유럽의〗 12 denarii 에 상당하는 화폐. **2** 사선(斜線)〖shilling 과 pence 의 구분·날짜·분수 따위를 나타낸다〗: $^3/_5$=3 shillings 5 pence; $^1/_5$《美》=July 5th, 《英》=May 7th; $^2/_3$=two-thirds.
sólid wáste *n.* 〖환경〗 고형(固形) 폐기물〖빈 깡통·유리병·플라스틱 용기·신문·잡지, 나아가서는 자동차·가전 제품 따위의 고형 폐기물; 산업 폐기물과 가정 폐기물로 대별〗.
sol·i·fid·i·an [sàlifídiən / sɔ̀l-] 〖신학〗 *n.* 유신론자(唯信論者). — *adj.* 유신론〖자〗의, 신앙설의.
sol·i·fid·i·an·ism [sàlifídiəniz(ə)m / sɔ̀l-] *n.* ⓤ〖신학〗 유신론.
sol·i·fluc·tion, -flux·ion [sàliflʌ́k(ʃ)ən / sɔ̀l-] *n.* 〖지질〗 토양류(土壤流), 유토(流土); 솔리플럭션〖보통 동토 지대에서 물로 포화된 토양이 비탈을 천천히 이동하는 현상〗.
so·lil·o·quist [səlíləkwist] *n.* 혼잣말하는 사람; 〖연극〗〖의〗독백자.
so·lil·o·quize [səlíləkwàiz] *vi., vt.* (**-quized, -quiz·ing**) 혼잣말하다; 〖연극에서〗 독백하다(talk to oneself).
so·lil·o·quy [səlíləkwi] *n.* (*pl.* **-quies**) ⓤⒸ 혼잣말; Ⓒ〖연극 속의〗 독백.
sol·i·ped [sálipəd / sɔ́l-] *n.* 단제(單蹄) 동물〖말 따위〗.
sol·ip·sism [sálipsìz(ə)m / sóul-] *n.* ⓤ 〖철학〗 유아론(唯我論).
sol·i·taire [sálitɛ̀ər / sɔ̀litɛ́ə] *n.* **1** 〖반지 따위의〗 알만 박은 보석〖특히 다이아몬드의〗의 한 알. **2** ⓤ 혼자서 하는 카드놀이. **3** 〖고어〗 은둔자(hermit).
‡**sol·i·tar·y** [sálitèri / sɔ́lit(ə)ri] *adj.* **1** 혼자의, 혼자뿐의; 고독한, 외로운(lonely); 은둔 생활의. ⇒ ALONE 類語 ¶ a *solitary* life 고독한 생활 / a *solitary* traveler 혼자 여행하는 사람. **2** 유일한(single), 단일의. ¶ a *solitary* example 유일한 예. **3** 외딴(remote), 사람들이 별로 가지 않는, 인적이 드문. **4** 〖동물〗 군거(群居)하지 않는, *opp.* social; 〖식물〗 송이를 이루지 않는, 단생(單生)의. ¶ *solitary* inflorescence 단정 화서(單頂花序) 〖植〗. — *n.* (*pl.* **-tar·ies**) **1** 혼자 사는 사람; 은둔자. **2** 《구어》독방 감금.
-tar·i·ly *adv.* **-tar·i·ness** *n.* ◇ sólitude *n.*
sólitary confínement *n.* ⓤ 독방 감금.
sol·i·ton [sálitàn / sɔ́litɔ̀n] *n.* 〖물리〗 솔리톤〖입자(粒子)처럼 움직이는 고립파(孤立波)〗.
‡**sol·i·tude** [sálit(j)ù:d / sɔ́litjù:d] *n.* ⓤ **1** 혼자 살기, 독거(獨居); 고독, 쓸쓸함. ¶ live in *solitude* 혼자서 고독한 생활을 하다. **2** 외딴〖쓸쓸한〗 장소, 한적한 곳. ◇ sólitary, sole *adj.*
sol·ler·et [sálərét / sɔ̀l-] *n.* 〖중세 기사의〗 쇠구두.
sol·lick·er [sálikər / sɔ́l-] *n.* 《英·濠속어》힘(force), 기세; 탄성. — *adj.* 거대한, 현저한; 대단한.
sol·mi·za·tion [sàlmizéiʃ(ə)n / sɔ̀l-] *n.* ⓤ〖음악〗 도레미파(계명) 창법(sol-fa).
soln. (略) solution.
‡**so·lo** [sóulou] *n.* (*pl.* **-los** *or* **-li**) 〖음악〗 독창〖곡〗, 독주〖곡〗, 솔로. *cf.* trio 1 **2** 혼자서 추는 춤, 단독 연기; 단독 비행. **3** ⓤ〖카드놀이〗 1명이 3명을 상대로 하

는 휘스트. — *adj.* **1** 〖음악〗 독창의, 독주의. **2** 혼자서 하는, 단독의(single). — *adv.* 혼자서, 단독으로. — *vi.* 혼자서 하다(연기하다); 단독 비행을 하다.
so·lo·ist [sóulouist] *n.* 독창자, 독주자; 단독 연기자.
*****Sol·o·mon** [sáləmən / sɔ́l-] *n.* **1** 솔로몬〖기원전 10세기의 현명한 이스라엘왕〗. **2** 대현인(大賢人) (sage). [as] *wise as Solomon* 대단히 현명한.
the Song of Solomon 〖성서〗 아가(雅歌)〖구약 성서 중의 한 서(書)〗.
Sólomon Íslands *n. pl.* (the ~)솔로몬 제도〖남평양 New Guinea 동쪽의 제도, 1978년 독립〗.
Sólomon's séal *n.* **1** 6각별〖삼각형 2개를 엇걸어 맞춘 것으로, 신비로운 힘이 있다고 믿어졌다〗. **2** 죽대류(類)〖백합과(科)의 다년초〗.
So·lon [sóulən, -lan] *n.* (종종 s-) 현명한 입법자, 현인; 《美구어》국회 의원. 〖<고대 아테네의 입법가로서 그리스 7현인 중의 한 사람인 Solon(638?-558?) B.C.)의 이름〗.
sol·stice [sálstis / sɔ́l-] *n.* **1** 〖천문〗 지점(至點)〖태양이 적도로부터 북쪽 또는 남쪽으로 가장 치우쳤을 때를 말한다〗. ¶ the summer (the winter) *solstice* 하지(夏至)(동지). **2** 최고점, 극점. 〖지의, 동지의.
sol·sti·tial [salstíʃ(ə)l / sɔl-] *adj.* 〖천문〗 지(至)의, 하
sol·u·bil·i·ty [sàljubíliti / sɔ̀l-] *n.* ⓤ **1** 용해성, 가용성, 해용도. **2** 〖문제 따위의〗 해결 가능성.
*****sol·u·ble** [sáljubl / sɔ́l-] *adj.* **1** 녹는, 수용성의, 용해할 수 있는(*in*...). ¶ Sugar is *soluble* in water. 설탕은 물에 녹는다. **2** 해결할 수 있는, 설명이 가능한. **~·ness** *n.* **-bly** *adv.*
so·lus [sóuləs] *adj.* 〖라틴〗 (=alone) (* 여성형은 sola)〖서술 형용사〗 혼자의, 단독으로(alone) (* 주로 연극의 무대 지시 용어로 쓰인다). ¶ Enter Hamlet *solus.* 햄릿 혼자 등장.
sol·ute [sálju:t, sóul(j)u:t / sɛljú:t] *n.* 〖화학〗 용질(溶質). — *adj.* **1** 녹은(dissolved). **2** 〖식물〗 유리(遊離)된(free).
‡**so·lu·tion** [səl(j)ú:ʃ(ə)n] *n.* **1** ⓤ 해명, 해결, 해석(explanation); Ⓒ 해결법, 해답(answer). ¶ a *solution* of (*or* to) …의 해결법. **2** 〖수학〗 해법, 해식(解式). **3** ⓤ 분리, 분해; 소산(消散). **4** ⓤ 녹음, 용해, 액화(液化). **5** ⓤⒸ 〖화학〗 용액, 용제(溶劑), 용해 상태. ¶ rubber *solution* 고무풀. **6** 〖약학〗 물약.
in solution ① 용해하여. ② 〖생각 따위가〗 갈피를 못 잡는. ◇ solve *v.*, sólute *adj.*
so·lu·tion·ist [səl(j)ú:ʃənist] *n.* 〖문제에의〗 해답자〖특히 퀴즈 따위의의〗 해답 전문가.
solv·a·bil·i·ty [sàlvəbíliti / sɔ̀lv-] *n.* ⓤ 해결 가능성.
solv·a·ble [sálvəbl / sɔ́l-] *adj.* 해결(해답)할 수 있는, 분해할 수 있는. **~·ness** *n.*
Sólvay pròcess [sálvei-/sɔ́l-] *n.* 〖화학〗 솔베이법(法), 암모니아 소다법〖탄산 나트륨 제조법〗.
‡**solve** [salv / sɔlv] *vt.* (**solved, solv·ing**) **1** …을 풀다, 해명하다; 〖어려운 따위를〗 해결하다; 〖수학 문제 따위를〗 풀다. **2** 〖부채 따위를〗 갚다. ◇ solútion *n.*
sol·ven·cy [sálv(ə)nsi / sɔ́l-] *n.* ⓤ 지불 능력.
sol·vent [sálv(ə)nt / sɔ́l-] *adj.* **1** 지불 능력이 있는. **2** 녹이는, 용해력이 있는. **3** 마음을 부드럽게 해주는, 약화시키는 힘이 있는. — *n.* **1** 용제, 용매(溶媒) (menstruum). **2** 〖일 따위를〗 설명(해결)하는 것. **3** 〖마음 따위를〗 부드럽게 해주는 것, 약화시키는 것.
sol·vol·y·sis [salváləsis / sɔlvɔ́l-] *n.* 〖화학〗 가용매(加溶媒) 분해, 용매화 분해.
so·ma[1] [sóumə] *n.* (*pl.* **-ma·ta**) 〖생물〗 **1** 신체, 몸 (body). **2** 〖생식 세포 이외의〗 체세포(體細胞).
so·ma[2] [sóumə] *n.* 〖인도산(產)〗박주가리과(科)의 덩굴식물〖우유 같은 시큼한 액즙을 분비한다〗; 〖2 소마(蘇摩)〖그 액즙으로 빚어 신들에게 바친 고대 인도의 성주(聖酒)〗.
So·ma·li [so(u)má:li] *n.* (*pl.* **-lis** *or* **-li**) **1** 소말리

인[Somaliland 지방에 사는 아라비아인·흑인 따위의 혼혈 햄족(族)]. **2** ⓤ 소말리어.

So·ma·li·a [so(u)máːliə, -ljə] *n.* 소말리아[아프리카 동부의 공화국; 수도 Mogadiscio; 1993년 현재 부족간의 싸움으로 내란을 겪고 있으며, PKO 군대가 파견되어 있다; 한국도 공병 부대 파견].

So·ma·li·land [soumáːliænd] *n.* 소말릴랜드[아프리카 동부의 해안 지방. 프랑스령 소말릴랜드; 소말리아와 에티오피아의 일부를 포함한다].

so·mat·ic [so(u)mǽtik] *adj.* **1** [해부·동물] 체강(體腔)의, 체강벽의. **2** [생물] 체세포(體細胞)의. **3** 신체의, 육체의(physical). **-i·cal·ly** [-ikəli] *adv.*

somátic céll *n.* [생물] 체세포. *cf.* germ cell
somato- body 의 뜻의 연결형. 예: *somato*logy.
so·ma·tol·o·gy [sòumətάlədʒi / -tɔ́l-] *n.* ⓤ 생체학, 인체학, 인체 생리학.
so·ma·to·plasm [sóumətəplæz(ə)m, səmǽtə-] *n.* [생물] 체세포 원형질; [생식 세포질에 대해] 체세포질.
so·ma·to·sen·so·ry [sòumətəsénsəri, səmæ̀tə-] *adj.* 체성(體性) 감각의, 체지각의 [눈·귀 따위의 1차 감각 기관을 제외한 신체 감각].

*****som·ber**, 《英》 **-bre** [sάmbər / sɔ́m-] *adj.* **1** 어두컴컴한(dark), 흐린. **2** [색 따위가] 칙칙한, 수수한. **3** 우울한, 음산한(gloomy); 엄숙한(grave). ¶ a man of *somber* character 성격이 침울한 사나이. **~ly** *adv.* **~ness** *n.*

som·bre·ro [sambré(ː)rou / sombréə-] *n.* (*pl.* **-ros**) 솜브레로[스페인·멕시코·미국 서남부 등에서 사용하는 챙 넓은 펠트 모자].

som·brous [sámbrəs / sɔ́m-] *adj.* (고어) =sombler.

‡**some** [sʌm, 약 səm, sm] *adj.* **1** [보통 s(ə)m] 《불특정의 수량을 나타내어》 얼마간의, 약간의, 다소의. ¶ *some* pencils 몇 자루의 연필 / *some* water 약간의 물 / for *some* time 얼마 동안 / You can trust him to *some* extent. 어느 정도까지는 그를 믿어도 되겠지요. / She is, in *some* ways, an efficient secretary. 그녀는 몇가지 점에서 유능한 비서이다.

[sombrero]

[주의] some 과 any──(1) 긍정문에서는 some 을, 부정문·의문문·조건문에서는 any 를 쓰는 것이 원칙: If you want *any* coffee, I'll give you *some* [coffee]. 커피를 원하신다면 좀 드리겠습니다 / I don't want *any* French book[s]. 프랑스어 책은 필요하지 않다. (2) 부탁·희망을 나타내거나 권유할 경우에는 의문문에도 some 을 쓴다: Will you please lend me *some* money? 돈을 좀 빌려 주십시오 / Will you have *some* coffee? 커피를 좀 드시지 않겠습니까 (3) 긍정문에서 「any+가산 명사(可算名詞)의 단수」는 「어떠한 …이라도」의 뜻: *Any* book will do. 어떤 책이라도 좋다. *cf.* 2

2 [보통 sʌm] 《보통 단수 명사와 함께 써서》 [분명히 알 수 없는 사람·물건 따위를 가리켜] 어떤, 무슨, 어디엔가. ⇨ CERTAIN (Usage). ¶ *Some* fool has turned things topsy-turvy. 어떤 바보 녀석이 일을 망쳐놓았다 / There must be *some* reason for it. 그렇게 된 데는 반드시 무슨 이유가 있다 / She went to *some* place in America. 그녀는 미국의 어딘가에 갔다.

3 《종종 some 을 some others 따위와 대조적으로 써서》 개중에는 [(…도) 있다], …인(하는) [것도 있다]. ¶ *Some* students are from France. 학생들 중에는 프랑스인도 있다 / *Some* books are new; *some* are old. 새 책도 있고 헌책도 있다 / *Some* passengers were rescued and others drowned. 구조된 선객도 있었고 익사한 선객도 있었다.

4 [보통 sʌm] 《수사(數詞) 앞에서》 약, …정도의, …쯤의(about). ¶ *some* hundred books 백권쯤 되는 책 / *some* hundreds of books 수백 권(몇백 권)의 책 / We were *some* 90 in all. 우리는 모두 합쳐 90명쯤 되었다 / He stayed there *some* ten years. 그는 10년 가량 그곳에 체류했다.

5 [보통 sʌm] 《구어》 《꽤 많은(considerable), 상당한 《구어·속어》 [성질 따위에 관하여] 어지간한, 대단한, 굉장한. ¶ a man of *some* experience 상당한 경험을 가진 사람 / You need *some* courage to face this. 이 일에 직면하는 데는 상당한 용기가 필요하다 / He is *some* scholar. 그는 대단한 학자이다 / This is *some* war. 이것은 굉장한 전쟁이다.

── **Usage** some 에 관한 주의 ──(1) some 과 any 에 관해서는 ⇨ [주의] (2) 어떤 것을 다른 것과 구별할 경우의 some 은 [sʌm] 으로 강하게 발음한다, 관사적 또는 습관적으로 쓰는 some 은 [səm, sm] 으로 약하게 발음한다: All glass is not transparent; *sóme* [sʌm] is and *sóme* [sʌm] is not. 유리는 모두 투명한 것이 아니며, 투명한 것도 있고 그렇지 않은 것도 있다 / There are *some* [səm] books on the desk. (3) some 이 가산 명사(可算名詞)의 단수형에 붙을 때는 「몇 개의」가 아니라 「어떤」의 뜻이 된다: He went to *some* lonely place in the north. 그는 북쪽의 어떤 외딴 곳으로 갔다. *cf.* somebody, something * some 과 a certain 에 관해서는 ⇨ CERTAIN.

some day [or **other**] 언젠가는. *cf.* someday
some few ⇨ FEW.
some little 소량의, 얼마간의, 약간의(a little).
some one ① [sʌ́m wʌn] 어느 것인가 하나[의], 누군가 한 사람[의]. ② [sʌ́m wʌn] 누군가, 어떤 사람. *cf.* someone
some place ① 어딘가, 어떤 장소. ② 《美구어》 어딘가로, 어딘가에, 어딘가에서(somewhere). *cf.* someplace
some time ① 얼마 [동안] (* 명사적으로나 부사적으로 쓰인다). ② 언젠가는, 머지 않아. *cf.* sometime
some way ① [이런 방법, 어떤 방식으로](된가). ② [거리에 관하여] 얼마간, 어느 정도. ③ 《美구어》 어떻게 해서든지. *cf.* someway

── *pron.* **1** [불특정의 수·양을 나타내어] 얼마간, 다소, 약간. ¶ Give me *some* of that brandy. 그 브랜디를 좀 주십시오. **2** 《종종 others 와 대조적으로 써서》 [불특정의 사람·사물을 나타내어] 어떤 사람, 어떤 물건, [...하는(...인)] 사람(물건) [도 있다]. *cf. adj.* 3 ¶ *Some* will say no. 반대를 하는 사람도 있을 것이다 / *Some* think he is bright, but others do not. 그를 머리가 좋다고 생각하는 사람도 있고 그렇지 않다고 생각하는 사람도 있다.

and then some 《美구어》 그뿐이 아닌.
some of these days 가까운 장래에, 근일간에.

── *adv.* **1** 《구어》 얼마간, 다소, 조금은(somewhat). ¶ I feel *some* better today. 오늘은 다소 기분이 좋다 / It amused me *some*. 그것은 다소(조금은) 재미있었다. **2** 《주로 美구어·속어》 크게, 몹시, 대단히(very), 상당히(considerably); 대단히 빨리; 대단히 긴 시간 동안. ¶ She got *some* scared. 그녀는 완전히 겁을 먹고 말았다 / That's going *some*! 굉장한 속도군! / He passed out *some*. 그는 장시간 뻗어 있었다.

-some¹ *suf.* 명사나 형용사에 붙여서 「...에 적합한」, 「...의 경향이 있는」, 「...을 낳는」의 뜻의 형용사를 만든다. 예: burden*some*, lone*some*, tire*some*.

-some² *suf.* 수사(數詞)에 붙여서 집합체·무리의 뜻의 명사·형용사를 만든다. 예: two*some*, three*some*.

-some³ body 의 뜻의 연결형. 예: chromo*some*.

‡**some·bod·y** [sʌ́mbàdi, -bʌ̀di, -bədi / -bɔ̀di, -bədi] *pron.* 《긍정문에서》 어떤 사람, 누군가(some person, someone). ¶ *somebody* else 누군가 다른 사람 / I'll ask *somebody* to go in my stead. 누군가에 내 대신 가도록 부탁하여겠지요.

[주의] somebody 와 someone ── (1) somebody 는 구어적이고, someone 은 문어적. (2) someone *of* the boys

는 옳지만, somebody *of* the boys 는 잘못. (3) someone 은 명사로는 쓰지 않는다. (4)인칭 대명사는 모두 he(또는 she)로 받는 것이 보통이지만, somebody 는 they로 받는 경우도 있다.
somebody or other 누군가.
— *n.* (*pl.* **-bod·ies**) 《종종 관사 없이》)어엿한 인물, 대단한 인물(person of importance), 상당한 사람, *cf.* something 《 think oneself to be [a]*somebody* 자기를 상당한 인물로 생각하다 / *Somebody* up there likes me. 하늘이 도왔다, 하느님 덕택이다.

some·day [sʌ́mdèi] *adv.* 언제고, 언젠든, 훗날.

‡**some·how** [sʌ́mhàu] *adv.* **1** 어떻게 해서든지 (by some means), 그럭저럭, 아뭏든. ¶ He gets his living *somehow*. 그는 그럭저럭 생활을 꾸려나가고 있다. **2** 어찌된 일인지, 암만 해도. ¶ He is very hardworking, but *somehow* he never succeeds. 그는 대단히 부지런한데 어찌된 일인지 성공하지 못한다.

somehow or other 그럭저럭, 그런대로; 웬일인지.

some·one [sʌ́mwʌ̀n, -wən] *pron.* 누군가, 어떤 사람. ⇨ SOMEBODY. ¶ There is *someone* knocking at the door. 누군가가 문을 두드리고 있다(찾아왔다).
— **Usage** someone 과 some one 은 some one 은 someone 과 마찬가지로 사람에 대해서 쓰며, 오늘날에는 보통 한 낱말로 붙여 쓴다. some one 은 「누군가(무엇인가) 한 사람(하나)」의 뜻으로 사람이나 물건에 대해 다 쓰며, 뒤에 부분을 나타내는 of 가 오는 경우가 많다: *Some óne* of them must have made a mistake. 그들 중 누군가 한 사람이 실수를 저질렀음에 틀림없다.

some·place [sʌ́mplèis] *adv.* 《美구어》=somewhere.

*****som·er·sault** [sʌ́mərsɔ̀ːlt] *n.* **1** 공중제비, 재주넘기. **2** (비유적) 《의견·태도 따위의》180도 전환, 돌변. ¶ make (*or* turn) a *somersault* 공중제비하다. — *vi.* 공중제비를 하다, 재주를 넘다.

som·er·set [-sit] *n., v.* =somersault.

‡**some·thing** [sʌ́mθiŋ] *pron.* **1** 어떤 것(일), 그 무엇, 무엇인가. ¶ *Something* else 무엇인가 다른 것 / *something* to drink 무엇인가 마실 것 / There is *something* in what he says. 그의 말에도 일리는 있다 / He has *something* with the firm. 그는 그 회사와 무엇인가 관계가 있다 / There is *something* wrong with the machine. 이 기계는 어딘지 나쁜 데가 있다(* 한정 형용사는 anything, nothing 과 마찬가지로 뒤에 온다) / He is (*or* has) *something* in the firm. 그는 그 회사에서 무엇인가 하고 있다 / 《수사(數詞)》다음에 두어 부사적으로) The train leaves at four *something*. 기차는 4시 몇 분인가에 떠난다.
— **Usage** 보통 긍정문에 쓰지만, 의문문·조건문에 쓸 때도 있다. 부정문에서는 anything을 쓴다. ⇨ SOME **2** 얼마간(somewhat), 조금, 다소 (*of*...). ¶ There is *something* of uneasiness in the foreign trade of Korea. 한국의 외국 무역에는 어딘지 불안한 데가 있다 / He has *something* of the musician in him. = He is *something* of a musician. 그는 상당한 음악가이다. **3** 무엇인가 마실(먹을) 것, 한잔[의 술] (drink). ¶ take a drop (*or* glass) of *something* 술을 한잔 하다.
or something 《애매하게 덧붙여 쓰는 말》…인지 무엇인지. ¶ He is a painter *or something*. 그는 화가가 뭔가다 / He is sick *or something*. 그는 몸이 아프든지, 아니면 무엇인가이다.
see something of a person 가끔 남과 만나다; 남과 좀 사귀다.
something or other 무슨 일인가. ¶ *Something or other* seems to be wanting. 무엇인가 모자라는 것 같다.
— *n.* **1** 꽤 중요한 사람(것), 상당한 인물, 대단한 사람(물건, 일) (somebody). ¶ He thinks himself *something*. = He thinks *something* of himself. = He thinks he is *something*. 그는 [사실은 시시한 인간인데도] 자기가 상당한 인물이라고 생각하고 있다 / It is *something*

to be safe home again. 무사히 집에 돌아왔으니 다행이다. **2** 실제로 존재하는 것, 실물로, 무엇인가 알맹이(값어치)가 있는 것. ¶ *Something* is better than nothing. 무엇이든 없는 것보다는 낫다. **3** (a ~) 어떤 것, 얼마간의 물건(돈). ¶ an indeterminate *something* 어떤 막연한 것 / a wonderful *something* 무엇인가 놀라운 것.
have something on 《美구어》…에 불리한 증언을 쥐고 있다, …의 약점을 쥐고 있다.
make something of …을 훈련시켜 상당한 인물(것)로 만들다; …을 이용(활용)하다.
something else 《美속어》특별한 것, 훌륭한 것.
— *adv.* **1** (* something like 이외는 고어) 얼마간, 약간, 다소(somewhat). ¶ He is *something* better today. 오늘 그는 다소 좋은 편이다. **2** 《속어》꽤, 대단히(very). ¶ It rained *something* awful last night. 어젯밤 비가 꽤 왔다.
something like ① 다소 …을 닮은, 약간 …비슷한(하게). ¶ It is *something like* a cigar. 그것은 뭔가 엽궐련 같은 것이다. ② 거의, 약(about). ③ 《구어》(like 를 강조하여) 대단한, 굉장한, 훌륭한(excellent). ¶ This is *something like* a dinner. 이건 굉장한 식사다.

some·thingth [sʌ́mθiŋθ] *adj.* 몇 번째인가의. ¶ in his seventy-*somethingth* year 일흔 몇 살인가에.

‡**some·time** [sʌ́mtàim] *adv.* **1** 언젠가, [미래의] 어떤 때, 근간에, 조만간에, 훗날에. ¶ *sometime* or other 언젠가, 근간에, 조만간. **2** 《고어》일찍이, 《과거의》어떤 때, 이전(formerly). **3** 《드물게》= sometimes. — *adj.* 《한정 형용사》**1** 이전의(former). ¶ a *sometime* professor 전(前)교수. **2** 이따금의, 때때로의(occasional).

‡**some·times** [sʌ́mtàimz, s(ə)mtáimz] *adv.* **1** 이따금(occasionally), 때로는. ¶ He *sometimes* loses his temper. 그는 가끔 버럭 화를 낸다. **2** 《폐어》일찍이, 이전에.

some·way [sʌ́mwèi], (**some·ways** [-wèiz]) *adv.* 어떻게든지 해서, 그럭저럭(somehow).

‡**some·what** [sʌ́m(h)wàt, -(h)wət, -(h)wʌ̀t / -(h)wɔ̀t] *adv.* 어느 정도, 얼마간, 다소. — *pron.* 약간, 다소, 좀, 조금. ¶ He lost *somewhat* of his power. 그는 권력을 다소 잃었다.

some·when [sʌ́m(h)wèn] *adv.* =sometime.

‡**some·where** [sʌ́m(h)wɛ̀ər] *adv.* **1** 어디선가, 어딘가에(로). ¶ I remember reading about it *somewhere* in this book. 이 책의 어디선가 그것을 읽은 기억이 난다. **2** 《시간·나이·수량 따위가》언젠가, …쯤, …경, 대략(approximately) (*about, around, near, in, between*...). ¶ He is *somewhere* near fifty. 그는 쉰살쯤 되었다. — *n.* 어느 곳, 모처.

some·wheres [sʌ́m(h)wɛ̀ərz] *adv.* 《주로 방언》= somewhere

some·while [sʌ́m(h)wàil] *adv.* 《고어》**1** 일찍이. **2** 언젠가(sometime). **3** 가끔(at times). **4** 얼마 동안.

some·whith·er [sʌ́m(h)wìðər] *adv.* 《고어》어딘가로, 어디론가(to some place).

some·wise [sʌ́mwàiz] *adv.* 《고어》어찌어찌해서(somehow); 얼마간. [원체절]

so·mite [sóumait] *n.* 【동물】체절(體節) (metamere).

som·me·lier [sʌ̀məljéi / sɔ̀m-] *n.* 【식당·클럽 따위】포도주 (wine) 담당의 급사(웨이터).

som·nam·bu·lant [samnǽmbjulənt / sɔm-] *adj.* 몽유병(夢遊病)의, 자면서 돌아다니는.

som·nam·bu·late [samnǽmbjulèit / sɔm-] *vi., vt.* (**-lat·ed, -lat·ing**) 자면서 돌아다니다, 몽유하다(walk while asleep).

som·nam·bu·la·tion [samnæ̀mbjuléi(ə)n / sɔm-] *n.* Ⓤ 자면서 돌아다니기, 몽유.

som·nam·bu·la·tor [samnǽmbjulèitər / sɔm-] *n.* 몽유병 환자(somnambulist).

som·nam·bu·lism [sɑmnǽmbjulìz(ə)m / sɔm-] n. ⓤ 몽유병(sleepwalking).

som·nam·bu·list [sɑmnǽmbjulist/sɔm-] n. 몽유병 환자(sleepwalker).

som·nam·bu·lis·tic [sɑmnæ̀mbjulístik / sɔm-] adj. 몽유병 환자의; 몽유병의.

somni- sleep 의 뜻의 연결형. 예: somniferous.

som·nif·er·ous [sɑmnífərəs / sɔm-] adj. 최면(催眠)의; 졸리게 하는, 잠이 오게 하는. ¶ a somniferous drug 수면제. **—ly** adv. 「면의.

som·nif·ic [sɑmnífik / sɔm-] adj. 잠이 오게 하는; 최

som·nil·o·quence [sɑmnílǝkwəns/sɔm-] n. 잠꼬대, 잠꼬대하는 버릇(somniloquy).

som·nil·o·quous [sɑmnílǝkwǝs / sɔm-] adj. 잠꼬대하는 (버릇이 있는). 「잠꼬대하는 버릇.

som·nil·o·quy [sɑmnílǝkwi / sɔm-] n. 잠꼬대,

som·no·lence [sɑ́mnǝləns / sɔ́m-], **som·no·len·cy** [-lǝnsi] n. ⓤ 졸음, 졸림.

som·no·lent [sɑ́mnǝlǝnt / sɔ́m-] adj. 졸리는(sleepy, drowsy); 졸리게 하는(inducing drowsiness) **—ly** adv.

Som·nus [sɑ́mnǝs / sɔ́m-] n. [로마 신화] 잠의 신 [죽음의 신 Thanatos 의 형제. 그리스 신화의 Hypnos 에 해당된다].

‡**son** [sʌn] n. 1 아들, 자식, 남자 아이; 양자, 사위 (son-in-law). cf. daughter ¶ one's son and heir 대를 이을 아들 / He is his father's son. 그는 아버지를 쏙 빼 쏘았다. 2 (~ s) 남자 자손. ¶ the sons of Adam 아 담의 자손, 인류 / the sons of Abraham 아브라함의 자손, 유대인. 3 계승자. ¶ a son of Apollo (or the Muses) 시인 / a son of Mars 군인 / a son of Neptune 선원 / sons of Satan (or Belial) 신이 내친 사나이, 악당. 4 《부르는 말로》 젊은이여, 벗이여. ¶ Old son! 벗이여! 5 화신, 권화(權化). ¶ sons of darkness (light) 어둠(광명)의 아들, 신앙이 없는(두터운) 사람. 6 《어떤 나라의》 국민, 주민. ¶ sons of Korea 한국인. 7 《종교·각종 운동·주의의》 신봉자, 회원.

a son of a bitch (or *bachelor, gun, sow*) 《경멸적》 개자식, 개새끼, 망할녀석.

a son of a white hen 행운아.

the Son [of *God*] 신의 아들 그리스도, 구세주.

the Son of Man [신약] 사람의 아들 그리스도, 구세주; [구약] 아담의 자손.

so·nance [sóunǝns] n. ⓤ 울림; 유성(有聲) [음].

so·nant [sóunǝnt] adj. 1 울리는, 소리나는. 2 [음성] 유성(有聲) [음]의. opp. surd **— n.** [음성] 유성 음(有聲音), 유성 주음(主音).

so·nan·tal [sounǽntl] adj. 유성의, 유성음의.

so·nar [sóunɑːr] n. 《美》수중 음파 탐지기(《英》 asdic; < SO[UND] + NA[VIGATION] + R[ANGING]).

so·na·ta [sǝnɑ́ːtǝ] n. [음악] 소나타, 주명곡(奏鳴曲).

sonáta fōrm n. [음악] 소나타 형식.

son·a·ti·na [sɑ̀nǝtíːnǝ / sɔ̀n-] n. (pl. **-nas** or **-ne** [-nei]) [음악] 소나티나, 소(小)주명곡. 「존데.

sonde [sɑnd / sɔnd] n. [로켓 공학] 고층 기상 측정기.

sone [soun] n. 손[감각기로 느끼는 소리의 크기의 단위].

son et lu·mière [sɔ̃ː eiː lymjɛ́ːr] n. 《프랑스》 (sound and light) 사적(史蹟) 따위에서 빛과 음향을 써서 벌이 는 장려한 야외극식 연출.

‡**song** [sɔːŋ / sɔŋ] n. 1 ⓒⓤ 노래, 창가, 가곡, 성악; 노 래하기. ¶ a popular song 유행가, 유행가 / break (or burst) into song 노래하기 시작하다. 2 《가창용 의》 서정시(lyric), 발라드; ⓤ 시가(詩歌) (poetry), 시 문(詩文). ¶ famous in song 노래로 유명한. 3 [물 새·작은 새 따위의] 울음 소리, 지저귐. ¶ The bird is in full songs. 새가 한창 지저귀고 있다. 「구러로.

for a [*mere*] *song; for an old song* 헐값으로, 싸

nothing to make a song about 《구어》 아무 것에도 못쓰는 것, 시시한 것.

not worth an old song 아무 가치도 없는.

sing a new song 새로운 방침(생활 태도)을 취하다.

sing another song 가락을(논조, 지론, 태도 따위)을 일 변하다.

sing the same (or *old*) *song* (or *tune*) 똑같은 소리 만 늘어놓다, 넋두리하다.

a song and dance 잡담, 수다; 《美구어》 믿을 수 없 *the Song of Songs* (or *Solomon*) 아가(雅歌) [구약 성서 중의 하나].

◇ sing v.

song·bird [sɔ́ːŋbə̀ːrd / sɔ́ŋ-] n. 1 명금(鳴禽). 2 여자 가수.

song·book [sɔ́ːŋbùk / sɔ́ŋ-] n. 창가집, 찬송가집.

song·fest [sɔ́ːŋfèst / sɔ́ŋ-] n. 《대중 가요 따위의》 합창회.

song·ful [sɔ́ːŋfəl / sɔ́ŋ-] adj. 노래가 많은; 가락이 아름 다운(melodious). **—ly** adv. **—ness** n.

song·less [sɔ́ːŋlis / sɔ́ŋ-] n. 노래가 없는; [작은 새 따위가] 지저귈 수 없는, 노래하지 못하는.

song·plug·ging [sɔ́ːŋplʌ̀giŋ / sɔ́ŋ-] n. 《방송 따위로 떠들어대는》 가곡 선전.

sóng spárrow n. [북미산(産)] 참새류의 명금(鳴 「禽).

song·ster [sɔ́ːŋstər / sɔ́ŋ-] n. 1 노래하는 사람, 가수 (singer). 2 시인(poet). 3 명금, 울새.

song·stress [sɔ́ːŋstris/sɔ́ŋ-] n. 1 [특히 대중 가요의] 여자 가수. 2 여류 시인.

sóng thrúsh n. [유럽산(産)] 지빠귀류의 새.

song·writ·er [sɔ́ːŋràitər/sɔ́ŋ-] n. 《대중 가요 따위의》 작곡(작사)가.

son·ic [sɑ́nik/sɔ́n-] adj. 1 소리의; 음향의. ¶ sonic waves 음파. 2 음속의.

son·i·cate [sɑ́nikèit / sɔ́ni-] vt. 《물질·박테리아 따위》 를 고주파(초음파) 분해하다 [파괴하다].

son·i·ca·tion [sɑ̀nikéiʃ(ə)n / sɔ̀ni-] n. ⓤ 초음파에 의

sónic bárrier n. =sound barrier. 「한 분해.

sónic bóom n. 소닉 붐[항공기가 음속을 넘어설 때 에 발생하는 폭발음 비슷한 소리].

sónic dépth fínder n. 음파 측심기(測深器).

sónic míne n. 음향 기뢰(acoustic mine).

son·ics [sɑ́niks / sɔ́n-] n. 《복수 취급》 음향 효과 (acoustics); 《단수 취급》 음향학.

sónic spéed n. 음속.

so·nif·er·ous [so(u)nífərəs] adj. 소리를 전달하는, 소 리를 내는.

son-in-law [sʌ́ninlɔ̀ː] n. (pl. **sons-**) 사위, 딸의 남 *son·net* [sɑ́nit / sɔ́n-] n. [韻律] 소네트, 14행시. — vi. 소네트을 쓰다. — vt. 소네트으로 …을 쓰다(찬양하다).

son·net·eer [sɑ̀nitíər / sɔ̀n-] n. 소네트 시인. — vi. 소 네트를 짓다.

son·ny [sʌ́ni] n. (pl. **-nies**) 1 《다정하게 부르는 말로 써서》 애, 아가, 자네. 2 《경멸을 담아 부르는 말로 써 서》 너.

son·o·buoy [sɑ́nǝbɔ̀i, -bùːi / sɔ́nǝbɔ̀i] n. 소노부이, 음 파 탐지 부표 [비행기에서 투하하여 잠수함을 탐지한다].

son·o·chem·is·try [sɑ̀no(u)kémistri / sɔ̀no(u)-] n. 초음파 화학.

son·o·gram [sɑ́nǝgræ̀m / sɔ́n-] n. 초음파 그램[초음 파 도상학에 의해 체내의 장기나 종양 등의 크 기·밀도를 측정, 그래프화(化)한 것].

so·nom·e·ter [so(u)nɑ́mitər / -nɔ́m-] n. [의학] 청력 (聽力) 측정 장치; 음향 측정기.

so·no·rant [sǝnɔ́ːrənt / -nɔ́ː-] n. [음성] 공명음(共鳴 音) [[l][r][m][n][j][w] 따위].

so·no·rif·ic [sɑ̀nǝrífik / sɔ̀n-] adj. 《귀뚜라미 따위가》 소리를 내는.

so·nor·i·ty [sǝnɔ́ːriti / -nɔ́r-] n. ⓤ ⓒ (pl. **-ties**) 1 울려퍼짐, 공명; 유성. 2 [음성] [소리의] 낭랑.

so·no·rous [sǝnɔ́ːrǝs/-nɔ́ː-] adj. 1 《물건·장소가》 잘 울려퍼지는, 울려 나가는; 잘 울리는, 낭랑한. 2 《시문· 문체 따위가》 격조 높은, 당당한; 과장된.

son·ship [sʌ́nʃip] *n.* ① 아들임; 아들의 신분, 부자 관계.

son·sy, -sie [sánsi / sɔ́n-] *adj.* (-si·er, -si·est)《스코·아일·北英》 1 행운의(lucky). 2 통통하고 귀여운(buxom). 3 억세고 건강한. 4 사람이 좋은, 마음씨 고운.

‡**soon** [suːn] *adv.* 1 곧, 머지않아, 얼마 안 있어. ¶ He will graduate from college *soon*. 그는 머지않아 대학을 졸업한다. 2 일찍, 일찌감치. ¶ It would be better for you to start *soon*. 일찌감치 출발하는 편이 좋을 거야. 3 빨리(quickly). ¶ *Soon got, soon gone*.《속담》쉽게 얻은 것은 쉽게 나간다 / *Least said, soonest mended*.《속담》 말은 적을수록 좋다.

as (or 《드물게》*so*) *soon as* …하자마자, …하자 곧. ¶ He went home *as soon as* he got the phone call. 그는 전화를 받자마자 곧 집으로 돌아왔다.

as soon as possible (or *one can*) 되도록 빨리. ¶ Please write to me *as soon as possible*. 가급적 빨리 편지 주십시오.

at the soonest [아무리] 빨라도.

none too soon 꼭 알맞은 때에.

no sooner...than... …끝나기가 무섭게…, …하자마자 …, …한 순간에…. ¶ *No sooner* had he left home *than* he began to run for school. 그는 집에서 나오자마자 학교를 향해 뛰기 시작했다 / *No sooner* said *than* done. 말이 떨어지기가 무섭게 실행되었다.

sooner or later; soon or late 머지않아, 조만간.

would (or *had*) *as soon...as...* …하느니 차라리 …고 싶다. ¶ I *would* just *as soon* stay at home *as* go out. 나는 외출하느니 차라리 집에 있고 싶다.

would (or *had*) *sooner...than...* …할 바에는 차라리 …하겠다. ¶ I *would* sooner die *than* live in slavery. 노예로 살 바에는 차라리 죽음을 택하겠다.

soon·er [súːnər, +美 sún-] *n.*《美》선점(先占)이주자 [미국의 서부 지방에서 정부의 미개척지 개방 허가 이전에 선취권을 얻기 위해 앞질러 가서 현지에 정착하는 사람]; 남들에 앞지르는 사람. ◇ -ish adj.

Sóoner Státe *n.* (the ~) 미국 Oklahoma 주의 속칭.

*****soot** [sut, +美 suːt] *n.* Ⓤ 검댕, 매연, 유연(油煙).
— *vt.* …을 검댕으로 더럽히다, 그을음투성이로 만들다. ◇ **sóoty** adj.

sooth [suːθ] *n.* Ⓤ《고어》진실, 사실(fact).
— *adj.*《고어》 1 부드러운(soft); 마음을 달래주는. 2 진실의(true).
in [*good*] *sooth* 진실로, 실제로.
sooth to say 사실을 말하면.

‡**soothe** [suːð] *v.* (**soothed, sooth·ing**) *vt.* 1 [남의 기분 따위를] 가라앉히다, 달래다, 진정시키다. 2 [고통 따위를] 덜어주다, 편하게 하다. ¶ *soothe* pain 고통을 덜어주다. 3 …을 기쁘게 하다, …의 비위를 맞추다.
— *vi.* 가라앉히다, 달래다, 위로하다.

sooth·er [súːðər] *n.* 1 위로하는 사람, 비위를 맞추는 사람. 2 고무 젖꼭지.

sooth·fast [súːθfæst / -fàːst] *adj.*《고어》진실의. **-ly** *adv.* 진실로. **-ness** *n.*

sooth·ing [súːðiŋ] *adj.* 달래는, 진정시키는, 덜어주는. **-ly** *adv.*

sooth·say [súːθsèi] *vt.* (-**said, -say·ing**) 예언하다. 점치다(foretell).

sooth·say·er [súːθsèiər] *n.* 예언자, 점쟁이.

sooth·say·ing [súːθsèiiŋ] *n.* Ⓤ 예언, 점.

***soot·y** [súti, +美 súti] *adj.* (**soot·i·er, soot·i·est**) 1 검댕의, 검댕 같은. 2 그을은, 그을음으로 더러워진; 검댕처럼 검은. **sóot·i·ly** *adv.* ◇ **sóot·i·ness** *n.*

sop [sap / sɔp] *n.* 1 [우유·수프 따위에 적신] 빵조각. 2 함빡 젖은 사람(것), 3 비위를 맞추려고(달래기) 위한 선물, 뇌물(bribe). 4 검댕이, 뱅충맞은(milksop).
give a sop to Cerberus [지옥을 지키는 개] 케르베로스에게 먹을 것을 주다; 까다로운 사람을 매수하다.
a sop in the pan ① 고기즙으로 튀긴 빵; 맛있는 것

(음식). ② 선물, 뇌물.
— *v.* (**sopped, sop·ping**) *vt.* 1 [빵조각 따위를] 수프(액체)에 적시다(dip, soak). ¶ (~+目+剛) I was *sopped* through. 나는 함빡 젖었다. 2 …을 함빡 젖게 하다(drench). 3 [물 따위를] 빨아들이다 (...up).
— *vi.* 함빡 젖다; [물 따위 액체가] 스며들다, 배다. cf. ◇ **sóppy** adj. sopping

SOP (略) Standard (*or* Standing) Operating Procedure (관리 운용 규정); Study Organization Plan (시스템 설계 수법의 하나).

sop. (略) soprano.

soph [saf / sɔf] *n.*《美》= sophomore.

soph·ism [sáfizm / sɔ́f-] *n.* ⓊⒸ 궤변, 억지 이론. 2 Ⓤ 궤변법.

soph·ist [sáfist / sɔ́f-] *n.* 1 (종종 S-) 소피스트 [고대 그리스의 직업적인 학자. 철학·수사(修辭)·문법·정치학의 교사]; 궤변학자. 2 궤변가.

soph·ist·er [sáfistər / sɔ́f-] *n.* 1《영국 대학의》 2, 3학년 학생. ¶ a junior (a senior) *sophister* 2 (3)학년 학생. 2 궤변가.

so·phis·tic [səfístik], **-ti·cal** [-tik(ə)l] *adj.* 1 궤변의, 궤변을 늘어놓는; 궤변가의. ¶ a *sophistic* tyrant 궤변을 늘어놓는 폭군. 2 (고대 그리스의) 궤변학파의. **-ti·cal·ly** [-tikəli] *adv.* **-ti·cal·ness** *n.*

so·phis·ti·cate *v.* [səfístikèit → *n.*] (**-cat·ed, -cat·ing**) *vt.* 1 …의 순진성을 잃게 하다, …을 세파에 물들게 하다. ¶ a person too much *sophisticated* 닳고닳은 사람. 2《드물게》[불순물을 섞어] …의 품질을 불순하게 하다, 질을 떨어뜨리다. 3 [문장 따위]를 멋대로 손질하다. 4 [기계 따위]를 복잡하게 하다, 정교하게 하다. 5 …을 궤변으로 속이다. 6 …을 영리하게 만들다; …에 지식을 주다. — *vi.* 궤변을 부리다, 견강부회(牽強附會)하다(quibble). — *n.* [səfístikit, -kèit / -kèit] 닳고 닳은 사람; 안식이 있는 사람, 세련된 사람.

***so·phis·ti·cat·ed** [səfístikèitid] *adj.* 1 순진성을 잃은, 2《드물게》불순물을 섞은, 3 교양있는, 안식이 높은, 세련된, 4 [기계·기술 따위가] 정교한; [문체 따위가] 기교에 치우친, 멋부린, 5 [음악·소설 따위가] 지식인 취향의, 고급의. **-ly** *adv.*

so·phis·ti·ca·tion [səfístikéiʃ(ə)n] *n.* Ⓤ 1《드물게》궤변을 부리기, 궤변(quibble). 2 닳고닳음, 때묻음, 불순. 3 교양이 있음; 세련되어 있음; 세련; 정교.

soph·ist·ry [sáfistri / sɔ́f-] *n.* ⓊⒸ (*pl.* **-ries**) 1 궤변법. 2 궤변.

***soph·o·more** [sáf(ə)mɔ̀ːr / sɔ́fəmɔ̀ː-] *n.* 1《미국의 대학·4년제 고교의》 2학년생. cf. freshman, junior, senior 2 2년째 되는 사람. ¶ a *sophomore* in Congress 2년째 되는 2년째의 국회 의원.

***soph·o·mor·ic** [sàfəmɔ́ːrik, -sɔ̀fəmɔ́r-], (**soph·o·mor·i·cal** [-k(ə)l]) *adj.*《美》 1 [대학 등의] 2학년생의. 2 2학년생 연하는; 아는 체하는, 미숙한. **-i·cal·ly** [-ikəli] *adv.*

So·phy [sóufi, sáfi / sɔ́fi] *n.* (*pl.* **-phies**) (때로 s-) 페르시아의 사파비(Safavi)왕조 [1500-1736]의 왕의 칭호.

-sophy science (…학(學))의 뜻의 연결형. 예: philosophy.

so·por [sóupər] *n.* 1《병리》 비정상적인 깊은 잠, 혼수. 2 (S-)《상표명》 최면제(methaqualone).

sop·o·rif·er·ous [sàpərífərəs, sòupə-/sɔ̀pə-, sòupə-] *adj.* 잠재우는, 최면의.

sop·o·rif·ic [sàpərífik, sòupə-/sɔ̀pə-, sòupə-] *adj.* 최면의; 졸리는. 2 꾸벅꾸벅 조는. ¶ *soporific* sounds (drugs) 졸음이 오는 소리(수면제). — *n.* 수면제.

sop·ping [sápiŋ] *adj.* 함빡 젖은, 축축한.
— *adv.* 대단히, 극단적으로(extremely). ¶ be *sopping* wet 함빡 젖어 있다.

sop·py [sápi / sɔ́pi] *adj.* (**-pi·er, -pi·est**) 1 함빡 젖은; [토지·도로 따위가] 질척질척한, 축축한. 2 비오는, 궂은(rainy). 3《구어》눈물이 많은.

so·pra·no [səprǽnou / ‐prá:n‐] *n.* (*pl.* **‐nos** *or* **‐ni** [‐ni(:)]) 《음악》 **1** (the ~) 소프라노. [여성·어린이의] 최고음. ⇨ BASS¹. **2** (the ~) 《곡의》 최고음부. **3** 소프라노 가수. ── *adj.* 소프라노의, 소프라노의 음역(音域)을 가진.

‐sor ─하는 사람(것) 등의 뜻의 연결형. 예: successor.

sorb [sɔːrb] *n.* [유럽산(産)] 마가목류 나무; 그 열매.

sor·bate [sɔ́ːrbeit] *n.* 《화학》 소르브산염(酸鹽).

sor·bet [sɔ́ːrbət] *n.* ⓤ 《과즙으로 향기를 낸》 빙수.

sór·bic ácid [sɔ́ːrbik‐] *n.* ⓤ 소르브산(酸) [방부제].

Sor·bonne [sɔːrbán, ‐bán / ‐bɔ́n] *n.* 소르본 대학 [파리 대학의 일부로 문학부와 이학부가 있다].

sor·cer·er [sɔ́ːrs(ə)rər] *n.* 마법사, 마술사 (wizard).

sor·cer·ess [sɔ́ːrs(ə)ris] *n.* sorcerer 의 여성형.

sor·cer·ous [sɔ́ːrs(ə)rəs] *adj.* 마법의, 마술을 거는. **~·ly** *adv.*

sor·cer·y [sɔ́ːrs(ə)ri] *n.* ⓤ (*pl.* **‐cer·ies**) 마법, 마술.

*sor·did** [sɔ́ːrdid] *adj.* **1** 더러운, 불결한(squalid), 비참한 (wretched). ¶ a *sordid* room 누추한 방. **2** [사람·행위 등이] 탐욕스러운, 치사한. ⇨ MEAN² 類語 **3** [동·식물] 칙칙한 흙빛의. **~·ly** *adv.* **~·ness** *n.*

sor·di·no [sɔːrdíːnou] *n.* (*pl.* **‐ni** [‐ni(:)]) 《음악》 [현악기에] 붙이는 약음기, [피아노의] 지음기(止音器).

*sore** [sɔːr / sɔː] *adj.* (**sor·er, sor·est**) **1** 아픈 (painful), 닿으면 아픈, 피부가 까진, 염증을 일으킨(inflamed). ¶ a *sore* foot 구두에 닿아서 까진 발 / an arm *sore from* a burn 불에 데어 진무른 팔. **2** 슬픈 (sad), 비탄에 잠긴; [정신적으로] 괴로운, 걱정되는. ¶ a *sore* bereavement 사별(死別) / He has a *sore* conscience. 그는 양심에 켕기는 데가 있다 / I feel *sore at* heart 비탄에 잠기다 / be *sore over* the issue of a game 승패의 귀추에 신경을 쓰다. **3** 쓰라린, 심한, 극도의 (severe). ¶ a *sore* calamity 심한 재난 / in *sore* need 몹시 빈궁해서 / touch a person on a *sore* place 《비유적》 남의 아픈 데를 건드리다. **4** [남의] 감정을 건드리는, 약올리는; 신경질나게 하는(irritated), 화가 나는. ¶ He is very *sore about* the rumor. 그는 그 소문을 듣고 몹시 화를 내고 있다.

like a bear with a sore head 기분이 언짢은.
a sight for sore eyes 눈요기, 보기만 해도 즐거운 것.
stick out like a sore thumb 눈에 띄다, 두드러지다.
── *n.* **1** 상처, 진무른 데, 종기. **2** 고통·원한의 원인, 옛방처. ¶ *rub old sores* 옛상처를 건드리다.
── *adv.* 《고어·詩》 애통하게, 몹시, 심하게 (sorely). **~·ness** *n.*

sore·head [sɔ́ːrhed / sɔ́ː‐] *n.* 《구어》 화를 잘 내는 사람, 늘 투덜대는 사람, 불평가; 져서 분해하는 사람.

*sore·ly** [sɔ́ːrli / sɔ́ːli] *adv.* **1** 쓰라리게, 애처롭게 (painfully). **2** 격렬하게. **3** 대단히. ¶ be *sorely* tired 녹초가 되다.

sóre spót (**póint, pláce**) *n.* 아픈 곳, 약점.

sóre thróat *n.* 《병리》 인두염(咽頭炎). 「수 시림.

sor·ghum [sɔ́ːrɡəm] *n.* **1** ⓤⓒ 수수류(類). **2** ⓤ 수

sor·i·cine [sɔ́ːrisàin, ‐sin] *adj.* 뾰족뒤쥐류의.

so·ri·tes [sou(:)ráitiːz] *n.* (*pl.* **‐tes**) 연쇄식(連鎖式) [많은 3단 논법에 의해 성립되는 논법의 일종]; 그 논법.

so·rop·ti·mist [sɔːráptimist / ‐rɔ́p‐] *n.* 《종종 S‐》 국제 여성 실업가 클럽의 회원. 「〔姉妹〕 살해[자].

so·ror·i·cide [sɔːrɔ́ːrisàid, ‐rári‐ / ‐rɔ́ri‐] *n.* 자매살해

so·ror·i·ty [sərɔ́ːriti, ‐rár‐ / ‐rɔ́r‐] *n.* (*pl.* **‐ties**) **1** 《英》여성의 종교 단체. **2** 《美》[대학 등의] 여학생 클럽; 여성만의 클럽.

so·ro·sis [sərɔ́usis] *n.* (*pl.* **‐ses** [‐siːz]) 《식물》 상과(桑果) [오디·파인애플 따위].

sorp·tion [sɔ́ː(ː)rpʃ(ə)n] *n.* ⓤⓒ 《물리·화학》 수착(收着) [adsorption (흡착), absorption (흡수)에 의한 물질의 결합 현상]. 「(not, never).

sor·ra [sɔ́rə / sɔ́rə] *adv.* 《아일 속어》 《결코》 ···이 아닌

sor·rel¹ [sɔ́ːrəl, sɑ́r‐ / sɔ́r‐] *adj.* 적갈색의, 밤색 털의. ¶ a *sorrel* horse 구렁말. ── *n.* ⓤ 구렁말.

sor·rel² [sɔ́ːrəl, sɑ́r‐ / sɔ́r‐] *n.* **1** 참소리쟁이·수영류. **2** 괭이밥류.

Sor·ren·to [sərɛ́ntou] *n.* 이탈리아 서남부 Naples 만의 남안에 있는 항구 [유명한 피서지].

‡**sor·row** [sárou, sɔ́ː‐ / sɔ́r‐] *n.* ⓤ **1** 슬픔, 비애, 비탄 (grief), 애도. ¶ feel *sorrow* for ···을 슬퍼하다 / be in great (*or* deep) *sorrow* 몹시 슬퍼하고 있다. **2** ⓤⓒ 《종종 ~s》 불행(misfortune), 곤란(trouble), 고뇌. ¶ Her *sorrows* turned her hair white. 온갖 불행 때문에 그녀의 머리는 백발로 변했다.

類語 **sorrow** 소중한 사람·물건을 잃거나 중대한 죄·과실을 범한 것에 대한 깊은 마음의 아픔을 나타내는 가장 일반적인 말. **grief** 비교적 짧고 격렬한 sorrow: *grief* over one's father's death 아버지의 죽음에 대한 슬픔. **sadness** 가벼운 우울에서 깊은 비탄까지를 가리키는 넓은 뜻의 말; 마음이 무거움: *sadness* about one's gloomy future 어두운 미래에 대한 비애. **woe** 위로할 길 없는 깊은 슬픔·고통을 나타내는 문어.

3 후회 (regret), 유감 (*at, for, over...*). **4** 서운함, 석별 *the Man of Sorrows* 고뇌의 사람 그리스도, 〔의 정. ── *vi.* 슬퍼하다, 한탄하다, 유감으로 생각하다 (*at, for, over...*); 서운하게 여기다 (*after, for...*).
◇ **sórrowful** *adj.*

sor·row·er [sároυər, sɔ́ː‐ / sɔ́r‐] *n.* 슬퍼하는 사람, 애도하는 사람.

‡**sor·row·ful** [sáro(u)fəl, sɔ́ː‐ / sɔ́r‐] *adj.* **1** 슬픈, 비탄에 잠긴. ⇨ SAD 類語 **2** 슬픔이 감도는 (mournful), 슬픔을 자아내는, 슬픔을 나타낸. **3** 슬프게 하는, 아쉬워하는; 서운해하는. **~·ly** [‐fəli] *adv.* **~·ness** *n.*

sor·row-strick·en [sároustrìk(ə)n, sɔ́ː‐ / sɔ́r‐] *adj.* 비탄에 잠긴.

‡**sor·ry** [sári, sɔ́ːri / sɔ́ri] *adj.* (**‐ri·er, ‐ri·est**) (1, 2, 3 에서는 서술용법뿐) **1** 가엾은, 딱한 (*for...*). ¶ I am *sorry for* him. 그 사람이 가엾다 // I am *sorry [that]* you have been ill for a long time. 오랫동안 앓고 계셔서 안됐습니다 // We are *sorry* to hear of your sad traffic accident. 불행하게도 교통 사고를 당하셨다니 안됐습니다. **2** 유감인, 아쉬운. ¶ I am *sorry about* it. 그것은 유감입니다 / I am *sorry [that]* I must be going. 아쉽지만 가봐야겠습니다 // I am *sorry* to say [that] I cannot come. 유감스럽게도 갈 수가 없습니다 / Can you stay with me?──*Sorry*, but I can't. 같이 있어 주겠니?──유감스럽지만 그럴 수가 없어. **3** 후회하는, 미안하게 생각하는. ¶ I am *sorry* I am a poor correspondent. 〔편지에서〕 편지를 자주 올리지 못해 죄송합니다 / I am *sorry* to trouble you much. 폐를 끼쳐 죄송합니다. **4** 《한정용법》불쌍한, 처량한(wretched), 치사한, 시시한 (mean); 슬픈. ¶ a *sorry* fellow 시시한 녀석 / a *sorry* horse 형편없는 말 / a *sorry* excuse 구차한 변명.

sorry for oneself 《구어》 풀이 죽어 (depressed).
‐ri·ly *adv.* **‐ri·ness** *n.*

‡**sort** [sɔːrt] *n.* **1** 종류 (kind), 부류 (class, group), 품종; 종류의 사람. ¶ people of every *sort* and kind 온갖 종류의 사람들 / things of this *sort*; 《구어》 these *sort* of things 이런 종류의 일들 / He is not [of] my *sort*. 그런 사람은 안 된다(싫다) / They are all of a *sort*. 그들은 모두 비슷비슷하다 / He is not the *sort* of man to do such a mean thing. 그는 그런 치사한 짓을 할 사나이가 아니다 / Nothing of the *sort*! You're quite wrong. 천만에! 네가 전적으로 잘못했어.

類語 **sort** 엄밀한 기준에 의하지 않고 어떤 공통점을 인정한 막연한 「종류」; 경멸적 암시를 지니는 수가 있다. **kind**=sort; 때로 부차적인 것에 대한 분류를 암시: the *kind* (=sort) of people I admire 내가 존경하는 종류의 사람들. **type** 다른 것과는 분명히 다른 뚜렷한 공통의 특징을 기준으로 하는 「종류」; sort, kind 와는

교환 가능한 수(경우)도 많다: What *type*(=sort, kind) of books do you read? 어떤 종류의 책을 읽으십니까? *species* 어떤 종류를 다시 세분한 종류; 막연하게 앞의 3단어와 같은 뜻으로 쓰이는 수도 많다: many *species* of flowers 많은 종류의 꽃. *class* 상하·우열 등의 가치 판단을 암시하는 종류. *category* 명확한 논리적 기준에 의한 종류: What *category* does the writing belong to? 그 작품은 어떤 종류에 속합니까? ¶ 『음씨가 고운 소녀.
2 성질(nature), 품질, 질. ¶ a girl of a nice *sort* 마음씨가 고운 소녀. **3** 방법, 방식, 모양, 태도(manner); 정도(degree).
4 (보통 ~s) [인쇄] 어떤 형의 한 벌의 활자 중 각 활자.
after a sort 어느 정도, 얼마간; 그럭저럭. ¶ It is strange *after a sort*. 그에게는 어딘지 별난 데가 있다.
in a (or some) sort 얼마간, 약간, 어느 정도. ¶ He is honest *in a sort*. 그는 어느 정도(어떤 의미에서는) 정직하다.
of a sort ① 그런 대로(일단은) ⋯이라고 할 수 있는, 엉터리의. ¶ a writer *of a sort* 그런 대로 작가라고 할 만한 사람. ② 일종의.
of sorts ① 별것 아닌, 신통치 않은. ¶ a dog *of sorts* 잡종 개. ② 여러 종류의; 정리되어 있지 않은.
of the sort 그런, 그와 같은. ¶ I will make no attempt *of the sort*. 그 일은 해보려 생각지 않는다.
out of sorts ① 《구어》 기분이 좋지 않은, 건강이 좋지 않은. ② 《구어》 기분이 언짢은, 화가 난. ③ [인쇄] 활자가 갖추어지지 않은.
a sort of [a] 일종의⋯, 그런 대로 ⋯이라고 할 만한, 이른바. ¶ He is *a sort of* a doctor. 그는 일종의 의사이다.
sort of; sort o'; sorter; sorta 《구어》 《부사적 용법》 얼마큼(somewhat), 다소, 약간. ¶ I *sort of* like music. 음악을 조금은 좋아한다 // It was fine, but was *sort of* cold. 날씨는 좋았지만 약간 추웠다.
What sort of ⋯? 《불만을 나타내어》 도대체 어떻게 된 ⋯인가? ¶ *What sort of* a report is this? 이걸 레포트라고 썼어?
— *vt.* ⋯을 분류하다, 구분하다(classify); ⋯을 선별하다(⋯*out*). ¶ *sort* mail 우편물을 구분하다 // (~ + 目 + 圖) She *sorted out* her books in the bookshelves. 그녀는 책장 속의 책을 선별했다.
sort out ① 분류(구분)하다. ② 《영구어》 처리하다, 해결하다. ③ 정리·정비하다. ③ 《구어》 (때로 ~ oneself) ~) 정상으로 되돌아가다.
— *vi.* **1** 《고어》 조화되다, 어울리다(*with*⋯). ¶ *sort* well (ill) ⋯과 조화되다(되지 않다). **2** 《스코·英·방언》 사귀다, 교제하다(associate)(*with*⋯).
sort-er¹ [sɔ́ːrtər] *n.* 분류하는 사람, 선별하는 사람; 분류(선별)기.
sort-er² [sɔ́ːrtər] *adv.* 《속어》 다소, 얼마간(somewhat).
sor-tie [sɔ́ːrtiː] *n.* **1** [포위된 군대의] 반격, 출격; 반격(출격) 부대. ¶ make a *sortie* 반격하다. **2** 단기(單機) 출격, — *vi.* (-*tied*, -*tie·ing*) 출격하다, 반격하다.
sốrtie láb(càn, mòdule) *n.* 우주 실험실(space lab).
sor-ti-lege [sɔ́ːrtilidʒ] *n.* ① 제비(뽑기)점. **2** 마법, 마술.
sor-ti-tion [sɔːrtíʃən] *n.* ① 제비뽑기, 추첨.
so-rus [sɔ́ːrəs / sɔ́ːrəs] *n.* (*pl.* -**ri**) [식물] 《양치류의 잎 뒤에 생기는》 포자낭군(胞子囊群).
-sory *suf.* ⋯-ORY¹.
‡**SOS** [ésòués] *n.* **1** [무선에 의한] 조난 신호. **2** [일반적으로] 구조 신호, 구원을 청하는 소리. 《◁문자 자체에는 의미가 없다: Save Our Souls (or Ship) 의 머리글자니 하는 것은 억지로 갖다 맞춘 것》
so-so [sóusòu] *adj.* 좋지도 나쁘지도 않은, 그렇고 그런. — *adv.* 그저 그만하게, 쐐(tolerably).
sos-te-nu-to [sàsténúːtou / sɔ̀s-] 《It.》 *adj.* 소스테누토의, 음을 계속하는(연장하는). — *n.* (*pl.* -**tos** *or* -**ti** [-tiː]) 음을 계속하여 연주(노래)하기(하는 부분). — *adv.* 음을 계속하여(연장하여). 《◁It.》

SOSUS (略) 《군사》 *S*ound *S*urveillance *S*ystem(음향 감시 시스템[잠수함 탐지 장치]).

sot [sat / sɔt] *n.* 술고래, 주정뱅이, 모주꾼(drunkard).
SOT (略) *s*tay *o*n *t*ab[음료수 깡통 위 탭; 음료수 깡통 따개의 일종; 마개가 본체로부터 떨어지지 않도록 해 산란(散亂)을 방지].

Soth-e-by's [sʌ́ðəbiːz, sʌ́ð-] *n.* 소더비 경매장[London의 New Bond Street 에 있는 골동품·미술품·초판본(初版本) 등의 경매소].
《銀星》 (Dog Star) 의.
So-thic [sóuθik, +美 sɔ́θ-] *adj.* 시리우스의, 천랑성(天狼星)의.
sot-tish [sátiʃ / sɔ́t-] *adj.* 술고래의, 주정뱅이의, 모주꾼의. **~·ly** *adv.* **~·ness** *n.*
sót-to vó·ce [sátə(u) vóutʃi / sɔ́t-] *adv.* 작은 소리로; 방백(傍白)으로(aside). 《◁It.》 『잡은 것. 《◁F》
sou [suː] *n.* 수 《프랑스의 옛 5상팀 동전, $1/20$ 프랑》; 하 찮은.
sou-brette [suːbrét] *n.* **1** 《연극 중의》 몸종, 시녀; 그 배역을 연기하는 여배우. **2** 말괄량이, 왈가닥.
sou-bri-quet [súːbrikèi] *n.* =sobriquet.
Sou-chong [súːtʃáŋ, -tʃɔ́ŋ / -ʃɔ́ŋ, -tʃɔ́ŋ] *n.* ⓤ 소종(小種) 《실론산(産)의 고급 홍차》. 《◁Chin》
Sou-da-nese [sùːdəníːz, +美 -níːs] *adj.*, *n.* (*pl.* -**nese**) =Sudanese. 『취명(吹鳴), 잠음.
souf-fle [súːfəl] *n.* [병리] 『청진기에 들리는』 부드러운
souf-flé [suːfléi, -´-/-´-] *n.* ⓤⓒ 수플레 요리 《달걀 노른자·화이트소스·생선살·치즈 등을 넣고 달걀 흰자를 거품내어 구운 요리》; 증기 방식의 단맛나는 과육(果肉) 요리. — *adj.* 수플레 요리의, 가볍게 부푼. — *vt.* (-*fléed*, -*flé·ing*) ⋯을 수플레 요리로 하다. 《◁F》
sough [sau, sʌf] *vi.* **1** 윙윙 (솨솨) 소리내다. 한숨 쉬는 듯한 소리를 내다. **2** 《스코·北英》 단조로운 목소리로 말하다. — *n.* **1** 윙윙 (솨솨) 하는 소리. **2** 《스코·北英》 한숨; 단조로운 이야기.
‡**sought** [sɔːt] *v.* seek 의 과거·과거 분사.
‡**soul** [soul] *n.* ⓤⓒ 넋, 영혼. *cf.* body, flesh ¶ immortality of the *soul* 영혼 불멸 / two *souls* in one breast 이중 인격. **2** ⓤⓒ 정신, 마음. ⇒ MIND 類語 ¶ with one's whole heart and *soul* 온힘을 다하여 / put one's whole *soul* into one's work 일에 온힘을 쏟다. **3** ⓤ 활력, 생기, 기력; 정열. ¶ The painting lacks *soul*. 그의 그림에는 생동감이 없다 // He has no *soul* for art. 그에게는 예술에의 정열이 없다. **4** 핵심, 정수(精髓), 생명. ¶ Brevity is the *soul* of wit. 간결은 재치의 정수 [← Shakespeare 작 Hamlet. II ii]. **5** [활동의] 중심인물, 지도자. ¶ He is the [life and] *soul* of the movement. 그는 이 운동의 중심 인물이다. **6** 화신, 권화(權化). ¶ He is the *soul* of diligence. 그는 굉장히 부지런한 사람이다. **7** 죽은 사람의 영혼, 망령. ¶ May his *soul* rest in peace! 그의 명복을 빕니다. **8** 사람, 인간. ¶ a simple *soul* 소박한 사람, 바보 / a thirsty *soul* 술꾼 / my good *soul* 여보게, 여보시오 / There's a good *soul*. 어린애 따위를 구슬리며 『착 착하지. **9** ⓤ 《美구어》 **a)** 흑인혼, 흑인의 민족의식; 성실성; 진국. **b)** =soul food. **c)** =soul music. 『에 좌우되다.
cannot call one's soul in his own 완전히 남의 생각
for my soul; for the soul of me; to save my soul 단연코, 아무리해도, 도저히 [『⋯할 수 없다』 따위].
have a soul above ⋯을 떳떳치 않게 여기다.
in my soul of souls 마음 속에서는.
upon (or 'pon, on, by) my soul 맹세코, 틀림없이; 이거 놀랍네.
— *adj.* 《美구어》 흑인의 넋을 가진; 성실한, 진국(진짜)의; 흑인의, ◇ **sóulful** *adj.*
sóul bróther *n.* 《美》 형제 같은 흑인.
Sóul Cíty *n.* 《美》 =Harlem.
souled [sould] *adj.* 《보통 복합어를 만들어》 ⋯의 마음(정신)을 가진. ¶ narrow-*souled* 마음이 좁은.
sóul fóod *n.* ⓤⓒ 《美구어》 흑인 특유의 음식.
soul-ful [sóulfəl] *adj.* **1** 영혼이 담긴, 넋이 어린; 감동

soul·less [sóullis] *adj.* **1** 혼이 없는, 정성이 담기지 않은. **2** 인정이 없는(heartless), 비천한(mean). **3** 활기가 없는, 기력이 없는. ~**ly** *adv.* ~**ness** *n.*

sóul máte *n.* **1** (특히 이성의) 마음맞는 사람. **2** 정부(情夫), 정부(情婦).

sóul mùsic *n.* ⓤ 《美구어》 흑인 음악(리듬 앤드 블루스의 일종).

sóul róck *n.* 〔음악〕 솔 록(soul music의 영향을 받은 음).

soul-search·ing [sóulsə̀ːrtʃiŋ] *n.* ⓤ 자기 분석, 양심의 반성.

sóul sìster *n.* 《美》 동포로서의 흑인 여성.

‡**sound**¹ [saund] *n.* **1** ⓤⓒ 소리, 음, 음향. ¶ a joyful *sound* 환성 / make a *sound* 소리를 내다 / *Sound* travels slower than light. 소리는 빛보다 느리게 전달된다 / *Sounds* carry well in this hall. 이 회관은 음향 효과가 좋다. **2** 〔음·목소리·말 따위의〕 느낌, 울림, 인상. ¶ The rumor has a sinister *sound*. 그 소문에는 불길한 느낌이 있다. **3** ⓤⓒ 〔음성〕 소리, 음 (phone). ¶ speech *sound* 언어음(言語音) / voiced (voiceless) *sounds* 유성(무성)음. **4** ⓤ 소음, 시끄러운 소리 (noise), 잡음, 소란. ¶ much *sound* but little sense 헛소동. **5** ⓤ 음성이 들리는 범위(earshot). ¶ My house is out of [the] *sound* of street noises. 내 집은 거리의 소음이 들리지 않는 곳에 있다.
— *vi.* **1** 울리다, 소리가 나다, 소리를 내다. ¶ The trumpets are *sounding*. 나팔이 울리고 있다 // (~+卿) The music *sounds* sweet. 아름다운 음악이다. **2** 생각되다, 들리다, …처럼 보이다, …인 것 같다(seem) (* 뒤에 명사, 형용사, 전치사구나 like, as if 이끄는 구·절이 온다). ¶ How does the idea *sound* to you? 너는 그 생각을 어떻게 생각하니? // (~+卿) The story *sounds* plausible. 그 이야기는 그럴 듯하게 들린다 // That *sounds* great. 그것은 굉장할 것 같다. **3** 〔법률〕 관계되다(*in*…). ¶ (~+前+名) His action *sounds in* contract. 그의 소송은 계약에 관한 것이다. — *vt.* **1** …을 울리다, …의 소리를 내다. ¶ *sound* a trumpet (a drum) 나팔을 불다(북을 치다). **2** …을 소리내어 말하다, 발음하다(pronounce). ¶ He *sounded* a note of surprise. 그는 놀라서 소리를 질렀다. **3** 〔나팔·북·종 따위로〕 …의 신호를 하다, …을 알리다. ¶ The clock has *sounded* noon. 시계가 12시를 쳤다. **4** …을 타진하다, 두드려서 조사하다. ¶ *sound* the lungs 폐를 청진하다. **5** 〔소문 등〕을 퍼뜨리다, 널리 전하다.
sound off 《美구어》 **1** 말하기 시작하다. **2** 드러내놓고 말하다, 불평을 늘어놓다. **3** 이름을 대다.

‡**sound**² [saund] *adj.* **1** 〔신체·정신이〕 건강한, 건전한, 정상의. ¶ HEALTHY 類語 ¶ A *sound* mind in a *sound* body. 《속담》 건전한 정신은 건전한 신체에 깃들인다. **2** 상하지 않은, 썩지 않은, 온전한. **3** 〔재정적〕으로 건실한, 자산이 〔지불 능력이〕 있는. **4** 튼튼한, 확실한, 이론적으로 옳은. **5** 내용이 있는, 실질적인, 영속적인. **6** 〔행위 따위가〕 양식이 있는, 사려 분별이 있는, 안전한, 성실한. **7** 〔법률〕 〔토지·재산 등의 소유권이〕 유효한(valid). **8** 종교상의 교리 따위에 대하여 정설의, 정통의. ¶ He is *sound* on religion. 그는 종교에 대해서 정통적인 생각을 갖고 있다. **9** 충분한, 투철한, 철저한; 〔수면이〕 깊은, 연속적인. 〔전하여〕
as sound as a bell 〔or a colt, a roach〕 매우 건강한.
— *adv.* 〔잠에 대하여〕 잘, 깊이, 푹, 충분히.
~**ness** *n.* sóundly *adv.*

‡**sound**³ [saund] *vt.* **1** 〔측연(測鉛)·측간(測竿) 따위로〕 물깊이·깊은 굴을 측량하다, 〔바다·호수·연못 따위의〕 그 수심을 재다. ¶ *sound* the depths of the ocean. 대양의 해저(깊은 곳)를 재다. **2** 〔남의 생각이나 기분〕을 떠보다, 타진하다(…*out*). ¶ (~+卿) They tried to *sound* me *out*. 그들은 내 의중을 탐지하려 했다 / (~+卿+前+名) I have *sounded* his views *about* (or *on*) the matter. 그 일에 대해 그의 의견을 떠보았다. **3** 〔의학〕 〔외과용 탐침(探針)으로〕 …을 써서 〔방광 따위〕를 살피다. — *vi.* **1** 〔측연 따위로〕 수심을 재다. **2** 해저에 닿다; 〔고래 따위가〕 해저로 잠수하다. **3** 〔남의 생각·기분 따위〕를 떠보다. — *n.* 〔의학〕 〔외과용 탐침〕.

sound⁴ [saund] *n.* **1** 해협, 작은 해협. **2** 작은 만, 후미. **3** 〔물고기의 기포(氣胞)〕 (부레). **4** 오징어.

sound-and-light [sáundən(d)láit] *adj.* 〔환경 예술에서처럼〕 소리와 빛을 사용한. *cf.* son et lumière

sóund bárrier *n.* 음속 장벽 (sonic barrier) 〔항공기 따위가 음속에 가까워졌을 때의 공기 저항〕.

sóund bìte *n.* 《美》 〔방송에 인용되는 화제 거리의〕 짧은 어귀, 정치인의 어록〔소견〕. 〔board.

sound·board [sáundbɔ̀ːrd] *n.* =sounding

sound·box [sáundbɑ̀ks] *n.* **1** 〔악기의〕 공명 상자, 몸통. **2** 〔축음기의〕 사운드 박스.

sóund càmera *n.* 〔영화의〕 녹음용 카메라. 〔변화.

sóund chánge *n.* 〔언어〕 음 변화, 음소(音素)

sound-con·di·tion [sáundkəndíʃ(ə)n] *vt.* …을 음향 조절하다, …의 음향 효과를 좋게 하다.

sóund efféct *n. pl.* 〔영화·라디오의〕 음향 효과.

sóund enginèer *n.* 〔방송의〕 음향 조정 기사.

sound·er¹ [sáundər] *n.* **1** 울리는 사람(것). **2** 〔전신〕 〔전신 부호를 음으로 바꾸는〕 음향기.

sound·er² [sáundər] *n.* 수심을 재는 사람〔기구〕.

sóund fìlm *n.* ⓤⓒ 녹음 필름. **2** 발성 영화.

sóund héad〔**gàte**〕 *n.* 〔영사기의〕 발성부.

sound·ing¹ [sáundiŋ] *adj.* **1** 소리가 나는, 소리를 내는. **2** 울려 퍼지는, 반향하는 (resonant). **3** 큰소리의, 과장의.

sound·ing² [sáundiŋ] *n.* ⓒⓤ **1** 〔종종 ~s〕 수심을 측기. take *soundings* 측연(測鉛)으로 수심을 재다. **2** (~s) 측연으로 측심〔測深〕 가능한 수역〔600피트 이내〕 측량된 수심. **3** 〔기상〕 〔라디오존데·로켓 따위에 의한〕 대기 조사, 고층 기상 관측.
〔*get*〕 *off soundings* 측연이 닿지 않는 곳에〔가다〕; 서투른 일에〔착수하다〕.
〔*get*〕 *on soundings* 측연이 닿는 곳에〔가다〕; 손익은 일에〔착수하다〕.

sóunding ballòon *n.* 〔기상〕 기상 관측 기구.

sóunding bóard *n.* **1** 〔악기의〕 공명판; 반향판 〔무대 따위의 뒤에 있는 청중 쪽으로 소리를 반사시키는 장치〕. **2** 선전해 주는 사람(집단, 것); 자기의 의견을 시험하기 위해 들려 주는 상대. 〔데 쓰는 남덩이〕.

sóunding lèad [-led] *n.* 측연(測鉛) 〔수심을 재는 납덩이〕.

sóunding lìne *n.* 측연선(線) 〔측연이 달린 줄〕.

sóunding ròcket *n.* 〔대기 상층부〕 탐사(관측) 로켓.

sound·less¹ [sáundlis] *adj.* 소리나지 않는, 울림이 없는, 고요한. ~**ly** *adv.* ~**ness** *n.* 〔깊은.

sound·less² [sáundlis] *adj.* 깊이를 잴 수 없는, 매우

sound·ly [sáundli] *adv.* **1** 건전하게, 확실히. **2** 깊이. ¶ sleep *soundly* 푹 자다. **3** 전적으로, 완전히. **4** 몹시, 심하게. ¶ beat a person *soundly* 남을 호되게 때리다. **5** 참되고 단단하게.

sound·man [sáundmæ̀n] *n.* (*pl. -men* [-mèn]) 음향 기사.

sóund mìxer *n.* 음량 음색 조절기.

sóund-múl·ti·plex sỳstem [sáundmʌ́ltipleks-] *n.* 〔방송〕 음성 다중 방송 시스템.

sóund pollútion *n.* =noise pollution.

sóund prèssure *n.* 소리의 압력, 음압(音壓).

sound·proof¹ [sáundprùːf] *adj.* 방음의, 방음 장치의.

sound·proof² [sáundprùːf] *vt.* …에 방음 장치를 하다. 〔음원〕 탐지법.

sóund rànging *n.* ⓤ 〔싸움터에서 사용하는〕 음원

sóund recòrding *n.* ⓤ 녹음.

sound·scape [sáundskèip] *n.* 음향의 세계, 음악적 파.

sóund shèet *n.* 소노 시트, 〔노래마.

sóund shíft *n.* 〔음성〕 음추이(音推移), 음변화.

sóund tràck *n.* 사운드 트랙 [영화 필름 가장자리의 녹음대(帶)].

sóund trùck *n.* 확성기가 달린 차.

sóund wàve *n.* 〖물리〗 음파.

‡**soup** [suːp] *n.* 1 (종류를 말할 때는 ⓒ) 수프, 고깃국[물]. ¶ vegetable *soup* 야채 수프 / eat *soup* 수프를 마시다. * 보통 drink soup 라고는 하지 않는다. 2 《속어》 짙은 안개. 3 《미속어》 [부가되] 마력 (馬力). 4 《속어》 니트로글리세린 (nitroglycerin). 5 《화학 반응의》 폐액(廢液), 잔류액. 6 생명을 발생시킨 것으로 생각되는 물질의 혼합액. 7 《서밍》 파도가 부서진 흰 거품. ¶ **in the soup** 《속어》 곤경에 빠져, 난처하여. **Soup's on!** 《미》 식사가 준비됐다 (* soup 뿐 아니라 모든 음식에 쓰인다).

— *vt.* 《미속어》 * 다음 숙어로만 쓴다. 「력을 주다. ¶ *soup up* …의 마력을 높이다, 속도를 빠르게 하다; …에 매력[활기]을 더하다; 파격적인 꾸밈을 하다. 「야회복. ◇ **sóupy** *adj.*

soup-and-fish [súːpənfíʃ] *n.* 《미구어》 남자의 정식.

soup·çon [suːpsɔ́ːŋ/ ́ -] *n.* 1 아주 조금, 소량. 2 기미 (*of...*). 〈<F〉

sóup kìtchen *n.* 1 〖빈곤자들을 위한〗 수프 배급; 무료 급식소. 2 《군대 속어》 이동 주방.

sóup plàte *n.* 우묵한 수프용 접시.

sóup-spoon [súːpspùːn] *n.* 수프용 숟갈.

soup·y [súːpi] *adj.* (**soup·i·er, soup·i·est**) 1 수프 같은, 걸쭉한. 2 《안개 따위가》 짙은. 3 《미속어》 감상적인, 다정다감한 (sentimental); 눈물이 많은 (mawkish).

sour [sauər] *adj.* 1 신, 시큼한. *cf.* sweet 1 ¶ *as sour as vinegar* [식초처럼] 몹시 신; 몹시 언짢은. 2 시어진, 산패(酸敗)한 [냄새가] 나는. ¶ The milk turned *sour*. 그 우유는 시어졌다.

類語 **sour** 발효·부패·미숙 따위로 맛이 신: *sour* grapes 신 포도. **acid** 화학적 특성으로서 신맛이 나는: an *acid* substance 신맛이 나는 물질. **tart** 톡 쏘는 듯한 신맛이 있고 상쾌한: a *tart*, crisp apple 새콤하고 아삭아삭한 사과.

3 싫은, 불쾌한; 꽤다로운, 기분이 언짢은; 심술궂은; 모진, 가혹한. ¶ turn (*or* go) *sour on* …에 적의를 품게 되다 / She is *sour* on me. 그녀는 나를 싫어하고 있다. 4 표준 이하의, 빈약한, 서투른 (poor). ¶ a *sour* game 서투른 시합. 5 〖농업〗 땅이 산성인, 불모의; 냉습한. 6 〖휘발유 따위가〗 유황 화합물이 섞인. 7 《구어》 〖음악〗 가락이 틀린.

— *n.* 1 신 것, 그 2 (the ~) 싫은 것, 괴로운 일. 3 ⓤⓒ 《미》 사워 [위스키나 진에 레몬즙과 설탕을 넣은 새콤한 산성 음료].

— *vt.* 1 …을 시게 하다, 산패시키다, 악화시키다. 2 …을 화나게 하다, [마음]을 비뚤어지게 하다. — *vi.* 1 시어지다. 2 [마음이] 비뚤어지다, 꽤까다로워지다. —**·ly** *adv.* —**·ness** *n.* 「《영》 acid drop 」.

sour·ball [sáuərbɔ̀ːl] *n.* 《미》 〖맛이 새콤한〗 드롭스

‡**source** [sɔːrs/sɔːs] *n.* 1 근원, 근본, 원인. 〈<ORIGIN 類語〉 ¶ one's chief *source* of income 주된 수입원 / Idleness is the *source* of all evil. 《속담》 나태는 모든 악의 근원[근지], 원천. ¶ the *sources* of the Rhine 라인강의 수원. 3 출처, 전거, 출전(出典), 자료; 정보원. ¶ news from a reliable *source* 믿을만한 소식통에서 나온 정보. 4 [이자·배당 따위의] 지불란. 5 《고어》 천연의 샘(저수지). — *vi.* (**sourced, sourc·ing**) 발원하다. 「料].

sóurce bòok *n.* 〖역사·문학 따위의〗 원전, 사료〘史

sóurce lánguage *n.* 〖컴퓨터〗 기본 언어, 원어 [번역 처리의 입력이 되는 당초의 프로그램 언어]; 〖외국어 교육에서〗 모국어.

sóurce matèrial *n.* 〖연구·조사 등의〗 자료.

sóurce prògram *n.* 〖컴퓨터〗 원시 언어로 나타낸 프로그램[즉, 인간이 기술한 상태의 프로그램].

sóur chérry *n.* 〖식물·원예〗 산과(酸果) 앵두나무 [서남 아시아 원산 앵두나무의 일종. 열매는 신맛이 강

하다]; 그 열매. 「킨 것].

sóur crèam *n.* ⓤ 사워 크림 [생크림을 유산 발효시

sour·dine [suərdíːn, +美 ́ -] *n.* 〖음악〗 1 약음기 (sordine). 2 소형 바이올린. 3 구식 오보에. 4 《군대에서 행진 신호를 내는 데 쓰던 옛날의》 피리.

sóur·dough [sáuərdòu] *n.* 1 ⓤ 《미서부·캐나다·알래스카·영방언》 〖다음번에 쓰려고 남겨 두는〗 누룩 반죽, 이스트, 효모(酵母) (leaven). 2 《캐나다나 알래스카에서 한해 겨울을 난》 탐광자(探鑛者), 개척자. — *adj.* 《미서부·캐나다·알래스카》 이스트로 부풀린.

sóur grápes *n. pl.* 지기 싫어하기, 오기(傲氣) [이솝 우화 중의「여우와 포도」이야기에서 유래].

sóur gùm *n.* 《미》 = tupelo. 「lous).

sour·ish [sáuriʃ/sáuər-] *adj.* 조금 신, 새콤한 (acidu-

sóur màsh *n.* 《미》 〖위스키 증류에 쓰는〗 유산(乳酸) 발효 촉진용의 신 엿기름. 「얼굴을 한 사람.

sóur·puss [sáuərpùs] *n.* 《미구어》 꺼까다롭고 침울한

sóur·sop [sáuərsɑ̀p/-sɒ̀p] *n.* 가시여지 [서인도 제도산(産)의 작은 나무]; 그 열매.

sou·sa·phone [súːzəfòun, +美 -sə-] *n.* 수자폰 [취주악대에서 쓰는 일종의 금관 악기]. [<미국의 취주악 지휘자 J.P. Sousa (1854-1932)의 이름]

souse¹ [saus] *v.* (**soused, sous·ing**) *vt.* 1 …을 물[따위]에 담그다[적시다]; …에 〖물 따위〗를 끼얹다. ¶ (~+圓+前+图) *souse* a dog *in* a pond 개를 연못에 처넣다 / *souse* water *over* a thing 물건에 물을 끼얹다. 2 …을 흠뻑 적시다. 3 …을 소금에 절이다 (pickle). 4 《속어》 …을 술에 취하게 하다. ¶ get *soused* 술에 취하다. — *vi.* 1 물 속[따위]에 뛰어들다, 첨벙 빠지다. 2 흠뻑 젖다. 3 ⓒ 《속어》 술에 취하다. — *n.* ⓤ 1 소금에 절이기; [특히 돼지의 머리·족·귀 따위의] 소금절이. 2 간국, 소금물. 3 ⓒ 흠뻑 젖음; 《물에 담금, 물에 처넣는, 물이 넣는 소리). 4 ⓒ 《미속어》 술고래, 모주꾼.

souse² [saus] 〖고어〗 *vi., vt.* (**soused, sous·ing**) 〖매 (猛禽)〗 내리덮치다 (급습하다). — *n.* 《매사냥》 〖사냥감을 쫓아〗 날아오름, 내리덮침. — *adv.* 《영》 곤두박이쳐서 (headlong). 「다].

sou·tache [suːtǽʃ] *n.* 납작한 끈 [가두리 장식에 쓰는

sou·tane [suːtάːn] *n.* 〖교회〗 수단 [사제가 입는 검은 옷].

sou·te·neur [F sutnœːr] *n.* 〖프랑스〗 (= protector) 매춘굴의 포주.

‡**south** [sauθ] — *v.* *n.* (보통 the ~) 1 ⓤ 남(쪽). ¶ *south* by east 남미동(南微東) [略 SbE] / *south* by west 남미서(南微西) [略 SbW]. 2 남쪽, 남부. ¶ in the *south of* …의 남부에 / on the *south of* …의 남단(南端)에, 남쪽에 / to the *south of* …의 남쪽에, 남 방향에. 3 (보통 the S-) 〖나라·도시의〗 남쪽 지방. 4 (the S-) 《미》 남부의 여러 주(州). ¶ the Deep **South** 미국 최남부 [Georgia, Alabama, Mississippi, Louisiana 의 4 주]. 5 《시》 남풍. — *adj.* 남(쪽)의, 남부의, 남방의; 남쪽을 향한; 남으로부터의. ¶ a *south* wind 남풍 / *south* latitude 남위(南緯). — *adv.* 남으로, 남부로, 남쪽으로 (southward); 남으로부터, 남부로부터, 남방에서. ¶ The wind blows *south*. 남풍이다 / Formosa lies *south of* Korea. 대만은 한국의 남쪽에 있다. — *vi.* [sauθ, sauð] 1 남으로 향하다, 침로를 남쪽으로 잡다. 2 〖천문〗 [달이] 남중(南中)하다, 자오선을 지나다. ◇ **sóuthern, sóutherly** *adj.*

South África *n.* **the Republic of ~** 남아프리카 공화국 〖아프리카 최남단의 독립국; 수도 Pretoria 와 Cape Town〗.

South Áfrican *adj.* 남아프리카의; 남아프리카공화국의. — *n.* 남아프리카공화국의 주민, 〖특히 백인계의〗 남아프리카 사람.

South Áfrican Dútch *n.* 1 = Afrikaans 〖略 SAfrD〗. 2 네덜란드계 남아프리카 사람(Boer).

‡**South América** *n.* 남아메리카 (남미) 대륙.

South Américan *adj.* 남아메리카 (사람)의. — *n.* 남아메리카 사람.

south·bound [sáuθbàund] *adj.* 남행의, 남쪽으로 가는.

***South Carolína** *n.* 미국 남동부 대서양 연안의 주[주도 Columbia; 略 S.C.].

South Carolínian *adj.* South Carolina [사람]의. ── *n.* South Carolina 사람.

South China Sea *n.* (the ~) 남지나해.

***South Dakóta** *n.* 미국 중앙 북부의 주 [주도 Pierre; 略 S. Dak.].

South Dakótan *adj.* South Dakota [사람]의. ── *n.* South Dakota 사람.

South-down [sáuθdàun] *adj.* 사우스다운 [종]의. ── *n.* 사우스다운종의 양. (<South Downs(이 종의 양이 개발된 지명))

‡**south·east** [sàuθí:st, 항해 sauí:st] *n.* (보통 the ~) 1 ⓤ 동남[쪽] [略 SE]. ¶ *southeast* by east 동남미동(微東) [略 SEbE] / *southeast* by south 동남미남 [略 SEbS]. 2 동남 지방, 동남부. 3 (the S-) (美)미국 동남부. ── *adj.* 동남쪽의(에 있는), 동남으로 향하는; [바람 따위가] 동남에서 오는. ── *adv.* 동남에(으로); 동남에서. ◇ southéasterly *adj.*, southéastward *adv.*

Southèast Ásia *n.* 동남 아시아. 〔의 강풍.

south·east·er [sàuθí:stər, 항해 sàu-] *n.* 동남풍, 동남

south·east·er·ly [sàuθí:stərli, 항해 sàu-] *adj.* 동남의, 동남으로 향하는; 동남으로부터의. ── *adv.* 동남에 (으로), 동남에서.

*****south·east·ern** [sàuθí:stərn, 항해 sàu-] *adj.* 동남의, 동남에 있는; 동남으로부터 부는. ◇ southéast *n.*

south·east·ward [sàuθí:stwərd, 항해 sàu-] *adv.* 동남쪽으로 (southeastwards). ── *adj.* 동남의, 동남쪽에 있는, 동남쪽에의(으로의). ── *n.* (보통 the ~) 동남쪽, 동남부.

south·east·ward·ly [sàuθí:stwərdli, 항해 sàu-] *adj., adv.* =southeasterly.

south·east·wards [sàuθí:stwərdz, 항해 sàu-] *adv.* =southeastward.

south·er [sáuðər] *n.* 남풍, 남쪽에서 불어오는 강풍.

south·er·ly [sʌ́ðərli] *adj.* 남쪽으로 향하는; 남쪽으로부터의; 남쪽에서 불어오는. ¶ a *southerly* course 남쪽으로의 진로. ── *adv.* 남쪽으로 향하여, 남쪽으로부터. ── *n. (pl. -lies)* 남풍.

‡**south·ern** [sʌ́ðərn] *adj.* 1 남[쪽]의, 남부 지방의, 남쪽에 있는. 2 [바람이] 남쪽에서 불어오는. 3 남쪽 지방(남국)에 속하는, 남국 특유의. 4 (S-) (美)미국 남부 여러 주의. ── *n.* 1 《주로 美방언》미국 남부 여러 주의 주민 (Southerner). 2 (S-) ⓤ(美)미국 남부 여러 주의 방언. ◇ *south in.*

Sóuthern Cróss *n.* (the ~) 【천문】 남십자성(Crux).

south·ern·er [sʌ́ðərnər] *n.* 1 남쪽 사람, 남국인. 2 (S-) (美)미국 남부 여러 주의 주민.

Sóuthern Hémisphère *n.* (the ~) 남반구.

Sóuthern Líghts *n. pl.* (the ~) 【천문】 남극광.

south·ern·ly [sʌ́ðərnli] *adj.* =southerly.

south·ern·most [sʌ́ðərnmòust, +英 -məst] *adj.* 가장 남쪽의, 가장 남단의.

sóuthern péa *n.* 【식물】 팥재기, 동부(cowpea).

south·ern·wood [sʌ́ðərnwùd] *n.* 【남유럽산(産)의】 쑥의 일종 〔관목상 다년생 초본으로 맥주 맛을 내는 데 쓰이다〕.

Sóuthern Yémen *n.* 남예멘 〔민주 인민 공화국 (People's Democratic Republic of Yemen); 수도 Aden; 1990년 5월 북예멘과 통합되어 예멘공화국(Republic of Yemen)이 됨〕.

south·ing [sáuðiŋ] *n.* ⓤⓒ 1 남향, 남행, 남항(南航), 남진. 2 【천문】 자오선 통과, 남중(南中). 3 【항해】 남항 행정(行程).

south·land [sáuθlənd, +美 -lænd] *n.* 1 남쪽 나라. 2 나라의 남부 지방(지역).

south·most [sáuθmòust/-məst] *adj.* =southernmost.

south·paw [sáuθpɔ̀:] 《구어》 *adj.* 1 왼손잡이[인 사람. 2 【스포츠】 【특히 야구의】 왼손잡이(좌완) 투수, 사우스포; 왼손잡이 권투 선수. ── *adj.* 왼손잡이의.

Sóuth Póle *n.* (the ~) 남극.

south·ron [sʌ́ðr(ə)n] *n.* 1 《주로 방언》 남부인, 남국 사람 (southerner). 2 (보통 S-) 《스코》 잉글랜드인 사람.

Sóuth Séa Íslander *n.* 남양 제도의 주민.

Sóuth Séa Íslands *n. pl.* (the ~) 남양 제도.

Sóuth Séas *n. pl.* (the ~) 적도 이남의 바다, 남태평양.

south-south·east [sáuθsàuθí:st, 항해 sáusàu-] *n.* ⓤ (보통 the ~) 남남동 [略 SSE]. ── *adj.* 남남동의, 남남동에 있는; 남남동으로부터의. ── *adv.* 남남동에(으로); 남남동으로부터.

south-south·west [sáuθsàuθwést, 항해 sáusàu-] *n.* ⓤ (보통 the ~) 남남서 [略 SSW]. ── *adj.* 남남서의, 남남서에 있는; 남남서로부터의. ── *adv.* 남남서에 (로); 남남서로부터.

Sóuth Viètnám *n.* 〔통일되기 전의〕 월남(越南).

***south·ward** [sáuθwərd, 항해 sʌ́ðərd] *adj.* 1 남[쪽]으로의, 남쪽에 있는; 남쪽으로 가는; 남향의. ── *adv.* 남쪽으로 (southwards). ── *n.* ⓤ (보통 the ~) 남쪽, 남방, 남부. ◇ *south n.*

south·ward·ly [sáuθwərdli] *adj.* 남쪽으로의; 남쪽으로부터의. ── *adv.* 남쪽으로; 남쪽으로부터.

south·wards [sáuθwərdz] *adv.* =southward.

‡**south·west** [sàuθwést, 항해 sàu-] *n.* (보통 the ~) 1 ⓤ 남서 [略 SW]. ¶ *southwest* by south 남서미남(微南) [略 SWbS] / *southwest* by west 남서미서 (微西) [略 SWbW]. 2 남서 지방, 남서부. 3 (the S-) (美)미국 남서부. ── *adj.* 남서의(쪽의 에), 남서로 향하는; [바람 따위가] 남서쪽에서 오는. ¶ a *southwest* wind 남서풍. ── *adv.* 남서쪽으로; 남서쪽으로부터. ◇ southwéstern, southwésterly *adj.*

south·west·er [sàuθwéstər, 항해 sàu-] *n.* 1 서남풍, 서남의 강풍. 2 =sou'wester 2.

south·west·er·ly [sàuθwéstərli, 항해 sàu-] *adj.* 서남쪽의, 서남쪽으로부터의. ── *adv.* 서남쪽에(으로); 서남쪽으로부터.

***south·west·ern** [sàuθwéstərn, 항해 sàu-] *adj.* 서남의, 서남쪽에 있는; 서남쪽으로부터 오는. ◇ southwést *n.*

south·west·ward [sàuθwéstwərd, 항해 sàu-] *adv.* 서남쪽으로, (southwestwards). ── *adj.* 서남의, 서남 쪽에 있는; 서남쪽으로의. ── *n.* ⓤ (보통 the ~) 서남 쪽, 서남부.

south·west·ward·ly [sàuθwéstwərdli, 항해 sàu-] *adj., adv.* =southwesterly.

south·west·wards [sàuθwéstwərdz, 항해 sàu-] *adv.* =southwestward.

***sou·ve·nir** [sù:vəníər, -́-́-] *n.* 기념품, 유품, 선물; 추억(memory)(*of*...).

souvenír shèet *n.* 기념우표 시트.

sou'·west·er [sàuwéstər] *n.* 1 =southwester 1. 2 [선원이 쓰는] 폭풍우용 방수 모자, 방수복 (nor'wester).

‡**sov·er·eign** [sʌ́v(ə)rin, sʌ́v-/sɔ́vrin] *n.* 1 주권자, 통치자, 군주, 국왕, 황제. 2 주권 단체; 독립(주권) 국가. 3 [영국의 옛날의] 1파운드 금화 [略 sov.]. ── *adj.* 1 최고의 권력을 가진, 주권(통치권)이 있는, 군주인. ¶ a *sovereign* ruler of a country 나라의 통치자, 국왕. ¶ a *sovereign* state 독립국. 2 자주의, 독립의. 3 최고의, 지상의. ¶ the *sovereign* good 지고선(至高善), 최고선. 4 《약 따위가》 특효가 있는. ── *-ly adv.* ◇ *sovereignty n.*

***sov·er·eign·ty** [sʌ́v(ə)rinti, sʌ́v-/sɔ́vrin-] *n. (pl. -ties)* ⓤ 1 군주임, 군주의 신분. 2 주권, 통치권. 3 ⓒ 독립국.

‡**so·vi·et** [sóuvièt, -́-́-/sóuviət] *n.* 1 [소련의] 회의,

평의회, 소비에트; [그와 같은 사회주의 국가의] 회의 (council). **2** (the S-s) 소련 정부(지도자, 군, 인민). **3** (the S-)=the Soviet Union. ── *adj.* **1** 소비에트의, 회의의. **2** (S-) 소련의.
◇ **sóvietize** *v.*

So·vi·et·ism [sóuviitìz(ə)m] *n.* U **1** (때로 s~) 소비에트식 정치 조직. **2** (종종 s~) 공산주의. **3** 소련의 방식.

So·vi·et·ize [sóuviitàiz] (※《英》에서는 **So·vi·et·ise** 로도 쓴다) *vt.* (**-ized, -iz·ing**) (종종 s~) …을 소비에트 트화하다.

So·vi·e·tol·o·gy [sòuviətáləʤi / -tɔ́lə-] *n.* U 소련 연구(Kremlinology), 소련학.

Sóviet Rússia *n.* **1** the Soviet Union의 통칭. **2** the Russian Federation의 구칭.

Sóviet Únion *n.* (the ~) 소비에트 사회주의 공화국 연방, 소련[정식 명칭 Union of Soviet Socialist Republics; 略 U.S.S.R.; 1991년 붕괴].

sov·khoz [sɑfkóz / sɔfkóz] *n.* (*pl.* **-kho·zy** [-kó:zi] *or* **-khozes**) 소프호즈 [소련 국영 농장]. *cf.* kolkhoz 〔<Russ〕

sov·prene [sávpri:n / sɔ́v-] *n.* U 합성 고무.

sov·ran [sávrən, sʌ́v-/sɔ́v-] *n.*, *adj.* (詩)=sovereign.

‡**sow**¹ [sou] *v.* (**sowed, sowed** *or* **sown, sow·ing**) *vt.* **1** 〔씨〕를 뿌리다〔씨갑 따위를〕심다(plant); 〔논밭 따위에〕씨를 뿌리다. ¶ (~+图+前+名) *sow* flower seeds *in* a garden 정원에 화초의 씨앗을 뿌리다 / *sow* a field *with* barley 밭에 보리를 파종하다. **2** 〔싸움·소문 따위〕의 씨를 뿌리다. ¶ *sow* distrust 불신의 원인을 만들다. **3** (주로 수동태로) …을 흩뿌리다, 촘촘히 박아 넣다(...*with*). ¶ the sky *sown with* stars 별이 총총한 하늘. ── *vi.* 씨를 뿌리다, 파종하다. ¶ *As* a man *sows,* so he shall reap. (속담) 제가 뿌린 씨는 제가 거둔다, 자업자득.

sow the wind and reap the whirlwind ⇨ WIND.

sow one's wild oats 젊어서 방탕하다.

sow² [sau] *n.* **1** 암퇘지, ⇨ PIG [類語]; 〔곰·모르모트 따위 포유 동물의 성숙한〕암컷. **2** 〔야금〕대형 주철(鑄鐵), 큰 주형(鑄型).

〔*as*〕 *drunk as a sow* 몹시 취하여, 곤드레가 되어.
get (*or* *have, take*) *the wrong* (*the right*) *sow by the ear* 엉뚱한 사람(것)〔알맞은 사람(것)〕을 잡다; 잘못 (올바로) 판단하다.

so·war [sou(w)ə*r*] *n.* 〔인도의〕현지인 기병.

sów·back [sáubæ̀k] *n.* 길게 뻗은 낮은 언덕.

sów·bel·ly [sáubèli] *n.* U 소금에 절인 돼지고기, 베이컨 (side meat).

sów·bread [sáubrèd] *n.* C U 야생 시클라멘 〔앵초과의 다년초 또는 원예 식물〕.

sów bùg [sáu-] *n.* 쥐며느리 〔쥐며느리과의 갑각류〕.

sów·er [sóuər] *n.* **1** 씨뿌리는 사람(기계). **2** 〔소문 따위의〕유포자, 제창자.

*****sown** [soun] *v.* **sow**¹의 과거 분사의 하나.

sów thístle [sáu-] *n.* 방가지똥.

sox [saks / soks] *n.* **sock**¹의 복수형의 하나.

soy [sɔi] *n.* **1** 간장. **2** =soybean.

soy·a [sɔ́iə] *n.* =soybean.

sóy·bean [sɔ́ibì:n] *n.* 콩.

sóybean (sóya) mìlk *n.* 두유(豆乳).

sóybean (sóya-bean) òil *n.* 콩기름.

sóy-mìlk [sɔ́imìlk] *n.* 두유(豆乳).

So·yuz [sɔjú:s, -jú:z] *n.* 〔구소련의〕유인 우주선 〔1967년 이래 개발〕.

so·zin [sóuzin] *n.* 〔생화학〕소진〔정상 혈청 내에 있는 항병성(抗病性) 단백질〕.

soz·zle [sázl / sɔ́z-] *vt.* 점벙점벙 셋다(헹구다); 술취하게 하다. ── *vi.* 빈둥거리다(loll).

soz·zled [sázld / sɔ́z-] *adj.* (속어) 곤드레로 취한.

SP (略) Shore *P*atrol; Submarine *P*atrol; 〔군대〕 spe*c*ialist (기술병); self-*p*ropelled; shore *p*olice; sales *p*romotion (판촉). 〔spirit.

sp. (略) *s*pecial; *s*pecies; *s*pecific; *s*pecimen; *s*pelling;

Sp. (略) *Sp*ain, *Sp*aniard, *Sp*anish. 〔〔자손 없음〕〕.

S.P. (略) 〔라틴〕 *s*ine *p*role (=without issue

spa [spɑ:] *n.* **1** 광천(鑛泉), 온천. **2** 온천장〔의 호텔〕. 〔<Spa 벨기에의 유명한 광천 휴양지〕

‡**space** [speis] *n.* **1** U 공간. ¶ time and *space* 시간과 공간 / celestial *space* 천계(天界), 하늘. **2** U〔지구의 대기권 밖의〕우주, ⇨ UNIVERSE [類語]. ¶ the *space* age 우주 시대. **3** U〔여지(room), 〔빈〕 장소, 지면. ¶ blank *space* 여백 / take up *space* 장소를 잡다 / There is some *space* left for that. 그것을 넣을만한 여지는 있다. **4** 장소, 빈터, 구역. ¶ an open *space* 공지. **5** U〔기차·비행기 따위의〕좌석(seat). **6** (보통 a ~, the ~ of)〔시간의〕사이, 기간; 거리, 간격. ¶ for a short *space* 잠시 동안 // in the *space* of a moment 순식간에. **7**〔라디오·텔레비전의〕광고 방송 시간; 프로 방송 시간. **8** U C〔전신〕스페이스〔신호와 신호 사이의 시간〕. **9** U C〔음악〕보선(譜線)의 사이, 선간(線間). **10** U C〔인쇄〕행간(行間), 어간(語間), 스페이스. **11** U C〔그림〕공간, 스페이스. **12** U C〔수학〕공간.
── *vt.* **1** …에 일정한 간격을 두다. ¶ (~+图+副) *space out* the payment over two years 2년간의 분할 지불로 하다 / The farms were *spaced* out three or four miles apart. 농장은 3, 4마일의 간격으로 떨어져 있다. **2** …의 행간(어간)을 띄우다. ¶ (~+图+副) *space out* types 활자의 행간을 띄우다.
── *vi.* 스페이스를 넣다(잡다), 행간(어간)을 띄우다.
◇ *spácious, spátial adj.*

space-age [spéiséiʤ] *adj.* 우주 시대의.

spáce-àir vèhicle [spéisèər-] *n.* 우주·대기 겸용의.

spáce bàr *n.* 스페이스 바〔타이프라이터의 가로대로 어간을 띄우는 데 쓴다〕.

spáce biòlogy *n.* 우주 생물학.

spáce bòmb *n.* 궤도 폭탄. *cf.* FOBS

space-borne [spéisbɔ̀:rn / -bɔ̀:n] *adj.* 우주로 운반되는, 우주 경유의. 〔는.

space-bound [spéisbàund] *adj.* 우주로 향하는(가

spáce bùs *n.* 우주 버스, 우주 왕복 연락선.

spáce cápsule *n.* 우주 캡슐〔속에 우주 비행사나 각종 용의 여러 계기를 싣고 로켓으로 우주 공간으로 발사된.

spáce cárrier *n.* 우주 로켓. 〔다.

spáce chàrge *n.* 〔전기〕공간 전하(電荷).

spáce còlony *n.* 우주 식민지, 우주도(島)〔우주 생활용 대형 인공 위성〕.

space-craft [spéiskræ̀ft / -krɑ̀:ft] *n.* =spaceship.

spaced-out [spéistàut] *adj.*《美속어》마약을 써서 멍청해진.

space-far·ing [spéisfɛ̀(:)riŋ / -fɛ̀ər-] *adj.* 우주 여행의; 우주 여행 연구·계획을 하는. ── *n.* 우주 여행.

spáce fíction *n.* 우주 〔여행〕 소설.

spáce flíght *n.* 우주 비행.

spáce fòods *n.* 우주식(食). 〔위〕.

spáce gèar *n.* 우주 장치〔로켓, 인공 위성, 우주선 따.

spáce gùn *n.* **1** 우주총〔반동 추진용〕. **2** 장난감 권총.

spáce hèater *n.* 실내 난방기. 〔이저촉.

spáce kèy *n.* =space bar.

spáce làb *n.* 우주 실험실.

spáce làttice *n.* 〔결정학〕공간 격자(格子).

spáce làw *n.* 우주법.

space·less [spéislis] *adj.* **1** 무한한(limitless). **2** 스페이스(여지)가 없는, 꽉 찬. **3** 〔점 따위〕장소를 차지하지 않는.

‡**space·man** [spéismæn, -mən] *n.* (*pl.* **-men** [-mèn, -mən]) **1** 우주 비행사(astronaut). **2** 우주 연구자. **3** 우주인.

space·man·ship [spéismǽnʃip] *n.* U **1** 우주 비행술. **2** 우주 정책.

space mark *n.* 〖인쇄〗간격 기호[#].
space medicine *n.* 우주 의학.
space opera *n.* 《美구어》우주 〖모험〗영화, 우주극.
space·plane [spéisplèin] *n.* 우주 비행기(연락선).
space-port [spéispɔ̀ːrt / -pɔ̀ːt] *n.* 우주 공항, 우주선 기지.
space probe *n.* 우주 탐사기. ⇒ PROBE 4.
spac·er [spéisər] *n.* 1 간격을 띄우는 사람(것). 2 〖송신 속도를 늘리기 위한〗역전류기(逆電流器).
space race *n.* 우주(개발) 경쟁.
space salvage *n.* 우주 회수 작업〖우주 공간에 떠돌고 있는 수명이 다한 위성 따위를 회수하는 작업〗.
space satellite *n.* 우주선. *cf.* artificial satellite
space-sav·ing [spéissèiviŋ] *adj.* 공간을 효율적으로 이용하는, 공간 절약의.
space·scape [spéisskèip] *n.* ⓤ 우주 풍경.
space science *n.* ⓤ 우주 과학.
‡**space·ship** [spéisʃip] *n.* 우주선.
Spaceship Earth *n.* 우주선 지구호(號)〖지구를 35억인승(乘)의 자원이 유한(有限)한 우주선에 비유하여 일컫는 말〗.
Space Shoes *n. pl.* 〖상표명〗〖주문해서 맞춘〗발에 꼭 맞는 신발; (s- s-) 그런 종류의 신발.
space shuttle *n.* 〖우인〗우주 왕복선.
space·sick [spéissìk] *adj.* 우주 멀미의.
space sickness *n.* ⓤ 우주 멀미, 우주병.
‡**space station** *n.* 우주 정거장.
space-suit [spéissùːt / -sjùːt] *n.* 우주복(G-suit).
space-time [spéistàim] *n.* =space-time continuum.
space-time continuum *n.* ⓤ 〖물리〗시공(時空) 연속체〖제4차원〗.
space·track [spéistræk] *n.* ⓤ 인공위성(우주선) 추적.
‡**space travel** *n.* 우주 여행.
space tug *n.* 우주 연락선〖우주선과 우주 정거장을 연락〗.
space vehicle *n.* 우주 로켓, 우주선.
space velocity *n.* ⓤ 우주 속도, 지구 탈출 속도.
space·view [spéisvjùː] *n.* 우주〖에서의〗조망.
space·walk [spéiswɔ̀ːk] *n.* 우주 유영(遊泳).
— *vi.* 우주 유영을 하다.
space·walk·er [spéiswɔ̀ːkər] *n.* 우주 유영자.
space·ward [spéiswərd] *adv.* 우주를 향하여.
space·wom·an [spéiswùmən] *n.* (*pl.* **-wom·en**[-wìmin]) 여성 우주 비행사.
space-wor·thy [spéiswə̀ːrði] *adj.* 우주를 여행할 수 있는.
space writer *n.* 〖신문·잡지 따위의〗 행당(行當) 얼마의 원고료로 기사 따위를 쓰는 언론인.
spa·cial [spéiʃ(ə)l] *adj.* =spatial.
spac·ing [spéisiŋ] *n.* ⓤ 1 간격을 잡기(두기). 2 간격; 어간, 행간.
*****spa·cious** [spéiʃəs] *adj.* 1 넓디넓은, 광대한(roomy). 2 〖견해·마음 따위가〗넓은, 고매한.
~**·ly** *adv.* ~**·ness** *n.*
spac·y [spéisi], (**spacey**) *adj.* (**spac·i·er**, **spac·i·est**) 꿈같은(dreamy), 멍한; 미묘한, 판에 박히지 않은.
spaci·ness *n.*
SPADATS(略)《美》 *sp*ace *d*etection *a*nd *t*racking *s*ystem〖우주 경계 조직〗.
*****spade**[1] [speid] *n.* 1 가래, 삽. 2 〖반동에 의한 역행(逆行)을 막는〗 포차(砲車) 꼬리의 스페이드. 3 〖고래 결개용〗끌.
call a spade a spade 솔직이 말하다, 까놓고 말하다.
— *vt., vi.* (**spad·ed, spad·ing**) 1 가래로 파다 (... up). ¶ (~+目+副) *spade up* the garden 정원을 파다. 2 고래로 잘라내다.
*****spade**[2] [speid] *n.* 1 〖카드놀이〗스페이드, 스페이드의 패; (~s) 스페이드 한벌. 2 《속어》흑인.
in spades 《美어》① 단연코, 확실히(positively). ② 까놓고, 솔직하게. ③ 극도로.
spade·ful [spéidfùl] *n.* 가래로 하나 가득, 한 삽.

spad·er [spéidər] *n.* 가래로 파는 사람; 파는(경작하는)기.
spade·work [spéidwə̀ːrk] *n.* ⓤ 1 힘드는 예비 공작, 사전 준비. 2 삽질, 가래질.
spadg·er [spædʒər] *n.* 《英속어》참새(sparrow).
spa·dix [spéidiks] *n.* (*pl.* **spadi·ces** [spéidáisiːz])〖식물〗육수화(肉穗花).
spa·ghet·ti [spəgéti] *n.* 1 ⓤ 스파게티. 2 〖전기〗배선용의〗가느다란 절연관.
spaghetti western *n.* 《美속어》마카로니 웨스턴〖이탈리아에서 만든 서부극〗.
spa·hi [spɑ́ːhiː], (**spa·hee**) *n.* 1 〖프랑스 육군의〗알제리 원주민 기병. 2 중세 터키군 기병.
‡**Spain** [spein] *n.* 스페인, 에스파냐 〖유럽 서남부의 왕국; 수도 Madrid〗. ◇ **Spanish** *adj.*
spake [speik] *v.*《고어·詩》speak 의 과거형.
spall [spɔːl] *n.* 〖돌·광석 따위의〗깨진 조각, 부스러기(chip). — *vt.* 광석 따위를 깨다, 바수다(split); 〖석재〗를 대강 다듬다. — *vi.* 깨지다, 부서지다.
spal·la·tion [spɔːléiʃ(ə)n] *n.* ⓤ 〖물리〗파쇄(破碎)〖원자핵에서 여러 개의 입자가 방출되는 핵반응〗.
spal·peen [spælpíːn, ┴─ ⌐ ─]《아일》 1 어린이, 〖특히〗팔팔한 소년(lad). 2 건달, 불한당(rascal).
Spam [spæm] *n.* 〖상표명〗가미 돼지고기 통조림.
Sp. Am.(略) *Sp*anish *Am*erica, *Sp*anish *Am*erican.
‡**span**[1] [spæn] *n.* 1 한뼘〖엄지손가락과 새끼손가락을 편 길이, 보통은 약 9인치 = 약 23cm〗; 짧은 간격(기간). ¶ *in the short span of human life* 사람의 짧은 일생 동안에. 2 전장(全長), 지름;〖항공〗비행기의 날개 길이 (폭). ¶ the *span* of one's arms 팔의 길이 / the whole *span* of a bridge 다리의 전장. 3 〖다리의〗경간(徑間)〖지주·아치간〗;〖ARCH¹그림.〗 ¶ a bridge of four *spans* 경간이 넷인 다리〖지주가 3개 있는 다리〗. — *v.* (**spanned, span·ning**) *vt.* 1 …을 손가락을 펴서〖뼘으로〗재다; 목측하다. ¶ *span* a distance 간격을 손가락으로 재다. 2 …을 단단히 쥐다(grasp). 3 〖강〗에 다리 따위를 놓다. ¶ A beautiful rainbow is *spanning* the sky. 하늘에 아름다운 무지개가 떠있다. 4 …에 미치다, 걸치다, 뻗치다(extend over); 〖공백 따위〗를 메우다(cover). ¶ Her reign *spanned* more than 50 years. 그녀의 치세는 50년 이상에 걸쳤다. / My thoughts *span* the dreary wilderness. 내 생각은 황야로 달려간다. — *vi.* 1 뻗다, 미치다(extend). 2 〖자벌레처럼〗 몸을 오므렸다 하여 〖천천히 나아가다.
span[2] [spæn] *n.* 1 〖한 멍에에 매인〗 한 쌍의 소(말 등). 2 〖건축〗건너맨 밧줄〖양끝을 매고 가운데를 V자형으로 늘인 밧줄〗. — *vt.* (**spanned, span·ning**) 1 〖항해〗…을 밧줄로 매다. 2 〖항해〗…을 밧줄로 매다, 동여매다.
span[3] [spæn] *v.*《고어》spin 의 과거형.
span[4] [spæn] *adj.* =spick-and-span.
Span.(略) *Span*iard, *Span*ish.
span·dex [spǽndeks] *n.* ⓤ〖화학〗스팬덱스〖폴리우레탄의 탄성 섬유〗.
span·drel [spǽndr(ə)l], **-dril** [-dril] *n.* 〖건축〗 1 삼각 소간(小間), 창(窓)소간. 2 인접한 두 아치 사이의 3각형 모양의 곳.
spang [spæŋ] *adv.*《美구어》즉시, 직접; 정확히; 오로지, 완전히.
*****span·gle** [spǽŋgl] *n.* 1 스팽글 〖연극·영화 따위에서 의상에 다는 번쩍거리는 금속 장식〗. 2 반짝거리는 작은 물건. 3 〖반짝반짝 빛나는〗별. — *vt.* (**-gled, -gl·ing**)〖특히 과거 분사형으로〗1 …을 반짝이는 것으로 장식하다. 2 〖반짝이는 것을〗을 흩뿌리다, 촘촘히 박다. ¶ (~+目+勵+图)the sky *spangled with* stars 별이 총총한 하늘. — *vi.* 〖장식으로〗반짝반짝 빛나다.

[spandrel 2]

Span·glish [spǽŋliʃ] *n.* ⓤ 스페인 영어 [미국 서남부나 라틴아메리카의 영어].

‡**Span·iard** [spǽnjərd] *n.* 스페인 사람. ◇ **Spánish** *adj.*

***span·iel** [spǽnjəl] *n.* **1** 스패니엘[애완용 개의 일종]. **2** 알랑쇠, 빌붙는 사람, 아첨꾼. ¶ **a tame** *spaniel* 남이 시키는 대로 하는 사람.

‡**Span·ish** [spǽniʃ] *adj.* 스페인의; 스페인식(풍)의; 스페인 사람의. ── *n.* **1** (집합적)스페인 사람. **2** ⓤ스페인어. ◇ **Spain**, **Spániard** *n.*

Spánish América *n.* [브라질·가이아나·영령(領)온두라스를 제외한] 중남미 여러 나라 [예 스페인령으로 스페인어권].

Span·ish-A·mer·i·can [spǽniʃəmérikən] *adj.* **1** [스페인어권의] 중남미의. **2** 스페인과 미국의. ── *n.* [스페인어권의] 중남미 주민; (특히) 스페인계 미국인.

Spánish-Américan Wár *n.* (the ~) 미서(美西)전쟁. [Invincible Armada].

Spánish Armáda *n.* (the ~) 스페인 무적함대 (the

Spánish báyonet *n.* 유카난초 [백합과(科)]다년생 초본]. [물갑응].

Spánish brówn *n.* ⓤ스페인토(土) [적갈색 그림

Spánish flý *n.* 가뢰류(類)의 곤충.

Spánish Inquisítion *n.* (the ~) [가톨릭] [15-16 세기경 이단자에 대한 냉혹·잔학한] 스페인의 종교 재판.

Spánish Máin *n.* (the ~) **1** [역사] 카리브해 연안의 남미의 북부 지방. **2** 카리브해(the Caribbean Sea). [생육하는 이끼의 일종].

Spánish móss *n.* 소나무겨우살이 [미국 남부에

Spánish papríka *n.* [서양고추, 피망(pimien-to). **2** [스페인산(産)의] 피망으로 만든 파프리카.

***spank**[1] [spæŋk] *vt.* (아이)의 궁둥이를 찰싹 때리다. ── *n.* 손바닥으로 찰싹 때리기.

spank[2] [spæŋk] *vi.* 빨리 [민활하게] 움직이다.

spank·er [spǽŋkər] *n.* **1** [항해] 스팽커 [횡선돛의 맨 뒷돛대 밑에 다는 세로돛]. **2** (구어)활발하게 움직이는 사람(동물); 빨리 달리는 말. **3** (방언) 훌륭한 사람(것), 특히 뛰어난 사람(것).

spank·ing [spǽŋkiŋ] *adj.* **1** 민첩한, 팔팔하게 움직이는. **2** 활발한. **3** 바람이 세차게 부는. **4** (구어)아주 멋진, 큰. ── *adv.* (구어) 굉장하게, 멋있게; 매우, 대단히(very). ── *n.* ⓤⓒ 손바닥으로 궁둥이를 때리기, 찰싹 때리기.

spank·ing[2] [spǽŋkiŋ] *n.* ⓤⓒ (특히 버릇을 고치기 위해 아이의 엉덩이를) 손바닥으로 때리기.

span·less [spǽnlis] *adj.* 잴 수 없는, 헤아릴 수 없는.

span·ner [spǽnər] *n.* **1** 손가락으로 재는 사람. **2** (주로 英) 스패너(wrench). [new].

span-new [spǽn(j)úː / -njùː] *adj.* 아주 신품인 (brand-

spán róof *n.* 박공(牔栱) 지붕, 맞배지붕.

Span·sule [spǽns(ə)l/-sjuː] *n.* (상표명) 시간을 두고 조금씩 녹는 캡슐 약제. [<SPAN+[CAP]SULE]

span·worm [spǽnwə̀ːrm] *n.* 자벌레 [자나방의 유충].

spar[1] [spɑːr] *n.* **1** [항해] 원재(圓材). **2** [항공] 익형(翼桁). ── *vt.* (**sparred**, **spar·ring**) (배 따위에) 원재를 달다.

spar[2] [spɑːr] *vi.* (**sparred**, **spar·ring**) **1** (닭이) 서로 발길질하다; [권투 선수 등이] 서로 주먹으로 치다. **2** 말다툼하다, 서로 욕하다, 논쟁하다. ── *n.* 닭싸움; 권투; 주먹다짐, 말다툼.

spar[3] [spɑːr] *n.* ⓤⓒ [광물] 벽개성(劈開性) 광물, 섬광(閃光) 광석. ¶ **azure** *spar* 유리(瑠璃) / **calcareous** (*or* **Iceland**) *spar* 방해석(方解石).

Spar, SPAR [spɑːr] *n.* 미국 해안 경비대 여성 예비 대원. [<L [*emper*]*par*[*atus*] always prepared]

spar·a·ble [spǽrəbl] *n.* (구두 뒷굽·바닥에 쓰는) 쐐기 모양의 대가리 없는 작은 못.

spár búoy *n.* [항해] 원주 부표(圓柱浮標).

spár déck *n.* [항해] (배의) 상갑판(upper deck).

‡**spare** [spɛər] *v.* (**spared, spar·ing**) *vt.* **1** …을 용서

하다, 목숨을 살려주다. ¶ **I hope to see you again if I am** *spared*. 목숨이 붙어 있다면 다시 뵙고 싶군요. / *Spare* **my life!** 제발 목숨만은 살려주시오 // (~+目+目) *Please spare* **him his life**. 제발 그의 목숨을 살려 주십시오.

2 …에게 해를 입히지 않고 두다, 인정(자비)을 베풀다. ¶ **The storm** *spared* **few houses in the village**. 폭풍우 때문에 마을의 집들은 거의 피해를 입었다.

3 (수고 따위)를 끼치지 않다. (남)에게 …시키지 않다. ¶ (~+目+目) **I will** *spare* **you the trouble**. 네게 수고를 끼치면 미안하니까 내가 하겠다.

4 …을 아끼다, 아끼고 쓰지 않다, 절약하다; (재귀적으로) 몸을 사리다. ¶ **He** *spares* **no pains to please her**. 그는 그녀의 비위를 맞추기 위해 온갖 노력을 한다 / **He** *spares* **himself**. 그는 몸을 사린다 / *Spare* **the rod and spoil the child**. (속담) 매를 아끼면 자식 망친다.

5 [어떤 목적·이유로] …을 떼어 두다(set aside). ¶ (~+目+前+名) *spare* **a room** *for* **guests** 손님을 위해 방을 잡아두다.

6 …없이 넘기다(지내다) (do without), 할애하다 (part with), 나누어주다(give); …을 내놓다. ¶ **I have no time to** *spare* 짬이 없다 / **I cannot** *spare* **this dictionary**. 이 사전은 내놓을 수 없다 // (~+目+前+名) **I can** *spare* **you for tomorrow**. 내일은 안 빌리지 않아도 되겠다 // (~+目+目) **Can you** *spare* **me a cigar?** 여송연을 한 대 주지 않겠니?

7 (英고어) …을 삼가다, 사양하다. ¶ (~+**to do**)*spare* **to speak**. 말을 삼가다 // (~+*ing*) **He** *spared* **coming here**. 그는 사양하고 오지 않았다.

── *vi.* **1** 절약하다 (be frugal). **2** 용서하다, 허용하다.

enough and to spare ⇨ ENOUGH.

spare **a person's blushes** 남에게 창피를 주지 않다.

to spare 여분의. ¶ *money to spare* 마음대로 쓸 수 있는 돈.

── *n.* **1** 예비품, 비상 준비품. **2** (볼링) 스페어 [두 번의 투구로 10핀을 전부 쓰러뜨리기, 또 그 결과 얻는 득점]. **3** (익살조로) 배불뚝이, 중년 비만. **4** ⓤ(고어) 절약, 검약. ¶ **make** *spare* 절약하다.

── *adj.* **1** 예비의, 따로 떼어 놓은. ¶ **a** *spare* **tire** 예비 타이어 / **a** *spare* **part** [기계의] 부품품. **2** 여분의, 당장 쓰지 않는. ¶ *spare* **time** 여가. **3** 여윈, 마른. ≒ THIN [類語] ¶ **a man of** *spare* **figure** 깡마른 남자. **4** 절약(검약)의, 소량의; 빈약한 ≒ SCANTY [類語] ¶ **a** *spare* **meal** 빈약한 식사. **5** (英속어) 흐트러진, 당황 ~**ly** *adv.* ~**ness** *n.* [한.

spáre mán *n.* 보결 선수.

spáre párt *n.* 부품(部品), 교환(예비) 부품.

spáre-pàrt súrgery [spɛ́ərpɑ̀ːrt-] *n.* ⓤ이식(移植) 외과.

spare-rib [spɛ́ərrìb] *n.* (~s) 살이 붙은 돼지갈비.

sparge [spɑːrdʒ] *vi., vt.* (**sparged, sparg·ing**) …을 살포하다(scatter), 뿌리다. ── *n.* 살포(sprinkling).

spar·ing [spɛ́(ː)riŋ / spǽər-] *adj.* **1** 검약(절약)하는, 삼가는, 조심하는, 인색한(*in, of* …). ≒ ECONOMICAL [類語] ¶ **He is not** *sparing* **of himself**. 그는 수고를 아끼지 않는다. **2** 인정있는. **3** 빈약한, 부족한(scanty). ── ~**ly** *adv.* ~**ness** *n.*

‡**spark**[1] [spɑːrk] *n.* **1** 불꽃, 불똥, 불티. ¶ *sparks* **from a flint** 부싯돌에서 나오는 불똥. **2** 광채, 섬광; (제노 따위의) 번득임; 번쩍이는 작은 부분, 작은 보석, 다이아몬드의 작은 조각. ¶ *sparks* **of gems** 보석의 광채 / **a** *spark* **of light** 섬광 / **a** *spark* **of genius** 천재의 번득임 / **strike** *sparks* **out of a person** 남의 재능을 발휘시키다. **3** (종종 부정문에 써서) 조금, 약간, 흔적. ¶ **He had not a** *spark* **of interest in politics**. 그는 정치에 티끌만큼도 흥미를 갖지 않았다 / **There is not a** *spark* **of truth in it**. 그것은 전적으로 거짓이다. **4** 생기, 활기. ¶ **the vital** *spark* 생명, 생기. **5** (전기) [방전할 때의] 스파크, 불꽃 방전; [내연 기관의] 점화 장

치. **6** (~ s)《단수 취급》《속어》[배·비행기] 무전 기사. [로서.
as the sparks fly upward 확실히, 필연적인 운명으로. — *vi.* **1** 불꽃을 튀기다, 불꽃처럼 번쩍이다, 불똥이 튀다, 섬광을 발하다; [전기] 스파크하다, 점화하다. **2** 《구어》 즉시 반응하다. — *vt.* **1** 《전기》…을 스파크시키다, 스파크시켜서 …하다. **2** 《주로 美구어》…을 타오르게 하다, 부추기다, 북돋우다, 분발시키다(stir up), 촉진시키다; [도화선에 불을 붙이다.

spark² [spɑːrk] *n.* **1** 화사한[멋진] 젊은이, 미남자, 멋쟁이. **2** 미모에 재치를 겸한 젊은 여자. **3** 애인(lover). — *vi., vt.* 《구어》 미남인 체하다, 여자를 설득하다, 여자에게 구애하다.

spárk arréster *n.* **1** 〔노(爐)·굴뚝 따위의〕불똥 막이. **2** [전기] 스파크 방지 장치.
spárk chàmber *n.* [물리] 방전함(放電函).
spárk còil *n.* [전기] 점화 코일[내연 기관 따위를 시동시키기 위한 발화 코일].
spárk dischàrge *n.* [전기] 불꽃 방전.
spark·er [spɑ́ːrkər] *n.* **1** 〔내연 기관의 점화 장치 같은〕불꽃(스파크)을 일으키는 것. **2** 전선 절연 검사 장치.
spárk gàp *n.* 불꽃 갭[방전의 최대 간격]. [①.
spárk·ing plùg [spɑ́ːrkiŋ-] *n.* 〔英〕= spark plug
spark·ish [spɑ́ːrkiʃ] *adj.* 《구어》멋쟁이이고, 맵시꾼, 미남인 체하는; 화려한(gay). ~·ly *adv.* ~·ness *n.*
‡**spar·kle** [spɑ́ːrkl] *n.* **1** 불꽃, 불똥, 물티, 섬광(spark). **2** [보석 따위의] 번쩍임, 광채, 광택; [포도주 따위의] 거품. **3** 생기, 활기. **4** 재치.
— *v.* (-kled, -kling) *vi.* **1** 불꽃을 튀기다. ¶ The fireworks *sparkled.* 불꽃이 불꽃을 튀겼다. **2** 〔보석 따위가〕번득이다(glisten), 번득이다. ⇒ SHINE [類語] **3** 재치가 넘치다, 빛나고 있다, 활기가 있다. ¶ His wit always *sparkles.* 그의 기지(재치)는 언제나 빛이 난다. **4** 〔포도주 따위가〕거품이 일다(bubble). — *vt.* **1** …에 불꽃을 튀기다. **2** …을 반짝이게 하다, **3** …을 찬란하게 발하다. ¶ Her eyes *sparkled* her joy. 그녀의 눈에는 기쁨이 넘쳤다.

spar·kler [spɑ́ːrklər] *n.* **1** 불꽃을 튀기는 것, 반짝반짝 빛나는 것. **2** 폭죽, 꽃불. **3** 〔특히 젊은〕미인; 재사, 뛰어난 사람, 가인. **4** 반짝반짝 빛나는 보석, [특히] 다이아몬드. **5** (~s) 《구어》빛나는 눈.
spark·less [spɑ́ːrklis] *adj.* 불꽃을 튀기지 않는.
spark·let [spɑ́ːrklit] *n.* **1** 작은 불꽃, 작은 섬광. **2** 반짝반짝 빛나는 작은 것.
*****spar·kling** [spɑ́ːrkliŋ] *adj.* **1** 불꽃을 튀기는, 스파크하는, 번득이는, 번쩍이는(glittering). **2** 재기가 넘치는, 이채를 내뿜는; 활기있는(lively). **3** 거품이 이는. *cf.* still. ¶ *sparkling* wine 샴페인(champagne). ~·ly *adv.*

spárkling wáter *n.* ⓤ 소다수(soda water).
spárk plùg *n.* **1** 〔내연 기관의〕점화전(栓), 스파크 플러그. **2** 《구어》지도자, 리더.
spark-plug [spɑ́ːrkplʌ̀g] *vt.* (-plugged, -plug·ging) 《구어》〔동료를〕격려하다, …에서 지도적 역할을 하다; …에 활기를 돋우다(animate).
spar·ring [spɑ́ːriŋ] *n.* ⓤ 복싱, 권투. **2** 말다툼.
spárring pàrtner *n.* **1** 권투의 연습 상대, 스파링 파트너. **2** 〔우호적인〕논쟁 상대.
‡**spar·row** [spǽrou] *n.* **1** 참새; [북미산(産)의] 멧새 속(屬) 참새의 일종. **2** 《美해군》스패로[지대공 미사일].
spar·row·grass [spǽrougræs / -grɑ̀ːs] *n.* 《구어》아스파라거스(asparagus).
spárrow hàwk *n.* **1** 미국 황조롱이(kestrel). **2** 새매 〔매과(科)의 새〕.
spar·ry [spɑ́ːri] *adj.* (-ri·er, -ri·est) 벽개성(劈開性) 광물 [모양]의(spathic), 벽개성 광물이 많은.
*****sparse** [spɑːrs] *adj.* (spars·er, spars·est) (opp. abundant) **1** 성긴, 드문드문한. ¶ a *sparse* population 희박한 인구. ⇒ SCANTY [類語] **2** 숱이 적은. ¶ *sparse* grey hair 숱이 적은 백발. **3** 부족한, 빈약한. ~·ly *adv.* ~·ness *n.* [빈약.

spar·si·ty [spɑ́ːrsiti] *n.* ⓤ 성김, 산재(散在), 희박;
*****Spar·ta** [spɑ́ːrtə] *n.* 스파르타[고대 그리스 남부 Laconia의 수도]. ◇ **Spártan** *adj.*
Spar·ta·cist [spɑ́ːrtəsist] *n.* 스파르타쿠스 당원 [1918년경 독일에서 생긴 과격파 사회주의 집단의 당원].
Spár·ta·cus Párty [spɑ́ːrtəkəs-] *n.* 스파르타쿠스 단(團) [제1차 세계 대전 말에 독일 공산주의자인 Liebknecht가 창설한 공산주의 과격파 조직].
*****Spar·tan** [spɑ́ːrt(ə)n] *adj.* **1** 〔고대〕스파르타[사람]의. **2** 〔고대〕스파르타식의, 엄격하고 간소한, 엄격한 단련을 받은. ¶ *Spartan* simplicity 스파르타식 간소(簡素). — *n.* **1** 스파르타 사람. **2** 스파르타인 같은 기질의 사람 〔극기심이 강하고 강건 용맹한 사람〕.
Spar·tan·ism [spɑ́ːrtənìz(ə)m] *n.* ⓤ 스파르타 정신, 스파르타식 훈련(교육) 방침, 스파르타주의.
spar·te·ine [spɑ́ːrtiìːn] *n.* ⓤ 〔화학〕스파르테인〔강심제용〕.

spasm [spǽz(ə)m] *n.* **1** 〔의학〕경련, 쥐(convulsion). ¶ a clonic *spasm* 간대성(間代性) 경련 / a tonic *spasm* 강직성 경련. **2** 발작적 활동, 격정의 발작. ¶ a *spasm* of coughing 기침의 발작 / He works hard only in *spasms* of time. 그는 발작적으로 공부를 들이팔 따름이다.
spas·mod·ic [spæzmɑ́dik / -mɔ́d-], **-i·cal** [-ik(ə)l] *adj.* **1** 경련〔성〕의. **2** 발작적인, 단속적인(intermittent). **3** 〔드물게〕격정적인, 흥분적.
-i·cal·ly [-ikəli] *adv.*
spas·tic [spǽstik] *adj.* 〔병리〕경련[성]의(spasmodic) 〔특히〕강직성 경련의. ¶ *spastic* paralysis 경련성 마비. — *n.* 경련 환자; 뇌성마비 환자.
-ti·cal·ly [-tikəli] *adv.*

spat¹ [spæt] *n.* **1** 승강이, 말다툼. **2** 가볍게 때리기, 손바닥으로 찰싹 때리기(slap). — *v.* (**spat·ted, -ting**) *vi.* **1** 승강이하다, 말다툼하다(dispute). **2** 가볍게 찰싹 때리다; [비 따위가] 후두둑 내리다. ¶ rain *spatting* against a window 창을 때리는 비. — *vt.* …을 가볍게 때리다.
*****spat**² [spæt] *v.* spit 의 과거·과거 분사.
spat³ [spæt] *n.* (보통 ~s) 스패츠 [복사뼈의 조금 위까지의 각반].
spat⁴ [spæt] *n.* (*pl.* spat or spats) **1** 조개의 알, [특히] 굴의 알(spawn). **2** 《종종 집합적》새끼굴(young oyster).
spatch·cock [spǽtʃkɑ̀k / -kɔ̀k] *n.* 즉석 새고기 요리 〔새를 잡아서 즉시 요리한 것〕. — *vt.* **1** 〔새〕를 잡아서 곧 요리하다. **2** 〔나중에 생각나서〕…을 급히 써넣다, 삽입하다(*…in, into*).
spate [speit] *n.* **1** 〔감정 따위의〕격발; 〔사건 따위의〕속발(續發); 말을 쏟아 붓기. ¶ a *spate* of angry words 노성(怒聲)의 연발. **2** 《英》홍수, 범람(flood); 〔강의〕급격한 증수(增水); 호우, 큰 소나기. **3** 〔비유적〕대량, 다수(*of …*). ¶ a *spate* of books 대량의 책.
spathe [speið] *n.* 〔식물〕〔주격 모양의〕 대형 총포(總苞), 불염포(佛焰苞). [양].
spath·ic [spǽθik] *adj.* 〔광물〕벽개성 광물의(spar)〔모
*****spa·tial** [spéiʃəl] *adj.* **1** 공간적인. **2** 장소의, 장소적인(공간에) 존재하는(일어나는), 장소(공간)에 관한, **3** 우주의. ~·ly [-ʃəli] *adv.*
spa·ti·al·i·ty [spèiʃiǽliti] *n.* ⓤ 공간성, 공간적 넓이.
spa·ti·og·ra·phy [spèiʃiɑ́grəfi, -ɔ́g-] *n.* ⓤ 우주 지리학〔지구의 대기권 밖 우주에 관한 과학, 특히 달이나 행성의 특징, 미사일·우주선에 주는 중력적인 영향 따위를 연구〕.
spa·ti·o·tem·po·ral [spèiʃio(u)témp(ə)rəl] *adj.* 시공(時空)(space-time)의〔에 관한〕. **-ral·ly** [-rəli] *adv.*
*****spat·ter** [spǽtər] *vt.* **1** 〔물·흙탕 따위〕를 튀기다; 〔남〕에게 〔물·진흙 따위〕를 끼얹다(splash); …을 끼얹

spatterdash

어 더럽히다. ¶ (~+目+前+名) A car *spattered* mud on my dress. 자동차가 나에게 진흙을 튀겼다 / I was *spattered* with mud by a car. 차가 나에게 진흙을 끼얹었다. **2** …을 뿌리다(scatter); …에 흩뿌리다(sprinkle). ¶ (~+目+前+名) *spatter* the ground with water 땅에 물을 뿌리다 / *spatter* water *on* a pavement 포장도로에 물을 뿌리다. **3** …에 [욕설 따위를] 퍼붓다, …을 중상하다(defame). ¶ *spatter* a person *with* slanders 남을 중상하다. ── *vi*. **1** [비 따위가] 후두둑[소리를] 내려 내리다. ¶ (~+前+名) The rain is *spattering* on my umbrella. 비가 우산에 후두둑 내리고 있다. **2** [끓는 물이] 물방울을 튀기다, [끓는 기름 따위가] 튀다. **3** [총알 따위가] 비오듯 날아오다. **4** [이야기할 때] 침을 튀기다, 입에 거품을 물다. ── *n*. **1** 튐; 튄 것; 튀는 소리. ¶ a *spatter* of mud 진흙의 팀. **2** 빗소리; 멀리서 들리는 연속적인 총소리; 가랑비.

spat・ter・dash [spǽtərdæ̀ʃ] *n*. (보통 ~es) [진흙막이로 착용하는] 긴 각반(spat³).

spat・ter・dock [spǽtərdɑ̀k / -dɔ̀k] *n*. [북미 산(産)] 개연꽃의 일종.

spátter glàss *n*. 다색(多色) 장식 유리.

spat・u・la [spǽtʃulə / -tjuː-] *n*. **1** 주걱 [석고・에나멜・그림 물감 따위를 펴는 데 쓴다]. **2** [의학] 압설자(壓舌子).

spat・u・lar [spǽtʃulər / -tjuː-] *adj*. 주걱의, 주걱 모양의.

spat・u・late [spǽtʃulit, -lèit / -tjuː-] *adj*. **1** 주걱 모양의. **2** [식물] [잎이] 주걱 모양의.

spav・in [spǽvin] *n*. [獸醫] [말의] 비절 내종(飛節內腫); [그] 혹.

spav・ined [spǽvind] *adj*. **1** 비절 내종에 걸린, 절뚝거리는; (lame). **2** 노후한, 낡아빠진, 털터리의.

***spawn** [spɔːn] *n*. ⓤⓒ (종종 집합적으로 the~) **1** [동물] [물고기・개구리・조개・새우 따위의] 알. **2** [식물] 균사(菌絲). **3** (보통 경멸적) 우굴거리는 자식 새끼들；(복수 취급) [어떤 사상 따위의] 소산, 산물, 주의자. [다.

── *vi*. [물고기・개구리・조개・새우 따위가] 알을 낳── *vt*. **1** [알]을 낳다, 슬다. **2** …을 생기게 하다, 일으키다(produce); …을 많이 낳다. **3** …에 균사를 심다. [(생산하는) 사람(것).

spawn・er [spɔ́ːnər] *n*. **1** 산란시의 물고기. **2** 낳는

spay [spei] *vt*. [동물의] 난소를 제거하다.

SPB (略) *S*urplus *P*roperty *B*oards(잉여 물자국(刺餘物資局).

S.P. bòat [éspiː-] (略) [해군] *S*ubmarine *P*atrol boat(對) 잠수함 초계정).

SPC(略) *S*ociety for the *P*revention of *C*rime(범죄 예방 협회); *S*outh *P*acific *C*ommission(남태평양 위원회); *S*uicide *P*revention *C*enter(자살 방지 본부).

S.P.C.A. (略) *S*ociety for the *P*revention of *C*ruelty to *A*nimals(동물 학대 방지 협회).

S.P.C.C. (略) *S*ociety for the *P*revention of *C*ruelty to *C*hildren(아동 학대 방지 협회).

S.P.C.K. (略) *S*ociety for *P*romoting *C*hristian *K*nowledge (기독교 지식 보급 협회).

SPD, spd (略) *s*teamer *p*ays *d*ues(본선 제세(諸稅) 부담). [화 협회].

S.P.E. (略) (英) *S*ociety for *P*ure *E*nglish (영어 순

‡**speak** [spiːk] *vt*. (**spoke** *or* (고어) **spake, spoken** *or* (고어) **spoke, speak・ing**) *vi*. **1** 말하다, 지껄이다. ¶ This baby cannot *speak* yet. 이 아기는 아직 말을 못한다.

類語 *speak* 말하는 것을 의미하는 넓은 뜻의 말: *speak* in English 영어로 말하다. *talk* 이치에 맞는 이야기를 하다; 듣는 이의 존재를 암시: *talk* over a cup of coffee 커피를 마시면서 이야기하다. **converse** talk 의 딱딱한 말; 특히 사상・의견의 교환을 강조: *converse* with a friend 친구와 대화를 나누다. **say** 단순히 말

음하다, 또는 speak 하여 어떤 내용을 전하다: He *said* he was hungry. 그는 배가 고프다고 말했다. **tell** 방법에 관계없이 어떤 내용을 전하는 것을 강조하는 말: *tell* the truth 진상을 말하다. **state** 명확한 말로 say 하다: *state* one's terms 자기 의견을 말하다. **utter** 말이나 소리를 입으로부터 내는 행위를 강조: *utter* a cry 고함을 지르다.

2 담화하다(with …), 말을 걸다(붙이다) (to …), …에 대하여 말하다, 이야기하다 (about, of …). ¶ This is Jones *speaking*. [전화에서] 존즈입니다 / (~+前+名) The woman *speaking* with him is my mother. 그와 이야기하고 있는 부인은 내 어머니입니다 / Speak when you are *spoken to*. 이야기를 걸어 오거든 말을 해라 / What is he *speaking about*? 그는 무슨 이야기를 하고 있지? / I have nothing to *speak of*. 특별히 할 말은 없다 / There are no sights to *speak of* 이곳에는 이렇다 할 명승지가 없다/*Speak of the Devil, and he is sure to appear*. (속담) 호랑이도 제 말 하면 온다.

3 연설을 하다(make a speech), 강연하다(on …). ¶ (~+前+名) Mr. A is to *speak on* temperance today. A씨는 오늘 금주에 관하여 강연할 예정이오.

4 [의견・감정 따위]를 전하다, 표명하다(express), [말 이외의 방법으로] 의미를 알리다, 이야기하다. ¶ He would not *speak* in our behalf. 그는 우리를 대신해서 생각을 말하려고 하지 않았다 / He said nothing, but his eyes *spoke*. 그는 아무 말도 안했지만 그의 눈은 모든 것을 이야기하고 있었다 / The portrait *speaks*. 그 초상화는 아주 잘 그려져 있다 / Actions *speak* louder than words. 말보다 행동이 더 효과적이다.

5 변론하다, 변호하다 (for …); [문서 따위로] 성명하다. ¶ You must know that I *speak* in general. 나는 일반론을 말하고 있다는 것을 알아 주어야겠다.

6 [악기・총포・바람 따위가] 소리를 내다, 울리다. ¶ The guns were beginning to *speak*. 포성이 울리기 시작했다 / He made the musical instrument *speak* like the voice of a man. 그는 그 악기가 사람의 목소리처럼 울리게 만들었다.

7 [음성] [언어의] 소리를 내다, 음성을 발하다.

8 (주로 英) [명령・지시에 따라 개가] 짖다; [여우 사냥] [사냥개가 냄새의 흔적을 찾아내어] 짖다.

── *vt*. **1** …을 말하다, 이야기하다, 지껄이다. ¶ These were the last words he *spoke*. 이것이 그의 마지막 말이었다 / The actor *speaks* his part very well. 그 배우는 대사를 아주 잘한다. **2** [어떤 언어]를 말하다, 쓰다, 할 줄 알다, 안다. ¶ *speak* German 독일어를 말하다 / What language do they *speak* in Brazil? 브라질에서는 어떤 말을 씁니까? / English *spoken*. 영어가 통합니다 [상점・호텔 등의 게시]. **3** …을 이야기하다, 술회하다, 나타내다(signify), 발표하다, [문서 따위로] …을 성명하다, 진술하다. ¶ *speak* one's mind 심중을 털어놓다 / *speak* the truth 진실을 말하다. **4** [항해] 과 [해상에서] 교신하다; …에게 신호하다(signal), 소리치다(hail). ¶ *speak* several vessels 몇 척의 배와 교신하다. **5** (고어) …을 나타내다, 보이다, 증명하다. ¶ (~+目+補) His words *speak* him true. 말씨로 그가 성실한 남자임을 알 수 있다.

broadly (generally, historically, legally, practically, roughly, strictly) speaking 넓게(일반적으로, 역사적으로, 법적으로, 실제면에서, 대충, 엄밀하게) 말하면.

not to speak of …은 말할 것도 없고.

nothing worth speaking of 특별히 말할 만한 것은.

so to speak ⇒ SO.

speak against a person 남의 욕을 하다, 남에게 불리한 진술을 하다.

speak by the book; speak like a book 정확하게 이야기하다, 격식을 차려 말하다, 권위를 가지고 말하다.

speak a person ***fair*** 남에게 공손한 말씨를 쓰다.

speak for ① 대변하다, 변호하다. ② 부탁하다, 신청

speak for oneself 자신을 변호하다; 자기 생각을 말하다.
speak for itself 환히 나타내다, 자명하다.
speak from one's heart 심중을 토로하다.
speak highly of 극구 칭찬하다. *cf. speak well*
speak ill (or *evil*) *of* …을 나쁘게 말하다, …의 욕을 하다.
Speaking. (구어) 접니다.
Speak of devil. (구어) 호랑이도 제 말하면 온다, 양반 되기 틀렸다.
speak out (or *up*) (*vi., vt.*) 거리낌없이 이야기하다, 큰 소리로 말하다.
speak to ① [남에게] 말을 걸다; …을 꾸짖다. ¶ *I speak to* oneself 혼잣말을 하다. ② …에 언급하다, …을 확증하다, …을 기하다.
speak under one's breath 속삭이다, 소곤소곤 이야기하다.
speak well for …을 증명하다.
speak well of ⇒ WELL¹. *cf. speak highly of*
speak without book 기억을 더듬어 이야기하다.
to speak the truth ⇒ TRUTH.
— *n.* ⓤ 언어. ◇ speech *n.*

speak·a·ble [spíːkəbl] *adj.* 1 말할 수 있는. 2 (드물게) [말을 할] 능력이 있는. [점, 무허가 술집.

speak·eas·y [spíːkìːzi] *n.* (*pl.* -eas·ies) 주류 밀매

‡**speak·er** [spíːkər] *n.* 1 말하는 사람, 2 연설자, 웅변가. ¶ He is a good (a poor) *speaker*. 그는 연설을 잘한다(이 서투르다). 3 (보통 S-) [영·미 국회의] 하원 의장. 4 확성기, 확성기(loudspeaker). 5 [복합어를 만들어] …어를 말하는 사람; 말씨가 … 한 사람. ¶ a French-*speaker* 프랑스어를 말하는 사람.

Speaker of the House ((英) **Cómmons**) *n.* (the ~) 하원 의장.   [커.

speak·er·phone [spíːkərfòun] *n.* 마이크 달린 스피

speak·er·ship [spíːkərʃìp] *n.* ⓤ 의장의 직(位기).

‡**speak·ing** [spíːkiŋ] *n.* 1 ⓤ 말하기; 담화, 연설. 2 (~s) 구전(口傳) 문학. 3 정치적 집회.
— *adj.* 1 말(이야기)하는, 지껄이는. 2 말하는 것 같은, 표정이 풍부한, 살아 있는 듯한. ¶ *speaking* eyes 말을 할 것 같은 눈초리, 표정이 풍부한 눈 / a *speaking* portrait 아주 잘 그린 초상화. 3 말할 때 쓰는, 말하기 알맞은, 담화의. ¶ *speaking* voice 말소리 / *speaking* distance 말이 들리는 거리. 4 말을 하는, 말을 할 정도의. ¶ have a *speaking* knowledge of French 말이나 할 정도로 프랑스어를 알고 있다 / She had a *speaking* acquaintance with him. 그녀는 그와 만나면 말을 건네는 정도의 사이였다. 5 [복합어를 만들어] …어(語)를 말하는; 말투가 … 한. ¶ English-*speaking* nations 영어를 말하는 나라들.
be on speaking terms [*with* a *person*] [남과] 만나면 인사나 할 정도의 사이이다.

spéaking trúmpet *n.* 확성기, 메가폰.   [管.
spéaking túbe *n.* 통화관(通話管), 전성관(傳聲

‡**spear**¹ [spiər] *n.* 1 창(槍), 던지는 창. 2 [물고기를 잡는] 작살. 3 (詩) 창잡이, 창기병. 4 [창따위로 찌르기. — *vt.* 1 …을 창으로 찌르다, 2 [물고기를] 작살로 찌르다. 3 [창처럼] 꽂히다. — *adj.* 부계(父系) (spear side)의.

spear² [spiər] *n.* [식물의] 싹, 눈, 순(荀), 어린 가지, 풀의 가느다란 긴 잎.
— *vi.* 싹이 나오다, 무럭무럭 자라다.

spear·fish [spíərfìʃ] *n.* [수중에] 청새치. — *vi.* [수중에서] 작살로 물고기를 잡다(spear).

spéar gùn *n.* 수중총, 작살 발사총.

spear·head [spíərhèd] *n.* 1 창끝. 2 [공격 따위의] 최전선; [사업 따위의] 제일선, 선두. — *vt.* (공격·사업의) 최전선에 서다, 선두에 서다.

spear·man [spíərmən] *n.* (*pl.* -**men** [-mən]) 창병(槍兵), 창잡이(槍手), 창을 쓰는 사람.

spear·mint [spíərmìnt] *n.* [식물] 양박하.

spéar side *n.* (the ~) 부계(父系), 아버지쪽. *cf.* spindle side, distaff side

spec [spek] *n.* 1 (구어) 명세(明細) (specification). 2 ⓤⓒ (구어) 투기 (speculation). ¶ on *spec* 투기로, 요행수를 바라고. 3 (美속어) 쇼(show), 연예(show), 구경거리(spectacle). 4 (~s) ⇒ SPECS.

spec. (略) special, specially; specification.
SPEC (略) Society for Pollution and Environmental Control; South Pacific Bureau for Economic Cooperation(남태평양 경제 협력 기구). *cf.* SPF

‡**spe·cial** [spéʃ(ə)l] *adj.* 1 특수한, 특별한. ¶ a *special* case 특별한 경우 / a *special* key 특수한 열쇠.
類義 *special* 같은 종류의 다른 것과 구별하여 보통 이상의 취급을 받는 (받을 만한). *especial* *special* 과 같은 뜻이나 보통 다른 것보다 뛰어난 의미로 쓰이는 말: a guest of *especial* importance 특별히 귀중한 손님. *particular* 주의를 끌기 때문에 같은 종류의 다른 것과 구별된; *special* 과 같은 뜻으로도 쓰이다. Why did you take that *particular* train? 어째서 하필 그 열차를 탔느냐? *specific* 실례로서 또는 구체적으로 다루기 위해 뽑힌: a *specific* case of a disease 어떤 병의 특별한 증례(症例). *peculiar* 다른 것에 없는 독특한 성질을 가진: a town of a *peculiar* history 특별한 역사를 지닌 읍.
2 전문의, 전공의(specialized). ¶ a *special* hospital 전문 병원 / make a *special* study of English literature 영문학을 전공하다. 3 전용의, 고유의. ¶ one's *special* car 전용 자동차 / one's *special* duty 개인의 특별 임무. 4 벗난, 특이한, 예외의(exceptional), 각별한. ¶ *special* hate 유다른 증오 / a *special* friend 각별한 친구. 5 어떤 특정의. ¶ for a *special* purpose 특정의 목적으로 / on a *special* day 어떤 특정한 날에. 6 특별용의, 따로 마련한, 특설의, 임시의. ¶ a *special* train 특별(임시) 열차 / a *special* correspondent 특파원 / a *special* edition 호외 / a *special* number 특별호. 7 [기술(記述) 따위가] 정밀한. ¶ a *special* statement 정밀한 진술.
— *n.* 1 특별한(임시의) 사람(것). 2 특사; 특파원; (美) 선과생(選科生) (구어) 임시 경관. 3 (구어) 임시열차(버스); [신문의] 호외; (방송의) 특별 프로. 4 특별통신; 속달편. 5 [음식점이 내세우는] 특별한 요리, 정식; 오리지널 상품, 특가품. 6 임시 시험.
◇ **spécially** *adv.*, **spécialty** *n.*, **spécialness** *n.*, **specialize** *v.*

spécial ágent *n.* [FBI 의] 특별 수사관.
Spécial Bránch *n.* (단·복수)(the ~) [영국 경찰의] 공안부.
spécial cónstable *n.* (英) [긴급시에 임명되는] 임시(특별) 경찰관.   [(delivery).
spécial delívery *n.* ⓤ (美) 속달 / (英) express
Spécial Dráwing Ríghts *n. pl.* [국제 통화 기금의] 특별 인출권[略 SDR]. [특구.
spécial ecónomic zòne *n.* (the ~) [중국의] 경제
spécial efféct *n.* 특수 효과(略 FX).
spécial fórces *n.* (때로 S- F-) [美] 특수 부대.
spécial hándling *n.* ⓤ (美) 소포 속달.
spe·cial·ism [spéʃ(ə)lìz(ə)m] *n.* ⓤⓒ 전공, 전공.
*∗**spe·cial·ist** [spéʃəlìst] *n.* 전문가, 전공자; [특히] 전문의(醫). ¶ a medical *specialist* 전문의.
*∗**spe·cial·is·tic** [spèʃəlístik] *adj.* 전문의, 전공의.
*∗**spe·ci·al·i·ty** [spèʃiǽliti] *n.* (*pl.* -**ties**) (주로 英) = specialty.
*∗**spe·cial·i·za·tion** [spèʃ(ə)lizéiʃ(ə)n / -laiz-] *n.* ⓤⓒ 1 [의미·사항의] 한정, 제한. 2 특수화, 전문화. 3 (생물) 분화(分化).
*∗**spe·cial·ize** [spéʃ(ə)làiz] (∗ (英)에서는 **spe·cial·ise** 로도 쓴다) *vi.* 1 전문적으로 하다, 전공하다; 전업으로 하다(*in*…). ¶ (~+圖+图) *specialize in* economics 경제학을 전공하다 / *specialize in* the manufacture of hats 모자 제조를 전업으로 하다. 2 전문화하다, 특수화하다. 3 상세하게 말하다. 4 (생물) 분화하

다, 진화하다. —— vt. 1 …을 특수화하다, 전문화하다. 2 …을 한정하다, 국한하다(limit). 3 …을 상설(詳說)하다. 4 [어음 따위]를 배서하여 수취인을 지정하다. 5 [생물] …을 분화시키다, 진화시키다. ¶ (~+圓+图) A rooster's spurs are toes *specialized for* fighting. 수탉의 며느리발톱은 싸울 때 필요하게 발달한 발톱이다. ◇ spécial *adj.*, specializátion *n.*

spécial lícence *n.* [英법률] 특런 허가증; [특히 Canterbury 대주교가 내주는] 결혼 특별 허가증.

spe·cial·ly [spéʃəli] *adv.* 특히, 특별히; 임시로.

spe·cial·ness [spéʃ(ə)lnis] *n.* ⓤ 특별임, 특별함.

spécial pléader *n.* 특별 변호인.

spécial pléading *n.* 1 [법률] [상대방의 진술을 부정하는 대신에 하는] 특별(새로운 사실)의 진술. 2 궤변적 의론, 아전인수격의 (제멋대로의) 진술.

spécial schóol *n.* [장애자를 위한] 특수 학교.

spécial stáff *n.* [general staff 에는 포함되지 않는] 특별 참모. 「[목적을 갖지 않는] 특별 청강생.

spécial stúdent *n.* [美대학] [학위(자격) 취득은

*spe·cial·ty [spéʃ(ə)lti] *n.* (*pl.* -ties) (*《英》에서는 5 이외의 경우에는 보통 speciality 를 쓴다) 1 전문, 전공; 본직. ¶ Sugar retailing is my *specialty.* 설탕의 소매가내 본업이다. 2 특제품, 특별 우량품, 특가품. ¶ Shoes are a *specialty* in this store. 신발은 이 가게의 특제품이다. 3 신제품, 신형. 4 특색, 특성; 특별 사항, 특징. 5 [법률] 날인 계약(증서).

in specialty 특히, 특별히 (specially).

make a specialty of …을 전문으로 하다. ◇ spécial *n.* [成].

spe·ci·a·tion [spì:ʃiéiʃ(ə)n] *n.* ⓤ [생물] 종형성(種形

spe·cie [spí:ʃi(:)] *n.* ⓤ 정금(正金), 정화(正貨). ¶ a *specie* bank 정금 은행 / *specie* reserve 정금 준비.

in specie ① [금전이 아니라] 물품으로, ② [지폐·어음이 아닌] 정금으로. ③ 마찬가지로, 같은 방법으로, 같은 모양으로 (in kind).

‡**spe·cies** [spí:ʃi(:)z] *n.* (*pl.* -cies) 1 종류, → SORT [類語] 2 [생물] 종(種) [genus(속)의 하위 분류 단위]. ⇨ CLASSIFICATION [参고] ¶ the human *species*; our *species* 인류(mankind) / the *Origin of Species* 종의 기원 [Charles Darwin 의 저작명(1859)] / Barley is a *species* of grass. 보리는 풀의 일종이다. 3 [논리] 종, 종개념, 부(部). *cf.* genus 4 [법률] 형식. 5 [신학] 축성(祝聖)된 후의 빵과 포도주의 형태. ◇ specífic *adj.*

specif. 《略》 specific, specifically. 「는.

spec·i·fi·a·ble [spésifàiəbl] *adj.* 명시(구별)할 수 있

*spe·cif·ic [spisífik] *adj.* 1 특수한, 특별한, 특정의, 한정된, 명확한, 분명한. ⇨ SPECIAL [類語] ¶ a *specific* aim 특정의 목적 / a *specific* sum of money 일정 금액 / a *specific* number 명확한 수 / a *specific* reason 분명한 이유 / a *specific* record 명확한 기록. 2 특유의, 독특한 (peculiar) (*to*...). ¶ a *specific* feature 특징 / The faculty of speaking is *specific* to mankind. 언어 능력은 인류에 특유한 것이다. 3 [생물] 종(種) (species)의, 종에 관한, 종 특유의. ¶ the *specific* name of a plant 식물의 종명. 4 [의학] **a)**특효가 있는. ¶ a *specific* remedy 특효 요법 / a *specific* medicine 특효약. **b)** [병의] 특이성의. ¶ a *specific* disease 특이병. 5 [상업] [과세가] 종량(從量)의. —— *n.* 특별(특정)한 것, 특성, 상세(詳述). 2 [의학] 특효약.

-i·cal·ly [-ikəli] *adv.* ◇ spécies *n.*, specífy *v.*

spec·i·fi·ca·tion [spèsifikéiʃ(ə)n] *n.* 1 ⓤⓒ 명확히 말하기(적기), 상기(詳記), 상술. 2 (보통 ~s) 설계 명세서, 시방서. 3 ⓒ 명세(사항), 내역. ~s 특허 출원 때의 특허 설명서.

specífic dúty *n.* [상업] 종량세(從量稅).

specífic grávity *n.* ⓤ [물리] 비중(relative den-

specífic héat *n.* ⓤ [물리] 비열(比熱) (sity).

spec·i·fic·i·ty [spèsifísiti] *n.* ⓤⓒ (*pl.* -ties) 특성을 가짐; 특성, 특징.

*spec·i·fy [spésifài] *v.* (-fied, -fy·ing) *vt.* 1 …을 명확히 말하다, 상술(詳述)하다, …의 이름을 일일이 들다, 명기하다. ¶ *specify* the number needed 필요한 수를 명시하다. 2 …을 특수화하다, …에 특성을 부여하다. 3 [조건으로서]…을 지정하다. —— *vi.* 특히 말하다, 명확히 말하다. ◇ specffic *adj.*, specificátion *n.*

‡**spec·i·men** [spésimin] *n.* 1 견본(sample). 2 표본. ⇨ EXAMPLE [類語] ¶ *specimens* preserved in spirits 알코올 속에 보관된 표본. 3 (구어) [특정의 인물. ¶ a queer *specimen* 괴짜, 별난 녀석. 4 [형용사적으로] 견본의. ¶ a *specimen* copy of a new book 신간 서적의 견본. 「론(種原論).

spe·ci·ol·o·gy [spì:ʃiáləʤi / -ʃl-] *n.* ⓤ 종족학, 종원

spe·ci·os·i·ty [spì:ʃiásiti / -ʃi-] *n.* (*pl.* -ties) 1 겉만 번드르르함. 2 겉만 번드르르한 물건. 3 ⓤⓒ (페어) 아름다움(beauty), 아름다운 것.

spe·cious [spí:ʃəs] *adj.* 허울(외관)이 좋은, 그럴 듯한, 허정한. ⇨ PLAUSIBLE [類語] ¶ a *specious* gift 허울 그럴 듯한 선물 / a *specious* hypocrite 외양만은 훌륭한 위선자. ~·ly *adv.* ~·ness *n.*

*speck[1] [spek] *n.* 1 작은 반점, 얼룩, 오점(汚點); [과일의] 흠. 2 작은 조각, 작은 알갱이.

not ... a speck of 《美》 전혀 …이 아니다. 「(다(내다). —— *vt.* (주로 과거 분사형으로) …에 반점(얼룩)을 찍

speck[2] [spek] *n.* ⓤ 《美·南아프리카》 1 [고래 따위의]지방, 2 지방육, 베이컨.

*speck·le [spékl] *n.* 1 반점, 반문. 2 [피부 따위의] 기미, 검버섯; 얼룩. —— *vt.* (-led, -ling) (주로 과거 분사형으로) …에 반점을 찍다, …을 얼룩덜룩하게 하다 (*with*).

speck·less [spéklis] *adj.* 반점이 없는, 홈집이 없는.

specs [speks] *n.* *pl.* 《구어》 1 안경(spectacles). 2 = specification 2.

*spec·ta·cle [spéktəkl] *n.* 1 광경, 장관, 기관(奇觀); 불쾌한(애처로운) 광경. 2 [호화로운] 구경거리, 쇼. 3 (~s) 안경. ¶ a pair of *spectacles* 안경 하나. 4 (종류~s) [형태나 기능이] 안경 비슷한 것.

look all things through rose-colored spectacles 모든 것을 낙관적으로 보다.

make a spectacle of oneself 남의 웃음을 살 짓(옷차림)을 하다, [남 앞에서] 창피한 꼴을 보이다. ◇ spectácular *adj.*

spec·ta·cled [spéktəkld] *adj.* 1 안경을 낀. 2 [동물이] 안경 모양의 반문(斑紋)이 있는.

*spec·tac·u·lar [spektǽkjulər] *adj.* 구경거리의; 장관인, 굉장한, 볼 만한; 극적인(dramatic). ¶ a *spectacular* scene 장엄한 광경. —— *n.* 호화 텔레비전 쇼, ~·ly *adv.* ◇ spéctacle *n.* (-ties) [장편.

spec·tac·u·lar·i·ty [spektækjulǽriti] *n.* ⓤⓒ (*pl.*

‡**spec·ta·tor** [spékteitər, -:-/ -:--] *n.* 구경꾼, 관객, 방관자, 목격자. ◇ spectatórial *adj.*

Spectator *n.* **The ~** 영국의 신문 이름[Addison 과 Steele 이 18세기 초에 공동으로 발행한 신문].

spec·ta·to·ri·al [spèktətɔ́:riəl / -tɔ́:-] *adj.* 구경꾼의, 방관자의.

spec·ter, (英) -tre [spéktər] *n.* 1 유령, 요괴, 귀신, 도깨비. 2 [일반적으로] 무서운 것, 공포의 씨앗(원인).

a specter of the Brocken 브로켄의 요괴(妖怪). ◇ spéctral *adj.*

*spec·tra [spéktrə] *n.* spectrum 의 복수형의 하나.

*spec·tral [spéktr(ə)l] *adj.* 1 유령의, 요괴(귀신) 같은; 실제가 없는(illusory). 2 스펙트럼의. ¶ a *spectral* analysis 스펙트럼 분석. ~·ly *adv.* ~·ness *n.*

spec·tral·i·ty [spektrǽliti] *n.* ⓤ 유령임, 환영(幻影).

spectro- spectrum 의 뜻의 연결형. 예: *spectrogram.*

spec·tro·bo·lom·e·ter [spèktrou(u)bəlámitər / -5m-] *n.* [물리] 스펙트로 볼로미터 [스펙트럼 중의 복사

에너지의 분포를 측정하는 기구].

spec·tro·chem·is·try [spèktro(u)kémistri] n. ⓤ 분광(分光) 화학.

spec·tro·gram [spéktrəgræm] n. 스펙트럼(분광) 사진.

spec·tro·graph [spéktrəgræf / -grà:f] n. 스펙트럼(분광) 사진기.

spec·tro·he·li·o·gram [spèktro(u)hí:lio(u)græm] n. 단광(單光) 태양 사진.

spec·tro·he·li·o·graph [spèktro(u)hí:lio(u)græf/-grà:f] n. 단광 태양 사진기.

spec·tro·he·li·o·scope [spèktro(u)hí:lio(u)skòup] n. 단광 태양 망원경.

spec·tro·log·i·cal [spèktrəládʒik(ə)l / -lɔ́dʒ-] adj. 유령 연구의.

spec·trol·o·gy [spektráləʤi/-trɔ́l-] n. ⓤ 유령 연구.

spec·trom·e·ter [spektrámitər / -trɔ́m-] n. 〖光學〗 분광계(分光計).

spec·tro·pho·to·e·ter [spèktro(u)fo(u)támitər / -tɔ́m-] n. 분광 광도계, 분광 측광기.

spec·tro·pho·tom·e·try [spèktro(u)fo(u)támitri / -tɔ́m-] n. ⓤ 분광 광도 측정법, 분광 측광(分光測光).

spec·tro·scope [spéktrəskòup] n. 〖光學〗 분광기.

spec·tro·scop·ic [spèktrəskápik / -skɔ́p-], **spec·tro·scop·i·cal** [-ik(ə)l] adj. 분광기의, 분광학의. **-i·cal·ly** [-ikəli] adv.

spec·tros·co·py [spektráskəpi / -trɔ́s-] n. ⓤ 분광학.

*__spec·trum__ [spéktrəm] n. (pl. **-tra** or **-trums**) **1** 〖물리〗 스펙트럼, 분광(分光). ¶ a solar *spectrum* 태양 스펙트럼. **2** 〖눈의〗 잔상(殘像)(afterimage). **3** = radio spectrum.

spec·u·la [spékjulə] n. speculum 의 복수형의 하나.

spec·u·lar [spékjulər] adj. **1** 거울의, 거울 같은, (거울같이) 반사하는. **2** 〖의학〗 검경(檢鏡)의.

*__spec·u·late__ [spékjulèit] vi. (**-lat·ed, -lat·ing**) **1** 깊이 생각하다, 사색하다; 추측하다 (upon, on, about ...). ⇒ THINK 類語 ¶ (~+前+图) *speculate* about one's future 장래를 깊이 생각하다. **2** 투기를 하다 (in, on ...). ¶ (~+前+图) *speculate* in shares 증권에 손을 대다 / *speculate* on a rise 품귀를 예상하고 투기를 하다.
◇ speculátion n., spéculàtive adj.

spec·u·la·tion [spèkjuléi(ə)n] n. **1** ⓤⓒ 심사숙고, 사색; 고찰; 추측. **2** ⓤ 공리(空理), 공론. **3** ⓤⓒ 투기 (매매) (in ...). ¶ on *speculation* 투기로, 요행수를 바라고. **4** ⓤ 스페큘레이션 [일종의 카드놀이].
◇ spéculàte v.

*__spec·u·la·tive__ [spékjulèitiv / -lə-] adj. **1** 사색적인, 사변적인. **2** 이론적인, 순이론(純理論)의; 추리적인 (theoretical). ¶ *speculative* philosophy 사변 철학. **3** 투기의, 투기 매매의; 투기적인, 위험한(risky).
~·ly adv. **~·ness** n. ◇ spéculàte v., spèculátion n.

*__spec·u·la·tor__ [spékjulèitər] n. **1** 사색 가; 이론가, 공론가(空論家). **2** 투기꾼, 증권투기사, 협잡꾼 (in ...). **3** 입장권을 매점하는 사람, 암표상.

spec·u·lum [spékjuləm] n. (pl. **-la** or **-lums**) **1** [망원경의] 반사경, 금속경(鏡). **2** [눈·귀·코 따위를 진단하는] 검경(檢鏡). **3** 〖鳥類〗 [새 날개의] 물방 무늬, 찬점(燦點).

‡**sped** [sped] v. speed 의 과거·과거 분사.

‡**speech** [spi:tʃ] n. **1** ⓤ 말하기; 말씨, 말투; 발언. ¶ be slow of *speech* 입이 무겁다 / give *speech* to ...을 입 밖에 내다. **2** ⓤ (보통 one's~) 말하는 능력, 언어 능력. ¶ lose (recover) one's *speech* 말을 못하게(할 수 있게) 되다 / *Speech* is silver, silence is golden. 《속담》 웅변은 은, 침묵은 금이다. **3** 연설, 이야기, 스피치, 담화; ⓤ 연설법. ¶ make an after-dinner *speech* 테이블 스피치를 하다.
[類語] *speech* 길이·성격·준비의 유무 따위에 관계 없이 청중에 대하여 하는 이야기. **talk** 격의없는 담화조의 *speech* 또는 lecture: give a *talk* over the radio 라디오로(격의없는) 이야기를 하다. **address** 이야기하는 사람 또는 기회에 중점이 있는 딱딱한 *speech*: an opening *address* 개회사. **lecture** 지식을 전하기 위한 목적의 *speech*: give a *lecture* on ...에 대해 강연(강의)하다. **oration** 특별한 기회에 하는 미사어구를 늘어놓은 대연설; 때로는 내용이 없는 호언장담을 암시: a commencement *oration* [미국의 대학 등의] 졸업식에 초대되어 하는 명사의 연설.

4 ⓤ 말하는 말, 언어. ¶ the *speech* of the high society 상류 사회의 말. **5** [한 나라의] 국어, 언어(⇒ LANGUAGE 類語). 방언(dialect. **6** ⓤ〖문법〗화법. ¶ the direct (the indirect) *speech* 직접(간접) 화법. **7** 《고어》 소문(rumor). **8** ⓤ〖악기의〗 음색, 음향(sound).
a figure of speech ⇒ FIGURE.
a part of speech 〖문법〗 품사.
◇ speak, spéechify v.

speech clinic n. 언어 장애 교정소.
speech community n. 〖언어〗 언어 공동체.
speech day n. (英) [영국 학교의] 졸업식(종업식).
speech·i·fi·ca·tion [spì:tʃifikéiʃ(ə)n] n. ⓤ《익살·경멸적》 연설하기, 열변을 토하기.
speech·i·fi·er [spí:tʃifàiər] n. 《익살·경멸적》 연설가, 변사.
speech·i·fy [spí:tʃifài] vi. (**-fied, -fy·ing**) 《익살·경멸적》 연설하다, 열변을 토하기.
speech island n. 〖언어〗 언어 섬[한 언어 지역내의 고립된 작은 언어 지역].
*__speech·less__ [spí:tʃlis] adj. **1** 말을 하지 않는, 벙어리의. ~= DUMB **2** [공포 따위로] 말을 못하는, 잠자코 있는 (with ...). ¶ be *speechless* with exhaustion 지친 나머지 말도 못하고 있다. **3** 말로 표현할 수 없는, 형언할 수 없는. ¶ a *speechless* grief 형언할 수 없는 슬픔. **4** 《英속어》만취한. **~·ly** adv. **~·ness** n.
speech·mak·er [spí:tʃmèikər] n. 연설가, 변사.
speech reading n. [벙어리의] 독화법(讀話法), 독순술(讀脣術)(lip reading).
speech sound n. 〖음성〗 언어음 [기침·재채기 소리 따위에 대한 보통의 소리]; 단음(單音).
speech synthesis n. 〖전자 공학〗 음성 합성 [컴퓨터로 사람의 음성을 합성하여 스피커를 통해 재생].
speech therapy n. ⓤ 언어 요법(療法), 〖심리적·육체적인〗 언어 장애 치료(법).
speech writer n. [특히 정치가를 위한] 연설 원고 작성자.

‡**speed** [spi:d] n. **1** ⓤ 신속, 급속, 빠름(swiftness). ¶ with *speed* 신속하게 / More haste, less *speed*.《속담》 급할수록 천천히 하라. **2** ⓤⓒ 속도, 속력. ¶ at full (or top) *speed* 전속력으로 / at a *speed* of 20 miles an hour 시속 20 마일로 / make *speed* 속력을 높이다 / put on full *speed* 전속력을 내다.
[類語] **speed** 「속도」라는 뜻의 일반적인 말: the *speed* of light 빛의 속도. **velocity** 일정 궤도에서 달리는 것의 속도[전문적인 말]: the *velocity* of a satellite 위성의 속도.
3 ⓤⓒ [자동차 따위의] 변속 장치. **4** ⓤ《고어》 성공, 번영; 행운. ¶ God send (or give) you good *speed*! 성공을 빕니다! **5** ⓤ《속어》 각성제, 흥분제 [필로폰 따위]; [특히] 암페타민. **6** ⓤⓒ 《사진》 **a**) 감도, 감광도. **b**) = f number. **c**) 셔터 속도, 노광 속도(露光速度).
—— v. (**sped** or《특히 vt. 3, vi. 2에서는》 **speed·ed, speed·ing**) vt. **1** ...을 서두르게 하다, 빠르게 하다 (hasten). ¶ *speed* a horse 말을 빨리 몰다. **2** ...을 진척시키다, 촉진하다(promote). **3** [기계 따위의] 속도를 조정하다, 속력을 높이다(accelerate) (... up). **4** 《~+前+图》 ...에 engine *up* 기관의 회전을 빠르게 하다. **4** 여행하는 사람의 도중의 안전을 빌다, ...에게 작별 인사를 하다. **5** 《고어》 ...을 성공시키다, 번영시키다. ¶ God *speed* you! 성공을 빕니다! —— vi. **1** 서두르다, 질주하다. ~= HASTEN 類語 ¶ (~+前+图)

speed through one's work 일을 서두르다 / *speed along* (or *down*) the street 거리를 질주하다. **2** [자동차 따위가] 속도를 늘리다, 제한 이상의 속도를 내다; 속도 위반을 하다. ¶ (~+副) The Car *speeded up*. 그 차는 속력을 높였다. **3** [그럭저럭] 해나가다(get along); [사물이] 잘 되어가다. ¶ How have you *sped*? 어떻게 지내셨는지요? **4** (고어) 성공하다, 번성(번영)하다.
◇ spéedy *adj.*

speed·ball [spí:dbɔ̀:l] *n.* (U) 스피드볼 [축구 비슷한 게임인데 손을 사용하는 점이 다르다].
speed·boat [spí:dbòut] *n.* 고속 모터보트.
spéed búmp *n.* [보통 주택 지구나 학교 주변 도로에 차의 속도를 규제하도록 만든] 아스팔트 둔덕.
spéed cóp *n.* (속어) 속도 위반 단속 경관.
speed·er [spí:dər] *n.* **1** 속도 조절 장치; 조방기(粗紡機). **2** [자동차 따위를] 제한 속도 이상으로 모는 사람, 속도 위반자.
spéed fréak *n.* (속어) [암페타민 따위의] 각성제 상습 복용자; 필로폰 중독자.
spéed gún *n.* [자동차의 속도 위반이나 야구공 따위의 속도 측정에 쓰는] 속도 측정기, 스피드 건.
*speed·i·ly [spí:dili] *adv.* 빨리, 서둘러, 급히, 즉시.
spéed índicator *n.* 속도계.
speed·i·ness[spí:dinis] *n.* (U) 신속, 민속(敏速), 빠름.
speed·ing [spí:diŋ] *adj.* [자동차가] 제한 속도를 넘은. ─ *n.* (U) 속도 위반, 지나친 고속 운전(운행).
spéed límit *n.* [자동차 따위의] 제한 속도.
spéed mérchant *n.* (英속어) 스피드광.
speed·om·e·ter [spi:dámitər / spi(:)dóm-] *n.* [자동차 따위의] 속도계.
spéed-read [spí:drì:d] *vt.* (-read [-rèd]) …을 속독하다.
spéed réading *n.* 속독.
spéed shóp *n.* 스피드 숍[중고(개조) 자동차 운전광 상대로 자동차 부품을 파는 점포].
speed·ster [spí:dstər] *n.* **1** 고속으로 달리는 자동차(운전자). **2** =speeder 2.
spéed tráp *n.* 속도 감시 구역, 교통 위반 검문소.
*speed-up [spí:dʌp] *n.* (U) **1** 속력 증가. **2** 생산 증가, 능률 촉진. ─ 직이는 보도.
speed·walk [spí:dwɔ̀:k] *n.* (에스컬레이터식의) 움
speed·way [spí:dwèi] *n.* **1** 자동차·오토바이 따위의 경주장. **2** (美) 고속 자동차 도로(expressway).
spéed·wèll *n.* 꼬리풀과, 선모인화.
speed·y [spí:di] *adj.* (**speed·i·er, speed·i·est**) **1** 빠른, 신속한; 재빠른. ➪QUICK [類語] **2** 즉석의, 즉시의(prompt).
◇ speed *n.*

speiss [spais] *n.* (U) (야금) 비희 (砒鉛) [납광석을 제련할 때 생기는 비소 따위의 화합물].
spe·lae·an [spilí:ən] *adj.* 동굴의, 동굴에 사는.
spe·le·ol·o·gy [spì:liálədʒi / -ɔ́l-] *n.* (U) 동굴학.
*spell¹ [spel] *v.* (**spelled** [spelt, speld] or **spelt** [spelt], **spell·ing**) *vt.* **1** (낱말을) 철자하다, …의 철자를 말하다(쓰다). ¶ How do you *spell* your name? 성함은 어떻게 씁니까? **2** [글자가] 한자씩 읽다(판독하다) (decipher) (...out). ¶ (~+目+副) He *spelled* it *out*. 그는 그것을 판독했다. **3** [글자가] (단어를) 만들다 (form), …이라고 읽다. ¶ C-A-P *spells* cap. C-A-P 라고 철자하고 cap 으로 읽는다. **4** …의 결과를 초래하다, [결과적으로] 이 되다. ¶ The disturbance *spelled* a great danger to us. 그 폭동은 일대 위기가 되었다. ─ *vi.* (낱말) 철자하다, 철자를 쓰다(말하다).

spell backward ① 문자를 거꾸로 철자하다. ② 곡해하다.
spell down (상대) 철자 경기에서 패배시키다.
spell out ① 판독하다. ② 상세히 설명하다, 상세히 주의깊게 철자를 말하다. ③ 생략치 않고 전부 쓰다.

*spell² [spel] *n.* 주술(呪術), 주문(呪文)(incantation); 마력(魔力), 매력(charm). ¶ cast (or put) a *spell* on (or upon, over) a person 남에게 마술을 걸다 / under a

spell 주문에 묶여서; 홀려서. ─ *vt.* **1** …을 주문으로 얽어매다. **2** …을 매혹하다.
*spell³ [spel] *n.* **1** 한바탕의 일; 근무 시간; 교대, 교대할 차례(turn). ¶ by *spells*; *spell* and *spell*; *spell* for *spell* 교대로 / give a person a *spell* 남과 교대해 주다 / have (or take) a *spell* at the wheel 교대하여 운전하다. **2** 한바탕, 한차례, 한동안. ¶ a *spell* of fine weather 한동안 계속되는 맑은 날씨 / wait for a *spell* 한동안 기다리다. **3** (美구어) 병의 발작, 불쾌한 한때. ¶ I have a *spell* of coughing 한바탕 기침이 나온다. **4** (濠) 휴식 시간. **5** (드물게) 교대자. ─ *vt.* **1** (주로 美) …대신 일하서다, …과 교대하다. **2** (濠) …에게 휴식 시간을 주다. ─ *vi.* (濠) 휴식하다.

spell·bind [spélbàind] *vt.* (-bound [-bàund], -bind·ing) …을 주문으로 얽어매다; …을 매혹하다, 황홀하게 하다.
spell·bind·er [spélbàindər] *n.* (구어) **1** 웅변가, (특히) 청중을 매료하는 정치가. **2** 흥분시킨 작품.
spell·bound [spélbàund] *adj.* 주문에 얽매인; 매혹된, 홀린.
spell·down [spéldàun] *n.* (美) 철자 경기.
spell·er [spélər] *n.* **1** 철자하는 사람, 글자를 쓰는 사람. **2** 철자법 교과서(spelling book).
spell·ing [spéliŋ] *n.* (U)(C) 철자; 철자법, 정자법(正字法) (orthography); 철자하기, 스펠링. ¶ good *spelling* 훌륭한 철자법.
spélling bée *n.* 철자 경기(spelldown).
spélling bóok *n.* 철자법 교과서.
spélling pronùnciátion *n.* (U)(C) 철자 발음[예를 들면 boatswain [bóusn] 을 [bóutswèin] 처럼 철자대로 발음하기].
spélling refórm *n.* 철자 개혁[영어의 낱말을 발음에 가깝게 고치려는 시도].
spelt¹ [spelt] *v.* spell¹ 의 과거·과거 분사의 하나.
spelt² [spelt] *n.* (U) 스펠트 밀[가축의 사료].
spel·ter [spéltər] *n.* (U) (상업) **1** 아연(zinc). **2** 아연주괴(鑄塊).
spe·lun·ker [spilʌ́ŋkər] *n.* 동굴 탐험가.
spe·lunk·ing [spilʌ́ŋkiŋ] *n.* (U)(C) 동굴 탐험.
spence, spense [spens] *n.* **1** (英방언) 식품 저장실, 식기실(pantry). **2** (스코) 거실.
spen·cer¹ [spénsər] *n.* **1** 모피가 붙은 짧은 옷옷 [19세기의 여성·어린이용 의복]; **2** 칼라가 붙은 짧은 외투[18세기 말부터 19세기 초에 걸쳐 유행한 남자용 의복]. **3** 18세기의 영국식 가발.
spen·cer² [spénsər] *n.* (항해) 스펜서[앞돛대(큰 돛대)에 덧거는 세로 돛].
Spen·ce·ri·an¹ [spensí(:)riən / -síər-] *adj.* 스펜서의, 스펜서 학파의, 스펜서류의 철학자의. 〔<영국의 철학자 H. Spencer(1820-1903)의 이름〕
Spen·ce·ri·an² [spensí(:)riən / -síər-] *adj.* 스펜서류의, 스펜서 서체의. 〔<미국의 달필가 P.R.Spencer (1800-64)의 이름〕
Spen·ce·ri·an·ism [spensí(:)riənìz(ə)m / -síər-] *n.* (U) 스펜서(H. Spencer)의 철학.
Spen·cer·ism [spénsərìz(ə)m] *n.* =Spencerianism.
*spend [spend] *v.* (**spent, spend·ing**) *vt.* **1** (돈을) 쓰다, 소비하다, 들이다 (... *in, on, upon*). ¶ (~+目+前+名) *spend* money on clothes 옷에 돈을 들이다 // *Ill gotten* (or *got*), *ill spent*. (속담) 부정하게 번 돈은 쉬 없어진다.

── **Usage** spend on 과 spend in ── 보통 금전의 소비에는 on 을, 시간의 소비에는 in 을 쓴다고 엄밀히 구별하여 쓰고 있지는 않으나, 대체로 spend on 편이 자주 쓰인다. 뒤에 동명사가 올 경우는 는 쓰는 일이 많지만, 구어에서는 in 을 생략하는 일도 있으며, 그 경우에는 -ing 형은 오히려 현재 분사로 생각된다: He *spent* all the money *on* books. / I *spent* the time [*in*] reading.

spend 돈 따위를 「쓰다」라는 뜻의 일반적인 말: *spend* a dollar on coffee 커피에 1달러를 쓰다. **expend** 특정한 목적에 비교적 많은 액수의 돈을 쓰다; 장사나 정부의 지출 따위에 쓰는 일이 많다: *expend* billions of dollars on social securtiy 사회 보장에 수십억 달러를 지출하다.

2 [노력·말·시간 따위]를 소비하다, 쓰다. ¶ *spend* one's breath (*or* words) 쓸데없는 말을 하다; 충고를 해도 소용없게 되다 / *spend* one's energy (*or* strength) to no purpose 정력을 헛되이 쓰다. **3** [시간]을 보내다, 지내다(... *in*). ¶ (~+目+前+图) He *spent* all his life *in* poverty. 그는 평생을 가난하게 지냈다. **4** 《수동형 또는 再귀용법》 …을 다 써버리다; …을 지치게 하다. ¶ Our ammunition was all *spent*. 탄약이 바닥났다 / Her anger will soon *spend* itself. 그녀의 화는 곧 가라앉을 것이다 / The night is far *spent*. 《고어》 밤이 깊었다. **5** 【항해】 [배가 악천후나 사고 때문에] 〈돛대 따위〉를 잃다. **6** [물고기가] 〈알·이리 따위〉를 내알다[낳다].
— *vi*. **1** [돈 따위]를 쓰다, 소비하다, 낭비하다. **2** 《페어》 써 없애다, 바닥이 나다, 지치다. [는.
spend·a·ble [spéndəbl] *adj*. 쓸 수 있는, 소비할 수 있 **spend·er** [spéndər] *n*. 돈을 쓰는 사람; 낭비가. [비.
spend·ing [spéndiŋ] *n*. ⓤ ⓒ 지출(expenditure); 소 **spénding mòney** *n*. 용돈(pocket money).
spend·thrift [spén(d)θrìft] *n*. 돈 씀씀이가 헤픈 사람, 낭비가; 한량, 방탕자. — *adj*. 돈을 헤프게 쓰는, 방탕한(prodigal)
Spen·se·ri·an [spensí(:)riən /-siər-] *adj*. 스펜서(E. Spenser)의, 스펜서류의, ¶ *Spenserian* stanza 스펜서 시형(詩形) [스펜서가 *The Faerie Queene*(1590-96)에서 쓴 시형]. — *n*. **1** 스펜서파의 시인. **2** 스펜서 시형, 스펜서 시형의 시. 〈스펜서는 영국의 시인 Edmund Spenser(1552?-99)의 이름〉
‡**spent** [spent] *v*. spend 의 과거·과거 분사. — *adj*. **1** 사용된, 소비된. **2** 다 써버린; 지쳐버린, 녹초가 된. **3** [물고기 따위가] 산란(産卵)된.
sperm¹ [spə:rm] *n*. **1** ⓤ 정액(精液)(semen). **2** 정충, 정자(spermatozoon).
sperm² [spə:rm] *n*. **1** ⓤ 경람(鯨蠟). **2** =sperm whale. **3** =sperm oil.
spermo- ⇨ SPERMATO-.
-sperm sperm¹의 뜻의 연결형. 예: gymno*sperm*.
sper·ma·cet·i [spə̀:rməséti, -sétiː] *n*. ⓤ 경람.
sper·ma·ry [spə́:rməri] *n*. (*pl*. **-ries**) 《생물》 정소(精巢), 고환(睾丸).
spermat- ⇨ SPERMATO-.
sper·mat·ic [spə:rmǽtik] *adj*. **1** 정자의, 정액의, 정소의; 수정[관]의. **2** 생식(生殖)의(reproductive).
spermato- sperm¹의 뜻의 연결형 (* 모음 앞에서는 spermat- 를 쓴다). 예: *spermato*zoon, *spermat*id 〈정자 세포〉.
sper·ma·to·blast [spə́:rməto(u)blæ̀st, +美 spə:rmǽt-] *n*. 《생리》 정자(정충) 세포.
sper·ma·to·phore [spə́:rmətofò:r, spə:rmǽt-/ spə̀:rmətofɔ̀:] *n*. 《동물》 정포(精包), 정협(精荚).
*****sper·ma·to·phyte** [spə́:rməto(u)fàit, +美 spə:rmǽt-] *n*. 종자 식물.
sper·ma·tor·rhe·a [spə̀:rməto(u)ríːə, +美 spə:rmǽt-] *n*. ⓤⓒ 《병리》 유정(遺精), 누정(漏精).
sper·ma·to·zo·al [spə̀:rməto(u)zóuəl, +美 spə:rmǽt-] *adj*. 《생물》 정자의, 정충의.
sper·ma·to·zo·id [spə̀:rməto(u)zóuid, +美 spə:rmǽt-/ spə̀:rmətouzouid] *n*. 〈식물〉 이동 웅성 배우자(配偶子); 정자(精子), 정충.
sper·ma·to·zo·on [spə̀:rməto(u)zóuɑn, -ən, spə:rmǽt-/spə̀:rmətouzouɔn] *n*. (*pl*. **-zo·a**[-zóuə]) 《생물》 정자, 정충. [소].
spérm bànk *n*. 정자 은행[인공 수정용 정자 저장
sper·mic [spə́:rmik] *adj*. =spermatic.

sperm·i·cide [spə́:rmisàid] *n*. 〔피임용〕 살정자제(殺精子劑).
spermo- sperm¹의 뜻의 연결형 (* 모음 앞에서는 sperm- 을 쓴다) = spermato-.
spérm òil *n*. ⓤ 《항유고래의》 경유(鯨油).
sper·mous [spə́:rməs] *adj*. 정자의, 정자 같은.
-spermous -sperm 으로 끝나는 명사에서 형용사를 만드는 연결형. 예: gymno*spermous*.
spérm whàle *n*. 향유고래.
spew [spjuː] *vi*. **1** 〔음식물 따위〕를 토하다, 게우다. **2** 〔연속적으로 빨리 사격한 탓으로〕 포구(砲口)가 휘다.
— *vt*. 〔음식물 따위〕를 토해내다;…을 분출시키다 (eject), …을 토해낸 것.
spew·er [spjú(ː)ər] *n*. 토하는 사람.
SPF (略) South Pacific Forum (남태평양 포럼, 남태평양 국가(도서 국가)회의); Sun Protection Factor (〔화장품의〕 자외선 방지 효과 지수).
S.P.G (略) Society for the Propagation of the Gospel
sp. gr. (略) specific gravity. [(복음 전도 협회).
sphac·e·late [sfǽsilèit] *vt*., *vi*. (-**lat·ed, -lat·ing**) 〈병리〉[…에] 탈저(脫疽)(회저)에 걸리게 하다, 탈저(회저)에 걸리다.
sphac·e·la·tion [sfæ̀siléi(ə)n] *n*. ⓤ ⓒ 탈저, 회저.
sphag·nous [sfǽgnəs] *adj*. 물이끼의; 물이끼가 많은.
sphag·num [sfǽgnəm] *n*. ⓤⓒ (*pl*. -**na**[-nə]) 물이끼.
sphal·er·ite [sfǽləràit] *n*. ⓤ 섬(閃)아연광. [끼.
sphen- ⇨ SPHENO-.
sphe·nic [sfíːnik] *adj*. 쐐기 모양의(wedge-shaped).
spheno- wedge(쐐기)의 뜻의 연결형 (* 모음 앞에서는 sphen- 을 쓴다). 예: *spheno*gram.
sphe·no·gram [sfíːno(u)græ̀m] *n*. 설형(楔形) 문자.
sphe·noid [sfíːnɔid] *adj*. 〈해부〉 =**sphe·noi·dal** [sfiːnɔ́idl]〕 **1** 쐐기 모양의. **2** 〈해부〉 설상골(楔狀骨)의. [해부] 설상골.
spher·al [sfíːrəl / sfíər-] *adj*. **1** 구(球)의, 구형의. **2** 균형이 잡힌.
‡**sphere** [sfiər] *n*. **1** 구, 구체(球體), 구면(球面). **2** 지구의, 천구의(天球儀). **3** 〔천문〕 천구, 천체, 별. **4** 하늘, 창공. **5** 〔활동·세력 따위〕 범위, 영역, 권(圈) 본분. ¶ the *sphere* of vision 시계(視界) / keep within one's proper *sphere* 자기의 본분을 지키다. **6** 사회적 지위, 계급. — *vt*. (**sphered, spher·ing**) **1** …을 구내에 두다. **2** …을 구 모양으로 하다. **3** …을 천체 사이에 두다. ◇ **sphér·i·cal, sphéry** *adj*.
-sphere sphere 의 뜻의 연결형. 예: plani*sphere*.
sphere·less [sfíərlis] *adj*. 제도가 없는; 헤매는.
*****spher·i·cal** [sférik(ə)l] *adj*. **1** 구형의, 구상(球狀)의. **2** 구면의. ¶ *spherical* geometry 구면 기하학. **3** 천체의, 하늘의. **~·ly** [-kəli] *adv*. **~·ness** *n*.
sphérical aberrátion *n*. ⓤ 〔렌즈·거울 따위의〕 구면 수차(球面收差).
sphérical sáiling *n*. ⓤ〔항해〕 구면 항법(航法).
sphe·ric·i·ty [sfirísiti / sfe-] *n*. ⓤ 구상(球狀), 구형.
spher·ics¹ [sfériks] *n*. *pl*. 《단수 취급》 구면 기하학; 구면 삼각법.
spher·ics² [sfériks] *n*. *pl*. 《단수 취급》 =sferics.
sphe·roid [sfí(ː)rɔid / sfíər-] *n*. 〔기하〕 회전 타원체(면). — *adj*. =spheroidal.
sphe·roi·dal [sfiːrɔ́idl / sfíər-] *adj*. 회전 타원체(면)의.
sphe·roi·dic [sfiːrɔ́idik / sfíər-], **-di·cal** [-dik(ə)l]. *adj*. =spheroidal.
sphe·ro·dic·i·ty [sfìː(ː)rɔidísiti / sfìə-] *n*. ⓤ 회전 타원체(의). [球面計].
sphe·rom·e·ter [sfiːrámitər / sfiərɔ́m-] *n*. 구 면 계
spher·u·lar [sfér(j)ulər] *adj*. 소구(小球)〔체〕의.
spher·ule [sfér(j)uːl] *n*. 소구체.
spher·u·lite [sfér(j)ulàit] *n*. 구정(球晶).
spher·y [sfí(ː)ri / sfíəri] *adj*. (**spher·i·er, spher·i·est**) 구상(球狀)의; 천체의, 천체 같은, 별 같은.

sphinc·ter [sfíŋ(k)tər] *n.* 〖해부〗괄약근(括約筋).
sphinc·ter·al [sfíŋ(k)tərəl] *adj.* 〖해부〗괄약근의.
‡**sphinx** [sfiŋks] *n.* (*pl.* **sphinx·es** *or* **sphin·ges** [sfíndʒi:z]) **1 a)** 〖고대 이집트의〗스핑크스〖사람 또는 동물의 머리와 사자의 몸뚱을 가진 상상의 괴물상〗. **b)** (보통 the S-) Gizeh 의 피라밋 부근에 있는 거대한 석상. **2** (S-) 〖그리스 신화〗스핑크스〖여자의 머리와 새의 날개가 붙었고 사자의 몸뚱을 가진 괴물; Thebes 부근의 바위산에서 지나가는 사람에게 수수께끼를 내어, 풀지 못하는 사람을 죽였다고 한다〗. **3** 수수께끼의 인물, 불가해한 사람.
sphra·gis·tic [sfrædʒístik] *adj.* 도장의.
sphra·gis·tics [sfrædʒístiks] *n. pl.* 〖단수 취급〗인장학.
sp. ht. (略) specific heat.
sphyg·mic [sfígmik] *adj.* 〖생리·의학〗맥박의(에 관한).
sphygmo- sphygmus 의 뜻의 연결형. 예: *sphygmogram*.
sphyg·mo·gram [sfígməɡræm] *n.* 맥파(脈波)곡선, 맥파 선도.
sphyg·mo·graph [sfígməɡræf / -ɡrà:f] *n.* 맥파 기록계, 맥파 묘사기.
sphyg·mog·ra·phy [sfiɡmáɡrəfi / -mɔ́ɡ-] *n.* U 맥파 기록법.
sphyg·mo·ma·nom·e·ter [sfíɡmo(u)mənámitər / -nɔ́m-] *n.* 〖생리〗혈압계(脈壓計).
sphyg·mom·e·ter [sfiɡmámitər / -mɔ́m-] *n.* 〖생리〗맥박계, 맥파계(脈波計) (sphygmograph).
sphyg·mus [sfíɡməs] *n.* 〖생리〗맥박, 고동, 동계(動悸) (pulse).
SPI (略) 〖우주공학〗 surface position indicator(지표면 위치 지시계); service price index(서비스 가격 지수).
spic [spik] *n.* 〖美俗〗 **1** 이탈리아인. **2** 라틴아메리카인.
spi·ca [spáikə] *n.* (*pl.* **-cae** [-si:], **-cas**) **1** 곡식의 이삭. **2** 〖植〗 수상 화서(穗狀花序). **3** (S-) 〖천문〗 스피카〖처녀좌의 일등성〗. **4** 〖의학〗 나선상(螺旋狀) 붕대, 스파이카 붕대.
spi·cate [spáikeit] *adj.* 〖식물〗이삭(spike)이 있는; 수상화(穗狀花).
spi·cat·ed [spáikeitid] *adj.* = spicate.
spic·ca·to [spiká:tou] *adj.* 〖음악〗 스픽카토의〖현악기의 활을 현 위에서 튀게 하여 소리를 가늘고 짧게 잘라서 연주한다〗.
‡**spice** [spais] *n.* ⓤⓒ **1** 〖후추·육계(肉桂)·육두구(肉荳蔲) 따위의〗 양념;〖집합적〗양념류, 향신료(香辛料). **2** (詩) 향기, 방향(芳香). **3** 풍취, 정취, 짜릿한 맛. **4** ⓒ〖古語〗한 조각, 기미, 약간. ¶ There is a *spice* of madness in his conduct. 그의 행동에는 약간의 광기(狂氣)가 있다.
— *vt.* (**spiced, spic·ing**) **1** …에 양념(향료)을 넣다. ¶ (~+目+前+名) The dish is *spiced* with ginger. 이 요리는 생강으로 양념이 되어 있다. **2** …에 풍취를 돋구다(곁들이다). ◇ **spícy** *adj.*
spice·ber·ry [spáisbèri / -bəri] *n.* (*pl.* **-ries**) 〖북미산의〗 바위앵도류의 관목.
spice·bush [spáisbù] *n.* 〖북미산의〗 털조장나무류의 관목.
spic·er·y [spáisəri] *n.* (*pl.* **-er·ies**) ⓤ 〖집합적〗양념류, 향신료(spices). **2** 방향, 짜릿한 맛. **3** ⓒ〖古語〗향료·양념류의 저장실.
spice·wood [spáiswùd] *n.* = spicebush.
spick-and-span [spíkənspǽn] *adj.* **1** 아주 신품인 (brand-new). **2** 산뜻한, 말쑥한.
spic·u·la [spíkjulə] *n.* (*pl.* **-lae** [li:]) = spicule.
spic·u·lar [spíkjulər] *adj.* = spiculate.
spic·u·late [spíkjulit, +美 -lèit] *adj.* **1** 작은 이삭·침골(針骨)이 있는〖로 덮인〗. **2** 작은 이삭(바늘) 같은.
spic·ule [spíkju:l, +英 spáik-] *n.* **1** 침상체(針狀體). **2** 〖식물〗작은 이삭;〖동물〗〖해면·해삼 따위의〗 침골. **3** 〖천문〗 스피큘〖태양의 반색층(反彩層)에서 솟출하는 가스의 분류(噴流)〗.

spic·u·lum [spíkjuləm] *n.* (*pl.* **-la** [-lə]) 〖동물〗 침상골(針狀骨);〖극피(棘皮) 동물의〗 침상 기관.
spic·y [spáisi] *adj.* (**spic·i·er, spic·i·est**) **1** 양념을 한, 향료를 넣은. **2** 향료가 많은, 향료를 산출하는. **3** 향기로운(aromatic), 향긋한. **4** 신랄한; 매서 운 (piquant). **5** 야비한, 상스러운. ¶ a *spicy* talk 음담패설. **6** 〖구어〗원기왕성한, 씩씩한.
spíc·i·ly *adv.* **spíc·i·ness** *n.*
‡**spi·der** [spáidər] *n.* **1** 거미, 거미류의 절지 동물. **2** 거미 같은 것, **3** 〖냄비 따위를 얹는〗 삼발이; 프라이팬 〖옛날에는 세 발이 달려 있었다〗;〖기계〗 스파이더(삼각대). **4** 계략 따위로 남을 함정에 빠뜨리는(유혹하는) 사람. ¶ a *spider* and a fly 농락하는 자와 농락당하는 자. ◇ **spídery** *adj.*
spíder cràb *n.* 〖동물〗거미게.
spíder hòle *n.* 저격자용 참호.
spi·der·man [spáidərmæn] *n.* (*pl.* **-men** [-mən]) 빌딩 건축장 고소(高所) 작업원; = steeplejack.
spíder mònkey *n.* 〖동물〗거미원숭이〖긴꼬리원숭이의 일종〗.
spíder wèb *n.* 거미줄(집).
spi·der·wort [spáidərwə̀:rt] *n.* 자주닭개비속(屬)〖식물〗.
spi·der·y [spáidəri] *adj.* **1** 거미(줄) 같은;〖거미줄처럼〗 가늘고 긴. **2** 거미가 많은.
spie·gel·ei·sen [spí:ɡ(ə)làiz(ə)n] *n.* U 경철(鏡鐵)〖망간이 많이 섞는 선철, 강철 제조용〗.
spiel [spi:l] *n.* 〖구어〗 U 이야기; ⓒ 연설, 호객하는 말 (pitch). — *vi.* 크게 과장하여 말하다.
spiel·er [spí:lər] *n.* **1** 〖서커스·가게 앞 따위에서〗 말로 손님을 끄는 사람, 호객꾼(barker). **2** 〖濠〗〖특히 카드놀이 따위의〗 사기꾼(swindler). **3** 〖美俗〗 구변이 좋은 사람, 〖특히 광고 담당의〗 아나운서. **4** 〖英俗〗 도박장.
spi·er [spáiər] *n.* 탐지하는 사람, 감시하는 사람; 스파이.
spiff·y [spífi] *adj.* (**spiff·i·er, spiff·i·est**) 〖俗語〗말쑥한, 멋진; 훌륭한(fine).
spif·li·cate, spif·fli- [spífləkèit] *vt.* (**-cat·ed, -cat·ing**) 〖俗語〗…을 힘으로 해치우다, 때리다(beat).
spig·ot [spíɡət] *n.* **1** 〖통의 공기구멍·주둥이 따위의〗 마개;〖통의〗 주둥이, 물꼭지, 코크. **2** 〖파이프의〗 끼워넣은 쪽, 스피곳.
***spike**[1] [spaik] *n.* **1** 대못;〖철도 선로의 침목에 박는〗 대못. **2** 〖俗〗 담장못. **3** 〖구두 바닥의〗 스파이크; (~s) 스파이크화. **4** 〖대포의〗 화문전(火門栓). **5** 새끼사슴의 외가닥 뿔. **6** 새끼 고등어. **7** 〖俗〗 총검. **8** 〖美俗〗 완고한 고교회파(高敎會派)의 사람, 교회 의식 고수주의자. **9** 〖俗〗 구빈원(救貧院).
— *vt.* (**spiked, spík·ing**) **1** …에 대못을 박다, 대못으로 고정시키다. **2** …에 스파이크를 박다. **3** 〖배구〗〖공〗을 스파이크하다, 내리박다;〖야구 따위에서〗 발을 스파이크로 상처를 입히다. **4** 〖대포 따위〗에 화문전을 하다. **5** 〖계획 따위〗를 방해하다;〖신문기사〗를 채택하지 않다. ¶ *spike* a rumor 소문의 뿌리를 뽑다. **6** 〖美俗〗〖음료〗에 술(마약)을 타다.
◇ **spíky** *adj.*
spike[2] [spaik] *n.* **1** 〖밀 따위의〗이삭; 수상화서(穗狀花序). **2** 나드. **3** 〖俗〗 *spike* oil 라벤다 기름.
spíke héel *n.* 〖여성화의〗 높고 가느다란 굽 (stiletto heel).
spike·let [spáiklit] *n.* 〖식물〗 소수상화(小穗狀花), 작은 이삭.
spike·nard [spáikna:rd, +美 -nərd] *n.* 감송(甘松)〖땅두릅류(類)의 식물〗; U 감송향.
spik·er [spáikər] *n.* **1** spike 하는 사람. **2** 배구 선수.
spik·y [spáiki] *adj.* (**spik·i·er, spik·i·est**) **1** 대못 같은. **2** 길고 끝이 뾰족한. **3** 〖英俗〗 영국 고(高)교회파의 교리(의식)를 고수하는.
spile[1] [spail] *n.* **1** 〖통 따위의〗 나무마개. **2** 〖건물 기초용의〗 말뚝, 파일(pile). **3** 〖美〗〖사탕단풍나무 따위의 수액(樹液)을 받아내는〗 삽관(挿管).

spile — *vt.* (**spiled, spil·ing**) 1 〔통 따위〕에 마개를 끼우다, 〔구멍 따위〕를 마개로 막다. 2 …에 말뚝을 박다. 3 〔통 따위〕에 주둥이를 내다, …에 삽관을 달다.

spile[2] [spail] *v.* (**spiled, spil·ing**), *n.* =spoil. * spoil 의 eye dialect(시각(視覺) 방언).

spile-hole [spáilhòul] *n.* 〔통 따위의〕 공기 구멍 (vent). (spiles).

spil·ing [spáiliŋ] *n.* ⓤ 〔집합적〕 〔땅속에 박는〕 말뚝.

***spill**[1] [spil] *v* (**spilled** or **spilt, spill·ing**) *vt.* 1 〔액체·가루 따위〕를 다시 담을 수 없도록, 〔피 따위〕를 흘리다(shed). ¶ *spill* salt 소금을 엎지르다 / *spill* the blood of a person 〜를 죽이다 / *It is no use crying over spilt milk.* 《속담》 엎지른 물은 다시 담을 수 없다, 지나간 일은 생각하지 마라. 2 …을 흩뿌리다, 살포(撒布)하다 (scatter). ¶ *spill* sand 모래를 뿌리다. 3 〔항해〕 돛에서 바람을 빼다. 4 〔구어〕 〔말·차 따위에서〕 …을 내던지다, 팽개치다, 떨어뜨리다 (...from). ¶ (〜+囗+前+名) He was *spilled* from the horse. 그는 말에서 떨어졌다. 5 〔속어〕 〔비밀 따위〕를 누설하다, 폭로하다, 〔말〕을 퍼뜨리다. — *vi.* 1 〔물 따위가〕 엎질러지다, 흘러나오다 (from ...). ¶ (〜+囗+前+名) Water *spilled from* the glass. 물이 컵에서 엎질러졌다. 2 떨어지다, 떨어져서 엎질러지다. 3 〔속어〕 비밀 따위를 누설하다, 폭로하다. 4 〔고어〕 죽다.
spill money 〔속어〕〔도박 따위에서〕 돈을 잃다.
spill the beans (or *the soap, it*) 《속어》 비밀을 누설하다.
— *n.* 1 엎지름, 엎지른 양. 2 《구어》 〔말 따위에서〕 떨어짐, 낙마. 3 〔액체 따위의〕 유출. 4 =spillway.

spill[2] [spil] *n.* 1 〔나무·대나무 따위의〕 얇은 조각 (splinter). 2 〔점화용의〕 불쏘시개, 심지. 3 〔구멍·통 따위를 막는〕 작은 마개(spile). 4 작은 금속 막대기, 핀.

spil·li·kin [spílikin] *n.* 1 =jackstraw. 2 (〜s) 《단수 취급》 jackstraw를 사용하는 놀이.

spill·o·ver [spílòuvər] *n.* 1 넘침, 넘친 것. 2 부작용, 여파. 3 〔통신〕 스필 오버〔방송 위성의 전파가 목적 지역을 넘어 주변 나라까지 도달하는 것〕.

spill·pipe [spílpàip] *n.* 〔항해〕 묘쇄관(錨鎖管) 〔묘쇄가 묘쇄 창고에서 닻으로 빠져나갈 때 지나가는 관〕.

spill·way [spílwèi] *n.* 〔댐 따위의〕 방수로(放水路).

***spilt** [spilt] *v.* spill[1]의 과거·과거 분사.

spilth [spilθ] *n.* ⓤⓒ 1 〔액체의〕 넘쳐 흐르기, 새어 나오기. 2 지스러기, 폐품. 3 여분, 나머지.

‡**spin** [spin] *v.* (**spun** or 〔고어〕 **span, spun, spin·ning**) *vt.* 1 〔실 따위〕를 잣다, 방적(紡績)하다. ¶ (〜+囗+前+名) *spin* hemp *into* yarn 삼을 자아 실로 만들다. 2 〔거미·누에 따위가〕〔실〕을 내다 ; 〔줄 따위〕를 치다. ¶ Silkworms *spin* cocoons. 누에가 고치를 친다. 3 〔팽이〕를 빙빙 돌리다, 빠른 속도로 회전시키다 (rotate). ¶ *spin* a top 팽이를 돌리다. 4 〔선반 따위로〕 …을 회전시켜 만들다. 5 〔이야기 따위〕를 만들어 내다, 장황하게 말하다, 고치를 치다. 6 오래 〔질질〕 끌다(prolong) ¶ (〜+囗+副) She *spun* the project *out* for over five months. 그녀는 그 계획을 5개월 이상이나 끌어갔다. 7 《영국어》 《보통 과거 분사형》 …을 지치게 하다, 녹초가 되게 하다. 8 《영국어》 《보통 수동형》 …을 낙제시키다, 불합격시키다. — *vi.* 1 〔팽이 따위가〕 빙빙 돌다, 빠른 속도로 회전하다. ⇨ TURN 類語 2 〔거미·누에가〕 실을 내다, 고치를 치다. 3 잣다, 방적하다. 4 질주하다(along ...); 빨리 지나가다. ¶ (〜+副) Time *spins* away. 시간은 빨리 지나간다. ¶ My head *spins*. 현기증이 난다. 6 〔항공〕 나선식 강하하다. 7 《영국어》《드물게》 낙제하다.
send a person spinning 남을 힘껏 후려치다.
spin a yarn 장황하게 이야기하다.
spin out ① 〔세월〕을 어정버정 보내다, 허송세월하다. ② 〔돈 따위〕를 오래 쓰도록 하다. 〔토론·상담 따위〕를 질질 끌다.
spin the bottle 병을 돌려서 키스 게임을 하다.
— *n.* 1 회전〔시키기〕, 〔공 따위의〕 스핀. 2 〔탈것 따위의 로〕 한바탕 달리기, 한바탕 달리기. ¶ take a *spin* in a car 자동차로 한바탕 달리다. 3 〔물리〕 〔소입자의 각(角)운동량〕. 4 〔급회전〕 하락, 강하. 5 〔항공〕 나선식 강하. 6 《구어》 특정 견해, 편견; 정보 조작.
get into a flat spin 공연히 빠지다. 〔차례 돌다.
go for a spin 드라이브하러 가다; 보트〔자전거〕로 한

spin- ⇨ SPINI-.

spi·na·ceous [spinéiʃəs] *adj.* 시금치의〔같은〕.

***spin·ach** [spínitʃ, -nidʒ / -nidʒ] *n.* 시금치.

spi·nal [spáinl] *adj.* 1 〔해부〕 척골(脊骨)의, 척주의, 척추의. ¶ *spinal* nerves 척수 신경. 2 가시의, 바늘의, 가시 모양 돌기의. 3 〔의학〕 척수 마취.
~·**ly** [-nəli] *adv.* ◇ spine *n.*

spínal cólumn *n.* 〔해부〕 척주(vertebral column).

spín contròl *n.* 《미속어》 대언론 공작, 정보 조작, 언론 조종.

spínal córd *n.* 〔해부〕 척수.

***spin·dle** [spíndl] *n.* 1 〔실을 자을 때 손에 쥐는〕 물레 가락; 방추(紡錘). ⇨ DISTAFF 그림. 2 축, 굴대. 3 a live *spindle* 회전축. 3 스핀들 〔무명실·삼실을 재는 단위〕. 4 호리호리한 사람(것). — *adj.* 물레가락 같은, 길쭉한. — *v.* (**-dled, -dling**) *vt.* …을 방추 모양으로 하다; …의 물레가락을 달다. — *vi.* 길쭉해지다, 〔식물이〕 긴 줄기로 되다. 〔가늘고 긴.

spin·dle-leg·ged [spíndl(ì)d / -lègd] *adj.* 다리가

spin·dle-legs [spíndllègz] *n. pl.* 1 가늘고 긴 다리. 2 《구어》 《단수 취급》 다리가 가늘고 긴 사람.

spin·dle-shanks [spíndlʃæŋks] *n. pl.* =spindlelegs.

spíndle síde *n.* (the 〜) 모계(母系), 어머니쪽. *cf.* spear side

spíndle trèe *n.* 화살나무과(科)의 관목.

spin·dling [spíndliŋ] *adj.* 1 가늘고 긴, 호리호리한. 2 〔가지나 줄기가〕 가늘고 길게 자라는.

spin·dly [spíndli] *adj.* (**-dli·er, -dli·est**) 방추 모양의; 가늘고 긴, 호리호리한. **-dli·ness** *n.*

spín dòctor *n.* 《미속어》 언론 대책 전문가, 언론 담당자, 홍보 요원.

spin·dri·er [spíndràiər] *n.* 〔세탁기의〕 탈수기.

spin·drift [spíndrìft] *n.* ⓤ 물보라 (spoondrift).

spin-dry [spíndrài] *vt.* …을 〔원심력으로〕 탈수하다.

***spine** [spain] *n.* 1 척추, 등뼈(backbone). 2 〔등뼈 모양의〕 돌기, 가시 모양의 돌기. 3 〔호저(豪猪) 따위〕 가시; 〔경골(硬骨) 어류의〕 지느러미가시. 4 〔식물의〕 가시. 4 〔산 따위의〕 등성이, 산마루. 5 〔제본〕 〔책의〕 등. ◇ spinal, spiny, spineless *adj.*

spined [spaind] *adj.* 척추가 있는, 등뼈가 있는; 가시가

spi·nel, -nelle [spinél, 美 spín(ə)l] *n.* ⓤ 〔광물〕 스피넬, 첨정석(尖晶石).

spine·less [spáinlis] *adj.* 1 뼈가 없는, 척추가 없는. 2 용기가 없는, 결단력이 없는. 3 가시가 없는.
~·**ly** *adv.* ~·**ness** *n.*

spi·nes·cent [spainés(ə)nt] *adj.* 1 〔식물〕 가시 모양으로 되는; 〔동물〕 가시(바늘)처럼 뾰족한; 가시가 있는(돋은). 2 〔동물〕 가시 모양의; 〔체모 따위가〕 뻣뻣한.

spin·et [spínit / spinét, -−] *n.* 1 〔16–18세기의〕 소형 하프시코드. 2 소형 피아노; 소형 전자 오르간.

spini- backbone, thorn 의 뜻의 연결형 (* 모음 앞에서는 spin- 을 쓴다). 예: *spini*ferous, *spini*form.

spi·nif·er·ous [spainífərəs] *adj.* 가시가 있는(많은).

spi·ni·form [spáinifɔ̀ːrm] *adj.* 가시 모양의.

spín·meis·ter [spínmàistər] *n.* =spin doctor.

spin·na·ker [spínəkər] *n.* 〔요트〕 큰 삼각돛.

***spin·ner** [spínər] *n.* 1 실 잣는 사람, 방적공(紡績工)(업자); 방적 기계. 2 빙빙 돌며 반짝이는 후림 미끼. 3 〔동물〕 =spinneret. 4 《영국어》 =nightjar. 5 〔미식축구〕 스피너 〔공을 가진 경기자가 상대방을 교란

시키기 위해 빙빙 도는 플레이]. **6** [서핑] 파도를 타는 도중에 뒤로 도는 동작. **7** 〖美〗홍보 요원(전문가)(spin doctor).

spin·ner·et [spínərèt] *n*. 〖동물〗[거미·누에 따위가 실을 내는] 방적(紡績)돌기.

spin·ner·y [spínəri] *n*. (*pl*. **-ies**) 방적 공장.

spin·ney, -ny [spíni] *n*. (*pl*. **-neys; -nies**) 〖英〗덤불, 잡목숲(thicket).

‡**spin·ning** [spíniŋ] *n*. ① **1** 방적 [업], **2** 후림 미끼로 물고기를 낚기, 던질낚시. **3** 급회전(rapid rotation). — *adj.* 잣는, 방적의. ◇ spin *v*.

spínning fràme *n*. 정방기(精紡機).

spínning jénny *n*. [초기의] 다축(多軸) 방적기.

spínning machìne *n*. 방적기.

spínning whèel *n*. [옛날에 실을 잣는 데 쓴] 물레.

spin-off [spínɔ̀:f / -ɔ̀f] *n*. **1** 모(母)회사 소유의 자회사 주식 배당을 모회사 주주에게 배분하기. **2** 계열사, 자회사; 지사. **3** 부산물, 파생물; 파급. **4** (~s) 〖우주〗 로켓 또는 유도 미사일을 우주 공간에서 분리하는 것. **5** [TV] 연속프로의 속편. **6** 〖속어〗정신 장애.
— *adj.* 파생적으로 발생한. ¶ *spin-off* products 부산물/*spin-off* effects 파생적 효과.

spi·nose [spáinous] *adj.* 〖생리〗[동·식물] 가시가 있는(많은); 가시 모양의. **~·ly** *adv*.

spi·nos·i·ty [spainásiti / -nɔ́s-] *n*. ①© **1** 가시가 있음. **2** 버릇없음, 가시돋친 말.

spi·nous [spáinəs] *adj.* **1** [식물의] 가시가 있는; [동물의] 침상(針狀) 돌기가 있는. **2** 가시 모양의. **3** 가시 돋친. **4** 다루기 어려운.

spin-out [spínàut] *n*. [차가] 도로에서 튀어나가기.

Spi·no·zism [spinóuzizəm] *n*. ① 스피노자의 [범신론(汎神論)] 철학. [〈네덜란드의 철학자 B. Spinoza (1632-77)의 이름]

spin stabilizàtion *n*. [로켓] 스핀 안정화(化)[로켓 등을 기축(機軸)을 중심으로 회전시켜 방향 안전성을 부여하는 일].

***spin·ster** [spínstər] *n*. **1** [결혼 적령기가 지난] 미혼 여성(old maid); [주로 법률] 미혼 여성. *cf.* bachelor **2** 실 잣는 여자. [미혼. *cf.* bachelorship

spin·ster·hood [spínstərhùd] *n*. ① 〖여성의〗 독신,

spin·ster·ish [spínstəriʃ] *adj.* 미혼 여성다운.

spin·thar·i·scope [spinθǽriskòup] *n*. 〖물리〗 스핀사리스코프[알파선의 형광판에서의 발광(發光)을 확대 관찰하는 기기].

spin the bóttle *n*.〖美〗병 돌리기 키스 놀이[병을 선회시켜 병의 아가리가 가리키는 사람의 키스를 받는 젊은이들의 놀이]. [시.

spi·nule [spáinju:l, +美 spín-] *n*. 〖동·식물〗작은 가

spin·y [spáini] *adj.* (**spin·i·er, spin·i·est**) **1** 〖동·식물〗 가시가 있는, 가시로 덮인. **2** 가시 모양의. **3** 어려움이 많은, 성가신, 귀찮은.

spíny ánteater *n*. =echidna.

spíny-héad·ed wórm [spáinihédid-] *n*. 〖동물〗 구두충(鉤頭蟲) [기생충의 일종].

spíny lóbster *n*. 닭새우.

spíny rát *n*. 고슴도치(hedgehog).

spi·ra·cle [spáirəkl, spɪ́r- / spáiər-] *n*. **1** 공기 구멍, 통풍구. **2** 〖동물〗[곤충의] 기문(氣門); [상어·가오리 따위의] 호흡공(呼吸孔); [고래류의] 분수공(噴水孔) (blowhole).

spi·rac·u·lar [spairǽkjulər, spɪ- / spaiər-] *adj*. 통기구(기문, 호흡공, 분수공)의.

spi·rae·a [spairíː(ː)ə, +英 -ríə] *n*. =spirea.

‡**spi·ral** [spáirəl] *adj.* **1** 나선형의; 나선[모양]의. **2** 소용돌이선의. **2** 나선형의 것; 나선 용수철; [철도·도로의] 환상선(環狀線). **3** 〖항공〗 나선 비행. **4** 〖미식 축구〗 스파이럴[장축을 중심으로 회전시키는 킥]. **5** 〖경제〗 연속적 변동, [악순환에 의한] 나선상 진행 과정. ¶ an inflationary(a deflationary) *spiral* 진행성 인플레이션(디플레이션). — *adj.* **1** 나선형(상)의, 소용돌이꼴의, 나선 장치의. ¶ a *spiral* staircase 나선 계단. **2** 〖기하〗 소용돌이선의. — *v*. (**-raled, -ral·ing**; 〖英〗**-ralled, -ral·ling**) *vt.* ···을 나선형(상)으로 하다, 소용돌이 모양으로 나아가게 하다. — *vi.* 나선형(상)으로 되다, 소용돌이 모양으로 나아가다. **~·ly** [-rəli] *adv*.
◇ spíre, spiráility *n*.

spíral bínding *n*. 〖공책 따위의〗 나선철(綴).

spíral nébula *n*. 〖천문〗 나선 성운.

spi·rant [spáir(ə)nt / spáiər-] *n., adj.* 〖음성〗 마찰음의 (fricative).

‡**spire**[1] [spaiər] *n*. **1** [탑 따위의] 뾰족한 꼭대기; 첨답(尖搭) (steeple). **2** 끝이 뾰족한 것 [나무의 꼭대기·뾰족한 산꼭대기 따위]. **3** [식물의] 가는 줄기(잎). **4** 절정, 정점(頂點). — *v*. (**spired, spir·ing**) *vi*. 뾰족하다, 뾰족이 솟다, 싹트다(sprout). — *vt*. ···에 첨답을 달다.
◇ spíry *adj*.

spire[2] [spaiər] *n*. **1** 소용돌이, 나선[의 한 바퀴] (spiral). **2** 〖동물〗 [고둥 따위의] 돌돌 말린 껍질 부분.

spi·re·a [spairíː(ː)ə, +英 -ríə] *n*. 〖식물〗 조팝나무속(屬)의 관

spired [spaiərd] *adj*. 끝이 가는; 첨답이 있는.

spi·reme [spáirim / spáiər-] *n*. 〖생리〗 핵사(核絲) [세포 분열 전기의 핵에 나타나는 실 모양의 것].

spi·ril·lum [spairíləm/spaiər-] *n*. (*pl*. **-ril·la** [-rílə]) 〖세균〗 스피릴룸 [대개는 수생(水生)이며, 나선상 세균의 일종].

‡**spir·it** [spírit] *n*. ① **1** 정신, 마음; 영혼(soul). *cf.* body, flesh ⇨ MIND 類語] ¶ in *spirit* 마음속으로, 내심 / to one's *spirit* 마음속까지 / the poor in *spirit* 마음이 가난한 자 / give up the *spirit* 죽다.

2 신령, 망령, 유령; 요정; 악마. ¶ the forest *spirits* 숲의 요정, the abode of *spirits* 명부(冥府) / the work of *spirits* 요정의 소행 / call up *spirits* 신령을 불러내다.

3 ① 기운(氣運), 경향, 풍조, 시세(時勢). ¶ the *spirit* of the age (or the times) 시대 정신.

4 (the S-) 신, 성령(Holy Spirit).

5 ① 기품, 마음씨, 기풍. ¶ public *spirit* 공공심(公共心) / be meek in *spirit* 마음씨가 곱다.

6 (~s) 기분(mood). ¶ in good (bad) *spirits* 기분이 좋아(언짢아) / in high(or great) *spirits* 기분좋게.

7 ① (또는 ~s) 활기, 활력, 쾌활(cheerfulness); 기력, 의기, 기개(氣槪), 용기(courage). ¶ of *spirit* 힘차게, 기개가 있는 / in low *spirits*, out of *spirits* 기운없이, 의기소침하여 / lose one's *spirits* 낙심하다 / act with *spirit* 힘차게 행동하다 / catch a person's *spirit* 남의 의기에 감동하다.

8 [정신·기질 따위로 본] 사람, 인물. ¶ a bold (generous) *spirit* 대담(관대)한 사람 / a master *spirit* 출중한 인물. [*spirit* 애교심.

9 ① 충성심, 소속 단체를 사랑하는 마음. ¶ college **10** (종종 a~) [정신적] 태도, 의도, ···하는 마음. ¶ a *spirit* of enmity 적대심 / say in a kind of *spirit* 친절한 마음에서 말하다 / The remark was made from (or in) a *spirit* of contradiction. 그 말은 반박하려는 속셈에서 한 것이었다 / He took it in a wrong *spirit*. 그는 그것을 나쁘게 받아들였다(그것에 화를 냈다).

11 ① [표면·형식에 대하여] 참뜻, 진의, 정신. *cf.* letter ¶ the true *spirit* of the law 법의 진의 / in letter and in *spirit* 형식과 정신이 모두.

12 ① (종종 ~s) 증류주(蒸溜酒), 화주(火酒) [whisky, brandy, gin 따위].

13 ① 〖주로 英〗 알코올(alcohol).

14 ① (종종 ~s) 주정, 에틸알코올; 주정제(酒精劑), 용제(溶劑), 엑스; 〖化〗 *spirits* of salt 염산.
That's the spírit ! 〖격려조〗 그대로 해라!
— *vt*. **1** ···을 기운나게 하다, ···에 활기를 불어넣다. ¶ (~+⽬+副) *spirit* a person with wine 남에게 술을 먹여 기운을 돋우다. **2** ···을 격려하다, 분발시키다(encourage); ···을 선동하다. ¶ (~+⽬+副) *spirit*

the mob *up to* revolt 군중을 선동하여 반란을 일으키게 하다. **3** …을 행방 불명이 되게 하다, 유괴하다(kidnap) (...*away, off*). ¶ (~+圉+圖) *spirit away* a girl 소녀 를 유괴하다.
◇ spíritual *adj.*

***spír·it·ed** [spíritid] *adj.* **1** 활발한(lively), 힘찬, 용기있는. ¶ a *spirited* horse 사나운 말. **2** 〖복합어를 만들어〗…의 정신을 지닌, 기질이 …한. ¶ high(low)-*spirited* 원기왕성한(기운이 없는) / mean-*spirited* 비열한 / proud-*spirited* 자존심이 강한. **~·ly** *adv.* **~·ness** *n.*

spírit gùm *n.* Ⓤ 〖가짜 수염 따위를 달 때 쓰는〗 아라비아 고무 용액.

spír·it·ing [spíritiŋ] *n.* Ⓤ **1** 요정(혼백)의 소행. **2** 영감(inspiration).

spír·it·ism [spíritìz(ə)m] *n.* = spiritualism.

spír·it·ist [spíritist] *n.* = spiritualist.

spírit lámp *n.* 알코올 램프.

spir·it·less [spíritlis] *adj.* 기운이 없는, 생기가 없는; 열의가 없는, 마음이 내키지 않는; 정신이 없는; 생명이 없는. **~·ly** *adv.* **~·ness** *n.*

spírit lèvel *n.* 알코올 수준기(水準器).

spi·ri·to·so [spìrətóusou] *adj., adv.* 〖음악〗 힘찬(차게), 활발한(하게). 〖이탈리아〗

spírit ràpper *n.* 강신술사(降神術師), 교령술사(交靈術師).

spírit ràpping *n.* Ⓤ 강신술, 교령술[혼백이 책상 따위를 똑똑 두드리는 소리를 내어 의사를 소통한다고 한다].

***spir·it·u·al** [spíritʃu(ə)l / -tju(ə)l] *adj.* **1** 영혼의, 혼백의. **2** 정신의, 정신적인. *cf.* sensual ¶ the *spiritual* man 인간의 영성(靈性)의. (성서) 회개하는 사람. **3** 신성한, 성령(聖靈)의. **4** 숭고한, 기품있는. *opp.* mundane **5** 종교〖상〗의, 종교적인(religious), 교회의(ecclesiastic), 신성한(sacred), 교회가 관장하는. ¶ a *spiritual* court 종교 재판소 / *spiritual* songs 성가. ─ *n.* **1** 흑인 영가(Negro spiritual). **2** (~s) 교회(종교) 관계의 사항. **~·ly** [-əli] *adv.* **~·ness** *n.* ♢ spírit, spirituálity *n.,* spiritualize *v.*

spir·it·u·al·ism [spíritʃu(ə)lìz(ə)m / -tju(ə)l-] *n.* Ⓤ **1** 강신설(降神說), 심령론; 강신술. **2** 〖철학〗 〖형이상학적 의미에서〗 유심론(唯心論)(idealism). *cf.* materialism **3** 정신적 특성(경향).

spir·it·u·al·ist [spíritʃu(ə)list / -tju(ə)l-] *n.* **1** 강신설(심령론)을 믿는 사람; 강신술자. **2** 〖철학〗 유심론자. **3** 정신주의자.

spir·it·u·al·is·tic [spìritʃu(ə)lístik / -tju(ə)l-] *adj.* **1** 강신설(술)의, 심령론의. **2** 〖철학〗 유심론의. **3** 정신주의의. **-ti·cal·ly** [-tikəli] *adv.*

spir·it·u·al·i·ty [spìritʃuǽləti / -tju-] *n.* Ⓤ⒞ (*pl.* -ties) **1** 정신적(영적)임, 정신성, 영성. *cf.* sensuality, materiality **2** 영적인 것, [영혼], 정령(精靈). **3** (종종 -ties) 교회(성직자)의 수입(재산).

spir·it·u·al·i·za·tion [spìritʃu(ə)lizéiʃ(ə)n / -tjuəlai-] *n.* Ⓤ 영화(靈化), 정화; 정신적 의의(意義)의 부여.

spir·it·u·al·ize [spíritʃu(ə)làiz / -tju(ə)l-] (* 〖영〗에서는 spiritualise로도 쓴다) *vt.* (-ized, -iz·ing) **1** …을 정신적으로 하다; 〖마음·인격 따위를〗 정화하다, 고상하게 하다. **2** …에 정신적 의의를 부여하다; 정신적으로 해석하다. *cf.* literalize

spir·i·tu·el, -tu·elle [spìritʃuél / -tju-] *adj.* **1** 〖여성의 태도 따위가〗 세련된; 우아한, 품위있는; 기지(재치)가 있는. **2** 경쾌한, 아름다운. 〖F *spirituel*〗

spir·it·u·ous [spíritʃuəs / -tju-] *adj.* **1** 알코올〖성〗의, 알코올 성분을 〖많이〗 함유한(alcoholic). **2** 〖주류〗 증류한(distilled).

spi·ro-¹ respiration 의 뜻의 연결형. 예: *spíro*graph.

spi·ro-² spiral, coil 의 뜻의 연결형. 예: *spíro*chete, *spíro*id(spiral 비슷한).

spi·ro·chete, -chaete [spáiərəkìːt / spáiər-] *n.* 〖세균〗 스피로헤타, 나선균.

spi·ro·graph [spáiərəgrǽf / spáiərəgràːf] *n.* 호흡 운동 기록기, 호흡 묘사기.

spi·ro·gy·ra [spàiərədʒáirə / spàiərədʒáiərə] *n.* 해감 (수면 속(屬)의 식물. 〖광제, 호흡제.

spi·rom·e·ter [spairɑ́mitər / spai(ə)rɔ́m-] *n.* 폐활량계.

spirt [spəːt] *v., n.* = spurt.

spir·y¹ [spáiri / spáiəri] *adj.* (**spir·i·er, spir·i·est**) **1** 첨탑(尖塔) 모양의, 끝이 가늘고 뾰족한. **2** 첨탑이 많은. 〖선형의, 소용돌이의.

spir·y² [spáiri / spáiəri] *adj.* (**spir·i·er, spir·i·est**) 나선형의.

‡**spit¹** [spit] *v.* (**spit** *or* 〖특히 영〗 **spat, spit·ting**) *vi.* **1** 침을 뱉다; 〖비유적〗 모욕하다. ¶ *spit at* (*or on*) …에 침을 뱉다, …을 모욕하다 / *spit in* one's *hands* 손에 침을 바르고 벼르다 // No *spitting.* 〖게시〗 침뱉지 마시오. **2** 〖고양이 따위가 화가 나서〗 으르렁거리다(*at*...). **3** 〖끓는 물·기름 따위가〗 부글부글〖지글지글〗 소리내다; 〖양초 따위가〗 찌질 소리내다. **4** 〖비·눈 따위가〗 후두득 내리다. ─ *vt.* **1** 〖침·피·음식물 따위를〗 토하다. ¶ The kettle is *spitting* boiling water. 주전자에서 뜨거운 물이 넘치고 있다. **2** 〖욕지거리·독설 따위를〗 내뱉다, 퍼붓다. ¶ *spit threats* 위협하다 // (~+圉+圃+圀) *spit* one's *words at* …을 향해 내뱉듯이 말하다 / (~+圉+圃) *spit it out* (속어) 내뱉듯이 말하다, 숨김없이 〖깡그리〗 말하다. **3** 〖도화선 따위〗에 점화하다.

spit up 〖음식물〗을 게우다.
─ *n.* **1** Ⓤ 침(saliva); 〖곤충이 내뿜는〗 거품. **2** 침뱉기. **3** 〖비·눈 따위가〗 후두득 내리기. **4** (구어) 그대로 닮은 것. **5** 짧은 거리.

be the dead (*or very*) *spit of; be the spit and image of* (구어) …을 그대로 닮다. 〖꼴.

spit and polish 〖영〗 〖병사의〗 닦는 작업; 표면적으로 깨

spit² [spit] *n.* **1** 〖고기를 구울 때 쓰는〗 꼬챙이, 쇠꼬챙이. **2** 모래톱; 갑(岬), 곶. ─ *vt.* (**spit·ted, spit·ting**) **1** …을 쇠꼬챙이에 꿰다. **2** …을 찌르다.

spit³ [spit] *n.* (주로 영) 〖가래〗의 날만큼의 깊이, 한 가래분의 흙.

spit·ball [spítbɔ̀ːl] *n.* **1** 종이를 씹어서 동그랗게 뭉친 것. **2** 〖야구〗 스핏볼〖공의 일부에 침을 칠해서 던지는 변화구〗.

spitch·cock [spítʃkɑ̀k / -kɔ̀k] *n.* 배를 갈라서 꼬치구이한 뱀장어. ─ *vt.* **1** 〖뱀장어 따위를〗 꼬치구이하다. **2** …을 학대하다.

spít cùrl *n.* (미구어) 이마(볼 따위)에 찰싹 붙인 곱슬 머리. 〖가끔 침을 발라 붙이는 데서〗

‡**spite** [spait] *n.* Ⓤ⒞ 악의, 심술; 원한, 앙심, 유한, ⇒ MALICE 顉語 ¶ from (*or* out of, in) *spite* 앙갚음으로, 화풀이로 / vent one's *spite* upon a person 남에게 화풀이를 하다 / I have a *spite* against him. 나는 그에게 앙심을 품고 있다.

in spite of …에도 불구하고, …을 무릅쓰고. ¶ laugh *in spite of* oneself 무심코 웃다 / We're going to get married, *in spite of* the opposition of her family. 그녀 가족의 반대에도 불구하고 우리는 결혼할 작정이다.
─ *vt.* (**spit·ed, spit·ing**) **1** …에게 심술을 부리다, …의 훼방을 놓다. **2** …을 괴롭히다, 귀찮게 하다(annoy).

cut off one's *nose to spite* one's *face* ⇒ NOSE.
◇ spíteful *adj.* 〖<〖DE〗SPITE〗

spite·ful [spáitfəl] *adj.* 악의 있는, 심술궂은(malicious); 앙심을 품은. **~·ly** [-fəli] *adv.* **~·ness** *n.*

spit·fire [spítfàiər] *n.* **1** 화를 잘 내는 사람, 성미가 급한 사람; 잔소리가 심한(성미가 급한) 여자. **2** 불을 뿜는 것〖대포·화산 따위〗, 불을 뿜는 오둑이〖화약을 사용하는 장난감〗. **3** 성난 고양이. **4** (S-) 제2차 세계 대전에 사용된 영국의 전투기.

spit·ter¹ [spítər] *n.* **1** 침을 뱉는 사람(동물). **2** (구어) 〖야구〗 = spitball 2.

spit·ter² [spítər] *n.* 뿔이 아직 갈라지지 않은 어린 사슴(brocket). 〖image〗.

spítting ímage *n.* (구어) 그대로 닮은 것(spit and

spit·tle [spítl] n. ① 1 [뱉은] 침. 2 [거품벌레의] 거품.
spit·tle·bug [spítlbʌg] n. = froghopper.
spit·toon [spitúːn] n. 타구(唾具) (cuspidor).
spitz [spits] n. 스피츠 [포메라니아 종의 개].
spitz·en·burg [spíts(ə)nbə̀ːrg] n. [미국산(産)] 겨울 사과.
spiv [spiv] n. 《英구어》 [일정한 직업 없이] 나쁜 꾀로 살아가는 사람, 협잡꾼; 암거래 상인.
spiv·vy [spívi] adj. 《英구어》 겉만 번지르르한, 협잡꾼 하는.
splanch·nic [splǽŋknik] adj. 내장(內臟)의.
splanch·nol·o·gy [splæŋknάlədʒi / -nɔ́l-] n. ① 내장학.

‡**splash** [splæʃ] vt. 1 [물·흙탕] 을 튀기다, 튀겨 끼얹다 (...about, over); 튀겨서 더럽히다(적시다). ¶ (~+목/+전+명) splash a person *with* mud 남에게 흙탕을 튀기다 / splash dirty water *on* a person 남에게 흙탕물을 튀기다. 2 [물 따위가] ...에게 튀다. ¶ The dirty water *splashed* her dress. 흙탕물이 그녀의 옷에 튀었다. 3 철벅철벅 소리를 내면서 [튀기면서] ...하다. ¶ (~+전+명) They *splashed* their way *up* the brook. 그들은 철벅철벅 소리를 내면서 시내를 거슬러 올라갔다.
— vi. 1 튀다, 튀기다; 튀어 흩어지다. ¶ (~+부) (~+전+명) The mud *splashed up* to the windshield. 흙탕이[자의] 앞유리에까지 튀었다. 2 철벅철벅 소리를 내면서 [튀기면서] 가다(나아가다), 텀벙 떨어지다(*into*...). ¶ (~+전+명) The rain *splashed against* the window. 비가 후두둑 창문에 들이쳤다.
splash down [우주선이] 착수(着水)하다.
— n. 1 튀기기; 튀기는 소리, 철벅철벅[텀벙] 하는 소리. ¶ with a *splash* 텀벙 하고 소리를 내며, 2 [흙탕·흙탕물 따위의] 튄 것, 얼룩. 3 얼룩무늬, 반점(patch). 4 《구어》 [위스키 등에 타는] 소량의 소다수.
make (or *cut*) *a splash* 《구어》 깜짝 놀라게 하다, 평판이 자자해지다; 텀벙 하는 소리를 내다.
a splash headline [신문의] 큼직한 제목.
◇ spláshy adj.
splash·board [splǽʃbɔ̀ːrd / -bɔ̀d] n. [자동차 따위의] 물받이 (dashboard); [배 따위의] 물보라받기 (washboard).
splash·down [splǽʃdàun] n. [우주선의] 착수(着水).
splash·er [splǽʃər] n. 1 [물 따위를] 튀기는 사람 [것]. 2 [자동차 따위의] 흙받기(splashboard).
splásh guàrd [자동차 뒤쪽의] 흙받기.
splash·y [splǽʃi] adj. (splash·i·er, splash·i·est) 1 튀기는; 흙탕이 튀는, 물보라를 일으키는; 철벅철벅 소리내는. 2 진창의. 3 얼룩(반점)투성이의. 4 《구어》 야단스러운, 눈에 띄는(showy).
splat[1] [splæt] n. [특히 의자 등받이의] 세로로 댄 널빤지.
splat[2] [splæt] n. 물이 튀거나 물기 있는 것이 바닥 위에 던져졌을 때의 철썩(찰싹) 하는 소리.
splat·ter [splǽtər] vt. [물·흙탕 따위]를 튀기다 (splash). — vi. [물·흙탕물 따위가] 튀기다. — n. 튀기기.
splat·ter·dash [splǽtərdæ̀ʃ] n. 야단 법석, 소동 (noise).
splay [splei] vt. 1 ...을 펼치다, 확장하다. 2 ...을 비스듬하게 하다, ...에 사면(사각)을 만들다. 3 [건축] [창문·출입구 따위]에 모퍼치를 하다, ...의 내부가 접히게 하다. 4 ...을 탈구(脫臼)시키다(dislocate). — vi. 비스듬하게 되다; 퍼지다. — adj. 1 바깥쪽으로 벌어진. 2 보기흉한(awkward). 3 비스듬한(oblique), 뒤틀린. [건축] 사면(斜面), 모퍼치. [splay]
splay·foot [spléifùt] n. (pl. -feet) 편평족(扁平足), 마당발, 외반족(外反足). — adj. 편평족의, 보기 흉한.
splay·foot·ed [spléifùtid] adj. = splayfoot.
spleen [spliːn] n. 1 [해부] 비장(脾臟). 2 ① 기분이 언짢음 (ill humor), 성미가 까다로움, 악의, 원한. 3 ①

《고어》 우울(melancholy).
spleen·ful [splíːnfəl] adj. 불쾌한, 성미가 급한, 심술궂은. ~**ly** [-fəli] adv. ~**ness** n.
spleen·ish [splíːniʃ] adj. = spleenful.
spleen·wort [splíːnwə̀ːrt] n. 양치 식물의 일종; [특히] 차꼬리고사리.
spleen·y [splíːni] adj. (spleen·i·er, spleen·i·est) = spleenful.
splen- ⇒ SPLENO-.
splen·dent [splénd(ə)nt] adj. [태양 따위가] 빛나는 (shining); [금속 따위가] 광택이 있는(glossy); 눈부신, 휘황찬란한(brilliant).

‡**splen·did** [spléndid] adj. 1 훌륭한, 화려한, 장려(壯麗)한, 호화로운, 당당한. ¶ a *splendid* palace 화려한 궁전.

【類語】 **splendid** 광휘·아름다움·우수함으로 남을 감탄시킬 정도의: a *splendid* diamond(scientist) 찬연히 빛나는 다이아몬드(굉장한 과학자). **gorgeous** 다채롭고 대단한 매력으로 감탄을 자아내는: a *gorgeous* palace 호화찬란한 궁전. **glorious** 번쩍번쩍 빛나서 아름다운, 또는 걸출하여 칭찬을 받거나 명성을 얻을 가치가 있는: a *glorious* morning 광영의 아름다운 아침. **sublime** 헤아릴 수 없을만큼 품위있는 아름다움·힘 따위로 가득 찬: the *sublime* shape of Mt. Halla 한라산의 숭고한 모습. **superb** 생각할 수 있는 한 최고의: a *superb* performance 최고의 연기.

2 (구어) 탄복할만한(admirable), 걸출한. ¶ a *splendid* achievement 위대한 업적 / a *splendid* victory 대승리.
3 (구어) 멋있는, 즐거운(fine). ¶ have a *splendid* time 즐거운 시간을 보내다.
~**ly** adv. ~**ness** n. ◇ spléndor n.
splen·dif·er·ous [splendífərəs] adj. 《구어》《종종 농담》 훌륭한(splendid), 화려한(magnificent).

‡**splen·dor**, 《英》 -**dour** [spléndər] n. ① 1 화려함, 장관(壯觀). 2 화려(華麗)함(magnificence). 2 [명성 따위의] 탁월함; 영예, 영광(glory). 3 빛남, 광채(brilliance). ¶ the *splendor* of the sun 태양의 빛남 / in full *splendor* 번쩍번쩍 빛나서
◇ spléndid, spléndorous adj.
splen·dor·ous [splénd(ə)rəs] adj. 번쩍번쩍 빛나는, 찬란한.
sple·nec·to·my [splinéktəmi] n. ①② (pl. -mies) [외과] 비장 절제[술].
sple·net·ic [splinétik] adj. 1 비장(脾臟)의(splenic); 비장병의. 2 성미가 까다로운, 성미가 급한, 짓궂은(spiteful). — n. 화를 잘 내는(성미가 까다로운) 사람, 성미가 급한 사람. -**i·cal·ly** [-ikəli] adv.
splen·ic [splíːnik, splén-] , **splén·i·cal** [-kl] adj. 비장의. ¶ *splenic* fever 비장열(脾脫疽).
sple·ni·tis [splináitis] n. ① [의학] 비염(脾炎).
sple·ni·us [splíːniəs] n. (pl. -ni·i [-niài]) [해부] 목덜미 양쪽에 있는 판상근(板狀筋).
sple·ni·za·tion [spliːnizéi(ə)n, splèn- / -naiz-] n. ① [병리] 비장화(脾臟化) [공기의 결핍과 충혈 때문에 폐가 비장의 성상(性狀)을 지니게 되는 일].
spleno- spleen 의 뜻의 연결형 (* 모음 앞에서는 splen- 을 쓴다). 예: *splenology* (비장학), *splenoid* (비장 모양의).
splice [splais] vt. (**spliced, splic·ing**) 1 [끝과 끝을 풀어서] [밧줄 따위]를 꼬아 잇다. 2 [재목 따위]를 잇다, 겹쳐 잇다. 3 《속어》 ...을 결혼시키다. ¶ get *spliced* 결혼하다. [splice 1]
splice the main brace ⇒ MAIN BRACE.
— n. 1 [밧줄 따위의] 꼬아 잇기, [재목 따위의] 겹쳐 잇기; 이어서 맞춘 것, 접목. 2 《속어》 결혼.
splic·er [spláisər] n. 테이프 접착기.

spline [splain] *n.* 1 [나무·금속 따위의] 가늘고 긴 박판, 판금(板金). 2 운형(雲形) 자. 3 [기계] 스플라인, 키 홈[자바퀴와 착축이 함께 움직이도록 하기 위한 홈]; [건축] 임시 장부 촉. — *vt.* (**splined, splining**) …에 스플라인을 내다.

splint [splint] *n.* 1 [바구니 따위를 짤 때 쓰는] 얇은 나무오리; 얇게 벗진 판자; [식물의] 변재(邊材). 2 [접골용의] 부목(副木). 3 [獸醫] 관골류(管骨瘤), 비골(腓骨). 4 [갑옷 따위의] 미늘. — *vt.* …에 부목을 대다.
splint bòne *n.* 비골(fibula).
splint còal *n.* [U] 촉탄(燭炭) (cannel coal).

*****splin·ter** [splíntər] *n.* 1 [나무나 돌의] 부스러기, 파편; [나무나 대(竹) 따위의] 가시. ¶ *into splinters* 산산조각으로. 2 [정치·종교 따위의] 분파(splinter group). — *vt.* …을 찢다, 쪼개다.
— *vi.* 찢어지다, 쪼개지다.
— *adj.* [단체 따위에서] 분리한; 당파의.
◇ **splíntery** *adj.*

splínter bàr *n.* [마차 따위의 용수철을 받치는] 가로장.
splínter dèck *n.* [항해] 탄편(彈片) 방어 강갑판.
splínter gròup (pàrty) *n.* 분파, 소수파.
splin·ter-proof [splíntərprùːf] *adj.* 탄편을 막는.
— *n.* 탄편 방어 장치.

splin·ter·y [splíntəri] *adj.* 산산이 부서진 조각의, 파편의. 2 찢어지기(쪼개지기) 쉬운. 3 파편투성이의.

‡**split** [split] *v.* (**split, split·ting**) *vt.* 1 …을 [세로로] 쪼개다, 빠개다, 자르다. ⇒ TEAR [類語] ¶ *split* wood 나무를 쪼개다 // (~+目+前+名) *split* a log *into* three 통나무를 세 가닥으로 쪼개다 / *split* [off] pieces *from* a pine cone 솔방울에서 한 조각씩 떼어 내다 / (~+目+補) *split* peas open 콩을 까다. 2 …을 나누다, 분할하다(divide); …을 분담하다(share). ¶ *split* profits 이익을 분배하다 / *split* a job 일을 분담하다 / *split* one's vote (*or* ticket) 《美政》 분할 투표를 하다 // (~+目+前+名) *split* a bottle of wine with a friend 한 병의 술을 친구와 나누어 마시다. 3 [단체·정당 따위]를 분열시키다, 내분을 일으키다. ¶ (~+目+前+名) *split* a party *into* three factions 당을 셋으로 분열시키다. 4 [물리·화학] [분자]를 원자로 분열시키다, [원자]를 핵분열시키다. 5 《속어》 (비밀 따위)를 누설하다, 밀고하다(betray). — *vi.* 1 [세로로] 쪼개지다, 갈라지다, 파열하다(break) (*off, up*); [둘로] 쪼개지다. ¶ (~+補) Peas *split* open when they are roasted. 콩을 볶으면 터진다. 2 [단체 따위]이 분열하다, 분리하다, 사이가 틀어지다(separate). ¶ (~+前+名) *split into* two on the question 그 문제로 둘로 분열하다 / *split with* one's companions 동료와 사이가 틀어지다. 3 《구어》 [이익]을 나누어 가지다(share) (*with*…). 4 《속어》 떠나다, 돌아가다(leave); 도망치다. 5 《英속어》 밀고하다, 배반하다(*on, upon*…).
be split in twó 《구어》 [사랑과 미움 따위에] 상반되는 감정으로 괴로워하다.
split a person's èars 남을 귀에 거리게 만들다.
split háirs (*or a hàir, stràws, wórds*) 극단적으로 세밀하게 구별하다; 하찮은 일을 시끄럽게 말하다.
split ón (*or upòn*) *a róck* 난파(難破)하다; 분열되다.
split one's sídes 포복절도하다 (laugh uncontrollably).
split the dífference ⇒ DIFFERENCE.

— *n.* 1 찢어지기, 쪼개짐. 2 찢어진 틈, 쪼개진 틈, 금. 3 쪼개진 조각, 파편, 단편. 3 (~s) 광주리 제조용의 쪼갠 버들가지. 4 [단체·정당 따위의] 분열, [동료간의] 불화; 분파, 분리파. ¶ a *split in* the cabinet 내각의 분열. 5 《구어》 얇게 썬 과일과 시럽을 곁들인 아이스크림. 6 [위스키·소다수 따위의] 반 잔, 작은 병. 7 《구어》 [소득 따위의] 몫, 분할. 8 (종종 ~s) 두 다리를 180도로 벌리고 앉는 곡예의 한 가지. 9 [볼링] 스플릿[스페어 잡기가 어려운 핀의 상태].
at full split 《속어》 전속력으로, 황급히.
in a split sécond 눈 깜짝할 사이에.
run like split 《美》 전속력으로 달리다.
— *adj.* 1 쪼개진, 찢어진. 2 분열한, 분리된.

split decísion *n.* [권투] 레퍼리와 심판 전원이 일치하지 않는 판정.
split énd *n.* 1 [미식축구] 스플릿 엔드[스크럼 대형에서 몇 야드 밖으로 나가 있는 공격측 전위 선수]. 2 [머리털이] 갈라진 끄트머리.
split infínitive *n.* [문법] 분리 부정사[to- 부정사 사이에 부사어구가 들어 있는 형태. 예: to really understand]. ¶ …층으로 나뉜[집].
split-lev·el [splítlévl] *adj.,n.* [건축] 1·2층과 중간 2
split péa *n.* (~s) [수프용의] 말린 완두콩.
split personálity *n.* 1 = schizophrenia. 2 [U] 이중 인격.
split rún *n.* [광고] 스플릿 런[동일 제품에 대해 몇 가지 서로 다른 광고를 사용하는 일].
split-scréen technìque [splítskríːn-] *n.* [영화·TV] 분할 스크린 기법[화면을 분할하여 2개 이상의 영상을 동시에 영사하는 기법].
split sécond *n.* 순식간(instant).
split shíft *n.* 도중에 상당한 휴식 시간을 둔 2교대제.
splits·ville [splítsvil] *n.* [U] 《속어》 이혼.
split·ter [splítər] *n.* 1 쪼개는 사람(기구), 찢는 사람(기구). 2 분열파.
split tícket *n.* [美政治] 분할 투표[2당 이상의 대립하는 정당의 후보자에 대한 분할 연기식(連記式) 투표]. *cf.* straight ticket
split·ting [splítiŋ] *adj.* 1 찢는, 찢어지는, 쪼개는, 쪼개지는. 2 《구어》 포복절도할. 3 [통증 따위로 머리가] 빠개질 듯한, 몹시 아픈. ¶ My head is *splitting*. 머리가 빠개질 듯이 아프다. — *n.* (~s) 쪼개짐[찢어진] 것.
split-up [splítʌp] *n.* 분할; 주식 분할.
splodge [splɑdʒ/splɔdʒ] *n., v.* (**splodged, splodg·ing**) 《英》 = splotch. 2 [U] 《英속어》 금전.
splosh [splɑʃ/splɔʃ] *v.* = splash. — *n.* 1 = splash.
splotch [splɑtʃ/splɔtʃ] *n.* 큰 반점, 오점, 얼룩.
— *vt.* …에 큰 반점(얼룩)을 만들다. — *vi.* 얼룩지다, 더러워지다.
splotch·y [splɑ́tʃi/splɔ́tʃi] *adj.* (**splotch·i·er, splotch·i·est**) 반점(얼룩)이 있는, 더러워진.
splurge [spləːrdʒ] 《美구어》 *v.* (**splurged, splurg·ing**) *vi.* [돈을] 마구 쓰다; 과시하다, 허세를 부리다.
— *vt.* [돈]을 물쓰듯 하다. — *n.* [U][C] 자랑하기, 과시; 흥청망청 돈을 쓰기.
splut·ter [splʌ́tər] *v., n.* = sputter.
Spode, spode [spoud] *n.* [U] 스포드 도자기(Spode ware) [영국의 도자기 제조가 Josiah Spode (1754-1827) 가 창시한 도자기].
spod·u·mene [spɑ́dʒumìːn/spɔ́dju-] *n.* [U] [광물] 리티아 휘석(輝石) [리듐의 중요 광석].
spof·fish [spɑ́fiʃ/spɔ́fiʃ] *adj.* 《속어》 공상스러운, 안달복달하는, 방정떠는.

‡**spoil** [spoil] *v.* (**spoiled** [spoild, spoilt] *or* **spoilt, spoil·ing**) *vt.* 1 …을 망쳐놓다, 손상하다, 상하게 하다, 못쓰게 만들다. ⇒ INJURE [類語] ¶ The movement was *spoiled* by the radicals. 그 운동은 과격파 때문에 망쳐버렸다 / The plan was *spoilt* by the rain. 계획은 비로 잡쳐 버렸다 / He *spoilt* the fun of the company by his stinging irony. 그는 신랄한 야유로 좌석을 불쾌하게 만들었다 / Too many cooks *spoil* the broth. 《속담》 요리사가 지나치게 많으면 수프를 망친다, 사공이 많으면 배가 산으로 올라간다.
2 너무 귀여워하여 …을 버리다, 못쓰게 만들다, 우쭐거리게 하다. ¶ *spoil* a child by indulgence 응석을 받아주어 성격을 버려놓다 / a *spoiled* child 응석둥이, 버릇없는 아이 / Spare the rod and *spoil* the child. 《속담》 매를 아끼면(꾸짖을 때 꾸짖지 않으면) 아이를 망친다[←잠언(箴言) (Prov.) 13 : 24] // (~+目+前+名)

spoil a person *with* praise 남을 칭찬하여 우쭐거리게 하 3《英속어》〔사람〕을 죽이다. 4 《고어》(※ 이 뜻일 때의 과거·과거 분사는 **spoiled**)…으로부터 빼앗다, 강탈하다(rob), 약탈하다(plunder)(…*of*). ¶ (~+圓+前+名) **spoil** a person *of* goods 남으로부터 물건을 빼앗다.
— *vi.* **1** 〔음식물 따위가〕 나빠지다, 못쓰게 되다, 상하다, 썩다. ⇨ DECAY[類語] ¶ Vegetables and fruits soon *spoil* in warm weather. 채소와 과일은 따뜻하면 쉬 상한다. **2** 약탈하다(plunder), 강탈하다(rob). **3** 〔진행형으로〕 갈망하다, 몹시 …하고 싶어하다(*for*…). ¶ (~+前+名) They are *spoiling for* a fight. 그들은 싸우고 싶어 안달이다.
spoil the Egyptians 적의 물건을 사정없이 빼앗다〔← 출애굽기〕(Exod.) 12 : 36.
— *n.* **1** 〔종종 ~s〕 약탈품, 노획품, 전리품(booty); 《고어》 노획, 약탈. ¶ the *spoils* of war 전리품. **2** (~s)《美》〔선거에 이긴 정당이 마음대로 할 수 있는〕이권, 관직, 관직에 따른 부수입; (~s) 〔노력 따위의〕성과, 뜻밖의 발굴물, 수집품. **3** 〔준설기 따위로 채굴한〕흙, 토사, 암석.
◇ spóilage *n.*

spoil·a·ble [spɔ́iləbl] *adj.* 못쓰게 만드는, 못쓰게 되는.
spoil·age [spɔ́ilidʒ] *n.* ⓤ **1** 못쓰게 하기(되기), 손상, 〔음식물의〕부패. **2** 망가진 물건, 손상된 물건; 〔인쇄〕인쇄하다가 버린 종이.
spoil·er [spɔ́ilər] *n.* **1** 망쳐놓는 사람(것); 응석을 받아주는 사람. **2** 약탈자, 강탈자. **3** 〔항공〕 스포일러 〔여객기의 경우가 속도를 늦추기 위한 장치〕. **4** 《美》 방해 입후보자. **5** 불법 더빙(녹화, 녹음) 방지 장치. **6** 〔언론〕 김을 빼는 기사.
spóiler párty *n.* 《美》 방해 정당〔2대 정당의 한쪽을 선거에서 방해하기 위해 결성되는 정당〕.
spoils·man [spɔ́ilzmən] *n.* (*pl.* **-men** [-mən])《美》 엽관 운동자, 이권 운동자〔자기의 이익을 위해 정당을 지지하는 사람〕.
spoil·sport [spɔ́ilspɔ̀ːrt / -spɔ̀ːt] *n.* 남의 놀이를 훼방놓는 사람, 남의 흥을 깨뜨리는 사람.
spóils sýstem *n.* 《美》 엽관제〔정권을 잡은 정당이 승리의 보수로서 관직이나 기타 이권을 당원에게 배분하는 일〕.
spoilt [spɔilt] *v.* spoil의 과거·과거 분사의 하나.
spoke[1] [spouk] *n.* **1** 〔차바퀴의〕살, 스포크. **2** 〔방해〕타륜(舵輪)의 손잡이. **3** 〔사다리의〕발판, 단(段). **4** 〔자동차의〕바퀴쐐기(chock).
put (or *thrust*) *a spoke in a person's wheel* 남을 방해하다(훼방놓다).
— *vt.* (**spoked, spok·ing**)〔차바퀴〕에 살을 달다; …에 바퀴쐐기를 걸다(대다). [speak의 과거 분사.
*****spoke**[2] [spouk] *v.* speak의 과거형의 하나;《고어》
‡**spo·ken** [spóuk(ə)n] *v.* speak의 과거·과거 분사의 하나.
— *adj.* **1** 입으로 말하는, 구술(口述)의 (*cf.* written); 구어(체)의(colloquial)(*cf.* literary). ¶ a *spoken* protest 구두에 의한 이의 제기 / a *spoken* title 〔영화의〕회화 자막 / *spoken* English 구어 영어. **2** 〔복합어를 만들어〕 말솜씨가 …한, ¶ fair-*spoken* 구변이 좋은/plain-*spoken* 노골적으로 말하는.
spoke·shave [spóukʃèiv] *n.* 바퀴살 자귀, 복도(輻刀) 〔둥근 막대기를 만들거나 곡면을 깎는 데 쓴다〕.
*****spokes·man** [spóuksmən] *n.* (*pl.* **-men** [-mən]) 대변인, 스포크스맨; 대표자.
spokes·per·son [spóukspə̀ːrs(ə)n] *n.* = spokesman 〔여권 신장을 이유로 man을 피한 표현〕. 예: chairman 을 chair*person*이라 쓴다.
spokes·wom·an [spóukswùmən] *n.* (*pl.* **-wom·en** [-wìmin]) spokesman의 여성형. [로(의).
spoke·wise [spóukwàiz] *adv., adj.* 방사상(放射狀)으
spo·li·ate [spóulièit] *vt., vi.* (**-at·ed, -at·ing**) …을 빼앗다, 강탈하다 (약탈)하다.

spo·li·a·tion [spòuliéiʃ(ə)n] *n.* ⓤ **1** 약탈, 강탈. **2** 〔교전중인 국가에 의한 중립국 선박의〕나포(拿捕). **3** 〔법률〕〔어음·유서 따위의〕문서 파기. **4** 〔교회법〕교회 재산 횡령.
spo·li·a·tor [spóulièitər] *n.* 약탈(강탈)자.
spon·da·ic [spɑndéiik/spɔn-], (**spon·da·i·cal** [-ik(ə)l]) *adj.* 〔韻律〕 장장격(長長格)의; 강강(强强)격의, 양양(揚揚)격의.
spon·dee [spɑ́ndiː / spɔ́n-] *n.* 〔韻律〕〔고전시의〕 장장격〔두 장음절이 계속되는 시각(詩脚)〕;〔영시〔英詩〕의〕 강강(양양)격.
spon·du·licks, -du·lix [spɑndúːliks / spɔn-] *n. pl.* 《美 속어》 금전, 돈(money).
spondyl- vertebra의 뜻의 연결형. 예: *spondyl*itis.
spon·dy·li·tis [spɑ̀ndiláitis / spɔ̀n-] *n.* 〔병리〕 척추염.
‡**sponge** [spʌndʒ] *n.* **1** 해면동물. **2** ⓒ 해면, 스펀지. **3** ⓒⓤ 해면질(모양)의 것. **4** ⓒ 《외과》 솜을 채운 멸균 가제. **5** ⓤⓒ 《요리》 빵효모를 넣어서 부풀린 반죽, 푸석푸석한 과자. **6** 〔발사 후 대포의 내부를 소제하는〕세간(洗桿), 소간(掃桿). **7** 지식 따위를 받아들이는 힘이 있는 사람. **8** 《구어》 식객. **9** 《구어》 술꾼, 술고래(drunkard).
have a sponge down 해면을 써서 몸을 씻다.
pass the sponge over …을 해면으로 훔치다, …을 깨끗이 닦다.
throw (or *toss*) *up* (or *in*) *the sponge* 〔권투에서 졌다는 신호로〕 해면을 던지다; 패배를 인정하다, 항복하다.
— *v.* (**sponged, spong·ing**) *vt.* **1** …을 해면으로 닦다(훔치다), 씻어내다 (… *off, away, out, down*). ¶ (~+圓+前) **sponge** one's body 스펀지로 몸을 닦다 / *sponge away* an unpleasant memory 불쾌한 추억을 잊어버리다. **2** …을 해면으로 빨아들이다(… *up*). ¶ (~+圓+前+名) **sponge** *up* water 물을 빨아들이다. **3** 《구어》〔남의 순진함·우정 따위에 편승하여〕…을 얻다, 뜯어내다, 빌붙다. ¶ *sponge* a dinner 식사를 뜯어먹다.
— *vi.* **1** 해면을 채집하다. **2** 〔해면 따위가〕 빨아들이다. **3** 《구어》 뜯어내다, 빌붙다; 기식하다, 식객이 되다 (*on, upon* …).
◇ spóngy *adj.*
spónge bàg *n.* 《英》〔플라스틱제 휴대용〕세면 도구 주머니.
spónge bàth *n.* 젖은 스펀지나 수건으로 몸을 닦기.
spónge càke *n.* ⓤⓒ 스펀지 케이크〔카스텔라의 일종〕.
spónge clòth *n.* ⓤⓒ 〔하복 따위의〕 울이 굵[은 면직물].
spónge cùcumber *n.* 수세미 오이(sponge gourd).
sponge-down [spʌ́ndʒdàun] *n.* 〔샤워나 탕에 들어가지 않고〕 젖은 스펀지(타월)로 몸을 닦기.
spónge gòurd *n.* 수세미외(dishcloth gourd).
spong·er [spʌ́ndʒər] *n.* **1** 스펀지로 씻는(빨아들이는) 사람(것). **2** 《구어》 기식자, 식객. **3** 해면 채취자(선박).
spónge rúbber *n.* ⓤ 스펀지 고무.
spong·i·ness [spʌ́ndʒinis] *n.* ⓤ 해면상(狀), 해면질.
spóng·ing hòuse [spʌ́ndʒiŋ-] *n.* (*pl.* **-hous·es** [-hàuziz]) 〔英역사〕 채무자 구류소〔빚을 갚지 못하는 사람을 투옥하기 전에 일시적으로 감금하여 반제할 여유를 주던 곳〕.
*****spon·gy** [spʌ́ndʒi] *adj.* (**-gi·er, -gi·est**) **1** 해면의, 해면상(질)의. **2** 작은 구멍이 많은(porous). **3** 흡수력(있는). ◇ sponge *n.*
spon·sion [spɑ́nʃ(ə)n / spɔ́n-] *n.* ⓤⓒ **1** 보증; 보증인이 되기. **2** 〔국제법〕 권한을 부여받지 않은 기관에 의해 국가를 위해서 이루어진 약정(約定).
spon·son [spɑ́nsn / spɔ́n-] *n.* **1** 〔항해〕〔포좌(砲座) 또는 외륜선(外輪船)의 외륜을 장착하기 위한〕 뱃전 밖으로 내민 부분. **2** 〔항공〕〔수상 비행기의 수상에서의 안정을 위한〕 날개 끝의 부주(浮舟).

spon·sor [spánsər / spón-] *n.* **1** 보증인; 신원 보증인 (*for, of* ...). **2** [라디오·텔레비전 방송의] 프로 제공자, 광고주, 스폰서. **3** 제안자, 발기인, 후원자. **4** 대부(代父) (godparent). —— *vt.* **1** …의 보증인이 되다, …을 약속하다. ¶ I'll sponsor him. 내가 그의 보증인이 되겠다. **2** …을 발기(發起)하다, 주최하다, 후원하다. ⇨ SUPPORT 類語 ¶ *sponsor* a person's cause 남의 주장을 지지하다. **3** …의 스폰서(광고주)가 되다. ¶ *sponsor* a program 텔레비전 프로의 스폰서가 되다. ◇ sponsórial *adj.*

spon·so·ri·al [spɑnsɔ́ːriəl / spɔnsɔ́ː-] *adj.* 보증인의, 후원자의, 스폰서의; 대부모의.

***spon·sor·ship** [spánsərʃip / spɔ́n-] *n.* ⓤ **1** 보증인(스폰서)임; 발기, 후원. ¶ under the *sponsorship* of …의 발기(후원) 아래. **2** 대부모임.

spon·ta·ne·i·ty [spɑ̀ntəníːiti / spɔ̀n-] *n.* (*pl.* **-ties**) **1** 자발성, ⓒ 자발적 행위. **2** 자연성.

***spon·ta·ne·ous** [spɑntéiniəs / spɔn-] *adj.* **1** [행동 따위가] 자발적인, 자연 발생적인, 의식적이 아닌 (involuntary). ¶ a *spontaneous* expression of joy 무의식중에 튀어나온 기쁨의 환성 / *spontaneous* suggestion 자연스러운 상기(想起). **2** 자발적인, 자유의지의(에 의한), 수의(隨意)의, 임의의 (voluntary). ¶ a *spontaneous* offer of assistance 자발적인 원조. **3** 천연의, 자연의. ¶ *spontaneous* combustion (generation) 자연 발화(발생). **4** [문체 따위가] 시원스러운, 자연스러운.
~·ness *n.* ◇ spontanéity *n.*

spon·ta·ne·ous·ly [spɑntéiniəsli / spɔn-] *adv.* 자발적으로, 자연스럽게.

spon·toon [spɑntúːn / spɔn-] *n.* 17-18 세기의 영국의 보병 장교가 쓰던 짧은 창.

spoof [spuːf] (俗語) *n.* **1** 명랑한 익살, 흉내. **2** 사기, 속임[수], 협잡. —— *vt.* **1** …을 흉내내다, 흉내내어 …을 놀리다. **2** …을 속이다. —— *vi.* 놀리다. **2** 속이다.

spook [spuːk] (俗語) *n.* **1** 유령; 무시무시한 사람. **2** (경멸적) 흑인, 니그로. **3** (美속어) 스파이, 중앙정보부원. —— *vt.* (유령이) …에 달라붙다, 출몰하다; [남]을 위협하다. —— *vi.* 무서워 떨다.

spook·ish [spúːkiʃ] *adj.* =spooky.

spook·y [spúːki] *adj.* (**spook·i·er, spook·i·est**) (俗語) **1** 유령 같은; 유령이 나올 듯한, 무시무시한. **2** (말 따위가) 겁을 내는 (美俗).

spool [spuːl] *n.* **1** 실감개, 실패, 얼레. **2** 실패 모양의 물건, 필름 감개, [녹음 테이프의] 빈 릴. **3** 한 두루마리의 양. —— *vt.* …을 실패에 감다. **2** [실패에서] …을 풀어내다(... *off*, *out*).

SPOOL [spuːl] *n.* [컴퓨터] 스풀[카드나 프린터의 입력을 보조기억장치를 경유시킴으로써 효율적으로 복수(複數) 프로그램의 동시처리를 행하는 일].
[< *s*imultaneous *p*eripheral *o*peration *o*n-*l*ine]

‡spoon [spuːn] *n.* **1** 숟가락, 스푼, 한 숟가락 가득 (spoonful). ¶ He should have a long spoon that sups with the Devil. (俗諺) 악마와 함께 식사하는 사람은 긴 숟가락이 필요하다; 교활한 상대자에게는 슬기롭게 대처해야 한다. **2** 숟가락 모양의 것; [골프] 스푼, 3 번 우드; 후릴 미끼[물속에서 회전시키는 가짜 미끼].
be born with a silver spoon in *one's* **mouth** 부유한 집에 태어나다, 행운을 안고 태어나다.
be past the spoon 이미 어린이가 아니다.
hang up the spoon (俗語) 죽다.
make a spoon or spoil a horn 망하든 흥하든 한번 해보다.
—— *vt.* **1** …을 숟가락으로 뜨다(푸다) (... *up, out*). **2** [골프] [공]을 떠올리듯이 치다. **3** (속어) …을 애무하다. —— *vi.* **1** [골프] 공을 떠올리듯이 치다. **2** [후릴 미끼로] 물고기를 낚다. **3** (속어) 놀아나다.

spoon bait *n.* 후릴 미끼[낚싯바늘 위에 붙여 물속에서 회전시켜 물고기를 꾀어들이는 금속 또는 조개껍질의 작은 조각].

spoon·bill [spúːnbil] *n.* 노랑부리저어새.

spoon bread *n.* ⓤ (美) 우유·달걀이 든 말랑말랑한 빵.

spoon·drift [spúːndrift] *n.* ⓤ [파도] 물보라.

spoon·er·ism [spúːnəriz(ə)m] *n.* ⓤⓒ 두음 전환(頭音轉換) [둘 이상의 단어의 두음이 서로 바뀌치는 일. 예: our *q*ueer old *d*ean → our *d*ear old *q*ueen]. [< W. A. Spooner (1844-1930): 이런 류의 잘못을 많이 저지른 Oxford 대 New College 의 학장]

[spoonbill]

spoon-fed [spúːnfèd] *adj.* **1** [젖먹이·환자 등이] 숟가락으로 떠먹이는. **2** 과보호로 버린; 자주성이 없는. **3** [산업 따위가] 보호 육성된.

spoon-feed [spúːnfiːd] *vt.* (**-fed, -feed·ing**) …에게 숟가락으로 떠먹이다; …을 지나치게 소중히 하다.

spoon food *n.* =spoon meat.

spoon·ful [spúːnfùl] *n.* 숟가락 하나 가득, 한 숟가락의 분량; 소량. ¶ a *spoonful* of sugar 한 숟가락의 설탕 / by *spoonfuls* 한 숟가락씩, 조금씩.

spoon meat *n.* ⓤ 숟가락으로 떠먹는 식품, 유동(반유동) 식(食).

spoon net *n.* 사내끼, 손그물.

spoon·y [spúːni] *adj.* (**spoon·i·er, spoon·i·est**) **1** (구어) 여자에게 무른, 홀딱 반한. **2** (주로 英) 어리석은, 바보 같은. —— *n.* (*pl.* **spoon·ies**) **1** (구어) 여자에게 무른 남자. **2** (주로 英) 얼간이.

spoor [spuər / spɔːr] *n.* (동물의) 발자국, 냄새 자국. —— *vt., vi.* [발자국·냄새 자국을 따라] 동물의 뒤를 쫓다, (추적하다).

spor- ⇒ SPORO-.

spo·rad·ic [spərǽdik] *adj.* **1** 때때로 일어나는, 산발적인. **2** 산재하는, 고립된. **3** 돌발적인.
-i·cal·ly [-ikəli] *adv.*

spo·ran·gi·um [spo(u)rǽndʒiəm] *n.* (*pl.* **-gi·a** [-dʒiə]) [식물] 포자낭.

***spore** [spɔːr / spɔː-] *n.* **1** [생물] 포자, 홀씨, 아포(胞). **2** 배종(胚種), 생식 세포. —— *vi.* (**spored, spor·ing**) 포자가 생기다.

spóre cäse *n.* [식물] =sporangium.

spork [spɔːrk] *n.* 끝이 갈라진 스푼[포크 겸용].
[< SP[OON] + [F]ORK]

sporo- seed, spore 의 뜻의 연결형 (* 모음 앞에서는 spor-를 쓴다). 예: *sporo*carp (아포과(芽胞果))

spo·ro·go·ni·um [spɔ̀rəgóuniəm / spɔ̀-] *n.* (*pl.* **-ni·a** [-niə]) [식물] [이끼 따위의] 포자체.

spo·rog·o·ny [spɔ(ː)rɑ́gəni / spərɔ́g-] *n.* ⓤ [생물] 포자 생식, 전파(傳播) 생식.

spo·ro·phore [spɔ́ːrəfɔ̀ːr / spɔ́ːrəfɔ̀ː-] *n.* [식물] 담포자체(擔胞子體) [포자가 붙어 있는 영양체], 아포엽(芽胞葉).

spo·ro·phyll [spɔ́ːrəfìl / spɔ́ː-] *n.* [식물] 포자엽, 실엽(實葉) [포자를 만들어 직접 생식에 관여하는 잎].

spo·ro·phyte [spɔ́ːrəfàit / spɔ́ː-] *n.* [식물] 포자체, 조포체(造胞體) [세대 교번을 하는 식물 중에서 생식을 행하는 세대의 식물체].

spor·ran [spɑ́rən / spɔ́r-] *n.* [차고 다니는] 모피 주머니 [스코틀랜드 고지인(高地人)이 장식용으로 kilt 앞에 매단다]. ⇨ KILT 그림.

‡sport [spɔːrt] *n.* **1** ⓤ 스포츠, 운동; ⓒ [개개의] 스포츠. ¶ athletic *sports* 운동 경기 / love of *sports* 스포츠 애호, 경기 대회, 체육 대회. **2** (~s) 경기 대회, 체육 대회. ¶ school *sports* 학교 운동회. **3** ⓤ 오락, 재미, 기분 전환, 레크리에이션 (recreation) ⇨ PLAY 類語 ¶ spoil the *sport* 흥을 깨다, 재미없게 만들다 / What *sport*! 정말 재미있군! **4** (구어) 농담을 이해하는 사람, 잔재주가 있

sport car

는 사람. **5** ⓤⓒ 농담, 희롱, 장난; 놀림, 조롱(mockery). ¶ in *sport* 농담으로, 장난삼아 / make *sport* of … 을 조롱하다 / a *sport* of terms (or wit, words) 말장난, 재담. **6** (the ~of) [운명·풍파 따위에] 농락당하는 것, 노리개, 놀림감(plaything); 웃음거리(laughingstock). ¶ the *sport* of nature 자연의 농락물 / The horses were the *sport* of passers-by. 그 말은 지나가는 사람의 웃음거리가 되었다. **7** 《구어》 스포츠맨다운 사람; 싹싹한 사람, 좋은 녀석, 승패에 구애받지 않는 사람; 재미있는 사람《부르는 말로》이봐, 자네. ¶ Be a *sport*! 스포츠맨답게 하라! **8** 《생물》 돌연변이(mutation); [사람·동물 따위의] 변종. **9** 《미구어》 노름꾼, 도박꾼; 꼴불견인 남자. **10** 《종종 ~s》《형용사적 용법》 스포츠의; [복장 따위가] 스포츠에 알맞은. ¶ *sports* outfits 운동 용구 / a *sports* shirt 스포츠 셔츠 / a *sports* editor [신문사의] 체육부장.
have good sport [사냥에서] 많이 잡다.
— *vi.* **1** 즐기다, 기분 전환을 하다; [옥외에서] 운동하다. **2** [아이·동물 따위가] 놀다, 장난치다. **3** 조롱하다, 농락하다. **4** 《생물》 돌연변이를 일으키다.
— *vt.* **1** 《구어》 …을 자랑해 보이다, 뽐내다(show off). ¶ *sport* a title 직함을 뽐내다. **2** [시간·돈 따위]를 낭비하다 (… *away*). ¶ (~+圈+圆) *sport* one's time *away* 시간을 허비하다. **3** 《생물》 …에 돌연변이를 일으키다.
◇ *sportive, sporty, sportful adj.* [< [DI]SPORT]

spórt càr *n.* =sports car.
sport·er [spɔ́ːrtər / spɔ́ːtə] *n.* **1** =sportsman. **2** 스포츠용의 차(사냥·낚시용).
sport·ful [spɔ́ːrtfəl / spɔ́ːt-] *adj.* **1** 재미있는, 즐거운. **2** 장난치는, 명랑한, 장난삼아 하는.
~·ly [-fəli] *adv.* ~·ness *n.*
*sport·ing [spɔ́ːrtiŋ / spɔ́ːt-] *adj.* **1** 운동가다운. **2** 스포츠용의. ¶ *sporting* goods 운동 용품 / a *sporting* writer 스포츠 담당 기자. **3** 모험적인, 용하느냐 망하느냐의; 《구어》 승부의 확률이 반반인. ¶ I'll give you a *sporting* chance. 나한테 핸디캡을 붙여서 네게 대등한 시합을 할 수 있는 기회를 주마. **4** 정정당당한. **5** 《생물》 돌연 변이하는. — *n.* Ⓤ 스포츠, 취미로 하는 사냥. *주로 형용사적으로 쓴다. ~·ly *adv.*

spórting blóod *n.* 모험심.
spórting hòuse *n.* (pl. **-hous·es** [-hàuziz]) 《미구어》 **1** 도박장. **2** 매춘굴.
spor·tive [spɔ́ːrtiv / spɔ́ːt-] *adj.* **1** 스포츠의. **2** 장난치는, 명랑한, 재미있는. **3** 농담의, 장난삼아 하는.
~·ly *adv.* ~·ness *n.*
sports [spoːrts / spoːts] *adj.* 《한정적》 운동 경기의《에 알맞는》. ¶ *sports* jacket 스포츠 자켓 / *sports* shoes
spórts àcrobátics *n.* 곡예 체조. 　　　　　　운동화.
spórts càr *n.* 스포츠 카(sport car).
sports·cast [spɔ́ːrtskæst / spɔ́ːtskɑ̀ːst] *n.* 스포츠 방송.　　　　　　　　　　　　　　　[체육계.
sports·dom [spɔ́ːrtsdəm / spɔ́ːts-] *n.* 스포츠계(界).
sports·man [spɔ́ːrtsmən / spɔ́ːts-] *n.* (pl. **-men** [-mən]) **1** 스포츠맨, 운동가. **2** 사냥꾼, 낚시꾼. **3** 정정당당하게 하는 사람. **4** 《미고어》 투전꾼, 노름꾼.
sports·man·like [spɔ́ːrtsmənlàik / spɔ́ːts-] *adj.* 스포츠맨(운동가)다운, 정정당당한.　　　　　　[manlike.
sports·man·ly [spɔ́ːrtsmənli / spɔ́ːts-] *adj.* =sports-
sports·man·ship [spɔ́ːrtsmənʃìp / spɔ́ːts-] *n.* Ⓤ **1** 《고어》 운동 경기 따위에서의 기량(技量); 사냥(낚시) 솜씨. **2** 스포츠맨 정신, 정정당당함, 스포츠맨십.
spórts médicine *n.* 스포츠 의학.　　　[어, 운동복.
sports·wear [spɔ́ːrtswɛ̀ər / spɔ́ːts-] *n.* Ⓤ 스포츠웨어
sports·wom·an [spɔ́ːrtswùmən / spɔ́ːts-] *n.* (pl. **-wom·en** [-wìmin]) sportsman의 여성형.　　[담당 기자.
sports·writ·er [spɔ́ːrtsràitər / spɔ́ːts-] *n.* 스포츠
sport·y [spɔ́ːrti / spɔ́ːti] *adj.* (**sport·i·er, sport·i·est**) 《구어》 야한, 화려한; [복장 따위가] 스포티한;

2076

spot economy

[태도가] 발랄한. **3** 스포츠맨(운동가)다운. **4** 《구어》《감탄사적으로 쓰여》이봐서.
sport·i·ly *adv.* **sport·i·ness** *n.*
spor·u·late [spɔ́ːrjulèit / spɔ́r-] *vi.* (**-lat·ed, -lat·ing**) 《생물》 포자(胞子)《아포(芽胞)》 분열(생식)하다, 포자를 형성하다.　　　　　　　　　　　　　[《소구어》.
spor·ule [spɔ́ːrjuːl / spɔ́r-] *n.* 《생물》 소포자, 소아포
'spose *v.* 《구어》 suppose의 단축형.
‡**spot** [spat / spɔt] *n.* **1** 얼룩, 더럼, 오점《주위와 색조가 다른》; 반점(斑點), 얼룩점; 《천문》 태양의 흑점. ¶ a white tie with blue *spots* 파란 물방울 무늬가 있는 흰 넥타이. **2** 부스럼, 여드름(pimple). **3** 약점, 결함; 오명, 오점(blemish). ¶ a weak *spot* 결함. **4** [특정한] 점, 장소, 지점. ¶ a fine *spot* 명승지(名勝地) / look for a quiet *spot* to fish 조용히 낚시할 수 있는 장소를 찾다. **5** 지위(position); 직업(job). **6** (~s) 《상업》 현물. **7** 《미속어》 나이트클럽(nightclub). **8** 《반점이 있는》 집비둘기의 일종, 《검은 반점이 있는》 조기류(類)의 물고기. **9** 《당구》 스폿《당구대의 공 둘 수 있는 자리》. **10** 《미속어》 달러 지폐. ¶ a five *spot* 5 달러 지폐. **11** 《영구어》 《술의》 소량(drop). ¶ Won't you have a *spot* of whisky? 위스키를 한 모금 마시지 않겠어요? **12** 《속어》 우승할 것으로 기대되는 사람·말 따위에》점을 찍기, 점을 찍힌 사람(말). **13** 《카드놀이》 [다이아몬드·클로버 따위의] 표시. **14** 스폿 아나운스; 스폿 광고. **15** =spotlight.
have a soft spot for a person 남을 귀여워하다, 남에게 무르다.　　　　　　　　　　　　　　　　[의 하다.
hit the high spots 《구어》 [제약이 있어서] 요점만 논
hit the spot 《구어》 만족스럽다, 더할 나위 없다. ¶ This beer sure *hits the spot*. 이 맥주는 썩 좋다.
in a [*tight* (or *bad*)] *spot* 《미속어》 난처해져서, 곤란한 입장에 처해서.　　　　　　　　　　　　[정도까지.
in spots 《미》 ① 때때로. ② 어떤 점에서는. ③ 어느
knock the spot off (or *out of*) …을 해치우다.
on (or *upon*) *the spot* ① 현장에서(으로, 의). ② 그 자리에서, 즉석에서, 당장. ③ 《속어》 난처해져서. ④ 《속어》 빈틈없이. ⑤ 《속어》 위험한 상황에서.
touch the [*tender*] *spot* 급소를 찌르다, 성공하다.
— *v.* (**spot·ted, spot·ting**) *vt.* **1** …에 반점을 찍다, …을 얼룩지게 하다. **2** …을 더럽히다, 망가뜨리다. **3** … 의 명예(인격)를 손상시키다(disgrace). ¶ (~+圈+前+圆) *spot* the wall with ink 벽을 잉크로 더럽히다. **3** …을 흩뜨려 놓다. ¶ (~+圈+前+圆) *spot* one's men at strategic *spots* 부하를 요소요소에 배치하다. **4** …을 분간하다, …임을 알아보다, 발견(recognize) (*for*). ¶ (~+圈+前+圆) (~+圈+*as* 圖) I *spotted* him at once *for* (or *as*) an American. 그가 미국 사람이라는 것을 곧 알았다. **5** [드라이 클리닝 따위에서] …의 더럼을 빼다, 얼룩을 빼다(…out). ¶ (~+圈+圆) *spot out* the stain 얼룩을 빼다. **6** 《미》…에게 핸디캡을 주다. ¶ (~+圈+圆) I *spotted* my opponent five points. 상대방에게 5점의 핸디캡을 주었다. **7** 《군사》 탄착점(彈着點)을 관측하다, 표정(標定)하다.
— *vi.* **1** 얼룩이 생기다, 더러워지다. ¶ (~+圖) White shirts *spot* easily. 와이셔츠는 쉬 빗방울이 뚝뚝 떨어지다. **2** 《어》《it를 가주어로 하여》 빗방울이 뚝뚝 떨어지다.
— *adj.* 《한정용법》 **1** 즉석의. ¶ a *spot* retort 즉각적인 반박. **2** 현금 지불의. ¶ the *spot* market 현물 시장 *spot* cash 현찰, 현금. **3** 《라디오·TV》 지방국으로부터의; 현지로부터의; [광고 방송 따위가] 프로 사이에 끼는. ¶ *spot* news 현장으로부터의 뉴스 / *spot* announcement 스폿 광고, 광고 방송.
◇ *spótty adj.*
spót bàll *n.* 《당구》 검은 점이 있는 흰 공.
spót chéck *n.* 《미》 무작위 추출(無作爲抽出) 조사; 불시 점검.
spot-check [spáttʃèk / spɔ́t-] *vt.* …을 불시 점검하다.
spót ecónomy *n.* 현물 경제《상품 인도나 대금 지불

*spot·less [spátlis / spót-] *adj.* 더러워지지 않은, 결점이 없는, 완벽한. ~**·ly** *adv.* ~**·ness** *n.*

*spot·light [spátlàit / spót-] *n.* **1** 스포트라이트. **2** 〖자동차 따위의〗 조사등(照射燈). **3** 〖세인의〗 주목, 주시. — *vt.* **1** …을 스포트라이트로 비추다. **2** …을 돋보이게 하다.

spót màrket *n.* 〖경제〗 현물 시장. *cf.* spot economy

spót néws *n.* 〖짤막한〗 속보 뉴스.

spot-on [spátɔn, -ɔːn / spɔ́t-] *adj., adv.* 《英俗語》 꼭 맞는(꼭 맞게).

spót príce *n.* 현물 가격[즉시 인도 상품 가격].

spot·ted [spátid / spót-] *adj.* **1** 얼룩이 있는, 더러워진. **2** 반점있는. ~**·ness** *n.*

spótted féver *n.* 〖병리〗 뇌척수막염, 리케차 질환 〖로키산 홍반열(紅斑熱) 따위〗.

spótted hyéna *n.* 점박이하이에나.

spot·ter [spátər / spót-] *n.* **1** 대공(對空) 감시인. **2** 《美俗》 〖종업원의 부정 행위를 지켜보는〗 감시인. **3** 〖군사〗 탄착(彈着) 관측자. **4** 얼룩을 빼는 담당계.

spót tést *n.* =spot check.

spot·ty [spáti/spóti] *adj.* (**-ti·er, -ti·est**) **1** 얼룩투성이의, 반점이 있는. **2** 발진(發疹)이 있는. **3** 고르지 않은(uneven). **-ti·ly** *adv.* **-ti·ness** *n.*

spót wélding *n.* ⓤ 스폿 용접.

spous·al [spáuz(ə)l] *n.* (종종 ~s) 결혼식. — *adj.* 결혼의, 결혼식의.

*spouse [spaus, spauz / spauz] *n.* 배우자, 남편, 아내. — *vt.* (**spoused, spous·ing**) 《廢語》 …과 결혼하다.
◇ spóusal *n., adj.*

*spout [spaut] *vt.* **1** 〖액체 따위〗를 내뿜다, 분출시키다. ¶ (~+⬚+⬚) *spout out* flames 불꽃을 내뿜다. **2** …을 청산유수로 지껄이다, 막힘없이 말하다, 〖시 따위〗를 읊다. **3** 〖俗〗을 저당잡히다(pawn). — *vi.* **1** 분출하다, 쏟다, 용솟음쳐 나오다, 솟아나오다 (*from, out of* …). ¶ (~+⬚) A fountain is *spouting out*. 샘물이 솟아나온다 // (~+⬚+⬚) Blood *spouted from* his wound. 그의 상처에서 피가 쏟아져나왔다. **2** 지껄여대다, 막힘없이 말하다. — *n.* **1** 〖주전자·찻주전자·펌프 따위의〗 주둥이; 홈통 주둥이, 빗물받이; 홈통, 관(管). **2** 〖고래의〗 분수구멍(blowhole). **3** 분수, 분류(噴流); 용오름(waterspout), 물기둥. **4** 〖옛날 전당포에서 쓰던〗 저당물 승강 운반기;《英俗語》 전당포(pawnshop).

up the spout 《英俗語》 ① 저당잡혀. ② 몹시 난처하여.

spout·er [spáutər] *n.* **1** 웅변가. **2** 분출하는 유정(가스정).

spout·less [spáutlis] *adj.* 〖물주전자 따위가〗 주둥이가 없는.

spp. 〖略〗 species (specie 의 복수형).

S.P.Q.R. 〖略〗 〖라틴〗 *Senātus Populusque Rōmānus* (=the Senate and People of Rome); *s*mall *p*rofits and *q*uick *r*eturns (박리다매).

S.P.R. 〖略〗 Society for the *P*sychical *R*esearch 〖심령 연구 협회〗.

sprad·dle [sprǽdl] *vt., vi.* (**-dled, -dling**) 《방언·구어》 두 다리를 벌리다.

sprag [sprǽg] *n.* **1** 〖자동차의〗 바퀴쐐기. **2** 〖광산〗 〖탄갱의〗 지주.

sprain [sprein] *vt.* 〖발목·손목 따위〗를 삐다, 염좌(捻挫)하다. — *n.* 삐기, 염좌.

‡sprang [sprǽŋ] *v.* spring 의 과거형.

sprat [sprǽt] *n.* **1** 〖유럽산(産)의〗 청어류(類)의 작은 물고기. **2** 〖익살〗 하찮은 사람; 어린애.

throw a sprat to catch a herring (or *mackerel, whale*) 새우로 도미를 낚다, 큰 이익을 위해 작은 이익을 버리다.

sprát dày *n.* 《英》 London 시장(市長) 취임식날 〖Lord Mayor's Day. 11월 9일로 이날부터 청어철이 된다〗.

*sprawl [sprɔːl] *vi.* **1** 손발을 보기 흉하게 쭉 뻗고 엎드리다(드러눕다). ¶ *send a person sprawling* 남을 땅에 때려눕히다 // (~+⬚+⬚) *sprawl on* the sand 모래 위에 엎드리다. **2** 엎드리다, 〖엎드려〗 기어가다 (*out*). ¶ (~+⬚) Two figures *sprawled out*. 두 사람이 기어나왔다. **3** 〖도시·건물 따위가〗 보기 흉하게(불규칙하게) 퍼지다, 마구 뻗다. ¶ (~+⬚) The city is *sprawling out* into the suburbs. 그 도시는 교외를 향해 뻗어 나가고 있다. — *vt.* **1** 〖손·발〗을 보기 흉하게 뻗다; (~+⬚+⬚) *sprawl* one's hands *to* the fire 두 손을 불에 쬐다. **2** …을 불규칙하게 뻗게 하다.

sprawl one's last 최후의 노력을 다하다.

— *n.* **1** 손발을 쭉 뻗고 보기 흉하게 드러눕기, 엎드리기; 허위적거리기. **2** 불규칙한 발전; 〖도시의〗 스프롤 현상.
◇ sprá·wly *adj.*

sprawl·y [sprɔ́ːli] *adj.* (**sprawl·i·er, sprawl·i·est**) 보기 흉하게(불규칙하게) 뻗은, 널리 퍼진.

‡spray¹ [sprei] *n.* **1** ⓤ (또는 a ~) 물보라, 물안개, 비말(飛沫). **2** ⓤⒸ 〖소액수·향수의〗 분무; 그 액. **3** 분무기, 향수 뿌리는 기구, 흡입기(吸入器). — *vt.* **1** …을 뿌리다. ¶ (~+⬚+⬚+⬚) *spray* plants *with* insecticide 식물에 살충제를 뿌리다. ¶ …을 뿌려대다, 끼얹다. ¶ (~+⬚+⬚+⬚) *spray* insecticide *upon* flies 파리에게 살충제를 뿌리다. — *vi.* 물보라(물안개)가 일다, 안개를 뿜다, 물보라가 되다.

spray² [sprei] *n.* **1** 잔 가지. **2** 가지 장식, 가지 무늬.

spráy càn *n.* 에어러솔통, 스프레이통.

spray·er [spréiər] *n.* **1** 물보라(물안개)를 뿜는 사람(것). **2** 분무기, 흡입기.

spráy gùn *n.* 〖도료·페인트 따위의〗 분무기.

spráy hítter *n.* 〖야구〗 스프레이 히터〖넓은 범위로 흩뜨려 칠 수 있는 타자〗.

spráy plàne *n.* 농약 살포기 (비행기) (crop duster).

‡spread [spred] *v.* (**spread, spread·ing**) *vt.* **1** 을 펴다, 펼치다, 벌리다, 뻗다, 늘이다(expand, extend) (*out, over*). ¶ *spread* wings 날개를 펼치다/a tree *spreading* its branches 가지를 뻗고 있는 나무 // (~+⬚+⬚) *spread out* the newspaper 신문을 펼치다 // Oaks *spread abroad* their branches. 떡갈나무가 가지를 넓게 뻗고 있다 // (~+⬚+⬚+⬚) *spread* one's hands *to* the fire 두 손을 불에 쬐다.

2 …을 펼쳐 보이다, 늘어놓다, 진열하다.

3 〖마른 풀·곡식 따위〗를 펼치다; 흩뿌리다(scatter). ¶ *spread* corn (hay) to dry 곡식(마른 풀)을 펼쳐서 말리다.

4 〖시간적으로〗 …을 연기하다, 미루다, 질질 끌다 (prolong) (*... over*). ¶ (~+⬚+⬚) *spread* payments *over* a two-year period 지불을 2년이나 질질 끌다.

5 …을 칠하다, 바르다. ¶ (~+⬚+⬚+⬚) *spread* jam *on* bread; *spread* bread *with* jam 빵에 잼을 바르다.

6 …을 덮다, …으로 뒤덮다. ¶ (~+⬚+⬚+⬚) The hillside is *spread with* autumn flowers. 언덕의 사면은 가을꽃으로 뒤덮여 있다.

7 〖음식물〗을 차려놓다, 〖식사〗의 준비를 하다. ¶ The table is *spread* for breakfast. 아침 식사가 준비되었습니다.

8 〖뉴스·명성 따위〗를 퍼뜨리다, 보급시키다, 유포하다〖병·불평〗을 만연시키다, 전파시키다. ¶ *spread* a disease 병을 만연시키다.

〖類語〗 **spread** 여기저기에 흩뿌리듯이 퍼뜨리다: *spread* a rumor in the neighborhood 이웃에 소문을 퍼뜨리다. **circulate** 순환하듯이 쉬지 않고 자유로이 돌리다: *circulate* a rumor from door to door 집집마다 소문을 퍼뜨리다. **disseminate** =spread: *disseminate* gossip about one's neighborhood 이웃의 여기저기에 험담을 퍼뜨리다. **diffuse** 구석구석까지 스며들도록 확산하다: *diffuse* education throughout the country 온

spread city

나라에 교육을 보급시키다. **propagate** 같은 종류의 것을 늘리다; *propagate* a faith 어떤 신앙을 전하다.
9 [리벳(rivet)의 끝 따위]를 두들겨 늘이다.
10 《美》…을 기록하다(record), 기재하다. ¶ (~+ 目+前+名) *spread* a protest *on* the records 이의를 기록하다.
— *vi.* **1** 넓어지다, 퍼지다, 펼쳐지다, 확대하다 (expand). ¶ (~+副) The roots of the tree *spread* wide. 그 나무는 넓게 뿌리를 뻗고 있다. **2** [광경·풍경 따위가] 전개되다. **3** 분포되다, 흩어져 있다. **4** [사상·명성·소문·병 따위가] 퍼지다, 번지다, 전해지다, 만연하다. ¶ (~+副) His fame *spread* far and wide. 그의 명성은 널리 퍼졌다. **5** 분리되다, 밀려 늘어나다. **6** [버터·페인트 따위가] 늘어나다; [잉크가] 번지다.
spread oneself ① 퍼지다, 늘어나다. ② 각 방면으로 노력(발전)하다. ③《구어》뽐내다, 허세를 부리다. ④《구어》자만하다. ⑤《속어》지껄여대다, 써대다.
spread oneself out 주제넘게 나서다. 「하다.
spread oneself thin《美》한꺼번에 많은 일을 하려고
— *n.* **1** 확대, 확장, 넓어짐, 퍼짐(expansion, extension, expanse); 퍼지는 범위. ¶ the *spread* of a bird's wings 새가 날개를 펴기 / a wide *spread* of wilderness 광막한 황야 / a *spread* of 10,000 acres 1만 에이커의 넓이. **2** [금속·고무 따위의] 늘어나는 정도, 전성(展性). **3** 《美》책상보, 침대 시트. **4** 분포[상태], 퍼짐; the *spread* of plants (population) 식물(인구)의 분포[상태]. **5** 《구어》맛있는 음식, 향응, 연회(feast); ⓤ©스프레드〖빵에 바르는 버터 따위〗. ¶ give a *spread* 연회를 열다. **6** [사상·지식·소문 따위의] 보급, 유포; [병 따위의] 만연. ¶ the *spread* of rumor 소문의 유포. **7** 《美구어》《상업》원가(정가)와 매출가의 차이. **8** 《항공》날개 길이(wing span). **9** 《美》 [신문·잡지 따위의] 서로 마주보는 페이지[의 광고]. **10** 《구어》자랑삼아 보이기. **11** 《美서부》[대된]도시.
spréad cíty *n.* 《美》무질서하게 퍼져나가는〖개발·확장〗.
spréad éagle *n.* 날개를 편 독수리[미국의 문장(紋章)]; 자랑꾼, 허풍쟁이.
spread-ea·gle [sprédìːgl] *adj.* **1** 날개를 편 독수리 같은 모양을 한. **2** 《美구어》〖특히 미국에 대하여〗과장된, 제 나라 자랑하는. — *v.* (**-gled, -gling**) *vt.* …을 독수리 날개처럼 펴다. — *vi.* 날개를 편 독수리 모습을 하다.
spread-ea·gle·ism [sprédìːglìz(ə)m] *n.* ⓤ《美구어》과장적 애국주의(국수주의)(flag-waving).
spread·er [sprédər] *n.* 유포자; 퍼뜨리는 사람(것); 분무기; 버터 나이프.
spréad·head [sprédhèd] *n.* 신문의 큰 제목.
spréad-ò·ver sýstem [sprédòuvər-] *n.*《英》노동 시간 신축(伸縮)제도.
spree [spriː] *n.* 들떠서 법석대기, 흥청대기; 주연(酒宴). ¶ be on the *spree* 흥청망청 마시고 떠들다. — *vi.* (**spreed, spree·ing**) 진탕 마시고 떠들다.
sprig [sprig] *n.* **1** 〖꽃이나 잎이 달린〗작은 가지, 나는 가지 (twig). ¶ a *sprig* of laurel 월계수의 잔가지. **2** 〖도자기·직물 따위의〗잔가지 무늬. **3** 《익살》아들, 자손. **4** 《경멸적》애송이, 풋내기, **5** 〖대가리가 없는 작은 못〗. — *vt.* (**sprigged, sprig·ging**) **1** 〖도자기·직물 따위에〗작은 가지 무늬를 넣다, …을 잔가지로 장식하다. **2** 〖식물〗에서 가지를 제거하다. **3** …에 대가리 없는 못을 박다. ◇ **spriggy** *adj.*
sprig·gy [sprígi] *adj.* (**-gi·er, -gi·est**) 잔가지(여린 가지)가 있는; 잔가지와 같은.
*****sprightly** [spráitli] *adj.* (**-li·er, -li·est**) 명랑한, 활기 있는. ⇨ GAY 類語 — *adv.* 명랑하게, 활발하게. **-li·ness** *n.*
‡spring [spriŋ] *n.* **1** 뛰기, 뛰기, 도약. ¶ give (or take) a *spring* 팔짝 뛰다 / make a *spring* at …에 덤벼(달려)들다.

2 a) 태엽, 용수철, 스프링. ¶ an air *spring* 공기 스프링 / wind a *spring* 태엽을 감다. **b)** 《형용사적 용법》 용수철의〖이 있는〗, 스프링을 장치한.
3 ⓤ© 반동(recoil); 탄성(彈性), 탄력(elasticity). ¶ There is a strong *spring* in his arms. 그의 팔에는 강한 탄력이 있다.
4 ⓤ© 정력, 활력(energy). ¶ the *spring* of mind 마음의 생기. 「진 틈새.
5 [판자 따위의] 휘어짐, 비틀림; [돛대 따위의] 갈라
6 a) 샘, 수원[지], 원천. ¶ hot *springs* 온천. **b)**《형용사적 용법》샘의, 샘으로부터 흘러나온. ¶ *spring* water 샘물.
7 근원, 본원, 근본, 기원(origin); 〖행위 따위의〗원동력, 동기, 동인(動因)(motive). ¶ the *spring* of wisdom 지혜의 원천 / the *spring* of human activities 인간 활동의 원동력.
8 a)《보통 관사 없는 단수 또는 the ~》봄, 봄철 〖천문학에서는 춘분에서 하지까지의 기간〗. **b)**《형용사적 용법》봄의, 봄 같은.
— Usage **spring** 과 정관사 ── 계절 이름에는 보통 the 를 붙이지 않으나, spring 에는 붙으는 수가 많다. 또 in the spring of 1969와 같이 in, 특히 during의 다음에는 보통 the 를 붙인다.
9 ⓤ© 초기, 청춘, 성장기;《고어》동틀 무렵, 새벽(dawn). ¶ the *spring* of life 인생의 봄, 청춘.
10《스코》명랑하면서 활발한 노래, 춤.
11 〖건축〗〖홍예받이로부터〗뒤집혀 올라간 선, 면.
12 〖항해〗새는 구멍, 누수되는 곳; 계류(繫留) 밧줄.
— *v.* (**sprang** *or* **sprung, sprung, spring·ing**) *vi.* **1** 뛰다, 춤추다, 뛰어오르다, 튕기다. ⇨ JUMP 類語 ¶ (~+副) *spring aside* 옆으로 뛰어서 비키다 / *spring up* 뛰어오르다, 튀어오르다 // (~+副+名) *spring out of* bed 잠자리에서 뛰어나오다 / *spring upon* a person 남에게 덤벼(달려)들다 / *spring to* one's feet 갑자기 일어서다.
2 통기다, 되튀다, 갑자기 …하다. ¶ (~+副) The twig *sprang* back. 잔가지가 되튀었다 / The lid *sprang to.* 뚜껑이 탁 하고 닫혔다 // (~+副) The door *sprang* open. 문이 확 열렸다.
3 갑자기〖…이〗되다. ¶ (~+副+名) His new novel *sprang* into unexpected popularity. 그의 새로운 소설은 금방 예기치 않은 호평을 얻었다.
4 〖물·눈물 따위가〗나오다, 솟아나다 (*forth, out, up*). ¶ (~+副+名) The tears of joy *sprang into* (or *from*) her eyes. 그녀의 눈에는 기쁨의 눈물이 솟았다 // (~+副) Water *sprang up.* 물이 솟아올랐다.
5 자라다, 싹이 나다; 일어나다, 생기다, …으로부터 발(發)하다; [마음에] 떠오르다. ¶ (~+副) The rice is beginning to *spring up.* 벼이삭이 나오기 시작하고 있다 // (~+副+名) The river *springs from* the side of the mountain. 그 강은 산의 중턱에서 시작된다.
6 〖…의〗태생이 있다, 출신이 있다. ¶ (~+副+名)He *springs from* (or *of*) a famous stock. 그는 명문출신이다.
7 [새목·판자 따위가] 굽다, 휘어지다, 쪼개지다.
8 [탑 따위가] 우뚝 솟다, 솟아오르다.
9 [지뢰 따위가] 폭발하다.
— *vt.* **1** …을 되튀게 하다, 뛰어오르게 하다. ¶ (~+目+補) *spring* a lid open 뚜껑을 확 열다 // (~+目+名) *spring* a horse ahead 말을 질주시키다. **2** …을 폭발시키다(explode). ¶ *spring* a mine 지뢰를 폭발시키다. **3** …을 급히 꺼내다(말하기 시작하다), 갑자기 알리다. ¶ *spring* a joke 갑자기 농담을 하다 // (~+目+前+名) *spring* a new plan *on* a person 남에게 새 계획을 제시하다 / *spring* a surprise *on* a person 남을 갑자기 놀라게 하다. **4** 《드물게》…을 뛰어넘다. ¶ *spring* a fence 담장을 뛰어넘다. **5** 〖사냥감〗을 몰아내다. ¶ *spring* a wild fowl 들새들을 날아오르게 하다. **6** …을 뒤로 휘게 하다, …을 쪼갈다, 째다. ¶ *spring*

one's racket 라켓에 금이 가게 하다. **7** …에 용수철을 붙이다. **8** 《美俗語》 (죄수 따위를) 출옥시키다.
◇ **spríngy** adj.
sprín·gal [spríŋ(ə)l] n. 《고어》 젊은이(young man).
spríng bálance n. 용수철 저울. 「(보.
spríng béam n. [사이에 기둥이 없는] 이음보, 대들
spring béauty n. 클레토니아 [미국산(産) 쇠비듬과(科)의 야생풀].
spríng béd n. 용수철 침대.
spring·board [spríŋbɔ̀ːrd / -bɔ̀ːd] n. **1** [수영의 다이빙] 도약판; [체조의] 뜀판. **2** 출발점(point of departure).
spring·bok [spríŋbàk / -bɔ̀k] n. (pl. **-bok** or **-boks**) 스프링복 [남아프리카산(産)의 영양의 일종].
spring·buck [spríŋbʌ̀k] n. (pl. **-buck** or **-bucks**) = springbok.
spring cárriage n. 용수철 달린 마차(차량).
spring chícken n. **1** 영계, 어린 닭. **2** 《俗語》나이 어린 경험 없는 사람, 애송이, 풋내기; 숫처녀. 「다.
spring-cléan [spríŋklíːn] vt. …의 봄철 대청소를 하
spring-cléan·ing [spríŋklíːniŋ] n. ⓤ 춘계 대청소.
springe [sprindʒ] n. 덫, 올가미. — v. (**springed, springe·ing**) vt. …을 덫에 걸리게 하다. — vi. 덫(올가미)을 놓다.
spring·er [spríŋər] n. **1** 뛰어오르는 사람(것), 뛰는 사람(것). **2** 《건축》 홍예문의 기공석(起拱石), 홍예석. ⇨ ARCH¹ 그림. **3** = springer spaniel. **4** = springbok. **5** 범고래. **6** 새색시, 병아리. 「(용].
spríng·er spániel n. 스파니엘종의 사냥개 「쟁사대
spring féver n. ⓤ 이른 봄에 느끼는 우울한 기분, 춘수(春愁).
Spring·field [spríŋfìːld] n. **1** 미국 Massachusetts 주 남부의 공업 도시. **2** 미국 Missouri 주 남서부의 도시. **3** 미국 Illinois주의 주도(州都). **4** 미국 Ohio 주 중서부의 도시.
spríngfield ríflè n. 스프링필드 단발 소총.
〈수미군 병기창 소재지 Springfield〉
spring gún n. = set gun. 「증세.
spring-halt [spríŋhɔ̀ːlt] n. ⓤ 《獸醫》 말의 절름발이
spring·head [spríŋhèd] n. 수원(水源), 원천(源泉).
spring·house [spríŋhàus] n. (pl. **-hous·es** [-hàuziz]) [샘·시내 따위에 가설한] 우유·유제품·육류 따위의 냉동 창고. 「없는.
spring·less [spríŋlis] adj. **1** 용수철이 없는. **2** 기운
spring·let [spríŋlit] n. 작은 샘; 시내, 가느다란 물길.
spring·lock [spríŋlàk / -lɔ̀k] n. 용수철 자물통.
spring ónion n. 《英》 [결구 전의] 봄 양파(scallion).
spring róll n. 《英》 잘게 썬 각종 재료를 얇은 밀전병으로 말아 기름에 튀긴 중국 요리 (《美》 egg roll, 《英》 pancake roll).
spring-tail [spríŋtèil] n. 뛰는 곤충, 도약충(跳躍蟲).
spríng tíde n. **1** 【음력 초순과 보름 때 일어나는】대조(大潮). **2** 분류(奔流), 급류. 「청춘.
spring-tide [spríŋtàid] n. = springtime.
spring·time [spríŋtàim] n. ⓤ **1** 봄, 봄철. **2** 초기, 청춘.
spring·y [spríŋi] adj. (**spring·i·er, spring·i·est**) **1** 용수철이 있는, 탄력이 있는, 경쾌한. ⇨ FLEXIBLE 類語 **2** 샘물이 많은, 습기가 많은.
spring·i·ly adv. spring·i·ness n.
sprin·kle [spríŋkl] v. (**-kled, -kling**) vt. **1** …을 뿌리다, 끼얹다, 흩뿌리다 (… on, over, with). ⇨ SCATTER 類語 ¶ (~+目+前+名) sprinkle water on the street; sprinkle the water with water 길에 물을 뿌리다. **2** 《주로 수동으로》 …을 드문드문 흩뿌리다, 산재(散在)시키다. ¶ (~+目+前+名) villages sprinkled over the plain 들판에 산재해 있는 마을. — vi. **1** 홈뿌리다. **2** 산재하다, 흩어지다. **3** 《비인칭의 it를 주어로 하여》 비가 뿌리다. — n. **1** 홀뿌림. **2** 뿌려진

것; (~s) 〈초콜릿·설탕 따위의〉 끼얹음. **3** 소량, 아주 적은 양. ¶ a sprinkle of people 겨우 몇 사람. **4** 부슬부슬 내리는 비, 가는 비.
sprin·kler [spríŋklər] n. 물뿌리개, 살수차(撒水車); 물뿌리는 사람; 살수 장치, 스프링클러.
sprínkler sỳstem n. 자동 방수(放水) 소화 장치.
*sprin·kling [spríŋkliŋ] n. **1** 홀뿌림, 살포(撒布). **2** [비·눈 따위가] 조금 내림. **3** 소량, 소수.
sprint [sprint] vi. 단거리를 전속력으로 달리다. — vt. 〈단거리를〉 전속력으로 달리다. — n. 단거리 경주.
sprínt cár n. 스프린트카 [중형의 경주용 자동차].
sprint·er [spríntər] n. 단거리 경주자.
sprínt ráce n. 단거리 경주.
sprit [sprit] n. 《항해》 사형(斜桁) [돛을 펴는 데 쓰는 원재(圓材)].
sprite [sprait] n. 요정(妖精) (fairy), 작은 요정(elf), 귀신 (goblin).
sprit·sail [sprítsèil, 항해 -səl] n. 《항해》 사형(斜桁)돛. (sprit)
sprock·et [sprákit / sprɔ̀k-] n. 《기계》 사슬 물개, 스프로켓.
sprócket whèel n. 《기계》 [자전거 따위의] 쇠사슬 톱니바퀴, 쇠사슬 물개.
*sprout [spraut] vi. 자라기 시작하다, 발아(發芽)하다. ¶ (~+圖) The new leaves have sprouted up. 새잎이 돋아났다. — vt. **1** …에 싹이 돋아나게 하다. ¶ The warm weather sprouted seeds. 따뜻한 날씨로 씨앗의 싹이 텄다. **2** …을 나게 하다, 자라게 하다, 기르다. ¶ sprout a mustache 콧수염을 기르다. **3** …으로부터 새싹을 따다. ¶ sprout potatoes 감자의 싹을 따다. — n. **1** 싹; 새싹. **2** (~s) 싹눈양배추(Brussels sprouts).
put through a course of sprouts 《美俗語》 맹렬한 훈련을 하다, 혼내주다. 「목재.
*spruce¹ [spruːs] n. 가문비나무속(屬)의 상록 교목; 그
spruce² [spruːs] adj. (**spruc·er, spruc·est**) 깔끔한, 몸차림이 말끔한, 스마트한, 말쑥한(neat). — v. (**spruced, spruc·ing**) vt. …을 깔끔하게 하다, 스마트하게 하다 (…up). ¶ (~+目+圖) She spruced herself up. 그녀는 옷매무새를 매만졌다. — vi. 모양내다, 멋을 내다(up). -ly adv. -ness n.
spruce beer n. ⓤ 가문비나무 술 [가문비나무의 잎과 가지로 만든다].
sprue¹ [spruː] n. [금속 용액을 틀에 옮겨 붓기 위한] 주둥이.
sprue² [spruː] n. 《병리》 스프루 [열대병의 일종으로 설염(舌炎)·위장 장해·설사 따위를 수반한다].
spru·ik [spruːk] vi. 《濠俗語》 열변을 토하다, 일장 연설하다; 열심히 권하다.
sprung [sprʌŋ] v. spring의 과거·과거 분사.
spry [sprai] adj. (**spry·er, spry·est; spri·er, spri·est**) 기운찬, 활발한, 날랜. -ly adv. -ness n.
SPS 《略》 service propulsion system 〈우주선의〉 보조 추진 장치.
spt. 《略》 seaport.
spud [spʌd] n. **1** [김매는 데 쓰는] 작은 삽. **2** 《구어》 감자 (potato). — vt. (**spud·ded, spud·ding**) …을 작은 삽으로 파다, 작은 삽으로 제거하다 (…out, up).
spud·der [spʌdər] n. 나무 껍질을 벗기는 데 쓰는 끌 모양의 연장.
spud·dle [spʌdl] vi. (**-dled, -dling**) 《고어》 = puddle.
spud·dy [spʌdi] adj. (**-di·er, -di·est**) = pudgy.
spue [spjuː] vt., vi. (**spued, spu·ing**) = spew.
*spume [spjuːm] n. (**spumed, spum·ing**) vt. 거품을 일으키다. — vi. 거품이 일다. — n. ⓤⓒ 거품. ⇨ FOAM 類語

spu·mes·cence [spjuːmésns] *n.* Ⓤ 거품 모양, 거품이 일어남. 「성이의.
spu·mes·cent [spjuːmésnt] *adj.* 거품 모양의, 거품투
spu·mo·ne, -mo·ni [spuːmóuni, spə-] *n.* Ⓤ 이탈리아식 아이스크림.
spu·mous [spjúːməs] *adj.* =spumy.
spum·y [spjúːmi] *adj.* (**spum·i·er, spum·i·est**) 거품의, 거품이 많은, 거품이 일고 있는 (foamy).
‡**spun** [spʌn] *v.* spin 의 과거·과거 분사. — *adj.* 1 실을 뽑은. 2 잡아 늘어뜨린.
spún gláss *n.* Ⓤ 실유리, 유리실.
spunk [spʌŋk] *n.* 1 Ⓤ (구어) 용기, 기력; 노여움. ¶ get one's spunk up 기운을 내다. 2 부싯깃.
spunk·ie [spʌ́ŋki] *n.* (스코) 1 도깨비불, 여우불 (will-o'-the-wisp). 2 원기왕성한 사람, 용감한 사나이.
spunk·y [spʌ́ŋki] *adj.* (**spunk·i·er, spunk·i·est**) (구어) 1 용기있는, 원기왕성한. 2 화를 잘 내는, 성마른. **spunk·i·ly** *adv.* **spunk·i·ness** *n.*
spún ráyon *n.* Ⓤ 방적인견(紡績人絹), 스프사
spún sílk *n.* Ⓤ 견방사(絹紡絲); 그 실로 짠 천.
spún súgar *n.* Ⓤ 솜사탕((美) cotton candy).
spún yárn *n.* 방적실(《항해》꼰 밧줄.
‡**spur** [spəːr] *n.* 1 박차(拍車). 2 (비유적) 격려, 고무; 자극(물), 유인 ⇒ STIMULUS 類語. ¶ Necessity is the spur to invention. 필요는 [자극이 되어] 발명을 낳는다. 3 (투탉 따위의) 며느리 발톱 (⇒ COCK¹그림); [나무의] 뾰족 나온 부리나 잔가지; (식물) 며느리발톱 (제비꽃 따위의 주머니 모양의 부분). 4 (등산용) 아이젠, 신발에 대는 쇠발톱. 5 [바위·산 따위의] 돌출부, 낭떠러지.
on (or **upon**) **the spur** 전속력으로, 대단히 급히.
on (or **upon**) **the spur of the moment** (*occasion*) 충동적으로, 앞뒤 가리지 않고, 당장에, 돌연히.
put (or **set, clap**) **spurs to** (…)에 박차를 가하다. ¶ put spurs to one's horse 말을 급히 몰다. ② …을 격려하다.
win one's (or **the**) **spurs** ① [무공을 세워] knight 작위를 받다. ② 명성을 드날리다, 공을 세우다.
with whip and spur; with spur and yard 즉시, 당장에.
— *v.* (**spurred, spur·ring**) *vt.* 1 (말)에 박차를 가하다. ¶ (~+目+圖) spur a horse on 말에 박차를 가하다. 2 (비유적) …을 자극하다, 고무하다. ¶ (~+目+圖) (~+目+剛+名) Ambition spurred him on to success. 그는 공명심에 이끌려 [노력해서] 성공했다 // (~+目+to do) What spurred him to join the party? 왜 그는 그 당에 가입할 마음이 생겼을까? 3 (주로 과거분사형으로) (구두)에 박차를 붙이다. — *vi.* 말에 박차를 가하다, 질주하다, 서둘다(rush). ¶ (~+圖) Wheeling the white horse, he spurred away. 그는 흰 말을 몰아 질주해 갔다 // (~+目+名) spur into a fight 며느리 발톱으로 싸움을 시작하다.
spurge [spəːrdʒ] *n.* 등대풀속(屬)의 식물.
spúr géar *n.* (기계) 평(平) 톱니바퀴.
spúr géaring *n.* Ⓤ (기계) 평(平) 톱니바퀴 장치.
spu·ri·ous [spjú(ː)riəs / spjúər-] *adj.* 1 가짜의, 위조의. 2 사생아의. 3 (식물) 비슷하나 다른, 의사(擬似)의. **~·ly** *adv.* **~·ness** *n.*
*****spurn** [spəːrn] *vt.* 1 …을 쫓아내다, …을 내쫓다 (… away). ¶ (~+目+剛+名) The intruder was soon spurned out of the door. 침입자는 곧 밖으로 쫓겨났다 // (~+目+剛+名) He spurned away those who were against him. 그는 그에게 반대하는 자들을 추방했다. 2 …을 물리치다, 일축하다; …을 내뱉다. ⇒ REFUSE 類語. ¶ spurn a person's proposal 남의 제안을 무시하다.
— *vi.* 경멸하다 (*at…*). ¶ (~+剛+名)

spurn at an offer 제안을 일축하다.
spurn the ground 뛰다, 뛰다.
— *n.* 1 일축, 퇴짜. 2 걷어차기, 멸시.
spur-of-the-moment [spɔ́ːrəvðəmóumənt] *adj.* (사전 준비 없는) 충동적인, 순간적인, 즉석에서의. ¶ Most women do only spur-of-the-moment buying. 대부분의 여자들은 충동적으로 물건을 살 뿐이다.
spurred [spəːrd] *adj.* 1 박차를 단. 2 자극을 받은.
spur·ri·er [spɔ́ːriər] *n.* 박차 제조업자. 「종.
spur·ry [spɔ́ːri] *n.* (*pl.* **-ries**) (식물) 개미자리의 일
*****spurt** [spəːrt] *vi.* 1 분출하다, 뿜어나오다 (*out, up, down*). ¶ (~+剛) spurt out in streams 콸콸 쏟아져 나오다 // (~+圖+名) Water spurted from the crack. 갈라진 틈으로 물이 뿜어나왔다. 2 [단시간에] 모든 힘을 쏟다, 크게 분투하다, 전력을 다해 달리다 (해엄치다, 젓다). — *vt.* …을 뿜어내다, 분출시키다 (*… from; out, up*). ¶ (~+目+剛) spurt up water very high 물을 매우 높게 분출시키다. — *n.* 1 뿜어 나옴, 분출; [감정 따위의] 폭발. ¶ a spurt of jealousy 격렬한 질투의 불길. 2 [최후의] 역주(力走), 힘차게 헤엄치기, [단시간의] 전력 투구, 분투. ¶ a last spurt (경주 따위에서의) 라스트 스퍼 ¶ by (or in) spurts 때때로 생각난 것처럼, 단속적으로, 마음내키는 대로.
spúr tráck *n.* (철도) 단거리의 지선(支線).
spúr whéel *n.* (기계) =spur gear.
sput·nik [spútnik, spʌ́t-] *n.* (종종 S-) 스푸트니크 [소련의 인공 위성]. 〔<Russ. traveling companion〕
*****sput·ter** [spʌ́tər] *vi.* 1 (흥분한다거나 하여) 침·음식물 따위를 입 밖으로 튀기다, 딱딱 소리를 내면서 튀다. ¶ (~+剛) The candle sputtered out. 촛불이 바지직 소리를 내면서 꺼졌다. 2 다급하게 말하다. 3 갑자기 격렬한 소리를 낸다. ¶ The car sputtered down the road. 차는 소리를 내면서 달려갔다. — *vt.* 1 (침·음식물 따위를) 입에서 튀기다; …을 딱딱 소리를 내면서 튀기다. 2 …을 다급하게 이야기하다 (*… out*). ¶ (~+目+剛) sputter out a story 서둘러 이야기하다. — *n.* 1 입에서 튀는 침·음식물 따위를 튀김; 입에서 튀어나온 것; 바지직 하는 소리. 2 서두르면서 다급히 말하기. ¶ keep up a continual sputter 다급히 지껄여대다.
sput·ter·ing·ly [spʌ́təriŋli] *adv.* 바지직(딱딱) 소리를 내면서; 다급한 목소리로.
spu·tum [spjúːtəm] *n.* Ⓤ Ⓒ (*pl.* **-ta** [-tə]) 1 (의학) 담, 가래. 2 침, 타액.
‡**spy** [spai] *n.* (*pl.* **spies**) 탐정, 군사 탐정, 스파이, 밀정, (도물게) 스파이 행위. ¶ a military spy 군사 스파이 // set a spy on (or upon, after) …의 뒤를 밟게 하다. — *v.* (**spied, spy·ing**) *vt.* 1 …을 주의깊게 (면밀히) 조사하다. 2 정밀 검사로 …을 알아내다 (*… out*); …을 알다 (notice). ¶ (~+目+剛) He spied out the secret. 그는 비밀을 눈치챘다 // (~+目+圖) I spied a stranger coming up the path. 나는 낯선 사람이 길이 쪽으로 오고 있는 것을 알았다. 3 (토지·지역 따위를) 몰래 조사하다 (*… out*). ¶ (~+目+剛) spy out natural resources 천연 자원을 몰래 찾아내다. — *vi.* 염탐하다, 비밀로 조사하다, 정탐하다; 망보다, 경계하다 (keep watch); 정찰하다 ¶ spy on the enemy 적정(敵情)을 정찰하다 ¶ spy into a person's actions 남의 행동을 몰래 염탐하다.
spy·glass [spáiglæs/-glɑ̀ːs] *n.* (휴대용) 소형 망원
spy·hole [spáihòul] *n.* 들여다보는 구멍 (peephole).
spy-in-the-sky [spáiinðəskái] *n.* 1 정찰(첩보) 위성. 2 (美주어) (경찰의) 헬리콥터.
spý sátellite *n.* 정찰 위성.
Sq. (略) sequence; (라틴) sequēns (=the following one
Sq. (略) Squadron; Square. 「…이하).
SQC (略) statistical quality control (통계적 품질관리 기법).
sq. ft. (略) square foot (feet) (평방 피트).

sq. in. 《略》square *inch*(*inches*) (평방 인치).
sq. mi. 《略》square *mile*(*miles*) (평방 마일).
sqq. 《略》《라틴》*sequentia* (=the following ones …이하).
squab [skwɑb / skwɔb] *n.* **1** 땅딸막한 사람. **2** 비둘기 새끼, 새 새끼. **3** 《英》두껍고 부드러운 쿠션, 소파. — *adj.* **1** 땅딸막한. **2** 《새가》갓 부화한. ¶ a *squab* pigeon 갓 부화한 비둘기. — *adv.* 쿵 하고. ¶ fall down *squab* on the roof 지붕 위에 쿵 하고 떨어지다.
squab·ble [skwɑ́bl / skwɔ́bl] *v.* (**-bled, -bling**) *vi.* 하찮은 일로 다투다. — *vt.* 〖인쇄〗〔조판된 활자〕를 흩뜨리다. — *n.* 하찮은 싸움, 입씨름.
squab·bler [skwɑ́blər / skwɔ́b-] *n.* **1** 하찮은 일로 다투는 사람. **2** 〖인쇄〗해판(解版)하는 사람.
squab·by [skwɑ́bi / skwɔ́bi] *adj.* (**-bi·er, -bi·est**) 땅딸막한. [이.
squáb píe *n.* ⓤ 〖요리〗양고기·양파·사과로 만든 파이
squad [skwɑd / skwɔd] *n.* **1** 《美》분대(班). ⇒ ARMY 주의 ¶ an awkward *squad* 신병 분대; 미숙한 사람들. **2** 일단(一團). ¶ a basketball *squad* 농구팀. — *vt.* (**squad·ded, squad·ding**) 을 분대로 편성하다. [성하다.
squád cár *n.* 경찰의 패트롤카.
*squad·ron [skwɑ́drən / skwɔ́dr-] *n.* **1** 기병대대. **2** 소함대. cf. fleet **3** 비행 중대. **4** 단체, 집단(group). **5** 〖군사〗방진(方陣). — *vt.* …을 소함대(기병 대대, 비행 중대)로 편성하다.
squádron léader *n.* 《英》비행 중대장, 공군 소령.
squail·er [skwéilər] *n.* 《英》납꼭지가 붙은 곤봉〔던져서 사과 따위를 떨어뜨리는 데 쓰기도 한다〕.
squails [skweilz] *n. pl.* 〔단수 취급〕스퀘일스〔나무로 만든 공을 과녁을 맞추는 놀이〕.
squal·id [skwɑ́lid / skwɔ́l-] *adj.* **1** 더러운, 불결한. ⇒ DIRTY 類題 **2** 불쌍한, 비참한; 비열한.
~·ly *adv.* ~·ness *n.* [함,
squa·lid·i·ty [skwɑlíditi / skwɔ-] *n.* ⓤ 불결, 비열
*squall¹ [skwɔːl] *n.* **1** 《때로 눈·비를 동반하는》질풍, 돌풍, 스콜. ¶ an arched *squall* 아치형 스콜〔적도 부근의 스콜〕 / a thick *squall* 천둥 번개·우박 따위를 동반하는 광풍. **2** 《구어》소동, 싸움, 위험. ¶ look out for *squall* 위험에 대비하다. — *vi.* 《비인칭의 it를 주어로 하여》질풍〔돌풍〕이 불다. ◇ squálly *adj.*
squall² [skwɔːl] *vi.* 큰 소리로 외치다, 비명을 지르다. — *vt.* 〔찢어지는 소리로〕…이라고 말하다(…*out*). ¶ (~+圓+圖) The women *squalled out* their complaints. 여자들은 날카로운 소리로 불평을 늘어놓았다. — *n.* 날카로운 소리, 비명.
squall·er [skwɔ́ːlər] *n.* 울부짖는 사람(어린 아이).
squall·y [skwɔ́ːli] *adj.* (**squall·i·er, squall·i·est**) **1** 질풍의, 폭풍우가 일 것 같은. **2** 《구어》협악한(threatening).
squa·loid [skwéiloid] *adj.* 상어와 같은.
squal·or [skwɑ́lər / skwɔ́lər] *n.* ⓤ **1** 더러움, 지저분함. **2** 비열함, 천박함.
squa·ma [skwéimə] *n.* (*pl.* **-mae** [-miː]) 〖생물〗인, 〔식물의〕인편(鱗片).
squa·mate [skwéimeit] *adj.* 비늘(인편)이 있는.
squa·mose [skwéiməus] *adj.* = squamous.
squa·mous [skwéiməs] *adj.* 비늘(인편)로 뒤덮인, 비늘 모양의.
squan·der [skwɑ́ndər, skwɔ́ːn- / skwɔ́n-] *vt.* **1** 〔돈·시간 따위를〕낭비하다, 함부로 쓰다(…*away*). **2** …을 마구 뿌리다. — *n.* 《드물게》낭비, 함부로 씀.
squan·der·er [skwɑ́ndərər, skwɔ́ːn- / skwɔ́n-] *n.* 낭비가.
squan·der·ing·ly [skwɑ́ndəriŋli, skwɔ́ːn- / skwɔ́n-] *adv.* 낭비하여.
squan·der·ma·ni·a [skwɑ̀ndərméiniə, skwɔ̀ː- / skwɔ̀n-] *n.* ⓤ 낭음, 낭비〔특히 정부의 경비에 대해〕.
‡**square** [skwɛər] *n.* **1** 정방형, 사각(모난 것). ¶ a *square* of carpet 정방형의 융단. **2** 〔사방이 길로 둘러싸인〕구역(區域) (block); 〔시가지의 네모진〕광장. ¶ Trafalgar *Square* 트라팔가 광장. **3** 〔체스판 따위의〕눈. **4** 직각자, 곡자. ¶ a T *square* T자. **5** 《수학》제곱, 평방. The *square* of 5 is 25. 5의 제곱은 25이다. **6** 《美속어》고리타분한 사람, 딱딱한 사람, 유행에 무관심한 사람; 물정 모르는 사람, 샌님. ¶ a five-cornered *square* 꽉 막힌 사람. **7** 《군사》방진(方陣). **8** 스퀘어〔바닥 따위의 면적 단위. 100평방 피트〕. **9** 《권투의》링.

back to square one 출발점(원상태)으로 되돌아와.
break square[*s*] 질서를 문란하게 하다. ¶ It *breaks no square*[*s*]. 그것은 아무런 해도 없다, 조금도 방해가 되지 않는다.
by the square 정확히, 엄밀히.
on the square ① 직각으로. ② 《구어》정직한(하게), 공정한(하게). ③ 동등하게, 동격으로.
out of square ① 직각이 되지 않고, ② 《구어》일치되지 않게, 부정확하게, 불규칙적으로.
— *v.* (**squared, squar·ing**) *vt.* **1** …을 정방형으로 만들다, 〔목재 따위를〕네모지게 하다, 네모로 자르다. **2** …을 직각으로 만들다, 〔어깨·팔굽 따위를〕펴다. ¶ *square* one's elbows 팔꿈치를 펴다. **3** 〔자를 사용해서〕…의 직각(직선, 평면)으로부터의 편차를 재다. **4** 〔수학〕**a)** …을 제곱하다. **b)** …의 면적을 구하다. **5** 〔시합의 득점을〕동점으로 만들다, 타이를 만들다. **6** …을 맞추다, 일치시키다, 조화시키다(adjust) (… *to, with*). ¶ (~+圓+圓+图) He does not *square* his conduct *with* his words. 그의 행동은 그가 말하는 것과 일치되지 않는다. **7** 〔대차 관계〕를 청산하다, 결제하다(pay off). ¶ *square* [*up*] a debt 빚을 모두 갚다. **8** 〔항해〕〔돛배의 활대〕를 용골(龍骨)과 직각으로 하다. **9** 《속어》…을 매수하다(bribe). — *vi.* **1** 적합하다, 맞다, 일치하다 (*with* …). ¶ (~+前+图) His present job does not *square with* his inclination. 그의 현재의 일은 그의 성품에 맞지 않는다. **2** 청산하다, 결제하다 (*for* …; *up*). ¶ (~+前+图) *square for* one's meal 식사비를 지불하다 // (~+圓+图) I've just *squared up*. 지금 막 청산을 마쳤다. **3** 〔권투에서〕시합 자세를 취하다; 〔비유적〕진지하게 달려들다 (*off, up* …). ¶ (~+圓) (~+圓+图) *square up to* hard work 어려운 일과 열심히 씨름하다.
square oneself 《구어》〔자신이 저지른 과오 따위를〕보상하다, 과거를 청산하다.
square accounts with ① …과의 계산을 청산하다. ② …과의 감정을 풀다.
square away ① 〔항해〕돛의 활대를 직각으로 하여 바람을 등지고 달리게 하다. ② 〔권투에서〕경기 자세를 취하다. ③ 〔구어〕정비하다, 갖추다.
square the circle ① 원과 면적이 같은 정방형을 만들다. ② 불가능한 일을 시도하다.
— *adj.* (**squar·er, squar·est**) **1** 정방형의, 4각의; 방형(方形)의. ¶ a *square* chest 네모진 상자 / a *square* peg in a round hole 부적임자. **2** 직각의, 직각을 이루는. ¶ a *square* corner 직각 모서리. **3** 모난, 튼튼한. ¶ a *square* jaw 모지고 실팍한 턱. **4** 《수학》평방의, 제곱의. ¶ three *square* meters 3평방미터. **5** 〔표면이〕평평한, 수평의. **6** 대차(貸借)가 없는, 청산된(settled). **7** 정직한(honest); 공정한, 공평한(fair). **8** 솔직한(straightforward), 단도직입적인(direct), 분명한(clear). ¶ a *square* denial 단호한 거부. **9** 정연한, 깨끗하게 정돈된. **10** 〔시합 따위가〕동점의, 호각 (互角)의(even). **11** 《구어》〔식사 따위가〕실속 있는, 충분한. ¶ make a *square* meal 충분한 식사를 취하다. **12** 〔카드놀이·춤 등이〕네모꼴의 1조가 된. **13** 〔항해〕〔돛의 활대가〕용골(龍骨)과 직각으로 이룬. **14** 《美속어》케케묵은, 완고한; 촌스러운.
all square ① 만반의 준비를 갖춤. ② 〔골프 따위에서〕호각으로. ③ 청산이 끝난, 결제된.
call it square 청산이 끝난(해결된) 것으로 하다.

fair and square 공정하게, 정정당당히.
get square with ① …과 대차 관계를 청산하다. ② …과 반반이 되다. ③ …에 앙갚음하다, 보복하다.
— *adv*. 1 네모지게, 4각으로. ¶ cut a sheet of paper *square* 종이를 네모지게 자르다. 2 직각으로. ¶ This street turns *square* to the right at the end. 이 길은 막다른 끝에서 오른쪽으로 직각으로 꺾어진다. 3 정면으로, 곧바로(directly). ¶ hit a person *square* 남을 정면으로 치다. 4 정직하게(honestly), 공정하게(fairly). ¶ play *square* 공명정대하게 행하다, 정정당당히 경기하다.

square bashing *n*. U《英구어》교련, 군대식 훈련.
squáre brácket *n*. 〔인쇄〕 각(角)괄호, 꺾쇠 괄호([]).
square-built [skwέərbílt] *adj*. 딱 벌어진, 실팍한.
squáre cáp *n*. 대학모, 각모.
squáre dánce *n*. 스퀘어 댄스. 〔평 정책.
squáre déal *n*.《구어》공평한 처사, 공정한 거래; 공
squáred páper *n*. U 그래프 용지, 방안지.
squáred ríng *n*.《구어》4각의 링, 복싱 링(boxing ring).
square-face [skwέərfèis] *n*. U《英속어》진 술(gin).
square-faced [skwέərfèist] *adj*. 모난 얼굴의.
square-head [skwέərhèd] *n*.《속어》《경멸적》〔미국에 이주한〕 독일인·네덜란드인·스칸디나비아인.
squáre knót *n*. 옭 매듭 (reef knot).
*squáre·ly [skwέərli] *adv*. 1 정방형으로, 4각으로; 직각으로. 2 맞받아서, 정면으로 (directly). ¶ He stared her *squarely* in the face. 그는 그녀의 얼굴을 똑바로 쳐다보았다. 3 정직하게, 공정하게; 솔직히.
squáre méasure *n*. 〔수학〕 평방척의.
square·ness [skwέərnis] *n*. U 1 정방형[임]. 2 정직(공정)[함].
squáre númber *n*. 〔수학〕 평방수.
squar·er [skwέ(:)rər / skwέərə] *n*. 목재·석재 따위를 4각으로 자르는 사람. 〔단.
square-rigged [skwέəríɡd] *adj*. 〔항해〕 가로 돛을
square-rig·ger [skwέəríɡər] *n*. 〔항해〕 횡범선(橫帆
squáre róot *n*. 〔수학〕 평방근. 〔船〕.
squáre sáil *n*. 〔항해〕 횡범(橫帆), 가로 돛.
squáre shóoter *n*.《구어》공명정대한 사람.
square-shoul·dered [skwέərʃòuldərd] *adj*. 어깨가 떡벌어진, 어깨에 힘이 들어간.
squares·ville [skwέərzvìl] *n*.《때로 S-》U《속어》케케묵은 사람의 세계. — *adj*. 낡아빠진, 구식의, 매 딱한.
square-toed [skwέərtòud] *adj*. 1《구어》코 끝이 넓적하고 네모진. 2《사상·습관 따위가》구식인, 고루한(conservative).
square-toes [skwέərtòuz] *n*. pl.《단수 취급》구식사람; 고지식한 사람. 〔모가 난.
squar·ish [skwέ(:)riʃ / skwέər-] *adj*. 거의 정방형의,
squar·rose [skwǽrous, -+ skwǽr-] *adj*.《식물》표면이 까칠까칠한, 들쭉날쭉한.
squar·son [skwáː*r*sn] *n*.《英·익살》영국 국교회의 목사 겸 지주.
*squash¹ [skwɑʃ / skwɔʃ] *vt*. 1 …을 눌러으깨다, 짓눌러 뭉크러뜨리다, 짓이기다. 2〔반란 따위를〕가라앉히다, 진압하다. ¶ *squash* a riot 폭동을 진압하다. 3《구어》《상대방을》찍소리 못하게 하다, 입을 다물게 하다. 4 …을 우겨넣다. — *vi*. 1 짓이겨지다, 호무러지다. 2 〔무겁고 부드러운 물건이〕 철썩 떨어지다. 3 철벅철벅 소리를 내다(splash). 4 억지로 비집고 들어가다, 밀치고 나아가다(squeeze)(*in, into, out*…). ¶ (~+前+图) *squash into* a crowded bus 혼잡한 버스에 억지로 올라타다. — *n*. 1 U〔C〕U 눌러 으깸(으깨어짐); 털썩 떨어지다, 찌그러짐. 2 U〔C〕 짓이겨져 호물호물해진 덩어리; 부드러워 으깨어지기 쉬운 것. 3 잡담, 군중. 4 U〔C〕《英》스쿼시[과일즙에 소다수를 섞은 음료]. 5 **a**) =squash rackets.

b) =squash tennis. ◇ squáshy *adj*.
squash² [skwɑʃ / skwɔʃ] *n*. (*pl*. **squash** or **squash·es**)
squásh bùg *n*. 노린재의 일종. 〔호박류.
squásh hát *n*.〔접지 된〕테 넓은 소프트 모자.
squásh ràckets (ràcquets) *n. pl*.《단수취급》스쿼시용 라켓[벽으로 둘러싸인 코트에서 2명 또는 4명이 하는 일종의 테니스〕. 〔와 비슷한 구기〕.
squásh ténnis *n*. U 스쿼시 테니스[squash rackets
squash·y [skwɑʃi / skwɔʃi] *adj*. (**squash·i·er, squash·i·est**) 뭉크러지기 쉬운; 〔땅·도로 따위가〕질퍽질퍽한, 푹푹 빠지는; 〔과일 따위가 너무 익어서〕 호물호물한, 모양이 찌그러진. **squash·i·ly** *adv*. **squash·i·ness** *n*.
*squat [skwɑt / skwɔt] *v*. (**squat·ted** or **squat**, **squat·ting**) *vi*. 1 쭈그리다, 쪼그리다;《구어》앉다 (sit). 2〔동물 따위가〕땅에 엎드리다, 몸을 숨기다. 3 **a**)〔공유지나 미개간지에〕무단히 들어가 살다. **b**)〔소유권 획득을 위해 공유지에〕합법적으로 가서 살다. — *vt*.《주로 재귀용법》…을 웅크려 앉히다. ¶ (~+图+前) He *squatted* himself *down* before the stove. 그는 난로 앞에 웅크리고 앉았다. — *n*. 1 웅크림, 쪼그리고 앉은. 2 작달막한. — *n*. 웅크림, 쪼그려 앉은 자세. ◇ squátty *adj*.
squat·ter [skwɑ́tər / skwɔ́tə] *n*. 1 웅크리는 사람 〔동물〕. 2 무권리 거주자; 합법적인 공유지 입주자.
squat·toc·ra·cy [skwɑtǽkrəsi / -tɔ́k-] *n*.《濠》〔사회·정치적 집단으로서의〕 정주자(squatter).
squat·ty [skwɑ́ti / skwɔ́ti] *adj*. (**-ti·er, -ti·est**) 땅딸막한, 낮고 폭이 넓은. 〔아내.
squaw [skwɔː] *n*. 북미 인디언 여자(처);《익살》처,
squaw·fish [skwɔ́ːfìʃ] *n*. (*pl*. **-fish** or **-fish·es**) 북미 서해안산(産)《잉어과》의 큰 민물고기.
squawk [skwɔːk] *vi*. 1〔물새 따위가〕까악까악(꽥꽥) 울다. 2《美속어》큰 소리로 불평하다. — *vt*. …을 큰소리로 말하다. — *n*. 1〔물새 따위가〕까악까악(꽥꽥) 우는 소리. 2《美속어》큰 소리로 하는 불평, 푸른 외치다. 〔com).
squáwk bóx *n*.《美속어》상호 통화 장치 (inter-
squawk·er [skwɔ́ːkər] *n*. 까악까악(꽥꽥) 우는 것; 큰 소리로 불평하는 사람.
squáw màn *n*. 북미 인디언을 아내로 삼은 백인.
*squeak [skwiːk] *n*. 1〔어린애의〕앙앙 우는 소리,〔차 바퀴·악기 따위의〕찍찍삐걱 하는 소리,〔구두의〕삐거덕거리는 소리,〔쥐 따위의〕찍찍 우는 소리. 2《구어》기회, 찬스. 3《구어》〔파멸·위험·죽음 따위로부터〕벗어남, 모면함(escape). ¶ have a narrow (or close, near) *squeak* 아슬아슬하게 모면하다.
— *vi*. 1〔어린애가〕앙앙 울다,〔차 바퀴·악기 따위가〕삐걱삐걱 소리내다,〔구두가〕삐거덕거리다,〔쥐 따위〕찍찍 울다. 2《구어》간신히 성공하다(이기다, 도망치다) (*through, by*). 3《英속어》밀고하다, 배반하다.
— *vt*. …이라고 빽빽거리는 소리로 말하다. ◇ squéaky *adj*.
squeak·er [skwíːkər] *n*. 1 삐걱삐걱 소리를 내는 것, 시끄럽게 말하는 사람. 2《英속어》밀고자. 3《美구어》영가 일발, 신승.
squeak·y [skwíːki] *adj*. (**squeak·i·er, squeak·i·est**) 날카로운 목소리의, 삐걱대는.
squeak·i·ly *adv*. **squeak·i·ness** *n*.
squéaky cléan *adj*.《美구어》머리가 청결한; 순진한.
squéaky whéel *n*. 목소리가 큰 사람.
squeal [skwiːl] *n*. 1〔고통이나 공포로 인한〕 기다랗게 내지르는 소리, 비명. 2《속어》밀고, 배신. 3《속어》불평, 항의. — *vi*. 1 비명을 지르다, 길고 높은 소리로 울다. 2《속어》밀고하다, 배신하다 (*on*…). 3《속어》불평을 늘어놓다, 항의하다. — *vt*. …라고 길고 높은 소리로 말하다 (*…out*). ¶ (~+图+副) The violin *squealed out* loud notes. 바이올린은 매우 높고 날카로운 소리를 냈다. 〔다.
make a person *squeal*《속어》남을 협박하다, 어르

squeal·er [skwíːlər] *n.* **1** 삑삑 우는 동물, 어린 새 [특히 비둘기]. **2** (속어) 밀고자, 배반자.
squeam·ish [skwíːmiʃ] *adj.* **1** 잘 토하는, 약간 메스꺼운. **2** 까다로운 (fastidious), 결벽증이 있는. **3** 대단히 신중한, 점잖빼는. — **ly** *adv.* — **ness** *n.*
squee·gee [skwíːdʒi, -´-´] *n.* **1** 고무 걸레, 고무 비. **2** [사진] 고무 롤러[인화지 따위에 묻어 있는 물기를 제거하는 데 씀]. — *vt.* (**-geed, -gee·ing**) **1** …을 고무 걸레(고무 비)로 청소하다. **2** [사진]…을 고무 롤러로 문지르다.
squeez·a·bil·i·ty [skwìːzəbíliti] *n.* ⓤ **1** 압착(壓搾)할 수 있음. **2** [특히 돈을 우려내기 위한] 협박이 먹혀들어감.
squeez·a·ble [skwíːzəbl] *adj.* **1** 압착(壓搾)할 수 있는, 짜낼 수 있는. **2** 무리하게 빼앗을 수 있는. **3** 굴어앉고 싶은.
‡**squeeze** [skwíːz] *v.* (**squeezed, squeez·ing**) — *vt.* **1** …을 압착하다, 짜다. **2** …을 짜내다 (…*out*). ¶ (~+목+부) squeeze the water *out* 물을 짜내다 ¶ (~+목+부+명) squeeze juice *from* (or *out of*) an orange 오렌지로부터 과즙을 짜내다 (~+목+부+명) squeeze a lemon dry 레몬즙을 모조리 짜내다. **3** …을 강하게 쥐다; …을 꼭 껴안다. ¶ *squeeze* a person's hand [애정·우정 따위의 표시로서] 남의 손을 꼭 쥐다. **4** …을 두 겹넣다. ¶ (~+목+부+명) *squeeze* clothes *into* a small bag 작은 가방에 양복을 쑤셔넣다. **5** [무거운 세금 따위로] [남]을 압박하다, 강제하다, [금전]을 쥐어내다. ¶ (~+목+부+명) *squeeze* money *from* a person 남에게서 돈을 뜯어내다. **6** (구어) [남]을 협박하다, 공갈을 쳐서 빼앗다. **7** …의 본을 뜨다. **8** (야구) 스퀴즈로 득점하다(…*in*). **9** [총의 방아쇠]를 꽉 잡아당기다. ¶ *squeeze* a trigger 방아쇠를 꽉 잡아당기다. — *vi.* **1** 압력을 가하다. ¶ The strike began to *squeeze*. 스트라이크의 효력이 나타나기 시작했다. **2** 압착되다, 짜여지다(yield to pressure). **3** 헤치고 나아가다, 억지로 뚫고 나가다 (*through, in, into, out…*). ¶ (~+부+명) He *squeezed up* the staircase. 그는 사람들을 비집고 계단을 올라갔다. — *n.* **1** 압착, 짜내기. **2** 꽉 쥐기; 포옹. **3** 혼잡, 붐빔. **4** 꽉 짜서 얻은 작은 양[것]. ¶ a *squeeze* of lemon juice 소량의 레몬즙. **5** 곤경, 궁지, 위급함. ¶ be in a tight *squeeze* 궁지에 빠지다. **6** 본뜨기, [종이로 그림을] 눌러 베낌. **7** ⓤⓒ [관리 따위가 짜내는] 부당한 수수료, 뇌물. **8** ⓤⓒ (구어) 착취, 갈취, 협박. **9** (야구) =squeeze play.
put squeeze *on* …에 압력을 가하다.
squéeze bòttle *n.* 내용물을 짜내는 플라스틱 용기.
squéeze pláy *n.* **1** (야구) 스퀴즈 플레이, 스퀴즈. **2** (카드놀이) 브리지에서 상대편의 귀중한 패를 내게 하기(하는 수).
squeez·er [skwíːzər] *n.* **1** 죄는 사람, 압박자. **2** 레몬즙 짜는 기구. **3** 압착 기계. **4** 위쪽 윈편에 점수를 표시하는 트럼프.
squelch [skweltʃ] *vt.* **1** …을 눌러(밟아) 몽크러뜨리다, 밀어 넘어뜨리다. **2** [소란 따위]를 억압하다, 진압하다. **3** (구어) …을 침묵시키다, 핀잔주다; [토론]을 억압하다. ¶ Her logical arguments *squelched* him. 그녀의 논리정연한 주장에 그는 찍 소리도 못했다. — *vi.* **1** 철썩철썩 소리를 내다. **2** [물·진흙탕 따위의 가운데들]을 철벅철벅 소리를 내면서 걸어나가다. ¶ The children went *squelching* through the mud. 아이들은 진흙탕 속을 철버덕거리며 걸었다. — *n.* **1** 짓이겨서 몽크러진 물건. **2** 첨벙첨벙 하는 소리. **3** (구어) 입을 다물게 함, 핀잔주기. **4** [전자 공학] 스켈치 회로 (squelch circuit).
squelch·er [skwéltʃər] *n.* (구어) 남을 찍소리 못하게 하는 사람(주장).
squelch·ing·ly [skwéltʃiŋli] *adv.* 첨벙첨벙(철벅철벅) 소리를 내면서.

squib [skwib] *n.* **1** 풍자, 빈정거림. **2** [신문 따위의] 공간 메우기 토막 기사. **3** 불꽃, 폭죽. **4** 도화죽관(導火爆管). — *v.* (**squibbed, squib·bing**) *vi.* **1** 풍자문을 쓰다. **2** 폭죽을 던지다; 탕하고 통기다. **3** 이리저리 쏘다니다. — *vt.* **1** …을 풍자하다. **2** [폭죽]을 터뜨리다.
squid [skwid] *n.* (*pl.* **squids** or **squid**) **1** [각종의] 오징어. **2** [특히] 말려서 먹는 오징어. **3** 오징어 모양의 가짜 낚시 미끼.
squid·gy [skwídʒi] *adj.* (영국어) 질퍽질퍽(질척질척).
squiffed [skwift] *adj.* (영국어) =squiffy.
squif·fer [skwífər] *n.* (영국어) 손풍금 (concertina).
squif·fy [skwífi] *adj.* (**-fi·er, -fi·est**) (영국어) 얼근히 취한.
squig·gle [skwígl] *n.* [문자나 그림의] 짧고 불규칙한 곡선(비틀림), 함부로 휘둘러 쓴 글씨. — *v.* (**-gled, -gling**) *vi.* 짧고 불규칙한 곡선을 그리면서 움직이다. — *vt.* …을 휘둘러 쓰다. [**-gee·ing**] =squeegee.
squil·gee [skwíldʒiː, -´-´] *n., v.* (-geed, squill·gee·ing)
squill [skwil] *n.* **1** 해총(海葱), 해총의 구근(球根)을 얇게 잘라 말린 것[거담(去痰)제]. **2** 무릇속(屬)의 식물.
squinch[1] [skwintʃ] *n.* [건축] [각탑(角塔) 내부의] 든
squinch[2] [skwintʃ] *vt., vi.* (미) (…을) 눈을 흘겨 노려보다, [얼굴]을 찡그리다, 눈살을 찌푸리다; 짓이기다, 몸을 조그리다; 망설이다.
‡**squint** [skwint] *vi.* **1** 사팔뜨기다. **2** 눈을 가늘게 뜨고 보다. ¶ We *squint* when we sight a gun. 우리는 총을 조준할 때 눈을 가늘게 뜬다. **3** 곁눈질(사팔뜨기)로 보다, 슬쩍 보다 (*at…*), 엿보다, 들여다보다 (*at, through…*). **4** 암시하다, […의] 경향이 있다 (*toward…*). ¶ (~+부+명) His article *squints toward* radicalism. 그의 논설에는 급진적 경향이 있다. — *vt.* **1** […]를 가늘게 뜨다. **2** …을 흘겨보다. — *n.* **1** 사시(斜視), 눈흘김. **2** ¶ have a bad (or fearful) *squint* 매우 심한 사팔뜨기다. **2** (구어) 슬쩍 보기, 일별(一瞥)(*at…*). ¶ He gave a *squint* at me. 그는 슬쩍 쳐다보았다. **3** 곁눈질, 추파. **4** 귀띔. **5** 경향, 편향(偏向)(*to, toward…*). **6** [건축] [교회의] 제단을 배창(祭壇遙拜窓). — *adj.* **1** 사시의. **2** 곁눈질의. ¶ [A]SQUINT]
squint·er [skwíntər] *n.* 사팔뜨기의 사람; 곁눈질로 보는 사람.
squint-eyed [skwíntàid] *adj.* **1** 사시의. **2** 편견을 가진, 악의가 있는(malignant).
squint·ing·ly [skwíntiŋli] *adv.* 사시(斜視)로, 곁눈질로.
‡**squire** [skwáiər] *n.* **1** (영국 지방의) 대지주, 지방 명사, 시골 신사. **2** (역사) 기사(騎士)의 종자(從者); (고관의) 남성 종사. **3** 부인에 시중드는 신사. **4** (미) 치안(지방) 판사의 경칭. — *vt.* (**squired, squir·ing**) [부인]에게 시중들다, 종자로서 따라다니다. [<[E]SQUIRE]
squire·arch [skwáiɑːrk / skwáiɑːr-] *n.* (영국의) 지주 계급의 사람, [특히] 지방의 지주.
squire·ar·chy, squir·ar·chy [skwáiɑːrki / skwáiɑːr-] *n.* (the ~) (영국의) 지주 정치, 지주 계급.
squir·een [skwairíːn / skwairíːn] *n.* (주로 아일) 소지주.
squire·let [skwáiərlit] *n.* 소지주.
squire·ship [skwáiərʃip] *n.* ⓤ 지주의 신분(지위).
squirm [skwəːrm] *vi.* **1** 꿈틀거리다, 몸부림치다. **2** 어색해하다, 괴로워하다.
squirm·y [skwɔ́ːrmi] *adj.* (**squirm·i·er, squirm·i·est**) 꿈틀거리는, 꼼지락거리는; 우물쭈물하는.
‡**squir·rel** [skwə́ːrəl / skwír-] *n.* (*pl.* **-rels** or **-rel**) **1** 다람쥐. **2** ⓤ 다람쥐의 모피. — *v.* (**-reled, -rel·ing; -relled, -rel·ling**) …을 감추다, 저장하다 (…*away*).
squírrel càge *n.* **1** 다람쥐·쳇바퀴 따위를 넣어 놓는 집. **2** 단조롭고 끝이 없는 일을 하는 상태.
squírrel mònkey *n.* [남미산(産)의 동물] 다람쥐원숭이.
squírrel rífle(gùn) *n.* 22구경 소총. [송용이].

squirt [skwəːrt] *vi.* [액체 따위가] 분출하다, 솟구쳐 나오다. ¶ (~+前+名) The blood *squirted out of the wound*. 상처에서 피가 솟아나왔다. —— *vt.* 1 [액체 따위]를 뿜어내다. ¶ The tank *squirted* waste fluid. 탱크에서 폐수가 분출했다. 2 [뿜어나오는 액체 따위로]…을 적시다. —— *n.* 1 분출, 뿜어나오기, 분류(噴流), 분수. ¶ a *squirt* of exhausted gas 배기 가스의 분류. 2 주사기, 세정기(洗淨器), 물총. 3 소량의 분출물. 4 (구어) 애송이, 풋내기; 자기만이 옳다고 젠체하는 쓸모 없는 사람, 벼락 출세한 사람.

squirt·er [skwə́ːrtər] *n.* 1 [물 따위를] 뿜어 내는 사람. 2 분출기(장치).

squírt gùn *n.* 물총.

squírt·ing cúcumber [skwə́ːrtiŋ-] *n.* [식물] [남부 유럽 원산] 오이의 일종.

squish [skwiʃ] *vt.* (방언)…을 으깨어 부수다(squeeze). —— *vi.* [물 속에서] 철벅철벅 소리를 내다. —— *n.* 1 철벅철벅 하는 소리. 2 Ⓤ(英구어) 마말레이드(marmalade).

squish·y [skwíʃi] *adj.* (squish·i·er, squish·i·est) 뭉개어 허물어지는.

squit [skwit] *n.* (英구어) 쓸모없는 사람.

quiz [skwiz] *n.* (*pl.* quiz·zes)(濠속어) 홀끗(슬쩍) 보기, 일별; [캐는 듯한] 눈초리, [<SQU[INT]+[QU]IZ]

sq. yd. (略) square yard, square yards (평방 야드).

sr (略)(수학) Steradian(입체각의 단위).

Sr (화학) strontium의 원자 기호.

Sr. (略) Senhor; Senior; Señor; Sir; Sister.

S.R. (略) Southern Railway.

Sra. (略) Senhora; Señora.

SRAM (略) short-range attack missile(단거리 공격 미사일) [도 미사일].

SRBM (略) short-range ballistic missile(단거리 탄

Sri Lan·ka [sríː læŋkə] *n.* **Democratic Socialist Republic of**~ 스리랑카 공화국[실론의 공식 국명; 수도 Colombo]. [호사].

SRN (略) (英) State Registered Nurse(국가 공인 간

S.R.O. (略) standing room only (입석 이외 만원).

ss (略)(라틴)(처방) *sēmis*(= a half)(약품의 반량).

SS (略) steamship; supersonic; stewardess; service station(가솔린 스탠드; 주유소).

ss. (略) sections; (야구) shortstop.

SS. (略) Saints; (라틴) *scilicet* (=namely).

S.S. (略)(라틴)(처방) *sensū strictō*(= in the strict sense)(엄밀한 의미에서); steamship; Sunday School; (독일) *Schutzstaffel* (나치의 친위대); screw steamer (스쿠류 기선); Secretary of State; Silver Star(은성 훈장); Straits Settlements.

SSA (略) Social Security Administration.

SSAT (略)(美) Secondary School Admissions Test (중등학교 입학 검정 시험).

SSB (略)(통신) single sideband (단측파대 (單側波帶)); Social Security Board.

SSBN [ȇsȇsbíːén] *n.* 탄도 미사일 탑재 원자력 잠수함. [<SS(=submarine)+ballistic+nuclear)].

SSCAE (略)(美) Special Senate Committee on Atomic Energy(미국 상원 원자력 특별 위원회).

SSDDS (略) self-service discount department store.

SSDS (略) self-service discount store.

SSE, S.S.E., s.s.e. (略) south-southeast.

SS-11 *n.* (美軍) 대전차 로켓탄.

S.Sgt., S/Sgt. (略) staff sergeant.

SSM (略)(군사) surface-to-surface missile(지대지 (地對地)미사일); super supermarket(종합 식품 및 생활관련 용품을 주로 취급하는 슈퍼마켓).

SSN [ȇsȇsén] *n.* 원자력 잠수함. [<SS(=submarine)+nuclear] [의 공화국).

SSR (略) Soviet Socialist Republic (소비에트 사회주

SSS (略) Selective Service System(선발징병제).

SST (略) supersonic transport.

S-state [ésstèit] *n.* [물리] 정상(定常) 상태(제로(零)의 궤도 각(角)운동을 가진(원자내) 전자의 에너지 상태].

SS-20 *n.* (구소련의) 장거리 핵탄두 미사일.

SSW, S.S.W. (略) south-southwest; school social worker(정신적 고민이 있는 어린이의 상담역). [사).

ST (略) speech therapy (/therapist) (언어 요법(요법

s.t. (略) short ton.

-st *suf.* 1 형용사·부사의 최상급을 나타내는 어미. 예: first; least. 2 (고어·詩) thou에 수반하는 동사의 어미(*2인칭·단수·현재형 및 과거형에 쓰이다). 예: thou seest; thou hast.

st. (略) stanza; statute, statutes; stet; stone(중량의 단위]; strait; street.

‡St. (略) Saint; statute, statutes; Strait; Street.

sta. (略) station; stationary.

‡stab [stæb] *v.* (**stabbed, stab·bing**) *vt.* 1 [단검 따위로]…을 찌르다; 찔러 죽이다; [끝이 뾰족한 것을] 찔러 세우다 (…in, into, to). ¶(~+目+前+名) *stab* a person with a knife 나이프로 남을 찌르다 / *stab* a knife into a person 남을 칼로 찌르다. 2 [명예·감정 따위]를 심히 해치다(상처내다, 중상하다. 3 [회반죽을 바르기 전에] [벽돌벽의 표면]을 거칠거칠하게 하다. —— *vi.* 1 찔러 꿰뚫다, 찔러서 덤비다(*at…*). 2 [사람의 마음 따위를] 찌르다; [통증이] 찌르는 듯한 느낌을 주다.

stab a person *in the back* ① 남의 등을 찌르다. ② 남의 험담을 하다, 중상하다.

—— *n.* 1 찌르기. 2 감정 따위를 상하게 하는 것, 중상. 3 찔린 상처, 자상(刺傷); 찌르는 듯한 아픔. 4 (구어) 기도(企圖), 시도 (attempt). ¶ make (or have) a *stab* at …을 시도하다, 해보다.

a stab in the back 뒤에서의 중상; 배신.

Sta·bat Ma·ter [stáːbɑːt máːtər, stéibæt méi-, -bɑt-] *n.* (라틴) (=the mother was standing) 스타바트 마테르, 슬픔에 잠긴 성모[그리스도가 십자가에서 죽을 때의 성모의 슬픔을 노래한 찬미가; 그 노래의 곡.

stab·ber [stǽbər] *n.* 찌르는 사람, 암살자; 찌르는 물건, 단도, 송곳.

stab·bing [stǽbiŋ] *adj.* [아픔이] 찌르는 듯한; 통렬한, 신랄한. ~**ly** *adv.*

STABEX (略) *Sta*bilization of *Ex*port Earnings ((EC의) 수출 소득 안정 보장 제도).

sta·bile [stéibil /-bail] *adj.* 1 안정된, 정착한. 2 [의학] **a)** 내열성(耐熱性)의. **b)** [전기요법에서] 전극(電極)을 환부에 고정시켜 놓는. —— *n.* [stéibiː/ -bail] [미술] 스테이빌. *cf.* mobile

‡sta·bil·i·ty [stəbíliti] *n.* Ⓤ Ⓒ (*pl.* **-ties**) 1 안정, 고정, 부동(不動), 불변; (물리·화학) 안정성. ¶ the moment of *stability* 안정율. 2 착실, 견실, 부동. ¶ a man of *stability* 착실한 사람. 3 (배 등의) 안정(성), 복원력(성). ◇ **stáble, stábile** *adj.*

·sta·bi·li·za·tion [stèibiləizéi(ə)n /-laiz-] *n.* Ⓤ 안정, 고정; (통화·물가 따위의) 안정.

·sta·bi·lize [stéibilàiz] (*英*에서는 **sta·bi·lise**로 쓴다) *v.* (**-lized, -liz·ing**) *vt.* 1 …을 안정시키다, 고정시키다, 튼튼하게 하다. ¶ *stabilize* currency 통화를 안정시키다. 2 [항공·항해] …의 안정 장치, 스테빌라이저를 달다.

sta·bi·liz·er [stéibilàizər] *n.* 1 안정시키는 사람(것). 2 안정기, 안정 장치. 3 [항공] 수평 미익(水平尾翼); [항해] 안정 장치, 스테빌라이저; 자이로스코프식 안정 장치. 4 [화학] 안정제.

·sta·ble[1] [stéibl] *n.* 1 마구간, 마방(馬房); [경주마의] 조련장(練場), 2 (집합적) [같은 마구간에 속한 모든] 말, 경주마; 마부, 기수. 3 (구어) (집합적) 같은 매니저 밑에서 일하는 사람들[복서·신문기자·매춘부 등]. —— *v.* (**-bled, -bling**) *vt.* …을 마구간에 넣

sta・ble² [stéibl] *adj.* (-bler, -blest) 1 안정된, 견고한, 튼튼한, 불변의. ¶ FIRM 類語 ¶ a stable political power 안정된 정권. 2 [성격 따위가] 착실한, 지조가 굳은. ¶ a man of stable character 착실한 사람. 3 [물리] 안정성이 있는, 복원성(復原性)이 있는. 4 [화학] 안정된, 분해하기 어려운. ~**ness** *n.* **-bly** *adv.*
◇ stabílity *n.*, stábilize *v.*

sta・ble・boy [stéiblbɔ̀i] *n.* 마구간지기[의 소년], 마부.

sta・ble・man [stéiblmən, -mæ̀n] *n.* (*pl.* -**men** [-mən, -mèn]) 마구간지기, 마부.

stable-mate [stéiblmèit] *n.* 다른 말과 같은 마구간에 있는[한 마리의] 말.

sta・bling [stéibliŋ] *n.* ⓤ 마구간의 설비;《집합적》마구간.

stab・lish [stǽbliʃ] *v.* 〖고어〗 =establish.

stac・ca・to [stəkɑ́:tou] 〖음악〗 *adj.* 단음적(斷音的)인, 단주(斷奏)의, 스타카토의. *opp.* legato — *adv.* 단음적으로, 스타카토로. — *n.* (*pl.* -**tos** or -**ti** [-ti(:)]) 단음, 단주, 스타카토.

***stack** [stæk] *n.* 1 [건초・밀집 따위를 쌓아놓은] 더미, 낟가리. 2 [물체의] 퇴적(堆積), 쌓아올린 무더기. ⇨ PILE 類語 ¶ a wheat stack 밀의 더미. 3 (종종 ~s) 서가(書架), 책꽂이 선반; (~s) [도서관의] 서고. 4 [군사] 〖주로 세 자루의〗 걸어총. 5 굴뚝; [여러 개의 굴뚝을 모아] 짜맞춘 굴뚝. 6 〖英〗 한 가리[장작・숯 따위의 부피를 재는 단위. 108입방 피트]. 7 〖구어〗 다수, 다량. ¶ I have stacks of affairs to settle today. 오늘은 볼 일이 태산같이 있다. 8 〖英〗 〖스코틀랜드의〗 바다 가운데 솟아나온 뾰족바위.
blow one's stack 《속어》발끈 화를 내다.
— *vt.* 1 [건초・밀집 따위]를 쌓아올리다. 2 [총]을 짜서 걸다, 걸어총을 하다. 3 [카드놀이] [카드]를 부정한 방법으로 치다. 4 …을 부정한 수단으로 하다. 5 [항공] [착륙을 기다리는 항공기]에 고도차를 매겨 대기시키다.
— *vi.* [건초 따위가] 더미로 되다, 겹쳐 쌓이다.
have the cards stacked against one 지극히 불리한 입장에 있다.
stack the cards (or *the deck*) ⇨ *vt.* 3. ②〖구어〗 몰래 미리 꾸미다.
stack up ① 합계 …이 되다 (*to*...). ②…과 비교되다, 필적하다 (*with, against*...).

stacked [stækt] *a.* 〖美속어〗[여성이] 육체미가 있는.

stack・ing [stǽkiŋ] *n.* [항공] 선회 대기〖공항 활주로에 빈 자리가 생길 때까지 가까운 상공에서 선회하면서 고도차를 두는〗.

stáck ròom *n.* [도서관의] 서고, [내기] 하기].

stack-up [stǽkʌ̀p] *n.* 〖항공〗착륙을 기다리는 항공기에 고도차를 매겨 대기 선회의 비행을 시키기. 〖美〗

stac・te [stǽkti:] *n.* ⓤ 〖고대 유대의〗 향료, 몰약(沒).

stac・tom・e・ter [stæktɑ́mitər / -tɔ́m-] *n.* 적량계(滴量計).

stad・hold・er [stǽdhòuldər] *n.* = stadtholder. [計].

sta・di・a¹ [stéidiə] *n.* 〖측량〗스타디아 측량[법], 시거의(視距儀) 측량[법]; 스타디아(시거) 측정. — *adj.* 스타디아 측량[법]의.

sta・di・a² [stéidiə, -djə] *n.* stadium의 복수형의 하나.

sta・di・om・e・ter [stèidiɑ́mitər / -ɔ́m-] *n.* 〖곡선의 길이를 재는〗 스타디오미터.

‡**sta・di・um** [stéidiəm, -djəm] *n.* (*pl.* -**di・ums** or -**di・a** [-diə, -djə]) 1 〖미 -**di・ums**〗육상 경기장, 스타디움. 2 〖고대 그리스〗 **a)** 경기장. **b)** 길이의 단위〖약 200m 늘 올림피아 경기장의 길이에 해당함〗. 3 〖곤충〗탈피와 탈피 사이의[의 기].

stadt・hold・er [stǽthòuldər], (**stadholder**) *n.* 〖옛 네덜란드〗 주지사, 7개 주(州) 연합의 총독.

‡**staff¹** [stæf / stɑːf] *n.* (*pl.* **staves** or **staffs** →4,5) 1 막대기, 지팡이, 몽둥이; [무기로서의] 기다란 자루; 지주(支柱), 깃대; [측량용의] 표석(標尺). 2 [지위・권위 등을 상징하는] 지휘봉, 직장(職權), 권표(權標). 3 의지가 되는 것. ¶ Bread is the staff of life. 빵은 생명의 양식이다 // He is a staff to his family. 그는 집안의 기둥이다. 4 (*pl.* **staffs**) (the ~) 〖집합적〗직원, 부원, 사원. ¶ the editorial staff 편집부 / the teaching staff of college 대학의 교수진 / the embassy staff 대사관원. 5 (*pl.* **staffs**) (the ~) 〖집합적〗〖군사〗참모, 막료. ¶ the general staff 참모 본부. 6 〖음악〗보표(譜표), 오선(stave). 7 〖의학〗도입 소식자(導入消息子). 8 〖철도〗통표(通票). — *vt.* …에 직원(부원)을 두다.

staff² [stæf / stɑːf] *n.* ⓤ 담쟁이를 넣은 석고[담쟁이를 썰어 넣어 굳힌 석고로서 건축 자재].

staff・er [stǽfər / stɑ́ːfə] *n.* 〖관청・편집국・군대 따위의〗 직원, 국원.   [=staffer.

staff・man [stǽfmæn / stɑ́ːf-] *n.* (*pl.* -**men** [-mèn])

stáff ófficer *n.* 〖군대〗참모 장교, 막료.

stáff sérgeant *n.* 1 〖美〗〖공군〗air man first class 와 technical sergeant 사이의 지위. 2 〖육군〗sergeant 와 sergeant first class 사이의 지위. 3 〖해병대〗sergeant 와 gunnery sergeant 사이의 지위.

*****stag** [stæg] *n.* (*pl.* **stags** or **stag**) 1 수사슴. 2 [기타 동물의] 수컷; [거세한] 수퇘지. 3 〖美〗〖사교 모임 따위의〗에 여성을 동반하지 않은 남자; 남자만의 모임 (stag party). 4 〖英〗권리주(權利株) 전문가, 신주(新株)를 사서 차익(差益)을 보는 사람.
go stag 〖美구어〗여자를 동반하지 않고 사교 집회에 나가다;〖여자가〗남자 없이 사교 집회에 나가다.
— *adj.* 남자만의.
— *v.* (**stagged, stag・ging**) *vi.* 1〖美〗[모임 따위]에 여자를 동반하지 않고 참석하다. 2 〖英구어〗신주 차익을 따먹다. — *vt.* 1〖英속어〗남의 뒤를 몰래 밟다, 염탐하다 (spy on).

stág bèetle *n.* 사슴벌레.

***stage** [steidʒ] *n.* 1 [발달・진행 따위의] 단계, 국면, 기(期), 시대. ¶ the early stage of civilization 문명의 초기 단계 / the embryonic stage 태생기(胎生期) / the barter stage 물물교환 시대 / stage by stage 단계적으로. 2 무대, 스테이지, 연단. ¶ a revolving stage 회전 무대 / put (or bring, present) a play on the stage 연극을 상연하다 / go on the stage 배우가 되다 / have stage nerve 무대에 익숙하다. 3 (the ~) 극, 연극, 극문학; 연극계, 극단, 배우 직업. 4 [활동] 무대, 장(場), 장소. ¶ the stage of one's activities 활약의 무대. 5 [건축 현장 따위의] 발판, 발받이; 선창, 부두, 잔교(棧橋). 6 역마차, 승합 마차(stagecoach). 7 [여행 도중의] 거리, 역참(驛站), 여정(旅程), 역참간의 거리. 8 [지질] 계 [계(階)[연대 구분의 기(期) 급에 대응하는 지층]. 9 〖현미경의〗검경대(檢鏡臺). 10 〖무선〗증폭단(增幅段). 11 〖로켓의〗 단(段).
by easy stages 천천히, 쉬엄쉬엄.
hold the stage ①연속 상연되다. ②관객의 관심을 끌다.
set the stage for …의 준비를 하다, 만반의 태세를 갖추다.
— *v.* (**staged, stag・ing**) *vt.* 1 …을 상연하다, 각색하다. 2 …에 무대를 설치하다, 발판(을) 설치하다. 3 …을 계획하다, 실행하다, 훌륭히 수행하다. ¶ He staged a comeback. 그는 훌륭하게 컴백했다. 4 [로켓]을 다단식(多段式)으로 하다. — *vi.* 1 상연할만 하다, 공연에 적합하다. ¶ (~+圖) This play does not stage well. 이 극본은 잘 상연되지 않는다. 2 역마차로 여행하다. ◇ stágy *adj.*

stáge bòx *n.* [극장의] 무대 옆 특별 관석.

***stage-coach** [stéidʒkòutʃ] *n.* [정기적인] 역마차, 합승 마차.

stage-craft [stéidʒkræ̀ft / -krɑ̀ːft] *n.* ⓤ 극작법; 극작의 재능.

stáge diréction *n.* (종종 ~s) [연기 지시][서], 무대 지시.

stáge diréctor *n.* 무대 감독, 연출자.

stáge dòor *n.* 극장의 뒷문, 무대 출입구.

stáge effèct *n.* ⓤⓒ 무대 효과.

stáge fèver *n.* 연극열, 배우 지망열.

stáge fríght n. ⓤ 무대에 처음 나선 사람이 가지는 두려움. ¶ get stage fright 얼다. [는]무대 담당.
stáge·hand [stéidʒhænd] n. [도구·조명 따위를 다루
stáge léft n. [관객을 향해서] 무대 좌측.
stáge-man·age [stéidʒmǽnidʒ] v. (-aged, -ag·ing) vt. **1** …의 조감독을 하다. **2** …을 배후에서 연출하다, (회합 등을) 솜씨좋게 운영하다. **3** 몰래…을 준비하다.
— vi. 조감독을 하다.
stáge mánager n. 무대 감독 조수, 조감독.
stáge náme n. [배우의] 예명(藝名).
stag·er [stéidʒər] n. **1** (보통 old를 수반하여) 경험을 쌓은 사람, 노련한 사람, 베테랑. **2** (고어) 배우(actor).
stáge ríght n. (주로 ~s) [연극의] 상연권, 흥행권.
stáge sét n. = stage setting.
stáge sétting n. 무대 장치.
stage-struck [stéidʒstr∧k] adj. 무대(배우) 생활을 동경하는.
stáge whísper n. **1** [극중 관객에게 들리도록 큰 소리로 하는] 방백(傍白). **2** [제3자에게 일부러 들리도록 하는] 혼잣말.
stage·wise [stéidʒwàiz] adj. 연극에 정통한; 연출을 [잘하는.
stag·fla·tion [stægfléi∫(ə)n] n. ⓤ《영》 스태그플레이션(경기 침체 속의 인플레).
[<STAG[NATION]+[IN]FLATION]
‡**stag·ger** [stǽgər] vi. **1** 비틀거리다, 비척대다, 갈지자로 걷다, 흔들흔들 걷다. ¶ (~+閨) stagger along 비틀거리면서 (갈지자로) 걷다 / stagger back 비틀거리며 뒷걸음질치다, 비슬비슬하다 // (~+閨+名) stagger to one's feet 비틀비틀하면서 일어나다.
類語 stagger 끊임없이 몸의 평형을 잃고 똑바로 가지 못하다; stagger with exhaustion 지쳐서 비틀거리다. reel 갈짓자로, 흔들흔들 하면서 비틀거리며 걸어가듯 하다; reel with heavy bleeding 많은 출혈로 비틀비틀 넘어질 것 같다. totter (어린애·노인들처럼) 비척비척 걸어가다.
2 주저하다, 망설이다; [마음이] 흔들리다, 동요하다. **3** [전투 대열이] 무너지기 시작하다, 도망치려 하다. ¶ (~+閨+名) The enemy staggered at the first attack. 적은 최초의 공격으로 무너지기 시작했다.
— vt. **1** …을 비틀거리게 하다. **2** …을 망설이게 하다, 주저하게 하다; 동요시키다. **3** [슬픔 등이] …에게 충격을 주다, …을 깜짝 놀라게 하다, 당황하게 하다. ¶ be staggered at (or by) …을 보고(로) 깜짝 놀라다. **4** …을 엇갈리게 배열하다. ¶ The teeth of saws are staggered. 톱니는 서로 엇갈리어져 있다. **5** [항공] (복엽 비행기의 위·아래 날개를) 앞뒤로 엇갈리게 배열하다, **6** [근무·식사 등에] 시간차를 두다. **7** …을 깜짝 놀라게 하다, …에게 충격을 주다.
— n. **1** 비틀거림, 흔들거림, 갈짓자 걸음. ¶ walk with a stagger 비틀거리며(갈짓자로) 걷다. **2** [차바퀴의 살처럼] 엇갈리게 하기. **3** [항공] [복엽 비행기의 날개의] 앞뒤로 엇갈린 배치(정도). **4** 시간차 출근(근무). **5** (~s) 어지러움. **6** [단수 취급] 『獸醫』 (가축의) 훈도(暈倒)병, 어지러움병.
stag·ger·er [stǽgərər] n. **1** 비틀거리는 사람, 흔들리게 하는 것. **2** 깜짝 놀라게 하는 것; 큰 사건, 어려운 문제.
***stag·ger·ing** [stǽgəriŋ] adj. **1** 비틀거리는, 비척거리는. **2** 비틀거리게 하는. **3** 주저하는, 머뭇거리게 하는. **4** 깜짝 놀라게 하는, 당황하게 하는, …ly adv.
stag·horn [stǽghɔ̀:rn] n. **1** 수사슴의 뿔; 수렵용 나팔. **2** [식물] 석송(石松). **3** 사슴뿔 모양의 가지가 있는 산호(珊瑚)의 일종.
stag·hound [stǽghàund] n. [사슴 따위의 큰 사냥감용 큰 사냥개.
stag·ing [stéidʒiŋ] n. **1** ⓤⓒ 발판, 발걸이. **2** ⓤ 상연, 상장(上場). **3** ⓤ 역마(驛馬) 사업, 역마차 여행. **4** ⓤ [우주] [로켓의] 다단식(多段式). [지.
stáging àrea n. (군사) 전투 지역으로 향하여의 집결
stáging póst n. **1** = staging area. **2** 발달의 한 단계, 준비 단계. **3** 도중 정차(정박, 착륙)지.

Stag·i·rite [stǽdʒiràit] n. **1** [고대 그리스 Macedonia의 도시] 스타기라 (Stagira)의 주민(태생의 사람). **2** (the ~) 아리스토텔레스 (Aristotle) [스타기라 태생].
***stag·nan·cy** [stǽgnənsi] n. ⓤ **1** 고여 있음, 정체. **2** 침체, 활발치 못함; 불경기, 부진함.
***stag·nant** [stǽgnənt] adj. **1** [액체·공기 따위가] 고여 있는, 흐르지 않는. **2** [인심·생활 따위가] 활기가 없는, 침체해 있는; 불경기의, 부진한. ~ly adv.
◇ **stágnate** v., **stágnancy** n.
***stag·nate** [stǽgneit] v. (-nat·ed, -nat·ing) vi. **1** 흐르지 않다, 괴다. **2** [인심·생활 따위가] 활기가 없어지다, 침체되다; [장사 따위가] 경기가 없어지다. — vt. …을 정체시키다.
stag·na·tion [stægnéi∫(ə)n] n. =stagnancy.
stág pàrty n. 남자 끼리의 모임(파티). *cf.* hen party
stag·y [stéidʒi] adj. (stag·i·er, stag·i·est) **1** 연극의, 극장거리의. **2** 연극 같은, 겉으로 보이기 위한.
stag·i·ly adv. **stag·i·ness** n.
staid [steid] v. (고어) stay¹의 과거·과거 분사.
— adj. **1** 조용한, 침착한; 진지한. ¶ staid coloring 차분한 색조. **2** (드물게) 정착한(fixed), 안정된, 불변의. ~ly adv. ~ness n.
‡**stain** [stein] n. **1** 얼룩, 때. ¶ a blood stain 핏자국. **2** [동물 따위의] 반점, 얼룩점. **3** [명성 등의] 흠, 오점. **4** ⓤ 착색, 염료를 칠해 색깔. **5** ⓤ(ⓒ) [유리 따위의] 착색제, 염료; 스테인 [목재 착색용]; [현미경의 피검체에] 착색하는 염료.
— vt. **1** …을 더럽히다, …을 얼룩지게 하다. ¶ (~+閨+閨+名) stain one's clothes with grease 옷에 기름 때를 묻히다 / kettles stained with soot 그을음으로 더럽혀진 냄비. **2** …을 물들게 바르다, 흠집을 내다; …을 더럽히다. ¶ stain one's reputation 명성을 떨어뜨리다. **3** [직물·유리 따위]에 착색하다, 유약을 칠해 굽다. *cf.* stained glass **4** [현미경의 피검체]에 착색하다.
— vi. 착색되다, 더럽혀지다. **2** 얼룩을 내다, 더럽히다.
stain·a·ble [stéinəbl] adj. **1** 더럽혀지는, 얼룩지는. **2** 착색할 수 있는, 유약을 칠해 구울 수 있는.
stáined gláss [stéind-] n. ⓤ 구워서 착색된 유리, 스테인드 글라스.
stain·er [stéinər] n. **1** 착색공, 인화공(印畫工). **2** 착색제, 착색 염료.
stain·less [stéinlis] adj. **1** 얼룩이 없는; 때가 묻지 않는; 오점이 없는; 흠이 없는. **2** [강철이] 녹슬지 않는; 스테인리스제(製)의. — n. ⓤ 스테인리스강. ~ly adv. ~ness n.
stáinless stéel n. ⓤ 스테인리스 [강철].
‡**stair** [stɛər] n. **1** 계단의 1단(step). **2** (보통 ~s) 계단, 사다리의 발판. ¶ a flight of stairs [하나로 이어진] 계단. [밑에서.
below stairs ① 지하실에서. ② 하인의 방에서. [계단 **down (up) stairs** 계단 밑(위)에서(으로).
stáir cárpet n. 계단용 융단(양탄자).
***stair·case** [stɛ́ərkèis] n. 계단, 사다리의 발판[발판과 손잡이를 합친 전체]. ¶ a spiral staircase 나선형 계단.
stair·head [stɛ́ərhèd] n. 계단의 꼭대기.
stáir ròd n. [계단의] 양탄자 누르개.
stair·way [stɛ́ərwèi] n. = staircase.
stair·well [stɛ́ərwèl], (**stáir wèll**) n. [건축] 건물의 계단을 포함한 수직의 공간.
staithe [steið], **staithe** [steið] n. 《영》 **1** 제방, 둑; 해안, 강가. **2** 축제 (築堤). **3** 석탄을 하역하는 부두.
‡**stake¹** [steik] n. **1** 말뚝, 막대기. ¶ drive [in] a stake 말뚝을 박다 / plant (or put up) a stake 말뚝을 세우다. **2** 화형주(火刑柱); (the ~) 화형(火刑). ¶ burn a person at the stake 남을 화형에 처하다. **3** [하물차·트럭의] 짐칸 가장자리에 세운 막대. **4** [양철 땜질 집에서 쓰는] 작은 모루.

drive (or *stick*) *one's stakes* 천막을 치다; 정착하다.
pull up stakes 퇴거하다; 주거(직업)를 바꾸다.
— *vt.* (**staked, stak·ing**) **1** …에 막대기를 세워 표시를 하다, …을 막대기로 칸을 막다, 막대기로 둘러싸다; …에 새끼줄을 치다(…*off, out*). ¶ (~+囯+톄) *stake off* (or *out*) *one's land* 소유지에 말뚝을 박아 경계를 정하다. **2** [동물을 말뚝에 매다; [처형하기 위해] [사람]을 말뚝에 붙들어매다. **3** [수목 따위]를 받침목으로 받치다. ¶ (~+囯+톄+톄) I transplanted a pine tree and *staked* it with three poles. 소나무를 이식하고 3개의 받침목으로 받쳐주었다. **4** …을 막대기로 찌르다, 찔러 꿰뚫다 (…*through*).
stake off (or *out*) *a claim* ① 말뚝을 박아 자신의 소유지를 구획하다. ② 권리를 주장하다.
stake out [용의자]를 감시하다; [특정 지역을 감시하기 위해][경찰관]을 배치하다.

stake² [steik] *n.* **1** (종종 ~s) 내기; 내기에 건 돈, 내기의 밑천. **2** (종종 ~s) [경마 따위의] 현상금. **3** (~s) [단수 취급] 돈내기 경마. **4** [구어] =grubstake. **5** 이해 관계(interest) (*in*...). ¶ have a *stake* in …에 이해 관계를 가지다.
at stake 위험에 처하여, 문제가 되어. ¶ My life itself is *at stake*. 내 생명 자체가 위험에 처해 있다.
stakes are high 리스크가 크다, 위험성이 높다.
— *vt.* (**staked, stak·ing**) **1** …을 걸다 (…*on*). ¶ (~+囯+톄+톄) *stake* much money *on a race* 경마에 큰 돈을 걸다. **2** [구어] =grubstake. **3** [구어] [반환할 것을 예상하고] [남]에 재정적으로 원조하다.

stake·hold·er [stéikhòuldər] *n.* 판돈을 보관하는 제3자.
stake·out [stéikàut] *n.* 《美》 잠복 근무[지역]. [3자.
stáke ràce [경마] 현상 경마, 스테이크 레이스.
Sta·kha·nov·ism [stəká:nəvìz(ə)m] *n.* U 스타하노프제[옛 소련의 노동 생산성 향상 보상 제도].
Sta·kha·nov·ite [stəká:nəvàit] *n.* 스타하노프제에 의해 보상을 받은 노동자. — *adj.* 스타하노프제의, 보상을 받은 노동자의.

sta·lac·tic [stəlǽktik] *adj.* =stalactitic.
sta·lac·ti·form [stəlǽktifɔ̀:rm] *adj.* =stalactic, stalactitic. [석.
sta·lac·tite [stǽləktàit, ÷美 stəlǽktait] *n.* U 종유
sta·lac·tit·ic [stæ̀ləktítik], (**sta·lac·tit·i·cal** [-ik(ə)l]) *adj.* 종유석의, 종유석으로 뒤덮인. **-i·cal·ly** [-ikəli] *adv.*
sta·lag [stǽləɡ] *n.* [독일의] 포로 수용소.
stal·ag·mite [stəlǽgmait, stǽləgmàit / stǽləgmait] *n.* 석순(石筍).
stal·ag·mit·ic [stæ̀ləgmítik], (**stal·ag·mit·i·cal** [-ik(ə)l]) *adj.* 석순[모양]의, 석순질의. **-i·cal·ly** [-ikəli] *adv.*

***stale**¹ [steil] *adj.* (**stal·er, stal·est**) **1** [식품이] 신선하지 않은, 낡은. ¶ [맥주 따위] 김이 빠진; [빵 따위] 딱딱해진. **2** [공기가] 후텁지근한, **3** 창의(신선미)가 없는, 진부한. ¶ a *stale* talk 질력이 나도록 들은 이야기 / grow *stale* 질력이 나다. **3** [과로 때문에] 머리가 둔해진, 지쳐 있는. ¶ go *stale* 컨디션이 나빠지다. **4** [법률] 법적 효력을 상실한, 무효의. — *v.* (**staled, stal·ing**) *vt.* [맥주 따위]의 김을 빠지게 하다. …을 아둔하게 하다, 진부하게 하다. — *vi.* [맥주 따위가] 김이 빠지다; 낡아빠지다. ~·**ly** [stéilli] *adv.* ~·**ness** *n.*

stale² [steil] *n.* [마소 따위의] 똥, 소변. — *vi* (**staled, stal·ing**) [마소 따위가] 방뇨하다, 오줌을 싸다. 노퀴개갑.

stale³ [steil] *n.* 《英古語》 **1** 미끼, 유혹물. **2** 웃음거
***stale·mate** [stéilmèit, ÷美 ≠ ̀≠] *n.* **1** [서양장기] [체스에서 말을 움직이면 지게 되는 상태의] 막다른 수. **2** [정돈(停頓) 상태, 난국 (deadlock). — *vt.* (**-mat·ed, -mat·ing**) **1** [서양장기] …을 꼼짝못하게 만들다. **2** …을 정돈 상태에 빠뜨리게 하다.

Sta·lin·ism [stá:linìz(ə)m] *n.* U 스탈린주의. 〔옛 소련의 정치가 Joseph V. Stalin(1879-1953)의 이름〕

Sta·lin·ist [stá:linist] *adj.* 스탈린의, 스탈린주의[자]의. — *n.* 스탈린주의자.

‡**stalk**¹ [stɔ:k] *n.* **1** [식물의] 줄기, 대, 엽병(葉柄). **2** 화경(花梗), 배주병(胚珠柄); 버섯의 자루 (菌병柄). **3** [동물의] 경상(莖狀) 기관, 육경(肉莖), 우경(羽莖). **4** [건축] 경상 장식. **5** 가늘고 긴 받침대; 높은 굴뚝, 긴 돛대; [온도계의] 관경(管莖). **6** [古語] 우측(羽軸). ◇ **stálky** *adj.*

***stalk**² [stɔ:k] *vi.* **1** [사냥감 따위에] 살금살금 접근하다. **2** [이성・기인에] 몰래 다가가다. **3** 팔을 크게 흔들며 걷다, 활보하다. **3** [유행병 따위가] 퍼지다, 유행하다. — *vt.* **1** [사냥감에] 몰래 접근하다, [이성・인기인 따위]의 뒤를 몰래 밟다. **2** …을 활개치며 걷다, 활보하다. **3** [유행병・기근・공포 따위가] …에 널리 퍼지다, 만연하다. — *n.* **1** 살그머니 접근하기; 짓궂게 치근대기. **2** 활보하기.
stalked [stɔ:kt] *adj.* 줄기가 있는, 대가 있는.
stalk·er [stɔ́:kər] *n.* [이성・인기인에게] 짓궂게 치근대는 사람; 활개치고 걷는 사람, 활보하는 사람. **2** [사냥감 따위에] 살그머니 접근하는 사람; 밀렵꾼.
stalk·ing-horse [stɔ́:kiŋhɔ̀:rs] *n.* [사냥꾼이 뒤에 숨어서 사냥감에게 다가가기 위한 말 또는 말 모양의 것]. **2** 구실, 위장. **3** [정치] 허수아비 후보.
stalk·less [stɔ́:klis] *adj.* 줄기(대)가 없는. [자.
stalk·y [stɔ́:ki] *adj.* (**stalk·i·er, stalk·i·est**) **1** 줄기가 많은, 줄기가 있는. **2** 줄기와 같은; 길고 가느다란 (slender).

‡**stall**¹ [stɔ:l] *n.* **1** [외양간 따위의] 칸막이, 한 구획; 마구간, 우사(牛舍), 축사. **2** 상품 진열대, 매점, 노점, 스탠드. ¶ set a flower *stall* 꽃 가게를 내다. **3** [교회의 안쪽에 있는] 성직자석. **4** 자동차 주차장. **5** [항공] [공중에서의] 실속(失速). **6** 손가락 싸우개, 고무 손가락. **7** 《英》 [극장의] 1층 앞쪽의 특석. **8** [야금] 배소(焙燒)로, 스톨. **9** 《英》 [광산] 채탄장.
— *vt.* **1** [마소 따위]를 우리에 넣다. **2** [축사]에 칸을 막다. **3** [말・마차 따위]를 진흙탕(눈구덩이) 따위 속에 몰아넣어 빠져나오지 못하게 만들다, 오도가도 못하게 만들다. **4** [항공] [조종사가] [비행기]를 실속시키다. — *vi.* **1** [가축이] 우리에 들어가다; [개가] 개집에 들어가다. **2** 진흙탕(눈구덩이) 따위에 빠져 움직이지 못하게 되다, 옴짝 못하다; [엔진 따위가] 멎다. **3** [공항] 실속하다. **4** 시간을 벌다.

stall² [stɔ:l] *n.* [구어] **1** 구실, 거짓말. **2** [소매치기패의] 바람잡이. — *vi.* **1** 속이다, 사기치다. **2** [스포츠] [상대를 속이기 위해] 전력을 다하지 않고 경기하다. **3** 말로 얼버무려 …을 연기하다, …을 피하다, 속이다(…*off*).

stall·age [stɔ́:lidʒ] *n.* [古英 법률] 노점권(세).
stáll bàr *n.* [체조용] 늑목(肋木).
stall-fed [stɔ́:lfèd] *adj.* 외양간(마구간, 우리) 안에서 비육된.
stall-feed [stɔ́:lfì:d] *vt.* (**-fed, -feed·ing**) **1** [가축 따위]를 우리에 가두어 기르다. **2** [식용음으로] [가축]을 비육하다. [상인, 노점상.
stall·hold·er [stɔ́:lhòuldər] *n.* 《英》 시장의 판매대
stal·lion [stǽljən] *n.* 종마(種馬).

***stal·wart** [stɔ́:lwərt] *adj.* **1** 건장한, 강건한. → STRONG 類語. **2** 강하고 용기있는, 용감한. **3** 착실한, 의지가 굳은; [주의・주장・등에] 충실한. — *n.* **1** 강건한 사람. **2** 신뢰할 수 있는 사람, 충실한 사람.

~**·ly** *adv.* ~**·ness** *n.*
sta·men [stéimən / -men, -mən] *n.* (*pl.* **sta·mens** or **stam·i·na** [stǽminə]) [식물] 수술, 웅예(雄蘂).
◇ **stáminal, stáminate** *adj.*

stam·i·na [stǽminə] *n.* U 체력, 정력, 근기, 인내력. [스테미너.
stam·i·nal¹ [stǽmin(ə)l] *adj.* 체력의, 체력(스테미너)이 있는.
stam·i·nal² [stǽmin(ə)l] *adj.* [식물] 수술의.
stam·i·nate [stǽminit, ÷美 -nèit] *adj.* [식물] 수술이

달린; 수술만 있는. ¶ a *staminate* flower 수꽃.

:stam·mer [stǽmər] *vi.* 말을 더듬다; 더듬으며 말하다. ¶ (~+匣+名) He *stammered* over a few words. 그는 한두 마디 더듬거리며 말했다.
類語 stammer 공포·당혹·긴장 따위로 말이 술술나 오지 않음: *stammer* with confusion 당황하여 말을 더듬다. stutter 습관적·선천적으로 말을 더듬다.
— *vt.* …을 더듬으면서 말하다(*...out*). ¶ (~+匣+副) He *stammered out* a negative answer. 그는 더듬거리는 말로 싫다고 대답했다. — *n.* 말더듬기.

stam·mer·er [stǽmərər] *n.* 말더듬는 사람.
stam·mer·ing·ly [stǽməriŋli] *adv.* 말을 더듬으며.

:stamp [stæmp] *vt.* **1** …을 짓밟다; […을] [발]로 짓누르다. ¶ *stamp* the earth 대지를 꽉 밟다 // (~+匣+副+名) *stamp* one's feet *on* the ring [씨름판에] 발을 힘차게 디디다. **2** …을 밟아 부수다, 유린하다. ¶ (~+匣+副+名) *stamp* a snake *to* death 뱀을 밟아 죽이다. **3** …에 인형(印形)(인장, 도장 따위)을 찍다; [우표등]에 소인을 찍다; …에 관인(검인·증인(證印) 따위)을 누르다; 상표 따위를 찍다. ¶ (~+匣+副+名) *stamp* a maker's mark *on* an article 상품에 소인의 상표를 찍다. **4** [편지·증서 따위]에 우표(인지)를 붙이다. **5** [압형(壓型) 따위로] …에 인장(무늬 따위)을 찍다, 틀로 찍어내다. ¶ (~+匣+副+名) *stamp out* a coin 틀로 화폐를 찍어내다. **6** …을 [마음에] 깊이 새기다. ¶ (~+匣+副+名) a face *stamped with* the troubles of life 인생의 괴로움의 흔적이 생생하게 나타나 있는 얼굴. **7** …의 특색을 나타내다, 본성을 나타내다, …임을 보여주다. ¶ (~+匣+副+as 補) His utterance *stamps* him *as* an honest man. 그가 하는 말을 들으면 정직한 사람이라는 것을 알 수 있다.
— *vi.* **1** 짓밟다, 발을 구르다. ¶ (~+匣+名) *stamp on* a frog 개구리를 밟다. **2** [씨름꾼 등이] 사지에 힘을 주다. **3** [노여움 따위로] 발을 쿵쿵 구르다, 요란스런 소리를 내며 걷다.
stamp out ① [불 따위를] 밟아서 끄다. ② [반란 따위를] 진압하다. ③ [역병·사교(邪敎) 따위를] 근절하다.
— *n.* **1** 발을 구름, 밟기. **2** 도장, 수압(手押); 스탬프, 소인(消印), 검인, 증인(證印). **3** 우표, 인지, 증지(證紙). ¶ a postage (revenue) *stamp* 우표 (수입인지). **4** 압인기(押印器), 압형(押型), 압단기(壓斷機). **5** [야금] [도광기(搗鑛機)의] 찧어 곱게공이. **6** 특징, 특질; 종류, 형(型). ¶ a man of the same (a different) *stamp* 동일한 (다른) 타입의 사람.
put a stamp to stamp [고어] …에 우표를 붙이다.
Stámp Áct *n.* (the~) [미국사] 인지 조례[1765년 영국이 미국 식민지에 부과했으나 1766년에 폐지].
stámp àlbum *n.* 우표 앨범, 우표첩.
stámp bòoklet *n.* [얇은 종이로 칸을 막은] 우표첩.
stámp collèctor *n.* 우표 수집가.
stámp dùty *n.* 인지세 tax.

***stam·pede** [stæmpí:d] *n.* **1** [가축떼가] 집단적으로 한꺼번에 도망치기. **2** [군대 등이] 우르르 도망침, 한꺼번에 봉괴함, 패주. **3** [美] 갑자기 일제히 일어나는 대중 행동. **4** [美서부·캐나다] [로데오·박람회 등의] 모임, 축제. — *v.* (-ped·ed, -ped·ing) *vi.* **1** [가축 따위가] 일제히 우르르 달아나다. **2** [군대 따위가] 한꺼번에 퇴주(潰走)하다, 패주하다. **3** 일제히 우르르 몰려들다. **2** …을 패주시키다.

stamp·er [stǽmpər] *n.* **1** 도장을 찍는 사람. **2** [우체국에서] 소인을 찍는 직원, 자동 압인기(押印器). **3** [쇄광기(碎鑛機)의] 찧어공이.

stámp·ing gròund [stǽmpiŋ-] *n.* [구어] [사람·짐승이] 잘 가는 곳.

stámp mìll *n.* [야금] 도광기(搗鑛機).
stámp tàx *n.* U© 인지세.

***stance** [stæns] *n.* **1** 서있는 자세, 포즈; 위치, 장소. **2** [스포츠] [타자의] 자세, 발의 위치, 스탠스. **3** [사

물에 대한] 태도, 자세.

stanch[1] [stɔːntʃ, staːntʃ / staːntʃ] *vt.* **1** [출혈]을 막다, …의 흐름을 막다. **2** [고어] …을 저지하다, 가라앉히다, 막다. — *vi.* 출혈이 멎다.

stanch[2] [stɔːntʃ, staːntʃ / staːntʃ] *adj.* =staunch[1].
~·ly *adv.* ~·ness *n.*

stan·chion [stǽnʃ(ə)n, -tʃ(ə)n / stáːnʃ(ə)n] *n.* **1** 기둥, 지주(支柱) (support). **2** [외양간의] 칸막이 말뚝. — *vt.* **1** …에 기둥(칸막이 막대)을 대다. **2** [가축 따위]를 칸막이 막대에 매다.

:stand [stænd] *v.* (**stood, stand·ing**) *vi.* **1** 서다, 서 있다. ¶ (부정사를 수반하여) Please let the bottle *stand* so that the lees will settle. 앙금이 가라앉도록 병을 세워서 놓아주십시오 // (~+前+名) *stand* straight 똑바로 서다 / *stand* still 가만히 서 있다 / (~+-*ing*) They *stood* bowing as the President passed. 대통령이 통과하는 동안 그들은 머리를 숙이고 서 있었다 // (~+前+名) *stand on* one's head [and hands] 물구나무 서다 / *stand on* one's own legs (*or* feet) [비유적] 자립하다 / a ladder *standing against* the wall 벽에 기대어 놓은 사다리 / Our college *stands on* the hill. 우리 대학은 언덕 위에 우뚝 솟아 있다 / The egg will not *stand on* either edge. 달걀은 길이로 세울 수 없다 / Her hair *stood on* end with terror. 너무 무서워 그녀의 머리칼이 빳빳하게 섰다.
2 일어서다, 기립하다. ¶ *Stand* and fight! 일어나 싸워라! // (~+副) Please *stand up*. 기립해 주십시오.
3 a) 정지하다, 움직이지 않다. ¶ *Stand* or I fire. 서지 않으면 쏜다. b) [물 따위가] 흐르지 않다, 괴다. ¶ The water appears to *stand* here. 여기는 물이 괴어있는 것 같다. c) [눈물·땀 따위가] 괴다. ¶ (~+前+名) Sweat *stood on* his forehead. 그의 이마에 땀이 배어 있었다.
4 [보어·부사[구]를 수반하여] a) [어떤 상태·관계에] 있다. ¶ (~+副) *stand* a person's friend 남의 친구[한패]이다 / *stand* first in one's class 반에서 일등이다 / *stand* innocent of crime 죄를 범하고 있지 않다 / I found the door *standing* open. 나는 문이 열려 있는 것을 보았다 / He *stood* accused of having betrayed his friend. 그는 친구를 배반했다는 비난을 받았다 // (~+前+名) *stand at* bay 궁지에 빠져 있다 / *stand under* heavy obligation 중대한 의무를 지고 있다 / They *stood in* great need of provisions. 그들에게는 식량이 대단히 필요했다.
b) [어떤 태도를] 취하다, 입장(의견)은 …이다. ¶ (~+副) *stand aside* 떨어져 있다, 가담하지 않다 / He *stood aloof* from their arguments. 그는 그들의 입씨름에 가담하지 않고 있었다 / How does he *stand* on the problem? 그 문제에 관해 그는 어떤 태도를 취할 것인가?
c) [높이·가격·정도가] …이다. ¶ (~+補) How many feet do you *stand*? 신장이 몇 피트입니까? / Pork has *stood* 20% higher than last month. 돼지고기는 지난달 보다 20%가 올랐다 // (~+前+名) The thermometer *stands* at 25°C. 온도계는 섭씨 25도를 가리키고 있다.
5 […에] 있다, 위치하다. ¶ (~+前+名) Westminster Abbey *stands on* the Thames. 웨스트민스터 사원은 템즈 강가에 있다 / The village *stands against* the hill. 마을은 언덕을 마주보고 있다.
6 a) 지속하다, 존속하다. ¶ Will these colors *stand*? 이 색깔은 바래지 않을까? / How much of his philosophy will *stand*? 그의 철학 가운데 얼마만큼이나 남게 될 것인가? ¶ (~+前+名) The house will *stand* another century. 그 집은 앞으로 1세기는 더 유지될 것이다. b) 유효하다. ¶ The order given three days ago still *stands*. 3일 전에 나온 명령은 아직도 유효하다.
7 [英] 입후보하다(*for*...). ¶ (~+前+名) *stand for* Parliament 의회에 입후보하다.
8 [항해] [배가] 일정한 항로를 유지하다.
9 [사냥개가] 멈춰 서서 사냥감이 있는 곳을 가리키다.

stand-alone

— vt. 1 …을 세우다. ¶ (~+目+前+名) I will *stand* you *in* the corner. [별로써]구석에 서 있도록 할테다. 2 …을 놓다, 싣다(...*up*); …을 꽂아 세우다. ¶ (~+目+前+名) *stand* a pole *in* the ground 막대를 지면에 세우다. 3 …을 참다, 견디다, 인내하다, 감당하다. 4 을 견디다, 지탱하다, 상하지 않다. ⇒ BEAR [類語] ¶ (~+*ing*) This cloth will not *stand* washing. 이 천은 세탁되지 않는다. 5 …을 집고하다, 버티다, [약속 등]을 굳게 지키다. ¶ *stand* one's ground 《비유적》 자기 주장(입장)을 고집하다 / *stand* one's word 약속을 굳게 지키다. 6 〔공격 따위〕에 맞서다, 대항하다; …을 받다, 감당하다. 7 〔구어〕…을 대접하다, 그의 비용을 부담하다. ¶ (~+目+目) Do you *stand* me a drink today? 오늘은 네가 나에게 마실 것을 사주겠니? 8 〔당번 등〕을 하다. ¶ *stand* watch 망을 보다. 9 〔남〕에게 〔…의〕 비용을 쓰게 하다(...*in*). ⇒ *stand* a *person in*. ¶ (~+目+目) It *stood* me 2,000 won. 그것에 2천원이 들었다.

as it stands ① 현상태로는; 그대로(as it is). ② 〔가정 등에 관해〕 가구·장식 따위도 모두 포함해서.

as things (or *matters*) *stand* 현상태로[는], 그대로[는].

stand a chance (or *a show*) …할 가능성이 있다, …할 듯하다(*for*...).

stand against ① …에 저항(반대)하다. ② …에 기대 [저하다.

Stand and deliver ! ⇒ DELIVER.

stand at ① …에 서다. ② …을 나타내다. ③ …을 주

stand away 가까이 하지 않다, 떨어져 있다.

stand back 뒤로 물러나다, 툴어박혀 있다.

stand behind 뒤에서 밀어주다, 후원하다.

stand between …의 방해를 하다.

stand by ① 〔…의〕 근처에 있다, 옆에 서 있다; 결으로 다가서다. ② 방관하다. ③ …을 원조하다, 지지하다. ¶ I will *stand* *by* you in case of need. 만일의 경우에는 원조를 해주겠소. ④ 〔약속·협정 등〕을 지키다, 고수하다. ⑤ 대기하다, 〔라디오·TV〕 다음 방송을 대기하다, 〔항해〕 준비하다. ¶ *Stand by* to raise the anchor ! 닻 감아올리기 준비!

stand corrected ⇒ CORRECT.

stand down 〔법률〕 증인석에서 내려오다.

stand for ① …을 상징하다, 의미하다. ¶ What does LP *stand for*? LP 란 무슨 약어인가? ② …을 대표(대리)하다, 《英》 〔국회 의원 등에〕 입후보하다. ⇒ *vi*. 7. ④ 〔주의·주장〕을 위하여 싸우다. ⑤ …의 편을 들다, …을 지지하다. ⑥ 〔구어〕 …을 참다, 인내하다.

stand in ① 〔*vi*.〕 〔…의〕 대역(代役)을 하다(*for*...). ② 〔항해〕 해안으로 향하다.

stand a person in 남에게 …의 돈이 들게 하다. ¶ The wine *stood* me *in* 1,000 won a bottle. 그 포도주는 1병에 천 원 들었다.

stand 〔*a person*〕 *in* 〔*good*〕 *stead* ⇒ STEAD.

stand in with 〔美속어〕 〔나쁜 일에〕 살짝 가담하다, 한 패거리가 되다. ② …의 편을 들다, …을 지지하다. ③ …과 분담하다, …과 나눠 갖다. ④ 〔구어〕 …과 사이가 좋다.

stand off ① 멀리 떨어져 있다; …를 멀리하다. ② 동의하지 않다. ③ 〔채권자 등〕을 피하다. ④ 〔고용인〕을 일시 해고하다.

stand off and on 〔항해〕 육지를 멀리 떨어졌다 가까와졌다 하면서 항해하다.

stand on (or *upon*) ① …에 기초하다, …에 의거하다. ② …에 만족하다, …을 확신하다. ③ …을 주장하다; …에 까다롭다. ④ 의지하다, 신뢰하다. ⑤ 〔*stand on* 의 형으로서만 쓴다〕 〔항해〕 같은 침로로 계속 나아가다, 침로(針路)를 유지하다.

stand or fall 생사를 같이하다, 죽기 아니면 살기다.

stand out ① 튀어 나오다. ② 눈에 띄다, 걸출(傑出)하다. ③ 견디다, 굴복하지 않다; 완강히 반대하다. ④ 주장하다, 고집하다. ⑤ 〔항해〕 해안으로부터 떨어져 나아가다. ¶ *stand out* to sea 바다로 나아가다.

stand over ① 다음으로 넘기다, 연기되다. ② …을 감시(감독)하다.

stand to ① 활동 부서에 배치되어 있다, 적의 공격에 대비하여 대기하다(* to 는 부사). ② 〔약속·주의·주장 따위〕를 고수하다. ③ 〔의견 따위〕를 고집하다, …을 주장하다. ④ 〔항해〕 …을 향해 출항(출범)하다. ¶ *stand to* sea 출항(출범)하다.

stand under …을 견디다, …을 참다.

stand up ① 똑바로 서다, 기립하다. ② 견디다, 오래 가다. ③ 눈에 띄다, 두각을 나타내다. ④ 〔美속어〕 …에게 기다리다 지치게 만들다.

stand up against …에 저항하다.

stand up for 〔주의·사람 등〕을 지지하다, 옹호하다, 가담하다. ¶ *stand up for* human rights 인권을 옹호하다.

stand up to 〔적·위험 등〕에 용감히 맞서다. ㄴ하다.

stand up with …과 짝이 되어 춤을 추다. ②《구어》〔신랑·신부〕의 들러리가 되다.

stand well with …에게 호감을 사다, …의 평이 좋다.

stand with ① …과 일치하다, 조화를 이루다. ¶ *stand with* one's reputation 명성과 일치하다. ② …을 주장하다.

— n. 1 서기, 일어서기, 서 있기, 기립. 2 멈춰 서기, 정지, 중지. 3 장소, 위치. ¶ take one's *stand* near the door 문 옆에 자리를 잡다. 4 〔사회적〕 지위, 신분. 5 입장, 논거, 근거; 견해, 태도. ¶ I have made my stand clear. 나는 내 입장을 분명히 밝혔다. 6 반항, 방어. 7 영업 장소(위치); 영업용 땅. 8 《美》〔법정의〕 증인석(witness stand). 9 〔야구장 따위의〕관람석, 스탠드; 〔야외 연주장의〕 음악당; 연단. 10 매점, 스탠드, 노점. ¶ a cigar *stand* 담배가게. 11 〔물건 따위를 늘어놓거나 올려놓는〕 대, 받침대, 진열대, 작은 테이블, …걸이, …받침, …꽂이. ¶ a hat *stand* 모자걸이 / a music *stand* 악보대. 12 〔탈것의〕 주차장, 정류장. 13 입목(立木), 수목; 〔자라고 있는〕 농작물[보리 따위]; 집합적으로 나무. 14 〔새의〕 긋는 나무. 15 〔연극〕 〔지방 순회 극단의〕 흥행, 흥행지. 16 《美》 〔학생의〕 성적, 석차, 성적 점수.

be at a stand 〔고어〕 막히다, 당혹하다.

bring (or *put*) ... *to a stand* ① …을 정지시키다, 오도가도 못하게 하다. ② …을 꼼짝못하게 만들다, 당혹케 하다. [다.

come to a stand ① 정지하다. ② 막다르다, 꽉 막히

make a stand 멈춰서다; 저항하다 (*against*, *for*...).

take a (or *one's*) *stand* ① 〔성 따위에〕 틀어박히다. ② 태도를 정하다. ¶ *take a* similar *stand* 같은 입장을 취하다.

take the stand 《美》 증인대에 서다.

stand-a·lone [stǽndəlóun] *adj.* 〔컴퓨터〕 〔다른 장치를 필요로 하지 않고〕 자체만으로 움직이는, 독립형의.

:stand·ard [stǽndərd] *n.* 1 (종종 ~s) 표준, 기준, 규범, 전형. ¶ the *standard* of living 생활 수준 / below the *standard* 표준 이하의 / come up to (fall short of) the *standard* 표준에 도달하다 (하지 못하다).

[類語] *standard* 어떤 것의 가치·품질·수준 따위를 결정짓기 위해 대조해 보는 권위있는 원칙·척도·지주·견본 따위: a *standard* of linear measure 길이를 재는 척도: **criterion** 판단·비평을 위한 기준: a *criterion* of great literature 위대한 문학적 규범.

2 a) 기; 〔군사〕 군기. b) 〔국왕·국가 등을 상징하는〕 깃발. ¶ a royal *standard* 왕실기 / join the *standard* of …의 군대에 가담하다 / under the *standard* of …의 깃발 아래. 3 〔조폐〕 〔화폐의〕 법정 순도. 4 본위〔제〕 〔화폐 제도의〕 가치 기준. ¶ the gold (silver, single, double) *standard* 금(은, 단, 복)본위〔제〕 / the gold bullion (currency, exchange) *standard* 금지금(金地金) (금화 유통, 금환(金兌換)) 본위제. 5 〔도량형〕 원기(原基, 原器). 6 〔영국 국민 학교의〕 학년, 학급. 7 똑바로 선 기둥, 전주. 8 수직 촛대, 큰 촛대, 잔의 다리; 받침대가 달린 큰 잔. 9 〔원예〕 쭉 곧은 자

연목; 자연목 조성; [접목 붙이는]대목(臺木). **10** 〖음악〗스탠더드 넘버. **11** 〖식물〗기판(旗瓣)(vexillum).
━ *adj.* **1** 〖공인된〗표준의, 표준에 따른, 표준(기준)이 되는; 법정 순도의. ¶ a *standard* coin 본위 화폐 / the *standard* time (size, unit) 표준시(형, 단위). **2** 모범적인, 일류의, 권위있는. ¶ a *standard* reference book 권위있는 참고서. **3** 받침대가 붙은. **4** 〖원예〗 자연목의, 자연목으로 만든.
◇ stándardize *v.*

stand·ard-bear·er [sténdərdbɛ̀(:)rər / -bɛ̀ərə] *n.* **1** (군사) 기수. **2** [사회운동 등의] 주창자, 지도자.

stand·ard-bred [sténdərdbrèd] *adj.* (종종 S-) [특히 말 따위가] 표준 성능에 맞도록 사육된.

Stan·dard-bred [sténdərdbrèd] *n.* 미국산(產)의 발이 빠르고 내구력이 강한 말.

stándard devìátion *n.* Ⓤ Ⓒ 〖통계〗표준 편차.

Stándard Énglish *n.* Ⓤ 표준 영어.

stándard gàuge (gàge) *n.* 〖철도〗표준 궤간(軌間) [영미에서는 1.435m].

stand·ard·i·za·tion [stæ̀ndərdizéiʃ(ə)n / -daiz-] *n.* Ⓤ 표준화, 규격 통일.

__stand·ard·ize__ [sténdərdàiz] (〖英〗에서는 **stand·ard·ise** 로도 쓴다) *vt.* (-ized, -iz·ing) **1** …을 표준(규격)에 맞추다, 통일시키다. **2** …을 표준으로 하다. **3** …의 규격을 정하다.

stándard làmp *n.* 〖英〗[바닥에 세워 높이를 조절하는] 스탠드 램프. [體長]

stándard léngth *n.* 〖동물〗[물고기의] 표준 체장.

stándard móney *n.* 〖경제〗본위 화폐, 〖레코드〗.

stándard pláy *n.* 표준판, SP판[1분간 78회전의].

stándard tíme *n.* **1** [한 나라·지방의]표준 시 (Greenwich time). **2** 〖경영〗표준[작업] 시간[표준의 작업자가 소정의 작업을 하는 데 소요되는 시간].

*__stand-by__ [sténd(d)bài] *n.* (*pl.* -bys) **1** 의지할 수 있는 사람(것); 한 편, 찬성자, 지원자. **2** 대역(代役); 대신; 대기자. **3** 〖전기〗수신 조정 따위를 그대로 두고 신호를 기다리는, 대기 신호. **4** [텔레비전·라디오의 예정프로가 취소됐을 때의] 예비프로. **5** 비상용 대기선. ━ *adj.* 예비의, 비상용으로 대기시켜 놓은. ¶ *stand-by* credit 대기(待機) 차관.

stándby pàssenger *n.* 대기 승객[빈 자리가 나길 기다리는 승객]. [치.]

stándby pówer sỳstem *n.* 예비 발전(배전) 장

stand-down [sténd(d)dàun] *n.* 활동 휴지(休止).

stand·ee [stændíː] *n.* 〖구어〗[열차의 내부 따위에] 있는 사람, 입석 승객; [특히 극장의]입석 관객.

stand·er-by [stændərbái] *n.* (*pl.* standers-by) 방관자, 구경꾼.

stand·fast [sténd(d)fæ̀st / -fɑ̀ːst] *n.* 확고함(안정된) [입장.

*__stand-in__ [sténdìn] *n.* **1** 대역, 스탠드인[영화의 위험한 장면에서 정식 배우 대신 출연하는 배우]. **2** 대리인; 대용품. **3** 〖구어〗[권력자 등의] 연줄, 연고(緣故); 유리한 입장.

‡**stand·ing** [sténdìŋ] *n.* **1** Ⓤ Ⓒ 서 있기; 기립(起立)하는 장소). **2** Ⓤ [사회적] 지위, 신분, 입장. **3** (~s) [스포츠] [팀·경기자 등의]순위. **4** Ⓤ 계속, 존속, 계속 기간. ¶ an official of long *standing* 장기 근속 공무원. ━ *adj.* **1** 서있는, 서서 하는. **2** 벌채하지 않은, 자란 그대로의. **3** 흐르지 않는, 고여 있는. ¶ throw a stone into a *standing* water 고여있는 물에 하나를 던지다; 졸음을 깨우다. **4** 〖기계 따위가〗쉬고 있는, 멈추어 있는. **5** 고정된, 움직이지 않는. **6** 선 채로 하는. **7** 영속적인, 오래 계속되는, 효용(효력)이 언제까지나 없어지지 않는. ¶ a *standing* dye 색이 바래지 않는 염료. **8** 상비의. **9** 보통의, 늘 하는. ¶ a *standing* excuse 늘 하는 변명. **10** 받침대가 붙은. **11** 〖인쇄〗항시 짜놓은, 해판(解版)하지 않는.

stánding ármy *n.* 상비군.

stánding commìttee *n.* 상설(상임) 위원[회].

stánding cróp *n.* **1** 〖농업〗아직 베어지지 않은 농작물, 입도(立稻). **2** 〖생태〗[한 시점에 있어서 특정한 공간내의] 생물의 총체, 현존량.

stánding órder *n.* **1** (~s) [군대]군대 내무 규칙, 군대 규칙. **2** (~s) [의회]의사 규칙. **3** 현행 규칙. **4** 계속되고 있는(유효한) 주문.

stánding róom *n.* **1** [한 사람이 들어갈 수 있는 만큼의] 여지. **2** [극장 따위의] 입석.

stánding vóte *n.* 기립 표결(rising vote).

stánding wáve *n.* 〖물리〗정상파(定常波).

stand·ish [sténdiʃ] *n.* 〖고어〗펜꽂이, 필기 용구를 넣는 그릇.

stand-off [sténdɔ̀ːf / -ɔ̀f] *n.* **1** 떨어져 있음; 서먹서먹 먹음, 사양. **2** [시합의]비기기, 동점. **3** 상쇄하기(하는 것), 메워 넣기. **4** 〖럭비〗스탠드오프. **5** 〖전기〗격리 애자(碍子). ━ *adj.* 떨어져 있는; 서먹서먹한, 사양하고 있는.

stand-off·ish [sténdɔ̀ːfiʃ, -ɔ́f-] *adj.* 멋적은, 냉담한 (cold); 뽀로통한. ~·ly *adv.* ~·ness *n.*

stánd óil *n.* 스탠드 오일, 중합 아마인유(重合亞麻仁油), 스탠드유(油).

stand-out [sténdàut] 〖구어〗 *n* **1** 뛰어난 [멋들어진] 사람(것). **2** 자기 주장만을 고집하면서 다른 사람과 동조하지 않는 사람. ━ *adj.* 눈에 띄는, 훌륭한.

stand-pat [sténd(d)pæ̀t] 〖美 구어〗 *n.* =standpatter. ━ *adj.* 현상 유지를 고집하는, 보수적인.

stand-pat·ter [sténd(d)pæ̀tər] *n.* 〖美구어〗[특히 정치에 관해]현상 유지를 고집하는 사람, 개혁 반대자.

stand-pipe [sténd(d)pàip] *n.* [수직의] 배수탑, 저수탑.

‡**stand·point** [sténd(d)pɔ̀int] *n.* 견지, 입장. ¶ from the historical *standpoint* 역사적 견지에서.

St. Án·drew's cróss *n.* X 형 십자가[十].

stand·still [sténd(d)stìl] *n.* Ⓤ 정지, 휴지(休止)(halt); 꽉 막힘. ¶ be at a *standstill* 정돈(停頓) 상태에 빠져 있다 / come (or be brought) to a *standstill* 멈추다, 정지하다, 막다르다.

stand-up [sténdʌ̀p] *adj.* **1** 서 있는, 곧추선(erect). ¶ a *stand-up* collar 곧추선 깃. **2** [식사 따위] 선 채로 하는. ¶ a *stand-up* meal 선 채로 먹는 식사. **3** [권투 따위에서] 정정당당한. **4** [희극 배우가 무대에서] 단독 연기를 하는.

stan·hope [sténəp, +美 sténhòup] *n.* [2륜 또는 4륜의 일인승] 포장 없는 경마차.

stank [stæŋk] *v.* stink 의 과거형.

Stán·ley Gíb·bons [sténli gíbənz] *n.* 세계적으로 유명한 영국의 우표 거래 상사[우표 관계 서적도 출판한다].

stan·na·ry [sténəri] *n.* (*pl.* -ries) **1** 주석 광업 지구. **2** 〖英〗주석 광산. ━ *adj.* 주석 광업지(광산)의.

stan·nate [sténeit] *n.* 〖화학〗주석산염(朱錫酸塩).

stan·nic [sténik] *adj.* 〖화학〗주석의, 제2 주석의.

stan·nif·er·ous [stænífərəs] *adj.* 〖광물〗주석이 나는, 주석이 함유된.

stan·nous [sténəs] *adj.* 〖화학〗주석의, 주석을 함유하는; 제1 주석의. [호 Sn]

stan·num [sténəm] *n.* Ⓤ 〖화학〗주석(tin) [원자 기

*__stan·za__ [sténzə] *n.* [(韻)에서] 연(聯), 절(節) [보통 4행이상으로 이루어진다]. ◇ stanzáic *adj.*

stan·za·ic [stænzéiik], (**stan·za·i·cal** [-ik(ə)l]) *adj.* 〖韻律〗 [시의] 연(聯)의, 연(節)으로 이루어지는.
-i·cal·ly *adv.*

sta·pes [stéipiːz] *n.* (*pl.* -pes or -pe·des [-pidìːz]) 〖해부〗등자(中耳의 뼈).

staph [stæf] *n.* =staphylococcus.

staph·y·lo·coc·cus [stæ̀fələkɔ́kəs / -kɔ́k-] *n.* (*pl.* -coc·ci [-kɔ́ksai / -kɔ́k-]) 포도상구균.

*__sta·ple¹__ [stéipl] *n.* **1** 주요 산물, 명산물; 주요 상품. **2** 주요소, 주성분. **3** [이야기의]주제, 요항(要項); 특

색. **4** ⓤ 원료, 재료, 소재. **5** 주요 식품. **6** ⓤ [양모·목화 따위의] 섬유; [그 품질·길이 따위의] 표준. ¶ cotton of fine *staple* 고급 품질의 목화. **7** [역사] 특정 상품의 매입·수출이 공인된 장소; 상거래 중심지. — *adj.* [한 지방의 산물 중에서] 주요한, 중요한; [수요·거래가] 많은. ¶ *staple* agricultural products 주요 농산물 / *staple* industries 기간 산업. — *vt.* (**-pled, -pling**) [길이·품질에 따라] 분류하다, 선별하다.

sta·ple[2] [stéipl] *n.* **1** [고리 따위를 채우는] 원형의 못; [U 자 모양의] 꺾쇠, 멈치쇠, [라디오 따위의 배선을 고정시키는 데 쓰이는] 스테이플 핀. **2** [제본이나 서류]를 철하는 U 자 모양의 꺾쇠, 호치키스의 핀, 스테이플 핀, 거멀 쇠. — *vt.* (**-pled, -pling**) …에 꺾쇠[거멀 쇠]를 박다, …을 꺾쇠[호치키스]로 고정시키다; …을 꺾쇠로 철하다.

stáple fíber((英)**fíbre**) *n.* ⓤⓒ 인조 섬유, 스.

[프.]

sta·pler[1] [stéiplər] *n.* **1** 양모 선별공. **2** 양모 중매인.

sta·pler[2] [stéiplər] *n.* [제본용의] 철사 철하는 기계; 서류 철하는 기구, 스테이플러.

stá·pling machíne [stéipliŋ-] *n.* =stapler[5].

‡**star** [staːr] *n.* **1** [일반적으로] 별; [천문] 항성(恒星). ¶ the Polar (or North) *Star* 북극성 / a shooting (or falling) *star* 유성(流星) / this *star* [詩] 지구. **2** [점성] 운세에 영향을 주는 사운성(司運星); (종종 ~s)운세, 운수, 운명; 천운. ¶ be born under a lucky (an unlucky) *star* 행운(불운)의 별을 타고나다 / be through with one's *star* 운수가 다하다 / curse one's *star* 운명을 저주하다 / trust one's *stars* 행운(성공)을 믿다. **3** 별 모양[의 것]; 성장(星章), 성형 장식, [별 모양의] 꽃; [인쇄] 별표, 애스터리스크(*). **4** [美軍] **a)** 종군 청동 성장(battle star). **b)** 금성장[해군에서 같은 훈장을 두 번 수여하는 대신에 주는 것]. **5** [소나 말의 이마 위의] 흰 얼룩. **6** 거물, 제1 인자, 대가, 에이스; [연극·영화·가수 따위의] 스타, 인기 배우(가수), 주연 배우, 중요 배우. ¶ a literary *star* 문단의 대가 / a film (or movie) *star* 영화 스타. **7** (美) 50개 주의 하나를 나타내는 별. **8** (英) [당구] 떨어진 사람이 돈을 내고 사는 공치는 차례. **9** [형용사적 용법] **a**) 별의, 별 모양의. ¶ a *star* atlas 성좌도. **b)** 꽃 모양의, 일류의, 주역의. ¶ a *star* performer 주연자. **c)** 훌륭한, 저명한 (preeminent).

My stars [*and garters*] *!* [익살] 아이구 깜짝이야!

see stars (구어) [얻어 맞아서] 눈에서 불이 나다, 눈이 아 찔하다, 어찔어찔하다.

the star of day (or *noon*) 태양.

the Stars and Bars [美어사] 남부 연맹기(旗).

thank one's [*lucky*] *stars* 행운에 감사하다.

— *v.* (**starred, star·ring**) *vt.* **1** …을 별 모양의 것 (번쩍번쩍 하는 것)으로 장식하다, …에 별[별 모양의 장식] 을 흩뿌리다. ¶ (~+目+前+名) a crown *starred with* diamonds 다이아몬드를 온통 박아 넣은 왕관. **2** …에 별표를 달다. **3** …을 스타로 만들다, 주역을 시키 다. — *vi.* **1** 별처럼 빛나다, 반짝이다. **2** 눈에 띄 다, 두드러지다, 우수하다; 주역을 맡아 연기하다, 주연 하다. **3** (美) [당구] 돈을 주고 치는 차례를 사다.

star it 주연 하 다. ¶ She always *stars* it in the troupe. 그녀는 언제나 그 극단에서 주역을 맡고 있다.

◇ **stárry, stárlike** *adj.*

STAR (略) satellite *t*elecommunication with *a*utomatic *r*outing (통신위성 중계 위성 전화 통신).

star·board [stáːrbərd, +美 -bòːrd, +英 bəːbd] *n.* ⓤ **1** [항해] [이물(bow)을 향해서] 우현(右舷). *cf.* larboard. ¶ We bore away to the *starboard*. 우리는 우측 방향으로 진로를 잡았다. **2** [비행기의 기수(機首)를 향해서] 우측 방향. — *adj.* [항해] 우현의, 우현에 있 는. ¶ a *starboard* anchor 우현의 큰 닻.

— *vt.* [항해] [배의 키]를 우현으로 돌리다. ¶ *Starboard* [the helm] *!* 우현으로! [구령]. — *vi.* [항 해] [배가] 진로를 우측으로 잡다(돌다).

***starch** [staːrtʃ] *n.* ⓤ **1** 전분, 녹말, [전분으로 만든] 풀. **2** (~es) 전분질이 많은 식품; 죽. **3** (구어) 거북살스럼, 딱딱함, 격식을 차림. **4** (구어) 정력, 활기, 원기. — *vt.* **1** …에 풀을 먹이다, 풀을 먹여 빳빳하게 하다. **2** …을 딱딱하게 (거북살스럽게) 하다, 격식을 차리게 하다(…*up*). ◇ **stárchy** *adj.*

Stár Chámber *n.* **1** [역사] 성법원[英法院] [영국의 고등 법원(1487-1641). 배심 없이 전단(專斷)·불공정으로 중형을 내렸다.] **2** [일반적으로] 전단(전단)적인 법적 (위원회).

stárch blócker *n.* [다이어트 요법의] 녹말(전분) 차단제.

starch·less [stáːrtʃlis] *adj.* 전분이 없는(을 함유하지 않는).

starch·y [stáːrtʃi] *adj.* (**starch·i·er, starch·i·est**) **1** 전분(질)의 (을 함유하는); 풀의(같은). **2** 풀을 먹인, 빳빳한. **3** 거북스러운, 격식을 차리는.

starch·i·ly *adv.* **starch·i·ness** *n.*

stár clóud *n.* 성운(星雲).

stár clúster *n.* [천문] 성단(星團).

star-crossed [stáːrkrɔ̀ːst / -krɔ̀st] *adj.* 운수가 나쁜, 불길한, 불운한, 불행한(ill-fated).

star·dom [stáːrdəm] *n.* **1** [집합적] 스타계(界), 스타들. **2** ⓤ 스타의 자리(처지). ¶ attain *stardom* 스타가 되다.

star·dust [stáːrdʌ̀st] *n.* ⓤ **1** 소성단(小星團), 우주진(塵). **2** (구어) 황홀함, 넋을 잃은(꿈같은) 경지.

‡**stare** [stɛər] *v.* (**stared, star·ing**) *vt.* **1** …을 말똥말똥(빤히, 유심히) 쳐다보다, 응시하다. ¶ (~+目+副) *stare* a person *up* and *down* 남을 머리 꼭대기에서 발끝까지 훑어보다. **2** …을 노려보아 …하게 하다. ¶ (~+目+副) *stare* a person *down* 남의 얼굴을 빤히 쳐다보아 당황하게 하다 // (~+目+前+名) *stare* a person *out of* countenance 남의 얼굴을 노려보아 당황하게 하다 / We *stared* the girl *into* confusion. 우리들이 빤히 쳐다보니 그 소녀는 어쩔 줄을 몰랐다 / (~+目+補) *stare* a person *dumb* 남을 노려보아 입을 다물게 하다.

— *vi.* **1** 말똥말똥(빤히, 유심히) 보다, 응시하다, (공포·놀라움 따위로) 눈을 둥그렇게 뜨고 보다(*at, in, into*...). ⇒ GAZE [類語] ¶ *stare* vacantly 어이없어 하다 // (~+前+名) *stare at* a person 남을 뚫어지게 바라보다 / *stare into* the darkness 어둠 속을 노려보다 / *stare with* astonishment 놀라서 눈이 휘둥그래지다. **2** [빛깔·모양 따위가] 요란하다; 눈에 띄다, 야하게 보이다(*out*). **3** [털·깃털 따위가] 곤두서다.

stare a person in the face ① 남의 얼굴을 빤히 쳐다보다. ⇒ *vt.* **1** ② [죽음·파멸 따위가] 눈앞에 다가오다, 아주 명백하다. ¶ Ruin *stared* him *in the face*. 파멸이 그에게 다가왔다.

— *n.* 빤히(말똥말똥) 쳐다보기, 응시. ¶ in a *stare* of dumb surprise 멍하니 눈을 크게 뜨고,

star·er [stɛ́(ː)rər / stéərə] *n.* 빤히 쳐다보는 사람.

star·fish [stáːrfìʃ] *n.* (*pl.* -**fish** or -**fish·es**) 불가사리.

[물.]

star·flow·er [stáːrflàuər] *n.* 별 모양의 꽃이 피는 식

star·gaze [stáːrgèiz] *vi.* (-**gazed, -gaz·ing**) **1** 별을 쳐다보다(관측하다). **2** 공상에 잠기다.

star·gaz·er [stáːrgèizər] *n.* **1** 별을 쳐다보는 사람; 점성가(占星家); 천문 학자. **2** 공상가, 몽상가. **3** 통구멍(과)의 물고기[위쪽으로 향한 눈이 있다]. **4** 머리를 쳐드는 말.

star·gaz·ing [stáːrgèiziŋ] *n.* ⓤ **1** 별을 응시(연구)하기, 천문 관측. **2** 공상에 빠지기, 꿈꾸는 듯한 태도.

***star·ing** [stɛ́(ː)riŋ / stéəriŋ] *adj.* **1** 응시하는, 뚫어지게 보는. **2** [빛깔·모양 따위가] 두드러지게 눈에 띄는, 현란(요란)한. ¶ a *staring* modern building 유난히 눈에 띄는 근대 건축물. **3** [털·깃털 따위가] 곤두서는. ¶ Her eyebrows were *staring with* anger. 그녀는 화가 나서 눈썹을 치켜올렸다. **~·ly** *adv.*

stark [staːrk] *adj.* **1** 완전한(utter), 순전한, 진짜의. ¶ *stark* nonsense 완전한 넌센스. **2** 황량한, 쓸쓸한(desolate). **3** 꾸밈이 없는, 있는 그대로의; 알몸의. **4** 굳은, 빳빳한, 경직된; 엄격한(strict). ¶ *stark* and cold 싸늘하고 굳은. **5** (윤곽·모양 따위가) 뚜렷한. **6** 강한, 힘찬. — *adv.* **1** 완전히, 전혀(utterly), 아주, 정말로. ¶ He is *stark* mad. 그는 아주 화가 나 있다. **2** 《주로 스코·北英》엄하게, 단호하게; 힘차게. ~ly *adv.* ~ness *n.*

stark·ers [stáːrkərz] *adj.* 《英俗어》알몸의, 전라(全裸)의.

stark-nak·ed [stáːrknéikid] *adj.* 홀랑 벗은, 전라(全裸)의.

star·less [stáːrlis] *adj.* 별이 없는, 별이 안 보이는.

star·let [stáːrlit] *n.* **1** 작은 별. **2** 장래가 촉망되는 젊은 여배우(꼬마 배우).

*****star·light** [stáːrlàit] *n.* ⓤ 별빛. — *adj.* 별빛의, (은 밤의).

star·like [stáːrlàik] *adj.* **1** 별과 같은, 별 모양의. **2** 별처럼 빛나는.

star·ling¹ [stáːrliŋ] *n.* 찌르레기과(科)의 새의 일종.

star·ling² [stáːrliŋ] *n.* 〔교각 보호용의〕 물가름 말뚝.

star·lit [stáːrlit] *adj.* 별이 밝은.

Star of Béthlehèm *n.* (the ~) 〔성서〕〔그리스도 탄생할 때에 나타나 3박사(Magi)를 인도한〕 베들레헴의 별[←마태 복음(Matt.) 2:1-10].

star-of-Beth·le·hem [stáːrəvbéθlihèm, -liəm / -hèm] *n.* (*pl.* **stars-**) 별 모양의 흰꽃이 피는 백합과의 식물.

Star of Dávid *n.* (the ~) 다윗의 별, 6각의 별 모양(✡; 유대교의 상징)(Solomon's Seal).

star·quake [stáːrkwèik] *n.* 성진(星震)〔맥동(脈動) 별〕따위의 급격한 변동.

starred [staːrd] *adj.* **1** 별이 총총한, 별빛 밝은 밤의. ¶ the *starred* sky 별하늘. **2** 스타가 된, 스타로 등장한, 주연의. **3** 별로 장식한; 성장(星章)을 단, 별표를 붙인. **4** 별 모양의. ¶ *starred* leaves 별 모양의 잎. **5** (복합어를 만들어) …의 운수를 타고나다. ¶ ill-*starred* 불운의, 박명(薄命)의.

stár róute *n.* 《美》민간 위탁 우편물 운반 루트.

*****star·ry** [stáːri] *adj.* (**-ri·er**, **-ri·est**) **1** 별이 많은, 별이 총총히 박힌. ¶ a *starry* night 별빛 밝은 밤. **2** 별의, 별에서 발하는, 별로 이루어진. ¶ *starry* light 별빛. **3** 별 모양의. ¶ a *starry* cell 별 모양의 세포. **4** 별처럼 빛나는, 반짝이는. ¶ *starry* eyes 빛나는 눈.

star·ry-eyed [stáːriàid] *adj.* 공상(몽상)적인, 비현실적인, 이상적인.

Stárs and Strípes *n. pl.*(the ~) 성조기〔미국 국기〕.

stár sápphire *n.* 〔광물〕성채 청옥(星彩靑玉), 스타 사파이어.

stár shéll *n.* 〔군대〕조명탄.

stár shówer *n.* 〔천문〕 유성우(流星雨).

star-span·gled [stáːrspæ̀ŋgld] *adj.* 별을 점박은.

Stár-Spángled Bánner *n.* (the ~) **1** 성조기(Stars and Stripes). **2** 미국 국가(國歌).

stár stréam *n.* 〔천문〕 성류(星流)〔운동〕.

star-stud·ded [stáːrstʌ̀did] *adj.* **1** 별로 가득한, 별을 아로새긴. **2** 유명인(유명 배우)들이 출연(참여)하는.

stár sỳstem *n.* (the ~) 영화 제작에서 관객 동원을 위한 대(大) 스타 중심 방식.

‡**start** [staːrt] *vi.* **1** 출발하다, 떠나다(leave). ¶ (~+몐+图) The express *started* from London on time. 급행 열차는 제시간에 런던을 출발했다 / He *started* on a journey. 그는 여행길을 떠났다. **2** 시작되다, 시작하다, 개시하다, 착수하다. ¶ The show *starts* at eight. 쇼는 8시에 시작된다 / (~+몐+图) *start* on an enterprise 사업에 착수하다 / The dictionary *starts* with the letter A. 사전은 A에서 시작된다. **3** 갑자기 일어나다, 생기다, 나타나다, 나오다. ¶ How did the war *start*? 전쟁은 어떻게 일어났는가? // (~+몐+图) Tears *started* from her eyes. 그녀의 눈에서 눈물이 왈칵 쏟아져 나왔다. **4** 뛰어나가다, 뛰어오르다, 갑자기 움직이다; 〔기계가〕 시동하다. ¶ (~+몐+图) I *started* to my feet. 나는 갑자기 일어섰다 // (~+몐) *Start* aside ! 비켜라 ! **5** 〔공포 따위로〕 움찔〔덜컹〕하다, 섬뜩〔철렁〕하다, 놀라다. ¶ 〔눈 따위가〕 뛰어나오다 (protrude). ¶ (~+몐+图) He *started* at the sight of a snake. 그는 뱀을 보고 움찔했다. **6** 〔건재(建材) 따위가〕 느슨해지다, 어긋나다, 빠지다; 휘다, 구부러지다. **7** 경기에 참가(출전)하다.

— *vt.* **1** …을 움직이다, 발동시키다. ¶ The engine was *started*. 엔진은 움직이기 시작했다. **2** 〔사업 따위〕를 시작하다, 설립하다(establish). ¶ *start* a new business 새로운 사업을 시작하다. **3** …을 시작하다, …하기 시작하다, 일어나다, …에 착수하다. → BEGIN 類語. ¶ *start* a book 책을 읽기 시작하다 / *start* a fire 화재를 일으키다 / When shall we *start* dinner? 저녁 식사는 몇 시에 하기로 할까? // (~+*-ing*) (~+*to do*) *start* crying; *start* to cry 울기 시작하다. **4** 〔남〕을 여행에 내보내다, 〔남〕을 인생 항로 따위로 떠나게 하다, 〔남〕에게 시작하게 하다. ¶ *start* an expedition 탐험대를 파견하다 / (~+图+몐+图) *start* one's son *in* business 아들에게 장사를 시작하게 하다 / (~+图+*-ing*) What he had said *started* me thinking. 그가 말한 것 때문에 나는 생각에 잠겼다. **5** 〔경기에서〕 …에게 출발 신호를 하다. ¶ …을 〔경기에〕 참가(출전) 시키다. **6** 〔건재·못 따위〕를 느슨하게 하다, 어긋나게 하다, 휘게 하다. ¶ Not a rivet was *started*. 리벳 한 개도 느슨하지 않았다. **7** 〔문제·화제·불평 따위〕를 끄집어내다, 주창하다. ¶ *start* a new theory 신학설을 제창하다. **8** 〔사냥감〕을 몰이하다, 날아 오르게 하다. ¶ *start* game from its lair 사냥감을 굴에서 몰아내다. **9** 〔술통〕의 주둥이를 열다, 마개를 뽑다; 〔통 따위〕를 비우다.

start after …을 쫓다.
start against …에 대항하다, …에 대항해서 입후보하다.
start in 《구어》 시작하다, 착수하다(begin) (*to do*).
start out (or *off*) ① 출발하다. ② 뛰어나가다. ③ 《구어》 착수하다(begin). ¶ He *started out* to write his autobiography. 그는 자서전 집필에 착수했다.
start something 말썽을 일으키다.
start up ① 뛰어오르다, 날아오르다. ¶ He *started up* from his chair. 그는 깜짝 놀라 의자에서 벌떡 일어났다. ② 갑자기 나타나다, 일어나다; 마음에 떠오르다. ¶ Many difficulties have *started up*. 많은 어려움이 한꺼번에 일어났다. ③ 업을 재개하다. ④ …을 시동시키다. ¶ *start up* a motor 모터를 발동시키다.
to start with 맨 먼저, 첫째로. ¶ *To start with*, I must thank you for your advice. 무엇보다도 먼저 당신의 충고에 감사해야겠습니다.

— *n.* **1** 출발, 여행길을 떠나기. ¶ get ready for the *start* 출발 준비를 하다. **2** 시작, 개시, 착수, 시동; 발단. ¶ at (from) the *start* 처음에는 (시초부터) / the *start* of the book 책의 맨 처음 부분 / make a *start* in business 장사를 시작하다. **3** 〔경기의〕 스타트, 스타트의 신호; 출발 지점. **4** 놀라움, 섬뜩(오싹·철렁)함; 펄쩍 뜀(일어섬). ¶ with a *start* 깜짝 놀라서 / give a *start* 〔가슴이〕 덜컥하다. **5** 〔경기 따위의〕 선발(先發)〔권〕; 기선(先線), 유리한 입장, 선도(先導). ¶ have thirty seconds' *start* 30초 먼저 출발할 수 있는 권리가 있다 / get the *start* of one's rivals 경쟁 상대의 기선을 제압하다. **6** 첫출발의 축. **7** 〔건재·못 따위의〕 느슨함, 비뚤어짐, 어긋남, 휘어짐.

by fits and starts ⇒ FIT.
for a start 제일 먼저, 우선.
from start to finish 처음부터 마지막까지, 시종일관.

START [staːrt] *n.* 전략 무기 감축 조약〔1991년 7월 31일, 모스크바에서 열린 미소 수뇌회담에서 조인〕. [< *S*trategic *A*rms *R*eduction *T*reaty]

*****start·er** [stáːrtər] *n.* **1** 출발자, 개시자, 첫시작. **2** 경주(경마)에 출장한 사람(말). **3** 출발 신호 담당, 스

타터; [탈것의] 발차 담당. **4** 시동기, [자동 시동 장치가 달린] 자동차. **5** [낙농] 발단 배양(發端培養). **6** 《영구어》 [식사의] 제1 코스.
stárting blóck n. [stá:rtiŋ-]. [경주의] 스타트대.
stárting gáte n. 《경마》 출발문. [(臺).
stárting líneup n. 《야구》 스타팅 라인업[선발로 출장하는 멤버의 타순].
‡**stárting póint** n. 출발점, 기점.
stárting póst n. 《경마 따위의》 출발점, 출발점.
stárting príce n. 《영》 《경마 따위의》 시작 직전에 돈을 건 비율.
stárting ráil n. 《항공》 활주 궤도(滑走軌道).
stárting sálary n. 초봉(初俸).
stárting stálls n. pl. 《영》=starting gate.
star·tle [stá:rtl] v. (**-tled, -tling**) vt. 깜짝 놀라게 하다, 펄쩍 뛰게 하다. ¶ (~+图+前+名) I was *startled from* my sleep. 나는 깜짝 놀라 잠에서 깨어나다 / He was *startled at* the sight. 그는 그 광경에 깜짝 놀랐다. — vi. 깜짝 놀라다, 움찔(덜컥)하다, 펄쩍 뛰다. ¶ (~+前+名) I *startled at* the knocking at midnight. 나는 한밤중에 문 두드리는 소리에 깜짝 놀랐다. — n. 놀라기; 놀라게 하는 것. ¶ The news gave me a great *startle*. 그 소식에 깜짝 놀랐다.
star·tler [stá:rtlər] n. **1** 깜짝 놀라게 하는 것(일, 사람). **2** 놀랄 만한 것(일, 사람). [는. ~**ly** adv.
*star·tling [stá:rtliŋ] adj. 놀랄 만한, 깜짝 놀라게 하
start-up [stá:rtʌp] n. 《조업》 개시; 창업 단계의 기업, 신생 기업.
star·va·tion [sta:rvéiʃ(ə)n] n. ⓤ 기아, 아사; 궁핍, 결핍. [싼 임금.
starvátion wáges n. pl. 기아 임금(굶주릴 정도로
‡**starve** [sta:rv] v. (**starved, starv·ing**) vi. **1** 굶어 죽다, 아사하다. **2** 절식(단식)하다. **3** 《구어》 몹시 배고프다. ¶ I'm simply *starving*. 나는 배가 몹시 고프다. **4** 극빈(굶주림)에 시달리다. **5** 갈망(열망)하다 (*for...*). ¶ (~+前+名) *starve for* mother's love 어머니의 사랑에 굶주리다. **6** 《영방언》 얼어죽다, 추위에 시달리다. — vt. **1** …을 굶어 죽이다, 굶주림으로 괴롭히다. ¶ (~+图+前+名) be *starved* to death 굶어 죽다. **2** …을 굶겨서 …하게 하다, [적군의] 양도(糧道)를 끊어 굶주리게 하다. ¶ (~+图+前+名)(~+图+副) *starve* the enemy *into* surrender; *starve* the enemy *out of* 적의 양도를 끊어 항복하게 하다. **3** …에 [필수품 따위의] 결핍을 느끼게 하다. **4** 《영방언》 …을 동사시키다. ◇ **starvátion** n.
starv·ed [stá:rvid] adj. 《보통 복합어를 만들어》 ~에 굶주린. ¶ TV-*starved* people [TV를 보지 못해서] TV를 몹시 보고싶어하는 사람들.
starve·ling [stá:rvliŋ] adj. **1** 굶주린, 영양이 나쁜, 못 먹어 여윈. **2** 찢어지게 가난한, 빈약한, 지지러진. — n. 《굶주려서》 야위어 빠진 사람(동물).
stárveling strátegy (táctics) n. 《군사》 기아 전술(전략), 군량(軍糧) 전술(전략).
Stár Wárs n. 《미》 《군사》 별들의 전쟁《미국의 전략 방위 구상(SDI)의 별칭》. *cf.* SDI 《<George Lucas 감독의 SF 영화 제목에서》
stash [stæʃ] vt. 《미구어》 …을 치워 두다, 따로 간직해 두다 (*...away*). — n. 숨겨 둔 물건; 숨긴 장소.
sta·sis [stéisis] n. ⓤⓒ (pl. **sta·ses** [-si:z]) **1** 《병리》 울혈(鬱血), 혈액 정체. **2** 《가스·액체 따위의》 정체, 정지(靜止). [**stat**, heliostat, thermo*stat*.
-stat standing, stationary의 뜻의 연결형. 예: gyro-
stat. 《略》statuary; statue; statute.
‡**state** [steit] n. **1** 상태, 형편, 모양, 양상, 사태, 사정, 형세. ¶ a liquid (a solid) *state* 액체 (고체) 상태 / a mental *state* 정신 상태 / the married (the single) *state* 결혼하고 있음(독신 상태) / the *state* of affairs (*or* things) 사정, 사태 / the larval (the pupal) *state* of an insect 곤충의 유충(번데기) 시기 / fall into a *state* of coma 혼수

상태에 빠지다 / He is in a good (a poor, a delicate) *state* of health. 그의 건강 상태는 좋다(나쁘다, 좋지 않다).
[類語] **state** 「상태」를 의미하는 가장 일반적인 말: the present *state* of Korea's economy 한국 경제의 현상. **condition** 어떤 원인이나 환경의 영향을 받은 [일시적인] state: the weather *condition* 기상 상태. **situation** 여러 사정이 서로 관련돼서 사람의 성격·환경에 영향을 준 결과의 condition: the difficulties of his *situation* 그가 놓인 입장의 어려움. **status** 법적·사회적 또는 경제적 고려에서 결정되는 state 또는 condition: one's social *status* 사회적 지위.
2 정신 상태; 《구어》 근심, 걱정, 흥분 상태; 불안한 상태. ¶ in a calm *state* 침착하게, 조용하게 / get into a *state* 흥분하다 / He tells me his affairs are in a *state*. 그는 사업이 신통치가 않다고 말하고 있다.
3 계급, 계층, 지위, 신분; 《특히》 높은 지위. ¶ persons in every *state* of life 모든 계층의 사람들 / His conduct is not fit for his *state*. 그의 행동은 지위에 어울리지 않는다.
4 a) 《위엄, 위풍, 거드름 피우기; 의식, 공식; 장관(壯觀), 훌륭함, 화려(pomp). ¶ in great *state* 위풍 당당하게 / keep (up one's) *state* 위엄을 지키다, 거드름 피우다. b) 《형용사적 용법》 정식의, 공식의; 의식용의. ¶ *state* clothes 정장 / a *state* dinner 공식 만찬회 / a *state* call 《구어》 공식 방문.
5 a) 《종종 S-》 나라, 국가; 《교회에 대하여》 정권, 정부. ¶ a welfare *state* 복지 국가 / the Secretary of *State* 《미》 국무 장관 / Church and *State* 교회와 국가, 정교(政敎). b) 《형용사적 용법》 국가의, 국사에 관한. ¶ *state* affairs 국무 / a *state* funeral 국장 / a *state* prisoner 국사범 / bring something under *state* ownership 어떤 것을 국유로 하다.
6 a) 《보통 S-》 《미국·오스트레일리아의》 주. ¶ the United States of America 아메리카 합중국 / a free *State* 자유주 / the Southern *States* 미국 남부 제주. b) 《형용사적 용법》 《종종 S-》 《미》 주의, 주립의. ¶ a *State* road (legislature) 주도(州道) (주의회).
7 (the S-s) 《구어》 미국(* 재외 미국인이 흔히 쓴다).
8 《인쇄》 인쇄의 종류. ¶ the first *state* of the revised edition 개정판의 제1쇄.
in state ① 공식으로. ¶ The Queen received the French ambassador *in state*. 여왕은 프랑스 대사를 공식으로 접견했다. ② 위엄을 갖추고, 당당하게, 정식으로, 정장하여.
lie in state 《유해가》 식장에 정장하여 안치되다.
of state ① 호화로운. ¶ a room of *state* 호화로운 방. ② 공식의. ¶ a visit *of state* 공식 방문.
a state of the art 어떤 시점에서의 첨단 기술 수준.
the state of the Union Message [미국 대통령의] 연두 교서.
— vt. (**stat·ed, stat·ing**) **1** 《명확하게》 …을 진술하다, 말하다, 보도하다, 알리다. ⇒SPEAK [類語] ¶ [as] *stated* 위에 상술한 [다음과 같이] // (~+that 節) It is *stated that*... 이라는 이야기이다 // (~+wh. 節) You should have *stated* how much it would cost. 비용이 얼마나 들 것인지를 말해 주었어야 했는데. **2** 《문제·관계 따위》를 밝히다, 명시하다. ¶ *state* a problem (proposition) 문제(제의)를 명시하다. **3** 《일시 따위》를 정하다, 지정하다. **4** …을 부호(식)으로 나타내다. ◇ **státement** n., **státely** adj.
státe áid n. 《미》 주정부 보조(금), 국고 보조(금).
Státe attórney n. 《미》 법정에서 주를 대표하는 변호사(State's attorney).
Státe bánk n. 《미》 주립 은행.
státe cápitalism n. ⓤ 국가 자본주의.
státe chámber n. 의식용으로 쓰이는 넓은 방.
státe chúrch n. 《종종 S- C-》 =established church.
state·craft [stéitkræft / -krà:ft] n. ⓤ 치국책(治國

stat·ed [stéitid] *adj.* **1** 정해진(fixed); 일정한, 정기의. ¶ at *stated* times 정각에. **2** 인정된, 정식의. **3** 명백히 진술된. —**ly** *adv.*

Státe Depártment *n.* (the~) 《美》 국무부(the Department of State).

Státe Enrólled Núrse *n.* 《英》 국가 등록 간호사 [略 SEN]. *cf.* SRN

Státe flówer *n.* 《美》 주화(州花) [주(州)를 상징하는 꽃].

state-hood [stéithùd] *n.* ⓤ **1** 국가임, 국가의 지위. **2** 〖territory에 대해〗 주(州)임; 주의 지위.

state-house [stéithàus] *n.* (*pl.* **-hous·es** [-hàuziz]) (때로 S-) 《美》 주의회 의사당.

state-less [stéitlis] *adj.* 나라가 없는, 국적이 없는.

state-ly [stéitli] *adj.* (**-li-er, -li-est**) 당당한, 웅대한; 장려한, 장엄한; 위엄이 있는, 품위가 있는. ¶ a *stately* tree 우람한 큰 나무. — *adv.* 〖드물게〗 당당하게. **-li·ness** *n.*

‡**state·ment** [stéitmənt] *n.* **1** ⓤⓒ 성명, 스테이트먼트, 진술; 신고, 공술. ¶ make a *statement* 성명을 내다. **2** 성명서, 진술(공술)서. **3** 〖상업〗 계산서, 명세서, [사업]보고서.

Stát·en Ísland [stǽtn-] *n.* 미국 New York 만 입구에 있는 섬.

state-of-the-art [stéitəvðiɑ́ːrt] *adj.* 최신식의.

state-owned [stéitòund] *adj.* 국유의. ¶ a *state-owned* bank (chemical plant) 국유 은행(화학 공장).

státe pápers *n. pl.* 공문서.

státe políce *n.* 《美》 주립 경찰.

Státe príson *n.* 《美》 주(州) 형무소〖중범을 수용한다〗.

stat·er [stéitər] *n.* 말하는 사람, 성명자, 진술자.

sta·ter[2] [stéitər] *n.* 스타테르 〖고대 그리스의 금(金)화〗.

Státe Régistered Núrse *n.* 《英》 국가 공인 간호사 [略 SRN] (《美》 Registered Nurse).

state-room [stéitrù(ː)m] *n.* 〖배·열차의〗 특별실.

state-run [stéitrʌ̀n] *adj.* 국영의.

Státe's attórney *n.* = State attorney.

státe schóol *n.* 《英》 〖의무 교육의〗 공립 학교.

státe's évidence *n.* ⓤ《美》 공범 증언 〖공범자가 자기의 감형을 위해 진술하는 다른 피고에게 불리한 증언〗; 《英》 King's (*or* Queen's) evidence〗. ¶ turn *state's evidence* 불리한 공범 증언을 하다.

States-Gen·er·al [stéitsdʒén(ə)rəl] *n.* **1** 네덜란드 의회. **2** 〖역사〗 〖혁명 이전의〗 프랑스 의회.

state-side [stéit·sàid] (종종 S-) 《美구어》 *adj.* 〖나라 밖에서 보는 입장에서〗 미〖본〗국의, 재미(美)의. ¶ *stateside* custom 미국의 관례. — *adv.* 미국에서(으로, 에).

‡**states·man** [stéitsmən] *n.* (*pl.* **-men** [-mən]) **1** 정치가, ⇨ POLITICIAN 類語 **2** 《北英》 소 (小) 자작농.
◇ státesmanlike, státesmanly *adj.*

states·man·like [stéitsmənlàik] *adj.* 정치가다운(에 걸맞는), 정치적 수완이 있는.

states·man·ly [stéitsmənli] *adj.* = statesmanlike.

states·man·ship [stéitsmənʃìp] *n.* ⓤ 정치적 수완.

státe sócialìsm *n.* ⓤ 국가 사회주의.

states·per·son [-pə̀ːrsn] *n.* 정치가〖statesman, stateswoman을 구별하지 않고 쓰는 통칭〗.

Státes' ríghts *n. pl.* 《美》 주(州)의 권리.

states·wom·an [stéitswùmən] *n.* (*pl.* **-wom·en** [-wìmin]) 여성 정치가.

státe tríal *n.* ⓤⓒ 국사범 심문.

státe tróoper *n.* 《美》 주경찰의 경관.

státe univérsity *n.* 《美》 주립 대학.

state-wide [stéitwáid] *adj.* (때로 S-) 《美》 주 전체의, 전(全)주에 걸친. — *adv.* 주 전체에, 전(全)주적으로.

*****stat·ic** [stǽtik], (**stat·i·cal** [-ik(ə)l]) *adj.* **1** 정지(靜止)하고 있는, 변화하지 않는; 정적인, 움직임이 없는. *opp.* dynamic **2** 〖물리〗 정전의, 정압(靜壓)의. ¶

static pressure 정압. **3** 〖전기〗 정전(靜電)〖기(氣)〗의; 공전(空電)의. ¶ *static* electricity 정전기. **4** 〖경제〗 정태(靜態)의, 정적인. ¶ *static* equilibrium 정적 균형. — *n.* ⓤ 〖전기〗 **a)** 정전기. **b)** 공전(空電) (atmospherics); 공전에 의한 전파 장해. **2** 《美속어》 비난. **-i·cal·ly** [-ikəli] *adv.*

stat·i·ce [stǽtisi] *n.* 갯길경이과(科)의 식물.

státic líne *n.* 〖낙하산의〗 자동 인출삭(引出索) 〖낙하산 수납 주머니와 비행기를 잇는 줄〗.

stat·ics [stǽtiks] *n. pl.* 〖단수 취급〗 〖물리〗 정역학(靜力學). *cf.* dynamics, kinetics

státic tésting *n.* 〖로켓, 미사일, 엔진 등의〗 정지(靜止) 시험, 지상(地上) 시험.

‡**sta·tion** [stéiʃ(ə)n] *n.* **1** 장소, 위치; 담당한 일터, 부서. ¶ take [up] one's station 담당 부서에 임하다. **2** 역, 정거장, 발착장, 정류장; 정거장 건물; 역참(驛站). ¶ a railroad *station* 철도역 / a freight *station* 화물역. **3** …소(所), 서(署), 국, 부, 본부. ¶ a broadcasting (*or* a radio) *station* 방송국 / a filling (*or* a gas) *station* 주유소 / a fire *station* 소방서 / a police *station* 경찰서. **4** ⓤ 신분, 지위, 계급; 〖특히〗 높은 지위. ¶ men of [high] *station* 귀인·명사들, 지위가 높은 사람들. **5** 〖군대〗 주둔지, 위수지(衞戍地); 군항, 통제부. **6** 〖생물〗 〖동물 식물의〗 서식지, 산지. **7** 〖濠〗 〖가축의〗 사육장; 〖토지·건물을 포함한〗 목장, 농장. **8** 〖측량〗 측점(測點), 3각점. **9** 〖종교〗 정진(精進), 소재(小齋), 단식 〖그리스 정교회에서는 수요일·금요일, 가톨릭에서는 금요일에 육식을 금하는 일〗. **10** 〖가톨릭〗 〖로마 교황 사절 전례(典禮)를 위한〗 집합·지정 성당; 성로(聖路) 14처의 하나하나. ¶ the *stations* of the cross 그리스도의 수난을 나타내는 14개의 상(像) 〖신자들이 그 상을 차례로 지나가면서 기도를 드린다〗. — *vt.* …을 배치하다, 부서에 배치하다, 주재(주둔)시키다 (…at, on). ¶ (~+图+前+名) The police were *stationed* inside the gate. 경찰관이 문 안에 배치되었다.
◇ státionary *adj.* [master

státion ágent *n.* 《美》 작은 역의 역장. *cf.* station-

*****sta·tion·ar·y** [stéiʃ(ə)nèri / -n(ə)ri] *adj.* **1** 움직이지 않는, 정지한. ¶ Remain *stationary*! 움직이지 마라! **2** 이동시킬 수 없는, 고정된, 설치(장치)된. ¶ a *stationary* engine 고정 장치된 엔진. **3** 정주하는, 머물러 있는, 주둔(주재)하고 있는. ¶ a *stationary* field hospital 고정 야전 병원. **4** 변화가 없는, 일정 불변의; 정체하고 있는. ¶ a *stationary* temperature 일정 불변의 온도. — *n.* (*pl.* **-ar·ies**) **1** 움직이지 않는 사람(물건). **2** (-aries) 주둔군, 주류군(駐留軍). *cf.* station.

státionary áir *n.* 〖생물〗 잔류 공기 〖호흡할 때 남는 공기〗.

státionary bíke (bícycle) *n.* 페달 밟기 운동 기구 〖자전거의 바퀴부분을 떼어내고 만든 실내 운동 기구〗.

státionary frónt *n.* 〖기상〗 정체(停滯) 전선.

státionary órbit *n.* 〖우주〗 정지 궤도〖지구의 자전 속도와 똑같은 회전 주기를 가진 궤도〗.

státionary sátellite *n.* 〖우주〗 정지〖궤도〗 위성.

státionary státe *n.* 〖물리〗 정상(定常) 상태.

státionary wáve *n.* 〖물리〗 정상파(定常波) (standing wave).

státion bréak *n.* 〖라디오·TV〗 스테이션 브레이크 〖프로그램 사이의 짧막한 중단〗.

sta·tion·er [stéiʃ(ə)nər] *n.* **1** 문방구상. **2** 〖고어〗 서적상, 출판업자.

*****sta·tion·er·y** [stéiʃ(ə)nèri / -n(ə)ri] *n.* ⓤ **1** 문방구, 지필묵류(紙筆墨類). **2** 편지지, 필기 용지.

Státionery Óffice *n.* 《英》 정부〖간행물〗 출판국 〖정식 명칭 Her(His) Majesty's Stationery Office; 略 H.M.S.O〗.

státion hóspital *n.* 〖군대〗 위수(衞戍) 병원.

státion hóuse *n.* 역사(驛舍), 정거장; 경찰서; 소방서.

státion indicátor *n.* 《英》 열차 시간 게시판.

sta·tion·mas·ter [stéiʃ(ə)nmæ̀estər/-mà:s-] *n.* 역장.

státion pòinter *n.* 〖측량〗 3각(脚) 분도기. 〖장.

státion pòle(ròd, stàff) *n.* 〖측량〗폴, 표척(標尺), 표주(標柱).

sta·tion-to-sta·tion [stéiʃ(ə)ntəstéiʃ(ə)n] *adv.* 〖국제 전화에서〗 번호 통제제의(로) 〖상대방 전화에 누가 나오든 통화된 것으로 간주〗. *cf.* personal call, person to person

státion wàgon *n.* 《美》스테이션 왜건〖좌석을 들어낼 수 있는 상자 모양의 자동차〗《英》estate car(*or* wagon)》.

stat·ism, state- [stéit(i)z(ə)m] *n.* U 1 〖정치·경제의〗 국가 통제. **2** 국가 통제주의.

stat·ist[1] [stéitist] *n.* 국가 통제주의자. ── *adj.* 국가 통제주의(자)의.

stat·ist[2] [stéitist] *n.* = statistician.

sta·tis·tic [stətístik] *n.* 통계치(量). ── *adj.* 〖드물게〗 = statistical.

***sta·tis·ti·cal** [stətístik(ə)l] *adj.* 통계의, 통계〖학〗상의. ~·**ly** [-kəli] *adv.*

sta·tis·ti·cian [stæ̀tistíʃ(ə)n] *n.* 통계학(학)자.

‡**sta·tis·tics** [stətístiks] *n. pl.* **1** 〖단수 취급〗통계학, 통계론. **2** 〖복수 취급〗통계, 통계 자료. ¶ *vital statistics* 인구 동태 통계 / *statistics* of population 인구 통계. ◇ **statistical** *adj.*

sta·tor [stéitər] *n.* 〖물리·전기〗 고정자(固定者). [rotor

stat·o·scope [stǽtəskòup] *n.* **1** 〖물리〗 미동(微動) 기압계. **2** 〖항공〗승강계.

stat·u·ar·y [stǽtʃuèri/-tʃuəri] *n.* (*pl.* **-ar·ies**) **1** U 〖집합적〗 조상(彫像), 소상(塑像). **2** U 조소술(彫塑術). **3** 〖드물게〗 조각가(sculptor). ── *adj.* 조상의, 입상(立像)의; 조상용의. [statue

‡**stat·ue** [stǽtʃu:, +英-tju:] *n.* 상, 조상, 소상, 입상. ¶ the *Statue* of Liberty 자유의 여신상 / carve a *statue* 새기다(파다). **státuary** *adj.*

stat·ued [stǽtʃu:d, +英-tju:d] *adj.* **1** 조상으로 나타낸. **2** 조상으로 장식한, 조상을 고정 장치한.

stat·u·esque [stæ̀tʃuésk/-tju-] *adj.* 조상 같은; 〖조상처럼〗 뛰어나게 아름다운, 균형이 잡힌; 당당한, 위엄이 있는. ¶ a *statuesque* attitude 당당한 태도. ~·**ly** *adv.* ~·**ness** *n.*

stat·u·ette [stæ̀tʃuét/-tju-] *n.* 작은 조상.

‡**stat·ure** [stǽtʃər] *n.* **1** 키, 신장, ⇒ HEIGHT 類語 ¶ a man of high (short) *stature* 키가 큰(작은) 사람. **2** 〖물〗〖물체의〗높이. **3** 〖마음·신체·도덕적〗 발달, 성장〖도〗, 진보; 재능. ¶ He is of meaner moral *stature*. 그는 도덕적으로 저열한 남자다.

‡**sta·tus** [stéitəs, +美 stǽt-] *n.* U〖C〗 **1** 지위, 신분; 〖사회적으로 인정받는〗 높은 지위, 신망; 〖법률〗 신분. ⇒ STATE 類語 ¶ the *status* of a doctor 의사의 지위 / people of equal *status* 동등한 지위의 사람들. **2** 상태, 사정, 사태. ¶ the present *status* of affairs 현황. [< L *position, standing*]

státus quò [-kwóu] *n.* (the ~) 현상(現狀) (the existing state).

status quo ante 본래(이전)의 상태, 구태(舊態).

státus sèeker *n.* 출세주의자, 지위를 탐내는 자.

státus sỳmbol *n.* 지위의 상징〖높은 사회적 지위를 나타내는 소유물·재산·습관 등〗.

stat·u·ta·ble [stǽtʃut(ə)bl/-tju-] *adj.* = statutory. ~·**ness** *n.* **-bly** *adv.*

***stat·ute** [stǽtʃu:t/-tju:t] *n.* U〖C〗 **1** 〖법률〗법령, 법규; 제정법. ⇒ LAW 類語 ¶ a public (a private, a general) *statute* 공법(사법, 일반법) / *statutes* at large 법령집. **2** 〖단체·협회〗 규칙, 규약. ◇ **tory** *adj.*

státute bòok *n.* 법령 전서, 법령집.

státute làw *n.* U〖C〗 성문법, 실정법. *cf.* common law, case law

státute mìle *n.* 법정 마일 〖1609.3m〗.

stat·u·to·ry [stǽtʃutɔ̀:ri/-tjut(ə)ri] *adj.* **1** 법령 (에 관한). **2** 법정의, 법령에 근거한, 합법의. ¶ a *statutory* minimum 법정 최소한. **3** 법률상 처벌되어야 함.

státutory láw *n.* 성문법, 제정법. *cf.* case law, common law, unwritten law.

***staunch**[1]**, stanch**[2] [stɔ:ntʃ, stɑ:ntʃ/stɑ:ntʃ] *adj.* (*《美》에서는 주로 stanch) **1** 지조(志操)가 있는(굳은); 〖사람 등이〗 충실한, 충성스러운; 신뢰할 수 있는. ¶ a *staunch* friend 성실한 벗. **2** 튼튼(단단)한, 견고한. ¶ a *staunch* bridge 견고한 다리. **3** 물이 스며들지 (새지) 않는(watertight), 항해를 견디어 내는 배. ¶ a *staunch* ship 항해를 이겨낼 수 있는 배. ~·**ly** *adv.* ~·**ness** *n.*

staunch[2] [stɔ:ntʃ/sta:ntʃ] *v.* = stanch[1].

stau·ro·scope [stɔ́:rəskòup] *n.* 십자경(十字鏡)〖편광계(偏光計)의 일종〗.

***stave** [steiv] *n.* **1** 〖술통 따위의〗 통널. **2** 막대기, 빗장, 장재. **3** 〖사닥다리의〗 단, 디딤대; 〖의자 다리에 건 너지른〗 가로대. **4** 〖시의 연(節); 〖시행(詩行)의〗 두운(頭韻). **5** 〖음악〗 보표(譜表).

── *v.* (**staved** *or* **stove, stav·ing**) *vt.* **1** 〖술통 따위의 널빤지를〗 뜯어내다, 뜯어내서 부수다; 〖통 따위의 널을 뜯어내서〗 〖술 따위를〗 빼내다. **2** …을 부수다, 찌그러뜨리다, 박살내다; 〖보트 따위에〗 〖구멍을〗 뚫다〖내다〗. ¶ (~+图+副) The deckhouse had been *staved in* by the enormous waves. 갑판실이 큰 파도로 박살이 나 있었다. **3** …에 옆 널빤지를 대다. ── *vi.* **1** 부서지다, 찌그러지다. **2** 서둘러 걷다.

stave óff …을 저지하다, 막다, 피하다.

stav·er [stéivər] *n.* 정력가, 활동가.

stáve rhýme *n.* 〖韻律〗두운(頭韻), 두성(頭聲).

staves [steivz] *n.* **1** staff[1]의 복수형의 하나. **2** stave의 복수형.

staves·a·cre [stéivzèikər] *n.* 참제비 고깔〖미나리아재비과(科). 유럽산(產)으로 꽃은 보랏빛·백색〗; 그 종자〖토제(吐劑)로 사용〗.

stav·ing [stéiviŋ] *adj.* 《美》 강력한; 굉장한.

‡**stay** [stei] *v.* (**stayed** *or* 〖고어〗 **staid, stay·ing**) *vi.* **1** 〖장소·지위에〗 머무르다, 체재하다. ¶ (~+副) *stay* outside 밖에 있다 / *stay* overnight 하룻밤 묵다, 일박하다 / *stay* back in the class 원 학년에 유급하다 / (~+前+名) *stay* at a hotel 호텔에 묵다 / *stay* at home all day 하루 종일 집에 있다 / *stay* with a person 남의 집에 머무르다 / *stay* in bed 잠자리에 있다 / Can you *stay* for (or to) supper? 저녁 식사 때까지 계실 수 있겠습니까? **2** 〖어떤 상태에〗 머무르다, 그대로(…인 채로) 있다(remain). ¶ (~+補) The weather will *stay* fine. 이 좋은 날씨는 그대로 계속될 것이다. **3** 〖구어〗 계속 지탱하다, 버티다, 견디어내다; 〖경기에서〗 따라가다(*with*…). ¶ He *stayed* to the end of the course. 그는 끝까지 달렸다. **4** 〖잠간〗 멈추다, 기다리다; 망설이다, 꾸물거리다. **5** 〖카드놀이〗 포커에서 거는 돈 액수가 자꾸 커져도 패를 바꾸지 않고 갖고 있다. **6** 〖고어〗 중지하다, 그만두다(cease)(*from*…).

── *vt.* **1** …을 멈추어 서게 하다; …을 막다, 방해하다. ¶ *stay* one's steps at the entrance 입구에서 멈추어 서다. **2** 〖욕망 따위를〗 일시적으로 채우다(억누르다); 〖굶주림을〗 견디어 내다. ¶ *stay* one's thirst 갈증을 풀다. **3** …을 연기하다, 유예하다, 중지하다. ¶ *stay* judgment 판결을 연기하다. **4** 〖식사·연예 등에〗 남다, …끼지 남아 있다, …을 지속하다. ¶ *stay* the course 〖경주마 따위가〗 끝까지 달리다 / Let's *stay* the musical(supper). 뮤지컬(저녁식사)이 시작될 때까지 기다리자. **5** …보다 오래 머무르다 (…*out*). **6** 〖고어〗…을 기다리다(await).

come to stay ① 목을 셈하러 오다. ② 〖기후 따위가〗 오래 가다, 변하지 않다.

stay away ① 떨어져 있다. ② 〖집회 등에〗 결석하다, 참가하지 않다. ¶ *stay away* from school 학교를 쉬

stay in ① 집에 있다, 밖에 나가지 않다. ② 남아 있다.
stay off …을 물리치다, 멀리하다.
stay out ① 밖에 나가 있다, 외박하다. ② 참가하지 않다. ③ 오래 남아 있다.
stay out of …에 참견하지 않다.
stay put ⇒ PUT.
stay one's stomach ⇒ STOMACH.
stay up 일어나(자지 않고) 있다. ¶ *stay up* till late (all night) 밤늦게까지 일어나(밤샘하고)있다.
— *n.* **1** 멈추기(멈추게 하기), 정지, 잠시 쉬기. **2** 체재, 체류(기간). ¶ make a long (short) *stay* 오래(단기간) 체류하다. **3** ⓤⓒ (법률) 연기, 유예, 중지. ¶ a *stay* of execution 집행 정지. **4** ⓤ (구어) 인내력, 지속력, 끈기. **5** (고어) 막힘, 정돈(停頓)(standstill). **6** (폐어) 제한, 방해, 저지; 저지(억제)하는 것(obstacle). ¶ put a *stay* on …을 억제하다.
◇ **staid** *adj.*

stay² [stei] *n.* **1** 지주(支柱), 버팀막대; (건축) 떠받치는 것, 버팀목. **2** (코르셋 따위의) 심[지]. **3** (~s) (주로 英) 코르셋. — *vt.* **1** …을 받치다, 안정시키다 (*up*). **2** …을 (정신적으로) 지지하다, 격려하다.

stay³ [stei] *n.* 지삭(支索) (돛대를 받치는 굵은 밧줄).
in stays [항해] [뱃머리가] 바람 불어오는 쪽으로 돌아서. [지 못하다.
miss stays [항해] [배를] 바람 불어오는 쪽으로 돌리— *vt.* **1** (배를) 지삭으로 받치다. **2** (배를) 바람 불어오는 쪽으로 돌리다.
— *vi.* (배가) 바람 불어오는 쪽으로 돌다.

stay-at-home [stéiəthòum] *adj.* 외출을 싫어하는, 집에만 틀어박혀 있는. — *n.* 집에만 틀어박혀 있는 사람, 외출을 싫어하는 사람.
stáy-at-hòme emplòyee *n.* 재택(在宅) 근무자.
stáy-at-hòme socìety *n.* 재택(在宅) 사회 [고도의 통신망과 컴퓨터의 보급으로 재택 근무가 주류를 이루는 사회].
stáy bàr *n.* 받침대.
stáy-down strìke [stéidaun-] *n.* (탄광의) 생내 연좌(連坐) 파업 [밖에 있는 갱부가 일하지 못하게 방해한다]. *cf.* sit-down 2
stay·er [stéiər] *n.* **1** 체재자. **2** 끈기가 강한 사람(동물). **3** 지지자(물), 옹호자. **4** 억제하는 것.
stáy·ing pòwer [stéiiŋ-] *n.* ⓤ 내구력; 인내력.
stáy-in strìke [stéiin-] *n.* (英) =sit-down 2.
stay·lace [stéilèis] *n.* (英) 코르셋의 끈.
stay·sail [stéisèil, 항해 stéisl] *n.* (항해) 지삭(支索)에 단 3각형의 세로돛.
S.T.B. (略) (라틴) *Sacrae Theologiae Baccalaureus* (Bachelor of Sacred Theology) (신학 학사).
St. Ber·nard [sèint bərnáːrd / sn(t) bə́ːnəd] *n.* **1** Great ~ 그레이트 세인트 버너드 고개 [Mont Blanc 동방, 스위스·이탈리아 사이의 Alps 의 산길]. **2** Little ~ 리틀 세인트 버너드 고개 [Mont Blanc 남방, 프랑스·이탈리아 사이의 Alps 의 산길]. **3** =Saint Bernard.
STD, s.t.d. (略) (英) *subscriber trunk dialling* (가입자 장거리 다이얼 방식); *sexually transmitted diseases* (성(性) 감염증 [성행위를 매개로 하는 질병]).
S.T.D. (略) (라틴) *Sacrae Theologiae Doctor* (=Doctor of Sacred Theology) (신학 박사).
STD code (略) (英) *subscriber trunk dialling code* (다이얼 직통 장거리 전화 [국번] (美) area code)).
STDN (略) *space tracking and data network* (우주 추적 데이터 통신망).
Ste. (略) (프랑스) *Sainte* (=Saint: 여성에 대해 사용).
‡**stead** [sted] *n.* **1** 대신, 대리(place). **2** 유용, 이익(advantage). **3** ⓒ (고어) 장소(place), 위치, 소재지.
in a person's **stead** 남 대신에, 남 대신해서.
in stead of …대신에, …하지 않고(instead of).
stand [a person] **in** [good] **stead** 크게 (…에게) 도움

이 되다.
— *vt.* (고어) …의 도움이 되다, 이익이 되다 (be of service). [vice).
◇ **inst̀éad** *adv.*, **stéadfast**, **stéady** *adj.*
***stead·fast** [stédfæst / -fast], (sted·fast) *adj.* 확고한, 불변의, 부동의, 흔들리지 않는, 꿋꿋한. ¶ a *steadfast* gaze 응시 / a *steadfast* bed 견고한 침대 // be *steadfast* to one's principles 자기 주의를 꿋꿋이 지키다.
~·ly *adv.* ~·ness *n.*
~**stead·i·ly** [stédili] *adv.* **1** 견실하게, 확고하게, 착실하게, 침착하게. **2** 끊임없이, 착착. **3** 한결같이, 고르게. ◇ **stéady** *adj.*
stead·ing [stédiŋ] *n.* (스코·北英) **1** 농장(farmstead); 농장에 딸린 건물. **2** 건축용 돌, 부지(敷地).
‡**stead·y** [stédi] *adj.* (**stead·i·er, stead·i·est**) **1** 확고한, 튼튼한, 안정된. ⇨ FIRM 類語 ¶ a *steady* hand 떨리지 않는 손; 단호한 명령 / a *steady* ladder 튼튼한 사다리 / a *steady* foundation 튼튼한 기초 공사. **2** 끊임없는, 부단한(continuous); 한결같은, 고른, 일정한, 불변의(uniform). ¶ a *steady* breeze 끊임없이 부는 산들바람 / a *steady* movie goer 영화의 단골 감상가(팬) / a *steady* girl friend 정해진 걸 프렌드 / *Slow and steady wins the race.* (속담) 일을 급히 서두르면 실패한다. **3** 차분한, 침착한(calm), 의젓한; 절제가 있는. ¶ a man of *steady* temper 침착한 사람. **4** 〔주의 등이〕 확고한, 변치 않는, 부동의. ¶ a *steady* policy 흔들리지 않는 정책 / a *steady* faith 굳건한 신앙. **5** 〔성격이〕 견실한, 착실한. **6** 〔항해〕 침로(針路)가 변치 않는. ¶ Keep her *steady* ! 진로를 그대로! (Steady!).
go steady (美구어) 특정한 이성 한 사람과 교제하다 (*with*…). [로!)
— *interj.* **1** 침착해!, 정신차려! **2** 〔항해〕 진로 그대— *n.* (*pl.* **stead·ies**) **1** 대(臺), 받침. **2** 《美구어》 정해 놓은 데이트 상대; 애인.
— *v.* (**stead·ied, stead·y·ing**) *vt.* …을 안정시키다, 일정하게 하다, 튼튼하게 하다, 가라앉히다. ¶ *steady* one's mind 마음을 가라앉히다. — *vi.* 〔사람 등이〕 안정되다, 견실해지다, 침착해지다. ¶ (~+團) He will *steady* down when he gets older. 그도 좀더 나이가 들면 착실해질 것이다. — *adv.* =steadily.
stead·i·ness *n.* ⇨ stead *n.*
stead·y-go·ing [stédigóuiŋ] *adj.* 착실한, 견실한, 신뢰할 수 있는. **2** 변치 않는, 부단의.
stead·y-state [stédistéit] *adj.* 정상(定常) 상태의. **2** 우주의 정상 팽창의.
stéady-státe thèory *n.* (the ~) 〔천문〕 정상(定常) 우주설, 우주 정상 팽창설.
‡**steak** [steik] *n.* ⓤⓒ **1** 〔요리용의〕 고기(살) [두툼하게 베어낸 살; (특히) 쇠고기를 베어낸 살. **2** 불고기, 스테이크; 비프스테이크(beefsteak). ¶ hamburg *steak* 햄버그 스테이크. [스테이크 전문 요리점.
steak·house [stéikhàus] *n.* (*pl.* **-hous·es** [-hàuziz])
‡**steal** [stiːl] *v.* (**stole, stol·en, steal·ing**) *vt.* **1** …을 (몰래) 훔치다; …을 도용하다. ⇨ ROB 類語 ¶ *steal* a design 디자인을 도용하다 / My wallet was *stolen*. 내 지갑을 도둑맞았다 // (~+圓+前+图) *steal* money *from* a safe 금고에서 돈을 훔치다. **2** …을 몰래(교묘하게) 손에 넣다; …을 살짝 훔치다. ¶ *steal* (forty winks =) a nap 몰래 졸다 / *steal* a person's heart 모르는 사이에 남의 애정을 사다 / (~+圓+前+图) *steal* a glance *at* a person …을 힐끗 훔쳐보다 / *steal* a kiss *from* a girl 소녀에게 도둑 키스를 하다 / *steal* a ride *on* a train 기차에 무임 승차를 하다. **3** …을 몰래 움직이다(날라가다, 놓아 두다). ¶ (~+圓+前+图) He *stole* the letter *into* her bag. 그는 그녀의 백에다 슬쩍 편지를 집어넣었다(살짝) 손에 넣다. **4** 〔음악〕 잠깐 빌리다. ¶ Can I *steal* your pen ? 펜 좀 빌려 줄래? **5** 〔야구〕 …을 도루하다. ¶ *steal* a base 도루하다.
— *vi.* **1** 훔치다, 좀도둑질을 하다. ¶ (~+團) *steal* off 가지고 도망치다. **2** 몰래 가다(오다, 지나가다, 덮

stealer

치다. ¶ (~+慁) *steal in* 몰래 들어가다 / Long years *stole by.* 어느덧 오랜 세월이 흘렀다 // (~+慁) *steal into* the room 방으로 몰래 숨어 들다 / A tear *stole down* her cheek. 한 줄기 눈물이 그녀의 뺨을 흘러내렸다 / Mist *stole on* (or *over*) the valley. 모르는 사이에 안개가 산골짜기를 뒤덮었다 // (~+慁) (~+慁+图) He *stole away from* the scene. 그는 그 자리에서 슬쩍 떠나버렸다.

steal (or *get*) *a march on* (or *upon*) *a person* ⇨ MARCH¹.
steal the show ⇨ SHOW.
steal a person's thunder ⇨ THUNDER.
— *n.* **1** [구어] 몰래 훔치기, 절도. **2** [구어] 훔친 물건, 장물. **3** [구어] 거저나 다름없이 손에 넣은 물건(bargain). **4** [야구] 도루. **5** [골프] 스틸 [연속 장타(長打)].
That's a steal. (구어) 공짜나 마찬가지다, 횡재다.
◇ **stealth** *n.*, **stealthy** *adj.*

steal·er [stíːlər] *n.* 훔치는 사람, 도둑.

***steal·ing** [stíːliŋ] *n.* **1** [U] 훔침, 훔치기, 절도. **2** (보통 ~s) 장물. — *adj.* 몰래 훔치는, 몰래 하는. ~**ly** *adv.*

***stealth** [stelθ] *n.* [U] **1** 은밀, 비밀, 내밀. ¶ *by stealth* 남몰래, 슬쩍. **2** [폐어] 절도(theft); 장물; 자취를 감추어 도망침. **3** [군사] (美) (S-) [형용사적으로 쓰여] 스텔스 [레이다·적외선·가시(可視)광선 따위에 잡히지 않게 하는 것을 말한다]. ¶ *stealth technology* 스텔스 기술.
◇ **steal** *v.*, **stealthy** *adj.*

stéalth áircraft(**pláne**) *n.* [군사] 스텔스기[레이다로는 잘 포착되지 않게 만든 항공기].

***stealth·y** [stélθi] *adj.* (**stealth·i·er, stealth·i·est**) 남몰래 하는, 살그머니 하는, 남의 눈을 피하는(꺼리는), 은밀한. **stealth·i·ly** *adv.* **stealth·i·ness** *n.*

‡**steam** [stiːm] *n.* [U] **1** 수증기, 증기, 스팀. ¶ *saturated steam* 포화 증기/*turn on*(*off*) *steam* 증기를 내다(멈추다) / rooms heated by *steam* 스팀 난방이 된 방. **2** 김, 안개. ¶ a cloud of *steam* 연기처럼 솟아오르는 김. **3** [구어] 정력, 힘, 기운. ¶ work off *steam* 기운을 내다, 열심히 하다.

at full steam 증기력을 모조리 내어; 전속력으로.
by steam 기선으로.
get up (or *put on*) *steam* ① 증기를 일으키다. ② (구어) 기운을 내다, 분발하다.
let (or *blow*) *off steam* ① 불필요한 증기를 빼다. ② (구어) 정력을 발산시키다 • 울분을 풀다.
under steam ① 증기의 힘으로. ② [기선이] 항행중으로.
— *vi.* **1** 증기를 내다, 김을 내다(오르다). ¶ (~+慁) This boiler *steams* well. 이 보일러는 증기가 잘 난다. **2** 증발하다, 발산하다, 땀흘리다. ¶ (~+慁+图) *steam away* (or *up*) 증발해 버리다 // (~+慁+图) The heat is *steaming out of* the woods. 열기가 숲에서 발산하고 있다. ¶ (~+慁) 흽싸이다(흐려지다). ¶ The windowpane *steamed up*. 유리창이 김으로 흐려졌다. **4** 증기의 힘으로 나아가다. ¶ (~+慁) The ship is *steaming in*. 기선이 들어오고 있다 / (~+慁+图) The ship *steamed down* the river. 배가 강물따라 내려 갔다. **5** (구어) 성내다, 성나서 씩씩거리다. **6** 갭싸게 움직이다. — *vt.* **1** [식품 따위를] 찌다. **2** …에 증기를 쐬다. ¶ (~+目+慁) *steam* open an envelope 증기를 봉투에 대어 개봉하다. ¶ (~+目+图) *steam up* liquid 액체를 증발시키다.
steam up ① 흐려지다. ② 기운을 내다; …을 격려하다, 흥분시키다. ¶ He got *steamed up*. 그는 발끈했다. ③ [술에] 취하다.
◇ **stéamy** *adj.*

stéam báth *n.* 증기 목욕(탕), 한증막(汗蒸幕).
stéam béer *n.* 스팀 맥주 [거품이 많이 나는 맥주].
‡**steam·boat** [stíːmbòut] *n.* 기선, 증기선.

stéam bóiler *n.* 기관(汽罐), 증기솥, 보일러.
stéam bóx *n.* =steam chest.
stéam cábinet(**róom**) *n.* 터키탕의 증기 목욕통.
stéam chést *n.* [증기 기관의] 증기실.
stéam cóal *n.* [증기솥(보일러)용 점탄.
stéam cólor ((英) **cólour**) *n.* [염색] [색이 바래지 않게 하는] 증기 염색.
stéam cýlinder *n.* 증기통, 증기 실린더.
***stéam éngine** *n.* 증기 기관. ¶ like a *steam engine* 원기 왕성하여.
‡**steam·er** [stíːmər] *n.* **1** 기선, 증기선. **2** 증기 기관. **3** 찌는 그릇, 시루. **4** 다랑조개(soft-shell clam).
stéamer rúg *n.* 배의 갑판의 자용무릎덮개(모포).
stéamer trúnk *n.* 두께가 얇고 폭이 넓은 여행용 트렁크.
stéam fítter *n.* 증기관(管) 시설(수리)공.
stéam fítting *n.* [U] 증기관 시설(수리) 공사.
stéam gáuge *n.* [증기 기관의] 증기 압력계, 기압계.
stéam hámmer *n.* 증기 망치, …(汽壓計).
stéam héat *n.* [U] 증기열; 증기 열량.
stéam héating *n.* [U] 증기 난방 설비.
steam·ing [stíːmiŋ] *n.* [U] 증기(김)를 내는(오르는). ¶ a *steaming* kettle 김이 오르고 있는 주전자. — *adv.* 김이 날만큼. ¶ *steaming hot* 김이 날만큼 뜨거운, 몹시 더운. ¶ 김내기, 김쐬기; 기선으로의 여행(거리). ¶ a distance of one hour's *steaming* from the coast 해안에서 [증]기선으로 한시간 거리.

stéam íron *n.* 증기 다리미.
stéam jácket *n.* [실린더 둘레의] 기투(汽套).
stéam láunch *n.* 기정(汽艇), 작은 증기선.
stéam návvy *n.* (英) =steam shovel.
stéam·pìpe [stíːmpàip] *n.* 증기관(파이프).
stéam pórt *n.* 증기구(口), 기문(汽門).
stéam pówer *n.* 증기 동력, 증기력.
stéam púmp *n.* 증기 [양수(揚水)] 펌프.
stéam rádio *n.* (英구어) [텔레비전과 구별하여] 라디오.
stéam róller *n.* **1** 증기 롤러 [도로 공사용]. **2** 강압 수단.
steam·roll·er [stíːmròulər] *vt.* **1** [도로를] 증기 롤러로 [도로를] 고르게 하다. **2** [반대 따위를] 깔아뭉개다(무릎쓰고 밀어부치다), 압도하다 (overwhelm); [의안 따위를] 억지로 통과시키다. ¶ *steamroller* the bill 그 의안을 억지로 통과시키다. — *adj.* 강압적인, 압제적인.
‡**steam·ship** [stíːmʃìp] *n.* 기선, 상선 [略 S.S.].
stéam shóvel *n.* [토목공사, 특히 굴착용] 증기삽.
stéam táble *n.* 스팀 테이블 [요리를 그릇째 증기 보온하는 (臺)].
steam-tight [stíːmtàit] *adj.* 증기가 새지 않는.
stéam túg *n.* 증기 예인선(曳引船).
stéam túrbine *n.* 증기 터빈.
stéam whístle *n.* 기적.
steam·y [stíːmi] *adj.* (**steam·i·er, steam·i·est**) **1** 증기의, 증기 같은; 김이 자욱한. **2** 안개가 짙은, 축축한. **steam·i·ly** *adv.* **steam·i·ness** *n.*

ste·ap·sin [stiæpsin] *n.* [생화학] 스테압신[췌장에서 분비되는 지방 분해 효소]. (酸鹽).
ste·a·rate [stíːərèit / stíə-] *n.* [화학] 스테아린산염.
ste·ar·ic [stiǽrik] *adj.* [화학] 스테아린의.
ste·a·rin [stíːərin / stíər-], (**ste·a·rine**) *n.* [U] [화학] 스테아린, 경유(硬油) [지방의 주성분]; 스테아린산(酸) [양초 제조용].
ste·a·tite [stíːətàit / stíə-] *n.* [U] [광물] 동석(凍石) [덩어리 모양의 활석].
ste·a·tit·ic [stìːətítik / stìə-] *adj.* [광물] 동석의.
steato-, steat- — 「지방(脂肪)」 「수지(獸脂)」의 뜻의 연결형 [✳ 모음 앞에서는 steat-를 쓴다]. 예: *steatite*.
sted·fast [stédfæst / -fɑ:st] *adj.* =steadfast.
***steed** [stiːd] *n.* (문어·익살) 말, (특히) 승용마; 준마(駿馬); 군마(軍馬).
‡**steel** [stiːl] *n.* **1** [U] 강철, 강(鋼). ¶ mild (medium, hard) *steel* 연강(軟鋼) (중강(中鋼) (경강(硬鋼)) /

stainless *steel* 스테인레스 강. **2** 강철 제품; (보통 단수형으로) [화기(火器)에 대하여] 칼, 검, 총검. ¶ a cold *steel* 칼. **3** [코르셋 따위의] 강철로 만든 둥근 버팀대. **4** 부시. ¶ a flint and *steel* 부싯 도구. **5** 강철 숫돌 [식칼 따위의 날을 가는 데 쓰인다]. **6** (종종 ~s) 철강주(株) (시세). **7** U(비유적) [철강 같은] 단단함, 견고, 냉혹함. ¶ a heart *of steel* 냉혹한 마음, 철석 같은 마음.

worthy of one's steel 상대로서 부족함이 없는, 호적의.

— *adj.* **1** (한정용법) 철강의, 강철제의, 강철빛의. ¶ a *steel* cap 철모. **2** [강철같이] 단단한, 견실한; 냉혹한, 무감각한. ¶ a *steel* temper 완고한 성질.

— *vt.* **1** …에 강철을 입히다; …을 [강철의 날을 붙이다]; …을 [강철처럼] 단단하게 하다. **2** [마음 따위를] 굳게 하다 (harden), 냉혹 (무감각)하게 하다. ¶ (~+图+前+图) The king *steeled* himself *against* the appeal of the townspeople. 임금은 마음을 모질게 먹어 백성들의 호소에 귀를 기울이지 않았다.

◇ **stéely** *adj.*

stéel bár *n.* 봉강(棒鋼), 강철봉.

stéel blúe *n.* U (때로 a~) 강철빛, 강청색(鋼靑色).

stéel-clád [stíːklǽd] *adj.* 갑옷을 입은. [색].

stéel-còl·lar wórker [stíːkɑ̀lər-/-kɔ̀l-] *n.* 산업용 로봇 [blue-collar worker, white-collar worker 처럼 쓴 말]. [판화.

stéel engráving *n.* [인쇄] **1** U 강판 조각 [술]. **2** [강판] 인화.

stéel gráy (영) **gréy** *n.* U (때로 a~) 철회색(鐵灰色), 푸른빛을 띤 회색.

stéel míll *n.* 제강 공장.

stéel wóol *n.* U (연마용으로) 강면(鋼綿), 강철솜.

steel·work [stíːlwə̀ːrk] *n.* **1** U 강철 제품; [건축물의] 강철재 골조. **2** (~s) (단·복수 양쪽) 제강소.

steel·work·er [stíːlwə̀ːrkər] *n.* 제강소 공원.

steel·y [stíːli] *adj.* (**steel·i·er, steel·i·est**) **1** 강철의, [강철처럼] 굳은. **2** 완고한, 무정한.

stéel·i·ness *n.*

steel·yard [stíːljɑ̀ːrd/stíːl-] *n.* 대저울.

steen·bok [stíːnbɑ̀k, stéin-/-bɔ̀k], **stein·bok** [stáin-] *n.* (*pl.* **-bok** or **-boks**) 아프리카산(産)의 작은 영양(羚羊).

‡**steep**[1] [stiːp] *adj.* **1** 험준한, 가파른; 경사가 급한. ¶ a *steep* grade 가파른 경사 / a *steep* pass 험준한 산길. **2** (구어) [가격·요구 따위가] 터무니없는, 너무 높은, 엄청난. ¶ a *steep* price 엄청나게 비싼 값. **3** (구어) 과장된, 믿을수없는, 터무니없는. ¶ a *steep* story 터무니없는 이야기. **4** 험준한 곳, 가파른 경사, 낭떠러지. ~**·ly** *adv.* ~**·ness** *n.* ▷ **stéepen** *v.*

*****steep**[2] [stiːp] *vt.* **1** [액체에] …을 담그다, 적시다; …을 축이다; …을 함빡 젖게 하다; …을 달이다, 우려내다 (...in). ▷ DIP 類語 ¶ (~+图+前+图) *steep* seeds *in* water before sowing 씨를 뿌리기 전에 물에 담그다. **2** …을 몰두하게 하다, 열중하게 하다, 빠지게 하다 (...in). ¶ (~+图+前+图) He is *steeped in* vice. 그는 나쁜 짓만 하고 있다. **3** (안개 따위가) …에 자욱하게 끼다, …을 둘러싸다. (빛 따위가) …에 넘쳐날 듯 가득하다 (...in). ¶ (~+图+前+图) The woods are *steeped in* the bluish moonlight. 숲은 푸른 빛을 띤 달빛을 함빡 받고 있다.

— *vi.* 물 따위에 잠겨 있다, 적셔져 있다. — *n.* U 담그기, 담그어 있기, 적시기, 적셔져 있기; 담그는 (적시는) 액체. ¶ **in steep** 잠겨져, 담그어져.

steep·en [stíːp(ə)n] *vt., vi.* 가파르게 하다(되다), 급경사로 되다(되다).

steep·er [stíːpər] *n.* 담그는 (적시는) 사람; 담그는 통.

steep·ish [stíːpiʃ] *adj.* **1** 가파른, 험한. **2** 터무니없는.

‡**stee·ple** [stíːpl] *n.* [교회·사원 등의] 뾰족탑, 뾰족탑이 있는 건물. [류(類)의 관목.

stee·ple·bush [stíːplbùʃ] *n.* [북미산(産)] 조팝나무

stee·ple·chase [stíːpltʃèis] *n.* 야외나 벌판을 달리는 경마, 장애 경마, 장애물 경주. *opp.* flat race

— *vi.* (**-chased, -chas·ing**) (야외) 장애물 경주에 출전하다. 야외에 나가는 사람(말, 기수).

stee·ple·chas·er [stíːpltʃèisər] *n.* (야외) 장애물 경주의 말(기수).

stee·ple·crowned [stíːplkràund] *adj.* (모자의) 꼭대기가 뾰족한, 원추(圓錐)모양의. ¶ a *steeple-crowned*-hat 꼭대기가 뾰족한 모자. [의.

stee·pled [stíːpld] *adj.* 뾰족탑이 있는, 뾰족탑 모양

stee·ple·jack [stíːpldʒæ̀k] *n.* 뾰족탑·높은 굴뚝 따위의 수리 직공, 높은 데서 일하는 사람.

stee·ple·top [stíːpltɑ̀p/-tɔ̀p] *n.* **1** 뾰족탑의 꼭대기. **2** (가구 따위의 끝의) 뾰족탑 모양의 장식 세공. **3** 수염고래류의 일종. [파른, 험준한.

steep·y [stíːpi] *adj.* (**steep·i·er, steep·i·est**) (고어) 가

‡**steer**[1] [stiər] *vt.* **1** …의 키를 잡다, …을 조종하다. ¶ (~+图+副) *steer* a ship *westward* 배를 서쪽으로 향하게 하다 // (~+图+前+图) *steer* an automobile *toward* the beach 차를 해안쪽으로 몰다. **2** (일정 방향으로) …을 향하게 하다, 나아가게 하다. ¶ (~+图+前+图) *steer* one's way *to* …으로 나아가다, 향하다 / *steer* a team *to* victory 팀을 승리로 이끌다 / She *steered* herself *around* the corner. 그녀는 길모퉁이를 꺾어 돌아갔다 / Our teacher *steered* our studies in the proper direction. 선생님이 우리들의 연구를 적절한 방향으로 지도해 주셨다.

— *vi.* **1** 키를 잡다, 조종하다; (어떤 방향으로) 나아가다, 향하다 (*for, to*...). ¶ (~+前+图) *steer for* a harbor 배를 항구 안으로 유도하다 / Where are you *steering for*? (구어) 어디로 가는 중이니? **2** 처신하다, 행동하다. ¶ (~+前+图) *steer between* two extremes 중용의 길을 취하다. **3** (배 따위가) 키가 잘 들다, 조종할 수 있다. ¶ (~+副) This boat *steers easily* (*badly*). 이 보트는 조종하기 쉽다(어렵다).

steer by (or *past*) [···의] 옆을 지나가다, [···을] 비켜가다. [(avoid).

steer clear of …에 가까이 가지 않다, …을 비키다

— *n.* (美구어) 충고, 조언, 말을 거들음 (tip).

◇ **stéerage** *n.*

steer[2] [stiər] *n.* 수송아지, (식용의) 거세한 수소 ox 類語 — *vt.* (수소)를 거세하다.

steer·a·ble [stí(ː)rəbl/stíər-] *adj.* 조종할 수 있는.

steer·age [stí(ː)ridʒ/stíər-] *n.* **1** U 조종, 조타(操舵). **2** 선미(船尾), 고물. **3** 3등 선실, (군함의) 하급 사관실. **4** (부사적 용법) 3등으로. ¶ go (or travel) *steerage* 3등 선객으로서 여행하다.

steer·age·way [stí(ː)ridʒwèi/stíər-] *n.* U (항해) 타효(舵效) 속력(속도) (키작동이 가능한 최저 속도).

steer·er [stí(ː)rər/stíər-] *n.* 키잡이, 조타수.

steer·ing [stí(ː)riŋ/stíər-] *n.* U 조종, 조타; 지도.

stéering commíttee *n.* (美) 운영 위원회.

stéering géar *n.* [배·자동차 따위의] 조타 장치.

stéering whéel *n.* [배의] 타륜(舵輪); [자동차의] 핸들. ¶ sit behind the *steering wheel* 자동차를 운전하다, [배를] 조종하다; [기구 조직 따위를] 이끌다, 운영 권력을 쥐다.

steers·man [stíərzmən] *n.* (*pl.* **-men** [-mən]) **1** 조타수, 키잡이. **2** 자동차 따위의 운전 기사.

steeve[1] [stiːv] *vt.* (**steeved, steev·ing**) [면화·양모 따위의 짐짝]을 선창(船倉)에 가득 싣다; …을 기중 돛대로 싣다. — *n.* 기중 돛대 [도르래 달린 데릭].

steeve[2] [stiːv] *n.* U (항해) 사장 앙각(斜檣仰角).

— *v.* (**steeved, steev·ing**) *vt., vi.* 기울게 하다, 기울다, 앙각을 내다(이루다).

steg·o·my·ia [stègəmáiə] *n.* 이집트 모기 [황열병(黃熱病)을 매개한다].

steg·o·sau·rus [stègəsɔ́ːrəs] *n.* (*pl.* **-sau·ri** [-sɔ́ːrai]) (고생물) 검룡(劍龍).

stein [stain] *n.* 오지 그릇으로 만든 맥주잔, 조끼.

Stein·berg·er [stáinbəːrgər] *n.* U 백포도주의 일종.

stein·bok [stáinbɑ̀k/-bɔ̀k] *n.* (*pl.* **-bok** or **-boks**)

stele 1 [아프리카산(產)의] 작은 영양(羚羊)의 일종 (steenbok). 2 [알프스 산맥 따위에 서식하는] 야생 염소 (ibex).

ste·le [stí:li] *n.* (*pl.* **-lae** [-li:] *or* **-les** [-li:z]) 1 [고] [비문·조각 따위가 있는] 돌기둥, 석비. 2 [건축] [건축물의 정면 입구 따위의] 현판(懸板), 문자(조각)반(盤). 3 [식물] 중심주.

stel·lar [stélər] *adj.* 1 별의(같은); 별 모양의; 별이 많은. ¶ *a stellar* night 별빛이 밝은 밤. 2 인기 있는, 각광을 받는, 스타의; 주요한, 일류의. ¶ *a stellar* role 주역.

stel·lar·a·tor [stélərèitər] *n.* [물리] 스텔러레이터 [핵융합 반응 연구의 실험 장치].

stéllar wínd *n.* 항성풍(恒星風) [항성에서 나오는 대전 입자(帶電粒子)의 흐름].

stel·late [stélit, -leit], **stel·lat·ed** [-leitid] *adj.* 1 별 같은, 별 모양의. 2 방사 모양의. ~**ly** *adv.*

stel·len·bosch [stélənbɑ̀ʃ/-bɔ̀ʃ] *vt.* 《英軍 속어》《사관》을 좌천하다.

stel·li·form [stélifɔ̀ːrm] *adj.* 별 모양의; 방사 모양

stel·lite [stélait] *n.* ⓤ 《상표명》 스텔라이트 [특수 합금의 하나].

stel·lu·lar [stéljulər], **-late** [-lit] *adj.* 1 작은 별모양의; 작은 방사 모양의. 2 별 무늬가 있는.

St. Él·mo's fíre(líght) [séint élmouz-/snt-] *n.* 성(聖) 엘모의 불, 장토(檣頭) 전광(電光) [폭풍우가 닥쳐 아침에 밤에 돛대 끝이나 탑·나무 꼭대기 따위에서 어느는 방전(放電) 현상] (corposant).

stem¹ [stem] *n.* 1 줄기, 대. 2 잎꼭지, 꽃자루(꽃꼭지), 과일의 꼭지. 3 줄기·대 따위와 비슷한 것, 줄기처럼 생긴 부분; [공구(工具) 따위의] 자루; [온도계의] 몸통, 유리관; [손잡이가 달린 컵 따위의] 다리; [기축물의] 열쇠를 끼우는 둥근 막대기; [시계의 용두(龍頭)의] 축(軸); [담뱃대의] 대; [동물의] 대, 우축(羽軸). 4 [문법] 어간(語幹). 5 이물 (*cf.* stern²), 선수재(船首材). 6 [음악] 부미(符尾) [음부에 붙이는 세로의 선]; [인쇄] [활자의] 굵은 종선(縱線). 7 종족, 혈통, 가계, 가문 (ancestry). ¶ descend (*or* be descended) from an ancient (*or* old) *stem* 오래된 가문 출신이다. 8 (~s) 《속어》 인간의 다리. ¶ ……완전히.

from stem to stern ① 이물에서 고물까지. ② 모두, — *v.* (**stemmed, stem·ming**) *vi.* 일어나다, 생기다, 유래하다 (from, out of,). ¶ (~+断+전+명) Yankee *stems from* the Dutch word *Jan Kaas*. Yankee 란 단어는 네덜란드어인 *Jan Kaas*에서 유래한다. — *vt.* ……의 줄기를 없애다. ¶ *stem* tobacco leaves 담배 잎 줄기와 엽맥(葉脈)을 없애다.

stem² [stem] *vt.* (**stemmed, stem·ming**) *vt.* 1 ……을 저지하다, 막다, 멈추게 하다 (check), [물줄기 따위]를 막다. ¶ *stem* a reformation 개혁을 저지하다. 2 ……을 거슬러 나아가다, 저항(반항)하다. ¶ *stem* the tide 조류를 거슬러 나아가다. 3 [구멍]을 틀어막다. 4 [스키] [출혈]을 멈추게 하다(막다). 5 [스키] 멈추어 서기 위해서 [스키]의 방향을 돌리다, 제동 회전하다. — *vi.* [스키] 제동 회전하다. — *n.* (스키) 회전하기 위해 스키를 V 자 모양으로 벌리는 제동 동작.

STEM (略) scanning transmission electron microscope(주사(走査)투과 전자 현미경).

stem·less [stémlis] *adj.* 줄기(대, 축, 자루, 꼭지, 대(臺)의 굽 따위)가 없는.

stem·ma [stémə] *n.* (*pl.* **-mas** *or* **-ma·ta** [-mətə]) 1 계도(系圖), 가계, 가문. 2 [동물] 단안(單眼); 촉각 기부(觸角基部).

stemmed [stemd] *adj.* [보통 복합어를 만들어] 1 줄기(대)가 …… 인. ¶ *a short-stemmed* herb 줄기(대)가 짧은 풀. 2 줄기(대)를 없앤.

stem·mer [stémər] *n.* [담배·과일 따위의] 줄기(대)를 없애는 사람; 줄기(대)를 제거 기구.

stem·ple, -pel [stémpl] *n.* [광산] 수갱(竪坑)의 계단이나 발판용 재목; 지주(支柱), 받침목.

stém túrn *n.* (스키) 제동 회전. ⇒ STEM² n. 「잔.

stem·ware [stémwɛ̀ər] *n.* ⓤ 굽이 달린 술잔 [유리

stem-wind [stémwàind] *vt.* 1 용두로 태엽을 감는 시계. 2《美》일류의 사람(물건).

stem-wind·ing [stémwàindiŋ] *adj.* 용두로 태엽을 감는. 2 《美》 아주 훌륭한, 일류의.

Sten [sten] *n.* =Sten gun.

stench [stentʃ] *n.* ⓤⓒ 고약한 냄새, 악취.

sten·cil [sténs(i)l] *n.* 1 스텐실, 원판, 형판(型板), 형지(型紙), 본을 놓고 찍는 무늬판[문자·무늬 따위를 도려낸 판·판지 따위]; 위에서 잉크 따위를 발라내어 본을 놓고 찍어낸다. 스텐실로 본을 떠낸 문자(무늬). 2 [등사판의] 원지. — *vt.* (**-ciled, -cil·ling;** 《英》**-cilled, -cil·ling**) [스텐실로] ……에 본을 놓고 찍다 (...with), ……의 본을 뜨다 (...on).

[stencil 1]

sten·cil·er, 《英》-cil·ler [sténs(i)lər] *n.* 스텐실로 본을 뜨는 사람.「실에 의한 본뜨기

sten·cil·ing, 《英》-cil·ling [sténs(i)liŋ] *n.* ⓤ 스텐 **sténcil páper** *n.* 등사판용 원지.

Stén gùn *n.* 스텐 건 [영국제의 경기관총].

sten·o [sténou] *n.* (*pl.* **-os**) 《美구어》 1 =stenographer. 2 =stenography.

steno- little, narrow 의 뜻의 연결형. 예: *steno*graphy.

sten·o·chro·my [sténəkròumi] *n.* ⓤ 스테노크로미 다색(多色) 인쇄.

sten·o·graph [sténəgrǽf/-grɑ̀ːf] *n.* 1 속기 기호 (문자). 2 속기록. 3 속기용 타이프라이터. — *vt.* ……을 속기하다. 「기 타이피스트

ste·nog·ra·pher [stənɑ́grəfər / -nɔ́g-] *n.* 속기자; 속

sten·o·graph·ic [stènəgrǽfik], **sten·o·graph·i·cal** [-ikəl] *adj.* 속기(술)의. **-i·cal·ly** [-ikəli] *adv.*

ste·nog·ra·phist [stənɑ́grəfist / -nɔ́g-] *n.* =stenographer. ⇒ stenographic *adj.*

ste·nog·ra·phy [stənɑ́grəfi / -nɔ́g-] *n.* ⓤ 속기(술).

ste·no·sis [stinóusis] *n.* ⓤ [병리] 협착(狹窄)(증).

sten·o·type [sténətàip] *n.* 1 (S-) 《상표명》 속기용 타이프라이터, 스테노타이프. 2 [스테노타이프용의] 속기 문자.

sten·o·typ·y [sténətàipi] *n.* ⓤ 보통의 알파벳 문자를 **Sten·tor** [sténtɔːr] *n.* 1 스텐터 [*Iliad* 속에 나오는 큰 목소리를 가진 전령]. 2 (s-) 목소리가 큰 사람. 3 (s-) 나팔벌레. 「큰, ~**ly** *adv.*

sten·to·ri·an [stentɔ́ːriən / -tɔ́r-] *adj.* 목소리가 매우 **sten·tor·phone** [sténtərfòun] *n.* 1 매우 큰 목소리로 말하는 사람. 2 강력한 확성기.

‡**step** [step] *n.* 1 걸음, 스텝. ¶ at a *step* 한 걸음에(으로) / every *step* 한걸음 한걸음 / mind (*or* watch) one's *step*[s] 발밑을 주의하다, 조심하다 / miss one's *step* 발을 헛디디다 / pick one's *steps* 발밑을 조심해서 걷다 / take a *step* back 한걸음 물러서다 / take a wrong *step* 정도를 벗어나다 / turn one's *steps* to (*or* toward) ……쪽으로 향해 가다. ¶ One small *step* for a man, one giant leap for mankind. 한 사람의 인간에게는 작은 한 걸음이지만 인류 전체에는 커다란 약진(* 1969년 7월 인류 최초로 달 표면에 발을 디딘 미국의 달 탐색선 Apollo 11호의 선장 Neil Armstrong이 한 말).

2 한걸음의 거리, 보폭; 근거리. ¶ It is only a *step* from here to my home. 여기서 나의 집까지는 아주 가깝다 / From genius to insanity is but a *step*. 천재와 광기와는 겨우 종이 한 장 차이다.

3 발자국 (footprint). ¶ No traces of his *steps* are left. 그의 발자국은 하나도 없다.

4 발소리 (footfall). ¶ A dog knows his master by his *steps*. 개는 발소리로 주인을 알아본다.

5 ⓒⓤ 걸음걸이, 걸음새 (gait); 보조; [댄스의] 스텝,

¶ double-quick *step* 구보 / *step* for *step* 같은 보조로 / break (change) *step* 보조를 흐트리다(바꾸다) / with light (heavy) *steps* 가벼운(무거운) 걸음걸이로 / walk with quick (slow, long, short) *steps* 빠른(느린, 큰, 작은) 걸음걸이로 걷다 / keep *step* with 보조를 맞추다.
6 [목적·목표에의] 일보, 하나의 진보, 한 단계, 진척. ¶ the first *step* in democracy 민주주의의 제일보 / make a *step* toward success 성공을 향하여 한발짝 다가가다.
7 방법, 수단 (means), 조치, 방책. ¶ take concrete (diplomatic, drastic) *steps* 구체적(외교적, 과감한) 수단을 취하다 / take *steps* to avoid troubles 말썽을 피할 조치를 취하다.
8 [계단·사다리의] 단, 디딤대, 층층대, 층계, [탈것의] 승강대; (~s) 계단, (英) 계단식 사다리꼴. ¶ a *step* of a ladder (stairs) 사다리(계단)의 단 / a flight (or a staircase) of 10 *steps* 10단의 계단 / go up the *steps* 계단을 오르다.
9 계급, 단계 (rank); [군인 등의] 승진, 승급. ¶ get one's *step* 승진하다 / give a person a *step* 남을 진급(승진) 시키다.
10 [음악] 음정.
11 [기계] 축받이; [항해] 장좌(檣座) [돛대의 아랫부분을 받치는 받침구멍·받침대].
12 [로켓의] 단 (stage).
follow in *a person's* steps 남이 하는대로 하다, 예에 따르다.
in step 가락을 맞추어, 보조를 맞추어. ¶ march *in step* 보조를 맞추어 행진하다.
out of step 보조를 맞추지 않고, 조화되지 않고.
rise a step in *a person's opinion* (*estimation*) 남에게 더욱 중요시되다(잘 보이다).
step by step 한걸음 한걸음, 점차로; 착실히.
tread in the steps of a person; tread in a person's [foot] steps ① 남의 뒤를 따라가다. ② 남의 예를 모방하다, 남을 본뜨다.
watch (or *mind, pick*) *one's step* ① 《구어》 조심하다. ② 조심해 걷다, 발끝을 조심하다.
— v. (**stepped** or 《고어》 **stept, step·ping**) *vi*. **1** [특히 가까운 거리를] 걷다, 조금 가다, 가다, 걸음을 옮기다, 나가다. ¶ Please *step* this way. 이쪽으로 오십시오 // (~+前+名) *step* across a street 거리를 건너다 / *step* into a boat 보트에 오르다 / *step* on to (or *onto*) a terrace 테라스로 내려서다 / (~+前+名) *step along* 빨리 걷다, 나아가다 / *step over* 넘어가다 / *step upstairs* 2층으로 올라가다. **2** [댄스에서] 가락에 맞추어 걷다, 스텝을 밟다. ¶ (~+前+名) She *stepped* to the music. 그녀는 음악에 맞추어 스텝을 밟았다. **3** 밟다. ¶ (~+前+名) *step* on a snake 뱀을 짓밟다. **4** 《구어》 빨리 걷다, 달리다, 서두르다. **5** [어떤 상태로] 되다, [어떤 지위를] 차지하다, …을 얻게 되다, […이] 손에 들어오다 (*into...*). ¶ (~+前+名) *step into* journalism 기자가 되다 / *step into* an estate (or a *fortune*) 재산을 이어받다.
— *vt*. **1** [발]을 움직이다, [발]을 밟다. ¶ (~+名+前+名) *step foot on* (or *in*) the enemy's soil 적지에 들어가다. **2** [댄스의 스텝]을 밟다, 춤추다. **3** …을 층층으로 만들다, …을 단계별로 하다. **4** *step* tests 단계적으로 테스트하다 / He *stepped* the hillside leading to the orchard. 그는 과수원으로 통하는 언덕에 층계를 냈다. **4** …을 걸음으로 재다 (...*off*, *out*). ¶ *step* the distance 거리를 걸음으로 재다. **5** [항해] [장좌(檣座)에] [돛대]를 세우다 (...*up*); [기계] …을 축(軸)받이에 끼우다.
step aside ① 옆으로 비키다. ② 남에게 맡기다, 양보하다. ③ 탈선하다.
step back ① 한발 뒤로 물러나다. ② 피하다, 양보하다. ③ 회고하다. ¶ *step back* into the past time 옛날을 회고하다.
step down ① 단을 내려가다. ② 사직하다. ③ 〔전압 따위〕를 내리다.

step high [특히 말이] 발을 높이 올리고 나아가다.
step in ① 들어가다; 〔차에〕 올라타다. ② 《구어》 잠깐 들르다. ③ 참가하다. ④ 끼어들다, 간섭하다.
step into a person's shoes 남의 후임으로 않다, 사업을 이어받다. ┌(*with*...).
step it ① 춤추다. ② 걷다. ③ …와 보조를 맞추다┘
step on it 서두르다, 속력을 내다.
step on the gas ⇨ GAS.
step out ① [집·방에서] 나오다; [자리를] 비우다, [집에서] 내리다. ② 바쁜 걸음으로 가다, 서둘러 걷다. ③ 사직하다. ④ 죽다. ⑤ 《美구어》 데이트 따위에 나가다. ¶ I'm *stepping out* tonight. 오늘밤 데이트하러 나갈 거야.
step up ① […으로] 다가가다, 접근하다 (*to*...); [남에게] 다가가서 말하다 (*to*...). ② 올라가다. ③ (*vt*.) 《美구어》 촉진하다, 빠르게 하다. ¶ We *stepped up* our pace. 우리들은 걸음을 빨리했다. ④ 승진하다, …을 승진시키다.

step- 「의붓…」, 「이복…」, 「계(繼)…」의 뜻의 연결형. 예: *stepmother, stepchild*.
step·broth·er [stépbrʌ̀ðər] *n*. 이복 형제.
step·child [stéptʃàild] *n*. (*pl*. **-chil·dren**) 의붓자식.
step·dame [stépdèim] *n*. 《고어》 = stepmother.
step·dance [stépdæ̀ns · -dà:ns] *n*. 스텝 댄스.
step·daugh·ter [stépdɔ̀:tər] *n*. 의붓딸.
step-down [stépdàun] *adj*. [전기] 전압을 낮추는 [기어의] 감속의. — *n*. 감소.
step·fa·ther [stépfɑ̀:ðər] *n*. 의붓아버지, 계부.
steph·a·no·tis [stèfənóutis] *n*. 박주가리과(科) 설질 종류의 덩굴 식물.
step-in [stépìn] *adj*. [속옷·구두 따위] 발을 집어넣어 입는(신는). — *n*. [의상] (~s) [끈이 없이] 그냥 발을 집어넣어 신는 신, 속옷, 팬티.
step·lad·der [stéplæ̀dər] *n*. [들어 나를 수 있는] 발판 사다리꼴, 접사다리.
*****step·moth·er** [stépmʌ̀ðər] *n*. 의붓어머니, 계모.
step·ney [stépni] *n*. 《예》 자동차의 예비 바퀴.
step·par·ent [stéppɛ̀(:)rənt · -pɛ̀ər-] *n*. 의붓부모.
steppe [step] *n*. **1** [나무가 자라지 않는] 대초원. **2** (the S-s) 스텝 지방 《중앙 아시아의 대초원 지대》.
stepped [stept] *adj*. 계단이 있는, 층층대로 되어 있는.
stepped-up [stéptʌ́p] *adj*. 속력을 올린; 증가된; 강화된. ┌(말). **2** 《속어》 댄서(dancer).
step·per [stépər] *n*. **1** 발을 높이 올리고 걷는 사람┘
stép·ping stòne [stépiŋ-] *n*. **1** 디딤돌, 징검다리 돌. **2** (오르내리는) 섬돌, 승마용 섬돌 (horse block). **3** 《비유적》 [출세 따위를 위한] 발판, 수단, 방법.
stép rócket *n*. 다단식 로켓. ┌(means).
step·sis·ter [stépsìstər] *n*. 이복 자매┘
step·son [stépsʌ̀n] *n*. 의붓자식, 의붓아들.
stept [stept] *v*. 《고어》 step 의 과거·과거 분사.
stép tùrn *n*. [스키] 스텝 턴, 한 발씩 바꾸어 디디는 방향 전환.
step-up [stépʌ̀p] *adj*. **1** 증가하는, 강하게 하는. **2** [전기] 전압을 올리는. — *n*. 증가, 증대.
step·wise [stépwàiz] *adv*. 계단 모양으로; 한 걸음(한 발)씩. — *adj*. 점차적인 (gradual).
-ster *suf*. 「…인 사람, …하는 사람」의 뜻. 예: *youngster, songster*.
ster. (略) sterling.
stere [stiər] *n*. 스티어, 1입방 미터.
*****ster·e·o** [stériou, stí(:)r-/stíər-] *n*. (*pl*. **-os**) **1** ⓤ 입체 음향, ⓒ 입체 음향 재생 장치, 스테레오, 스테레오용 레코드(테이프). **2** 입체경(stereoscope); 입체 사진; ⓤ 입체 사진술. **3** = stereotype 1, 2. — *adj*. **1** = stereophonic. **2** = stereotypic.
stereo- firm, solid, three-dimensional 의 뜻의 연결형. 예: *stereoscope*, *stereophony*.
stéreo càmera *n*. 입체 사진 촬영용 카메라.

ster·e·o·chem·is·try [stèrio(u)kémistri, stí(ː)r-/ stíər-] n. ⓤ 입체 화학[원자의 입체 구조를 연구한다].

ster·e·o·gram [stériəgræm, stí(ː)r-/ stíər-] n. 1 [입체감을 주는] 실체 도표, 실체화. 2 =stereograph.

ster·e·o·graph [stériəgræf, stí(ː)r-/ stíəriəgrɑːf] n. 입체경(立體鏡)용의 사진, 입체 사진. — vt. …의 입체 사진을 만들다.

ster·e·o·graph·ic [stèriəgræfik, stí(ː)r-/ stíər-] adj. 입체(실체) 화법의.

ster·e·og·ra·phy [stèriɔ́grəfi, stí(ː)r-/ stíəriɔ́g-] n. ⓤ 입체(실체)화법.

ster·e·o·i·so·mer·ic [stèrio(u)àisəmérik, stí(ː)r-/ stíər-] adj. (화학) 입체 이성(異性)의.

ster·e·o·i·som·er·ism [stèrio(u)aisámərìz(ə)m, stí(ː)r-/ stíər-] n. ⓤ (화학) 입체 이성.

ster·e·om·e·ter [stèriámitər, stí(ː)r-/ stíəriɔ́m-] n. 1 입체 용적계, 체적계. 2 비중계.

ster·e·om·e·try [stèriámitri, stí(ː)r-/ stíəriɔ́m-] n. ⓤ 1 용적(체적) 측정[법]. 2 비중 측정[법].

ster·e·o·mi·cro·scope [stèriəmáikrəskòup, stí(ː)r-/ stíəriə-] n. 입체 현미경.

ster·e·o·phone [stériəfòun, stí(ː)r-/ stíər-] n. 스테레오용 헤드폰.

ster·e·o·phon·ic [stèriəfánik, stí(ː)r-/ stíəriəfɔ́n-] adj. 스테레오의, 입체 음향[효과]의. cf. monaural, monophonic

ster·e·oph·o·ny [stèriáfəni, stí(ː)r-/ stíəriɔ́f-] n. ⓤ 입체 음향[효과].

ster·e·op·ti·con [stèriáptikən, stí(ː)r-/ stíəriɔ́p-] n. [光學] 입체 (실체) 환등기.

ster·e·o·scope [stériəskòup, stí(ː)r-/ stíər-] n. 입체 (실체)경, 스테레오스코프.

ster·e·o·scop·ic [stèriəskápik, stí(ː)r-/ stíəriəskɔ́p-], **(ster·e·o·scop·i·cal** [-ik(ə)l]) adj. 1 입체(실체)경의. 2 입체적인. **-i·cal·ly** [-ikəli] adv.

[stereoscope]

ster·e·os·co·py [stèriáskəpi, stí(ː)r-/ stíəriɔ́s-] n. ⓤ 입체(실체)경 연구; 입체(실체)경 사용법.

ster·e·o·son·ic [stèriəsánik, stí(ː)r-/ stíər-] adj. =stereophonic.

ster·e·o·tape [stériətèip, stí(ː)r-/ stíər-] n. 스테레오 녹음 테이프.

ster·e·o·tax·ic [stèriətǽksik, stí(ː)r-/ stíər-], **-tac·tic** [-tǽktik] adj. [뇌외과의] 입체 정위(定位)[방식]의.

***ster·e·o·type** [stériətàip, stí(ː)r-/ stíər-] n. 1 [인쇄] 연(鉛)판. 2 ⓤ 연판 제조(법), 연판 인쇄[법]. 3 (사회) 판에 박은 형식, 틀에 박힌 양식(방식), 늘 쓰는 문구, 인습. — vt. (-typed, -typ·ing) 1 [인쇄] …을 연판으로 하다; …을 연판으로 인쇄하다. 2 …을 고정화하다, 틀에 박다, 형식화하다(formalize).

ster·e·o·typed [stériətàipt, stí(ː)r-/ stíər-] adj. 1 연판의(으로 뜬); 연판에 인쇄한. 2 상투적인, 진부한, 틀에 박힌(conventional). ¶ a stereotyped idea 틀에 박힌 생각.

ster·e·o·typ·ic [stèriətáipik, stí(ː)r-/ stíəriə-], **(ster·e·o·typ·i·cal** [-k(ə)l]) adj. 1 연판법의(에 의한). 2 진부한, 틀에 박힌.

ster·e·o·ty·py [stériətàipi, stí(ː)r-/ stíər-] n. ⓤ 1 연판 제조[법], 연판 인쇄[법]. 2 [병리] 상동증(常同症) [무의미한 행위를 반복 계속하는 병적 현상].

ster·ic [stérik, *美* stí(ː)rik] adj. (화학) (입체(구조)의.

***ster·ile** [stéril / -rail] adj. 1 [토지가] 불모의 (barren), 메마른, 열매를 못 맺는, 흉작의. opp. fertile ¶ a sterile year 흉년. 2 아기를 못 낳는, 불임의; (식물) 열매를 맺지 않는, 중성의, 수(암)이 없는. 3 균이 없는, 살균한. ¶ sterile culture 무균 배양. 4 효과가 없는, 헛된, 무익한. 5 사상(감성)이 빈곤한, 빈약한, 무잘되다. ~·ly [-rili / -raili] adv. ◇ sterility n.

ste·ril·i·ty [stəríliti, +英 ster-] n. ⓤ 1 불모, 메마름, 흉작. 2 불임, 불임증; (식물) 열매를 맺지 않는 성질, 중성(中性). 3 무균 상태. 4 무효과, 무익, 헛됨. 5 무미건조.

ster·i·li·za·tion [stèrilizéi(ə)n / -laiz-] n. ⓤ 1 불모화. 2 불임화, 불임법, 단종(斷種)[법]. 3 살균, 소독.

ster·i·lize [stériàiz] (*英*에서는 **ster·i·lise** 로도 쓴다) vt. (-lized, -liz·ing) 1 [땅]을 불모화하다, 메마르게 하다. 2 …을 불임화하다, 단종하다. 3 …을 살균 (멸균)하다, 소독하다. ¶ sterilized milk 살균 우유. 4 …을 무효로 하다, 무익하게 하다, 쓸모 없게 하다. 5 …을 무미건조하게 하다, 흥미 없게 하다. 6 [美](전화 따위)에 기밀 유지를 위한 장치를 설치하다; [기밀 자료]에서 기밀 부분을 빼다.

ster·i·liz·er [stérilàizər] n. 1 불모케 하는 것. 2 [끓인 물로 하는] 살균 소독기(장치); 소독 담당.

ster·let [stáːrlit] n. 카스피해(海) 따위의 작은 철갑상어.

***ster·ling** [stə́ːrliŋ] adj. 1 영국 법정 순도의 금(은)을 함유한. 2 영화(英貨)의, 파운드화의(*美* 통화의 양 약기하여 파운드 뒤에 붙인다) ¶ £1,000 stg. 영화 1,000 파운드 / the sterling area(or bloc) 파운드지역. 3 [은(銀)] 영국의 법정 은화와 같은 순도의, 순은 [은 가공품이] 순은제의 [은함유량 92.5%]. 4 순수한 (pure), 진짜의;《비유적》[성격 따위가] 매우 뛰어난, 훌륭한. ¶ a sterling article 진짜, 진품. — n. ⓤ 영국 금(은)화의 결정 순도; 영화(英貨); 순은, 순은 제품.

‡stern¹ [stəːrn] adj. 1 엄격한, 준엄한. ⇒ SEVERE 類語; 인정 사정 없는; 단호한. ¶ the sterner sex 남성. // He is stern to (or with, toward) his servant. 그는 하인에게 엄격한다. 2 [세태·형편 따위가] 아주 어려운, 가혹한, 답답한, 가차없는. ¶ a stern fact 엄연한 사실. 3 [얼굴 생김새 따위가] 험악한, 무시무시한 (grim). ¶ stern eyes 매서운 눈매. 4 황량한, 몹시 황폐한. ~·ly adv. ~·ness n.

‡stern² [stəːrn] n. 1 선미(船尾), 고물. cf. stem¹ ¶ at stern 선미에. 2 [일반적으로] 물건의 뒷부분; 엉덩이. 3 (사냥) 사냥개의 꼬리.

down by the stern [항해] 고물이 내려앉아 있는.

Stern all! =**Stern hard!** [항해] 뒤로!

stern foremost 고물을 진행 방향으로 돌려서.

stern on 고물을 이쪽으로 돌려서.

ster·na [stáːrnə] n. sternum 의 복수형의 하나.

ster·nal [stáːrn(ə)l] adj. 흉골(胸骨)의; 흉골부에 있는.

stérn chàse n. ⓤⓒ [항해] 바로 뒤로부터의 추적 (추격).

stérn chàser n. [항해] 함미포(艦尾砲) [추격함을 쏜다].

stérn fàst(line) n. [항해] 선미 계삭(船尾繫索), 고물에 매는 계선(繫船) 밧줄.

stern·fore·most [stə́ːrnfɔ́ːrmoust / -fɔ́ːmoust-] adv. 1 [항해] 선미를 앞으로 하여, 배진(背進)하여. 2 꼴사납게도(awkwardly); 겨우, 간신히.

stern·most [stə́ːrnmòust, +英 -məst] adj. 1 고물에 가장 가까운. 2 맨뒤의, 후미의(rearmost).

Ster·no [stáːrnou] n. 《상표명》 깡통 알코올 연료.

stern·post [stáːrnpòust] n. [항해] 선미재(材).

stérn shèets n. pl. [항해] 정미과(艇尾部).

ster·num [stə́ːrnəm] n. (pl. -na or -nums) [해부·동물] 흉골(breastbone); [곤충이나 갑각류의] 복판(腹板). [ⓒ] 재채기(sneeze).

ster·nu·ta·tion [stə̀ːrnjutéi(ə)n] n. ⓤ 재채기하기.

ster·nu·ta·to·ry [stəːrnjú(ː)tətɔ̀ːri / -t(ə)ri] n. (pl. -ries) 재채기 나게 하는 것(약). — adj. (=ster·nu-

ta·tive [stərn(j)úːtətiv, +美 stóːrnjutèitiv]) 재채기의, 재채기 나게 하는.

stern·ward [stə́ːrnwərd] *adj.* 선미의, 뒤쪽의.
— *adv.* (=**stern·wards** [-wərdz]) 선미 쪽으로, 뒤쪽으로.

stern·way [stə́ːrnwèi] *n.* ⓤ 〖항해〗 〖배의〗 배진(背進).

stern·wheel·er [stə́ːrn(h)wìːlər] *n.* 〖항해〗 선미 외륜선(外輪船).

ster·oid [stéroid] 〖생화학〗 *n.* 스테로이드 〖스테롤·담즙(膽汁)산·성호르몬 따위 지방 용해성 화합물의 총칭〗. — *adj.* (=**ste·roi·dal** [stəróid(ə)l]) 스테로이드의.
[<STER[OL]+OID]

[sternwheeler]

ster·ol [stéroul, -ral / -rɔl] *n.* 〖생화학〗 스테롤.
[<CHOLE]STEROL]

ster·tor [stə́ːrtər] *n.* 〖병리〗 〖병으로 인하여〗 크게 코골기, 협착음(狹窄音), 목에서 가르랑거리는 소리.

ster·to·rous [stə́ːrtərəs] *adj.* 〖병으로 인한〗 크게 코골기의, 크게 코를 고는. **~·ly** *adv.* **~·ness** *n.*

stet [stet] *v.* (**stet·ted, stet·ting**) *vi.* 되살리다 〖교정 용어로 원고·인쇄 교정 따위에서 지웠던 부분을 되살리라는 지시. st.로 약기한다〗. — *vt.* (지운 부분을) 살리다.

steth·o·scope [stéθəskòup] 〖의학〗 *n.* 청진기. — *vt.* (**-scoped, -scop·ing**) …을 청진기로 진찰하다, 청진하다.

steth·o·scop·ic [stèθəskápik / -skɔ́p-], **-i·cal** [-ik(ə)l] 청진기의, 청진기에 의한. **-i·cal·ly** [-ikəli] *adv.*

ste·thos·co·py [steθáskəpi / -θɔ́s-] *n.* ⓤ 〖의학〗 청진법.

stet·son [stétsn] *n.* 스테트슨 모자 〖챙이 넓고 운두가 높은 펠트 모자〗; (특히) 카우보이의 모자.

ste·ve·dore [stíːvidɔ̀ːr / -dɔ̀ː] *n.* 〖배의〗 하역 인부, 부두 인부. — *vt., vi.* (**-dored, -dor·ing**) 〖뱃짐을〗 싣다(내리다).

***stew¹** [st(j)uː / stjuː] *vt.* **1** 〖음식물을〗 뭉근한 불로 끓이다, 찌다, 스튜 요리로 하다. ¶ to BOIL 類語. **2** …를 바싹하게 하다, …에 안달하게 하다(…*up*). ¶ (~+图+图) *stew* oneself *into* a fever 속을 태워 열을 내다 // (~+图+副) He is *stewed up* with anxiety. 그는 근심이 되어 안달복달하다. — *vi.* **1** 뭉근한 불에 흐물흐물하게 끓다. **2** 쩌지다, 익다, 더위에 쩌지다; 땀투성이가 되다. **3** 조바심 치다, 안달이 나다(fret). ¶ (~+图+图) *stew over* a matter 어떤 문제로 애태우다. **4** 〖英방언·美속어〗 공부만 들이파다.
stew in one's *own juice* 자기가 저지르고 자기가 괴로와하다.
— *n.* **1** ⓤ.ⓒ 스튜 〖요리〗. ¶ mutton *stew* 양고기 스튜. **2** 근심, 걱정, 조바심, 안달, 불안. ¶ She is in a *stew.* 그녀는 안달복달하고 있다. **3** 〖美속어〗 술주정꾼. **4** 〖美속어〗 혼란.

stew² [st(j)uː / stjuː] *n.* (주로 the ~s) 〖고어〗 매음굴, 유곽(遊廓). [식장(養殖場).

stew³ [st(j)uː / stjuː] *n.* 〖英〗 양어장, 사무장.

***stew·ard** [st(j)úːərd/stjuəd, stjúːəd] *n.* **1** 〖큰 집안의〗 재산·가사 따위를 맡아보는〗 집사, 가령(家令); 재산 관리인. **2** 〖조합·단체 따위의〗 간사, 위원; 사무장, 지배인 (manager), 대표. **3** 〖호텔·병원 따위의〗 조리부, 용도부서; 〖배의〗 주방장, 〖식당 따위의〗 급사장. **4** 〖기선·비행기 따위의〗 급사, 보이, 스튜어드, 승객 담당. **5** 〖경마·무도회·음악회의〗 간사. — *vt., vi.* 〖…의〗 스튜어드 노릇을 하다.

***stew·ard·ess** [st(j)úːərdis / stjúəd-, stjúːəd-] *n.* 〖비행기·기선·열차 따위의〗 여승무원, 스튜어디스.

stew·ard·ship [st(j)úːərdʃìp / stjúəd-, stjúːəd-] *n.* ⓤ **1** steward의 직(일). **2** 관리, 경영. **3** 〖비유적〗

책임, 의무.

stewed [st(j)uːd / stjuːd] *adj.* 뭉근한 불로 찐, 스튜 요리로 한. [은] 스튜 냄비.

stew·pan [st(j)úːpæ̀n / stjúː-] *n.* 〖한손용의 바닥이 깊은〗 스튜 냄비.

stew·pot [st(j)úːpɔ̀t / stjúː-, -pɔ̀t] *n.* 〖두손용의 바닥이 깊은〗 스튜 냄비.

St. **Ex.** 〖略〗 *Stock Exchange*.

stg. 〖略〗 *sterling*.

St. **George's** **Channel** *n.* (the ~) 세인트조지 해협〖웨일즈·아일랜드 사이의 해협〗.

St. **He·le·na** [sèint həlíːnə / sènt ilíː-] *n.* 세인트헬레나섬〖대서양 남부의 아프리카 서해안 난바다에 있는 영국령 섬; Napoleon이 유형(流刑)에 처해진 곳〗.

sthen·ic [sθénik] *adj.* **1** 체격이 좋은, 늠름한; 활력이 왕성한(active), 힘센. **2** 〖질병이〗 항진성(亢進性)의.

stib·i·al [stíbiəl] *adj.* 안티모니의 (와 같은). [ny].

stib·i·um [stíbiəm] *n.* ⓤ 〖화학〗 안티모니(antimony).

sti·cho·myth·i·a [stìkou/míθiə] *n.* ⓤ 〖고대 그리스 연극 등에서 두 사람의 배우가〗 한 행(行)씩 번갈아 대사를 말하기, 격행 대화(隔行對話).

‡**stick¹** [stik] *n.* **1** 막대기, 막대 토막, 잘라낸 나뭇가지; (~s) 장작. **2** (주로 英) 단장, 지팡이(walking stick). **3** 〖나무로 만든〗 매, 곤봉, 몽둥이; (the ~) 곤장질(형벌), 매질(채찍질)하기. ¶ give a person the *stick* 〖벌로〗 남을 몽둥이질(매질)하다 / He wants the *stick.* 그는 매를 좀 맞아야 되겠다. **4** 〖구어〗 바보, 멍청이, 얼간이; 〖美속어〗 키다리; 아바위꾼, 한패(한통속) (shill). **5** 〖초콜릿 따위의〗 막대 모양의 것, 〖美속어〗 만넨필; 〖음악〗 지휘봉(baton); 딱다기; 북채(drumstick); 〖자동차의〗 기어용 레버(지렛대); 〖항공〗 조종간(桿); 〖인쇄〗 식자가(植字架); 〖스키의〗 지팡이; 〖스포츠〗 **a**) 치는 막대기 〖하키의 스틱, 골프의 클럽, 야구의 배트, 당구의 큐 따위〗 **b**) (~s) 장해, 허들; 〖항해〗 돛대, 활대, 둥근 재목. **6** 〖건축용의〗재목; (보통 ~s) 가구. ¶ a few *sticks* of furniture 얼마 안 되는 가구. **7** 〖흑차 따위에 넣는〗 소량의 술(브랜디 따위). **8** 〖군대〗 곤상 투하탄(棍狀投下彈)〖목표를 향하여 한줄로 투하할 수 있도록 폭격기 안에 장착된 폭탄〗. **9** 〖美속어〗 마약이 든 궐련. **10** 〖식용 야채의〗 줄기. **11** (the ~) 〖美구어〗 도회지에서 떨어진 곳; 시골, 두메. **12** (~s) 〖속어〗 다리(legs). [운.
[as] cross as two sticks 〖구어〗 성미가 아주 까다로움.
at the stick's end 멀리, 얼마간의 거리를 두고.
be on the stick 〖美속어〗 기민(유능)하다. [다.
cut one's stick[**s**] 〖속어〗 도망치다, 가버리다, 돌아가다.
get (or *have*) *hold of the wrong end of the stick* 오해하다, 잘못 알다, 진상을 알 수 없다.
go to sticks and staves 산산조각이 나다, 와해하다.
hold sticks with; *hold a stick to* …와 대등하게 구루다.
to sticks ① 산산조각으로, 박살이 나서(to pieces). ② 완전히. ¶ beat a person all *to sticks* 남을 완전히 때려 눕히다.
— *vt.* 〖식물 따위를〗 막대기로 받치다. ¶ *stick* peas 완두콩에 받침대를 세우다. **2** 〖활자를〗 짜다.

‡**stick²** [stik] *v.* (**stuck, stick·ing**) *vt.* **1** 〖예리한 것으로〗 …을 찌르다, 꿰뚫다; 찔러 죽이다(stab). ¶ (~+图+图) *stick* a beefsteak *with* a fork; *stick* a fork *into* a beefsteak 비프스테이크를 포크로 꿰다 // (~+图+副) His chest was *stuck through with* a dagger. 그의 비수에 흉부를 찔렸다.

2 …을 끼워 넣다(insert), 끼우다, 찔러 넣다(thrust); …을 놓다, 장치하다, 단단히 고정시키다. ¶ (~+图+图+图) *stick* a landscape *on* the wall 벽에 풍경화를 걸다 // (~+图+副) *Stick* it *down* there. 그것을 거기에 내려놓으라.

3 …을 내밀다(…*out of, into*). ¶ (~+图+图+图) *stick* one's arms *out of* one's sleeves. 소맷자락에서 팔을 내밀다.

stick-at-nothing

4 (풀 따위로) …을 붙이다, 들러붙게 하다, 고착시키다(fasten). ¶ (~+图+图+名) *stick* a stamp *on* a letter 편지에 우표를 붙이다 // The two notes are *stuck together*. 두 장의 표가 들러붙어 있다. **5** (주로 수동형으로) 꼼짝 못하게 하다, 움직이지 못하게 하다. ¶ (~+图+图+名) A cart is *stuck in* the mud. 짐차가 진창에 빠져 꼼짝 못하고 있다.
6 (구어) …을 당혹케 하다, 난처하게 하다. ¶ (~+图+图) *stick* a person *with* questions 질문으로 남을 애먹이다.
7 (속어) [싫어하는 일을] [남]에게 강제로 시키다 (…*with*), …을 속이다, 사기 치다(cheat). ¶ (~+图+图) *stick* a person *for* money 남에게 돈을 편취하다.
8 (주로 英속어) …을 참다, 견디다(endure). ¶ (~+图+图) I cannot *stick* it *out* any longer. 더 이상 참을 수가 없다.
— *vi.* **1** 찔리다, 꽂히다, 박히다(*in…*). ¶ (~+图+名) A needle *sticks in* my shirt. 바늘이 셔츠에 박혀 있다. **2 a)** 접착(粘着)하다, 고착하다, 들러붙다(*to…*). ¶ (~+图+名) A stamp *sticks to* an envelope. 우표는 봉투에 붙으면 떨어지지 않는다. **b)** 고집하다, 고수하다, 충실히 지키다(*to…*), 끈기 있게 (착실히) 하다. ¶ (~+图+名) *stick to* one's promise 약속을 어김없이 지키다.

[類語] *stick* 문자 그대로 또는 비유적으로 착 달라붙어서 떨어지지 않다. *adhere*=stick; 사람에게 쓰이면 맹목적인 의지로 받아들이는 것을 암시: *adhere* to a creed 어떤 교의를 신봉하다. *cohere* 같은 성질의 것이 stick 하여 큰 덩어리가 되다: Particles of wet flour *cohere* to form a mass. 축축한 밀가루의 입자는 접착해서 덩어리를 이룬다. *cling* 덩굴 따위로 매달리다; 자신을 떠받칠 필요가 있음을 암시: *cling* to one's father 아버지에게 매달리다.

3 빠져나오지 못하다, 선 채로 꼼짝 못하다, 움직이지 못하게되다. ¶ (~+图+名) *stick* in the mud 진창에 빠져서 나오지 못하다. **4** [꼼짝않고] 그대로 있다, 떠나지 않고 있다, 그대로 남아 있다(remain)(*in…*). ¶ one's childhood memories *sticking in* one's mind 언제까지나 기억에 남는 어린 시절의 추억 // You *stick* indoors too much. 너는 집에 너무 오래 틀어 박혀 있다. **5** 당혹하다, 어쩔 줄 모르다, 망설이다, 주저하다(hesitate)(*at…*). ¶ (~+图+名) He *stuck at* nothing. 그는 무슨 일에서든 망설이지 않았다. **6** 뛰어나오다(protrude). ¶ (~+图) His hair *sticks up*. 그의 머리털이 곤두서 있다 / (~+图+名) Her arms *stuck out of* her sleeves. 그녀의 팔이 소맷자락에서 튀어나와 있었다.
be stuck on (구어) …에 미치다, 빠지다.
stick around (구어) (*vi.*) 가까운 데서 기다리다; 부근을 어슬렁거리다.
stick by a person 남에게 끝까지 충실하다, 남에게 성실하다.
stick down (구어) …을 적어두다(write down).
Stick 'em up! (속어) 손들어!
stick fast (*vi.*) ① 꽉 붙다, 접착하다. ② 꼼짝 못하다, 딱 막히다.
stick it on (속어) ① 비싼 값을 부르다. ② 과장하다.
stick it [*out*] (구어) 견디다, 참다(endure); 버티다.
stick out for …을 끝까지 청구(요구)하다.
stick to ① …을 고수하다, …에 충실하다. ② (美) 끝까지 해내다.
stick together ① 단단히 붙다. ② 서로 충실하다.
stick to (or *with*) *it.* (구어) 힘내! 포기하지 마.
stick up ① (*vi.*) 위로 튀어나오다(project upwards). ② (속어) [강도 따위가] …을 덮치다(rob).
stick up for (구어) …을 변호하다, 옹호하다 (defend).
stick up to ① (구어) …에 반항하다, 저항하다. ② (방언) [여성]에게 구애하다.
stick with ① [일 따위를] 계속하다. ② 함께 있다; 뒤따라 가다. ③ …에 충실하다; …을 지지하다.

— *n.* **1** 한번 찌르기(thrust), 한번 쑤시기(stab). **2** 끈적거리, 접착성, 접착력; 접착성물질. **3** 장해, 장해물(obstacle). **4** 막힘, 정체(standstill).
at a stick 당황하여.
in a cleft stick 진퇴양난이 되어, 곤경에 빠져

stick-at-noth·ing [stíkətnʌ́θiŋ] *adj., n.* (구어) 무슨 일에나 서슴지 않는, 대담한.
stick·ball [stíkbɔ̀ːl] *n.* ⓤ [좁은 장소에서 하는] 약식 야구.
stick·er [stíkər] *n.* **1** 찌르는 (쑤시는) 사람. **2** 찌르는 막대, 찌르는 도구. **3** 도살하는 사람, 도살용 칼. **4** (美) 가시(thorn), 밤송이. **5** 광고·삐라를 붙이는 사람(billposter). **6** 잘 달라붙는 것(풀·아교·송진 따위). **7** (美) (풀을 묻힌) 스티커, 벽보. **8** 꾸준한 사람, 고집하는 사람; (크리켓) 끈질긴 타자. **9** 망설이는 (고집하는) 사람. **10** 팔다 남은 상품. **11** (풍금의) 키와 송풍 조절문(送風調節瓣)을 연결하는 대. **12** (구어) 어려운 문제, 난제. **13** (美속어) [무기용] 나이프.
stícker prìce *n.* (보통 할인의 대상이 되는) 생산자 표시 가격, 희망 소비자 가격. [화(棒線畫).
stíck fìgure *n.* [사람·동물의 포즈를 그리는] 봉선
stíck·ing plàce [stíkiŋ-] *n.* 발판; 발붙일 곳; 고정시킬 수 있는 곳.
stícking plàster *n.* ⓒⓤ 반창고.
stícking pòint *n.* =sticking place.
stíck ìnsect *n.* 대벌레과의 곤충(walking stick).
stick-in-the-mud [stík(i)nðəmʌd] (구어) *adj.* 재간(독창성)이 없는; 보수적인; 우둔한; 보잘것없는.
— *n.* **1** 바보, 둔뱅이, 보수적인 사람, 시대에 뒤진 사람(old fogy). **2** (英속어) 이름이 생각나지 않는 사람. ¶ Mr. *Stick-in-the-mud* 아무개 씨.
stick·jaw [stíkdʒɔ̀ː] *n.* (주로 英) 입 안에 달라붙어서 씹기 힘든 캔디.
stick·le [stíkl] *vi.* (**-led, -ling**) **1** [하찮은 일을] 억척스레 우기다, [대수로운 이유도 없는데] 이의를 내세우다, 고집하다. **2** 주저하다.
stick·le·back [stíklbæ̀k] *n.* 큰가시고기(총칭).
stick·ler [stíklər] *n.* **1** 까다로운 사람, 깐깐한 사람 (*for*…). ¶ a *stickler* for rules 규칙에 까다로운 사람. **2** (구어) 어려운 문제, 난제.
stick·man [stíkmæ̀n] *n.* (*pl.* **-men** [-mèn]) (美속어) **1** 도박장의 접수 세는 사람. **2** 스틱을 사용하는 하키 선수. [제)이 묻어 있는; 접착식의.
stick-on [stíkàn / -ɔ̀n] *adj.* (우표처럼 뒤에 풀(접착
stick-out [stíkàut] *n.* (속어) 빼어난(두드러진) 사람 (것); 출중한 말, 우승 후보. — *adj.* 뛰어난, 두드러
stick·pin [stíkpìn] *n.* 넥타이핀, 장식핀. [진.
stíck shìft *n.* [자동차의 막대 모양의 수동식] 기어 변환 레버.
stick·tight [stíktàit] *n.* (식물) 미국도깨비바늘.
stick-to-it-ive·ness [stiktúːitivnis] *n.* ⓤ (美속어) 끈덕짐, 버팀, 완고, 억셈.
stick·up [stíkʌ̀p] *n.* **1** [깃을] 세운, 세운 것의. **2** [강도가 권총을 들이대고] 손을 들게 하는.
— *n.* (美속어) 권총 강도(holdup).
stick·work [stíkwə̀ːrk] *n.* (하키 따위에서의)스틱 쓰는 솜씨; 북채 다루는 솜씨; (야구) 타력.
stick·y [stíki] *adj.* (**stick·i·er, stick·i·est**) **1** 끈적거리는, 찐득찐득한, 끈끈한 것이 묻은. **2** (구어) 완고한, 옹고집의; 이의를 내세우는; 고집하는, 꼼짝 않는. **3** 좀체 팔리지 않는; (날씨가) 무덥고 습기찬, 무더운. **5** (속어) 몹시 불쾌한, 기분이 나쁜. **6** (구어) 까다로운, 성가신(troublesome).
stick·i·ly *adv.* **stick·i·ness** *n.*
stick·y·beak [stíkibìːk] *vt.* (濠속어) 꼬치꼬치 캐다, 쓸데없이 참견하다. — *n.* 캐기 좋아하는 사람, 참견쟁이. [릇이 나쁜, 도벽이 있는.
stick·y-fin·gered [stíkifíŋgərd] *adj.* (美속어) 손버
stícky fíngers *n. pl.* (美속어) 손버릇이 나쁨.
‡**stiff** [stif] *adj.* **1** 굳은, 딱딱한, 뻣뻣한. ⇨HARD [類語]

stiff-arm

¶ be *stiff* with starch 풀을 먹여 빳빳하다. **2** 질은, 빽빽한; 끈적이는. ¶ *stiff* jelly 굳은 젤리. **3** 〔관절 따위가〕 굳은, 경직된, 〔몸이〕 뻐근한; 〔기계 따위가〕 시동걸기 힘든, 잘 돌아가지 않는. ¶ My body is *stiff* from heavy labor. 나의 몸은 중노동으로 굳어 있다. **4** 격식에 치우친, 딱딱한, 서먹서먹한, 어색한; 완고한, 고집하는; 까다로운. ¶ *stiff* manners 딱딱하고 거북스러운 예의범절 / take a *stiff* line 강경한 태도를 취하다. **5** 〔구어〕〔다루기가〕 어려운, 힘든, 곤란한. **6** 〔구어〕 값비싼, 터무니없는, 깜짝 놀라게 하는, 〔벌 따위가〕 엄한. ¶ a *stiff* demand 과도한(지나친) 요구. **7** 〔바람 따위가〕 세찬, 격렬한. ¶ *stiff* winds 강풍. **8** 〔술이〕 독한. ¶ a *stiff* glass of gin 도수가 센 진 한 잔. **9** 〔시세가〕 강세인. **10** 《속어》 술취한(drunk). **11** 《항해》 〔배가〕 넘사리 기우는, 안정성이 높은. **12** 《스코·北英》 튼튼한, 건장한(sturdy).
keep a stiff face (or *lip*) ① 시치미 떼다. ② 동하지 않다.
keep (or *carry, have*) *a stiff upper lip* ⇨ LIP.
── *adv.* **1** 굳게, 딱딱하게. ¶ be frozen *stiff* 딱딱하게 얼어붙어 있다. **2** 〔구어〕심하게, 되게, 크게, 몹시, 아주, 완전히(completely). ¶ be scared *stiff* 깜짝 놀라다, 질겁하다.
── *n.* 《속어》 **1** 시체(corpse). **2** 딱딱한 사람, 격식에 치우친 사람. **3** 노랭이, 구두쇠(tightwad); 팁주기를 아까와하는 사람. **4** 술주정뱅이. **5** 〔…한〕 녀석, 놈(fellow). ¶ a lucky *stiff* 행복한 녀석. **6** 깡패 같은 녀석; 부랑자, 열간이. **7** 유통 어음; 돈(money); 위조 수표. **8** 편지; 증명서. **9** 노동자(laborer). **10** 질 못한 경주마.
~**·ness** *n.* ◇ **stíffen** *v.*

stíff-árm [stifːɑ́ːrm] *vt.* 〔상대방〕을 팔을 뻗어서 밀어젖히다. ── *n.* 밀어젖힘, 〔결심 따위의〕 강화(straight-arm).

stíff·en [stífn] vt. **1** …을 굳어지게 하다, 경직시키다. ¶ (~+[目]+[前]+[名]) *stiffen* cloth *with* starch 풀을 먹여 천을 빳빳하게 하다. **2** …을 되게 하다, 되게 하다. **3** 〔태도·결심 따위〕를 견고하게 하다, 굳게 하다, 완고하게 하다. ¶ *stiffen* one's attitude 딱딱한 태도를 취하게 하다. **4** …을 강화하다. ── *vi.* **1** 빳빳해지다, 굳어지다(harden). **2** 딱딱해지다, 서먹서먹해지다; 〔태도·결심 따위가〕 격화되다, 완고해지다. **3** 강해지다, 강화되다, 〔바람 따위가〕 세어지다. ¶ (~+[前]+[名]) The breeze *stiffened to* a gale. 산들바람이 강풍으로 변했다. **4** 〔구어〕〔물가가〕 오르다; 〔금리가〕 오를 기미를 보이다; 〔시황(市況)이〕 강세를 나타내다.

stíff·en·er [stífnər] *n.* **1** 굳게 하는 사람(것); 단단하게 하는 것; 〔결심 따위를〕 경화(硬化)시키는 것. **2** 〔띠·옷깃·책의 표지 따위의〕 심. **3** 〔구어〕 자극제, 강장제; 독한 술.

stíff·en·ing [stífniŋ] *n.* ⓤ 굳어짐. **2** 굳게 하는 것. ── *adj.* 굳어지는, 굳어지게 하는.

stíff·ish [stífiʃ] *adj.* 좀 단단한.

stíff·ly [stífli] adv. 단단히 하게, 빳빳하게.

stíff néck *n.* 완고한 사람, 옹고집쟁이.

stíff-nécked [stífnékt] *adj.* **1** 목이 뻣뻣해진(굳어진), 목이 아파 돌아가지 않는. **2** 고집센, 완고한(stubborn), 옹고집의.

sti·fle¹ [stáifl] v. **(-fled, -fling)** *vt.* **1** …의 숨을 막다, …을 질식〔사〕시키다(suffocate); …을 숨막히게 하다. ¶ (~+[目]+[前]+[名]) *stifle* a person *with* smoke 연기로 남을 질식시키다. **2** 〔감정·불평 따위〕를 억누르다, 억제하다(suppress), 참다, 감추다; 〔반란 따위〕를 억압(진압)하다; 〔소문 따위〕를 덮어버리다. ¶ *stifle* one's anger 노여움을 참다. **3** 〔고어〕〔불 따위〕를 끄다(extinguish); 〔소리 따위〕를 들리지 않게 하다. ── *vi.* 질식〔사〕하다, 숨이 막히다; 숨이 가쁘다.

sti·fle² [stáifl] *n.* **1** (=**stifle joint**) 〔말·개 따위의〕 뒷무릎 관절〔사람의 무릎에 해당〕. **2** ⓤ 슬개골병(膝蓋骨病), 무릎 관절병.

sti·fler [stáiflər] *n.* **stifle¹** 하는 사람.

sti·fling [stáifliŋ] *adj.* 숨막히는, 답답한, 질식할 것 같은(suffocating). ~**·ly** *adv.*

***stig·ma** [stígmə] *n.* **(*pl.* -mas** or 〔특히 4, 5, 6에서는〕 -ma·ta [-mətə]) **1** 더럼; 오명, 오욕, 불명예(disgrace). **2** 〔고어〕 〔노예·죄인 등에 적은〕 낙인(brand). **3** 〔식물〕 주두(柱頭)〔식물의 꽃가루를 받는 부분〕. **4** 〔동물〕 기공(氣孔)(pore), 기문(氣門); 〔원생동물의〕 안점(眼點)(eyespot). **5** 〔병리〕 〔피부에 나타나는〕 반점, 홍반(紅斑); 징후. ¶ hysterical *stigma* 히스테리의 징후. **6** (-mata) 성흔(聖痕)〔성자의 몸에 나타났다고 하는 십자가에 못박힌 그리스도의 상처와 같은 모양의 흔적〕.

stig·mat·ic [stigmǽtik] *adj.* **1** 오욕의, 치욕의, 오명의; 추악한. **2** 낙인이 찍힌. **3** 〔식물〕 주두〔모양〕의. **4** 〔동물〕 기공의, 기문의. **5** 〔병리〕 홍반의(이 있는). **6** 〔光學〕 무비점 수차의(無非點收差). **7** 성흔(聖痕)이 있는. ── *n.* 성흔이 있는 사람.

stig·mat·i·cal [stigmǽtik(ə)l] *adj.* =stigmatic.

stig·ma·tism [stígmətiz(ə)m] *n.* ⓤ **1** 〔병리〕 홍반(紅斑) 출현. **2** 〔光學〕 〔렌즈의〕 무비점 수차. **3** 〔안과〕 정시(正視).

stig·ma·tize [stígmətaiz] (*《英》에서는 **stig·ma·tise** 로도 쓴다) *vt.* **(-tized, -tiz·ing)** **1** …에 오명을 씌우다; …을 비난하다. ¶ (~+[目]+[補]) stigmatize a person *as* a liar 남을 거짓말쟁이라고 비난하다. **2** 〔노예·죄인 등에〕 낙인을 찍다. **3** 〔병리〕 …에 홍반이 생기게 하다; …에 성흔이 생기게 하다.

***stile¹** [stail] *n.* **1** 〔목장·농장 따위의 울타리·담에 마련한〕 넘어다니는 계단〔가축은 지나가지 못하게 한 것〕. **2** 회전식 출입문(turnstile).

stile² [stail] *n.* 〔건축〕 세로어리.

sti·let·to [stilétou] *n.* **(*pl.* -tos** or -toes**)** **1** 단도, 단검. **2** 〔자수용의 로 내는 바늘, 구멍뚫는 기구. **3** 〔英〕 스파이크 힐 〔숙녀화의 높은 굽〕(stiletto heel). ── *vt.* 단검으로 찌르다.

[stile 1]

***still¹** [stil] *adj.* **1** 움직이지 않는, 정지하고 있는, 가만히 있는(motionless). ⇨ CALM[類語] ¶ lie *still* 가만히 누워 있다 / as *still* as a stone 돌처럼 움직이지 않는, 아주 조용한. **2** 고요한, 조용한(quiet), 〔마음이〕 평정(平靜)한; 〔물결이 따위〕 잔잔한, 흐르지 않는. ¶ I live a *still* life 조용한 생활을 하다 / *Still* waters run deep. 《속담》 잔잔한 물이 깊다; 말없는 사람은 방심 못한다. **3** 〔음성이〕 낮은, 작은, 가느다란, 〔목소리를〕 죽인, 낮은. **4** 소리를 내지 않는, 침묵의, 잠잠한(silent). **5** 〔포도주 따위가〕 거품이 일지 않는, 비등하지 않는. *cf.* sparkling **6** 〔사진〕〔영화에 대해서〕 보통 사진의, 〔영화의 한 장면에서 딴〕 스틸의.
as still as still 〔구어〕 아주 조용한(한).
a still small voice 세미한 소리 〔하나님·양심의 소리〕 〔열왕기(상) (1 Kings) 19:12〕.
── *vt.* …을 고요하게 하다, 진정시키다, 달래다, 침묵시키다; 〔식욕·정열 따위〕를 만족시키다; …을 누그러뜨리다. ¶ *still* a person's fury 남의 분노를 달래다.
── *vi.* 《드물게》 조용해지다; 〔바람이〕 자다.
── *n.* 〔the ~〕 고요, 정적(silence). **2** 〔사진〕 〔영화에 대하여〕 보통 사진, 〔영화의〕 스틸, 정물화(靜物畫).
── *adv.* =**still alarm**.
── *adv.* **1** 아직도, 지금도; 여전히; 전과 마찬가지로. ¶ I shudder *still* now. 아직도 몸서리가 난다. **2** 〔형용사·부사의 비교급 앞에서〕 더욱이, 한층. ¶ *still* less… 더더구나 …아니다 / *still* more… 한층 더 …한. **3** 〔접속사적으로〕 그럼에도 불구하고(nevertheless), 그래도 아직. ¶ He is old, 〔and〕 *still* he is able. 그는 늙었지만 그래도 아직 유능하다. **4** 조용히(quietly). **5** 〔고어〕

끊임없이, 항상(always). *still and all* 역시, 결국.

still² [stil] *n.* **1** 증류기. **2** 증류주(화주) 양조장(distillery). — *vt., vi.* 《드물게》[…을] 증류하여 만들다.

stil·lage [stílidʒ] *n.* 연장·물건 따위를 올려놓는 나지막한 대(臺).

stíll alárm *n.* 《美》전화 따위에 의한 화재 경보.

stíll bánk *n.* 저금통.

still-birth [stílbə̀ːrθ] *n.* Ⓤ Ⓒ 사산(死産); Ⓒ 사산 아.

still-born [stílbɔ̀ːrn] *adj.* **1** 사산의, 유산된(abortive). **2** 《비유적》성공하지 못한(unsuccessful).

stíll càmera *n.* 스틸 카메라〔영화용 카메라에 대하여 보통 사진기〕.

stíll húnt *n.* **1** 《美》사냥감에 몰래 다가가기. **2** 《美구어》몰래 추적하기; 〔정치의〕 이면 공작.

still-hunt [stílhʌ̀nt] *vt., vi.* **1** 몰래 다가가서 […의] 사냥을 하다. **2** 《美구어》[…을] 몰래 추적하다.

stíll lífe *n.* (*pl.* s- lifes) 정물(靜物), 정물화.

still-life [stílláif] *adj.* 정물[화]의.

*still-ness** [stílnis] *n.* **1** 고요, 정적, 정숙(quiet), 침묵; Ⓒ 조용한 장소. **2** 부동, 정지(靜止). **3** 평온, 평화.

still-room [stílrù(ː)m] *n.* **1** 증류실. **2** 〔대저택의〕 식료품 따위의 저장실.

Stíll·son wrènch [stílsn-] *n.* 〔상품명〕 파이프 렌치, L자 형의 드라이버.

still·y *adv.* [stíli] 《詩》 조용히, 소리없이, 가만히. — *adj.* [stíli] (still·i·er, still·i·est) 《주로 詩》 조용한, 고요한.

stilt [stilt] *n.* **1** (보통 ~s) 죽마(竹馬). **2** 〔가옥의〕 각주(角柱), 지주, 토대 기둥. **3** (*pl.* stilts or stilt) (= **stílt plòver**) 장다리물떼새. *on stilts* 1 죽마를 타고. 2 과장하여, 호언장담하여. — *vt.* …을 죽마〔각주(角柱)〕에 태우다.

stilt·ed [stíltid] *adj.* **1** 죽마를 탄[것 같은]. **2** 거드름피우는, 으스대는, 허풍떠는. **3** 〔건축〕〔아치가〕 기둥으로 높이 떠받쳐진. ¶ *a stilted arch* 스틸티드 아치. ~·ly *adv.* ~·ness *n.*

Stíl·ton [chéese] [stíltn-] *n.* Ⓤ 스틸턴 치즈〔영국제의 고급 치즈〕.

*stim·u·lant** [stímjulənt] *n.* Ⓤ Ⓒ **1** 〔생리·의학〕 흥분제, 자극제. ¶ *a general stimulant* 전신성(全身性) 흥분제. **2** 흥분성 음료, 〔특히〕 커피, 차, 술. **3** 자극물, 격려. ⇨ STIMULUS 類語. 〔생리·의학〕 흥분시키는; 자극성의, 격려하는. ◇ stímulate *v.*

*stim·u·late** [stímjulèit] *v.* (-lat·ed, -lat·ing) *vt.* **1** …을 자극하다, 〔남〕을 자극하여 …하게 하다, 고무하다, 격려하다. ⇨ PROVOKE 類語. ¶ High wages *stimulated* the national economy. 고임금이 국가 경제를 활성화 시켰다. // (~+目+to do) Praise *stimulates* students *to work* hard. 칭찬을 하면 학생들은 자극을 받아 열심히 공부하게 된다. **2** 〔생리·의학〕 〔기관·ur관〕을 자극하다 (excite). **3** 〔술·커피 따위로〕 …을 기운나게 하다. — *vi.* 자극이 되다, 격려가 되다. ◇ stímulation, stímulus *n.* stímulative *adj.*

stim·u·lat·er [stímjulèitər] *n.* =stimulator.

stim·u·lat·ing [stímjulèitiŋ] *adj.* 자극적인; 격려가 되는, 고무적인. -ly *adv.*

*stim·u·la·tion** [stìmjuléiʃ(ə)n] *n.* Ⓤ 자극, 격려, 고무.

stim·u·la·tive [stímjulèitiv / -lə-] *adj.* 자극을 주는, 흥분시키는, 격려하는. — *n.* 자극제.

stim·u·la·tor [stímjulèitər] *n.* 자극을 주는 사람〔것〕, 격려(고무)하는 사람〔것〕.

*stim·u·lus** [stímjuləs] *n.* (*pl.* -li[-lài]) **1** Ⓤ Ⓒ 자극, 격려, 고무; Ⓒ 자극〔격려〕이 되는 것. **2** 〔 under the *stimulus* of …의 자극을 받아. **2** 〔생리·심리〕 자극〔물〕, 흥분〔제〕. **3** 〔식물〕 가시〔털〕, 〔곤충〕 바늘, 침. 類語 stimulus, stimulant 전자는 자극이 기관이 감지하면 신경의 반응을 일으키는 생리·심리적 용어. 후자는 전신 또는 기관의 기능을 활발하게 하는 것을 가리키는 생리·의학적 용어; 일반적으로 활동·과정을 촉진·활발하게 하는 것을 가리키며 바꿔 쓸 수 있는 말. **excitant** 당장 어떤 행동을 하도록 재촉하는 것의 자극. **incitement** 남을 경쟁시켜 성적을 올리게 하는 자극, 그 위한 보수. **inducement** 남에게 어떤 행동을 시키기 위한 유인 (誘因). **impetus** 이미 진행중인 행동의 힘을 더욱 크게 하는 것. **spur** impetus의 구어적인 말. ◇ stímulate *v.*

sti·my [stáimi] *n.* (*pl.* -mies), *v.* (-mied, -my·ing) = stymie.

‡**sting** [stiŋ] *v.* (**stung** or 《고어》 **stang, sting·ing**) *vt.* **1** 〔바늘·독아·가시 따위로〕 …을 찌르다(prick). ¶ (~+目+前+名) A bee *stung* my arm. =A bee *stung* me *on* the arm. 벌이 내 팔을 쏘았다. **2** 〔히 따위의〕를 자극하다, 열을 내리게 하다; …에 찌르는 듯한 통증을 주다. **3** …을 괴롭히다, …에 괴로움을 주다, …의 감정을 해치다. ¶ He was *stung* by remorse. 그는 깊은 뉘우침으로 괴로워했다 / Her conscience *stung* her. 그녀는 양심이 찔렸다. **4** …을 자극하여 …하게 하다, …을 몰아대다(stir up). ¶ be *stung* with vanity 허영심에 자극되다 // (~+目+前+名) The ridicule *stung* him *into* taking the desperate steps. 그는 그러한 조롱을 당하자 흥분하여 무모한 짓을 저지르고 말았다. **5** 《口》〔주로 수동형으로〕 …을 속이다(cheat), 속여서 빼앗다. ¶ I was *stung* by him in the business. 나는 그 거래에서 그에게 속았다.
— *vi.* **1** 〔바늘·가시 따위로〕 찌르다; 바늘(가시)이 있다. **2** 짜릿함이 나다. **3** 찌르듯이 아프다, 얼얼(욱신욱신)하다. **4** 괴롭히다, 〔정신적〕 고통을 주다; 괴로워하다, 짜증내다.
— *n.* **1** 찌르기, 쏘기 (刺傷). **2** 찌르는 듯한 아픔, 격통(acute pain); 〔마음의〕 고통. **3** 자극성; 비꼼, 풍자. ¶ His words have a *sting* in them. 그의 말에는 가시가 있다. **4** 〔식물〕 가시(stinger), 가시털; 〔동물〕 침, 독아(毒牙).

sting·a·ree [stíŋərì:, ˋ—⁻ˊ] *n.* =stingray.

sting·er [stíŋər] *n.* **1** 찌르는 사람〔것〕; 쏘는 동물〔식물〕. **2** 괴로워하게 하는 것, 고통〔고민〕거리. **3** 〔벌레의〕 침, 〔뱀의〕 독아, 〔식물의〕 가시털. **4** 《구어》 찌르는 듯한 말, 비꼬는 말, 비꼼; 통격(痛擊). **5** 《美》 브랜디와 리큐르와의 칵테일; 《英구어》 하이 볼. **6** 《美군사》 스팅어 미사일〔어깨에 올려 놓고 발사할 수 있는 지대공 미사일〕.

sting·ing·ly [stíŋiŋli] *adv.* 찌르듯이; 통렬하게.

stínging néttle *n.* 쐐기풀의 일종.

sting·less [stíŋlis] *adj.* 가시가 없는.

stin·go [stíŋgou] *n.* Ⓤ 《주로 英구어》 **1** 독한 맥주. **2** 정력(energy), 원기, 활력; 열의(zest).

stíng operàtion *n.* 《美》 함정 수사(entrapment).

sting·ray [stíŋrèi] *n.* 가오리〔꼬리에 가시가 있다〕.

stin·gy¹ [stíndʒi] *adj.* (-gi·er, -gi·est) **1** 인색한, 구두쇠의, 금전을 아끼는(miserly). **2** 부족한, 적은, 근소한(scanty). **-gi·ly** *adv.* **-gi·ness** *n.*

sting·y² [stíŋi] *adj.* 침(가시)이 있는; 찌르는.

*stink** [stiŋk] *v.* (**stank** or **stunk, stunk, stink·ing**) *vi.* **1** 악취를 풍기다. ¶ This ham *stinks*. 이 햄은 악취가 나다 // (~+前+名) He *stinks* of wine. 그에게서 술내가 난다. **2** 평판이 몹시 나쁘다. **3** 《美속어》 아무 쓸모도 없다, 질이 나쁘다. ¶ It *stinks* here, and you guys *stink*. 여긴 아주 형편없는 곳이며 너희들도 형편없어. **4** 《속어》 많이 가지고 있다 (of, with…). ¶ (~+前+名) *stink of* money 많은 돈을 가지고 있다.
— *vt.* **1** …에 악취를 풍기게 하다(…up). **2** 《속어》 …의 냄새를 맡다, 냄새를 알아내다.
stink in the nostrils of a person 남의 혐오감을 사다, 남에게 아주 진저리나게 하다.
stink out …을 악취로 몰아내다.
— *n.* **1** 악취, 고약한 냄새. **2** 《속어》 소동, 스캔들. ¶ *raise* (or *make*) *a stink* 평판을 나쁘게 하다, 소동을

stink·ard [stíŋkərd] n. 《드물게》 아주 싫은 사람 (stinker).
stink·ball [stíŋkbɔːl] n. =stink bomb.
stínk bòmb n. 악취탄.
stínk bùg n. 악취를 풍기는 벌레, 방귀벌레류.
stink·er [stíŋkər] n. 1 구린내나는 사람(동물); 왕바다제비. 2 《속어》 아주 싫은 사람; 기분 나쁜 편지. 3 《속어》 (특히 연예 따위의) 조악한 것. 4 《속어》 난제(難題). 5 악취를 내는 장치[악취탄 따위].
stink·ing [stíŋkiŋ] adj. 1 악취를 풍기는. 2 《속어》 몹시 싫은. 3 《속어》 지독한. 4 몹시 취한. **cry stinking fish** 자기 편을 나쁘게 말하다. ~·ly adv.
stink·o [stíŋkou] adj. 《속어》 [몹시] 취한, 곤드레만드레 된.
stink·pot [stíŋkpòt /-pɔ̀t] n. 1 악취 단지[악취탄의 일종, 옛날 해전에서 쓰였다]. 2 아주 싫은 사람. 3 큰 바다거북의 일종. 4 《美속어》 모터 보트(motorboat).
stink·weed [stíŋkwìːd] n. 악취를 풍기는 각종 식물.
*****stint**[1] [stint] vt. 1 …을 제한하다, …을 줄이다, 아까와 하다(...of, in). ¶ (~+目+前+名) **She stints her children in food.** 그녀는 아이들의 음식을 줄이고 있다. 2 《고어》 …을 그만두다, 중지하다(stop). — vi. 1 절약하다, 검약하다. 2 《고어》 그만두다, 중지하다. — n. 1 ⓤ 제한, 아까와함, 절약. ¶ **without (or with no) stint** 무제한으로, 아낌없이. 2 정량, 정액; 할당된 일. ¶ **do one's stint** 《구어》 자기에게 할당된 일을 하다. 3 《페어》 중지.
stint[2] [stint] n. 민물도요류의 새.
stint·er [-ər] n. 제한하는 사람(것); 아까와하는 사람.
stint·ing·ly [stíntiŋli] adv. 제한하여, 인색하게.
stipe [staip] n. 《식물》 줄기; 《양치류의》 엽병(葉柄); 《버섯류의》 균병(菌柄). 2 《동물》 육경(肉莖)(stalk).
sti·pel [stáipl] n. 《식물》 작은 탁엽(托葉).
sti·pend [stáipend] n. 《사람·교사 따위의》 봉급 SALARY. 2 《정기적》인 지급금, 급여금, 수당; 연금.
sti·pen·di·ar·y [staipéndièri / -diəri] adj. 1 봉급을 받는, 유급의. 2 봉급으로 지불되는. 3 연공(年貢)을 바치는. — n. (pl. **-ar·ies**) 유급자. 2 《英》 유급 목사, 유급 치안 판사.
sti·pes [stáipiːz] n. (pl. **stip·i·tes** [stípitìːz]) 1 《동물》 갑각류·곤충 따위의》 접교절 《蝶交節》. 2 《식물》 = stipe 1.
stip·i·tate [stípitèit] adj. 엽병이 있는, 균병(菌柄)이 있는.
stip·ple [stípl] vt. (**-pled**, **-pling**) …을 점각(點刻)하다, 점묘(點描)하다. — n. 1 ⓤ 《인쇄》점각[법], 점묘[법]. 2 점각 작품, 점묘 작품.
stip·pling [stípliŋ] n. =stipple.
stip·u·lar [stípjulər] adj. 탁엽(托葉)의, 탁엽 있는.
stip·u·late[1] [stípjulèit] v. (**-lat·ed**, **-lat·ing**) vt. 1 《계약·약정서 조항에》 …을 명기하다, 규정하다, 명문화하다. ¶ **It is stipulated that** the payment should be in cash. 지불은 현금이라는 약정이 되어 있다. 2 …을 계약 조건으로 요구하다. — vi. 계약 조건으로서 요구하다(for...). ¶ **stipulate for** an indemnity 배상을 요구하다.
stip·u·la·tion [stìpjuléiʃ(ə)n] n. 1 ⓤⓒ 계약, 약정. 2 계약 조건, 계약 조항. ¶ **on** (or **under**) **the stipulation that** …이라는 조건(약속)으로.
stip·u·la·tor [stípjulèitər] n. 계약자, 약정자.
stip·ule [stípjuːl] n. 《식물》 탁엽.
‡stir[1] [stəːr] v. (**stirred, stir·ring**) vt. 1 …을 휘젓다, 뒤섞다. ¶ (~+目+前+名) **stir** one's milk **with** a spoon 숟가락으로 우유를 휘젓다 / **stir** smoldering coals **with** a poker 부지깽이로 연기가 나는 석탄을 휘젓다 / **stir** vinegar **into** salad oil 초를 샐러드 기름에 넣어 저었다. 2 …을 흔들다, 움직이다; …을 옮기다. ¶ **do not stir** an eyelid 눈 하나 깜짝하지 않다, 까딱도 하지 않다 / **do not stir** a finger 조금도 노력하지 않다. 3 …을 각성시키다. 분기시키다(rouse)(...up). ¶ **Stir yourself.** 분발해라. 4 …을 흥분시키다, 감동시키다(...up); …을 자극하다, 선동하다(...up). ⇒ PROVOKE 頢語. ¶ **stir** a person's blood 남을 흥분시키다, 열중시키다. ¶ (~+目+前+名) **stir up** one's imagination 상상력을 자극하다 / **stir up** one's desires 욕망을 자극하다. ¶ (~+目+副) (~+目+前+名) **stir up** the people to revolution 국민을 선동하여 혁명을 일으키게 하다. 5 《고어》 …의 주의를 환기하다; …을 의제에 올리다. 6 《고어》 …을 교란하다. — vi. 1 《살며시》 움직이다, 흔들리고 있다, 위치가 바뀌다. 2 움직이기 시작하다; 일어나 있다; 활동하기 시작하다. ¶ **He is not stirring yet.** 그는 아직 일어나지 않았다. 3 《활발하게》 걸어다니다; 출발하다. 4 일어나고 있다; 《헛소문 따위가》 전해지다, 유포되다, 유행하다. ¶ **There's no news stirring.** 아무것도 달라진 것은 없다. 5 마음이 강하게 움직이다, 감동하다. 6 《가루 따위가》 섞이다. ¶ (~+副) **The mixture stirs well.** 그 혼합체는 잘 섞인다.
stir one's **stumps** 《구어》 ① 서두르다, 빨리 걷다. ② 척척 일을 처리하다.
stir one's **tail** 《고어》 ① 분발하다. ② 소동을 일으키다.
stir up ① …을 잘 뒤섞다. ⇒ vt. 1. ② …을 분발시키다. ⇒ vt. 3. ③ …을 일으키다, 휘젓다; …을 선동하다. ⇒ vt. 4.
— n. ⓒⓤ 뒤섞기, 휘젓기. 2 《살며시》 움직이기, 흔들이고 움직이기, 바스락《거리는 소리》. 3 활동, 활약. 4 감동, 흥분. 5 큰 소동, 혼란; 평판. ¶ **The event made a great stir.** 그 사건은 큰 평판이 되었다. 6 찌르기, 넣기.
stir[2] [stəːr] n. ⓒⓤ 《속어》 교도소(prison).
stir·a·bout [stə́ːrəbàut] 《英》 n. ⓤ 오트밀 죽. — adj. 활동적인, 바쁘게 보이는.
stir-cra·zy [stə́ːrkrèizi] adj. 《美속어》 [교도소 따위에서의 오랜 감금에서 오는] 정신 이상의, 교도소 생활로 머리가 돈.
stirk [stəːrk] n. 《英》 한 살된 수소《암소》.
stir·less [stə́ːrlis] adj. 움직이지 않는, 조용한.
stir·pi·cul·ture [stə́ːrpikʌ̀ltʃər] n. ⓤ 우종 양식(優種養殖), 종족 개량.
stirps [stəːrps] n. (pl. **stir·pes** [stə́ːrpiːz]) 1 혈통, 가계, 종족. 2 《법률》 조상. 3 《생물》 유전 단위, 유전소(遺傳素).
stir·rer [stə́ːrər] n. 1 뒤섞는 사람. 2 교반기《攪拌器》. 3 활동가, 소동을 일으키는 사람, 선동자.
*****stir·ring**[1] [stə́ːriŋ] adj. 1 감동시키는; 자극하는, 고무하는. 2 활동적인, 활발한, 바쁜. 3 혼잡한, 떠들썩한. ~·ly adv.
*****stir·rup** [stə́ːrəp, stíːr- / stíːr-] n. 1 등자, 등자쇠. 2 등자 꼴의 기구. 3 《항해》 등삭(鐙索). 4 《해부》 등골(鐙骨).
stírrup cùp n. 《주로 英》 [옛날 먼길을 떠나기 위하여 말에 올라탄 사람에게 권했던] 이별의 잔;《일반적으로》 이별의 잔.
stírrup ìron n. 《승마용의》 등자, 등자쇠. ⇒ SADDLE 그림.
stírrup lèather (**stràp**) n. 《등자를 매는 가죽》.
stírrup pùmp n. 소화용의 소형 수동식 펌프.
‡stitch [stitʃ] n. 1 《바느질감의》 한 바늘, 한 땀, 한 코; [뜨개질의] 한번 뜨기; 《상처를 꿰매는》 한 바늘. ¶ **take up a stitch** 바느질 한바늘 꿰매다 / **put stitches in a wound** 상처를 꿰매다 / **A stitch in time saves nine.** 《속담》 적당한 때에 한 번 꿰매놓으면 나중에 아홉 번 꿰매는 수고를 던다. 2 바늘땀, 솔기; 바늘코; 바느질의 실; 뜨개질 코. ¶ **drop a stitch** 바늘코를 빠뜨리다 / **make long** (**small**)

stitches 솔기를 길게(짧게) 꿰매다. **3** 뜨는(꿰매는, 짜는, 감치는)법. ¶ a buttonhole *stitch* 단추 구멍 감치기. **4** 천, 헝겊, 자투리. ¶ every *stitch* of one's clothes 옷 전부 / do not have a dry *stitch* on one 옷이 함빡 젖다. **5** 《구어》 근소한 양, 아주 조금; ¶ He hasn't done a *stitch* of work today. 그는 오늘 손끝 하나 까딱하지 않았다. **6** (보통 a ~) [옆구리 따위의] 격통, 쑤심. **7** [제본의] 철(綴).
in stitches 포복 절도하여.
— *vt.* **1** …을 꿰매다, 꿰매서 봉하다(...up). ¶ (~+图+團) *stitch up* a rent 터진 곳을 꿰매다. **2** …을 꿰매어 꾸미다, 수놓다. **3** [제본에서] …을 매다(...up, together). — *vi.* 꿰매다, 바느질을 하다.
stitch·er·y [stítʃəri] *n.* =needlework.
stitch·wort [stítʃwə̀ːrt] *n.* 별꽃류의 풀.
stith·y [stíði, +美 stíθi] *n.* (*pl.* **stith·ies**) 《고어·방언》 **1** 모루(anvil). **2** 대장간. — *vt.* (**stith·ied, stith·y·ing**) 《폐어》 모루 위에서 벼리다.
sti·ver [stáivər] *n.* **1** 스타이버〔네덜란드의 옛 화폐〕. 1/20 guilder에 상당〕. **2** 소액의 돈; 소량.
St. James's [**Pálace**] *n.* 성 제임스 궁(宮)〔St. James's Park 안에 있는 왕궁. Henry 8세부터 Victoria 여왕 즉위때까지의 왕궁〕. 〔London 소재〕.
St. James's Park *n.* 세인트 제임스 공원〔영국 London 소재〕.
St. Lawrence *n.* (the ~) Ontario 호에서 발원하여 5대호의 물을 모아 St. Lawrence 만에 흘러드는 캐나다 최대의 강.
St. Lou·is [sèintlúːis / sən(t)-] *n.* 미국 Missouri 주 동부, Mississippi 강가의 항구 도시.
St. Lu·ci·a [sèintlúːʃiə, -siə / sn(t)lúːʃə] *n.* 세인트루시아섬〔서인도 제도의 Windward 제도중 최대의 섬; 구 영령 식민지〕.
St. Luke's summer *n.* 《英》〔10월 18일의 성누가 축제 전후의〕 화창한 가을 날씨.
St. Mar·tin [sèintmáːrt(i)n / sn(t)máːtin] *n.* 상마르탱섬〔서인도 제도의 Leeward 제도중의 섬〕.
St. Martin's summer *n.* ① 따뜻한 날씨. *cf.* Indian summer
sto·a [stóuə] *n.* (*pl.* **sto·as** or **sto·ai** [stóuai] or **sto·ae** [stóuiː]). **1** 〔그리스 건축〕 주랑(柱廊), 회랑, 보랑(步廊). **2** (the S-) 〔철학〕 스토아 철학, 스토아학파.
stoat¹ [stout] *n.* (*pl.* **stoats** or **stoat**) 〔특히 여름철의 털이 갈색이 되었을 때의〕 ERMINE 1.
stoat² [stout] *vt.* 〔솔기가 안 보이도록 천 가장자리 따위를〕 꿰매다, 감치다.
sto·chas·tic [stəkǽstik] *adj.* **1** 추측상의. **2** 〔통계〕 확률적의. ¶ *stochastic* function 확률 함수.

stock [stak / stɔk] *n.* ① ①〔집합적〕 재고(품), 저장품, 사들인 물건. ¶ in *stock* 비축되어, 재고로 / out of *stock* 품절이 되어 / have (or keep) something in *stock* 재고가 있다.
2 ⓒ ① 축적, 저장, 비축; 온축(蘊蓄). ¶ devote (or apply) one's whole *stock* of knowledge 있는 지식을 다 쏟아넣다.
3 ①〔집합적〕〔농장·목장 따위의〕 가축. *cf.* livestock ¶ farming *stock* 가축.
4 〔식물〕 줄기; 근경(根莖).
5 〔고어〕 a) 〔수목의〕 그루터기. b) 통나무, 나뭇조각.
6 〔원예〕 〔접목의〕 대목(臺木); 〔접지를 잘라내는〕 어미나무.
7 〔기구·기계 따위의〕 대(臺), 대목, 자루, 개머리판. ⇨ MACHINE GUN 그림; (~s) 〔함께〕조선대(造船臺); 〔철도〕 =rolling stock.
8 바보, 멍청이(blockhead); 웃음거리, 조소의 대상.
9 ① ⓒ **a)** 〔인류 분류상의〕 족(族), 민족, 인종, 종족; 〔동식물의〕 종족. **b)** 〔언어 분류상의〕 어계(語系), 어족. **c)** 조상, 시조; 가계, 혈통, 가문. ¶ He comes (or is) of a good *stock*. 그는 명문 출신이다. **d)** 〔생물〕 군체(群體), 군서(群棲), 군락(群落).

10 ⓒ ① 자라난화(紫羅蘭花)〔겨자과(科)의 다년초. 관상용〕.
11 (~s) 《英》 〔바깥벽에 쓰이는〕 고급 벽돌.
12 (~) 〔역사〕 〔형벌용의 족쇄 구멍이 있는〕 족가(足枷).
13 (~s) 〔편자를 박거나 할 때 말 당이기〕 틀.
14 ① 원료; 〔고기 그밖의〕 삶아낸 국물, 수프거리.
15 ①〔인쇄·출판〕〔어떤 종류의〕 종이, 인쇄 용지; 〔제지〕 제지 재료.
16 〔옛날의 칼라나 넥타이를 겸용한 것 같은〕 폭넓은 장식깃. [stock 12]
17 ① ①〔경제〕 주식 자본, 증자(shares).
18 ① ①《英》 공채 증서, 국고 채권; (the ~)①공채; 국채.
19 〔연극〕 = stock company 2.
on the stocks ① 건조중인. ② 기획〔고안〕중인.
stock in trade ① 재고품. ② 〔직인의〕 장사 도구. ③ 필요 수단; 상투 수단.
stocks and stones 무생물, 목석; 둔감〔냉혹〕한 사람들; 나무나 돌의 우상〔←예레미야(書) (Jer.) 3 : 9〕.
take no stock in …을 신용하지 않다.
take stock ① 재고품을 조사하다. ② 〔가망 따위를〕 검토하다, 고려하다.
take stock in ① …의 주식을 사다. ② 《비유적》 …에 관심을 가지다. ③ …을 신용하다.
take stock of ① …의 품질을 조사하다, …을 정사(精査)하다. ② 〔남〕을 찬찬히 뜯어보다.
— *adj.* **1** 가지고 있는, 재고의. ¶ *stock* articles 재고품. **2** 〔상품 따위가〕 주요한, 표준의. **3** 보통의, 흔히 있는, 흔한; 고리타분한. ¶ a *stock* phrase 고리타분한 문구. **4** 주식의;《英》 공채의. **5** 가축〔사육〕의, 목축의, 번식〔용〕의. ¶ a *stock* bull 번식용 소. **6** 〔연극〕 전속 극단(stock company)의, 그 상연 목록의.
— *vt.* **1** 〔가게에 사들이다, 사재다(...with); 〔상품 따위를〕 비축하다, 저장하다. ¶ (~+图+團+图) The store is well *stocked with* excellent goods. 저 가게에는 좋은 물건이 많다. **2** …을 공급하다; 〔농장〕에 가축을 넣다, 〔못·강 따위에〕 물고기를 방류하다, 〔밭 따위〕에 씨를 뿌리다(...with). ¶ (~+图+團+图) *stock* a river *with* carp 강에 잉어를 방류하다. **3** …에 자루(대(臺), 받침나무 따위)를 달다.
— *vi.* 사들이다, 사재다, 비축하다(up...), **2** 〔식물〕 어린 가지를 내다, 새싹을 내다(tiller).
stock in on 《美》 …을 사재다, 사들이다.
◇ **stócky** *adj.*

stock accóunt *n.* 《英》 〔상업〕 장부 대조, 재고품 계정.
***stock·ade** [stakéid / stɔk-] *n.* **1** 방책(防柵); 말뚝 방파제. **2** 말뚝을 둘러친 울. **3** 《美軍》 유치장, 영창. — *vt.* (**-ad·ed, -ad·ing**) …을 말뚝울타리로 둘러싸다.
stóck bòok *n.* **1** 상품 재고장, 현품 대장, 재고 원장(stores ledger). **2** 주식 대장. **3** 〔말 따위의〕 혈통 대장.
stock·breed·er [stákbrìːdər / stɔ́k-] *n.* 목축업자.
stock·breed·ing [stákbrìːdiŋ / stɔ́k-] *n.* ① 목축(업).
stock·bro·ker [stákbròukər / stɔ́k-] *n.* 주식 중매인.
stock·bro·ker·age [stákbròukəridʒ / stɔ́k-] *n.* = stockbroking.
stóckbroker bèlt *n.* 《英》 〔런던 근교의〕 고급 주택지구 (exurbia).
stock·bro·king [stákbròukiŋ / stɔ́k-] *n.* ① 주식 중매〔업〕.
stóck càr *n.* **1** 레이스용 개조(改造) 자동차. ¶ *stock car* racing 개조 자동차 경주. **2** 가축 운반용 화차.
stóck certíficate *n.* 《美》 공채 증서, 주권.
stóck còmpany *n.* **1** 주식 회사. **2** 〔연극〕 레퍼터리식 전속 극단〔일정한 레퍼터리를 갖고 일정한 극장에서 출연한다〕.
stóck cùbe *n.* 고형 수프 원료(bouillon cube).

stock dove n. [유럽산(産)의] 들비둘기.
stock exchange n. 증권 거래소; 주식 중매인 조합.
stock farm n. 목축장, 축산장.
stock farmer n. 목축업자.
stock farming n. ⓤ 목축업.
stock·fish [stákfiʃ / stɔ́k-] n. (pl. -fish or -fish·es) [소금에 절이지 않은] 건어, 건어물[말린 대구 따위].
***stock·hold·er** [stákhòuldər / stɔ́k-] n. 1 《美》 주주(《英》 shareholder). 2 《英》 공채 (국채) 소유자. 3 《濠》 가축 소유자, 목축업자.
Stock·holm [stákhou(l)m / stɔ́khoum] n. 스톡홀름 [스웨덴의 수도].
stock·i·net [stàkinét / stɔ̀k-] n. ⓤ 1 《주로 英》 [기계로 짠] 메리야스 천. 2 메리야스 뜨개질.
***stock·ing** [stákiŋ / stɔ́k-] n. 1 (보통 ~s) 긴 양말 [보통 무릎 위까지 오는 긴 것], 스타킹. cf. sock¹ ¶ a pair of stockings 긴 양말 한 켤레. 2 긴양말 모양의 것; [동물의 다른 부분과 다른 빛깔의] 다리 털. 3 《英》= stockinet 2. ¶ [신지 않고 양말만으로] in one's stockings; in one's stocking feet 주두는
stócking càp n. [스케이트장에서 쓰는] 원뿔꼴 털실 모자.
stock·inged [stákiŋd / stɔ́k-] adj. 양말을 신은.
stócking fíller n. 《英》[양말 속에 넣는] 크리스마스 선물.
stócking màsk n. [강도 따위가 사용하는] 나일론 스타킹 복면.
stock-in-trade, stóck in tráde [stákintréid / stɔ́k-] n. ⇒ STOCK(숙어).
stock·ish [stákiʃ / stɔ́k-] adj. 나무 그루터기 같은; 얼빠진.
stock·ist [stákist / stɔ́k-] n. 《英》 [상품의] 구입업자.
stock·job·ber [stákdʒàbər / stɔ́kdʒɔ̀b-] n. 1 《英》 [증권업자끼리만 거래하는] 주식 중매인. 2 《종종 경멸적》 증권 브로커, 투기업자.
stock·job·bing [stákdʒàbiŋ / stɔ́kdʒɔ̀b-] n. 주식 중개 매매, 증권 매매, 증권 투기.
stóck lìst n. 1 증권(공채) 시세표. 2 재고품 목록.
stock·man [stákmən, -mæ̀n / stɔ́k-] n. (pl. -men [-mən, -mèn]) 1 《美·濠》 목축업자. 2 《濠》 목장에서 일하는 사람, 목동. 3 재고품계, 창고계.
***stóck màrket** n. 1 증권 시장, 증권 거래소(stock exchange); 증권 매매. 2 물건 시장. 3 가축 시장.
stóck óption n. 종업원 주식 매수권[신입 사원에게 일정 기간 후 입사 당시 약정 가격으로 주식을 살 수 있게 하는 권리. 상장 등으로 주가가 오르면 그 차익을 얻게 하는 보상제도이다].
stock·pile [stákpàil / stɔ́k-] n. 1 [도로 개수 공사 따위를 위한] 보급 자재 더미. 2 광석·석탄 [따위의] 더미. 3 [비상시용의] 중요 물자의 축적, 저장 자재(식량). 4 원자 무기의 저장.
— vt., vi. (-piled, -pil·ing) [석탄·보급 자재·원료 따위를] 저축(저장)하다, 비축하다; 원자 무기를 비축하다.
stock·pot [stákpàt / stɔ́kpɔ̀t] n. 수프(소스) 냄비.
stóck ràising n. ⓤ 목축(업), 축산(업).
stock·rid·er [stákràidər / stɔ́k-] n. 《濠》 승마 목동, 카우보이(cowboy).
stock·room [stákrù(:)m / stɔ́k-] n. 1 [상품·자재 따위의] 저장소(실), 창고. 2 [외교원 등이 사용하는] 호텔 안의 상품(견본) 전시실.
stock-still [stákstíl / stɔ́k-] adj. 전혀 움직이지 않는, 꼼짝도 안하는.
stock·tak·ing [stáktèikiŋ / stɔ́k-] n. ⓤ 1 [정기적인] 재고품 조사, 재고 조사. 2 [일반 사업 따위의] 성적 검토.
stóck tìcker n. = ticker 2. ¶ [적(실)제] 조사.
stock·y [stáki / stɔ́ki] adj. (stock·i·er, stock·i·est) 1 땅딸막한, 튼튼한(sturdy). 2 [식물 따위의] 줄기가 튼튼한. 3 《英방언》 완고한(headstrong), 격식을 차리는, 거친(boisterous). **stock·i·ly** adv. **stock·i·ness** n.
stock·yard [stákjà:rd / stɔ́k-] n. 1 [도살장·시장에 보내기 전의 일시적인] 가축 우리. 2 가축 사육장.
stodge [stadʒ / stɔdʒ] 《주로 英학생 속어》 n. 1 ⓤ [소화가 잘 안 되는] 기름진 음식; 풍부하게 담은 성찬. 2 게걸스럽게 먹는 사람. 3 지루하고 재미없는 생각(문학 작품). — v. (stodged, stodg·ing) vt. …을 게걸스럽게 먹다(eat greedily), 배불리 먹다. — vi. (구어) [무거운 발걸음으로] 터벅터벅 걷다.
stodg·y [stádʒi / stɔ́dʒi] adj. (stodg·i·er, stodg·i·est) 1 [음식물이] 기름진, 소화가 잘 되지 않는(heavy). 2 꽉 채워넣은, 부푼. 3 [문체 따위가] 답답한, 지루한(tedious), 진부한, 고풍의; 품위없는, 싫증나는. 4 《구어》 땅딸막한. **stodg·i·ly** adv. **stodg·i·ness** n.
stoep [stu:p] n. 《주로 아프리카》 [네덜란드 풍의 집의 전면 및 측면의] 툇마루, 베란다(veranda).
sto·gy, -gie [stóugi] n. (pl. -gies) 1 가늘고 긴 싸구려 엽궐련. 2 튼튼하고 무거운 구두.
Sto·ic [stóuik] adj. 1 스토아학파(철학)의. 2 (s-) = stoical. — n. 1 스토아파 철학자. 2 (s-) [스토아학파적인] 금욕주의자, 극기주의자.
sto·i·cal [stóuik(ə)l] adj. 1 금욕의, 극기의; 냉정한, 태연한. 2 (S-) 스토아학파의(철학). ~**·ly** [-kəli] adv. ~**·ness** n.
Sto·i·cism [stóuisìz(ə)m] n. ⓤ 1 스토아 철학, 스토아주의. 2 (s-) 금욕주의; 금욕, 극기, 냉정, 태연.
stoke [stouk] v. (stoked, stok·ing) vt. 1 [불을 때다, 돋우다(stir up); [기관차·난로 따위의] 불을 때다. ¶ stoke up a furnace 화덕에 연료를 지피다. 2 [비유적] [음을 따위]를 불러 일으키다. 3 《구어》[음식]을 빨리 먹다. — vi. 1 불을 피우다; 불을 때다, 화부노릇을 하다. 2 《구어》급히 식사를 하다(up...), 배불리 먹다(feed heartily). ¶ …부실.
stoke·hold [stóukhòuld] n. [기선 따위의] 기관실, 화부실.
stoke·hole [stóukhòul] n. 1 = stokehold. 2 [기관의] 화구(火口).
stok·er [stóukər] n. 1 《주로 英》[기차·기선 따위의] 화부(fireman). 2 자동 급탄(給炭) 장치, 급탄기.
Sto·ke·si·a [stoukíːʒ(ə)ə] n. 스토케시아[국화과(科)의 식물].
STOL [stoul, éstoul] n., adj. ⓤ 단거리 이착륙(의); Ⓒ 단거리 이착륙기(의).
[<short takeoff and landing aircraft]
‡**stole¹** [stoul] v. steal의 과거형.
‡**stole²** [stoul] n. 1 스톨, 영대(領帶) [어깨에 걸쳐 무릎까지 늘어뜨린 성직자의 제복). 2 스톨[모피 따위의 숙녀용 어깨걸이]. 3 《고어》 [고대 로마의] 주부용의 길고 헐거운 웃옷.
‡**sto·len** [stóulən] v. steal의 과거 분사.
— adj. 훔친. ¶ stolen goods 도난품.
stol·id [stálid / stɔ́l-] adj. 둔감한, 무신경의(impassive), 무감동의, 굳든; 완고한. ~**·ly** adv. ~**·ness** n.
sto·lid·i·ty [stəlíditi, +英 stɔl-] n. ⓤ 둔감(dullness), 무신경, 완고.
stol·len [stóulən] n. 스톨렌[과실·호도를 넣은 독일 빵].
sto·lon [stóulən] n. 1 [식물] 포복지(匍匐枝). 2 [동물] 각체(芽體), 주근(走根).
STOLport [stóulpɔ̀:rt] n. 단거리 이착륙기(STOL) 용 공항.
sto·ma [stóumə] n. (pl. sto·ma·ta or sto·mas) n. 1 [식물] 기공(氣孔). 2 [동물] 소공(小孔); [곤충 따위의] 기공, 기문(氣門).
‡**stom·ach** [stʌ́mək] n. 1 [해부·동물] 위. ⇒ ALIMENTARY CANAL 그림. ¶ be sick at the stomach 메스껍다 / have a pain in the stomach 위가 아프다 / A stomach is a digestive organ. 위는 소화 기관이다. 2 배, 복부(belly), 아랫배.
類義 **stomach** 좁은 뜻으로는 위, 넓은 뜻으로는 abdomen. **abdomen** 횡경막과 골반 상변 사이의 복부. **belly, paunch** 동물의 abdomen, 특히 불룩한(돌출한) 배를 뜻하는 쉬운 말.
3 [음식물의] 식욕(appetite), 4 욕망(desire), 기호, 의향 (for...); 성미 (temperament). ¶ act against one's stomach 자기 기분에 어긋나는 행동을 하다 / have no

stomach for …할 생각이 없다, …에 마음이 내키지 않다. **5** 《폐어》 **a)** 기운, 용기(courage). **b)** 자랑, 자부(pride). **c)** 노여움(anger).
lie on one's *stomach* 엎드리다.
on a full stomach 배부를 때에, 식후에.
on an empty stomach ⇨ EMPTY.
stay on one's *stomach* 요기하다.
turn a person's stomach 남을 메스껍게 하다.
— *vt.* **1** …을 배에 넣다, 먹다; 소화하다(digest). **2** 《보통 부정문에 써》 …을 참다, 견디다(bear). **3** 《폐어》 …을 화나게 하다(enrage).
◇ stomáchic, stomáchical, stómachless *adj.*

***stom·ach·ache** [stǽmə̀keik] *n.* ⓤ ⓒ 위통, 복통.
stómach crámps *n.* 《단수 취급》 위경련.
stom·ach·er [stʌ́mətʃər] *n.* 스토마커[15-16세기에 유행했던 호화롭게 꾸민 삼각형의 가슴 장식].
stom·ach·ful [stʌ́məkfùl] *n.* 위(배) 가득함, 가득한 분량.
sto·mach·ic [stəmǽkik], (**sto·mach·i·cal** [-ik(ə)l]) *adj.* **1** 위의. **2** 위에 좋은, 소화를 돕는. — *n.* 건위제, 소화제.
stómach púmp *n.* 〖의학〗 위액 추출 펌프, 위 세척기.
stómach stággers *n.* 〖獸醫〗 《가축의》 위경련.
stómach tóoth *n.* 유아의 아래쪽 송곳니.
stom·ach·y [stʌ́məki] *adj.* **1** 배가 불룩한, 올챙이배의. **2** 기운찬, 성마른. 「《공》의 소공.
stom·a·tal [stóumətl] *adj.* 《동·식물》 소공(小孔)〖기〗
sto·mate [stóumeit] *adj.* 《동·식물》 소공(기공)이 있는. *n.* =stoma.
sto·ma·ti·tis [stòumətáitis, +美 stòmə-] *n.* ⓤ 〖병리〗 구내염.
stomato- mouth 라는 뜻의 연결형(* 모음 앞에서는 stomat-를 쓴다): *stomato*logy, *stomat*itis.
sto·ma·tol·o·gy [stòumətɑ́lədʒi, stɑ̀mə-/stòumətɔ́l-] *n.* ⓤ 구강(병) 학. 「경(口腔鏡).
sto·ma·to·scope [stou(u)mǽtəskòup] *n.* 〖의학〗 구강
-stome mouth 의 뜻의 연결형. 예: peri*stome*.
-stomous mouth의 뜻의 연결형. 예: mono*stomous*(단구(單口)의).
stomp [stamp / stɔmp] *vt.* 《구어》 =stamp. — *vi.* **1** 《구어》 =stamp. **2** 스탬프를 추다. — *n.* 《구어》 =stamp. **2** 스탬프[빠르고 격렬한 리듬의 재즈 음악]. **3** 스탬프 춤.
-stomy 「절개, 수술」의 뜻의 연결형. 예: gastro*stomy*(위루(胃瘻) 형성술).

‡**stone** [stoun] *n.* **1** ⓤ ⓒ 돌, 암석의 작은 조각(* 작은 돌은 pebble, gravel, 약간 둥근 돌은 boulder; 부순 돌은 ballast). **2** ⓤ 석재〖건축·포장 공사용 따위의〗. **3** 보석(precious stone), 옥(玉). **4** 돌로 만든 것; 모양·굳기 따위가》 작은 돌 모양의 것; 돌, 맷돌, 묘석(gravestone), 기념비, 기석(基石), 디딤돌, 징검돌. **5** 싸락눈, 우박(hailstone). **6** 〖식물〗 《복숭아 따위의》 씨, 핵, 내과피(內果皮)(endocarp). **8** 〖병리〗 결석(結石)(calculus); 결석병. **9** 《인쇄》 정판대(整版臺). **10** 《*pl.* stone》 〖英〗 〖중량의 단위. 특히 체중에 대하여 쓰며 보통 14파운드, 고기·물고기·설탕은 8파운드, 치즈는 16파운드, 양모는 5파운드; 略 st.〗.
break stones ① 〖도로 따위에 까는〗 돌을 부수다. ② 몰락한 생활을 하다.
cast (or *throw*) *a stone* (or *stones*) *at* ① …에 돌을 던지다. ② …을 비난하다. 「(John) 8 : 7〗.
cast the first stone 맨 먼저 비난하다〖← 신약성서 요한복음
give a stone and a beating to …에게 낙승하다.
give a person a stone for bread 빵을 청하는 사람에게 돌을 주다〖돕는 체하고 남을 우롱하다〗〖← 마태복음 (Matt.) 7 : 9〗.
a heart of stone 돌 같은 마음, 무정〖한 사람〗. *opp.* *a heart of flesh*
kill two birds with one stone ⇨ BIRD.
leave no stone unturned 모든 수단을 다 쓰다. ¶ They *left no stone unturned* to reveal the truth. 진상을 밝히기 위하여 그들은 모든 수단을 다 썼다.
a rolling stone ① 자주 직업·주소를 바꾸어 성공하지 못하는 사람. ② 활동적이고 항상 정신이 산란한 사람〖← *A rolling stone gathers no moss.*《속담》〗.
set a stone rolling ① 돌을 굴리다. ② 엉뚱한 결과를 가져올 일에 손을 대다.
— *adj.* 《한정 형용사》 **1** 돌의, 돌로 만든, 석조의. *a stone bridge* 돌다리. **2** 《종종 S-》 석기 시대의.
— *adv.* 《속어》 전혀, 완전히.
— *vt.* (**stoned, ston·ing**) **1** …에 돌을 던지다. **2** …에 돌을 던져 쫓다(죽이다). ¶ *stone* a dog to death 개를 돌로 때려 죽이다. **3** …에 돌을 쌓다(깔다). **4** 〖과일〗의 씨를 빼다. **5** 《가죽 따위를》 돌로 닦다. **6** 《속어》 《보통 be stoned》 〖술·마약 따위에〗 취하다. ¶ He's totally *stoned*. 그는 곤드레 만드레 취했다.
◇ stóny *adj.*

Stóne Áge *n.* (the ~) 석기 시대. 「〖古〗 석부(石斧).
stóne áx 〖英〗 **áxe** *n.* **1** 돌 자르는 도끼. **2** *cf.*
stone-blind [stóunbláind] *adj.* 아주 눈이 먼, *cf.* gravel-blind, sand-blind
stone-boat [stóunbòut] *n.* 돌덩이(석재) 운반용 썰매.
stone-broke [stóunbróuk] *adj.* 《속어》 무일푼의, 빈털터리의.
stóne brúise *n.* 돌을 밟아 생긴 발바닥의 상처.
stone-chat [stóuntʃæ̀t] *n.* 검은딱새 〖연작목(燕雀目)의 작은 새〗
stóne cóal *n.* ⓤ 무연탄(anthracite).
stone-cold [stóunkóuld] *adj.* 매우 찬.
stone-crop [stóunkrɑ̀p / -krɔ̀p] *n.* 꿩의 비름속〖屬〗의 식물.
stóne cúrlew *n.* 때새의 일종. 「식물.
stone-cut·ter [stóunkʌ̀tər] *n.* 석공; 돌자르는 기계.
stoned [stound] *adj.* **1** 《돌 따위로》 씨를 뺀. **2** 《美 속어》 술에 만취된, 마약에 취한.
stone-dead [stóundéd] *adj.* 완전히 숨이 끊긴.
stone-deaf [stóundéf] *adj.* 귀가 완전히 먹은.
stóne fénce *n.* **1** 돌담(stone wall). **2** 《美속어》 사과주와 증류주를 혼합한 음료. 「(drupe).
stóne frúit *n.* 핵과(核果) 〖매실·복숭아 따위〗.
Stone·henge [stóunhèndʒ / -́ -́] *n.* 스톤헨지〖영국 남부 Wiltshire 주(州) Salisbury 평원에 남아 있는 유사 이전의 커다란 돌기둥의 2중 환열(環列)〗.

[Stonehenge]

stone-horse [stóunhɔ̀ːrs] *n.* 《고어》 종마(種馬)(stallion). 「없는.
stone-less [stóunlis] *adj.* **1** 돌이 없는. **2** 씨(핵)이
stóne márten *n.* 목과 가슴팍이 흰 담비; *cf.* PINE MARTEN.
stone-ma·son [stóunmèisn] *n.* 석공(石工), 석수. 「피.
stone-ma·son·ry [stóunmèisnri] *n.* ⓤ 석공업(술).
stóne píne *n.* 〖남유럽산(産)〗 소나무의 일종.
stóne pít *n.* 채석장(quarry).
stóne plóver *n.* =stone curlew.
ston·er [stóunər] *n.* **1** 투석자. **2** 연마사. **3** 《과실 의》 씨를 빼는 기계.
stone-so·ber [stóunsóubər] *adj.* 취하지 않은, 멀쩡한.
stóne's thrów (cást) *n.* 돌을 던지면 닿을 만한 거리, 근거리. ¶ My house is within a *stone's throw* of (or from) the station. 우리 집은 바로 역 근처에 있다.
stone-wall [stóunwɔ̀ːl] *adj.* **1** 돌담의; 견고한. **2** 완고한. — *vi., vt.* **1** 〖크리켓〗 신중하게 공을 쳐서 세우다. **2** 〖英〗 《의사(議事)를》 방해하다(filibuster). **3** 말로 발뺌하다. 꼬리가 잡히지 않게 행동하다.

stone·wall·er [stóunwɔ̀:lər / ́ ́-] *n.* **1** 〖크리켓〗 신중하게 공을 쳐서 세우는 타자. **2** 《英》〖크리켓〗〖英〗의사 방해자.
stone-wall·ing [stóunwɔ̀:liŋ / ́ ́-] *n.* ⓤ **1** 〖크리켓〗 신중한 타격. **2** 《英》 의사 방해.
stone·ware [stóunwɛ̀ər] *n.* ⓤ 석기; 자기.
stone·work [stóunwə̀:rk] *n.* **1** ⓤ 돌 세공, 석조물, 석조 건축(stone masonry). **2** (보통 ~s) [단수 취급] 돌세공장.
stone·work·er [stóunwə̀:rkər] *n.* 석공.
stone·wort [stóunwə̀:rt] *n.* 〖식물〗 차축조(車軸藻) [민물녹조류].
stonk [stɑŋk / stɔŋk] *n.* 맹포격, 맹폭격.
‡**ston·y** [stóuni], (**ston·ey**) *adj.* (**ston·i·er, ston·i·est**) **1** 돌이 많은, 돌투성이의; [과일에] 씨(핵)가 많은. **2** 돌의, 석질의; 돌처럼 단단한. ¶ *a stony* tile 돌과 같은 (단단한) 타일. **3** [돌처럼] 움직이지 않는, 부동의 (motionless); 무표정의, 무감동의; 무자비한, 냉혹한 (hard-hearted). ¶ *a stony* look 응시 / *a stony* heart 무정한 마음. **4** 돌처럼 굳어지는; 몸이 굳어지게 하는. ¶ *a stony* fear 몸이 움츠러지는 공포. **5** 《속어》 무일푼의(stone-broke). **ston·i·ly** *adv.* **ston·i·ness** *n.*
◇ **stone** *n.* [broke.
ston·y-broke [stóunibróuk] *adj.* 《英속어》 =stone-
ston·y-heart·ed [stóunihɑ́:rtid] *adj.* 무자비한, 냉혹한(cruel).
‡**stood** [stud] *v.* stand의 과거·과거 분사.
stooge [stu:dʒ] *n.* **1** 《구어》〖희극의〗 상대역; 대역 (代役), 조연역. **2** 《속어》앞잡이, 졸개, 괴뢰(puppet). **3** 《美속어》〖경찰의〗 끄나풀. **4** 《英속어》 비행 훈련생.
— *vi.* (**stooged, stoog·ing**) **1** 대역을 하다 (*for*...). **2** 《英속어》 뛰어다니다; 《공군 속어》 날아다니다, 선회하다(*about, around*).
stook [stu(:)k] 《英》 *n.* 밀짚가리(shock²).
— *vi., vt.* (벤 밀을) 가리로 쌓다, 노적하다.
‡**stool** [stu:l] *n.* **1** [등받이가 없는] 의자, 걸상, **2** 발판; 무릎 기대는 대. **3** (원예) [움이 돋는] 등걸, 뿌리; 그루터기, 취목(取木); 등걸에서 돋아난 어린 가지. **4** 새매어리의 홰(= 새매어리(decoy). **5** 창문지방(window sill). **6** 걸터앉는 변기, 실내용 변기, 변소; (종종 ~s) 변통; ⓤ 대변(feces). **¶ go to stool** 변을 보다.
fall [**to the ground**] **between two stools** 두 가지 일을 한꺼번에 하려다가 둘다 그르치다.
— *vi.* 싹이 트다 (put forth shoots). **2** 《고어》 변소에 가다, 변을 보다. **3** 《속어》 미끼가 되다, 스파이가 되다, 밀고하다. 〖크리켓 비슷한 구기〗.
stool·ball [stú:lbɔ̀:l] *n.* ⓤ 스툴볼 [주로 여성이 하는
stoo·lie [stú:li] *n.* =stool pigeons 3.
stóol pígeon *n.* 새매어리로 쓰는 비둘기, 후림 비둘기. **2** (속어) 새매어리, 야바위꾼, **3** 《美속어》 경찰 따위의 (끄나풀, 밀고자(informer).
‡**stoop¹** [stu:p] *vi.* **1** 꾸부리다, 허리를 굽히다. (~ + ㉠) He *stooped* down suddenly. 그는 갑자기 허리를 굽혔다 // (~ + ㉾ + ㉠) She *stooped* over the journals on the stand. 그녀는 판매대의 잡지 위로 허리를 굽혔다 // (~ + *to do*) *stoop* to pick up a coin 동전을 줍기 위해 허리를 굽히다. **2** 허리가 굽다, 새우등이다. ¶ *stoop* from age 나이가 들어 허리가 굽다 / *stoop* in walking 꾸부정하게 걷다. **3** [나무 따위가] 굽다(bend), 기울다. **4** 몸을 굽히고(치욕을 참고) 감히 …하다. ¶(~ + ㉾ + ㉠) *stoop* to begging 창피하게도 구걸을 하다 / (~ + *to do*) *stoop* to lie 창피를 무릅쓰고 거짓말을 하다 / *stoop* to conquer 뜻을 참고 목적을 이루다. **5** 《맹금이》 엄습하다, 달려들다 (*on, upon, at...*).
— *vt.* **1** 〖머리·목 등 따위를〗 굽히다, 구부리다. ¶ *stoop* oneself 허리를 굽히다. **2** 《고어》…을 굴복시키다.
— *n.* **1** 꾸부림, 굽힘. **2** 굽은 등, 새우등. ¶ walk with a *stoop* 꾸부정하게 걷다. **3** 굴복, 비하(卑下). **4** 〖맹금의〗 급습.
stoop² [stu:p] *n.* 《美·캐나다》 현관 계단; 작은 포치.

stoop³ [stu:p] *n.* =stoup.
‡**stop** [stɑp / stɔp] *v.* (**stopped** *or* 《고어》 **stopt, stop·ping**) *vt.* **1** 〖스스로〗 …을 그만두다, 중지하다 (discontinue). ¶ *stop* complaints 불평을 그치다 // (~ + *-ing*) *stop* working 일을 그만두다 / He *stopped* talking. 그는 이야기를 그쳤다. ⇒ *vi.* 1.
2 …을 그만두게 하다, …을 방해하다, 저지하다 (hinder) (*...from*). ¶ The policeman *stopped* the fight. 경관이 싸움을 중지시켰다 // (~ + ㉾ + ㉾ + ㉠) *stop* a person *from* folly 남에게 바보짓을 그만두게 하다 / *stop* a person *from* doing something; *stop* a person's doing something 남에게 어떤 일을 못하게 하다.
3 〖움직이는 것을〗 멎게 하다, 정지시키다, 누르다. ¶ *stop* a train (a machine) 열차(기계)를 세우다 / "*Stop* the thief!" was their cry. 그들은 "도둑이야!"라고 소리쳤다.
4 〖지불 따위를〗 중단하다, 중지하다; 〖은행〗 은행에 〖수표의〗 지불을 정지시키다. ¶ *stop* payment 지불을 정지하다 / *stop* supply of water 급수를 중단하다.
5 〖구멍·길 따위를〗 막다, 폐쇄하다(block) (*...up*); 〖유출물을〗 틀어막다. ¶ *stop* a decayed tooth 충치를 메우다 / *stop* water 물을 막다 / *stop* the way 길을 막다; 진행을 방해하다 / *stop* a person's mouth 남을 입다물게 하다; 남에게 입막음을 하다 // (~ + ㉾ + ㉾ + ㉠) *stop* a bottle *with* a cork 병을 마개로 막다 / *stop* one's ears *to* (*or against*) 귀를 막고 …을 듣지 않다.
6 〖스포츠〗〖공격 따위를〗 막다(ward off), …을 무찌르다(defeat); 〖권투〗 …을 녹아웃시키다.
7 〖카드놀이〗〖브리지에서〗 …에 스톱을 걸다.
8 〖음악〗〖관악기의 구멍·현악기의 현을〗 손가락으로 누르다.
9 (주로 英) 〖문법〗 …에 구두점을 찍다 (punctuate).
— *vi.* **1** 〖움직이던 것이〗 멎다, 정지하다; 서다; [하고 있는 일을] 그만두다. ¶ The clock has *stopped*. 시계가 섰다 / Let's *stop* and have a smoke. 일을 멈추고 담배 한대 피우자 // (~ + *to do*) *stop* to talk 이야기를 하기 위해 서다, 걸음을 멈추고 이야기하다 / We *stopped* to eat. 우리는 밥을 그만두고 식사를 했다 (* stop + to 부정사는 「…하기 위하여 멈추다 (그만두다), 서서 (그만두고)…하다」의 뜻。 이 to 부정사는 「목적」을 나타내는 부사적 용법이지 stop의 목적어는 아니다// (~ + ㉾ + ㉠) The train *stops* at every station. 그 열차는 역마다 선다. **2** 〖비·눈 따위가〗 그치다, 멎다. ¶ The rain has *stopped*. 비가 그쳤다. **3** 〖연속물 따위가〗 끝나다 (finish), 완결되다. **4** 묵다, 체재하다, 머무르다(stay) (*at, in, by*...). ¶ (~ + ㉾ + ㉠) *stop* at home 집에 있다 / *stop* at a hotel 호텔에 묵다 / *stop* with a friend 친구 집에 묵다 / *stop* in bed 잠자리에 들어 있다. **5** 〖관 따위의〗

類語 **stop** 움직임·진행의 〖갑작스러운〗 정지에 쓴다: *stop* a car 차를 세우다 / The car has *stopped*. 차가 멈추었다. **cease** 계속되고 있던 상태가 서서히 정지되는 데 쓴다: The rain has *ceased*. 비가 그쳤다. **halt** 보통 명령으로 일시 멎다, 멈추다: *halt* a horse 말을 멈추다. **pause** 일시 멎다; 다시 움직이는 것을 예상하고 말: *pause* a moment and proceed again 잠깐 섰다가 다시 나아가다. **arrest** 갑자기 완전히 멎게 하다: *arrest* an epidemic 전염병의 만연을 막다. **check** 갑자기 어느 정도 또는 한때 멈추다: *check* a dashing child 내닫는 아이를 갑자기 멈추게 하다. **quit** 〖좌절·실패를 인정하고〗 영원히 그만두다: *quit* school 학교를 그만두다. **discontinue** 습관처럼 해오던 일을 그만두다: *discontinue* a subscription to a newspaper 신문의 예약 구독을 중단하다.

stop a bullet (or *a shell*) 《군사 속어》 탄환에 맞다, 부상하다.
stop at nothing 어떠한 일도 [망설이지 않고] 하다.
stop by (or *in*) 들르다(drop in).
stop dead (or *cold*) 갑자기 서다(중단하다).

stop down 〔사진〕 〔조리개로〕 〔렌즈〕를 조르다.
stop off ① 〔주형(鑄型)의〕 불필요한 부분에 모래를 채우다. ② 《美구어》 […에서] 도중 하차하다; 들르다 (*at*..).
stop out ① 〔바람·일광 따위〕를 차단하다. ② 〔에칭에서〕 […에] 내산액(耐酸液)을 바르다. ③ (*vi*.) 외박하다. ④ (*vi*.) 《美》 〔다른 일을 하기 위하여〕 일시 휴학하다. ⑤ 〔주식〕을 지정가로 팔다.
stop over ①=stop off ②, ② 〔여행도중〕 단기 체재하다.
stop short (or **dead**) 갑자기 서다(멈추다).
stop the music (**presses**) 《구어》 〔하던 일 따위〕를 멈추다, 중단하다.
stop up ① 〔구멍〕을 막다, 메우다. ② (*vi*.) 자지 않고 일어나 있다.
— *n*. **1** 멎기, 멈춤; 그만두기; 중지, 휴지, 정지, 정차; 끝. ¶ be at a *stop* 멈춰 있다 / make a *stop* 멈추다 / without a *stop* 끊임없이 / bring...to a *stop* …을 세우다, 끝내다 / come to a *stop* 서다, 끝나다 / put (*or* give) a *stop* to …을 멈추다, 그만두다, 중지시키다. **2** 체재, 숙박. ¶ a *stop* in Paris 파리 체재. **3** 정류장, 정거장, 착륙장. ¶ a bus *stop* 버스 정류장 / I'm getting off at the next *stop*. 다음 정류장에서 내리겠다. **4** 장해[물], 방해[물]. **5** 〔구멍을〕 막기, 메우는 것, 마개 (plug); 〔기계의〕 조정 장치; 〔위치를 고정시키기 위한〕 고정 장치, 쐐기; 〔건축〕 문버팀쇠, 멈춤턱; 〔항해〕 지삭 (止索), 괄삭 (括索). **6** 〔음악〕 〔관·현악기의〕 구멍 (현)을 손가락으로 누르기; 〔오르간의〕 스톱, 음전(音栓) (stop knob). **7** 〔음성〕 숨의 폐쇄, 폐쇄음 (p, b, t, d, k, g 따위). *cf.* continuant; 〔英〕 말루, 어조. **8** 구두점, 〔특히〕 종지부(full stop); 〔전보 따위에서 종지부 대신에 철자를 다 쓰는〕 'stop'이라는 말. **9** 〔상업〕 a) 〔수표 따위의〕 지불 거절 통고. b) =stop order. **10** 〔스포츠〕 스톱. **11** 〔사진〕 〔렌즈의〕 조리개. **12** (~s) 〔단수 취급〕 스톱이 걸릴 때까지 계속되는 게임 〔카드놀이 따위〕. ◇ stóppage *n*.
stóp and frísk *n*. 〔경찰의〕 몸수색, 검문(檢問).
stop-and-go [stápəngóu/stɔ́p-] *adj*. **1** 조금 가다가 멈추는, 느림보 운전의. **2** 〔교통〕 신호 규제의. ¶ *stop-and-go* traffic 교통 체증.
stóp báth *n*. 〔사진〕 〔현상〕 정지욕 (停止浴).
stop·cock [stápkàk/stɔ́pkɔ̀k] *n*. 〔파이프 따위의〕 마개.
stope [stoup] *n*. 채광장. — *vt., vi*. (**stoped, stoping**) 〔채광장에서〕 채광하다.
stop·gap [stápgæp/stɔ́p-] *n., adj*. **1** 구멍 메우개 [의], 구멍마개[의]. **2** 임시 방편[의], 일시 모면[의], 임시[의].
stop-go [stápgòu/stɔ́p-] *n*. U, *adj*. 《英》 스톱고우 정책[의] 〔경제의 긴축과 완화를 번갈아 실시하는 정책〕.
stóp-gò sìgn *n*. 《英구어》 교통신호 (traffic light).
stòp knòb *n*. 〔오르간의〕 스톱, 음전.
stop·light [stáplàit/stɔ́p-] *n*. **1** 정지 신호, 적신호 (red traffic light), 붉은 램프. **2** 〔자동차 후미의〕 스톱라이트.
stop-off [stápɔ̀:f/stɔ́pɔ̀f] *n*. =stopover.
stóp órder *n*. 〔주식 중개인에의〕 지정 가격 매매 지시.
stop·out [stápàut/stɔ́p-] *n*. 《美》 일시 휴학생 〔다른 일을 하기 위하여 학업을 중단하는 학생〕.
stop·o·ver [stápòuvər/stɔ́p-] *n*. 도중 하차, 〔여행중에 도중 하차하여 하는〕 단기 체재, 도중 하차표.
stop·pa·ble [stápəbl/stɔ́p-] *adj*. 막을 수 있는.
stop·page [stápidʒ/stɔ́p-] *n*. **1** 멈춤, 정지, 중지, 저지(block). **2** 지불 정지, 〔임금 따위의〕 공제(控除) 지급. **3** 파업, 스트라이크(strike).
stóp páyment *n*. 〔상업〕 〔수표의〕 지급 정지 지시.
stop·per [stápər/stɔ́p-] *n*. **1** 멈추게 하는 사람(것), 정지자, 방해자(물). **2** 〔병·관 따위의〕 마개, 꼭지(plug). **3** 〔止索〕 정삭(止索). **4** 《구어》 주의·관심을 끄는 것. **5** 〔야구 속어〕 〔실점을 막아주는〕 비장의 투수; 릴리프 투수, 구원 투수. **6** 〔카드놀이〕 상대의 득점을 막아주는 패.
put a stopper on …을 누르다, 막다; …에 마개를 하다; …을 꺽소리 못하게 몰아붙이다.
— *vt*. **1** …에 마개를 하다. **2** 〔함정〕…에 지삭을 걸다.
stop·ping [stápiŋ/stɔ́p-] *n*. U C **1** 정지, 중지; 저지. **2** 막기, 정류, 메우기; 〔특히 이의〕 틈을 메우는 것, 충전물(filling). **3** 구두점을 찍기(punctuation). **4** 〔음악〕 스톱핑 〔진동하는 현의 길이를 줄이기 위하여 현 위에 놓는 손가락 압력을 정하기〕, …에 지삭을 걸다. — *adj*. 멎는, 정차하는.
stóp pláte *n*. 〔차량의〕 축받이.
stop·ple [stápl/stɔ́pl] *n*. 〔병 따위의〕 마개(stopper).
— *vt*. (**-pled, -pling**) …에 마개를 하다.
stóp préss *n*. 《英》 〔신문의〕 윤전기를 멈추고 집어 넣은 최신 기사.
stóp sìgn *n*. 〔우선(優先)도로(through street)에 들어가기 전의 자동차의〕 일시 정지 표지.
stóp strèet *n*. 일시 정지 교차점.
stopt [stapt/stɔpt] *v*. 《고어》 stop 의 과거·과거분사.
stóp válve *n*. 〔액체의〕 스톱 밸브.
stóp vólley *n*. 〔정구〕 스톱 발리〔날아오는 공을 네트에서 바로 때려 먹이기〕.
stop·watch [stápwàtʃ/stɔ́pwɔ̀tʃ] *n*. 스톱워치.
stor. 《略》 storage.
stor·a·ble [stɔ́:rəbl/stɔ́:r-] *adj*. 저장할 수 있는.
***stor·age** [stɔ́:ridʒ/stɔ́:r-] *n*. U **1** 저장; 보관; 〔특히 창고 보관. ¶ in cold *storage* 냉장되어. **2** 창고, 저장소(storehouse). **3** 〔창고나 저수지의〕 수용력. **4** U〔창고의〕 보관료. **5** U〔전기〕 축전. **6** U C〔컴퓨터〕 기억 장치; 기억〔저장〕. ◇ store *v*.
stórage báttery *n*. 축전기.
stórage capácity *n*. U 저장 용량(능력); 〔컴퓨터〕 기억 용량(장치). ………않아도 되는〕 우편 차량.
stórage càr *n*. 〔철도〕 〔우편물을 수송중에 구분하지 않아도 되는 우편 차량〕
stórage cèll *n*. **1** =storage battery. **2** 〔컴퓨터〕 그억〔저장〕의 단위.
stórage tànk *n*. 저장용 탱크.
stórage tràck *n*. 역 구내 배차 대기용 선로.
sto·rax [stɔ́ːræks/stɔ́r-] *n*. **1** 〔옛날 약용·향료로 썼던〕 때죽나무과(科)의 관목의 수지. **2** 소합향(蘇合香)나무; 소합향 〔옛날 약용·향료로 썼던 소합향나무의 수지〕.
‡**store** [stɔːr/stɔː] *n*. **1** 《美》 가게, 상점 《英》 shop). ¶ a retail *store* 소매점. **2** (~s)《단·복수 양용》《英》 백화점 《美》 department store). **3** 《주로 英》 창고, 저장소 (storehouse). **4** (종종) 식량〔생활 필수품〕의 비축(stores), 저장, 비축; (~s) 저장품, 비품. ¶ household *stores* 가정용품 / a *store* of fuel for the winter 겨울철 연료의 비축 / have *stores* of food 식량을 비축하고 있다. **5** 〔지식 따위의〕 축적. ¶ have a *store* of information 풍부한 지식이다. **6** 다수, 다량 (abundance). ¶ a *store* of strawberries 많은 딸기.
in store 비축하여, 준비하여. ¶ keep food *in store* 식량을 비축하다.
in store for ① …을 위해서 비축하여, 준비하여 (kept in reserve). ¶ I have good news *in store for* her. 그녀에게 좋은 소식이 있다. ② 〔운명 따위가〕 예비하여. ¶ The misfortune was *in store for* him. 그에게는 불행이 닥쳐오려 하고 있었다.
keep store 《美구어》 가게를 경영하다(내고 있다).
set [*great*] *store by* …을 〔크게〕 존중하다, 존경하다.
set little store by …을 경시하다.
— *vt*. (**stored, storing**) **1** …을 비축하다, 저장하다, 축적하다 (...*away, up*). ¶ (~+目+前+名) *store* [*up* (or *away*)] food *for* the winter 겨울에 대비해서 식량을 비축하다 / *store* [*up*] something in one's memory …을 제대로 기억하다. **2** 〔저장품 따위에〕 공급하다, 갖추다. ¶ (~+目+前+名) *store* the mind *with* knowledge 머리에 지식을 축적하다 / *store* a ship *with* provisions 배에 식량을 싣다. **3** …을 〔창고에〕 보관하다, …을 넣다〔넣을 여지가 있다〕. ¶ The

warehouse *stores* 50 tons of rice. 그 창고에는 쌀이 50톤 들어간다. **4** (전기) …을 축전하다(accumulate). **5** (컴퓨터) …을 격납(格納)하다, 기억하다. ◇ **stórage** *n*.

stóre and fórward sỳstem *n*. (통신) 축적(蓄積) 교환(송출) 방식(수신한 메시지 또는 데이터를 일시 축적해두었다가 필요에 따라 송출하는 방식).

store-bought [stɔ́ːrbɔ̀ːt / stɔ́ː-] *adj.* 가게에서 살 수 있는.

store-front [stɔ́ːrfrʌ̀nt / stɔ́ː-] *n*. 점두, 가게의 정면.

*****store·house** [stɔ́ːrhàus/stɔ́ː-] *n*. (*pl.* **-hous·es** [-hàuziz]) **1** 창고. **2** (지식 따위의) 보고(repository). ¶ a *storehouse* of information 지식의 보고.

store·keep·er [stɔ́ːrkìːpər / stɔ́ː-] *n*. **1** (주로 美) 상점 경영자, 가게 주인((英) shopkeeper). **2** 창고 관리인; (美해군) 군수품 관리관.

store·room [stɔ́ːrrùː(ː)m / stɔ́ː-] *n*. 저장실, 광.

store-wide [stɔ́ːrwàid/stɔ́ː-] *adj.,adv.* 가게 전체의(에).

sto·rey [stɔ́ːri / stɔ́ː-] *n*. (英) =story².

sto·ried¹ [stɔ́ːrid / stɔ́ː-] *adj.* **1** 역사(전설·이야기)로 유명한. **2** 역사화(조각)로 장식한, 역사(전설·이야기)를 무늬로 나타낸.

sto·ried², (英) **sto·reyed** [stɔ́ːrid / stɔ́ː-] *adj.* 《종종 복합어를 만들어》 …층의. ¶ a ten-*storied* apartment house 10층 아파트. 　　　　　　[short story]

sto·ri·ette [stɔ̀ːriét / stɔ̀ː-] *n*. 장편(掌編) 소설(very

sto·ri·ol·o·gy [stɔ̀ːriɑ́lədʒi / stɔ̀ːriɔ́l-] *n*. Ⓤ 민화(전설) 연구.

*****stork** [stɔːrk] *n*. 황새.
a visit from the ***stork*** 아기의 출생(* 아기는 황새가 데려온다고 아이들에게 얘기해 주는 대서). 　[러눔.

stork's-bill [stɔ́ːrksbìl] *n*. 양아욱속(屬)의 식물,

*****storm** [stɔːrm] *n*. **1** 폭풍우, (기상) 폭풍, 거친 날씨. ¶ the calm before a *storm* 폭풍 전의 고요함 / A *storm* rises. 폭풍우가 발생하다. **2** 호우, 대설; (초속 28.5-32.6m 의) 폭풍. ¶ a *storm* of rain 호우. **3** Ⓒ Ⓤ (감정) 격동, 격정, 소동. **4** (탄환·갈채·비난 따위의) 빗발; (감정의) 격발. ¶ a *storm* of applause 폭풍 같은 박수 갈채.
the ***storm*** *and stress* ① 질풍 노도 시대[18세기 후반의 독일 낭만주의 문학가들의 활동 시대. 독일어의 *Sturm und Drang* 의 역]. ② 동란, 격동. 　　　　[풍.
a ***storm*** *in a teacup* 내분, 공연한 소동, 컵 안의 폭 *take…by* ***storm*** ① 강습하여 …을 빼앗다. ②(비유적) …의 넋을 빼앗다, …을 황홀하게 하다.
weather (or *ride out*) *the* ***storm*** 폭풍우를 뚫고 나오다, 난국을 돌파하다.
— *vi*. **1** (비인칭의 it 를 주어로 하여) (날씨가) 거칠어지다, 폭풍이 불다. ¶ It is *storming*. 폭풍우가 몰아치고 있다. **2** 고함치다, 고래고래 소리치다 (at…). ¶ (~+前+圀) *storm at* a person 남에게 고함지르다. **3** 돌격하다; 돌진하다; 날뛰다. ¶ (~+前) *storm out* 뛰쳐나가다 // (~+前+圀) *storm against* a fort 요새에 돌격하다 / *storm into* an office 사무실로 밀려들어가다 / *storm out of* a hall 홀에서 뛰쳐나오다 / *storm through* a crowd 군중을 마구 헤치고 나아가다. — *vt*. **1** …을 급습하다, 습격하다; …에 밀어닥치다, 쇄도하다. **2** (질문 따위를) …에게 퍼붓다. ¶ (~+圀+前+圀) *storm* a person *with* questions 남에게 질문 공세를 펴다. ◇ **stórmy** *adj*.

storm·beat·en [stɔ́ːrmbìːtn] *adj.* 폭풍(우)로 파괴된.

storm-belt [stɔ́ːrmbèlt] *n*. 폭풍(우)대(帶).

stórm bòat *n*. =assault boat.

storm-bound [stɔ́ːrmbàund] *adj.* 폭풍우 때문에 갇힌, 항구에 갇힌.

stórm cèllar *n*. 폭풍 대피용 지하실(cyclone cellar).

stórm cènter ((英) **cèntre**) *n*. **1** 폭풍우의 중심. **2** 소란(소동)의 중심.

stórm clòud *n*. **1** 폭풍 구름. **2** (동란·소란 따위의) [의] 조짐.

storm-cock [stɔ́ːrmkɑ̀k · -kɔ̀k] *n*. 지빠귀과(科)의

작은 명금(thrush).

stórm-cone [stɔ́ːrmkòun] *n*. (英) 폭풍우의 경보구(警報球). 　　　　　　　　　　　　[보조 도어.

stórm dòor *n*. (현관문 밖에 장치한) 방풍·방한용

stórm drùm *n*. 폭풍(우) 신호통(筒).

storm·er [stɔ́ːrmər] *n*. 난폭자; 습격자. 　[빠른.

storm·ing [stɔ́ːrmiŋ] *adj.* 《英속어》활기 넘치는; 아주

stórm làmp (**làntern**) *n*. 《英》방풍(防風) 램프.

stórm pètrel *n*. 바다제비. 　　　　[바람막이 칸델라.

storm-proof [stɔ́ːrmprùːf] *adj.* 폭풍우에 견디는, 내

stórm sìgnal *n*. 폭풍우 신호. 　　　[풍(耐風)의.

stórm sùrge *n*. 폭풍우에 의한 이상 고조(高潮).

storm-tossed [stɔ́ːrmtɔ̀ːst / -tɔ̀st] *adj.* **1** 폭풍우에 시달리는. **2** 마음이 크게 동요하는.

stórm tròoper *n*. **1** 기습 대원. **2** (특히 옛 나치의) 돌격 대원.

stórm tròops *n. pl.* (특히 옛 나치의) 돌격대.

stórm wàrning *n*. 폭풍 경보; [위험의] 전조.

stórm wìndow *n*. [보통 창 밖에 설치하는] 방풍·방한용의 보조창.

storm·y [stɔ́ːrmi] *adj.* (**storm·i·er, storm·i·est**) **1** 폭풍우의, 사나운 날씨의; 폭풍우가 닥쳐올 것 같은. ¶ A *stormy* night 폭풍우의 밤 / The sky looks *stormy*. 하늘이 폭풍우를 몰아올 것 같다. **2** (비유적) 폭풍우 같은, 심한, 맹렬한(violent). ¶ a *stormy* discussion 격론 / He is a man of *stormy* temper. 그는 화를 잘 낸.

stórm·i·ly *adv.* **stórm·i·ness** *n*. 　　　[으키는 사람.

stórmy pètrel *n*. =storm petrel. **2** 분쟁을 일

Stor·ting, Stor·thing [stɔ́ːrtiŋ/stɔ́ː-] *n*. 노르웨이 국회(Lagting(상원), Odelsting(하원)으로 이루어져

*****sto·ry¹** [stɔ́ːri/stɔ́ː-] *n*. (*pl.* **-ries**) **1** 이야기; 설화(tale), 동화(fairy tale), 옛날이야기; [단편] 소설; Ⓤ Ⓒ (예술의) 전설(legend), NOVEL類語 ¶ a nursery *story* 옛날 이야기 / the *story* of Robinson Crusoe 로빈슨 크루소 이야기 / a character famous in *story* 전설적으로 유명한 인물.
類語 *story* 목적·형식에 관계없이「이야기」, 설화라는 뜻의 가장 일반적이고 넓은 뜻의 말: a real *story* 실화. *tale* 동화나 옛이야기처럼 한가롭고 공상적인 맛이 나는 것; 약간 시적인 말: a fairy *tale* 동화, 옛이야기. *narrative* 주로 실화; 산문 형식적인 말: a *narrative* of adventure 모험담. *anecdote* 유명한 인물의 성격 따위를 엿볼 수 있게 하는 짧고 재미나는 이야기: an *anecdote* of Washington 워싱턴의 일화. *account* 실제로 전문적인 것을 상세하게 기술한 것: a newspaper *account* of a traffic accident 교통 사고의 신문 기사. **2** Ⓤ Ⓒ (소설·연극 따위의) 줄거리(plot), 스토리. ¶ a novel with little *story* 줄거리가 줄거리다운 것이 없는 소설 / outline the *story* of a picture 영화의 대강을 말하다. **3** 경력, 신상 이야기; 사유, 연유, 유래; 일화. ¶ tell one's *story* 자기의 내력을 말하다. **4** [사건에 관한] 이야기, 설명, 소문(rumor), 남의 말. ¶ in a (or one, the same) *story* 모두 일치하여 / according to his own *story* 그 자신의 말에 따르면 / as the *story* goes (or runs) 소문에 따르면 / The *story* goes that …이라는 이야기이다 / But that is another *story*. 그러나 그것은 다른 이야기이다. **5** 신문 기사. **6** 《구어》 거짓말(lie), 지어낸 이야기; 거짓말쟁이. ¶ tell *stories* 거짓말을 하다 / Oh, you *story*! 원, 거짓말쟁이! **7** Ⓤ Ⓒ (폐어) 역사(history).
to make a long ***story*** *short; to make short of a long* ***story*** 대충 말한다면, 한마디로 말해서.
the whole ***story*** 일의 전말, 자초지종.
— *vt*. (**-ried, -ry·ing**) **1** …을 역사(전설)화(畫)로 꾸미다. **2** (폐어) …을 이야기하다.

sto·ry², (英) **sto·rey** [stɔ́ːri/stɔ́ː-] *n*. (*pl.* **-ries** (英) **-reys**) (건물의) 층; (총칭적) 같은 층의 방. ¶ a building of thirty-eight *stories* 38층 건물 / the first

story 1층(美)에서는 the ground floor 라 한다 / the second *story* 2층〔英〕에서는 the first floor 라 한다〕. 〔<STORY: 건물의 층의 차이를 나타내기 위해 각 층의 바깥쪽에 끼웠던 역사적인 이야기를 그려넣은 storied windows 에서〕

sto·ry·book [stɔ́:ribùk / stɔ́:-] *n.* 이야기 책, (특히) 동화(옛이야기)책.

stóry líne *n.* 〔연극·소설 따위의〕 줄거리(plot).

sto·ry·tell·er [stɔ́:ritèlər / stɔ́:-] *n.* **1** 이야기를 하거나 쓰는 사람; 만담가. **2** 소설가. **3** 〔구어〕 거짓말쟁이(liar).

sto·ry·tell·ing [stɔ́:ritèliŋ / stɔ́:-] *n.* ⓤ 이야기하기; 〔구어〕 거짓말하기. ─ *a.* 소설적.

sto·ry·writ·er [stɔ́:riràitər / stɔ́:-] *n.* 이야기 작가.

sto·tin·ka [stɔtíŋkə] *n. (pl. -ki* [-ki]) 스토팅카 동화 (銅貨)〔불가리아의 동화; 100분의 1 lev〕.

stoup [stu:p] *n.* **1** 〔교회의 입구 따위에 있는〕 성수반 (聖水盤). **2** 〔스코〕 물통, 양동이. **3** 〔스코·북英〕 술잔, 한잔분의 양.

‡**stout** [staut] *adj.* **1** 뚱뚱한, 비만한. ⇨ FAT 類語 ¶ He has a *stout* body. 그는 뚱뚱한 몸집을 하고 있다. **2** 〔몸이〕 튼튼한, 강건한, 강인하게 생긴. ⇨ STRONG 類語; 〔말 따위가〕 내구력이 있는; 〔만든 것이〕 튼튼한, 견고한, 끄덕도 하지 않는. **3** 용감한, 담대한(bold); 단호한, 공고한, 완고한. ¶ make a *stout* resistance 완강하게 저항하다. **4** 〔바·바람이〕 강한, 억센; 〔술 따위가〕 독한. ─ *n.* **1** ⓤ 스타우트 〔독한 흑맥주〕. *cf.* beer **2** 뚱뚱한 사람; 비만형 사이즈〔의 옷〕. ~**ly** *adv.* ~**ness** *n.* ◇**stóuten** *v.*

stout·en [stáutn] *vt.* …을 튼튼(견고)하게 하다(make stout). ─ *vi.* 뚱뚱해지다; 튼튼해지다(become stout).

stout-heart·ed [stáuthá:rtid] *adj.* 담대한, 용감한(courageous). 단호한. ~**ly** *adv.* ~**ness** *n.*

stout·ish [stáutiʃ] *adj.* 약간 뚱뚱한(somewhat stout).

‡**stove**¹ [stouv] *n.* **1** 스토브, 난로; 요리용 화덕(cooking stove). **2** 건조실(乾燥室) 〔원예〕 온실(greenhouse). ─ *vt.* (**stoved, stov·ing**) …을 스토브로 데우다(말리다); …을 온실에서 재배하다.

stove² [stouv] *v.* stave 의 과거·과거 분사의 하나.

stóve léague *n.* 〔美속어〕〔야구〕 〔시즌이 지난후 구 팬들의〕 시즌 회담담.

stove·pipe [stóuvpàip] *n.* **1** 스토브의 굴뚝. **2** 〔美구어〕 (= **stóvepipe hát**) 높은 실크 해트.

sto·ver [stóuvər] *n.* ⓤ **1** 가축용 사료. **2** 〔주로 美〕 옥수수 따위의 열매가 맺히지 않은 줄기와 잎.

STOVL (略) (軍) short take-off and vertical landing 〔단거리 이륙 수직 착륙〕.

stow [stou] *vt.* **1** 〔항해〕 〔선창(船倉) 따위에〕 〔짐 따위〕를 넣다(치우다); 〔물건을 등을, 실어넣다, 채워넣다 (…*away; in, into*). **2** 〔~+圓+图+圈〕 *stow* goods *in* a hold; *stow* a hold *with* goods 선창에 짐을 싣다 / *stow* books *into* a box 상자에 책을 담다 / *stow* a letter *away in* a drawer 서랍에 편지를 넣어두다. **2** 〔장소·용기 따위〕를 가득 채우다 (…*with*); 〔장소·용기 따위〕에 …을 넣을 여지가 있다. **3** 〔속어〕 〔보통 명령형으로〕 …을 그만두다. ¶ *Stow* it! 닥쳐!

stow away ① 치우두다. ② 밀항하다.

stow·age [stóuidʒ] *n.* ⓤ 짐 싣기, 짐 쌓기〔쌓는 방법〕; 적하료(料); 〔짐〕쌓는 장소; 적재물, 적하.

stow·a·way [stóuəwèi] *n.* 밀항자.

stp. *stamped.*

STP (略) **1** standard *t*emperature and *p*ressure. **2** *S*cientifically *T*reated *P*etroleum 〔가솔린 첨가제〕. **3** *S*erenity, *T*ranquillity, and *P*eace 〔美〕 환각제의 일종.

St. Pául *n.* **1** 성 바울 〔그리스도의 12사도 중의 하나〕. **2** 미국 Minnesota 주의 주도(州都).

St. Pául's *n.* 〔London 의〕 성 바오로 대성당.

St. Péter *n.* 성 베드로 〔그리스도의 12사도 중의 하나〕.

St. Péter's *n.* 〔Vatican 의〕 성 베드로 대성당.

St. Pé·ters·bùrg *n.* 페테르스부르크 〔제정 러시아의 수도; 1924년에 Leningrad 라 개칭했다가 지금은 Petersburg 로 환원〕.

STR (略) *s*ubmarine *t*hermal *r*eactor 〔잠수함 열(熱) 증식로〕.

str. (略) *s*teamer; *s*trait; 〔음악〕 *s*tring[s]; *s*troke

stra·bis·mal [strəbízm(ə)l], **-mic** [-mik] *adj.* 〔안과〕 사시(斜視)의, 사팔눈의.

stra·bis·mus [strəbízməs] *n.* ⓤ 〔안과〕 사시.

stra·bot·o·my [strəbátəmi / -bɔ́t-] *n.* ⓤ ⓒ (*pl.* **-mies**) 〔외과〕 사시(斜視) 수술.

STRAC (略) 〔美〕 *S*trategic *A*rmy *C*orps 〔육군 전략 기동 군단〕.

Strad [stræd] *n.* 〔음악〕 = Stradivarius.

strad·dle [strǽdl] *v.* (**-dled, -dling**) *vi.* **1** 양다리를 벌리고 걷다(서다, 앉다), 양다리를 벌리다, 양다리로 버티다. **2** 〔구어〕 양다리를 걸치다, 기회를 엿보다(sit on the fence). ¶ He *straddles* on the reform bill. 그는 개정안에 관해서 찬반을 분명히 하지 않고 있다. **3** 〔英해군〕 사정(射程) 측정을 위해 목표의 앞뒤를 차례로 시사(試射)하다. ─ *vt.* **1** …을 다리를 벌리고 넘다; …에 걸터앉다; 〔두 다리〕를 벌리다. **2** 〔구어〕 …에 대하여 양다리를 걸치다, 기회를 엿보다. **3** 〔英해군〕 〔사정 측정을 위해〕 앞뒤를 시사(夾射)하다.

─ *n.* **1** 다리를 벌려 넘기, 걸터앉기, 양다리로 버티기; 벌리는 걸이. **2** 양다리 걸치기, 기회주의. **3** 〔英해군〕 목표 앞뒤로의 시사(夾射). **4** 〔상업〕 양건 (兩建); 지정가 거래.

Strad·i·var·i·us [strædivɛ́(:)riəs / -vɑ́:r-, -vɛ́ər-] *n.* 이탈리아의 현악기 제작자 Stradivari(1644?-1737) 또는 그 일족이 제작한 현악기 〔특히 바이올린〕.

strafe [streif / strɑ:f] *vt.* (**strafed, straf·ing**) **1** …을 기총 소사하다, 맹폭격(폭격)하다. **2** 〔속어〕 …을 벌주다(punish); 호되게 꾸짖다(비난하다) (censure). ─ *n.* **1** 기총 소사, 맹폭격. **2** 처벌, 비난.

straf·er [stréifər / strɑ́:fə] *n.* 기총 소사하는 사람, 폭격기.

strag·gle [strǽgl] *vi.* (**-gled, -gling**) **1** 〔길·전로에서〕 벗어나다, 빗나가다. **2** 뿔뿔이 흩어져(무질서하게) 나아가다; 동료에게서 떨어지다. 〔병사가 행진·전열 따위에서〕 낙오하다. ¶ (~+勖) They *straggled off*. 그들은 뿔뿔이 흩어져서 걸어갔다 // (~+勖+图) The girls *straggled* along the country road. 소녀들은 시골길을 뿔뿔이 흩어져서 걸었다. **3** 〔길 따위가〕 꾸불꾸불하다. ¶ The brook *straggles* along the mountainside. 시냇물이 산허리를 꾸불꾸불 흐르고 있다. **4** 산재하다. ¶ (~+勖+图) Houses *straggle* at the foot of the mountain. 인가가 산기슭에 흩어져 있다. **5** 흩어져 퍼지다, 〔머리털이〕 헝클어지다 (*over*…). ¶ (~+勖+图) ivies *straggling over* the fences 담 위를 뻗어가는 담쟁이.

strag·gler [strǽglər] *n.* **1** 빈둥거리는 사람, 부랑자(tramp); 낙오자(兵). **2** 우거져 퍼지는 초목(가지). **3** 미조(迷鳥), 길 잃은 새.

strag·gling [strǽgliŋ] *adj.* **1** 떨어진, 낙오한. **2** 뿔뿔이 흩어져 나아가는. **3** 흩어져 있는(irregularly scattered). **4** 〔머리털이〕 헝클어진. **5** 〔초목이〕 우거진. ~**ly** *adv.*

strag·gly [strǽgli] *adj.* = straggling.

‡**straight** [streit] *adj.* **1** 곧은, 똑바른(direct), 일직선의; 〔길·복도 따위가〕 굽지 않은. ¶ a *straight* lane 똑바른 길 / a *straight* gaze 직시(直視) / *straight* hair 곱슬거리지 않는 머리털.

2 수직의; 수평의, 평행의. ¶ a *straight* back 똑바른 등 / Your tie is not *straight*. 네 타이는 비뚤어져 있다.

3 솔직한(frank); 정직한(honest), 성실한, 진실한; 정결(貞潔)한. ¶ a *straight* answer 솔직한 대답 / *straight*

dealings 공정 거래 / keep *straight* 정직(착실)하게 해나가다; 정결하다; 성실하다.
4 [사고방식이] 이치에 맞는, 일관성이 있는, 정연한. ¶ *straight* reasoning 정연한 추리.
5 [목적을 향해] 직진하는, 일로 매진하는; 전력하는, 진지한. ¶ a *straight* game 불꽃 튀는 경기 / take the *straight* way to …으로 직행하다 / Go *straight* ahead. 똑바로 가라.
6 제대로 정리된, 정돈된; 청산된, 결제가 끝난; [계산이] 정확한. ¶ put things *straight* …을 정리하다.
7 [구어] [정보·보도가] 신뢰할 수 있는, 확실한 (reliable). ¶ *straight* information 확실한 정보.
8 연속되어 있는(continuous); [포커에서] 스트레이트의, 다섯 매가 이어진다. ¶ in *straight* succession 연속해서.
9 [美] 철저한(thoroughgoing). ¶ a *straight* party [man 정돈된 당원.
10 순수한 ((英) neat); [술이] 물을 섞지 않은. ¶ *straight* whisky 스트레이트의 위스키.
11 수정되지 않은, 있는 그대로의(unaltered); [연극] 가식이 없는; [저널리즘] [기사가] 객관적인, 공정한, 편견이 없는.
12 [수량에 관계없이] 일정 가격의, 균일의, 할인없는.
13 [美속어] 호모가 아닌; 마약을 쓰지 않는.
keep one's face straight; keep a straight face 웃음을 참다, 진지한 표정을 짓다.
make (or *eat*) *straight* …을 똑바르게 하다; …을 정돈 [하다.
The straight and narrow [*way, path*] 정직한(품행이 바른) 생활(행동).
— *adv.* **1** 똑바로, 일직선으로. **2** 수직으로, 직립하여; 수평으로. ¶ stand *straight* 직립하다. **3** 솔직하게 (frankly); 성실하게, 정직하게(honestly). ¶ live *straight* 착실하게 살다 / Speak *straight* out and don't be afraid. 두려워하지 말고 솔직하게 이야기하라. **4** 직접적으로, 직행하여, 벗어나지 않고. ¶ come *straight* home from school 학교에서 곧장 집으로 돌아오다. **5** 끊이지 않고, 계속해서, 잇따라. ¶ drive *straight* on 차를 계속해서 달리다. **6** 일관해서, 시종 세우서. **7** 정연하게. **8** 원작(原作)대로; 음색하지 않고서; [저널리즘] 객관적으로. **9** [수량에 관계없이] 균일한 값으로, 할인없이.
play [*it*] *straight* ① [구어] 당당하게. ② …와 공정하게 거래하다(*with*...).
run straight ① 똑바로 달리다. ② 개심(갱생)하다.
set straight …에 정확한 정보를 주다, 정확히 전하다.
straight away (*off*) [구어] 곧장, 곧.
straight from the shoulder ⇒ SHOULDER.
— *n.* (the ~) **1** 곧음, 일직선; 수직. **2** 직선(straight line); 직선 부분, [경마장 따위의 결승점 가까이의] 직선 코스(straightaway). **3** [경기] 스트레이트 승(勝), 연속 타격. **4** [카드놀이] [포커의] 스트레이트, 다섯 매 연속.
on the straight ① 똑바로. ② 정직하게, 착실하게.
out of the straight 굽어서, 틀어져서.
~*ness n.* stráighten *v.*
stráight àngle *n.* 평각[180°].
straight-arm [stréitɑ̀ːrm] *vt., n.* [미식 축구에서 팔을 똑바로 뻗쳐] [상대] 뿌리치다 [밀어내기].
stráight árrow *n.* [美] 정직(성실)한 사람. [A.
stráight A's *n. pl.* [학업 성적의] 전과목 A학점, 全
straight·a·way [stréitəwèi] *adj.* 직선 코스의, 곧은.
— *n.* 직선 코스. — *adv.* 곧, 즉시(right away).
stráight cháir *n.* 등이 똑바른 의자.
straight-cut [stréitkʌ̀t] *adj.* [담배 잎이] 세로로 길게 자른.
straight-edge [stréitèdʒ] *n.* 직선 자.
‡**straight·en** [stréitn] *vt.* **1** …을 똑바르게 하다, 곧게 하다(...*out*). ¶ (~+目+副) straighten oneself *out* 몸을 펴다. **2** …을 정리하다, 정돈하다; …을 청산하다. **3** [분쟁]을 해결하다(...*out, up*). ¶ (~+目+副) straight·en *out* difficulties 어려운 일을 풀다 / Straighten [*up*] your room. 방을 잘 정돈해라. — *vi.* **1** 똑바르게 되다(become straight) (*out, up*). ¶ (~+副) She straightened *up.* 그녀는 몸을 폈다(똑바로 섰다). **2** 정리(정돈)되다, 해결되다(*out*). [되다.
straighten *one's face* 진지한 표정이 되다, 진지하게
straighten out ① 똑바르게 하다(되다). ② …을 명료하게 하다, 정리하다. ③ [문제, 오해 따위]를 풀다.
straighten up ① 직립하다, 기립하다. ② 착실하게 살 ◇ straight *adj.* [다.
straight-en·er [stréitnər] *n.* 똑바로 하는 사람(것).
stráight fáce *n.* 진지한 표정; 태연한 얼굴.
stráight-faced [stréitféist] *adj.* 무표정한, 진지한 표정을 지은.
stráight fíght *n.* (英) 두 후보(정당)간의 맞대결.
stráight flúsh *n.* [카드놀이] [포커에서] 같은 패의 다섯 매 연속.
***straight·for·ward** [strèitfɔ́ːrwərd] *adj.* **1** 똑바로 나가는; 우회하지 않는. **2** 정직한. ⇨ FRANK [類語] **3** [일 따위가] 간단한. — *adv.* (=straight·for·wards [-wərdz]) 똑바로; 정직하게, 솔직하게.
~**ly** *adv.* ~**ness** *n.*
straight-from-the-shoul·der [stréitfrəmðəʃóuldər] *adj.* 솔직한(outspoken), 노골적이, 단도직입적인.
stráight gráin *n.* [U] 세로 곧은 나뭇결. *cf.* cross grain
straight-grained [stréitgréind] *adj.* 세로 곧은 나뭇결이 있는.
stráight lífe insúrance *n.* [U] 종신 생명 보험.
straight-line [stréitláin] *adj.* [기계] **1** 일직선으로 배열되어 있는. **2** 직선 운동을 하는.
stráight lóss *n.* [스포츠] 연패(連敗).
stráight màn *n.* 희극 배우를 도와 그를 돋보이게 하는 상대역.
stráight màtter *n.* [U] [인쇄] **1** 보통 조판. *cf.* display **2** [광고를 뺀] 본문 원고.
straight-out [stréitáut] *adj.* [美구어] **1** 철저한, 철두철미한, 완전한. **2** 분명한, 솔직한(frank).
stráight pláy *n.* [연극] 순대사극(純臺詞劇) [노래나 춤을 곁들이지 않고 대사만으로 연극적 감동을 창출하려는 연극].
stráight shóoter *n.* [U] 정직한 사람, 고지식한 인간; 공정한 사람. *cf.* straight *adv.* 3
stráight tícket *n.* [美정치] 동일 정당의 후보자에게만 투표하기, 그 투표 용지. *cf.* split ticket
stráight tìme *n.* [U] 규정 노동 시간[에 대한 임금].
***stráight·way** [stréitwèi] *adv.* 즉각적으로, 즉각, 곧.
stráight wín *n.* [스포츠] 연승(連勝).
‡**strain**¹ [strein] *vt.* **1** …을 팽팽하게 하다, 잡아당기다, 조이다, 켕기다. ¶ *strain* a wire 와이어를 잡아당기다. **2** …을 극도로 부려먹다, 혹사하다; …을 긴장시키다. ¶ *strain* one's ear[s] 열심히 귀를 기울이다 / *strain* every nerve 전력을 쏟다. **3** …을 무리하게 쓰다, 과로하여 쓰다; [지나치게 무리하게 써서] …을 상하게 하다; [급격한 운동(동작) 때문에] [근육 따위]를 접질리다, 삐다. ¶ *strain* an ankle 발목을 접질리다(삐다). **4** [의미 따위]를 왜곡하다, 곡해하다; [권력 따위]를 남용하다. ¶ *strain* the meaning of a word 말의 뜻을 곡해하다. **5** …을 기회로 삼다, 기회로 이용하다, 기회에 충분히 이용하다 / (~+目+名) *strain* on a person's hospitality 남의 환대를 이용하다. **6** …을 여과하다; [고체]를 걸러내다(...*out, off*). ¶ (~+目+前+名) *strain* water *through* sand 모래로 물을 거르다. **7** …을 안다, 껴안다(hug). ¶ (~+目+前+名) *strain* a baby *to* one's bosom (or heart) 아기를 꼭 안다. **8** [폐어] [어떤 행위·행동]을 강요하다, 강제하다(constrain).
— *vi.* **1** 세게 끌다, 잡아당기다(*at*...). **2** 노력하다, 애쓰다(*after, for, at*...); 긴장하다. ¶ (~+前+名) *strain* after happiness 행복을 찾으려고 노력하다. **3** 가까스로 견디다, 금방이라도 부러지려 하다. **4** 굽다,

strain 뒤틀리다, 찌그러지다. **5** 걸러지다, 여과하다(filter), 스며나오다(ooze). ¶ (~+前+名) Hot springs *strain through* the sandy soil. 온천이 모래 땅에서 뿌글뿌글 스 *strain a point* ⇨ POINT. ━━ 떠나오른.
strain at ① …을 잡아당기다. ② …에 열중하는, 노력 하다.
strain courtesy 지나치게 정중하게 하다, 형식에 치우 ━━ *n.* **1** [U|C] 잡아당기기, 팽팽함, 긴장. ¶ The rope will not bear the *strain*. 그 로프는 팽팽하게 당겨 놓으면 끊어질 것이다. **2** [U|C] [심신의] 긴장, 피로, 과 도하게 쓰기; [C] (구어) 심한 일, 격무, 무거운 부담. ¶ break down under the *strain* 긴장하여(과로로) 쓰러지 다. **3** [근육의] 접질림, 삐기, 염좌(捻挫). **4** [U] 강요, 악용. **5** [U|C] [물리] 찌그러짐, 변형, 응력 변형, **6** [이야기·곡조]투, 말투, 어투, 화법, 문체(style). ¶ in the same *strain* 같은 투로. **7** (종종 ~s) 노래 가락, 가곡(tune), 선율, 시가(詩歌)의 한 절. **8** [도달한] 정 도, 높이(height).
stand the strain 억지로 견뎌내다.
strain² [strein] *n.* **1** 종족, 민족; 가계, 혈통, 가문, 집안, 조상(ancestry). ¶ He is of a Jewish *strain*. 그 는 유대계이다. **2** [유전적] 경향, 특질, 기질. ¶ There is a *strain* of superstition in her. 그녀는 미신가 (迷信家)이다. **3** [원에 식물·가축 따위의] 인공 변종 (artificial variety). **4** 종류.
strained [streind] *adj.* **1** 팽팽한. **2** 긴장한, 절박 한. **3** 무리한, 부자연스러운, 일부러 꾸민(unnatural). ¶ a *strained* laugh 억지 웃음. **4** 여과한.
strain·er [stréinəɹ] *n.* **1** 잡아당기는 사람(것). **2** 긴 장한 사람. **3** 신장기(伸張器)(stretcher). **4** 여과하는 사람; 여과기(filter); 차 거르개.
strait [streit] *n.* **1** (종종 ~s) [단수 취급] 해협, 여 울. ¶ the *Strait*[*s*] of Dover 도버 해협. **2** (종종 ~s) 난국, 궁지, 곤란, 곤궁(distress). ⇨ EMERGENCY [類語] ¶ financial *straits* 재정 위기 / be in great *straits* 궁지에 빠져 있다 // in *straits* for money 돈에 궁해서. **3** (고 어) 좁은 통로(장소), **4** (드물게) 시험[試練](地峡)(isthmus). ━━ *adj.* (고어) **1** 제한된, 좁은(narrow), 옹색 한. **2** ¶ the *strait* gate 좁은 문 [← 마태 복음(Matt.) 7 : 14]. **2** [규칙 따위가] 엄한, 엄격한, 가혹한. ~·ly *adv.* ~·ness *n.* ◇ stráiten *v.*
strait·en [stréitn] *vt.* **1** 《보통 수동형으로》 …을 곤란 받게 하다, 난처하게 하다; [돈에] 쪼들리게 하다. ¶ She is straitened for money. 그녀는 돈에 궁하고 다. **2** [금액·자력(資力) 등]을 제한하다. **3** (고어) [길 따위]를 좁게 하다, 좁히다(make narrow).
stráit jàcket *n.* 구속복 [미친 사람이나 난폭한 죄수 등에게 입혀 두 손을 구속하는 두꺼운 천으로 만든 자켓].
strait-laced [stréitléist] *adj.* **1** 엄격한(strict), 딱 딱한, 신중한. **2** (고어) [코르셋 따위가] 끈으로 꽉 조 인.
Stráits Séttlements *n.* (the ~) 해협 식민지 [말 레이 반도 남부의 옛 영령(英領) 식민지].
strait-waist-coat [stréitwéis(t)kòut, -wéskət] *n.* (주로 英) = strait jacket.
strake [streik] *n.* **1** [항해] [선체를 보강하기 위한] 배밑판, 뱃전판. **2** 바퀴의 테(tire).
stra·min·e·ous [strəmíniəs] *adj.* (고어) 짚의, 짚 같은, 짚으로 만든. **2** 밀짚[빛의, 담황색의(yellowish).
stra·mo·ni·um [strəmóuniəm] *n.* 흰독말풀(jimson weed); [U] 건조한 잎 [진통제·진경제(鎭痙劑)].
strand¹ [strænd] *vt., vi.* **1** [배 따위]를 기슭에 올라앉게 하다(올라 오다), 좌초시키다(하다). **2** (보통 수동형으로) 오도 가도 못하게 하다(못하다). ¶ He is utterly stranded from lack of funds. 그는 자금난으로 벽에 부딪혔다. ━━ *n.* (詩) 기슭, 바닷가(shore).
strand² [strænd] *n.* **1** [새끼·끈 철사 따위의] 외가 닥. **2** 꼰 실, 끈 밧줄, [꼬임]을 짜는 실(thread). **3** [동·식물 조직의] 섬유(fiber). **4** [머리칼의] 타래; [진 주 따위를] 끈으로 꿴 것. ¶ a *strand* of pearls 한 줄의 진주. **5** 요소, 성분(element), 소립. ━━ *vt.* **1** …을 꼬다, 꼬아 합치다. **2** [새끼 따위의] 가닥을 끊다.
Strand [strænd] *n.* (the ~) 런던의 스트랜드가(街) [호텔·극장 따위로 유명].
‡**strange** [streindʒ] *adj.* (**strang·er, strang·est**) **1** 미 지의, 듣도 보도 못하던, 처음의. ¶ *strange* faces 보지 못 하던 얼굴들 / She looks *strange* in black. 그녀는 검은 옷을 입으면 딴 사람처럼 보인다.
2 이상한, 괴상한, 기묘한, 불가사의한, 드문. ¶ a *strange* occurrence 기묘한 사건 / Truth is *stranger* than fiction. 진실은 소설보다 기묘하다 / There is something *strange* about the child. 저 아이에게는 어딘 지 이상한 데가 있다.
[類語] *strange* 미지 또는 안면이 없는; 가장 넓은 뜻의 말: a *strange* custom 낯선 풍습. *singular* strange 해서 남을 당황하게 하는, 또는 호기심을 자극하는: a *singular* experience 이상한 경험. *odd* 보통 또는 관 례와는 다른 약간 진기한 암시를 함축한 말: an *odd* custom 기묘한 풍습. *curious* singular 또는 odd 하여 눈길을 끌어 살펴보고 싶어지게 하는: a *curious* smell 이상한 냄새. *peculiar* 다른 것과 분명히 다른 독특한 점이 있어 기묘하게 느끼는: queer, eccentric 의 뜻으 로도 쓰인다: a *peculiar* habit 색다른 습관. *queer* 매 우 odd 해서 의심스러운 점이 있는: a *queer* incident 이상한 사건. *quaint* 양식이 고풍이어서 색다른 아름 다움·즐거움을 주는: a *quaint* village 고풍의 색다른 마을. *eccentric* 사람의 성격·행동이 상례를 벗어난: an *eccentric* liking for gambling 지나치게 도박을 좋 아함.
3 낯선, 생소한, 서먹서먹한. ¶ make oneself *strange* 모르는 사람처럼 하다, 서먹서먹한 태도를 취하다. **4** 익숙하지 않은(unfamiliar), 경험이 없는, 미경험의, 모르는(*to*, *at*...). ¶ I am quite *strange* here. 나는 이 근 방을 전혀 모른다 / The new maid is still *strange* to her work. 새로 온 하녀는 아직 일에 익숙치 못하다. **5** (고어) 이국의, 외국의(foreign), 다른 곳의. ¶ a *strange* land 외국.
feel strange ① 몸이 좀 이상하다. ② 사정이 다른 것 같 *strange as it may sound* 이상한 말이 하는 것 같지 만.
strange to say (or *tell, relate*) 이상한 말이지만.
◇ strángely *adv.*
‡**strange·ly** [stréindʒli] *adv.* 기묘하게, 묘하게(oddly), 이상하게; 익숙하지 않게; 서먹서먹하게.
strange·ness [stréindʒnis] *n.* **1** [U] 기묘(이상)한 일; 미지, 보도 듣도 못한 일, 진기함; 생소. **2** [물리] 스트레인지니스 [소립자·(素粒子) 상태를 규정하는 양].
‡**stran·ger** [stréindʒəɹ] *n.* **1** 낯선 사람, 남; 타인. ¶ I feel shy before a *stranger*. 모르는 사람 앞에서는 부끄 러움을 탄다 / She is a *stranger* to me. 나는 그녀를 모 른다. **2** 손님, 찾아온 사람, 방문객. **3** 잘 모르는 사 람, 경험이 없는 사람, 문외한(outsider); 신참자 (newcomer); 익숙하지 않은 사람. ⇨ FOREIGNER [類語] ¶ I am a *stranger* here myself. 이곳에는 처음으로 왔다. **4** (美 속어) 여보세요 [이름을 모르는 사람을 부르는 말]. **5** [법률] 제3자. **6** (고어) 외국인, 이방인.
I spy (or *see*) *strangers*. 【英의회】 방청 금지(비밀 회)를 요청합니다.
make a (*no*) *stranger of* …을 남 대하듯 하다(친절 하게 대하다).
stránge wóman *n.* 음녀 [← 잠언(Prov.) 5 : 30].
*****stran·gle** [strǽŋgl] *v.* (**-gled, -gling**) *vt.* **1** …을 목 졸라 죽이다, 질식시키다(suffocate); [칼라 따위가] [목]을 죄다. ¶ (~+目+前+名) *strangle* a person *to death* 남을 교살하다 // This collar is almost *strangling* me. 이 칼라는 너무 꽉 낀다. **2** …을 억제(억압) 하다(suppress), [제안 따위]를 묵살하다; [하품 따위를] 억누르다. ¶ *strangle* a yawn 하품을 억눌러 참다.

— *vi.* 질식하다.

stránge hóld *n.* **1** 〔레슬링〕〔반칙의〕목조르기. **2** 〔사상·활동 따위의〕자유를 억압(제한)하는 것.

stran・gler [strǽŋglər] *n.* **1** 교살자, 목을 조르는 것. **2** 억누르는 사람(것); 〔의안 등을〕묵살하는 사람.

stran・gles [strǽŋglz] *n. pl.* 《단수 취급》《獸醫》〔말 따위의〕선역(腺疫)〔전염성 감기〕, 디스템퍼(distemper).

stran・gu・late [strǽŋgjuléit] *vt.* (-**lat・ed, -lat・ing**) **1** 〔외과〕 의 혈행(血行)을 눌러 멎게 하다, …을 괄약(括約)하다(constrict). **2** …을 목졸라 죽이다(strangle).

stran・gu・la・tion [strǽŋgjuléi(ə)n] *n.* Ⓤ **1** 〔병리·외과〕감돈(嵌頓)〔내장 기관의 혈행 장애〕, 협착(狭窄), 염전(捻轉). **2** 교살, 질식.

stran・gu・ry [strǽŋgjuri] *n.* 〔병리〕요임 곤란(尿淋灌), 배뇨 곤란.

‡**strap** [strǽp] *n.* **1** 가죽끈, 혁대; 〔전차 따위의〕손잡이 가죽끈. ¶ hang (or hold) on to a *strap*; hang from a *strap* 손잡이 가죽끈에 매달리다. **2** 〔혁대 따위의〕어깨끈, 견장. **3** 날을 가는 피대(皮帶), 혁지(革砥). **4** 〔기계〕피서로(帶). **5** 〔항해〕활차부의 띠줄. **6** 〔식물〕소설편(小舌片)(ligule). **7** (the ~) 매질, 징벌. **8** Ⓤ (또 the ~)《英》신용, 외상(credit). ¶ on (the) *strap* 신용(외상)으로. — *vt.* (**strapped, strap・ping**) **1** …을 가죽끈으로 묶다(두르다), …에 띠(끈)를 달다(… *up, down*). **2** …을 혁지로 갈다(strop). **3** 〔외과〕에 반창고를 붙이다. **4** …을 혁대로 때리다, 매질하다.

strap・hang・er [strǽphæ̀ŋər] *n.* 《구어》〔전차·버스 따위의〕매단 가죽끈을 붙잡고 있는 승객.

strap・less [strǽplis] *adj.* 어깨끈이 없는.

strap-on *n.* 부착식 보조 로켓〔우주선에서〕엔진.

strap・pa・do [strəpéidou, -pά:-] *n.* Ⓤ Ⓒ (*pl.* -**does**) 매다는 형벌〔옛날 죄인을 뒷짐 결박하여 높은 데서 떨어뜨린 형벌〕; 그 형틀. — *vt.* …을 매다는 형에 처하다.

strapped [strǽpt] *adj.* **1** 가죽끈으로 맨(묶은). **2** 《구어》자금이 떨어진, 무일푼의(penniless).

strap・per [strǽpər] *n.* **1** 가죽끈을 쓰는 사람. **2** 《구어》크고 건장한 사람, 우람한 사람(strapping person).

strap・ping¹ [strǽpiŋ] *adj.* **1** 키가 크고 건장한(tall and robust), 덩치큰. **2** 《구어》굉장히 큰, 터무니없는.

strap・ping² [strǽpiŋ] *n.* **1** Ⓤ 《집합적》가죽끈류(straps); 반창고. **2** Ⓤ Ⓒ 가죽끈으로 때리기. **3** 리.

strass [strǽs] *n.* 〔인조 보석용의〕광택이 있는 납유리.

stra・ta [stréitə, strǽtə, strά:tə, stréitə] *n.* stratum 의 복수형의 하나.

*‡**strat・a・gem** [strǽtədʒəm] *n.* Ⓤ Ⓒ **1** 군략, 전략. **2** 〔일반적으로〕계략, 책략, 모략(trick).

◇ strategic *adj.*

STRATCOM《略》US *Strat*egic *Com*mand / 미전략 군

*‡**stra・te・gic** [strətí:dʒik, +美 -tédʒ-], (**stra・te・gi・cal** [-k(ə)l]) *adj.* **1** 전략의, 전략상의. ¶ *strategic* arms 전략 병기. **2** 전략상 중요한. ¶ a *strategic* base (point) 전략 요지(거점) / *strategic* materials 전략 물자. **-gi・cal・ly** [-dʒikəli] *adv.*

Strate・gic Defénce Initiative *n.* 〔美軍〕전략 방위 계획〔비행하는 적의 탄도 미사일을 지상 기지나 우주 기지에서 레이저 광선 또는 입자빔을 발사하여 파괴하려는 구상; 略 SDI〕.

stratégic mánagement *n.* 〔경영〕전략적 경영.

stratégic núclear fórce *n.* 〔군사〕전략 핵전력〔대규모 파괴력을 지니는 장거리 핵병기의 총칭〕.

stra・te・gics [strətí:dʒiks] *n. pl.* 《단수 취급》Ⓤ Ⓒ 전술, 전략, 병법(strategy).

stratégic tríad *n.* 〔군사〕세 가지 전략 핵무기〔대륙 간 탄도 미사일(ICBM), 잠수함 발사 탄도 미사일(SLBM), 전략 폭격기(strategic bomber)〕. 〔士〕

strat・e・gist [strǽtidʒist] *n.* 전략가, 병법가; 책사(策士).

*‡**strat・e・gy** [strǽtidʒi] *n.* Ⓤ Ⓒ (*pl.* -**gies**) **1** 용병학(學), 전략, 전술, 병법. *cf.* tactics **2** 음모, 책략, 모략.

Strat・ford-on-A・von [strǽtfərdənéivən / -ɔn-], (**Strat・ford-up・on-A・von** [-əpɔn- / -əpɔn-]) *n.* 잉글랜드 중부의 도시〔작가 Shakespeare 의 출생지〕.

strath [strǽθ] *n.* 《스코》넓은 골짜기(wide valley).

strath・spey [strǽθspéi, +美 -́-] *n.* 경쾌한 스코틀랜드 무도〔곡〕.

strat・i・fi・ca・tion [strǽtifikéiʃ(ə)n] *n.* Ⓤ Ⓒ **1** 〔지질〕성층(成層), 층리(層理). **2** 〔생물〕〔조직의〕층성, 층〔상〕화. **3** 〔사회〕사회 계층. **4** 〔언어〕성층.

strat・i・fi・ca・tion・al grámmar [strǽtifikéiʃ(ə)n(ə)l-] *n.* 〔언어〕성층 문법〔S.M. Lamb 이 창시한 문법 이론〕.

strat・i・form [strǽtifɔ̀:rm] *adj.* **1** 〔지질〕층상(層狀)의, 층을 이루고 있는. **2** 〔해부〕〔연골 조직의〕얇은 층을 이루고 있는, 층상의. **3** 〔기상〕〔구름의〕층상의.

strat・i・fy [strǽtifài] *v.* (-**fied, -fy・ing**) *vt.* **1** …을 층으로 하다, 성층화하다. **2** 〔종자〕를 토양의 층 사이에 넣어 보존하다. **3** 〔사회〕를 계층〔계급〕으로도 나누다. — *vi.* **1** 층을 이루다(form strata). **2** 〔지질〕성층화하다. **3** 〔사회〕계급화하다.

stra・tig・ra・phy [strətígrəfi] *n.* Ⓤ 층위학(層位學), 층서학〔지질학의 한 부문〕.

strato- stratus 의 뜻의 연결형. 예: *strato*cirrus.

stra・to・cir・rus [stréitou(u)sírəs, strèit-] *n.* (*pl.* **-cir・ri** [-sírai]) 권층운(捲層雲). 〔정치.〕

stra・toc・ra・cy [strətάkrəsi /-tɔk-] *n.* Ⓤ Ⓒ 군정(軍政).

strat・o・cruis・er [strǽtoukrù:zər] *n.*《상표명》성층권 비행기〔미국의 Boeing 사가 성층권 비행용으로 만든 민간 항공기〕.

stra・to・cu・mu・lus [stréitou(u)kjú:mjuləs, strǽt-] *n.* (*pl.* -**mu・li** [-lài]) 층적운(層積雲)〔略 Sc.〕.

strat・o・plane [strǽtəplèin] *n.* 성층권 비행기.

strat・o・sphere [strǽtəsfìər] *n.* (the ~) **1** 성층권(成層圈). **2** 최고〔위〕.

strat・o・spher・ic [strǽtəsférik] *adj.* 성층권의.

strat・o・vi・sion [strǽtəvìʒ(ə)n] *n.* Ⓤ 성층권 텔레비전(FM) 방송〔비행기에 의한 중계 방식〕.

*‡**stra・tum** [stréitəm, strǽt- / strά:t-, stréit-] *n.* (*pl.* **-ta** or -**tums**) **1** 〔지질〕지층(地層); 〔물질의〕층. ¶ the *stratum* of loam 롬 층(層). **2** 〔사회〕사회 계층. **3** 〔생물〕조직층, 층, 계층.

stra・tus [stréitəs] *n.* (*pl.* -**ti**) 층운.

*‡**straw** [strɔ́:] *n.* **1** Ⓤ 짚, 밀짚. ¶ *straw* boots 짚신 / a *straw* work 짚 세공. **2** Ⓒ 지푸라기 하나, 〔음료수를 마시는 데 쓰는〕스트로. ¶ A *straw* shows which way the wind blows. 《속담》지푸라기 하나로도 풍향을 알 수 있다, 조그마한 일로도 대세를 알 수 있다. **3** 밀짚 제품; 밀짚 모자(straw hat). ¶ in white *straw* 흰 밀짚 모자를 쓰고. **4** 〔비유적〕쓸데없는 것, 아주 조금.

as a last straw 잇단 불행 끝에.

catch (or seize, grasp) at a straw 조그마한 찬스에도 필사적으로 매달리다. ¶ A drowning man will *catch at a straw.* 《속담》물에 빠진 사람은 지푸라기라도 잡는다.

do not care a straw about (or **for**) …을 조금도 개의치 않다.

draw straws ① 〔지푸라기〕제비를 뽑다. ② 《구어》잔 다.

in the straw 산욕(産褥)에 누워 있는, 출산중인.

the last straw 〔하중(荷重)에 견디지 못하게 되는〕마 지막의 무게. ¶ It's the *last straw* that breaks the camel's back. 《속담》비록 작은 짐이라도 한도를 넘으면 낙타등을 부러뜨린다.

make bricks without straw ⇒ BRICK.

a man of straw ① 짚으로 만든 인형; 믿을 수 없는 사

straw ballot n. =straw vote. ¶ 그 열매.
‡**straw·ber·ry** [strɔ́ːbèri / -bəri] n. (pl. **-ries**) 딸기.
stráwbèrry blónde n. ⓤⓒ 불그레한 금발(의 여자).
stráwbèrry léaves n. pl. (英) 공작(公爵)·후작(侯爵)·백작의 위계[관(冠)]에 딸기의 잎 장식이 있다. 주로 공작의 위계].
stráwberry màrk n. 딸기 모양의 점, 혈반(紅[斑].
straw-board [strɔ́ːbɔ̀ːrd / -bɔ̀ːd] n. ⓤ 마분지.
stráw bóss n. 《美俗》 감독 조수; 실권 없는 상관.
stráw cólor n. ⓤ (때로 a ~) [밀]짚 색; 담황색.
straw-col·ored, (英) **-col·oured** [strɔ́ːkʌ̀lərd] adj. [밀]짚 색의, 담황색의(pale whitish yellow).
stráw hát n. 밀짚 모자.
stráw-hàt théater [strɔ́ːhæ̀t-] n. 하계 극장[여름에 밀짚 모자를 쓰는 데서].
stráw mán n. **1** 밀짚 인형. **2** 남의 앞잡이; 위증자. **3** 하찮은 사람(것), 쓸모없는 사람. **4** 남을 현혹시키는 일(사람)이 공격에 허수아비 남조는 대립 의견, 정치가가 공격에 남조된 대립 의견.
stráw pláit n. ⓤ (모자 따위를 만드는) 납작하게 엮은 밀짚.
stráw póll n. 《美》 비공식 여론 조사. ¶ 밀짚 끈.
stráw vóte n. 《美》 여론 조사를 위한) 비공식 투표.
stráw wédding n. 고혼식(藁婚式) [결혼 2주년 기념].
straw·y [strɔ́ːi] adj. (**straw·i·er, straw·i·est**) **1** 짚의(과 같은). **2** 짚으로 만든, 짚으로 된. **3** 하찮은; 쓸모없는.
‡**stray** [strei] vi. **1** 길을 잃다, 일행을 놓치다; 헤매다, 방황하다(wander) (*away, off; from*...). ⇨ ROAM [類語] ¶ (~+前+名) The puppy has *strayed off from* the kennel. 강아지가 개집을 나가 헤맸다. **2** 나쁜 길로 빠지다, 타락하다, 정도를 벗어나다(deviate) (*from*...). **3** [토론 따위에서] 탈선하다, 옆으로 빗나가다. — n. **1** 길잃은 사람(가축); 미아; 무숙자. **2** 헤매고 다니는 사람; 방랑자. **3** 《~s》 [무선] 공전(空電). **4** 《~s》 《英》 상속자가 없어서 국가로 귀속되는 유산. — adj. **1** 길 잃은, 일행을 놓친, 가출한. ¶ a *stray* sheep (child) 길 잃은 양(미아). **2** 고립된, 흩어진(scattered). ¶ *stray* hair 흐트러진 머리. **3** 우연의; 이따금 볼 수 있는, 뜻밖에 찾아오는. ¶ a *stray* customer 뜨내기 손님. **4** 《무선》 목적의 회로에서 벗어난, 표유(漂遊)하는. ¶ *stray* capacity 표유 용량.
‡**streak** [striːk] n. **1** 줄, 줄무늬; 광선. ¶ a *streak* of lightning 한 줄기의 번개. **2** [바탕색과 다른] 줄, 선, 층(層). **3** [광산] 광맥(vein). ¶ *streaks* in wood 나뭇결. **3** 《美구어》 단거리, 일련(一連)(run). ¶ a *streak* of luck 잠시 동안의 행운. **4** [광산] 조흔(條痕). **5** 《세균》 획선(劃線). **6** 기질, 기미, 경향(tendency), 컨디션. ¶ a nervous *streak* 신경질.
have a streak of ① …의 줄무늬가 있다. ② …한 기미가 있다. ¶ He *has a streak of* stinginess in him. 그에게는 인색한 면이 있다. ③ 일련의 … 이 있다.
hit (or **be on**) **a winning** (**losing**) **streak** [도박에서] 연승(연패)하다.
like a streak (or **streaks**) [of **lightning**] 전광석화처럼, 전속력으로.
— vt. (보통 과거 분사형으로) …에 줄무늬를 넣다. ¶ (~+目+前+名) a necktie *streaked with* blue 푸른 줄무늬가 든 넥타이. — vi. **1** 줄무늬가 되다, 줄무늬지다. **2** 번개처럼 달리다, 질주하다. **3** 알몸으로 사람 앞을 달리다, 스트리킹하다.
◇ **stréaky** adj.
streaked [striːkt] adj. **1** 줄무늬가 있는. **2** 《美구어》 불안한(uneasy), 당황한.
streak·er [striːkər] n. 스트리커[남들이 보는 앞에서 알몸으로 달리는 사람].
streak·ing [striːkiŋ] n. ⓤ 스트리킹[알몸으로 밖이나 사람 앞을 질주함].
streak·y [striːki] adj. (**streak·i·er, streak·i·est**) **1** 줄무늬가 있는. **2** 《구어》 [기질 따위가] 즉흥적인, 변덕스런(variable); 성급한. **streak·i·ly** adv. **streak·i·ness** n.
‡**stream** [striːm] n. **1** 개울(brook), 시내, 강(river). ¶ a mountain *stream* 계류(溪流). **2** 흐름, 수류, 분류(奔流); 해류; 기류; 광선. ⇨ FLOW [類語] ¶ the Gulf *Stream* 멕시코 만류 / a *stream* of tears 흐르는 눈물 / down (up) [the] *stream* 하류(상류)에(로). **3** (비유적) [때·사상 따위의] 흐름, 경향, 형세(trend); 사조. ¶ the *stream* of history 역사의 흐름 / the *stream* of thought 사조. **4** 연속되는, 끊임없이 이어지는 것(사람), 쇄도. ¶ a *stream* of talk 그칠 줄 모르는 이야기. **5** 《컴퓨터》 스트림 [데이터의 흐름].
against the stream 흐름에 거슬러서; 시류(時流)에 거슬러서.
flow in streams 펑펑 유출하다.
in a stream; in streams 자꾸자꾸, 계속해서.
in the stream ① 강의 흐름 속에. ② 세상 일에 밝은.
on stream 생산중에, 가동하여.
the stream of consciousness 〖심리〗 의식의 흐름.
with the stream 흐름에 따라, 시류에 편승하여.
— vi. **1** 흐르다, 흘러가다, 흘러나오다(pour out). ¶ (~+前+名) A brook *streams* by our house. 시내가 내집 옆을 흐르고 있다. **2** [비·눈물 따위가] 흐르다(*down*...). ¶ (~+前+名) A flood of tears *streamed down from* her eyes. 눈물이 그녀의 눈에서 흘러내렸다. **3** [말 따위가] 연이어 나오다. **4** [빛 따위가] 비치다, 흐르다. **5** [깃발 따위가] 펄럭이다, 바람에 나부끼다; [머리칼 따위가] 흘러내리다, 바람에 날리다. ¶ (~+前+名) Her long hair *streamed over* her shoulders. 그녀의 긴 머리털이 어깨 위로 흘러 내리고 있었다. **6** 연속 가다(오다), 끝없이 이어지다, 쇄도하다.
— vt. **1** …을 흘리다, 유출시키다(cause to flow), 분출시키다. ¶ His eyes *streamed* tears. 그의 눈에서 눈물이 흘러내렸다. **2** …을 흐름으로 뒤덮다, 가득하게 하다(*...with*). ¶ I was much *streamed with* perspiration. 나는 땀에 흠뻑 젖었다. **3** [깃발 따위]를 나부끼게 하다. **4** …을 세광(洗鑛)하다. **5** [학생]을 능력별로 편성하다.
◇ **stréamy** adj.
*****stream·er** [striːmər] n. **1** 흐르는 것; 기드림, 길다란 기, 페넌트. **2** [가느다란] 장식 리본. **3** 가늘고 긴 것; 색종이 테이프, 환송용 테이프; 조각 구름, 비행기운(雲). **4** 흐르는 빛, (~s) [오로라의] 비치는 빛, 북극광(aurora borealis); (~s) 일식의 태양 코로나의 빛남. **5** [전기] 방전광(放電光). **6** 《美》 [신문의] 제1면 톱 전단에 걸친 큰 표제(banner).
stream·ing [striːmiŋ] n. **1** ⓤ 흐름, 흐르기. **2** 《英》 능력별 학급 편성(《美》 tracking). **3** 〖생물〗 [세포 내부에서의] 원형질 유동(流動).
stream·let [striːmlit] n. 개울, 세류(small stream).
stream·line [striːmlàin] n. 유선[형]. — adj. = streamlined. — vt. (**-lìned, -lìn·ing**) **1** …을 유선형으로 하다. **2** …의 낭비를 없애다, …을 능률화하다.
*****stream·lined** [striːmlàind] adj. **1** 유선형의; 날씬한. **2** 간소화된, 능률화된 (modernized).
stream·lin·er [striːmlàinər] n. 유선형의 탈 것; [특히] 유선형 열차.
stream-of-con·scious·ness [striːməvkɑ́nʃəsnis / -kɔ́n-] adj. [소설이] 의식의 흐름 형식의.

stréam wàlker n. 하천 감시인[환경 보전 봉사 활동 그룹의 하나].
stream·y [strí:mi] adj. (stream·i·er, stream·i·est) 1 흐름이 많은, 흐름(강)과 같은. 2 유출하는. 3 나부끼는.
‡**street** [stri:t] n. 1 가로, 거리, 가(街). cf. avenue ¶ a back street 뒷거리 / a main (or high) street 큰 거리 (* 보통 High Street 라 써서 고유 명사로 쓰인다) / in the open street 거리에서, 밖에서; 공공연히.
── Usage in the street와 on the street ─ (英)에서는 in, (美)에서는 on이 많다. 이와 같이 (英)의 He lives in Park Lane. 에 대하여, (美)에서는 He lives on Fifth Avenue. 와 한다.
2 …가, …로[略 St.]. ¶ Downing Street [영국 London의] 다우닝가 [수상 관저가 있다]. 3 [보도 (sidewalk)와 구별하여] 차도. 4 (the ~) [골목길·소로와 구별하여] 큰 거리, 큰 길 (main thoroughfare). 5 거리에 늘어선 집들, 거리 사람들. 6 (the ~) (속어) [도시의] 상업·경제·화락의 중심지역; (英) = Lombard Street [London의 금융 중심가]; = Fleet Street [London의 신문가]; (美) = Wall Street [New York의 금융가].
down one's **street** = up one's street.
get (be) on easy street (구어) 편히 지내다.
in (or **on**) **the street** (美) ① 거리에서, 밖에서. ¶ die in the street 길가에서 죽다, 객사하다. ② [증권 거래소에서] 시간 외에 매매하고 있는. ③ 실업하여, 집없이.
live in the street 외출을 자주 하다.
live (or **go**) **on the streets** 매춘부 생활을 하다.
the man in (or **on**) **the street** 보통 사람, 아무개어.
not in the same street with (구어) [경쟁 따위에] …에 훨씬 뒤져 있는; …에 도저히 미치지 못하는.
up one's **street** 자기 취미(능력)에 맞는. [tituion).
walk the street (or **streets**) 매춘하다(practice pros-
stréet Árab n. 부랑아; 부랑자, 무숙자.
stréet bánd n. (유랑하는) 가두 악대.
stréet bróker n. [주식의] 장외 거래인. [car).
‡**street·car** [strí:tkà:r] n. (美) 시내 전차 ((英) tram-
stréet Chrístian n. 가두 포교 활동을 하는 광적인 기독교 신자의 젊은이.
stréet cléaner n. 가로 청소인 (street sweeper).
stréet créd n. (구어) [젊은이들 사이의] 유행, 인기 (street credibility).
stréet dóor n. [가로에 면한] 앞문, 정문.
stréet fúrniture n. 가로(街路) 공간 시설물 [가로에 설치된 벤치·휴지통·공중 전화 박스·지붕 있는 버스 정류장등 시설물의 총칭].
stréet gírl n. = streetwalker.
stréet-lamp [~lèmp] n. 가로등 (streetlight).
stréet·light [strí:tlàit] n. (美) 가로등 ((英) lamp post).
stréet náme n. [증권] 증권업자 명의의 증권.
stréet órderly n. (英) 가로 청소부.
stréet péople n. 히피족. [간.
stréet piáno n. [음악] 길가에서 타는 피아노 오르
stréet ráilway n. [시내 전차·버스 따위의] 노선; 그것을 경영하는 회사.
street·scape [strí:tskèip] n. 가두 풍경.
street-smarts [strí:tsmá:rts] n. [도시에서] 살아남는 기술.
stréet swéeper n. 도로 청소부(기).
stréet tàx n. 자릿세 [불량배·폭력단 등이 상인에게서 뜯어가는 돈].
stréet théater n. 가두 연설[장소].
stréet úrchin n. 부랑아, 집없는 아이 (gamin).
stréet válue n. 시가(市價), 암거래 가격 [마약 따위의] 말단 가격.
stréet véndor n. (美) 가두 판매소.
street·walk·er [strí:twɔ̀:kər] n. 매춘부, 길거리 창녀.
street·ward [strí:twərd] adj. 거리 쪽의.

── adv. 가로 쪽으로.
street·wise [strí:twàiz] adj. 세상 물정에 밝은, 서민 생활에 통하는.
stréet wórker n. (美·캐나다) 가두 소년 보도원.
‡**strength** [streŋ(k)θ] n. ⓤ 1 세기, 힘, 완력, 체력; 활력, 원기. ¶ with all one's strength 전력으로, 힘껏 / gain strength 힘을 내다; 기운이 나다 / I have no strength left to walk farther. 더 이상 한발도 걸을 기운이 없다. 2 [정신적인] 힘, 능력, 지력, 도의심; 용기. ¶ the strength of memory 기억력 / intellectual strength 지력. 3 세력, 권력; 자력. ¶ financial strength 재력. 4 [논의·권유 따위의] 설득력, 효능; 실행력. 5 내구력, 저항력, 세기, 끈기. ¶ the strength of a rope 로프의 내구력. 6 정수(定數), 정원, 병력, 병원(兵員), 군세(軍勢); 다수, 다수의 힘. ¶ peace (war) strength 평시(전시) 병원[수] / The division is up to (below) strength. 그 사단은 정원이 차있다(부족하다). 7 ⓒ 의지(힘)이 되는 것, 의지, 지주. 8 장점, 강점. ¶ English is his strength. 영어를 할 수 있는 것이 그의 장점이다. 9 (美·음 따위의) 세기, 강도; [약품·술 따위의] 농도, 강도, 효력. 10 [감정 따위의] 열렬함. ¶ the strength of anger 노여움의 격렬함.
11 [주식 가격 따위의] 강세.
at (or **in**) **full strength** 전원이 모두, 온 힘을 다 모아.
on the strength 병적에 편입되어.
on the strength of …을 믿고; …에 기초하여. ¶ I opened a shop on the strength of his help. 나는 그의 도움을 믿고 가게를 열었다.
◇ strong adj., stréngthen v.
‡**strength·en** [stréŋ(k)θ(ə)n] vt. 1 …을 강하게 하다, 튼튼하게 하다, 강화하다, 증강하다 (reinforce); …을 증원하다. opp. weaken ¶ strengthen a bridge 다리를 튼튼히 하다. 2 …을 격려하다, 활기차게 하다 (encourage). ── vi. 1 강해지다; 증원되다. 2 활기차다. ◇ strength n.
strength·less [stréŋ(k)θlis] adj. 1 힘이 없는, 체력이 없는. 2 병력이 적은.
*_**stren·u·ous**_ [strénjuəs] adj. 1 활기찬, 분투하는; 열심인. ⇨ ACTIVE 類語 ¶ a strenuous worker 분투 노력가. 2 노력을 필요로 하는, 힘드는 (laborious), 격렬한. ¶ make strenuous efforts 크게 노력하다.
~·ly adv. ~·ness n. ◇ strenuósity n.
Streph·on [stréf(ə)n] n. 사랑에 고민하는 사나이. *Strephon and Chloe* 서로 사랑하는 남녀 (pair of lovers). [기의 이름]
[< Sir Philip Sidney 의 소설 *Arcadia* (1590) 중의 양치
strep throat n. ⓤ 급성 인후염.
strep·to·coc·cal [strèptəkák(ə)l / ⁻kɔ́k-] adj. 연쇄 구균의(에 의한). [streptococcal.
strep·to·coc·cic [strèptəkáksik / ⁻kɔ́k-] adj.
strep·to·coc·cus [strèptəkákəs/⁻kɔ́k-] n. (pl. -coc·ci [-sai]) [세균] 연쇄 구균 (連鎖球菌).
strep·to·my·cin [strèpto(u)máisin] n. ⓤ [약] 스트렙토마이신 [항생 물질의 하나].
strep·to·thri·cin [strèpto(u)θráisin, -θrísin] n. ⓤ [약] 스트렙토트리신 [항생 물질의 하나].
‡**stress** [stres] n. 1 ⓤ 압력, 압박, 억압, 강제. ¶ under stress of poverty 가난에 쫓기어. 2 ⓤ 긴장, 급박, 긴박. ¶ in times of stress 비상시에, 위급한 때를 당하여. 3 ⓤ 노력, 분투. 4 ⓤⓒ 중요성, 중점, 강조, 역설 (emphasis). ¶ lay (or place, put) stress on …을 강조(역설)하다. 5 ⓤⓒ [음성·음악] 강세, 세기의 악센트; 악센트가 있는 음절; [詩] 격조(格調의) 강음 (揚音). ¶ word stress 단어 강세. 6 ⓤⓒ [기계] 응력; 응력(應力), 왜력(歪力). 7 ⓤⓒ [생리] 스트레스, [정신적] 억압. ── vt. 1 …에 무게(중점)를 두다, …을 강조하다, 역설하다 (emphasize). ¶ stress the study of languages 어학에 중점을 두다. 2 [음성] …에 강세

-stress (악센트)를 두다, …의 어세를 세게 하다. ¶ *Stress* the second syllable of the word. 그 단어의 제2 음절에 악센트를 두어라. **3** …을 긴장시키다, 압박하다, 억압하다. **4** 《기계》…에 응력을 가하다. ◇ stréssful *adj*.

-stress ⇨ -STER.

stréss áccent *n*. ⓊⒸ《음성》세기의 악센트, 강세.

stress·ful [strésfəl] *adj*. 긴장이 많은(full of stress).

stréss mànagement *n*. 스트레스 대책(해소책).

stress·or [strésɔːr] *n*. 스트레스의 요인.

‡**stretch** [stretʃ] *vt*. **1** 〈신체·수족 따위를〉펴다, 뻗다(extend); 〈날개 따위를〉펴다; …을 잡아 늘이다(...out). ¶ *stretch* trousers 바지의 주름을 펴다 / *stretch* oneself 기지개를 켜다. **2** 〈손 따위를〉 앞으로 내밀다, 뻗다. ¶ (~ +⽬+前+名) She *stretched* out her hand *for* the hat. 그녀는 모자를 집으려고 손을 내밀었다. **3** 〈로프 따위를〉치다, 매다, 〈응단 따위를〉깔다. ¶ *stretch* a curtain 커튼을 치다. **4** 〈신경 따위를〉과로시키다, 극도로 긴장시키다. ¶ *stretch* every nerve 긴장하다. **5** …을 과장하다; 〈말의 뜻 따위를〉확대 해석하다, 견강 부회하다; 〈진실 따위를〉왜곡하다, 곡해하다, 남용하다. ¶ *stretch* the truth (*or* facts) 진상(사실)을 왜곡하다, 거짓말을 하다. **6** 《속어》…을 잡아눕혀 쓰러뜨리다, 때려눕히다(...out, down), 《고어·속어》…을 교수형에 처하다(hang); 《유예》의 임관을 준비하다. **7** 〈술·음료 따위를〉 다른 것과 섞어 분량을 늘이다.
— *vi*. **1** 〈수족·신체 따위를〉뻗다, 기지개를 켜다; 〈손 따위를〉내밀다(out...). ¶ (~ +前+名) *stretch* out for a book 책을 집으려고 손을 뻗다 // (~ +前) *stretch* out on a bed 침대 위에 팔다리를 뻗다. **2** 늘어나다. ¶ (~ +⽬) Rubber *stretches* easily. 고무는 쉽게 늘어난다. **3** 펼쳐지다, 퍼지다(spread), 늘어나 펼쳐지다, 미치다; 〈시간 따위가〉계속되다. ¶ an experiment *stretching* over years 다년간에 걸친 실험. **4** 《사실》을 과장하다(exaggerate). **5** 《특히 보트 레이스 따위에서》역조(力漕)하다; 크게 노력하다. **6** 《속어》교수형에 처해지다. **7** 《라디오·TV》〈예정 시간을〉 끝내기 위해 연기의 속도를 늦추거나 하여〉 시간을 벌다(끌다).

stretch out ① ¶ *stretch* oneself *out* on the grass 풀 위에 벌렁 눕다. ② (*vi*.) 길게 눕다, 수족(몸)을 뻗다. ¶ *stretch out* on the lawn 잔디 위에 길게 눕다. ③ (*vi*.) 성큼성큼 걷기 시작하다. ④ 역조하다.

— *n*. **1** 신장, 팽팽하게 하기; 〈수족 따위를〉뻗기, 기지개. ¶ with a yawn and a *stretch* 하품하면서 기지개를 켜서. **2** 〈피로를 풀기 위한〉산책. ¶ take (*or* have) a *stretch* 산책하다. **3** 단숨, 단번, 한번 계속되는 시간, 한바탕의 일. ¶ at a *stretch* 단번에, 단숨에. **4** 〈시간·거리 따위의〉길이, 범위, 한도, 퍼짐. ¶ a long *stretch* of rainy weather 오랜(지루한) 장마 / a *stretch* of twenty years 20년이라는 세월. **5** 〈신경 따위를〉무리하게 씀, 극도의 긴장. ¶ She shouted for help at the utmost *stretch* of her voice. 그녀는 힘껏 소리를 질러 도움을 요청했다. **6** 〈법률·말 따위의〉확대 해석; 과장; 악용, 남용. ¶ a *stretch* of language 〈말의 무리한〉 견강 부회, 억지소리 / by a *stretch* of authority 권력을 남용하여. **7** 방향, 진로(course) 《경마》《특히 최후의》 직선 코스, 홈 스트레치; 《야구·선거 따위의》 막바지 분발(몰고 들어가기). **8** 《속어》징역. **9** 《항해》일주로(一帆船)의 거리.

bring *something* **to the stretch** ① …을 팽팽하게 하다. ②…을 긴장시키다.

on the stretch 긴장하여.

◇ strétchy *adj*.

*stretch·er** [strétʃər] *n*. **1** 들 것(litter). **2** 늘이는(치는, 펼치는) 사람(것); 신장구(伸張具) (기); 구두의 골, 《양산의》 펼치는 살. **3** 캔버스(화포)의 틀 《재·벽돌의》 긴 쪽(*cf*. header); 노측석(露側石). **5** 《항해》 보트의 발 대는 곳, 족가(足架). **6** 《건축》가로대 (tie beam). **7** 《속어》 허풍, 거짓말(lie). **8** (~ s) 《英

구어》《신축성의》 긴 나일론 양말.

stretch·er·bear·er [strétʃərbɛ̀(ː)rər, -bɛ̀ərə] *n*. 들것 드는(메는) 사람. 《軍》임시선(線).

strétch màrks *n*. *pl*. 〈임신부의〉 뱃가죽이 늘어난 자국.

stretch-out [strétʃàut] *n*. 《美》〈임금 인상을 수반하지 않는〉 노동 강화, 노동 시간 연장.

stretch·y [strétʃi] *adj*. (**stretch·i·er; -i·est**) **1** 늘어나는, 탄력성이 있는(elastic). **2** 과도하게 늘어나려 하는. **3** 《특히 돼지가》 몸통이 긴. **strétch·i·ness** *n*.

‡**strew** [struː] *vt*. (**strewed, strewed** *or* **strewn, strew·ing**) **1** 〈꽃·종자 따위를〉뿌리다, 흩뿌리다. ¶ (~ +⽬+前+名) *strew* sand *on* a slippery road 미끄러운 길에 모래를 뿌리다. **2** …의 표면을 가득히 덮(이)다, …에 뿌려서 덮다. ⇨ SCATTER 類語 ¶ (~ +⽬+前+名) His desk is *strewn* with journals. 그의 책상 위에는 신문 잡지가 너절하게 놓여 있다.

stri·a [stráiə] *n*. (*pl*. **stri·ae** [stráiiː]) **1** 〈평행으로 되어 있는〉가는 선, 줄. **2** (-ae) 《지질》 빙하에 의해서 암면에 생긴 줄. **3** 《광물》 조흔(條痕). **3** 《건축》 선조 (線條), 원기둥의 세로 홈(strix).

stri·ate *vt*. [stráieit → *adj*.] (**-at·ed, -at·ing**) …에 줄(홈)을 내다. — *adj*. [stráiit, -eit] 줄(무늬) 가 있는, 홈이 있는.

stri·at·ed [stráieitid / - ´- -] *adj*. =striate.

stri·a·tion [straiéiʃ(ə)n] *n*. **1** Ⓤ 줄〈무늬〉를 내기, 홈을 내기. **2** 〈평행으로 되어 있는〉 줄〈홈, 줄무늬 따위〉의 하나(stria).

‡**strick·en** [strík(ə)n] *v*. strike의 과거 분사의 하나.
— *adj*. **1** 〈무기 따위로〉 상처를 받은(wounded), 맞은. **2** 〈병에〉 걸린, 〈정신적으로〉 괴로워하고 있는, 오뇌하는; 〈공포 따위에〉 사로잡힌. ¶ a *stricken* family 고통받고 있는 가족. **3** 노령의(old). ¶ *stricken* in age (*or* years) 나이가 든.

strícken fíeld *n*. 《고어》 전장(battleground).

strick·le [stríkl] *n*. **1** 평미레(되나 말에서 담긴 곡물을 평평히 밀어내는 굴대》. **2** 〈낫 따위를 가는〉 숫돌. **3** 《주형(鑄型)용의》 평미레(판). **4** 구두닦기 막대기. — *vt*. (**-led, -ling**) …을 평미레로 밀다.

‡**strict** [strikt] *adj*. **1** 엄격한, 엄한, 가혹한. ⇨ SEVERE 類語 ¶ *strict* discipline 엄격한 훈련〈예의범절의 가르침〉/ *strict* orders 엄명 // be *strict* with a person 〈남에 대해〉 엄하다. **2** 엄밀한, 정확한, 적확한(precise). ¶ *strict* punctuality 시간 엄수 / make *strict* observations 정확한 관찰을 하다 / in the *strict* sense [of the word] 엄밀히 말하면, 엄밀한 의미로 말하면. **3** 완전한(complete), 절대적인; 《美》 중립의 중립(in *strict* confidence 절대 비밀로. **4** 《구어》 긴장된, 팽팽한. **5** 《식물》 단단하고 곧은(stiff and upright).

~**·ness** *n*. ◇ strictíon *n*., strictly *adv*.

stric·tion [stríkʃ(ə)n] *n*. Ⓤ 팽팽함, 긴축, 긴장.

‡**strict·ly** [stríktli] *adv*. **1** 엄격히, 엄중하게 (severely). ¶ Smoking is *strictly* prohibited in the car. 차내 흡연 엄금. **2** 엄밀히, 정확히(precisely). ¶ *strictly* speaking 엄밀히 말하면. **3** 확실히(certainly); 전혀. **4** 《구어》 단호히.

stric·ture [stríktʃər] *n*. **1** 〈보통 ~s〉 비평, 논평(remark); 《특히》 비난, 혹평. ¶ pass *strictures* on (*or* upon) …을 비난하다. **2** 《병리》 협착(狹窄). **3** 구속, 간섭.

‡**stride** [straid] *v*. (**strode, stridden** *or* 《고어》 **strid, strid·ing**) *vi*. **1** 성큼성큼 걷다. ¶ *stride* away 성큼성큼 걸어서 떠나다. **2** 성큼 걷다, 성큼 건너뛰다. ¶ (~ +前+名) *stride across* a stream 개천을 뛰어 건너다. **3** 《드물게》 걸터앉다.
— *vt*. **1** …을 성큼성큼 걷다. ¶ *stride* a street 거리를 활보하다. **2** …을 성큼 걷다, 성큼 건너다. **3** …에 걸터 앉다. ¶ *stride* a horse 말에 걸터앉다.
— *n*. **1** 성큼성큼 걷기, 활보, 큰 걸음의 걸음걸이. ¶ walk with big (*or* long) *strides* 성큼성큼 걷다. **2** 가랑이를 크게 벌림, 한 걸음〔의 폭〕. ¶ at a *stride* 한

stridency

걸음으로 / lengthen (shorten) one's stride 걸음걸이를 빨리하다(늦추다). **3** (보통 ~s) 진보, 발달, 전진(advance). ¶ make rapid *strides* 장족의 발전을 하다. **4** (~s)《英》바지(trousers).
hit (or *strike, get into*) *one's stride* 《구어》〖일 따위에서〗 본격화하다, 자기 페이스를 찾다.
take something in one's stride …을 수월하게 뛰어넘다; …을 손쉽게 해내다(헤쳐나가다). ¶ He took the barrier *in his stride*. 그는 장애를 수월히 극복했다.

stri·den·cy [stráid(ə)nsi], **(stri·dence** [-d(ə)ns]) *n.* Ⓤ 삐걱거림, 귀에 거슬림(거슬리는 것).

stri·dent [stráid(ə)nt] *adj.* 삐걱거리는(grating), 소리가 날카로운(shrill), 귀에 거슬리는. ~**·ly** *adv.*

stri·dor [stráidər] *n.* **1** 삐걱거리는 소리(harsh, grating sound). **2**〖병리〗천명(喘鳴).

strid·u·late [strídʒuleit, -dju-] *vi.* (-**lat·ed, -lat·ing**) 〖귀뚜라미 따위가〗 깃을 문지르며 울다(shrill).

strid·u·la·tion [strìdʒuléi(ə)n, -dju-] *n.* ⓤⓒ 〖곤충 따위가〗 찍찍 울기, 날카로운 소리.

strife [straif] *n.* ⓤⓒ **1** 분쟁, 충돌; 불화(discord), 싸움, 투쟁, 쟁의. ¶ a labor *strife* 노동 쟁의 / make *strife* 다투게 하다 // be at *strife with* …과 불화하다. **2** 경쟁. **3**《고어》분발, 분투. ◇ strive *v*.

strig·il [strídʒil] *n.* **1**〖고대 그리스·로마 따위에서 사용하는〗때미는 기구. **2**〖건축〗〖특히 고대 로마의〗 S자형 홈새김 장식.

strike [straik] *v.* (**struck, struck** or《고어》→ *vt*. 10, **strick·en, strik·ing**) *vt.* **1** …을 치다, 때리다, 구타하다, 일격을 가하다(hit). ⇨ BEAT 類語. ¶ (~+囹)(+囹+嗣+图) *strike* a person dead 남을 때려 죽이다 // *strike* a person a blow 남을 때리다 //(+囹+嗣+图) He *struck* me *on* the head. 그는 내 머리를 때렸다.
2 …을 찌르다, 쑤시다(thrust). ¶ (~+囹+嗣+图) *strike* a person *to* the heart *with* a jackknife; *strike* a jackknife *into* a person's heart 잭나이프로 남의 심장을 찌르다. [하다.]
3 …을 공격하다(attack). ¶ *strike* the fort 요새를 공격
4〖처서·부딪혀〗…에 물〖꽃〗이 나게 하다. ¶ *strike* a light 불을 붙이다 / *strike* a match 성냥을 긋다.
5〖빛 따위가〗 …에 닿다, 떨어지다; 〖소리가〗〖귀〗를 치다(때리다). ¶ The searchlight *struck* the wreck. 서치라이트가 난파선을 비쳤다.
6 …에 충돌하다; 떨어져서 …에 맞다. ¶ *strike* a mine 〖군사〗기뢰에 닿다 / The lightning *struck* the barn. 벼락이 헛간에 떨어졌다 // (~+囹+嗣+图) I *struck* my head *against* the lintel. 나는 상인방(上引枋) (윗방)에 머리를 부딪쳤다.
7 …이〖마음·머릿속에〗 떠오르다, …이 생각나다(occur). ¶ A bright idea *struck* me. 명안(멋진 생각)이 떠올랐다.
8 …을 우연히 만나다, 우연히 부딪치다(come upon), 〖광맥·꽃 따위를〗 발견하다(find). ¶ *strike* an amusing book 재미있는 책을 찾아내다 / *strike* oil 석유를 찾아내다 / *strike* the main road 큰 길로 나오다.
9 …을 놀라게 하다, …에 인상을 심다(impress); 〖주의〗를 끌다; …에 감명을 주다. ¶ At first sight he was *struck* by her beauty. 그는 한눈에 그녀의 아름다움에 매료되었다 / They *strike* me as abnormal. 그들은 나에게 이상하게 느껴진다.
10 (*pp.* **struck, strick·en**) 〖병·죽음이〗 …을 급습하다(...down); 〖충격이〗 …을 때려눕히다; …을 갑자기 …하게 하다. ¶ be *stricken* [*down*] *with* cholera 콜레라로 쓰러지다 / She was *struck with* shame. 그녀는 부끄러워 몸둘 바를 몰랐다 // (~+囹+囹) We were *struck* speechless by the news. 우리들은 그 뉴스를 듣고 아연 실색했다.
11 〖화폐·메달 따위를〗 주조하다(mint), 찍어내다(stamp). ¶ The mint *strikes* coins. 조폐국은 화폐를 주조한다.

strike

12 〖시계·종이〗〖시간〗을 알리다. ¶ Then the church clock was *striking* ten. 그때 교회의 종은 10시를 치고 있었다.
13 〖악기 따위〗를 울리다, 타다, 연주하다(...up). ¶ *strike* the harp 하프를 타다.
14 〖어떤 활동〗을 갑자기 시작하다; 〖어떤 태도〗를 갑자기 취하다. ¶ *strike* a polite attitude 갑자기 정중한 태도를 취하다.
15 〖공포·한기 따위가〗 …의 몸에 스며들다. ¶ Cold *strikes* me to the marrow. 추위가 뼈에 스며든다.
16 〖무대 장치·소도구 따위를〗 뜯어내다; 〖야영〗을 철거하다(pull down). ¶ *strike* camp 텐트를 접어 캠프를 철거하다 / *strike* a stage 무대 장치를 뜯어내다.
17 〖항해〗〖돛·깃발 따위〗를 내리다, 끌어내리다(lower down). ¶ *strike* one's (or the) flag 기를 끌어내리다 〖항복·인사의 표시〗. [out).]
18 〖문자 따위〗를 지우다, 삭제 하다(delete) (...off,
19 〖계약 따위〗를 약정하다, 〖조약 따위〗를 승인하다(ratify). ¶ *strike* a bargain 매매 계약을 하다 / *strike* a treaty 조약을 승인하다.
20 …을 결산하다, 결제하다. ¶ *strike* a balance 청산하다 / *strike* a ledger 장부의 끝을 맞추다.
21 〖식물이〗〖뿌리〗를 뻗다. ¶ *strike* root 뿌리를 박다.
22 〖평균〗을 산출하다. ¶ *strike* an average 평균을 내다
23 〖낚시〗〖물고기〗를 바늘에 낚아채다; 〖고래에〗 작살을 박아넣다(harpoon); 〖물고기에〗〖미끼〗를 물다.
24 〖평미레로〗 〖되나 말 속의 곡물〗을 평평하게 밀다.
25 〖선〗을 긋다(draw); 〖목수가〗 …에 먹줄을 튕기다.
26 〖숯불〗에 주둥이를 내다.
27 〖일〗을 그만두다(stop); 〖노동 조합이〗 파업을 하여 〖조업〗을 정지하다. ¶ *strike* work 파업에 들어가다.
— *vi.* **1** 치다, 때리다; 공격하다(*at*...). ¶ *Strike* while the iron is hot. 《속담》 쇠는 달았을 때 두드려라; 호기를 놓치지 마라.
2 부딪히다, 충돌하다(collide) (*against, on, upon*...); 〖배가〗 좌초하다. ¶ (~+嗣+图) The ship *struck* on a rock. 그 배는 좌초했다.
3 발화하다, 불이 붙다. ¶ These matches are too wet to *strike*. 이 성냥은 습기차서 불이 붙지 않는다.
4 〖빛이〗 닿다, 떨어지다(fall); 〖소리가〗 귀를 때리다.
5 심금을 울리다, 감동시키다. ¶ (~+嗣+图) His words *struck on* my mind. 그의 말은 내 심금을 울렸다.
6 갑자기(우연히) 생각나다, 생각해내다(*on, upon*...). ¶ (~+嗣+图) I *struck on* a happy thought. 좋은 생각이 떠올랐다.
7 〖시계·종이〗 때를 알리다; 〖때가〗 오다. ¶ His hour has *struck*. 그의 명운이 다 되었다.
8 〖노·수조 따위에〗 물을 세게 젓다.
9 〖악기를〗 연주하다, 타다.
10 〖식물이〗 뿌리를 내리다, 뿌리박다(take root).
11 뻗어나다, 스며들다(penetrate), 꿰뚫다, 찌르다(*to, through*...). ¶ (~+嗣+图) The chill has *struck to* my bones. 추위가 뼛속까지 스며들었다.
12 〖새로운 방향으로〗 향하다, 가다, 나아가다. ¶ (~+嗣+图) *strike for* home 집으로 향하다 / *strike into* a harbor 항구에 입항하다.
13 〖굴 따위의 조가비가〗 달라붙다, 밀착하다.
14 〖항해〗〖항복·인사의 표시로〗 깃발을 내리다, 항복의 백기를 올리다.
15 〖낚시〗〖물고기가〗 미끼를 물다(take the bait).
16 〖미해군〗〖장교 등의〗 당번병이 되다; 〖진급을 위해〗 훈련하다.
17 노력하다, 싸우다(fight). ¶ (~+嗣+图) *strike for* freedom (peace) 자유〖평화〗를 위해 싸우다.
18 파업을 하다. ¶ (~+嗣+图) The workers *struck for* higher wages. 그 노동자들은 임금 인상을 요구하여 파업했다.
strike a line (or *path*) 진로를 취하다(잡다).

strike at the root of ⇒ ROOT¹. 〔역류하다.
strike back ① 되치다, 반격하다. ② 되비치다, 〔반사하다〕.
strike down ①…을 때려눕히다(knock down); 죽이다. ②〔병이〕〔사람을〕엄습하다. ③〔물고기를〕통조림해서 저장하다. ④ (vi.) 〔태양이〕쪼이다(at…).
strike home ① 명중하다. ②〔발언이〕소기의 효과를 내다, 급소를 찌르다. ③ 강한 인상(감명)을 주다 (to…).
strike in ①…을 박아넣다. ②〔vi.〕 말참견을 하다, 갑자기 끼어들다. ③ (vi.) 〔병 따위가〕내공(內攻)하다.
strike into ①…을 박아넣다, 찌르다. ② 갑자기…에 들어가다, 부딪치다. ¶ *strike into* a bypath 샛길로 들어가다. ③ 갑자기…하다, 시작하다. ¶ *strike into* a laugh 웃어대다.
strike it rich 《美》 굉장한 유전(광맥)을 찾아내다; 갑자기 부자가 되다.
strike off ①…을 쳐서〔잘라〕떨어뜨리다. ②…을 끊어내다, 삭제하다(erase). ¶ *strike off* a line from a page 한 페이지에서 1행 삭제하다. ③…을 인쇄하다(print). ④〔시·글 따위를〕 즉석에서 짓다. ⑤ (vi.) 두드러지게 나타나다, 눈에 띄다. ⑥ (vi.) 〔길이〕 옆으로 빠지다, 벗어나다.
strike out ①〔장사 따위를〕시작하다. ②〔야구〕〔무수가〕〔타자를〕삼진 아웃시키다; (vi.) 삼진되다. ③〔쉽게〕〔계획을〕안출하다, 〔학설을〕발견하다; (vt., vi.) 〔방침 따위를〕안출하다. ④…을 말살하다, 삭제하다. ⑤ (vi.) 〔권투〕 어깨에서 팔을 뻗어 치다. ⑥ (vi.) 〔수영〕 어떤 방향으로〔수족을 놀려서〕헤엄치다. ⑦ (vi.) 《美》 실패하다.
strike up ①〔적의 칼 따위를〕쳐서 튕기다. ②〔교제·회화·가창 따위를〕시작하다; (vi.) 〔음악이〕연주하다, 노래부르기 시작하다. ¶ The band *struck up* a march. 밴드는 행진곡을 연주하기 시작했다. ③〔주로 수동형으로〕…을 곤혹시키다. ¶ I am so *struck up*. 나는 아주 곤경에 처해 있다. b)〔드물게〕〔수동형으로〕…에 홀딱 반하다.
— *n.* **1** 치기, 타격, 구타, 공격. ¶ He made a bold *strike at* the robber. 그는 대담하게도 강도와 맞서 싸웠다. **2** 동맹파업, 스트라이크. ¶ a general *strike* 총파업 / a *strike* order 파업 지령 / be (go) on *strike* (《美》on a *strike*) 파업중이다, 파업하다 / break up a *strike* 파업을 깨다. **3**〔야구〕스트라이크. ¶ three *strikes* 삼진. **4**〔볼링〕스트라이크〔제1투에 핀을 모두 쓰러뜨리기〕; 그 득점. **5**〔시계가〕때를 알림; 그 소리. **6**〔지질〕주향(走向). **7**〔화폐의〕1회분의 주조액; 주조용의 주물 고르는 판. **8** = strickle. **9** 스트라이크〔도량형의 단위. 보통 1 bushel〕. **10**〔낚시〕〔물고기가〕미끼를 물기; 사냥감을 습격하기. **11**《美》〔유전·광맥 따위를〕찾아냄; 히트치기, 요행수; 갑작스런 대성공, 큰 벌이. **12** 공습. **13**《美속어》강탈, 강청(强請).
have two strikes against one 《美구어》스트라이크를 둘 빼앗기다;《비유적》불리한 입장에 처하다. ¶ I had two strikes against me for it. 나는 그때문에 불리한 입장에 처했다.
strike of day 새벽녘, 여명. 〔한 입장에 처했다.
◇ stroke *n.*
stríke bénefit *n.* = strike pay. 〔지된.
stríke-bound [stráikbàund] *adj.* 파업으로 기능이 정
stríke-bréak·er [stráikbrèikər] *n.* 파업 파괴자.
stríke-bréak·ing [stráikbrèikiŋ] *n.* 파업 파괴.
Stríke Commánd *n.* 《英軍》영국 본토부대.
stríke fáult *n.* 〔지질〕주향 단층(走向斷層).
stríke fórce *n.* 〔軍〕타격부대(striking force).
stríke fùnd *n.* 파업 기금. 〔(차량).
stríke méasure *n.* 평미레로 밀어 평평하게 된 두량
strike-out [stráikàut] *n.* 〔야구〕삼진.
stríke pày *n.* ⓤ 〔노동 조합이 지급하는〕파업 수당.
stríke príce *n.* 〔증권〕〔옵션 거래〕권리행사 가격.
strik·er [stráikər] *n.* **1** 치는 사람(것), 타기(打器), 해머(hammer), 〔시계의〕타기; 시간치는 시계; 〔총의〕 방아쇠. **2** 파업중인 노동자. **3**《美속어》당번병. **4** 포경(捕鯨)에서 작살잡이; 작살. **5** 평미레(strickle).

‡**strik·ing** [stráikiŋ] *adj.* **1** 치는, 공격하는. **2** 남의 눈에 띄는; 주목할 만한, 두드러진(noticeable), 현저한. ⇒ OUTSTANDING【類題】¶ a *striking* beauty 굉장한 미인. **3** 파업중인. ~·**ly** *adv.* ~·**ness** *n.* 〔리.
stríking dístance *n.* ⓤ 힘이 미치는〔유효〕거
Strine [strain] *n.* ⓤ《속어》 오스트레일리아 영어.
— *adj.* 오스트레일리아의.

‡**string** [striŋ] *n.* **1** ⓤⓒ 실, 끈, 노끈, 가는 끈[cord와 thread 와의 중간 굵기의 끈]. ¶ a piece of *string* 끈 하나 / tie *strings* 끈을 매다. ¶ undo *strings* 끈을 풀다. **2** 염주처럼 꿰어져 있는 것, 한 오리, 한 줄. ¶ a *string* of pearls 한 줄로 꿰어진 진주〔목걸이 따위〕. **3**〔구두·모자·에프런 따위의〕매는 끈, 리본(ribbon). ¶ apron *strings* 에프런 끈 / boot *strings* 구두끈. **4** 한 이음, 일렬, 연속;〔사람·동물의〕한 떼, 한 무리;〔집합적〕어떤 마구간에 가지고 있는 모든〕경주마. ⇒ SERIES【類題】¶ a *string* of questions 질문의 연발 / a long *string* of cars 긴 열을 이루고 있는 차 / be in a *string* 염주처럼 이어져 있다. **5**〔활의〕시위(bowstring). ¶ lay an arrow on the *string* 시위에 화살을 메기다. **6**〔악기의〕현, 줄. ¶ touch a *string* in a person's heart《비유적》남의 심금을 울리다, 마음을 움직이다. **7** (~s)〔관현 악단의〕현악기〔부〕; 현악기 연주자. ¶ touch the *strings* 현악기를 연주하다, 탄주(彈奏)하다. **8**〔식물의〕섬유(fiber);〔완두 따위의〕힘줄, 권수(卷鬚). 〔계단 옆판. **9**〔건축〕a) = stringcourse. b)〔계단을 옆에서 받치는 **10**〔당구〕 a) 공을 쳐서 맞은편 쿠션에 맞혀, 튕겨서 정지한 위치에 따라 경기 순서를 결정하기 위한 한번 치기. b) 득점수; 득점 계산기. **11**(보통 ~s)《美구어》부대 조건, 제한. ¶ a proposal with no *strings* attached 부대 조건 없는 제의. **12** 방책, 방법, 수, 의지. ¶ the first (second) *string* 제1(제2) 책, 제1(제2)로 의지가 되는 사람(것). **13**〔기량의 차이에 의한〕 운동 경기자의 각 단계, 급. ¶ the players of the second *string*〔야구 팀 따위의〕 2군(軍). **14**〔폐어〕힘줄, 인대(靭帶), 신경, 건(腱)(tendon). **15**《美속어》협잡, 거짓말, 허보(虛報)(false report). **16**《속어》넥타이(necktie). **17**〔컴퓨터〕기호열(記號列), 스트링.
by the string rather than the bow《구어》단도직입.
have two strings to one's **bow** ⇒ BOW.
on a (or **the**) **string** ①〔구슬 따위가〕실에 꿰어져 있다. ② 뜻대로 되어서. ¶ She has him on a *string*. 그녀는 그를 뜻대로 조종한다.
play second string to…을 보좌하다, …의 조연 역할을 하다.
pull every string 전력을 다하다.
pull [**the**] **strings** ⇒ PULL.
a second string to one's **bow** 대안, 다른 수단.
— *v.* (**strung**, **strung** or 〔드물게〕**stringed**, **string·ing**) *vt.* **1**…에 실〔끈〕을 달다, …을 실에 꿰다(thread on). ¶ *string* beads 구슬을 실에 꿰다. **2**〔실·끈에〕을 묶다, 감다, 매달다; …을 매단 것으로 장식하다. ¶ *string* a packet of books 책의 소포를 묶다 // (~+图+前+图) the rigging *strung* with fish 물고기를 매단 삭구(索具) // (~+图) *string* together〔사실 따위를〕이어 맞추다. **3**〔활·악기〕에 현(시위)을 매다;〔줄을 당겨서〕〔악기〕의 음조를 맞추다(*up*). ¶ (~+图+图) *string* [*up*] a violin 바이올린의 음조를 맞추다. ¶ (~+图+图)…을 팽팽하게 하다, 펼치다(stretch), 잡아 늘이다(…*out*). ¶ (~+图+图) *string out* one's life 수명을 연장하다. **6**〔보통 수동형 또는 재귀 용법으로〕〔신경·정신·근육 따위를〕긴장시키다, 흥분시키다(…*up*). ¶ (~+图+图) *string* oneself *up* to the highest pitch 극도로 긴장하다 // (~+图+*to do*) *string* oneself *up* to

do; be *strung up to do* 힘을 내어 …하다. **7** …의 섬유(힘줄)를 제거하다. **8** 《미속어》…을 속이다, 사기치다. **9** 《미속어》(남)을 마약으로 병들게 하다(*…out*).
— *vi.* **1** 줄줄이 이어지다, 길게(줄지어) 움직이다. **2** 실처럼 되다, (아교 따위가) 실처럼 늘어나다, 실을 당기다. **3** (당구) 경기순을 결정하기 위하여 공을 치다.
string a person along 《미구어》① 남을 기다리게 하다. ② 사람을 속이다.
string along with 《미구어》① …과 함께 해나가다. ② …에 충실히(신뢰하여) 따르다.
string up 《구어》(남)을 교살하다.
strung out 《미속어》마약으로 휘청거리다.
◇ strĭngless, strĭngy *adj.*
strĭng bàg *n.* 끈이나 실로 만든 주머니.
strĭng bànd *n.* 현악단.
strĭng bèan *n.* **1** 꼬투리를 먹는 콩, 깍지강낭콩; 그 꼬투리. **2** 《구어》키가 후리후리한 사람.
strĭng·board [strĭŋbɔ̀ːrd/-bɔ̀ːd] *n.* [건축] 계단의 옆치장 판자. ⇒ stringer 6.
strĭng cŏrrespŏndent *n.* =STRINGER 6.
strĭng·course [strĭŋkɔ̀ːrs, -kɔ́ːs] *n.* [건축] 돌림띠.
strĭng devĕlopment *n.* ⓤ 대상(帶狀) 발전 (도시에서 교외 쪽으로 도로를 따라 보통 무계획적으로 주택·상점 따위가 띠 모양으로 세워져 나가기).
stringed [strĭŋd] *adj.* **1** [악기] 현이 있는; (복합어를 만들어) 현이 …인. ¶ *a stringed* instrument 현악기 / *five-stringed* 5현의. **2** 현악기의.
strin·gen·cy [strĭndʒ(ə)nsi] *n.* ⓤⓒ (*pl.* **-cies**) **1** 엄격, 엄중(strictness). **2** [토론 따위의] 설득력, 납득시키는 점. **3** [금융 시장 따위의] 긴박, 핍박, 절박. ¶ financial *stringency* 재정 압박. **4** [급속하게 (한). [<It]
strin·gen·do [strĭndʒéndou] *adv., adj.* (음악) 차츰
strin·gent [strĭndʒ(ə)nt] *adj.* **1** 엄격한, 엄한, 가혹한, 엄중한. ⇒SEVERE [類語] **2** [토론 따위의] 설득력 있는; 유력한. **3** [금융 시장 등이] 긴박한, 절박한(urgent); 돈이 안 도는. **~·ly** *adv.*
string·er [strĭŋər] *n.* **1** (현악기의) 현을 매는 사람, (활의) 시위 메기는 사람. **2** [건축] 세로 칸보, (계단의) 엎판(string). **3** 《미》[철도] 세로 된 침목. **4** (造船) 수량재(受樑材). **5** (~s) 《속어》수갑. **6** 비상근 신문 기자, 지방 통신원. **7** (복합어로 쓰여) 《미》…급 선수. ¶ a second*stringer* 2군 (보결) 선수.
string·halt [strĭŋhɔ̀ːlt] *n.* ⓤ [獸醫] [말의] 파행증(跛行症).
string·less [strĭŋlis] *adj.* **1** 현이 없는. **2** 부대 조건
strĭng ŏrchestra *n.* 현악 합주단.
string·piece [strĭŋpìːs] *n.* [건축] 뼈대를 보강·연결하기 위한) 길다란 가로내.
strĭng pŭlling *n.* 배후 조종, 음모.
strĭng quartĕt *n.* [음악] 현악 4 중주단(곡). [용].
strĭng·y [strĭŋi] *adj.* (**string·i·er, string·i·est**) **1** 실(근)의, 실 같은, 가느다란. **2** 힘줄이 많은, 섬유질의. ¶ *stringy* meat 힘줄이 많은 살. **3** [사람이] 힘줄이 단단한, 근골이 튼튼한. **4** [액체 따위가] 끈끈한(ropy), 점질(粘質)의. **string·i·ness** *n.*
strip[strip] *v.* (**stripped** *or* (드물게) **stript**, **strip·ping**) *vt.* **1** (껍질 따위)를 벗기다; (남)을 옷을 벗기다(undress). ¶ (~+周+前+名) *strip* a person *to* the skin 남을 발가벗기다 / *strip* a tree *of its* bark, *strip* the bark *from* a tree 나무 껍질을 벗기다(* *of* 와 *from*의 용법에 주의) // (~+周+翻) *strip* a person naked 남을 발가벗기다 / (~+周+副) *strip off* one's clothes 옷을 벗다. **2** …에서 빼앗다, 약탈(박탈)하다,

제거하다, 비우다(empty) (*…of*). ¶ (~+周+前+名) *strip* a room *of* its furniture 방의 가구를 모조리 치우다 / *strip* a person *of* his money 남에게서 돈을 탈취하다. **4** [담배 잎]에서 엽맥(葉脈) (중륵)을 빼내다. **5** [기계] …의 나사 날을 마멸시키다. **6** [소제를 위하여] (총포류)를 분해하다; (배)를 해장(解裝)하다. **7** [화학] …을 중류하여 휘발분을 없애다; [우유]를 짜내다. **8** [직물] [방적기]의 지스러기를 없애다; (천)을 탈색하다.
— *vi.* **1** 옷을 벗다, 벌거벗다. **2** [수목·과일 따위의] 껍질이 벗겨지다. **3** [담배의] 엽맥 제거 작업을 하다. **4** [톱니바퀴의] 이·날이 마멸하다, 닳다. **5** 스트립을 하다.
6 《구어》 = STRIPTEASE.
‡**strip**[strip] *n.* **1** 길고 가느다란 조각. ¶ in *strips* 조각내서. **2** [신문 따위의] 연재 만화(comic strip); (우표 수집) 3 장 이상 붙어 있는 우표. **3** 길고 가느다란 면. (항공) [비행기의] 가설 활주로(airstrip). — *vt.* (**stripped, strip·ping**) …을 길고 가늘게 자르다.
strĭp chàrt *n.* 띠 모양의 그래프 용지.
strĭp cĭty *n.* 《미》[도시 간을 잇는] 대상(帶狀) 시가
strĭp crŏpping (fărming) *n.* 계단식 경작(재배).
stripe [straip] *n.* **1** 줄, 선조(線條). ¶ vertical (lateral) *stripes* 세로(가로) 무늬. **2** (종종 ~s) 줄무늬의 직물(천). **3** (천·끈의) 짧고 가느다란 조각; 길고 가느다란 형상의 작은 조각. **4** (~s) (군인의) 수장(袖章), 갈매기표. ¶ get (lose) one's *stripes* 승진하다(강등되다). **5** [인물 등의] 특색, 형(型), 종류(sort). ¶ a politician of the Democratic *stripe* 민주당형의 정치가. **6** (~s) 《미》[줄무늬가 든] 죄수복. **7** (~s) 《영구어》호랑이(tiger). **8** (보통 ~s) (고어) 매질 자국; 매질. — *vt.* (**striped, strip·ing**) …에 줄무늬를 넣다. ◇ strĭpy *adj.*
‡striped [straipt] *adj.* 줄무늬가 있는, 줄무늬가 든.
strĭped băss *n.* 줄무늬농어[미국연안산(産) 식용어].
striped-pants [stráiptpǽnts] *adj.* 형식을 차리는, 예절에 지나치게 신경쓰는.
strip·er [stráipər] *n.* 《美軍 속어》**1** [계급을 나타내는] 수장을 단 해군 사관. ¶ a four-*striper* 해군 대령. **2** [근무 연수를 나타내는] 수장을 단 군인.
strĭp fĭlm *n.* ⓤⓒ 슬라이드 따위에 쓰는 1 피트 정도 길이의 필름 단편.
strĭp jŏint *n.* 스트립 쇼 극장.
strip·light [stríplàit] *n.* [연극] [수개의 전구를 띠 모양으로 늘어놓은] 투광 조명기구, 스트립라이트.
strĭp lĭghting *n.* ⓤ [형광등에 의한] 선형(線形) 조명.
strip·ling [stríplɪŋ] *n.* 젊은이(youth), 풋내기.
strĭp màp *n.* 진로 요도(要圖).
strĭp mìne *n.* 노천 [채굴] 광산.
strip-pack·ag·ing [strɪ́ppæ̀kɪdʒɪŋ] *n.* 스트립 포장 [약품 따위를 얇은 종이 봉지 따위에 1 회분씩 넣어 여러 개 연결시킨 포장 형태].
strip·per [strípər] *n.* **1** 벗기는 사람, 약탈자. **2** 벌거벗는(벗기는) 사람. **3** 《속어》스트리퍼(stripteaser). **4** 벗기는 도구, 박피기(剝皮器), 제모용 빗. **5** 《속어》젖이 마른 소. **6** 《속어》스트리퍼[라디오·에어콘 등 중요치 않은 장비를 모두 떼어놓은 차].
strĭp pòker *n.* 질 때마다 한가지씩 옷을 벗는 포커.
strip-search [strípsə̀ːrtʃ] *vt.* 발가벗겨 조사하다.
— *n.* 나체 검사.
stript [stript] *v.* (드물게) STRIP의 과거·과거분사의
strip·tease [strɪ́ptiːz] *n.* 스트립 쇼. — *vi.* (**-teased, -teas·ing**) 스트립 쇼를 하다.
strip-teas·er [stríptìːzər] *n.* 스트립퍼(stripper).
strip·y [stráipi] *adj.* (**strip·i·er, strip·i·est**) 줄무늬가 있는, 줄무늬가 든(striped).
‡**strive** [straiv] *vi.* (**strove** *or* **strived, striv·en** *or* **strived, striv·ing**) **1** 노력하다, 애쓰다, 힘쓰다, 분발

하다. ⇨ TRY類語 ¶ (~ + to do) He always *strives to be ahead of others in his class.* 그는 클래스 안의 누구에게도 지지 않으려고 항상 노력하고 있다 // (~ + 前 + 名) *strive for* independence 독립을 얻으려고 노력하다 / *strive after* an ideal 이상을 실현시키려고 노력하다. **2** 다투다, 싸우다, 분투하다(struggle) (*with, against*...). ¶ (~ + 前 + 名) *strive against* fate (*or* destiny) 운명과 싸우다. **3** 《고어》 경쟁하다, 맞서다(rival) (*with*...). ◇ **strife** *n*.

striv·en [strív(ə)n] *v*. strive 의 과거 분사.
strobe [stroub] *n*. **1** = STROBOSCOPE. **2** [사진의] 스트로보(strobe light).
strob·ile [strábil / strɔ́b-] *n*. [식물] 구과(毬果) 〖솔방울 따위〗.
Stro·bo [stróubou] *n*. [사진] 〖상표명〗 스트로보 〖방전(放電)으로 섬광(閃光) 촬영을 하는 장치〗.
stro·bo·scope [stróubəskòup] *n*. 스트로보스코프 〖급속히 회전·진동하는 운동체의 주기적 상태 변화를 관찰하는 장치〗; 〖사진〗 조금씩 변화하는 사진을 원통 안에 붙여 그것을 회전시켜서 보는 장치.
strob·o·scop·ic [stròubəskápik / -skɔ́p-] *adj*. stroboscope 의.
stro·bo·tron [stróubətràn / -trɔ̀n] *n*. [전기] 스트로보 방전관(管).
strode [stroud] *v*. stride 의 과거형.
‡**stroke**[strouk] *n*. **1** 때리기, 한번 치기, 일격(blow), 한번 찌르기; 〖벼락 같은〗 강력한 방전; 〖스포츠〗 〖정구·당구 따위의〗 타법. ¶ *a stroke of lightning* 낙뢰/*a backhand stroke* 〖정구의〗 백 핸드/*Little strokes fell great oaks.* 《속담》 열 번 찍어 안 넘어가는 나무 없다. **2** [기계] [반복 운동의] 한 동작, 한 움직임, 그 행정(行程) [거리]; [심장의] 고동(throb), 맥박(pulsation). ¶ *a stroke of a bird's wing in flight* 나는 새의 날개치기. **3** 일필, 필법, 필치; 〖글자의〗 한 획, 자획; 한번 새김. ¶ *a finishing stroke* 끝마무리. **4** [시계·종 따위의] 치기; 그 치는 소리. ¶ *He started on the stroke of five.* 그는 5시를 치자 떠났다. **5** 〖병의〗 발작, 뇌일혈(apoplexy). ¶ *an apoplectic stroke* 뇌일혈의 발작 / *have a stroke* 뇌일혈로 쓰러지다. **6** 한바탕 일하기; 수완, 공적, 업적(achievement); 성공; 〖목적을 이룩하려는〗 노력. ¶ *make a large fortune at a stroke* 일확 천금하다 / *It was a great stroke of diplomacy.* 그것은 외교상의 일대 성공이었다. **7** [수영] 수족의 놀림, 헤엄의 형, 수영법. ¶ *the butterfly stroke* 버터플라이 수영법. **8** Ⓤ Ⓒ 〖보트 따위의〗 한번 젓기; 조법(漕法); 정조(수). ¶ *pull* (*or* row) *stroke* 정조수(整整手)가 되어 젓다. **9** 〖행운 따위의〗 우연히 찾아듦, 우연한 행운. ¶ *What a stroke of luck!* 운이 아주 좋군! / *stroke* (*once*). **at a** (*or* **one**) **stroke** ① 일격으로. ② 일거에(all at once). **keep stroke** 노를 템포를 맞춰 젓다. *a stroke above* ...보다 한 수 위. ¶ *He is a stroke above his equals.* 그는 동료들보다 한 수 위이다. ── *vt*. (**stroked, strok·ing**) **1** [펜 따위로] ...에 선을 긋다. **2** 〖보트를〗 정조(整整)로 젓다. **3** 〖공을〗 을 치다. ◇ **strike** *v*.
stroke² [strouk] *vt*. (**stroked, strok·ing**) **1** ...을 쓰다듬다, 어루만지다; 달래다. ¶ (~ + 目 + 副) *stroke a person down* 남을 달래다 / *stroke down* one's hair 머리칼을 쓰다듬어 내리다. **2** [재봉에서] ...의 주름을 펴다. **3** 〖어린아이를〗 쓰다듬기, 어루만지기.
stróke òar *n*. 〖보트의〗 정조수(整整手)가 젓는 후미의 노. **2** 정조[수] (stroke).
stróke plày *n*. [골프] 타수(打數) 경기(medal play).
strokes·man [stróuksmən] *n*. (*pl*. **-men** [-mən]) 정조[수] (stroke).
‡**stroll** [stroul] *vi*. **1** 한가롭게 (이리저리) 거닐다(ramble); 산책하다(take a walk). ¶ (~ + 副) *stroll about* in the suburbs 교외를 산책하다 // (~ + 前 + 名) *stroll along the beach* 해변을 산책하다.

類語 **stroll** [운동·구경 따위의] 어떤 목적으로 서두르지 않고 마음 내키는 대로 걷다: *stroll through a museum* 박물관 안을 이리저리 돌아다니다. **saunter** 한가롭고 즐거운 발걸음으로 걷다: *saunter in the streets* 거리를 이리저리 걸어다니다. **meander** 뚜렷한 진로도 없이 이리저리 걸으며 다니다: *meander about the suburbs* 교외를 이리저리 한가롭게 돌아다니다.

2 방랑하다, 유랑하다(wander). **3** [극단 따위가] 순회 공연을 하다. 「(along). ── *vt*. ...을 이리저리(한가로이) 걸어다니다(saunter). ── *n*. 한가로이 걸어다니기, 산책. ¶ **take** (*or* **go for**) *a stroll* 산책하다.
stroll·er [stróulər] *n*. **1** 한가로이 걸어다니는〖산책하는〗사람. **2** 방랑자. **3** 순회 흥행사(星行師). **4** 〖접었다 폈다 하는 식의 4륜〗 유모차(pushchair).
stroll·ing [stróuliŋ] *adj*. 유랑하는, 순회 공연하는.
stro·ma [stróumə] *n*. (*pl*. **-ma·ta** [-mətə]) **1** 〖해부〗 〖적혈구 따위의〗 기질(基質), 기초조직(基礎組織), 간질(間質). **2** 〖식물〗 자좌(子座); 엽록대(葉綠帶).
stro·mat·o·lite [stroumǽtəlàit] *n*. 〖고생물〗 스트로마톨라이트〖녹조류의 화석을 포함한 층상(層狀) 석회석〗.
‡**strong** [strɔːŋ / strɔŋ] *adj*. **1** 〖신체적으로〗 강한, 힘센; 튼튼한, 건강한. *opp*. weak ¶ the *stronger* sex 남성 (*cf*. the weaker sex) / *She is not feeling very strong*. 그녀는 몸이 좀 좋지 않다 // *He is strong enough to lift the rock.* 그는 힘이 세서 그 바위를 들어올릴 수 있다.

類語 **strong** [힘센]의 뜻의 가장 일반적인 말. **robust** 건장하고 활력에 넘치는: *a robust* pioneer 억센 개척자. **stalwart** 체격이 크고 힘도 세어 믿음직스러운: *a stalwart* policeman 늠름하고 믿음직스러운 경찰관. **stout** 통통하고 힘세며 내구력·저항력이 있는: *be short but stout* 키는 작으나 튼튼하고 억세보이다. **sturdy** 체격의 크기보다도 안에 긴밀한 조직 따위에 의한 내구력·저항력을 암시: *a sturdy* widow with two children 두 아이를 가진 마음이 억센 과부. **tough** 취약한 데가 없고 외부의 파괴력에도 강인하게 견디다: *tough* resistance 강인한 저항.

2 [정신력·지력이] 굳센; [신념이] 단단한, 강한; 기력이 있는, 의지가 강한. ¶ *He has strong nerves.* 그는 배짱이 좋다. **3** 유능한, 훌륭한, 솜씨좋은(*in...*) (*opp*. weak). ¶ *Making speeches is not his strong point.* 그는 연설에 능하지 못하다 // *She is strong in English.* 그녀는 영어에 능하다. **4** [도덕적으로] 견고한, 든든한; 용기가 있는. ¶ *be strong under temptation* 유혹을 이겨 내다. **5** 세력이 있는, 유력한(influential), [재정적으로] 강력한, 재력이 있는. ¶ *a strong nation* 강국[민]; 대국[민]. **6** [토론·증거 따위가] 그럴 듯하게 생각되는, 유력한, 효력있는(potent). *opp*. weak ¶ *strong reasons* 유력한 이유. **7** [소리가] 높은(loud), 분명하고 힘찬 ...이유. **8** [축조물 따위가] 견고한; [물건 따위가] 튼튼한. ¶ *a strong fort* 견고한 요새 / *strong cloth* 튼튼한 천. **9** [조치·수단 따위가] 엄한(severe), 강경한. ¶ *strong measures* 강경(고압) 수단. **10** [표현이] 명백한, 힘센; [말씨 따위가] 침착한, 격렬한. ¶ *a strong* expression 힘찬 표현 / *strong* language 심한 말; [특히] 욕설, 독설 / *a strong* situation [연극·이야기 따위의] 감동적인 장면. **11** [감정·의견이] 강한; 강경한; 열심인, 열렬한. ¶ *strong* affection 강한 애정 / *a strong* Christian 믿음이 돈독한 기독교도 / *She has a strong sense of duty.* 그녀는 책임감이 강하다 // *He is strong against* compromise. 그는 타협에 강경하게 반대하고 있다.

12 [바람·조류 따위가] 강한, 심한. **13** [유사·대비(對比)가] 분명한, 두드러진(marked); [인상이] 강한(vivid). ¶ She bears a *strong* resemblance to her mother. 그녀는 어머니를 꼭 닮았다. **14** [광선·색채 따위가] 강렬한. ¶ a *strong* light 강렬한 빛. **15** [차·술·약 따위가] 진한, [음료·음식이] 알코올분이 많은; 강한, [효능이] 강한. *opp.* weak ¶ *strong* drinks 알코올분이 강한 음료; 주류. **16** 냄새가 강한; 고약한 냄새가 나는, 악취가 나는. **17** [밀가루가] 끈끈한, 강력한. **18** [전력(戰力)이] 강[력]한; 다수의, 우세한; 병력(인원)…의, ¶ an army 20,000 *strong* 2만 병력의 군대. **19** [상업] [시세가] 강세의, 등귀하는(rising). ¶ The silk market is very *strong*. 생사 시장은 아주 강세다. **20** [문법] (*opp.* weak) **a**) 강변화의, 불규칙 변화의. ¶ a *strong* verb 강변화 동사. **b**) 강세가 있는 (stressed).
by the strong hand (*or arm*) 완력으로, 억지로.
have a strong head [사람이] 술에 강한(취하지 않는).
take strong root 깊이 뿌리 박다.
— *adv.* 강하게, 맹렬히; 엄청나게(strongly).
be going strong 《속어》 튼튼하다; 한창이다, 잘 되어가다.
come (*or go*) *it strong* 《속어》 강력하게 하다; 과장하여 말하다.
put it strong 나쁘게(심하게) 말하다.
◇ strength *n.*, strongly *adv.*
by the strong hand (*or arm*) 완력으로, 억지로. [다.
have a strong head [사람이] 술에 강한(취하지 않는).
take strong root 깊이 뿌리 박다.
— *adv.* 강하게, 맹렬히; 엄청나게(strongly). [다.
be going strong 《속어》 튼튼하다, 한창이다, 잘 되어가다.
come (*or go*) *it strong* 《속어》 강력하게 하다; 과장하여 말하다. [람.
put it strong 나쁘게(심하게) 말하다.
◇ strength *n.*, stróngly *adv.*
strong árm *n.* **1** 폭력, 완력. **2** 폭력을 휘두르는 사
strong-arm [strɔ́ːŋɑ̀ːrm / strɔ́ŋ-] 《구어》 *adj.* 완력 (폭력)을 쓰는. — *vt.* **1** …에 폭력을 쓰다. **2** …에서 강탈하다.
strong·box [strɔ́ːŋbɑ̀ks / strɔ́ŋbɔ̀ks] *n.* 금고, 귀중품 상자. [람].
stróng bréeze *n.* [기상] 된바람(매시 25~30마일의 바
stróng fórce *n.* (the ~) [물리] 스트롱 포스, 강한 힘(원자핵 안에서 중성자나 양성자를 맺고 있는 힘].
stróng fórm *n.* [문법] [발음의] 강형(强形).
stróng gále *n.* [기상] 큰센바람(매시 47~54마일의 바람].
strong·head·ed [strɔ́ːŋhédid / strɔ́ŋ-] *adj.* 완고한, 고집센(stubborn).
strong·heart·ed [strɔ́ːŋhɑ́ːrtid / strɔ́ŋ-] *adj.* 용기있는(courageous).
***strong·hold** [strɔ́ːŋhòuld / strɔ́ŋ-] *n.* **1** 요새, 성채 (fortress), 피난처. **2** 근거(본거)지, 거점.
stróng interáction *n.* (the ~) =strong force.
strong·ish [strɔ́ːŋiʃ / strɔ́ŋ-] *adj.* 꽤 힘이 보이는, 약간 강한
stróng lánguage *n.* ⓤ 악담, 심한 말. [한.
strong·ly [strɔ́ːŋli / strɔ́ŋ-] *adv.* **1** 세게, 억세게; 튼튼하게; 단호히. **2** 맹렬히, 용감하게, 대담하게. **3** (bold-)
stróng mán *n.* **1** 장사. **2** 독재자, 유력자. **¶ a**
stróng méat *n.* **1** 딱딱한 고기, **2** 공포심·분노·반발 따위를 불러일으키는 것, 소름 끼치는 것. **3** 《성서》 어려운 교리.
strong-mind·ed [strɔ́ːŋmáindid / strɔ́ŋ-] *adj.* **1** 결단력 있는, 마음이 단단한. **2** 〖여성이〗 기승스러운, 남자 못지않은.
strong·point [strɔ́ːŋpɔ̀int / strɔ́ŋ-] *n.* **1** 장점. **2** 〖군사〗 거점, 〖전략상의〗 요지.
strong·room [strɔ́ːŋrù(ː)m / strɔ́ŋ-] *n.* 《주로 英》 [화재·도난 방지 따위의 설비가 있는] 금고실, 귀중품실.
stróng súit *n.* [카드놀이에서] 높은 끗수 패; 장점.
strong-willed [strɔ́ːŋwíld / strɔ́ŋ-] *adj.* **1** 의지가 강한, 과단성 있는(resolute). **2** 완고한, 고집센(stubborn).
stron·ti·a [strɑ́nʃ(i)ə / strɔ́n-] *n.* ⓤ 〖화학〗 스트론티아 [산화 스트론튬·수산화 스트론튬].
stron·ti·um [strɑ́nʃiəm, -tiəm / strɔ́n-] *n.* ⓤ 〖화학〗 스트론튬〖금속 원소의 하나; 원자 기호 Sr〗. ¶ *strontium* 90 스트론튬 90〖인체에 해로운 방사성 동위체〗. 〖<Strontian: 1790 년 처음으로 이 원소가 발견된 스코틀랜드의 마을 이름〗
strop [strɑp / strɔp] *n.* **1** 〖특히 면도칼용〗 가죽 숫돌, 혁지(革砥). **2** 〖항해·기계〗 도르래줄; [맛줄의] 삭환(索環). — *vt.* (**stropped, strop·ping**) …을 가죽 숫돌로 갈다.
stro·phan·thin [stro(u)fǽnθin] *n.* ⓤ〖약〗스트로판틴〖강심·혈압 강하제〗.
stro·phe [stróufi] *n.* **1** 〖고대 그리스의〗 합창 무용단의 좌회전; 그때 부르는 노래(합창가). **2** 〖핀다로스풍 송가(頌歌) (Pindaric ode)의〗 제 1 연(聯). **3** 〖현대시에서〗 절, 연(stanza).
strop·per [strɑ́pər / strɔ́pə] *n.* **1** 가죽 숫돌로 가는 사람. **2** 안전 면도날을 가는 기계.
strop·py [strɑ́pi / strɔ́pi] *adj.* 《英속어》 싸움(시비)을 좋아하는.
***strove** [strouv] *v.* strive 의 과거형.
strow [strou] *vt.* (**strowed, strown** [stroun] *or* **strowed, strow·ing**) 《고어》 =strew.
‡struck [strʌk] *v.* strike 의 과거·과거 분사.
— *adj.* **1** 파업중인. ¶ a *struck* factory 파업중인 공장. **2** 《속어》 […을] 크게 좋아하는, […에] 정신이 팔린 (*on, with*…).
strúck júry *n.* 특별 배심〖많은 사람 중에서 쌍방 변호인의 합의로 골라낸 12인의 배심〗.
***struc·tur·al** [strʌ́ktʃ(ə)rəl] *adj.* **1** 구조[상]의, 조직[상]의. **2** 건축[용]의. **3** 〖생물〗 유기 조직의, 형태상의. **4** 〖지질〗 〖암석 따위의〗 구조의, 지각(地殼) 구성상의. ~**·ly** [-rəli] *adv.*
◇ strúcture *n.*
struc·tur·al·ism [strʌ́ktʃ(ə)rəlìz(ə)m] *n.* ⓤ **1** 구조주의. **2** 구조 심리학, 구조 언어학(structural linguistics).
struc·tur·al·ist [strʌ́ktʃ(ə)rəlist] *n.* 〖심리학·언어학·사회학 따위의〗 구조주의자. — *adj.* 구조주의의.
strúctural linguístics *n. pl.* (단수취급) 구조 언어
strúctural recéssion *n.* 〖경제〗 구조 불황. [학.
strúctural unemplóyment *n.* 구조적 실업.
‡struc·ture [strʌ́ktʃər] *n.* ⓤⓒ **1** 구조, 구성; 조직 (organization), 조립. **2** ⓒ 구조물, 건조물, ▷ BUILDING 類語. **3** 〖화학〗 화학 구조. **4** 〖생물〗 〖조직·기관 따위의〗 구성. — *vt.* (**-tured, -tur·ing**) …을 조직화하다, 조립하다. ▷ strúctural *adj.*
strúctured prógramming *n.* 〖컴퓨터〗 구조화 (構造化) 프로그래밍〖개개의 프로그램을 연속·선택·반복의 세 기본 구조로 짜맞추어 표현〗.
struc·tur·ism [strʌ́ktʃ(ə)rìz(ə)m] *n.* ⓤ《미술》 구조주의〖기하학적 도형미를 추구하는 한 사조〗.
struc·tur·ize [strʌ́ktʃ(ə)ràiz] *vt.* (**-ized, -iz·ing**) …을 구조화하다(structure).
stru·del [strúːd(ə)l] *n.* 과일·치즈 따위를 밀가루 반죽으로 얇게 싸서 구운 과자.
‡strug·gle [strʌ́gl] *v.* (**-gled, -gling**) *vi.* **1** 〖적 따위와〗 다투다(contend), 싸우다, 격투하다(fight) (*against, with*…). ¶ (~+前+名) *struggle against* fearful odds 강적과 싸우다. **2** 크게 노력하다, 고심하다, 애쓰다 (strive), 고투(분투)하다 (*for, with*…). ¶ (~+to do) ▷ TRY 類語. ¶ (~+*to do*) *struggle to* calm oneself 냉정해지려고 애쓰다 // (~+前+名) *struggle for* a living 생활을 위해 악전 고투하다 / *struggle with* an important problem 중대 문제와 씨름질하다. **3** 발버둥치다, 몸부림치다, 날뛰다, 안달복달하다. ¶ (~+*to do*) *struggle to* escape 도망치려고 발버둥치다. **4** 밀치고(헤치고) 나아가다 (*along, through*…). ¶ (~+前+名) *struggle through* a crowd 군중을 헤치고 나아가다. **5** 《美속어》 댄스를 하다, 춤추다(dance).
— *vt.* …을 노력해서 이루다; [길]을 힘들여 나아가다. ¶ (~+目+前+名) They *struggled* their way *through* a

struggling 　　　　　　　　　　2125　　　　　　　　　　**student union**

crowd. 그들은 군중을 헤치고 나아갔다 // (~+图+to do) *struggle* oneself to do 크게 노력하여 …하다.
── n. **1** 투쟁, 격투; 맞붙어 싸우기, 난투. ¶ a close *struggle* 접전. **2** 노력, 분투, 노고(for...). ⇒ QUARREL
[類語] ¶ a *struggle* for liberty 자유를 얻기 위한 투쟁 / a *struggle* for existence 생존 경쟁. **3** 발버둥, 몸부림.
strug·gling [strʌ́gliŋ] *adj.* **1** 투쟁하는, 싸우는. **2** 노력(분투)하는. **3** 발버둥치는. ~**ly** *adv.*
strum [strʌm] *v.* (**strummed, strum·ming**) *vt.* (현악기)를 아무렇게나 타다(되는 대로) 연주하다(play badly) (on...; away). ¶ (~+图) *strum* on a guitar 기타를 아무렇게나 치다. ── n. [현악기] 아무렇게나 연주하기; 그 소리.
stru·ma [strúːmə] *n.* (*pl.* **-mae** [-miː]) **1** [병리] 갑상선종(甲狀腺腫). **2** [식물] [이끼 따위의] 혹 모양의 돌기, 소엽절(小葉節).
stru·mose [strúːmous] *adj.* [식물] 혹 모양의 돌기가 있는.
strum·pet [strʌ́mpit] *n.* 매춘부.
***strung** [strʌŋ] *v.* string 의 과거·과거 분사.
***strut**¹ [strʌt] *v.* (**strut·ted, strut·ting**) *vi.* 뽐내며 (점잔빼며) 걷다, 활보하다. ¶ (~+图) *strut* about (or along) 어깨를 으쓱대며 걷다. ── *vt.* [마루 따위를] 점잔빼며 걷다; …을 자랑하듯 드러내보이다. ── n. 점잔빼며 걷기, 활보.
strut² [strʌt] *n.* 지주(支柱), 버팀목(prop). ── *vt.* (**strut·ted, strut·ting**) …을 지주(버팀목)로 버티다.
strut·ter [strʌ́tər] *n.* 점잔빼며 걷는 사람, 활보하는 사람.
strych·nic [stríknik] *adj.* 스트리키니네의.
strych·nine [stríkniːn, -nain] *n.* ⓤ [약] 스트리키니네, [스트리키니네 나무의 열매에서 채취되는] 맹독성의 알칼로이드. 홈분제로 쓴다].
STS ⟪略⟫ ⟪우주⟫ *S*pace *T*ransportation *S*ystem(우주 수송 시스템).
St. Thómas *n.* 서인도 제도 Virgin 제도 중의 미국령 ⟨요양지. 1493년 콜럼부스의 제2회째 항해중에 발견⟩.
Stu·art [st(j)úːərt / stjú(ː)-] *n.* **1** 스튜어트 왕가의 일원. **2** (the ~s) 스튜어트 왕가 [1371-1603년간 Scotland 를, 1603-1714년간 Scotland 와 England 를 통치했다] (the House of Stuart).
***stub** [stʌb] *n.* **1** 그루터기(stump, stock); [쓰러진 나무·이 따위의] 뿌리, 등걸. **2** [연필·팬 따위의] 다 쓰고 남은 토막, 동강; [담배의] 꽁초. ¶ the *stub* of a pencil 쓰다 남은 동강 연필. **3** [말굽쇠의] 남은 못. **4** ⟪美⟫ [수표장 따위의] 보관용 부본, 대지(臺紙). ── *vt.* (**stubbed, stub·bing**) **1** (밭)을 [그루터기·돌 따위의] 채다, 부딪치다. **2** …을 그루터기로 만들다, 의 끝을 자르다. **3** [그루터기·뿌리]를 뽑다 (...*up*). **4** [궐련 따위]를 비벼 불을 끄다. ◇ **stúbby** *adj.*
stub·bed [stʌ́bid, stʌ́bd] *adj.* **1** 그루터기로 된, 짧게 깎은; 그루터기 모양의(stumpy). **2** 땅딸막한. **3** 쓰다 남아진.
***stub·ble** [stʌ́bl] *n.* **1** (보통 ~s) [보리 따위의] 그루터기, [집합적] 그루터기만 남은 밭. **2** ⓤ 그루터기 모양의 것; 짧게 깎은 머리(수염).
stub·bly [stʌ́bli] *adj.* (**-bli·er, -bli·est**) **1** 그루터기 가 많은. **2** 그루터기와 같은; [머리털·수염 따위가] 살짝 자라 억센.
‡**stub·born** [stʌ́bərn] *adj.* **1** 고집 센, 완고한, 옹고집의. ¶ a *stubborn* child 고집센 아이 / He is as *stubborn* as a mule. 그는 응고집쟁이다.
[類語] **stubborn** 타고난 끈질긴 성질로 목적·의견 따위를 바꾸지 않고, 때로는 다루기 힘든: *stubborn* nature 타고난 완고한 성격, **dogged** 굳세 마음에 다지고 목적·결의가 흔들리지 않는; 무뚝뚝한 인상을 암시한다: *dogged* determination 확고 부동한 결의. **obstinate** 종종 불합리한 억지를 부리며 완고한: an

obstinate girl 고집센 소녀. **persistent** 반대나 충고를 무시하거나 남에게 폐가 되는 것을 돌보지 않고 강행하거나 하여 집요한; 좋은 뜻으로 perseverant 와 같은 뜻일 수도 있다: a *persistent* request 거절당해도 끈덕지게 내는 요구. **perseverant** 실패·곤란에도 꺾이지 않고 인내·용기를 갖고 목적을 바꾸지 않는; 항상 좋은 뜻으로 쓰인다: a *perseverant* endeavor 불요 불굴의 노력. **pertinacious** 집요하게 목적을 추구하여 이따금 남에게 폐가 되는: a *pertinacious* salesman 집요한 세일즈맨. **tenacious** 외부로부터의 모든 공격에 맞서 입장·생각·주장을 완고하게 지키는: *tenacious* devotion to democracy 민주주의에의 끈덕진 헌신.
2 완강하여 저항하는(resisting strongly), 불굴의. **3** 다루기 힘든, 대하기 어려운; [나무·돌따위가] 단단한(hard), [금속이] 잘 녹지 않는. ¶ a *stubborn* disease 난치병 / a *stubborn* stone 세공하기 힘든 돌.
~**ly** *adv.* ~**ness** *n.*
stub·by [stʌ́bi] *adj.* (**-bi·er, -bi·est**) **1** 그루터기 의 (와 같은); 땅딸막한(squat). **2** 그루터기가 많은. **3** [머리털·수염 따위가] 짧고 억센(bristly).
stuc·co [stʌ́kou] *n.* ⓤⓒ (*pl.* **-coes** or **-cos**) 치장 벽토, ⓒ 치장 벽토 세공. ── *vt.* …에 치장 벽토를 바르다.
stuc·co·work [stʌ́kouwəːrk] *n.* ⓤ 치장 벽토 세공.
***stuck** [stʌk] *v.* stick 의 과거·과거 분사.
stuck-up [stʌ́kʌ́p] *adj.* ⟪구어⟫ 거만한, 건방진.
***stud**¹ [stʌd] *n.* **1** 장식용 징, 장식 손잡이. **2** [와이셔츠 따위의 떼었다 달았다 하는] 장식 단추, 커프스 버튼. **3** [기계] 박아넣는 볼트. **4** [건축] 띠벽 따위의 샛기둥.
── *vt.* (**stud·ded, stud·ding**) **1** …에 장식 징(못)을 박다, 장식 단추를 달다. ¶ (~+图+前+名) The gate is *studded with* big bosses. 그 문짝에는 장식 징이 박혀 있다. **2** …에 온통 박아넣다, 뿌려놓다. ¶ (~+图+前+名) a brooch *studded with* pearls 진주가 박힌 브로치. **3** [물건이] …에 점재(산재)해 있다. ¶ Numerous islands *stud* the bay. 무수한 섬이 그 만에 산재해 있다. **4** [건축] …에 샛기둥을 세우다, …을 샛기둥으로 받치다.
stud² [stʌd] *n.* **1** [수렵·경마·번식용의] 말 떼. **2** 말의 사육장, 양마장. **3** ⟪美⟫ 종마(種馬) (stallion); 씨받이용 수컷의 가축[의 떼]. **4** ⟪美속어⟫ 섹스에 강한 사나이.
at stud ⟪수컷의 동물이⟫ 번식용으로.
stud·book [stʌ́dbùk] *n.* [말의] 혈통 대장, 혈통 등록부.
stud·ding [stʌ́diŋ] *n.* ⓤ [건축] 샛기둥[용재].
stud·ding·sail [stʌ́diŋsèil, 《항해》 stʌ́nsl] *n.* 《항해》 스턴슬 (stansail), 보조(가로)돛.
‡**stu·dent** [st(j)úːd(ə)nt / stjúː-] *n.* **1** [대학·고등 전문 학교 따위의] 학생. *⟪美⟫에서는 high school 학생에게도 쓰는 수가 있다. ⇒* PUPIL¹ [類語] ¶ a college (a university) *student* 대학생 / a medical *student* 의학도 / a *student* life 학생 생활. **2** 학자, 연구가; 학자풍의 사람. ¶ a *student* of Shakespeare 셰익스피어 연구가. **3** [대학·연구소 따위의] 연구생; [Oxford 대학의 학료 Christ Church 따위의] 급비생(給費生) [다른 대학의 fellow, scholar 에 상당].
stúdent bódy *n.* 한 대학의 학생 전체.
stúdent cóuncil *n.* ⟪美⟫ 학생 자치 위원회.
stúdent góvernment *n.* ⓤ 학생의 자치.
stúdent intérpreter *n.* [공사관 등의] 수습 통역관.
stúdent lámp *n.* [높이가 조절 가능한] 독서용 스탠드.
stúdent pówer *n.* 스튜던트 파워[학생 자치회의 대학(학교) 관리].
stu·dent·ship [st(j)úːd(ə)ntʃìp / stjúː-] *n.* ⓤ **1** 학생이기, 학생의 신분. **2** ⟪英⟫ 장학금 (scholarship).
stúdent téacher *n.* 교육 실습생, 교생.
stúdent(stúdents') únion *n.* 학생 자치회; [대학 구내의] 학생 회관.

stúd fárm *n.* 종마(種馬) 사육장.
stud·horse [stʌ́dhɔ̀ːrs] *n.* 종마.
stud·ied [stʌ́did] *adj.* **1** 의도적인, 고의의, 계획적인, 일부러 하는. ⇨ ELABORATE [類語] ¶ a *studied* laugh 억지 웃음. **2** 숙고된. **3** 《고어》 연구된, 정통한 (in...). ¶ a *studied* man 학자 // He is well *studied* in English literature. 그는 영문학에 정통하다.
~·ly *adv.* ~·ness *n.*
‡**stu·di·o** [st(j)úːdiòu / stjúː-] *n.* (*pl.* **-di·os**) **1** (화가·조각가 등의) 일터, 아틀리에(atelier). **2** 사진 촬영소, 스튜디오. **3** (라디오·텔레비전의) 방송실, 스튜디오. **4** 영화 촬영소.
stúdio apártment(**flát**) *n.* 《美》 **1** 부엌·목욕실이 한 방에 딸린 아파트. **2** (예술가의 스튜디오처럼) 천장이 높고 큰 창문이 있는 아파트.
stúdio cóuch *n.* 침대 겸용 소파.
stu·di·ous [st(j)úːdiəs / stjúː-] *adj.* **1** 공부를 좋아하는, 학구적인, 연구에 열심인. ¶ a *studious* girl 공부를 좋아하는 소녀. **2** 열성인(zealous), 근면한, 애쓰는; 갈망하는. ¶ be *studious* to do (or of doing) 애써 …하다. **3** 조심성 있는, 사려 깊은(thoughtful), 신중한. **4** 《詩》 면학(연구)에 알맞은. **5** 《드물게》 부자연스러운(studied). ~·ly *adv.* ~·ness *n.*
stúd póker *n.* ⓤ (카드놀이) 스터드 포커 [맨 처음 한장씩 엎어서 돌리고 나머지 4장은 한장씩만 까서 돌리면서 그때마다 betting 하는 포커].
stud·work [stʌ́dwə̀ːrk] *n.* ⓤ **1** 샛기둥으로 받쳐진 건축물 (벽돌 쌓기 따위). **2** 징을 박은 가죽 세공 (투구 따위).
‡**stud·y** [stʌ́di] *n.* (*pl.* **stud·ies**) **1** ⓤ 면학, 공부. ¶ be fond of *study* 공부를 좋아하다.
2 (종종 studies) 연구, 학문. ¶ the *study* of science 과학의 연구 / make a special *study* of English literature 영문학을 전공하다 // pursue one's *studies* 연구를 계속하다.
3 조사, 검토, 고찰. ¶ The doctor made a careful *study* of the invalid's case. 그 의사는 환자의 병을 면밀히 살폈다.
4 학과, 학; 연구 제목(사항); 연구 업적, 연구 논문 (in...). ¶ social *studies* 사회과 / humane *studies* 인문학과 / *Studies* in Contemporary Music 현대 음악 연구 [논문의 제명으로서] / *The proper study of mankind is man.* 인간의 참된 연구 대상은 인간이다 [← Pope 작 *An Essay on Man* (1733)].
5 (보통 a ~) 연구할 가치가 있는 것; 볼만한 것. ¶ His character is a perfect *study*. 그의 성격은 정말 연구 거리이다 / His expression was a *study* when he heard the news. 그 소식을 들었을 때의 그의 표정은 볼만한 것이었다.
6 《고어》 노력, 노고; 노력의 대상, 갈망하는 것. ¶ Her constant *study* is to please her mother. 그녀는 항상 자기 어머니를 기쁘게 해드리려고 신경을 쓰고 있다.
7 (보통 a ~) 깊은 생각, 심사 숙고(deep thought). ¶ He is in a brown *study*. 그는 골똘히 생각에 잠겨 있다.
8 서재, 공부방, 연구실. [에튀드(étude)]
9 (문학·미술) 습작, 연습화, 스케치; (음악) 연습곡.
10 (연극) (형용사를 수반하여) 대사를 암기하는 것이 …인 배우. ¶ a quick (slow) *study* 대사 외기를 빠르게 (더디게) 하는 배우.
── *v.* (**stud·ied, stud·y·ing**) *vt.* **1** …을 공부하다, 배우다, 연구하다(⇨ LEARN [類語]); …을 조사하다; (대학에서) …의 코스를 밟다. ¶ *study* physics 물리학 연구를 하다 / *study* the present political situation in France 프랑스의 현 정치 정세를 살피다. **2** …을 잘 주의하여 보다, 유심히 보다; 정독하다. ¶ *study* a person's face 남의 얼굴을 유심히 보다 / *study* the Bible 성서를 정독하다. **3** (대사 따위)를 외다, 암기하다. **4** …을 고려하다, …의 이(利)를 도모하다. ¶ *study* one's own interests 사리를 도모하다. **5** …의 비위를 맞추다. ¶

study one's parents 양친의 비위를 맞추다. ── *vi.* **1** 공부하다, 배우다, 연구하다. ¶ *study* for the bar 변호사가 되기 위해 공부하다 / *study* abroad 해외 유학을 하다 / *study* hard 열심히 공부하다. **2** 노력하다, …하려고 애쓰다(endeavor), ¶ (~＋*to* do) *study to* be wise 현명해지려고 애쓰다 / *study to* do right 옳은 일을 하려고 노력하다. **3** 《美》 생각에 잠기다, 숙고하다.
study out …을 생각해내다; (수수께끼·문제 따위)를 숙고하여 풀다.
study up ① [시험 따위를 위해] …을 공부하다, …의 수험 공부를 하다. ② *vi.* 《美구어》 잘 관찰하다 (on...).
◇ stúdious *adj.*
stúdy gróup *n.* [정기적으로 모이는] 연구회.
stúdy háll *n.* [학교의] 자습실; 자습 수업.
‡**stuff** [stʌf] *n.* **1** ⓤ ⓒ 재료, 원료; 자료. ¶ building *stuff* 건축 재료. **2** ⓤ [일반의] 물건, 물질(substance). ⇨ MATTER [類語] ¶ cushions with some soft *stuff* 어떤 부드러운 물건을 넣은 쿠션 / green (or garden) *stuff* 푸성귀, 소채류 / doctor's *stuff* 약 / household *stuff* 가구 / What is *stuff*? 이것은 무엇이냐? **3** ⓤ 《주로 英》 (모) 직물. **4** ⓤ 《구어》 소지품, 가진 것. **5** ⓤ (특히) 소질, 성격, 재능. ¶ He has a good *stuff* in him. 그는 좋은 소질을 가지고 있다.
6 ⓤ 하찮은 것, 폐물(rubbish), 우자(愚者); 부질없는 소리(nonsense), 어리석은 말(생각). ¶ a lot of *stuff* and nonsense 많은 부질없는 소리 / write poor *stuff* 너절한 것을 쓰다. **7** 《美》 (독특한 행동)(말씨). ¶ cut out rough *stuff* 난폭한 짓을 그만두다 (난폭한 말을 쓰지 않다) / That is old *stuff*. 그것은 낡은 수법이다. **8** ⓤ 《구어》 문학(예술, 음악) 작품. **9** ⓤ 《주로 英》 《속어》 돈, 현금; 장물. **10** ⓤ 《美속어》 마리화나; 헤로인; 마약.
and stuff [like that] …따위, …같은 것.
do one's stuff 《美속어》 계획된 대로 일을 하다; 자기의 장기를 보이다, 자기가 의도한 대로 행동하다. ¶ The larks were *doing their stuff* overhead. 종달새는 머리 위에서 온갖 재주를 부리며 지저귀고 있었다.
know one's stuff 《속어》 수완가이다.
the [sort of] stuff to give them 그들에게 마땅한 대우.
That's the stuff. 《구어》 (동의, 시인 따위를 나타내어) 좋았어, 바로 그것.
── *vt.* **1** …에 [가득] 채우다, 채워넣다(pack, cram) (...*with*); …을 채워넣다 (...*into*); (솜·털 따위)를 넣다. ¶ (~＋目＋前＋名) *stuff* a pillow *with* feathers; *stuff* feathers *into* a pillow 베개에 깃털을 넣다 / Night trains are generally *stuffed* with passengers in summer. 여름에 밤 열차는 대체로 만원이다. **2** (구멍·틈 따위)를 메워서 막다(block) (...*with*); …을 밀어넣다 (thrust), 찔러 넣다. ¶ (~＋目＋前＋名) *stuff* one's ears *with* cotton 귀를 솜으로 막다 / *stuff* a newspaper *into* one's pocket 호주머니에 신문을 쑤셔 넣다. **3** 《속어》…을 배부르게 먹이다. ¶ *stuff* oneself 과식하다.
4 [요리용의 새 따위]에 소를 채우다. ¶ (~＋目＋前＋名) *stuff* a turkey *with* forcemeat 칠면조의 배에 포스미트를 채우다. **5** (동물 따위의) …을 박제로 하다. ¶ a *stuffed* bird 박제의 새. **6** [지식·생각 따위를] [머리 따위]에 채우다. ¶ (~＋目＋前＋名) *stuff* one's head (or mind) *with* useless knowledge 쓸모없는 지식을 머리에 가득 담다. **7** 《속어》…을 속이다(deceive), 이용물로 삼다. **8** 《美》 [투표함]에 부정 투표를 하다. ¶ *stuff* a ballot box 투표함에 부정 투표를 하다. ── *vi.* 배부르게 먹다(gorge).
Stuff a sock in it! 《美속어》 입 닥쳐!
◇ stúffy *adj.*
stúffed shírt [stʌ́ft-] *n.* 《美속어》 젠체하는 사람.
stúff gówn *n.* 《英》 나사 가운 [하급 변호사가 입는 법복]. *cf.* silk gown
stuff·ing [stʌ́fiŋ] *n.* ⓤ **1** 채우기, 속을 채우기; [털·솜 따위의] 채우는 것. **2** 박제 [재료]. **3** [요리용의 새

stuff shot 따위에 채우는] 소. **4** [신문 따위의] 빈 자리 메우는 기사(padding).

knock (or *beat*) *the stuffing out of* a *person* 남을 납작하게 만들다, 혼내주다, 남의 사기를 꺾다.

stúff shòt *n.* [농구] 점프하여 볼을 골 위에서 집어 넣기(dunk shot).

stuff·y [stʌ́fi] *adj.* (**stuff·i·er, stuff·i·est**) **1** 통풍이 나쁜, 숨막히는; 답답한, 무더운. **2** 숨차는, 코가 막힌. ¶ I feel *stuffy* because of the cold. 감기로 코가 막힌 느낌이 든다. **3** [토론·문장 따위가] 재미없는, 흥미가 없는, 지루한(dull). **4** 묵직한, 딱딱한. **5** 젠체하는 (self-important). **6** 부루퉁한, 무뚝뚝한. **7** 《주로 英》 낡은, 구식의(old-fashioned).
stuff·i·ly *adv.* **stuff·i·ness** *n.*

stug·gy [stʌ́gi] *adj.* (**-gi·er, -gi·est**) 《英방언》 땅딸막한(thickset), 튼튼한(sturdy).

Stu·ka [stúːkə] *n.* 스투카[독일의 급강하 폭격기].

stul·ti·fi·ca·tion [stʌ̀ltifikéiʃ(ə)n] *n.* ⓤ 바보처럼 보이게 하기; 무효화하기.

stul·ti·fy [stʌ́ltifài] *vt.* (**-fied, -fy·ing**) **1** …을 바보처럼 보이게 하다, 바보 취급하다. ¶ *stultify* oneself by a premature decision 속단하여 어리석음을 내보이다. **2** …을 타파하다, 무효화하다, 엉망으로 만들다. ¶ His carelessness *stultified* his desperate efforts. 그는 부주의 때문에 필사적인 노력을 망치고 말았다. **3** [법률][법률상] …이 무능력임을 진술하다.

stum [stʌm] *n.* ⓤ **1** 발효되지 않은(일부 발효된) 포도액(must). **2** [미발효의 포도액을 첨가한] 재생 포도주. — *vt.* (**stummed, stum·ming**) **1** [포도주]에 포도액을 넣어 발효를 촉진하다. **2** …의 발효를 방부제로 막다.

‡**stum·ble** [stʌ́mbl] *vi.* (**-bled, -bling**) **1** 비틀거리다, 비틀거리다(*at, against, over*…). ¶ (~+圖+名) *stumble over* a pebble 돌에 채여 넘어지다 // (~+圖) The old man *stumbled* along. 노인은 비틀거리며 걸어 갔다. **2** 실수하다, 실패하다; [특히 도덕적인] 잘못을 저지르다. **3** 말을 더듬다, 더듬더듬 말하다(falter), 주저하다(*at*…). ¶ (~+圖+名) *stumble at* a straw 하찮은 일에 주저하다. **4** 부딪치다, 우연히 만나다, 조우하다(*across, on, upon*…). ¶ (~+圖+名) He *stumbled across* an old friend. 나는 옛 친구를 우연히 만났다 / I *stumbled upon* a rare book at a secondhand bookstore. 나는 헌 책방에서 진기한 서적을 우연히 발견했다. — *vt.* **1** …을 넘어지게 하다. **2** …을 난처하게 하다, 당황하게 하다.
— *n.* **1** 넘어지기, 비틀거리기. **2** 잘못, 실수; [도덕상의] 과오. **3** 우연히 만남.

stum·ble·bum [stʌ́mblbʌ̀m] *n.* 《美속어》 비틀거리는 (꼴불견인) 권투 선수; 실수만 하는 사람.

stum·bler [stʌ́mblər] *n.* **1** 넘어지는(비틀거리는) 사람; 잘 넘어지는 말. **2** 넘어지는 원인; 난문(poser).

stúm·bling blòck [stʌ́mbliŋ-] *n.* 장애물, 방해물 (obstacle). [ ] 하면서; 더듬거리며.

stum·bling·ly [stʌ́mbliŋli] *adv.* 비틀거리면서, 주저

stu·mer [st(j)úːmər / stjúː-] *n.* 《英속어》 **1** 위조. **2** 이기지 못하는 경주마; 실패하는 사람. **3** 가짜 돈, 위조 지폐, 위조 수표.

‡**stump** [stʌmp] *n.* **1** 그루터기, 베어낸 나무 뿌리(stub, stock). **2** 절단하고 난 손발의 남은 부분; [부러진 이의] 남은 부분, 남은 양초 토막; 담배 꽁초; [연필·붓 따위의] 쓰다 남은 것(butt); [개 따위의] 짧게 자른 꼬리의 뿌리; (~s) 아주 짧게 깎은 머리털. **4** 의족 (artificial leg). (보통 ~s) 《익살·속어》 두 다리(legs). ¶ stir one's *stumps* 두 다리를 움직이다; 뚜벅뚜벅 걷다; 서둘다. **5** 땅볼보. **6** [의족을 단 사람처럼] 무거운 발걸음(발소리). **7** [주로 연설의] 연단[미국의 개척시대에 나무 그루터기가 연단으로 사용되었던 데서]. **8** [연필화용의] 찰필(擦筆). **9** 크리켓의 기둥.
on the stump 정치(선거) 운동을 하여.

take (or *go on*) *the stump* 선거 연설을 하고 다니다, 유세하다.

up a stump 《美구어》 어쩔 바를 몰라, 곤경에 놓여, 질려서(at a loss). ¶ Her father is *up a stump* over her stubbornness. 그녀의 고집에는 아버지도 어쩔 줄을 모르고 있다.

wear…to the stump …을 써서 못쓰게 하다.
— *vt.* **1** …을 그루터기로 하다. **2** 《美》 [땅]의 그루터기를 제거하다. **3** 《주로 美남부》 [넘어져서] [발가락 따위]를 채이다. **4** 《구어》 곤란하게 하다, 쩔쩔매게 하다(embarrass). ¶ be *stumped with* …으로 시달리다, 질리다 // Your question *stumps* me. 너의 질문에는 질렸다. **5** 《주로 美》…을 유세하다. ¶ He *stumped* the whole country before the election. 그는 선거 전에 전국을 유세했다. **6** 《美구어》 …에 도전하다(challenge), 과감하게 …하다. **7** [크리켓] 기둥을 쓰러뜨려 [타자]를 아웃시키다. **8** …을 찰필로 흐리게 하다. — *vi.* **1** [의족으로 걷듯이] 무겁게 걷다(어색하게), 의족으로 걷다. ¶ (~+圖) *stump along* 뚜벅뚜벅 걸어가다. **2** 《주로 美》 선거 연설을 하고 다니다, 유세하다.

stump it ① 걷다, 도주하다. ② 《주로 美》 유세하다.
stump up ① …을 뿌리뽑다. ② 《英구어》 [돈]을 지불하다(pay). ③ [말]을 지치게 하다.
◇ **stúmpy** *adj.*

stump·age [stʌ́mpidʒ] *n.* ⓤ **1** 입목(立木). **2** 입목 가격. **3** 입목 벌채권.

stump·er [stʌ́mpər] *n.* **1** 그루터기를 파는 사람. **2** 난문, 난제. **3** 《美》 선거 연설자. **4** [크리켓] 포수(wicketkeeper).

stump-jump·er [stʌ́mpdʒʌ̀mpər] *n.* **1** =stump orator. **2** 《美속어》 미개한 벽지 주민, 시골뜨기.

stúmp òrator *n.* 선거(정치) 연설자.
stúmp spèaker *n.* =stump orator.
stúmp spèech *n.* 선거(정치) 연설.

stump·y [stʌ́mpi] *adj.* (**stump·i·er, stump·i·est**) **1** 그루터기 모양의; 그루터기가 많은. **2** 뭉툭한, 땅딸막한. — *n.* (*pl.* **stump·ies**) **1** 《스코》 땅딸막한 사람, 땅딸보. **2** 《英》 돈(money). **stump·i·ness** *n.*

*****stun** [stʌn] *vt.* (**stunned, stun·ning**) **1** [때려서] …을 기절시키다, 실신시키다. **2** …을 어리벙벙하게 하다, 간떨어지게 하다(astound). **3** [귀]를 멍하게 하다; [머리]를 멍하게 하다. — *n.* ⓤⓒ 기절시키기(하기), 인사 불성.

Stun·dism [ʃtúndiz(ə)m, stún-] *n.* 쉬툰데 파[1860년경 러시아 농민 사이에서 일어난 기독교 신교의 일파].

*****stung** [stʌŋ] *v.* sting 의 과거·과거 분사.

stún gàs *n.* 착란 가스[최루 가스의 일종].
stún gùn *n.* 작은 모래주머니 따위를 발사하는 총.

stunk [stʌŋk] *v.* stink 의 과거·과거 분사.

stun·ner [stʌ́nər] *n.* **1** 기절시키는(놀랄만 하게) 하는 사람(것). **2** 《구어》 근사한 사람(것), 굉장한 미인.

*****stun·ning** [stʌ́niŋ] *adj.* **1** 기절시킬 만한; 어리벙벙하게 하는, 깜짝 놀라게 하는; 귀를 멍하게 하는. ¶ a *stunning* explosion 귀청을 찢는 듯한 폭발. **2** 《구어》 근사한, 훌륭한(splendid), 놀랄 만큼 아름다운, 굉장한 미인의. **-ly** *adv.*

stun·sail, stun·s'l [stʌ́nsl] *n.* =studdingsail.

stunt[1] [stʌnt] *vt.* …의 성장을 방해하다, 위축시키다; …의 발전을 가로 막다. — *n.* **1** 성장(발전)의 저지. **2** 성장이 저해된 생물. **3** ⓤ [식물 병리] 위축병.

*****stunt**[2] [stʌnt] *n.* **1** 곡예. **2** 묘기, 고등 비행, 곡예 비행; [자동차나 오토바이의] 곡예 운전, 스턴트. **3** 이목을 끄는 행위. ¶ do a *stunt* 묘기를 보이다; 곡예하다. — *vi.* 곡예하다; 곡예 비행을 하다; 곡예 운전하다.

stunt·ed [stʌ́ntid] *adj.* 성장을 멈춘, 위축된, 왜소한.

stúnt màn *n.* 《영화》 위험한 장면의 대역(代役), 스턴트 맨.

stu·pa [stúːpə / stjúː-] n. 〖불교〗〔원형·각추형(角錐形)의〕 사리탑, 불탑.

stupe[1] [st(j)uːp / stjuːp] n. 점질, 온습포. — vt. (stuped, stup·ing) …에 점질하다. 〔청이〕(fool).

stupe[2] [st(j)uːp / stjuːp] n. 《속어》 얼간이, 바보, 멍

stu·pe·fa·cient [st(j)uːpiféi(ə)nt / stjuː-] adj. 마비시키는(stupefying). — n. 마취제(narcotic).

stu·pe·fac·tion [st(j)uːpifǽk∫(ə)n / stjuː-] n. ⓤ 1 마비[시킴]; 마비 상태. 2 망연자실, 대경실색.

stu·pe·fac·tive [st(j)uːpifǽktiv / stjuː-] adj. 마비를 일으키는, 감각을 잃게 하는, 멍하게 하는.

stu·pe·fi·er [st(j)uːpifàiər / stjuː-] n. 지각을 잃게 하는 사람(것); 마취제.

***stu·pe·fy** [st(j)uːpifài / stjuː-] vt. (-fied, -fy·ing) 1 〔신체 각기관〕의 기능을 둔하게 하다, 〔지각·감각 따위〕를 마비시키다(benumb). ¶ The heat and noise *stupefied* us. 열기와 소음으로 우리들은 멍해졌다 // *be stupefied with drink* 술에 취해 머리가 멍해지다. 2 …을 놀라게 하다(astonish), 멍청하게 하다. ¶ She is *stupefied* by the unexpected calamity. 그녀는 불의의 재난 때문에 멍청해졌다.
◇ **stúpid**, **stupéndous** adj., **stupefáction** n.

***stu·pen·dous** [st(j)uːpéndəs / stju(ː)-] adj. 1 놀랄 만한, 불가사의한(marvelous), 굉장한. 2 엄청나게 큰, 거대한(immense). **—·ly** adv. **—·ness** n.
◇ **stúpefy** v.

‡**stu·pid** [st(j)uːpid / stjúː-] adj. 1 어리석은, 멍청한, 우둔한. ⇒ FOOLISH 類語 ¶ What a *stupid* idea! 이 얼마나 어리석은 생각인가! // It is very *stupid of* you to comply with his request. = You are very *stupid to* comply with his request. 네가 그의 요구에 응한다는 것은 참으로 어리석은 짓이다. 2 무감각한, 마비된. ¶ He is *stupid* with drink. 그는 술에 취해 제정신을 잃고 있다. 3 시시한, 쓸모없는; 따분한(boring). **—** n. 멍청이, 바보(fool). **—·ly** adv. **—·ness** n.
◇ **stúpefy** v., **stupídity**, **stúpor** n.

***stu·pid·i·ty** [st(j)uːpíditi / stju(ː)-] n. (pl. **-ties**) 1 ⓤ 어리석음, 멍청함. 2 어리석은 행동(사고, 언사). ◇ **stúpid** adj.

stu·por [st(j)uːpər / stjúː-] n. ⓤ ⓒ 1 마비, 무감각; 기절. 2 망연자실, 아연실색〔함〕(stupefaction).

stu·por·ous [st(j)uːpárəs / stjúː-] adj. 혼수 상태의.

***stur·dy**[1] [stə́ːrdi] adj. (-di·er, -di·est) 1 〔신체가〕 강건한, 억센, 튼튼한(stout), 기운찬. ⇒ STRONG 類語 2 〔건물 등이〕 견고한. 3 〔정신이〕 불요불굴의. 4 〔식물 등이〕 성장력이 강한; 추위를 견디는.
-di·ly adv. **-di·ness** n.

stur·dy[2] [stə́ːrdi] n. ⓤ 〖獸醫〗양(羊)의 어지럼병.

stur·geon [stə́ːrdʒ(ə)n] n. (pl. **-geons** or **-geon**) 〖魚〗 철갑상어〔소금에 절인 그 알은 캐비어(caviar)로서 진미로 유명하다〕.

Stürm und Dráng [∫tùrmunt dráːŋ] n. 질풍노도(疾風怒濤) 시대 〔18세기말 독일의 낭만주의 문학 운동, 괴테, 실러 등이 그 대표〕. 〔<G storm and stress〕

stut·ter [stʌ́tər] vt. …을 더듬거리며 말하다 (…*out*). **—** vi. 말을 더듬다, 입속에서 중얼거리다. ⇒ STAMMER 類語 말더듬기, 중얼거리기. 〔…〕리는 사람.

stut·ter·er [stʌ́tərər] n. 말더듬이, 입속에서 중얼거리는 사람.

stut·ter·ing·ly [stʌ́təriŋli] adv. 더듬더듬.

STV (略) subscription *television* 〔공중파(波)에 의해 계약자만이 시청할 수 있는 유료 텔레비전 서비스〕.

St. Ví·tus's dánce [-váitəsiz-] n. ⓤ 〖병리〗무도병(舞蹈病)(chorea).

sty[1] [stai] n. (pl. **sties**) 1 돼지 우리(pigpen). 2 〔돼지 우리와 같은〕 더러운 집, 불결한 장소. 3 음란한 장소, 갈보집. **—** v. (**stied**, **sty·ing**) vt. …을 돼지 우리〔같은 더러운 집〕에 넣다. **—** vi. 더러운 집에 살다.

sty[2], **stye** [stai] n. (pl. **sties**, **styes**) 〖안과〗 다래끼, 맥립종(麥粒腫) (* 보통 a *sty* in one's eye로 쓰인다).

Styg·i·an [stídʒiən] adj. 1 〔그리스 신화의〕 삼도(三途)내(Styx)의, 지옥의, 저승의. 2 캄캄한, 음침한(gloomy). 3 〔서약 따위〕 취소할 수 없는.

sty·lar [stáilər] adj. 첨필(尖筆)의, 첨필 모양의.

‡**style**[1] [stail] n. 1 〔외관·조형 따위에 관한〕 특정한 종류(sort), 형(型)(type). ¶ What *style* of house do you require? 당신은 어떤 양식의 집이 필요합니까? / He is not the *style* of the day. 그는 요즘은 사람 같지 않다.
2 〔행위·운동 경기 따위의〕 방식, 양식, 방법(mode). ¶ a special *style* of swimming 특별한 수영 방식 / the modern *style* of living 현대의 생활 양식.
3 ⓤⓒ 우아한(상품류의, 화려한) 생활 양식(살림살이), ¶ He lives in [good] *style*. 그는 사치스러운 생활을 하고 있다.
4 ⓤⓒ 〔의상 따위의〕 유행형, 스타일, 모양; ⓒ 어떤 모양의 옷. ⇒ FASHION 類語 ¶ Your necktie is in (out of) *style*. 너의 넥타이는 유행형이다 (유행에 뒤져 있다).
5 ⓤⓒ 품위, 품격; 우아함(elegance), 멋, ¶ with *style* 우아하게, 품위있게 / have *style* 품위가 있다 / There is no *style* about her. 그녀에게는 품위가 없다.
6 ⓤⓒ 문체, 사상의 표현 방식, 어조, 표현법, ¶ a concise *style* 간결한 문체 / speak in the *style* of a teacher 교사의 어조로 말하다 / This story is written in the *style* of Graham Greene. 이 소설은 그레이엄 그린의 문체로 되어 있다.
7 ⓤⓒ 〔예술의〕유〔파〕, 풍, 예술성. ¶ None can imitate the *style* of Chopin. 아무도 쇼팽류의 모방은 할 수가 없다.
8 칭호, 명칭, 호칭, 칭호, 상호, ¶ a firm under the *style* of …라는 이름의 상사 / What is the proper *style* of a knight? 나이트(기사)의 정식 호칭은 무엇인가?
9 첨필(尖筆), 철필(stylus), 철필 비슷한 것, 조각칼; 에칭(식각)용 바늘; 〖해시계의〗 바늘(gnomon); 〖詩〗 펜, 연필. 〔New〕 *Style* 구력(신력).
10 역법(曆法), 일시의 계산법. ¶ the Old (the
11 〖식물〗 화주(花柱), 암술대〔암술의 주두와 자방 사이의 부분〕; 〔동물〕〔곤충 따위의〕 침.
12 ⓤⓒ 〔인쇄〕 인쇄 양식, 체재.

in style ① 유행하는. ② 《구어》 사치스럽게, 호화판으로; 훌륭히.

That's the style 《구어》 그래!, 바로 그거야!

— v. (**styled**, **styl·ing**) vt. 1 …에게 칭호를 주다, …에게 …이라고 이름을 붙이다. …이라고 부르다 (call). ¶ (**~ +** 目 **+** 補) *style* oneself a countess 백작 부인이라고 자칭하다 / The Crown Prince is *styled* His or Your Highness. 황태자는 전하라고 불린다. 2 …을 특정한 (유행형에) 맞추어 만들다. ¶ *style* an evening dress 이브닝 드레스를 유행에 맞추어 짓다.
— vi. 조각칼로 장식품을 만들다.
◇ **stýlish**, **stýleless** adj.

style[2] = stile.

style·book [stáilbùk] n. 1 스타일북〔복장의 유행형을 수록한 것〕. 2 활자 견본첩; 인쇄 편람〔인쇄어·편집자·작가 등을 위해 약자·구두법 따위를 안내한 책〕.

style·less [stáillis] adj. 특정한 형식〔방식, 형〕이 없는.

styl·er [stáilər] n. 디자이너(stylist).

sty·let [stáilit] n. 1 작은 칼, 단검(dagger). 2 〖의학〗탐침(探針)(probe), 스타일릿〔주사 바늘이나 도뇨관(catheter)의 속을 쑤시는, 가는 철사〕. 3 〔동물〕 침돋기(針突起).

sty·li·form [stáilifɔ̀ːrm] adj. 첨필 모양의, 바늘 모양의.

styl·ish [stáili∫] adj. 현대식인, 유행을 따르는, 멋진, 우아한(elegant). **~·ly** adv. **~·ness** n.

styl·ist [stáilist] n. 1 명문가, 문체를 다듬는 사람. 2 〔의상·실내 장식 따위의〕 디자이너, 의장가(意匠家); 차형(車型) 디자이너.

sty·lis·tic [stailístik], (**sty·lis·ti·cal** [-k(ə)l]) adj. 문체〔상〕의, 어법〔상〕의. **-ti·cal·ly** [-tikəli] adv.

sty·lis·tics [stailístiks] n. pl. 《단수 취급》 문체론,

sty·lite [stáilait] *n.* 〖교회 역사〗 주행자(柱行者) 〖중세 때 높은 기둥 위에서 고행하던 행자〗.

styl·ize [stáilaiz] (*《英》에서는 **styl·ise** 로도 쓴다) *vt.* (**-ized, -iz·ing**) 〖표현·수법 따위〗를 어느 양식으로 치사키다, 양식화하다, 인습화하다(conventionalize).

sty·lo [stáilou] *n.* (*pl.* **-los**) 〖구어〗 =STYLOGRAPH.

stylo-[1] pointed, sharp의 뜻의 연결형 (* 모음 앞에서는 styl-을 쓴다). 예: *stylo*graphy(철필 서법), *stylar*.

stylo-[2] column, pillar, tube의 뜻의 연결형 (* 모음 앞에서는 styl-을 쓴다). 예: *stylo*lite (〖암석의〗 주상물(柱狀物)), *stylite*.

sty·lo·bate [stáilabèit] *n.* 〖건축〗 〖기둥의〗 대좌(臺座), 기대(基臺).

sty·lo·graph [stáilagræf, -grà:f] *n.* 철필형 만년필.

sty·lo·graph·ic [stàilagrǽfik] *adj.* 철필(첨필)의; 철필(첨필) 화법의.

sty·loid [stáiloid] *adj.* 〖해부〗 첨필 모양의, 송곳 모양의; 줄기(기둥) 모양의.

sty·lus [stáiləs] *n.* (*pl.* **-lus·es** *or* **-li**) 1 첨필, 철필. 2 〖레코드의〗 바늘. 3 〖해시계의〗 바늘. 4 〖해부〗 필상돌기(筆狀突起).

sty·mie [stáimi] *n.* 1 〖골프〗 〖그린 위에서〗 타자의 공과 홀의 직선상에 상대방 볼이 가로놓인 상태; 또 그 상태의 공, 스타이미 〖공〗. 2 난처한 상태(문제). —— *vt.* (**-mied, -mie·ing**) 1 …을 스타이미 공으로 방해하다, 훼방놓다. 2 〖비유적〗 〖일반적으로〗 …을 훼방하다, 방해하다(hinder).

styp·tic [stíptik] *adj.* 1 수렴성(收斂性)의. 2 지혈(止血)의. —— *n.* 수렴성 지혈제.

styp·ti·cal [stíptik(ə)l] *adj.* 〖고어〗 =STYPTIC.

styp·tic·i·ty [stiptísiti] *n.* ⓤ 수렴성; 지혈성.

stýptic péncil *n.* 지혈 막대〖면도 상처 따위에 쓴다〗.

sty·rax [stáiræks / stáiər-] *n.* 안식향(安息香) 〖때죽나무科의 관목; 그 나무 껍질에서 분비되는 수지, 향료·방부제 따위로 쓴다〗.

sty·rene [stáiri(:)n, stír- / stáiər-] *n.* ⓤ 〖화학〗 스티렌 〖방향이 나는 무색 액체, 합성 수지 고무 원료〗.

Sty·ro·foam [stáirəfòum] *n.* 《상표명》 스티로폼 〖발포성의 합성 수지의 일종〗.

Styx [stiks] *n.* 〖그리스 신화〗 스틱스강, 삼도(三途) 내. *black as Styx* 캄캄한, 칠흑같이 어두운. *cross the Styx* 죽다.

SU (略) strontium *unit*(스트론튬 단위).

su·a·ble [sú:əbl / sjú:(:)-] *adj.* 고소당하는, 피고가 되는.

sua·sion [swéiʒ(ə)n] *n.* ⓤ 〖특히 도덕적〗 권고, 설득. ¶ *moral suasion* 양심에 호소하는 권고, 도의적 권고.

sua·sive [swéisiv] *adj.* 타이르는, 설득하는; 설득력이 있는. **~·ly** *adv.* **~·ness** *n.*

suave [swɑ:v] *adj.* 1 〖인품·태도 따위가〗 온후한, 상냥한, 부드러운, 우아한, 점잖은. 2 〖술 따위가〗 입에 순한. **~·ly** *adv.* **~·ness** *n.*

suav·i·ty [swǽviti, swǽv-] *n.* (*pl.* **-ties**) 1 ⓤ 정중함, 유화함; 입에 순함. 2 (-ties) 정중한 대접.

sub [sʌb] *n.* (* sub로 시작되는 여러 낱말의 단축형) 1 잠수함 (submarine). 2 보충원 (substitute); 〖야구의〗 보결 선수. 3 해군 중위, 육군 소위 (sublieutenant). 4 부하, 속관 (subordinate). 5 ⓤ ⓒ 서명; 응모; 예약(subscription). 6 〖英〗 〖특히 생활비로 받는〗 선불 급료. 7 〖구어〗 〖사진〗 =SUBSTRATUM. —— *vi.* (**subbed, sub·bing**) 대신 (대행)하다 (*for*…).

sub [sʌb] *prep.* 〖라틴〗 (=under) …의 밑에, …의 아래의.

sub- *pref.* under, below, slightly의 뜻. 예: *sub*acid, *sub*division, *sub*teen, *sub*way.

주의 c, f, g, p, r 앞에서는 suc-, suf-, sug-, sup-, sur-. 예: *suc*ceed; m 앞에서는 sum- 또는 sub-; s 앞에서는 su- 또는 sub-을 쓴다; c, p, t 앞에서는 sus-의 형도 있다.

sub. (略) subaltern; subject; submarine; subscription; substitute; suburban; subway.

sub·ac·id [sʌ̀bǽsid] *adj.* 약간 신; 〖의견 따위가〗 조금 신랄하고 공격적인.

sub·a·gen·cy [sʌbéidʒ(ə)nsi] *n.* 보조 기관; 부(副) 대리점.

sub·a·gent [sʌbéidʒ(ə)nt] *n.* 부대리인.

su·bah·dar, -ba- [sù:bədá:r] *n.* 1 〖무갈(Mogul) 제국 시대의〗 지방 총독. 2 〖영령 인도 시대의 인도인 부대의〗 인도인 보병 중대장.

sub·al·pine [sʌ̀bǽlpain] *adj.* 1 아(亞)고산대의. 2 〖식물〗 아고산대에 나는.

sub·al·tern [səbɔ́:ltərn / sʌ́blt(ə)n] *adj.* 1 종속의, 부하의, 부(副)의, 하위의. 2 〖英軍〗 대위 이하의 장교의. 3 〖논리〗 〖전제에 관하여〗 특칭(特稱)의. —— *n.* 1 차관, 부관. 2 〖英軍〗 육군 중위(소위). 3 〖논리〗 특칭 명제.

sub·al·ter·nate [səbɔ́:ltəːrnit / sʌ̀bəltə́:nit] *adj.* 1 하위의, 차위의, 다음가는. 2 계속적인. —— *n.* 〖논리〗 특칭 명제.

sub·ant·arc·tic [sʌ̀bæntá:rktik] *adj.* 아(亞)남극〖지방〗의.

sub·aq·ua [sʌ̀bǽkwə] *adj.* 수중의, 잠수의; 수중 스포츠의.

sub·a·quat·ic [sʌ̀bəkwǽtik] *adj.* 〖동·식물〗 반수생 의.

sub·a·que·ous [sʌ̀béikwiəs] *adj.* 물속에 있는; 물속에서 일어나는; 수중(水中)용의.

sub·arc·tic [sʌ̀bá:rktik] *adj.* 아(亞)북극〖지방〗의.

sub·ar·id [sʌ̀bǽrid] *adj.* 조금 건조한, 반(半)건조의.

***sub·as·sem·bly** [sʌ̀bəsémbli] *n.* 《美》 〖기계의〗 반조립 부품.

sub·as·tral [sʌ̀bǽstrəl] *adj.* 별 밑의, 지상의.

sub·at·om [sʌ̀bǽtəm] *n.* 〖화학〗 원자 구성 요소, 소입자(素粒子).

sub·a·tom·ic [sʌ̀bətámik / -tɔ́m-] *adj.* 〖물리〗 소입자의.

sub·au·di·tion [sʌ̀bɔ:díʃ(ə)n] *n.* ⓤ 말 뒤에 숨은 뜻을 깨닫음; ⓒ 언외의 뜻.

sub·base·ment [sʌ̀bbèismənt] *n.* 〖건물의〗 지하실 밑의 층, 지하 2층.

sub·bass [sʌ́bbèis] *n.* 〖음악〗 오르간의 최저음.

sub·branch [sʌ́bbrænt̬ʃ / -brà:ntʃ] *n.* 〖지점 밑의〗 출장소, 분점.

sub·cab·i·net [sʌbkǽbinit] *n.* 《美속어》 대통령의 비공식 고문단.

sub·ce·les·tial [sʌ̀bsiléstʃ(ə)l / -tjəl] *adj.* 하늘 아래의, 지상의.

sub·cel·lar [sʌ́bsèlər] *n.* 지하실의 밑층.

sub·cen·ter [sʌ́bsèntər] *n.* 〖대도시의〗 부도심〖지〗; 부(副) 중심.

sub·cen·tral [sʌ̀bséntrəl] *adj.* 중심 밑의, 중심에 가까운.

sub·chas·er [sʌ́bt̬ʃèisər] *n.* 구잠함선(驅潛艦船).

sub·class [sʌ́bklæs / -klà:s] *n.* 1 클라스의 하위 분류. 2 〖생물〗 아강(亞綱). —— *vt.* …의 클라스를 세분하다.

sub·clas·si·fy [sʌ̀bklǽsifài / sʌ̀bklǽsi-] *vt.* (**-fied, -fy·ing**) …을 하위 분류(구분)하다.

sub·clin·i·cal [sʌ̀bklínik(ə)l] *adj.* 〖의학〗 준임상적.

sub·com·mis·sion·er [sʌ̀bkəmíʃ(ə)nər] *n.* 분과 위원회의 위원, 부위원, 보조 위원.

sub·com·mit·tee [sʌ́bkəmìti:] *n.* 분과 위원회, 소위원회.

sub·com·pact [sʌ̀bkámpækt / -kɔ́m-] *n.* 서브콤팩트 카 〖소형 자동차〗.

sub·con·scious [sʌ̀bkánʃəs / -kɔ́n-] *adj.* 잠재 의식의, 의식하기 어려운. —— *n.* 〖the ~〗 잠재 의식, 반(半)의식. **~·ly** *adv.* **~·ness** *n.*

sub·con·ti·nent [sʌ̀bkántinənt / -kɔ́n-] *n.* 아(亞)대륙〖특히 인도를 지칭〗.

sub·con·tract *n.* [sʌ̀bkántrækt / -kɔ́n- // → *v.*] 하도급(下都給) 계약, 하도급. —— *v.* [sʌ́bkəntrækt] *vt.* …의 하도급 계약을 맺다. —— *vi.* 하도급 맡다.

sub·con·trac·tor [sʌ̀bkántræktər / -kəntrǽktə] *n.*

sub·con·tra·ry [sʌ̀bkɑ́ntrèri / sʌ́bkɔ̀ntrəri] 〔논리〕 adj. 소(小)반대의, 소상반(小相反)의. — n. (pl. -ries) 소반대, 소반대 명제.
sub·cul·ture vt. [sʌ̀bkʌ́ltʃər →n.] (-tured, -tur·ing) 〔세균〕 〔세균〕을 2차 배양하다. — n. [sʌ́bkʌ̀ltʃər] ⓤⓒ 1 〔세균〕 2차 배양, 조직 배양의 이식, 2 〔사회〕 소문화(권), 하위(下位) 문화, 부(副)분화, [히피 따위의] 신문화, 반(反)문화, 이(異)문화〔집단〕. cf. counterculture
sub·cu·ta·ne·ous [sʌ̀bkjuːtéiniəs, -njəs] adj. 피하에 있는, 피하에의, 피하에 기생하는. ¶ a subcutaneous injection 피하 주사. -ly adv.
sub·dea·con [sʌ̀bdíːkən] n. 〔교회〕차부제(次副祭), 부보제(副補祭), 부집사.
sub·dea·con·ate [sʌ̀bdíːkənit] n. ⓤⓒ 〔교회〕차부제(부보제, 부집사)의 직(職)〔지위〕.
sub·dean [sʌ̀bdíːn] n. 《주로 英》〔교회〕부주교보, 조임사제(助任司祭).
sub·deb [sʌ́bdèb] n. 《美구어》 =subdebutante.
sub·deb·u·tante [sʌ́bdèbjutɑ̀ːnt] n. 정식으로 사교계에 나가기 전의 처녀, 〔일반적으로〕 15-16세의 처녀.
sub·dec·a·nal [sʌ̀bdikéinl] adj. 부주교(副主敎) 대리 (subdean)의.
sub·di·ac·o·nate [sʌ̀bdaiǽkənit] n. = subdeaconate.
sub·di·vide [sʌ̀bdiváid] v. (-vid·ed, -vid·ing) vt. 1 …을 다시 나누다, 세분하다. 2 《美》〔땅〕을 분양 목적으로 세분하다. — vi. 다시 나뉘다, 세분되다.
sub·di·vis·i·ble [sʌ̀bdiví̀zəbl] adj. 다시 나눌 수 있는, 세분할 수 있는.
***sub·di·vi·sion** [sʌ́bdivìʒ(ə)n] n. 1 ⓤ 다시 나누기, 소분, 세분(별). 2 부분(별), 일부.
sub·dom·i·nant [sʌ̀bdɑ́mənənt / -dɔ́m-] n. 〔음악〕하속음(下屬音), 제4음.
sub·du·a·ble [səbd(j)úːəbl / -djúː(ː)-] adj. 정복할 수 있는, 억제할 수 있는, 완화할 수 있는.
sub·du·al [səbd(j)úːəl / -djúː(ː)-] n. ⓤ 정복; 억제; 완화.
sub·duce [səbd(j)úːs / -djúːs] vt. (-duced, -duc·ing) 〔폐어〕…을 제거하다, 빼다, 없애다.
sub·duct [səbdʌ́kt] vt. 〔고어〕…을 제거하다, 줄이다.
sub·duc·tion [səbdʌ́kʃ(ə)n] n. ⓤ 〔드물게〕 제거, 줄임.
‡**sub·due** [səbd(j)úː / -djúː-] vt. (-dued, -du·ing) 1 …을 정복하다 (conquer), 진압하다, …에게 이기다. [DEFEAT 類語] ¶ subdue nature 자연을 정복하다. 2 〔정신적으로〕 제압하다, 위압하다, 승복시키다. ¶ subdue a willful child 제멋대로인 아이들을 길들이다. 3 〔충동을〕 억제하다, 억누르다. ¶ subdue one's passions 정욕을 억누르다. 4 〔강도(强度)를〕 완화하다. ¶ a subdued voice 낮은 (죽인) 목소리. 5 〔땅〕을 개간(개척)하다, 〔잠초 따위를〕 근절하다. 6 〔고통〕을 경감하다, 완화하다. ◇ subdúal n.
sub·dued [səbd(j)úːd / -djúːd] adj. 1 정복된. 2 억제된. 3 완화된, 부드러운, 조용한.
sub·du·ral [sʌ̀bd(j)úː(ː)rəl / -djúːər-] adj. 경 뇌 막(硬腦膜) 아래의.
sub·ed·it [sʌ̀bédit] vt. 《英》 …의 부주필(편집국 차장)일을 하다.
sub·ed·i·tor [sʌ̀béditər] n. 부주필, 부주간, 편집 차장.
sub·em·ploy·ment [sʌ̀bimplɔ́imənt] n. ⓤ 불완전 고용; 반실직, 저소득.
sub·en·try [sʌ́bèntri] n. (pl. -tries) 〔큰 표제 속의〕작은 제목.
sub·e·qual [sʌ̀bíːkwəl] adj. 거의 같은.
sub·e·qua·to·ri·al [sʌ̀biːkwətɔ́(ː)riəl / -tɔ́(ː)-] adj. 아(亞)적도대의, 적도의 가까운.
su·be·re·ous [sjuːbíː(ː)riəs/sjuːbíər-], **-ber·ic** [-bérik], **-ber·ose** [súːbərous / sjúː-] adj. 〔식물〕 코르크의, 코르크질의, 코르크 모양의.
su·ber·in [súːbərin, subérin / sjúːbərin] n. 〔생물〕코

su·ber·ize [súːbəràiz / sjúː-] (* 《英》에서는 su·ber·ise 로도 쓴다) vt. (-ized, -iz·ing) 〔생물〕…을 코르크질로 바꾸다, 코르크질화하다. 〔亞科〕
sub·fam·i·ly [sʌ́bfæ̀mili] n. (pl. -lies) 〔생물〕아과
sub·floor [sʌ́bflɔ̀ːr / -flɔ́ː-] n. 〔겉마루 밑에 깐〕 애벌 바닥, 〔마루의〕 속바닥.
sub·freez·ing [sʌ̀bfríːziŋ] adj. 영도 이하의.
sub·fusc [sʌbfʌ́sk / ⇃⇂ -] 《주로 英》 adj. = subfuscous. — n. 거무스름한 의복.
sub·fus·cous [sʌbfʌ́skəs] adj. 약간 거무스름한, 칙칙한.
sub·ge·nus [sʌ́bdʒìːnəs] n. (pl. -gen·er·a [-dʒénərə] or -ge·nus·es) 〔생물〕아속(亞屬).
sub·group [sʌ́bgrùːp] n. 1 〔group을 분할한〕소집단. 2 〔화학〕부분군.
sub·head [sʌ́bhèd] n. 1 〔인쇄물 따위의〕작은 제목, 표제의 소구분. 2 부교장, 교감.
sub·head·ing [sʌ́bhèdiŋ] n. 작은 표제.
sub·hu·man [sʌ̀bhjúːmən] adj. 〔지능·도덕 따위가〕 인간 이하의, 인간답지 못한; 〔동물 따위가〕 유인(類人)의, 사람에 가까운.
sub·in·dex [sʌ́bìndeks] n. (pl. -di·ces [-disìːz]) 〔수학〕부지수(副指數).
sub·ir·ri·gate [sʌ̀bírigèit] vt. (-gat·ed, -gat·ing) …의 지하 관개(地下灌漑)를 하다 (배수).
sub·ir·ri·ga·tion [sʌ̀bìrigéiʃ(ə)n] n. ⓤ 지하 관개 (地下灌漑).
subj. (略) subject; subjective, subjectively; subjunctive.
sub·ja·cent [sʌbdʒéis(ə)nt] adj. 아래의, 아래쪽에 있는, 아래에 위치한; 토대를 이루는. -ly adv.
‡**sub·ject** [sʌ́bdʒikt — vt.] n. 1 주제, 제목, 주지(主旨), 논제, 문제, 화제; 〔미술 작품의〕테마, 화제; 〔음악〕테마, 주제, 주악상. ¶ the subject in hand 당면 문제 / a subject of conversation 회화의 화제 / a subject for discussion 논제.
[類語] subject 회화·토론·연구·예술 작품 등에서 취급하는 대상·제재. theme 예술 작품의 밑바탕을 이루는 작가의 중심적 사상·주장: The theme of the novel is a protest against racism. 그 소설의 주제는 인종 차별주의에 대한 항의이다. topic 어느 그룹 사람들에게 공통된 화제: a topic of conversation 회화의 화제.
2 학과, 과목, 교과. ¶ a compulsory subject 필수 과목. 3 …의 씨, 주인(主因), 원인. ¶ I haven't the least subject of (or for) complaints. 나에게는 불평할 만한 것이 하나도 없다. 4 신민(臣民), 신하, 가신, 〔집합적〕국민, ⇒ CITIZEN [類語]. ¶ a British subject 영국 국민. 5 〔문〕주어, 주부(主部) 〔略 S., subj.〕. ¶ a formal (a real) subject 형식(실제) 주어. 6 실험 재료, 피실험자; 〔최면술의〕 피술자; 해부용 시체. 7 〔주로 좋지 못한 소질을 가진 사람, …성(性)의〕환자. 8 〔논리〕주위(主位), 주사(主辭). cf. predicate. 〔형이상학〕실체 (substance); 〔철학〕 주체, 실체; 주관, 자아(ego). opp. object
— adj. 1 복종하는, 종속하는, 지배를 받는 (to…). ¶ a state subject to another 남의 나라의 속국. 2 〔서술용법〕…을 받기 쉬운, 당하기 쉬운, …에 걸리기 쉬운, …에 빠지기 쉬운(to…). ⇒ LIABLE [類語]. ¶ be subject to damage 손해를 보기 쉬운 / He is subject to fits of anger. 그는 화를 잘 내는 성미다. 3 〔서술용법〕〔승인 따위를〕 받아야 하는 (to…). ¶ This agreement is subject to the approval of the government. 이 협정은 정부의 승인이 필요하다.
— adv. …을 조건으로 하여, …이라고 가정하여 (to …). ¶ Subject to your agreement, I will do it at once. 네가 동의한다면 나는 즉시 그것을 하려고 한다.
— vt. [səbdʒékt] 1 …을 종속시키다, 복종시키다. ¶ (～+圄+囹+阹) subject a nation to one's rule 국민을 자기의 지배하에 두다. 2 …에게 …을 당하게 하다, 받게 하다 (...to), ¶ (～+圄+囹+阹) subject oneself to ridicule 웃음거리가 되다 / be subjected to severe criti-

cism 혹평을 당하다. **3** …을 제시하다, 맡기다, 위임하다(…*to*). ¶ (~+图+卿+名) *subject* new policies *to* public discussion 신정책을 대중의 토론에 맡기다.
◇ subjéction *n.*, subjéctive *adj.*
súbject cátalog(cátalògue) *n.* 〔도서관〕주제별 목록.
sub·jec·ti·fy [səbdʒéktifài] *vt.* (-fied, -fy·ing) …을 주관적으로 해석하다, 주관화하다; 주관적으로 하다.
‡sub·jec·tion [səbdʒékʃ(ə)n] *n.* ⓤ **1** 정복, **2** 복종, 종속(*to*…). ¶ in *subjection* to …에 복종하여
◇ subjéct *v.*, subjéctive *adj.*
‡sub·jec·tive [səbdʒéktiv, sʌb-] *adj.* **1** 주관의, 주관적인; 마음의. *opp.* objective ¶ a *subjective* judgment 주관적 판단. **2** 개인적인, 사적인(personal); 자기 본위의(egocentric), 아집(我執)이 센. **3** 〔문법〕주어의, 주격의(nominative). ¶ the *subjective* genitive 주격 소유격 〔예를 들면 God's love of God's〕. — *n.* **1** (the ~) 주관. **2** 〔문법〕주격. — **ly** *adv.* —**ness** *n.*
sub·jec·tiv·ism [səbdʒéktivìz(ə)m] *n.* ⓤ 〔철학·윤리〕주관주의, 주관론.
sub·jec·tiv·ist [səbdʒéktivist] *n.* 주관론자, 주관주의자.
sub·jec·tiv·i·ty [sʌ̀bdʒektíviti] *n.* ⓤ **1** 주관, 주관성, 개인성. **2** 자기 본위. **3** 〔철학·윤리〕= subjectivism.
súbject mátter *n.* ⓤ **1** 제재, 주제, 테마(theme). **2** 〔작품 따위의 형식에 대해〕내용(substance), 소재.
sub·join [səbdʒɔ́in / sʌ̀b-] *vt.* …을 추가하다, 덧붙이다(append); …을 증보·증보하다(…*to*).
sub·join·der [səbdʒɔ́indər] *n.* 추가, 증보, 추신(追申)
sub·joint [sʌ́bdʒɔ̀int] *n.* 〔해부〕부관절(副關節).
sub judí·ce [sʌb dʒúːdisi] *adj., adv.* 심리중의(에), 미결의(로). 〔<L〕
sub·ju·gate [sʌ́bdʒugèit] *vt.* (-gat·ed, -gat·ing) …을 정복하다(conquer); 복종(예속)시키다(enslave).
sub·ju·ga·tion [sʌ̀bdʒugéiʃ(ə)n] *n.* ⓤ 정복, 진압; 복종, 종속.
sub·ju·ga·tor [sʌ́bdʒugèitər] *n.* 정복자, 진압자.
sub·junc·tion [səbdʒʌ́ŋ(k)ʃ(ə)n] *n.* ⓤ 추가, 첨가. **2** 추가(첨가)물.
‡sub·junc·tive [səbdʒʌ́ŋ(k)tiv] 〔문법〕*adj.* 가정법의, 가상법의. *cf.* imperative, indicative — *n.* **1** (the ~) 가정법, 가상법. **2** 가정(가상)법 동사, 가정형.
subjúnctive móod *n.* (the~) 〔문법〕가정(가상)법.
sub·king·dom [sʌ́bkìŋdəm, ≃-/ ≃-] *n.* 〔생물〕아계(亞界), 문(phylum).
sub·lan·guage [sʌ̀blǽŋgwidʒ] *n.* 2차 언어, 특수 용어 (전문·언어학 따위).
sub·lease *n.* [sʌ́bliːs / ≃-] — *v.* [sʌbliːs] 전대(轉貸), 다시 빌려줌. — *vt.* [sʌbliːs] (-leased, -leas·ing) …을 전대하다, …을 전차(轉借)하다.
sub·les·see [sʌ̀blèsíː] *n.* 전차인.
sub·les·sor [sʌ̀blésɔːr / ≃-] *n.* 전대인.
sub·let [sʌ́blét] *vt.* (-let, -let·ting) **1** …을 전대하다, 다시 빌려주다. **2** 〔도급 공사 따위〕을 하도급주다. — *n.* 전대, 다시 빌려주기.
sub·le·thal [sʌblíːθəl] *adj.* 치사량 이하의. ¶ a *sublethal* dose of a poison 치사량 이하의 독(毒).
sub·li·brar·i·an [sʌ̀blaibréː(ː)riən / -réər-] *n.* 도서관 부관장; 사서보(司書補).
sub·lieu·ten·ant [sʌ̀bluːténənt / -lét-] *n.* 〔英〕해군중위.
sub·li·mate [sʌ́bləmèit — *n., adj.* [-mət, -mèit] *vt.* **1** 〔심리〕〔성욕 따위〕을 승화시키다. **2** 〔화학〕…을 승화시키다. **3** …을 고상하게 하다, 순화시키다(purify). — *vi.* **1** 승화하다. **2** 순수하게 되다. — *n.* [sʌ́bləmit] 〔화학〕승화물, ⓤ 〔특히〕승홍(昇汞) (mercuric chloride). — *adj.* [sʌ́bləmit] **1** 승화된. **2** 순화된, 고상하게 된.
sub·li·ma·tion [sʌ̀bləméiʃ(ə)n] *n.* ⓤ **1** 〔심리〕승화. **2** 〔화학〕승화(작용). **3** 순화, 고상하게 함.

‡sub·lime [səbláim] *adj.* (-lim·er, -lim·est) **1** 〔사상·언어·행위 따위가〕고상한, 기품있는. ¶ a *sublime* style 고상한 문체 / a *sublime* spirit of sacrifice 숭고한 희생정신. **2** 장엄한, 웅대한, 웅장한. ⇒ SPLENDID 類語 ¶ a *sublime* ambition 원대한 야망 / *sublime* scenery 웅장한 풍경. **3** 탁월한, 발군의 최고의. **4** 〔구어〕엄청난, 지독한, 굉장한. **5** 〔고어〕오만한, 도도한 (haughty); 의기양양한.
— *n.* (the ~) **1** 숭고한 것. **2** 최고, 정점(acme) (*of*…). ¶ the *sublime* of stupidity 으뜸가는 바보짓.
— *v.* (-limed, -lim·ing) *vt.* **1** …을 고상하게 하다, 순화하다. **2** 〔화학〕…을 승화시키다. — *vi.* 〔화학〕승화하다. — **ly** *adv.* — **ness** *n.*
◇ sublímity *n.*

Sublíme Pórte *n.* (the ~) 〔Angora 천도 이전의〕터키 정부〔Porte 의 정식 명칭〕. 〔기〕.
sub·lim·er [səbláimər] *n.* 정화(승화)자, 정화(승화)기.
sub·lim·i·nal [sʌ̀blímin(ə)l] *adj.* 〔심리〕의식에 떠오르지 않는, 식역(識閾)하의, 잠재 의식의.
~**·ly** [-nəli] *adv.*
sub·lim·i·ty [səblíməti] *n.* (*pl.* -ties) **1** ⓤ 장엄, 웅장, 고상; 정점, 극치. **2** 숭고한 사람, 장엄한 것.
sub·lin·gual [sʌ̀blíŋgwəl] 〔해부〕*adj.* 혀밑의. ¶ the *sublingual* gland 설하선(舌下腺). — *n.* 설하선(동맥).
sub·lu·nar [sʌblúːnər] *adj.* =sublunary. 〔따위〕.
sub·lu·nar·y [sʌ̀bluːnèri / sʌblúːnəri] *adj.* **1** 달 아래의, **2** 지구상의, 지상의. **3** 현세의, 이승의 (worldly).
súb·ma·chíne gùn [sʌ̀bməʃíːn-] *n.* 《美》소형 경(輕) 기관총, 자동 소총.
sub·man [sʌ́bmæ̀n] *n.* (*pl.* -men [-mèn]) 인간적 기능이 뒤떨어지는 사람〔야만적이거나 우매한 사람을 가리키는 말로서, superman 의 반대〕.
sub·mar·gin·al [sʌbmɑ́ːrdʒin(ə)l] *adj.* **1** 가장자리에 가까운, 가장자리 아래의. **2** 〔땅이〕이익을 낳지 않는, 경작할 가치가 없는, 볼모의. **3** 최저 기준 이하의 〔급료 따위〕. ~**·ly** [-nəli] *adv.*
‡sub·ma·rine [sʌ́bmərìːn, ≃-≃] *n.* **1** 잠수함. **2** 해저 동물〔식물〕. — *adj.* **1** 해중의, 해저의; 해중(해저)에서 사용하는. ¶ a *submarine* cable 해저 전선 / *submarine* plants 해저 식물. **2** 잠수함의, 잠수함으로 하는. ¶ *submarine* warfare 잠수함전. — *v.* (-rined, -rin·ing) *vi.* 〔속어〕잠수함으로 공격하다. — *vt.* …을 잠수함으로 공격하다.
submaríne cháser *n.* 구잠함(驅潛艦).
sub·ma·rin·er [sʌ̀bməríːnər] *n.* 잠수함의 승무원.
súbmarine sándwich *n.* 대형 샌드위치(* hero sandwich 라고도 한다).
sub·max·il·lar·y [sʌ̀bmǽksilèri / -lɔ̀ri] *adj.* 아래 턱의, 하악골(下顎骨)의.
‡sub·merge [səbmɔ́ːrdʒ] *v.* (-merged, -merg·ing) *vt.* **1** …을 물속에 가라앉히다〔잠그다, 처넣다〕. **2** …을 물에 잠기게 하다, 범람하게 하다(immerse). ¶ *submerged* houses 침수 가옥. — *vi.* 물속에 가라앉다; 잠수하다. ◇ submérgence, submérsion *n.*
sub·merged [səbmɔ́ːrdʒd] *adj.* **1** 물속에 가라앉은, 물속에 빠진, 침수된; 〔식물 따위가〕수중의, 수생의. **2** 미지의(unknown), 숨겨진(hidden). ¶ *submerged* facts 미지의 사실. **3** 빈곤(불행)에 허덕이는(poverty-stricken). 〔금.
the submerged tenth of society 사회의 최하층 계
sub·mer·gence [səbmɔ́ːrdʒ(ə)ns] *n.* ⓤ 물속에 가라앉힘(가라앉음), 침몰, 침수, 잠수.
sub·mer·gi·ble [səbmɔ́ːrdʒ(ə)bl] *adj.* **1** 물속에 가라앉는. **2** 잠수(잠항)할 수 있는. ¶ a *submergible* boat 잠수정.
sub·merse [səbmɔ́ːrs] *vt.* (-mersed, -mers·ing) = submerge.
sub·mersed [səbmɔ́ːrst] *adj.* **1** =submerged. **2**

sub·mers·i·ble [səbmə́ːrsəbl] *adj., n.* =submergible.

sub·mer·sion [səbmə́ːrʒ(ə)n, -ʃ(ə)n / -ʃ(ə)n] *n.* submergence.

sub·me·tal·lic [sʌ̀bmitǽlik] *adj.* 반(불완전)금속의.

sub·mi·cron [sʌ̀bmáikrɑn / -krɔn] *adj.* 〖전자 공학〗 서브마이크론의, 초미세의.

sub·mi·cro·scop·ic [sʌ̀bmaikrəskápik / -skɔ́p-] *adj.* 〖물체가〗 현미경으로도 볼 수 없을만큼 작은, 초(超)현미경적인.

sub·min·i·a·ture [sʌbmíniətʃər / -njə-, -ni(ə)-] *adj.* **1** 초(超)소형 카메라의. **2** 〖전자 장치 따위가〗 초소형의. — *n.* (=**submíniature cámera**) 초소형 카메라.

sub·min·i·a·tur·ize [sʌbmíniətʃəràiz / -ni(ə)tʃər-àiz] *vt.* (**-ized, -iz·ing**) …을 초소형화하다.

*__sub·mis·sion__ [səbmíʃ(ə)n] *n.* **1** ⓤ 항복, 복종, 굴복. ¶ **in submission to** …에 복종하여. **2** ⓤ 온순(obedience), 유화. ¶ **with all due submission** 매우 공손하게. **3** ⓤⓒ 부탁, 기탁; 〖법률〗 중재 부탁(서). ¶ **the submission of a dispute to arbitration** 쟁의의 중재 부탁. **4** ⓤⓒ 〖주로 법률〗 〖의견의〗 개진, 진술, 변론. ◇ **submit** v.

sub·mis·sive [səbmísiv] *adj.* 복종하는, 순종하는, 유순한, 고분고분한(docile), 겸손한; 복종(순종)을 나타내는. ¶ *submissive* demeanor 공손한 태도.
~**ly** *adv.* ~**ness** *n.*

submíssive déath *n.* 절망사, 굴복사(屈服死) 〖막다른 처지에 놓인 인간이나 동물이 체념하고 죽음을 선택하는 일〗.

‡**sub·mit** [səbmít] *v.* (**-mit·ted, -mit·ting**) *vt.* **1** 〖재귀용법〗 …을 순종하게 하다, 복종하게 하다(…to). ⇨ SURRENDER 類語 ¶ (~+冏+匭+匭+匱) *submit* oneself to ridicule 조소(嘲笑)를 감수하다. **2** …을 부탁하다, 기탁하다; 〖의회·법정 따위에〗 …을 제기하다(refer), 제출하다(…to). ¶ Students are required to *submit* a term paper. 학생들은 학기말 레포트를 제출하도록 되어 있다/(~+冏+匭+匭+匱) *submit* a case to a court 법정에 제소하다. **3** …을 의견으로 진술하다, 상신하다(suggest). ¶ (~+*that* 匭) I *submit that* you are mistaken. 실례지만 당신의 생각이 잘못이라는 것을 말씀드립니다. — *vi.* 복종하다, 굴복하다(yield); 〖의견 따위에〗 따르다; 감수하다; 〖조치 따위를〗 받다(to…). ¶ (~+匭) *submit* to authority 권위에 복종하다 / *submit* to one's fate 운명을 감수하다 / He has *submitted* to an operation. 그는 수술을 받을 것을 승낙했다.
◇ submíssion *n.*, submíssive *adj.*

sub·mon·tane [sʌbmɑ́ntein / -mɔ́n-] *adj.* 산(산 맥) 아래의, 산기슭의.

sub·mul·ti·ple [sʌbmʌ́ltipl / ⌐́⌐⌐-] *n., adj.* 〖수학〗 약수(約數)〖의〗.

sub·nor·mal [sʌbnɔ́ːrm(ə)l / ⌐́⌐⌐-] *adj.* **1** 보통 이하의. **2** 정신 박약의. — *n.* 정신 박약자.
~**ly** [-məli] *adv.*

sub·nu·cle·ar [sʌbnjúːliər] *adj.* 원자핵 안의.

sub·nu·cle·on [sʌ̀bnjúːkliɑn / -ɔn] *n.* 〖물리〗 핵자(核子) 구성자(構成子).

sub·o·ce·an·ic [sʌ̀bóuʃiǽnik / -ɔ́-] *adj.* 해저의(에 있는). ¶ a *suboceanic* oil field 해저 유전.

sub·or·bit·al [sʌbɔ́ːrbitl] *adj.* **1** 〖인공 위성 등이〗 궤도에 오르지 않은. **2** 〖해부〗 안와(眼窩) 밑의.

sub·or·der [sʌ̀bɔ́ːrdər] *n.* 〖생물〗 아목(亞目).

*__sub·or·di·nate__ [səbɔ́ːrd(i)nit → *v.*] *adj.* **1** 하위의, 하급의; …아래의. **2** 〖중요성이〗 떨어지는, 부차적인, 부수적인. **3** 복종하는, 예속되는; 수하의, 부하의. ¶ a *subordinate* state 속국(屬國). **4** 〖문법〗 종속의, *cf.* coordinate. — *n.* **1** 부하, 속료(屬僚). **2** 〖문법〗 종속절(어, 구). — *vt.* [səbɔ́ːrdinèit] (**-nat·ed, -nat·ing**) **1** …을 아래에 놓다, 하위에 두다; 경시하다 (…*to*). ¶ (~+冏+匭+匭+匱) *subordinate* work to pleasure 일보다는 노는 데 치중하다. **2** …을 복종(예속) 종속시키다(…*to*). ¶ (~+冏+匭+匭+匱) *subordinate* furies to reason 이성(理性)으로 노기를 누르다.
~**ly** [-nitli] *adv.* ~**ness** [-nitnis] *n.* ◇ subordinátion *n.*

subórdinate cláuse *n.* 〖문법〗 종속절. *cf.* coordinate clause

sub·or·di·na·tion [səbɔ̀ːrd(i)néiʃ(ə)n] *n.* ⓤ **1** 아래에 두기. **2** 복종시키기(하기), 종속시키기(하기), 《그리스도교》 〖권위 등에 대한〗 복종, 종속, 순종. ¶ **in subordination to** …에 종속하여. **3** 경시(輕視). **4** 〖문법〗 종속 〖관계〗.

sub·or·di·na·tion·ism [səbɔ̀ːrdinéiʃənìz(ə)m] *n.* ⓤ 〖신학〗 〖삼위일체의 성자는 성부 밑에, 또 성신은 성부와 성자 밑에 종속한다고 하는〗 종속설; 제1위 우월설.

sub·or·di·na·tive [səbɔ́ːrd(i)nèitiv / -nətiv] *adj.* **1** 하위(하급)의; 종속적인, 종속 관계를 나타내는. **2** 〖문법〗=subordinate.

sub·orn [səbɔ́ːrn] *vt.* **1** 〖남〗을 매수하다, 교사하다. **2** 〖법률〗 〖뇌물 따위를 써서〗 〖남〗에게 위증시키다.

sub·or·na·tion [sʌ̀bɔːrnéiʃ(ə)n] *n.* ⓤ **1** 교사(敎唆), 매수. **2** 〖법률〗 위증의 교사.

sub·ox·ide [sʌbɑ́ksaid / sʌ́bɔks-] *n.* 〖화학〗 하급 산화물, 아(亞)산화물.

sub·par [sʌbpɑ́ːr] *adj., adv.* 표준 이하의(에).

sub·phy·lum [sʌ̀bfáiləm] *n.* (*pl.* **-la** [-lə]) 〖생물〗 아문(亞門) 〖줄거리 (underphylum).

sub·plot [sʌ́bplɑ̀t / -plɔ̀t] *n.* 〖희곡·소설 등의〗 부차적

sub·poe·na, -pe- [sə(b)píːnə] *n.* 〖법률〗 〖벌칙이 붙은〗 소환장. — *vt.* (**-naed, -na·ing**) …을 소환하다, 소환장을 발부하다.

sub·po·lar [sʌbpóulər / ⌐́⌐⌐-] *adj.* 극〖지〗에 가까운; 아(亞) 극(極)의.

sub·pre·fect [sʌbpríːfekt / ⌐́⌐⌐-] *n.* **1** 지방 장관 대리, 부지사. **2** 〖프랑스〗 군수. **3** 경찰 서장 대리.

sub·prin·ci·pal [sʌ̀bprínsip(ə)l / ⌐́⌐⌐⌐-] *n.* **1** 부회장, 부사장, 부교장, 차관. **2** 〖목공〗 보조 받침나무. **3** 〖음악〗 〖오르간의〗 개관(開管) 최저 음전(音栓).

sub·pri·or [sʌbpráiər] *n.* 수도원장 대리.

sub·pro·fes·sion·al [sʌ̀bprəféʃən(ə)l] *n., adj.* = paraprofessional.

sub·pro·gram [sʌ̀bprógræm] *n.* 〖컴퓨터〗 프로그램의 일부분.

sub·re·gion [sʌ́brìːdʒən] *n.* 〖생물〗 〖분포의〗 아구(亞區).

sub·rep·tion [səbrép(ʃ)ən] *n.* ⓤ **1** 〖종교적인〗 의무·처벌을 모면하기 위해 사실을 숨기기, 허위 진술. **2** 〖허위 진술에 의한〗 그릇된 추측.

Sub·roc [sʌ́brɑk / -rɔk] *n.* 서브록〖대잠(對潛) 미사일〗. 〖 < SUB〖MARINE〗+ROC〖KET〗〗

sub·ro·gate [sʌ́brou(u)gèit] *vt.* (**-gat·ed, -gat·ing**) **1** 〖남〗의 대리를 하다. **2** 〖법률〗 〖권리 등에 대해〗 …을 대위(代位)하다, …을 대신 떠맡다.

sub·ro·ga·tion [sʌ̀brou(u)géiʃ(ə)n] *n.* **1** 대리〖행위〗. **2** 〖법률〗 대위 (代位) 〖남의 법률상의 지위를 대신 하여 그 권리를 취득하기〗.

sub rósa [sʌb róuzə] *adv.* 비밀히, 남몰래. 〖< L〗

sub·rou·tine [sʌ̀bruːtíːn] *n.* 〖컴퓨터〗 서브루틴〖부 차 루틴〗.

súb-Sa·hár·an África [sʌ̀bsəhǽ(ː)rən-, -hǽr-/ -háː-] *n.* 사하라 사막 남쪽의 아프리카 제국.

sub·sat·el·lite [sʌ̀bsǽtəlait] *n.* 인공 위성에서 다시 쏘아 올린 위성.

*__sub·scribe__ [səbskráib] *v.* (**-scribed, -scrib·ing**) *vt.* **1** 〖서명하여〗 〖어떤 금액〗을 기부하기로 약속하다, 기부하다, 출자하다(…*to*). ¶ (~+冏+匭+匭+匱) *subscribe* a large sum to charities 자선 사업에 거액의 기부를 하다. **2** 〖에〗 〖서명하여〗 동의〖의〗(증)하다. ¶ *subscribe* a contract 계약서에 서명하다. **3** 〖성명 등〗을 문서 끝에 쓰다, 서명하다(…*to*). ¶ (~+冏+匭+匭+匱) President

subscriber / **substantial**

subscribed his name *to* the document. 대통령은 그 문서에 서명했다. — *vi.* **1** [서명하여] 기부 약속을 하다, 기부를 하다, 출자하다. ¶ (~+前+图) *subscribe for* ten dollars 10달러 기부하다 / *subscribe to* charities 자선 사업에 기부하다. **2** [신문·잡지를] 예약하다, 구독하다; [서명하여 주식 등을] 신청하다(*to, for...*). ¶ (~+前+图) *subscribe to* (or *for*) a magazine 잡지를 예약(구독)하다. **3** [문서 등에] 서명하다, 동의 (*to...*). ¶ (~+前+图) *subscribe to* a document 문서에 서명하다. **4** [서명하여] 동의의 (찬성, 증명)하다(*to...*). ⇒ AGREE 類語 ¶ (~+前+图) *subscribe to* a person's opinion 남의 의견에 찬동하다.
◇ súbscript *adj.*, subscríption *n.*

*sub·scrib·er [səbskráibər] *n.* **1** 기부자, 출자자 (*to...*). **2** 예약자, 구독자, 응모자(*for...*). **3** 서명자, 조인자. **4** 전화 가입자.

subscríber trúnk díalling *n.* 《英》다이얼 직통 장거리 전화 [略 STD].

sub·script [sʌ́bskript] *adj.* **1** 아래에 쓰인. **2** 낮추어 쓰인 [H₂SO₄의 2 따위]. — *n.* 아래에 쓰인 문자(숫자, 기호).

*sub·scrip·tion [səbskríp(ə)n] *n.* UC **1** 기부(금), 기부금 신청; 출자(금). ¶ raise (or make) a *subscription* 기부금을 모금하다. **2** [서적·잡지 등의] 예약, 예약 구독 (기간); 예약금, 예약 구독료. **3** 《주로 英》[협회·클럽 등의] 회비. **4** 서명, 기명. **5** [서명에 의한] 동의, 찬성, 증명. **6** [종교] 교리의 수락 (특히 영국 국교회에서 1563년의 39 신앙 조항과 기도서의 정식 수락).
◇ subscríbe *v.*, súbscript *adj.*

subscríption bòok *n.* 예약자 명부. **2** 예약 출판 도서.
subscríption còncert *n.* 예약제 음악회.
subscríption líbrary *n.* 회원제 대출 도서관.
subscríption ràte *n.* [예약] 구독료.
subscríption télevìsion *n.* U [사설 회원제] 유료 방송 텔레비전. *cf.* pay-TV

sub·sec·tion [sʌ́bsèk(ə)n] *n.* **1** 소구분, 소분, 세분. **2** [조문의] 관(款). **3** 《美軍》[분대] 분대.

sub·se·quence [sʌ́bsikwəns, ＋美-kwèns-] *n.* **1** 뒤(다음)에 있음. **2** 뒤에 이어지는 것, 잇따라 일어나는 사건, 결과.

*sub·se·quent [sʌ́bsikwənt, ＋美-kwènt-] *adj.* **1** 뒤의, 그 이후의. ¶ *subsequent* events 그 이후의 사건. **2** 직후의 (뒤에 일어나는), 이후 뒤에 이어지는 것.

*sub·se·quent·ly [sʌ́bsikwəntli, ＋美-kwènt-] *adv.* 뒤에, 직후에; 그 결과로서.

sub·serve [səbsə́ːrv] *vt.* (**-served, -serv·ing**) …에게 도움이 되다, …을 도와주다, 조력하다 (aid).

sub·ser·vi·ence [səbsə́ːrviəns, -vjəns], **sub·ser·vi·en·cy** [-ənsi] *n.* U **1** 종속, 복종. **2** 아첨, 비굴, 노예 근성. **3** 도움이 되는 일, 유용, 공헌.

sub·ser·vi·ent [səbsə́ːrviənt, -vjənt] *adj.* **1** 복종하는, 종속하는 (subordinate)(*to...*). **2** 비굴한, 아첨하는, 예속적인 (servile). **3** 도움이 되는, 유용한.
~·ly *adv.*

sub·set [sʌ́bsèt] *n.* [수학] 부분 집합; 작은 한 벌.

*sub·side** [səbsáid] *vi.* (**-sid·ed, -sid·ing**) **1** [낮게] 내려앉다, 가라앉다, 함몰하다. **2** [홍수 따위가] 빠지다, [바람·소동 따위가] 가라앉다, 진정되다 (abate). ¶ The fury of the storm has *subsided.* 사나운 폭풍우가 가라앉았다. **3** [익살] 침전되다. **4** [사람이] 앉다. ¶ (~+前+图) *subside into* a chair 의자에 푹신히 앉다.
◇ subsídence *n.*

sub·sid·ence [səbsáid(ə)ns, sʌ́bsi-] *n.* UC 침하, 함몰; 진정, 감퇴; 침전.

*sub·sid·i·ar·y [səbsídièri / -djəri] *adj.* **1** 보조의, 보충적인 (supplementary). **2** *a subsidiary* business 보조업 / *subsidiary* coins 보조 화폐. **2** 종속적인, 부수적인 (subordinate). **3** 보조금의 (에 의한), 조성금의 (에 의

한). ¶ *subsidiary* payments 보조금. **4** 〔군대가〕남의 나라에 고용된, 용병이 된. — *n.* (*pl.* **-ar·ies**) **1** 보조자(물); 부속물. **2** =subsidiary company. **3** [음악] 부주제. **-ar·i·ly** *adv.*

subsídiary cómpany *n.* 자(子)회사.
subsídiary ríghts *n. pl.* [출판] 부차권 (副次權) [원저작물의 출판권 이외의 권리; 즉, 잡지에 연재하거나 방송·영화 등에 사용하는 권리].

sub·si·dize [sʌ́bsidàiz] *vt.* (**-dized, -diz·ing**) **1** …에게 보조금 (조성금)을 지급하다. **2** …에게 보조금을 주고 협력을 얻다. **3** …을 매수하다 (buy over).

sub·si·dy [sʌ́bsidi] *n.* (*pl.* **-dies**) **1** [민간 사업 등에] 지급되는 (국가의) 보조금, 조성금. **2** [국가의 공사적 원조에 대한] 보상금. **3** [英역사] [영국 의회가 국왕에게 주는] 특별 보조금.

*sub·sist [səbsíst] *vi.* **1** 살아가다, 생활해 나가다 (*on, upon, by...*). ¶ (~+前+图) *subsist upon* scanty food 부족한 식량으로 살아가다 / *subsist by* begging 구걸하여 살아가다. **2** 존재하다, 존속하다, 잔존하다; […에] 있다 (*in...*). **3** 〔철학〕 〔수·관계 따위가 시간을 초월하여〕 존속하다. — *vt.* **1** …에게 식량을 주다, 부양하다 (maintain). **2** 〔재귀용법〕 살아가다, 생활하다.
◇ subsístence *n.*, subsístent *adj.*

*sub·sist·ence [səbsíst(ə)ns] *n.* UC **1** 존재, 생존. **2** 생활, 생계. **3** 생계의 방편, 생활 수단 (means of subsistence); [최소한의 의식주에 필요한] 생활비.

subsístence allówance (mòney) *n.* 특별 수당; [출장] 수당; [신입 사원의] 입사 준비금; [군대의] 식비 수당.

subsístence cròp *n.* 자급 자족용 작물.
subsístence fàrmer *n.* 자급 자족 농민.
subsístence fàrming *n.* U 《美》자급 자족 농업.
subsístence lèvel *n.* 최저 생활 수준, 생존 수준.
subsístence wàges *n.* [최저] 생활(생존) 임금.

sub·sist·ent [səbsíst(ə)nt] *adj.* **1** 생존하는, 존재하는 (existing); 실재하는. **2** […에] 고유한, 타고난 (*in...*).

sub·soil [sʌ́bsɔ̀il] *n.* U 표토 바로 밑에 있는 심토 (心土), 하층토. — *vt.* …의 심토까지 파 일으키다.

sub·son·ic [sʌ̀bsánik / -sɔ́n-] *adj.* 음속 이하의; 아(亞)음속의. *cf.* supersonic **2** 가청 주파 이하의 (infrasonic). [〔생물〕 아종(亞種).

sub·spe·cies [sʌ́bspìː(ʃ)iːz, ＿＿＿＿ / ＿＿＿＿] *n. (pl.* **-cies**)

subst. (略) substantive, substantively; substitute.

‡**sub·stance** [sʌ́bst(ə)ns] *n.* U **1** UC 물질, 물(物). ⇒ MATTER 類語 ¶ chemical *substances* 화학적 물질. **2** 요지, 취지, 본질 (本質), 진실, 대의 (purport). ¶ the *substance* of education 교육의 본질. **3** 실질, 실(實). ¶ sacrifice the *substance* for the shadow 실속을 버리고 이름을 취하다. **4** 본체, 실체, 내용; [직물 따위의] 바탕. ¶ His claims lack *substance.* 그의 주장에는 내용이 없다. **5** 자산, 자력, 재산, 부(富). ¶ a man of *substance* 자산가. **6** 〔철학〕 실체, 본질 (essence). **7** (the ~) 대부분.

in substance 사실상, 본질적으로, 실질적으로.
◇ substántial *adj.*, substántiáte *v.*

sub·stand·ard [sʌ̀bstǽndərd / ＿＿＿＿] *adj.* **1** 표준 이하의; 불충분한. **2** 〔언어〕 표준어가 아닌, [남에게 무식하다는 인상을 주는] 방언을 쓰는. **3** 〔보험〕 표준 하체 (下體)의.

‡**sub·stan·tial** [səbstǽn(ʃ)(ə)l] *adj.* **1** [양·크기가] 상당한, 다대한. ¶ a *substantial* income 상당한 수입. **2** 실체적인, 현실적인 (real), 가공이 아닌. **3** 건장한, 견고한, 확고한; 확실한. ¶ a man of *substantial* build 건장한 체격을 가진 사람. **4** 실력이 있는, 자력이 있는, 유복한 (wealthy). **5** 실질적인, 내용이 있는, 효과적인. ¶ a *substantial* meal 실속 있는 식사. **6** 본질적인, 중요한; 사실 (실질)상의. ¶ a *substantial* victory 사실상의 승리. **7** 물질의, 물질적인. **8** 〔철학〕 실체의,

sub·stan·tial·ism [səbstǽnʃ(ə)lìz(ə)m] *n.* ⓤ 〔철학〕 실체론.

sub·stan·ti·al·i·ty [səbstæ̀nʃiǽləti] *n.* (*pl.* **-ties**) 1 ⓤ 실질성, 실재성. 2 ⓤ 실체성, 견고. 3 〔음식 중에 있는〕 주요 성분.

***sub·stan·tial·ly** [səbstǽnʃəli] *adv.* 1 충분히, 넉넉히, 대폭적으로. 2 실제적으로. 3 튼튼하게, 견고하게. 4 대체적으로, 요약하여, 취지로는.

sub·stan·ti·ate [səbstǽnʃièit] *vt.* (**-at·ed, -at·ing**) 1 …을 실증(증명)하다. 2 …을 실체(구체)화하다.

sub·stan·ti·a·tion [səbstæ̀nʃiéiʃ(ə)n] *n.* ⓤ 1 실증, 입증, 증명, 증거(proof). 2 실체화, 구체화.

sub·stan·ti·a·tive [səbstǽnʃièitiv] *adj.* 1 증명하는, 실증하는. 2 구체화하는.

sub·stan·ti·val [sʌ̀bst(ə)ntáiv(ə)l] *adj.* 〔문법〕 명사의, 실사(實詞)의. ~·ly [-vəli] *adv.*

sub·stan·tive [sʌ́bst(ə)ntiv] *n.* 〔문법〕 1 실사, 명사. 2 명사 상당 어구. — *adj.* 1 〔문법〕 a) 실사의, 명사의. b) 명사로서 쓰이는. c) 〔동사가〕 존재를 나타내는. ¶ a *substantive* verb 실재 동사 「존재」의 뜻을 나타내는 동사로서 영어에서는 be 동사. 2 현실의(real), 실재하는, 실제의, 실질을 나타내는. 3 독립한, 자립의(independent). ¶ a *substantive* nation 독립국. 4 본질적인(essential), 실질적인. 5 상당한, 꽤 많은. ~·ly *adv.* ~·ness *n.*

súbstantive láw *n.* ⓤⓒ 〔법률〕 실체법.

sub·sta·tion [sʌ́bstèiʃ(ə)n] *n.* 지서, 출장소, 〔우체국의〕 분국.

sub·stit·u·ent [sʌbstítʃuənt / -tju-] *n.* 〔화학〕 〔원자·원자군의〕 치환기 (置換基)(분(分)). — *adj.* 치환기(분)로서 작용하는.

‡**sub·sti·tute** [sʌ́bstit(j)ùːt / -tjùːt] *n.* 1 대리인, 대신, 대신하는 것, 보결(*for*…). ¶ as a *substitute for*… …의 대신으로서. 2 대용품, 대용식(*for*…). ¶ an excellent *substitute for* butter 훌륭한 버터의 대용품. 3 〔문법〕 대용어. — *v.* (**-tut·ed, -tut·ing**) *vt.* 1 …에게 대리를 시키다, …을 대신 쓰다, 대용하다. ¶ (~+땜+前+땜) *substitute* nylon *for* silk; *substitute* silk *by* (or *with*) nylon 비단 대신에 나일론을 쓰다. 2 …에 대신하다, …의 대리를 하다. 3 〔화학〕 치환하다. — *vi.* 1 대리(대신) 하다, 대용하다. ¶ (~+前+땜) He *substituted for* the manager who was in hospital. 그는 입원중인 지배인의 대리 노릇을 했다. 2 〔화학〕 치환하다.
◇ substitútion *n.*, substitútive *adj.*

***sub·sti·tu·tion** [sʌ̀bstit(j)úːʃ(ə)n / -tjúː-] *n.* ⓤⓒ 1 대리, 대용. 2 교환. 3 교체. 4 〔화학〕 치환. 4 〔수학〕 대입. 5 〔문법〕 대용어.
◇ súbstitute *v.*, substitútionary *adj.*

sub·sti·tu·tion·al [sʌ̀bstit(j)úːʃ(ə)nəl / -tjúː-] *adj.* 대리(대용)의; 치환의. ~·ly [-nəli] *adv.*

sub·sti·tu·tion·ar·y [sʌ̀bstit(j)úːʃənèri / -tjúːʃənəri] *adj.* =substitutional.

sub·sti·tu·tive [sʌ́bstit(j)ùːtiv / -tjù-] *adj.* 1 대리(대용)의, 대리가 되는, 대체의. 2 대체할 수 있는, 치환할 수 있는.

sub·strate [sʌ́bstreit] *n.* 1 =substratum. 2 〔생화학〕 기질(基質) 〔효소의 작용을 받는 물질〕.

sub·strat·o·sphere [sʌ̀bstrǽto(u)sfìər] *n.* (the ~) 아(亞)성층권〔성층권의 하층 부분〕.

sub·stra·tum [sʌ́bstrèitəm, -strǽt- / sʌ̀bstráːt-] *n.* (*pl.* **-ta** [-tə]) 1 하층(토). 2 토대, 기초, 근본(foundation) (*of*…). 3 〔생물〕 저질(底質). 4 〔농업〕 subsoil. 5 ⓤ 〔철학〕 실체(substance). 6 〔사진〕 필름의 젤라틴 밑칠.

sub·struc·tion [sʌbstrʌ́k(ə)n / -́ -] *n.* =substructure.

sub·struc·ture [sʌ́bstrʌ̀ktʃər] *n.* 〔건조물의〕 하부 구조; 토대, 기초. *cf.* superstructure

sub·sume [səbsúːm / -sjúːm] *vt.* (**-sumed, -sum·ing**) …을 포섭하다, 포함하다, 포괄하다(include).

sub·sump·tion [səbsʌ́mpʃ(ə)n] *n.* 1 ⓤ 포섭, 포함. 2 포섭된 명제, 〔3단 논법의〕 소전제.

sub·sur·face [sʌ́bsə́ːrfis / -́ -́ -] *adj.* 표면 아래의.

sub·sys·tem [sʌ́bsìstəm] *n.* 하부 조직, 서브 시스템.

sub·teen [sʌ́btíːn] *n.* *adj.* 10대의 이전의 〔아이〕.

sub·tem·per·ate [sʌbtémp(ə)rit / -́ -́ -] *adj.* 아온대 (亞溫帶)의.

sub·ten·an·cy [sʌbténənsi / -́ -́ -] *n.* ⓤ 〔토지·가옥 따위의〕 전차(轉借), 빌린 것을 다시 빌리기.

sub·ten·ant [sʌbténənt / -́ -́ -] *n.* 〔토지·가옥 등의〕 전차인.

sub·tend [səbténd] *vt.* 1 〔기하〕 〔현·3각형의 변이〕 〔호(弧)·각〕에 대하다, 마주 보다. ¶ A hypotenuse *subtends* a right angle. 직각 3각형의 사변 (斜邊)은 직각에 마주 대한다. 2 〔식물〕 〔엽·포(苞) 따위〕를 엽액(葉腋)으로 싸다.

sub·tense [sʌbténs] *n.* 〔기하〕 현(弦), 대변.

sub·ter- under, less than의 뜻의 연결형. *cf.* super-: 예: *subter*fuge.

sub·ter·fuge [sʌ́btərfjùːdʒ] *n.* ⓤ 구실, 핑계, 발뺌.

sub·ter·hu·man [sʌ̀btərhjúːmən] *adj.* 인간 이하의. *cf.* superhuman

sub·ter·nat·u·ral [sʌ̀btərnǽtʃ(ə)rəl] *adj.* 자연 이하의, 부자연의.

sub·ter·ra·ne·an [sʌ̀btəréiniən, -njən] *adj.* (= **sub·ter·ra·ne·ous** [sʌ̀btəréiniəs, -njəs]) 1 지하의 (underground), 지하에 있는. 2 숨은(hidden), 비밀의, 비밀한. — *n.* 1 지하에 사는 사람(것). 2 지하 동굴(cavern). ~·ly *adv.*

sub·ter·ra·ne·ous [sʌ̀btəréiniəs, -njəs] *adj.* =subterranean. ~·ly *adv.* ~·ness *n.*

sub·text [sʌ́btèkst] *n.* 문학 작품 속에 숨겨진 뜻.

sub·tile [-til sʌ́tl, + 美 sʌ́btil] *adj.* 〔고어〕 =subtle. ~·ly [sʌ́tli, + 美 sʌ́btili] *adv.* ~·ness *n.*

sub·til·i·ty [sʌbtíliti] *n.* =subtlety.

sub·til·i·za·tion [sʌ̀(b)t(i)lizéiʃ(ə)n / sʌ̀tilai-] *n.* ⓤ 1 세련, 순화, 정제. 2 예민(민감)하게 하기. 3 세밀한 논의, 미세한 구별. 4 희박화.

sub·til·ize [sʌ́(b)t(i)làiz / sʌ́til-] *v.* (**-ized, -iz·ing**) *vt.* 1 …을 세련되게 하다, 고상하게 하다(sublimate). 2 〔감각 따위〕를 예민하게 하다(sharpen). 3 …을 세밀하게 논의하다(구별하다). 4 …을 희박화 (엷게) 하다. — *vi.* 세밀하게 논하다(구별하다).

sub·til·ty [sʌ́(b)t(i)lti / sʌ́t-] *n.* 〔고어〕 =subtlety.

sub·ti·tle [sʌ́btàitl] *n.* 1 〔책의〕 부제목, 부제, 서브타이틀. 2 〔책 속표지의〕 약식 표제. 3 〔영화의〕 설명자막, 〔외국 영화의〕 대사 자막. — *vt.* (**-tled, -tling**) …에 부제목(자막 설명)을 붙이다.

‡**sub·tle** [sʌ́tl] *adj.* (**-tler, -tlest**) 1 〔용액 따위가〕 묽은, 희박한. 2 희미한, 미묘한, 포착하기 어려운; 신비적인. ¶ a *subtle* distinction 미묘한 차이 / a *subtle* charm 신비스러운 매력. 3 〔감각·지각이〕 예민한, 민감한, 섬세한(delicate). ¶ a *subtle* insight 예민한 통찰력. 4 음흉한, 교활한(cunning). ¶ a *subtle* deception 교활한 사기. 5 교묘한(skillful), 솜씨 좋은. ¶ a *subtle* workman 숙련공. 6 〔병 따위가〕 잠재성의.
~·ness *n.* -tly [-li] *adv.* ◇ súbtlety *n.*

***sub·tle·ty** [sʌ́tlti] *n.* (*pl.* **-ties**) ⓤ 1 엷음, 묽음, 희박. 2 미묘, 신비, 유현(幽玄). 3 예민, 민감, 명민. 4 ⓒ 미묘한 것; 미묘한 차이. 5 교묘, 정교. 6 ⓤⓒ 교활, 음흉.

sub·ton·ic [sʌ̀btɑ́nik / sʌ́btɔn-] *n.* 〔음악〕 제7음, 도음 (導音), 하주음(下主音).

sub·to·pi·a [sʌ̀btóupiə, -pjə] *n.* 《英》〔경멸적〕 도시 주변의 경치가 나쁜 지역.

sub·tor·rid [sʌbtɔ́ːrid, -tɑ́r- / sʌ̀btɔ́r-] *adj.* =subtrop-

sub·to·tal [sʌbtóutl] *n.* 소계 (小計). — *vt., vi.* (-taled, -tal·ing; (특히 英) -talled, -tal·ling) 소계하다.

***sub·tract** [səbtrǽkt] *vt.* …을 빼다, 공제하다; (수학) …을 빼다(제하다)(...from, out of). ¶ *subtract* 3 *from* 10 10에서 3을 빼다. — *vi.* 공제하다; 뺄셈을 하다. ◇ **subtráction** *n.*

sub·tract·er [səbtrǽktər] *n.* 빼는 사람, 공제하는 사람; (수학) 감수.

sub·trac·tion [səbtrǽk(ʃ)ən] *n.* ⓤⓒ 빼기, 감하기, 공제; (수학) 뺄셈. *opp.* addition. 주의 뺄셈의 읽는 법 — 5−2=3은 Two from five (*or* Five minus two) equals (*or* is, leaves) three. 라고 읽는다. 덧셈과는 달리 동사는 보통 단수형을 쓴다.

sub·trac·tive [səbtrǽktiv] *adj.* 빼는, 감하는, 공제하는; (수학) 마이너스 기호 (−)가 있는, 마이너스의.

sub·tra·hend [sʌ́btrəhènd] *n.* (수학) 감수. *cf.* minuend

sub·treas·ur·y [sʌbtréʒ(ə)ri / ⸗⸗⸗] *n.* (*pl.* **-ur·ies**) 1 [국고·공고(公庫) 등의] 분고(分庫). 2 (美) 재무부의 분국.

sub·tribe [sʌ́btràib] *n.* (생물) 아족 (亞族).

sub·trop·i·cal [sʌbtrápikəl / sʌbtrɔ́p-] *adj.* 아열대의.

sub·trop·ics [sʌbtrápiks, -trɔ́p-] *n. pl.* 아열대 지방.

su·bu·late [sú:bjulit, -lèit / sjú:bjulit] *adj.* 송곳 모양의.

‡sub·urb [sʌ́bə:rb] *n.* 1 (종종 ~s) 교외, 근교, 교외 주택 지구. ¶ He lives in the *suburbs* of London. 그는 런던 교외에서 살고 있다. 2 (~s) 주변, 주위. 유의 **suburbs** 중심 시가지에 인접한 주택 지역. **outskirts** 어떤 지역의 중심을 벗어난 언저리.
— **Usage** in the suburbs 와 in a suburb — 어느 도시의 교외 전체를 말할 경우에는 the suburbs 를 쓴다. 교외의 일부 지역을 말할 경우에도 the suburbs 를 쓰지만 a suburb 를 쓰는 경우도 있다.
◇ **subúrban** *adj.*

***sub·ur·ban** [səbə́:rb(ə)n] *adj.* 1 교외의(에 사는), 도시 주변의(에 있는). 2 교외 특유의; 소박한. — *n.* 교외 거주자. ◇ **súburb** *n.*

sub·ur·ban·ite [səbə́:rbənàit] *n.* 교외 거주자.

sub·ur·ban·ize [səbə́:rbənàiz] *vt., vi.* (-ized, -iz·ing) 교외화하다.

sub·ur·bi·a [səbə́:rbiə] *n.* ⓤ (집합적) 교외(거주자); (S-) London 의 교외(거주자). 2 교외의 습관(화) 양식. [<아변태>]

sub·va·ri·e·ty [sʌ̀bvəráiəti / ⸗⸗⸗⸗] *n.* (생물) 아변 서타, 아종.

sub·vene [səbví:n] *vi.* (-vened, -ven·ing) 지원하 나서다, 도움이 되다.

sub·ven·tion [səbvén(t)ʃ(ə)n] *n.* 1 (특히 정부로부터의) 보조금, 조성금. 2 원조, 원조.

sub ver·bo [sʌb və́:rbou] (라 틴) (=under the word) …이라는 말(표제) 아래에 [略 s.v.].

sub·ver·sion [səbvə́:rʒ(ə)n, -ʃ(ə)n / -ʃ(ə)n] *n.* ⓤ 전복, 타도, 파괴(destruction). 2 전복시키는(파괴하는)것.

sub·ver·sive [səbvə́:rsiv] *adj.* 전복시키는, 파괴적인. — *n.* 파괴(불온) 분자. **~·ly** *adv.* **~·ness** *n.*

sub·vert [səbvə́:rt, ＋英 sab-] *vt.* 1 (권위·체제 등) 을 전복하다, 뒤엎다, 타도하다(overthrow), 파멸시키다. 2 (사상·신념 등)을 타락시키다(corrupt).

sub vo·ce [sʌb vóusi] (라틴) (=*sub verbo*.

sub·way [sʌ́bwèi] *n.* 1 (美) 지하 철 (英) underground, (英구어) tube). *cf.* metro 2 (英) 지하도 ((美) underpass), 3 암거(暗渠) (수도·가스·전기적이 통하는]. — *vi.* (美) 지하철로 가다.

sub·ze·ro [sʌ̀bzí(:)rou / sʌbzíər-] *adj.* 영도 이하의. ¶ a week of *subzero* temperatures 영하의 날씨가 계속된 일주일.

suc- *pref.* = SUB-.

suc·cade [səkéid, sak-] *n.* 설탕에 절인 과일.

suc·ce·da·ne·um [sʌ̀ksidéiniəm] *n.* (*pl.* **-ne·a** [-ni-ə]) 대용물 (substitute); (의학) 대용약; (드물게) 대리인.

‡suc·ceed [səksí:d] *vi.* 1 성공하다, 잘 되다, 성과를 올리다(*in*...). ¶ (~＋前＋名) *succeed* in solving a problem 문제의 해결에 성공하다. 2 번영하다, 입신 출세하다(*in*...).

유의 **succeed** 좋은 결과가 되다, 목적을 달성하다: *succeed in* business 사업에 성공하다. **flourish** (단체·사업·학예 등이) 전성기를 이루다: Democracy *flourished* again after the war. 민주주의는 전후 다시 전성기에 들어갔다. **prosper** (물질적으로) 계속하여 성공을 거두다: Korea's export is *prospering*. 한국의 수출은 계속 번창하고 있다. **thrive** 힘찬 생명력이나 유리한 조건 따위로 인해 활발히 성장·발전하다: *thrive* under the protective measures by the government 정부의 보호 정책 밑에서 번영하다.

3 상속하다, 계승하다(*to*...). ⇒ FOLLOW 유의 ¶ (~＋前＋名) He *succeeded to* his father's estate. 그는 아버지 재산을 상속했다. 4 계속되다, 잇따르다. ¶ Read the page that *succeeds*. 다음 페이지를 읽어라.
— *vt.* 1 …의 뒤를 잇다, …을 계승하다. ¶ (~＋目＋as 전) Elizabeth *succeeded* Mary *as* Queen. 엘리자베스가 메리의 뒤를 이어 여왕이 되었다. 2 …을 뒤따르다, …의 뒤에 오다(follow).
◇ **success**, **succession** *n.*, **successful**, **successive** *adj.*

suc·ceed·er [səksí:dər] *n.* (고어) =successor.

***suc·ceed·ing** [səksí:diŋ] *adj.* 계속되는, 잇따른, 다음의.

suc·cen·tor [səkséntər] *n.* (교회) 성가대 부대장, [성가대의] 응창단의 (應唱團)의 지휘자].

suc·cès d'es·time [F syksɛ destim] *n.* (프랑스) (=success from esteem) (대중의 인기는 없으나) 비평가로부터 높은 평가를 받기.

suc·cès fou [F syksɛ fu] *n.* (프랑스) (=mad success) 엄청난 대성공.

‡suc·cess [səksés] *n.* 1 ⓤ 성공, 히트, 대성공. ¶ escape with *success* 도피에 성공하다 / He has tried many times without much *success*. 그는 여러번 시도했으나 대단한 성과는 거두지 못했다. 2 입신, 출세. 3 성공자, 히트된 것; 성공한 사람, 합격자. ¶ score a *success* 성공하다 / make a *success* of …을 잘 해내다 / The meeting was a *success*. 그 회의는 성공적이었다. 4 (폐어) 결과. ◇ **succeed** *v.*, **successful** *adj.*

‡suc·cess·ful [səksésfəl] *adj.* 1 성공한, 좋은 결과의; 번영하는; 크게 히트한, 성대한(*in*...). ¶ a *successful* candidate 합격자, 당선자 // He was *successful* in the entrance examination. 그는 입학 시험에 합격했다. 2 입신 출세한. **~·ness** *n.*

‡suc·cess·ful·ly [səksésfəli] *adv.* 성공적으로, 성황리에, 번창하여; 성대하게.

‡suc·ces·sion [səkséʃən] *n.* 1 ⓤ 연속, 연발; 연속물. ⇒ SERIES 유의 ¶ a *succession* of traffic accidents 교통 사고의 연발 / two years in *succession* 2년 연속으로. 2 ⓤ 상속, 계승; 상속권, 계승권; 상속 순위, ⓒ(집합적) 상속자들. ¶ by *succession* 세습으로 / in due *succession* 당연한 순서로 // in *succession to* the throne 왕위를 계승하여 / claim the *succession* to …의 상속권을 주장하다. 3 ⓤⓒ (식물) 천이 (遷移); (생태) 갱신, 자연천이; (농업) 윤작 (輪作).
◇ **succeed** *v.*, **successional**, **successive** *adj.*

suc·ces·sion·al [səkséʃənəl] *adj.* 연속적인, 잇따른; 상속의, 계승의. **~·ly** [-nəli] *adv.*

succéssion dúty *n.* (종종 -ties) (英) 상속세.

Succéssion Státes *n.* (the ~) 오스트리아 헝가리 제국의 붕괴로 생긴 여러 나라 (체코슬로바키아·루마니아·유고슬라비아·폴란드·오스트리아·헝가리).

succéssion tàx *n.* ⓒⓤ 상속세.

‡suc·ces·sive [səksésiv] *adj.* 1 연속하는, 잇따른는. ¶ on the second *successive* day (며칠 계속될 때의) 둘

제 날에.
[類語] **successive** 순서·간격에 관계없이 그저 연속되는: *successive* failures 실패의 연속. **consecutive** 일정한 순서로 [거의] 간격없이 연속되는: It rained for ten *consecutive* days. 10일간 계속하여 비가 왔다. **serial** 동종의 것이 연속하여 하나의 전체를 이루는: a *serial* story 연속 소설. **sequent, sequential** 논리·인과·시간·관계 따위가 밀접하게 연속되는: tell the events of the day in *sequent* order 그날 일어난 일을 순서를 따라 말하라.
2 계통적인, 계열적인.
~**ly** *adv*. ◇ ~**ness** *n*. ◇ **succéed** *v*., **succéssion** *n*.

‡**suc·ces·sor** [səksésər] *n*. 뒤에 오는 것; 후계자, 상속자, 후임자. *cf*. predecessor ¶ the *successor* to the throne 왕위 계승자.

succéss stòry *n*. 성공담, 입신 출세 이야기.

suc·cinct [səksíŋ(k)t] *adj*. **1** [표현 따위가] 간결한, 간단 명료한. **2** [고어] [의복을] 걸어올린; [의복이] 몸에 꼭 맞는. ~**ly** *adv*. ~**ness** *n*. [산의.

suc·cin·ic [səksínik] *adj*. 호박(琥珀)의; [화학] 호박

suc·cor, (英) -cour [sʌ́kər] *n*. ⓤ 원조, 구조(help); ⓒ 원조자; (~s) [고어] 원군. — *vt*. …을 도와주다, 후원하다.

suc·cor·ance, (英) -cour- [sʌ́kərəns]*n*.ⓤ 의존(依存); 양육(養育) 의존.

suc·co·ry [sʌ́kəri] *n*. (*pl*. **-ries**) =chicory.

suc·co·tash [sʌ́kətӕʃ] *n*. ⓤⓒ [북부 인디언 기원의] 옥수수·콩 따위를 섞은 야채 요리.

suc·cu·ba [sʌ́kjubə] *n*. (*pl*. **-bae** [-biː]) =succubus.

suc·cu·bus [sʌ́kjubəs] *n*. (*pl*. **-bi** [-bai]) **1** [수면중인 남성과 성교한다는] 마녀. **2** 악마(demon).

suc·cu·lence [sʌ́kjuləns] *n*. ⓤ 다액(多液), 다즙; 흥미진진함.

suc·cu·len·cy [sʌ́kjulənsi] *n*. =succulence.

suc·cu·lent [sʌ́kjulənt] *adj*. **1** 즙(수분)이 많은 (juicy). **2** 흥미 진진한, 재미있는. **3** [식물] 다육(多肉)의, 다즙 조직의. — *n*. 다육 식물. ~**ly** *adv*.

*****suc·cumb** [səkʌ́m] *vi*. **1** […에] 굴복하다, 복종하다, 지다(*to*...). ⇒ SURRENDER [類語] ¶ (~+前+名) *succumb* to (or before) temptation 유혹에 넘어가다 / *succumb* under misfortunes 비운에 울다. **2** [병·노령 따위로] 쓰러지다, 죽다(die) (*to*...). ¶ (~+前+名) *succumb* to pneumonia 폐렴으로 죽다.

suc·cur·sal [səkə́ːrs(ə)l / sʌk-] *adj*. 종속(부속)의, [대사원 따위에] 부속하는.

‡**such** [강 sʌ́tʃ, 약 sətʃ] *adj*. (* 수식하는 명사가 단수인 경우에는 such는 a, an 의 앞에 놓인다) **1** [전술한 것과 비교하여 수·양·종류·성질·정도 따위가] 그러한, 이러한, 그와 같은, 이와 같은; 그와 비슷한, 유사한; *such* a man 그러한 사람 / all *such* men 그러한 사람 모두 / any (or some) *such* man 누군가 그러한 사람 / *Such* father, *such* son. (속담) 그 아버지에 그 아들, 부전자전(父傳子傳).

2 [형용사를 수반하는 명사 앞에 써서] 그렇게; 이렇게, 그와 같이, 이와 같이; (구어) 대단히, 매우. ¶ Don't be in *such* a hurry. 그렇게 서둘지 마라 / We had *such* a good time of it at the seaside. 우리는 해변에서 매우 즐거운 시간을 보냈다(* 이 용법의 such는 so good a time 과 같이 so 를 대신 쓸 수도 있다).

3 그렇게 좋은 (나쁜), 이렇게 좋은 (지독한), 멋진, 아주 좋은, 굉장한. ¶ *Such* a boy! 얼마나 착한(나쁜) 아이냐! / He is *such* a scholar. 그는 대단한 학자다 / We have had *such* sport! 우리는 참 재미있었다.

4 (*such* ... as, such as 의 형태를 써서) …과 같은, …는 것 같은. ¶ flowers, *such* as violets and tulips 제비꽃이나 튤립과 같은 꽃 / Read *such* books *as* benefit you. 너에게 도움되는 그런 책을 읽어라.

5 (*such* ... that, such ... as to, such as to 의 형으로) …할 이만큼, …할 정도로, …할 정도까지의, 매우 …하

므로. ¶ I had *such* a fright *that* I could not speak. 놀란 나머지 말이 나오지 않았다 / His insolence was *such as to* make all the persons present angry. 그의 거만한 태도는 그곳에 있던 모든 사람들을 화나게 할 정도였다 / I am not *such* a fool *as* to make an enemy of him. 나는 그를 적으로 만들 만큼 바보는 아니다.

── **Usage** (1) such … as 와 such … that 의 사용법 ── such … as 는 종류를 나타내며, as 는 관계 대명사이므로 뒤에서 주어와 타동사가 오더라도 목적어는 필요로 하지 않는다: This book is written in *such* easy English *as* beginners can understand. such … that 는 결과 또는 정도를 나타내고, that 는 접속사이기 때문에 뒤에 주어와 타동사가 오면 목적어 (대명사)를 필요로 한다: This book is written in *such* easy English *that* beginners can understand *it*.

(2) such … as 와 such as 에 대하여 ── *such* a man *as* he 대신에 구어에서는 like 를 사용하여 a man *like* him 과 같은 표현을 잘 쓴다. 또 men of letters *such as* Gibbon and Johnson 과 같이 such as 가 연속되기도 하며, 그럴 경우 men of letters *as* Gibbon and Johnson 과 같이 as만으로 쓰일 경우도 있다. 다만 이 경우는 as 는 접속사.

(3) such … as to 와 such as to 에 대하여 ── 전술의 such … as 와 such as 에 부정사가 붙은 것: His illness was not *such as to* cause anxiety. 그의 병세는 걱정할 정도의 것은 아니었다.

(4) such … that 와 so … that 의 용법 차이 ── such … that 에서는 such 의 뒤에 명사가 오지만, 같은 정도·결과를 나타내는 so … that 에서는 so 의 뒤에 형용사가 온다: This book is *so* easy *that* beginners can understand it.

(5) such … that 의 문어적 용법 ── such … that 의 such 를 글머리에 놓은 *Such* was his progress *that* it surprised his teacher.와 같은 구문은 약간 문어조이며, such that 을 연속시켜 His progress was *such that* it surprised his teacher.라 하는 것은 더욱 문어적이다.

(6) [법률문·통신문 따위에서] 상기의, 전술의. ¶ during the time of *such* negotiations 상기의 교섭기간중.

no such thing ① 그런 것은 아니다, 그런 일은 없다. ¶ He did *no such thing*. 그는 그런 일을 하지 않았다. ② [부정의 강조로서] 천만에 …하지 않다, 그럴 리가 없다. ¶ They think him honest, *no such thing*! 그들은 그를 정직하다고 생각하지만 천만에!

such as it is (or they are) 이런 정도지만, 변변치 않지만. ¶ We have many rooms, *such as they are*. 변변치는 않지만 우리집에 방은 많습니다.

There is such a thing as …할 수도 있을 수 있으니까. ¶ *There is such a thing as* misunderstanding. 오해라는 것도 있는 일이니까 말입니다.

── *pron*. **1** 그러한 사람(사람들), 그러한 물건(일); (as 를 수반하여) …과 같은 사람(것). ¶ all *such* 이러한 사람들 / another *such* 또 하나 그런 것 / *Such are* the results of his follies. 이것이 그의 어리석음에서 온 결과다. **2** 지금 말한 일 (것); [상업] 상기(上記)의 물건, 위에 말한 것(일). ¶ *Such* is life. 인생이란 이런 것이다 / *Such* is the case with me. 이것이 나의 실정이다 / I may have offended, but *such* was not my intention. 나 때문에 기분이 상했을지 모르지만 그것은 나의 본의가 아니었다. **3** (as such 의 형으로) 그러한 것으로서, 그런 자격으로; 그것만으로. ¶ I am a civilian, and I will be treated *as such*. 나는 민간인이니 나에겐 그런 대우를 해 주길 바란다.

── **Usage** as such 에 관하여 ── (1) such 는 반복의 대명사. 반복의 대명사로서는 보통 one 이나 that 를 쓰지만, as 의 뒤에는 such 를 쓴다. (2) as such 는 문미에 오는 수가 많으나 반드시 그런 것은 아니다: As he is the guest of honor, he must be treated *as*

such. —He is the guest of honor, and *as such* must be treated. 그는 주빈이기 때문에 그에 합당한 대우를 해주어야 한다.
and such (구어) 기타 그런 종류의 것, 따위. ¶ wine, beer, *and such* 포도주, 맥주 따위.
such being the case 그러한(이러한) 사정이므로.
súch and sùch adj. 이러이러한, 여차여차한. ¶ The treasure was buried in *such and such* a place. 그 보물은 여차여차한 장소에 숨겨졌다. —*pron.* 이러이러한 일, 여차여차한 일.
such·like [sʌ́tʃlàik] adj. 그와같은, 이와같은.
—*pron.* 그와같은 사람(것), 이와같은 사람(것). ¶ *and suchlike* …따위.

‡**suck** [sʌk] vt. **1** …을 빨다, …을 훌짝이다; [물·공기 따위]를 흡수하다 (absorb) (…*in, off, up*). ¶ *suck* the breast 젖을 빨다(빨아 마시다) / *teach* one's grandmother to *suck* eggs 할머니에게 계란 빨아 마시는 법을 가르치다, (속담) 공자 앞에서 문자 쓰기 // (~+몸+뙤) *suck* poison *from* (or *out of*) a wound 상처에서 독을 빨아내다 // (~+몸+뙤) *suck out* blood 피를 빨아내다. **2** …을 빨아(흡수하여) 어떤 상태로 하다. ¶ (~+몸+보) The child *sucked* the pineapple dry. 그 아이는 파인애플즙을 바닥날 때까지 빨아 먹었다. **3** …을 핥다, 핥아먹다, 입에 넣고 빨다. ¶ *suck* one's finger 손가락을 빨다. **4** [소용돌이 따위가] [배]를 빨아 삼키다(…*down*). ¶ The whirlpool *sucked down* the wreck. 그 소용돌이는 난파선을 빨아 삼켰다. **5** (비유적) [지식 따위]를 흡수하다; [이익 따위]를 얻다, 착취하다. ¶ (~+몸+뙤) *suck* [in] knowledge 지식을 흡수하다. **6** (드물게) …에 젖을 먹이다; …을 기르다 (nurse).
—vi. **1** 젖을 빨다. **2** 빨아 먹다, 빨아 마시다, 피우다(*at*…). ¶ (~+뙤+몸) *suck at* a cigar 시가를 피우다. **3** 빨아들이는 소리를 내다; [뱀프의 고장 따위로 펌프가] 헛김 나는 소리를 내다. **4** (속어) 알랑거리다, 아첨하다 (*off*…). **5** (속어) 혐오감을 주다, 아주 불쾌하게 하다.
suck in ① …을 빨아 들이다. ② [지식 따위]를 흡수하다. ③ [소용돌이 따위가] …을 빨아 들이다. ④ (속어) [남]을 속이다 (cheat).
suck up to (속어) …에게 아첨하다, 비위 맞추다.
—n. **1** ⓤⓒ 젖을 빨기(빨리기); 빨아들이기, 빨아 마시기, 음료; 빠는 힘 (소리). ¶ a child at *suck* 젖먹이 / *give suck* to a baby 아기에게 젖을 빨리다. **2** (구어) 한 모금, 한번 할기(sip); (술을) 찔끔찔끔 한잔. ¶ take (or have) a *suck at* …을 한모금 하다. **3** [소용돌이 따위가] 빨아들이기. **4** (보통 ~s) (英학생 속어) 사탕과자. **5** (속어) 실망, 실패, 실망시킴. ¶ What a *suck!* = *Sucks*! 꼴좋다! **6** (속어) 사기, 협잡.
◇ súction n.

***suck·er** [sʌ́kər] n. **1** 빠는 사람 (것). **2** 젖먹이; 젖먹는 새끼 동물 [특히 돼지 새끼]. **3** (美속어) 잘 속는 사람, 풋내기. **4** (동물) 빨따, 빨판이 있는 물고기. **5** (식물) 흡근(吸根); 기생근. **6** (구어) (막대기에 붙인) 사탕 과자 (lollipop). **7** (기계 따위의) 흡입관 (吸入管); [펌프의] 피스톤 (밸브); [장난감 따위의] 빨판. **8** 서커 [있어 있는] 민물고기]. **9** 둥치리, 빌붙어 사는 사람.
— vt. **1** …의 흡근(吸根)을 떼내다. **2** (美속어) …을 속이다, 사기치다, 놀리다. — vi. 흡근이 생기다.
suck·ing [sʌ́kiŋ] adj. **1** 빠는, 흡수하는. **2** 젖을 빠는, 아직 젖 떨어지지 않은. **3** (구어) 미숙한, 풋내기의, 신출내기의.
suck·le [sʌ́kl] v. (**-led, -ling**) vt. **1** …에게 젖을 먹이다 (nurse). **2** …을 기르다 (foster). — vi. 젖을 빨다 (마시다).
suck·ler [sʌ́klər] n. **1** 포유 동물. **2** =suckling.
suck·ling [sʌ́kliŋ] n. **1** 젖먹이, 유아; [젖을 빨리는] 새끼 짐승. **2** 철부지, 풋내기.
babes and sucklings 순진해서 잘 속는 사람.

suck-up [sʌ́kʌp] n. 아첨꾼, 알랑쇠 (toady).
su·cre [súːkrei] n. 에콰도르의 화폐 [단위].
su·crose [súːkrous / s(j)uː-] n. ⓤ (화학) 자당 (蔗糖), 수크로오스.
suc·tion [sʌ́k(ʃ)ən] n. **1** ⓤ 빨기, 빨아 올리기, 흡수, 흡인(력). **2** ⓤ 흡입 통풍. **3** 흡입관, 흡수관.
súction chàmber n. (펌프의) 흡입실 (吸入室).
súction pùmp n. 빨펌프, 감압 펌프.
súction stòp n. (음성) =click 3.
suc·to·ri·al [sʌktɔ́ːriəl, -tɔ́r-] adj. **1** 흡입의, 빨아 올리는; 흡입에 적합한. ¶ a *suctorial* mouth 흡입구. **2** 흡입 (흡착) 기관이 있는. **3** (수액(樹液)·피 따위를) 빨아먹고 사는.
sud [sʌd] n. 급사병. [<*sud*den *u*nexpected *d*eath]
Su·dan [suːdǽn / -dάːn] n. **1** (아프리카 동북부의) 수단 지방. **2** 수단 공화국 (수도 Khartoum).
Su·da·nese [sùːdəníːz, +美-níːs] n. (pl. ~) 수단 사람. —adj. 수단의; 수단 사람의.
Sudán gràss n. (美) 수수속(屬)의 목초.
su·dar·i·um [suːdɛ́(ː)riəm / s(j)uː(ː)dɛ́ər-] n. (pl. **-i·a** [-iə]) **1** [고대 로마에서 쓰이던] 땀 닦는 수건. **2** (때로 S-) 베로니카의 손수건 [형장으로 끌려가던 그리스도의 얼굴의 땀을 닦기 위해 베로니카가 내민 손수건에 예수의 모습이 남겨졌다고 한다. cf. veronica **3** 기적적으로 나타난 그리스도의 초상. **4** 그리스도의 머리 부위를 씻은 수건 [←요한 복음 (John) 20:7].
su·da·to·ri·um [sùːdətɔ́ːriəm/s(j)ùːdətɔ́ːtɔːr-] n. (pl. **-ri·a** [-riə]) 한증막, 한증탕 (hot-air bath).
su·da·to·ry [súːdətɔ̀ːri /súː-dət(ə)ri] adj. **1** 발한의, 땀나게 하는. **2** 한증탕의. — n. (pl. **-ries**) **1** 발한제. **2** =sudatorium.
sudd [sʌd] n. (백나일강 (the White Nile)의 항해를 방해하는) 부유초 (浮游草)의 뭉치.

‡**sud·den** [sʌ́dn] adj. **1** 돌연의, 별안간의, 불시의, 갑작스러운. ¶ be *sudden* in one's action 성급하게 행동하다 / *sudden* braking 급브레이크. **2** (고어) 준비 없는, 즉석의.
類語 *sudden* 서서히 일어나지 않고 갑작스러운; 예상되는 일에도 쓴다: a *sudden* change in the temperature 온도의 갑작스러운 변화. *abrupt* 전혀 예고나 전조 없이 불쾌함·놀라움을 가져오는: *abrupt* resignation 느닷없는 사임. *unexpected* 예상되지 않았기 때문에 준비가 되어 있지 않은: an *unexpected* visitor 예기치 않은 손님.
2 불시, 돌연, 급격. * 다음 숙어로만 쓴다.
[*all*] *of a sudden*; *on a* (or (드물게) *the*) *sudden* 돌연히, 불시에, 갑자기 (suddenly).
— adv. (주로 詩) =suddenly.
~·ness n. **súddenly** adv.

súdden déath n. **1** ⓤⓒ 급사, 돈사 (頓死). **2** (스포츠) (동점인 경우의) 연장전 [한쪽이 득점하면 그것으로 끝남] (sudden-death overtime). **3** ⓤ (구어) (도박에서) 돈던지기에 의한 단판 승부.
súdden ínfant déath sýndrome n. 유아 급사 증후군 (略 SIDS).
‡**sud·den·ly** [sʌ́dnli] adv. 갑자기, 불시에, 느닷없이.
su·dor·if·er·ous [sùːdəríf(ə)rəs / s(j)uː-] adj. 땀을 내는, 발한(發汗)하는. ¶ *sudoriferous* glands 한선 (汗腺).
su·dor·if·ic [sùːdərífik / s(j)uː-] adj. 땀나게 하는, 발한(發汗)을 촉진하는. — n. 발한제.
Su·dra [súːdrə] n. 수드라 [인도 4성 (四姓) 제도 중의 최하급]. cf. caste.
suds [sʌdz] n. pl. **1** (거품이 인) 비눗물; (비누의) 거품. ⇨ FOAM 類語 **2** (속어) 맥주 (beer).
in the suds (구어) 난처하여. 「만들다.
— vt. (구어) …을 비눗물로 씻다. — vi. 비눗물.
suds·y [sʌ́dzi] adj. (**suds·i·er, suds·i·est**) 비눗물의, 비누물 같은; 거품이 인, 거품투성이의.

‡**sue** [suː/s(j)uː] v. (**sued, su·ing**) vt. **1** …을 제소하

다, 고소하다(*for*). ¶ (~+目+前+名) sue a person for damages 남을 상대로 손해배상 소송을 제기하다. **2** …에 탄원하다(*for*). **3** 법정에 …을 청원하여 손에 넣다(*out*). **4** (고어) …에게 구혼(구애)하다, 을 조르다(woo). ― *vi.* **1** 소송을 제기하다, 고소하다(*for, to…*). ¶ (~+前+名) sue for a divorce 이혼 소송을 제기하다. **2** 탄원하다, 구하다, 청하다(*for…*). **3** (고어) 구혼하다.

suede, suède [sweid] *n.* ⓤ **1** 수에드 가죽(암쪽에 보풀이 있는 부드럽게 무두질한 가죽). **2** 수에드 가죽 비슷한 천. [<F]

suede-head [swéidhèd] *n.* (英) 대머리족(族)(난폭한 젊은이의 한패). *cf.* skinhead

su·er [súːər / sjúːə] *n.* 제소하는 사람, 제소자, 탄원하는 사람.

su·et [súːit / s(j)úː)it] *n.* ⓤ 수이트 [소·양 따위의 콩팥·허리뼈 근처의 지방, 요리용·양초 제조용].

su·et·y [súːiti / s(j)úːti] *adj.* 수이트(지방(脂肪))의, 수이트 같은, 지방질의.

Su·ez [suːéz, ― / s(j)úːiz] *n.* **1** 수에즈 [이집트의 동북부, 수에즈 운하의 남단에 있는 항구 도시]. **2 the Gulf of ~** 수에즈만. **3 the Isthmus of ~** 수에즈 지협(地峽).

Súez Canál *n.* (the ~) 수에즈 운하[수에즈 지협을 남북으로 종단하여 지중해와 홍해를 연결한다].

suf- *pref.* ⇨ SUB-.

suf., suff. (略) sufficient; suffix.

Suff., suff. *n.* Suffolk; suffragan.

‡suf·fer [sʌ́fər] *vi.* **1** 고통을 받다(경험하다), 괴로와 하다, 고민하다; 병들다; 재해를 당하다; 상처 입다, 해·손해 따위를 받다(*from…*). ¶ (~+前+名) suffer from a bad headache 심한 두통을 앓다 / She suffered from her beauty. 그녀는 아름다움이 화근이 되었다. **2** 벌받다; 처형되다, (특히) 사형받다; 순교(순사)하다. ¶ (~+前+名) suffer for high treason 반역죄로 사형당하다. **3** (고어) (악·해(書) 따위를) 참다, 견디다. ― *vt.* **1** (고통·상해·손해·슬픔 따위를) 경험하다, 받다, 입다. ⇨ EXPERIENCE 類語 ¶ suffer great losses 큰 손해를 입다 // (~+目+前+名) He suffered the capital punishment for his murder. 그는 살인죄로 극형을 당했다. **2** (종종 부정문에 써서) …을 참다, …을 견디다(tolerate). ¶ I cannot suffer his insolence. 나는 그의 무례를 참을 수 없다. **3** …을 용서하다, (남을) 용서하여 …하게 하다; …을 묵인하다(allow). ¶ (~+目+*to* do) He suffered his son to go abroad. 그는 아들을 외국에 가게 했다.

◇ súfferance *n.*

suf·fer·a·ble [sʌ́f(ə)rəbl] *adj.* **1** 참을 수 있는, 견딜 만한. **2** 허용(용인)할 수 있는, 비교적 좋은.
~**ness** *n.* -**bly** *adv.*

suf·fer·ance [sʌ́f(ə)rəns] *n.* ⓤ **1** 허용, 관용(toleration), 묵인. **2** 인내(력). **3** (고어) 고통, 고뇌(suffering). **on** (**upon**) sufferance 덕분으로, 눈감아 주어.

suf·fer·er [sʌ́f(ə)rər] *n.* 고통받는 사람, 환자(患者), 병자; 수난자, 재해를 입은 사람, 조난자, 피해자.

‡suf·fer·ing [sʌ́f(ə)riŋ] *n.* **1** ⓤ 고뇌, 수난, 이재(罹災). **2** (종종 ~s) 재난, 고난, 피해, 손해. ⇨ DISTRESS 類語 ― *adj.* **1** 고통받고 있는, 괴로와하는. **2** 병든.

‡suf·fice [səfáis, +美-fáiz] *v.* (**-ficed, -fic·ing**) *vi.* 필요·목적 따위에 대하여 충분하다, 족하다. ¶ (~+前+名) Fifty dollars will suffice for the purpose. 이 목적을 위해서는 50달러로 족할 것이다. ― *vt.* …을 만족시키다(satisfy), …의 필요를 충족시키다, …에 충분하다.
Suffice it [**to say**] **that** …이라고만 말해 두자, 이…이라고 말하면 충분하다.

◇ sufficient *adj.*, sufficiency *n.*

suf·fi·cien·cy [səfíʃ(ə)nsi] *n.* **1** ⓤ 충분, 충족(adequacy). **2** (a ~) 충분한 양[수량], 많음(enough). **a** sufficiency of fuel 충분한 연료. **3** 충분한 공급(자력(資力)). **4** (고어) 능력, 자격. ◇ sufficient *adj.*

‡suf·fi·cient [səfíʃ(ə)nt] *adj.* **1** (양·수가) 충분한, 충족한(*for…*). ⇨ ENOUGH 類語 ¶ That's *not* sufficient *to* feed a hundred men. 100명 먹이기에 그것으로는 충분하지 않다 // Eight hundred dollars is sufficient *for* living expenses. 생활비는 800달러면 충분하다.
2 (고어) 충분한 자격이 있는, 능력(기량)이 있는(competent).
not **sufficient** 불능(不能) [예금 부족으로 지불 거절의 수표 따위에 적는 말; 略 n.s.].
― *n.* (구어) 충분한 (수량·공급), 많음(enough). ¶ I have had sufficient. 나는 양껏 먹었다.
◇ sufficiency *n.*, suffice *v.*

suf·fi·cient·ly [səfíʃ(ə)ntli] *adv.* 충분히, 충족하게.

‡suf·fix [sʌ́fiks] ―*v.* **1** (문법) 접미사 [-er, -ish, -ly, -ness 따위]. **2** 부가(첨가)물. **3** (수학) =subindex. ― *v.* (+美 səfíks) *vt.* **1** (문법) 접미사로서 …을 붙이다. **2** (일반적으로) …을 끝에 붙이다. ― *vi.* (문법) 접미사를 붙이다.
◇ súffixal *adj.*, suffíxion *n.*

*suf·fo·cate [sʌ́fəkèit] *v.* (**-cat·ed, -cat·ing**) *vt.* **1** …의 숨통을 막다, …을 질식시키다. **2** …의 호흡을 곤란하게 하다, 숨을 막히게 하다; …의 목소리가 나오지 못하게 하다. ¶ She was suffocated by (or with) grief. 그녀는 슬픔으로 말이 나오지 않았다. **3** (공기를 막아서) (불 따위를) 끄다; (충동 따위를) 누르다, 억압하다. ― *vi.* 질식(사)하다, 숨이 막히다. ¶ (~+前+名) The child was suffocated in water. 그 아이는 익사 직전이었다. ◇ suffocátion *n.*, súffocative *adj.*

suf·fo·cat·ing·ly [sʌ́fəkèitiŋli] *adv.* 질식할 듯이, 숨막힐 듯이.

suf·fo·ca·tion [sʌ̀fəkéiʃ(ə)n] *n.* ⓤ 질식[시킴].

suf·fo·ca·tive [sʌ́fəkèitiv] *adj.* 질식시키는, 숨을 막히게 하는, 호흡을 곤란하게 하는, 호흡 장애를 수반하는.

suf·fo·ca·tor [sʌ́fəkèitər] *n.* 질식시키는 것, …는.

Suf·folk [sʌ́fək] *n.* **1** 잉글랜드 동부의 주(현재는 행정상, East Suffolk와 West Suffolk의 2개 주로 나뉘어 있다). **2** (영국종의) 고급 식용 양(작은 검정 돼지, 밤색 털의 마차용 말 따위의).

suf·fra·gan [sʌ́frəgən] *adj.* 부(副)의, 부감독의, 부주교의. ― *n.* **a** suffragan bishop; **a** bishop suffragan 부감독, 부사교, 부주교. ― *n.* 부감독, 부사교.

*suf·frage [sʌ́fridʒ] *n.* **1** ⓤ 투표권, 선거권, 참정권(franchise). ¶ **universal** *suffrage* 보통 선거권 / **woman** *suffrage* 여성 참정(선거)권. **2** 투표(vote); [투표에 의한] 찬성, 찬성 [투표], ⓤ동의. **3** (~s) (영국국교회) [기도서(新禱書)] 공동의 남을 위한 기도.

suf·fra·gette [sʌ̀frədʒét] *n.* (여성의) 여성 참정권론자.

suf·fra·gist [sʌ́frədʒist] *n.* 참정(선거)권 확장론자, (특히) 여성 참정권 확장론자. ¶ **a** woman suffragist 여성 선거권론자.

suf·fuse [səfjúːz] *vt.* (**-fused, -fus·ing**) (액체·빛·색 따위가) …을 채우다, 가득하게 하다, 뒤덮다. ¶ **be** suffused with tears 눈물이 넘쳐 흐르다 / The sky was suffused with golden sunlight. 하늘엔 황금빛 햇살이 가득 차 있었다.

suf·fu·sion [səfjúːʒ(ə)n] *n.* ⓤ **1** 충만, 뒤덮음, 가득 채워지기, 충혈.

Su·fi [súːfi] *n.* 수피주의자, (회교의) 범신론(汎神論) 신비주의자.

Su·fism [súːfiz(ə)m] *n.* ⓤ 수피주의, (회교의) 범신론.

sug- *pref.* ⇨ SUB-.

‡sug·ar [ʃúgər] *n.* **1** ⓤ 설탕, 자당(蔗糖), (화학) 당(糖). ¶ **beet** (**maple**) *sugar* 첨채(甜菜) (단풍) 당 / **cube** (**or lump**) *sugar* 각설탕 / *sugar* **of lead** 연당(鉛糖) / *sugar* **of milk** 유당. **2** ⓒ 설탕 1개, 설탕 한 숟가락 [크리머와 세트로 되어 있는] 설탕 그릇. ¶ I want two *sugars* in my coffee. 내 커피에 설탕 2개 (두 숟가락)만

넣어 주시오. **3** 감언, 겉치레 말(flattery). **4** 《속어》 돈(money). **5** ⓤ 《구어》《부르는 말의 애칭》그대, 당신, 여보(darling).
— *vt.* **1** …에 설탕을 넣다(뿌리다, 섞다); …을 설탕으로 달게 하다. **2** …을 달콤하게 해보이다, 겉치레하다(*…up*). **3** 《남》에게 아첨을 하다. **4** 《속어》《수동형으로》…을 저주하다. ¶ Liars be *sugared*! 거짓말쟁이는 뒈져버려라!— *vi.* **1** 당화(糖化)하다, 결정(結晶)하다. **2** 《美》단물당을 만들다. **3** 《英속어》단것을 게을리하다. [譜이다.
sugar off 단풍당액을 알갱이 모양이 될 때까지 줄이다
◇ súgary *adj.*

súgar básin *n.* 《英》=sugar bowl.
súgar béet *n.* 〖명아주과(科)의〗첨채(甜菜), 사탕무.
súgar bówl *n.* 《美》〖식탁용의〗설탕 그릇.
sug·ar·bush [ʃúgərbùʃ] *n.* **1** 상록의 관목. **2** 《美·캐나다》사탕단풍의 재배원.
súgar cándy *n.* **1** ⓤ ⓒ 《英》얼음사탕《美》rock candy). 《美》〖얼음사탕으로 만든 고급〗캔디. **2** 호인, 달콤한 것.
súgar cáne *n.* ⓤ 사탕수수.
sug·ar·coat [ʃúgərkòut] *vt.* **1**〖알약 따위〗에 당의(糖衣)를 입히다. **2** …의 겉을 잘 꾸미다. **3** …을 먹기 좋게 하다.
sug·ar·coat·ed [ʃúgərkòutid] *adj.* 당의를 입힌, 달게 한; 겉모양을 좋게 한.
sug·ar·coat·ing [ʃúgərkòutiŋ] *n.* ⓤ 당의를 입히기, 당의; 구미에 당기게 하기.
súgar córn *n.* 사탕옥수수(sweet corn).
súgar dáddy *n.*《美속어》〖금품을 주고〗젊은 여자와 교제하는 중년의 부자.
sug·ared [ʃúgərd] *adj.* **1** 설탕으로 달게 한, 설탕을 넣은. **2** 감미로운, 감언의, 남을 유혹하는.
sug·ar·free [ʃúgərfrì:] *adj.* 무가당의, 설탕이 포함되지 않은(sugarless). [〖産〗.
súgar gúm *n.* 유칼리나무의 일종〖오스트레일리아산〗
sug·ar·house [ʃúgərhàus] *n.* (*pl.* **-hous·es** [-hàuziz]) 〖특히 사탕단풍의〗설탕 공장, 제당소.
sug·ar·less [ʃúgərlis] *adj.* 무당(無糖)의, 〖식품 따위가〗인공 감미료 사용의.
súgar lóaf *n.* **1** 막대 설탕〖원뿔꼴로 정제당(精製糖)을 굳힌 것〗. **2** 원뿔꼴의 모자. **3** 원뿔꼴의 산.
sug·ar·loaf [ʃúgərlòuf] *adj.* 막대 설탕 모양의; 원뿔 모양의. [는다].
súgar máple *n.* 사탕단풍〖수액에서 자당(蔗糖)을 얻
súgar órchard *n.* =sugarbush. [나].
súgar píne *n.* 〖식물〗《미국 서부산(産)》잣나무의 일
sug·ar·plum [ʃúgərplʌm] *n.* **1** 작은 당과(糖菓), 봉봉(bonbon). **2** 감언.
súgar refínery *n.* 제당 공장, 제당소(sugar mill).
súgar repórt *n.* 《군대 속어》부인으로부터의 편지.
Súgar Státe *n.* (the~) 미국 Louisiana 주의 속칭.
sug·ar·tit [ʃúgərtìt] *n.* 설탕을 천으로 싼 빨아먹는 것.
súgar tóngs *n. pl.* 〖식탁용의〗각설탕 집게. [나.
súgar trée *n.* =sugar maple.
sug·ar·y [ʃúgəri] *adj.* **1** 설탕 같은, 설탕의, 〖맛이〗매우 단, 당질의. **2** 〖말 따위가〗달콤한; 아첨하는; 감상적인(sentimental). **sug·ar·i·ness** *n.*

‡**sug·gest** [sə(g)dʒést / sədʒést] *vt.* **1** …을 암시하다, 넌지시 말하다, 비추다(imply), 시사하다. ¶ (~ + *that* 節) Her words *suggest that* she loves him. 그녀의 말은 그를 사랑하고 있음을 암시하고 있다.
2 […하면 어떨까, …이 아닐까]라고 말하다, …을 꺼내다, 제의(제안)하다(propose), […하면 어떨까]라고 권하다. ¶ (~ + 目 + *to* + 名) I *suggested* another plan *to* the committee. 나는 그 위원회에 다른 계획을 제안했다 // (~ + *that* 節) It is *suggested that* …이라는 제안(설)이 있다 / My family doctor *suggests* [*to* me] *that* I [should] take a walk every day. 나의 주치의는 나에게 매일 산책을 하라고 권하고 있다//(~ + *wh.* 節, *wh. to do*) He *suggested which* way I should take.=He *suggested which* way to take. 그는 어떤 방법을 택해야 할지 가르쳐 주었다 // (~ + -*ing*) Father *suggested going* on a picnic. 아버지는 피크닉을 가면 어떻겠느냐고 말하셨다 (✽ *suggest* me to go 와 같은 형은 잘못). **3** 〖어떤 것이〗…을 연상시키다, 〖생각을〗하게 하다, 생각나게 하다. ⇨ HINT 類語 ¶ Her eyes *suggest* a cat. 그녀의 눈을 보면 고양이를 연상하게 한다 // (~ + 目 + 前 + 名) What does the shape *suggest to* you? 그 모양은 너에게 무엇을 연상시키느냐? [다.
4 〖최면술의 의하여〗…을 암시하다, …에게 암시를 주
◇ **suggestion** *n.,* **suggestive, suggestible** *adj.*

sug·gest·er [sə(g)dʒéstər / sədʒést-] *n.* 제창자, 제의자(proposer); 암시자.
sug·gest·i·bil·i·ty [sə(g)dʒestibíliti / sədʒ-] *n.* ⓤ **1** 암시될 수 있음. **2** 암시에 걸림, 피(被)암시성, 암시 감응성.
sug·gest·i·ble [sə(g)dʒéstibl / sədʒést-] *adj.* **1** 암시될 수 있는, 제의할〖권할〗수 있는. **2** 암시를 받기 쉬운.
sug·ges·tio fal·si [sə(g)dʒéstiou fǽlsai / sədʒésti-] *n.* 〖라틴〗(=suggestion of an untruth)〖법률〗허위의 암시. *cf.* suppressio veri
‡**sug·ges·tion** [sə(g)dʒést(ə)n / sədʒ-] *n.* **1** ⓤ 암시, 시사, 넌지시 비춤. ¶ a speech full of helpful *suggestion* 유익한 시사가 많은 강연. **2** ⓤ 생각남, 착상; ⓒ 연상. **3** …과 같은 모양, […의] 투, […의] 기색. **4** 제언, 제의, 제안. ⇨ PROPOSAL 類語 ¶ at his *suggestion* 그의 발의로 // I made the *suggestion that* he [should] be promoted. 나는 그가 승진되어야 한다고 제언했다. **5** ⓤ ⓒ 〖심리〗암시. ◇ **suggestive** *adj.*
suggéstion bóx *n.* 건의함, 투서함.
✽**sug·ges·tive** [sə(g)dʒéstiv / sədʒ-] *adj.* **1** 암시가 많은, 시사적인, 암시하는, […을] 암시하는, 연상시키는, 생각나게 하는 듯한(*of…*). ¶ music *suggestive of* a tempest 폭풍우를 연상시키는 듯한 음악. **2** 〖생각이〗부패질하는 듯한, 선정적인, 도발적인. **~·ly** *adv.* **~·ness** *n.* ◇ **suggest** *v.,* **suggestion** *n.*
sug·ges·tol·o·gy [sə(g)dʒestáləʒi / sədʒestɔ́l-] *n.* 암시학〖암시·시사 따위를 이용, 상대에게 어떤 영향을 주는가를 연구〗.

su·i·cid·al [sù:isáidl / s(j)ù(:)i-] *adj.* 자살의, 자살적인, 〖비유적〗자멸적인, 무분별한. **~·ly** [-dəli] *adv.*
‡**su·i·cide** [sú:isàid / s(j)ú(:)i-] *n.* **1** ⓤ ⓒ 자살; 자결, 자해(自害). ¶ commit *suicide* 자살하다. **2** ⓤ 자살〖자결〗 행위, 자살〖자결〗사건. **3** 자살자. — *v.* (*-cid·ed, -cid·ing*) *vi.*《구어》자살하다(commit suicide).
— *vt.* 《주로 재귀용법》…을 죽이다. ¶ *suicide* oneself 자살하다. ◇ **suicídal** *adj.*
súicide pílot *n.* 자살 특공대(결사대) 비행사.
súicide séat *n.* 자동차의 조수석.
súicide squád *n.* 〖군사〗특공대, 결사대.
su·i·ci·dol·o·gy [sù:isaidɔ́ləʤi / -dɔ́l-] *n.* ⓤ 자살학, 자살의 연구.
su·i ge·ne·ris [sú:ai dʒénəris / s(j)ú(:)i-] 〖라틴〗(=of its own kind)《보통 서술 형용사적으로 또는 명사 뒤에 붙여》독특한, 독자의(unique)〖그, 그녀, 그것, 그들〗자신의.
su·i ju·ris [sú:ai dʒú:ris / s(j)ú(:)ai dʒúər-] *adj.* 〖법률〗능력 있는, 자주권자의.

‡**suit** [su:t / s(j)u:t] *n.* **1** 〖의복〗갖옷 따위의 〖한 벌〗, 수트; 옷; 통 한 벌. ¶ a *suit* of armor 갑옷 한 벌(일습) / a *suit* of clothes 옷 한 벌(1착) / a three-piece *suit* 셋 갖춤 수트 / a dress *suit* 〖남자의〗야회복. **2** 〖법률〗소송, 고소(lawsuit). ¶ a *suit* in law 소송 / win (lose) a *suit* 승소(패소) 하다 / bring (or institute, enter) a *suit* against …을 상대로 소송을 제기하다. **3** ⓤ ⓒ 소원(request), 탄원, 간청, 청원(appeal), 소원(訴願). ¶ make [one's] *suit* 청원(간청)하다 / press (or

push) one's *suit* 줄기차게 탄원하다. **4** ⓤ 구혼, 구애.
5 〔카드놀이〕한 조, 짝패; 〔같은 짝의〕자기패. ¶ a
long (a short) *suit* 4장 이상(이하)의 짝진 카드패 / a
long (*or* a strong) *suit* 《비유적》특기, 장점. **6**
《美》=suite 1, 2, 3, 5. **7** 상사(上司), 보스.
follow suit ① 남이 내놓은 패와 같은 짝의 패를 내다.
② 남이 하는 대로 하다, 선례를 따르다.
in suit with …와 일치하여, 조화되어.
men in [*dark*(or *gray*)] *suit* 《英》관료; 원로 정치인.
of a suit with …와 일치하여.
out of suits ① 조화되지 않고, 사이가 틀어져서(*with* …). ② …의 미움을 받아, …의 총애를 잃고.
— *vt.* **1** …을 적합하게 하다, 적응시키다(adapt) (… *to, for*). ¶ (~+图+前+名) *suit* one's speech *to* the audience 청중에 맞도록 말하다; 사람에 맞춰 설법하다.
2 …에 적합하다, 잘 맞다, 어울리다 (become, befit).
¶ Do these shoes *suit* you fine? 이 신발은 너에게 잘 맞느냐? // (~+图+前+名) (~+图+*to be* 慣) He is *suited for* (*to be*) a teacher. 그는 선생으로 적격이다. **3** 〔음식 · 기후 따위가〕…에 맞다(fit), 적합하다. **4** …에 알맞다, 편리하다; …을 만족시키다(satisfy); …의 마음에 들다. ¶ No book *suits* all tastes. 모든 사람의 마음에 드는 책이란 없다 / The five o'clock train *suits* me fine. 5시 열차가 나에게 편리하겠다. **5** 〔옷〕을 입히다.
— *vi.* **1** 맞다, 적합하다, 적당하다, 어울리다(match) (*with, to*…). ¶ (~+前+名) The job *suits with* his abilities. 그 일은 그의 재능에 맞다. **2** 좋다, 뜻에 맞다. ¶ That date will *suit.* 그 날이 편리하겠다.
suit oneself 자기 마음대로 하다.

suit·a·bil·i·ty [sùːtəbíliti/sjùːt-] *n.* ⓤ 적합, 적당, 어울림, 적응성.

‡**suit·a·ble** [súːtəbl/sjúːt-] *adj.* 적당한, 타당한, 어울리는; […의 필요 따위에 잘]적격이고 있는, 적격의(*for, to*…). ⇒ FIT 類語 ¶ a *suitable* actor for Hamlet 햄릿 역으로서 적격한 배우 / His speech was *suitable* for the occasion. 그의 연설은 그 경우에서 어울리는 것이었다. **~·ness** *n.* **·bly** *adv.*
◇ suitabílity *n.* 〔방.

*****suit·case** [súːtkèis/sjúːt-] *n.* 수트케이스, 여행 가
*****suite** [swiːt] *n.* **1** 한 조, 한 벌, 한 연속. **2** 붙은 방.
3 한 벌의 가구. **4** 종자(從者)의 일행, 수행원들. **5** 《음악》조곡(組曲). 〔*for*…〕; 잘 조화되는.

suit·ed [súːtid/sjúːt-] *adj.* 알맞은, 어울리는 (*to, suit·ing* [súːtiŋ/sjúːt-] *n.* 〔英〕양복지.

*****suit·or** [súːtər/sjúːt-] *n.* **1** 〔남자의〕구혼자(wooer). **2** 《법》원고, 기소자. **3** 탄원자, 청원자(petitioner). **4** 기업 매수꾼, 유망한 기업 인수자.

sul·cate [sʌ́lkeit], (**sul·cat·ed** [-keitid]) *adj.* 《식물·해부》가늘고 긴 홈이 있는(grooved); 세로 금이 있는.

sul·fa [sʌ́lfə], (**sul·pha**) *adj.* 《약》설파제의, 설파제(劑)의. — *n.* (보통 ~s) 설파제〔항균성 약제〕.
sul·fa·di·a·zine [sʌ̀lfədáiəziːn, -zin] *n.* ⓤ 《약》설파다이아진〔포도상균·임균(淋菌)으로 인한 병에 대한 특효약〕.
sul·fa·guan·i·dine [sʌ̀lfəɡwǽnidìːn, -din] *n.* ⓤ 《약》설파구아니딘〔이질 따위 전염성 장내 감염증의 치료제〕.
sul·fa·mer·a·zine [sʌ̀lfəmérəzìːn] *n.* ⓤ 《약》설파메라진〔sulfadiazine을 쉽게 흡수되게 만든 것〕.
sul·fa·nil·a·mide [sʌ̀lfəníləmàid, -mid] *n.* ⓤ 《약》설파닐아마이드〔연쇄상 구균 감염증에 쓰인다〕.
sùl·fa·níl·ic ácid [sʌ̀lfəníllik-] *n.* ⓤ 설퍼닐산(酸) 〔물감·의약품의〕.
sul·fa·pyr·i·dine [sʌ̀lfəpírridìːn, -din] *n.* ⓤ 《약》설퍼피리딘〔이전에는 폐렴 따위의 치료에 사용되었다〕.
sul·fate, -phate [sʌ́lfeit] *n.* 《화학》황산염. ¶ zinc *sulfate* 황산 아연. — (**-fat·ed, -phat·ed; -fat·ing; -phat·ing**) *vt.* **1** …을 황산〔염〕과 화합시키다, 황산〔염〕으로 처리하다. **2** …을 황산염으로 만들다. — *vi.* 황산염이 되다.

sul·fa·thi·a·zole [sʌ̀lfəθáiəzòul] *n.* ⓤ 《약》설퍼다이아졸〔이전에는 폐렴 구균·포도상 구균의 치료에 사용되었다〕.
sul·fide, -phide [sʌ́lfaid] *n.* 《화학》황화물.
sul·fite, -phite [sʌ́lfait] *n.* 《화학》아황산염.
sulfo-, sulpho- sulfur 의 뜻의 연결형 (* 모음 앞에서는 sulf- 또는 sulph-를 쓴다). 예: *sulf*onyl (황산기).
Sul·fo·nal [sʌ́lfənæ̀l] *n.* 《상표명》《약》설퍼널〔최면제〕.
sul·fon·a·mide [sʌ̀lfάnəmàid] *n.* ⓤⓒ 《약》설폰아미드〔세균 감염증에 유효한 합성 화학 요법제〕.
sul·fo·nate [sʌ́lfəneit] *n.* 설폰산염. — *vt.* (**-nat·ed, -nat·ing**) …을 설폰화하다.
sul·fón·ic ácid [sʌ̀lfάnik- / -fɔ́n-] *n.* ⓤ 설폰산.
sul·fon·meth·ane [sʌ̀lfounméθein] *n.* 《약》ⓤ 설폰메탄〔최면제〕.
‡**sul·fur, -phur** [sʌ́lfər] *n.* **1** 《화학》유황. **2** 유황색, 황록색. **3** ⓒ 노랑나비과(科)의 나비〔황색 날개의 가장자리가 흑색으로 된 나비의 일종〕. = sulfurate. — *adj.* 유황의, 유황을 함유하는; 유황색의.
◇ súlfurate, súlfuret, súlfurize *v.*, sulfúreous, sulfúric, sulfurous, súlfury *adj.*
sul·fu·rate, -phu- [sʌ́lf(j)urèit / -fju-] *vt.* (**-rat·ed, -rat·ing**) …을 황화하다, 유황과 화합시키다, 유황으로 처리하다.
sul·fu·ra·tion [sʌ̀lf(j)uréiʃ(ə)n / -fju-] *n.* ⓤ 유황으로 그을림, 유황 훈증(燻蒸), 훈유(燻硫), 유황 표백〔법〕, 황화.
sul·fu·ra·tor [sʌ́lf(j)urèitər / -fju-] *n.* 유황 훈증기, 유황 표백기, 유황 분무기.
súlfur dióxide *n.* 《화학》2산화 유황, 아황산 가스.
sul·fu·re·ous, -phu- [sʌlfjú(ː)riəs, -fjúər-] *adj.* 유황의, 유황과 같은, 유황을 함유하는; 유황색의.
sul·fu·ret [sʌ́lfjurèt], (**sul·phu·ret**) *n.* = sulfide. — *vt.* (**-ret·ed, -ret·ing**; 《특히 英》**-ret·ted, -ret·ting**) …을 유황으로 처리하다, 유황과 화합시키다.
sul·fu·ric, -phu- [sʌlfjú(ː)rik / -fjúər-] *adj.* 《화학》유황의; 〔특히〕6가의 유황을 함유한.
sulfúric ácid *n.* ⓤ 《화학》황산.
sul·fu·rize, -phu- [sʌ́lfəràiz] *vt.* (**-rized, -riz·ing**) …을 유황과 화합시키다, 유황으로 처리하다.
sul·fu·rous, -phu- [sʌ́lfərəs] *adj.* **1** 《화학》유황의, 유황과 같은; 유황을 함유한. **2** 유황색의. **3** 《비유적》지옥의 불의, 지옥의 불과 같은; 흥분한, 열광적인(fiery).
sulfúrous ácid *n.* ⓤ 아황산.
sul·fur·y [sʌ́lfəri] *adj.* 유황의, 유황과 같은, 유황질의.
sulk [sʌlk] *vi.* 실쭉거리다, 골내다, 부루퉁해지다.
— *n.* **1** (종종 ~s) 실쭉하기; 골냄, 부루퉁함. **¶ be in the *sulks*** 실쭉하고 있다, 부루퉁하고 있다. **2** 실쭉거리는 사람.
*****sulk·y** [sʌ́lki] *adj.* (**sulk·i·er, sulk·i·est**) **1** 부루퉁한, 골이 난(sullen), 뚱한. **2** 〔동작·반응 따위가〕둔한, 느린(inactive). **3** 〔날씨 따위가〕음산한, 음침한 (gloomy). — *n.* (*pl.* **sulk·ies**) 말 한 필이 끄는 1인승 2륜 마차. **súlk·i·ly** *adv.* **súlk·i·ness** *n.*
◇ sulk *v.*
sul·lage [sʌ́lidʒ] *n.* ⓤ **1** 쓰레기, 하수, 오물, 폐물. **2** 가라앉은 진흙, 침전물.
*****sul·len** [sʌ́lən, -lin] *adj.* **1** 골난, 뚱한, 시무룩한. **2** 〔날씨·소리 따위가〕음산한, 음울한, 맑지 못한; 〔흐름 따위가〕느린(sluggish). **~·ly** *adv.* **~·ness** *n.*
sul·ly [sʌ́li] *vt.* (**-lied, -ly·ing**) **1** …을 더럽히다, 오손하다(defile), 녹슬게 하다. **2** 《비유적》〔명성·정신 따위〕를 훼손하다(disgrace), 상처입히다. — *vi.* 《비유적으로도》더러워지다, 오손되다.
— *n.* (*pl.* **-lies**) 《폐어》오점, 더러움(stain).
sulph- ⇨ SULFO-

sul·pha [sʌlfə] *adj., n.* =sulfa.
sul·phide [sʌlfaid] *n.* =sulfide.
sulpho- ⇨ SULFO-.
‡**sul·tan** [sʌlt(ə)n] *n.* **1** 회교국 군주, 술탄. **2** (S-) 《옛날의》터키 황제. **3** 닭의 한 품종. **4** 수레국화의 일종.
sul·tan·a [sʌltǽnə / -tɑ́:nə] *n.* **1** 술탄의 소실(왕비, 자매, 황태후, 왕녀). **2** 왕후(王侯)의 소실. **3** ⓤ《주로 英》포도의 한 품종; 그 품종의 씨없는 건포도. **5** 열대지방에 사는 크나이과(科)의 새 (sultana bird).
sul·tan·ate [sʌlt(ə)nit] *n.* ⓊⒸ 술탄의 지위 (직권, 영토).
sul·tan·ess [sʌlt(ə)nis] *n.* 《고어》=sultana.
sul·tan·ship [sʌltənʃip] *n.* Ⓤ 술탄의 지위 (직무).
‡**sul·try** [sʌltri] *adj.* (**-tri·er, -tri·est**) **1** 무더운, 찌는 듯이 더운; 몹시 뜨거운. **2** 격정적(激情的)인, 격렬한(violent). **3** 선정적인. **-tri·ly** *adv.* **-tri·ness** *n.*
‡**sum** [sʌm] *n.* **1** 합계, 총계, 총액, 총액 (totality); 《수학》총화.

類語 **sum** 2개 이상의 수의 합계: The *sum* of two and three is five. 2와 3의 합은 5. **amount** 어떤 전체를 구성하는 모든 수 또는 양의 합계: the *amount* of production 생산량. **total** 특히 하나도 빼놓지 않은 전부의 합계임을 강조; 큰 sum 또는 amount의 뜻으로도 사용: a *total* of one million dollars 총계 100만 달러.

2 금액, 액수. ¶ a large(a small) *sum* of money 거액(소액)의 돈 / a good(or a round) *sum* 목돈, 매우 많은 돈/ the *sum* insured 보험 금액. **3** 《구어》산수의 문제; (~s) 《특히 학과로서의》산수. ¶ do (*or* work) *sums* 계산하다, 산수 문제를 풀다. **4** (the ~) 요점, 요령, 요지, 개요(summary), 대의. ¶ the *sum* [the *sum* and substance] of his view of religion 그의 종교관의 개요. **5** (the ~) 『…의』결정(summit), 극치. ¶ The *sum* of human folly 인간의 어리석음의 극치.
do one's **sum** 《구어》잘 《신중하게》 생각하다, 조리있게 **in sum** 요컨대, 즉.
the sum of things ① 최고의 공공 이익, 공중의 복지. ② 우주, 전 존재.
— *v.* (**summed, sum·ming**) *vt.* **1** …을 합계하다, 총계를 내다. ¶ (~+圄+翻) *sum up* bills 계정을 셈하다. **2** …을 요약하다, 요점을 간략하게 말하다. ¶ (~+圄+翻) His opinion may be *summed up* in the following few words. 그의 의견은 다음 몇 마디로 요약될 수 있을 것이다. **3** …을 재빨리 평가하다. ¶ (~+圄+翻) I *summed up* the girl in a moment. 나는 재빨리 그 소녀의 인품을 간파했다. — *vi.* **1** 합계가 …이 되다(amount)〖*to*, *into*…〗. ¶ (~+翻+图) The expense *sums to* (or *into*) 500 dollars. 비용은 합계 500달러가 된다. **2** 계산을 하다. **3** 요약하다, 요점만 말하다; 변호인(판사)이 요점을 말하다〖*up*…〗.
to sum up 요컨대, 즉, 요약해서 말하면 (in short). ¶ *To sum up*, he is a lucky fellow. 요컨대 그는 행운아다.
◇ summátion *n.*
SUM (略) surface-to-underwater missile.
sum- *pref.* =sub- (*m 앞에 쓰는 형).
su·mac, -mach [ʃú:mæk, sú:-/ sjú:-, ʃú:-] *n.* 옻나무속(屬)의 수목〖거먕옻나무·옻나무·북나무 따위〗; Ⓤ 그 건조된 잎의 분말〖가죽의 무두질·염료용〗, 그 목재.
Su·ma·tra [sumɑ́:trə] *n.* 수마트라섬〖인도네시아 공화국의 서해제 5위의 큰 섬〗.
Su·mer [sú:mər] *s(j)ú:-] *n.* 수메르〖고대 바빌로니아 남부, Euphrates 강 하류 지방〗.
sum·less [sʌmlis] *adj.* 수없는, 무수한, 한량없는.
sum·ma cum lau·de [sʌmə kʌm lɔ́:di, sʌmə kum lɑ́udi] *adv.* 최고의 영예로, 최우등 성적으로. 〖< L 〗
sum·ma·ri·za·tion [sʌ̀mərizéiʃ(ə)n/ -raiz-] *n.* Ⓤ 적요, 개요, 요약.
***sum·ma·rize** [sʌ́məràiz] (*《英》에서는 **sum·ma·rise**로도 쓴다) *vt.* (-**rized, -riz·ing**) **1** …을 요약하다 (sum up), 간략하게 요점을 따다. **2** …의 요약이 되다.
◇ summarizátion, súmmary *n.*
‡**sum·ma·ry** [sʌ́məri] *n.* (*pl.* -**ries**) 요약, 개요, 대요, 요지(digest). — *adj.* **1** 요약된; 개략의, 대략의, 간결한(concise). **2** 즉석의, 즉시의. ¶ a *summary* discharge 즉석의 해고. **3** 〖재판의〗약식의, 즉결의. ¶ *summary* conviction 〖유죄로 하는〗 즉결 처분.
-ri·ly *adv.* **-ri·ness** *n.* ◇ súmmarize *v.*
súmmary cóurt *n.* 간이 재판소, 즉결 재판소〖略 S.C.〗
súmmary cóurt-mártial *n.* 《군대》약식 군법 회의.
súmmary jùrisdíction *n.* Ⓤ 〖법률〗 즉결 재판권.
súmmary offénse *n.* 〖법률〗 약식 기소 범죄, 경범죄.
sum·mat [sʌ́mət] *pron.* 《英구어·방언》=something.
sum·ma·tion [sʌméiʃ(ə)n] *n.* ⓊⒸ **1** 가산, 합계, 합, 적요. **2** 〖법률〗배심원에의 채결(採決) 전의 변호사의 최종 변론.
‡**sum·mer**[sʌ́mər] *n.* **1 a)** 여름, 하계; 여름철〖(美)에서는 6, 7, 8월, (英)에서는 5월 중순에서 8월 중순까지〗; 더운 계절. ¶ Indian *summer* 늦가을의 좋은 날씨, 봄철 같은 날씨/the heat of late (*or* lingering) *summer* 늦더위 **b)** 〖형용사적 용법〗여름의, 여름철의, 하계의, 여름철에 알맞은, 여름 같은. ¶ a *summer* resort 피서지 / suffer from the *summer* heat 여름을 타다. **2** (~s) 《詩》나이, 세(歲). ¶ a girl of twelve *summers* 12세의 소녀. **3** ⓊⒸ 〖비유적〗 〖인생의〗 여름때, 한창(prime), 청춘 시절. ¶ the *summer* of life 장년기. — *vi.* 여름을 지내다, 피서하다. ¶ *summer* in the country 시골에서 여름을 지내다. — *vt.* 〖가축〗을 여름철에 방목하다.
◇ súmmerlike, súmmerly, súmmery *adj.*
sum·mer² [sʌ́mər] *n.* 〖건축〗 대들보(large beam); 상인방(上引枋)돌; 주춧돌.
súmmer hóuse *n.* **1** 《美》피서용 별장. **2** =summerhouse.
sum·mer·house [sʌ́mərhàus] *n.* (*pl.* -**hous·es** [-hàuziz])〖정원 따위에 있는〗정자.
súmmer líghtning *n.* Ⓤ 〖여름밤 멀리 보이는〗 번개. 〖merlike〗.
sum·mer·ly [sʌ́mərli] *adj.* 여름의, 여름 같은 =summerlike.
súmmer pérson *n.* 《美》피서객, 여름 휴가 가족.
súmmer púdding *n.* 《英》서머 푸딩 〖조린 적(赤)구즈베리 따위가 든 카스텔라〗.
sum·mer·sault [sʌ́mərsɔ̀:lt] *n., v.* =somersault.
súmmer sáusage *n.* ⓊⒸ 《美》 건조(훈제) 소시지.
súmmer schóol *n.* 하기 학교(강습회).
sum·mer·set [sʌ́mərsèt, -sit] *n., v.* =somersault.
súmmer sólstice *n.* (the ~)〖천문〗하지.
súmmer squásh *n.* 서양 호박.
súmmer tíme *n.* Ⓤ 《주로 英》일광 절약 시간, 서머 타임(daylight-saving time). 〖절.
***sum·mer·time** [sʌ́mərtàim] *n.* Ⓤ 하계, 여름철, 하
súmmer·weight[sʌ́mərwèit] *adj.* 〖옷·신발 따위가〗여름용의, 가벼운.
sum·mer·y [sʌ́məri] *adj.* (때로 **-mer·i·er, -mer·i·est**) 여름의, 여름 같은(summerlike); 여름철에 알맞은.
sum·ming-up [sʌ́miŋʌ̀p] *n.* (*pl.* **-mings-up**) 요약, 개요, 적요.
‡**sum·mit** [sʌ́mit] *n.* **1** 정점, 정상, 〖산 따위의〗 꼭대기, 최고 지점. ⇨ TOP 類語 **2** 극치, 절정. ¶ the *summit* of happiness 행복의 절정. **3** 수뇌부; 수뇌회의; 〖형용사적으로〗 〖나라의〗 수뇌급의. ¶ a *summit* talk (*or* conference) 수뇌 회담.
súmmit diplómacy *n.* 정상외교.

sum·mit·eer [sʌ̀mitíər] *n.* 수뇌 회담 참가국.
sum·mit·lev·el [sʌ́mitlèv(ə)l] *adj.* 수뇌급의. [식.
sum·mit·ry [sʌ́mitri] *n.* U©(*pl.* **-ries**) 수뇌 회담 형
‡**sum·mon** [sʌ́mən] *vt.* 1 (남)을 호출하다, 소환하다, [남]을 [법원에] 출두시키다(...*away, from, to*). ¶ (~＋
圓＋圖) He *summoned* me to his bedside. 그는 나를 침대 곁으로 불렀다 // (~＋圓＋*to do*) He was *summoned* to appear in court. 그는 법정 출두를 명령받았다. **2** [의회 등]을 소집하다. ¶ (~＋圓)
summon the Diet 국회를 소집하다. **3** …할 것을 요구하다. [특히] …에게 항복을 권고(요구)하다. ¶ (~＋
圓＋*to do*) They *summoned* us *to* sing. 그들은 나에게 꼭 노래를 불러야 한다고 말했다. **4** (용기 등)을 불러일으키다, 내다(call forth) (*up*). ¶ (~＋圓＋圖)
summon up all one's strength. 있는 힘을 다 내다. **5** 《보통 수동형으로》 [신이 저세상으로] …을 부르다.
◇ **súm**mons *n.*
súm·mon·er [sʌ́mənər] *n.* 호출하는 사람; 소환자.
***sum·mons** [sʌ́mənz] *n.* **1** 〖일반적으로〗 호출, [의회 등으로의] 소집, 호출 신호. **2** [법률] 소환, 출두 명령; 소환장. **3** 권고, [특히] 항복 권고. ◇ **súmmon** *v.*
sum·mum bo·num [sʌ́məm bóunəm] *n.* 《라틴》（＝highest good) (the ~) 지상선(至上善), 최고선.
sump [sʌmp] *n.* **1** 〖물·기름 따위를 모으는〗웅덩이, 오수통. **2** 〖기계〗〖엔진 따위의〗기름통. **3** 〖광산〗〖갱도(坑道)의〗물웅덩이, 집수갱(集水坑). **4** 《英방언》 습지(swamp), 진창의 물웅덩이.
súmp pùmp *n.* 배수 펌프, 배수(排油) 펌프.
sump·ter [sʌ́m(p)tər] *n.* 《고어》 하물 운반용 동물 〖말·노새 따위〗; 짐 싣는 말의 마부; 짐 (pack) 안장
sump·tion [sʌ́m(p)ʃ(ə)n] *n.* 〖논리〗3단 논법의 대
sump·tu·ar·y [sʌ́m(p)tʃuèri / -tʃuəri] *adj.* 절약의, 사치 금지(단속)의. ¶ a *sumptuary* law 사치 단속령.
***sump·tu·ous** [sʌ́m(p)tʃuəs / -tjuəs] *adj.* 1 고가의, 사치스러운, **2** 훌륭한(splendid), 화려한.
~ly *adv.* **~ness** *n.*
súm tótal *n.* **1** 총계, 합계. **2** 실질; 요지.
súm·up [sʌ́mʌ̀p] *n.* 《구어》 요약, 종합.
‡**sun** [sʌn] *n.* **1** (보통 the ~, 또는 the S-)태양, 해, 일륜(日輪). ¶ worship the(*or* a) rising *sun* 일출을 향해 경배하다 ¶ 〖형용사류 명사를 붙여서 특수한 태양을 나타낼 때는 부정관사를 붙이는 수가 있다〗. **2** 〖행성을 가지는〗항성(fixed star). *cf.* planet **3** U（종종 the ~）일광, 조, 양지쪽, 양달. ¶ bathe in the *sun* 일광욕을 하다 / let in the *sun* 햇빛을 들이다 / Keep the ham out of the *sun*. 그 햄을 햇볕에 쬐지 마라. **4** (the ~) [반짝 반짝 빛나서] 태양을 닮은 것, 태양에 견줄만한 것. ¶ the Sun of Righteousness 의로운 해 [Jesus Christ를 말한다. ← 말라기 (Mal.) 4 : 2] / His *sun* is set. 그의 전성기는 지났다. **5** 〖문장 따위에 사용되는〗태양을 상징한 모양, 일륜상(日輪像), ¶ the *sun* in its splendor (*or* glory) 찬란한 태양. **6** 《詩》년(年), 해(日). **7** 《고어》일출(sunrise), 일몰(sunset). ¶ from *sun* to *sun* 일출에서 일몰까지. **8** 《詩》기후(climate).
against the sun 《항해》 오른쪽에서 왼쪽으로(counterclockwise).
have been in the sun; bathe the sun in one's eyes 《속어》 취해 있다.
hold a candle to the sun 헛된(쓸데없는) 짓을 하다
a place in the sun 유리한 지위, 좋은 환경.
see the sun 태어나다; 살아 있다.
shoot the sun 《항해》 육분의(六分儀)로 정오에 태양의 고도를 재다.
take the sun ① 햇볕을 쬐다. ② ＝shoot the sun.
under the sun **1** 이승에, 하늘 밑에, 지상에. ¶
There is no new thing *under the sun*. 해 아래는 새 것이 없도다 [←전도서 (Eccl.) 1 : 9]. **2** 《의문을 수

반하여》 도대체, 대관절(on earth, in the world). ¶
Where *under the sun* did they go? 그들은 도대체 어디로 갔는가?
— *v.* (**sunned, sun·ning**) *vt.* **1** …을 햇볕에 쬐다, 볕에 내놓다. ¶ *sun* oneself 일광욕을 하다. — *vi.* **1** 햇볕을 쬐다, 일광욕을 하다(sunbathe). **2** 빛나다, 반짝이
◇ **súnny, súnless** *adj.* [다, 쬐다.
***Sun.** (略) Sunday.
sún-and-plán·et mòtion [sʌ́nən(d) plǽnit-] *n.*
U 〖기계〗 〖가운데 축 톱니바퀴와 바깥 톱니바퀴가 맞물려 돌아가는 차동(差動) 톱니바퀴 장치의〗유성(遊星)운
sun·baked [sʌ́nbèikt] *adj.* 햇볕에 구운(벽돌 따위).
sún bàth *n.* [을 해가 뜨다.
sun·bathe [sʌ́nbèiờ] *vi.* (**-bathed, -bath·ing**) 일광욕
‡**sun·beam** [sʌ́nbì:m] *n.* 태양 광선.
Sún·belt [sʌ́nbèlt] *n.* (또는 S-) 《美》선벨트, 햇빛지대 〖미국 남부의 동서로 뻗는 온난 지대〗.
sun·bird [sʌ́nbə̀:rd] *n.* 태양조 [참새목(目)의 새].
sun·blind [sʌ́nblàind] *n.* 《주로 英》 〖창밖에 치는〗 차양.
sun·bon·net [sʌ́nbànit / -bɔ́n-] *n.* [여성용] 햇빛 가리는 모자.
sun·bow [sʌ́nbòu] *n.* 분수(噴水)나 폭포에 생기는 무지개.
***sun·burn** [sʌ́nbə̀:rn] *n.* **1** U© 볕에 탐. **2** U 황갈색. — *v.* (**-burned** *or* **-burnt, -burn·ing**) *vt.* …을 햇볕에 태우다. — *vi.* 햇볕에 타다, 그을리다.

[sunbonnet]

sún bùrner *n.* 태양등〖옛날 큰 방에 썼던 조명용 가스의 화구(火口)〗.
sun·burst [sʌ́nbə̀:rst] *n.* **1** 〖구름 사이에서 갑자기 비치는〗강한 햇빛. **2** 해 모양으로 된 보석(의 브로치); 해같이 퍼지는 불꽃.
sun-cured [sʌ́nkjùərd] *adj.* [담배·고기·생선 따위를] 햇볕에 건조시킨.
sun·dae [sʌ́ndei, +美-di] *n.* 선데이 [초콜릿·과일·과즙 따위를 얹은 아이스크림].
‡**Sun·day** [sʌ́ndi, -dei] *n.* **1** 일요일 〖주의 제1일로서 기독교의 주일; 略 Sun.〗 ¶ on a *Sunday* 어느 일요일에. ⇒ U(Usage) / keep (*or* observe) *Sunday* 일요일을 주일(主日)로 지키다 / I go to church on *Sunday*[*s*]. 나는 일요일에는 교회에 간다. **2** 《형용사적 용법》일요일의; 일요일에 (만나는), 나들이의, 가장 좋은 (best). ¶ a *Sunday* carpenter 〖취미로 하는〗 목수.
a month of Sundays 오랫동안. [공.
Súnday bést *n.* ＝Sunday clothes.
Súnday clóthes *n. pl.* 〖구어〗나들이 옷, 좋은 옷.
Súnday dríver *n.* 〖운전 미숙으로 붐비지 않을 때 운전하는〗일요(유일) 운전자.
Sún·day-go-to-mèet·ing [sʌ́ndigòutəmí:tiŋ, -dei-] *adj.* 《구어》성장한, 나들이의, 단벌의, 가장 좋은.
Súnday létter *n.* ＝dominical letter.
Súnday páinter *n.* 일요 화가, 아마추어 화가.
Súnday púnch *n.* 《구어》〖권투〗최강타, 녹아웃 편치. [요일마다 (on Sundays).
Sun·days [sʌ́ndiz, -deiz] *adv.* 《美》매주 일요일에, 일
Súnday schóol *n.* **1** 주일 학교. **2** 주일 학교의 학생(직원, 교사). [갑판.
sún déck *n.* 일광욕용의 베란다, 선 데크; 〖여객선의〗상
sun·der [sʌ́ndər] *vt.* …을 분할(분리)하다(separate); …을 가르다, 절단하다(sever). ¶ Nothing can *sunder* our friendship. 그 어떤 것도 우리의 우정을 가를 수는 없다. — *vi.* 나누어지다, 분리되다(part), 쪼개지다.
— *n.* U 분리, 절단. ＊ 다음 숙어로 쓴다.
in sunder 떨어져서, 각각, 따로따로.
sun·der·ance [sʌ́nd(ə)rəns] *n.* ⓒ 분리, 절단, 분열.
sun·dew [sʌ́nd(j)ù: / -djù:] *n.* 끈끈이주걱〖식충(食

sun·di·al [sʌ́ndàiəl] n. 해시계.
sun-dog [sʌ́ndɔ̀ːg/-dɔ̀g] n. **1** 환일(幻日) (태양 좌우에 생기는 광점(光點)) (parhelion). **2** 작은 무지개, 불완전한 무지개.
***sun·down** [sʌ́ndaun] U n. 일몰(sunset), 해질 무렵. ── vi [익숙치 않은 환경 때문에] 밤에 환각을 체험하다.
sun-down·er [sʌ́ndàunər] n. **1** 《주로 英구어》(보통 해질 무렵 퇴근길에 마시 [sundial] 는) 한 잔의 술. **2** 《濠구어》부랑자(hobo, tramp). **3** 《항해 속어》[상륙한 부하를 반드시 일몰시까지는] 귀함시키는] 엄격한 장교.
sun-dried [sʌ́ndràid] adj. 〔과일·벽돌 따위를〕햇볕에 말린, 햇볕에 건조시킨; 햇볕에 그을린, 말라빠진 (dried up).
sun-dries [sʌ́ndriz] n. pl. 잡다한 물건, 잡일, 잡동사니.
***sun·dry** [sʌ́ndri] adj. 여러 가지의, 잡다한(various). ¶ sundry goods 잡화 / sundry suggestions 잡다한 제의. ── pron. 누구나, 각양각색의 사람(것). *복수동사와 함께 쓴다.
all and sundry 모두, 각자 전부. ¶ give warnings to all and sundry 모든 사람에게 경고하다.
sun-fast [sʌ́nfæst / -fɑ̀ːst] adj. 〔색 따위가〕햇볕에 바래지 않는.
SUNFED (略) Special United Nations Fund for Economic Development(유엔 경제 개발 특별기금).
sun-fish [sʌ́nfìʃ] n. (pl. -fish or -fish·es) **1** 개복치〔식용어〕. **2** 북미산(産)의 납작하면서 작은 민물고기〔레포미스속(屬)〕.
sun-flow·er [sʌ́nflàuər] n. 해바라기.
Súnflòwer Státe n. (the ~)미국 Kansas 주의 애칭.
‡**sung** [sʌŋ] v. sing 의 과거·과거 분사.
sun-glass [sʌ́nglæ̀s / -glɑ̀ːs] n. **1** 태양 광선을 모으는 렌즈, 화경(火鏡)(burning glass). **2** (~es) 햇볕을 가리는 색안경, 선글라스.
sun-glow [sʌ́nglòu] n. **1** 아침(저녁)놀. **2** 태양의 주위에서 종종 볼 수 있는 태양 백광(corona).
sun-god [sʌ́ngɑ̀d/-gɔ̀d] n. 태양신, 해의 신(Ra, Helios 따위].
sún hát n. 볕가리는 모자, 〔볕가리는〕밀짚 모자.
sún hélmet n. 볕가리는 헬멧(topee).
‡**sunk** [sʌŋk] v. sink 의 과거·과거 분사. ── adj. **1** =sunken. **2** 《속어》난처한, 아주 소침한(done for). ¶ Now I am sunk. 이제 나는 끝장이다.
***sunk·en** [sʌ́ŋk(ə)n] v. sink 의 과거 분사. ── adj. **1** 물속에 침몰한, 물 밑(물속)의 **2** ¶ sunken reefs 암초 / a sunken ship 침몰선. **2** 침하된, 한층 낮아진, 내려앉은; 땅속의. ¶ a sunken floor 내려앉은 바닥 / a sunken garden 침상원(沈床園) 〔바깥쪽에 계단 가가 있는 한층 낮은 정원〕. **3** 말라빠진, 움푹 꺼진 (hollow). ¶ sunken cheeks 홀쭉한 볼.
súnk fénce n. 〔경치를 해치지 않도록 땅을 파고 경계선에 만든〕 은장(隱墻).
sún lámp n. **1** 〔치료용〕태양등. **2** 사진·영화 촬영용 전등.
sun-less [sʌ́nlis] adj. **1** 해가 들지 않는. **2** 어두운, 쓸쓸한, 음산한(cheerless, gloomy). ── -ly adv. ~ness n.
sun-light [sʌ́nlàit] n. 일광(sunshine).
sun-lit [sʌ́nlìt] adj. 햇볕에 쬐인, 볕이 드는.
sunn [sʌn] n. 활나물류의 식물; 1) 그 섬유.
Sun·ni [sʌ́ni] n., adj. 《회교》수니파(의)〔회교 2대 분파의 하나; Caliph를 정통 후계자로 인정〕. cf. Shi'ah
Sun·nite [sʌ́nait] n. 《회교의》수니파(派) 교도.
‡**sun·ny** [sʌ́ni] adj. (-ni·er, -ni·est) **1** 햇볕이 잘 드는, 밝게 비치는; 양지바른. ¶ a sunny spring day 화창한 봄날 / a sunny room 해가 잘 드는 방. **2** 양지의, 햇볕의 (나오는); 〔특히 색채·광채 따위가〕 태양 같은. ¶ sunny beams (or rays) 일광. **3** 《비유적》쾌활한, 명랑한(cheerful), 밝은; ¶ a sunny disposition (nature) 쾌활한 기질〔성질〕.
look on the sunny side of things 일을 낙관하다.
on the sunny side of …세보다 젊게, …세 이전으로.
── -ni·ly adv. -ni·ness n. ◇ sun n.
sunn·ya·see [sʌnjɑ́ːsi] n. =sannyasi.
súnny síde n. **1** 햇빛이 드는 쪽. **2** 잘난 부분, 좋은 면. **3** 〔…보다〕젊은 나이. ¶ on the sunny side of fifty 〔아직〕쉰 살 미만의.
sún·ny-síde úp [sʌ́nisàid-] adj. 한 쪽만 지진 반숙 달걀의. ¶ two eggs sunny-side up 한 쪽만 지진 달걀 반숙 2개.
sún párlor n. 일광욕실(sunroom).
sún pórch n. **1** 유리를 두른 베란다, 일광욕실(sunroom). **2** 위생적 가축 축사의 일종.
sun·proof [sʌ́nprùːf] adj. 햇빛을 통하지 않는, 색이 바래지 않는(sunfast).
sun·ray [sʌ́nrèi] n. **1** 일광, 태양 광선(sunbeam). **2** (~s) 인공 태양 광선〔의료용〕.
‡**sun-rise** [sʌ́nràiz] n. U) **1** 해돋이 〔때〕; 동틀녘, 새벽녘. cf. sunset ¶ rise at sunrise 동틀녘에 일어나다. **2** 해 뜨는 곳, 동쪽. **3** 《비유적》 첫 시작, 최초, 초기.
súnrise índustry n. 〔선진 기술을 바탕으로 한〕 장래〔성〕 산업.
sún róof n. **1** 일광욕용의 지붕. **2** = sunshine roof.
sun-room [sʌ́nrùː(ː)m] n. 일광욕실, 선룸.
sun-seek·er [sʌ́nsìːkər] n. **1** 피한객(避寒客), 관광객. **2** 향일(向日) 장치.
‡**sun-set** [sʌ́nsèt] n. U] **1** 일몰, 해질녘; 저녁놀 〔이 진 하늘〕. **2** (~s) ¶ at sunrise 해질녘에. **2** 해 지는 곳, 서쪽. **3** 《비유적》 종국, 말기, 말로; 만년. ¶ the sunset of life 만년.
súnset índustry n. 사양 산업. cf. sunrise industry
súnset láw n. 《美》선셋법(法), 행정 기구 개혁 촉진법.
Súnset Státe n. (the ~) 미국 Oregon 주의 속칭.
sun-shade [sʌ́nʃèid] n. 햇볕가리개, 〔창 따위의〕 차양(awning), 양산, 테가 넓은 모자; (~s) 《속어》선글라스.
‡**sun-shine** [sʌ́nʃàin] n. U] **1** 일광, 햇볕. **2** 양지. **3** 맑은 날씨, 좋은 날씨. **4** 쾌활, 명랑, 행복의 근원. ◇ sunshiny adj.
súnshine láw n. 《美》의사(議事)공개법〔Florida (Sunshine State)에서 처음으로 시행〕.
súnshine róof n. 열고서 햇볕을 들일 수 있는 자동차 지붕.
Súnshine Státe n. (the ~) 미국 Florida 주의 속칭.
sun-shin·y [sʌ́nʃàini] adj. **1** 일광의, 일광이 잘 드는. **2** 해가 반짝이는, 양지바른(sunny), 청명한. **3** 명랑한, 즐거운, 쾌활한(joyous), 유쾌한(cheerful).
sun-spot [sʌ́nspɑ̀t / -spɔ̀t] n. **1** 태양의 흑점. **2** 주근깨.
sun-stone [sʌ́nstòun] n. 선스톤, 일장석(日長石).
sun-stroke [sʌ́nstròuk] n. U] 《병리》일사병.
sun-struck [sʌ́nstrʌ̀k] adj. 일사병에 걸린.
sun-suit [sʌ́nsùːt / -sjùːt] n. 〔일광욕이나 놀이 때 입는 간단한〕 놀이 옷.
sun-tan [sʌ́ntæ̀n] n. U C] sunburn 보다 약한〕 볕에 그을음; 〔볕에 그을린 빛깔, 담갈색.
sun-tanned [sʌ́ntæ̀nd] adj. 볕에 그을린.
sun-tans [sʌ́ntæ̀nz] n. pl. 담갈색의 여름 군복.
sun-up [sʌ́nʌ̀p] n. 해돋이 〔때〕 (sunrise).
sún vísor n. 〔자동차의〕차양판.
sun·ward [sʌ́nwərd] adj. 태양 쪽을 향한.
── adv. 태양 쪽으로(에), 태양을 향하여.
sun·wards [sʌ́nwərdz] adv. = sunward.
sun-wise [sʌ́nwàiz] adv. 태양의 운행과 같은 방향으로, 왼쪽에서 오른쪽으로. ── adj. 태양의 운행과 같은 방향의, 왼쪽에서 오른쪽으로 도는.

sún wòrship n. ⓤ 태양[신] 숭배; 일광욕을 좋아하기.

sup[1] [SAP] v. (**supped, sup·ping**) vi. 저녁을 먹다(*on, upon, off...*). ¶ *sup* out 밖에서 저녁을 먹다 // *sup* on bread and milk 저녁 식사로 빵과 우유를 먹다. — vt. (드물게) (남)에게 저녁 식사를 먹이다(대접하다). *sup with Pluto* ⇨ PLUTO.

*****sup**[2] [SAP] v. (**supped, sup·ping**) vt. **1** [수프 따위]를 홀짝홀짝 마시다(sip), …을 숟가락으로 떠먹다. **˜2** (비유적) …을 경험하다, 맛보다(experience). ¶ *sup* sorrow 슬픈 일을 겪다. — vi. 마시다, 숟가락으로 떠 마시다. ¶ *He must have a long spoon that sups with the devil.* 《속담》 악인을 대할 때는 조심하는 것이 상책이다. — n. 한 모금, 한입. ¶ [a] bit and [a] *sup* 소량의 음식물.

sup- *pref.* ⇨ SUB-.

sup. (略) superfine; superior; superlative; supine; supplement, supplementary; supply; supra.

supe [sup / s(j)u:p] n. (속어) **1** 《美》=super 1. **2** (항공) (엔진의) 마력(horsepower).

su·per [sú:pər / s(j)ú:-] n. **1** 감독자(superintendent); 관리인. **2** 임시 고용[의 배우](supernumerary), 엑스트라. **3** (구어) (상업) 특등품, 특대품. **4** ⓤ (美구어) 특별 광택지. **5** (영화) 초특별 작품. **6** (곤충) (꿀벌통 상부의) 꿀을 저장하는 통. **7** 팔목 시계 (영국 도제공의 은어) (watch). **8** ⓤ 제본용의 얇은 망사, 거친 면포, 한랭사(寒冷紗). **9** =supermarket. — *adj.* **1** 표면[피]의. **2** 굉장한(marvelous), 극상품의(superfine); 특등품의; 특별한. — vt. 《美》제본에서 [책]을 풀먹인 가제로 보강하다. [<SUPER[NUMERARY]]

super- *pref.* above, beyond; higher than, superior 의 뜻. 명사·형용사·동사 따위에 붙는다. 예: *super*impose, *super*tax.

super. (略) superfine; superior.

su·per·a·ble [sú:p(ə)rəbl / s(j)ú:-] *adj.* 이길 수 있는 (surmountable). ˜ness n.

su·per·a·bound [sù:p(ə)rəbáund / s(j)ù:-] vi. 풍부하게 있다; 남아 돌아가다(*in, with...*).

su·per·a·bun·dance [sù:p(ə)rəbʌ́ndəns/s(j)ù:-] n. ⓤⓒ 풍부; 과다, 여분, 과잉.

su·per·a·bun·dant [sù:p(ə)rəbʌ́ndənt / s(j)ù:-] *adj.* 매우 풍부한; 남아 돌아가는, 과다한. ˜ly *adv.*

su·per·add [sù:pəræd / s(j)ù:-] vt. …에 다시 보태다, 부가하다, …을 그 위에 덧붙이다, 말을 덧붙이다, 부연하다.

su·per·ad·di·tion [sù:pərədíʃ(ə)n / s(j)ù:-] n. **1** ⓤ 부가, 첨가. **2** 부가물, 첨가물.

su·per·al·loy [sù:pərǽlɔi/s(j)ù:-] n. 초합금 [고온에 견딘다].

su·per·an·nu·ate [sù:pərǽnjueit / s(j)ù:-] v. (-**ated, -at·ing**) vt. **1** (고령·병약 때문에) (남)을 퇴직시키다, (남)에게 연금을 주어 퇴직시키다; (연령 초과로) (남)을 실격시키다. **2** …은 구식이라고(시대에 뒤진다고) 물리치다(폐하다). — vi. 고령이다(이 되다), 시대에 뒤지다(뒤지게 되다).

su·per·an·nu·at·ed [sù:pərǽnjuitid / s(j)ù:-] *adj.* **1** (고령·병약으로) 퇴직한; (연령 초과로) 실격한. **2** 노쇠한; **3** 시대에 뒤진(out of date).

su·per·an·nu·a·tion [sù:pərænjuéiʃ(ə)n / s(j)ù:-] n. **1** ⓤ (고령·병약에 의한) 퇴직; (연령 제한에 의한) 실격. **2** ⓤ 노후 수당(연금).

su·per·a·tom·ic [sù:pərətɑ́mik / s(j)ù:-] *adj.* 초원자의.

sùperatómic bómb n. 초원자 폭탄.

*****su·perb** [supə́:rb / s(j)u(:)-] *adj.* **1** 훌륭한, 화려한, 장려한. ¶ *a superb* palace 장려한 궁전. **2** (정치 따위가) 웅대한. ¶ *The view from the summit of the mountain is superb.* 산정에서 보는 전망은 웅대하다. **3** 우아한, 사치스러운(luxurious). ¶ *a superb* dinner 호화로운 식사. **4** 매우 뛰어난, 우수한. ⇨ SPLENDID 類語. ¶ *a superb* portrait 훌륭하게 잘 그려진 초상화. **5** (새·식물 따위가) (새채가 산뜻한(gorgeous). ¶ *superb* flowers 눈부시게 아름다운 꽃. ˜ly *adv.* ˜ness n.

su·per·bomb [sú:pərbɑ̀m / s(j)ú:pəbɔ̀m] n. 수소 폭탄.

su·per·bomb·er [sú:pərbɑ̀mər / s(j)ú:pəbɔ̀mə] n. 초(超) 대형 폭격기.

Súper Bówl n. (the˜) 슈퍼볼 [미국의 프로 미식 축구의 왕좌 결정전].

su·per·car·go [sú:pərkɑ̀:rgou / s(j)ú:pəkɑ̀:-] n. (pl. -**gos** or -**goes**) (상선의) 화물 감독.

su·per·car·ri·er [sú:pərkæ̀riər / s(j)ú:-] n. 초대형 항공 모함.

su·per·charge [sú:pərtʃɑ̀:rdʒ / s(j)ú:-] vt. (-**charged, -charg·ing**) **1** …에 지나치게 (감정·힘 따위를) 쏟다. **2** (내연기관에) 과급(過給)하다. **3** …에 압력을 주다; …에 가스를 밀어넣다.

su·per·charg·er [sú:pərtʃɑ̀:rdʒər / s(j)ú:-] n. (내연기관의) 과급기(過給機); 여압(與壓) 장치.

su·per·chip [sú:pərtʃìp / s(j)ú:-] n. 초(超) LSI [대규모 집적 회로].

su·per·church [sú:pərtʃə̀:rtʃ / s(j)ú:-] n. 통합 교회.

su·per·cil·i·ar·y [sù:pərsíliəri / s(j)ù:pəsíliəri] *adj.* **1** 눈 위의, **2** (해부·동물) 눈썹의.

su·per·cil·i·ous [sù:pərsíliəs / s(j)ù:-] *adj.* 거만한, 거드름피우는, 오만한(haughty). ˜ly *adv.* ˜ness n.

su·per·cit·y [sú:pərsìti / s(j)ú:-] n. (*pl.* -**cit·ies**) 거대 도시, 메갈로폴리스.

su·per·class [sú:pərklæ̀s / s(j)ú:pəklɑ̀:s] n. (생물) 초강(超綱) [분류상의 한 단위; 강(綱)과 문(門)의 사이]; 아문(亞門).

su·per·clus·ter [sú:pərklʌ̀stər / s(j)ú:-] n. (천문) 거대 우주군.

su·per·co·los·sal [sù:pərkəlɑ́səl / s(j)ù:pəkəlɔ́sal] *adj.* (美구어) 어마어마하게 거대한, 초대작의.

su·per·co·lum·ni·a·tion [sù:pərkəlʌ̀mniéiʃ(ə)n / s(j)ù:-] n. ⓤ (건축) 중열주식(重列柱式), 중주형식(重柱形式).

su·per·com·pet·i·tive [sù:pərkəmpétitiv/s(j)ù:-] *adj.* 지극히 경쟁적인.

su·per·com·put·er [sù:pərkəmpjú:tər] n. 슈퍼컴퓨터, 초고속 컴퓨터.

su·per·con·duc·tiv·i·ty [sù:pərkɑ̀ndʌktíviti / s(j)ù:pəkɔ̀n-] n. ⓤ (물리) 초전도(超傳導).

su·per·con·duc·tor [sù:pərkəndʌ́ktər / s(j)ù:-] n. 초전도체.

su·per·cool [sù:pərkú:l / s(j)ù:-] vt. (빙결시키지 않고) (액체)를 과냉각하다(undercool). — vi. 과냉각하다.

su·per·cooled [sù:pərkú:ld / s(j)ù:-] *adj.* (화학) (액체를 얼리지 않고) 빙점 이하로 냉각한.

su·per·crat [sú:pərrkæt/s(j)ú:-] n. 초고급 관료, 초고관.

su·per·crit·i·cal [sù:pərkrítik(ə)l / s(j)ù:-] *adj.* 극단적으로 엄격한; (물리) 초임계(超臨界)의.

su·per·dom·i·nant [sù:pərdɑ́minənt / s(j)ù:pəd5:m-] n. (음악) 하중음(下中音), 상속음(上屬音) 음계의 제 6 음(submediant).

su·per·dread·nought [sù:pərdrédnɔ̀:t / s(j)ù:-] n. 초노급(超弩級) 전함. *cf.* dreadnought

su·per·du·per [sù:pərd(j)ú:pər / s(j)ù:pədjú:-] *adj.* 《美속어》월등히 좋은(marvelous), 극상의.

su·per·e·go [sù:pəré:gou / s(j)ù:-] n. (*pl.* -**gos**) (정신 분석) 초자아(超自我) [어렸을 때의 교육의 잔상(殘像)으로서의 무의식적 양심].

su·per·el·e·va·tion [sù:pərèlivéiʃ(ə)n / s(j)ù:-] n. ⓤⓒ 편구배(片勾配), 캔트 [철도·포장 도로의 커브에

su·per·em·i·nence [sùːpərémənəns / s(j)ùː-] n. ⓤ 무쌍, 탁월.

su·per·em·i·nent [sùːpərémɪnənt / s(j)ùː-] adj. 매우 탁월한, 무쌍의; [지위·권위 따위가] 지상(至上)의. ¶ *supereminent* power 무쌍의 권력. ~·ly adv.

su·per·e·ro·gate [sùːpərérəgèit / s(j)ùː-] vi. (-gat·ed, -gat·ing) 의무(필요) 이상으로 일을 하다.

su·per·e·ro·ga·tion [sùːpərèrəgéi(ʃ)(ə)n / s(j)ùː-] n. ⓤ 의무(필요) 이상으로 일을 함; 공덕(功德)을 쌓기.

su·per·e·rog·a·to·ry [sùːpərəróɡətòːri / s(j)ùːpəróɡət(ə)ri] adj. 1 의무(필요) 이상의 일을 하는. 2 여분의, 가외의. ¶ *supererogatory* merit 잉여(剩餘)의 공적.

su·per·ette [sùːpərét / s(j)ùː-] n. 소형 수퍼마켓.

su·per·ex·cel·lence [sùːpəréks(ə)ləns / s(j)ùː-] n. ⓤ 매우 우수함, 무쌍.

su·per·ex·cel·lent [sùːpəréks(ə)lənt / s(j)ùː-] adj. 대단히 뛰어난(우수한), 탁월한.

su·per·ex·press [sùːpərɪksprés / s(j)ùː-] adj. 초특급의. — n. 초특급 열차.

su·per·fam·i·ly [sùːpərfæmili / s(j)ùː-] n. (pl. -lies) [생물] 상과(上科), 초과(超科) [분류상의 한 단위; 과(科)와 아목(亞目) 사이].

su·per·fat·ted [sùːpərfǽtid / s(j)ùː-] adj. [비누가] 지방 함유 과다의.

su·per·fec·ta [sùːpərféktə / s(j)ùː-] n. ⓤ [경마] 1착에서 4착까지를 맞히는 내기.

su·per·fe·cun·da·tion [sùːpərfìːkəndéiʃ(ə)n, -fék-/s(j)ùː-] n. ⓤ 과임신, 동기복임신(同期複姙娠).

su·per·fe·ta·tion [sùːpərfiːtéi(ʃ)(ə)n / s(j)ùː-] n. ⓤ 과임신, [이기(異期)] 중복 임신; ⓤⓒ 축적 발전.

su·per·fi·cial [sùːpərfíʃ(ə)l/s(j)ùː-] adj. 1 피상적인, 겉만의, 천박한(shallow). ¶ *superficial* education 피상적인 교육. 2 표면상의, 얕은. ¶ a *superficial* wound 외상(外傷). 3 날림의. ¶ *superficial* reading 겉핥기식 독서. 4 면적의, 평방의(square). ¶ 30 *superficial* feet 30 평방 피트. 5 실질이 없는(insubstantial), 중요치 않은, 영향이 적은. ~·ly [-ʃəli] adv. ~·ness n. ◇ superficiálity, superfícies n.

su·per·fi·ci·al·i·ty [sùːpərfìʃiǽliti / s(j)ùː-] n. 표면적인 것, 피상, 천박, 수박 겉핥기.

su·per·fi·ci·es [sùːpərfíʃiìːz, -fíʃiiːz / s(j)ùː-] n. pl. (단·복수 양용) 1 표면(surface), 외면. 2 [본질에 대한] 외관. 3 면적. 4 [법률] 지상 물건(物件), 정착물; 지상권.

su·per·fine [sùːpərfáin/s(j)ùː-] adj. 1 [상품이] 극히 좋은, 극상의. ¶ goods of *superfine* quality 특급품. 2 극히 순수한; 과도하게 섬세한, 지나치게 점잔빼는.

su·per·flu·id·i·ty [sùːpərflùːíditi / s(j)ùː-] n. ⓤ [물리] 초유동(超流動).

su·per·flu·i·ty [sùːpərflúːiti / s(j)ùː-] n. (pl. -ties) 1 ⓤⓒ 여분[량], 과잉[량]. 2 여분의 것, 불필요물, 사치품.

*****su·per·flu·ous** [suːpə́ːrfluəs / s(j)u(ː)-] adj. 1 여분의, 남는, 과잉의. ¶ *superfluous* words 필요없는 말. 2 불필요한(needless), 쓸데없는. 3 [폐어] 사치스러운, 낭비하는(extravagant). ~·ly adv. ~·ness n. ◇ superflúity n.

Su·per·fort [sùːpərfɔ́ːrt / s(j)ùː-] n. 《美》 Superfortress.

Su·per·for·tress [sùːpərfɔ́ːrtris / s(j)ùː-] n. [美軍] 초고공 비행의 요새 [B-29 와 같은 미국의 4발 중폭격기].

su·per·freeze [sùːpərfríːz / s(j)ùː-] vt. (-freezed, -freez·ing) …을 극도로 냉각하다.

su·per·gi·ant [sùːpərdʒáiənt / s(j)ùː-] n. [천문] 초거성. — adj. ⓤ 초거대한.

su·per·group [súːpərɡrùːp / s(j)ùː-] n. 거대 그룹 [특히 다른 로크 그룹을 흡수한 로크 그룹].

su·per·heat [sùːpərhíːt / s(j)ùː- // →n.] vt. 1 …을 과열하다(overheat). 2 [액체]를 증발시키지 않고 비등점 이상으로 가열하다, 과열하다. — n. [sùːpərhìːt / s(j)ùː-] ⓤ 과열 [상태].

su·per·heat·er [sùːpərhíːtər / s(j)ùː-] n. 과열기 [장치].

su·per·heav·y [sùːpərhévi / s(j)ùː-] adj., n. 초거대 원자량의 [원소].

su·per·he·ro [sùːpərhíː(ː)rou / s(j)ùː-] n. 초영웅, 초인.

su·per·het·er·o·dyne [sùːpərhétərədàin / s(j)ùː-] n. ⓤⓒ, adj. [무선] 수퍼헤테로다인[의], 수퍼[의], 초민감 수신 장치[의].

sú·per·hìgh fréquency [súːpərhài- / s(j)úː-] n. [무선]극초단파[주파수 3천-3만 메가헤르츠; 略 SHF, shf].

su·per·high·way [sùːpərháiwèi / s(j)ùː-] n. [입체 교차식의] 초고속 도로(expressway).

su·per·hu·man [sùːpərhjúːmən / s(j)ùː-] adj. 초인적인, 인간 이상의, 특출한. ¶ a *superhuman* task 초인적인 일. 2 사람의 짓이 아닌, 신기(神技)의. ~·ly adv. ~·ness n.

su·per·im·pose [sùːpərɪmpóuz / s(j)ùː-] vt. (-posed, -pos·ing) 1 …을 위에 놓다, 겹쳐 놓다(overlay) (…on, upon). 2 …을 첨가(부가)하다, 덧붙이다(add) (…on, upon). 3 [영화] …을 2중 인화하다.

su·per·im·po·si·tion [sùːpərɪmpəzíʃ(ə)n/s(j)ùː-] n. ⓤ 1 위에 놓음, 겹쳐 놓음. 2 부가, 첨가. 3 [영화] 2중 인화.

su·per·in·cum·bent [sùːpərɪnkʌ́mbənt / s(j)ùː-] adj. 1 위에 있는, 위에 놓인. 2 [압력 따위가] 위로부터 가해지는.

su·per·in·duce [sùːpərɪnd(j)úːs / s(j)ùːpərɪndʒúːs] vt. (-duced, -duc·ing) 1 …을 덧붙이다(…on, upon). 2 [딴 병 따위]를 병발하게 하다, …을 더 일으키게 하다.

su·per·in·duc·tion [sùːpərɪndʌ́k(ʃ)(ə)n / s(j)ùː-] n. ⓤ 1 부가, 첨가. 2 여병(餘病) 병발.

***su·per·in·tend** [sùːpərɪnténd / s(j)ùː-] vt. [일 위]를 감독하다, 지시하다(supervise). ◇ superinténdence, superinténdency n.

su·per·in·tend·ence [sùːpərɪnténd(ə)ns/s(j)ùː-] n. ⓤ 관리, 감독(supervision). ¶ under the *superintendence* of …의 감독 아래.

su·per·in·tend·en·cy [sùːp(ə)rɪnténd(ə)nsi/s(j)ùː-] n. (pl. -cies) 1 ⓤ 감독자의 지위(직무, 임기). 2 감독 지역. 3 =superintendence.

***su·per·in·tend·ent** [sùːp(ə)rɪnténd(ə)nt / s(j)ùː-] n. 1 감독자, 관리자; 지휘자. ¶ a *superintendent* of the district 교육장. 2 장관, 부장; 교장, 공장장. 3 총경. 4 [기독교의 신교의] 감독. — adj. 감독하는, 지휘하는. ◇ superinténd v.

‡**su·pe·ri·or** [səpíː(ː)riər, suː(ː)-/s(j)uː(ː)pəːr-] (opp. inferior) adj. 1 […보다] 뛰어난, 우수한(to…). ¶ *superior* knowledge 뛰어난 지식 // She is decidedly *superior* to him in speaking English. 영어 회화에 있어서는 그녀가 그보다 월등히 낫다. * superior than … 이라고 하지 않는다.
2 [소질·품질 따위가] 우수한, 우량한, 뛰어난(excellent), 질이 좋은, 고등의. ¶ a *superior* cigar 극상품 여송연 / *superior* persons 우수한 사람들. ¶ (비꼬아서) 높은 양반 // These articles are *superior* in quality. 이 물건들은 아주 고급품이다.
4 [수량적으로] 우세한, 능가하는. ¶ *superior* numbers 다수, 우세 / *superior* enemy forces 우세한 적군.
3 [계급 따위가] …보다 높은, 상위의, 상급의. ¶ a *superior* judge 상급 법원의 판사 / a *superior* official 상급 관리.
5 초자연적인, 불가사의한(supernatural); 정신적인.
6 상부에 있는, 위의(above); [식물] 위쪽의; [꽃받침

이] 씨방의 위에 있는; [씨방이] 꽃받침의 위에 있는; [해부・동물] [기관 따위가] 상부의, 상위의; [천문] [행성이] 지구 궤도의 바깥쪽의 궤도를 가진, 바깥쪽의; [내행성이] 외합(外合)하는. ¶ a *superior* ovary 상위 씨방.
7 [인쇄] [글자가] 위에 붙은, 어깨 글자의(superscript). ¶ a *superior* figure 어깨 숫자 [a², ²따위].
8 […에] 굴복하지 않는, 움직이지 않는, 초월한(*to* …). ¶ be *superior to* temptation 유혹에 지지 않다.
9 교만한, 잘난 체하는, 오만한(haughty). ¶ *superior* manners 오만한 태도.
— *n.* **1** 뛰어난 사람, 우월한 사람. ¶ He has few *superiors* in ceramics. 제도술(製陶術)에 있어서 그보다 우수한 사람은 거의 없다. **2** 손윗 사람, 선배, 상관, 웃사람. ¶ a social *superior* 선배. **3** [종교] 수도원장. **4** [인쇄] 어깨 글자.
~·ly *adv.* ◇ superiórity

Su·pe·ri·or [səpí(:)riər, su(:)-/ s(j)u(:)píəriər] *n.* Lake ~ 슈피리어호(湖) [북미 5대호 중 최북단의 호수].

***su·pe·ri·or·i·ty** [səpì(:)rióːriti, su(:)-, -àr-/ s(j)u(:)píəriɔ́r-] *n.* (*opp.* inferiority) ⓤ 우위, 우월, 탁월, 우수, 상수; 교만 (*to, over, above*…). ¶ He assumes an air of *superiority*. 그는 오만한 태도를 취하고 있다.
◇ superiórity
superiórity còmplex *n.* ⓤⓒ 우월 복합, 우월감.
su·per·ja·cent [sù:pərdʒéis(ə)nt/ s(j)ù:-] *a.* 위에 있는(걸쳐 있는), 위쪽에 놓인 (overlying).
su·per·jet [súːpərdʒèt/ s(j)úː-] *n.* 초음속 제트기.
superl. 《略》 superlative.

***su·per·la·tive** [səpə́ːrlətiv, su(:)-/ s(j)u(:)-] *adj.* **1** 최고의, 최상의, 지상의(supreme). ¶ a *superlative* beauty 절세의 미인 / a *superlative* ideal 지고(至高)한 이상. **2** 대단한, 거창한, 과장된. **3** [문법] 형용사・부사의 최상급의. *cf.* comparative ¶ the *superlative* degree 최상급. — *n.* **1** 최고(지상)의 것, 완벽한 사람(것). **2** 최고도, 극도; 극치 (acme). **3** (보통 ~s) 최상급의 말. ¶ talk in *superlatives* 과장해서 말하다.
4 (*the* ~) [문법] 최상급; 최상급의 어형.
~·ly *adv.* ~·ness *n.*
su·per·lu·nar [sù:pərlúːnər / s(j)ù:-] *adj.* =super-
su·per·lu·na·ry [sù:pərlúːnəri / s(j)ù:-] *adj.* 달의 위(저편)에 있는; 하늘의(heavenly); 이 세상 것이 아닌.
su·per·man [súːpərmæ̀n/ s(j)úː-] *n.* (*pl.* -men [-mèn]) **1** 초인, 슈퍼맨; (S-) [만화 등에 등장하는] 슈퍼맨. **2** [철학] [니체가 주창한] 초인.
sù·per·mán·y-tìme théory / s(j)ù:-] [물리] 초다시간(超多時間) 이론.

***su·per·mar·ket** [súːpərmɑ̀ːrkit / s(j)úː-] *n.* 슈퍼마켓 [진열품 중에서 자유롭게 물건을 고르는 셀프서비스의 큰 상점].   [market.
su·per·mart [súːpərmɑ̀ːrt/ s(j)úː-]=super-
su·per·me·di·al [sù:pərmíːdiəl / s(j)ù:-] *adj.* 중 이상의, 보통 이상의.
su·per·mi·cro·scope [sù:pərmáikrəskòup / s(j)ù:-] *n.* 초현미경 [전자 현미경의 일종].
súper mínicomputer *n.* [컴퓨터] 슈퍼 미니컴퓨터 [종래의 16비트 미니컴퓨터에 대해, 32비트의 연산 처리 단위를 가진 컴퓨터].
su·per·mod·el [súːpərmɑ̀dl/s(j)úːpəmɔ̀dl] *n.* 슈퍼모델 [인기도나 수입 면에서 정상급의 모델].
su·per·mol·e·cule [sù:pərmɑ́likju:l / s(j)ù:pəmɔ́l-] *n.* 거대 분자, 집합 분자.
su·per·mun·dane [sù:pərmʌ́ndein, ~ ~ ~/ s(j)ù:-] *adj.* 초현세적인; 천상(天上)의; 초자연의.
su·per·nac·u·lum [sù:pərnǽkjuləm / s(j)ù:-] *n.* ⓤ 극상품 포도주.
su·per·nal [sùːpə́ːrn(ə)l / s(j)u(:)-] *adj.* **1** 천(상)의, 천공(天空)의 (heavenly). ¶ *supernal* gods 천상의 신들. **2** 이승의 것이라 생각되지 않는, 지상(至上)의. **3** 우뚝 솟은 (lofty). ~·ly [-nəli] *adv.*

su·per·na·tant [sù:pərnéit(ə)nt / s(j)ù:-] *adj.* 표면에 떠오르는.

***su·per·nat·u·ral** [sù:pərnǽtʃ(ə)rəl / s(j)ù(:)-] *adj.* **1** 초자연의, 불가사의한(occult), 기괴한. ¶ *supernatural* phenomena 초자연적 현상. **2** 이상한(abnormal); 비범한. ¶ *supernatural* intelligence 비범한 지력(智力). **3** 신비적인, 신기(神技)의(divine). ¶ *supernatural* power 신통력. — *n.* (*the* ~) 초자연적 신비; 초자연적인 것(존재); 신의 조화(造化), 신통력.
~·ly [-rəli] *adv.* ~·ness *n.*
su·per·nat·u·ral·ism [sù:pərnǽtʃ(ə)rəliz(ə)m / s(j)ù(:)-] *n.* ⓤ 초자연성; 초자연설(주의, 신앙).
su·per·nor·mal [sù:pərnɔ́ːrm(ə)l / s(j)ù(:)-] *adj.* 이상(異常)한(abnormal); 보통이 넘는.
~·ly [-məli] *adv.* ~·ness *n.*
su·per·no·va [sù:pərnóuvə/s(j)ù(:)-] *n.* (*pl.* -vae [-vi:] *or* -vas) [천문] 초신성 [갑자기 태양의 1천 배 내지 1억배 밝아지는 변광성(變光星)의 일종].
su·per·nuke [súːpərnù:k / s(j)ú:-] *n.* 《美군어》 원자력 발전소에 상주하는 기술 고문 [정식 명칭은 Technical adviser].
su·per·nu·mer·a·ry [sù:pərn(j)úːm(ə)rèri/s(j)ù:-pənjúːm(ə)rəri] *adj.* **1** 정원(정수) 이상의, 여분의, 잉여의. **2** 임시의(extra). ¶ *supernumerary* officials 임시 직원. — *n.* (*pl.* -ar·ies) **1** 정원 외의 사람; 과잉물. **2** 임시 고용인. [연극] 엑스트러, 단역, 통행인 역.
su·per·nu·tri·tion [sù:pərn(j)u:tríʃ(ə)n / s(j)ù:-pənju:-] *n.* ⓤ 영양 과다 (extra feeding).
su·per·or·der [súːpərɔ̀ːrdər / s(j)úː-] *n.* [생물] 목(超目) [분류상의 한 단위; 목(目)과 강(綱)의 사이].
su·per·or·gan·ic [sù:pərɔ:rgǽnik / s(j)ù:-] *adj.* **1** 초유기적인, 정신적인. **2** [사회・인류] 초개인의, 사회적인.
su·per·or·gan·ism [sù:pəróːrgənìz(ə)m / s(j)ù:-] *n.* [생물] 복합 생물, 생물의 군집(群集) [공동체].
su·per·phos·phate [sù:pərfɑ́sfeit / s(j)ù:pəfɔ́s-] *n.* 과인산염; 과인산 비료.   [물질적인.
su·per·phys·i·cal [sù:pərfízik(ə)l / s(j)ù:-] *adj.* 초-
su·per·plas·tic [sù:pərplǽstik / s(j)ù:-] *n.*, *adj.* 초가소성(可塑性)의 [물질].
su·per·pos·a·ble [sù:pərpóuzəbl / s(j)ù:-] *adj.* 위에 놓을 수 있는, 겹칠 수 있는.
su·per·pose [sù:pərpóuz / s(j)ù:-] *vt.* (-posed, -posing) **1** 위에 놓다, 겹쳐 놓다 (superimpose) (*…on, upon*). **2** [기하] [도형 따위를] 겹치다.
su·per·po·si·tion [sù:pərpəzíʃ(ə)n / s(j)ù:-] *n.* ⓤ 겹쳐 놓기, 중첩.
su·per·po·ten·cy [sù:pərpóut(ə)nsi / s(j)ù:-] *n.* 특히 강력함; 절륜의 잠재력.
su·per·pow·er [súːpərpàuər / s(j)úː-] *n.* **1** ⓤ 이상적인 힘, 과대한 힘. **2** 초대국. **3** 강력한 국제 관리 기관. **4** [전기] 초출력, 대전력. ¶ a *superpower* plant (*or* station) 대발전소.
su·per·race [súːpərèis / s(j)úː-] *n.* 우월 민족.
su·per·re·al·ism [sù:pərí:əliz(ə)m / s(j)ù:píərəl-] *n.* =Surrealism.
su·per·sat·u·rate [sù:pərsǽtʃərèit / s(j)ù:-] *vt.* (-rat·ed, -rat·ing) [화학] [용액을] 과포화시키다.
su·per·sat·u·ra·tion [sù:pərsæ̀tʃəréiʃ(ə)n/s(j)ù:-] *n.* ⓤ [화학] [용액의] 과포화.
su·per·scribe [sù:pərskráib/s(j)ù:-] *vt.* (-scribed, -scrib·ing) **1** (글자 따위를) 표면에 쓰다 (새기다); 위에 (표면에) 쓰다 (새기다). **2** [편지・소포에] 수취인 주소를 쓰다.
su·per·script [súːpərskrìpt / s(j)úː-] *adj.* 위에 쓴. — *n.* [인쇄] [우측 위에 쓰는] 어깨 문자 (기호, 숫자).
su·per·scrip·tion [sù:pərskríp(ʃ)(ə)n / s(j)ù(:)-] *n.* **1** ⓤ 위에 쓰기, **2** 위에 쓴 것, 수취인 주소 성명; 표제, 명(銘); [약] R [처방전 위에 쓰는 기호; 라틴어 *recipe*

su‧per‧se‧cret [sù:pərsí:krit / s(j)ù(:)-] *adj.* 극초비의(top-secret).

***su‧per‧sede** [sù:pərsí:d / s(j)ù(:)-] *vt.* (**-sed·ed, -sed·ing**) **1** …에 대신하다, …의 지위를 빼앗다. ⇨ REPLACE 類語 ¶ The radio has been *superseded* by the TV. 라디오는 텔레비전으로 대치되었다. **2** (사람을) 바꾸다, 경질하다, 면직시키다. ¶ (~+몸+前+名) *supersede* Mr. A *with* Mr. B. A씨를 바꾸어 B씨를 취임시키다. **3** …을 무용화하다, 폐지시키다.

su‧per‧se‧de‧as [sù:pərsí:diəs/s(j)ù(:)-] *n.* (*pl.* **-de·as**) 〖법률〗 소송 정지 영장.

su‧per‧se‧dure [sù:pərsí:dʒər / s(j)ù(:)-] *n.* U …을 바꾸어 대신함, 교체담당; 경질, 면직.

su‧per‧sen‧si‧ble [sù:pərsénsəbl / s(j)ù(:)-] *adj.* 초감각적인; 정신적인(spiritual), 심령(心靈)적인 (psychical).

su‧per‧sen‧si‧tive [sù:pərsénsitiv / s(j)ù:-] *adj.* **1** 과도하게 민감한, 과민한. **2** 〖사진〗 초고감도의. ~·**ness** *n.*

su‧per‧sen‧su‧al [sù:pərsénʃuəl / s(j)ù:pəsénsjuəl] *adj.* **1** 초감각적인; 정신적인. **2** 《드물게》 극도로 관능적인.

su‧per‧ses‧sion [sù:pərséʃ(ə)n / s(j)ù(:)-] *n.* U 교체, 경질 (supersedure), 대용. **2** 폐지, 해직.

su‧per‧sex [sú:pərseks] *n.* (유전) 초성(超性)〖성지수(性指數)가 정상적인 것과는 달리, 생식 능력이 없다.〗

su‧per‧son‧ic [sù:pərsánik / s(j)ù:pəsɔ́n-] *adj.* 초음속의, 초과청파의(超可聽波)의. *cf.* hypersonic —— *n.* 초음속; 초음파. **-i·cal·ly** [-ikəli] *adv.*

su‧per‧son‧ics [sù:pərsániks / s(j)ù:pəsɔ́n-] *n. pl.* 〖단수 취급〗 초음파학. 〖SST〗

sù‧per‧són‧ic tráns·port *n.* 초음속 수송기〖略〗

su‧per‧sound [sù:pərsaund / s(j)ù(:)-] *n.* 초음파.

su‧per‧speed [sú:pərspí:d / s(j)ù:-] *adj.* 초고속의, 초스피드의.

su‧per‧star [sú:pərsta:r / s(j)ú:-] *n.* **1** 수퍼스타, 인기 배우. **2** 초거성(超巨星).

su‧per‧state [sú:pərsteit / s(j)ú:-] *n.* 초대국.

‡**su‧per‧sti‧tion** [sù:pərstíʃ(ə)n / s(j)ù(:)-] *n.* U© **1** 미신. ¶ She is free from *superstitions.* 그녀는 미신을 믿지 않는다. **2** 미신적 행위(관습). **3** 사교(邪敎). ◇ superstítions *adj.*

***su‧per‧sti‧tious** [sù:pərstíʃəs / s(j)ù(:)-] *adj.* 미신의, 미신에 관한; 미신에 사로잡힌. ~·**ly** *adv.* ~·**ness** *n.*

su‧per‧store [sú:pərstɔ̀:r / s(j)ú:pəstɔ̀:] *n.* 《주로 英》 대형 수퍼마켓, 대형 백화점.

su‧per‧stra‧tum [sù:pərstréitəm / s(j)ù:pəstrá:-] *n.* (*pl.* **-stra·ta** [-stréitə / -strá:tə] or **-stra·tums**) 상층(上層); 〖언어〗 다른 언어 영역에 침입하여 결국 이에 흡수되고 약간의 흔적만 남는 상층 언어.

su‧per‧struc‧ture [sú:pərstrʌ̀ktʃər / s(j)ú:-] *n.* **1** 토대·기초 위의 건조물. **2** 〔주축 위에 세운〕 상부 구조, **3** 〖교량(橋梁)위의〗 상부 구조. **4** 〖항해〗 상부 구조, 선루(船樓). **5** 원리 위에 선 철학(체계).

su‧per‧sub‧stan‧tial [sù:pərsəbstǽnʃ(ə)l / s(j)ù(:)-] *adj.* 초물질적인, 초실재(超實在)의. 〖미콤〗

su‧per‧sub‧tle [sù:pərsʌ́tl / s(j)ù:-] *adj.* 지나치게 미세한.

su‧per‧sub‧tle‧ty [sù:pərsʌ́tlti / s(j)ù:-] *n.* U© 지나치게 미세함, 초(미묘)함이 지나침. 〖유조선〗

su‧per‧tank‧er [sú:pərtæŋkər / s(j)ù:-] *n.* 초대형 탱커.

su‧per‧tax [sú:pərtæks / s(j)ú:-] *n.* U© **1** 《주로 英》 소득세 특별 부가세〖일정액 이상의 종합 소득에 누진적으로 뭇는〗 **2** 《美》=surtax.

su‧per‧ter‧res‧tri‧al [sù:pərtərés·triəl / s(j)ù(:)-] *adj.* **1** 지표의, 지상의. **2** 천상의(celestial).

Sùper 301 provísions *n.* 《美》 슈퍼 301조. 미국 통상법 제301조〖불공정 무역 관행국에 대한 보복 조치와 그 발동 절차를 규정한 조항〗

su‧per‧ti‧tle [sú:pərtàitl / s(j)ú:-] *n.* 〖오페라〗 슈퍼타이틀〖공연 때 무대 위의 스크린에 줄거리나 대사 일부를 비추는 것〗.

su‧per‧ton‧ic [sù:pərtánik / s(j)ù:pətɔ́n-] *n.* 〖음악〗 제2음, 상주음(上主音).

su‧per‧vene [sù:pərví:n/s(j)ù(:)-] *v.* (**-vened, -ven·ing**) *vi.* 잇따라 일어나다, 부수하여 일어나다, 결과로서 일어나다(*on, upon*…). —— *vt.* …에 이어서 일어나다; …을 대신하다.

su‧per‧ve‧nience [sù:pərví:njəns / s(j)ù(:)-] *n.* © 잇따라 일어남, 속발(續發), 병발, 부수, 부가.

su‧per‧ve‧nient [sù:pərví:njənt / s(j)ù(:)-] *adj.* 잇따라 일어나는, 병발하는; 뜻밖에 일어나는.

su‧per‧ven‧tion [sù:pərvénʃ(ə)n / s(j)ù(:)-] *n.* **1** U© 속발, 병발; 부가. **2** 속발(병발) 하는 사건.

***su‧per‧vise** [sú:pərvàiz / s(j)ú(:)-] *vt.* (**-vised, -vis·ing**) …을 감독하다, 관리하다, 지휘하다, 지도하다 (superintend). ◇ supervísion *n.*, supervísory *adj.*

***su‧per‧vi‧sion** [sù:pərvíʒ(ə)n / s(j)ù(:)-] *n.* U 감독, 관리(management), 지휘(direction). ¶ under the *supervision* of …의 감독 아래. ◇ supervíse *v.*

***su‧per‧vi‧sor** [sú:pərvàizər/s(j)ú:-] *n.* **1** 감독〔자〕, 관리자. **2** 〔교육〕 〖공립 학교의〗 지도 주임. **3** 《英》 철도 보선 담당. **4** 〖컴퓨터〗 수퍼바이저, 감시 루틴.

su‧per‧vi‧so‧ry [sù:pərváiz(ə)ri/s(j)ù(:)-, -] *adj.* 감독의, 관리(인)의; 감독하는, 관리하는.

su‧per‧wa‧ter [sú:pərwɔ̀:tər, -wàt- / s(j)ú:-] *n.* = polywater. 〖超兵器〗

su‧per‧weap‧on [sú:pərwèpən / s(j)ú(:)-] *n.* 초병기.

su‧per‧wom‧an [sú:pərwùmən / s(j)ú:-] *n.* (*pl.* **-wom·en** [-wìmin]) 초인적의 여성, 초여성.

su‧pi‧nate [sú:pinèit / s(j) ú:-] *v.* (**-nat·ed, -nat·ing**) *vt.* 〔팔을〕 손바닥이 위로 오도록 돌리다, 손등을 위로 돌리다. —— *vi.* 손바닥 위로 돌리기 운동을 하다.

su‧pi‧na‧tion [sù:pinéiʃ(ə)n / s(j)ù:-] *n.* U **1** 손바닥 위로 돌리기 운동. **2** 외전(外轉) 〔위치〕.

su‧pine¹ [su:páin / sju:-] *adj.* **1** 반듯이 누운, 바닥에 등을 대고 누운. *cf.* prone **2** 나태한, 게으른, 무기력한(lethargic). ~·**ly** *adv.* ~·**ness** *n.*

su‧pine² [sú:pain / s(j)ú:-] *n.* **1** 〔라틴어 문법에서〕 동사형 명사. **2** 〔영문법에서〕 to 가 붙는 부정사.

supp., suppl. (略) supplement, supplementary.

‡**sup‧per** [sʌ́pər] *n.* U© 저녁 식사, 만찬(* 특히 낮의 dinner 를 먹었을 때의 가벼운 저녁 식사); 〔연극 관람·야회 등의 후의〕 야식. ¶ have (*or* take) *supper* 저녁을 먹다.

sing for one's *supper* 응분의 답례를 하다. 〖클럽〗

súpper clùb *n.* 서퍼 클럽〖요리를 파는 고급 나이트클럽〗.

sup‧per‧less [sʌ́pərlis] *adj.* 저녁을 먹지 않은(는).

sup‧per‧time [sʌ́pərtàim] *n.* U 저녁 식사 시간.

sup‧plant [səplǽnt / -plá:nt] *vt.* **1** 〔남의 자리에 들어앉다, 밀어내다 〔남〕을 대신하다, 〔지위·직〕을 빼앗다. **2** 〔사물〕에 대신하다. ¶ Manual labor has been *supplanted* by machinery. 기계가 인력을 대신했다. ⇨ REPLACE 類語

sup‧plant‧er [səplǽntər / -plá:ntə] *n.* 대신하는 사람.

sup‧ple [sʌ́pl] *adj.* (**-pler, -plest**) **1** 〔운동·따위가〕 나긋나긋한, 유연한, 유순한. ⇨ FLEXIBLE 類語 ¶ *supple* movements 유연한 동작. **2** 〔마음이〕 온순한; 〔머리가〕 유순히 따르는, 융통성있는. **3** 남의 비위를 맞추는, 알랑거리는, 순순히 따르는. —— *v.* (**-pled, -pling**) **1** …을 유연하게 하다; …을 유순하게 하다, 〔말〕을 길들이다. —— *vi.* 나긋나긋해지다, 유순하게 되다. ~·**ly** *adv.* ~·**ness** *n.*

‡**sup‧ple‧ment** *n.* [sʌ́pləmənt → *v.*] **1** 추가물, 보충물, 부가(⇨ APPENDIX 類語); 〔서적·신문·잡지의〕 부록, 증보(增補), 보유(補遺). ⇨ COMPLEMENT 類語 **2** 〔수학〕 보각(補角). —— *vt.* [-mènt] …을 부가하다, 보완하다, 보충하다; …에 보유〔부록〕을 붙이다, …을 증보

하다. ◇ supplementary, supplemental adj.

*sup‧ple‧men‧ta‧ry [sÀpliment(ə)ri] adj. 1 보충의, 추가의 (additional), 보유의, 부록의. 2 (수학) 보각의. — n. (pl. -ries) 보충되는 사람(것). -ri‧ly adv.

sùpplementáry ángle n. (수학) 보각.

sup‧ple‧tion [səplíː(ə)n] n. U (문법) 보충법. [적인].

sup‧ple‧to‧ry [sÁplətòːri / -t(ə)ri] adj. 보충의, 보완

sup‧pli‧ance¹ [sApláiəns] n. 보충, 보충하기(과정).

sup‧pli‧ance² [sApláiəns] n. U 간청, 탄원.

*sup‧pli‧ant [sApliənt] adj. 탄원하는, 간청하는; 애원적인, 탄원적인. — n. 탄원자, 간청자 (petitioner). ~ly adv. ~ness n. ◇ súppliance n., súpplicate v.

sup‧pli‧cant [sApliкənt] adj. 탄원하는, 간청하는.
— n. =SUPPLIANT.

*sup‧pli‧cate [sApliкèit] v. (-cat‧ed, -cat‧ing) vt. …에 탄원하다, 간곡히 부탁하다 (beseech). ¶ (~+目+前+名) supplicate God for mercy 신의 자비에 의지하다 // (~+目+to do) The traitors supplicated the king to spare their lives. 반역자들은 왕에게 구명을 탄원했다. — vi. 탄원하다, 애원하다. ¶ ⇨ APPEAL (~+前+名) supplicate to a person for mercy 남에게 자비를 탄원하다. ◇ súppliant, súpplicant, súpplicatory adj., supplication n.

*sup‧pli‧ca‧tion [sÀpliкéi∫(ə)n] n. 1 U 탄원, 간청, 애원. 2 (UC) 기원(earnest prayer).

sup‧pli‧ca‧tor [sApliкèitər] n. 탄원자, 간청자.

sup‧pli‧ca‧to‧ry [sApliкətòːri / -t(ə)ri] adj. 탄원의.

sup‧pli‧er [səpláiər] n. 공급(보급)하는 사람(것).

‡sup‧ply¹ [səplái] v. (-plied, -ply‧ing) vt. 1 …에 (필요품·부족품 따위를) 공급하다, 지급하다, 주다 (… with). ⇨ PROVIDE 類語 ¶ (~+目+前+名) supply sufferers with clothing; supply clothing for sufferers 이재민에게 의류를 주다 / supply ammunition to a garrison 수비대에 탄약을 지급하다 ¶ (~+目+目) supply people clothing (주로 美) 사람들에게 의류를 보급하다. 2 (손실·결핍 따위를) 보충하다, 메우다, 벌충하다. ¶ supply a deficiency (a loss) 부족(손실)을 보충하다. 3 (필요·요구)를 충족시키다. ¶ supply the demand 수요를 충족시키다. 4 (지위·공석 따위)를 대신 차지하다, …의 대리(대역)를 하다; …의 대리로 설교 단(壇)에 서다. [보결을 하다]. — vi. 임시로 바꾸다, 대리역을 하다, (특히 목사가) [보결을 하다]. — n. (pl. -plies) 1 U 공급, 배급, 급여, 보급; C 공급품, 보급품, 재고품, 스톡. ¶ in short supply 재고품이 부족하여 / have a good supply of …을 많이 보유하다. 2 (U) (경제) (수요에 대한) 공급. ¶ supply and demand 공급과 수요. 3 (-plies) (군대) 양식, 보급품, 군용물자, 병참(兵站); 생활 필수품. 4 (보통 -plies) (국회가 승인한) 세출, 지출; [개인의] 지출액, 송금. 5 U (임시의) 대리(temporary substitute), 보결. ¶ on supply 대리로.

sup‧ply² [sApli] adv. 부드럽게; 유순하게(supplely).

sup‧plý-síde ecónomics [səpláisàid-] n. (경제) 공급측 중시 경제(이론).

sup‧ply‧sid‧er [səpláisàidər] n. (경제) 공급(측면) 중시론자.

supplý téacher n. (英) 임시(대리) 교원((美) substitute teacher).

‡sup‧port [səpɔ́ːrt / -pɔ́ːt] vt. 1 (무게)를 지탱하다, [무게]에 견디다, 버티다(sustain). ¶ (~+目+前+名) The old man supported himself with a stick. 그 노인은 지팡이에 몸을 의지하고 있었다 / I supported myself on her arm. 나는 그녀의 팔에 기대어 서 있었다.
2 …을 견디다, 참다 (endure).
3 …을 기운나게 하다, 용기를 돋구다 (back up). ¶ Hope supports us in trouble. 곤경에 처했을 때는 희망이 우리의 힘을 돋구어 준다.
4 …을 유지하다 (maintain), [가족]을 부양하다. ¶ He worked hard to support a large family. 그는 많은 식구를 부양하기 위하여 열심히 일했다.
5 [재정적으로] …을 원조하다; [정책·주의 따위]를 옹호하다, 지지하다; [다른 부대]를 원호(지원)하다. ¶ support a political party 정당을 지지하다.

類語 support 여러 가지 정도(程度)의 지지를 뜻하는 가장 일반적인 말. advocate 주의·사상·신앙 따위를 support 한다는 것을 분명히 말하다: advocate socialism 사회주의를 제창하다. back 강력하게 support 하여 유사시는 언제나 금전상의 또는 그밖의 원조를 할 용의가 있다: back [up] a person in business 남의 사업을 지원하다. champion 부당한 공격을 받고 있는 자나 약자로 보이는 자를 공공연하게 지켜주다: champion freedom of speech 언론의 자유를 옹호하다. maintain 원래의 모습을 그대로 유지할 수 있도록 support 하다: maintain public peace 공안을 유지하다. sponsor 행사·방송 프로 따위의 주최자가 되다: sponsor a concert 음악회를 후원(하다. sustain 계속적인 노력으로 충분히 support 하다: sustain one's interest in learning 학문에 대한 관심을 유지하다. uphold 쓰러지려 (무너지려)하는, 공격을 당하고 있는 것을 지지하다.

6 (소신·진술 등)의 증거를 대다, 확증하다 (corroborate), 뒷받침하다 (endorse). ¶ The facts supported his claim. 그 사실은 그의 주장을 뒷받침하는 것이었다.
7 …을 시중들다, (여자)에게 팔을 빌려주다; (연극) (어떤 역)을 하다, …의 조연을 하다; (음악)의 반주를 하다.

— n. 1 U 지지, 유지 (maintenance); C 지지자(물), 지주, 토대. 2 U 원조, 후원, 찬조; 고무, 마음의 의지가 되는 것. ¶ give moral support to …을 성원하다. 3 부양, 양육, 부양하는 사람(것), 생활비, 의식(衣食). ⇨ LIVING 類語 4 (군대) 지원(원호)부대, 예비대. 5 (연극) 조연자, 조역; (UC) (음악) 반주부(伴奏部). 6 (유화용) 목판, 화포. 7 (운동용) 지지물.

in support of …을 원호(옹호)하여.

◇ supportless adj.

sup‧port‧a‧ble [səpɔ́ːrtəbl / -pɔ́ːt-] adj. 1 지탱할 수 있는. 2 참을 수 있는. 3 지지(지원, 부양)할 수 있는. -bly adv.

*sup‧port‧er [səpɔ́ːrtər / -pɔ́ːtə] n. 1 지지자, 변호자, 찬성자, 후원자 (backer), 부양자. ⇨ FOLLOWER 類語 2 지지하는 것, 지주 (支柱). 3 (운동용) 지지물, 서포트. 4 (외과) 박대(縛帶), 서포터. 5 (紋章) 방패 받드는 자(방패를 좌우 양면에서 받드는 한쌍의 사람이나 동물의 상의 하나). 6 (영화) 조연자.

suppórt hòse n. (다리 보호용의) 탄력성있는 스타킹.

sup‧port‧ing [səpɔ́ːrtiŋ / -pɔ́ːt-] adj. 떠받치는, 지지 (원조)하는, 후원하는. ¶ a supporting actor 조연 배우 (supporter) / a supporting part (role) 조연역 (役).

sup‧port‧ive [səpɔ́ːrtiv / -pɔ́ːt-] adj. 지탱하는; 환자의 체력을 유지하는 데 도움이 되는.

sup‧port‧less [səpɔ́ːrtlis / -pɔ́ːt-] adj. 의지가 없는, 지지(후원)자가 없는. ~ly adv.

suppórt lèvel (àrea) n. (증권) 저항선 (resistance line), 하락 저지선(더 이상의 시세 하락을 막아야 하는 가격수준).

suppórt míssion n. 지상군 지원 공습(임무).

suppórt príce n. (농가 등에 대한 정부 보조금의) 최저 보장 가격.

sup‧pos‧a‧ble [s(ə)póuzəbl] adj. 상상할 수 있는, 가정할 수 있는, 있을 수 있는. -bly adv.

sup‧pos‧al [s(ə)póuz(ə)l] n. U 상상하기; C 추측.

‡sup‧pose [s(ə)póuz] v. (-posed, -pos‧ing) vt. 1 …이라 가정하다 (assume), 상상하다. ¶ (~+that)節 Let us suppose [that] he is innocent. 그는 무죄라고 가정해 보자.
2 [명령형으로] 만일 …라고 한다면, 설사 …라고 할지라도, …이라고 치자, …라고 가정하다. ⇨ IF 類語 (~+[that]節) Suppose we wait till tomorrow. 내일까

지 기다려보면 어떨까 / *Suppose* [*that*] you are late, what excuse will you make? 만약 늦는다면 무어라 변명할 작정인가?
3 …이라고 추측하다, 생각하다. ⇨ THINK 類語 ¶ (~+目+*to* do) Nobody *supposed* him *to* have done such a thing. 그가 설마 그런 짓을 하리라고는 아무도 생각하지 못했다 // (~+目+[*to be*] 補) I never *supposed* him [*to be*] a novelist. 나는 그 사람이 소설가라고는 꿈에도 생각하지 못했다 // (~+[*that*] 節) I *suppose* [*that*] you like here. 나는 네가 이웃을 좋아하리라 생각한다 / I don't *suppose* you could lend me ten dollars, could you? 《의뢰를 나타내어》 10달러 빌릴 수 없을까? (* 대답으로서 that 節 대신 I *suppose* so(not)을 사용하는 수가 있다. ⇨ SO¹, NOT) // You will not be there, I *suppose*. 너는 오지 않겠군.
4 [필요 조건으로서] …을 인정하다, 예상하다; …을 전제로 하다. ¶ This theory *supposes* the existence of life on Mars. 이설(說)은 화성에 생명이 생존하고 있는 것을 전제로 하고 있다.
— *vi.* 가정하다, 상상하다, 추측하다, 생각하다.
be supposed to do …하기로 되어 있다; …할 의무가 있다. ¶ He *is supposed to* arrive at six. 그는 6시에 도착하기로 되어 있다 / A driver *is supposed to* stop at a crossing if pedestrians wish to cross. 운전자는 교차점에서 보행자가 횡단하려고 할 때에는 차를 정지시켜야 한다.
◇ suppo**si**tion, suppo**sal** *n*.

sup·posed [s(ə)póuzd] *adj.* 가정의, 상상되는 (想像上)의. ¶ a *supposed* case 가정되는 경우.

sup·pos·ed·ly [s(ə)póuzidli] *adv.* 가정상, 상상상; 아마도.

sup·pos·ing [s(ə)póuziŋ] *conj.* 만약 …이라면, 비록 …이라 할지라도. ⇨ IF 類語 ¶ *Supposing* your father knew it, what would he say? 당신의 부친께서 그것을 아신다면 무엇이라고 말씀하실까요?

sup·po·si·tion [sÀpəzíʃ(ə)n] *n.* **1** ⓤ 상상, 추측, 억측. ¶ His accusation against us is merely based on *supposition*. 우리에 대한 그의 비난은 단순한 억측에 의한 것이다. **2** 가정, 가설, 억설. ¶ on the *supposition that* you will come 네가 오리라는 가정 아래. ⇨ suppóse *v.*, suppositional, suppositive *adj.*

sup·po·si·tion·al [sÀpəzíʃ(ə)nəl] *adj.* 상상(추측)상의 (conjectural); 가정의. —ly [-nəli] *adv.*

sup·po·si·tious [sÀpəzíʃəs] *adj.* 상상상의(想像上의); 가정의.

sup·pos·i·ti·tious [səpàzitíʃ(ə)s / -pòz-] *adj.* **1** 가짜의, 바뀌친, 슬쩍 바뀌친. **2** 가정의 (hypothetical). ~ly *adv.*

sup·pos·i·tive [səpázitiv / -póz-] *adj.* **1** 상상의, 가정의 (suppositional). **2** 가짜의. **3** 〖문법〗 가정을 나타내는.

sup·pos·i·to·ry [səpázitɔ̀ːri / -pózit(ə)ri] *n.* (*pl.* -ries) 좌약(座藥). ¶ glycerin *suppository* 글리세린 좌약.

‡sup·press [səprés] *vt.* **1** 〖개인·단체〗 의 활동을 금지하다, 억압하다, 〖내란·폭동 따위〗 를 진정(鎭定)하다, 진압하다 (subdue). ¶ The uprising was soon *suppressed*. 반란은 곧 진압되었다. **2** 〖권위 따위에 의하여〗 …을 금지하다, 폐지하다; 〖사실〗 을 감추다. ¶ This book is *suppressed* for the reason of obscenity. 이 책은 외설을 이유로 발행이 금지되었다. **3** 〖감정·하품 따위〗 를 억누르다, 참다 (repress). ¶ *suppress* a groan 신음 소리를 억누르다. **4** 〖출혈 따위〗 를 막다.
◇ suppréssion *n.*, suppréssive *adj.*

sup·press·ant [səprésənt] *adj.* 억제하는. — *n.* 반응 억제 물질(약).

sup·press·er [səprésər] *n.* = suppressor.

sup·press·i·ble [səprésəbl] *adj.* 억제할 수 있는; 금지 가능한.

sup·pres·sion [səpréʃ(ə)n] *n.* ⓤ **1** 진압; 활동 금지, 억압. **2** 은폐, 억제. **3** 삭제, 발매(발표) 금지. **4** 〖출혈 따위〗 를 멈추게 하기. **5** 〖정신 분석〗 〖충동 따위의〗 억제. ⇨ suppréss *v.*, suppréssive *adj.*

sup·pres·si·o ve·ri [səpréʃiòu vé(ː)rai / -víərai] *n.* 〖suppression of truth〗 〖법률〗 사실의 은폐. *cf.* suggestio falsi

sup·pres·sive [səprésiv] *adj.* 억압(억제)하는; 삭제하는; 발표(발매)를 금지하는. ◇ suppréss *v.*

sup·pres·sor [səprésər] *n.* 진압자, 금지시키는 사람, 억압자.

sup·pu·rate [sÁpjureit] *v.* (-rat·ed, -rat·ing) *vi.* 〖상처기〗 곪다, 화농하다. — *vt.* 〖상처 등〗 을 곪게하다.

sup·pu·ra·tion [sÀpjuréiʃ(ə)n / -pju(ə)r-] *n.* ⓤ 화농, 곪아 문드러짐; 고름. ¶ *suppuration* in a wound 상처의 화농.

sup·pu·ra·tive [sÁpjureitiv, -rə- / -pju(ə)r-] *adj.* 곪은; 화농성의, 곪게 하는. — *n.* 화농 촉진제, 고름 빨아내는 약.

supr. (略) superior; supreme. [나의.

su·pra [sú(ː)prə / sjú(ː)-] *adv.* 위에, 앞에(above); 상기(上記). *cf.* infra [nal.

supra- *pref.* above의 뜻. 예: *supra*national, *supra*re-

su·pra·mun·dane [sù:prəmÁndein, sjù:-/sjù:] *adj.* **1** 속세를 초월한, 영계(靈界)의(spiritual). **2** 초자연의, 불가사의한. [초국가적인.

su·pra·na·tion·al [sù:prənǽʃən]/sjù:/sjù:-] *adj.*

su·pra·or·bit·al [sù:prɔːrbitl / sjù:-] *adj.* 〖해부〗 눈구멍(안와(眼窩))의 위의.

su·pra·par·ti·san [sù:prəpɑ́ːrtizən/sjù:/sjù:pəːtízæn] *adj.* 초당파적인.

su·pra·re·nal [sù:prərí:nəl/sjù:-] *adj.* 부신(副腎)의, 신장위의. — *n.* 부신; 부신 건조약.

su·pra·seg·men·tal [sù:prəsegméntl/sjù:-] *adj.* 〖언어〗 음소(音素)의, 초(超)분절(分節)적인.

súprasegméntal phóneme *n.*〖언어〗 초분절 음소.

su·prem·a·cist [səprémesist / s(j)u(ː)-] *n.* 지상(至上)주의자; 〖특히〗 백인 지상주의자(white supremacist).

*su·prem·a·cy [səprémesi, su-/s(j)u(ː)-] *n.* ⓤⓒ (*pl.* -cies) **1** 지고(至高), 최고, 최고위. **2** 주권, 최상권, 패권(覇權).
the Act of Supremacy 〖英역사〗 국왕 지상(至上)권 법.
the oath of Supremacy 〖英역사〗 국왕 지상권의 선서.
◇ suprémе *adj.* [서.

*su·preme [səpríːm, su-/s(j)u(ː)-] *adj.* **1** 최고의, 최상의, 무상(無上)의. **2** 지대한, 극도의; 대단히의. ¶ a *supreme* fool 천하의 바보. **3** 궁극의, 최후의. ¶ at the *supreme* moment 최후의 순간에. — *n.* **1** (the S-) 우주의 주권자, 신. **2** (the ~) 최고도, 절정. ◇ suprémacy *n.* — ~·ness *n.* ◇ suprémacy *n.*

Supréme Béing *n.* (the ~) 우주의 최고 주권자, 신.
supréme commánder *n.* (the ~) 최고 사령관.
Supréme Cóurt *n.* (the ~) 〖美〗 **1** 연방 대심원. **2** 〖각 주의〗 최고 법원.
supréme sácrifice *n.* (the ~) 최고의 희생〖전쟁에서 자기의 생명을 바치기〗. ¶ make the *supreme sacrifice* 생명을 바치다.
Supréme Sóviet *n.* (the ~) 소비에트 최고 의회.
su·pre·mo [səprí:mou] *n.* 〖英〗 최고 사령관.

Supt., supt. (略) superintendent.
sur. (略) surface.
sur-¹ *pref.* super-의 변형. 예: *sur*vive, *sur*tax.
sur-² *pref.* sub-의 r 앞에 올 때의 이형(異形). 예: *sur*reptitious.

su·rah¹ [sú(ː)rə / sjúərə] *n.* ⓤ 슈라, 능직(綾織)으로 짠 비단(여성용 옷감).

su·rah² [sú(ː)rə / sjúərə] *n.* 〖Koran의〗 장(章).

su·ral [sú(ː)rəl / sjúər-] *adj.* 〖해부〗 장딴지(calf)의.

su·rat [súræt, 美 sú(ː)rət] n. 인도 서부의 Gujarat 주에서 재배되는 목화; ⓤ 그 지방에서 짜는 올이 굵은 무명천.

sur·base [sə́ːrbèis] n. 〖건축〗 [주춧대·받침돌의] 부분에 두른 장식용 돌출부, 받침돌갓.

sur·cease [səːrsíːs] 〖고어〗 v. (-ceased, -ceas·ing) vi. 끝나다, 그치다. ── vt. …을 멈추다, 중지하다. ── n. ⓤ 종료, 중지.

sur·charge n. [sə́ːrtʃàːrdʒ, 英 -ˊ-/→ v.] 1 과적(過積), 과중, 과적 화물. 2 과중 요금, 터무니없는 대금; 폭리; 추가 요금, 특별 요금. 3 과(過)충전. 4 〖우편 따위의〗 부족 요금에 대한 과세(課稅), 부족세; [부정 신고에 대한] 추징금;부가세; [부당 지출의] 배상금. 5 〖우표의 액면가(날짜)를 변경하기 위한〗 첨쇄(添刷). ── vt. [səːrtʃɑ́ːrdʒ, ˊ-] (-charged, -charg·ing) 1 …에 짐을 과적하다, 허용량 이상으로 밀어넣다. ¶ *surcharge* a ship 배에 짐을 과적하다. 2 …에 부족되나던 대금을 청구하다, …에서 과도한 요금을 받다; …에서 추징금을 징수하다; …에 배상금을 청구하다. 3 …을 과충전하다; [마음]에 지나친 부담을 주다, [공포 따위]를 불러일으키다. ¶ My heart was *surcharged* with grief. 내 가슴은 슬픔으로 갈기갈기 찢어졌다. 4 〖우표〗에 [가격 개정의] 첨쇄(添刷) (가쇄(加刷))를 하다.

sur·cin·gle [sə́ːrsìŋɡl] n. 1 〖말의〗 뱃대끈. 2 〖법의(法衣)의〗 띠. ── vt. (-gled, -gling) 〖말〗에 뱃대끈을 매다.

sur·coat [sə́ːrkòut] n. 1 〖중세기에 갑옷 위에 입은〗 헐렁한 겉옷. 2 〖15-16세기경 여성이 입던〗 짧은 겉옷.

sur·cu·lose [sə́ːrkjulòus], **-lous** [-kjuləs] adj. 〖식물〗 흡지(吸枝) (흡근(吸根)) (sucker)가 나는.

surd [səːrd] adj. 1 〖음성〗 무성의(voiceless). opp. sonant 2 〖수학〗 무리수(無理數)의(irrational). ── n. 1 〖음성〗 무성음[f][p][s] 따위]. opp. sonant 2 〖수학〗 무리수.

†sure [ʃuər] adj. (**sur·er, sur·est**) 1 〖서술용법〗 a) …을 확신하고 있는, 반드시 …하리라고 생각하는; I am *sure* of his *coming.* = I am *sure* [that] he will come. 그는 반드시 오리라고 생각한다 / I'm *sure* I didn't mean to hurt you. 정말로 네 마음을 상하게 할 생각은 아니었다 / Are you quite *sure* about the place where he is? 그가 있는 곳을 확실히 알고 계시나요? // None of us are quite *sure* where the trouble is. 고장난 곳이 어딘지는 아무도 모른다 / I don't know, I'm *sure.* 나는 몰라, 정말이야. b) 반드시 …하는, …하는 것은 확실히. ¶ He is *sure* to come. 그는 틀림없이 온다 / Prices are almost *sure* to go still higher. 물가가 다시 오르리라는 것은 거의 확실하다 / Be *sure* to do it. = Be *sure* you do it. 꼭 하라.

── Usage *be sure of* 와 *be sure to* ── 둘 다 「…을 확신하고 있다」는 뜻이나 앞의 말은 확신하고 있는 사람(주체)이 문장의 주어이고 뒤의 말에서는 그 주체가 주어 이외의 사람이다: He *is sure of* success. 그는 자신이 성공하리라고 확신하고 있다 / He *is sure to* succeed. 그는 반드시 성공할 것이다.

類語 **sure** 단순히 「의심할 바 없다」: I'm *sure* it will rain. 꼭 비가 올것이다. **certain** 어떤 분명한 근거가 있어 의심을 하지 않다: I'm *certain* you will succeed. 너는 반드시 성공할 거다. **confident** 의심을 품지 않을 뿐 아니라 적극적으로 믿고 있다: I'm *confident* you are not guilty. 너의 무죄를 확신하고 있다. **positive** 독단·과신이 될 정도로 굳게 믿고 있다: What makes you so *positive* about that? 어째서 그렇게 확신하는가?

2 〖한정용법〗 a) 확실한, 의심할 수 없는, 틀림없는, 믿을 수 있는. ¶ He is a *sure* shot. 그는 겨냥이 틀림없는 사수다. b) 튼튼한, 안전한. ¶ a *sure* footing 안전한 발판.

be sure and do 《구어》; *be sure to do* 《주로 명령형으로》 꼭(틀림없이) …하다. ¶ *Be sure and* come early. 꼭 일찍 오도록 해라.

be (or *feel*) *sure of* oneself 자신하다, 확신하다.

for sure 분명히, 확실히; 〈대답으로〉 물론!, 그래!

I'm sure 《구어》 ① 정말로, 분명히. ② =to be sure.

make sure ① 확인하다, 분명히 하다(*of*…). ¶ *make sure* of a fact 사실 여부를 확인하다 / *make sure* [that] the door is shut 문이 닫혀 있는 것을 확인하다. ② 보증하다(*of*…). ¶ *make sure of* a seat 좌석을 확보하다.

sure and certain 절대적으로 확실한, 믿을 수 있는.

sure thing 《미구어》 ① 틀림없이 성공할 일. ② 《감탄사로서》 암, 물론!

to be sure ① 과연, 사실. ¶ *To be sure,* nobody suspected him of being behind the plot. 과연 누구도 그가 사건의 배후 인물이리라고는 생각하지 않았다. * Yet… 「그렇지만…」과 같이 연속된다. ② 저런!

Well, I am sure! 저런!, 어머나!

── adv. 《미구어》 확실히, 반드시(certainly); 물론, 저고말고.

as sure as death (or *a gun, fate, nails*) 확실히, 꼭, 정말로.

sure enough 《미구어》 ⇒ ENOUGH.

~·ness n. ◇ **assúre, ensúre** v., **súrely** adv. 「의.

sure-e·nough [ʃúərinʌ́f] adj. 《미구어》 진짜의, 현실

sure-fire [ʃúərfàiər] adj. 《구어》 확실한, 성공할 것이 틀림없는.

sure-foot·ed [ʃúərfútid] adj. 1 발디딤이 든든한. 2 틀림(잘못)없는. **~·ly** adv. **~·ness** n.

†sure·ly [ʃúərli] adv. 1 단단히, 확실하게; 틀림〔어김〕없이. ¶ The monkey leaped *surely* from rock to rock. 원숭이는 바위에서 바위로 너끈히 뛰어 다녔다 / Slowly but *surely* death approached him. 천천히, 그러나 어김없이 죽음이 그에게 다가왔다. 2 의심할 여지 없이, 확실히, 꼭. ¶ Half a loaf is *surely* better than none. 《속담》 반 조각은 아주 없는 것보다 낫다. 3 《종종 부정문에서 강조하여》 설마, 아무러면, ¶ *Surely* you don't believe it! 설마 너는 그런 것을 믿지는 않겠지! 4 반드시, 필연적으로(inevitably). 5 《대답으로》 그럼요, 물론. ¶ Will you help me? ── *Surely!* 좀 도와주겠나? ── 물론이지!

*sure·ty [ʃúərti, ʃú(ː)rəti/ʃúə(rə)ti] n. (pl. **-ties**) 1 ⓒⓤ 〖법률〗 보증, 담보[물건], 저당[물건]. 2 〖법률〗 보증인, 신병(身柄) 인수인. cf. principal 3 ¶ stand (or go) surety for …의 보증인이 되다. 3 ⓤ 〖고어〗 확신(certainty).

sure·ty·ship [ʃúərtiʃìp, ʃú(ː)rəti-/ʃúə(rə)ti-] n. ⓤ 〖법〗 보증인임; 보증인의 지위(책임).

*surf [səːrf] n. 밀려드는 파도, 밀려와서 부서지는 파도. ⇒ WAVE 類語 ── vi. 파도를 타다. ◇ **súrfy** adj.

*sur·face [sə́ːrfis] n. 1 표면, 외면. ¶ the *surface* of the earth 지구의 표면, 지표. 2 외관, 외양, 겉보기. ¶ on the *surface* 외관은, 겉보기에는 / get below the *surface* 내면을 헤아리다 / scratch the *surface* of …의 겉만 핥다. 3 〖기하〗 면(面). ¶ a plane *surface* 평면 / a curved *surface* 곡면(曲面). 4 육(陸)상 수송. 〖항공〗 날개의 면(airfoil). 6 〖형용사적으로〗 a) 표면의. b) 외관의, 겉보기의. ¶ *surface* kindness 표면상의 친절. c) 지표(지표)의; 수상(水上)의. ¶ a *surface* craft (or ship) 수상선. ── v. (**-faced, -fac·ing**) 1 …에 겉면을 대다, …을 평평하게 하다, 〖도로〗를 포장하다. ¶ (~+몸+젠+명) *surface* a road *with* gravel 자갈로 도로를 포장하다. 2 〖잠수함〗을 물 위에 떠오르게 하다. ── vi. 1 〖가라앉은 물건이〕 떠오르다. 2 지표 [가까이]에서 일하다(채광 작업에서). 3 밝은 데로 나오다. 「성(界面活性)의.

sur·face-ac·tive [sə́ːrfìsǽktiv] adj. 〖화학〗 계면 활

súrface càr 《미》 노면(路面) 전차.

súrface còlor (英) **còlour** n. ⓤ 〖보석의〗 표면색.

súr·face-ef·fèct shíp [səːrfisifèkt-] n. 《미》 호버

크라프트(hovercraft).
súrface máil n. [항공이 아닌] 보통편, 선편.
sur·face-man [sɔ́:rfismən] n. (pl. **-men** [-mən]) 1 선로 공사원, 보선 작업원. 2 갱외 광부.
súrface nóise n. [U][C] 레코드 음반에서 나는 잡음.
súrface prínting n. [U] 철판(凸版) 인쇄.
súrface ríghts n. pl. 지상권(地上權).
súrface strúcture n. [문법] 표층(表層) 구조.
súrface ténsion n. [U][물리] 표면 장력.
sur-face-to-áir [sɔ́:rfistuέər] adj. [미사일 따위] 지대공(地對空)의.
sur-face-to-súr-face [sɔ́:rfistusɔ́:rfis] adj. [미사일 따위] 지대지(地對地)의.
sur-face-to-un-der-wa-ter [sɔ́:rfistuʌ́ndərwɔ̀: tər, +美-wɔ̀t-] adj., adv. 지대수중(地對水中)의(으로). ¶ a *surface-to-underwater* antisubmarine missile 지대수중 대잠수함 미사일.
súrface wáter n. [U] 지상수(地上水), 지표수.
sur·fac·tant [sə:rfǽktənt] n. 계면 활성제(活性劑) (surface-active agent).
súrf and túrf n. 새우 요리와 비프스테이크의 세트 요리.
surf·board [sɔ́:rfbɔ̀:rd / -bɔ̀:d] n. 서프보드, 파도 타기 널. — vi. 파도타기를 하다.
surf-boat [sɔ́:rfbòut] n. 서프보트(밀려오는 파도를 타고넘는 데 쓰는 부력이 큰 배).
súrf cáster n. 해안에서 던질낚시를 하는 사람, 갯바위 낚시꾼.
súrf cásting n. [U] 해안에서 하는 던질낚시질, 갯바위 낚시.
súrf dúck n. 검둥오리의 일종.
*__**sur·feit**__ [sɔ́:rfit] n. [U][C] 1 과식, 과음; 식상(食傷). ¶ A *surfeit* of food makes one sick. 과식하면 병난다. 2 초과량, 과도, 범람. ¶ with a *surfeit* of complaints 불평 불만에 가득 찬. 3 싫증, 포만(飽滿); [과음·과식에 의한] 병, [몸의] 나른함. — vt. …에게 지나치게 [음식물 따위를] 주다, 물리게 하다. ¶ (~+图+前+图) *surfeit* oneself *with* sweets 단 음식을 지나치게 먹다. — vi. 과음(과식)하다; 물리다.
surf·er [sɔ́:rfər] n. 파도타기를 하는 사람.
surf·fish [sɔ́:rffì] n. (pl. **-fish** or **-fish·es**) 바다 망상어.
surf·ing [sɔ́:rfiŋ] n. [U] 1 서핑, 파도타기. 2 [음악] [서핑].
surf·man [sɔ́:rfmən] n. (pl. **-men** [-mən]) 1 서프 보트를 잘 조종하는 사람. 2 미국 해안 경비대의 구조 대원.
surf·rid·ing [sɔ́:rfràidiŋ] n. [U] 파도타기 (= súrf -rìding).
surf·y [sɔ́:rfi] adj. (surf·i·er, surf·i·est) 밀려오는 파도의, 밀려오는 파도가 많은; 밀려오는 파도 같은; 큰 파도가 밀려오는. ◇ súrf n.
surg. (略) surgeon; surgery; surgical.
*__**surge**__ [sə:rdʒ] v. (surged, surg·ing) vi. 1 파도가 일다, 물결치다; 파도에 떠돌다. 2 파도처럼 밀려오다, 파도처럼 움직이다; 파도처럼 출렁거리다; [감정이] 끓어오르다; [물가가] 급격히 오르다. ¶ (~+前+图) An angry crowd *surged into* the theater. 성난 군중이 극장으로 밀려들었다 // (~+團) Lately prices are *surging up*. 최근에는 물가가 급격하게 오르고 있다. 3 [전기] [전압 따위가] 갑자기 높아지다. 4 [항해] [닻줄 따위가] 갑자기 느슨해지다, 감아올리던 밧줄이 풀려나가다. — vt. 1 …을 물결치듯 굽이치게 하다. 2 …을 느슨하게 하다. — n. 1 큰 파도, 크게 굽이치는 파도. ⇨ WAVE 類語 2 (보통 a ~) [감정의] 들끓음, 동요. ¶ A *surge* of anger swept over him. 그는 발끈 성을 냈다. 3 [전기] 서지(전류의 돌발적 증대). 4 [항해] [밧줄이] 갑자기 느슨해지기. ◇ súrgy adj.
‡**sur·geon** [sɔ́:rdʒ(ə)n] n. 외과 의사. ⇨ DOCTOR. ◇ súrgical adj.
sur·geon·fish [sɔ́:rdʒ(ə)nfì] n. (pl. **-fish** or **-fish·es**) [어류] 돛양태산의(產)의 꼬리지느러미에 가시가

sùrgeon géneral n. (pl. **surgeons g-**) [美]의무감; (S- G-) 공중 위생국 장관.
*__**sur·ger·y**__ [sɔ́:rdʒ(ə)ri] n. (pl. **-ger·ies**) 1 [U] 외과[의술]; 수술. 2 [U] 수술실; 《英》의원, 진료실. 3 진료 시간. ◇ súrgical adj.
*__**sur·gi·cal**__ [sɔ́:rdʒ(ə)l] adj. 1 외과[의술]의; 외과의의. 2 외과 수술용의. **~·ly** [-kəli] adv. ◇ súrgeon, súrgery n.
sur·gi·cen·ter [sɔ́:rdʒisèntər] n. 《美》[의학] 간이 외과 센터(입원을 요하지 않는 간단한 수술을 하는 외과 병원).
「높은.
súrg·y [sɔ́:rdʒi] adj. 《고어》 큰 파도의, 파고(波高)가
Su·ri·nam [sù(:)rinά:m / sùərinǽm] n. 수리남 [남미 동북 해안에 있는 공화국; 구칭 Dutch Guiana].
sur·loin [sɔ́:rlɔin] n. [U] = SIRLOIN.
sur·ly [sɔ́:rli] adj. (**-li·er, -li·est**) 1 난폭한, 기분이 언짢은, 퉁명한, 2 [날씨가] 험악한, 암담한. **-li·ly** adv. **-li·ness** n. 「작되는.
sur·mis·a·ble [sərmáizəbl] adj. 추측할 수 있는, 짐
*__**sur·mise**__ [sərmáiz, sɔ́:rmaiz] n. [C][U] 추측, 억측, 짐작(conjecture, guess). — v. [sərmáiz] (-mised, -mis·ing) vt. …라고 추측(짐작)하다; …이 아닌가 하고 생각하다(suspect). ¶ (GUESS 類語) ¶ (~+that 图) I *surmised* from his looks *that* he was very poor then. 나는 그의 모습에서 그때 그는 매우 궁색한 것으로 짐작했다. — vi. 추측하다.
sur·mount [sərmáunt] vt. 1 (산)에 오르다, …을 완전히 오르다, [올라가] 넘다. ¶ *surmount* a hill 언덕을 넘다. 2 [곤란·장애]을 극복하다. ¶ *surmount* obstacles 장애를 극복하다. 3 (보통 수동형으로) …의 위에 놓다, 얹다. ¶ The peaks are always *surmounted with* snow. 봉우리는 언제나 눈에 덮여 있다. 4 …의 위에 있다, …보다 높이 솟아 있다. ¶ A statue *surmounted* the roof. 어떤 조상(彫像)이 지붕위로 높이 솟아 있었다.
sur·mount·a·ble [sərmáuntəbl] adj. 이겨낼 수 있는, 극복할 수 있는.
sur·mul·let [sərmʌ́lit] n. (pl. **-lets** or **-let**)《어류》노랑촉수(goatfish).
*__**sur·name**__ [sɔ́:rnèim] n. 1 성(姓). ⇨ CHRISTIAN NAME 類語 2 이명(異名), 별명(nickname). ¶ put a *surname* 별명을 붙이다. — vt. (-**named, -nam·ing**) 1 (보통 수동형으로) …을 이명으로 부르다, 별명을 붙이다. ¶ (~+图+捕) King Richard was *surnamed* 'the Lion-hearted'. 리처드 왕은 「사자왕」이라는 별명으로 불리었다. 2 …을 성으로 부르다.
‡**sur·pass** [sərpǽs / -pά:s] vt. 1 [양·정도 따위가] …을 능가하다, 넘다. ¶ The sum total greatly *surpassed* my estimate. 총액은 나의 추산을 훨씬 초과했다 / The horrors of the battlefield *surpassed* [all] description. 전쟁의 공포는 필설로 이루 다 표현할 수 없었다. 2 [능력·업적 따위가] …보다 뛰어나다. ⇨ EXCEL 類語 ¶ (~+图+前+图) He *surpasses* me *in* knowledge. 그는 지식면에서 나보다 우월하다.
  surpass oneself 평소의 자기 능력 이상의 솜씨를 보이다.
sur·pass·a·ble [sərpǽsəbl / -pά:s-] adj. 초월할 수 있는, 넘을 수 있는.
sur·pass·ing [sərpǽsiŋ / -pά:s-] adj. 뛰어난, 빼어난, 둘도 없는. ¶ a woman of *surpassing* beauty 절세 미인. — adv. 《고어》 뛰어나게, 탁월하게. **~·ly** adv.
sur·plice [sɔ́:rplis] n. (교회) 짧은 백의(白衣), (카속(cassock) 위에 입는) 법의, 중백의(中白衣) (성직자나 성가대원이 입는 소매가 넓은 옷).
sur·pliced [sɔ́:rplist] adj. 짧은 백의를 입은.
súrplice fée n. [英교회] [결혼식·장례식 등에서 목사에게 주는] 사례금.
‡**sur·plus** [sɔ́:rplʌs, -pləs / -pləs] n. 1 나머지, 여분, 과잉; 잉여물; 《美》 잉여 농산물. ⇨ REMAINDER 類語 ¶ food

surpluses 잉여 식품/in *surplus* 여분으로, 남아서 / *surplus* products 잉여 상품. **2** 〖경제〗잉여금, 부가 자본;《英》잔액.

sur·plus·age [sə́ːrplʌsidʒ, -pləs-/-pləs-] *n.* ⓤⓒ 여분, 잉여, 초과(surplus, excess); 〖법률〗〖법정에서의〗불필요한 말(진술, 대목).

súrplus válue *n.* ⓤ〖경제〗잉여 가치.

sur·pris·al [sərpráiz(ə)l] *n.* ⓤ **1** 놀라게 하기; 놀람, 깜짝 놀람. **2** 선수치기, 기습.

‡**sur·prise** [sərpráiz] *n.* **1** ⓤ 놀람, 경악. ¶ to one's [great] *surprise* [대단히] 놀랍게도 / start up in *surprise* 깜짝 놀라 일어서다 // The news caused me much *surprise*. 그 소식은 나를 깜짝 놀라게 했다 / What was his *surprise* at finding his child being run over by a car? 자기 자식이 자동차에 깔린 것을 안 그의 놀람은 어떠하였을까? **2** 뜻밖의 일(것), 놀라운 일(것); 예상 외의 일. ¶ The match between us was full of *surprises*. 우리들의 시합은 예상 외의 일이 많이 일어났다 / What a *surprise*! 놀랐는걸! / I have a *surprise* for you. 너를 놀래줄 일이 있다 [선물·사건 따위]. **3** ⓤ 불시의 공격, 기습[급격]. ¶ The enemy made *surprise* in vain. 적은 기습을 감행하였으나 실패로 끝났다 / The fort was taken by *surprise*. 그 요새는 기습으로 탈취되었다. **4** 〖형용사적 용법〗불의의, 생각지도 않은. ¶ His *surprise* visit in the early morning woke me up. 아침 일찍 그의 불시의 방문을 받고 나는 잠이 깨었다.
— *vt.* (-prised, -pris·ing) **1 a)** …을 깜짝 놀라게 하다, 놀라게 하다(astonish). ¶ His appearance *surprised* me. 그의 차림새가 나를 놀랬다. **b)**(수동형으로 형용사 적 용법)놀라서. ¶ I was much (greatly) *surprised* at the news. 그 소식을 듣고 매우 놀랐다 (* *very surprised* at의 표현도 있다) / Were you *surprised* at finding me here? 내가 여기에 있는 것을 알고 놀랐느냐? / You will be *surprised* to see him doing such a thing. 그가 그런 일을 하고 있는 것을 보면 놀랄 것이다 / I am *surprised* to hear of his failure. 그가 실패했다는 소식을 듣고 나는 놀랐다. / We were *surprised* [to hear] *that* he was absent from school. 그가 결석했다는 말을 듣고 우리는 놀랐다.

類語 **surprise** 갑작스럽고 예상 밖이어서 놀라다: be *surprised* at the unexpected result 예기치 않은 결과에 놀라다. **astonish** 도저히 믿을 수 없어 크게 놀라다: be *astonished* at the incredible result 믿기 어려운 결과에 크게 놀라다. **amaze** astonish 하여 당황· 곤혹하다: be *amazed* at the enemy's strength 적군의 강력함에 경악하다. **astound** 매우 놀라서 사고력·행동력을 잃다: be *astounded* and speechless 너무도 놀라서 말을 못하다.

2 …을 불시에 덮치다; 〔갑자기〕…을 체포하다; 〔불시에〕…와 마주치다. ¶ Our army *surprised* the enemy's camp. 아군은 적의 야영지에 기습 공격을 가했다 / A detective *surprised* him in the act. 형사는 현행범으로 그를 체포하였다. **3** …을 놀라게 하여 […]하게 하다(…into), ¶ (~+졤+쩐+뎡) The police *surprised* him *into* confession. 경찰 당국은 허를 찔러 그에게 자백을 받았다.
◇ **surprísal** *n*.

surpríse attáck *n.* 〔군대〕기습〔공격〕.〔습.吅.

sur·prís·ed·ly [sərpráiz(i)dli] *adv.* 놀라서, 놀란 듯

surpríse páckage (pácket) *n.* 《英》〔속에 든 따위가 나와〕깜짝 놀라게 하는 과자 꾸러미.

surpríse párty *n.* 《美》〔주빈에게는〕알리지 않고 몰래 준비하여 깜짝 놀라게 하는 파티.〔사람.

sur·pris·er [sərpráizər] *n.* 놀라게 하는〔기습하는〕

surpríse vísit *n.* 불시의 방문; 임검(臨檢).

‡**sur·pris·ing** [sərpráiziŋ] *adj.* 깜짝 놀랄만한, 놀라운; 의외의(unexpected); 눈부신. ~**·ness** *n.*

***sur·pris·ing·ly** [sərpráiziŋli] *adv.* 놀랄만큼, 의외로. 〔초현실적인 것.

sur·re·al [sərí:əl] *adj.* 초현실적인. — *n.* (the ~)

Sur·re·al·ism [sərí:əliz(ə)m/·rɪəl-] *n.* (종종 s-) ⓤ 〔미술·문학〕쉬르레알리슴, 초현실주의.

sur·re·al·ist [sərí:əlist/·rɪəl-] *n.* 초현실주의자.
— *adj.* 초현실주의의.

sur·re·al·is·tic [sərì:əlístik/·rɪəl-] *adj.* 초현실주의의. **-ti·cal·ly** [-tikəli] *adv.*

sur·re·but [sə̀:ribʌ́t/sʌ̀r-] *vi.* (**-but·ted, -but·ting**) 〔법률〕〔원고가〕네 번째의 소답(訴答)을 하다.

sur·re·but·ter [sə̀:ribʌ́tər/sʌ̀r-] *n.* 〔법률〕〔원고의〕네 번째의 소답.

sur·re·join [sə̀:ridʒɔ́in/sʌ̀r-] *vi.* 〔법률〕〔원고가〕세 번째의 소답을 하다.

sur·re·join·der [sə̀:ridʒɔ́indər/sʌ̀r-] *n.* 〔법률〕〔원고의〕세 번째의 소답.

‡**sur·ren·der** [səréndər] *vt.* **1** 〔요새·배 따위〕을 넘겨주다, 명도하다(give up). ¶ (~+졤+쩐+뎡) We must not *surrender* our town *to* the enemy. 우리의 도시를 적에게 넘겨줄 수는 없다. **2** 〔강요 따위에 의해서〕…을 양도하다, 포기하다; 〔희망·자유 등〕을 단념하다. ¶ The peerage *surrendered* its privileges. 귀족 계급은 그들의 여러가지 특권을 포기하였다. **3** 〔적립금의 일부〕를 돌려 받고〕〔보험〕을 해약하다. **4** 〔재귀용법〕〔감정·습관 따위에〕몸을 내맡기다, 빠지다, …에 골몰하다; 항복하다. ¶ (~+졤+쩐+뎡) *surrender* oneself to justice (or the police) 자수하다 / *surrender* oneself *to* grief 비탄에 잠기다. — *vi.* **1** 항복하다, 굴복하다; 자수하다. ¶ (~+쩐+뎡) *surrender* to the enemy 적에게 항복하다 / He *surrendered* voluntarily *to* the police. 그는 자진하여 경찰에 자수했다.

類語 **surrender** 외부의 요구·강제에 대항한 후에 항복하다; 완전히 소유권을 내주고 요구하지 않다. **submit** 권위나 자기보다 우세한 힘에 양보하다, 복종하다: *submit* to a conqueror 정복자에게 굴종하다. **succumb** 특히 굴복하는 측의 무력함 또는 저항하기 힘든 큰 압력과 결과의 비참함을 암시하는 말: *succumb* to temptation 유혹에 굴하다. **yield** 압력을 받고 양보하다; 종종 저항은 포기하지 않음을 암시: *yield* to persuasion 설득에 지다.

2 〔감정·습관 따위에〕빠지다, 몸을 내맡기다. ¶ (~+쩐+뎡) *surrender* to indolence 게으른 생활에 몸을 내맡기다. — *n.* ⓤⓒ 인도, 명도, 포기, 단념. **2** 항복, 굴복; 자수. ¶ an unconditional *surrender* 무조건 항복. **3** 〔보험〕의 해약.

surrénder válue *n.* ⓤ 보험 해약 환불금.

sur·rep·ti·tious [sə̀:rəptíʃ(ə)s/sʌ̀r-] *adj.* 남의 눈을 피하여 하는, 비밀의, 은밀한, 부정한. ¶ a *surreptitious* glance 훔쳐보기. ~**·ly** *adv.* ~**·ness** *n.*

sur·rey [sə́:ri/sʌ́ri] *n.* 〔4인승의〕4륜 유람 마차.

sur·ro·ga·cy [sə́:rəgəsi] *n.* ⓤ 대리모(代理母) 제도.

sur·ro·gate [sə́:rəgèit, -git/sʌ́r-//   *vt.*] *n.* **1** 대리인(deputy), 대행. **2** 《美》〔교회〕〔규정된 결혼 예고 (banns) 없이 결혼 허가를 해주는〕감독 대리; 〔종교 재판의〕판사 대리. **3** 《美》유언(遺言) 검증 판사. **4** 대용〔품〕(substitute). — *vt.* [sə́:rəgèit/sʌ́r-] (**-gat·ed, -gat·ing**) …에게 대리를 시키다; 〔법률〕…에 대리(代位)하다.

súrrogate móther *n.* 대리모(母)〔남의 부부를 위해 아기를 낳아 주는 여성〕.

súrrogate mótherhood *n.* 대리모 노릇, 대리모임.

‡**sur·round** [səráund] *vt.* **1** …을 둘러싸다, 에워싸다 (encompass, encircle). ¶ England is *surrounded* by the sea on all sides. 영국은 사방이 바다로 둘러싸여 있다 / The house is *surrounded* with (or by) walls. 그 집은 담으로 둘러싸여 있다. **2** 〔군대〕…을 포위하다. **3** 〔건축〕〔용단과 벽 사이의〕가장자리 깔개.

‡**sur·round·ing** [səráundiŋ] *n.* **1** (~s) 주위의 상황, 환경(environment), 주위의 사물. ¶ in fancy *surroundings* 멋진 환경에서 / A child learns from its *surroundings*. 아이는 주위에서 사물을 배운다. **2** (때로 ~s)

아첨꾼. ¶ a *surrounding* of friends 아첨하는 친구들.
— *adj.* 1 에워싸는, 둘러싸는. 2 주위의, 근처의.
sur·round-sound [səráundsàund] *n.* 《英》[오디오] 서라운드 사운드[콘서트홀에서 연주하는 것처럼 들리는 재생음].
sur·sum cor·da [sə́ːrsəm kɔ́ːrdə] [교회] 마음을 드높이 주를 향하여[미사의 감사 서문경(序文經)의 문구]. 〔<L〕
sur·tax [sə́ːrtæks] *n.* ⓤⓒ《美》부가 세《英》supertax》;《英》소득세 특별 부가세. — *vt.* …에 부가세를 부과하다.
sur·ti·tle [sə́ːrtaitl] *n.* =supertitle.
sur·tout [sərtúː(t) / sə́ːtuː, -́] *n.* [중세의] 남자 외투; 두진 달린 여성용 외투.
surv. (略) survey; surveying; surveyor; surviving.
sur·veil·lance [sərvéiləns, +美 -ljəns] *n.* ⓤ [용의자·죄수의] 감시, 파수 보기; 감독, 지휘 (supervision, superintendence). ¶ under *surveillance* 감시하에.
sur·veil·lant [sərvéilənt, +美 -ljənt] *adj.* 감시하는. — *n.* 감시(감독)자. 「독(감시)하다.
sur·veille [sərvéil] *vt.* (-veilled, -veill·ing) …을 감
*****sur·vey** *vt.* [sərvéi] 1 …을 총괄적으로 보다, 개관(槪觀)(개설)하다. ¶ *survey* the international situation 국제 정세를 개관하다. 2 …을 내다보다, 전망하다. ¶ We can *survey* the countryside from the top of the hill. 언덕 위에서는 이 지방 일대를 내려다볼 수 있다. 3 (가치·상태 따위)를 현장 조사하다, 검사하다. 4 [토지 따위]를 측량하다. — *vi.* [토지 따위]의 측량을 하다. — *n.* [sə́ːrvei, sərvéi] 1 개관(槪括), 개관, 개설. ¶ make a general *survey* of the situation 정세를 개설하다. 2 전망, 조망(眺望). ¶ I took a *survey* of the countryside. 나는 농촌 지대를 한번 훑어보았다. 3 조사 (examination), 답사, 추출(抽出) 검사, 관측, 측량. ¶ a market *survey* 시장 조사 / get a complete *survey* of …을 철저하게 조사하다. 4 측량도 (圖), 견적표(圖).
sur·vey·ing [sərvéiiŋ] *n.* ⓤ 측량[술].
*****sur·vey·or** [sərvéiər] *n.* 1 [특히 토지의] 측량 기사, 조사관. 2 감독(관) (overseer). 3 《주로 英》[도량형 따위의] 검사관. 4《美》[본세 세관의] 수입품 검사관. 5 (S-) 미국의 달 표면 무인 탐사 계획[1966-68].
surveyor's chain *n.* [측량] 측쇄(測鎖)[66피트로 거리를 측정하는 데 쓴다]. ⇨ CHAIN 8.
sur·vey·or·ship [sərvéiərʃìp] *n.* ⓤ surveyor의 직 [지위), 신분). 「LEVEL 2.
surveyor's level *n.* 측량용 수평기(器), 레벨. ⇨
surveyor's measure *n.* [측쇄에 의한] 측량 단위.
survey research *n.* [마케팅] 서베이 리서치[일정한 표적 대상과 인터뷰하여 시장 정보를 입수하는 연구 방법].
*****sur·viv·al** [sərváiv(ə)l, *n.* 1 ⓤ [남보다] 오래 살기, 생존, 존속, 잔존. ¶ the *survival* of the fittest [생물] 적자생존. 2 생존자, 잔존물, 유물, 유풍. ¶ a curious *survival* of old-time usage 기이한 구습의 잔재. 3 [형용사적 용법] [식료품·의복·기구 따위의] 구급용의.
survival guilt *n.* 생존자의 죄악감[전쟁·재해에서 살아남은 사람이 희생자에게 대하여 품는 죄의식].
survival kit *n.* [조난, 재해, 모험, 여행 따위에 대비한] 비상용품 (구명) 주머니.
sur·viv·al·ism [sərváiv(ə)lìz(ə)m] *n.* 1 서바이벌 게임[야외 생존 훈련(게임)]. 2 생존(존속)주의.
‡**sur·vive** [sərváiv] *vt.* (-vived, -viv·ing) 1 …보다 오래 살다. ¶ His wife *survived* him [by] a few years. 그의 아내는 그보다 몇 년 더 살았다 / He was *survived* by his wife. 그는 아내를 두고 죽었다. 2 [위기·곤란 따위]를 이기고 살아남다, …을 면하다, …에 불구하고 살아남다. ¶ The crew *survived* the shipwreck. 난파된 배에서 선원들은 살아남았다.
類語 *survive* 사람이나 물건이 어떤 위험한 사건 뒤까지

살다, 존속하다: *survive* an airplane accident 비행기 사고에서 살아남다. *outlive* 경쟁·투쟁·곤란 등을 극복하고 살아남다, 존속하다: *outlive* all one's enemies 모든 적들을 넘어뜨리고 살아남다.
— *vi.* 살아남다; 잔존하다, 존속하다. ¶ Few of them *survive* to our time. 그들 중 오늘날까지 살아남은 사람은 거의 없다 / The custom still *survives*. 그 풍속은 아직 남아 있다. ◇ *survival* *n.*
*****sur·vi·vor** [sərváivər] *n.* 1 생존자; 유족; 잔존물. ¶ the *survivors* of the battle 전투에서의 생존자. 2 [법률] [공유자 (共有者) 중의] 생존자.
Survivor's Benefit *n.* 《美》유족 급부금[순직 경찰 보상법에 의하여 유족에게 지급되는 보상금].
sur·vi·vor·ship [sərváivərʃìp] *n.* ⓤ 1 살아 남기, 생존, 잔존. 2 [법률] [공유물 따위의] 생존권(잔존자).
sus- [SAS-, SƏS-] *pref.* ⇨ SUB-. 「취득권.
Su·san·na [suːzǽnə] *n.* [성서] 경외 성서 (Apocrypha)의 한 편.
sus·cep·ti·bil·i·ty [səsèptəbíliti] *n.* (*pl.* -**ties**) 1 ⓤ 감염하기 쉬움[쉬운 성질]; 느끼기 쉬움, 감수성 (*to*…). ⇨ SENSIBILITY [類 語] ¶ a man of keen *susceptibilities* 감수성이 강한 사람 / *susceptibility* to corrosion 부패하기 쉬움. 2 (-ties) 감정. ¶ hurt (*or* injure) the *susceptibilities* of …의 감정을 상하게 하다. 3 ⓤ [전기] 자화율 (磁化率).
*****sus·cep·ti·ble** [səséptəbl] *adj.* 1 《서술용법》허용하는, 가능한, 인정하는(*of…*). ¶ This passage is *susceptible of* another interpretation. 이 귀절은 또 하나의 다른 해석이 가능하다 / This is his testimony *susceptible of* errors. 이것이 잘못을 인정하는 그의 진술서다. 2 《서술용법》영향받기 쉬운, 움직이기 쉬운(*to…*). ⇨ LIABLE [類 語] ¶ be *susceptible to* fashion 유행에 영향받기 쉽다 / He is very *susceptible to* female charms. 그는 여색에 빠지기 쉽다. 3 《한정용법》감수성이 강한, 민감한; 다정 다감한. ¶ a *susceptible* young man 다정다감한 청년 / Poetry appealed to his *susceptible* nature. 시가 감수성이 강한 그의 마음을 사로잡았다.
~·ness *n.* -bly *adv.*
sus·cep·tive [səséptiv] *adj.* 1 받는; 감수성이 강한 (receptive), 민감한. ¶ be of a *susceptive* nature 감수성이 강하다. 2 인정하는, 가능한 (susceptible).
~·ness *n.*
sus·cep·tiv·i·ty [sʌ̀səptívəti] *n.* ⓤ 민감, 감수성.
‡**sus·pect** [səspékt → -,́ *adj.*] *vt.* 1 …을 수상쩍게 여기다, 의심하다. ¶ *suspect* the authenticity of a work 작품의 신빙성을 의심하다. 2 …이 아닌가 하고 생각하다, 억측하다 (suppose). ¶ (~+圓+*to be* 圓) I *suspect* him *to be* a liar. 나는 그가 거짓말쟁이가 아닌가 생각한다 / (~+*[that]* 圓) I *suspect [that]* we will have snow before night. 밤이 되기 전에 눈이 오지나 않을까 싶다 // You have never yet opened that book, I *suspect*. 너는 아직도 그 책을 펼쳐 보기조차 하지 않았는게 아니냐? 3 〔무엇인가〕가 있다고 생각하다, 깜짝채다. ¶ *suspect* a fire from the odor. 냄새로 불난 것을 깜짝챘다. 4 …에 〔범죄의〕혐의를 두다(…*of*). ¶ (~+圓+前+圓) We have *suspected* him of murder. 우리는 그에게 살인 혐의를 두고 있었다 // (~+圓+*as* 圓) *suspect* a person *as* the theft 남에게 도둑 혐의를 두다. — *vi.* 의심을 두다, 혐의를 품다. — [sʌ́spekt] 《서술 형용사》의심쩍은, 수상쩍은. ¶ I hold her *suspect*. 나는 그녀가 수상하다고 생각한다.
◇ *suspicion* *n.*, *suspicious* *adj.*
sus·pect·a·ble [səspéktəbl] *adj.* (드물게) 수상한, 의심쩍은.
‡**sus·pend** [səspénd] *vt.* 1 …을 매달다, 걸다. ¶ (~+圓+前+圓) *suspend* a ball *by* a thread 공을 실로 매달다 / *suspend* a lamp *above* (or *over*) the table (*from* the ceiling) 등불을 책상 위에 매달다(천정에 매달다) /

suspended animation

The bridge was *suspended on* chains. 그 다리는 쇠사슬에 매달려 있었다. **2** 《수동형으로》[공기나 물속에] …을 떠돌게 하다, 띄우다. ¶ (~+目+前+名) dust *suspended in* the air 공기 속에 떠도는 먼지. **3** 〔결정〕을 미루다, 보류하다. ¶ *suspend* payment 지불을 정지하다 / *suspend* one's decision 결단을 뒤로 미루다 / He was fined $20 with *suspended* execution of sentence. 그는 집행 유예로 20달러 벌금형을 받았다. **4** …을 정직(停職)〔정학〕시키다; 〔특권 따위〕를 일시 정지하다. ¶ *suspend* business 정직시키다 / The judge *suspended* a football player. 심판은 한 축구 선수를 출장(出場) 정지시켰다. **5** 〔화학〕현탁(懸濁)시키다. ¶ *suspended* matter 현탁물, 부유 고체(浮遊固體). **6** 〔남〕을 애타게 하다, 불안하게 하다. — *vi.* **1** 〔일시적으로〕중지하다, 〔지불〕을 정지하다; 빚을 못 갚게 되다. **3** 매달려 있다, 걸려있다; 떠돌다.
◇ **suspénsion**, **suspénse** *n.*, **suspénsive**, **suspénsory** *adj.*

sus·pénd·ed ànimátion [səspéndid-] *n.* U 가사(假死), 인사불성.

suspénded séntence *n.* 〔법률〕집행 유예.

****sus·pend·er** [səspéndər] *n.* **1** (~s) 《美》 바지의 멜빵《英》 braces). **2** (~s) 《英》양말 대님, 가터 (garters). **3** 매다는 사람(것).

suspénder bèlt *n.* 《英》 = garter belt.

****sus·pense** [səspéns] *n.* U **1** 걱정, 불안. ¶ We waited in great *suspense* for the doctor's opinion. 우리들은 마음을 졸이며 의사의 진단을 기다렸다. **2** [사건 따위의] 미결 상태, 미정[상태]. ¶ The matter now hangs in *suspense*. 그 사건은 미결 상태로 남아 있다 / We held our judgment in *suspense* for a few days. 우리들은 며칠 동안 의견을 정하지 않은 채로 두었다. **3** 일시적인 정지; 〔법률〕권리의 정지. ◇ **suspénd** *v.*

suspénse accóunt *n.* 〔簿記〕가(假)계정, 가지급금.

sus·pen·si·bil·i·ty [səspènsəbíliti] *n.* U **1** 매달 수 있음. **2** 부동성(浮動性). **3** 일시 정지(연기) 가능성.

sus·pen·si·ble [səspénsəbl] *adj.* 매달 수 있는, 걸수 있는, 〔연기〕정지)할 수 있는.

****sus·pen·sion** [səspén∫(ə)n] *n.* U **1** 매달기, 공중에 매달기, 매달리기. **2** 미결[정]; 부유(浮遊). **3** 정직, 정학, 권리 정지; 중지; 지불 정지; 두절. **4** 〔물리〕부유(상태), 〔화학〕현탁(懸濁), ⓒ 현탁액(液), [액체·고체·기체 속의] 부유물. ¶ dust particles in *suspension* in the air 공기 속에 떠 있는 먼지. **5** ⓒ 〔자동차의〕 차대받이 장치. ◇ **suspénd** *v.*, **suspénsive** *adj.*

suspénsion brìdge *n.* 적교(吊橋).

suspénsion pèriods(pòints) *n. pl.* 생략 기호[문장 속의 생략을 나타내기 위해서는 보통 점 셋(…), 문장 끝에서는 넷(….)을 찍는다].

sus·pen·sive [səspénsiv] *adj.* **1** 중지하는, 정지하는. ¶ a *suspensive* condition 정지 조건. **2** 미결의; 불확실한. **3** 〔말·문구 등이〕불안한, 안절부절 못하게 하는. **4** 중지시킬 것 같은. ~·**ly** *adv.* ~·**ness** *n.*

sus·pen·sor [səspénsər] *n.* **1** 목에 걸어 매는 붕대. **2** 〔식물〕 배병(胚柄).

sus·pen·so·ry [səspénsəri] *adj.* 〔끈·따로〕 매단; 매달아 늘어뜨린. ¶ a *suspensory* muscle 현수근(懸垂筋). **2** 중지하는, 중지시키는. — *n.* (*pl.* **-ries**) 〔의학〕 현수대(帶) [인대(靭帶)], 목에 매다는 붕대; 현수대.

‡**sus·pi·cion** [səspí∫(ə)n] *n.* **1** U 의심, 의혹, 수상쩍음; 혐의. ⇨ DOUBT [類語] ¶ A person under *suspicion* 용의자 / attach *suspicion* to a person 남을 의심하다 / He was regarded with *suspicion*. 그는 의혹의 눈길을 받았다 / *Suspicion* fell on him. 그에게 혐의가 걸렸다 / His character is above (*or* beyond) *suspicion*. 그는 혐의를 받을만한 인물이 아니다 / The man was arrested on [the] *suspicion* of having stolen the money. 그 남자는 돈을 훔친 혐의로 체포되었다. **2** ⓒ 알아챔, 감쟉 챔. ¶ have a *suspicion* of danger 위험을 어렴풋이 알아채다. **3** (a ~ of) 기미, 미량(微量) (touch). ¶ a *suspicion* of brandy 소량의 브랜디 / without a *suspicion* of humor 약간의 유머도 없이. — *vt.* 《美속어·英방언》 …에 혐의를 두다, …을 의심하다 (suspect). ◇ **suspéct** *v.*, **suspícious** *adj.*

‡**sus·pi·cious** [səspí∫əs] *adj.* **1** 의심 많은, 의심하는 듯한. ¶ a *suspicious* glance 의심하는 눈초리 // He was *suspicious* of all the neighbors. 그는 이웃의 모든 사람들을 의심했다. **2** 의심스러운, 수상쩍은, 미심쩍은. ⇨ DOUBTFUL [類語] ¶ He is under *suspicious* circumstances. 그는 혐의를 받을만한 상황에 처해 있다.
~·**ly** *adv.* ~·**ness** *n.* ◇ **suspéct** *v.*, **suspícion** *n.*

sus·pi·ra·tion [sÀspəréi∫(ə)n] *n.* U 장탄식, 긴 한숨.

sus·pire [səspáiər] *vi.* (**-pired**, **-pir·ing**) 《詩》 **1** 한숨 쉬다, 탄식하다 (sigh). **2** 호흡하다 (breathe).

‡**sus·tain** [səstéin] *vt.* **1** 〔무게·부담〕을 견디다. ¶ The breakwater *sustained* the shocks of waves. 그 방파제는 파도의 충격을 잘 견뎠다 / No one in the class will *sustain* comparison with him in English. 영어에 있어서는 학급의 누구도 그와는 비교가 되지 않을 것이다. **3** 〔손해·상처 따위〕을 입다, 받다. ⇨ EXPERIENCE [類語] ¶ *sustain* severe injuries 심한 상처를 입다. **4** …을 속행하다, …을 계속하다. ¶ *sustain* a conversation for a long time 장시간 말을 계속하다. **5** 〔시설·생명〕을 유지하다, …을 부양하다. ⇨ SUPPORT [類語] **6** 〔남〕을 북돋우다, 격려하다. ¶ Her advice *sustained* him during his illness. 그는 병(病)중에 그녀의 충고로 기운을 차렸다. **7** 〔정당함〕을 지지하다, 시인하다; 〔소신·진술 따위〕를 확증하다. ¶ (~+目+前+名) The court *sustained* him in his claim. = The court *sustained* his claim. 법원은 그의 주장을 인정했다. ◇ **sústenance**, **sustentátion** *n.*

sus·tain·a·ble [səstéinəbl] *adj.* **1** 지속(유지)할 수 있는; 한결같은. **2** 견딜 수 있는. **3** 환경을 파괴하지 않는, 환경 친화적인.

sustáinable devélopment *n.* 환경 유지 개발, 환경 친화적 개발.

sus·tained [səstéind] *adj.* 지속된; 한결같은. ¶ *sustained* efforts 지속된 노력. **-tain·ed·ly** [-téinidli] *adv.*

sustáined yíeld *n.* 수확량 유지[한번 수확한 탓으로 감소된 산림·물고기 등의 생물 자원이 다음 수확 때까지 늘어나도록 관리하는 일].

sus·tain·er [səstéinər] *n.* **1** 떠받치는 사람(것). **2** 〔라디오·TV〕 = sustaining program. **3** 〔다단(多段)식 로켓의〕1단, 단계.

sus·tain·ing [səstéiniŋ] *adj.* 떠받치는, 체력을 북돋우는. ¶ *sustaining* food 영양 식품.

sustáining prògram (《英》 **prògramme**) *n.* 〔라디오·TV〕 자주(自主) 프로그램[스폰서 없이 방송국 자체가 비용을 부담하는 방송 프로그램].

sus·tain·ment [səstéinmənt] *n.* U 지탱[하기]; 유지; 지속.

****sus·te·nance** [sÀstinəns] *n.* U **1** 생명을 유지하는 것, 영양(물) (nourishment); 음식물. ¶ without *sustenance* of any kind 아무것도 안 먹고. **2** 생계, 살림살이. ⇨ LIVING [類語] ¶ get *sustenance* 생계를 유지하다. **3** 지탱, 유지, 지속, 의지가 되는 것. ¶ Water is necessary for the *sustenance* of life. 물은 생명을 유지하는 데 필요하다.

sus·ten·ta·tion [sÀstentéi∫(ə)n] *n.* **1** U 〔생명의〕유지, 지탱, 부양. **2** U 부조(扶助). **3** U ⓒ 영양물, 음식물. **4** 유지[보존] 되어 있는 상태.

sus·ten·tion [səstén∫(ə)n] *n.* U 지지, 유지; 그렇게 함.

su·sur·ra·tion [sù:səréi∫(ə)n / sj(ə)ù:-] *n.* U ⓒ **1** 속삭임, 중얼거림 (murmur, whisper). **2** 바삭바삭하는 소리 (rustle).

su·sur·rous [susə́:rəs / sj(ə)u(:)sə́r-] *adj.* 바삭바삭하는.

sut·ler [sÀtlər] *n.* 종군 상인, 〔군대의〕구내매점 상인.

su·tra [sú:trə] *n.* 〔종교 S-〕 〔종교〕 [바라문교·불교의] 경전. ¶ seven scrolls of the *sutras* 몇 권의 경문.

sut·tee, **sa·ti** [sÀtí:, -́-] *n.* **1** U 아내의 순사(殉死)

[옛날 인도에서 남편의 화장(火葬) 때 아내를 함께 산 채로 화장한 풍습]. **2** 남편을 따라 죽는 아내.

sut·tee·ism [sʌtíːizm, ──] n. ⓊⒶ내가 남편을 따라 순사하는 풍습.

su·tur·al [súːtʃ(ə)rəl / sjúː-] adj. 《외과·해부》봉합선(線)의(에 관한), 접합하고 있는. ~ly [-rəli] adv.

su·ture [súːtʃər] n. **1** 《외과》《상처의》꿰맨 자리, 봉합(縫合); 봉합법(술) **2** 《해부》《특히 두개골의》봉합선(線). **3** 《동·식물》봉합선《쌍각류의 조개의 접합부 따위》. — vt. (-tured, -tur·ing)《상처》를 봉합하다《꿰매다》.

Su·wan·nee [s(ə)wáni, s(ə)wɔ́ːni / səwóni] n. (the ~) 미국 Georgia, Florida 주를 거쳐 Mexico 만(灣)으로 흐르는 강.

su·ze·rain [súːzərin, -rèin / -rèin] n. **1** 《속국에 대한》종주국. **2** 《역사》봉건 군주, 영주(ruler). — adj. 종주국의 가진, 종주권의.

su·ze·rain·ty [súːzərinti, -rèin- / -rèin-] n. (pl. **-ties**) **1** Ⓤ《속국에 대한》종주권(權), 종주국의 지위. ¶ under nominal *suzerainty* 유명무실한 주권 밑에서. **2** 봉건 군주의 영토.

s.v. (略) *sailing vessel*; *sub verbo*; *sub voce*.

S.V. (略)《라틴》*Sancta Virgō* (=Holy Virgin); *Sanctitas Vestra* (=Your Holiness).

SVC(略)《컴퓨터》*sup ervisor call*《감시 프로그램 호출 명령》.

svc, svce. (略) *service*.

svelte[svelt] adj. (svelt·er, svelt·est)《여자가》날씬한, 호리호리한(slender); 우아한, 고상한(urbane). 《<F》

SW (略) *short wave*.

SW, S.W., s.w. (略) *southwest; southwestern*.

Sw. (略) *Sweden; Swedish*.

S.W. (略) *South Wales*.

S.W.A. (略) *South-West Africa*.

swab [swab / swɔb] n. **1** 〔그림용〕자루 달린 걸레, 몹(mop). **2** 《의학》약솜, 《약을 칠하는 데 쓰는》스폰지; 솜막대; 솜막대로 훔쳐낸 것. **3** 총구 청소용 도구. **4** 《속어》데퉁바리, 미련통이. — vt. (swabbed, swab·bing) **1** 《자루 달린 걸레로》…을 청소하다, 훔치내다. **2** 《의학》《탈지면 따위로》〔수분〕을 훔치다, …을 축이다;《咽喉》따위》를 약솜으로 소독하다.

swab·ber [swábər / swɔ́b-] n. **1** 자루 달린 걸레로 청소하는 사람(선원). **2** 《속어》데퉁스러운 사람, 미련통이. **3** 몹(mop). — 한, 몽롱해진.

swacked [swækt] adj. 《속어》〔술·마약 따위에〕취한.

swad·dle [swádl / swɔ́dl] vt. (-dled, -dling) **1** 〔강난애〕를 배내옷으로 감싸다, 입히다, 꼭 싸다. **2** 〔붕대 따위로〕…을 감싸다, 두르다. — n. 배내옷, 기저귀; 《고어》붕대.

swad·dler [swádlər / swɔ́d-] n. 《특히 예수의》배내옷.

swád·dling clòthes (bànds) [swádliŋ- / swɔ́d-] n. pl. **1** 배내옷, 기저귀, 강보. **2** 유아기, 미숙(성년)기. **3**《비유적》자유를 속박하는 것.

Swa·de·shi [swədéiʃi / swɑːʃíː-] n.Ⓤ〔한때 인도에서 주로 영국 제품을 배척하던〕외국 제품 불매 정책(운동), 국산품 장려 정책. — adj. 인도제의.

swag[swæg] n. **1** 꽃줄, 꽃다발, 꽃장식. **2** 흔들리기, 축 늘어지기. **3** 저습(低濕) 지대. — v. (swagged, swag·ging) vi. **1** 흔들흔들 움직이다, 흔들리다. **2** 〔축〕늘어지다. — vt. **1** …을 흔들다, 흔들흔들하게 하다, 가라앉히다. **2** …을 꽃줄로 장식하다.

swag[swæg] n. **1** Ⓤ《속어》약탈품, 전리품, 부정이득; 돈, 귀중품. **2** 《濠》《산지 여행자·광부들이 휴대하는》보따리. **3** 대량. — vi. (swagged, swag·ging)《濠》〔일상활용품을 휴대하고〕여행하다.

swage [sweidʒ] n. **1** 형철(型鐵)《열이 식은 금속을 필요한 형체로 만들기 위한 공구》, 탭. **2** =swage block. — vt. (swaged, swag·ing) …을 형철로 구부리다, 형을 뜨다.

swáge blòck n. 《기계》벌집틀《보통 모루로는 쉽게 생김을 잡을 수 없는 물건의 형체를 만드는 단조(鍛造) 공구로 여러 가지 모양의 구멍이 나 있다.

*swag·ger [swǽgər] vi. **1** 뽐내며 걷다, 몸을 뒤로 젖히고 활보하다. ¶ (~+前+图) He *swaggered into* the room. 그는 어깨에 힘을 주고 뽐내며 방으로 들어갔다. **2** 호언장담하다, 허풍떨다. ¶ (~+前+图) He *swaggers about* his boldness. 그는 자기가 간이 크다고 허풍떨다. — vt. **1** …을 협박하여 …하게 하다(...into); 협박하여 …을 못하게 하다(...out of). ¶ (~+图+前+图) *swagger* a person *out of* opposition 협박하여 반항을 못하게 하다 / The robber *swaggered* a traveler into giving all his money. 노상 강도는 여행자를 협박하여 가진 돈을 모두 내놓게 했다. — n. 뽐내며 걷기; 뽐냄, 허풍떨기. — adj.《英구어》멋진, 맵시있는, 스마트한(smart).

swag·ger·er [swǽgərər] n. 활보하는 사람; 뽐내는 사람.

swag·ger·ing [swǽg(ə)riŋ] adj. 뽐내며 걷는; 허풍을 떠는. ~ly adv.

swágger stìck (英) càne n. 《군인이 외출할 때에 들고 다니는》단장(短杖), 지휘봉.

swag·man [swǽgmən] n. (pl. **-men** [-mən])《濠》〔일상 생활용품을 넣은 보따리(swag)를 가진〕여행자; 떠돌이(vagrant).

Swa·hi·li [swɑːhíːli] n. (pl. **-lis** or 《집합적》**-li**) **1** 스와힐리 사람〔아프리카의 Zanzibar 지방에 살며 Bantu족에 속한다〕. **2** Ⓤ 스와힐리말. 《<Arab coastal》

swain [swein] n.《詩·고어》**1** 시골 멋쟁이(미남). **2** 연인, 애인. ¶ her faithless *swain* 그녀의 믿지 못할 애인.

S.W.A.K., SWAK, swak [swæk] (略) *sealed with a kiss*《키스로 봉한〔아이들이나 애인이 편지에 쓰는 말〕》. 〔방언〕그늘진 장소, 그늘.

swale[sweil] n. **1** 움푹 팬 땅;《美》저습지. **2**《주로 英방언》vt. 불태우다, 불붙이다. — vi. 그을다; 〔양초가〕녹다, 촛농이 흘러내리다.

*swal·low[swálou / swɔ́l-] vt. **1** …을 삼키다, 꿀꺽 삼키다. ¶ *swallow* the bait 미끼를 삼키다.《비유적》덫에 걸리다. **2** 을 둘러싸다, 빨아들이다(engulf, devour); 〔모습 등〕을 감추다; 을 써버리다(...up). ¶ (~+图+前) Her figure was *swallowed up* in the mist. 그녀의 모습은 안개 속으로 사라졌다 / Grief and despair *swallowed* her *up*. =She was *swallowed up* in grief and despair. 그녀는 비탄에 잠겼다 / The expenses *swallowed up* the earning. 지출이 소득을 능가했다. **3**《구어》《의심없이》…을 받아들이다, 곧이곧대로 듣다. ¶ *swallow* a person's story. 남의 말을 곧이듣는다 / It's rather hard for us to *swallow* what he said. 그의 말을 곧이들을 수는 없다. **4** 〔감정〕을 억누르다(suppress), 〔모욕 따위〕를 참다, 견디다. ¶ *swallow* one's grief 슬픔을 삼키다(억누르다). **5**《앞서 한 말》을 취소하다(recant). ¶ *swallow* one's words 앞서 한 말을 취소하다. **6** 말을 우물거리다. — vi. 삼키다;〔숨을〕들이쉬다. — n. **1** 삼키기; 한 모금(의 양). ¶ I took a *swallow* of water. 물을 한 모금 꿀꺽 마셨다. **2** 식도(食道)(gullet);《英》빨아들이는 구멍; 삼키는 힘. **3** 《항해》밧줄 통하는 구멍.

‡**swal·low**[swálou / swɔ́l-] n. 제비. ¶ One *swallow* does not make a summer.《속담》제비 한 마리가 왔다고 여름이 되는 것은 아니다; 속단은 금물.

swállow dìve n.《주로 英》=swan dive.

swal·low-tail [swálouteil / swɔ́l-] n. **1** 제비 꽁지;〔제비 꽁지처럼〕끝이 두 갈래로 갈라진 것. **2** 산호랑나비. **3** 벌새의 일종. **4**《구어》=swallow-tailed coat.

swal·low-tailed [swálouteild / swɔ́l-] adj. 제비 꽁지 모양의, 끝이 두 갈래로 갈라진.

swállow-tàiled còat n. 연미복(燕尾服).

‡**swam** [swæm] v. swim의 과거형.
swa·mi [swáːmi] n. 1 〔인도에서〕 주인, 법사(法師) 〔특히 힌두교의 학자·종교인에 대한 존칭〕. 2 힌두교의 우상.
‡**swamp** [swɑmp, swɔːmp / swɔmp] n. ⓒⓤ 소택지(沼澤地), 늪(marsh). — vt. 1 〔늪 따위에〕 …을 가라앉게 하다; …을 물에 잠기게 하다. ¶ A big wave *swamped* the boat. 큰 파도로 보트가 물에 잠겼다. ¶ (~+됨+전+명) Some houses were *swamped* in the stream by the storm. 몇 채의 집이 폭풍우로 강물에 잠겨버렸다. 2《비유적》〔홍수처럼〕 …에 밀려들다, 쇄도하다(…with). ¶ I was *swamped* with work. 일에 몰려 정신이 없었다. 3 …을 압도하다, 파멸시키다, 궁지에 빠뜨리다. ¶ Heavy debts *swamped* them. 큰 빚으로 그들은 망했다. — vi. 1 〔늪에〕 빠져들다, 가라앉다. 2 궁지에 빠지다, 파멸하다. ◇ **swámpy** adj.
swámp bùggy n. 소택지 전용차.
swamp·er [swɑ́mpər, swɔ́ːmpər / swɔ́mpə] n. 1 소택지에 사는 사람. 2 덤불을 벌채하는 사람. 3 잡역부.
swámp féver n. ⓤ 말라리아(malaria) 〔소택지〕.
swamp·land [swɑ́mplænd, swɔ́ːmp- / swɔ́mp-] n. ⓤ 소택지.
swamp·y [swɑ́mpi, swɔ́ːmpi / swɔ́mpi] adj. (**swamp·i·er, swamp·i·est**) 소택지의(와 같은); 늪에 있는, 늪이 많은.
swa·my [swɑ́ːmi] n. (pl. **-mies**) = swami.
‡**swan**[1] [swɑn, swɔːn / swɔn] n. 1 백조. 2 〔백조처럼〕 완전 무결한 사람(것). ¶ *All your geese are swans.* 《속담》 무엇이든 제 물건은 좋은 줄 안다. 3 굉장한 가수·시인. ¶ the *Swan* of Avon 에이본 강의 백조[Shakespeare의 별칭]. 4 (the S-) 백조 좌(座)(Cygnus). — vi. 〔남의 돈으로〕 우아하게 놀고 다니다.
swan[2] [swɔn, swɔːn / swɔn] vi. 《美방언》 맹세하다, 단언하다.
swán díve n. 제비식 다이빙 〔양팔을 벌리고 두 다리를 모아 물속으로 뛰어드는 형〕.
swang [swæŋ] v. 《고어·방언》 swing의 과거형. 〔swan dive〕
swan·herd [swɑ́nhə̀ːrd, swɔ́ːn- / swɔ́n-] n. 백조를 지키는(돌보는) 사람.
swank[1] [swæŋk] n. ⓤ 1《구어》〔복장·태도의〕 화사함, 스마트함. 2 멋부림; 뽐내기(swagger). — adj. 《구어》 멋부린, 멋진; 화려한. — vi. 《속어》 거드름피우다.
swank[2] [swæŋk] v. swink의 과거형의 하나.
swank·y [swǽŋki] adj. (**swank·i·er, swank·i·est**) 《구어》 뽐내는, 멋부린, 화려한; 사치스러운. **swank·i·ly** adv. **swank·i·ness** n.
swan·ner·y [swɑ́nəri, swɔ́ːn- / swɔ́n-] n. (pl. **-ner·ies**) 백조 사육장.
swan's-down, swans·down [swɑ́nzdàun, swɔ́ːnz- / swɔ́nz-] n. ⓤ 1 백조의 솜털〔의복의 가장자리 장식이나 분첩 따위에 쓴다〕. 2 융의 일종〔배내옷 위에 쓴다〕.
swan·skin [swɑ́nskìn, swɔ́ːn- / swɔ́n-] n. ⓤ 1 〔깃털이 달린〕 백조의 가죽. 2 양털 또는 솜의 부드러운 플란넬 천.
swán sòng n. 1 〔죽어가는〕 백조의 최후의 노래 〔백조는 죽을 때 아름다운 노래를 부른다고 한다〕. 2 〔시인이나 음악가의〕 최후의 작품, 절필(絕筆).
swan-up·ping [swɑ́nʌ̀piŋ, swɔ́ːn- / swɔ́n-] n. ⓤ 《英》 백조 조사 〔Thames 강에서 소유자의 표를 부리에 새기기 위하여 백조 새끼를 잡는 연중 행사〕.
‡**swap** [swɑp, swɔp] v. (**swapped, swap·ping**) vt. 1 …와 물물교환하다, 맞바꾸다; 《속어》 〔부부〕를 교환하다. ¶ (~+됨+전+명) I *swapped* my watch *for* his dictionary. 내 시계를 그의 사전과 맞바꿨다. ¶ *Never swap horses while crossing the stream.* 《속담》 냇물을

건너는 동안 말을 갈아 타지 마라; 위기가 사라질 때까지 현상태로 밀고 나가라. 2 〔컴퓨터〕 〔주기억 장치와 보조기억 장치 사이의 프로그램을〕 교환하다. — vi. 물물교환을 하다; 《속어》 부부 교환을 하다. — n. 〔물물〕교환; 《속어》 부부 교환.
swáp agrèement(arràngement) n. 〔경제〕 스와프 협정〔외환 시세를 안정시키기 위해서 두 나라의 중앙 은행이 일정액의 자국 통화를 서로 교환 예치하는 협정〕.
swa·raj [swəráːdʒ] n. ⓤ 1 〔인도의〕 독립, 자치. 2 (S-) 〔영국 통치하에 있던 당시 인도의〕 독립 자치당(黨).
swa·raj·ist [swəráːdʒist] n. 〔인도의〕 독립 자치 운동〔주의〕자. — n. 〔인도의〕 독립 자치 운동〔주의〕의.
sward [swɔːrd] n. ⓤ 풀밭, 잔디밭, 잔디. — vt., vi. 잔디로 뒤덮다(뒤덮이다).
sware [swɛər] v. 《고어》 swear의 과거형.
swarf [swɔːrf] n. ⓤ 〔금속이나 나무 따위의〕 지스러기, 부스러기(sludge).
‡**swarm**[1] [swɔːrm] n. 1 〔분봉(分蜂)하는〕 벌떼; 〔곤충의〕 떼. ⇒ FLOCK 類語 2 〔움직이고 있는 사람·동물·물건의〕 대군(大群), 군중. ⇒ CROWD 類語 ¶ in *swarms* 떼를 지어 〔*swarms* of children 많이 모인 아이들. 3 〔생물〕 부유(浮遊) 세포(생물)군(群). — vi. 1 〔벌이〕 분봉하다. 2 떼를 짓다, 〔사람·동물이〕 한 무리가 되어 우글거리다. ¶ Sightseers were *swarming* out of the hotel. 관광객들이 호텔에서 떼를 지어 나가고 있었다. ¶ (~+됨) Tramps *swarm about* in the park. 부랑자들이 공원에 우글거리고 있다. 3 〔장소가〕 가득 차다(with…). ¶ (~+됨+전+명) Every place *swarmed* with people on Sundays. 일요일에는 어디나 사람들로 가득 붐비고 있었다. 4 〔생물〕 떼지어 부유하다. — vt. 《보통 수동형으로》 …에 떼를 짓다(…with). ¶ The garden was *swarmed* with bees. 정원에는 꿀벌이 온통 떼지어 날고 있었다.
swarm[2] [swɔːrm] vt., vi. 〔나무 따위에〕 기어오르다 〔…up〕.
swarm·er [swɔ́ːrmər] n. 1 군중 속의 한 사람, 떼지어 있는 것의 하나 〔특히 벌·개미 따위〕. 2 〔생물〕 = swarm spore.
swárm spòre n. 〔생물〕 유주(遊走) 세포; 유주자(子).
swart [swɔːrt] adj. = swarthy. — **ness** n.
swarth [swɔːrθ] n. ⓤ = swarthy.
*__**swarth·y**__ [swɔ́ːrði, swɔ́ːrθi] adj. (**swarth·i·er, swarth·i·est**) 〔피부·안색이〕 거무스름한, 까무잡잡한. **swarth·i·ly** adv. **swarth·i·ness** n.
swash [swɑʃ / swɔʃ] vi. 1 〔물이〕 세차게 부딪다, 튀다. 2 철썩 소리를 내다. 3 뽐내며 걷다. — vt. 1 …을 세차게 부딪치다, 〔물 따위〕를 튀기다(splash). — n. 1 〔물 따위가〕 세차게 부딪치는 소리, 부딪침. 2 분류(奔流). 3 허세부리기. 4 여울, 좁은 해협. 5 강타.
swash-buck·ler [swɑ́ʃbʌ̀klər / swɔ́ʃ-] n. 허세부리는 사람〔군인〕.
swash·buck·ling [swɑ́ʃbʌ̀kliŋ / swɔ́ʃ-] n. ⓤ 허세부리기. — adj. 건성 허세의. 〔板〕.
swásh plàte n. 〔기계〕 회전 경사판, 요동판(搖動板).
swas·ti·ka [swɑ́stikə / swɔ́s-], (**swas·ti·ca**) n. 1 십자형의 변형, 卍(卐) 자형. 2 갈고리십자형의 기장, 卐 〔옛 나치스 독일의 상징〕. 〔< Skt〕
swat [swɑt / swɔt] vt. (**swat·ted, swat·ting**) 1 …을 세차게 치다(때리다), 찰싹 때리다(치다). 2 〔야구〕 강타를 치다. — n. 1 찰싹 때리기. 2 〔야구〕 강타.
SWAT, S.W.A.T. [swɑt] n. 《美》〔FBI 의〕 특수 공격, 특별 기동대. 〔< Special *W*eapons *a*nd *T*actics or Special Weapons Attack Team〕
swatch [swɑtʃ / swɔtʃ] n. 1 직물·피혁 따위의 견본. ¶ a *swatch* of calico 캘리코의 견본. 2 전형적인 예.
swath [swɑθ, swɔːθ / swɔːθ] n. (pl. **~s** [-θs, -ðz]

swathe 1 [큰 낫이나 풀베는 기계의] 한번 베는 폭, 깎은 자리. 2 한번 벤 분량, 한번 벤 분량의 목초. 3 [벤] 풀이나 곡물의 한 줄. 4 넓은 길, 긴 줄. 5 [항해] 파도 넓이. *cut a* [*wide*] *swath* 《美》 잘난 체하다.

swathe¹ [sweið, +美 swɑð] *vt.* (**swathed, swathing**) ···에 붕대를 감다; ···을 감다, 싸다. ¶ *with the head swathed in a shawl* 숄로 머리를 감싸고.
— *n.* 붕대, 감는 천.

swathe² [sweið, +美 swɑð] *n.* =swath.

swat·ter [swɑ́tər/swɔ́tə] *n.* **1** 찰싹 때리는 사람(것). **2** 파리채.

S wave *n.* [지진의] S 파(波), 횡파(橫波).

‡**sway** [swei] *vi.* **1** 흔들리다, 동요하다. ⇨ SWING [類語] ¶ *The branches of the trees were swaying in the wind.* 나뭇가지들이 바람에 흔들리고 있었다. **2** [의견·마음이] 동요하다, 움직이다, [한쪽으로] 기울다. — *vt.* **1** ···을 흔들다, 동요시키다. **2** [의견·마음]을 움직이다, 지배하다, ···에 영향을 주다. ¶ *The speaker's words swayed the audience.* 연설하는 사람의 말은 청중의 마음을 동요시켰다. **3** [고어·詩] [무기 따위]를 휘두르다; ···을 통치하다. ¶ *sway the scepter* 홀(笏)(주권)을 휘두르다, [돛대 따위]를 올리다. — *n.* **1** [U C] 동요, 진동. **2** [U] 지배[권], 영향[력], 통치. ¶ *under the sway of* ···의 지배하에 / *hold sway over* ···을 지배하다, 마음대로 하다 / *own love's sway* 반했다고 고백하다.

sway-back [swéibæ̀k] [獸醫] *n.* [말(馬)의] 허리가 비정상적으로 굽음, 굽은 등; [U] 척추 만곡증.
— *adj.* =sway-backed.

sway-backed [swéibæ̀kt] *adj.* [獸醫] [특히 말이] 비정상적으로 등이 굽은.

swayed [sweid] *adj.* [獸醫] =sway-backed.

sway·er [swéiər] *n.* 동요(지배)하는 사람(것).

Swa·zi·land [swɑ́:ziləǹd] *n.* 스와질랜드 [아프리카 동남부에 있는 영연방 안의 입헌 군주국. 수도는 Mbabane].

swbd. (略) *switch board.*

SWbS (略) *southwest by south* (서남미남(微南)).

SWbW (略) *southwest by west* (서남미서(微西)).

‡**swear** [swεər] *v.* (**swore** or 《고어》 **sware, sworn, swear·ing**) *vi.* **1** [하나님께] 맹세하다. ¶ (~+前+名) *swear on* (or *upon*, *by*) *Heaven* (*the Bible*) 하늘 (성서)을 두고 맹세하다 / *I swear to God.* 하나님께 맹세한다. **2** 선서하다, 보증하다; [법률] 선서하다, [선서하고] 증언(진술)하다. ¶ (~+前+名) *swear against* (*in favor of*) *the accused* 피고에게 불리(유리)한 증언을 하다 / *I can swear to its authenticity.* 나는 그것이 진실임을 증언할 수 있다. **3** [저주나 노여움 때문에, 또는 단순히 강조하기 위하여] 벌받을 소리를 하다, 욕지거리하다. ¶ (~+前+名) *He swore at his children.* 그는 자식들에게 욕을 퍼부었다.
— *vt.* **1** ···을 맹세하다, 단언하다, 맹세코 말하다, 언명하다, 장담하다. ¶ *swear an oath* 선서하다 / *We swore eternal friendship.* 우리는 영원한 우정을 맹세한 사이였다 / *I swore to tell the truth.* 나는 진실을 말하기로 맹세했다 // (~+*that* 節) *He swore that he would be revenged on her.* 그는 그녀에게 복수를 맹세했다. **2** [선서하고] ···을 고발하다. ¶ (~+目+前+名) *swear treason against a person* 남에게 배반할 일이 있음을 고발하다 / *I swore a charge* (or *an accusation*) *against them.* 나는 그들을 고발했다 (탄핵했다). **3** [법정의 증인]에게 맹세하게 하다, 선서하게 하다; [남]에게 비밀을 지키도록 맹세하게 하다(...*to*). ¶ (~+目+前+名) *As he knows our secrets, he should be sworn to secrecy.* 그는 우리의 비밀을 알고 있으니 비밀을 지키기로 맹세하게 해야 한다. **4** ···을 욕해서 (어떤 상태로) 이르게 하다. ¶ (~+目+補) *The husband and wife both swore themselves hoarse.* 그들 부부는 서로 욕을 너무 많이 해서 목이 쉬었다.

I'll be sworn. 정말이야.
not enough to swear by 아주 조금, 약간. 〔다. *swear at* ① ···을 욕하다. ⇨ *vi.* 3. ② ···과 조화되지 않
swear away [남의 목숨 등]을 맹세코 빼앗다.
swear by ① ···에 걸고 맹세하다. ② ···을 매우 신뢰하다; 크게 장려하다. ¶ *swear by one's doctor.* 자기의 담당 의사를 매우 신뢰하다.
swear in 취임 선서하다. ¶ *The jury were duly sworn in.* 그 배심원은 선서하고 취임했다.
swear off 《구어》 [술·담배 따위]를 맹세하고 끊다.
swear out 《美》 맹세하고 ···을 받다. ¶ *swear out a warrant for a person's arrest* 선서하고 구속 영장을 받다.
— *n.* 《구어》 욕, 욕설(swearword). 〔말부받다.

swear·er [swέ(:)rər / swέərə] *n.* 선서하는 사람, 욕하는 사람.

swear·word [swέərwə̀:rd] *n.* 욕, 저주〔하는 말〕.

‡**sweat** [swet] *n.* **1** [U] 땀. **2** 발한(發汗), 땀을 흘리고 있는 상태; [의학적 처치에 의한] 발한 작용. ¶ *a cold sweat* 식은땀 / *night* (or *nightly*) *sweats* [잠자며 흘리는] 식은땀 / *A good sweat often cures a cold.* 땀을 푹 흘리면 감기는 잘 낫는다. **3** 《구어》 고된 노동, 고생. ¶ *stand the sweat of* ···한 고역을 견디다. **4** 《구어》 [땀이 날 정도의] 열심(eagerness); [심한] 걱정; 초조. **5** [U C] [물체 표면에 나오는] 물방울, 습기. **6** 《주로 英속어》 병사. ¶ *an old sweat* 《비유적》 노련한 사람.
all of a sweat 《구어》 ① 땀투성이가 되어. ② 근심하여.
by the sweat of one's brow 이마에 땀을 흘리며, 열심히 일하여. ¶ *Man should live by the sweat of his brow.* 인간은 이마에 땀을 흘리며 살아야 한다.
in a sweat ① 땀을 흘리며. ⇨ 2. ② 《구어》 근심하여. ⇨ 4. ¶ *Don't be in such a sweat.* 그렇게 초조하지 마라.
No sweat. 《美속어》 ① 아주 간단히, 식은 죽 먹기로. ¶ *with no sweat* 간단히. ② [감탄사적으로] 괜찮아, 걱정 마라.
— *v.* (**sweat** or **sweat·ed, sweat·ing**) *vi.* **1** 땀이 나다, 땀을 흘리다. **2** 습기가 차다, [물건의 표면에] 물기가 서리다; [분비물 따위가] 스며나오다(ooze); [담배가] 발효하다. **3** 《구어》 땀흘리며 일하다; [자기의 행위로 인해] 몹시 괴로와하다, 몹시 고민하다. ¶ *She is always sweating at her job.* 그녀는 항상 일에 열중하고 있다 / *I'll make you sweat for such a thing.* 그런 것을 하면 너를 혼내 주겠다. — *vt.* **1** ···에게 땀흘리게 하다, (약 따위로) ···에게 땀나게 하다. ¶ (~+目+前) *sweat out a cold* 땀을 내서 감기를 고치다. **2** ···을 땀으로 적시다, 땀으로 더럽히다. **3** [사람·말 따위]를 혹사하다; ···을 착취하다. **4** [공업적 제조 과정의 하나로] ···에 습기를 띠게 하다, 더운 김을 쐬어 부드럽게 하다; ···을 발효시키다. **5** [야금] [가용(可鎔) 성분]을 제거하기 위하여 [금속]을 가열하다; [금화(金貨) 자루에 넣고 흔들어] [금화 가루]를 제거하다. **6** 《속어》 [돈]을 강탈하다; [남]을 엄중하게 문초하다.
sweat it out 《구어》 ① 불쾌하게 생각하다, 괴로움을 당하다. ② 심한 운동을 하다.
sweat a thing out 땀을 내서 ···을 제거하다 ⇨ *vt.* 1. ② 《美속어》 기다림에 지치다. ③ 《美속어》 [문제 따위]를 고생 끝에 해결하다.
◇ **sweáty** *adj.*

sweat·band [swétbæ̀nd] *n.* [모자의] 땀받이, 모자 안쪽에 붙인 가죽.

sweat·box [swétbɑ̀ks/-bɔ̀ks] *n.* **1** [담배 따위의] 건조용 상자. **2** [죄수에게 벌을 주기 위한] 좁은 독방.

sweat·ed [swétid] *adj.* **1** 저임금 노동으로 생산된. **2** 저임금 (악조건)으로 혹사(착취)당하는. **3** 노동 조건이 나쁜.

‡**sweat·er** [swétər] *n.* **1** 스웨터. **2** 땀흘리는 사람 (것). **3** 발한제(發汗劑). **4** 싼 임금으로 혹사하는 고용주.

sweater girl *n.* 《속어》 젖가슴이 풍만한 젊은 여자.

swéat glànd n. [해부] 한선(汗腺).
swéat·ing sỳstem [swétiŋ-] n. 노동자 착취 제도.
swéat shìrt n. 두껍고 헐거운 스웨터[운동 선수들의 보온이나 땀을 빼들이게 하기 위하여 입는 옷].
sweat-shop [swét-ʃɑ̀p / -ʃɔ̀p] n. [싼 임금으로 장시간 노동시키는] 노동자 착취업소(공장).
sweat·y [swéti] adj. (sweat·i·er, sweat·i·est) 1 땀투성이의, 땀에 흠뻑 젖은. 2 땀을 빼게 하는. 3 힘드는. sweat·i·ly adv. sweat·i·ness n.
Swed. (略) Sweden; Swedish.
***Swede** [swi:d] n. 1 스웨덴 사람. 2 (종종 s-) 《주로 英》순무의 일종(rutabaga). ◇ swédish adj.
***Swe·den** [swí:dn] n. 스웨덴 [Scandinavia 반도의 왕국; 수도 Stockholm]. ◇ Swédish adj.
Swe·den·bor·gi·an [swì:dnbɔ́ːrdʒiən, -dʒjən] adj. Swedenborg의, Swedenborg교의. —— n. Swedenborg의 학설을 신봉하는 사람. [＜스웨덴의 철학자 Emanuel Swedenborg(1688-1772)의 이름]
***Swed·ish** [swí:diʃ] adj. 스웨덴(식)의; 스웨덴 사람(말)의. —— n. 1 (the ~) [집합적] 스웨덴 사람 2 ⓤ 스웨덴 말. ◇ Swéden, Swede n.
swee·ny [swí:ni] n. ⓤ 《美》[말의] 어깨 근육 위축(萎縮)[증].
‡**sweep** [swi:p] v. (swept, sweep·ing) vt. 1 [먼지·티끌 따위를] 털다, 쓸다; …을 청소하다, 깨끗이 하다(…away, off, out). ¶ (~+目+副) sweep [up] a room 방을 청소하다 / (~+目+補) sweep a room clean 방을 깨끗이 청소하다 // (~+目+前+名) She swept the dirt off the floor. 그녀는 마루의 먼지를 쓸어냈다 / Sweep the soot off (or out of) the stack. 굴뚝의 그을음을 털어내라.
2 [바람이] …을 날려버리다, 휩쓸다; [세찬 물결 따위가] …을 쓸어내리다, 씻어내리다; …을 휩쓸어 가다; …을 일으키다, 소탕하다(…along, away, down, off). ¶ (~+目+副) She got her hat swept off by the wind. 그녀는 모자를 바람에 날려버렸다 / The tide swept the boat out to sea. 조류가 보트를 바다로 휩쓸어갔다 // (~+目+副) The wind swept the snow into drifts. 눈이 바람에 날려 눈더미를 이루었다 / The seas were swept of the pirates. 해상에서 해적이 일소되었다.
3 …을 쓸어버리다, 획 지나치다; [바닥에 닿은] [옷자락을] 살짝 끌다. ¶ (~+目+前+名) sweep a brush over a table 솔로 테이블을 휙 쓸다 // searchlights sweeping the sky 하늘을 휙 비추는 탐조등.
4 …을 훑어보다, 둘러보다. ¶ The speaker swept the faces of the audience. 연사는 청중의 얼굴을 둘러봤다.
5 [악기를] 켜다. ¶ sweep the guitar 기타를 치다.
6 공손히(굽어)(절)을 하다. ¶ (~+目+目) She swept the king a curtsy. 그녀는 왕에게 공손히 절했다.
7 [시합·승부]에서 이기다; [선거]에서 압승하다. ¶ sweep an election 선거에서 압승하다.
8 [길(等)]을 큰 노로 젓다.
—— vi. 1 [비 따위로] 쓸다, 청소하다. ¶ A new broom sweeps clean. 《속담》새 비는 잘 쓸린다; 새로 부임한 자는 열심히 개혁한다. 2 획 스쳐가다; 급습하다; 휩쓸다, 휘몰아치다. ¶ (~+副) A flock of birds swept by. 한떼의 새가 하늘을 스치고 날아갔다 // (~+前+名) The cavalry swept down on the enemy. 기병대는 맹렬히 적군에게 덤벼들었다 / planes sweeping across the sky. 창공을 휩쓰는 비행기들. 3 당당히 나아가다, 위엄(威嚴)을 갖추고 행진하다; 정숙하게 나아가다; 옷자락을 끌며 걷다. ¶ (~+前+名) A funeral procession swept along the road into the cemetery. 장례식의 행렬은 길을 따라 정숙하게 묘지로 들어갔다. 4 [산 따위의 기슭이] 뻗어나다, 퍼지다, …에 이르다 (away, off). ¶ (~+副) The bride's dress sweeps long. 신부의 드레스는 옷자락을 길게 끌고 있다 // (~+目) The land swept away to the east. 그 땅은 동쪽으로 넓게 뻗어 있다. 5 바라보다, 전망하다. 6 소해(掃

be swept off one's feet ① [파도에] 발이 휩쓸리다. ② 감정에 지배되다, 열중하다.
sweep the board (or *deck, table*) ① [내기에 이겨] 테이블 위의 돈을 모두 얻다. ② 상품을 독차지하다. ③ 전종목의 경기에서 이기다.
sweep everything (or *all the enemy*) *before one* 파죽지세로 나아가다.
swept and garnished 말끔히 쓸고 곱게 장식한[비고 소제되고 수리된 집안은 악한 귀신이 들기 쉽다. ← 마태 복음(Matt) 12, 누가 복음(Luke) 11].
—— n. 1 청소하기, 쓸기, 일소, 전폐. ¶ give a room a good sweep 방을 깨끗이 쓸다. 2 [물 따위의] 세찬 흐름, 격류, 휘몰아치기. 3 한번 휘두름, 한번 휘둘러 베기, 소사(掃射). ¶ a sweep of a scythe 큰 낫으로 한번 후려 베기. 4 범위, 퍼진(한눈에 보이는) 범위, 시계(視野). ¶ beyond the sweep of …이 미치지 못하는 곳에 / the sweep of influence (a storm) 세력 범위(폭풍우권). 5 곡선[부], 민곡[부], [만 안의] 마차길. 6 [지적인] 발달, 발전, 진지. 7 (보통 ~s) 쓸어 모아진 티끌, 쓰레기, 먼지. 8 길고 큰 노; 소해기(掃海索). 9 (주로 英) 청소부, 굴뚝 청소부. 10 [경쟁·선거에서의] 압승; [카드놀이] [whist 에서의] 전승. 11 [구어] =sweepstakes. 12 [물리] 열(熱) 평형 상태[로 안정되려는 성질]. 13 (속어) 보기싫은 놈, 비열한 놈. 14 《美》 (때때로 the ~s) [일정 기간의] 집중적 시청률 조사.
[as] black as a sweep 새까만, 더러운.
at one sweep 일거에.
make a clean sweep of …을 전폐하다; [쓰레기 따위] 를 처분하다.
sweep·back [swí:pbæ̀k] n. [항공] [날개의] 후퇴각.
***sweep·er** [swí:pər] n. 1 청소부. 2 청소기.
swéep hànd n. [시계의] 초침.
***sweep·ing** [swí:piŋ] adj. 1 일소하는, 밀어내리는. 2 맹렬한, 파죽지세의. 3 전반적인, 대략적인. ¶ a sweeping statement 개략적인 진술. 4 완전한, 철저한. ¶ a sweeping victory 완전 승리. —— n. ⓤ ⓒ 1 청소, 쓸기. 2 일소, 소탕. 3 (~s) 쓸어 모은 쓰레기, 부스러기. ~ly adv. ~ness n.
swéep nèt n. 저인망, 예인망; 포충망(捕蟲網).
sweep·stake [swí:pstèik] n. =sweepstakes.
sweep·stakes [swí:pstèiks] n. pl. (단·복수 양용) 1 [경쟁, 특히 경마에서] 건 돈의 배분액. 2 건 돈을 한 사람이 독차지하는 내기(경기). 3 그러한 노름.
swéep tìcket n. sweepstakes의 마권(馬券).
sweep-up [swí:pʌ̀p] n. =cleanup.
‡**sweet** [swi:t] adj. 1 단, 달콤한, 맛있는, 맛좋은. (⇒ DELICIOUS (類語)) [물 따위가] 염분이 없는; [술이] 달콤한(opp. dry). 염분이 없는 버터 / I like my tea sweet. 나는 홍차에 설탕을 많이 친 것을 좋아한다 / This kind of fish lives in sweet water. 이런 종류의 물고기는 민물에 살고 있다.
2 신선한(fresh), 썩지 않은, 악취가 (나쁜 맛이) 나지 않는, 깨끗한. ¶ sweet milk 신선한 우유.
3 듣기좋은 소리가 나는, [소리·음율이] 미묘한, 음악적인.
4 향긋한, 향기로운. ¶ Roses smell sweet. 장미꽃은 향기롭다.
5 기분좋은, 상쾌한, 즐거운. ¶ sweet love 달콤한 사랑 / It is sweet to hear one's own praises. 남에게서 칭찬듣는 것은 기분좋은 일이다.
6 [인품·행위에 대하여] 상냥한, 마음씨 고운, 친절한 (of...). ¶ a sweet temper 상냥한 마음씨 // It is sweet of you to come and see us. 일부러 방문해 주셔서 감사합니다.
7 [구어] [특히 여자들이 쓰는 말로] 예쁜, 귀여운 (pretty). ¶ sweet seventeen (or sixteen) 이팔청춘.
8 가장 사랑하는, 그리운(dear). ¶ one's sweet wife 가장 사랑하는 아내.
9 [美구어] 수월히 할 수 있는, 쉽게 되는.

sweet alyssum

10 [땅이] 산성을 띠지 않은, 경작하기에 적합한; 부식성이 없는.
11 [재즈 음악이] 느리고 달콤한. *opp.* hot
12 《반어》 지독한, 심한. ¶ I'll give him a *sweet* one on his left ear. 그놈의 왼쪽 따귀를 멋지게 갈겨주겠다. *at* one's *own sweet will* ① 제멋대로. ② 아무렇게나. *be sweet on* (or *upon*) *a person* 《구어》 남에게 반해 있다. *sweet and twenty* 스무 살의 미인.
— *n.* 1 단 것; ⓤ 단맛, 달기. 2 (보통 ~s) 《당분이 많은》 과자 [파이·케이크·캔디 따위]. 3 《주로 英》 a) 사탕 과자, 캔디. b) 식후의 단 음식 [푸딩·타트 따위]. 4 (보통 ~s) 달콤한 향기. 5 (~s) 유쾌, 쾌락, 즐거움. ¶ the *sweets* and bitters of life 인생의 고락. 6 《주로 부르는 말로》 그리운 사람, 애인 (darling). 7 《美구어》 고구마.
◇ **sweeten** *v.*

sweet alýssum *n.* 돌냉이 《유채과(科)의 원예 식물》.
sweet-and-sour [swíːt(ə)nsáuər] *adj.* 달콤새콤하게 양념한.
sweet báy *n.* 월계수; 양옥란.
sweet-bread [swíːtbrèd] *n.* [송아지·양새끼의] 췌장, 흉선(胸腺) [미의 일종].
sweet-bri-er [swíːtbràiər], **(sweet·bri·ar)** *n.* 들장미.
sweet cíder *n.* ⓤ 발효가 덜 된 사과술. *cf.* hard cider
sweet clóver *n.* 전동싸리속(屬)의 식물.
sweet córn *n.* 《美》 1 사탕옥수수(sugar corn). 2 《요리용의》 덜 여문 말랑말랑한 옥수수. *cf.* green corn
*sweet·en [swíːtn] *vt.* 1 …을 달게 하다. 2 [소리·향기·음률 따위를] 감미롭게 하다. 3 [분노·슬픔 따위]를 가라앉히다, 달래다. 4 …을 쾌적하게 하다, 즐겁게 하다. 5 …을 깨끗이 하다, 소독하다. 6 [위·토지 따위의] 산성을 완화시키다. 7 《구어》 [담보]를 늘리다. 8 [포커에서] …에 건 돈을 늘리다. — *vi.* 1 달게 되다. 2 소리 [가락, 향기]가 좋아지다. 3 기분이 좋아지다, 유쾌해지다. ◇ **sweet** *adj.*
sweet·en·er [swíːtnər] *n.* [인공] 감미료.
sweet·en·ing [swíːtniŋ] *n.* 감미료; 단맛을 나게 하는 것.
sweet férn *n.* [북미산(産)의] 소귀나무과(科)의 관목.
sweet flág *n.* 창포의 일종.
sweet gále *n.* [식물] 들버드나무의 일종(gale).
sweet gúm *n.* 소합향의 일종; ⓤ 그 나무에서 채취하는 방향성 수액(樹液).
‡**sweet-heart** [swíːthɑ̀ːrt] *n.* 1 연인, 애인 [특히 여성에게 말한다]. 2 《부르는 말》 그리운 사람, 사랑하는 사람. 3 《구어》 명랑하며 기분좋은 사람. — *vi.* 연애하다. — *adj.* 타협적인, 유리한.
sweetheart còntract(agrèement) *n.* 《속어》 [노조와 경영자의 결탁에 의한] 저임금 노동 계약.
sweet·ie [swíːti] *n.* 1 《구어》 =sweetheart. 2 (보통 ~s) 《英》 =sweetmeat.
sweet·ing [swíːtiŋ] *n.* 1 단 사과의 한 품종. 2 《고어》 =sweetheart.
sweet·ish [swíːtiʃ] *adj.* 좀 달콤한; 좀 아름다운 《사랑스러운》.
sweet jóhn *n.* 잎사귀가 좁은 아메리카 패랭이꽃.
‡**sweet·ly** [swíːtli] *adv.* 1 즐겁게, 기분좋게. 2 달콤하게, 상냥하게; 매혹적으로. 3 간단하게, 순조롭게. 4 《강조》 매우.
sweet márjoram *n.* =marjoram.
sweet-meat [swíːtmìːt] *n.* (보통 ~s) 사탕 과자, 캔디, [과일의] 설탕 절임.
‡**sweet·ness** [swíːtnis] *n.* [ⓤ] 1 단맛; 맛좋음. 2 감미로움, 아름다움. 3 기분좋음, 쾌적. 4 상냥함, 마음씨 좋음. 5 방향(芳香) (sweet smell).
sweetness and light 아름다움과 지성의 조화.
sweet óil *n.* ⓤ 올리브유(olive oil).
sweet péa *n.* 스위트피.
sweet pépper *n.* 후추나무의 일종(green pepper). 2 고추의 일종.
sweet potáto *n.* 1 고구마. 2 《구어》 =ocarina.

sweet·root [swíːtrùːt] *n.* 감초.
sweet-scent·ed [swíːtsèntid/-́-́] *adj.* 향기가 좋은, 방향이 있는.
sweet shóp *n.* 《英》 과자 가게(《美》 candy store).
sweet·sop [swíːtsɑ̀p / -sɔ̀p] *n.* [열 대 아메리카 산 (産)] 번여지(番荔枝); 그 열매.
sweet spót *n.* [골프의] 클럽·정구의 라켓·야구의 배트 따위에] 공이 잘 맞는 부분.
sweet tálk *n.* ⓤ 감언.
sweet-talk [swíːttɔ̀ːk] 《美구어》 *vt., vi.* 감언으로 꾀다 (아첨하다). 「운, 상냥한.
sweet-tem·pered [swíːttémpərd] *adj.* 마음씨가 고
sweet tóoth *n.* (*a* ~) 단것을 좋아하기. ¶ have a *sweet tooth* 단것을 좋아하다.
sweet víolet *n.* 향기제비꽃.
sweet wílliam (Wílliam) *n.* 아메리카 패랭이꽃.
sweet·y [swíːti] *n.* (*pl.* **sweet·ies**) 《英》 =sweetmeat.
‡**swell** [swel] *v.* (**swelled**, **swollen** or **swol·len**, **swell·ing**) *vi.* 1 팽창하다, 부풀다, 부피가 커지다. ⇒ EXPAND 類語 ¶ All the streams have *swollen* since the thaw. 해빙기를 맞아 모든 시냇물이 불었다. 2 [파도가] 넘실거리다, [토지가] 파도처럼 융기(隆起)하다 (*into*...). ¶ (~+前+名) The ground swells *into* an eminence. 그 땅은 솟아올라 언덕이 되어 있다. 3 [어떤 특정한 부분이] 부풀어 오르다 (*into*...), [돛이] 바람을 받아 부풀다. ¶ (~+前+名) This vase *swells into* a beautiful curve in the middle. 이 꽃병은 가운데가 불룩 나와 아름다운 곡선을 이루고 있다. 4 [수·양 따위가] 늘다, 증대하다; 음정이 높아지다, 커지다. ¶ (~+前+名) Our ranks *swelled* to over a hundred. 우리 선 줄은 백 명 이상으로 불어났다 / A murmur *swelled into* a roar. 중얼대던 목소리가 점점 높아져서 고함 소리로 되었다. 5 [감정이] 북받쳐오르다, 격해지다; [분노·오만 따위로] 가슴이 부풀다; 잘난 체하다, 의기양양하다. ¶ Anger *swelled* in him. 분노가 그의 가슴에 북받쳐올랐다 // (~+前+名) Her breast *swelled* with pride. 그녀는 자랑스러운 가슴이 부풀어 뚜렸다. 6 《주로 英》 곪아서 부어오르다. ¶ (~+副) The injured leg *swelled up*. 다친 다리가 부어올랐다.
— *vt.* 1 …을 부풀리다, 팽창시키다. 2 [수·양 따위]를 늘리다, 커지게 하다, 증가시키다. ¶ (~+目+副) New notes and additions of all kind *swelled* the book *out* to monstrous size. 온갖 주석(注釋) 과 추가 때문에 이 책은 부피가 엄청나게 늘었다. 3 [음의 강도·높이]를 점점 더하다. 4 《주로 과거 분사형으로》 북받치는 감정으로 (남)을 가슴 벅차게 하다, 우쭐의기양양하게 하다, 뿜내게 하다. ¶ *be swollen with* anger 분노로 가슴이 터질 듯하다.
have (or *suffer from*) *swelled* (or *swollen*) *head* 《구어》 자신이 중요한 인물이라고 과장해서 생각하다, 잘난 체하다, 자만하다.
— *n.* 1 ⓒ 팽창, 부어오름; 증가, 증대. ¶ a *swell* in population 인구 팽창. 2 [파도의] 넘실거림, 큰 파도; [토지의] 기복, 구릉. ¶ the *swell* of the sea 파도의 넘실거림. 3 [소리의] 고조(高調); [음악] 증강, 억양, 그 기호 [< >]. 4 [음악] [오르간의] 강·약을 장치. 5 [감정의 북받쳐짐. 6 《구어》 멋쟁이, 모양내는 사람; 거물, 명사; 명수. ¶ a *swell* in politics 정계의 거물 / a *swell* at fencing 펜싱의 명수.
— *adj.* 《구어》 1 [물건이] 멋진, 맵시있는, 모양이 좋은(smart); 화려한. ¶ Thanks for a *swell* time 아주 즐거웠소. 2 몸치장을 한, 멋쟁이의; 신분이 높은, 상류층의. 3 일류의(first-rate). ¶ a *swell hotel* 일류호텔.
swell bóx *n.* [음악] 스웰 박스, 증음함(增音函) [오 르간의 강·약을 장치].
swell-dom [swéldəm] *n.* ⓤ 《구어》 상류 사회; [집합적]
swell·fish [swélfiʃ] *n.* (*pl.* **-fish** *or* **-fish·es**) 복어.
swell·head [swélhèd] *n.* 자만하는 사람.
*swell·ing [swéliŋ] *n.* 1 ⓤⓒ 부풀어오르기, 부풀기,

swell·ish [swéliʃ] *adj.* 《구어》 멋부린, 멋진.

swell **mób** *n.* 《집합적》 신사 차림의 소매치기《패거리》.

swéll órgan *n.* 《음악》 스웰 오르간 《증음(增音) 오르간의 뜻으로 풍금 건반의 한 종류》.

swel·ter [swéltər] *vi.* 더위먹다, 더위로 지치다; 더워서 땀투성이가 되다. ─ *vt.* …을 더위로 지치게 하다; 땀투성이로 만들다. ─ *n.* 지치게 하는 더위, 폭서, 땀투성이의 상태.

swel·ter·ing [swélt(ə)riŋ] *adj.* 1 더위에 지친, 더위먹은, 2 《장소·날씨 따위가》 무더운. ~**ly** *adv.*

swept [swept] *v.* sweep의 과거·과거 분사.

swept-back [swéptbæk] *adj.* 《항공》《날개가》 후퇴익을 가진, 《비행기·미사일 따위가》 후퇴익의; 《머리 스타일이》 올백의. [後退翼]

swépt-báck wíng [swéptbæk-] *n.* 《항공》 후퇴익.

swept-wing [swéptwiŋ] *adj.* 《항공》 후퇴익이 달린.

*****swerve** [swə:rv] *v.* (**swerved, swerv·ing**) *vi.* 1 《정도에서》 벗어나다, 빗나가다; 《운동 도중에》 갑자기 방향을 바꾸다. ⇒ DEVIATE 類語. ¶ (~+前+名) The bullet *swerved* from the mark. 탄환이 표적을 벗어났다. 2 《도덕적으로》 정도에서 벗어나다, 혹닿다. ¶ (~+前+名) He never *swerves* an inch from his duty. 그는 본분에 어긋나는 일은 절대로 하지 않는다. ─ *vt.* 의 방향을 바꾸게 하다; …을 정도(正道)에서 벗어나게 하다. ─ *n.* 1 벗어나기, 굽음. 2 《크리켓》 곡구(曲球).

S.W.G. 《略》 standard wire gauge 《표준 와이어 게이지》.

‡swift [swift] *adj.* 1 재빠른, 신속한. ⇒ QUICK 類語. ¶ a *swift* vessel 쾌속정 / He is *swift* of foot like a horse. 그는 말처럼 발이 빠른 녀석이다. 2 잠깐 동안의, 빨리 지나가는, 일시적인. ¶ a *swift* response 즉답 / *swift* as thought 즉시, 생각할 틈도 없이. 4 바로 …하는, …하기 쉬운. ¶ He is *swift* to anger. 그는 곧 잘 화를 낸다 / Be *swift* to hear, slow to speak.《속담》 귀는 밝고 입은 무거워야 좋다. ─ *adv.* 재빠르게, 즉각적으로. ─ *n.* 1 칼새. 2 작은 도마뱀의 일종. 3 박쥐나방의 일종. 4 자동 실감개《물레》. 5 빠른 것, 급류.

SWIFT 《略》 Society of Worldwide Interbank Financial Telecommunication 《국제 은행간 데이타 통신 시스템》.

swift-foot·ed [swíftfútid] *adj.* 발이 빠른, 잘 달리는.

swift-hand·ed [swíftʰǽndid] *adj.* 손이 잰《빠른》; 《행동이》 민첩한.

swift·ly [swíftli] *adv.* 재빨리, 즉각적으로.

*****swift·ness** [swíftnis] *n.* U 빠름, 민첩함.

swift-winged [swíftwiŋd] *adj.* 날아가는 속도가 빠른, 빨리 나는.

swig [swig] 《구어》 *n.* 쭉《벌컥벌컥》 들이켜기, 통음, 경음《鯨飲》. ¶ take a *swig* at …을 쭉《꿀꺽꿀꺽》 켜다. ─ *vt., vi.* (**swigged, swig·ging**) …을 꿀꺽꿀꺽 들이켜다, 통음하다.

swill [swil] *vt.* 1 …을 게걸스레 들이켜다; …에게 실컷 마시게 하다. ¶ *swill* tea 홍차를 들이켜다 // (~+目+前+名) *swill* oneself *with* wine 실컷 술을 마시다. 2 《물을 부어》…을 씻어내다(...*out*). ¶ (~+目+副) She *swilled out* dirty cups. 그녀는 더러워진 컵을 물로 씻어냈다. ─ *n.* 1 U《부엌의》음식 찌꺼기, 먹다 남은 음식, 《부엌의》 구정물. 2 (a ~) 행구기. ¶ I gave it a good *swill*. 나는 그것을 흠씬 씻었다. 3 마구 들이켜기, 폭음.

swill·er [swílər] *n.* 술고래, 주호(酒豪).

‡swim [swim] *v.* (**swam** *or* 《고어·방언》 **swum**, **swum**; **swim·ming**) *vi.* 1 헤엄치다, 수영하다. ¶ go *swimming* 수영하러 가다 / *swim* on one's back 배영하다 / *swim* across a lake 호수를 헤엄쳐 건너다 // (~+前) *swim about* in the sea 바다를 헤엄쳐 다니다. 2 뜨다, 떠돌다. ¶ A leaf *swims* down the river. 나뭇잎이 한 잎 강물에 떠 내려간다 / A lot of balloons *swim* in [the] air. 많은 기구가 하늘에 떠 있다. 3 미끄러지듯이 달리다, 가볍게 나아가다. ¶ A cloud *swam* slowly across the moon. 구름이 느릿느릿 달 위를 흘러갔다. 4 젖다, 잠기다; 넘치다. ¶ (~+前+名) Her eyes *swim with* happy tears. 그녀의 눈에는 기쁨의 눈물이 글썽거렸다. 5 현기증이 나다, 아찔아찔하다; 빙빙 도는 것처럼 보이다. ─ *vt.* 1 …을 헤엄치게 하다. ¶ *swim* a horse across a river 말을 헤엄치게 해서 강을 건너게 하다. 2 …을 헤엄쳐 횡단하다, 《어떤 거리》를 헤엄치다. ¶ How many can *swim* the Channel? 영불 해협을 헤엄쳐 건널 수 있는 사람은 몇이나 될까? 3 …과 경영(競泳)하다, 〔경영〕에 참가하다. ¶ I'll *swim* you 100 meters. 너하고 100미터 경영을 하겠다 / We all *swam* the race. 우리들은 전원 경영에 참가했다.

swim to the bottom (*or* *like a stone or like a tailor's goose*)《익살》 헤엄칠 줄 모르다.

swim with (*against*) *the tide* (*or* *stream*) 대세에 따라《를 거슬러》 나아가다, 시대의 흐름에 순응하다《역행하다》.

─ *n.* 1 한번의 헤엄치기, 수영; 미끄러지듯이 달리기. ¶ have a *swim* 한바탕 헤엄치다. 2 《英》〔물고기가 많이 있는〕 깊은 못. 3 《드물게》=swimming bladder. 4 《the ~》 시대의 흐름, 대세. 5 《the ~》 춤의 일종. 6 헤엄치는 거리.

in (*out of*) *the swim* ① 세상 물정에 밝은《어두운》. ② 시대의 흐름을 타고《벗어나서》. ③《속어》 한때의 폼에 들어《안 들어》.

swím bládder *n.* =air bladder.

swim fin *n.* 〔잠수용〕 물갈퀴 (flipper).

swím mèet *n.* 《美》 경영(競泳) 대회, 수영 대회 (swimming meet).

swim·mer [swímər] *n.* 헤엄치는 사람(것). ¶ He is a good (a poor) *swimmer*. 그는 헤엄을 잘 친다《못 친다》.

swim·mer·et [swímərèt] *n.* 《동물》〔갑각류(甲殼類)의〕 유영각(遊泳脚), 유영기(器).

swim·ming [swímiŋ] *n.* U 1 헤엄치기, 수영; 경영. 2 현기증. ¶ have a *swimming* in the head 현기증이 나다. ─ *adj.* 1 헤엄치는, 헤엄칠 수 있는; 헤엄치고 있는; 수영의, 유영용(遊泳性)의. 2 떠 있는, 뜨는. 3 미끄러지듯이 움직이는, 흐르는 듯한. 4 물《눈물》로 가득 찬. ¶ *swimming* eyes 눈물이 가득 괸 눈. 5 현기증이 나는.

swímming báth *n.* 《英》〔보통 옥내의〕 수영장.

swímming béll *n.* 《해파리류의》 영종(泳鐘)《종의 모양을 한 유영기(遊泳器)》.

swímming bládder *n.* =air bladder.

swímming hòle *n.* 수영에 적합한 물웅덩이.

swim·ming·ly [swímiŋli] *adv.* 순조롭게, 척척, 수월하게. ¶ get (*or* go) on *swimmingly* 척척 일이 되어가다.

swímming pòol *n.* 《美》 수영장, 풀장. 〔suit〕.

swim·suit [swímsù:t / -s(j)ù:t] *n.* 수영복 (bathing

*****swin·dle** [swíndl] *v.* (**-dled, -dling**) *vt.* 1 …을 속이다, 〔돈 따위〕를 사취(詐取)하다; 〔남〕을 속여서 …하게 하다. ¶ (~+目+前+名) *swindle* a person *out of* his money; *swindle* money *out of* a person 남에게서 돈을 사취하다 / He was easily *swindled out of* all the savings. 그는 모은 돈 전부를 섭사리 사취당했다 / I *swindled* her *into* buying an imitation diamond. 그는 그녀를 속여 가짜 다이아몬드를 사게 했다. ─ *vi.* 편취하다, 사취하다. ─ *n.* 1 사취, 협잡, 속임수. 2 가짜, 위조품.

swin·dler [swíndlər] *n.* 사기꾼, 협잡꾼.
swíndle shèet *n.* 《속어》 《종업원이 쓰는》 회사 교제비.
***swine** [swain] *n.* (*pl.* **swine**) **1** [가축으로서의] 돼지 (* 일반적으로는 pig, hog를 쓴다). ➡ PIG 類語 **2** 비열한 남자, 호색한. ◇ **swínish** *adj.*
swíne fèver *n.* Ⓤ 《獸醫》 돼지 콜레라(hog cholera).
swine·herd [swáinhə̀ːrd] *n.* 돼지 기르는 사람, 양돈가.
swíne plàgue *n.* Ⓤ 《獸醫》 돼지의 패혈증.
swíne pòx *n.* Ⓤ 《獸醫》 돈두(豚痘), 양돈(痘). **2** Ⓤ 돼지떼.
swin·er·y [swáinəri] *n.* (*pl.* **-er·ies**) **1** 돼지우리. **2** 돼지떼.
‡**swing**[1] [swiŋ] *v.* (**swung**, **swing·ing**) *vt.* **1** …을 흔들어 움직이다, 흔들다. ¶ *swing* one's arms 팔을[앞뒤로] 흔들다. **2** …을 휘두르다, 휙 치켜올리다. ¶ (~+閇+前+名) He *swung* the bag *onto* his back. 그는 자루를 등에 둘러맸다. **3** …을 매달리게 하다, 매달다(suspend). ¶ (~+閇+前+名) *swing* a lamp *from* the ceiling 천정에 등을 달다. **4** …의 방향을 바꾸다, …을 휙 돌리다, 회전시키다. ¶ (~+閇+閇) *swing* a door open 문을 확 열다 // (~+閇+前+名) He *swung* the car *around* the corner. 그는 자동차의 방향을 바꾸어 모퉁이를 휙 돌았다. **5** 《美구어》 [여론 등]을 좌우하다, …에 강한 영향력을 갖다; …을 잘 처리하다(manage).
— *vi.* **1** 흔들다, 흔들거리다. ¶ The hammock is *swinging* gently. 해먹이 조용히 흔들리고 있다.
類語 **swing** 한쪽 끝을 고정한 물건이 흔들리다: A pendulum *swings*. 흔들이가 흔들리다. **sway** 台수 큰, 또는 불안정한 물건이 조용히 천천히 흔들리다: treetops *swaying* in the wind 바람에 흔들리는 나무 꼭대기. **oscillate** 어떤 두 개의 점 사이를 규칙적으로 *swing* 하다: *oscillate* between two extremes 양 극단 사이에서 흔들리다. **rock** 바닥이 고르지 못해 흔들리다: a *rocking* chair 흔들의자. **waver** 매우 불안정하게 *swing*, oscillate 하다: A candle flame *wavers*. 촛불이 크게 흔들린다. **roll** [배 따위가] 옆으로 흔들리다. **pitch** [배 따위가] 세로로(앞뒤로) 흔들리다.
2 방향을 바꾸다, 회전하다. ¶ (~+閇) He *swung* round on his heel. 그는 발뒤꿈치로 홱 방향을 바꿨다 / The door *swings* inward. 그 문은 안쪽으로 열린다 // (~+閇) The door *swung* open. 문이 힘차게 열렸다. **3** 몸을 좌우로 흔들며 걷다; 활기있게 걷다. ¶ (~+前+名) He *swung out of* the room. 그는 기운차게 방에서 나갔다 // (~+閇) The troop went *swinging* along. 군대는 보무당당히 행진해 갔다. **4** 매달리다 (hang). **5** 《구어》 교수형을 당하다. ¶ (~+前+名) He *swung for* the murder. 그는 살인죄로 교수형을 당했다. **6** 《美속어》 남보다 앞서 대담한 행동을 하다; 성(性)적 모험을 하다; 부부 교환을 하다; 마음껏 즐기다.
swing around the circle 《美》 선거구를 유세하다.
swing off 반대편(쪽)에 붙다.
swing over …에 관심(주의)을 기울이다(*to*…); …에 뛰어들다(*into*…).
swing round ① 빙 돌다, 방향을 바꾸다. ② [여론 따위가] …으로 바뀌다(*to*…).
swing to [문이] 닫히다; 문을 닫다.
— *n.* ⒸⓊ 진동, 동요, 흔들[리]기. **2** ⒸⓊ 진폭. ¶ the *swing* of a pendulum 진자(振子)의 진폭. **3** Ⓒ[골프의 클럽·야구의 배트 따위를] 휘두르기, 휘두르는 법, 스윙. ¶ a long (a short) *swing* 길게(짧게) 휘두르기 / He has a good *swing*. 그는 좋은 스윙을 한다. **4** ⒸⓊ 회전, 곡선 운동, [댄스·스키의] 스윙. **5** 몸을 좌우로 흔들기. ¶ walk with a *swing* 몸을 흔들며 걷다. **6** 활동의 자유, 자유로운 활동 범위. ¶ have (or take) one's full *swing* 자유롭게 행동하다. **7** [일 등의] 진행. ¶ *in full swing* 한창인, 한창 진행 중인. **8** 그네. ¶ have (or sit in) a *swing* 그네를 타다. **9** ⒸⓊ [시·음악 등의] 율동, 가락, 리듬, 스윙. **10** 한바탕의 일, 일련의 작업. **11** 짧은 여행.
be out of the swing of …의 사정에 어둡다.
go with a swing [일 등이] 순조롭게 나아가다, 척척 되어가다.
lose on the swings what you make (or *gain*) *on the roundabouts* 도로 아미타불이 되다, 피장파장이 되다, 한쪽에서 손해 본 것을 딴쪽에서 벌충하다.
swing[2] [swiŋ] *n.* Ⓤ 스윙 음악[재즈의 연주 양식의 일종] (swing music). — *vt., vi.* (**swung, swing·ing**) […을] 스윙풍으로 연주하다.
swíng accòunt *n.* [상각된 채권·채무 잔액에 관한] 차월(借越) 한도.
swing·back [swíŋbæ̀k] *n.* [정치적 의미에서] 원상복귀. ¶ *swingback* to isolationism 고립주의로의 환원.
swíng bòat *n.* 《英》 [2,3명이 타는] 배 모양의 그네.
swíng brídge *n.* 선회교(旋回橋), 선개교(旋開橋).
swing-by [swíŋbài] *n.* [우주선의] 행성 궤도 근접 통과.
swíng dòor *n.* = swinging door.
swinge[1] [swindʒ] *vt.* (**swinged, swinge·ing**) 《고어》 …을 채찍질(매질)하다(thrash), 벌하다(punish).
swinge[2] [swindʒ] *vt.* (**swinged, swinge·ing**) 《방언》 = singe.
swinge·ing [swíndʒiŋ] *adj.* 《英구어》 **1** 거대한, 굉장히 큰. **2** 굉장한, 훌륭한, 제일급의, 일류의.
swing·er[1] [swíŋər] *n.* **1** 흔드는(흔들리는) 사람. **2** 《美속어》 유행에 앞서 가는 사람, 쾌락(성)의 모험자; 부부 교환 놀이를 하는 사람.
swing·er[2] [swíndʒər] *n.* 《英구어》 거대한 것.
***swing·ing** [swíŋiŋ] *adj.* **1** 흔들리는, 진동하는; [노래가] 경쾌한. ¶ a *swinging* rhythm 경쾌한 리듬. **2** 《美속어》 활발한; 훌륭한(excellent); 유행을 앞서 가는; 성의 모험을 하는. — *ly adv.*
swínging dóor *n.* 앞뒤로 열리며 자연히 닫히는 문.
swin·gle [swíŋgl] *n.* (삼(麻)) 두드리는 막대. — *vt.* (**-gled, -gling**) (삼·아마)을 두드리는 막대로 두드리다. [매는] 물추리막대(whiffletree).
swin·gle·tree [swíŋgltrìː] *n.* (마구(馬具)의 뒷줄을 매는] 가로막대.
swíng mùsic *n.* Ⓤ 스윙 음악. = SWING[2].
swing·o·ver [swíŋòuvər] *n.* [의견 등의] 전환, 변경.
swíng shìft *n.* 《美구어》 **1** [공장 등의] 야간근무[보통 오후 4시-밤 12시]. **2** [집합적] 반야근하는 근로자.
swing-wing [swíŋwìŋ] *n.* [항공] 가변 후퇴익[기](可變後退翼[機]).
swin·ish [swáiniʃ] *adj.* **1** 돼지의(같은). **2** 비열한, 치사한, 야비한, 거칠고 촌스러운; 게걸스러운, 탐욕스러운. **3** 색을 밝히는, 호색의. — *ly adv.* — *ness n.*
swink [swiŋk] *vi.* (**swank** or **swonk, swonk·en, swink·ing**) 《고어》 수고하다, 애써 일하다, 부지런히 (땀흘려) 일하다. — *n.* 《고어》 수고, 힘드는 일 (drudgery).
swipe [swaip] *n.* **1** 《구어》 [크리켓·골프 등에서의] 강타, 크게 휘둘러 치기. **2** 방아두레박; [두레박의] 장대. **3** 《美속어》 말의 사육 담당. **4** [술 따위의] 들이 켜기, (~s) 《英구어》 싸구려 맥주. — *v.* (**swiped, swip·ing**) *vt.* 《구어》 …을 강타하다. — 《속어》 …을 훔치다, 낚아채다. — *vi.* **1** 강타하다(*at…*). **2** [술 따위를] 벌컥벌컥 마시다, 단숨에 마시다.
***swirl** [swəːrl] *vi.* **1** [물·공기·먼지 따위가] 소용돌이치다, 빙빙 돌다; 먼지가 솟아오르다. ¶ (~+閇) The dust is *swirling* about. 먼지가 소용돌이치고 있다 // (~+閇+名) The stream *swirls over* the rocks. 시냇물은 소용돌이치며 바위 위를 흐르고 있다. **2** 머리가 어찔어찔하다, 현기증나다. — *vt.* …에 소용돌이를 일으키다. — *n.* **1** 소용돌이(eddy), 소용돌이꼴의 것. **2** 곱슬털, 고수머리(curl). **3** 혼란. — *ly adv.* **swírly** *adj.*
swirl·y [swə́ːrli] *adj.* (**swirl·i·er, swirl·i·est**) **1** 소용돌이치는, 소용돌이가 많은. **2** 《스코》 뒤엉킨 (tangled).
swish [swiʃ] *vi.* [채찍 따위가] 쉭(획) 하고 소리나다,

휙 바람을 가르고 움직이다(지나가다). ¶ (~+圖) A car *swished by*. 자동차가 휙 하고 지나갔다. ── *vt.* **1** [채찍 따위]를 휘두르다, 휙(쉭) 소리내다. ¶ *swish* a cane 지팡이를 쉭 하고 휘두르다. **2** …을 싹 베어 떨어뜨리다 (off). ¶ (~+圖+圖) *swish off* the tops of plants 나무 우듬지를 휙 베어버리다. **3** …을 채찍질하다(whip). ── *n.* **1** [채찍 따위의] 휙(쉭)하는 소리 (움직임); [비단 스치는] 사각사각하는 소리; [채찍 따위의] 한번 휘두르기, 일격. ¶ the *swish* of a horse's tail 말꼬리의 한번 휙 휘두르기. **2** 《美俗》여자 같은 호모의 남자. ── *adj.* **1** 《주로 英口語》멋진, 근사한 (fashionable). **2** 《美俗》동성애의, 호모의.

‡**Swiss**[swis] *n.* (*pl.* **Swiss**) **1** 스위스 사람. **2** (the ~) 《집합적》스위스 국민. ── *adj.* 스위스[사람]의, 스위스제(산)의, 스위스식(풍)의. ¶ *Swiss* Guards [로마교 황청의] 스위스인 호위병. ◇ Switzerland.

Swiss-air[swísɛər] 스위스 항공. [< Swiss Air Transport Co., Ltd.]

Swiss chárd *n.* 근대(chard). [한 치즈].
Swiss chéese *n.* ⓤ 스위스 치즈[구멍이 많고 단단
Swiss Confederátion *n.* (the ~) 스위스 연방[스위스의 정식 명칭].
Swiss-er[swísər] *n.* 스위스 사람.
Swiss róll *n.* 잼넣은 롤빵, 셸리롤.
Swiss stéak *n.* ⓤⓒ 스위스 스테이크[밀가루로 굳히고 토마토와 양파 소스로 맛을 낸 것].
Swit. 《略》Switzerland.

‡**switch**[switʃ] *n.* **1** [특히 회초리로 쓰는] 낭창낭창한 휘추리, 어린 가지; 《美》채찍(회초리)질. **2** 《美》개폐기; 스위치; [전화] 교환대; [철도] 전철기(轉轍機), 포인트. ¶ an on-off *switch* 점멸(點滅) 스위치. **3** [소 따위의] 꼬리끝의 털, 전환, 바꾸기, 변경. ¶ a *switch* in one's political opinions 정치적 견해의 전환. **5** [여자 머리의] 땋는 다리. ── *vt.* **1** 《英》[벌로써] …을 회초리로 때리다; [지팡이 등]을 휘두르다(swing); …을 홱 움직이게 하다 (jerk). 그 고양이는 꼬리를 빳빳이 세웠다 // (~+圖+圖+圍) He *switched* the letter *out of* my hand. 그는 그 편지를 내 손에서 낚아챘다. **2** 전환하다, 바꿔놓다(shift); [본줄기에서] …을 딴 데로 돌리다(divert). ¶ (~+圖+圖+圖) *switch* the talk *to* another subject 이야기를 딴 화제로 돌리다. **3** [전기] …의 스위치를 돌리다(틀다). **4** [철도] [열차]를 바꿔 넣다, 전철(轉轍)하다; [열차]의 운행 준비를 다하다. **5** 《구어》교환하다, 교체하다 (exchange). ¶ Let's *switch* places. 자리를 교환하자. ── *vi.* **1** 매질하다. **2** 전환하다; [방향·코스]를 바꾸다; 갈아타다. **3** [전기] 스위치를 틀다(돌리다). **4** [철도] 전철하다.

switch **on (off)** ① [전등·라디오 따위]를 켜다(끄다); …의 스위치를 넣다(끊다); 전화를 연결하다(끊다). ¶ *Switch on (off)* the light. 전등을 켜라(꺼라) / Don't *switch off*, please. 전화를 끊지 말아 주세요. ② 《美俗》[환각제]의 환각 체험을 하다(에서 깨어나다). **3** 《구어》 …따위]의 첨단을 걷다(걷지 않다).

switch-back[swítʃbæk] *n.* **1** [등산] 지그재그의 산길. **2** [철도] [가파른 고개를 오르기 위한] 지그재그 선로, 스위치백. **3** 《英》= roller coaster. **4** [영화] 되나오는 장면, 역전 플래시백. [날이 튀어나오는 나이프.
switch-blade[swítʃblèid] *n.* (=**swítchbláde knife**)
*swítch-board[swítʃbɔ̀ːrd, -bɔ̀ːd] *n.* [전기] 배전반 (配電盤); [전신·전화의] 교환기, 교환대. ¶ a *switch-board* operator 전화 교환수.
switched-on[swítʃtán, -ɔ́n] *adj.* 《속어》**1** 유행의 첨단을 걷는, 현대적인, 멋진. **2** 마약의 영향을 받고 있는. [장치].
switch-gear[swítʃgìər] *n.* ⓤ [전기] 개폐 장치, 고압용
switch-girl[swítʃgə̀ːrl] *n.* 《濠구어》전화 교환수.
switch-hit-ter[swítʃhìtər] *n.* **1** [야구] 스위치히터 [좌우 어느 자세로나 칠 수 있는 타자]. **2** 《美俗》양성애자(兩性愛者) (bisexual).

switch-man[swítʃmən] *n.* (*pl.* -**men** [-mən]) **1** 《美》[철도] 전철수 (轉轍手) (《英》pointsman). **2** [조차장(操車場)의] 차량 전환 조수.
switch-o-ver[swítʃòuvər] *n.* 전환, 바꾸기.
swítch sélling *n.* 《美》[공시 가격보다 비싸게 파는] 속임수 판매 (bait-and-switch selling), 미끼를 걸고 팔기.
swítch tráde *n.* 스위치 무역[삼각 무역의 일종; 두 나라의 무역 거래에서 외환 관리 등의 문제점 때문에 제3국을 경유해서 거래하는 방식].
switch-yard[swítʃjàːrd] *n.* 《美》[철도의] 조차장.
swith-er[swíðər] 《英방언》 *vi.* 주저하다, 망설이다, 의심하다; 걱정 (패념)하다. ── *n.* 주저, 망설임, 걱정, 패념. [불안, 패념.
Switz. 《略》 Switzerland.
Switz-er[swítsər] *n.* 스위스 사람 (Swiss).
Switz-er-land[swítsərlənd] *n.* [유럽 중부의 공화국; 수도 Bern]. ◇ **Swiss** *adj.*
swiv-el[swívl] *n.* **1** [기계] 회전 조인트, 자재(自在) 축받이, [흔히] 회전 고리. **2** [회전 의자의] 받침; 선회포(旋回砲); 선회 가(砲架). ── *v.* (**-eled, -el-ing**; 《英》 **-elled, -el-ling**) *vt.* **1** …을 선회 (회전) 시키다. **2** …을 회전 고리로 연결하다; …에 회전 고리를 장치하다. ── *vi.* [받침의 위·축의 둘레를] 선회 (회전)하다, 돌다. [(swing bridge).
swível brídge *n.* 선회교(旋回橋), 선개교(旋開橋).
swível cháir *n.* 회전 의자.
swível gún *n.* 선회포(砲), 회전포.
swizz [swiz] *n.* 《英속어》=swindle.
swiz-zle [swízl] *n.* ⓤⓒ 스위즐[럼주·얼음·레몬·설탕·고미제(苦味劑)를 섞은 일종의 칵테일], 합성주.
swízzle stíck *n.* 《구어》[칵테일용] 거품내는 막대.
swob [swɑb / swɔb] *n., v.* (**swobbed, swob-bing**) = swab.

‡**swol-len**[swóul(ə)n] *v.* swell의 과거 분사. ── *adj.* **1** 부풀어오른, 부은, 불은, 증수(增水)한. ¶ the *swollen* Nile 물이 불은 나일강. **2** [문체 등이] 과장된, 야단스런.
swoln[swouln] 《고어》 *v.* swell의 과거 분사. ── *adj.* = swollen.

*swoon** [swuːn] *vi.* **1** 기절하다, 의식을 잃다, 졸도하다(faint). ¶ She *swooned* at the sight. 그녀는 그 광경을 보고 기절했다. **2** [소리 따위가] 약해지다, 차츰 사라져 가다. ── *n.* 졸도, 기절, 실신(faint). ¶ **fall down in (or fall into) a swoon** 기절(졸도)하다.

swoop [swuːp] *vi.* 《맹금류가 하늘로부터 먹이에게》 덤벼들다, 홱 덮치다, 급습하다(**on, upon**…). ¶ (~+圖) (~+圖+圖) An eagle *swooped* down on its prey. 독수리 한 마리가 먹이에게 내리덮쳤다. ── *vt.* **1** …을 낚아(잡아) 채다, 강탈하다(…*off, away, up*). ¶ A robber *swooped up* her handbag. 노상 강도가 그녀의 핸드백을 낚아챘다. **2** 《맹금류가》 급하강, 급습, 잡아채기. ¶ **make a swoop at** …을 급습하다 / **with a swoop** 일격에, 단번에.
at a single swoop 일거에, 단번에.
swoosh [swuːʃ] 《구어》 *vi.* 쉭 하는 소리가 나다; 힘차게 움직이다(분출하다). ── *vt.* 쉭 하는 소리를 내며 분출시키다(이동시키다). ── *n.* 분사, 분출; 쉭(쎙)하는 소리(동작); 물줄기·옷깃 스치기·분출하는 물 따위.
swop [swɑp / swɔp] *v.* (**swopped, swop-ping**) = swap.

‡**sword** [sɔːrd / sɔːd] *n.* **1** 검(劍), 칼, 사벨. **2** 보통 the ~) 무력, 병권. ¶ *The pen is mightier than the sword.* 《속담》 문(文)은 무(武)보다 강하다. **3** (the ~) 죽음 (파괴)의 수단; 전쟁 (war).
at sword's points 반목하여, 적대하여, 사이가 나빠.
cross (or measure) swords with …와 싸우다, 결투하다; 격론을 벌이다.
draw (sheathe) the sword 칼을 빼다(넣다); 싸움을

시작하다(그만두다)《at, against...》.
fall on one's **sword** 자인(自刃)하다.
put to the sword 칼로 베어 죽이다; [특히 전쟁에서]
살육하다.
the sword of Damocles → DAMOCLES.
the sword of justice 사법권.
the sword of State (or **honour**) 《英》 보검(寶劍)
[대례(大禮)시 영국 왕 앞에 받쳐드는 칼].
the sword of the Spirit (or **spirit**) 신의 말씀.
throw one's **sword into the scale** 요구를 관철하기
위해 무력을 행사하다.
swórd árm n. 오른팔, 오른손.
swórd báyonet n. 총검.
sword-bear·er [sɔ́ːrdbɛ̀(ː)rər / sɔ́ːdbɛ̀ər-] n. 《英》
검을 드는 사람, 검을 드는 시종.
swórd bélt n. 검대(劍帶), 칼띠.
sword·bill [sɔ́ːrdbìl / sɔ́ːd-] n. 칼부리벌새 [남미산
(産) 벌새의 일종].
swórd cáne n. 속에 칼이 든 지팡이(sword stick).
sword·craft [sɔ́ːrdkræ̀ft / sɔ́ːdkrɑ̀ːft] n. 검술, 용
병술, 전략(戰略).
swórd dánce n. 칼춤, 검무.
sword·fish [sɔ́ːrdfìʃ / sɔ́ːd-] n. (pl. **-fish** or **-fish·es**)
1 황새치. **2** (the S-) 〖천문〗 기어좌(旗魚座)(Dorado).
swórd gráss n. 칼 모양의 잎이 있는 풀[글라디올
러스 따위].
swórd hánd n. 오른손. opp. bow hand
swórd knót n. 칼집에 달린 끈; [칼자루에 다는]끈,
술.
swórd láw n. 무단(武斷) 정치; 군정; 계엄령.
swórd líly n. =gladiolus.
sword·man [sɔ́ːrdmən / sɔ́ːd-] n. (pl. **-men** [-mən])
(고어) =swordsman.
sword·play [sɔ́ːrdplèi / sɔ́ːd-] n. U **1** 검술, 칼솜
씨, 펜싱. **2** 《비유적》 불꽃 튀기는 격론, 임기응변의 입
씨름.
swords·man [sɔ́ːrdzmən / sɔ́ːdz-] n. (pl. **-men**
[-mən]) **1** 검객, 검사, 검술가. 《고어》 병사, 군인,
무인.
swords·man·ship [sɔ́ːrdzmənʃìp / sɔ́ːdz-] n. U 검
객(검사)의 솜씨; 검술, 검도.
swórd stíck n. =sword cane.
sword·tail [sɔ́ːrdtèil / sɔ́ːd-] n. 송사리의 일종[꼬리
지느러미가 칼 모양으로 생긴 관상용 담수어].
*****swore** [swɔːr / swɔː] v. swear 의 과거형.
*****sworn** [swɔːrn / swɔːn] v. swear 의 과거 분사.
——adj. 맹세한, 선서한; 약속한. ¶ *sworn*
enemies 불구대천의 적(원수) / *sworn brothers* 의형
제 / *sworn friends* 맹우(盟友).
swot¹ [swɑt / swɔt] v. (**swot·ted, swot·ting**), n.《구
어》=swat.
swot² [swɑt / swɔt] 《英 속 어》 vi., vt. (**swot·ted,
swot·ting**) […을] 열심히 공부하다, 들이파다, 책에 매
달리다(at, for...). ¶ *swot at* mathematics 수학을 들이
파다. —— n. **1** 맹렬히 공부하는 사람. **2** 맹렬한 공
부. ⇒swoon.
swound [swaund, +美 swuːnd] n., v. (고어) =
'swounds [z(w)aundz] *interj.* 《고어》쳇, 제기랄, 빌
어먹을[노여움 따위의 표현].
Swtz. 《略》Switzerland.
Swu 《略》separate work unit[천연 우라늄에서 농축
우라늄을 분리시킬 때의) 분리 작업(량) 단위).
‡**swum** [swʌm] v. swim 의 과거 분사; 《고어·방언》
swim 의 과거.
‡**swung** [swʌŋ] v. swing¹, swing²의 과거·과거 분사.
swúng dásh n. 파형(波形) 기호, 스윙 대시 [~].
sy- prep. ⇒SYN-.
Syb·a·ris [síbəris] n. 시바리스[이탈리아 남부에 있었
던 고대 그리스의 도시, 그 부와 사치스런 생활로 유명.

기원전 510년에 멸망].
Syb·a·rite [síbəràit] n. **1** 시바리스(Sybaris) 의 주
민. **2** (종종 s-) 방탕아, 쾌락에 빠진 사람.
Syb·a·rit·ic [sìbərítik], **-i·cal** [-ik(ə)l] adj. **1** 시
바리스(Sybaris) 의 주민의. **2** (s-) 쾌락에 빠진, 방탕
한. **-i·cal·ly** [-ikəli] adv.
syc·a·mine [síkəmin, -màin] n. 뽕나무; 그 검은 오
디[←누가 복음(Luke) 17:6].
*****syc·a·more** [síkəmɔ̀ːr / -mɔ̀ː] n. **1** 《美》 플라타너
스. **2** 《英》 큰단풍나무. **3** [이집트·소아시아산(産)
의] 무화과나무.
syce [sais] n. 〖인도의〗마부, 말구종.
sy·cee [saisíː] n. (=**sycée sílver**) 〖U〗말굽은(銀), 마
제은(馬蹄銀) 〖옛 중국에서 화폐로 사용했다〗.
sycée sílver n. =sycee.
sy·co·ni·um [saikóuniəm, + 英 si-] n. (pl. **-ni·a**
[-niə]) 〖식물〗은두화서(隱頭花序) [무화과 따위의 과실].
syc·o·phan·cy [síkəfənsi] n. U 아첨, 아부, 추종.
syc·o·phant [síkəfənt] n. 아첨꾼, 추종자, 아부자.
syc·o·phan·tic [sìkəfǽntik], (**syc·o·phan·ti·cal**
[-k(ə)l]) adj. 아첨하는, 알랑거리는.
-ti·cal·ly [-ikəli] adv.
sy·co·sis [saikóusis] n. 〖U〗〖병리〗 모창(毛瘡).
*****Syd·ney** [sídni] n. Australia 동남부의 항구.
sy·e·nite [sáiənàit] n. 〖U〗〖광물〗 섬장암(閃長岩).
sy·e·nit·ic [sàiinítik] adj. 〖광물〗 섬장암의.
syl- *pref.* ⇒SYN-.
syl., syll. 《略》syllable.
sy·li, si·ly [síːli] n. 실리[Guinea 의 화폐 단위]: =100
cauris; 기호 Sy].
syl·la·bar·y [síləbèri/-bəri] n. (pl. **-bar·ies**)음절 문
자표, 자음표(字音表).
syl·la·bi [síləbài] n. syllabus 의 복수형.
syl·la·bic [siláebik] adj. **1** 음절의, 철자의, 음절로
된, 음절을 나타내는. **2** 각 음절을 똑똑히 발음하는.
3 〖韻律〗음절 수에 근거한. **4** 〖음성〗음절의 주음을
이루는, 음절 주음(主音)의. ¶ a *syllabic* consonant 음
절 주음적 자음, 성절(成節)자음 〖영어의 l, m, n 따위〗.
—— n. 〖음성〗음절 주음. **2** 음절을 나타내는 문
자.
syl·lab·i·cate [siláebikèit] vt. (**-cat·ed, -cat·ing**)
⋯을 음절로 나누다(syllabify).
*****syl·lab·i·ca·tion** [siláebikéi(ə)n] n. U 음절로 나누
기, 분절법(分節法).
〖주의〗분절법에는 발화(發話)(utterance) 또는 발화의 단
편을 음절로 나누는 경우와 말의 철자를 음절로 나누
는 경우가 있다.
〖주의〗분절법의 대요. (1)1음절의 말은 끊지 않는다.
strength, thought 는 각기 8, 7 문자로 되어 있으나 1
음절의 말이고, tongue, matched 는 2 음절 같아 보이
지만 발음은 [tʌŋ] [mætʃt]로서 중핵이 되는 모음은 한
개밖에 없어 1음절이다. (2)2음절의 복합어로서 합
성 요소가 명확한 것은 거기서 끊는다: blackbird →
black·bird / highway → high·way. (3) 접두사·접미
사는 보통 거기서 끊는다: compose → com·pose /
descend → de·scend / kindness → kind·ness / singer
→ sing·er. * 동사 présent 는 pre·sent로 끊어 접두
사 끊는 자리와 일치하지만, 명사·형용사의 présent
는 제1음절의 단모음에 액센트가 있어서 뒤의 (6) 의 법
칙에 따라 s는 제1음절에 들어가 present가 된다. 마
찬가지로, record 따위도 품사(즉 악센트의 위
치)에 따라서 분절법이 달라지게 된다. (4) 병렬(並列)
하는 두 모음자가 장모음이나 이중모음을 이루지 않는 경
우에는 둘로 끊는다: lion → li·on / ruin → ru·in. *
daunt [dɔːnt], tail [teil] 따위는 1음절. (5) 악센트가
있는 장모음·중모음은 보통 다음의 자음과 나뉜다:
wáter → wa·ter / páper → pa·per. (6) 단모음은 보통
다음 자음을 끌어당긴다: cámel → cam·el / wóman →
wom·an. *cf.* ánimal → an·i·mal(a 는 n 을 끌어당기지

만 i 는 악센트가 없어서 m 은 다음 음절로 들어간다) * 단 -cious, -cial, -tion 은 전체가 하나의 음가(音價)를 나타내므로 분리하지 않는다. 예를 들어 précious 는 앞의 법칙으로 볼 때 prec·ious 로 되어야 하지만 pre·cious 로 된다. (7) [εər, ɔər, ɑːr] 와 같은 중모음 +r 의 경우, 그 r 은 앞 음절에 속한다: parent → par·ent / further → fur·ther. (8) 모음에 끼인 두 자음[자]는 앞뒤로 나뉜다: carry → car·ry / entire → en·tire. * 어형성(語形成) (word formation) 과정을 명시하기 위한 예외: adding → add·ing / singer → sing·er, etc. (9) 세 자음[자]가 모음에 끼여 있는 경우에는 보통 악센트가 있는 첫번째 자음[자]만이 앞의 음절에 들어간다: angry → an·gry/castle → cas·tle. * 형태소(形態素) (morpheme)를 명시하기 위한 예외: destroy → de·stroy, etc. (10) 성절(成節) 자음(syllabic consonant)인 l 은 앞의 자음을 끌어당긴다. -en 의 e 가 묵자(默字)이고 n 이 성절 자음인 경우도 같다: bottle → bot·tle / double → dou·ble / happen → hap·pen.

◇ syllábicate v., syllábic adj.

syl·lab·i·fi·ca·tion [silæbifikéiʃ(ə)n] n. = syllabication.

syl·lab·i·fy [silæbifài] vt. (-fied, -fy·ing) = syllabicate.

syl·la·bize [síləbàiz] vt. (-bized, -biz·ing) = syllabicate.

‡**syl·la·ble** [síləbl] n. 1 [음성] 음절, 실러블. 2 [음절을 나타내는] 철자. 3 한마디, 일언, 한 구. ¶ Not a *syllable* 한마디도 말하지 마라. —— v. (-bled, -bling) vt. 1 …을 음절마다 발음하다. 2 …을 똑똑히 발음하다. —— vi. 이야기(말)하다(speak).

◇ syllábic adj., syllabíficátion n.

-syllabled 「철자(음절)가 …한」, 「…의 철자(음절)를 가진」의 뜻의 연결형. 예: one-*syllabled*.

syl·la·bub [síləbʌb] n. = sillabub.

syl·la·bus [síləbəs] n. (pl. **-bus·es** or **-bi**) 1 [강연 등의] 적요(摘要), 요강, 요목; 요지. 2 [법률] 판결 요지. 3 (종종 S-) [가톨릭] 로마 교황 Pius 9세가 발포(發布)한 80명제(命題)의 유론표(謬論表) (Syllabus of Errors).

syl·lep·sis [silépsis] n. ⓤ 1 [수사] 일필 쌍서법(一筆雙敍法) [한 말을 두 뜻, 주로 자의적(字義的)과 비유적 뜻으로 쓰기. 예컨대 He *lost* his purse and his temper. 에서 lost his purse 의 lost 는 자의적으로, lost his temper 의 lost 는 비유적으로 쓰이고 있다]. 2 [문법] 겸용법. ⇔ ZEUGMA.

syl·lep·tic [siléptik], (**syl·lep·ti·cal** [-k(ə)l]) adj. [수사] 일필 쌍서법의; [문법] 겸용법의.

syl·lo·gism [sílədʒiz(ə)m] n. 1 [논리] 3단 논법. cf. major premise 2 ⓤ 연역법. cf. induction 3 교묘한 논법.

syl·lo·gis·tic [sìlədʒístik], (**syl·lo·gis·ti·cal** [-k(ə)l]) adj. 1 3단 논법의. 2 연역법의. -**ti·cal·ly** [-tikəli] adv.

syl·lo·gize [sílədʒàiz] (* 《英》에서는 syl·lo·gise 로도 쓴다) vi., vt. (-gized, -giz·ing) …을 3단 논법으로 논하다(추론하다).

sylph [silf] n. 1 〔공기 중에 사는 것으로 상상되었던〕 공기의 정(精). 2 날씬하고 우아한 소녀(여자). 3 벌새의 일종.

sylph·like [sílflàik] adj. 공기의 정(精)과 같은; 날씬하고 우아한.

syl·va [sílvə] n. (pl. **-vas** or **-vae** [-viː]) = silva.

syl·van [sílvən], (**silvan**) adj. 1 숲의; 숲에 사는, 숲에 있는. 2 〔토지가〕 나무가 많은, 수목이 무성한; 숲이 많은(woody). —— n. 숲에서 사는 사람; 숲의 요정.

syl·vi·cul·ture [sílvikʌ̀ltʃər] n. = silviculture.

syl·vite [sílvait] n. 실빈, 칼리 암염(岩鹽) 〔비료로 사용〕.

sym- pref. ⇒ SYN-.

sym. (略) symbol; symmetrical; symphony; symptom.

sym·bi·ont [símbaiɔnt, -bi- / -biɔnt] n. [생물] 공생자 (共生者).

sym·bi·o·sis [sìmbaióusis, -bi- / -bi-] n. ⓤ ⓒ (pl. **-ses** [-siːz]) [생물] 공생(共生), 공동 생활.

sym·bi·ot·ic [sìmbaiɔ́tik, -bi-/-biɔ́t-], (**sym·bi·ot·i·cal** [-k(ə)l]) adj. [생물] 공생의, 공생하는.
-**i·cal·ly** [-ikəli] adv.

‡**sym·bol** [símb(ə)l] n. 1 상징, 표상(emblem). ¶ the *symbol* of peace 평화의 상징. 2 부호, 기호, 표[지]. ⇨ MARK 類語 ¶ a chemical *symbol* 화학 기호 / a phonetic *symbol* 발음 기호, 음표 문자. 3 신조 (credo). —— v. (-boled, -bol·ing) 《英》 -bolled, -bol·ling) = symbolize. ◇ symbólic adj., sýmbolý v.

***sym·bol·ic** [simbɔ́lik / -bɔ́l-], **-i·cal** [-ik(ə)l] adj. 1 …을 상징(표상)하는, …을 나타내는(of…). ¶ A lily is *symbolic* of purity. 백합은 순결을 상징한다. 2 상징의, 상징적인, 상징되는. 3 기호(부호)로 표시된.
-**i·cal·ly** [-ikəli] adv.

symbólic lógic n. ⓤ 기호 논리학.

sym·bol·ics [simbɔ́liks / -bɔ́l-] n. pl. 《단수 취급》 [신학] 기독교의 신조학(론) (信條學(論)).

sym·bol·ism [símbəliz(ə)m] n. ⓤ 1 상징적 표현; 기호(부호)에 의한 표현. 2 상징성, 상징적 의미. 3 ⓒ 기호(부호) 체계. 4 〔예술·문학〕 상징주의. 5 = symbolics.

sym·bol·ist [símb(ə)list] n. 1 상징을 사용하는 사람, 기호(부호) 사용자. 2 〔예술·문학〕 상징주의자, 상징파 시인(화가). 3 상징(기호)주의자.

sym·bol·is·tic [sìmb(ə)lístik] adj. 상징적인; 상징주의[자]의.

sym·bol·i·za·tion [sìmb(ə)lizéiʃ(ə)n / -laiz-] n. ⓤ 기호로 나타내기, 기호화; 상징화.

***sym·bol·ize** [símb(ə)làiz] v. (-ized, -iz·ing) vt. 1 …을 상징(표상)하다. ¶ The badge *symbolizes* union. 그 배지는 단결을 상징한다. 2 …을 기호(부호)로 나타내다. 3 …을 상징화하다, 상징으로 보다. —— vi. 상징하다; 상징(기호)을 쓰다.

◇ symbolizátion, sýmbol n., symbólic adj.

sym·bol·iz·er [símb(ə)làizər] n. = symbolist.

sym·bol·o·gy [simbɔ́lədʒi / -bɔ́l-] n. ⓤ 1 상징(표상)학. 2 [집합적] 기호, 기호 표시법.

sym·met·al·ism [simmét(ə)lìz(ə)m] n. ⓤ 〔화폐의〕 복(複)본위제.

***sym·met·ri·cal** [simétrik(ə)l], **-ric** [-rik] adj. (opp. asymmetric[al]) 1 균형이 잡힌(ballanced). 2 〔기하〕 대칭적인. 3 (-ric) 〔수학〕 대칭(상칭)의. 4 〔식물〕 정상(相稱)의; 〔꽃이〕 윤생체(輪生體)의. 5 〔화학〕 대칭의. 6 〔병리〕 좌우 대칭성의〔병이 동시에 상대 부분을 침범한다〕. -**ri·cal·ly** [-rikəli] adv.

◇ sýmmetry n., sýmmetrize v.

sym·me·tri·za·tion [sìmitrizéiʃ(ə)n / -raiz-] n. ⓤ 대칭적으로 하기, 균형잡기.

sym·me·trize [símitràiz] vt. (-trized, -triz·ing) …을 대칭적으로 하다, …의 균형을 잡다.

sym·me·try [símitri] n. ⓤ (opp. asymmetry) 1 대칭, 상칭(相稱). 2 조화(harmony), 균형[미(美)], 균등. 3 〔수학〕 대칭. 4 〔식물〕 상칭.

‡**sym·pa·thet·ic** [sìmpəθétik] adj. 1 동정적인, 인정 있는. ¶ *sympathetic* words 동정적인 말. 2 서로 마음이 통하는, 마음에 맞는(congenial). 3 《구어》 …에 호의적인, 찬성하는(*toward*…). ¶ He was *sympathetic* to the plan. 그는 그 계획에 호의적이었다. 4 〔물리〕〔진동이〕 공명하는. ¶ *sympathetic* resonance 공명(共鳴). 5 〔해부·생리〕 교감 신경[계]의. ¶ the *sympathetic* nerve 교감(交感) 신경. —— n. 1 〔해부·생리〕 교감 신경[계]. 2 최면술 따위에〕 걸리기 쉬운 사람. -**i·cal·ly** [-ikəli] adv. ◇ sýmpathy n.

sympathétic ínk n. ⓤ 은현(隱顯) 잉크(invisible ink).

sympathétic nérvous sýstem n. 〔해부·생리〕 교감 신경계.

‡**sym·pa·thize** [símpəθàiz] (* 《英》에서는 sym·pa-

thise 로도 쏟다) *vi.* (-**thized**, -**thiz·ing**) **1** 동정하다; 조의를 표하다(*with*...). ¶ (~+榴+图) I *sympathize with* her. 나는 그녀를 동정한다. **2** 동감하다, 공명하다; 동의하다, 찬성하다. **3** 감응하다, 일치하다 (agree). ◇ sýmpathy *n.*, sympathétic *adj.*

sym·pa·thiz·er [símpəθàizər] *n.* **1** 동정자. **2** 지지자, 찬성자, 공명자.

sym·pa·tho·lyt·ic [sìmpəθo(u)lítik] *adj.* [약학] 교감 신경 파괴의, 교감 신경 차단의.

sym·pa·tho·mi·met·ic [sìmpəθo(u)mimétik] *adj.* [약학] 교감 신경 자극성의.

‡**sym·pa·thy** [símpəθi] *n.* (*pl.* -**thies**) **1** [U][C] 동정, 연민, 가엾게 여김; 조위(弔慰), 문상(*with, for*...). PITY [頬語] *opp.* antipathy ¶ a letter of *sympathy* 조문의 편지 / I feel *sympathy for* a person 남에게 동정하다. **2** [U]공감, 동감, 공명; 찬성 (approval)(*with*...).

— Usage sympathy with, sympathy for —— 보통 sympathy with 는 '공명, 공감'의 뜻으로(즉 상대와 대등한 관계에 있을 때에) 쓰고, sympathy for 는 '동정, 연민'의 뜻으로 쓴다: I have great *sympathy with* the policy. 나는 그 정책에 크게 공명하고 있다 / I feel much *sympathy for* him. 나는 그에게 크게 동정하고 있다.

3 [U]조화, 일치 (agreement). **4** [U][생리]교감[작용]. **5** [U][물리]공명.
in (*out of*) *sympathy with* ···과 일치하는(하지 않는), ···에 찬성하는(하지 않는).
◇ sýmpathize *v.*, sympathétic *adj.*

sýmpathy stríke *n.* 동정 스트라이크. ※ sympathetic strike 라고도 한다.

sym·pet·al·ous [simpét(ə)ləs] *adj.* [식물] 합판(合瓣)의.

sym·phon·ic [simfánik / -fɔ́n-] *adj.* **1** [음악]심포니(교향곡)의, 교향곡의, 협화음적인. **3** [말 따위가] 유사음의. -**i·cal·ly** [-ikəli] *adv.*

symphónic póem *n.* 교향시.

sym·pho·ni·ous [simfóuniəs] *adj.* 협화음(協和音)의, 협화음적인; 조화된.

sym·pho·nist [símfənist] *n.* 교향악 작곡자.

sym·pho·nize [símfənàiz] *vt., vi.* (-**nized**, -**niz·ing**) […을] 조화시키다, 조화하다(harmonize).

‡**sym·pho·ny** [símfəni] *n.* (*pl.* -**nies**) **1** [음악]교향곡, 심포니. **2** = symphony orchestra. **3** 교향악단 주회. **4** [U]조화(harmony); [특히] 색채의 조화. **5** (고어)협화음, 화음.
◇ symphónic *adj.*, sýmphonize *v.*

sýmphony órchestra *n.* 교향악단. *cf.* orchestra

sym·phy·sis [símfisis] *n.* (*pl.* -**ses** [-si:z]) [U] **1** (해부·동물)(뼈의) 결합; [C] 결합선(線). **2** [식물] 합생(合生) (coalescence).

sym·po·si·ac [simpóuziæ̀k] *adj.* symposium 의. — *n.* (고어) symposium.

sym·po·si·arch [simpóuziàːrk] *n.* symposium 의 사회자, 연회석의 주인(toastmaster).

sym·po·si·ast [simpóuziæ̀st] *n.* 토론회 참가자.

sym·po·si·um [simpóuziəm, -zjəm] *n.* (*pl.* -**si·ums** or -**si·a**) **1** 토론회, 좌담회, 심포지엄 [어떤 특정의 주제에 대해 자유로이 의견을 교환하기 위한 회합]. **2** [어떤 특정 주제에 대한] 여러 사람의 기고집, 논[문]집. **3** [고대 그리스·로마의] 주연(酒宴), 향연.

‡**symp·tom** [sím(p)təm] *n.* **1** 징후, 조짐, 전조(*of*...). ¶ *symptoms* of social unrest 사회 불안의 조짐. **2** [병리]징후, 증상, 증후(症候). ¶ a subjective *symptom* 자각 증상 / an objective *symptom* 타각적 증후.
◇ symptomátic *adj.*

symp·to·mat·ic [sìm(p)təmǽtik], (**symp·to·mat·i·cal** [-k(ə)l]) *adj.* **1** 징후(증후)의; 징후(증후)가 되는, ···의 표시가 되는, ···을 나타내는(*of*...). -**i·cal·ly** [-ikəli] *adv.*

symp·tom·a·tol·o·gy [sìm(p)təmətálədʒi / -tɔ́l-] *n.*

[U][의학]증후학(症候學); 증후군(群).

syn- *pref.* with, together의 뜻. 예: *syn*thesis, *syn*optic (※「s+자음」과 z 앞에서는 sy-; l 앞에서는 syl-; b, m, p 앞에서는 sym-;「s+모음」앞에서는 sys- 를 쓴다. 예: *syl*lable, *sym*bol).

syn. (略) synonym, synonymous, synonymy.

syn·aer·e·sis, syn·er- [sinérəsis / -níər-] *n.* [U](음성)합음(合音) [2음절로 (두 모음)을 하나로 줄이기].

syn·aes·the·si·a [sìnisθíːʒ(i)ə / -ni:sθíːziə] *n.* [심리] = synesthesia.

syn·a·gog·i·cal [sìnəgádʒik(ə)l / -gɔ́dʒ-], -**gog·al** [sìnəgɔ́:g(ə)l, -gɑ́g- / -gɔ́g-] 유대 교회당(시나고그)의; 유대 교도의 집단(집회)에 관한.

*****syn·a·gogue, -gog** [sínəgɔ̀:g, -gɑ̀g / -gɔ̀g] *n.* **1** 유대 교회당, 시나고그. **2** 유대 교도의 집단(집회).
◇ synagógical *adj.*

syn·a·le·pha, -loe·pha [sìnəlíːfə] *n.* [U]어미·어두 (語頭)에서 이웃한 두 모음이 줄어서 한 syllable 로 되기 [예: the army → th' army].

syn·apse [sínæps, ---- / ←- sáinæps] *n.* (생리)시냅스, [신경 세포의] 연접부.

syn·ap·sis [sinǽpsis] *n.* (*pl.* -**ses** [-si:z]) **1** [U](생물)염색체 접합, 시냅시스. **2** (생리) = synapse.

sync, synch [siŋk] *n.* = synchronization.
— *vi., vt.* = synchronize.

syn·carp [sínkɑːrp] *n.* (식물)집합과(集合果), 다화과(多花果).

syn·car·pous [sinkɑ́ːrpəs] *adj.* (식물) **1** 집합과의, 집과(성)의. **2** 집합 심피(心皮)를 가진, 집합 심피의.

syn·chro [síŋkro] *n.* [전기]싱크로 [회전 또는 병진(進進)의 변위(變位)를 멀리 전송하는 장치].
— *adj.* 동시 작동의.

syn·chro·cy·clo·tron [sìŋkro(u)sáiklətràn / -tròn] *n.* (물리)싱크로사이클로트론.

syn·chro·flash [síŋkro(u)flæ̀ʃ] *n.* [사진]셔터와 플래시의 발광(發光)이 동조하는, 싱크로 촬영의.

syn·chro·mesh [síŋkro(u)mèʃ, -←] [자동차] *adj.* 등속(等速) 맞물림 변속 장치의. — *n.* 등속 맞물림 클러치.

syn·chro·nal [síŋkrən(ə)l] *adj.* = synchronous.

syn·chron·ic [siŋkránik / -krɔ́n-], (**syn·chron·i·cal** [-k(ə)l]) *adj.* [언어]공시적(共時的)인[어떤 시기의 언어 사실을 정지한 체계로서 기술적(記述的)으로 다룸]. *cf.* diachronic ¶ *synchronic* studies in English 영어의 공시적 연구.

syn·chro·nism [síŋkrənìz(ə)m] *n.* [U] **1** 동시성, 동시 발생(*opp.* asynchronism); [영화의] 영상과 발성의 일치. **2** [역사적 사건·인물의] 대조 표시; [C]대조 역사 연표. **3** [물리·전기]동기(同期) [의] 상태.

syn·chro·ni·za·tion [sìŋkrənizéiʃ(ə)n / -naiz-] *n.* [U] **1** 동시에 하기, 시간을 일치시키기, 시계를 맞추기. **2** 동시성. **3** [영화의] 화면과 음향의 일치; 동시 녹음; 동기화(同期化).

*****syn·chro·nize** [síŋkrənàiz] (* 《英》 에서는 **syn·chro·nise** 로도 쓴다) *v.* (-**nized**, -**niz·ing**) [U] **1** 동시에 일어나다 [사건이] 동시에 진행하다, 동시성을 지니다 (*with*...). ¶ (~+榴+图) One event *synchronizes* with another. 한 사건이 다른 사건과 동시에 일어난다. **2** [몇 개의 시계가] 같은 시각을 가리키다, 표준시를 가리키다.
— *vt.* **1** [속도·시각 따위]일치시키다; …을 동시에 진행시키다. ¶ We *synchronized* all our watches before starting. 출발 전에 모두 시계를 맞추었다. **2** …을 같은 시기(시대)의 것으로 하다; …의 동시성을 확증하다. **3** [영화] [음향]을 녹화와 일치시키다; [사진] [셔터]를 플래시의 발광과 동조시키다.

sýn·chro·nized shífting[síŋkrənàizd-] *n.* [U] 싱크로나이즈드 시프팅 [자동차의 동기(同期) 변속 장치에 의한 기어 변속].

sýnchronized swímming *n.* [U]싱크로나이즈드

스위밍[음악의 리듬에 맞춰서 하는 수중 발레].
syn·chro·niz·er [síŋkrənàizər] *n.* **1** 일치시키는 사람(것). **2** 시계를 맞추기 위한 기계; [특히] 표준 시계. **3** =synchroscope. **4** [사진] 동조 발광 장치, 싱크로나이저.
syn·chro·nous [síŋkrənəs] *adj.* **1** 동시에 일어나는, 동시성의. *opp.* asynchronous **2** 같은 비율로 진행하는, 동일 속도로 동시에 움직이는, **3** 〖물리·전기〗동기의(同位相)의, 동기의. **4** 〖위성이〗정지한(geostationary).
~·ly *adv.* ~·ness *n.*
sýnchronous compúter *n.* 〖컴퓨터〗동기식(同期式) 컴퓨터〖명령 실행의 타이밍이 모두 하나의 clock 에서 나오는 신호로 행해지는 컴퓨터〗.
sýnchronous sátellite *n.* 〖우주공학〗정지[궤도] 위성(geostationary satellite).
sýnchronous sýstem *n.* 〖컴퓨터〗동기식(同期式), 연속식.
syn·chro·scope [síŋkro(u)skòup] *n.* 〖전기〗동기(同期) 검정기.
syn·chro·tron [síŋkro(u)tràn / -tr̀on] *n.* 〖물리〗싱크로트론〖둥근 고리 모양의 입자(粒子) 가속기의 일종〗.
syn·cli·nal [siŋkláin(ə)l, +美 síŋkli-] *adj.* **1** 〖중심축에서 만나도록〗양쪽에서 서로 기운(경사진)의. **2** 〖지질〗향사(向斜)의.
syn·cline [síŋklain] *n.* 〖지질〗향사. *opp.* anticline
Syn·com [síŋkàm / -k̀om] *n.* 신콤 위성〖전화 중계용 정지 위성〗.
syn·co·pate [síŋkəpèit] *vt.* (**-pat·ed, -pat·ing**) **1** 〖음악〗〖강박(强拍)〗의 이환(移換)을 하다, …을 절분(切分)하다. **2** 〖문법〗〖말〗의 중간 음절을 생략하다〖예: every → ev'ry〗.
syn·co·pa·tion [sìŋkəpéi(ə)n] *n.* **1** 〖UC〗〖음악〗절분〖법〗, 싱코페이션. **2** 〖U〗〖문법〗어중음(語中音) 소실, 〖말〗의 중략.
syn·co·pa·tor [síŋkəpèitər] *n.* **1** 싱코페이션을 쓰는 사람. **2** 재즈 음악 연주가.
syn·co·pe [síŋkəpi] *n.* 〖U〗 **1** 〖문법〗중간 생략 단축법, 어중음 소실〖예: ever → e'er〗. *cf.* apheresis, apocope **2** 〖음악〗절분〖법〗〖切分〖法〗〗. **3** 〖병리〗가사(假死); 실신 발작.
syn·cret·ic [siŋkrétik] *adj.* **1** 〖여러 학설·분파 등의〗통합적인. **2** 〖언어〗어형 융합의. — *n.* 제파(諸派) 통합론자, 제설(諸說) 혼합론자.
syn·cre·tism [síŋkritìz(ə)m] *n.* 〖U〗 **1** 〖종교·철학 등의〗제설(諸派) 통합, 제설 혼합주의. **2** 〖언어〗어형(기능) 융합.
syn·cre·tize [síŋkritàiz] *vt., vi.* (**-tized, -tiz·ing**) 〖이전(異說)이나 여러 종파를〗조화(통합)시키려고 시도하다.
syn·crude [sínkrùːd] *n.* 〖에너지〗합성 원유. 〖< syn- (합성의)+crude〗
sýnc sígnal *n.* 〖전자공학〗동기(同期) 신호〖TV 따위에서 송수신기의 주사(走査) 타이밍을 맞추기 위한 신호〗.
syn·det [síndet] *n.* 합성 세제. 〖< SYN[THETIC]+DET·[ERGENT]〗
syn·det·ic [sindétik], (**syn·det·i·cal** [-k(ə)l]) *adj.* **1** 결합하는, 접속하는. **2** 〖문법〗접속사적인(conjunctive).
syn·dic [síndik] *n.* **1** 〖법인, 특히 대학의〗이사, 특별 평의원. **2** 지방 행정 장관.
syn·di·cal [síndik(ə)l] *adj.* **1** 조합에 속하는, 조합(연합)의. **2** 신디칼리즘의.
syn·di·cal·ism [síndikəlìz(ə)m] *n.* 〖U〗신디칼리즘, 노동 조합주의〖직접 행동에 의해 생산과 분배를 노동 조합의 수중에 넣으려 한다〗.
syn·di·cal·ist [síndikəlist] *n.* 노동 조합주의자.
syn·di·cal·is·tic [sìndikəlístik] *adj.* 신디칼리즘의.
***syn·di·cate** *n.* [síndikit → *v.*] **1** 신디케이트, 기업 조합, 기업 연합; 채권(주식) 인수 조합, 은행 연합. **2** 신문·잡지 기사 배급 회사. **3** 동일인 경영의 신문 기업 그룹(newspaper chain). **4** 〖사냥·낚시질 등의〗권리 임대 연합. **5** 〖파시스트 정권하의 이탈리아에 있었던〗고용자의 지방 조직. **6** 〖대학의〗이사회, 특별 평의원회. **7** 〖美〗〖신디케이트 조직의〗범죄단; 마피아.
— *v.* [síndikeit] (**-cat·ed, -cat·ing**) *vt.* **1** …을 신디케이트 조직으로 하다. **2** 〖기사·논설 등을〗동시에 각종 신문·잡지에 배급하다.
— *vi.* 신디케이트를 조직하다.
◇ syndicátion *n.*
syn·di·ca·tion [sìndikéi(ə)n] *n.* 〖U〗신디케이트 조직〖으로 하기〗.
syn·drome [síndroum, -drəmìː] *n.* **1** 〖병리〗증후군(症候群). ¶ the eye *syndrome* 안(眼) 증후군. **2** 행동의 형(型).
syne [sain] *adv., prep., conj.* 〖스코〗전에, 이전에 (since). ¶ auld lang *syne* 옛날에, 오래 전에.
syn·ec·do·che [sinékdəki] *n.* 〖U〗〖修辭〗제유(提喩)〖부분으로 전체, 전체로 부분을 나타내는 표현법. bread 가 food를 나타내는 따위〗. *cf.* metonymy
syn·e·col·o·gy [sìnikálədʒi / -kɔ́l-] *n.* 〖U〗군취(群聚) 생태학.
syn·ec·tics [sinéktiks] *n. pl.* 〖단수 취급〗시넥틱스〖창조적 문제 해법〗.
syn·er·e·sis [sinérəsis / -níər-] *n.* = synaeresis.
syn·er·ga·my [sìnəːrgəmi] *n.* 〖U〗공동 결혼, 코뮌식 결혼〖공동체적 복수 결혼법〗.
syn·er·gism [sínərdʒìz(ə)m] *n.* 〖U〗 **1** 〖신학〗신인 협력설(神人協力說), **2** 〖약품 등의〗상승(相乘) 작용.
syn·er·gis·tic [sìnərdʒístik] *adj.* 상승 작용의.
syn·er·gy [sínərdʒi] *n.* 〖U〗 **1** 〖기관의〗공동(협동) 작용. **2** 〖약 따위의〗공동(상승) 작용.
syn·e·sis [sínisis] *n.* 〖문법〗의미 구문〖의미에 중점을 두고 문법을 무시한 구문〗.
syn·es·the·sia, syn·aes- [sìnəsθíːʒ(i)ə / -kθí-] *n.* 〖심리〗공감각(共感覺)〖한 감각이 다른 영역의 감각을 불러 일으키는 것〗.
syn·fuel [sínfjùːəl / -fjùː(ː)-] *n.* 합성 연료〖합성 원유(가스) 따위〗. 〖< SYN[THETIC]+FUEL〗
syn·ga·my [síŋgəmi] *n.* 〖생물〗배우자(配偶子) 융합〖수정(受精)에서의 난자·정자의 합체〗, 유성(有性) 생식.
syn·gas [síŋgæs] *n.* 〖주로 저질 석탄으로 만드는〗합성 가스. 〖< syn-(합성의)+gas〗
syn·ge·ne·ic [sìndʒəníːik] *adj.* 〖생물·의학〗친연성(親緣性)의, 공통 유전형의.
syn·gen·e·sis [sindʒénisis] *n.* 〖생물〗유성 생식(sexual reproduction).
syn·od [sínəd] *n.* **1** 교회 회의, 종교 회의. **2** 〖일반적〗회의, 의회. **3** 〖천문〗〖행성 따위의〗상합(相合), 회합.
syn·od·al [sínədl] *adj.* =synodic.
syn·od·ic [sinádik / -nɔ́d-], **-i·cal** [-ik(ə)l] *adj.* **1** 〖종교〗회의의. **2** 〖천문〗상합의. **-i·cal·ly** [-ikəli] *adv.*
***syn·o·nym** [sínənim] *n.* **1** 동의어, 유의어(類義語), 유어(類語). *opp.* antonym **2** 별명, 별칭. **3** 〖동·식물〗〖학명상의〗이명(異名). ◇ synónymous, synonýmic *adj.*, synónymize *v.*
syn·o·nym·i·ty [sìnənímiti] *n.* 〖U〗동의(同義), 같은 뜻.
syn·on·y·mize [sinánimàiz / -nɔ́n-] *vt.* (**-mized, -miz·ing**) 〖말〗에 동의어를 부여하다; …을 동의어로 바꿔 말하다.
syn·on·y·mous [sinániməs / -nɔ́n-] *adj.* 동의어의, 같은 뜻의. **~·ly** *adv.* **~·ness** *n.*
syn·on·y·my [sinánimi / -nɔ́n-] *n.* (*pl.* **-mies**) **1** 〖U〗동의(성). **2** 〖U〗동의어 연구. **3** 동의어집, 동의어 체계. **4** 〖U〗〖집합적〗〖학〗술어의; 〖C〗〖동·식물〗학술명집(集).

synop. (略) synopsis.

syn·op·sis [sinápsis / -nɔ́p-] *n.* (*pl.* **-ses** [-siːz]) 개요, 개관, 대의, 적요. ¶ ~ぜ요약하다.

syn·op·size [sinápsàiz / -nɔ́p-] *vt.* (**-sized, -siz·ing**)

syn·op·tic [sináptik / -nɔ́p-], (**syn·op·ti·cal** [-k(ə)l]) *adj.* **1** 개요의, 대요(경개)의. **2** (종종 S-) 공관(共觀)의, 공관 복음서의. ¶ the *synoptic* Gospels 공관 복음서 (마태·마가·누가의 3복음서). **-ti·cal·ly** [-tikəli] *adv.*

synóptic chárt *n.* 기상 일람도, 기상 공관도(共觀圖).

syn·op·tist [sináptist / -nɔ́p-] *n.* 공관 복음서의 저자.

syn·os·te·o·sis [sìnɑstióusis / sìnɔs-] *n.* (*pl.* **-ses** [-siːz]) [해부] =SYNOSTOSIS.

syn·os·to·sis [sìnɑstóusis / sìnɔs-] *n.* ⓤⓒ (*pl.* **-ses** [-siːz]) [해부] 골유착(骨癒着), 골유합증(骨癒合症).

syn·o·vi·a [sinóuviə] *n.* ⓤ [생리] [관절] 활액(滑液).

syn·o·vi·al [sinóuviəl] *adj.* [생리] [관절] 활액의.

syn·o·vi·tis [sìnəváitis] *n.* ⓤ [생리] 활액막염.

syn·tac·tic [sintǽktik], **-ti·cal** [-k(ə)l] *adj.* 문장구성[법]의, 문장론의, 통어론(법) (統語論(法))의. **-ti·cal·ly** [-tikəli] *adv.* [틱.

syntáctic fóam *n.* ⓤ 유리 기포(氣泡) 강화 플라스

syn·tac·tics [sintǽktiks] *n. pl.* [단수 취급] [논리·철학] 신택틱스 [기호학(記號學)의 한 부문].

‡**syn·tax** [síntæks] *n.* ⓤ **1** [문법] 구문론, 문장론, 통어론[법], 배어[법] [配語(法)], 신택스. *cf.* MORPHOLOGY **2** [논리] 논리적 통사법(統辭法). ◇ **syntáctic** *adj.*

***syn·the·sis** [sínθisis] *n.* (*pl.* **-ses** [-siːz]) ⓤ **1** 종합, 통합, 합성. *cf.* ANALYSIS **2** ⓒ합성품. **3** [화학] 합성, 인조. **4** [철학] 종합. **5** [의학] 접골, 접합.

syn·the·size [sínθisàiz] *vt.* (**-sized, -siz·ing**) **1** …을 종합하다, 종합하다. *opp.* analyze **2** [화학] …을 합성하다.

syn·the·siz·er [sínθisàizər] *n.* **1** 합성하는 사람(물건). **2** 음의 합성 장치; 신서사이저.

***syn·thet·ic** [sinθétik], (**syn·thet·i·cal** [-k(ə)l]) *adj.* **1** 종합의, 종합적인. *opp.* analytic **2** [화학] 합성의, 인조의. **3** 겉보기의, 가짜의, 대용의. ¶ *synthetic* enthusiasm 외관상의 열광. **4** [언어] 종합적인 [그리스어·라틴어와 같이 복잡한 어미 변화를 한다]. **-i·cal·ly** [-ikəli] *adv.* ◇ **sýnthesis** *n.* **sýnthesize** *v.*

synthétic blóod *n.* [의학] 합성 혈액.

synthétic detérgent *n.* 합성 세제.

synthétic fíber *n.* 합성 섬유.

synthétic fúel *n.* 합성 연료(synfuel).

synthétic músic *n.* 전자음악, 합성음악 [synthesizer를 사용하는 음악]. ¶ [의] 종합 철학.

synthétic philósophy *n.* ⓤ [Herbert Spencer

synthétic résin *n.* ⓤⓒ 합성 수지.

synthétic rúbber *n.* ⓤ 합성 고무, 인조 고무.

synthétic séed *n.* [식물의 세포배양에 의한] 합성 종자.

synthétic spéech *n.* [컴퓨터] 합성 음성 [사람의 말을 컴퓨터를 사용하여 인공적으로 합성한 음성].

syn·the·tize [sínθitàiz] *vt.* (**-tized, -tiz·ing**) =SYNTHESIZE.

syn·ton·ic [sintɑ́nik / -tɔ́n-] *adj.* **1** [전기] 동조(同調)의. **2** [정신 의학] 동조적인.

syn·to·nize [síntənàiz] *vt.* (**-nized, -niz·ing**) [전기] …을 동조시키다, 같은 주기로 하다.

syn·to·nous [síntənəs] *adj.* =SYNTONIC.

syn·to·ny [síntəni] *n.* ⓤ [전기] 동조, 합조(合調).

syph·i·lis [sífilis] *n.* ⓤ [병리] 매독.

syph·i·lit·ic [sìfilítik] *adj.* [병리] 매독성[의], 매독에 감염된. — *n.* 매독 환자.

syph·i·lol·o·gy [sìfilɑ́lədʒi / -lɔ́l-] *n.* ⓤ 매독학.

sy·phon [sáif(ə)n] *n., v.* =SIPHON.

Syr. (略) Syria; Syrian; Syriac.

sy·ren [sáirən / sáiərən] *n.* =SIREN.

***Syr·i·a** [síriə] *n.* 시리아 [아시아 서남부 지중해 연안의 공화국. 정식 명칭 Syrian Arab Republic; 수도 Damascus]. ◇ **Sýrian** *adj.*

Syr·i·ac [síriæk] *n.* ⓤ 고대 시리아말. — *adj.* 고대 시리아말의.

Syr·i·a·cism [síriəsìz(ə)m] *n.* 고대 시리아 어법.

Syr·i·an [síriən] *adj.* 시리아[사람]의. — *n.* 시리아 사람. [일락, 들정향나무.

sy·rin·ga [siríŋgə] *n.* **1** 고광나무속(屬)의 관목. **2** 라

sy·ringe [siríndʒ, ⹀-] *n.* [의학] 주사기; 세척기; 주입기, 관장기. **2** 물총, 수동 펌프. — *vt.* (**-ringed, -ring·ing**) …을 세척하다, …에 주사하다.

sy·rin·ge·al [siríndʒiəl] *adj.* [鳥類] 명관(울대)의.

sy·ringe·ful [siríndʒfùl] *n.* 주사기(주입기) 가득[한 양].

syr·inx [síriŋks] *n.* (*pl.* **sy·rin·ges** [siríndʒiːz] *or* **syr·inx·es**) **1** [鳥類] 명관, 울대. **2** (S-) [그리스 신화] 시링크스 [자기를 사랑하는 목신(牧神) 판에게서 도망하기 위해 갈대로 변한 Arcadia 강의 요정]. **3** = panpipe. **4** [해부] 유스타키오관(管) (Eustachian tube). **5** 이집트의 옛 분묘 속에 있는 좁은 갱.

Syro- Syria 라는 뜻의 연결형. 예: *Syro-*Arabian (시리아 아라비아의).

‡**syr·up, sir-** [sírəp, ＋美 sə́ːr-] *n.* ⓤ **1** 시럽, 당유액 (糖乳液); [의학용] 사리별(舍利別). **2** [美] 당밀. — *vt.* **1** …을 시럽으로 하다. **2** …에 시럽을 가하다. ◇ **sýrupy** *adj.*

syr·up·y, sir- [sírəpi, ＋美 sə́ːr-] *adj.* **1** 시럽의, 시럽 같은; 끈적끈적한. **2** [음악 등이] 지나치게 감상적인,

sys- *pref.* ⇔ SYN-. [달콤한.

sys·gen [sísdʒen] *n.* [컴퓨터] 시스템 생성.

[< *s*ystem *gen*eration]

sys·sar·co·sis [sìsɑrkóusis] *n.* ⓤⓒ (*pl.* **-ses** [-siːz]) [해부] 근성골 접합(筋性骨接合), 근골 결합.

syst. (略) system.

sys·tal·tic [sistǽltik, ＋美 -tɔ́ːl-] *adj.* [생리] 율동적으로 수축하는, 수축성의; [심장처럼] 번갈아 수축·확장하는.

‡**sys·tem** [sístim] *n.* **1** 집합[체] 조직, 계통. ¶ a mountain (a river) *system* 산계(山系) (하천계) / a railroad *system* 철도 계통 / a fire-prevention *system* 방화 조직. **2** [학문·사상의] 체계, 조직; 주의. ¶ a *system* of philosophy 철학 체계. **3** [체계적·조직적] 방법, 방식. ⇨ METHOD 類語 ¶ the metric *system* 미터법 / the MR *system* of Romanization [한국어의] MR 식 로마자 표기법. **4** ⓤ 통일성, 규칙 바름(regularity), 순서. ¶ His opinion has no *system*. 그의 의견은 조리가 서 있지 않다. **5** [사회적 조직으로서의] 제도; (the ~, 종종 the S-) 체제, 기성 사회(Establishment). ¶ the feudal *system* 봉건 제도. **6** [천체의] 계(系); 세계, 우주(universe). ¶ the solar *system* 태양계. **7** [천문] 가설(假說) (hypothesis), 설(theory). ¶ the Ptolemaic *system* 톨레미설, 천동설. **8** [생물] [기관의] 계통, 조직. ¶ the digestive *system* 소화 계통. **9** (the ~) [사람·동물의] 신체, 전신. ¶ The poison has passed into the *system*. 독이 온몸에 퍼졌다. **10** 분류법. **11** [지질] [암석의], 대계(大系). **12** [물리·화학] 물질[의 집합계]. **13** [룰렛 노름 따위의] 합리적 필승법. **14** [美속어] [컴퓨터] = operating system. **15** [美속어] [컴퓨터] [단말·주변 장치·오퍼레이팅 시스템 등을 포함한] 컴퓨터 전체. **16** [美속어] [컴퓨터] 대규모 프로그램.

All systems go! (구어) 준비 완료 (＊ 우주선 발사 때의 신호에서).

get... out of one's system (구어) [걱정, 사람 따위] 를 느긋하게 하다, 머리 속에서 떨쳐 버리다.

◇ **systemátic, systémic** *adj.* **sýstematize** *v.*

‡**sys·tem·at·ic** [sìstimǽtik], (**sys·tem·at·i·cal** [-k(ə)l]) *adj.* **1** 체계적인, 조직적인, 규칙바른, 정연한. ¶ He

has *systematic* habits. 그는 규칙적인 습관을 지니고 있다. **2** 분류상의, 분류학에 근거한. ¶ *systematic* botany (zoology) 식물(동물) 분류학. **3** 계획적인, 고의의. ¶ a *systematic* intrigue 계획적인 음모. -**i·cal·ly** [-ikəli] *adv.* ~**ness** *n.*
◇ sýstem *n.*, sýstematize, sýstemize *v.*

sys·tem·at·ics [sìstimǽtiks] *n. pl.* 《단수 취급》 분류학, 계통학.

sys·tem·a·tism [sístimətìz(ə)m] *n.* Ⓤ **1** 조직(계통)을 세우기, 분류, 조직. **2** 조직 준수, 계통주의.

sys·tem·a·tist [sístimətist] *n.* **1** 조직(계통)화하는 사람, 조직자. **2** 분류학자. **3** 계통주의자.

sys·tem·a·ti·za·tion [sìstimətizéiʃ(ə)n / -taiz-] *n.* Ⓤ 조직화, 계통(체계)을 세우기, 분류.

sys·tem·a·tize [sístimətàiz] *vt.* (**-tized, -tiz·ing**) …을 조직화(계통화)하다, 조직(체계)을 세우다, 분류하다, 순서를 잡다.

sys·tem·a·tiz·er [sístimətàizər] *n.* 계통(체계)을 세우는 사람, 조직자, 분류자.

sýstem hòuse *n.* [시스템 설계, 소프트웨어 및 하드웨어의 개발, 컴퓨터의 판매도 겸하는 기업].

sys·tem·ic [sistémik] *adj.* **1** 조직(체계, 계통)의. **2** 《생리·병리》 온몸의, 온몸을 침범하는. -**i·cal·ly** [-ikəli] *adv.*

sys·tem·i·za·tion [sìstimizéiʃ(ə)n / -maiz-] *n.* = systematization.

sys·tem·ize [sístimàiz] *vt.* (**-mized, -miz·ing**) = systematize.

sys·tem·iz·er [sístimàizər] *n.* = systematizer.

sys·tem·less [sístimlis] *adj.* 조직(체계) 없는, 순서가 없는; 무계통의; 분류하지 않은.

sýstem prògram *n.* 《컴퓨터》 시스템 프로그램[적용 업무 프로그램의 작성·실행을 돕는 시스템에 들어있는 프로그램의 총칭].

sýstems anàlysis *n.* Ⓤ 시스템 분석.

sýstems design *n.* 시스템 설계[컴퓨터 처리를 하기 쉬운 모양으로 문제를 분석 체계화하는 일; 일련의 정보처리 시스템이 기능을 다하도록 조직화하는 일].

sýstems enginèering *n.* Ⓤ 시스템 공학.

sys·tem·wide [sístimwàid] *adj.* 조직 전반에 걸친, 범(汎)조직적인. ¶ *systemwide* responsibility 범조직적인 책임.

sys·to·le [sístəli] *n.* Ⓤ Ⓒ **1** 《생리》 심장 수축기(期), 심장 수축. *cf.* diastole **2** 《고대 韻律》 음절 단축.

sys·tol·ic [sistálik / -tɔ́l-] *adj.* **1** 《생리》 심장 수축의. **2** 《고대 韻律》 음절 단축의.

sys·tyle [sístail] *adj.* 《건축》 기둥 사이가 좁은, 2경간 (徑間)식의.

syz·y·gy [sízidʒi] *n.* (*pl.* -**gies**) 《천문》 대점(對點), 삭망(朔望).

T

T, t [tiː] *n.* (*pl.* **T's** or **Ts; t's** or **ts**) **1** 영어 알파벳의 스무째 자. ¶ *T for Tommy* Tommy 의 T 《국제 전화 통화 용어》. **2** T(t)가 나타내는 소리. **3** 〔연속된 것 중의〕 스무 번째의 사람(물건). **4** T(t)자 형〔의 물건〕. ¶ a *T*-square T자 형의 자. **5** 10의 12제곱의 (tera-).

cross the (or **one's**) **t's** ① T자의 횡선을 긋다. ② 어떤 점을 역설(강조)하다. ③ 사소한 점까지 주의하다, 공을 들이다.

marked with a T 《영》〔죄인의 엄지 손가락에〕 T자의 낙인이 찍힌; 도둑으로 알려진 [T=thief].

to a T [T자 형 자로 잰 것처럼] 정확히, 딱, 완전히 (exactly, perfectly). ¶ *suit* (or *fit*) *to a T* 딱 맞다.

t' [t] **1** 〔고어〕 모음으로 시작되는 동사 앞의 부정사 to 의 생략형. 예: *t'aim* (=to aim). **2** 〔방언〕 the 의 변형. 예: *t'other* (=the other).

't [t] it 의 단축형. 예: *'tis* (=it is) / *do't* (=do it).

t. 《略》 tackle; taken from; tare; target; teaspoon; telephone; temperature; tempo; temporary; tenor; tense; territory; time; ton; top; town; township; transitive; troy; tun.

T. 《略》 tablespoon[ful]; Territory; Testament; time; Trinity; Tuesday; Turkish.

ta [taː] *interj.* 《英俗어》 〔어린이말〕 고맙습니다, 감사합니다 [thank you 의 혀짤배기 소리]. ¶ *ta muchly* 대단히 고맙습니다.

Ta 〔화학〕 tantalum 의 원자 기호.

T.A. 《略》 *t*ax *a*gent; *t*eaching *a*ssistant; *T*elegraphic *A*ddress; *T*erritorial *A*rmy.

TAA 《略》 *T*echnical *A*ssistance *A*dministration (〔유엔〕 기술 원조국).

Taal [taːl] *n.* (the ~) 탈 말 〔남아프리카의 네덜란드계 방언〕.

tab¹ [tæb] *n.* **1** 〔의복 따위의〕 드림; 〔어린이옷의〕 드리운 소매; 〔모자 따위의〕 귀덮개; 〔구두 따위의〕 끈끌어쇠붙이(tag); 〔장부 따위의 색인의〕 색인. **2** 명찰, 라벨(label), 물표, 집표. **3** 〔美구어〕 기록; 〔미불의〕 계산〔서〕; 전표. **4** 《英》〔참모 장교가 붙이는〕 붉은 금장(襟章). **5** 〔항공〕 탭 〔조종석(翼) 뒷가장자리의 보조판 (aileron) 따위〕.

keep [**a**] **tab** (or **tabs**) **on** 《구어》 ① …을 계산하다. ② …을 확인하다; …에 주의하다; …을 감시하다, 망보다 (observe).

pick up the tab 《美구어》 셈을 치르다.
— *vt.* (**tabbed, tab·bing**) **1** …에 드림을 달다(붙이다); …을 고르다, 선별하다. **2** …의 일람표를 만들다, 기록하다; …에 명찰(꼬리표)을 달다.

tab² [tæb] *n.* **1** =tablet. **2** =tabloid. **3** =tabulator. — *vt.* (**tabbed, tab·bing**) =tabulate.

TAB 《略》 *T*echnical *A*ssistance *B*oard (〔유엔〕 기술 원조 평의회).

tab·ard [tǽbərd] *n.* **1** 〔중세 기사가 갑옷 위에 걸 던〕 문장(紋章) 박은 겉옷. **2** 〔국왕 또는 영주 등의 문장에 든〕 전령사(使)의 관복. **3** 옛날에 입던 투박한 짧은 웃옷.

Ta·bas·co [təbǽskou] *n.* **1** 멕시코 동남부 캄페체 (Campeche) 만에 연한 주〔주도 Villahermosa〕. **2** 〔상표명〕 타바스코 소스〔고추로 만든 소스〕.

tab·by [tǽbi] *n.* (*pl.* **-bies**) **1** 태비 천 〔무지 또는 물결 무늬가 있는 견직물의 일종〕. **2** 얼룩 고양이, 특히 반적으로 암컷의; 집고양이. *cf.* tom **3** 《주로 英》 노처녀, 올드 미스(spinster); 심술궂은 수다쟁이 여자. **4** ⓤ 콘크리트의 일종. — *adj.* **1** 태비천의. **2** 물결 무늬가 있는, **3** 얼룩진(brindled), 줄무늬가 있는. — *vt.* …에 물결 무늬(비단 따위)에 물결 무늬를 넣다.

*tab·er·na·cle [tǽbərnækl] *n.* **1** 임시의 거처, 천막집. **2** 주거, 거처. **3** 〔영혼이 머물다 가는 곳으로서의〕 인체, 신체. **4** 〔성서〕 장막 〔유대인이 이집트에서 팔레스티나까지 헤매던 시절에 가지고 온 이동식 임시 신전. →출애굽기(Exod.) 25:27, 유대 신전; 〔일반적으로〕 예배당; 《英》 비국교파의 회당. **5** 〔건축〕 〔성상(聖像) 등을 안치하는〕 닫집 달린 감실(龕室). **6** 〔항해〕 태버내클〔돛대 꽂는 구멍〕. **7** 〔가톨릭〕 〔성체를 담는 성합(聖盒).
— *v.* (**-led, -ling**) *vi.* 임시로 거주하다.
— *vt.* **1** …을 임시 거처에 들이다; …을 숨기다. **2** …을 성합에 모시다 (enshrine). ◆ **tabernácular** *adj.*

tab·er·nac·u·lar [tæ̀bərnǽkjulər] *adj.* tabernacle 풍(식)의.

ta·bes [téibiːz] *n.* ⓤ **1** 〔병리〕 소모증, 폐결핵, 척수로(脊髓癆) (tabes dorsalis) 〔척수의 변성 매독〕. **2** 쇠약, 소모.

ta·bes·cent [təbés(ə)nt] *adj.* 여윈, 수척한, 쇠약한.

ta·bet·ic [təbétik, +美 bíːt-] *adj.* 〔병리〕 척수로(症)의. — *n.* 척수로증 환자.

tab·id [tǽbid] *adj.* **1** 〔고어〕 =tabetic. **2** 여위어 빠진, 쇠약한. — **ly** *adv.*

tab·i·net [tǽbinèt] *n.* ⓤ 태비넷 천 〔물결 무늬의 견모 (絹毛) 교직천으로 의자 따위에 쓰이거나 한다〕.

tab·la·ture [tǽblətʃər, +美 -tʃùər] *n.* **1** 평평한 면; 평판(平板). **2** 〔음악〕 고대 기보법(記譜法)의 일종. **3** 〔고어〕 마음에 그린 화상(畵像).

‡**ta·ble** [téibl] *n.* **1** 테이블, 탁자, 대(臺). ¶ a *dining table* / a card (a billiard) *table* 카드놀이 (당구)대. **2** 식탁 (단수형으로) 〔식탁 위의〕 음식 (food), 식사, 요리. ¶ the pleasure of the *table* 식탁의 즐거움, 식도락 / be at [the] *table* 식사중이다 / *sit* [down] *at* (or *to*) *table* 식탁에 앉다 / wait *at* (or 《美》*on*) *table* 〔식사의〕 시중을 들다 / clear the *table* 식탁을 치우다 / keep a good (a poor) *table* 언제나 좋은(좋지 않은) 음식을 먹다 / keep an open *table* 〔식탁을 개방하여〕 손님을 환영하다 / lay (or set, spread) the *table* 식탁 준비를 하다, 밥상을 차리다 / The lunch is on the *table*. 점심 밥상이 차려져 있다.
3 (the ~) 〔집합적〕 〔식사·놀이·홍정 따위로〕 테이블에 둘러앉은 사람들, 한 자리의 사람들, 일동. ¶ keep the *table* amused 일동을 시종 홍겹게 하다 / set the *table* in a roar 일동을 왁자하게 웃기다 (land).
4 〔지질〕수평 지층, 평지, 고원, 탁상지(卓狀地) (table-**5** 〔글자 따위의 새기는〕 평판, 얇은 판; 서판(書板) (tablet), 화판, 조각판; 평판에 새긴 문자(화화) / (~s) 율법(律法), 법전〔을 쓴 판〕. ¶ the Twelve Tables 〔로마의〕 12동표(銅表) / the *two tables*; the *tables of stone*; the *tables of the law* 율법의 석판 [Moses 의 십계를 기록한 두 장의 석판]; 십계.
6 표, 일람표, 목록, 〔수학〕 산술표, 계산표. ¶ a conversion *table* 환산표(換算表) / a genealogy *table* 계도(系圖) / a multiplication *table* 구구표 〔12×12까지 있다〕 / a *table* of contents 〔책의〕 목차, 〔물건의〕 내용 목록 / compile a *table* 표를 작성하다 / learn one's *tables*

구구표 (따위)를 외다. **7** 〔건축〕 액판(額板); 코르니스, 돌림띠(cornice). **8** 〔해부〕 〔두개(頭蓋)의〕 골반(骨板); 〔음악〕 공명(共鳴)판(sounding board). **9** 서양 주사위놀이판의 반으로 접히는 한 면; 게임판; (~s) 서양 주사위판(backgammon). **10** 〔보석〕 평활면, 테이블 〔다이아몬드 따위의 커트된 평평한 윗면, 또는 윗면이 평평하게 마무리된 보석〕. **11** 손바닥, 수장(手掌) 〔특히 손금을 보는 부분〕.
at table ⇒ 2.
lay ... on the table 〔의안 따위를〕 (무기) 연기하다, 묵살하다.
lie on the table 〔의안 따위가〕 보류(묵살)되다.
serve tables ⇒ SERVE.
turn the tables on (or *upon*) …에 대해 형세를 역전시키다, 역습하다, 주객이 전도되다.
under the table 〔구어〕 ① 만취하여. ② 뇌물로서; 은밀히(secretly, covertly). ¶ He gave the official money *under the table*. 그는 공무원에게 뇌물로 돈을 주었다.
—— *vt.* (**-bled, -bling**) **1** …을 탁상에 놓다, 대 위에 올려놓다. **2** …을 〔일람〕표로 만들다(tabulate). **3** (英) 〔의안·동의 따위를〕 심의에 부치다, 검토하다, 상정하다. **4** (美) 〔의안 따위의 심의를〕 무기 연기하다, 일시 보류하다, 묵살하다. **5** 〔건축〕 〔목재〕를 번갈아 맞물리게 하다, 장부촉 이음하다. **6** 〔돛〕에 넓은 가장자리 천을 둘러 대다(반복).
◇ **tábulate** *v.*, **tábular** *adj.*
tab·leau [tǽblou, +美 -´-] *n.* (*pl.* **-leaux** [-louz, +美 -´-] *or* **-leaus**) **1** 그림; 그림 같은 묘사. **2** =*tableau vivant.* **3** 극적 장면. 〔<F〕 된 막.
tábleau cùrtain *n.* 〔연극〕 좌우에서 당겨서 여닫게 된 막.
ta·bleau vi·vant [F tablo vivɑ̃] *n.* (*pl.* **tableaux vivants** [F tablo vivɑ̃])《프랑스》(= living picture) 활인화(活人畵).
táble bòard *n.* **1** 식탁의 널빤지. **2** (U)《美》식사.
ta·ble·board·er [téiblbɔ̀ːrdər] *n.*《美》〔방을 빌지 않고〕식사만 하는 하숙인.
táble bòok *n.* 탁상 장식용 책. 〔(식탁)보.
*táble·cloth [téiblklɔ̀(ː)θ/-klɔ̀(ː)θ] *n.* 테이블보, 상
táble cùt *n.* 〔보석의〕 윗면을 평평하게 마무리하는 틀.
ta·ble d'hôte [tɑ́ːbl dóut, tǽbl-/tɑ́ːbl-] *n.* (*pl.* **tables d'-** [-blz-]) **1** 정식(定食). *cf.* à la carte **2** 〔여관의〕 공동 식탁. 〔<F host's table〕
ta·ble-flap [téiblflæ̀p] *n.* 〔경첩을 달아 접었다 폈다 하는〕 테이블의 판자.
ta·ble·ful [téiblfùl] *n.* 한 식탁분; 한 식탁의 사람수.
táble gàrden *n.* 야채밭, 채마밭(kitchen garden).
ta·ble·hop [téiblhɑ̀p /-hɔ̀p] *vi.* (**-hopped, -hopping**) 자기 테이블을 떠나 남의 테이블로 수다를 떨며 돌아다니다. (teau).
ta·ble·land [téibllæ̀nd] *n.* 대지(臺地), 고원(plateau).
táble línen *n.* (U) 식탁용 천, 테이블보, 상보, 냅킨.
ta·ble·man·ners [téiblmæ̀nərz] *n. pl.* 식사 예절, 테이블 매너.
ta·ble·mat [téiblmæ̀t] *n.* 〔식탁에서 뜨거운 요리 접시 따위의 밑에 까는〕 깔개. 〔의〕 집단 사용료.
táble mòney *n.*《英》〔고급 장교의〕 접대비; 〔클럽
ta·ble·mount [téiblmàunt] *n.* 해산(海山)(guyot).
táble ràpping *n.* 심령 rapping.
táble sàlt *n.* (U) 식탁염(鹽).
‡**ta·ble·spoon** [téiblspùːn] *n.* **1** 식탁용 큰 스푼 〔수프용 또는 야채 따위를 더는 데 쓴다〕. **2** =tablespoonful.
*ta·ble·spoon·ful [téiblspùːnfùl] *n.* 식탁용 큰 스푼 하나 가득(의 분량)(⅟₂온스의 액량).
‡**tab·let** [tǽblit] *n.* **1** 평판, 명판(銘板). **2** 서자판(書字板); (~s) 서책. **3** 듣어내는 편지지첩(pad). **4** 〔약의〕 정제, 알약(tabloid); 정제형의 과자(초콜릿). **5** 〔철도의〕 통표(通票), 타블렛. **6** 〔약·비누 따위의〕

작고 납작한 조각. **7** 〔건축〕 갓돌. **8** 테이블면(面) 컷한 보석. —— *vt.* (**-let·ed, -let·ing**;《英》**-let·ted, -let·ting**) **1** …에 tablet 을 달다(붙이다). **2** …을 〔tablet 에〕 메모하다. **3** …을 tablet 모양으로 하다.
táble tàlk *n.* 식탁에서의 잡담, 좌담.
táb·let[-àrm] chàir [tǽblit(-ɑ̀ːrm)-] 타블렛 체어 〔오른쪽 팔걸이 끝부분이 넓적하여 필기대로 사용할 수 있게 만든 의자〕.
táble tènnis *n.* 탁구, 핑퐁(ping-pong).
táble tùrning(**tìlting**) *n.* (U) 〔강신술(降神術) 에서〕 몇 사람이 테이블에 손을 얹으면 테이블이 저절로 움직이는 현상.
ta·ble·ware [téiblwɛ̀ər] *n.* (U) 〔집합적〕 식탁용 기구, 〔식기, 반상기〕.
táble wàter *n.* 식탁용 광천수(鑛泉水).
táble wìne *n.* (U)(C) 식탁용 포도주 〔알코올분 8–13%〕.
ta·bling [téibliŋ] *n.* (U) **1** 〔집합적〕 식탁보천, 냅킨류. **2** 표(表)로 만들기(작성하기). **3** 〔목공의〕 맞물리기. **4** 〔돛의〕 가장자리를 두르는 천.
tab·loid [tǽblɔid] *n.* **1** (T-)〔상표명〕 정제(錠劑), 알약. **2** 타블로이드판 신문 〔보통 신문의 절반 크기〕. **3** 요약(summary). —— *adj.* **1** 타블로이드판의. **2** 요약한; 압축한.
tábloid plày *n.* 촌극(寸劇), 토막극.
‡**ta·boo, -bu** [təbúː, +美 tæ-] *n.* (*pl.* **-boos**; **-bus** [-búːz]) **1** (U)(C) 금기(禁忌), 타부 〔폴리네시아 사람 등의 사이에서, 어떤 사람이나 물건을 신성 또는 부정시하여 접촉하거나 언급하기를 금하는 풍습〕. **2** 금기하는 말. **3** (U)(C) 금제(禁制), 금지. ¶ put *taboo* on; put under *taboo* …을 금제하다, …을 피하다. **4** (U) 추방.
—— *adj.* 금기의; 금제(의)(prohibited). —— *vt.* **1** …을 금기하다; …을 금제(금단)하다, …을 금하다. ⇒ FORBID 語鑑 **2** 〔남〕을 따돌리다, 돌려놓다. **3** 추방하다(ostracize).
ta·bor,(英) **-bour** [téibər] *n.* 작은 북 〔옛날에 손으로 피리의 반주용으로 쳤다〕. —— *vi.* 작은 북을 치다.
tab·o·ret, -ou- [tǽbərit, +美 tæ̀bərét] *n.* **1** 작은 북. **2** 스툴(stool). **3** 자수틀.
tab·u·la [tǽbjulə] *n.* (*pl.* **-lae** [-lìː]) **1** 서자판(書字板), 필기판. **2** 〔해부〕 골판(骨板); 〔산호류 따위의〕 상판(床板). 〔<L board〕
tab·u·lar [tǽbjulər] *adj.* **1** 평판의; 평판 모양의. **2** 얇은 판의, 얇은 층(層)의. **3** 표(表)의, 표로 된(작성한). **~·ly** *adv.*
tábula rása [-réisə, -rɑ́ːsə] *n.* (*pl.* **ta·bu·lae ra·sae** [-lìː réisiː]) **1** 〔글자를 쓰지 않은 서판(書板). **2** 〔비유적〕 경험이나 인상 따위로 영향을 받지 않은 마음; 백지 상태, 무구(無垢). 〔<L blank tablet〕
tábular cáshbook *n.* 〔簿記〕 다난식(多欄式)
tábular stándard *n.* 물가 지수표. 〔전출납부.
tab·u·late *vt.* [tǽbjulèit → *adj.*] (**-lat·ed, -lat·ing**) **1** …을 표로 하다, …의 일람표를 만들다. **2** …을 평판 모양으로 하다, 평평하게 하다. —— *adj.* [+美 tǽbjulit] 평판 모양의(tabular), 얇은 층의; 평평한, 평면의. 〔化.
tab·u·la·tion [tæ̀bjuléi(ə)n] *n.* (U) 표로 만들기, 도표
tab·u·la·tor [tǽbjulèitər] *n.* **1** 〔도표 작성자〕. **2** 〔타이프라이터의〕 표자성 장치.
TAC 《略》*T*actical *A*ir *C*ommand.
tac·a·ma·hac [tǽkəməhæ̀k], (**tac·a·ma·hac·a** [-həkə]) *n.* **1** (U) 타카마학 수지 〔향료·향유 따위로 쓰인다〕; (C) 그 수지가 나는 나무. **2** 발삼 포플러(balsam poplar).
TACAN [tǽkæn] 《略》*tac*tical *a*ir *n*avigation 〔타칸, 기상용(機上用) 단거리 항법 장치〕.
ta·cet [téiset, +美 tɑ́ːket] 〔음악〕 휴지(休止)하다. 〔<L [it] is silent〕 〔tachometer.
tach [tæk], **ta·cho** [tǽkou] (*pl.* **tach·os**) *n.* 〔구어〕 =
tache, tack [tæt∫] *n.* 〔고어〕 고리, 걸쇠, 혹(clasp).
tach·o·graph [tǽkəgræ̀f/-grɑ̀ːf] *n.* 자기(自記) 회전

ta·chom·e·ter [tækámitər, tək- / tækɔ́m-] *n.* 회전속도계, 유속계(流速計), 타코미터; 〔의학〕혈류(血流)속도계.

tachy- swift, rapid, fast 라는 뜻의 연결형. 예: tachygraph (속기 문서).

tach·y·car·di·a [tækikɑ́ːrdiə] *n.* 〔의학〕심박(心)

ta·chyg·ra·phy [təkígrəfi, tæk-] *n.* ⓤ 특히 고대그리스·로마의〕속기술.

ta·chym·e·ter [tækímitər, tək-] *n.* [측량] 스타디아.

ta·chym·e·try [tækímitri, tək-] *n.* 〔측량〕스타디아에 의한 측량, 시거측량(視距測量). 「른 가상의 소입자.」

tach·y·on [tǽkiɑn / -ɔn] *n.* [물리] 타키온〔빛보다 빠

tac·it [tǽsit] *adj.* 1 무언의, 말없는, 잠자코 있는. ¶ *tacit* prayer 묵도. 2 조용한, 잠잠한. 3 암묵(暗黙)의, 묵시적인. ~·ly *adv.* ~·ness *n.*

tac·i·turn [tǽsitə̀ːrn] *adj.* 말없는, 무언의, 입이 무거운, 말수 적은. ~·ly *adv.*

tac·i·tur·ni·ty [tæ̀sitə́ːrniti] *n.* ⓤ 무언, 말수적음, 과묵, 침묵. 2 〔스코 법률〕필요 이상 늦어지기 때문에 법률상의 권리를 상실하기; 시효.

*****tack**[1]** [tæk] *n.* **1** 납작한 못, 【양탄자 따위를 고정시킨다】. ¶ a thumb *tack* 〔美〕압정, 압정. **2** (~s) 가봉, 시침질; 〔임시로 고정시키는〕멈추개. **3** 〔항해〕가로돛의 앞의 밑모퉁이; 세로돛 앞쪽 밑모퉁이; 【가로돛의 앞의 밑모퉁이 밧줄】. **4** 〔항해〕바람 방향에 대한 돛의 위치, 침로(針路); 바람을 비스듬히 받고 배를 맞바람 쪽으로 돌리기; 지그재그 뱃길. ¶ *tack* and *tack* (on the port (the starboard) *tack* 바람 방향에 따라 계속 침로를 바꾸다 / sail on the port (the starboard) *tack* 바람을 좌현(우현)으로 받고 범주(帆走)하다. **5** 〔미식축구〕지그재그로 나아가기; 〔육상의〕지그재그 침로의 한 구간. **6** 방침, 정책(policy). ¶ be on the right (the wrong) *tack* 방침이 틀리지 않다(틀리다) / change one's *tack* 방침을 바꾸다. **7** ⓤ 〔와니스·인쇄용 잉크 따위의〕 끈기, 접착성, 점성 (stickiness). **8** 마구(馬具) (saddlery) 〔안장·고삐 따위〕. **be on the tack** 《속어》 술을 끊고 있다. 「위].
— *vt.* **1** ...을 압정으로 고정시키다, 박아 붙이다. ¶ (~+目+副+前+名) *tack* a carpet *down* 양탄자를 압정으로 고정시키다 // (~+目+前+名) *tack* a bulletin *on* the board 게시판에 압정으로 고시를 붙이다. **2** ...의 가봉을 하다; ...을 꿰매어 달다. ¶ (~+目+前+名) *tack up* a coat 옷의 가봉을 하다 // (~+目+前+名) She *tacked* a ribbon *onto* her hat. 그녀는 모자에 리본을 꿰매어 달았다. **3** ...을 부가하다, 덧붙이다(...to, onto); ...을 결합시키다(combine). ¶ (~+目+前+名) *tack* an amendment *to* the bill 그 법안에 수정안을 부가하다 / He *tacked* some proposal *onto* his speech. 그는 연설에 어떤 제안을 첨가하였다. **4** 〔항해〕...을 돛의 바람받는 방향에 따라 돌리다, 갈짓자로 가게 하다, 침로를 바꾸다. **5** 〔비유적〕...의 방침(정책)을 바꾸다. **6** 〔말〕에 마구를 달다. — *vi.* **1** 〔항해〕돛의 바람받는 방향에 따라 침로를 바꾸다, 침로를 바꾸다(about); 지그재그 침로를 잡다. ¶ (~+前) The boat *tacked about against* the wind. 그 배는 바람을 거슬러 지그재그로 나아갔다. **2** 방침(정책)을 바꾸다. **3** 말에 마구를 달다.
◇ tácky *adj.*

tack[2] [tæk] *n.* ⓤ 〔속어〕음식물, 식품. ¶ hard *tack* 건빵.

táck bòard *n.* 〔지도 따위를 압정으로 고정시켜서 쓰는〕 게시판.

táck drìver *n.* 자동식 압정 박는 기계.

tack·er [tǽkər] *n.* 압정 박는 사람(기계); 가봉(시침질)하는 사람.

táck hàmmer *n.* 압정 박는 장도리.

tack·ing [tǽkiŋ] *n.* ⓤ 1 압정(압핀)으로 고정하기. 2 가봉, 시침질. 3 부가, 첨부. 4 〔항해〕바람불어오는 쪽으로 지그재그식으로 나아가기.

‡tack·le [tǽkl *n.* 3] *n.* 1 ⓒ 도구, 연장, 기구 (apparatus); 낚시 도구. 2 ⓤⓒ 권양기(卷揚機), 도르

래 장치, 복합 도르래. *cf.* pulley **3** [téikl] 〔항해〕태클〔활차와 로프를 연결하여 물건을 오르내리는 장치〕, 삭구(索具). **4** 〔미식축구〕태클〔좌우 가드와 엔드 사이의 선수, 또는 태클의 위치〕. ¶ a right (a left) *tackle* 라이트(레프트) 태클. — *v.* (-led, -ling) *vt.* **1** ...을 활차(고패)로 고정하다, ...을 활차로 끌어 올리다. **2** 〔말〕에 마구를 메우다(harness) (...up). ¶ (~+目+副) *tackle* a horse *up* for plowing 밭갈이를 하기 위해 말에 마구를 메우다. **3** ...을 붙잡다, ...을 쥐다(seize). **4** 〔미식축구〕〔공을 가진 상대〕를 태클하다, ...을 부둥켜 안아 멈추게 하다. **5** 〔구어〕〔일 따위〕에 달려들다, 달려들다; ...과 맞붙다; 《비유적》〔문제 따위〕와 대결하다, 승강이하다. ¶ *tackle* a problem 문제와 씨름하다 // (~+目+前+名) *tackle* a person *on* some subject 어떤 문제로 남과 논쟁하다. — *vi.* 〔축구〕태클하다.

tackle to 〔구어〕...에 열심히 달려들다(달라붙다).

táck·ler [tǽklər] *n.* 태클하는 사람(것).

tack·ling [tǽkliŋ] *n.* ⓤ 1 (고어)도구, 연장; 도르래 장치, 삭구(索具) (rigging). 2 붙잡기, 태클하기.

tack·y[1] [tǽki] *adj.* (**tack·i·er, tack·i·est**) 끈적끈, 들러붙는 (adhesive, sticky). **táck·i·ness** *n.*

tack·y[2] [tǽki] *adj.* (**tack·i·er, tack·i·est**) 《美口》초라한, 볼품없는 (shabby); 천박한 (gaudy); 시대에 뒤떨어진 (out-of-date). 「옥수수빵〔멕시코 음식〕.」

ta·co [tɑ́ːkou] *n.* (*pl.* **-cos**) 고기와 양상치를 넣은 튀긴

TACOMSAT, TACSAT 〔略〕〔美〕 *tactical communications satellite* 〔전술용 통신 위성〕.

tac·o·nite [tǽkənàit] *n.* 〔광물〕타코나이트〔27%의 철과 51%의 규산을 함유한 저품위(低品位)의 철광석〕.

*****tact** [tækt] *n.* 1 ⓤ 약삭빠름, 〔남의 비위를 잘 맞추는〕재치, 기지, 요령, 솜씨. 2 ⓤⓒ〔손의〕감촉 (touch), 촉감. ◇ táctful, táctless, táctile, táctual *adj.*

tact·ful [tǽktfəl] *adj.* 재치있는, 기지가 넘치는, 약삭빠른. ~·ly [-fəli] *adv.* ~·ness *n.*

tac·tic [tǽktik] *adj.* =tactics. — *adj.* =tactical.

tac·ti·cal [tǽktikəl] *adj.* 〔전술상의, 용병상의. ¶ *tactical* nuclear weapons 전술 핵무기. **2** 변통수에 능한, 책략〔술책〕이 능란한, 약삭빠른, 빈틈없는 (prudent). ~·ly [-kəli] *adv.*

táctical vóting *n.* 전술적 투표〔다른 후보(당)를 떨어뜨리기 위해 실제로는 지지하지 않는 후보(당)에게 투표하는 것〕.

tac·ti·cian [tæktíʃ(ə)n] *n.* 전술가, 모사, 책략가.

*****tac·tics** [tǽktiks] *n. pl.* 1 〔단수 취급〕전술, 용병학, 병법. *cf.* strategy ¶ air *tactics* 항공 전술 / grand *tactics* 고등 전술. 2 〔복수 취급〕책략, 술책, 방책.

tac·tile [tǽkt(i)l, -tail / -tail] *adj.* 1 촉각의, 촉각의. ¶ *tactile* hairs 촉모(觸毛) / a *tactile* organ 촉각 기관. 2 만져 알 수 있는 (tangible), 감촉할 수 있는.

tac·til·i·ty [tæktíliti] *n.* ⓤ 촉감(감촉)성, 만져 알 수 있음.

tact·less [tǽktlis] *adj.* 재치(요령)없는, 머리가 안 도는, 서투른 (undiplomatic). ~·ly *adv.* ~·ness *n.*

tac·tu·al [tǽktʃuəl / -tjuəl] *adj.* 촉각의 (tactile), 촉각 기관의, 촉각에 의한. ~·ly *adv.*

táctual máp *n.* 촉지도(觸地圖) 〔맹인 등을 위한 손가락 촉각으로 판독하는 지도〕.

TACV 〔略〕 *tracked air cushion vehicle* 〔공기 부상식 초고속 철도 (hovertrain 따위)〕.

tad [tæd] *n.* 《美口》 어린 아이, 〔특히〕 소년.
[< tadpole]

*****tad·pole** [tǽdpòul] *n.* **1** 올챙이〔개구리의 유생(幼生)〕. **2** (T-) 미국의 Mississippi 주 사람 〔별명〕.

Ta·dzhik·i·stan [tɑːdʒíkistɑ̀ːn] *n.* 타지크 공화국〔정식 명칭은 the Republic of Tadzhikistan. 중앙 아시아 남부의 공화국; 수도 Dushanbe〕.

tae·di·um vi·tae [tíːdiəm váitiː] *n.* 《라틴》(= tedium of life) 삶(생)의 권태, 염세.

tae kwon do [táikwɑndóu / -kwɔn-] *n.* 태권도.

tael [teil] *n.* 테일. 냥〔옛 중국의 화폐 단위; 중국이나 동남 아시아의 중량 단위〕.
ta'en [tein] *v.* 《고어·詩》=taken.
tae·ni·a [tíːniə] *n.* (*pl.* **-ni·ae** [-niːiː]) **1** 〔고대 그리스·로마의〕 머리 장식. **2** 〔건축〕 〔도리아식 건축의〕 띠모양의 쇠시리. **3** 〔해부〕 끈 모양의 기관, 유대(紐帶). **4** 촌충(tapeworm).
tae·ni·oid [tíːnièid] *adj.* **1** 끈 모양의. **2** 촌충 모양의.
TAF, T.A.F. 《略》 *T*actical *A*ir *F*orce(전술 공군).
taf·fa·rel, -fe- [tǽf(ə)rəl, +美 -rèl] *n.* =taffrail.
taf·fe·ta [tǽfitə] *n.* 〔U〕호박단(琥珀緞), 태피터〔비단의 일종〕. ── *adj.* 호박단의; 호박단과 비슷한.
taff·rail [tǽfrèil] *n.* 〔항해〕 고물(선미) 난간.
taf·fy [tǽfi] *n.* (*pl.* **-fies**) **1** 태피〔버터·땅콩 따위를 넣은 사탕의 일종〕(toffee). **2** 〔U〕《구어》아첨, 아부 (flattery).
Taf·fy [tǽfi] *n.* (*pl.* **-fies**) 《속어》웨일스 사람(인) (Welshman).
táffy púll *n.* 태피 사탕을 만드는 모임.
taf·i·a [tǽfiə] *n.* 〔U〕타피아 술〔서인도 제도산(産)의 럼 주의 일종〕.
Táft-Hárt·ley Áct [tǽfthɑ́ːrtli-] *n.* (the ~)《미》태프트 하틀리법(法)〔1947년 제정된 노사 관계법의 속칭. 〔미국 27대 대통령 W.H. Taft(1857-1930)의 이름〕.
‡tag¹ [tæg] *n.* **1** 꼬리표, 짐표, 물표, 부전; 가격(정가) 표. 〔옷 따위의〕 늘어진 끝부분(tatter); 느림, 작은 고리; 〔구두의〕 손잡이 가죽; 〔구두끈 끝의〕 쇠붙이 (aglet); 〔동물의 꼬리 끝의, 특히〕 여우꼬리의 하얀 끝; 〔낚시〕 제물낚시의 안쪽에 다는 반짝거리는 금속 조각; 부속물, 부가물(appendage). **3** 〔연설·이야기 따위〕판에 박힌 인용 어구, 〔연설의 끝의 교훈의 말, 상투어구(cliché); 〔노래의〕 후렴(refrain); 〔연극의〕 끝맺음 말, 〔진행하는 이 말, 마지막의 손 쓰기(일격); 〔문자 마지막 획의〕 소용돌이 모양으로 쓴 장식(flourish). **4** 별명(epithet). **5** 털의 술, 곱슬털; 〔양의〕곱슬곱슬한 털, 엉킨 털. **6** 〔폐어〕 어중이떠중이, 하층민.
tag, rag, and bobtail 하층민, 사회의 쓰레기(tagrag).
── *v.* (**tagged, tag·ging**) *vt.* **1** …에 꼬리표(쇠붙이)를 달다, 부전을 붙이다, 짐표(정가표)를 붙이다 (label), 《구어》〔차 따위에〕교통 위반 딱지를 붙이다 (*with*). ¶ (~+圓+前+图) *tag* one's trunk *with* one's name 트렁크에 이름을 기입한 짐표를 붙이다. **2** 《구어》〔부가물을〕 덧붙이다, …에 첨가(부가)하다 (... *to, onto*). ¶ (~+圓+前+图) *tag* a title *to* one's name 이름에 직함을 덧붙이다. **3** 〔연설·이야기 따위〕를 인용구로 맺다; 〔글·행을〕연결하다; 〔시행(詩行)〕에 압운하다 (...*with, together*), ¶ (~+圓+前+图) *tag* one's speech *with* a quotation 연설을 인용구로 맺다 // (~+圓+圖) *tag* old articles *together* 옛 논문들을 이어 맞추다. **4** 《구어》 …의 뒤를 쫓다, 뒤를 밟다, …의 뒤에 붙어 다니다. ¶ (~+圓+圖) The boy *tagged* his brother *around*. 소년은 형의 꽁무니에 붙어 다녔다. **5** …을 〔별명 따위로〕부르다, 이름짓다. **6** 〔양〕의 엉킨 털을 깎다. **7** …에 값을 매기다. ¶ (~+圓+前+图) He *tagged* it *at* 50,000 won. 그는 그것에 5만 원의 값을 매겼다. **8** 《구어》…을 세게 치다.
── *vi.* 《구어》뒤따라 가다, 붙어 다니다. ¶ (~+前+图) *tag after* a person; *tag* at one's heels 남의 뒤를 쫓아 다니다 // (~+圖) *tag along* (or *after*) 뒤쫓아(따라)오다, 붙어 다니다.
tag² [tæg] *n.* 〔U〕 술래잡기〔술래는 it 이라고 한다〕. ¶ *play tag* 술래잡기를 하다. ── *vt.* (**tagged, tag·ging**) **1** 〔술래잡기에서〕 술래가 …을 잡다. **2** 〔야구〕〔주자〕를 터치 아웃시키다.
TAG 《略》 *the adjutant general.*
Ta·ga·log [təgɑ́ːlɔg, -lɔ̀ːg, təgǽlɔg] *n.* (*pl.* **-logs** or **-log**) **1** 타갈로그 사람〔필리핀 제도의 말레이 인종의 한 종족〕. **2** 〔U〕 타갈로그 말.
tag·a·long [tǽgəlɔ̀ːŋ/-lɔ̀ŋ] *n.* 〔남에게〕늘 붙어 다니는 사람.

tag·board [tǽgbɔ̀ːrd/-bɔ̀ːd] *n.* 〔짐표용〕두꺼운 종이.
tág dày *n.*《미》가두 모금일〔기부한 사람은 tag를 받는다〕.
tág énd *n.* **1** (the ~) 끄트머리, 말단, 말기(末期). **2** (보통 ~s) 자투리, 지스러기, 단편(斷片)(fragments).
tágged átom 〔U〕 *n.* 추적용의 방사성 동위체.
tag·ger [tǽgər] *n.* **1** 〔쇠붙이 따위에〕붙이는 사람 (기구). **2** 〔술래잡기의〕술래. **3** (~s) 〔야금〕얇은 쇳조각, 얇은 양철.
tág líne *n.* 〔농담 따위의〕 마지막 말, 맺는 문구, 상투어구.
tág mátch *n.* 〔프로 레슬링 따위의〕태그 매치.
tag·meme [tǽgmiːm] *n.* 〔언어〕문법소(文法素), 태그밈.
tág quéstion *n.* 부가 의문〔예: It's cold, *isn't it*?〕.
tag·rag [tǽgrӕg] *n.* **1** (the ~s) 하층민, 사회의 쓰레기(riffraff), 어중이떠중이. **2** 〔U〕 넝마(tatter).
the tagrag and bobtail 사회의 쓰레기, 하층민.
tág sàle *n.* =garage sale.
tág tèam *n.* 〔프로 레슬링의〕 태그 팀.
tah-dah [tɑːdɑ́ː] *interj.* 자, 보시오, 짠!
Ta·hi·ti [tɑhíːti, tɑː-] *n.* 타히티 섬〔남태평양 Society 제도의 수도(主島). 수도 Papeete〕.
Ta·hi·tian [tɑhíːʃ(ə)n, tɑː-] *adj.* 타히티섬의; 타히티섬 사람(말)의. ── *n.* 타히티섬 사람; 〔U〕 타히티 말.
Tai [tai, tɑːi:] *n., adj.* =Thai.
Tai·bei [táibéi] *n.* =Taipeh, Taipei.
t'ai chi ('ch'uan) [tái dʒíː t∫wɑ́ːn] *n.* 〔U〕 태극권 (太極拳) 〔중국의 체조식 권법〕. 「타이가.」
tai·ga [táigə] *n.* 〔시베리아·북미 등지의〕 침엽수림대.
‡tail¹ [teil] *n.* **1** 〔동물 따위의〕 꼬리. ¶ a bushy *tail* 북슬북슬한 꼬리 / A dog wags its *tail*. 개가 꼬리를 흔든다. **2** 꼬리 모양의 물건; 연의 꼬리; 〔천문〕 혜성의 꼬리; 양복·셔츠의 느림(단); 스커트의 아랫단, 아랫단; 〔음표의〕 부미(符尾); 〔인쇄〕〔문자의〕 기선 아래로 나오는 부분〔예: g, y의 밑부분〕; 땋아 늘인 머리, 변발 (pigtail). ¶ wear one's hair in a *tail* 머리를 땋아 늘이다.
3 후부, 미부(rear); 말미, 끝(end), 결론, 《속어》궁둥이(buttocks); 〔항공〕〔비행기의〕 미부, 기미(機尾); 〔행군 따위의〕 후미; 〔흐름의〕 말단, 괸 물; 〔인쇄〕〔페이지의〕 하단, 여백. ¶ the *tail* of a procession 행렬의 후미 / the *tail* of a storm 폭풍우가 멎을 무렵 / the *tail* of the eye 눈초리 / at the *tail* of …의 뒤(최후)에 / close on a person's *tail* 남의 바로 뒤에 바짝 붙어서 / out of (or with) the *tail* of the eye 곁눈질로.
4 〔정당·운동 팀의〕 아랫 사람, 말단; 서툰 선수. ¶ the *tail* of a baseball team 야구 팀의 가장 서툰 선수. **5** 열을 짓고 있는 사람들, 행렬(train); 동행자 (retinue), 수행원, 종자(從者). ¶ a *tail* of attendants 수행원 일행.
6 (보통 ~s) 화폐의 뒷면. *cf.* head ¶ Heads or *tails*? 앞이냐 뒤냐? / *Tails* came out. 뒷면이 나왔다.
7 〔건축〕〔기와·슬레이트 따위의〕 노출된 부분. 「장. **8** (~s) 《구어》 연미복; 대례복(大禮服), 〔남자의〕 정**9** 지나간 자국(trail); 《구어》 미행자(shadow), 미행하는 탐정 (스파이). ¶ on a person's *tail* 남을 추적중, 미행중.
10 (~s) 〔증류한 뒤 마지막에 따위의〕 찌꺼기, 찌꺼기(dregs), 지게미.
get one's tail up (down) 기운이 나다(풀이 죽다).
keep one's tail up (down) 활기차다(의기 소침하다).
keep the tail in waters 《속어》번성하다.
make neither head nor tail of; cannot make head or tail of ⇒ HEAD.
tails up ①기분이 좋아서. ②〔비유적〕싸울 마음으로.
top and tail ⇒ TOP¹.
tread on one's own tail 자업자득이 되다.
turn tail 〔혐오·두려움 따위에〕 등을 돌리다, 달아나다(flee). 「다.
twist a person's tail …에게 비위에 거슬리는 짓을 하

with the (or **one's**) **tail between the** (or **one's**) **legs** 기가 죽어서; 겁을 먹고. ── vt. **1** [연 따위]에 꼬리를 달다, …에 꼬리 모양의 물건을 달다. **2** [꼬리를] 자르다; [꼬리를] 잡아당기다 (잡다). **3** [열 따위]의 뒤에 붙다, 후미가 되다, 꼴찌가 되다. **4** …에 꼬리처럼 있다, …의 미후에 연결하다; …을 첨부하다(...on, to, on to). ¶ (~+園+團)*tail* one folly *on to* another 바보짓을 거듭하다 // (~+園+園+图) *tail* two coaches *on* a train 열차의 후부에 객차 2량을 증결하다. **5** …에 수행하다 [[구어]]…을 미행하다. 뒤를 밟다(shadow). ¶ *tail* a suspect 용의자를 미행하다. **6** [건축] [돌보·돌·벽돌 따위]를 끼워 넣다(...*in, into*). ── vi. **1** 꼬리같이 되다, 꼬리를 끌다; 뒤를 따르다, 줄을이 따라가다, 줄을 짓다, 수행하다. ¶ (~+園+图) They *tailed after* the procession. 그들은 행렬을 따라갔다. **2** 차츰 후퇴하다, 차츰 없어지다 (disappear gradually); 낙후하다, 뒤로 처지다(*away, down, off, out*). ¶ (~+團) The sound *tailed away*. 그 소리는 차츰 사라져 갔다 / His voice *tailed off* into a sigh. 그의 목소리는 차츰 작아져 한숨이 되었다. **3** [[구어]] 뒤를 쫓다, 미행하다(follow closely). ¶ (~+團+图) *tail after* a pickpocket 소매치기를 미행하다. **4** [항해] 고물에서부터 좌초하다(*aground*), 고물을 […로] 돌리다. ¶ (~+團+图) *tail to* the tide (*up* and *down* the stream) [정박중인 배가] 조류(강의 흐름)에 따라 상하로 흔들리다.
◇ táilless, táillie *adj*.

tail² [teil] *n*. U [[법률]] 계사 한정(繼嗣限定); 계사 한정 상속 재산. ¶ an heir in *tail* 계사 상속인. ── *adj*. 계사 한정의.

táil·back [téilbæk] *n*. [미식 축구에서] 후위.

táil·board [téilbɔ̀ːrd / -bɔ́ːd] *n*. **1** [짐마차 따위의] 후미 판자. **2** [트럭의] 뒷문(tailgate).

táil còat *n*. 연미복, 모닝 코트. [리 부분.

táil còne *n*. [제트 엔진·로켓·미사일의] 원추형 꼬

táil dìve (dròp) *n*. [[항공]] 기미(機尾)를 떨어뜨리기(내리기).

tailed [teild] *adj*. 꼬리가 있는, 꼬리 모양의 물건이 달린, 꼬리 모양인(* 보통 복합어로 쓰인다). ¶ a long-*tailed* bird 꽁지가 긴 새.

táil énd *n*. (the ~) **1** 꼬리의 끝. **2** 말단, 끝; 말 종말, 결말, 끝부분. **3** [[구어]] 궁둥이(buttocks). **4** [야구] 하위 타자.

táil énder *n*.[[구어]] [경기 따위의] 꼴찌, 최하위자.

táil fin *n*. **1** 꼬리지느러미. **2** [비행기의 미부 수직판. **3** 자동차의 후부 장식판.

tail·gate [téilgèit] *n*. **1** [트럭·왜건 따위의 짐을 싣고 내리기에 편리하게 되어 있는] 뒷문. **2** [수갑(水閘)의] 미문(尾門). **3** U [재즈] 테일게이트[뉴올리언스풍의 트롬본 취주 양식]. ── *vt., vi*. (**-gat·ed, -gat·ing**) [앞차의] 앞차에 바싹 붙여 운전하다.

tail·heav·y [téilhèvi] *adj*. [비행기의] 꼬리쪽이 무거운.

tail·ing [téiliŋ] *n*. **1** [건축] 벽에 벽돌 따위를 박는 부분. **2** (~s) 쓰레기, 지스러기; 부스러기 광물; 무거리, 찌끼. **3** 꼬리 달기. **4** 미행.

táil lámp *n*.《주로 英》=taillight.

tail·less [téillis] *adj*. 꼬리 없는; 미부 없는.

tail·light [téillàit] *n*. [자동차·기차 따위의] 미등(尾燈), 테일라이트.

tail·like [téillàik] *adj*. 꼬리 모양의, 꼬리 모양의 여백.

táil màrgin *n*. [책의] 페이지 밑부분의 여백.

*tai·lor** [téilər] *n*.[주로 남자옷의] 양복점, 재봉사. *cf*. dressmaker ¶ 《英》 a *tailor's* [shop] 《美》 a *tailor* shop 맞춤 양복점 / *tailor's* chalk 재봉용 초크[양복감에 마름질 표를 하는 데 씀] / ride like a *tailor* 말타기가 서투르다 / Nine *tailors* make (or go to) a man. 《속담》 양복 직공은 아홉 명이라야 한 사람 몫을 한다[양복 직공의 나약함을 비웃는 말] / The *tailor* makes the man. 《속담》 옷이 날개다. ── *vi*. 양복 직공일을 하다, 양복점을 경영

하다; 양복을 짓다. ── *vt*. **1** [주로 과거 분사형으로] [양복]을 짓다; [주문한 사람]의 옷을 짓다. ¶ a *tailored* suit 주문해서 지은 양복 / He is well *tailored*. 그의 양복은 잘 지어졌다. **2** [요구·조건에 맞도록] …을 짓다 (만들다), …을 고쳐 만들다; [여성복]을 남성복 스타일로 짓다. **3** [주로 美軍] [정복]을 주문해서 만들다.

tai·lor·bird [téilərbə̀ːrd] *n*. 재봉새[나뭇잎을 꿰매 합친 것같이 만들어 집을 짓는 아시아·아프리카산(產)].

tai·lored [téilərd] *adj*. =tailor-made. [의 새].

tai·lor·ess [téilaris] *n*. tailor의 여성형.

tai·lor·ing [téiləriŋ] *n*. U **1** 양복업, 재봉업. **2** 양복 짓는 법; 양복(재봉) 기술.

tai·lor-made [téilərméid / ─ ─ ─ // ─ n.] *adj*. **1** 양복점에서 지은, [특히 여성복이] 남자양복처럼 두껍게 지어진, 남자 양복 스타일의. **2** 맞춤 양복[남자옷 스타일로 지은 옷]을 입은. **3** 조건에 맞도록 만든, 특별 주문의. ¶ furniture *tailor-made* for a small house 작은 집에 어울리게 주문해서 만든 가구. **4** [클런의 기제(手製)가 아니라] 공장제의. ── *n*. [téilərméid] **1** [보통 ~s] 주문복, 맞춤복, [특히] 남자옷처럼 지은 맞춤 여성복. **2** 공장제 궐련.

tail·piece [téilpìːs] *n*. **1** 꼬리 조각, 끝부분, 부속물. **2** [인쇄] [책의] 장(章)끝·권말의 여백에 넣는 컷. **3** [바이올린 따위의] 줄걸이. **4** [건축] 토막귀틀.

tail·pipe [téilpàip] *n*. **1** [펌프의] 흡입관(吸入管). **2** [자동차의] 뒤쪽의 배기관.

táil·pìpe bùrner *n*. [제트 엔진의] 재연소 장치.

táil pláne *n*. [항공] 《주로 英》 미익(尾翼), 꼬리 날개.

tail·race [téilrèis] *n*. **1** [물방아의] 방수로(放水路). **2** [광산] [광석 부스러기를] 흘려버리는 도랑.

tails [teilz] *adj*. [화폐의] 뒤의, 뒷면의. ── *adv*. 뒤로 되어, 뒷집혀서.

táil skìd *n*. [항공] [비행기의] 꼬리 썰매, 미부의 활.

táil slìde *n*. [항공] 미부 활공(尾部滑空).

tail·spin [téilspìn] *n*. [항공] [비행기의] 나선식 강하. **2** 당황, 허둥, 의기 소침.

táil wárning ràdar *n*. [[군사]] 후방 경계 레이다 [군용기의 미부(尾部)나 미익(尾翼)에 장착].

tail·wind [téilwìnd] *n*. [항공기·배의] 뒤에서 부는 바람, 순풍. [박(箔).

tain [tein] *n*. U **1** 얇은 주석판. **2** [거울 뒤의] 주석

*taint** [teint] *n*. **1** 더럼, 얼룩, 오점(stain); 오명(disgrace). ¶ free from all *taints* 아무런 오점도 없는; 결백한 / a *taint* on one's name 불명예. **2** U [내부에 숨어 있는] 병독; 감염[력]; 페해; 부패, 타락(corruption). ¶ moral *taint* 도덕적 페해. **3** 기미, 기색, 흔적. ¶ There is a *taint* of epilepsy in the family. 그 가족에게는 간질기가 있다. ── *vt*. [폐어] 빛깔, 색조(color). ── *vt*. **1** …을 더럽히다, 오염시키다(pollute). **2** [병 따위]에 감염시키다(infect); …에 해독(害毒)을 주다. ¶ Such a book will *taint* young people. 이런 책은 젊은이들에게 해독을 끼친다. **3** [음식 따위]를 썩히다. ¶ *tainted* meat 썩은 고기. **4** …을 타락시키다(corrupt). ── *vi*. 더러워지다, 때물다; 감염되다, 오염되다; 타락하다; [음식 따위가] 썩다. ¶ Food will *taint* readily in this hot weather. 이렇게 더우면 음식이 금방 썩는다.

'taint [teint] [[방언·속어]] it is not; it isn't (there)의 단축형.

taint·less [téintlis] *adj*. 더럼 없는[안 탄], 순결한, 결백한.

Tai·peh, -pei [táipéi] *n*. 타이페이(臺北) [대만의 수도].

Tai·ping [táipíŋ] *n*. 태평당원, 장발적(長髮賊) [중국의 청조를 쓰러뜨리려던 결사로 홍 수전(洪秀全) (1813-64)의 지도자]. **2** 태평당원의, 장발적의.

Tai·wan [táiwáːn / taiwǽn, -wáːn] *n*. 타이완, 대만 (臺灣) [Cf. Taipei).

Tai·wan·ese [tàiwəníːz, + 美 -níːs] *adj*. 대만의; 대만 사람의. ── *n*. **1** 대만 사람. **2** U 대만 말.

Taj Ma·hal[tɑ́ːdʒ məhɑ́ːl, +美 tɑ́ːʒ-] *n.* 타지마할 〔인도의 Agra 에 있는 화려한 대리석 영묘(靈廟)〕.

†take [teik] *v.* (**took, tak·en, tak·ing**) *vt.* **1** …을 손에 잡다, 쥐다, 가지다; 껴안다. ¶ (~+目+前+名) *take* a person *by* the hand(the collar) 남의 손(깃)을 잡다 / *take* a person *to* one's breast 남을 가슴에 안다 / (~+目+副) *take* something *up* with one's fingers 손가락으로 물건을 집어 올리다.

類語 *take* 「손에 잡다」라는 뜻의 가장 일반적인 말: *take* a pen in one's hand 펜을 손에 쥐다. **seize** 「갑자기 힘주어 잡다」: *seize* a person's hand 남의 손을 꽉 잡다. **snatch** 날쌔게 채어 뺏다: *snatch* a handbag 핸드백을 낚아채다. **grab** 강한 힘으로 뻔뻔스럽게·버릇없이 seize 하다: The child *grabbed* his book and ran away. 그 아이는 그의 책을 홱 뺏어 들고 달아났다.

2 …을 붙잡다(capture), 붙들다; 〔남〕을 포로로 하다, 체포하다. ¶ *take* a wild animal 야생 동물을 붙잡다 / (~+目+副) be *taken* prisoner (*or* captive) 포로가 되다 / (~+目+前+名) *take* a rabbit *in* a trap 토끼를 올가미로 잡다.

3 〔힘을 다하여〕 …을 빼앗다, 탈취하다; …을 점령하다. ¶ *take* a fortress 요새를 점령하다 / (~+目+前+名) *take* a bag *from* a person's hand 남의 손에서 가방을 뺏다.

4 …을 골라잡다(capture), 고르다, 선택하다(choose); 〔길·진로 따위〕를 잡다; …을 〔골라〕 사다. ¶ Which way shall we *take*? 어느 길로 갈까? / Let the matter *take* its own course. 되어 가는 대로 내맡겨 두어라 / *Take* whichever you like. 어느 것이든 좋아하는 것을 가져라 / I'll *take* this one. 이것을 갖겠다.

5 〔음식물 따위〕를 섭취하다, 먹다, 마시다, 빨아들이다; 〔약 따위〕를 복용하다(* 구어에서는 보통 have 를 쓴다). ¶ *take* aspirin 아스피린을 먹다 / *take* medicine 약을 먹다 / *take* a deep breath 숨을 깊이 들이쉬다 / *take* the air 바람을 쐬다.

6 〔보내진 물건〕을 받다, 얻다; 〔대가·보수 따위〕를 얻다, 획득하다(obtain); 〔시합 따위〕에 이기다(win). ¶ *take* a present 선물을 받다 / *take* a prize (a degree) 상(학위)을 획득하다 / (~+目+前+名) He *took* money *from* the man. 그는 그 남자한테서 돈을 받았다 / Will you *take* $1,000 *for* the car? – I'll not *take* less than $2,000. 그 차를 천 달러에 팔지 않으려나? – 2천 달러 이하로는 안 되겠다.

7 〔휴가·오락 따위〕를 가지다, 즐기다. ¶ *take* a rest 잠시 쉬다 / *take* a holiday 휴가를 내다 / *take* a day off 하루 쉬다.

8 〔남〕을 채용하다(hire), 〔새 회원 등〕을 받아들이다(admit); 〔여자〕를 아내로 맞다(…to); 〔양자〕를 맞이하다; 〔하숙인〕을 두다. ¶ (~+目+前+名) *take* a person *into* a company 남을 입사시키다.

9 〔집·토지 따위〕를 빌다(rent), 〔좌석 따위〕를 예약하다; 〔신문 따위〕를 예약 구독하다; …을 사다(buy). ¶ *take* lodgings 하숙하다 / *take* two newspapers 신문을 두 가지 보다 / *take* a house 집을 빌다 / (~+目+前+名) *take* a box *at* a theater 극장의 지정석을 잡다.

10 〔방법·수단〕을 쓰다, 취하다. ¶ *take* measures 조처를 취하다.

11 …을 〔고려에〕 넣다, 다루다, 예로 들다. ¶ (~+目+前+名) He *took* it *into* account. 그는 그것을 고려했다.

12 …을 〔좋게·나쁘게〕 받아들이다, 느끼다; 〔말·의미〕를 해석(이해)하다(understand), 깨닫다; 〔사람·물건〕을 …으로 생각하다, 추정하다(suppose, presume). ¶ (~+目+副) *take* a thing well (ill) 사물을 좋게 (나쁘게) 받아들이다 / (~+目+副) *Take* it (*or* things) easy. 마음놓고 해라 / (~+目+*to be* 補) I *take* this *to be* ironical. 나는 이것을 비꼬는 뜻으로 받아들인다 / (~+目+*as* 補) *Take* things *as* they are. 사물을 있는 그대로 받아들여라 // (~+目+前+名) *take* a person *at* his word 남이 하는 말을 그대로 믿다 / *take* it *for* granted that … 을 당연한 것으로서 받아들이다 / Do you *take* me *for* a fool? 너는 나를 바보로 생각하느냐?

13 〔감정·호감·악감 따위〕를 일으키다, 느끼다, 경험하다(experience). ¶ *take* courage 용기를 내다 // (~+目+前+名) *take* delight in one's work 자기 일에 기쁨을 느끼다.

14 〔비난·충고 따위〕를 받아들이다, …에 따르다, 〔모욕 따위〕를 감수하다, 견디어 내다(endure). ¶ *take* advice 충고에 따르다 / *take* punishment 벌을 받다 / *take* a dare 도전에 응하다 / *take* medical advice 의사의 진단을 받다 / Whose word would you *take* then? 그렇다면 누구의 말이면 듣겠느냐?

15 〔기원·명칭·특질 따위〕를 따오다, 얻다, …에 유래하다; …을 인용하다(quote); 〔어떤 곳에서〕 …을 가지고 오다(…from). ¶ (~+目+前+名) *take* a name *from* a famous scientist 유명한 과학자의 이름을 따오다 / *take* a line *from* Milton 밀턴에서 한 행을 인용하다 / *take* a dictionary *out of* one's bag 가방에서 사전을 꺼내다.

16 …을 없애다, 제거하다; 가지고 가다(carry off, remove), 훔치다(steal). ¶ (~+目+副) *Take* this chair *away*. 이 의자를 치워라 / (~+目+前+名) *take* eggs *from* a bird's nest 새집에서 알을 꺼내다.

17 〔목숨〕을 뺏다, 탈취하다. ¶ Cancer *took* him. 그는 암으로 죽었다.

18 …을 감(減)하다, 소거(消去)하다, 빼다(deduct) (*from, away*…); 〔값〕을 깎다. ¶ (~+目+前+名) *take* 4 *from* 6 6에서 4를 빼다 / *take* a dollar *from* the price 값을 1달러 깎다.

19 …을 데리고 가다, 〔차 따위에〕 태워가다; …을 안내하다, 이끌다(conduct, lead), 동반하다(escort). ¶ (~+目+前+名) *take* one's little brother *to* a zoo 동생을 동물원에 데리고 가다 / *take* a person *out of* a room 남을 방에서 데리고 나가다 / He came to *take* her *with* him. 그는 〔자동차로〕 그녀를 맞으러 왔다 / This road *takes* you *to* the station. 이 길로 가면 역이 나온다 / (~+目+副) He *took* me *home* in his car. 그는 차로 나를 집에까지 데려다 주었다.

20 …을 가지고 가다, 나르다, 휴대하다(carry). ¶ *Take* these things upstairs. 이 물건들을 이층으로 가져가거라 / *Take* an umbrella *with* you. 우산을 가지고 가거라 / (~+目+副) He *took* her some flowers. 그는 그녀에게 꽃을 가지고 갔다.

21 〔장애물 따위〕를 〔뛰어〕 넘다(clear), 건너다; 〔길〕을 가다; 〔모퉁이〕를 돌다; …을 오르다. ¶ *take* a fence 울타리를 넘어가다 / *take* a slope 언덕을 오르다 / *Take* the main street to the right. 큰 거리를 오른쪽으로 가세요.

22 …에 들어가다, 뛰어 들어가다, 도망쳐 들어가다, 숨다(enter). ¶ *take* the field 싸움터에 나가다 / *take* earth 굴속으로 뛰어들다(달아나다) / *take* the water 물로 뛰어들다.

23 〔병 따위〕에 걸리다; 〔병 따위가〕 …을 침범하다; 〔불이〕 …에 붙다, 옮아붙다; …에 부딪히다. ¶ *take* cold 감기들다 / Plague *take* him! 염병이나 걸려라 / Fire *took* the tower. 불이 탑에 옮겨 붙었다 / (~+目+前+名) be *taken* *with* illness 병에 걸리다 / *take* a person *by* surprise 남의 허를 찌르다 / (~+目+前+名) be *taken* ill 병이 나다 (* 수동형뿐).

24 …의 영향을 받다, 〔물감 따위〕를 흡수하다, …에 물들다. ¶ *take* a polish 광이 나다 / *take* a dye 물이 들다 / *take* ink well 잉크를 잘 빨아들이다.

25 〔남의 눈·주의 따위〕를 끌다(attract); 〔남〕의 마음을 뺏다, …을 황홀하게 하다, 매혹시키다(charm). ¶ *take* one's fancy 마음에 들다 / He *took* the whole audience. 그는 만장의 청중을 매료했다 / (~+目+前+名) She was much *taken* *with* the child. 그녀는 그 아이

take

가 함뿍 좋아졌다.
26 [장소·좌석 따위]를 잡다, 차지하다(occupy). ¶ *take* a seat 자리에 앉다 / *take* a person's place; *take* the place of a person 남을 대신하다, 남의 대리를 말다 / *take* the chair 의장석에 앉다, 의장 노릇을 하다.
27 [시간·공간·노력·재료 따위]가 들다, 필요로 하다, 소비하다(consume); (비인칭 it 를 주어로 하여)…이 필요하다, 걸리다(need, require). ¶ This desk *takes* much room. 그 책상은 장소를 차지한다 / Take your time, please. 시간을 들여서 하십시오; 부디 천천히 하십시오 / It *took* two hours to read the book. 그 책을 읽는 데 두 시간 걸렸다 / It *takes* a lot of doing. 그것은 꽤 힘이 든다 / It *takes* two to make a quarrel. (속담) 손뼉도 마주쳐야 소리가 난다 // (~+目+目) It *took* him two hours to finish his homework. 그는 숙제를 끝내는 데 두 시간 걸렸다.
28 [탈것]에 타다, 타고 가다; [탈것]으로 (사람)을 나르다(convey), ¶ *take* ship 배를 타다 // (~+目+前+名) *take* train to Paris 기차로 파리에 가다 / The next bus *takes* you to the town. 다음 버스가 그 소도시로 간다.
29 …을 사용하다(use), 이용하다; [기회]를 잡다, …에 편승하다. ¶ *take* a pen name 필명을 쓰다 / *take* an example from …을 예로 들다 / *take* occasion 기회를 이용하다 // (~+目+前+名) *take* advantage of …을 이용하다, …에 편승하다.
30 [행동]을 취하다, 하다. ¶ *take* action 행동을 취하다 / *take* counsel 상담하다 / *take* prudence 신중을 기하다, 자중하다 / *take* the initiative 선수를 치다 / *take* the lead 리드하다 / *take* care 조심하다; 돌보다 / *take* a walk (a nap) 산책을 하다 (낮잠을 자다) / *take* a look at …을 보다 / *take* a trip 여행하다.
31 …의 역할을 하다, …을 연기하다; [소임·직무 따위]에 앉다, 취임하다, …을 수행하다, 해내다; [책임을] 지다; …을 맡다. ¶ *take* the role of a villain 악역을 연기하다 / *take* command 지휘하다.
32 [이의·차별 따위]를 내세우다, 붙이다, 제기하다. ¶ *take* a distinction 차별하다.
33 [기록 따위]를 적다, 쓰다; [사진]을 찍다, [초상]을 그리다. ¶ *take* a photograph (or a picture) 사진을 찍다 / *take* one's likeness 초상을 그리다 // (~+目+前+名) *take* a speech *in* shorthand (tape) 연설을 속기(녹음)하다.
34 [치수]를 재다, [조사·측정·관찰 따위]를 행하다, [조사·측정 따위]로 …을 확인하다. ¶ *take* a person's measurements 남의 치수를 재다 / *take* a patient's temperature 환자의 체온을 재다 / *take* a census 인구 조사를 하다.
35 [형태·태도·견해 따위]를 가지다, 취하다. ¶ *take* shape 모양을 이루다 / *take* a rosy view 낙관하다 // (~+目+前+名) *take* liberties *with* a person 남에게 스스럼없이 대하다.
36 …을 공부하다(study); [학생으로서] …에 등록하다.
37 [문법] [특수한 말·어형 변화 따위]를 취하다, 가지다.

— *vi.* **1** [기계·장치가] 걸리다, 엇걸리다; [톱니바퀴가] 맞물리다. **2** [뿌리 따위가] 내리다, 박막박다; [씨앗이] 싹트다; [접지(接枝)가] 붙다. **3** [염료 따위가] 배어 들다, 물들다 (드물게) 불이 붙다, 옮겨 붙다. ¶ (~+目) The ink *takes* well on this paper. 그 잉크는 이 종이에 잘 묻는다. **4** 인기를 얻다, 평판이 좋다, 호평을 받다 (succeed). ¶ *take* effect 효력을 내다, 듣다. The play did not *take*. 그 연극은 성공하지 못했다. **5** [약 따위가] 듣다 (take effect), [우두 따위가] 잘 되다. **6** 얻다, 획득하다, [냅을(에서)] 재산을 취득하다. **7** [새·물고기 따위가] 모이·덫에 걸리다, 잡히다. ¶ This kind of fish *take* easily. 이런 종류의 물고기는 잘 낚인다. **8** 없애다, [약 따위가] 감하다, 줄이다(detract) (*from*...). **9** 나아가다, 가다(proceed, go). ¶ (~+前+名) *take* to the wood 숲으로 가다. **10** (구어) 방

언) [병에] 걸리다(fall), [병이] 나다(become). ¶ (~+圖) *take* ill (or sick) 병에 걸리다, 병이 나다. **11** (구어) [사진에] 찍(박)히다. ¶ (~+圖) She *takes* well. 그녀는 사진이 잘 나온다. **12** 떠내다, 빠지다.

be taken aback ⇒ ABACK.
take after ① …을 닮다(resemble). ② …을 흉내내다. ③ …을 쫓다(따르다).
take against (주로 英) …에 반항하다, …을 싫어하다.
take apart ① [기계 따위]를 분해하다(dismantle). ② …을 분석하다(analyze). ③ …을 혼내다.
take away ① …을 제거하다(⇒ vt. 16). ② (식탁을) 치우다. ③ …을 줄이다(⇒ vt. 18). ④ …을 죽이다. ⑤ 물러가다, 떠나다.
take back ① …을 도로 찾다, [판 물건]을 도로 인수하다. ② [약속 따위]를 취소하다(retract). ③ [남]에게 옛날을 상기시키다.
Take care [*of yourself*]. ① 잘 있어. ② 몸조심해.
take down ① …을 내리다, 낮추다. ② …의 콧대를 꺾다, 기를 죽이다. ③ [가옥 따위]를 헐다, [나무]를 베어 넘어뜨리다(fell). ④ [머리]를 풀다. ⑤ …을 삼키다. ⑥ …을 적어 놓다, 써 두다(record). ⑦ …을 분해(해체)하다. ⑧ (구어) …을 속이다. ⑨ (*vi.*) 병이 나다. ⑩ 어쩔리다.
take from [가치 따위]를 줄이다(⇒ *vi.* 8); [흥미]를 덜다.
take in ① …을 받아들이다, 마시다, 빨아들이다; [배]에 태다. ② [손님]을 맞아들이다, 묵게 하다; [하숙인]을 치다. ③ [빨랫감·바느질감 따위]를 자기 집에서 일을 맡다. ④ (주로 英) [신문 따위]를 받아 보다, 구독하다(subscribe to) (⇒ *vt.* 9). ¶ *take in* a magazine 잡지를 구독하다. ⑤ [객실에서 식당으로] [여성]을 안내하다. ⑥ [배가] [짐]을 싣다, 적재하다(load). ⑦ …을 포함하다(include). ⑧ [돛]을 접다(furl). ⑨ [치수]를 줄이다(shorten). ⑩ [토지]를 둘러싸다, [영토 따위]를 합병하다(annex). ⑪ …을 납득하다, 이해하다. ¶ listen to a lecture without *taking* it *in* 이해도 못하면서 강연을 듣다. ⑫ …에 귀를 기울이다. ⑬ …을 한눈에 알아차다, (美) …을 방문하다(visit), 구경하다. ¶ *take in* a play 연극을 보다. ⑭ (구어) …을 속이다 (cheat). ¶ She was completely *taken in* by his story. 그녀는 그의 이야기에 완전히 속았다.
take it ① 생각하다, 받아들이다(accept), 믿다. ② 이해(양해)하다(understand). ③ (속어) [비난 따위에] 견디다, 참다.
Take it away! 시작! [방송의 신호].
Take it easy. ① 잘 있어, 안녕. ② 살살해, 다그치지 마. ③ 진정해.
take it or leave it 싫으면 그만두다.
take it out of (구어) ① …을 지치게 하다(exhaust). ② …을 못살게 굴다. ③ …에게 앙갚음(분풀이)하다.
take it out on …에게 마구 호통치다.
take ...lying down ⇒ LIE².
take off ① …을 제거하다, 없애다. ② [모자·의복 따위]를 벗다. ③ [값 따위]를 깎다, 할인하다. ④ [술·음식 따위]를 떼다; [주의]를 딴 데로 돌리다. ⑤ …을 데리고 가다. ⑥ [병 따위가] …의 목숨을 빼앗다, …을 죽이다(kill). ⑦ …을 그만두게 하다. ⑧ …을 삼키다. ⑨ (구어) …을 흉내내다(mimic), 흉내내어 놀리다. ⑩ …의 복사를 만들다(reproduce), 흉내내다; [초상]을 그리다(portray). ⑪ (*vi.*) (구어) 떠나가다, 출발하다. [비행기 따위가] 날아오르다. ¶ We *took off* from Kimpo at 10. 우리는 김포를 10시에 이륙했다. ⑫ …의 휴가를 내다. (*vi.*) [일을] 쉬다. ⑬ (*vi.*) [바람 따위가] 자다 (withdraw).
take on ① [일 따위]를 떠맡다. ¶ Such a task should not be *taken on*. 그런 일은 맡아서는 안 된다. ② …을 고용하다. ③ [경기 따위에서] …을 상대로 하다. ④ [형태·성질·태도 따위]를 취하다, …인 체하다, [외색을] 드러내다. ⑤ [살 따위]를 붙이다. ⑥ …에 감염하다. ⑦ [탈것]에 (사람)을 태우다, [짐]을 싣다(load).

⑧ (vi.) 《구어》 떠들어 대다, 흥분하다, 화내다. ⑨ (vi.) 《구어》 인기를 얻다. ¶ His idea doesn't *take on*. 그의 아이디어는 인기가 없다.
take out ① …을 꺼내다, 들어 내다. ② 〔산책 따위〕 …을 데리고 나가다. ③ 〔얼룩 따위〕를 빼다. ④ 〔면허장 따위〕를 따다, 획득하다, 받다. ⑤ (vi.) 떠나다, 출발하다(set out).
take over ① 〔일 따위〕를 이어받다, (vi.) 인계받다. ② 〔가게 따위〕를 양도받다, 접수하다. ③ (vi.) 〔대신해서〕 우세하다.
Take that ! 《구어》 이제 알았지? (* 아이들을 때려 줄 때 쓰는 말)
take to ① …에 몰두하다; …을 돌보다(care for). ② …을 하게 되다, …이 습관이 되다, …에 빠지다, 골몰하게 되다. ¶ *take* to drink (gambling) 술(노름)에 빠지다. ③ …이 좋아지다, 마음에 들다. ④ …에 가다(⇒ vi. 9). ⑤ …에 의지하다.
take up ① …을 집어 올리다, 들어 올리다. ② 〔탈것에〕 …을 태우다, 〔손님〕을 태우다(잡다). ③ 〔제자 따위〕를 받다, …을 보호하다, …을 체포하다. ④ 〔액체 따위〕를 흡수하다. ⑦ 〔시간・장소 따위〕를 잡다, 차지하다. ¶ *take up* a lot of time 시간이 많이 걸리다. ⑧ 〔남의 말〕을 가로막다, …을 꾸짖다, 질책하다. ⑨ 〔제안 따위를 지지하다(support). ⑩ 〔끊어진 이야기 따위〕를 다시 시작하다. ⑭ 〔도전・내기 따위〕에 응하다. ⑮ 〔이자를 붙여〕 …을 빚다; 〔빚〕을 다 갚다. ⑯ …을 줄이다, 짧게 하다. ⑰ 〔주거〕를 정하다. ⑱ 〔익살 따위〕를 이해하다. ⑲ (vi.) 맞다, 서다. ⑳ (vi.) 〔날씨가〕 회복되다. ㉑ (vi.) 〔수업 따위〕가 시작되다.
take up for …의 편을 들다(side with).
take a person up on 남의 제의에 따르다, 응하여 떠맡다.
take up with ① 《구어》 …과 친해지다; …과 교제를 시작하다. ② …에 흥미를 가지다.
take upon (or *on*) *oneself* ① …의 책임(의무)을 지다, 맡다. ② …을 시작하다(begin), 기도하다.
— n. ① 취하기, 받기, 취득, 수확, 거두어들임. ② 포획(수확)량. ¶ a large *take* 대렵(大獵), 풍어(豐漁). ③ (~s) 《속어》 이익, 벌이(profit); 매상고. ④ 〔인쇄〕 〔식자공이〕 한 번에 짜는 원고. ⑤ 〔신문〕 〔기자의〕 1회분의 기사, 취재량. ⑥ 〔영화〕 〔촬영을 완료한 촬영 예정의〕 한 신; 촬영. ⑦ 〔의학〕 종두가 앉음. ⑧ 《美구어》 견해, 관점(viewpoint). ¶ his *take* on President Clinton 클린턴 대통령에 대한 그의 견해.
on the take 뇌물 따위를 받을 기회를 노리어.
take-a·long [téikəlɔ̀:ŋ / -lɔ̀ŋ] *adj.* 휴대용의, 여행용의. ¶ a *take-along* blow dryer 휴대용 헤어드라이어.
take·a·way [téikəwèi] *adj.* 《英》〔요리 따위가〕 사가지고 가는(takeout).
take-down *adj.* 떼(분해할) 수 있는, 조립식의. — *n.* ① ⓤⓒ 〔기계 따위의〕 뗄 수 있는 것, 분해. ② 분해 화기(火器). ③ 《구어》 창피, 수치, 굴욕(humiliation). 〔실수령 급료.
táke-hòme pày [téikhòum-]. ⓤ 〔세금 뗀〕
táke-hòme sàle n. 《英》 =off-sale.
take-in [téikìn] n. 《구어》 사기, 협잡(deception).
take-it-or-leave-it [téikìtɔ:rlíːvìt] *adj.* 교섭의 여지가 없는, 양자 택일(兩者擇一)의. ¶ a *take-it-or-leave-it* offer 용선을 인정치 않고 제시된 가격.
take-it-with-you [téikìtwíðju:] *adj.* 휴대용의.
tak·en [téik(ə)n] v. take의 과거 분사.
take-off [téikɔ̀:f / -ɔ̀f] n. ① 〔육상 경기 따위의〕 도약(점); 출발(점). ② 이륙(점). ③ 〔경제 발전의〕 도약. ④ 《구어》 익살스런 흉내; 희화(戱畵)(burlesque). ⑤ 파도타기 널 위에서 보이는 자세 개시(기술)의 하나.
tákeòff stáge n. 〔경제〕 〔공업국의〕 도약 단계 〔Walt W. Rostow의 경제 발전 단계설의 제3 단계〕

take-one [téikwʌ̀n] n. 낱장으로 떼어 내는 식의 광고.
take-out [téikáut] n. ⓤ 들어내기, 꺼내기. 〔삐라.— *adj.* 《美》 〔요리 따위의〕 사 가지고 가는.
take-o·ver [téikòuvər] n. 이어받음, 인계, 접수; 〔회사 따위의〕 접수, 경영권 취득. 〔呼價〕
tákeòver bíd n. 주식의 공개 매입; 매수 호가(買收
tak·er [téikər] n. ① 잡는 사람, 포획자(catcher). ② 수취인; 받는 사람, 집찰인. ③ 구독자(subscriber). ④ 내기에 응하는 사람.
take-up [téikʌ̀p] n. ① 죄기, 묶기. ② 〔실 따위의〕 죄는(매는) 도구. ③ 〔필름의〕 감는 장치.
ta·kin [táːkin] n. 〔티베트산(產)〕 영양(羚羊)의 일종.
tak·ing [téikiŋ] n. ① ⓒ 취득, 획득, 포획, 체포. ② 포획물(catch); 포획량, 어획량. ③ (~s) 매출액, 소득, 수입. ¶ *Takings* did not cover expenses. 수입은 지출보다 부족했다. ④ 《英구어》 동요, 흥분; 고민(distress), 곤혹. ¶ in a great (or a terrible) *taking* 몹시 고민하여(마음 졸여). — *adj.* ① 남의 마음을 끄는, 애교(매력) 있는(attractive). ② 〔폐어〕 감염하는, 전염성의(infectious). — *ly* adv.
tak·ing-off [téikiŋɔ́:f / -ɔ̀f] n. 제거, 치우기; 〔항공〕 이륙, 이수(離水), 이함(離艦), 출발; 《속어》 흉내.
tak·y [téiki] *adj.* 《구어》 = taking.
ta·lar·i·a [təléi(ː)riə / -léər-] n. pl. 〔그리스・로마 신화〕 〔Hermes, Mercury 신의 발에 있는〕 날개, 날개 달린 구두.
tal·bot [tɔ́:lbət] n. 사냥개의 일종. 〔린 구두.
talc [tælk] n. ⓤ ① 〔광물〕 활석(滑石); 탤크. ② 《구어》 운모(雲母). ③ = talcum (powder). — vi. (**talcked** or **talcked** [tælkt], **talck·ing** or **talc·ing**) 활석으로 …을 문지르다(처리하다).
talc·ose [tǽlkous] *adj.* 활석의, 활석을 함유한.
tál·cum pòw·der [tǽlkəm-] n. ⓤ 화장용 파우더 〔talc 가루에 붕산 가루・향료를 넣은 것〕.
*tale [teil] n. ① 〔사실・가공・전설의〕 이야기, 설화. ⇒ STORY[1] 類語. ¶ a fairy *tale* 옛날 이야기 / tell one's *tale* 신세타령을 하다 / It tells its own *tale*. 그것은 설명이 필요치 않다 / It's now a *tale*. 그것은 〔이미〕 이미 옛이야기이다. ② 지어낸 이야기(fiction), 거짓말; (~s) 소문(rumor); 고자질, 욕설, 험담, 중상(slander); 남의 비밀. ¶ a tall *tale* 허풍 / tell (or bear, bring, carry) *tales* 남의 비밀을 누설하다, 고자질하다, 험담하다 / tell *tales* upon a person 남의 험담을 하다 / Dead men tell no tales. 《속담》 죽은 사람은 말이 없다. ③ ⓤ 〔주로 英고어〕 총수, 총계, 금액(total). ④ ⓤⓒ 〔고어・詩〕 계산, 회계, 셈. ¶ sell by *tale* 〔무게가 아니라〕 수효로 팔다 / tell the *tale* of …의 수를 세다 / The *tale* is complete. 숫자가 맞는다.
His tale is (or *has been*) *told.* 그는 이젠 글렀다 〔죽을 운세가 다 되었다〕. 〔설.
an old wives' tale 어처구니없는 이야기, 미신적인 전
a tale of a roasted horse 지어낸 이야기.
a tale of a tub 터무니없는 이야기.
Thereby hangs a tale. 거기에는 연유가 있다.
a twice-told tale 케케묵은 평범한 이야기(일).
⇒ tell v.
tale·bear·er [téilbɛ̀(ː)rər / -bɛ̀ər] n. 남의 험담(소문)을 퍼뜨리는 사람; 밀정주꾼, 고자질쟁이.
tale·bear·ing [téilbɛ̀(ː)rìŋ/-bɛ̀ər] *adj.* 말전주하는, 고자질하는. — n. 험담, 고자질, 소문 퍼뜨리기.
*tal·ent [tǽlənt] n. ① ⓤⓒ 〔신이 인간에 부여한〕 재능, 천부; 〔일반적으로〕 재주, 소질, 재간, 수완, 솜씨 (for…). ⇒ ABILITY 類語. ¶ A man of *talent* 재주꾼, 재사 // have a *talent for* painting 그림에 재능이 있다. ② ⓤ 〔집합적〕 재능있는 사람들, 인재; 탤런트; ⓒ 예능인, 출연자, ¶ young *talent* 젊은 인재. ③ 탤런트 〔그리스 등의 고대의 무게 및 화폐〕.
hide one's talents in a napkin 자기의 재능을 썩이다 〔←마태 복음(Matt.) 25 : 15〕.
tal·ent·ed [tǽləntid] *adj.* 재능(재주)있는, 유능한(gift-

tal·ent·less [tǽləntlis] *adj.* 재능(재주)없는, 무능한.
tálent mòney *n.* 〖야구·크리켓〗〖직업 선수에게 주는〗우수 성적 특별 상금.
tálent scòut *n.* 탤런트 스카웃, 인재 발굴 담당자.
tálent shòw *n.* 〖아마추어〗장기(노래, 솜씨) 자랑 대회.
ta·ler [táːlər] *n.* (*pl.* **-ler** *or* **-lers**) 《美》 = thaler.
ta·les [téiliːz] *n. pl.* 〖법률〗 1 보결 배심원. 2 〖단수 취급〗보결 배심원 소집 영장.
tales·man [téilzmən, -liːz-] *n.* (*pl.* **-men** [-mən]) 보결 배심원(방청인 중에서 뽑는다).
tale·tell·er [téiltèlər] *n.* 1 이야기하는 사람(narrator). 2 고자질하는 사람(talebearer).
tale·tell·ing [téiltèliŋ] *adj.* = talebearing.
ta·li [téilai] *n.* talus¹의 복수형.
tali- ankle 의 뜻의 연결형. 예: *tali*grade(〖동물〗발의 바깥쪽으로 걷는).
tal·i·on [tǽliən] *n.* ⓤ 〖함무라비법전〗동해(同害) 복수법 〖「눈에는 눈을」과 같이 가해자가 받은 것과 같은 양을 형벌로써 가하는 법〗(lex talionis) 〖←레위기(Lev.) 24 : 20〗.
tal·i·ped [tǽlipèd] *adj.* 1 〖발이〗기형인, 굽은, 안짱 다리의(clubfooted). 2 〖사람이〗기형족(畸形足)의.
— *n.* 기형족의 사람(동물).
tal·i·pes [tǽlipìːz] *n.* ⓤ 기형족(clubfoot).
tal·i·pot [tǽlipɑ̀t/-pɔ̀t] *n.* (= **tálipot pàlm**) 〖남인도 산(産)〗탈리풋 야자나무.
tal·is·man [tǽlismən, -liz-] *n.* (*pl.* **-mans**) 1 호부(護符)(charm), 부적, 액막이. 2 불가사의한 힘을 가진 것.
tal·is·man·ic [tæ̀lismǽnik, -liz-], **-i·cal** [-ik(ə)l] *adj.* 부적(호부(護符))의, 마력있는, 불가사의한.
‡**talk** [tɔːk] *vi.* 1 말하다, 이야기하다, 입을 열다; 서로 이야기하다, 의논하다. ⇒ SPEAK 類語 ¶ *talk* at random 아무렇게나 말하다 / *talk* like a book 문어투로 이야기하다 / *talk* over a cup of coffee 커피를 마시면서 이야기하다 / The child began to *talk*. 어린 아이가 말을 시작했다 // (~+前+名) *talk* with a person 남과 의논하다 / *talk* to oneself 혼잣말을 하다 / What are you *talking* about (or *of*)? 당신(들)은 무슨 이야기를 하고 있는 거요? 2 〖쓸데없는〗말을 지껄이다, 지꺼리다(chatter). ¶ He *talks* too much. 그는 너무 말이 많다. **3** 소문을 이야기하다(gossip); 비밀을 누설하다; 험담하다. ¶ *talk* behind a person's back 뒤에서 남의 험담을 하다 / People will *talk*. 남들의 말은 막을 길이 없다 / (~+前+名) *Talk* of the devil, and he is sure to appear. 〖속담〗호랑이도 제 말 하면 온다. **4** 〖말 이외의 방법으로〗의사를 전하다, 신호하다; 〖무선으로〗통신하다. ¶ *talk* by signs 손짓으로 말하다. **5** 힘을 갖다, 설득력이 있다. ¶ *Money talks.* 돈이면 다 된다 / Now you are *talking*. 이제야 이야기를 알아듣겠다. **6** 〖물건이〗말하는 듯한 소리를 내다. ¶ The kettle is *talking* on the stove. 난로 위에서 주전자가 소리내며 끓고 있다.
— *vt.* **1** …을 이야기하다, 말하다, …에 대해 논하다(discuss). ¶ *talk* books (philosophy) 책 이야기를 하다(철학을 논하다) / *talk* sense (nonsense) 이치에 맞는 (황당한) 이야기를 하다 / *talk* shop 〖엉뚱한 곳에서〗사업 이야기를 하다. **2** 〖특정한 언어를〗말하다, 지껄이다. ¶ *talk* French (slang) 프랑스어(속어)를 쓰다. **3** …에게 이야기하여 …하게 하다, …을 설득하다. ¶ (~+目+副) *talk* one's fears *away* 이야기를 하여 무서움을 가시게 하다 // (~+目+補) She *talked* herself hoarse. 그녀는 너무 지껄여 목이 쉬었다 // (~+目+前+名) *talk* a child *to* sleep 이야기를 하여 어린이를 재우다 / *talk* oneself *out of* breath 너무 지껄여 숨이 차다 / He *talked* his father *into* buying a new car. 그는 부친을 설득하여 새 자동차를 샀다 / He *talked* me *out of* smoking. 그에게 설득되어 담배를 끊었다.
be [or *get* oneself] *talked about* 소문거리가 되다.
talk against time 시간을 보내기 위해 지껄이다.
talk around 설득하다(persuade).
talk at a person 남에게 빗대어 말하다.
talk away ① 지껄이며 지내다(시간을 보내다). ② 줄곧 이야기하다, 수다를 떨다(chatter).
talk back 말대답(말대꾸)하다 (*to*...).
talk big (or *tall*) 〖구어〗큰소리치다, 허풍떨다.
talk business 진지한 이야기를 하다.
talk down ① …을 말로 이기다, 큰소리로 토론하여 …을 침묵시키다. ¶ *talk down* one's opponent 토론하여 상대를 말로 이기다. ② …을 얕보다, 대수롭지 않은 일이라고 말하다(belittle). ③ 〖항공〗〖비행사〗에게 무전으로 착륙을 지시하다, 무전 유도하다.
talk down to a person 남을 얕보는 듯한 투로 이야기하다; 남에게 〖알기 쉽게〗풀어서 이야기하다.
talk Greek (or *Hebrew*) 영문 모를(똥딴지 같은) 소리를 하다.
talk one's head (or *one's arm, one's ear, one's leg*) *off* 〖속어〗쉴새 없이 지껄이다.
talk of ① …에 관해 이야기하다 (⇒ *vi.* 1); …의 소문을 이야기하다 (⇒ *vi.* 3). ② …할 생각(작정)이라고 말하다.
talk out …을 마음껏 이야기하다; 철저히 논하다. ② …을 끝까지 이야기하다. ③ 〖英〗토의를 폐회시간까지 끌어서 〖법안 따위를〗폐기시키다.
talk over ① …에 관해 상담(이야기)하다(discuss). ② 〖남〗을 설득하다. ③ (*vi.*) 〖전화 따위로〗이야기하다 (*to*...).
talk round ① …에 관해 에둘러 장황하게 논하다; 이렇게 말했다 저렇게 말했다 하다. ② 〖남〗을 설득하다.
talk the bark off a tree; talk the hind legs off a donkey (or *a dog, a horse*) 〖속어〗계속 지껄이다.
talk through one's hat ⇒ HAT.
talk to death ① (*vi.*) 장황하게 (쓸데없이) 이야기하다. ② 〖장광설 따위로〗〖의안 따위를〗폐기시키다.
talk up ① 〖흥미를 갖도록 하기 위해〗…을 이야기하다, 논하다, 칭찬하다. ② (*vi.*) 큰소리로 이야기하다. ③ (*vi.*) 분명히(서슴없이) 이야기하다.
talking of …에 관한 이야기라면, …의 말이 나서 생각이 났는데. ¶ *Talking of* John, have you seen him lately? 존 이야기가 났으니 말인데, 최근에 그를 만났나?
— *n.* **1** ⓒⓤ 이야기, 담화, 좌담(conversation); 상담(*with*...). ¶ a round-table *talk* 좌담회 / a big (a small, a tall) *talk* 호언장담, 허풍(잠담, 대포) // have a *talk with* …과 의논하다.
2 강화(講話), 연설(*on*...). ⇒ SPEECH 類語 ¶ give a *talk on* human relations to young men 젊은이들에게 인간 관계에 관하여 이야기하다.
3 (보통 ~s) 〖정식의〗회담, 담판, 협의(*on*...). ¶ preliminary *talks on* disarmament 군축에 관한 예비 회담.
4 ⓤⓒ 소문, 풍설, 풍문(gossip, rumor), 화제 (*about*...). ¶ in *talk* 소문으로 // There is a wide *talk* about his retiring from office. 그가 퇴직한다는 소문이 널리 퍼져 있다.
5 ⓤ 공론, 객담. ¶ end in *talk* 의논으로만 그치다.
6 ⓤⓒ 말투, 어조, …말. ¶ baby *talk* 어린 아이의 말투 / be all *talk* 말뿐이다, 말만하고 아무것도 안 하다.
7 ⓤ 언어, 방언.
8 ⓤ 〖말을 하는 것 같은〗물건의 소리.
make talk ① 시간을 보내기 위해 지껄이다. ② 소문을 퍼뜨리다.
◇ **tálkative, tálky** *adj.*
talk·a·thon [tɔ́ːkəθɑ̀n /-θɔ̀n] *n.* 《美》〖의원이 고의로 하는〗지연 연설; 긴 연설; 〖텔레비전에서의〗후보자와

talk·a·tive [tɔ́:kətiv] adj. 이야기하기 좋아하는, 수다 [類語] talkative 지껄이기 좋아하는; 비난의 뜻은 적다. garrulous 시시한 이야기를 지겨울 정도로 끈덕지게 지껄이는. a *garrulous* wife 데메한 이야기를 곧잘 지껄이는 아내. loquacious 지절지절 끝없이 지껄이는. ~**ly** adv. ~**ness** n. ◇ talk v.

talk·box [tɔ́:kbɑ̀ks / -bɔ̀ks] n. 《속어》입, 말문.

talk-ee-talk-ee [tɔ́:kit͡ʃki] n. ⓤ 1 [흑인 등의] 서투른 영어. 2 끊임없는 (쓸모없는) 수다.

talk·er [tɔ́:kər] n. 1 이야기하는 사람, 변사. ¶ a good(a poor) *talker* 말을 잘 하는(말이 서투른) 사람. 2 다수쟁이, 요설가.

talk·fest [tɔ́:kfèst] n. 《미구어》장황한 (장시간의) 회화(토론).

‡**talk·ie** [tɔ́:ki] n. 《구어》발성 영화, 토키 (talking film). [< TALK + [MOV]IE]

talk-in [tɔ́:kìn] n. 항의 토론 집회.

‡**talk·ing** [tɔ́:kiŋ] n. ⓤ 이야기하기, 담화, 잡담, 수다.
— adj. 1 이야기하는, 말하는. ¶ a *talking* doll 말하는 인형. 2 수다스러운 (talkative). 3 표정이 풍부한. ¶ *talking* eyes 말을 하는 눈.

tálking bóok n. 맹인용의 녹음책.

tálk·ing-dówn sýstem [tɔ́:kiŋdáun-] n. 《항공》지상 무전 유도(誘導) 착륙 방식.

tálking fílm (pícture) n. 발성영화, 토키.

tálking héad n. 텔레비전 화면 가득 비쳐지는 사람(의 얼굴).

tálking machíne n. 축음기 (phonograph).

tálking páper n. 자기의 입장을 설명한 (토)의 자료(문서).

tálking póint n. 토론·권유 따위의 강조점.

talk·ing-to [-tù:] n. (pl. -tos) 《구어》꾸중, 잔소리. ¶ give a person a good *talking-to* 남을 몹시 꾸짖다.

tálk jóckey n. 《미》전화에 의한 청취자 참여 라디오 프로의 사회자 [略 t.j., T.J.]. cf. disk jockey

tálk shów n. 《미》텔레비전·라디오의 명사에 대한 인터뷰 프로.

talk·y [tɔ́:ki] adj. (talk·i·er, talk·i·est) 1 용장(冗長)한, 쓸데없는 대화가 많은. 2 수다스러운 (talkative).

‡**tall** [tɔ:l] adj. 1 키가 큰. ⇒ HIGH [類語] opp. short 2 높이(키)가 ···의. ¶ He is 6 feet tall. 그는 신장이 6피트이다. 3 《구어》〔수량이〕많은; 〔가격이〕비싼, 높은. ¶ a *tall* drink 다량의 음료 / a *tall* price 비싼 값. 4 《구어》거창한, 야단스런, 과장된, 터무니없는 (extravagant). ¶ a *tall* talk 거창한 이야기, 허풍 / a *tall* order 엄청난 주문; 되지도 않을 일.
— adv. 《구어》거창하게, 과장되어. ¶ talk *tall* 허풍을 떨다, 대포를 놓다. 2 의기양양하여 (proudly). ¶ walk *tall* 으스대고 걷다. ~**ness** n. [세].

tal·lage [tǽlidʒ] n. ⓤ 《영국사》소작세(小作稅), 조세.

tall·boy [tɔ́:lbɔ̀i] n. 1 《영》다리가 높은 옷장(《미》highboy); 2층장. 2 《도자기》굽이 높은 술잔. 3 굽 높은 굴뚝 꼭대기의 통풍관.

tall hát n. 실크 해트 (top hat).

tal·li·er [tǽliər] n. 카드놀이 따위의 점수 계산인 (scorer).

Tal·linn [tá:lin] n. 탈린 [에스토니아 (Estonia) 공화국의 수도·항구 도시].

tall·ish [tɔ́:liʃ] adj. 키가 좀 큰, 키가 큰 편인 (rather tall).

tal·lith [tæliθ, tá:-] n. 탈리스 [유대교도의 남자가 아침 예배 때 어깨에 걸치는 것옷].

tall óil n. 톨유(油) [목재 펄프 제조 때 생기는 수지(樹脂) 형태의 부산물로 비누·도료 제조용].

*tal·low** [tǽlou] n. ⓤ 수지 (獸脂), 쇠기름, 양기름. ¶ a *tallow* candle 수지 양초. — vt. 1 ···에 수지를 바르다. 2 〔양 따위를〕살찌우다. ◇ **tállowy** adj.

tal·low-chan·dler [tǽlout͡ʃændlər / -tʃà:n-] n. 수지 양초 제조인(상인).

tal·low-faced [tǽloufèist] adj. 얼굴이 창백한 (파리한, 파리한).

tal·low·y [tǽloui] adj. 1 수지의, 수지와 같은, 수지질의 (fatty). 2 살찐, 기름진. 3 〔안색 따위가〕창백한.

táll póppy n. 《濠구어》고액 봉급자; 뛰어난 사람.

táll stóry (tále) n. 허풍, 믿을 수 없는 이야기.

‡**tal·ly** [tǽli] n. (pl. -lies) 1 부신 (符信) (tally stick) [옛날에 대차(貸借) 관계자가 막대기에 금액을 나타내는 눈금을 새기고 거기에 뒷날의 증거로 둘로 쪼개어 반쪽씩 가졌다], 부절(符節) [부신의] 새긴 눈금. 2 부합물 (符合物), 짝 (duplicate) (of...); 부호, 일치. 3 계산, 셈 (account); 금액 따위의 기록; 특점 (score). ¶ a *tally* of a game 경기의 득점. 4 계산의 단위 [1다발, 1다스, 1벌 따위]. ¶ sell goods by the *tally* 상품을 다발 단위로 팔다. 5 [계산 단위의 정 (整)] [20을 단위로 하는 경우에 18, 19, *tally* 라고 하면 20을 가리킨다]. 6 [나무·쇠붙이 따위의] 패, 표찰, 꼬리표 (label).
strike *tally* 일치하는, 일치된 행동을 취하다
— v. (-lied, -ly·ing) 1 ···을 부신에 새기다; ···을 기록하다; ···을 계산하다. 2 *tally up* 을 총계하다. 3 ···에 꼬리표 (패)를 달다. 4 [두 개의 물건]을 맞추다, 일치시키다; ···을 대조하다 (check). 4 《항해》〔돛〕의 아래 구석 밧줄을 당기다. — vi. [두 물건이] 꼭 들어맞다 (with...). ¶ (~+ 前+名) His story *tallies* with Tom's. 그의 이야기는 톰의 이야기와 맞는다.

tálly clérk n. 1 =tallyman 2. 2 〔선거의〕투표 계산원.

tal·ly·ho interj. [tælihóu→, n., v.] 쉭쉭 [사냥꾼이 개를 부추기는 소리]. — n. [tælihòu] (pl. -hos) 1 《주로 영》우편마차 (mail coach), 유람용 대형 4두 마차. 2 쉭쉭 부추기는 소리. — vt., vi. [tælihòu] 〔사냥개를〕쉭쉭 부추기다.

tal·ly·man [tǽlimən] n. (pl. -men [-mən]) 1 《영》외상 판매인 [분할 지불] 상인, 견본을 가지고 할부 판매하는 상인. 2 〔짐의〕검수원 (檢數員).

tálly régister n. 계수기 (計數器).

tálly shéet n. 1 〔선하 (船荷) 따위의〕대조 (계산, 점수) 기입 용지. 2 《미》〔선거의〕투표수 기입지.

tal·ly·shop [tǽliʃɑ̀p / -ʃɔ̀p] n. 《영》할부 (분할 지불) 판매점.

tálly sýstem (tráde) n. 《영》할부 (할부) 판매법.

tálmi góld [tǽlmi-] n. ⓤ 금 입힌 놋쇠, 탈미금(金).

Tal·mud [tɑ́:lmud, tǽl-/ tǽl-] n. 탈무드 [유대 율법과 그 해설을 집대성한 책]. cf. Mishnah

Tal·mud·ic [tɑːlmúdik, tæl-, -mádik / tæl-], (**Tal·mud·i·cal** [-ik(ə)l]) adj. 탈무드의.

Tal·mud·ist [tɑ́:lmudist, tǽl-/ tǽl-] n. 탈무드의 편집자(연구자, 신봉자).

tal·on [tǽlən] n. 1 (보통 ~s) 〔특히 맹금 (猛禽)의〕발톱 (claw), 〔사람의〕긴 손톱; 맹금의 발톱 같은 손가락; 움켜잡으려 하는 손. 2 《상업》이표 (利票) 인환권. 3 〔카드놀이〕도르고 남은 패. 4 〔칼의〕손잡이 쪽. 5 열쇠와 맞무는 자물쇠 속의 볼트 부분.

tal·oned [tǽlənd] adj. 손톱 (발톱)이 있는.

Ta·los [téiləs , -lɑs] n. 탈로스 1 〔그리스 신화〕 Daedalus의 조카로, 발명의 재능이 뛰어난 것을 시기한 Daedalus에게 살해당한 자. Crete 섬을 지키기 위해 Hephaestus가 세운 청동 거인. 2 〔美軍〕함대공 (艦對空) 미사일의 일종. [뼈.

ta·lus¹ [téiləs] n. (pl. -li [-lai]) 〔해부〕거골 (距骨); 복

ta·lus² [téiləs] n. (pl. -lus·es) 1 사면 (斜面) (slope). 2 〔築城〕성벽의 사면. 3 〔지질〕애추 (崖錐) [벼랑 아래 무너져 쌓인 암석의 퇴적].

tam [tæm] n. =tam-o'-shanter.

TAM (略) television audience measurement (텔레비전 시청자수 (측정)).

tam·a·bil·i·ty [tèiməbíliti] n. ⓤ 길들일 수 있음.

tam·a·ble [téiməbl] adj. 길들일 수 있는, 교화할 수 있

ta·ma·le [təmá:li] *n.* ⓤ 타말리(옥수수가루·다진 고기를 고추 양념하여 옥수수 껍질에 싸서 찐 멕시코 요리).

ta·man·dua [tɑ̀:mɑ:ndwɑ́:] *n.* 개미핥기[열대 아메리카산(產)의 개미핥기과(科)의 짐승. 주둥이가 길고 이가 없이 개미를 포식한다].

tam·a·rack [tǽm(ə)ræk] *n.* 미국산(產) 낙엽송; ⓤ 그 재목. [일종.

tam·a·rin [tǽmərin] *n.* 남미산(產) 비단원숭이의

tam·a·rind [tǽmərind] *n.* 타마린드[열대산(產) 콩과(科)의 식물(식용·약용).

tam·a·risk [tǽmərisk] *n.* 〖식물〗위성류(渭城柳)[위성류과(科)의 낙엽 교목]. [물.

ta·ma·sha [təmá:ʃə] *n.* 《인도》구경거리(show), 흥행

tam·ba·la [tɑ:mbá:lə] *n.* (*pl.* **-las, -la**) 탐발라[아프리카 말라위 공화국의 화폐 단위].

tam·bour [tǽmbuər] *n.* **1** 〖음악〗북(drum); 고수(鼓手), 드러머, 북치는 사람. **2** 원형 수틀; 자수 세공. **3** 미늘창, 덧문. **4** 〖건축〗 원주 주춧(동근 기둥의 일부를 이룬다. **5** 〖옥내 테니스·도로·문의〗방책(防柵). —— *vt., vi.* [수틀로] 수놓다.

támbour clòck *n.* 사발 시계의 일종[좌우로 뻗어나간 받침 위에 북 모양의 테가 있다].

tam·bou·rin [tǽmbərin] *n.* **1** 탕부랭[남프랑스의 길쭉한 북]. **2** 탕부랭 춤; 탕부랭 춤곡.

tam·bou·rine [tæ̀mbərí:n] *n.* 탬버린[타악기의 일종].

‡**tame** [teim] *a.* (**tam·er, tam·est**) **1** 길들여진, 길든; 〖야생 동물이〗순한, opp. wild, fierce ¶ a *tame* elephant 길이 든 코끼리. **2** 온순한, 유순한(docile). **3** 무기력한, 줏대없는(spiritless), 비굴한, **4** 활기 없는, 평범한, 지루한(dull). **5** 진지하게 받아들여지지 않는, 대단치 않은. **6** 〖식물이〗재배된, 〖땅이〗경작된(cultivated). —— *vt.* (**tamed, tam·ing**) **1** …을 길들이다(domesticate). ¶ *tame* a lion 사자를 길들이다. **2** 〖남〗을 복종시키다 (subdue); 〖용기·마음 따위〗를 꺾다, 누르다, 억제하다. ¶ *tame* a person's spirit 남의 용기를 꺾다. **3** …을 쉽게 부드럽게 하다, 약하게 하다(**down**). **4** 〖땅〗을 경작하다; 〖식물〗을 재배하다. —— *vi.* 온순해지다, 순해지다. ~**·ly** *adv.* ~**·ness** *n.*

tame·a·ble [téiməbl] *adj.* =tamable. [객.

táme cát *n.* **1** 집고양이. **2** 소중해서 두어두는 식

tame·less [téimlis] *adj.* 길들지 않은(untamable), 길들이기 힘든; 야생의. ~**·ly** *adv.* ~**·ness** *n.*

tam·er [téimər] *n.* 길들이는 사람, 조련사(調練師).

Tam·il [tǽmil] *n.* (*pl.* **-ils** *or* **-il**) **1** 타밀 사람[남부의 인도 및 실론섬에 사는 인종]. **2** 타밀 말. —— *adj.* 타밀 사람(말)의.

tam·is [tǽmi(s)] *n.* (*pl.* **-is·es** [-isiz, -iz]) 여과포(濾過布), 거르는 주머니.

Tam·ma·ny [tǽməni] *n.* 태머니파[1789년 뉴욕시에 조직된 민주당의 유력한 한 파. 뒤에 부패·보스 정치를 의미하게 되었다]. —— *adj.* 태머니파의.

Támmany Háll *n.* **1** =Tammany. **2** 태머니 회관[태머니파의 본부]. ◇ **Tammany** *or* **Tammenund** (17세기경 백인과 친했던 Saint Tammany라고 희롱조로 불린 아메리카 인디언 추장 이름).

tam·my [tǽmi] *n.* **1** 태미 모직[광택 있는 혼방 직물; 안갑·속옷에 쓰인다]. **2** 《英口》=tam-o'-shanter.

tam-o'-shan·ter [tæ̀məʃǽntər, ─-─]*n.* [스코틀랜드 사람이 쓰는] 큰 두건형의 모자 《詩》 *Tam O'Shanter* 의 주인공인 농부 이름. 이 모자를 늘 쓰고 있었다 [tam-o'-shanter]

tamp [tæmp] *vt.* **1** 〖폭약을 채운 구멍〗을 찰흙 따위로 틀어막다. **2** 〖흙·담배 따위〗를 가볍게 다져서 굳히다(*in, into*). ¶ *tamp* tobacco *in* one's pipe 담배를 가볍게 다져서 파이프에 담다.

tam·per¹ [tǽmpər] *vi.* **1** 쓸데없는 참견을 하다, 간섭하다; 주무르다(meddle) (*with*…). ¶ *tamper with* a machine 기계를 만지작거리다. **2** 함부로 변경하다; 위조하다 (*with*…). **3** 뇌물을 주다, 매수하다(bribe) (*with*…). ¶ *tamper with* voters 유권자를 매수하다.

tamper² [tǽmpər] *n.* **1** tamp 하는 사람. **2** 메워 넣는 막대, 달굿대.

tam·per·er [tǽmp(ə)rər] *n.* 돌보주는 사람, 뇌물을 주는 사람.

tam·per·proof [tǽmpərprù:f] *adj.* 〖계기(計器)〗가 부정 조작을 못하게 되어 있는, 〖기록 따위가〗고쳐질 염려없는. ¶ a *tamperproof* bookkeeping system 기장(記帳) 수정이 불가능한 부기법.

támperpróof páckage *n.* 부정 조작 방지 포장[시판 약품 따위의 포장을 뜯어서 속에 독물(毒物) 따위를 감쪽같이 넣는 못된 짓을 못하게 한번 뜯으면 금방 알 수 있게 고안된 포장].

tamp·er-re·sist·ant [tǽmpərrizíst(ə)nt] *adj.* 〖약품 포장 따위가〗부정 조작을 못하게 되어 있는.

tamp·ing [tǽmpiŋ] *n.* ⓤ **1** 〖폭약을 채운 구멍을〗틀어막기, 충전(充塡); 다져 굳히기. **2** 충전 재료.

tam·pi·on [tǽmpiən], **tom-** [tɑ́m-/tɔ́m-] *n.* **1** 총구·포구(砲口)의 나무 마개(stopper). **2** 〖오르간 음관(音管)의〗위끝 마개.

tam·pon [tǽmpɑn / -pɔn] *n.* 〖의학〗**1** 지혈(止血)마개, 탐폰, 면구(綿球). **2** 〖양끝에 머리가 있는〗북채. —— *vt.* 〖상처 따위〗에 탐폰을 넣다, …을 탐폰으로 막다.

tam·pon·ade [tæ̀mpənéid] *n.* ⓤ 탐폰 요법이다.

tam-tam [tʌ́mtʌ̀m, tǽmtæ̀m] *n.* **1** =tom-tom. **2** 정(gong).

‡**tan**¹ [tæn] *v.* (**tanned, tan·ning**) *vt.* **1** 〖가죽〗을 무두질하다. ¶ *tanned* leather 무두질한 가죽, 유피(鞣皮). **2** 〖그물 따위〗에 타닌을 먹이다. **3** 〖살갗 따위〗를 햇볕에 태우다. ¶ She *tanned* her skin on the terrace. 그녀는 테라스에서 살갗을 그을렸다. **4** 《구어》…을 매질하다, 찰싹찰싹 때리다(thrash). ¶ *tan* a person's hide (*or* a person) 남을 때리다. —— *vi.* 볕에 타다. ¶ *tan* easily 쉽게 햇볕에 타다. —— *n.* **1** ⓤ 탠껍질[무두질용 나무 껍질](tanbark) **2** ⓤ 탠껍질 찌꺼기[도로·뜰 따위에 깐다]. **3** 타닌(tannin). **4** 황갈색; 볕에 탄 빛깔. —— *a.* (**~s**) 황갈색의 의료품(衣料品) (구두). —— *a.* (**tan·ner, tan·nest**) **1** 탠껍질 빛깔의, 황갈색의 (yellowish-brown). **2** 무두질(용)의. ◇ **tánnage** *n.*

tan² *n.* 〖수학〗tangent.

tan·a·ger [tǽnidʒər] *n.* 풍금조 [미국산(產)의 깃털이 고운 작은 명금(鳴禽)].

tan·bark [tǽnbɑ̀:rk] *n.* ⓤ 탠껍질[무두질용의 타닌이 많이 함유된 나무 껍질].

T&E (略) travel *and* entertainment.

tan·dem [tǽndəm] *adv.* 세로로 나란히 서서, 앞뒤 한 줄로. ¶ ride *tandem* 〖자전거에〗2명(이상)이 앞뒤에 타다 / drive horses *tandem* 두 필의 말을 세로로 매어 몰다. 〖동물·좌석 따위가〗세로로 나란히 한. ¶ a *tandem* bicycle 2인승 자전거. —— *n.* **1** 세로로 나란히 맨 두 필 (이상)의 말. **2** 세로로 맨 말이 끄는 마차. **3** 2인승 자전거. **4** 직렬식(直列式) 기관차. *in* **tandem** ① 세로로 일렬이 되어. ② 협력(제휴)하여. ③ 교체하여(交替하여). ④ …와 함께 (*with*).

tang¹ [tæŋ] *n.* **1** 강한 맛 (냄새), 톡 쏘는 맛. ¶ a strong *tang* of garlic 코를 찌르는 마늘 냄새. **2** 특유한 맛; 특성. **3** 〖…의〗기미, …의 기운이 도는 구석 (바) (touch) (*of*…). ¶ He has a *tang* of obstinacy in his character. 그의 성격에는 조금 완고한 면이 있다. **4** 슴베[끌이나 칼 따위의 자루에 박히는 부분]. **5** 열대 지방산(產) 물고기의 일종(surgeonfish). —— *vt.* 〖칼 따위〗에 슴베를 박다.

tang² [tæŋ] *n.* 〖금속 따위의〗날카롭게 울리는 소리. —— *vt.* 〖따위〗를 쨍하고 울리다. —— *vi.* 쨍하고 울

tang³ [tæŋ] *n.* ⓤⓒ 해조(海藻), 다시마류(類). ㄴ다.

Tang [tæŋ] n. 당(唐), 당조(618-907).
tan·ge·lo [tǽndʒəlòu] n. (pl. **-los**) 탄젤로[귤과 그레이프 프룻의 교배종].
tan·gen·cy [tǽndʒ(ə)nsi] n. ⓤ 접촉[상태].
tan·gent [tǽndʒ(ə)nt] adj. **1** 접[촉]하는 (to...). **2** 〔기하〕〔선·면〕이 한 점에서〕접하는, 접선의, 정접(正接)의. ¶ a tangent line (plane) 접선(접평면). **3** 관계 없는, 옆길로 새는.
— n. **1** 〔기하〕 접선, 접면. **2** 〔수학〕 탄젠트, 정접(正接) 〔略 tan〕. **3** 〔철도·도로 따위의〕 직선 구간.
fly (or **go**) **off on** (or **at**, **in**) **a tangent** 〔생각·행동 따위가〕 갑자기 옆길로 들어지다, 탈선하다.
tángent bálance n. 탄젠트 (정접(正接)) 저울.
tan·gen·tal [tændʒéntl] adj. =tangential.
tan·gen·tial [tændʒén(ə)l] adj. **1** 〔수학〕접하는, 접선(정접)의; 접선 방향의. **2** 거의 관계가 없는, **3** 〔이야기 따위가〕 옆길로 새는, 탈선하는(digressive).
~·ly [-əli] adv.
tángent síght n. 탄센트 자, 표척 (表尺).
tan·ge·rine [tǽndʒəri:n] n. **1** 〔탕헤르(Tangier) 원산의〕 귤〔유럽의 따스한 지방에서 나는 것〕; 그 나무. **2** ⓤ 귤빛, 등색. **3** (T-) 탕헤르 사람. — adj. **1** 등색의. **2** (T-) 탕헤르의.
tan·gi·bil·i·ty [tændʒibíliti] n. ⓤ 촉지(觸知)할 수 있음, 확실.
*tan·gi·ble [tǽndʒəbl] adj. **1** 만져 알 수 있는, 촉지할 수 있는. **2** 유형의, 실체가 있는(material). ¶ tangible assets 유형 자산. **3** 현실의, 실제의(actual). **4** 명백한, 확실한(definite). ¶ tangible proof of stealing it 그것을 훔쳤다고 하는 명백한 증거. — n. (~s) 유형 자산(tangible assets). —·ness n. 〔히〕.
tan·gi·bly [tǽndʒəbli] adv. 만져서 알 수 있게, 명백히.
*tan·gle [tǽŋgl] v. (-**gled**, -**gling**) vt. **1** 〔실·머리털 따위를〕 엉키게 하다(entangle), 얽히게 하다(...with). ¶ a tangled jungle 밀림 // (~+目+前+名) The hedge is tangled with morning-glories. 그 울타리에는 나팔꽃이 감겨 있다. **2** …을 분규시키다, 헝클어지게(꼬이게)하다(complicate). **3** …을 덫에 걸리게 하다(entrap); …을 합정에 빠뜨리다. — vi. **1** 엉키다; 얽히다(intertwine). **2** 헝클어지다. **3** 빠지다; 〔구어〕 다투다(fight), 논쟁하다(argue)(with...). — n. **1** 엉킴, 얽힘. **2** 분규 얽혀서; 분규되어, 혼란에 빠져 / get into tangles 뒤죽박죽이 되다. **3** 〔구어〕 다툼질(conflict). **4** ⓤⓒ 다시마류 (類) (tang).
◇ **tángly** adj., **entángle** v.
tan·gled [tǽŋgld] adj. **1** 뒤얽힌, 헝클어진. ¶ tangled hair 엉킨 머리. **2** 분규한, 혼란된(mixed up).
tan·gle·foot [tǽŋglfùt] n. ⓤ〔美서부 속어〕〔값싼〕 위스키, 독한 술, 독주.
tan·gly [tǽŋgli] adj. (-**gli·er**, -**gli·est**) 뒤얽힌, 헝클어진.
tan·go [tǽŋgou] n. (pl. -**gos**) **1** (보통 the ~) 탱고 〔남미에서 생긴 무도의 일종〕. **2** 탱고 곡. — vi. 탱고를 추다.
tan·gram [tǽŋgræm] n. 지혜의 판(板)〔일곱 장의 여러 가지 모양으로 만들어 노는 중국의 퍼즐판〕.
tang·y [tǽŋi] adj. (**tang·i·er**, **tang·i·est**) 맛이 톡 쏘는; 냄새가 코를 쪼르는. 〔族語〕 후게자.
tan·ist [tǽnist, ɔ́:-] n. 〔역사〕 〔켈트 사람의〕 추장.
Tan·jug, TAN·JUG [tǽnjug] n. 탄유그통신사〔구유고슬라비아의 국영 통신사〕. 〔<Serbo-Croat Telegrafska Agencija Nova Jugoslavija〕
‡**tank**[tǽŋk] n. **1** 〔술·가스 따위의〕 탱크. ¶ a gasoline tank 휘발유 탱크. **2** 저수지(reservoir), 웅덩이, 수영 풀. **3** 〔군사〕 전차, 탱크. ¶ a heavy tank 중(重)전차. **4** 〔美속어〕 〔주정꾼 등의〕 보호 수용소. — vt. …을 탱크에 넣다(저장하다).
tank up ① 〔구어〕〔휘발유〕 만탱크로 채우다〔채워받다〕. ②〔美속어〕 실컷(진탕) 마시다.

tank·age [tǽŋkidʒ] n. ⓤ **1** 탱크의 용량. **2** 탱크 저장; 탱크 사용료. **3** 탱크 찌끼〔지스러기 고기 따위를 탱크 안에서 쪄서 탈지(脫脂)한 비료〕.
tank·ard [tǽŋkərd] n. 〔손잡이·뚜껑이 달린〕 큰 컵; 큰 컵 하나 가득〔의 양〕. ¶ a tankard of beer 큰 컵 한 잔의 맥주.
tánk cár n. 〔철도의〕 수조차(水槽車), 유조차, 탱크차.
tánk destróyer n. 전차 공격차; 대전차포.
tánk dráma n. 〔속어〕〔연극〕 수난(水難) 구조 장면 따위에 진짜 물을 써서 인기를 끌려고 하는 싸구려 연극. 〔몹시 취한(tanked up).
tanked [tǽŋkt] adj. **1** 탱크에 저장한. **2** 〔美구어〕
tánk éngine n. 탱크 기관차.
tank·er [tǽŋkər] n. **1** 유조선, 탱커; 탱크(車); 유송(油送) 트럭; 공중 급유기. **2** 〔美軍〕 전차대원. — vt. 〔기름 따위를〕 탱커로 운반하다.
tánker wár n. 탱커 전쟁〔이란 이라크 전쟁에서 상대방의 원유 수출 저지를 위한 상호간의 탱커 공격〕.
tánk fárm n. 〔美〕 저유(貯油) 밀집 지역.
tánk fárming n. ⓤ수경법(水耕法), 물 재배법(栽培法) (hydroponics).
tank·man [tǽŋkmən] n. (pl. **-men** [-mən]) 전차병.
tánk ráce n. 수영 경기.
tánk·ship [tǽŋkʃip] n. 유조선, 탱커.
tánk státion n. 〔美〕 급수역(給水驛). 〔영복.
tánk súit n. 〔1920년대에 유행한〕 원피스형 여자 수
tánk tóp n. 〔美〕 탱크 톱〔수영복 모양의 웃옷〕.
tánk tówn n. 급수역 (tank station). **2** 작고 초라한 도시.
tánk tráiler n. 유조차, 가스 운반차. 〔한 도시.
tánk tráp n. 대전차호(對戰車壕).
tánk trúck n. 〔美〕 탱크차, 휘발유 트럭.
tan·na·ble [tǽnəbl] adj. 무두질할 수 있는.
tan·nage [tǽnidʒ] n. ⓤ 〔가죽〕 무두질법; 무두질한 가죽, 유피.
tan·nate [tǽneit / -nit] n. 〔화학〕 타닌산염 (酸塩).
tanned [tǽnd] adj. 햇볕에 탄.
tan·ner[1] [tǽnər] n. 무두장이, 제혁업자(製革業者).
tan·ner[2] [tǽnər] n. 〔英속어〕 6펜스. 〔소.
tan·ner·y [tǽnəri] n. (pl. **-ner·ies**) 무두질 공장, 제혁
Tann·häu·ser [tǽnhɔ̀izər] n. **1** 탄호이저〔13세기의 독일 서정 시인〕. **2** 그가 주제인 Wagner 작의 3막짜리 가극.
tan·nic [tǽnik] adj. 〔화학〕 타닌성의, 타닌에서 얻은.
tánnic ácid n. ⓤ 〔화학〕 타닌산. 〔나는〕.
tan·nif·er·ous [tænífərəs] adj. 타닌산을 함유하는.
tan·nin [tǽnin] n. ⓤ = tannic acid. 〔<F〕
tan·ning [tǽnin] n. ⓤ **1** 무두질, 제혁업(tannage). **2** ⓤ 햇볕에 탐. **3** ⓤⓒ〔구어〕매질, 채찍질(whipping).
tan·noy [tǽnɔi] n. 〔英〕 확성기, 스피커 장치의 일종. — vi. 확성기로 방송하다. 〔<상표명〕
TANS 〔略〕 tactical air navigation system〔전술 항법 시스템〕.
tan·sy [tǽnzi] n. (pl. -**sies**) 쑥국화.
tan·ta·li·za·tion [tæntəlizéiʃ(ə)n / -laiz-] n. ⓤ 보여서 감질나게 하기, 안달하게 하기, 조바심치게 하기.
tan·ta·lize [tǽntəlàiz] (*〔英〕에서는 **tan·ta·lise**로도 쓴다) vt. (-**lized**, -**liz·ing**) …을 보여 주어 감질나게 하다, 애태우게(조바심치게) 하여 괴롭히다. ➡ BOTHER
〔類語〕
tan·ta·liz·ing [tǽntəlàizin] adj. 애타게(조바심나게) 하는, 감질나게 하는, 안타깝게 하는. ~·ly adv.
tan·ta·lum [tǽntələm] n. ⓤ 〔화학〕 탄탈〔금속 원소의 하나; 원자 기호 Ta〕.
Tan·ta·lus [tǽntələs] n. **1** 〔그리스 신화〕 탄탈로스 〔제우스(Zeus)의 아들. 신들의 비밀을 누설한 벌로써 지옥의 호수 속에 턱까지 잠기어져, 목이 말라 물을 마시려 하면 물이 빠지고, 배고파 머리 위의 두 나무를 따려 하면 가지가 물러가서 괴로움을 당했다〕. **2** (t-) 〔英〕

로 英〗술병 장식대〖속의 술병이 쉽게 꺼내어질 것 같으나 열쇠가 없이는 안 되는 장치의 대〗.
tan·ta·mount [tǽntəmàunt] *adj.* 〖가치·의의·힘 따위가〗동등한, 같은(equal)(*to*...).
tan·ta·ra [tæntəɹɑ́ː, tǽntəɹə] *n.* 나팔(피리)의 소리; 그와 비슷한 소리.
tan·tiv·y [tæntívi] *adv.* 질주하여(at full gallop). ─ *adj.* 재빠른, 빠른. ─ *n.* (*pl.* **-tiv·ies**) 질주, 돌진.
tan·to [tǽntou] *adv.* 〖음악〗너무, 몹시, 그토록.
Tan·tra [tʌ́ntrə, tǽn-] *n.* 〖힌두교의〗 탄트라 경전; ⓤ 그 교리.
tan·trum [tǽntrəm] *n.* 발끈 화내기, 울화, 성. ¶ **go** (or **fly**, **get**) **into a** *tantrum* 발끈 화를 내다, 성을 내다.
tan·yard [tǽnjàːrd] *n.* 무두질 공장, 제혁 공장.
Tan·za·ni·a [tænzəníːə] *n.* 탄자니아〖아프리카 동부의 공화국; 수도 Dar es Salaam〗.
Tan·za·ni·an [tænzəníːən / -níən] *adj.*, *n.* 탄자니아〖의; 사람〗.
Ta·o·ism [táːouz(ə)m, táuiz(ə)m, +美 dáu-] *n.* ⓤ 도교(道敎) 〖노자(老子)의 가르침〗.
Ta·o·ist [táːouist, táu-, +美 dáu-] *n.* 도교 신자. ─ *adj.* 도교의, 도교 신자의, 도교도의.
Ta·o·is·tic [taːóuistik, tau-, +美 dau-] *adj.* 도교도의.
Taos [taus] *n.* (*pl.* **Taos**) 타오스족(族) 〖미국 뉴멕시코주의 푸에블로 인디언의 한 부족〗.
*****tap**¹ [tæp] *v.* (**tapped, tap·ping**) *vt.* **1** …을 가볍게 두드리다(때리다, 치다), 톡톡 두드리다(때리다) (strike lightly). ¶ (~+目+前+名) *tap* one's fingers *against* one's forehead 이마를 손가락으로 가볍게 두드리다 / *tap* a person *on* the shoulder (the back) 남의 어깨(등)를 살짝 두드리다. **2** …을 두드려서 만들다, 두드려 …하다. ¶ *tap* time 박자를 맞추다 // (~+目+副) *tap* out a novel on a typewriter 타이프라이터를 두드려서 소설을 쓰다 // (~+目+前+名) *tap* ashes *out of* a pipe 파이프의 재를 털다(털어내다). **3** 〖신바닥 따위〗에 수선 가죽을 대다, 창을 갈다. **4** 〖농구〗공중의 공을 가볍게 치다. **5** 〖美〗〖클럽의 멤버로서〗 …을 뽑다(임명하다).
─ *vi.* **1** 가볍게 (톡톡) 두드리다(치다)(*at*, *on*...). ¶ (~+前+名) *tap on* (or *at*) the door 문을 탁탁 두드리다. **2** 가볍게 걷다.
tap up 문을 탕탕 두드려서 〖남〗을 깨우다.
─ *n.* **1** 가볍게 두드리기(치기) (light blow), 톡톡 두드리기; 그 소리. **2** 〖신발의〗 창끝이 가죽; 징 쇠붙이. **3** (~s) 〖군대〗 소등(消燈) 신호, 소등 나팔, 때로〗 장송 나팔; (비유적) 마지막. **4** 〖농구〗〖자기편이나 바스켓을 향해〗공중의 공을 가볍게 치기.
*****tap**² [tæp] *n.* **1** 〖통의〗 주둥이, 꼭지, 마개, **2** 〖수도 따위의〗 전(栓) (spigot), 물고동; 〖英〗 수도 고동, 마구(蛇口), 코크. **3** 〖어떤 통에서 따른 술〗; 술의〖품질, 술의 품종〗; 〖일반적으로〗 물건의 특질, 질. ¶ **an excellent** *tap* **of the same** *tap* 같은 통에서 따른 맥주. **4** 〖英〗 술집(taphouse). **5** 〖기계〗 암나사 깎는 틀. **6** 〖전기〗 코일의 중간 접점; 본관에서 지관(枝管)으로 전도해주기 위한 구멍; 〖전기〗 가지의 탭, 코센트, 도선(導線)의 분기점. **7** 〖의학〗 〖복수(腹水) 따위〗를 배제하기 위한 천자(穿刺). **8** 〖전화·전신의〗 도청, 도청 장치.
on tap ① 꼭지(주둥이, 고동)가 달려, 즉시 따를 수 있게 되어 있어. ②〖구어〗 언제든지 쓸 수 있게 되어, 준비되어.
─ *vt.* (**tapped, tap·ping**) **1** 〖통 따위〗에 꼭지(주둥이)를 달다. **2** 〖꼭지, 통 따위의 (마개)를 빼다(뽑다), 주둥이에서 〖술〗을 따르다. **3** 〖나무 따위〗에 칼자국을 내어 즙액을 받다. **4** 〖의학〗 〖복부에 구멍을 내어〗 〖복수〗를 빼다; …의 고름을 내다. **5** 〖토지 따위〗에서 …에 장삿길을 열다; 〖이야기 따위〗를 꺼내다. **6** 〖수도 따위의〗 〖본관〗에서 지관을 끌다; 〖전기의 본선에서〗 선을 끌다; 〖본도〗에서 샛길을 내다. **7** 〖전화·전신의〗
도청하다, 방수(傍受)하다. ¶ *tap* the telephone wires 전화를 도청하다. **8** 〖속어〗 〖남〗에게서 돈을 뜯다, 〖돈·팁 따위〗를 조르다, 요구하다(...*for*). ¶ (~+目+前+名) *tap* a person *for* subscription 남에게 기부를 조르다. **9** 〖기계〗 …에 암나사의 골을 내다.
tap into 〖필요한 것〗을 이용하다.
tap one's opinion …의 의견을 듣다.
ta·pa [táːpə] *n.* ⓤ **1** 닥나무류의 나무 껍질. **2** 타파천〖태평양 제도산(産)의 천으로 닥나무류의 나무 껍질로 만든다〗(tapa cloth).
táp bònd (íssue) *n.* 〖美〗 〖유휴 자본의 흡수를 목적으로 발행하는〗 국채.
táp dànce *n.* 탭 댄스.
tap-dance [tǽpdæns / -dàːns] *vi.* (**-danced, -danc·ing**) 탭 댄스를 추다.
tap-danc·er [tǽpdænsər / -dàːnsə] *n.* 탭 댄스를 추는 사람.
tap-danc·ing [tǽpdænsiŋ / -dàːns-] *n.* = tap dance.
‡**tape** [teip] *n.* **1** ⓒⓤ 납작한 끈, 납작끈. **2** ⓤⓒ 〖각종의〗 테이프; 녹음 테이프; 비디오 테이프; 접착 테이프; 절연 테이프. **3** ⓤⓒ 〖결승점의〗 테이프. ¶ **breast the** *tape* 경주에서 일착을 하다. **4** ⓤⓒ 〖기계〗 피대. **5** 줄자(tape measure). **6** 촌초.
─ *vt.* (**taped, tap·ing**) **1** …에 납작끈(테이프)을 달다; …을 납작끈으로 동이다(묶다) (...*up*). **2** …을 줄자로 재다. **3** 〖결승선〗에 테이프를 치다. **4** 테이프에 녹음하다. **5** 〖속어〗 〖남〗을 꿰뚫어보다, 평가하다.
have a thing taped 〖주로 英〗 …을 꿰뚫어보다.
tápe dèck *n.* 테이프 데크 〖앰프와 스피커가 없는 테이프 레코더〗.
tape-line [téiplàin] *n.* = tape measure.
tápe machíne *n.* **1** = tape recorder. **2** 〖英〗 ticker.
tápe mèasure *n.* 줄자.
tápe plàyer *n.* 테이프 플레이어.
***ta·per** [téipər] *v.* **1** 차차 가늘어 (작아) 지다(*off*, *down*, *away*). **2** 차차 적어지다, 차츰 줄다(*off*). ¶ (~+副) Foreign aids are *tapering off*. 외국의 원조는 점차 줄고 있다. ─ *vt.* **1** …을 차츰 가늘게 하다(...*off*). **2** …을 차츰 적게 하다(...*off*). ─ *n.* **1** ⓤⓒ 차차 가늘어짐, 끝남. **2** ⓤⓒ 〖힘·수효 따위가〗 차츰 약해짐, 점감(漸減). **3** 〖뾰족탑 따위처럼〗 끝이 뾰족한 것. **4** 작은 초, 가는 초. **5** 〖양초·가스 따위의 점화에 쓰는〗 초 먹인 심지. **6** 〖문어〗 약한 빛.
tápe rèader *n.* 〖컴퓨터〗 테이프 판독기.
tape-re·cord [téiprikɔ́ːrd] *vt.* …을 테이프에 녹음하다.
‡**tápe recòrder** *n.* 테이프 레코더. 〖 〖이프 녹음.
tápe recòrding *n.* ⓤⓒ **1** 테이프 녹음한 음. **2** 테
ta·per·ing [téipəriŋ] *adj.* **1** 끝이 차차 가늘어진, 끝이 뾰족한. **2** 점감의, 차츰 주는(diminishing gradually). ~·**ly** *adv.*
tap·es·tried [tǽpistrid] *adj.* **1** tapestry로 장식한, tapestry 를 친. **2** 〖이야기 따위가〗 tapestry로 표현된.
***tap·es·try** [tǽpistri] *n.* ⓤⓒ (*pl.* **-tries**) 태피스트리 〖색실로 짠 벽걸이〗. ─ *vt.* (**-tried, -try·ing**) **1** …을 태피스트리를 치다(걸다), …을 태피스트리로 장식하다. **2** …을 태피스트리로 그리다.
tápe ùnit *n.* 〖컴퓨터〗 테이프 〖구동〗 장치.
tape·worm [téipwəːrm] *n.* 촌충.
ta·phon·o·my [təfɑ́nəmi / -fɔ́n-] *n.* **1** 〖지질〗 〖동식물의〗 화석화(化石化) 〖과정·학문〗. **2** 화석학.
tap·house [tǽphàus] *n.* (*pl.* **-hous·es** [-hàuziz]) 〖英〗 선술집, 술집 (tavern, taproom).
tap-in [tǽpìn] *n.* 〖농구〗 탭인 〖점프하여 공을 툭 쳐넣기〗.
tap·i·o·ca [tæ̀pióukə] *n.* ⓤ 타피오카 〖카사바 (cassava)의 뿌리에서 빼낸 전분 식품〗.
ta·pir [téipər] *n.* (*pl.* ~**s** or ~) 맥(貘) 〖맥과(科)의 포유 동물〗.
ta·pis [tǽpiː, -́-, +美 tǽpis] *n.* (*pl.* **tap·is**) 융단(carpet), 태피스트리, 태피스트리의 테이블보 (* 주로 다음 숙어로 쓰인다).
on (or *upon*) *the tapis* 심의중, 토의중. 〖<F〗

ta·pote·ment [təpóutmənt] n. ⓤ〖의학〗가벼운 안마 요법.

tap·per¹ [tǽpər] n. **1** 똑똑(가볍게) 두드리는 사람 (물건). **2** 〖전신기의〗전건(電鍵) (telegraph key). **3** =tap dancer.

tap·per² [tǽpər] n. **1** 수액(樹液) 채취자(기). **2** 〖통 따위의〗마개를 빼는 사람; 마개뽑이. **3** 암나사 깎는 직공.

tap·pet [tǽpit] n. 〖기계〗철자(凸子), 태핏.

tap·ping¹ [tǽpiŋ] n. ⓤⓒ 가볍게 두드리기; 그 소리.

tap·ping² [tǽpiŋ] n. ⓤ **1** 〖통에〗따르는 구멍 내기. **2** 수액(나뭇진) 채취; 〖채취한〗수액. **3** 〖전신· 전화의〗도청. **4** 암나사 깎기.

táp ràte n. 《영》국고 채권 따위의 시세.

tap·room [tǽprùːm] n. 《주로 영》〖호텔·여관 따위의 안에 있는〗주장(酒場), 바(barroom).

tap·root [tǽpruːt, -rùt] n. 〖식물〗직근(直根), 주근(主根).

TAPS [tæps] n. 알래스카 횡단 송유관 망(網). [<*Trans-Alaska Pipeline System*]

tap·ster [tǽpstər] n. 바텐더(bartender).

tap-tap [tǽptæp] n. 똑똑(탁탁) 〖두드리는 소리〗.
── vi. (-**tapped**, -**tap·ping**) 똑똑(탁탁) 소리내다.

táp wàter n. ⓤ 수도의 물.

‡**tar**¹ [tɑːr] n. ⓤ **1** 타르[석탄·목재를 건류(乾溜)할 때 에 나오는 기름 모양의 검은 액체]. ¶ *coal tar* 콜타르. **2** 〖도로 포장용의〗콜타르 피치(coal-tar pitch).
beat (*or knock, whale*) *the tar out of* … 을 사정없 이 때려 눕히다(두들기다).
── vt. (**tarred**, **tar·ring**) …에 타르를 칠하다.
be tarred with the same brush (or *stick*) 같은 결 점을 가지고 있다.
tar and feather a person ① 〖사형(私刑)〗 모욕으로 써) 남의 온몸에 타르를 칠하고 그 위에 깃털을 씌우다. ② 남을 호되게 벌하다.
── adj. **1** 타르의, 타르 같은. **2** 타르를 칠한(tarred). ◇ **tárry**² adj.

tar² [tɑːr] n. 《구어》뱃사람, 선원(sailor).

tar·a·did·dle [tǽrədìdl, ˌ-ˈ--] n. ⓤⓒ 《주로 英구어》 터무니없는 거짓말, 속임수(fib).

ta·ran·tass [tàːrɑːntáːs / tǽrəntǽs] n. 〖러시아의〗 대형 4륜 마차.

tar·an·tel·la [tærəntélə] n. **1** (the ~) 타란텔라 춤 〖활발한 남이탈리아의 무도〗. **2** 타란텔라 곡.

tar·ant·ism [tǽrəntìz(ə)m] n. ⓤ 타란토 병(病)[15-17세기에 남이탈리아에서 tarantula에게 물려서 걸린다 고 생각된 무도병(舞蹈病)].

tar·an·tu·la [tərǽntʃulə / -tjuː-] n. (pl. ~**s** or -**lae** [-liː]) 남이탈리아산(産) 독거미의 일종.

ta·ra·tan·ta·ra [tǽrətæntərə] n. =tantara.

Ta·ra·wa [tɑːrɑ́ːwɑː, ˌ-ˈ--] n. 타라와섬〖태평양 중부 길버트 제도 중의 한 섬. 제2차 세계대전중의 격전지 (1943)〗.

ta·rax·a·cum [tərǽksəkəm] n. **1** 민들레속(屬)의 식 물. **2** ⓤ 민들레제(劑)〖민들레 뿌리에서 만든 하제 (下劑)·강장제〗.

tár bàby n. 《美구어》빼도 박도 못하게 된 일.

tar·boosh [tɑːrbúːʃ] n. 터키 모자(회교도 남자용의 빨 갛고 술이 없는 술 달린 모자). [<Arab]

tar-brush [tɑ́ːrbrʌ̀ʃ] n. **1** 타르솔. **2** (the ~) 《속 어》《보통 모욕적》흑인의 가계(혈통). ¶ *have a touch of the tarbrush* 흑인의 피가 섞여 있다.

tar·di·grade [tɑ́ːrdigrèid] adj. **1** 〖걸음·움직임이〗 더딘, 느린(slow). **2** 〖동물〗완보류(緩步類)의.
── n. 완보류의 동물.

tar·do [tɑ́ːrdou] adv., adj. 〖음악〗느린, 느리게.

***tar·dy** [tɑ́ːrdi] adj. (-**di·er**, -**di·est**) **1** 느린, 굼뜬, 더딘, 완만한. ⇒ LATE〖類〗 **2** 늦은, 지각한(behind time) (*in*, *at*…). ¶ *be tardy at* school 수업에 지각하 다. **3** 마지못해 하는, 마음이 내키지 않는(reluctant). ¶ a *tardy* consent 마지못해의 승낙.
-**di·ly** adv. -**di·ness** n.

tare¹ [tɛər] n. **1** 살갈퀴(vetch). **2** (~**s**) 〖성서〗가 라지(darnel) 〖=마태 복음(Matt.) 13:25〗; 해독.

tare² [tɛər] n. ⓤ **1** 포장, 용기(容器); 포장의 무게. **2** 차체 중량. **3** 〖화학〗용기의 중량. ── vt. (**tared**, **tar·ing**) …의 포장의 무게를 달다(빼다).

targe [tɑːrdʒ] n. 《고어》작고 둥근 방패(shield); 표적.

‡**tar·get** [tɑ́ːrgit] n. **1** 〖사격 따위의〗과녁, 관세율. **2** 목적(물), 도달 목표, 목표액. **3** 〖비평의〗대상, 표적[조소의〗거리, 웃음가마리(*for*, *of*…). ¶ a *target for scorn* (*or* contempt) 경멸의 대상. **4** 〖철도〗원판(圓 板) 신호기. **5** 〖측량〗조준표, 표판(標板). **6** 《고어》 작고 둥근 방패(targe).
on target 올바른 방향으로 나아가.
── vt. …을 목표로 정하다, 목적으로 삼다.

tar·get·a·ble [tɑ́ːrgitəbl] adj. 목표로 향하여지는.

tárget àudience n. 광고 타깃〖광고주가 광고 메시 지를 전달하고자 하는 대상자〗.

tárget càrd n. 〖사격의〗점수 기록 카드.

tárget dàte n. 〖계획 따위의〗목표 일시(*for*…).

tárget lánguage n. 〖학습 또는 번역의〗목적 언어, 대상 언어〖한글 영역 때의 영어 따위〗.

tárget práctice n. ⓤ 사격 연습.

tárget shíp n. 표적선(艦).

Tar·gum [tɑ́ːrgu(ː)m / -gəm] n. (pl. -**gums** *or* -**gu·mim** [tɑ̀ːrguː(ː)míːm, -gúː(ː)mim / -gə́miːm]) 타검〖구약 성서의 아람말 등의 번역〗.

‡**tar·iff** [tǽrif] n. **1** 관세표; 관세율. **2** (the ~) 《집 합적》관세; ⓒ 〖한 품목의〗관세. **3** (the ~) 관세법. **4** 《구어》〖철도 따위의〗운임표; 《英》〖여관 따위의〗 요금표. **5** 《구어》운임(fare); 요금. ── vt. **1** …에 관 세를 매기다(부과하다). **2** …의 관세표를 만들다, 세율 을 정하다; …의 요금(운임)을 정하다; …을 평가하다.

táriff còmpanies n. 〖임금·요금률〗 서로 협정 회사.

táriff ràtes n. 세율; 〖보험 따위의〗협정률.

táriff refórm n. 관세 개정〖《英》에서는 자유 무역 반대, 《美》에서는 보호 무역 반대 정책으로 쓰인다〗.

táriff sỳstem n. 관세 제도; 〖전화 따위의〗요금제 (制).

táriff wàll n. 관세 장벽〖수입 저지를 위한 고율의 관 세〗. ¶ raise *tariff walls* against foreign goods 외국 제품에 대한 관세 장벽을 쌓다.

tar·la·tan [tɑ́ːrlət(ə)n] n. ⓤ 일종의 얇은 모슬린.

Tar·mac [tɑ́ːrmæk] n. **1** 〖상표명〗=tarmacadam. **2** (t-) 《英》타르마카담 포장[도로].

tar·mac·ad·am [tɑ̀ːrməkǽdəm] n. ⓤ 타르머캐덤 〖타르와 자갈을 섞은 포장 재료〗.

tarn¹ [tɑːrn] n. 산속의 작은 호수(못).

tarn² [tɑːrn] n. =tern¹.

ˈ**tar·nal** [tɑ́ːrn(ə)l] 《美속어》 adj. 터무니없는, 엄청 난, 괘씸한, 고약한. ── adv. 터무니없게, 괘씸하게.

tar·na·tion [tɑːrnéiʃ(ə)n] interj., n. =damnation. ── adv. =damned.

tar·nish [tɑ́ːrniʃ] vt. **1** …을 흐리게 하다; …을 녹슬 게 하다. **2** 〖명성 따위〗를 변색시키다. 〖명예〗를 더럽히다, 손상시키다. ── vi. **1** 흐려지다, 광택을 잃다, 녹슬 다, 변색하다. **2** 더러워지다, 손상되다. ── n. ⓤ **1** 흐림, 녹, 변색. **2** ⓤ 오점, 흠, 더러움.

tar·nish·a·ble [tɑ́ːrniʃəbl] adj. 흐려지기 쉬운, 쉬 녹 스는, 변색하기 쉬운.

ta·ro [tɑ́ːrou] n. (pl. ~**s**) 타로토란〖토란의 일종〗.

ta·rot [tǽrou] n. ⓤ 카드놀이의 일종〖22장 한 벌의 이 탈리아식 카드놀이〗.

tarp [tɑːrp] n. 《美구어》=tarpaulin.

tar·pan [tɑːrpǽn, ˈ--] n. 〖러시아 초원 지방산(産) 의〗야생마.

tár pàper n. ⓤ 아스팔트지(紙) [건축용으로 타르를 먹인 종이]; 루핑.

tar·pau·lin [tɑːrpɔ́ːlin] n. **1** ⓒ [타르 따위를 칠한] 방수포. **2** (선원의) 방수 외투, 방수모(防水帽). **3** 《드물게》 선원(sailor).

Tar·pe·ia [tɑːrpíːə] n. 《로마 신화》 타르페이아 [Capitoline의 방위 대장 Tarpeius의 딸. 로마를 배신하고 Sabine의 병사에게 성문을 열어 주었으나 적병이 방패를 던져 살해되었다].

Tar·pe·ian [tɑːrpíːən/-píː(ə)n] adj. [로마의 Capitoline Hill에 있는] 타르페이아의 바위(Tarpeian Rock)의(이 바위에서 범죄자와 반역자를 떨어뜨렸다].

tar·pon [tɑ́ːrpən, -pɑn/-pɔn] n. (pl. **-pons** or **-pon**) 《북미 동남 해안산(産)의》 청어의 일종.

tar·ra·gon [tǽrəɡən/-ɡən] n. 사철쑥류(類); ⓤ 그 잎 《조미료》.

Tar·ra·go·na [tæ̀rəɡóunə] n. ⓤ 스페인산(産) 포도주.

tar·ry[1] [tǽri] v. (**-ried, -ry·ing**) vi. **1** 체재하다, 머무르다, 묵다(at, in...). ¶ *tarry at a hotel* 호텔에 체재하다. **2** 늦어지다, 늑장부리다, 시간이 걸리다, 머무적거리다. **3** 기다리다(for...). — vt. 《고어》…을 기다리다. — n. ⓤ 《고어》 체재.

tar·ry[2] [tɑ́ːri] adj. (**-ri·er, -ri·est**) **1** 타르의, 타르질의. **2** 타르를 칠한, 타르로 더럽혀진. **-ri·ness** n.

tar·sal [tɑ́ːrsl] [해부] adj. 족근(足根骨)의, 안검(眼瞼) 연골의. ¶ *tarsal* bones 족근골. — n. 족근골, 족근골 관절.

tar·si·a [tɑ́ːrsiə] n. 쪽매붙임[세공], 쪽모이 세공, 쪽매병.

tar·si·er [tɑ́ːrsiər] n. 안경원숭이[동남 아시아 산].

tar·sus [tɑ́ːrsəs] n. (pl. **-si** [-sai]) **1** [해부·동물] 족근골, 부골(跗骨); 안검(眼瞼) 연골. **2** (새의) 부척골(跗蹠骨), (곤충의) 부척(跗節).

Tar·sus [tɑ́ːrsəs] n. 타르수스[터키 남부의 도시. 고대 Cilicia의 수도. 성 바울(St. Paul)의 출생지. ←사도 행(Acts.) 9 : 11].

‡**tart**[1] [tɑːrt] adj. **1** 신, 시큼한. ⇒ SOUR[類語] **2** 신랄한, 호된, 통렬한(cutting). **~·ly** adv. **~·ness** n.

tart[2] [tɑːrt] n. **1** 《영》 타트[과일이 든 파이]. **2** 《주로 영속어》 방종한(단정치 못한) 여자; 매춘부(prostitute). — vt. 《영속어》…을 야하게 꾸미다(*up*).

tar·tan[1] [tɑ́ːrt(ə)n] n. ⓤⓒ **1** 《주로 스코틀랜드 고지인이 쓰는》 격자 무늬 모직물. **2** 격자 무늬. — adj. 격자 무늬의 모직물로 만든.

tar·tan[2] [tɑ́ːrt(ə)n] n. 《지중해의》 외돛대 삼각 범선.

tártan tráck n. 타탄 트랙[아스팔트 위에 합성 수지를 깐 전천후 트랙].

Tártan Túrf n. 《상표명》 《경기장용》 인공 잔디.

tar·tar [tɑ́ːrtər] n. **1** 치석(齒石), 이동. **2** 《화학》 주석(酒石) 《포도주 제조용 통에 침전하는 물질》; cream of *tartar* 주석영(酒石英).

Tar·tar [tɑ́ːrtər] n. **1** 타타르 사람, 오랑캐 말. **3** 《종종 t-》 사나운 사람, 난폭한(감사나운) 사람, 다루기 힘든 사람. ¶ a young *Tartar* 다루기 힘든 아이. **4** (t-) 잔소리가 심한 여자(shrew). **catch a Tartar (or a tartar)** 만만치 않은 상대를 만나다. — adj. 타타르 사람(식)의; 타타르말의.

Tar·tar·e·an [tɑːrtéː(:)riən/-téər-] adj. 타르타로스(Tartarus)의; 하계의, 지옥의(infernal).

tártar emétic n. 《화학·약학》 토주석(吐酒石).

tártare sáuce n. [tɑ́ːrtər-] = tartar sauce.

Tar·tar·i·an [tɑːrtéː(:)riən/-téər-] adj. 타타르(사람)의, 달단(韃靼)의.

tar·tar·ic [tɑːrtǽrik, +美 -té(:)r-] adj. 주석(酒石) (tartar)의; 주석에서 얻은.

tartáric ácid n. 《화학》 주석산. 《유한》

tar·tar·ous [tɑ́ːrtərəs] adj. 주석으로 된, 주석을 함유한.

tártar sàuce n. ⓤ 타르타르 소스.

Tar·ta·rus [tɑ́ːrtərəs] n. **1** 《그리스 신화》 타르타로스[지옥(Hades) 아래의 구렁]. **2** 징벌하는 곳, 지옥 (hell).

Tar·ta·ry [tɑ́ːrtəri] n. 타타르[지방] [동유럽에서부터 서부아시아 일대 지방을 가리키는 역사적 명칭].

tart·let [tɑ́ːrtlit] n. 《영》 작은 타트(small tart).

tar·trate [tɑ́ːrtreit /-trit] n. 《화학》 주석산염(酒石酸塩).

Tar·tuffe, -tufe [tɑːrtúː(ː)f] n. **1** 타르튀프[프랑스의 극작가 Molière 작 희극의 주인공]. **2** 《종종 t-》 위선자.

Tar·zan [tɑ́ːrzæn, -z(ə)n] n. **1** 타잔 [미국의 작가 Edgar Rice Burroughs 작 일련의 모험 소설의 주인공]. **2** 《때로 t-》 민첩 과감하고 힘센 거인.

TAS 《略》 *telephone answering service*(전화 응답 서비스); 《항공》 *true airspeed*(진대기(眞對氣) 속도).

Tash·kent [tɑːʃként / tæʃ-] n. 타슈켄트[우즈베키스탄 공화국(Republic of Uzbekistan)의 수도].

ta·sim·e·ter [təsímitər] n. 미압계(微壓計) [전기 저항을 이용하여 온도·습도의 변화에 의한 물질의 미세한 변형을 잰다].

‡**task** [tæsk / tɑːsk] n. **1** [부과된] 일; 직무(duty); 과업, 학업(lesson). ¶ *task* wages 도급 임금 / be at one's *task* 일을 하고 있다 / do one's *task* 일을 하다; 책무를 다하다 / set a person [to] a *task* 남에게 일을 과하다 / take a *task* upon oneself 일을 떠맡다. **2** 사업, 기업 (undertaking). ¶ a great *task* 대사업. **3** 고되고 수고로운 일, 노역. ¶ undertake the *task* of proofreading 힘드는 교정 일을 떠맡다. **4** 《컴퓨터》 태스크[일의 단위]. **5** ⓤⓒ《폐어》 조세(tax). **take** (or **call, bring**) **a person to task** […을 이유로] 남을 꾸짖다, 책망하다(*for, about*...). — vt. **1** …에 일을 과하다. **2** …에게 무거운 짐을 지우다, …을 혹사하다, 과로시키다, 괴롭히다. ¶ *task* one's brains 두뇌를 짜다 / *task* one's energies 전력을 기울이다. **3** 《폐어》…에 과세하다 (tax).

tásk fòrce n. 《미》 **1** 《군대》 기동 부대, 특수 임무 부대. **2** 특별 대책 본부, 특별 전문 위원회; 프로젝트 팀. **3** 《영》 특별 수사대.

tásk mànagement n. 《컴퓨터》 태스크 관리[태스크 실행을 관리하는 제어 프로그램(control program)의 기능].

task·mas·ter [tǽskmæ̀stər / tɑ́ːskmɑ̀ːs-] n. 감독, 십장, 작업장; 《엄한》 선생.

task·work [tǽskwə̀ːrk / tɑ́ːsk-] n. ⓤ **1** 할당된 일, 강제 노동. **2** 도급일, 청부일, 삯일(piecework). **3** 싫은 일.

TASM 《略》 *Tactical Air-Surface Missile* (공대지(空對地) 전술 미사일).

Tas·ma·ni·a [tæzméiniə, -njə] n. 태즈메이니아[오스트레일리아 동남쪽의 섬으로 오스트레일리아 연방의 한 주(州); 주도(州都) Hobart].

Tas·ma·ni·an [tæzméiniən, -njən] adj. 태즈메이니아 [사람]의. — n. 태즈메이니아 사람, ⓤ 태즈메이니아 말. 《(有袋類)》

Tasmánian dévil n. 태즈메이니아주머니곰 [유대류].

Tasmánian wólf n. 태즈메이니아늑대 [유대류].

Tass, TASS [tæs] n. 타스 통신[구소련의 국영 통신사]. *cf.* ITAR-TASS

tasse [tæs] n. = tasset.

‡**tas·sel** [tǽsl] n. **1** (술의 (tuft), 장식술. **2** 술 모양의 물건; 옥수수의 수염. **3** (책의) 서표끈, 갈피끈. — v. (**-seled, -sel·ing**; 《영》**-selled, -sel·ling**) vt. **1** …을 술로 하다; …에 술[장식]을 달다. **2** (옥수수의) 수염을 뜯다. — vi. (옥수수가) 수염이 나오다.

tas·set [tǽsit] n. (보통 ~s) 《갑옷의》 무릎받이. * *tasse* 라고도 한다.

tas·sie [tǽsi] n. 《주로 스코》 작은 술잔.

tast·a·ble [téistəbl] adj. 맛볼 수 있는, 풍미있는, 맛

taste [teist] v. (**tast·ed, tast·ing**) vt. **1** …의 맛을 보다, …을 먹어 보다, 시식(시음)하다. ¶ I taste tea 차의 맛을 보다. **2** […의 소량)을 먹다(마시다). ¶ I have not tasted food today. 오늘은 아무것도 먹지 않았다. **3** …을 맛보아 알다, …의 맛을 알다. ¶ Can you taste anything strange in this soup? 이 수프 맛이 좀 이상하지 않습니까? **4** …을 [조금] 경험하다(experience), 향수(享受)하다. ¶ taste freedom 자유를 향수하다 / taste the sorrow of parting 이별의 슬픔을 맛보다. **5** 《고어》…의 맛을 좋아하다; …을 좋아하다(like). — vi. **1** 맛보다, 맛을 알다. ¶ We taste with our tongues. 우리는 혀로 맛을 안다. **2** 조금 먹다(마시다) 《of…》. **3** […의] 맛이 나다, 풍미가 있다; […의] 기미가 있다 《of…》. ¶ (~ +前+名) taste of whisky 위스키를 조금 마시다. // (~ +補) taste good (bad) 맛이 좋다(나쁘다) // (~ +前+名) The soup tastes of onion. 그 수프는 양파 맛이 난다. **4** [조금] 맛보다, 경험하다 (experience) 《of…》. ¶ (~ +前+名) taste of the joys of life 인생의 기쁨을 맛보다.
— n. **1** 맛, 풍미(flavor); […의] 기미(touch) 《of…》. ¶ a sweet (a bitter) taste 단(쓴)맛.
類語 taste 「맛」을 뜻하는 가장 일반적인 말. **flavor** 어떤 것에 특유한 (보통 기분좋은) taste: the *flavor of chocolate* 초콜릿의 풍미. **savor** 식욕을 자극하는 맛에 곁들여 향기를 의미하는 말: the *savor of roasting meat from the kitchen* 부엌에서 풍겨 오는 고기 굽는 냄새.
2 ⓤ (종종 the~) 미각. ¶ His *taste* is very keen. 그의 미각은 매우 예민하다 / It is good to the *taste*. 맛있다.
3 맛보기, 시식, 시음; 소량[의 음식물], 한 입, 한 모금《of…》. ¶ have a [small] *taste* of …을 [한 입] 맛보다 / Give him a *taste* of the whip. 그에게 매맛을 보여주어라.
4 맛, 입맛; [따끔한] 경험(slight experience) 《of…》. ¶ He has had no *taste* of poverty. 그는 가난의 경험이 없다.
5 ⓤⓒ 좋아함, 기호, 취미(liking) 《for…》. ⓤ 심미안, 감식력. ¶ a matter of *taste* 취미의 문제, [사람의] 취미 여부 / a man of *taste* 취미를 이해하는 사람 // have a *taste* for literature (music) 문학(음악)의 취미를 가지다 / *Tastes differ*. = *There is no accounting for tastes*. 《속담》각인 각색, 십인 십색.
6 ⓤ 운치, 멋, 품(品), 모양새, 양식, 스타일. ¶ in good (or excellent) *taste* 멋이 있게, 모양새 좋게, 취미가 좋게 / in bad (or poor) *taste* 천격스럽게, 모양새 없게, 멋없게.
in taste 취미가 좋아, 고상하여.
leave a bad (or a nasty) taste in the mouth 뒷맛이 나쁘다, 나쁜 인상을 남기다.
out of taste ① 맛을 알 수 없게 되어. ② 멋없는, 품류 없는.
to taste 기호에 따라, 취미에 맞추어.
to one's taste 취미에 맞아 (맞도록). ¶ Argument is not to my *taste*. 토론은 내 기호에 맞지 않는다.
to the king's (or the queen's) taste 완전히, 더할나위 없이, 매우 만족하게.
◇ **tásteful, tásty** adj.
táste bùd n. 미뢰(味蕾), 맛봉오리[혀의 미각 기관].
taste·ful [téistfəl] adj. 취미가 있는, 고상한, 풍류가 있는, 멋있는; 심미안이 있는. ~**·ly** [-fəli] adv. ~**·ness** n.
taste·less [téistlis] adj. **1** 맛없는, 무미의. **2** 시시한, 재미없는, 무미건조한, 따분한(dull). **3** 천격스러운, 풍류없는, 멋없는, 살풍경한. **4** 《고어》미각이 없는. ~**·ly** adv. ~**·ness** n.
taste-mak·er [téistmèikər] n. 인기(유행)를 만들어 내는 것(사람).
tast·er [téistər] n. **1** 맛을 보는 사람, [술·차의 품질의] 감별사. **2** 품질 검사가, 검사 접시; [버터 따위의 견본을 빼내는] 색대. **3** 피펫(pipette). **4** 《역사》기미

(氣味)보는 사람. **5** [출판사의] 원고 감정인.
tast·y [téisti] adj. (**tast·i·er, tast·i·est**) **1** 맛나는, 풍미있는. ⇨ DELICIOUS 類語 **2** 《구어》멋진, 점잖은, 고상한(tasteful). **tast·i·ly** adv. **tast·i·ness** n.
tat[1] [tæt] vi. (**tat·ted, tat·ting**) 태팅(tatting)하다, 짜다.
[의 단축형.
tat[2] [tæt] n. 〔인도산(産)의〕 망아지(pony). *** tattoo
tat[3] [tæt] n. 《英속어》값싼 물건, 싸구려. *cf.* **tatty**
tat[4] [tæt] n. 가볍게 치기. *cf.* **tit** — vt., vi. (**tat·ted, tat·ting**)《방언》가볍게 치다.
ta-ta [tɑ́ːtɑ́ː / tǽtǽ] interj. 《주로 英》《어린이말·속어》안녕, 빠이빠이.
Ta·tar [tɑ́ːtər] n. = Tartar 1, 2. = Tartar.
Tátar Autónomous Sóviet Sócialist Repúblic n. 타타르[자치 소비에트 사회주의] 공화국[지금은 러시아 연방내 타타르 자치 공화국].
Ta·tar·i·an [tɑːtέ(:)riən / -tέər-] adj. = Tartarian.
Ta·ta·ry [tɑ́ːtəri] n. = Tartary.
Táte Gállery [téit-~the-] 테이트갤러리 [London에 있는 국립 미술관. 기증자 Sir Henry Tate(1819-99)의 이름에서 연유].
ta·ter[1] [téitər] n. 《방언》감자(potato).
ta·ter[2] [téitər] n. 《야구》홈런.
***tat·ter** [tǽtər] n. (보통 ~s) 넝마, 누더기; (~s) 너더기. ¶ be in *tatters* 넝마를 걸치고 있다 / tear to *tatters* 갈가리 찢다; (비유적) 분쇄하다. — vt. …을 너덜너덜하게 해뜨리다, 잡아찢다. — vi. 너덜너덜하게 해지다, 갈가리 찢어지다.
tat·ter·de·mal·ion [tǽtərdimέiljən] n. 너더기 (입은 사람).
tat·tered [tǽtərd] adj. 넝마처럼 떨어진(ragged); 누더기를 걸친.
tat·ter·sall [tǽtərsɔ̀ːl] n. 태터셀 무늬 직물[격자 무늬의 천].
Tat·ter·sall's [tǽtərsɔ̀ːlz] n. [영국 London의 유명한] 태터셀 말시장 [1766년 창립].
tat·ting [tǽtiŋ] n. ⓤ 태팅 [레이스 뜨기의 일종]; 태팅으로 뜬 레이스.
tat·tle [tǽtl] v. (**-tled, -tling**) vi. **1** 비밀을 지껄이다, 고자질하다, 일러바치다. **2** 잡담을 늘어놓다, 지절지절 지껄이다. — vt. **1** [비밀 따위]를 지껄여서 누설하다. **2** […의] 잡담을 함부로 지껄이다. — n. ⓤ 객담, 잡담, 세상 이야기, 소문 이야기; 고자질.
tat·tler [tǽtlər] n. **1** 수다쟁이, 잡담을 늘어놓는 사람; 밀고자, 누설하는 사람. **2** 노랑발도요 [새 이름].
tat·tle·tale [tǽtltèil] n. = telltale.
tat·too[1] [tætúː / tə-, tæ-] n. (pl. **-toos**) **1** 군대의 귀대(歸隊) 나팔(북); 폐문 시간. **2** 둥둥(똑똑) 두드리는 소리. **3** 《英》《야간의》 군악 연주, 분열 행진.
beat the devil's tattoo 〔언짢음·조바심·흥분 따위에〕 책상 따위를 손가락으로 톡톡 두드리다, 탕탕 바닥을 구르다.
— vt., vi. 톡톡 두드리다.
tat·too[2] [tætúː / tə-, tæ-] n. (pl. **-toos**) 문신(文身). — vt. 〔피부〕에 문신을 하다; 〔피부〕…의 문신을 하다.
tat·too[3] [tætúː / tə-, tæ-] n. = tat[2].
tat·ty[1] [tǽti] adj. (**-ti·er, -ti·est**) 《英》초라한, 넝마의; 싸구려의, 값싼. **-ti·ly** adv. **-ti·ness** n.
tat·ty[2] [tǽti] n. (pl. **-ties**) 〔인도에서 방을 시원하게 하려고 출입문 창에 치는〕 발.
tau [tɔː, tau] n. 그리스어 알파벳의 열 아홉 째 자(T, τ) [영어의 T,t에 해당].
táu cròss n. T 자형 십자.
‡**taught** [tɔːt] v. teach 의 과거·과거 분사.
taunt [tɔːnt, ⇨+美TⅡ] vt. **1** …을 조소하다, 비웃다. ¶ *taunt* a person *with* his *conduct* 의 행동을 조소하다. **2** …을 욕하여 …하게 하다 《into…》. ¶ They *taunted* him *into* doing it. 그들이 그에게 욕을 했기 때문에 그는 그것을 했다. — n. **1** 조소, 냉소, 통렬한 비꼼(비양). **2** 《폐어》조소의 대상, 웃음가마리.

taunt² [tɔːnt, +美 tɑːnt] *adj.* 〔항해〕〔돛대가〕몹시 높은. ─ *n.* 〔는 사람.
taunt·er [tɔ́ːntər, +美 tɑ́ːnt-] *n.* 비웃는 사람, 비꼬는.
taunt·ing·ly [tɔ́ːntiŋli, +美 tɑ́ːnt-] *adv.* 조롱하여, 냉소하여, 비웃어.
taupe [toup] *n.* ⓤ 짙은 회색. ─ *adj.* 진회색의.
tau·rine [tɔ́ːrain, +美 -rin] *adj.* 1 황소의(같은). 2 〔천문〕황소좌(Taurus)의.
tau·rom·a·chy [tɔːrɑ́məki / -rɔ́m-] *n.* ⓤ 투우〔술〕.
Tau·rus [tɔ́ːrəs] *n.* 〔천문〕황소좌(座) (the Bull); 금우궁(金牛宮)〔황도(黃道)의 제 2 궁〕; ⇨ ZODIAC 그림.
taut [tɔːt] *adj.* 1 〔항해〕〔밧줄이〕팽팽히 켕긴; 〔배가〕잘 정비된, 정돈된. 2 긴장된, 굳어진.
~·ly *adv.* ~·ness *n.*
taut·en [tɔ́ːtn] *vt.* 〔밧줄 따위를〕팽팽하게 〔켕기다〕, 바싹 죄다. ─ *vi.* 바싹 죄어지다, 긴장하다.
tauto- same 의 뜻의 연결형. 예: *tautology*.
tau·tog [tɔːtɑ́g, -tɔ́g / -tɔ́g] *n.* 〔북미 대서양 연안산(産)의〕양놀래기과(科)의 식용어.
tau·to·log·i·cal [tɔ̀ːtəlɑ́dʒik(ə)l / -lɔ́dʒ-] *adj.* 동의어(유어)의, 동의어를 반복하는, 용언(冗言)의.
~·ly [-kəli] *adv.*
tau·tol·o·gist [tɔːtɑ́lədʒist / -tɔ́l-] *n.* 동의어(유어)를 반복하는 사람, 용언(冗言)을 사용하는 사람.
tau·tol·o·gize [tɔːtɑ́lədʒàiz / -tɔ́l-] (＊〔英〕에서는 **tau·tol·o·gise** 로도 쓴다) *vi.* (**-gized, -giz·ing**) 동의어(유어)를 반복하다, 용언(冗言)을 사용하다.
tau·tol·o·gy [tɔːtɑ́lədʒi / -tɔ́l-] *n.* ⓤⓒ (*pl.* **-gies**) 1 동의어 중복; 첩구(疊句) (surrounding circumstances 따위와 같이 유사한 뜻의 어구를 거듭하는 표현); 중복어; 〔논리〕동어 반복, 토톨로지. 2 〔경험·행위 등의〕반복.
tau·tom·er·ism [tɔːtɑ́mərìz(ə)m / -tɔ́m-] *n.* ⓤ 〔화학〕호변 이성(互變異性).
***tav·ern** [tǽvərn] *n.* 1 선술집. 2 여인숙(inn).
taw¹ [tɔː] *n.* 1 돌튀기기, 뒤집놀기; ⓤ 돌튀기기 놀이. 2 (＝**táw líne**) 돌튀기기 놀이의 개시선. ─ *vi.* 돌튀기기를 하다.
taw² [tɔː] *vt.* 1 〔원료품을〕가공하다. 2 〔소금·백반 따위로〕〔생가죽을〕무두질하다. 3 〔고어〕…을 치다, 두드리다.
taw·dry [tɔ́ːdri] *adj.* (**-dri·er, -dri·est**) 야한, 번쩍거리는, 값싸고 번지르르한(gaudy). ─ *n.* (*pl.* **-dries**) 야한 장식, 값싸고 번지르르한 것.
-dri·ly *adv.* **-dri·ness** *n.*
***taw·ny** [tɔ́ːni] *adj.* (**-ni·er, -ni·est**) 황갈색의. ─ *n.* ⓤ 황갈색. **-ni·ly** *adv.* **-ni·ness** *n.*
taws, tawse [tɔːz] *n.* 《단·복수 양용》《주로 스코》가죽 채찍 〔아이들을 벌주는 데 사용〕.
‡**tax** [tæks] *n.* 1 ⓤⓒ 세, 조세; 세금 (on, upon...). ¶ an income *tax* 소득세 / national (local) *taxes* 국(지방)세 / a direct (an indirect) *tax* 직접(간접)세 / pay one's *taxes* 세금을 치르다 / lay (*or* levy) a *tax* on … 에 세금을 매기다. 2 무거운 부담, 무거운 짐, 의무 (duty) (on, upon...). ¶ a *tax* upon the brain 두뇌의 부담 / a heavy *tax* on one's health 건강에 무리한 일 / be a great *tax* on one's time 매우 많은 시간을 필요로 하다. 3 〔구어〕요리집 따위의 회비, 분담액 (charge). ─ *vt.* 1 …에 과세하다, 세금을 매기다. ¶ *tax* imports 수입품에 과세하다. 2 무거운 짐을 지우다, …을 혹사하다. ¶ *tax* one's ingenuity 머리를 짜내다, 고심하다 / The reading in a dim light *taxes* the eye. 침침한 불빛 아래서 독서하면 눈에 해롭다. 3 …을 책망하다, 비난하다 (…with). ¶ (~ +圓+前+图) *tax* a person *with* a fault 남의 과실을 책망하다. 4 〔고어〕〔소송비 따위의〕를 사정하다. 5 〔구어〕〔회비 따위〕를 징수하다, 할당하다.
◇ tax·á·tion *n.*
tax·a·ble [tǽksəbl] *adj.* 과세할 수 있는, 과세 대상이 되는. ─ *n.* (보통 ~s) 과세 대상자; 과세 물품.

táxable mínimum *n.* 〔경제〕면세점(免稅點).
‡**tax·a·tion** [tæksé͡iʃ(ə)n] *n.* ⓤ 1 과세, 징세. ¶ heavy *taxation* 중세(重稅) / progressive *taxation* 누진 과세 하다. 2 조세, 세〔액〕. ¶ impose *taxation* upon …에 과세하다. 3 세수, 조세 수입.
táx avóidance *n.* 〔합법적 수단에 의한〕과세 회피, 절세(節稅).
táx·back [tǽksbæ̀k] *n.* 국세의 무조건 지방 교부.
táx bréak *n.* 세제 특혜, 세금 우대 조치.
tax·cart [tǽkskɑ̀ːrt] *n.* 〔영〕〔옛날에는 가볍게 과세되다 뒤에 면세가 된 농부·상인용(輕) 2륜 마차.
táx-col·lec·tor [tǽkskəlèktər] *n.* 징세 관리, 세무원.
táx crédit *n.* 세액 공제.
táx cút *n.* 감세(減稅).
táx-de·duct·i·ble [tǽksdidʌ́ktibl] *adj.* 소득에서 공제할 수 있는.
táx dedúction *n.* 세액 공제〔액〕.
táx-dodg·er [tǽksdɑ̀dʒər / -dɔ̀dʒ-] *n.* 탈세자 〔는〕.
tax-dodg·ing [tǽksdɑ̀dʒiŋ / -dɔ̀dʒ-] *n., adj.* 탈세〔하는〕.
tax·eme [tǽksiːm] *n.* 〔언어〕문법 특성소(特性素).
táx evásion *n.* 탈세.
tax-ex·empt [tǽksigzémpt] *adj.* 면세의, 비과세의.
táx fármer *n.* 세금 징수 청부인.
tax·fla·tion [tæksfléi(ə)n] *n.* 〔경제〕택스플레이션〔높은 과세율로 인한 인플레이션〕 (empt).
tax-free [tǽksfríː] *adj.* 면세의, 무세(無稅)의 (tax-ex-**tax·gath·er·er** [tǽksgæ̀ðərər] *n.* =tax-collector.
táx háven *n.* 〔美〕〔외국 투자가 입장에서 본 저과세 혹은 무과세 국가(지역)〕.
‡**tax·i** [tǽksi] *n.* (*pl.* **-is** *or* **-ies**) 택시(taxicab). ─ *v.* (**tax·ied, tax·i·ing** *or* **tax·y·ing**) *vi.* 1 택시로 가다. 2 〔비행기가〕육상(수상)을 활주하다. ─ *vt.* 〔비행기〕를 육상(수상)으로 활주시키다.
[<TAXI〔METER〕, TAXI〔CAB〕]
tax·i·cab [tǽksikæ̀b] *n.* 택시(taxi).
táxi dáncer *n.* 〔댄스홀 따위에서 일정한 시간 춤 상대를 해 주는〕직업 여성 댄서.
tax·i·der·mic [tæ̀ksidə́ːrmik], (**tax·i·der·mal**[-m(ə)l]) *adj.* 박제(술)의.
tax·i·der·mist [tǽksidə̀ːrmist] *n.* 박제사(剝製師).
tax·i·der·my [tǽksidə̀ːrmi] *n.* ⓤ 박제술.
táxi líght *n.* 〔항공〕유도등.
tax·i·man [tǽksimən] *n.* (*pl.* **-men** [-mən]) 택시 운전사.
tax·i·me·ter [tǽksimìːtər] *n.* 택시 따위의 요금 표시기, 택시미터.
tax·ine [tǽksin] *n.* ⓤ 택신〔은행잎이나 열매 따위에 있는 유독 물질〕.
tax·ing [tǽksiŋ] *adj.* 애먹이는, 짐이 되는, 힘든. ~·ly *adv.*
tax·i·plane [tǽksiplèin] *n.* 〔관광용의〕전세 비행기.
táxi ránk *n.* 〔英〕=taxi stand, cabstand.
tax·is [tǽksis] *n.* ⓤⓒ 1 배열, 순서. 2 〔생물〕주성(走性), 추성(趨性) 〔외부로부터의 자극에 대한 정향적(定向的) 운동〕. 3 〔외과〕〔접가하지 않고 하는 탈장 따위의〕정복술(整復術). 4 〔고대 그리스의〕대대(大隊). 5 〔동물〕분류(법). 6 〔건축〕배열.
-taxis arrangement, order 의 뜻의 연결형. 예: para-*taxis*.
táxi squád *n.* 〔美〕연습 상대용으로 고용된 축구 선수 [단].
táxi stánd *n.* 택시 승차장.
táxi stríp *n.* =taxiway.
tax·i·way [tǽksiwèi] *n.* 〔항공〕〔비행장의〕유도로(誘導路).
tax·less [tǽkslis] *adj.* =tax-free.
táx lévy *n.* 과세, 세징수.
tax·on [tǽksɑn / -sɔn] *n.* (*pl.* **tax·a** [tǽksə]) 〔생물〕분류군(分類群).
tax·o·nom·ic [tæ̀ksənɑ́mik / -nɔ́m-], (**tax·o·nom·i·cal** [-ik(ə)l]) *adj.* 분류의, 분류학의.
-i·cal·ly [-ikəli] *adv.*
tax·on·o·mist [tæksɑ́nəmist / -sɔ́n-] *n.* 분류학자.
tax·on·o·my [tæksɑ́nəmi / -sɔ́n-] *n.* ⓤ 1 분류〔법〕.

2 분류학.
tax·pay·er [tǽkspèi(i)ər] n. 납세자, 과세 대상자.
táx ràte n. 세율, 과세율.
táx retùrn n. 납세 신고.
táx rèvenue n. 세수[입].
táx revólt n. 〖美〗 [조세 저항에 의한] 납세자 반란.
táx sàle n. 세금 체납 처분 공매.
táx shélter n. 탈세를 위한 위장.
táx stàmp n. 징세 검인, 납세필 증지(證紙).
taz·za [táːtsɑː] n. (pl. -zas or It -ze[-tse]) 높은 굽이 달린 접시. [<It]
Tb (화학) terbium 의 원자 기호.   [pedo boat.
TB, T.B. (略) tubercle bacillus; tuberculosis; tor
t.b. (略) trial balance; tubercle bacillus; tuberculosis.
T-band·age [tíːbændidʒ] n. T자형 붕대, T자대(帶).
T-bar [tíːbàːr] n. T 바 [스키에 탄 채 끌어 올리는 케이블] (T-bar lift).
T.B.D. (略) torpedo boat destroyer.
Tbi·li·si [tbilísi] n. Tiflis 의 정식 명칭.
T-bòne stéak [tíːbòun-] n. UC 티본 스테이크.
TBS (略) Turner Broadcasting System[CNN 의 모회사].
tbs., tbsp. (略) tablespoon[s].
Tc (화학) technetium 의 원자 기호.
TC (略) Trustee Council [of the United Nations] (유엔 신탁 통치 이사회).
T.C. (略) Tank Corps; temporary constable; Town Council; Town Councilor; traveler's check; total communication(청각 장애자를 위한 종합 전달법).
T.C.B. (略) (구어) (just) taking care of business (해야 할 일을 하여, 여전히).
TCBM (略) transcontinental ballistic missile.
T.C.D. (略) Trinity College, Dublin.
TCDD (略) tetrachlorodibenzo-p-dioxin(고엽제 (枯葉劑) (제초제에 들어있는 발암성 디옥신).
tchick [tʃik] interj. 쩌쩌, 쯔쯔 (말을 몰 때 혀차는 소리). ── vi. 쩌쩌 (쯔쯔) 혀를 차다.
TCP/IP (略) (컴퓨터) transmission control protocol / intent protocol (컴퓨터 통신망에 접속하기 위한 표준 통신 규약).
TD (略) tank destroyer; touchdown[s].
T.D. (略) Telegraph (Telephone) Department; Treasury Department.
TDB (略) [UN] Trade and Development Board.
TDE (略) (상업) telephone data entry(전화를 이용한 데이터 입력).
TDMA (略) (컴퓨터) time division multiple access (시(時)분할 다중(多重) 액세스).
TDRS (略) (우주) tracking and data relay satellite (추적 데이터 중계 위성).
TDY (略) temporary duty.
te [tei] n. (음악) 음계의 일곱째 음(ti).
Te (화학) tellurium 의 원자 기호.
‡tea [tiː] n. 1 차나무(tea plant); U 찻잎 사귀, [가공한] 차; U black (green) tea 홍(녹)차 / coarse tea 엽차 / Ceylon tea 실론 차 / pick (or gather) tea 찻잎을 뜯다(따다). 2 UC (음료로서의) 차, 티; (특히) 홍차. ¶ a cup of tea 차 한 잔 / cold (hot) tea 냉차; (속어) 술 / early tea 조반 전의 차 / strong (weak) tea 진한 (연한) 차 / make tea 차를 끓이다 / serve (or offer) tea 차를 내다(대접하다). 3 U [차 비슷한] 달여낸 즙. ¶ beef tea 쇠고기 수프. 4 UC (英) (오후의) 차, 티 (* 영국 및 유럽 대륙의 풍습으로서 점심과 저녁 사이, 보통 오후 5시경에 먹는 가벼운 식사. afternoon tea 또는 five o'clock tea 라고도 한다. 저녁이 dinner 가 아니라 가벼운 supper 가 되는 경우에는, 그는 육요리를 먹는 high tea 또는 meat tea 가 되는 것이 보통이). [차·커피 따위가 나오는] 오후의 초대. 5 (속어) =marijuana.
one's cup of tea ⇒ CUP OF TEA 2.
── vi. 차를 마시다; 티를 들다; 가벼운 식사를 하다.

── vt. …에게 차를 내다(대접하다).
téa bàg n. [1 인분의 차를 넣은] 티백.
téa bàll n. 티볼, 차 거르는 그릇(구).
téa bíscuit n. 차 마실 때 내는 쿠키.
téa bòard n. 찻 쟁반.
téa brèak n. (주로 英) 차 마시는 시간, 휴게 시간, 티 브레이크. cf. coffee break
téa càddy n. (英) 차통, 차항아리, 차관 (茶罐).
tea·cake [tíːkèik] n. 차 마실 때 먹는 가벼운 과자(케이크).
tea·cart [-kàːrt] n. = tea wagon.   [이크.
téa cèremony n. 다도(茶道).
‡teach [tiːtʃ] v. (taught, teach·ing) vt. 1 (남에) (학과를) 가르치다, …을 교수하다. ¶ teach a large class 큰 학급을 가르치다 / teach school (美) 학교에서 가르치다, 선생 노릇을 하다 // (~+图) (~+图+图 +图) teach a person English; teach English to a person 남에게 영어를 가르치다 / teach oneself German 독일어를 독학하다 // (~+图+that 節) I was taught that two sides of a triangle are greater than the third. 나는 3 각형의 두 변은 다른 한 변보다 크다고 배웠다.
2 …에게 교습하다; …을 훈련하다, 길들이다. ¶ (~+ 图+to do) teach a dog to beg 개에게 뒷발로 서는 것을 가르치다 / teach children to be honest 아이들에게 정직해야 한다고 가르치다 // (~+图+wh. to do) teach a person how to drive a car 남에게 자동차 운전을 가르치다.
3 [경험·사실 따위가] …을 가르치다, 깨닫게 하다. ¶ (~+图+图) The sufferings taught them the worth of liberty. 그 고난이 그들에게 자유의 가치를 깨닫게 했다 // (~+图+to do) This will teach you to speak the truth. (벌을 주고) 이것으로 너 거짓말을 해서는 안된다는 것을 알겠지 // (~+图+that 節) Experience teaches us that our powers are limited. 경험이 우리의 힘에는 한계가 있다는 것을 깨닫게 해준다.
類語 **teach** 「가르치다」라는 뜻의 가장 일반적인 말: teach English 영어를 가르치다. **instruct** 필요한 지식·기술을 계통적인 방법으로 가르치다: instruct a person in Nepalese 남에게 네팔어를 가르치다. **educate** teach 또는 instruct 함으로써 남의 잠재적 능력·특질을 끌어내다: educate future doctors 미래의 의사를 교육하다. **train** 특정한 작업·일 따위에 적합하도록 훈련하다; 도달해야 할 목표가 뚜렷한 것이 보통: train astronauts 우주 비행사를 훈련하다.
4 (구어) [협박적으로] …을 뼈저리게 느끼게 해주다, …을 혼내 주다. ¶ (~+图+图) teach a person manners (or a lesson) 남에게 따끔한 맛을 보이다 // (~+ 图+to do) I will teach you to tell a lie. 거짓말하면 혼내줄 거야.
── vi. 가르치다, 교수하다; 교사(선생) 노릇을 하다.
teach the young idea how to shoot (익살) 젊은이의 마음의 싹을 트게 하다, 단련시키다.
── n. (속어) 선생, 훈장(teacher).

teach·a·bil·i·ty [tíːtʃəbíləti] n. U 가르치기 쉬움; 교육하기 쉬움.
teach·a·ble [tíːtʃəbl] adj. 1 (학과가) 가르치기 쉬운, 가르칠 수 있는. 2 (사람이) 가르침을 잘 받는, 순한(docile). **~ness** n. **-bly** adv.
‡teach·er [tíːtʃər] n. 1 교사, 선생, 가르치는 사람 (instructor) (* 특히 (英)의 초등 교육에서는 여교사가 많으므로 she로 받는 일이 많다). ¶ a teacher of English; an English teacher 영어 교사 / be one's own teacher 독학하다.
téacher búrnout n. (美) 교사 피로 현상 [학생들의 악행으로 교사가 학교를 쉬거나 그만 두는 현상].
téachers còllege n. (보통 4년제의) 사범 대학.
teach·er·ship [tíːtʃərʃip] n. U 교직, 교사로서의 신분(지위).
téa chèst n. 차 통, 차 상자.
teach-in [tíːtʃìn] n. 티치인 (대학에서 학생이 중심이 되어 하는 정치·사회 문제 등의 토론 집회); 토론회.

teach·ing [tíːtʃiŋ] *n.* ⓤ **1** 가르치기, 교육, 수업. **2** 가르침을 받기, 교육 내용. **3** (종종 ~s) 가르침, 교훈, 교리(敎理). ¶ the *teachings* of Confucius 공자의 가르침.
téaching áid *n.* 교육 보조 기재. [르침.
téaching féllow(assístant) *n.* 조교(助敎)〔대학원생으로서 수업을 보좌하고 학비 면제를 받는다〕.
téaching féllowship *n.* 대학원 장학금〔제도〕〔연구(실험) 조교 근무의 대가로 공급금을 면제함〕.
téaching hóspital *n.* 의과대학 부속 병원.
téaching machíne *n.* 학습기(學習器), 프로그램 학습기.
teach·ware [tíːtʃwɛər] *n.* 시청각 교재. [주.
téa clòth *n.* **1** 식탁보 (table cloth). **2** 찻잔용 행주.
téa còzy *n.* 찻병덮개〔차가 식지않도록하는 솜주머니〕.
tea·cup [tíːkʌp] *n.* **1** 홍차용 찻잔. **2** =teacupful.
tea·cup·ful [tíːkʌpfùl] *n.* 찻잔 한 잔 (의 양). [ful.
téa dánce *n.* 차를 대접하는 오후의 무도회.
téa fíght *n.* 《구어》 =tea party 1.
téa gárden *n.* **1** 차나무 밭. **2** 차 마시는 정원.
téa gówn *n.* [여성의] 다회복(茶會服).
Teague [tiːg] *n.* (경멸적) 아일랜드 사람. [찻집.
tea·house [tíːhàus] *n.* (*pl.* **-hous·es** -hàuziz) 다방,
teak [tiːk] *n.* 티크나무; ⓤ 티크 재목〔조선・가구용〕.
tea·ket·tle [tíːkètl] *n.* 주전자, 차탕관(茶湯罐).
teak·wood [tíːkwùd] *n.* ⓤ 티크 재목.
teal [tiːl] *n.* (*pl.* **teals** *or* **teal**) 물오리, **2** ⓤ 암록색을 띤 청색 (teal blue). **3** [tíːl 항공 [회사]].
TEAL (略) *T*asman *E*mpire *A*ir *L*ines〔뉴질랜드의 타
tea-leaf [tíːlìːf] *n.* (*pl.* **-leaves** [-lìːvz]) **1** 차 잎사귀. **2** (-leaves) 차 찌꺼기. **3** 《주로 英속어》도둑 (thief).
‡team [tiːm] *n.* **1** [경기 따위의] 팀, 한쪽 패, 조(組). ¶ a baseball *team* 야구 팀 / a team race 단체 경주. **2** 한 동아리의 직공. **3** [수레 따위에 맨] 한 떼의 소〔말 따위〕. — *vt.* **1** [소・말 따위]를 수레에 매다; …을 한 떼의 말(소)로 나르다(끌다). **2** [일]을 하청업자에게 내주다. — *vi.* **1** 한 떼의 말(소)를 몰다. **2** 한 패가 되다, 협력(협동) 하다 (up).
téam fóul *n.* 《스포츠》 팀 파울〔농구에서 개인의 파울을 합계한 팀 전체의 파울수〕.
team·mate [tíːmmèit] *n.* 같은 팀의 사람 (동료).
téam pláy *n.* 팀 플레이〔팀의 구성원 전원이 일체가 되어 행하는 플레이; 공동 동작; 협력〕.
téam spírit *n.* **1** 단체 정신, 팀동 정신. **2** (군사) (the T・S) 팀 스피리트〔연 1회 실시되는 한・미 합동 군사 기동 훈련의 하나〕.
team·ster [tíːmstər] *n.* **1** 짐을 나르는 소・말・개 따위의) 부리는 사람. **2** 수송 트럭 운전사.
téam téaching *n.* ⓤ 팀 교수〔두 명 이상이 협동하여 가르치는 교수법〕. [업.
team·work [tíːmwəːrk] *n.* ⓤ 팀워크, 협력, 공동 작
téa párty *n.* **1** [오후의] 다회(茶會), 다과회. **2** 《美》 분쟁〔행위〕. ¶ ➪ BOSTON TEA PARTY.
téa plánt *n.* 차나무〔어린 잎을 차로 사용한다〕.
tea·pot [tíːpàt / -pɔ̀t] *n.* 찻병, 茶주전자.
tea·poy [tíːpɔi] *n.* 차탁자, [삼각의] 작은 탁자.
‡tear[1] [tiər] *n.* **1** (보통 ~s) 눈물. ¶ *tears* of joy 기쁨의 눈물 / bring *tears* to one's eyes 눈물이 글썽글썽해지다 / burst (or break) into *tears* 울음을 터뜨리다 / draw *tears* from a person 남에게 눈물을 흘리게 하다 / dry (or wipe away) one's *tears* 눈물을 닦다 / keep back one's *tears* 눈물을 참다 / shed *tears* 눈물을 흘리다 / *Tear* is a product of the salty fluid. 눈물은 염분을 함유한 미량의 액체이다 / *Tears* gathered in her eyes. 그녀의 눈에 눈물이 고였다 / *Tears* ran down her cheeks. 눈물이 그녀의 뺨을 흘러내렸다 / *Tears* stood in her eyes. 그녀의 눈에 눈물이 글썽거렸다 / I found her in *tears*. 보니까 그녀는 울고 있었다. **2** 눈물 방울 비슷한 것, ¶ *tears* of strong wine 독한 술을 빤 컵 안쪽에 생기는 눈물방울. **3** (~s) 슬픔, 비탄

(sorrow, grief). — *vi.* [눈이] 눈물을 머금다; 눈물을 흘리다.
◇ **téarful**, **téary** *adj.*

‡tear[2] [tɛər] *v.* (**tore, torn, tear·ing**) *vt.* **1** …을 찢다, 째다, 뜯어내다. ¶ (~+圖+前+圖) *tear* a letter *in* (or *to*) pieces 편지를 갈가리 찢다 / *tear* a thing *in* two 물건을 둘로 찢다 / (~+圖+圖) *tear* a letter open 편지 봉투를 뜯다 // (~+圖+圖) *tear up* a letter 편지를 찢다.
類語 *tear* 「찢다」라는 뜻의 가장 일반적인 말; 찢은 데가 들쭉날쭉하고 불규칙한 것이 보통: *tear* a piece of paper 종이를 찢다. **rend** 매우 큰 힘으로 tear 하다: *rend* one's clothes in great pain 너무 아픈 나머지 옷을 갈가리 찢다. **rip** 슬기・선 따위를 따라 억지로 찢다: *rip* a sleeve out of a shirt 샤츠의 소매를 잡아떼다. **split** 세로로 또는 나뭇결 따위를 따라 가늘고 길게 직선으로 쪼개다: *split* a log 통나무를 쪼개다. **cleave** 한 번 세게 쳐서 쪼개거나 쪼갠 것처럼 벌리다: *cleave* an enemy's head 적의 머리를 쳐서 쪼개다. **rive** split 의 문어.
2 …을 할퀴다, 쥐어뜯다. ¶ *tear* one's hair [절망・슬픔・노여움 따위로] 머리를 쥐어뜯다
3 …을 잡아뜯다, 떼어내다, 낚아채다, 무리하게 [억지로] 떼어내다 (pluck). ¶ (~+圖+圖+圖) *tear down* a placard 뻐라를 잡아떼다 / *tear off* a cover 커버를 잡아 뜯다 / She *tore* herself away from the scene. 그녀는 그 장소로부터 몸을 뿌리쳐 달아났다 // (~+圖+前+圖) *tear* a page *from* a book 책장을 한장 뜯어내다 / *tear* a baby *from* its mother's arm 어머니의 품에서 젖먹이를 낚아채다.
4 …에 찢긴 자국을 내다, 찢어서 (구멍 따위)를 내다 (만들다). ¶ (~+圖+前+圖) The nail *tore* a hole in her new dress. 그녀의 새 옷은 못에 찢겨 구멍이 났다.
5 찢어서 …에 상처를 내다. ¶ (~+圖+前+圖) He *tore* his hands *on* barbed wire. 그의 손이 철조망에 찢
6 [보통 수동형으로] [나라・당 등]을 분열시키다; [마음]을 어지럽히다, 괴롭히다, 슬프게하다, 아프게 하다. ¶ a country *torn* by factions 당파로 분열된 나라 / Her heart was *torn* with grief. 그녀의 가슴은 슬픔으로 찢어질 듯 했다.
— *vi.* **1** 찢어지다, 째지다. ¶ Paper *tears* easily. 종이는 쉽게 찢어진다. **2** 날뛰다, 돌진하다, 질주하다. ¶ (~+圖) *tear about* 날뛰다 / *tear round* 떠들며 다니다 / *tear away* (or *off*) 쏜살같이 달려가다 // (~+圖+圖) He came *tearing* along the street. 그는 거리를 쏜살같이 달려왔다.
tear at …을 찢으려고 하다, 쥐어뜯다. ¶ *tear at* one's hair(heart) 머리[마음]을 쥐어뜯다.
tear down ① …을 부수다, 파괴하다 (demolish). ② …을 떼어내다 (dismantle). ③ …을 나쁘게 말하다, 비방하다 (disparage).
tear into 《구어》 ① …에 대들다. ¶ She *tore into* him for his ridiculing her. 그녀는 그가 자기를 놀렸다고 해서 대들었다. ② …을 세차게 〔맹렬히〕 공격하다 (먹다).
tear it 《주로 英속어》 기회를 망치다.
tear up ① 찢다, ② 뿌리채 뽑다, 파혜치다. ③ [계약 따위]를 파기하다. ④ [속의] 마음을 괴롭히다.
— *n.* **1** 찢기, 쥐어뜯기; 찢진 틈, 터진 자리. **2** 미쳐 날뛰기; 돌진 (rush); 격분 (rage). **3** 《美속어》 야단 법석. ¶ *go* (or *be*) on a *tear* 야단법석을 떨다.
tear·a·way [tɛ́ərəwèi] *n.* 《英속어》 건달.
téar bómb [tíər-] *n.* 최루탄 (tear shell).
tear-down [tɛ́ərdàun] *n.* 분해, 해체.
tear·drop [tíərdràp / -drɔ̀p] *n.* 눈물, 눈물 방울; 눈물 모양의 것. **2** 유리 속의 기포(氣泡), 귀걸이 끝의 장식.
*tear·ful [tíərfəl] *adj.* **1** 눈물어린, 눈물젖은. **2** [이

tear gas 야기 따위가] 눈물을 자아내는, 슬픈(sad). ~**ly** [-fəli] *adv.* ~**ness** *n.*
téar gās [tíər-] *n.* ⓤ 최루 가스.
tear-gas [tíərgæ̀s] *vt.* (**-gassed, -gas·sing**) …을 최루 가스로 공격하다(진압하다).
tear·ing [tɛ́(:)riŋ / tέəriŋ] *adj.* **1** 잡아 찢는; 마음을 쥐어 뜯는 듯한. **2** 돌진하는; 맹렬한, 격렬한.
tear-jerk·er [tíərdʒə̀:rkər] *n.*《구어》[영화·연극·소설 따위의] 신파조 작품, 몹시 감상적인(슬픈) 이야기.
tear·less [tíərlis] *adj.* 눈물을 흘리지 않는, 울지 않는; 눈물도 나지 않는, 울 수 없는. ~**ly** *adv.* ~**ness** *n.*
tear-off [tɛ́ərɔ̀:f /-ɔ̀f] *adj.* [절취선을 따라] 떼어낼(뜯어) 있는(detachable). ¶ a *tear-off* coupon 떼어쓰게 된
tea·room [tí:rù(:)m] *n.* 다방, 다실.   [쿠폰.
téa ròse *n.*［원예］월계화라 부 향기가 나는 중국 원산의 장미의 일종, [잠지 따위의] 오려낸 페이지.
téar shèet [tέər-] *n.*［광고주에게 보내기 위한 책·
téar shèll [tíər-] *n.* =tear bomb.   [짓은.
tear-stained [tíərstèind] *adj.* 눈물로 얼룩진, 눈물에
téar strìp [tέər-] *n.* 담뱃갑 따위의 포장을 뜯기 쉽도록 둘러진 가는 띠.   [키.
téar-strìp kèy [tέərstrìp-] *n.*［통조림 통의］개봉
téar tàpe *n.*［포장한 골판지 상자를 열기 쉽게 붙여 둔］개봉 테이프.
téar-tàpe pàckaging [tέərtèip-] *n.* 개봉 테이프식 포장.
tear·y [tí(:)ri /tíəri] *adj.* (**tear·i·er, tear·i·est**) **1** 눈물의(같은). **2** 우는, 눈물 어린(tearful).
‡tease [ti:z] *v.* (**teased, teas·ing**) *vt.* **1** …을 계속 집적거리다, 괴롭히다, 애를 먹이다, ¶ BOTHER[類語]. 을 놀리다, 희롱하다. ¶ *tease* a girl 소녀를 못살게 굴다 // (~+囹+嗣+囹) *tease* a person *about* his defect 남의 결점을 놀려대다. **2** …을 졸라대다, 귀찮게 재촉하다 (… *for*), ¶ (~+囹+嗣+囹) *tease* a person *for* a thing 남에게 물건을 달라고 졸라대다 // (~+囹+*to* do) The child *teased* his mother to buy him a bicycle. 아이는 어머니에게 자전거를 사달라고 졸라댔다. **3**《양털·삼 따위)를 빗다,［현미경으로 보기 위해］가늘게 찢다,《나사(羅紗) 따위)의 보풀을 세우다,［머리칼]을 곤두세우다. ── *vi.* 계속 집적거리다, 노리다; 끈질기게 조르다 (*for*…), ¶ (~+囹+囹) *tease for* candy 캔디를 달라고 조르다. ── *n.* **1** 집적거림[을 당하기], **2** 조르기; 괴롭힘. **3** 못살게 구는 사람, 괴롭히는 사람, 성가신 사람. **4** [영화, TV쇼 따위의] 선전용] 예고편.
tea·sel [tí:zl], (**teazel, teazle**) *n.* **1** 산토리꽃［영경 퀴류］; 그 건조된 열매(花萼)［모직물의 보풀을 세우는 데 쓴다］. **2**［일반적으로］보풀을 세우는 기계. ── *vt.* (**-seled, -sel·ing**)(특히 英)(**-selled, -sel·ling**) [보풀 세우는 기계로] …에 보풀을 세우다.
teas·er [tí:zər] *n.* **1** 괴롭히는 사람, 놀리는 사람, 성가시게 조르는 사람; 계속 못살게 구는 사람(것). **2** 골칫거리, 문제거리, 난문. **3**［양털 따위의］소모공(梳毛工), 소모기(機). **4** =stripteaser. **5** =tease 4. **6** 티저광고［보너스나 경품 따위로 고객을 유혹하는 광고].
téa sèrvice(sèt) *n.* 차 도구［한 벌］, 차그릇 한 벌.
téa shòp *n.* 다방, **2**《英》간이 식당.   [신.
teas·ing [tí:ziŋ] *adj.* 집적거리는, 못살게 구는, 성가
teas·ing·ly [tí:ziŋli] *adv.* 성가시게, 집요하게.
‡tea·spoon [tí:spù:n] *n.* **1** 찻술 가락. **2** =teaspoonful.   [량].
tea·spoon·ful [tí:spú:nfùl] *n.* 찻술가락 가득한 분
teat [ti:t, +美 tit] *n.* 젖꼭지, 유두(乳頭); 젖꼭지 모양의 것, 젖병의 고무 젖꼭지.
téa tàble *n.* 차상(茶床), 차 탁자.   [는.
teat·ed [tí:tid, +美 tít-] *adj.* 젖꼭지[모양의]가 있
tea-things [tí:θìŋz] *n. pl.* 다기(茶器), 차 도구.
tea-time [tí:tàim] *n.* ⓤ (오후의) 차 시간, 간식 시간.
téa tòwel *n.*［접시나 식기를 닦는］행주(dish towel)
téa tràv *n.* 차 소반 (쟁반).
téa trólley *n.*《英》=teacart.

téa ùrn *n.* 찻주전자, 차 탕관.
téa wàgon (《英》**wàggon**) *n.* 티왜건［차 도구를 나르는 바퀴 달린 작은 탁자](teacart).
tea·zle [tí:zl] *n., vt.* (**-zled, -zling**) =teasel.
tec [tek] *n.*《속어》형사, 탐정(detective); 탐정 소설.
tech [tek] *n.*《구어》공업 학교, 공과 대학.
tech. (略) technical; technology.
tech·ie, tek·kie [tέki] *n.*《美구어》전자 전문가, 컴퓨터 광(狂); 공과대학생; 무대 기사.
tech·ne·ti·um [tekní:ʃ(i)əm] *n.* ⓤ [화학] 테크네튬 [처음 인공적으로 만들어진 금속 원소; 원자 기호 Tc].
tech·ne·tron·ic [tèknitránik /-trɔ́n-] *adj.* 전자 기술의; 정보화된［시대]의. (<TECHN[OLOGY]+E[LEC]TRONIC)
*****tech·nic** [tέknik →1] *n.* **1** [+tekní:k] =technique. **2** =technicality. **3** (~s) (단·복수 양용) 공학, 공예 [학], 과학 기술. **4** =technical.
‡tech·ni·cal [tέknik(ə)l] *adj.* **1** 기술적인, 과학 기술의, 기예（技藝）[상]의. ¶ a *technical* adviser 기술 고문. **2** 전문의, 특수의; 전문어를 쓰는. ¶ a *technical* book 전문 서적 / a *technical* term 전문 용어, 술어. **3** [사람이 기술 방면에] 정통한, 숙달된(skilled). **4** 공업의, 공예의. ¶ a *technical* school 공업 학교. **5**［경제]의 [시세 따위가] 인위적인. **6** 법률적으로 성립되는; 절차상의; 형식적인. **7** 엄밀한, 규정에 맞는; 판정에 의한.
◇ techníque, technicálity *n.*
téchnical cóllege *n.*［실업］전문 학교.
téchnical fóul *n.* 테크니컬 파울［농구 따위에서 상대편 선수와의 신체적 접촉에 의하지 않은 파울].
tech·ni·cal·i·ty [tèknikǽliti] *n.* (*pl.* **-ties**) **1** ⓤ 학술（전문）적임; 전문적인 성질. **2** 학술（전문)적인 사항 (방법). **3** 학술어, 전문어. **4** 절차상의 문제; 형식.
tech·ni·cal·ize [tέknikəlàiz] *vt.* 전문화 하다.
téchnical knóckòut *n.*［권투］테크니컬 녹아웃 （略 TKO）.   [문적으로. **3** 술어를 써서[말하면].
*****tech·ni·cal·ly** [tέknikəli] *adv.* **1** 기술적으로. **2** 전
téchnical sérgeant *n.*《美공군》중사;《美육군》[옛날의] 중사［현재의 sergeant first class].
*****tech·ni·cian** [tekníʃ(ə)n] *n.* **1** 전문가, 기술자. **2**［음악·회화 따위의] 기교가（技巧家). **3**《美军》[옛날의] 기술 하사관［현재는 specialist라 한다].
tech·ni·cism [tέknisìz(ə)m] *n.* 기술 만능 주의, 테크놀로지 지상주의; 기술 편중.
tech·ni·cist [tέknisist] *n.* =technician.
Tech·ni·col·or [tέknikʌ̀lər] *n.*［상표명］테크니컬러［천연색 영화법의 하나];《비유적》화려한(야한) 색깔.
Tech·ni·col·ored [tέknikʌ̀lərd] *adj.* **1** 테크니컬러 [영화]의. **2** 야한.
tech·ni·con [tέknikàn /-kɔ̀n] *n.* 피아노·풍금의]손가락 연습기［소리 안나는 건반].   [공업 학교.
tech·ni·cum, -kum [tέknikəm] *n.*［특히 소련의]
tech·ni·fy [tέknifài] *vt., vi.* 고도로 기술화하다, 기술 혁신하다, 기술적으로 세분화하다.
‡tech·nique [tekní:k] *n.* **1** ⓤ［예술이나 운동상의]기술, 기교, 기법. **2** ⓤ［예술 작품의] 수법, 기법, 화법, [음악의] 연주법. **3** ⓤ [과학 따위 전문 분야의] 기술. **4** ⓤ《구어》솜씨, 역량.
◇ téchnical *adj.* (<F technic)
tech·no [tέknou] *n.* 테크노 [음악] (의) [신시사이저 따위의 하이테크를 이용한 댄스 뮤직].
techno- art, skill 의 뜻의 연결형. 예: *techno*logy.
tech·no·cen·tered [tέknəsèntərd] *adj.* 과학 기술 중심주의의.
tech·noc·ra·cy [teknákrəsi /-nɔ́k-] *n.* ⓤⓒ (*pl.* **-cies**) 기술자 지배; 기술주의［사회], 테크노크라시[전문 기술자에게 경제와 정부, 사회 조직의 운용을 맡기자고 하는 학설].
tech·no·crat [tέknəkræ̀t] *n.* **1** 테크노크라시 주창자. **2** 전문가（기술자, 과학자) 출신 관리자 (고급 관료).
tech·no·crat·ic [tèknəkrǽtik] *adj.* 테크노크라시의.

tech·no-glob·al·ism [tèknəglóub(ə)lìz(ə)m] *n.* ⓤ 테크노글로벌리즘, 기술 범(汎)세계주의.

tech·nog·ra·phy [teknágrəfi / -nɔ́g-] *n.* ⓤ 기술사 (史), 과학사, 써우species.

technol. (略) technology. [logical.

tech·no·log·ic [tèknəládʒik / -lɔ́dʒ-] *adj.* =techno-

*****tech·no·log·i·cal** [tèknəládʒikəl / -lɔ́dʒ-] *adj.* **1** 공예[학]의. **2** 〖과학〗 기술[상]의; [생산 방법의] 기술적인 진보에 의한. ~·ly [-kəli] *adv.*

technológical innovátion *n.* ⓤⓒ 기술 혁신.

*****tech·nol·o·gist** [teknálədʒist / -nɔ́l-] *n.* 과학 기술자; 공학자; 공예학자.

tech·nol·o·gize [teknálədʒàiz / -nɔ́l-] *vt.* …을 기술 혁신하다. ¶ *technologized* society 기술(공업)화 사회.

*****tech·nol·o·gy** [teknálədʒi / -nɔ́l-] *n.* **1** ⓤ 과학 기술, 테크놀로지, 공업 기술[학]. **2** ⓒ 공예[학]. **3** 응용 과학. **4** 〖과학 기술의〗전문어, 술어.
◇ technológical *adj.*

technólogy assèssment *n.* ⓤ 테크놀로지 어세스먼트[과학 기술 개발의 사전 평가].

Technólogy Róund *n.* 기술 라운드[기술 침해 문제 등을 주제로 하는 다국간 무역 교섭; Uruguay Round 를 본따서 만든 말; 略 TR]. [조.

technólogy tránsfer *n.* 기술 이전(도입), 기술 이

tech·no·ma·ni·a [tèknəméiniə] *n.* ⓤ 기술 편중주의.

tech·no·na·tion·al·ism [tèkno(u)nǽʃ(ə)nəlìz(ə)m] *n.* ⓤ 테크노내셔널리즘, 기술 민족주의. [포증.

tech·no·pho·bi·a [tèknəfóubiə] *n.* ⓤ 지나친 기술 공

tech·nop·o·lis [teknápəlis / -nɔ́p-] *n.* ⓤ 테크노폴리스 [기술 사회].

tech·no·pol·i·tan [tèknəpálət(ə)n / -pɔ́li-] *adj.* 기술 사회의.

tech·no-pop [téknəpàp / -pɔ̀p] *n.* (때로 T-) 〖음악〗 테크노팝 [synthesizer 에 의한 전자음을 기조로한 팝록 (pop rock) 음악].

tech·no·punk [téknəpʌ̀ŋk] *n.* =cyberpunk.

tech·no·stress [tékno (u) strés] *n.* 테크노스트레스 [컴퓨터 업무 종사자들이 느끼는 우울, 불안, 초조감].

tech·no·struc·ture [tékno(u)strʌ̀ktʃər] *n.* 기술자 중심의 대감독 기업 조직; 그것을 운영하는 기술자 계급.

tech·no·thrill·er [tékno(u)θrìlər] *n.* 하이테크 추리 소설 [항공기, 첨단 무기 체계 따위 첨단 기술 관련이 주종을 이룸].

tech·scam [tékskæ̀m] *n.* 특히 첨단 기술·정보 따위를 불법 입수하려는 스파이 행위를 적발하기 위한 함정 수사. ¶ a *techscam* scandal 산업 스파이 사건.
[<TECH[NOLOGY]+SCAM]

tech·y [tétʃi] *adj.* (**tech·i·er, tech·i·est**) =tetchy.[학.

tec·tol·o·gy [tektálədʒi / -tɔ́l-] *n.* ⓤ 〖생물〗 조직 형태

tec·ton·ic [tektánik / -tɔ́n-] *adj.* **1** 건축의, 축조(築造)의, 구조(構造)의. **2** 〖지질〗 지각 구조상의. ¶ a *tectonic* earthquake 구조 지진 / a *tectonic* lake 구조호 (湖).

tec·ton·ics [tektániks / -tɔ́n-] *n. pl.* 《단수 취급》 **1** 구조학, 축조학. **2** 구조 지질학(structural geology).

tec·to·ri·al [tektɔ́:riəl / -tɔ́:r-] *adj.* 덮고 있는, 덮개가 되는, 뚜껑의 되는.

ted [ted] *vt.* (**ted·ded, ted·ding**) (벤 풀)을 말리기 위해 널다, 펴서 말리다.

Ted [ted] *n.* (종종 t-) 《英구어》 =Teddy boy.

ted·der [tédər] *n.* 건초를 너는 사람; 건초기.

ted·dy [tédi] *n. pl.* (**-dies**) ··· (종종 -ies) 테디 [슈미즈와 헐렁한 팬티로 된 여성용 내의]. ✳ envelope chemise 라고도 하여.

téddy bèar *n.* 특히 봉제의 장난감 곰. 〖사냥을 할 때 새끼 곰을 살려주었다는 미국 대통령 Theodore Roosevelt 의 애칭 Teddy 에서〗

Téddy bòy(gìrl) *n.* (종종 t-) 《구어》 [Edward 7세 시대풍의 복장으로 빈둥빈둥 놀며 지내던 1950년대 영국의] 반항적인 청소년.

Te Dé·um [tí: díːəm / -díː(ː)əm] *n.* 《라틴》 (=you God) 테 데움, 찬송가 [감사 예배에서 많이 불리는 찬가].

tte·di·ous [tíːdiəs, -dʒəs / -djəs, -diəs] *adj.* 지루한, 따분한, 장황한. ¶ a *tedious* discourse 지루한 이야기, 답답하게 긴 연설.
〖類語〗**tedious** 단조·장황·느릿느릿해서 지루함: a *tedious* talk 장황하고 지루한 이야기. **tiresome** 마음을 즐겁게 해주는 활기가 없어 답답하고 지겨워지는: a *tiresome* job 지루하고 피곤한 일. **wearisome** 긴 시간 또는 끊임없이 노력·주의를 해야 해서 피곤하거나 견딜 수 없는: *wearisome* daily routine 판에 박힌 지루한 일. **irksome** 재미가 없는데도 노력을 해야 하기 때문에 싫증이 나는: an *irksome* mathematics class 어렵고 따분한 수학 시간. **boring** 위의 어떤 말보다도 강하게 답답하고 짜증만 나는 기분을 암시하는 말: a *boring* story 지루하여 견딜 수 없는 이야기.
~·ly *adv.* ~·ness *n.* ◇ tédium *n.*

te·di·um [tíːdiəm, -djəm] *n.* ⓤ 지루함, 싫증남, 답답함, 단조, 권태.

tee¹ [tiː] *n.* **1** T(t)자. **2** T자형의 물건; T자관(管); T자 철물. **3** 〖고리 던지기 놀이의〗 목표, 표적.
to a tee 정확하게, 엄밀히.

tee² [tiː] *n.* **1** 〖골프〗 티 [첫 타구때 공을 얹어 놓고 치는 자리]. **2** 〖미식 축구〗 티[kick off, place kick 때 볼을 올려 놓는 받침대]. — *v.* (**teed, tee·ing**) *vt.* **1** 〖골프〗 (공)을 티 위에 놓다 (…*up*). **2** …을 준비하다 (…*up*). — *vi.* 제 1구를 치다; 시작하다.

tee off 〖골프〗 (공)을 티에서 치다. ② (속어) 몹시 나무라다(scold). ③ 《속어》 …을 시작하다. ④ 《수동형으로》…을 짜증나게 하다. ¶ He was *teed off* because she was late in coming. 그는 그녀가 오는 것이 늦어서 짜증이 났다. [양의 장식.

tee³ [tiː] *n.* [사원의 탑 따위에 따라에 씌우는] 우산 모
TEE (略) *Trans Europe Express* (유럽 횡단 특급).

tee-hee [tíːhíː] *interj., n., vi.* (**-heed, -hee·ing**) 킬킬 〖웃다(웃음).〗

tée·ing gróund [tíːiŋ-] *n.* 〖골프〗 티잉 그라운드 [초구(初球)를 치는 지역].

*****teem¹** [tiːm] *vi.* **1** 충만하다, 풍부히 있다, 많이 있다 (abound). ¶ (~+前+图) The river *teems* with trout. =Trout *teem* in the river. 그 강에는 송어가 많다. **2** 《폐어》 아이를 낳다, 열매를 맺다, 임신하다. — *vt.* 《폐어》 …을 낳다(가져오다), (아이)를 낳다.

teem² [tiːm] *vt.* (안에 든 것)을 비우다. — *vi.* [비 따위가] 쏟아지다, 세차게 퍼붓다(pour). ¶ It was *teeming* with rain. =The rain was *teeming* down. 비가 억수같이 쏟아졌다.

teem·ing [tíːmiŋ] *adj.* **1** 가득 찬, 풍부한, 많은. **2** 다산(多產)의, 비옥한, 결실하는. ~·ly *adv.*

teen¹ [tiːn] *n.* ⓤ《古어·방언》 **1** 슬픔, 비탄. **2** 불행, 재난. **3** 《주로 스코》 초조; 노여움(anger). **4** 해, 위해.

teen² [tiːn] *n.* =teen-ager. — *adj.* =teen-age.

-teen *suf.* ten 의 뜻 [thirteen 에서 nineteen 까지].

teen-age [tíːnèidʒ] *adj.* 10대의 [13 세에서 19 세까지].

teen-aged [tíːnèidʒd] *adj.* =teen-age. [지].

*****teen-ag·er** [tíːnèidʒər] *n.* 10대의 사람 [13세에서 19

teen-er [tíːnər] *n.* =teen-ager. [세까지].

*****teens** [tíːnz] *n. pl.* 10대 [어미가 -teen 으로 끝나는 thirteen 에서 nineteen 까지의 나이]. ¶ enter one's *teens* 13세가 되다 / pass one's *teens* 10대를 지나다 / in one's *teens* 10대의, 10 대에 / out of one's *teens* 10대가 지난.

teen·ster [tíːnstər] *n.* =teen-ager. [지난.

tee·ny [tíːni] *adj.* (**-ni·er, -ni·est**) 《구어》 =tiny.

tee·ny-bop·per [tíːnibàpər / -bɔ̀pər] *n.* 10대 소녀; 히피적 행동을 즐겨 내거나 한때의 유행을 쫓는 틴에이저.

tee·ny-wee·ny [tíːniwíːni] , **teen·sy-ween·sy** [tíːnsiwíːnsi] *adj.* (= **tée·nie-wée·nie**) 《어린이말》 아

주 작은, 조그마한(tiny).
tee·pee [tíːpiː] n. =tepee.
tée shírt n. T[형] 셔츠[목 부분이 둥근 반소매 셔츠] 〔T-shirt〕.
tee·ter [tíːtər] 《주로 美》 vi. 시소를 하다; 아래위(앞뒤)로 움직이다, 동요하다. — vt. …을 아래위(앞뒤)로 흔들다. — n. 시소(seesaw); 아래위(앞뒤)로의 운동; 흔들림.
tee·ter·board [tíːtərbɔ̀ːrd / -bɔ̀ːd] n. =seesaw.
tee·ter-tot·ter [tíːtərtɑ̀tər / -tɔ̀tə] n., vi. =seesaw.
teeth [tiːθ] n. tooth의 복수형.
teethe [tiːð] vi. (teethed, teeth·ing) 이가 나다.
teeth·er [tíːðər] n. 이가 날 무렵의 아기가 깨물며 놀도록 만든 장난감. cf. teething ring
teeth·ing [tíːðiŋ] n. ⓤ 이가 남, 이갈이; 이가 날 때 생기는 현상. ¶ *teething* troubles 일의 시작에 따르는 어려움. ¶ 「리는 고리 모양의 장난감.
téething rìng n. 《美》 이가 날 무렵에 애기에게 빨
teeth-ridge [tíːθridʒ] n. 〔음성〕 잇몸.
tee·to·tal [tìːtóutl] adj. **1** 절대 금주[주의]의. **2** 《구어》 절대적의(absolute), 완전한. — vi. (-taled, -tal·ing; 《특히 英》 -talled, -tal·ling) 금주를 실행하다. ~·ly [-təli] adv.
tee·to·tal·er, 《英》 -tal·ler [tìːtóutə(ə)lər] n. 절대 금주[주의]자.
tee·to·tal·ism [tìːtóut(ə)lìz(ə)m] n. ⓤ 절대 금주주의.
tee·to·tum [tìːtóutəm / tíːtóutʌm] n. 손가락으로 돌리는 팽이; [각 면에 문자가 있는] 네모 팽이.
tee·vee [tíːvíː] n. =television. (<TV)
TEFL [téfl] 《略》 teaching English as a *f*oreign *l*anguage (외국어로서의 영어 교육).
Tef·lon [téflɑn / -lɔn] n. 《상표명》 테플론(열에 강하고 때를 안타는 합성수지(樹脂)). ¶ 《美》 《구어》 어떤 비난·비판도 안 통하는, 아무런 비판 받아도 상처를 안 입는. ¶ a *Teflon* politician 전천후의 인기 정치인.
t.e.g. 《略》 《제본》 *t*op *e*dge *g*ilt (천금(天金)).
Te·gu·ci·gal·pa [təgùːsigɑ́ːlpɑː] n. 테구시갈파(중앙 아메리카의 Honduras 공화국의 수도).
teg·u·lar [tégjulər] a. 기와(타일) 모양의, 기와(타일)로 된, 기와(타일)를 이어놓은 듯한. ~·ly adv.
teg·u·ment [tégjumənt] n. 외피, 상피, 포피, 덮개.
teg·u·men·tal [tèɡjuméntl], **-ta·ry** [-t(ə)ri] adj. 외피의, 덮개의, 포피의.
te·hee [tiːhíː] *interj.*, n., vi. (-heed, -hee·ing) =tee·hee.
Te·he·ran, Te·hran [tìːərɑ́ːn, -ræn, tèhə-] n. 테헤란 〔Iran의 수도〕.
teil [tiːl] n. 보리수(linden).
tek·tite [téktait] n. 텍타이트 〔호주 등지에서 종종 발견되는 그 근원을 알 수 없는 유리질의 물체〕.
TEL 《略》 *t*etra*e*thyl *l*ead.
tel. 《略》 telegram, telegraph, telephone.
tel- → TELE-¹·².
tel·a·mon [téləmɑ̀n / -mən] n. (pl. -mo·nes [tèləmóuniːz]) 〔건축〕 인상주(人像柱) 〔남성형의 한 기둥〕(atlas).
tel·au·to·gram [telɔ́ːtəgræ̀m] n. [TelAutograph에 의한] 전송 서화(書畵) 인쇄물.
Tel·Au·to·graph [telɔ́ːtəgræ̀f / -grɑ̀ːf] n. 《상표명》 서화 전송기.
Tel Avív [teləvíːv] n. 텔아비브 〔Israel 최대의 도시. 제2차 세계 대전 후 유태인 이주자의 중심지. 정식 명칭은 Tel Aviv-Jaffa〕.
te·le [téli] n. 《英구어》 =television. cf. telly
tele-¹ distant, operating at a distance; televised, television 의 뜻의 연결형 (* 모음 앞에서는 tel-을 쓴다. 또 변형에 telo- 가 있다). 예: *tele*gram, *tel*autogram, *tele*cast.
tele-² end, complete 의 뜻의 연결형 (* 모음 앞에서는 tel-을 쓴다. 또 변형에 teleo-, telo-가 있다).
tel·e·bank·ing [télibæ̀ŋkiŋ] n. ⓤ 컴퓨터 단말기나 TV를 이용해 은행과 거래하는 금융 서비스.

tel·e·brok·ing [télibroukiŋ] n. ⓤ 컴퓨터 단말기에 의한 재택 증권 거래.
tel·e·cam·e·ra [télikæ̀m(ə)rə] n. 텔레비전 카메라.
*****tel·e·cast** [télikæ̀st / -kɑ̀ːst] vi., vt. (-cast or cast·ed, -cast·ing) […을] 텔레비전으로 방송하다. — n. ⓤⓒ 텔레비전 방송.
tel·e·cast·er [télikæ̀stər / -kɑ̀ːstə] n. 텔레비전 방송인, 텔레비전 뉴스 해설자.
tel·e·cine [télisìni / -ˈ-ˈ-] n. 〔TV〕 텔레비전[용] 영화; 텔레비전 스튜디오; 텔레비전 방영 장치.
tel·e·com [télikɑ̀m / -kɔ̀m] n. =telecommunication.
tel·e·com·mu·ni·ca·tion [tèlikəmjùːnikéi(ə)n] n. ⓤ (또 종종 ~s) (단수 취급) 〔텔레비전·라디오·전화 따위에 의한〕 원격 통신. ¶ a *telecommunications* satellite 통신 위성. cf. Telstar
tel·e·com·mute [tèlikəmjúːt] vi. (-mut·ed, -mut·ing) 컴퓨터로 자택 근무하다, 〔컴퓨터 단말기를 가정에 설치하고〕 집에서 회사일을 보다.
tel·e·con·fer·ence [tèlikɑ́nf(ə)r(ə)ns / -kɔ́n-] n. 〔장거리 전화·텔레비전 따위를 이용한〕 원격지(遠隔地)의 회의.
tel·e·con·trol [tèlikəntróul] n. 〔전파 따위에 의한〕 원격 조작, 리모트 콘트롤.
tel·e·course [télikɔ̀ːrs / -kɔ̀ːs] n. 텔레비전에 의한 강좌 [강의].
tel·e·di·ag·no·sis [tèlidàiəgnóusis] n. ⓤ 텔레비전에 의한 진단.
tel·e·du [télidùː] n. 자바스컹크 〔오소리의 일종. Java, Sumatra 의 산속에 서식〕.
tel·e·fac·sim·i·le [tèlifæksíməli] n. ⓒⓤ 전화 전송.
tel·e·film [télifìlm] n. 텔레비전 영화.
teleg. telegram, telegraph, telegraphy.
tel·e·gen·ic [tèlidʒénik] adj. 〔특히 사람이〕 텔레비전 방송에 알맞은, 텔레비전 카메라를 잘 받는.
-**i·cal·ly** [-ikəli] adv.
te·leg·o·ny [təléɡəni] n. ⓤ 〔생〕 감응 유전.
‡**tel·e·gram** [téligræ̀m] n. 전보, 전신. ¶ an official *telegram* 공식 전보 / an urgent *telegram* 지급 전보 / by *telegram* 전보로 / send (or address, dispatch, forward) a *telegram* 전보를 치다.
‡**tel·e·graph** [télɪɡræ̀f / -ɡrɑ̀ːf] n. **1** 전신기. **2** 〔경기 득점 따위의〕 속보 게시판(telegraph board). **3** 전보, 전신(telegram). ¶ by *telegraph* 전신(전보)으로 / *telegraph* cable; submarine *telegraph* 해저 전신 / a *telegraph* line 전신 / a *telegraph* office (or station) 전신국 / a *telegraph* post (or pole) 전신주 / a *telegraph* slip (or form) 전보 용지 / a *telegraph* troop (or corps) 전신대 (電信隊). **4** (T-) …통신 〔신문 이름〕.
— vt. **1** 전보로 …을 알리다, …을 타전하다; …에게 전보를 치다. ¶ (~+圓+圈) *telegraph* one's departure to one's friends 친구에게 전보로 출발을 알리다 // (~+圓+圈) He *telegraphed* us the news. 그는 그 뉴스를 타전해왔다 / (~+圓+that 圈) The office *telegraphed* me that they had not received my application. 사무국은 내 원서를 받지 않았다고 전보로 알려 왔다 // (~+圓+to do) Father *telegraphed* me to return at once. 아버지는 나에게 곧 돌아오라는 전보를 보내었다. **2** 〔몸짓·눈짓 따위로〕 …을 신호하다, 알리다 (signal).
— vi. **1** 전보를 치다, 타전하다. ¶ (~+*前*+圈) She *telegraphed* to her daughter. 그녀는 딸에게 전보를 쳤다 / He *telegraphed* for his son. 그는 전보를 쳐서 아들을 오게 했다 // (~+*前*+圈 + to do) He *telegraphed* to me to come up at once. 그는 나에게 곧 오라는 전보를 보내왔다. **2** 신호하다. ¶ *telegraph* by glance 눈짓으로 알리다. ◇ telegráphic *adj.*
te·leg·ra·pher [təlégrəfər] n. 전신 기사; 통신계.
tel·e·graph·ese [tèliɡræfíːz / -ɡrɑ̀ːf-] n. ⓤ 전문체 (電文體).
tel·e·graph·ic [tèlɪɡrǽfik] adj. **1** 전신의, 전보의, 전송의. ¶ a *telegraphic* code 〔모르스식〕 전신 부호 / a

telegraphic message 전보 / a *telegraphic* money order 전신환(換). **2** 전문체의; 전신기의. **3** [전보처럼] 간결한(concise). ¶ *telegraphic* brevity 전문체의 간결함.
-**i·cal·ly** [-ikəli] *adv*. ◇ télegraph *n*.
te·leg·ra·phist [tiléɡrəfist] *n*.《주로 英》= telegrapher.
télegraph kèy *n*. 전건(電鍵).
te·leg·ra·phone [tiléɡrəfòun] *n*. [초기의] 전화기.
tel·e·graph·o·scope [tèliɡrǽfəskòup] *n*. [초기의] 사진 전송기.
télegraph plànt *n*. 도둑놈의갈고리류(類)《콩과(科)의 작은 관목, 인도 원산》.
***te·leg·ra·phy** [tiléɡrəfi] *n*. Ⓤ전신술(법), 전신.
◇ telegráphic *adj*.
tel·e·kin·e·ma [tèlikínimə] *n*. 텔레비전 영화 상영관.
tel·e·ki·ne·sis [tèlikiní:sis, -kai-] *n*. Ⓤ[심령] 염동(念動)작용 [심령의 힘으로 물체 내부에 운동을 일으키는 일].
tel·e·ki·net·ic [tèlikinétik, -kai-] *adj*. 염동[작용]의.
tel·e·lec·ture [télilèktʃər] *n*. 전화 강연 [전화를 이용한 마이크 방송].
Te·lem·a·chus [tiléməkəs] *n*.《그리스 신화》 텔레마쿠스 〔오뒷세우스(Odysseus)와 페넬로페(Penelope)의 아들. 어머니 페넬로페에게 결혼을 강요한 사나이들을 아버지와 협력해서 죽었다〕.
tel·e·mark [télimà:rk] *n*.《때로 T-》〔스키〕 텔레마크 《회전법의 일종》. 〔< *Telemark* 노르웨이 남부의 지명〕
tel·e·mar·ket·ing [télimà:rkitiŋ] *n*. Ⓤ **1** 텔레 마케팅[전화에 의한 판매]. **2** 유선 텔레비전을 이용하여 집에서 물품을 보고 주문하는 구매 방식.
* electronic shopping 이라고도 한다.
tel·e·me·chan·ics [tèlimikǽniks] *n*. *pl*.《단수 취급》〔무선의 의한〕 원격 조종법, 무전 조종 장치.
tel·e·med·i·cine [tèlimèd(i)sn] *n*. 〔의학〕〔전화나 텔레비전 등에 의한〕 원격 의료; 통신 의료 상담.
tel·e·me·ter [télimì:tər, +美 tilémitər] *n*. **1** 텔레미터, 측거의(測距儀), 측원기(測遠器). **2** 〔전기〕〔전동식〕 원격 계측기. — *vt*., *vi*. 〔자동적으로 …의〕 원격 측정을 하다《…back》.
te·lem·e·try [tilémətri] *n*. Ⓤ 텔레미터법, 원격 측정법, 측원술(測遠術).
tel·e·mo·tor [télimòutər] *n*.《海事》 수압(유압) 조종 장치, 텔레모터.
tel·e·news [télin(j)ù:z / -njù:z] *n*. 텔레비전 뉴스.
tel·e·o·log·ic [tèliəládʒik / -lɔ́dʒ-], **-i·cal** [-ik(ə)l] *adj*.《철학》 목적론의. **-i·cal·ly** [-ikəli] *adv*.
tel·e·ol·o·gism [tèliálədʒiz(ə)m, tì:l- / tèliɔ́l-] *n*.《철학》 목적론 신봉, 목적론.
tel·e·ol·o·gy [tèliálədʒi / -ɔ́l-] *n*.《철학》 목적론.
tel·e·on·o·my [tèliánəmi / -ɔ́n-] *n*. Ⓤ 목적률(律).
tel·e·op·er·a·tor [tèliápərèitər / -ɔ́p-] *n*. 원격 조종 로봇 장치.
Tel·e·o·sau·rus [tèliəsɔ́:rəs] *n*.《고생물》 텔레오사우루스〔취라기(紀)의 악어와 비슷한 파충류〕.
tel·e·path·ic [tèlipǽθik] *adj*. 정신 감응(텔레파시)의, 이심 전심의. **-i·cal·ly** [-ikəli] *adv*.
te·lep·a·thist [tilépəθist] *n*. **1** 정신 감응(텔레파시) 연구가《신자》. **2** 정신 감응력이 있는 사람.
te·lep·a·thize [tilépəθàiz] *v*. (-**thized**, -**thiz·ing**) *vt*. …을 정신 감응(텔레파시)으로 전하다. — *vi*. 정신 감응술을 배우다(행하다).
te·lep·a·thy [tilépəθi] *n*. Ⓤ 정신 감응, 텔레파시.
‡**tel·e·phone** [téləfòun] *n*. (보통 the ~) 전화; (the ~) 전화망; Ⓒ 전화기. ¶ a *telephone* line 전화선 / a public *telephone* 공중 전화 / answer the *telephone* 전화를 받다 / by *telephone* 전화로 / call a person on the *telephone* 남에게 전화를 불러내다 / speak to a person over the *telephone* 남과 전화로 이야기하다 / talk over the *telephone* 전화로 이야기하다 / Mr. Kang, you are wanted on the *telephone*. 강선생님, 전화왔습니다.

— *v*. (-**phoned**, -**phon·ing**) *vt*. …에 전화를 걸다, …을 전화로 불러내다; …을 전화로 전하다. ¶ *telephone* a person by long distance 남에게 장거리 전화를 걸다 // (~+圓+圓+图)(~+圓+圓) *telephone* a message to a person; *telephone* a person a message 전화로 남에게 말을 전하다 // (~+圓+ to do) I *telephoned* him to come at once. 나는 그에게 당장 오도록 전화했다 // (~+圓+ *that* 圖) He *telephoned* me *that* he would come to see me. 그는 나를 만나러 오겠다고 전화로 말했다. — *vi*. 전화를 걸다; 전화로 말하다. ¶ (~+圓+ 图) *telephone* to one's friend 친구에게 전화를 걸다 / *telephone* for a doctor 전화로 의사를 부르다 // (~+ to do) I *telephoned* to say that I wanted to see him. 나는 전화를 걸어 그를 만나고 싶다고 말했다.
◇ telephónic *adj*.
télephone bànk *n*.〔주로 자원 봉사자들이 전화로 선거 투표·자선 모금 등을 의뢰하는〕 전화 작전부.
télephone bòok (diréctory) *n*. 전화 번호부.
télephone bòoth *n*. 공중 전화 박스.
télephone bòx *n*.《英》= telephone booth.
télephone exchànge *n*. 전화 교환국.
télephone nùmber *n*. 전화 번호.
tel·e·phon·er [téləfòunər] *n*. 전화를 거는 사람, 전화로 이야기하는 사람.
télephone recèiver *n*. 수화기.
tel·e·phon·ic [tèlifǽnik / -fɔ́n-] *adj*. 전화의, 전화에 의한. ¶ a *telephonic* talk 전화상의 이야기.
-**i·cal·ly** [-ikali] *adv*.
te·leph·o·nist [tiléfənist] *n*. 전화 기사; 전화 교환수.
tel·e·pho·ni·tis [tèlifo(u)náitis] *n*. Ⓤ 전화광(狂).
tel·e·pho·no·graph [tèlifóunəɡrèf / -ɡrà:f] *n*. 녹음 전화기〔전화에의 전화를 녹음해 두는 장치〕.
te·leph·o·ny [tiléfəni] *n*. Ⓤ 전화술(법); 전화 통신.
tel·e·pho·to [tèlifóutou] *adj*. **1** = telephotographic. **2** 〔사진〕 망원 렌즈의. **3**《상표명》〔렌즈가〕 망원의, 망원 렌즈의. — *n*.〔구어〕 망원 렌즈.
tel·e·pho·to·graph [tèlifóutəɡrèf / -ɡrà:f] *n*. **1** 전송 사진. **2** 〔드물게〕 망원 렌즈로 찍은 사진.
tel·e·pho·to·graph·ic [tèlifòutəɡrǽfik] *adj*. **1** 망원 사진의. ¶ a *telephotographic* lens 망원 렌즈. **2** 전송 사진의.
tel·e·pho·tog·ra·phy [tèlifo(u)tάɡrəfi / -tɔ́ɡ-] *n*. Ⓤ **1** 망원 사진술. **2** 사진 전송술.
tel·e·play [télipèi] *n*. 텔레비전 드라마, 텔레비전 극.
tel·e·plo·ma·cy [tèlipfóuməsi] *n*. 텔레플로머시〔번잡한 외교 루트를 피해 TV를 이용하여 상대국에 자국의 주장이나 의견을 직접 전하는 일〕.
〔< TELE(VISION)+(DI)PLOMACY〕
Tel·e·port [télipɔ̀:rt / -pɔ̀:t] *n*. 텔레포트〔정보 통신 기지의 기능을 갖춘 도시 또는 그 일부분〕.
tel·e·print·er [tèlipriŋtər] *n*.《주로 英》= teletypewriter.
tel·e·proc·ess·ing [tèliprάsesiŋ / -próus-] *n*.〔컴퓨터〕 텔레프로세싱〔통신 회선을 통해 중앙의 컴퓨터와 원격지의 단말기 사이에 이루어지는 데이터 처리〕.
Tel·e·Promp·Ter [tèlipràmptər / -prɔ̀mp-] *n*.《상표명》 텔레비전용 프롬프터 〔테이프 비슷한 것이 돌면서 배우·강연자에게 대사·문구를 가르쳐 주는 전자 기계〕.
tel·e·ran [tèlirǽn] *n*. Ⓤ Ⓒ 전파 탐지기 항공술, 텔레란 프로.
tel·e·re·cord·ing [tèlirikɔ́:rdiŋ] *n*. 〔TV〕 녹화(錄畵) 프로.
tel·er·gy [télərdʒi] *n*. Ⓤ〔심리〕 원격 정신 작용.
‡**tel·e·scope** [téliskòup] *n*. **1** 망원경. ¶ an astronomical *telescope* 천체 망원경. **2**《T-》〔접지〕 망원 카드 좌(座). **3**《형용사적으로》〔망원경의 다단식 통처럼 차례로〕 접어(끼워) 넣게 된. ¶ a *telescope* bag 크기대로 접어 넣게 된 여행 가방. — *v*. (-**scoped**, -**scop·ing**) *vt*. …을 끼워 넣다, 〔차례로〕 접어 넣다; 〔충돌한 열

차의 차량 따위)를 겹쳐 쌓이게 하다. —— vi. 끼어 들어가다; [충돌한 열차 따위가] 포개어지다.
◇ telescópic adj.

télescòpe wòrd n. 합성어(portmanteau word).
tel·e·scop·ic [tèliskápik / -skɔ́p-], (**tel·e·scop·i·cal** [-ik(ə)l]) adj. **1** 망원경의. **2** 망원경에 의한, 망원경으로 본, 망원경으로만 보이는. ¶ a telescopic observation of the moon 망원경에 의한 달 관측. **3** 멀리까지 보이는(farseeing). **4** 차례로 포개어 끼워 넣는 식의, 신축 자재한. **-i·cal·ly** [-ikəli] adv.
te·les·co·pist [tiléskəpist] n. 망원경 사용자(조작자).
te·les·co·py [tiléskəpi] n. ⓤ 망원경 사용법(제조법).
tel·e·screen [téliskrìːn] n. (TV) 투사형(投寫型) 스크린.
tel·e·script [téliskrìpt] n. 텔레비전 대본.
tel·e·se·cu·ri·ty [tèlisikjú(:)riti / -kjúər-] n. 도청 방지.
tel·e·seism [téliːsàiz(ə)m] n. ⓤ 먼 곳에서 발생한 지진에 의한 미동(微動).
tel·e·shop·ping [téliʃàpiŋ / -ʃɔ̀p-] n. 텔레쇼핑[단말기를 이용, 집에서 상품을 주문하고 대금은 은행구좌를 통해 정산하는 시스템].
tel·e·sis [télisis] n. ⓤ (사회) [목적 달성을 위한 자연력·사회력의] 계획적인 이용; 지적인 계획에 의한 진보.
tel·e·spec·tro·scope [tèlispéktrəskòup] n. (천체에서 발하는 빛의 스펙트러스를 분석하는) 망원 분광기(分光器).
tel·e·ster·e·o·scope [tèlistériəskòup / -stîər-] n. 입체 망원경.
tel·es·the·sia [tèlisθíːʒ(i)ə / -zìə] n. ⓤ 원격 감지(感知)(무시); [육감에 의한 느낌이나 천리안 따위].
tel·e·text [télitekst] n. 텔레텍스트, 문자 다중(文字多重) 방송, 문자 방송[뉴스 따위의 정보를 일반 텔레비전 전파에 다중 송신하면 시청자가 수상기에 디코더를 부착하여 정보를 선택해 볼 수 있는 시스템].
tel·e·ther·mom·e·ter [tèliθərmámitər / -mɔ́m-] n. 원격 자동 기록 온도계, 전기 온도계.
tel·e·thon [téliθàn / -θɔ̀n] n. (자선 따위를 위한) 장시간 텔레비전 쇼. [< TELE[VISION] + MARA]THON]
tel·e·tran·scrip·tion [tèlitrænskrípʃ(ə)n] n. ⓤ (TV) 브라운관 녹화[법]; ⓒ [브라운관] 녹화 영화.
***Tel·e·type** [télitàip] n. **1** (상표명) 텔레타이프. **2** (t-) ⓤ 텔레타이프 통신(망). —— v. (typed, typing) (종종 t-) vt. 을 텔레타이프로 송신하다. —— vi. 텔레타이프를 조작하다.
Tel·e·type·set·ter [télitàipsètər] n. (상표명) 전송식 식자기, 텔레타이프세터.
tel·e·type·writ·er [tèlitáipràitər] n. 텔레타이프, 전신 인자기(印字機)(teleprinter).
tel·e·typ·ist [télitàipist] n. 텔레타이프를 조작하는 사람.
tel·e·van·ge·list [tèləvǽndʒəlist] n. 텔레비전 선교(전도)사.
tel·e·view [télivjùː] vt., vi. 텔레비전으로 보다.
tel·e·view·er [télivjùːər] n. 텔레비전 시청자.
tel·e·vise [télivàiz] vt., vi. (-vised, -vis·ing) 텔레비전으로 방송(수상)하다. ¶ televise live 텔레비전 생방송을 하다.
†tel·e·vi·sion [télivìʒ(ə)n, ⏞] n. ⓤ 텔레비전; ⓒ 텔레비전 수상기(略 TV). ¶ watch television 텔레비전을 보다. ◇ télevise v.
tel·e·vi·sion·al [télivìʒən(ə)l] adj. 텔레비전의(에 의한).
tel·e·vi·sion·ar·y [télivìʒənèri / -n(ə)ri] adj. 텔레비전의; 텔레비전 수상기의.
télevision shópping n. (= teleshopping) 텔레비전 쇼핑[텔레비전에서 비춰진 상품을 보고 주문하다].
tel·e·vi·sor [télivàizər] n. **1** 텔레비전 장치. **2** 텔레비전 방송자.
tel·e·vi·su·al [télivìʒuəl] adj. 텔레비전 방송에 알맞은. ¶ a televisual subject 텔레비전에 알맞은 제재(題材).
tel·e·vox [télivàks / -vɔ̀ks] n. (발성 장치를 갖춘) 기계 인간, 로봇.
tel·e·work [téliwəːrk] n. = telecommute.

tel·e·writ·er [téliràitər] n. 전신 인자기(印字機), 전기 사자기(寫字機).
tel·ex [téleks] n. (T-) 텔렉스, 국제 가입 전신. —— vt. 을 텔렉스로 보내다. [< TEL[EPRINTER] + EX[CHANGE]]
tel·fer [télfər] n., adj., vt. = telpher.
tel·ford [télfərd] n. 텔퍼드식[잠석 사이에 자갈을 넣고 롤러로 굳히는 도로 포장]. —— adj. 텔퍼드식의.
†tell [tel] v. (told, tell·ing) vt. **1** …을 말하다, 이야기하다. ⇒ SPEAK 類語 ¶ tell one's experiences 경험을 이야기하다 / tell a lie 거짓말하다 // (~+囹+囹) He told me a story. 그는 나에게 이야기를 들려주었다 // (~+囹+前+名) He told us about his wonderful experiences in England. 그는 영국에서 겪은 멋진 경험에 관해 우리에게 이야기해 주었다 // (~+囹+that 節) She told me that she had been to America. 그녀는 미국에 간 적이 있다고 나에게 말했다 // (~+wh. 節) I cannot tell how glad I was. 내가 얼마나 기뻤는지 말로 표현할 수 없다.
2 …을 알리다, 통고하다, 통지하다; (길 따위를) 가르쳐주다(show); (비밀 따위를) 누설하다, 털어놓다 (reveal). ¶ tell news 뉴스를 알리다 / tell a person's fortune 남의 운수를 점치다 / Clocks tell the time. 시계는 시각을 알린다 / His face tells it. 그의 표정으로 그것을 알 수 있다 / tell you so. 그렇다니까 // (~+囹+囹) Tell me your name. 이름을 대시오 // (~+囹+前+名) We will tell him of (or about) the news. 그에게 그 소식을 알려주자 // (~+囹+that 節) I was told that you were coming. 네가 올거라는 말은 들었다 // (~+wh. 節) Don't tell where I am. 내 주소를 말해서는 안 된다 // (~+囹+wh. 節) Tell me when you will leave Paris. 언제 파리를 떠날지 말해 주시오 / Our teacher will tell us what to do. 어떻게 해야 하는 지는 선생님이 가르쳐 주겠지요.
3 …에게 분명히 말하다, 명언하다, 단언하다(assure). ¶ I don't like it, I tell you. 분명히 말하지만 나는 그것을 좋아하지 않는다 / He did it, I tell you. 그것은 틀림 없이 그의 짓이야.
4 (보통 can, could, be able to 를 수반하여) …을 알다; …을 분간하다, 식별하다, 구별하다(distinguish). ¶ How can I tell? 어떻게 내가 알겠니? / Who can tell?; You can never tell. 아무도 모른다 / Who can tell the difference between them? 누가 그들을 구별할 수 있겠는가? // (~+wh. 節) Can you tell who is at the door? 문간에 누가 있는지 알 수 있소? / There is no telling where he has gone. 그가 어디로 갔는지 알 수 없다 // (~+wh. to do) I can't tell what to do. 어떻게 해야 할지 모르겠다 // (~+囹+前+名) tell the good from the bad 옳고 그른 일을 분간하다 / I cannot tell him from his brother. 그와 그의 형과는 분간할 수가 없다 // (~+囹+囹) It is difficult to tell them apart. 그들을 가려내기는 어렵다.
5 …을 명하다(command), 분부하다. ⇒ ORDER 類語 ¶ (~+囹+to do) Tell them to be quiet. 그들에게 조용히 하라고 이르시오 / I was told to finish it by three o'clock. 그것을 세 시까지 끝내라는 분부를 받았다.
6 …을 세다, 헤아리다, 계산하다. ⇒ COUNT 類語 ¶ tell votes 투표수를 세다 / tell money 돈을 세다.
—— vi. **1** 말하다, 이야기하다; 알리다, 보고하다; 보이다, 나타내다(about, of...). ¶ (~+前+名) tell about a war 전쟁 이야기를 하다 / tell of one's old days 자기의 옛 이야기를 하다.
2 일러바치다 (disclose), 고자질하다; 비밀을 폭로하다 (on...). ¶ He promised not to tell. 그는 말하지 않기로 약속했다 / (~+前+名) Don't tell on me. 일러바치지 마라.
3 똑똑히(분명히, 명확히) 말하다. ¶ (~+前+名) No one can tell about his destiny. 아무도 제 운명을 모른다.

tellable

4 《보통 can, could, be able to 따위를 수반하여》 분간하다, 식별하다. ¶ I can *tell* at a glance. 나는 한눈에 알 수 있다 / How can I *tell*? 어떻게 내가 알겠는가? **5** 효과가 있다, 듣다, 영향을 미치다 (*on..*); 《총알 따위가》 명중하다, 맞다. ¶ a transaction which *tells* in our favor 우리에게 유리한 거래 / Money is bound to *tell*. 돈의 효험은 반드시 나타난다 / Every shot *told.* 탄환은 모두 명중했다 // (~+団+图) The strain is beginning to *tell on* him. 과로가 그의 몸에 영향을 미치기 시작했다.
6 《英방언》 지껄이다, 잡담하다 (chat).

all told ⇨ ALL.
Don't (or *Never*) *tell me* ! 무슨 말씀을!, 설마!
I can tell you what. 이봐, 좋은 일이 있어 《내 말 들어봐》.
I'm telling you. 《구어》 정말이야.
tell away 주문을 외어 《악마 따위를》 없애다.
tell it like it is 《美속어》 있는 그대로 말하다.
Tell me another [*one*] *!* 《구어》 그런 말이 어디 있어!, 믿을 수 없어!
tell off ①…을 세우다 나누다. ②《일》을 할당하다, 지시하다. ¶ I was *told off* to do it. 그것을 하라는 지시를 받았다. ③ (*vi*.) 《군대》 번호를 매기다. ④《속어》…을 야단치다. ¶ I *told* him *off* for keeping me waiting. 나를 기다리게 했기 때문에 그에게 잔소리를 했다.
tell over …을 세다. ¶ He *told over* the coins in the box. 그는 상자 속의 동전을 세었다. ⇨ TRUTH.
to tell the truth 사실은, 사실대로 말한다면.
You're telling me. 《속어》 ① 알고 있어, 그렇고말고, 알고도 남음이 있어. ② 설마, 도무지 믿을 수 없군.

tell·a·ble [téləbl] *adj.* 말할 수 있는, 말할 만한, 이야기할 가치가 있는.

***tell·er** [télər] *n.* 1 이야기하는 사람, 알리는 사람. 2 《은행의》 금전 출납계. 3 계산자; 《의회의》 투표수 계.

tell·er·ship [télərʃìp] *n.* ⓤ teller의 직위.

tell·ing [téliŋ] *a.* 1 유효한, 현저한. ¶ a *telling* blow 따끔한 일격. 2 명시하는, 보여주는 (revealing). **~·ly** *adv.*

tell·tale [téltèil] *n.* 1 남의 비밀 《속사정 따위》을 무심코 (악의에서) 누설하는 사람; 밀고자; 수다쟁이. 2 속정을 폭로하는 것, 증거. ¶ a *telltale* blush 자기도 모르게 빨개진 얼굴. 3 자동 표시기; 타임레코더; 등록기. 4 《요트》 타각(舵角) 표시기; 매다는 나침의 羅針儀). 5 《음악》 풍금의 풍압 표시기.

tel·lu·ri·an [tel(j)ú(:)riən / -ljúər-] *adj.* 지구[주민]의. —*n.* 지구 주민.

tel·lu·ric [tel(j)ú(:)rik / -ljúər-] *adj.* 1 지구의. 2 토지에서 생기는. 3 《화학》 텔루륨 (tellurium) 의 (을 함유하는); 《특히》 6가(價)의 텔루륨을 함유하는. ¶ a *telluric* acid 《화학》 텔루르산.

tel·lu·ride [téljuràid, ＋美 -rid] *n.* 《화학》 텔루르화물.

tel·lu·ri·um [telú(:)riəm / -l(j)úər-] *n.* ⓤ 《화학》 텔루륨 《금속 원소의 하나; 원소 기호 Te》.

tel·lu·rize [téljuràiz] *vt.* (*-rized, -riz·ing*) 《화학》 …을 텔루륨화하다. 《價》의 텔루륨을 함유하다.

tel·lu·rous [téljurəs, ＋美 telú(:)-] *adj.* 《화학》 4가 (價)의 텔루륨을 함유하는.

Tel·lus [téləs] *n.* 《로마 신화》 텔루스 《결혼과 풍작을 관장하는 대지의 여신. 그리스 신화의 Gaea에 해당》.

tel·ly [téli] *n.* (*pl.* **-lies**) 《보통 the ~》《英구어》 **1** = television. **2** (**-lies**) 텔레비전 프로.

TEL-MED [télmèd] *n.* 《美》 무료 의료 상담 전화.

telo- ⇨ TELE-¹,².

tel·op [téláp / -ɔp] *n.* 《TV》 텔롭 《영상에 삽입되는 자막 따위》.

tel·o·phase [téləfèiz] *n.* 《생물》 《유사(有絲) 핵분열의》 종기(終期).

tel·o·type [télətàip] *n.* 인자(印字) 전신기; 인자 전보.

tel·pher, -fer [télfər] *n.* 텔퍼, 고가 궤도(高架軌道) 운반차, 공중 케이블카. — *adj.* 텔퍼 운반《장치》의. — *vt.* 《고가 궤도로 운반차로》 나르다.

tel·pher·age [télfəridʒ] *n.* ⓤ ⓒ 텔퍼 운반(법).

tel·son [télsn] *n.* 《갑각류의》 미절(尾節).

Tel·star [télstɑ̀ːr] *n.* 텔스타 《1962년 미국이 쏘아올린 통신 위성》.

Tel·u·gu [téluɡùː] *n.* (*pl.* **-gus** or **-gu**) 1 ⓤ 텔루구 말 《인도의 Madras 북부 지방에서 쓰이는 드라비다어 가운데 하나》. 2 텔루구 사람. — *adj.* 텔루구 말의, 텔루구 사람의.

tem·blor [témblər, +美 -blər] *n.* (*pl.* **-blors** or **-blo·res** [tembló:re(i)s]) 《주로 美》 지진 (earthquake).

tem·er·ar·i·ous [tèmərɛ́(ː)riəs, -rɛ́ər-] *adj.* 무모한, 저돌적인 (reckless).

te·mer·i·ty [timériti] *n.* ⓤ 무모, 저돌; 뻔뻔스러움.

Tém·in ènzyme [témən-] *n.* 《생물》 테민 효소 《RNA에서 DNA를 만드는 역전사(逆轉寫) 효소》.

Tem·in·ism [témənìzəm] *n.* ⓤ 테민설(說) 《RNA가 DNA를 만들어내는 경우가 있다고 하는 생각》.

temp [temp] *n.*《구어》 임시 고용인. [TEMP(ORARY)]

temp. (略) temperature; temporary; 《라틴》 *tempore* (= in the time of).

Tem·pe [témpi] *n.* the Vale of ~ 템피 계곡 《그리스 Thessaly의 Olympus와 Ossa 두 산 사이에 있는 경치좋은 계곡. 고대에는 Apollo의 영역이었음》.

:tem·per [témpər] *n.* 1 성질, 기질, 성미; 성향 (trend). ¶ a calm *temper* 차분한 성미 / a quick (or a hot, a short) *temper* 성마름, 급한 성미. 2 ⓒ ⓤ 기분; 성깔, 화, 노기; 성미름. ⇨ MOOD 類語 ¶ be in a fit of *temper* 화났음에 / be in a *temper* 화를 내고 있다 / get (or go) into a *temper* 발끈 화를 내다 / show *temper* 화를 내다 / He has a *temper*. 그는 성미가 급하다. 3 ⓤ 차분함, 침착. ¶ get out of *temper*; lose one's *temper* 냉정을 잃다 / keep one's *temper* 노여움을 참다 / recover one's *temper* 침착을 다시 찾다. 4 ⓤ 《점토·회반죽 따위의》 반죽의 정도; 《야금》 《강철 따위의》 단련(鍛練), 담금질; 경도(硬度), 탄성; 쇠의 탄소분 함량. ¶ a sword of the finest *temper* 최고의 질 좋은 칼. 5 《물질의 성질을 바꾸기 위한》 첨가물. 6 ⓤ ⓒ 《고어》 중용; 타협. 7 ⓤ 《폐어》 《물질의》 조직, 구성.
— *vt.* 1 …을 알맞게 섞다 《조절하다》; …을 경감하다, 완화하다 ⇨ MODIFY 類語. 2 《화 따위》를 가라앉히다, 달래다. ¶ (~+団+前+图) *temper* justice with mercy 법의 준엄성을 자비로써 누그러뜨리다 / *temper* strong drink *with* water 독한 술에 물을 타다 // God *tempers* the wind to the shorn lamb. 《속담》 약한 자에게는 불행도 가볍게 번다. 2 《점토 따위》를 이기다; 《야금》 《강철 따위》를 단련하다, 불리다; 《유리 따위》를 굳히다. ¶ Glass is *tempered* by heating and sudden cooling. 유리는 가열했다가 갑자기 냉각시켜서 굳힌다. 3 《음악》 《피아노》를 조율하다.
— *vi.* 1 적당하여지다, 알맞게 되다; 부드러워지다. 2 《강철 따위》가 불리어지다, 달구어지다.

tem·per·a [témpərə] *n.* ⓤ ⓒ 템페라화(畫) 《법》.

tem·per·a·ble [témp(ə)rəbl] *adj.* 조화되는, 녹일 수 있는; 불릴(단련할) 수 있는.

***tem·per·a·ment** [témp(ə)rəmənt] *n.* ⓤ ⓒ **1** 기질, 성질; 체질; 격렬한 성미. ⇨ DISPOSITION 類語 ¶ an excitable *temperament* 흥분하기 쉬운 성미. **2** 《음악》 평균율(法). **3** 《고어》 조화, 조절. **4** 《폐어》 온도 (temperature).

tem·per·a·men·tal [tèmp(ə)rəméntl] *adj.* **1** 기질의《에 의한》. **2** 흥분하기 쉬운, 성미가 까다로운; 변덕스러운, 이랬다 저랬다하는. **~·ly** [-təli] *adv.*

***tem·per·ance** [témp(ə)rəns] *n.* **1** ⓤ 자제, 극기. **2** 음식의 절제; 절주; 금주. ¶ a *temperance* legislation 금주 조례. ◊ *témperate adj.*

:tem·per·ate [témp(ə)rit] *adj.* **1** 절도있는, 도를 넘지 않는. ⇨ MODERATE 類語 ¶ a man of *temperate* habits 절제할 줄 아는 사람 / be *temperate* in drinking 음주에서 절도를 지키다. **2** 절주의, 금주의. **3** 《기후가》 온화한, 따뜻한.

~·ly *adv.* **~·ness** *n.* ◊ *témperance n.*

Témperate Zóne n. (the ~) 〖지리〗 온대.

‡**tem·per·a·ture** [témp(ə)ritʃər] n. ⓤⓒ **1** 온도, 기온, 한란. ¶ absolute temperature 절대 온도. **2** 〖생리·병리〗 체온; (보통 체온 이상의) 열, 고열, 발열 상태. ¶ normal temperature 평열 / take one's temperature 체온을 재다 / have (run) a temperature 열이 있다, 발열하다. **3** 〖페어〗 기질, 성질.

témperature cùrve n. 〖환자의〗 체온 곡선.

témperature grádient n. (the ~) 〖기상〗기온 경도(傾度).

tém·per·a·ture-hu·míd·i·ty índex [témp(ə)ritʃərhjuːmídəti-] n. 불쾌 지수 〖略 T.H.I.〗.

témperature scàle n. 온도 표시의 눈금.

tem·pered [témpərd] adj. **1** (보통 복합어를 만들어) 성미(기질)가 …한. ¶ good-tempered 성질이 좋은 (quick (or hot)-tempered 성급한. **2** 〖음악〗 평균율의. **3** 알맞추 만든, 완화된; 조절(조정)된.
~**ly** adv. ~**ness** n.

tem·per·er [témpərər] n. **1** 불리는 (단련하는) 사람; 반죽하는 사람; 담금질하는 직공. **2** 도토(陶土)기계.

témper tántrum n. 울화통, 짜증.

‡**tem·pest** [témpist] n. **1** 사나운 비바람, 폭풍우(설), 험악한 날씨. **2** (비유적) 야단 법석, 대소동 (violent tumult). ¶ a political tempest 정치적 혼란. — vt. …을 맹렬히 휩쓸다, …에 소란을 일으키다.
◇ tempéstuous adj.

tem·pes·tu·ous [tempéstʃuəs / -tjuː-] adj. **1** 비바람치는, 폭풍우(설)의, 사나운(stormy). **2** 파란많은, 격렬한, 난폭한. ~**ly** adv. ~**ness** n. ◇ témpest n.

tem·pi [témpiː] n. tempo 의 복수형의 하나.

Tem·plar [témplər] n. **1** 템플(성당) 기사 기사단원. ¶ KNIGHTS TEMPLARS. **2** [London의 Inner Temple 또는 Middle Temple에 사무실을 가진] 법률가, 법학도. **3** 미국의 프리메이슨 단원 [1851년에 조직되었는데 단원들은 Knight Templar 라고 자칭했다.]

tem·plate [témplit] n. **1** = templet. **2** 〖생물〗 〖유전자를 복제하는〗 모형(母型), 원형(原型).

‡**tem·ple¹** [témpl] n. **1** 〖고대 이집트·그리스·로마 등의〗 신전; 〖현대 일본 등의〗 사원, 절. **2** (T-) 〖유대인이 예루살렘에 세 번 세운〗 신전. **3** 〖기독교의 어떤 종파의〗 교회당 (church); [특히 프랑스 개신교의〗 교회당; [모르몬교] 교회당. **4** 〖미국 Salt Lake City 에 1853-92년에 세워진〗 본산(本山). **5** 하느님이 계시는 곳; 〖특히〗 기독교도의 육신. ¶ the temple of the Holy Ghost 성령의 전 〖〈고린도전서 (1 Cor.) 6 : 19〗. **5** Knights Templars 라고 칭하는 프리메이슨의 건물. **6** (T-) London 에 있었던 성당 기사단의 성당; 그 자리에 있는 법학원(⇒ TEMPLAR 2); Paris 에 있었던 성당 기사단의 본부. **7** 전당. ¶ a temple of art 예술의 전당.

*****tem·ple²** [témpl] n. **1** 관자놀이. **2** (美) 안경다리.

tem·ple³ [témpl] n. 〖베틀에서 베를 팽팽하게 하는〗 쳇발.

tem·plet, -plate [témplit] n. **1** 본뜨는 공구. **2** 〖건축〗 보받이. **3** 〖造船〗 조선대의 쳐기.

tem·po [témpou] n. (pl. ~**s** or **-pi** [-piː]) **1** 〖음악〗 〖연주의〗 속도, 템포. **2** 〖시대의 추세 따위의〗 속도, 템포. ¶ the swift tempo of the day 시대의 급속한 진보. **3** 〖서양장기〗 〖유효 적절한〗 말의 움직임. [<It]

*****tem·po·ral¹** [témp(ə)rəl] adj. **1** 때의, 시간의. ¶ temporal and spatial 시공(時空)의 **2** 이승의, 세속의, 속세의. ¶ temporal affairs 세속의 일 / temporal peers; lords temporal 〖英〗성직자가 아닌 상원 의원 **3** 덧없는, 일시적인, 순간적인. **4** 〖문법〗 때를 나타내는; 시제의. — n. (보통 -~**s**) 세속적인 재산(권력); 세상 사, 속세의 일. ~**ly** [-rəli] adv. témporalty n.

tem·po·ral² [témp(ə)rəl] adj. 〖해부〗 관자놀이의. ¶ the temporal bone 관자놀이뼈. n. 관자놀이 부분, 〖특히〗 관자놀이뼈.

tem·po·ral·i·ty [tèmpəræliti] n. (pl. **-ties**) **1** ⓤ 일시적임, 일시성; ⓒ 일시적인 것. **2** ⓤ 세속의 일, 속세사. **3** (보통 -ties) [특히 교회나 성직자의] 세속적인 소유물.

tem·po·ral·ty [témp(ə)rəlti] n. (pl. **-ties**) **1** (the ~) 〖집합적〗 속인. **2** (드물게) (보통 -ties) = temporality **3**.

*****tem·po·rar·i·ly** [tèmpəréərili, ◁--- / témp(ə)rə-] adv. 일시적으로, 임시 변통으로, 임시로.

‡**tem·po·rar·y** [témp(ə)rèri / -rəri] adj. 한때의, 잠간의, 덧없는; 임시의, 잠정적인, 임시 변통의. opp. eternal ¶ temporary pleasures 한때의 쾌락 / a temporary office 임시 사무소.
類語 temporary 오래 가지 않고 곧 바뀔 예정인: a temporary address 임시 주소. momentary 불과 한순간밖에 지속되지 않는: a momentary disappointment 잠깐의 실망. transient 일시적으로 지속(체류)할 뿐 곧 바뀌는(사라지는): a transient joy 덧없는 기쁨. transitory 본래의 성질상 머지않아 사라지거나 바뀌는: transitory life 무상한 인생.
— n. (pl. **-rar·ies**) 임시 변통; 임시 고용인. **-rar·i·ness** n. ◇ témporize vi.

tem·po·ri·za·tion [tèmpərizéiʃ(ə)n / -raiz-] n. ⓤ 임시 변통(으로 하기); 기회주의적인 태도.

tem·po·rize [témpəràiz] (* 《英》에서는 **tem·po·rise** 로도 쓴다) vi. (-**rized, -riz·ing**) **1** 우물쭈물하다, 사태를 관망하다. **2** 임시 변통하다, 고식적인 수단을 쓰다. **3** 세상 풍조를 따르다, 여론에 영합하다(with...). **4** 타협하다(with...).

tem·po·riz·er [témpəràizər] n. 기회주의자; 임시 미봉책을 쓰는 사람; 영합하는 사람.

tem·po·riz·ing [témpəràiziŋ] n. = temporization. — adj. 임시 변통의, 타협적인; 기회주의적인; 영합적인. ~**ly** adv.

témpo tùrn n. 〖스키〗 템포 턴 〖속도를 늦추지 않고 큰 반원을 그리면서 스키의 뒤꿈을 휘젓듯이하며 도는 평행 회전〗.

‡**tempt** [tempt] vt. **1** 〖못된 짓·어리석은 짓 따위로〗 ...을 꾀다, 유혹하다, 충동질하다 (...to, into). ¶ (~ + 囲 + 前 + 名) tempt a person to sin 남을 꾀어 죄를 짓게 하다 / Bad companions tempted him into wrong ways. 못된 그의 친구들의 유혹에 빠져서 그는 악의 길로 들어갔다 / (~ + 囲 + to do) Poverty tempted this man to steal. 이 사람은 가난 때문에 도둑질을 했다.
類語 tempt 보수·이익 따위를 내세워 강하게 유혹하다: tempt a person with a promise of promotion 승진 약속을 미끼로 남을 유혹하다. lure 강하고 뿌리칠 수 없는 영향력으로 끌어들이다, 나쁜 뜻으로 쓰이는 일이 많은 말: be lured to the pleasures of city life 도시 생활의 쾌락에 유혹되다. allure = lure; 좋은 뜻으로도 많이 쓰는 말: The place allures a good many tourists. 그곳은 많은 관광객을 끌어들인다. entice 매우 교묘히 tempt 하다; 좋은 뜻으로도 쓰는 말: entice a child from home 아이를 교묘히 집에서 꾀어내다. decoy 거짓 미끼로 유혹하여 빠뜨리다: be decoyed into danger 미끼에 유혹되어 위기에 빠지다. seduce 양심의 가책을 잃게 하고 불법·부정(不貞)된 일에 꾀어들이다: seduce a girl 소녀를 유혹하다.
2 〖마음〗을 끌다, 〖식욕〗이 나게 하다; 〖일반적으로〗 …을 꾀다. ¶ The food tempts me. 그 요리는 내 식욕을 돋군다 / Your offers do not tempt me. 네 제의는 마음이 내키지 않는다.
3 (고어) …을 시험하다, 시도하다(try); 〖시험해서〗 …을 노하게 하다. ¶ tempt Providence (or God) 신의 노여움을 사다, 신의 뜻을 거스르다.
◇ temptátion n.

tempt·a·ble [témptəbl] adj. 유혹할 수 있는, 유혹되기 쉬운.

‡**temp·ta·tion** [temptéiʃ(ə)n] n. **1** ⓤ 유혹; ⓒ 유혹물, 사람의 마음을 끄는 것; ¶ fall into (or before) temptation 유혹에 빠지다 / lead a person into tempt-

tempt·er [témptər] n. 1 (특히 못된 짓으로의) 유혹자(물). 2 (the T-) 악마(Satan).

tempt·ing [témptiŋ] adj. 유혹적인, 사람의 마음을 끄는; 매력적인. ¶ a *tempting* offer 군침이 도는 제안 / This apple looks very *tempting*. 이 사과는 꽤 맛있어 보인다. **~·ly** adv. **~·ness** n.

tempt·ress [témptris] n. 유혹하는 여자, 요부.

tem·pus fu·git [témpəs fjúːdʒit]《라틴》(= time flies) 세월은 유수 같다.

‡**ten** [ten] adj. 10의. ¶ ten *men*, 열 명의, 열 개의. ¶ This is *ten* times as big as that. 이것은 저것보다 10배나 크다.
— n. 1 열 사람, 열개. 2 10, 10분; 10세. 3 (구 속된 것 중의) 열 번째의 사람(물건); 〔카드놀이〕 10점짜리 패. 《美구어》10달러 지폐. 4 10, 10의 문자 [10, x, X]. 5 열 사람 한 팀; 열 개의 벌. ¶ They came in *tens*. 그들은 열 명씩 왔다.
take ten《美》10분 동안 쉬다.
ten to one 십중팔구, 거의 모두, 대개.
the upper ten [thousand] 상류 계층, 귀족 계급.

ten. (略) tenor; 〔음악〕 tenuto.

ten·a·bil·i·ty [tènəbíliti] n. U 유지(방어)할 수 있음, 지지(주장)할 수 있음.

ten·a·ble [ténəbl] adj. 1 지킬 수 있는, 방어가 가능한. 2 주장(지지)할 수 있는, 이치에 맞는. ¶ a *tenable* assumption 타당한 추정. **~·ness** n. **-bly** adv.

te·na·cious [tinéiʃəs] adj. 1 꽉 누른, 단단히 잡고(쥐고) 있는. 2 붙어서 떨어지지 않는 (*of*...), 질긴, 강인한; 완강한. ⇒ STUBBORN 類語 ¶ be *tenacious of* life 여간해서 죽지 않다. 3 〔기억력 따위가〕 좋은. ¶ a *tenacious* memory 좋은 기억력. 4 끈질긴, 끈끈한.
~·ly adv. **~·ness** n.

te·nac·i·ty [tinǽsiti] n. U 1 고집, 견지; 완고; 끈질긴 힘. ¶ *tenacity* for life 삶에의 집착. 2 기억력이 좋음, 강기(强記). 3 점착성(력); 끈기.

te·nac·u·lum [tinǽkjuləm] n. (pl. **-la** [-lə])〔외과〕〔혈관 따위를〕집는 갈고리.

ten·an·cy [ténənsi] n. (pl. **-cies**) 1 U〔토지·가옥 따위의〕차용(借用). 2 U 차용 기간, 차용권. 3《고어》차지(借地), 소작지, 셋집. 4 U〔지위 등의〕유지.

ten·ant [ténənt] n. 1 토지 차용자, 소작인; 차가인(借家人)(lessee). 2〔법률〕부동산 보유자, 차지인(借地人). 3 거주자, 주민(inhabitant). ¶ *tenants of* woods 조류. — vt. (보통 수동형으로)〔토지·가옥 따위를〕차용하다, 빌려쓰다(살다). ¶ This house is *tenanted* by my friend. 이 집은 내 친구가 세들어 있다. — vi. 거주하다, 살다(*in*...).

ten·ant·a·ble [ténəntəbl] adj. 차용할 수 있는, 빌려서 살만한.

ténant fármer n. 소작인, 소작농.

ten·ant·less [ténəntlis] adj. 빌려 쓰는 사람이 없는 (untenanted); 빈터(빈집)의(unoccupied).

ténant ríght n. 차지(借地)(차가)권, 전세권, 소작권.

ten·ant·ry [ténəntri] n. U 1〔집합적〕차지인, 소작인, 세든 사람, 차가인. 2 차지(借地)인의 신분; 토지(가옥)의 차용.

ten·ant·ship [ténəntʃip] n. 1 차지(借地)인의 신분. 2 토지의 차용(tenancy).

tén-cènt stòre [ténsènt-] n.《美》10센트 균일의 싸구려 가게. 〔잉어류의 일종.

tench [tentʃ] n. (pl. **tench·es** or **tench**)〔유럽 산(產)〕

Tén Commándments n. pl. (the ~)〔성서〕십계.〔시내(Sinai)산상에서 하나님이 모세(Moses)에게 준 행동 항목의 계율.〕⇒출애굽기(Exod.) 20:2-17; 신명기 (Deut.) 5:6-22〕.

‡**tend**¹ [tend] vi. 1 …의 경향이 있다, …하기 쉽다. ¶ (~+閔) He *tends toward* selfishness. 그는 이기적인 경향이 있다 // (~+to do) Fruits *tend* to decay. 과실은 썩기 쉽다. 2 […에) 공헌하다, 이바지하다, 도움이 되다. ¶ (~+閔+閔) Education *tends to* refinement. 교육은 교화(敎化)에 이바지하고 있다 / UNESCO is *tending toward* world peace. 유네스코는 세계 평화에 공헌하고 있다 // (~+to do) Moderate exercise *tends* to improve our health. 적당한 운동은 건강 증진에 도움이 된다. 3 〔길 따위가〕향하다 (*to*, *toward*...). ¶ (~+ 閔+閔) The road *tends* to the south here. 길은 여기서 남쪽으로 향하고 있다. ◇ téndency n.

tend² [tend] vt. 1〔가축·집 따위를〕지키다 / *tend* a shop 가게를 보다. ¶ *tend* sheep 양을 지키다 / *tend* a shop 가게를 보다. 2 …을 돌보다 (look after), 간호하다; 〔화초 따위를〕손질하다. ¶ *tend* a sick person 환자를 간호하다. 3〔항해〕〔닻이〕얽히지 않도록〔배의〕망을 보다. 4《주로 美방언》…에 출석하다 (attend). — vi. 1 시중들다, 돌보다 (*on*, *upon*...). ¶ (~+閔+閔) She *tended on* the patient. 그녀는 환자를 돌보았다. 2 주의하다 (*to*...).
◇ téndance n. [<[AT]TEND]

tend·ance [téndəns] n. 1 U〔환자 등을〕돌봐주기, 간호, 병구완. 2 (the ~)〔집합적〕(고어) 시중드는 사람 (attendants), 하인.

ten·den·cious [tendénʃəs] adj. = tendentious.

‡**ten·den·cy** [téndənsi] n. (pl. **-cies**) 1 경향 (inclination), 추세, 풍조 (*to*, *toward*...). ¶ show a *tendency* to increase 증가하는 경향을 보이다 / There is a *tendency toward* centralization. 중앙 집권의 경향이 있다.

類語 **tendency** 일정한 방향을 향해 가는 선천적·후천적 경향; 사회·사상·운동 따위가 나아가는 거스를 수 없는 방향·경향. **direction** 어떤 일정한 점(목표)으로의 행동의 방향: in the *direction* of improvement 개선의 방향으로 나아가고 있는. **trend** 여러 가지로 변동하는 것의 전체로서의 방향·경향: Prices show an upward *trend*. 물가는 상승 경향을 보이고 있다. **drift** 외부의 영향력에 밀리는 방향·경향: a *drift* toward miniskirts 미니스커트로 흐르는 경향.

2 성향, 성벽 (*to*, *toward*...). ¶ He has a strong *tendency* to exaggerate. 그는 과장벽이 강하다. 3〔문학 작품이 지니는 특정한〕의도, 목적, 취향. 4 세(勢), 추세. ¶ The market shows a falling (a rising) *tendency*. 시장은 내림(오름)세이다.

tend¹ v., tendéncious, tendéntious adj.

ten·den·tious [tendénʃəs] adj. 특정의 경향(의도, 목적)을 가진. **~·ly** adv. **~·ness** n.

‡**ten·der**¹ [téndər] adj. 1 부드러운, 연한 (soft) (opp. tough); 무른; 허약한 (fragile). ¶ *tender* meat 연한 고기 / a *tender* skin 상하기 쉬운 피부 / a *tender* shoot 연약한 새 가지. 2 어린, 미숙한 (immature). ¶ a child of *tender* age (*or* years) 어린 아이. 3〔색·빛·감촉 따위가〕부드러운, 약한. ¶ a *tender* color 엷은 색. 4 예민한 (sensitive), 민감한. ¶ a *tender* conscience 예민한 양심. 5 고통을 느끼기 쉬운, [이 따위가] 건드리면 아픈. ¶ a *tender* spot 아픈 데; 약점. 6 다정한, 애정이 담긴 (affectionate); 〔동작 따위가〕조용한, 온화한. ¶ a *tender* mother 애정 깊은 어머니 / a *tender* emotion 애정, 연민의 정. 7 마음 쓰는, 근심하는, 걱정하는 (*of*...). ¶ be *tender of* another's feelings 남의 기분에 신경을 쓰다. 8 세심한 주의를 하는, 미묘한 (delicate). ¶ a *tender* subject 미묘한 문제. 9〔항해〕돛 때문에 배가〕기울기 쉬운 (crank). — vt. 1 …을 부드럽게 하다, 연하게 하다 (make tender, soften). 2 《고어》…을 부드럽게 (소중히) 다루다. ◇ ténderize v.

ten·der² [téndər] vt. 1 …을 제출하다, 내다; …을 제공하다, 제안하다 (offer). ¶ *tender* one's help 원조를 제안하다 / *tender* one's thanks (apologies) 감사(사과)의 말을 하다 // (~+閔+閔) People *tendered* him a farewell party. 사람들은 그를 위해 송별회를 열었다 // (~—回+団+图) He *tendered* his resignation *to* the President. 그는 대통령에게 사표를 제출했다. 2 〖법률〗〖금전 따위를〗 변제를 위해 제공하다. — *vi.* 입찰하다 (*for*...). — *n.* 1 〖정식의〗 제출, 제공, 제의, 신청, 제공물. 2 〖법률〗 변제의 제공. 3 〖상업〗 입찰. ¶ make a *tender for* ⋯의 입찰을 하다.

tend·er[téndər] *n.* 1 감시인, 지키는 사람, 돌보는 사람, 간호인. ¶ a baby *tender* 아이보는 사람. 2 〖대형선〗 부속선, 거룻배; 〖철도〗〖기관차의〗 탄수차. 3 〖막대 걸레 따위에 붙이〗 급수기.

ten·der-eyed[téndəráid] *adj.* 눈매가 부드러운; 시력이 약한.

ten·der·foot[téndərfùt] *n.* (*pl.* -foots *or* -feet [-fìːt]) 1 신참자, 풋내기, 무경험자 (novice). 2 〖미국 서부의 목장·광산 따위의 일이 서툰〗 신참자 (newcomer). 3 〖Boy Scouts 나 Girl Scouts 의〗 최하급자.

ten·der-heart·ed[téndərháːrtid] *adj.* 마음씨가 고운, 인정많은 (sympathetic), 다정다감한. ~**·ly** *adv.* ~**·ness** *n.*

ten·der·ize[téndəràiz] *vt.* (-ized, -iz·ing) 〖고기 따위를〗 연하게 하다 (make tender).

ten·der·loin[téndərlɔ̀in] *n.* 1 〖UC〗〖소·돼지 따위의〗 허리 부분의 연한 살코기, 안심. 2 (T-) 〖전에 New York 에 있던 악덕·부패로 유명했던〗 환락가; 〖일반적으로 각 도시의〗 번화가.

‡**ten·der·ly**[téndərli] *adv.* 부드럽게; 상냥하게, 친절히; 상하기 쉽게; 예민하게.

ten·der-mind·ed[téndərmáindid] *adj.* 이상주의적인, 다정한.

‡**ten·der·ness**[téndərnis] *n.* 〖U〗 부드러움, 허약; 상냥함, 예민, 민감 (sensibility), 다루기 어려움.

ten·der·om·e·ter[tèndərámitər/-rɔ́m-] *n.* 〖과일·채소 따위의〗 숙도(熟度) 측정기.

ten·di·nous[téndinəs] *adj.* 건(腱)의(같은), 건질(腱質)의.

ten·don[téndən] *n.* 1 〖해부〗 건(腱) (sinew). ¶ Achilles' *tendon*; the *tendon* of Achilles 아킬레스 건. 2 〖철근 콘크리트의〗 철근.

ten·dril[téndril] *n.* 〖식물〗 덩굴손, 덩굴〖모양의 것〗.

ten·dril·lar[téndrilər] *adj.* =tendrilous.

ten·dril·ous[téndrilər] *adj.* 덩굴손〖모양〗의.

Ten·e·brae[ténibrìː, -brèi] *n. pl.* 〖단·복수 양용〗〖가톨릭〗 테네브리〖부활절 전주의 성목·금·토요일에 교회에서 행하는 기도식의 낭송과 아침 기도〗.

ten·e·brif·ic[tènibrífik] *adj.* 어둠을 낳는; 어두운.

ten·e·brose[ténibrous] *adj.* =tenebrous.

ten·e·brous[ténibrəs] *adj.* 어두운 (dark), 음침한 (gloomy), 뚜렷하지 않은 (obscure).

10820 [tén èit twénti] *n.* =methadone.

1080, ten-eight·y[ténéiti] *n.* 〖화학〗 플루오르 초산 나트륨〖쥐약의 일종〗.

‡**ten·e·ment**[ténimənt] *n.* 1 가옥, 주택; 〖詩〗 사는 곳. ¶ The soul's *tenement* 영혼이 깃드는 곳, 육체. 2 =tenement house. 3 아파트 (apartment). 대실(貸室). 4 셋집, 차지(借地). 5 (~s)〖법률〗 보유 재산〖토지·가옥 따위 영구히 보유되는 것〗; 가옥. ◇ teneméntal, teneméntary *adj.*

ten·e·men·tal[tènimént1] *adj.* 보유물의, 주택지의; 〖차가〗인이 보유하는.

ten·e·men·ta·ry[tèniméntəri] *adj.* =tenemental.

ténement hòuse *n.* 공동 주택, 싸구려 아파트.

te·nes·mus[tinézməs] *n.* 〖U〗〖병리〗 결리(結痢), 이급후증(裏急後重) 〖대소변이 마려우면서도 잘 나오지 않는 증세〗. ¶ vesical *tenesmus* 방광(膀胱)의 결리.

ten·et[ténit, tíː-] *n.* 교의(教義), 신조, 주의 (principle). 〖10페센트, 열 겹으로,

ten·fold[ténfòuld, ∠∠] *adj.* 10배의, 열 겹의.— *adv.*

ten-four[ténfɔ́ːr/-fɔ́-] *n., interj.* 〖美속어〗 양해.

tén-gàl·lon hát[téngǽlən-] *n.* 〖카우보이가 쓰는〗 챙 넓은 펠트 모자 (cowboy hat).

Tenn.《略》Tennessee.

ten·ner[ténər] *n.* 1 〖美어〗 10달러 지폐 (ten-dollar bill). 〖英어〗 10파운드 지폐 (ten-pound note). 2 〖속어〗 10년간의 체형, 10년 형기.

Ten·nes·se·an, -see-[tènəsíːən] *adj.* 테네시주의; 테네시주 사람의. — *n.* 테네시주의 주민.

*‡**Ten·nes·see**[tènəsíː] *n.* 1 테네시주〖미국 동남부의 주; 주도(州都) Nashville; 略 Tenn.〗. 2 (the ~) 테네시 강.

Tennessèe Válley Authòrity *n.* (the ~) 테네시강 유역 개발 공사〖略 TVA〗.

‡**ten·nis**[ténis] *n.* 〖U〗 1 테니스, 정구 (lawn tennis). 2 〖옛날의〗 실내 정구 (court tennis).

ténnis àrm *n.* 테니스 암〖정구 따위의 과도한 운동으로 인한 팔의 통증 (염증)〗.

ténnis bàll *n.* 정구공.

ténnis còurt *n.* 〖U〗 정구 코트.

ténnis èlbow *n.* 정구 따위가 원인이 되어 걸리는 팔꿈치의 관절염.

ténnis shòe *n.* 정구화, 운동화.

ten·nist[ténist] *n.* 테니스를 하는 사람, 정구 선수.

ténnis tòe *n.* 테니스 발가락〖정구 따위의 과도한 운동으로 인한 발가락의 통증(염증)〗.

Ten·ny·so·ni·an[tènisóuniən] *adj.* Tennyson의, Tennyson풍의. 〖< 영국의 시인 Alfred Tennyson (1809-92)의 이름〗

ten·on[ténən] *n.* 〖목공〗 장부. ⇒ MORTISE 그림. — *vt.* ⋯을 장부로 잇다; ⋯에 장부를 만들다.

*‡**ten·or**[ténər] *n.* 1 진로, 행로 (course), 흐름 (drift); 〖생활 따위의〗 방침. 2 〖문서의〗 취지 (intent), 대의 (大意) (*of*...). ¶ get the *tenor of* a sentence 문장의 대의를 파악하다. 3 〖U〗〖음악〗 테너〖남성음의 최고음〗. 〖C〗 테너 가수; 테너 악기; 테너 성부. ♢ BASS[1]. 4 〖U〗〖폐어〗 특질, 특성. — *adj.* 〖음악〗 테너의.

ten·or·ist[ténərist] *n.* 테너 가수.

ten·or·less[ténərlis] *adj.* 방침이 없는, 취지가 없는.

te·not·o·my[tinátəmi/-nɔ́t-] *n.* 〖UC〗 (*pl.* -mies) 〖외과〗 절건술(切腱術).

ten·pen·ny[ténpèni, -pəni/-pəni] *adj.* 1 〖길이 3인치의〗 큰 못의. 2 10펜스의.

tén percénter *n.* 《美口》 〖배우·작가의〗 대리인, 대행인〖수수료를 10% 받는 데서〗.

ten·pins[ténpìnz] *n. pl.* 1 〖단수 취급〗 십주희(十柱戲) 〖볼링의 일종〗. 2 〖복수 취급〗 십주희에 쓰이는 열 개의 기둥.

ten·pound·er[ténpáundər] *n.* 1 여을멸 (ladyfish). 2 〖중남미 원주민이 쓰는〗 칼, 손도끼 (machete).

ten·rec[ténrek] *n.* 텐렉〖고속도치 비슷한 마다가스카르섬산(産)의 식충 동물〗.

*‡**tense**[1][tens] *adj.* (**ténsˑer, ténsˑest**) 1 〖밧줄 따위가〗 팽팽한, 팽팽하게 당겨진. 2 〖신경 따위가〗 긴장한, 곤두선; 〖긴장하여〗 부자연한, 어색한. ¶ a *tense* moment 긴장의 한 순간. 3 〖음성〗 혀의 근육이 긴장한, 협착음(狹窄音)의. *opp.* lax. — *vt., vi.* (**tensed, tens·ing**) 팽팽하게 하 (되다), 긴장시키다 (하다). ~**·ly** *adv.* ~**·ness** *n.* ♢ **ténsity, ténsion** *n.*

*‡**tense**[2] [tens] *n.* 〖U〗〖문법〗 〖동사의〗 시제 (時制), 시상(時相). ¶ the present (past, future) *tense* 현재 (과거, 미래) 시제.

ten·si·bil·i·ty[tènsəbíliti] *n.* 〖U〗 신장성 (伸張性).

ten·si·ble[ténsəbl] *adj.* 잡아늘일 수 있는.

ten·sile[ténsi(i)l/-sail] *adj.* 1 장력(張力)의, 신장의. ¶ *tensile* force [force], / *tensile* strength [force]] 장력 강도, 항장력(抗張力). 2 잡아 늘일 수 있는, 팽팽하게 할 수 있는 (ductile). ~**·ly** *adv.*

ten·sil·i·ty[tensíliti] *n.* 〖U〗 신장성, 장력, 긴장성.

ten·sim·e·ter[tensímitər] *n.* 1 가스 압력계. 2 증

기 압력계.
ten·si·om·e·ter [tènsiámitər/ -ɔ́m-] n. 장력계.
ten·si·om·e·try [tènsiámitri/ -ɔ́m-] n. ⓤ 장력학.
***ten·sion** [tén∫(ə)n] n. **1** 긴장, 신장. ¶ *the tension* of a rope 밧줄의 팽팽함. **2** [정신·감정 따위의] 긴장, 불안 (anxiety). **3** [정세 따위의] 긴박, 긴장 [상태]. **4** [물리] 장력, 응력(應力), 왜력(歪力) ; [기체의] 팽창력, 압력. **5** [전기] 전압 (voltage). **6** ⓒ [기계] 신장 장치.
ten·sion·al [tén∫ən(ə)l] adj. 긴장의, 장력의.
ten·si·ty [ténsiti] n. 긴장 [상태].
ten·sive [ténsiv] adj. 긴장케 하는(이 생기는).
ten·sor [ténsər] n. **1** [해부] 장근(張筋). **2** [수학] 텐서.
ténsor líght(lámp) n. 텐서 라이트 [조명 위치를 자유롭게 바꿀 수 있는 탁상 조명 기구].
ten-spot [ténspɑ̀t/ -spɔ̀t] n. 《속어》 **1** [카드의] 10점 패. **2** 10달러 지폐.
ten-strike [ténstràik] n. **1** [십주희(十柱戱)에서의] 스트라이크. **2** 《구어》대성공, 큰 히트.
‡**tent**[1] [tent] n. **1** 천막, 텐트; 천막 모양의 것; 산소흡입 천막(oxygen tent). ¶ pitch a *tent* 천막을 치다 / strike a *tent* 천막을 걷다. **2** [사진] 휴대 암실 (dark tent). **3** 《비유적》주거, 집 (dwelling). — vt. …을 천막으로 덮다; …을 천막에 재우다. — vi. 천막을 치다; 천막에 묵다.
tent[2] [tent] n. ⓤ 《英》[스페인산(産)의] 진홍색의 달콤한 포도주 [특히 성찬용].
tent[3] [tent] n. [외과] 벌어진 상처에 넣는 가제[심]. — vt. [상처 구멍에] 가제를 끼워넣어 구멍을 벌려 놓다.
ten·ta·cle [téntəkl] n. **1** [동물] 촉수, 촉각 (feeler). **2** [식물] [끈끈이주걱 (sundew) 따위의] 촉사(觸絲), 촉모.
ten·ta·cled [téntəkld] adj. 촉수(촉사)가 있는.
ten·tac·u·lar [tentǽkjulər] adj. 촉수(촉사) [모양]의.
***ten·ta·tive** [téntətiv] adj. **1** 시험(실험)적인, 일시적인, 임시의. ¶ a *tentative* plan 시안(試案) / a *tentative* theory 가설. **2** 망설이는 (hesitant), 불확실성이 있는 (unsure). — n. 시안, 시도, 가설. ~·ly adv. ~·ness n.
ténd bèd n. 천막 모양의 닫집이 달린 침대.
ténd cáterpìllar n. 송충나방과(科)의 곤충.
tent·ed [téntid] adj. **1** 천막에 덮인, 천막에 사는. **2** 천막형의.
ten·ter[1] [téntər] n. **1** 천을 펴서 말리는 틀, 폭(幅)을 당겨 펴는 장치. **2** [폐어] = tenterhook. — vt. [직물]을 펴서 말리는 틀에 걸다. — vi. [직물이] 펴는 틀에 퍼지다.
ten·ter[2] [téntər] n. 《英》지키는 사람, 감시원; [공장의] 기계 감시원.
ten·ter·hook [téntərhùk] n. 직물을 펴서 말리는 틀에 쓰는 갈고리(못).
on tenterhooks 애가 타서, 걱정되어.
ténd fly n. 천막 덮개.
‡**tenth** [tenθ] adj. **1** 제10의, 열 번째의. **2** 10분의 1의. — n. **1** (보통 the ~) 제10번째, 열 번째의 것; [매달의] 10일. **2** 10분의 1. **3** (보통 the ~) [음악] 제10음 [정]. **4** 《英》[옛날의] 10분의 1세(稅). ~·ly adv.
ténth-ràte [ténθrèit] adj. 질이 떨어지는, 최저의.
ténd pèg n. 천막 말뚝.
ténd pègging n. 천막 말뚝 뽑기 [말 타고 달리면서 창 끝으로 천막 말뚝을 뽑아내는 인도의 기마술].
ténd shòw n. 텐트 흥행, 서커스.
ténd stítch n. 《자수》비스듬히 평행으로 수놓기.
tent-trail·er [ténttrèilər] n. 텐트식 트레일러 [이동 캠프용].
ten·u·is [ténjuis] n. (pl. **-u·es** [-juːèːs]) [그리스 문법] 무성 파열음 [[k, t, p]].

te·nu·i·ty [ten(j)úːiti / -njúː-] n. ⓤ **1** 얇음, 가늚 (slenderness). **2** [공기 따위의] 희박 (thinness). **3** [빛·소리 따위의] 미약 (faintness). **4** [지혜 따위의] 빈약 (meagerness).
ten·u·ous [ténjuəs] adj. **1** [모양이] 얇은, 가는 (slender). **2** [공기 따위가] 희박한 (rarefied). **3** 빈약한, 박약한; 시시한; 보잘것없는. ~·ly adv. ~·ness n.
ten·ure [ténj(u)ər] n. **1** ⓤⓒ 보유, 유지 (holding). ¶ one's *tenure* of life 수명. **2** ⓤ [토지 따위의] 보유, 소유; 보유권. ¶ feudal *tenure* 봉건적인 토지 보유[권] / *tenure* for life 종신 토지 소유권. **3** 보유 기간; ⓤ 보유 조건. ¶ during one's *tenure* of office 재직중. **4** ⓤ [특히 대학 교수의] 종신 재직권.
te·nu·to [tənúːtou/ te-] 《음악》 adj. [음을] 지속한 (하여). — n. (pl. **-tos** or It. **-ti** [-tiː]) 지속음(부호).
te·o·cal·li [tìːəkǽli] n. 테오칼리 [고대 멕시코인·중앙 아메리카 원주민의 신전].
te·pa [tíːpə] n. ⓤ 테파 [제암제(制癌劑)].
te·pee [tíːpiː] n. [아메리카 인디언의] 천막집.
tep·e·fac·tion [tèpifǽk∫(ə)n] n. ⓤ 미온화(微溫化).
tep·e·fy [tépifài] v. (**-fied**, **-fy·ing**) vt. …을 미지근하게 하다. — vi. 미지근해지다.
tep·id [tépid] adj. **1** 미지근한, 미온의 (lukewarm). **2** 열의가 없는. ~·ly adv. ~·ness n.
tep·i·dar·i·um [tèpidɛ́(ː)riəm / -dɑ́r-] n. (pl. **-dar·i·a** [-dɛ́(ː)riə / -dɑ́r-]) [고대 로마 욕탕의] 미온 욕실(微溫浴室).

[tepee]

te·pid·i·ty [tipíditi / te-] n. ⓤ 미온, 미지근함; 열의가 없음.
TEPP 《略》《화학》 tetraethyl pyrophosphate (살충제).
te·qui·la [tekíːlə] n. **1** 테킬라 [멕시코산(産)의 용설란 줄기의 즙으로 만든 독한 술]. **2** [멕시코산] 용설란.
ter [təːr] 《라틴》(= three times) [처방에서] 3회, 세 번.
ter- thrice의 뜻의 연결형. 예: *ter*centennial.
ter. 《略》《라틴》 tere (= rub); terrace; territory.
tera- 10의 12제곱의 뜻의 연결형 [기호는 T]. 예: *tera*bit (10¹² 비트).
ter·a·phim [térəfim] n. pl. (sing. **ter·aph** [térəf]) [고대 헤브라이 사람의] 가신상(家神像).
ter·a·tism [térətìz(ə)m] n. ⓤ **1** 괴이(기형) 숭배 (애호). **2** 괴물 (monstrosity).
ter·a·to·gen [térətədʒən] n. 기형 발생 물질.
ter·a·to·gen·ic·i·ty [tèrətòudʒənísiti] n. ⓤ [의약품 따위의] 최기성(催奇性) [기형을 발생시키는 성질].
ter·a·to·log·i·cal [tèrətəládʒikəl / -lɔ́dʒ-] adj. 기형학상의; 괴이(괴물) 연구의.
ter·a·tol·o·gist [tèrətálədʒist / -tɔ́l-] n. 기형학자; 괴이 연구자.
ter·a·tol·o·gy [tèrətálədʒi / -tɔ́l-] n. ⓤ **1** [생물] [동식물의] 기형학. **2** 괴기(怪奇) 연구.
ter·bi·um [tə́ːrbiəm] n. ⓤ [화학] 테르븀 [금속 원소의 하나; 원자 기호 Tb].
ter·cel [tə́ːrsl] n. [매 사냥에 쓰는] 매의 수컷.
ter·cen·te·nar·y [təːrséntənèri, tə̀ːrsenténəri / tə̀ːrsentíːnəri] adj. 300년간의. — n. (pl. **-nar·ies**) 300주년 기념[일].
ter·cen·ten·ni·al [tə̀ːrsenténiəl, -njəl] adj., n. = tercentenary.
ter·cet [tə́ːrsit, + æt tə̀ːrsét], **tier·ce** [tiərsit] n. **1** [韻律] 3행 압운 연구 (押韻聯句). **2** 《음악》 셋잇단음표 (triplet).
Ter·com [tə́ːrkɑ̀m / -kɔ̀m] n. 《군사》 터컴 [목표 지점까지의 지형을 미사일의 컴퓨터에 기억시켜서 순항 미

ter·e·bene [térəbìːn] *n.* ⓤ 〔화학〕 테레벤.
te·reb·ic [terébik] *adj.* 〔화학〕 테레빈산(酸)의.
terébic ácid *n.* ⓤ 테레빈산.
ter·e·binth [térəbìnθ] *n.* 테레빈 나무 〔유럽산(産)〕 옻나무과(科)의 식물. 테레빈 기름을 채취].
ter·e·bin·thine [tèrəbínθin / -θain] *adj.* 1 테레빈 나무의. 2 테레빈[질]의.
te·re·do [tərí:dou] *n.* (*pl.* **-dos** or **-di·nes** [-rí:diniːz]) 좀조개 〔판새류에 속하는 조개〕.
ter·gal [tə́ːrg(ə)l] *adj.* 〔동물〕 등 [부분]의 (dorsal).
ter·gi·ver·sate [tə́ːrdʒivərsèit] *vi.* (**-sat·ed, -sat·ing**) 1 변절하다 (apostatize). 2 얼버무리다, 핑계를 대다, 거짓말을 하다 (equivocate).
ter·gi·ver·sa·tion [tə̀ːrdʒivərséi(ʃ)ən] *n.* ⓤⓒ 1 변절 (apostasy). 2 핑계, 둔사(遁辭) (evasion).
ter·gi·ver·sa·tor [tə́ːrdʒivərsèitər] *n.* 변절자; 얼버무리는 사람.
‡term [təːrm] *n.* 1 말 (word); 술어, 전문어; 용어. ¶ a colloquial *term* 구어(口語) / law *terms* 법률 용어 / technical *terms* 전문어 / honorary *terms* 경칭.
2 (~s) 말씨, 표현. ¶ in plain *terms* 쉬운 말로 말하면, 쉽게 말하면 / in set *terms* 단호히 / speak in high *terms* of a person 남을 극구 칭찬하다.
3 ⓒⓤ 기간; 기한; 학기. ¶ a *term* of suspension 정지 기간 / a *term* of validity 유효 기간 / a *term* of one's life 수명; 일생 / a *term* deposit 정기 예금 / a *term* insurance 정기 보험 / during one's *term* of office 임기 중 / the first *term* 제1학기 / keep a *term* 한 학기 동안 출석하다.
4 ⓒⓤ 〔법원의〕 개정기(開廷期); 〔지불 등의〕 기일; 〔의학〕 〔임신의〕 만기. ¶ fix a *term* of payment 지불 기일을 정하다 / be born at *term* 달이 차서 출생하다.
5 (~s) 〔지불·가격 따위의〕 조건 (condition); 약정, 협정, 규정. ¶ *terms* of payment 지불 조건 / *terms* and conditions 거래 조건 / set *terms* 조건을 달다 / get better *terms* 더 좋은 조건을 얻어내다.
6 (~s) 대인 관계, 사이 (relation); 친한 사이 (관계). ¶ be on good (bad) *terms* with …와 사이가 좋다(나쁘다) / be on friendly *terms* with …와 친하다 / be on speaking *terms* with …와 말을 주고받는 사이이다.
7 〔수학〕 항(項); 〔기하〕 한계점(선, 면).
8 〔논리〕 명사(名辭). ¶ the major (minor) *term* 대(소) 명사.
9 〔건축〕 〔로마 시대의〕 경계주(境界柱) (boundary [post]).
10 〔법률〕 〔토지의〕 차용 기간; 기한부 차지(借地).
11 〔고어〕 경계, 한계(boundary); 끝, 종말 (end).
be in terms 담판중이다.
bring ... to terms …을 항복시키다, 따르게 하다.
come to terms ① 협정이 성립되다(reach an agreement). ② 항복하다.
eat one's terms ⇒ EAT.
in any term 어떤 일이 있어도.
in terms of ① …의 말로; …의 항(식)으로. ② …에 의하여, …으로 환산하여, …의 견지에서. (되다).
make terms with …과 타협하다, …과 이야기가 성립 ***not on*** (or ***upon***) ***any terms*** 결코 …않다. [하다.
on easy terms 할부로; 저리(低利)로.
set a term to ① …에 기한을 정하다. ② …을 제한하다.
—— *vt.* …이라고 칭하다, 이름짓다, 부르다 (name, call). ¶ (~+圈+匣) The dog is *termed* John. 그 개는 존이라 불리운다.
◇ térmless *adj.*
term. (略) terminal, termination.
ter·ma·gan·cy [tə́ːrməgənsi] *n.* ⓤ 〔여성의〕 성질이 팔괄함, 입심 사나움, 우락부락함.
ter·ma·gant [tə́ːrməgənt] *n.* 1 입심 사나운 여자, 잔소리가 심한 여자. 2 (T-) 사나운 신 〔중세 기독교도가 회교의 신으로 생각하던 난폭한 신〕. —— *adj.* 입심 사나운, 거친. ~**ly** *adv.*
térm dày *n.* 지불일; 만기일; 사제(四季) 지불일.
térm·er [tə́ːrmər] *n.* 《주로 복합어를 만들어》 복역중인 죄수. ¶ a second-*termer* 전과 2범〔자〕. 〔유한.
ter·mi·na·bil·i·ty [tə̀ːrminəbíliti] *n.* ⓤ 유기(有期),
ter·mi·na·ble [tə́ːrminəbl] *adj.* 끝맺을 수 있는; 〔연금·계약의〕 기한부의, 기한이 있는. ¶ a *terminable* annuity 기한부 연금. ~**ness** *n.* -**bly** *adv.*
*ter·mi·nal [tə́ːrmin(ə)l] *adj.* 1 맨끝의, 종말의, 결말의. ¶ the *terminal* stage 말기. 2 종점의. ⇒ LAST¹ 題語 ¶ the *terminal* station 종착역. 3 정기의, 매기의, 학기의. ¶ a *terminal* examination 학기말 시험. 4 〔식물〕 〔싹·꽃이〕 정생(頂生)의. 5 〔의학〕 말기(末期)의. ¶ a *terminal* case(patient) 말기 환자, 죽을 때가 된; 반드시 죽는. —— *n.* 1 말단, 종말. 2 〔철도 따위의〕 종점, 종착역, 터미널〔英〕 terminus). 3 〔전기〕 〔전지의〕 단자(端子); 전극(電極), 극(極). 4 〔건축〕 경계주(境界柱); 〔기둥 따위의〕 끝머리 장식. 5 학기말 시험. 6 〔컴퓨터〕 단말 장치〔데이터의 입출력 장치〕. ~**ly** [-nəli] *adv.*
◇ términus *n.*, términate *v.*
términal fígure *n.* 경계상(境界像).
términal identificátion *n.* 〔컴퓨터〕 단말 장치 식별 기구. 〔가.
términal léave *n.* ⓤ 〔군대〕 〔제대 전의〕 마지막 휴 **términal márket** *n.* 〔도시의〕 농산물 하치장. 〔치.
términal scánner *n.* 〔사진〕 단말 주사(走査) 장 **términal vóltage** *n.* 〔컴퓨터〕 극전압(極電壓).
‡ter·mi·nate *v.* [tə́ːrminèit → *adj.*] (**-nat·ed, -nat·ing**) *vt.* 1 …을 끝내다, 마치다, 종결시키다. ¶ *terminate* a story 이야기를 끝내다 / *terminate* a contract 계약을 종결시키다. 2 …을 한정하다, 막다, 가로막다. ¶ The building *terminates* the view. 그 건물이 전망을 가로막는다. —— *vi.* 1 끝나다, 결말나다, 다되다. 2 〔…으로〕 끝나다(*in, at, with* …); 〔…으로〕 돌아가다 (*result in*...). ¶ (~+匣+匣) His efforts *terminated* in utter failure. 그의 노력은 수포로 돌아갔다. 3 〔교통기관이〕 〔…에서〕 종점이 되다(*at*...). —— *adj.* [tə́ːrminit] 유한의, 종지(終止)의. ¶ a *terminate* decimal 〔수학〕 유한 소수. ◇ términus, terminátion *n.*, términal, terminátional *adj.*
*ter·mi·na·tion [tə̀ːrminéiʃ(ə)n] *n.* ⓤⓒ 1 종지(終止), 종료, 종국, 결말. ⇒ END 題語 ¶ bring...to a *termination*; put a *termination* to …을 끝맺다. 2 말단; 종점; 한계. 3 결과, 결론. 4 ⓒ 〔문법〕 접미사 (suffix), 어미 (ending).
◇ términate *v.*, terminátional, términative *adj.*
ter·mi·na·tion·al [tə̀ːrminéiʃ(ə)nəl] *adj.* 1 종지의, 말단의. 2 〔문법〕 접미사의, 어미의.
ter·mi·na·tive [tə́ːrminèitiv / -nətiv] *adj.* 1 끝 맺는, 종결의, 결정적인. 2 〔문법〕 〔접미사 따위가〕 방향(종지)을 나타내는. —— *n.* 〔문법〕 접미사 (suffix). ~**ly** *adv.*
ter·mi·na·tor [tə́ːrminèitər] *n.* 1 종결자(물). 2 〔천문〕 〔달·별 따위의〕 명암계선(明暗界線) 〔밝은 부분과 어두운 부분의 경계선〕. 〔minal.
ter·mi·na·to·ry [tə́ːrminətɔ̀ːri / -t(ə)ri] *adj.* =TER·
ter·mi·ni [tə́ːrminài] *n.* terminus의 복수형의 하나.
ter·min·ism [tə́ːrminìz(ə)m] *n.* ⓤ 1 은혜 유한론 〔신이 정한 회개의 시기를 놓치면 구원받을 수 없다는 설〕. 2 〔철학〕 명사(名辭)주의, 명목론, 유명론(唯名論) (nominalism).
ter·min·ist [tə́ːrminist] *n.* 은혜 유한론자; 유명론자.
ter·mi·no·log·i·cal [tə̀ːrmináládʒik(ə)l / -lɔ́dʒ-] *adj.* 용어(상)의, 술어(術語)의, 술어학(學)의. ~**ly** [-kəli] *adv.*
ter·mi·nol·o·gy [tə̀ːrminálədʒi / -nɔ́l-] *n.* ⓤ 1 용어, 술어. ¶ technical *terminology* 전문어. 2 술어학,

용어법.
térm insùrance n. 정기 보험[계약 기간 내의 사망에 대하여만 보험금을 지불하는 보험].
*__ter·mi·nus__ [tə́ːrminəs] n. (pl. **-nus·es** or **-ni**) **1** 끝, 끄트머리, 말단. **2** 〔철도 따위의〕종점. ⇨ END 類語 **3** (英)종착역, 종점 도시. **4** 목적지(goal). **5** 경계, 한계; 경계표. **6** (T-) 〔로마 신화〕테르미누스[경계표의 신]; 그 像(像). ◇ **términal** adj., **términate** v.
ter·mi·nus ad quem [tə́ːrminəs æd kwém] n. (라틴)(=end toward which) [토론 따위의] 도착점, 귀착점(finishing point); 목표(aim).
ter·mi·nus a quo [tə́ːrminəs ei kwóu] n. (라틴)(=end from which) [토론 따위의] 출발점; 시기(始期).
ter·mi·ta·ry [tə́ːrmitèri / -təri] n. (pl. **-ries**) 흰개미집.
ter·mite [tə́ːrmait] n. 흰개미 (white ant).
term·less [tə́ːrmlis] adj. **1** 기한이 없는(limitless); 한이 없는. **2** 무제한의.
term·or [tə́ːrmər] n. 〔법률〕정기(정명)(종신) 부동산 보유권자.
térm páper n. 〔학생의〕학기말 리포트.
térms of tráde n. pl. 〔경제〕교역 조건〔수출품과 수입품의 교환 비율〕.
term·time [tə́ːrmtàim] n. U 〔학교의〕재학 기간.
tern[1] [tə́ːrn] n. 제비갈매기.
tern[2] [tə́ːrn] n. **1** 〔세 개의 한 벌(조)〕. **2** 셋을 갖추면 당첨되는 복권; 그 상품. **3** 〔항해〕세 돛대의 스쿠너.
tern[3] [tə́ːrn] n. (美俗어) 〔의학〕 인턴. (<intern)
ter·nal [tə́ːrn(ə)l] adj. 세 개의 한 벌(조)의, 세 겹의 (triple).
ter·na·ry [tə́ːrnəri] adj. **1** 세 개의 한 벌의, 세 겹의 (triple). **2** 세 번째의, 제3위의(third). **3** 〔화학〕3원(元)의, 3원자로 된, 3성분의. **4** 〔수학〕3원의, 3진(進)의, **5** 〔음〕〔합금이〕3성분의. ── n. (pl. **-ries**) 세개 한 벌로 된 것.
ter·nate [tə́ːrnit, +美 -neit] adj. **1** 세 개씩 한 벌의, 셋으로 된; 세 개씩 배열된. **2** 〔식물〕삼출(三出)의, 세 잎 래의. **~·ly** adv.
térne·plàte [tə́ːrnplèit] n. 양철판.
te·ro·tech·nol·o·gy [tèrou(u)teknálədʒi / -nɔ́l-] n. U 보전(保全) 공학.
ter·pene [tə́ːrpiːn] n. 〔화학〕테르펜.
Terp·sich·o·re [tərpsíkəri] n. **1** 〔그리스 신화〕테르프시코레〔무용의 여신, Muses의 하나〕. **2** (t-) U 무용법.
terp·si·cho·re·an [tə̀ːrpsikərí(ː)ən] adj. **1** 무용의. **2** (T-) Terpsichore의. ── n. (익살) 댄서 (dancer).
terr. (略) terrace; territory.
ter·ra [térə] n. (라틴) **1** (=land, ground) 땅, 토지, 대지.
‡**ter·race** [térəs] n. **1** 〔경사지 따위를 층층으로 깎은〕단지(段地), 대지(臺地), 〔단지의 제일 위의 지〕고대(高臺); 계단 모양의 뜰. **2** 테라스〔휴식·식사 따위의 장소〕. **3** 〔해안 따위의〕단구(段丘). **4** 납작 지붕(flat roof). **5** (美) 〔가로 중앙의〕소공원. **6** 〔주로 英〕테라스 하우스〔고대나 비탈의 양측에 계단식으로 지어진 연결 주택〕, ── vt. (-raced, -racing) **1** ⋯을 대지로 만들다, ⋯에 계단을 마련하다; ⋯에 테라스를 달다.
térraced hóuse [térəst-] n. (英)테라스 하우스.
térra cót·ta [-kátə / -kɔ́tə] n. **1** U 테라코타, 〔이탈리아의〕붉은 질그릇, 유약을 바르지 않고 구운 도기, 질그릇 토기, 테라코타 인형. **3** U 적갈색.
ter·ra-cot·ta [térəkátə / -kɔ́tə] adj. 테라코타의; 적갈색의.
térra fír·ma [-fə́ː-] n. U (라틴) 〔물·공기에 대하여〕육지, 대지.
ter·rain [təréin, te- / térein, -´-] n. **1** 〔특히 군사상의 관점에서의〕지(地) 지역, 지대, 지세. **2** 〔지질〕=terrane.
ter·ra in·cog·ni·ta [térə inkágnitə / -kɔ́g-] n. (라틴)
ter·rae in·cog·ni·tae [tèriː inkɔ́gnitiː / -kɔ́g-] (라틴)
(=unknown land) 미지(미개)의 나라(땅, 분야).
Ter·ra·my·cin [tèrəmáisin] n. 《상표명》〔약〕테라마이신〔페렴·티푸스 따위에 듣는 항생 물질의 일종〕.
Ter·ran [térən] n. 지구인(地球人).
ter·rane [teréin, -´-] n. 〔지질〕암층(岩層) (terrain).
ter·ra·pin [térəpin] n. 북미산(産)의 식용 거북.
ter·ra·que·ous [teréikwiəs] adj. 〔지구처럼〕 육지와 물로 된.
ter·rar·i·um [teré(ː)riəm/-réər-] n. (pl. **-i·ums** or **-i·a** [-riə]) **1** 육생·동식물 자연 생태원(관). cf. aquarium **2** 〔식물 재배용의〕유리 그릇, 유리 온실.
ter·raz·zo [teréɛzou, terɑ́ːtsou] n. U 테라조 〔대리석 부스러기를 박고 갈아서 반들반들한 시멘트 바닥〕.
ter·rene [teríːn / -´-] adj. **1** 지상의 (earthly), 현세의 (worldly). **2** 지구의; 흙의, 토질의 (earthy). ── n. 지구; 토지, 지역 (region).
ter·re·plein [térəplèin] n. 〔築城〕〔성벽·성채 위의〕대포를 놓는 평평한 장소.
ter·res·tri·al [tiréstriəl] adj. **1** 지구〔상〕의. ⇨ EARTHLY 類語 ¶ a terrestrial globe 지구의 / terrestrial magnetism 지자기 (地磁氣). **2** 뭍의, 육지의. **3** 〔식물〕육생(陸生)의; 〔동물〕육서(陸棲)의. ¶ terrestrial animals 육서 동물. cf. aquatic **4** 현세의, 속세의. ── n. 지구의 주민(생물), 인간. **~·ly** [-əli] adv.
ter·ret [térit] n. 〔안장의〕고삐를 꿰는 고리.
‡**ter·ri·ble** [térəbl] adj. **1** 무서운, 가공할, 두려운 (dreadful). **2** 심한, 괴로운, 지독한, 맹렬한 (intense), 엄청난. ¶ terrible heat 지독한 더위, 혹서(酷暑). **3** (구어)아주 서투른 (very bad), 불쾌한. ¶ a terrible performance 서투른 연기. ── adv. (구어)=terribly. **~·ness** n. ◇ **térror** n., **térribly** adv.
‡**ter·ri·bly** [térəbli] adv. **1** 무섭게, 지독하게 (horribly). **2** (구어)몹시, 굉장히, 대단히 (excessively).
ter·ric·o·lous [teríkələs] adj. 〔식물〕육생(陸生)의; 〔동물〕육서(陸棲)의.
*__ter·ri·er__[1] [tériər] n. **1** 테리어〔애완용·사냥용의 개〕. **2** (T-) (美) 지대공 (地對空) 미사일. **3** (英속어)국방 의용군 병사 (territorial).
ter·ri·er[2] [tériər] n. 〔법률〕토지 대장.
*__ter·rif·ic__ [tərífik] adj. **1** (구어)대단한, 지독한, 맹렬한. ¶ a terrific speed 맹렬한 스피드. **2** 무서운, 굉장한. **3** (구어) 멋진, 훌륭한 (unusually fine). ¶ This town is terrific and the people are really nice. 이 고장은 최고이고 사람들도 아주 친절하다.
-i·cal·ly [-ikəli] adv. ◇ **térrify** v.
‡**ter·ri·fy** [térəfài] vt. (-fied, -fy·ing) …을 무서워하게 하다, 겁나게 하다, 놀래다 (frighten) * 종종 수동형으로 형용사적으로 쓰이다 ¶ be terrified out of one's senses 놀라서 혼비백산하다 / He was terrified at the news. 그는 그 소식에 겁을 먹었다 // (~+图+前+图) He was terrified into subjection. 그는 무서워져서 복종했다. ◇ **térror** n., **terrífic** adj.
ter·ri·fy·ing [térəfàiiŋ] adj. 무섭게 하는, 놀라게 하는 (frightening); 무서운. **~·ly** adv.
ter·rig·e·nous [terídʒənəs] adj. **1** 땅에서 나는, 토생 (土生)의. **2** 〔지질〕〔해저 퇴적물이〕육지에서 유래하는.
ter·rine [tərín] n. **1** 요리를 담아서 파는 오지 단지. **2** 〔단지에 담은〕스튜 요리의 일종. **3** 〔수프 따위를 넣는〕뚜껑 달린 그릇 일종 (tureen).
*__ter·ri·to·ri·al__ [tèrətɔ́(ː)riəl / -tɔ́r-] adj. **1** 영토의. ¶ territorial air (waters, seas) 영공 (領空) (영해) / territorial expansion 영토 확장. **2** 토지의; 지방적인 (local). **3** (美)·캐나다·오스트레일리아 등〕의 준주(準州) (Territory)의. **4** (T-) (군사) 국방의. ── n. (T-) (英)국방 의용군 병사; 〔일반적으로〕지방 수비병. **~·ly** [-əli] adv.
Territórial Ármy n. (the ~) (英)국방 의용군 [1967년 이후 the Territorial and Army Volunteer

Reserve(국방 의용 예비군) 로 개편].

territórial impérative n. 〔인류〕영토 유지 본능.

ter·ri·to·ri·al·ism [tèrit́ɔ́:riəlìzəm] n. 1 지주 제도 (landlordism). 2 〔교회 제도의〕지방주의 [지방 지배자가 종교상 최고 권위를 가지는 제도].

ter·ri·to·ri·al·i·ty [tèritɔ̀:riǽliti] n. 1 영토성; 영토권. 2 〔동물의〕 영토(세력권)를 유지하려는 성질(경향).

ter·ri·to·ri·al·i·za·tion [tèritɔ̀:riəlizéiʃ(ə)n / -ti-·riəlai-] n. ⓤ 영토화, 영토 확장.

ter·ri·to·ri·al·ize [tèritɔ́:riəlàiz / -tɔ́:r-] (*〔英〕에서는 ter·ri·to·ri·al·ise 로도 쓰는〕 vt. (-ized, -iz·ing) 1 …을 영토로 삼다; 〔영토〕를 넓히다. 2 …을 지방분화하다.

[해(領海), 영수(領水)].

territórial wáters n. (보통 the~) 〔복수 취급〕영해.

‡**ter·ri·to·ry** [térit́ɔ́:ri / -t(ə)ri] n. (pl. -ries) 1 ⓤⒸ 〔넓은〕 지역, 지방. 2 ⓤⒸ 영토〔영해도 포함〕, 영지. 3 (T-) 준주(準州) 〔미국·캐나다·오스트레일리아의 아직 주로 인정되지 아니한 지방〕. 4 ⓤⒸ 〔과학·예술 따위의〕영역, 분야(sphere). 5 ⓒ ⓤ 영업〔등의〕담당 구역, 활동 범위(권). ¶ He travels over a large territory. 그는 넓은 담당 구역을 죽 돌아 다닌다. 6 〔축구·하키〕 〔각 팀에 속하는〕 경기장의 절반. 7 ⓒ ⓤ 〔동물의〕 세력권 〔점유 행동권〕. ◇ territórial adj.

‡**ter·ror** [térər] n. 1 ⓤ 〔매우 심한〕 공포, 겁, 무서움. ¶ FEAR 類語 ¶ in terror 깜짝 놀라서 / be speechless with terror 겁에 질려 말을 못하다 / have a holy terror of …을 몹시 겁내다 / strike terror into a person's heart 남을 무서워하게 하다, 남의 간담을 서늘하게 하다. 2 공포의 대상(원인); 무서운 사람(것). ¶ He is a terror to us. 그는 우리들에게는 무서운 존재이다. 3 (the T-) 〔프랑스 역사의〕 공포 시대 (the Reign of Terror); 공포 정치. 4 〔구어〕 성가신 놈 (nuisance), 골칫거리, 처치 곤란한 놈. ¶ a holy terror 몹시 귀찮은 사람. [14].

the king of terrors 〔성서〕죽음[← 욥기 (Job) 18 : ◇ **térrible, terrífic** adj., **térrify, terrórize** v.

ter·ror·ism [térərìz(ə)m] n. ⓤ 1 폭력 행위, 테러 행위, 공포 상태. 2 공포 정치; 테러리즘.

ter·ror·ist [térərist] n. 1 공포 정치주의자, 테러리스트, 폭력주의자. 2 〔프랑스 공포 시대의〕 자코뱅 당원 (Jacobin). 3 〔러시아 혁명 시대의〕 허무당원(虛無黨員).

ter·ror·is·tic [tèrəristik] adj. 공포 정치의; 폭력주의의; 테러의.

ter·ror·i·za·tion [tèrərizéiʃ(ə)n / -raiz-] n. ⓤ 공포 수단에 의한 위협, 폭압.

ter·ror·ize [térəràiz] vt. (-ized, -iz·ing) 1 …을 으르게 하다, 위협하다. 2 …에 테러 수단을 쓰다; …에 공포 정치를 행하다.

ter·ror-strick·en [térərstrìk(ə)n] adj. 공포에 짓눌린, 벌벌 떠는, 아주 겁먹은(terror-struck).

ter·ry [téri] n. (pl. -ries) 1 〔직물의〕보풀코, 고리 모양의 보풀. 2 ⓤ 테리 천〔보풀을 고리지게 짠 두꺼운 직물〕. _adj._ 보풀코가 있는.

térry clóth n. = terry 2.

terse [tə:rs] adj. (**ters·er, ters·est**) 〔문체 따위가〕 간결한, 간명한, 뚜렷한 (concise). --**ly** adv. --**ness** n.

ter·tian [tə́:ʃ(ə)n] 〔병리〕 adj. 〔열·통증 따위가〕 하루 걸러(사흘마다) 일어나는. --- n. 격일열(隔日熱), 삼일열.

ter·ti·ar·y [tə́:rʃièri, -ʃəri / -ʃəri] adj. 1 제 3〔위〕의 (third). 2 〔화학〕 제3차의. ¶ the tertiary carbon atom 제3 탄소 원자. 3 (T-) 〔지질〕 제3기(紀) (계(系))의. 4 〔鳥類〕 =tertial. 5 〔교회〕 제3회원의. 6 〔병리〕 〔병 따위가〕 3진성의(進法)의. ¶ tertiary syphilis 제3기 매독. 7 3진법(進法)의. --- n. 1 (the T-) 〔지질〕 제3기(계). 2 〔鳥類〕 제3렬 칼깃 (tertial feather). 3 〔종종 T-〕 제 3 회원 〔속복(俗籍)에 있는 수도회원〕. 4 〔제2색의 혼합에 의한〕 제3색 (tertiary color). 5 3진법.

tértiary cóllege n. 〔英〕고등 전문 학교〔중등 교육을 마치고 진학하는 직업 전문 학교의 총칭〕.

ter·ti·um quid [tə́:rʃiəm kwíd/-tjəm-, -ʃiəm-] n. 1 제3 중간물 〔정신·물질 사이의 중간물 따위의〕, 이도 저도 아닌 것. 2 〔제3의 사람(물건)〕. 〔<L〕

ter·ti·us [tə́:rʃiəs] adj. 〔동성자(同姓者) 세 사람 중에서〕 제3의 존(尊), 세번째의. _cf._ primus², secundus ¶ Johnson tertius 제3의 존손. 〔<L third〕

ter·va·lent [tə:rvéilənt] adj. 〔화학〕 1 =trivalent. 2 3개의 다른 원자가를 가진. 〔섬유〕

Ter·y·lene [térili:n] n. 〔商標〕테릴렌〔폴리에스테르

ter·za ri·ma [té:rtsa: ri:ma / tɔ́:tsə, téə-] n. 〔韻律〕 3운구법(韻句法) [Dante의 「신곡」에 쓰인 것이 그 대표적인 예]. 〔<It terza <terzo third+rima rhyme〕

ter·zet·to [təːrtsétou / tɔ:ts-, teə-] n. (pl. -tos or -ti [-ti:] or **ter·zets** [-tséts]) 〔음악〕 3중창〔곡〕 (trio). 〔<It〕

TESL [tesl] 〔略〕 teaching English as a second language 〔제1 외국어로서의 영어 교수〕.

tes·la [téslə] n. 테슬러 〔자속(磁束) 밀도의 국제 단위〕.

Tés·la cóil [téslə-] n. 〔전기〕 테슬러 코일 〔고주파 교류를 일으키는 일종의 감응 코일 (Tesla transformer).

TESOL [téso:l] n. 〔美〕 국제 영어 교육자회. _cf._ TESL 〔<*T*eachers of *E*nglish to *S*peakers of *O*ther *L*anguages〕

TESSA [tésə] n. 〔英〕이자 비과세 특별 적립금. 〔<*t*ax *e*xempt *s*pecial *s*avings *a*ccount〕

tes·sel·late [tésilèit → adj.], (tes·se·late) vt. (-lat·ed, -lat·ing) 〔마루 따위〕를 조각을 이어붙여 깔다, 모자이크 식으로 하다. --- adj. [tésilit] =tessellated.

tes·sel·lat·ed [tésilèitid], (tes·se·lat·ed) adj. 조각을 이어붙여 맞추는 세공의, 모자이크식(모양)의.

tes·sel·la·tion [tèsiléiʃ(ə)n] n. ⓤ 조각을을 이어 맞추는 세공, 모자이크〔식〕 (mosaic), 마루판 또는 무늬로 깔려진 마루.

tes·ser·a [tésərə] n. (pl. -ser·ae [-ri:]) 1 모자이크용 각편(角片) 〔대리석·유리 따위〕. 2 〔고대 로마의 상아·뼈 따위로 만든〕 표, 패, 주사위.

tes·ser·al [tésər(ə)l] adj. 모자이크식 세공의. 2 〔결정의〕 등축 정계(等軸晶系)의.

tes·si·tu·ra [tèsití(:)rə/-túər-] n. 〔음악〕 음역, 성역(聲域). 〔<It texture〕

‡**test**¹ [test] n. 1 〔성질·성능 따위의〕 테스트, 시험, 검사, 시험. ¶ TRIAL 類語 ¶ an endurance test 내구(耐久) 테스트 / have (or take) an eyesight test 시력 검사를 받다 / make an H-bomb explosion test 수소 폭탄〔폭발〕 실험을 하다 / put (or bring) something to the test 어떤 것을 실험해 보다. 2 〔시험(검사)하는〕 방법, 수단 (method); 기준; 시련(試鍊), 시금석 (touchstone). ¶ a patience test 인내의 시금석 / Trouble is the test of character. 간난(艱難)은 품성의 시금석이다. 3 〔교육〕 〔학과·자격 따위의〕 시험, 고사 (examination), 〔심리〕 〔지능 따위의〕 테스트, 검사. ¶ a test in mathematics 수학 시험 / a true-false test 진위 (眞僞) 〔○×〕 테스트 / bear (or stand) the test 시험에 견디다, 합격하다 / take (or sit for) a driving test 운전면허 시험을 보다. 4 〔화학〕 시약(試藥)에 의한 시험, 분석; 시험의 결과; 시험에 쓰이는 시약 (reagent). 5 (the ~) 〔신앙·의견 따위의〕 심사; (the T-) 〔英史〕 1672년의 선서 조례 (Test Act) 에 의해 관리가 취임하기 전에 하는〕 선서. 6 〔英〕 〔야금〕 〔금·은 분석용의〕 골회(骨灰) 접시(단지), 회취 노상(灰吹爐床) (cupel). 7 〔구어〕 =test match.

--- vt. 1 …을 시험하다, 검사하다; 〔인내력 따위를〕시험받다. ¶ have one's hearing tested 청력을 검사받다. 2 〔화학〕 〔시약〕으로 시험하다, 분석하다(analyze). 3 〔야금〕 〔회취법(灰吹法)으로〕 〔금〕을 분석하다, 정련(精錬)하다 (refine).

--- vi. 1 테스트를 받다. 2 테스트를 하다; 검사하다 (for...). ¶ (~+囮+图) test for allergies 알레르기의 검

test² [test] n. 1 〔동물〕 〔연체 동물 따위의〕 개각(介殼), 겉껍데기. 2 〔식물〕 =testa.

Test. 《略》 Testament.

tes·ta [tésta] n. (pl. **-tae** [-ti:]) 〔식물〕외종피(外種皮).

test·a·ble [téstəbl] adj. 1 시험(검사, 분석)할 수 있는. 2 정련할 수 있는. 3 〔법률〕유언 능력이 있는, 유언으로 양도할 수 있는.

tes·ta·cean [testéi(ə)n] adj. 〔동물〕유각류(有殼類)의, 유각 동물의.

tes·ta·ceous [testéiʃəs] adj. 1 개각의, 겉껍데기가 있는. 2 동·식물〕적갈색의, 붉은 벽돌색의(brownish-red).

Tést Áct n. 《英역사》 선서 조례(宣誓條例) 〔관리로 취임하는 사람에게 국교 신봉과 충성을 선서시킨 조례 (1672-1828)〕.

tes·ta·cy [téstəsi] n. ⓤ 〔법률〕유언(장)이 있음.

****tes·ta·ment** [téstəmənt] n. 1 〔법률〕유언(장), 유서(will) (* 다음 용례 이외는 드물다). ¶ one's last will and testament 재산 처분의 유언장 / a civil testament 민사(民事)유언. 2 〔성서〕〔신과 사람과의〕 서약, 계약. 3 (T-)성서, 구약 성서(Old Testament), 신약 성서(New Testament).
◇ testaméntal, testaméntary, téstate adj.

tes·ta·men·tal [tèstəméntl] adj. 유언의.

tes·ta·men·ta·ry [tèstəmént(ə)ri] adj. 유언의, 유언에 의한. ¶ a testamentary paper 유언장 / a testamentary guardian 유언에 의한 후견인. **-ri·ly** adv. 〔서.

tes·ta·mur [testéimər] n. 《英》〔대학의〕시험 합격 증

tes·tate [tésteit, +本 -tit] adj. 유언장을 남긴. ¶ die testate 유언장을 남기고 죽다.

tes·ta·tion [testéi(ʃ)ə)n] n. ⓤ 유증(遺贈), 〔유언에 의한〕 재산의 처리.

tes·ta·tor [tésteitər, -´-/-´-] n. (여성형은 testa-trix) 유언자; 유언을 남기고 죽은 사람.

tes·ta·trix [testéitriks] n. (pl. **-tri·ces** [-trisì:z]) testator의 여성형.

tést bán n. (대기권) 핵실험 금지 협정.

tést béd n. 비행기 따위의 엔진의 시험대.

tést cáse n. 1 〔법률〕〔그 결정이 다른 유사한 법률 문제의〕 판례가 되는 소송 사건. 2 처음 시도, 테스트 케이스.

tést drive n. 자동차 따위의 시승(試乘), 시운전.

test-drive [téstdràiv] vt. (**-drove**, **-driv·en**, **-driv·ing**) …을 시운전하다.

tést-drop [téstdràp / -dròp] vt. 〔폭탄 따위를〕시험 투 하하다.

test·ee [testí:] n. 〔시험 따위의〕 수험자.

test·er¹ [téstər] n. 시험자; 시험기, 테스터.

tes·ter² [téstər] n. 침대의 닫집, 천개(天蓋) (canopy). 〔행.

tes·ter³ [téstər] n. 〔영국의〕 옛 은화 〔헨리 8세가 발

tes·tes [téstì:z] n. testis의 복수형.

test-fire [téstfàiər] vt. (**-fired**, **-fir·ing**) 〔로켓·총 따위를〕 시험 발사하다.

tést flíght n. 시험 비행.

test-fly [téstflài] vt. (**-flied**, **-fly·ing**) …의 시험 비행

tést gláss n. 〔화학〕시험용 컵.

tes·ti·cle [téstikl] n. 〔해부·동물〕 =testis.

tes·tic·u·lar [testíkjulər] adj. 1 〔해부·동물〕 고환(불알)의. 2 〔식물〕 =testiculate.

tes·tic·u·late [testíkjulit] adj. 〔식물〕 1 불알 모양의. 2 〔난(蘭) 따위가〕 불알 모양의 지하경(地下莖)을 가진. 〔언(testimony).

tes·ti·fi·ca·tion [tèstifikéi(ʃ)ə)n] n. ⓤ 입증, 증명, 증

tes·ti·fi·er [téstifàiər] n. 입증자, 증인자.

‡**tes·ti·fy** [téstifài] (**-fied**, **-fy·ing**) vi. 1 증언하다, 증명하다 (to…). ¶ (~ + 前 + 名) testify to a person's ability 남의 능력을 증명하다. 2 〔법률〕〔증인으로서〕 보통 법정에서 선서하고 증언하다. ¶ (~ + 前 + 名) testify against (for) a person 남에게 불리(유리)한 증언을 하다. 3 〔언동·사실〕 …의 증거가 되다, […임을] 나타내다 (to…). ¶ (~ + 前 + 名) This incident testified to his incompetency. 이 사건으로 그의 무능함을 알았다. — vt. 1 …을 증언하다, 입증하다; …을 확언하다. ¶ (~ + that 節) He testified that he had not been there. 그는 자기가 그곳에 없었다고 증언했다. 2 …의 증거가 되다, …을 나타내다, 증명하다. ¶ It testifies his honesty. 그것이 그가 정직하다는 증거다. 3 〔의견 따위〕을 표명하다, 공언하다. 4 〔법률〕…을 선서 증언하다. ◇ testificátion n.

tes·ti·mo·ni·al [tèstimóuniəl, -njəl] n. 1 〔인격·품행·기능 따위의〕 증명서; 추천장. 2 감사장, 표창장, 상장; 공로(표창) 기념품. — adj. 1 증명서의. 2 감사의, 표창의.

tes·ti·mo·ni·al·ize [tèstimóuniəlàiz, -njəl-] (* 《英》에서는 **tes·ti·mo·ni·al·ise**로도 쓴다) vt. (**-ized**, **-iz·ing**) …에게 기념품(감사장)을 주다(수여하다).

‡**tes·ti·mo·ny** [téstimòuni / -məni] n. (pl. **-nies**) ⓤ 1 〔법률〕 〔법정에서의〕 〔선서〕 증언. ⇒ EVIDENCE 類語 ¶ call a person in testimony 남을 증인으로 세우다 / That witness is giving false testimony. 저 증인은 위증을 하고 있다. 2 증명, 입증; ⓒ 증명서. ¶ bear testimony to …을 증명하다 (proof). / produce testimony to (or of) …의 증거를 제출하다 / Your smile is testimony of your disbelief. 네가 웃는 것은 내가 믿지 않는다는 증거이다. 4 언명, 공언, 선언 (declaration). 5 ⓒ 〔교회〕신앙 고백(표명); 신앙 선언; 〔성서〕십계, (보통 -nies)신의 가르침. 6 ⓒ 〔고어〕항의(protest) (against…). ¶ bear testimony against …에 항의하다. ◇ testimónial adj.

tes·tis [téstis] n. (pl. **-tes**) 〔해부·동물〕 고환, 불알.

tést márket n. 〔상품의 판매 가능성 따위를 시험하기 위한〕 시험 시장.

test-market [téstmà:rkit] vt. 시험 판매하다.

tést mátch n. 1 〔국제〕크리켓 우승 결정전. 2 〔국가 대항〕 국제 럭비 축구(결승)전.

tést óbject n. 〔현미경의〕배율(倍率) 시험 물체; 피험(被驗) 물체.

tes·ton [téstən], **-toon** [-tú:n] n. 1 테스톤 은화. 프랑스의 옛 은화. 2 =tester³. 3 Milan의 옛 은화.

tes·tos·ter·one [testástəròun / -tɔ́s-] n. ⓤ 1 〔생화학〕 테스토스테론 〔남성 호르몬의 일종〕. 2 〔약〕 테스토스테론(제).

tést páper n. 1 〔시험의〕답안지, 문제지. 2 ⓤ 〔화학〕 리트머스 따위의 시험지.

tést páttern n. 〔TV〕테스트 패턴, 시험 방송용 도형

tést pílot n. 시험 조종사, 테스트 파일롯.

tést pláte n. 편광(偏光) 현미경용(검광판).

tést túbe n. 시험관(管). 〔 . 그 시험관.

test-tube [téstt(j)ù:b / -tjù:b] adj. 시험관 속에서 만든, 합성의; 인공 수정의. ¶ A test-tube baby 시험관 아기.

tést týpe n. 시력 검사표의 글자; (~s) 시력 검사표.

tes·tu·di·nal [test(j)ú:dinl / -tjú:-] adj. 거북의, 귀갑(龜甲)의.

tes·tu·di·nate [test(j)ú:dinit, -nèit / -tjú:dinit] adj. 1 귀갑 모양의. 2 거북의(chelonian). — n. 거북 (turtle).

tes·tu·do [test(j)ú:dou] n. (pl. **-di·nes** [-dinì:z]) 1 〔고대 로마의〕귀갑 모양의 큰 방패, 귀갑 모양의 엄차(掩蓋). 2 〔로마 건축의〕활모양의 지붕.

tést wórking n. 〔기계의〕 시운전.

tes·ty [tésti] adj. (**-ti·er**, **-ti·est**) 성미 급한, 성 잘 내는. **-ti·ly** adv. **-ti·ness** n.

[testudo 1]

te·tan·ic [titǽnik] *adj.* 【병리】파상풍[성]의, 강직 경련성(強直痙攣性)의.

tet·a·nus [tét(ə)nəs] *n.* ⓤ 【병리】**1** 파상풍; 파상풍균. **2** 【근육의】지구성(持久性) 강직성 경련.

tet·a·ny [tétəni] *n.* ⓤ 【병리】근육 강직성 경련, 테타니증(症).

tetched [tetʃt] *adj.* 〖좀〗미친, 약간 머리가 돈.

tetch·y [tétʃi] *adj.* (**tetch·i·er, tetch·i·est**) 성미 급한, 성 잘 내는(touchy). **tetch·i·ly** *adv.* **tetch·i·ness** *n.*

tête-à-tête [téitətéit / téitɑː-] 〖프랑스〗두 사람만의, 마주 앉은, 남이 모르는, 은밀한. ¶ *a tête-à-tête talk* 두 사람만의 이야기. — *n.* **1** 두 사람만의 이야기, 대담, 밀담. **2** 〖두 사람이 마주 앉을 수 있는〗S자형 의자. — *adv.* 단 둘이서, 마주 앉아, 은밀히. [<F head-to-head]

teth·er [téðər] *n.* **1** 〖마소용의〗매두는 밧줄(사슬). **2** (one's ~) (비유적) 〖능력·재원 따위의〗범위, 한계(limit). ¶ *beyond one's tether* 힘이 미치지 못하는. *at the end of one's tether* 방책이 다하여, 한계에 이르러. — *vt.* **1** 〖소·말 따위를〗밧줄로 매다. ¶ *The cow is tethered to the stake.* 소가 말뚝에 매어져 있다. **2** (비유적) …을 속박하다.

teth·er·ball [téðərbɔːl] *n.* 테더볼〖기둥에 매단 공을 라켓으로 서로 치는 2인용 게임〗; 그 공.

Teth·y·an [tíːθiən] *adj.* 테튀스해(海)의.

Te·thys [tíːθis] *n.* **1** 〖그리스 신화〗테튀스 [Oceanus의 아내]. **2** 테튀스해〖대륙 표류 전의 아프리카와 유라시아 대륙 사이에 있었다고 하는 삼각형의 바다〗.

tet·ra [tétrə] *n.* 테트라〖열대어의 일종〗.

tet·ra- four의 뜻의 연결형(* 모음 앞에서는 tetr-을 쓴다). *cf. tetrachord, tetroxide.*

tet·ra·chlor·di·ben·zo·p-di·ox·ine [tètrəklɔ́ːrdaibènzoupíːdaióksin / -ksə-] *n.* 고엽제(枯葉劑), 제초제 (dioxin)〖월남전에서 미군이 화학 무기로서 개발; 略 TCDD〗.

tet·ra·chlo·ride [tètrəklɔ́ːraid, -rid / -klɔ́ː-raid] *n.* 【화학】4염화물(鹽化物).

tet·ra·chord [tétrəkɔ̀ːrd] *n.* 【음악】4음 음계.

tet·ra·cy·cline [tètrəsáiklin] *n.* ⓤ【약】테트라사이클린〖항생 물질의 일종〗.

tet·rad [tétræd] *n.* **1** 4의 수, 4개, 넷으로 된 한 벌. **2** 【화학】4가(價) 원소.

tet·ra·eth·yl lead [tètrəèθil lèd] *n.* ⓤ【화학】테트라에틸연(鉛), 4에틸연〖무색의 유독한 액체〗.

tet·ra·gon [tétrəgɑ̀n / -gən] *n.* 〖드물게〗4각형, 4변형.

te·trag·o·nal [tetrǽgən(ə)l] *adj.* **1** 4각형의, 4변형의. ¶ *a tetragonal figure* 4변형. **2** 【結晶】정방 정계(正方晶系)의.

tet·ra·gram [tétrəgrǽm] *n.* 네 글자로 된 말; (T-) = Tetragrammaton.

Tet·ra·gram·ma·ton [tètrəgrǽmətɑ̀n, -tɔ̀n] *n.* 헤브라이어로 신을 나타내는 네 글자〖YHVH, IHVH 등〗.

tet·ra·he·dral [tètrəhíːdrəl / -héd-] *adj.* 4면체(面體)의.

tet·ra·he·dron [tètrəhíːdrən / -héd-] *n.* (*pl.* **-drons** or **-dra** [-drə]) 〖기하〗4면체.

tet·ra·hy·dro·can·na·bi·nol [tètrəhàidrəkǽnəbənɔ̀ːl] *n.* ⓤ 테트라히드로칸나비놀〖마리화나의 유효 성분; 略 THC〗.

te·tral·o·gy [tetrǽlədʒi] *n.* (*pl.* **-gies**) **1** 〖가극·소설 등의〗4부작. **2** 〖고대 그리스의〗4부극〖세 비극과 한 풍자극으로 구성〗.

te·tram·e·ter [tetrǽmitər] *adj.* 【韻律】4보격(步格)의. — *n.* 4보격.

tet·ra·pet·al·ous [tètrəpétələs] *adj.* 〖식물〗꽃잎이 4개의.

tet·ra·pod [tétrəpɑ̀d / -pɔ̀d] *n.* **1** 테트라포드〖호안(護岸) 공사에 쓰이는 콘크리트로 만든 4각(脚) 블록〗.

2 네 발 동물.

te·trarch [tíːtrɑːrk, tét-] *n.* 4분 영주(領主)〖고대 로마의 한 주(州)의 1/4을 다스린 영주〗; 작은 나라의 왕.

te·trarch·ate [tíːtrɑːrkèit, tét-] *n.* =tetrarchy.

te·trar·chic [titrɑ́ːrkik] *adj.* 4분 영주의; 작은 나라 왕의.

te·trarch·y [tíːtrɑːrki, tét-] *n.* (*pl.* **-trarch·ies**) 4분령(領); ⓤ 4분 영주의 직위(정치).

tet·ra·stich [tétrəstik] *n.*【韻律】4행시(절).

tet·ra·syl·lab·ic [tètrəsilǽbik] *adj.* 4음절의.

tet·ra·syl·la·ble [tétrəsìləbl] *n.* 4음절어.

tet·ra·va·lent [tètrəvéilənt, tetrǽvəl-] *adj.* 【화학】4가(價)의.

tet·rode [tétroud] *n.*【전자 공학】4극 진공관.

te·trox·ide [tetrɑ́ksaid, -sid / -trɔ́ksaid] *n.*【화학】4산화물.

tet·ter [tétər] *n.* ⓒ⑪【병리】피부병, 피진(皮疹).

Teut. (略) Teuton, Teutonic.

Teu·ton [t(j)úːt(ə)n / tjúː-] *n.* **1** 튜튼 사람〖기원전 4세기경부터 유럽 중부에 나타난 게르만 민족의 한 파. 현재는 영국인·독일인·네덜란드인·스칸디나비아인 등을 가리킨다〗. **2** 독일 사람, 독일계 사람.

Teu·ton·ic [t(j)uːtɑ́nik / tjuːtɔ́n-] *adj.* **1** 튜튼 사람의, 게르만 사람의, 독일(인)의; 게르만말의, 독일어의 (German). — *n.* 튜튼말, 게르만말, 독일어.

Teu·ton·i·cism [t(j)uːtɑ́nisìz(ə)m / tjuːtɔ́n-] *n.* ⓤ **1** 튜튼풍; 게르만풍, 〖특히〗독일풍. **2** ⓒ 튜튼(게르만) 말 특유의 표현. **3** 독일 정신(주의) (Germanism).

Teu·ton·ism [t(j)úːtənìz(ə)m / tjúː-] *n.* ⓤ **1** 튜튼(게르만) 민족 우월감. **2** 튜튼(게르만) 문화.

Teu·ton·i·za·tion [t(j)ùːt(ə)nizéiʃ(ə)n / tjùːt(ə)naizéi-] *n.* ⓤ 튜튼화.

Teu·ton·ize [t(j)úːt(ə)nàiz / tjúː-] *vt., vi.* (**-ized, -iz·ing**) […을] 튜튼화하다, 튜튼풍으로 하다(되다).

TEV (略) *T*oday's *E*nglish *V*ersion(현대역 성서).

Tex. (略) Texan, Texas.

Tex·an [téks(ə)n] *adj.* 〖미국〗Texas 주의. — *n.* Texas 주의 사람.

*****Tex·as** [téksəs] *n.* 미국 남부의 주〖주도 Austin; 略 Tex.〗.

Téxas féver *n.* ⓤ 텍사스 열(熱)〖진드기에 의하여 전염하는 소의 역병〗.

Téxas léaguer *n.* 〖야구〗텍사스 리거〖내야수와 외야수 사이에 떨어지는 안타〗.

Téxas lónghòrn *n.* 미국 서남부의 뿔이 긴 소.

Téxas Ránger *n.* 〖美〗텍사스 기마 경관.

Téxas tówer *n.* **1** 텍사스 타워〖유정(油井)·등대·관측 레이다용 등으로 바다에 설치한 탑 모양의 시설물〗. **2** 조기 경계용 레이다 탑.

‡**text** [tekst] *n.* **1** 〖번역·주석 등에 대하여〗 원전; 원문에 가장 가까운 것. ¶ *the original text* 원전(原典) / the *text* of Shakespeare 셰익스피어의 원문. **2** ⓤ〖서문·주석·부록 등에 대하여〗본문, 주문(主文); ⓒ〖악보에 대하여〗가사. **3** 〖설교 제목 등에 인용된〗성서의 구절. **4** 〖연설·토론 등의〗제목, 주제; 화제(subject). **5** = textbook. **6** =text hand. *stick to one's text* 〖이야기가〗주제를 벗어나지 않다, 탈선하지 않다.

‡**téxtual** *adj.*

‡**text·book** [tékstbùk] *n.* 교과서, 텍스트.

text·book·ish [tékstbùkiʃ] *adj.* 교과서(식)의.

téxt edítion *n.* 교과서판. *cf.* trade edition

téxt hànd *n.* 고체(古體) 문자〖옛날 서적의 본문에 사용했던 획이 굵은 글자체〗.

*****tex·tile** [tékstail, +美 -t(i)l] *n.* ⓤⓒ **1** 직물. **2** 직물의 원료. — *adj.* **1** 방직된; 짤 수 있는. ¶ *textile fabrics* 직물. **2** 방직의. ¶ *textile art* 직물 공예 / *textile industry* 직물 공업.

text-to-speech [téksttuːspíːtʃ] *adj.* 〖시각 장애자가 읽을 수 있도록〗문자 언어를 테이프에 녹음한, 시각장애자용 녹음 테이프의.

tex·tu·al [tékstʃuəl / -tju(ə)l] adj. 1 원문(본문)의. ¶ *textual* errors 원문의 잘못. 2 원문대로의, 문자대로의(literal); 성서 원전의. ¶ a *textual* quotation 원문대로의 인용. 3 교과서의. ~·ly [-əli] adv.

téxtual críticism n. ⓤ [특히 성서의] 원문 대조 비평; 본문 비평.

tex·tu·al·ism [tékstʃuəlìz(ə)m / -tju(ə)l-] n. ⓤ [특히 성서의] 원문 연구. cf. textual criticism

tex·tu·al·ist [tékstʃuəlist / -tju(ə)l-] n. 1 [특히 성서의] 원문 존중(주의)자. 2 성서학자, 성서 원문에 정통한 사람.

tex·tu·ar·y [tékstʃuèri / -tjuəri] adj. =textual.
— n. (pl. -ies) [성서의] 원문 존중(주의)자, 성구(聖句)에 정통한 사람.

tex·tur·al [tékstʃ(ə)rəl] adj. 1 조직상의, 구조상의. 2 피륙의.

***tex·ture** [tékstʃər] n. ⓤⓒ 1 직물, 피륙, 천; [직물의] 발, 짜임새. ¶ a fine *texture* 발이 고운 천. 2 조직, 구성(structure). 3 [피부·암석·목재 따위의] 결, 감촉. 4 기질, 성격(character), 본질. 5 [미술]소재(素材)의 특유한 성질 [색조·감촉·결조직·구조 따위].

téxtured végetable prótein n. 인조 고기[콩에서 채취한 단백질로 만든 고기의 대용품].

T.F. (略) task force; tank forces; (英) Territorial Force.

T̄ formátion n. [미식축구] T자 형 공격 대형.

TFR (略) [항공] terrain-following radar (지형 추적 레이다).

TFT (略) [전자공학] thin-film transistor (박막 트랜지스터).

TFX (略) tactical fighter, experimental (실험용 전술 비행기).

TGIF (略) Thank God It's Friday / Thank Goodness It's Friday (하느님, 감사합니다, 오늘은 금요일이군요[주5일제 근무의 미국에서 토요일 기분이 드는 금요일에 하는 말]).

T-group [tíːgrùːp] n. 집단 생활 지도 그룹. [<sensitivity training group]

TGV (略) (프랑스) Train à Grande Vitesse (=high speed train) 떼제베 [프랑스의 국철로서, Paris 와 Lyon 사이를 운행하는 세계 최고 속력(시속 380km)의 초특급 열차].

Th [화학] thorium 의 원자 기호.

-th¹ suf. 형용사·동사에서 추상 명사를 만든다. 예: warm*th*, tru*th*.

-th² suf. four 이상의 기수(基數)에 붙어 서수(序數)를 만든다. 예: four*th*, nin*th*, twentie*th*.

-th³ suf. (고어) 동사의 직설법·현재·3인칭·단수를 만든다(* 대개 -eth 의 단축형). 예: ha*th*(=has), do*th*(=does).

Th. (略) Theodore; Thomas; Thursday.

Thai [táːi, tai] n. 타이 사람(Thailander); ⓤ 타이 말.
— adj. 타이의, 타이 사람(말)의.

THAI (略) Thai Airways (타이 항공(회사)).

Thai·land [táilənd, -lænd] n. 타이[동남 아시아의 왕국, 옛 이름 Siam; 도 Bangkok].

Thai·land·er [táiləndər, -lænd-] n. 타이 사람.

thal·a·mus [θæləməs] n. (pl. -mi [-mài]) 1 [해부] 시상(視床), 시신경상(視神經床). 2 [식물] 화탁(花托) 3 [고대 그리스의] 내실(內室).

thal·as·so·chem·is·try [θæləsou(u)kémistri] n. 해양 화학. [일의 옛 은화].

tha·ler [táːlər], (taler) n. (pl. -ler or -lers) 탈러 [독

Tha·li·a [θəláiə] n. 1 (그리스 신화) 1 탈레이아 [희극 및 목가(牧歌)를 주관하는 뮤즈 여신 (Muses)의 하나]. 2 탈레이아 [(美)의 3여신 (Graces)의 하나].

Tha·li·an [θəláiən] adj. 1 여신 Thalia 의. 2 (보통 t-) 희극의.

tha·lid·o·mide [θəlídəmàid] n. ⓤ [화학] 탈리도마이드 [이전에 진정제·수면제로 쓰였으며

thal·lic [θǽlik] adj. 탈륨의, (특히) 3가(價)의 탈륨을 함유하는. [하나; 기호 Tl].

thal·li·um [θǽliəm] n. ⓤ [화학] 탈륨[금속 원소의

thal·lo·phyte [θǽləfàit] n. [식물] 엽상 식물[조류(藻類)·균류(菌類) ·지의류], THALLUS.

thal·lous [θǽləs] adj. 탈륨의; [특히] 1가(價) 의 탈륨을 함유하는.

thal·lus [θǽləs] n. (pl. thal·li or thal·lus·es) [식물] 엽상체[뿌리·줄기·잎이 뚜렷이 분화되지 않은 식물체].

‡Thames [temz] n. (the ~) 템즈강[영국 런던을 관류(貫流)].
set the Thames on fire; burn the Thames 세상을 깜짝 놀라게 하다, 대단한 일을 하다(* 보통 부정문 안에서 쓰인다).

‡than [강 ðæn, 약 ð(ə)n] conj. 1 (형용사·부사의 비교급 뒤에서) …보다, …에 비하여. ¶ You are older *than* I. 너는 나보다 나이가 많다 / A horse is more beautiful *than* a donkey. 말은 당나귀보다 아름답다 / Easier said *than* done. (속담) 말은 쉽고 행하기는 어렵다.
— Usage¹ 1) than 이 이끄는 절에는 생략이 많다: I know you better *than* she [does]. 나는 그녀 이상으로 너를 잘 알고 있다 / I know you better *than* [I know] her. 나는 그녀보다 너를 잘 알고 있다. (2) 자동사의 경우 구어에서는 종종 than 이 전치사적으로 쓰인다: He is taller *than* me. (3) 동일한 사람(물건) 의 두 성격을 비교하는 경우에는 보통 -er 형의 비교급을 쓰지 않고, more (or rather)가 쓰인다: She is more shy *than* unsocial. 그녀는 비사교적이라기보다는 수줍어하는 쪽이다.
— Usage² than 이 관계 대명사적으로 쓰이는 경우가 있다: The curio was more valuable *than* was supposed. 그 골동품은 예상했던 것보다 더 값진 것이었다.

2 ((rather, sooner *than* 따위의 …)하기보다는 (오히려), …할 바에는 (차라리). ¶ I would rather (or sooner) starve to death *than* steal. 나는 도둑질을 할 바에야 차라리 굶어 죽겠다.

3 ((other, otherwise, else, different 따위의 뒤에서) …밖의, …이외에는, …과 다른. ¶ I have no other method *than* this. 내게는 이것 이외의 방법은 없다 / She is otherwise *than* I thought. 그녀는 내가 생각했던 사람과는 다르다 / It was no (or none) other *than* the president himself. 대통령 자신이었다 / His success was due to nothing else *than* his own diligence. 그의 성공은 전적으로 그 자신의 근면에 의한 것이었다.
— Usage³ than 뒤의 부정사 — (1) than 뒤의 부정사가 주어의 역할을 하는 경우에는 보통 to 부정사: Nothing pays better *than* to be kind [does]. 남에게 친절한 것보다 더 이득이 되는 것은 없다. (2) 숙어 know better *than* to do 는 (보다 더 분별이 있다)의 뜻으로 부정사가 보통: I know better *than* to quarrel. 싸움을 할 정도로 바보는 아니다. (3) Not do other than… 및 그 유사 어구에서는 원형 부정사가 보통: She would *not* do other *than* complain about it. 그녀는 그것에 관하여 불평만 하고 있었다. (4) Rather (or Sooner) than 뒤에도 보통 원형 부정사. ⇒ conj. 2.

4 (특히 scarcely, hardly, barely 의 뒤에서) =when. ¶ Scarcely had I come home *than* it began to rain. 집에 오자마자 비가 내리기 시작했다.

no sooner… than ⇒ SOON.
— prep. (* 목적격 관계 대명사를 수반하여 than whom, than which 처럼 쓰인다) …보다. ¶ He is a poet *than* whom none are (or is) greater. 그 사람보다 더 위대한 시인이 없을만큼 그는 훌륭한 시인이다.

than·age [θéinidʒ] n. ⓤⓒ [영국의] 대학사(大鄉士) (thane)의 신분(영지).

thanato- death의 뜻의 연결형(* 모음 앞에서는 thanat-

than·a·toid [θǽnətɔ̀id] *adj.* **1** 죽은 듯한(deathlike), 가사(假死) [상태]의. **2** 치명적인(deadly).

than·a·top·sis [θæ̀nətɑ́psis / -tɔ́p-] *n.* ⓤ 사관(死觀).

Than·a·tos [θǽnətɑ̀s / -tɔ̀s] *n.* [그리스 신화] 타나토스[죽음의 의인화(擬人化)]. 사신(死神). *cf.* Mors

thane [θein] *n.* **1** [英역사] 대향사(大鄕士)[앵글로색슨 시대에 earl 과 일반 자유민의 중간에 위치]. **2** [스코역사] 호족(豪族), 족장, 영주.

thane·dom [θéindəm] *n.* thane 의 영토.

thane·hood [θéinhùd] *n.* ⓤ thane 의 지위(직).

thane·ship [θéinʃip] *n.* =thanehood.

‡**thank** [θæŋk] *vt.* **1** …에게 감사하다, 사의를 표하다(…*for*). ¶ *Thank* you. 고맙다 / No, *thank* you. 아뇨, 괜찮습니다(* 사양할 때) / (~ +몸+前+名) *Thank* you *for* your letter. [보내주신] 편지 고맙습니다 / He *thanked* those present for coming. 그는 출석자들에게 참석해 준 것을 고맙다고 말했다 / *Thank* him for me. 그 분에게 나를 대신해서 고맙다고 전해 주시오. **2** [미래형으로] 공손한 부탁 또는 반어(反語)·비꼼에 써서] …에게 부탁하다(…*for*). ¶ (~+目+前+名) I will *thank* you *for* the salt. 소금 좀 집어 주세요 [식탁 용어] // (~+目+ *to do*) I will *thank* you to mind your own business. 남의 일에 참견 말아 주었으면 좋겠다.

have *oneself* **to thank** [*for*]; **thank** *oneself* [*for*] […은] 자업자득이다. ¶ You have only yourself to *thank* for that. 그것은 너의 자업자득이다.

Thank God (or *Heavens, goodness*)! 아 고마워라!, 이런!, 됐다!

Thank you for nothing. 내 걱정 마시오 [상대편의 친절이 귀찮을 때].

Thanking you in anticipation. 미리 감사드리면서 [편지의 끝맺음 말].

— *n.* (보통 ~s) 감사, 사의, 치사, 사례;《사의를 나타내는 말로서》고맙소. ¶ bow one's *thanks* 절을 하며 사의를 표하다 / express one's *thanks* 사의를 표하다 / give one's *thanks* to …에게 감사하다 / return *thanks* 답례하다 / *Thanks* a lot. 대단히 고맙소 / A thousand (or Many) *thanks.* 정말로 고맙소 / No, *thanks.* 아뇨, 괜찮습니다(* 사절할 때의 말) / No *thanks*! 달갑지 않다!

Thanks be to God! 고마워라!, 됐다! […덕분에!

thanks to …의 덕택에, …때문에(because of). ¶ *Thanks* to his help, the whole party were saved. 그의 도움 덕택에 일행 모두가 구조되었다.

◇ thankful, thankless *adj.*

‡**thank·ful** [θǽŋkfəl] *adj.* 감사하고 있는, 은혜를 잊지 않는; 기쁜(*to, for*…). ¶ GRATEFUL 類語 ¶ with a *thankful* heart 감사하는 마음으로 / I am *thankful* to you *for* your help. 도와주셔서 감사합니다 / I am *thankful* that I have (or to have) succeeded. 성공하여 기쁘다. **~ly** [-fəli] *adv.* **~ness** *n.*

*****thank·less** [θǽŋklis] *adj.* **1** 감사받지 못하는, 생색 안 나는, 보람없는. ¶ a *thankless* task 생색 안 나는(보람없는) 일. **2** 감사하지 않는, 은공을 모르는, 망은의(ungrateful). **~ly** *adv.* **~ness** *n.*

thánk óffering *n.* [신에게] 바치는 감사의 공물.

thanks·giv·er [θǽŋksgìvər] *n.* 감사하는 사람, 사은하는 사람.

‡**thanks·giv·ing** [θæ̀ŋksgíviŋ / ⸌-⸍-] *n.* **1** ⓤ [특히 신에 대한] 감사, 사은; ⓒ 감사의 기도. **2** 감사제, 사은제. ¶ a harvest *thanksgiving* 추수 감사제. **3** (T-) (美) = Thanksgiving Day. ¶ a *Thanksgiving* turkey 추수 감사절에 먹는 칠면조.

Thanksgíving Dày *n.* (美) 추수 감사절[11월의 넷째 목요일].

thank·wor·thy [θǽŋkwə̀:rði] *adj.* 감사할 만한.

thank-you [θǽŋkjù:] *adj.* (구어) 감사의, 사례의. ¶ a *thank-you* note (or letter) 사례 편지.

thank-you-ma'am [θǽŋkjuæ̀m, +美 -mɑ̀:m] *n.* (美구어) 도로를 가로지른 작은 도랑이나 융기. [<차가 지나갈 때 덜컹하면서 사람의 몸이 흔들리는 데서] 「부인, 감사합니다」라고 말할 때의 모양과 같은 데서]

‡**that** [ðæt, 약 ðət, ðt] (구어) 지시사·관계 대명사·종속 접속사에 따라 발음이 바뀌는 점에 주의)

Ⅰ(지시사) **1** [지시대명사] (*pl. those*) **a)** 저것, 그것, 그(저) 물건, 그(저) 사람. *cf.* this (* this 에 대하여, 좀 떨어져서 존재하거나 지적된 사람·물건·일 따위, 이미 언급했거나 양해되고 있다고 생각되는 것을 강조하여 가리킨다) ¶ Who is *that*? 저분은 누구십니까? / He was a teacher before *that.* 그는 그 전에는 교사였다 / *That* was how (or the way) he managed to find his way out. 그런 식으로 해서 그는 그럭저럭 출구를 찾아냈던 것이다 / Is *that* so? 그렇습니까? / *That's* the [very] thing. 그야말로 안성 맞춤이다 / *That's* what it is. 바로 그렇다 / Which would you prefer, this or *that*? 이것 저것 중 어느 것으로 하겠습니까? / *Those* are my brothers playing around the house. 집 주위에서 놀고 있는 아이들이 나의 동생들이다 / To be or not to be; *that* is the question. 사느냐 죽느냐, 그것이 문제로다 [← Shakespeare 작 *Hamlet* Ⅲ. i.] / Go to bed, *that's* a good boy. 자거라, 아이 착해.

b) 《명사의 반복을 피할 목적으로 써서》 […의] 그것. ¶ The pronunciation of Japanese is simple compared with *that* of Korean. 일본어 발음은 한국어의 그것에 비하면 간단하다(* 복수의 경우에는 those를 쓴다).

c) 《선행하는 절·문 중의 어구의 반복을 피할 목적으로 써서》 그것, 그런 것. ¶ Is he capable? — He is *that*. 그가 할 수 있나? — 그는 할 수 있다.

d) [this(가까이 있는 것, 후자)에 대하여] 멀리 있는 것, 전자(the former). *cf.* the latter ¶ Health is above wealth; this does not give so much happiness as *that*. 건강은 부(富)보다 낫다, 후자(부)는 전자(건강)만큼 행복을 주지 못하기 때문이다.

e) 《부정적(不定的)으로》저것. ¶ this and (or or) *that* 이것 저것 / this, *that*, and the other 이것과 저것과 그밖의 온갖 것 / Some say this and some say *that*. 이렇게 말하는 사람도 있고, 저렇게 말하는 사람도 있다.

f) 《관계대명사의 선행사로서》그; 사람, 사람들. ¶ There was *that* in her eyes *that* (or which) made her meaning clear. 그녀의 눈에는 그녀가 말하고자 한 것이 분명히 나타나 있었다 (* that that, that which is something of the sort, what 과 가깝다) / Heaven helps those who help themselves. 《속담》 하늘은 스스로 돕는 자를 돕는다(* those who 의 단수형은 that who 가 아니라, one who 이다).

and all that 및 …따위; [감사·축하 등의 상투 어구에 붙여서] 그리고 또. ¶ ALL.

and that ① 《보충적 서술용법》게다가, 그것도. ¶ He can speak French, *and that* fluently. 그는 프랑스 말을 할 수 있다, 또 유창하게(* 이 *that* 는 강조의 대명사로서 앞의 문장을 받는다). ② …따위, 기타.

at that (구어) ① 그래도, 그렇다 치더라도. ② 게다가(besides), 더구나. ③ 그대로. ¶ Let it go *at that.* 그대로 놓아 두자. ¶ 가라; 그쳐라.

Come (or *Get*) *out of that*! (속어) 꺼져버려, 물러가라.

do not care (or *give*) *that* [*for*…] [손가락을 튕기면서] […에는] 이만큼도 개의치 않는다(가치도 없다).

for all that ¶ ALL.

Is that so? ① 그렇습니까? ② (that 에 강세를 붙여) 설마!

So that's that.=*That's that.* (구어) 그것으로 끝, 이 상으로 끝. ¶ He's been expelled from school, and *that's that*. 그는 퇴학을 당했다, 그 이야기야.

Take that! [남을 때리거나 차면서] 자, 이래도!

that being so 그래서, 그런 까닭에.

that is; *that is to say* 즉, 말하자면. ¶ He started for Paris a week ago, *that is to say*, on the tenth of

May. 그는 1주일 전, 즉 5월 10일에 파리로 떠났다.
That's all. ①그것이 전부이다, 그것뿐이다, 그것으로 끝이다. ¶ *That's all* for today. 오늘은 이것으로 끝이다 / *That's all* I know. 내가 아는 것은 그것뿐이다.
That's it. 《구어》① 바로 그거야, 그 점이야, 맞았어. ② 바로 그게 문제야. ③ 이제 끝장이야. ④ 드디어 시작이다.
That's right. 《英구어》좋아, 맞았어, 그렇다;《美구어》찬성, 옳소.
That's the way it goes. → WAY.
That will do it. 그만하면 됐다, 그걸로 충분하다.
upon that 그러자, 그래서 곧.
with that 그렇게 말하고, 그 뒤에. ¶ *With that* the boy rushed out of the house. 그렇게 말하고 (그러고는) 소년은 집을 뛰쳐 나갔다.

2 《지시 형용사》(*pl.* **those**) **a)** 저, 그, 저쪽의(* this 에 대하여, 시간적·공간적으로 보다 떨어진(멀리 있는)것, 또는 지적된 사람·물건·일 따위, 이미 언급된 것을 강조하여 가리킨다). ¶ *that* dog 저 개 / *those* houses 저기 있는 집들 / *that* day (evening, morning, night) 그 날(그날 저녁, 그날 아침, 그날 밤) (* 종종 부사구로서 쓰인다) / at *that* time 그때에 / in *those* days 그 당시. **b)** 《강조의 대신에 쓰여》 저, 그, 예의(* 잘 알려져 있는, 또는 특색을 가진 것 따위를 가리킨다. 종종 경멸의 뜻을 지닌다). ¶ *that* jalopy of his 그의 그 털터리 자동차(* 보통 *that* his jalopy, his *that* jalopy 라고는 하지 않는다.) / My sister liked *that* doll you gave to her. 네가 준 인형을 누이동생이 좋아했어. **c)** 《this 와 상관적으로 쓰여》 그, 저; 또 다른(another). ¶ We argued it this way and we argued it *that* way. 우리는 그 일에 대하여 이렇게도 저렇게도 논의했다 / He went to this doctor and *that*. 그는 이 의사 저 의사에게 진찰을 받았다. **d)** 《접속사 that 이 이끄는 절 앞에서》그 정도(만큼)의. ¶ She was grieved to *that* degree that she was almost beside herself. 그녀는 미칠 지경으로 슬퍼했다.
***that* way** ① 그와같이. ¶ What makes her act *that way*? 왜 그녀는 그런 식으로 행동할까? ② 그런 상태로. ③《美구어》애타게 사랑하여, 매우 좋아하여. ④ 그쪽으로, 그리로.

3《지시 부사》《구어》 그만큼, 그렇게;《속어》 극단적으로, 매우(* 수량·정도를 나타내는 형용사·부사를 수식한다). ¶ I can't go *that* far. 그렇게 멀리까지 갈 수 없다 / He couldn't get *that* drunk in two hours. 2시간 만에 그가 그렇게 취할 리가 없다 / The fish was not *that* big. 물고기가 그렇게 크지는 않았다 / I've learned *that* much. 나는 그 정도만 배웠다.

II《관계대명사》[보통] 약 ðət, ðt,《드물게》강 ðæt》(*pl.* **that**) **1**《제한적 관계사절을 이끌어》[…하는, …인] 바의(* who, which 따위의 대용). **a)**《주격으로 주어의 경우》¶ The first subject *that* attracted my attention was religion. 먼저 나의 주의를 끈 것은 종교였다 / Who *that* has a family to support should spend his money on gambling? 가족을 부양해야 할 사람이 누가 노름 따위에 돈을 쓸까?《* *that* 대신에 who 를 쓴 Who *who*...? 로는 일반적으로 쓰지 않는다》 / There's a man [*that*] wants to see you. 그를 만나고 싶어하는 사람이 있다. **b)**《주격으로서 보어》He is not the man [*that*] he was ten years ago. 지금의 그는 10년 전의 그가 아니다 / An idiot *that* I was!(=What an idiot I was!) 내가 참 바보였군! **c)**《목적격으로서 동사의 목적어의 경우》¶ He heard the girl ask for the very book [*that*] he was reading. 그는 자기가 읽고 있는 바로 그 책을 그 소녀가 달라고 하는 것을 들었다. **d)**《전치사의 목적어로서》¶ That is the house *that* the poet was born in. 저것이 시인의 생가(生家)이다 / He had nothing *that* he could jot down his impressions on. 그는 인상을 적어 둘 것이 아무것도 없었다.

【주의】¹ (1) 선행사가 사람을 가리키는 경우에나 물건을 가리키는 경우에 다 쓰인다. 선행사가 사람과 물건을 함께 가리키는 경우에는 that 을 쓰는 경우가 많다: He spoke of the *men* and the *things* that he had seen abroad. (2) 관계 대명사로서의 that은 한정적 의미가 강하므로 all, every, the only, the very, the same 따위, 또는 서수사(序數詞), 최상급의 형용사가 선행사에 붙어 있거나, 또는 그 말들이 선행사로 되어 있는 경우에 쓰이는 경우가 많다. 그러나 선행사가 사람을 가리키는 경우에는 위와 같은 때라도 who, whom 을 쓰는 일이 극히 많다. (3) that 의 주격은 that, 목적격도 that이며 소유격은 없다. (4) 주격 that 은, What is…, Which is…, Who is…, There is… 따위의 뒤에서 관계사절을 이끌 때, 구어에서는 그 that 을 생략하는 경우가 있다. (5) 주격 that 이 관계사절 중에서 보어로 되어 있는 경우에도 생략되는 일이 많다. (6) 목적격 that 은 종종 생략된다. (7) 목적격 that 이 전치사의 목적어인 경우에는 그 전치사는 반드시 관계사절의 맨 뒤에 놓는다.

2《관계 부사적으로》[…하는, …인] 바의《* when, why, where 의 대용으로서, 또 the way how 는 현대 영어에서는 거의 쓰이지 않으므로 이에 대신하여 the way that 처럼 관계 부사의 대용어로서 쓰인다; 이 that 은 보통 생략된다》. ¶ The last time [*that*] I saw her 지난번 그녀를 만났을 때 / That's the reason [*that*] I came to see you. 그 때문에 너를 만나러 왔다 / Things like that are apt to occur anywhere [*that*] people gather. 그런 일이란 사람들이 모이는 곳이면 어디서나 생기기 쉬운 일이다 / That is the way [*that*] he took me in. 그런 식으로 그는 나를 속였다.

3 《it is (was)…that 의 강조 구문으로》⇒III 2 b). ¶ It was an accident *that* changed my mind. 나의 생각을 바꾼 것은 한 가지 사고 때문이었다 / It is I *that* am responsible for it. 그것은 바로 나의 책임이다 (* 관용적으로는 It's me *that*…가 보통) / It was he (or him) *that* I met in the park yesterday. 어제 공원에서 내가 만난 것은 그 사람이었다(* 관용적으로는 It was *he that*…가 쓰인다).

III《종위 접속사》[보통] 약 ðət,《드물게》강 ðæt》**1** 《명사절을 이끌어》…이라(…한다)는 것. **a)** 《주어절을 이끌어》¶ *That* he is a genius is unbelievable.=It is unbelievable [*that*] he is a genius. 그가 천재라는 것은 믿을 수 없다 / It is natural [*that*] they should respect each other. 그들이 서로 존경하는 것은 당연한 일이다.
── **Usage** (1) 위의 예처럼 형식 주어 it 로 유도되는 that 은 종종 생략된다. (2) It is+형용사(또는 명사)+that-절의 경우, It is 가 생략되고 형용사(또는 명사)로 시작되는 경우가 있다. 예: [It is] Odd *that* he should be such a marvelous athlete. 그가 그렇게 훌륭한 운동선수라니 묘한 일이다. (3) It [so] happened *that* I was in London at that time. (나는 마침 그때 런던에 있었다)의 it 는 보통 예비의 it 이며, that 절이 주어라고 설명되고 있다.
b)《보어절을 이끌어》¶ The fact is *that* he said so. 사실은 그가 그렇게 말했다는 것이다.

【주의】² (1) that 을 생략하고 코머를 붙이는 경우가 있다: The point is, I can't do anything with her. 문제는 내가 그녀와는 아무것도 할 수 없다는 것이다. (2) that 도 코머도 없이 be 동사의 뒤에 절을 계속시키는 경우가 있다: The difficulty is they don't cooperate with us. 곤란한 점은 그들이 우리에게 협력하지 않는다는 것이다. (3) It's not *that* I needed money. (돈이 필요했기 때문이 아니다) / Could it not be *that* he had not brought about his death through his own carelessness? (자신의 부주의 때문에 스스로 죽음을 초래했다고 할 수는 없을까?) / It was simply *that* she hadn't felt like going there alone. (다만 그녀는 혼자 거기에 갈 마음이 없었을 뿐이다) 따위의 문장에서의 that 절은, 보어절의 한 변형으로 간주되지만, 주어절,

문장수식의 부사를 분명히 하는 특수 구문, 수식적 구문 따위로 생각되는 수도 있다.
c) 《목적을 이끌어》 ¶ He announced *that* he would not seek re-election. 그는 선거에 다시 나서지 않는다고 발표했다 / He knocked lightly at the door, hoping [*that*] she was in. 그녀가 있어 주기를 바라면서 그는 문을 가볍게 노크했다.
<u>주의</u>¹ (1) 동사의 목적이 되는 명사절의 that 은 종종 생략된다. 특히 think, believe, know, wish, suppose 따위의 뒤에서는 생략되는 것이 보통이다. 또, learn, state, suggest 따위의 뒤에서는 that 을 생략하지 않는 것이 보통. (2) 목적절을 이끄는 that 은 종종 생략되지만, 동일한 타동사의 목적어가 되는 절이 하나 더 있는 경우에는 그 that 는 생략하지 않는 것이 보통: He says [*that*] he cannot come to see me today, but *that* he can come tomorrow. 그는 오늘은 나를 만나러 올 수 없지만, 내일이라면 올 수 있다고 말한다. (3) 목적절이 되는 that 은 그 앞에 예비의 'it'를 취하는 경우가 있다: I take *it that* he has found her. 그가 그녀를 찾아냈다고 생각한다 / We took *it* for granted *that* he was the ringleader. 당연히 그가 주모자라고 생각했다.
d) 《동격을 이끌어》 ¶ No one can deny the fact *that* you are guilty. 네가 유죄라는 것은 아무도 부정할 수 없다 / There is no possibility *that* what he says may have any truth in it. 그가 하는 말에 진리가 있을 가능성이 전혀 없다.
<u>주의</u>² 동격절이 동격의 명사와 떨어져 있는 경우가 있다. 예: Word came to me *that* she was magnificent on the stage. 그녀의 무대 모습이 멋졌다는 소식이 들려왔다.
2 《부사절을 이끌어》 a) 《지각·감정을 나타내는 형용사·자동사 따위에 계속되는 절을 이끌어》 (* 특히 구어체에서 that 은 생략된다). ¶ I am glad (*or* delighted) [*that*] I found you. 너를 찾아내어서 기쁘다 / I am sorry (grieved) [*that*] he is gone. 그가 가버려서 유감이다(슬프다) / I was afraid [*that*] he might be late. 그가 늦는 것이 아닐까 하고 걱정했다 / I rejoiced *that* I had won a victory. 승리하여 기뻤다.
b) 《It is(was) ...의 강조 구문에서》 ¶ It was there [*that*] I first met her. 거기서 처음으로 그녀를 만난 것이다 (* that 절이 짧은 경우에는 that이 생략되는 경우가 있다) / It was about this time *that* there was less and less communication between us. 우리 사이의 의사 소통이 점점 적어지게 된 것은 그 무렵이었다.
<u>주의</u>³ (1) It is (was)와 that 의 사이에 부사[구·절]이 있어서 그것이 강조되는 경우, 그 that 을 접속사로 볼 것인지 또는 관계사로 볼 것인지, 또는 총칭으로서의 연결사로 볼 것인지에 대하여는 여러 설이 있다. (2) 강조된 것이 [대]명사인 경우, 계속되는 that 은 관계대명사로 보고, 부사[구, 절]인 경우는 접속사로 보는 것이 통설이다.
c) 《so that (*or* in order that)... may (*or* can, shall, will) 따위의 형식으로 목적을 나타낸다》 ¶ I must study harder *so that* I *can* pass the examination. 시험에 합격하도록 보다 열심히 공부해야 한다 / He went over to Paris *in order that* he *might* study arts. 그는 미술 공부를 하기 위하여 파리로 갔다.
d) 《such, so와 상관하여, 정도·결과 따위를 나타낸다》 ¶ He was *so* shabby-looking *that* at first I thought him a hobo. 그는 아주 초라한 모습이어서 처음에 나는 그를 룸펜으로 생각했다 / It was *such* a lovely day *that* I went out for a walk. 날씨가 아주 좋아서 나는 산책하러 나갔다 (* so...that의 that은 구어에서는 생략된다).
e) 《이유·원인을 나타낸다》 ¶ ...때문에, ...이므로 ¶ He ignored my suggestion. — Not *that* I care. 그는 나의 제안을 무시했다 — 그렇다고 해서 개의치는 않지만 (* not 의 앞에 It is 가 생략되어 있다).
f) 《추론·판단의 기준을 나타낸다》 ¶ What have you done to him, *that* he should be so disloyal to you? 그가 너에게 그토록 불성실하다니, 네가 그에게 어떻게 했었니? / Are you mad *that* you should say such a thing? 그런 말을 하다니 너 미쳤니?
g) 《의문·부정의 뒤에서 그 가정적 결과를 나타낸다》 ¶ I am not a doormat, *that* you should walk all over me. 현관의 흙털개도 아닌데 네가 그렇게 나를 마구 짓밟다니.
h) 《소망·놀람·노여움 따위를 나타내는 가정법의 절을 이끌어》 (* 본래 주절을 생략한 명사절). ¶ O *that* a rescue party might come soon! 구조대가 빨리 와주었으면 / Would *that* he were here with me! 지금 그가 여기에 나와 함께 있다면 좋을텐데 / *That* he should go back on me at the critical moment! 중대한 시기에 그가 나를 배반하다니 / O *that* it were not so! 그렇지 않으면 좋을텐데.
but that ⇒ BUT¹ *conj.* II.
in that ...이라는 점에서, ...이므로, ...때문에(because, since) (* 딱딱한 문어체). ¶ A letter is the converse of an essay *in that* the less you think about it the better it will be. 편지라는 것은 생각지 않으면 않을수록 잘 쓰여진다는 점에서 수필과는 반대이다.
only that ⇒ ONLY *conj.* 2.
so that ⇒ so¹.

*__thatch__ [θætʃ] *n.* **1** ⓤ 지붕을 이는 재료[짚·풀·종려 잎 따위]. **2** 초가 지붕. **3** 〔잎이 지붕으로 쓰이는〕야자(thatch palm). **4** 《비유적》〔특히〕숱이 많은 머리털. — *vt.* 〔지붕을〕짚 따위로 이다. ¶ a *thatched* roof 초가 지붕.
thatch·er [θætʃər] *n.* 개초장이, 지붕이는 직공.
Thatch·er·ism [θætʃəriz(ə)m] *n.* 대처주의, 민간 중시 경제 정책. 〔<영국 전 총리 Margaret Thatcher (1925~)〕
thatch·ing [θætʃiŋ] *n.* ⓤ 지붕 이기; 지붕 이는 재료.
that's [ðæts] that is, that has의 단축형.
thau·ma·trope [θɔ́ːmətròup] *n.* 회전 그림방(盤) 〔원반의 양면에 다른 그림을 그려 놓고, 반을 빨리 돌리면 두 그림이 겹쳐 한 그림처럼 보이는 장난감〕.
thau·ma·turge [θɔ́ːmətə̀ːrdʒ] *n.* 요술사, 마술사.
thau·ma·tur·gic [θɔ̀ːmətə́ːrdʒik], (**thau·ma·tur·gi·cal**[-dʒik(ə)l]) *adj.* **1** 기적적인. **2** 요술의, 마술의.
thau·ma·tur·gist [θɔ́ːmətə̀ːrdʒist] *n.* = thaumaturge.
thau·ma·tur·gy [θɔ́ːmətə̀ːrdʒi] *n.* ⓤ 요술; 마술.

*__thaw__ [θɔː] *vi.* **1** 〔얼음·눈이〕녹다. ⇒ MELT 類語 The water pipe hasn't *thawed*. 수도관의 얼음이 녹지 않았다. **2** 〔적의·긴장 따위가〕완화하다, 누그러지다. ¶ His stiffness was *thawing* under her kindness. 그의 딱딱한 태도는 그녀의 친절로 차차 누그러지고 있었다. **3** 〔얼었던 몸이〕차차 풀리다, 따뜻해지다 (warm) (*out*); 〔날씨가〕따뜻하게 되다. ¶ (~ +圖) They sat by the fire and *thawed out*. 그들은 불 옆에 앉아 몸을 녹였다. — *vt.* **1** 〔얼음·눈 따위를〕녹이다(melt). ¶ This warm weather will *thaw* the ice on the pond. 이 따뜻한 날씨로 못의 얼음은 녹을 것이다. **2** 〔적의·긴장 따위를〕누그러지게 하다, ...과 허물(격의) 없이 되게 하다. ¶ 〔식은 것 등을〕데우다, 따뜻하게 하다. — *n.* **1** 눈(서리)의 녹음. **2** 〔긴장·딱딱함 따위가〕누그러짐, 풀림, 허물없이 됨. **3** 눈(서리)이 풀리는 따뜻한 날씨(기간), 해빙기. ¶ A *thaw* sets in. 해빙기가 시작된다 / We had a two-week *thaw* in February. 2월은 두 주일간 따뜻한 날씨가 계속되었다. **4** 《미》〔강·항구의 얼음이 녹아서 항해할 수 있는〕첫날. ◇ tháwy *adj.*
thaw·y [θɔ́ːi] (**thaw·i·er**; **thaw·i·est**) *adj.* 눈(서리)이 녹는; 풀리는.
Th.B. (略) 〔라틴〕 *Theologiae Baccalaureus*(=Bachelor of Theology) (신학사).
THC (略) tetrahydrocannabinol.
Th.D. (略) 〔라틴〕 *Theologiae Doctor*(=Doctor of

Theology) (신학 박사).

:the *art.* [자음의 앞 ðə, 모음의 앞 ði, 특히 강조할 때 ðí;
→ *adv.*] (정관사) (* this 나 that 보다 의미가 약하고,
해석할 필요가 없는 경우가 많다) **1** 이, 저, 그, 예의,
그런, 이런 (* 앞에 나온 명사를 받거나, 또는 앞에 나
온 명사 따위에 관련되거나, 문맥 그 밖의 요소로서 환
경적으로 명백하거나, 한정 형용사구(절)를 수반하는 명
사 앞에만 붙인다. ¶ *the* capital of France 프랑스의 수
도 / in *the* spring of 1987 1987년의 봄에 / *the* 9:15 a.
m. train 오전 9시 15분 발의 열차 / *the* boy who came
yesterday 어제 온 소년 / *the* only house that he could
find 그가 찾아낸 유일한 집 / I plucked a flower, this is
the flower. 나는 꽃을 한 송이 꺾었다, 이것이 그것이다 /
Please shut *the* door. 그 문을 닫아 주십시오 / What's
the matter with you? 무슨 일이 있나요? / I can't finish
the work within *the* time. 그 시간 내에 그 일을 마칠 수
없다/He is *the* same man that I saw on *the* bridge.
그는 내가 그 다리 위에서 본 사람과 동일 인물이다 / He
is not *the* man to betray a friend. 그는 친구를 배신할
그런 사람이 아니다.

2 《형용사 최상급 또는 서수에 의하여 한정된 명사 앞
에 붙인다》 ¶ *the* last day of a term 학기의 마지막 날 /
the hundredth time 제100회 / Mt. Baekdu is *the* highest mountain in Korea. 백두산은 한국에서 제일 높은 산
이다 / This is *the* most interesting story I've ever
heard. 이것은 내가 여태 들었던 것 중 가장 재미있는 이
야기이다 / John was *the* best of men but had no push.
존은 제일 좋은 놈이지만 기개가 없었다 (* 둘을 비교하
는 경우에 비교급 앞에도 the 를 붙인다. 예: My house
is *the* larger of the two. 나의 집은 둘 중에 큰 쪽이다》.

3 《유일하다고 생각되는 사물·자연 현상·방위·가장
중요하여 고유 명사화한 명사를 가리키는 명사 앞에 붙
인다》 ¶ *the* universe 우주 / *the* world 세계 / *the* Lord
신 / *the* Savior 구세주 / *the* Gospel 복음 / *the* sun 태
양 / *the* moon 달 / *the* earth 지구 / *the* east 동(東) /
the west 서(西) / *the* principal [이 학교의]교장 / *the* Bible
성서 / *the* equator 적도 / *the* City 런던의 구시가(도심
부) / *the* River [英] 템즈강.

4 《어떤 종류의 고유명사 앞에 붙인다》 **a)** [특수한 지
역·국민·종족·종파·당파 이름] *the* Crimea 크리
미아 지방 / *the* Far East 극동 / *the* Christians 기독교
도. **b)** [산맥·제도·국토의 복수명·반도·암초 이름]
¶ *the* Alps 알프스 산맥 / *the* Philippines 필리핀 제도 /
the United States [of America] 아메리카 합중국. **c)**
[강·운하·만·조류·해협·해양·사막·도로 이름] ¶
the Nile 나일강 / *the* Suez Canal 수에즈 운하 / *the*
English Channel 영국 해협 / *the* Gulf Stream 멕시코 만
류 / *the* Pacific [Ocean] 태평양 / *the* Sahara 사하라 사
막. **d)** [배·항공기·열차명; 공공의 건물·단체·요새
의 이름] ¶ *the* Queen Mary 퀸 메리호 / *the* Flying
Dutchman 플라잉 더치맨 [영국 특급 열차 이름] / *the*
Red Cross Society 적십자사 / *the* Maginot Line 마지
노 선. **e)** [서적·신문·잡지 이름] ¶ *The* Concise
Oxford Dictionary 콘사이스 옥스퍼드 사전 / *the* Times
타임즈지 (* Daily Mail, a New English Dictionary 처
럼 the 를 붙이지 않는 신문·서적도 있다). **f)** [특정한
경우의 국어 이름·형용사가 붙는 인명·칭호·작위 이
름] ¶ *the* English of the 17th century 17세기의 영어 /
the poet Virgil 시인 버질 / Alfred the Great 알프레드
대왕 / William the Conqueror 정복왕 윌리엄 (* Little
Tom 처럼 little, old, young, poor, dear 따위의 형용사
가 붙으면 the 는 붙지 않는다. 또 Queen Mary 처럼 칭
호 등의 직후에 성명이 오는 경우 the 는 생략된다) /
What is the English [word] for *the* Korean [word]
"nara"? 한국어의 「나라」에 해당하는 영어는 무엇이
냐?

5 《단수 명사에 붙여서 그 명사가 나타내는 종족 전체,
또는 그 속성·기능 따위 추상적 의미를 나타낸다》 ¶
The dog is a faithful animal. 개는 충실한 동물이다 /

the brute 수성(獸性) / The exception proves *the* rule.
예외가 있음은 통칙이 있는 증거이다 / It is pleasant to
the eye. 그것은 보아서 즐겁다 / The pen is mightier
than *the* sword. 《속담》 문(文)은 무(武)보다 강하다.

6 《형용사에 붙여서 복수 보통명사 또는 추상명사, 현
재분사·과거분사에 붙여서 복수 보통명사, 때로는 단수
보통명사를 나타낸다》 ¶ *the* poor 가난한 사람들 / *the*
old 노인들 / *the* living and the dead 산 자와 죽은 자 /
the learned 박식한 사람들 / *the* accused 피고 / *the*
true, *the* good, *the* beautiful 진선미(眞善美) / She has
an eye for *the* beautiful. 그녀에게는 심미안이 있다.

7 《단위를 나타내는 명사 앞에 붙인다》 ¶ a dollar *the*
bottle 1병에 1달러 / by *the* dozen (*the* hundred, *the*
thousand) 몇 십(백, 천)으로 많이 / be sold by *the*
ounce (*the* gram) 온스(그램) 단위로 팔리다 / He
works by *the* day (*the* week, *the* month). 그는 하루
(주, 월) 얼마로 일한다.

8 《전형·대표로서 강조의 뜻을 나타낸다》 ¶ *The* King
of Kings 왕 중의 왕, 그리스도 / This is *the* life. 이것
이 바로 인생이다/He is *the* pianist of the day. 그는
당대의 첫째 가는 피아니스트이다 (* 이럴럭채로 쓰이
며, [ði:]로 강하게 발음된다).

9 《사물의 부분을 나타낸다》 **a)** 《앞서 언급한 사람의 신
체의 일부를 나타내는 명사의 앞에 붙여, 소유격 대명사
의 대용이 된다》 (* 행위자와 그 행위를 받는 사람이 같
은 사람인 경우에는 소유격 대명사가 보통. 예: I've
broken my arm.》 ¶ I took her by *the* hand. 나는 그
녀의 손을 잡았다 / I patted him on *the* shoulder. 나는
그의 어깨를 두드렸다 / He looked me in *the* face. 그는
내 얼굴을 빤히 보았다. **b)** 《연대 따위의 특정 부분 또
는 기간을 나타내는 명사의 앞에 붙인다》 ¶ a man
somewhat in *the* sixties 60대 정도의 사람 / in *the*
beginning of 1960 1960년 초에. **c)** 《형용사의 앞에 붙여
사물의 부분을 나타낸다》 ¶ *the* deep of his heart 그의
마음 속 / *the* blue of heaven 하늘의 푸르름 / at *the*
dead of night 한밤 중에 / *the* white of an egg 계란의
흰자위.

10 《구어》 《집안 사람에게 쓴다》 나의(my). ¶ *the*
wife [나의] 아내.

11 《복수명사의 앞에 붙여서 국민·국가·사람(동물)
의 무리 따위의 전부를 나타낸다》 ¶ *the* Greeks
그리스 사람 / *the* Americans 아메리카 사람 / *the*
Stromans 스트로만스 집안(의 사람들) / The foxes have
holes, and the birds of the air have nests. 여우도 굴
이 있고 공중의 새도 거처가 있다 [← 마태 복음 (Matt.)
8:20].

12 《특정한 병·용구·악기·댄스·직업 이름의 앞에
붙인다》 ¶ *the* palsy 중풍 / *the* rheumatism 류머티즘 /
the small pox 천연두 / *the* dumps (*or* blues) 우울증 /
the measles 홍역 / *the* piles 치질 (* cancer, cholera,
influenza, pneumonia, tuberculosis, appendicitis 따위
는 무관사이며, headache 는 부정관사를 쓴다) / *the*
bench 판사의 직 / *the* bar 변호사의 직; 법정 / listen to
the radio 라디오를 듣다 / talk over *the* telephone 전화
로 이야기하다 / play *the* piano (*the* harp, *the* violin) 피
아노(하프, 바이올린)를 연주하다 (* teach piano, pick
a guitar 와 같은 표현도 있다).

13 《관용구 속에서 쓰인다》 ¶ for *the* most part 대부
분은 / at *the* full 한창때에 / through *the* night 밤새도
록 / in *the* dark (*the* cold) 어둠 (추위) 속에서 / in *the*
afternoon (*the* daytime, *the* evening, *the* morning) 오
후(낮, 저녁, 아침)에 (* at dawn, at midnight 의 표현
도 있다) / in *the* distance 멀리에 / in *the* main 주로 /
on *the* contrary 반대로 / on *the* whole 전반적으로 / on
the spot 바로 그 자리에서, 현장에서.

14 《보통명사·또는 추상명사 앞에서 such [a], so,
enough 를 나타낸다》 ¶ She saved until she had *the*
money for a new house. 그녀는 새로운 집을 살만한 돈
을 가질 때까지 저금했다 / He is not *the* man to do a

dishonest thing. 그는 부정한 일을 할 사람이 아니다. — *adv.* [ðə, ði] **1** 〖형용사・부사의 비교급의 앞에 두어 지시부사로서〗 그만큼, 오히려, 점점 더, 그 때문에. ¶ so much *the* better(*the* worse) 그만큼 더욱 좋은 (나쁜) / He worked all *the* harder despite his failure. 그는 실패에도 불구하고 더욱 더 열심히 일했다 / I like him all *the* better for his faults. 나는 그에게서 결점이 있어 오히려 더 좋다 / That makes it all *the* worse. 그렇게 해면 더욱 나빠진다. **2** 〖상관적으로 형용사・부사의 비교급의 앞에 두어〗 …하면 그만큼…, …하면 할수록…. ¶ The more, *the* better. 많으면 많을수록 좋다 / *The* sooner, *the* better. 빠르면 빠를수록 좋다 / *The* higher you go up the mountain, *the* colder it becomes. 산에 높이 오르면 오를수록 추워진다(* 앞의 the는 관계부사, 뒤의 the는 지시부사).

the-¹ ⇒ THEO-.

the·an·dric [θiǽndrik] *adj.* 〖그리스도와 같은〗 신인 양성의(神人兩性의), 신인의.

the·an·throp·ic [θiænθrɑ́pik / -θrɔ́p-] *adj.* 신인(神人) 양성의, 신인 양성을 가진.

the·an·thro·pism [θiǽnθrəpìz(ə)m] *n.* ① 신인(神人) 일체설, 그리스도 신인설. **2** 인간성을 신에게 귀속시키는 일; 신성(神性)을 인간화하는 일; 신인 동형 동성설(神人同形同性說).

the·ar·chy [θíːɑːrki] *n.* ① ⓒ (*pl.* **-chies**) **1** 〖기독교의〗 신의 통치, 신정(神政). **2** 신의 종속 계통.

theat. 〖略〗 theater; theatrical.

‡**the·a·ter**, 〖英〗 **-tre** [θíːətər / θíə-] *n.* **1** 극장, 영화관. ¶ a movie (or a picture) *theater* 영화관 / a drive-in *theater* 〖美〗 드라이브인 극장(자동차를 탄 채 보는 야외 극장) / a patent *theater* 〖英〗 칙허(勅許) 극장. **2** (the ~) 연극; (집합적) 〖어느 나라 또는 작가의〗 극작품; 연극계; 〖극장의〗 관객. ¶ the modern *theater* 현대극 / the *theater* of Shakespeare 셰익스피어의 희곡. **3** 계단식 교실(강당). ¶ an operating (a lecture) *theater* 수술(강의)용 계단식 교실. **4** 〖행동이 행해지는〗 현장 (scene); 활동의 무대; 단구(段丘) (terrace). ¶ the *theater* of his activities 그의 활동 무대. **5** 〖군사〗 전역(戰域), 작전 구역(*theater* of operation).

do a theater; go to the theater 극장에 가다, 연극을 보다. ◇ **the·at·ri·cal, the·at·ric** *adj.* 〖보러 가다.〗

théater ágent *n.* 〖英〗 연예인 알선업자.

théater commánder *n.* 전역(戰域) 사령관.

the·a·ter·go·er, 〖英〗 **-tre-** [θíːətərɡò(u)ər / θíə-] *n.* 연극 구경 가는 사람, 연극팬.

the·a·ter·go·ing, 〖英〗 **-tre-** [θíːətərɡò(u)iŋ /θíə-] *n.* ① 연극 구경, 관극(觀劇). — *adj.* 연극 구경을 좋아하는.

the·a·ter-in-the-round, 〖英〗 **-tre-** [θíːətərinðəráund / θíə-] *n.* 원형 극장.

théater míssile defénse *n.* 〖군사〗 전역(戰域) 미사일 방위(구상) 〖중거리 및 전술 미사일에 대한 방위. 略 TMD〗.

théater núclear fórce *n.* 〖군사〗 전역(戰域) 핵전력〖略 TNF〗.

théater núclear wéapon *n.* 〖군사〗 전역 핵무기.

théater of crúelty *n.* (the ~) 잔혹 연극〖프랑스의 배우・시인 A. Artaud가 창시한 것으로 관객을 연루시키는 연극〗. 〖殘酷劇〗

théater of the absúrd *n.* (the ~) 부조리극(不).

the·at·ric [θiǽtrik] *adj.* =THEATRICAL.

*‡**the·at·ri·cal** [θiǽtrik(ə)l] *adj.* **1** 연극의, 연극적인; 극장의. ¶ *theatrical* effect 극적 효과 / *theatrical* scenery 무대 장치. **2** 〖언어・동작 따위〗 연극 같은, 연극조의. — *n.* **1** (~s) 연극; 〖특히〗 아마추어 연극. **2** (~s) 본업으로서의 배우. ~·**ly** [-kəli] *adv.* ~·**ness** *n.* ◇ **théater, theatricálity** *n.* theatricalize *v.*

the·at·ri·cal·ism [θiǽtrikəlìz(ə)m] *n.* ① **1** 연출법. **2** 연극조〖의 말, 몸짓〗: 태부림, 과장(誇張).

the·at·ri·cal·i·ty [θiæ̀trikǽliti] *n.* ① 연극조.

the·at·ri·cal·ize [θiǽtrikəlàiz] (* 〖英〗 **the·at·ri·cal·ise**) *vt.* (**-ized, -iz·ing**) …을 극화(劇化)하다 (dramatize); …을 연극조로 하다, 구경거리로 하다.

the·at·rics [θiǽtriks] *n. pl.* **1** 〖단수 취급〗 연극법, 연출법. **2** 〖복수 취급〗 연극조의 동작, 과장된 말.

The·ban [θíːbən] *adj.* 테베(Thebes)의. — *n.* 테베의 주민.

Thebes [θíːbz] *n.* 테베 〖나일강가의 고대 이집트의 수도〗.

the·ca [θíːkə] *n.* (*pl.* **-cae** [θíːsiː]) **1** 통(筒), 용기(容器). **2** 〖식물〗 화분낭(花粉囊), 삭(蒴) (capsule). **3** 〖해부・동물〗 〖기관(器官)을 싸는〗 외피, 〖번데기의〗 껍질.

the·cal [θíːk(ə)l] *adj.* **1** 통모양의, 칼집의. **2** 〖식물〗 낭(囊)의; 〖해부・동물〗 겉껍질의, 외피의.

the·cate [θíːkit, -keit, -keit] *adj.* theca가 있는, theca 속에 들어 있는.

thé dan·sant [F te dɑ̃sɑ̃] *n.* (*pl.* **thés dan·sants** [F te dɑ̃sɑ̃]) 〖프랑스〗 (=dancing tea [party]) 오후의 무도 다과회(茶舞會).

*‡**thee** [ðiː, 약 ði] *pron.* (thou의 목적격) **1** 〖고어・문어〗 그대를(에게). **2** 〖방언〗 =thou¹.

*‡**theft** [θeft] *n.* **1** ① 도둑질; 절도죄. ¶ commit a *theft* 도둑질을 하다 / be put in prison on a charge of *theft* 절도죄로 투옥되다.

〖類語〗 **theft** 남의 물건을 몰래 훔치기; 절도; 넓은 뜻으로는 사취・횡령・착복・남의 문장의 표절 따위 남의 동의 없이 마음대로 자기의 것으로 하는 모든 행위. **larceny** 금전 물품상의 법률 용어. **robbery** 직접 남에게 폭력이나 협박을 가하여 뺏는 일. 강도・강탈; 넓은 뜻으로는 burglary도 포함한다. **burglary** 〖특히 밤에〗 절도 따위의 목적으로 남의 집에 불법 침입하는 일.

2 〖고어〗 장물(贓物). ◇ **thieve** *v.*

thegn [θein] *n.* =thane.

the·ine [θíːin, +美 -iːn] *n.* ① 테인, 〖특히 차 속에 있는〗 카페인(caffeine), 다소(茶素).

*‡**their** [강 ðɛər, 약 ðər] *pron.* (they의 소유격) 그들의, 그녀들의, 그것들의(* 선행하는 부정(不定)의, 또는 성이 불명한 단수의 명사・대명사를 가리키기도 한다). ¶ *their* home 그들의 가정 / *their* rights as citizens 시민으로서의 그들의 권리 / Everybody must show *their* ticket. 차표를 보여 주시기 바랍니다.

*‡**theirs** [ðɛərz] *pron.* (they의 소유 대명사) 그들(그녀)의 것, 그것들의 것. *cf.* ours, yours ¶ Is she a friend of *theirs?* 그녀는 그들의 친구냐? / *Theirs* was the largest house on the block. 그들의 것은 그 구획에서 제일 큰 집이었다.

the·ism¹ [θíːiz(ə)m] *n.* ① **1** 유신론(有神論); 인격신론(人格神論). **2** 〖신의 존재를 믿는〗 유신론. *opp.* atheism.

the·ism² [θíːiz(ə)m] *n.* ① 〖의학〗 차(茶)중독. 〖茶 ism〗

the·ist [θíːist] *n.* 유신론자, 유신론자.

the·is·tic [θiːístik], (**the·is·ti·cal** [-tik(ə)l]) *adj.* 인격신론(자)의, 유신론(자)의.

-ti·cal·ly [-tikəli] *adv.*

*‡**them** [강 ðem, 약 ð(ə)m] *pron.* **1** (they의 목적격) 그들(그녀들)을, 그것들을(에게). ¶ I saw *them* yesterday. 나는 어제 그들을 보았다. **2** 〖구어〗 〖주격보어로서 또는 than이나 as의 뒤에서〗 =they. ¶ That's *them.* 그들이다 / We are as efficient as *them.* 그들이 능률적인 만큼 우리도 능률적이다. **3** 〖속어〗 〖지시 형용사적으로〗 그들(those). ¶ some of *them* apples 그들 사과 중의 몇 개. 〖 ~selves.

the·ma [θíːmə] *n.* (*pl.* **-ma·ta** [-tə]) *n.* =theme.

the·mat·ic [θiːmǽtik / θim-] *adj.* **1** 주제의, 논제의, 테마의, **2** 〖문법〗 어간(語幹)의; 〖음악〗 주선율(主旋律)의, 주제의. **-i·cal·ly** [-ikəli] *adv.*

*‡**theme** [θíːm] *n.* **1** 주제, 논제, 화제. ◇ SUBJECT 〖類語〗 **2** 〖주어진 주제에 의한〗 작문; 〖짧은〗 논문. **3** 〖음악〗 주제, 주선율, 테마. **4** 〖문법〗 어간, 어근 (stem). **5**

[라디오·텔레비전 따위의] 테마 음악.
◇ themátic *adj*.
théme pàrk *n*. 테마 유원지[야생 동물·해양 생물·동화의 나라 등과 같은 테마로 통일된 유원지].
théme sòng *n*. **1** [오페레타·뮤지컬 등의] 주제가. **2** [라디오·텔레비전 등의] 테마 음악(송).
The·mis [θíːmis] *n*. 《그리스 신화》테미스[정의·법률을 관장하는 여신].
‡**them·selves** [ðəmsélvz] *pron. pl*. **1** 《강조 용법》그들(그녀들) 자신[이], 그것들 자신[이]. ¶ They *themselves* have made mistakes. 그들 스스로가 잘못을 저질렀다 / They did it *themselves*. 그들 자신이 그것을 했다. **2** 《재귀용법》그들(그녀들) 자신[이], 그것들 자신을(에게). ¶ They killed *themselves* by taking poison. 그들은 독을 마시고 자살했다. **3** 《명사적으로》본래의 자기. ¶ They were *themselves* again. 그들은 본래의 자신들로 돌아 왔다.
‡**then** [ðen] *adv*. **1** 그때, 그 무렵; 당시(at that time) (* 과거에도 미래에도 쓰이다). *cf*. now ¶ He came back just *then*. 그는 바로 그때 돌아 왔다 / The life environment will be different *then*. 그때는 생활 환경도 달라져 있을 것이다. **2** 《시간적 경과에 있어서》그 다음에[는], 이번에[는]; 그리고 나서[곧], 그 뒤 곧. ¶ He came home and *then* went out. 그는 귀가하자 바로 또 외출했다 / First came Mary and *then* John. 먼저 메리가 오고 그리고 나서 존이 왔다 / He got up, took his hat, and *then* left home. 그는 일어나서 모자를 집어 들고 그러고 나서 집을 나갔다.
3 《순서로서》다음에[는]; 다시, 그 외에(besides). ¶ Standing beside Bob is Nel, *then* Mike, *then* Harry. 봅의 옆에 넬이 서 있고, 다음에 마이크가, 그 다음에 해리가 서 있다.
4 그렇다면, 그러면(in that case), [그렇기] 때문에, 따라서. ⇒ THEREFORE 類語 ¶ If you are ill, *then* you don't have to go with me. 네가 아프다면, 그렇다면 나와 함께 갈 필요가 없다 / *Then* you mean to say I am a beggar. 그러니까 내가 거지라 그 말이지?
and then some 《美》그밖에, 또 덤뿍.
but then 그러나 한편(동시에), 그래도.
[every] now and then ⇒ EVERY.
now then ⇒ NOW.
now...then ⇒ NOW. [시로.
then and there; there and then 그때 그 곳에서, 즉
What then? 그 다음에 어떻게 된다는 거야?
— *n*. ⓤ 당시, 그때(that time). ¶ by *then* 그때까지 / from *then* on 그때부터 쭉 / my happy *then* 즐거웠던 그 당시 / I won't start before *then*. 나는 그때까지는 떠나지 않겠다.
— *adj*. 그때의, 당시의. ¶ the *then* President 당시의 [대통령.
the·nar [θíːnɑːr] *n*. 《해부》**1** 손바닥; [때로] 발바닥. **2** 무지구(拇指球)[엄지손가락이 붙은 손바닥의 융기 부분]. **3** 《형용사적으로》손바닥의, 무지구의.
‡**thence** [ðens] *adv*. **1** 거기서(from that place). **2** 그 후, 그 때부터(from that time). ¶ a year *thence* 그 후 1년. **3** 그 이유로; 그 때문에, 그래서(therefore). ¶ the evils *thence* resulting 그 때문에 생기는 폐단.
thence·forth [ðensfɔ́ːrθ / -fɔ́ːθ] *adv*. (* from thenceforth의 꼴로 쓰이는 경우가 있다) **1** 그 때부터 [쪽], 그 이래. **2** 그 곳에서부터.
thence·for·ward [ðensfɔ́ːrwərd], (**thence·for·wards** [-wərdz]) *adv*. = THENCEFORTH.
theo- god 을 뜻하는 연결형(* 모음 앞에서는 the-를 쓴 예; *theo*logist, *the*archy.
the·o·bro·mine [θìːəbróumi(ː)n] *n*. ⓤ 《약》디오브로민[코코아 열매의 알칼로이드].
the·o·cen·tric [θìːəséntrik] *adj*. 신을 [우주의] 중심으로 하는.
the·oc·ra·cy [θiːɑ́krəsi / θiːɔ́k-] *n*. (*pl*. **-cies**) ⓤ **1** 신권(神權)정치(政體), [특히 왕국이 되기 전의 이스라엘족의] 신정(神政). **2** 성직(승직) 정치. **3** ⓒ 성직 정체 국가, 신권 정치 국가.
the·oc·ra·sy [θiːɑ́krəsi / θiːɔ́k-] *n*. ⓤ **1** 제신(諸神) 혼합 숭배, 제신 혼합(합일), 신인(神人) 융합(融合); [신플라톤주의 등에 있어서의] 묵상(명상)에 의한 신과 혼과의 교류. [가.
the·o·crat [θíːəkræt] *n*. 신권(神權)주의자; 신권 정치신권 정치적인. **-i·cal·ly** [-ikəli] *adv*.
the·od·i·cy [θiːɑ́disi / θiːɔ́d-] *n*. ⓤ **1** 호신론(護神論), 신정론(神正論). **2** ⓒ 『경위론』
the·od·o·lite [θiːɑ́d(ə)làit / θiːɔ́d-] *vt*. 《측량》경위의 (神統系譜學)의.
the·og·on·ic [θìːəgɑ́nik / θìːəgɔ́nik] *adj*. 신통 계보학
the·og·o·ny [θiːɑ́gəni / θiːɔ́g-] *n*. ⓤ 신통 계보학.
theol. 《略》theologian, theological, theology.
the·o·lo·gi·an [θìːəlóudʒ(i)ən / θìːəl-] *n*. 신학자.
*****the·o·log·i·cal** [θìːəlɑ́dʒikəl / θìːəlɔ́dʒi-], (**the·o·log·ic** [-ik]) *adj*. **1** 신학(上)의, 신학적인. ¶ a *theological* student 신학생. **2** 신으로부터의 힘에 입각한. ¶ the *theological* virtues 신덕(神德) [faith, hope, charity 의 3덕]. **-ly** [-kəli] *adv*. ◇ theólogy *n*.
the·ol·o·gist [θiːɑ́lədʒist / θiːɔ́l-] *n*. = theologian.
the·ol·o·gize [θiːɑ́lədʒàiz / θiːɔ́l-] *v*. (**-gized, -gizing**) *vi*. 신학을 연구하다. — *vt*. …을 신학적으로 다루다.
*****the·ol·o·gy** [θiːɑ́lədʒi / θiːɔ́l-] *n*. ⓤ 신학.
◇ theológical *adj*.
the·o·ma·ni·a [θìːəméiniə, -njə] *n*. 《정신 의학》자기를 신이라고 믿는 과대 망상.
the·oph·a·ny [θiːɑ́fəni / θiːɔ́f-] *n*. ⓤ 신의 출현; 신의 현현(顯現). [(茶)의 알칼로이드].
the·o·phyl·line [θìːəfílin] *n*. ⓤ 《약》테오필린[차
theor. 《略》theorem.
the·or·bo [θiːɔ́ːrbou] *n*. (*pl*. **-bos**) [17세기 경의] 비파와 비슷한 현악기.
the·o·rem [θíːərəm / θíə-] *n*. **1** 《수학》정리(定理). **2** 법칙, 일반 이론. **3** 《논리》정리.
the·o·re·mat·ic [θìːərəmǽtik / θìə-] *adj*. 정리의.
*****the·o·ret·i·cal** [θìːərétikəl / θìə-], (**the·o·ret·ic** [-ik]) *adj*. **1** 이론(上)의, 순리적인(純理的)인. **2** 이론뿐인; 공론의. **-ly** [-kəli] *adv*. ◇ théory *n*.
the·o·re·ti·cian [θìːəretíʃ(ə)n / θìə-] *n*. 이론가, 이론에 밝은 사람.
the·o·ret·ics [θìːərétiks / θìə-] *n. pl*. 《단수 취급》이론.
the·o·rist [θíːərist / θíə-] *n*. 이론가; 이론을 세우는 사람. [구성, 이론화.
the·o·ri·za·tion [θìːərizéiʃ(ə)n / θìəraiz-] *n*. ⓤ 이론
the·o·rize [θíːəràiz / θíə-] *vi*. (**-rized, -riz·ing**) 이론화하다, 학설(이론)을 세우다.
the·o·riz·er [θíːəràizər / θíə-] *n*. 이론가.
‡**the·o·ry** [θíːəri / θíə-] *n*. (*pl*. **-ries**) ⓤ **1** 이론, 이치. ¶ *theory* and practice 이론과 실제 / This is very well in *theory*. 이것은 이론상 대단히 좋다. **2** 학설, 설, 논(論). ¶ the *theory* of equations 방정식론 / the *theory* of games 《경제》게임 이론 / the Freudian *theory* of the superego 프로이트의 초자아설(超自我說) / the *theory* that dolphins are intelligent animals 돌고래는 영리한 동물이라고 하는 학설. **3** 의견, 지론; 가정, 추측(supposition). ¶ one of my pet *theories* 나의 지론의 하나 / He has a *theory* that sports are the best medicine. 그는 운동하는 것이 가장 좋은 약이라는 의견을 가지고 있다. ◇ theorétical *adj*.
theos. 《略》theosophical, theosophy.
the·o·soph·i·cal [θìːəsɑ́fikəl / θìəsɔ́f-], (**the·o·soph·ic** [-ik]) *adj*. 신지학(神知學)의, 접신론(接神論)의. **-ly** [-kəli] *adv*.
the·os·o·phy [θiːɑ́səfi / θiːɔ́s-] *n*. ⓤ 신지학, 접신론.
ther·a·peu·tic [θèrəpjúːtik], (**ther·a·peu·ti·cal** [-ti-

k(ə)l] *adj.* 치료(상)의, 치료법의.
-**ti·cal·ly** [-tikəli] *adv.*
ther·a·peu·tics [θèrəpjúːtiks] *n. pl.* 《단수 취급》치[료학, 치료법.
ther·a·peu·tist [θèrəpjúːtist] *n.* = therapist. 「사.
ther·a·pist [θérəpist] *n.* 치료학자; 임상 의사, 치료
ther·a·py [θérəpi] *n.* ⓤ (보통 복합어를 만들어) 치료, 요법. ¶ hydro*therapy* 수치료법(水治療法). 2 치료법.

‡**there** [ðɛər, ðər] *adv.* 1 그곳에[서], 저기에[서]. *cf.* here ¶ He was *there* then. 그는 그때 거기에 있었다 / I live *there* some years. 나는 거기에 몇 년 살고 있다 / What were you doing *there*? 너는 거기서 무엇 하고 있었느냐? / Put it *there* on that table. 그것을 그 테이블 위에 놓아 주시오.
2 거기에(로), 저기에(으로), 저쪽에(으로). ¶ I went *there* two years ago. 나는 2년 전에 거기에 갔다 / I have been *there* before. 나는 이전에 거기에 가 본 적이 있다.
3 [담화·행동·사건 따위의 진행 중에] 거기서, 그 점에서, 그 일에 관해서. ¶ *There* he paused. 거기서 그는 입을 다물었다 / *There* I agree (disagree) with you. 나는 그 점에서 너에게 동의한다 (동의하지 않는다) / Your anger is justified *there*. 그 일 때문에 네가 화내는 것은 무리가 아니다.
4 [어떤 사물·사람 등에게 주의를 끌어서] 자, 이봐, 저봐, 아 (＊종종 감탄사적으로 쓰인다). ¶ *There* goes the dinner bell! 자 식사를 알리는 종소리가 난다/ *There* he goes! 저봐, 그가 가는데! / *There* comes a freight train. 저것 봐, 화물 열차가 온다 / You *there*! 얘[늘아]! / *There's* a good boy! 오, 참 착하구나!, 착하다! / *There* it is, you see. 저기 있다, 보게나.
5 (장소의 관념 없이) **a)** (be 동사와 함께 쓰여 존재를 나타낸다) *There's* an apple on the table. 테이블 위에 한 개의 사과가 있다 / *There* was a big fire last night. 간밤에 큰 화재가 있었다/*There* was nothing there. 거기에는 아무 것도 없었다 / *There* will be no time for doing it. 그것을 할 시간은 없을 것 같다 / *There* must be no more time wasted. 더 이상 시간을 낭비해서는 안 된다. **b)** 《동사가 주어의 앞에 오는 문·절을 이끌어 동작을 강조한다》¶ *There* happened an event. 한 가지 사건이 일어났다 / *There* came to the village a foreigner. 그 마을에 한 외국인이 왔다 / *There* was born a baby to the couple. 그 부부에게 아기가 태어났다 / *There* lived a pretty girl in the cottage. 그 오두막에는 한 예쁜 여자 아이가 살았다.
Are you there? [전화에서] 여보세요[당신이오].
be all there 《속어》《부정문에서》제 정신이다, 빈틈이 없다. ¶ He is *not all there*. 그는 좀 모자라는 것 같다
get there 《속어》목적을 달성하다, 성공하다. 「다.
there and back 왕복으로. ¶ three miles *there and back* 왕복 3마일.
There is no doing [전혀]…할 수는 없다. ¶ *There is no telling* what will happen next. 다음에 무슨 일이 생길지 아무도 알 수 없다. 「정도.
there or thereabouts [장소·수량 따위가] 그쯤, 그
There we are. ①《구어》그럼 다음에 또. ②《보통 and 다음에 쓰여》그걸로 됐다, 뜻한 대로 됐다.
There you are! ① 그것 봐, ＊놀람·비난 따위에 나타낸다. ② [...하면] 그것으로 됐다(좋다), 자 어때[됐지]. ③ 자 여기 있다, 자 받아라.
There you go! 《구어》자, 어때!, 잘 했어!
— *n.* ⓤ 거기, 그 곳(that place); 그 지점(that point). ¶ up to *there* 거기까지 / from *there* 거기서부터 / from *there* on 거기서부터 앞으로는 / He comes from *there*. 그는 거기서 온다 / He lives near *there*. 그는 그 곳 근처에 산다.

— *interj.* 《만족·격려·안도·위로 따위를 나타내어》자, 그것 봐, 자자, 괜찮아, 그럼, 잘 해라. ¶ *There, there,* never mind. 괜찮으니 염려하지 마라 / *There* now! 자 어때! / But *there*! 하지만, 그것 참! / *There*, that's finished at last. 아, 이제 마침내 끝났다.
— *adj.* 1 《강조어로서 지시대명사의 다음이나, 지시형용사가 수식하는 말의 뒤에 써서》저, 그, 그곳의. ¶ Ask that man *there*. 저 사내에게 물어 보시오. 2 《속어》《강조로서 지시형용사와 명사의 사이에 써서》저, 그. ¶ Ask that *there* man. 저 사내에게 물어라.

there·a·bouts [ðɛ́(ː)rəbàuts / ðɛ̀ərə-], (**there·a·bout** [-bàut]) *adv.* 1 그 부근(근처)에(에서), 그 근처에. ¶ stay there or *thereabouts* for several days 며칠간 거기나 그 부근에 머물다. 2 그 무렵. ¶ last June or *thereabouts* 작년 6월이나 그 무렵. 3 [수·양의] 대략, 정도. ¶ in five days or *thereabouts* 대략 5일 정도로.
‡**there·af·ter** [ðɛ(ː)ræftər / ðɛ̀ərɑ́ːf-] *adv.* 그 후.
there·a·nent [ðɛərənént / ðɛ̀ər-] *adv.* 《주로 스코》그 일에 관하여(대하여).
there·at [ðɛ(ː)ræt / ðɛ̀ər-] *adv.* 《고어》1 그 곳에서, 그 점에서. 2 [그것] 때문에, 그래서 (on that account).
‡**there·by** [ðɛərbái] *adv.* 1 그것에 의하여, 그[것] 때문에. 2 그것에 관하여(대하여). 3 《고어·방언》그 부근에, 그 근처에. 4 《스코》[수·양 정도 따위가] 대략, 그정도.
there'd [강 ðɛərd, 약 ðərd] there had, there would의 단축형. 「신에.
there·for [ðɛərfɔ́ːr] *adv.* 《고어》그렇기 때문에, 그 대
‡**there·fore** [ðɛ́ərfɔ̀ːr / -fɔ́ː] *adv.* 그런고로, 따라서, 그결과, 결과로서, 그러므로.
類語 *therefore* 전기적 이유에서 필연적으로. *hence therefore* 보다 더욱 격식을 차린 말로서 전기적 이유의 중요성을 강조한다. *accordingly* 당연 또는 통상의 논리·인과 관계에 일치되어 당연히. *consequently* 충분한 근거에서 나온 결론 또는 어떤 일의 직접적인 결과를 나타내는 말. *so* 상기한 네 가지 표현을 대신할 수 있는 일반적인 말. *then* 주로 조건문의 귀결절을 이끄는 말. 「서, 거기서부터.
there·from [ðɛərfrʌ́m / -frʌ́m] *adv.* 거기서, 거기로부
‡**there·in** [ðɛ(ː)rín / ðɛ̀ərín] *adv.* 《고어》1 그 곳(장소에서), 그 속에. 2 그 점에서; 거기에.
there·in·af·ter [ðɛ̀ərinæftər / ðɛ̀ərinɑ́ːf-] *adv.* [문서 등의] 후문(後文)에, 이하의.
there·in·be·fore [ðɛ̀ərinbifɔ́ːr / ðɛ̀ərinbifɔ́ː] *adv.* [문서 등의] 전문(前文)에, 위에.
there·in·to [ðɛ(ː)ríntuː, --- / ðɛ̀ərín-] *adv.* 《고어》거기로, 그 속에. 「단축형.
there'll [강 ðɛərl, 약 ðərl] there will, there shall의
there·of [ðɛ(ː)rʌ́v, -ʌ́v / ðɛ̀ərɔ́v, -ɔ́f] *adv.* 《고어》1 그것의, 그것에 관하여. 2 그런 이유에서, 그런 까닭으로.
there·on [ðɛ(ː)rɑ́n, -ɔ́ːn / ðɛ̀ərɔ́n] *adv.* 《고어》1 그 위에, 그것에 관하여. 2 그 뒤에 바로(즉시), 그러자 곧.
there·out [ðɛ(ː)ráut / ðɛ̀əráut] *adv.* 《고어》거기서부터 (thence). 「축형.
‡**there's** [강 ðɛərz, 약 ðərz] there is, there has의 단
there·to [ðɛ̀ərtúː] *adv.* 《고어》1 그 곳에, 거기로, 그 게다가.
there·to·fore [ðɛ̀ərtəfɔ́ːr / -fɔ́ː] *adv.* 《고어》그 이전에, 그때까지 (before that time).
there·un·der [ðɛ(ː)rʌ́ndər / ðɛ̀ərʌ̀n-] *adv.* 《고어》1 그 아래에. 2 그 지배하에, 그것에 따라서.
there·un·to [ðɛ(ː)rʌ́ntuː, --- / ðɛ̀ərʌ̀ntuː, ---] *adv.* 《고어》= thereto.
‡**there·up·on** [ðɛ̀(ː)rəpɑ́n, -pɔ́ːn / ðɛ̀ərəpɔ́n] *adv.* 1 그러자 곧. 2 그 결과. 3 게다가. 4 그것에 관하여.

there·with [ðɛərwíθ, -wíð] *adv.* 《고어》 **1** 그것과 함께. **1** 게다가, 그 위에(besides). 〔게다가,
there·with·al [ðɛərwiðɔ́:l] *adv.* 그것과 함께, 그 위에.
the·ri·ac [θí(:)riæ̀k / θíər-] *n.* Ⓤ **1** 당밀(糖蜜). **2** 테리아카〔여러 가지 약품과 벌꿀을 섞어 만든 해독제〕.
the·ri·an·throp·ic [θì(:)riænθrɔ́pik/θìəriænθrɔ́p-] *adj.* 반인반수(牛人牛獸)의; 반인반수신(神)의; 반인반수신 숭배의.
the·ri·o·mor·phic [θì(:)riəmɔ́:rfik / θìəriəmɔ́:-] *adj.* 〔신(神)이〕짐승의 모습을 한, 수신(獸神)의.
therm [θə:rm] *n.* 〖물리〗섬〔열량의 단위〕.
therm- ⇨ THERMO-.
therm. 《略》 thermometer.
ther·mae [θə́:rmi:] *n. pl.* **1** 온천; 온천탕. **2** 〔고대 그리스·로마의〕 공중 목욕탕.
***ther·mal** [θə́:rm(ə)l] *adj.* **1** 열의, 온도의; 열에 의한. ¶ *a thermal* capacity 열용량/ *a thermal* power station 화력 발전소. **2** 온천의, 온천탕의. **3** 따뜻한 (warm), 뜨거운(hot). ── *n.* 〖기상〗 상승 온난 기류. ~·**ly** [-məli] *adv.* 초고속에 의한 고열 한계(限
thérmal bárrier *n.* 초고속에 의한 고열 한계〔限 界〕.
thérmal bréeder (reáctor) *n.* 열증식로(熱增殖爐).
thérmal pollútion *n.* Ⓤ 〔원자력 발전소의 폐수 따위에 의한〕 열 공해.
thérmal spríng *n.* 온천.
ther·man·ti·dote [θə́rmǽntidòut] *n.* 〔인도에서 창문에 설치하는〕 실내 냉각기.
ther·mel [θə́:rmel] *n.* 열전기 온도계.
ther·mic [θə́:rmik] *adj.* 열의, 열에 의한. **-mi·cal·ly** [-mikəli] *adv.* 〔이온.
therm·i·on [θə́:rmiən, +美 -mài-] *n.* 〖물리〗 열(熱)
therm·i·on·ic [θə̀:rmiánik, -mai- / -miɔ́n-] *adj.* 〖물리〗열이온의. ¶ a *thermionic* tube 《(英) valve》 열이온관(管).
therm·i·on·ics [θə̀:rmiániks, -mai- / -miɔ́n-] *n. pl.* 《단수 취급》〖물리〗열 이온학.
ther·mis·tor [θə:rmístər] *n.* 〖전자 공학〗 더미스터 〔반도체 회로 소자(素子)〕.
Ther·mit [θə́:rmit] *n.* 《상표명》=thermite.
ther·mite [θə́:rmait] *n.* 〖화학〗〔분말 알루미늄과 산화철과의 혼합물로서, 용접 및 소이탄용〕.
ther·mo- heat, hot 의 뜻의 연결형(* 모음 앞에서는 therm- 을 쓰다). 예: *thermo*chemistry.
ther·mo·ba·rom·e·ter [θə̀:rmobərámitər / -rɔ́m-] *n.* 비등점 기압계. **2** 온도 기압계.
ther·mo·chem·is·try [θə̀:rmo(u)kémistri /] 〔열전지.
열화학.
ther·mo·cou·ple [θə́:rməkʌ̀pl] *n.* 열전쌍(熱電雙),
ther·mo·dy·nam·ic [θə̀:rmo(u)dainǽmik] *adj.* **1** 열역학의. **2** 동력화된 열량으로 운전되는.
ther·mo·dy·nam·ics [θə̀:rmo(u)dainǽmiks] *n. pl.* 《단수 취급》 열역학(熱力學).
ther·mo·e·lec·tric [θə̀:rmo(u)iléktrik] *adj.* 열전기의. **-tri·cal·ly** [-trikəli] *adv.*
ther·mo·e·lec·tric·i·ty [θə̀:rmo(u)ilèktrísiti] *n.* 열전기.
ther·mo·e·lec·tron [θə̀:rmo(u)iléktrən / -trɔn] *n.* 〖물리〗열전자(熱電子).
ther·mo·el·e·ment [θə̀:rmouélimənt] *n.* 더머엘리먼트〔열전소자(熱電素子)〕.
ther·mo·form [θə́:rməfɔ̀:rm] *n.* Ⓤ 〔플라스틱의〕 열성형(熱成形). ── *vt.* …을 열성형하다.
ther·mo·gen·e·sis [θə̀:rmədʒénisis] *n.* Ⓤ 〔특히 동물의 체내에서의〕 열 발생. 〔記〕온도계.
ther·mo·graph [θə́:rməgræ̀f / -grɑ̀:f] *n.* 자기〔自
ther·mo·jet [θə̀:rmo(u)dʒét] *n.* 〔항공〕 열기체계(熱氣體系) 엔진, 분류(噴流) 추진계 엔진.
ther·mo·lu·mi·nes·cence [θə̀:rmo(u)lù:minésns]

n. Ⓤ 〖물리〗열 루미네슨스.
ther·mol·y·sis [θərmɔ́lisis / -mɔ́l-] *n.* Ⓤ **1** 〖생리〗체온 소산(消散). **2** 〖화학〗열분해.
ther·mo·mag·net·ism [θə̀:rmo(u) mǽgnətìz(ə)m / -ni-] *n.* 열자기(熱磁氣).
‡**ther·mom·e·ter** [θərmάmitər / -mɔ́m-] *n.* 온도계, 한란계, 검온기. ¶ a centigrade (*or* a Celsius) *thermometer* 섭씨 온도계 / a Fahrenheit *thermometer* 화씨 온도계 / a clinical *thermometer* 체온계.
◇ thermo**mét**·ric *adj.*
ther·mo·met·ric [θə̀:rməmétrik] *adj.* 온도계의, 한란계의. **-ri·cal·ly** [-rikəli] *adv.*
ther·mom·e·try [θərmάmitri / -mɔ́m-] *n.* Ⓤ 온도측정, 검온.
ther·mo·nu·cle·ar [θə̀:rmən(j)ú:kliər] *adj.* 열핵 (熱核)의, 원자핵 융합으로 생기는. ¶ *thermonuclear* reaction 열핵반응.
ther·mo·nuke [θə́:rmənu:k / -n(j)u:k] *n.* 《美구어》 열핵무기, 수소 폭탄.
ther·mo·phile [θə́:rməfàil, -fil] *n.* 고온에서 성장하는 유기체(물), 호열(好熱) 유기체.
ther·mo·pile [θə́:rməpàil] *n.* 〖물리〗 열전쌍열(熱電雙列), 열전퇴(熱電堆)〔열전대를 여러개 직렬로 연결한 장치. 방사계·방사 온도계로 쓰인다〕.
ther·mo·plas·tic [θə̀:rməplǽstik] *adj.* 열에 의해 가소성(可塑性)이 되는, 가열 가소성의. ── *n.* 가열 가소물(可塑物).
ther·mo·reg·u·la·tion [θə̀:rmo(u) règjuléi∫(ə)n] *n.* Ⓤ 온도 조절, 〔특히〕체온 조절〔기능〕.
ther·mos [θə́:rməs/-mɔs] *n.* 보온병 (vacuum bottle).
ther·mo·scope [θə́:rməskòup] *n.* 온도 측정기〔체적의 변화로 온도차를 측정〕.
ther·mo·scop·ic [θə̀:rməskάpik / -skɔ́p-] *adj.* 온도 측정기의. **-i·cal·ly** [-ikəli] *adv.*
ther·mo·set·ting [θə̀:rmo(u)sétiŋ] *adj.* 〔가소물(可塑物)이〕 가열하면 굳어지는.
ther·mo·sphere [θə́:rməsfìər] *n.* (the ~) 열권(熱圈), 온도권〔지구 대기의 80km 이상의 고층으로 고도에 따라 온도가 상승하는 부분〕.
ther·mo·stat [θə́:rməstæ̀t] *n.* 서머스탯, 자동 온도 조절 장치.
ther·mo·stat·ic [θə̀:rməstǽtik] *adj.* 자동 온도 조절 〔장치〕의. **-i·cal·ly** [-ikəli] *adv.*
ther·mo·ther·a·py [θə̀:rmo(u)θérəpi] *n.* Ⓤ 이열 (以熱) 치료법.
ther·mo·trop·ic [θə̀:rmətrάpik / -trɔ́p-] *adj.* 〖생물〗 굴열성(屈熱性)의.
ther·mot·ro·pism [θə(:)rmάtrəpìz(ə)m / -mɔ́t-] *n.* Ⓤ 〖생물〗 굴열성.
-thermy heat 의 뜻의 연결형. 예: dia*thermy*.
the·roid [θí(:)rɔid / θíə-] *adj.* 수성(獸性)의, 〔성질이〕 짐승 같은(brutish).
the·sau·rus [θisɔ́:rəs] *n.* (*pl.* **-ri** [-rai] *or* **-rus·es**) **1** 말이나 지식의 보고, 유어(반의어) 사전, 백과 사전, 디소러스〔어구를 뜻에 따라 배열한 사전〕. **2** 보고(寶庫), 보물 창고.
‡**these** [ði:z] (this 의 복수형) *pron.* 이것 들; [those에 대하여] 후자. *cf.* those. ¶ *These* are my brother's. 이것들은 동생의 것이다. ── *adj.* 이(것)들의. *cf.* those. ¶ *these* satellites 이들 인공위성 / [in] *these* days 요즈음은 / one of *these* days 머잖아, 곧 / I have never seen him *these* last five years. 지난 5년 간 나는 그를 만나지 못했다 / He is one of *these* artist chaps. 〔경멸의 뜻으로〕그는 이들 서투른 그림쟁이 가운데 한 사람이다.
the·ses [θí:si:z] *n.* thesis 의 복수형.
The·seus [θí:sjuːs, -sìəs /-sjuːs, -sjəs] *n.* 〖그리스 신화〗 테세우스〔아이게우스(Aegeus)의 아들로, 괴물 미노타우로스(Minotaur)를 퇴치한 영웅〕.

the·sis [θíːsis] *n.* (*pl.* **-ses**) **1** 논제(論題), 의제. **2** (작문 등의) 제목. **3** 학위 논문, 졸업 논문. **4** [철학] 명제(命題), 정립(定立), 테제. **5** [음악] 하박(下拍) [소절(小節)의 강부]. *cf.* arsis **6** [韻律] 약음절 시작(詩脚); 강음 시작.

Thes·pi·an [θéspiən] *adj.* **1** Thespis 의. **2** (종종 t-) 비극의, 비극적인. ― *n.* (때로 t-) 비극 배우.

Thess. (略) Thessalonians.

Thes·sa·li·an [θeséiliən, -ljən] *adj.* 테살리아의; 테살리아 사람(말)의. ― *n.* 테살리아사람[U] 테살리아말.

Thes·sa·lo·ni·an [θèsəlóuniən, -njən] *adj.* 데살로니가(Thessalonica)의; 데살로니가 사람의. ― *n.* 데살로니가 사람. * Thessalonica 는 그리스 북부의 도시 Salonica 의 옛 이름.

Thes·sa·lo·ni·ans [θèsəlóuniənz, -njənz] *n. pl.* [단수 취급] [성서] [사도 바울이 쓴] 신약 성서의]) 데살로니가 사람에게 보낸 데살로니가 전서와 후서.

the·ta [θéitə, θíː- /θíː-] *n.* 테타(시타)[그리스 자모의 여덟째 자(θ, θ)의 명칭; 영어의 th에 해당].

théta pìnch *n.* [물리] 테타 핀치[핵용합용으로 플라스마의 주위의 자장(磁場)을 급속히 압착하는 일].

thet·ic [θétik], **-i·cal** [-ik(ə)l] *adj.* **1** 단언적인, 자의적(恣意的)인; 독단적(단정적, 명령적)으로 서술된. **2** [韻律] thesis 를 이루는, thesis 로 시작되는.

The·tis [θíːtis / θét-] *n.* [그리스 신화] 테티스[바다의 신 넬레우스(Neleus)의 50명의 딸들 중의 하나. 아킬레스(Achilles) 의 어머니].

the·ur·gic [θiːə́ːrdʒik], **-gi·cal** [-dʒik(ə)l] *adj.* 기적의; 마술의.

the·ur·gist [θíːəːrdʒist] *n.* 마술사; 기적을 행하는 사람.

the·ur·gy [θíːəːrdʒi] *n.* ⓤⓒ (*pl.* **-gies**) **1** [이집트의 플라톤학파 사람들이 행한] 마법, 마술. **2** 기적.

thewed [θ(j)uːd / θjuːd] *adj.* 근육의.

thews [θ(j)úːz / θjúːz] *n. pl.* 근육, 힘줄; 완력, 체력.

thew·y [θ(j)úːi / θjúːi] *adj.* (**thew·i·er, thew·i·est**) 근골이 건장한, 힘센.

‡**they** [강 ðei, 약 ðe] *pron.* [인칭대명사, 제3인칭·복수·주격) (**he, she, it** 의 복수형; 소유격 **their**, 목적격 **them**, 소유대명사 **theirs**) **1** 그들, 그녀들, 그것들. ¶ *They* arrived at six. 그들은 6시에 도착했다. / I thought it was *they* who went with her. 나는 그녀와 함께 간 것이 그들이라고 생각했다. **2** 사람들, 세상 사람들, 세인. ¶ *They* say he is a liar. 사람들은 그가 거짓말쟁이라고 말한다. **3** [고어] [관계대명사의 선행사로서] …하는 사람들. ¶ *They* who know such things would call them masterpieces. 그러한 것을 알고 있는 사람들은 그것을 걸작이라고 말할 것이다.(*현재는 those who…가 일반적).

주의 종종 앞에 나온 부정(不定) 또는 성이 명확치 않은 단수의 명사·대명사를 받는다: Nobody admits that *they* are to blame. 아무도 자신이 나쁘다고 말하는 사람은 없다.

‡**they'd** [ðeid] they would, they had 의 단축형.

‡**they'll** [ðeil] they will, they shall 의 단축형.

‡**they're** [ðeiər] they are 의 단축형.

‡**they've** [ðeiv] they have 의 단축형.

T.H.I. (略) *t*emperature-*h*umidity *i*ndex.

thi- → THIO-.

thi·a·mine [θáiəmìːn, -min], (**thi·a·min** [-min]) *n.* ⓤ [생화학] 티아민[비타민 B₁].

Thi·bet [tibét] *n.* = Tibet.

Thi·bet·an [tibét(ə)n] *adj., n.* =Tibetan.

‡**thick** [θik] *adj.* **1** 두꺼운, 두툼한(*opp.* thin); 두께가 …의. ¶ a *thick* board 두꺼운 판자 / a *thick* book 두툼한 책 / a board one inch *thick* 두께 1인치의 판자 / How *thick* is the ice? 얼음 두께가 얼마나 되느냐? **2** 굵은, [선이나 글자 따위의] 획이 굵은. *opp.* thin. ¶ a *thick* line 굵은 선 / a *thick* type 획이 굵은 활자. **3** 빽빽한, 밀생한, 밀집한. ⇒ CLOSE² 類語 ¶ a *thick* forest 밀림 / *thick* hair 숱이 많은 머리털. **4** 수많은, 혼잡한. ¶ a *thick* crowd 굉장히 많은 군중 / The crowd grew *thicker*. 군중은 점점 많아졌다. **5** 두껍게 덮여 있는, 충만해 있는(*with*…). ¶ a floor *thick* with dust 먼지가 두껍게 쌓인 마루 / The trees are *thick* with leaves. 나무들은 잎이 무성하다 / The air was *thick* with smoke. 공기에는 연기가 가득 차 있었다. **6** [액체가] 진한, 걸쭉한, 된. ¶ *thick* soup 진한 스프. **7** [공기·날씨 따위가] 탁한, 흐린, 투명하지 않은(*opp.* clear); [연기·안개 따위가] 자욱한, 짙은; [날씨 따위가] 잔뜩 흐린(찌푸린), 어둠침침한. ¶ *thick* smoke 자욱한 연기 / *thick*, muddy water 된 흙탕물 / a *thick* day 안개가 자욱한 날 / The river got *thick* after the flood. 홍수 뒤에서 강물이 탁해졌다. **8** [어둠 따위가] 깊은, 짙은. ¶ *thick* darkness 칠흑 같은 어둠. **9** [소리·음성이] 뚜렷하지 않은, 탁한, 쉰, 맑지 않은; 사투리가 심한. ¶ a *thick* voice 쉰 목소리 / She had a *thick* German accent. 그녀에게는 심한 독일어 악센트가 있었다. **10** [머리가] 둔한, 우둔한, 어리석은(stupid). ¶ He is a *thick* fellow. 그는 머리가 둔하다. **11** (구어) 매우 친한, 의좋은(intimate). ¶ I am very *thick* with him. 나는 그와 아주 친하다. **12** (고어) [감각이] 둔한. ¶ He is *thick* of hearing. 그는 귀가 멀었다. **13** (주로 英구어) 너무 심한, 도가 지나친, 과도의. ¶ This is rather (*or* a bit, a little too) *thick*. 이건 좀 심하다.

[*as*] *thick as thieves* ⇒ THIEF.

get a thick ear [얻어 맞아서] 귀가 붓다.

give a person a thick ear 귀가 붓도록 남을 때리다.

with honors thick upon one 넘치는 영광을 한몸에 받고.

― *adv.* 두껍게; 빽빽하게; 질게; 설새없이. ¶ Slice the bread *thick*. 빵을 두껍게 썰어라 / The snow falls *thick*. 눈이 펑펑 내린다 / The heart beats *thick*. 가슴이 두근거린다.

lay it on thick (구어) 맹렬히 하다; 지나치게 알랑거리다.

thick and fast 연방, 자꾸, 줄기차게. ¶ Misfortune came *thick and fast*. 불행이 계속 닥쳐 왔다.

― *n.* **1** (the ~) [손·발·몸의] 굵은(두꺼운) 부분. **2** (the ~) 밀생(밀집)한 부분; 활동이 가장 심할 때, 사람이 가장 많이 모이는 번화한 곳. ¶ in the *thick* of a fight 싸움이 한창 치열할 때에 / in the *thick* of the wood 나무가 무성한 숲에. **3** (구어) 바보, 얼간이.

through thick and thin 언제나 변함없이; 만난(萬難)을 무릎쓰고.

◇ thícken *v.*

thick-and-thin [θíkən(d)θín] *adj.* 물불을 가리지 않는, 목숨을 바친; 시종 변함없는.

‡**thick·en** [θík(ə)n] *vt.* **1** …을 두껍게 하다, 굵게 하다. **2** …을 진하게 하다, 걸쭉하게 하다. ¶ *thicken* gravy 고기 국물을 걸쭉하게 하다. **3** [천 따위의] 올을 촘촘하게 하다. **4** …을 강화하다. **5** …을 불명료하게 (흐리게) 하다. ― *vi.* **1** 두꺼워지다, 굵어지다, 진해지다, 탁해지다. ¶ The mist *thickened*. 안개가 짙어졌다. **2** 복잡해지다. ¶ The plot *thickened*. 줄거리가 복잡해졌다. **3** 불명료해지다. ◇ thick *adj.*

thick·en·er [θík(ə)nər] *n.* 두껍게(질게, 굵게, 조밀하게) 하는 것. **2** 침전 농축 장치.

thick·en·ing [θík(ə)nin] *n.* ⓤⓒ **1** 두껍게(진하게) 하기, 두껍게(굵게, 진하게) 되기; 농밀화(濃密化). **2** 두껍게(굵게, 진하게) 된 부분. **3** 농화제(濃化劑), 진하게 하는 재료 [수프의 밀가루 따위].

‡**thick·et** [θíkit] *n.* 덤불, 잡목림.

thick·head [θíkhèd] *n.* 머리가 둔한 사람, 얼간이, 돌대가리.

thick·head·ed [θíkhèdid] *adj.* 머리가 둔한(stupid).

thick·ish [θíkiʃ] adj. 좀 두꺼운(굵은, 진한).
*thick·ly [θíkli] adv. **1** 두껍게, 굵게; 빽빽하게; 밀집하여; 짙게, 농밀(濃密)하게(densely). ¶ *thickly* covered with snow 눈으로 두껍게 덮인. **2** 분명치 않게, 탁한 목소리로. **3** 빈번하게, 자주, 자주.
*thick·ness [θíknis] n. Ⓤ **1** 두께, 두꺼움; 굵음, 굵기. ¶ *thickness* of ten centimeters; ten centimeters in *thickness* 10센티의 두께. **2** 밀집, 밀생, 무성; [천의 올 따위의] 촘촘함, 치밀. **3** 농도, 농후, 농밀(濃密). **4** 빈번(frequency). **5** [이해력이] 둔함, 우둔(stupidity). **6** [소리·목소리 따위의] 똑똑치 않음, 불명확, 탁함. **7** (the ~) 두꺼운 부분, 두꺼운(굵은) 것. ¶ *the thickness* of the back 등의 두꺼운 부분. **8** Ⓒ 층, 겹; [일정한 두께를 가진 재료의] 한 장. ¶ two *thicknesses* of cloth 두 겹의 천. — vt. [나무 조각 따위]를 일정한 두께로 하다.
thick·set adj. [θíksét → n.] **1** 울창한, 무성한. ¶ *thickset* wood 나무가 빽빽한 숲. **2** 밀집해 있는, 조밀한; 올이 촘촘한. ¶ a sky *thickset* with stars 별을 수놓은 듯한 하늘. **3** 땅딸막한, 굵고 짧은. — [θíksèt] n. **1** 덤불, 잡목숲(thicket). **2** [보풀이 인] 두꺼운 면포.
thick-skinned [θíkskínd] adj. **1** [피부가] 두꺼운. **2** [비유·비난에] 둔감한, 무신경의, 낯이 두꺼운.
thick-skulled [θíkskʌ́ld] adj. 머리가 나쁜, 우둔한.
thick-wit·ted [θíkwítid] adj. 머리가 둔한, 아둔한.
*thief [θi:f] n. (pl. **thieves** [θi:vz]) 좀도둑, 도둑, cf. robber ¶ *Set a thief to catch a thief.* 《속담》 도둑으로 도둑을 잡으라. [친한.
[as] **thick as thieves** 서로 떨어질 수 없는 사이의, 절친한. *honor among thieves* 도둑의 의리.
◇ **thievish** adj.
thieve [θi:v] v. (**thieved, thiev·ing**) vt. …을 훔치다.
— vi. 도둑질하다.
thiev·er·y [θíːvəri] n. Ⓤ Ⓒ (pl. **-er·ies**) **1** 도둑질, 절도. **2** (고어) 도둑질한 물건, 장물.
*thieves [θi:vz] n. thief 의 복수형. [은어.
thieves' Latin n. Ⓤ 도둑들이 쓰는 변말, 도둑의
thiev·ing [θíːviŋ] n. = thievery l. — adj. 도둑질하는, 훔친 물건의.
thiev·ish [θíːviʃ] adj. 도벽이 있는, 손버릇이 나쁜. ¶ have a *thievish* habit 손버릇이 나쁘다. **2** 도둑같은, 숨어서 하는, 남몰래 하는. ~**·ly** adv. ~**·ness** n.
*thigh [θai] n. **1** 넓적다리, 가랑이. **2** [새의] 대퇴.
thigh-bone [θáibòun] n. 대퇴골(femur). [부.
thigh-boot [θáibùːt] n. 넓적다리까지 올라오는 장화.
thill [θil] n. [짐마차의] 채, 끌채(shaft). [말].
thill·er [θílər] n. 끌채에 맨 말, 뒷말 [끌채를 끄는
thim·ble [θímbl] n. **1** [재봉용의] 골무. **2** [기계] 끼우는 고리(통), 심블. **3** [해사] 쇠고리[밧줄의 마찰 방지용 쇠붙이].
thim·ble·ber·ry [θímblbèri /-b(ə)ri] n. (pl. **-ries**) [미국산(產)의] 나무딸기의 일종.
thim·ble·ful [θímblfùl] n. 골무 하나 가득의 분량(特히 액체에 대하여) 아주 조금.
thim·ble·rig [θímblrìg] n. Ⓤ **1** 골무(종지) 요술 [요술쟁이가 엎어놓은 세 개의 골무 모양 종지 중의 하나에 구슬을 넣은 다음, 보는 사람에게 어디에 구슬이 있는지 맞히게 하는 요술]. **2** [남을 속이려는] 흉계, 사기 행위. — vt. (**-rigged, -rig·ging**) …을 골무 요술(야바위)로 속이다.
thim·ble·rig·ger [θímblrìgər] n. 야바위꾼, 사기꾼.
thim·ble·wit [θímblwìt] n. 《주로 美》 바보, 멍청이.
‡thin [θin] adj. (**thin·ner, thin·nest**) **1** 얇은. opp. thick ¶ *thin* ice 얇은 얼음 / a *thin* board 얇은 판자 / a *thin* sheet of paper 얇은 종이. **2** [길이에 비해] 가느다란; [선이나 글자가] 가는(slender). opp. thick ¶ a *thin* string 가는 끈 / a *thin* type 획이 가는 활자. **3** 마른, 야윈, 살이 없는(lean). opp. fat ¶ a *thin* man 마른 사내 / *thin* lips 얇은 입술.

【頻語】 **thin** 병·과로·영양 부족 따위로 정상보다 살이 적은. **gaunt** 몹시 말라서 뼈가 앙상하게 보이는: the *gaunt* face of a starved orphan 굶주린 고아의 쑥 빠진 얼굴. **lean** 지방분이 적은. **lanky** 마르고 키가 큰. **spare** 몸이 팽팽히 다잡히고 힘이 센. **slender** 날씬하게 균형이 잡혀 멋이 있는, 호리호리한. **slim** slender와 같은 뜻이지만, 균형미보다는 살집의 빈약함을 암시하는 경우가 많다. **scrawny** (구어) 매우 말라서 조그마한. **skinny** (구어) 매우 야위어 뼈만 남은.

4 성긴, 드문드문한(opp. dense); 얼마 없는, 많지 않은(opp. abundant). ¶ *thin* hair 성긴 머리칼 / a *thin* house (or theater) 관객이 적은 극장 / a *thin* meeting 출석자가 적은 모임 / A *thin* rain was falling 비가 후두둑 내리고 있었다 / He is *thin* on top. 그는 머리칼이 별로 많지 않다.
5 [액체 따위가 끈기가 없이] 묽은; [공기 따위가] 희박한(rare); [목소리가] 감칠맛이 없는, 약한(weak). ¶ *thin* soup 묽은 수프 / *thin* wine 약한 포도주 / *thin* air 희박한 공기.
6 내용이 없는, 천박한, 속이 들여다 보이는; 형식뿐인. ¶ a *thin* excuse 빤히 들여다 보이는 변명 / a *thin* argument 천박한 의론 / a *thin* disguise 금방 탄로가 나는 변장 / a novel with a *thin* plot 줄거리가 뻔한 소설 / That's too *thin*. 그건 너무나 뻔하다. [소리.
7 가냘픈, 힘 없는(faint). ¶ a *thin* voice 가냘픈 목
8 농도(채도(彩度))가 없는, 색조가 연한(faint); [사진] 농담의 대조가 뚜렷하지 않은. ¶ *thin* winter sunshine 겨울의 여린 햇빛.
9 《英구어》 불쾌한, 싫은. ¶ have a *thin* time 불쾌한 시간을 보내다, 기분 나쁜 일을 당하다 / give a person a *thin* time 남에게 고약한 일을 당하게 하다.
[as] *thin as a lath* 말라빠진.
vanish into thin air 온데 간데 없이 사라지다.
— adv. 얇게(thinly); 드문드문, 성기게(sparsely).
— n. (종종 the ~) 얇은 부분, 가느다란 부분(thinness).
— v. (**thinned, thin·ning**) vt. …을 가늘게 하다; …을 얇게(희박하게) 하다, 엷게(묽게) 하다; …을 드문드문하게 하다, 솎다; 약하게 하다. ¶ (~ + 目 + 前 + 图) *thin* wine with water 물을 타서 술을 약하게 하다 / (~ + 目 + 剧) He *thinned* out the flowers. 그는 꽃을 솎아냈다 / The disease *thinned down* the population of the city. 질병 때문에 그 도시의 인구는 적어졌다.
— vi. 가늘어지다; 얇아지다, 희박해지다; 드문드문하게 되다, 적어지다 (*away, down, out, off*). ¶ His hair is *thinning*. 그의 머리가 벗겨지고 있다 // (~ + 剧) The crowd *thinned away*. 군중은 차츰 줄어들었다.
~**·ly** adv. ~**·ness** n.
*thine [ðain] pron. 《고어·詩》 **1** 그대의 것[thou 의 소유격]. **2** 그대의 [모음 또는 h로 시작되는 명사의 앞에 쓰인다]. cf. thy ¶ *thine* eye 그대의 눈 / *thine* heart 그대의 마음.
‡thing[1] [θiŋ] n. **1** a) [유형의] 것, 물체, 실재물. ¶ all *things* 만물, 우주 / living *things* 생물 / There is a name for every *thing*. 모든 것에는 이름이 있다. b) [무형의] 것, 사물, 문제. ¶ spiritual *things* 정신적인 것 (사항) / worry over every little *thing* 하찮은 것에 일일이 걱정을 하다 / That is quite another *thing*. 그것은 전혀 딴 문제다.
2 (~s) 풍물, 문물, 사물. ¶ *things* Korean 한국의 풍물 / *things* political 정치에 관한 사항 (* 형용사를 뒤에 놓는다).
3 (종종 ~s) 사정, 상황, 사태(matters). ¶ *things* to come 앞으로의 사태 / take *things* easy (as they are) 사태를 낙관하다(있는 그대로 생각하다) / *Things* are getting better. 만사 잘 되어 가고 있다.
4 일; 행위(action); 사건(event). ¶ do great *things* 위대한 일을 하다 / I have a lot of *things* to do. 나는 할

일이 많다.
5 사항, 점. ¶ perfect in all *things* 모든 점에서 완전한.
6 의류, 의복(article of clothing). ¶ He didn't have a *thing* for the winter. 그는 겨울에 입을 옷이 없었다 / Put on your *things*, please. 어서 외투를 입으십시오.
7 (~s) 도구, 용구(用具) (implements). 《구어》 소지품, 휴대품. ¶ golf *things* 골프 용구 / tea *things* 차(茶)도구 / I have left my *things* in the car. 소지품을 차에 두고 내렸다.
8 《경멸·비난·연민·애정·칭찬 따위의 감정을 담아서》 사람, 놈, 녀석(* 특히 여성·어린이·노인 등에 쓴다). ¶ poor little *thing* 가엾은 아이/my dear old *thing* 할아버지; 할머니 / a sweet young *thing* 젊고 아름다운 아가씨 / dumb *things* 「말 못하는」 동물, 짐승 / He is a foolish old *thing*. 그는 바보 같은 늙은이다.
9 《구어》 공연한 공포, 강한 편견, 강박 관념, 까닭없는 혐오. ¶ She has a *thing* about frogs. 그녀는 개구리 공포증이 있다.
10 실재(實在), 실체(reality) [사물의 외관, 명칭, 상징과 구별되는 것]. ¶ the *thing* in itself 사물 그 자체.
11 〔법률〕 재산, 물건, 소유물(possessions). ¶ *things* personal real 동산(부동산).
12 (the ~) 올바른 일; 중요(필요)한 일; 적당한(안성맞춤의) 일; 유행; 정상적인 건강 상태. ¶ The *thing* is whether we can get there in time. 중요한 것은 우리가 거기에 제때에 닿느냐 하는 것이다 / Rolled-up blue jeans were the *thing* then among the teen-agers. 자락을 걷어 올린 청바지가 그 당시의 10대 사이에서 유행하고 있었다 / That's the *thing*. 그것은 안성맞춤이다.
13 《美속어》 마음에 드는 일, 취미. ¶ History is my *thing*. 역사는 내 마음에 드는 과목이다.
14 생각, 의견, 견해; 한 마디. ¶ say the right *thing* 정당한 의견을 말하다.
15 명시되어 있지 않은 일(것), 분명히 할 수 없는 일(것). ¶ What's that *thing* in your left hand? 너는 왼손에 무엇을 들고 있느냐?
above all things ⇨ ABOVE.
...and things 《구어》 …따위, …등. 《상황으로는》.
as things go (or *are, stand*) 지금의 정세로는, 현재.
be a good thing [*that*] … 운좋게 …하다.
be no great things 《속어》 〔사람·물건이〕 대수로운 것이 아니다.
do not get a thing out of ① …에게서 아무것도 알아내지 못하다. ② …을 이해하지 못하다. 알 수 없다.
do one's [*own*] *thing* 《美속어》 자기가 하고 싶은 일을 하다.
do things to …에 큰 영향을 끼치다.
for one thing, [, *for another*] … 우선 첫째로(한 가지는) …[, 또 다음에는 …]. ¶ *For one thing* I don't have money, *for another* I am too old. 우선 첫째로 나는 돈이 없고, 또 다음에는 나이도 너무 많다.
for the first (*last*) *thing* 최초(최후)에.
[*just*] *one of these things* 《구어》 어쩔 수 없는 것, 있을 법한 것.
make a good thing of 《구어》 …으로 이익을 보다, 횡재하다.
make a thing of 《구어》 …을 중시하다, 문제삼다.
a near thing ⇨ NEAR.
no such thing 그렇기는커녕 …않다(없다); 터무니 없다.
of all things 하필이면 《놀람이나 노여움을 나타냄》.
see things 《구어》 허깨비를 보다, 착각을 일으키다.
taking one thing with another 이것저것 생각해 보면.
talk of one thing or another 잡담하다.
a thing or two 상당한 일, 알 가치가 있는 것, 꽤 중요한 일. ¶ I know *a thing or two*. 빈틈이 없다, 억척스런 데가 있다.
The thing is... 《구어》 ① 요는, 실은, 문제는. ② 그 이유는.
thing² [θiŋ] *n*. 〔스칸디나비아 여러 나라의〕 공공 집회.
thing·a·my [θíŋəmi] *n*. 《구어》 = thingumbob.
thing-in-it·self [θíŋinitsélf] *n*. (*pl*. **things-in-them·selves**) 〔칸트 철학〕 사물(그) 자체. *cf*. noumenon
thing·ism [θíŋiz(ə)m] *n*. 〔Ｕ〕《문학·미술의》 사물(事物) 주의 《물질이나 세부를 강조하거나 관심의 대상으로 삼는다》. 「bob.
thing·u·ma·jig [θíŋəmidʒìg] *n*. 《구어》 = thingumbob·bob [θíŋəmbàb / -bɔ̀b] *n*. 《구어》 뭐라나 하는 것, 거시기 《이름을 잊었거나 모를 때 쓰는 말》, 아무씨.
thing·um [θíŋəmi] *n*. 《구어》 = thingumbob.
thing·y [θíŋi] *adj*. 물건의; 실제의, 현실의(real).
think¹ [θiŋk] *v*. (**thought**, **think·ing**) *vt*. **1** …을 생각하다. ¶ *think* happy thoughts 즐거운 일을 생각하다 // (~+目+圖) *think* a matter *over* 사물을 숙고하다.
2 …에 생각을 쏟으, 있다, …에 골몰하다. ¶ He talks and *thinks* nothing but airplanes. 그는 비행기 말고는 아무 말도 하지 않고 생각도 않는다.
類語 **think** 「생각하다」라는 뜻의 가장 일반적이고 넓은 뜻의 말. **consider** 어떤 것에 생각을 집중하다: *consider* a proposal 제안을 잘 생각하다. **contemplate** 지식·이해를 깊게 하기 위해, 또는 어떤 계획 따위를 세우기 위해 시간을 들여 깊이 생각하다. **deliberate** 어떤 문제에 관하여 결론을 내리기 위해 모든 각도에서 신중하게 생각하다. **reason** 논리적 사고를 되풀이하여 어떤 결론·판단에 도달하다: *reason* logically 논리적으로 사고하다. **reflect** 현재의 일·과거에 있었던 일 따위에 관하여 곰곰이 진지하게 생각하다: *reflect* on one's circumstances 자신의 환경을 곰곰이 반성하다. **speculate** 불확실한 전제·근거에 의하여 생각하다; 결론·판단이 불확실하리라는 암시가 담겨있다: *speculate* on the possibility of life on Mars 화성에 생물이 존재할 가능성을 생각하다. **suppose** 확증이 없는 채로 추정하다. **study** 계통을 세워 철저하게 고려하다. **weigh** 상반되는 주장·자료·증거 따위를 비교하여 올바른 평가·결론을 구하다: *weigh up* several propositions 몇 개의 명제를 비교 고찰하다.

3 […을] …이라고 여기다, 생각하다; …이라고 판단하다, 보다. ¶ (~+目+[*to be*] 圖) (~+[*that*]圖) (* *that* 절이 짧은 경우 *that* 는 종종 생략된다. 또 *that* 이 생략된 경우 「주어+think」는 삽입구적으로 쓰이든가, 또는 문미에 두는 경우가 있다) I *think* him [*to be*] honest. = I *think* [*that*] he is honest. 그는 정직하다고 생각한다(* 전자의 경우는 후자보다 격식을 차리는 문체에 쓰인다) / It is *thought* fair. 그것은 공정하다고 간주된다 / I don't *think* [*that*] I can. 나로서는 할 수 없을 것 같다. ─ USAGE / It's going to rain, I *think*. 아마 비가 올 것이다 / A fine performance, he *thought*. 훌륭한 연기(연주)이다, 그는 생각했다 / Will he come? ─ I *think* so (not). 그가 올까? ─ (올(오지 않을) 것이라고 생각한다 // (~+目+*to do*) I *think* it *to correspond to facts*. 그것은 사실과 일치한다고 생각한다 // (~+*wh*. 圖) What do you *think* has happened? 무슨 일이 일어났다고 생각하십니까? (* 간접 의문문에 쓰이는 경우, do you think 는 의문사의 바로 뒤에 온다. *cf*. know) // (~+目+圖+圖) He *thought* it *beneath* him to do such a thing. 그는 그런 일을 한다는 것은 위신 문제라고 생각했다 / What do you *think of* his singing? 그의 노래를 어떻게 생각하냐?

4 …하려고 생각하다, 할 작정이다. ¶ (~+目+圖) *think harm to* a person 남을 해치려고 하다 // (~+[*that*]圖)(~+*to do*) I *think* I will start today. = I *think* to start today. 오늘 출발할 생각이다.

5 《보통 부정문 또는 의문문에서》 …을 예상하다, 예기하다, 기대하다(expect). ¶ (~+*to do*) I *think to find* you here. 여기서 자네를 만나리라고는 예기치 못했다 / Who would have *thought to find* you here? 당신을 이곳에서 만나리라고 누가 예상했겠습니까?

6 …을 상상하다, 마음에 그리다(imagine). ¶ I found it difficult to *think* infinity. 무한이라는 것을 마음에 그린다는 것은 어려운 것이었다 // (~+*wh*. *to do*) I was *thinking what* to do next. 그는 다음에 무엇을 할

것인가를 생각하고 있었다 // (~+*wh.* 節) I can't *think how* you do it. 네가 어떻게 그것을 할 것인지 나로서는 알 수가 없다.
7 …을 생각하고 …하다. ¶ (~+目+前+名) *think* oneself *into* a fever 너무 생각에 골몰하다가 열이 나다 / *think* oneself *out of* a difficulty 잘 생각해서 난국을 헤어 나다 // (~+目+補) He will *think* himself silly. 그는 너무 생각하다가 바보짓을 할 게다 /(~+目+副)I can't *think away* the toothache. 아무리 딴 생각을 해도 치통을 잊을 수가 없다.
8 …을 충분히 생각하다 (…*out, through*); 생각해 내다(…*out, up*). ¶ (~+目+副) *think* a problem *through* 문제를 해결할 때까지 충분히 생각하다 / *think out* a solution 해결책을 생각해 내다.
── *vi.* **1** 생각하다, 사고하다 (*about, of*…). ¶ take time to *think* 시간을 들여(곰곰이) 생각하다 // (~+前+名) *think with* a person 남과 같은 의견이다 / I will *think about* it. 생각해 보겠다[정중한 거절].
2 기억해 내다(remember); 생각나다; […하려고] 생각하다 (*of*…). ¶ (~+前+名)He *thought of* a good plan. 좋은 계획이 떠올랐다 / She's *thinking of* going to Paris. 그녀는 파리에 갈 것을 생각하고 있다.
3 […으로] 여기다, 간주하다 (regard) (*of*…). ¶ (~+前+名) I *thought of* it as impossible. 나는 그것이 불가능하다고 여겼다.
4 숙고하다, 깊이 생각하다 (meditate) (*on, upon, over*…). ¶ (~+前+名) I'm *thinking over* what you've said. 말씀하신 일은 잘 생각하고 있습니다 / I *thought upon* her loyalty. 그녀의 성실성에 관하여 잘 생각했다
5 예상하다, 예기하다(expect) (*of*…). ┗보았다.
6 평가하다, 생각을 가지다(*of*…). ¶ (~+前+名) I *think well of* him. 그를 좋은 사람이라고 생각한다.
── **Usage** think 의 부정형 ── 일반적으로 영어에서는 I think he will not come. 이라고 하지 않고, I don't think he will come. 처럼 not 를 앞의 주절에서 쓰는 것이 보통이다. ⇨ HOPE.
I don't think 《속어》《비꼬아서》정말, 그런데. ¶ You are a pattern of tact, *I don't think*. 너는 전형적인 재주꾼이로군, 정말 그런데.
think aloud 〔생각을〕 입 밖에 내다, 혼잣말하다.
think better of ⇨ BETTER.
think fit (or *good, proper, right*) *to do* …해도 좋다고 생각하다. ¶ I *think fit* to refuse his offer to help. 돕겠다는 그의 제의는 거절하는 편이 좋다고 생각한다(* fit 앞에 형식 목적어인 it 를 쓰지 않는다).
think from …와 의견이 맞지 않다.
think ill (*well*) *of* …을 나쁘게(좋게) 생각하다.
think little (*much*) *of* …을 경시(중시)하다.
think no end (or *the world*) *of* …을 몹시 존경하다, …을 훌륭하다고 생각하다.
think nothing of ⇨ NOTHING.
think of ① …을 숙고하다. ② …을 생각해 내다; …을 기억해 내다; …을 생각하다, 상상 작정이다. ⇨ *vi.* 1. 2. ③ …을 […이라고] 여기다, 간주하다 (regard) (*as*). ⇨ *vi.* 3. ④ …을 […이라고] 생각하다, 평가하다. ⇨ *vi.* 6.
think out …을 생각해 내다, 안출하다. ⇨ *vt.* 8.
think [*out*] *loud* =think aloud. ┗4.
think over …을 잘 생각하다, 숙고하다. ⇨ *vt.* 1. *vi.*
think sense 분별있게 생각하다. *cf.* talk sense
think through 〔결론에 이르기까지〕 충분히 생각하다, 곰곰이 생각하다. ⇨ *vt.* 8.
think twice ⇨ TWICE.
think up …을 발명하다; 〔핑계 따위를〕 생각해 내다 (invent).
To think [*that*]…! 〔놀라움, 슬픔을 나타내어〕 …라니!. ⇨ *vt.* 1.
── *n.* 《구어》생각하기; 일고(一考). ¶ have a *think about* the matter. 그 일을 한번쯤 생각해 보다.

── *adj.* 생각하기 위한, 두뇌의. ◇ *thought n.*
think² [θiŋk] *vi.* (**thought, think·ing**) 《폐어》《비칭 또는》 …라고 생각하다, …으로 보이다.
think·a·ble [θíŋkəbl] *adj.* **1** 생각할 수 있는, 상상할 수 있는(conceivable). **2** 가능하다고 여겨지는, 있을 듯한.
***think·er** [θíŋkər] *n.* 생각하는 사람; 사상(사색)가.
thínk fáctory *n.* 《구어》=think tank.
‡**think·ing** [θíŋkiŋ] *adj.* **1** 생각하는, 도리를 아는, 이성적인 (rational). ¶ a *thinking* reed 생각하는 갈대. **2** 생각이 깊은(thoughtful), 분별이 있는. ¶ *thinking men* 생각이 깊은 사람들.
── *n.* ⓤ 생각하기, 사색, 사고, 의견. ¶ to my *thinking* 나의 생각으로는 // American *thinking* about Korea 미국인의 한국관 / He is of my way of *thinking*. 그는 나와 같은 의견이다.
~·ly adv.
thínking cáp *n.* (one's ~) 마음의 반성(집중) 상태. *put one's thinking cap on*; *put on one's thinking cap* 생각에 잠기다, 골똘히 생각하다, 궁리하다.
thínking párt *n.* 〔연극의〕 대사가 없는 역, 벙어리역(silent part).
thínk píece *n.* 〔신문의〕 시사 해설 기사, 칼럼(column). *cf.* editorial, news story
thínk tánk (**fáctory**) *n.* 《구어》 두뇌 집단, 정책연구소. 《美속어》 두뇌.
thínk tánker *n.* 두뇌 집단의 일원.
thin·ner [θínər] *n.* **1** ⓤⓒ 〔도료 따위를 엷게 하는〕 용제 (溶劑), 희석제. **2** 묽게 (엷게) 하는 것.
thín·ning shéars [θíniŋ-] *n. pl.* 털을 솎아내는 가위〔한쪽 날이 빗 모양으로 되어 있다〕.
thin·nish [θíniʃ] *adj.* 좀 얇은, 좀 가는, 좀 드문드문한, 좀 약한, 좀 빈약한.
thin-skinned [θínskínd] *adj.* **1** 가죽이 얇은. **2** 민감한, 신경이 예민한(sensitive), 격하기 쉬운, 성마른. *~·ness n.*
thio- sulfur 라는 뜻의 연결형 (* 모음 앞에서는 thi- 를 쓴다). 예: *Thi*okol, *thi*amin.
Thi·o·kol [θáiokɔːl, -koul] *n.* 《상표명》 티오콜〔상품으로서 생산되는 수종의 다황화물계(多黃化物系)의 내유성 합성 고무〕. ┌(酸)의.
thi·on·ic [θaiánik / -ɔ́n-] *adj.* 《화학》 유황의, 티온산
thi·o·pen·tal [θàiəpéntəl] *n.* ⓤ 티오펜탈〔마취제〕.
thi·o·sul·fate [θàio(u)sʌ́lfeit] *n.* 《화학》 티오황산염.
thi·o·sul·fú·ric ácid [θàio(u)sʌlfjúː(:)rik-/-fjúər-] *n.* ⓤ 《화학》 티오황산.
‡**third** [θəːrd] (* 3rd, 3d 로 줄인다) *adj.* **1** 제3의, 세번째의; 3등급의. ¶ Edward the *Third* 에드워드 3세 (Edward Ⅲ) / on the *third* day of May 5월 3일에 / in the *third* place 세 번째로(thirdly) / *Third* time does the trick (or *is lucky, pays for all*). 《속담》 세 번째는 되는 법. **2** 3분의 1의. ── *n.* **1** 제3, 세 번째; 〔달의〕 제3일; 세 번째의 사람(물건). **2** 3분의 1. ¶ in the upper *third* of one's class 학급의 3분의 1 이내에. **3** 〔자동차의〕 3단 기어. **4** 〔음악〕 제3도〔음정〕. **5** 〔야구〕 3루(third base). **6** 〔상업〕 3등품. **7** 〔법률〕 (~s) 과부산(寡婦産) 〔미망인이 차지하는 남편의 동산의 3분의 1〕.
── *adv.* 제3에; 세 번째로. ¶ come *third* in a race 경주에서 3위가 되다.
thírd áge *n.* (the ~) 고령(노년)〔기〕.
thírd báse *n.* 〔야구〕 3루. * 보통 무관사로 단수.
thírd cláss *n.* **1** 3류, 3급, 〔기차·호텔 따위의〕 3등. *cf.* tourist class **2** 《美》 제3종〔인쇄물〕.
third-class [θə́ːrdklǽs / -klɑ́ːs] *adj.* **1** 3등의, 3류의. **2** 《美》 제 3종의. ¶ *third-class* matter 제 3 종 우편물. ── *adv.* 3등으로, 3류로. ¶ travel *third-class* 3등차로 여행하다.
thírd degrée *n.* (the ~) 《주로 美》 〔경찰 등의〕 고

third-degree [θɔ́ːrddigríː] *vt.* (-greed, -gree·ing) …을 고문하다. —— *adj.* 제3급의. ¶ *a third-degree burn* 제3도 화상. [차원]

third diménsion *n.* (the ~) 3차원[깊이·두께의

third estáte *n.* (the ~) 제3계급, [특히 프랑스 혁명 이전의 귀족·승려 이외의] 서민 계급, 평민.

third fórce *n.* (때로 the T- F-) 제3세력; 중립국.

third-gen·er·a·tion [θɔ́ːrddʒènəréiʃ(ə)n] *adj.* 1 제3세대의. 2 집적 회로 컴퓨터의.

third generátion compúter *n.* 제3세대 컴퓨터. 2 집적 회로 컴퓨터.

third-hand *adj.* [θɔ́ːrdhǽnd → *adv.*] 1 [두사람의 소유를 거친] 재(再)중고의. 2 《광의로》[특히 험한 상태의] 중고의. 3 [가게 따위] 재중고품을 취급하는. 4 [정보 따위] 두 사람의 매개자를 거쳐 입수한, 재인용의. —— *adv.* [-´-´] 1 재중고로. 2 여러 과정을 거쳐서, 간접적으로. [단체의 속칭].

Third Hóuse *n.* 《美》제3원(院)[원외(院外)] 교섭

Third Internátional *n.* (the ~) → INTERNATIONAL.

third kíngdom *n.* (생물) 제3생물계[동물계도 식물계도 아닌 생물의 구분; 원생 박테리아(archaebacteria)로 이루어진다].

*****third·ly** [θɔ́ːrdli] *adv.* 제3에, 세 번째에.

third mán *n.* 《크리켓》삼주문(三柱門)에서 비스듬한 후방의 위치; 제3수(手)[그 위치에 서는 야수].

third márket *n.* (the ~) 《美》상장주(株)의 장외직접 거래 시장.

third párty *n.* 1 [법률] [사건·분쟁의] 제3자. 2 제3당. 3 [컴퓨터] [컴퓨터의 본체를 만드는 하드웨어 메이커에 대해] 소프트웨어나 주변 장치 등을 만드는 메이커의 총칭.

third pérson *n.* (the ~) [문법] 제3인칭, 제3자.

Third Prógramme *n.* (the ~) BBC의 제3방송 [교양] 프로. [제3레일.

third ráil *n.* [가선(架線)에 대신하는, 전차 선로의]

third-rate [θɔ́ːrdréit] *adj.* 3등(류, 급)의; 매우 열등한. [자(homosexuals).

third séx *n.* (the ~) 《집합적》제3의 성, 동성연애

third stréam *n.* ⓤ 재즈 수법의 클래식 음악.

Third Wáve *n.* (the ~) 제3의 물결[엘렉트로닉스 혁명에 의한 고도 기술 시대]. 《★미국의 문명 비평가 Alvin Toffler 작 *The Third Wave* (1980) 에서】

third whéel *n.* 《美속어》쓸모 없는 사람; 무용지물.

third wórld *n.* (the ~, 종종 the T- W-)제3세계 [아프리카·아시아·라틴 아메리카를 지칭].

‡**thirst** [θɔːrst] *n.* ⓤ (또는 a ~) 목마름, 갈증(*for* …). *cf.* hunger ¶ *have a thirst for drinking* 목이 마르다, 《구어》한잔 하고 싶다 // *quench one's thirst* 갈증을 풀다. 2 갈망, 열망(craving)(*for, after*…). ¶ *a thirst for* knowledge 지식욕. —— *vi.* 목이 마르다; 갈망하다 (*for, after*…). ¶ (~+圖+图) *thirst for* fame 명성을 갈망하다. ¶ [~]**ly** *adv.*

thirst·er [θɔ́ːrstər] *n.* 목이 마른 사람; 갈망하는 사람.

‡**thirst·y** [θɔ́ːrsti] *adj.* (**thirst·i·er, thirst·i·est**) 1 목이 마른. ¶ I am (or feel) *thirsty*. 목이 마르다. 2 술을 좋아하는. ¶ *a thirsty* soul 술 좋아하는 사람. 3 [토지가] 건조한(parched). ¶ *thirsty* fields 건조한 밭. 4 갈망(열망)하고 있는(eager) (*for*…). ¶ *be thirsty for* knowledge (glory) 지식(영예)에 갈망하고 있다 / *be thirsty for* blood 살기가 등등해 있다. 5 《구어》갈증을 느끼게 하는. ¶ *thirsty* food 갈증을 나게 하는 음식.

‡**thir·teen** [θəːrtíːn, ´-´] *adj.* 13의, 13명의. —— *n.* 13, 13살, [13, xiii, XIII]. ¶ the *thirteen* superstition 13을 불길하다고 여기는 미신. 4 13명(개)의 한 조.

‡**thir·teenth** [θəːrtíːnθ, ´-´] *adj.* (★ 13th로 줄여 쓴다) 1 열 세 번째의, 제13의. 2 13분의 1의. —— *n.* 1 (보통 the ~) 제13, 열 세 번째, [달의] 13일. 2 13분의 1.

‡**thir·ti·eth** [θɔ́ːrtiiθ] (★ 30th로 줄여 쓴다) *adj.* 1 제30의; 서른 번째의. 2 30분의 1의. —— *n.* 1 (보통 the ~) 서른 번째; [달의] 30일. 2 30분의 1.

‡**thir·ty** [θɔ́ːrti] *adj.* 30의, 30명의, 30개의. —— *n.* 1 30명, 30개, 30살, [30, 30의 문자[30, xxx, XXX]. 4 30명(개)의 한 조. 5 (-ties) [연령의] 30대(代); [세기의] 30년대. ¶ in the early *thirties* of the present century 금세기 30년대 초기에. 6 [광고] [라디오·TV의] 30초 짜리 상업 광고. [권총.

thir·ty-eight,. 38 [θɔ́ːrtiéit] *n.* 38구경 연발(자동)

38th párelle [θɔ́ːrtiéitθ-] *n.* 38선[한반도의 분단 상태를 나타내는 지리적인 상징].

thir·ty·fóld [θɔ́ːrtifóuld] *adj., adv.* 30배의(로).

Thír·ty-nìne Árticles [θɔ́ːrtinàin-] *n.* 39개조의 신조[영국 국교회의 기본적 신조]. [32분 음표.

thír·ty-séc·ond nòte [θɔ́ːrtisékənd-] *n.* 《음악》

thir·ty-thrée [θɔ́ːrtiθríː] *n.* 1 33, 2 33을 나타내는 기호[33, xxxiii, XXXIII 따위]. 3 《복수 취급》33명 (개). 4 33회전반[33¹/₃회전 LP 레코드; 보통 33으로 표기].

thir·ty-twó·mo [θɔ́ːrtitúːmou] *n.* (*pl.* **-mos**) 32절판[의 책] 《略 32mo》. *adj.* 32절판의.

Thírty Yéars' Wár *n.* (the ~) 30년 전쟁 (1618-48) [주로 독일을 무대로 일어난 종교 전쟁].

‡**this** [ðis] *pron.* (*pl.* **these**) (★ *that* 에 대하여 가까운 것을 가리킨다) 1 이것, 이 사람(물건, 일). *cf.* that ¶ *This* is better than *that.* 이것이 저것보다 좋다 / Who is *this*? 이 사람은 누구지? / What's all *this*? 이게 도대체 무슨 짓들이냐? / *This* is the fourth of July. 오늘은 7월 4일이다.

2 지금, 현재; 이번(this time) (★ 종종 전치사를 동반하여). ¶ before *this* 지금까지에, 이보다 전에 / by *this* 지금까지에, 지금쯤은 / *This* is the best time. 지금이 가장 좋은 때다.

3 [사람을 소개할 때, 전화·방송 따위에서] 이쪽, 여기, 나. ¶ *This* is my brother John. 이쪽은 나의 동생 존입니다 / *This* is Freeman speaking. [전화에서] 나는 프리맨입니다.

4 이제까지 말한 일; 이제부터 말하는 일. ¶ With *this,* he left the room. 이렇게 말하고 그는 방을 나갔다 / At *this* he turned pale. 이 말을 듣고 그는 창백해졌다 / Answer me *this*. 지금부터 말하는 것에 대답하라 / The question is *this*… 문제는 이러하다, 즉… / What I want is *this*; I want a sensible person. 내가 바라는 것은 다음과 같다. 즉 분별있는 사람을 원한다는 것이다.

5 여기, 이곳 (this place). ¶ Get out of *this*. 여기서 나가 주시오.

6 [that(전자)에 대비하여] 후자(the latter) (cf. the former, the latter; the one, the other). ¶ Work and play are both good for the health; *this* gives us rest, and *that* gives us energy. 일하는 것과 노는 것은 다 건강에 좋다, 후자(놀기)는 우리에게 휴식을 주며, 전자(일하기)는 우리에게 활력을 준다.

this **and** […] 이것저것; 이러나저러나 …뿐. ¶ put *this* and *that* together 이것저것 고려하다 / It was Miss Mary *this* and Miss Mary *that.* 이러나저러나 메리양이었다.

This **is it**! 《구어》① 바로 이것이다!, 찾았다! ② 마침내 왔군! ③ 바로 그대로다!

This **is where I came in.** 《구어》전에 본(들어 온) 것이다.

this, that, and the other 이것저것, 여러 가지 잡다한 것(사람).

—— *adj.* (*pl.* **these**) 1 이, 여기 있는. *cf.* that ¶ *this* book (man) 이 책(사람) / *this* country of ours 우리 나라. 2 [바로] 지금의, 현재의, 오늘의; 금(今)…, 당… *cf.* that ¶ *this* day week 전(내)주의 오늘 / *this* month 이달 / *this* morning (evening) 오늘 아침(저녁) / at

this time of [the] year 이 즈음에 / to *this* day 오늘까지 *for this once* (or *time*) 이번만은(once for all).
this [...] *and* (or *or*) *that* [...] 이것저것의. ¶ *this and that* aspect (=*this* aspect *or that*) of the matter 문제의 여러 가지 면.
this way and that ⇨ WAY¹.
— *adv.*《구어》(＊수량·정도를 나타내는 형용사·부사를 수식한다) 이만큼[-은], 이쯤, 이 정도, 이렇게. *cf.* that ¶ It was *this* big. 그것은 이 정도의 크기였다 / I've never been *this* rich before. 전에 이렇게 부자였던 적은 없다 / I know *this* much, that the thing is absurd. 그것이 어리석은 일이란 것쯤은 알고 있다.

This·be [ðízbi] *n.*〖그리스·로마 신화〗티스베[Pyramus의 사랑을 받은 Babylon의 소녀]. *cf.* Pyramus

this·ness [ðísnis] *n.* ⓤ〖스콜라 철학〗「이것」이라는 것, 시태(是態); [개체를 개체이게 하는] 개별성의 특성.

‡**this·tle** [θísl] *n.* 엉겅퀴〖스코틀랜드의 국화〗. *cf.* rose *grasp the thistle firmly* 용기를 내어 난국에 맞서다. *the Order of the Thistle*〖스코틀랜드의〗엉겅퀴 훈장(勳章).

this·tle·down [θísldàun] *n.* ⓤ 엉겅퀴류의 관모(冠毛).

this·tly [θísli] *adj.* (**-tli·er, -tli·est**) **1** 엉겅퀴가 무성한. **2** 엉겅퀴 같은, 가시가 있는;《비유적》다루기 어려운.

***thith·er** [θíðər, ðíð-/ðíðə] (*opp.* hither) *adj.* 《고어》 저쪽으로, 저기에, 거기에. — *adv.* 저편(쪽)의, 멀리 떨어진. ¶ the *thither* side of the stream 강의 건너편.

thith·er·to [θìðərtúː, ðìð-/ðíð-] *adv.* 《드물게》 그때까지.

thith·er·ward [θíðərwə̀rd, ðíð-/ðíð-], (**-wards** [-wə̀rdz]) *adv.* =thither.

tho, tho' [ðou] *conj., adv.*《구어》=though.

thole¹ [θoul] *n.* 놋좇, 요좌(橈架)(**tholepin**)〖보트의 노를 끼우는 나무 지주〗.

thole² [θoul] *vt.* (**tholed, thol·ing**)《주로 스코》…을 견디다, 참다, …에 괴로워하다.

tho·lei·ite [θóuliːàit] *n.* ⓤⓒ 톨레아이트 현무암〖석영을 함유하는 현무암의 일종〗.

thole·pin [θóulpìn] *n.* =thole¹.

tho·loid [θóulɔ̀id] *n.* 종상(鐘狀) 화산.

Thom·as [tɑ́məs/tɔ́m-] *n.*〖성서〗12사도의 한 사람〖그리스도 부활의 증거를 요구했다. ←요한 복음(John) 20 : 24-29〗.

Thómas Cùp *n.* 토마스 컵〖남자 세계 배드민턴 선수권의 우승배〗.〖<국제 배드민턴 연맹 초대 회장 Sir George Thomas의 이름〗

Tho·mism [tóumizəm, +美 θóu-] *n.* ⓤ 토마스설〖Thomas Aquinas의 신학설〗; 토마스 학파.

Tho·mist [tóumist, +美 θóu-] *n.* Thomism을 신봉하는 사람. — *adj.* Thomism의; Thomism 신봉자의.

Tho·mis·tic [toumístik, +美 θou-] *adj.* 토마스 신학설의.

Thómp·son 〖**submachíne**〗 **gùn** [tɑ́m(p)sn-/tɔ́m-] *n.* =Tommy gun 1.

Thómpson séedless *n.* 캘리포니아산(產)의 씨없는 포도〖건포도용〗; 그 포도나무.

thong [θɔːŋ, θɑŋ/θɔŋ] *n.*〖물건을 묶거나, 채찍·샌들 따위에 사용하는〗가죽끈. — *vt.* …에 가죽끈을 달다, …을 가죽끈으로 때리다.

Thor [θɔːr] *n.* **1** 〖북유럽 전설〗토르, 뇌신(雷神) 〖우레·농업·전쟁 따위의 신〗. **2** 《美》 지대지(地對地) 중거리 탄도 미사일.

tho·ra·cal [θɔ́ːrək(ə)l/θɔ́ː-] *adj.* 《고어》=thoracic.

tho·rac·ic [θəræ̀sik/θɔː-] *adj.* 〖해부〗흉부의, 가슴의.

thoraco- thorax의 뜻의 연결형 (＊모음 앞에서는 thorac-를 쓴다). 예: *thoraco*plasty, *thoraci*c.

tho·rax [θɔ́ːræks] *n.* (*pl.* **-rax·es** *or* **-ra·ces** [-rəsìːz]) **1** 〖해부·동물〗흉부, 흉곽; 흉강(胸腔)〖곤충의〗흉부. **2** 〖고대 그리스의〗흉갑(胸甲).

tho·ri·a·nite [θɔ́ːriənàit/θɔ́ː-] *n.* ⓤ 방(方) 토륨석(石) 〖방사능을 함유한 광물〗.

thor·ic [θɔ́ːrik] *adj.* 토륨의, 토륨을 함유하는.

tho·rite [θɔ́ːrait/θɔ́ː-] *n.* ⓤ 토르석(石), 규(珪) 토륨 광(鑛).

tho·ri·um [θɔ́ːriəm/θɔ́ː-] *n.* ⓤ〖화학〗토륨〖방사성 금속 원소의 하나; 원자 기호 Th〗.

‡**thorn** [θɔːrn] *n.* **1** 〖식물의〗 가시. ¶ There is no rose without a *thorn*.《속담》장미에도 가시가 있다, 양약은 입에 쓰다. **2** 가시가 있는 식물; 가시나무, 산사나무류. **3** 룬 문자의 ρ 〖근대 영어의 th에 해당하며, 고대 영어 등에서 쓰였다〗. **4** 고통을 주는 것, 번민의 원인.
be (or *sit, stand, walk*) *on* (or *upon*) *thorns* 끊임없이 불안에 떨다.
a bed of thorns ⇨ BED.
the crown of thorns 가시 면류관(冠); 고난〖← 요한 복음(John) 19 : 5〗.
a thorn in the (or *one's*) *flesh* (or *side*) 고통(고생)거리.
— *vt.* …을 가시로 찌르다.
◇ thórny *adj.*

thórn ápple *n.* **1** 흰독말풀류(類). **2** 산사나무의 열매.

thorn·back [θɔ́ːrnbæ̀k] *n.*〖유럽 산(產)의〗홍어 (skate);〖캘리포니아산(產)의 일종의〗큰가시고기.

thorn·bush [θɔ́ːrnbùʃ] *n.* 가시나무의 덤불.

thorned [θɔːrnd] *adj.* 가시가 있는; 가시가 많은.

thorn·less [θɔ́ːrnlis] *adj.* 가시가 없는.

thorn·y [θɔ́ːrni] *adj.* (**thorn·i·er, thorn·i·est**) **1** 가시가 있는(많은). **2** 가시처럼 날카로운. **3** 고통스러운, 괴로움이 많은. ¶ tread a *thorny* path 고난의(가시밭)길을 걷다. **thorn·i·ly** *adv.* **thorn·i·ness** *n.*
◇ thorn *n.*〖ough.

thor·o [θɔ́ːrou, θʌ́r-/θɔ́r-] *adj., adv.*《구어》=thorough.

tho·ron [θɔ́ːrɑn/θɔ́ːrɔn] *n.* ⓤⓒ〖화학〗토론〖radon의 방사성 동위 원소; 원자 기호 Tn〗.

‡**thor·ough** [θɔ́ːrou/θʌ́rə] *adj.* **1** 완전한, 철저한. ⇨ COMPLETE〖類語〗¶ a *thorough* reform 철저한 개혁/ His was a *thorough* research of the pollution problems. 그의 것은 공해 문제에 대한 철저한 연구였다. **2** 진짜의, 전적인, 절대적인. ¶ a *thorough* fool 진짜 바보. **3** 꼼꼼한, 주의깊은. ¶ a *thorough* servant 꼼꼼한 하인.
— *adv., prep.*《고어》=through.
— *n.* (T-) 《英역사》 무단 정책〖Charles 1세 치세시에 Strafford 백작과 Laud 대사교가 실시〗.
~·**ness** *n.*

thórough báss *n.* ⓤ〖음악〗통주저음 (通奏低音); 통주 저음법.

***thor·ough·bred** [θɔ́ːrou(ə)brèd/θʌ́rə-] *adj.* **1** 〖특히 경마용의 말〗순혈종의. **2** (때로 T-) 서러브레드(種)의. **3**〖사람〗교양(기품)이 있는, 출신(가문)이 좋은. — *n.* **1** 순혈종의 동물. **2** (T-) 순혈종의 말, 서러브렛. **3** output(기품)이 있는 사람.

***thor·ough·fare** [θɔ́ːrou(ə)fɛ̀ər/θʌ́rə-] *n.* **1** 한길, 가로, 도로, 공도(公道), 주요 도로. ¶ a busy *thoroughfare* 사람의 왕래가 많은 가로. **2** ⓤⓒ 왕래, 통행. ¶ No *thoroughfare*. 통행 금지〖게시의 문구〗. **3** (주로 美)〖배가 통행할 수 있는〗수로, 강.

***thor·ough·go·ing** [θɔ́ːrou(ə)góuiŋ/θʌ́rə-] *adj.* 철저한, 전적인, 순전한.

‡**thor·ough·ly** [θɔ́ːrou(ə)li/θʌ́rə-] *adv.* 완전히, 철두철미하게, 철저히.

thor·ough·paced [θɔ́ːrou(ə)pèist/θʌ́rə-] *adj.* **1**〖말 따위가〗모든 보조(步調)의 훈련을 다 받은. **2** 철저한, 완전한, 순전한. ¶ a *thoroughpaced* villain 순악당.

thorp, thorpe [θɔːrp] *n.*《고어》부락, 촌락, 마을.

Thos.《略》Thomas.

‡**those** [ðouz] (that의 복수형) *pron.* **1** 그 사람들, 그

것들, 저들. **2** 사람들. ¶ *those* present 출석한 사람들 / There are *those* who say so. 그렇게 말하는 사람들도 있다 / Heaven helps *those* who help themselves. 《속담》하늘은 스스로 돕는 자를 돕는다. **3** 《반복의 대명사로서》 그것들. ¶ His eyes are like *those* of a leopard. 그의 눈은 표범의 눈과 같다. **4** 〔these와 대응하여〕 전자(the former). — *adj*. 그[것]들의, 저[것]들의. ¶ in *those* days 그 때(당시)는.

*thou¹ [ðau] *pron.* (*pl.* ye) 《고어·詩》 《인칭대명사, 2인칭·단수·주격》 (* 소유격 thy *or* thine, 목적격 thee) 너, 그대, 당신. ¶ *Thou* shalt not kill. 살인하지 말찌니라 〔←출애굽기(Exod.) 20 : 13〕.
[주의] 이 말은 오늘날에는 방언, 고아한 문장·시 속에서, 또는 신에게 기도할 때 퀘이커 교도 사이에서만 쓰인다. 또 thou 에 수반되는 동사는 are 가 art, have 가 hast 로 되며, 기타는 -st, -est 의 어미를 붙인다.
— *vt.* …을 thou 라고 부르다. — *vi.* thou 를 써서 말하다.

thou² [θau] *n.* (*pl.* **thous**; 《수사 뒤에서는》 **thou**) 《속어》 1,000달러〔파운드, 원 따위〕. 〔<THOU[SAND]〕

‡**though** [ðou] *conj.* **1** …에도 불구하고, …이지만(although). 《* though 절에서는 주절과 주어가 같을 때, 그 주어(대명사)와 be 동사는 종종 생략된다. 또 보어가 강조되어 though 의 앞에 올 경우도 있다.》⇒ ALTHOUGH (Usage). ¶ *Though* [he was] tired, he worked hard. 그는 피로해 있었지만 열심히 일했다 / He finished first *though* he began last. 그는 제일 마지막에 시작하였지만, 제일 먼저 끝냈다. **2** 설사 …일지라도 (even if). **3** 〔보충적으로〕 […이라〕 하더라도, 하지만 (nevertheless), 비록 …이긴 하지만. ¶ It will be difficult, *though* possible. 어려울 것이나, 가능은 하겠지만.

as though 마치 …처럼(as if) (* as though 절에는 보통 가정법 과거〔완료〕형을 쓴다). ⇒ IF. ¶ I felt *as though* I should die of hunger. 나는 배가 고파 죽는 줄 알았다.
even though ⇒ EVEN¹.
What though … ? …한들 어떠랴? ¶ *What though* I fail? 실패한들 어떠하리?
— *adv.* 〔문미에 쓰여〕 역시, 그래도, 그러나(however), 그렇다고는 하지만. ¶ I wish you had told me, *though*. 그렇게 하지만, 내게 이야기해 주었으면 좋았는데 / It was true, *though*. 역시 정말이었다.

‡**thought¹** [θɔːt] *n.* **1** [U][C] 생각하기, 생각, 사고, 사색, 사상. ¶ after much (*or* serious) *thought* 잘 생각한 다음에 / bestow a *thought* on (*or* upon) ; give a *thought* to …을 생각하다, 염두에 두다 / He felt uneasy at the *thought* of being betrayed by his men. 그는 부하에게 배신당하는 것이 아닌가 생각하고 불안해졌다 (= He felt uneasy when he *thought* that his men would betray him.).
2 〔하나의〕 생각(idea), 안(案), 착상(notion). ¶ an original *thought* 독창적인 착상 / a good *thought* 명안 / I am amused at the *thought* that… …이라는 생각을 하니 재미있다고 생각하다.
[類語] **thought** 사고의 결과로 마음에 품게 되는 생각: a child's *thought* about death 죽음에 대한 어린아이의 생각. **idea** 사고·상상 따위의 모든 정신 활동의 결과로 마음에 품게 되는 생각·심상, 가장 넓은 뜻의 말: my *idea* of democracy 민주주의에 대한 나의 생각. **concept** 개개의 것의 특징에서 추상되어 얻어지는 그 종류 전반에 대한 보편적 개념: the *concept* of "stone" "돌"이라는 개념. **conception** 개개의 사람이 품게 되는 특정적인 생각; concept 를 이 뜻으로 쓰는 경우도 있다. **notion** 막연한 idea.
3 [U] 생각하는 힘, 사고력, 상상력(imagination). ¶ beauty beyond *thought* 상상할 수 없을 정도의 아름다움 / be endowed with *thought* 사고력을 갖추고 있다.
4 [U] 묵상, 묵고(默考)(meditation); 숙고, 숙려. ¶

He was lost deep in *thought*. 그는 깊은 생각에 잠겨 있었다.
5 [U][C] …할 작정, 생각, 의향(intention); 예기, 예상, 기대(anticipation). ¶ I had no *thought* of offending you. 널 화나게 할 생각은 없었다 / He gave up *thought* of a college education. 그는 대학 교육을 받는 것을 포기했다.
6 [U][C] 마음쓰기, 염려, 배려(consideration); 걱정 (care). ¶ take *thought* for …을 걱정하다, 생각해 주다 / show some *thought* for others 타인에게 얼마간의 동정을 보이다 // Don't give it a moment's *thought*. 그런 일은 조금도 개의치 마라.
7 견해; 의견(opinion); 생각하는 바. ¶ I will tell my *thoughts* of the matter. 그 일에 대하여 의견을 말씀드리겠습니다.
8 [U] 〔어떤 시대·민족·계급·학파 따위의〕 사고 방식, 사상, 사조(思潮). ¶ modern (Greek) *thought* 근대(그리스) 사상 / scientific *thought* in the 20th century 20세기의 과학 사조.
9 (a ~) 《부사적 용법》 조금, 다소, 약간(bit). ¶ He seems a *thought* rash. 그는 좀 무모한 듯하다.
A penny for your thoughts. 무엇을 그렇게 명하니 생각하고 있느냐?
as quick (or *swift*) *as thought; at* (or *like*) *a thought; upon* (or *with*) *a thought; without a moment's thought* 당장, 곧.
second thought[**s**] 뒤에 일어나는 생각, 재고(再考). ¶ On *second thought* 다시 생각하고 / It is often said that *second thoughts* are best. 재고가 가장 좋다고 흔히들 말한다.

‡**thought²** [θɔːt] *v.* think 의 과거·과거 분사.

‡**thought-ful** [θɔ́ːtfəl] *adj.* **1** 생각에 잠긴, 심사숙고하는(meditative). ¶ a *thoughtful* expression 생각에 잠긴 표정 / She was *thoughtful* for a moment. 그녀는 잠시 생각에 잠겼다. **2** 생각이 깊은, 사려깊은. ¶ a *thoughtful* essay 깊은 생각이 담겨져 있는 수필. **3** 주의하는, 염려하는(heedful); 인정이 있는, 친절한(of …). ¶ be *thoughtful* of others 남에게 인정이 있다 / It was *thoughtful* of you to show me around. 친절하게 안내해 주셔서 감사합니다.
[類語] **thoughtful** 남의 행복·필요 따위에 마음을 쓰는: a *thoughtful* gift 정성어린 선물. **considerate** 남의 감정에 배려를 하는: *considerate* words of encouragement 친절한 격려의 말. **attentive** 끊임없이 *thoughtful* 함을 강조하며 인정어린 행위를 되풀이함을 뜻한다: be *attentive* to one's little brother 동생을 잘 돌봐주다.
~ly [-fəli] *adv.* **~ness** *n.*

*‡**thought-less** [θɔ́ːtlis] *adj.* **1** 생각이 모자라는, 경솔한, 부주의한 (heedless) (*of* …). ¶ be *thoughtless* of one's health 건강에 주의를 기울이지 않다 // It is *thoughtless* of him to do such a thing. 그런 일을 하다니 그는 경솔한 사람이다. **2** 인정 없는, 남을 생각할 줄 모르는(inconsiderate) (*of* …). ¶ be *thoughtless* of other people 남을 생각할 줄 모른다. **3** 사고력이 없는, 어리석은(stupid). **~ly** *adv.* **~ness** *n.*

thought-out [θɔ́ːtáut, ⸺] *adj.* 깊이 생각하고 난, 용의주도한.

thóught photògraphy *n.* 〔심령술〕 염사(念寫) 〔관념이나 꿈을 사진에 나타내는 것〕.

thóught políce *n.* 사상 경찰.

thought-pro·vok·ing [θɔ́ːtprəvòukiŋ] *adj.* 생각(숙고)케 하는; 시사하는 바가 많은.

thought-read [θɔ́ːtrìːd] *vt.* (**-read** [-red], **-reading**) …의 진의를 읽다(파악하다).

thought-read·er [θɔ́ːtrìːdər] *n.* 독심술사(讀心術士) (mind reader).

thought-read·ing [θɔ́ːtrìːdiŋ] *n.* [U] 독심술 (mind

reading). 「里眼」(telepathy).
thóught transferènce *n.* ⓤ 정신 감응, 천리안(千里眼)
thóught wàve *n.* 심파(心波), 염파(念波)[가설로서, 정신 감응의 매개물로 여겨지고 있다].
thought·way [θɔ́ːtwèi] *n.* 사상(사고) 양식.
‡**thou·sand** [θáuz(ə)nd] *n.* **1** 천, 천 명, 천개; 천의 문자[1000, M]. **1** *a* (or 《강조》 *one*) *thousand* 천 / ten (a hundred) *thousand* 1만(10만) (* hundred, dozen 과 마찬가지로 수사 또는 수를 나타내는 어구와 함께 써도 복수형의 s를 붙이지 않는다). **2** (~s) 수 천, 다수. ¶ *thousands* on (*or* and) *thousands* 매우 많은, 무수히 / *thousands* of people 수천명의 사람들 / hundreds of *thousands* of travelers 수없이 많은 여행자 / She had *thousands* of things to do. 그녀는 할 일이 수없이 많았다.
one in a thousand 천에 하나[있을까 말까 한 것]; 천명에 한 사람[정도 밖에 없는 훌륭한 사람]; 영웅; 절세의 미인.
a thousand to one 거의 절대적인 것(일).
the upper ten [*thousand*] ⇨ TEN.
— *adj.* (보통 a 또는 수사와 함께 쓰인다) **1** 천의, 천 명의, 천 개의. **2** 무수한, 다수의. ¶ *a thousand* times easier 훨씬 쉬운 / A *thousand* thanks (pardons). 정말 감사합니다 (미안합니다).
[*a*] *thousand and one* 무수한. ¶ *a thousand and one* worries of life 수많은 속세의 근심거리.
The Thousand and One Nights 천일야화(千一夜話). ⇨ Arabian Nights' Entertainments.
thou·sand·fold [θáuz(ə)ndfòuld] *adj.* 천 배의. — *adv.* 1천배로. ¶ increase a *thousandfold* 천 배로 증가하다.
Thóusand Ísland drèssing *n.* ⓤ마요네즈에 파슬리·피클스·삶은 달걀·케첩 등을 섞어 만든 드레싱.
Thóusand Íslands *n. pl.* (the ~) 북미 온타리오호(Lake Ontario) 어귀의 St. Lawrence 강 상류의 약 1500개의 작은 섬들; 피서지.
thou·sandth [θáuz(ə)ndθ / -z(ə)n(t)θ] *adj.* 천 번째의; 1000분의 1의. — *n.* **1** (보통 the ~) 천 번째. **2** 1000분의 1.
thr. 《略》 through.
Thrace [θreis] *n.* 트라키아[Balkan 반도 동부, 현대의 그리스 동부·터키 서부 지방의 고대의 명칭].
*****thrall** [θrɔːl] *n.* **1** 노예; (비유적) 노예(*of, to*...). ¶ He is a *thrall* to (of) drink. 그는 술의 노예가 되어 있다. **2** ⓤ 노예의 신분(상태), 속박(*to*...). ¶ in *thrall* to ···에 사로잡혀 있다. — *vt.* (고어) ···을 노예로 하다.
— *adj.* (고어) 속박당한, 노예가 된. 「(상태). 속박.
thrall·dom, thral- [θrɔ́ːldəm] *n.* ⓤ 노예의 신분
*****thrash** [θræʃ] *vt.* **1** [벌로서] 몽둥이·채찍으로] 몹시 세게 때리다. ≒ BEAT [類語] **2** ···을 철저하게 패배시키다. ¶ *thrash* an opponent 상대를 사정없이 패배시키다. **3** [항해] (배)를 역풍에 (逆潮)에 거슬러 나아가게 하다. **4** (도리깨 따위로) (곡물)을 두드리다. 탈곡하다(thresh).
— *vi.* **1** 뒹굴다, 몸부림치다. ¶ (~+副) *thrash about* in bed with pain 고통으로 침대에서 뒤척거리다 // (~+前+名) The wind made the branches *thrash against* the windows. 바람으로 나뭇가지가 심하게 창문을 두드렸다. **2** [항해] (배가) 바람이나 조류를 거슬러 나아가다. **3** 탈곡하다(thresh).
thrash out ···을 철저하게 토의하다; (안)을 다듬고 또 다듬다. 「다.
thrash over ···을 되풀이하다; (문제)를 면밀히 검토하다.
thrash the life out of 《속어》 ···을 때려 죽이다.
— *n.* **1** 때리기(beating); 패배시키기. **2** 탈곡. **3** (수영) (크롤 따위의) 물차기. **4** = thrash metal.
thrash·er [θrǽʃər] *n.* **1** 채찍질하는 사람, 탈곡자; 탈곡기. **3** 티티새 비슷한 앵무새류[북미산(産)]. **4** 환도상어. 「채찍질.
thrash·ing [θrǽʃiŋ] *n.* **1** ⓤ 탈곡, 벼훑기. **2** ⓤⓒ

thrásh métal *n.* 스래시 메탈[힘과 스피드를 중시하는 격렬한 헤비 메탈의 일종].
thra·son·i·cal [θreisánik(ə)l / θrəsɔ́n-] *adj.* 자랑하는, 허풍을 떠는. **~·ly** [-kəli] *adv.*
‡**thread** [θred] *n.* **1** ⓤ 실, 섬유; ⓒ [한 가닥의] 실; 바느질 실, 곤 실. ¶ silk (cotton) *thread* 명주 (무명) 사 / a needle and *thread* 실을 꿴 바늘 / sew with *thread* 실로 꿰매다 / string beads on a *thread* 유리 구슬을 실에 꿰다 / push a *thread* through a needle 바늘 구멍에 실을 꿰다. **2** (실처럼) 가는 것, 실 모양의 것; (빛·금속·유리 따위의) 줄, 세선(細線); [기체·액체의] 가는 다란 줄기; (광석의) 세맥(細脈). ¶ a *thread* of light (smoke) 한 줄기의 빛(연기) / the *threads* of a spider web 거미집의 가는 줄 / The river winds its white *thread* through the fields. 그 강은 흰색의 가는 줄기를 이루어 들판을 굽이굽이 흐르리다. **3** 스레드[무명실의 길이의 단위. 1.37미터]. **4** 나사산(screw thread). **5** (이야기 따위의) 줄거리, 맥락(sequence). ¶ lose the *thread* of one's argument 이야기의 줄거리가 알 수 없게 되다. **6** 수명. ¶ the *thread* of life 목숨, 수명. **7** (~s) 《미속어》 의복(clothes).
be worn to a thread 너덜너덜 해져 있다. 「이다.
cut a person's mortal thread ···의 목숨을 끊다, 죽이다.
do not have a dry thread on one 온몸이 흠뻑 젖다.
gather up the threads [따로따로 취급한 것을] 종합하다.
hang by (or *on, upon*) *a* [*single*] *thread* 풍전등화이다, 위기에 처해 있다. ¶ His life *hangs by a thread*. 그의 목숨은 풍전등화이다.
thread and thrum 옥석혼효(玉石混淆); 모조리.
— *vt.* **1** [바늘 구멍 따위에] 실을 꿰다; ···을 꿰뚫다, 관통하다(pierce). ¶ *thread* a needle 바늘에 실을 꿰다 // (~+围+前+名) *thread* beads *on* a string 구슬에 실을 꿰다. **2** ···을 섞어 짜다; 스며들다(pervade). ¶ (~+围+前+名) a red tapestry *threaded with* gold 금실을 짜넣은 붉은 벽걸이 천 / A sad note *threaded* the whole story. 전체 이야기에 애조가 흐르고 있었다. **3** ···을 누비듯이 지나가다, 요리조리 빠져나가다. ¶ (~+围+前+名) She *threaded* her way *through* the crowd. 그녀는 군중 속을 요리조리 빠져나갔다. **4** ···에 나사산을 내다. — *vi.* **1** 누비듯 지나가다, 요리조리 빠져나가다(through...). ¶ (~+前+名) *thread through* a narrow passage 좁은 통로를 요리조리 빠져 나가다. **2** [요리] (시럽이) 졸아서] 전득전득 실이 늘어서다.
thread out (길)을 더듬어 가다. ◇ *thready adj.*
thread·bare [θrédbɛ̀ər] *adj.* **1** (의복 따위가) 닳아서 실밥이 보이는, 다 떨어진, 낡은(worn-out). ¶ a *threadbare* coat 낡은 코트. **2** 케케묵은, 진부한(hackneyed). **3** 낡아 해어진 옷을 입은, 초라한(shabby). **~·ness** *n.*
thréad làce *n.* ⓤ 린네르로 만든 레이스.
thread·like [θrédlàik] *adj.* 실과 같은, 홀쭉한.
thréad màrk *n.* 실올 무늬, 실 무늬[지폐의 위조를 막기 위해 지폐에 박아 넣은 실 모양의 무늬].
thread·nee·dle [θrédnìːdl] *n.* ⓤ 어린이 유희의 일종[한 줄로 손을 잡고 서서, 한쪽 끝의 어린이부터 다른 쪽 끝의 두 명 사이를 차례로 빠져 나가는 놀이].
Thréad·née·dle Strèet [θrédnìːdl-] *n.* London의 은행가(街).
thréad pàper *n.* **1** 실 뭉치를 싸는 얇은 종이. **2** 마르고 홀쭉한 사람. 「(기생충).
thread·worm [θrédwə̀ːrm] *n.* 요충(蟯蟲) [인체 내의
thread·y [θrédi] *adj.* (**thread·i·er, thread·i·est**) **1** 실의, 실 같은, 실 모양의. **2** (액체 따위가) 전득전득한, 걸쭉한. **3** (맥박이) 약한. **4** (목소리 따위가) 힘이 없는, 가냘픈. **thread·i·ness** *n.*
‡**threat** [θret] *n.* **1** 협박, 위협, 공갈(menace). ¶ It will be a *threat* to our security. 그것은 우리들의 안전을 위협하게 될 것이다. **2** [나쁜 일의] 징조, 조짐, [···

threaten 2220 **three-wheeler**

이 될 듯한] 기미, 형세. ¶ There is a *threat* of snow. 눈이 올 것 같다.

‡threat·en [θrétn] *vt*. 1 …을 위협하다, 협박하다(menace). ¶ (~+목+전+명) He *threatened* me *with* punishment(death). 그는 처벌하겠다고(죽이겠다고) 나를 위협했다. 2 …하겠다고 위협하다. ¶ (~+to do) He *threatened* to kill me. 그는 나를 죽이겠다고 위협했다 // (~+that 절) He *threatened that* he would make it public. 그는 그것을 공개하겠다고 위협했다.

[類語] **threaten** 벌·위협을 가하겠다고 말이나 행동으로 나타내어 복종시키려고 하다: He *threatened* to shoot me. 그는 쏘겠다고 위협했다. **menace** 복종시키려는 의도보다는 적이나 경고의 뜻을 강조하는 말; 다소 문어적: Nuclear weapons *menace* the human race. 핵무기는 인류를 위협한다. **intimidate** threaten 하여 공포를 일으켜 굴복시키다: *intimidate* a person with a gun 총으로 남을 위협하다. **blackmail** 특히 남의 약점을 이용하여 돈을 강취하다.

3 [위험·재해 따위가] …에게 위험을 주다, 다가오다. ¶ Famine *threatens* the district. 기근이 그 지방을 위협하고 있다. 4 [나쁜 일이] …의 징조(조짐)를 보이다, …이 될(올) 듯하다. ¶ The sky *threatens* a storm. 하늘을 보니 폭풍이 올 것 같다.
— *vi.* 1 위협(협박)하다. ¶ Do you mean to *threaten*? 협박할 생각이냐? 2 [나쁜 일이] 일어날 듯하다. ¶ A storm *threatens*. 폭풍우가 올 것 같다 / It *threatens* to rain. 비가 올 것 같다.

threat·ened [θrétnd] *adj*. 1 위협당한, 위험에 직면한. 2 [야생 동·식물이] 멸종의 위기에 놓여 있는.
threat·en·er [θrétnər] *n*. 협박자, 위협자.
*****threat·en·ing** [θrétniŋ] *adj*. 1 [남을] 위협하는. 2 험악한, [날씨가] 거칠어질 듯한. The weather is *threatening*. 날씨가 험악하다. **~·ly** *adv*.

‡three [θri:] *adj*. 셋의, 3명의, 3개의. ¶ *three* years 3년 / *Three* times two is six. 3 곱하기 2는 6. — *n*. 1 셋, 세 사람, 3개. ¶ a father of *three* 세 아이의 아버지 / *Three* [of them] are here. [그들 중의] 3명은 여기 있다. ¶ 3시; 3세. ¶ a child of *three* 세 살 난 아이. 3 [연속하는 것의]세 번째; [카드놀이] 3점짜리 패, [주사위의] 3의 눈, 3점[3, iii, III], [스케이트] 3자 형(型). 5 세 사람 한 조(組), 세 개의 한 벌.
the rule of three [수학] 비례식, 복비례(複比例).
the Three in One 삼위일체 (the Trinity). [hit.
three-bag·ger [θrí:bǽgər] *n*. (속어) =three-base
thrée-bàse hít [θrí:bèis-] *n*. (야구) 3루타.
three-col·or, (英) -col·our [θrí:kʌlər] *adj*. 1 삼색의. 2 [인쇄] 삼색판(版)의. ¶ *three-color* printing 삼색판 / a *three-color* process 삼색 사진법.
three-cor·nered [θrí:kɔ́:rnərd] *adj*. 1 삼 각[형]의. 2 삼파전(三巴戰)의. ¶ a *three-cornered* fight 삼파전의 싸움.
three-D, 3-D [θrí:dí:] *n*. ⓤ 삼차원. — *adj*. 삼차원의; [영화의] 입체의. ¶ *3-D* movies 입체 영화.
   [< THREE-D[IMENSIONAL]]
three-deck·er [θrí:dékər] *n*. 1 삼층 갑판선. 2 [옛날의] 삼층 갑판함. 3 (구어) 큰(중요한) 인물. 4 삼층의 건축물; 삼단으로 된 연단. 5 [소설 따위의] 3부작; [일반적으로] 터무니없이 긴 소설. 6 (구어) 세 겹의 샌드위치.
three-dig·it [θrí:dídʒit] *adj*. 세 자리 숫자의. ¶ *three-digit* inflation 세 자리 숫자의 인플레이션.
three-di·men·sion·al [θrí:diménʃənəl], **英 -dai-**] *adj*. 1 삼차원의. 2 [영화·사진 등이] 입체의, 입체감이 있는. 3 살아 움직이는 것 같은 (lifelike). 4 (군사) 육해공의 3군으로 싸우는.
thrée-diménsional IC *n*. 3차원 집적 회로.
three-fig·ure [θrí:fígjər -fígə] *adj*. 세 자리 숫자의 (three-digit).
*****three·fold** [θrí:fóuld] *adj*. 1 세 부분으로 이루어지는

(triple). 2 3 배의, 3 중의(treble). ¶ a *threefold* meaning 삼중의 뜻. — *adv*. 3중으로, 세 배로.
three-half·pence, -ha'pence [θrí:héip(ə)ns] *n*. (*pl*. *-pence* or *-pen·ces*) 1.5펜스 반 [1½d.]. ¶하는.
three-hand·ed [θrí:hǽndid] *adj*. [유희 따위] 셋이서
three-lane [θrí:lèin] *adj*. [도로가] 3차선의.
three-leg·ged [θrí:légid, -légd] *adj*. 삼각(三脚)의, 다리가 셋인. ¶ a *three-legged* stool 삼각의 걸상.
thrée-líne whíp [θrí:làin-] *n*. (英의회) [정당이 중대 의안의 표결이 있는 날 소속 의원들을 독촉하는] 긴급 등원 명령[서]. [< 긴급함을 강조하기 위해 밑줄을 셋 그은 데서]
thrée-mar·tí·ni lúnch [θrí:ma:rtí:ni-] *n*. (업무상 교제비로 치르는) 호화판 점심 식사. [돛대의 배.
three-mast·er [θrí:mǽstər -má:stər] *n*. (항해) 세
thrée-míle límit [θrí:màil-] *n*. (국제법) 영해[領안에서 3마일 이내].
three-pair [θrí:pɛ́ər] *adj*. 《英》4 층의. ¶ *three-pair back* 4 층의 뒷방.
three-part [θrí:pà:rt] *adj*. 3부(部)의, 3부로 된.
three·pence [θrép(ə)ns, θríp-] *n*. (*pl*. *-pence* or *pen·ces*) 《英》 1 ⓤ 3펜스(의 금액). 2 3 펜스 동화.
three·pen·ny [θrépəni, θríp-] *adj*. 1 3 펜스의. 2 싸구려의, 보잘것없는(cheap).
thréepenny bít (píece) *n*. [옛] 3펜스 동화.
three-per·cent [θrí:pərsént] *adj*. 3%의; 3부 이자가 붙는. — *n*. *pl*. 3부 이자 공채(채권), 《英》정리 공채 (consols).
three-phase [θrí:fèiz, ⟂⟂] *adj*. [전기] 삼상(三相)의.
three-piece [θrí:pí:s] *adj*. [의복이] 세 가지로 된 벌의, 스리피스의. ¶ *n*. 세 가지가 한 벌의 옷.
three-ply [θrí:plái] *adj*. 세 겹의, 세 겹으로 포갠, [밧줄 따위가] 세 겹으로 꼰.
three-point·er [θrí:pɔ̀intər] *n*. 《군대 속어》 1 = three-point landing. 2 절대 정확한 것.
thrée-póint lánding [θrí:pɔ̀int-] *n*. ⓤ (항공) 3점 (點) 착륙 [세 개의 바퀴가 동시에 착지하는 이상적인 착륙법].
thrée-póint túrn *n*. 《英》3점 회전[전진·후퇴·전진의 결합으로 이루어지는 자동차 방향 전환법].
three-quar·ter [θrí:kwɔ́:rtər], **-quar·ters** [-kwɔ́:rtərz] *adj*. 1 4분의 3의. 2 [초상화·사진이] 7분신(分身)의; [얼굴이] 반쯤 옆으로 향한 [full과 profile과의 중간 정도]. — *n*. 1 7분신의 초상화(사진); 반쯤 옆으로 향한 초상(사진). 2 [럭비] (= thrée-quárter bàck) 스리쿼터백 [half-back과 full-back 사이에 위치하며 공격의 핵심 경기자].
to the extent of three-quarters 거의, 대부분.
thrée-ríng círcus [θrí:rìŋ-] *n*. 세 장면이 동시에 진행되는 서커스; 눈이 핑핑 도는 것 [쇼], '대혼잡'.
thrée R's *n*. 1 읽기·쓰기·셈(reading, 'riting and 'rithmetic) [기초 학과]. 2 절약·재사용·재생(reduce, reuse and recycle)[환경 보호]. 3 도로·철도·활주로(roads, rails and runways)[교통 기반 시설].
*****three·score** [θrí:skɔ́:r -skɔ́:] *adj*. 60의;《명사적》60세. ¶ *threescore* [years] and ten 70세[인간의 수명]. [행기.
three-seat·er [θrí:sí:tər] *n*. 3인승 자동차, 3인승 비
three·some [θrí:səm] *adj*. 1 셋으로 된; 세 겹으로 (threefold). 2 3 명이 하는. — *n*. 1 세 개 한 벌; 3 인조, 3 인조의 경기. 3 [골프] 한 사람 대 두 사람이 하는 게임.
thrée-stríkout láw *n*. 《미구어》 3진법(振法) [같은 죄를 세번 저지른 자를 보석없이 종신형에 처하도록 한 법률].
three-two [θrí:tú:] *n*. 알코올 함유량 3.2%의 맥주.
three-way [θrí:wéi] *adj*. 세 가지 모양의, 3 종의, 하는
three-wheel·er [θrí:(h)wí:lər] *n*. 3륜차. [방향의.

threm·ma·tol·o·gy [θrèmətálədʒi / -tɔ́l-] n. U《생동식물의 육성학, 사육학.
thre·net·ic [θrinétik], **-i·cal** [-ik(ə)l] adj. 1 슬퍼하는(mournful). 2 비가(悲歌)의, 애가(哀歌)의(threnodic).
thre·node [θríːnoud, +美 θrén-] n. =threnody.
thre·nod·ic [θrinάdik / -nɔ́d-] adj. 비가의, 애가의.
thren·o·dist [θrénədist] n. 애가의 작자.
thren·o·dy [θrénədi] n. (pl. **-dies**) 비가, 만가(挽歌)(dirge).
three·o·nine [θríːənìːn, -nin] n. U트레오닌〔필수 아미노산의 일종〕.
thresh [θreʃ] vt. 1 〔곡물 따위를〕 도리깨로 두드리다, 탈곡하다. 2 〔문제·계획 따위를〕 철저하게 검토하다 (...out, over). 3 〔몽둥이 따위로〕 …을 때리다. — vi. 1 도리깨로 두드리다, 탈곡하다. 2 때리다. 3 〔고통으로〕 뒹굴다(about). — n. 탈곡, 타작.
thresh·er [θréʃər] n. 1 때리는 사람(것). 2 탈곡자. 3 탈곡기. 4 환도상어(thresher shark).
thréshing flòor [θréʃiŋ-] n. 탈곡장.
thréshing machìne n. 탈곡기.
‡thresh·old [θréʃ(h)ould] n. 1 문지방; 입구, 문간. ¶ cross a person's *threshold* 남의 집에 들어가다, 문지방을 넘다. 2 〔보통 the ~〕 〔사물의〕 시작, 발단, 출발점. ¶ He was on the *threshold* of manhood (*or* adulthood). 그는 어른이 되어가고 있었다. 3 〔심리·생리〕 역(閾)(limen). ¶ the *threshold* of consciousness 식역(識閾) 〔의식 작용이 일어나고 사라지는 경계〕. 4 《英》임금의 물가 연동제(슬라이드제), 물가 상승분 지급 협약.
at (or **on**) **the threshold of** ① …의 입구에서. ② …의 시초에, 출발에, 발단에.
threw [θruː] v. throw의 과거형.
‡thrice [θrais] adv. 《고어·문어》 1 세 번, 3회(three times). 2 세 겹으로, 3배로. 3 〔종종 복합어를 만들어〕크게, 매우. ¶ *thrice*-blessed 매우 복된.
‡thrift [θrift] n. U 1 검약, 절약. 2 C 아르메리아(sea pink). 3 〔식물의〕 무럭무럭 자라남, 빠른 성장, 무성. 4 행운, 성공(success). 5 《스코》 근로, 작업, 일.
◇ thrive v., thrifty adj.
thríft institùtion n. 《美》《금융》 저축 기관.
thrift·less [θríftlis] adj. 1 절약하지 않는; 낭비하는, 흐리터분한. 2 《고어》 헛된(useless).
~·**ly** adv. ~·**ness** n.
thríft shòp n. 《美》중고품 할인 판매점, 〔특히〕중고품 자선 바자.
‡thrift·y [θrífti] adj. (**thrift·i·er, thrift·i·est**) 1 절약하는, 알뜰한, 검소한. ⇒ ECONOMICAL 頹語 opp. wasteful ¶ a *thrifty* housewife 알뜰한 주부. 2 번영하고 있는(prosperous). 3 기운차게 자라는, 무성하는. ¶ a *thrifty* plant 성장이 잘되는 식물.
thrift·i·ly adv. **thrift·i·ness** n.
‡thrill [θril] vt. 1 …을 감동(감격, 흥분)시키다 〔두려움으로〕 …을 오싹하게 하다; 〔기쁨으로〕 …을 〔가슴〕 두근거리게 하다. ¶ His words *thrilled* the audience. 그의 이야기는 청중을 깊이 감동시켰다 // (~+目+前+名) The story *thrilled* him with horror. 그 이야기가 그를 공포로 오싹하게 했다. 2 〔목소리 따위를〕 떨리게 하다. ¶ *thrill* the strings of a guitar 기타 줄을 진동시키다. — vi. 〔무서워서〕 오싹해지다, 두근거리다, 〔기쁨으로〕 설레다, 떨다(*at, with*...). ¶ I *thrilled* at the sight of her. 그녀의 모습을 보고 내 가슴은 설렜다 / Her voice *thrilled* with joy. 그녀의 목소리는 기쁨으로 떨렸다.
— n. 1 〔U〕〔C〕 오싹함, 두근거림, 설렘; 떨림, 전율, 스릴. ¶ a *thrill* of terror (joy) 공포(가슴 설레는 기쁨). 2 떨림. ¶ the *thrill* of indignation 분노의 떨림. 3 〔의학〕 〔청진기에 느껴지는 이상〕 진동. 4 동계(動悸), 맥박. 5 《속어》 스릴러물(thriller).
‡thrill·er [θrílər] n. 스릴을 주는 것; 〔극·소설·영화 따위의〕 스릴러물.

thrill·er-dill·er [θrílərdìlər] n. 《속어》 선정적 소설, 스릴러물(物)(thriller).
‡thrill·ing [θríliŋ] adj. 1 오싹하는, 소름끼치는; 피가 끓고 가슴이 뛰는, 감동적인, 스릴 만점의. 2 추위가 스며드는 듯한, 〔추위가〕 몸을 떨리게 하는.
~·**ly** adv. ~·**ness** n.
thrip·pence [θrípəns] n. =threepence.
thrips [θrips] n. 삼주벌레〔식물과 곡물에 해를 입힌다〕.
‡thrive [θraiv] vi. (**throve** or **thrived** or **thriv·en, thriv·ing**) (*《英》에서는 보통 p. throve; pp. thriven*) 1 〔사람·상업 등이〕 번성하다, 번영하다, 번창하다, 잘되다 (prosper); 〔일이〕 성공하다; 부자가 되다, 부유해지다. ⇒ SUCCEED 頹語 ¶ Bank business is *thriving*. 은행업이 번성하고 있다. 2 〔동·식물이〕 무럭무럭 자라다, 무성해지다; 잘 자라다(*on*...). ¶ a plant that *thrives* in all soils 모든 토양에서 잘 자라는 식물 // Rabbits *thrive* on lettuce. 토끼는 상추를 먹고 잘 자란다. ◇ thrift n.
‡thriv·en [θrívn] v. thrive의 과거 분사.
thriv·ing [θráiviŋ] adj. 1 번영하는, 번성하는; 번화한. 2 무럭무럭 자라는.
thro [θruː], (**thro'**) prep., adv., adj. 《고어》 = through.
‡throat [θrout] n. 1 〔해부〕 목구멍, 인후(咽喉), 기관(氣管), 식도. ¶ gargle the *throat* 양치질하다 / I have a sore *throat*. 목구멍이 아프다. 2 목 모양의 것; 〔용기 따위의〕 목, 주둥이; 좁은 통로; 협류(峽流); 〔난로 연통의〕 흡입구. 3 (one's ~) 목소리(voice). ¶ at the top of one's *throat* 목청껏.
clear one's **throat** 헛기침하다.
cut one *another's* **throats** 둘 다 망할 방책을 쓰다.
cut one's (*own*) **throat** ① 자기 목을 찌르다. ② 자멸을 초래하다; 자살하다.
cut the **throat** *of; cut a person's* **throat** 〔부당 경쟁으로〕 〔남을〕 파멸시키다.
full (*up*) *to the* **throat** 〔움직일 수 없을 정도로〕 포식하여.
give a person the lie in his **throat** 거짓말임을 밝혀내다.
jump down a person's **throat** 《속어》 〔남을 꼭 눌러 못하게 하다, 꼼짝 못하게 해대다, 맹렬히 공격(비난)하다.
lie in one's **throat** ⇒ LIE¹.
a lump in the (or *one's*) *throat* (울어서) 목이 메임.
pour (or *send*) *down* one's **throat** 마시다, 음식을 낭비하다.
stick in one's **throat** ① 〔가시·뼈 따위가〕 목구멍에 걸리다. ② 마음에 들지 않다. ③ 〔말이〕 좀처럼 나오지 않다. ④ 〔제안 따위가〕 받아들이기 어렵다.
thrust (or *cram, force, push, ram*) ...*down a person's* **throat** 〔남에게〕 …을 억지로 승낙시키다, 강요하다; 〔남〕의 코 앞에 …을 들이대어 알게 하다.
— vt. 1 …에 도랑(홈)을 파다(만들다). 2 …을 목구멍 깊은 데서 말하다; …을 쉰 목소리로 말하다(노래하다).
◇ thróaty adj.
throat·latch [θróutlætʃ] n. 〔말의〕 목 밑에 걸치는 가죽 끈.
thróat mìcrophone n. 목에 대는 마이크〔결후(結喉)에서 직접 음성을 받는다〕.
throat·y [θróuti] adj. (**throat·i·er, throat·i·est**) 1 후음(喉音)의(guttural); 쉰 목소리의. 2 〔특히 소나 개 따위가〕 목줄기가 축 늘어진.
throat·i·ly adv. **throat·i·ness** n.
‡throb [θrab / θrɔb] vi. (**throbbed, throb·bing**) 1 고동(鼓動)치다, 두근두근하다, 맥박치다(*with*...). ⇒ PULSATE 頹語 ¶ My heart is *throbbing* heavily. 나의 심장이 몹시 뛰고 있다 // Her temples *throbbed* with rage. 그녀의 관자놀이가 노여움으로 푸들푸들 떨었다. 2 〔비유적〕 감동하다, 술렁거리다, 흥분하다. ¶ He *throbbed* at the sight. 그는 그 광경에 감동했다. 3 〔울

throb·ber [θrábər / θrɔ́bə] *n.* 고동하는 것; 진동하는 것; 매우 감정적인 사람.

throe [θrou] *n.* **1** (보통 ~s) 심한 고통; 심한 고민(고뇌). **2** (~s) 산고(産苦), 진통; 죽음의 고통; 일을 시작하는 고생 (⇨ PAIN 類語); 혼란.
in the throes of ① …하려고 고생하는. ② 한창 …할 때에.

Throg·mór·ton Stréet [θrɑgmɔ́ːrt(ə)n‐ / θrɔgmɔ́ː‐] *n.* **1** London의 상업 중심지. **2** [Throgmorton Street에 있는] 런던 증권 거래소, 증권 시장. *cf.* Wall Street

throm·bin [θrɑ́mbin / θrɔ́m‐] *n.* ⓤ 〖생화학〗 트롬빈〔혈액을 응고시키는 작용을 가진 효소〕.

throm·bo·cyte [θrɑ́mbəsàit / θrɔ́m‐] *n.* 〖해부〗 혈소판(血小板)(blood platelet).

throm·bo·sis [θrɑmbóusis / θrɔm‐] *n.* ⓤ 〖병리〗 혈전증(血栓症).

‡**throne** [θroun] *n.* **1** 왕좌, 옥좌(玉座). ¶ *come to* (*or ascend, mount, sit on*) *the throne* 왕위에 오르다. **2** 교황좌, 사교좌(司教座), 감독좌. **3** (the ~) 왕위, 왕권, 제권(帝權). **4** (the ~) 국왕, 황제. **5** (~s) 좌천사(座天使)〔천사의 위계 중의 하나〕. ⇨ ANGEL 주의
a speech from the throne 〔英〕 의회 개원식(개회식). ― *v.* (**throned, thron·ing**) 〔詩〕 *vt.* …을 왕위에 올리다, 즉위시키다. ― *vi.* 왕위에 앉다.
◇ enthróne, dethróne *v.*

throne·less [θróunlis] *adj.* 왕좌(옥좌)가 없는.

thróne róom *n.* **1** 〔왕좌(王座)가 있는〕 공식 알현실. **2** 권력의 소재지.

‡**throng** [θrɔːŋ / θrɔŋ] *n.* **1** 사람떼, 군중, 인파, 붐빔. ⇨ CROWD 類語 ¶ *a throng of people* 사람들의 떼, 군중. **2** 집합(collection). **3** 〔주로 스코〕 계속적인 일 위의〕 분망, 쇄도. ― *vi.* 모여들다; 붐비다; 쇄도하다 (*about,* [*a*]*round*). ¶ People *thronged* to hear the preacher 설교자의 이야기를 들으려고 사람들이 모여 들었다. ― *vt.* **1** …에 모여들다, 쇄도하다; 밀어닥치다. ¶ Great multitudes *thronged* every square. 어느 광장에나 굉장한 인파들이었다. **2** 〔사람 · 물건 따위로〕 빽빽이 채우다, 가득 차게 하다(*with*).

thros·tle [θrɑ́sl / θrɔ́sl] *n.* **1** 〔英, 주로 문학〕 개똥지빠귀의 일종 〔유럽산〕(song thrush). **2** 방적기의 일종.

throt·tle [θrɑ́tl / θrɔ́tl] *n.* **1** 조절기(瓣). **2** 〔내연 기관의〕 조절판(절기판) 레버. **3** 〔속어〕 〔말 따위의〕 목구멍, 숨통, 기관(氣管).
at full throttle; *with the throttle against the stop* 전속력으로(at full speed).
― *v.* (**-tled, -tling**) *vt.* **1** …의 목을 조르다, 질식시키다(choke). **2** 〔비유적〕 …을 억압하다, 저지하다. **3** 〖기계〗 〔증기 따위의〕 흐름을 억제하다; …을 조절판으로 조절하다; …을 감속하다(*down*). ― *vi.* 질식하다(choke).

throt·tle·hold [θrɑ́tlhòuld / θrɔ́tl‐] *n.* 통제, 조르기(stranglehold); 〔언론 따위의〕 탄압(на‐).

thróttle léver *n.* 조절판(절기판) 레버. 「汽瓣」

thróttle válve *n.* 스로틀 밸브 조절판, 절기판(節

‡**through** [θruː] *prep.* **1** 〔관통〕 …을 통하여, 통하여서, 지나서, …의 끝에서 끝까지. ¶ *go* (*or pass*) *through* a tunnel (a forest) 터널〔숲〕을 지나가다.
2 〔통과 · 통로〕 …의 가운데를 지나서, …을 거쳐서, 통과하여. ¶ *fly through the air* 공중을 날다.
3 〔장소〕 …두루, 구석구석에(around). ¶ He is famous *through* the world. 그는 전세계에 잘 알려져 있다.
4 〔시간〕 …동안 내내(throughout), 〔전(全)기간을〕 통하여, 처음부터 끝까지. ¶ *all through* the lesson (the night) 그 수업중 내내(철야로) / I'll stay here *through* the winter. 나는 겨울 내내 여기에 머물 생각이다.
5 〔경과 · 종료〕 …을 거쳐, 끝마치고, 훌륭히 뚫고. ¶ *go* (*or get, pass*) *through* college 대학 과정을 끝마치다.
6 〔수단 · 매개 · 원인〕 …을 통하여, …에 의하여(by means of), …의 덕택으로. ¶ *through* a person's help 남의 원조로 / It was *through* you that he succeeded. 그가 성공한 것은 네 덕택이다.
7 〔동기 · 이유〕 …때문에(because of), …에서, …의 까닭으로. ¶ run away *through* fear 무서워서 도망치다 / *through* one's carelessness 부주의로(때문에).
8 〔美〕 〔연 · 월 · 일 따위의〕 …부터 …까지(*cf.* 〔주로 英〕 *from …to…*). ¶ from April 1st *through* 30th 4월 1일부터 30일까지 / from 1950 *through* 1970 1950년부터 1970년까지.
― *adv.* **1** …을 통하여, 관통하여, 꿰뚫어. ¶ pierce a thing *through* 물건을 꿰뚫다. **2** 처음부터 끝까지; 최후까지, 시종, 줄곧. ¶ I read a book *through* 책을 통독하다 / This train goes *through* to Paris. 이 열차는 파리로 직행한다. **3** 〔시간〕 …동안 내내. ¶ They discussed the problem the whole night *through*. 그들은 그 문제를 밤새도록 토의했다. **4** 철저하게, 완전히(completely)(* 이 뜻으로는 대개 형용사 또는 과거 분사 뒤에 옴). ¶ be wet *through* 흠뻑 젖다. **5** 끝까지; 성공리에. ¶ carry one's plans *through* 계획을 끝까지 수행하다. **6** 끝내고, 끝나서. ¶ I am *through* for the day. 오늘은 일이 끝났다.
be through with 〔美〕 ① …을 끝내다. ¶ He *was through with* the book. 그는 그 책을 다 읽었다. ② …과 손을 끊다.
through and through 완전히, 철두철미(thoroughly), 처음부터 끝까지, 시종. ¶ He is a rascal *through and through*. 그는 철두 철미한 악당이다.
― *adj.* 〔한정 형용사〕 **1** 지나갈 수 있는. ¶ *a through passage* 지나갈 수 있는 통로. **2** 직행의, 직통의. ¶ *a through ticket* (*train*) 직행 차표(직통 열차).

through·ly [θrúːli] *adv.* 〔고어〕 =thoroughly.

‡**through·out** [θruːáut] *prep.* **1** …도처에, 구석구석까지, …에 온통. ¶ He was famous *throughout* the country. 그는 전국적으로 유명했다. **2** 처음부터 끝까지, 시종, …동안 내내, …을 통하여. ¶ *throughout* life 평생을 통하여 / *throughout* the night 밤새도록.
― *adv.* **1** 전부, 죄다; 철두 철미, 전체에; 모든 부분에서, 도처에(everywhere). ¶ The timber was rotten *throughout*. 그 목재는 속까지 완전히 썩어 있었다. **2** 처음부터 끝까지. ¶ He sat still *throughout*. 그는 시종 움직이지 않고 앉아 있었다. **3** 모든 점에서 (in every respect).

through·put [θrúːpùt] *n.* 원료 처리량; 〖컴퓨터〗 처리 능력비(比).

thróugh stóne *n.* 〔석공〕 이음돌(perpend)〔벽의 양쪽으로 나온 돌〕.

thróugh stréet *n.* 직행 우선 도로〔이 도로를 달리는 차는 교차점 앞에서 횡단 도로로부터 나오는 다른 차량에 우선하여 지나갈 수 있다〕. *cf.* stop street

thróugh tráffic *n.* 통과 교통〔고속 도로상의 교통위〕. 「속 도로〕

through·way [θrúːwèi] *n.* **1** =through street. **2** 고

*****throve** [θrouv] *v.* thrive의 과거형.

‡**throw** [θrou] *v.* (**threw, thrown, throw·ing**) *vt.* **1** …을 던지다(cast), 내던지다(fling), 팽개치다(*to, at*). ¶ 〔~+圄+前+图〕 *throw* a bone *to* a dog 개에게 뼈를 던져 주다 / *throw* a stone *at* a dog 개에게 돌을 던지다 // 〔~+圄+圄〕 *Throw* me a rope. 밧줄을 던져 주게.
類語 '던지다'라는 뜻의 가장 일반적인 말: *throw* a ball 공을 던지다. *cast* 가벼운 것을 던지다; 보통 사무적 표현에 쓰이는 말: *cast* a die 주사위를 던지다. *fling* 노여움 · 경멸 따위의 강한 감정으로 힘껏 내던지다: *fling* a dish on the floor 마루에 접시를 힘껏 내

throwaway / **throwback**

던지다. **hurl** 멀리 날려보낼 듯이 힘껏 던지다: *hurl a spear at an enemy* 적에게 창을 던지다. **pitch** 정확히 겨냥을 하여 던지다: *pitch a ball* 공을 던지다. **toss** 밑에서 또는 옆으로 휙 던지다.
2 〔탄환 따위〕를 발사하다, 방사하다; …을 분출하다 (emit). ¶ *throw* a missile 미사일을 발사하다 / *A fire engine was throwing water.* 소방차가 물을 뿜어내고 있었다.
3 〔목소리 따위〕를 힘차게 내다, 지르다. ¶ *She threw her voice so that he might hear.* 그가 들을 수 있도록 그녀는 목소리를 높였다.
4 〔빛·그림자 따위〕를 던지다, 투영(投影)하다; 〔시선 따위〕를 보내다; 〔말〕을 퍼붓다. ¶ (~+⽬+⾯+图) *She threw a hasty glance at him.* 그녀는 흘끗 그에게 시선을 보냈다.
5 〔주사위·카드 따위〕를 던지다 (cast), 버리다 (discard), 〔주사위를 던져서〕…이 나오게 하다; 〔한 표〕를 던지다. ¶ *throw a six* 주사위를 던져서 6이 나오게 하다 / *throw a vote* 투표하다.
6 〔어떤 지위·상태 따위로〕…을 던지다, 몰아넣다, 두다 (put); …이 되게 하다(...*into*); …을 〔어떤 위치로〕움직이다, 이동하다(dislodge). ¶ (~+⽬+⾯+图) *throw a person into prison* 남을 투옥하다 / *I was thrown into a fit.* 나는 기절했다.
7 〔옷〕을 허둥지둥 입다, 급히 걸치다(...*on*); …을 벗어 던지다(...*off*); 〔뱀이〕〔허물〕을 벗다 (cast off). ¶ (~+⽬+⾯+图) *throw on (off) one's coat* 코트를 급히 입다(벗다) // (~+⽬+⾯+图) *She threw a shawl over her shoulders and went out.* 그녀는 어깨에 솔을 걸치고 외출했다.
8 〔레슬링 따위에서〕〔상대〕를 내던지다, 메치다, 쓰러뜨리다, 〔펀치 따위〕를 먹이다; 〔말〕을 〔기수 등〕을 들어 떨어뜨리다, 낙마시키다.
9 〔기계〕〔연결 또는 차단하기 위해〕〔스위치 따위의 손잡이〕를 움직이다, 넣다(connect), 끊다(disconnect).
10 〔도자기를 만들기 위해〕〔점토〕를 녹로(轆轤)에 걸어서 모양을 빚다(뜨다); 〔직물〕〔생사(生絲)·레이온 따위〕를 꼬다(twist).
11 《美구어》〔짜고 하는 시합에서〕〔경기 등〕에 일부러 져주다, ¶ *throw a fight* 짜고 하는 시합에서 져주다.
12 〔가축 따위가〕〔새끼〕를 낳다(bring forth).
13 〔영향·타격 따위〕를 가하다, 주다; 〔권력 따위〕를 휘두르다; 〔책임 따위〕를 뒤집어 씌우다, 《구어》〔비난 따위〕를 퍼붓다.
14 〔손·발〕을 갑자기 (휙, 심하게) 움직이다, 돌리다, 향하게 하다.
15 〔암초에〕〔배〕를 좌초시키다.
16 〔교량 따위〕를 놓다(build).
17 《구어》〔모임·회 등〕을 개최하다, 베풀다(hold). ¶ *throw a party* 파티를 열다.
18 《구어》…을 놀라게 하다(astonish); …을 혼란시키다(confuse).
— *vi.* **1** 던지다, 내던지다(*at*...), 던져 주다(*to*...). **2** 탄환을 발사하다. **3** 주사위를 던지다.

throw about ① …을 던져 뿌리다, 흩뿌리다. ② 〔돈〕을 낭비하다 (squander). ③ 〔팔〕을 휘두르다. ④ (*vi.*) 방향을 돌리다 (tack).
throw a scare into a person ⇨ SCARE.
throw oneself at …의 환심을 사려고 애쓰다.
throw away (or *aside*) ① …을 〔던져〕 버리다, 폐기하다. ② 〔충고 따위〕를 헛되게 하다. ③ 〔기회·요구 따위〕를 저지하다; 놓치다.
throw back ① …을 되던지다. ② …을 반사하다 (reflect). ③ …을 저지하다, 거절하다. ④ …을 되돌아가게 하다. ⑤ (*vi.*) 〔생물이〕 조상의 성질로 되돌아가다 (*to*...). ⑥ (*vi.*) 되돌아가다.
throw cold water on (or *upon*) ⇨ WATER.
throw down ① …을 넘어뜨리다 (overthrow), 전도(顚倒)시키다;《재귀용법으로》드러눕다. ② …을 거부하다,

생기게 하다. ③《美》…을 퇴짜놓다 (reject), 뿌리치다.
throw dust in a person's eyes ⇨ DUST.
throw for large stakes 큰 도박을 하다.
throw good money after bad ⇨ MONEY.
throw in ① …을 던져 넣다, 주입하다. ② …을 덤으로 보태다(주다). ③ 〔말〕을 삽입하다. ④ (*vi.*)《美구어》한몫 끼다, 참여하다 (*with*...).
throw in one's hand ⇨ HAND.
throw into the bargain ⇨ BARGAIN.
throw off ① …을 벗어 던지다 (⇨ *vt.* 7); 〔습관·감정 따위〕를 버리다. ② 〔구속·나쁜 친구 따위〕에서 벗어나다; 〔병 따위〕를 고치다. ¶ *throw off undesirable acquaintances* 바람직하지 않은 친구와의 교제를 끊다. ③ 〔구어〕〔시 따위〕를 즉흥적으로 짓다(읊다), 휘갈겨 쓰다; …을 쉽게 하다. ④ 〔사냥〕을 시작하다; (*vi.*) 사냥을 시작하다. ⑤ …을 발산하다, 배출하다, 분출하다. ⑥ …을 혼란시키다.
throw on (or *upon*) …을 급히 입다 ⇨ *vt.* 7. ② 〔사냥개〕에게 짐승의 뒤를 쫓게 하다.
throw oneself on (or *upon*) …에 몸을 맡기다, 의지하다. ¶ *throw oneself upon a person's kindness* 남의 친절에 매달리다.
throw open ① 〔문〕을 활짝 열다. ② …을 해방하다.
throw open one's doors to …을 환영하다, 손님으로 맞이하다.
throw out ① …을 내던지다, 버리다. ② 〔빛〕을 내다(쏘다); 〔싹〕을 내밀다. ③ 〔어떤 지위에서〕 갑자기 …을 내쫓다, 실직시키다. ④ …을 나타내다, 보이다 (display); …을 발하다 (utter). ⑤ 〔암시〕하다, 넌지시 비치다; 제안하다. ¶ *throw out a hint* 넌지시 암시를 주다. ⑥ …을 〔덧대어〕 증축하다. ⑦ 〔의안〕을 부결하다 (reject). ⑧ 당황케 하다, 틀리게 하다, 혼란시키다. ⑨ 〔야구〕 송구하여 〔주자〕를 아웃시키다. ⑩ …을 벗기다.
throw a person out of work 남을 실직시키다.
throw over …을 전복시키다, 내버리다 (abandon), 저버리다 (forsake); …을 거부하다 (reject).
throw a stone (or *stones*) *at* ⇨ STONE.
throw together ① 〔작품 따위〕를 긁어 모으다, 긁어 모아 어설프게 만들다. ② 〔사람〕을 우연히 만나게 하다.
throw up ① …을 던져 올리다; 분출시키다. ② 〔창문 따위〕를 밀어 올리다. ③ …을 단념하다 (give up). ④ 〔눈〕을 크게 뜨다. ⑤ (*vt., vi.*)《구어》〔음식물〕을 토하다 (vomit). ⑥ …을 사직하다. ⑦ …을 급히 만들다. ⑧ …을 두드러지게 하다. ⑨ 《속어》〔지난 잘못 따위〕를 장황하게 늘어놓다; 〔잘못 따위〕를 지적하다, 비판하다 (criticize).
throw up (or *in*) *the sponge* ⇨ SPONGE.
— *n.* **1** 던지기, 투구(投球); 발사. ¶ *a straight throw* 직구 / *a throw of the hammer* 해머 던지기. **2** 던져서 닿는 거리; 사정거리; 〔영화의〕 영사기와 스크린 사이의 거리; 〔연극〕 스포트라이트의 조명 거리(범위). **3** 주사위를 던지기; 던져서 나온 주사위의 점수. ¶ *It's my throw.* 이번에는 내가 주사위를 던질 차례다. **4** 〔구어〕 모험, 운(chance), 운을 시험하기. **5** 〔여성의〕 어깨걸이, 목도리; 〔일종의 가벼운〕 모포. **6** 〔레슬링·유도〕 던지는 기술; 상대를 던지기; 낙마; 〔배드민턴〕 드로우, 잘못 치기; 〔낚싯줄의〕 던지기. **7** 〔도공 (陶工)의〕 녹로. **8** 〔기계〕 행정(行程), 충정(衝程). **9** 〔지질〕 단층(斷層)의 수직 낙차(落差); 간격. **10** 《속어》〔술의〕 한잔, 한잔 마시기.
have a throw at …에 손을 대보다.
within (or *at*) *a stone's throw of* (or *from*) …에서 돌을 던져 닿는 곳에, 매우 가까운 곳에.
throw·a·way [θróuəwèi] *n.* **1** 선전 삐라, 전단. **2** 〔연극〕 넌지시 말하는 익살(대사). — *adj.* **1** 〔연극의 대사 따위〕를 일부러 아무렇게나 하는. **2** 한번 쓰고 버리는, 일회용의.
throw·back [θróubæ̀k] *n.* **1** 되던지기. **2** 역전(setback). **3** 〔영화의〕 예전 장면으로 되돌아가기, 플래시

throwdown 백(flashback). **4** 되돌아가기. **5** 〖생물의〗환원 유전, 격세(隔世) 유전(atavism); 격세 유전된 것. 〔tion〕.

throw·down [θróudàun] n. 《속어》 거절(rejec-

throw·er [θróuər] n. **1** 던지는 사람(물건). **2** 도 자기를 만드는 녹로공(轆轤工). **3** 〖생사 따위의〗연사 공(撚絲工)(throwster).

throw-in [θróuìn] n. **1** 《속어》덤 〔공짜로 주는 것〕. **2** 〖야구에서 외야로부터 내야 따위로〗던진 공. **3** 〖농구·축구의〗드로인.

‡**thrown** [θroun] v. throw 의 과거 분사.
— adj. 〖생사 따위가〗 꼬인, 꼬여 있는. ¶ thrown silk 꼰 견사(絹絲).

*__throw-off__ [θróuɔ̀ːf / -ɔ̀f] n. 〖경주·사냥 따위의〗개시, 출발. ¶ at the first throw-off 시초에, 당초에.

throw-out [θróuàut] n. **1** 집어던지기; 내던지는 사람〔것〕. **2** 〖특히 제품의〗불합격품.

thrów rùg n. 작은 깔개. 〖공(撚絲工).

thrów·ster [θróustər] n. 〖생사(生絲) 따위의〗연사

thrów wèight n. 〖군사〗투사(投射) 중량〖무기에 따라 일정 지역에 투사할 수 있는 탄두 작약 중량; 핵병기의 경우에는 MT(메가톤), KT(킬로톤)으로 나타낸다〗.

thru [θruː] prep., adv., adj. 《美구어》=through.

thrum¹ [θrʌm] v. (**thrummed, thrum·ming**) vi. **1** 〖기타 따위를〗 단조롭게 타다, 손가락으로 퉁기다(on...). **2** 〖손가락으로〗 똑똑 두드리다. ¶ thrum on a table 테이블을 똑똑 두드리다. — vt. **1** 〖기타 따위〗를 치다, 손가락으로 뜯다. **2** …을 똑똑 두드리다. **3** …을 단조롭게 되풀이하다〔이야기하다〕. — n. **1** 손가락으로 뜯기. **2** 똑똑 두드리는 소리(두드림).

thrum² [θrʌm] n. **1** 〖직물 따위의〗 끝가닥; 자투리의 보풀. **2** 〖피륙의 가장자리 실부스러기의〗 술. **3** (~s) 실보무라기. **4** 〖海事〗(종종 ~s) 밧줄 나부랑이〖돛 따위에 꿰매 붙인다〗. — vt. (**thrummed, thrum·ming**) **1** …에 가장자리 보풀을 달다. **2** …에 술을 달다. **3** 〖海事〗〖돛 따위에〗밧줄 나부랑이를 꿰매 붙이다.

thrum·my [θrʌ́mi] adj. (**-mi·er, -mi·est**) 〖피륙 가장자리의〗끝 보풀(술)의, 찌꺼기실의; 보풀이 선(shaggy).

*__thrush__¹ [θrʌʃ] n. **1** 〖鳥〗지빠귀과(科)의 작은 새. **2** 《속어》여자 유행 가수.

thrush² [θrʌʃ] n. [U] **1** 〖병리〗아구창(鵝口瘡)〖젖먹이에게 많은 구내염〗. **2** 〖獸醫〗제차 부란(蹄叉腐爛)〖말의 발에 나는 종기〗.

‡**thrust** [θrʌst] v. (**thrust, thrust·ing**) vt. **1** …을 밀다, 밀어 내다, 밀어 넣다. ⇒ PUSH 類語 ¶ (~+图+副) thrust a chair forward 의자를 앞으로 밀어 내다 // (~+图+前+명) He thrust his way through the crowd. 그는 군중 속을 밀어 젖히며 나아갔다. **2** 〖검·단도 따위를〗찌르다(꿰뚫다); 〖칼 따위로 남〗을 찌르다 (stab). ¶ (~+图+前+명) He thrust a knife into a watermelon. =He thrust a watermelon with a knife. 그는 수박을 칼로 푹 찔렀다 // (~+图+前+명) thrust a person through 남의 몸에 깊숙이 찌르다. **3** 〖비유적〗…을 떠 맡기다, 강요하다(force) (...into, upon). ¶ (~+图+前+명) thrust something on a person 물건을 남에게 떠맡기다, 강매하다 / She thrust the work upon me. 그녀는 그 일을 나에게 떠맡겼다. **4** 〖재귀용법으로〗…에 밀고 들어가다, 주제넘게 나서다; 〖어떤 상태에〗 끼어들다, 뛰어들다. ¶ (~+图+图) He thrust himself into the problem. 그는 그 문제에 스스로 뛰어들었다 // (~+图+图) thrust oneself forward 주제 넘게 나서다. **5** 〖손발·가지 따위〗를 뻗다, 펴다 (extend), 내밀다. — vi. **1** 찌르다, 밀다, 찌르려고 대들다 (at...). **2** 밀어 젖히며 나아가다 (through...), 돌진하다.

thrust oneself (or one's **nose**) in …에 끼어들다.

— n. **1** 찌르기, 갑자기 떠밀기. ¶ a thrust with a sword 검으로 한 번 찌르기. **2** 〖무력에 의한〗돌격. **3** 〖말에 의한〗혹평, 공격, 빈정거림. ¶ a shrewd thrust 〖공격·비평 따위의〗호된 일격. **4** [U] 〖기계〗〖프로펠러 따위의〗추진력, 추력; 〖지질〗지각의 압축력, 충상(衝上). **5** [U] 〖건축〗가하는 압력; [U]〖C〗〖채광〗〖갱도의〗천장의 붕락(崩落), 낙반〔을 일으키는 힘〕. **6** 〖기〗(압수).

thrust and parry ① 찌르기와 막기. ② 말의 응수.

thrust·er [θrʌ́stər] n. **1** 미는 사람, 찌르는 사람. **2** 〖여우 사냥〗〖자꾸 앞으로 나가서〗 사냥개와 동료에게 훼를 끼치는 사냥꾼. **3** 《구어》참견꾼. **4** 〖우주선〗자세 제어 로켓.

thrust·ful [θrʌ́stfəl] adj. 진출하는, 적극적인.

thrúst hòe n. 〖원예〗일종(scuffle hoe).

thrúst stàge n. 앞으로 튀어나온 무대.

thru·way [θrúːwèi] n. 《美》=expressway.

*__thud__ [θʌd] n. 털썩, 쿵, 쿵〖무거운 물건이 떨어지는 소리〗; 〖때리는〗세게 치기. ¶ with a thud 쿵 소리를 내며. — v. (**thud·ded, thud·ding**) vt. …을 쿵하고 치다. — vi. 쿵하고 떨어지다, 쿵하고 울리다.

thug [θʌɡ] n. **1** 살인자(murderer); 악한, 갱. **2** (종종 T-) 〖원래 인도에 있었던 종교 조직의〗 암살단의 일원.

thug·gee [θʌ́ɡiː] n. (종종 T-) [U] 〖옛날 인도의〗암살단 (thug)에 의한 암살; 〖일반적으로〗암살단에 의한 살인; 강도; 약탈.

thug·ger·y [θʌ́ɡəri] n. [U] **1** = thuggee. **2** 살인자

thug·gism [θʌ́ɡiz(ə)m] n. = thuggee.

Thu·le [θ(j)úːliː/ θjúː-] n. **1** 세계의 북쪽 끝, 극북(極北)〖고대 그리스나 로마인이 극북 지방을 부른 명칭〗. **2** 세계의 끝(ultima Thule). **3** 그린란드 북부의 〖미공군 기지〗.

thu·li·um [θ(j)úːliəm / θjúː-] n. [U] 〖화학〗툴륨〖회토류(稀土類) 원소의 하나, 원자 기호 Tm〗.

‡**thumb** [θʌm] n. **1** 엄지손가락 (cf. finger, toe); 〖장갑의〗엄지손가락. **2** 〖건축〗엄지손가락 모양의 쇠시리 (ovolo).

all thumbs 손재주가 없는(clumsy). ¶ She seems to be *all thumbs*. 그녀는 손재주가 없는 것 같다.

bite one's (or the) *thumb at a person* 남을 업신여기고 엄지손가락을 깨물어 보이다.

[a] *rule of thumb* 엄지손가락으로 재기; 주먹구구식 방법. ¶ *by rule of thumb* 눈대중으로, 경험으로.

a thumb of gold; a golden thumb 돈이 열리는 나무.

Thumbs down! 안돼! 〖불찬성의 표시〗. 〖무.

Thumbs up! ①〖만족을 나타내어〗잘 됐어(했어)! ② 잘해라!

turn up (down) the thumb 만족(불만)의 뜻을 나타내다, 칭찬하다(헐뜯다).

twiddle one's thumbs ① 〖지루하여〗 손가락을 이리저리 비틀다. ② 아무것도 하지 않고〔빈둥거리고〕있다.

twirl one's thumbs 놀고 먹다, 빈둥빈둥 놀다.

under a person's thumb; *under the thumb of a person* 남이 시키는 대로 하여, 남의 지배를 받고.

— vt. **1** 〖엄지손가락으로 넘겨서〗〖책장 따위〗를 더럽히다, 손때가 묻게 하다. ¶ a well-thumbed book 〖페이지의 귀퉁이 따위가〗 손때가 묻은 책. **2** 〖책 따위〗를 빨리빨리 넘기다, 대충 읽다. ¶ (~+图+副) thumb a pamphlet through 팜플렛을 대충 훑어보다. **3** 〖일〗을 서투르게 하다; 〖악기 따위〗를 서투르게 연주하다. **4** 《구어》〖행선지를 엄지손가락으로 가리키며〗〖지나가는 자동차 따위〗에 공짜로 편승하라고〔편승시켜 줘〕 달라고 신호하다 (hitchhike). ¶ (~+图+图) She thumbed her way to Chicago. 그녀는 시카고까지 차를 얻어타고 갔다. — vi. **1** 페이지를 넘기다. **2** 《구어》엄지손가락으로 신호하여 공짜로 얻어타며 여행하다. 〖워달라고 부탁하다.

thumb a lift 《구어》엄지손가락으로 신호하여 차에 태

thumb one's nose at a person 엄지손가락을 대고, 다른 손가락을 펴서 남 앞에 내밀다〖조소 및 경멸의 몸짓〗.

thúmb index n. 찾아보기 쉽도록 사전 등의 책장 가장자리를 반달 모양으로 도려낸 곳.

thumb-in·dex [θʌ́míndeks] *vt.* 〔책의 페이지 가장자리〕에 색인용의 홈을 만들다.

thumb-mark [θʌ́mmɑ̀ːrk] *n.* 〔표면에 남는〕엄지손가락의 자국, 무인(拇印). — *vt.* …에 엄지손가락의 자국을 남기다.

thumb·nail [θʌ́mnèil] *n.* 1 엄지 손톱. 2〔그림이나 수필 따위의〕매우 작은〔짧은, 간단한〕것. — *adj.* 1 엄지 손톱 정도의. 2 매우 작은, 간결한. ¶ a *thumbnail* description 간결한 묘사.

thúmb nùt *n.*〔기계〕나비 모양의 암나사.

thúmb piàno *n.* 섬피아노[mbira, kalimba 따위 엄지손가락으로 퉁기는 아프리카 기원의 소형 악기].

thumb·print [θʌ́mprìnt] *n.* 엄지손가락 지문, 무인.

thumb·screw [θʌ́mskrùː] *n.* 1 (종종 ~s) 엄지손가락을 죄는 기구〔옛날의 고문 도구〕. 2〔기계〕대가리가 나비모양의 나사.

thumbs-down [θʌ́mzdáun] *n.*《구어》거절, 반대. ¶ give the *thumbs-down* on …에 반대하다.

thumb·stall [θʌ́mstɔ̀ːl] *n.* 엄지손가락의 골무;〔구두수선공의〕가죽 골무.

thumbs-up [θʌ́mzʌ̀p] *n.*《구어》찬성, 격려, 승인〔의 표시〕. ¶ give a *thumbs-up* 승인의 신호를 보내다.

thumb·tack [θʌ́mtæ̀k] *n.*《美》압정, 압핀(drawing pin). — *vt.* …을 압정으로 고정하다.

Thum·mim [θʌ́mim] *n.* ⇨ URIM AND THUMMIM.

*****thump** [θʌmp] *n.* 1 탁(을) 때리기, 강한 타격. 2 쿵(탁)하는 소리. ¶ with a *thump* 쿵(탁) 하고, — *vt.* 1〔몽둥이·주먹으로〕…을 때리다(치다), 탁(쿵)하고 때리다(치다). 2 (~+目+前+名) *thump* a table *with* one's fist 테이블을 주먹으로 두드리다. 2〔물건이〕…에 부딪치다. 3 …을 호되게 때리다, …에 대승하다. 4〔악기 따위〕를 쾅쾅 크게 울리다;〔곡〕을 쾅쾅 치다 (...*out*). ¶ *thump* a drum 북을 치다 / (~+目+前+名) She *thumped out* a tune *on* the piano. 그녀는 피아노를 쾅쾅 쳤다. — *vi.* 1 쿵(탁)하고 치다(부딪치다, 때리다, 넘어지다). 2 쿵쿵 걷다. 3〔심장이〕두근두근 뛰다.
thump the (or a) *cushion* (or *the pulpit*)〔설교자가〕강단의 성서대를 치며 설교하다.

thump·er [θʌ́mpər] *n.* 1 탁(쿵) 때리는 것(사람). 2《구어》거대한 사람(것); 터무니없는 거짓말.

thump·ing [θʌ́mpiŋ] *adj.* 1 쿵 하고 치는, 2《구어》거대한, 터무니없는; 멋진(fine). ¶ a *thumping* victory 대승리. — *adv.*《구어》터무니없이; 멋지게. **~·ly** *adv.*

‡**thun·der** [θʌ́ndər] *n.* 1 ⓤ 우레, 우레 소리, 천둥. ¶ a roaring *thunder* 우르르 하는 천둥 소리 / a clap (a peal, a roll) of *thunder* 천둥 소리. 2〔고어·詩〕낙뢰, 벼락(thunderbolt). 3 우레 같은 소리, ¶ a *thunder* of applause 우레 같은 박수. 4 (종종 ~s) 위협(threats); 격렬한 비난; 열변, 사자후(叱); the *thunders* of the Church 교회의 위협〔파문 등의〕.
By thunder!; *Thunder*! 이런!, 정말로 참!, 제기랄!, 빌어먹을!
in thunder〔감탄문·의문문에서 강조용법〕도대체. ¶ What *in thunder* is that? 도대체 저것은 무엇이냐?
run away with a person's thunder; *steal a person's thunder* ① 남의 생각(방법)을 가로채다, 남의 공을 빼앗다. ② 남의 선수를 치다, 남을 앞지르다.
— *vi.* 1 《비인칭 it 를 주어로 하여》천둥치다. ¶ It *thundered* at midnight. 한밤중에 천둥이 쳤다. 2 큰 소리를 내다, 큰 소리며 지나가다; 울리다. ¶ (~+前+名) Someone is *thundering* at the door. 누가 문을 쾅쾅 두드리고 있다 / Waves *thundered* against the rocks. 파도가 큰 소리를 내며 바위에 부딪쳤다. 3 큰 소리로 말하다; 격렬하게 비난하다 (*against*...); 고함지르다(*at*...). — *vt.* …을 큰소리로 말하다, 고함치다. ¶ *thunder* a reply 큰 소리로 대답하다. ¶ *thunder* a drum 북을 둥둥 내며 …을 치다, 발사하다. ¶ *thunder out* a salute of twenty-one guns 21발의 축포를 발사하다.
◇ thúnder·ous, thúndery *adj.*

thun·der-and-light·ning [θʌ́ndərənláitniŋ] *adj.*〔색깔이〕요란한, 야한, 매우 대조적인 색깔의.

thun·der·bird [θʌ́ndərbɜ̀ːrd] *n.* 선더버드〔우레를 일으킨다고 북미의 인디언이 믿었던 거대한 새〕.

*****thun·der·bolt** [θʌ́ndərbòult] *n.* 1 번개, 벼락, 낙뢰, 벽력. 2 =thunderstone. 3 번개의 화살〔번개로 지상에 쏘았다고 하는 상상상의 화살〕. 4 무서운 일, 파괴적인 것; 기습. ¶ The news came upon me like a *thunderbolt*. 그 뉴스는 나에게 청천벽력이었다. 5 갑자기 놀라게 하는 사람, 갑작스러운 일, 청천벽력.

thun·der·clap [θʌ́ndərklæ̀p] *n.* 1 우레 소리. 2《비유적》천둥 소리 같은 것; 갑작스러운 일, 청천벽력.

thun·der·cloud [θʌ́ndərklàud] *n.* 뇌운(雷雲).

thun·der·er [θʌ́nd(ə)rər] *n.* 1 고함치는 사람, 큰 소리지르는 사람. 2 (T-) =Jupiter, Zeus. 3 (the T-)《英 일상》〔영국의 유력 신문〕The Times의 별명.

thun·der·head [θʌ́ndərhèd] *n.*〔기상〕번개를 수반하는 뇌적운(雷積雲).

thun·der·ing [θʌ́nd(ə)riŋ] *adj.* 1 천둥이 울리는; 우레처럼 울리는. 2《구어》대단한, 터무니없는; 멋진. — *adv.*《구어》대단히, 터무니없이; 멋지게. **~·ly** *adv.*

*****thun·der·ous** [θʌ́nd(ə)rəs] *adj.* 우레(같은); 우레처럼 두려운; 우레가 칠 듯한, 몹시. **~·ly** *adv.*

thun·der·peal [θʌ́ndərpìːl] *n.* 천둥 소리.

thun·der·show·er [θʌ́ndərʃàuər] *n.* 우레를 동반하는 소나기, 뇌우(雷雨).

thun·der·squall [θʌ́ndərskwɔ̀ːl] *n.* 우레를 동반한 스콜.

thun·der·stone [θʌ́ndərstòun] *n.* 뇌석(雷石)〔번개와 함께 떨어졌다고 생각되었던 고대의 석기·화석 따위〕.

*****thun·der·storm** [θʌ́ndərstɔ̀ːrm] *n.* 우레를 수반하는 일시적인 폭우, 심한 뇌우(雷雨).

thun·der·strick·en [θʌ́ndərstrìk(ə)n] *adj.* 1 벼락을 맞은. 2 깜짝 놀란, 혼비백산한.〔雷〕

thun·der·stroke [θʌ́ndərstròuk] *n.* 벼락, 낙뢰(落).

thun·der·struck [θʌ́ndərstrʌ̀k] *adj.* =thunder·stricken.

thun·der·y [θʌ́nd(ə)ri] *adj.* =thunderous.

Thur.〔略〕Thursday.

thu·ri·ble [θ(j)ú(ː)ribl / θjúər-] *n.* 향로(censer).

thu·ri·fer [θ(j)ú(ː)rifər / θjúər-] *n.*〔종교 의식에서〕향로를 드는 사람(복사).

*****Thurs.**〔略〕Thursday.

‡**Thurs·day** [θɜ́ːrzdi, -dei] *n.* 목요일〔略 Th., Thur[s].〕.〔목요일에〕

Thurs·days [θɜ́ːrzdiz, -deiz] *adv.* 목요일마다, 매주 목요일에.

‡**thus** [ðʌs] *adv.*《주로 문어》1 이와같이, 이렇게, 이런 식으로(in this way), 지금 말한 것처럼. 2 그래서, 그러므로, 따라서(hence). ¶ *Thus* you will understand how the matter stands. 그러므로 사태가 어떻지 아시겠지요. 3 《형용사·부사를 수식하여》이만큼, 이 정도, ¶ *thus* far 이제까지, 지금까지(so far) / Why *thus* sad? 왜 이다지도 서러워하나? 4 예를 들면(for instance).
thus and so 그런 식으로. *단독의 thus 또는 so*
thus and thus 이러저러하게 (thus). 〔같다.

thus·ness [ðʌ́snis] *n.* ⓤ《약》이러이러함.

thwack [θwæk] *vt.* …을 찰싹 때리다; …을 손바닥으로 세게 때리다. — *n.* 찰싹 때리기(때리는 소리).

*****thwart** [θwɔːrt] *vt.* 1 …에 반대하다 (oppose), …을 방해하다, 훼방놓다(hinder). ¶ He was *thwarted in* his plan. =His plan was *thwarted*. 그는 계획을 저지당했다. 2〔고어〕…을 가로지르다. — *n.*〔보트의〕젓는 사람이 앉는 가로장;〔통나무배의〕열가름대. — *adj.* 1 가로의, 횡단의. 2 형편이 좋지 않은. 3〔고어〕곳곳은, 고집센. — *prep., adv.*〔고어〕〔…을〕가로질러. 〔아.

thwart·ed·ly [θwɔ́ːrtidli] *adv.* 방해하여, 훼방을 놓

thwart·er [θwɔ́:rtər] n. 방해하는 사람(것).

*thy [ðai] pron. (thou의 소유격)그대의, 너의. cf. thine

Thy·es·tes[θaiésti:z]n. [그리스 신화] 튜에스테스 [펠롭스(Pelops)의 아들, 아트레우스(Atreus)의 동생].

thy·la·cine [θáiləsàin, -sin] n. 태즈메이니아 늑대 [오스트레일리아의 태즈메이니아 지방에 서식하며, 등에 검은 가로줄 무늬가 있다].

thyme [taim] n. ⓤⓒ 백리향(百里香) [광대수염과(科)에 속하는 관목. 약용·향미료용].

thym·ic[táimik] adj. 백리향의(에서 추출된).

thym·ic[θáimik] adj. 흉선(胸腺) (thymus)의.

thy·mol [θáimoul, -mɔːl / -mɔl] n. ⓤ [화학] 티몰 [방부제].

thy·mus[θáiməs] n. (pl. **-mus·es** or **-mi** [-mai]) (해부) 흉선(胸腺) [내분비선의 하나로, 흉골의 뒤쪽에 있다].

thym·y [táimi] adj. (**thym·i·er**, **thym·i·est**) 백리향의 (으로 된), 비슷한, 백리향이 많은, 백리향 냄새가 나는.

Thy·ra·tron [θáirətràn / -trɔn] n. [상표명] [전기] 사이라트론 [열음극 방전관].

thy·ris·tor [θairístər] n. 사이리스터 [반도체 소자].

thyro- thyroid라는 뜻의 연결형 (＊모음 앞에서는 thyr-). 예: thyr**oid**ology(갑상선), thyr**o**ma(갑상선종).

thy·roid [θáirɔid] adj. (해부) 갑상선의. — n. 갑상선. the thyroid cartilage 갑상 연골 / the [accessary] thyroid gland [부] 갑상선. 2 갑상선의 약. 3 갑상선. 갑상 연골; 갑상선 동맥(정맥); [약학] 갑상선제(劑).

thy·rox·ine[θairɑ́ksi(:)n / -rɔ́k-], **(thy·rox·in)** n. ⓤ (생화학) 갑상선 호르몬, 티록신 [갑상선(腫) 치료용].

thyr·sus [θə́:rsəs] n. (pl. **-si** [-sai]) 1 [그리스 신화] [꼭대기에 솔방울을 달고, 때로는 포도 잎 따위를 감은] 주신(酒神) 디오니소스(Dionysus)의 지팡이. 2 [식물] 밀추 화서(密錐花序).

*thy·self [ðaisélf] pron. (thou 와 thee의 강조형 및 재귀형) 그대 자신.

ti [ti:] n. [음악] 전음계의 제7음, 장음계의 「시」(si).

Ti [화학] titanium의 원자 기호.

Tia·mat[tjɑ́:ma:t]n. [근동(近東) 신화] 티아마트 [바빌로니아의 용].

ti- (미공군) 시험용 로켓 무인기.

Tián·an·men Square [tiɑ̀:nɑ́:nmèn-] [북경(北京)의] 천안문(天安門) 광장.

ti·ar·a [tiɛ́(:)rə, -á:rə / -á:rə] n. 1 보석을 박은 여성용 머리 장식. 2 로마 교황의 3중관(三重冠). 3 (the ~) 교황직, 교권. 4 고대 페르시아인의 관.

(tiara 2)

Ti·be·ri·as [taibí(:)riəs / -bìər-] n. **the Sea of ~** GALILEE.

Ti·bet [tibét] n. 티벳 [중국 서남부의 자치구; 해발 약 4,000미터 되는 곳에 있다. 수도 Lhasa].

Ti·bet·an [tibétən] adj. 티벳의; 티벳 족(말)의. — n. 1 티벳 사람. 2 ⓤ 티벳 말.

tib·i·a [tíbiə] n. (pl. **tib·i·ae** [tíbií:] or **tib·i·as**) 1 (해부) 경골(脛骨) (shinbone). 2 (동물) (말 따위의) 경골; (곤충의) 경절(脛節). 3 (옛날 동물의 뼈로 만든) 피리의 일종.

tib·i·al [tíbiəl] adj. 경골의.

Ti·bi·one [tí:bí:wʌn] n. (상표명) 티비온 [결핵 치료용].

tic [tik] n. ⓤ (병리) 특히 안면 근육의 무통 경련.

ti·cal [tikɑ́:l, ＋미 tíkəl] n. (pl. **-cals** or **-cal**) 1 (옛날의) 타이의 중량 단위[231.5 grains]. 2 1928년까지의 타이의 화폐 단위[타이의 은화(baht 으로 대신되었음]. 3 = baht.

tic dou·lou·reux[-dù:lu:rǽ / -rjú:] n. ⓤ (병리) 안면 경련, 삼차(三叉) 신경통(facial neuralgia). [＜F painful tic]

*tick¹ [tik] n. 1 [시계 따위의] 똑딱똑딱 소리. 2 (주로 英구어) 순간. ¶ I'll be ready in a tick (or two ticks) 곧 준비됩니다. 3 [점검의] 표지 [보통 √표], 체크 (check), 점.

on (or **to**) **the tick** (주로 英구어) 정각에, 정확히.

— vi. 1 [시계 따위가] 똑딱 소리를 내다. 2 똑딱거리며 지나다. ¶ (~＋)The hours ticked by. 시간이 째깍째깍 지나갔다. 3 [어떤 기구(機構)에 의해] 움직이다, 기능하다. ¶ What makes him tick ? 왜 그는 그런 식으로 행동하는가? — vt. 1 [똑딱똑딱 (시간 따위)] 를 알리다 (가리키다). ¶ The clock ticked the seconds. 시계는 똑딱똑딱 초를 가리켰다 // (~＋目＋副) tick away (or off) the time [시계가] 똑딱똑딱 시간을 가게 하다, 가리키다. 2 ＼에 표를 하다, 체크하다 (...off). ¶ (~＋目＋副) tick off items in a list 리스트의 항목을 체크하다.

tick off (英) ＼에 표를 조사하다. ⇒ vt. 2. 《속어》＼을 노하게 하다, 발끈하게 하다. 《英속어》＼을 꾸짖다.

tick out 〔수신기 따위가〕 똑딱똑딱 (통신) 을 보내다.

tick over (vi.) 〔내연 기관 따위가〕 기어를 멈추고 천천히 돌다; (비유적) 천천히 하다.

tick² [tik] n. 진드기. ¶ **tick fever** 진드기 열

tick³ [tik] n. 이블잇, 베갯잇; (구어)이불잇 감(ticking).

tick⁴ [tik] n. 1 (주로 英구어) 1 신용 [대부], 외상[판매] (credit). 2 치부(置簿), 셈, 계산 (account).

on (or **upon**) **tick** 외상으로. ¶ buy goods on tick 외상으로 물건을 사다.

— vi. (고어) 외상으로 팔다 (사다).

tick·er [tíkər] n. 1 똑딱 소리를 내는 것. 2 [자동적으로 인자(印字)되는] 전신 수신 인자기; 시세 표시기(속 보기). 3 (속어) 시계(watch). 4 (속어) 심장(heart).

tícker tàpe n. ⓤ 티커에서 자동적으로 나오는 테이프. 2 (환영하기 위해 창문에서 퍼레이드에 던지는) 종이 (색) 테이프.

tícker-tàpe paràde [tíkərtèip-] n. 미국 뉴욕의 전통적인(종이) 색종이 테이프가 뿌려지는 퍼레이드.

*tick·et [tíkit] n. 1 표, 승차권, 입장권. ¶ a bus ticket 버스표 / a concert ticket 음악회 입장권 / a platform ticket (역의) 입장권 / (英) a single (a return) ticket; (美) a one-way (a round-trip) ticket 편도(왕복)표. 2 [품질·가격을 나타내는] 표, 꼬리표, 정찰(正札), 라벨(label, tag); 전당표; [셋방 따위의] 벽보, 삐라. 3 (美) (정당의) [부(部)] (비유적) [정당의] 정책, 강령. ¶ a straight (a split) ticket 전체의 공천 (비공천도 포함한) 후보자 명부 / split one's ticket 분할 투표를 하다 / run on the Democratic ticket 민주당 공천 후보로서 출마하다 / vote a ticket (美) 어떤 정당의 공천 후보자에게 투표하다. 4 [고급 선원·비행사의] 면 허장, 자격 증명서. 5 (the ～) (구어) (정당) 한 물 건, 안성맞춤의 일. ¶ That's the **ticket**! 바로 그대로이다, 안성맞춤이다! / What's the **ticket**? 어쩌면 좋을까; 이제부터 어떻게 할 작정(계획)이냐? 6 (美) (교통 규칙 위반자에 대한) 호출장, 교통 위반 카드, 딱지. 7 (英군사·속어) 제대 명령(discharge). ¶ get one's ticket 제대되다. 8 (英) 명함 (visiting card). (英) (도서관의) 도서 대출권(券). 9 (은행) 약식 전표 (나중에 정식으로 기장). 10 (美구어) 메모(memorandum), 각서. 11 (고어) 플래카드(placard).

work one's **ticket** (속어) ① [꾀병 따위를 써서] 제대하다; 핑계를 대고 (일 따위에서) 도망치다. ② 뱃삯 대신으로 배 안에서 일하다.

— vt. 1 ＼에 꼬리표(레테르)를 붙이다. 〔상품에〕 정찰을 달다; ＼을 표를 달아 구별하다. [상품에 ＋as 補] ticket a person as a boaster 남에게 허풍쟁이라는 딱지를 붙이다. 2 (美) ＼에 표를 발매하다 (book). 3 (美구어) (보통 be ticketed) ＼ 위반 카드를 발부받다 (for ...). ¶ be ticketed for illegal parking 주차위반 딱지를 받다.

tícket àgency n. (美) 표(입장권) 발매소.

tícket àgent n. (美) 표 파는 사람.

tícket bàrrier n. (英) 개찰구.

tícket bòok n. [어떤 구간을 정기적 또는 일정 회수 승차하는 사람을 위한] 승차권.

tícket colléctor n. [역 따위의] 집찰[개찰·검찰]원.

tícket cóunter n. [공항 따위의] 매표구(장). *cf.* booking office.

tícket dày n. 《英》 [런던 거래소의] 현물 인도의 전일(前日).

tícket nìght n. [2류 출연자를 위한] 자선 흥행 [몇몇 출연자들은 각자 판 표의 매수에 따라 수입을 배분].

tícket òffice n. 《美》 매표소. *cf.* booking office

tíck-et-of-leave [tíkitəvlíːv] *adj.* 《英》 [옛날의] 가출옥 [허가]의. ¶ a *ticket-of-leave* man 가출옥자.

tícket pùnch n. [개찰용] 표찍는 가위.

tícket scálper n. 《美속어》 암표상(商).

tíck·ing [tíkiŋ] n. ⓤ 이불잇 감 [튼튼한 무명 따위의].

tícking óff n. (*pl.* tickings o-) 질책, 꾸짖기. ⇒ tick off ③

*****tick·le** [tíkl] *v.* (**-led, -ling**) *vt.* **1** …을 간질이다 (titillate). ¶ (~+圄+前+图) *tickle* a person *under* the arms 남의 겨드랑이를 간질이다. **2** …을 만족시키다, 기쁘게 하다, 즐겁게 해주다(please, gratify); …을 웃기다; 간질하다. ¶ (~+圄+前+图) be *tickled* to death 포복절도하다, 대단히 기뻐하다 / She *tickled* him *into* confessing it. 그녀는 그를 간질여서 그것을 고백케 했다 / He was highly *tickled* at the idea. 그는 그 생각에 크게 만족하였다. **3** [생선 따위를] 손으로 잡다.
— *vi.* **1** 간지럽다, 근질근질하다. **2** 간질이다.
tickle a person **pink** (or **silly**) 남을 매우 기쁘게 하다
tickle the **fancy** 인기에 영합하다.
tickle the **palm** of a **person** 남에게 팁을 주다.
— n. **1** 간질임; 간지러운 느낌. **2** 《캐나다》 좁은 해협.
◊ **tícklish, tíckly** *adj.*

tick·ler [tíklər] n. **1** 간질이는 사람(것); 추어올리는 것. **2** 수첩, 비망록. **3** 〖회계〗 [지불일 따위를 기입하는] 단식(單式) 대장. **4** 〖전자 공학〗 티클러 코일 (tickler coil). **5** 간질이는 깃털 [사육제 따위에서 통행인의 얼굴을 간질이는 것]. **6** 《속어》 난문(難問), 어려운 일(문제).

tick·lish [tíkliʃ] *adj.* **1** 간지러운. **2** [사람이] 다루기 어려운, 까다로운, 성 잘 내는(touchy). **3** 주의를 요하는, 불안정한, 미묘한(delicate). ~**ly** *adv.* ~**ness**

tick·ly [tíkli] *adj.* (**-li·er, -li·est**) = ticklish.

tick·seed [tíksìːd] n. 〖식물〗 씨가 옷에 잘 달라붙는 식물의 총칭 [기생초, 털도깨비바늘 따위].

tick·tack, tic·tac [tíktæk] n. **1** [시계 따위의] 똑딱똑딱 [하는 소리], 〖어린이말〗 시계(watch). **2** 심장의 고동, 동계. **3** 《英》 [경마 따위에서] 물주끼리의 비밀 신호(몸짓).
— *vi.* (**-tacked, -tack·ing**) 똑딱똑딱 소리를 내다.

tíck-tack-tòe, tíc-tac-tòe [tíktæktóu] n. ⓤ 삼목 (三目) 놓기 [어린이 놀이의 하나] (《英》 noughts and crosses).

tíck·tòck [tíktàk / -tòk] n. [큰 시계의] 똑딱똑딱 [하는 소리].
— *vi.* [큰 시계가] 똑딱똑딱 하다.

tick·y-tack·y [tíkitæki] *adj., n.* ⓤ 평범한 싸구려 재료를 쓴(것), 싸구려(의 물건). [ticktock.

tic·toc [tíktàk / -tɔ̀k] n., *vi.* (**-tocked, -tock·ing**) =

t.i.d. (略) 《라틴》 *ter in die* (=three times a day) [처방전에서] 하루에 세 번.

*****tíd·al** [táidl] *adj.* **1** 조수의, 조수 작용에 의한; 간만(干滿)의. **2** 《비유적》 주기적인; 단속적인, 교호(交互)하는. **3** 조수에 의존하는; 만조시에 출항하는.
◊ tide *n.*

tídal aír n. ⓤ 〖의학〗 [호흡할 때의] 드나드는 숨.

tídal bàsin n. 조수 도크(dock).

tídal bòat (stéamer) n. 만조 때에 출범하는 배(기차).

tídal cúrrent n. 조류(潮流).

tídal hárbor, 《英》 **-hárbour** n. 조수항(潮水港), 만조항(滿潮港).

tídal pòwer generàtion n. 〖전기〗 조력(潮力) 발전.

tídal rìver n. 조수 간만의 영향을 받는 강. 「열차.

tídal tràin n. tidal steamer 에 연결되는 임항(臨港)

tídal wáve n. **1** 조파(潮波) (tide wave) [조수 간만으로 일어나는 큰 파도]. **2** [지진·큰 바람 때문에 일어나는] 높은 파도, 해일. **3** 《비유적》 [인심 따위의] 변동, 큰 동요; 동향.

tid·bit [tídbìt], (주로 英) **tit·bit** [títbìt] n. **1** 맛있는 음식의 한 입(조각). **2** 재미있는 뉴스(고심, 토막 뉴스). [winks.

tíd·dle·dy·winks [tídldiwìŋks] n. *pl.* = tiddly-

tíd·dler [tídlər] n. **1** 《英어린이말》 큰가시고기 (stickleback). **2** 《英》 유아(幼兒), 꼬마.

tíd·dley, -dly [tídli] *adj.* **1** 《주로 英속어》 좀 취한, 얼근히 취한. **2** 《주로 英》 [배가] 스마트한, 일류의, 고급의.

tíd·dly·winks [tídldiwìŋks] n. *pl.* 《단수 취급》 어린이 놀이의 일종 [작은 원반의 한 쪽 끝을 눌러 튕겨서 멀리 놓아 둔 컵 따위에 넣는 놀이].

*****tide** [taid] n. **1** ⓤⓒ 조수, 조류; 조수의 간만; 밀물 (flood tide) (* 조수의 간만이 있고, 조류의 방향이 바뀌는 것이 tide, current 는 조류가 일정 불변한 것). ¶ ebb (*or* low) *tide* 썰물, 간조 / spring (neap) *tide* 대조 (大潮) (소조(小潮)) / [at] flood (*or* full, high) *tide* 만조[에] / The *tide* is in (out *or* down). 지금은 밀물[썰물]이다. **2** 영고성쇠, 성쇠. ¶ a full *tide* of pleasure 쾌락의 절정 / at the high *tide* of fortune 운이 절정에 달했을 때에. **3** (the ~) 《비유적》 추세, 경향, 기운, 풍조(tendency). ¶ the turn of the *tide* 형세의 변화, 운이 바뀔 때 / against the *tide* 시류에 거슬러서 / go with the *tide* 시대 풍조에 따르다 / The *tide* turns. 형세가 바뀐다 / The *tide* [of affairs] turns to him (*or* in his favor). 형세가 그에게 유리해진다. **4** ⓤ 때(time), 계절(season) (* Christmas*tide*, even*tide*, noon*tide*, spring*tide* 등의 복합어 및 다음의 속담을 제외하고는 고어). ¶ 〖교회 달력의〗 계절; 〖교회의〗 축제 시기. ¶ *Time and tide wait*[*s*] *for no man.* 《속담》 세월은 사람을 기다리지 않는다. **5** (the ~) 《고어》 기회(好機), 좋은 기회.
take fortune at the tide; *take the tide at the flood* 좋은 기회를 이용하다.
work double tides 밤낮없이 일하다.
— *v.* (**tíd·ed, tíd·ing**) *vi.* 조수처럼 흐르다(밀려오다); 조수를 타고 가다(흐르다). — *vt.* **1** 조수에 실어(조수처럼) …을 나르다. **2** [어려움 등]을 극복하다; [남]에게 …을 이겨내게 하다 (극복시키다)(…over). ¶ (~+圄+前+图) *tide over* a difficult situation 어려운 처지를 극복하다 // (~+圄+前+图) *tide* a person *over* a crisis 남에게 위기를 극복시키다.
◊ tídal *adj.*, betíde *v.*

tide[2] [taid] *vi.* (**tíd·ed, tíd·ing**) 《고어》 일어나다, 생기다.

tíde gáge (gáuge) n. 검조기(檢潮器). [다.

tíde gàte n. 조문(潮門) [자동적으로 만조 때는 열리고 간조 때는 닫힌다].

tíde·lànd [táidlænd] n. **1** ⓤ 간석지. **2** (~s) 영해 내의 해저의 땅. [沙)이 없는.

tíde·less [táidlis] *adj.* 조수의 간만이 없는, 조석(潮

tíde lòck n. 조갑문(潮閘門), 조수갑(閘) [운하 어귀에서 수면 조절을 위한 조수와 운하 사이의 이중 갑문].

tíde·màrk [-màːrk] n. **1** 조수점(潮汐點); 조수표(標). **2** [사람·물건이 달하는] 최고점, 최저점, 최대 (최소)한(限).

tíde·rìp [táidrìp] n. 격류 [반대로 흐르는 조류와 충돌하여 일어나는 거친 파도], 거친 파도, 격랑.

tíde tàble n. 조석표(潮汐表), 간조 만조표.

tíde·wàit·er [táidwèitər] n. **1** [옛날의] 승선 세관원. **2** 만조 때에 배를 출입시키는 영국의 부두 노동자. **3** 《비유적》 기회주의자.

tíde·wà·ter [táidwɔ̀ːtər, +美 -wɑ̀t-] n. **1** ⓤ 만조때

tide·way [táidwèi] n. 1 조류가 흐르는 길; 조류. 2 간석지(tideland).

ti·di·ly [táidili] adv. 단정히, 깨끗히, 청초하게.

ti·di·ness [táidinis] n. ⓤ 청초, 깨끗함.

***ti·dings** [táidiŋz] n. pl. (종종 단수 취급) (주로 문어) 기별, 통지, 소식, 정보(information). ¶ good (evil) *tidings* 회소식(흉보).

tid·ol·o·gy [taidάlədʒi / -dɔ́l-] n. ⓤ 조석학(潮汐學).

ti·dy [táidi] adj. (-di·er, -di·est) 1 단정한, 정돈된, (몸차림이 따위가) 깨끗한, 청초한. ⇨ NEAT 類義 2 깨끗한 것을 좋아하는. 3 토실토실한, 잘 생긴, 건강한. 4 (구어) 상당한(considerable), 꽤 좋은, 괜찮은(fairly good). ¶ a *tidy* sum of money 꽤 많은 돈 / a *tidy* chap 괜찮은 녀석. ── v. (-died, -dy·ing) vt. …을 말끔히 하다, 정돈하다, (…up), ¶ (~ +圈 / +圈 +匣) *tidy up* a room 방을 정돈하다 / *tidy* [up] oneself 옷차림을 단정히 하다. ── vi. 치우다. ── n. (pl. -dies) 1 (의자 따위의 등씌우개(antimacassar). 2 자질구레한 것을 넣는 그릇(자루), 쓰레기통.
◇ *tídily* adv.

‡**tie** [tai] v. (**tied, ty·ing**) vt. 1 (끈·밧줄 따위로) …을 매다, 매다(bind), 붙들어 매다(동여매다. ¶ (~ +圈 / +圈 +匣) *tie* a person's hands *together* 남의 두 손을 묶다 / (~ +圈 / +圈 +匣 +閏 +匣) *tie* a dog to a tree with a leash 개를 가죽끈으로 나무에 매다.
2 (구두·모자 따위의) 끈을 매다 (리본 따위)을 매다. (fasten) ¶ *tie* one's shoes 구두끈을 매다 / (~ +圈 +匣) She *tied* a bonnet *on*. 그녀는 모자를 쓰고 끈을 맸다.
3 매어서 …을 만들다; [낚시] (제물낚시)를 만들다. ¶ *tie* a bow (an artificial fly) 나비 매듭(제물낚시)을 만들다.
4 …을 결합하다(unite); (구어) …을 결혼시키다; (어떤 경우·일 따위에) (남)을 속박(구속)하다(bind). ¶ Great friendship *tied* them. 깊은 우정이 그들을 결합시켰다 / I am much *tied*. 난 거의 틈이 없다, 자유롭지 못하다 / (~ +圈 +匣 +to do) *tie* a person *to* do something 남을 어떤 일을 하도록 매어놓다 / (~ +圈 +匣 +匣) He is *tied to* time (the job). 그는 시간(일)에 묶여 있다.
5 (건축) (들보 따위)을 결합하다; (음악) (음표들)(一)로 (음표)를 연결하다.
6 (경기 따위에서) …과 동점이 되다, 타이가 되다(equal). ¶ (~ +圈 +匣 +閏 +匣) My dog *tied* yours *in* the race. 그 경주에서 내 개는 너의 개와 동점이 되었다.
── vi. 1 매어지다. ¶ (~ +匣) This cord doesn't *tie* well. 이 끈은 잘 매어지지 않는다. 2 (경기 따위에서) 동점(타이)이 되다. ¶ The two teams *tied*. 양 팀은 동점이었다.

tie down ① (일어서지 못하도록) …을 묶어 놓다, 매어 놓다. ② …을 속박(제한)하다(confine) (…to).
tie in 일치하다, 적합하다; 동맹(결탁)하다(with…).
tie into (구어) …을 맹렬히 공격하다; …을 게걸스럽게 먹다.
tie off ① (혈관 따위)를 묶다. ② (美속어) …을 침묵시키다.
tie one on (속어) 과음하다, 술에 취하다(get drunk).
tie to (美속어) …을 의지하다, …을 신뢰하다. ② …을 결합시키다.
tie one's *tongue* ⇨ TONGUE.
tie up ① …을 단단히 묶다; …을 포장하다; …을 싸매다; (물건이) 묶이다. ② …을 속박(구속)하다; …을 방해하다(hinder); …을 움직이지 못하게 하다. ③ (배)를 정박시키다(moor). (vi.) (배가) 매어지다. ④ (파업·사고 따위로) (영업)을 정지시키다, (철도 따위)를 불통이 되게 하다, …을 지체시키다. ⑤ (자산)을 다른 곳에 유용(매매)할 수 없게 하다, 고정시키다. ⑥ (美) …을 연합시키다(…to, with). ⑦ (구어) …을 결혼시키다. ⑧ (美속어) 바쁘게 만들다(keep busy). ¶ be *tied up* 바쁘다 (be busy).
tie oneself [*up*] *in* (or *into*) *knots* ⇨ KNOT.
── n. 1 매듭, 고달이 (knot); 장식 매듭. 2 끈 (cord), 구두끈. 3 넥타이(necktie). 4 (~s) 인연, 연줄, 기반(羈絆), 결속, 의리, 의무. ⇨ BOND 類義 ¶ the *ties* of blood 혈연. 5 속박(구속)하는 것; 귀찮은 것, ¶ legal *ties* 법적 구속 / The dog was a considerable *tie* on them. 그 개는 그들에게 상당한 부담이었다. 6 (경기·선거 따위의) 동점, 타이; 무승부; 승자 진출 시합, 토너먼트. ¶ The game ended in a *tie*, 4-4. 게임은 4대 4 무승부로 끝났다. 7 (음악) 연결선(⌣); (건축) 이음 나무; (美) (철도) 침목. ¶ (항해) 돛의 활대를 상하로 조작하는 사슬 (tye). 8 (~s) 끈이 달린 운두가 낮은 신발.
play (or *shoot*) *off the tie* 결승 시합을 하다.

tie-back [táibæ̀k] n. 1 (커튼 따위를 한쪽으로 몰아서 묶는) 장식띠(고리). 2 (~s) tieback이 있는 커튼.

tíe bèam n. (건축) 이음보; 지붕들보(지붕 최하부의 들보).

tie-break [táibrèik] n. (정구) (英) 타이브레이크(무승부일 때 9점 중 먼저 5점을 딴 선수가 이기는 방식).

tie-break·ing [táibrèikiŋ] adj. (스포츠) 균형을 깨는. ¶ a *tie-breaking* two-run homer 균형을 깨는 2점 홈런.

tíe-brèak sýstem n. (정구) 타이브레이크제(制).

tíe clàsp (**clìp, bàr**) n. 넥타이 핀.

tíe cóttage [táid-] n. (英) 소작인용의 임대 주택.

tíed gáragè n. (한 회사의) 전용 차고.

tíed hóuse n. (英) (어떤 특정 회사의 술만을 파는) 술집, 시음장, 특약 술집. *cf.* free house

tíed lóan n. (금융) 조건부 융자; 부대 조건이 딸린 차관(차관 공여국으로부터의 수입(輸入) 대금에 충당할 것을 조건으로 하는 차관).

tie-dye [táidài] n. ⓤ 홀치기 염색(부분적으로 염색이 안 되도록 천을 꽉 동여매어 하는 염색법); 그런 옷, ── vt. (-dyed, -dye·ing) …을 홀치기 염색하다.

tie-in [táìn] adj. (다른 것과) 끼워서 파는. ¶ a *tie-in* sale 끼워 팔기식 판매. ── n. ⓤ ⓒ 1 끼워 팔기식 판매(의 상품). 2 관련(relationship).

Tien An Men, Tien·an·men [tjén ɑːn men] n. 천안문(天安門) (북경(北京)에 있는 옛 자금성(紫禁城) 정문). ¶ *Tienanmen Square* 천안문 광장.

tie-on [táìɔn / -ɔn] adj. 묶어진, 끈으로 묶인.

tie-pin [táipìn] n. = stickpin.

tier[1] [tiər] n. 1 (관람석 따위의) 열, 줄, 층. ¶ in *tiers* 층층으로. 2 한 단(段); 층; (대포나 선박의) 일렬. 3 (濠) 산맥. ── vt. …을 층층으로 쌓다. ── vi. 층을 이루다.

ti·er[2] [táiər] n. 1 매는 사람(것). 2 (美방언) (어린이의) 앞치마, 턱받이(pinafore). 3 (항해) (접은 돛을 묶는) 짧은 밧줄.

tierce [tiərs] n. 1 티어스 (옛날 wine 따위의 계량에 쓰이는 용량 단위. 42 gallons에 상당). 2 (1 티어스 들이의) 큰 술통. 3 (교회) (성무 일과의) 3시간 (時課) (오전 9시에 행하는 교회의 기도). 4 (펜싱) 제3의 자세. 5 (카드놀이) 1 piquet 게임에서 같은 패의 연속되는 3장.

tier·cel [tíərsl] n. = tercel.

tier·cet [tíərsit] n. = tercet.

tiered [tiərd] adj. 층층으로 된.

tíered párking lòt n. (美) 주차용 빌딩.

tiers é·tat [F tjɛːr zeta] n. (프랑스) (third estate) (특히 프랑스 혁명 이전의) 제3 계급, 서민 계급, 평민.

tíe tàck n. 넥타이 핀.

***tie-up** [táiʌ̀p] n. 1 (파업·사고 따위에 의한) 교통·업무의 불통, 두절, 휴업. 2 (기업 등의) 협력, 합동, 제휴, 타이업. 3 (보트 따위의) 계류장(繫留場).

tiff[1] [tif] vi. (英·인도) = tiffin.

tiff[2] [tif] n. 사소한 말다툼, 시비; 역정. ¶ have a *tiff*

with a person 남과 사소한 말다툼을 하다 // She is in a *tiff*. 그녀는 좀 골이 나 있다. — *vi.* 사소한 말다툼을 하다; 좀 화를 내다, 좀 골이 나 있다.

tif·fa·ny [tífəni] *n.* U[C] (*pl.* **-nies**) 티파니[비단·무명 따위의 얇은 직물].

tif·fin [tífin] 《英·인도》 *n.* U 가벼운 식사, 점심(lunch). — *vi.* 경식사를 하다, 점심을 먹다. — *vt.* …에게 점심을 내다.

Tif·lis [tíflis] *n.* 티플리스[그루지야 (Georgia) 공화국의 수도; 정식 명칭 Tbilisi].

tige [ti:3] *n.* 《프랑스》 (=stem) 1 《건축》 《원(圓)기둥의》 기둥몸. 2 《식물》 줄기(stem).

‡**ti·ger** [táigər] *n.* (*pl.* **-gers** *or* **-ger**) 1 《수컷의》 호랑이, 범(* 암컷은 tigress, 새끼는 cub, whelp). 2 호랑이 비슷한 동물[특히 cougar, jaguar]. ¶ **an American tiger** 재규어 (jaguar). 3 《비유적》 사나운 사람, 난폭자; 용감한 사내; 맹렬히 일하는 사람, 수완가. 4 《구어》 《경기 따위에서의》 강적, *opp.* **rabbit** 5 《美》 《응원·집회에서 Hurrah 따위를 삼창한 다음에 덧붙이는》 갈채, 환호. * three cheers and a tiger 라고 말한다. 6 《英》 소년 마부. ………에 매어, 전. **have a tiger by the tail** 《美》 예상 밖의 곤란한 입장 ◇ **tí**gerish *adj.*

tíger bèetle *n.* 길앞잡이[몸길이 약 20밀리의 풍뎅이].

tíger càt *n.* 1 스라소니. 2 《집에서 기르는》 얼룩 고양이.

tíger-eye [táigərài] *n.* 1 U[C] 호안석(虎眼石) 《황갈색으로서 장식용》. 2 U 호안석의 광택 비슷한 도자기용 유약.

ti·ger·ish [táigəriʃ] *adj.* 호랑이 같은; 사나운, 잔인한 (cruel); 맹렬한 (fierce).

tí·ger·like [táigərlàik] *adj.* 호랑이 같은.

tíger lìly *n.* 참나리[여름에 짙은 자색 반점이 있는 황적색 꽃이 핀다].

tíger mòth *n.* 불나방[불나방과(科)의 나방의 일종].

tíger's-eye [táigərzài] *n.* =tigereye.

ti·ger·wood [táigərwùd] *n.* U 호랑이 반점 무늬가 있는 가구용 목재.

‡**tight** [tait] *adj.* 1 단단한, 단단히 맨, 견고한(firm). ¶ **a tight knot** 단단한 매듭 / **a tight lid** 꽉 닫힌 뚜껑. 2 물(공기)이 새지 않는, 《피륙이》 촘촘한(* 주로 합성어에서 쓰인다). ¶ **watertight** 물이 새지 않는, 방수의 / **tight-knit** 꽉 짜여진 / **The boat is tight.** 이 보트는 물이 새지 않는다. 3 단정한, 깔끔한, 깨끗한; 간결한(concise). 4 《맛줄 따위가》 팽팽하게 당겨진(taut, tense). ¶ [as] **tight as a drum** 북[의 가죽] 처럼 팽팽한. 5 꽉 찬, 가득 채운. ¶ **a tight page** 활자가 꽉 들어찬 페이지 / I have a **tight schedule.** 예정이 꽉 차 있다. 6 《의복 따위가》 꼭 맞는, 몸에 꼭 끼는; 답답한; 비좁은. *opp.* **loose** ¶ **a tight fit** 너무 꼭 끼는 옷 / **a tight skirt** 타이트 스커트. 7 엄한, 엄격한(strict), 긴장한. ¶ **tight control** 엄격한 감독 / **a tight smile** 긴장된 미소. 8 다루기 힘든, 골치 아픈, 어려운(difficult). ¶ **be in a tight place** (*or* **corner, spot, squeeze**) 궁지에 빠져 있다. 9 《승부가》 접전의, 세력이 백중한. ¶ **a tight race** 접전. 10 《거래가》 이익이 박한; 《상업》 품귀의, 물건이 달리는《easy》; 《구어》 돈 얻기가 힘드는, 금융 경색의. ¶ **Money is tight.** 돈이 귀하다. 11 《구어》 구두쇠의, 인색한(stingy). 12 《속어》 술취한(drunk). ¶ **get tight** 취하다. 13 《저널리즘》 《신문의》 기사가 남아도는. 14 《주로 방언》 능한, 솜씨있는(skillful). 15 《주로 방언》 산뜻한(tidy), 깨끗한(neat); 맵시있는, 잘 생긴(shapely). ¶ **a tight girl** 잘 생긴 소녀. — *adv.* 1 단단히; 굳게, 꽉. ¶ **hold a rope tight** 밧줄을 단단히 잡다. 2 《주로 방언》 푹(soundly), 활기있

게. ¶ **fall tight asleep** 푹 잠들다.
sit tight ① 도사리고 앉다. ② 고집하다, 버티다.
— *n.* 1 (~s) =TIGHTS. 2《속어》궁지. 3 [럭비의] 스크럼. 4 시간이 빽빽한[꽉 찬] 텔레비전 (라디오) 프로. ◇ **tíghten** *v.*, **tíghtly** *adv.*

-tight 「…이 통하지 않는」이라는 뜻의 연결형. *cf.* **-proof.** ¶ **airtight.**

‡**tight·en** [táitn] *vt.* …을 꽉 죄다, 팽팽히 당기다, 굳게 하다 // (~+目+副) **tighten up rules** 규칙을 엄하게 하다. — *vi.* 죄어지다, 굳어지다, 팽팽해지다; 궁색해지다. **tighten one's belt** ⇒ BELT.
◇ **tight** *adj.*

tíght ènd *n.* 《미식축구》 공격측 포지션의 하나[태클에 밀접해서 위치를 잡는 엔드(end)]. *cf.* **split end**

tight·en·er [táitnər] *n.* 단단히 죄는 사람(것).

tíght-fìst·ed [táitfístid] *adj.* 인색한; 구두쇠의(stingy).

tíght-láced [táitléist] *adj.* 1 끈으로 꽉 죈[꽉 끼는 코르셋을 입은. 2 《예의 범절에》 엄격한, 틀에 박힌.

tíght-lípped [táitlípt] *adj.* 1 입을 굳게 다문. 2 입이 무거운, 쉽게 입을 열지 않는; 말수가 적은.

tíght·ly [táitli] *adv.* 1 단단히(firmly), 정확하게; 엄중히. 2 단정하게, 깨끗이.

tíght-knít [táitnít] *adj.* 촘촘히 짠; 정연히 조직된, 짜임새 있는.

tíght-mòn·ey pòlicy [táitmʌ́ni-] *n.* 금융(재정) 긴축 정책. ………용 경책.

tíght·ness [táitnis] *n.* U 꽉 죄어져 있음; 단단함; 금 융경색.

tíght·rope [táitròup] *n.* 줄타기의 팽팽히 맨 밧줄. ¶ **a tightrope dancer** 줄타기 곡예사. — *vi.* (**-roped, -rop·ing**) 줄타기를 하다; 《비유적》 위험한 짓을 하다.

tights [taits] *n. pl.* 1 [댄서·곡예사 등이 입는] 몸에 꼭 끼는 옷, 속옷, 타이츠. 2 [옛날 궁정 따위에서 입은] 다리에 꼭 끼는 남자 반바지. 3 《英》 스타킹, 팬티 스타킹.

tíght squéeze *n.* 1 굳은 약수, 힘찬 포옹. 2《구어》궁지, 어려운 고비. ⇒ TIGHT *adj.* 8.

tíght·wad [táitwàd / -wɔ̀d] *n.* 《구어》 구두쇠, 노랑이 (miser).

ti·gon [táigən] *n.* 타이곤[수펌과 암사자 사이의 트기]. *cf.* **liger** 〔<TIG[ER] + [LI]ON〕

ti·gress [táigris] *n.* 1 암펌. 2 잔인한 여자.

Ti·gris [táigris] *n.* (the ~) 티그리스강[서아시아의 큰 강으로, 터키 동부에서 비롯되어 이라크를 지나 페르시아만으로 흘러든다].

ti·grish [táigriʃ] *adj.* =tigerish.

T.I.H. (略) *Their Imperial Highnesses* (두 분 전하(殿下)).

tike [taik] *n.* =tyke.

ti·ki [tí:ki:] *n.* 1 (T-) 《폴리네시아 신화》 티키[인류의 창조주, 지구상의 최초의 인간]. 2 티키를 나타내는 폴리네시아 인의 목상(석상(石像)).

til [til, +美 ti:l] *n.* 참깨(sesame).

til [ti:l] *n.* 포르투갈 말에서 모음 위에 붙이는 비모음 (鼻母音化) 기호(~) [pão 빵].

'til [til] *prep., conj.* =until.

til·bu·ry [tílbèri / -b(ə)ri] *n.* (*pl.* **-ries**) [19세기에 유행한] 2륜 무개 마차.

til·de [tíldə, -di, +美 ti:l-] *n.* 1 스페인어 등의 n 의 에 붙이는 ~기호[구개 비음(口蓋鼻音)[ɲ]을 나타낸다. 예: señor. 2 사전 따위에 사용되는 생략을 나타내는 ~기호. — **·ness.**

‡**tile** [tail] *n.* [집합적으로도 쓰여] 기와 (tiling), [마루·벽 따위의] 타일, 화장 타일. ¶ **a paving tile** 도로 포장용 타일. 2 배수 토관. 3 [마작의] 패. 4 《구어》 딱딱한 모자; 《특히》 실크 해트 (top hat).
be [out] on the tiles 《속어》 난봉 피우다, 방탕하다.
have a tile loose 《속어》 좀 정신이 돌았다 (slightly mad).

tiler

— vt. (tiled, til·ing) 1 …에 기와를 이다(올리다), 타일을 붙이다. 2 [기와로 이듯이] …을 덮다; …에게 비밀을 지킬 것을 맹세시키다.

til·er [táilər] n. 1 기와를 이는(타일을 붙이는) 사람; 기와(타일) 제조자. 2 [Freemason 따위 비밀 결사의] 망보는 사람. 3 공장.

til·er·y [táiləri] n. (pl. -er·ies) 기와 굽는 곳, 기와 제조소.

til·ing [táiliŋ] n. ① 기와 이기, 기와 지붕; 타일 면 (面), 타일 붙이기(공사);〖集合的〗기와(타일)류 (tiles).

‡**till**¹ [til] prep. 1〖특정의 때〗까지〖쭉〗(* 특정시까지의 계속을 나타내며, 그때에 종결(변화) 함을 암시). cf. since ¶ till ten o'clock 10시까지 / till then (now) 그 때(지금)까지 / work from morning till night 아침부터 밤까지 / till after midnight 자정 지나서까지. 2〖부정어의 뒤에서〗…까지 …하지 않다; …에 이르러 …하다 (* 거의 before 와 같은 뜻). ¶ He did not come till late at night. 그는 밤이 늦어서야 겨우 왔다. 3 …경, 가까이(near). ¶ till evening 저녁 가까이, 저녁 때에. 4 《美》〖분〗전 (to, before). ¶ ten minutes till six 6시 10분 전.

— conj. 1 […할 때] 까지(until). ¶ Wait till he comes back. 그가 돌아올 때까지 기다려라. ⇒ BEFORE (Usage¹). * till 로 유도되는 종속절 안에서는 미래의 일도 현재형으로 나타낸다. 2〖부정어의 뒤에서〗…할 때까지 […않다], …에야 비로소 …하다. ¶ He won't go away till you promise to help him. 그는 네가 그를 돕겠다고 약속하기까지는 떠나지 않을 것이다. 3〖정도·결과를 나타내어〗하여 정도까지, 그래서 마침내. ¶ The girl ran till she was out of breath. 소녀는 달려서 마침내 숨이 찼다.

— **Usage** till 과 until —— 의미상으로는 특별한 차이는 없으나, until 이 어세가 강하고 격식을 차린 말로서 문두에 쓰이는 경우가 많다. 또 일반적으로 《美》에서는 until 이 더 흔하게 쓰인다.

‡**till**² [til] vt. (토지를) 경작하다. — vi. 경작하다. ◇ tillage n. 〖<OE tilian till (v.)〗〖귀중품 서랍〗

till³ [til] n. 1〖상점·은행 따위의〗현금 서랍, 돈궤. 2〖美〗금고.

till⁴ [til] n. ① 〖지질〗표력토(漂礫土), 표석 점토(漂石 粘土); (boulder clay). 〖맞다〗

till·a·ble [tíləbl] adj. 경작할 수 있는, 경작하기에 알맞은.

till·age [tílidʒ] n. ① 1 경작. 2 경작지 (cultivated land). 3 경작물 (crops). ◇ till v. 〖기.〗

till·er¹ [tílər] n. 1 경작자, 농부 (plowman). 2 경작기.

till·er² [tílər] n. 〖항해〗키의 손잡이, 틸러.

till·er³ [tílər] n. 어린 나무, 어린 잎; 특히 그루터기에 나는 새싹. — vi. 〖식물의〗어린 가지(싹)가 나다.

*‡**tilt**¹ [tilt] vt. 1 을 기울이다, 경사지게 하다 (slope). ¶ (~ +目+副) tilt a hat sideways 모자를 비스듬히 쓰다. 2〖창으로〗…에 돌격하다; …을 공격하다(…at). ¶ (~+目+副) tilt a person out of his saddle 창으로 찔러 남을 말에서 떨어뜨리다. 3〖이동체를 찍기 위해〗(사진기)를 상하로 움직이다. 4 〖강철〗을 기계 해머로 벼리다(칠하다). 5〖지질〗〖지층이〗급 각도로 위를 향하다. ¶ (~+目) The desk is apt to tilt over. 그 책상은 잘 기운다. 2 말을 타고 창 시합을 하다(joust), 창으로 찌르다. 3 싸우다;〖문장·말로〗공격하다, 비난하다(criticize) (at…). ¶ (~+前+名) tilt at abuses 악폐를 공격하다. 4〖사진기가〗상하로 움직이다. 5〖지질〗〖지층이〗급 각도로 위를 향하다.

— n. 1 경사 (slant). ¶ give it a tilt 그것을 기울이 다 / have a tilt to the south 남쪽으로 기울다. 2〖중 세의〗마상 (馬上) 창 시합. 3 찌르기 (thrust); 시합; 공 격, 논쟁 (controversy). ¶ have a tilt at …을 반박하 다, 논박하다, 공격하다. 4〖낚시〗낚시찌의 일종. 5 =tilt hammer.

[at] **full tilt** 전속력으로 (at full speed). ¶ He came full tilt against me. 그는 나를 향해 전속력으로 덤벼 왔다. **on the tilt** 기울어져서.

tilt² [tilt] n. 1〖캔버스천 따위의〗덮개, 천막, 텐트; 포장; 차양 (awning). 2〖뉴펀들랜드〗통나무집. — vt. …에 덮개를 씌우다, 포장(차양)을 치다.

tilth [tilθ] n. ① 1 경작, 농경〖상태〗(tillage). 2 경작지, 경작 적지 (適地). 3 〖지식 따위의〗육성, 도야 (陶 冶). 4 ⓒ 경토 (耕土).

tílt hàmmer n. 동력으로 움직이는 큰 망치, 기계(동력) 해머. cf. triphammer.

tilt-top [tílttòp / -tɔ̀p] adj. 〖가구 따위의〗윗판을 수직 으로 눕힐 수.

tílt-tóp tàble n. 경첩으로 윗판을 수직으로 눕힐 수 있는 탁자〖다리가 하나인 원탁 따위〗.

tílt·yàrd [tíltjɑ̀ːrd] n. 〖중세〗마상 창 시합장.

Tim.〖略〗〖성서〗Timothy (디모데서(書)).

tim·bal [tímb(ə)l], (**tym·bal**) n. 1 =kettledrum. 2〖곤충〗〖매미 따위의〗진동막.

tim·bale [tímbl, 英 tæmbɑ́ːl] n. ⓒ 탱발〖새고기·생선을 잘게 다져 달걀 흰자 따위로 굳게 만든 요리〗. 〖<F〗

tim·ber [tímbər] n. 1 ① 재목, 목재;〖英〗판재 (板材)〖〖美〗lumber〗. 2 ①〖集合的〗삼림; 입목, 수목; ⓒ 삼림; ⓒ〖美〗[재목이…] 삼림지 (timberland). ¶ cut down timber 입목을 베다. 3 들보, 횡목. 4 (~s) 〖항 해〗선재 (船材); 늑재 (肋材). 5 목조 장애물〖말이 뛰어 넘는 문이나 목책 따위〗. 6 ① 성격, 인품 (personal character), 소질. ¶ a man of good timber 성질이 좋은 사람. 7 ① ⓒ 재목 재료, 소재. 8 ⓒ〖속어〗다리. ¶ [Shiver] my timbers !〖항해 속어〗제기랄!, 빌어먹을!

— vt. …에 재목을 공급하다; …을 재목으로 세우다 (받치다). ¶ (~+目+副) timber up a roof 재목으로 지붕을 이다.

— interj. 쓰러진다〖벌채시의 위험 신호〗.

tim·ber² [tímbər] n. 모피의 다발 [40매].

tim·bered [tímbərd] adj. 목재를 쓴, 목조에 입목이 있는, 수목이 울창한 (wooded). 〖조의.〗

tim·ber-framed [tímbərfrèimd] adj. 목골 (木骨) 구조의.

tím·ber-hèad [tímbərhèd] n. 〖항해〗 1〖밧줄 따위를 감기 위한 수직의〗늑골 (肋骨) 윗끝. 2 =bollard 1.

tim·ber·head·ed [tímbərhèdid] adj.〖속어〗우둔한 (stupid). 〖감아 매는 방법의 한 가지.〗

tímber hítch n. 〖항해〗 옭매듭〖둥근 재목에 밧줄을 감아 매는 방법의 한 가지.〗

tim·ber·ing [tímbəriŋ] n. ① 1〖集合的〗건축 용재. 2 목재 구조 (timberwork).

tim·ber·land [tímbərlænd] n. ①〖美〗삼림지.

tímber líne n. (the ~)〖높은 산·극지의〗수목 한계 선.

tim·ber·man [tímbərmən] n. (pl. -men [-mən]) 벌목 인부.

tímber míll n. 제재소.

tímber tóe n. 목재의족, 목발 (wooden leg).

tímber wólf n. 〖북미·캐나다 삼림 지대의〗이리.

tim·ber·work [tímbərwəːrk] n. ① 목재 구조; 목재 구조물. (yard).

tímber yárd n. 〖英〗재목 하치장〖〖美〗lumber-

tim·bre [tæmbər, tím-] n. ① 음질, 음색, 탱브르. 〖<F〗

tim·brel [tímbr(ə)l] n. 옛날의 탬버린.

tim·bul [tímb(ə)l] n. =timbal.

‡**time** [taim] n. 1 ① 〖과거·현재·미래로 이어지는〗 때, 시간; 시일, 세월 (* 의인화하여 Father Time 「시간 의 신」이라고 한다). ¶ Time and space 시간과 공간 / Time creeps on. 시간은 모르는 사이에 지나간다 / Time is money.〖속담〗시간은 곧 돈이다 / Time flies like an arrow.〖속담〗시간은 화살같이 빨리 지나간다, 광음여전 (光陰如箭) / Time and tide wait[s] for no man.〖속담〗세월은 사람을 기다리지 않는다. 2 ① ⓒ〖막연히 한정된〗때, 사이, 시간, 기간 (period). ¶ in (or after) a short time 오래지 않아, 곧 / for (or 《美》in) a long time 오랫 동안 / for all time [to come] 영구히 (for ever) / for a (or some) time 한때[는], 당

분간은, 잠시 / from *time* immemorial 아득한 옛날부터, 아주 오랫동안 / in half an hour's *time* 반시간 만에, 반시간 동안에 / It will take [a long] *time*. 시간이 [오래] 걸릴 것이다 / It's a long *time* since I saw you last. 지난번 만난 이후 꽤 세월이 흘렀군요; 오래간만입니다.

3 ⓤⓒ [몇] 시, 시각, 시간, 시점. ¶ scheduled *times* of departure [열차 따위의] 출발 예정 시간 / What *time* is it [now]?=What *time* do you have?=What *time* do you make it?=What is the *time* [now]? 몇 시입니까? / Can you tell me the *time*, please? 지금 몇 시입니까?

4 ⓤ 표준시, …시; 시간 계산법. ¶ astronomical *time* 천문시(天文時) / Greenwich [Mean] *Time* 그리니치 표준시 / local *time* 지방시 / solar *time* 태양시 / standard *time* 표준시.
주의 《英》는 Greenwich Time, 《美》에서는 Eastern time, Central time, Mountain time, Pacific time, Yukon time, Alaska time, Bering time의 7시간대에서 각각 표준시가 있다. 한국의 표준시는 Korea Standard time.

5 ⓤ […에 알맞은, 충분한, 필요한, 쓸 수 있는, 주어진] 시간; 틈, 여가(leisure time). ¶ in one's good (or own) *time* 알맞은 (적당한) 때에 (여가에) / find (or make) *time* for a trip 여행할 틈을 내다 / have no *time* to spare 틈이 없다, 바쁘다 / I was greatly pressed for *time*. 나는 시간에 몹시 쫓겼었다 / There will be no *time* to lose (or be lost). 우물쭈물할 겨를이 없다; 급하다 / There's not much *time* left. 시간이 별로 없다.

6 ⓤⓒ [어떤 정해진, 어떤 일이 일어날] 때; 기회 (occasion), 시기, 호기(好機) (proper time). ¶ the curtain *time* 개막 시간 / this *time* 이때에, 이번[에는] / at the *time* 그 때는 / at one *time* 전에, 언젠가, 한때는 / for the first *time* 처음으로 / for the second *time* 두 번째로 / for the last *time* [이것을, 그것을] 마지막으로 / It's *time* for lunch. 점심 시간이다 / Now is the *time* to act. 지금이 행동을 할 때다 / She arrived ahead of (behind) *time*. 그녀는 정각보다 일찍(늦게) 도착했다 / By the *time* we reached the station, it had stopped raining. 우리가 역에 도착했을 때에는 비가 멎어 있었다 / She was growing into a more beautiful girl each *time* I saw her. 그녀는 만날 때마다 점점 아름다운 숙녀로 성장하고 있었다 / Next (or The next) *time* the telephone rings, you will answer it. 다음에 전화가 울리면 네가 받아라.

7 a) [몇] 번, 회. ¶ dozens (or scores) of *times* 몇 십번이고 / many *times*; many a *time* 여러 번 / Twice, three *times* he muttered to himself. 두 번, 세 번하고 그는 혼잣말을 했다. **b)** […]배. ¶ ten *times* as large as…; ten *times* larger than …보다 10배나 큰 / I paid him five *times* the rate. 나는 그에게 요금의 다섯 배나 지불했다 / Six *times* three is eighteen. 3의 6배는 18.

8 (a+*adj.*+time 의 형으로) [경험하는] 시간, 경험; (보통 ~s) 경기, 시세, 풍조. ¶ have a good (or fine, pleasant) *time* [of it] 즐겁게 보내다, 재미있는 시간을 갖다 / have a bad (or hard) *time* [of it] 혼이 나다 / good (hard) *times* 호경기 (불경기) / keep up (or cope) with the *times* 시대의 추세에 따르다, 시세에 보조를 맞추다 / keep abreast with (or of) the *times* 시대에 뒤지지 않도록 하다 / be ahead (behind) of the *times* 시대에 앞서다 (뒤지다) / be left (or fall) behind the *times* 시대에 뒤지다.

9 ⓤ [1년의] 시기, 계절, 시절 (season); [하루의] 때, 무렵. ¶ at this *time* of [the] day (night) 낮(밤)의 이맘때 / about this *time* of [the] year 1년의 이맘때쯤 / at Christmas *time* 크리스마스 [때]에 / in the [ ] winter *time* 겨울철에.

10 (the ~) 당대, 당시, 현대; (보통 ~s) [역사적 구분으로서의] 시대, 연대; (종종 ~s) [역사상의 특정 인물에 관련된] 시대, 연대. ¶ the leading scientists of the *time* 현대의 일류 과학자들 / good old *times* 그리운 옛날 / in ancient (medieval, modern) *times* 고대 (중세, 현대)에 / in prehistoric *times* 선사 시대에 / in Roman *times* 로마 시대에 / in the *time* of Milton; in Milton's *time*[s] 밀턴의 시대에.

11 (one's ~) 생애, 일생 (lifetime), [사람이 관계하는 있던] 시대, 때. ¶ at a person's *time* of life 그 사람의 나이 때에 / My *time* is almost over. 내 일생은 거의 끝나간다 / That will last our *time*. 그것은 우리가 살아 있는 동안 지속될 것이다.

12 ⓤ [머슴살이의] 연기(年期); 연기 임금; [군대에서의] 복무 연한; 《구어》 형기(刑期). ¶ serve one's *time* 복무 연한을 채우다, 복역하다 / He is doing [his] *time* for stealing a car. 그는 자동차 절도죄로 복역하고 있다.

13 ⓤ 근무 시간, 취업 시간; 시간급. ¶ *time* and a half [시간외·휴일 근무에 대한] 고정급의 1.5배의 급료.

14 (one's ~) 죽을 때, 임종. ¶ My *time* is close at hand (or drawing near). 나의 죽을 때가 다가오고 있다 / His *time* has come. 그의 임종이 다가온다.

15 (one's ~) [胎生學] 회임(임신) 기(간); 분만기 (period of delivery). ¶ She is near her *time*. 그녀는 출산일이 가깝다 / She is far on in her *time*. 그녀는 임신한 지 꽤 오래된다.

16 ⓤ [음악] 박자, 속도, 가락, 리듬, 템포 (tempo). ¶ duple (triple, quadruple) *time* 2(3, 4)박자 / waltz *time* 왈츠의 박자 / out of *time* 박자가 틀려 / beat *time* 박자를 맞추다 / keep *time* with …에 박자를 맞추다.

17 ⓤ [경기] 소요 시간, 타임; 《심판의 선언》 멈춰, 중지, 타임. *cf.* time out ¶ in record *time* 신기록[의 시간]으로 / call the *time* [심판이] 타임을 선언하다 / The sprinter's *time* was 11 seconds. 그 단거리 주자의 타임은 11초였다.

18 ⓤ [군사] 행군 속도; 보행(행진) 속도; [운전·일 따위의] 속도. ¶ double (quick, slow) *time* 구보 (속보, 보통 걸음) / at double-quick *time* 구보로; 매우 급히, 아주 빨리. 〔(mora).

19 [韻律] [운(韻)의 한 절의] 시간의 길이, 운율 단위

abreast of the times ① 현대적인(으로). ② 시세(시국)에 밝은.

against time 시간내에 마치려고 노력하여, 시계와 경쟁하여, 될 수 있는 대로 빨리, 전속력으로.

All in good time. 《속담》 모든 일에는 다 제때가 있게 마련, 기다리노라면 좋은 때가 온다.

all the time 그 동안 내내; 언제나, 늘.

any time ① 언제나, 항상 《英》 (at any time). ② 《감사 따위에 대한 대답으로》 무슨 말씀을, 천만에. ¶ Thanks a lot. — Any time. 정말 고마워 — 천만에.

as time go by 지금 형식로는, 때가 때인만큼.

at a time 한번에; 동시에. ¶ Don't ask too many questions *at a time*. 한번에 너무 많은 질문을 하지 마.

at all times 언제든지, 언제나, 항상. ¶ I am *at all times* uneasy with him. 그와 함께 있으면 언제나 불안스럽다.

[at] any time 언제라도, 아무때나. ¶ Come [*at*] *any time* you like. 언제든 좋을 때 오너라.

at no time 이제까지 …않다, 한번도 …하지 않다.

at one time ① 예전에는, 한때는, 언젠가, 옛날에는 (formerly). ② 한번에, 동시에 (at the same time).

at other times ① 다른 때에는. ② 평소는.

at the same time ① 동시에 (simultaneously). ② 그래도, 역시 (nevertheless). ¶ She was singing sweetly, but, *at the same time*, somewhat tired. 그녀는 아름답게 노래를 부르고 있었으나, 그래도 얼마간은 지쳐 있었다. ③ [적] 이렇게 늦게[빨리].

at this time of [the] day 이맘때에, 《비유》 뒤늦게.

at times 때때로, 이따금, 가끔. ¶ *At times* I hardly understand him. 때로는 그가 말하는 것을 거의 알아듣

beat *a person's* **time; beat the time of** *a person* (속어) 남의 애인을 가로채다, 남의 애인에게 접근하다.
before *one's* **time** ① 때가 오기 전에, 시기에 앞서서. ② 시대보다 빨라다. ③ [출산이] 달이 안 차서. ④ 천수를 다하기 전에.
between times 틈틈이, 때때로(now and then).
bide *one's* **time** ⇨ BIDE.
come to time 의무를 다하다.
for the time being ⇨ BEING.
from time to time 때때로, 이따금. ¶ I get a report *from time to time*. 나는 이따금 보고를 받고 있다.
gain time ① [시계가] 빠르다. *opp.* lose time ② (준비, 또는 유리한 입장을 얻기 위하여) 시간을 벌다. ③ 시간을 절약하다, 수고를 덜다, 재빨리 끝내다.
get *one's* **time** (美속어) 해고당하다.
give *one* **time** 유예하다, 유예를 주다.
half the time ① 절반의 시간, ② 거의 언제나, 대개.
have oneself a time 즐거운 시간을 보내다, 즐겁게 보내다.
have time [**hanging**] **on** *one's* **hands** 시간이 남아 돌아가다, 할 일이 없다.
in due time ⇨ DUE.
in good time ① 시간을 어기지 않고, 시간에 맞춰. ② 일찍(early), 좀 이르게.
in [**less than**] **no time** 즉시, 당장, 곧.
in [**the**] **course of time** 이윽고, 그 사이에.
in time ① 제시간에, 늦지 않고, 마침 알맞은 때에(*for*...). ② 이윽고, 그 사이에, 조만간, 결국(eventually). ¶ *In time* he'll see that he was mistaken. 그는 자신이 잘못이었음을 알게 될 것이다. ③ 박자(리듬)를 맞추어(*with*...), 음률을 강조하여 ④ 도대체, 대체(on earth). ¶ Why *in time* couldn't you come? 도대체 너는 왜 올 수 없었느냐?
in *one's* **time** 살아 있는 동안에, 태어나서 이제까지, 젊었을 때에는; (어떤 특정의 기간을 가리켜) …의 시대에는. ¶ Mr. A was the principal of the school in my *time*. 내가 젊었을 때 A 씨가 그 학교의 교장이었다.
It is [**high**] **time** [**that**] …할 때다.
── Usage It is time+가정법 과거 ── 역사적으로 보아 영어의 가정법은 거의 쓰이지 않게 되었지만 ── 하여도 좋은 (해야 할) 때다"의 뜻인 It is [high] time 다음에 오는 절 안에서는 지금도 (구어에서도) 가정법 과거형을 쓰는 것이 보통이다. 다만 were 대신에 was 를 쓰는 경우도 있다. 또 that 은 종종 생략된다: *It is time* we went to bed. 이젠 잘 시간이다 / It is time he *were* (or *was*) up. 그는 이제 일어나도 좋을 시간이다. ∗ 가정법은 시제 일치의 법칙에 지배되지 않기 때문에 주문(主文)이 과거일지라도 가정법 과거형을 쓴다: It *was* time we *went* to bed.
keep good (**bad**) **time** [시계가] 정확히 맞다(맞지 않다).
keep *one's* **time** ① [시계가] 시간이 정확하다. ② 박자를 맞추다(*with*...).
kill time 시간을 보내다, 소일하다.
lose time ① [시계가] 늦다. *opp.* gain time ② 우물쭈물하다; 시간을 낭비하다. ¶ He *lost* no *time* in informing us of the matter. 그는 지체없이 우리에게 그 것을 알렸다.
make a time (美구어) 야단 법석을 떨다(*over, about*...).
make good (**poor**) **time** (속어·일이) 빠르다(느리다).
make time ① (속도를 늘려) 늦어진 것을 만회하다. ② 서두르다, 서둘러 가다(여행하다, 일하다). ③ 《속어》 데이트하다, 친밀한 관계를 가지다(*with*...).
make time to do 이력저럭 …하다.
mark time ① 제자리 걸음하다. ② 주저하다, 꾸물대다.
of all times 고금을 통하여, 고금의.
of the time ⇨ 10.
on *one's* **own time** (美) 근무 시간 외에.
on time ① 시간을 어기지 않고, 정각에. ② 《美》후불로, 분할불로. ¶ buy furniture *on time* 분할불로 가구를 사다.
once upon a time ⇨ ONCE.
one time with another 전후 합하여.
out of time ① 늦어서. ② 제철이 아닌. ③ 박자가 맞지 않는(*opp.* in time). ¶ sing *out of time* 박자가 틀리게 노래하다.
pass the time of day 잠깐 인사말을 주고받다.
sell time [라디오·TV] 방송에 광고를 넣다.
some time or other 언젠가는, 그 사이에.
take *a person* **all** *his* **time** (구어) 남을 몹시 애를 먹이다, 남을 고생시키다.
take *one's* [**own**] **time** 천천히 하다, 서두르지 않고 하다(*over*...).
take time by the forelock 기회를 놓치지 않고 포착하다, 민첩하게 제때에 행동하다.
Those were times! 생각하면 참으로 통쾌한 시대였다!
time after time; time and [**time**] **again** 몇 번이고, 되풀이하여, 재삼재사(again and again).
the time of day ① 시각. ¶ I wouldn't tell you *the time of day*. 인연을 끊겠다 [시간도 가르쳐 주지 않겠다는 데서]. ② (아침 저녁의) 인사. ¶ pass *the time of day* with a person (구어) 남과 인사를 하다. ③ 《속어》 사정. ¶ know *the time of day* 무엇이나 다 알고 있다.
time of life 연령, 나이(age).
the time of *one's* **life** 매우 즐거운 (행복한) 기간.
Time [**out**] **!** (구어) 잠깐 중지!
times without (or **out of**) **number** 헤아릴 수 없을 만큼 몇 번이고, 민첩하게.
to time 시간을 정하여, 기한까지에는; 시간대로, 정각.
up to time (英) 제시간대로(on time).
what time (詩) =when, while (*conj.*).
with time 시간이 흐름에 따라, 마침내. ¶ *With time* he will realize it. 머지않아 그는 그것을 깨닫게 될 것이다.
── *adj.* 《한정 형용사》 **1** 시간의; 시한(時限)의. **2** (美) 후불의, 월부 지불의, 분할 지불의. ¶ a *time* payment 월부 지불.
── *v.* (**timed, tim·ing**) *vt.* **1** …의 시간을 재다(확인하다), …의 속도(비율)를 재다. ¶ *time* a race 경주의 타임을 재다.
2 …을 시간(시기, 호기)에 맞추다; …을 위해 시간을 정하다, 시간을 가늠하다. ¶ The general *timed* the attack perfectly. 장군은 완전히 공격의 기회를 포착했다 // (~+图+*to* do) You should *time* your visit to fit his convenience. 그의 형편에 맞도록 방문 시간을 잡아야 한다 // (~+图+圖) His visit was *well* (*ill*) *timed*. 그의 방문은 시기가 좋았다 (나빴다).
3 [시계의] 시간을 맞추다 (조절하다); [열차 따위의] 발착 시간을 정하다 (schedule). ¶ (~+图+前+名) *Time* your watch with mine. 내 시계를 내 시계에 맞추어라 // (~+图+*to* do) The train is *timed* to reach Pusan at 2:30. 그 열차는 부산에 2시 30분에 도착하게 되어 있다.
4 [음악] 의 박자를 맞추다. ¶ (~+图+前+名) *time* one's step to music 댄스 스텝을 음악에 맞추다.
── *vi.* 박자가 맞다, 시간이 맞다. ¶ (~+前+名) steps *timing* with music 음악과 리듬이 맞는 스텝.
◇ **tímely** *adj.* **betímes** *adv.*

Time [taim] *n.* 타임(지) [1923년 창간된 미국의 주간 뉴스 잡지].
tíme and a hálf *n.* U 잔업 수당 [보통 1.5배의 임금률].
tíme and mótion stúdy *n.* U [시간과 작업 능률의 상호 관계에 대한] 작업 연구.
tíme báll *n.* 시구(時球), 보시구(報時球), 타임볼[옛날 특후소, 천문대 따위에서 표준시를 알리기 위하여, 작대기의 끝에서 떨어뜨린 공].
tíme bárgain *n.* [상업] 정기 매매 (거래).
tíme báse *n.* [전자 공학] 시간축(軸). *cf.* oscilloscope

time belt n. =time zone.
time bill n. 1 《英》=timetable. 2 기한부(정기불) 어음.
time-bind·ing [táimbàindiŋ] n. ⓤ [자손으로의] 인간의 경험 전달(능력).
time bomb n. 시한 폭탄; 위험한 상태.
time book n. 근무 시간 기록부.
time capsule n. 타임 캡슐[후세에 남길 자료를 넣어 지하에 파묻기 위한 용기].
time-card [táimkɑ̀ːrd] n. 1 =timetable. 2 근무 시간 기록표, 타임 카드.
time chart n. 1 [세계 각지의] 표준시 일람표. 2 [어떤 시대에 관한] 대조 연표(年表).
time charter n. 정기 용선(傭船) 계약.
time clock n. 시간 기록 시계, 타임 레코더.
time-con·sum·ing [táimkənsùːmiŋ / -s(j)ùːm-] adj. [일 따위가] 많은 시간을 요하는, 많은 시간을 낭비케 하는. — 않는. 2 시한의.
timed [taimd] adj. 1 시기가 알맞은, 호기를 놓치지
time deposit n. 《은행》 정기 예금.
time dilation n. ⓤ [상대성 원리에 의한 고속도 물체의] 시간의 신장(伸長).
time discount n. 《상업》 기한 할인 [만기가 되지 않은 어음의 지불에 대한 할인].
time draft n. 일람후 정기불 어음.
time-ex·pired [táimikspáiərd] adj. [병사 등의 군복무가] 만기의.
time exposure n. ⓤⓒ 《사진》 타임 노출[보통 1/2초 이상]. ⓒ 타임 노출에 의한 사진.
time frame n. [특정한 상황 아래서 어떤 일을 하는 데 소요되는] 기간, 시간의 범위.
time·ful [táimfəl] adj. 기회가 좋은, 형편이 좋은, 때에 맞는.
time fuse n. 시한 신관(信管).
time gun n. 시보(時砲), 오포(午砲).
time-hon·ored, 《영》 **-oured** [táimənərd / -ɔ̀n-] adj. 옛날부터의, 유서 깊은.
time im·me·mo·ri·al n. 1 《사람의 기억이나 기록에 없는》 먼 옛날, 태고(太古). ＊ time out of mind 라고도 한다. 2 《법률》 법률적 초(超)기억 시대 [Richard 1세의 치세 첫 해 (1189년) 이전의 시대].
time·keep·er [táimkìːpər] n. 1 시계. ¶ a good(a bad) timekeeper 가 정확한(부정확) 한 시계. 2 《경기 따위의》 시간 기록계원, 계시원 (計時員); 근무 시간 기록원. 3 《음악의》 박자를 맞추는 사람.
time killer n. 심심풀이로 시간을 보내는 사람. 2 소일거리, 심심풀이가 되는 것, 오락.
time lag n. [관련된 두 가지 일 사이의] 시간상의 지체(차이), 시차.
time-lapse [táimlæps] adj. 저속 촬영의.
time·less [táimlis] adj. 1 영원한, 영구적인(everlasting). 2 특정의 시간에 한정되지 않는 《고어》 계제가 나쁜 (untimely), 시기가 나쁜. **~·ly** adv. **~·ness** n.
time limit n. 시한, 기한. 「(機).
time·li·ness [táimlinis] n. ⓤ 때가 알맞음, 호기(好
time loan n. ⓤ 정기 대부. cf. call loan 「물쇠.
time lock n. [시간이 될 때까지 열리지 않는] 시한 자
‡**time·ly** [táimli] adj. (**-li·er, -li·est**) 1 때 맞추는, 기회가 좋은, 적시의(well-timed). ⟷ OPPORTUNE 類語 ¶ timely help 시기에 알맞는 도움 / a timely hit [야구의] 적시타. 2 《고어》 이른 (early). — adv. 《고어·詩》 때마침, 시기에 알맞게. 3 《고어》 일찍 (early, soon). 을 재는 사람.
time machine n. 타임 머신, 항시기 (航時機) [가공상의 기계로서 과거·미래로 자유롭게 여행한다. (<H.G. Wells 의 공상 과학 소설 *The Time Machine* (1895)]
time money n. =time loan.
time note n. 《업》 약속 어음.
time·ous [táimɔs] adj. 《스코》 1 이른. 2 기회가 좋은, 때에 알맞는 (timely).
time-out [táimáut] n. ⓤⓒ 《스포츠》 휴게 시간, 타임. 2 《보통 timeout》 [작업시간중의] 중단, 휴게 시간.
time-piece [táimpìːs] n. 1 크로노미터. 2 시계.
tim·er [táimər] n. 1 시간을 정하는 사람. 2 시계, [특히] 스톱워치. 3 시간 기록계(timekeeper); 계시원 (計時員). 4 [내연 기관의] 자동 점화 장치; 타임 스위치, 셀프 타이머; [자동차의] 시속계. 5 파트 타이머, 시간제로 일하는 사람.
time re·cord·er n. =time clock.
time re·vers·al n. ⓤ 《물리》 시간 반전(反轉) [시간의 진행이 역(逆)일지라도 같은 법칙이 지배한다는 원리].
Times [taimz] n. **The ~** 타임즈지[영국의 대신문].
time·sav·er [táimsèivər] n. 시간을 절약하는 것.
time·sav·ing [táimsèiviŋ] adj. 시간 절약의.
time·serv·er [táimsɔ̀ːrvər] n. 시류에 따르는 사람, 기회주의자, 사대주의자(toady), 줏대(지조) 없는 사람.
time·serv·ing [táimsɔ̀ːrviŋ] adj. 세상 풍조에 따르는, 기회주의의. — n. 사대주의, 기회주의.
time-shared [táimʃɛ̀ərd], **-share** [-ʃɛ̀ər] adj. 시분(時分割)의. 「식].
time sharing n. ⓤ 《컴퓨터》 타임셰어링, 시분할 [방
time share n. =timecard 2.
time signal n. 《라디오·텔레비전의》 시보(時報).
time signature n. 《음악》 박자 기호. cf. key signature.
time spirit n. 시대 정신. ture
times sign n. 곱셈 기호.
***Times* Square** n. 타임즈 광장 [New York 시 중심부, 연극의 중심 구역].
time study n. 시간 연구 [근로자의 생산성 향상을 위하여 작업 행정과 소비 시간과의 관계를 연구하기; time and motion study, motion study 라고도 한다.
time switch n. 《전기》 타임 스위치 [정시에 자동적으로 움직이는 스위치].
＊**time·ta·ble** [táimtèibl] n. 1 시간표. 2 [일반적으로 계획·행사 따위의] 예정표. 3 《영》 《수업 따위의》 시간 할당. — vi., vt. (**-bled, -bling**) 《…의》 예정표를 짜다. 「으로 보증이 된.
time-test·ed [táimtèstid] adj. 장기간의 사용(경험)
time travel n. [공상 과학 소설에서의] 시공(時空) 여행, 시간 여행.
time trial n. 타임 트라이얼 [출발에 시차를 두고 개인별로 시간을 측정하는 자동차 경주 따위].
time utility n. 《마케팅》 시간 효용 [제품을 구매자가 바라는 상태로 만듦으로써 제품에 주어지는 가치].
time warp n. 1 《물리》 시간의 일그러짐 [시간의 변칙적 흐름이나 정지]. 2 《공상 과학 소설》 타임 워프 [타임 워프를 타고 과거나 미래 세계로 옮겨가는 것].
time·work [táimwɔ̀ːrk] n. 시간제 (급) 작업.
time·work·er [táimwɔ̀ːrkər] n. 시간제 (급) 근로자.
time·worn [táimwɔ̀ːrn / -wɔ́ːn] adj. 낡아 빠진, 오래된, 낡아서 상한. 2 옛날부터의; 케케묵은, 진부한 (hackneyed).
time zone n. 표준 시간대(帶) [지구상에 24대로 분할된 동일 표준시를 가진 지대. time belt 라고도 한다.
‡**tim·id** [tímid] adj. 겁많은, 마음이 약한, 소심한, 심약한 (timorous). as *timid* as a hare (or a rabbit) 토끼처럼 겁이 많은; 매우 겁이 많은.
— **·ly** adv. **~·ness** n. =timídity n.
ti·mid·i·ty [timíditi] n. ⓤ 겁, 소심, 내성적임.
＊**tim·ing** [táimiŋ] n. ⓤ 1 [연극·스포츠] 타이밍; 기회를 잡음, 호기를 잃지 않음. 2 [스톱워치 따위에 의한] 계시(計時). 「《명예 이상 정치).
ti·moc·ra·cy [taimákrəsi / -mɔ́k-] n. 금권 정치;
ti·mo·crat·ic [tàimɔkrǽtik], **-i·cal** [-ik(ə)l] adj. 금권 (명예 이상) 정치의.
tim·or·ous [tím(ə)rəs] adj. 겁많은, 겁쟁이의 (timid). — **·ly** adv. **~·ness** n.
tim·o·thy [tímɔθi] n. (= **tímothy grass**) ⓤ 큰조아재비 [벼과 (科)의 목초].
Tim·o·thy [tímɔθi] n. 《성서》 1 디모데 [사도 바울의

tim·pa·ni [tímpəni] *n. pl.* (*sing.* **-no** [-nòu]) 《종종 단수 취급》팀파니 [오케스트라에서 사용하는 kettle-drum].

tim·pa·nist [tímpənist] *n.* 팀파니 연주자.

‡tin [tin] *n.* ⓤ **a)** 《화학》주석 [원자 기호 Sn]. **b)** ⓒ 주석 그릇, 주석 깡통(냄비). **2 a)** 양철(tinplate). **b)** ⓒ 《주로 英》양철 그릇, 양철통, 양철 냄비; 통조림 통 《美》can). ¶ a *tin* of sardines 정어리 통조림 한 통 / open a *tin* of corned beef 콘비프 통조림을 따다. **3** 《英속어》돈, 금전(money). — *adj.* **1** 주석(양철) 로 만든. ¶ a *tin* cup 양철 컵. **2** 값싼, 싸구려의, 하찮은, 보잘것없는; 모조품의. ¶ a *tin* soldier 장난감 병정. — *vt.* (**tinned, tin·ning**) **1** 《야금》…을 주석(양 철)으로 씌우다(덮다), 주석으로 도금하다. 주석・연 (鉛)(soft solder)으로 도금하다. **2** 《주로 英》(식품 따위)를 통조림하다(*《美》에서는 can 을 쓴다). ¶ *tinned* food 통조림 식품(canned food) / *tin* fish 생선을 통조림하다.
◇ **tínny** *adj.*

tin·a·mou [tínəmù:] *n.* 메추라기 비슷한 새 《중남미산》

tin·cal [tíŋk(ə)l, +美 -ka:l, -kɔ:l] *n.* ⓤ 천연 붕사(硼砂).

tín cán *n.* **1** (통조림의) 깡통. **2** (美육군속어) 구축함.

tinct [tiŋkt] *vt.* 《폐어》…에 색칠하다; …을 염색하다. — *adj.* (고어·詩) 착색(염색)한. — *n.* 《詩》색, 색조(tinge).

tinc·to·ri·al [tiŋktɔ́:riəl, -tɔ́:r-] *adj.* 착색의, 염색의.

tinc·ture [tíŋktʃər] *n.* **1** 《약학》 팅크[幾劑]. ¶ *tincture* of iodine 옥도정기. **2** (a ~) 《특히 엷색된》 색, 색조. ¶ a *tincture* of red 붉은 기미. **3** …의 기미, 냄새, 약간 …한 점(티), 약간의 …한 흔적. ¶ a faint *tincture* of tobacco(alcohol) 담배(알코올)의 희미한 냄새. **4** 수박 겉핥기, 겉만 번지르르함, 겉치레, 빈 껍데기. ¶ a *tincture* of education 겉만 번지르르한(겉 치레뿐인) 교육. **5** ⓤ 《紋章》 문장에 쓰이는 채색・금속・모피 따위의 총칭. **6** ⓤⓒ 《폐어》 염료, 안료 (pigment). — *vt.* (**-tured, -tur·ing**) …에 색칠을 하다, …을 착색하다; …에 […의] 기미(색조, 냄새)를 띠게 하다(…에 …의 맛(풍미)을 내다 (...*with*). ¶ a view slightly *tinctured* with sentimentality 약간 감상적인 견해.

tin·dal [tíndl] *n.* 《인도인의》 수부(水夫) 반장; 하급 관리.

tin·der [tíndər] *n.* ⓤ 부싯깃.

tin·der·box [tíndərbàks | -bɔ̀ks] *n.* **1** 부싯 깃 통. **2** 불붙기 쉬운 것; 《비유적》성 잘 내는 사람.

tin·der·dry [tíndərdrài] *adj.* 바싹 마른.

tin·der·y [tíndəri] *adj.* 부싯깃 같은; 타기(불붙기) 쉬운.

tine [tain] *n.* 《갈래가 진 기구・무기 따위의》 뾰족하게 날이 뛰어난 부분, (포크의) 갈래, 가랑이; 《사슴 뿔의》가지.

tín éar *n.* 《구어》음치.

tíned [taind] *adj.* 날(갈래)이 있는.

tín físh *n.* 《속어》어뢰(torpedo).

tín fóil *n.* ⓤ 석박(錫箔), 《과자·담배 따위를 싸는》 은종이.

ting¹ [tiŋ] *vt.* 《방울 따위》를 딸랑딸랑 울리다. — *vi.* 《방울 따위가》 딸랑딸랑 울리다. — *n.* 딸랑딸랑 울리는 소리.

ting² [tiŋ] *n.* = thing².

ting-a-ling [tíŋəlìŋ] *n.* 《방울 울리는》 딸랑딸랑 울리는 소리.

***tinge** [tindʒ] *n.* **1** 색조, 《희미한 색채의》 기미, 티 → COLOR 類語. ¶ There was a *tinge* of red in his hair. 그의 머리칼은 약간의 붉은 기가 돈다. **2** 《비유적》 기미, 풍미, 냄새, … 한 듯한 점(데)(smack). ¶ a *tinge* of pride 득의만만한 (데) / He replied with a *tinge* of pride. 그는 좀 억울한 듯이 대답했다. — *vt.* (**tinged, tinge·ing** or **ting·ing**) **1** …에 엷게 빛깔을 내다, …을 엷게 물들이다, …에 희미한 색조(맛)를 띠게 하다. ¶ (~+목+ 전+명) Autumn *tinges* the woods *with* a thousand beautiful varieties of color. 가을은 숲을 갖가지 아름다 운 색으로 물들인다. **2** …에 […의] 기미를 띠게 하다, 가미하다. ¶ (~+목+전+명) Her memory was *tinged* with sorrow. 그녀의 추억은 비애를 띤 것이었다.

***tin·gle** [tíŋgl] *v.* (**-gled, -gling**) *vi.* **1** 따끔따끔 아프다, 쑤시다, 얼얼하다, 욱신거리다, 《귀 따위가》 윙윙거리다. ¶ My fingers *tingle* with the cold. 추위로 손가락이 얼얼하다 / My cheek *tingled* from the slap. 따귀를 맞아 뺨이 얼얼했다 / Her words *tingled* in my ears. 그녀의 말을 듣고 귀가 아팠다. **2** [흥분 따위로] 울렁울렁하다. ¶ (~+전+명) I was *tingling* with excitement. 나는 흥분해서 속이 울렁거렸다. — *vt.* …을 따끔따끔(얼얼) 하게 하다(아프게), 《귀 따위가》를 따끔거리게 하다; …을 울렁거리게 하다, 흥분시키다. ¶ (~+목+전+명) *tingle* a person with excitement 남을 흥분으로 울렁거리게 하다. — *n.* 따끔따끔함, 얼얼함; 울렁거림, 흥분. ¶ have a *tingle* in one's fingertips 손가락 끝이 따끔따끔 아프다.
◇ **atíngle** *adj.*, **tíngly** *adv.*

tín gód *n.* 《권위·지위를 내세워 뻐기는》 자만심이 강한 사람, 겉보기만 근사한 사람(것); 우상(偶像).

tín hát *n.* 《속어》 《군인이 쓰는》 철모, 헬멧.

tin-horn [tínhɔ̀:rn] *n.* 《속어》 *n.* [특히 노름꾼 등의] 허풍선이. — *adj.* 허세를 부리는, 대단찮은, 겉만 번드 르르한.

tin·kal [tíŋk(ə)l, +美 -ka:l, -kɔ:l] *n.* = tincal.

***tink·er** [tíŋkər] *n.* **1** 《일을 찾아 돌아다니는》 땜장 이. **2** 서투른 직공. **3** 《美》 무엇이든지 하는 사람, 만물상(장이)(jack-of-all-trades). **4** 서투른 수선, 서투르게 매만지기. ¶ have a *tinker* at a TV set 텔레비전을 서투르게 본다. **5** 《美》 《미국 대서양 연안에 서식하는》 고등어. **6** 《스코·아일》 집시 (gypsy).
be not worth a tinker's damn (or **curse**) 조금도 가치가 없다.
do not care a tinker's damn (or **curse**) 조금도 개 […]의치 않다.
— *vi.* **1** 땜장이 노릇을 하다. **2** 서투르게 수선하다, 서투르게 손보다(*at, with...; away*). ¶ (~+전+명) *tinker* [*away*] *at* (or *with*) a broken machine 부서진 기계를 만지작거리다. — *vt.* …을 수선하다; …을 서투르게 수선하다(… *up*). ¶ (~+목+전+명) *tinker* an old car *into* shape 고물차를 수리하여 모양을 갖추게 하다 / (~+목+부) *tinker up* a broken radio 부서진 라디오를 임시로 수리하다.

tin·ker·er [tíŋk(ə)rər] *n.* 땜장이, 주물럭거리는 사람.

tink·er·ly [tíŋkərli] *adj.* 땜질의, 서투른, 만듦새가 엉성한.

tínker's dám *n.* **1** 가치없는 물건; 《부사적으로》 조금도 …없다. ¶ It's not worth a *tinker's dam*. 그것은 전혀 가치가 없다 / I don't care a *tinker's dam*. 나는 조금도 개의치 않는다. *tinker's damn, tinker's cuss, tinker's curse* 라고도 한다. **2** [연관 공사에서] 땜납용 흐름 방지토(土).

tín kícker *n.* 항공 사고의 조사원.

***tin·kle** [tíŋkl] *v.* (**-kled, -kling**) *vi.* 《작은 방울 종 따위가》 딸랑딸랑(짤랑짤랑) 울리다. — *vt.* …을 딸랑딸랑 (짤랑짤랑) 울리다, …을 딸랑딸랑 울려서 알리다(… *out*). ¶ *tinkle* a bell 종을 딸랑딸랑 울리다 / (~+목+ 부) The clock was *tinkling* out the hour of nine. 시계 가 울려 9시를 알리고 있었다. — *n.* **1** 딸랑딸랑(짤 랑짤랑) [울리는 소리]. ¶ the *tinkle* of a bell 종이 울리는 소리. **2** 《구어》 전화(telephone call).
◇ **tínkly** *adj.*

tin·kler [tíŋklər] *n.* **1** 딸랑딸랑 울리는 것; 《속어》 작은 종(small bell). **2** 《英방언》 = tinker.

tin·kling [tíŋkliŋ] *n.* 딸랑딸랑, 짤랑짤랑, 찌르렁찌르렁. — *adj.* 딸랑딸랑(짤랑짤랑) 울리는.

tín lízzie [-lízi] *n.* 《속어》 값싼 자동차, 중고 자동차.

tin·man [tínmən] *n.* (*pl.* **-men**[-mən]) 생철(주석)장이(직공).

tinned [tind] *adj.* **1** 주석 도금(鍍金)을 한; 주석(양철)을 댄. **2** 《주로 英》통조림한, 통조림한《美》canned).

tin·ner [tínər] *n.* **1** 생철장이, 주석 세공(細工) 직공. **2** 주석 광부.

tin·ning [tíniŋ] *n.* ⓤ **1** 주석 도금; 양철 제조. **2** 주석을 대기. **3** 《주로 英》통조림 제조《美》canning).

tin·ni·tus [tinάitəs] *n.* ⓤ [병리] 귀울림, 이명(耳鳴).

tin·ny [tíni] *adj.* (**-ni·er, -ni·est**) **1** 주석의(같은). **2** 주석을 함유하는. **3** [소리가] 주석(생철)을 울리는 듯한, 시끄러운. **4** [맛이] 깡통 냄새가 나는. **5** 하찮은, [내용이] 알팍한. **6** 단단하지 않은, 견고하지 않은. **-ni·ly** *adv.* **-ni·ness** *n.*

tín ōpener *n.* 《英》깡통따개(《美》can opener).

tin-pan [tínpǽn], **-pan·ny** [-pǽni / -pɔ́ni] *adj.* 양철 같은 소리를 내는, 요란스럽게 울리는, 시끄러운(noisy).

Tín-Pán Álley *n.* [특히 New York 시 등의] 유행가의 발생(출판) 지역; 통속 음악 작곡가(출판인)들.

tin·plate [tínplèit, ⸺] *n.* ⓤ 양철.

tin-plate [tínplèit, ⸺] *vt.* (**-plat·ed, -plat·ing**) …에 주석 도금을 하다, [주석 도금을 하여] …을 양철로 만들다. [하등(下等)의].

tin-pot [tínpɑ̀t / -pɔ̀t] *adj.* 《구어》싸구려의, 열등한.

tin·sel [tíns(ə)l] *n.* ⓤ **1** 번쩍번쩍 빛나는 쇠조각. ¶ trim a Christmas tree with *tinsel* 크리스마스 트리에 반짝반짝 빛나는 금속 조각으로 장식을 달다. **2** [자수 따위에 쓰는] 금·은실. **3** 값싸고 번지르르한 것. ── *adj.* **1** 금박처럼 빛나는, 요란스러운. **2** 겉만 번지르르한.
── *vt.* (**-seled, -sel·ing;** 《英》**-selled, -sel·ling**) 번쩍거리는 것으로 장식하다, 번쩍거리게 하다.

tin·sel·ly [tíns(ə)li] *adj.* 저속하게 화려한.

Tínsel Tówn *n.* [번쩍거리는 거리라는 뜻으로] Hollywood를 가리키는 말.

tin·smith [tínsmìθ] *n.* 생철업; 주석 세공 직공.

tin·stone [tínstòun] *n.* ⓤ [광물] 주석 광석(cassiterite).

‡**tint** [tint] *n.* **1** [연한] 색조(hue), [붉은 기·푸른 기 따위의] 기미. ➪ COLOR [類語] ¶ autumnal *tints* 단풍, 가을 빛 / a bluish *tint* 푸른 기 / red of (or with) a blue *tint* 푸른 기 도는 붉은빛. **2** 색채의 배합(濃淡). ¶ in all *tints* of red 진하고 연한 갖가지 붉은 색으로. **3** 《회색으로 바림한》은은한 빛깔, 담색(淡色). **4** [조각] 선의 음영(陰影), 선바림, 그늘. ¶ a crossed (a ruled) *tint* 교차(평행)선 음영. **5** [인쇄] [삽화 따위의] 바탕에 종이에 찍는 엷은 [지색(地色), 바탕색]. **6** 모발용 염색. **7** [비유적] 기미(tincture).
── *vt.* …에 [연하게] 빛깔을 내다(tinge). ¶ *tinted* glasses 색안경.

tin-tack [tíntæ̀k] *n.* 《英》주석 도금을 한 압정(押釘).

tin-tack [tíntæ̀k] *n.* 해고.

tint·er [tíntər] *n.* **1** 착색하는 사람(물건), 염색자. **2** [환등(幻燈)에] 쓰는 색유리. [lary.]

tin·tin·nab·u·lar [tìntinǽbjulər] *adj.* = tintinnabu-

tin·tin·nab·u·lar·y [tìntinǽbjulèri / -ləri] *adj.* 딸랑 울리는, 방울(의).

tin·tin·nab·u·la·tion [tìntinæ̀bjulèi(ə)n] *n.* ⓤⓒ 딸랑딸랑[울리는 소리].

tint·om·e·ter [tintɑ́mitər / -tɔ́m-] *n.* 색조계 (色調計) [색조를 정확히 측정하는 기구].

tin-type [tíntàip] *n.* [사진] 철판 사진, 페로타이프 ferrotype].

tin·ware [tínwɛ̀ər] *n.* ⓤ 주석 세공품, 양철 제품.

tín wédding *n.* 석혼식(錫婚式)[결혼 10주년 기념].

tin·work [tínwə̀ːrk] *n.* ⓤ 주석 제품, 양철 제품.

tin·works [tínwə̀ːrks] *n. pl.* (단·복수 양용) 주석공장, 양철 공장.

‡**ti·ny** [táini] *adj.* (**-ni·er, -ni·est**) 자그마한, 조그마한 (wee), 아주 작은. ➪ LITTLE [類語] ¶ a *tiny* little boy 아주 작은 아이, 꼬마. ── *n.* (*pl.* **-nies**) 《주로 英》자그마한 어린이, 소아. **-ni·ly** *adv.* **-ni·ness** *n.*

-tion *suf.* 동사에서 동작·상태·결과 따위를 나타내는 추상 명사를 만든다. 예: ac*tion*, contribu*tion*.

-tious *suf.* -tion으로 끝나는 명사에서 형용사를 만든다. 예: ambi*tious*, cau*tious*, supersti*tious*.

‡**tip¹** [tip] *n.* **1** 끝, 첨단. ¶ the *tips* of one's fingers 손가락 끝 / from *tip* to *tip* [날개 따위의]끝에서 끝까지 / walk on the *tips* of one's toes 발가락 끝으로 걷다, **2** 꼭대기, 정상, 정점. ¶ a mountain *tip* 산꼭대기, 산정(山頂). **3** 끝에 다는 물건(쇠붙이), 쇠구리; [지팡이·양산 따위의 끝에] 붙인 쇠; [낚싯대 따위의] 첨단부. ¶ cigarettes with filter *tips* 필터가 달린 궐련. **4** [제본용] 금박(金箔) 솔. [두철미, 온통.

from tip to toe ① 머리 끝에서 발 끝까지, ② 시종, 철
have at the tips of one's *fingers* …에 정통하다.
on (or *at*) *the tip of* one's *tongue* [말을] 자칫하면 입에서 나올 뻔하여.
to the tips of one's *fingers* 철두철미, 완전히, 깡그리.
── *vt.* (**tipped, tip·ping**) **1** …에 끝을 달다, …의 끝을 장식하다. ¶ have one's rod *tipped* 장대끝에 쇠붙이를 붙이다 // (~+圄+劚+图) a church spire *tipped with* a weathercock 끝에 풍향계(風向計)가 달린 교회의 첨탑(尖塔). **2** …의 끝을 잘라내다. ¶ have one's hair *tipped* 머리끝을 깎다. **3** [제본] [책의] 끝에 …을 끼워넣거나 끝을 풀로 붙이다(…*in*).

‡**tip²** [tip] *v.* (**tipped, tip·ping**) *vt.* **1** …을 기울이다; …을 넘어뜨리다, 뒤집어엎다 (…*over*). ¶ *tip* a table 탁자를 기울이다 / (~+圄+劚+图) *tip over* (on) a glass 잔을 뒤집어엎다. **2** 《英》[기울여] [내용물을] 쏟다(비우다), 버리다(empty). ¶ (~+圄+劚 [*out*]) rubbish 쓰레기를 비우다 / (~+圄+劚+图) He *tipped* the water *out of* the bucket *into* the ditch. 그는 양동이의 물을 도랑에 버렸다. **3** [인사하기 위하여] [모자]에 가볍게 손을 대다. ¶ (~+圄+劚+图) He *tipped* his hat *to* me. 그는 모자를 조금 들어올려 내게 인사를 했다. *vi.* **1** 기울다, 경사지다; 쓰러지다, 뒤집히다. ¶ (~+劚) The table *tipped up.* 탁자가 기울었다(쓰러졌다) / Our boat *tipped over.* 우리들의 보트가 전복했다 // (~+劚+图) The car *tipped into* the ditch. 차는 개천으로 떨어졌다.
tip off 〈구어〉① [액체를] 기울여서 비우다(버리다). ② (~*one*) …을 쭉 들이켜다. ③ (*vi.*) 〈속어·방언〉죽다, 뒈지다(die). ④ …을 죽이다.
tip over ① …을 뒤집어엎다. ②《美속어》…을 습격하다. ③《美》죽다, 뒈지다.
── *n.* **1** 기울이기(기울어지기), 경사(tilt); 뒤집어엎기, 뒤집히기. **2** 《英》쓰레기 버리는 장소(dump). ¶ a municipal refuse *tip* 시영(市營) 쓰레기장.

‡**tip³** [tip] *n.* **1** 행하(gratuity), 팁, 사례금. ¶ give a *tip* to a waiter 급사에게 팁을 주다. **2** [경마·투기 따위의] 귀띔, 비밀 정보(secret information); 예상; 조언, 암시. ¶ the *tip* that dark horse will win the race 그 흑마가 경주에서 이기리라는 예상 / give (get) the *tip* 귀띔해 주다[귀띔을 받다] / He gave me a *tip* on (or *for*) the race. 그는 그 경주의 예상을 알려주었다. **3** 좋은 착상, 묘계(妙計), 비결. ¶ a *tip* for removing ink stains 잉크의 얼룩을 없애는 비결.
miss one's *tip* 예상이 빗나가다; 실패하다.
── *v.* (**tipped, tip·ping**) *vt.* **1** [급사·하인 등]에게 행하(팁)를 주다. ¶ (~+圄+图) *tip* a waiter a dollar 급사에게 1달러의 팁을 주다 / (~+圄+圄+图) He *tipped* the servant *into* telling the secret. 그는 하인에게 팁을 주어 비밀을 털어놓게 했다. **2** 〈구어〉…을 주다, 전하다; …을 내던져 주다. ¶ (~+圄+圄+图) *tip* a person a song (a wink) 남에게 노래를 들려주다(눈짓하다). **3** 〈구어〉[경마·투기 따위에서] …을 몰래 귀띔해 주다, 밀고하다; …을 예상하다. ¶ *tip* a winner 이길 말을 예상하다. ── *vi.* **1** 행하(팁)를 주다. **2** *tip*

tip freely 아낌없이 팁을 내주다. **2** 《구어》[경마·투기 따위에서] 몰래 귀띔하다.
tip off 《구어》 ① …에 비밀 정보를 제공하다. ② …을 경고하다.
*****tip**[4] [tip] *n.* **1** 살짝 치기(tap). **2** 《야구·크리켓》 팁.
 — *vt.* (**tipped, tip·ping**) **1** …을 살짝 치다. **2** 《야구·크리켓》 [공]을 슬쩍 건드리다, 스치다, 팁하다.
tip-and-run [típən(d)rʌ́n] *adj.*, *n.* 《英》《크리켓》 배트가 공에 맞으면 곧 달리는 [방식]; 전격적인 [공격].
tip·cart [típkɑ̀ːrt] *n.* 뒷부분을 기울여서 짐을 부리는 차.
tip·cat [típkæ̀t] *n.* ⓤ 자치기 놀이 [양끝이 뾰족한 나무 조각을 막대기로 쳐서 뛰어오르게 해서 논다]; ⓒ [그 놀이에 쓰는] 나무 조각.
típ óff *n.* 플레이가 시작되기 전에 간단한 몸짓으로 자기 의도를 자기 편에 알리는 것.
tip-off [típɔ̀ːf/-ɔ̀f] *n.* 《구어》 비밀 정보, 귀띔; 경고 (warning), 예상, 암시(*on*…).
tip·per [típər] *n.* **1** 팁을 내주는 사람. **2** 몰래 귀띔하는 사람(tipster). **3** 끝에 쇠붙이를 붙이는 사람. **4** 《英》 덤프 트럭(dump truck).
tip·pet [típit] *n.* [옷 또는 모피(毛皮)의] 양끝이 앞으로 늘어뜨는 목도리, 어깨걸이; [재판관·목사의] 어깨에 두르는 천, 영대(領帶).
tip·ple [típl] *v.* (**-pled, -pling**) *vt.* [술]을 훌쩍훌쩍 마시다, 상습적으로 마시다. — *vi.* 줄곧 술에 취해 살다.
 — *n.* ⓤ 독주《익살》 마실 것. ¶ one's favorite *tipple* 즐기는 음료.
tip·pler [típlər] *n.* 술을 훌쩍훌쩍 마시는 사람, 술고래.
tip·py [típi] *adj.* (**-pi·er, -pi·est**) 《구어》 비틀거리는.
tip·py-toe [típitòu] *n.*, *vi.* (**-toed, -toe·ing**), *adj.* = TIPTOE.
típ shéet *n.* 《경마·투기 등의》 예상표. [*adv.* = tiptoe.
tip·si·fy [típsifài] *vt.* (**-fied, -fy·ing**) …을 취하게 하다.
tip·si·ly [típsili] *adv.* 술에 취하여, 술에 취해 비틀거리며.
tip·si·ness [típsinis] *n.* ⓤ 얼근히 취하기, 술에 취해 비틀거리는 걸음걸이.
tip·staff [típstæ̀f/-stɑ̀ːf] *n.* (*pl.* **-staffs** or **-staves** [-stèivz]) [옛 순경 등의] 끝에 쇠붙이가 달린 지팡이; 그 지팡이를 가지고 다니던 관리(집달리, 법정 수위, 순경).
tip·ster [típstər] *n.* 《구어》[경마·투기 따위의] 예상자, 밀보자(密報者); 정보 제공자.
tip·sy [típsi] *adj.* (**-si·er, -si·est**) **1** 얼근히 취한, 취해서 비틀거리는, ¶ a *tipsy* lurch 갈짓자 걸음. **2** 기울어진(tilted), 불안정한.
típsy cáke *n.* 포도주에 적신 카스텔라.
*****tip·toe** [típtòu] *n.* 발끝.
on tiptoe ① 발끝으로; 살그머니, 조심하여. ¶ walk *on tiptoe* 발끝으로 걷다. ② 기대하여, 열심히(eagerly). ¶ be *on tiptoe* with excitement 몹시 애가 타서서 제나저제나 하고 기다리다.
 — *vi.* (**-toed, -toe·ing**) 발 끝으로 걷다(*about*, *into* …). **2** 발 끝으로 서다. **3** 열심인, 크게 기대하고 있는. **3** 조심스러운(cautious), 살그머니 하는 (stealthy), 발소리를 죽인. — *adv.* = on tiptoe.
tip·top [típtɑ̀p/-tɔ̀p] *n.* (보통 the ~) **1** 정상, 절정 (summit). **2** 《구어》 최상(最上) [품], 뛰어남; 최고; 전성. ¶ at the *tiptop* of one's profession 전성기를 맞이하여, 장사가 번창하여. **3** 《英구어》 사회의 최고 계급.
 — *adj.* **1** 절정의. **2** 《구어》 극상의, 제1류의(first-rate) 《구어》 더할 나위 없이 (perfectly). ¶ That suits us *tiptop*. 그것은 우리에게 더할 나위 없이 맞다. [접었다 하는 의자.
típ-úp séat [típʌ̀p-] *n.* [극장 등의] 등받이를 위로
TIR (略) 《프랑스》 *Transport International Routier* (= international road transport(국제 도로 수송)).
ti·rade [táireid, tiréid / táireid, ti-] *n.* **1** 긴 열변, 긴 비난 연설. **2** 《음악》 티라드 [바로크 시대의 장식음(裝飾音)의 일종].
ti·rail·leur [tiːrɑːjə́ːr/tirɑiś:] *n.* (*pl.* **-leurs** [tiːrɑːjə́ːz/tirɑiś:]) 《프랑스》 (=sharpshooter) 산개

(散開)된 군인, 저격병.
Ti·ra·na [tiːrɑ́ːnə] *n.* 티라나 [알바니아의 수도].
*****tire**[1] [taiər] *v.* (**tired, tir·ing**) *vt.* **1** …을 피곤하게 하다(fatigue). ¶ Walking soon *tires* me. 나는 조금만 걸어도 피곤해진다 // (~ +ⓞ+⨁) I walked so fast that I *tired* her *out*. 내가 너무 빨리 걸었기 때문에 그녀는 지쳐버렸다. **2** …을 싫증나게 하다, 넌더리나게 하다. ¶ His dull lecture *tired* the audience. 그의 지루한 강연은 청중을 넌더리나게 했다 // (~ +ⓞ+⨁+ⓧ) He *tired* us *with* his long congratulations. 그는 긴 축사로 우리를 넌더리나게 했다. — *vi.* **1** 피곤해지다. ¶ (~ +⨁+ⓧ) He soon *tires* [*with* study]. 그는 곧 [공부에] 지친다. **2** 싫증나다, 물리다(*of*…). ¶ (~ +⨁+ⓧ) You will never *tire* of looking at the garden. 그 정원은 아무리 보아도 싫증나는 일은 없을 것이다.
tire down [사냥감]을 지쳐서 못 움직일 때까지 몰아 지치다.
tire for 《스코》 …을 기다리다 지치다, 기다리다 못해
 ◇ tíresome, tíreless *adj.*
*****tire**[2], 《英》 **tyre** [táiər] *n.* [철·고무의] 타이어, 바퀴테. ¶ a pneumatic *tire* [공기를 넣는] 고무 타이어.
 — *vt.* (**tired, tir·ing**; 《英》 **tyred, tyr·ing**) …에 타이어를 달다.
tire[3] [taiər] 《고어》 *n.* [여자의] 머리 장식; ⓤ 의상(attire). — *vt.* (**tired, tir·ing**) …을 [머리 장식으로] 꾸미다; …을 차려입다.
tíre cháin *n.* 자동차의 타이어에 다는 쇠사슬 [얼음이나 눈 때문에 생기는 미끄럼을 방지한다].
*****tired**[1] [táiərd] *adj.* **1** 《보통 서술적으로 써서》 피곤(피로)한(*from*, *with*…); 《한정적으로 써서》 지친. ¶ a *tired* runner 지쳐버린 주자 / get *tired* 피곤해지다 / I am dead *tired*. 나는 몹시 지쳤다 / I was *tired* from traveling. 나는 여행으로 피로해졌다 / I am quite *tired* with a long walk. 나는 장시간의 산책으로 아주 피곤하다. * 「…으로 육체적으로 피곤하다」의 뜻으로는, 현재는 be *tired* *from*…을 쓰는 것이 보통이고, be *tired* *with*…는 드물다. **2** 《서술적으로 써서》 싫증난, 물린(*of*…). ¶ grow *tired* of…에 싫증나다 / be (or get) *tired* of life 세상이 싫어지다 / I am *tired* of reading. 나는 독서에 물렸다.
(類語) *tired* 「피곤한, 싫증난」이라는 뜻의 가장 일반적인 말. *fatigued* 휴식·수면이 필요할 정도로 피곤한: be *fatigued* after a hard day's work 하루 열심히 일하여 몹시 피곤하다. *exhausted* 완전히 지쳐버린: be too *exhausted* to move an inch 완전히 지쳐버려서 전혀 움직일 수 없다. *weary* 피곤해서 (싫증나서) 계속하기가 싫은.
3 《美구어》 참을 수 없는(impatient), 지긋지긋한(disgusted). ¶ You make me *tired*! 너에게는 정말 넌더리난다.
4 써서 닳아버린, 오래 써서 낡은, 낡아빠진, 진부한 (hackneyed).
dead tired; *tired out* (*to death*) 《구어》 녹초가 된, 기진 맥진한.
sick and tired 아주 싫어진(*of*…).
 — **·ly** *adv.* **~·ness** *n.*
tired[2], 《英》 **tyred** [taiərd] *adj.* […의] 타이어를 단.
Tíred Tím (**Tímothy**) *n.* 게으름뱅이 [의 별명].
tire-kick·er [táiərkìkər] *n.* 《美속어》 [쇼핑은 하지 않고] 이것저것 보고 즐기는 사람 (window-shopper).
tire·less [táiərlis] *adj.* **1** 지칠 줄 모르는, 정력적인 (energetic), 근면한. **2** [성질·행위가] 지칠 줄 모르게, 모르는 열의. ¶ *tireless* zeal 지칠 줄 모르는 열의. **~·ly** *adv.* **~·ness** *n.*
*****tire·less**[2] [táiərlis] *adj.* 《차에》 타이어(바퀴테)가 없는.
 — **·ly** *adv.*
Ti·re·si·as [tairíːsiəs, -ʃiəs/-siəs, -əs] *n.* 《그리스 신화》 티레시아스 [테베(Thebes)의 눈먼 예언자; 목욕중인 아테나(Athena)를 보았기 때문에 눈이 멀었으나 후에 그녀의 노여움이 풀려 예언의 힘을 받았다].

tire·some [táiərsəm] *adj.* 1 지루한, 너더리나는, 싫증나는. ⇨ TEDIOUS 類語 ¶ a *tiresome* sermon 지루한 설교. 2 귀찮은, 성가신, 속상한(troublesome). ¶ a *tiresome* child 성가신 아이 / How *tiresome*! 아이 속상해! ~·ly *adv.* ~·ness *n.* ◇ tire *v.*

tire·wom·an [táiərwùmən] *n.* (*pl.* **-wom·en** [-wìmin]) (고어) 시녀, 시비(侍婢); [극장의] 여자 의상 담당원.

tir·ing [táiəriŋ] *adj.* 피로하게 하는, 고된; 지루한, 넌더리나는. [히 극장의] 분장실.

tíring ròom *n.* (고어) 의상실(dressing room); [특

ti·ro [táirou / táiər-] *n.* (*pl.* **-ros**) =tyro.

Tir·ol [tiróul, táiroul, tíral / tíral, tiróul] *n.* =Tyrol.

Ti·ros [táirous] *n.* 미항공 우주국(NASA)이 개발한 초기 기상관측용 인공위성.
(*T*elevision and *I*nfra-*R*ed *O*bservation *S*atellite)

'tis [tiz] (고어·詩) it is의 단축형.

TIS(略) *t*echnical *i*nformation *s*ystem(기술 정보 시스템).

ti·sane [ti(:)zǽn] *n.* (*pl.* **-sanes** [-zǽnz]) =ptisan.

‡tis·sue [tíʃuː, +英 -sjuː] *n.* 1 (생물) (U) 조직; [C] (한정된) 조직. ¶ muscular (nervous) *tissue* 근육 (신경) 조직. 2 (U) 얇은 직물(특히 비단(금, 은)실로 짠 것); [C] (한장의) 얇은 직물(가제). 3 (거짓말·어리석은 짓 따위의) 투성이, 연속. ¶ a *tissue* of falsehoods (or lies) 거짓말 투성이. 4 =tissue paper. 5 (U) (사진) 탄소 인화지.
── *vt.* 1 (고어) …을 얇은 직물에 짜 넣다. 2 …을 화장지로 닦아내다.

tíssue cùlture *n.* (U)(C) 조직 배양.

tíssue pàper *n.* (U) 1 박엽지(薄葉紙) 【귀중품을 싸거나 책의 삽화 위에 붙이는 종이】. 2 화장용지.

tíssue týping *n.* (U) 이식(移植) 조직 적합 검사.

tis·su·lar [tíʃular / -sjuː-] 〖생물〗 유기(有機) 조직의. ¶ *tissular* grafts 조직이식.

tit[1] [tit] *n.* 1 박새(titmouse)과(科)의 새. 2 (고어) 계집애, 말괄량이(hussy). 3 (고어) 작은 말. 4 (고어) 욕설 말(nag).

tit[2] [tit] *n.* 1 젖꼭지, 유두(teat). 2 (卑語) 유방.

tit[3] [tit] *n.* 가볍게 때리기. * 보통 다음 숙어로 쓴다.
tít for tát 앙갚음 쏘아주기, 오는 말에 가는 말.

tit. (略) title.

Tit. (略) (성서) Titus(디도에게 보낸 편지).

***Ti·tan** [táit(ə)n] *n.* 1 (그리스 신화) 타이탄 신(神) (Uranus (heaven)와 Gaea (earth)와의 사이에 태어난 거인들 중의 한 사람. Prometheus, Atlas 등]. ¶ the weary *Titan* 피로한 타이탄 (하늘을 떠받들고 있는 Atlas 신을 말함); [영국 등의] 노대국(老大國). 2 (the ~) 태양신 Helios. 3 (t-) 거인, 거대한 것; 괴력(怪力) 무쌍한 사람; 크게 뛰어난 재능을 가진 사람. 4 토성의 최대 위성. ── *adj.* (때로 t-) =Titanic.
◇ Titánic *adj.*

ti·tan·ate [táitəneit] *n.* (화학) 티탄산 염(塩).

Títan cràne *n.* 큰 기중기.

Ti·tan·ess [táitənis] *n.* 1 (그리스 신화) Titan 여신. 2 (t-) 힘이 장사인 여자, 몸집이 큰 여자.

ti·tan·ic [taitǽnik, ti-] *adj.* (화학) 티탄의.

Ti·tan·ic [taitǽnik] *adj.* 1 타이탄의, 타이탄과 같은. 2 (t-) 거대한; 힘이 장사인.

ti·ta·ni·um [taitéiniəm, -njəm] *n.* (U) (화학) 티탄(원자기호 Ti]. (草食性) 공룡].

ti·tan·o·saur [taitǽnəsɔ̀ːr] *n.* 타이타노사우루스 [초속성

Titan 2(II) [-túː] *n.* (군사) 타이탄 2(II) 〖미국의 대륙간 탄도탄(ICBM) LGM-25C의 별칭〗.

tit·bit [títbit] *n.* (주로 英) =tidbit.

ti·ter, ti·tre [táitər, títː-] *n.* (U) (화학) 역가(力價), 적정(滴定) 농도.

tit·fer [títfər] *n.* (주로 英속어) 모자(hat). 〖있는.

tith·a·ble [táiðəbl] *adj.* 10분의 1세(稅)를 부과할 수

***tithe** [taið] *n.* 1 (때로 ~s) 10분의 1세 [교구민(教區民)이 교회 유지를 위하여 내는 소득의 10분의 1세], 2 10분의 1; 조금, 소부분(小部分). ¶ only a *tithe* of the treasures in the museum 박물관 보물 중의 극히 일부.
── *v.* (tithed, tith·ing) *vt.* …에 10분의 1세를 부과하다. ── *vi.* 10분의 1세를 물다. 〖광.

títhe bàrn *n.* (英) 옛날 10분의 1세 곡물을 저장했던

tith·er [táiðər] *n.* 10분의 1세를 납입하는(징수하는) 사람.

tith·ing [táiðiŋ] *n.* 1 10분의 1세. 2 (U) 10분의 1세의 징수. 3 (古英법률) 10인조 [열 집을 한 조로 한 민간 행정의 단위].

Ti·tho·nus [tiθóunəs] *n.* (그리스 신화) 티토누스 [새벽의 여신 Eos의 사랑을 받아, 소원대로 불사(不死)의 몸이 됐으나 만년에 노쇠하여 매미로 변신되었다).

ti·tian [tíʃ(ə)n, -ʃiən] *n.* (U) (종종 T-) 황갈색, 금갈색.
── *adj.* (주로 두발이) 황갈색의, 금갈색의.

Ti·ti·ca·ca [tìtikáːkə] *n.* Lake ~ 티티카카호 (페루와 볼리비아 국경에 있는 세계 최고위(最高位)의 호수).

tit·il·late [títileit] *vt.* (**-lat·ed, -lat·ing**) …을 간질이다 (tickle); …의 흥을 돋우다.

tit·il·la·tion [tìtiléiʃ(ə)n] *n.* (U) 간질이기; 흥미를 돋우기. 〖돋우는.

tit·il·la·tive [títileitiv / -lətiv] *adj.* 간질이는, 흥미를

tit·i·vate, tit·ti- [títiveit] *vt., vi.* (**-vat·ed, -vat·ing**) (구어) …을 말쑥하게 몸치장하다, 맵시내다(smarten), 장식하다.

tit·i·va·tion [tìtivéiʃ(ə)n] *n.* (U) 몸치장, 맵시내기.

tit·lark [títlɑːrk] *n.* 1 미국 논종다리 (American pipit). 2 (英) 유럽종의 논종다리(meadow pipit).

‡ti·tle [táitl] *n.* 1 표제, 제명(題名), 서명(書名); (보통 ~s) (영화·TV) 자막, 타이틀. ¶ publish a book under the *title* of …이라는 제목의 책을 출판하다. 2 [C](U) 직함, 칭호, 작위, 학위; 직함이 있는 사람. ¶ a man of *title* 공식적인 직함(직함)이 있는 사람, 귀족. 3 (U)[C] (정당한) 권리, [권리 등을 주장할 수 있는) 자격 (right); 〖법률〗(특히 부동산의) 재산 소유권, 어떤 행동을 정당화하는 법률상의 원인; 권리 증서(to…). ¶ He has many *titles* to distinction. 그에게는 유명해질 자격이 많이 있다 / acquire (hold) *title* to property 재산의 소유권을 얻다(가지다). 4 〖법률〗10의 한 장(章). 5 (U) (교회) 성직 자격; 로마 교회에 속하는 교구 교회. 6 합금(合金) 중에 함유된 금의 순도(純度), 금위(金位) (금의 순도). 7 (경기의) 선수권 [캐럿으로 표시]. ¶ (경기의) 선수권 (championship). ¶ a *title* match 선수권 시합 / defend (lose) one's *title* 선수권을 방위하다(잃다) / play for the *title* of …의 선수권을 차지하려고 다투다. ── *vt.* (**-tled, -tling**) 1 …에 표제(제명)을 붙이다, […]은 …이라고 부르다; [영화] (필름)에 자막을 넣다. 2 …에 칭호를 주다; …을 칭호로 부르다.
◇ entítle *v.*, títular, títulary *adj.*

títle càtalog *n.* 도서명 목록.

ti·tled [táitld] *adj.* 칭호(직함·작위)가 있는.

títle dèed *n.* 〖법률〗부동산 권리 증서.

títle·hold·er [táitlhòuldər] *n.* 선수권 보유자.

títle pàge *n.* (책의)표제지, 본문 앞의 첫 페이지.

títle pàrt *n.* =title role.

ti·tler [táitlər] *n.* 영화의 타이틀을 쓰는 사람.

títle ròle *n.* 주제역(主題役) [연극·가극 등에서 주제와 같은 이름의 등장인물. 가령 *Hamlet* 극중의 Hamlet역).

ti·tling[1] [táitliŋ] *n.* (U)(C) (책의) 표지에 금박으로 박은

tit·ling[2] *n.* (英속어) 종달새류(類). 〖글자.

tit·list [táitlist] *n.* 선수권 보유자(titleholder).

tit·mouse [títmàus] *n.* (*pl.* **-mice** [-màis]) 박새과에 속하는 작은 새.

Ti·to·ism [tíːtouz(ə)m] *n.* (U) 티토주의 [Tito의 민족주의적 공산주의]. [<유고슬라비아의 대통령 Marshal Tito(1891-1980)의 이름).

Ti·to·ist [tíːtouist] *n.* 티토주의자.

ti·trate [táitreit, +美 tít-] *vt.* (**-trat·ed, -trat·ing**) 《화학》…을 적정(滴定)하다.
ti·tra·tion [taitréiʃ(ə)n, tit-] *n.* ⓤ《화학》적정.
tit-tat-toe [títtættóu] *n.* =tick-tack-toe.
tit·ter [títər] *vi.* 킥킥 웃다, 소리를 죽여 웃다. — *n.* 킥킥 웃음; 킬킬거리다.
tit·tle [títl] *n.* **1**《글자 위의》작은 점, 점획 [i의 ·, ú의 ´ 따위]. **2** 극소, 미소(微小), 티끌;《부정문에서 a ~ 로서》조금도 …이 아니다(은 없다). ¶ I don't care a *tittle*. 전혀 상관없다.
not one jot or one tittle 티끌만큼도(아주 조금도)
to a tittle 꼭, 정확하게. └…않다.
tit·tle·bat [títlbæt] *n.* =stickleback.
tit·tle-tat·tle [títltætl] *n.* ⓤ 잡담, 재잘거림, 쓸데없는 이야기(gossip); 남의 말하기. — *vi.* (**-tled, -tling**) 재잘거리다, 잡담하다; 남의 말을 주고받다.
tit·tup [títəp] *n.*《주로 英》《말(馬)이》잦은 걸음으로 달리기, 도약. — *vi.* (**-tuped, -tup·ing;** **-tupped, -tup·ping**) 《말이》도약하다, 잦은 걸음으로 달리다; 거드름피우며 걷다.
tit·tup·py [títəpi] *adj.* 깡충깡충 뛰어다니다.
tit·ty [títi] *n.* (*pl.* **-ties**)《단어》젖꼭지, 유두.
tit·u·ba·tion [titʃubéiʃ(ə)n / -tju-] *n.* ⓤ《병리》《대뇌 (小腦)의 장해로 생기는》요동; 비틀거림.
tit·u·lar [títʃulər / -tju-] *adj.* **1** 표제의, 제목의. ¶ a *titular* character 제목의 인물[Hamlet, Othello 등]. **2** 직함(칭호)의《이 있는》. **3** 유명무실의, 이름뿐인 (nominal). ¶ A *titular* leader 이름뿐인 지도자. **4** 정당한 권리가 있는, ¶ *titular* possessions 유권(有權)의 소유물. **5** 성인의 이름을 딴. ¶ A *titular* saint 교회의 수호 성인[St. Paul's Cathedral의 St. Paul 등]. — *n.* 직함(칭호)을 가지는 사람; 이름(직함)뿐인 사람. ~**·ly** *adv.*
◇ title *n.*
titular bishop *n.*《가톨릭》명의 주교(名義主敎).
tit·u·lar·y [títʃuléri / -tjuləri] *adj., n.* (*pl.* **-lar·ies**) = titular.
Ti·tus [táitəs] *n.*《성서》디도《사도 바울의 친구》; 디도에게 보낸 편지.
tiz·zy [tízi] *n.* (*pl.* **-zies**)《속어》당황한 흥분 상태 (dither). └말》.
t.j., T.J. [tíːdʒéi] *n.* = talk jockey《D.J.처럼 만든
T-junc·tion [tíːdʒʌ̀ŋk∫(ə)n] *n.* T자(字) 길; T자 접합.
TKO, T.K.O. 《略》《권투》technical knockout.
Tl 《화학》thallium의 원자 기호.
TLC 《略》tender, loving care.
t.l.o., T.L.O. 《略》《해상 보험》total loss only.
TLP 《略》transient lunar phenomenon《일시적 월면(月面) 현상》.
Tm 《화학》thulium의 원자 기호.
TM 《略》trademark; transcendental meditation; technical manual; theme music; teaching machine; teacher's manual(교사용 지침서).
T.M. 《略》true mean(진평균).
T-man [tíːmæn] *n.* (*pl.* **-men** [-mèn])《美구어》탈세 감사관. [<*T* [*treasury*] *man*]
tme·sis [(t)míːsis] *n.* ⓤ ⓒ (*pl.* **-ses** [-siːz])《문법》 분어법(分語法), 어분할(語分割)《복합어의 사이에 다른 낱말을 삽입해서 분할하는. 예: *whatsoever* person = *what* person *soever* 로 하는 따위》.
TMO 《略》telegraph money order(전신환).
Tn 《화학》thoron의 원자 기호.
TN 《美우편》Tennessee.
tn. 《略》ton; town; train.
TNC 《略》transnational corporations(다국적 기업).
TNF 《略》《군사》theater nuclear force(전역(戰域) 핵 전력).
TNO 《略》Trade Negotiation Organization([GATT 의》무역 교섭 위원회).
tnpk 《略》turnpike.
TNT [tíːentíː] 《略》trinitrotoluene, trinitrotoluol.
TNW 《略》tactical nuclear weapon(전술 핵무기).
☆**to** [강모; 약 tu, tə //] *prep.* * 어조를 높일 때 및 문장·절(節)의 끝에서는 강음(强音), 모음앞에서는 약음[tu]를, 자음앞에서는 약음[tə]을 쓴다. **1**《방향》**a)**《접근해서 도달하는 점·사람·장소 또는 물체로의 이동·방향을 나타내어》…으로, …에, …까지, …의 쪽으(로), …으로. ¶ from the front door *to* the gate 현관 입구에서 문까지 / from flower *to* flower 이 꽃에서 저 꽃으로 / go *to* school 등교하다 / on one's way *to* Paris 파리로 가는 도중 / tumble (*or* fall) down *to* the floor 마루에 굴러 떨어지다 / *To* arms! 무기를 잡아라! **b)**《도착의 뜻을 포함하지 않고 방향 또는 어떤 물체로의 운동·방향을 나타내어》…쪽으로, …에. ¶ from east *to* west 동에서 서로 / turn *to* the left 왼쪽으로 돌다. **c)** …의 방향에, …에. ¶ France is *to* the east of our country. 프랑스는 우리나라의 동쪽(에) 있다. * *on* the west of the city는 「그 도시와 서쪽에서 접하여」, *in* the northwest of the city는 「시(내)의 서북쪽」의 뜻.
2《상태의 방향·상태의 변화》…로, …에, …의 방향으로. ¶ go from bad to worse 더욱 더 악화하다 / rise *to* fame 유명해지다 / He grew *to* manhood. 그는 어엿한 남자로 성장했다.
3《도달점·범위·정도》…까지, …할 정도로. ¶ from one up *to* one hundred 하나에서 백까지 / an Englishman *to* the core 철저한(순수한) 영국인 / be rotten *to* the core 속까지 썩었다 / be honest *to* a fault 결점이라고 말할 정도로 정직하다 / be sick *to* death 죽도록 싫다 / *to* a certain extent 어느 정도까지 / They fought *to* the last man. 그들은 최후의 한 사람까지 싸웠다 / We reached the station *to* the minute. 우리는 1분도 어김없이 정거장에 도착했다.
4《접촉·근접》…에, …에 대하여(against), …의 옆에 (beside). ¶ apply lotion *to* the skin 피부에 로션을 바르다 / Tom sat next *to* me. 톰은 내 옆에 앉았다.
5《시간》…까지(until); […분]전(before). *cf.* past ¶ *to* this day 오늘까지 / *to* the end of April 4월말까지 / from morning *to* noon 아침부터 정오까지 / It is five [minutes] *to* seven. 7시 5분이다. *《美》에서는 It is five [minutes] *before* (*or of*) seven. 처럼 표현하기도 한다.
6《목적·겨냥·의도》…을 위하여(for the purpose of), …하려고(for). ¶ *to* that end 그 목적을 이루려고 / They went *to* her rescue. 그들은 그녀를 구조하려고 갔다 / They sat down *to* dinner. 그들은 만찬을 들려고 자리에 앉았다.
7《결과·효과·결과로서의 상태·결말》…에, …까지, …하게도, …할 만큼; [⋯의 결과]로 되다 ¶ *to* my amazement (regret, surprise) 기가 막히게도(유감스럽게도, 놀랍게도) / be burnt (frozen, starved) *to* death 불타(얼어, 굶어) 죽다 / be moved *to* tears 감동하여 눈물을 흘리다 / be smashed *to* pieces (*or* atoms) 산산조각이 나다 / be flattered *to* one's ruin 아첨에 귀를 기울여 신세를 망치다.
8《부속·소유》…의, …에, …으로. ¶ belong *to* …에 속하다 / a key *to* the house 집의 열쇠 / a building attached *to* the hospital 병원 부속 건물 / *to* oneself 자기자신에게, 자기에게만, 독점하여 / She is aunt *to* my mother. 그녀는 어머니의 숙모이다.
9《부가》…에다, …에 더하여. ¶ in addition *to* …에 더하여 / Add the total of the right column *to* that of the left. 왼쪽 난의 합계에 오른쪽 난의 합계를 더하시오.
10《의향·요구·권리의 대상》…에, …으로의, …을 위하여, …을 축복하여, …을 축원하여(in honor of). ¶ an heir *to* a large estate 큰 자산의 상속자 / Let's

drink a toast *to* his success. 그의 성공을 축하하여 건배합시다 / Drink *to* your health! 자네의 건강을 위해 건배!

11 《관련·관계·반응》…에 관하여(concerning), …에 대하여(in respect of). ¶ blind *to* her charms 그녀의 매력에 눈이 먼 / What will she say *to* that point? 그 점에 관해 그녀는 뭐라고 말할까? / That's all there is *to* it. 다만 그것뿐이다 / Don't refer *to* that again. 두 번 다시 그 일을 언급하지 마라.

12 《집착·결합》…에, …으로. ¶ stick *to* nothing 싫증을 잘 내다 / hold *to* one's opinion 자기 의견을 고집하다 / She is dearly all attached *to* her brother. 그녀는 오빠에게 깊은 신임으로 애착을 가지고 있다.

13 《비교·대비·비례》…에 비하면, …보다, …에 대하여, …당(當). ¶ be superior (inferior) *to* …보다 우월하다(열등하다) / a dollar *to* the pound 1파운드당 1달러 / The score was four *to* three. 득점은 4대3이었다 / 6 is *to* 2 as 12 is *to* 4.6:2=12:4 / It is ten *to* one that you'll find them at ease. 우선 틀림없이 그들은 마음놓고 있을 것이다.

14 《일치·적합·반주》…에, …에 응하여(한), …에 맞추어, …대로(의) (according to), …로써(by). ¶ a position *to* his liking 그의 마음에 맞는 지위 / a dress made *to* order 주문해서 만든(맞춘) 옷 / *to* the best of one's ability 힘이 닿는 한 / sing *to* the piano 피아노에 맞추어 노래하다 / march *to* a tune 곡에 맞추어 행진하다 / dance *to* the music 음악에 맞추어 춤추다 / She has a husband *to* her mind. 그녀에게는 마음에 맞는 남편이 있다 / I have never seen you before *to* my knowledge. 내가 알기로는 만나뵌 일이 없습니다.

15 《대향(對向)·대향》…에 대하여, 상대하여, 마주서서; 《상대적인 위치》…에 대하여. ¶ parallel *to* the ridge 능선과 평행하여 / stand face to face with …과 마주보고 서다 / fight hand *to* hand 접전하다, 백병전을 하다.

16 …로서(as). * 다음의 용례 이외는 고어. ¶ take … *to* wife …을 아내로 맞다 / call a person *to* witness 남을 증인으로 부르다 환문(喚問)하다.

17 《美구어》[농산물]로 (with). ¶ a field planted *to* corn 옥수수밭.

18 《美구어·방언》[특정 장소]에, 에서(at, in). ¶ He is *to* home. 그는 집에 있다.

19 《confess, swear, testify, witness 따위 다음에서》…이라고, …을 인정하여. ¶ confess *to* a crime 죄를 범했다고 자백하다 / testify *to* its excellence 그의 탁월성을 증명하다.

20 (* 타동사를 간접목적어 또는 먼 목적어와 결합시키거나 형용사·자동사·수동태 동사를 그 동작·적용을 한정(限定)하는 후속(後續) 명사·대명사와 결합시켜 다른 언어의 격(여격(與格)을 대신한다).
a) 《자동사·수동태 동사 다음에 와서》…에게. ¶ He spoke *to* me. 그는 나에게 말을 걸어 왔다 / What happened *to* him? 그에게 무슨 일이 생겼나? / It seems *to* me rather curious. 내게는 꽤 기묘하게 생각된다 / The letter was addressed *to* my uncle. 편지는 삼촌 앞으로 보낸 것이었다.
b) 《타동사 다음에 와서 간접목적어의 대용구(代用句)가 된다》…에게. ¶ Show the fan *to* me. (=Show me the fan.) 그 부채를 내게 보여주게 / He sent a box of apples *to* us. (= He sent us a box of apples.) 그는 우리에게 사과 한 상자를 보냈다.
c) 《형용사의 적용 방향·범위》…에 [대하여]. ¶ agreeable *to* the eye 보기에 상쾌한 / invisible *to* the naked eye 육안으로는 안 보이는 / liable *to* error 틀리기 쉬운 / necessary *to* success 성공에 필요한 / Your name is familiar *to* us all. 성함은 저희들이 모두 잘 알고 있습니다.

21 《부정사를 이끈다》(* 이 *to*는 동사 앞에 놓이는 유일한 전치사. 이 *to*를 전치사로 보지 않는다는 주장도 있다).
── **Usage¹** 다음의 예처럼 앞뒤의 관계로 뜻이 분명할 때는 *to* 만이 그 표지로서 남아 부정사는 생략된다. 특히 회화체의 문장에 많다. Ask him, if you have *to* [ask him (or do so)]. 그에게 물어보렴, 꼭 그래야만 되겠다면 말이야.
a) 《명사적 용법》…하는 것. ¶ *To* err is human, *to* forgive divine. 잘못을 저지르는 것은 사람의 일이고, 용서하는 것은 하나님의 일이다 [A.Pope의 시구(詩句)] [주어] / He tried *not to* look at the house. 그는 그 집을 안 보려고 애썼다[목적어] / What I must do is [*to*] help him. 내가 해야 할 일은 자네를 돕는 일이다 [보어]. (*《美》에서는 보어가 되는 *to* 는 종종 생략된다) / She knew when *to* praise and when *to* chide. 그녀는 언제 칭찬을 하고 언제 꾸지람을 하여 하는지를 알고 있었다 [목적어·의문사와 결합하여 명사구를 만든다].
b) 《형용사적 용법》…하기 위한, …하는, …해야 할. ¶ a house *to* let 셋집 / water *to* drink 음료수 / the first *to* arrive 맨 처음 도착하는(한) 사람 / He has no money *to* buy the book [with]. 그에게는 그 책을 살 돈이 없다 / He isn't the man *to* desert me. 그는 나를 버릴 남자가 아니다 / Please bring me something *to* drink. 뭔가 마실 것을 갖다 주십시오.
c) 《부사적 용법》[목적·결과·원인·한정(限定) 따위] …하기 위하여; …하여, …한 [나머지, 결과]. ¶ We eat *to* live. 우리는 살기 위해 먹는다 [목적] / I suppose he has grown *to* become a lawyer or a realtor. 나는 그가 커서 변호사나 부동산업자가 됐으리라고 생각한다 [결과] / I'm sorry *to* have *to* say this. 이렇게 말씀드리지 않을 수 없는 것이 유감스럽습니다 [원인·이유] / He was relieved *to* have some good news. 좋은 소식을 듣고 그는 마음이 놓였다 [원인] / How careless he is *to* commit such a blunder! 그런 실수를 하다니 그는 조심성이 전혀 없군! [이유] / *To* hear him speak English, you'll take him for an American. 그가 영어로 하는 것을 들으면 그를 미국인으로 잘못 알 것이다 [조건] / He is old enough *to* obtain a driver's licence. 그는 운전 면허를 취득할 만한 나이가 되었다 [정도] / Their delight is easy *to* understand. 그들의 기쁨은 이해하기에 어렵지 않다 (* It is easy *to* understand their delight. 라고 하면 같은 뜻이지만 *to* 부정사는 명사적 용법) [한정] / He is hard *to* please. 그는 성미가 까다롭다 [한정] / *To* begin with 우선, 무엇보다도 먼저 [독립부정사] / *To* sum it all up 통틀어 요약하면 [독립 부정사] / *To* return. 본제로 돌아가서 [독립문] / His conduct is, *to* say the least, a bit peculiar. 그의 행동은 아무리 좋게 보아도 좀 이상하다 [삽입구] / *To* think that she would believe such a report! 그녀가 그 같은 보도를 믿다니! [감탄문에 해당].

주의 다음과 같은 자동사 다음에 오는 *to* 부정사는 명사적, 형용사적, 부사적의 어느 쪽이라고 정하기가 어려우나 일반적으로 형용사적 용법에 속한다: I chanced *to* come across her in the theater. 나는 우연히 극장에서 그녀를 만났다 / They appeared *to* be surprised at his sudden emergence. 그들은 그가 갑자기 모습을 보이자 놀란 듯했다 / He seems *to* be honest. 그는 정직한 사람인 듯하다 / Ted proved *to* be a real friend. 테드는 진정한 친구였다 (친구임을 입증했다).
── **Usage²** see, hear, feel 따위의 지각 동사, make 따위의 사역 동사, help, bid 따위의 동사 다음에서는 원형(原形) 부정사를 쓴다(help는 *to*· 부정사를 수반하는 일도 있다). 그러나 수동태 문장에서는 부정사를 사용한다: We saw him *run* up the stairs. → He *was seen to run* up the stairs. 그가 계단을 뛰어 올라가는 것이 보였다 / They made us *go* against our will. →

We *were made to go* against our will. 우리는 억지로 가게 되었다.
— *adv.* [tuː] **1** 평상(平常) 상태에(로), 의식이 있는 상태에; [꼭] 닫아 오므리어. ¶ bring a ship *to* 배를 멈추다 / bring a person *to* 남을 제정신이 들게 하다 / come *to* 제정신이 들다 / heave *to* [배를] 멈추다; 정선(停船)하다 / bang a door *to* 문을 쾅하고 닫다 / Shut the door *to*. 문을 닫으시오 / Is the door *to*? 문은 닫혀 있습니까? / The door fell *to*. 문은 어느새 닫혔다. **2** [항해] 뱃머리를 바람이 불어오는 쪽으로 향하여. ¶ lie *to* 뱃머리를 바람이 불어오는 쪽으로 향해 정선하다 / The ship moored head *to*. 배는 역풍을 받고 정박하고 있었다. **3** 활동을 시작하여, 작동을 시작하여. ¶ We fell *to* with a good appetite. 우리는 식욕 왕성하게 먹기 시작했다 / They turned *to* with good will. 그들은 진지하게 일을 시작했다.
to and fro 이리저리[로], 앞뒤로(back and forth).

TO, T/O (略) table of organization([인원의]) 기구표, 편제표.
t.o. (略) table of organization; traditional orthography; turn over; turnover.
T.O. (略) Telegraph Office; turn over(다음 페이지 참조, 뒷면을 보시오).

*toad [toud] *n*. **1** 두꺼비. **2** 보기 싫은 놈(것).
a toad under a harrow 늘 압박(박해)받는 사람.
◇ tóadish *adj*. [사람 (flatterer).
toad-eat·er [tóudìːtər] *n*. 알랑거리는 사람, 아첨하는 사람.
toad-eat·ing [tóudìːtiŋ] *adj*. 아첨하는. — *n*. 아첨.
toad·fish [tóudfìʃ] *n*. (*pl*. **-fish** or **-fish·es**) **1** 아귀와 비슷한 물고기. **2** 복어.
toad·flax [tóudflǽks] *n*. 해란초의 일종 [식물 이름].
toad-in-the-hole [tóudinðəhòul] *n*. ⓤ (英)[요리] 밀가루·우유·달걀 따위를 반죽하여 덧입혀 구운 쇠고기 요리.
toad·ish [tóudiʃ] *adj*. 두꺼비 같은.
toad·stone [tóudstòun] *n*. ⓤ 두꺼비 돌 [옛날 두꺼비의 대가리나 몸속에 생긴다고 믿어 보석·부적으로 사용].
toad·stool [tóudstùːl] *n*. 버섯, 독버섯. [되었다.
toad·y [tóudi] *n*. (*pl*. **toad·ies**) 알랑거리는 사람, 아첨하는 사람(toadeater). — *vt*., *vi*. (**toad·ied, toad·y·ing**) ⋯에 알랑거리다, 아첨하다(*to*…).
toad·y·ish [tóudiíʃ] *adj*. 아첨하는, 굽실거리는.
toad·y·ism [tóudìːz(ə)m] *n*. ⓤ 알랑거림, 아첨.
to-and-fro [túːənfróu] *adj*. 앞뒤로 움직이는, 왕복의, 이리저리 움직이는. ¶ a *to-and-fro* motion 전후(前後) 운동. — *n*. (*pl*. **-fros**) 앞뒤[이리저리]로 움직임.

‡**toast**[1] [toust] *n*. ⓤ 토스트, 군 빵. ¶ a slice of *toast* 군 빵 한 조각/buttered (dry) *toast* 버터를 바른(바르지 않은) 군 빵 / *toast* and water [tóustnwɔ́ːtər, +美-wátər] [환자용의] 군 빵을 담근 더운 물.
as warm as a toast 기분좋게 [몸이] 훈훈한.
have a person on toast (英속어)남을 마음대로 다 하다.
— *vt*. **1** [빵·치즈 따위]를 누렇게 굽다, 그슬리다. **2** ⋯을 불에 데우다, 불로 데우다, 불에 쬐다. ¶ *toast* oneself 불로 몸을 녹이다 / *toast* one's hands before the fire 손을 불에 쬐어 녹이다. — *vi*. 엷은 다갈색으로(노릇노릇하게) 구워지다; 따뜻해지다.

*toast[2] [toust] *n*. **1** 축배, 건배; 축배(의) 인사, 축사; 건배를 하자는 제의(*to*…). ¶ drink a *toast* to ⋯을 위하여 축배를 들다 / propose a *toast* to ⋯에게 건배하자고 제의하다 // respond (or reply) to the *toast* 건배에 응답하여 감사의 말을 하다. **2** 축배를 받는 사람(일, 사항, 기분); 이름난 미인. ¶ She was the *toast* of the city. 그녀는 이 도시에서 이름난 미인이었다. — *vt*. ⋯에게 건배하다, 건배(의) 잔을 빌며; 건배를 받는 배를 들다. ¶ We *toasted* the guest of honor. 우리는 내빈을 위하여 건배했다. — *vi*. 건배하다.
toast·er[1] [tóustər] *n*. 빵 굽는 기구; 빵 굽는 사람.
toast·er[2] [tóustər] *n*. 건배하는 사람, 건배의 인사를 하는 사람.
toast·ing fork [tóustiŋ-] *n*. [자루가 긴]빵 굽는 포크.
toast·mas·ter [tóustmæ̀stər /-mɑ̀ːs-] *n*. [연회의] 사회자; 건배의 인사말을 하는 사람.
tóast ràck *n*. 군운 빵을 올려놓는 대(臺).
toast·y [tóusti] *adj*. (**toast·i·er, toast·i·est**) **1** 군 빵과 같은. **2** 따뜻하고 기분 좋은.

TOB (略) takeover bid.
Tob. (略) Tobias; Tobit.
‡**to·bac·co** [təbǽkou] *n*. (*pl*. **-cos** or **-coes**) **1** ⓤ (종류는 ⓒ) 담배, 살담배 (*cf*. cigar, cigaret[te]); ⓤ ⓒ [농작물로서의] 담배나무. **2** ⓤ 끽연(smoking).
to·bac·co·nist [təbǽkənist] *n*. ⦅주로 英⦆ 담배 가게, 담배 장수.
to·bac·co·phobe [təbǽkəfòub] *n*. 담배를 싫어하는 사람; 혐연권론자(嫌煙權論者).
tobácco pìpe *n*. [살담배] 파이프, 담배대.
tobácco pòuch *n*. [살담배] 쌈지.
To·ba·go [tou(ə)béigou] *n*. 토바고섬 [서인도 제도(諸島)의 최남단의 섬; Trinidad and Tobago 의 일부].
-to-be [təbíː] 「⋯이 될 예정인」, 「미래의」라는 뜻의 연결형. *ex*: a bride-*to-be* 미래의 신부.
To·bi·as [to(u)báiəs] *n*. [성서] =Tobit.
To·bit [tóubit] *n*. [성서] 도비도서(書) [구약 성서 제2 경전(經典)의 한 서, 개신교에서는 경외서(經外書) (Apocrypha)의 한 서].

to·bog·gan [təbág(ə)n / -bɔ́g-] *n*. 터보건 썰매. — *vi*. **1** [고개]를 터보건 썰매로 미끄러뜨리다. **2** ⦅美⦆ [시세·온도 따위가]급락(急落)하다.
tobóggan chùte (slìde) *n*. 터보건 썰매장(場).

(toboggan)

to·bog·gan·er [təbág(ə)nər / -bɔ́g-], **to·bog·gan·ist** [təbág(ə)nist / -bɔ́g-] *n*. 터보건 썰매를 타는 사람.
to·by [tóubi] *n*. (*pl*. **-bies**) **1** (=**tóby jùg**) 〔종종 T-〕 땅딸보 노인 형상의 맥주컵[모자 부분에 입을 대고 마신다]. **2** (=**to·bie**) ⦅美속어⦆ 가늘고 긴 값싼 엽궐련.
tóby còllar *n*. ⦅英⦆ [여자·어린이용의] 폭넓고 주름잡힌 칼라.
toc·ca·ta [təká:tə] *n*. (*pl*. **-te** [-tiː]) 〔음악〕 톡카타 [피아노·오르간용의 옛 형식의 악곡].

To·char·i·an [to(u)kɛ́(ː)riən, -káːr-] [tokáːriən, to(u)-] *n*. 토카라 사람; ⓤ 토카라 말 [중앙아시아의 인도유럽 어족(語族)의]. — *adj*. 토카라 사람(말)의.
toch·er [tákər / tɔ́kə] *n*. ⦅스코·北英⦆ 신부의 지참금(金) (dowry). — *vt*. ⋯에게 지참금(金)을 주다.
to·co [tóukou], (**to·ko**) *n*. ⓤ ⦅英속어⦆ 징벌, 체벌(體罰) (chastisement).
to·col·o·gy [to(u)káləd:i / tɔk-], (**to·kol·o·gy**) *n*. ⓤ 산과학(産科學).
to·coph·er·ol [to(u)káfərɔ̀l, -rɔ̀l / -kɔ́fərɔ̀ul, -rɔ̀l] *n*. ⦅생화학⦆ 토코페롤 [비타민 E 의 본체].
toc·sin [táksin / tɔ́k-] *n*. 경종, 경보.

tod[1] [tɑd / tɔd] *n*. **1** ⦅주로 양털의⦆ 중량 단위 [약 28파운드]. **2** ⦅英속어⦆ [특히 담쟁이덩굴의] 수풀(bush). **3** ⦅英속어⦆ 자기 자신.
tod[2] [tɑd / tɔd] *n*. ⦅스코·北英⦆ 여우(fox).
tod[3] [tɑd / tɔd] *n*. ⦅속어⦆ * 다음 숙어로 쓴다.
on one's tod 홀로, 외로이.
TOD (略) 〔항공〕 take-off distance (이륙 활주 거리).
‡**to·day, to-day** [tədéi, tu-] ✽하이픈을 넣는 철자는 구식이지만 ⦅英⦆에서는 많이 쓰인다) *n*. ⓤ **1** 오늘, 금일. ¶ *today*'s paper 오늘 신문. **2** 현재, 현대, 당세(當世); 오늘날, 목하(目下). ¶ The world of *today* 현대의

세계 / today's fashion 당세(목하)의 유행. — *adv.* **1** 오늘, 금일. ¶ It is Saturday today. 오늘은 토요일이다 / Do the work today. 오늘중에 그일을 하시오. **2** 현재[에는], 오늘날[은, 에는], 요즈음[은, 에는] (nowadays). ¶ In England the tradition still lingers even today. 영국에서는 그 전통이 오늘날에도 사라지지 않고 남아 있다.

tod·dle [tádl / tɔ́dl] *vi.* (-dled, -dling) **1** [유아(幼兒)·노인처럼] 아장아장(뒤뚝뒤뚝) 걷다. ¶ My son began to toddle. 내 아들이 아장아장 걷기 시작했다. **2** 빈들빈들 거닐다, 만보(漫步)하다; [슬슬] 나서다, 출발하다. ¶ (~+圍) You must toddle round some day soon. 곧 며칠 안에 술을 떠나도록 하십시오. **1** 아장아장 걷기; 불안정한 걸음걸이. **2** (구어) 아장아장 걷는 어린아이.

tod·dler [tádlər / tɔ́d-] *n.* [유아처럼] 아장아장 걷는 사람, 아장아장 걷는(걸음을 시작한) 유아(1-3세를 말한다); 빈들빈들 거니는 사람.

tod·dy [tádi / tɔ́di] *n.* ⓤⓒ (*pl.* -dies) 토디[브랜디나 위스키 따위에 뜨거운 물·설탕·향료를 넣은 음료]; 야자(종려)의 수액(樹液), 야자 술.

to-do [tədúː, tu-] *n.* (*pl.* -dos) (구어) 법석, 소동(bustle). ¶ make a great to-do 야단법석을 떨다.

‡**toe** [tou] *n.* **1** 발가락(*cf.* finger, heel); [동물의]발가락에 상당하는 부분. ¶ the big (*or* the great) toe 엄지발가락 / the little toe 새끼발가락 / the ball of the toe 발가락의 중앙 부분. **2** [구두·양말 따위의] 앞부리, 제철(蹄鐵)의 앞부분. **3** [기계] 축지(軸趾); [철도] 철로의 지단(端端), 레지(軌趾). **4** 발가락과 비슷한 부분; 끝부분; [골프] 채의 끄트머리.

from top to toe ⇒ TOP¹.

on one's toes (구어) 원기있게(있는), 빈틈없다.

step (or *tread*) *on a person's toes* 우연히 남의 발을 밟다; 남의 감정을 상하게 하다; 남의 영역을 침범하다.

toes up 죽은, 죽어, ~~~~ㄴ다.

turn one's toes in (*out*) 오리(팔자)걸음으로 걷다.

turn up one's toes (속어) 죽다.

— *v.* (**toed, toe·ing**) **1** (구두·양말 따위에) 앞부리를 대다. **2** …을 발가락(발끝)으로 건드리다, 발끝으로 차다. **3** …을 발끝으로 차다. **4** [골프] (공)을 골프채끝으로 치다. **5** [건축] (못)을 비스듬히 박다.

— *vi.* **1** [발가락을 특정 위치에 놓고] 걷다, 서다. ¶ (~+圍) toe in (out) 오리(팔자)걸음으로 걷다(서다). **2** [댄스에서] 발끝으로 가볍게 치다(탭을 하다).

toe the line (or *mark*, *scratch*) ① [경주 따위에] 출발선에 서다. ② 규칙 (명령, 습관)에 따르다.

toe·cap [tóukæp] *n.* (구두의) 콧등가죽, 앞닫이.

toed [toud] *adj.* **1** (보통 복합어를 만들어) 발가락이 있는. ¶ five-toed 발가락이 다섯 개 있는. **2** [건축] (못을) 비스듬히 박은.

tōe dànce *n.* 토 댄스[발레 따위에서 발끝으로 추는 춤].

toe-dance [tóudæns / -dàːns] *vi.* (-danced, -dancing) 토 댄스를 추다.

TOEFL [tóufl] (상표)토플 (*Test of English as a Foreign Language*)
※미국 ETS사의 등록상표 임.

tōe hòld *n.* **1** [등산할 때의] 발디딤 홈. **2** 유력한 발판. ¶ Family connections gave him a toe hold in politics. 가문의 연줄로 그는 정계의 발판을 열었다. **3** [레슬링] 발비틀기 [상대방의 발끝을 비트는 기술].

TOEIC [tóuik] (상표)토익 (*Test of English for Intenational Communication*)
※미국 ETS사의 등록상표 임.

toe·less [tóulis] *adj.* 발가락(발끝)이 없는.

toe·nail [tóunèil] *n.* **1** 발톱. **2** [건축] 비스듬히 박은 못. **3** [인쇄] 둥근 괄호. — *vt.* [건축] …에 못을 비스듬히 박다.

toe·shoe [tóuʃùː] *n.* (보통 ~s) [발레] 토 댄스용 신.

tōe sòck *n.* 토속스[발가락도 끼게 된 양말].

toff [tɔːf, tɑf / tɔf] *n.* 《영속어》거드름 피우는 사람, 멋쟁이; 신사인 체하는 사람.

tof·fee [tɔ́ːfi, tɑ́fi / tɔ́fi], (**tof·fy**) *n.* (주로 英) 타피 [캔디의 일종] ((美) taffy).

tof·fee-nosed [tɔ́ːfinòuzd, tɑ́fi- / tɔ́fi-] *adj.* 《英구어》젊잖은 체하는(잘난 체하는), ~~~~ㄴ다.

toft [tɔːft / tɔft] *n.* 《英방언》**1** 집과 그 대지. **2** (언덕 위의 경작하지 않은) 작은 지면.

tog [tɑg / tɔg] *n.* **1** 웃옷(coat). **2** (보통 ~s) (구어) 의복. ¶ golf togs 골프복. — *vt.* (**togged, tog·ging**) (구어) …에게 옷을 입히다, ~~~~ㄴ다. ¶ (~+圍+圍) tog oneself out (or up) 성장(盛裝)하다.

to·ga [tóugə] *n.* (*pl.* -gas, -gae) **1** 토가 [고대 로마 시민이 입던 헐거운 겉옷]. **2** [재판관·대학 교수 등의] 직복(職服). ¶ a judge's toga 재판관복.

to·ga'd [tóugəd] *adj.* =togaed.

to·gaed [tóugəd] *adj.* toga 를 걸친(입은).

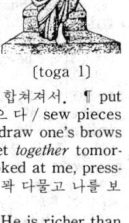

[toga 1]

‡**to·geth·er** [təgéðər] *adv.* **1** 함께, 같이, 동반하여. ¶ live together 함께 살다, 동서(同棲)하다 / go together 동반하다, 동행하다 / Let's go there one more time together. 다시 한번 함께 그곳으로 가자.

2 함께하여, 하나로[되어], 합쳐, 합쳐져서. ¶ put things together 물건을 끌어 모으다 / sew pieces together 헝겊 조각들을 꿰매 붙이다 / draw one's brows together 이마를 찌푸리다 / Let's get together tomorrow. 내일 모이자 / The woman looked at me, pressing her lips together. 그 여자는 입을 꽉 다물고 나를 보았다.

3 종합하여(in total), 모두 합쳐. ¶ He is richer than all his brothers together. 그는 자기 형제들을 모두 합친 것보다도 부자이다.

4 끊임없이, 빈틈없이, 시종 일관하여. ¶ fold a piece of cloth together 헝겊 조각을 단정히 접다/Your story does not hang together. 너의 이야기는 앞뒤가 맞지 않는다.

5 동시에, 일제히, 한번에. ¶ All my troubles came together. 성가신 일이 모두 한꺼번에 생겼다 / The bells rang out together. 종이 일제히 울려 퍼졌다.

6 계속하여, 연속하여, 쉬지 않고, ¶ study for hours together 여러 시간 계속하여 공부하다.

7 협력하여, 공동으로, 힘을 합쳐서. ¶ propose a plan together 공동의 계획안을 내놓다.

8 서로, 상호간에(mutually). ¶ talk together 서로 이야기하다 / compare together 서로 비교하다.

all together ① 모두 함께, 동시에. ② 모두, 합계.

get it [*all*] *together* (구어) 침착해지다, 깨닫다.

together with …와 함께, …와 더불어, 또 …와. ¶ He came, together with a companion. 그는 동료를 함께 데리고 왔다.

— *adj.* 《美속어》 정상적인, 제대로의; 깨달은.

◇ togétherness *n.*

to·geth·er·ness [təgéðərnis] *n.* ⓤ **1** 《美속어》 침착성, 성실성. **2** [가족의] 단란. **3** 통합, 통일.

tog·ger [tágər / tɔ́g-] *n.* 《英속어》 사순절(四旬節)에 옥스퍼드 대학에서 거행하는 경조(競漕).

tog·ger·y [tágəri / tɔ́g-] *n.* (*pl.* **-ger·ies**) ⓤ (구어) 의류, 옷; ⓒ (英) 옷의류점.

tog·gle [tɑ́gl / tɔ́gl] *n.* **1** 빗장, 비녀장 [쇠줄·밧줄의 한쪽 끝 고리에 끼우다]. **2** =toggle joint. **3** [스포츠복 따위의 옷가슴을 여미는] 장식용 막대기형 단추(빗장). — *vt.* (**-gled, -gling**) …을 빗장으로 잠그다.

tòggle jòint *n.* [기계] 토글 이음쇠 [압력을 옆으로 전하는 장치].

tòggle swìtch *n.* [전기] 토글 스위

[toggle 3]

To·go [tóugou] n. 토고 [아프리카 서부의 공화국]

To·go·land [tóugə(u)lænd] n. Guinea 만(灣)에 면해 있는 아프리카의 옛 영국·프랑스 위임 통치령 [현재 동부는 독립해서 Togo 공화국, 서부는 Ghana 국의 일부로 되어 있다].

To·go·lese [tòugəlíːz, -líːs, -góu-] adj. 토고[사람]의. — n. 토고 사람.

‡**toil**¹ [toil] n. ㉤ **1** 애[쓰는 일], 노고, 노역(勞役); ⓒ 수고스러운 것. ¶ learn with great *toil* 크게 애써서 배우다. **2** 〔고어〕 전투, 다툼, 투쟁. — vi. **1** 애쓰다, 애써서(힘써) 일하다. ¶ *toil* and moil 악착같이 일하다 / *toil* strenuously 분투 노력하다 ¶ (~+前+图) *toil* at a task 맡은 일을 알뜰히 해나가다 / The students *toiled* over their workbooks. 학생들은 연습장을 공부 하느라고 혼이 났다. **2** 애써 나아가다, 고생하며 걷다. ¶ (~+副) *toil* along 애쓰며 계속 나아가다 // (~+前+图) *toil* up a steep hill 가파른 언덕을 애쓰며 오르다. — vt. …을 애써 성취하다(이룩하다). ¶ *toil* one's way through life 아주 애쓰며 인생을 살아가다. ◇ **tóilful**, **tóilsome** adj.

toil² [toil] n. (보통 ~s) 그물; 올가미; 《비유적》 [법률 따위의] 그물, 법망. ¶ in the *toils* 올가미에 걸려; 깊이 매혹되어 / be caught in the *toils* of the law 법망에 걸려들다.

toile [twɑːl] n. ㉤ 엷은 아마포(亞麻布).

toil·er [tɔ́ilər] n. 애쓰는 사람, 노고하는 사람.

‡**toi·let** [tɔ́ilit] n. **1** 변소, 변기; (특히 욕조가 달린) 화장실; 욕실. **2** (one's~) 화장, 몸단장. ¶ make one's *toilet* (드물게) 몸단장을 하다. **3** 화장 도구 (한 벌); 〔고어〕화장대. **4** 복장, 의상(costume). **5** ㉤ⓒ 〔외과〕 (수술 후의) 세척 (洗滌).

tóilet bòwl n. 변기.

tóilet clòth (cóver) n. 화장대 덮개(보).

tóilet pàper n. 뒤지, 휴지 (toilet tissue).

tóilet pòwder n. 화장 분 [목욕 후 따위에 사용하는] 가루분.

tóilet ròll n. [화장실의] 두루마리 화장지. ¶ a *toilet roll* hanger 두루마리 화장지 걸이.

tóilet ròom n. 화장실; 《美》 변소가 달린 세면실, 욕실.

toi·let·ry [tɔ́ilitri] n. (pl. -ries) (보통 -ries) 화장품.

tóilet sèt n. 화장 도구 [한 벌].

tóilet sòap n. ㉤ 화장 비누.

tóilet tàble n. 화장대, 경대.

toi·lette [tɔ́ilet, twɑː-/twɑː-] n. **1** (one's ~) 화장, 몸치장, **2** 복장. [<F: 동계의 toilet]

tóilet tìssue n. toilet paper.

tóilet tràining n. ㉤ [유아의] 용변법 (用便法) 교육.

tóilet vìnegar n. 손 씻는 물에 타는 향수 든 식초.

tóilet wàter n. 화장수.

toil·ful [tɔ́ilfəl] adj. 힘든; 고된. **~ly** [-fəli] adv.

toil·less [tɔ́illis] adj. 힘이 안 드는, 수월한.

toil·some [tɔ́ilsəm] adj. 몹시 힘드는 (laborious), 고생스러운, 고된. **~ly** adv. **~ness** n.

toil·worn [tɔ́ilwɔ̀ːrn/-wɔ̀ːn] adj. **1** 고생하여 (노역으로) 피로한. **2** 고생한 티가 나는; 고생하여 야윈.

to·ka·mak [tóukəmæ̀k] n. 〔물리〕토카맥 [핵(核) 융합용 플라스마 봉쇄 장치].

To·kay [tou(u)kéi] n. **1** 헝가리의 Tokay 산 포도주. **2** (Tokay 산(產)의) 적색 또는 자줏빛의 달콤한 맛이 큰 포도. **3** 캘리포니아 산(產) 백포도주.

toke [touk] n. **1** ㉤ⓒ (英속어) 음식; (특히) 한 입의 빵. **2** (俗) 마리화나 담배의 한 모금. — vt. (toked, tók·ing) (마리화나 담배를) 한 대 피우다.

‡**to·ken** [tóuk(ə)n] n. **1** 표시(sign), 상징; 증거; ⇒MARK 類語. **2** 기념품; 선물. ¶ This fountain pen was a *token* of his trip to Frankfurt. 이 만년필은 그가 프랑크푸르트를 여행한 기념품이었다. **3** 진실성·권위 따위를 나타내기 위하여 쓰이는 징표, 표장(表章); 증거[품]. **4** 대용(代用) 화폐, 명목(名目) 주화(token coin); 대용 통화[지폐 따위]. ¶ a bus *token* 버스 토큰. **5** (英) (선물용) 상품 교환권, 도서권(book token). **6** (고어) 전조, 전 징조, 예고. **7** (형용사적 용법) 표시가 되는; 형식뿐인, 명색뿐인, 겉치레의. ¶ a *token* bequest 명목뿐인 유증(遺贈)물.
by the same (or *this*) *token* ① 그 증거로; 같은 이유로. ② 그 위에(furthermore), 게다가, 더우나.
in (or *as a*) *token of* …의 표시(증거)로서. ¶ as a (or *in*) *token of* my thanks 나의 감사의 표시로서 / wear a black arm band *as a token of* mourning 애도의 표시로서 검은 완장을 두르다.
more by token (고어) 그만큼 더, 점점 더, 더욱 더.
◇ **betóken** v.

tóken còin n. **1** 사주(私鑄) (대용) 화폐 [버스 요금·자동 판매기에 쓰인다]. **2** 정부의 임시 보조 화폐.

to·ken·ism [tó(u)kənìz(ə)m] n. ㉤ **1** 명목상의 인종 차별 폐지. **2** 명목상의 시책.

tóken mòney n. 명목 화폐, 대용 화폐.

tóken páyment n. ㉤ 일부 지불, 계약(착수)금.

tóken stríke n. 《英》 〔힘의 과시를 목적으로 벌이는〕 형식(적) 시한부 단기 파업.

tóken vòte n. 《英》 [의회의] 가지출(假支出) 결의.

to·ko [tóukou] n. 〔俗〕 벌.

Tok·yo [tóukiou] n. 도쿄(東京) [일본의 수도]. [람.

To·kyo·ite [tóukiouàit] n. 도쿄(東京) 주민, 도쿄 사

Tókyo Róund n. 〔경제〕도쿄 라운드 [1979년 4월에 조인된 GATT 의 관세 인하·비관세 장벽 제거를 목적으로 한 다각적 무역 교섭의 통칭; 1980년 1월 1일 발효].
cf. Uruguay Round

to·la [tóulə] n. 인도의 중량 단위 [1 rupee 은화의 중량과 같음 약 11.7g].

tol·booth [tóulbuːθ, tɔ́l-, -búː] / tɔ́l-] n. (pl. -booths [-buːðz]) =tollbooth.

tol·bu·ta·mide [tɔlbjúːtəmàid] n. 〔약학〕 내복용

told [tould] v. tell 의 과거·과거 분사.

To·le·do [təlíːdou→1] n. **1** (英 -léi-) 스페인 중부의 도시, **2** (pl. -dos) 톨레도 검(劍) [스페인의 Toledo 산 양질(良質)의 도검].

tol·er·a·bil·i·ty [tàlərəbíləti/tɔ̀l-] n. ㉤ 참을 수 있음; [건강 상태가] 패 양호함.

***tol·er·a·ble** [tálərəbl/tɔ́l-] adj. **1** 참을 수 있는, 견딜 수 있는(bearable). **2** 꽤 좋은, 괜찮은, 상당한. ¶ He earns a *tolerable* income. 그는 상당한 수입이 있다. **3** 〔구어〕 꽤 건강한. **~ness** n.
◇ **tólerably** adv., **tólerate** v.

***tol·er·a·bly** [tálərəbli/tɔ́l-] adv. **1** 참을 수 있을 만큼, 견딜 수 있을만큼. **2** 상당히, 어지간히.

***tol·er·ance** [tálər(ə)ns/tɔ́l-] n. **1** ㉤ (남의 의견·행동 따위에 대한) 관용, 관대, 용인. **2** 〔의학〕 약·독물 따위에 대한 내성(耐性), 내약력(耐藥力); 허용. **3** 〔기계·조폐〕 공차(公差), 허용차. **4** 〔종교〕 [신교] 인내.

tólerance lìmits n. pl. 〔통계〕 허용 한도. [[려].

***tol·er·ant** [tálər(ə)nt/tɔ́l-] adj. **1** 관용하는, 관대한, 용인하는. ¶ be *tolerant of* …을 용인하다. …을 관용하다 / be *tolerant to* …에 관대하다. **2** 〔의학〕 약·독 물에 대한 내성이 있는, 내약력이 있는. **~ly** adv.
◇ **tólerance** n., **tólerate** v.

***tol·er·ate** [tálərèit/tɔ́l-] vt. (·at·ed, ·at·ing) **1** …을 관대히 취급하다, 너그럽게 보다(permit), 너그럽게 보아 주다; 참다 (put up with). ¶ *tolerate* a person's impudence 남의 무례함을 용서하다. **2** 〔의학〕 [약물]에 대하여 내성이 있다. **3** 〔폐어〕 [고통이나 곤란] 에 견디다.
◇ **tóleration**, **tólerátion** n., **tólerance**, **tólerative** adj.

tol·er·a·tion [tàləréi(ə)n/tɔ̀l-] n. ㉤ **1** 관용, 관대, 묵인. **2** 이교(異敎)의 용인, 신교의 자유.

tol·er·a·tion·ist [tàləréi(ə)nist/tɔ̀l-] n. 관용주의자; 신교(信敎) 자유주의자.

tol·er·a·tive [tálərèitiv / tɔ́lərətiv] *adj.* **1** 관용하는, 너그럽게 보는. **2** 〔의학〕〔약·독물에 대하여〕 내성이 있는.

tol·er·a·tor [tálərèitər / tɔ́l-] *n.* **1** 관용을 보이는 사람, 용인자. **2** 〔의학〕〔약·독물에 대하여〕 내성이 있는 자.

*toll¹ [toul] *vt.* **1** (만종(晚鐘)·조종(弔鐘) 따위를) 〔천천히〕 치다, 울리다. ¶ *toll* a bell 종을 치다 / *toll* a funeral knell 조종을 울리다. **2** 〔사람의 죽음 따위를〕 종을 울려 알리다; (사람)을 종을 쳐서 부르다(산회(散會)시키다. ¶ *toll* a person's death 종을 울려 남의 죽음을 알리다 // (~+目+副) *toll in* people 종을 울려 사람들을 교회에 모이게 하다 // (~+目+副+名) *toll* people *out of* a church 종을 울려 사람들을 교회에서 내보내다. **3** 〔종·시계가〕 〔시간〕을 치다(알리다). ¶ The bell *tolled* two. 종이 두 시를 쳤다. ── *vi.* 〔종이〕 천천히 규칙적으로 울리다. ── *n.* 종을 울리기; 종소리.

*toll² [toul] *n.* **1** 통행 요금〔통행세·유료 도로 요금·다리 통행료·나룻배의 삯 따위〕; 사용료; 〔장·겟날 따위의〕 자릿세, 장(場)세; 〔항만의〕 하역료; 〔철도·운송의〕 운임. ¶ charge a *toll* 사용세를 받다 / levy (pay) a *toll* 사용세를 부과하다(지불하다). **2** 사용권. **3** 장거리 전화 요금. **4** (주로 방언) 방앗간의 빻는 삯〔으로 받는 곡물의 일부〕. **5** 〔세금처럼〕 뜯기는 것; 대가, 희생; 손해; 사상자수. ¶ a death *toll* 사망자수 / take a *toll* of …의 일부를 〔희생으로써〕 떼가다 / The disease took a heavy *toll* of lives. 그 병으로 많은 사람이 죽었다. ── *vt.* …을 요금(사용, 통행세) 따위로서 받다; 사용세를 부과하다. ── *vi.* 요금·통행세를 받다. ◇ **tóllage** *n.*

toll³, tole [toul] *vt.* (美방언) 〔사냥감을〕 유인하다; 〔미끼를〕 던지다; 〔가금·가축을〕 몰다. ── *vi.* 꾐에 응하다; 지도에 따르다.

toll·age [tóulidʒ] *n.* ⓤ 사용세, 통행세; 그 징수(지불).

tóll bàr *n.* 유료 도로나 다리 출입구의 차단 막대기.

toll·booth, tol-booths [tóulbùːθ, tál-, -bùːð / tɔ́l-, -bùːðz] **1** (주로 스코) 〔도시의〕 교도소(town jail). **2** 유료 도로·다리의 통행 요금 징수소.

tóll brídge *n.* 유료, 통행료를 받는 다리.

tóll càll *n.* (美) 〔특별 요금〕 장거리 전화.

tóll colléctor *n.* 통행료 징수원(징수 장치).

toll·er [tóulər] *n.* **1** 요금 (세)를 징수하는(징수하는) 사람. **2** 〔오리 사냥에 쓰는〕 작은 개.

tol·ley [táli / tɔ́li] *n.* 〔유리 구슬 놀이의〕 튀김돌.

toll-free [tóulfríː] *adj.* (美) 〔기업의 선전·공공 서비스 따위에〕 요금을 수화자(受話者)가 부담하는 무료 장거리 전화의.

tóll gàte *n.* 통행 요금 징수소 (의 관문).

toll·house [tóulhàus] *n.* (*pl.* **-hous·es** [-hàuziz]) 통행 요금 징수소, 요금 받는 곳. 〔징수원〕.

toll-keep·er [tóulkìːpər] *n.* 〔유료도로나 다리 위의〕 요금 징수원. 〔(tollkeeper)〕.

tóll líne *n.* 장거리 전화선.

toll·man [tóulmən] *n.* (*pl.* **-men** [-mən]) 요금 징수원.

tol-lol [talɔ́l / tɔ̀lɔ́l] *adj.* (俗) 반드시 나쁜 것만도 아닌, 패 좋은, 어지간한.

tóll ròad *n.* 유료 도로.

tóll thórough *n.* (英) 도로세, 다리세, 통행료(세).

tóll tráverse *n.* (英) 사유지 통행 요금(세).

tóll TV *n.* 유료 텔레비전.

toll·way [tóulwèi] *n.* 유료 도로(toll road).

tol·ly [táli / tɔ́li] *n.* (英俗) 양초(candle).

Tol·tec [táltek / tɔ́l-] *n.* (*pl.* **-tecs** *or* **-tec**) 톨텍 사람(족) 〔10세기경 Aztec 사람보다 먼저 중앙멕시코에 번영한 인디언〕. ── *n.* = Toltecan. 〔(화)의.〕

Tol·te·can [táltek(ə)n / tɔ́l-] *adj.* 톨텍 사람 (족, 어)의.

to·lú [bálsəm] [to(u)lúː-] *n.* ⓤ 톨루발삼 〔남미산(産) 향기로운 냄새가 나는 수지(樹脂)로 향료·약으로 쓰임〕.

tol·u·ene [táljuìːn / tɔ́l-] *n.* ⓤ 〔화학〕 톨루엔 〔염료·화약의 원료〕.

to·lu·ic [təljúːik, təlúːik / tɔ́ljuik] *adj.* 〔화학〕 톨루엔산(toluic acid)의.

tol·u·ol [táljuː(ː)òul / tɔ́ljuːɔl] *n.* 〔화학〕 = toluene.

Tom [tam / tɔm] *n.* 〔동물의〕 수컷; 〔특히〕 수코양이. *cf.* tabby

Tom [tam / tɔm] *n.* **1** H. B. Stowe 부인이 쓴 소설 *Uncle Tom's Cabin*(1852)의 주인공인 흑인. **2** (美俗) 백인에게 굽신거리는 흑인(Uncle Tom).
Blind Tom 술래잡기.
Tom and Jerry 럼 계란주 〔럼주에 달걀·설탕·향료를 넣어 우유 또는 물을 섞어 데워서 마시는 음료〕.
Tom, Dick, and Harry 극히 평범한 사람들; 너나할 것 없이 모두, 어중이떠중이.
── *vi.* (**Tommed, Tom·ming**) 《美俗》 〔흑인이〕 백인에게 굽신거리다.

tom·a·hawk [táməhɔ̀ːk / tɔ́m-] *n.* **1** 〔아메리카 인디언이 사용하는〕 도끼, 전부(戰斧), 토마호크. **2** (T~) 〔군사〕 토마호크 미사일 〔미해군의 순항 미사일〕.
bury the tomahawk 강화(講和)하다, 화해하다.
── *vt.* **1** …을 도끼(토마호크)로 치다 (죽이다). **2** …을 혹평하다. 〔[tomahawk]〕

tom·al·ley [táməli / təmǽli] *n.* 〔요리〕 새우의 간장 〔물에 끓이면 녹색으로 변해서 소스로 쓰인다〕.

to·man [to(u)máːn] *n.* 페르시아의 금화.

‡to·ma·to [təméitou / -máː-] *n.* (*pl.* **-toes**) **1** 토마토(의 열매); 토마토 나무. **2** (美俗) 여자, 처녀. **3** ⓤ 〔빨간〕 토마토 색(tomato red).

tomáto áspic *n.* ⓤ 토마토 주스가 든 젤리.

*tomb [tuːm] *n.* **1** 〔시체를 묻기 위한〕 묘혈 〔땅구멍〕·무덤(grave), **2** 지하 납골소(納骨所)(vault). **3** 묘석, 묘비, 묘표(墓標). **4** (the ~) 죽음(death). ── *vt.* …을 매장하다(bury). ◇ **entómb** *n.*

tom·bac, -bak [támbæk / tɔ́m-] *n.* ⓤ 인조금(人造金) 〔구리와 아연의 합금·값싼 장식용, 독일 황동(黃銅)〕, 〔싸구려〕 대용금(代用金). 〔는.〕

tomb·less [túːmlis] *adj.* 묘가 없는, 묘표(묘석)가 없는.

tom·bo·la [támbələ / tɔ́m-] *n.* **1** (英) 복권의 일종. **2** = bingo.

tom·bo·lo [támbəlòu / tɔ́m-] *n.* (*pl.* **-los**) 〔지리〕 톰볼로 〔섬이 사주(砂洲)로 육지와 이어져 육계도(陸繋島)가 되었을 경우 그 사주를 가리킨다.〕 〔가다 처녀.〕

tom·boy [támbɔ̀i / tɔ́m-] *n.* 〔사내 같은〕 말괄량이, 왈

tomb·stone [túːmstòun] *n.* 묘석, 묘비.

tom·cat [támkæ̀t / tɔ́m-] *n.* **1** 수코양이(male cat). **2** (俗) 여자 꽁무니를 쫓아 다니는 남자. ── *vi.* (**-cat·ted, -cat·ting**) (俗) 여자 꽁무니를 쫓아다니다.

tom·cod [támkàd / tɔ́mkɔ̀d] *n.* (*pl.* **-cods** *or* **-cod**) 작은 대구류의 고기.

Tóm Cól·lins [-kálinz / -kɔ́l-] *n.* ⓤ 진에 설탕·레몬즙·탄산수를 섞어 얼음에 채운 음료.

tome [toum] *n.* **1** 대(大)저술의 한 책, 한 권. **2** 〔두꺼운〕 큰 책.

-tome *cutting* 이라는 뜻의 연결형. 예: micro*tome*.

to·men·tose [to(u)méntous] *adj.* 〔식물·곤충〕 매끄러운 털이 있는, 〔양털 같은〕 면모(綿毛)로 뒤덮인, 부드러운 털로 빽빽하게 난.

to·men·tum [to(u)méntəm] *n.* (*pl.* **-ta** [-tə]) **1** ⓤ 〔식물〕 매끄러운 털, 면모(綿毛). **2** 〔해부〕 〔유막(柔膜)·뇌피질(腦皮質)의〕 미세 혈관망(微細血管網).

tom·fool [támfúːl / tɔ́m-] *n.* **1** 바보, 멍텅구리, 어리석은 사람. **2** (보통 T~) 익살꾼. ── *adj.* 아주 바보 같은, 어리석은, 멍텅구리 짓을 하는.

tom·fool·er·y [támfúːləri / tɔ́m-] *n.* ⓤⓒ (*pl.* **-er·ies**) 바보 짓, 어리석은 짓; 바보 같은 것.

Tom·ism [támiz(ə)m / tɔ́m-] *n.* = Uncle Tomism.

tom·my [támi / tɔ́mi] *n.* (*pl.* **-mies**) **1** (종종 T-) = Tommy Atkins. **2** ⓤ《英俗어》빵, 식량.

Tómmy Át·kins [-ǽtkinz] *n.* 영국〔육군〕의 병사.

Tómmy gùn *n.* **1**《상표명》톰슨식 소형 기관총 (Thompson submachine gun). **2** 소형 기관총.

tom·my·rot [támirɑ̀t / tɔ́mirɔ̀t] *n.* ⓤ《구어》헛소리, 엉터리 수작.

tómmy shòp *n.* **1** 공장내의 매점. **2** 〔원래〕물품 입금제 공장〔현재는 불법화〕. **3** 빵 판매점.

tom·nod·dy [támnɑ̀di / tɔ́mnɔ̀di] *n.* 멍텅구리.

Tóm o'Béd·lam [-əbédləm] *n.* 미치광이; 미친 체하는 거지.

to·mo·gram [tóuməgræ̀m] *n.* 《의학》단층〔斷層〕 X 선 사진.〔진 촬영 장치.

to·mo·graph [tóuməgræ̀f / -grɑ̀ːf] *n.* 단층 X선 사

to·mog·ra·phy [təmɔ́grəfi / -mɔ́g-] *n.* ⓤ《의학》단층 X선 사진 촬영〔법〕.

‡to·mor·row, to-mor·row [təmɔ́ːrou, -mɑ́r-, tu-/-mɔ́r-] (*《하이픈을 넣는 철자는 구식》) *n.* ⓤ 내일; 〔가까운〕미래, 장래. ¶ *tomorrow* morning (afternoon, evening) 내일 아침(오후, 저녁) / a week from *tomorrow* 내일 후의 내일 / the day after *tomorrow* 모레 / England's *tomorrow* 영국의 장래 / *Tomorrow* never comes. 《속담》내일은 결코 다시 오지 않는다; 오늘 할 일을 내일로 미루지 마라. —— *adv.* 내일(은); 〔가까운〕장래에. ¶ We'll meet *tomorrow*. 내일 만나도록 하자 / I hope it will be fine *tomorrow*. 내일 날씨가 쾌청하면 좋으련만.

tom·pi·on [támpiən, -pjən / tɔ́m-] *n.* =tampion.

Tóm Thúmb *n.* **1** 엄지손가락 톰〔동화의 주인공으로 엄지손가락 정도로 작다〕; 난쟁이. **2** 작은 사람(물건), 소인(小人).

Tóm Tíddler's gróund *n.* **1** ⓤ 땅뺏기 놀이〔어린이 놀이의 일종〕. **2** 줍는 물건이 그대로〔쉽게〕모두 자기 것이 되는 곳.

tom·tit [támtìt / tɔ́m-] *n.*《英방언》**1** 박새. **2** 〔일반적으로〕작은 새 (wren, chickadee, tree creeper 따위).

tom-tom [támtàm / tɔ́mtɔ̀m] *n.* **1** 톰톰 〔아메리카 인디언이나 아프리카·동양의 원주민이 손바닥으로 두드리는 가늘고 긴〕북. **2** 둥둥 하는 단조로운 북소리〔리듬〕.

-tomy 주로 외과 수술에 관해 cutting (절단), incision (절개)의 뜻의 연결형. 예: ana*tomy*, appendec*tomy*, laparo*tomy*.

‡ton[1] [tʌn] *n.* **1**〔중량 단위의〕톤. **a)** 대(大)톤, 영(英)톤 [2,240 파운드, 1,016.06kg] (long ton, gross ton). **b)** 소(小)톤, 미(美)톤 [2,000 파운드, 907.20kg] (short ton). **c)** 미터 톤 [1,000kg] (metric ton). ¶ five *ton[s]* of coal 석탄 5톤. **2** 〔용적(容積) 단위의〕톤 〔목재는 40입방피트, 석재는 16입방피트, 소금은 42 bushels 따위〕. **3** 〔배의 크기·적재 능력의 단위의〕톤. **a)** 배수(排水)톤 〔바닷물 35입방피트의 무게, 주로 군함에 쓰이다〕 (displacement ton). **b)** 적재톤 〔40입방피트〕 (freight ton, measurement ton). **c)** 등부(登簿) 톤 [100 입방피트] (register ton). **4**〔종종 ~s〕《구어》대(大)중량; 다량. ¶ This bag of yours weighs (half) a *ton*. 당신의 이 가방은 아주 무겁다 / You have a *ton* (or *tons*) of time. 시간은 충분히 있다 / This is *tons* better. 이쪽이 훨씬 좋다. **5**〔the ~〕《英속어》매시(每時) 100 마일의 속도. *cf.* ton-up ◇ **tónnage** *n.*

ton[2] [tɔːŋ] *n.* (the ~) 유행(fashion). ¶ in the *ton* 유행.

ton·al [tóunəl] *adj.* **1** 음색의, 음조의, 음질의, 색조의. **2** 색조(色調)의, 색상(色相)의. —**ly** [-nəli] *adv.*

to·nal·i·ty [to(u)næ̀ləti] *n.* ⓤⓒ (*pl.* **-ties**) **1** 〔음악〕 조성(調性). *cf.* atonality **2** 〔그림〕색조, 색채

의 배합, 배색 (配色).

to-name [túːnèim] *n.*《주로 스코》**1** 〔특히 동성(同姓) 동명인을 구별하기 위한〕별명. **2** 성(姓).

‡tone [toun] *n.* **1** 음, 음조, 장단, 음색. ¶ a loud (a harsh) *tone* 음은(귀에 거슬리는 거친) 가락 / heart *tones*〔의학〕심음(心音). **2** 말투, 어조, 어세. ¶ a *tone* of pity (command) 측은한(명령의) 말투 / take a high *tone* 큰소리치다; 잘난 체 말하다 / He spoke in an angry *tone*. 그는 노기띤 어조로 말했다. **3**〔음성〕음의 고저(高低), 음역. ¶ the four *tones*〔중국어의〕사성 (四聲). **4** 〔음악〕악음(樂音); 전음(全音)〔정(程)〕. ¶ a partial (a fundamental) *tone* 부분음(기음(基音)). **5** 풍향, 풍조, 경향, 기풍, 풍격, 기풍; 시황(市況). ¶ the *tone* of a school 교풍 / the *tone* of the market 시황. **6** 논조. ¶ the *tone* of the press 신문의 논조. **7** ⓤ〔몸·마음의〕정상적 상태; 건강(정신)의 상태. ¶ lose (recover) one's *tone* 정상적 상태를 잃다(회복하다). **8** 〔그림〕색조, 색상, 명암, 농담(濃淡). **9** 〔사진〕색조, 양화(陽畵) ⓤ 조화하다. **10** 〔무선〕가청음 in a *tone* 일치하여.〔(可聽音).

—— *v.* (**toned, ton·ing**) *vt.* **1** …에 가락 (색조)을 붙이다. **2** …의 색상(음조)을 맞추다; 〔사진〕의 색을 부드럽게 하다, 바꾸다. **3** …을 조율(調律)하다.

—— *vi.* 어떤 색상(음)이 되다; 〔색이〕조화하다.

tone down ① (*vt.*) 〔어세·색상·음성 따위〕를 부드럽게 하다. ¶ *tone down* a voice 어조를 부드럽게 하다. ② (*vi.*) 〔음성이〕낮아지다(부드러워지다).

tone [in] with …과 조화시키다, 조화하다. ¶ The curtains *tone [in] with* the carpet. 그 커튼은 양탄자와 어울린다.〔강해지다.

tone up (*vt.*) …을 높이다, 강하게 하다; (*vi.*) 높아지다.
◇ **tónal** *adj.*

tóne àrm 〔축음기 픽업의〕암, 축음기의 음관.
tóne còlor (《英》 **còlour**) *n.* ⓤⓒ〔음악〕음색.
tóne contròl ⓤ 음색 조절.

toned [tound] *adj.* **1** 〔종이가〕엷게 착색된, 노란빛을 띤. **2**《종종 복합어를 만들어》…의 가락이 있는. ¶ sweet-*toned* 아름다운 음의.

tone-deaf [tóundèf] *adj.* 〔병리〕음치의.

tone-deaf-ness [tóundèfnis] *n.* ⓤ〔병리〕음치.

tóne lànguage *n.* 음조(성조) 언어 〔중국어·타이어처럼 낱말의 의미를 성조(聲調)의 변화에 따라 구별하는 언어〕.〔단조로운.

tone·less [tóunlis] *adj.* 음(가락, 억양, 색조)이 없는;

ton·eme [tóuniːm] *n.* 토님, 음조소(音調素), 성조소 (聲調素) 〔음조 언어에서 같은 음조로 취급하는 유사 음조군(群)의 하나〕.

tone-pad [tóunpæ̀d] *n.* 톤패드〔TV 리모컨 정도의 크기로 전화 회선 따위를 이용하여 소리로 데이터를 보내는 장치〕.

tóne pòem *n.* 〔음악〕음시(音詩) 〔시적 이미지를 일으키는 음악 작품. 교향시〕. *cf.* program music

tóne quàlity *n.* ⓤ 〔음악〕음색 (timbre).

to·net·ics [to(u)nétiks] *n. pl.* 《단수 취급》음조학. *cf.* phonetics

tong[1] [tɔːŋ, tɑŋ / tɔŋ] *n.* =tongs. — *vt.* …을 부젓가락(tongs)을 써서 올리다(집다, 긁어 모으다). — *vi.* 화젓가락을 쓰다.

tong[2] [tɔːŋ, tɑŋ / tɔŋ] *n.* **1**〔중국의〕당, 정당; 협회; 조합, 결사(結社). **2** 〔미국 거주 중국인의〕비밀 결사. [<Chin *t'ang* (堂) meeting place]

ton·ga [táŋgə / tɔ́ŋ-] *n.* 〔인도의〕소형 2륜마차.

Ton·ga [táŋgə / tɔ́ŋ-] *n.* New Zealand 동북쪽의 군도(群島)로 영방내의 독립국〔수도 Nukualofa〕.

‡tongs [tɔːŋz, tɑŋz / tɔŋz] *n. pl.* 때로 단수 취급 부젓가락; 집게(도구), …집게; 〔두발용의〕집게 인두. ¶ ice (fire) *tongs* 얼음 집게(부젓가락) / a pair of *tongs* 부젓가락 한 자루.

hammer and tongs ⇒ HAMMER.

tongue [tʌŋ] *n.* **1** 혀. ¶ a coated (or a dirty, furred) *tongue* 설태(舌苔) / put out one's *tongue* at a person 남에게 혀를 내밀다. **2** ⓤⓒ [식용으로서의 소·양 따위의] 혓바닥 고기. ¶ stewed *tongue* 혓살찜. **3** [말하는 기관으로서의] 혀, 입. **4** 언어능력; 말씨; 말투. ¶ a flattering *tongue* 아첨하는 말 / a long *tongue* 장광설(長廣舌) / have a bitter (or spiteful) *tongue* 이 사납다(험하다) / have a smooth *tongue* 구변이 좋다 / have a well-oiled *tongue* 수다스럽다 / have a ready (or an eloquent) *tongue* 능변(달변)이다. **5** 언어, 국어; 방언(dialect); [특정 언어를 말하는] 국민, 민족. ⇒ LANGUAGE類語 ¶ an ancient *tongue* 고대어 / one's mother *tongue* 모국어 / gather all nations and *tongues* 모든 민족들을 불러 모으다 [←이사야서(書) (Isa.) 66 : 18]. **6** 혀 모양의 물건, 혀 모양의 부분. a) [구두의] 설(舌)가죽, 혓바닥 가죽. b) [종·방울의] 추. c) 갑(岬); 후미, 좁은 해협. d) 날름거리는 불길. e) [관악기의] 혀. f) [기계] 불쑥한 테두리(flange). g) [건축] [사개물림 판자의] 은촉(feather). h) [마차의] 끌채. i) [저울의] 지침(index). j) [버클·브로치 따위의] 편. k) [전철기(轉轍器)의] 첨단.
find one's tongue [크게 놀란 뒤 따위에] 다시 말할 수 있게 되다. *cf.* lose one's tongue
give tongue ① [사냥] 사냥개가 냄새·짐승을 발견하여] 짖다. ② 말하다, 소리치다(speak).
have (or *put, speak with*) *one's tongue in one's cheek* 겉과 속이 다른(불성실한) 말을 하다, 빈정대며 말하다.
hold one's tongue 잠자코 있다, 입을 다물고 있다.
keep a civil tongue in one's head 공손한 말씨를 쓰다.
lay one's tongue to …을 말하다, 입 밖에 내다.
lose one's tongue [부끄러움 따위로] 말문이 막히다.
on (or *at*) *the tip of one's* (or *the*) *tongue* ⇨ TIP¹.
on the tongues of men; on everyone's tongue 남의 입에 올라.
stick (or *thrust*) *one's tongue in one's cheek* 혀끝으로 볼을 불룩하게 하다[경멸의 뜻 따위를 나타낸다].
throw tongue =give tongue.
tie a person's tongue 남에게 입막음을 하다.
tongue in [*one's*] *cheek* 불성실하게(하게), 겉다르고 속다른(다르게). ⇨ have one's tongue in one's cheek.
wag one's tongue 쉴새없이 지껄여대다.
— *v.* (**tongued, tongu·ing**) *vt.* **1** [피리 따위]를 혀를 써서 취주(吹奏)하다, [악곡]을 혀를 써서 단절음으로 연주하다. **2** [건축] [판자의 가장자리]에 혀 모양의 가장자리를 만들다; …을 사개물림으로 이어 맞추다. **3** …에 혀를 대다, 핥다. **4** [고어] …을 야단치다. **5** [방언] …을 발음하다. — *vi.* **1** [음악] [피리 따위를 불 때] 혀로 단음(斷音)을 내다. **2** [드물게] 재잘거리다, 이야기하다; 핥다 (lick). **3** [육지·토지·후미 따위가] 혀처럼 돌출하다.
tóngue-and-gróove jòint [tʌŋənd.grú:v-] *n.* [건축] 사개물림, 장부촉 이음.
tongued [tʌŋd] *adj.* (주로 복합어를 만들어) 혀가 있는, …혀의, 말씨가 …한. ¶ double-tongued 일구이언의, 거짓말하는 / foul-tongued 입이 더러운(상스러운).
tóngue depréssor *n.* [美] [의사의] 압설자(壓舌子).
tongue-lash [tʌŋlæʃ] *vt., vi.* 호되게 꾸짖다, 크게 나무라다.
tongue-lash·ing [tʌŋlæʃiŋ] *n.* ⓤ 더러운 욕설, 질책 [叱責].
tongue-less [tʌŋlis] *adj.* 혀가 없는; 말 못하는.
tongue-tie [tʌŋtài] *n.* **1** 짧은 혀 [설소대(舌小帶)가 짧아 말하기가 어렵다], 혀짤배기. — *vt.* (**-tied, -ty·ing**) …을 혀가 잘 안 돌게 하다(혀짤배기 소리를 내다), …의 말문을 막히게 하다.
tongue-tied [tʌŋtàid] *adj.* **1** 혀가 짧은, 혀짤배기의. **2** [부끄러움·당혹 따위로] 말문이 막힌; 말을 안하는, 잠자코 있는.
tóngue twìster *n.* 혀가 잘 돌지 않는 발음하기 어려운 어구. *cf.* jawbreaker 예: She sells sea-shells, sherry, and sea-shoes by the sea.
tongu·ing [tʌŋiŋ] *n.* ⓤ [음악] 텅잉[관악기를 취주할 때 혀를 사용하여 단음(斷音)의 효과를 내기].
***ton·ic** [tánik / tɔ́n-] *n.* **1** 강장제; 《비유적》 기력을 돋우는 것. ¶ a hair *tonic* 양모제(養毛劑) / act as a *tonic on* the spirit 마음 든든하게 해주는 것으로서 작용하다. **2** [음악] 주음(主音) (keynote). **3** [음성] 양음(揚音) [강세] 악센트가 있는 음절. **4** [향기가 있는] 탄산수. **5** [드물게] [음성] 강세음(强勢音). — *adj.* **1** [의학 따위가] 몸을 강하게 하는; 기력을 돋우어주는. ¶ a *tonic* medicine 강장제. **2** [음악] 주음의. ¶ a *tonic* chord 주화음(主和音). **3** [음성] 강세가 있는. ¶ a *tonic* accent 양음(揚音) 악센트 (pitch accent). **4** [드물게] [언어] 음조로 의미의 구별을 나타내는. **5** [의학] 강직성(强直性)의. ¶ *tonic* spasms 강직성 경련. **-i·cal·ly** [-ikəli] *adv.* ◇ **tonícity** *n.*
to·nic·i·ty [to(u)nísiti] *n.* ⓤ **1** 강건(强健), 강장(强壯). **2** [신체의] 상태. **3** [생리] [근육의] 긴장력, 탄력성.
tónic sol-fá [-sòulfɑ́:] *n.* [음악] 토닉 솔파 기보법(記譜法).
tónic wáter *n.* (英) = tonic *n.* 4. [法].
to·ni·fy [tánifài, tóu- / tɔ́n-] *vt.* (**-fied, -fy·ing**) **1** …을 유행시키다. **2** …에 가락을 붙이다, …의 기세를 높이다.
‡**to·night, to-night** [tənáit, tu-] (＊ 취미가 뜻을 넣는 철자는 구식) *n.* ⓤ 오늘밤. ¶ *tonight's* radio program 오늘밤의 라디오 프로. — *adv.* 오늘밤에(은). ¶ He is going to start tonight. 그는 오늘밤 출발한다.
ton·ing [tóuniŋ] *n.* ⓤ (英) **1** 가락을 맞추기, 조율. **2** [사진] 조색(調色). [火藥]의 일종.
ton·ite [tóunait] *n.* ⓤ 뇌약(雷藥) [강력한 면화약(綿
tonk [tɑŋk / tɔŋk] *vt.* (英속어) 힘을 세게 치다; …에 낙승(樂勝)하다.
tón·ka bèan [tɑ́ŋkə- / tɔ́ŋkə-] *n.* 통카콩[남미산(産)] 향료목]; 그 나무.
ton·kin [tɑ́nkin / tɔ́n-] *n.* (= tónkin càne) ⓤⓒ 통킹참대 [인도차이나 반도산(産), 낚싯대·스키 지팡이용].
ton-mile [tʌ́nmáil] *n.* 톤 마일 [톤수와 마일수를 곱한 것으로 철도·항공기 따위가 일정 기간에 운반하는 운수량 단위].
tonn. [略] tonnage. [의 계산 단위].
***ton·nage** [tʌ́nidʒ] *n.* ⓤ **1** [선박의] 용적 톤수. ¶ register *tonnage* 등록 톤수. **2** [한 나라 상선의] 총톤수. **3** 톤 세(稅) [배의 입항시 등록 톤수에 따라 징수됨]. **4** ⓤⓒ [화물 따위의] 톤수. **5** (the ~) [집합적] 선박, 선박(船舶) ⇨ *ton¹ n.*
tonne [tʌn] *n.* = ton¹ 1 c).
ton·neau [tʌnóu / tɔ́nou] *n.* (*pl.* **-neaus** or **-neaux** [-nouz]) [자동차의] 뒷좌석 부분; (美) 덮개가 없는 소형 스포츠카의 좌석 부분 씌우개.
ton·ner [tʌ́nər] *n.* [보통 복합어를 만들어] …톤의 배. ¶ a fifty-*tonner* 50톤의 배.
T-O nòise *n.* [항공] 이륙 소음(值) [< take-off noise].
to·nom·e·ter [to(u)námitər / -nóm-] *n.* **1** 토노미터, 음진동기(音振動器) 측정기. **2** [의학] 안압계(眼壓計); 혈압계. **3** [물리화학] 증기압계(蒸氣壓計), 액체 장력계(張力計).
ton·sil [tɑ́ns(i)l / tɔ́n-] *n.* [해부] 편도[선].
ton·sil·lar [tɑ́ns(i)lər / tɔ́n-], **-lar·y** [-lèri] *adj.* 편도 [선]의.
ton·sil·lec·to·my [tɑ̀nsilléktəmi / tɔ̀n-] *n.* ⓤⓒ (*pl.* **-mies**) [외과] 편도(선) 절제[술].
ton·sil·li·tis [tɑ̀nsiláitis / tɔ̀n-] *n.* ⓤ [병리] 편도(선)염.
ton·so·ri·al [tɑnsɔ́:riəl / tɔns-] *adj.* 《종종 익살》 이

발사의, 이발소의; 이발. ¶ a *tonsorial* artist 이발사.
ton・sure [tánʃər / tɔ́n-] *n*. **1** 머리털을 박박 깎기, 체발(剃髮); 출가(出家). **2** (교회) [성직자로서 받아들이는] 체발식(式); 출가(出家). **3** 머리털을 박박 깎은 부분. —— *vt*. (-sured, -sur・ing) …의 머리털을 깎다; …을 성직자로 만들다.
ton・tine [tánti:n, -´-/ tɔntí:n, -´-] *n*. Ⓤ 톤틴(Tonti)식 연금법[사망한 가입자의 배당분이 생존 가입자 사이에 배분되어 가는 방식]; ⓒ 그에 따른 연금.
ton-up [tánʌp / tɔ́n-] *adj*. 《英속어》 오토바이로 시속 100마일을 내는; 폭주족(暴走族)의. *cf*. ton¹ 5
tón-ùp bóys *n*. 오토바이 스피드 광의 젊은이들.
to・nus [tóunəs] *n*. Ⓤ 《생리》 [근육 조직의] 긴장, 긴장도.
ton・y [tóuni] *adj*. (ton・i・er, ton・i・est) 《속어》 《종종 비꼬아서》 멋진, 맵시있는 (stylish); 사치스러운, 상류의.
To・ny [tóuni] *n*. (*pl*. **-nies**) 토니상(賞) [우수한 극작·연기에 대하여 해마다 the American Theater Wing 이 수여하는 상].
‡**too** [tu:] *adv*. **1** 〔전문을 수식하여〕 게다가, 그 위에 (besides); …도 또한(also); 그래도, 역시. ¶ young, clever, and beautiful *too* 젊고, 영리하고, 게다가 미인인 / You *too* are against me. 자네도 또한 내게 반대하는군 / Won't you come, *too*? 자네도 안 오겠나? / And then, *too*, she squints. 게다가또 그녀는 사팔뜨기다 / I mean to do it, *too*. 난 그것을 정말 할참이다 / *Too*, there were rumors of his innocence. 게다가 그는 결백하다는 소문이 있었다(*《美》에서는 이처럼 문장의 첫머리에 쓰인다).
—— Usage¹ *too* 와 also ——⑴ also 는 약간 형식을 차린 말로 보통은 too 나 as well 을 사용한다. ⑵ too 는 보통 문장 끝에 오지만 오해를 피하기 위해서는 이것이 꾸미는 말 뒤에 온다. 또 보통 too 의 앞(뒤)에 comma 로 끊는다. 그러나 격식을 안 차린 문체에서는 문장 끝에 오는 too 앞의 코머를 생략하는 일도 있다: He went to London[,] too. 그는 런던에도 갔다. *cf*. He, too, went to London. 그도 런던에 갔다. also 는 보통 동사 앞(조동사가 있을 경우는 그 뒤)에 온다. 문장 첫머리에 오는 경우도 있으나 보통은 문장 끝에 오는 것은 드물며, 그 경우는 too 를 쓰는 것이 보통: He *also* went to London. / He has *also* been to London. / *Also* he went to London. ⑶ 「A 는 …이 아니다, B 도 또한 …이 아니다」처럼 선행(先行)하는 문장이 부정문이고 이 뒤따르는 긍정문도 부정문일 때 그 후속 부정문에서는 also 나 too 는 either 가 된다: If you don't go, I won't go *either*. 그러나 부정문에서도, too 나 also 가 not 및 그밖의 부정어에 안 붙일 경우는, He did not come, and she *also* did not. He, *too*, has never been to London. 처럼 also, too 가 쓰인다. 또 권유를 나타내는 Won't you come, *too*?에서도 too 는 come 에 걸려 won't 와는 의미상 떨어져 있으므로 too 를 사용해도 좋다.

2 〔부사·형용사를 수식하여〕너무나…, 필요 이상으로, 너무(지나치게) …, ¶ a hat *too* big for him 그에게는 지나치게 큰 모자 / *too* long an interval 너무 긴 간격 / We cannot be *too* careful of cars. 우리는 아무리 차에 조심해도 지나치다고는 할 수 없다 / 《to- 부정사와 호응하여》 He is *too* honest to tell a lie. 그는 너무나 정직하므로 거짓말을 못한다 / This book is *too* difficult for you *to* read. (= This book is so difficult that you cannot read it.) 이 책은 너에게 너무 어려워서 읽을 수 없다.

—— Usage² This is *too* heavy for me to lift. 에서 lift 의 목적어에 대하여 —— lift 는 타동사이고, This 는 문장의 주어인 동시에 의미상 lift 의 목적어로 되어있다. 즉 to lift 는 거슬러올라가 문장의 주어를 의미상의 목적어로 삼고 있는 소급적(遡及的) 용법의 부정사이다. 따라서, to lift 뒤에 목적어를 덧붙일 필요는 없다. 예: 「그를 속이기는 쉽다」 (It is easy to deceive him.)에 대하여, 우리말에서도「그는 속이기 쉽다」처럼 (이 문장에서 주어「그」는「속이다」의 의미상의 목적어가 되어 있다) 영어에서도 He is easy to deceive. 로 하여 deceive 에 목적어 him 을 덧붙이지 않는다. 또 이 경우 우리말로「그는 속기(속이기) 쉽다」고 말하는데, 영어에서도 He is easy to be deceived. 처럼 수동형 부정사를 쓰는 일도 있다. 그러나 표제(標題)의 영문에서는 의미상의 주어 (for me)가 명시되어 있으므로 부정사는 수동형으로는 할 수 없다. for me 가 없으면 This is too heavy to be lifted [by a single person]. 과 같은 표현이 가능하다. 그러나 이 표현은 실제로는 거의 쓰이지 않는다.
—— Usage³ 구어에서는 too 가 동사 (과거분사)를 수식하는 경우가 있다: We were *too* stunned to talk. (놀라서 말문이 막혔다.)

3 《구어》 대단히, 매우(very); 《濠》《응답의 말로》 아주, 썩, 너무나 (absolutely). ¶ I am *too* happy. 나는 *too* (너무나) 행복합니다 / That's not *too* good. 그것은 썩 좋지는 않다 / He's clever. —— *Too* right, he is. 그는 영리해요. —— 정말, 그래요.
all too 너무나 …하다.
be too bad ⇒ BAD¹.
none too 조금도 …하지 않다(…이 아니다) (not at all). ¶ be *none too* pleasant 조금도 즐겁지 않다.
only (or *but*) *too* ① 유감스럽게도. ¶ It is *only too* true. 유감스럽지만 그건 사실입니다. ② 더할 나위 없이. ¶ I am *only too* glad to hear it. 그 말을 들으니 더없이 기쁘다.
quite too 《구어》 =too too.
too much (or *many, hard*) *for a person* 도저히 감당할 수 없는, 못견딜, 너무한.
too much [of a good thing] ⇒ MUCH.
too too 《구어》 대단히, 매우, 멋지게 (quite too) (* 뒤에 delightful 따위의 형용사를 생략한 형으로서 멋부리는 표현).
too・dle-oo [tù:dlú:] *interj*. 《구어》 = good-by, so long.
too・dles [tú:dlz] *interj*. = toodel-oo.
‡**took** [tuk] *v*. take 의 과거형.
‡**tool** [tu:l] *n*. **1** 〔보통 손으로 움직여서 사용하는〕 연장, 도구, 용구(*cf*. machine); 〔대패·송곳 따위의〕 공구, 〔선반 따위의〕 공작 기계. ⇒ IMPLEMENT 類語 ¶ a broad *tool* 날이 넓은 끌, 연장 / an edged *tool* 날이 있는 연장 / a set of carpenter's *tools* 한 벌의 목공 연장 / the *tools* of one's trade 장사(직업) 도구 / literary *tools* 문방구. **2** 연장 구실을 하는 것, 수단(means). ¶ Language is a *tool*. 말은 도구이다. **3** 앞잡이, 미끼 (cat's paw). ¶ use a person as a *tool*; make a *tool* of a person 남을 앞잡이(미끼)로 쓰다. **4** 〔제본〕 압형 *throw down* one's *tools* 파업을 하다. └(押型). —— *vt*. **1** …을 연장으로 세공(細工)하다; 〔돌〕을 정으로 다듬다. **2** 〔제본〕〔표지〕에 압형으로 무늬를 찍다. **3** 〔공장 따위〕에 기계(공구)를 비치하다(…up). ¶ (~+匣+副) *tool up* a factory 공장에 기계를 비치하다. **4** 《英구어》 [사람이 마차·자동차 따위]를 천천히 몰다; [말]이 [사람]을 수레에 태워 끌다. —— *vi*. **1** 연장으로 세공하다. **2** 기계 (도구)가 갖추어지다 (*up*). **3** 《英구어》 천천히 마차(자동차)로 가다 (*through* …).
tool-box [tú:bɑ̀ks / -bɔ̀ks] *n*. 연장통, 공구 상자.
tóol engineering *n*. 생산 설비 공학.
tool・er [tú:lər] *n*. tool 하는 사람; 〔석공이 쓰는〕 날이 넓은 끌.
tool・ing [tú:liŋ] *n*. Ⓤ **1** 연장을 쓰는 일 (세공). **2** 〔나무·돌·가죽 따위에 낸〕 장식 조각(彫刻). **3** 〔책 표지에〕 압형으로 무늬 찍기. **4** 〔집합적〕 공장의 기계·설비 일습. └〔공〕.
tool・mak・er [tú:lmèikər] *n*. 공작 기계 제작공 (수리)
tool・room [tú:lrù(:)m] *n*. 연장 보관실, 〔공장〕 공구 수리·제작실.
tóol sùbject *n*. 〔교육〕 방편(도구) 과목 [그 자체의 습득이 목적이 아닌 학과목].

toon [tuːn] n. 인도마호가니[동인도 제도·오스트레일리아 산(産)] 나무; ⓤ 그 재목[가구·조각용].

toot [tuːt] vi. 1 [나팔·피리 따위가] 뚜우뚜우 소리내다. 2 [사람이] 나팔(피리)을 불다. 3 [뇌조·산새 따위가] 울다. — vt. [나팔·피리]를 불다, [곡]을 나팔(피리)로 취주하다. 「을 하다. *toot one's own horn* 《美구어》허풍을 떨다, 제자랑을 하다. [나팔·피리를] 뚜우뚜우 불기; 그 소리.

‡**tooth** [tuːθ] n. (pl. **teeth**) 1 이, 치아. ¶ a canine *tooth* 송곳니 / a decayed *tooth* 충치 / a false (or an artificial) *tooth* 의치 / a milk *tooth* 젖니 / a wisdom *tooth* 사랑니 / a man with prominent *teeth* 뻐드렁니가 난 사람 / pull out a *tooth* 이를 뽑다 / grind one's *teeth* 이를 갈다 / The baby has cut a *tooth*. 아이에게 이가 나기 시작했다. 2 이 모양의 것, 치상(齒狀) 돌기; [톱나바퀴·갈퀴·쇠스랑·빗·톱·톱니 따위의]이, 날, 살, 가락이. 3 (보통 teeth) [물어뜯을 듯한] 힘, 위력, 맹위(猛威). ¶ the *teeth* of a storm 폭풍우의 위력. 4 《보통 단수형으로》 [음식의 맛] 기호(嗜好), 식성, 구미. ¶ He has a dainty (a sweet) *tooth*. 그는 입맛이 까다롭다(단 것을 즐긴다).
between the teeth 목소리를 죽여.
by the skin of one's teeth ⇒ SKIN.
cast (or *throw*)… *in a person's teeth* …에 관하여 남을 대놓고 탓하다.
chop one's teeth 《구어》 실없는 말을 지껄이다, 쓸데없는 말을 꺼내다. ¶ Now you're just *chopping your teeth*. 쓸데없는 소리를 하는군. 「…을 익히다.
cut one's teeth on 젊을 때 …을 배우다, 어릴 때부터
draw a person's teeth 남의 불평(고민)거리를 없애주다; 남을 구슬려서 휘어잡다. 「게.
from the teeth outwards 《고어》성의 없이, 무성의하
get (or *sink*) *one's teeth into* …에 정신이 팔리다, 몰두하다; …에 깊이 빠져들다(관계하다). 「터놓고,
in the (or *one's*) *teeth* 맞서서, 반항하여; 맞대놓고;
in the teeth of ① …에도 불구하고(in spite of), …을 거슬러서. ¶ *in the teeth of* the wind 바람에 맞서서, 바람에 맞서서. ② 바로 면전에서.
lie in one's teeth 새빨간 거짓말을 하다.
long in the tooth 늙은, 나이든, 중년을 지난.
put teeth in (or *into*) …에 위력을 주다, …의 효력을 높이다.
set (or *clench*) *one's teeth* 이를 악물다; 결심을 단단히 하다.
set (or *put*) *a person's teeth on edge* [거슬리는 소리 따위로] 남을 불쾌하게 만들다, 남을 신경질나게 하다, 괴롭히다.
show one's teeth [이를 드러내어] 적의를 보이다; 화(불만)를 터뜨리다; 협박하다. 「도.
to a person's teeth 《고어》맞대놓고, 당ել(대당)하게
to the (or *one's*) *teeth* 완전히, 아주; 충분히.
tooth and nail 필사적으로, 있는 힘을 다하여.
— vt. 1 …에 이를 내다(달다); [톱 따위의] 날을 세우다(갈다). ¶ *tooth* a saw 톱니를 갈다, 톱날을 세우다. 2 …을 물다(bite). — vi. 톱니 바퀴가 맞물다.
◇ **tóothy** *adj*.

‡**tooth·ache** [túːθèik] n. ⓤⓒ 치통. ¶ have a *toothache* 이를 앓다, 이가 아프다.

*****tooth·brush** [túːθbrʌ̀ʃ] n. 칫솔.

tooth·comb [túːθkòum] n. 《英》 참빗(살이 촘촘한 빗). 「[조사하다].
go through…*with a toothcomb* …을 샅샅이 뒤지다 — vt. …을 참빗으로, 철저히 조사하다.

toothed [tuːθt, +美 tuːðd] *adj*. 1 이가 있는, 이가 붙은;《복합어를 만들어》이가 …인. ¶ buck-*toothed* 뻐드렁니의. 2 [식물의] 톱니모양의, 이가 아가리.

tooth·ful [túːθfùl] n. [술 따위의] 모금, 조금; 한 입의 음식.

tooth·ing [túːθiŋ, +美 túːð-] n. ⓤ 1 (날)을 달기(세우기). 2 [톱니바퀴의] 맞물림,《집합적》톱니바퀴의 이.

tooth·less [túːθlis] *adj*. 1 이가 없는. 2 둔한 (dull), 효과(효력)가 없는 (ineffectual). 「起).

tooth·let [túːθlit] n. 작은 이; 작은 이 모양의 돌기(突

tooth·paste [túːθpèist] n. ⓤ[크림] 치약.

tooth·pick [túːθpìk] n. 1 이쑤시개. 2 이쑤시개

tóoth pòwder n. ⓤ 치분, 가루 치약. 「통.

tooth·some [túːθsəm] *adj*. 1 맛있는, 맛 좋은(tasty). ¶ a *toothsome* dish 맛있는 요리. 2 유쾌한, 흡족한 (pleasant). 3 [성적인] 매력이 있는.
~·ly *adv*. ~·ness n.

tooth·y [túːθi, +美 túːði] *adj*. (**tooth·i·er, tooth·i·est**) 1 뻐드렁니의, 이를 드러낸. ¶ a *toothy* smile 이를 드러내고 웃는 웃음. 2 맛있는, 구미를 돋우는. 3 《고어》날카로운, 통렬한.

too·tle [túːtl] vi. (**-tled, -tling**) 1 [피리 따위]를 조금씩 불다, 계속 불다. 2 터벅터벅 걷다. 3 떠나다, 철수하다(*off*). — n. 1 피리 소리. 2 실없는 말(문장). 3 《美》드라이브.

too-too [túːtúː] *adj*. 아주 형편없는, 아주 속되고 야한. — *adv*. 아주 형편없이, 아주 속악(俗惡)하게.

toots [tuts] n.《속어》《낯선 여성에 대한 부르는 말로》아가씨, 이봐요〔친밀감·장난기 섞인 호칭〕.

toot·sy [tútsi] n. (pl. **-sies**)《속어》1 《어린이말》발 (foot). 2 =toots. 3 여자, 아가씨.

toot·sy-woot·sy [tútsiwùtsi] n. (pl. **-woot·sies**) 《속어》=tootsy.

‡**top**¹ [tap / tɔp] n. 1 최상부, 맨 꼭대기, 가장 높은 데, 정상; 맨 끝. ¶ the *top* of a mountain (a tree) 산꼭대기(나무 꼭대기). 2 [토지·테이블의]표면, 거죽; 구두의 맨 윗 부분; [책의] 맨 윗쪽; 페이지의 상단. ¶ the *top* of a table 테이블의 윗면; 윗자리, 상좌(上座) / the *top* of the water 수면. 3 [비탈 따위의] 맨 위, 상단(上端), [방·좌석의] 윗자리; 상좌, 상석. ¶ be seated at the *top* of a table 식탁의 상석에 앉아 있다.
類語 **top** 가장 높은 곳(점, 면): the *top* of a hill (page) 언덕의 정상(페이지의 최상단). **summit** 최고의 위치; 노력을 통해 도달함을 암시: the *summit* of Mt. Halla (the government) 한라산의 정상(정부의 최고 지위). **peak** 뾰족한 summit; 그래프로 표시할 수 있는 최고점(點): the Himalayan *peaks* 히말라야의 봉우리들 / the *peak* of water consumption 물 소비를 가장 많이 하는 때.
4 《보통 ~s》 [식물의] 땅위로 나와 있는 부분, [무·당근 따위의] 잎 부분(*cf*. root); 가지의 끝, 가지 끝의 새싹.
5 최고의 지위(위치), 최고의 사람(것), 수석, [보트의] 1번 노잡이; 가장 좋은 부분, 알짜, 정수. ¶ come out [at the] *top* 일등이 되다 / go on *top* 선두에 서다 / the *top* of a crop 수확물 중의 최우량품 / He is at the *top* of his class. 그는 반에서 수석이다.
6 (the ~) 절정, 힘의 최고 한도, 전성기, 극치(極致). ¶ at the *top* of one's voice 목청껏 큰 소리로 / a price of five dollars, at the *top* 5달러라는 최고의 시세(값).
7 (the ~) 최초의 부분, 시초. ¶ the *top* of the year 연두(年頭), 연초.
8 (~) 《열차의》 지붕; [마차·자동차 따위의] 지붕, 덮개; [참호의] 흉벽 꼭대기; [서커스장의] 천막. ¶ The big *top* 큰 텐트; 서커스.
9 [상자·냄비 따위의] 뚜껑, [병 따위의] 마개.
10 [투구 따위의] 앞에 다는 털술 장식; [머리털·섬유의] 한 다발[1/2파운드, 약 680그램].
11 [귀걸이의] 귓불에 다는 부분; [보석의] 관부(冠部); (~s) 꺼풀만 도금한 단추.
12 《항해》장루(檣樓); 중장(中檣) 돛 (topsail).
13 [카드놀이] 손에 든 으뜸 패; (~s) 최고의 연속패.
14 《골프》 공의 위쪽을 치기; 위쪽을 맞아 도는 공의 회전 운동.

15 [야구] [한 회의] 초(初). *opp.* bottom. **16** ⓤ [자동차의] 톱기어. **17** [비키니 수영복 따위의] 윗부분; 투피스의 윗도리. *blow one's* **top** 《속어》 ① 발끈하다. ② 머리가 돌다. *come to the* **top** 《속어》 뛰어나다, 빼어나다. *from* **top** *to toe* (or *bottom*, *tail*) 머리 꼭대기에서 발끝까지; 《비유적》 고스란히, 완전히(completely). *go over the* **top** ① 참호의 흉벽을 넘어 공격하다. 《비유적》 과감하게 행동하다. ② 한도를 넘어서다. *in* **top** 《英》 최고 속력으로. *off the* **top** 《속어》 총수입에서. 「무턱대고. *off the* **top** *of one's head* 《美》 깊이 생각하지 않고, *on* **top** ① 위쪽에 (above); 《英》 [버스 따위의] 2층석에. ② 순조롭게, 성공하여. ¶ *come out on top* 《경기·소송 따위에서》 이기다; 우세하다. *on* [*the*] **top** = *in top.* *on* (or *upon*) [*the*] **top** *of* ① …의 위에 (on, over). ¶ *Put the book on top of the others.* 그 책을 다른 책 위에 포개어 놓으시오. ②…에 더하여. ③…에 가까운 (close upon). 「에서. *on* **top** *of the world* 《구어》 성공의 절정 (유명, 행복)의 절정. **top** *and* **tail** ① 전체, 전부. ② 결국은. ③ 모조리, 고스란히, 몽땅. 「으로. **top** *and* **topgallant** 《항해》 돛을 모두 올리고; 전속력. *the top of the tree* (or *the ladder*) 최고의 지위; 그 분야의 제1인자. 「*from top to toe.* **top** *to bottom* ① 거꾸로, 머리를 아래로 하여. ② =
— *adj.* [한정용법] 최고의; 맨 위의; 수석의, 수위의. ¶ *a top boy* 수석 학생 / *a top manager* 사장 / *a top secret* 극비 / *at top speed* 전속력으로 / *win top honors* 최고 영예를 차지하다.
— *v.* (**topped, top·ping**) *vt.* 1 …에 꼭대기(지붕 따위)를 씌우다; …의 꼭대기(표면)를 덮다; …에 뚜껑(덮개)을 씌우다; …에 …을 씌워서 마무리하다; …의 정상에 있다. ¶ *top a carriage* 마차에 덮개(포장)를 씌우다 / *A pine tree tops the hill.* 언덕 꼭대기에 소나무가 한 그루 있다.
2 …의 수위를 차지하다, …을 능가하다(excel). ¶ *He tops his English class.* 그는 영어반에서 수석을 차지하고 있다.
3 …의 정상에 오르다(이르다); …의 위에 올라가다. ¶ *The sun topped the horizon.* 해가 지평선 위로 떠올랐다.
4 [높이·무게 따위가] …에 이르다, …을 넘다(surpass). 5 [배역 따위를] 훌륭히 해내다. ¶ *top one's part* 자기가 맡은 배역(역할)을 훌륭히 해내다. 6 [식물 따위의] 우듬지(끝)를 잘라내다(치다, 다듬다). ¶ *top a tree* 나무의 가지 끝을 잘라내다. 7 …을 뛰어넘다. 8 [공에] 꼭대기(표면)의 한쪽 끝을 울리다. 9 《화학》 [휘발성 물질]을 증류하여 제거하다. 10 《골프》 [공]의 위쪽을 치다. 11 [흙 위]에 거름을 주다. ¶ (~+囯+졔+쥠) *top soil with manure* 흙에 거름을 주다.
— *vi.* 1 높이 솟다; 빼어나다, 탁월하다. 2 《골프》공의 위쪽을 치다.
top off (or *up*) …의 마무리(끝손질)를 하다, …을 끝내다. ¶ *top it all* 게다가. 「내다, 마지막을 빛내다. *top up* ① [반쯤 들어 있는 것을] 더 부어서 가득 채우다. ②…을 끝내다 (top off).
◇ **tópful, tópmost, tops** *adj.*

†top² [tap / tɔp] *n.* 팽이. ¶ *spin a top* 팽이를 돌리다. *sleep like a* **top** 단잠을 자다, 푹 자다, 숙면하다.

top- ⇒ TOPO-. 「작은 국가의 군주(지배자). **to·parch** [tóupɑːrk, tɔ́p-] *n.* [도시 몇개를 합친 정도의] **to·paz** [tóupæz] *n.* 1 ⓤⓒ 황옥, 황수정. 2 [목덜미가 황옥색인] 벌새(hummingbird)의 일종.

tóp banána *n.* 《美속어》 주연자, 주연 희극 배우. 2 가장 중요한 인물.

tóp bílling *n.* 1 [배우·예능인의 이름이 실린 광고

의] 첫째번, 맨 위. 2 눈에 띄는 광고(선전), 대대적인 광고(선전, 취급).
tóp bóot *n.* [일종의] 장화, 승마용 장화.
top-brack·et [tápbrǽkit / tɔ́p-] *adj.* =top-drawer.
tóp brass *n.* (the ~) 《집합적》 《美》 고급 장교.
tóp-cap [tápkæp / tɔ́p-] *vt.* 타이어 겉주를 갈아붙이다.
tóp·coat [tápkòut / tɔ́p-] *n.* [가벼운] 외투; 토퍼.
tóp dóg *n.* 《구어》 1 승자(勝者). *opp.* underdog 2 주요 인물, 우두머리, 보스.
top-down [tápdàun / tɔ́p-] *adj.* 상의하달(上意下達) 방식의, 말단까지 조직화된. 2 《구어》 위로부터 아래까지, 포괄적인. *opp.* bottom-up
tóp-down prógramming *n.* 《컴퓨터》 하강형(下降形) 프로그래밍 [맨 처음에 계층 계열의 최상위 부분, 다음의 바로 아래 레벨의 부분으로, 순차적으로 각 부분을 설계하는 방법의 프로그래밍].
tóp dráwer *n.* (the ~) 《구어》 상류 계급. ¶ *come out of the top drawer* 상류 계급 출신이다.
top-draw·er [tápdrɔ́ːər / tɔ́p-] *adj.* [계급·중요성 따위가] 가장 높은. *cf.* top-notch — *n.* 《英》 상류 계급. 「뿌리다.
top-dress [tápdrès / tɔ́p-] *vt.* [흙의 표면에] 비료를
tóp dréssing *n.* ⓤⓒ 1 흙 표면에 뿌리는 비료. 2 흙 표면에 비료를 뿌리기. 3 도로의 맨 위층[자갈·쇄석 따위]. [일반적으로 물건의] 상층.
tope¹ [toup] *vi., vt.* (**toped, top·ing**) 《고어》 술독에 빠져 지내다; 노상 술을 마시다.
tope² [toup] *n.* [유럽 연안산(産)] 향사상어의 일종.
tope³ [toup] *n.* 둥근 지붕의 불탑(佛塔). 「[모자].
to·pee, to·pi [toupíː, -pi] *n.* 《インド》 차양이 넓은 헬멧
To·pe·ka [təpíːkə] *n.* 미국 Kansas 주의 주도.
top·er [tóupər] *n.* 술고래, 대주가.
top·flight [tápflàit / tɔ́p-] *adj.* 최상의(best), 일류의.
top·ful, top·full [tápfùl / tɔ́p-] *adj.* 《드물게》 그릇이 가득, 넘칠 정도의(brimful).
top·gal·lant [tàpgǽlənt / tɔ́p-] *n.* 《항해》 1 톱갤런트 마스트, 윗돛대[횡범선(橫帆船)의 밑에서 세 번째 돛대, 마스트 보양돛대에 닿아야 세운 것]. 2 윗돛대에 달린
top and topgallant ⇒ TOP¹. 「돛.
— *adj.* 1 윗돛대의. 2 최고의, 최상의.
tóp géar *n.* ⓤ 《英》 [기계] [자동차의] 톱 기어. *opp.* bottom gear
tóp gún *n.* 1 《美》 대가(大家); 일류급 인사. 2 《美공군》 공군사관학교 최우수 졸업생; 《美해군》 해군 전투 병기 학교(Naval Fighter Weapons School)의 별칭.
tóp·ham·per [táphæmpər / tɔ́p-] *n.* 《항해》 1 톱 마스트보다 위에 있는 돛대(삭구). 2 갑판 위의 거추장스러운 물건들[평상시 잘 안 쓰이는 통·밧줄·닻 따위].
tóp hát *n.* 실크햇(silk hat).
top-hat [táphǽt / tɔ́p-] *adj.* 《구어》 상류 사회의, 최고 위의; 고급의, 제1급의(high-class).
top-heav·y [táphèvi / tɔ́p-] *adj.* 1 머리 부분(윗부분)이 너무 무거운; 불안정한. 2 자본이 과다(過多)한.
To·phet [tóufit, -fet] *n.* 1 《성서》 도벳 [옛날 유태인이 우상 Moloch에게 자식들을 산 제물로 바쳤던 예루살렘 근처의 땅. ←열왕기 (하) (2 Kings) 23:10]. 2 ⓤ 지옥(hell), 불지옥. 「(first-rate).
top-hole [táphòul / tɔ́p-] *adj.* 《英속어》 일류의, 최고
to·phus [tóufəs] *n.* (*pl.* -**phi** [-fai]) 《병리》 통풍결절
to·pi [tóupi] *n.* = tope.
to·pi·ar·y [tóupièri / -əri] *adj.* 정원수 가지를 별나게 [장식적으로] 깎은. ¶ *the topiary art* [정원수의] 장식적 전정법(剪定法).
— *n.* ⓤⓒ (*pl.* **-ar·ies**) [정원수의] 장식적 전정법.
‡top·ic [tápik/tɔ́p-] *n.* 1 화제, 제목, 이야깃거리, ~ SUBJECT 類語 ¶ *current topics* 오늘의 화제 / *topics of the day* 시사 문제. 2 표제(表題), 제목(heading), 논제(論題). ¶ *a topic sentence* [전문의] 요지를 담은 문장. 3 《수사·논리》 전제론(前提論). 4 일반 법칙, 원칙.

리, 원칙, 룰. ◇ tópical adj.

top·i·cal [tápik(ə)l / tɔ́p-] adj. **1** 화제의, 논제의, 제목의; 시사 문제의. **2** 원칙적인, 일반론의. **3** 국부적인, 한 지방의(local). **4** 〖의학〗 신체의; 국소(局所)의. ~·ly [-kəli] adv.

top·i·cal·i·ty [tàpikǽliti / tɔ̀p-] n. (pl. -ties) **1** ⓤ 화제가 됨(되어 있는 상태). **2** 시사 문제.

tóp kíck n. **1** 《美軍속어》 중사(first sergeant). **2** 《美속어》 권력자, 우두머리(boss); 권위자.

top·knot [tápnàt / tɔ́pnɔ̀t] n. **1** (머리 꼭대기의) 머리털 한 다발; (새의) 도가머리, 볏. **2** 상투. **3** 나비 매듭의 리본.

top·less [táplis / tɔ́p-] adj. **1** 꺼풀이 없는. **2** (수영복이) 가슴을 드러낸, 토플리스의; 토플리스를 입은. ¶ a *topless* bathing suit 토플리스 수영복. **2** (머리)꼭대기가 안 보이는, 매우 높은. — n. (pl. -less·es) **1** 토플리스를 입은 웨이트리스(댄서). **2** 토플리스옷(수영복).

top-lev·el [táplévl / tɔ́p-] adj. 《구어》 최고의, 수뇌의.

tóp líght n. 〖항해〗 장루등(檣樓燈).

tóp líne n. [신문 따위의] 표제, 가장 큰 제목 (headline).

top·line [tápláin / tɔ́p-] adj. 《구어》 [신문·광고 따위에서] 맨 윗줄에 나올 만한; 최고급의, 가장 유력(중요)한.

top·loft·y [táplɔ́ːfti / tɔ́plɔ́(ː)fti] adj. 《구어》 거만한, 거들먹거리는, 젠체하고 으스대는, 거드름 피우는. **-loft·i·ly** adv. **-loft·i·ness** n.

top·man [tápmən / tɔ́p-] n. (pl. -men [-mən]) **1** 〖항해〗 장루원(檣樓員). **2** = top sawyer 1.

tóp mánagement n. [기업의] 최고 경영 관리 조직; 그 최고의 관리 기능; 최고 경영층[사장·임원 등].

top·mast [tápmæst, 항해 -məst / tɔ́pmàːst, 항해 -məst] n. 〖항해〗 톱마스트, 중간 돛대(아래 돛대 위에 이어 세운 돛대].

top·min·now [tápmínou / tɔ́p-] n. 톱미노[송사리를 닮은 민물 고기의 일종].

top·most [tápmòust / tɔ́p-, -məst] adj. [위치가] 맨 꼭대기의; 최고의; 절정의.

top·notch [tápnátʃ / tɔ́pnɔ́tʃ] adj. 《美구어》 뛰어나게 고급인, 최고급의, 일류의(first-rate). ¶ the *top-notch* performance 최고의 연기. — n. (the ~) 《美구어》 최고, 최우수.

topo- 'place'라는 뜻의 연결형(* 모음 앞에서는 top-을 쓴다). 예: *topo*logy, *top*onym.

top-of-the-líne [tápəvðəláin / tɔ́p-] adj. 최고급품의.

topog. (略) topographical, topography.

to·pog·ra·pher [tou/təpágrəfər / -pɔ́g-] n. **1** 지지(地誌)학자, 지형학자 **2** 지지(地誌) (풍토기(記))의 저자.

top·o·graph·ic [tàpəgrǽfik / tɔ̀p-] adj. = topograph- [ical.

top·o·graph·i·cal [tàpəgrǽfik(ə)l / tɔ̀p-] adj. 지형학의; 지세(地勢)상의, 지지의. ~·ly [-kəli] adv.

to·pog·ra·phy [tou/təpágrəfi / -pɔ́g-] n. (pl. -phies) **1** 지형, 지세; 지세도. **2** 지지(地誌). **3** ⓤ 지형학. **4** ⓤ 〖해부〗 국부(局部) 해부학.

top·o·log·i·cal [tàpəládʒik(ə)l / tɔ̀pəlɔ́dʒ-] adj. 《수학》 위상(位相) 기하학의. ¶ *topological* group 위상군 / *topological* invariant 위상 불변(不變).

to·pol·o·gy [təpálədʒi / -pɔ́l-] n. ⓤ **1** 《수학》 위상(位相) 수학, 토폴로지. **2** 지세학, 지지(地誌) 연구. **3** 〖해부〗 국부 해부학.

to·pon·o·my [təpánəmi / -pɔ́n-] n. = toponymy.

top·o·nym [tápənìm / tɔ́p-] n. 지명, 지명에서 유래한 이름.

to·pon·y·my [təpánəmi / -pɔ́n-], **(toponomy)** n. **1** 지명 연구, 지명학. **2** 〖해부〗 신체의 국부(局部) 명명법.

to·pos [tóupɑs / -pɔs] n. ⓤ **1** 진부한 것. **2** 장소.

top·per [tápər / tɔ́pə] n. **1** 가장 위에 있는 것 (사람), 상층(上層). **2** 〖상업〗 [과실 따위의] 맨 위에 쌓아 놓은 것[좋게 보이기 위한 우량품]. **3** 《구어》 뛰어난 사람(것), 상품(上品). **4** 《구어》 실크햇(top hat). **5** 토퍼 [여성용의 길이가 짧고 가벼운 코트].

top·ping [tápiŋ / tɔ́p-] n. **1** 위쪽, 상단, 꼭대기. **2** 맨 위의 장식, [머리털의] 한 다발, (새의) 도가머리, 볏; [사람의] 상투. **3** ⓤ 상부 제거, 우듬지 치기. **4** (~s) 쳐낸 가지. **5** 〖골프〗 공의 위쪽 치기. **6** 〖요리〗 케이크 위의 크림 따위]. — adj. **1** 높이 솟은. **2** [지위 등이] 남보다 높은(빼어난). **3** 《英구어》 월등하게 고급의, 멋진, 최고급의. **4** 《美》 건방진.

top·ple [tápl / tɔ́pl] v. (-pled, -pling) vi. **1** 앞으로 비틀거리다, 흔들거리다, 쓰러지다. ¶ (~ + 圄) The pile of logs *toppled* down (or over). 통나무더미가 무너졌다. **2** [쓰러질 듯이] 앞으로 기울다. — vt. **1** …을 휘청거리게 하다, 뒤집어엎다, 쓰러뜨리다(overturn). ¶ (~ + 圄 / 前 + 용) The coup d'état *toppled* the dictator *from* his position. 쿠데타에 의하여 독재자는 그 자리에서 끌어 내려졌다.

top·rank·ing [táprǽŋkiŋ / tɔ́p-] adj. 제1류의, 높은 [자리의.

tops [taps / tɔps] adj. 《서술용법》 최고의, 최상의. ¶ His work is *tops*. 그의 작품은 최고다. — n. pl. (the ~) 두드러진 사람(것).

TOPS (略) *t*hermoelectric *o*uter *p*lanet *s*pacecraft(열전식 외행성(熱電式外行星) 탐사 우주선).

top·sail [tápseil, 항해 -sl / tɔ́p-, -seil] n. 〖항해〗 중간 돛, 제1 접장범(接檣帆).

tóp sáwyer n. **1** [두 사람이 큰 톱을 맞잡고 톱질할 때] 위쪽에서 켜는 사람. **2** 《英구어》 위에 서는 사람, 지위가 높은 사람. *cf.* pit sawyer

top-se·cret [tápsíːkrit / tɔ́p-] adj. 《美》 [서류 따위가] 극비(極秘)의.

tóp sérgeant n. 《구어》 (군대) 특무 상사.

top·side [tápsàid / tɔ́p-] n. **1** 위쪽. **2** (~s) 〖항해〗 현현(舷舷), 흘수선 위의 선체 부분; 〖군함의〗 상갑판. **3** 고급 간부. — adv. (= **top-sides** [-sàidz]) **1** 현현(으로), **2** 상갑판에(으로).

top·sid·er [tápsàidər / tɔ́p-] n. 《美속어》 웃사람, 높은 사람(topman 1.

tops·man [tápsmən / tɔ́ps-] n. (pl. -men [-mən]) = topman.

top·soil [tápsɔ̀il / tɔ́p-] n. ⓤ 표토(表土) [표면 또는 상층부의 흙]. — vt. …의 표토를 얹어 주다(덮다).

tóp spín n. 〖구기〗 탑스핀 [공이 날아가는 방향으로 회전하도록 공의 상단을 때려서 주는 스핀].

top-sy-tur·vy [tápsitə́ːrvi / tɔ́p-] adv. 거꾸로, 머리를 아래로, [순서가] 뒤바뀌어; 혼란하여. — adj. (-vi·er, -vi·est) 거꾸로 된, 앞뒤(선후)가 뒤바뀐; 두서가 없는. — n. ⓤ 앞뒤(선후)가 뒤바뀜, 전도(轉倒); 혼란. — vt. (-vied, -vy·ing) …을 거꾸로 뒤엎다; …을 혼란시키다. **-vi·ly** adv. **-vi·ness** n.

top-sy-tur·vy·dom [tápsitə́ːrvidəm / tɔ́p-] n. ⓤ 《속어》 [사물·생각·사고 방식 따위의] 뒤바뀐 상태, 말전도(本末顚倒), 혼란세계, 혼란.

top·work [tápwə̀ːrk / tɔ́p-] vt. …에 접을 붙이다, 접목하다.

toque [touk] n. 토크 (챙이 좁고, 위가 불룩하면서 멋진 여성용 모자]. **2** 머리털로 토크 모자처럼 생긴 원숭이의 일종.

tor [tɔːr] n. (꼭대기가 뾰족한) 바위산.

To·rah, **To·ra** [tóːrə / tɔ́ːrə] n. (pl. **To·roth** [-róuθ / tɔ́-]) **1** (the ~) 모세 (Moses) 5서(書). **2** 《일반적으로》 유대교의 중심으로 한 구약 성서. **3** (종종 t-) 유대교 율법(계율).

to·ran [tóːrən / tɔ́ːr-], **to·ra·na** [-nə] (Tamil 말) 1 《인도 등 불교국의》 절의 대문, 산문(山門).

torc [tɔːrk] n. = torque 2.

***torch** [tɔːrtʃ] n. **1** 횃불, 휴대용 석유등. **2** 《비유적》 [지식·문화의] 빛. ¶ the *torch* of learning 학문의 빛 /

torchbearer

hand on the *torch* 지식의 등불(전통)을 꺼뜨리지 않고 후세에 전하다. **3** [납땜·가스 공사 때 쓰는] 토치 램프, 발염(發炎) 램프. **4** 《英》회중 전등.
carry a (or *the*) *torch for* 《美속어》…에게 사랑의 불길을 태우다, [특히] …을 짝사랑하다.
torch of Hymen 사랑(연정)의 불꽃(정열).

torch·bear·er [tɔ́:rtʃbɛ̀(:)rər/-bɛ̀ərə] *n*. **1** 횃불을 든 사람. **2** 계몽가, 문명의 선구자. **3** 어떤 주의 (운동)의 열성적인 지지자.

tor·chère [tɔːrʃɛ́ər] *n*. 대가 높은 촛대.

tor·chier [tɔːrtʃíər] *n*. 플로어 램프, 플로어 스탠드 [간접 조명용의 높은 스탠드].

torch·light [tɔ́:rtʃlàit] *n*. Ⓤ 횃불의 빛, Ⓒ 횃불. ¶ *a torchlight* procession 횃불 행렬.

tórch múrder *n*. [시체를 태워 버리는] 화형(燒刑).

tor·chon [tɔ́:rʃ(ə)n] *n*. Ⓤ 코가 성긴 삼실 레이스(torchon lace).

tórch ráce *n*. [고대 그리스의] 횃불 [릴레이]경주.

tórch rèlay *n*. [올림픽 경기 등의] 성화(聖火) 릴레이.

tórch sìnger *n*. 《美》실연의 노래를 부르는 여성 가수.

tórch sòng *n*. 《美》실연의 슬픔을 읊은 감상적인 노래.

torch·wood [tɔ́:rtʃwùd] *n*. Ⓤ 횃불용 나무.

‡**tore** [tɔːr/tɔ́:] *v*. tear²의 과거형.

tor·e·a·dor [tɔ́(:)rièdɔ̀:r, tár-/tɔ́r-] *n*. [스페인의] 기마 투우사. (<Sp)

tóreador pànts *n*. 투우복 모양의 여성용[운동복]바지.

to·re·ro [tou(ə)rɛ́rou, -rɛ́ərɔu] *n*. (*pl*. **-ros**) [소를 찔러 죽이는 역을 하는] 투우사(matador). (<Sp)

to·reu·tic [tərúːtik] *adj*. [금속의] 돋을새김 세공의.

to·ri [tɔ́:rai/tɔ́r-] *n*. torus의 복수형.

tor·ic [tɔ́:rik, tár-/tɔ́r-] *adj*. **1** [안경용의] 원환체(圓環體) 렌즈의. **2** [기하] 원환체의.

tóric léns *n*. [안경의] 원환체(圓環體) 렌즈.

‡**tor·ment** *vt*. [tɔːrmént→1] **1** …에 육체적(정신적) 고통을 주다, …을 괴롭히다; …을 고문하다. ¶ (~+目+前+名) *be tormented with* remorse (a violent headache) 양심의 가책(심한 두통)에 시달리다 / *be tormented by* flies 파리떼에 시달리다. **2** 몹시 귀찮게 굴다, 골치 아프게 하다(annoy) (...*with*). ¶ (~+目+前+名) *torment* a person *with* harsh noises 귀에 거슬리는 소음으로 남을 괴롭히다.

〖類語〗 **torment** 끊임없이 고통·성가심을 주어 괴롭히다. **afflict** 병 따위로 인한 신체적·정신적 고통을 주다: be *afflicted* with indigestion 소화 불량에 시달리다. **rack** 주로 정신적으로 지나친 긴장·부담을 주다: be *racked* with despair 절망감에 억눌리다. **torture** 몸부림치도록 몹시 심한 고통을 주다: *torture* a suspect 용의자를 고문하다.

3 …을 혼란시키다, 소란스럽게 하다(agitate).
— *n*. [tɔ́:rmənt] **1** Ⓤ|Ⓒ 고통, 격통, 고뇌. ¶ suffer the *torments* of …의 시달림을 받다 / be in *torment* 괴로워하다. **2** Ⓤ|Ⓒ 귀찮은 사람(것), 성가신 사람, 골칫거리. **3** 고문; 고문 도구, 고문틀.

tor·men·til [tɔ́:rmentil] *n*. 양지꽃의 일종[국화과(科) 식물로 뿌리는 약용].

tor·ment·ing·ly [tɔ́:rméntiŋli] *adv*. 몹시 괴롭게, 아프게; 귀찮게, 성가시게, 못 견딜만큼; 마음에 걸려.

tor·men·tor, -ter [tɔ́:rméntər] *n*. **1** 고통을 주는 사람, 괴롭히는 사람(것). **2** [항해] [배의 조리사가 쓰는] 고기를 집는 긴 포크. **3** [연극] 무대 양옆에 있는 가림 막. **4** [영화] [토키 촬영 때의] 반향 방지용 스크린.

tor·ment·ress [tɔ́:rméntris] *n*. (tormentor의 여성형) 고통을 주는 여자, 귀찮은 여자.

‡**torn** [tɔːrn/tɔːn] *v*. tear²의 과거 분사.

tor·nad·ic [tɔːrnǽdik] *adj*. 대폭풍우의, 회오리 바람의.

tor·na·do [tɔːrnéidou] *n*. (*pl*. **-does** *or* **-dos** [-douz]) **1** 회오리 바람, 대선풍[Mississippi 강 유역에서 4-6월 사이에 일어나는 선풍으로 무서운 파괴력이 있다]; [서 아프리카·대서양 연안의] 뇌우(雷雨). **2** [일반적으로] 맹렬한 폭풍. **3** (비유적) [환호·비난 따위의] 우뢰, 선풍, [감정의] 격발.

To·ron·to [tərántou/-rɔ́n-] *n*. 토론토[캐나다 동남부 Ontario 주의 주도].

to·rose [tɔ́:rous, tou(u)róus/tɔ́:rous] *adj*. [식물] **1** 군데군데가 볼록한 원통 모양의, 염주 모양의. **2** [근육 등이] 볼록 나온, 혹이 많은, 혹 모양의.

*‡**tor·pe·do** [tɔːrpíːdou] *n*. (*pl*. **-does**) **1** 어뢰, 수뢰(水雷), 지뢰, 공뢰(空雷). ¶ an aerial *torpedo* 공뢰. **2** [철도] 신호용 뇌관. **3** [유정(油井)에서 쓰는] 폭파관, 발파용. **4** [美俗] 폭죽, 화증. **5** [나일강에서 나는] 전기 메기. **6** 《美속어》직업적 살인꾼, 갱. **7** 대형 롤빵 샌드위치. — *vt*. **1** 수뢰(지뢰, 공뢰)로 …을 파괴(공격, 격침)하다. **2** (비유적) [정책·제도 등]을 무력(무효)화하다. — *vi*. 수뢰(지뢰, 공뢰)로 파괴(공격, 격침)하다.

torpédo bòat *n*. 수뢰정(艇).

tor·pé·do-bòat destróyer [tɔ:rpíːdoubòut-] *n*. [對어뢰정용] 구축함.

torpédo bòmber (**càrrier, plàne**) *n*. 뇌격기 (雷擊機).

torpédo jùice *n*. 《美軍속어》싸구려(하급) 밀주.

torpédo nèt (**nètting**) *n*. 수뢰 방어망.

torpédo plànter *n*. 어뢰 부설함(敷設艦).

torpédo tùbe *n*. 수뢰(어뢰) 발사관.

tor·pe·fy [tɔ́:rpifài] *v*. (**-fied, -fy·ing**) =torpify.

tor·pex [tɔ́:rpeks] *n*. [종류 T-] Ⓤ 토펙스[폭뢰용(爆雷用)] 고성능 폭약].

tor·pid [tɔ́:rpid] *adj*. [신체의 기관 따위가] 움직이지 않는, 활발치 못한, ⇒ INACTIVE 〖類語〗 **2** 느린, 둔한 (dull); 신경이 무딘, 무감각한. **3** [동물이] 동면(하면) 한(dormant). **4** [the T-] 《英》Oxford 대학에서 사순절(四旬節)에 하는 2군 선수들의 보트 레이스. ~**ly** *adv*.

tor·pid·i·ty [tɔːrpíditi] *n*. =torpidness.

tor·pid·ness [tɔ́:rpidnis] *n*. Ⓤ 마비 [상태], 무감각, 완만(運緩); 무기력.

tor·pi·fy, -pe- [tɔ́:rpifài] *v*. (**-fied, -fy·ing**) *vt*. …을 활발치 않게 만들다, …을 둔하게 만들다; …을 마비시키다. — *vi*. 활발치 못하게 되다, 둔해지다; 마비되다.

tor·por [tɔ́:rpər] *n*. Ⓤ **1** 활동 불능 [상태], 마비 [상태], 무감각. **2** 나태, 무기력. **3** 지각(知覺)이 지둔(遲鈍)한 상태로, 혼수 상태로. ¶ *in torpor* 동면 상태로, 혼수 상태로.

tor·por·if·ic [tɔːrpərífik] *adj*. 활동 못하게 만드는; 마비시키는; 무감각하게 만드는; 둔하게 만드는.

*‡**tor·quate** [tɔ́:rkweit, -kwit] *adj*. [동물] [짐승·새 따위] 목 둘레에 빛깔이 다른 깃털(털)로 띠 모양으로 되어 있는(collared); 목띠가 있는.

torque [tɔːrk] *n*. **1** [기계] 토크(회전력), 회전 (비틀림) 모멘트. **2** [고대 골인(人)·브리튼인 등의] 목사슬, 목걸이. — *vt*. …에 회전력을 주다.

tórque convérter *n*. [기계] 토크 콘버터[유체(流體) 변속기].

tor·re·fac·tion [tɔːrifǽk(ʃ)ən/tɔr-] *n*. Ⓤ 건조[하기], [화력으로] 가열 건조[시키기].

tor·re·fy, (**torrify**) [tɔ́:rifài, tár-/tɔ́r-] *vt*. (**-fied, -fy·ing**) …을 말리다; …을 그을리다, 볶다; …을 태우다.

*‡**tor·rent** [tɔ́:rənt/tɔ́r-] *n*. **1** 급류, 격류, 분류(奔流). ¶ a mountain *torrent* 산골짝의 급류(急流). **2** (~s) 소나기, 억수. ¶ *torrents* of rain 억수같이 쏟아지는 비. **3** [질문·욕설 따위의] 연발, 속출, 소나기; [감정 따위의] 폭발, 분출. ¶ a *torrent* of questions 소나기 질문, 질문의 연발.

in torrents [비가] 억수같이, 폭포처럼.
◇ torréntial adj.

tor‧ren‧tial [tɔːrénʃ(ə)l, tɑːr‐ / tɔr‐] adj. **1** 급류의, 분류의(와 같은), 억수 같은, 폭포 같은; 급류의 작용으로 생긴. ¶ a *torrential* rain 억수 같은 비, 호우. **2** (감정 따위가)격렬한(violent), 맹렬한. ¶ *torrential* anger 격노. ~**ly** adv. ◇ tórrent n.

Tor‧ri‧cel‧li‧an [tɔ̀ːritʃéliən, ‐ljən / tɔ̀r‐] adj. 토리첼리의. ¶ the *Torricellian* experiment [수은주를 가지고 청우계의 원리를 보여준] 토리첼리의 실험. [<청우계 원리의 발견자인 이탈리아 물리학자 E. Torricelli(1608‐47)의 이름]

*__tor‧rid__ [tɔ́ːrid, tǽr‐ / tɔ́r‐] adj. **1** [태양열에] 탄, 그을은; 작열하는; 바싹 말라붙은. ¶ a *torrid* desert 불타는 사막. **2** [날씨·대기가] 타는 듯한. ¶ It was a *torrid* summer day. 그날은 불볕 더위의 어느 여름 날이었다. **3** [마음이] 뜨거운, 열렬한. ¶ a *torrid* love letter 열렬한 연애 편지. ~**ly** adv. ◇ torrídity n.

tor‧rid‧i‧ty [tɔːrídəti, tɑːr‐ / tɔr‐] n. =torridness.

tor‧rid‧ness [tɔ́ːridnis, tǽr‐ / tɔ́r‐] n. ⓤ 불별, 염열(炎熱), 작열(灼熱).

Tórrid Zóne n. (the ~) 열대. ⇨ ZONE 그림.

tor‧ri‧fy [tɔ́ːrifài, tǽr‐ / tɔ́r‐] vt. (‐**fied, ‐fy·ing**) =tor‧**refy**.

tor‧sel [tɔ́ːrs(ə)l] n. [건축] 들보받이. ⎣**refy**.

tor‧si [tɔ́ːrsi] n. torso 의 복수형.

tor‧sion [tɔ́ːrʃ(ə)n] n. ⓤ **1** 비틀기, 비틀리기; 비틀린 상태. **2** [기계] 토션, 비틀림(울), 비트는 힘, 염력(捻力).
~**al** [‐(ə)nəl] adj. 비트는, 비틀리는.
~**ly** [‐nəli] adv.

tórsion bálance n. 비틀림 저울[비틀림을 이용해서 아주 미소한 힘을 잰다]. ⎣(捻力支梗), 토

tórsion bár n. [자동차의] 염력지간

tor‧so [tɔ́ːrsou] n. (pl. ‐**sos** or ‐**si** [‐siː]) **1** [인체의] 동체, 동체(胴體). **2** [조각] 토르소[머리나 팔다리가 없고 몸통뿐인 조각]. **3** [비유적] 미완성 작품, 불완전한 작품. [<It]

tórso múrder n. 토막 살인.

tort [tɔːrt] n. [법률] [법적으로 배상권을 발생케 하는] 불법 행위, 사법(私犯).

tor‧te [tɔːrt / tɔ́rtə] n. (pl. **tor·tes** [tɔːrts] / G **tor·ten** [tɔ́rtən]) 토르테[밀가루를 쓰지 않고 계란·빵 부스러기·나무 열매 따위로 만든 케이크].

tor‧ti‧col·lis [tɔ̀ːrtikɑ́lis / ‐kɔ́l‐] n. ⓤ [병리] 사경(斜頸). cf. wryneck. ⎣비꼬인.

tor‧tile [tɔ́ːrtil / ‐tail, tɔ́ːrtíl] adj. 비틀린(twisted);

tor‧til·la [tɔːrtíːə / ‐tíljə] n. [멕시코 요리] [옥수수 가루를 반죽하여 구운] 얇고 둥근 떡.

tor‧tious [tɔ́ːrʃəs] adj. [법률] 사법(私犯)의, 불법의.

*__tor·toise__ [tɔ́ːrtəs] n. (pl. ‐**tois·es** or ‐**toise**) **1** [육지·민물에 사는] 거북. cf. turtle **2** [동작이] 느린 사람(자). **3** =testudo 1.

tor‧toise shéll n. ⓤ 거북 딱지; 별갑(鼈甲).

tor‧to‧ni [tɔːrtóuni] n. 버찌나 아몬드를 곁들인 거품 일군 아이스크림.

tor‧tu‧os‧i‧ty [tɔ̀ːrtʃuɑ́siti / ‐tjuɔ́s‐] n. ⓤ ⓒ (pl. ‐**ties**) **1** 구불구불한 굽이, 굴절. **2** 부정; [마음의] 비뚤어짐.

tor‧tu‧ous [tɔ́ːrtʃuəs / ‐tju‐] adj. **1** 구불구불한, 비틀린, 뒤틀린, 비꼬인. ¶ a *tortuous* channel 구불구불한 수로. **2** [생각·말 등이] 솔직하지 못한, 완곡한. ¶ a *tortuous* argument 우회적인 논법. **3** [방법·목적 따위가] 올바르지 못한, 사악한(deceitful). **4** [마음 따위가] 비뚤어진. ~**ly** adv. ~**ness** n.

‡**tor‧ture** [tɔ́ːrtʃər] n. **1** ⓤ 고문, 고통을 주기. ¶ put a person to (the) *torture* 남을 고문하다 / *torture* of animals 동물 학대. **2** ⓤⓒ [격렬한] 고통, 고뇌, 고민. ¶ suffer *torture*[s] from a toothache 치통으로 몹시 괴로움을 당하다. **3** 고통거리, 고민거리.
be in torture 큰 고통을 당하다, 몹시 괴로하다.
— vt. (‐**tured, ‐tur·ing**) **1** …을 고문하다, 몹시 괴롭히다. ⇨ TORMENT 類語 **2** …에 육체적(정신적) 고통을 주다, …을 괴롭히다, 아프게 하다, 고민케 하다. ¶ My arm *tortures* me. 팔이 몹시 아프다 // (~+목+전+명) be *tortured by* (or *with*) neuralgia 신경통으로 고통을 당하다. **3** [정원수 따위]을 억지로 비틀다, 구부리다, [말 따위]을 곡해하다, 억지로 둘러대다, 견강부회(牽强附會)하다. ¶ (~+목+전+명) *torture* words *into* strange meanings 말을 이상한 뜻으로 알아듣다, 곡해하다.
◇ tórturous adj.

tor‧tur‧er [tɔ́ːrtʃ(ə)rər] n. 고문하는 사람, 괴롭히는 사람. ⎣…을 괴롭히는.

tor‧tur‧ous [tɔ́ːrtʃ(ə)rəs] adj. 고문의(과 같은), 사람

tor‧u‧la [tɔ́ːrjulə, tɑ́r‐] n. (pl. ‐**lae**[‐liː] or ‐**las**) [식물] 토룰라[효모균(酵母菌)의 일종].

to‧rus [tɔ́ːrəs / tɔ́ːr‐] n. (pl. ‐**ri** [‐rai]) **1** [건축] 두리기둥 밑의 큰 쇠시리. **2** [기하] 원환체(圓環體). **3** [식물] 꽃턱, 화탁(花托). **4** [해부] [근육 따위의 동근] 융기(隆起).

*‡**To·ry** [tɔ́ːri / tɔ́ri] n. (pl. ‐**ries**) **1** [영역사] 토리당원 [토리당(黨) (the Tories)은 17세기 말부터 1832년까지 the Whigs 와 대립했던 2대 정당의 하나]. cf. Whig **2** (종종 t‐) 보수 당원, 보수주의자. **3** [미역사] 영국(왕당)과 [독립 전쟁 당시 독립파에 반대하고 영국 본국의 편에 가담했던 사람들. —adj. **1** 토리 당원의, 보수 당[원]의, 보수주의의. **2** (종종 t‐) [미역사] 영국(왕당)파의.

‐tory suf. =‐ory.

To·ry·ism [tɔ́ːriːz(ə)m / tɔ́ːr‐] n. ⓤ **1** 토리[당]주의. **2** (종종 t‐) 보수주의. cf. conservatism.

tosh [tɑʃ / tɔʃ] n. ⓤ [영속어] 헛소리, 실없는 소리(nonsense).

tosh‧er [tɑ́ʃər / tɔ́ʃə] n. [영학생 속어] [옥스퍼드 대학 등에서] 어느 학료(學寮) (college)에도 속하지 않은 학생.

‡**toss** [tɔːs, tɑs / tɔs] v. (**tossed** or **tost**, **toss·ing**)
vt. **1** [가볍게·아무렇게나] …을 던지다, 내던지다; 던져 올리다. ⇨ THROW 類語 ¶ *toss* a pancake 팬케이크를 프라이팬을 추스려서 뒤집다 // (~+목+부) *toss away* (or *down*, *off*) a thing 물건을 (내던져서) 버리다 // (~+목+목) (~+목+전+명) She *tossed* the beggar a coin. =She *tossed* a coin to the beggar. 그녀는 거지에게 동전 한 닢을 던져주었다 / He *tossed* a broken toy *into* the wastebasket. 그는 망가진 장난감을 쓰레기통에 넣다. **2** [말이] [탄 사람]을 흔들어 떨어뜨리다; [소가] …을 뿔로 치다; [머리 따위]를 갑자기 쳐들다. ¶ The jockey was *tossed* by the horse. 말이 기수(騎手)를 내동댕이쳤다 // (~+목+부) *toss* one's head *back* (or *up*) 고개를 책 돌리다 [무관심·경멸 따위를 나타내는 동작]. **3** [승부 따위]을 동전 던지기로 정하다(...*up*); 동전 던지기로 [남]과 결말을 짓다 (...*for*). ¶ (~+목+전+명) *toss up* whether to go or stay 갈까 머무르냐를 동전 던지기로 정하다 // (~+목+전+명) I will *toss* you *for* the chair. 너와 동전 던지기를 해서 의자에 누가 앉을 것인가를 정하자. **4** [폭풍·파도 따위가] [배 따위]을 몹시 흔들다; [마음]을 뒤흔들다, 동요시키다(disturb). ¶ The boat was *tossed* by the waves. 보트는 파도로 몹시 흔들렸다 // (~+목+부) be *tossed about* in the storms of life 거친 세파에 몹시 시달리다. ⎣하다. **5** [스포츠] [공]을 (아래로부터) 가볍게 던지다, 토스하다. **6** [말 따위]을 불쑥 던지다(말하다). **7** [요리] [샐러드]를 버무리다. **8** [채광] [주석 광석]을 흔들어 가리다.
— vi. **1** 몸부림치다, 뒹굴다; [아래위로] 흔들리다; [배 위에서] 흔들리다. ¶ (~+목+부) *toss about* on one's bed 잠자리에서 뒤척거리다 / The ship was *tossing about* on the stormy sea. 배는 거친

풍랑에 흔들리고 있었다. **2** 거칠게(급하게) 가다(행동하다). ¶ (~+閉+名) toss out of a room 방을 뛰쳐나가다. **3** 동전 던지기를 하다; 동전 던지기로 정하다 (up, for...). ¶ (~+閉+名) Let's toss up for it. 그 일은 동전 던지기로 정하자.

toss aside …을 내팽개치다, 내버리고 모른 체하다.
toss down [술 따위]를 단숨에 들이켜다.
toss off ① [술 따위]를 단숨에 마셔버리다. ② [말이] [사람]을 흔들어 떨어뜨리다. ③ …을 가볍게 해치우다. ④《英속어》자위(自慰) 행위를 하다.
toss up ① 을 동전 던지기로 결정하다; (vi.) 동전 던지기를 하다, 동전 던지기로 정하다. ⇨ vt., vi. **3**. cf. heads or tails ② [요리 따위]를 급히 만들다.
— n. **1** 던져 올리기. **2**《英》낙마(落馬); 고개를 쑥 젖히기(빳빳이 세우기). ¶ with a contemptuous toss of one's head 남을 업신여기듯 고개를 쑥 뒤로 젖히고. **3** 동전 던지기(tossup); 반반의 가능성. ¶ It is quite a toss whether she will come or not. 그녀가 올지 안 올지 반반이다(알 수 없다). **4** [물건을 던져서] 미치는 거리. **5** [아래 위로의] 동요, [마음의] 동요, 흥분(excitement).
take a toss《英》낙마하다, 말에서 떨어지다.
win (lose) the toss ① 동전 던지기에서 이기다(지다). ② [일이] 잘 되다(안 되다).

tóss bómbing n. 저공 비행에서 급상승하며 폭탄을 투하하는 폭격.
toss·er [tɔ́ːsər, tás-/tɔ́sə] n. toss 하는 사람.
toss·pot [tɔ́ːspɑt, tás-/tɔ́spɔt] n. 술꾼, 모주꾼.
toss-up [tɔ́ːsλp, tás-/tɔ́s-] n. **1** [일·승부를 가리는] 동전 던지기. **2**《구어》반반의 가능성(even chance).
tost [tɔːst, tast/tɔst] v.《詩》toss의 과거·과거 분사.
tot[1] [tat/tɔt] n. **1** 어린애, 꼬마. ¶ a tiny tot 꼬마[애칭]. **2**《주로 英》[마실 것, 특히 술의] 한 모금, 한 잔, 소량.
tot[2] [tat/tɔt] v. (**tot·ted, tot·ting**) vt. …을 보태다, 합계하다(…up). ¶ tot up figures 합계하다. — vi. [합계가] …이 되다, …에 이르다. ¶ tot up to $ 100 합계 100달러가 되다. — n. 합계; 가산; 덧셈하기;《英구어》가산(덧셈)해야 할 숫자[난]. 〔<TOT〔AL〕〕
tot[3] [tat/tɔt] n.《英속어》쓰레기 더미에서 회수한 사람의 뼈·귀중품.

‡**to·tal** [tóutl] adj. **1** 전부의, 총계의, 전체의, 총체(總體)의. ⇨ WHOLE [類語]. ¶ the total number 총수 / the sum total; the total sum 총액. **2** 전적인, 완전한, 절대의. ¶ He was in total ignorance of it. 그는 그 일을 전혀 모르고 있었다. **3** [국가] 총력의, [국가] 전체의 힘을 다하는. ¶ a total state 전체주의 국가 / a total war 총력전. — n. **1** 총수, 총계, 총액, 합계. ⇨ SUM [類語]. ¶ the grand total 총액 (총계). **2** 총체, 전체. — v. (-**taled, -tal·ing**;《英》-**talled, -tal·ling**) vt. **1** …을 합계하다, 합산하다. ② 총계 …이 되다, …에 이르다(달하다). ¶ The costs totaled $ 500. 비용은 모두 500달러가 되었다. **3**《美속어》…을 완전히 파괴하다, 엉망으로 만들다. — vi. **1** 총계 …이 되다 (to...). ¶ (~+閉+名) total to large sums 총계가 막대한 액수에 이르다. ◇ totality n., totalize v.

tótal eclípse n.〔천문〕개기식(皆既蝕). cf. partial eclipse, annular eclipse
tótal environment n. [U] [관객을 포함한] 환경 예술(연극).
tótal fertility ràte n.〔통계〕출생산율[출산 가능 연령 여성 1인당의 출산율 아기 수].
to·tal·i·sa·tor [tóutələzeitər/-laiz-] n.《英》= totalizator.
to·tal·ise [tóutəlàiz] vt. (-**ised, -is·ing**)《주로 英》= totalize.
to·tal·i·tar·i·an [toutælité(ː)riən/-tɛ́ər-] adj. 전체주의의. — n. 전체주의자.
to·tal·i·tar·i·an·ism [toutælité(ː)riənìz(ə)m/

-tɛ́ər-] n. [U] 전체주의.
to·tal·i·ty [to(u)tǽliti] n. (pl. -**ties**) **1** [U] 전체성, 총체성, 완전함(entirety). **2** [U] 전체, 전액, 총계. **3** [U] 〔천문〕개기식 [의 시간]. **4** [U] 국가의 전(全)체제.
to·tal·i·za·tion [tòut(ə)lizéi(ə)n/-lai-] n. [U] 합계, 합산.
to·tal·i·za·tor [tóut(ə)lizèitər/-làiz-] n. **1** 총계 (총액) 계산기. **2**《주로 英》[경마에서] 건 돈(맞상금)의 전광 표시판; 건돈 표시기 (pari-mutuel).
to·tal·ize [tóut(ə)làiz] (*《英》에서는 **totalise** 로도 쓴다) vt. (-**ized, -iz·ing**) **1** …을 합계하다, 합산하다, 마감하여 합계를 내다. **2** …을 총력화하다.
◇ tótal adj., n.
to·tal·iz·er [-ər] n. **1** 합계(총계)를 내는 사람. **2** = totalizator 2. **3** 계산기.
*****to·tal·ly** [tóutəli] adv. 모두, 전부, 전혀, 전적으로, 온통.
tótal recáll n. 완전 기억[능력].
tótal théater n. (the ~) 토틀 연극 [최대한의 연출 효과를 노리는 연극].
tótal utílity n.〔경제〕[상품·서비스 등의] 총(전부) 효용.
tote[1] [tout]《美어》vt. (**tot·ed, tot·ing**) **1** …을 짊어지다; [두 팔에 안고] 나르다. **2** [차·배 따위로] …을 수송하다, 나르다. — n. **1** 짊어지기, 나르기. **2** 짊어지는 물건, 나르는 물건, 짐.
tote[2] [tout] n.《英》= totalizator. — vt. (**tot·ed, tot·ing**)《美어》…을 가산하다, 합계하다 (total).
tóte bàg n.《美》여성용 손가방.
tóte bòard n. [경마의] 전광 표시판.
to·tem [tóutəm] n. **1** 토템 [미개인, 특히 북미 인디언의 민족·종족의 조상과 혈연 관계가 있다고 보고 숭배하는 자연물, 특히 동물]. **2** 토템의 상 (그림).
to·tem·ic [to(u)témik] adj. 토템의, 토템 신앙의.
to·tem·ism [tóutəmìz(ə)m] n. [U] **1** 토템 숭배, 토템 신앙. **2** 토템 제도.
to·tem·ist [tóutəmist] n. **1** 토템 제도 사회의 구성원. **2** 토템 연구가.
to·tem·is·tic [tòutəmístik] adj. = totemic.
tótem pòle n. 토템 폴 [토템의 상을 조각하거나 단청한 기둥. 집 앞 따위에 세운다].
toth·er, t'oth·er [tʌ́ðər] adj., pron.《방언》다른 한쪽[의], [둘 중] 또 한쪽[의] (the other).
to·ti·dem ver·bis [tátidèm vɔ́ːrbis/tɔ́t-]〔라틴〕(= in so many words, in these words) 꼭 같은 말로, 바로 그대로.
to·ti·es quo·ti·es [tóutièis kwóutièis]〔라틴〕(= as often as) 그때마다 (every time), …할 때마다, 거듭거듭.
tót lòt n. 어린이용 작은 놀이터; 작은 광장 (廣場).
to·to cae·lo [tóutou síːlou]〔라틴〕(= by the whole extent of the heavens) 하늘 넓이만큼이나, 천양지차로; 극도로, 아주 (entirely).
Tót·ten·ham púdding [tátnəm-/tɔ́t-] n. [U]《英》[먹다 남은 찌꺼기 따위로] 쑤어 먹이.
*****tot·ter**[1] [tátər/tɔ́tə] vi. **1** 비틀비틀 (아장아장) 걷다, 비트적거리다. ⇨ STAGGER [類語]. **2** [건물 따위가] 흔들흔들하다, 곧 쓰러질 듯하다. **3** [비유적] [국가 등이] 흔들리다, 쓰러져 가다. — n. 비틀거리기, 흔들리기.
tot·ter[2] [tátər/tɔ́tə] n.《英속어》고물 장수; 넝마주이 (rag and bone man); 도로 청소부.
tot·ter·ing [tátəriŋ/tɔ́t-] adj. 비틀거리는, 흔들거리는; 불안정한.
tot·ter·y [tátəri/tɔ́t-] adj. 비틀거리는, 흔들거리는.
tou·can [túːkæn, -kɑːn, -´-/túːkən, -kæn] n. **1** 큰부리새 [거대한 부리가 있고 깃털 빛깔이 아름다운 열대 아메리카 산(産)의 새]. **2** (T-)〔천문〕큰부리새좌 (座).

touch [tʌtʃ] vt. **1** [손이나 손가락으로] …에 대다, 닿다, 만지다; …을 만져 [알아] 보다; …을 접촉하게 하다, 서로 닿게 하다. ¶ (~+目+前+名) touch a person on the shoulder 남의 어깨에 손을 대다 [주의를 끌려는 동작] / He touched his hand to his hat. 그는 모자에 손을 갖다 댔다, 가볍게 인사했다 / touch a match to a stove 난로에 성냥을 붙이다.
2 …을 만지다, [특히] …을 치료하기 위하여 손으로 만지다; [의학] …을 촉진(觸診)하다. ¶ (~+目+前+名) touch a person for the king's evil 연주창(連珠瘡)을 고치기 위해 남을 손으로 만지다.
3 …에 가볍게 힘을 가하다, 밀다. ¶ touch the strings of the guitar 기타를 치다 // (~+目+前+名) She touched her finger to the bell. 그녀는 손가락으로 벨을 눌렀다.
4 [금・은]을 시금석(touchstone)으로 시험하다.
5 …에 닿다(닿아 있다); …에 접하다; …과 경계를 접
6 [기的]하다[선 또는 면]에 접하다.
7 《주로 부정어와 함께》…에 손을 대다, 개입(간섭)하다; [일]에 종사하다, 시작하다; [음식]을 들다, 입에 대다(taste). ¶ He hasn't been able to touch his work all day. 그는 온종일 일이 손에 잡히지 않았다(일에 손댈 수 없었다) / I couldn't touch the algebra paper. 나는 대수 문제에는 손도 못 댔다 / He rarely touches liquor. 그는 좀처럼 술을 입에 대지 않는다.
8 …을 자기 것으로 하다(가지다). ¶ He can't touch the money until he's 21. 그는 스물 한 살이 될 때까지 그 돈을 마음대로 못한다.
9 《보통 부정문・의문문에서》[손을 대어] …을 해치다, 다치게 하다, 누를 끼치다, …을 괴롭히다, 흐트러 뜨리다. ¶ Who touched the baby? 어린애를 건드린(괴롭힌)게 누구냐?
10 [물질적으로] …에 영향을 끼치다, 상하게 하다(affect). ¶ Nothing can touch the stain. 이 얼룩은 무엇으로도 빠지지 않는다.
11 《보통 수동형으로》[정신적으로] …을 손상시키다, …을 실성하게 만들다. ¶ He was a little touched. 그는 약간 정신이 돌았다.
12 …을 감동시키다, [동정・감사의 마음 따위]를 일게 하다. ¶ The story touched his heart. 그 이야기는 그를 감동시켰다.
13 [남의 신경]을 건드리다(irritate), …을 화나게 하다
14 [이야기・책 속에서] …에 대하여 가볍게 언급하다, …을 논하다, 다루다.
15 …에 관계하다; …에게 있어 중요하다, 문제가 되
16 …에 가볍게 붓[연필]을 대다; [그림・문장]에 가필하다; …에 끝손질을 하다, 마무리 손질을 하다 (…up).
17 [악기]를 만지다; 타다, 치다, 켜다, 튕다, 불다, [곡]을 연주하다. ¶ touch a horn 뿔피리를 불다.
18 《보통 과거분사형으로》…에 [색]을 조금 타다, 가미하다; …에 [어떤] 색조를 띠게 하다; …을 가볍게 물들이다. ¶ (~+目+前+名) gray touched with rose 장미빛을 조금 띤 회색.
19 …에 있다, …에 미치다, …에 이르다. ¶ The thermometer touched 95° yesterday. 온도계는 어제 화씨 95도에 이르렀다 / The car touches 100 on level stretches. 그 차는 평지에서 100마일의 속도를 낸다.
20 《보통 부정문에서》…에 필적하다, 못지 않다; …과 맞먹다. ¶ There is nothing but to touch a hot bath when you are tired. 피로에는 더운 물에 목욕하는 것 만큼 좋은 것이 없다.
21 [배가] [어떤 장소]에 들르다, 기항하다.
22 《속어》[남으로부터] [돈]을 빌리다, 졸라서 억지로 얻어내다, 뜯다. ¶ (~+目+前+名) touch a person for ten dollars 남에게서 10달러를 뜯어 내다.
— vi. **1** 대다, 닿다, 만지다, 건드리다; 접촉하다; [기하] 접하다. **2** 손을 대다, 손으로 쓰다듬다; [맹인이 연주회 환자가] 손을 만져 고치다. **3** 촉감이 …하다, 감촉하다(feel). ¶ It touches rough. 감촉이 까칠까칠하다

(거칠다). **4** 접근하다, 가까이 가(오)다. ¶ (~+前+名) His remarks touch on blasphemy. 그의 말은 신에 대한 불경(不敬)에 가깝다. **5** [병력이] 밀집하다. **6** [배가] 들르다, 기항하다(at…). ¶ (~+前+名) touch at a port 기항하다. **7** 언급하다, 논급하다, [어떤 화제에] 살짝 언급하다(on, upon…). ¶ (~+前+名) He touches briefly on his own travels. 그는 자기 자신의 여행 이야기를 잠깐 했다. **8** [항해] [돛이] 바람을 받아 떨as touching …에 관하여. 〔게 되다.
touch and go ① 잠깐 들렀다가 곧 떠나다. ② 가볍게 언급하고 지나가다. ③ 아슬아슬하게 지나가다, 간신히 벗어나다.
touch down ① 착륙하다. ② [미식축구] 터치다운하다. 〔드리다.
touch a person **home** 남의 아픈 데(약점, 상처)를 건**touch in** …에 손을 대다, 가필하다, 수정하다.
touch a person **nearly** [남에게] 밀접한 관계가 있다, 중대하다.
touch off ① …을 발사하다, 발포하다. ② 전화를 끊다. ③ …을 정확히 나타내다. ④ …을 시작하게 하다 (give rise to).
touch out [야구] 터치아웃시키다.
touch pitch ① 나쁜 일에 관계하다. ② 수상쩍은 사람과 어울리다.
touch the [**tender**] **spot** ⇒ SPOT.
touch to the quick ① 생살을 건드리다. ② 몹시 감정을 상하게 하다.
touch up ① 약간 끝손질을 하여 외관을 보기 좋게 하다; 조금 손질하여 그림(사진)을 완성하다. ¶ touch up a picture 조금 손질하여 그림을 완성하다. ② 가볍게 쳐서 [기억]을 되살아나게 하다.
touch wood [깜빡 방심하여 자기 자랑을 한 뒤 복수의 여신 Nemesis의 노여움을 풀기 위하여 미신에 따라 탁자다리나 그밖에 가까이 있는 나무에 손을 대다.

— **n. 1** 대기, 닿기, 만지기, 접촉. **2** [U] 촉감, 촉각(觸覺), 감촉. ¶ be soft to touch 촉감이 부드럽다. **3** [붓・연필 따위의] 한번 대기, 일촉(一觸); [그림 따위의] 한번 손질, 일필(一筆) (stroke); 운필(運筆), 필치(筆致), 필법. ¶ add finishing touches 끝〔마무리〕손질을 하다. **4** 약간, 조금, 소량. **5** 기(氣), 기운, 기미, 맛. ¶ a touch of humanity 인간미. **6** [병 따위의] 가벼운 증상, 기(異狀), 기미(氣味), 기미의 어떤 기미(taint). ¶ a touch of rheumatism 류머티즘 증상. **7** [연장 따위를 쓰는] 기법(技法); 수법, 솜씨; 특질〔의 표시〕(trait). ¶ the touch of a master 대가의 작품 / the Nelson touch [난국에 대처하는] 넬슨과 같은 솜씨. **8** [악기의] 탄주(彈奏)[법], 터치, 건〔键〕의 탄주감(感), 악기소리의 특질(느낌). **9** [U] [정신적] 접촉, 연락, 교섭, 공감, 동정, 조화. **10** 시금석(touchstone); 시험(test), 증명. **11** [아슬아슬한] 고비를 넘기기, 위기 모면. ¶ a near touch 위기 일발, 구사 일생(九死一生). **12** [미속어] 돈을 꾸기, 등쳐먹기; 꾼〔뜯어낸, 등친, 훔친] 돈; 돈을 비교적 쉽게 빌려줄 듯한 사람. **13** [U] [의학] 촉진(觸診). **14** [U] [럭비] 터치 [경기장의 터치할 수 있는 부분, 터치라인과 골라인 사이].
at a touch 약간 닿기만 해도.
bring (or **put**) **a thing to the touch** 어떤 것을 시험하다.
in touch [미식축구] 사이드라인 밖에서, 경기가 중단되어.
in touch with …와 접촉하여.
keep in touch with …와 접촉을 유지하다(유지하게! 하다).
lose touch with …와 접촉(연락)이 끊기다. 〔하다).
the common touch 대중성. ¶ lack the common touch 대중성이 없다.
the right touch 올바른 방법, 비결.
out of touch with …와 접촉하지 않고, …와의 접촉없이.
touch and go ① 조금 닿았다가 곧 떨어지기; [항공] 접지(接地) 이륙. ② 재빠른 동작(솜씨). ③ 아슬아슬함, 위기 일발; 일촉 즉발(一觸卽發).

within touch of …에서 [손이] 닿는 곳에, 가까이.
touch·a·ble [tʌ́tʃəbl] *adj.* **1** 손댈(만질) 수 있는, 만져서 알 수 있는(tangible). **2** 감동시킬 수 있는.
touch-and-go [tʌ́tʃəngóu] *adj.* **1** 조금 건드리고 가는; 서두른; 날림의. **2** 아슬아슬한, 위태로운, 일촉즉발의. ¶ a highly *touch-and-go* situation 일촉즉발의 상황.
touch·back [tʌ́tʃbæ̀k] *n.* [미식축구] 터치백[상대자 찬 공을 자기 편의 골 선상 또는 그 뒤쪽 땅에 대기].
tóuch dàncing *n.* 터치 댄싱[디스코(disco)·살사(salsa)·허슬(hustle) 따위의 음악에 맞춰 파트너끼리 껴안고 추는 춤].
touch·down [tʌ́tʃdàun] *n.* **1** [미식축구] 터치다운; 그 득점. *cf.* try **2** [럭비] 자기 편으로부터 받은 공을 자기 골 선안에서 땅에 대기. **3** [항공] 단시간의 착륙, 착지.
tou·ché [tuːʃéi] *interj.* 한 대 맞았다, 졌다[원래는 펜싱 용어. 정곡을 찌른 비평·응답 따위에 대하여 쓴다]. [<F touched]
touched [tʌtʃt] *adj.* [서술용법] **1** 감동한, 마음이 움직인. **2** 머리가 좀 돈, 실성한.
touch·er [tʌ́tʃər] *n.* **1** 만지는 사람(물건). **2** [英속어] 위기 일발. ¶ as near as a *toucher* 거의, 아슬아슬하게.
tóuch fóotball *n.* [U] 터치 풋볼[미식 축구의 일종].
touch·hole [tʌ́tʃhòul] *n.* [구식 총포의] 화문(火門), 점화(點火) 구멍.
‡**touch·ing** [tʌ́tʃiŋ] *adj.* 마음에 와 닿는, 남을 감동시키는. ━ MOVING [類語] 가슴 아픈, 측은한. ¶ a *touching* incident 가슴아픈 사건. ━ *prep.* (종종 as ~) …에 대해서[는], …에 관하여(concerning).
~·ly *adv.* ~·ness *n.*
touch-in-goal [tʌ́tʃingòul] *n.* [럭비] 터치인 골[경기장의 네 구석과 접하고 골라인과 터치라인의 연장선에 둘러싸인 구역].
touch-last [tʌ́tʃlæ̀st / -làːst] *n.* 술래잡기.
touch·line [tʌ́tʃlàin] *n.* [럭비·축구] 터치라인, 측선(側線). *cf.* goal line
touch-me-not [tʌ́tʃminàt / -nɔ̀t] *n.* **1** 봉선화류(類)의 총칭. **2** 쌀쌀(새침)하게 거만떠는 사람 [특히 여성]. [火紙]
tóuch pàper *n.* [U] 〔폭약·폭죽 따위의〕도화지(導火紙).
tóuch scrèen *n.* [컴퓨터] 터치 스크린〔컴퓨터의 display 화면에 손가락을 대기만 해도 입력되게 한 것〕.
touch·stone [tʌ́tʃstòun] *n.* **1** 시금석, **2** [시험의] 표준(물), 기준, 사람(물건)의 진가를 시험하는 방법.
tóuch sỳstem *n.* 키를 보지 않고 타이프를 치는 방식.
touch-tone [tʌ́tʃtòun] *adj.* [전화 따위의] 단추누르기식(式)의. 기.
Touch-Tone [tʌ́tʃtòun] *n.* [상표명] 단추누르기식 전화.
touch-type [tʌ́tʃtàip] *vi.* (-typed, -typ·ing) 키를 보지 않고 타이프를 치다.
touch-wood [tʌ́tʃwùd] *n.* [U] 부싯깃; 쓸모없는 사람.
touch·y [tʌ́tʃi] *adj.* (**touch·i·er, touch·i·est**) **1** 성마른, 성미가 급한; [신경이] 과민한. **2** [문제 따위가] 다루기 힘든, 까다로운, 조심스러운, 위험한. **3** 불붙기 쉬운, 인화성의. **touch·i·ly** *adv.* **touch·i·ness** *n.*
‡**tough** [tʌf] *adj.* **1** 구부러도 부러지지 않는, 튼튼한 (*opp.* fragile, tender). **2** [점토 따위가] 차진, 찰기가 많은. **3** 단단하고, 질긴. ¶ a beefsteak as *tough* as leather 가죽처럼 질긴 비프스테이크. **4** [사람·동물이] 억센, 강인한, 모진. ━ STRONG [類語] **4** 불굴의; 잘 굽히지 않는, 완강한(stubborn), 끈질긴. ¶ a *tough* worker 끈질기게 일하는 사람 / a *tough* customer [구어] 만만찮은(힘든) 상대. **5** [일 따위가] 곤란한, 힘든, 고된. ¶ a *tough* job 힘든(곤란한) 일. **6** [구어] 슬픈, 한, 지독한, 혹독한. ¶ *tough* luck 악운 / have a *tough* time 혼이 나다, 지독한 꼴을 당하다. **7** [美속어] [범

죄자 등이] 흉악한, 무도한. **8** [속어] 믿을 수 없는. **9** [구어] 강압적인, 강경한(violent).
━ *n.* [美] 부랑자, 악당, 무법자(ruffian), 건달.
━ *vt.* [美구어] (곤란 등을) 견디다 (…*out*). ¶ *tough* it *out* 견디어내다, 견디고 해내다.
~·ly *adv.* ~·ness *n.* ◇ tóugh·en *v.*
tough·en [tʌ́fn] *vt.* **1** …을 강인하게 만들다; …을 단단하게 만들다; 억세게(완강하게) 만들다. **2** …을 힘들게(곤란하게) 만들다. ━ *vi.* **1** 강인해지다; 단단해지다; 억세게(완강하게) 되다. **2** 곤란해지다.
tóugh gùy *n.* [구어] 주먹이 센 사람, 무법자.
tough·ie [tʌ́fi], (**tough·y**) *n.* (*pl.* **tough·ies**) [구어] **1** 부랑자, 무법자, 악당, 깡패, [특히] 싸우기 좋아하는 사람. **2** 어려운 일, 처치 곤란한 사람(것), 어려운 상태. **3** 외설한 책(영화) 따위.
tóugh lòve *n.* 사랑의 매[자녀를 엄히 다스리고 죄를 질 경우 사적 당국에 고발하는 따위].
tough-mind·ed [tʌ́fmáindid] *adj.* **1** 현실적인, 실제적인, **2** 의지가 강한, 쉽게 영향을 안 받는.
tóugh sèll *n.* 힘든 설득 작업. *opp.* easy sell; 강압적인 광고(판매) 기법(hard sell). *opp.* soft sell
tóugh-tàlk [tʌ́ftɔ̀ːk] *vt.* …을 강경히 주장하다, 고자세로 말하다.
tou·pee [tuːpéi, -píː / tuːpei] *n.* **1** [대머리를 덮는] 가발; [숱이 많아보이게 하는] 다리. **2** [옛날의] 앞가발; [가발 꼭대기의] 장식털.
‡**tour** [tuər] *vi.* 주유(周遊)하다, 여행 (유람)하다 (*through, about*…); [박물관 따위를] 두루 보고 다니다. ¶ *tour* through Wales 웨일스 지방을 주유(周遊)하다. **2** [극단·배우 등이] 순회[공연]하다. **3** [차가] 천천히 달리다. ━ *vt.* **1** …을 주유하다, …을 여행하다. **2** [미술관 등을] 보고 다니다. **3** [흥행주등이] [극단]을 순회 공연시키다; [연극 따위를] 가지고 지방 공연을 나가다.
━ *n.* **1** 유람, 관광 여행. ⇨ TRIP [類語] ¶ a *tour* of inspection 시찰 여행 / a motoring *tour* 자동차 여행; go on a *tour* 주유(주유)을 나서다 / make a *tour* of the country (the world) 전국(세계) 주유 여행을 나서다. **2** 소풍. **3** [배우·극단 등의] 순회[공연]. ¶ a *tour* of the country; a provincial *tour* 지방 순회 공연. **4** [주로 군대] 근무 기간. **5** [공장에서의] 교대, 당번. ¶ two *tours* a day 1일 2교대.
on tour 순회 여행(중)에, 순회중에.
tour·bil·lion [tuərbíljən] *n.* **1** 회오리바람, 선풍. **2** 빙빙 돌며 하늘로 치솟는 꽃불. [courier]
tóur condùctor *n.* [동승(동행)] 여행 안내원
tour de force [tùər də fɔ́ːrs/-fɔ́ːs] *n.* (*pl.* **tours de force**) 힘(재주)을 부리는 재주, 아슬아슬한 묘기; [예술상의] 역작. [<F feat of strength]
tour·er [túrər / túərə] *n.* =touring car.
tóur·ing càr [tú(ː)riŋ-/túər-] *n.* 포장형 자동차 보통 5, 6인 이상의 타는 대형차.
tour·ism [tú(ː)riz(ə)m / túər-] *n.* [U] **1** 관광 여행, 관광. **2** 여행 안내업, 관광 사업;〔집합적〕관광객.
‡**tour·ist** [tú(ː)rist / túər-] *n.* **1** 관광객, 여행자. ¶ a *tourist* party 관광단 / a *tourist* ticket 유람권, 회유(回遊)권 / the *tourist* industry 관광 산업. **2** [美] [겨울철 따뜻한 남부로 벌이를 가는] 이동 노동자. **3** = tourist class.
━ *adj.* [旅客用의] 관광객(용)의. **2** [배의] 관광객 등급의. ━ *adv.* [배의] 보통 등급으로. ¶ travel *tourist* 2등으로 배편 여행을 하다.
tóurist àgency *n.* 여행 안내소. [행자 카드]
tóurist càrd *n.* [passport 나 visa 대신 발행되는] 여등. *cf.* third class
tóurist clàss *n.* [비행기·기선의] 관광객 등급, 2등. *cf.* third class
tóurist còurt *n.* [美] 모텔(motel). [house]
tóurist hòme *n.* 민박(民泊)시키는 집([英]) guest
tour·is·try [tú(ː)ristri / túər-] *n.* [U] **1** [집합적] 관광 여행자. **2** [관광]여행, 유람.

tourist trap n. [관광객에게 바가지를 씌우는] 음식점(호텔, 가게 따위).

tour·ma·line [túərməlin, -lì:n / -lì:n], (**tour·ma·lin** [túərməlin]) n. ⓤ [광물] 전기석(電氣石).

***tour·na·ment** [túərnəmənt, 美 tɔ́:r-] n. 1 시합, 경기. **2** 토너먼트, 선수권 대회, 승자 진출전. **3** [역사] [중세의 기사들 사이의] 마상(馬上) 시합, 마상 모의전(模擬戰). ◇ **tóurney** v.

tour·nay [tuərnéi / ⌒⌒] n. ⓤ 가구 장식용 모직물의 일

tour·ne·dos [túərnidòu / F tu:rnədou] n. (pl. **-dos** [-dòuz]) [프랑스] 토르네도[쇠고기의 연한 허릿살의 동글고 두껍게 썬 작은 조각]. 〈F〉

tour·ney [túərni, +美 tɔ́:r-] n.=tournament. — vi. (**-neyed, -ney·ing**) 토너먼트(마상 시합)에 참가하다.

tour·ni·quet [túərnikit, tɔ́:r / -kèi] n. [외과] 지혈(止血)용구, 지혈대(帶); [지혈용] 압박기.

tour·nure [túərnjuər, +美 -′] n. 《프랑스》(=turn) **1** 곡선, 윤곽; 곡선미. **2** [우아한] 몸놀림. **3** [부인복의] 허리에 대는 것[허리·둔부 모양을 좋게 하기 위한 것].

tou·sle [táuzl] vt. (**-sled, -sling**) **1** …을 아무렇게나 〔거칠게〕 다루다. **2** 〔머리·옷 따위를〕 헝클다[…을 엉클어뜨리다, 어지르다. — n. ⓤⓒ 난잡, 뒤죽박죽; 헝클어진 머리털.

tous·y [túːzi, táuzi] adj. (**tous·i·er, -i·est**) 〔주로 스코〕 〔머리·옷 따위가〕 헝클어진, 흐트러진, 뒤죽박죽이 된; 텁수룩한.

tout [taut] 《구어》 vi. **1** 성가시게 권유하다 (for...); 강매하다. 《美》 [선거에서 투표를] 권유하다. ¶ (~+前+图) tout for orders 성가시게 주문하라고 조르다. **2** 《英》 〔조런 중인 경주용 말에 관한〕 정보를 염탐하다 (round...). — vt. **1** …을 성가시게 권유하다. **2** …을 화제로 삼다; …을 말하다; …이라고 칭하다(…as). **3** …을 극구 칭찬하다. **4** 《英》 〔경마 따위의〕 정보를 염탐하다. 《美》 〔조런 중인 경주말의〕 정보를 주다. [승부 따위의], 예상을 엄하게 삼다. — n. **1** 손님 끄는 사람, 유객꾼. **2** 〔주로 英〕 경마 말의 정보를 염탐하는 사람, 《美》〔경마의〕승부 예상을 업으로 하는 사람, 정보 제공자.

tout à fait [tù:tə féi] 《프랑스》(=all done) 전혀, 완전히, 아주, 몽땅(entirely).

tout court [tu: kúər] 《프랑스》(=all in short) 간단히, 약하여, 줄여서, 간략하게.

tout [de] suite [F tudəsyít] 《프랑스》(=all in succession) 곧, 당장, 즉각(at once).

tout en·sem·ble [F tutɑ̃sɑ̃:bl] 《프랑스》(=all together) 모두 함께, 전부. — n. [예술 작품 등의] 전체적 효과; 전체, 전부.

tout·er [táutər] n. 《구어》 **1** [성가시게, 끈질기게] 권유하는 사람. **2** [경주말의 정보를 몰래 염탐하는 사람, 정보 제공자.

tou·zle [táuzl] n., v. (**-zled, -zling**) =tousle.

to·va·rish, -rich [touváːriʃ] n. 타바리시치, 동지(comrade). 〈Russ〉

tow¹ [tou] vt. **1** [배 따위를] 밧줄(사슬)로 끌다, 끌고 가다. **2** [자동차 따위를] 끌다. ⇨ DRAW 類語 **3** [아이·개 등을] 끌고 가다.
— n. **1** 밧줄로 끌기, 끌고 가기; 끌려가는 배(차); 끄는 배(차), 끄는 밧줄(사슬)로.
in tow ① […에] 끌려서 (of, by...). ② 동행(한 채)으로. **take** (or **have**) **in tow** ① [파손된 배 따위를] 밧줄로 끌다. ② [남을] 시중들다. ③ [남]과 동행하다.
under tow 끌려서 (in tow).
◇ **tówage** n.

tow² [tou] n. ⓤ **1** 삼 부스러기; 거친〔굵은〕 삼, 조마(粗麻). **2** 삼실 같은 연황색 머리털. — adj. 조마(로 만든), 삼 부스러기의.

TOW [tou] n. 《美》 토 미사일(대(對) 전차 유도 미사일. 〔<tube-launched, optically tracked, wire-guided〕

tow·age [tóuidʒ] n. ⓤ **1** 배를 끄는 일, 배끌기, 배 예인. **2** 〔배가〕 예인되기. **3** 예선료, 끄는 요금.

***to·ward** prep. [toːrd / towɔ́ːd, t(w)ɔːrd // → adj.] **1** 《운동의 방향》 …의 쪽으로, …을 향하여 (* 방향을 가리킬 뿐이고 북쪽의 뜻은 없다). ¶ I walk toward the north 북쪽으로 걸어간다 / I look toward you. (익살) 건강을 축원합니다 [건배할 때]. **2** 《관계》 …에 관하여, …에 대하여. ¶ a negative attitude toward abstract art 추상 예술에 대한 부정적 태도. **3** 《위치·방향》 …의 쪽으로, …을 마주보고. ¶ hills toward the east 동쪽에 있는 구릉들 / The house looks toward the sea. 집은 바다에 면해 있다. **4** 《시각 및 수량의 접근》 …가까이, …무렵. ¶ toward the end of last month 지난 달 말 무렵. **5** 《목적·준비·공헌》 …을 위하여, …에 공헌하는. ¶ They're saving money toward a new house. 그들은 새집을 짓기 위해 저금하고 있다. **6** 《경향·결과》 …쪽을 향하여, …을 목표로. ¶ drift toward war 점점 전쟁쪽으로 기울어져 가다.
— adj. [toːrd / touəd] **1** 《고어》 〔드물게〕 바야흐로 일어나려고 하는, 박두한, 눈앞에 닥친 (imminent). ¶ The feast is toward. 잔치가 바야흐로 시작하려고 있다. **2** 〔고어〕 드물게 도도 유망한. **3** 〔고어·드물게〕 얌전한, 온순한 (docile). **4** 《고어》 진행중인.

to·ward·ly [tɔ́ːrdli / tóuəd-] adj. 《고어》 **1** 전도 유망한, 말 잘 듣는, 유순한, 온순한; 친절한, 상냥한. **2** 알맞은, 적절한.

to·wards [toːrdz, tawɔ́:rdz/təwɔ́:dz, t(w)ɔːrdz] prep. =toward(*《英》에서는 산문·구어체에서 towards 가 보통). 〔…의〕 강제 견인〔…〕.

tow·a·way [tóuəwèi] n., adj. 《美》 [주차 위반 차량(…er)].
tów·a·wày zòne [tóuəwèi-] n. 주차 금지 구역〔위반한 차는 레커차로 끌어낸다〕.

tow·boat [tóubòut] n. 예인선(tugboat).

tów car(**trùck**) n. 레커차, 구난차(救難車) (wreck-er).

tow·el [táuəl] n. [종이나 천으로 된] 타월, 수건. ¶ a bath towel 목욕 수건 / a lead towel 〔고어·속어〕 총 알 / an oaken towel 〔고어·속어〕 곤봉, 몽둥이.

throw (or **toss**) **in the towel** ① 〔권투〕 [진 것을 인정하는 표시로] 타월을 던지다. ② 《속어》 패배를 자인하다, 항복하다.
— v. (**-eled, -el·ing**; 《英》 **-elled, -el·ling**) vt. **1** …을 수건으로 닦다(훔치다, 문지르다). **2** 《英속어》 [채찍으로] …을 치다(thrash); …을 때리다. — vi. 수건으로 닦다(훔치다, 문지르다); 수건을 쓰다.

towel off 〔목욕 후에〕 몸을 닦다, 말리다.

tówel hòrse n. 타월(수건)걸이.

tow·el·ing, 《英》**-el·ling** [táu(ə)liŋ] n. ⓤ **1** 수건 감, 수건감이 되는 천. **2** 수건으로 닦기(훔치기).

tówel ràck n. =towel horse.

***tow·er¹** [táuər] n. **1** 탑, 망루. ¶ a watch tower 망루, 감시탑 / a water tower 급수탑. **2** [탑으로 되어 있는] 성채, 요새. **3** 〔비유적〕 안전한 장소; 옹호자. ¶ a tower of strength 힘〔의지〕이 되어 주는 사람. **4** 《美》 철도 신호소.

tower and town 《詩》 도시와 시골, 인가가 있는 곳.

the Tower of Babel ⇨ BABEL 1.

a tower of ivory; an ivory tower 상아탑.

the Tower of London 런던탑 〔영국 London 에 있는 옛 왕궁·감옥〕.
— vi. **1** 〔탑처럼〕 우뚝 솟다 (above, over, up...). ¶ (~+前+图) tower against the sky 공중에 솟아오르다 / Skyscrapers tower over the city. 마천루가 시가 상공에 솟아 있다. **2** [매·독수리 따위가] 똑바로 높이 솟아 오르다, 날아 오르다(soar); [상처입은 새가] 일직선으로 솟아오르다. **3** 〔지혜·재능 따위가〕 [남보다] 뛰어나다, 앞서다, 빼어나다 (above...). ¶ (~+前+图) tower above one's contemporaries 동시대인 중에서 뛰어나다(탁월, 특출하다).

tower head and shoulder 월등히 뛰어나다.

tow·er[2] [tóuər] n. 끄는 사람.
tówer blóck n. 《英》 고층 주택, 고층 빌딩.
Tówer Brídge n. (the ~) 영국 London 의 Thames 강의 개폐식(開閉式)으로 된 다리.
tow·ered [táuərd] adj. 탑이 있는, 탑으로 장식된.
*__tow·er·ing__ [táuəriŋ] adj. 1 탑과 같은, 높이 솟은. ⇒ HIGH 類語 2 〖이상 따위가〗 매우 높은(큰). 3 〖분노 따위가〗 하늘을 찌를 듯한, 격렬(맹렬)한. ¶ a towering rage 격노. ~·ly adv.
tow·er·y [táuəri] adj. 탑이 있는; 높이 솟은.
tow·head [tóuhèd] n. 아마(亞麻)빛의 머리털〖을 한 사람〗.
tow·head·ed [tóuhèdid] adj. 아마빛(황갈색)두발의.
tow·hee [táuhi:, tóu-] n. 검은방울새 비슷한 옛새과(科)의 새(북미산(産)).
tow·ing [tóuiŋ] n. 〖스포츠〗 토잉〖행글라이더나 패러글라이더를 끌어서 이륙시키는 방법〗.
tówing nèt n. =townet.
tówing pàth n. =towpath.
tow·line [tóulàin] n. 〖배·차 따위를〗 끄는 밧줄.
‡**town** [taun] n. 1 읍(邑); 도회지. * 보통 village 보다 크고 city 보다 작은 곳. 2 《美》 읍(* 특히 New England 에서 city 만큼 완전한 행정 기관을 갖지 않은 자치체); [New England 이외의 주(州)나 캐나다에서] 군구(郡區)(township). 3 (the ~) 읍(시)의 주민. ¶ the rumor of the whole town 온 읍내의 소문. 4 〖무관사로〗 수도(首都); [대화자 사이에서 양해된] 부근의 도시; 〖종종 T-〗 《英》 〖특히〗 런던. 5 번화가, 중심지(downtown); 상업 지구; 시장 거리(* 읍 중에서도 장이 서는 곳, 지방의 중심지). ¶ go down town 《美》 번화가에 가다, 장보러 가다. 6 〖英역사〗 성시(城市)의 소도시·마을; 〖英방언〗 〖정기적〗으로 장이 서는 마을(hamlet).
come to town ① 상경하다. ② 나타나다. ③ 〖구어〗 태어나다(= be born). ¶ Mrs. Brown's baby came to town last night. 브라운부인의 아기가 어젯밤에 태어났다.
go to town ① 읍내에 가다; 상경하다. ② 〖속어〗 활기있게 활동하다. ③ 〖속어〗 흥청거리며 살다. ④ 《美속어》 대성공하다.
in (out of) town 재경하여〖도시를 떠나서〗.
a man about town ⇒ MAN.
on (or upon) the town ① 주·시·읍의 원조를 받아. ② 〖속어〗 〖나이트클럽 따위에서〗 방탕한 생활을 하며.
paint the town [red] 〖속어〗 세상을 떠들썩하게 하다; 흥청대고 법석을 떨다.
a woman (or girl) of the town 매춘부.
tówn cár n. 타운카〖운전석과 객석 사이를 유리로 칸막이한 자동차〗.
tówn clérk n. 읍사무소 서기.
tówn cóuncil n. 읍의회 (邑議會), 시의회.
tówn cóuncilor(《英》 cóuncillor) n. 읍(시) 의 회 의원.
tówn críer n. 〖옛날 고지 사항을 읍민에게 알리고 다니던〗 읍사무소 직원(bellman), 고지원.
town·ee [tauní:] n. 1 《美속어》 읍의 주민〖대학 도시에서 대학과 관계없는 일반 시민을 가리키는 말〗. 2 =townie.
town·er [táunər] n. 도시 사람.
tow·net [tóunèt] n. 〖플랑크톤 따위의 표본 채집용〗 예인망(曳引網).
tówn gás n. 도시 가스.
tówn háll n. 읍 사무소, 시청; 읍(시) 공회당.
tówn hóuse n. 1 [시골에 본댁이 있는] 영국 귀족의 도시 주택. cf. country house 2 (=**town·house** [táunhàus]) 《주로 英》 = town hall. 3 테라스 하우스〖공공의 벽으로 칸막이된 2-3층의 공동 주택(연립 주택)〗.
town·ie [táuni] n. 《구어》 도시 사람; 그 고장 대학에 가지 않고 대도시 대학에 다니는 학생.
town·i·fied [táunifàid] adj. 도시의, 도회지의; 도회 지풍의.
tówn mánager n. 《美》 〖읍 의회가 임명하는〗 읍정관(邑政官), 읍장(邑長) 〖읍 행정을 총괄·지휘한다〗.
tówn méeting n. 1 읍민 대회. 2 〖읍의 행정을 논의하기 위해 유자격자가 모이는〗 읍민회.
tówn plánning n. U 도시 계획(city planning).
town·scape [táunskèip] n. 1 도시 풍경(화). 2 U 도시 조경법.
towns·folk [táunzfòuk] n. pl. 읍민, 시민 (towns
*__tówn·ship__ [táunʃip] n. 1 《英역사》 읍구(邑區) 〖교구의 구분〗. 2 《美》 군구(郡區) 〖동북 및 중서부의 주에 [서].
tówn·site [táunsàit] n. 도시 건설용 대지.
tówns·man [táunzmən] n. (pl. -men [-mən]) 1 도회지 사람. 2 읍내 사람, 시민.
towns·peo·ple [táunzpì:pl] n. pl. 읍민, 시민.
towns·wom·an [táunzwùmən] n. (pl. -wom·en [-wìmin]) 도회지 여성; 같은 읍내 여성.
tówn tálk n. U 읍내(동네)의 소문; 이야깃거리.
town·ward [táunwərd] adj. 도시 쪽으로 향하는.
— adv. (=**town·wards** [-wərdz]) 도시 쪽을 향하여.
town·wear [táunwèər] n. 나들이옷, 외출복.
town·y [táuni] n. (pl. **town·ies**) =townsman.
tow·path [tóupæθ /-pà:θ] n. (=**tówing pàth**) 〖운하·강 따위를 따라 배를 끌고 가는〗 예선(曳船) 뱃길.
tow·rope [tóuròup] n. 〖배를 끄는 데 쓰는〗 예선 밧줄.   「마색 머리털의.
tow·y [tóui] adj. 1 삼 부스러기(의)와 같은. 2 아
tox·e·mi·a [taksí:miə / tɔk-], (**tox·ae·mi·a**) n. U 〖병리〗 독혈증(毒血症).
tox·e·mic [taksí:mik, -sém- / tɔksí:m-], (**tox·ae·mic**) a. 〖병리〗 독혈증의, 독혈증에 걸린.
tox·ic [táksik / tɔ́k-] adj. 1 유독한, 유독성의. 2 중독성의. ¶ *toxic* anemia 중독성 빈혈증.
toxic- ⇒ TOXICO-.
tox·i·cant [táksikənt / tɔ́k-] adj. 유독한; 중독성의. — n. 독물.
tox·i·ca·tion [tàksikéiʃ(ə)n / tɔ̀k-] n. U 중독.
tox·ic·i·ty [taksísiti / tɔk-] n. U 독성, 유독성.
toxico- toxic 의 뜻의 연결형(* 모음 앞에서는 toxic-을 쓴다). 예: *toxic*ity, *toxico*logy.
tox·i·coid [táksikɔ̀id / tɔ́-] n. 〖환경·인체를 오염시키는〗 화학 물질, 독성 물질.
tox·i·co·log·ic [tàksikəládʒik / tɔ̀ksikəlɔ́dʒ-], (**tox·i·co·log·i·cal** [-k(ə)l]) adj. 독물학(毒物學) 〖상〗의; 독성의. **-i·cal·ly** [-kəli] adv.   「학자.
tox·i·col·o·gist [tàksikálədʒist / tɔ̀ksikɔ́l-] n. 독물
tox·i·col·o·gy [tàksikálədʒi / tɔ̀ksikɔ́l-] n. U 독물학.   「증〗.
tox·i·co·sis [tàksikóusis / tɔ̀k-] n. 〖병리〗 중독〖
tóxic wáste n. 독성 산업 폐기물.
tox·in [táksin / tɔ́ksin] n. 독소. ⇒ POISON 類語
tox·oid [táksɔid / tɔ́k-] n. 《의학》 유독소(類毒素), 톡소이드〖항원성(抗原性) 독소를 처리하여 항원성을 남겨 자동 면역화한 것〗.
tox·oph·i·lite [taksáfilàit / tɔksɔ́f-] n. 궁술(弓術) 애호가, 궁술가.
tox·o·plas·mo·sis [tàkso(u)plæzmóusis / tɔ̀k-] n. U 〖병리〗 〖신경 계통을 침범하는〗 톡소플라스마병, 주혈 원충병(住血原蟲病).
‡**toy** [tɔi] n. 1 〖어린이의〗 장난감, 노리개(plaything). 2 장난감이나 다름없는 것; 시시한 것(trifle). 3 작고 예쁘장한 것, 작은 장신구; 〖장난감같이〗 자질구레한 것. 4 〖비유적〗 반[장난 같은 일; 소꿉장난.
make a toy of …을 장난감으로 삼다, 가지고 놀다.
— vi. 1 놀다, 장난하다. 2 장난으로 사랑하다; 농 으로 삼다, 우롱하다(*with* …). ¶ (~+前+名) toy with an idea of visiting a person 남을 방문할 생각을 하면서

혼자서 즐기다. **3** 장난치다, 시시덕거리다(*with*...).
― *adj*. **1** 장난감의. ¶ a *toy* soldier 장난감 병정. **2** [크기가] 축소형의, 소형의, 작은.
toy boy *n*. (英) [연상의 남자(여자)의] 젊은 정부, 제비.
tóy dòg *n*. [애완용의] 작은 개.
to·yon [tóuján] *n*. 장미과(科) 상록 관목[북미산].
toy·shop [tɔ́iʃàp / -ʃɔ̀p] *n*. 장난감 가게, 완구점.
TP (略) *t*arget *p*ractice(연습용·훈련용) 탄환).
tp. *t*elephone; township; troop.
t.p. (略) *t*itle *p*age.
TPI (略) (컴퓨터) *t*racks *p*er *i*nch(floppy disk 의 기록, 필도를 나타내는 단위; 1인치 당의 트랙수).
tpk, tpk., tpke. (略) *t*urn*p*i*ke*.
tpr. (略) *t*roo*p*e*r*.
TPS (略) [우주공학] *t*hermal *p*rotection *s*ystem(내열(耐熱) 시스템).
TQC (略) *t*otal *q*uality *c*ontrol(종합적 품질 관리(영업·경리·기획 따위의 비생산 부문까지 망라한 전사적(全社的)인 관리 체계 및 수단)).
TR ⇒ TECHNOLOGY ROUND.
tr. *t*are; *t*ransaction; *t*ransitive; *t*ranslated; *t*ransport; *t*ranspose; *t*reasurer; *t*rustee.
tra- *pref.* =TRANS-. 예: *tra*dition.
tra·be·at·ed [tréibièitid], **(tra·be·ate** [-biit, -bièit]) *adj*. [건축] 상인방(上引枋)이 있는; 상인방식(式)의.
tra·be·a·tion [trèibiéiʃən] *n*. [U] (건축) 상인방 구조.
tra·bec·u·la [trəbékjulə] *n*. (*pl*. **-lae** [-liː] *or* **-las**) **1** [해부·식물] 섬유주(柱)(생물 체내의 조직을 지명하고 있는 작은 기둥 모양의 섬유성 구조). **2** [식물] 삭치(蒴齒)(橫絹); 양상(梁狀) 돌기.
tra·bec·u·lar [trəbékjulər], **(tra·bec·u·late** [-lit, -lèit]) *adj*. [해부·식물] 결체(結締) 조직 섬유주(纖維柱)가 있는; [식물] 삭치 회선이 있는.

¹trace [treis] *n*. **1** 자취, (~s) [사람·동물의 잇달린] 발자국, 바퀴 자국. **2** [남겨진] 자취, 흔적, 형적. ¶ the *traces* of war 전쟁의(이 남긴) 상처. **3** [경험·경우 따위의] 영향, 결과, 기색, 증표. ¶ Sorrow has left its *traces* on her face. 그녀의 얼굴에는 슬픔의 그림자가 서려 있다.
類語 **trace** 지나간 것이 남긴 자취·자국; 어떤 것이 존재 발생했던 증거: the *traces* of a deer 사슴이 다닌 자국. **track** 특히 사냥에서 사냥감이 남긴 잇단 발자국(냄새 자취): a hound on the *track* of a fox 여우가 남긴 발자국(냄새)을 밟는 사냥개. **vestige** 지금은 존재하던 증거가 되는 유물: *vestiges* of an ancient city 고대 도시의 존재를 말해 주는 유적.
4 아주 조금, 미(微)량; 기미; [화학] [측정할 수 없는] 미소량, 미량. ¶ He betrayed not a *trace* of fear. 그는 조금도 공포의 빛을 보이지 않았다. **5** 그려진 것; 선(線), 도형; 스케치(sketch). **6** [심장 등 따위의] 자동 기록 장치의 기록.
be [*hot*] *on the traces of* …을 추적하고 있다.
― *v*. (**traced, trac·ing**) *vt*. **1** …의 발자국을 더듬어 가다; 자취를 뒤밟아가다, …을 추적하다(...*to*). ¶ (~+图+前+名) *trace* an animal to its lair 짐승을 그 소굴까지 뒤밟다. **2** (범인 등)을 수색하여, 찾아내다; (물건의 소재)을 알아내다, 밝혀내다. ¶ (~+图+前+名) *trace* a river to its source 강(江)을 거슬러 그 발원지(發源地)를 찾다 // (~+图+副) *trace* a person *out* [의 행방]을 알아내다. **3** …의 유래(기원)을 알아보다, …을 거슬러올라 조사하다. ¶ (유적 따위에 의해) (모양)을 확인하다, 탐색하여 밝혀내다; [마멸되어 가는 문자]를 판독하다. ¶ (~+图+副) The ancient walls may still be *traced* all around. 고대 성벽의 유적은 아직도 도처에서 찾아볼 수 있다. **5** [선·윤곽·스케치 따위]를 긋다, [도면]을 그리다(...*out*); (비유적) 획책하다. ¶ (~+图+副) The policy *traced out* by him was not followed. 그가 입안한 정책은 실시되지 않았다. **6** …을 베끼다, 투사(透寫)하다. **7** [작은 길 따위]를 더듬어 가다, 나아가다. **8** [자동 기록 장치가] …을 선을 그어 기록하다. **9** [공들여서 깨끗이] [글씨 따위]를 쓰다. ― *vi*. 유래를 더듬어 알아보다, [역사]를 거슬러 올라가다, 과거로 거슬러 오르다.
trace back to ① (*vt*.) …의 기원(유래)이 …까지 거슬러 오르다; …의 출처를 …까지 밝혀내다(확인하다). ¶ I *traced* my family *back to* the earlier period of the Yi Dynasty. 나는 우리집 가계가 조선 왕조 초기부터 이어져 내려온 것을 알아냈다. ② (*vi*.) [과거로] 거슬러 오르다; [원인]이 …에서 유래하다.
trace over [원본을 밑에 깔고] 베끼다, 투사하다.
trace up ① 거슬러 오르다. ② 추적(추궁)하다.
◇ **tráceless** *adj*.

²trace [treis] *n*. 봇줄(strap) [마구의 일부], [수레에 연결된] 가죽끈, 사슬. ⇒ HARNESS 그림.
in the traces ① 봇줄에 매여, 가죽끈에 묶이어. ② 일상적 업무에 종사하여.
kick over the traces ① 말이 봇줄을 벗어던지다. ② (비유적) 말을 잘 안 듣다, 거칠어지다, 반항하다.

trace·a·bil·i·ty [trèisəbíliti] *n*. [U] 자국(기원·원인)을 찾아낼 수 있음.
trace·a·ble [tréisəbl] *adj*. **1** 자국을 더듬어갈 수 있는, 거슬러 오를 수 있는; …에 기인하는, …으로 돌아가야 할(*to*...). **2** 증거가 드러나 있는. **3** 그릴 수 있는, 투사할 수 있는. ~**·ness** *n*. **-bly** *adv*.
tráce èlement *n*. [생화학] 미량(微量) 원소.
trace·less [tréislis] *adj*. 자국이 남지 않는, 흔적이 없는. ~**·ly** *adv*.
trac·er [tréisər] *n*. **1** 추적자, 자취(자국)를 찾는 사람. **2** 분실물(행방 불명자) 수색계, 분실 우편물 수색 조회정. **3** 모사(模寫)하는 사람, 투사자(透寫工), 도면을 베끼는 사람. **4** 줄 긋는 펜, 투사용 펜(못, 종이). **5** =tracing wheel. **6** =tracer bullet. **7** [화학·생리] 추적자, 트레이서[어떤 물질의 변화·행방을 연구하기 위하여 사용하는 방사성 원소]. **8** [컴퓨터] 추적 루틴.
trácer bùllet *n*. 예광탄(曳光彈). [TRACER *n*.7.
trácer èlement *n*. [해부·생물] 추적 원소.
trac·er·ied [tréis(ə)rid] *adj*. 트레이서리 무늬(그물코 무늬)가 있는(로 장식된).
trac·er·y [tréis(ə)ri] *n*. [U] [C] (*pl*. **-er·ies**) **1** [고딕 건축에서 창 윗부분에 있는] 여러가지 곡선 모양의 장식 무늬. **2** [자수·조각 따위의] 트레이서리 무늬, 그물코 세공.
trache- ⇒ TRACHEO-.
tra·che·a [tréikiə / trəkí(ː)ə] *n*. (*pl*. **-che·ae** [-kiìː, -kíːi / -kíːiː] *or* **-as**) **1** [해부·동물] 기관(氣管), 호흡관. [tracery 1] **2** [식물] 도관(導管).
tra·che·al [tréikiəl / trəkí(ː)əl] *adj*. [해부·동물] 기관의, 호흡관의; [식물] 도관의. [엽.
tra·che·i·tis [trèikiáitis / trəki-] *n*. [U] [병리] 기관
tracheo- trachea 의 뜻의 연결형(* 모음 앞에서는 trache-이다). 예: *trache*id(가도관(假導管)), *tracheo*scopy (기관경[검사]법).
tra·che·ot·o·my [trèikiátəmi / træki ɔ́t-] *n*. [U] [C] (*pl*. **-mies**) [외과] 기관 절개(술).
tra·cho·ma [trəkóumə] *n*. [U] [안과] 트라코마, 트라코마염(트라홈).
tra·chom·a·tous [trəkάmətəs, -kóu- / -kɔ́m-] *adj*. 트라코마(트라홈)의, 트라홈에 걸린. [암]
tra·chyte [tréikait, træk-] *n*. [U] [암석] 조면암(粗面암).
tra·chyt·ic [trəkítik] *adj*. [암석] 조면암의(거슬한).
***trac·ing** [tréisiŋ] *n*. **1** [U] 추적, 수색. **2** 투사, 복사, 등사, 트레이싱. **3** 자동 기록 장치에 의한 기록.
trácing clòth(**lìnen**) *n*. [U] 투사포(布)(투명질의 천).
trácing pàper *n*. [U] 트레이싱 페이퍼, 투사지.

trácing whèel n. 점선기(點線器), 트레이서[막대기 끝에 붙은 톱니바퀴를 형지(型紙)에 따라 굴려 밑에 깐 천에 자국을 내는 재봉 용구].

‡**track** [træk] n. 1 궤도, 철도 선로. ¶ leave the track 《美》 탈선하다. 2 자취, 지나간 자국, 흔적, 바퀴 자국; [배·철새 따위의] 진로, 통로; [항공] 항공 목표 고지. ¶ the track of a wagon 짐차가 지나간 자국. 3 (보통 ~s) [사람·짐승의] 발자국(footprints), [사냥개가 뒤밟는 사냥감의] 냄새 자국; [고생물] 족적(足跡) 화석[화석이 된 짐승 발자국]을 따르다. ⇨ TRACE 類語 4 [밟아서 생긴] 길, 오솔길, 통로. 5 [인생의] 진로, 행로; [행동 따위의] 방식(방법), 늘 하는 방식(방법). ¶ follow in the same track 같은 방침(방식)을 따르다. 6 [세상의] 상도(常道), 상궤(常軌). ¶ He is afraid to leave the beaten track. 그는 세상의 상도를 벗어나는 것을 두려워한다. 7 [행위 따위의] 증거(evidence), 형적. 8 [경기] 트랙; 경마로; [집합적] 트랙 경기; 육상 경기. 9 [트랙터 따위의] 캐터필러; [자동차] 두 바퀴 사이의 간격; 《美》 궤간(軌間). 10 =sound track; [자기(磁氣)테이프의] 음대(音帶); [음반의] 홈.

cover [**up**] **one's tracks** 자기 계획을 감추다.
have the inside track ① 트랙의 안쪽을 뛰다. ② 유리한 입장(위치)에 있다.
in the track of ①…의 예를 따라. ②…의 도중에.
in one's tracks 《구어》 그 자리에서, 당장(on the spot).
keep track of ①…의 기록을 남기다. ②…의 자국을 뒤밟다. ③…을 놓치지 않도록 하다; 끊임없이 …의 정보를 얻어내다.
lose track of ①…을 놓치다. ②…과 접촉이 끊어지다.
make (or **take**) **tracks** ① 《속어》 급히 가버리다, 도망하다. ② 《구어》 뒤를 따라 나서다(for…).
off the track ① 탈선하여; 문제를 벗어나서. ② [사냥개가] 냄새를 놓쳐; 범인을 찾을 실마리를 잃어.
on the track [**of**] ① 제대로 궤도에 올라. ② […을] 추적하여, […의] 실마리를 잡아.
on the wrong (**right**) **side of the tracks** 가난뱅이(부자)가 살고 있는 구역에.
throw a person **off the track** 남을 따돌리다.
— vt. 1 의 뒤를 쫓다, …을 추적하다, [발자국을] …의 뒤를 밟아 찾아내다. ¶ (~+圖+前+名) track a lion to its covert 사자의 뒤를 밟아 그 숨은 곳까지 쫓아가다 / (~+圖+副) track down a criminal 범인을 뒤쫓아서 잡아내다 / track out a bear 발자국을 따라 곰 있는 곳을 찾아내다. 2 …을 지나다, 가로지르다 (traverse). ¶ track a prairie 초원을 지나가다. 3 《美》…에 발자국을 남기다, 흔적을 남기다; [진흙 따위]를 발에 묻혀들어오다(…up, on). ¶ (~+圖+名) Don't track up the new rug. 새 융단을 발자국으로 더럽히지 마라 // (~+圖+前+名) track mud into one's house 진흙 발로 집안에 들어가다. 4 …에 선로를 깔다; [철도] [차륜(레일)의 간격이] …이다. 5 [배 따위]를 (tow). 6 《美》 《반》 능력별로 편성하다. — vi. 1 [차가] 앞차의 바퀴 자국을 밟고 달리다. 2 뒤를 밟다(쫓다), 추적하다. 3 걷다, 나아가다(around, about…). ◇ tráckage n., tráckless adj.

track·age [trǽkidʒ] n. 1 《집합적》 철도 선로, 궤도. 2 《美》 궤도 사용권(료).
tráck and fíeld n. 《집합적》 육상 경기.
tráck cléarer n. [기관차·전차 따위의 앞 부분에 단] 장애물 제거 장치, 배장기(排障機); [기관차의] 제설(除雪) 장치.
track·er [trǽkər] n. 1 추적자, 수색자. 2 예선(曳船) 노동자. 3 (=**trácker dòg**) 경찰견.
tráck hòuse n. 《美》 테라스 하우스(terraced house).
track·ing [trǽkiŋ] n. 1 《美》 [영화] 트래킹 [촬영중 카메라의 전후 이동] [효과]. 2 《美》 [교육] 능력(적성)별 학급 편성. 3 《우주》 [인공위성·미사일 따위의]

적. 4 레코드 플레이어의 바늘이 홈을 따라 도는 일.
trácking shòt n. [영화·TV] 이동 촬영[장면].
trácking stàtion n. 인공 위성(우주선) 추적 스테이션.
tráck·lày·er [trǽklèiər] n. 1 《美》 선로 부설공; 선로 공원(工員). 2 캐터필러식(式) 트랙터.
tráck·lày·ing [trǽklèiiŋ] adj. 궤도 부설에 쓰이는. — n. Ⓤ 철도 궤도의 부설.
track·less [trǽklis] adj. 사람의 발길이 닿지 않은, 인적 미답의, 길 없는, 자취 흔적을 남기지 않은; 무궤도의. ~·ly adv. ~·ness n.
tráckless trólley n. 트롤리 버스[무궤도 트롤리].
tráck màn n. 육상 경기 선수.
track·man [trǽkmən] n. (pl. **-men** [-mən]) 《美》 1 선로 공원, 보선공(保線工). 2 =trackwalker.
tráck mèet n. 육상 경기 대회.
tráck-mile [trǽkmàil] n. 철도 선로의 1마일.
tráck rècord n. 트랙 경기의 성적; [일반적으로] 실적.
tráck shòe n. 1 [궤도차의] 브레이크 장치. 2 [육상 선수의] 운동화.
tráck sùit n. 운동 선수의 보온복.
tráck sỳstem n. 능력별 학급 편성.
track·walk·er [trǽkwɔ̀ːkər] n. 《美》 선로 순찰원, 보선반원.
‡**tract**¹ [trækt] n. 1 넓은 [토지(토지)]; 지방, 지역, 구역. ⇨ DISTRICT 類語. 2 [바다·하늘의] 퍼져나간 넓이(expanse). 3 [해부] [인체 의] 부분; 관(管), …계(系), …[신경 섬유의] 속(束). ¶ the digestive tract 소화관. 4 《古》 [시간의] 경과, 기간, 세월.
*****tract**² [trækt] n. 1 (특히 종교상 또는 정치 문제 따위에 대한) 소논문, 소책자. 2 《교회》 [사순절(四旬節)동안 할렐루야창(唱) 대신에 부르는] 영창(詠唱).
◇ tráctate n.
trac·ta·bíl·i·ty [trǽktəbíliti] n. Ⓤ 몰기(길들이기) 쉬움, 유순(온순); 다루기 쉬움.
trac·ta·ble [trǽktəbl] adj. 몰기(길들이기) 쉬운, 온순한. 2 [재료 따위가] 세공하기 쉬운, [금속이] 전성(展性)이 있는. ~·ness n. **-bly** adv.
Trac·tar·i·an [træktɛ́(ː)riən / -tɛ́ər-] n. 옥스퍼드 운동 주창자, 옥스퍼드 논문 집필자. — adj. 옥스퍼드 운동(Tractarianism)의.
Trac·tar·i·an·ism [træktɛ́(ː)riənìz(ə)m / -tɛ́ər-] n. Ⓤ [가톨릭 교의를 고쳐친] 영국 국교 개혁 운동, 옥스퍼드 운동. ⇨ OXFORD MOVEMENT.
trac·tate [trǽkteit] n. 논문, 소논문.
trac·tile [trǽktil / -tail] adj. 잡아늘일 수 있는.
trac·til·i·ty [træktíliti] n. Ⓤ 신장성(伸張性), 연성(延性).
trac·tion [trǽkʃ(ə)n] n. Ⓤ 1 [레일에 대한 차륜 따위의] 점착(粘着) 마찰. 2 끌기, 당기기, 견인(牽引); 견인력. ¶ an electric **traction** company 전철 회사. 4 《집합적》 견인차; 《美》 [시내] 전차. 5 《生理》 《근육의》 수축.
trac·tion·al [trǽkʃ(ə)nəl] adj. 견인의.
tráction èngine n. 도로 기관차, 견작용 기관차, 견인차.
tráction whèel n. 《기계》 [기관차의] 동륜(動輪).
trac·tive [trǽktiv] adj. 끄는, 당기는, 견인하는.
*****trac·tor** [trǽktər] n. 1 끄는 것(사람). 2 트랙터, [무한 궤도] 견인차. 3 견인식 비행기[추진기가 주익(主翼)보다 앞에 붙어 있다].
trac·tor-trail·er [trǽktərtréilər] n. 견인 트레일러.
tráct sòciety n. 종교 서적 보급회.
trad [træd] adj. 《주로 英구어》 =traditional.
‡**trade** [treid] n. 1 ⓊⒸ 상업, 매매; 거래; 통상, 무역; 시장(market); 소매업. ¶ domestic (or home) trade

국내 상업 / foreign *trade* 외국 무역 / be good for *trade* 살 마음이 나게 하다 / be in *trade* 장사를 하고 있다. **2** Ⓤ⒞《美》[물품] 교환; ⒞ 교역품. **3** Ⓒ Ⓤ [일반적으로 전문적] 직업(* profession 쪽에 대한 용어로 보통 의사·변호사 등의 특별직에는 쓰이지 않는다], 장사, 가업, 손일. ⇒ OCCUPATION [類語] ¶ He is a barber by *trade*. 그의 직업은 이발사이다 / Jack of all *trades* 무슨 일이든지 다하는 사람 / Every man for his own *trade*. 《속담》사람은 제각기 직업이 있다 / Two of a *trade* never (or seldom) agree. 《속담》같은 장사꺼리는 서로 화합이 안 된다. **4** (the ~)[집합적] 동업자, 동인; 특정한 일에 종사하는 사람; 소매 상인들; 양조업자. ¶ discount to the *trade* 동업자 할인. **5** (the ~)[집합적] 고객 (customers), 단골 손님. **6** (the ~s) 무역풍(*trade* wind). **7** 《美》 정당간의 거래, 타협, 담합(談合).
the Board of Trade 《英》상무부; 《美》 상공 회의소.
— v. (trad·ed, trád·ing) vt. **1** …을 매매하다, …과 장사하다. **2** …을 [물품] 교환하다(barter). ¶ (~+囯+前+名) *trade* [*in*] an article *for* another 물품을 물품과 교환하다. **3** …을 팔아버리다(~ *away*, *off*). ¶ (~+囯+副) *trade off* (or *away*) one's furniture 가구를 팔아버리다. — vi. **1** 장사하다(*in*…); 거래하다. ¶ (~+前…) *trade in* furs 모피 장사를 하다 / *trade with* South America 남미와 무역하다. **2** [물건 따위를] 교환하다(exchange). ¶ (~+前+名) If he doesn't like it, I will *trade* with him. 만약 그가 그것을 좋아하지 않는다면 내가 교환하겠습니다. **3** [배가] 상품(화물)을 운반하다; 다니다. ¶ (~+前+名) The ship *trades between* Bordeaux *and* Lisbon. 그 배는 보르도와 리스본 사이를 물품을 나르며 왕복한다. **4** 물건을 사다(buy)(*at*…). ¶ (~+前+名) *trade at* one's local stores 지방의 상점에서 물건을 사다. **5** [지위·사면(赦免) 따위에] 돈으로 팔다; [정당 따위가] 거래(타협)하다. ¶ (~+前+名) *trade in* benefices 돈으로 성직(聖職)을 팔다.
trade down (*up*) 가치 있는 것을 가치 없는 것과 교환하다(가치 있는 것을 가치 있는 것과 교환하다).
trade in ① 장사하다. ② (*vt*.) …을 웃돈을 내고 신품과 바꾸다.
trade on (or *upon*) …을 이용하다(utilize), …에 편승하다, …을 악용하다.

tráde accéptance *n*. Ⓤ 수출 어음 인수.
tráde agréement *n*. [국가간의] 무역 협정; [노사 (勞使)간의] 단체 협약.
tráde bóok *n*. [한정판·교과서판에 대한] 대중판, 보급판.
tráde cýcle *n*. 《英》 경기 순환(business cycle).
tráde díscount *n*. 동업자[동료] 할인, 도매 할인.
tráde edítion *n*. 대중판, 보급판(*trade book*).
tráde fáir *n*. 무역(산업) 박람회. ｢과(額).
tráde gáp *n*. [경제] [한 나라의] 무역 결손, 수입 초과.
trade-in [tréidìn] *n.*, *adj*. 대금의 일부로 내기(내는), 지불 대신으로 주는 물품[의], 교환물 대신의 물품[의].
tráde jóurnal *n*. 업계지(誌).
tráde-lást [tréidlӕst / -lɑ̀ːst] *n*. 《구어》 이편에서 칭찬해 주면 저편에서도 칭찬해 준다는 조건으로 상대방에게 제3자를 통해 칭찬하는 말 [略 T.L.].
tráde magazíne *n*. 업계지(誌) [특정의 업계나 전문 직업인을 대상으로 한 잡지].
***trade-mark** [tréidmɑ̀ːrk] *n*. **1** 상표, 등록 상표 [略 TM]. **2** [사람의] 두드러진 특징.
— *vt*. …에 상표를 달다; …을 상표로 등록하다.
tráde náme *n*. **1** 상품명, 상표명. **2** 상호, 옥호 (屋號).
trade-off [tréidɔ̀ːf/-ɔ̀f] *n*. **1** 교환, **2** 평균을 취하기.
tráde páperback *n*. 포켓판보다 큰 페이퍼 백. *cf.* mass-market paperback
tráde pláte *n*. 임시 번호판[자동차 판매업자가 임시적으로 사용하는 미등록 차량용 번호판].

tráde-príce [tréidpràis] *n*. 업자간의 가격, 도매 가격.
‡**trád·er** [tréidər] *n*. **1** 상인, 무역업자. **2** 상선, 무역선. **3** 주식을 매매하는 사람. ｢[강함].
tráde recipróci·ty *n*. 상호 통상 주의[보복의 뜻이 **tráde réference** *n*. [거래 따위에서 상대에게 알리는] 자기의[신용 문의처.
tráde róute *n*. 통상로[항(航)]로.
tráde schóol *n*. 실업 고등학교, ｢[권]의 일종.
tráde sécret *n*. [경영] 기업 비밀[지적 재산권(소유권)의 일종].
trades·folk [tréidzfòuk] *n*. *pl*. =tradespeople.
tráde shów *n*. 개봉 영화 상사회.
*****trádes·man** [tréidzmən] *n*. (*pl*. -men [-mən]) **1** 《주로 英》 [소매] 상인(shopkeeper); 점원. **2** 손일 하는 사람, 장인들; 앙조업자, ｢(匠人).
trades·peo·ple [tréidzpì:pl] *n*. *pl*. **1** 상인. **2** 《주로 英》 [집합적] 소매 상인(tradesmen).
trádes únion *n*. 《英》=trade union.
Trádes Únion Cóngress *n*. (the ~) 영국 노동 조합 회의[1868년에 결성된 노동 조합의 전국 조직; 略 TUC, T.U.C.].
trades·wom·an [tréidzwùmən] *n*. (*pl*. -wom·en [-wìmin]) **1** 여자 [소매] 상인; 여점원. **2** 손일 하는 여자.
tráde únion *n*. 노동 조합. *cf.* labor union ｢(制).
tráde únion·ism *n*. Ⓤ 노동 조합주의(이론), 제
tráde únion·ist *n*. 노동 조합원, 노동 조합주의자.
tráde wínd *n*. 무역풍.
trad·ing [tréidiŋ] *adj*. 상사의, 무역하는.
tráding estáte *n*. 《英》 [계획적인] 산업 지구.
tráding óut *n*. 《광고》 다른 잡지와 광고난을 상호 교
tráding póst *n*. 교역소. ｢환하기.
tráding stámp *n*. 경품 교환권.
‡**tra·di·tion** [trədíʃ(ə)n] *n*. **1** Ⓤ Ⓒ 구전, 전설, 구비(口碑); 후세에 전하다. ¶ *Tradition* says that… 전설에서는 …라고 한다. **2** Ⓤ Ⓒ 전통, 전해진 것; 관습, 관례, 인습; [예술·문학·유파(流派) 따위의] 전통 방식, 형[型]. ¶ stage *tradition* 무대 위의 관례, 연극의 전통 / It's a *tradition* of my family. 그것은 우리 집안의 전통이다. **3** [신학] 경외(經外) 전설, 성전(聖傳). **4** [법] 인도, 교부. ◇ tradítional, tradítionary *adj*.
*****tra·di·tion·al** [trədíʃ(ə)l] *adj*. **1** 전설의, 구비의. **2** 전통적인, 전승(傳承)의; 전래의, 인습적인(conventional). **—** *adv*. ◇ tradítion *n*.
tra·di·tion·al·ism [trədíʃ(ə)nəlìz(ə)m] *n*. Ⓤ 전통 존중; 인습 고수; [특히 종교의] 전통(인습)주의, 전통주의 ｢습 고수자.
tra·di·tion·al·ist [trədíʃ(ə)nəlist] *n*. 전통주의자; 인
tra·di·tion·ar·y [trədíʃ(ə)nèri / -nəri] *adj*. =traditional. ｢[연구(기록)자.
tra·di·tion·ist [trədíʃ(ə)nist] *n*. 전통 보유자, 전통
trad·i·tor [trǽditər] *n*. (*pl*. -to·res [trӕdítɔ́ːriːz]) [초기 기독교도의] 배신자, 배교자.
tra·duce [trəd(j)úːs / -djúːs] *vt*. (-duced, -duc·ing) [남]을 비방하다, 중상하다. [남]의 욕을 하다.
tra·duce·ment [trəd(j)úːsmənt / -djúːs-] *n*. Ⓤ 비방, 중상, 욕.
tra·duc·er [trəd(j)úːsər / -djúːsə] *n*. 비방자, 중상자.
tra·du·cian [trəd(j)úː(ə)n / -djúː-] *n*. [신학] 영혼 유전론자(遺傳論者).
tra·du·cian·ism [trəd(j)úː(ə)nìz(ə)m / -djúː-] *n*. Ⓤ [신학] 영혼 유전설[신체와 함께 영혼도 어버이로부터 유전된다는 설], 영혼 분생설(分生說).
Tra·fal·gar [trəfǽlgər] *n*. 트라팔가 갑(岬) [1805년에 넬슨이 나폴레옹의 함대를 격파한 스페인 서남 해안의 갑].
Trafálgar Squáre *n*. 트라팔가 광장 [영국 London 의 서남부에 있으며 중앙에 넬슨 상(像)을 올려놓은 기념주(柱)가 있음].
‡**traf·fic** [trǽfik] *n*. Ⓤ **1** 교통, 왕래, 통행, 사람의 왕래. ¶ There is heavy *traffic* on this road. 이 길은 교

통량이 많다. **2** 운수, 운송물[여객, 화물]; 운수업. **3** 교통량, [철도 화물의] 운수량; 통화량, 운임 수입. **4** 장사, 매매(trade); [먼 곳과의] 거래, 상업; 교역, 무역; 부정 거래. ¶ The *traffic in* wheat 밀의 거래 / the opium *traffic* 아편 매매. **5** 교섭, 교제; 관계(with...). ¶ have no *traffic* with a person 남과 관계가 없다. *be open to* (or *for*) *traffic* 개통하다.
— *v.* (=**tráf·fick**) (**-ficked, -fick·ing**) *vi*. **1** 장사하다, 매매하다, 무역하다, 교역하다; [부정한] 거래를 하다(*in*...). ¶ (~+*前*+*名*) *traffic in* goods 물품을 매매하다 / *traffic with* natives 원주민과 교역하다. **2** 교섭을 가지다, 교제하다(deal). ¶ (~+*前*+*名*) I refuse to *traffic with* such a liar. 그런 거짓말쟁이와는 교제하지 않겠다. **3** 돌아다니다(wander).
— *vt*. **1** …을 교역하다, 매매하다, 거래하다; …을 교환하다. **2** [길 따위를] 다니다, 왕래하다
traf·fi·ca·tor [træfikèitər] *n*. (자동차의) 방향 지시기.
tráffic blòck *n*. 교통 마비(체증) (traffic jam).
tráffic cìrcle *n*. 《美》 [도로의] 원형 교차점, 로터리 (《英》 roundabout) 《경.
tráffic cónstable (policeman) *n*. 《英》 교통 순
tráffic contròl *n*. 교통 정리.
tráffic còp *n*. 《美구어》 교통 순경.
tráffic còurt *n*. 교통 위반 즉결 재판소.
tráffic depártment *n*. [철도의] 운수국(과).
tráffic ìndicator *n*. 《英》 =trafficator.
tráffic ìsland *n*. [가로의] 안전 지대.
tráffic jàm *n*. 교통 체증(마비).
traf·fick·er [træfikər] *n*. **1** 부정 거래를 하는 사람. **2** [경멸적] 상인, 주선업자.
tráffic lìght *n*. [교차점의] 교통 신호등.
tráffic mànager *n*. [화물의] 수도계장(受渡係長), 운수과장.
tráffic pàttern *n*. [항공] 항공기 발착 관제 계통; [비행기 이착륙 때의] 지정 비행 경로.
tráffic right *n*. [유상] 운송권[항공사가 유상으로 승객·화물의 운송을 하도록 인정받은 권리].
tráffic sìgn *n*. 교통 표지.
tráffic sìgnal *n*. 교통 신호(기).
tráffic tìcket *n*. 교통 위반 딱지.
tráffic wàrden *n*. 《英》 교통 위반 단속 경관.
traf·fic·way [træfikwèi] *n*. 도로; 도로 부지, 공도·철도 따위의 용지.
trag. (略) tragedy; tragic.
trag·a·canth [trǽgəkænθ] *n*. ① 트라가칸트 고무 [Astragalus 속(屬)의 식물의 수액(樹液)]. 제약·염색용].
tra·ge·di·an [trədʒí:diən, -djən] *n*. 비극 배우; 비극 작가.
tra·ge·di·enne [trədʒì:dién] *n*. 비극 여배우.
‡**trag·e·dy** [trǽdʒidi] *n*. (*pl*. **-dies**) **1** ⓤⓒ 비극(적인 이야기); ⓤ[극의 한 분야로서의] 비극(*cf*. comedy). ¶ a *tragedy* king (queen) 비극 배우(여우). **2** ⓤ 비극 작법(연출법). **3** ⓤ[극·문학·인생의] 비극적 요소. **4** ⓤⓒ 비극적 사건, 비참한 사건(disaster). ¶ a *tragedy* of war 전쟁의 비극. ◇ **trágic, trágical** *adj*.
‡**trag·ic** [trǽdʒik] *adj*. **1** 비극의(에 관한); 비극을 연기하는. ¶ a *tragic* poem (actor) 비극 시(배우). **2** 비극적인, 비참한(disastrous); 가엾은, 비통한, 슬픔에 잠긴. ¶ A *tragic* event 비참한 사건. **3** (the ~) [명사적 용법] [인생·문학 따위의] 비극적 요소(표현). *cf*. the comic. ◇ **trágedy** *n*.
trag·i·cal [trǽdʒik(ə)l] *adj*. =tragic.
— **~·ly** [-kəli] *adv*. **~·ness** *n*.
trágic fláw *n*. [문학] 비극적 결함[스스로를 파멸로 이끄는 비극의 주인공의 성격적 결함].
trag·i·com·e·dy [trǽdʒikámidi / -kɔ́m-] *n*. ⓤⓒ (*pl*. **-dies**) 희비극; 희비극적 사건.
trag·i·com·ic [trǽdʒikámik/-kɔ́m-], **-i·cal** [-k(ə)l] *adj*. 희비극적인. **-i·cal·ly** [-ikəli] *adv*.

trag·o·pan [trǽgəpæn] *n*. 수계(綬鷄) [아시아산(産)의 꿩과(科)의 새].
tra·gus [tréigəs] *n*. (*pl*. **-gi** [-dʒai]) [해부] 이주(耳珠) [외이도(外耳道) 입구의 작은 돌기].
tra·hi·son des clercs [F trahi:sɔ̃ dei klérk] (프랑스) (=intellectual treason) 지적 반역, 지식인의 약속 포기.
‡**trail** [treil] *vt*. **1** …을[질질] 끌다, 질질 끌며 가다. ⇒ DRAW [類語]. ¶ *trail* a long garment 긴 옷을 질질 끌다 // (~+*目*+*前*+*名*) *trail* a toy cart *by* (or *on*) a piece of string 장난감 자동차를 끈으로 끌다 // (~+*目*+*副*) He *trailed along* his wounded leg. 그는 다친 다리를 질질 끌며 걸었다. **2** (연기 따위를) 꼬리를 끌게 하다. ¶ A car passed by *trailing* exhaust fumes. 자동차가 배기 가스를 뿌리며 지나갔다. **3** …의 뒤를 쫓다, 추적하다(track). ¶ (~+*目*+*前*+*名*) *trail* a person *to* his house 집까지 남의 뒤를 쫓아가다. **4** 《美구어》 [경주 따위에서] 남의 뒤를 달리다, …의 뒤에 붙어서 따라가다. **5** [풀 따위를] 밟아 헤치고 길을 내다. **6** [연설 따위]를 질질 끌다(...*out*). ¶ (군대) [총]을 세워총하다. ¶ *Trail* arms! 세워총 [구령] ! [낚싯줄]을 수면에 흘려보내다, 트롤하다.
— *vi*. **1** [질질] 끌리다; [머리카락 따위가] 늘어지다. ¶ (~+*前*+*名*) Her long bridal gown was *trailing on* (or *over*) the church floor. 그녀의 긴 신부 의상이 교회 마루위에 질질 끌렸다 / hair *trailing down* the back 등뒤로 늘어뜨린 머리. **2** 발을 질질 끌며 걷다, 천천히 걷다; (행렬 따위에서) 낙오하다. **3** [구름·연기 따위가] 길게 뻗치다(float), 길게 꼬리를 끌다. ¶ (~+*前*+*名*) Smoke *trailed from* the chimney. 연기가 굴뚝에서 길게 뻗쳤다. **4** (덩굴 따위가) 뻗다; [뱀 따위가] 천천히 기다(creep). ¶ (~+*前*+*名*) Ivy *trails over* the house. 담쟁이덩굴이 집 위로 뻗어 있다. **5** [소리 따위가] 점점 사라지다(*away*, *off*). ¶ (~+*副*) (~+*前*+*名*) Her voice *trailed away into* silence. 그녀의 목소리는 점점 작아지면서 사라졌다. **6** [사냥개가] 사냥감을 쫓다.
trail one's coattails 도전적으로 행동하다, 싸움을 걸다.
— *n*. **1** 자국, 발자국, 흔적, 지나간 자국(trace); 항적(航跡) (wake); 천체 사진의 건판(乾板)에 나타난 별의 이동선. ¶ vapor *trails* 비행운(飛行雲). **2** [화야 따위에서] 사람이 밟아 다진 길, 오솔길. **3** [동물·사냥감 따위의] 냄새 흔적(scent); [수사 따위의] 실마리(clue), 형적. ¶ *be off* (or *lose*) the *trail* 자국을 놓치다; 실마리를 놓치다 / *be on the trail of* …의 뒤를 쫓고 있다. **4** 뒤로 질질 끄는 것; 옷자락, 치맛자락(train); 늘어뜨린 머리카락. **5** [혜성·유성 따위의] 꼬리; [구름·연기 따위가] 길게 뻗은 것. **6** 끌려 이어진 것, 길게 계속되는 것, 행렬. ¶ a *trail* of girls 소녀의 줄 / march in *trail* 일렬 행진하다. **7** (砲術) 포가(砲車)의 가미(架尾); (군대) 세워총의 자세. ¶ *at the trail* 세워총의 자세로.
tráil bìke *n*. 트레일차[협한 길에서 쓰는 오토바이].
tráil·blàz·er [tréilblèizər] *n*. **1** [삼림 따위에] 지나간 길에 표식을 하여 길의 노순(路順)을 표시하는 사람. **2** 개척자(pioneer).
*****tráil·er** [tréilər] *n*. **1** 끄는 사람(것); 뒤를 쫓는 사람(것), 추적자. **2** 트레일러, 동력차로 예인되는 차, [자동차 따위의] 부수차(附隨車). **3** 《美》 자동차로 끄는 이동 주택, 하우스 트레일러(house trailer). **4** 덩굴 식물(creeper). **5** [영화] 예고편.
tráiler càmp (còurt, pàrk) *n*. 트레일러 하우스 (이동 가옥)의 주차장.
tráiler còach *n*. 《美》 이동 주택차.
tráil·er·ite [tréilərait] *n*. 이동 주택 거주자.
tráiler pùmp *n*. 이동 소방 펌프.
tráiling arbútus *n*. [북미산(産)의] 월귤나무류의 [관목].
tráiling èdge *n*. [항공] [비행기 날개의] 뒷전.
tráil nèt *n*. 후릿그물.
‡**train** [trein] *n*. **1** 열차, 기차. ¶ a local (an express)

train 보통(급행) 열차 / a passenger (a freight) *train* 여객(화물) 열차 / travel by *train* 기차로 여행하다 / catch(miss) one's *train* 기차 시간에 대다(놓치다) / take the 8: 10 *train* bound for Seoul 8시 10분발의 서울행 기차를 타다 / put on an extra(a special) *train* 임시(특별) 열차를 내다.
2 [사람·차 따위의 긴] 열(line), 연속, 행렬(procession). ¶ a funeral *train* 장례식의 열 / a *train* of fans **3** [집합적] 종자, 수행원(retinue). [괘의 행렬.
4 [사건 따위의] 결과, 여파(aftermath), 계속; [관념따위의] 연속(sequence), 계속해서 일어나는. ¶ an unlucky *train* of events 거듭되는 불운한 사건 / follow a *train* of thoughts 생각이 다음에서 다음으로 이어지다 / Disasters followed in the *train* of storm. 폭풍 후에 여러 재해가 뒤따랐었다.
5 Ⓤ[고어] 순서, 절차(process), 차례; 상태. ¶ All is now in good *train*. 이제 모든 것이 순조로이 나아가고 있다.
6 뒤에 끌리는 것; 질질 끌리는 부분; [길게 끌리는 의복의] 휘어잡기, [새의] 늘어뜨린 꼬리; [천문] [유성 따위의] 꼬리.
7 불씨, 도화선.
8 [군대] 병참대, 군수품 수송대.
9 [기계] [맞물린 톱니바퀴 따위의] 열, 하나로 이어짐, 일련(一連); [물리] [진동 따위의] 연속, 열. ¶ a *train* of gears 일련(一連)의 전동 장치.
— *vt.* **1** …을 가르치다, 교육하다(educate), 훈련하다(drill), 양성하다(cultivate), [동물]에게 재주를 가르치다. ⇨ TEACH[類語] ¶ (~+图+to do) *train* a dog to obey 개를 말 잘 듣게 훈련하다 // (~+图 +as 图) These students are being *trained as* mechanics. 이 학생들은 수리공으로서 양성되고 있다 // (~+图+前+图) *train* a person *for* the diplomatic service 남을 외교관으로 양성하다. **2** [경기 따위에 대비하여] …을 단련하다, 길들이다, 훈련하다. ¶ *train* a long-distance runner 장거리 주자를 양성하다 // (~+图+前+图) *train* a person *for* a marathon [race] 마라톤[경주]에 대비하여 남을 훈련하다. **3** [원예] [식목 따위]를 손질하는 모양으로 가꾸다. ¶ (~+图+副+图) *train* roses *against* a wall (*around* an arch) 장미를 벽에 뻗어가게 (아치에 휘어감기게) 하다. **4** …에, [총]의 조준을 맞추다, [카메라·망원경]을 돌리다, 겨누다(...*on, upon*). ¶ (~+图+前+图) *train* guns on a fort 대포를 요새쪽으로 겨누다 / (드물게) [무거운 것]을 끌다(drag).
6 (고어) …을 유혹하다, 부추기다(entice) (...*on*).
— *vi.* **1** 훈련하다, 교육하다; 훈육하다; 훈련을 받다; [시합 따위에 대비하여] 신체를 길들이다, 단련하다, 몸의 상태를 조정하다; 연습하다, 트레이닝하다(*for* ...). ¶ (~+前+图) He is *training for* mountain-climbing. 그는 등산 트레이닝을 하고 있다. **2** (구어) 열차로 가다, 열차를 타다. ¶ (~+前+图) We *trained to* Boston. 우리는 보스턴까지 갔다.
train down [경기에 대비한 단련으로] 체중을 줄이다.
train fine 엄격히 훈련하다. [줄인다.
train off ① 포탄이 빗나가다. ② [단련하여] [체중]을
train·a·ble [tréinəbl] *adj.* 훈련할 수 있는, 교육할 수 있는.
train·band [tréinbænd] *n.* [영국사] [16-18세기의 London 및 그밖의 지방에 있었던] 민병단, 시민군(市民軍).
train·bear·er [tréinbɛ(:)rər / -bɛ̀ərə] *n.* **1** [의식 때의] 옷자락을 드는 사람. **2** [꼬리가 긴 남미산(産)의] 벌새의 일종.
tráin dispátcher *n.* (美) [열차의] 발착계원.
tráined núrse [tréind-] *n.* 유자격(정규) 간호사.
train·ee [treiníː] *n.* 훈련받는 사람(동물); [특히] 직업훈련(군사 교련)을 받는 사람.
‡train·er [tréinər] *n.* **1** 훈련자, 코치, 지도자, [말·개 따위의] 조교사(調敎師), 조마사, 트레이너. **2** 연습용구. **3** (美) (군대) 조준수(照準手). **4** (英) (항공·

군대) 연습기. **5** 민병단원(militiaman). [다].
tráin fèrry *n.* 열차 연락선[열차를 통째로 적재하는
‡train·ing [tréiniŋ] *n.* Ⓤ **1** 훈련, 단련; 양성; 교육; 가르치기; [말 따위의] 조교(調敎); [운동 경기의] 연습, 트레이닝 (*for* ...). ¶ go into *training* for baseball 야구 연습을 시작하다. **2** 훈련을 받고 있는 사람의) 컨디션. ¶ be in perfect *training* 컨디션이 아주 좋다. **3** [원예] [식목의] 가꾸기, 다듬기.
be in (out of) *training* 연습중이다(연습하고 있지 않다); 컨디션이 좋다(나쁘다).
tráining àid *n.* =teaching aid.
tráining còllege *n.* (英) 교원 양성 대학(소) ((美) teachers college).
tráining pànts *n. pl.* 소아용 색팬츠[기저귀를 안채우게 될 무렵에 쓴다].
tráining schòol *n.* **1** [직업 따위의] 훈련소, 양성소. **2** [직업 교육을 실시하는] 소년원.
tráining shìp *n.* 연습선; [해군의] 연습함.
train·load [tréinlòud] *n.* 열차 한 대분의 화물(승객); [한 열차의 화물(승객)] 적재량.
train·man [tréinmən] *n.* (*pl.* -men [-mən])(美) 열차 승무원[차장의 감독하에 있는 제동수·신호수 등].
train·mas·ter [tréinmæ̀stər / -màːs-] *n.* (美) [철도의 일정 구역의] 열차 감독, 열차장.
tráin òil *n.* Ⓤ고래 기름(whale oil); 어유(魚油).
train·sick [tréinsìk] *adj.* 기차 멀미하는.
tráin sìckness *n.* Ⓤ 기차 멀미.
tráin státion *n.* (美속어) 교통 재판소(traffic court).
traipse [treips], (**trapes**) *v.* (**traipsed, traips·ing**) *vi.* (구어) **1** 어슬렁어슬렁 걷다, 정처없이 걷다, 슬슬 거닐다(gad, wander). **2** 단정치 못하게 질질 끌다.
— *vt.* (방언) …을 도보로 가다. — *n.* (구어·방언) **1** 단정치 못하게 걷기, 빈들빈들 걷기. **2** 단정치 못한 여자.
***trait** [treit / trei(t)] *n.* **1** [성격 따위의] 특성, 특징, 특색(peculiarity). ⇨ FEATURE [類語] ¶ national *traits* 국민성. **2** (드물게) 일필(一筆), 붓씨 솜씨. **3** (드물게) …기미(touch). ¶ a *trait* of humor (sarcasm) 약간의 유머(비꼰 곳).
***trai·tor** [tréitər] *n.* 배반자, 반역자; 국적(國賊), 매국노. ¶ a rank *traitor* 대반역자 / turn *traitor to* one's country 매국노가 되다. ⇨ **tráitoress** *adj.*
trai·tor·ous [tréit(ə)rəs] *adj.* **1** 배반하는, 두 마음이 있는(treacherous), 반역의. **2** 반역죄의.
~**·ly** *adv.* ~**·ness** *n.*
trai·tress [tréitris] *n.* traitor 의 여성형.
tra·jec·to·ry [trədʒéktəri, 英 trǽdʒik-] *n.* (*pl.* **-ries**) **1** [물리] 탄도; [행성·로켓 따위의] 궤도. **2** [수학] 직교절선(直交切線), 정각(定角) 궤도.
tra-la-la [trɑːlɑ́ː-], -**la-la** [-lɑ́ːlɑ́ː] *interj.* 트랄 라 [기쁨·유쾌한 기분을 나타내는 발음; 악기 취주를 흉내내는 의성음(擬聲音)].
‡tram[1] [træm] *n.* **1** (英) 시가 전차((美) streetcar). ¶ by *tram* 전차로. **2** 전차 궤도, 선로(tramroad). **3** [광산에서 사용하는] 광차, 석탄 운반차. **4** [삭도(索道)의] 운반차(기).
— *v.* (**trammed, tram·ming**) *vi.* 전차로 가다.
— *vt.* …을 전차로 나르다; …을 광차로 운반하다.
tram[2] [træm] *n.* Ⓤ [직물의 씨실로 쓰는] 외가닥 명주실.
tram[3] [træm] [기계] *n.* =trammel 2 c). — *vt.* …을 바르게 조정하다.
‡tram·car [trǽmkɑ̀r] *n.* **1** (英) 시가 전차((美) street car). **2** [탄광의] 궤도차, [석탄(광석)의] 운반차.
tram·line [trǽmlàin] *n.* **1** (英) 전차 궤도(도로); ((~s) (英구어) [정구 코트의] 측선. **2** (~s)
tram·mel [trǽm(ə)l] *n.* **1** (보통 ~s) 구속[하는

trammie

것], 속박; 장애(hindrance). ¶ the *trammels* of custom 습관이라는 속박. **2** 〔기계〕 **a)** 타ён(桎梏)자. **b)** (~s) 콤파스. **c)** 〔부품 설치용〕 조정기. **3** 3종의 자망 (刺網)〔눈이 성긴 두 개의 그물 가운데 쪽에 눈이 촘촘한 그물을 친것)(trammel net). **4** 새 그물. **5** 자재(自在) 고리쇠. **6** 〔말의 측대보(側對步)〕 (amble) 조교용(調敎用)의〕 족쇄. —— *vt.* (-meled, -mel·ing; 〔英〕-melled, -mel·ling) **1** …을 구속하다, 속박하다. **2** 〔물고기·새〕를 그물로 잡다. 〔장〕(운전사).

tram·mie [trǽmi] *n.* 〈濠구어〉 시가(市街) 전차의 차.

tra·mo·car [trǽmo(u)kɑ̀ː] *n.* 〈英〉=tramcar.

tra·mon·tane [trəmɑ́ntein / -mɔ́n-] *adj.* **1** 산 저편의(에서 오는), 산 너머의; 〔특히 이탈리아에서 본〕 알프스 저편의. **2** 이국(異國)의, 외국의(foreign); 야만의. —— *n.* **1** 산 저편의 사람. **2** 이국인, 타국인(stranger); 야만인.

‡**tramp** [træmp] *vi.* **1** 쿵쾅거리며〔발을 구르며〕 걷다 (about). **2** 〔심하게〕 짓밟다(on, upon...). ¶ (~+前+名) *tramp on* a person's toes 남의 발을 마구 짓밟다. **3** 터벅터벅 걷다, 도보 여행을 하다(hike); 〔부랑자로서〕 헤매다, 걸어다니다, 방랑하다. ¶ (~+前+名) *tramp through* Cheju Island 제주도를 도보 여행하다 / *tramp up* and *down* the street 거리를 걸어다니다. **4** 〔항해〕 부정기 항로선편으로 항해하다. —— *vt.* **1** …을 쿵쾅거리며 걷다; …을 짓밟다(tread on). ¶ (~+目+前+名) *tramp grapes for* wine 포도주를 만들기 위하여 포도를 밟아 으깨다. **2** …을 도보 여행하다; …을 도보로 가다. ¶ *tramp* the fields 들판을 걷다.

tramp it 도보로 가다.

—— *n.* **1** 무거운 발걸음〔발소리〕, 쿵쿵거리며 걷기(걷는 소리). ¶ the *tramp* of marching soldiers 행군하는 병사의 무거운 발걸음. **2** 도보 여행(hike); 방랑 생활. ¶ be on the *tramp* 도보 여행을 하고 있다; 〔직업을 구하려고〕 떠돌아 다니다 / take a long *tramp* to a place 어느 장소까지 긴 거리를 도보로 가다. **3** 방랑 생활자, 뜨내기 직공; 부랑자(tramper). ⇒ VAGABOND〔類語〕 ¶ look like a *tramp* 부랑자와 같은 옷차림을 하고 있다. **4** 〔항해〕 부정기 화물선(tramp ship). **5** 구두창에 대는 쇳조각. **6** 〈美俗〉 방종한 여자; 매춘부(prostitute).

tramp·er [trǽmpər] *n.* **1** 쿵쿵대며 걷는 사람; 짓밟는 사람. **2** 도보 여행자. **3** 부랑자. **4** 부정기 화물선.

‡**tram·ple** [trǽmpl] *v.* (-**pled, -pling**) *vi.* **1** 쿵쿵거리며 걷다(about). **2** 밟다, 짓밟다. **3** 〔비유적〕 사람의 감정·권위 따위를 짓밟다, 바이웃다(on, upon, over...). ¶ (~+前+名) *trample on* law and justice 법과 정의를 무시하다. —— *vt.* **1** …을 밟다, 짓밟다. ¶ (~+目+副) *trample grass down* 풀을 밟아 쓰러뜨리다 / *trample out* a fire 불을 밟아 끄다. ¶ (~+目+前+名) The hunter was *trampled to* death by the elephant. 그 사냥꾼은 코끼리에 밟혀 죽었다. **2** 〔비유적〕 〔감정·권리·면목 따위〕를 짓밟다, 무시하다. ¶ *trample* law and order 법과 질서를 유린하다 // (~+目+副) *trample down* a person's feelings 남의 감정을 짓밟다. **3** 〔불〕을 밟아 끄다(~ *out*).

—— *n.* 짓밟기〔밟는 소리〕; 쿵쿵거리며 걷기(걷는 소리).

tram·pler [trǽmplər] *n.* 짓밟는 사람(것).

tram·po·line [trǽmpəlìːn, ˋ-ˌ-ˊ], (**tram·po·lin**) *n.* 트램폴린 〔즈크제(製) 매트를 편 체조 용구의 일종. 그 탄력성을 이용하여 뛰어올라서 공중에서 여러 가지의 연기를 한다〕.

trámp stéamer *n.* 부정기 화물선.

tram·road [trǽmròud] *n.* 〔광산용〕 〔광차도(道), 궤도〕.

tram·way [trǽmwèi] *n.* **1** 〈英〉=tramline. **2** 〔광산의〕 광차의 궤도(tramroad). **3** 〔케이블카의〕 삭도(索道).

*****trance** [træns / trɑːns] *n.* **1** 꿈결, 비몽사몽; 기뻐어쩔 줄 모름; 황홀감. **2** 망연자실(茫然自失). **3** 인사불성, 실신. **4** ⓒⓤ〔심령〕 〔영매(靈媒)에 의하여 사자(死者)의 영혼과 영교〕 일시적으로 신이 들린 상태.

fall into a trance 황홀해지다, 실신하다.

—— *v.* (**tranced, tranc·ing**) 〈주로 詩·古어〉…을 황홀하게 하다〔시키다〕 넋을 잃게하다, 기뻐 어쩔 줄 모르게 하다(enrapture).

tran·ny, -nie [trǽni] *n.* 〈구어〉=transistor radio.

*****tran·quil** [trǽŋkwil] *adj.* 조용한, 평온한(serene). ⇔ CALM 〔類語〕. 평화로운(peaceful). ¶ the *tranquil* waters of the lake 잔잔한 호수 / a *tranquil* heart 편안한 마음. ~**ly** *adv.* ~**ness** *n.* ◇ tranquíllity *n.*, tránquilize *v.*

Tran·quil·ite [trǽŋkwilàit] *n.* 〔광물〕 트랭퀼라이트 〔아폴로 11호 우주선이 달에서 채취해 온 광물〕.

*****tran·quil·i·ty, -quil·li-** [træŋkwíliti] *n.* ⓤ 조용함; 평화, 정온(靜穩), 잔잔함(calmness), 침착(serenity). ◇ tránquil *adj.*, tránquilize *v.*

tran·quil·i·za·tion, -quil·li- [træ̀ŋkwilizéiʃ(ə)n/-laìz-] *n.* ⓤ 침착하게 하기, 가라앉히기.

tran·quil·ize, -quil·lize [trǽŋkwilàiz] *v.* (-**ized, -iz·ing**) *vt.* …을 진정시키다 (soothe), 〔마음〕을 가라앉히다. —— *vi.* 조용해지다, 가라앉다.

tran·quil·iz·er, -quil·liz- [trǽŋkwilàizər] *n.* **1** 가라앉히는 사람〔것〕. **2** 트랭퀼라이저, 진정제.

trans- *pref.* (*s* 앞에서는 보통 tran-은 된다) **1** on (or to) the other side of, over, across, through 의 뜻. 예: *trans*atlantic, *trans*port. **2** so as to change thoroughly의 뜻. 예: *trans*form, *trans*late. **3** beyond, above의 뜻. 예: *trans*cend.

trans. (略) transaction; transfer, transferred; transformer; translated, translation; transport, transportation; transpose; transverse

*****trans·act** [trænsǽkt, trænz-] *vt.* 〔업무·교섭 따위〕를 행하다, ⇒ DO 〔類語〕〔사건〕을 처리하다(manage), 해결하다. —— *vi.* 거래하다(negotiate) (*with* ...); 사무 처리를 하다. ◇ transáction *n.*

trans·ac·ti·nide [trænsǽktənàid, trænz-] *adj.* 초(超) 악티늄족(族) [원소]의.

*****trans·ac·tion** [trænsǽkʃ(ə)n, trænz-] *n.* **1** ⓤⓒ 〔업무의〕 처리; 취급, 절충. **2** (종종 ~s) 거래(business); 매매. ¶ cash *transactions* 현금 거래 / service *transactions* 서비스업의 업무 제공. **3** (~s) 학술 협회의 회보, 보고서, 기요(紀要); 의사록. **4** ⓤⓒ 〔법률〕 화해, 시담(示談). ◇ transáct *v.*

trans·ac·tor [trænsǽktər, trænz-] *n.* 업무를 처리하는 사람, 취급인.

trans·al·pine [trænsǽlpain, trænz-, ˋ-ˌpin] *adj.* **1** 〔이탈리아쪽에서 보아〕 알프스 저편의〔거주인의, 지방의〕. **2** 알프스를 횡단하는. —— *n.* 알프스 저편에 사는 사람.

trans-A·mer·i·can [trænsəmérikən] *adj.* 아메리카 횡단의. * 〈구어〉나 〈상표명〉에서는 Trans-Am 으로 쓴다.

trans·at·lan·tic [træ̀nsətlǽntik, træ̀nz-] *adj.* **1** 대서양을 횡단하는. ¶ a *transatlantic* liner 대서양 정기선. **2** 대서양 저편의, 〔유럽에서 보아〕 아메리카의, 〔아메리카에서 보아〕 유럽의. —— *n.* **1** 대서양 저편에 사는 사람; 아메리카 사람. **2** 대서양 정기선.

trans·ax·le [trænsǽksl] *n.* 〔자동차〕 트랜스액슬〔전륜(前輪) 구동 자동차 등에 사용되는 동력 전달 장치로서, 변속기와 구동축이 하나로 된 것〕.

trans·bus [trænsbʌ́s] *n.* 〈美〉 트랜스버스 〔노인·신체 장애자를 위한 초대형 개조 버스〕.

trans·ca·lent [trænskéilənt] *adj.* 열을 잘 통하는(한).

trans·ceiv·er [træn(s)síːvər] *n.* 〔통신〕 라디오 송수신기, 트랜시버.

tran·scend [trænsénd] *vt.* **1** 〔경험·지능·상상 따위의 범위〕를 넘다 (exceed), 초월하다. ¶ The grandeur of the scenery *transcends* description. 그 경치의 웅장함은 필설로 다할 수 없다. **2** 〔높이·넓이·정도가〕…을

transcendence

보다 앞서다, …을 능가하다(surpass). **3** 〔신학〕〔신이〕〔우주·시간 따위〕를 초월하다. —— *vi.* 초월하다, 능가하다.

tran·scend·ence [trænséndəns], **-en·cy** [-ənsi] *n.* ⓤ **1** 초월〔성〕, 탁월, 우월. **2** 〔신의〕 초월성.

tran·scend·ent [trænséndənt] *adj.* **1** 초월한; 발군(拔群)의, 뛰어나서 훌륭한(superior), 탁월한, 무상의. ¶ a man of *transcendent* genius 뛰어난 천재. **2** 〔신학〕〔신이〕 우주·시간을 초월하고 있는, 초절적(超絶的)인, 초자연의. **3 a)** 〔스콜라 철학〕 초월적인〔아리스토텔레스의 10범주(範疇)를 초월한〕. **b)** 〔칸트 철학〕 초월적인. **4** 막연한(vague). —— *n.* 1 탁월한 사람〔것〕, 초절물(超絶物). **2** 〔칸트 철학〕 초월적인 것. **3** 〔수학〕 초월 함수. **~·ly** *adv.*

tran·scen·den·tal [trænsendéntl] *adj.* **1** 초월한, 뛰어난. **2** 초자연적인(supernatural), 인지(人智)가 미치지 못하는, 심원한. **3** 〔사상 따위가〕 추상적인(abstract); 형이상학적인(metaphysical), 막연한, 모호한. **5** 〔철학〕 **a)** 초인간적인. **b)** 〔칸트 철학〕 선험적(先驗的)인. **6** 〔수학〕 〔함수가〕 초월의. —— *n.* **1** 〔수학〕 초월수〔$\pi \cdot e$ 따위〕 (transcendental number). **2** 〔철학〕 선험 개념; 〔스콜라 철학〕(~s) 초월적인 것. **~·ly** [-təli] *adv.*

tran·scen·den·tal·ism [trænsendént(ə)liz(ə)m] *n.* ⓤ **1** 초월적인 특질〔사상, 말〕, 난해한 표현, 추상적인 사상. **2** 〔철학〕〔칸트의〕 선험적 철학, 〔에머슨의〕 초절론(超絶論).

tran·scen·den·tal·ize [trænsendént(ə)làiz] (* 〈英〉 **tran·scen·den·tal·ise** do 도 쓴다) *vt.* (-ized, -iz·ing) 초월적인 것으로 하다, 이상화(관념화)하다.

transcendéntal meditátion *n.* ⓤ 초월 명상〔법〕〔입을 다물고 진언(眞言)을 외면서 정신적·육체적으로 자아를 해방시키는 명상법; 略 TM〕.

trans·con·ti·nen·tal [trænskɑntinéntl, trænz-/ trænzkɔn-] *adj.* **1** 대륙 횡단의. ¶ a *transcontinental* railroad 대륙 횡단 철도. **2** 대륙 저편의.

*****tran·scribe** [trænskráib] *vt.* (-scribed, -scrib·ing) **1** …을 베끼다, 복사하다, 등사하다. **2** 〔연설 따위를〕 필기하다, 타이프하다. **3** …을 딴 문자로 바꿔쓰다, 번역하다; …을 발음기호로 쓰다(轉寫)하다, 음표(音標)문자로 쓰다. ¶ *transcribe* one's shorthand notes 속기 기호를 보통 글자로 고치다. **4** 〔라디오·TV〕 …을 녹음하다; 녹음을 재생하다. **5** 〔음악〕〔딴 악기를 위해〕…을 편곡(개작)하다. **6** 〔유전〕〔유전 정보〕를 전사하다. ◇ transcríption, tránscript *n.*

tran·scrib·er [trænskráibər] *n.* 사자생(寫字生), 등사인; 전사기.

*****tran·script** [trænskript] *n.* **1** 베낀 것, 복사, 〔특히 공식적인〕 전사물(轉寫物); 등본. **2** 자역(字譯)〔음역〕한 것. **3** 〔학교의〕 성적 증명서. ◇ transcríbe *v.*

*****tran·scrip·tion** [trænskríp(ʃ)ən] *n.* **1** ⓤ 베끼기, 복사, 필사(筆寫), 전사, 등사; ⓒ 베낀 것, 복제, 사본. **2** ⓒⓤ〔음악〕 개작, 편곡. **3** ⓒⓤ〔라디오·텔레비전의〕 녹음〔방송〕, 녹화. **4**〔유전〕 전사〔DNA에서 메신저 RNA가 만들어지는 과정〕. 〔전사식.

tran·scrip·tion·al [trænskríp(ʃ)ən(ə)l] *adj.* 등사의, **transcríption machìne** *n.* 〔라디오〕 녹음기, 녹음 재생기(playback).

trans·cur·rent [trænskə́ːrənt / -kʌ́r-] *adj.* 횡단하는, 옆으로 뻗는.

trans·duce [trænsd(j)úːs / -djúː-] *vt.* (-duced, -duc·ing) **1** 〔에너지, 신호 따위〕를 변환(變換)시키다. **2** 〔생물〕 〔유전자 따위를〕 형질(形質)도입하다.

trans·duc·er [trænsd(j)úːsər / -djúː-] *n.* 〔에너지〕 변환기.

trans·duc·tion [trænsdʌ́k(ʃ)ən] *n.* **1** ⓤ 〔에너지의〕 변환. **2** 〔세균의〕 형질(形質) 도입.

trans·earth [trænsə́ːrθ] *adj.* 〔우주〕 지구로 향한.

tran·sect [trænsékt] *vt.* …을 가로로 절개(切開)하다.

tran·sec·tion [trænsék(ʃ)ən] *n.* 횡단; 횡단면.

tran·sept [trænsept] *n.* 〔건축〕 교차랑(交叉廊), 수랑(袖廊)〔십자형 교회당의 익부(翼部)〕.

transf. (略) transfer, transferred; transformer.

‡**trans·fer** *v.* [trænsfə́ːr → *n.*] (-ferred, -fer·ring) *vt.* **1** …을 옮기다, 움직이다, 이동시키다, 나르다, 건네다(convey); …을 전임시키다, …을 전학(轉學)시키다. ¶ (~+몸+前+몸) *transfer* a boy *to* another school 소년을 전학시키다. **2** 〔애정 따위〕를 딴 사람에게 옮기다; 〔책임 따위〕를 전가하다(transfer). ¶ (~+몸+前+몸) He *transferred* the blame *from* his shoulders *to* mine. 그는 그 죄를 나에게 전가했다. **3** 〔법률〕〔재산 따위〕를 양도하다. ¶ (~+몸+前+몸) *transfer* a title to land *to* a person 토지에 대한 권리를 남에게 양도하다. **4** 〔석판(石版) 따위에〕 〔디자인 따위〕를 옮기다, 전사하다; 〔벽화 따위〕를 모사(模寫)하다. —— *vi.* **1** 옮기다, 이동하다; 전학하다, 전임하다. ¶ (~+前+몸) He *transferred* to the London office. 그는 런던의 사무소로 전근했다. **2** 갈아타다. ¶ (~+前+몸) *transfer from* a train *to* a bus 전차에서 버스로 갈아타다. —— *n.* [trǽnsfər] **1** ⓤⓒ 이동(운반)의 방법(수단); 이동, 이전, 운반; 전임; 전학〔자〕; 전속자. **2** ⓤⓒ 갈아타기; 갈아타는 지점; 갈아타는 표(transfer ticket). **3** ⓒ〔철도의〕 이송; ⓒ 이송점. **4** 전사(轉寫)된 것, 사화(畫), 판화(版畫). **5** ⓒ〔재산·권리 따위의〕 양도; ⓒ 양도 증서; ⓒⓤ〈英〉이적; ⓒ〔경제〕 〔유가 증권 따위의〕 명의 변경; ⓒ 환(換), 대체. **6** 〔유전〕 〔유전자의〕 전이. ◇ transférence *n.*

trans·fer·a·bil·i·ty [trænsfə̀ːrəbíliti] *n.* ⓤ 이동할 수 있음; 양도할 수 있음; 전사할 수 있음.

trans·fer·a·ble [trænsfə́ːrəbl] *adj.* 이동할 수 있는; 양도할 수 있는; 전사할 수 있는.

transférable vóte *n.* 이양표〔비례 대표제에서 득표수가 당선 표수를 초과했을 때 그 초과분을 타후보에 이양할 수 있는 표〕.

trans·fer·al, -ral [trænsfə́ːrəl] *n.* ⓤ 이전, 이동, 전근.

trans·fer·ase [trænsfəreis, -z] *n.*〔생화학〕 이전 효소(酵素). 〔기부(대장).

tránsfer bòok *n.*〔주권(株券)따위의〕 명의 변경부

tránsfer còmpany *n.* 근거리 운송 회사.

tránsfer dày *n.*〔잉글랜드 은행 등의〕 공채(公債)·증권 명의 변경일.

trans·fer·ee [trænsfəríː] *n.* **1** 〔법률〕 〔재산의〕 양수인. **2** 이전(전임)자.

trans·fer·ence [trænsfə́ːrəns, trænsf(ə)r-] *n.* **1** ⓤⓒ 옮기기, 이동; 전임; 양도, 전사. **2** ⓤ〔정신 분석〕 전이.

trans·fer·en·tial [trænsfərén(ʃ)(ə)l] *adj.* 이동의; 양도에 관한; 전사의.

tránsfer fèe *n.* 〔직업 선수 등의〕 이적료.

tránsfer machìne *n.* 반송(搬送) 장치〔가공 순서로 배열된 자동 일관 작업 기계 장치〕.

tránsfer pàyment *n.*〔경제〕이전 지급〔사회 보장제에 따라, 생활 보조비 등 정부를 통하여 이루어지는 소득 재분배〕.

transférred chárge càll *n.*〈英〉콜렉트 콜〔요금 수신인 지불의 통화〕.

trans·fer·rer, -fer·or [trænsfə́ːrər] *n.* **1** (보통 -ferror) 〔법률〕〔재산의〕 양도인, 매도인. **2** 이전자. **3** 전사자.

tránsfer RNÁ *n.* 〔유전〕 운반 RNA.

trans·fig·u·ra·tion [trænsfigjuréi(ʃ)(ə)n] *n.* **1** ⓤⓒ 변형, 변모. **2** (the T-) 〔산상에서의 Christ의〕 현성용(顯聖容). 〔기독교〕 복음(Matt.) 17:1-9〕. **3** (the T-) 현성용 축일〔8월 6일〕.

trans·fig·ure [trænsfígjər / -fígə] *vt.* (-ured, -ur·ing) **1** …의 외형(모습)을 바꾸다, …을 변모시키다. ⇨ TRANSFORM 〔類語〕 **2** …을 거룩하게 하다, 미화하다,

이상하다하다(idealize).
trans·fix [trænsfíks] *vt.* **1** …을 찌르다(penetrate), 꿰뚫다. ¶ (~+宙+前+名) *transfix* a bird *with* an arrow 새를 화살로 쏘아뚫다. **2** [뾰족한 것으로] …을 고정시키다, 못박다. **3** [공포 따위로] …을 오금을 못 쓰게 하다. ¶ (~+宙+前+名) be *transfixed with* amazement 너무 놀라서 꼼짝 못하다.

trans·fix·ion [trænsfíkʃ(ə)n] *n.* ⓤ **1** 꼭 찌르기, 관통; 꼼짝 못하게 하기. **2** 〖의학〗 천관 절개(穿貫切開).

‡**trans·form** [trænsfɔ́ːrm → 1.] *vt.* **1** 〖형태·외견 따위〗를 바꾸다, 일변시키다(…into). ¶ (~+宙+前+名) A caterpillar is *transformed into* a butterfly. 모충(毛蟲)은 나비로 바뀐다. **2** 〖성질·기능 따위〗를 완전히 바꾸다, …을 다른 물질로 바꾸다. ¶ (~+宙+前+名) *transform* a criminal *into* a decent member of society 범죄자를 훌륭한 사회인으로 바꾸다.

[類語] *transform* 단지 외형(외관)을, 또는 근본적인 성질·기능을 변화시키다: *transform* electric energy into heat 전기 에너지를 열로 바꾸다. *transmute* 근본적으로 바꾸어, 보다 고도(고급)의 것으로 만들다: The rustic maid was *transmuted* into a woman of fashion. 그 시골 아가씨는 상류 부인으로 변모했다. *transfigure* 외관을 매우 고귀한 것으로 바꾸다: The swan was *transfigured* into a prince. 백조는 왕자로 변용(變容)했다. *metamorphose* 마술에 의하여 바뀐 것처럼 돌연 놀라운 변화를 가져오다: The man was *metamorphosed* into a bug. 그 남자는 돌연 벌레로 바뀌었다.

3 〖전기〗…을 변압하다; 〖수학〗…을 변환(변형)하다; 〖물리〗〖에너지〗를 변화시키다; 〖문법·논리〗…을 변형하다.
— *vi.* 《드물게》 바뀌다, 변질하다, 변형하다.
— *n.* [trǽnsfɔːrm] **1** 변형(한 것). **2** 〖수학〗 변환. ◇ transformátion *n.*

trans·form·a·ble [trænsfɔ́ːrməbl] *adj.* 변형(변화)할 수 있는.

*trans·for·ma·tion** [trænsfərméiʃ(ə)n] *n.* ⓤⓒ **1** 변형, 변화, 변질, 변용. ¶ an economic *transformation* 경제적 변화 / Public opinion has undergone a complete *transformation*. 여론이 일변했다. **2** 〖동물〗 〖곤충 따위의〗 변태; 〖전기〗 변압, 변류(變流); 〖문법·논리〗 변형; 〖수학〗 변환, 변형; 〖물리〗 〖화합물의〗 전이, 전환. **3** 〖연극〗 = transformation scene. **4** ⓒ 〖여자 머리의〗 다리, 가발(wig). ◇ transfórm *v.*

trans·for·ma·tion·al gram·mar [trænsfərméiʃ(ə)n(ə)l-] *n.* 변형 문법. *cf.* generative-transformational grammar

trans·for·ma·tion·al·ist [trænsfərméiʃ(ə)nəlist] *n.* 변형 문법가.

trànsformátion scène *n.* 〖연극〗 장면 전환, 〖특히〗 pantomime의 인물이 빨리 바뀌는 장면.

trans·form·a·tive [trænsfɔ́ːrmətiv] *adj.* 변화하는 힘(경향)이 있는.

trans·form·er [trænsfɔ́ːrmər] *n.* **1** 변화시키는 사람(것). **2** [전기] 변압기, 트랜스.

trans·fuse [trænsfjúːz] *vt.* (**-fused**, **-fus·ing**) **1** [액체]를 다른 용기에 옮겨 넣다(따르다) (pour). **2** [액체·색깔·정신 따위]를 스며들게 하다, 부어 넣다, 불어 넣다(infuse) (…into, with). ¶ He *transfused* his own courage *into* his men. 그는 자신의 용기로 부하를 고무격려했다. **3** [의학] …에게 수혈하다; [식염수 따위]를 주사하다(inject).

trans·fus·i·ble [trænsfjúːzəbl] *adj.* 옮길 수 있는, 스며들게 할 수 있는.

trans·fu·sion [trænsfjúːʒ(ə)n] *n.* ⓤⓒ **1** 옮겨 붓기, 주입, 침투. **2** [의학] 수혈; 혈관 주사.

*trans·gress** [trænsgrés, trænz-] *vt.* **1** [제한·범위 따위]를 넘다, 벗어나다. ¶ *transgress* the bounds of common sense 상궤를 벗어나다. **2** [법률·명령 따위]를 위반하다, 어기다(violate, break). ¶ *transgress* the law 법률을 위반하다.
— *vi.* 법률을 어기다, 명령에 거역하다, 죄를 범하다.

trans·gres·sion [trænsgréʃ(ə)n, trænz-] *n.* ⓤⓒ 위반, 반칙, 범죄; 〖종교적·도덕적〗 죄(sin).

trans·gres·sive [trænsgrésiv, trænz-] *adj.* 위반하기 쉬운, 죄를 범하기 쉬운.

trans·gres·sor [trænsgrésər, trænz-] *n.* 위반자; [종교·도덕상의] 죄인(sinner).

tran·ship [trænʃíp] *v.* (**-shipped**, **-ship·ping**) = transship.

trans·hu·mance [træns(h)júːməns] *n.* ⓤ [저지(低地)와 산지 사이에서 계절마다 되풀이하는] 사육자와 가축의 이동.

tran·sience [trǽnʃ(ə)ns/-ziəns] *n.* ⓤⓒ 일시적임, 일시적인 것; 덧없음, 무상(無常).

tran·sien·cy [trǽnʃ(ə)nsi/-ziən-] *n.* (*pl.* **-cies**) = transience.

*tran·sient** [trǽnʃ(ə)nt/-ziənt] *adj.* **1** 멸망하기 쉬운, 덧없는(passing), 무상한; 일시의, 단기의. ⇨ TEMPORARY [類語] ¶ a *transient* gleam of hope 순간적인 희망 / a *transient* smile 스치고 지나가는 미소. **2** 《美》 단기 체류의(temporary). ¶ a *transient* guest 단기 체류의 손님. — *n.* **1** 일시적인 것(사람); 단기 체류의 손님; 떠돌이 노동자. **2** [일시적인] 과도(過度) 전류. ~**·ly** *adv.* ◇ tránsience *n.* [떠어넘는.

tran·sil·i·ent [trænsíliənt, -ljənt] *adj.* 뛰어넘기는,

tran·sil·lu·mi·na·tion [trænsilùːminéiʃ(ə)n/-ljùː-] *n.* ⓤⓒ 투조(透彫); 〖의학〗 투조 진단법[진단을 위하여 기관(器官) 등에 강한 광선을 통과시키기].

trans·i·re [trænsáiri/-záiəri] *n.* 《英》 화물 운송 허장[연안 무역선의 화물에 세관이 발행한다].

tran·sis·tor [trænzístər, -sís-] *n.* **1** [전자 공학] 트랜지스터[반도체(半導體)를 이용한 소형 증폭 장치]. **2** (구어) 트랜지스터 라디오.
[< TRAN[SFER] + [RE]SISTOR]

tran·sis·tor·ize [trænzístəràiz, -sís-] *vt.* (**-ized**, **-iz·ing**) [전자 공학] …에 트랜지스터를 쓰다.

*trans·it** [trǽnsit, -zit] *n.* **1** ⓤ 통과, 경과; 통행(passage). **2** ⓤ [사람·화물의] 운반, 운송, 수송. ¶ *in transit* 수송중. **3** ⓤ 변천, 변화. **4** 통로, 경로, 수송로(기관). ¶ an overland *transit* 육상 수송로. **5** ⓤ [천문] [천체의] 자오선(子午線) 통과, 망원경의 시야 통과, [소(小)천체의] 다른 천체의 통과. **6** [천문·측량] =transit instrument. — *vt.* **1** …을 통과하다, 횡단하다. **2** [천문] [천체면·망원경 시야]를 통과하다, 횡단하다. — *vi.* 통과하다, 횡단하다.

tránsit càmp *n.* [난민 등을 위한] 임시 캠프.
tránsit círcle *n.* [천문] =transit instrument.
tránsit còmpass *n.* [측량용] 전경의(轉鏡儀).
tránsit dùty *n.* (보통 **-ties**) [화물의] 통과세.
tránsit ìnstrument *n.* **1** [천문] 자오의(子午儀) (transit circle). **2** [측량] 전경의(轉鏡儀) (transit compass).

*tran·si·tion** [trænzíʃ(ə)n, -síʃ(ə)n/-síʒ(ə)n, -ʒ(ə)n] *n.* ⓤⓒ **1** [위치·지위·상태·단계 따위의] 변천, 변화(change), 추이; 과도기, 바뀔 때. ¶ an age of *transition* 과도기 / a sudden *transition from* anger *to* mirth 분노에서 기쁨으로의 돌변. **2** [음악] 일시적 전조(轉調). **3** [생물] 염기 전위(塩基轉位)[RNA 또는 DNA에 있어서의 유전자 돌연 변이(變異)]. **4** [교육] 과도[아동이 한 나라의 국어로부터 다른 언어에 익숙해질 때까지 원래의 언어로 교육을 받는 기간].
◇ tránsit *v.*, *n.*, transitional, transitionary, tránsitive, tránsitory *adj.*

tran·si·tion·al [trænzíʃ(ə)nl, -síʃ-/-síʒ-, -ʒ-] *adj.* 변천하는, 과도적인; 과도기의, 바뀔 때의.
~**·ly** [-nəli] *adv.*

tran·si·tion·a·ry [trænzíʃ(ə)nèri, -síʃ-/-síʃ(ə)nəri,

-zíʃ-] adj. =transitional.

transition èlement n. 〖물리〗 전이 원소, 천이(遷 移) 원소.

‡**tran·si·tive** [trǽnsitiv, -zi-] adj. **1** 〖문법〗 타동사의 (성격을 지닌). cf. intransitive **¶** a *transitive* verb; a verb *transitive* 타동사. **2** 〖수학〗 추이적(推移的)인, 이행하는 (transitional); 중간적인 (intermediate). **¶** a *transitive* group 추이군(群). **3** 《드물게》 이행적(移行 的)인, 변천하는 (transitional). ── n. 〖문법〗 타동사 (transitive verb). **~·ly** adv. **~·ness** n.

tran·si·tiv·i·ty [trænsitívəti, -zi-] n. 〖문법〗 타 동성. **2** 이행성(移行性).

trânsit lóunge n. 통과 라운지〔공항의 통과 여객용 대합실〕.

tran·si·to·ry [trǽnsitɔ̀ːri, -zi- / -t(ə)ri] adj. 지나가 버리는, 일시의, 순간의(momentary). ⇨ TEMPORARY 〖類義〗; 덧없는(brief). **¶** the *transitory* world 덧없는 세 상. **-to·ri·ly** adv. **-to·ri·ness** n.

trânsit pássenger n. 통과 여객.

trânsit vìsa n. 통과 사증.

Trans-Jor·dan [trænsdʒɔ́ːrdn, trænz-] n. 트랜스 요르단〖Jordan 왕국의 옛 이름〗.

transl. 《略》 translated, translation, translator.

trans·lat·a·ble [trænsléitəbl, trænz-] adj. **1** 번역 할 수 있는. **2** 옮길 수 있는.

‡**trans·late** [trænsléit, trænz-, ＋ 美 ⌐ ⌐] v. **(-lat·ed, -lat·ing)** vt. **1** …을 옮기다, 번역하다(render) (... into). **¶** (〜＋国＋囹) *translate* French *into* English 프랑스어를 영어로 번역하다. **2** 〖기호·동작 따위〗 를 해석하다, 설명하다(explain); 환언(換言)하다, 바꿔 말 하다 (paraphrase). **¶** She *translated* the foreigner's gestures to me. 그녀는 그 외국인의 몸짓의 뜻을 나에게 설명해 주 었다. **¶** (〜＋国＋圉) I *translate* this as a protest. 나 는 이것을 항의라고 해석한다. **3** …을 바꾸다(convert), 다른 형식으로 옮기다(고치다) (transform). **¶** (〜＋国＋囹) *translate* promises *into* action 약속을 실행에 옮기다 / *translate* phonetic symbols *into* sounds 발음 기호를 음성으로 바꾸다. **4** …을[다른 장소로] 옮 기다, 이동시키다 (transfer) (...to). **5** 〖물리〗 회전시키 지 않고 …을 움직이다, 병진(並進)시키다. **6** 〖전신〗 [자동 중계기로] …을 중계하다(forward). **7** 〖교회〗 〖주교〗를 전임시키다; 〖성인·순교자 등의 유체·유물〗 을 다른 장소로 옮기다. **8** 〖신학〗 〖죽음을 거치지 않고 산 채로〗 …을 승천시키다(歸天)시키다. **9** 〖英〗 〖구두·의류 따위〗 를 헌 재료로 고쳐 만들다. **10** 〖英 口〗 …을 기뻐 어쩔 줄 모르게 하다, 미칠듯이 기쁘게 하 다(enrapture). **11** 〖생물〗 번역하다〖메신저 RNA 의 유전 정보에서 아미노산(酸)을 합성하다〗.

── vi. **1** 번역하다. **¶** The teacher asked him to *translate*. 선생은 그에게 번역하라고 말했다. **2** 번역이 되다. **¶** (〜＋副) This book *translates* well. 이 책은 번 역하기 쉽다.

◇ **transláte** n., **translátional** adj.

‡**trans·la·tion** [trænsléiʃ(ə)n, trænz-] n. **1** ⓤ 번 역, 역. **¶** free (literal) *translation* 의역(직역). **2** 번역 물, 역본. **¶** a Korean *translation* of *Othello* 오델로의 한국어역. **3** ⓒⓤ 해석, 바뀌 말함. **4** ⓒⓤ 전환, 변 형(transformation). **5** ⓤ 〖물리〗 병진(並進) 운동. **6** ⓤ 〖통신〗 자동 중계. **7** ⓒ 〖주교의〗 전임(轉任). **8** ⓒⓤ 〖신학〗 승천; 귀천(歸天). **9** ⓤ 〖법률〗 재산 양도; 유산 상속인의 변경.

trans·la·tion·al [trænsléiʃ(ə)n(ə)l, trænz-] adj. **1** 번역(상)의. **2** 병진 운동의.

trans·la·tion·ese [trænslèiʃ(ə)níːz, trænz-] n. ⓤ 번역조(調).

*****trans·la·tor** [trænsléitər, trænz-, ＋ 美 ⌐ ⌐ ⌐] n. **1** 번역자; 통역자(interpreter); 번역기. **2** 〖통신〗 자동 중 계기(반(盤)). **3** 〖英〗 헌 구두를 고치는 사람.

trans·lit·er·ate [trænslítərèit, trænz-] vt. **(-at·ed, -at·ing)** …을 다른 나라 글자로 바꾸어 쓰다, 음역하다. **¶** *transliterate* Sanskrit words *into* Roman letters 범어(梵語)를 로마자체로 고치다 // *transliterate* the Greek φ as ph 그리스어의 φ를 ph로 바꾸어 쓰다. [<TRANS[LATE]＋LITERATE]

trans·lit·er·a·tion [trænslìtəréiʃ(ə)n, trænz-] n. ⓤⓒ 다른 나라 글자로 바꾸어 쓰기, 음역.

trans·lit·er·a·tor [trænslítərèitər, trænz-] n. 음역 자(音譯者).

trans·lo·cate [trænslóukeit, trænz-] vt. **(-cat·ed, -cat·ing)** …을 이동시키다, 바꿔놓다(displace), 전위 (轉位)시키다.

trans·lo·ca·tion [trænslo(u)kéiʃ(ə)n, trænz-] n. ⓤⓒ **1** 이동. **2** 〖유전〗 전위, 전좌(轉座).

trans·lu·cence [trænslúːsns, trænz-] n. ⓤ 반투명.

trans·lu·cen·cy [trænslúːsnsi, trænz-] n. =translucence.

trans·lu·cent [trænslúːsnt, trænz-] adj. **1** 반투명 의. cf. transparent **¶** a *translucent* body 반투명체. **2** 명백한, 쉽게 이해할 수 있는(lucid). **-ly** adv. **=translucent**.

trans·lu·cid [trænslúːsid, trænz-] adj. =translucent.

trans·lu·nar [trænslúːnər, trænz-] / -l(j)úː-, trænz-] adj. **1** =translunary. **2** 달로 향하는〖궤도상의〗.

trans·lu·nar·y [trænslúːnèri, trænz-, trænslúːnəri / trænzl(j)úːnəri, træns-] adj. **1** 달의 위〔저편〕에 있 는. **2** 하늘 위의(ethereal). **3** 이상의, 공상의(visionary).

trans·ma·rine [trænsməríːn, trænz-] adj. **1** 바다 저편의(overseas); 해외로부터의. **2** 바다를 횡단하는, 바다에 걸쳐 있는.

trans·mi·grant [trænsmáigrənt, trænz-] n. 〖이주 할 곳으로 가기 위해 다른 나라를 통과중인〗 이민, 이주 자; 이전하는 것. ── adj. 이주하는.

trans·mi·grate [trænsmáigreit, trænz-] v. **(-grat·ed, -grat·ing)** vi. **1** 이동하다(transfer); 이주하다 (migrate). **2** 〖영혼이〗 다른 육체로 다시 태어나다, 전 생(轉生)하다. ── vt. …을 다시 태어나게 하다, 전생 시키다.

trans·mi·gra·tion [trænsmaigréiʃ(ə)n, trænz-] n. ⓤⓒ **1** 이주, 이동. **2** 전생, 윤회(輪廻) (metempsychosis).

trans·mi·gra·tor [trænsmáigreitər, trænz-] n. **1** 이민, 이주자. **2** 전생자, 갱생자.

trans·mis·si·bil·i·ty [trænsmìsəbíliti, trænz-] n. **1** 보낼(전할) 수 있음. **2** 〖기계〗 전달률(傳達率). **3** 유전성.

trans·mis·si·ble [trænsmísəbl, trænz-] adj. 전 달 할 수 있는, 보낼 수 있는, 유전되는. **¶** a *transmissible* disease 전염병.

*****trans·mis·sion** [trænsmíʃ(ə)n, trænz-] n. **1** ⓤ 전 달, 전송; 전염; ⓒ 전달된 것. **2** ⓤ 양도(transfer). **3** ⓤⓒ 〖기계〗 〖동력·전력의〗 전송, 전도; ⓒ 〖자동차의〗 전동 장치(gearbox). **¶** an automatic *transmission* 자 동 전동 장치 / a *transmission* gear 전동 장치. **4** ⓤⓒ 〖무선〗 송신, 전송, 투과. **5** ⓤ 〖물리〗 전도, 전송. **6** ⓤ 〖생물〗 유전. ◇ **transmít** v., **transmíssive** adj.

trans·mis·sive [trænsmísiv, trænz-] adj. **1** 전 달 하는, 전하는, 보내는. **2** 전달 가능한, 보낼 수 있는. **3** 전속적인.

trans·mis·siv·i·ty [trænsmisívəti, trænz-] n. 전도 성(傳導性).

trans·mis·som·e·ter [trænsmisámitər / -sɔ́m-] n. 〖기상〗〖대기(大氣)의〗 시도(視度) 측정계.

*****trans·mit** [trænsmít, trænz-] v. **(-mit·ted, -mit·ting)** vt. **1** …을 보내다, 발송하다(dispatch), 건네다. **¶** *transmit* a parcel by rail 소포를 철도편으로 보내다. **2** …을 전달하다. **¶** (〜＋国＋鐵＋囹) be *transmitted* from mouth *to* mouth 입에서 입으로 전해지다. **3** 〖자

trans·mit·tal [trænsmítl, trænz-] *n.* =transmission.

trans·mit·tance [trænsmít(ə)ns, trænz-] *n.*

†trans·mit·ter [trænsmítər, trænz-] *n.* 1 전달자; 전달 장치. 2 양도자. 3 유전자(遺傳子), 전승자. 4 송신기(transmitting set); [전화의] 송화기. 5 [생리] 신경 전달 물질.

trans·mit·ting set [trænsmítiŋ-, trænz-] *n.* 송신기.

trans·mo·dal·i·ty [trænsmo(u)dǽliti, trænz-] *n.* [육로·해로·공로 등 갖가지 수송 방법으로 편성된] 종합 수송[방식].

trans·mog·ri·fi·ca·tion [trænsmɑ̀grifikéiʃ(ə)n, trænz-]mɔ̀g-] *n.* [U] (익살) 변형, 모습을 바꾸기.

trans·mog·ri·fy [trænsmɑ́grifài, trænz- / -mɔ́g-] *vt.* (**-fied, -fy·ing**) (익살) [마법 따위에서] …의 모습을 바꾸다(transform) (*...into*).

trans·mut·a·ble [trænsmjúːtəbl, trænz-] *adj.* 변화(변질, 변형)할 수 있는. **-bly** *adv.*

trans·mu·ta·tion [trænsmjuːtéiʃ(ə)n, trænz-] *n.* [U][C] 1 변화, 변형. ¶ *transmutations* of fortune 영고 성쇠(榮枯盛衰). 2 [생물] 변이(變移), 변종; 진화. 3 [鍊金術] 변질, 변성[비금속의 귀금속화]. 4 [물리] 변환(變換). 5 [소유권의] 양도.

trans·mut·a·tive [trænsmjúːtətiv, trænz-] *adj.* 변화(변형, 변질)하는; 변화(변형, 변질)의.

trans·mute [trænsmjúːt, trænz-] *vt.* (**-mut·ed, -mut·ing**) …을 변형(변질)시키다(*...into*). ⇨ TRANSFORM [類語] ¶ *transmute* sorrow *into* golden joy 슬픔을 환희의 기쁨으로 바꾸다. —— 「사람.

trans·mut·er [trænsmjúːtər, trænz-] *n.* 변형시키는

trans·na·tion·al [trænsnǽʃ(ə)nəl, trænz-] *adj.* 초국적(超國籍)의. —— *n.* 다국적 기업(multinational).

trans·o·ce·an·ic [trænsòuʃiǽnik, trænz-] *adj.* 1 대양 저편의, 해외의. ¶ *a transoceanic* country 바다 저편의 나라. 2 대양 횡단의, 도양(渡洋)의.

tran·som [trǽnsəm] *n.* 1 문과 그 위의 창문을 가로지르는 칸막이 나무; 창문을 수평으로 칸막는 가로대(transom bar). 2 (美) =transom window. 3 선미판(船尾板), 고물(선미) 늑재(肋板).

trǎnsom wíndow *n.* 1 문 위의 광창(光窓)(fanlight). 2 가로대로 칸막이한 창문.

tran·son·ic [trænsɑ́nik / -sɔ́n-] *adj.* 음속과 같은 정도의, 천음속의(遷音速)[음속의 0.8배에서 1.4배 정도의 속도를 가리킨다].

trans·pa·cif·ic [trænspəsífik] *adj.* 1 태평양을 횡단하는, 태평양 횡단의. 2 태평양 저편의.

trans·pa·dane [trænspədèin, trænspéidein] *adj.* [로마에서 본] 포강(the Po) 저편(북쪽)의.

trans·par·ence [trænspé(ː)rəns, -pɛ́ər-] *n.* = transparency 1.

trans·par·en·cy [trænspé(ː)rənsi, -pɛ́ər-] *n.* (*pl.* **-cies**) 1 [U] 투명(성); (비유적) 명백; (사진) 투명도. 2 투명한 물건, 투명(문자, 화), 환등(幻燈)의 슬라이드(lantern slide).

Transpárency Internátional *n.* 국제 투명 기구 [상위 계층의 비리와 부정부패를 없애자는 세계적 윗물 맑기 운동기구; 1993년 5월 베를린에서 창설].

‡trans·par·ent [trænspé(ː)rənt, -pɛ́ər-] *adj.* 1 투명한, 비쳐 보이는, *opp.* opaque *cf.* translucent. ¶ *transparent* glass 투명 유리.

[類語] **transparent** 투명 또는 얇아서 저쪽의 물체가 또렷이 보인다는 뜻: *transparent* colors 투명 그림 물감. **pellucid** 수정처럼 빛나서 투명한: a *pellucid* stream 빛나는 듯이 맑은 시내. **diaphanous** 투명하고 섬세한, 또는 반투명에 가까운 것을 형용하는 수도 있다: She looked *diaphanous* and ethereal. 그녀는 섬세하고 깨끗해 보였다. **limpid** 부드럽게 투명함을 나타낸다: *limpid* water 맑은 물.

2 [직물 따위가] 비쳐보이는, 얇은(gauzy, sheer). ¶ a *transparent* veil 얇은 베일. 3 솔직한, 있는 그대로의(open, frank, candid). ¶ *transparent* earnestness 솔직한 열의. 4 [의도 따위가] 빤히 보이는, 명백한. ¶ a *transparent* excuse 빤히 들여다보이는 변명. 5 [문체 따위가] 명쾌한(manifest), 알기 쉬운(lucid, clear). ¶ a *transparent* discourse 명쾌한 논문. 6 [페어] 번쩍 빛나는, 밝은(bright). **~·ly** *adv.* **~·ness** *n.*

◇ transparénce, transpárency *n.*

trans·pér·son·al psychólogy [trænspə́ːrs(ə)(ə)l-] *n.* [정신 분석] 초(超)개인 심리학[(세)과의 교감, 우주와의 융합감 등, 개인의 자아를 초월한 의식을 중요시한다].

tran·spic·u·ous [trænspíkjuəs] *adj.* 1 투명한(transparent). 2 들여다보이는. 3 [언어 등이] 명료한.

trans·pierce [trænspíərs] *vt.* (**-pierced, -pierc·ing**) …을 꿰뚫다, 관통하다, 찌르다(penetrate, transfix).

tran·spi·ra·tion [trænspəréiʃ(ə)n] *n.* [U][C] 1 증발; [물리, 생물] 발산, 배출; 땀(perspiration). 2 [식물] 증산(蒸散) (작용); [물리] [모세관내에서의] 유체(流體)의 유통. 3 (비유적) 발각, 비밀 누설.

tran·spire [trænspáiər] *v.* (**-spired, -spir·ing**) *vi.* 1 일어나다, 생기다(happen). 2 [노폐물 따위를] 배출하다, 발산하다, 내다(emit); [기체 따위가] 새다(escape); [식물] [잎 따위가] 수분을 발산하다. 3 (비유적) [비밀 따위가] 새다, 누설하다(leak out). 4 [유체가 모세관속을] 흐르다, 유동하다. —— *vt.* …을 발산시키다, 배출하다(emit, exhale).

†trans·plant [trænsplǽnt / -plɑ́ːnt // →ˋ] *n.* *vt.* 1 [식물을] 이식하다. ¶ (~+图+前+名) *transplant* flowers *to* a garden 뜰에 꽃을 이식하다. 2 [의학] [기관·조직 따위를] 이식하다. 3 …을 이동시키다(relocate). 4 [사람]을 이주시키다, 식민지시키다…*from, to*). — *vi.* 이주(이민)하다. 2 [식물이] 이식에 견디다. — *n.* [trǽnsplæ̀nt / -plɑ̀ːnt] 1 [U][C] 이식. 2 이식된 식물; 이주자.

◇ transplántable *adj.,* transplantátion *n.*

trans·plant·a·ble [trænsplǽntəbl / -plɑ́ːnt-] *adj.* 이식할 수 있는. 「[조직.

trans·plan·tate [trænsplǽnteit] *n.* 이식 기관, 이식

trans·plan·ta·tion [trænsplæntéiʃ(ə)n / -plɑːn-] *n.* [U][C] 1 이식; 이식한 것. 2 이주, 이민, 식민. 3 [의학] 이식술.

trans·plant·er [trænsplǽntər / -plɑ́ːnt-] *n.* 1 이식자. 2 이식기(機).

trans·po·lar [trænspóulər] *adj.* 남(북)극을 넘는, 극지(極地) 횡단의. ¶ a *transpolar* expedition 극지 횡단 탐험.

tran·spon·der [trænspɑ́ndər / -spɔ́n-] *n.* 트랜스폰더, 자동 무선[전파]기.

tran·spon·tine [trænspɑ́ntin, -tain / -pɔ́ntain] *adj.* 1 다리 저편의; (英) 템즈강 남안의. *cf.* cispontine 2 [템즈강 남안의 극장에서 유행한 것 같은] 싸구려 연극의. ¶ a *transpontine* hero 싸구려 연극의 주인공.

‡trans·port *vt.* [trænspɔ́ːrt / -pɔ́ːt // →ˋ] *n.* 1 …을 수송하다, 나르다. ⇨ CARRY [類語] ¶ *transport* a machine by ship 기계를 배로 나르다. 2 (주로 수동형으로) …을 열중(황홀)하게 하다, 기뻐 어쩔 줄 모르게 하

transportability

다(ravish) (...*with*). ¶ (~+囲+前+名) She was *transported* with joy by the good news. 그녀는 기쁜 소식에 좋아 어쩔 줄 몰랐다. **3** [역사] [죄인]을 유배형에 처하다, 추방하다(exile). **4** [폐어]…을 저 세상에 보내다, 죽이다(kill).
— *n.* [trænspɔ̀ːrt /-pɔ́ːt] **1** ⓤ 수송, 운송, 운반. ¶ the *transport* of goods 화물 수송 / Trucks are most often used for *transport*. 트럭은 수송에 많이 쓰인다. **2** 《英구어》 수송 수단(기관); 《구어》 교통 수단, 발. ¶ I haven't got any *transport*. 어떻게 가면 좋지? **3** 함선, 죄수 호송선, 군용 수송선(기). **4** [역사] 유형수(流刑囚). **5** (종종 ~s) 기뻐 어쩔 줄 모름, 열중, 무아경(無我境). ¶ He was in a *transport* of horror. 그는 두려운 나머지 제 정신이 아니었다.
in transports [기뻐서] 어쩔 줄 몰라.
◇ transportation *n.*

trans·port·a·bil·i·ty [trænspɔ̀ːrtəbíliti /-pɔ̀ːt-] *n.* ⓤ **1** 수송할 수 있음; 수송 능력. **2** 유형에 처할만함.

trans·port·a·ble [trænspɔ́ːrtəbl /-pɔ́ːt-] *adj.* **1** 운반(수송)할 수 있는. **2** [역사] [범죄·죄인]이 유형에 처할 만한.

‡**trans·por·ta·tion** [trænspərtéiʃ(ə)n /-pɔːt-] *n.* ⓤ **1** 운송, 수송, 운수 (conveyance), **2** 《美》 ground (ocean) *transportation* 육상(해상) 수송. **2** 수송 기관, 운반 수단. ¶ No *transportation* is available to the village. 그 마을로 가는 교통 수단은 아무 것도 없다. **3** 운송비, 운임. **4** 《美》 수송(여행) 허가서(transportation permit). **5** ⓤⓒ [역사] 유형, 추방.

tránsport cáfe [-kæfei] *n.* 《英》 [트럭 운전자 등이 이용하는] 드라이브인 식당.

trans·port·er [trænspɔ́ːrtər /-pɔ́ːtə] *n.* **1** 운송(업)자, 수송자. **2** 운반기(장치) (conveyer). **3** 《英》 자동차를 나르는 대형 트럭.

transpórter brídge *n.* 운반교[다른 교통로 위에 가설된 화물 운반용의 다리·모노레일 장치 따위].

Tránsport Hóuse *n.* 《英》 노동당 본부 건물.
tránsport pílot *n.* [정부 공인의] 수송기 조종사.
trans·pos·a·ble [trænspóuzəbl] *adj.* 바꾸어 놓을 수 있는, 이항(移項)(이조(移調))할 수 있는.

trans·pos·al [trænspóuz(ə)l] *n.* = transposition.

trans·pose [trænspóuz] *v.* (-posed, -pos·ing) *vt.* **1** [순서·위치]를 바꾸다, 바꾸어 놓다(interchange). **2** [말·어구]를 전위(전치)[轉置]하다; [언어]를 번역하다(translate) (...*into*). **3** [수학] …을 이항하다. **4** [음악]…을 이조(移調)하다. **5** [통신] [전화선 따위]를 교차시키다. — *vi.* [음악] 이조하다. **2** 바꾸어 놓다. — *n.* [수학] 전치 행렬(轉置行列) (transposed matrix).

trans·po·si·tion [trænspəzíʃ(ə)n] *n.* ⓤⓒ **1** 전환, 치환(置換); [문법] 전치[법]. **2** 바꾸어 놓은 것; 전환문(어구). **3** [수학] 이항, 호환(互換). **4** [음악] 이조(移調). **5** [통신] 교차법(交差法). **6** [해부] [내장의] 전위(轉位).

trans·pos·on [trænspóuzən] *n.* [유전] 트랜스포존[전이(轉移) 인자의 하나].

trans·ra·cial [trænsréiʃ(ə)l] *adj.* 다른 인종간의. ¶ *transracial* adoption 다른 인종간의 양자 결연.

trans·sex·u·al [træn(s)sékʃuəl /-séksju-] *n.* 성전환자, 성불명자. — *adj.* 성전환의.

trans·shape [trænsʃéip] *vt.* (-shaped, -shap·ing) …을 변형하다(transform).

trans·ship [trænsʃíp] *v.* (-shipped, -ship·ping) *vt.* (승객·화물)을 다른 배에 옮기다. — *vi.* 다른 배(차)에 갈아타다.

trans·ship·ment [trænsʃípmənt] *n.* ⓤ 옮겨 싣기; 갈.
Trans-Si·be·ri·an Rail·road [træn(s)saibí(ː)rian-, trænz- /-bíər-] *n.* 시베리아 횡단 철도[러시아 정부가 1891-1899년에 건설. 연장 약 6,500km].

trap

trans·son·ic [trænssánik /-sɔ́n-] *adj.* = transonic.
tran·stage [trænstèidʒ] *n.* 로켓의 제3단[최종단].
tran·sub·stan·ti·ate [trænsəbstǽnʃièit] *vt.* (-at·ed, -at·ing) **1** …을 변질시키다. **2** [신학] …을 실체(實體) 변화시키다, 성변화(聖變化)시키다.

tran·sub·stan·ti·a·tion [trænsəbstænʃiéiʃ(ə)n] *n.* ⓤ **1** 변질. **2** [신학] 실체(實體) 변화, 성변화[성찬(聖餐)의 빵과 포도주가 그리스도의 몸과 피로 변하기]. *cf.* consubstantiation

tran·su·da·tion [træns(j)udéiʃ(ə)n /-sjúd-] *n.* ⓤ 삼출(滲出). ◇ **삼출물**.

tran·su·da·to·ry [trænsuːdətòːri /-sⓤj u̇ːdət(ə)ri] *adj.* 스며나오는, 삼출성의.

tran·sude [trænsúːd /-s(j)úːd] *vi.* (-sud·ed, -sud·ing) [액체 따위가] 삼출(滲出)하다, 스며나오다 (exude).

trans·u·ran·ic [trænsjurǽnik, trænz- /-sju(ə)r-] *adj.* [화학·물리] 초(超)우라늄의. ¶ a *transuranic* element 초우라늄 원소.

Trans·vaal [trænsváːl, trænz- /-́-] *n.* 트란스발[남아프리카 연방 동북부의 주(州); 수도 Pretoria. 세계 제1의 금 산지].

trans·ver·sal [trænsvə́ːrs(ə)l, trænz-] *adj.* 횡단의 (transverse). ¶ *transversal* vibrations 횡파(橫波) (횡진동). — *n.* [기하] 횡단선. ~·ly [-səli] *adv.*

*trans·verse [trænsvə́ːrs, trænz-, -́-/-́-] *adj.* **1** 가로의, 횡단의. **2** [기하] 가로축(軸)의, 교축(交軸)의. **3** [피리가] 옆으로 부는. ¶ …을 가로로 되어 있는 것; 횡단물. **2** [기하] 가로축. **3** [타원의] 장축(長軸). **3** [해부] 횡근(橫筋). **3** 공원 횡단 도로. **~·ly** *adv.*

trans·ves·tism [trænsvéstiz(ə)m, trænz-], **trans·ves·ti·tism** [trænsvéstitìz(ə)m, trænz-] *n.* ⓤ 복장 도착(倒錯).

trans·ves·tite [trænsvéstait, trænz-], **-ves·tist** *n.* 복장 도착자, 이성(異性)의 복장을 한 사람.

‡**trap**[1] [træp] *n.* **1** [동물을 잡는] 올가미, 덫, 함정 (pitfall), [물고기를 잡는] 통발; 《비유적》 계략, 책략 (stratagem, artifice). ¶ set (or lay) a *trap* 올가미 (덫)를 놓다 / be caught in a *trap*; fall into a *trap* 올가미(덫)에 걸리다.

翻譯 사람을 잡기 위한 장치의 덫; 사람을 빠지게 하려는 기도. **pitfall** 함정: 숨겨진 위험, 재앙의 근원. **snare** 생포하려는 올가미, 빠지기 쉬운 유혹.

2 《경찰의》 감시소(망) (police trap). **3** 트랩, 방취판(防臭瓣); ⓤ(S)자관(管)[배수관 속에서 가스의 역류를 막는것]; [물·증기의] 방출(防出) 장치; [갱도] 통풍구; [총의] 개머리판의 구멍. **4** 《공·표적 따위의》 발사기, 가표적 발사기[trapball, trapshooting 용]. **5** a) = trapball. b) = trapshooting. **6** 《주로 英》 용수철이 달리고 말 한 필이 끄는 2륜 경마차(輕馬車). **7** [지붕·천장·마루의] 치켜올리는 문, 함정문, 뚜껑문, 들창(trap door). **8** [의복의] ㄴ자 모양으로 찢긴 곳 (L-shaped tear). **9** 《속어》 [말하는 기관으로서의] 입 (mouth). ¶ Shut your *trap* and listen. 조용히 들어라. **10** 《보통 ~s》 《재즈의》 타악기류(드럼·심벌 따위). **11** 《英속어》 순경, 경관(policeman); 탐정 (detective). **12** 《골프》 = sand trap. **13** 《축구》 트랩[착지 직후의 공을 잡기(捕)](捕球). **13** 《美구어》 배·차 안의 밀수(금제)품 은닉 장소.

be up to trap; *understand trap* 잘 알고 있다, 약다.
— *v.* (**trapped** or 《고어》 **trapt**, **trap·ping**) *vt.* **1** [동물]을 덫에 걸리게 하다, 덫(올가미)을 놓아 (ensnare); [물고기]를 통발로 잡다. **2** 《비유적》 〈사람〉을 함정에 빠뜨리다, 곤란하게 하다. **3** [관(管) 따위]에 방취(防臭)장치를 달다; [기체·냄새]를 트랩으로 막다. **4** 《공·표적》을 발사기에서 내보낸다, 날린다. **5** [무대에] 함정문을 설치하다. **6** [구기(球技)에서] [공]을 트랩하다, 착지 순간에 잡다, 쇼트바운드로 잡다.
— *vi.* 덫(올가미)을 놓다 (*for*). ¶ (~+回+名)

trap *for* a beaver 비버를 잡으려고 덫을 놓다. **2** 〔덫(올가미) 사냥〕을 직업으로 삼다. **3** 〔트랩 사격〕가표적 발사기를 쓰다. **4** 〔기체가〕 방취판(防臭瓣)〔트랩〕으로 ◇ *entrap v.* …저지되다.

trap² [træp] *n.* **1** (~s) 〔구어〕수하물, 휴대품; 소지품(belongings). **2** 〔페어〕말장식. — *vt.* (**trapped, trap·ping**) …에 말장식을 달다(caparison); …을 성장(盛裝)시키다.

trap³ [træp] *n.* 〔지질〕 트랩〔어두운 빛깔의 원주(圓柱) 모양으로 된 결이 고운 화성암(火成岩)〕(traprock).

trap⁴ [træp] *n.* (~s) 〔스코〕발판 (stepladder).

trap·ball [trǽpbɔ̀ːl] *n.* **1** ⓤ 트랩볼〔공 날리는 기구로 공을 올려 그것을 배트로 친 옛날의 공놀이〕. **2** 트랩볼의 공.

tráp cȧr *n.* 역에서 화물의 집배에 쓰는 궤도차, 경화차(輕貨車).

trap-cellar [trǽpsèlər] *n.* 〔英〕무대의 마루밑, 무대함정; 나락(奈落).

tráp dóor *n.* 치켜올리는 문, 뚜껑문, 드는 뚜껑. **2** 〔광산〕통풍문(weather door). **3** 〔옷의〕L자 형으로 찢긴 곳.

trapes [treips] *v., n.* = traipse.

tra·peze [træpíːz / trə-] *n.* **1** 〔체조·곡예용〕 공중 그네. **2** 〔기하〕= trapezium.

tra·pe·zi·form [trəpíːzifɔ̀ːrm] *adj.* 〔美〕부등변 사각형의; 〔英〕사다리꼴의.

tra·pe·zi·um [trəpíːziəm, -zjəm] *n.* (*pl.* **-zi·ums** *or* **-zi·a** [-ziə]) **1** 〔기하〕〔美〕부등변 사각형; 〔英〕사다리꼴. **2** 〔해부〕〔손목의〕대다각골(大多稜骨).

trap·e·zoid [trǽpizɔ̀id] *n.* **1** 〔기하〕〔美〕사다리꼴; 〔英〕부등변 사각형. **2** 〔해부〕〔손목의〕소다각골(小多稜骨). — *adj.* 〔美〕사다리꼴의; 〔英〕부등변 사각형의.

*****trap·per** [trǽpər] *n.* **1** 덫을 놓는 사람; 덫사냥꾼〔특히 모피를 얻을 목적으로 사냥을 한다〕. **2** 광갱(鑛坑) 통기구 담당자.

trap·pings [trǽpiŋz] *n. pl.* **1** 장식〔구〕. **2** 〔꾸민〕옷차림; 식복, 예복. **3** 말장식(caparison).

Trap·pist [trǽpist] *n.* 〔가톨릭〕트래피스트회 수도사〔1664년 프랑스의 La Trappe 수도원에 창립된 엄률(嚴律) 시토 수도회의 일원〕. — *adj.* 트래피스트〔회〕의.

Trap·pist·ine [trǽpistìːn, -tàin] *n.* 〔가톨릭〕**1** 트래피스트회의 수녀. **2** (t-) 〔미사용〕트래피스트 리큐르〔프랑스의 Grâce-Dieu 의 트래피스트 수도원에서 만드는 감미로운 리큐르 술〕.

trap·py [trǽpi] *adj.* (**-pi·er, -pi·est**) **1** 함정이 있는, 방심할 수 없는 (tricky). **2** 〔말이〕발을 높이 올리는.

trap·rȯck [trǽprɔ̀k/-rɔ̀k] *n.* 〔지질〕= trap³.

trap-shoot·er [trǽpʃùːtər] *n.* 트랩 사격자.

trap-shoot·ing [trǽpʃùːtiŋ] *n.* ⓤ 트랩 사격〔trap으로 클레이 비둘기를 날려보아 쏘는 사냥〕.

*****trash** [træʃ] *n.* ⓤ **1** 쓰레기, 잡동사니(rubbish); 찌꺼기, 값싼 물건(shoddy). ¶ a *trash* basket 쓰레기통. **2** 〔천의〕베어낸 지스러기, 잘라낸 가지, 짜고 난 사탕수수의 찌꺼기(찌꺼기 잎), 옥수수의 껍질. **3** 어리석은 생각, 객설, 시시한 이야기(nonsense); 〔예술·문학상의〕졸작. **4** ⓒ 쓸모없는 인간; ⓤ(집합적)건달. **5** 반항에 의한 무차별 파괴. — *vt.* **1** 〔사탕수수〕의 곁눈을 벗기다. 〔나무〕의 가지를 치다. **2** …을 쓰레기 취급하다, 버리다 (throw away). **3** 〔美俗어〕반항하거나 하여 …을 닥치는대로 부수다, 무차별 파괴하다. **4** 〔컴퓨터〕〔기억 내용을〕파기하다, 지우다.

trȧsh cȧn *n.* 쓰레기통.

trash·er [trǽʃər] *n.* 〔美俗어〕무차별 파괴자.

trash·y [trǽʃi] *adj.* (**trash·i·er, trash·i·est**) **1** 쓰레기의; 시시한, 쓸모없는(rubbishy). **2** 잡초가 우거진. **trásh·i·ly** *adv.* **trásh·i·ness** *n.*

trass [træs] *n.* ⓤ 화산토(火山土), 트래스〔수경(水硬) 시멘트의 원료〕.

trat·tor·i·a [træ̀tərí:ə] *n.* (*pl.* **-i·e** [-rí:e]) 〔이탈리아〕(= eating house) 음식점, 요리점, 레스토랑.

trau·ma [trɔ́ːmə, +美 tráu-] *n.* (*pl.* **-ma·ta** [-mətə] *or* **-mas**) **1** 〔병리〕외상(外傷) 〔성 증상〕. **2** 〔정신분석〕정신적 외상, 마음의 상처, 쇼크.

trau·mat·ic [trɔːmǽtik, +美 trə-, trau-] *adj.* **1** 외상〔성〕의, **2** 외상 치료〔용〕의, **3** 정신적 쇼크의. **-i·cal·ly** [-ikəli] *adv.*

trau·ma·tism [trɔ́ːmətìz(ə)m, +美 tráu-] *n.* 〔병리〕**1** 외상성 증상, **2** 외상, 외상성 정신 장애 (trauma).

trau·ma·tize [trɔ́ːmətàiz, +美 tráu-] *vt.* (-**tiz·ing**) 〔병리〕 **1** …에 외상을 입히다. **2** 〔정신 분석〕 〔남의 마음에〕 충격을 주다.

*****tra·vail** [trəvéil, trǽveil / trǽveil] *n.* ⓤ **1** (또는 종종 ~s) 노고, 고생 (effort), 신고(辛苦); 〔정신적·육체적〕고통 (pain). **2** 진통 (pains of childbirth). ¶ in *travail* 산기(産氣)가 들어. — *vi.* **1** 수고하다, 고생하다 (toil). **2** 진통을 겪다.

‡trav·el [trǽvl] *v.* (**-eled, -el·ing;** 〔英〕**-elled, -el·ling**) *vi.* **1** 먼 곳에 여행하다 (journey). **2** *travel* abroad 해외로 여행하다 / *travel* 2nd class 2등석으로 여행하다 / *travel* by land (air) 육로(공로)로 여행하다. **2** 이동하다, 나아가다; 걷다, 달리다; 〔빛·소리 따위가〕전해지다; 〔기억·눈 따위가〕차례로 옮아가다. ¶ Light *travels* faster than sound. 빛은 소리보다도 빨리 진행한다 / (~ +前+(名)) News *traveled* from mouth *to* mouth. 소식은 말로 전해져 왔다 / His eyes *traveled over* the landscape. 그는 그 경치를 차례차례로 둘러보았다 / Her mind *traveled over* the events of the day. 그녀는 그 날의 사건이 이것저것 마음에 떠올랐다. **3** 멀리 보아가다, 순회 판매에 나가다. ¶ (~ +前+(名)) He *travels for* a large firm. 그는 대상사의 외무원이다. **4** 〔구어〕교제가 있다, 사귀고 있다(associate (with...)). ¶ (~ +前+(名)) *travel* in wealthy circles 자산가(資産家)들과 사귀다. **5** 〔美어〕빨리 움직이다, 급히 걷다. ¶ Keep *traveling!* 가버려라!; 달려라! **6** 〔기계의 일부가〕일정 범위를 움직이다, 회전하다 (move). **7** 〔농구〕공을 가지고 걷다 (walk). **8** 〔동물 따위가〕먹이를 찾아먹으며 나아가다. **9** 〔깨어지기 쉬운 물건·생선 식품 따위가〕운송(이동)에 견디다. ¶ Some wines *travel* poorly. 포도주에는 수송하기에 적합하지 않은 것도 있다.
— *vt.* **1** 〔나라·길 등〕을 지나 여행하다, 통과하다. 〔어느 일정거리〕를 답파하다. **2** 〔구어〕〔가축 따위〕를 몰다, 이동시키다.

travel it 〔도보〕여행을 하다.

travel out of the record ⇒ RECORD.

— *n.* **1** 여행; ⓤ 〔장거리의〕여행. ⇒ TRIP 類語.

¶ space *travel* 우주 여행 / start (be) on one's *travels* 여행에 나서다 (여행중이다) / in one's *travels* 여행 도중에. **2** (~s) 여행기(학); 기행문(학). ¶ *travels* in Italy 이탈리아 기행 // publish one's *travels* 여행기를 출판하다. **3** 왕래, 교통(量). ¶ There is a lot of *travel* between Paris and London. 파리와 런던 사이에는 사람들의 왕래가 많다. **4** 〔빛·소리 따위의〕운동, 진행, 행. **5** 〔기계〕행정(行程), 동정(動程) (stroke).

travels in the blue 방심, 백일몽.

trável advísory *n.* 〔美〕정부가 발하는 해외 여행자에 대한 경고〔특정 국가나 지역이 자국민에 위험할 때 발한다〕.

trável àgency (bùreau) *n.* 여행 대리점, 여행 안내소.

trável àgent *n.* 여행 안내업자.

trav·el·a·tor, 〔英〕**-el·la-** [trǽvəlèitər] *n.* 〔英〕움직이는 보도(步道).

trav·eled, 〔英〕**-elled** [trǽvld] *adj.* **1** 여행에 익숙한, 여행 경험이 풍부한. **2** 〔길 따위〕여행자가 많은.

‡trav·el·er, 〔英〕**-el·ler** [trǽvlər] *n.* **1** 여행자, 여객; 여행에 익숙한 사람, 여행 경험자. **2** 〔주로 英〕〔기업의〕외무원, 고객 담당자; 이동 판매원. **3** 주행대(走

traveler's check ((英) **chèque**) n. 여행자용 수표, 트래블러즈 체크. * travelers check 라고도 한다.
trav·el·er's-joy [trǽvlərdʒɔ́i] n. 사위질빵, 위령선 [미나리아재비과(科)의 덩굴 모양의 식물. 작은 잎은 달걀 모양].
‡**trav·el·ing,** (英) **-el·ling** [trǽvliŋ] adj. **1** 여행(용)의. ¶ a *traveling* bag 여행 가방 / a *traveling* dress 여행복 / a *traveling* companion 길동무. **2** 순회(순업(巡業))하는, 돌아다니는. ¶ a *traveling* library 순회(이동) 도서관. **3** 이동하는, 활동(滑動)하는, 가동의. ¶ a *traveling* hoist 주행(走行) 호이스트. ── n. ⓤ 여행; 순업(巡業); 이동.
tráveling clóck n. [접을 수 있고 케이스에 든] 여행용 시계.
tráveling féllowship n. [해외] 연구 여행 장학금.
tráveling sálesman n. (美) 순회 판매원, 외관원 (commercial traveler).
trav·e·logue [trǽvəlɔ̀ːg, -lɑ̀g / -lɔ̀g], (**trav·e·log**) n. **1** [사진 따위를 이용하는] 여행담. **2** 관광 영화.
trável sìckness n. ⓒⓤ 멀미; (英) 여행지에서의 식중독(물 배탈), 그로 인한 설사.
trav·el-stained [trǽvlstèind], **-soiled** [-sɔ̀ild] adj. 여행중에 누추해진(더러워진).
trável tràilor n. 여행용 이동 주택.
trav·el-worn [trǽvlwɔ̀ːrn / -wɔ́ːn] adj. 여행 하여 수척해진, 여행에 지친.
trav·ers·a·ble [trǽvəː(ˈ)rsəbl, +美 ─ˊ──] adj. **1** 횡단할 수 있는, 통과할 수 있는(passable). **2** 부인할 수 있는(deniable).
‡**trav·erse** [trǽvəːrs, +美 trəvə́ːrs] n. (v. **-ersed, -ers·ing**) vt. **1** …을 가로지르다, 넘다, 통과하다. ¶ a district *traversed* by canals 운하가 가로지르는 지방. **2** [장소를] 여기저기 돌아다니다. **3** [선반(旋盤)]을 선회하다, 돌리다. **4** [논제 따위를] 자세히 검토하다, 상론(詳論)하다. ¶ I need not *traverse* that ground in my present lecture. 이 강의에서는 그 점을 자세히 말할 필요가 없다. **5** [계획·의견 따위에] 반대하다 (oppose), …을 방해하다; …을 부인하다, 부정하다 (deny). ¶ I must *traverse* several points. 나는 몇 가지 점에 대하여 반대하지 않을 수 없다. **6** [법률] …에 항변하다, …을 부인하다, 거부하다(deny). **7** [조준하기 위하여] [포구(砲口)]를 돌리다. **8** [항해] [돛대의 확대]을 용골(龍骨)에 병행하게 하다. **9** …을 비스듬히 오르다(내리다).
── vi. **1** 횡단하다, 가로지르다(cross). **2** [포구가] 선회하다(자석이 회전) 돌다. **3** [펜싱] 상대방 칼자루 쪽으로 밀다. **4** [馬術] 옆으로 걷다. **5** [급한 경사면에] 횡행로(橫行路)를 만들다, [산 따위를] 지그재그로 오르다. **6** [권투] 좌우로 움직이다.
── n. **1** 가로지르기, 횡단 [여행]. **2** 횡단물, 장애물(obstacle), [비유적] 방해, 훼방, 가로대; [장애물의] 난간, 현수막, 격벽(隔壁), 칸막이; [항해] 횡단 보도, 교차점, 건널목. **3** [건축] [교회 등의] 가로 복도. **4** [항해] 지그재그 항로; 지그재그 항로로의 진행. **5** [築城] [횡단의] 방벽, 횡장(橫牆), 방탄벽. **6** [砲術] 선회; [機械] 트래버스, 가로 이동. **7** [법률] 부인, 거부, 항변. **8** 지그재그 길. **10** [등산] 트래버스 [비스듬한 사면의 횡단 또는 횡단 사면]. (스키) 급사면의 지그재그 활강. **11** [측량] 과측선(過測線), 절단선(截斷線). **12** [馬術] 횡보 (橫步). [펜싱] 반격의 동작.
◇ **tráversal** n.
trav·ers·er [trǽvəːrsər, +美 trəvə́ːrsər] n. **1** 횡단자. **2** [법률] 부인자(否認者). **3** [철도] 천차대(遷車臺).
tráverse ròd n. [도르래가 달린] 금속제 커튼 레일.
tráverse tàble n. **1** [철도] 천차대(遷車臺) **2** [차

tra·ver·tine [trǽvəːrtin, -tìːn], (**trav·er·tin**) n. ⓤ 석회화(石灰華) [온천 부근에 많은 석회질이 가라앉은 것. 건축재].
trav·es·ty [trǽvisti] n. (pl. **-ties**) **1** 희화화(戲畫化), 익살스럽게 고쳐놓은 것(parody), 희작(戲作), 조잡한 쓰기, 곡해(曲解), 서투른 모방; 가짜(sham). **3** ⓒⓤ [종종 이성(異性) 차림의] 변장(disguise). ── vt. (**-tied, -ty·ing**) **1** …을 희화화하다. **2** *travesty* his mode of speech 그의 연설을 우스꽝스럽게 흉내내다. **2** …을 서투르게 연기하다. **3** …을 변장시키다.
tra·vois [trəvɔ́i] n. (pl. **-vois** [vɔ́iz]) 막대기 두 개를 묶어 짐승이 끌도록 하는 운반 용구 [원래 평원 지방의 아메리칸 인디언이 사용].
Trav·o·la·tor [trǽvəlèitər] n. (商標名) 트래벌레이터 [움직이는 보도].
trawl [trɔːl] n. **1** 트롤망(網), 저인망(底引網). **2** (美) =trawl line. ── vi. **1** 트롤(연승(延繩)) 어업을 하다. **2** 견지질 하다. ── vt. **1** [트롤망]을 끌다. **2** [수면·장소]를 견지질 하다; [물고기]를 트롤(연승)으로 잡다.
trawl·er [trɔ́ːlər] n. **1** 트롤 어업자. **2** 트롤선.
trawl·er·man [trɔ́ːlərmən] n. (pl. **-men**) 트롤 망(선) 어부.
trawl line n. 고정 주낙(setline).
trawl·net [trɔ́ːlnèt] n. 트롤망, 저인망.
‡**tray** [trei] n. **1** 쟁반, 요리 접시, 받침 접시; 요리(과자 따위)를 담은 쟁반(접시). ¶ an ash *tray* 재떨이 / a developing *tray* 현상 접시 / a *tray* of food 쟁반에 담은 음식. **2** [트렁크·장롱·상자 따위의] 칸막이 상자, [서류용] 정리함. [ics).
tráy àgricùlture n. ⓤ 수경(水耕) (법) (hydropon-
tray·ful [tréifùl] n. 쟁반 가득 (한 양) (of…).
*treach·er·ous** [trétʃ(ə)rəs] adj. **1** 신뢰를 배반하는, 불충실한(disloyal), 반역하는, 두 마음을 품은. **2** 신뢰할 수 없는, 믿을 수 없는, 의심스러운; 외견만큼 좋지 않은; 불안정한, 무너질 것 같은(unstable). ¶ a *treacherous* branch 튼튼해 보이지만 약한 가지 / *treacherous* weather 급변할 듯한 날씨.
~ly adv. ~ness n. ⓤ **tréachery** n.
treach·er·y [trétʃ(ə)ri] n. (pl. **-er·ies**) ⓤ 배반, 배신, 불신, 반역(treason); ⓒ 배반 행위, 배신 행위. ≒ DISLOYALTY 類語 ◇ **tréacherous** adj.
trea·cle [tríːkl] n. ⓤ(英) 당밀(糖蜜) ((美) molasses).
trea·cly [tríːkli] adj. (**-cli·er, -cli·est**) **1** 당밀의(같은). **2** [말 따위가] 달콤한, 장황하게 얄랑거리는, 아첨하는.
‡**tread** [tred] v. (**trod** or (古語) **trode, trod·den** or **trod, tread·ing**) vt. **1** [길·장소 따위]을 밟다, 걷다, 가다(walk on), 지나가다. ¶ *tread* a perilous path 위험한 길을 걷다, 위험한 다리를 건너다. **2** …을 짓밟다(밟아 다지다), 밟아 으깨다 (tramp); [형세·상태 따위]를 바꾸려고; …을 밟다, 밟아 으깨다. ¶ *tread* grapes 포도주를 만들기 위하여서 포도를 밟아 으깨다 // (~+目+圖+图) *tread* a path *through* the snow 눈을 밟아 길을 내다. **3** …을 밟아 누르다, 유린하다, [감정]을 억누르다; …을 압도하다, 억압하다(oppress) (…*down*). ¶ (~+目+圖) *tread down* a person's right 남의 권리를 유린하다. **4** [수새가] …과 교미하다. **5** (古語) [춤]을 추다.
── vi. **1** 걷다, 가다(walk). ¶ *Fools* rush in where angels fear to *tread*. (속담) 하룻강아지 범 무서운 줄 모른다. **2** 밟다, 짓밟다, 밟아 으깨다(trample) (*on, upon…*). ¶ (~+圖+图) She was afraid he would *tread* on her feet. 그녀는 그에게 발을 밟히지 않을까 염려했다. **3** [수새가] 교미하다(copulate).
tread in [물건]을 맞속에 밟아 넣다.
tread in a person's steps ⇒ STEP.

tread lightly ① 살그머니 걷다. ② 주의깊게 하다, 신
tread on air ⇨ AIR. [중히 하다.
tread on *a person's* ***corns*** (or ***toes***) ⇨ CORN¹.
tread on one's own tail ⇨ TAIL¹.
tread on the neck of ⇨ NECK.
tread out ① (불)을 끄다; (폭동 따위)를 진압하다. ②
밟아서 (알맹이)를 내다.
tread the boards ⇨ BOARD.
tread the deck 선원이 되다, 선원이 되다.
tread upon eggs ⇨ EGG¹.
— *n.* **1** 밟기, 걷기, 일보(一步); 밟는 소리, 발소리;
걸음걸이, 발걸음. ¶ I heard the *tread* of footsteps.
발소리가 들렸다. **2** [신발·썰매의] 바닥(sole); [발
(掌心)을 제외한] 발바닥. **3** 밟는 폭[계단의 발판의 폭];
[계단의] 발판, 발 디디는 곳; [사다리의] 가로장; [자전
거·자전거 따위의] 페달. **4** [차륜·타이어 따위가 지
면이나 레일에 닿는 면; [레일의] 접촉면. **5** [자동차
의] 윤거(輪距) [좌우의 타이어 사이의 거리], *cf.*
wheelbase **6** [고어] [수의] 교미(copulation). **7**
[말의] 제관외상(蹄冠外傷) [발굽을 반대쪽의 발굽으로
밟아서 생긴다].
tread·board [trédbɔ̀ːrd] *n.* [계단 따위의] 발판.
trea·dle [trédl] *n.* **1** [기계류의] 발판, 디딤판, 페달.
2 [영] 자전거의 페달. **2** [알의] 알끈(chalaza). — *vi.*
(-**dled, -dling**) 발판(페달)을 밟다.
tread·mill [trédmìl]
n. **1** 발로 밟아돌리는
바퀴[옛날 감옥에서 징벌
로 죄수에게 밟게 했음].
2 단조롭고 피곤한 일.
tread·wheel [tréd-
(h)wìːl] *n.* [물 따위를
퍼올리기 위한] 밟아 돌
리는 바퀴, [다람쥐 따위
가 돌리는] 쳇바퀴.
treas. (略) treasurer,
treasury. [treadmill 1]

***treason** [tríːzn] *n.* **U 1** 반역[죄], 대역[죄]. ¶ high
treason 대역죄. **2** (드물게) 배신, 배반, 불신(*to*...). =
DISLOYALTY 類語 ◇ **tréasonous** *adj.*
trea·son·a·ble [tríːznəbl] *adj.* 반역의, 대역(大逆)의;
반역의 염려가 있는, 불신의(traitorous).
— **~·ness** *n.* **-bly** *adv.* [중(重)반역적.
tréason félony *n.* U [영법률] 국사범, 정치범.
trea·son·ous [tríːznəs] *adj.* =treasonable.
‡**treas·ure** [tréʒər] *n.* **1** U (금·은·보석 따위의 형
태로 저장되어 있는) 재보, 보물; 비보(秘寶). **2** U 재산, 부
(富) (wealth). **3** 고가품, 귀중품. ¶ *art treasures* [명
화·조각 따위] 미술상의 보배. **4** 중요한 사람(것); 보
배. ¶ His new servant is a perfect *treasure*. 새로 온
그의 하인은 정말 보배이다. **5** 가장 사랑하는 사람, 소
중한 아이. ¶ My *treasure*! 이 귀여운 것!
— *vt.* (**-ured, -ur·ing**) **1** (안전·장래를 위하여) …
을 저축하다(store up), 비장하다; …을 소중히 하다. ◇
PRIZE 類語 ¶ (~+目+副) *treasure up* money and
jewels 돈이나 보석을 모아 두다 // We cannot *treasure*
our friends too much. 우리는 벗을 아무리 중히 여겨도
지나치지 않다. **2** …을 마음에 간직하다, 명심하다.
¶ *treasure* a person's memory 남의 추억을 가슴에 간
직하다 // (~+目+副) *treasure up* in one's heart the
recollection of old times 옛 추억을 마음속에 간직하다.
◇ **tréas·ury** *n.*
tréasure hòuse *n.* (*pl.* **-hous·es** [-hàuziz]) 보고(寶
庫) (treasury). [기.
tréasure hùnt *n.* 보물 찾기; [놀이로서의] 보물 찾
***treas·ur·er** [tréʒ(ə)rər] *n.* **1** 재보(보물) 담당자.
2 회계 담당자, 출납 담당자; [나라·지방 공공 단체의]
회계 담당자, 수납관. ¶ the *Treasurer* of the
Household 영국 왕실 회계 장관 / the *Treasurer* of

the United States 미국 재무부 출납국장.
treas·ur·er·ship [tréʒ(ə)rərʃìp] *n.* U 회계 담당자
(수납계)의 직(지위). [징.
Tréasure Státe *n.* (the ~) 미국 Montana주의 속
treas·ure-trove [tréʒərtròuv] *n.* **1** [법률] 매장
물, 소유자 불명의 발굴물[화폐·지금(地金) 따위]. **2**
귀중한 발견물.
‡**treas·ur·y** [tréʒ(ə)ri] *n.* (*pl.* **-ur·ies**) **1** 보고, 보물.
2 (때로 the T~) 국고, 공고(公庫); 기금, 자금. **3**
(the T~) [영] 재무부; 재무 위원회; [미] 재무부(the
Treasury Department). ¶ the First Lord of the
Treasury [영] 재무 위원회 위원장[보통 수상이 겸임
함]. **4** 보감(寶鑑), 보전(寶典) (thesaurus); 사화집(詞
話集), 명시집. ¶ *The Golden Treasury of English
Songs and Lyrics* 영국 서정 시집[1861년 F. T.
Palgrave 편집].
Tréasury Bénch *n.* (the ~) [영의회] [하원에서
의] 국무 위원석 [제1열의 의장 우측].
tréasury bíll *n.* 재무부 단기 증권[미국에서는 보통
91일로 만기]. [국채.
tréasury bònd *n.* [미] [재무부 발행의] 장기 채권,
tréasury certíficate *n.* [미] 재무부 증권, 재무부
채무 증서.
tréasury lórd *n.* [영] 재무 위원회 위원.
tréasury nòte *n.* **1** [미] [재무부 발행의] 중기 채권
[1~5년 단위]. **2** [영] (舊) 법정 통화.
tréasury stóck *n.* 금고주(金庫株) [취득한 자사주
(自社株)].
tréasury wàrrant *n.* 국고 지불 명령서.
‡**treat** [tríːt] *vt.* **1** (사람 등)을 다루다, 대우하다, 처우
하다. ¶ (~+目+副) *treat* a person *kindly* 남을 친절하
게 대우하다 / (~+目+前+名) They *treated* him with
respect. 그들은 그를 정중히 대우했다 / (~+目+前+
名) *treat* a person *as* a friend 남을 벗으로서 대우하다.
2 [문제·사람·사람 등]을 …으로 간주하다, 여기다.
¶ (~+目+*as* 補) *treat* a matter *as* unimportant 문제
를 중요시하지 않다 / He *treated* it *as* a joke. 그는 그것
을 농담으로 생각했다.
|類語| *treat* 특정한 태도·기분·입장 등으로 다루다.
deal with 수완·권위 따위를 갖고 다루다: *deal with*
a baby skillfully 갓난아기를 솜씨있게 다루다.
handle ① 손으로 다루다: *handle* a razor with care
면도칼을 주의해서 다루다. ② =treat, deal with:
handle a problem 문제를 다루다. **manage** 특정한 목
적을 달성하도록 솜씨있게 처리·조종하다: *manage* a
rowdy boy 개구쟁이를 솜씨있게 다루다.
3 [병·환자 등]을 처치하다, 치료하다, 고치다. ¶ I
had my decayed teeth *treated*. 나는 충치를 치료 받았다
// (~+目+前+名) The doctor *treated* him *for* small-
pox. 의사는 그에게 천연두의 치료를 해주었다 / She was
treated with transfusions of blood. 그녀는 수혈을 받았
다.
4 [문제 따위]를 논하다(discuss), 다루다; [문학·미술
따위에 있어서] [주제]를 다루다, 표현하다. ¶ *treat* a
theme realistically 테마를 현실적으로 다루다.
5 [화학 약품 따위에서] [물질]을 처리하다; [약]을 바
르다(apply) (*with*). ¶ (~+目+前+名) *treat* a metal
with acid 금속을 산(酸)으로 처리하다.
6 …을 대접하다, 환대하다(entertain); [음식물·연
예·음악 따위로] [남]에게 한턱 내다, 대접하다; …에게
…하기 위하여] [선거인]에게 향응하다; (재귀용법) 큰 마
음먹고 …을 사다(*to*). ¶ I will *treat* you all. 내가 여
러분 모두에게 한턱 내겠다 / (~+目+前+名)
treated her *to* dinner (a theater). 그는 그녀에게 저녁
식사(극장)로 한턱을 냈다/She *treated* herself *to* a new
mink coat. 그녀는 큰 마음먹고 새 밍크 코트를 샀다.
— *vi.* **1** [논문·문서·연설 등이 문제를]논하다, 다
루다(*of*...)(* *vt.* 4는 사람이 주어). ¶ (~+前+名) The
book *treats* of magic. 그 책은 마술을 다루고 있다. **2**

한턱 내다, 음식을 대접하다, 향응하다. ¶ It is my turn to *treat*. 이번에는 내가 한턱 낼 차례다. **3** 교섭하다, 담판하다, 흥정하다(*with, for...*). ¶ (～+勵+名) They were to *treat with* their enemy *for* peace. 그들은 적과 평화 교섭을 할 작정이었다.
── *n.* **1** 대접, 환대(welcome), 접대 (reception); 대접하기 위한 모임, 위안회[피크닉 따위]. ¶ *treats* for young people 젊은이들을 위한 위안회. **2** 특별한 즐거움을 주는 것, 큰 기쁨, 매우 즐거운 일, 훌륭한 요리. ¶ It is a *treat* to see you. 당신과 만나서 매우 기쁩니다. **3** 한턱 내기; 한턱 낼 차례. ¶ It is my *treat* now. 이번에는 내가 한턱 낼 차례다.
stand treat 한턱 내다.
◇ tréatment *n.*

treat·er [tríːtər] *n.* 다루는 사람; 남에게 한턱 내는 사람.
***trea·tise** [tríːtis / -tiz, -tis] *n.* 논문, 보고서; 학술 논문(*on...*). ¶ a *treatise on* linguistics 언어학의 논문.
‡**treat·ment** [tríːtmənt] *n.* ⓤⓒ **1** 처우, 대우; 취급법. ¶ kind *treatment* 친절한 대우 / the *treatment of* prisoners 죄수에 대한 취급 / receive strange *treatment* from a person 남에게서 묘하게 취급받다. **2** 처리[법], 처치. **3** 치료(*for...*). ¶ a new *treatment for* cancer 암의 새로운 치료법 // under [medical] *treatment* 치료 중[법]. **4** [문학·미술 따위의] 취급, 논술; 다루는 방법, 논법; 처리법.
give the silent treatment 《속어》 무시(묵살)하다.
◇ treat *v.*
‡**trea·ty** [tríːti] *n.* (*pl.* **-ties**) **1** 조약(pact), 맹약; 조약 의정서, 맹약서. ¶ a commercial *treaty* 통상 조약 / a nuclear non-proliferation *treaty* 핵확산 방지 조약 / the prior consultation system under the security *treaty* 안전 보장 조약하의 사전 협의 제도. **2** ⓤ 약속, 계약, 협정. [개인간의] 약정(contract), 교섭. **3** be in *treaty* with a person for a matter 남과 어떤 문제를 교섭하고 있다. ☞ ENTREAT.
Tréaty of Únion *n.* ⇨ MAASTRICHT TREATY.
Treaty on Peaceful Núclear Explósion *n.* [평화 목적의] 지하 핵폭발 제한 조약.
tréaty pórt *n.* 조약항, [조약에 의한] 개항장.
treaty pówers *n.* 조약국(가맹국).
***tre·ble** [trébl] *adj.* **1** 3배의, 3중의(triple);3부분으로 된(threefold); 세 가지의. *cf.* double ¶ That was sold for *treble* the price. 그것은 3배의 값에 팔렸다. **2** (음악) **a)** 최고음부의. **b)** 최고음부를 담당하는(가수·악기 따위). **c)** 고음의, 새된(shrill). ── *n.* **1** 3배(3중)의 것, 3부분으로 된 것. **2** (음악) **a)** 최고음부. ☞ BASS¹. **b)** 최고음부의 가수, 소프라노 가수; 소프라노 악기. **3** 새된[목]소리; 높은 종소리. ── *v.* (-**bled**, -**bling**) *vt.* …을 3배로 하다. ── *vi.* **1** 3배가 되다. **2** 고음으로 말하다(노래하다).
tréble cléf *n.* (음악) 고음부 기호, 사음기호.
tre·bly [trébli] *adv.* 3배로, 3중으로. **2** 고음으로.
treb·u·chet [trébjuʃèt], **tre·buck·et** [trébʌkit] *n.* **1** 투석기 [중세의 공성(攻城) 병기]. **2** [경량용] 소형 천칭.
tre·cen·tist [treitʃéntist] *n.* **1** 14세기 이탈리아의 문학가(미술가). **2** 14세기 이탈리아 미술과 문학의 예찬자.
tre·cen·to [treitʃéntou] *n.* (종종 T-) ⓤ 14세기의 [이탈리아] 미술·문학에 대한.
tre·chom·e·ter [trikámitər / -kɔ́m-] *n.* (기계) 차수[주행 거리 기록계](odometer).
‡**tree** [triː] *n.* **1** 나무, 수목, 교목 (*cf.* shrub, bush); 모양이 나무 비슷한 식물 [바나나·장미 따위]. ¶ lemon *trees* 레몬나무 / cut down *trees* for lumber 재목으로 쓰기 위해 나무를 베다 / A *tree* is known by its fruit. 《속담》 나무는 그 열매로서 알려진다; 사람은 말보다 행동으로 판단된다. **2** 목재물;《보통 복합어를 만들어》 [건축물·도구 따위의] 목재부, 나무부 [막대·기둥·들보 따위]; 목재. ¶ an axle*tree* 차축, 굴대 / a clothes *tree* 외투걸이. **3** 나무 모양의 것; 도표, 계통수; 가계도 (family tree). ¶ a genealogical *tree* 계통수. **4 a)** 구두골(boot tree). **b)** 안장틀(saddletree). **5** (고어·詩) **a)** 교수대. **b)** (the T-) [특히 그리스도의]십자가. **6** =Christmas tree.
as trees walking 분명치 않게, 희미하게.
in the dry tree 역경에 처해, 불행하여.
the top of the tree ⇨ TOP¹.
the tree of Buddha 보리수.
the tree of heaven 가죽나무[별을 가리려고 심는다].
the tree of knowledge [of good and evil] 《성서》 지혜의 나무[← 창세기(Gen.) 2:9, 17].
the tree of life 《성서》 생명의 나무[← 창세기(Gen.)
up a tree 《구어》 진퇴양난이 되어, 궁지에 몰려, 어찌 할 바를 몰라.
── *v.* (**treed**, **tree·ing**) *vt.* **1** [동물·사람]을 나무 위로 몰다. ¶ He was *treed* by a bear. 그는 곰에게 쫓겨서 나무 위로 도망쳤다. **2** 《구어》 …을 몰아대다, 궁지에 빠뜨리다. **3** [구두]를 구두골에 끼워 모양을 잡다; [건축물·도구 따위]에 목재부를 붙이다(대다). ── *vi.* **1** 나무가 되다; 나무 모양이 되다. **2** 나무에 오르다; 나무 위로 달아나다.
trée cálf *n.* ⓤ [제본] 나뭇결 무늬의 제본용 송아지 가죽.
trée créeper *n.* 나무발발이.
trée díagram *n.* [문법 따위의] 수형도(樹形圖).
trée fárm *n.* [목재용] 수목 영림장(營林場).
trée férn *n.* ⓤ 열대산(産) 양치식물.
trée fróg *n.* 청개구리[발가락에 흡반(吸盤)이 있다].
trée hóuse *n.* 나무 위의 집[어린아이들의 놀이용 따위].
tree·less [tríːlis] *adj.* 나무 없는.
tree-lined [tríːlàind] *adj.* [양쪽에] 나무가 늘어선.
tree·nail [tríːnèil, -nəl] *n.* 나무못[목조선용].
tre·en·ware [tríːənwɛ̀ər] *n.* (집합적) 나무 그릇, 목기.
trée péony *n.* 모란.
Trée Plánters Státe *n.* (the~) 미국 Nebraska 주의 속칭.
trée súrgeon *n.* 수목 관리 전문가.
trée súrgery *n.* ⓤⓒ 수목 관리.
trée tóad *n.* =tree frog.
***tree·top** [tríːtɑ̀p / -tɔ̀p] *n.* 나무 꼭대기.
tre·foil [tríːfoil, tréf-] *n.* **1** 잔개 자리 [콩과 (科)의 2년초]. **2** 트레포일, 세잎(세 꽃잎) 무늬; 세잎(세 꽃잎) 장식. ── *adj.* 세잎의, 세 꽃잎의.

[trefoil 2]

tre·foiled [tríːfoild, tréf-] *adj.* 세 잎꼴의, 세 잎의; [건축] 세 꽃잎 무늬의, 세 잎 장식의.
trek [trek] *v.* (**trekked**, **trek·king**) *vi.* **1** 《천천히 또는 고생하며》여행하다, 전진하다, 이주하다 (migrate) (*to...*). **2** 《南아프리카》소달구지로 여행하다; [소가] 짐수레를 끌다. **3** 《구어》[걸어서] 가다. ── *vt.* 《南아프리카》 [소가] [수레]를 끌다. ── *n.* **1** 고된 여행; [고생하며] 이주하다. **2** 《南아프리카》 [소달구지로 하는] 집단 여행(탐험); [소달구지 여행의] 한 행정(行程). **3** 《구어》 [도보] 여행.
trek·ker [trékər] *n.* 《南아프리카》 소달구지로 여행하는 사람; 이주하는 사람.
trel·lis [trélis] *n.* **1** 격자, 격자 세공(lattice). **2** 격자 울타리; [포도나무 따위의] 격자 시렁; 격자로 만든 (판) 정자. ── *vt.* [창문 따위]에 격자를 두르다, …을 격자로 만들다; [식물의 덩굴]을 격자 시렁(울타리)으로 받치다.
trel·lis·work [trélisẁəːrk] *n.* =latticework.
trem·a·tode [trémətoud, tríː-] *n.* 흡충류의 동물[편

trem·ble [trémbl] *vi.* (-bled, -bling) **1** [신체가 공포·흥분·피로·추위 따위로] 떨리다, 몸을 떨다, 부들부들 떨다(shiver) (with, for, at...). ⇨ SHAKE 類語┃ Hear and *tremble*. 자, 무서운 이야기 해주지 //(~+前+名) Her lips *trembled with* anger. 그녀의 입술은 분노로 떨렸다 / She *trembled at* his voice. 그녀는 그의 목소리를 듣고 벌벌 떨었다.
2 [물건이 바람 따위로] 떨리다, 흔들리다, 흔들거리다 (in...); [목소리가] 떨리다, [지진 따위로] 진동하다. ┃(~+前+名) The leaves *trembled in* the breeze. 나뭇잎이 바람에 흔들렸다.
3 [공포·염려 따위로] 몹시 걱정하다, 마음 졸이다, 염려하다(for...). ┃(~+to do) I *tremble* to think what has become of him. 그가 어떻게 되었을까를 생각하면 걱정이 되어서 견딜 수 없다 // (~+前+名) She *trembled for* his safety. 그녀는 그의 안부를 염려했다.
tremble in the balance [생명·운명 등이] 아슬아슬한 상태에 있다.
── *n.* **1** 떨림, 전율. ┃ be all of a *tremble*; be on the *tremble* 온몸을 부들부들 떨고 있다. **2** (~s) [단수 취급][병리] 진전으로 인한 떨림; 떠는 증세가 따르는 병 (cf. milk sickness) a [獸醫] [마소의] 근육 경련이 따르는 병.
◇ atrémble, trémbly *adv.*, trémor *n.* 병.
trem·bler [trémblər] *n.* **1** 떠는 사람(것). **2** [벨 따위의] 진동판, 진동자.
***trem·bling** [trémbliŋ] *n.* ⓤ 떨림, 전율. ── *adj.* 떨리는, 떠는, 전율하는. **~ly** *adv.*
trémbling póplar *n.* 고리버들.
trem·bly [trémbli] *adj.* (-bli·er, -bli·est) 부들부들 떠는, 몸을 떨고 있는, 전율하는(하고 있는) (tremulous).
tre·men·dous [triméndəs] *adj.* **1** 터무니없이 큰, 엄청나게 큰(HUGE 類語). ┃ It makes a *tremendous* difference. 그것은 엄청난 차이가 난다. **2** 무서운, 무시무시한(terrifying). ┃ a *tremendous* fact 가공할 사실. **3** (구어) 엄청나게 훌륭한, 아주 멋있는. ┃ We had a *tremendous* time. 우리는 아주 근사한 시간을 보냈다. **~ly** *adv.* **~ness** *n.*
trem·o·lo [tréməlòu] *n.* (*pl.* -los) [음악] 전음, 전성, 트레몰로(cf. vibrato); [오르간의] 전음 장치. [<It]
trem·or [trémər] *n.* **1** 떨림, 전율; 떨리는 발작. **2** 진동, [빛·소리 따위의] 미동, [목소리 따위의] 떨림. ┃ The *tremor* of leaves 나뭇잎의 흔들림. **3** 불안감, 겁, 주눅. ┃ He faced death without a *tremor*. 그는 태연하게 죽음에 임했다.
trem·u·lant [trémjulənt] *adj.* =tremulous.
trem·u·lous [trémjuləs] *adj.* **1** 떠는, 떨리는, 전율하는(trembling); 혼들리는, 진동하는(vibrating). ┃ *tremulous* eyelids 떨리는 눈꺼풀 / *tremulous* leaves 혼들리는 나뭇잎. **2** 겁많은, 소심한 (timorous). ┃ *tremulous* maidens 겁많은 소녀들. **3** [필적 따위가] 떨리는 손으로 쓴. **~ly** *adv.* **~ness** *n.* ◇ trémor *n.*
tre·nail [tríːnèil, trén]1] *n.* =treenail.
‡trench [trentʃ] *n.* **1** (군대) 참호. ┃ dig a *trench* 참호를 파다 / mount the *trenches* 참호에 들어가 근무하다 / search the *trenches* 유산탄(榴散彈) 따위로 참호를 공격하다. **2** 도(ditch), 해자(垓字), 깊은 도랑, 협곡(canyon).
── *vt.* **1 a)** (군대) ···을 참호로 두르다; ···에 참호를 파다; ···을 참호로 방위하다. **b)** ···에 호를 파다; [논밭 따위에] 도랑을 파다; ···을 파헤치다. **2** [목재 따위에] 홈을 파다(carve).
── *vi.* **1** 호를 파다; 호를 파다. **2 a)** [남의 영역·권리 등을] 침해하다 (on, upon...). ┃ (~+前+名) *trench on* other domains 남의 영토를 침범하다 / Visitors *trenched upon* my spare time. 방문객들이 찾아와서 내 한가한 시간을 다 빼앗았다. **b)** [···에] 접근하다, 가깝다 (on, upon...). ┃ Your remarks are *trenching on* nonsense. 너의 말은 실없는 소리나 다름 없다.
◇ entrénch *v.*

trench·an·cy [tréntʃ(ə)nsi] *n.* ⓤ **1** [말 등이] 날카로움. **2** 활기참, 격렬함. **3** 명확함.
trench·ant [tréntʃ(ə)nt] *adj.* **1** [말·사람 등이] 날카로운, 신랄한, 통렬한 (incisive). **2** [효과 등이 잘 드는, 예리한(sharp). ┃ a *trenchant* comment 신랄한 비평. **2** 철저한, 강력한, 효과적인(effective). ┃ a *trenchant* policy 철저한 정책. **3** 명확한, 윤곽이 뚜렷한 (clear-cut). **~ly** *adv.* **~ness** *n.*
trénch cóat *n.* 트렌치코트.
trench·er[1] [tréntʃər] *n.* 호를 파는 사람; 참호병.
trench·er[2] [tréntʃər] *n.* **1** (고어) [네모진 또는 둥근] 나무접시; 《주로 형용사적 용법》음식(table), 식사(meal). ┃ *trencher* companions 음식 친구. **2** (=**trêncher cáp**) (속어) 대학생의 사각모자.
lick the trencher 접시긁이하다, 아첨하다.
trench·er-fed [tréntʃərfèd] *adj.* [사냥개를] 사냥꾼이 손수 기른.
trench·er·man [tréntʃərmən] *n.* (*pl.* -men [-mən]) **1** 먹는 사람; 대식가, 식성이 좋은 사람. **2** (고어) 식객, 기식자.
trénch féver *n.* ⓤ [병리] 참호열.
trénch fóot *n.* ⓤ [병리] 참호 발병[참호 근무의 병사 등이 습기와 추위 때문에 걸리는 발의 병].
trénch knífe *n.* 백병전용 양날의 단검.
trénch mòrtar(gùn) *n.* 박격포.
trénch móuth *n.* [병리] 참호 구강염[참호 내의 병사들이 많이 걸리는 데서] (Vincent's angina).
trénch wárfare *n.* 참호전[양군이 참호를 이용하는 전투].
***trend** [trend] *n.* **1** 경향, 추세 (⇨ TENDENCY 類語); [복 따위의] 유행 (fashion, vogue) (in, of, toward[s]...). ┃ the *trends* in modern education 근대 교육의 동향 / the *trend* of events 형세 / the *trend toward* bright colors *in* today's men's wear 요즈음의 남성복에 있어서의 밝은 색의 유행. **2** [도로·하천·해안선 따위의] 방향, 기울기, 향(向).
── *vi.* **1** [정세 따위가 어떤 방향으로] 기울다, [···의] 경향이 있다 (tend)(toward[s]...). ┃ How is the political situation *trending*? 정치 정세는 어느 쪽으로 기울고 있을까? **2** [도로·하천·산맥 따위가 어떤 방향으로] 향하다, 기울다(to, toward[s]...). ┃ (~+前+名) The wind is *trending east* (or *toward* the east). 바람은 동쪽으로 불고 있다.
trend·i·ness [tréndinis] *n.* ⓤ (英) 최신 유행.
trend·set·ter [tréndsètər] *n.* 유행을 선도하는 사람, 유행을 만드는 사람.
trend·y [tréndi] *adj.* (英속어) 유행의.
Trent [trent] *n.* **1** 트렌트[이탈리아 북부의 도시; 이탈리아명 Trento]. ┃ the Council of *Trent* 트렌트 공의회[1545-63년 사이에 열린 로마 가톨릭의 교회 회의]. **2** (the ~) 트렌트강[잉글랜드와 스코틀랜드 국경의 강].
tren·tal [tréntl] *n.* [가톨릭] [죽은 사람을 위해 올리는] 30일간의 연속 미사.
trente et qua·rante [trá:ntei kərá:nt] *n.* 《프랑스》(=thirty and forty) =rouge et noir.
Tren·ton [tréntən] *n.* 미국 New Jersey 주(州)의 주도.
tre·pan[1] [tripǽn] *n.* **1** [광산용] 수갱(竪坑) 개착기. **2** [의학] 두부(頭部)원형톱, 천두부(穿頭錐), 천공기(穿孔器), 둥근톱, 관톱, 트레팬. cf. trephine
── *vt.* (-panned, -pan·ning) ···을 둥근톱으로 둥글게 도려내다 [두개골]에 천두(穿頭)로 구멍을 내다.
tre·pan[2] [tripǽn] (고어) *n.* 책략가, 음모가; 책략, 함정. ── *vt.* (-panned, -pan·ning) ···을 함정에 빠뜨리게 하다; ···을 계략에 걸리게 하다(entrap); 속임수에 걸리게 하다(cheat); 꾀어내다 (...from, into).
trep·a·na·tion [trèpənéiʃ(ə)n] *n.* ⓤ [의학] 두부 절개
tre·pang [tripǽŋ] *n.* 해삼류.

treph·i·na·tion [trèfənéiʃ(ə)n] *n.* ⓤ 〔의학〕 관상(冠狀)톱술(術), 관상술(冠鋸術), 〔두개골을 관상으로 도려 내는〕 골절(骨截)술, 개두(開頭)술.

tre·phine [trifáin, -fí:n] *n.* 〔의학〕 관상톱[두개골에 둥글게 구멍을 내는 데 쓴다. trepan을 개량한 것〕. — *vt.* (-phined, -phin·ing) 〔관상톱으로〕 〔머리〕를 수술하다.

trep·i·da·tion [trèpidéiʃ(ə)n] *n.* ⓤ **1** 전율, 공포; 〔마음의〕동요, 당황. **2** 〔신체의〕떨림. **3** 근육의 신축.

trep·o·ne·ma [trèpəní:mə] *n.* (*pl.* -mas *or* -ma·ta [-mətə]) 트레포네마〔매독균류〕.

***tres·pass** [tréspəs → ▾] *n.* ⓤⓒ **1** 〔법률〕 **a)** 〔재산·권리 따위에 대한〕불법 침해〔행위〕. **b)** 〔남의 토지·가옥에의〕 불법 침입. **c)** 〔신체에 대한〕폭력 행사. **d)** 불법으로 가해진 손해를 회복하기 위한 행위(소송). **2** 〔남의 시간·호의·인내 따위에 대한〕침해, 방해, 폐. ¶ One *trespass* more I must make on your patience. 한 가지만 더 참아주셔야겠습니다. **3** 〔도덕·윤리상의〕 죄 (sin).

— *vi.* 〔+톞·pèes〕 **1** 〔법률〕〔남의 재산 따위를〕불법으로 침해하다, 〔남의 토지·가옥에〕불법 침입하다 (*on, upon...*). ¶ No *trespassing*!《게시판》들어가지 마시오 // (~+圙+图) *trespass on* a person's land 남의 토지에 불법 침입하다.

類語 **trespass** 남의 재산·권리 따위를 불법으로 침해하다. **encroach** 남의 토지·영토·권리를 조금씩 몰래 침식하다: *encroach* upon a person's rights 남의 권리를 서서히 침해하다. **infringe** 법률·협정·관습 따위를 위반하여 남의 권리를 침해하다: *infringe* upon a copyright 저작권을 침해하다. **intrude** 폭력으로서, 또는 남의 의지에 반하여 남의 권리에 침입하다: *intrude* into a person's bedroom 남의 침실에 침입하다. **invade** 적의를 가지고 남의 영토·권리를 침범하다: *invade* a neighboring country 이웃 나라를 침략하다.

2 〔남의 프라이버시·시간·호의 따위에〕침해하다, 방해하다, 폐를 끼치다, 이용하다 (*on, upon...*). ¶ (~+圙+图) I shall *trespass on* your hospitality (time). 친절하게 해주시니 폐를 좀 끼치겠습니다〔시간을 빼앗아 죄송합니다〕.

3 죄를 범하다, 위반하다(offend) (*against...*). ¶ (~+圙+图) *trespass against* the law 법을 어기다.

tres·pass·er [tréspəsər, —+톞·pèes-] *n.* 〔가택〕침입자, 위반자.

tress [tres] *n.* **1** (보통 ~es) 〔특히 여자의〕 삼단 같은 (치렁치렁한) 머리털(고수머리). **2** 〔고어〕〔여자의〕머릿단, 머릿단뭉치, 한 단의 고수머리; 땋은 머리. — *vt.* 〔머리털〕을 단으로 묶다, 땋다.

tressed [trest] *adj.* **1** 머리를 단으로 묶은, 땋은. **2** 〔복합어의 형으로〕 …머리의. ¶ a *golden-tressed* maiden 금발머리 아가씨.

tres·tle [trésl] *n.* **1** 가대(架臺), 발판, 버팀다리 〔가로장 양쪽에 다리를 붙인 대(臺)〕; 가대(架臺)식탁. **2** 〔철도〕 트레슬, 구각(構脚); 구각교(橋).

{trestle 2}

trestle bridge *n.* 구각교.
trestle table *n.* 가대(架臺)식탁.
tres·tle·tree [tréslrì:] *n.* 돛대의 세로 버팀목.
tres·tle·work [tréslwə̀:rk] *n.* ⓤ 〔토목〕 트레슬, 구각(구조).

tret [tret] *n.* 〔상업〕 감손(減損) 예측 첨가량〔예전에 운송시의 감손을 예측하고 100파운드 당 4파운드를 덤으로 첨가하였다〕.

trews [tru:z] *n. pl.* 〈스코〉〔특히 연대의 병사가 입는 격자무늬 모직의〕 꼭 맞는 바지.

trey [trei] *n.* 〔카드놀이·주사위〕 3, 3점의 패 (면).

T.R.H. (略) *T*heir *R*oyal *H*ighnesses(전하).

tri [trai] *n.* = trimaran.

tri- three 라는 뜻의 연결형. 예: *tri*angle, *tri*cycle.

tri·a·ble [tráiəbl] *adj.* **1** 공판에 부칠 수 있는, 재판해야 할. **2** 시험(시도) 할 수 있는, 시험(시도) 해 볼만한.

tri·ac [tráiæk] *n.* 〔전기〕트라이악〔3극관 교류 스위치〕.

tri·ad [tráiæd, -əd] *n.* **1** 3인조, 3개 한 벌, 3쪽짜리. *cf.* monad, dyad **2** 〔화학〕3가의 원소(원자, 원기). **3** 〔음악〕3화음, 3화음. **4** 〔중세의 웨일스·아일랜드 시문에서〕 3제가(題歌)〔3개의 제목을 같이 다룬 시〕. **5** 〈美〉〈군사〉〔ICBM, SLBM, 전략 폭격기로 구성된〕3대 전략 핵전력. **6** (T-) 삼합회(三合會)〔마약 거래 따위를 하고 있는 거대한 중국인 비밀 결사〕.

tri·age [tráiidʒ, triáːʒ] *n.* ⓤ **1** 〈英〉〔시장으로 낼 농작물의〕등급 매기는 절차. **2** 〔품질이 나쁜〕 최하등급의 커피 열매. **3** 〔야전 병원으로 후송하기 전에 일선에서 하는〕 부상자의 분류와 응급처치.

†tri·al [tráiəl] *n.* ⓒⓤ **1** 〔법률〕 〔법정에서의〕 심리, 재판, 공판. *a criminal trial* 형사재판 / The case is now under *trial*. 그 사건은 지금 공판중이다 // *trial* of a man *for* murder 살인범의 재판 / He stood (*or* took) his *trial for* theft. 그는 절도 혐의로 재판을 받았다.

2 해보기, 시도(attempt), 시험(test); 시용(試用); 운전, 노력. ¶ at *trial* 시운전에 / by way of *trial* 시험 삼아 / give a person (a thing) a *trial* 사람(물건)을 시험삼아 써보다 / put a thing to *trial* 물건을 시험해 보다 // They ran a *trial* of the new car. 그들은 새차를 시운전해 보았다 / They made [a] *trial* of his intelligence. 그들은 그의 머리를 시험해 보았다.

類語 **trial** 채용·구입 따위에 앞서 실지로 시험해 보고 가치·성능·유효성 따위를 확인해 봄: give a job applicant a *trial* 구직자를 시험 삼아 구직 보다. **experiment** 어떤 것의 진실 (유효)성을 증명하거나, 새로운 것을 발견하기 위한 시험: an *experiment* in physics 물리의 실험. **test** 일정한 조건·기준을 설정하여 명확한 결론을 내리기 위한 trial: a *test* of a new product 신제품의 테스트.

3 시련, 고난, 고초(hardship); ⓒ 귀찮은 사람(것), 성가신 사람, 골칫거리(*to...*). ¶ a time of recurring *trial* 되풀이해서 일어나는 고난의 시대 // My mischievous son is a great *trial to* me. 나의 장난꾸러기 아들은 나의 큰 골칫거리다.

4 ⓒ 〔스포츠〕예선 경기〔시합〕.

5 〔형용사적 용법〕 **a)** 공판의, 재판의, 예심의. ¶ a *trial* court 예심 법정. **b)** 시험삼아 해보는, 시험적인, 시험해 보는. ¶ a *trial* flight 시험 비행 / a *trial* marriage 시험 결혼. **c)** 〔스포츠〕예선의.

bring *a person* **to trial; bring** *a person* **up for trial; put** *a person* **on trial** 남을 재판에 걸다.

on trial ① 심문을 받고, 심리(재판)중에. ¶ He was *on trial* for murder. 그는 살인 혐의로 공판중에 있다. ② 시험중에. ¶ The machine is *on trial*. 그 기계는 시험중이다. ③ 시험삼아. ¶ Take this machine for a week *on trial*. 이 기계를 1주일 동안 시험삼아 써보아라. ④ 시험해 보니. ¶ The machine was found *on trial* to be excellent. 그 기계는 시험삼아 써보았더니 아주 훌륭했다.

trial and error 시행 착오.

trials and tribulations 시련과 고난, 갖가지 고난.

a trial by battle (or **combat**) 결투 재판〔승자를 옳다고 인정하였다〕.

◎ try *v.*

trial bálance *n.* 〔簿記〕시산표(試算表).
trial ballóon *n.* **1** 〔풍속·기류 따위를 조사하는〕탐측 기구, 시양(試樣)기구. **2** 〔어떤 계획 따위에 대한 반응을 알아보기 위한〕 시안, 떠보기.
trial bóring *n.* 〔광산〕 시굴(試掘).
trial éights *n.* 〔보트 레이스의 출장(出場)을 결정하는〕 예비 레이스.
trial hórse *n.* 〈구어〉 챔피언 등의 연습 상대.
trial júdge *n.* 공판 재판관.

trial jùry n. 《美》〔법률〕=petty jury. cf. grand jury
trial làwyer n. 《美》법정 변호사〔주로 자기 사무실에서 일을 하는 고문 변호사(corporation lawyer)에 대하여〕.
trial márriage n. 〔기간을 정하고 하는〕 시험 결혼. cf. companionate marriage
tri·a·logue [tráiəlɔːg, -lag / -lɔg] n. 3자 회담.
trial rún n. 시운전, 시승; 시험(test), 실험.
***tri·an·gle** [tráiæŋgl] n. **1** 3각형; 3각자; 3각형의 것; 〔음악〕 트라이앵글〔3각형의 타악기〕. ¶ a right- (an acute-, an obtuse-) angled triangle 직각(예각, 둔각) 3각형 / a spherical triangle 구면 3각형 / a triangle of land 3각형의 토지 / the red triangle 적색 3각형 [Y.M. C.A.의 표장]. **2** 3인조(triad); 〔남녀의〕 3각 관계. ¶ the eternal triangle 〔남녀의〕 3각 관계. **3** 〔역사〕 3각형틀〔옛 자루의 창을 짜 맞춘, 옛날 영국 군대의 체벌용 형틀〕. **4** 〔항해〕 3각 기중기(gin). **5** (T-) 〔천문〕 3각좌(座). ◇ triángular adj., triángulate v.
tríangle refléctor n. 〔운전자가 자동차의 사고 따위를 알리기 위해 상비(常備)하는〕 삼각형의 표지판.
***tri·an·gu·lar** [traiǽŋgjulər] adj. **1** 3각의, (주, 추)의 (three-cornered). ¶ triangular compasses 3각 콤파스/ a triangular prism 3각주. **2** 3부(요소)로 된, 3중의(triple); 3인의, 3자간의; 3국의. ¶ a triangular treaty 3국 조약. **-ly** adv.
tri·an·gu·lar·i·ty [traiæŋgjulǽriti] n. ⓤ 3각형임.
triángular tráde n. ⓤ 〔상업〕 〔3국간의〕 삼각 무역.
tri·an·gu·late adj. [traiǽŋgjulit, -lèit → v.] 3각형의 (triangular), 3각 모양의 (무늬)가 있는. — vt. [traiǽŋgjulèit] (**-lat·ed, -lat·ing**) …을 3각형으로 하다(나누다); 〔측량〕 …을 3각 측량하다; …을 3각법으로 결정하다. **-ly** adv.
tri·an·gu·la·tion [traiæŋgjuléiʃ(ə)n] n. ⓤ 〔측량·항해〕 3각형 측량 〔술〕; 3각형으로 넓게 나누기.
tri·ar·chy [tráiɑːrki] n. (pl. **-chies**) **1** ⓒ 삼두 정치. ⓒ 삼두 정치국(國). **2** 〔삼두 정치를 하는〕 삼인조; 그 삼인이 다스리는 각 지역.
Tri·as [tráiəs] n. =Triassic.
Tri·as·sic [traiǽsik] 〔지질〕 adj. 삼첩기(疊紀)〔층〕의. — n. 삼첩기〔중생대(Mesozoic era)의 3개 시대 구분의 최초의 시대〕.
tri·ath·lete [traiǽθliːt] n. triathlon 선수.
tri·ath·lon [traiǽθlɑn / -lɔn] n. 〔스포츠〕 3종 경기〔수영(3.9km), 사이클(180.2km), 마라톤(42.195km)의 세 종목을 다 치른다〕.
tri·át·ic stáy [traiǽtik-] n. 〔항해〕 **1** 두 돛대 사이를 이은 밧줄. **2** 수평 지삭(支索).
trib·a·dism [tríbədìz(ə)m] n. ⓤ 여성간의 동성애 (lesbianism).
trib·a·dy [tríbədi] n. =tribadism.
***trib·al** [tráib(ə)l] adj. 종족의, 부족의; 동족적인. **-ly** [-bəli] adv.
trib·al·ism [tráibəlìz(ə)m] n. ⓤ 종족제(조직); 종족(중심)주의; 종족 특유의 문화(생활 양식, 습관, 감정, 근성); 부족(동족) 의식.
tri·ba·sic [traibéisik] adj. 〔화학〕 **1** 〔산〕 3염기의. **2** 1가의 염기성 원자 3개를 가진〔예: Na₃PO₄〕.
***tribe** [traib] n. **1** **a)** 종족, 부족, 일족. ¶ warlike tribes in Ancient Africa 고대 아프리카의 호전적 부족. **b)** 〔역사〕 〔고대 이스라엘의〕 12부족; 〔고대 로마의〕 3부족의 하나; 〔고대 그리스의〕 씨족. ¶ the tribes of Israel 〔성서〕 이스라엘 12부족〔야곱의 12아들의 자손〕. **2** 〔생물〕 족(族) 〔동물 분류상의 한 단위〕; 어떤 종류의 동식물. ¶ the cat tribe 고양이족. **3** 〔경멸적·비유적〕 〔같은 직업·흥미·습관을 가진〕 패, 동아리, 족속. ¶ a tribe of politicians 정치인 패거리. **4** 〔구어〕 가족 (family). ◇ tríbal adj.
tribes·man [tráibzmən] n. (pl. **-men** [-mən]) 종족

(부락)의 한 사람, 종족민.
tri·bo·e·lec·tric·i·ty [tráibo(u)ilèktrísiti, -ìːlek-, tríbo(u)-] n. 마찰 전기, 정전기.
tri·bol·o·gy [traibɔ́lədʒi / -bɔ́l-] n. ⓤ 마찰학, 마찰 공학.
tri·bom·e·ter [traibɑ́mitər / -bɔ́m-] n. 마찰계.
tri·brach [tráibræk, tríb- / tríb-] n. 〔韻律〕 〔고전시의〕 3단격(短格), 단단단격(短短短格) 〔3개의 짧은 음절로 된 운각(韻脚)〕.
trib·u·la·tion [trìbjuléiʃ(ə)n] n. **1** ⓤ ⓒ 고난(affliction); 간난, 고뇌(suffering). **2** 고난을 주는 것, 고생거리.
***tri·bu·nal** [traibjúːn(ə)l, tri-] n. **1** 법정, 재판소, 법원, 재결 기관. ¶ the Hague Tribunal 헤이그 국제 사법재판소. **2** 판사석, 법판석. **3** 판결을 내리는 것, 심판(judgment). ¶ before the tribunal of public opinion 여론의 비판 앞에. ¶ 《英》〔제1차 대전중의〕 지방 병역 면제 심사국. 〔<L judgment seat〕 |의.
trib·u·nar·y [tríbjunèri /-n(ə)ri] adj. 호민관(護民官)의.
trib·u·nate [tríbjunit, -nèit] n. ⓤ ⓒ 호민관의 직(지위, 임기) (tribuneship); 《집합적》호민관(護民官).
tri·bune¹ [tríbjuːn] n. **1** 〔로마 역사〕 **a)** 호민관 도, 군단 사령관〔6사람이 1년에 2개월씩 교대로 지휘하였다〕. **2** 인민의 보호자, 옹호자. ＊ 종종 신문의 제호로 쓴다.
trib·une² [tríbjuːn] n. **1** 높은 단(壇), 강단, 연단(platform). **2** 〔교회 등의〕 안쪽의 사제석; 주교석.
trib·une·ship [tríbjuːnʃìp] n. ⓤ 호민관의 직(지위, 임기, 임무).
***trib·u·tar·y** [tríbjutèri /-t(ə)ri] n. (pl. **-tar·ies**) **1** 〔강의〕 지류. **2** 공물을 바치는 사람, 공납자; 속국, 공국. — adj. **1** 지류의. ¶ a tributary stream 지류. **2** 조성(助成)하는, 공헌하는. **3** 공물을 바치는; 공물로서 바치는, 공헌의; 종속하는. ¶ a tributary king 속국의 왕. **-tar·i·ly** adv.
trib·ute [tríbjuːt] n. **1** ⓒ ⓤ 〔감사·존경·칭찬 따위의 표시로서의〕 선물, 진상품, 증정물, 기념품; 찬사 (praise) (to…). ¶ pay (a) tribute to …에게 찬사를 바치다, …에게 경의를 표하다 / The Memorial Day is a tribute to our dead soldiers. 현충일은 전몰 장병을 추도하는 날이다 / His reputation is a tribute to his generosity. 그의 명성은 그의 관대함에 기인한다. **2** ⓤ 〔타국에의〕 공물, 조공; 연공, 공세(貢稅); 진공의 의무. ¶ lay a country under tribute 어떤 나라에게 조공을 바치게 하다. ◇ tríbutary adj.
Tri·cap [tráikæp] n. 《종종 형용사적으로》〔美육군〕 3종〔＜Triple-capable〕.
tri·car [tráikɑːr] n. 《英》 자동 3륜차, 3륜 자동차.
trice¹ [trais] vt. (**triced, tric·ing**) 〔항해〕 〔돛 따위를〕 밧줄로 끌어올리다(달아올라 잡아매다)(…up).
trice² [trais] n. 순간, 일순. ＊ 보통 다음 숙어로 쓴다. **in a trice** 순식간에.
tri·cen·ten·ni·al [trìsenténiəl, -njəl] adj. 3백 년〔간〕의. — n. 3백 년〔기념, 제〕 (tercentenary).
tri·ceps [tráiseps] n. (pl. **-ceps·es** or **-ceps**) 〔해부〕 삼두근(頭筋). cf. biceps
tri·cer·a·tops [traisérətɑps / -tɔps] n. 트리케라톱스, 삼각룡〔중생대 공룡의 일종〕.
trich- ⇨ TRICHO-.
tri·chi·a·sis [trikíəsis] n. ⓤ〔병리〕 **1** 첩모 난생증 (睫毛亂生症). **2** 모노증(毛尿症) 〔오줌 속에 머리털 모양의 섬유가 발생하는 병〕.
tri·chi·na [trikáinə] n. (pl. **-nae** [-niː]) 선모충〔기생충의 일종〕.
trich·i·nize [tríkinàiz] vt. (**-nized, -niz·ing**) 〔병리〕 …에 선모충을 끓게 하다, …을 선모충병에 걸리게 하다.
trich·i·nop·o·ly [trìkinɑ́pəli / tríkinɔ́pə-] n. 〔인도모〕 엽궐련의 일종. 〔＜인도의 Tiruchirapalli의 옛 이름〕.
trich·i·nosed [tríkinòust, -nòuzd] adj. =trichinous.
trich·i·no·sis [trìkinóusis] n. ⓤ 〔병리〕 선모충병.

trich·i·not·ic [trìkinátik / -nɔ́t-] adj. =trichinous.
trich·i·nous [tríkinəs] adj. 선모충병의(에 걸린).
tri·chlo·ride [traiklɔ́:raid, -rid / -klɔ́:-] n. 〔화학〕 3염화물〔염소 3원자를 포함하는 염화물; FeCl₃ 따위〕.
tricho- hair, filament 라는 뜻의 연결형(* 모음 앞에서는 trich-를 쓴다). 예: *tricho*logy, *trich*oid. 〔like〕.
trich·oid [tríkɔid] adj. 머리털 모양의, 털 모양의(hair-like).
tri·chol·o·gist [trikálədʒist / -kɔ́l-] n. **1** 모발학자. **2** 《美속어》 파마(이발)의 전문가.
tri·chol·o·gy [trikálədʒi/-kɔ́l-] n. Ⓤ 모발학(毛髮學).
tri·chome [tráikoum, trík-] n. 〔식물〕 〔식물의 외피에 생기는〕모상체(毛狀體).
trich·o·mon·ad [trìkəmánæd, -mou- / -mɔ́n-] n. 트리코모나스, 백선(白蘚)균. 〔트리코모나스증(症)〕.
trich·o·mo·ni·a·sis [trìkəmənáiəsis] n. Ⓤ 〔병리〕
tri·chord [tráikɔ:rd] n. 3현악기, 3현금(絃琴) [lyre, lute 따위]. ── adj. 3현의.
tri·cho·sis [trikóusis] n. Ⓤ 〔병리〕 모발병.
trich·o·to·mous [traikátəməs, tri- / -kɔ́t-] adj. 3분된, 3분법의. * 세 갈래진(three-forked).
tri·chot·o·my [traikátəmi, tri- / -kɔ́t-] n. Ⓤ Ⓒ **1** 3분하기, 3분법. **2** 〔인성(人性)〕 3분법[body(육체), spirit(정신), soul(영혼) 의 셋으로 나누기].
tri·chro·mat·ic [tràikro(u)mǽtik] adj. **1** 〔사진·인쇄용 따위〕 3원색(사용)의, 3색판의. **2** 〔안과〕 3원색을 분간하는, 3원색시(視)의.
tri·chrome [tráikroum, +美-/-] adj. 3색의.
tri·ci·ty [tráisiti] n. 3핵(核) 도시.
‡**trick** [trik] n. **1** 〔속이기 위한〕계략, 계교, 책략, 계교, 수단(artifice); 속임수. ¶ a mean *trick* 비열한 책략 / obtain money by a *trick* 속임수로 돈을 얻다.
2 착각, 환각(illusion). ¶ a *trick* of vision 눈의 착각.
3 〔악의없는〕 장난, 짓궂은 짓, 못된 장난. ¶ *tricks* of fortune 운명의 장난 / Boys like to play *tricks* on their friends. 남자 아이들은 친구에게 장난치기를 좋아한다.
4 비열한 수법, 상스러운 짓. ¶ That's a dirty *trick*. 그것은 비열한 수법이다.
5 교묘한 수법, 교묘한 수법; 비결, 비법, 미령, 요령(knack). ¶ He is familiar with the *tricks* of the trade. 그는 장사의 요령을 터득하고 있다.
6 〔무엇을 달성하기 위해 필요한〕 성질, 성벽, 특질. ¶ Patience is the *trick* in doing a job well. 일을 잘하기 위해서는 인내가 필요하다.
7 a) 〔사람을 즐겁게 하기 위한〕 솜씨, 재주, 곡예; 〔마술사의〕 요술, 마술; 〔영화〕 트릭. ¶ card *tricks* 카드 요술. b) 〔형용사적 용법〕 곡예의, 곡예용의; 〔영화〕 트릭의. ¶ a *trick* horse 곡예용 말 / *trick* riding 곡마.
8 버릇(habit), 기벽(奇癖); 특징. ¶ He has a *trick* of scratching his head. 그는 머리를 긁적거리는 버릇이 있다.
9 〔카드놀이〕 1회, 한 판; 한 판에 내놓는 패; 1회의 득점.
10 《美구어》 어린아이, 〔특히 어린〕 여자 아이. ¶ a pretty little *trick* 귀여운 여자 아이.
11 a) 할당된 일, 〔일의〕 당번, 1교대 근무 시간(shift); 임기. ¶ the night *trick* 야근. b) 《美속어》 창녀가 손님과 함께 지내는 시간; 창녀의 손님.
12 (~s) 《美》 방물류, 장신구류, 자질구레한 세간.
13 〔紋章〕 〔색을 쓰지 않은〕 선화(線畫), 밑그림.
do (or *turn*) *the trick* 〔구어〕 목적을 이루다, 일이 잘 되다. ¶ That may *do the trick*. 그렇게 하면 일이 잘 될지도 모른다.
How's tricks? 〔구어〕 어떻게 지내? (How are you?)
know a trick or two 꾀 속지 않다, 빈틈이 없다.
know a trick worth two of that 그보다 훨씬 좋은 방법을 알고 있다 [← Shakespeare 작 *Henry IV*].
trick or treat 《美》 〔Halloween 때 어린아이들이 집집을 돌아다니면서 "과자를 주지 않으면 장난을 칠 테야"하고 으름장을 놓는 말〕.
the whole bag of tricks ⇒ BAG.

── vt. **1** 〔남〕을 계교로 속이다; 〔남〕에게서 속여 빼앗다(...*out of*); 〔남〕을 속여서 ...하게 하다(...*into*). ⇨ CHEAT類語 ¶ I found I had been *tricked*. 나는 속았다는 것을 알았다 // (~+圐+전+閤) They *tricked* the poor boy *out of* all his money. 그들은 그 불쌍한 소년을 속여서 돈을 몽땅 빼앗아버렸다 / They *tricked* him *into* consent. 그들은 그를 속여서 동의하게 하였다. **2** 〔몸〕을 치장하다, 꾸며대다(adorn)(...*out, up*). ¶ (~+圐+閤) She *tricked* herself *up* for the party. 그녀는 그 파티에 가기 위해 잔뜩 치장했다. **3** 〔문장(紋章)〕을 선화로 그리다. ── vi. **1** 장난을 쓰다, 속이다. **2** 장난하다, 농락하다, 가지고 놀다(*with*...). **3** 요술하다.
◇ **tríckish**, **trícky** *adj*.

tríck cýclist n. **1** 자전거 타기 곡예사. **2** 《英속어》 정신과 의사(psychiatrist).
trick·er [tríkər] n. 계략가, 책략가, 사기군.
trick·er·y [trík(ə)ri] n. Ⓤ Ⓒ (pl. **-er·ies**) 속임수, 사기; 책략, 술책.
trick·ish [tríkiʃ] adj. 교활한, 책략을 쓰는(tricky).
*_**trick·le**_ [tríkl] v. (**-led, -ling**) vi. **1** 똑똑 떨어지다, 듣다; 졸졸 흐르다(*down*...). ¶ (~+전+閤) Water *trickled down* his raincoat. 물이 그의 레인코트에서 뚝뚝 떨어졌다 / Blood *trickled from* the wound. 피가 상처에서 똑똑 떨어졌다. **2** 드문드문 오다(가다, 전해지다)(*out*). ¶ (~+閤) The information *trickled out*. 그 정보가 조금씩 새어나갔다 // (~+전+閤) The workers were *trickling out of* the building. 노동자들이 건물에서 하나 둘 나오고 있었다.
── vt. ...을 똑똑 떨어뜨리다, 졸졸 흘리다.
── n. **1** 듣기, 똑똑 떨어짐, 물방울(drip). **2** 흐름. ¶ a *trickle* of sightseers 소수의 관광객.
tríckle chàrger n. 〔전기〕 세류(細流) 충전기.
tríck·le-dòwn [tríkldàun] adj. 〔경제〕 트리클다운의(하향 침투의) 이론의(에 의한).
tríckle-dòwn théory n. 〔경제〕 트리클다운 이론, 하향 침투론〔정부 자금을 대기업에 유입시키면 중소 기업, 가계 등으로 흘러 들어가 경기를 자극시킨다는 이론〕.
tríckle irrigàtion n. 〔농업〕 점적 관개(點滴灌漑) 〔작은 호스로 논밭에 조금씩 급수하는 방식〕.
trick·let [tríklit] n. 작은 시내, 실개천(rill).
trick·ly [tríkli] adj. (**-li·er, -li·est**) 듣는, 똑똑 떨어지는, 졸졸 흐르는.
trick·ster [tríkstər] n. 사기군, 협잡군; 마술사.
trick·sy [tríksi] adj. (**-si·er, -si·est**) **1** 장난 좋아하는, 장난기가 있는. **2** 〔고어〕 교활한(crafty) 방심 못할. **3** 〔고어〕 깔끔한(smart). **4** 〔고어〕 다루기 힘든. **-si·ness** n.
tríck·tràck, tríc-trac [tríktrǽk] n. Ⓤ 서양 주사위 놀이(backgammon)의 일종.
trick·y [tríki] adj. (**trick·i·er, trick·i·est**) **1** 방심할 수 없는, 교활한. **2** 꾀가 많은, 발뺌을 잘하는. **3** 〔문제 따위가〕 다루기 힘든, 까다로운, 교묘한; 솜씨(수완)가 필요한. **tríck·i·ly** adv. **tríck·i·ness** n.
tri·clin·ic [traiklínik] adj. 〔結晶〕 3사(斜)의, 3사정계(斜晶系)의.
tri·clin·i·um [traiklíniəm] n. (pl. **-i·a** [-nia]) **1** 횡와(橫臥) 식탁〔고대 로마에서 식사때 식탁의 3면에 눕는 의자를 놓고 이 의자에 누워서 식사했다〕. **2** 이런 식탁이 있는 식당. 〔한 면 포플린〕.
tri·col·ine [tráikəli:n] n. Ⓤ 바탕이 촘촘한 명주 비슷한 면포.
tri·col·or, 《英》 **-our** [tráikʌ̀lər / tríkəlà, tríkəlɑ̀] adj. 3색의. ── n. 3색기; (the T-) 프랑스 국기.
tri·col·ored, 《英》 **-oured** [tráikʌ̀lərd / tríkəl-, tráikʌ̀l-] adj. 3색의.
tri·corn [tráikɔ:rn] adj. 세 개의 뿔(돌기)이 있는. ── n. **1** 삼각 모자, 배 모양의 모자. **2** 〔상상적〕 삼각수(三角獸).
tri·cot [trí:kou, tráikət / trí(:)kou] n. Ⓤ **1** 〔털실·레이온 따위의〕 손으로 짠 편물, 수편물, 〔기계로 짠〕 수

tri·co·tine [trìkətíːn] n. ⓤ 능직 모직물의 일종.
tric-trac [tríktræk] n. =tricktrack.
tri·cus·pid [traikʌ́spid] adj. 1 (이 따위) 3첨두의 뾰족한 끝이 있는, 3첨두(尖頭)의, 3첨(尖)의; 〖해부〗〖심장의〗 3첨판(尖瓣)의. ── n. 〖이〗 3첨두, 〖심장의〗 3첨판.
tri·cus·pi·date [traikʌ́spidèit] adj. 〖해부〗 3첨두의, 3첨판의.
tri·cy·cle [tráisikl] n. 1 〖어린아이용〗 3륜차. 2 3륜 오토바이. ── vi. (-cled, -cling) 3륜차(3륜 오토바이)에 타다.
tri·cy·clist [tráisiklist] n. 3륜차를 타는 사람.
tri·dac·tyl [traidǽktil], **-ty·lous** [-tiləs] adj. 〖동물〗 손(발)가락이 셋 달린.
tri·dent [tráidnt] n. 1 삼지(枝)의 (세 갈래진) 도구(무기). 2 〖창·작살 따위〗. 2 〖고대 로마 역사〗 삼지창. 3 〖그리스·로마 신화〗 바다의 신 포세이돈(넵튠)의 삼지창, 〖그 표장(標章)으로 나타내는 제해권(制海權)〗. ── adj. 삼지의, 세 갈래진.   〖해진〗.
tri·den·tate [traidénteit] adj. 이가 셋인, 세 갈래진.
Tri·den·tine [traidéntin, tri(ː)-, -tain] adj. 1 〖북이탈리아의〗 Trent 의. 2 트렌트 공회의(公會議) (1545-63)의. ── n. 트렌트 공회의의 신앙 고백을 받아들이는 사람.   , 일체찌의.
tri·di·men·sion·al [tràidiménʃən(ə)l] adj. 3차원의.
tri·du·um [trídjuəm], **trid·u·an** [-an] n. 〖가톨릭〗 성주(聖週) (Holy week)의 성(聖)목요일에서 부활절까지의 3일간; 〖축제일 전 따위에 하는〗 3일간의 묵도(默禱).
‡**tried** [traid] v. try 의 과거·과거 분사.
 ── adj. 1 시험을 거친(tested); 시험필의, 좋다고 증명된. 2 확실한, 믿을 수 있는(trustworthy). ¶ a *tried* friend 믿을 수 있는 친구. 3 시련을 견디어낸.
 old and tried 전적으로 신용할 수 있는.
 tried and true 확실하고 믿을만한.
tri·en·ni·al [traiéniəl, -njəl] adj. 3년 계속되는; 3년마다의; 〖식물〗 3년생의. ── n. 1 3년간. 2 3년제, 3주기; 3년마다 나타나는 것(간행물 등); 〖가톨릭〗 3년마다의 추도 미사. 3 〖식물〗 3년생 식물. ~·ly [-əli] adv.
tri·er [tráiər] n. 1 실험자, 시험관. 2 심사관, 심문자(judge); 〖법률〗 배심원 기피 심판원(trior).
tri·er·arch [tráiərɑ̀ːrk] n. 〖고대 그리스〗 3단로노가 달린 배(trireme)의 사령관.
tri·fec·ta [traifékta] n. 〖美〗 〖경마〗 1·2·3등을 모두 맞히는〗 3연승 단식. cf. superfecta 2 〖하이얼라이(jai alai) 경기에서〗 3연승 방식.
tri·fid [tráifid] adj. 〖동·식물〗 세 갈래진, 3렬(裂)의.
‡**tri·fle** [tráifl] n. 1 시시한(하찮은) 것(일), 사소한 일.
 ¶ Don't waste your time on *trifles.* 시시한 일에 시간을 허비하지 마라. 2 〖보통 a~〗 a) 사소한 것, 소액, 푼돈. b) 소량, 조금 (a little) (* 부사적으로도 쓰이다). ¶ a mere *trifle* of sugar 극소량의 설탕/He's still a *trifle* angry. 그는 아직도 화가 조금 나 있다. 3 〖문학·음악 따위의〗 소작품; 소곡, 바가텔(bagatelle). 4 ⓤ 백랍(白鑞)과 납 기타와의 합금의 일종 (pewter); (~s) 그 제품. 5 ⓒⓤ〖英〗 트라이플〖포도주를 뿌린 카스텔라·잼·과일 따위로 만든 디저트〗.
 ── v. (-fled, -fling) vi. 1 허투루 다루다, 소홀히 하다 (with...). ¶ (~+圓+图) *trifle with* one's health 몸을 소홀히 하다 2 가지고 놀다(play), 농락하다, 멋대로 다루다(with...). ¶ (~+圓+图) *trifle with* a pencil 연필을 가지고 장난하다 / I beg you not to *trifle with* me. 제발 나를 놀리지 마라. 3 잡담하다, 시시덕거리다; 무사 태평하게 지내다, 빈둥빈둥 놀다 (loiter). ── vt. 〖시간·돈 따위〗를 낭비하다, 허비하다 (...away). ¶ (~+圓+图) *trifle away* money 돈을 허비하다.
 ◇ **trifling** adj.   〖으름뱅이〗.
tri·fler [tráiflər] n. 농담하는 사람, 희롱하는 사람; 게

‡**tri·fling** [tráiflin] adj. 1 하찮은, 사소한, 시시한, 쓸데없는. ⇨ PETTY 類盤. ¶ a *trifling* quarrel 쓸데없는 싸움. 2 〖가격·가치·양 따위가〗 근소한, 적은, 조금의. 3 경박한, 경솔한, 성실(진지)하지 못한, 농짓거리하는(frivolous). ~·ly adv.
tri·fo·cal [traifóuk(ə)l] adj. 〖렌즈가〗 초점이 셋 있는. ── n. 3초점 렌즈; (~s) 3초점 안경.
tri·fo·li·ate [traifóuliit, -eit], **-at·ed** [-èitid] adj. 〖식물〗 1 3엽의, 잎이 셋 있는. 2 = trifoliolate.
tri·fo·li·o·late [traifóuliəlèit] adj. 〖식물〗 3개의 작은 잎이 있는.
tri·fo·li·um [traifóuliəm, -ljəm] n. =trefoil.
tri·fo·ri·um [traifɔ́ːriəm/-fɔ́ːr-] n. (pl. **-ri·a** [-riə]) 〖건축〗 트리포리움〖교회 건축에서 측랑(側廊) 상부의 아치와 높은 창과의 사이〗.
tri·form [tráifɔːrm], **(tri-formed** [-fɔːrmd]) adj. 세 부분으로 된; 삼체(三體)의, 세 가지 형태가 있는.
tri·fur·cate vi. [traifə́ːrkeit → adj.] (-cat·ed, -cat·ing) 세 갈래(3지)로 갈라지다. ── adj. [traifə́ːrkit, -keit] 세 갈래(3지)의.
trig[1] [trig] adj. 〖주로 英〗 1 말쑥한, 깔끔한 (neat); 멋진. 2 튼튼한, 건강한. ── vt. 〖英방언〗 (trigged, trig·ging) …을 말쑥하게 하다; …을 꾸미다, 모양내다 (...up, out).
trig[2] [trig] n. 〖방언〗 v. (trigged, trig·ging) vt. …을 〖바퀴 따위로〗 움직이지 않게 하다, …에 바퀴 멈추개(받침대, 버팀목)를 괴다. ── vt. 〖바퀴·차 따위가〗 구르는 것을 막다. ── n. 바퀴 멈추개, 괴는 물건.
trig[3] [trig] n. ⓤ 〖학생〗 〖수학〗 3각법 (trigonometry).
trig. (略) trigonometric, trigonometrical, trigonometry.
trig·a·mist [trígəmist] n. 세 아내(남편)를 가진 사람; 세 번 결혼한 사람.
trig·a·mous [trígəməs] adj. 1 세 아내(남편)를 가진, 세 번 결혼한. 2 〖식물〗 3성화(三性花) 〖수꽃·암꽃·양성화〗의.
trig·a·my [trígəmi] n. ⓤ 일부 삼처(一夫三妻), 일처 삼부; 삼중혼(婚); 세 번 결혼하기.
tri·gem·i·nal [traidʒémin(ə)l] adj. 3차(叉) 신경의, 3중의. ── n. 3차 신경.
*****trig·ger** [trígər] n. 1 〖총포의〗 방아쇠. 1 pull (or press) the *trigger* at (or on) …을 겨냥하여 방아쇠를 당기다. 2 제동기, 제륜(制輪) 장치, 용수철 멈추개. 3 〖구어〗 =triggerman. 4 다른 일을 유발하는 사건, 유인(誘因), 계기, 동기.
 have one's finger on the trigger 방아쇠에 손가락을 대다; 〖군대〗 작전의 주도권을 장악하다.
 quick on the trigger 〖美구어〗 속사(速射)의; 재빠른, 빈틈없는.
 ── vt. 1 〖사건·과학적(심리적) 반응 따위〗를 일으키다, 개시하다. ¶ What *triggered* the campus riot? 무엇이 학원 소요를 야기시켰는가? 2 〖방아쇠〗를 당기다.
trig·gered [trígərd] adj. 방아쇠(제를 장치)가 있는.
trig·ger·fish [trígərfìʃ] n. (pl. **-fish** or **-fish·es**) 〖열대산(産)〗 쥐치복과(과)의 물고기.
trig·ger-hap·py [trígərhæ̀pi] adj. 〖구어〗 권총 쏘기 좋아하는; 호전(공격)적인, 〖남의〗 흠 들추기를 좋아하는.
trig·ger·man [trígərmən, -mæ̀n] n. (pl. **-men** [-mən, -mèn]) 〖美속어〗 살인 청부업자, 〖갱의〗 보디가드.
trígger prícing n. 트리거 가격 〖미국의 국내 산업 보호수단으로 쓰이는 기준 가격, 이 기준 가격 이하로 수입될 경우, 반덤핑 조사의 대상이 된다〗.
trígger sỳstem n. 〖미사일의〗 탄두의 기폭장치.
tri·glot [tráiglɑ̀t/-lɔ̀t] adj. 3개 국어로 쓴, 3개 국어로 할 수 있는.
tri·glyph [tráiglif] n. 〖건축〗 트라이글리프〖도리아식 건축에서 소벽(frieze)을 구성하는 석재로 세 줄기에

로움 장식이 있다].
tri·glyph·ic [traiglífik], **(tri·glyph·i·cal** [-k(ə)l]) *adj*. 트라이글리프의.
tri·gon [tráigɑn / -gən] *n*. 1 〔점성〕3분의 1 대좌(對座)(trine); 12궁(zodiac) 중의 3궁. 2 〔고대 그리스의〕삼각금(琴). 3 〔해시계용〕삼각자. 4 〔고어〕삼각형.
trigon. 《略》trigonometric, trigonometrical, trigonometry. 〔數〕《方晶系》의.
trig·o·nal [trígən(ə)l] *adj*. 삼각〔형〕의; 《結晶》삼방정의.
trig·o·nom·e·ter [trìgənámitər / -nɔ́m-] *n*. 직각 삼각〔計〕의 각도 측량을 하는 사람.
trig·o·no·met·ric [trìgənəmétrik], **(trig·o·no·met·ri·cal** [-k(ə)l]) *adj*. 삼각법의, 삼각법에 의한.
-ri·cal·ly [-rikəli] *adv*.
trig·o·nom·e·try [trìgənɑ́mitri / -nɔ́m-] *n*. U 삼각법, 삼각술〔術〕. 〔…따위기〕삼각의.
trig·o·nous [trígənəs] *adj*. 삼각〔형〕의, 〔줄기·종자가〕
tri·graph [tráigræf / -grɑ̀ːf] *n*. 3자(字) 1음(音), 삼중음자〔예: beau [bou]의 eau 따위〕.
tri·he·dral [traihíːdrəl / -héd-] *adj*. 〔幾〕3면〔각〕의.
tri·he·dron [traihíːdrən / -héd-] *n*. (pl. -s or -dra [-drə]) 〔幾〕3면각.
tri·jet [tráidʒèt] *adj*., *n*. 제트 엔진이 셋 있는 〔비행기〕.
trike [traik] *n*., *vi*. **(triked, trik·ing)** 《구어》 =tricycle. 「는, 3출판의」
tri·la·bi·ate [trailéibiit] *adj*. 〔動·植〕3 입술이 있
tri·lat·er·al [trailǽt(ə)rəl] *adj*. 〔數〕3 변의〔이 있는〕. — *n*. 3변형, 3각형. **-ly** [-rəli] *adv*.
tri·lat·er·al·ism [trailǽt(ə)rəlìzəm/-raːlì-] *n*. 〔政〕《서유럽·북미·일본 등 선진국간의》3자 상호 협력, 상호 경제 협력 촉진 정책.
tril·by [trílbi] *n*. (pl. **-bies**) 1 (=**trílby hàt**)《英구어》일종의 펠트 중절모자. 2 (-bies) 〔속어〕발.
tri·lem·ma [trailémə] *n*. 1 〔논리〕트릴레마, 삼도(三刀) 논법. 2 3자 택일의 궁지, 3 〔경제〕〔불황·인플레·유가 위기의〕삼중고(三重苦).
tri·lin·gual [trailíŋgwəl] *adj*. 3개 국어의, 3개 국어를 쓰는. *cf*. monolingual, bilingual **-ly** [-gwəli] *adv*.
tri·lit·er·al [trailít(ə)rəl] *adj*. 3자(3자음)로 된.
— *n*. 3자로 된 말〔어근〕.
tri·lith·on [tráiliθɑn / -θɔn], **(tri·lith** [tráiliθ]) *n*. 3석탑(石塔)〔직립한 두 돌 위에 한 돌을 얹어 놓은 선사 시대의 유적〕.
*trill [tril] *vt*. **1 a**) 〔노래를〕떨리는 목소리로 부르다; 〔악기를〕트릴로 연주하다. **b**) 〔새·벌레가〕〔울음 소리를〕트릴로 노래하듯 내다. **2** 〔음성〕…을 떨리는 소리로 발음하다, 혀를 굴려 발음하다. — *vi*. 〔목소리가 노래 따위가〕떨리다; 〔새 따위가〕트릴로 노래하듯 지저귀다; 트릴로 노래하다〔연주하다〕; 전음(顫音)으로 발음하다. — *n*. 1 떨리는 목소리; 〔음악〕트릴, 전음; 〔새·벌레의〕트릴 같은 울음 소리. 2 〔음성〕전동음 〔프랑스어의 [r] 따위〕.
trill[2] [tril] 《고어》 *vi*. 선회하다, 회전하다, 〔실개천이〕졸졸 흐르다, 똑똑 떨어지다. — *vt*. 〔물 따위를〕똑똑〔줄줄〕떨어 뜨리다(흘리다).
trill[3] [tril] *vi*. 《속어》활보하다, 으스대며 걷다.
tril·lion [tríljən] *n*. 《美·프랑스》 1조(兆) 〔10의 12승〕; 《英·독일》 100만조 〔10의 18승〕. — *adj*. 1조의; 100만 조의.
tril·li·um [tríliəm] *n*. 연령초(延齡草)속〔屬〕의 식물.
tri·lo·bate [trailóubeit], **-bat·ed** [-beitid] *adj*. 〔식물〕잎이〕3렬(裂)의.
tri·lobed [tráiloubd] *adj*. =trilobate.
tri·lo·bite [tráilo(u)bàit] *n*. 〔고생물〕3엽충(葉蟲)〔갑각류에 속하는 화석 동물〕.
tri·l·o·gy [tríləʤi] *n*. (pl. **-gies**) 1 〔극·가극·소설 등의〕3부작, 3부극, 3부곡. 2 〔고대 그리스의〕3비극.
‡trim [trim] *v*. **(trimmed, trim·ming)** *vt*. 1 **a**) …을 정돈하다; 〔산울타리 따위를〕치다; …을 손질하다. ¶ *trim* a hedge 산울타리의 가지를 치다 / *trim* one's nails 손톱〔발톱〕을 깎다. **b**) 〔대패 따위로 필요한 모양으로의〕〔목재 따위를〕다듬다, 마무르다.
2 a) 〔여분의 것 따위를〕잘라내다, 따내다, 삭제하다 (…*away, off*). ¶ (~+图+副) *trim* dead branches *off* 죽은 가지를 잘라내다 // (~+图+前+名) *trim* excess fat *from* meat 살코기에서 여분의 기름기를 떼어내다. **b**) 〔의견 따위를〕편의에 따라 수정하다; …을 긴축하다. ¶ *trim* one's budget 예산을 긴축하다.
3 a) 〔항공〕〔비행중의〕〔기체〕를 수평 비행 자세로 하다. **b**) 〔항해〕〔배〕에 화물을 균형있게 배치하다; 〔화물〕을 선창에 쌓다; 〔풍향·진로에 따라〕돛을 조절하다. **c**) 〔연극〕〔무대 천장의 준비 장소에〕〔배경 따위를〕정비해 두다.
4 a) …에 장식을 달다(ornament), 장식하다, 〔고어〕몸 치장하다. ¶ *trim* a Christmas tree 크리스마스 트리에 장식을 달다 // (~+图+前+名) *trim* a dress *with* fur 드레스에 모피 장식을 달다 // (~+图+副) *trim* oneself *up* 몸단장하다; 모양내다. **b**) 〔쇼윈도〕에 상품을 진열하다, 보기좋게 늘어놓다. ¶ *trim* a window 쇼윈도에 상품을 진열하다.
5 《구어》 **a**) …을 꾸짖다, 책망하다(rebuke). **b**) …을 때리다(thrash), 치다(beat). **c**) …을 무찌르다, 완패시키다. **d**) …을 속이다(cheat).
6 〔페어〕…의 설비를 갖추다(equip).
— *vi*. 1 〔항해〕 **a**) 〔배가〕균형이 잡히다. **b**) 〔풍향·진로에 따라〕돛을 조절하다. 2 〔정치가 등이〕중립적 정책을 취하다; 편의에 따라 의견을 수정하다, 기회주의적 태도를 취하다〔*between*...〕. ¶ (~+前+名) He is always *trimming between* two parties. 그는 언제나 두 당파 사이에서 중립적 태도를 취하고 있다.
— *n*. 〔U〕 1 **a**) 정돈된 상태, 준비, 정비. **b**) 〔심신 따위의〕상태, 컨디션, 기분. ¶ We must get into *trim* for the race. 우리는 경주에 대비하여 컨디션을 잘 조정해 놓아야 한다. 2 〔U〕〔C〕 **a**) 《항해》트림, 〔C〕 균형; 배의 이물과 고물의 흘수차(吃水差); 출항 준비 상태; 〔풍향·진로에 따른〕돛의 조절 상태. **b**) 〔항공〕〔비행기의〕자세. 3 복장; 장비. ¶ in hunting *trim* 사냥 차림으로. **4 a**) 꾸밈, 장식. **b**) 〔쇼윈도〕 장식. **c**) 〔건물의〕 내장; 외장. **e**) 〔배의〕 장비, 의장(艤裝). 5 〔C〕 **a**) 가지 치기. **b**) 잘라낸 것; 〔영화〕〔필름의〕잘라낸 부분.
in [*good* (or *proper*)] *trim* ① 잘 정돈된, 상태가 좋은. In fighting (sailing) *trim* 전투(출범) 준비가 다 되어 / I am *in* no *trim* for rough work. 나는 거친 일을 할 수 있는 상태가 아니다. ② 〔항해〕균형이 잡힌.
out of trim ① 정돈이 안 되어, 상태〔컨디션〕가 나빠. ② 〔항해〕〔배가〕 한쪽이 무거워.
— *adj*. (**trim·mer, trim·mest**) 1 잘 정돈된, 말쑥한, 산뜻한 (⇒ NEAT 類語). 손질이 잘된. ¶ a *trim* garden 손질이 잘 된 정원 / the swimmer's *trim* body 수영 선수의 균형잡힌 몸매 / She is *trim* like a deer. 그녀는 사슴처럼 균형이 잡혀 있다. 2 〔페어〕홀쭉한, 멋 있는.
— *adv*. =trimly.
TRIM 《略》 〔경제〕 trade related investment measures(무역 관련 투자 조치).
tri·ma·ran [tráimərǽn] *n*. 3동선(胴船).
tri·mes·ter [trainméstər] *n*. 3개월, 3개월간; 〔대학의〕3개월의〕 학기.
tri·me·ter [trímitər] *n*. 〔韻律〕 3보격(步格)의 시행(詩行). — *adj*. 3보격의.
tri·met·ric [traimétrik], **(tri·met·ri·cal** [-k(ə)l]) *adj*. 3보격의.
tri·met·ro·gon [trairnétrəgɑn / -gɔn] *n*. 트리메트로곤 방식〔항공 사진 지도에서 3대의 카메라로 3면을 동시에 촬영하는 방법〕.
trim·ly [trímli] *adv*. 정돈하여, 깔끔하게.
trim·mer [trímər] *n*. 1 깨끗하게 하는 사람〔도구〕,

손질하는 사람(도구), 정돈하는 사람, 장식하는 사람. **2** [가위·나이프·손도끼 따위로] 베는(자르는, 치는) 기구; 심지 자르는 기구. **3** [건축] (美) 돌장선, (英) 장선받이 보. **4** [화물·석탄 따위를] [고쳐] 싣는[싣기] 기계(장치). **5** (주로 英) [특히 정치 따위에서] 기회주의자. **6** [pike 낚시의] 찌.

*trim·ming [trímiŋ] n. ⓤⓒ 1 정돈, 조정, 상태 조정; [사진] 트리밍. 2 가지치기, 깎아 다듬기, 손질. 3 (~s) 깎아 다듬은 것, 가윗밥. 4 (보통 ~s) 장식, 장식품; 가두리 장식; 말의 수식. 5 (보통 ~s) (口語) [요리의] 곁들이 음식. 6 (口語) 꾸지람, 질책, 징계. 7 [건축] 들짜기. 8 (口語) 패배.

tri·month·ly [traimʌ́nθli] adj. 3개월마다의.
tri·nal [tráin(ə)l] adj. 3배의, 3중의; 3부로 된.
tri·na·ry [tráinəri] adj. 셋으로 된; 셋씩 생기는.
trine [train] adj. **1** 3중의, 3배의, 3층의. **2** [점성] 3분의 1 대좌(對座)의. — n. **1** 세 개 한벌, 셋으로 된 것(trio); 3파(派). **2** [기독교] (T-) 삼위일체. **3** [점성] 3분의 1 대좌.

trin·gle [tríŋgl] n. **1** [커튼·침대 따위의] 가로대, 버팀대. **2** [건축] 모난 쇠시리. **3** [砲術] 반동 멈추개.

Trín·i·dad and To·bá·go [tríndæd−] 트리니다드 토바고[서인도 제도에 있는 영연방의 독립국].

Trin·i·tar·i·an [trìnitɛ́(ː)riən / -tέər-] adj. [기독교] 삼위일체[설]의(을 믿는). — n. 삼위일체설 신봉자.

Trin·i·tar·i·an·ism [trìnitɛ́(ː)riəniz(ə)m / -tέər-] n. ⓤ [기독교] 삼위일체론(의 敎義), 삼위일체설.

tri·ni·tro·tol·u·ene [trainàitrou(ː)táljuìːn / -tɔ́l-] n. ⓤ [化學] 트리니트로톨루엔 [강력 폭약; 略 TNT, T.N.T.].

*trin·i·ty [tríniti] n. (pl. -ties) **1** (the T-) [기독교] 삼위일체[성부·성자·성령을 일체로 본다]. **2** (T-) = Trinity Sunday. **3** [미술] 삼위일체의 상징. **4** 세 개 1조, 3인조; 세 개 한 벌[로 된 것]; [세 개 1조의] 파이프 도구. [회원.
Trínity Bréthren n. (英) 수로(水路) 안내 협회의
Trínity Hóuse n. (英) [런던의] 수로 안내 협회[등대·항로 표지의 건설, 수로 안내원의 시험 따위를 행함]; 그 회관. [開廷期).
Trínity sittings n. pl. (英) 고등 법원 제4개정기
Trínity Súnday n. 삼위일체의 신을 찬송하는 축제일[Whitsunday 다음의 일요일].
Trínity térm n. (英) **1** [Oxford 대학에서] Easter term 이어지는 학기. **2** = Trinity sittings.

trin·ket [tríŋkit] n. **1** [보석·가락지 따위] 자잘구레한 장신구[보통 값싼 것]; 방물. **2** 하찮은 것.

tri·no·mi·al [trainóumiəl, -mjəl] adj. **1** [數學] 3항[식]의. **2** [動·植物] 3어명(語名)의, 3명명(命名)법의(속명·종명·아종명을 나타냄의). — n. **1** [數學] 3항식. **2** [動·植物] 3명명법에 의한 명명. ~·ly adv.

tri·no·mi·al·ism [trainóumiəlìz(ə)m, -mjəl-] n. ⓤ [動·植物] 3명명법(의 사용), 아종명(의 사용).

*tri·o [tríːou] n. (pl. tríos) **1** [음악] 3중주[곡, 단]; 3중창[곡, 단], cf. duet, solo **2** [메뉴엣·행진곡 따위의 악곡의] 중간부. **3** 3인조, 트리오; 3개 한 벌(三), 3짝짜리. **4** [카드놀이] 왕·여왕·잭·에이스 중 3장을 갖추기.

tri·ode [tráioud] n., adj. [전기] 3극 진공관[의].
tri·o·let [tráiəlèt] n. 트리오레트[제4행과 제7행에서, 제2행을 제8행에서 그대로 반복하며 ABa AabAB로 압운(押韻)한다].

Tri·o·nes [traióuniːz] n. pl. (천문) 북두칠성.
tri·or [tráiər] n. = trier.
tri·ox·ide [traióksaid / -ɔ́k-] n. [化學] 3산화물.

*trip [trip] n. **1** [비교적 짧은] 여행, [관광] 여행; 소풍; 항해. ¶ a round trip (美); a return trip (英) 왕복 여행 / a trip abroad 해외 여행 / He made a trip around the world. 그는 세계 일주 여행을 하였다 / They went on a trip to Florida. 그들은 플로리다로 여행을 갔다. **2** [용무·일의 목적지로] 외출, 통근, 다니기. ¶ his daily trip to the dentist 그의 날마다의 치과 통원. 類語 trip 관광·상용 따위의 비교적 짧은 여행; journey 대신에 이 여행에도 쓰인다: a trip to Europe 유럽 여행 / a business (a vacation, a train) trip 상용(휴가, 기차) 여행. travel 장거리 또는 미지의 곳으로의 여행. tour 일정한 계획에 의해 각지를 여행하는 주유(周遊) 여행. journey 목적·기간·수단에 관계없이 여행을 뜻하는 가장 일반적인 말. voyage 해로 또는 공로의 보통 긴 여행. excursion 짧은 유람 여행; 단체 할인의 주유 여행; 이 말이 쓰인다. cruise 배를 호텔삼아 각지에 기항하여 관광하는 항해. jaunt 가정이나 직장을 떠나서 즐기는 짧은 여행. junket 유산(遊山) 여행; 특히 시찰 따위의 명목으로 경비를 써서 하는 호화 여행.

3 곱드러짐(stumble), 헛디딤, 실족; [레슬링에서] 딴죽걸기, 되차기. **4** 실수(mistake), 실책, 과실, 실언. **5** 경쾌한 발걸음. ¶ the trip of children's feet 어린아이들의 경쾌한 걸음걸이. **6** [기계] **a)** 벗기는(끄르는) 장치. **b)** 급시동(急始動). **7** 한 항해의 어획물. **8** (美俗語) 환각제(LSD) 마시기, 그 체험; 새로운 체험. **9** (美俗語) 체포(arrest). **10** (口語) 문제(problem, matter).
¶ What's your trip? 무슨 일이 생겼니?
be on an ego trip 마음대로 행동하다.
— v. (tripped, tríp·ping) vi. **1** 곱드러지다, 발에 걸려 넘어지다 (on, over...). ¶ (~+前+名) He tripped on a stone. 그는 돌뿌리에 채어 넘어졌다. **2** 실수하다, 실책을 저지르다, 잘못 말하다. ¶ (~+前+名) I tripped on the mathematic problem. 나는 그 수학 문제에서 실수를 했다 **3** 경쾌하게 움직이다. ¶ (~+前+名) She came tripping down the street. 그녀는 거리를 경쾌하게 걸어갔다. **4** (드물게) 여행하다. **5** 기울다. **6** (항해) (돛의 아래 활대가 범주(帆走)중에) 파도에 기울다. **7** (시계) (발탁(防駭) 장치의 톱니가) 톱니바퀴 미늘(pallet)을 그대로 넘어가다. **8** (美俗語) 환각제(LSD)를 복용하다; 환각제로 황홀해지다 (out); 새로운 체험을 하다.
— vt. **1** (남)을 곱드러지게 하다, 걸려 넘어지게 하다. ¶ 을 딴죽걸다 (...up). ¶ The clown tripped him. 어릿광대가 그의 다리를 걸어서 넘어뜨렸다. **2** …을 실패하게 하다, 방해하다; 잘못하게 하다, 잘못 말하게 하다; (남)의 잘못을 들추다, 실언을 꼬집다 (...up). ¶ (~+目+前) He was tripped up by artful questions. 그는 교묘한 질문에 걸려 대답을 잘못했다. **3** …을 기울이다. **4** (돛)을 감아 올리다; (활대)를 수평에서 수직 위치로 기울이다; (왼쪽 돛대)를 내리기 전에 조금 올리다. **7** [기계] (시계의 분동이) 톱니 따위)를 제동 장치를 벗겨 급시동시키다; [제동 장치 따위]를 급히 벗기다. **6** (나무)를 톱으로 썬 자리에 쐐기를 박아 넘어뜨리다. **7** (古語) …을 경쾌하게 한다. [연기]
trip the light fantastic 춤추다(dance).
TRIP [trip] adj. 강력강(鋼) 합금의.
[<*transformation·i*nduced *p*lasticity).
tri·par·tite [traipáːrtait] adj. **1** 3부로 나누어진, 3부분으로 이루어진. **2** [식물] [잎 따위가] 3심렬(深裂)의. **3** 3자(者) 간의, 3자가 참가한; a *tripartite treaty* 3개국 조약. **4** [문서 따위가] 동문(同文) 3통 작성의. ~·ly adv.
tri·par·ti·tion [tràipɑːrtíʃ(ə)n] n. ⓤ 3분열, 3분할.
tripe [traip] n. **1** ⓤⓒ 반추 동물(특히 소)의 위(胃)의 내용물(~s; (卑語) 창자, 내장(entrails)). **2** (口語) (특히 이야기·글의) 시시한 것, 변변찮은 것. ¶ talk *tripe* 시시한 이야기를 하다.
tri·pe·dal [traipíːdəl, trípidl] adj. 발이 셋인.
trip·ham·mer [tríphæmər] n. [機械] 스프링해머, 틸트 해머. — adj. [스프링해머처럼] 계속하여 치는.
tri·phib·i·an [traifíbiən] adj. 육해공 어느 전투에도 강한. **2** = triphibious. — n. 육해공 3군 사령관.
tri·phib·i·ous [traifíbiəs] adj. 육해공군[합동]의.
triph·thong [trífθɔŋ/-θɔŋ] n. **1** [음성] 3중 모음

[ouə*r*]의 발음 따위]. **2** 《誤用》=trigraph.
tri·plane [tráiplèin] *n*. 3엽 비행기. *cf.* biplane
‡tri·ple [trípl] *adj*. 1 3중의(threefold), 세 부분으로 된. ¶ *a triple* knot 세 겹 매듭/*a triple* window 3중창(窓). **2** 3종류의. **3** 3배의. **4** 《국제법》 3국 간의. —— *n*. **1** 3배수(량). **2** 3개 한 벌 (triad). **3** 〖야구〗 3루타 (three-base hit). **4** [1·2·3 등을 맞히는] 3연식(連式)의 내기. —— *vi*. **1** 3배(증)이 되다. **2** 〖야구〗 3루타를 치다. —— *vt*. ◇ *tríply adv*, *tríplicate v*.
triple A *n*. 〖군사〗 대공포. [<anti-aircraft artillery]
Triple Alliance *n*. (the ~) 3국 동맹. **a)** 프랑스에 대한 영국·스웨덴·네덜란드간의 것(1668). **b)** 스페인에 대한 영국·프랑스·네덜란드간의 것(1717). **c)** 러시아·프랑스에 대한 독일·오스트리아=헝가리·이탈리아간의 것(1882-1915).
triple búrden *n*. 〖사회〗 삼중(三重) 부담[소수민족 여성이 지는 인종 차별, 가사 책임, 직업인으로서의 책무의 세 가지].
triple crówn *n*. (보통 T- C-) **1** 〖로마 교황의〗 3중관(三重冠). **2** 〖야구〗 3관왕. 〔엔진 형.
trí·ple-én·gined týpe [tríplén dʒind-] *n*. 〖해事〗
Triple Enténte [-ɑːntάːnt] *n*. (the ~) 3국 협상 [1907년 영국·러시아·프랑스간에 체결].
trí·ple-ex·pán·sion éngine [tríplikspǽnʃ(ə)n-] *n*. 〖기계〗 3단 팽창 기관.
tri·ple-head·er [tríplhédər] *n*. 〖같은 날 같은 경기장에서의〗 3연속 시합.
triple jùmp *n*. (the ~) 3단 뛰기.
triple méasure *n*. 〖음악〗 =triple time. 〔play
triple pláy *n*. Ⓤ 〖야구〗 3병살(倂殺). *cf*. double
triple póint *n*. 〖물리〗 3중점〖기체·액체·고체의 평형점〗.
tri·ple-space [tríplspéis] *vt*., *vi*. 두 행씩 띄어 타이프치다.
tri·plet [tríplit] *n*. **1** 세 쌍둥이 중의 하나, (~s) 세쌍둥이. **2** 3개 한 벌(조). **3** 〖韻律〗 3행 연구(聯句). **4** 〖음악〗 3 연음부(連音符). **5** 3부 구조의 모조 보석. **6** (~s) 〖카드놀이〗 동점패 세 장.
triple thréat *n*. **1** 세 가지를 다 잘 하는 선수. [미식축구] 〖차기·패스·달리기의〗 세 가지로 고루 능한 선수.
triple tíme *n*. 〖음악〗 3박자. 〔숙한 선수.
triple witching hóur *n*. 《구어》 《미국 주식 시장의》 최후의 마(魔)의 시간〖예측할 수 없는 사태가 곧잘 일어나는 데서〗.
tri·plex [tríplèks] *adj*. 3중의; 3배의(threefold)
—— *n*. **1** 3개 한 벌. **2** 〖음악〗 =triple time. **3** 《美》 3층 3세대 아파트.
trip·li·cate *vt*. [tríplikèit → *adj*., *n*.] **(-cat·ed, -cat·ing)** **1** 3배로 하다. 3중으로 하다. *cf*. duplicate **2** 〖서류 따위를〗 동문 3통 작성하다〖원본 및 사본 2통〗.
—— *adj*. [tríplikit] 3배의, 3중의, 3부로 된.
—— *n*. [tríplikit] 세 개 한 벌 중 하나, 3통 중의 하나. *in* **triplicate** 3통 작성하여. ¶ She typed the letter *in triplicate*. 그녀는 그 편지를 타자로 3통 작성했다.
trip·li·ca·tion [trìplikéiʃ(ə)n] *n*. **1** Ⓤ 3배(증)로 하기, 3중으로 된 것. **3** 3통(증)의 하나.
tri·pli·ce [tríplitʃèi] *n*. 《이탈리아》 (=triple) 3국 동맹.
tri·plic·i·ty [tripliʃsiti] *n*. (*pl*. **-ties**) **1** Ⓤ Ⓒ 3배(증), 3중. **2** 〖韻律〗 3개 한 벌(조), 3연구(triad). **3** 〖점성〗 3궁 (trigon) [12궁 서로 120도 떨어진 3궁].
trip·loid [tríploid] *adj*. 〖생물〗 〖염색체의〗 3배수의.
—— *n*. 3배체(體).
tri·ply [trípli] *adv*. 3중으로, 3배로.
tri·pod [tráipɑd/-pɔd] *n*. **1** 3각대 (脚臺). **2** 《카메라의》 3각. **3** 고대 그리스의 델피 (Delphi) 신전의 제단.
trip·o·dal [trípəd(ə)l] **1** 3각 모양의 (것). 〖쓴.
tri·pod·ic [traipɑ́dik / -pɔ́d-] *adj*. 다리가 셋인; 3각으로
trip·o·dy [trípədi] *n*. (*pl*. **-dies**) 〖韻律〗 3보구(步句).

Trip·o·li [trípəli] *n*. **1** 옛 바바리 제국 (Barbary States)의 하나 〖현재 리비아 (Libya)의 일부〗. **2** 리비아의 수도 ★ [민].
Trip·ol·i·tan [tripɑ́litən / -pɔ́l-] *adj*, *n*. Tripoli 의 〖주
tri·pos [tráipɑs / -pɔs] *n*. 〖케임브리지 (Cambridge) 대학의〗 우등〖졸업〗 시험, 그 우등 합격자 명단.
trip·per [trípər] *n*. **1** 경쾌하게 걷는 사람. **2** 발을 걸어 넘어뜨리는 사람 (자). **3** Ⓤ Ⓒ 넘어뜨리는 (끄르는) 장치; 시동 장치. **4** 《英구어》 관광 여행가; 소풍가는 사람. **5** 《美속어》 환각제를 복용하는 사람.
trip·ping [trípiŋ] *adj*. **1** 경쾌하고 빠른, 발걸음이 가벼운. **2** 재빠르게 진척되는, 척척 되어가는. —— *n*. [미식축구] 트리핑 〖발을 걸어 상대편을 넘어지게 하는 반칙 행위의 하나〗. ~**ly** *adv*.
trip·tych [tríptik], **(trip·tich)** *n*. **1** 〖미술〗 석 장 연속된 그림(조각). **2** 세 폭짜리 서자판(書字板). *cf*. dip-
trip·wire [trípwàiər] *n*. Ⓤ Ⓒ 덫의 철사. 〔tych
tri·que·trous [traikwíːtrəs, -kwétr-] *adj*. 3변으로 둘러싸인; 3각의; 3각의 단면 (斷面)을 가진.
tri·reme [tráiriːm] *n*. 〖고대 역사〗 3단 노의 갤리선.
tri·sect [traisékt] *vt*. …을 3〖등〗분하다.
tri·sec·tion [traisékʃ(ə)n] *n*. Ⓤ 3 〖등〗분. 〔器〗.
tri·sec·tor [traiséktər] *n*. 3〖등〗분하는 것, 3등분기
tri·serv·ice [tráisəːrvis] *adj*. 육·해·공군의. ¶ the *triservice* operation 3군 합동 작전.
tri·shaw [tráiʃɔː] *n*. 3륜(輪) 자전거 (pedicab).
tris·kai·dek·a·pho·bi·a [trìskaidèkəfóubiə, -bjə] *n*. 〖정신병리〗 〖숫자 13을 유달리 기피하는〗 13공포증.
tris·mus [trízməs] *n*. Ⓤ 〖병리〗 아관 강직(牙關强直)
tri·state [tráistèit] *adj*. 3주(州)에 걸치는.
triste [trist] 《프랑스》 (=sorrowful) *adj*. 슬픈, 슬픈 듯한, 우울한.
trist·ful [trístfəl] *adj*. 〖고어〗 슬픈, 슬픈 듯한.
Tris·tram [trístrəm] *n*. 아서왕 이야기에 나오는 원탁의 기사의 한 사람 [Iseult 와의 사랑으로 유명].
tri·syl·lab·ic [tràisiləbik] *adj*. 3 음절의.
-i·cal·ly [-ikəli] *adv*.
tri·syl·la·ble [tràisíləbl, ≐-≏-] *n*. 3 음절어.
tri·tag·o·nist [traitǽgənist] *n*. 〖고대 그리스 연극 따위의〗 제3배우 〖극중에서 세 번째로 중요한 역할을 한다〗. *cf*. deuteragonist
trite [trait] *adj*. **(trit·er, trit·est)** **1** 〖표현·어구·사상 따위가〗 진부한, 흔해빠진, 케케묵은 (hackneyed). **2** 〖고어〗 닳아해진, 닳고닳은; 〖길 따위가〗 밟아 다져진.
~**ly** *adv*. ~**ness** *n*.
tri·the·ism [tráiθiːìz(ə)m] *n*. Ⓤ 〖신학〗 3신론(神論) 〖삼위일체설 (Trinity)에 대하여, Father(성부), Son(성자), Holy Ghost(성령)은 각기 자립한 신이라고 하는 이단설〗.
tri·the·ist [tráiθiːist] *n*. 3신론자.
tri·the·is·tic [tràiθiːístik], **(tri·the·is·ti·cal** [-tik(ə)l]) *adj*. 3신론의.
trit·i·um [trítiəm] *n*. Ⓤ 〖화학〗 트리튬, 3중 수소 〖수소의 동위 원소의 하나〗.
tri·ton [tráitən / -tɔn] *n*. 〖물리〗 트리톤, 3중양자 〖수소(tritium)의 원자핵〗.
Tri·ton [tráitn, +美 -tən] *n*. **1** 〖그리스 신화〗 트리톤 [반인반어(半人牛魚)의 해신(海神)]. **2** (t-) 영원(蠑蚖) **3** (t-) 소라고둥(류의 조가비).
tri·to·ni·a [traitóuniə] *n*. 붓꽃과(科)의 식물.
trit·u·ra·ble [trítʃurəbl / -tju-] *adj*. 가루로 만들 수 있는, 빻을 수 있는, 바슬 수 있는; 저작(咀嚼)할 수 있는.
trit·u·rate [trítʃurèit / -tju-] *vt*. **(-rat·ed, -rat·ing)** **1** …을 가루로 만들다, 빻다, 찧다. **2** …을 저작하다, 씹다. —— *n*. **1** 분쇄〖된 것〗. **2** 가루약.
trit·u·ra·tion [trìtʃuréiʃ(ə)n / -tju-] *n*. **1** Ⓤ 가루로 만들기, 분쇄. **2** Ⓤ 저작(咀嚼), 씹기. **3** 〖약〗 가루약.
trit·u·ra·tor [trítʃurèitər / -tju-] *n*. 빻는(바수는) 사람; 분쇄기.
‡tri·umph [tráiəmf] *n*. **1** 승리. ⇒ VICTORY 類語. ¶

achieve(or win) a *triumph* 승리를 거두다 // the *triumph* of right over wrong 악에 대한 정의의 승리. **2** 대성공, 공적, 대업적. ¶ the *triumphs* of modern science 근대 과학의 공적. **3** ⓤ 승리감, 승리(성공)의 기쁨, 의기양양. ¶ a note of *triumph* in his voice 그의 목소리에 담긴 승리의 기쁨. **4** [역사] [고대 로마의] 개선식. *cf*. ovation
in triumph 의기 양양하여.
— *vi.* **1** 승리를 거두다; 이겨내다(*over*...). ¶ (~+囲+图) *triumph over* disease 병을 극복하다. **2** 성공하다. **3** [승리·성공·성과 따위에] 의기 양양해하다, 기뻐 날뛰다(*over*...). ¶ (~+囲+图) *triumph over* a defeated enemy 패배한 적에게 의기 양양한 태도를 보이다. **4** 개선식을 거행하다. ◇ triúmphal, triúmphant *a*.
*tri‧um‧phal [traiÁmf(ə)l] *adj*. **1** 승리의, 전승의; 승리를 축하하는; 개선[식]의. ¶ a *triumphal* arch 개선문 / a *triumphal* chariot 개선 전차. **2** 승리하여 의기 양양한.
tri‧um‧phal‧ism [traiÁmf(ə)liz(ə)m] *n*. ⓤ 어떤 신앙의 교리가 불멸이라고 하는 신념.   의[신봉자].
tri‧um‧phal‧ist [triÁmf(ə)list] *n.*, *adj*. 교리 불멸론
*tri‧um‧phant [traiÁmfənt] *adj*. **1** 승리를 얻은(victorious); 성공적인(successful). **2** [고어] 개선의. ¶ a *triumphant* general 개선 장군. **3** 의기양양한, 승리를 기뻐하는 (exultant). **4** [폐어] 훌륭한 (splendid).
~*ly adv*. ◇ tríumph *n*.
tri‧umph‧er [tráiəmfər] *n*. 승리자.
tri‧um‧vir [traiÁmvər, +英 triúm-] *n*. (*pl*. -virs *or* -vi‧ri* [-virài, +英 triúmviri:]) **1** [고대 로마의] 3집정관의 한 사람, 3인 정치의 집정관의 한 사람, **2** 3인조 공무원의 한 사람.
tri‧um‧vi‧rate [traiÁmvirit, -rèit] *n*. [고대 로마의] 3두정치, 3인 집정[의 직]; 그 정부. ¶ The first *triumvirate* 제1회 3두 정치[기원전 60년의 Pompey, Julius Caesar, Crassus에 의한 것] / the second *triumvirate* 제2회 3두 정치[기원전 43년의 Mark Antony, Octavian, Lepidus에 의한 것]. **2** 3인의 연합정치; [연합 정권을 위한] 3자 연합; 그 정부. **3** 3인조, 3개 한 벌.
tri‧une [tráiju:n] *adj*. 3인조의, 3개 한 벌의; [특히] 삼위 일체의. ¶ the *triune* Godhead 삼위일체의 신.
— *n*. (the T-) 삼위일체(the Trinity).
tri‧uni‧ty [triju:́niti] *n*. ⓤⓒ (*pl*. -ties) 삼위일체.
tri‧va‧lence [traivéiləns], -len‧cy [-lənsi] *n*. ⓤⓒ [화학] 3가(價).
tri‧va‧lent [traivéilənt] *adj*. [화학] 3가의.
triv‧et [trívit] *n*. **1** [금속성의] 식탁 냄비(접시) 받침. **2** 삼발이.
[as] *right as a trivet* ⇒ RIGHT.
triv‧i‧a¹ [tríviə] *n. pl*.《때로 단수 취급》하찮은(사소한) 일(trifles); 잡동사니 정보, 잡학적(雜學的) 지식.
triv‧i‧a² [tríviə] *n*. trivium의 복수형.
*triv‧i‧al [tríviəl] *adj*. 하찮은(trifling), 사소한, 시시한. ⇒ PETTY [類語] ¶ *trivial* expenses 사소한 경비. **2** 보통의(commonplace), 평범한. ¶ get tired of *trivial* tasks 평범한 일에 싫증이 나다. **3** *a*) [생물] [동·식물 이름에서] 종(種)의(specific). *cf*. generic *b*) [학명이 아닌] 통칭의. ¶ a *trivial* name 속명.
~*ly* [-əli] *adv*. ◇ triviálity *n*., trívialize *v*.
triv‧i‧al‧ism [tríviəliz(ə)m] *n*. ⓤ 사소한, 평범. **2** 사소한 것, 하찮은 것.
triv‧i‧al‧i‧ty [triviǽliti] *n*. ⓤⓒ (*pl*. -ties) **1** [일·작품·기사 따위의] 시시함, 평범함. **2** 시시한 일, 평범, 하찮은 것.
triv‧i‧al‧ize [tríviəlàiz] *vt*. (-ized, -iz‧ing) ~을 평범(진부)하게 하다.
triv‧i‧um [tríviəm] *n*. (*pl*. -i‧a) [중세의] 3학과[대학의 7교양 과목 중 하급의 문법·수사학·논리의 3과].
cf. quadrivium [< L *public place*]
tri‧week‧ly [traiwí:kli] *adv*. 3주마다, 3주에 한 번. **2** 1주에 세 번. — *adj*. **1** 3주에 한 번의. **2** 1 주에 세 번의. — *n*. (*pl*. -lies) 3주 1회(1주 3회)의 간행물.
-trix *suf*. 여성 행위자를 나타내는 명사를 만든다. 예: avia*trix*, testa*trix*, *cf*. -or²
TRM (略) trademark.
tRNA 《略》 *t*ransfer *RNA*.
tro‧car [tróuka:r], (trochar) *n*. [외과] 투관침(套管針) [복부 따위에서 액체를 채취하는 데 쓰는 치료 기구 (cannula) 의 바늘에 붙어 있는 바늘].
tro‧cha‧ic [tro(u)kéiik] [韻律] *adj*. 강약(장단)격의. — *n*. **1** 강약(장단)격. **2** (보통 ~s) 강약(장단)격의 시(구). [모양의.
tro‧chal [tróuk(ə)l] *adj*. [동물] 윤상(輪狀)의, 바퀴
tro‧chan‧ter [tro(u)kǽntər] *n*. **1** [해부·동물] 전자(轉子) [대퇴골]. **2** [곤충] 전절 (轉節) [발의 기절 (基節)(coxa)과 퇴절(腿節) (femur) 사이의 관대(關帶)].
tro‧che [tróuki / trouʃ] *n*. [약] [보통 원형의] 정제(錠劑), 트로치.
tro‧chee [tróuki:] *n*. [韻律] [라틴시(詩) 따위의] 장단격; [영시 따위의] 강약격, 양억격(揚抑格).
troch‧i‧lus [trákiləs / trɔ́k-] *n*. (*pl*. -li [-lài]) **1** = hummingbird. **2** = crocodile bird. **3**《드물게》우는 새, 명금(鳴禽).
troch‧le‧a [trákliə / trɔ́k-] *n*. (*pl*. -le‧ae [-lii:]) [해부] 활차(滑車), 연골륜(軟骨輪).
troch‧le‧ar [trákliər / trɔ́k-] *adj*. **1** [해부] 활차의. **2** [생리·해부] 활차 모양의. **3** [식물] 활차형의.
tro‧choid [tróukɔid] *n*. **1** [기하] 트로코이드, 여패선 (餘擺線). **2** 소라류(類). **3** (=tróchoid jóint) [해부] 활차 관절. — *adj*. **1** [수레바퀴처럼] 축으로 도는, 회전 (回轉)하는; [관절의] 활차 모양의. **2** [조개】 팽이 모양의. **3** 원추형의.
tro‧choi‧dal [tróikɔ́idl] *adj*. = trochoid.
tro‧chom‧e‧ter [tro(u)kámitər / -kɔ́m-] *n*. =odom-
*trod [trad / trɔd] *v*. tread 의 과거·과거 분사.
*trod‧den [trádn / trɔ́dn] *v*. tread 의 과거 분사.
trode [troud] *v*. 《고어》 tread 의 과거형.
trof‧fer [tráfər / trɔ́fə] *n*. [조명 따위를 끼워 넣는] 천장의 구멍을 낸 곳.
trog‧lo‧dyte [tráglədàit / trɔ́g-] *n*. **1** [유사 이전의] 혈거인. **2** 거친 (야수적인) 사람. **3** 세상일에 어두운 사람; 은자. **4** 유인원(고릴라·침팬지 따위). **5** 굴뚝새 (wren).
tro‧gon [tróugən / -gɔn] *n*. 트로곤 [아름다운 깃털을 가진 열대·아열대산(產) 새].
troi‧ka [trɔ́ikə] *n*. **1** 트로이카 [러시아의 3두 마차·썰매]. **2** [트로이카의] 나란히 선 세 마리 말. **3** 3두제(頭制); 3인 한 벌; [국제 정치의] 트로이카 방식[공산권·서구·중립국의 3자 협조].
Troi‧lus [trɔ́iləs, tróui-] *n*. [그리스 신화] 트로일로스 [Troy의 왕 Priam의 아들. Cressida 와의 사랑으로 유명].
*Tro‧jan [tróudʒ(ə)n] *adj*. 트로이(Troy)의; 트로이 사람의. — *n*. **1** 트로이 사람. **2** 근면가, 용사. **3**《俗어》쾌활한 사람.
work like a Trojan 부지런히 끈기있게 일하다.
◇ Troy *n*.
Trójan Hórse *n*. (the ~) [그리스 신화] 트로이의 목마 [트로이 전쟁에서 그리스군이 트로이 사람들을 속이기 위해 목마 속에 병사들을 숨겨 가지고 가서 트로이를 멸하였음]. *cf*. Greek gift **2** 스파이 선전[단, 원], 파괴 공작[단, 원]. *cf*. fifth column **3** 반체제 분자(집단). **4** [컴퓨터] 시스템 파괴 프로그램.
Trójan Wár *n*. (the ~) 트로이 전쟁[호머 (Homer) 의 시 Iliad 의 주제가 된 트로이 대 그리스의 전쟁].
troll¹ [troul] *vt*. **1** [물고기를] 견지 낚시로 낚다; [배] 따위에서] 견지 낚시질하다. **2** [노래를] 명랑(낭랑)

troll 하게 부르다; 윤창(輪唱)하다. **3** …을 굴리다(roll).
— *vi.* **1** 견지 낚시질하다. ¶ (~+쮀+쮐) *troll for bass* 농어를 견지 낚시질하다. **2** 낭랑하게 노래하다; 낭랑하게 울려퍼지다. **3** 굴러 다니다. — *n.* **1** 견지 낚시질; [견지 낚시질용] 제물 낚시(가 달린 줄). **2** 윤창가(輪唱歌).

troll² [troul] *n.* 〖스칸디나비아 전설〗트롤〖동굴·야산에 사는 거인, 장난꾸러기 난쟁이〗. 「윤창 가수.

troll·er [tróulər] *n.* **1** 견지 낚시꾼; 견지 낚싯배. **2**

***troll·ley, -ly** [tráli / trɔ́li] *n.* (*pl.* **-leys; -lies**) **1** 〖美〗= trolley car. **2** 고가(高架) 이동 활차. **3** 촉륜(觸輪)〖시내 전차·트롤리 버스의 폴 끝에 있는 것〗. **4** 집전기(集電器) [pantograph]. **5** 〖英〗손수레, 광차(鑛車). **6** =teacart. **7** 〖英〗〖병원의〗 4륜 환자 운반차.
be off one's trolley 〖美속어〗정신이 나가다, 제 정신이 아니다.
— *vt., vi.* (**-leyed, -ley·ing; -lied, -ly·ing**) 시내 전차로 나르다 [가다].

trólley bùs *n.* 트롤리 버스, 무헌 궤도 전차.
trólley càr *n.* 〖美〗시내 전차(streetcar).
trólley lìne[ròad] *n.* 시내 전차 운행 노선.
trol·ley·man, trólley- [tráliman / trɔ́li-] *n.* (*pl.* **-men** [-mən])〖美〗시내 전차 승무원〖운전 기사·안내원 등〗. 「폴.
trólley pòle *n.* 〖트롤리 버스·시내 전차 지붕 위의〗
trólley wìre *n.* 〖시가 전차의〗가공선(架空線), 트롤리선.

trol·lop [tráləp / trɔ́l-] *n.* **1** 치신머리없는 여자, 방종한 여자(slattern). **2** 창녀(prostitute).
trol·ly [tráli/trɔ́li] *n.* (*pl.* **-lies**), *v.* (**-lied, -ly·ing**) =trolley.
trom·bone [trámboun, -´- / trombóun] *n.* 트롬본.
trom·bon·ist [trámbounist, -´-´- / trombóun-] *n.* 트롬본 취주자. 「전식 원통의 체.
trom·mel [trám(ə)l / trɔ́m-] *n.* 〖선광(選鑛)용의〗 회
tro·mom·e·ter [tro(u)mámitər / -mɔ́m-] *n.* 미진계(微震計). 〖水〗송풍기.
trompe [tramp / trɔmp], **(tromp)** *n.* 〖야금〗 낙수〖落
trompe l'oeil [trɔ́:mp lə́i / F trɔ̀p lœ́j] *n.* (*pl.* **trompe l'oeils** [-z]) **1** 속임 그림〖실물과 구별할 수 있을 정도로 정밀하게 묘사한 그림〗. **2** 〖벽화·천정화 따위의〗 입체 화법.

‡**troop** [tru:p] *n.* **1** 〖사람·물건의〗 무리, 떼, 대(隊), 단(團); 〖새·짐승의〗 떼, ¶ *a troop* of Gypsies 한 무리의 집시. **2** 다수(lot). ¶ *be surrounded by troops of* friends 수많은 친구들에 둘러싸이다. **3** 〖軍隊〗 기병 중대. **4** (~s) 군대, 병력(soldiers); 경관대. ¶ *land troops* 상륙군. **5** 〖보이[걸] 스카웃의〗대(隊). **6** 〖고어〗〖극단 등의〗 일단(Troupe).
get one's troop 기병 중대장이 되다.
— *vi.* **1** 모이다, 떼지어 모이다(*up, together*). ¶ (~+쮀+쮐) Children *trooped* around the teacher. 어린 이들이 선생님 주위에 모였다. **2** 떼(줄)지어 나아가다 (오다, 가다, 떠나가다) (*away, off*). ¶ (~+쮀+쮐) The students *trooped* into the room. 학생들은 떼지어 방으로 들어갔다 // (~+쮀) The spectators *trooped off* when the game was over. 경기가 끝나자 관중들은 떼지어 떠나갔다. **3** 교제하다, 사귀다 (*with*…).
— *vt.* …을 중대로 편성하다. 「다.
troop the color 〖英軍〗 군기(軍旗) 경례 분열식을 하
tróop càrrier *n.* 군대 수송기 [차].
troop·er [trú:pər] *n.* **1** 기병(병졸) (cavalryman); 기병마. **2** 기마 순경. **3** 〖美〗〖특히 자동차의〗 주(州) 경찰의 경찰관(state trooper). **4** 〖주로英〗 군대 수송선(troopship).
troop·horse [trú:phɔ̀:rs] *n.* 기병마.
troop·ship [trú:pʃìp] *n.* 〖군대의〗 수송선.
tro·pae·o·lum [tro(u)pí:ələm] *n.* (*pl.* **-lums** 또는 **-la** [-lə]) 한련(旱蓮)〖한련(科)의 식물; 금련화〗.

trope [troup] *n.* **1** 〖修辭〗 말의 수사, 〖각종〗 수사법〖비유적 용법〗; 수사 어구. **2** 진구(陳句)〖예전에 미사의 식문(式文)에 삽입한 수식적 어구〗.
troph·ic [tráfik / trɔ́f-] *adj.* 〖생리〗 영양의.
tro·phied [tróufid] *adj.* 기념(전리)품으로 장식한.
troph·o·plasm [tráfəplæ̀z(ə)m / trɔ́f-] *n.* 〖⑪〗〖생물〗〖세포의〗 영양 원형질.
‡**tro·phy** [tróufi] *n.* (*pl.* **-phies**) **1** 전리품; 전승 기념품; 수렵 기념물. **2** 〖경기 입상 기념의〗 트로피; 기념품(물) (memento). **3** 〖고대 그리스·로마의〗 전승 기념비. 「eu*trophy*, hyper*trophy*.
-trophy nourishment, growth 라는 뜻의 연결형. 예:
‡**trop·ic** [trápik / trɔ́p-] *n.* 〖지리〗 (때로 T-) 회귀선. *cf.* zone ¶ *the tropic of Cancer* 북회귀선〖북위 23°27′〗 / *the tropic of Capricorn* 남회귀선〖남위 23°27′〗. ⇒ ZONE 그림. **2** (the ~s) 열대 지방. — *adj.* 열대〖지방〗의. ◇ *trópical adj.*

-tropic turning, changing, tending to change 라는 뜻의 연결형. 예: geo*tropic*, photo*tropic* (굴광성의).
‡**trop·i·cal** [trápik(ə)l / trɔ́p-] *adj.* **1** 열대〖지방〗의, 열대성(산(産))의. ¶ *tropical* flowers 열대성 화초 / *tropical* diseases 열대병. **2** 〖남(북)〗 회귀선의. **3** 매우 더운, 혹서의. **4** 〖비유적〗 열렬한, 정열적인 (passionate). **5** 〖修辭〗 문채적(文彩的)인, 비유적인. ⇒ TROPE. **-ly** [-kəli] *adv.*
◇ *trópic n., adj., trópicalize v.*
trop·i·cal·ize [trápikəlàiz / trɔ́p-] *vt.* (**-ized, -iz·ing**) **1** 〖외관 따위를〗 열대적으로 하다. **2** …을 열대 지방용으로 하다.

trópical níght *n.* 열대야〖기온이 25℃ 이상인 밤; 〖英·美〗에서는 그냥 '열대의 밤'이란 뜻〗.
trópical ráin fòrest *n.* 〖생태〗 열대 우림(雨林).
trópical yéar *n.* 〖천문〗 회귀년, 태양년(solar year)〖365일 5시간 48분 45.5초〗.
trópic bírd *n.* 열대조〖제비갈매기 비슷한 열대조류에 속하는〗 열대산(産) 해조(海鳥)의 총칭〗.
tro·pism [tróupiz(ə)m] *n.* 〖⑪〗〖⑥〗〖생물〗 굴성(屈性), 향성(向性).
tro·pis·tic [troupístik] *adj.* 굴성의(을 가진).
tro·pol·o·gy [tro(u)páləd͡ʒi / -pɔ́l-] *n.* (*pl.* **-gies**) **1** 〖연설·문장에〗 비유를 쓰기, **2** 〖⑪〗 성서의 비유적·교도적 해석(인용). **3** (-gies) 비유에 관한 논문.
trop·o·pause [tróupəpɔ̀:z, tráp- / trɔ́p-] *n.* (the ~) 〖기상〗 권계면(圏界面); 대류권과 성층권의 경계의 대기층〗. 「圏〗 산란(散亂).
trop·o·scat·ter [trápəskæ̀tər / trɔ́p-] *n.* 대류권〖對流
trop·o·sphere [trápəsfìər, tróup- / trɔ́p-] *n.* (the ~) 〖기상〗 대류권〖대기의 최하층으로서 지표에서 10-20 km의 부분〗. 「류권의.
trop·o·spher·ic [tràpəsférik, tròup- / trɔ̀p-] *adj.* 대
trop·po [trápou/trɔ́p-] *adv.* 〖이탈리아〗 (=too much)〖음악〗 극히, 극도로, 지나치게.

‡**trot** [trat / trɔt] *v.* (**trot·ted, trot·ting**) *vi.* **1** 〖말이〗 속보로 달리다, 「추보로 나아가다 ⇨ GALLOP. **2** 〖사람이〗 빠른 걸음으로 걷다, 총총걸음으로 가다; 서둘러 가다(*along, away, off*). ¶ (~+쮀) The child *trotted* along to the store. 그 아이는 총총걸음으로 가게에 갔다.
— *vt.* **1** 〖말을〗 속보로 달리게 하다, 구보하게 하다. **2** 〖길 따위를〗 빠른 걸음으로 가다. **3** 〖남을〗 걸어다니게 하여 어떤 상태에 이르게 하다. ¶ (~+쮀+쮐+쮆) *trot a person off his legs* (or *to death*) 〖구어 따위로〗 남을 녹초가 되도록 걷게 하다.
trot in double harness ⇒ HARNESS.
trot out ① 〖말을〗 끌어내어 걸음걸이를 보여주다. ② 〖구어〗 …을 꺼내어 보이다. …을 자랑삼아 보이다.
— *n.* **1** (보통 a~) **a)** 〖말 따위의〗 속보, 포족(跑足); 속보의 말발굽 소리; 속보 경마. ¶ *It is pleasant to go for a trot.* 말을 속보로 멀리 달리는 것은 즐겁다. **b)** 〖사람의〗 총총(종종)걸음. **2** (보통 the~) 부지런히

(바빠) 일하기. ¶ Tasks kept him on the *trot* all day. 그는 여러 가지 일에 쫓겨 하루 종일 바빴다. **3** 《美俗어》[학과의] 축어역(逐語譯) 번역서, 자습서(crib, pony). **4** 《구어》 아장아장 걷는 어린 아이. **5** 《고어》《경멸적》노파. **6** 《美俗어》《경쾌한》춤의 스텝. **7** = trotline. **8** (the ~s) 〔단·복수 양용〕《속어》설사 (diarrhea).

troth [trɔːθ, trouθ/trouθ] *n.* ⓊⒸ《고어》**1** 진실, 정말, 사실(truth). **2** 충실, 성실. **3** 약속; 약혼 (betrothal).
by (or *upon*) *my troth* 맹세코, 절대로.
in troth 실제로, 참으로, 사실로(truly).
plight one's troth 서약하다, 언약하다; [특히] 부부가 될 약속을 하다, 약혼하다.
— *vt.* 《고어》…을 서약하다, 맹세하다; …을 약혼시키다(betroth).

trot·line [trάtlàin / trɔ́t-] *n.* 주낙. 〔← Trotskyist〕.
Trots [trats / trɔts] *n.* (*pl.* **Trots**) 《구어》트로츠키스트
Trot·sky·ism [trάtskìz(ə)m / trɔ́ts-] *n.* Ⓤ 트로츠키주의. 〔<러시아의 혁명가 Leon Trotsky(1879-1940)의 이름〕
Trot·sky·ist [trάtskiist / trɔ́ts-] *n.* 트로츠키파의 사람, 트로츠키 지지자, 트로츠키스트. — *adj.* 트로츠키주의의.
trot·ter [trάtər / trɔ́tə] *n.* **1** 속보로 달리는 말; 속보마. **2** 빠른 걸음으로 걷는 사람; 《英》 심부름하는 사람 (소년). **3** 《구어》[특히 돼지·양 따위의 식용] 족 (足). **4** 《익살》사람의 발.
trot·toir [F trɔtwɑːr] *n.*《프랑스》(=sidewalk) 보도.
tro·tyl [tróutil] *n.* 《화학》= trinitrotoluene.
trou·ba·dour [trúːbədɔ̀ːr, -dùər / trúːbədɔ̀ː], **(trou·ba·dor** [-dɔ̀ːr / -dɔ̀ː]) *n.* **1** 트루바두르〔중세에 주로 프랑스 남부에서 활약한 음유(吟遊) 시인(악인(樂人)들〕. *cf.* trouvère **2** [일반적으로] 음유 시인 (악인). 〔<F〕
trou·ble [trʌ́bl] *n.* **1** ⓊⒸ 걱정[거리], 고민, 난처함; 괴로움, 고뇌(distress). ¶ What is the *trouble* with you? 무슨 걱정입니까? / You need not take any *trouble* about it. 그 일에 관해서는 조금도 걱정할 필요가 없다 // The *trouble* is that I have no money with me. 난처한 것은 내가 지금 가진 돈이 없다는 거다.
2 폐, 번거로움, 성가심, 수고, 노고(pains), 곤란 (difficulty), 불편 (*of*...). ¶ You must always take the *trouble to* consult your dictionary. 번거로우나 항상 사전을 찾도록 해야 한다 / I had some *trouble* to read her handwriting. 그녀의 필적을 해독하는 데 고생 좀 했다 // go to the *trouble of* doing; be at the *trouble of* doing 일부러 …하다, 애써 …하다 // It's no *trouble*. 괜찮아 / No *trouble* [at all]. 천만에요.
3 고생(두통)거리, 성가신 사람, 귀찮은 일(*to*...). ¶ He is a great *trouble* to his mother. 그는 어머니의 큰 두통거리이다.
4 Ⓤ 시끄러운 일, 말썽, 내분, 분쟁, 동란, 쟁의. ¶ domestic *troubles* 가정 불화(내분) / labor *trouble* 노동쟁의.
5 ⓊⒸ 병; 고장, 장애(with...); 《英방언》진통(travail). ¶ suffer from heart *trouble* 심장병을 앓다 // I am having *trouble* with my stomach. 나는 위가 나쁘다.
6 《英》《광산》소단층(small fault).
ask (or *look*) *for trouble* 고생을 자초하다, 불필요한 짓을 하다, 경솔한 짓을 하다.
get into trouble ① 꾸지람 듣다, 벌받다. ② [일이] 성가시게 되다, 말썽을 일으키다(*with*...).
get a person into trouble 남에게 폐를 끼치다.
get out of trouble 분쟁(말썽)에서 벗어나다, 벌을 모면하다.
get a person out of trouble 남을 곤경에서 구출하다.
give a person trouble 남에게 폐를 끼치다.

give oneself trouble 수고하다, 애쓰다.
in trouble ① 곤경에 빠져서, 난처하여, 말썽이 나서. ② 꾸지람 듣고, 벌받아, 검거되어. ③《구어》《미혼 여성이》임신하여.
make trouble 분쟁(말썽, 소란)을 일으키다.
make trouble for a person 남을 괴롭히다, 애먹이다.
meet trouble halfway 지레 걱정을 하다.
put a person to trouble 남에게 폐를 끼치다, 귀찮게 하다.
take trouble 수고하다, 노고를 아끼지 않다.
— *v.* (**-bled, -bling**) *vt.* **1** [정신적으로] …을 괴롭히다, 난처하게 하다, 걱정시키다; 못살게 굴다, 짜증나게 하다(vex). ¶ What is *troubling* you? 무슨 일로 고민하고 있나? // He does not *trouble* himself *about* money matters. 그는 돈문제로 고민하지 않는다. **2** 〔남〕을 번거롭게 하다, 〔남〕에게 폐(수고)를 끼치다; 간청하다, 부탁하다. ¶ I am sorry to *trouble* you. 폐를 끼쳐서 죄송합니다 // (~+目+前+名) May I *trouble* you *for* a light? 죄송하지만 담뱃불 좀 빌려 주시겠습니까? / Let me *trouble* you *with* one more question. 미안하지만 한 가지만 더 질문하겠습니다? / (~+目+to do) May I *trouble* you *to* pass the salt? 죄송하지만 소금 좀 집어주시겠습니까? **3** …을 교란하다, 어지럽게 하다, 파란을 일으키다. ¶ The wind *troubled* the waters. 바람이 바다에 파도를 일으켰다. **4** [병따위가] [사람]을 괴롭히다, 고통을 주다. ¶ I'm *troubled with* a toothache. 나는 치통으로 고생하고 있다.
— *vi.* (주로 의문·부정형으로) **1** 수고를 아끼지 않다, 일부러 하다. ¶ If it is inconvenient to come, don't *trouble*. 형편이 닿지 않으면 일부러 오실 것은 없습니다 // (~+to do) Don't *trouble* to write. 일부러 편지를 주시지 않아도 괜찮습니다. **2** 염려하다, 걱정하다, 근심하다(worry). ¶ (~+前+名) She *troubled over* the matter. 그녀는 그 문제로 근심했다 / Don't *trouble about* trifles. 사소한 일로 걱정하지 마라.
◇ **trʹoublesome, trʹoublous** *adj.*
trou·bled [trʌ́bld] *adj.* **1** 걱정스러운, 불안해하는. ¶ a *troubled* expression 걱정스러운 표정. **2** 거친; 소란한, 떠들썩한.
trʹoubled wʹaters *n.* *pl.* 혼란 상태. ¶ fish in *troubled waters* 혼란을 틈타서 한몫 보다.
trou·ble-free [trʌ́blfrìː] *adj.* 고장 없는.
trou·ble·mak·er [trʌ́blmèikər] *n.* [상습적으로 말썽(문제)을 일으키는 사람.
trou·ble·proof [trʌ́blprùːf] *adj.* 고장없는.
trou·ble·shoot·er [trʌ́blʃùːtər] *n.* 《美》**1** (= **trʹouble màn**) 〔기계 따위의〕 고장 검사원. **2** 분쟁 해결사, 조정 위원.
trou·ble·shoot·ing [trʌ́blʃùːtiŋ] *n.* 고장 점검[수리].
‡**trou·ble·some** [trʌ́blsəm] *adj.* 골치 아픈, 귀찮은, 성가신, 다루기 힘든, **-ly** *adv.* **-ness** *n.*
trʹouble spʹot *n.* 〔기계 따위의〕 고장이 일어나기 쉬운 곳; 분쟁 [가능] 지점.
trou·blous [trʌ́bləs] *adj.*《고어》**1** 어지러운. ¶ *troublous* times 난세. **2** 소란한; 불안한; 번거로운.
trou-de-loup [trùːdəlúː] *n.* (*pl.* **trous-** [trùː-]) 〔군대〕 〔옛날 진지 앞에 파 놓은〕 함정.
*****trough** [trɔːf, trɑf / trɔf] *n.* **1** 〔단면(斷面)이〕 V 자 형의 긴 물통, 구유, 여물통. **2** 홈통, 물받이; 낙수받이. **3** 〔놀과 놀 사이 따위의〕 골. **4** 《기상》 기압골. **5** 지구(地溝). **6** 〔빵 따위의〕 반죽 그릇.
trounce [trauns] *vt.* (**trounced, trouncing**) **1** …을 매우 치다(때리다). **2** …을 벌주다. **3** 《구어》…을 참패시키다.
troupe [truːp] 〔연극〕 *n.* 〔연예인 등의〕 일단, 한패. — *vi.* (**trouped, troup·ing**) 〔단원으로서〕 순회 공연하다.
troup·er [trúːpər] *n.* **1** 연극 단원, 흥행 단원; 노련한 배우. **2** 《구어》 충실하고 쾌활한 일꾼.

trou·ser [tráuzər] *adj.* 바지의, 바지용의. ¶ *trouser buttons* 바지 단추 / *a trouser press* 바지 주름 잡는 기구 / *a trouser stretcher* 바지 주름 펴는 기구 / *a trouser pocket* 바지 호주머니 (＊바지의 양쪽 호주머니는 *trouser[s] pockets*) / *a trouser suit* 《英》 팬츠수트.

trou·sered [tráuzərd] *adj.* 《항상》 바지를 입은(입는).

trou·ser·ing [tráuz(ə)riŋ] *n.* ⓊⒸ 양복 바지감.

‡**trou·sers** [tráuzərz] *n. pl.* 1 양복 바지(＊ 단수형 trouser 를 이 뜻으로 쓰는 것은 비어(卑語)임. *cf.* pants ¶ *a pair (three pairs) of trousers* 한 벌(세 벌)의 바지(＊ 바지의 한쪽은 trouser) / *a coat with trousers to match* 바지와 어울리는 웃옷. 2 《여성용의》 느슨하고 긴 드로어즈(pantalets).

wear the trousers 《구어》《아내가》 남편을 깔고 뭉개다.

tróuser strètcher *n.* 양복 바지 주름 펴는 기구.

trous·seau [trúːsou, -́-́ / -́-] *n. (pl.* **-seaux** [trúːsouz, -́-́] *or* **-seaus**) 혼수(의상, 살림 도구).

‡**trout** [traut] *n. (pl.* **trout** *or* **trouts**) 송어 《무지개송어류(類)의 식용어(魚)》. —— *vi.* 송어를 낚다(잡다).

trout-col·ored, 《英》 **-oured** [tráutkʌ̀lərd] *adj.* 말의 털빛이》 갈색 바탕에 흰 털이 섞인.

trout·let [tráutlit], **(trout·ling** [-liŋ]) *n.* 송어 새끼.

trout·y [tráuti] *adj.* **(trout·i·er, trout·i·est)** 1 송어 (trout)와 같은. 2 송어가 많은.

trou·vaille [truːvái, -váːj / trúːvail] *n.* 《프랑스》(=finding) 횡재, 우연히 찾아낸 진품.

trou·vère [truːvέər] *n.* 트루베르 《12-13세기 북프랑스에서 성행했던 음유 시인의 일파》. *cf.* troubadour

trove [trouv] *n.* 1 발견된 물건(thing found), 귀중한 발견물. 2 수집품, 콜렉션.

tro·ver [tróuvər] *n.* 《법률》 횡령물 회복 소송.

trow [trou] *vi.* 《고어》 생각하다; 믿다(believe).

trow·el [tráu(ə)l] *n.* 1 《미장이》 쓰이는》 흙손. 2 《원예용의》 모종 삽.

lay it on with a trowel ⇨ LAY¹.

—— *vt.* **(-eled, -el·ing;** 《英》 **-elled, -el·ling)** 1 …을 흙손으로 바르다; …을 흙손으로 평평하게 하다. 2 …을 모종삽으로 파다.

trow·el·er, 《英》 **-el·ler** [tráu(ə)lər] *n.* 흙손을 쓰는 사람.

troy [trɔi] *n.* 금형(金衡), 트로이형(衡) 《금·은·보석 따위의 형량(衡量)》. —— *adj.* 트로이 형으로 단.

***Troy** [trɔi] *n.* 트로이 《소아시아 서북부의 고대 도시》. *cf.* Trojan

tróy wèight *n.* =troy.

trp(略) troop.

TRRL (略) *T*ransport and *R*oad *R*esearch *L*aboratory.

TRS (略) 《통신》 *t*runked *r*adio *s*ystem 《주파수 공용 통신, 한 주파수를 여러 사람이 공동 사용하는 무선 통신 시스템》.

tru·an·cy [trúːənsi] *n.* ⓊⒸ (*pl.* **-cies**) 무단 결석, 꾀부림; 게으름 피기.

***tru·ant** [trúːənt] *n.* 1 무단 결석자, 꾀부리는 학생. 2 《직무 따위의》 태만자, 게으름뱅이.

play truant 학교를 무단 결석하다.

—— *adj.* 무단 결석의; 빈둥거리는, 꾀부리는, 게으른 (idle). ¶ *a truant schoolboy* 무단 결석하는 학생. —— *vi.* 무단 결석하다, 빈둥거리면서 꾀를 부리다. 게으름을 피우다. ~·ly *adv.* ◊ **trúan·cy** *n.*

trúant ófficer *n.* 무단 결석자의 감독관.

***truce** [truːs] *n.* ⓊⒸ 1 정전, 휴전. ¶ *a general truce* 전면 휴전. 2 정전 (휴전) 협정. ¶ *conclude a truce with* …과 휴전 협정을 맺다. 3 《달갑지 않은 상태·행위의》 일시적 중지, 중지(止)... ¶ *A truce to* quarreling! 싸움을 그쳐라! ~·less *adj.*

‡**truck**¹ [trʌk] *n.* 1 《美》 화물 자동차, 트럭 《英》 lorry》. ¶ *a dump truck* 덤프 트럭. 2 운반차; 손수레. 3 《英》 《철도》 무개 화차(貨車). 《자동의》 차대, 보기(bogie) 차. 4 《항해》 장관(檣冠) 《마스트 꼭대기의 원형 또는 각형의 나뭇조각》. 5 둥근 바퀴 (도르래. 6 《美속어》 발을 굴리듯이 걸어가는 걸음걸이. —— *vt.* …을 트럭으로 운반하다

(에 신다). —— *vi.* 트럭을 운전하다.

truck² [trʌk] *n.* Ⓤ 1 《구어》 거래(dealings), 매매, 관계, 교섭, 교제 《*with* …》. ¶ *We have no truck with the retailer.* 우리는 그 소매상과는 거래가 없다. 2 잡은 물건, 잡동(雜同); 《구어》 잡동사니(rubbish); 《비유적》 허튼 소리, 넌센스. ¶ *I cannot stand any such truck.* 그런 자질구레한 허튼 소리는 듣고 있을 수 없다. 3 《임금의》 현물 지급(제). ⇨ TRUCK SYSTEM. 4 《美》 《시장에 내다 팔》 청과물, 야채류. 5 물물 교환 (barter); 교역품.

—— *vt.* 1 …을 《물물》 교환하다, 교역하다, 거래하다 《*for*》. 2 《~＋目＋前＋圉》 *truck* a thing *for* another 어떤 물건을 다른 물건과 교환하다. 2 《드물게》 …을 헐값에 팔다, 외치고 다니며 팔다(peddle). —— *vi.* 1 《물물》 교환하다, 교역하다. 2 《~＋目＋前＋圉》 *truck with* a person *for* a thing 남과 어떤 물건을 거래하다. 2 《매매 따위를》 교섭하다(bargain).

truck·age [trʌ́kidʒ] *n.* Ⓤ 1 《트럭 따위에 의한》 수송, 운반; 그 운송료. 2 《드물게》 교환, 교역.

trúck cròp *n.* 《truck farm에서 재배한》 채소.

truck·er¹ [trʌ́kər] *n.* 1 트럭 운전 기사(truckdriver); 트럭 운송업자. 2 《美》 =truck farmer.

truck·er² [trʌ́kər] *n.* 《美》 시장용 야채 재배자.

trúck fàrm *n.* 《美》 시장용으로 재배하는》 채소밭.

trúck fàrmer *n.* 《美》 《시장용》 야채 재배업자.

trúck fàrming *n.* Ⓤ 《美》 《시장용》 야채 재배(업).

truck·ing¹ [trʌ́kiŋ] *n.* Ⓤ 《트럭에 의한》 운송(업).

truck·ing² [trʌ́kiŋ] *n.* Ⓤ 《美》 시장 판매를 위한 야채 재배. 2 물물 교환, 교역, 거래 《*for, to …*》.

truck·le¹ [trʌ́kl] *vi.* **(-led, -ling)** 굴종하다, 굽실거리다.

truck·le² [trʌ́kl] *n.* 1 작은 바퀴 《피아노 따위의》 다리 따위》. 2 《美》 도르래. 2 다리에 바퀴가 달린 침대 (truckle bed). 3 《英방언》 원통형의 소형 치즈. —— *v.* **(-led, -ling)** 작은 바퀴로 구르다. —— *vt.* …을 작은 바퀴로 굴리다.

trúckle bèd *n.* 다리에 바퀴가 달린 침대.

truck·ler [trʌ́klər] *n.* 아첨하는 사람.

truck·load [trʌ́klòud] *n.* 트럭 1대분의 짐.

truck·man [trʌ́kmən] *n. (pl.* **-men** [-mən]) 1 트럭 운전수. 2 트럭 운송업자. 3 《美》 소방수(消防手).

trúck stòp *n.* 《美》 《간선도로변의》 트럭 기사 식당.

trúck sỳstem *n.* 《임금의》 현물 지급제.

trúck tràctor *n.* trailer를 끄는 트럭.

trúck tràiler *n.* 화물 트레일러.

truc·u·lence [trʌ́kjuləns, trúː-], **(truc·u·len·cy** [-lənsi]) *n.* Ⓤ 1 흉맹, 야만, 잔인. 2 신랄함, 용서 없음.

truc·u·lent [trʌ́kjulənt, trúː-] *adj.* 1 야만적인, 흉맹한, 잔인한(cruel). ⇨ FIERCE 類語. 2 《말투가》 신랄한, 날카로운, 용서없는. 3 거친, 싸움을 좋아하는. ~·ly *adv.*

***trudge** [trʌdʒ] *v.* **(trudged, trudg·ing)** *vi.* 터덜터덜 걷다, 무거운 발걸음을 옮기다. ⇨ PACE 類語. —— *vt.* 《길》을 터덜터덜 걷다, 무거운 발걸음으로 걷다. —— *n.* 터덜터덜 걷기, 무거운 걸음. 《＜? TR[EAD]＋[DR]UDGE》

trudg·en [trʌ́dʒ(ə)n], **(trudg·eon** *n.* 《수영》 물 속에 고개를 박고 하는 양팔매 수영법(trudgen stroke).

***true** [truː] *adj.* **(tru·er, tru·est)** 1 참된, 진실의, 거짓 아닌, 맞는, 사실에 바탕을 두는; 본질적인. ¶ *the true meaning* 진의(眞意) / *not a fiction, but a true story* 거짓이 아닌 진짜 이야기 / *It's too good to be true.* 정말일까, 꿈이 아닐까/*That's only too true.* 유감스럽게도 그것은 사실이다 / *It's true that she knows a lot about cooking, but she's not much of a cook.* 사실 그녀는 요리에 대해 많은 것을 알고는 있지만, 솜씨는 별로 아니다 / *His dream came true.* 그의 꿈이 실현되었다 // *This is also true of others.* 이것은 다른 일에도 적용된다. 2 진짜의, 진정한 ⇨ REAL 類語; 정당한, 합법의(legitimate); 순수한; 《가축》 순종의. ¶ *true kindness* 참다운 친

절.
3 충실한, 성실한(faithful), 충성스러운(loyal); 정직한, 거짓없는(honest), 신뢰할 수 있는 (to...) ¶ He is *true* to his friends. 그는 친구에게 충실하다 / *True* to his words(*or* promise), he came to see me. 약속대로 그는 나에게 와주었다.
4 정확한(exact), 틀림없는, 엄밀한, 정밀한, 조금도 틀림없는, 정확히 일치하는 (to...), ¶ a *true* copy 정확한 사본 / as *true* as I'm alive 틀림없이, 정말로 // a picture *true* to life 실물 그대로의 그림 / *true* to type (nature) 전형적인(박진하는).
5 a〔소리 따위가〕가락에 맞는, 제대로 되어 있는. **b**〔방향·힘 따위가〕일정한, 변하지 않는.
6《고어》정직한, 고결한, 덕이 있는(honest, virtuous).
7〔제 위치가〕제 위치에 있는, 이상이 없는.
8〔생물〕동계통의, 전형적인(typical).
[*as*] *true as steel* 아주 충실한, 신용할 수 있는.
true as gospel 절대적으로 진리인.
— *n.* ⓤ (the ~) 진실(truth); 진실임, 진실된 것.
2 정확함, 정확한 상태. ¶ in (out of) *true* 정확한(부정확한).
— *adv.* **1** 진실하게, 올바르게, 참으로(truly); 정확하게; 순수하게. ¶ aim *true* 정확하게 겨냥하다 / The arrow flew *true* to the mark. 화살은 과녁을 향해 정확히 날아갔다. **2**〔생물〕조상의 모습 그대로, 순종인. ¶ breed *true* 같은 형질(形質)을 올바르게 후대에 물려주다. **3** 정확히 정당하게(excel).
— *vt.* (**trued, tru·ing** *or* **true·ing**)〔기계·도구 따위〕를 올바르게 맞추다, 가지런히 하다, 조정(調整)하다. ¶ (~+圓+圖) *true* [*up*] a wheel 바퀴를 조정하다.
◇ **trú·ly** *adv.*, **truth** *n.*
trúe bíll *n.*〔법률〕공소 인정 고소장[배심원장이 기소장이 적절하다고 인정할 때 그 뒤에 써넣는 문구].
trúe blúe *n.* **1** ⓤ (때로 a~) 좀처럼 바래지 않는 남빛 물감. **2**〔주의(主義) 따위에〕충실한 사람.
trúe-blúe [trúːblúː] *adj.* **1** 바래지 않는 색의. **2**〔자신의 주의 따위에〕충실한.
trúe·bòrn [trúːbɔ́ːrn] *adj.* 적출(嫡出)의; 순수한.
trúe·brèd [trúːbréd] *adj.* 순(혈)종의, 혈통이 바른; 잘 배우고 자란(well-bred).
trúe-fálse tèst [trúːfɔ́ːls-] *n.* ○×식 테스트, 진위법(眞僞法)테스트; 정오(正誤)문제.
trúe-héart·ed [trúːhɑ́ːrtid] *adj.* 충실한, 성실한.
trúe-lífe [trúːláif] *adj.* 실생활[그대로]의, 현실의.
trúe-lòve [trúːlʌ̀v] *n.* **1** 연인, 사랑하는 사람(sweetheart). **2** 삿갓풀류(類)의 식물.
trúelòve(**trúe lóver's**) **knót** *n.* 사랑의 매듭〔애정을 상징하는 장식적인 나비 매듭의 일종〕.
trúe·nèss [trúːnis] *n.* ⓤ 진실, 진정, 순수; 정확, 충실.
trúe ríb *n.*〔해부〕진늑골(眞肋骨).
trúe tíme *n.* ⓤ 진시(眞時)〔해시계가 나타내는 태양시〕(apparent time).
truf·fle [trʌ́fl] *n.* 송로(松露) 버섯의 일종.
trug [trʌg] *n.*《영》나무로 만든 바구니; 우통말.
tru·ism [trúːizm] *n.* 자명한 이치; 진부한 문구.
trull [trʌl] *n.*《고어》매춘부(prostitute).
‡**tru·ly** [trúːli] *adv.* **1** 진실로, 참으로, 정직하게, 마음으로부터. ¶ state facts *truly* 사실을 거짓없이 진술하다. **2** 성실하게, 충실하게. ¶ serve one's king *truly* 충성을 다해 왕을 섬기다. **3** 정확하게, 조금도 틀림없이, 올바르게. ¶ be *truly* stated 정확하게 서술된다. **4**《고어·문어》사실대로 이야기하면, 전혀《으로》. ¶ *Truly*, she is fair. 참으로 그녀는 아름답다. **5** 합법적으로.
《맺는말》 *Yours* [*very*] *truly* 경구(敬具), 숙배(熟拜)〔편지의 맺는말〕.
◇ **true** *adj.*
‡**trump**[trʌmp] *n.* **1**〔카드놀이〕으뜸 패; (때로 ~s)《단수 취급》으뜸 패의 한 벌. ¶ a call for *trumps* 으뜸 패를 내놓으라는 신호 / call no *trumps* 으뜸 패가 없다고 말하다.

2《비유적》마지막 패, 비결, 최후의 수단. ¶ keep(*or* have) a *trump* up one's sleeve 마지막 패를 준비해 두고 있다.
3《구어》믿음직한 사람, 훌륭한 사람, 호남.
put a person to his trumps 남을 으뜸 패를 내놓게 하다; 남을 꼼짝 못하게 하다, 남을 궁지에 몰아 넣다.
turn up trumps《구어》기대 이상의 성과를 거두다.
— *vt.* **1**〔카드놀이〕…을 으뜸 패로 잡다, …에 으뜸 패로 이기다. ¶ *trumps* an ace 으뜸 패로 에이스를 잡다. **2** …을 이기다(excel).
— *vi.*〔카드놀이〕으뜸 패를 쓰다, 으뜸 패를 써서 이기다.
trump up …을 속여 꾸미다, 날조하다.
trump[trʌmp] *n.*《고어·詩》**1** 나팔(trumpet). **2** 나팔 소리; 나팔 같은 소리.
the last trump 세상의 마지막 날에 울리는 나팔, 세상의 마지막 날, 최후의 심판일 [←고린도 전서 (1 Cor.) 15 : 52].
— *vi.* 나팔을 불다. — *vt.*〔나팔을 불어〕…을 선언하다.
trúmp cárd *n.* **1**〔카드놀이〕으뜸 패. **2** 비책.
trúmped-úp [trʌ́mptʌ́p] *adj.* 조작된, 날조된, 엉터리로 꾸며진. ¶ He was spoken ill of on some *trumped-up* charge. 그는 날조된 죄 때문에 평판이 나빠졌다.
trump·er·y [trʌ́mpəri] *n.* ⓒⓤ (*pl.* **-er·ies**) **1** 겉모양 뿐인 것, 값싸고 번지르르한 것. **2** 시시한 물건, 대수롭지 않은 것; 허튼 소리(nonsense). — *adj.* **1** 겉만 번지르르한. ¶ *trumpery* jewels 싸구려 보석. **2** 시시한, 하찮은. **3** 날조된.
‡**trum·pet** [trʌ́mpit] *n.* **1**〔음악〕**a**) 나팔, 트럼펫. **b**) 오르간의 트럼펫 음전(音栓). **2**〔음악〕나팔수, 트럼펫 연주자. **3** 나팔 소리; 나팔과 같이 큰소리 [코끼리 우는 소리 따위]. **4** (~s)《미국 동남부산(産)》대형(袋葉) 식물의 총칭. **5** 나팔 모양의 것; 깔때기(funnel); 나팔 모양의 보청기(ear trumpet); 나팔 모양의 확성기, 메가폰. **6**〔해부〕나팔관.
blow one's own trumpet ⇒ BLOW.
— *vi.* 나팔을 불다, [코끼리 따위가] 나팔과 같은 소리를 내다.
— *vt.*《비유적》…을 불어대다, 떠들어 퍼뜨리다, 소란스레 알리다. ¶ (~+圓+圖) *trumpet up* an excuse 구실을 만들다.
trúmpet càll *n.* **1** 소집 나팔 소리. **2** 긴급 명령.
trúmpet crèeper *n.* 아메리카능소화(凌霄花)나무.
trum·pet·er [trʌ́mpitər] *n.* **1** 나팔을 부는 사람, 트럼펫 연주자; 나팔로 전달하는 사람. **2** 떠들어 퍼뜨리는 사람. **3** 제 자랑하는 사람. **4**《경멸적》남의 선전을 하는 사람. **4** 두루미의 일종〔남미산(産)의 새〕. **5** 비둘기의 일종. **6** 야생 백조의 일종〔북미산(産)〕(trumpeter swan).
be one's own trumpeter 빼기다, 자만하다.
trúmpet flòwer *n.* 나팔 모양의 꽃이 피는 식물.
trúmpet líly *n.* 총백합.
trúmpet víne *n.* = trumpet creeper.
trun·cal [trʌ́ŋkəl] *adj.* 줄기의; 몸통이의.
trun·cate [trʌ́ŋkeit] *vt.* (**-cat·ed, -cat·ing**) **1**〔나무 따위〕의 머리(끝)를 잘라내다;〔문장 등〕을 짧게하다. **2**〔결정(結晶)〕의 모서리를 다듬어 평면으로 하다.
— *adj.* **1** 짧게 된, 끝을 자른. **2**〔생물〕절단형의, 끝을 잘라낸 모양의;〔고등 따위의〕꼭지가 없는.
trun·cat·ed [trʌ́ŋkeitid] *adj.* **1** 짧게 된, 끝이 잘린, 머리를 잘라낸 끝의; 불완전한. ¶ a *truncated* cone 원추대(臺). **2**〔結晶〕모서리가 잘린, 끝을 잘라낸 모양의. **3**〔韻律〕두운(頭韻) 또는 각운(脚韻)이 불완전한.
trun·ca·tion [trʌŋkéiʃ(ə)n] *n.* ⓤ 머리끝을 자름; 절단.
trun·cheon [trʌ́ntʃ(ə)n] *n.* **1**《주로 영》경찰관이 가지고 다니는 경찰봉. **2** 지장(職杖), 권표(權標). **3**《폐어》무거운 곤봉. — *vt.*《고어》…을 곤봉으로 치다.

trun·dle [trʌ́ndl] *n.* **1** [침대 등의] 다리 바퀴, 작은 바퀴. **2** =trundle bed. **3** [폐어] 손으로 미는 수레. —— *v.* (-dled, -dling) *vt.* **1** [바퀴·공 따위를] 돌리다, 굴리다; [손수레 따위로] …을 밀다(움직이다). ¶ (~+图+前+名) trundle a hoop *along* the street 길에서 후프를 굴리다 // (~+图+副) trundle a machine *around* 기계를 빙빙 돌리다. **2** [수레 따위로] 굴리다, 운반하다. **3** [크리켓] [공]을 던지다. —— *vi.* 구르다, 돌다, 굴러가듯이 떠나가다(*away*). ¶ (~+副) The truck trundled *away* along the street. 트럭이 거리를 굴러갔다.

trúndle bèd *n.* 다리에 바퀴가 달린 침대.

trun·dler [trʌ́ndlər] *n.* 굴리는 사람; 던지는 사람.

‡trunk [trʌŋk] *n.* **1** 줄기, 나무 줄기. **2** 몸뚱이, 몸통, 동체(胴體); 곤충의 흉부(胸部); 몰고기의 구간부(軀幹部) [아감딱지에서 항문까지]. **3** [물건의] 주요 부분. **4** [도로·철도·전화·운하 따위의] 간선, 주요 노선, 본선(本線); [건축] 기둥 몸, 기둥 줄기. **5** [해부] 주신경(主神經); 대동맥. **7** [전화의] 중계선. **8** (~s) 《英》 장거리 전화. **9** 여행용 큰 가방, 트렁크; 《美》 [자동차 뒷부분의] 짐 싣는 곳, 트렁크. **10** [코끼리의] 코. **11** (~s) [경기·수영용 따위의 남성용] 팬츠. **12** [항해] [짐을 싣거나 통풍을 위해 갑판에 뚫은] 세로 구멍, 통풍용 통(筒). **13** [기계] [증기 기관의] 원통형 피스톤.

live in one's trunks 여장을 풀지 않다.
—— *adj.* 주요한, 본체의; 간선(幹線)의; 통[몸]의.
—— *vt.* **1** …을 트렁크에 넣다. **2** 《英》[광석]을 통속에서 썻어 골라내다. ¶ [distance call].

trúnk càll *n.* (주로 英) 장거리 전화 [호출] (long-distance call).

trunk·fish [trʌ́ŋkfìʃ] *n.* (*pl.* **-fish** *or* **-fish·es**) 거북복류(類).

trunk·ful [trʌ́ŋkfùl] *n.* 트렁크 가득[의 것].

trúnk hòse *n.* [16-17세기에 유행한] 반 바지.

trúnk lìne *n.* =trunk 4.

trunk-road [trʌ́ŋkròud] *n.* 간선 도로(main road).

trun·nel [trʌ́nl] *n.* =treenail.

trun·nion [trʌ́njən] *n.* **1** 포이(砲耳) [포신(砲身)을 포가(砲架)에 걸칠 때의 받침] . **2** [일반적으로 기계의] 지축(支軸), 받침.

truss [trʌs] *vt.* **1** …을 다발로 하다, 묶다, 매다(tie up) (…*up*). ¶ truss hay 건초를 다발로 묶다 // (~+图+副) The policeman trussed *up* the robber. 경찰관이 도적을 포박했다. **2** [요리하기 전에] 〈새〉의 날개나 다리를 몸통에 꼬챙이로 꿰다, 묶어매다. **3** [건축] [지붕·다리 따위]를 형구(桁構) (truss)로 버티다. **4** [매사냥] [매가] [새]를 움켜잡다. **5** [몸에 꼭 낀 옷에] [몸]을 맞추다. —— *n.* **1** 다발, 꾸러미(bundle); (주로 英) [건초·짚 따위의] 다발. **2** [식물] 줄기 꼭대기에 무리를 지어 피는 꽃 수상화(穗狀花). **3** [건축] 트러스, 버팀목(木), 형구(桁構); [의학] 헤르니아 (탈장) 대(帶). **5** [항해] 하활의 중간을 돛대에 갖다 붙이는 Y자 모양의 쇠붙이 기구. [橋].

trúss brídge *n.* [토목] 트러스 교(橋), 결구교(結構橋)

‡trust [trʌst] *n.* **1** U 신용, 신뢰, 신임(*in*…). ⇨ BELIEF [類語] ¶ I have no trust *in* him. 나는 그를 신용하지 않는다 // He has always gained the trust of his associates. 그는 언제나 동료들의 신뢰를 얻어왔다. **2** 확고한 기대(hope), 희망, 확신 (*in* …). ¶ have trust *in* the future 장래에 기대를 걸다. **3** 외상 판매, 신용 대여 (credit). ¶ sell (buy) a thing *on* trust 물건을 외상으로 팔다(사다). **4** (~를) 신용받고 있는 사람, 신용받고 있는 물건. ¶ God is our trust. 우리들이 믿는 것은 신이다(Our trust is in God.). **5** 신용(신뢰)받고 있는 상태, 신임받고 있음; [신뢰에 대한] 책임, 의무. ¶ a position of great trust 아주 책임이 무거운 지위 / I don't want to fail my trust as chairman. 나는 의장으로서 여러분에게 받고 있는 신뢰를 저버리고 싶지 않다 **6** 위탁, 보관, 보호, 돌보기(care); ⓒ 신탁된 물건, 맡긴 물건. ¶ a child committed to his trust 그에게 맡겨진 아이. **7** [법률] 신탁, 신탁 관리; 신탁인의 권리; ⓒ 신탁 재산, 신탁물, 수탁자(受託者), 피신탁인. **8** ⓒ [경제] 기업 합동, 트러스트, 시장 독점을 위해 결성된 기업 합동. **9** (드물게) 신뢰성, 믿을 수 있는 것, 충성, 성실(loyalty).

in trust 보관하여, 맡아 두어, 위탁되어. ¶ hold a thing *in trust* for a person 남을 위해 물건을 보관하다 / The money is left *in trust* with the bank. 그 돈은 은행에 예탁되어 있다.

on trust ① [현금 거래가 아니라] 신용으로, 외상 판매로 ~3. ② 전적으로 믿어, 조금도 의심치 않고. ¶ take (*or* accept) a thing *on trust* …을 전적으로 신용하다.
—— *vt.* **1** …을 신용하다, 신뢰하다, 신임하다. ⇨ RELY [類語] ¶ We cannot trust him. 그는 믿을만한 인물이 못된다. **2** …을 바라다, 기대하다, 희망하다. ¶ (~+*to do*) I trust *to hear* better news. 더 좋은 소식을 듣고 싶다 // (~+[*that*] 節) I do trust [*that*] you will be successful. 너는 성공할 것이라고 나는 믿는다. **3** …을 신용해서 …하게 하다; …을 믿다. ¶ (~+图+*to do*) Do you trust her *to go* alone at night? 그녀를 믿고 밤에 혼자 내보내도 괜찮습니까? // (~+图+*to do*) I can't trust it *out of* my hands. 내 곁에 두지 않으면 마음이 놓이지 않는다. **4** …에 안심하고 맡기다(사용케 하다). ¶ (~+图+前+名) I trusted him *with* my car.=I trusted my car *to* him. 안심하고 내 차를 그에게 빌려 주었다. **5** [비밀 따위]를 안심하고 털어놓다. **6** …을 외상으로 판매하다, 외상으로 주다. ¶ (~+图+前+名) Do you mind trusting me *for* it? 그 대금은 다음에 주어도 되겠읍니까?
—— *vi.* **1** 신용하다, 신뢰하다, 믿다(believe) (*in*…). ¶ (~+前+名) trust *in* God 신을 믿다. **2** [사람 등]에 맡기다(*to*…). ¶ (~+前+名) trust *to* chance 운에 맡기다. **3** 기대하다, 희망하다(hope).
◇ **trústful, trústy, trústworthy** *adj.,* **entrúst** *v.*

trúst bùster *n.* 《美》[반 트러스트(독점 금지)법에 의거해서] 트러스트 해체에 종사하고 있는 관리.

trúst còmpany *n.* 신탁 회사; [특히] 신탁 은행.

trúst dèed *n.* [법률] 담보를 위한 신탁 증서.

*trus·tee [trʌstíː] *n.* **1** [법률] 피신탁인, 수탁자(受託者), 관재인(管財人). **2** 보관 위원, [대학 등의] 이사, 평의원.

the trustee process 《美》 채무자의 재산을 압류해서 관재인의 손에 넘기는 절차.
—— *vt.* (**-teed, -tee·ing**) **1** [재산]을 수탁자에게 위탁하다. **2** …을 압류하다.

trus·tee·ship [trʌstíːʃip] *n.* U **1** 수탁자의 직무(권능). **2** [유엔의] 신탁 통치권. *cf.* mandate. ¶ the *Trusteeship* Council [유엔의] 신탁 통치 이사회.

trust·er [trʌ́stər] *n.* 믿는 사람(것).

trust·ful [trʌ́stfùl] *adj.* 신뢰하는, 믿어 의심치 않는, 믿기 쉬운. **-ly** [-fəli] *adv.* **~ness** *n.*

trúst fùnd *n.* 신탁 자금.

trust·i·fy [trʌ́stəfài] *vt., vi.* (상업) 기업 활동(트러스트)화 하다.

trust·ing [trʌ́stiŋ] *adj.* 믿는, 믿어 의심치 않는, 믿기 쉬운(trustful). **-ly** *adv.* **~ness** *n.*

trúst ìnstrument *n.* [법률] 신탁 증서.

trust·less [trʌ́stlis] *adj.* 신용할 수 없는; 불신의.

trúst mòney *n.* 위탁금. ¶ mandate

trúst tèrritory *n.* [유엔의] 신탁 통치 지역. *cf.*

*trust·wor·thy [trʌ́stwɔ̀ːrði] *adj.* 신뢰(신용)할 수 있는, 믿을 수 있는, 든든한. **-thi·ly** *adv.* **-thi·ness** *n.*
◇ trust *n.*

*trust·y [trʌ́sti] *adj.* (**trust·i·er; trust·i·est**) 신뢰(신용)할 수 있는 (trustworthy), 믿어도 되는(dependable). ¶ a trusty servant 믿어도 되는 하인. —— *n.* (*pl.* **trust·ies**) **1** 신용할 수 있는 사람(것). **2** 《美》 모범수. **trust·i·ly** *adv.* **trust·i·ness** *n.* ◇ trust *n.*

‡truth [truːθ] *n.* (*pl.* **truths** [truːðz, -θs]) **1** U 진리,

truth drug 참(*opp.* falsehood); ⓒ [하나의] 진리. ¶ a scientific *truth* 과학적 진리 / *Truth* is beauty. 진실은 아름다움이다 / God is *truth*. 신은 진리이다 // This proves the *truth* that God defends the right. 이것은 신이 정의를 옹호한다는 진리를 증명한다.
2 ⓒ⒰ 사실, 진실[된 이야기], 진상. *opp.* lie¹ ¶ I'll tell you God's (or Heaven's, the whole) *truth*. 조금도 거짓없는 사실을 이야기해 주겠다 / The *truth* is [that] she didn't sleep a wink. 털어놓고 이야기하면, 그녀는 단 한잠도 자지 못했다 / *Truth* is stranger than fiction. 《속담》 사실은 소설보다 더 기이하다.
3 ⓤ 실상, [일의] 진위(眞僞); 실재(實在), 실체(實體). ¶ I doubt the *truth* of …의 진실성을 의심하다 / There is no *truth* in his statement. 그의 이야기에는 진실성이 없다.
4 ⓤ 성실(sincerity), 정직(honesty). ¶ There is no *truth* in him. 그에게는 성실함이 전혀 없다.
5 ⓤ[기준이 되는 것과의] 일치, 합치, 적합; 정확함, 정밀함. ¶ The wheel is out of *truth*. 그 바퀴는 고장나 있다 // *truth* to life (or nature) 박진감. *cf.* true adj. 4
6 (T-) 신(神) (truly).
in truth 참으로, 실제, 사실대로 이야기하면(in fact).
of a truth 《고어》 사실은, 분명히.
tell the truth and shame the devil 《구어》 아무도 두려워 하지 않고 진실을 밝히다.
to tell (or **speak**) **the truth** 사실은, 사실대로 말하면.
truth to tell =to tell the truth.
◇ true, truthful, truthless *adj.*
trúth drùg *n.* 심리 억제 해제약, 자백제(自白劑).
*truth·ful [trúːθfəl] *adj.* **1** 정직한(honest), 성실한. **2** 진실의, 참된, 정확한. **-ly** *adv.* **-ness** *n.*
truth·less [trúːθlis] *adj.* 허위의(false), 정직하지 않은, 믿을 수 없는. **-ness** *n.*
trúth sèrum 《美》 =truth drug.
truth-val·ue [trúːθvæ̀ljuː)] *n.* [논리] 진리치(眞理値).
‡try [trai] *v.* (**tried, try·ing**) *vt.* **1** …을 해보다, …을 시도하다, …하려고 노력하다(endeavor). ¶ *try* one's best (or hardest) 열심히 하다, 전력을 다하다 / *Try* something easier. 좀 더 쉬운 것을 해보아라 / (~+to do) She *tried* to write in pencil. 그녀는 연필로 써보려고 했다 / Don't *try* to explain. 변명은 그만두어라 / (~+*ing*) She *tried* writing in pencil. 그녀는 시험삼아 연필로 써보았다 / Just *try* feeling the surface. 잠깐 그 표면을 만져만 보아라. * *try to do* 는 「…하려고 시도하다」「…하려고 노력하다[아직 하고 있지는 않다]」, *try doing* 은 「시험삼아 해보다」「실제로…해보다」의 뜻.
[頭語] *try* 「애쓰다」라는 뜻의 가장 일반적인 말: *try* to prove one's abilities 자신의 능력을 증명하려고 애쓰다. **attempt** 노력의 의미에 덧붙여 실제로 착수하다, 본격적으로 달라붙는다는 의미를 강조하는; 실패를 암시하는 경우가 많다: *attempt* to commit suicide 자살을 기도하다. **endeavor** 굳은 결의로 계속되는 노력을 암시; 당연히 해야 할 일을 하기 위한 노력을 암시: *endeavor* to perform one's duty 의무를 다하려고 열심히 하다. **strive** 어려운 일을 달성하기 위해 지하에서 온갖 노력을 기울이다: *strive* to overcome difficulties 난국을 타개하려고 노력하다. **struggle** 전후투하다; 필사적인 노력을 암시: *struggle* for a living 살아가려고 노력하다; 허덕이다.
2 …을 시험하다(examine, test), …을 시험삼아 써보다, 먹어보다, 마셔보다. ¶ *try* one's luck (or fortune) 운을 시험해 보다 / Do more. 좀 더 드시지요[음식 더 권할 때 쓰는 말] / I like to *try* different kinds of food. 나는 갖가지 음식을 먹어본다/He *tried* his skill at cooking. 그는 요리 솜씨를 시험해 보았다 / (~+圓+前+名) Just *try* this knife *on* a pencil. 시험삼아 이 칼로 연필을 깎아보렴 / Please *try* me for the job. 제게 시험 나를 그 일에 써보아 주십시요 // (~+*wh.* 節) *Try whether* you can do it or not. 네가 그 일을 할 수 있는지 없는지, 한번 시도해 보아라.
3 …에게 고통을 주다, 시련을 겪게 하다, …을 괴롭히다, 고생받게 하다(annoy); 고생시키다. ¶ The war *tried* them greatly. 전쟁은 그들에게 참으로 큰 피로움을 안겨주었다 / Rheumatism *tries* me a good deal. 나는 류머티즘으로 시달리고 있다 // (~+目+前+名) Don't *try* your eyes *with* that small print. 그런 작은 활자를 보면서 눈을 혹사해서는 안 된다.
4 [법률] …을 공판에 붙이다, 심리(審理) 재판하다; [변호사로서] …의 심문에 입회하다. ¶ (~+目+前+名) He was *tried for* murder. 그는 살인죄로 재판에 회부되었다 / Which judge will *try* the case? 어느 판사가 이 사건의 담당인가?
5 〔드물게〕 …의 진위(眞僞) (옳고 그름)을 가리다, [사리를 따져] …을 결정짓다, 매듭짓다 (…*out*). ¶ They *tried* the dispute in a duel. 그들은 결투로 그 분쟁을 매듭지었다.
6 〔광석을 가열하여〕 [금속]을 정련(精煉) 하다 (refine), [지방(脂肪)]에서 기름을 짜다(…*out*). ¶ (~+目+前+名) *try up* chicken fat for crackling 닭고기의 껍질이 바삭바삭하도록 기름을 짜내다.
7 〔목공〕 대패로 끝손질(마무리)하다(…*up*). ¶ (~+目+名) *try up* a desk 책상을 대패로 끝손질하다.
— *vi.* 해보다, 시도하다, 시험해 보다, 애쓰다, 노력하다, 심사를 받다(*out*…). ¶ Well, I'll *try* harder next time. 이 다음에는 더 열심히 노력하겠다 // (~+前+名) *try for* the post 그 지위를 차지하려고 애쓰다.
try and do …하려고 애쓰다. * *try to do* 보다 더 구어적이며, 명령문에 쓰이는 때가 많다. 부정문에서는 이 쓰이지 않고, 과거형에는 쓰이는 일이 없다. ¶ *Do try and* improve! 부디 좀 애써보시오!
try as I may 《구어》 애는 써봤지만.
try back ① [항해] [뱃줄]을 늦추다. ② 다시 한번 해보다(*with*…).
try it on ① 철저히 해보다. ② 《英구어》 [남을] 속이려 하다.
try it on the dog 《구어》 ① [음식]을 개에게 먹여보다. ② 〔새로운 연극 따위〕를 시골에서 공연해서 반응을 보다.
try on ① …을 입어 보다, 써보다. ¶ *Try* this hat *on*. 이 모자를 써서 보아라. ② [나쁜 짓]을 시험삼아 해보다.
try out ① …을 철저히 해보다, 엄밀히 시험하다. ② (*vi.*) 자신의 적성 (적성)을 시험해 보다(*for*…).
try over [음악의 어떤 곡 등]을 연습하다, 리허설하다.
— *n.* (*pl.* **tries**) **1** 시험, 시도(trial); 노력(*at*…). ¶ Let's have a *try* at it. 그것을 한번 해보자라 / have a *try* to do something 어떤 일을 해보려고 시도하다. **2** [럭비] 트라이. *cf.* touchdown ¶ convert a *try* 트라이를 골로 연결시키다.
give or have a try 시도하다, 한번 해 보다.
◇ trial *n.*
‡try·ing [tráiiŋ] *adj.* **1** 화나는, 약이 오르는(*to*…), *trying* to the temper 짜증나는, 화나는. **2** 아주 힘이 드는, 고된다, **3** 힘드는, 피로운, 쓰라린. **4** 시험하는. **-ly** *adv.* **-ness** *n.*
trýing plàne *n.* 마무리 대패.
try-on [tráiàn, 英-ɔ̀n] *n.* **1** 《英구어》 [속이려고 하는] 시도. **2** [가봉된 옷을] 입어보기, 가봉.
try·out [tráiàut, +英 ⁻ ⁻] *n.* 《美구어》 **1** 솜씨 자랑, 적성 검사. **2** [연극의] 시험적 공연.
tryp·a·no·so·ma [trìpənəsóumə] *n.* (*pl.* **-ma·ta** [-mətə]) =trypanosome.
tryp·a·no·some [trípənəsòum] *n.* [생물] 트리파노소마 [잠자는 병 따위 여러 가축병의 병원체인 편모충].
tryp·sin [trípsin] *n.* ⓤ [생화학] 트립신 [단백질을 가수 분해하는 췌장(膵臟)의 효소].
tryp·to·phan [tríptəfæ̀n], **-phane** [-fèin] *n.* ⓤ [생화학] 트립토판 [동물 생육에 필요한 아미노산의 일종].
try·sail [tráisèil, 항해 tráisl], (**tri-sail**) *n.* [항해] 트라이슬[횡범선(橫帆船)의 앞 돛대 뒤쪽에 매단 보조적인

작은 종범(縱帆)(spencer).
trý squáre *n*. 곱자, 곡척(曲尺).
tryst [trist, traist] *n*. **1** 만날 약속, 데이트의 약속; 약속된 만남, 밀회. **2** 만나기로 약속된 장소. —— *vt*. 〔주로 스코〕…와 만날 약속을 하다, (만날 때·장소)를 정하다. —— *vi*. 만날 약속을 하다, 만날 때(장소)를 정하다. [약속된 장소.
trýst·ing pláce [trístiŋ-] *n*. 〔연인들이〕 만나기로
tsar [zɑːr, tsɑː] *n*. =czar.
tsar·e·vitch [záːrəvitʃ, tsɑː-] *n*. =czarevitch.
[< Russ *tsarevitsh* son of a tsar]
tsa·rev·na [zɑːrévnə, tsɑː-] *n*. =czarevna.
[< Russ tsar's daughter]
tsa·ri·na [zɑːríːnə, tsɑː-] *n*. =czarina. [어.
tsa·rit·za [zɑːrítsə, tsɑː-] *n*. =czaritza.
T-score [tíːskɔ̀ːr] *n*. 〔통계〕 편차치(偏差値), T 스코
tsét·se flý [tsétsi-] *n*. 체체파리〔열대 아프리카에서 서식하는 파리로, 잠자는 병 따위를 옮김〕.
T. Sgt. (略) 〔美 육군〕 Technical Sergeant.
T-shaped [tíːʃèipt] *adj*. T 자 모양의.
T-shirt [tíːʃɔ̀ːrt], **(tee-shirt)** *n*. T 셔츠〔반 소매의 목이 둥근 셔츠〕.
tsim·mes [tsíməs] *n*. ⓤⓒ 큰 소동.
tsk [tisk, ʧ] *interj*. 쳇〔혀를 차는 소리; 불만, 비난을 나타냄〕. —— *vi*. 혀를 차다. *cf*. tut
tsor·is [tsɔ́ːris] *n*. ⓤ 고난, 불행.
tsp. (略) teaspoon, teaspoonful.
T́ squáre *n*. T 자 모양의 자, T 자(T-shaped ruler).
TSS (略) time-sharing system 〔시분할 방식〕.
tsup [tsʌp] *interj*. 〔속어〕 무슨 일이야; 어떻게 지냈어.
[< What's up?]
T.T. (略) 〔상업〕 telegraphic transfer 〔전신환(電信換)〕; teletypewriter; 〔의학〕 *t*uberculin *t*ested 〔투베르쿨린 반응 검사를 한〕.
TTB (略) 〔무역〕 telegraphic transfer buying [rate] 〔전신환 매수 시세〕.   〔핵실험 제한 조약〕.
TTBT (略) The Threshold Test Ban Treaty (지하
T-time [tíːtàim] *n*. ⓤ 로켓 발사 시간.
TTL (略) through-the-lens; to take leave; 〔전자공학〕 *t*ransistor *t*ransistor *l*ogic 〔트랜지스터 트랜지스터 논리 [회로]〕.
TTS (略) 〔무역〕 telegraphic transfer selling [rate] 〔전신환 매각 시세〕; *T*eletypesetter; *t*eletypesetting; *t*emporary *t*hreshold *s*hift (항공기 소음에 의한 일시적인 청각 저하).
TTT (略) time, temperature, tolerance (허용 온도 시간(식품의 신선도가 일정 온도에서 얼마나 오래 유지되는가를 나타내는 수치).
TTY (略) teletypewriter.
Tu (略) 〔페어〕 thulium; 〔화학〕 tungsten.
Tu. (略) Tuesday.   [〔장치(傳導裝置)〕.
T.U. (略) trade union; 〔철도〕 *t*ransmission *u*nit 〔전도
tu·an [tuːáːn] *n*. 〔말레〕 남성에 대한 존칭〔sir, mister 따위에 해당함〕.
‡**tub** [tʌb] *n*. **1** 통, 물통; 함지, 목욕통(bathtub). ¶ a wash *tub* 세탁통 / Westerns clean their bodies in the *tub*. 서양 사람은 목욕통 속에서 몸을 씻는다. **2** 〔英구어〕 목욕(bath). ¶ take (or have) one's *tub* 목욕하다 **3** 한 통의 분량, 물통 가득. ¶ a *tub* of hot water 한 통 가득의 더운 물. **4** 〔항해〕〔구어〕〔경멸적〕 느리고 맵시없는 작은 배, 연습용 보트, 크고 강한 사람. **5** 〔광산〕〔광석·석탄 따위의〕 운반차(ore car), 석탄을 실어 올리는, 통, 두레박. **6** 〔美속어〕 뚱보(fat
a tále of túb ⇨ TALE.   [person).
thrów out a túb to the whále 〔닥쳐 올 위험을 피하기 위하여〕 남의 눈을 속이다.
a túb of lárd 〔속어〕 뚱뚱보.
—— *v*. (**tubbed, túb·bing**) *vt*. **1** …을 통에 넣다. **2** 〔英구어〕 목욕시키다. —— *vi*. **1** 〔英구어〕 목욕하다. **2**

연습용 보트로 연습하다.
◇ **túbbish, túbly** *adj*.
tu·ba [t(j)úːbə / tjúː-] *n*. (*pl*. **-bas** *or* **-bae** [-biː]) **1** 튜바〔넓은 구경(口徑)의 저음 금관악기〕. **2** 〔오르간의〕 튜바 음전(音栓). **3** 고대 로마의 군용 나팔.
tub·al [t(j)úːb(ə)l / tjúː-] *adj*. **1** 관(管)의, 관 모양의.
Tu·bal-cain [t(j)úːb(ə)lkèin / tjúː-] *n*. 〔성서〕 두발 가인〔철·놋쇠의 날붙이를 만드는 사람. ← 창세기 (Gen.) 4-22〕.
tu·bate [t(j)úːbeit / tjúː-] *adj*. 관(管) 모양의, 관이 있는.   [는 사람.
tub·ber [tʌ́bər] *n*. **1** 통 만드는(파는) 집. **2** 목욕하
tub·bing [tʌ́biŋ] *n*. ⓤ **1** 통 만들기; 통을 만드는 재료. **2**〔英〕목욕. **3** 통. **4** 보트 연습.
tub·bish [tʌ́biʃ] *adj*.〔물〕통같과 같은, 통 모양의; 통통하게 살진.
tub·by [tʌ́bi] *adj*. (**-bi·er, -bi·est**) **1** 맥주통과 같은, 살진. **2** 무딘 소리를 내는. **-bi·ness** *n*.
‡**tube** [t(j)uːb / tjuːb] *n*. **1** 〔금속·유리·고무 따위의〕 관, 통; 〔일반적으로〕 관 모양의 것. ¶ a lead *tube* 연관(鉛管) / a test *tube* 시험관 / an inner *tube* 〔타이어 따위의〕 튜브. **2**〔그림물감 따위의〕 튜브(용기). ¶ a *tube* of toothpaste 짜서 쓰는 치약의 튜브. **3** 〔해부·동물〕 관 모양의 기관, 관(管). ¶ bronchial *tubes* 기관지(氣管支). **4**〔식물〕관상부(管狀部); 통 모양의 부분. **5** 〔음악〕 관악기. **6**《美》〔전자 공학〕 진공관. **7** (the ~)《美속어》 텔레비전. **8** 지하도;《英구어》 지하철(subway), (the T-) London 의 지하철.
go dówn the túbe 《美구어》 못쓰게 되다, 도산(倒產)
—— *v*. (**tubed, túb·ing**) *vt*. **1** …에 관(튜브)을 달다. **2** …을 관(管)에 넣다. **3** …을 관 모양으로 하다.
—— *vi*.《英구어》지하철로 가다.
túbe·like, túbu·lar, túbu·lous, túbu·late *adj*.
tube-ba·by [t(j)úːbèibi / tjúː-b-] *n*. 시험관 아기.
túbe fóot *n*. 〔극피(棘皮) 동물의〕관족(管足).
tube·less [t(j)úːblis / tjúː-b-] *adj*. 관이 없는.
túbeless tíre *n*. 튜블리스 타이어〔튜브가 없는〕.
tube·like [t(j)úːblàik / tjúː-b-] *adj*. 관과 같은.
tu·ber [t(j)úːbər / tjúː-] *n*. **1** 〔식물〕 감자 따위의 괴경(塊莖). **2** 〔해부〕 융기, 돌기, 결절(結節).
tu·ber·cle [t(j)úːbərkl / tjúː-] *n*. **1** 〔식물〕 근립(根粒), 근류(根瘤). **2**〔해부〕 작은 결절(結節). **3** 〔의학〕 결절(結節) (tuberculosis). **4** 결핵 결절.
túbercle bacíllus *n*. 결핵균.
tu·ber·cled [t(j)úːbərkld / tjúː-] *adj*. 결절을 가지고 있는, 결절이 생긴(있는).
tu·ber·cu·lar [t(j)u(ː)bə́ːrkjulər / tju(ː)-] *adj*. **1** 결핵의, 결핵성의; 결핵 환자를 가진. **2** 결절의, 결절 모양의. **3** 〔비유적〕 건전치 못한, 약체(弱體)의. ¶ *tubercular* finances 불건전 재정. —— *n*. 결핵 환자. **-ly** *adv*.
tu·ber·cu·lin [t(j)u(ː)bə́ːrkjulin / tju(ː)-] *n*. ⓤ 〔의학〕 투베르쿨린 주사액〔치료용의 결핵균 추출액〕.
tu·ber·cu·lin·ize [t(j)u(ː)bə́ːrkjulinàiz / tju(ː)-] *vt*. (**-ized, -iz·ing**) …을 결핵에 걸리게 하다, 결핵성으로 하다.
tubérculin tést *n*. 투베르쿨린 반응 검사.
tu·ber·cu·loid [t(j)u(ː)bə́ːrkjulɔ̀id / tju(ː)-] *adj*. **2** 결절상(結節狀)의.
*‡**tu·ber·cu·lo·sis** [t(j)u(ː)bə̀ːrkjulóusis / tju(ː)-] *n*. ⓤ 〔병리〕결핵 [略 T.B.].
tu·ber·cu·lous [t(j)u(ː)bə́ːrkjuləs / tju(ː)-] *adj*. 결핵〔균〕의; 결핵성의.
tube·rose[1] [t(j)úːbəròuz / tjúː-] *n*. 월하향(月下香), 네달란드 수선화.
tu·ber·ose[2] [t(j)úːbəròus / tjúː-] *adj*. =tuberous.

tu·ber·os·i·ty [t(j)ù:bərásiti / tjù:bərɔ́s-] n. ⓤ 〔해부·식물〕 결절상(結節狀)(성); 괴경상(塊莖狀)(성).

tu·ber·ous [t(j)ú:bərəs / tjú:-] adj. **1** 〔해부〕 결절이 있는, 결절상(의), 결절을 닮은. **2** 〔식물〕 괴경(塊莖)이 있는, 괴경상(塊莖狀)의.

tube-train [t(j)ú:btrèin / tjú:b-] n. 〔영〕 지하철.

túbe wèll n. 땅을 곧추 파서 만든 우물(driven well).

tub·ing [t(j)ú:biŋ / tjú:-] n. ⓤ 관을 설치하기, 배관(配管); 관조직(管組織); 관의 재료; 〔집합적〕 관류(管類).

tub-thump·er [tʌ́bθʌ̀mpər] n. 〔책상을 두들기며〕 열변을 토하는 사람.

tub-thump·ing [tʌ́bθʌ̀mpiŋ] n. ⓤ〔책상을 두들기며〕열변을 토하기, 큰 소리 지르기.

tu·bu·lar [t(j)ú:bjulər / tjú:-] adj. **1** 관(管)의, 관 모양의. **2** 관식(管式)의, 관(파이프)을 사용한. ¶ a *tubular* boiler 다관식(多管式) 보일러. **3** 관을 부는 듯한 소리가 나는. **4** 〔속어〕 멋있는, 굉장한(wonderful).

tu·bu·late adj. [t(j)ú:bjulit, -lèit / tjú:bjulit // → v.] 관모양의, 통모양의, 관이 붙어있는(tubulated).
— vt. [t(j)ú:bjulèit] (-lat·ed, -lat·ing) …을 관(모양)으로 하다, …에 관을 붙이다.

tu·bule [t(j)ú:bju:l / tjú:-] n. 작은 관; 〔동·식물〕 가는 관.

tu·bu·lous [t(j)ú:bjuləs / tjú:-] adj. **1** 관이 있는. **2** 관과 비슷한(tubular). **3** 〔식물〕 통모양의.

T.U.C. (略) *T*rades *U*nion *C*ongress (〔영국〕 노동조합 회의).

‡**tuck**[tʌk] vt. **1** …을 쑤셔넣다, 처넣다, 숨겨넣다, 숨기다(hide). ¶ (~+圄+前+呂) *tuck* a thing *in* one's pocket. 어떤 물건을 자기의 호주머니에 집어넣다 / a cabin *tucked among* pines 소나무로 둘러싸여 있는 두막집. **2** (샤쓰·냅킨 따위의 자락)을 끼우다, 끼워넣다. ¶ (~+圄+前+呂) *tuck* one's napkin *under* his chin 냅킨을 턱 밑에 끼워넣다. **3** (남)을 모포(담요)따위로 둘러싸다(…in). ¶ (~+圄+前+呂) *tuck* oneself *up in* bed 침구(寢具)에 파고들다 / *tuck* the boy *in* the bed 어린아이를 침대에 눕히고 담요를 덮어주다. **4** (소매·자락 따위)를 걷어올리다, 접어올리다(…up). ¶ (~+圄+圕) *tuck* one's shirt sleeves *up*; *tuck up* one's shirt sleeves 샤쓰의 소매를 걷어올리다. **5** 〔재봉〕에 장식 주름을 잡다(…up). **6** 〔큰 그릇에서〕 〔물고기〕를 뜰채로 건져내다. **7** 〔속어〕 마음껏 먹다, 게걸스럽게 먹다, 벌컥벌컥 마시다(…away, in). **8** …을 바짝 죄다(draw in); 〔속어〕 …을 교수형에 처하다, 목을 매달다(hang)(…up).
— vi. 처넣다, 접어 넣고 호다; 〔재봉〕 주름을 달다. **2** 걷어 올려지다. **3** 〔속어〕 게걸스럽게 먹다(eat heartily), 진탕마시다(*into, in*…). (…out).
be tucked up 〔구어〕 기진맥진하다, 지치다(be tired
tuck it on to 〔미속어〕 …에 터무니없는 값을 부른다.
tuck one's **tail** 〔구어〕 모욕을 당하다, 낭패당하다.
tuck a person **up** 〔영구어〕 남을 곤경에 빠뜨리다; 남을 죽이다.
— n. **1** 〔옷의〕 장식 주름, 걷어 올려진 부분; 〔재봉〕 시처넣은 주름. **2** 시처넣는 동작, 접어넣기. **3** 〔항해〕 고물 돌출부의 아래쪽. **4** 〔낚시〕 돌새. **5** ⓤ 〔영속어〕 음식물; 단, 과자.

tuck² [tʌk] n. (주로 스코〕 북 따위를 치는 소리.

tuck³ [tʌk] n. 〔구어〕 = tuxedo.

tuck·a·hoe [tʌ́kəhòu] n. 복령(茯苓) 〔식용의 균핵(菌核)〕.

túck bòx n. 〔영속어〕〔학교에 아이들이 가지고 가는〕 과자 담는 상자.

tuck·er¹ [tʌ́kər] n. **1** 〔재봉틀의〕 장식 주름 잡는 기계; 장식 주름을 잡는 사람. **2** 〔17-18세기의 여성들이 걸친〕 목에 걸어 가슴에서 합친 마직·모슬린 따위의 천. **3** =chemisette. **4** 〔濠속어〕 음식물(food).
earn (or *make*) *one's tucker* 〔속어〕 겨우 일할만큼

근근히 벌다.

tuck·er² [tʌ́kər] vt. 〔美속어〕 …을 지치게 하다(tire) (…out).   〔광파레〕.

tuck·et [tʌ́kit] n. 〔고어〕 화려한 나팔의 취주(吹奏).

tuck-in [tʌ́kìn] n. ⓤ 〔英속어〕 진수 성찬(spread).

tuck-out [tʌ́kàut] n. 〔英속어〕 = tuck-in.

tuck-shop [tʌ́kʃɑ̀p / -ʃɔ̀p] n. 〔英속어〕 과자류를 파는 상점; 〔학교내의〕 매점.

-tude suf. 주로 라틴계의 형용사·동사의 과거 분사와 결합하여, 성질·상태 따위의 뜻의 추상명사를 만든다. 예: altitude, aptitude.

Tu·dor [t(j)ú:dər / tjú:-] adj. **1** 튜더가(家)의, 튜더 왕조의; 튜더 왕조 시대의. **2** 〔건축〕 튜더 양식의.
— n. **1** 튜더가(家)의 사람, 튜더 왕조의 왕(여왕). **2** 튜더 왕조 시대의 사람(시인 등).
the House of Tudor 튜더 왕가(the Tudors)〔Henry Ⅶ에서 Elizabeth Ⅰ까지(1485-1603) 계속된 영국의 왕가〕.

Tu·dor·be·than [t(j)ù:dərbí:θən / tjù:-] adj. 〔가구 따위가〕 튜더·엘리자베스 시대 양식의.

*Tues. (略) Tuesday.

‡**Tues·day** [t(j)ú:zdi, -dei / tjú:z-] n. 화요일〔略 Tu., Tues.〕.

Tues·days [t(j)ú:zdiz, -deiz / tjú:z-] adv. 화요일에.

tu·fa [t(j)ú:fə / tjú:-] n. ⓤ 〔지질〕 **1** 〔석회성 온천 따위에서 침적(沈積)하는 다공질(多孔質)의〕 탄산 석회, 석회 회화(石灰華). **2** = tuff.

tuff [tʌf] n. ⓤ 〔지질〕 응회암(凝灰岩).

tuf·fet [tʌ́fit] n. **1** 낮은 대(臺).

***tuft** [tʌft] n. **1** 〔머리칼·턱수염·실·풀 따위의〕 작은 술, 작은 타래, 떨기, 뭉치. ¶ a *tuft* of hair 한 움 의 머리카락. **2** 작은 언덕, 약간 높은 곳(mound). **3** 〔고어〕〔영국의 대학에서 귀족의 자제가 모자에 붙였던〕 황금술 술; 귀족의 대학생. **4** 황제 수염(imperial). **5** 덤불(clump), 작은 숲. ¶ a *tuft* of pines 송림(松林).
— vt. **1** …에 술을 붙이다, 술로 장식되다. **2** 〔쿠션 따위)를 시침질한다. **3** 술모양이 되다, 무더기로 (터부룩이) 자라다. ◇ **túfty** adj.

tuft·ed [tʌ́ftid] adj. 술을 단, 술모양을 하고 있는.

tuft-hunt·er [tʌ́fthʌ̀ntər] n. 〔고어〕 명사(名士)와 가까이 하려고 하는 사람; 알랑쇠, 아첨꾼(sycophant).

tuft-hunt·ing [tʌ́fthʌ̀ntiŋ] adj. 명사와 가까와지려고 하는, 권문(權門)에 알랑거리는; 아첨하는.

tuft·y [tʌ́fti] adj. (tuft·i·er, tuft·i·est) 술이 많은, 술로 뒤덮여 있는; 더부룩이 자라는.

*tug [tʌg] vt. (tugged, tug·ging) vt. **1** …을 세게 끌어당기다, 별안간 잡아당기다. ⇨ DRAW 類語. ¶ (~+圄+圕+呂) *tug* a car *out of* the mire 진창속에서 차를 끌어내다. **2** 〔비유적〕〔무리하게〕〔상관 없는 이야기〕따위를 끄집어내다. ¶ (~+圄+圕) *tug* a story *in* 상관도 없는 이야기를 억지로 꺼내다. **3** …을 예인선(曳引船)으로 끌다, 예인하다. — vi. 끌다, 세게 끌어당기다(*at*…). **2** 열심히 노력하다(strive hard), 애쓰다, 싸우다, 다투다. — n. **1** 〔힘껏〕 끌기, 잡아 당기기(hard pull). ¶ give a person's hair a *tug* 남의 머리카락을 확 잡아당기다. **2** 비상한 노력, 분투. **3** 예인선; 〔끄는〕 도구〔밧줄·사슬 따위〕; 〔마구(馬具)의〕 끄는 가죽. **5** 〔美속어〕〔Eton학교의〕 급비생, 장학생(colleger).
a tug of war ① 줄다리기〔경기〕. ② 격투, 격돌; 세력 다툼. ¶ *When Greek meets Greek, then comes the tug of war*. 두 영웅이 만나면 싸움이 일어난다.

tug·boat [tʌ́gbòut] n. 예인선(曳引船).

tu·grik [tú:grik] n. 투그릭〔몽고의 화폐 단위〕.

Tui·ler·ies [tw(í:)ləriz / -ri] n. 튈러리 궁전〔파리의 센강변에 있는 옛 궁전. 1871년에 불탔으나, 나머지 부분이 복구되어 박물관으로 쓰인다〕.

*tu·i·tion [t(j)u:íʃ(ə)n / tjú:-] n. ⓤ **1** 지도, 교수(instruction). ¶ individual *tuition* 개인 교수. **2** 수업

료, 월사금, 사례. **3** 〔고어〕 돌보기, 보호, 감독, 후견.
◇ tuítional, tuítionary *adj*.
tu·i·tion·al [t(j)uːíʃən(ə)l / tjuː-] *adj*. 지도(교수)의; 수업료의.
tu·i·tion·ar·y [t(j)uːíʃənèri / tjuːíʃ(ə)nəri] *adj*. =TUITIONAL.
tuítion fèe *n*. 수업료, 강사료.
tu·la·re·mi·a [tjùːləríːmiə] *n*. ⓤ 〔병리・獸醫〕 야토병(野兎病), 들토끼병〔들토끼, 토끼 따위로부터 인간에게 전염되는 병〕.
‡**tu·lip** [t(j)úːlip / tjúː-] *n*. 튤립〔의 꽃〕, 구근(球根).
túlip trèe *n*. 튤립 나무〔튤립 비슷한 꽃이 피는 북아메리카산〕의 큰 나무. 재목은 가구용. 별명 tulip poplar〕, 미국 목련. 〔재목.
tu·lip·wood [t(j)úːlipwùd / tjúː-] *n*. ⓤ 튤립나무의
tulle [tuːl/tjuːl] *n*. 튈〔베일용의 얇은 망 모양의 나단〕.
tul·war [tʌ́lwɑːr, -ˊ-] *n*. 〔북부 인도의〕 구부러진 칼.
‡**tum·ble** [tʌ́mbl] *v*. (**-bled, -bling**) *vi*. **1** 구르다, 뒹굴다(roll about), 넘어지다(fall), 〔…에 걸려〕 넘어지다(over…); 굴러 떨어지다, 쓰러지다, 〔걸물 따위가〕 허물어지다, 도괴(倒壞) 하다(…), 〔권좌(權座)에서〕 떨어져 실각하다. ¶ (~+ 前+名) *tumble down* the stairs 계단에서 굴러 떨어지다 / *tumble off* (*from, out of*) a horse 낙마(落馬) 하다 / *tumble over* the roots of a tree 나뭇뿌리에 걸려 넘어지다. **2** 굴러들다(*into*…); 허둥지둥 오다(가다); 〔생각 따위가〕 뛰어나오다. ¶ *Tumble up*. 서둘러라 // (~+前+名) *tumble into* (*out of*) bed 허겁지겁 침대에 파고들다〔침대에서 뛰쳐 나오다〕 / *Children tumbled out of* the bus. 어린이들이 버스에서 허둥대며 밀려내렸다. **3** 마구 뒹굴다, 잠을 자다가 몸을 뒤치다, 〔생각 따위가〕 왔다갔다 하다(*roll*). ¶ (~+前+名) *tumble in* one's sleep 자다가 몸을 뒤치다. **4** 공중제비를 하다, 재주넘다, 빙글빙글 돌면서 떨어지다. **5** 〔가격・가치 따위가〕 폭락하다(*drop*). ¶ Prices *tumbled*. 물가가 폭락했다. **6** 우연히 만나다, 우연히 발견하다(*in, into, upon*…). ¶ (~+前+名) *tumble upon* a first-rate restaurant 일류 레스토랑을 우연히 찾아내다. **7** 〔속어〕 별안간 생각나다, 문득 깨닫다(*to*…).
— *vt*. **1** …을 넘어뜨리다, 굴리다, 뒤집어 엎다(overturn), 〔왕〕을 권좌(權座)에서 밀어내다(overthrow). ¶ (~+名+前+名) *tumble* a person *down* 남을 동댕이치다, 두들겨 넘어뜨리다. **2** …을 두들겨 부수다, 파괴하다. **3** …을 던지다, 내팽개치다. **4** 〔새・짐승 따위〕을 쏘아 떨어뜨리다(…*with*). **5** …을 뒤죽박죽으로 만들다, 헝클어뜨리다. ¶ *tumble* one's hair 머리칼을 헝클어뜨리다 // (~+名+前+名) *tumble* clothes *into* a box 상자속에 옷을 꾸기적꾸기적 쑤셔넣다. ¶ *tumble and toss* 대굴대굴 뒹굴다. ¶ *tumble and toss* from pain 고통으로 대굴대굴 뒹굴다. *tumble home* 〔항해〕 〔뱃전이〕 안쪽으로 굽다. *tumble in* ① 〔목공〕 끼워넣다. ② =TUMBLE HOME. ③ 〔구어〕 잠자리로 기어들어가다, 잠자다. *tumble up* 〔항해〕 급히 갑판에 모이다. ② 〔속어〕 기상(起床) 하다. — *n*. **1** 전도(轉倒), 뒹굴기, 전락, 하락, 폭락(fall). **2** 공중제비, 재주넘기(somersault). **3** 혼란, 뒤죽박죽(disorder). ¶ *all in a tumble* 뒤죽박죽이 되어. ¶ *give* (*get*) *a tumble* 〔구어〕 호의적인〔애정어린〕 반응을 보이다(얻다). *take a tumble* 별안간 깨닫다(생각나다).
túm·ble·bug *n*. 풍뎅이의 일종.
tum·ble-down [tʌ́mbldàun] *adj*. 허물어질 듯 같은, 황폐한. ¶ a *tumble-down* shack 허물어질 듯 같은 오두막. 〔건조기로 말리다.
túm·ble-drỳ [tʌ́mbldrài] *vi., vt*. 〔세탁물을〕 회전식 *tum·bler* [tʌ́mblər] *n*. **1** 〔밑이 평평한〕 큰 컵, 텀블러. **2** 곡예사, 공중제비하는 사람. **3** 종의 공이치기 용수철, 〔자물쇠의〕 공간(栓桿), 회전판, 뒤집쇠, **4** 〔기계〕 〔선택기 변속기의〕 전동(傳動) 장치의 가동부; 회

전굴대의 이(돌기). **5** 공중제비 비둘기〔비둘기의 일종〕. **6** 〔자동차의〕 기어를 물고 움직이는 부분. **7** 〔옛날 토끼사냥에 사용된〕 사냥개의 일종.
túm·bler·fùl [tʌ́mblərfùl] *n*. 큰 컵 한 잔의 양.
túmbler swítch *n*. =TOGGLE SWITCH.
túm·ble·wèed [tʌ́mblwìːd] *n*. 〔美〕 가을에 줄기 밑동에서 떨어져 나가 바람에 날려 흩어지는 잡초〔명아주・엉겅퀴 따위〕. 〔곡예.
túm·bling [tʌ́mbliŋ] *n*. ⓤⒸ 텀블링〔매트에서 하는
túmbling bàrrel (**bòx**) *n*. 회전통(回轉筒), 전마(轉磨) 장치〔재료의 연마 또는 혼합 따위에 쓰는 기구〕.
tum·brel [tʌ́mbrəl], **-bril** [-bril] *n*. **1** 비료 운반 차. **2** 〔프랑스 혁명 때의〕 사형수 호송차. **3** 폭약이나 병기를 운반하는 2륜차.
tu·me·fac·tion [t(j)ùːmifǽkʃ(ə)n / tjùː-] *n*. **1** 부어오름, 부은 부분. **2** 부스럼, 종기.
tu·me·fy [t(j)úːmifài / tjúː-] *vi*. (**-fied, -fy·ing**) 부어오르다(swell). — *vt*. …을 부어오르게 하다.
tu·mes·cence [t(j)uːmésns / tjuː-] *n*. ⓤ 부어오르기; 발기.
tu·mes·cent [t(j)uːmésnt / tjuː-] *adj*. 부어오른; 종창성(腫脹性)의; 발기한. **-ly** *adv*.
tu·mid [t(j)úːmid / tjúː-] *adj*. **1** 〔신체의 일부가〕 부어오른, 부풀어 오른(swollen). **2** 〔말・문체 따위가〕 과장된(bombastic). **-ly** *adv*. **-ness** *n*.
tu·mid·i·ty [t(j)uːmíditi / tjuː-] *n*. ⓤ **1** 부어오른 상태, 부어오름, 종창(腫脹). **2** 과장, 과대.
tum·my [tʌ́mi] *n*. (*pl.* **-mies**) 〈어린이 말〉 배(stomach). 〔ache.
túm·my·àche [tʌ́miæ̀ik] *n*. 〈구어〉 복통(stomach-
tu·mor, 〈英〉 **-mour** [t(j)úːmər / tjúː-] *n*. **1** 부어오른 부분, 부어오름, 종창, 〔비유적〕 부풀어 오른 부분. **2** 〔병리〕 종양(腫瘍), 부스럼. ¶ a benign (a malignant) *tumor* 양성 〔악성〕 종양. **3** 〔고어〕 과장.
tu·mor·i·gen·e·sis [t(j)ùːmərədʒénisis] *n*. ⓤ 종양형성.
tu·mor·i·gen·ic [t(j)ùːmərədʒénik / tjùː-], (**tu·mor·gen·ic** [-mədʒénik]) *adj*. 종양(腫瘍)이 생기는, 발암성의.
tu·mor·i·gen·ic·i·ty [t(j)ùːmərədʒənísiti / tjùː-], (**tu·mor·gen·ic·i·ty** [-mər-]) *n*. ⓤ 발종양성(發腫瘍性).
tu·mor·ous [t(j)úːmərəs / tjúː-] *adj*. **1** 부어오른, 종양(腫瘍)의. **2** 〔비유적〕 과장된.
*‡**tu·mult** [t(j)úːmʌlt, -mʌlt / tjúː-] *n*. ⓤⒸ **1** 큰 소동(uproar), 소란, 떠들썩함, 폭동, 소동(riot). **3** 마음의 흐트러짐(어수선함), 격정, 흥분(excitement); 〔감정의〕 동요, tumúltuary, tumúltuous *adj*.
tu·mul·tu·ar·y [t(j)uːmʌ́ltʃuèri / tjuːmʌ́ltjuəri] *adj*. **1** 소란스러운, 혼란한. **2** 규율이 없는; 난잡한(disorderly).
*‡**tu·mul·tu·ous** [t(j)uːmʌ́ltʃ(u)əs / tjuːmʌ́ltjuəs] *adj*. **1** 시끄러운(turbulent), 소동을 일으키는. ¶ *tumultuous* applause 우레와 같은 박수. **2** 〔감정 따위가〕 몹시 흐트러진, 몹시 흥분된. **-ly** *adv*. **-ness** *n*.
tu·mu·lus [t(j)úːmjuləs / tjúː-] *n*. (*pl.* **-lus·es** or **-li** [-lài]) 옛 무덤, 고분(古墳).
tun [tʌn] *n*. **1** 큰 술통(large cask). **2** 주류(酒類)의 용량 단위[252 갤론]. — *vt*. (**tunned, tun·ning**) 〔술〕을 큰 술통(발효통)에 넣다.
tu·na[1] [t(j)úːnə] *n*. (*pl.* **tuna** or **tunas**) 다랑어(tuna fish, tunny); ⓤ 다랑어의 살코기.
tu·na[2] [t(j)úːnə] *n*. 〔멕시코 원산의〕 부채선인장의 일종; 그 과실〔식용〕.
tun·a·ble, tune- [t(j)úːnəbl / tjúː-] *adj*. **1** 가락을 맞출 수 있는. **2** 〔고어〕 가락이 맞은, 조화된(melodious). **-ness** *n*. **-bly** *adv*.
túnable láser *n*. 〔물리〕 파장 가변(波長可變) 레이저.
tun·dra [tʌ́ndrə, tún-] *n*. 〔시베리아 북부 등의〕 툰드

라, 동토 지대(凍土地帶). [<Russ. marshy plain]
‡**tune** [t(j)u:n / tju:n] *n.* **1** ⓒⓤ 곡, 가곡, 곡조, 선율, 가락(melody). ¶ a good(a poor) *tune* 듣기 좋은 (귀에 거슬리는) 곡 / a *tune* for the dance 댄스용의 가락 / waltz *tune* 왈츠의 선율 / play a *tune* on the piano 피아노로 한곡 치다. **2** ⓤ〔노래·음율이〕곡조가 맞음, 올바른 가락(harmony). ¶ a piano out of *tune* 가락이 맞지 않은 피아노 / sing in(out of) *tune* 바른 가락으로 (가락이 맞지 않게) 노래하다. **3** ⓤ〔비유적〕〔심신의〕상태, 기분, 컨디션. ¶ He is in good(bad) *tune.* 그는 기분이 좋다(나쁘다). **4** ⓤ〔비유적〕협조, 조화; 정당한 상태(due condition). ¶ keep the mind in *tune* 정신을 건전하게 간직하다 // in *tune* with the times 시대의 흐름에 맞추어. **5** ⓤ〔무선〕〔라디오·텔레비전의 수신기 따위의〕동조(同調), 정조(整調). **6** ⓤ〔폐어〕소리(sound).
 call the(or *one's own*) *tune* 〔구어〕자신이 생각한 대로 하다.
 change one's tune 태도(견해)를 바꾸다.
 sing another (or *a different*) *tune* = change one's to some *tune* 상당히, 제법, 크게.
 to the tune of ... ①〔구어〕...라는 큰 액수로(의), 무려 ...에 이르는(to the amount of). ¶ They raised capital to the *tune* of a million dollars. 그들은 무려 백만 달러나 되는 자본금을 모았다. ②〔...의 곡에 맞추어.
 ── *v.* (tuned, tun·ing) *vt.* **1** 〔악기〕를 조율하다, 가락을 맞추다; 〔TV·라디오 따위〕국·프로그램 따위〕에 맞추다. ¶ Stay *tuned.* 그대로 시청해 주십시오. **2** 〔詩〕...을 노래하다, 읊다, 낭송하다; 연주하다. **3** 〔비유적〕...에 일치(조화)시키다. **4** 〔무선〕〔수신기〕를 동조(同調)시키다, ...에 파장을 맞추다. ¶《～+圄+圏(+图)》*tune* a radio set *to* a short wave 라디오를 단파에 맞추다.
 ── *vi.* **1** 가락이 맞다, 조화되다. **2** 악기를 조율하다.
 tune in ① (*vt., vi.*) 라디오 따위를 조정시키다; 〔방송 프로 따위에〕다이얼(채널)을 맞추다. ② ...에 따르다, 귀 기울이다 (*to, on*...). ③ (*vi.*)《속어》남의 일에 어울리다.
 tune off (*vi.*) 파장이 맞지 않다, 나빠지다.
 tune out (*vt., vi.*) ① 라디오를 조정해서 잡음을 없애다. ② (*vi.*)《속어》남의 일에 상관하지 않다. ③ (*vt.*) 어떤 프로그램·방송〕을 끊다.
 tune up (*vt., vi.*) ① 〔오케스트라가 연주에 앞서〕음조를 맞추어 보다, 소리를 맞추다. ② (*vi.*) 노래하기 시작하다, 연주하기 시작하다. ③ (*vi.*) 〔악성〕울기 시작하다. ④ (*vt., vi.*) 〔기계〕를 조정하다.
 ◇ túneful, túneless, túny *adj.*
tune·a·ble [t(j)ú:nəbl / tjú:n-] *adj.* = tunable.
tune·ful [t(j)ú:nfəl / tjú:n-] *adj.* 음악적인, 가락이 아름다운, 울림이 좋은(melodious).
 ~·ly [-fəli] *adv.* ~·ness *n.*
tune·less [t(j)ú:nlis / tjú:n-] *adj.* **1** 울림이 좋지 않은, 비음악적인, 가락이 맞지 않은(unmelodious). **2** 〔악기의〕소리가 나지 않는. ~·ly *adv.* ~·ness *n.*
tune-out [t(j)ú:nàut / tjú:n-] *n.*《美》어떤 프로그램(방송)을 끊음.
tun·er [t(j)ú:nər / tjú:n-] *n.* **1** 〔악기의〕조율사; 일반적으로 조정하는 사람. **2** 〔라디오·텔레비전의〕파장 조정기, 튜너. 〔작곡가.
tune-smith [t(j)ú:nsmìθ / tjú:n-] *n.*《美우어》유행가
tune-up [t(j)ú:nʌ̀p / tjú:n-] *n.* 〔엔진의〕조정. **2** 〔오케스트라의〕소리 맞추기, 예행 연습.
tung òil [tʌ́ŋ-] *n.* 동유(桐油) 〔유동(油桐)의 씨에서 짠 기름. 페인트·니스·인쇄 잉크 따위의 원료).
tung-state [tʌ́ŋsteit] *n.* 〔화학〕텅스텐산염(酸鹽).
tung·sten [tʌ́ŋstən] *n.* ⓤ〔화학〕텅스텐, 울프람 (wolfram) 〔금속 원소의 하나; 원자 기호 W〕.
tung·sten·ic [tʌŋsténik] *adj.* 〔화학〕텅스텐, 텅스텐을 함유하는.

tung·stic [tʌ́ŋstik] *adj.* 텅스텐의.
tung·stous [tʌ́ŋstəs] *adj.* = tungstic.
Tun·gus [tuŋgú:z] *n.* (*pl.* **-gus·es** or **-gus**) *n.* **1** 퉁구스 사람〔동시베리아·중국 동북부에 분포하는 몽고계 인종〕. **2** ⓤ 퉁구스 말. ── *adj.* 퉁구스 말의; 퉁구스말의.
Tun·gus·ic [tuŋgú:zik] *n.* 퉁구스 말〔퉁구스어〔군〕의〕. ── *adj.* 퉁구스족의; 퉁구스어〔군〕의.
tu·nic [t(j)ú:nik / tjú:-] *n.* **1**《주로 英》〔군인·경찰관 등이 제복으로 입는〕몸에 붙는 짧은 상의. **2** 〔고대 그리스·로마의 남녀가 입던 무릎까지 내려오는〕낙낙한 가운 같은 의복. **3** 〔허리 아래까지 내려오는〕여성용 웃옷. **4** 〔교회〕옛날 차부제(次副祭) (subdeacon)가 입던 제복(祭服). *cf.* tunicle **5** 〔해부·동물〕〔기관(器官) 따위의〕피막(被膜), 피낭(被囊). **6** 〔식물〕막질 외피(膜質外皮), 종피(種皮).
tu·ni·cate [t(j)ú:nikèit, -kit / tjú:-], (**tu·ni·cat·ed** [-kèitid]) *adj.* **1** 피낭(被囊)〔피막(被膜)〕이 있는. **2** 〔식물〕종피(種皮)가 있는, 인엽(鱗葉)에 싸인〔양파〕. ── *n.* 〔동·식물〕얇은 피막(被膜).
tu·ni·cle [t(j)ú:nikl / tjú:-] *n.* **1** 〔교회〕옛날 주교가 제복(祭服) 밑에 입던 tunic 비슷한 짧은 옷. **2** 〔동·식물〕얇은 피막(被膜).
tun·ing [t(j)ú:niŋ / tjú:-] *n.* **1** 조율, 조정. **2** 〔라디오·텔레비전 수신기의〕동조(同調); 파장 조정.
túning fòrk *n.* 음차(音叉).
túning hàmmer(wrènch) *n.* 조율용 나사 돌리개 〔피아노 조율에 쓰이는 공구〕. 〔현감개.
túning pèg(pìn) *n.* 〔피아노의〕조율핀, 〔현악기의〕
Tu·ni·sia [t(j)u:ní(:)ʒə, -ʃə / tju:(:)níziə] *n.* 튀니지아〔1956년에 프랑스로부터 독립한 아프리카 북부의 지중해 연안의 공화국〕.
Tu·ni·sian [t(j)u:ní(:)ʒ(ə)n, -ʃ(ə)n / tju:(:)níziən] *adj.* 튀니지아〔풍〕의, 튀니지아 사람의. ── *n.* 튀니지아 사람.
tun·nage [tʌ́nidʒ] *n.* = tonnage.
‡**tun·nel** [tʌ́n(ə)l] *n.* **1** 굴, 터널, 지하도. **2** 〔광산의〕갱도. **3** 〔동물·곤충 따위가 파서 만든〕굴, 구멍 (burrow). ¶ a mole's *tunnel* 두더지 굴. **4** 〔폐어〕〔굴뚝의〕연기구멍(flue); 〔방언〕굴뚝(funnel).
 ── *v.* (**-neled, -nel·ing**;《英》**-nelled, -nel·ling**) *vt.* **1** ...에 지하도(땅굴)를 파다, 지하도를 파나가다. **2** ...에 구멍을 뚫다. ── *vi.* **1** 지하도를 파다. **2** 서서히 못 쓰게 되다.
túnnel díode *n.* 〔전자공학〕터널 다이오드〔터널 효과에 의한 부성 저항(負性抵抗)을 가지는 반도체 2극 진공관. 고속도 스위치 소자(素子)·전자 계산기·증폭기 따위에 쓰인다〕.
túnnel effèct *n.* 〔물리〕터널 효과. 〔사람(기계).
tun·nel·er,《英》**-el·ler** [tʌ́n(ə)lər] *n.* 터널을 파는
túnnel nèt *n.* 〔입구가 넓고 안으로 들어갈수록 좁아지는〕원추상〔원뿔상〕의 고기 그물.
túnnel vísion *n.* 〔안과〕시야 협착증; 〔정신의학〕터널성 시야〔히스테리의 특징〕. **2** 편협. 〔(tuna).
tun·ny [tʌ́ni] *n.* (*pl.* **-nies** or **-ny**)《주로 英》다랑어
tun·y [t(j)ú:ni / tjú:-] *adj.* (**tun·i·er, tun·i·est**)《英》음악적인, 곡조가 맞는, 음색이 아름다운(melodious).
tup [tʌp] *n.* **1**《주로 英》숫양(ram). **2** 〔동력 해머 따위의〕타면(打面), 대가리. ── *v.* (**tupped, tup·ping**) *vt.* 〔숫양이〕〔암양〕과 교미(交尾)하다. ── vi. 〔암양이〕발정하다.
tu·pe·lo [tú:pəlòu] *n.* (*pl.* **-los**) 〔북미산(產)의〕 미국 니사나무. **2** ⓤ 그 목재.
Tu·pi [tu:pí:] *n.* (*pl.* **-pis** or **-pi**) **1** 〔남미 아마존강 유역 등지에 사는〕투피족〔의 인디언〕. **2** ⓤ 투피 말.
-tu·ple "...의 요소로 형성되는 집합"의 뜻의 연결형. 예: quin*tuple*, sex*tuple*.
tup·pence [tʌ́p(ə)ns] *n.*《英》= twopence.
Tup·per·ware [tʌ́pərwɛ̀ər] *n.*〔상표명〕터퍼웨어〔플라스틱제의 식품 보존 용기〕.

tuque [t(j)uːk] *n.* 털로 만든 방한모[캐나다에서 썰매 등을 탈 때 쓰는 모자].

tu quo·que [t(j)uː kwóukwi / tjúː-] *n.* 《라틴》(= you too) [비난 따위에 대해 너도 마찬가지 아니냐라는] 반박, 대꾸, 응수.

Tu·ra·ni·an [t(j)uréiniən / tju(ə)r-] *adj.* [아시아의 언어, 특히] 우랄알타이 어족(語族)의. — *n.* **1** 우랄알타이 어족의 사람. **2** ⓤ 우랄알타이 말.

***tur·ban** [tə́ːrbən] *n.* **1** [회교도 남성이 머리에 두르는] 터번. **2** 터번식의 모자; [19세기에 유행한] 터번식의 여성용 모자.

tur·baned [tə́ːrbənd] *adj.* 터번을 둘러 쓴.

tur·ba·ry [tə́ːrbəri] *n.* ⓤⓒ (*pl.* -ries) **1** 토탄(土炭) 채굴장, 토탄 밭. **2** 《법률》 [남의 소유지에서의] 토탄 채굴권.

tur·bid [tə́ːrbid] *adj.* **1** 불투명한, 흐린, 탁한. **2** [연기·안개 따위가] 짙은, 자욱한. **3** 《비유적》 기분·생각 따위가] 갈피를 못잡는, 어지러운.
~·ly *adv.* ~·ness *n.*

tur·bi·dim·e·ter [tə̀ːrbidímitər] *n.* 탁도계 (濁度計).

tur·bid·i·ty [tə̀ːrbíditi] *n.* ⓤ 혼탁, 흐린 상태; 혼탁.

tur·bi·nal [tə́ːrbinl] *adj.* =turbinate. — *n.* 《해부》 갑개골(甲介骨), 비개골(鼻介骨).

tur·bi·nate [tə́ːrbinit, -nèit] *adj.* **1** [조개 따위가] 팽이 모양의, 소용돌이 모양의. **2** 《해부》 갑개골(甲介骨)의. **3** 거꾸로 세운 원추형 모양의. — *n.* **1** 소용돌이꼴 조가비. **2** 갑개골(甲介骨), 비개골.

tur·bi·na·tion [tə̀ːrbinéiʃ(ə)n] *n.* ⓤⓒ 소용돌이 꼴, 거꾸로 된 원추형.

***tur·bine** [tə́ːrbin, -bain] *n.* 터빈 [흐르는 물·증기·가스의 힘으로 회전하는 원동기]. ¶ a steam *turbine* 증기 터빈.

tur·bit [tə́ːrbit] *n.* 집 비둘기의 일종.

turbo- turbine 의 뜻의 연결형. 예: *turbo*generator.

tur·bo·car [tə́ːrbo(u)kɑ̀ːr] *n.* 터빈 자동차.

tur·bo·charg·er [tə́ːrbo(u)tʃɑ̀ːrdʒər] *n.* 《자동차》 배기 터빈 과급기(過給機) [소량의 연료로 엔진의 출력을 높이는 새 방식].

tur·bo·cop·ter [tə́ːrbo(u)kɑ̀ptər / -kɔ̀p-] *n.* 터보 헬리콥터 [터빈 동력의 헬리콥터].

tur·bo·e·lec·tric [tə̀ːrbo(u)iléktrik] *adj.* 터빈 발전의.

tur·bo·fan [tə́ːrbo(u)fæ̀n] *n.* 터보 팬[엔진].

tur·bo·gen·er·a·tor [tə̀ːrbo(u)dʒénərèitər] *n.* 터빈 발전기. [터보제트 《항공》].

tur·bo·jet [tə́ːrbo(u)dʒèt] *n.* **1** =turbojet engine. **2 túrbojèt éngine** *n.* 터보제트 엔진, 터빈식 분사 추진기관 [대표적인 항공기용 제트 엔진].

tur·bo·lin·er [tə́ːrbo(u)làinər] *n.* 터빈 열차.

tur·bo·prop [tə́ːrbo(u)prɑ̀p / -prɔ̀p] *n.* **1** =turbo-propeller engine. **2** 터보프롭[항공기].

túr·bo·pro·pèl·ler éngine [tə́ːrbo(u)prəpèlər-] *n.* 《항공》 터보프로펠러 엔진 [터보제트 엔진과 프로펠러를 결합시킨 엔진]. [engine.

túrboprop éngine *n.* 《항공》 =turbo-propeller

tur·bo·pump [tə́ːrbo(u)pʌ̀mp] *n.* 터보 펌프[추진 연료를 공급하기 위해 터빈으로 구동되는 펌프].

túr·bo·rám·jet éngine [tə́ːrbo(u)ræ̀mdʒèt-] *n.* 《항공》 터보 램제트 엔진.

tur·bo·su·per·charg·er [tə́ːrbo(u) súːpərtʃɑ̀ːrdʒər / sjúː-] *n.* 터보 과급기(過給器).

tur·bot [tə́ːrbət] *n.* (*pl.* **-bot** or **-bots**) 유럽산(産) 가자미의 일종, 가자미류의 물고기.

tur·bo·train [tə́ːrbo(u)trèin] *n.* 터빈 열차.

tur·bu·lence [tə́ːrbjuləns] *n.* **1** ⓤ [풍파 따위의] 사나움, 동요, 격동; [인심·사회 따위의] 혼란, 동란, 소동. **2** ⓤⓒ 《水力學》 교란 운동, 교류(攪流). **3** ⓤⓒ 《기상》 《대기의》 난류.

tur·bu·len·cy [tə́ːrbjulənsi] *n.* ⓤ =turbulence.

***tur·bu·lent** [tə́ːrbjulənt] *adj.* **1** [풍파 따위가] 소용돌이치는, 거친, 사나운(stormy). ¶ *turbulent* waves 거친 파도. **2** [인심·세태 따위가] 동요하고 있는, 소란스러운, 동란의; [행동 따위가] 난폭한, 불온한. ¶ a *turbulent* period 난세(亂世) / a *turbulent* mob 폭도.
~·ly *adv.*

túrbulent flów *n.* 《물리》 난류(亂流).

Tur·co [tə́ːrkou] *n.* (*pl.* **-cos**) 《종종 경멸적》 [예 프랑스 육군에서 사용했던] 알제리아 인의 경보병(輕步兵).

Turco- Turkish 의 뜻의 연결형. 예: *Turco*phil.

Tur·co·man [tə́ːrkəmən] *n.* (*pl.* **-mans**) =Turkoman.

Tur·co·phil [tə́ːrko(u)fil] *n.* 터키를 좋아하는 사람. — *adj.* 친(親) 터키의.

Tur·co·phobe [tə́ːrko(u)fòub] *n.* 터키를 싫어하는 사람. [더러운 녀석.

turd [təːrd] *n.* 《卑語》 **1** ⓤⓒ 똥(dung). **2** 똥 같은

tu·reen [t(j)urín, +英 tə-] *n.* [뚜껑 있는] 수프 그릇.

***turf** [təːrf] *n.* (*pl.* **turfs** or 《주로 英》 **turves** [təːvz]) **1** ⓤ 《집합적》 잔디, 잔디밭. **2** 《주로 英》 [잘라낸] 뗏장, 풀밭, [한 장의] 뗏장. **3** (the ~) 경마, 경마장, 경마계. **4** ⓤ 토탄, 이탄(泥炭); [케이언 한덩이의] 이탄(peat). **5** 《속어》 [폭력단 따위의] 세력권.

on the turf 《美속어》 ① 매음(賣淫)하여. ② 돈이 없어, 영락하여 생활하여.

— *vt.* **1** …에 잔디를 심다, …을 잔디로 덮다. **2** …의 이탄을 캐다. **3** 《英속어》 …을 추방하다, 내쫓다(~ *out*).

túrf accóuntant *n.* 《英》 《경마의》 마권업자.

turf-bound [tə́ːrfbàund] *adj.* 잔디로 깐.

turf·ite [tə́ːrfait] *n.* =turfman. [주인.

turf·man [tə́ːrfmən] *n.* (*pl.* **-men** [-mən]) 경마광; 경마장의

túrf-skì [tə́ːrfskì] *n.* 잔디로 된 잔디 스키.

turf·y [tə́ːrfi] *adj.* (**turf·i·er**, **turf·i·est**) **1** 잔디로 뒤덮인, 잔디가 많은; 잔디 같은. **2** 이탄질(泥炭質)의. **3** 경마의에 관한.

tur·ges·cence [təːrdʒésns] *n.* ⓤ **1** 종기, 종창(腫脹). **2** 《비유적》 과장(bombast).

tur·ges·cen·cy [təːrdʒésnsi] *n.* =turgescence.

tur·ges·cent [təːrdʒésnt] *adj.* **1** 부어오르는, 팽창하는, 종창성(腫脹性)의. **2** 《비유적》 [문체 따위가] 허풍떠는, 과장된(turgid).

tur·gid [tə́ːrdʒid] *adj.* **1** 부어오른, 부푼, 팽창한. **2** [문체 따위가] 허풍떠는, 과장된. ~·ly *adv.* ~·ness *n.*

tur·gid·i·ty [təːrdʒíditi] *n.* ⓤ **1** 부어오름, 부풀음, 팽창, 종창. **2** 허풍, 과장.

Tú·ring machìne [tjúː(ː)riŋ- / tjúər-] *n.* 《수학》 튜링 기계 [가상(假想)의 계산 기계]. (<영국의 수학자 Alan M.Turing)

tu·ri·on [t(j)úə(ː)riən / tjúəriən] *n.* 《식물》 인아(鱗芽)있는 흡지(吸枝) [아스파라거스 따위의 지하경(莖)에서 나오는 어린 줄기].

***Turk** [təːrk] *n.* **1** 터키 사람; 터키족 사람; [오스만(Ottoman) 제국 시대의 터키에 살았던] 회교도. ¶ the Grand (or the Great) *Turk* 터키 황제. **2** ⓤ 터키어족(Turkic). **3** 터키 마(馬). **4** 《구어》 잔인한 자; 말썽꾸러기. ¶ You little *Turk*! 이 망나니 녀석!

become (or **turn**) *Turk* ① 회교도가 되다. ② [인간이] 나빠지다.

Turk. 《略》 Turkey; Turkish.

Tur·ke·stan [tə̀ːrkistǽn, -stɑ́ːn] *n.* 투르케스탄[중앙 아시아의 광활한 지역].

‡**tur·key** [tə́ːrki] *n.* **1** 칠면조; ⓤ 칠면조 고기. **2** 《美속어》 [연극·영화의] 실패작. **3** 《속어》 [일반적으로] 쓸모없는 물건(사람). **4** 《볼링》 3연속의 스트라이크.

cold turkey 《속어》 마약을 중단하여, 금단(禁斷)증상.
talk cold turkey 《美속어》 솔직하게 (터놓고) 말하다, 솔직하게 이야기하다, 단도직입적으로 말하다.
talk turkey 《美구어》 솔직하게 말하다.

[<TURKEY(COCK, HEN)]: 이 새가 Turkey 산(産)이라는 그

T
u

‡**Tur·key** [tə́ːrki] n. 터키〖중동의 공화국; 수도 Ankara〗.
túrkey bùzzard n. =turkey vulture.
Túrkey cárpet n. 터키 융단.
túrkey còck n. 1 칠면조의 수컷. 2 젠체하는 사람 [as] **red as a turkey cock** 〖화가나서〗 얼굴이 붉어진.
túrkey còrn n. 옥수수(squirrel corn).
túrkey hèn n. 칠면조의 암컷.
Túrkey léather n. 〖(英)〗터키 가죽〖제본용〗.
túrkey pòult n. 칠면조 새끼.
Túrkey réd n. 〖U〗 1 (때로 a ~) 터키 빨간색〖꼭두서니의 뿌리 또는 인조 알리자린으로 무명에 염색한 진홍색〗. 2 〖터키 빨간색으로 염색한〗 붉은 무명.
túrkey shòot n. 1 이동 표적 사격 대회〖상품은 칠면조이다〗; 칠면조 사격 시합. 2 〖속어〗아주 쉬운 일; 〖전투기에 의한〗 적기(敵機) 사냥.
Túrkey stòne n. 1 =turquoise. 2 〖광물〗 숫돌.
túrkey vùlture n. 독수리의 일종〖미국 남부, 중남미산(産)의 새〗.
Tur·kic [tə́ːrkik] n. 〖U〗 터키어족. — adj. 1 터키어족의. 2 =Turkish.
‡**Turk·ish** [tə́ːrkiʃ] adj. 1 터키의, 터키풍의, 터키인의. 2 터키어의; 터키어족의. — n. 〖U〗 1 터키어. 2 =Turkic.
Túrkish báth n. 터키 목욕, 증기 목욕, 한증.
Túrkish cárpet n. =Turkey carpet.
Túrkish cóffee n. 〖U〗 터키 커피〖시럽으로 단맛을 낸 짙은 분말 커피〗.
Túrkish delíght (páste) n. 터키 사탕〖젤리를 굳혀 설탕을 바른 과자의 일종〗.
Túrkish Émpire n. (the ~) =Ottoman Empire.
Túrkish músic n. 〖U〗 〖타악기와 관악기로 된〗 터키 음악.
Túrkish póund n. 터키 파운드〖略 £T〗.
Túrkish tobácco n. 〖U〗 〖주로 터키나 그리스에서 재배되는〗 향기가 좋은 담배의 일.
Túrkish tówel n. 터키 수건〖거친 보풀코를 없애지 않은 두꺼운 무명 수건〗.
Túrkish tóweling n. 〖U〗 터키 수건감.
Turk·ism [tə́ːrkiz(ə)m] n. 〖UC〗 터키 풍, 터키식.
Turk·man [tə́ːrkmən] n. (pl. -men [-mən]) 투르크멘 사람. ⇨ Turkoman
Turk·men [tə́ːrkmən] n. 1 =Turkman. 2 카스피해 동쪽에서 쓰는 터키 말〖터키어족의 하나〗.
Turk·me·ni·stan [tə̀ːrkmənəstǽn/-stáːn] n. 투르크멘 공화국〖이란의 북방, 카스피해에 면한 옛 소비에트 연방내의 한 공화국; 1992년 독립. 정식 명칭은 Republic of Turkmenistan. 수도 Ashkhabad〗.
Tur·ko·man [tə́ːrkəmən] n. (pl. -mans) 1 투르크멘 사람〖투르크메니스탄·이란·아프가니스탄 등지에 사는 터키족〗. 2 〖U〗 투르크멘 말(Turkmen).
Túrkoman cárpet(rúg) n. 투르크멘 융단〖색채가 풍부하고 부드러우며 털이 긴 융단〗.
Turk's-head [tə́ːrkshèd] n. 1 〖항해〗〖밧줄에서 1번 모양으로 둘둘 말아 낸〗 장식 매듭. 2 선인장의 일종. 3 〖천정 소제 따위에 쓰는〗 자루가 긴 비.
tur·mer·ic [tə́ːrmərik] n. 1 〖식물〗 〖인도산(産)〗 식물의 일종. 2 〖U〗 심황 뿌리. 3 〖U〗 심황의 가루〖조미료·염료·약제〗.
túrmeric pàper n. 〖U〗 황색 시험지, 강황지 (薑黃紙)〖알칼리에서는 황색이 갈색으로 변한다〗.
*****tur·moil** [tə́ːrmɔil] n. 〖UC〗 1 〖마음의〗 혼란, 동요. ⇨ AGITATION 類語 ¶ mental turmoil 마음의 동요. 2 소란, 소동. 3 〖폐어〗 궂은 일.
‡**turn** [təːrn] vt. 1 축·중심을 돌리다, 회전시키다(rotate); 〖나사·열쇠 따위를〗 돌리다. ¶ turn a wheel (the knob) 수레바퀴(문고리)를 돌리다 // (~+图+匣) turn the cock on (off) 코크를 비틀어(물따위를) 나오게 하다(멈추게 하다) // (~+图+匣) turn a screw tight 나사를 꼭 죄이다.

2 〖모퉁이 따위를〗 돌다(go round); 〖적의 측면을〗 돌아서 배후를 찌르다. ¶ turn a street corner 거리의 모퉁이를 돌다 / turn an enemy's flank 적의 측면을 돌아 뒤를 찌르다.

3 〖위치·자세 따위를〗 거꾸로 하다, 반대로 하다, 뒤집다; 〖페이지〗를 넘기다, 〖트럼프 따위〗를 엎다; 〖의복〗을 뒤집다, 뒤집어서 다시 재봉하다; 〖쟁기로〗〖땅〗을 파뒤집다, 갈다; 〖위치·순서·배치 따위를〗 엉망으로 하다; 〖인쇄〗 활자를 뒤집어 끼우다〖활자가 없을 때 일시적으로 다른 활자를 뒤집어 끼워넣는다〗. ¶ turn a page 페이지를 넘기다 / turn pancakes 핫케이크를 뒤집다 / I had my old overcoat turned. 나는 낡은 오버코트를 뒤집어서 다시 짓게 했다.

4 〖비유적〗 …을 숙고하다, 곰곰이 생각하다(ponder) (...over, about). ¶ (~+图+匣) I was turning the problem about. 나는 그 문제를 숙고하고 있었다.

5 〖방향·위치·주의 따위를〗 다른 방향으로 돌리다, 방향을 바꾸다(divert)(...to, from); …으로 향하게 하다 (direct)(...to); …을 피하다, 비키다(avert); …을 적대 (敵對)시키다, 배반하게 하다; 튀어 되돌아오게 하다 (rebound); 되돌리다, 돌려주다(return). ¶ (~+图+匣+图) turn one's steps toward home 발길을 집으로 돌리다 / turn a ship from her course 배의 방향을 바꾸다 / Nothing could turn him from going to New York. 어떤 일도 뉴욕으로 가려는 그의 마음을 바꾸지는 못했다 / She turned her face and wept. 그녀는 고개를 돌리고 눈물을 흘렸다 / He turned his horse and rode away. 그는 말머리를 돌려 달려가 버렸다.

6 …을 구부리다, 접다, 비틀다; 〖몸〗을 뒤틀다 (wrench); 〖칼날〗을 무디게 하다; …에 휘감기다, 감아 엉키다, 비틀다(bend, twist). ¶ turn a tube 파이프를 구부리다 / turn one's ankle 발목을 삐다.

7 〖질·외관 따위를〗 바꾸다, …으로 바꾸다(change) (into...). 〖술·우유 따위를〗 부패시키다. ¶ turn the leaves of a tree 나뭇잎을 물들게 하다 / turn the course of history 역사의 흐름을 바꾸다 / Warm weather turns milk. 날씨가 더우면 우유가 변질된다 / (~+图+匣+图) turn water into ice 물을 얼음이 되게 하다 / turn one's check into cash 어음을 현금으로 바꾸다.

8 …을 옮기다, 번역하다(translate); …을 바꾸어 쓰다 (paraphrase)(into...). ¶ (~+图+匣+图) turn Korean into English 한국어를 영어로 옮기다.

9 …을 …으로 하다. ¶ (~+图+匣) turn a person loose upon the world 남을 자유의 몸으로 해주다(놓아 주다) / His behavior turns me sick. 그의 태도를 보면 심기가 뒤집힌다.

10 〖기분·머리〗를 혼란케 하다; 미치게 만들다; 위를 상하게 하다. ¶ His failure turned her head. 그의 실패로 그녀는 머리가 이상해졌다 / The mere sight of food turned his stomach. 음식을 보기만 해도 그는 비위가 상했다.

11 〖어떤 목적·용도로〗 …을 쓰다, …을 돌려 쓰다(...to). ¶ (~+图+匣+图) turn one's hand to almost anything 거의 모든 일에 손을 대다 / turn a thing to good account (or use) 어떤 것을 이용하다.

12 〖나이·시간·액수·양 따위가〗 …을 초과하다, 넘다, 넘기다(pass). ¶ She has just turned thirty. 그녀는 이제 갓 서른을 넘겼다 / It's just turned half past two. 막 2시 반이 지났다.

13 〖특정의 방향·역방향〗으로 가게 하다, 몰아내다, 쫓아내다(send, drive); 〖용기(容器) 따위에〗 넣다; 〖용기 따위에서〗 …을 꺼내다. ¶ turn one's destiny 운명을 역전시키다 / turn a mob 폭도를 내쫓다 // (~+图+匣+图) turn cows to pasture 소떼를 목장으로 몰아내다.

14 …을 선반(旋盤)으로 깎다, 녹로(轆轤)로 둥글게 깎다; 〖일반적으로〗…을 둥글게 하다; 〖비유적〗 …을 솜씨 좋게 다듬다, …을 멋지게 표현하다. ¶ well-turned

turn

compliments 그럴듯한 인사치레의 말 / *turn* a small ivory figurine 작은 상아 인형을 솜씨좋게 다듬다 / She can *turn* compliments. 그녀는 남의 비위를 잘 맞춘다.
15 [재주 넘기·공중제비]를 하다. ¶ *turn* a double somersault 공중제비를 두 번 거듭하다.
16 [돈·상품] 벌다, 회전시키다.
— *vi.* **1** [축·중심 둘레를] 돌다, 회전하다(rotate). ¶ A wheel *turns*. 차바퀴는 돈다 / The tap won't *turn*. 이 뚜껑은 아무리 해도 돌지 않는다.
[類語] **turn**「돌다」라는 뜻의 가장 일반적인 말; 원형이 아닌 단순한 호(弧)모양의 움직임도 뜻한다. **revolve** 어떤 물체 외부의 궤도를 따라 돌다: rotate 의 뜻으로 쓰일 때도 있다. **rotate** 그 물체 내부의 축을 중심으로 돌다: The earth, *rotating* on its axis, *revolves* round the sun. 지구는 지축을 중심으로 자전하면서 태양의 주위를 돈다. **circle** 원 또는 호를 그리며 운동하다. **spin** 축을 중심으로 길고 빠르게 돌다: A top *spins*. 팽이가 돈다. **gyrate** 원형 또는 소용돌이 모양으로 rotate 하다. **twirl** 교묘·경쾌하게 돌다: A baton is *twirling* in the hand of a girl. 막대기가 소녀의 손아귀에서 빙글빙글 돌고 있다. **wheel** 원 또는 호를 그리면서 이동하다: A hawk is *wheeling* overhead. 머리 위에서 매가 선회하고 있다. **whirl** 놀라운 기세로 빙글빙글 돌다: a *whirling* wind 선풍.
2 방향을 바꾸다, 뒤돌아 보다; 빙글 돌다; 뒹굴어 돌다; 전복하다; 잠자면서 돌아눕다. ¶ (~+前+名) *turn* on one's heel 발꿈치로 빙글(쾍) 돌다 / *turn* in bed (or one's sleep) 잠자면서 돌아눕다 // (~+圖) *turn away* from a person 남으로부터 얼굴을 돌리다.
3 발걸음을 돌리다, …으로 향하다; [생각·주의 따위를] 돌리다(*to*…). ¶ (~+前+名) *turn* to the left 왼쪽으로 돌다 / *turn* to music 음악으로 마음을 돌리다 // (~+圖) *turn back* to one's work 다시 일을 시작하다.
4 되돌아가다, 돌아서다. ¶ [배가] 침로(針路)를 바꾸다. ¶ It's time to *turn* now. 이제 돌아갈 시간이다.
5 [도로 따위가] 구부러지다; [칼날 따위가] 무디어지다. ¶ The knife's edge has *turned*. 칼날이 무디어졌다 (잘 들지 않는다).
6 반항하다, 거역하다(*against*…); 공격하다, 덤벼들다 (*on, upon*…). ¶ (~+前+名) *turn against* a former friend 옛 친구와 관계를 끊다 // *Even a worm will turn*. [속담] 지렁이도 밟으면 꿈틀한다.
7 …을 믿다(의지하다); 참조하다(*to*…); …에 달려 있다, 좌우되다(*on, upon*…). ¶ (~+前+名) *turn* to God in one's trouble 어려울 때 신에게 의지하다 / For relaxation he *turns* to tennis. 기분 전환을 위해 그는 테니스를 친다 / Why not *turn* to this book? 왜 이 책을 참조하지 않는가 / The question *turns* on this point. 문제는 이 점에 달려있다.
8 [조수가] 바뀌다; [형세가] 일변하다, 역전하다; [저울의 한쪽이] 올라가다, 내려가다. ¶ (~+前+名) The wind *turned into* the east. 바람의 방향이 동쪽으로 바뀌었다.
9 변화하다, …으로 바뀌다(*to, into*…); [우유·술 따위가] 부패하다; [태도·주의 따위를 바꾸어] …이 되다, 개종하다; 전향하다. ¶ (~+圖) *turn* Catholic (traitor) 가톨릭 교도(반역자)가 되다 / The leaves are *turning* red. 나뭇잎이 붉게 물들고 있다 / The weather has *turned* colder. 날씨가 더 추워졌다 // (~+前+名) The rain has *turned* to snow. 비가 눈으로 바뀌었다.
10 [머리가] 아찔아찔하다, 현기증이 나다; [머리가] 이상해지다; 기분이 나빠지다, 비위가 상하다.
11 선반으로 깎아지다; 다듬어지다. ¶ Brass *turns* well. 놋쇠는 잘 깎여진다.
turn about ① 뒤돌아보다; 방향을 바꾸다. ② 빙그르르 돌다(round). ③ …을 숙고하다(ponder). ⇒ *vt*. 4.
turn around ① 회전하다(시키다). ② (*vi.*) 방향을 바꾸다; 뒤돌아보다(보게 하다). ③ (*vi.*) 반항하다, 적대

turn

하다(*on, upon*…). ④ 변절하다(시키다). ⑤ 호전되다 (시키다).
turn aside ① (*vi.*) 옆으로 비끼다, 돌려 피하다; (*vt.*) …을 옆으로 비끼게 하다. ② (*vi.*) 벗어나다, 옆길로 들어서다. ③ (*vi.*) 옆으로 향하다.
turn away ① 내쫓다, 물리치다(expel). ¶ He was *turned away* at the door. 그는 문간에서 내쫓겼다. ② …을 해고하다(dismiss). ③ (*vi., vt.*) [얼굴을] 돌리다, 보려고 하지 않다. ④ (*vi.*) 경멸을 나타내다, 불찬성을 나타내다. ⑤ [불행 따위]를 피하다.
turn back ① 돌아오다(오게하다), 돌려보내다, 방향을 바꾸다(바꾸게 하다). ② [시계]를 늦추다, 바늘을 되돌리다. ③ (*vi.*) 되돌아가다, 제자리로 돌아가다. ④ [종이 따위]를 접다.
turn down ① …을 거절하다, 물리치다, 각하(却下)하다. ¶ *turn down* a person's application 지원을 각하하다. ② [트럼프 따위]를 엎어놓다. ③ …을 가늘게 하다, 약하게 하다. ¶ *turn down* the radio 라디오 소리를 작게 하다.
turn in ① …에 들어가다(들어가게 하다) (enter). ② [발가락이] 안쪽으로 굽다; …을 안으로 굽히다. ③ …을 접어 굽히다, 접다(double). ④ …을 되돌려 보내다 (return). ⑤ (*vi.*) [구어] 잠자리에 들다. ⑥ [美] …을 들여오다, 제출하다. ⑦ …을 밀고하다.
turn it up [英구어] 그만두다.
turn off ① [수도·가스 따위]의 꼭지를 틀어막다. [전등·텔레비전 따위]를 끄다, 옆길로 들다; [길이] 갈라지다. ② [이야기 따위]를 다른 곳으로 돌리다. ③ (주로 英) …을 해고하다. ④ …을 처분하다, 팔아 치우다. ⑤ [美속어] 환각제 (마약)을 끊다(…에게 끊게 하다). ⑥ [美속어]에 흥미를 잃다 (남)에게 흥미를 잃게 하다.
turn on (or **upon**) ① [수도·가스 따위]의 꼭지를 틀어 나오게 하다, [전기·텔레비전 따위]를 켜다. ② …으로 향하게 하다(direct); [화]내기, …을 향해 …으로 향하다. ¶ *turn* a gun *on* it 그것을 향해 총을 겨누다. ③ …에 대들다, [별안간] 반항하다, 반대하다, …에 적대하다, 덤벼들다. ④ …에 좌우되다, …에 달려 있다. ⑤ …에게 시작하게 하다. ⑥ [美속어] [환각제·마약으로] 몽롱해지다(…을 몽롱하게 하다). ⑦ [美속어] 마비되다, 열중하다, 흥미를 갖다; …에 흥미를 갖게 하다. ⑧ [구어] 성적으로 흥분 (자극) 시키다.
turn out ① …을 내쫓다, 나가게 하다, 추방하다, 배출하고다; [가축]을 밖(목장)으로 풀어 내보내다; …을 텅 비우다, 비우다, 뒤집어 엎어서 비우다; …을 청소하다. ② …을 폭로하다. ③ …을 생산하다(produce), ④ …을 치장하다, 성장(盛裝)시키다(equip, dress). ¶ an exquisitely *turned out* young woman 아름답게 치장한 젊은 여인. ⑤ [전기·라디오·가스·수도 따위]의 꼭지를 틀어 끄다, 그치게 하다. ⑥ 밖으로 굽게 하다(굽다), 밖으로 향하다(향하여 하다). ⑦ (*vi.*) 밖으로 나가다, [사람이] 모이다, [군대 등이] 출동하다. ⑧ [구어] (*vi.*) [잠자리에서] 일어나다. ⑨ 파업하다. ⑩ (*vi.*) 결과가 …이 되다, 결국 …으로 끝나다, …이 되다, …임이 밝혀지다(prove). ¶ The rumor *turned out* [to be] false. 그 풍문은 거짓임이 밝혀졌다 / It *turned out* that he was drunk. 결국 그는 취해 있었음이 드러났다.
turn over ① …을 굴리다; …을 넘어뜨리다, 전복시키다. ② [페이지 따위]를 넘기다, 통독(通讀)하다. ③ [흙]을 파엎다; [건초]를 뒤집어서 말리다. ④ …을 이어 받다, 넘겨 주다(deliver); …을 포기하다, 위임하다. ⑤ …을 숙고하다. ⑥ …을 다른 용도로 쓰다, 바꾸다 (convert). ⑦ [자금]을 운용하다; [...의 액수]의 장사를 하다; [상품]을 매출해서 보충하다. ⑧ …의 생산을 중단하다. ⑨ …을 전업하다.
turn over a new leaf ⇨ LEAF.
turn round = *turn around*.
turn to ① …쪽으로 돌다. ② …에 의존하다. ⇨ *vi.* 7. ③ [일]에 착수하다. ④ …을 참조하다, 조사하다.

⑤ …으로 변하다(change to).
turn up ① (vt.) …을 위로 향하게 하다, 위로 걷어 올리다; (vi.) 위로 향하다. ¶ *turn up* sleeves 소매를 걷어올리다. ② …을 거꾸로 하다; 속을 비우다. ③ [트럼프의 패]를 젖혀놓다. ④ [램프·가스 따위의] 꼭지를 틀어 불꽃을 크게 하다; [라디오·텔레비전]의 다이얼을 돌려 소리를 크게 하다. ⑤ [땅을 파서] 뒤집다. ⑥ (vi.) 윗쪽에서 굽다. ⑦ (vi.) [사람이] 나타나다, 출현하다(appear); [일이] 일어나다(happen); [없어진 것 따위가] 느닷없이 나타나다(발견되다). ¶ Let's wait for something to *turn up*. 뭔가 좋은 일이 생기기를 기다려보자. ⑧ …을 집어 올리다, 접다. ⑨ [얼굴을] 돌리다; (vi.) 지긋지긋하다. ⑩ [英] …을 조사하다, 참조하다(refer to). ¶ *turn up* a word in a dictionary 사전에서 낱말을 찾아보다. ⑪ [구어] …의 기분을 상하게 하다. ⑫ [속어] [죄인]을 석방하다. ⑬ (vi.) 일을 포기하다. ⑭ …을 밀고하다. ⑮ 옆길로 빠지다; 길을 걸어올라가다. ⑯ [항해] …을 [수평선상에] 출현시키다; [선원]을 갑판에 모이게 하다; (vi.) 바람을 비스듬히 받으며 나아가다. ⑰ [마력(馬力)]을 높이다. ⑱ [...임이] 밝혀지다, …이 되다. ¶ [英구어] = *turn it up*.
— n. **1** 회전, 돌기. ¶ the *turn* of a wheel 차바퀴의 회전.
2 굽기, 만곡, 모퉁이; 만곡부(彎曲部). ¶ a *turn* in a road 도로의 돌아가는 모퉁이 / make a *turn* to the left 왼쪽으로 돌다.
3 [방향의] 전환, 되짚어 오기, 반전(反轉); [조수(潮水) 따위의] 전환점, 변화점. ¶ the *turn* of the tide 조수의 변화; 형세의 역전.
4 [상태·성질의] 변화(change); 전환점. ¶ the *turn* of life 갱년기 / a nasty *turn* in weather 날씨의 악화.
5 경향, 추세(trend). ¶ The conversation took an interesting *turn*. 이야기는 재미있게 되어갔다.
6 기질, 성향(性向), 특별한 재능. ¶ an inquisitive *turn* of mind 타고난 호기심 / He's of a music *turn*. 그는 음악에 재능이 있다.
7 차례, 순번. ¶ take *turns* 차례로 일을 하다, 교대로 일을 하다 / It's my *turn* to pay. 이번에는 내가 낼 차례다 / My *turn* will soon come. 내 차례가 곧 돌아올 거야.
8 한바탕 하는 일; [산책·드라이브 따위의] 한 차례; 한 번 돌아보기. ¶ a *turn* of work 한 차례의 일 / take a *turn* at gardening 한 바탕 정원 손질을 하다.
9 행위, 짓. ¶ do a person a good *turn*. 남에게 친절하게 대하다.
10 형태, 꼴, 모양(shape, form); 둥근 모양[의 것], 굽은 모양[의 것].
11 [밧줄 등] 하나의 두루마리, 꼬임; 감긴 것, 감기기.
12 특유의 말투; 문체(style), 견해, 특징, 특이성.
13 [병·노여움 따위의] 발작(attack);《구어》깜짝 놀람, 기겁, 소스라침, 충격(shock).
14 필요, 요구(need, requirement). ¶ This will serve your *turn*. 이건 너에게 꼭 쓸모가 있을 것이다.
15 [음악] 회음(回音) [장식음의 일종], 그 기호[∞].
16 (~s) 월경(menses). ¶ have the *turns* regularly 월경이 순조롭다.
17 [상업] [증권 따위의] 매매, 매매 가격의 차; 상품의 [...회전.
18 [인쇄] 복자(覆字), 복자(覆字)을 올바른 활자로 바꾸는 일.
19 [레슬링 따위의] 한판 승부(bout), 한판 시합.
20《주로 英》[공연물의] 한 종목.
21 [군대] [교련 따위의] 방향 전환, 전회(轉回).
at every turn ① 돌 때마다; 도처에[서]. ② 모든 경우에 있어서, 언제나, 끊임없이(constantly).
by turns 차례로, 교대로, 번갈아(alternately). ¶ keep watch *by turns* 교대로 망보다.
in one's turn 제 차례가 되어, 교대로, 이번에는, 거꾸로, 역으로.
in one's turns [여성어] 월경중이다.

in turn ① = *by turns*. ② = *in one's turn*.
on the turn ① [구어] 바뀌는 고비에서, 바뀌려고 하여. ② [음식 따위가] 막 변질되려고 하여, 부패하려고 하여. ¶ The milk is just *on the turn*. 우유가 막 상하기 시작하고 있다.
out of turn ① 순서없이; 순서가 뒤바뀌어. ②《구어》경솔하게, 무분별하게. ③ 나쁜 계제에.
Right (Left) turn ! 우향 우[좌향 좌].
take turns ¶ We took *turns* doing the work. 우리들은 바꾸어가면서 그 일을 했다.
to a turn 알맞게, 적당하게, 완전하게(perfectly).
turn [and turn] about = *by turns*.
turn·a·bout [tɔ́ːrnəbàut] n. **1** 방향 전환. **2** [주의·주장 따위의] 변절(變節), 전향. **3** [추세·역할 따위의] 변화, 변동, 전환. **4** 변절자. **5** 회전목마. **6** 뒤집어서도 입을 수 있는 옷. **7** [자신이 당한 것과 같은 일을 상대에게 해주는] 갚음.
turn·a·bout-face [tɔ́ːrnəbàutféis] n. **1** = turnabout. **2** = about-face.
turn·a·round [tɔ́ːrnəràund] n. **1** 회전; 전향. **2** 차를 돌리는 장소. **3** [C] U] 정비[시간]. [리 회전.
túrnaròund tìme n. [U] [컴퓨터] 대기 시간, 총 처
turn·buck·le [tɔ́ːrnbʌ̀kl] n. 조임나사, 턴버클.
[turnbuckle]
turn·cap [tɔ́ːrnkæ̀p] n. [굴뚝의] 회전모자(回轉帽) [불통이 튀어 오르는 것을 막는 덮개].
turn·coat [tɔ́ːrnkòut] n. 변절자, 배반자.
turn·cock [tɔ́ːrnkɑ̀k / -kɔ̀k] n. **1** [수도·가스 따위의] 마개. **2** 급수전(給水栓) 담당.
turn·down [tɔ́ːrndàun] adj. [옷깃 따위를] 접어 젖힌; [특히] 접어 젖힌 칼라의. ¶ a *turndown* bed 접어 개는 식의 침대 / a *turndown* collar 접어 젖히는 칼라.
— n. **1** 거절, 사퇴(辭退), 접어 젖히기.
turned [tɔːrnd] adj. **1** 선반(旋盤)으로 다듬은(세공한) [듯한]; 둥근 모양을 한, 둥글게 다듬어진. **2** 말투를 한; 마무리가 …한; …모양을 한. **3** 거꾸로 된. ¶ *turned* letters 거꾸로 된 활자. **4** 넘은, 초과된(*of*...).
turned-on [tɔ́ːrndɑ̀n, -ɔ̀ːn / -ɔ̀n] adj.《속어》**1** 매우 멋진(맵시있는), 유행에 민감한. **2** 흥분된, 도취된. **3** 환각제에 취한.
turn·er[1] [tɔ́ːrnər] n. **1** 물건을 돌리는 사람(것). **2** 녹로공, 선반공. **3** 요리할 때 음식을 뒤집는 도구(food turner).
turn·er[2] [tɔ́ːrnər] n. **1** 체조 협회 회원. **2** 체육가, 체육 교사. **3**《英》공중제비하는 비둘기.
turn·er·y [tɔ́ːrnəri] n. (pl. **-er·ies**) **1** 선반 제품, 녹로(轆轤) 제품. **2** 선반 공장. **3** [U] 녹로 세공, 선반 세공.
túrn indicator n. [자동차의] 방향지시기(등).
turn·ery [항공] 선회계(計).
‡**turn·ing** [tɔ́ːrniŋ] n. **1** 회전, 180도의 전향(aboutface); 선회; 전향, 변절; 방향. **2** 모퉁이, 구부러지는 곳; 기로(岐路), 옆길. **3** [U] 녹로 세공(轆轤細工), 둥글게 깎기. **4** (~s) [선반으로] 깎아낸 부스러기. **5** [U] [문학작품 등의] 구성, 형성(形成). **6** 천의 접어 넣은 부분.
túrning pòint n. 전환점, 바뀌는 곳, 전기(轉機); 위기, 고비. ¶ the *turning point* in (or of) an illness 병의 고비.
*****tur·nip** [tɔ́ːrnip] n. **1** 순무. **2**《속어》크고 오래된 회중 시계.
túrnip tòps n. pl. [식용의] 순무의 잎.
tur·nip·y [tɔ́ːrnipi] adj. **1** [모양·맛이] 순무와 같은, 순무 비슷한. **2** 힘이 없는, 활기가 없는.
turn·key [tɔ́ːrnkìː] n. 교도관, 옥졸. — adj. **1** 당장 입주(入住)할 수 있는, 완성품으로 당장 사용할 수 있는. **2** 완전한 제품(서비스)을 제공하는. **3** [무역] [건설, 플랜트 수출 계약에서] 완성품 인도(引渡) 방식

turn·off [tə́ːrnɔ̀(ː)f / -ɔ̀f] *n.* **1** 겨냥이 빗나가기. **2** 분기점, 갈림길, 옆길; 우회로(ramp). **3** [직물 따위의] 완성품, 생산품. **4** [시장에 내놓은] 가축의 머릿수. **5** 《美俗》 흥미를 잃게 하기.

turn·on [tə́ːrnɑ̀n / -ɔ̀n] *n.* 《美俗》 **1** 환각제(마약)로 황홀해짐, **2** 흥미를 갖기, 자극.

***turn·out** [tə́ːrnàut] *n.* **1** Ⓒ Ⓤ 몰려나온 사람들,《집합적》[집회의] 출석자. **2** 생산고(량). **3** 나가기; 퇴장; 출근. **4** 《英》 스트라이크, 파업 참가자. **5** 차림, 매무새, 장비. **6** 《구어》 마차와 시종들은 사람들 일행. **7** [철도] 대피선(待避線); [고속도로 따위의] 차량의 대피로; [도로의] 분기점. **8** 《英》《천장·벽장 따위의》 대청소.

turn·o·ver [tə́ːrnòuvər] *n.* **1** 전복, 전도, 뒤집힘(upset). **2** 전환, 전향(轉向), 변경; 이동. ¶ The place had a rapid *turnover*. 그 장소는 사람들의 이동이 심했다. **3** 드나듦; 교체율(交替率), 인원의 이동률, 조직구편, 인사이동; 손님의 회전율. **4** 표(票)의 이동. **5** 접어 넘긴 부분, 접어 넘김. **6** [잼 따위를 넣어] 반원형으로 접은 파이. **7** 《英》 다음 페이지로 따위의 계속되는 신문 기사. **8** 자금(상품)의 회전율; [1기(期)의] 총매출액, 거래총액, [일정 기간 중에 시장에서 거래된] 총증권액. **9** 보충 노동자 수. **10** 전직율(轉職率). — *adj.* 접힌, 접을 수 있는. ¶ a *turnover* collar 접어넘긴 칼라.

***turn·pike** [tə́ːrnpàik] *n.* **1** 유료 고속 도로. **2** 통행료 받는 곳(tollgate). **3** [역사] [적합을 막기 위한] 꼬챙이 박은 철책. (—臺) turntable.

turn·plate [tə́ːrnplèit] *n.* 《英》 [철도의] 전차대(轉車臺).

turn·round [tə́ːrnràund] *n.* **1** 반환점(返還點). **2** 뒤집어 입을 수 있는 의복.

turn·screw [tə́ːrnskrùː] *n.* 《주로 英》 나사 돌리개.

tűrn sígnal [líght] *n.* 방향 지시등.

turn·sole [tə́ːrnsòul] *n.* 향일성의 식물 [해바라기·헬리오트롭 따위]. — Ⓤ 그로부터 채취한 자색 염료.

turn·spit [tə́ːrnspìt] *n.* **1** 산적 꼬챙이를 돌리는 사람. **2** 꼬챙이돌리는개[동체가 길고 다리가 짧은 개]. **3** 산적 꼬챙이 회전기.

turn·stile [tə́ːrnstàil] *n.* 회전식 문.

turn·stone [tə́ːrnstòun] *n.* 꼬끼물떼새[조약돌을 뒤집어 먹이를 찾는 습성이 있는 새의 일종].

turn·ta·ble [tə́ːrntèibl] *n.* **1** [철도] 전차대(轉車臺). **2** [식탁의 중앙에 놓는] 회전 쟁반(Lazy Susan). **3** [레코드 플레이어의] 회전반(回轉盤). **4** [라디오] 녹음 재생기(transcription machine).

(turnstile)

turn·up [tə́ːrnʌ̀p] *n.* **1** 접어 넘기기, 접어 넘긴 것 (부분); 출현, 모습을 나타냄. **2** 《英》[바짓가랑의] 접어 올린 부분. **3** 《주로英 구어》 싸움, 소동, 치고 받기. **4** (비유의) 돌연한 사건. — *adj.* 치올린, 접어 넘긴. ¶ a *turnup* nose 들창코. (club). <G>

turn·ver·ein [tə́ːrnvəràin] *n.* 체조 협회(gymnastic club).

***tur·pen·tine** [tə́ːrp(ə)ntàin] *n.* **1** 테레빈[소나무류 나무에서 생기는 송진]; 테레빈 유(油). — *vt.* (-tined, -tin·ing) **1** …에 테레빈 유를 바르다. **2** [소나무에서] 테레빈을 채취하다.

tur·peth [tə́ːrpiθ] *n.* **1** 얄라파[동인도산(産)의 덩굴 식물]; Ⓤ 얄라파의 뿌리. **2** Ⓤ 얄라파의 뿌리에서 채취한 설사약.

tur·pi·tude [tə́ːrpit(j)ùːd / -tjùːd] *n.* Ⓤ 《주의·행위 따위의》 비열함, 야비. **2** 비열한 행위.

turps [təːrps] *n., pl.* 《구어》 =turpentine.

tur·quoise [tə́ːrk(w)ɔiz / -kwɑːz] *n.* **1** Ⓒ 터키옥(玉). **2** Ⓤ 터키옥색(色), 청록색. — *adj.* **1** 터키옥(玉)의, 터키옥으로 장식한. **2** 터키옥색(청록색)의.

***tur·ret** [tə́ːrit / tʌ́r-] *n.* **1** [큰 건물에서 뛰어 나온 장식용의] 작은 탑. **2** [군대] [요새·군학의] 회전포탑(砲塔). **3** [전투기 따위의] 돌출 기총좌(機銃座). **4** [역사] [중세의 성을 공격할 때 사용한] 바퀴 달린 문제(雲梯). **5** [기계] 선반의 터릿. **6** [카메라의] 렌즈 교환 장치.

túrret cáptain *n.* [美해군] 포대장(砲臺長).

túrret clóck *n.* 탑 시계.

tur·ret·ed [tə́ːritid / tʌ́r-] *adj.* **1** 작은 탑(포탑)이 있는, 작은 탑(포탑) 모양의. **2** [조개 따위] 탑 모양으로 소용돌이꼴을 이룬.

túrret gún *n.* 포탑포(砲塔砲).

tur·ret·head [tə́ːritèd / tʌ́r-] *n.* [기계] 터릿헤드(臺).

túrret láthe *n.* 터릿 선반.

túrret shíp *n.* 포탑함(砲塔艦).

***tur·tle** [tə́ːrtl] *n.* (*pl.* **-tles** or **-tle**) **1** 광의의 거북; [특히] 바다 거북;《美》육지의 거북(tortoise). **2** Ⓤ [수프용의] 거북의 고기. **3** =turtleneck. **4** [컴퓨터] 터틀[그래픽을 그릴 때 디스플레이상에 나타나는 삼각형; 이것을 상하·좌우로 원하는 크기와 각도로 이동하며 곡선을 그린다. **5** (때로는 T-) 닌자 거북이[어린이 영화·방사능의 영향으로 돌연변이로 태어남] Teenage Mutant Ninja Turtle 에 나오는 거북.

turn turtle [보트·자동차 따위가] 뒤집히다.

— *vi.* (-tled, -tling) [직업적으로] 바다거북을 잡다.

tur·tle[tə́ːrtl] *n.* 《古어》 =turtledove.

tur·tle·back [tə́ːrtlbæ̀k] *n.* **1** 귀갑(龜甲). **2** 귀갑 갑판[격량에 견딜수 있도록 뱃머리나 배꼬리에 설치한 귀갑 모양의 갑판]. **3** [고고] 귀갑 모양의 석기. — *adj.* 귀갑 모양의.

túrtle déck *n.* =turtleback 2.

tur·tle·dove [tə́ːrtldʌ̀v] *n.* 산비둘기[암수의 사이가 특히 좋은 산비둘기].

tur·tle·neck [tə́ːrtlnèk] *n.* **1** 목둘레를 치켜 세워 오므린 부분. **2** 터틀넥의 스웨터.

túrtle shéll *n.* Ⓤ 별갑.

túrtle sóup *n.* 바다거북 수프[green turtle 의 고기·지방 따위로 만든 수프].

turves [təːrvz] *n.* 《주로 英》 turf 의 복수형.

Tus·can [tʌ́skən] *adj.* **1** [이탈리아의] 터스커니의; 터스커니 사람(식)의. **2** [건축] 터스커니식의. — *n.* **1** 터스커니 사람. **2** Ⓤ 터스커니 방언[표준 이탈리아 어의 기준]. **3** 터스커니 밀짚[모자의 재료가 된다].

Tus·ca·ro·ra [tʌ̀skəróːrə] *n.* (*pl.* **Tus·ca·ro·ras** or **Tus·ca·ro·ra**) **1** 터스커로라 족[아메리카 인디언의 한 종족. 주로 뉴욕, 온타리오 지방에 거주], 터스커로라 족의 사람. **2** 터스커로라 어.

tush[1] [tʌʃ] *interj.* 체 ! [경멸·비난 따위를 나타내는 소리]. — *n.* 체 ! [하는 소리]. — *vi.* 체 ! 하고 소리내다.

tush[2] [tʌʃ] *n.* **1** [말의] 송곳니. **2** 빼드렁니(tusk).

tushed [tʌʃt] *adj.* 빼드렁니가 있는.

tush·er·y [tʌ́ʃəri] *n.* Ⓤ Ⓒ (*pl.* **-er·ies**) [낡은 투로 씌어진 내용이 없는] 고문체(古文體).

tusk [tʌsk] *n.* **1** [코끼리·산돼지 따위의] 송곳니. **2** 송곳니 비슷한 것; [삽·보습 따위] 뾰족한 끝; 빼드렁니. — *vt.* …을 송곳니로 찌르다. — *vi.* 송곳니(엄니)로 땅을 파다.

tusk·er [tʌ́skər] *n.* [코끼리·산돼지 따위의] 송곳니 (있는 동물).

tusk·like [tʌ́sklàik] *adj.* 송곳니와 같은.

tus·sah [tʌ́sə], **tus·sore** [-sɔːr / -sɔː], (**tus·sur**) [-sər] *n.* **1** 참나무산누에 나방. **2** Ⓤ 그 누에고치에서 얻는 명주실 또는 비단.

tus·sle [tʌ́sl] *n.* 심한 격투, 난투. **2** 분투, 고전. — *vi.* (-sled, -sling) 맞붙어 싸우다, 격투하다, 난투하다.

tus·sock [tʌ́sək] *n.* **1** 풀숲, 덤불. **2** [머리 따위의] 다발, 타래(tuft). **3** (=**tússock móth**) 독나방.

tus·sock·y [tʌ́səki] adj. [풀 따위가] 칙칙하게 자란, 무성한; [털 따위가] 술이 많은, 덤불 같은.
tus·sore [tʌ́sɔːr / -sɔ-] n. =tussah.
tus·sur [tʌ́sər] n. =tussah.
tut [tat, 1] interj. [보통 tut, tut! 라고 되풀이한다] 체, 제기[초조·경멸·비난 따위를 나타내는 소리]. —— n. 혀차기, 혀차는 소리. —— vi. (**tut·ted, tut·ting**) 혀를 차다, 체하고 말하다. cf. tsk
tu·te·lage [t(j)úːtilidʒ / tjúː-] n. ⓤ **1** 후견, 보호 (protection), 감독. **2** 후견(보호, 감독)을 받기, 피후견(被後見). **3** [특히 개인적인] 지도, 교육(instruction).
tu·te·lar [t(j)úːtilər / tjúː-] adj., n. =tutelary.
tu·te·lar·y [t(j)úːtileri / tjúːtiləri] adj. 수호의, 보호 자의, 후견의. —— n. (pl. **-lar·ies**) 수호신.
‡**tu·tor** [t(j)úːtər / tjúː-] n. **1** 가정 교사. **2** 《英》 [대학생의] 개인 지도 교수; 《美》 대학 강사[instructor 의 하위(下位)]. **3** [법률] [연소자의] 후견인, 보호자. —— vt. **1** [가정교사로서] …에게 가르치다. ¶ He tutored a boy in German. 그는 소년에게 독일어를 가르쳤다. **2** [고어] [남]을 훈련시키다, 가르치다(discipline). **3** [재귀용법 또는 수동형으로] [자신]을 억제하다. ¶ (~+目+to be 補) tutor oneself to be patient 참으려고 자제하다. —— vi. **1** 가정 교사(개인 지도)를 하다. **2** 가정 교사 자리를 얻다. ◇ tutórial adj.
tu·tor·age [t(j)úːtəridʒ / tjúː-] n. ⓤ **1** 가정 교사의 직(지위). **2** 후견인의 지위. **3** [가정 교사의] 월급(tuition).
tu·tor·ess [t(j)úːtəris / tjúː-] n. tutor 의 여성형.
tu·to·ri·al [t(j)uːtɔ́ːriəl / tjuːtɔ́ːr-] adj. **1** 가정 교사의, 가정교사의. **2** 지도의, 교수의. ¶ a tutorial method 교수법. **3** 후견인의. —— n. 개인(소그룹) 지도 시간.
tu·tor·ship [t(j)úːtərʃip / tjúː-] n. =tutorage.
tut·ti [túːti / túti] [음악] adj. 전체의, 전음정의, 전악기의. —— n. [전원에 의한] 전합창, 전합주; 전합창(주) 악구(樂句). 〔<It〕
tut·ti-frut·ti [túːtifrúːti / tútifrúti] n. ⓤⓒ 잘게 썬 과일의 설탕절임; 설탕절임 과일이 든 아이스크림.
tut·ty [tʌ́ti] n. ⓤ 불순 아연화(亞鉛華) [마분(磨粉) 용].
tu·tu [túːtuː] n. 발레리나가 입는 짧은 스커트. 〔<F〕
tu-whit tu-whoo [tu(h)wít tu(h)wúː] n. 부엉부엉 [올빼미의 우는 소리]. —— vi. (올빼미가) 부엉부엉 울다.
tux [tʌks] n. 《美》 =tuxedo.
tux·e·do [tʌksíːdou] n. (pl. **-dos** or **-does**) 《美》 턱시도, [남자용] 약식 예복(dinner jacket).
〔<Tuxedo coat(단축): New York 주의 Tuxedo Park 의 country club 에 연유〕
tu·yère [twiːjέər, twiər] n. (야금) [용광로의] 바람 구멍. 〔<F〕
Tv, TV, tv 《略》 transvestite.
‡**TV** [tíːvíː] n. (pl. **TVs, TV's**) ⓤ 텔레비전, ⓒ 텔레비전 수상기. 〔<television〕
TVA 《略》 Tennessee Valley Authority.
TVC 《略》 [우주공학] thrust vector control(추진력 방향 제어) [분사 가스의 방향을 바꿈으로써 로켓의 추진력 방향을 제어하는 방법].
TV dínner n. 텔레비전 식품 [가열만 해도 먹을 수 있는 냉동 식품, 텔레비전을 보면서 요리 가능한 데서].
TVP 《상표명》 textured vegetable protein.
TV ríghts n. pl. [특히 올림픽을 특정 텔레비전 방송국이 독점하는] 텔레비전 방송권.
TVRO 《略》 television receive-only(TV 수신 전용).
TVT 《컴퓨터》 television typewriter.
twa [twɑː, twɔː] adj., n. 《스코》 =two.
TWA 《略》 Trans World Airlines ([미국의] 트랜스월드 항공[회사]).
twad·dle [twɑ́dl / twɔ́dl] n. ⓤ 쓸데없는 말, 군소리 (nonsense). —— vi., vt. (**-dled, -dling**) 군소리하다,

[쓸데없는 말을] 지껄이다(쓰다).
twain [twein] adj., n. [고어] =two.
twang [twæŋ] vi. **1** [현악기·활시위가] 윙(탕) 하고 소리나다. —— vt. **1** [현악기 따위]를 윙(탕)하고 튕기다, 연주하다. **2** [화살]을 쏘다. 콧소리로 …을 이야기하다(말하다). —— n. **1** 현음(絃音), 윙(탕)하고 울리는 소리. **2** 콧소리, 비음(鼻音).
twang·y [twǽŋi] adj. (**twang·i·er, twang·i·est**) **1** [소리가] 현을 튕기는 듯한, 윙(탕) 하는. **2** 날카로운 콧소리의.
Twán·kay téa [twǽŋkei-] n. ⓤ 둔계차(屯溪茶) [중국 안휘성(安徽省) 남부의 둔계산(產) 녹차의 일종].
'twas [twɑz, 약 twəz / twɔz, 약 twəz] 〔詩·고어〕 it was 의 단축형.
tweak [twiːk] vt. **1** …을 꼭 집어 홱 당기다 (비틀다, 꼬집다). **2** …의 코를 부드럽게 잡아 당기다 (꼬집다). **3** 《속어》 미조정(微調整)하다. —— vi. 《속어》 [약물 독자가] 금단 증상을 보이다. —— n. **1** 홱 당김, 꼬집기, 비틀기. **2** 《컴퓨터》 미조정, 옵션 추가; 성능 강화.
tweak·er [twíːkər] n. 《美속어》 [장난감의 Y 자 형의] 고무줄 새총. —— [빼는, 메스꺼운].
twee [twiː] adj. 《英속어》 뿐내는, 거드름 피우는, 점잔 빼는.
*****tweed** [twiːd] n. **1** ⓤ 트위드 [스카치 나사의 일종]. **2** (~s) 트위드 천의 옷. ◇ tweedy adj. 〔<Scot tweel twill: 원산지 부근의 Tweed 강의 연상(聯想)〕.
twee·dle [twíːdl] v. (**-dled, -dling**) vi. (바이올린 따위가) 팅팅(핑핑) 소리나다. —— vt. (악기 따위)를 팅(핑)팅 소리내다. —— n. 팅팅(핑핑) 하는 소리.
twee·dle·dum and twee·dle·dee [twíːdldʌ́m ənt(w)íːdldíː] n. 구별할 수 없을만큼 서로 닮은 두 사람(물건), [서로] 꼭같이 닮음.
tweed·y [twíːdi] adj. (**tweed·i·er, tweed·i·est**) **1** 트위드의, 트위드풍의. **2** 트위드복을 입은 (입기 좋아하는). **3** 형식을 차리지 않는(informal).
'tween [twiːn] prep. 《詩》 =between.
tween·er [twíːnər] n. **1** [야구] 내야수와 외야수 사이를 빠지는 안타. **2** 《美구어》 중간층.
tween·y [twíːni] n. (pl. **tween·ies**) 《英구어》 요리사와 하녀 사이에서 일하는 하녀(between-maid).
tweet [twiːt] n. [작은 새의] 지저귐, 짹짹거림. —— vi. 짹짹 지저귀다 (chirp).
tweet·er [twíːtər] n. 트위터, 고음(高音) 확성기 [고음용의 소형 스피커]. cf. woofer
tweeze [twiːz] vt. (**tweezed, tweez·ing**) 《구어》 족집게(핀셋)로 뽑다(~out).
tweez·ers [twíːzərz] n. pl. 족집게, 핀셋(pincers).
‡**twelfth** [twelfθ] adj., n. **1** 열 두 번째의; 12분의 1의. —— n. **1** 제12, 열 두 번째(의 것), (달의) 12일. ¶ the twelfth 《英》 8월 12일 [뇌조(雷鳥) 사냥 해금일 (解禁日)]. **2** 12분의 1. **3** [음악] 제12음, 제12도 음정(音程). —— [하 과자].
Twelfth-cake [twélfθkèik] n. Twelfth-night 의 축하
Twelfth-day [twélfθdèi] n. 12일절, 공현축일(公現祝日) [크리스마스 날부터 12일째의 날 (1월 6일)] (Epiphany).
twelfth·ly [twélfθli] adv. 열 두 번째로.
Twelfth-night [twélfθnàit] n. **1** 12일절의 전야 (5일의 밤). **2** 12일절의 밤 [1월 6일의 밤].
Twelfth-tide [twélfθtàid] n. ⓤ 12일절 (Twelfth-day) 과 그 전야 (Twelfth-night) 축제의 계절.
‡**twelve** [twelv] adj. 12의, 12명의, 12개의. —— n. **1** 12명, 열 두 개, **2** 12시; 12세. ¶ strike twelve 12시를 치다. **3** [연속된 것 중의] 열 두 번째의 물건 (사람). **4** 12, 12의 문자 [12, xii, XII]. **5** 12 공 (12개) 1조; (the T-) [성서] 그리스도의 12사도 (the Twelve Apostles). **6** (~s) [인쇄] 12절판(判) (4·6판) (duodecimo). ¶ in twelves 12절판 (4·6판)으로.
twelve·fold [twélvfòuld] adj. **1** 12의 부분(요소)으

twelvemo
로 이루어진. **2** 12배의 (되는). ¶ a *twelvefold* increase 12배의 증가. — *adv.* 12배로.
twelve-mo [twélvmòu] *n.* (*pl.* **-mos**), *adj.* =duodecimo[略 12mo].
twelve-month [twélvmʌ̀nθ] *n.*《주로 英》12개월, 1년(a year). ¶ this day *twelvemonth*《부사적으로》내년[작년]의 오늘.
Twélve Tábles *n. pl.* (the ~) 12 동표(銅表) [451-450 B.C.에 제정되어 12매의 판에 새겨 넣은 로마 초기의 법전].
twelve-tone [twélvtòun] *adj.* 〔음악〕 12 음의, 12음
‡**twen·ti·eth** [twéntiiθ] *adj.* 제20의, 스무 번째의; 20분의 1의. — *n.* 제20, 스무 번째[의 물건], 〔달의〕20일; 20분의 1.
‡**twen·ty** [twénti] *adj.* 1 20의, 20명의, 스무 개의. 2 〔막연하게〕 많은. ¶ tell a person *twenty* times 남에게 몇 번이고 말하다. — *n.* (*pl.* **-ties**) **1** 20명, 스무 개. **2** 20세. **3** (-ties) 연대(가) 20년대; 〔나이가〕 20대. ¶ a woman in her *twenties* 20대의 여성 / He was born in the nineteen-*twenties*. 그는 1920년대에 출생했다. **4** 〔연속된 그 중의〕 스무 번째의 물건(사람). **5** 20, 20의 문자 [20, xx, XX]. **6** 20명 (20개) 1조. **7** 《구어》 20 달러(파운드) 지폐. **8** (-ties) 〔인쇄〕 20절판.
twen·ty-five [twéntifáiv] *n.* 1 〔럭비·하키〕 25야드 라인, 25야드 라인내. **2** 25구경 권총.
twen·ty-fold [twéntifòuld] *adj.* 1 20개의 부분으로 이루어진. **2** 20배의, 20겹의. — *adv.* 20배로.
twen·ty-four·mo [twèntifɔ́ːrmou / -fɔ́ː-] *n.* (*pl.* **-mos**) 〔인쇄〕 24절판(의 책) [略 24 mo].
twen·ty-mo [twéntimòu] *n.* (*pl.* **-mos**) 〔인쇄〕 20절판(의 책) [略 20 mo]. ━ (blackjack).
twen·ty-one [twéntiwʌ́n] *n.* Ⓤ 〔카드 놀 이〕 21
twen·ty-some·thing [twéntisʌ́mθiŋ] *n.*《美》 20대 풋나기, 신세대.
twen·ty-twen·ty, 20-20 [twéntitwénti] *adj.* 시력 정상의 〔시력 검사 때 20피트 거리에서 차트를 걸어넣고 하는 데서〕; 눈이 날카로운.
20-20 hindsight 소 잃고 외양간 고치기.
'twere [twəːr, 약 twər] 《고어·詩》it were 단축형.
twerp [twəːrp] *n.* (twirp) *n.*《속어》 싫어난 놈, 바보.
twi- two, twice 의 뜻의 연결형. 예: twibil.
T.W.I., TWI (略) training [of supervisors] within industry (기업내 감독자 훈련).
twi·bil, -bill [twáibil] *n.* **1** 쌍두 곡괭이. **2** 〔고어〕 양쪽에 날이 선 양날 도끼 〔중세의 무기〕.
‡**twice** [twais] *adv.* 1 두번, 2회. ¶ once or *twice* 한 두 번. *twice* 로(two times). ¶ *twice* as many 2배 수(로) / T*wice* three is six. 3의 2배는 6 / I want *twice* as much. 그 2배 양이 필요하다.
— Usage *twice* 와 *two times* — 1회, 2회는 once, twice 를, 그 이상에는 three (four, etc.) *times* 를 쓴다. 다만「2, 3회」라는 경우는 *two* or *three times* 쓴다. 〔두번째에 이기다.
at twice ① = in twice. ② 두 번째에. ¶ win *at twice*
in twice 두 번에 걸쳐서, 2회로 나누어서.
think twice ①재고하다, 숙고하다. ②망설이다.
twice-born [twáisbɔ́ːrn] *adj.* 두 번 태어난, 다른 육신을 빌려 태어난(reincarnated); 〔종교〕 갱생한 (regenerate). 〔물건으로 된.
twice-laid [twáisléid] *adj.* 풀어 낸 헌 끈으로 만든; 헌
twic·er [twáisər] *n.* **1** 〔구어〕 〔같은 일을〕 두 번 하는 사람; 두차례 일을 하는 사람. **2** 《속어》 일요일에 두 번 교회에 가는 사람. **3** 《英속어》 식자 겸 인쇄공.
twice-told [twáistóuld] *adj.* 두 번 이야기한; 몇 번이고 이야기한; 〔이야기 따위가〕 케케묵은, 진부한. ¶ a *twice-told tale* 케케묵은 이야기.
twid·dle [twídl] *v.* (**-dled, -dling**) *vt.* …을 비틀다(빙빙)돌리다. — *vi.* **1** 만지작거리다, 가지고 놀다 (trifle) (*with*...). **2** 빙빙 돌다 (twirl). 〔악몽의〕 떨리다.

twiddle *one's* **thumbs** ⇨ THUMB.
— *n.* **1** 비틀어 돌리기, 빙빙 돌리기. **2** 〔악몽의〕 떨림. **3** 파문(波紋).
‡**twig**[twig] *n.* **1** 작은 가지, 가는 가지. ⇨ BRANCH〔類語〕 **2** 〔해부〕〔혈관·신경의〕 지맥(枝脈), 작은 갈래. **3** 〔전기〕 지선(枝線), 소배전자(小配電子). **4**《英방언》 접지는 막대기.
hop the twig ⇨ HOP.
◇ **twíggy** *adj.*
twig[twig] *v.* (**twigged, twig·ging**)《英속어》 *vt.* **1** 을 보다, 주목하다(observe). **2** ···을 인정하다, ···을 알아차리다 (perceive); ···을 이해하다(understand).
— *vi.* 알다, 이해하다.
twigged [twigd] *adj.* [···한, ···색의] 잔가지가 있는.
twig·gy [twígi] *adj.* (**-gi·er, -gi·est**) **1** 잔가지가 많은. **2** 잔가지 모양의; 가느다란, 호쪽한(thin).
‡**twi·light** [twáilàit] *n.* Ⓤ **1** 〔해뜨기 전·해진 후의〕 어스름; 황혼, 땅거미. **2** 〔비유적〕〔성장·성공 따위 뒤의〕 점진적 쇠퇴 [기]. ¶ the *twilight* of one's life 인생의 황혼, 만년. **3** 〔일반적으로〕 미광(微光). **4** 날 듯 모를 듯함, 어슴푸레한 짐작. 〔혼.
the Twilight of the Gods 〔북유럽 신화〕 신들의 황
— *vt.* (**-light·ed** *or* **-lit, -light·ing**)《드물게》 ···을 희미하게 비추다, 어슴푸레하게 하다.
— *adj.* 박명의(과 같은); 어슴푸레한(dim).
◇ **twílit** *adj.*
twílight índustry *n.* 사양(斜陽) 산업.
twílight sléep *n.* Ⓤ 〔의학〕 무통 분만법 따위의 반마취 상태.
twílight zóne *n.* **1** 〔심해(深海)의〕 박명층(薄明層). **2** 어느 쪽에도 속하지 않는 영역, 중간대(帶). **3** 도시의 노후(쇠퇴) 지구.
twill [twil] *n.* Ⓤ능직물(綾織物), 능직 무늬. — *vt.* …을 능직으로 짜다.
'twill [twil, 약 twəl]《고어·詩》it will 의 단축형.
twilled [twild] *adj.* 능직의.
T.W.I.M.C. (略) *to whom it may concern.*
‡**twin** [twin] *n.* **1** 쌍둥이 중의 하나; (~s) 쌍둥이. ¶ identical *twins* 1란성 쌍둥이(雙生兒) / fraternal *twins* 2란성 쌍둥이. **2** 닮은 사람(것)의 한 쪽, 짝의 한 쪽; (~s) 한 쌍의 사람(것). **3** 〔結晶〕쌍정(雙晶). **4** (the T-s) 〔천문〕 쌍둥이좌, 쌍자궁(雙子宮) (Gemini).
— *adj.* 〔한정적〕 **1** 쌍둥이의, 쌍둥이의; 짝을 이루고 있는. ¶ *twin* sisters 쌍둥이 자매. **2** 〔동·식물의〕 쌍의, 쌍의. **3** 〔結晶〕 쌍정의.
— *v.* (**twinned, twin·ning**) *vt.* **1** 〔페어〕…을 쌍둥이로 낳다(배다). **2** …을 쌍으로 만들다, 짝지우다 (match). — *vi.* **1** 쌍둥이를 낳다; 〔고어〕 쌍둥이로 태어나다. **2** 〔페어〕 짝이 되다.
twín béd *n.* 트윈 베드[모양이 같은 한 쌍의 침대].
twín bíll *n.* **1** 《美구어》 〔야구의〕 더블헤더 〔두 팀이 같은 날, 같은 구장에서 두 번 계속하여 경기를 행하는 일〕. **2** 영화의 동시 상영 (double feature).
twin-born [twínbɔ́ːrn] *adj.* 쌍둥이의, 쌍생의.
Twín Cíties *n. pl.* (the ~) 〔미국 Minnesota 주의 Mississippi 강 양 기슭에 있는〕 St. Paul 과 Minneapolis 의 두 도시.
twín dóuble *n.* 〔경마 따위에서〕 트윈 더블[2조의 연속되는 두 레이스에, 합계 4레이스의 승자를 맞히는 도박].
‡**twine** [twain] *n.* Ⓤ Ⓒ **1** 꼰 실, 삼실, 삼끈. **2** 꼬기, 〔실 따위의〕 꼬임; 엉킴, 헝클어짐; 사리어 감기 (coil). **3** 얽힌 잔가지 〔식물의 덩굴〕. — *v.* (**twined, twin·ing**) *vt.* **1** 〔실, 끈 따위〕를 꼬다, 꼬아 합치다. **2** 〔화환·직물 따위〕를 엮다, 짜다; 엮어서 …을 만들다. ¶ *twine* a wreath 화환을 만들다 // (=+圄+團) *twine* flowers *into* a wreath 꽃을 엮어서 화환을 만들다. **3** …을 얽히게 하다, 감기게 하다. ¶ They walked along the beach with their arms *twined* together. 그들은 팔짱을 끼고 해변을 산책했다. — *vi.* **1** 꼬이다,

감기다, 얽히다, 엉키다. **2** 구불거리다, 굽이쳐 흐르다 (meander). ¶ (~+圓 +圓) twine through a field 들을 굽이쳐 가다. ◇ entwíne v.

twin-en·gine [twínéndʒin], **-gined** [-dʒind] adj. [비행기가] 쌍발의. ¶ a twin-engine airplane 쌍발 비행기.

twín·er [twáinər] n. **1** 덩굴풀. **2** [실 따위를]꼬는 사람; 연사기(撚絲機). [소관목].

twín-flów·er [twínflàuər] n. 린네풀[인동과 (科)의

twinge [twindʒ] n. **1** 격통(激痛), 쑤시는 듯한 아픔. ⇨ PAIN類語 **2** 마음의 아픔, [양심의] 가책, 후회, 뉘우침. ¶ a twinge of conscience 양심의 가책. — v. **(twinged, twing·ing)** vt. …에게 격통을 느끼게 하다, …을 욱신욱신 아프게 하다. — vi. 격통을 느끼다, 욱신욱신 쑤시다.

twi-night [twáinàit] adj. [야구] 오후 늦게부터 밤에 걸쳐서 행하는 더블헤더의. ¶ a twi-night game 야간 게

twín-jet [twíndʒèt] n. 쌍발 제트기.

‡**twin·kle** [twíŋkl] v. **(-kled, -kling)** vi. **1** [별 따위 가] 반짝반짝(번쩍번쩍)빛나다, [빛을 받아] 반짝이다. ⇨ SHINE類語 ¶ The stars twinkle in the sky. 별이 하늘에서 반짝인다. **2** [흥미·기쁨 따위로 눈이] 번뜩이다, 빛나다, 깜박이다(wink). ¶ (~+圓 +圓) Her eyes twinkled with mischief. 그녀의 눈은 장난기로 빛났다. **3** [춤추는 사람의 발 따위가] 어른거리다, 아물거리다. — vt. **1** [빛]을 반짝이게 하다. **2** [고어][눈]을 번뜩이다, 깜박이다. **3** 눈의 반짝임으로 …을 가리키다 (전하다).

— n. **1** 반짝임, 섬광(flash). **2** 눈의 번쩍, 깜박거림. **3** [춤추는 사람의 발 따위의] 어른거림, 경쾌한 움직임. **4** 눈 깜박할 사이, 순간.

in a twinkle; in the twinkle of an eye 눈 깜박할 사이에, 아차하는 사이에, 곧, 금방.

‡**twín·kling** [twíŋkliŋ] adj. 반짝반짝 빛나는, 반짝이는, 깜박이는. ¶ twinkling stars 반짝이는 별. — n. **1** [U] 반짝임. **2** 깜박임; 눈 깜박할 사이, 순간(instant).

in a twinkling; in the twinkling of an eye 눈 깜박할 사이에, 곧바로.

~·ly adv.

twin-lens [twínlènz] adj. [사진] 쌍안의.

twín-lèns cámera n. 쌍안 레플렉스 카메라.

twín·ning [twíniŋ] n. [U] **1** 쌍둥이를 낳기. **2** 짝짓기, 짝지우기; 대비시키기. **3** [結晶] 쌍정 (雙晶) 형성.

twín róom n. [호텔에서] twin bed 가 있는 객실.

twin-screw [twínskrú:] adj. [항해] [서로 역방향으로 회전하는] 두 개의 스크루를 가진, [옛날의 기선 밑 바닥에 장치하던] 쌍암차(雙暗車)의, 쌍나선(螺旋)의.

twin-set [twínsèt] n. 《英》[여성용의] 카디건과 잠바 한벌(양상블). [twin flower.

twín síster n. **1** 쌍둥이 자매 중의 한 사람. **2** =

*__twirl__ [twəːrl] vt. **1** …을 휘두르다, 빙빙 돌리다. ¶ twirl a club 곤봉을 휘두르다. **2** 을 비비 꼬다, 비틀 다, 만지작거리다. **3** [야구 속어] [투수가] [공]을 던 지다(pitch). — vi. **1** 빙빙 돌다, 빙그르르 돌다. ⇨ TURN類語 **2** [야구 속어] 투구하다.

twirl one's thumbs ⇨ THUMB.

— n. **1** 빙빙 돌림, 돌리기; 회전(whirl). **2** 빙 빙 도는 것; 소용돌이(convolution). **3** 장식 글씨체.

twirl·er [twə́ːrlər] n. **1** 빙빙 도는 사람(것), 빙빙 돌리는 사람. **2** [야구 속어] 투수(pitcher). **3** = baton twirler.

twirp [twəːrp] n. =twerp.

‡**twist** [twist] vt. **1** [실·그물 따위]를 꼬다, 뜨다, 짜다(plait), …을 꽈넣다(intertwine), …을 짜서 만들 다(…으로 하다) (…into). ¶ twist cotton 면사를 꼬다 // (~+圓 +前+名) twist flowers into a garland 꽃을 엮어 화환을 만들다. **2** …을 감다(wind), 감아 붙이다, 얽히게 하다. ¶ (~+圓 +前+名) trees twisted with ivy 담쟁이 덩굴이 엉켜 붙은 나무들 / twist a scarf around the neck 목에 스카프를 감다.

3 …을 비틀다, 쥐어틀다, 짜다; [발목 등]을 삐다, 접 질리다(sprain). ¶ twist one's ankle 발목을 삐다.

4 …을 구부리다, 찌그러뜨리다, 일그러뜨리다, [얼굴]을 찌푸리다(distort). ¶ twist one's lips 입술을 실룩거리다 // (~+圓 +圓) The child twisted his face with pain. 그 아이는 고통으로 얼굴을 찡그렸다.

5 [뜻]을 왜곡하다, 곡해하다, 억지를 쓰다(pervert). ¶ twist a person's words (sentence) 남의 말(글)을 곡해하다.

6 …을 비틀어 떼다, 비틀어 꺾다. ¶ (~+圓 +圓) twist off a piece of wire 철사를 비틀어 끊다 // (~+圓 +前+名) twist a bag out of a woman's hand 여자의 손에서 백을 잡아 빼다.

7 …을 누비며 가다, 구불구불 나아가다. ¶ (~+圓 +前+名) twist one's way through a crowd 군중 사이를 누비고 나아가다.

8 [야구·당구 따위에서] [공]을 깎아치다, 비틀어 치다, 휘어지게 치다, 커브치다.

9 …의 방향을 …으로 바꾸다. ¶ (~+圓 +前+名) twist one's chair toward a window 창문쪽으로 의자의 방향을 바꾸다.

10 …을 괴롭히다, [마음]을 비뚤어지게 하다(warp).

— vi. **1** 꼬이다, 뒤틀리다, 비틀리다. **2** 감기다, 엉키다, 소용돌이치다; 회전하다, 방향을 바꾸다, [공이] 회전하면서 나아가다. **3** 구불거리다, 빠르르 꼬이다리다. **4** 구부러지다(bend), 굽이쳐 가다. ¶ (~+前+名) The river twists through the field. 강은 들판을 굽이치면서 흐르고 있다. **5** 《속어》부정을 저지르다, 속이다(cheat). **6** 트위스트를 추다.

twist a person round one's [little] finger; turn, twist, and wind a person 남을 마음대로 부리다.

— n. **1** [C][U]꼰실, 끈, 밧줄. **2** 꼬기, 꼬임, 한 번 비틀기(꼬기). ¶ give a rope a few more twists 로프를 다시 두세 번 꼬다. **3** [축을 중심으로 하는] 회전, 선회; 나선상(狀). **4** [U][C]비틀림[의울], 비뚤어짐, 비뚤어진 정도; 빼기. **5** 꼬인 담배, 꼬인 롤빵. **6** [뜻 따위의] 왜곡, 곡해, 억지. **7** 엉킴, 얽힘, 혼란. ¶ a twist in one's tongue 혀꼬부라지기. **8** [도로·흐름 따위의] 만곡. **9** [마음의] 비뚤어짐; 버릇, 괴벽(怪癖). **10** 부정, 부정직. **11** [야구·당구 따위의] 비틀어치기 공, 커브. **12** [공이] 기류의 꼬임(비틀림). **13** [U][C] 《英》 혼합주. ¶ gin twist 브랜디와 진의 혼합주. **14** 《英속어》식욕(appetite). **15** (the ~)《춤》트위스트. **16** 《속어》 꾀를, 신안(新案)(gimmick); 신기축(新機軸). **17** [정책 따위의] 예기치 않은 전환(발전). **18** 《속어》여자, [특히] 바람둥이 여자(floozy). **19** 《英》 작은 종이 봉지[에 물건을 넣어서 양끝을 비튼 것].

in a twist 《구어》흥분하여, 당황해서.

the twist of the wrist 솜씨, 기량, 솜씨좋음(dexterity).

twists and turns ① [도로의] 만곡. ② [일의] 우여 곡 ◇ entwíst v., intwíst v.

twíst dríll n. [기계] 천공 드릴[깊은 홈이 나선형으로 패어 있는 공짓].

twist·ed [twístid] adj. 구부러진, 곡선으로 된. ¶ a twisted curve [수학] 동일 평면상에 있지 않은 공간 곡선.

twist·er [twístər] n. **1** [실]을 꼬는 사람; 연사기(撚絲機). **2** 곡해하는 사람. **3** [야구·당구의] 비틀어친 공, 커브 그리는 공. **4** [특히 英] 부정직한 사람, 사기 꾼(swindler). **5** 어려운 일, 어려운 문제; 발음하기 어려운 말(tongue twister). **6** 《美》선풍, 회오리바람. **7** [근]트위스트를 추는 사람.

twist·y [twísti] adj. **(twist·i·er, twist·i·est) 1** 꾸불꾸불한(winding). **2** 정직하지 않은. **twist·i·ness** n.

twit[1] [twit] vt. **(twit·ted, twit·ting)** [남]을 꾸짖다, 책망하다, 힐책하다(reproach), 조롱하다, 비웃다.

twit (~+❘目❘+❘前❘+❘名❘) *twit a person with* (or *about*) *his carelessness* 남의 부주의를 책망하다. — *n.* 힐책, 비난, 힐난, 조롱, 비웃음[의 말].

twit² [twit] *n.* 《英속어》 얼간이, 멍청이, 바보.

***twitch** [twitʃ] *vt.* **1** …을 갑자기 잡아당기다, 잡아끌다(jerk); 잡아 (낚아) 채다 (pluck). ¶ *The horse twitched its tail to chase the flies.* 말은 꼬리를 휙 휘둘러서 파리를 쫓았다. **2** 〖근육 따위를〗 경련시키다, 실룩실룩 움직이다. **3** …에게 고통을 주다, …을 괴롭히다, 꼬집다(nip). — *vi.* **1** 휙 잡아당기기다, ¶ (~+❘前❘+❘名❘) *twitch at a person's skirt* 남의 스커트를 휙 잡아당기다. **2** 실룩거리다, 경련을 일으키다. **3** 욱신욱신(쿡쿡 쑤시듯이) 아프다. — *n.* **1** 휙 잡아당기기; 잡아채기. **2** 경련, 실룩거림. **3** 〖심신의〗 심한 아픔, 격통(pang). **4** 〖獸醫〗〖말이 수술 도중에 날뛰지 못하게 하는〗 코 비트는 기구.

at a twitch 곧, 순식간에.

twitch·er [twítʃər] *n.* **1** 휙 잡아당기는 사람(것). **2** 실룩거리는 사람(것).

***twit·ter** [twítər] *vi.* **1** 〖작은 새가〗 지저귀다. **2** 재잘거리다. **3** 안절부절 못하다; 〖흥분 또는〗 떨다. **4** 낄낄거리다. — *n.* **1** 지저귐. **2** 설레임, 떨림. **3** 낄낄거림. [여.

[all] of (or *in*) *a twitter* 흥분하여, 안절부절 못하

twit·ter·er [twít(ə)rər] *n.* **1** 지저귀는 작은 새. **2** 지저귀듯 지껄이는(노래하는) 사람. **3** 낄낄거리는 사람.

'twixt [twikst] *prep.* 《고어·詩·방언》 betwixt의 단축형.

‡**two** [tuː] *adj.* 둘의, 두 사람(개)의, 2개의. ¶ *Two heads are better than one.* 《속담》혼자보다 여럿의 쬐가 낫다, 백장도 맞들면 낫다. — *n.* (*pl.* **twos**) **1** 두 사람, 2개. ¶ *Two of a trade seldom* (or *never*) *agree.* 《속담》 같은 장사끼리의 의가 좋지 못한다. **2** 2시; 2세. **3** 〖연속된 것 중의〗 두 번째의 물건(사람); 〖카드놀이〗 2의 패, 〖주사위의〗 2의 눈. **4** 2, 2의 문자〖2, ii, Ⅱ〗. **5** 쌍, 두사람(둘)의 1조(pair). **6** 2달러 지폐.

by (or *in*) *twos and threes* 두서너 사람씩, 삼삼오오.

in two 둘로, 두 동강으로. ¶ *Cut it in two.* 그것을 둘로 잘라라.

in two twos 《속어》 곧, 즉시, 순식간에 (at once).

Make it two 《음식 따위를 주문할 때》〖먼저 주문한 사람과〗 같은 것으로 주시오(The same for me).

put two and two together 이것저것 종합해서 생각하다, 〖추론하여〗 바른 결론을 내리다.

two and (or *by*) *two* 두 사람(둘)씩.

two-bag·ger [túːbæɡər] *n.* 〖야구 속어〗 2루타(雙打) hit. [(double).

twó-báse hít [túːbèis-] *n.* 〖야구〗 2루타(雙打)

two-beat [túːbíːt] *adj.* 〖재즈〗 투 비트의〖⁴/₄박자의 2박자와 4박자에 악센트를 둔다〗.

two-bit [túːbít] *adj.* 《美俗》 **1** 25센트의, **2** 허술한, 하찮은, 값어치없는(trifling), 값싼.

twó bíts *n. pl.* 〖단·복수 양용〗 《美俗》 25센트(a quarter).

two-by-four [túːbəfɔ́ːr, -bai-/-fɔ̀ː] *adj.* **1** 두께 2인치 폭 4인치의. **2** 〖속어〗 사소한(petty); 보잘것없는. **3** 《美구어》 좁은. **4** 〖투 바이 포 재목을 사용한〗 틀짜는 공법의. — *n.* 두께 2인치 폭 4인치의 재목.

two-ca·reer [túːkəríər] *adj.* 부부가 각기 직업에 종사하고 있는; 맞벌이의. ¶ *two-career couples* 맞벌이 부부들.

twó cúltures *n. pl.* 〖the ~〗 두 개의 문화〖인문·사회 과학과 자연 과학〗. 〖영국 작가 C.P.Snow가 1959년 Cambridge 대학에서 행한 강연 제목에서〗.

two-cy·cle [túːsáikl] *adj.* 《美》 〖내연 기관의〗 2사이클의.

two-deck·er [túːdékər] *n.* **1** 2중 갑판 배. **2** 2층 전차(버스) (double-decker). **3** 2중(층, 단)의.

two-di·men·sion·al [túːdiménʃən(ə)l] *adj.* **1** 2차원의. **2** 깊이가 없는, 단조로운.

twó-éarner cóuple [túː·ə́ːrnər-] *n.* 맞벌이 부부

two-edged [túːéʤd] *adj.* = double-edged. 〖(가정).

two-faced [túːféist] *adj.* **1** 2면(양면)이 있는. **2** 표리가 다른, 불성실한(deceitful).

-**fac·ed·ly** [-féisidli] *adv.* -**fac·ed·ness** -féisidnis] *n.*

two·fer [túːfər] *n.* (~s) 《美구어》 **1** 극장에 빈 자리가 많을 때 1매분의 입장료로 파는 2매의 표; 쌍표. **2** 한 벌로 바지가 달린 블레이저코트.

two-fist·ed [túːfístid] *adj.* **1** 〖구어〗 두 주먹을 쓸 수 있는. **2** 《美구어》 힘센, 활기있는, 원기왕성한(vigorous).

***two·fold** [túːfóuld] *adj.* **1** 2요소(부분)가 있는. **2** 2배의, 2중의(double). — *adv.* 2배로, 2중으로.

two-for-one [túːfərwʌ́n] *adj.* 표리 일체의, 양자(兩者) 일체의.

two-four [túːfɔ́ːr / -fɔ́ː] *adj.* 〖음악〗 4분의 2박자의.

2,4-D [tùːfɔ́ːrdí / -fɔ́ː-] *n.* Ⓤ 2-4 디블로로페녹신초산(酸), 2-4디〖제초제〗.

twó-gen·er·á·tion fámily [túːdʒenəréiʃ(ə)n-] *n.* 핵가족(nuclear family).

two-hand·ed [túːhǽndid] *adj.* **1** 두 손이 있는, 두 손으로 다루는; 두 손을 쓰는. **2** 2인용의; 둘이서 하는.

twó-íncome fámily [túː·ínkʌm-] *n.* **1** 버는 사람이 둘 있는 가정. **2** 맞벌이 부부의 가정.

two-leg·ged [túːléɡ(i)d] *adj.* 두 다리의, 다리가 둘 있는. [〖型〗의.

two-line [túːláin, ːːː] *adj.* 〖인쇄〗〖활자가〗 배형(倍)

two-mast·ed [túːmǽstid /-máːs-] *adj.* 쌍돛대의.

two-ness [túːnis] *n.* Ⓤ **1** 둘임, 둘로 나뉘어 있음. **2** 2중성(重性), 2원성(元性) (duality).

two-part [túːpáːrt] *adj.* 〖음악〗 2부의. **2** 2부(분)으로 이루어지는. — *n.* 〖스코〗 3분의 2(two thirds).

twó-párty sýstem [túːpáːrti-] *n.* 〖정치〗 양당제.

two·pence [tʌ́p(ə)ns] *n.* (*pl.* -**pence** or -**penc·es**) **1** 2펜스, **2** 〖George 3세 때에 발행된 영국의〗 2펜스(銅貨), 〖1662년 이후 maundy money 로서 발행된 영국의 옛〗 2펜스 은화. **3** 조금, 약간(trifle); 《부정문 중에서 부사적으로 써서》 조금도, 전연. ¶ *I don't care twopence.* 아무렇지도 않다.

two·pen·ny [tʌ́p(ə)ni] *adj.* **1** 2펜스의. **2** 값싼, 시시한, 하찮은, 보잘것없는. — *n.* **1** 2펜스(동)(貨). **2** Ⓤ 《英》〖원래 1 quart를 2펜스로 팔았던〗 순한 맥주. **3** 《英속어》 머리(head).

two·pen·ny-half·pen·ny [tʌ́p(ə)nihéip(ə)ni, +美 -pèni-] *adj.* **1** 2펜스 반의. **2** 값싼, 가치없는.

two-phase [túːféiz] *adj.* 〖전 기〗 2상(相)의(diphase).

two-piece [túːpíːs] *adj.* 투피스의. ¶ *a two-piece dress* 투피스의 드레스. — *n.* 투피스의 옷.

two-ply [túːplái, ːːː] *adj.* **1** 〖실 따위가〗 두 가닥으로 꼬인, 두 가닥의. **2** 2중직(織)의, 2중의, 두 장 겹친의.

twó-pót scréamer [túːpát- / -pɔ́t-] *n.* 〖濠속어〗 술에 약한 사람.

two-pow·er [túːpáuər] *adj.* 두 나라의. ¶ *the two-power standard* 〖군함 건조 계획에서의〗 2국 표준〖주〗. 〖2국 가격 제도.

twó-príce sýstem [túːpráis-] *n.* 〖금·구어 따위〗

two-seat·er [túːsíːtər] *n.* 2인승 자동차(비행기).

two-sid·ed [túːsáidid] *adj.* **1** 두 면이 있는, 두 면의 (bilateral). **2** 두 마음을 지닌, 표리가 있는(double-faced).

two-some [túːsəm] *adj.* 둘(두 사람)로 이루어진. **2** 〖골프 따위〗 두 사람이 하는. — *n.* **1** 한 쌍, 2인조(couple). **2** 〖골프〗 두 사람이 벌이는 시합.

two-speed [túːspíːd] *adj.* 〖기계〗 2단 속도의.

two-spot [túːspát / -spɔ́t] *n.* **1** 소인물(小人物), 하찮은 물건. **2** 〖카드놀이〗 2의 패; 〖주사위의〗 2의 눈. **3**

《美속어》 2달러 지폐.

two-star [túːstɑ́ːr] adj. 1 이류의. 2 〔군대 계급의〕 2성(星)의 [major general, rear admiral 계급].

two-step [túːstèp] n. 투스텝〔2박자의 사교 춤〕; 그 곡. — vi. (-stepped, -step·ping) 투스텝을 추다.

twó-stróke cýcle [túːstròuk-] n. 〔기계〕 2행정 (行程) 사이클〔발동기의 작동 형식으로서 주로 소형 기관에 쓰인다〕.

twó-tíer wáge sýstem [túːtíər-] n. 이중 임금 제도.

two-time [túːtàim] vt. (-timed, -tim·ing) 《미속어》〔남편·아내·연인 등을〕배반하다, 속이다(betray).
— adj. 두 번의.

twó-tíme lóser n. 두 번의 중죄 전과자; 두 번이혼(파산)한 사람. [貞] 한 사람.

two-tim·er [túːtàimər] n. 《미속어》 배신자, 부정(不 [貞)] 한 사람.

two-tone [túːtóun] adj. 2색의, 투톤 컬러의.

two-tongued [túːtʌ́ŋd] adj. 두 말 하는; 속이는.

'twould [twud, 약 twəd] 《詩·고어》 it would 의 단축형.

TWOV (略) transit without visa (무사증 통과).

two-way [túːwéi] adj. 1 2방향(상호적)으로 작용하는; 2로(路)의; 송수신 겸용의. ¶ a two-way switch 2로(路) 스위치. 2 〔도로 따위〕 양 방향 교통의, 쌍방향 통행용의. 3 양면 사용하는(reversible), 2용도의. ¶ a two-way coat 양면 코트. 4 2인(2조)으로 하는, 양자간의. ¶ a two-way race for governorship 이파전의 지사(총재)선거전.

twó-wáy cáble sýstem n. 〔전자공학〕 쌍방향 케이블 시스템〔유선으로 연결된 송수신 쌍방이 서로 정보를 교환할 수 있는 통신 계통〕.

twó-way commùnicátion n. 쌍방향 통신〔송수신자가 서로 정보를 교환할 수 있는 응답형 통신 시스템〕.

twó-wáy stréet n. 1 양방향 도로. 2 쌍무(호혜)적 관계.

two-wheel·er [túːwh(i)ìːlər] n. 2륜차.

TWX /ˈtekswiks/ teletypewriter exchange (텔렉스).

-ty[1] suf. 10의 배수(倍數)를 나타내는 수사(數詞)를 만듦: twenty.

-ty[2] suf. quality (성질), condition (상태) 따위를 나타내는 명사를 만듦. 예: equality, safety, unity.

Ty·burn [táibə(ː)rn] n. 옛날 London 에 있었던 형장〔현재의 Hyde Park 북쪽에 해당〕.

Ty·bur·nia [taibə́ːrnjə] n. Tyburn 의 유적지.

Ty·che [táiki] n. 〔그리스 신화〕 튀케〔운명의 여신; 로마 신화의 Fortuna 에 상당〕.

ty·coon [taikúːn] n. 1 (종종 T-) 대군(大君), 장군〔일본의 도쿠가와(徳川)막부의 장군에 대하여 당시의 외국인이 일컫던 칭호〕. 2 《美》실업계(정계)의 거두(거물).〔<Jap taikun〕

Ty·de·us [táidjuːs, -diəs, -djəs, +美 tídiəs] n. 〔그리스 전설〕 티데우스 〔테베(Thebes)와 싸운 7용사 중의 한 사람〕.

ty·ing [táiiŋ] v. tie 의 현재 분사. — n. 1 매기, 묶기, 맺기; ⓒ 매듭. — adj. 매는, 맨, 묶은.

tyke [taik], (**tike**) n. 1 개, (특히) 들개, 잡종 개 (mongrel). 2 《주로 스코》시골뜨기 (boor); 버릇없는 녀석. 3 아이; (특히) 어린애, 장난꾸러기.

tyle [tail] n. (고어) = tile.

Tý·ler's Rebéllion [táilərz-] n. 〔英역사〕 1381년 영국의 농민 지도자 Wat Tyler(?-1381)가 중심이 되어 일으킨 농민 봉기.

ty·lo·sin [táiləsin] n. ⓤ 타이로신〔항생 물질의 일종〕.

ty·lo·sis [tailóusis] n. (pl. **-ses** [-siːz]) 1 ⓤ〔병리〕 각피(각화)증, 변지증(胼胝症)〔표피가 경화하는 증세〕. 2 〔식물〕 전충(塡充) 세포.

tym·bal [tímbəl] n. = timbal.

tym·pan [tímpən] n. 1 〔기구(器具) 따위에 팽팽하게 쳐진〕 얇은 막. 2 〔인쇄〕 팀판〔종이에 대하여 압력을 고르게 하기 위하여 인자판 위에 까는 종이〕. 3 = tympanic membrane. 4 = tympanum 2, 4.

tym·pa·ni [tímpəni] n. pl. (sing. **-no** [-nou]) = timpani.

tym·pan·ic [timpǽnik] adj. 1 북 같은. 2 〔해부·동물〕 고막의; 중이(中耳)의 고실(鼓室)의. ¶ tympanic nerve 고실 신경.

tympánic mémbrane n. 〔해부·동물〕 고막.

tym·pa·nist [tímpənist] n. = timpanist.

tym·pa·ni·tes [tìmpənáitiːz] n. ⓤ〔병리〕 복부 팽창, 고창(鼓脹).

tym·pa·ni·tis [tìmpənáitis] n. ⓤ〔병리〕 중이염.

tym·pa·num [tímpənəm] n. (pl. **-nums** or **-na**) 1〔해부·동물〕 중이; 고막. 2 〔건축〕 팀파늄〔고전 건축에서 박공(膊栱) 따위의 삼각벽; 홍예머리에서 아래의 반원 벽〕. 3 〔전기〕 〔전화기의〕 진동판. 4 북 (drum); 북 가죽. 5 〔양수(揚水)용〕 북 모양의 수차.

tym·pa·ny [tímpəni] n. ⓤⓒ (pl. **-nies**) 1 = tympanites. 2 〔고어〕 과장; 자만, 허영심; 거만, 오만.

tyne [tain] n. 《주로 英》 = tine.

typ. (略) typographer, typographic[al], typography.

typ·al [táip(ə)l] adj. 형(型)의; 전형적인 (typical); 상징적인.

‡**type** [taip] n. 1 형(型), 타입, 양식, 유형. ⇒ SORT 類語. ¶ this type of car 이 형의 자동차 (*《美》 구어에서는 of 를 생략한 표현도 쓴다) / a few types of buildings 2, 3가지의 건축 양식 / grapes of a seedless type 씨없는 포도 / She's not my type. 그녀는 내게 어울리지 않는다.

2 전형, 모범, 대표물(model), 견본(example). ¶ The dog is a type beagle. 그 개는 전형적인 비글이다.

3 상징, 표징, 전조, 예고. ¶ Running water may serve as a type of instability. 흘러가는 물은 변전(變轉)의 표징이라 할 수 있을 것이다.

4 〔(인쇄〕 〔1개의〕 활자; ⓤ 〔집합적〕 활자, 서체. ¶ point types 포인트 활자 / set type 조판하다, 판을 짜다 / The material is now in type. 자료는 지금 조판중이다.

[type 4]
face 면
counters 오목면
shoulder 어깨
belly 허리

6 〔구어〕 별난 사람.

7 〔화학〕 기형 (基型); 〔생물〕 유형, 표식(標式), 대표형; 〔의학〕 혈액형, 병형(病型).

true to type 전형적인.

— v. (**typed**, **typ·ing**) vt. 1 …을 타이프라이터로 치다. ¶ type a letter 편지를 타이프라이터로 치다. 2 …을 활자화하다, 인쇄하다. 3 〔의학〕 〔병균·혈액 따위〕의 형을 확정(분류)하다. ¶ type a person's blood 남의 혈액형을 결정하다. 4 〔드물게〕 …의 전형으로 되다, …을 대표하다. — vi. 타이프라이터를 치다 (typewrite). ¶ He types well (poorly). 그는 타자를 잘(못) 친다.

◇ **týpical** adj., **týpify** v.

-type suf. type 라는 뜻의 명사를 만듦. 예: antitype, ferrotype, prototype.

type-bar [táipbɑ̀ːr] n. 활자 막대, 타이프바.

type-cast [táipkæ̀st / -kɑ̀ːst] vt. (**-cast**, **-cast·ing**) 〔배우를〕 맞춰서 〔배우의〕 배역을 정하다; 〔배우를〕 알맞은 역에 돌리다.

type-cast [táipkæ̀st / -kɑ̀ːst] vt. (**-cast**, **-cast·ing**) 〔활자〕를 주조하다. — adj. 주조된.

type·face [táipfèis] n. 활자체(면), 서체 (face).

týpe fóunder n. 활자 주조공(업자).

týpe fóundry n. 활자 주조소.

týpe métal n. ⓤ 활자용 합금. [원고.

type·script [táipskrìpt] n. 타이프라이터로 친 문서

type·set [táipsèt] vt. (**-set**, **~ting**) 조판(식자)하다. — adj. 〔인쇄 원고가〕 조판된.

type·set·ter [táipsètər] n. 식자공 (compositor); 식

자기(typesetting machine).
type·set·ting [táipsètiŋ] *adj.* 식자의, 활자 조판의.
── *n.* ⓤ 식자, 활자 조판.
Type **T̂** *n.* T형(型)의 인간[스릴(thrill)을 좋아하는 형의 인간].
type·write [táiprài] *vt., vi.* (-**wrote**, -**writ·ten**, -**writ·ing**) […을] 타이프라이터로 치다; 타이프라이터를 치다. ＊ 현재는 type가 보통.
‡**type·writ·er** [táipràitər] *n.* **1** 타이프라이터, 타자기. **2** ⓤ(인쇄) 타이프라이터 서체. **3** 〔드물게〕 타이피스트(typist).
type·writ·ing [táipràitiŋ] *n.* **1** ⓤ 타이프라이터를 치기. **2** ⓤ 타이프라이터 기술. **3** ⓤⓒ 타이프라이터 인쇄물.
type·writ·ten [táiprìtn] *v.* typewrite 의 과거 분사.
── *adj.* 타이프라이터로 친.
typh·li·tis [tifláitis] *n.* ⓤ(병리) 맹장염.
＊**ty·phoid** [táifɔid] (병리) *adj.* 티푸스(성)의, 장(腸)티푸스의. ¶ the *typhoid* bacillus 티푸스 균(菌) / *typhoid* fever 장티푸스. ── *n.* **1** ⓤ 장티푸스. **2** 〔구어〕 장티푸스 환자. ◇ **typhóidal** *adj.*
ty·phoi·dal [taifɔ́idl] *adj.* (병리) 티푸스(성)의, 장티푸스의.
ty·phon·ic [taifánik / -fɔ́n-] *adj.* 태풍(성)의, 태풍과 같은.
‡**ty·phoon** [taifúːn] *n.* 태풍[남양·남지나해에서 발생하여 격심해지는 열대성 폭풍]. *cf.* cyclone, hurricane
ty·phous [táifəs] *adj.* (병리) 발진티푸스(성)의.
ty·phus [táifəs] *n.* ⓤ(병리) 발진티푸스.
typ·ic [típik] *adj.* =typical.
‡**typ·i·cal** [típik(ə)l] *adj.* **1** 전형적인, 대표적인. ¶ a *typical* modern girl 전형적인 현대풍의 소녀. **2** 상징적인, …을 상징하는(symbolic) (of …). **3** 독특한, 특유의 (characteristic) (of …). ¶ That way of speaking is *typical* of him. 그러한 화법에는 그다운[특이한] 면이 있다. **4** 〔생물〕 모식적(模式的)인. ¶ the *typical* genus 모식속(屬). ~·**ly** [-kəli] *adv.* ~·**ness** *n.* ◇ **type** *n.*
typ·i·fi·ca·tion [tìpifikéi(ə)n] *n.* ⓤⓒ 전형[이됨]; 예표(豫表); 상징[하기].
typ·i·fi·er [típifàiər] *n.* **1** 전형, 대표. **2** 상징.
typ·i·fy [típifài] *vt.* (-**fied, -fy·ing**) **1** …의 전형이 되다, …을 대표하다, …의 특징을 나타내다. **2** …을 상징하다(symbolize). ¶ The laurel *typifies* victory. 월계수는 승리를 상징한다. **3** …을 예표(豫表)로 예시하다(prefigure).
typ·ing [táipiŋ] *n.* **1** ⓤ 타이프라이터를 치기(typewriting). **2** 타이프라이터 사용법.
typ·ing-pa·per [táipiŋpèipər] *n.* ⓤ 타자 용지.
typ·ing pòol *n.* 타이프과(課)[회사내에서 타자수들을 한곳에 모아놓은 곳].
ty·po [táipou] *n.* (*pl.* -**pos**) **1** 〔영구어〕 인쇄공; 〔특히〕 식자공(compositor). **2** 〔미구어〕 오식(誤植) (typographical error).
typo- type 의 뜻의 연결형. 예: *typo*logy.
ty·pog·ra·pher [taipágrəfər / -pɔ́g-] *n.* ⓤ 활판업자, 활판 기술자, 인쇄공(printer), 식자공(compositor).
ty·po·graph·ic [tàipəɡrǽfik], -**i·cal** [-ik(ə)l] *adj.* (활판) 인쇄(술)의, 인쇄상의. ¶ a *typographical* error 오식. -**i·cal·ly** [-ikəli] *adv.*
ty·pog·ra·phy [taipágrəfi / -pɔ́g-] *n.* ⓤ **1** 활판 인쇄[술], 식자[술]. **2** 인쇄 체재.
ty·po·log·i·cal [tàipəládʒik(ə)l / -lɔ́dʒ-] *adj.* **1** 〔성서〕 예형론(豫型論)의. **2** 〔철학〕 유형학(類型學)의. **3** 인쇄학의.
ty·pol·o·gy [taipálədʒi / -pɔ́l-] *n.* ⓤ **1** 〔성서〕 예형론. **2** 〔철학〕 유형학. **3** 인쇄학.
Tyr [tiər] *n.* 〔북유럽 신화〕 티르[오딘(Odin)의 아들로 싸움과 승리의 신].
＊**ty·ran·ni·cal** [tirǽnik(ə)l, tai-], (**ty·ran·nic** [-nik]) *adj.* **1** 전제적인, 폭군적인(despotic); 무도한, 포학한(cruel). **2** 〔고어〕 전제 군주의, 전제 정치의, 압제자의. ~·**ly** [-kəli] *adv.* ~·**ness** *n.*
◇ **týrant, týranny** *n.*
ty·ran·ni·cide [tirǽnisàid, tai-] *n.* **1** 폭군(압제자) 살해자. **2** ⓤ 폭군(압제자) 살해.
tyr·an·nize [tírənàiz] (＊ 《英》에서는 **tyr·an·nise** 로도 쓴다) *v.* (-**nized, -niz·ing**) *vi.* 폭정을 펴다, 압제하다, 권세를 부리다, 학대하다(*over* …). ── *vt.* …에 폭정을 펴다, …을 학대하다.
ty·ran·no·saur [tairǽnəsɔ̀ːr] *n.* 티라노사우루스[중생대의 육식 공룡].
tyr·an·nous [tírənəs] *adj.* 횡포를 부리는, 포악한 (tyrannical). ~·**ly** *adv.* ~·**ness** *n.*
‡**tyr·an·ny** [tírəni] *n.* (*pl.* -**nies**) **1** ⓤⓒ 폭정, 압제, 전제(정치). **2** ⓤ 포악, 횡포, 학대; ⓒ 포악한(횡포를 부리는) 행위. ¶ the *tyranny* of the rich over the poor 이 가난한 사람들에 대한 부자들의 횡포. **3** ⓤ 〔그리스 역사〕 참주(僭主) 정치.
◇ **týrannical** *adj.*, **týrannize** *v.*
‡**ty·rant** [táir(ə)nt / táiər-] *n.* **1** 폭군, 압제자, 전제 군주. **2** 〔그리스 역사〕 참주. **3** =tyrant flycatcher.
◇ **týrannical** *adj.*
týrant flỳcàtcher (**bìrd**) *n.* 타이런조(鳥) 〔미국산(産) 연작류(目)의 새〕.
tyre [taiər] *n., vt.* (**tyred, tyr·ing**) 〔英〕 =tire².
ty·ro [táirou / táiər-] *n.* (*pl.* -**ros**) 초보자, 초심자 (novice). 〔＜L〕
Tyr·ol [tíral, táiroul, tiróul / tírəl, tiróul] *n.* **1** (the ~) 티롤 지방〔오스트리아 서부 및 이탈리아 북부의 산악 지대〕. **2** 티롤〔오스트리아 서부의 주; 주도(州都) Innsbruck〕.
Ty·ro·le·an [tiróuliən] *adj.* 티롤의; 티롤 사람의. ¶ a *Tyrolean* hat 티롤리안 해트. ── *n.* 티롤 사람.
Tyr·o·lese [tìrəlíːz] *adj., n.* =Tyrolean.
ty·ro·tox·i·con [tàiroʊtáksikàn / tàiərətɔ́ksikɔ̀n] *n.* ⓤ 〔생화학〕 티로톡시콘〔부패한 우유나 유제품(乳製品) 따위에 생기는 프토마인 독소〕.
Tyr·rhe·ni·an [tirí:niən], (**Tyr·rhene** [-rí:n]) *adj., n.* =Etruscan.
tzar [zɑːr, tsɑːr] *n.* =czar.
tzét·ze flỳ [tsétsi-] *n.* =tsetse fly.
Tzi·gane [tsiɡáːn] *n.* 집시(gypsy); 〔특히〕 헝가리계 집시. ── *adj.* (종종 t-) 집시의; 〔특히〕 헝가리계 집시의.
Tzi·ga·ny [tsiɡáːni] *n.* (*pl.* -**nies**), *adj.* =Tzigane.
tzim·mes [tsíməs] *n.* **1** 〔요리〕 치메스〔고기·당근·채소·과일에 설탕을 넣어서 만든 냄비 요리〕. **2** 《美속어》 야단법석, 소동.

U

U, u [juː] *n.* (*pl.* **U's** *or* **Us; u's** *or* **us**) **1** 영어 알파벳의 스물 한째 자. ¶ *U for Uncle* Uncle의 U [국제 통화 용어]. **2** U(u)가 나타내는 소리. **3** [연속된 것 중의] 스물 한째의 사람(물건). **4** U(u)자 형[의 물건]. ¶ a *U* tube U자 형의 관(管). **5** 《英》 Universal(일반용 영화. 미국의 G에 해당).

U [juː] *pron.* 《구어》 =you. ¶ I O *U* (=I owe you.) 차용증[서].

U 《화학》 uranium의 원자 기호.

U [juː] *adj.* 《구어》 《특히 영국의》 상류 계급의(에 어울리는). [< *u*pper class]

U., u. (略) uniform; union; unit; university; upper.

UAAC (略) *U*n-*A*merican *A*ctivities *C*ommittee (《미국 하원의》 비(非)미 활동〔조사〕 위원회).

UAE (略) *U*nited *A*rab *E*mirates.

UAL (略) *U*nited *A*ir *L*ines.

UAM (略) *u*nderwater-to-*a*ir *m*issile(수중 대공(水中對空) 미사일).

U.A.R. (略) *U*nited *A*rab *R*epublic.

U.A.T.P. (略) *U*niversal *A*ir *T*ravel *P*lan(항공권의 신용 판매 제도).

UAW, U.A.W. (略) *U*nited *A*utomobile *W*orkers (미국 자동차 노동 조합 연합회).

U·ban·gi [juːbǽŋgi, uːbάːŋ-] *n.* **1** (the ~) 우방기강 (江) [아프리카 중부를 흘러, Congo강으로 유입한다]. **2** 중앙 아프리카 공화국의 사라(Sara)족의 여성 [나무로 만든 원반 모양의 것을 넣어서 입술이 원반 모양을 하고 있다].

U·ban·gi-Sha·ri [juːbǽŋgiʃάːri, uːbάːŋ-] *n.* 우방기 샤리 [중앙 아프리카 공화국의 옛이름. 이전에는 프랑스령(領)].

u·bi·e·ty [juːbáiiti] *n.* Ⓤ 《드물게》 정해진 장소(위치)에 있기, 위치, 소재(所在), 상대적인 위치.

U·bi·qui·tar·i·an [juːbìkwitέ(ː)riən / -tέər-] 《신학》 *adj.* 그리스도 편재론(遍在論)의. ─ *n.* 그리스도 편재론자 [루터파의 하나].

U·bi·qui·tar·i·an·ism [juːbìkwitέ(ː)riəniz(ə)m / -tέər-] *n.* Ⓤ 《신학》 그리스도 편재론.

u·biq·ui·tous [juːbíkwitəs] *adj.* **1** [동시에] 도처에 존재하는, 편재하는, 편재적인(universal). **2** 《익살조로》 《사람이》 약방의 감초(甘草) 같은.
~**ly** *adv.* ~**ness** *n.*

u·biq·ui·ty [juːbíkwiti] *n.* (*pl.* **-ties**) **1** ⓊⒸ [동시에] 도처에 존재하기, 편재(性). **2** (U-) 《신학》 그리스도의 편재(性).

u·bi su·pra [júː bi s(j)úːprə] 《라틴》 (=where above) [앞에 말한 작품·문장·페이지 따위에 언급하여] 위에 말한 곳에[에] ▶ abbr. **u.s.**

U-boat [júːbòut] *n.* U 보트[제1차 및 제2차 세계 대전중의 독일의 대형 잠수함]. [<G *Unterseeboot* undersea boat]

Ú bòlt *n.* U자형(字型) 볼트, U 형 볼트.

U-bomb [júːbὰm / -bɔ̀m] *n.* 우라늄 폭탄(uranium bomb).

u. c. (略) 《인쇄》 *u*pper *c*ase. ▶ 《중》.

U.C. (略) *U*pper *C*anada; *U*nder *C*onstruction.

UCC (略) *U*niversal *C*opyright *C*onvention(세계 저작권 조약; 한국은 1987년 10월 가입).

UCCA (略) 《英》 *U*niversities *C*entral *C*ouncil on *A*dmissions (입학에 관한 대학 중앙 평의회).

U.C.L.A. (略) *U*niversity of *C*alifornia at *L*os *A*ngeles.

UCS (略) *U*nion of *C*oncerned *S*cientists(《미국의》 우려하는 과학자 동맹).

UDA, U.D.A. (略) *U*lster *D*efence *A*ssociation(《북아일랜드의》 얼스터 방위 협회).

UDAG [júːdæg] *n.* 《美》 도시 개발 원조 계획. [< *U*rban *D*evelopment *A*ction *G*rant]

U.D.C. (略) *U*nion of *D*emocratic *C*ontrol(민주 통제 동맹); 《美》 *U*nited *D*aughters of the *C*onfederacy (남부 제주(諸州) 참전 여자 동맹); 《英》 *U*rban *D*istrict *C*ouncil(준자치 도시 위원회); *U*niversal *D*ecimal *C*lassification (국제 십진 분류).

ud·der [ʌ́dər] *n.* [소·양·염소 따위의] 유방; 유선(乳腺).

ud·der·less [ʌ́dərlis] *adj.* 유방이 없는; 《비유적》 어미 없는.

U.D.I. (略) *u*nilateral *d*eclaration of *i*ndependence (일방적 독립 선언).

u·dom·e·ter [juːdάmitər / -dɔ́m-] *n.* 《기상》 우량계 (rain gauge).

U.D.R., UDR (略) 《프랑스》 *U*nion des *D*émocrates pour la *R*épublique(공화국 민주 연합; de Gaulle파의 정당(1968-76)).

UDT (略) *u*nderwater *d*emolition *t*eam (수중 폭파대).

UEFA, U.E.F.A. (略) *U*nion of *E*uropean *F*ootball *A*ssociation(유럽 축구 협회 연합).

UFO [júːefòu, júːfòu] *n.* (*pl.* **UFOs** *or* **UFO's**) 미확인 비행 물체[비행 접시 따위]. [< *u*nidentified *f*lying *o*bject] ▶ 「연구」의.

u·fo·log·i·cal [jùːfəlάdʒik(ə)l / -lɔ́dʒ-] *adj.* UFO 추적

u·fol·o·gist [juːfάlədʒist / -fɔ́l-] *n.* 미확인 비행 물체 (UFO) 연구가, UFO의 신봉자.

u·fol·o·gy, U·FOI·o·gy [juːfάlədʒi / -fɔ́l-] *n.* 미확인 비행물체(UFO) 연구.

U·gan·da [(j)uːgǽndə] *n.* 우간다 [아프리카 동부의 공화국; 수도 Kampala]. ▶ *n.* 우간다 사람.

U·gan·dan [(j)uːgǽndən] *adj.* 우간다[사람]의.

U.G.C. (略) 《英》 *U*niversity *G*rants *C*ommittee(대학 육성 위원회).

ugh [uːx, u(x), ʌ(x)] *interj.* 우!, 악!, 와!, 칵! [혐오·경멸·공포 따위의 소리 또는 기침 소리를 나타낸다].

ug·li·fi·ca·tion [ʌ̀glifikéiʃ(ə)n] *n.* Ⓤ 추하게 하기.

ug·li·fy [ʌ́glifài] *vt.* (**-fied, -fy·ing**) …을 추하게 하다, 흉하게 하다, …의 아름다움을 손상하다(disfigure).

ǂug·ly [ʌ́gli] *adj.* (**-li·er, -li·est**) **1** 추한, 보기 흉한, 꼴 사나운, 볼품없는, 못생긴. *opp.* beautiful ¶ an *ugly* scar on a person's face 얼굴의 보기 흉한 상처 자국. **2** [도덕적으로]나쁜, 추악한, 사악한, 꺼림칙한. ¶ *ugly* habits / *ugly* rumors 우아. ¶ There are *ugly* rumors about his past. 그의 과거에는 좋지 못한 소문이 있다. **3** [날씨 따위의] 험악한, 거칠어질 듯한(threatening). ¶ *ugly* weather 거칠어질 듯한 날씨 / an *ugly* sea 사나와질 듯한 바다 / The situation is getting *ugly*. 사태가 악화 일로에 있다. **4** 불쾌한, 싫은, 귀찮은; 위험한(dangerous). ¶ an *ugly* sound 불쾌한 소리 / an *ugly* wound 심한 상처. **5** 《美구어》 심술궂은; 언짢은; 화를 잘 내는, 싸움질 잘하는. ¶ an *ugly* tongue 독설(毒舌) / be in an *ugly* mood 기분이 언짢다.

[as] **úgly as sín** (구어) 지독하게 못생긴(겨서).
— n. **1** (속어) 추한 것(사람). **2** (英) [19세기 중엽에 유행했던] 여성용 모자의 챙. **-li·ly** adv. **-li·ness** n.
◇ úglify v.
úgly Américan n. 추한 미국인(현지인이나 그 문화에 무신경한 언동으로, 비난받는 재외(在外) 미국인].
úgly cústomer n. 다루기 어려운 사람, 성가신 사람; 위험 인물.
úgly dúckling n. (비유적) 미운 오리 새끼 [장래에는 세상의 주목을 끌만한 인재가 되지만, 멸시와 천대를 받거나, 바보 취급을 당하는 아이(사람)를 빗댄 Andersen의 동화에서 나온 말].
U·gri·an [(j)ú:griən] adj. 우그르족의; 우그르어(족)의. — n. **1** [주로 헝가리, 서 시베리아에 사는] 우그르족의 사람. **2** ⓤ 우그르어.
U·gric [(j)ú:grik] n. ⓤ 우그르어(족). — adj. = Ugrian.
uh [ə, ʌ, ʌ́] interj. **1** =huh. **2** =er, ur.
UHF, uhf (略) ultra*h*igh *f*requency.
uh-huh [ʌ́hʌ́→] interj. **1** 응!, 음!, 암!, 네! [찬성·동의·감사 따위를 나타낸다]. **2** [ʌ́ʌ́] 뭐!, 아니요!, 글쎄요! [의외·반대 따위를 나타낸다].
uh·lan [ú:lɑːn/-́-] n. (역사) [폴란드·독일 등의] 창기병(槍騎兵).
uhm [ʌm, əːm] interj. 에-, 저-, 그것이 [말하기 곤란한 이야기를 할 때에 쓴다].
uh-oh [ʌ́ou] n. 어머!, 이런!, 저런!, 아니!, 음 [놀라움, 의심, 반성 따위를 나타낸다]. [다].
uh-uh [ʌ́ʌ́] interj. 아니오!, 아냐! [부정을 나타낸]
u·hu·ru [u:húːru:] n. (스와힐리) **1** 민족 독립, 자유 [아프리카 민족주의자들의 슬로건]. **2** (종종 U-) (천문) X선 관측 전문의 천문 위성.
Ui·gur [wíːguər] n. **1** 위구르 사람 [터키계의 종족]. **2** ⓤ 위구르어. ~·ic adj. 위구르 [사람]의.
UIS (略) *U*nemployment *I*nsurance *S*ervice.
uit·land·er [áitlændər/éit-] n. (종종 U-) [南아프리카] 외국인 [특히 남아프리카 연방 성립전의 트란스발(Transvaal) 거주의 영국인을 가리킨다] (outlander).
[< D *uit* out + *land* land]
U.K. (略) *U*nited *K*ingdom.
u·kase [júːkeis, -keiz, -́-/-́-] n. **1** [제정 러시아의] 칙령, **2** [일반적으로] 명령, 법령, 포고(edict).
uke [juːk] n. (구어) 우쿨렐레 [악기](ukulele).
U·kraine [ju(ː)kréin, -kráin] n. (the ~) 우크라이나 [소비에트 연방내의 공화국이었으나, 1991년 8월 독립하여 독립국가공동체의 일원이 됨; 수도 Kiev].
U·krain·i·an [ju(ː)kréiniən, -krái-, -njən] adj. 우크라이나의; 우크라이나 사람(말)의. — n. ⓤ 우크라이나 사람; ⓤ 우크라이나 말.
u·ku·le·le [jùːkəléili] n. 우쿨렐레 [기타와 비슷한 4현악기]. [< Hawaiian flea: 손가락의 움직임에서].
UL, U.L. (略) (美) *U*nderwriters' *L*aboratories(보험업자 연구소); *u*pper *l*eft.
U·lan Ba·tor [úːlɑːn báːtɔːr] n. 울란바토르 [몽고국의 수도].
-ular suf. relating to(…에 관한), resembling(…와 닮은)의 뜻의 형용사를 만든다. 예: caps*ular*, glob*ular*.
ULCC (略) *u*ltra-*l*arge *c*rude *c*arrier [40만톤 이상의 초대형 유조선].
ul·cer [ʌ́lsər] n. **1** (병리) 궤양. ¶ a stomach *ulcer* 위궤양. **2** 악폐 [사회의 근원, 병근, 폐해], 병폐.
ul·cer·ate [ʌ́lsərèit] v. (-at·ed, -at·ing) vt. … 에 궤양을 일으키다, …을 짓무르게 하다 (* 과거 분사형으로 형용사적으로 쓰이는 이외에는 현재 드물다) (비유적) 을 [도덕적으로] 부패시키다. — vi. 궤양을 일으키다, 진무르다. [상태].
ul·cer·a·tion [ʌ̀lsəréi(ə)n] n. ⓤ 궤양화(형성); 궤양
ul·cer·a·tive [ʌ́lsərèitiv] adj. 궤양(형성)의.
ul·cer·ous [ʌ́ls(ə)rəs] adj. **1** (병리) 궤양의, 궤양성

의; 궤양을 일으키는; 궤양성의. **2** (비유적) 독성을 지닌, 부패한. **~·ly** adv. **~·ness** n.
-ule suf. small one(작은 것)이라는 뜻의 지소적(指小)의 명사를 만든다. 예: caps*ule*, gran*ule*.
u·le·ma [úːlìmɑ̀ː/-mə] n. (복수 취급) (특히 터키의) 회교 신학자(법전학자)단. * ulama 라고도 한다.
-ulent suf. abounding in (…이 풍부한)의 뜻의 형용사를 만든다. 예: fraud*ulent*, opul*ent*, turbul*ent*.
ul·lage [ʌ́lidʒ] n. ⓤ **1** 부족량, 누손량(漏損量), 손실량 [증발·누출 따위에 의해 생긴 감량]. **2** (컵 따위에) [남은 술.
ul·mic [ʌ́lmik] adj. (화학) 울민의
ul·min [ʌ́lmin] n. ⓤ (化學) 울민 [수목이나 부식토 따위에서 스며나오는 흑갈색 또는 흑색의 무정형 물질].
ULMS (略) *u*ndersea *l*ong-range *m*issile *s*ystem (수중 장거리 미사일 시스템). [척골(尺骨).
ul·na [ʌ́lnə] n. (pl. **-nae** [-niː] or **-nas**) (해부) [팔의]
-ulose suf. characterized by(…의 특징이 있는)라는 뜻의 형용사를 만든다. 예: gran*ulose*.
u·lot·ri·chous [juːlátrikəs/-lɔ́t-] adj. 양털 모양의 털 (곱슬털)이 난, 양털 모양의 털 (곱슬털)을 가진.
-ulous suf. tending to (…의 경향이 있다)라는 뜻의 형용사를 만든다. 예: cred*ulous*, meticul*ous*, tremul*ous*.
ULSI (略) *u*ltra *l*arge-*s*cale *i*ntegration (극초(極超)대규모 집적 회로).
Ul·ster [ʌ́lstər] n. **1** 아일랜드의 옛 지방 [현재의 아일랜드 공화국의 일부와 북아일랜드를 포함한다]. **2** 아일랜드 공화국 북부 지방. **3** (구어) 북아일랜드. **4** (u-) 얼스터 외투 [원래 Ulster 산(産)의 모직물로 만들어진 길고 낙낙한 코트].
Ul·ster·man [ʌ́lstərmən] n. (pl. **-men** [-mən]) Ulster의 주민.
ult. (略) *ult*imate, *ult*imately; *ult*imo.
ul·te·ri·or [ʌltí(ə)riər/-ltíər-] adj. **1** (동기·의도 따위가) 입 밖으로 나오지 않은, 이면의, 숨은, [마음]속의. ¶ for the sake of an *ulterior* end 무엇인가 생각하는 바가 있어서. **2** (시간적으로) 앞으로의, 금후의, 장차의, 뒤로의 이후의. **3** (위치상으로) 저쪽의, 저기의. ¶ on the *ulterior* side of the river 강 저쪽 기슭에 [에 서]. **~·ly** adv. [< L]
[ulster 4]
ul·ti·ma [ʌ́ltəmə] adj. 최후의, 최종의(last); 가장 먼. (문법) 미음절(尾音節), (말의 최종 음절. [< L]
ul·ti·ma ra·ti·o [ʌ́ltəmə réiʃiòu] n. (라틴) (= last argument) 마지막 담판 (수단), 최후의 결정적인 수 (카드), 비법. [다].
ul·ti·ma·ta [ʌ̀ltəméitə] n. ultimatum의 복수형의 하
‡**ul·ti·mate** [ʌ́ltəmit] adj. **1** 최후의, 끝장의, 최종의; 궁극의, 결정적의. ¶ ⬇LAST [類語] ¶ one's *ultimate* goal 사람의 최종 목적 / the *ultimate* weapon [원폭·수폭 따위의] 궁극 무기. **2** 근본적인, 기본적인, 근원적인 (basic). ¶ *ultimate* principles 근본 원리. **3** 가장 먼, 가장 떨어진. ¶ to the *ultimate* ends of the earth 땅 끝까지. **4** 극한의, 최대의 (maximum). — n. (the ~) 궁극점, 궁극, 결론, 최후의 것; 근본 원리.
~·ness n. ◇ ultimátum n.
últimate análysis n. ⓤⓒ (화학) 원소 분석.
últimate constítuent n. (언어) 종극 구성 요소 [그 이상은 세분되지 않는 부분]. [ly].
***ul·ti·mate·ly** [ʌ́ltimitli] adv. 최후에, 궁극적으로 (final
última Thúle n. (the ~) **1** (u- T-) (라틴) (= farthest Thule) (도달할 수 있는) 극한, 극점(極點). **2** 세계의 북단.
***ul·ti·ma·tum** [ʌ̀ltəméitəm] n. (pl. **-tums** or **-ta**) **1** 마지막으로 내세우는 조건 (말), 최종 제안, 최종 통첩. **2** 궁극 결론; 근본 원리.
ul·ti·mo [ʌ́ltəmòu] adv. 지난 달[의] (略 ult., ulto.). cf. proximo, instant ¶ on the 13th *ultimo* 지난 달 13일에.

[<L in the last[month]]
ul・ti・mo・gen・i・ture [ʌ̀ltimo(u)dʒénitʃər] n. 〔법 률〕 말자(末子) 상속[제]. cf. primogeniture
ul・ti・sol [ʌ́ltisɔ̀:l] n. 《美》〔지질〕 풍화 작용을 받은 적황색 토양[미국 동남부나 아시아 등지의 고온 다습 지대에서 볼 수 있다].
ul・tra [ʌ́ltrə] adj. 극단적인, 과격한(extreme). — n. 〔사상・의견 따위가〕 극단적인 사람, 급진론자, 과격론자(radical).
ultra- trans-, super-, hyper-라는 뜻의 연결형. 예: *ultra*tropical, *ultra*sonic, *ultra*modern.
ul・tra・cen・tri・fuge [ʌ̀ltrəséntrifjù:dʒ] 〔생물・화학〕 n. 초원심(超遠心) 분리기. — vt. (-fuged, -fus・ing) …을 초원심 분리기에 걸다.
ul・tra・chip [ʌ́ltrətʃìp] n. 〔전자공학〕 울트라칩[ULSI 를 탑재한 실리콘칩].
ul・tra・con・serv・a・tive [ʌ̀ltrəkənsə́:rvətiv] adj. 극단적으로 보수적인(주의의), 초보수적인.
ul・tra・fash・ion・a・ble [ʌ̀ltrəfǽʃ(ə)nəbl] adj. 극단으로 유행을 좇는, 첨단적인.
Ul・tra・fax [ʌ́ltrəfæ̀ks] n. (pl. **-fax・es**) 《상표명》 울트라 팩스[초고속도 모사(模寫) 전송 장치(방식)].
ul・tra・fiche [ʌ́ltrəfì:ʃ] n. 〔인쇄〕 초마이크로 인쇄물의 축사(縮寫).
ul・tra・fil・ter [ʌ̀ltrəfíltər] n. 〔생물・화학〕 n. 〔콜로이드 용액 여과용의〕 한외(限外) 여과막(기). — vt. …을 한외 여과막(기)으로 거르다.
ul・tra・high [ʌ́ltrəhái] adj. 초고(超高)의; 초고도의.
ùltrahígh fréquency n. 〔무선〕 극초단파 〔略 UHF, uhf〕.
ul・tra・ism [ʌ́ltraìz(ə)m] n. ⓤ 극단(과격)론(의); 과격한 의견(행동).
ul・tra・ist [ʌ́ltraist] n. 극단론자, 과격주의자. — adj. 극단론의, 과격주의의.	〔좌파.
ul・tra・left [ʌ̀ltrəléft] adj. 극좌의. — n. (the ~) 극
ul・tra・left・ist [ʌ̀ltrəléftist] adj., n. 극좌의[사람].
ùl・tra・líght [pláne] [ʌ́ltrəláit-] n. 〔항공〕 초경량 항공기, 마이크로 라이트.
ul・tra・ma・rine [ʌ̀ltrəmərí:n] adj. **1** 바다 저쪽의, 해외의. ¶ *ultramarine* trade 해외 무역. **2** 군청(群靑)색의. — n. ⓤ **1** 군청, 울트라마린 〔청색 안료〕; 〔일반 적으로는〕 청색 안료. **2** 군청색(deep-blue color).
ul・tra・mi・cro・fiche [ʌ̀ltrəmáikrəfì:ʃ] n. 초마이크로 축사(縮寫).
ul・tra・mi・crom・e・ter [ʌ̀ltrəmaikrámitər / -krɔ́m-] n. 한외 측미기(測微器), 초(超)측미계.
ul・tra・mi・cro・scope [ʌ̀ltrəmáikrəskòup] n. 〔光學〕 한외 현미경, 초현미경.
ul・tra・mi・cro・scop・ic [ʌ̀ltrəmàikrəskápik/-skɔ́p-] adj. 〔光學〕 초현미경적인; 극미(極微)의.
ul・tra・mi・cros・co・py [ʌ̀ltrəmaikráskəpi / -krɔ́s-] n. ⓤ 한외 (초)현미경법, 초현미경에 의한 연구.
ul・tra・mi・cro・tome [ʌ̀ltrəmáikrətòum] n. 초 박(超 薄) 미크로톰[검경(檢鏡)용 초박편(片) 절단기].
ul・tra・min・i・a・ture [ʌ̀ltrəmíni(ə)tʃər / -mìnjə-] adj. 초소형의.
ul・tra・mod・ern [ʌ̀ltrəmádərn / -mɔ́d-] adj. 초현대 (근대)적인, 최첨단의.
ul・tra・mon・tane [ʌ̀ltrəmantéin / -mɔ̀ntein] adj. **1** 산(연산(連山))의 저쪽의; 〔특히 프랑스쪽에서 본〕 알프스의 남쪽의, 이탈리아의; 〔원래〕 알프스 북쪽의. **2** 〔때로 U-〕 교황 지상권주의자(론자). — n. **1** 알프스 남쪽에 사는 사람. **2** (때로 U-) 교황 지상권주의자(론자).
ul・tra・mon・ta・nism [ʌ̀ltrəmántinì:z(ə)m / -mɔ́n-] n. ⓤ (때로 U-) 〔로마 가톨릭 교회의〕 교황 지상권주의 (론). cf. Gallicanism
ul・tra・mon・ta・nist [ʌ̀ltrəmántinist / -mɔ́n-] n. 교황 지상권주의자(론자).
ul・tra・mun・dane [ʌ̀ltrəmʌ́ndein] adj. **1** 이 세계 밖의(에 있는), 태양계 외의. **2** 저승의.
ul・tra・na・tion・al [ʌ̀ltrənǽʃ(ə)n(ə)l] adj. 초국가적 인, 극도로 국수주의적인.
ul・tra・na・tion・al・ism [ʌ̀ltrənǽʃ(ə)nəlìz(ə)m] n. ⓤ 초국가주의.
ul・tra・na・tion・al・ist [ʌ̀ltrənǽʃ(ə)nəlist] n. 초국가주의자. — adj. 초국가주의의(적인).
ul・tra・red [ʌ̀ltrəréd] adj. 적외〔선〕의(infrared).
ul・tra・right [ʌ̀ltrəráit] n. ⓤ, adj. 극우〔의〕.
ul・tra・right・ist [ʌ̀ltrəráitist] n., adj. 극우 주의자 〔의〕.
ul・tra・short [ʌ́ltrəʃɔ́:rt] adj. 〔무선〕 초단파의.
ul・tra・son・ic [ʌ̀ltrəsánik / -sɔ́n-] adj. 초음파의, 초음속의(supersonic).
ultrasónic diagnóstic n. 〔의학〕 초음파 화상(畫像) 검사.
ul・tra・son・ics [ʌ̀ltrəsániks / -sɔ́n-] n. pl. 〔단 수 취급〕 초음파학(supersonics).
ul・tra・son・o・graph [ʌ̀ltrəsánəgræf / -sɔ́nəgrà:f] n. 〔의학〕 초음파 진단(검사) 장치.
ul・tra・so・nog・ra・phy [ʌ̀ltrəsənágrəfi / -nɔ́g-] n. 〔의학〕 초음파 진단(검사)〔법〕.
ul・tra・sound [ʌ́ltrəsàund] n. ⓤ 〔물리〕 초음파.
ultrasóund imaging n. 〔의학〕 초음파 화상(畫像) 진단.
ul・tra・struc・ture [ʌ̀ltrəstrʌ́ktʃər] n. 〔생물〕 〔원형질의〕 미세구조.
ul・tra・trop・i・cal [ʌ̀ltrətrápik(ə)l / -trɔ́p-] adj. **1** 열대권(熱帶圈) 외의. **2** 열대보다 더운.
ul・tra・vi・o・let [ʌ̀ltrəváiəlit] adj. 자외〔선〕의. cf. infrared ¶ *ultraviolet* rays 자외선. — n. 자외선.
ùltraviólet astrónomy n. 〔천문〕 자외선 천문학 〔천체가 발하는 자외선의 관측・연구〕.
ul・tra vires [ʌ́ltrə-] adv., adj. 《라틴》 (=beyond strength) 〔법률〕 권한을 넘어서(선), 월권하여(한), 월권으로(의). ¶ an *ultra vires* contract 월권 계약.
ul・tra・vi・rus [ʌ̀ltrəváirəs / -váiər-] n. 여과성 병원체, 여과성 미생물.
u・lu・lant [jú:ljulənt] adj. 〔개나 이리가〕 긴 소리로 짖 는; 〔올빼미 따위가〕 부엉부엉 하고 우는, 슬프게 우는.
u・lu・late [jú:ljulèit] vi. (-lat・ed, -lat・ing) **1** 〔개나 이리가〕 멀리서 짖다; 〔올빼미가〕 부엉부엉 하고 울다 (hoot). **2** 멀리서 짖어대는 소리를 내다; 큰 소리로 애처롭게 울다(wail).
u・lu・la・tion [jù:ljuléiʃ(ə)n] n. **1** ⓤ 멀리서 짖기, 부엉부엉 하고 울기. **2** 멀리서 짖는 소리, 부엉부엉 하고 우는 소리.
U・lys・ses [ju(:)lísi:z, +英 -́--] n. 율리시즈〔Odysseus의 라틴명. Homer 작 *Odyssey*의 주인공, Ithaca의 왕〕.	〔어린이 여객〕.
UM 《略》〔항공〕 unaccompanied *m*inor〔동반자가 없는
um [ʌm,ə(:)m] interj. 음, 에, 아니〔의심, 망설임 따위 를 나타낸〕.
U・may・yad [u:máijæd], **O・may-** [o(u)mái-] n. (pl. ~**s** or -**ya・des**) 우마이아 왕조〔의 일원〕 [Damascus에서 통치(661-750), 나중에 스페인으로 도망가서 다시 일어섰다(756-1031)].
um・bel [ʌ́mbəl] n. 〔식물〕 〔우산 모양의〕 산형화서(繖形花序).
um・bel・lar [ʌmbélər] adj. 〔식물〕 =umbellate.
um・bel・late [ʌ́mbəlit, -lèit] adj. 〔식물〕 산형 화서의, 산형 화서로 된, 산형 화서상(狀)의. **~・ly** adv.
um・bel・lif・er・ous [ʌ̀mbəlífərəs] adj. 〔식물〕 **1** 산형 화서가 있는, 산형화가 피는. **2** 미나리과(科)의.
um・bel・lule [ʌ́mbəljù:l, ʌmbélju:l] n. 〔식물〕 소(小) 산형 화서〔복수 산형 화서에서의 2차적인 산형〕.
um・ber [ʌ́mbər] n. ⓤ **1** 엄버〔암갈색을 한 토상(土狀)의 천연 광물 안료〕. ¶ raw *umber* 생(生) 엄버〔황갈색〕 / burnt *umber* 태운 엄버〔암갈색〕. **2** 암갈색, 어두운 적갈색, 놓은 갈색. **3** ⓒ 〔유럽산(産)〕 살기

um·bil·i·cal [ʌmbílik(ə)l, +英 ʌmbilái-] *adj.* **1** 배꼽[모양]의; 배꼽 가까이의; 배의 중앙부의;《고어》중앙의. ¶ an *umbilical* point 〔기하〕 제점(臍點). **2** 탯줄로 이어진;《비유적》〔결합 상태가〕 매우 긴밀한. **3** 〔드물게〕 모계(母系)의. ─ *n.* 〔로켓〕〔우주선 따위의 전력이나 산소 따위의〕 공급선(線);〔우주 유영(遊泳)에서〕 생명줄(umbilical cord).

umbílical còrd *n.* **1** 〔해부〕 탯줄, 제대(臍帶). **2** 〔로켓〕 =umbilical.

um·bil·i·cate [ʌmbílikit, -kèit], **-cat·ed** [-kèitid] *adj.* 배꼽 같은, 배꼽 모양의; 배꼽이 있는; 가운데가 움푹 들어간.

um·bil·i·cus [ʌmbílikəs, ʌmbilái-] *n.* (*pl.* **-i·cus·es** *or* **-i·ci** [ʌmbílisài, ʌmbilái sài]) **1** 〔해부〕 배꼽(navel). **2** 〔동물〕 〔고둥의〕 제공(臍孔). **3** 〔식물〕 〔종자의〕 종제(種臍)(hilum).

úm·ble pìe [ʌ́mbl-] *n.* 〔고어〕=humble pie.

um·bles [ʌ́mblz] *n. pl.* =numbles.

um·bo [ʌ́mbou] *n.* (*pl.* **-bo·nes** [ʌmbóuni:z] *or* **-bos**) **1** 방패 중앙의 손잡이(혹). **2** 〔해부〕 〔북의/鼓의/(膜窩), 고막혈(鼓膜穴). **3** 〔동물〕 〔쌍패류(雙貝類)의〕 각정(殼頂). **4** 〔식물〕 〔균산(菌傘)의〕 중심 돌기. **5** 〔일반적으로〕 돌기물.

um·bo·nate [ʌ́mbənit, -nèit] *adj.* 〔방패에〕 중앙 손잡이가 있는; 고막혈과 같은; 각정이 있는; 돌기물(손잡이)이 있는. ¶ an *umbonate* fungus 우산 모양의 버섯.

um·bra [ʌ́mbrə] *n.* (*pl.* **-brae** [-bri:]) **1** 그림자(shadow), 그늘(shade). **2** 〔천문〕 본영(本影) 〔식〕(蝕)(eclipse) 때의 행성의 태양 빛이 차단되어 생기는 그림자의 부분. *cf.* penumbra **3** 태양의 흑점의 중앙 암흑부. **4** 암흑, 암(闇) 〔광원으로부터 완전히 차단된 곳〕. **5** 〔드물게〕 유령, 망령. **6** 〔고대 로마에서〕 〔초청객을 따라 오는〕 불청객.

um·brage [ʌ́mbridʒ] *n.* □ **1** 불쾌, 노여움, 적의(敵意), 분개. ¶ give *umbrage* to …을 화나게 하다, 불쾌하게 하다 / take *umbrage* at …에 분개하다, 불쾌하게 여기다. **2** 〔고어·詩〕 그늘, 그림자(shadow). **3** 〔고어〕 〔그늘을 이루는 나무의〕 무성한 잎, 군엽(群葉)(foliage).

um·bra·geous [ʌmbréidʒəs] *adj.* **1** 그늘진, 그늘이 있는(shady). **2** 화를 잘 내는, 비뚤어지기 쉬운. ─ *ly adv.*

‡**um·brel·la** [ʌmbrélə] *n.* **1** 우산, 박쥐 우산. **2** 〔드물게〕 양산. *cf.* sunshade, parasol **3** 〔생물〕 〔해파리의〕 갓. **4** 우산처럼 지키는 것;〔군대〕〔지상군을 지키는〕 엄호 항공대. **5** 핵(核) 우산. **6** 천개(天蓋). **7** 《형용사적 용법》 우산의, 우산 모양의, 우산 구실을 하는.

umbrélla bìrd *n.* 미식조〔美飾鳥〕의 일종〔남미산(産)의 새〕.

umbrélla lèaf *n.* 산하엽〔북미산(産)〕, 매자나무과(科)의 식물〕.

umbrélla organizàtion *n.* 〔산하에 많은 소속 단체를 거느린〕 통솔 기구, 상부 단체.

umbrélla pàlm *n.* 야자과(科) 식물의 일종〔솔로몬 군도 원산〕.

umbrélla pìne *n.* 금송〔일본 특산의 낙우송과(科)의 상록 교목〕.

umbrélla shèll *n.* 삿갓 조개〔복족 동물〕, 조개의 일종〕.

umbrélla stànd *n.* 우산꽂이.

umbrélla tàlks *n.* 포괄 교섭〔협상, 회담〕.

umbrélla trèe *n.* **1** 태산목류(類) 〔북미산(産)〕. **2** 우산 모양의 나무의 총칭.

um·brif·er·ous [ʌmbrífərəs] *adj.* 그림자를 던지는, 그늘을 만드는. ─ *ly adv.*

u·mi·ak [úːmiæk], (**u·mi·ack, oo·mi·ak, oo·mi·ack**) *n.* 우미악〔나무틀에 바다표범의 가죽을 팽팽하게 쳐서 만든 에스키모의 배〕. *cf.* kayak

[umiak]

um·laut [ʊ́mlaut] *n.* 〔문법〕 **1** □ 움라우트, 모음 변이(變異)(mutation). * 게르만어족에 속하는 언어에서 후속 음절의 모음 또는 반모음(半母音) 주로 [i] 또는 [u] — 의 영향에 의하여 생기는 모음 변화 현상. 예: foot → feet, man → men. **2** 움라우트에 의해서 생긴 변모음[a, ö, ü 따위]. **3** 〔독일어의〕 움라우트 기호[¨]. ─ *vt.* …에 움라우트 기호를 붙이다;〔어형·음〕을 움라우트로 변화시키다. [< G *um* about + *laut* sound]

ump [ʌmp] *n., v.* 〔구어〕=umpire.

umph [əm, əmf] *interj.* =humph.

um·pir·age [ʌ́mpairidʒ / -paiər-] *n.* □ 중재인의 〔지위, 권한〕. **2** 중재(재정) 행위; 중재인의 판결(재정).

‡**um·pire** [ʌ́mpaiər] *n.* **1** 〔경기〕 심판원, 엄파이어. ¶ a chief *umpire* 구심(球審) / a base *umpire* 누심(壘審). **2** 재정자(裁定者), 중재인. ⇨ JUDGE 類語 ─ *v.* (**-pired, -pir·ing**) *vt.* 〔경기·논쟁 따위〕를 심판하다, 재정(중재)하다. ─ *vi.* 〔경기·논쟁 따위에서〕 심판원〔재정자〕의 역(役)을 맡다. ¶ (~ *for*+名) *umpire for* the league 그 리그의 심판역을 맡다 / He was appointed to *umpire in* the labor disputes. 그는 노동 쟁의의 중재자로 임명되었다.

um·pire·ship [ʌ́mpaiərʃìp] *n.* =umpirage.

ump·teen [ʌ́m(p)tíːn, -[´]] *adj.* 〔속어〕 대단히 많은, 다수의.

ump·teenth [ʌ́m(p)tíːnθ] *adj.* 〔속어〕 몇 번째인지 셀 수 없을만큼의. ¶ make the *umpteenth* mistakes 셀 수 없을만큼 많은 실수를 저지르다.

ump·ty [ʌ́m(p)ti] *adj.* 〔속어〕〔종종 복합어를 만들어〕 무언가의, 여차여차한, 이러이러한(such and such). ¶ the *umpty*-fifth regiment 제 몇 십 오 연대.

UMT (略) *u*niversal *m*ilitary *t*raining(美) 전국 군사 교련.

UMW, U.M.W. (略) *U*nited *M*ine *W*orkers [of America] (전미 광산 노동 조합).

un, 'un [(ə)n] *pron.* 〔방언〕〔종종 복합어를 만들어〕 놈, 녀석, 자식(one). ¶ we'*uns* 우리들(we all)/you'*uns* 너희들(you all) / That *un* got away. 그 녀석은 가버렸다 / Some of them were bad *uns*. 그 중에는 나쁜 녀석도 있었다.

UN, U.N. (略) *U*nited *N*ations(국제 연합, 유엔).

un-[1] *pref.* 명사·부사·명사에 붙어 not의 뜻을 나타낸다. 예: *un*artistic, *un*fairly, *un*faith, *un*importance.

un-[2] *pref.* **1** 동사에 붙어 동작·상태의 reverse(역)의 행위를 나타낸다. 예: *un*bend, *un*fasten, *un*dress. **2** 명사에 붙어 그 명사가 나타내는 성질·상태를 「없애다·탈취하다·해방하다」의 뜻을 나타내는 동사를 만든다. 예: *un*man, *un*sex, *un*bosom.

UNA, U.N.A. (略) *U*nited *N*ations *A*ssociation (유엔 협회).

un·a·bashed [ʌ̀nəbǽʃt] *adj.* 얼굴을 붉히지 않는, 부끄러워하지 않는, 수줍어하지 않는; 뻔뻔스러운; 태연한, 침착한.

un·a·bat·ed [ʌ̀nəbéitid] *adj.* 줄어들지 않는, 저하되지 않는; 약해지지 않는.

un·ab·bre·vi·at·ed [ʌ̀nəbríːvièitid] *adj.* 생략하지 않은, 단축되지 않은.

‡**un·a·ble** [ʌnéibl] *adj.* **1** …할 수 없는(*to do*), INCAPABLE 類語 ¶ He is *unable* to read and write. 그는 읽거나 쓰지를 못한다 / The baby was *unable* to walk yet. 그 아기는 아직 걷지 못했다. **2** 허약한, 나약한(weak).

úna boat [júːnə-] *n.* 《英》[돛을 하나 가진] 작은 범선(catboat).

un·a·bridged [ʌ̀nəbrídʒd] *adj.* 생략(발췌)하지 않은, 완전한. — *n.* [발췌하지 않은] 대사전(unabridged dictionary).

un·ab·sorb·ent [ʌ̀nəbsɔ́ːrbənt, -zɔ́ːr-, +美 -æb-] *adj.* 흡수하지 않는, 비흡수성의.

un·ac·a·dem·ic [ʌ̀nækədémik] *adj.* 1 학구(학문)적이 아닌. 2 형식을 차리지 않은, 인습적이 아닌.

un·ac·cent·ed [ʌ̀nækséntid, +美 ∠- - -] *adj.* 악센트가 없는, [음절에] 강세가 없는(unstressed).

un·ac·cept·a·ble [ʌ̀nəkséptəbl] *adj.* 받아들일 수 없는, 용납할 수 없는; 기분이 좋지 않은, 마음에 들지 않는, 환영할 수 없는.

un·ac·com·mo·dat·ed [ʌ̀nəkámədèitid / -kɔ́m-] *adj.* 1 적응되지 않은. 2 시설(설비)이 없는; 필요한 것이 공급되지 않은; ⋯에게 만족을 주지 못하는. ¶ leave a guest *unaccommodated* 손님에게 만족을 주지 못하다.

un·ac·com·mo·dat·ing [ʌ̀nəkámədèitiŋ / -kɔ́m-] *adj.* 친절하지 않은; 돌보기 좋아하지 않는; 융통성이 없는; 순종하지 않는.

un·ac·com·pa·nied [ʌ̀nəkámp(ə)nid] *adj.* 1 동행이 없는, 동반하고 있지 않은(by, with…). 2 《음악》 무반주의.

un·ac·com·plished [ʌ̀nəkámplist, -kɔ́m-] *adj.* 1 완성(성취)되지 않은, 미완성의. 2 무능한, 재주가 없는, 세련되지 않은.

un·ac·count·a·ble [ʌ̀nəkáuntəbl] *adj.* 1 설명할 수 없는, 영문을 알 수 없는; 수수께끼 같은, 이상한(strange). 2 책임을 지지 않는, 책임이 없는(for…); 제어(제한)를 받지 않는. ~**ness** *n.* **·bly** *adv.*
◇ **unaccountabílity** *n.*

un·ac·count·ed-for [ʌ̀nəkáuntidfɔ̀ːr] *adj.* 설명(해명, 변명)되어 있지 않은, 미해명의(unexplained).

*****un·ac·cus·tomed** [ʌ̀nəkʌ́stəmd] *adj.* 1 이상한, 보통이 아닌, 진기한(unusual). ¶ his *unaccustomed* absence 좀체로 없는 그의 결석 / *unaccustomed* food 먹어보지 못한 음식 / with *unaccustomed* rudeness 전례없이 거칠게. 2 익숙하지 않은(to…). ¶ He is *unaccustomed* to foreign travel. 그는 외국 여행에 익숙하지 않다 / I am *unaccustomed* to speaking in public. 나는 사람들 앞에서 이야기하는 데는 익숙하지 않다.

un·ac·quaint·ed [ʌ̀nəkwéintid] *adj.* 1 잘 알려지지 않은, 낯선. 2 면식이 없는, 생소한(with…).

un·a·dapt·a·ble [ʌ̀nədǽptəbl] *adj.* 적응(적합)할 수 없는, 맞출 수 없는; 개작할 수 없는.

un·ad·dressed [ʌ̀nədrést] *adj.* 1 말을 걸어오지 않은. 2 [편지 걸물 등에] 주소·성명이 기재되지 않은.

un·a·dopt·ed [ʌ̀nədáptid / -dɔ́pt-] *adj.* 1 채용되지 않은, 선정되지 않은. 2 《英》[신설 도로가] 지방 당국에서 유지하도록 인계받지 않은, 사도(私道)인.

un·a·dorned [ʌ̀nədɔ́ːrnd] *adj.* 꾸며지지 않은, 장식 없는, 있는 그대로의.

un·a·dul·ter·at·ed [ʌ̀nədʌ́ltərèitid], **un·a·dul·ter·ate** [-rèit] *adj.* 다른 것을 섞지 않은, 순수한(pure); 더러워지지 않은.

un·ad·ven·tur·ous [ʌ̀nədvéntʃ(ə)rəs] *adj.* 모험적이 아닌, 대담하지 않은, 안전한, 무사평온한. ~**ly** *adv.*

un·ad·vis·a·ble [ʌ̀nədváizəbl] *adj.* 권고할 수 없는, 권장될 수 없는; 계책이 서지 않는(inexpedient).

un·ad·vised [ʌ̀nədváizd] *adj.* 1 충고를 받지 않는. 2 무분별한, 부주의한, 경솔한(rash). **-vis·ed·ly** [-váizidli] *adv.* ~**ness** *n.*

un·af·fect·ed [ʌ̀nəféktid] *adj.* 1 영향을 받지 않는, 움직여지지 않는, 변하지 않는; 작용을 받지 않는. 2 성실한, 진심의, 걸치레가 아닌, 있는 그대로의. ~**ly** *adv.* ~**ness** *n.*

un·a·fraid [ʌ̀nəfréid] *adj.* 두려움이 없는, 걱정하지 않는(of…).

un·aid·ed [ʌ̀néidid] *adj.* 도움을 받지 않은, 자립의. ¶ with the *unaided* eye 육안으로; 안경을 쓰지 않고.

un·aired [ʌ̀néərd] *adj.* 1 환기가 되지 않은, 통풍이 나쁜, 공기가 통하지 않는. ¶ an *unaired* room 환기가 되지 않은 방. 2 통풍이 나쁜, 축축한, 습한(damp).

un·al·ien·a·ble [ʌ̀néiljənəbl, -eiliən-] *adj.* 양도할 수 없는(inalienable). ¶ *unalienable* rights 천부의 권리. **-bly** *adv.*

un·al·low·a·ble [ʌ̀nəláuəbl] *adj.* 허락할 수 없는, 허용할 수 없는.

un·al·loyed [ʌ̀nəlɔ́id] *adj.* 《화학》[금속이] 합금이 아닌, 섞인 것이 없는, 순수한. 2 《비유적》[감정 따위가] 진짜인, 진실한.

un·al·ter·a·ble [ʌnɔ́ːlt(ə)rəbl] *adj.* 변경할 수 없는, 고쳐질 수 없는; 고정된, 정해진; 불변의. **-bly** *adv.*

un·al·tered [ʌnɔ́ːltərd] *adj.* 변하지 않는, 변경되지 않은.

un·am·big·u·ous [ʌ̀næmbígjuəs] *adj.* 애매하지 않은, 명료한, 명확한. ~**ly** *adv.* ~**ness** *n.*

un·am·bi·tious [ʌ̀næmbíʃəs] *adj.* 1 공명심(야심, 패기)이 없는. 2 신중한; 눈에 띄지 않는, 수수한(modest). ~**ly** *adv.* ~**ness** *n.*

un-A·mer·i·can [ʌ̀nəmérikən] *adj.* 미국적이 아닌, 미국풍이 아닌; 비미(非美)의, 반미적인.

the Un-Américan Activities Commíttee 《美》비(非)미 활동 위원회.

un-A·mer·i·can·ism [ʌ̀nəmérikənìz(ə)m] *n.* ① [미국에 대한] 반국가적 활동; 비 미국적 특성(습관).

un-A·mer·i·can·ize [ʌ̀nəmérikənàiz] *vt.* 비미국화하다; 미군에 의한 방어를 지역 국가에게 넘기다.

un·a·mi·a·ble [ʌnéimiəbl] *adj.* 무뚝뚝한, 통명스러운, 붙임성없는, 데면데면한, 서먹서먹한, 불친절한.

un·an·chor [ʌnǽŋkər] *vt.* [배]를 닻을 감아올리고 출항시키다; 《비유적》…을 풀어놓다. — *vi.* [배가] 닻을 올리다, 떠나다.

un·a·neled [ʌ̀nəníːld] *adj.* 《고어》[임종 따위에] 성유(聖油)가 발라지지 않은, 종부(終傳) 성사를 받지 않은.

u·na·nim·i·ty [jùːnəníməti] *n.* ① [의견 따위의] 일치, 합의, 이의없음; 전원 합의, 만장일치.

*****u·nan·i·mous** [juː(ː)nǽniməs] *adj.* 1 일치한, 동의의, 이의가 없는(in, for…). ¶ The vote was *unanimous* for the reform. 투표 결과 전원이 그 개혁에 찬성이었다. 2 만장일치의, 이구동성의. ¶ a *unanimous* vote 만장 일치의 표결 / *unanimous* applause 만장일치 박수. ~**ly** *adv.* ~**ness** *n.* ◇ **unanímity** *n.*

un·an·nounced [ʌ̀nənáunst] *adj.* 고지(피로, 성명, 발표, 공고)되지 않은.

un·an·swer·a·ble [ʌnǽns(ə)rəbl / -áːn-] *adj.* 1 답변할 수 없는, 반박할 수 없는; 결정적인. ¶ *unanswerable* proof 결정적 증거. 2 책임이 없는(for…).

un·an·swered [ʌnǽnsərd / -áːn-] *adj.* 1 응답(회답)이 없는, 대답이 없는. 2 논박이 없는. 3 보답없는.

un·an·tic·i·pat·ed [ʌ̀nəntísipèitid] *adj.* 예기하지 않은(unexpected), 미리 알지 못한; 기대하지 않은, 뜻밖의.

un·ap·peal·a·ble [ʌ̀nəpíːləbl] *adj.* 1 상소(항고, 항소, 상고)할 수 없는, 제소할 수 없는. 2 종심(終審)의. ~**ness** *n.* **-bly** *adv.*

un·ap·peas·a·ble [ʌ̀nəpíːzəbl] *adj.* 달랠 수 없는, 가라앉힐 수 없는, 부드러질 수 없는.

un·ap·pe·tiz·ing [ʌ̀næpitáiziŋ] *adj.* 구미에 당기지 않는, 식욕을 돋구지 않는; 매력이 없는, 구미가 당기지 않는.

un·ap·pre·ci·at·ed [ʌ̀nəpríːʃièitid] *adj.* 감상되지 않는; 진가(가치)를 인정받지 못한; [호의 등이] 감사받지 못하는.

un·ap·pre·ci·a·tive [ʌ̀nəpríːʃièitiv / -ʃjətiv, -ʃiə-] *adj.* 감상력(안목)이 없는, 진가(가치)를 알 수 없는; 감사하지 않는.

un·ap·pre·hend·ed [ʌ̀nəprihéndid] *adj.* 1 붙잡히지 않는, 미체포의. 2 이해되지 않는, 확실히 알 수 없는.

un·ap·proach·a·ble [ʌ̀nəpróutʃəbl] *adj.* 1 가까와지기 어려운, 접근할 수 없는; [태도 따위가] 쌀쌀한. ¶ an *unapproachable* person 가까워지기 어려운 사람. 2 먼; 도달할 수 없는. 3 미치지 어려운, 어림없는.

un·ap·pro·pri·at·ed [ʌ̀nəpróuprièitid] *adj.* 독점(점유)되지 않은; [자금 따위가] 특정 용도에 충당되지 않은.

un·ap·proved [ʌ̀nəprúːvd] *adj.* 시인되지 않은, 인정되지 않은, 허가되지 않은.

un·apt [ʌnǽpt] *adj.* 1 알맞지 않은, 합당치 않은. 2 …에 익숙하지 않은, …할 것 같지 않은(to do). 3 …재주가 없는, 서투른(at…); 느리고 둔한, 둔한. ~**ly** *adv.* ~**ness** *n.*

un·ar·gued [ʌnɑ́ːrgjuː(ː)d] *adj.* 1 토의되지 않은. 2 논의의 여지가 없는, 반론이 없는, 비난받지 않는, 의심할 바 없는.

un·arm [ʌnɑ́ːrm] *vt.* …으로부터 무기를 빼앗다, …을 무장 해제하다(disarm); …을 무력하게 만들다(…of). — *vi.* 무기를 버리다, 군비를 축소하다.

***un·armed** [ʌnɑ́ːrmd] *adj.* 1 무기를 갖지 않은, 무장하지 않은. 2 [동·식물] [엄니·뿔·비늘·가시 따위의] 방호(防護) 기관이 없는.

un·ar·mored, (英) **-moured** [ʌnɑ́ːrmərd] *adj.* 갑옷을 입지 않은, 무장없는, [배 따위가] 비장갑(非裝甲)의.

un·art·ful [ʌnɑ́ːrtfəl] *adj.* 1 기교가 없는(artless), 순진한, 솔직한. 2 졸렬한, 서투른.

un·ar·ti·fi·cial [ʌ̀nɑːrtifíʃ(ə)l] *adj.* 인공적이 아닌, 인위적이 아닌, 자연스러운, 단순한.

un·ar·tis·tic [ʌ̀nɑːrtístik] *adj.* 1 예술이 아닌, 예술가가 아닌. 2 예술적이 아닌.

una·ry [júːnəri] *adj.* 1 하나의 요소(단위)로 된, 단일체의 (monadic). 2 [물리·화학] 한 종류의 분자로 된, 단일 성분의. ¶ (수학) 1진법의. [지 않는.

un·a·shamed [ʌ̀nəʃéimd] *adj.* 염치없는, 부끄러워하

un·asked [ʌnǽskt / -ɑ́ːskt] *adj.* 초대받지 않은(uninvited), 요구받지 않은, 부탁받지 않은(for…).

un·as·pir·ing [ʌ̀nəspáiriŋ / -páiər-] *adj.* 향상심 (공명심) 이 없는, 패기가 없는, 현상 만족적인; 겸손한.

un·as·sail·a·ble [ʌ̀nəséiləbl] *adj.* 1 공격할 수 없는, 견고한. 2 반론할 수 없는, 논쟁(비판)의 여지가 없는. **-bly** *adv.*

un·as·sign·a·ble [ʌ̀nəsáinəbl] *adj.* 1 양도할 수 없는. 2 지정할 수 없는; …의 탓으로 돌릴 수가 없는 (to…). **-bly** *adv.*

un·as·signed [ʌ̀nəsáind] *adj.* 할당되지 않은, 양도되지 않은; 지정되지 않은.

un·as·sist·ed [ʌ̀nəsístid] *adj.* 1 도움을 빌지 않은, 자기 힘으로 하는(unaided).

un·as·sum·ing [ʌ̀nəsúːmiŋ / -sjúːm-] *adj.* 주제넘지 않은; 얌전한, 겸손한(modest). ~**ly** *adv.* ~**ness** *n.*

un·at·tached [ʌ̀nətǽtʃt] *adj.* 1 매여 있지 않은, 떨어져 있는(to…). 2 무소속의, 중립의. 3 약혼(결혼)하지 않은. 4 [군대] [장교나] 대기(명령)중인, 부대 소속이 아닌. 5 [법률] 압류되지 않은.

***un·at·tain·a·ble** [ʌ̀nətéinəbl] *adj.* 1 [목적 따위를] 이루기 힘든, 달성할 수 없는, 미칠 수 없는; 얻을 수 없는. **-bly** *adv.*   [시도해 보지 않은.

un·at·tempt·ed [ʌ̀nətém(p)tid] *adj.* 기도된 적이 없는,

un·at·tend·ed [ʌ̀nəténdid] *adj.* 1 수행원이 없는, 시종꾼이 붙지 않은. 2 [위험 따위가] 따르지 않는(by, with…), 수반되지 않은, 돌보지 않는. ¶ He left his work *unattended to*. 그는 자기 일을 방치해 버렸다. 4 붕대를 감지(치료를 받지) 않은. ¶ *unattended* wounds 치료를 받지 않은 상처.

un·at·trac·tive [ʌ̀nətrǽktiv] *adj.* 매력 없는, 남의 눈을 끌지 못하는, 애교가 없는. 2 따분한(dull). ~**ly** *adv.* ~**ness** *n.*

un·au·then·tic [ʌ̀nɔːθéntik] *adj.* 확실한 근거가 없는, 부정확한, 진짜가 아닌.

un·au·thor·ized [ʌnɔ́ːθəràizd] *adj.* 권한 밖의, 인가 받지 않은, 근거없는, 자기류(流)의.

un·a·vail·a·ble [ʌ̀nəvéiləbl] *adj.* 1 도움이 되지 않는; 구할 수 없는. 2 이용할 수 없는, 통용되지 않는(for…); 채택되지 않은.

un·a·vail·ing [ʌ̀nəvéiliŋ] *adj.* 효과없는, 무효의; 무익한, 헛된. ~**ly** *adv.*

un·a·void·a·ble [ʌ̀nəvɔ́idəbl] *adj.* 1 피할 수 없는, 불가피한. 2 무효로 할 수 없는. **-bly** *adv.*

***un·a·ware** [ʌ̀nəwɛ́ər] *adj.* (서술 형용사) 1 눈치 못 채는, 모르는(of…). ¶ He seemed quite *unaware* of the mistake. 그는 그 잘못을 전혀 모르는 것 같았다 // I am not *unaware that* there is a defect. 결함이 있다는 것을 내가 모르는 바가 아니다. 2 [드물게·詩] 부주의한, 조심성없는(heedless). — *adv.* =unawares.

un·a·wares [ʌ̀nəwɛ́ərz] *adv.* 1 모르고, 무의식적으로. ¶ All *unawares*, he must have stolen it. 전혀 무심결에 그는 그것을 훔쳤음에 틀림없다. 2 부지중에, 모르는 새에, 갑자기(suddenly). ¶ take(*or* catch) a person *unawares* 남의 허를 찌르다 / I was taken *unawares* by his question. 나는 그에게서 뜻하지 않은 질문을 받았다.

at unawares (고어) 불시에, 뜻밖에.

unawares to …에게 눈치채이지 않고, 모르는 새에.

un·awed [ʌnɔ́ːd] *adj.* 두려워하지 않는, 위력에 눌리지 않는.

un·backed [ʌnbǽkt] *adj.* 1 뒷받침이 없는, 지원자가 없는, 후원자가 없는. 2 [말 따위가] 길들지 않은. 3 [경주마가] 돈 거는 사람이 없는. 4 [의자 따위가] 등받이가 없는.

un·baked [ʌnbéikt] *adj.* 1 [빵이] 아직 굽지 않은, 구어지지 않은. 2 [페어] 미숙한, 생경(生硬)한.

un·bal·ance [ʌnbǽləns] *vt.* (-anced, -anc·ing) 1 …의 평형(평균)을 잃게 하다, …의 균형을 깨뜨리다. ¶ *unbalance* a budget 예산 적자를 내다. 2 [마음]을 어지럽히다, …의 균형을 잃게 하다. — *n.* Ⓤ 불균형, 불평형.

un·bal·anced [ʌnbǽlənst] *adj.* 1 균형을 잃은, 균형이 깨진, 어울리지 않는. 2 [판단 따위가] 불안정한. ¶ an *unbalanced* type of character 불안정한 형의 성격. 3 [정신이] 착란(錯亂) 상태의; 건강하지 못한. 4 [상업] [계정이] 미결산의. ¶ an *unbalanced* account 미결산 계정.

un·ban [ʌnbǽn] *vt.*(-banned, -ban·ning) 해금(解禁)하다, 합법화하다.

un·bank [ʌnbǽŋk] *vt.* (강)의 둑을 허물다; (잿불)을 쑤석거리다.

un·bap·tized [ʌ̀nbæptáizd] *adj.* 1 세례(침례)를 받지 않은. 2 이교도의, 신을 믿지 않는, 기독교 신자가 아닌.

un·bar [ʌnbɑ́ːr] *vt.* (-barred, -bar·ring) 1 …의 빗장(문고리)을 벗기다. ¶ *unbar* a gate 문의 빗장을 벗기다. 2 열다, 활짝 열다(open).

un·bat·ed [ʌnbéitid] *adj.* 1 줄지 않은, 약해지지 않은. 2 (고어) (칼날 따위를) 무디게 하지 않은.

***un·bear·a·ble** [ʌnbɛ́(ː)rəbl / -bɛ́ər-] *adj.* 참을 수 없는, 견딜 수 없는(unendurable). ~**ness** *n.* **-bly** *adv.*

un·beat·en [ʌnbíːtn] *adj.* 1 매맞지 않은. 2 진 적이 없는, 이겨지지 않은. 3 짓밟히지 않는. 4 아무도 밟다닌 적이 없는.

un·be·com·ing [ʌ̀nbikʌ́miŋ] *adj.* 1 어울리지 않는, 격에 맞지 않는, 맞지 않는(for, of, to…). 2 적당하지 않은. IMPROPER 題語 ¶ a conduct *unbecoming* to a gentleman(*for* a person of education) 신사(교육받은 사람)로서 격에 맞지 않는 행동 / what is *unbecoming of* (or *for*) your situation 너의 입장에서는 부적당한 일. 2 꼴사나운, 버릇없는, 보기 싫은. ¶ *unbecoming* language 예의에 벗어난(온당치 못한) 언사. 3 [의복

un·beknown [ʌnbinóun], **-knownst** [-nóunst] *adj.* (구어) 미지의, 알려지지 않은(unknown) (*to*...).
un·be·lief [ʌnbilíːf] *n.* ⓤ 불신, 회의. *cf.* disbelief
un·be·liev·a·ble [ʌnbilíːvəbl] *adj.* 믿기 어려운, 믿을 수 없는. ¶ an *unbelievable* fact 믿을 수 없는 사실. **-bly** *adv.*
un·be·liev·er [ʌnbilíːvər] *n.* 1 회의하는 사람. 2 신앙이 없는 사람, 무신론자; 이교도.
un·be·liev·ing [ʌnbilíːviŋ] *adj.* 믿지 않는, 의심하는, (특히) 신의 계시를 안 믿는; 회의적인(skeptical). **-ly** *adv.*
un·be·loved[ʌnbilʌ́vd] *adj.* 사랑을 못 받는(unloved).
un·belt [ʌnbélt] *vt.* ...에서 띠를 풀다; [띠를 풀러] [대검 따위를] 풀어 놓다.
un·bend [ʌnbénd] *v.* (**-bent** *or* (고어) **-bend·ed, -bend·ing**) *vt.* 1 (굽은 것)을 곧게 펴다, 평평하게 늘이다. ¶ *unbend* a bow [시위를 풀어] 활을 느슨하게 하다. 2 ...의 긴장을 풀게 하다, 쉬게 하다(relax). ¶ *unbend* the mind 마음을 터놓다 / *unbend* oneself in congenial company 마음맞는 사람들과 어울려 털어놓다. 3 (항해) (돛)을 활대에서 풀다, (닻줄)을 풀다, (밧줄 따위)을 느슨하게 하다, 풀다. — *vi.* 1 곧게 되다, 판판하게 되다. 2 긴장을 풀다, 친해지다.
un·bend·ing [ʌnbéndiŋ] *adj.* 1 굽지 않는, 단단한. 2 불굴의, 단호한, 확고한. 3 기분을 푸는, 마음 편하게 하는. **-ly** *adv.* **-ness** *n.*
un·bent [ʌnbént] *v.* *unbend*의 과거·과거 분사.
un·be·seem·ing [ʌnbisíːmiŋ] *adj.* 어울리지 않는, 부적당한.
un·be·trothed [ʌnbitróːθ, -tróuðd / -tróuðd] *adj.* 약혼하지 않은.
un·bi·ased [ʌnbáiəst] (*(英)*에서는 **un·bi·assed**로도 쓴다) *adj.* 편견이 없는, 선입견이 없는, 공정한, 불편 부당한. ⇒ FAIR¹ 類語
un·bid·den [ʌnbídn] *adj.* 1 명령받지 않은, 지시받지 않은; 자발적인; 요구받지 않은. 2 초대받지 않은(uninvited).
un·bind [ʌnbáind] *vt.* (**-bound, -bind·ing**) 1 ...을 해방하다, 석방하다. ¶ *unbind* a prisoner 죄수를 석방하다. 2 (새끼·매듭)을 풀다, 끄르다.
un·bit·ter [ʌnbítər] *adj.* 쓰지 않은, 독하지 않은; 악의 (원한)가 없는.
un·blam·a·ble [ʌnbléiməbl] *adj.* 잘못이 없는, 결백한.
un·blamed [ʌnbléimd] *adj.* 비난받지 않은.
un·bleached [ʌnblíːtʃt] *adj.* 바래지 않은, 표백하지 않은.
un·blem·ished [ʌnblémiʃt] *adj.* 오점이 없는, 상처가 없는, 깨끗한(pure); 결점이 없는, 결백한.
un·blessed [ʌnblést], (**un·blest**) *adj.* 1 축복 받지 못한, 신의 은총을 받지 못한. 2 신성하지 않은, 부정한. 3 불행한.
un·blink·ing [ʌnblíŋkiŋ] *adj.* 1 눈을 깜박이지 않는, 놀라지 (동요하지) 않는, 일면단심의; 솔직한.
un·blown [ʌnblóun] *adj.* 1 봉오리만 나온. 2 바람에 날리지 않는, 바람으로 부풀어 있지 않은. 3 (나팔 따위에) 불 수 없는. 4 숨지 않는.
un·blush·ing [ʌnblʌ́ʃiŋ] *adj.* 얼굴을 붉히지 않는, 부끄러움을 모르는(shameless), 뻔뻔스러운, 염치없는. **-ly** *adv.*
un·bod·ied [ʌnbádid / -bɔ́d-] *adj.* 육신을 떠난, 영혼의, 정신의. 2 무형의, 실체가 없는.
un·bolt [ʌnbóult] *vt.* ...의 빗장을 벗기다(unbar).
un·bolt·ed¹ [ʌnbóultid] *adj.* 빗장을 벗긴(걸지 않은).
un·bolt·ed² [ʌnbóultid] *adj.* [밀가루 따위가] 체질하지 않은.
un·bon·net [ʌnbánit / -bɔ́n-] *vi.* [특히 경의를 표하려고] 모자를 벗다. — *vt.* [남]에게 모자를 벗게 하다.

un·bon·net·ed [ʌnbánitid/-bɔ́n-] *adj.* 모자를 안 쓴.
un·book·ish [ʌnbúkiʃ] *adj.* 1 독서를 싫어하는, 학문을 싫어하는. 2 교육을 받지 않은, 미숙한. 3 책에만 의존하지 않는.
un·born [ʌnbɔ́ːrn] *adj.* 1 아직 태어나지 않은, 태내에 있는. 2 후세의, 미래의(future).
un·bor·rowed [ʌnbɔ́ːroud, -báːr- / -bɔ́r-] *adj.* 1 빌방한 것이 아닌, 독창적인(original). 2 고유한.
un·bos·om [ʌnbúzəm] *vt.* (신념·비밀·생각)을 털어놓다. ¶ *unbosom* oneself *to* ...에게 고백하다. — *vi.* 속을 털어놓다.
un·bound [ʌnbáund] *v.* *unbind*의 과거·과거 분사. — *adj.* 1 [책 따위가] 매지 않은, 제본되지 않은. ¶ an *unbound* book 제본되지 않은 책. 2 자유스러운, 해방된, 구속받지 않는.
un·bound·ed [ʌnbáundid] *adj.* 1 끝없는, 무한한(boundless). ¶ *unbounded* space 무한한 공간. 2 억제할 수 없는, 구속받지 않는. **-ly** *adv.* **-ness** *n.*
un·bowed [ʌnbáud] *adj.* 1 [다리·허리가] 굽지 않은. 2 굴복하지 않는.
un·box [ʌnbáks / -bɔ́ks] *vt.* ...을 상자에서 꺼내다.
un·brace [ʌnbréis] *vt.* (**-braced, -brac·ing**) 1 ...의 죈 것을 느슨하게 하다(loosen). 2 ...의 긴장을 풀다, ...을 느슨하게 하다(relax). 3 ...을 약하게 하다.
un·braid [ʌnbréid] *vt.* [연사(撚絲)·땋은 머리 따위]를 풀다, 끄르다.
un·break·a·ble [ʌnbréikəbl] *adj.* 부술 (깨뜨릴) 수 없는; 길들이기 힘든.
un·bred [ʌnbréd] *adj.* 1 교육받지 않은, 배우지 못한 (untaught), 교양없는. 2 [소·말 따위가] 새끼를 낳은 적이 없는, 교배한 적이 없는. 3 [폐어] 버릇없는, 무란, 천한.
un·breech [ʌnbríːtʃ] *vt.* ...의 바지를 벗기다.
un·breeched [ʌnbríːtʃt, +美 -bríːtʃt] *adj.* 바지를 입지 않은.
un·bri·dle [ʌnbráidl] *vt.* (**-dled, -dling**) 1 ...의 말굴레를 풀다, 고삐를 늦추다. 2 ...의 구속을 풀어주다, ...을 해방하다.
un·bri·dled [ʌnbráidld] *adj.* 1 말굴레를 풀어내린, 고삐를 매지 않은. 2 구속을 받지 않는; 방종한. [인.
un·Brítish [ʌnbrítiʃ] *adj.* 영국적이 아닌, 비영국적
un·bro·ken [ʌnbróuk(ə)n] *adj.* 1 깨어지지 않은, 완전한(whole). ¶ an *unbroken* statue 부서지지 않은 조각상. 2 꺾이지 않는, 굽히지 않는 (용감한). ¶ *unbroken* morale 꺾이지 않는 사기. 3 지지 않는, 깨어지지 않는. ¶ an *unbroken* record 깨어지지 않은 기록. 4 방해받지 않은, 이어지는, 연속적인. ¶ *unbroken* peace 속되는 평화. 5 [법률 따위가] 위반되지 않은, [약속 따위가] 지켜진. 6 [말 따위가] 길들여지지 않은. 7 개간되지 않은(※ *unbroke*라고도 한다). **-ly** *adv.* **-ness** *n.*
un·buck·le [ʌnbʌ́kl] *vt., vi.* (**-led, -ling**) 죔쇠를 풀다.
un·bun·dle [ʌnbʌ́ndl] *vt.* 1 낱개로 팔다; [컴퓨터의 하드웨어와 소프트웨어]를 별매하다. 2 [복합 기업 매수에 비주력 부문이나 적자 부문]을 분리 매각하다.
un·bur·den [ʌnbɔ́ːrdn] *vt.* 1 ...의 짐을 풀다. 2 [마음의 짐]을 풀다; (심중)을 털어놓다 / *unburden* oneself *of* a secret 비밀을 털어놓다 / *unburden* self (*or* one's mind) *to* a person 남에게 심중을 털어놓다.
un·bur·ied [ʌnbérid] *adj.* 아직 매장되지 않은.
un·bur·y [ʌnbéri] *vt.* (**-bur·ied, -bur·y·ing**) ...을 파내다, 발굴하다.
un·busi·ness·like [ʌnbíznislàik] *adj.* 사무적이 아닌, 비실제(비능률, 비조직)적인.
un·but·ton [ʌnbʌ́tn] *vt.* 1 ...의 단추를 끄르다. 2 (심중·생각)을 털어놓다. — *vi.* 단추를 끄르다(벗기다).
UNC (略) *United Nations Charter* [*Congress*] (유엔 헌장[총회]); *United Nations Command* (유엔군 총사

UNCA(略) *U*nited *N*ations *C*orrespondents *A*ssociation(유엔 기자 협회).

un·cage [ʌnkéidʒ] *vt.* (-caged, -cag·ing) …을 우리(새장)에서 내놓다; …을 해방시키다(release).

un·called [ʌnkɔ́:ld] *adj.* 1 초대되지 않은, 부름받지 않은; 요구받지 않은. 2 (상업) 미불입의.

un·called-for [ʌnkɔ́:ldfɔ̀:r] *adj.* 1 요구되지 않는, 불필요한(unnecessary). 2 주제넘게 나선, 참견하는, 공연한; 엉뚱한. ¶ an *uncalled-for* criticism 엉뚱한 비평.

un·can·ny [ʌnkǽni] *adj.* (-ni·er, -ni·est) 1 초자연적인, 불가사의한. 2 WEIRD 類語 2 기괴한, 기분 나쁜. 3 (주로 스코·英방언) 위험한, 심한(severe).
~**ni·ly** *adv.* ~**ni·ness** *n.*

un·ca·non·i·cal [ʌ̀nkənάnik(ə)l / -nɔ́n-] *adj.* (교회) 1 교회법에 따르지 않는. 2 성서의 정경(正經)에 속하지 않는. ¶ the *uncanonical* books 경외(經外) 성서(Apocrypha). 3 이단의.

un·cap [ʌnkǽp] *v.* (-capped, -cap·ping) *vt.* …의 모자를 벗기다; …의 뚜껑을 벗기다. — *vi.* (경의를 표하여) 탈모하다.

un·cared-for [ʌ̀nkέərdfɔ̀:r] *adj.* 1 돌보는 사람이 없는, 그대로 방치된; 황폐한. ¶ The garden had an *uncared-for* look. 정원은 방치되어 있었다. 2 호감을 사지 못하는, 싫은.

un·case [ʌnkéis] *vt.* (-cased, -cas·ing) 1 …을 상자에서 꺼내다; …의 덮개를 벗기다(uncover). 2 …을 펴 보이다. 3 …을 분명하게 내보이다.

un·caused [ʌnkɔ́:zd] *adj.* 1 원인이 없는, 원인없이 존재하는. 2 자존(自存)하는, 만들어진 것이 아닌.

UNCDF (略) *U*nited *N*ations *C*apital *D*evelopment *F*und(유엔 자본 개발 기금).

un·ceas·ing [ʌnsí:siŋ] *adj.* 끊임없는, 부단한, 연속된. ~**ly** *adv.*

UNCED (略) *U*nited *N*ations *C*onference on *E*nvironment and *D*evelopment(유엔 환경·개발에 관한 세계 회의)[1992년 6월 브라질의 리우에서 개최; 속칭 Earth Summit).

un·cer·e·mo·ni·ous [ʌ̀nserimóuniəs, -njəs] *adj.* 1 의식에 얽매이지 않는, 허물없는, 마음을 터놓은(informal). ¶ an *unceremonious* gathering 허물없는 모임. 2 버릇없는(rude), 무뚝뚝한, 실례된(abrupt).
~**ly** *adv.* ~**ness** *n.*

‡**un·cer·tain** [ʌnsə́:rtn] *adj.* 1 불확실한, 확실히는 모르는, 의심스런, 헷갈리는, 애매한; 아련한. ¶ an *uncertain* shape 아련한 모습 / a fire of *uncertain* origin 원인불명의 화재 / a lady of *uncertain* age 나이가 확실치 않은 숙녀 /(익살) 중년 여성/The election results were still *uncertain*. 선거 결과는 아직도 확실치 않았다.
類語 *uncertain* 확정되지 않은, 의심이 남아 있는: The prospects are still *uncertain*. 전망은 아직도 분명하지 않다. *insecure* 안정성이 없어 신뢰할 수 없는: an *insecure* source of income 안정되지 않은 수입원. *precarious* 기본적으로는 uncertain, insecure와 같은 뜻; 위험한 존재에 의한 것을 뜻할 때가 많다: make a *precarious* living 불안정한 생활을 하다.
2 (사람이) 확신을 가질 수 없는, 확신을 가질 수 없는(*of*, *about*, *as to*…). ¶ I am *uncertain of* (or *about*) the outcome. 나는 결과에 대해 확신을 가질 수가 없다. / He felt *uncertain as to* his future. 그는 자기의 장래에 관하여 확신이 서지 않았다.
3 일정하지 않은, 변하기 쉬운, 변덕스러운, 믿을 수 없는. ¶ *uncertain* weather 변덕스러운 날씨 / a woman with an *uncertain* temper 변덕스러운 여성.
4 (빛이) 어른거리는. ¶ an *uncertain* candlelight (바람에) 어른거리는 촛불.
~**ly** *adv.* ~**ness** *n.* ◇ uncértainty *n.*

*un·cer·tain·ty [ʌnsə́:rtnti] *n.* ⓤ (*pl.* -ties) 1 불안정, 불확실, 변하기 쉬움, ⓒ 미덥지 못한. ¶ the *uncertainty* of life 인생의 허무함. 2 반신 반의, (지식·신념의) 애매함, 의심. ◇ uncértain *adj.*

uncertainty principle *n.* (물리) 불확정성 원리.

un·chain [ʌntʃéin] *vt.* …을 사슬에서 풀다; …을 해방하다.

un·chal·lenge·a·ble [ʌntʃǽlindʒəbl] *adj.* 도전할 수 없는. -**bly** *adv.*

un·chal·lenged [ʌntʃǽlindʒd] *adj.* 1 도전을 받지 않는. 2 의심할 바 없는, 논쟁되지 않는.

un·chan·cy [ʌntʃǽnsi, -tʃά:nsi] *adj.* (주로 스코) 1 불운한(ill-fated), 불길한, 불행한. 2 시기가 나쁜. 3 위험한.

un·change·a·ble [ʌntʃéindʒəbl] *adj.* 변하지 않는, 불변의. -**bly** *adv.*

un·changed [ʌntʃéindʒd] *adj.* 변하지 않는, 변화가 없는, 원래 그대로의.

un·chang·ing [ʌntʃéindʒiŋ] *adj.* 변하지 않는, 부단한.

un·charged [ʌntʃά:rdʒd] *adj.* 1 짐을 싣지 않은; [총이] 총알을 재지 않은; 충전되지 않은. 2 제소되지 않은, 죄를 묻지 않은.

un·char·i·ta·ble [ʌntʃǽritəbl] *adj.* 1 무자비한, 냉혹한, 인정사정없는. 2 (비평 따위가) 통렬한, 신랄한(severe). ~**ness** *n.* -**bly** *adv.*

un·chart·ed [ʌntʃά:rtid] *adj.* 해도(지도)에 실려있지 (표를 하지)않은; 미지의, 미답의.

un·char·tered [ʌntʃά:rtərd] *adj.* 1 특허를 받지 않은, 무면허의, 공인받지 않은. 2 비합법의(lawless).

un·chaste [ʌntʃéist] *adj.* 정숙하지 않은, 행실이 나쁜, 음란한. ¶ an *unchaste* woman 행실이 나쁜 여자. ~**ly** *adv.* ~**ness** *n.*

un·chas·tened [ʌntʃéisnd] *adj.* 시련을 받지 않는, 처벌을 받지 않은; 억제되지 않은; 세련되지 않은.

un·chas·ti·ty [ʌntʃǽstəti] *n.* ⓤ 부정(不貞), 음란, 바람기.

un·checked [ʌntʃékt] *adj.* 1 저지되지 않은, 억제되지 않은. 2 대조(검사, 조사)가 되지 않은.

unchecked baggage *n.* 기내 휴대 수화물.

un·chiv·al·rous [ʌntʃív(ə)lrəs] *adj.* 1 기사(騎士)답지 않은, 의협심이 없는. 2 (여성에게) 친절하지 않은.

un·chris·tened [ʌnkrísnd] *adj.* 세례를 받지 않은; 기독교도가 아닌; 명명(命名)되지 않은.

un·chris·tian [ʌnkrístʃ(ə)n / -tj(ə)n, -tʃ(ə)n] *adj.* 1 기독교적이 아닌, 비기독교(도)의. 2 기독교 정신에 어긋나는, 기독교도답지 않은. 3 (구어) 미개의, 상스러운. ~**ly** *adv.*

un·church [ʌntʃə́:rtʃ] *vt.* 1 …을 교회에서 파문하다. 2 …으로부터 교회의 특권을 빼앗다.

un·ci·al [ʌ́nʃ(i)əl / -siəl, -(i)(i)əl] *adj.* 언셜 자체(字體)의, 언셜 자체로 쓰인. *cf.* cursive — *n.* 1 ⓤ 언셜 자체[4-8세기에 걸쳐서 그리스·라틴어 필사본에 쓰인, 약간 둥그스름한 대문자). 2 언셜 자체로 쓰인 필사본.
~**ly** [-∫əli] *adv.*

un·ci·form [ʌ́nsifɔ̀:rm] *adj.* 갈고리 모양의 — *n.* (해부) 구상골(鉤狀骨) (손목뼈의 하나).

un·ci·nal [ʌ́nsin(ə)l] *adj.* =uncinate.

un·ci·nate [ʌ́nsinit, -nèit] *adj.* (생물) 갈고리 모양의, 끝이 갈고리같이 된.

UNCIO (略) *U*nited *N*ations *C*onference on *I*nternational *O*rganization(유엔 국제 기구 회의).

un·cir·cum·cised [ʌnsə́:rkəmsàizd] *adj.* 1 할례(割禮)를 받지 않은. 2 유대인이 아닌, 이방인의(gentile). 3 이교도의; 개종하지 않은. *cf.* unregenerate

un·cir·cum·ci·sion [ʌ̀nsə̀:rkəmsíʒ(ə)n] *n.* 1 ⓤ 할례를 받지 않음, 무할례. 2 (종종 the~) (집합적) (성서) 이방인(Gentiles).

un·civ·il [ʌnsívl] *adj.* 1 예절에 어긋나는, 무례한, 버릇없는. ⇨ RUDE 類語 2 미개의, 야만적인(barba-

rous). **~ly** [-sívili] adv. **~ness** n.
un·civ·i·lized [ʌnsívilàizd] adj. 미개의, 야만적인 (barbarous).
un·clad [ʌnklǽd] v. unclothe 의 과거·과거 분사.
— adj. 발가벗은(naked), 옷을 입지 않은(undressed).
un·claimed [ʌnkléimd] adj. 요구(청구)되지 않은; 요구(청구)하는 사람이 없는.
un·clasp [ʌnklǽsp/-klάːsp] vt. **1** [걸쇠]를 벗기다. **2** [쥐었던 손 따위]를 펴다; [쥐고 있던 것]을 놓다. — vi. [쥐었던 손 따위가] 펴지다, 느슨해지다, 떨어지다.
un·classed [ʌnklǽst/-klάːst] adj. 분류되지 않은; 등급을 매기지 않은; 일상하지 않은.
un·clas·si·fi·a·ble [ʌnklǽsifàiəbl] adj. 분류할 수 없는.
un·clas·si·fied [ʌnklǽsifàid] adj. **1** 분류(구분)되지 않은. **2** [문서·자료 따위를] 기밀 취급하지 않은.
‡**un·cle** [ʌ́ŋkl] n. **1** 아저씨, 삼촌, 백부, 숙부, 고모부, 이모부. ¶ an uncle on one's mother's side 외삼촌. **2** 《구어》 아저씨 (* 친밀감을 가지고 나이든 사람을 부를 때에 쓴다). **3** 《속어》 전당포 주인(pawnbroker).
come the uncle over 점잖게 …을 타이르다. ¶ [하다.
say (or **cry**) **uncle** 《미속어》 항복하다, 패배를 인정
-uncle suf. 「소(小)…」의 뜻. 예: carbuncle (홍옥(紅玉), 석류석).
*un·clean** [ʌnklíːn] adj. **1** 더러운(dirty), 불결한. ¶ an unclean shirt 불결한 샤쓰. **2** [도덕적으로] 순결하지 않은(impure), 부정한, 음탕한, 외설한(obscene). ¶ an unclean attitude 악의에 찬 태도. **3** [주로 성서에서] 부정한, 더럽혀진. ¶ unclean meat 종교적으로 먹지 못하게 되어 있는 고기.
unclean spirit 악마, 악령.
~ness n.
un·clean·ly[1] [ʌnklíːnli] adv. **1** 불결하게, 더럽게. **2** 음란하게, 부정하게.
un·clean·ly[2] [ʌnklénli] adj. **1** 불결한, 더러운. **2** 음란한, 부정한. **-li·ness** n.
un·clear [ʌnklíər] adj. 명확하지 않은, 애매한.
un·cleared [ʌnklíərd] adj. [나무 따위를] 베어 길을 내지 않은.
un·clench [ʌnklént∫] vt. …을 억지로 열다, 펴다(relax). — vi. [단단히 쥔 것이] 펴지다.
Uncle Sam n. 《미속어》 **1** 미국 정부. **2** [뜻이 바뀌어] 전형적인 미국인 [별무늬 테를 두른 실크햇을 쓰고, 적백(赤白) 줄무늬 바지에 푸른 연미복을 입은 키가 크고 마른 사나이로 만화에 묘사되어 있다]. cf. John Bull [< United States 의 약자 U.S.에서 의인화한 조어 (造語)]
Uncle Súgar n. 《미속어》 연방 수사국(FBI).
Uncle Tóm n. 《미속어·경멸적》 백인에게 순종하는 흑인. [< H.B. Stowe 여사 작 Uncle Tom's Cabin (1852)]
Un·cle-Tom [ʌ́ŋkltæm/-tɔ́m] vi. (**-Tommed, -Tomming**) 《미속어》 백인에게 굴실거리다.
Uncle Tómahawk n. 《미·경멸적》 백인 사회에 동화된 아메리카 인디언.
Uncle Tómism [-támiz(ə)m/-tɔ́m-] n. Ⓤ [흑인의] 백인 영합주의.
un·cloak [ʌnklóuk] vt. **1** …의 외투(겉옷)를 벗기다, 덮개를 벗기다. **2** …을 드러내다(reveal), 폭로하다. — vi. 외투를 벗다.
un·clog [ʌnklάg, -klɔ́ːg/-klɔ́g] vt. (**-clogged, -clogging**) …로부터 장애물을 제거하다, …을 곤경에서 해방하다.
un·close [ʌnklóuz] v. (**-closed, -clos·ing**) vt. **1** …을 열다(open). **2** …을 드러내다, 폭로하다(reveal). — vi. 열리다.
un·closed [ʌnklóuzd] adj. **1** 열려 있는(open), 닫혀 있지 않은. **2** 둘러싸이지 않은, 트인. **3** 끝나지 않은, 완결되지 않은.

un·clothe [ʌnklóuð] vt. (**-clothed** or **-clad, -clothing**) **1** …의 옷을 벗기다, …을 발가벗기다. **2** …의 덮개를 벗기다, …을 드러내다(uncover).
un·cloud·ed [ʌnkláudid] adj. **1** 구름이 없는, 맑은, 갠(clear). **2** 명랑한, 청명한.
UNCMAC 《略》 **U**nited **N**ations **C**ommand **M**ilitary **A**rmistice **C**ommission(유엔군 사령부 군사 정전 위원회).
un·co [ʌ́ŋkou] 《스코》 adj. **1** 두드러진, 뛰어난(extraordinary). **2** 이상한, 으스스한. **3** 낯선(strange).
— adv. 두드러지게, 몹시(extremely). — n. (pl. **-cos**) **1** 몹시 드문 사람(것). **2** (보통 ~s) = news.
un·coil [ʌnkɔ́il] vt. [감긴 것]을 풀다, 다시 감다.
— vi. 풀리다.
un·coined [ʌnkɔ́ind] adj. **1** [화폐로] 주조되지 않은. **2** 위조가 아닌, 자연의(natural), 진짜의(genuine).
un·col·lect·ed [ʌnkəléktid] adj. **1** 침착하지 못한, 망설이고 있는, 당황한. **2** 징수하지 않은, 모으지 않은. **3** 억제할 수 없는, 혼란된.
un·col·lect·i·ble [ʌnkəléktibl] adj. **1** 모을 수 없는, 수집 불가능한, 징수할 수 없는. **2** 수습할 수 없는.
— n. (~s) 대손(貸損).
un·col·ored, 《英》 **-oured** [ʌnkʌ́lərd] adj. **1** 색깔을 칠하지 않은, 착색이 안 된. **2** 있는 그대로의, 과장되지 않은.
un·combed [ʌnkóumd] adj. 빗질하지 않은, 헝클어진.
un·come-at-a·ble [ʌ̀nkʌmǽtəbl] adj. 《구어》 **1** 가까이할 수 없는(inaccessible). **2** 구하기 힘든.
un·come·ly [ʌnkʌ́mli] adj. **1** 예쁘지 않은, 매력없는(unattractive). **2** 적당하지 않은, 어울리지 않는; 버릇없는.
‡**un·com·fort·a·ble** [ʌnkʌ́mfərtəbl/-f(ə)t-] adj. **1** 기분나쁜(unpleasant), 고통스러운(painful), 불유쾌한. ¶ an uncomfortable chair 편안하지 못한 의자. **2** 거북한, 편치 않은. ¶ be in an uncomfortable predicament 어려운 지경에 빠져 있다. **~ness** n. **-bly** adv.
un·com·mer·cial [ʌ̀nkəmə́ːr(ə)l] adj. **1** 상업에 종사하지 않는(관계 없는); 비영리적인. **2** 상도의에 어긋나는.
un·com·mit·ted [ʌ̀nkəmítid] adj. **1** 행동에 옮겨지지 않은, 미수의. ¶ an uncommitted crime 미수죄. **2** 서약(언질)에 얽매이지 않은, 의무(책임)를 지지 않은. **3** [의안이] 위원회에 회부되지 않은.
*un·com·mon** [ʌnkάmən/-kɔ́m-] adj. **1** 보기 드문, 진기한, 희귀한(rare). ¶ an uncommon bird 진기한 새. **2** [양·정도가] 보통을 넘는, 큰, 이상한(extraordinary). ¶ a man of uncommon ability 비범한 재능의 소유자. **3** 두드러진, 현저한(remarkable). **~ness** n.
un·com·mon·ly [ʌnkάmənli/-kɔ́m-] adv. **1** 드물게, 진기하게. **2** 두드러지게, 몹시; 눈에 띄게(remarkably).
un·com·mu·ni·ca·tive [ʌ̀nkəmjúːnikèitiv/-kətiv] adj. **1** 말이 없는(taciturn). **2** 터놓고 대하지 않는, 사양하는(reserved), 암면. **-ly** adv. **~ness** n.
un·com·plain·ing [ʌ̀nkəmpléiniŋ] adj. 불평을 하지 않는, 인내심이 강한, 참을성 있는. **~ly** adv.
un·com·plet·ed [ʌ̀nkəmplíːtid] adj. 미완성의, 아직 완결되지 않은. ¶ an uncompleted building 미완성의 건물.
un·com·pli·men·ta·ry [ʌ̀nkαmpliméntəri/-kɔ̀m-] adj. 버릇없는, 실례의.
un·com·ply·ing [ʌ̀nkəmpláiiŋ] adj. [요구 따위에] 따르지 않는, 징수할 수 없는, 고분고분하지 않는.
un·com·pro·mis·ing [ʌnkάmprəmàiziŋ/-kɔ́m-] adj. 타협(양보)하지 않는, 완고한, 불굴의; 단호한. **~ly** adv.
un·com·put·ed [ʌ̀nkəmpjúːtid] adj. 계산(측정)되지 않은.
un·con·cealed [ʌ̀nkənsíːld] adj. 숨겨지지 않은, 노골적인, 공공연한(open).

un·con·ced·ed [ʌ̀nkənsíːdid] *adj.* [진술·요구 등이] 인정받지 못한; [특권 등을] 허용(양여)받지 못한.

un·con·cern [ʌ̀nkənsə́ːrn] *n.* ⓤ **1** 무관심(indifference), 냉담. ¶ She regards such a matter with complete *unconcern*. 그녀는 그런 문제엔 전혀 무관심하다. **2** 태연, 냉정, 개의치 않음.

un·con·cerned [ʌ̀nkənsə́ːrnd] *adj.* **1** 무관심한, 흥미없는(with, at...). ⇨ INDIFFERENT [類語] **2** 관계하지 않는, 관련이 없는(in...). **3** 걱정하지 않는, 태연한, 대범한(about...). **-cern·ed·ly** [-nidli] *adv.* **~·ness** *n.*

un·con·demned [ʌ̀nkəndémd] *adj.* 탓할 데 없는; 유죄 판결을 받지 않은; 사형수가 아닌.

***un·con·di·tion·al** [ʌ̀nkəndíʃənl] *adj.* 무조건의, 절대적인(absolute). ¶ an *unconditional* surrender 무조건 항복. **~·ly** [-nəli] *adv.*

un·con·di·tioned [ʌ̀nkəndíʃ(ə)nd] *adj.* **1** 무조건의, 절대적인. **2** 《심리》 본능적인, 자연의.

ùnconditioned respónse *n.* ⓤⓒ 《심리》 무조건 반사(반응) (unconditioned reflex).

un·con·fined [ʌ̀nkənfáind] *adj.* 제한을 받지 않은, 자유로운(free); 묶여 있지 않은, [머리 따위가] 매여 있지 않은.

un·con·firmed [ʌ̀nkənfə́ːrmd] *adj.* **1** 확인되지 않은, 확증이 없는. **2** 《교회》 견진(堅振)성사를 받지 않은.

un·con·form·a·ble [ʌ̀nkənfɔ́ːrməbl] *adj.* **1** 적합하지 않은, 일치하지 않는. **2** 《지질》 부정합의(不整合的).

un·con·form·i·ty [ʌ̀nkənfɔ́ːrmiti] *n.* ⓤ **1** 부적합, 불일치. **2** 《지질》 부정합.

un·con·gen·ial [ʌ̀nkəndʒíːniəl, -njəl] *adj.* **1** 뜻이 맞지 않는, 마음에 들지 않는, 싫은. ¶ an *uncongenial* classmate 마음에 들지 않는 동급생. **2** 맞지 않는, 부적당한(unsuitable).

un·con·nect·ed [ʌ̀nkənéktid] *adj.* **1** 연속(연결)되지 않은, 분리된. ¶ an *unconnected* wire 연결되지 않은 전선. **2** 연락이 없는, 관계없는. **3** 연고(인척)관계가 없는. **4** 앞뒤가 안 맞는, 지리멸렬의. ¶ an *unconnected* argument 앞뒤가 맞지 않는 논쟁. **~·ly** *adv.*

un·con·quer·a·ble [ʌ̀nkáŋk(ə)rəbl / -kɔ́n-] *adj.* [적 따위가] 정복하기 힘든, 극복할 수 없는, 제어하기 힘든; [어려움 따위가] 이겨내기 힘든. ⇨ INVINCIBLE [類語]

un·con·quered [ʌ̀nkáŋkərd / -kɔ́n-] *adj.* 정복되지 않은.

un·con·scion·a·ble [ʌ̀nkánʃ(ə)nəbl / -kɔ́n-] *adj.* **1** 비양심적인, 무도한, 파렴치한(unscrupulous). ¶ an *unconscionable* villain 파렴치한 무뢰한. **2** 불합리한; 터무니없는, 부당한; 엄청난. ¶ an *unconscionable* profit 터무니없는 폭리. **~·ness** *n.* **-bly** *adv.*

‡**un·con·scious** [ʌ̀nkánʃəs / -kɔ́n-] *adj.* **1** 느끼지 못하는, 알지 못하는, 깨닫지 못하는(of...). ¶ I was *unconscious* of the plot. 나는 그 음모를 눈치채지 못했다. **2** 의식 불명의, 인사불성의. ¶ fall *unconscious* 의식불명이 되다. **3** 부지불식간의, 고의가 아닌. ¶ an *unconscious* humor 부지불식간에 나온 유머. **4** 무의식 중의, 자각하지 못한. ¶ an *unconscious* impulse 무의식적인 충동. **5** [자연 따위가] 비정한. — *n.* (the ~) 《정신 분석》 무의식. **~·ly** *adv.* **~·ness** *n.*

un·con·sid·ered [ʌ̀nkənsídərd] *adj.* **1** 고려되지 않은, 고려할 가치가 없는. **2** 고려된 결과가 아닌, 심사숙고 하지 않은.

un·con·sol·i·dat·ed [ʌ̀nkənsɔ́lideitid / -sɔ́l-] *adj.* 굳지 않은; 강화되지 않은; 통합되지 않은.

un·con·sti·tu·tion·al [ʌ̀nkànstit(j)úːʃən(ə)l/-kən-stitjúː-] *adj.* 헌법 위반의, 위헌의. **~·ly** [-nəli] *adv.*

un·con·sti·tu·tion·al·i·ty [ʌ̀nkànstit(j)uːʃənǽliti -kɔ̀nstitjuː-] *n.* ⓤ 헌법 위반, 위헌.

un·con·strained [ʌ̀nkənstréind] *adj.* **1** 구속을 받지 않는, 자유로운. **2** 강제당하지 않은, 자유 의사의, 자발적인. **3** [태도 따위가] 자연스러운, 거리낌 없는, 편안한(easy). **-ly** [-n(i)dli] *adv.*

un·con·straint [ʌ̀nkənstréint] *n.* ⓤ 구속을 안 받음, 자유, 수의(隨意).

un·con·tam·i·nat·ed [ʌ̀nkəntǽmineitid] *adj.* 더럽혀지지 않은, 오염되지 않은; 악에 물들지 않은, 깨끗한(pure).

un·con·test·ed [ʌ̀nkəntéstid] *adj.* **1** 겨룰 사람이 없는, 무경쟁의. **2** 명백한, 논의(의심)의 여지 없는.

un·con·tra·dict·a·ble [ʌ̀nkɑ̀ntrədíktəbl / -kɔ̀n-] *adj.* **1** 반박(부정)할 수 없는, 말대답할 수 없는. **2** 부인할 수 없는.

un·con·trol·la·ble [ʌ̀nkəntróuləbl] *adj.* 제어하기 힘든, 다루기 힘든, 감당하기 어려운(unmanageable). **-bly** *adv.*

un·con·trolled [ʌ̀nkəntróuld] *adj.* 억제(제어)되지 않는, 자유로운. **-trol·led·ly** [-tróulidli] *adv.*

un·con·tro·ver·sial [ʌ̀nkɑ̀ntrəvə́ːrʃ(ə)l / -kɔ̀n-] *adj.* **1** 논의가 안 되는, 논쟁의 여지가 없는. **2** 논쟁을 좋아하지 않는.

un·con·ven·tion·al [ʌ̀nkənvénʃən(ə)l] *adj.* 전통(인습)에 얽매이지 않는, 틀에 박히지 않는, 자유로운. **~·ly** [-nəli] *adv.*

un·con·ven·tion·al·i·ty [ʌ̀nkənvènʃənǽliti] *n.* (*pl.* **-ties**) **1** ⓤ 관례(인습)에 얽매이지 않음, 독창성, 자유. **2** ⓒ (-ties) 관례(인습)를 무시한 행위(의견).

un·con·vert·ed [ʌ̀nkənvə́ːrtid] *adj.* **1** [모양·기능·의견 따위가] 변하지 않는, 불변의. **2** 개종하지 않은; 회개하지 않은. **3** 전향하지 않은, 당을 바꾸지 않은.

un·con·vert·i·ble [ʌ̀nkənvə́ːrtəbl] *adj.* 바꿀 수 없는; [지폐 따위가] 태환할 수 없는. **-bly** *adv.*

un·con·vinced [ʌ̀nkənvínst] *adj.* **1** 납득하지 않은, 설득당하지 않은. **2** 모호한, 의문을 남겨 놓은(dubious).

un·con·vinc·ing [ʌ̀nkənvínsiŋ] *adj.* **1** 설득력이 없는, 유력하지 않은, 승복시키지 않은. **2** 받아들이기 어려운(implausible).

un·cooked [ʌ̀nkúkt] *adj.* 요리되지 않은, 날것의(raw).

un·cool [ʌ̀nkúːl] *adj.* 《속어》 모양이 좋지 않은.

un·co·or·di·nat·ed [ʌ̀nkoʊɔ́ːrdinèitid] *adj.* 동등하게 되어 있지 않은, 동격이 되어 있지 않은; 조정(調整)되지 않은.

un·cord [ʌ̀nkɔ́ːrd] *vt.* …의 끈(줄)을 풀다, 끄르다.

un·cork [ʌ̀nkɔ́ːrk] *vt.* **1** …의 코르크를 빼다, 마개를 뽑다. **2** 《구어》 [감정 따위를] 토로하다, 털어놓다. **3** 《미》 [갑자기 힘차게] …하다, …을 던지다. ¶ *uncork* a wild pitch 《투수가》 난폭하게 던지다.

un·cor·rect·a·ble [ʌ̀nkəréktəbl] *adj.* 수정(교정) 불능의; 불치의, 회복할 수 없는; 절망적인. ¶ *uncorrectable* disease 불치의 병. **-bly** *adv.*

un·cor·rupt·ed [ʌ̀nkərʌ́ptid] *adj.* **1** 부패하지 않은. **2** 타락하지 않은, 매수될 수 없는; 청렴한.

un·cor·rupt·i·ble [ʌ̀nkərʌ́ptəbl] *adj.* 《고어》 **1** 부패하지 (썩지) 않는. **2** 매수되지 않는(incorruptible).

***un·count·a·ble** [ʌ̀nkáuntəbl] *adj.* **1** 무수한, 셀 수 없는; [성질상] 셀 수 없을만큼의. **2** 셀 수 없는만큼의. — *n.* 《문법》 불가산 명사 [물질 명사·추상 명사 등].

un·count·ed [ʌ̀nkáuntid] *adj.* 세지 않은; 무수한.

un·cou·ple [ʌ̀nkʌ́pl] *v.* (**-pled, -pling**) *vt.* **1** [개]를 끈에서 풀어놓다. **2** …을 연결에서 풀다, 때어놓다(disconnect). — *vi.* 풀어지다, 떨어지다.

un·cour·te·ous [ʌ̀nkə́ːrtiəs, -tjəs] *adj.* 예절을 모르는(discourteous), 버릇없는(rude).

un·court·ly [ʌ̀nkɔ́ːrtli / -kɔ́ːt-] *adj.* 궁정에 어울리지 않는, 궁중 양식이 아닌; 거친, 야비한, 상스런. **-li·ness** *n.*

***un·couth** [ʌ̀nkúːθ] *adj.* **1** 무뚝뚝한; 버릇없는, 거친. **2** 황량한, 쓸쓸한. **3** 이상한(strange); 불쾌한(unpleasant). **4** 《고어》 미지의. **-ly** *adv.* **~·ness** *n.*

un·cov·e·nant·ed [ʌnkʌ́vinəntid] *adj.* 계약(서약)에 입각하지 않은; 계약(협정)에 속박되지 않은.

‡**un·cov·er** [ʌnkʌ́vər] *vt.* **1** …을 폭로하다, 털어놓다. ¶ *uncover* scandals 추문을 폭로하다. **2** …의 덮개(뚜껑)를 열다, 모자를 벗다; …을 노출하다. ¶ *uncover* one's head 모자를 벗다. **3** [전게하여] [후방 부대를] 노출하다, …의 원호를 중단하다, (우군)을 적의 포화에 노출시키다. — *vi.* **1** 덮개(뚜껑)를 열다. **2** [古風] [경의를 표하여] 탈모하다.

un·cov·ered [ʌnkʌ́vərd] *adj.* **1** 덮개가 없는, 모자를 안 쓴; 벌거숭이의, 노출된. ¶ an *uncovered* shed 지붕 없는 헛간. **2** 보험에 들지 않은; [특전 따위의] 적용을 안 받는; 담보가 없는.

UNCPUOS (略) *U*nited *N*ations *C*ommittee on the *P*eaceful *U*ses of *O*uter *S*pace(유엔 대기권 밖 평화이용 위원회).

un·cre·at·ed [ʌnkri(ː)éitid] *adj.* **1** 자존(自存)하는 (self-existent), 창조된 것이 아닌. **2** 아직 창조되지 않은, 존재하지 않는.

un·crit·i·cal [ʌnkrítik(ə)l] *adj.* **1** 비판을 싫어하는, 비판적이 아닌. **2** 비판력이 없는, 무비판의.
~·ly [-kəli] *adv.*

un·cross [ʌnkrɔ́ːs / -krɔ́s] *vt.* **1** …의 교차(交叉)를 풀다, …을 풀다. **2** (英) [수표가] 횡선(橫線)이 그어지지 않다.

un·crossed [ʌnkrɔ́ːst / ʌnkrɔ́st] *adj.* **1** [십자로] 교차하지 않은. **2** [수표에] 횡선을 긋지 않은. **3** 방해(반대)받지 않은; 취소되지 않은. 「지 않는.

un·crowd·ed [ʌnkráudid] *adj.* 혼잡하지 않은, 붐비

un·crown [ʌnkráun] *vt.* …의 왕위(왕좌)를 빼앗다.

un·crowned [ʌnkráund] *adj.* 아직 왕위에 오르지 않은, 대관식을 올리지 않은; 무관의.

un·crush·a·ble [ʌnkrʌ́ʃəbl] *adj.* **1** 으깨어지지 않는; [천 따위가] 구겨지지 않는. **2** [문어] [사람·의지 등이] 꺾이지 않는.

un·crys·tal·lized [ʌnkrístəlàizd] *adj.* **1** 결정(結晶)이 안 된, **2** 뚜렷한 모양을 갖추지 않은.

UNCSTD (略) *U*nited *N*ations *C*onference on *S*cience and *T*echnology for *D*evelopment (유엔 과학 기술 개발 회의).

UNCTAD (略) *U*nited *N*ations *C*onference on *T*rade and *D*evelopment (유엔 무역 개발 회의).

unc·tion [ʌ́ŋk(ə)n] *n.* ⓤ **1** (성서) 사제(에언자, 왕)가 된 표시로서 의식을 올리는 도유(塗油); [교회] 성유(聖油) (chrism), 환자용 기름, 세례 성사에서의 도유식. **2** (유약·연고의) 도포(塗布)치료법. **3** ⓤ 바르는 기름, 연고 (ointment). **4** (비유적) 마음에 위안을 주는 것; 감언; 달래는 (감동을 주는) 태도(어조). **5** 종교적 열의, 표면적인 열성(감동). **6** [이야기 따위의] 맛. ◇ únctuous *adj.*

unc·tu·ous [ʌ́ŋktʃuəs / -tjuəs] *adj.* **1** 유상(油狀)(질)의, 기름기있는. **2** [특히 광석 따위가] 매끈매끈한. **3** 열정을 가장한, 겉으로만 감동하는, 간살부리는; 말주변이 좋은. ~·ly *adv.* ~·ness *n.* ◇ únction *n.*

un·cul·ti·vat·ed [ʌnkʌ́ltivèitid] *adj.* **1** 교양이 없는, 거친; 야만적인, 미개한. **2** 경작되지 않은, 개간이 안 된; [식물이] 손질을 하지 않은. ¶ an *uncultivated* plant 손질을 하지 않은 식물. **3** [천성 따위가] 다듬어지지 않은.

un·cul·tured [ʌnkʌ́ltʃərd] *adj.* **1** [땅이] 경작(개간) 되지 않은; [식물이] 재배되지 않은. **2** 교육받지 못한, 거친.

un·curbed [ʌnkɔ́ːrbd] *adj.* **1** [말이] 재갈을 벗은. **2** 억제(방해, 구속)하지 않은; 제멋대로의.

un·cured [ʌnkjúərd] *adj.* **1** [상처가] 낫지 않은, 치료되지 않은. **2** [소금이나 건조에 의한] 저장법을 쓰지 않은.

UNCURK (略) *U*nited *N*ations *C*ommission for the *U*nification and *R*ehabilitation of *K*orea (유엔 한국 통일 부흥 위원회).

un·curl [ʌnkɔ́ːrl] *vt.* [고수머리·두루마리 따위를] 펴다, 곧게 펴다. — *vi.* 펴지다, 곧게 되다; 풀리다 (unroll).

un·cur·tain [ʌnkɔ́ːrtn] *vt.* **1** …으로부터 커튼을 떼다, …의 커튼을 젖히다, …을 제막하다. **2** …을 폭로하다 (reveal).

un·cut [ʌnkʌ́t] *adj.* **1** 자르지 않은, 깎지 않은; [보석 따위가] 다듬어지지 않은. ¶ *uncut* grass 깎지 않은 잔디. **2** [책 따위의] 가장자리를 자르지 않은, 절단되지 않은. **3** 삭제하지 않은, 발췌가 아닌. **4** (美속어) [마약 따위가] 혼합되지 않은.

un·dam·aged [ʌndǽmidʒd] *adj.* 손해를 입지 않은, 상처가 없는, 건전한.

un·damped [ʌndǽmpt] *adj.* **1** 억압받지 않은, 낙심하지 않은. **2** 축축하지 않은. **3** [물리] [진동이] 비감쇠(非減衰)인.

un·dat·ed [ʌndéitid] *adj.* **1** 날짜가 찍히지 않은. **2** 기일이 미정인, 무기한의.

***un·daunt·ed** [ʌndɔ́ːntid] *adj.* 굽히지 않는, 대담한, 용감한, 용기있는 (courageous). ~·ly *adv.* ~·ness *n.*

UNDC (略) *U*nited *N*ations *D*isarmament Commission (유엔 군축 위원회). 「(wavy).

un·dé, un·dée [ʌndéi / -́-] *adj.* (紋章) 물결 모양의

un·dec·a·gon [ʌndékəgàn / -gən] *n.* 11각형, 11변형 (邊形).

un·de·ceive [ʌndisíːv] *vt.* (-ceived, -ceiv·ing) …의 미혹(迷惑)을 깨우치다, …을 눈뜨게 하다, …의 잘못을 깨닫게 하다.

un·de·cid·ed [ʌndisáidid] *adj.* **1** 미결정의. ¶ I am *undecided* whether or not we will buy the house. 나는 그 집을 살 것인지의 여부를 아직 결정짓지 못하고 있다. **2** 결단력이 없는, 우유부단한. ¶ an *undecided* character 우유부단한 사람. **3** [날씨가] 일정하지 않은. **4** [모양·윤곽 따위가] 확실치 않은, 모호한. ¶ a person of *undecided* features 용모가 뚜렷하지 못한 사람. ~·ly *adv.* ~·ness *n.*

un·de·clared [ʌndikléərd] *adj.* **1** 선언하지 않은; 공공연히 포고하지 않은. **2** (세관에) 신고하지 않은.

un·de·clin·a·ble [ʌndikláinəbl] *adj.* (문법) 어미 변화를 하지 않는 (indeclinable), 격(格) 변화를 하지 않는.

un·de·feat·ed [ʌndifíːtid] *adj.* 불패(不敗)의.

un·de·fend·ed [ʌndiféndid] *adj.* **1** 방어벽 없는, 무호인이 없는, 변호되지 않는. **3** [고소 따위가] 항변이 없는.

un·de·filed [ʌndifáild] *adj.* 더럽혀지지 않은, 순결 「한.

un·de·fin·a·ble [ʌndifáinəbl] *adj.* 한정할 수 없는, 정의를 내릴 수 없는, 표현하기 힘든 (indefinable).

un·de·fined [ʌndifáind] *adj.* **1** 불확정한, 막연한 (vague). **2** 정의를 내리지 않은; 표현하기 힘든.

un·de·liv·ered [ʌndilívərd] *adj.* **1** 석방되지 않은. **2** 배달되지 않는, 수교되지 않은. **3** 입밖에 내지 않는.

un·dem·o·crat·ic [ʌndèməkrǽtik] *adj.* 비민주적인.

un·de·mon·stra·tive [ʌndimánstrətiv / -mɔ́n-] *adj.* [감정·의견 따위를] 드러내지 않는, 신중한, 수줍은.

***un·de·ni·a·ble** [ʌndináiəbl] *adj.* **1** 부정할 수 없는, 논의의 여지없는, 명백한, 틀림없는. **2** 훌륭한, 더할 나위 없는 (excellent). ~·ness *n.* ·bly *adv.*

un·de·nom·i·na·tion·al [ʌ̀ndinàminéiʃ(ə)n(ə)l / -nɔ́m-] *adj.* 특정 종파에 속하지 않는, 비종파적인 (unsectarian).

un·de·pend·a·ble [ʌndipéndəbl] *adj.* 믿을 수 없는, 의지할 수 없는.

‡**un·der** [ʌ́ndər] *prep.* **1** [위치가] …의 밑에(서), …의 바로 밑에(서) (*opp.* over); …의 기슭에; …속에 물려(있는); …에 뒤덮인; …을 쓰고. ¶ *under* a bridge 다리 밑에. *cf.* below a bridge (다리보다 하류에) / *under* one's eyes 눈앞에 / *under* one's nose 눈 앞에서, 코 앞에서 / a village *under* a mountain 산기슭에 있는 마을 / *under* the bark 나무껍질 속에 / the ground *under*

grass 풀에 뒤덮인 땅 / a field *under* wheat 밀을 심은 밭 / wear a vest *under* a coat 상의(上衣) 밑에 조끼를 입다 / There is nothing new *under* the sun. 《속담》 하늘 아래에 새로운 것이라곤 없다.

[類語] **under** 바로 밑을 나타낸다: wastepaper *under* the desk 탁자 바로 밑에 있는 휴지, **below** 위치가 보다 낮음을 뜻한다: *below* the horizon 지평선 아래에, **beneath** 문어적이며 under, below 의 두 가지 뜻을 갖는다. 보통 지위·가치 따위가 낮음을 뜻한다: marry *beneath* oneself 신분이 낮은 사람과 결혼하다, **underneath** = under, beneath 특히 덮여서 숨겨져 있음을 강조: the floor *underneath* the carpet 양탄자 밑에 있는 마룻바닥.

[注意] 위치에 관한 전치사는 in 과 into, on 과 onto 따위를 빼놓고 운동·정지의 두 뜻을 나타낸다: They were *under* a tree. 그들은 나무 아래에 있었다 / They led him *under* a tree. 그들은 그를 나무 밑으로 끌고 갔다.

2 [무거운 짐 따위를] 지고, …으로 인해서(때문에). ¶ work *under* the burden of debts. 부채의 무거운 짐을 지고 일하다 / He collapsed *under* the strain. 그는 긴장 때문에 쓰러지고 말았다.

3 [수술·시련·형벌 따위를] 받고, …에 몸을 맡기고; …중에(에) 있다. ¶ a bill *under* discussion. 심의중인 법안 / a road *under* construction (repair) 공사중(수리중)인 도로 / fight bravely *under* fire 포화를 무릅쓰고 용감히 싸우다 / be *under* an operation 수술을 받고 있다 / It is forbidden *under* a severe penalty. 그것을 어기면 중벌을 받게 되어 있다.

4 [지배·감독 따위의] 아래에, […의 영향을] 받고, …에 따라서; [의무·책임 따위의] 아래에, …에 제압되어. ¶ the class *under* the king 왕의 지배를 받는 계급. *cf.* the class below them(그들보다 아래 계급) / England *under* Queen Elizabeth II [현재의] 엘리자베스 2세 치하의 영국 / the U.S. *under* President Washington 워싱턴 대통령 시대의(의) / an agreement *under* article 10 제10조에 따른 협약 / acts of violence *under* the influence of wine 술김의 폭력 행위 / I gave evidence *under* oath. 나는 선서를 하고 증언했다.

5 [구분·분류 따위에서] …에 속하는, …의 항목 아래에. ¶ matters that come *under* this head. 이 항목에 드는 사항.

6 …이라는 이름으로, …의 형식으로; …에게; …에 숨어, 편승하여. ¶ *under* the mask of friendship 우정의 가면 아래에서 / publish a novel *under* a pen name 필명으로 소설을 출판하다 / escape *under* cover of darkness 어둠을 타서 도주하다.

7 [상태·조건·사정] 아래, 하에서. ¶ *under* a delusion 잘못된 생각에서 / They exchanged promises *under* such conditions. 그들은 그러한 조건 하에서 약속을 주고받았다.

8 [양 따위가] …보다 못한, …보다 하급의, ¶ He is an officer *under* a colonel. 그는 대령보다 하급인 장교이다.

9 [연령·가격·수량 따위가] …이하의, 미만의(less than). ¶ drive a mile *under* three minutes 3 분 이내에 1마일을 운전하다 / Admission is free for children *under* five. 5세 미만의 아이들은 무료 입장이다.

—— *adv.* 아래에; 종속하여; 가라앉아서; 이하에, 미만에. ¶ as shown *under* 아래에 나타난 바와 같이 / keep one's disappointment *under* 실망을 억제하다 / bring a riot *under* 폭동을 진압하다.

—— *adj.* 아래의, 아래쪽의, 낮은; 종속의; 부족의. ¶ the *under* lip 아랫 입술 / *under* layers 하층.

under- *pref.* under 의 각 품사[전치사, 부사, 형용사] 와 거의 같은 뜻의 명사, 형용사, 동사, 부사 따위를 만든다. 예: *under*brush, *under*developed, *under*shoot, *under*water.

un·der·a·chieve [ʌ̀ndərətʃíːv] *vi.* (-**a·chieved**, -**a·chiev·ing**) 〖교육〗 지능 지수 이하의 성적을 따다.

un·der·act [ʌ̀ndərǽkt] *vt.* (배역)을 불충실하게(소극적으로)연기하다. —— *vi.* 불충분한(소극적인) 연기를 하다.

un·der·age[1] [ʌ̀ndəréidʒ] *adj.* 미성년의, 필요한 연령에 미달한.

un·der·age[2] [ʌ́ndəridʒ] *n.* 부족, 부족량(액).

un·der·arm [ʌ́ndərɑ̀ːrm →] *adv.*| *adj.* **1** 겨드랑의. **2** [크리켓·테니스→] 밑으로 던지기 (치기) 의 (underhand).

—— *adv.* [ʌ̀ndərɑ́ːrm, ⇌⇌] 밑으로 던지기(치기)로.

un·der·armed [ʌ̀ndərɑ́ːrmd] *adj.* 군비가 불충분한, 무장 부족의.

un·der·bel·ly [ʌ́ndərbèli] *n.* (*pl.* **-lies**) **1** 아랫배, 하복부. **2** 〖공격에 대해〗 견고하지 못한 지역; 약점.

un·der·bid [ʌ̀ndərbíd] *vt.* (**-bid, -bid·ding**) …보다 싼 값을 매기다, …보다 싸게 입찰하다. —— *n.* 낮은 값.

un·der·bod·ice [ʌ̀ndərbɑ́dis / -bɔ́d-] *n.* [여성용] 속옷.

un·der·bod·y [ʌ́ndərbɑ̀di / -bɔ̀di] *n.* (the ~) [차량 따위의] 하부, 기부(基部).

un·der·bred [ʌ̀ndərbréd] *adj.* **1** 교양없는, 버릇없는, 저속한(vulgar). **2** [말 따위가] 잡종의, 순종이 아닌.

****un·der·brush** [ʌ́ndərbrʌ̀ʃ] *n.* ⓤ 큰 나무 밑에 나는 작은 나무(undergrowth), 덤불.

un·der·bush [ʌ́ndərbùʃ] *n.* = underbrush.

un·der·buy [ʌ̀ndərbái] *v.* (**-bought, -buy·ing**) *vt.* …을 [시세·경쟁 상대보다] 싸게 사다. —— *vi.* 필요량보다 적게 사다.

un·der·cap·i·tal·ize [ʌ̀ndərkǽpitəlàiz] *vt., vi.* (**-ized, -iz·ing**) [기획·사업 따위에] 불충분한 자본을 공급하다.

un·der·car·riage [ʌ́ndərkæ̀ridʒ] *n.* **1** [차량 따위의] 차대(車臺), 하부 구조. **2** [비행기의] 기체 지지부, 기대; 착륙 장치.

un·der·char·ac·ter·ize [ʌ̀ndərkǽriktəràiz] *vt.* (**-ized, -iz·ing**) [소설·연극 따위에서] 성격 묘사를 덜 하다(잘못하다); [음악 작품의] 주제를 덜(잘못)전개하다.

un·der·charge *vt.* [ʌ̀ndərtʃɑ́ːrdʒ → *n.*] (**-charged, -charg·ing**) **1** 대가의 외에 청구하다, (남)에게서 대금을 덜 받다. **2** [총·포]에 불충분하게 장전하다; [축전지]에 불충분하게 충전하다. —— *n.* [ʌ́ndərtʃɑ̀ːrdʒ] **1** 과소 청구. **2** 불충분한 장전(충전).

un·der·class [ʌ́ndərklæ̀s / -klɑ̀ːs] *n.* 사회의 밑바닥, 최하층. —— *adj.* 하급생의.

un·der·class·man [ʌ̀ndərklǽsmən / -klɑ́ːs-] *n.* (*pl.* **-men** [-mən]) 《美》 [대학·고교 등의] 하급생[1, 2 학년생].

un·der·clay [ʌ́ndərklèi] *n.* ⓤ 〖지질〗 하반(下盤) 점토[탄층 밑의 점토층].

un·der·clerk [ʌ́ndərklə̀ːrk / -klɑ̀ːk] *n.* 사무 관보; 수습 사원(점원); 부서기(副書記).

un·der·cliff [ʌ́ndərklìf] *n.* 〖지질〗 부애(副崖) [땅이나 바위가 허물어져 2차적으로 생긴 벼랑].

un·der·clothed [ʌ̀ndərklóuðd] *adj.* 옷을 얇게 입은.

un·der·clothes [ʌ́ndərklòu(ð)z] *n. pl.* 속옷, 내의.

un·der·cloth·ing [ʌ́ndərklòuðiŋ] *n.* = underclothes.

un·der·club [ʌ̀ndərklʌ́b] *vi.* (**-clubbed, -club·bing**) [골프] [거리에 비해] 힘에 모자라는 클럽을 사용하다. ¶ He failed to reach the green through *underclubbing*. 그는 클럽을 잘못 사용하여 그린에 미치지 못했다.

un·der·coat [ʌ́ndərkòut] *n.* **1** 겉옷 밑에 받쳐 입는 옷; 〖방언〗 페티코트. **2** [동물] 밑털[긴 털 밑에 나는 짧은 털]. **3** [페인트의] 밑칠; 밑칠용 페인트. **4** 《英》 [포장 도로 표면 아래의] 배석층(碎石層). —— *vt.* [녹을 방지하기 위해] …에 밑칠을 하다.

un·der·cool [ʌ̀ndərkúːl] *vt.* = supercool.

un·der·cov·er [ʌ̀ndərkʌ́vər, ⇌⇌ / ⇌⇌] *adj.* 비밀

U
n

úndercòver àgent(màn) *n.* 첩보원, 스파이.
un·der·croft [ʌ́ndərkrɔ̀ːft / -krɔ̀ft] *n.* 지하실, [특히 교회당의] 천정을 둥글게 만든 지하실.
un·der·cross·ing [ʌ́ndərkrɔ̀ːsiŋ / -krɔ̀s-] *n.* 지하도 (underpass).
un·der·cur·rent [ʌ́ndərkə̀ːrənt / -kʌ̀r-] *n.* 1 [바다에서 역류하는] 저류, 하층류, 암류(暗流). 2 [사상·시세 따위의] 암류; [언동의] 속에 품은 진의.
un·der·cut *vt., vi.* [ʌ̀ndərkʌ́t → n.] (**-cut, -cut·ting**) 1 […의] 밑을 잘라내다(도려내다). 2 [남보다] 싸게 팔다(undersell); 싼 임금으로 일하다. ¶ *undercut prices* (a rival) 가격을 시가(경쟁 상대)보다 싸게 하다. 3 [정구·골프] [공을] 역회전시켜 쳐올리다. — *n.* [ʌ́ndərkʌ̀t] 1 밑을 잘라낸 부분; 잘라낸 부분. 2 [英] [허리 아래쪽의] 소·돼지의 살코기. 3 [정구·골프] 언더 컷[공을 역회전 시키는 깎아치기]; [권투] 위로 약간 올려치는 펀치. 4 [벌목할 때 쓰러뜨릴 방향을 정하거나, 줄기가 째지는 것을 방지하기 위한 나무의 밑도려내기. 5 [치과] [이의] 공동(空洞). — *adj.* 밑을 잘라낸(도려낸).
un·der·de·vel·oped [ʌ̀ndərdivéləpt] *adj.* 1 [사진] 현상 부족의. ¶ the *underdeveloped* film 현상 부족의 필름. 2 발육이 불충분한. 3 [국가 등이] 저개발의, 후진의(* 현재의 뜻으로는 developing을 쓴다).
un·der·de·vel·op·ment [ʌ̀ndərdivéləpmənt] *n.* [U] 1 [사진] 현상 부족. 2 발육 불량. 3 개발 부족, 저개발.
un·der·di·vi·sion [ʌ̀ndərdivídʒ(ə)n] *adj.* [대학에서 저학년 학생의] 아직 전공 과정으로 분류되지 않은.
un·der·do [ʌ̀ndərdúː] *vt., vi.* (**-did** [-díd], **-done** [-dʌ́n], **-do·ing**) 1 [고기 등을] 설익게 굽다(삶다). 2 […의] 보통(필요) 이하로 하다; 소극적으로 연기하다.
un·der·dog [ʌ́ndərdɔ̀ːg / -dɔ̀g] *n.* 1 [투견에서] 진 개. 2 [생존 경쟁의] 패배자; [사회적 부정의] 회생자.
un·der·done [ʌ́ndərdʌ́n] *adj.* [음식물이] 설익은; [고기가] 설구워진(rare).
un·der·drain *vt.* [ʌ̀ndərdréin → *n.*] …을 암거(暗渠)로 배수하다. — *n.* [ʌ́ndərdrèin] 암거.
un·der·drain·age [ʌ́ndərdrèinidʒ] *n.* [U] [농토 따위의] 암거 배수.
un·der·draw [ʌ̀ndərdrɔ́ː] *vt.* (**-drew** [-drúː], **-drawn** [-drɔ́ːn], **-draw·ing**) 1 …에 밑을을 치다(under-score). 2 …을 불충분하게 그리다. 3 [천정 따위]에 [얇은 판자 따위로] 바닥을 대다. 4 [응자금을] 한도액까지 쓰지 않다.
un·der·draw·ers [ʌ́ndərdrɔ̀ːrz] *n. pl.* 속바지.
un·der·dress *vi.* [ʌ̀ndərdrés → *n.*] 초라한(약식) 옷차림을 하다. — *n.* [ʌ́ndərdrès] 속옷, 페티코트.
un·der·em·ployed [ʌ̀ndərimplɔ́id] *adj.* 불완전 고용의; 능력 이하의 일에 종사하고 있는.
un·der·em·ploy·ment [ʌ̀ndərimplɔ́imənt] *n.* [U] 불완전 고용.
__un·der·es·ti·mate__ *vt., vi.* [ʌ̀ndəréstimèit → *n.*] (**-mat·ed, -mat·ing**) …을 싸게 견적내다, 과소 평가하다, 경시하다, 오산하다. ¶ *underestimate* a person's ability 남의 능력을 과소 평가하다. — *n.* [ʌ̀ndəréstimìt] 과소 평가, 싸게 낸 견적, 경시.
◇ underestimátion *n.*
un·der·es·ti·ma·tion [ʌ̀ndəréstiméi(ə)n] *n.* underestimate.
un·der·ex·pose [ʌ̀ndərikspóuz] *vt.* (**-posed, -pos·ing**) [사진] [건판·필름을] 노출 부족으로 하다.
un·der·ex·po·sure [ʌ̀ndərikspóuʒər] *n.* [U][C] [사진] 노출 부족.
un·der·fed [ʌ́ndərféd] *adj.* 영양 부족의; 음식 부족의.
un·der·feed [ʌ̀ndərfíːd →2] *v.* (**-fed** [-féd], **-feed·ing**) *vt.* 1 …에 충분한 음식(영양)을 주지 않다. 2 [ʌ́ndərfìːd] [난로 따위]에 밑에서 연료를 공급하다. — *vi.* 절식(節食)하다.

un·der·felt [ʌ́ndərfèlt] *n.* [U] 카핏과 바닥 사이에 까는 깔개.
un·der·fired [ʌ̀ndərfáiərd] *adj.* 1 [벽돌·도자기 따위가] 덜 구워진. 2 [솥·가마가] 밑에서 지펴진(가열된).
un·der·floor [ʌ́ndərflɔ̀ːr / -flɔ̀-] *adj.* [난방이] 바닥 밑 방식의.
un·der·flow [ʌ́ndərflòu] *n.* 1 저류, 암류(暗流) (undercurrent). 2 [컴퓨터] 언더플로[아랫 자리수 넘치기].
un·der·foot [ʌ̀ndərfút] *adv.* 1 발밑에, 발바닥에; 발 곁에; [배 따위의] 바다 아래에. 2 《美》방해가 되어. 3 발로 짓밟아서, 깔보아. — *adj.* 1 발밑의. 2 《美》방해가 되는. 3 멸시당할만한, 경멸을 받은. — *vt.* …을 받쳐서 받쳐 주다(underpin).
un·der·fund [ʌ̀ndərfʌ́nd] *vt.* [사업·계획 따위에] 충분한 자금 공급을 하지 못하다.
un·der·gar·ment [ʌ́ndərgɑ̀ːrmənt] *n.* 속옷, 내의.
un·der·gird [ʌ̀ndərgə́ːrd] *vt.* 1 …의 아래쪽을 단단하게 묶다. ¶ *undergird* a load 짐의 아래쪽을 밧줄로 묶다. 2 뒷받침하다(support), 보강하다(strengthen).
un·der·glaze [ʌ́ndərglèiz] *adj.* 1 [도자기 따위] 유약을 바르기 전의. 2 밑그림용의(에 적합한). — *n.* 밑그림.
‡**un·der·go** [ʌ̀ndərgóu] *vt.* (**-went, -gone, -go·ing**) 1 …을 받다, 겪다, 경험하다. ⇒ EXPERIENCE [類語] ¶ *undergo* an examination (an operation) 시험(수술)을 치르다(받다). 2 …을 견디다, 참다(suffer). ¶ *undergo* great toil 큰 고생을 견디다.
un·der·grad [ʌ́ndərgræ̀d] *n.* 《美구어》 = undergraduate.
__un·der·grad·u·ate__ [ʌ̀ndərgrǽdʒuit, -èit / -dʒuit] *n.* [학부 재학중인] 대학생. — *adj.* [학부 재학중인] 대학생의.
un·der·grad·u·ate·ship [ʌ̀ndərgrǽdʒuitʃip, -eit- / -dʒuit-] *n.* [U][학부 재학중인] 대학생 신분(지위).
un·der·grad·u·ette [ʌ̀ndərgrǽdʒuèt / -dju-] *n.* 《英속어》[학부 재학중인] 여자 대학생.
‡**un·der·ground** [ʌ́ndərgráund → *n.*] *adv.* 1 지하에 (로), 지 밑으로. ¶ go *underground* [비합법 정당원·범인 등이] 지하로 숨다. — *adj.* 1 지하(에 있는, 에서 일하는, 에서 일어나는. cf. overground ¶ an *underground* explosion 지하 폭발. 2 비밀의. ¶ an *underground* revolutionary movement 지하 혁명 운동. 3 지하 조직의, 실험적인, 비전통적인; 전위적인. — *n.* [ʌ́ndərgràund] 1 (the ~) 지하의 공간(통로). 2 《英》 (the ~) 지하철(《美》subway). 2 (the ~) [정권 따위에 항쟁하는] 지하 조직, 지하 운동. 3 (the ~)전위 적인.
únderground ecónomy *n.* 지하 경제[활동].
un·der·ground·er [ʌ̀ndərgráundər] *n.* 1 지하에서 일하는 사람. 2 지하철 승객. 3 지하 조직 당원.
únderground ráilroad *n.* 1 《美》지하철. 2 (보통 U·R·) 《美역사》 노예의 북부 또는 캐나다로의 탈출을 도운 비밀 조직. 3 탈영병이나 망명 기피자 원조의 지하 조직.
únderground ráilway *n.* 《英》 = underground railroad
un·der·grown [ʌ̀ndərgróun, ╴╴╴] *adj.* 1 발육 부족의. ¶ *undergrown* cattle 발육이 불량한 소. 2 밑에 난.
un·der·growth [ʌ́ndərgròuθ] *n.* [U] 1 발육 부족. 2 나무 밑에 난 풀(underbrush), 덤불. 3 [동물의] 긴 털 밑에 짧은 다발.
un·der·hand [ʌ́ndərhæ̀nd] *adj.* 1 [구기에서] 밑으로 던지기(치기)의; 아래로 뜨는. ¶ an *underhand* throw 밑으로 던지기. 2 비밀의, 부정한, 음흉한. ¶ an *underhand* deal 부정 거래. — *adv.* 1 밑으로 던지기로. 2 은밀하게, 부정하게, 음흉하게.
un·der·hand·ed [ʌ̀ndərhǽndid] *adj.* 1 공정치 못

un·der·hung 한, 음흉한, 비밀의. **2** 일손이 부족한(short-handed). **3** 밑으로 던지기의. ~**ly** adv. ~**ness** n.
un·der·hung [ʌ̀ndərhʌ́ŋ] adj. **1** [아래턱이] 위턱보다 튀어나온. **2** [기계] [미닫이 따위가] 도르래로 움직이는.
un·de·rived [ʌ̀ndiráivd] adj. 독창(독자)적인(original), 근본적인, 기본의. ¶ *underived* power(authority) 독자적 권력(권한).
un·der·kill [ʌ́ndərkìl] n. ⓤ [적에 대한] 전력(능력) 부족, 열세, 격파 불능.
un·der·laid [ʌ̀ndərléid] adj. **1** 밑에 놓인. **2** [받침대 따위가] 받친.
un·der·lap [ʌ̀ndərlǽp] vt. (-**lapped, -lap·ping**) …의 밑에서 튀어나오다(비어져 나오다).
un·der·lay[1] v. [ʌ̀ndərléi + n.] (-**laid** [-léid], -**lay·ing**) vt. **1** …을 …의 밑(바닥)에 놓다(깔다). ¶ (~+몸+前+똅) *underlay* the Korean Strait *with* a cable 대한 해협에 케이블을 부설하다. **2** [인쇄] [활자 따위의] 밑에 밑고르개 종이를 깔다. — vi. [광산] [광맥이] 경사지다. — n. [ʌ́ndərlèi] **1** 밑에 놓는 (까는) 물건; 깔개. **2** [인쇄] [활자의 높이를 조정하는] 밑고르기 종이. **3** [광산] 수직으로부터의 경사. **4** 저류, 암류 (undercurrent).
un·der·lay[2] [ʌ̀ndərléi] v. underlie의 과거형.
un·der·lay·er [ʌ́ndərlèiər] n. 기층(基層); 기초(substratum).
un·der·lease [ʌ́ndərlì:s] n. 전대(轉貸), 다시 빌려주기(sublease). — vt. (-**leased, -leas·ing**) …을 전대하다(underlet).
un·der·let [ʌ̀ndərlét] vt. (-**let, -let·ting**) …을 싼 값으로 빌려주다; …을 다시 빌려주다, 전대하다(sublet).
un·der·lie [ʌ̀ndərlái] vt. (-**lay, -lain** [-léin], -**ly·ing**) **1** …의 밑에 눕다, …의 밑에 있다. **2** …의 기초가 되다, …을 받쳐 주다(support). ¶ Political ideas *underlying* the revolution 그 혁명의 기초가 되고 있는 정치 사상. **3** [경제] …에 대해 권리(담보)가 우선하다. =underset[1].
‡**un·der·line** vt. [ʌ̀ndərláin + n.] (-**lined, -lin·ing**) **1** …에 밑줄을 긋다(치다). **2** …을 강조하다, …에 역점을 두다; …을 명시하다. — n. [ʌ́ndərlàin] **1** 밑줄, 언더라인. ¶ Words with a single *underline* are to be set in italics. 밑줄을 하나 친 단어는 이탤릭체 활자로 조판할 것. **2** [인쇄] [삽화·사진 밑의] 설명.
un·der·lin·en [ʌ́ndərlìnin] n. ⓤ [린네르 따위의] 얇은 속옷, 내복(underwear).
un·der·ling [ʌ́ndərlìŋ] n. 《경멸적》 아랫 사람, 부하 직원(subordinate).
un·der·lip [ʌ́ndərlìp] n. 아랫 입술(lower lip).
***un·der·ly·ing** [ʌ̀ndərláiiŋ] adj. **1** 밑에 있는, 밑에 놓인. **2** 언뜻 보아 알 수 없는, 모호한. **3** 기초적인(fundamental), 근본적인.
un·der·manned [ʌ̀ndərmǽnd] adj. 일손이 부족한, 인원 부족의(short-handed), 승무원이 부족한.
un·der·matched [ʌ̀ndərmǽtʃt] adj. 어울리지 않는; 신분이 낮은 사람과 결혼한.
un·der·mean·ing [ʌ́ndərmì:niŋ] n. 숨은 뜻, 함축(含蓄)된 뜻.
un·der·men·tioned [ʌ̀ndərménʃ(ə)nd] adj. 하기(下記), 다음에 말하는(following).
***un·der·mine** [ʌ̀ndərmáin] vt. (-**mined, -min·ing**) **1** …의 밑을 파다, …에 갱도(坑道)를 파다; …의 토대를 침식하다. ¶ The sea has *undermined* the cliff. 해수가 벼랑 밑을 침식하였다. **2** …의 기초를 위태롭게 하다; [남의 평판·건강 따위를] 은밀히 해치다. cf. sap[1].
un·der·min·er [ʌ̀ndərmáinər] n. 밑을 파는 사람; 은밀히 해를 끼치는 사람.
un·der·most [ʌ́ndərmòust] adj. 최저의, 최하위의(lowest). — adv. 맨밑에, 최하위에.

‡**un·der·neath** [ʌ̀ndərní:θ] prep. **1** …의 밑에(의, 을). ⇒ UNDER [類語] **2** …의 밑에서, …에 예속하여; …의 형태로. — adv. 밑으로(beneath, below), 아래 쪽으로. — adj. 보다 아래의, 밑의 있는. — n. 밑(바닥)(bottom), 아래쪽, 하부면.
un·der·nour·ish [ʌ̀ndərnə́:riʃ / -nʌ́r-] vt. …에 충분한 영양을 주지 않다. [부족의.
un·der·nour·ished [ʌ̀ndərnə́:riʃt / -nʌ́r-] adj. 영양
un·der·nour·ish·ment [ʌ̀ndərnə́:riʃmənt / -nʌ́r-] n. ⓤ 영양 부족.
un·der·nu·tri·tion [ʌ̀ndərn(j)u:tríʃ(ə)n / -nju:-] n. 영양 부족, 영양 실조.
un·der·oc·cu·pied [ʌ̀ndərákjupàid / -ɔ́k-] adj. **1** [방·집 따위에] 입주자가 부족한, 빈자리가 있는, 빈집 (방)의. ¶ *underoccupied* hotel rooms 손님이 차지 않은 호텔방. **2** 충분한 일이 없는, 일정한 직업이 없는, 한가한.
un·der·of·fi·cer [ʌ̀ndərɔ́:fisər, -àf- / -ɔ́f-] vt. (부대)에 장교를 충분히 배속하지 않다.
un·der·paid [ʌ̀ndərpéid] adj. 부당하게 급료가 싼, 박봉의. (drawers).
un·der·pants [ʌ́ndərpænts] n. pl. 속바지, 팬츠
un·der·part [ʌ́ndərpà:rt] n. **1** 하부. **2** 보조 역할.
un·der·pass [ʌ́ndərpæs / -pà:s] n. 아래 통로; [철도나 도로 밑을 가로지르는] 지하도.
un·der·pay [ʌ̀ndərpéi] vt. (-**paid** [-péid], -**pay·ing**) …에 불충분한 임금을 주다, 급료를 불충분하게 지급하다.
un·der·pin [ʌ̀ndərpín] vt. (-**pinned, -pin·ning**) **1** …의 토대를 바꾸다, 기초를 보강하다; 기초의 일부를 만들다. **2** …을 떠받치다(support), 지지하다, 입증하다.
un·der·pin·ning [ʌ̀ndərpíniŋ] n. **1** 토대, 떠받치는 것; 지주, 지지물; ⓤⓒ 지지, 지원(support). **2** (~s) 《구어》 사람의 다리. **3** (~s) 《구어》 [특히 여성의] 속옷(underwear).
un·der·play v. [ʌ̀ndərpléi + n.] vt. **1** [연극의 배역·장면]을 실력 이하로 연기하다, 깨끗이 연기하다. **2** [카드놀이] [끗수가 높은 패를 가지고 있으면서] 낮은 패를 내다. — vi. 실력 이하로 연기하다. — n. [ʌ́ndərpléi] **1** 실력 이하로 하는 연기. **2** [카드놀이] 끗수 높은 패를 제쳐두고 낮은 패를 내기. **3** 비밀 행동.
un·der·plot [ʌ́ndərplàt / -plɔ̀t] n. **1** [연극·소설의] 곁줄거리, 삽화. **2** 음모, 밀계.
un·der·pop·u·lat·ed [ʌ̀ndərpápjulèitid / -pɔ́p-] adj. 인구가 적은.
un·der·pop·u·la·tion [ʌ̀ndərpàpjuléi(ʃə)n / -pɔ̀p-] n. ⓤ 인구 과소(過少). opp. overpopulation
un·der·price [ʌ̀ndərpráis] vt. (-**priced, -pric·ing**) [상품]을 적정(표준) 가격보다 낮게 매기다; [경쟁자]보다 값을 내리다.
un·der·priv·i·leged [ʌ̀ndərprívilidʒd] adj. [경제적·사회적 지위가 낮기 때문에] 충분한 권리가 부여되지 않은; 혜택을 받지 못한. ¶ the *underprivileged* 혜택을 받지 못한 사람들 / an *underprivileged* area 빈민가, 빈민 지역.
un·der·pro·duc·tion [ʌ̀ndərprədʌ́kʃ(ə)n] n. ⓤ 생산 부족, 과소 생산. cf. overproduction
un·der·proof [ʌ̀ndərprú:f] adj. [알코올이] 표준 강도[50%] 이하의 [略 u.p.]. cf. proof, overproof
un·der·quote [ʌ̀ndərkwóut] vt. (-**quot·ed, -quot·ing**) …에 싼 값을 부르다; …에 [시가보다] 싼 값으로 매기다.
***un·der·rate** [ʌ̀ndəréit] vt. (-**rat·ed, -rat·ing**) …을 낮게 평가하다; 경시하다.
un·der·re·port [ʌ̀ndəripɔ́:rt / -pɔ́:t] vt. 불충분하게 보도하다, …의 중요성을 불충분하게 강조하다; [액수]를 실제보다 적게 발표하다, [소득·수입]을 실제보다 낮게 신고하다.

un·der·ripe [ʌ̀ndəráip] *adj.* 미숙한, 덜 익은.
un·der·run [ʌ̀ndərʌ́n] *vt.* (-**ran**, -**run**, -**run·ning**) …의 밑을 달리다(통과하다, 가다, 흐르다); [항해] [밧줄]을 밑으로부터 검사(수리)하다. — *n.* 밑을 달리는(통과하는, 흐르는) 것.
un·der·score *vt.* [ʌ̀ndərskɔ́ːr/→n.] (-**scored**, -**scor·ing**) …의 밑줄을 긋다(underline).**2** …을 강조하다 (emphasize). — *n.* [ʌ́ndərskɔ̀ːr/-skɔ̀ː] **1** 언더라인, 밑줄. **2** [영화·텔레비전의] 백그라운드 뮤직.
un·der·sea *adj.* [ʌ́ndərsìː → *adv.*] 해저의, 해중의. — *adv.* [ʌ̀ndərsíː] =undersea.
un·der·seal [ʌ́ndərsìːl] *n.* ⓒⓤ(英) 애벌칠[용 도료] (undercoat). — *vt.* …에 초벌칠 하다.
un·der·seas [ʌ̀ndərsíːz] *adv.* 바닷속에, 해면 밑에; 해저에.
un·der·sec·re·tar·y [ʌ̀ndərsékrətèri / -t(ə)ri] *n.* (*pl.* -**tar·ies**) 차관(次官). ¶ a parliamentary (a permanent) *undersecretary* 정무(사무)차관.
un·der·sec·re·tar·y·ship [ʌ̀ndərsékrətèriʃp/-t(ə)ri-] *n.* ⓤ 차관의 직(職)(임기).
un·der·sell [ʌ̀ndərsél] *vt.* (-**sold**, -**sell·ing**) …보다 싸게 팔다, 염가 판매하다. [담.
un·der·sell·er [ʌ̀ndərsélər] *n.* 남보다 싸게 파는 사
un·der·ser·vant [ʌ́ndərsə̀ːrvənt] *n.* 잔심부름꾼.
un·der·set¹ [ʌ̀ndərsèt] *n.* [바람이나 해면의 흐름과 역행하는] 저류(底流), 하층류(下層流) (undercurrent). *cf.* undertow.
un·der·set² [ʌ̀ndərsét] *vt.* (-**set**, -**set·ting**) **1** …을 받쳐 주다, 지지하다. **2** (英) …을 전대(轉貸)하다.
un·der·sexed [ʌ̀ndərsékst] *adj.* 성욕이 약한.
un·der·sher·iff [ʌ́ndərʃèrif] *n.* (美) 군(郡) 보안관 대리; (英) 주(州) 장관 대리.
un·der·shirt [ʌ́ndərʃə̀ːrt] *n.* 언더셔츠, 내복.
un·der·shoot [ʌ̀ndərʃúːt] *vt.* (-**shot**, -**shoot·ing**) [과녁]을 빗뚫다; [화살·총알 따위가] [목표]에 못미치다; [특히 비행기가] [활주로]까지 이르지 못하다, …에 못미쳐 착륙하다.
un·der·shorts [ʌ́ndərʃɔ̀ːrts] *n. pl.* [남자용] 팬츠.
un·der·shot [ʌ̀ndərʃàt / -ʃɔ̀t] *adj.* **1** [수차가] 하사식(下射式)인. *cf.* overshot **2** [개] 아래턱이 튀어나온.
un·der·shrub [ʌ́ndərʃrʌ̀b] *n.* 작은 관목. [면.
un·der·side [ʌ́ndərsàid] *n.* 아래쪽, 밑바다; 안쪽, 뒷
un·der·sign [ʌ̀ndərsáin] *vt.* …의 밑(끝)에 서명하다.
un·der·signed [ʌ̀ndərsáind → *n.*] *adj.* 하기의[이름 따위], 아래 이름의. — *n.* [ʌ́ndərsàind] (the ~) (단·복수 양용)서명자. ¶ I, the *undersigned* 소생[은], 아래에 서명한 나[는].
un·der·sized [ʌ́ndərsáizd], (**un·der·size** [-sáiz]) *adj.* 보통보다 작은, 소형의; [종이 크기가] 소형(A5판)의. *cf.* oversized
un·der·skirt [ʌ́ndərskə̀ːrt] *n.* 속치마, 페티코트.
un·der·sleeve [ʌ́ndərslìːv] *n.* 아랫 소매; 장식용 아랫 소매.
un·der·slung [ʌ̀ndərslʌ́ŋ] *adj.* [자동차의 차대 따위가] 차축 밑에 붙여진.
un·der·soil [ʌ́ndərsɔ̀il] *n.* =subsoil.
un·der·song [ʌ́ndərsɔ̀ːŋ/-sɔ̀ŋ] *n.* **1** [본노래에] 말린 노래; 후렴, [고어] 후렴(refrain). **2** 저의, 숨은 뜻.
un·der·staffed [ʌ̀ndərstǽft/-stáːft] *adj.* 인원 부족의.
‡**un·der·stand** [ʌ̀ndərstǽnd] *v.* (-**stood**, -**stand·ing**) *vt.* **1** [남의 말·뜻 따위]를 이해하다, 양해하다, 알아 듣다. ¶ I *understand* English 영어를[듣고] 이해하다 / Do you *understand* me?=Do you *understand* what I say? 내가 말하는 것을 알아 들겠습니까? / You *understand* me! 알았지, 내 말을 잘 들으세요! [경고·놀라움 따위를 나타낸다]

類語 **understand** 「이해하다」라는 뜻의 가장 일반적인 말로서, 특히 이해·양해하고 있다는 사실을 강조한다: *understand* French (one's circumstances) 프랑스어(자기의 처지)를 이해하다. **comprehend** 완전히 이해하기까지의 과정을 강조하는 말. **apprehend** 불완전히 긴 듯 이해하다: A child *apprehends* death but does not *comprehend* it until later in life. 아이들도 죽음을 막연하게는 이해하지만 어른이 될 때까지 완전하게는 모른다. **appreciate** 진가를 올바르게 이해하다: He can't *appreciate* art. 그는 예술을 이해하지 못한다. **see** 추리·관찰할 능력이 있다: I *see* what you mean. 나는 네가 말하는 뜻을 안다.

2 [기술·학문·법률]에 정통하다, …을 알고 있다; [진의·설명·원인·성질·사정 따위]를 이해(양해)하다, 납득하다; …을 들어 알고 있다, 알고 있다. ¶ *understand* a poem 시를 이해하다/when I began to *understand* things 내가 물정을 이해하기 시작했을 때 / I could not *understand* his conduct. 나는 그의 소행을 이해할 수가 없었다. / You don't *understand*. 너는 모르고 있다 (* 뒤에 the situation 따위의 낱말이 생략된 것) //(~ + *wh.* to do) *understand* how to deal with the matter 그 문제의 해결법을 이해하다//(~ + *wh.* 節) (~ + -ing) I do not *understand* why he come (comes). = I don't *understand* his coming. 그가 왜 왔는지 나는 알 수가 없다//(~ + *that* 節) I *understand* that he is leaving town. 그가 도회지를 떠나려고 한다는 것을 나는 알고 있다.
3 …을 추측(추리)하다(infer), …라고 생각하다; (남의 말 따위)를 …의 뜻으로)해석하다, 당연한 일로 생각하다. ¶ as we *understand* it 우리가 생각하는 바로는 //(~ + *that* 節) I quite *understood* that expenses were to be paid. 비용은 당연히 지불해 줄 것으로 나는 생각했다 // (~ + 目 + to do) I *understand* him to be satisfied. 나는 그가 만족해하고 있을 것으로 알고 있다 / Do I *understand* [you to say] that …? …이라는 말씀이십니까?//(~ + 目 + *as* 節) She *understood* his silence *as* refusal. 그녀는 그의 침묵을 거절[하는 것]으로 받아들였다.
4 [주로 수동형으로] [의미 따위]를 해석하다, 마음 속으로 보충하여 해석하다, [단어]를 생각하다. ¶ He *understands* this word in its legal sense. 그는 이 말을 법적인 뜻으로 해석하고 있다 / In 'He hit the tree harder than I.' the word 'did' is *understood* after 'I'. He hit the tree harder than I. 라는 문장에서는 I 다음에 did 가 생략되어 있다.
— *vi.* **1** [물정·사리를] 알다; 이해력(지능)이 있다. ¶ People often listen but do not *understand*. 사람들은 흔히 듣기는 하지만 이해는 못한다 / Now I *understand*. 아, 알았다 / Do animals *understand*? 동물들은 지능이 있을까?
2 [정보 따위를] 알고 있다, 듣고 알다 (* 종종 삽입적으로 사용되거나 so와 함께 사용되기도 하지만, *vt.*로도 생각된다. *cf.* so¹). ¶ He is, I *understand*, no longer here. 나는 그가 이미 이곳에 있지 않은 것으로 알고 있다 / His condition is better, so I *understand*. 나는 그의 용태가 호전되고 있는 것으로 듣고 있다.
give a person *to understand that…* 남에게 …이라고 알리다(말하다). ¶ I was *given to understand that…* …라고 전해 들었다.
It is understood that … …이라고 생각되고 있다, 믿어지고 있다.
make oneself *understood* 자기 사정을 남에게 알게 하다. ¶ I could *make* myself *understood* in Chinese. 나의 중국어는 통한다.
understand one another (or *each other*) 서로 이해하다, 의기 투합하다.
*‡**un·der·stand·a·ble** [ʌ̀ndərstǽndəbl] *adj.* 이해할 수 있는, 알 수 있는. **-bly** *adv.*
‡**un·der·stand·ing** [ʌ̀ndərstǽndiŋ] *n.* **1** ⓤ (또는

an~) 이해, 납득, 양해; 지식, 해석. ¶ What is your *understanding* of Hamlet's madness? 햄릿의 광기를 너는 어떻게 해석하느냐? **2** ⓤ 이해력, 지성, [특히] 우수한 지력; 사려, 분별; [철학] 오성(悟性). ¶ human *understanding* 인지(人知) / a man of (without) *understanding* 사리를 아는(모르는) 사람. **3** [의지·감정·사상 등의] 소통, 상호 이해 (*between* ...); 일치, 양해 (*with* ...); [인간 관계 등의] 친화, 화합; 협약, 협정, 묵계, 약정(*with* ...). ¶ with (*or* on) this *understanding* 이 조건으로 // arrive at (*or* come to) an *understanding with* a person about a matter 어떤 문제에 관해 남과 의사가 소통되기에 이르다 / have (*or* keep) a good *understanding with* a person 남과 친밀한 관계를 유지하고 있다, 의사를 소통하고(기맥을 통하고) 있다. **4** (~s) 《英속어·익살》 다리(legs), 발; 구두, 장화. on the understanding that …의 조건으로, …이라는 양해(협약) 아래.
── *adj*. 이해력이 있는, 분별있는, 총명한. ¶ an *understanding* attitude 분별있는 태도.
~ly *adv*. ~ness *n*.
un·der·state [ʌ̀ndərstéit] *vt*. (-stat·ed, -stat·ing) …을 억제해서 말하다, 줄여서(작게, 적게) 말하다. *cf*. exaggerate
un·der·state·ment [ʌ̀ndərstéitmənt] *n*. ⓤ 억제해서 말하기; ⓒ 삼가는 표현(진술).
un·der·steer *n*. [ʌ̀ndərstíər → *vi*.] ⓤ 〔자동차의〕 핸들 성능의 불량. ── *vi*. [-ˈ-ˈ] 핸들이 〔의도대로〕 꺾이지 않다. *opp*. oversteer
‡un·der·stood [ʌ̀ndərstúd] *v*. understand 의 과거·과거 분사. ── *adj*. 양해(이해)가 된; 암묵의.
un·der·strap·per [ʌ́ndərstræ̀pər] *n*. 아랫 사람, 조수; 하부 직원 〔공무원 등〕.
un·der·stra·tum [ʌ́ndərstrèitəm, -stræt- / -strɑ̀ː-] *n*. (*pl*. -ta [-ə] *or* -tums) =substratum.
un·der·strength [ʌ̀ndərstréŋ(k)θ] *adj*. 병력 부족의, 과소 병력의; 정원 부족의.
un·der·struc·ture [ʌ́ndərstrʌ̀ktʃər] *n*. **1** 〔건조물의〕 하부 구조; 기초, 토대. **2** 〔비유적〕 기초, 근거 (basis).
un·der·stud·y [ʌ́ndərstʌ̀di] *vt*. (-stud·ied, -stud·y·ing) …의 대역으로 연습하다; …의 대역을 하다. ── *n*. (*pl*. -stud·ies) 〔대역 배우〕; 《속어》 보결 선수.
un·der·sup·ply [ʌ̀ndərsəplái] *n*. 공급 부족.
un·der·sur·face [ʌ́ndərsə̀ːrfis] *n*. 아랫면, 내면.
‡un·der·take [ʌ̀ndərtéik] *v*. (-took, -tak·en, -tak·ing) *vt*. **1** …을 떠맡다, 맡다; …의 책임(의무)을 지다, …을 약속하다. ¶ *undertake* responsibility 책임을 지다 / (~ + *to do*) The husband *undertakes* to love his wife. 남편은 그의 아내를 사랑할 의무가 있다. **2** …을 보증하다, 단언하다(affirm). ¶ (~ + *that* 節) I will *undertake* that he has not heard a word. 나는 그가 한 마디도 안들었다는 것을 보증한다. **3** …을 기도(企圖)하다(attempt), …에 착수하다, 나서다. ¶ *undertake* an enterprise (a journey) 사업(여행)을 기획하다. **4** …을 돌보아주다, 보살펴 주다. ── *vi*. 《고어》 책임을 지다, 증인이 되다 (*for*...). **2** 《속어》 장례를 떠맡다, 장의사를 경영하다.
un·der·tak·er *n*. **1** [ʌ̀ndərtéikər →**2**] 인수인, 청부인; 기획자, 기도하는 사람. **2** [ʌ́ndərtèikər] 장의사 (mortician).
‡un·der·tak·ing [ʌ̀ndərtéikiŋ →**3**] *n*. **1** ⓤ 인수(됨), 청부, 기획, 시도; 인수한 일(것), 청부한 일; 기업, 사업 (enterprise). ¶ a public utility *undertaking* 공익 사업. **2** ⓤ 공약, 보증, 맹약(pledge). **3** [ʌ́ndərtèikiŋ] ⓤ 장의사업.
un·der·tax [ʌ̀ndərtǽks] *vt*. 과소한 세금을 부과하다.
un·der·tax·a·tion [ʌ̀ndərtæksèiʃ(ə)n] *n*. 과소한 세금 부과, 과소한 담세.
un·der·ten·ant [ʌ̀ndərténənt] *n*. 전차인(轉借人), 다

시 빌리는 사람.
un·der-the-count·er [ʌ́ndərðəkáuntər] *adj*. 은밀히 거래되는; 진귀한, 얻기 힘든; 불법의(illegal).
un·der-the-ta·ble [ʌ́ndərðətèibl] *adj*. 〔거래 따위가〕 은밀히 하는, 불법의(unlawful).
un·der·things [ʌ́ndərθìŋz] *n*. *pl*. 여성의 속옷.
un·der·thought [ʌ́ndərθɔ̀ːt] *n*. ⓤⓒ 마음 속에 있는 생각.
un·der·tone [ʌ́ndərtòun] *n*. **1** 저음, 낮은 곡조, 작은 목소리. ¶ speak in *undertones* 작은 소리로 말하다. **2** 〔음악〕 기초음하(下)의 배음(倍音). *cf*. overtone **3** 잠재적 요인; 기조, 저류(undercurrent). **4** 엷은 색.
*un·der·took [ʌ̀ndərtúk] *v*. undertake 의 과거형.
un·der·tow [ʌ́ndərtòu] *n*. **1** 기슭에서 되물러가는 물결. **2** 〔바람·해류의〕 하층류(下層流), 암류, 역류.
un·der·val·u·a·tion [ʌ̀ndərvæ̀ljuéiʃ(ə)n] *n*. ⓤ 과소평가, 경시; 멸시.
un·der·val·ue [ʌ̀ndərvǽljuː] *vt*. (-ued, -u·ing) …을 과소 평가하다, 값을 싸게 치다; …의 가치를 낮추다. *cf*. overvalue **2** …을 경시하다, 얕보다.
un·der·vest [ʌ́ndərvèst] *n*. 《英》 언더셔츠, 내의(undershirt).
un·der·waist [ʌ́ndərwèist] *n*. 《美》 〔조끼 밑에 끼어 입는〕 속조끼. *cf*. pantywaist
*un·der·wa·ter [ʌ̀ndərwɔ́ːtər, +美 -wɑ̀t-] *adj*. 수면 아래의, 수중의; 수중용의; 〔배의〕 흘수선 아래의.
── *adv*. 수면(해면) 아래에서.
── *n*. (~s) 〔바다·호수 따위의〕 깊이(depths).
un·der·way [ʌ̀ndərwéi] *adv*., *adj*. **1** 진행중에(의). ¶ The meeting is *underway*. 회의가 진행중이다. **2** 〔항해〕 배가 항해중에(의).
‡un·der·wear [ʌ́ndərwɛ̀ər] *n*. ⓤ 〔총칭적〕 속옷, 내복류(underclothes).
un·der·weight *n*. [ʌ́ndərwèit → *adj*.] **1** ⓤⓒ 표준 이하의 중량, 중량 부족. **2** 표준 무게 이하의 사람(것).
── *adj*. [ʌ̀ndərwéit] 중량 부족의.
*un·der·went [ʌ̀ndərwént] *v*. undergo 의 과거형.
un·der·whelm [ʌ̀ndər(h)wélm] *vt*. …에게 감명을 주지 않다, 관심을 보이지 않다.
un·der·wing [ʌ́ndərwìŋ] *n*. 〔동물〕 〔곤충의〕 뒷날개; 뒷날개에 줄 무늬가 있는 나방류.
un·der·wood [ʌ́ndərwùd] *n*. ⓤ 〔큰나무 밑에 나는〕 잔나무, 덤불(underbrush).
un·der·work *v*. [ʌ̀ndərwə́ːrk → *n*.] (-worked *or* (고어) -wrought [-rɔ́ːt], -work·ing) *vt*. **1** 〔기계·말 따위를〕 충분히 부리지 않다. **2** …보다 싼 임금으로 일하다. ── *vi*. 충분히 일하지 않다, 일을 덜 하다. *cf*. overwork ── *n*. [ʌ́ndərwə̀ːrk] **1** ⓤ 종속적인 일, 하청, 잡일; 되는 대로 하는 일. **2** 토대.
*un·der·world [ʌ́ndərwə̀ːrld] *n*. (the ~) *cf*. upperworld **1** 하층 사회, 사회의 밑바닥; 범죄 사회, 암흑가. **2** 지옥, 저승, 명부(Hades). **3** 인간 세계, 이승; (고어) 지구(earth).
un·der·world·ling [ʌ́ndərwə̀ːrldliŋ] *n*. 《美구어》 날강도, 깡패(gangster); 암흑가의 주민.
un·der·write [ʌ̀ndərráit, +英 -ˈ-ˈ] *v*. (-wrote [-róut, +英 -ˈ-], -writ·ten [-rítn, +英 -ˈ-ˈ], -writ·ing [-ráitiŋ, +英 -ˈ-ˈ]) *vt*. **1** 〔보통 과거 분사형으로〕 〔써놓은 글의〕 밑에 쓰다; …에 서명하다, 동의(승낙)하다. ¶ *underwritten* signatures (*or* names) 서명자. **2** 〔사채 따위의〕 구입을 승낙하다; 〔응모자가 없는 사채 따위의〕 일괄 인수하다. **3** 〔특히 해상 보험을〕 인수하다. ── *vi*. 〔해상〕 보험업을 경영하다.
un·der·writ·er [ʌ́ndəràitər] *n*. **1** 보험업자, 〔특히〕 해상 보험업자. **2** 〔주식·채권의〕 발행 인수인, 증권 인수인. **3** 보증인.
un·der·writ·ing [ʌ́ndəràitiŋ] *n*. ⓤ **1** 보험업, 〔특히〕 해상 보험업. **2** 증권 인수.
ùn·de·scénd·ed tésticle [ʌ̀ndisénid-] *n*. 〔의학〕

불강하(不降下) 고환 [음낭으로 내려오지 않는 고환].
un·de·served [Àndizə́ːrvd] *adj.* 받을 자격이 없는, …할 가치가 없는, 분에 넘치는, 과분한. **~ly** *adv.*
un·de·serv·ing [Àndizə́ːrviŋ] *adj.* (보답 따위를) 받을 자격이 없는(unworthy) (*of*...).
un·des·ig·nat·ed [Àndézignèitid] *adj.* 지정되지 않은, 지명받지 않은(unspecified); 임명되지 않은.
un·de·signed [Àndizáind] *adj.* 고의가 아닌, 부지 불식간의, 우연한. **~ly** *adv.*
un·de·sign·ing [Àndizáiniŋ] *adj.* 이기적 의도가 없는, 아무 야심도 없는.
un·de·sir·a·bil·i·ty [Àndizàirəbíliti / -zàiər-] *n.* Ⓤ 바람직하지 않음, 부적당함, 탐탁치 않음.
***un·de·sir·a·ble** [Àndizáirəbl / -zàiər-] *adj.* 불쾌한, 싫은; 바람직하지 않은, 탐탁하지 않은. ¶ *undesirable qualities* 탐탁하지 않은 성질. ── *n.* 탐탁하지 않은 사람(것), 불쾌한 사람(것).
~ness *n.* **-bly** *adv.* ◇ undesirabílity *n.*
un·de·sired [Àndizáiərd] *adj.* 탐탁하지 않는, 성가신, 달갑지 않은(unwelcome); 바라지 않은; 초대 받지 않은.
un·de·sir·ous [Àndizáirəs / -záiər-] *adj.* 《서술 형용사》 바라지 않는, 원하지 않는, 좋아하지 않는(*of, to do, that*...).
un·de·stroy·a·ble [Àndistróiəbl] *adj.* 파괴할 수 없는, 불멸의, …할 수 없는.
un·de·tach·a·ble [Àndité́tʃəbl] *adj.* 불가분의, 분리할 수 없는.
un·de·tect·ed [Àndité́ktid] *adj.* 발견(탐지, 검출)되지 않은.
un·de·ter·mined [Ànditə́ːrmind] *adj.* **1** 정하지 않은, 미정의, 결정되지 않은(unsettled); 명확하지 않은. **2** 결심이 서지 않은, 우유부단한(irresolute); 막연한(vague).
un·de·terred [Ànditə́ːrd] *adj.* 말리지 못한, 단념시키지 못한, 저지되지 않은.
un·de·vel·oped [Àndivéləpt] *adj.* **1** 미발달된, 충분히 개발되지 않은. **2** 미개발의. **3** [사진 필름이] 현상되지 않은.
un·de·vi·at·ing [Àndíːvièitiŋ] *adj.* 빗나가지 않은, 제 길에서 벗어나지 않는(unswerving). **~ly** *adv.*
un·de·voured [Àndiváuərd] *adj.* 멸망하지 않은(undestroyed); 이성(주의력)을 잃지 않은.
un·de·vout [Àndiváut] *adj.* 신앙심이 깊지 않은, 믿음이 없는; 정성을 들이지 않는. **~ly** *adv.*
un·did [Àndíd] *v.* undo 의 과거형.
un·dies [Àndiz] *n. pl.* (구어) [특히] 여성(아동)용 내의류.
un·dif·fer·en·ti·at·ed [Àndìfərénʃièitid] *adj.* 차별화 지 않은; 분화(分化)되지 않은; 특성이 없는, 획일적인.
un·di·gest·ed [Àndidʒéstid, -dai-] *adj.* 소화되지 않은; 이해되지 않은; 동화(同化)되지 않은, 미분화의.
un·dig·ni·fied [Àndígnifàid] *adj.* 품위없는, 위엄이 없는; 고귀하지 않은.
un·di·lut·ed [Àndilúːtid, -dai- / -l(j)úːt-] *adj.* 물타지 않은, 묽게(희석)하지 않은, 순수한(pure); 색이 바래지 않은.
un·di·min·ished [Àndimíniʃt] *adj.* 감소되지 않은, 쇠약하지 않은, 저하되지 않은.
un·dine [Àndíːn, -̀-, +美 -dáin] *n.* 물의 요정, 물의 여신. *cf.* gnome[1], nymph, salamander, sylph
un·di·plo·mat·ic [Àndìpləmǽtik] *adj.* 외교적 수완이 없는; 협상이 서투른(tactless).
un·di·rect·ed [Àndiréktid] *adj.* **1** 지휘(지시)를 받지 않은, 지도자가 없는. **2** [편지 따위가] 주소 성명이 없는.
un·dis·cerned [Àndisə́ːrnd, +美 -zə́ːrnd] *adj.* 인식되지 않은, 분간되지 않은; 식별할 수 없는.
un·dis·cern·ing [Àndisə́ːrniŋ, +美 -zə́ːrn-] *adj.* 물정을 분간 못하는, 분별없는; 둔한(dull).
un·dis·charged [Àndistʃáːrdʒd] *adj.* **1** 지불되지 않은; 이행되지 않은, 달성되지 않은. **2** 발사되지 않은. **3** 해제(해고)되지 않은. **4** [뱃짐이] 양륙되지 않은.
un·dis·ci·plined [Àndísiplind] *adj.* 훈련되지 않은(untrained), 교육(수련, 단련, 연습)이 부족한, 미숙한.
un·dis·closed [Àndisklóuzd] *adj.* 드러내지 않은, 폭로되지 않은, 비밀에 붙인(hidden).
un·dis·cov·ered [Àndiskʌ́vərd] *adj.* 발견되지 않은, 미지의(unknown).
un·dis·crim·i·nat·ing [Àndiskrímineìtiŋ] *adj.* **1** 분별이 없는, 식별할 줄 모르는; 비판력이 없는(uncritical). **2** 무차별의.
un·dis·guised [Àndisgáizd] *adj.* 변장(가장)하지 않은; 숨김없는, 있는 그대로의, 공공연한(open).
~ly *adv.*
un·dis·mayed [Àndisméid] *adj.* 놀라지 않은, 당황하지 않은, 태연한; 낙담하지 않은(undiscouraged).
un·dis·pensed [Àndispénst] *adj.* **1** 분배되지 않은, 주어지지 않은. **2** 시행되지 않은. **3** 면제되지 않은.
un·dis·posed [Àndispóuzd] *adj.* **1** 마음내키지 않은 (disinclined), …할 의향이 없는 (unwilling) (*to, to do*...). **2** 정리되지 않은, 처리되지 않은(*of*...).
un·dis·put·ed [Àndispjúːtid] *adj.* 의심할 바 없는, 이의가 없는, 확실한, 명백한, 당연한(unquestioned).
un·dis·tin·guish·a·ble [Àndistíŋgwiʃəbl] *adj.* 구별할 수 없는, 식별할 수 없는; 혼동하기 쉬운, 분간할 수 없는.
un·dis·tin·guished [Àndistíŋgwiʃt] *adj.* **1** 눈에 띄지 않는, 구별이 안 되는; 인식이 안 되는. **2** 유명하지 않은, 평범한, 보통인(commonplace).
un·dis·tort·ed [Àndistɔ́ːrtid] *adj.* [화상(畵像) 등이] 원작과 같은; [스테레오음 등이] 원음에 충실한.
un·dis·tract·ed [Àndistrǽktid] *adj.* 엇갈려지지 않은, 현혹되지 않은, 흩트려지지 않은.
un·dis·tressed [Àndistrést] *adj.* **1** 고통받지 않은, 슬픔을 받지 않은. **2** [법률] 압류당하지 않은.
***un·dis·turbed** [Àndistə́ːrbd] *adj.* 어질러지지 않은; 방해받지 않은; 괴로움을 받지 않은; 평온한.
-turb·ed·ly [-bidli] *adv.*
un·di·vert·ed [Àndivə́ːrtid / -dai-] *adj.* **1** 옆으로 빗나가지 않은; 전용(유용)되지 않은. **2** 마음이 풀리지 않은 (not amused).
un·di·vid·ed [Àndiváidid] *adj.* **1** 나누어 지지 않은, 분할되지 않은; 분열되지 않은; 연속된. **2** 전념하는, 한결같은.
***un·do** [Àndúː] *vt.* (**-did, -done, -do·ing**) **1** (일단 한 일을) 원상으로 되돌리다, 취소하다(cancel). ¶ *undo* one's engagement 약혼을 파기 하다 / *What's done cannot be undone.* (속담) 일단 저지른 일은 무를 수 없다; 이미 엎지른 물은 다시 담을 수 없다. **2** (남을) 파멸(재난)로 이끌어가다, 몰락(곤궁)하게 하다; (명예 따위를) 망쳐놓다. ¶ *Our folly has undone us.* 어리석은 행동으로 우리들을 망했다. **3** …을 끄르다, 열다 (open), 벗기다(undress); (끈 따위를) 풀다, 끄르다; [편지·포장 따위를] 열다. ¶ *undo* a button 단추를 끄르다 / *undo* a door 문을 열다 / *undo* a sealed letter 봉인된 편지를 뜯다. **4** …을 유혹하다(seduce). **5** (고어) …을 설명(해석)하다(explain), 풀다. ¶ *undo* a riddle 수수께끼를 풀다.   [있는.
un·do·a·ble [Àndúːəbl] *adj.* 실행할 수 없는; 취소할 수
un·dock [Àndɑ́k / -dɔ́k] *vt.* **1** (배를) 도크에서 끌어내다. **2** (우주) …의 도킹을 풀다. ── *vi.* (배가) 도크에서 떠나다.
un·doc·u·ment·ed [Àndɑ́kjuméntid / -dɔ́k-] *adj.* 정식 서류를 갖추지 않은; 실증이 없는, 사실의 뒷받침이 없는; [책이] 참조(전거)가 없는. ¶ *undocumented person* (美) 밀입국자.
un·do·er [Àndúːər] *n.* **1** 취소하는 사람. **2** 파멸로 이끄는 사람, 유혹하는 사람(seducer). **3** 여는 사람,

un·do·ing [ʌndúːiŋ] *n.* **U 1** 원상으로 복구 시키기, 취소. **2** 풀기, 열기, 끄르기. **3** 파멸, 몰락(ruin).
un·do·mes·tic [ʌ̀ndəméstik] *adj.* **1** 가정적이 아닌. **2** 국산이 아닌. **3** 길들이지 않은.
un·do·mes·ti·cat·ed [ʌ̀ndəméstikèitid] *adj.* **1** (동물이) 길들여지지 않은, 사람을 따르지 않는. **2** 가정 생활에 적합하지 않은.
***un·done**[1] [ʌndʌ́n] *adj.* 하지 않은, 마무리짓지 않은; 달성되지 않은, 미완성의, 완결되지 않은.] ¶ He left his work *undone*. 그는 일을 미완성인 채로 두었다.
un·done[2] [ʌndʌ́n] *v.* undo 의 과거 분사.
— *adj.* **1** 취소한; 정리된; 풀린(unfastened); 열린. **2** 파멸한, 몰락한(ruined).
***un·doubt·ed** [ʌndáutid] *adj.* **1** 의심할 바 없는. **2** (사회적 신분이) 확실한; 진짜인, 진정한(genuine).
‡**un·doubt·ed·ly** [ʌndáutidli] *adv.* 의심할 여지없이, 확실히, 틀림없이 (certainly).
un·doubt·ing [ʌndáutiŋ] *adj.* 의심하지 않는, 의문을 갖지 않는, 확신하는(confident). **~·ly** *adv.*
UNDP (略) *United Nations Development Program* (유엔 개발 계획).
un·drained [ʌndréind] *adj.* 배수되지 않은, 물기가 남은.
un·drape [ʌndréip] *vt.* (-draped, -drap·ing) …을 벗기다, …의 덮개를 벗기다(uncover).
un·draw [ʌndrɔ́ː] *v.* (-drew, -drawn, -draw·ing)
— *vt.* (커튼 따위)를 끌어서 열다, 끌어서 되돌려 놓다. — *vi.* 열리다, 끌리다.
un·dreamed-of [ʌndrí:md-/-ə̀v], **un·dreamt-of** [-drémt-] 꿈에도 못 본, 꿈에도 생각지 못한.
***un·dress** *v.* [ʌndrés] — *n., adj.* (-dressed *or* -drest, -dress·ing) *vt.* **1** (남)의 옷을 벗기다. ¶ *undress* oneself 옷을 벗다. **2** …의 덮개(싸우개)를 벗기다, …을 벗기다. **3** (상처)의 붕대를 풀다. **4** …의 비밀을 들춰내다, …을 폭로하다(expose). — *vi.* 옷을 벗다.
— *n.* [ʌndrès/-́-] **U 1** 평복, 통상복, 약복(略服), 평소 입는 옷; 통상 군복(undress uniform). **2** 벌거숭이(nudity). — *adj.* [ʌndrés, ́--/ ́-́-] 평복의, 평소 입는 옷의; 느슨(편안)한. ¶ an *undress* dinner party 약식 만찬회.
un·dressed [ʌndrést] *adj.* **1** 옷입지 않은, 벌거벗은; 잠옷바람의, 붕대를 감지 않은. **2** 손질하지 않은, 빗질하지 않은, (가죽 따위가) 무두질하지 않은.
un·drilled [ʌndríld] *adj.* **1** 구멍을 뚫지 않은. **2** 훈련을 받지 않은.
un·drink·a·ble [ʌndríŋkəbl] *adj.* 마시지 못할, 음료로 적당치 않은.
UNDRO (略) *United Nations Disaster Relief Organization* (유엔 재해 구제 기관).
und so wei·ter [G unt zou váitər] (독일) 등등 (and so forth, et cetera) [略 USW., U.S.W.].
***un·due** [ʌ̀nd(j)úː/-djúː] *adj.* **1** 불필요한, 필요 이상의; 지나친, 과도한(excessive), 심한. ¶ *undue* attachment to form 필요 이상으로 형식에 구애됨. **2** 적당치 않은, 어울리지 않는(improper). ¶ at an *undue* hour 적당치 않은 시간에. **3** (어음 따위가) 기한이 되지 않은. **4** (고어) 부당한, 온당치 못한, 불법의, 비합법적인. ¶ *undue* influence (법률) 부당한 압박(위압).
un·du·lant [ʌ́nd(j)ulənt / -dju-] *adj.* 파도 같은, 파도처럼 움직이는, 파상(波狀)의.
úndulant féver *n.* **U** (의학) 파상열, 몰타 열병.
un·du·late *v.* [ʌ́nd(j)ulèit / -dju-// → *adj.*] (-lat·ed, -lat·ing) *vi.* **1** (수면 따위가) 물결치다, 파도처럼 움직이다, 파동치다. **2** (지표 따위가) 기복되다, 굽이쳐 통하다, 파상으로 되다. — *vt.* **1** …에 파동을 일으키다, …을 물결치게 하다, 기복있게 하다. **2** …을 물결 모양으로 하다, 파상으로 하다. — [-lit] 파상의, 물결 모양의(wavy); 물결 모양의 표면의(끝, 가장자리 따위)을 가진(으로 된).
un·du·lat·ed [ʌ́nd(j)ulèitid / -dju-] *adj.* =undulate.
un·du·la·tion [ʌ̀nd(j)uléi(ʃ)ən / -dju-] *n.* **U C 1** 파동, (물결)침(wave); 파도 모양, 파도 모양의 높이 낮음, 기복. **2** (물리) (빛·소리 따위의) 파동, 진동(vibration). **3** (의학) 동계(動悸) (심한 심장의 고동).
un·du·la·to·ry [ʌ́nd(j)ulətɔ̀ːri / -djulətəri] *adj.* 파상의, 파동하는, 굽이치는, 파동성의(undulating).
un·du·la·tus [ʌ̀nd(j)uːléitəs] *adj.* (기상) (구름) 물결 모양을 한.
***un·du·ly** [ʌ̀nd(j)úːli / -djúː-] *adv.* **1** 과도하게, 지나치게, 심하게(excessively). **2** 불법으로, 부당하게, 부정하게.
un·du·ti·ful [ʌ̀nd(j)úːtifəl / -djúː-] *adj.* 의무를 다하지 않는, 충실치 못한, 부실한, 불효한.
~·ly [-fəli] *adv.* **~·ness** *n.*
un·dy·ing [ʌndáiiŋ] *adj.* **1** 죽지 않는, 불멸의, 불후(不朽)의, 영원한(immortal). **2** 끝이 없는, 그치지 않는(unending).
un·earned [ʌnə́ːrnd] *adj.* 일하지 (애쓰지) 않고 얻은, 부당한. ¶ *unearned* income 불로 소득.
úneanred íncrement *n.* **U** (토지 따위의) 자연 증가(增價).
un·earth [ʌnə́ːrθ] *vt.* **1** …을 파내다, 발굴하다(dig up). **2** …을 밝히다, 세상에 알리다; …을 발견하다 (discover), 폭로하다. **3** (짐승)을 굴에서 쫓아(몰아)내다.
un·earth·ly [ʌnə́ːrθli] *adj.* **1** 이 세상 것이 아닌, 숭고한. ¶ *unearthly* beauty 이 세상것으로 생각되지 않는 아름다움. **2** 초자연적인; 영적인(spiritual); 섬뜩한, 무서운, 소름이 끼치는; 신비로운, 불가사의한. 〖WEIRD 類語〗 ¶ an *unearthly* scream 섬뜩한 고함 소리. **3** (구어) 특별한, 이상한, 터무니없는; 어이없는. ¶ I got up at an *unearthly* hour. 터무니없는 시간에 일어났다.
un·ease [ʌníːz] *n.* **U** (문어) =uneasiness.
***un·eas·i·ly** [ʌníːzili] *adv.* 불안하게 (하여), 근심(걱정)이 돼서, 침착하지 않게, 거북하게, 마음이 들떠서 (restlessly).
***un·eas·i·ness** [ʌníːzinis] *n.* **U** 불안, 근심 (걱정) (anxiety), 거북함, 불쾌.
‡**un·eas·y** [ʌníːzi] *adj.* (-eas·i·er, -eas·i·est) **1** 불안한, 걱정되는; 불쾌한, 기분이 나쁜; 마음이 들뜬, 편안치 않은; 동요된, 혼란된(disturbed). ¶ *uneasy* conscience 양심의 가책 / I feel *uneasy* about it. 그것이 마음에 걸린다. **2** 부자연스런, 무리한, 어색한(constrained). ¶ *uneasy* manners 어색한 몸가짐(태도). **3** 몸이 편치(안락하지) 않은, 거북한, 마음이 편안치 않은(uncomfortable). ¶ an *uneasy* sofa 안락하지 않은 소파 / I feel *uneasy* in tight clothes. 옷이 꽉 끼어 거북하다. **4** (드물게) 곤란한, 힘든(difficult). ¶ an *uneasy* task 곤란한(힘든) 일.
un·eat·a·ble [ʌníːtəbl] *adj.* 먹을 수 없는, 식용에 부적당한(inedible).
un·eat·en [ʌníːtn] *adj.* 먹지 않은, 먹을 수 없는.
un·e·co·nom·ic [ʌ̀niːkənɑ́mik, -ekə-/-nɔ́m-], **-i·cal** [-ik(ə)l] *adj.* 경제 법칙(원칙)에 맞지 않는; 경제학과는 관계가 없는; 비경제적인, 절약적이 아닌.
-i·cal·ly [-ikəli] *adv.*
UNEDA (略) *United Nations Economic Development Administration* (유엔 경제 개발국).
un·ed·dy·ing [ʌnédiiŋ] *adj.* 소용돌이치지 않는.
un·ed·i·fied [ʌnédifàid] *adj.* 교화되지 않은.
un·ed·i·fy·ing [ʌnédifàiiŋ] *adj.* 유익하지 않은, 교훈이 되지 않는, 계발적이 아닌.
un·ed·it·ed [ʌnéditid] *adj.* **1** (출판물·영화·녹음 따위가) 편집되지 않은, (영화 따위가) 검열 받지 않은. **2** (서적 따위가) 미간행의.
un·ed·u·cat·ed [ʌnédʒukèitid/-dju-] *adj.* 교육을 받지

않은, 무식한, 무지한, 교양이 없는. ⇨ IGNORANT 類語
UNEF (略) *U*nited *N*ations *E*mergency *F*orces(유엔 경찰(긴급) 군).
un·e·lec·tri·fied [ʌniléktrifàid] *adj.* 1 전력을 공급받지 않은; 전화(電化)에 적합하지 않은. ¶ an *unelectrified* area 비전화(非電化)지역. 2 전화되지 않은.
un·em·bar·rassed [ʌnimbǽrəst] *adj.* 1 [돈이 나 정신적인 고민 따위에] 시달리지 않는, 걱정이 없는. 2 [태도 따위가] 느긋한, 태연한, 편안한, 자연스런. 3 [부동산 따위가] 저당잡히지 않은.
un·e·mo·tion·al [ʌnimóuʃən(ə)l] *adj.* 감정적이 아닌, 냉정한(cold), 비정한(hard-boiled). **-ly** [-əli] *adv.*
un·em·phat·ic [ʌnimfǽtik] *adj.* 1 어세(語勢)가 약한, 힘주지 않은. 2 눈에 띄지 않는(inconspicuous).
un·em·ploy·a·ble [ʌnimplɔ́iəbl] *adj.* 1 [조건에 맞지 않아] 고용할 수 없는. 2 쓸 수 없는, 쓸모가 없는.
*****un·em·ployed** [ʌnimplɔ́id] *adj.* 1 실업중인, 직업이 없는. 2 쓰지 않는, 사용하지 않는; 일손이 빈, 한가한; 놀리고 있는. ¶ *unemployed* capital 유휴 자본. 3 (the ~) 《명사적 용법》 실업자들.
‡**un·em·ploy·ment** [ʌnimplɔ́imənt] *n.* Ⓤ 실업, 실업상태, ¶ an *unemployment* problem 실업 문제/seasonal *unemployment* 계절적 실업/*unemployment* insurance 실업보험.
ùnemplóyment bènefit *n.* 실업 수당.
ùnemplóyment còmpensátion *n.* Ⓤ《美》실업보상.
un·en·closed [ʌninklóuzd] *adj.* 에워(둘러) 싸지 않은; 동봉(同封)되지 않은; 수도원에 들어가 있지 않은.
un·en·cum·bered [ʌninkʌ́mbərd] *adj.* 1 방해가 없는; 얽매임이 없는. 2 [부동산 따위가] 저당에 잡히지 않은.
un·end·ing [ʌnéndiŋ] *adj.* 1 무한한, 영원한. 2 끊임없는, 끝없는; 연속적인(continuous). **-ly** *adv.*
un·en·dorsed [ʌnindɔ́ːrst] *adj.* [어음 따위가] 이서(裏書)되지 않은, 보증써 있지 않은.
un·en·dowed [ʌnindáud] *adj.* 1 기부 기금이 없는, 기본 재산이 없는. 2 타고난 재주가 없는, 특권이 없는.
un·en·dur·a·ble [ʌnindj(j)ú(:)rəbl / -djúər-] *adj.* 지탱할 수 없는, 참을 수 없는(unbearable).
un·en·forced [ʌninfɔ́ːrst / -fɔ́ːst] *adj.* 실시(시행)되지 않는, 강행되지 않은, 강제로 할 수 없는, 강요할 수 없는(uncompelled).
un·en·gaged [ʌningéidʒd] *adj.* 1 바쁘지 않은, 한가한(free). 2 선약이 없는, 약혼하지 않은.
un-Eng·lish [ʌníŋgliʃ] *adj.* 영국인답지 않은, 영국식이 아닌; 영어답지 않은.
un·en·light·ened [ʌninláitnd] *adj.* 1 계몽되지 않은, 교화(敎化)되지 않은(uninstructed), 미개한.
un·en·slaved [ʌninsléivd] *adj.* 노예로 되지 않은; 해방된(emancipated); 매혹되지 않은.
un·en·tan·gled [ʌnintǽŋgld] *adj.* 1 헝클어지지 않은, 연루되지 않은, 끌려들어가지 않은(uninvolved), 곤란하게 되지 않은.
un·en·tered [ʌnéntərd] *adj.* 1 가입(가맹, 입회, 참가)하지 않은. 2 기입(기재, 등기, 신고)되어 있지 않은.
un·en·ti·tled [ʌníntàitld] *adj.* 이름(칭호, 제명(題名))이 주어지지 않은, 권리(자격)가 부여되지 않은.
un·en·vi·a·ble [ʌnénviəbl] *adj.* 부럽지 않은, 부러워하지 않는, 바라지 않는.
un·en·vied [ʌnénvid] *adj.* 부러워(시기)하는 이 없는.
UNEP (略) *U*nited *N*ations *E*nvironment *P*rogram (유엔 환경 계획 기관).
*****un·e·qual** [ʌníːkw(ə)l] *adj.* 1 [질·가치·계급·능력·이익 따위가] 같지 않은, 고르지 않은. 2 [양·힘·능력 따위가] 어울리지 않는, 부적당한, 충분치 않은(inadequate) (to...). ¶ He is *unequal* to the task. 그

는 그 일을 감당해내지 못한다. 3 균형이 잡히지 않은, 고르지 않은, 대조가 안 되는. 4 불규칙한, 높낮이가 있는, 한결같지 않은(irregular). 5 《페어》불공평한, 공정치 못한. — *n.* 동등하지 않은(고르지 못한, 부적당한) 사람(것). **-ly** [-kwəli] *adv.* **~ness** *n.*
un·e·qualed, 《英》-**qualled** [ʌníːkw(ə)ld] *adj.* 비할 바 없는, 무적의, 무쌍의(matchless).
un·e·quiv·o·cal [ʌnikwívək(ə)l] *adj.* 모호하지 않은, 뚜렷한, 명백한(clear). **-ly** [-kəli] *adv.* **~ness** *n.*
un·err·ing [ʌnə́ːriŋ] *adj.* 1 틀림없는, 헷갈리지 않는. 2 기준을 벗어나지 않는, 정확한, 확실한(sure). **-ly** *adv.* **~ness** *n.*
UNESCO [juːnéskou] *n.* 유네스코, 유엔 교육 과학 문화 기구. (<*U*nited *N*ations *E*ducational, *S*cientific, and *C*ultural *O*rganization)
un·es·sen·tial [ʌnisénʃ(ə)l] *adj.* 본질적이 아닌, 실질적이 아닌, 중요하지 않은. — *n.* 본질적이 아닌 것.
un·es·tab·lished [ʌnistǽbliʃt] *adj.* 설립되지 않은.
*****un·e·ven** [ʌníːv(ə)n] *adj.* 1 평평하지 않은, 울퉁불퉁한; 까칠까칠한, 거친; 고저(高低)가 있는. 2 불규칙한, 고르지 않은; 변하기 쉬운. 3 공정하지 않은(unfair). 4 균형이 잡히지 않은, 한결같지 않은; 질이 같지 않은, 고르지 못한. 5 《수가》기수(奇數)의(odd). **-ly** *adv.* **~ness** *n.*
un·é·ven bàrs *n. pl.* (the~) 《복수 취급》 《체조》 2단 평행봉《여자체조 경기용 평행봉; 높이 2.3m 와 1.5m》.
un·e·vent·ful [ʌnivéntfəl] *adj.* 파란이 없는, 무사평온한. **-ly** [-fəli] *adv.* 「지 않은.
un·ex·act·ing [ʌnigzǽktiŋ] *adj.* 엄하지 않은, 힘들
un·ex·am·ined [ʌnigzǽmind] *adj.* 시험하지 않은, 검토되지 않은, 진찰받지 않은.
un·ex·am·pled [ʌnigzǽmpld / -záːm-] *adj.* 예가 없는, 전례가 없는, 비할 데가 없는, 무쌍의(unique), 예외적인. ¶ a case *unexampled* in history 역사상 비할 데가 없는 사건.
un·ex·cep·tion·a·ble [ʌniksépʃ(ə)nəbl] *adj.* 반대할 도리가 없는, 이의를 주장할 수 없는, 더할 나위 없는. **-bly** *adv.*
un·ex·cep·tion·al [ʌniksépʃən(ə)l] *adj.* 1 예외가 아닌, 유별나지 않은, 보통의, 통상의 2 《誤用》= unexceptionable.
un·ex·cused [ʌnikskjúːzd] *adj.* 면제되지 않은, 변명이 안 되는.
un·ex·e·cut·ed [ʌnéksikjùːtid] *adj.* 실행되지 않은; 제작(완성)되지 않은; [법률·문서가] 집행 수속을 완료하지 않은.
un·ex·er·cised [ʌnéksərsàizd] *adj.* 완수되지 않은, 실행되지 않은(unpracticed), 《고어》훈련이 덜 된.
un·ex·haust·ed [ʌnigzɔ́ːstid] *adj.* 1 아직 없어지지 않은, 아직 다 쓰지 않은. 2 지쳐빠지지 않은.
‡**un·ex·pect·ed** [ʌnikspéktid] *adj.* 예기치 않은, 갑작스런, 불시의. ⇨ SUDDEN 類語 **~ness** *n.*
*****un·ex·pect·ed·ly** [ʌnikspéktidli] *adv.* 뜻밖에, 불시에, 갑자기.
un·ex·pend·a·ble [ʌnikspéndəbl] *adj.* 1 중요한, 긴요한(essential), 필수 불가결의. 2 고갈되지 않은, 무진장의(inexhaustible). 3 사용할 수 없는, 소비(支出) 못하는.
un·ex·pe·ri·enced [ʌnikspí(ː)riənst / -píər-] *adj.* 경험이 없는(inexperienced); 미숙런의. 「없는.
un·ex·plain·a·ble [ʌnikspléinəbl] *adj.* 설명할 수
un·ex·plained [ʌnikspléind] *adj.* 설명되지 않은, 변명될 수 없는.
un·ex·plod·ed [ʌnikspóudid] *adj.* 폭발되지 않은, 불발의; 타파되지 않는.
un·ex·ploit·ed [ʌnikspɔ́itid] *adj.* 1 개발되지 않은, 미개척의(undeveloped).
un·ex·plored [ʌnikspóːrd / -plɔ́ːd] *adj.* 미탐험의,

답사되지 않은.
un·ex·pressed [ʌniksprést] *adj.* 표현되지 않은, 표명되지 않은; 암묵(暗默)의(tacit).
un·ex·pur·gat·ed [ʌnékspərgèitid, +美 ʌnekspớːr-] *adj.* [책 따위의 검열에서 부적당한 부분이] 삭제되지 않은, [출판 따위가] 삭제하지 않은(uncensored).
un·ex·tin·guished [ʌnikstíŋgwiʃt] *adj.* [빛 따위가] 꺼지지 않는, 끊이지 않는, 압도되지 않는;[부채 따위가] 상환되지 않은.
UNF(略) United Nations Forces(유엔군).
un·fad·a·ble [ʌnféidəbl] *adj.* **1** 색깔이 바래지 않는 (fast), 쇠퇴하지 않는. **2** 잊을 수 없는(memorable).
un·fad·ed [ʌnféidid] *adj.* 색이 바래지 않은, 시들지 않은, 신선한.
un·fad·ing [ʌnféidiŋ] *adj.* 색이 바래지 않는, 시들지 않는, 쇠퇴하지 않는, 꺼지지 않는; [명예 따위가] 불멸의. ~·ly *adv.*
un·fail·ing [ʌnféiliŋ] *adj.* **1** 없어지지 않는, 끝없는, 변하지 않는, 불후(不朽)의. **2** 기대에 어긋나지 않는, 틀림없는, 확실한. ~·ly *adv.*
***un·fair** [ʌnféər] *adj.* **1** 불공평한, 부당한, 편파적인. ¶ It's *unfair* of them not to give him the prize. = They are *unfair* not to give him the prize. 그에게 상을 주지 않는 것은 불공평하다. **2** 정직하지 못한 (dishonest), 교활한. ¶ an *unfair* method 부정한 방법. **3** [바람이] 반대의, 역의. ~·ly *adv.* ~·ness *n.*
un·faith [ʌnféiθ] *n.* ⓊⒹ(드물게·詩) 무신앙, 불신.
un·faith·ful [ʌnféiθfəl] *adj.* **1** 성실치 못한, 믿을 수 없는, 충성되지 못한. ¶ He is *unfaithful* to his duty. 그는 직무에 충실하지는 않다. **2** 정확하지 않은, 고결하지 못한. **3** 확실치 않은(inaccurate). **4** 부정(不貞)한, 지조 없는. ~·ly [-fəli] *adv.* ~·ness *n.*
un·fal·ter·ing [ʌnfɔ́ːltəriŋ] *adj.* **1** [걸음걸이 따위가] 비틀(휘청)거리지 않는, 확고한(firm). **2** [말을] 머뭇거리지 않는, 더듬거리지 않는. **3** 망설이지 않는, 단호한. ~·ly *adv.*
***un·fa·mil·iar** [ʌnfəmíljər] *adj.* **1** 친하지 않은, 친교가 없는, 익숙하지 않은, 경험이 없는, 정통하지 않은. ¶ I am *unfamiliar* with the subject. =The subject is *unfamiliar* to me. 나는 그 문제에 정통하지 않다. **2** 잘 모르는; 생소한, 미지의(unknown); 낯선, 신기한. ~·ly *adv.*
un·fa·mil·i·ar·i·ty [ʌnfəmìliǽriti] *n.* Ⓤ 친밀하지 않음, 익숙치 못함, 생소함, 신기(진기)함(novelty).
un·fash·ion·a·ble [ʌnfǽʃ(ə)nəbl] *adj.* 유행하지 않는, 유행 간, 케케묵은. -bly *adv.*
un·fas·ten [ʌnfǽsn/-fɑ́ːsn] *vt.* …을 풀다, 끄르다, 늦추다, 벗기다(undo). — *vi.* 풀리다, 느슨해지다, 벗겨지다.
un·fa·thered [ʌnfɑ́ːðərd] *adj.* **1** 아버지가 없는, 아버지의 인정을 못 받는, 사생아의, **2** 저자(作者), 책임자)를 모르는. ¶ *unfathered* tales 작자를 모르는 작품.
un·fa·ther·ly [ʌnfɑ́ːðərli] *adj.* 아버지답지 않은.
un·fath·om·a·ble [ʌnfǽðəməbl] *adj.* 측량할 수 없는 (immeasurable); 헤아릴 수 없는, 이해할 수 없는. -bly *adv.*
un·fath·omed [ʌnfǽðəmd] *adj.* 측량할 수 없는, 깊이 …를 모르는.
***un·fa·vor·a·ble**, (英) **-vour-** [ʌnféiv(ə)rəbl] *adj.* **1** 형편이 나쁜, 불리한, 순조롭지 않은, 맞지(적합하지) 않은; 운수가 나쁜;거부로운. ¶ an *unfavorable* wind 역풍/the *unfavorable* balance of trade 무역 역조 // The weather was *unfavorable* for shooting. 날씨가 사냥하는 데는 좋지 않았다. **2** 호의가 없는, 불친절한. ¶ an *unfavorable* reply 불친절한 답장. -bly *adv.*
un·fa·vored, (英) **-voured** [ʌnféivərd] *adj.* 운수가 나쁜, 거부로운, 은혜를 받지 못한.
un·fazed [ʌnféizd] *adj.* 동요하지 않는, 방해를 받지 않는. (俗 이사)의).
UNFC (略) United Nations Food Council (유엔 식

UNFDAC (略) United Nations Fund for Drug Abuse Control (유엔 약물 남용 기금).
un·feared [ʌnfíərd] *adj.* 겁내는 일이 없는.
un·fear·ing [ʌnfí(:)riŋ] *adj.* 겁내지 않는, 망설이지 않는, 대담한(dauntless).
un·fea·si·ble [ʌnfíːzəbl] *adj.* 실행할 수 없는, 실시하기 어려운. 않은.
un·fed·er·at·ed [ʌnfédərèitid] *adj.* 동맹(연합)하지 **Unféderàted MáLay Státes** *n. pl.* (the ~) 비(非) 말레이 연방 제주(諸州) [현재는 말레이시아 연방의 일부].
un·feel·ing [ʌnfíːliŋ] *adj.* 감정이 없는; 무정한, 냉혹한(cruel). ~·ly *adv.* ~·ness *n.*
un·feigned [ʌnféind] *adj.* 거짓(꾸밈)없는, 진실한, 있는 그대로의, **-feign·ed·ly** [-féinidli] *adv.*
un·felt [ʌnfélt] *adj.* 느끼지 못한, 감지되지 않은.
un·fem·i·nine [ʌnfémənin] *adj.* 비여성적인, 여자답지 않은(unwomanly).
un·fenced [ʌnfénst] *adj.* 울타리(담)가 없는, 에워싸지 않은, 방비가 없는.
un·fer·ment·ed [ʌnfə(ː)rméntid] *adj.* **1** 발효시키지 않은, **2** [정열 따위가] 끓어 오르지 않은.
un·fer·ti·lized [ʌnfə́ːrtilàizd] *adj.* **1** [토지가] 비옥하지 않은, **2** 수정(受精)이 안 된. ¶ an *unfertilized* egg 무정란.
un·fet·ter [ʌnfétər] *vt.* **1** [남]의 족쇄(足鎖)를 풀다. **2** 을 석방(방면)하다, 자유롭게 하다(liberate). ¶ (~+目+前+名) *unfetter* one's mind *from* prejudice 마음으로부터 편견을 없애다. **3** …을 편안(안락)하게 하다.
un·fet·tered [ʌnfétərd] *adj.* 족쇄가 풀린; 구속(속박)을 받지 않는, 자유로운 한.
un·fil·i·al [ʌnfíliəl, -ljəl] *adj.* 자식답지 않은, 불효한.
un·filled [ʌnfíld] *adj.* 채우지 못한, 비어 있는; 조달이 안 된.
un·filmed [ʌnfílmd] *adj.* **1** 엷은 막(필름)으로 덮이지 않은. **2** 촬영(영화로)되지 않은.
***un·fin·ished** [ʌnfíniʃt] *adj.* **1** 완성(완료, 종료, 완결)되지 않은, 미완성의. ¶ the *Unfinished* Symphony 미완성 교향곡 [슈베르트의 교향곡 제8번]. **2** 마무리 질을 하지 않은, 세련되지 않은(unpolished). **3** [직물 따위가] 다듬질 가공이 되지 않은, [나사(螺絲)의] 나머지 보물을 깎지 않은.
***un·fit** [ʌnfít] *adj.* **1** 걸맞지 않은, 부적당한; …할만한 값어치가 없는, 적임이 아닌, 맞지 않는(unsuitable) (for…). ¶ a house *unfit* for human habitation 사람이 살기에는 부적당한 집/To sit up all night makes one *unfit* for work next day. 철야를 하면 다음날 일에 지장이 있다. **2** [육체적·정신적으로] 부적당한, 완전치 못한, 결함이 있는. — *n.* 부적당한 자(것), 적임이 아닌 사람. — *vt.* (**-fit·ted**, **-fit·ting**) …을 부적당하게 하다, 어울리지 않게 하다; …의 자격을 잃게 하다(박탈하다) (disqualify) (…*for*). ~·ly *adv.* ~·ness *n.*
un·fit·ted [ʌnfítid] *adj.* **1** 부적당한, 적격이 아닌, 어울리지 않은. **2** […이] 설비되지 않은 (장치)되지 않은(with…).
un·fit·ting [ʌnfítiŋ] *adj.* 부적당한(improper), 알맞지 않은. ~·ly *adv.*
un·fix [ʌnfíks] *vt.* **1** …을 떼어내다, 풀다(끄르다), 벗기다, 떼다, 늦추다. ¶ *Unfix* bayonets! (구령) 빼어 칼! **2** …을 불안정하게 하다, 흔들리게 하다(unsettle).
un·fixed [ʌnfíkst] *adj.* **1** 떼어낸, 느슨한(느슨해진). **2** 고정되지 않은, 변하기 쉬운, 흔들거리는. ¶ a man totally *unfixed in* his mind 아주 마음이 변하기 쉬운 사람 **3** 분명(확실)하지 않은.
un·flag·ging [ʌnflǽgiŋ] *adj.* 나른해지지 않는, 느슨해지지 않는; 피로하지 않은(tireless), 쇠퇴해지지 않은; 약해지지 않는, 불요불굴의. ~·ly *adv.* 는.
un·flap·pa·ble [ʌnflǽpəbl] *adj.* (口語) 동요하지 않

un·flat·ter·ing [ʌnflǽt(ə)riŋ] *adj.* 아첨하지 않는, 아부(추종)하지 않는. ~**ly** *adv.*
un·fledged [ʌnflédʒd] *adj.* **1** 아직 깃털이 고르게 나지 않은. **2** 미숙한(immature), 젖내 나는, 어린.
un·flesh·ly [ʌnfléʃli] *adj.* 육감적이 아닌; 정신적인.
un·flick·er·ing [ʌnflík(ə)riŋ] *adj.* **1** [빛 따위가] 깜박거리지 않는, 아물거리지 않는; [나뭇잎 따위가] 살랑거리지 않는, 흔들리지 않는.
un·flinch·ing [ʌnflíntʃiŋ] *adj.* 움츠리지 않는, 굽히지 않는, 겁사리 물러서지 않는; 굴하지 않는, 단호한(steadfast). ~**ly** *adv.*
***un·fold** [ʌnfóuld] *vt.* **1** 〔접은·닫힌 물건〕을 펼치다, 펴다(expand). **2** …을 나타내다, 보이다, 드러내다(reveal); …을 표명하다; …을 설명하다; …을 털어놓고 이야기하다; …을 발표하다. ¶ ~ (＋目＋前＋图) *He unfolded* his plan *to* me. 그는 그의 계획을 내게 털어놓았다. **3** 〔양 따위〕를 우리에서 내놓다. ─── *vi.* **1** 〔봉오리 따위가〕 열리다(open). **2** 〔진상 따위가〕 밝혀지다, 드러나다.
un·forced [ʌnfɔ́ːrst / -fɔ́ːst] *adj.* 강제되어 아닌; 부자연하지 않은; 자발적인(willing); 억지가 아닌.
un·fore·seen [ʌ̀nfoːrsíːn / -fɔː-] *adj.* 미리 알 수 없는, 내다볼 수 없는, 뜻밖의, 의외의, 우연한(unexpected). ─── *n.* (the ~) 예측하기 어려운 것.
un·for·get·ta·ble [ʌ̀nfərɡétəbl] *adj.* 잊을 수 없는(memorable), 언제까지나 기억에 남는. -**bly** *adv.*
un·for·giv·a·ble [ʌ̀nfərɡívəbl] *adj.* 용서할 수 없는(unpardonable). -**bly** *adv.*
un·for·giv·ing [ʌ̀nfərɡíviŋ] *adj.* 관대하지 못한, 용서하지 않는(relentless); 집념이 강한.
un·formed [ʌnfɔ́ːrmd] *adj.* **1** 형태를 이루지 않은, 모양이 없는, 부정형의. **2** 미발달의, 미숙한(immature); 마무리되지 않은. **3** 만들어지지 않은.
un·forth·com·ing [ʌ̀nfɔ́ːrθkʌ̀miŋ / -fɔ́ːθ-] *adj.* 박정한, 불친절한. **2** 남의 말을 안 듣는, 순종치 않는.
un·for·ti·fied [ʌnfɔ́ːrtifàid] *adj.* **1** 무방비의, 방어 공사가 되어 있지 않은. **2** 〔도덕적으로〕 불안정한, 약한(weak).
‡**un·for·tu·nate** [ʌnfɔ́ːrtʃ(ə)nit] *adj.* **1** 불행한, 불운한(*in*...). ¶ He was *unfortunate* to lose his only son.＝He was *unfortunate in* losing his only son. 그는 불행하게도 외아들을 잃었다. **2** 불길한, 운세가 나쁜. **3** 재난을 당한, 비참한; 억울한, **4** 성공을 못한, 실패한(*in*...). ¶ an *unfortunate* woman (*or* female) 〔완곡하게〕 매춘부 // She was *unfortunate in* her marriage. 그녀는 불행한 결혼을 했다. **5** 부적당한, 적절하지 않은; 유감스러운. ¶ It was *unfortunate* that she said such a thing. 그녀가 그런 말을 하다니 유감스럽다. ─── *n.* 불행한 사람, 불운한 사람; 〔특히〕 매춘부.
‡**un·for·tu·nate·ly** [ʌnfɔ́ːrtʃ(ə)nitli] *adv.* 불행(불운)하게도, 운 나쁘게도, 공교롭게도(unluckily).
un·found·ed [ʌnfáundid] *adj.* 바탕(근거, 뿌리)이 없는(groundless), 이유(까닭)가 없는, 사실에 근거를 두지 않은, ¶ an *unfounded* hope 헛된 희망//an *unfounded* rumor 사실 무근한 소문. ~**ly** *adv.* ~**ness** *n.*
UNFPA (略) *U*nited *N*ations *F*und for *P*opulation *A*ctivities (유엔 인구 기금)
un·framed [ʌnfréimd] *adj.* 틀에 박히지 않은, 테두리 없는.
un·freeze [ʌnfríːz] *v.* (**-froze, -fro·zen, -freez·ing**) *vt.* **1** …의 냉동을 녹이다(melt). **2** 〔가격·임금 등의〕 동결을 해제하다. ─── *vi.* 〔얼음 등이〕 녹다(thaw).
un·fre·quent [ʌnfríːkwənt] *adj.* =infrequent.
un·fre·quent·ed [ʌ̀nfríːkwəntid, ʌ̀nfríː(ː)kwént-] *adj.* 사람의 통행이 적은, 인적이 드문, 쓸쓸한.
un·friend·ed [ʌnfréndid] *adj.* 벗(자기 편)이 없는(friendless), 의지할 곳 없는.
***un·friend·ly** [ʌnfréndli] *adj.* (**-li·er, -li·est**) **1** 우정이 없는, 적의(敵意)가 있는, 사이가 나쁜; 불친절한, 박정한. ⇨ HOSTILE 類語 **2** 형편이 나쁜, 불리한(unfavorable). ─── *adv.* 비우호적으로, 불친절하게, 악의를 품고. ─── *n.* 적대적인 사람(것); 〔군사〕 적(敵). **-li·ness** *n.*
un·frock [ʌnfrák / -frɔ́k] *vt.* **1** …의 법의(法衣)를 벗기다, …을 성직에서 해직하다. **2** …의 특권을 박탈하다.
un·fro·zen [ʌnfróuzn] *adj.* 얼지 않은, 굳지 않은.
un·fruit·ful [ʌnfrúːtfəl] *adj.* **1** 열매를 맺지 않는, 열매가 없는, 불모의, 새끼를 낳지 않는, 생산력이 없는. **2** 효과가 없는, 헛된.
un·ful·filled [ʌ̀nfulfíld] *adj.* 이루지 못한, 이행하지 않은, 완수하지 않은, 충족되지 않은; 실현되지 않은, 성취되지 않은.
un·fund·ed [ʌnfʌ́ndid] *adj.* 〔상업〕 일시 차입한, 〔공채가〕 단기인. ¶ an *unfunded* debt 단기 공채, 유동 공채.
un·furl [ʌnfɔ́ːrl] *vt.* …을 펼치다(unfold); 〔깃발 따위〕를 휘날리다, 올리다. ─── *vi.* 퍼지다; 날리다, 오르다.
un·fur·nished [ʌnfɔ́ːrniʃt] *adj.* 가구를 갖추지 않은, 비품이 없는; 공급되지 않은, 설비되지 않은(*with*...).
un·fur·rowed [ʌnfɔ́ːroud / -fʌ́r-] *adj.* **1** 〔밭 따위가〕 경작되지 않은(unplowed), 〔쟁기로〕 갈지 않은. **2** 주름살이 없는.
UNGA (略) *U*nited *N*ations *G*eneral *A*ssembly (유엔 총회).
un·gain·ly [ʌngéinli] *adj.* 보기 흉한, 꼴사나운, 어색한(clumsy). ─── *adv.* 《고어》 보기 흉하게, 꼴사납게. **-li·ness** *n.*
un·gal·lant [ʌngǽlənt →2] *adj.* **1** 용감하지 않은, 씩씩하지 못한; 화려하지 않은. **2** [＋美 -gəlǽnt] 여성에게 친절(정중)하지 않은. ~**ly** *adv.*
un·gen·er·ous [ʌndʒén(ə)rəs] *adj.* 인색한(stingy), 옹졸한, 관대하지 않은; 부족한; 약한; 공명정대하지 못한, 비열한; 도량이 좁은(small-minded). ~**ly** *adv.*
un·gen·tle [ʌndʒéntl] *adj.* **1** 온화하지 않은, 거칠고 야한, 천한, 버릇없는. **2** 귀족 태생이 아닌(lowborn).
un·gen·tle·man·ly [ʌndʒéntlmənli] *adj.* 신사답지 않은(ignoble). **-li·ness** *n.*
un·get·at·a·ble [ʌ̀nɡetǽtəbl] *adj.* 가까이하기 어려운, 도달하기 힘든, 손에 넣기 어려운(inaccessible).
un·gift·ed [ʌngíftid] *adj.* **1** 재주가 없는. **2** 《고어》 선물을 받지 않은, 빈 (맨) 손의(empty-handed).
un·gird [ʌngɔ́ːrd] *vt.* (**-gird·ed** *or* **-girt, -gird·ing**) …의 허리띠를 느슨하게 하다, …의 허리띠를 풀다.
un·girt [ʌngɔ́ːrt] *adj.* 허리띠를 늦춘(푼); 느슨한(loose).
un·glazed [ʌngléizd] *adj.* 유리를 끼지 않은; 〔질그릇이〕 걸칠을 하지 않은, 유약을 바르지 않고 구운; 〔종이〕 윤을 내지 않은.
un·glue [ʌnɡlúː] *vt.* (**-glued, -glu·ing**) **1** 〔접착제를 녹여서〕 〔우표 따위〕를 벗기다(...*from*). **2** 〔애정·욕망 따위〕에서 벗어나게 하다. ¶ *unglue* oneself from the worldly vanities 세속적인 허영을 버리다.
un·god·ly [ʌngádli / -gɔ́d-] *adj.* (**-li·er, -li·est**) **1** 신을 두려워하지(공경하지) 않는, 신앙이 없는(irreligious); 죄많은; 부도덕한, 사악한. **2** 《구어》 지독한, 터무니없는. ─── *adv.* **1** 《고어》 죄가 무겁게, 사악하게. **2** 《구어》 지독하게, 심하게. **-li·ness** *n.*
un·gov·ern·a·ble [ʌ̀ngʌ́vərnəbl] *adj.* 억제(제어)할 수 없는, 다루기 어려운, 버거운, 처치 곤란한(uncontrollable); 난폭한, 사나운. -**bly** *adv.*
un·gov·erned [ʌngʌ́vərnd] *adj.* 억제(제어)하지 않은.
un·grace·ful [ʌnɡréisfəl] *adj.* 우아하지 못한, 품위가 없는, 버릇없는, 보기 흉한, 본데없는.
~**ly** [-fəli] *adv.* ~**ness** *n.*
un·gra·cious [ʌnɡréiʃəs] *adj.* **1** 얌전하지 못한, 불친절한, 무뚝뚝한. **2** 버릇없는, 상스러운, 불쾌한. RUDE 類語 ─── ~**ly** *adv.* ~**ness** *n.*
un·grad·ed [ʌnɡréidid] *adj.* **1** 등급이 붙지 않은. **2**

《美》[звл 따위의] 경사가 완만하지 않은. **3** [교사가] 특정 학년의 담임이 아닌.
un·gráded schòol n. [벽지 따위에 있는] 학년별로 나누지 않고 교육하는 학교.
un·grad·u·at·ed [ʌŋgrǽdʒuèitid / -dju-] adj. **1** 졸업하지 않은. **2** 등급을 붙이지 않은; 누진적이 아닌; 눈금이 없는.
un·gram·mat·i·cal [ʌ̀ŋgrəmǽtik(ə)l] adj. 문법에 어긋나는, 문법적이 아닌, 문법을 무시한; 관용적이 아닌.
***un·grate·ful** [ʌngréitfəl] adj. **1** 은혜를 모르는, 고마와할 줄 모르는, 고맙게 생각하지 않는(thankless ⟨to...⟩). **2** 보답할 줄 모르는, 일(고생)한 보람이 없는; 불쾌한; 지루한, 시시한. ~·ly [-fəli] adv. ~·ness n.
un·green [ʌngríːn] adj. 환경에 무관심한, 환경에 해로운.
un·ground·ed [ʌngráundid] adj. 근거(이유) 없는 (baseless), 사실 무근의.
un·grudg·ing [ʌngrʌ́dʒiŋ] adj. 아끼지 않는, 인색하지 않는, 아낌없는(generous); 자발적인, 진심의. ~·ly adv.
un·gual [ʌ́ŋgwəl] adj. 손·발톱(발굽)의(이 있는), 을 (닮은).
un·guard·ed [ʌngáːrdid] adj. **1** 수비(보호)되지 않은, 무방비의. **2** 부주의한, 경솔한(incautious); 방심하고(마음 놓고) 있는. ¶ in an *unguarded* moment 마음 놓고 있던 순간에. **3** 방호 장비가 없는. ~·ly adv. ~·ness n.
un·guent [ʌ́ŋgwənt] n. ⓤⓒ 연고(ointment).
un·guen·tar·y [ʌ́ŋgwəntèri / -təri] adj. 연고(용)의.
un·guic·u·late [ʌŋgwíkjulit, -lèit] adj. **1** 손·발톱이 있는(을 닮은). **2** ⟨동물⟩ 유조류(有爪類)의; ⟨식물⟩ 화관이 발톱 모양의. — n. 유조류의 동물.
un·guid·ed [ʌngáidid] adj. 안내(인도, 지도)를 받지 않은.
un·gui·form [ʌ́ŋgwifɔ̀ːrm] adj. 발톱 모양의(claw-shaped).
un·guis [ʌ́ŋgwis] n. (pl. **-gues** [-gwiːz]) **1** 발톱(손톱), 발굽(hoof). **2** ⟨식물⟩ ⟨화관의⟩ 발톱 모양의 꽃받침.
un·gu·la [ʌ́ŋgjulə] n. (pl. **-lae** [-liː]) **1** ⟨기하⟩ 제상형(蹄狀形). **2** ⟨식물⟩ = unguis 2.
un·gu·lar [ʌ́ŋgjulər] adj. = ungual.
un·gu·late [ʌ́ŋgjulit, -lèit] adj. **1** 발굽이 있는, 유제(有蹄)의. **2** 유제류의(에 속하는). **3** 발굽 모양의. — n. 유제 동물.
un·hack·neyed [ʌnhǽknid] adj. **1** 남아 빠지지 않은, 평범하지 않은, 참신한; 독창적인(original). **2** [고어] 경험이 없는.
un·hair [ʌnhέər] vt. ...의 털을 뽑다. — vi. 털이 빠지다.
un·hal·low [ʌnhǽlou] vt. ⟨고어⟩ ...을 모독하다, ...의 신성함을 더럽히다.
un·hal·lowed [ʌnhǽloud] adj. **1** 받들어 모시지 않는, 신에게 바치지 않는, 신성하지 않은(unholy), 부정(不淨)한. **2** 신을 공경하지 않는, 불신앙의(impious), 죄 많은.
un·ham·pered [ʌnhǽmpərd] adj. 족쇄를 채우지 않은; 방해 (구속)받지 않은; 자유로운(free).
un·hand [ʌnhǽnd] vt. ...에서 손을 떼다(놓다), ...의 손에서 놓아주다.
un·han·dled [ʌnhǽndld] adj. **1** 취급되지 않은. **2** [동물이] 길들여지지 않은.
un·hand·some [ʌnhǽnsəm] adj. **1** 예쁘지 않은 (homely), 추한. **2** 버릇없는(ungracious), 야비한. **3** 인색한, 돈내기를 아까워하는, 돈을 잘 안쓰는(stingy). ~·ly adv.
un·hand·y [ʌnhǽndi] adj. (**-hand·i·er, -hand·i·est**) **1** 다루기 힘든, 알맞지 못한, 불편한. **2** 솜씨없는, 서투른.
un·hanged [ʌnhǽŋd] adj. **1** 걸려 있지 않은, 매달리지 않은. **2** 교수형을 당하지 않은(면한).

***un·hap·pi·ly** [ʌnhǽpili] adv. **1** 불행하게도, 운 나쁘게도, 공교롭게. **2** 불행하게, 불우하게, 비참하게. **3** 적절하지 못하게, 난처하게.
un·hap·pi·ness [ʌnhǽpinis] n. ⓤ 불행, 불운.
‡**un·hap·py** [ʌnhǽpi] adj. (**-pi·er, -pi·est**) **1** 슬픈, 비참한, 불행한. 그는 He felt *unhappy* to see the accident. 그는 사고를 보고 참혹한 생각이 들었다. **2** 불행한, 불우한, 운수가 나쁜(unlucky). **3** 형편이 나쁜, 바람직하지 않은, 잘 되지(풀리지) 않는. **4** 불길한. **5** 부적당한(disagreeable), 서투른. **6** ⟨페어⟩ 사악한, 인품이 천한.
un·harmed [ʌnháːrmd] adj. 해를 입지 않은, 상처를 받지 않은, 무사한(safe).
un·har·ness [ʌnháːrnis] vt. **1** [말 따위의] 장구(裝具)를 그르다, 마구(馬具)를 풀다. **2** ⟨고어⟩ ...의 갑옷을 벗기다, ...을 무장 해제하다.
un·har·nessed [ʌnháːrnist] adj. **1** 마구를 푼, 마구를 채우지 않은. **2** ⟨고어⟩ 무장을 해제당한.
un·har·rowed [ʌnhǽroud] adj. **1** 써레로 고르게 하지 않은. **2** 감정을 상하게 하지 않은. **3** 약탈되지 않은.
UNHCR (略) *United Nations High Commissioner for Refugees* (유엔 난민 고등 판무관(사무소)).
un·health·ful [ʌnhélθfəl] adj. **1** 건강에 나쁜(좋지 않는), 비위생적인. **2** 건강하지 못한. ~·ly [-fəli] adv.
***un·health·y** [ʌnhélθi] adj. (**-health·i·er, -health·i·est**) **1** 건강하지 못한, 병약한; 건강치 않게(병약하게) 보이는. **2** 건강에 나쁜(해로운), 비위생적인. **3** [정신적으로] 해로운, 불건전한, 도덕상 좋지 않은. **-health·i·ly** adv. **-health·i·ness** n.
un·heard [ʌnhə́ːrd] adj. **1** 들리지 않는. **2** 변명을 들어주지 않는. **3** ⟨고어⟩ 들어보지 못한, 전례가 없는, 알려지지 않은.
un·heard-of [ʌnhə́ːrdʌ̀v / -ɔ̀v] adj. **1** 들어본 일이 없는, 알려지지 않은. **2** 전대 미문(前代未聞)의, 전례가 없는, 미증유(未曾有)의.
un·heed·ed [ʌnhíːdid] adj. 주의하는 이 없는, 돌보지 않는, 주목되지 않은, 무시당한(ignored). ¶ 한.
un·heed·ful [ʌnhíːdfəl] adj. 조심하지 않는, 부주의한.
un·heed·ing [ʌnhíːdiŋ] adj. 경솔한, 부주의한, 조심하지 않는(careless). ~·ly adv.
un·hemmed [ʌnhémd] adj. 가장자리를 두르지 않은, 테두리 없는.
un·her·ald·ed [ʌnhérəldid] adj. **1** 예고(전달)되지 않은, 미리 알려오지 않은. **2** 뜻밖의, 예상 밖의 (unexpected).
un·hes·i·tat·ing [ʌnhézitèitiŋ] adj. 서슴지 않는, 우물쭈물하지 않는, 재빠른, 시원시원한. ~·ly adv.
un·hewn [ʌnhjúːn] adj. **1** 베지(자르지) 않은. **2** [일 따위가] 조잡한, 거친.
un·hin·dered [ʌnhíndərd] adj. 방해받지 않는.
un·hinge [ʌnhíndʒ] vt. (**-hinged, -hing·ing**) **1** ...의 경첩(돌쩌귀)을 떼내다. **2** [억지로] ...을 떼다, 때 (갈라)놓다. **3** ...의 평정을 잃게 하다, 혼란시키다, [정신]을 어지럽게 하다(disorder).
un·his·tor·i·cal [ʌ̀nhistɔ́(:)rik(ə)l, -tár- / -tɔ́r-], (**un·his·tor·ic** [-rik]) adj. 역사적 사실에 맞지 않는, 비역사적인. **-i·cal·ly** [-ikəli] adv.
un·hitch [ʌnhítʃ] vt. ⟨매놓은 말 따위를⟩ 풀다, 놓아주다(unfasten).
un·ho·ly [ʌnhóuli] adj. (**-li·er, -li·est**) **1** 신성하지 않은, 부정(不淨)한. **2** 신앙심이 없는; 죄많은; 사악한 (wicked). **3** ⟨구어⟩ 보기 흉한; 패씸한; 지독한. **-li·ly** adv. **-li·ness** n.
un·hon·ored, ⟨英⟩ **-oured** [ʌnánərd / -ɔ́n-] adj. 존경받지 못하는, 명예(영예)를 얻지 못한. **2** [어음이] 인수되지 않는, 거절된.
un·hook [ʌnhúk] vt. **1** ...을 갈고리에서 벗기다. **2** [의복]의 훅을 끄르다. — vi. 걸쇠(훅)가 벗겨지다.

un·hoped [ʌnhóupt] *adj.* 《고어》 =unhoped-for.
un·hoped-for [ʌnhóuptfɔ̀ːr] *adj.* 바라지도 않은, 예기치 않은, 의외의, 뜻하지 않은(unexpected).
un·horse [ʌnhɔ́ːrs] *vt.* (-horsed, -hors·ing) **1** …을 말잔등에서 내던지다; 낙마(落馬)시키다. **2** …의 말을 빼앗다. **3** [지위 따위에서] …을 내쫓다, 실각시키다.
un·house [ʌnháuz] *vt.* (-housed, -hous·ing) …을 집에서 내쫓다, …에게서 집을 빼앗다, …의 집을 잃게 하다.
un·hulled [ʌnhʌ́ld] *adj.* 껍질을 벗기지 않은.
un·hu·man [ʌnhjúːmən] *adj.* **1** (드물게) 초인간적인 (superhuman). **2** (드물게) 잔인한(inhuman). **3** 종류·성질 따위가 사람의 것이 아닌, 인간 같지 않은.
~·ly *adv.*
un·hur·ried [ʌnhə́ːrid / -hʌ́r-] *adj.* 서두르지 않는, 느긋한, 여유 있는(leisurely); 침착한(deliberate).
un·hurt [ʌnhə́ːrt] *adj.* 상처를 입지 않은, 다치지 않은 (uninjured); 해를 입지 않은, 무사한.
un·hy·phen·at·ed [ʌnháifənèitid] *adj.* **1** 하이픈이 찍히지 않은. **2** [인종 등이] 순수한, 순종의.
UNI (略) *United News of India*(인도 연합 통신).
uni- *pref.* one, single 의 뜻. 예: *uni*form.
U·ni·ate [júːnièit], **-at** [-ət, -it] *n.* 합동 동방 가톨릭 교도[로마 교황의 수위권(首位權)을 인정하면서 그리스 정교회(Greek Orthodox Church)와 같은 독자적인 전례·습관 따위를 지켜 나간다].
u·ni·ax·i·al [jùːniǽksiəl] *adj.* **1** 단축(單軸)의. **2** (結晶) 단축의. **3** (식물) 외줄기의.
u·ni·cam·er·al [jùːnikǽm(ə)rəl] *adj.* (의회가) 단원제의.
UNICE (略) (프랑스) *Union des Industries de la Communauté Européenne* (유럽 공동체 산업 연맹).
UNICEF [júːnisèf] *n.* 유엔 아동 기금, 유니세프. [< *U*nited *N*ations [*I*nternational] *C*hildren's [*E*mergency] *F*und]
u·ni·cel·lu·lar [jùːniséljulər] *adj.* 단세포의.
ùnicéllular ánimal *n.* 단세포 동물, 원생(原生) 동물.
u·ni·col·or, (英) -our [júːnikʌ̀lər] *adj.* 단색의.
u·ni·corn [júːnikɔ̀ːrn] *n.* **1** 일각수(一角獸) [긴뿔이 하나만 있는 말 비슷한 전설상의 동물]. **2** (문장(紋章)의) 일각수 [사자와 서로 마주 서는 영국 왕실의 문장]. **3** (성서) 외뿔 들소 [←신명기(Deut.) 33:17]. **4** (the U-) (천문) 일각수좌-일각수좌 [unicorn 1]
u·ni·cus·pid [jùːnikʌ́spid] *adj.* cusp 를 하나밖에 갖지 않은.
u·ni·cy·cle [júːnisàikl] *n.* (곡예사 등이 쓰는) 외바퀴 자전거, 일륜차.
un·i·de·aed [ʌnaidíːid] *adj.* **1** 사상이 없는. **2** 상상력이 부족한, 아둔한, 우둔한(dull).
un·i·den·ti·fied [ʌnaidéntifàid] *adj.* 동일하다고 인정할 수 없는; 확인할 수 없는; 신원 미상의.
ùnidéntified flýing óbject *n.* 미확인 비행 물체 [비행 접시 따위]. 略 UFO].
u·ni·di·men·sion·al [jùːnidiménʃ(ə)n(ə)l] *adj.* 1차원의.
un·id·i·o·mat·ic [ʌnìdiəmǽtik] *adj.* [어법이] 관용적이 아닌.
u·ni·di·rec·tion·al [jùːnidirékʃən(ə)l] *adj.* 한쪽 방향만의.
UNIDO (略) *United Nations Industrial Development Organization* (유엔 공업 개발 기구).
u·ni·fi·a·ble [júːnifàiəbl] *adj.* 통일(통합)이 가능한.
u·ni·fi·ca·tion [jùːnifikéiʃ(ə)n] *n.* U 단일(통일)(화).
Unification Church *n.* (종교) (the ~) 통일교회 [한국의 문선명목사가 교주]. ∗ 정식 명칭은 *Holy Spirit Association for Unification of World Christianity*.
ú·ni·fied fíeld théory [júːnifàid-] *n.* (물리) 통일장(統一場) 이론.
u·ni·fi·er [júːnifàiər] *n.* 통일하는 사람, 통합자.
u·ni·flor·ous [jùːniflɔ́ːrəs / -flɔ́ːr-] *adj.* (식물) 단화 (單花)의.
u·ni·fo·li·ate [jùːnifóuliit, -èit] *adj.* (식물) 단엽(單葉)의, 단엽을 가진.
‡**u·ni·form** [júːnifɔ̀ːrm] *adj.* **1** 모양(형식)이 같은; 갖추어진. ¶ a row of *uniform* houses 늘어선 같은 모양의 집 / be *uniform with* (모양 따위가) …과 같은. **2** 다 같은, 일률적(획일적)인, 같은 모양의(alike). ¶ *uniform* speed (or velocity) 똑같은 속도. **3** [의견 따위가] 변함없는, 언제나 같은, 일정 불변의 (unvarying). ¶ *uniform* gentleness 변함없는 얌전함. **4** 질이 한결같은, 균등한, 고른. — *n.* **1** ⓒⓊ 제복, 군복, 관복. *cf.* mufti, plain clothes. ¶ in full *uniform* 정장으로 / out of *uniform* (군인 등이) 평복으로. **2** (the ~) 군인. — *vt.* **1** …을 균일(같은 모양, 다 같은 모양)하게(으로) 하다. **2** …에게 제복을 입히다.
~·ness *n.* ◇ uniformity *n.*
úniform delívered prícing *n.* (마케팅) 획일 수송 가격 [수송 거리와는 상관없이 구매자에게 적용되는 동일한 수송 가격].
u·ni·formed [júːnifɔ̀ːrmd] *adj.* 제복을 입은, 제복을 입고 있는.
u·ni·form·i·tar·i·an [jùːnifɔ̀ːrmitɛ́(ː)riən / -tɛ́ər-] *n.* (지질) 균일론자; 균일론을 주장하는. — *adj.* (지질) 균일론자 [과거의 지질 현상과 현재의 지질 현상이 같은 작용으로 이루어졌다고 하는 설(uniformitarianism)을 주장하는 사람]의; 균일론의.
∗**u·ni·form·i·ty** [jùːnifɔ́ːrmiti] *n.* Ⓤⓒ (*pl.* **-ties**) **1** 동일(성), 균일(성), 한 모양(sameness), 일률, 획일. ¶ the Act of *Uniformity* (英 역사) (신앙 형식) 통일령 / *uniformity* of nature 자연의 균일성. **2** 일정 불변(성), 일관(성). ¶ *uniformity in* one's conduct 행동의 일관성. **3** 단조(單調) (monotony).
∗**u·ni·form·ly** [júːnifɔ̀ːrmli, +美 ⁻⁻́⁻⁻] *adv.* 한결같이, 일률로, 균등하게, 변화없이.
u·ni·fy [júːnifài] *vt.* (-fied, -fy·ing) …을 통일(통합)하다, 단 한결같이 하다, 일체화하다(unite).
u·ni·lat·er·al [jùːnilǽt(ə)rəl] *adj.* **1** 일방적인, 한쪽만의; 한쪽에만 제한된. **2** (법률) 편무적(片務的)인, 일방적인. ¶ a *unilateral* contract 편무 계약. **3** (식물) 한쪽에만 생기는, 한쪽으로 치우친. **4** (병리) 몸 한쪽에만 생기는, 일측(성) (一側(性))의. **5** (음성) 혀의 한쪽만으로 조음(調音)되는. **~·ly** [-rəli] *adv.*
u·ni·lit·er·al [jùːnilít(ə)rəl] *adj.* 단일 문자의, 한 글자로 된.
un·il·lu·mi·nat·ed [ʌnilúːminèitid / -l(j)úː-] *adj.* **1** 조명되지 않은(lightless). **2** 계발되지 않은, 무식한.
un·i·lock [júːnilàk / -lɔ̀k] *adj.* (서랍 따위가 한 곳을 잠그면 전체가 잠가지는) 유니록 방식의.
un·im·ag·i·na·ble [ʌnimǽdʒ(i)nəbl] *adj.* 상상할 수 없는, 믿기 어려운, 생각할 수 없는.
un·im·ag·i·na·tive [ʌnimǽdʒinèitiv / -nətiv] *adj.* 상상력이 부족한, 창조력이 모자라는; 시적이 아닌.
un·im·paired [ʌnimpɛ́ərd] *adj.* **1** 손상되지 않은, 약해지지 않은, (가치 따위가) 줄지 않은.
un·im·pas·sioned [ʌnimpǽʃ(ə)nd] *adj.* 흥분하지 않은, 격하지 않은, 냉정한(unemotional).
un·im·peach·a·ble [ʌnimpíːtʃəbl] *adj.* 비난의 여지가 없는, 탓할 수 없는, 나무랄 데 없는.
~·ness *n.* **·bly** *adv.*
un·im·por·tance [ʌnimpɔ́ːrt(ə)ns] *n.* Ⓤ 중요하지

않음, 하찮음, 사소함.

*un·im·por·tant [ʌnimpɔ́ːrt(ə)nt] adj. 중요치 않은, 사소한(trivial), 대수롭지 않은.

un·im·pos·ing [ʌnimpóuziŋ] adj. 눈에 띄지 않는, 당당하지 못한, 인상적이 아닌(unimpressive).

un·im·press·i·ble [ʌnimprésəbl] adj. 감동을 주지 않는, 감수성이 없는.

un·im·pres·sive [ʌnimprésiv] adj. 인상적이 아닌, 감동시킬 수 없는.

un·im·proved [ʌnimprúːvd] adj. 1 [기회 따위가] 이용되지 않은. 2 개량(개선)되지 않은. 3 [토지가] 경작되지 않은. 4 [건강이] 아직도 좋아지지 않은. 5 [정신이 교육 등으로] 계몽되지 않은. 6 [도로가] 사용하는 데 좋지 않은.

un·in·cor·po·rat·ed [ʌninkɔ́ːrpəreitid] adj. 1 합병(혼합)되지 않은. 2 법인 조직이 아닌.

un·in·flam·ma·ble [ʌninflǽməbl] adj. 1 발화되기 힘든, 불연(不燃)성의. 2 [감정이] 쉽게 격하되지 않는.

un·in·flect·ed [ʌninfléktid] adj. 1 굴곡(만곡)이 없는. 2 [목소리 따위] 가락(상태)이 일정한. 3 [문법] 어미(語尾) 변화가 없는.

un·in·flu·enced [ʌnínfluənst] adj. 영향을 받지 않은, 감화되지 않은, 편견이 없는, 공정한.

un·in·formed [ʌninfɔ́ːrmd] adj. 1 연락(통지)을 받지 못한, 모르는. 2 지식이 없는, 무식한(ignorant).

un·in·hab·it·a·ble [ʌninhǽbitəbl] adj. 살기에 적합치 않은, 살 수 없는.

un·in·hab·it·ed [ʌninhǽbitid] adj. 사람이 없는, 사람이 살지 않는.

un·in·hib·it·ed [ʌninhíbitid] adj. 금지되지 않은; 억압되지 않은, [특히 행동 따위가] 구속되지 않은, 자유로운.

un·in·i·ti·at·ed [ʌniníʃièitid] adj. 1 개시되지 않은. 2 가입되지 않은; 초보 교육을 받지 않은, 경험이 없는(inexperienced), 처음으로 배우는.

un·in·jured [ʌníndʒərd] adj. 해를 입지 않은, 손해가 없는, 상해를 받지 않은.

un·in·spired [ʌninspáiərd] adj. 영감을 받지 않은, 상상력이 없는; 감격이 없는, 평범한.

un·in·struct·ed [ʌninstrʌ́ktid] adj. 1 가르침을 받지 못한, 배우지 않은, 무지한. 2 지시(훈련, 명령)를 받지 않은.

un·in·struc·tive [ʌninstrʌ́ktiv] adj. 비교육적인, 도움이 안 되는.

un·in·sur·a·ble [ʌninʃú(ː)rəbl · -ʃúər-] adj. 보험에 들 수 없는.

un·in·sured [ʌninʃúərd] adj. 보험에 들지 않은.

un·in·tel·li·gent [ʌnintélidʒənt] adj. 지력이 모자라는, 지적이지 못 되는, 어리석은(ignorant). ~·ly adv.

un·in·tel·li·gi·bil·i·ty [ʌnintèlidʒəbíliti] n. ⓤ 이해하기 어려움, 난해(難解).

un·in·tel·li·gi·ble [ʌnintélidʒəbl] adj. 이해할 수 없는, 난해한, 뚜렷하지 못한(obscure). ¶ a language *unintelligible* to the vulgar 일반 대중은 이해하기 힘든 말. [이 아닌.

un·in·tend·ed [ʌnintǽndid] adj. 고의가 아닌, 의도적

un·in·ten·tion·al [ʌninténʃən(ə)l] adj. 고의가 아닌, 무심코 한. ~·ly [-nəli] adv.

un·in·ter·est·ed [ʌnínt(ə)ristid] adj. 1 무관심한, 냉담한. 2 ⇨ INDIFFERENT 類語 ¶ *uninterested* in business 장사에 무관심한. 2 …에 관계가 없는.

un·in·ter·est·ing [ʌnínt(ə)ristiŋ] adj. 흥미가 없는, 재미없는, 시시한, 지루한(boring). ~·ly adv.

un·in·ter·rupt·ed [ʌnintərʌ́ptid] adj. 중단되지 않은, 연속되는(continuous). ~·ly adv.

un·in·ven·tive [ʌninvéntiv] adj. 발명의 재주가 없는, 창의성이 모자라는.

un·in·vest·ed [ʌninvéstid] adj. 1 투자가 되지 않은. 2 부여되지 않은. 3 포위되지 않은.

un·in·vit·ed [ʌninváitid] adj. 초대되지 않은; 주제넘게 나서는. ¶ an *uninvited* guest 불청객.

un·in·vit·ing [ʌninváitiŋ] adj. 남의 마음을 끌지 못하는; 마음이 내키지 않는.

un·in·volved [ʌninvʌ́lvd / -vɔ́lvd] adj. 1 복잡하지 않은, 간단한, 단순한(simple). 2 관련되지 않은.

‡un·ion [júːnjən] n. 1 ⓤⓒ 결합, 합동, 합병. ¶ the *union* of two political parties 두 정당의 통합 / in *union* 공동으로 / *Union* is (or gives) strength. 《속담》 단결은 힘이다.

類語 *union* 공동의 목적을 갖고 하나로 뭉치는 일, 그런 조직체; 각 요소 간의 조화·협력을 강조하는 말: the *union* of thirteen states 13개 주의 연합. **unity** 여러 가지 요소로 성립되어 있으나 분할할 수 없는 단일(통일) 체임을 강조하는 말: achieve national *unity* 국민(민족)의 통일을 달성하다. **solidarity** 일체가 되어 발휘하는 힘을 강조하는 말: the *solidarity* of a labor union 노동 조합의 단결력.

2 연합 국가, 연방. ⇨ ALLIANCE 類語 3 (the U-) a) = the United States. b) = the United Kingdom. c) England와 Scotland의 연합(1707년). d) Great Britain과 Ireland의 연합(1801년). 4 연합의 표상(表象) [미국 국기의 흰 별 따위]; [특히] 영국 국기(Union Jack). 5 결혼(marriage); ⓤ 부부 사이; 화합, 일치. 6 노동 조합, 조합; 동맹, 연합. ¶ a craft *union* 직업별 조합. 7 《英》 [구빈법(救貧法)을 시행하기 위한 옛날의] 빈민구제 연합; 구빈원(workhouse). 8 (보통 the U-) 《美》 학생 클럽(student union). 9 [기계] 접합관(接合管). 10 [직물] 교직(물). 11 [의학] 유합(癒合). 12 [수학] 합집합(合集合), 합병 집합. 13 화합물. *fly a flag union down* [조난 신호로서] 기를 거꾸로 하여 올리다.

◇ únionize v.

únion avóidance càmpaign n. 《美》 [기업이] 노동조합에 대해 하는] 노사협조 캠페인.

únion càtalog n. [다른 도서관이나 부문과의] 종합된 [도서]목록.

Únion flág n. (the ~) 영국의 연합 왕국 국기, 영국 국기(Union Jack).

un·ion·ism [júːnjəniz(ə)m] n. ⓤ 1 노동 조합주의. 2 (U-) 《美역사》 [특히 남북 전쟁중의] 연방주의. 3 《英역사》 통일주의[대영 제국을 구성하는 속령을 중앙 정부의 지배하에 통일하려고 했던 정책].

un·ion·ist [júːnjənist] n. 1 노동 조합원, 노동 조합주의자. 2 (U-) 《美역사》 [특히 남북 전쟁중의] 연방주의자. 3 《英역사》 연합주의자; 통일 당원[특히 아일랜드 자치안(案)에 반대한 보수당원]. 4 신교 각 파의 통일 주의자.

un·ion·i·za·tion [jùːnjənizéi(ə)n / -naiz-] n. ⓤ 통일화, 조직화, 조합화.

un·ion·ize [júːnjənàiz] v. (-ized, -iz·ing) vt. 1 …을 노동 조합화하다. 2 …을 노동 조합에 가입시키다, 노동 조합의 규칙에 따르게 하다. — vi. 노동 조합에 들다.

únion jáck n. 1 연합 기장(旗章). 2 (the ~) (종종 U- J-) 영국 국기(Union flag).

Únion of Sóviet Sócialist Repúblics n. (the~) 소비에트 사회주의 공화국 연방 [엣 Soviet Union의 정식 명칭; 略 U.S.S.R., USSR].

únion schòol n. 《美》 합동 학교. cf. consolidated school

únion shòp n. 유니온 숍 [노동자는 취직후 일정 기간(보통 30일) 안에 반드시 노동 조합에 가입하는 것을 조건으로 하는 고용자와 노동 조합과의 노동 협정이 있는 사업소]. cf. open shop, closed shop

únion stàtion n. 합동역[둘 이상의 철도나 수송 회사가 공동으로 사용하는 역].

únion sùit n. 《美》 콤비네이션 [위아래가 한데 붙은 내의].

u·nip·ar·ous [juːnípərəs] *adj.* 1 〔동물〕 한 번에 새끼(알) 하나를 낳는. 2 〔식물〕 단화경(單花梗)의.

u·ni·ped [júːnipèd] *n.* 〔전설적인〕 발(다리)이 하나뿐인 사람(것).

u·ni·pla·nar [juːnipléinər] *adj.* 평면상의(에 있는).

u·ni·po·lar [juːnipóulər] *adj.* 1 〔물리〕 단극(單極)의. ¶ *unipolar* induction 단극 유도. 2 〔해부〕 〔신경세포 따위〕 단극[성]의.

‡**u·nique** [juːníːk] *adj.* 1 유일한. ⇒ ONLY 類語 2 독특한, 비길 데 없는, 유례없는. 3 진기(희귀)한, 좀처럼 없는(rare); 굉장한, 놀랄만한(remarkable). ¶ He is the most *unique* man I ever met. 〔구어〕 그는 내가 이제까지 만난 중에 가장 훌륭한 인물이다. ── *n.* 유일한 사람(물건, 것).

u·nique·ly [juːníːkli] *adv.* 1 유례없이, 독특하게. 2 특유의 형태(방법)로. ¶ *uniquely* abled 특유의 능력이 있는 (= disabled, handicapped 따위의 완곡한 표현).

un·ir·ra·di·at·ed [ʌniréidièitid] *adj.* 〔방사능〕 조사(照射)되지 않은, 방사능을 받지 않은.

u·ni·sex [júːnisèks] 〔구어〕 *adj.* [복장 따위가] 모노(유니)섹스의, 남녀 공통의. ── *n.* 모노(유니) 섹스[한 사람들].

u·ni·sex·u·al [juːnisékʃu(ə)l] *adj.* 단성의. ¶ *unisexual* inflorescence 단성화서(花序).

UNISIST, Uni·sist [júːnisìst] *n.* 유니시스트, 유엔 정부간 과학 기술 정보 시스템. [< *U*nited *N*ations *I*ntergovernmental *S*ystem of *I*nformation in *S*cience and *T*echnology]

*****u·ni·son** [júːnisn, -zn] *n.* ⓊⒸ 1 〔소리·목소리 따위의〕 일치, 조화. 2 〔음악〕 동음(同音), 같은 도(度); 제창(齊唱); 제주(齊奏). 3 〔비유적〕 완전한 일치 (perfect agreement).
in unison ① 일치하여, 조화되어. ② 제창으로, 제주(齊奏)로.
◇ unísonous, unísonant *adj.* 〔조(調)의〕

u·ni·so·nance [juːnísənəns] *n.* Ⓤ 음의 일치; 동음.

u·ni·so·nant [juːnísənənt] *adj.* =unisonous.

u·ni·so·nous [juːnísənəs] *adj.* 1 동음의, 음이 일치된. 2 일치한, 화합한(concordant).

‡**u·nit** [júːnit] *n.* 1 한 사람, 한 개. ¶ a *unit* price 단가. 2 일단, 일군(群) 〔군대〕 부대; 〔복합체의〕 구성 단위. 3 〔물리〕 단위; 〔수학〕 단위[1]. ¶ the C.G.S. system of *units* 센티미터·그램·초(秒) (C.G.S.) 단위제. 4 〔교육〕 〔학과의〕 단위; 〔학습의〕 단위; 단원(單元). 5 〔약·면역·화폐의〕 단위. 6 설비 일습. 7 〔형용사적으로〕 단위의, 단위를 구성하는; 유닛식의. ¶ *unit* furniture 유닛식 가구.
be a unit 〔美〕 일치하다, 일치되어 있다.
◇ únitary *adj.*

u·nit·a·ble [juːnáitəbl] *adj.* 결합(연합·합동)할 수 있는.

u·nit·age [júːnitidʒ] *n.* 〔비타민 따위의〕 단위량의 규정; 단위량.

UNITAR 〔略〕 *U*nited *N*ations *I*nstitute for *T*raining and *R*esearch (유엔 훈련 조사 연수원).

U·ni·tar·i·an [juːnitɛ́(ː)riən / -tɛ́ər-] *n.* 1 유니테어리언 교도[삼위일체(Trinity)를 부인, 그리스도를 신격화하지 않고 신은 하나뿐이라고 주장]. 2 (u-) 단일 정부주의자, 중앙 집권주의자. 3 (u-) 일신(一神)론자, 단일제(單一制)론자, 일원론자(monist). ── *adj.* 1 유니테어리언교의. 2 (u-) 단일의, 단위의, 일원의 (unitary).

U·ni·tar·i·an·ism [juːnitɛ́(ː)riənizəm / -tɛ́ər-] *n.* Ⓤ 1 유니테어리언교의 교리. 2 (때로 u-) 일원주의; 단일제, 일원론.

u·ni·tar·y [júːnitèri / -t(ə)ri] *adj.* 1 단일의, 한 개의 (single); 단위(로서 쓰이)는. ¶ *unitary* matrix 〔수학〕 유니터리 행렬. 2 통일의; 중앙 집권[제]의, 일원의. 3 일체의, 일체물의, 일체 성정(成形)의, 단위의, 단위를 구성하는; 유닛식의.

únit chàracter *n.* 〔생물〕 단위 형질(形質) [Mendel의 법칙에 따라 유전되는 성질이나 특징].

únit còst *n.* 단위 원가.

únit-dóse pàckaging [júːnitdóus-] *n.* 〔약학〕 1회 복용분 구분 포장.

‡**u·nite**¹ [juː(ː)náit] *v.* (*-nit·ed, -nit·ing*) *vt.* 1 …을 하나로 하다, 합동(합체)시키다, 결합(연합)시키다. 합병시키다. 2 …을 접합하다; 〔의견 따위〕를 일치시키다. ⇒ JOIN 類語 2 〔(~+目)+前+名〕 *unite* two countries *into* one kingdom 두 나라를 합병하여 하나의 왕국으로 하다 / *unite* bricks *with* (or *by*) cement 시멘트로 벽돌을 접합하다 / They are *united* in their efforts to promote peace. 그들은 결속하여 평화를 촉진하기 위해서 노력하고 있다. 2 〔밀접한 관계로〕 …을 맺다, 결혼시키다. 〔(~+目)+前+名〕 *unite* two families *by* marriage 결혼으로 양가를 맺다. 3 〔성질 따위〕를 함께 지니다, 겸비하다. ¶ She *unites* beauty and intelligence. 그녀는 재질과 용모를 겸비한 여성이다.
── *vi.* 1 일체가 되다, 합동(합체)하다, 결합하다, 합병하다. ¶ (~+前+名) Oil will not *unite with* water. 기름은 물과 섞이지 않는다. 2 〔행동·의견 따위가〕 일치하다, 협동(협력)하다. ¶ (~+前+名)(~+to do) *unite in* fighting public nuisances; *unite to* fight public nuisances 일치 단결해서 공해와 싸우다. ◇ únity *n.*

u·nite² [júː(ː)nait] *n.* 유나이트 금화 [James 1세 및 Charles 1세 시대의 영국 금화].

‡**u·nit·ed** [juː(ː)náitid] *adj.* 1 연합(합체, 합병, 결합)한(combined). ¶ in one *united* body 일체가 되어 / present a *united* front 공동 전선을 펴다 / break into a *united* laugh 일제히 웃음을 터뜨리다. 2 제휴(협력, 단결)한, 합한. ¶ a *united* family 원만한 가정.
~·ly *adv.* ~·ness *n.*

United Árab Emírates *n. pl.* (the ~) 아랍 에미리트 연방 [아라비아 반도 동북부, 페르시아만에 면한 공화국].

United Árab Repúblic *n.* (the ~) 아랍 연합 공화국[略 U.A.R.; Arab Republic of Egypt의 옛 이름].

United Bréthren *n. pl.* (the ~) 모라비아파 (Moravians) [보헤미아인 John Huss를 교조로 하여, 19세기 초 미국에서 일어난 신교의 한 파].

‡**United Kíngdom** *n.* (the ~) 연합 왕국[略 U.K.; 그레이트 브리튼과 북아일랜드를 합병한 명칭. 정식 명칭은 the United Kingdom of Great Britain and Northern Ireland. 수도 London].

‡**United Nátions** *n. pl.* (the ~) 《보통 단수 취급》 1 유엔, 국제 연합[略 U.N., UN; 1945년 샌프란시스코에서 세계 평화와 여러 나라의 우호 촉진을 위하여 조직된 국제 기구. 본부는 New York 시에 있다]. 2 추축(反樞軸) 연합국[1942년의 워싱턴 선언 서명국. 유엔의 기초가 되었다].

United Nátions Chárter *n.* (the~) 유엔 헌장.

United Nátions Chíldren's Fùnd *n.* (the ~) =UNICEF.

United Nátions sýstem *n.* 국제 연합 체계 [유엔 및 그 외파 기관으로서의 국제적 협력 기구들의 집단].

United Préss Internátional *n.* 미국 통신사 [1958년 UP와 INS가 합병하여 발족; 略 UPI].

‡**United Státes [of América]** *n.* (the ~) 《보통 단수 취급》 아메리카 합중국, 미국[略 U.S., U.S.A., USA; 50개 주로 된 연방 공화국, 수도 Washington, D. C.] (America, the States).

únit fáctor *n.* 〔생물〕 〔유전상의〕 단일 인자.

u·ni·tive [júːnitiv] *adj.* 결합력이 있는; 조화시키는.

u·nit·ize [júːnitàiz] *vt.* (*-ized, -iz·ing*) …을 유니트화하다, 단위를 통일하다.

únit príce *n.* 단가(單價).

únit prícing *n.* Ⓤ 〔경제〕 단가(단위 가격) 표시. ¶ They have *unit pricing* at "A&P". A&P에서는 단가 표시하고 있다.

únit rúle *n.* 〔美〕 단위[선출]제 [민주당의 전국 대회 등에서의 선거 방법으로 대의원의 투표는 과반수가 지지

únit tráin *n.* 같은 종류의 화물만을 싣는 열차.

únit trúst *n.* ⓤ 《英》 유닛트러스트[투자]신탁, 개방식 투자 신탁(fixed trust); 《美》계약형 투자 신탁 회사(mutual fund).

*****ú·ni·ty** [júːniti] *n.* (*pl.* -**ties**) **1** ⓤ 하나임, 단일(통일)[성](oneness, unification); ⓒ 단일(통일)체, 개체. ¶ UNION 類語. ¶ find *unity* in variety (*or* diversity) 다양한 가운데서 통일을 찾아내다. **2** ⓤ 일치; 화합(concord), 조화. ¶ live in (*or* at) *unity* with all 누구와도 사이좋게 살아가다. **3** ⓤ 불변성, 일관성. ¶ lack *unity* in speech and action 언행에 일관성이 없다. **4** 〔수학〕 1의 수; 1로 간주되는 양. **5** 〔연극〕 삼일치(三一致)의 법칙의 하나. ¶ the [three] *unities* 삼단일(三單一), 삼일치[연극 구성의 필요 조건으로 생각되었던 시간의 일치(unity of time), 장소의 일치(unity of place), 행동의 일치(unity of action)]. **6** 〖법률〗 공동 보유. ◇ uníte, únitize *v.*, únitive *adj.*

univ. (略) universal, universally; university.

Univ. (略) Universalist; University.

UNIVAC [júːnivæk] *n.* 《상표명》 유니백 계산기. [< *Univ*ersal *A*utomatic *C*omputer]

u·ni·va·lence [jùːnivéiləns, +美 junívə-] *n.* ⓤ 〖화학〗 일가(一價).

u·ni·va·lent [jùːnivéilənt, +美 junívə-] *adj.* **1** 〖화학〗 일가(一價)의. **2** 〖유전〗 〔염색체가〕 일가의, 단가(單價)의.

u·ni·valve [júːnivælv] *adj.* **1** 단판(單瓣)의. **2** 〔조개 따위가〕 단각(單殼)의. — *n.* 단각 연체(軟體) 동물; 그 조개 껍질.

‡u·ni·ver·sal [jùːnəvə́ːrs(ə)l] *adj.* **1** 보편적인, 일반적인; 만인 공통의, 널리 실시되고 있는. ¶ the *universal* weakness of mankind 인간의 일반적인 약점 / *universal* superstitions 널리 퍼져 있는 미신. **2** 전우주의, 전세계의, 만유의, 삼라만상의. ¶ *universal* gravitation 만유 인력 / a *universal* language 만국 공통어. **3** 만능의, 박식한, 못하는 것이 없는. ¶ a *universal* provider (maid) 만물상(잡역부(婦)). **4** 〖논리〗 전칭(全稱)의. ¶ a *universal* negative proposition 전칭 부정 명제. **5** 〖기계〗 모든 모양·크기의 물건에 맞는, 만능의. **6** 개인의 권리·의무 일체를 포괄하는[데 관한]. — *n.* 〖논리〗 전칭 명제; (the ~) 〖철학〗 일반 개념, 형이상학적 실체.
~**ness** *n.* ◇ úniverse, universálity *n.*, univérsalize *v.*, univérsally *adv.*

ùnivérsal ágent *n.* 총대리인(점).

ùnivérsal bánking *n.* 〖금융〗 유니버설 뱅킹 〔은행 업무와 증권 업무의 겸영(兼營)〕.

ùnivérsal cómpasses *n. pl.* 자재(自在) 콤파스.

Ùnivérsal Declarátion of Húman Ríghts *n.* (the~) 세계 인권 선언.

ùnivérsal dónor *n.* O형 혈액자; O형 혈액의 사람[만능 수혈자].

u·ni·ver·sal·ism [jùːnivə́ːrsəlìz(ə)m] *n.* ⓤ **1** 일반성, 보편성(universality). **2** 〔지식 따위가〕 광범함, 다방면성. **3** (U-) 보편 구제설〔결국은 만인이 구원받는다고 하는 신앙〕.

u·ni·ver·sal·ist [jùːnivə́ːrsəlist] *n.* **1** 박식한 사람; 만능인(人). **2** (U-) 보편 구제설 신봉자. — *adj.* **1** 보편적인, 박학(전반)의. **2** (U-) 보편 구제주의[자]의 (Universalistic).

u·ni·ver·sal·i·ty [jùːnivəːrsǽliti] *n.* **1** ⓤ 보편, 일반성. **2** 보편성, 일반성. **3** 〔지식 따위의〕 다면성; 박식.

u·ni·ver·sal·i·za·tion [jùːnivə̀ːrsəlizéi(ə)n / -laiz-] *n.* ⓤ 보편화; 보급.

u·ni·ver·sal·ize [jùːnivə́ːrsəlàiz] *vt.* (-**ized**, -**izing**) …을 보편화하다, 일반화하다; …을 보급시키다 (generalize).

ùnivérsal jóint *n.* 〖기계〗 자재(自在) 이음쇠.

*****u·ni·ver·sal·ly** [jùːnivə́ːrsəli] *adv.* 보편적으로, 일반적으로, 두루(generally).

Ùnivérsal Póstal Únion *n.* (the ~) 만국 우편 연합〔1875년 스위스 수도 베른(Bern)에서 결성; UPU〕.

Ùnivérsal Próduct Códe *n.* 《美》 만국 제품 부호, 동일 상품 부호〔전자식으로 판독하는 상품의 포장에 인쇄된 짧은 검정 줄 무늬; 略 UPC, U.P.C.〕.

ùnivérsal sét *n.* 〔수학〕 전체 집합; 〔논리〕 전집합 〔모든 화제 집합을 원(元)으로 삼은 집합으로서 논의 역 (the universe of discourse)이 된다〕.

ùnivérsal spáce *n.* 〔건축〕 균질 공간(均質空間).

ùnivérsal súffrage *n.* ⓤ 보통 선거권.

ùnivérsal tíme *n.* 〔천문〕 세계시(時)〔Greenwich mean time과 같다; 略 UT〕.

‡u·ni·verse [júːnivəːrs] *n.* **1** (보통 the ~) 우주, 만물, 삼라 만상. ¶ island *universes* beyond the Milky Way system 은하(銀河)계 밖의 섬우주.

類語 *universe* 물질·현상의 총칭으로서의 우주. *cosmos* chaos(혼돈(混沌))에 대하여 질서 정연한 체계로서의 우주. *space* 물질이 존재하고 현상이 일어나는 무한한 공간으로서의 우주.

2 (the ~) 전세계; 전인류. **3** 존재권(圈), 활동권, 분야, 영역(province). ¶ the *universe* of discourse 〔논리〕의 영역. **4** (the ~) 〔논리〕 일체물(一切物).
◇ univérsal *adj.*

U·ni·ver·si·ade [jùːnivə́ːrsiæ̀d] *n.* 유니버시아드, 국제 학생 경기 대회〔2년에 한번씩 하계 대회·동계 대회가 있다〕.

‡u·ni·ver·si·ty [jùːnivə́ːrs(i)ti] *n.* (*pl.* -**ties**) **1** 종합대학교, 대학. *cf.* college ¶ a *university* for women; a women's *university* 여자 대학교 / enter the *university* 대학에 들어가다 (*美 college의 경우는 관사없이 사용) / graduate from a *university* 대학을 졸업하다 / go to a (*or* the) *university* 대학에 가다 (*《英》에서는 관사없이 go to university 라고도 한다). **2** (the ~) 전 (全) 대학생; 전대학 직원, 대학 당국. **3** 대학 팀(선수단). **4** 〔형용사적 용법〕 대학의, 대학에 관계하는. ¶ a *university* professor (press) 대학 교수(대학 신문).

univérsity cóllege *n.* **1** 《美》 대학교 부속 단과 대학, 〔성인 교육을 위한〕 야간 대학. **2** 《英》 (U-C-) Oxford 대학의 단과 대학의 하나; London 대학의 단과 대학의 하나. 〔강좌.

univérsity exténsion *n.* 〔학외에서의〕 대학 공개

Univérsity of the Áir *n.* 《英》 방송 대학(Open University); 《美》 개방 대학.

u·ni·vo·cal [juːnívəkəl / jùːnivóu-] *adj.* **1** 다른 뜻으로 헷갈리지 않는, 한뜻밖에 없는, 단일 뜻의; 모호하지 않은(unambiguous). **2** 동음의, 같은 음성을 내는. — *n.* 일의어(一義語). -**ly** [-kəli] *adv.*

un-join [ʌndʒɔ́in] *vt.* …을 분리하다, 떼놓다(disjoin).

un-joint [ʌndʒɔ́int] *vt.* …의 매듭을 풀다, 이음매를 풀다.

un-ju·di·cial [ʌ̀ndʒuːdíʃ(ə)l] *adj.* **1** 재판관으로 부적당한, 공평 공명치 못한.

‡un·just [ʌndʒʌ́st] *adj.* 옳지 못한, 불법적인(wrongful), 불공평한, 부당한. ¶ an *unjust* judge 불공평한 판사 / It is *unjust* of you to say so. 네가 그런 말을 한다는 것은 사리에 맞지 않는다. ~**ly** *adv.* ~**ness** *n.*

un·jus·ti·fi·a·ble [ʌ̀ndʒʌ́stifàiəbl] *adj.* 변명이 될 수 없는, 이치에 맞지 않는, 조리가 서지 않는. -**bly** *adv.*

un·kempt [ʌnkém(p)t] *adj.* **1** 〔머리 따위가〕 빗지 않은. **2** 〔복장 따위가〕 단정치 못한(untidy), 흐트러진; 〔정원 따위가〕 손질이 되지 않은; 〔말 따위가〕 세련되지 않은. ~**ly** *adv.* ~**ness** *n.*

un·ken·nel [ʌnkénl] *v.* -**neled**, -**nel·ing**; 《英》 -**nelled**, -**nel·ling**) *vt.* **1** 〔개 따위를〕 우리에서 내놓다 (풀어주다); 〔여우 따위를〕 숨은 데(굴 따위)에서 몰아내다. **2** …을 드러내다, 폭로하다(disclose). — *vi.* 〔…에서〕 나오다.

un·kept [ʌnképt] *adj.* **1** 유지되지 않은, 보존되지 않은. **2** [규칙 따위가] 지켜지지 않은, 무시되고 있는 (disregarded).

‡un·kind [ʌnkáind] *adj.* **1** 불친절한, 몰인정한, 인정(동정심)이 없는; 냉혹한(cruel); 심술궂은. ¶ It is *unkind* of you to do that. 네가 그런 짓을 한다는 것은 무자비하다. **2** [날씨 따위가] 나쁜, 고약한, 혹심한(severe). ~·ness *n.*

un·kind·ly [ʌnkáindli] *adj.* =unkind. —— *adv.* 불친절하게, 몰인정하게. **-li·ness** *n.*

un·king·ly [ʌnkíŋli] *adj.* 임금(왕)답지 못한.

un·knit [ʌnnít] *v.* (**-knit·ted** *or* **-knit, -knit·ting**) *vt.* [매듭 따위를] 풀다, 끄르다(untie, undo); [주름 따위를] 펴다. —— *vi.* 풀리다, 풀어지다.

un·knot [ʌnnát, -nɔ́t] *vt.* (**-knot·ted, -knot·ting**) …의 매듭을 풀다(끄르다)(untie).

un·know·a·ble [ʌnnóuəbl] *adj.* 알 수 없는; [철학] 불가지의(不可知的). —— *n.* (the ~) [철학] 불가지의 것, 절대.

un·know·ing [ʌnnóuiŋ] *adj.* 모르는, 알지 못하는 (*to…*); 알아차리지 (깨닫지) 못하는(unaware), 무지(無知)의(ignorant). ~·ly *adv.*

‡un·known [ʌnnóun] *adj.* **1** 알려지지 않은, 잘 모르는, 미지의(strange), 불명의(*to…*), 미상의; 미경험의; 무명의. *opp.* well-known ¶ an author *unknown to* the reading public 일반 독자에게는 알려지지 않은 작가 / *unknown* delights 겪어보지 못한 기쁨. **2** 헤아릴 수 없는; 셀 수 없는(incalculable); 말로 표현할 수 없는(inexpressible). **3** [수학] 미지의. —— *n.* (보통 the ~) **1** 미지의 사람(것); 세상에 알려지지 않은 사람(것); 무명인. **2** [수학] 미지수(unknown quantity); 미지수를 나타내는 기호[x,y 따위].

Unknown Américan *n.* 무명 미국 용사(2차 대전 또는 한국 전쟁에서 전사한 무명 용사를 대표하여 모셔진 각 1명의 병사; 묘소는 Arlington 국립묘지).

unknówn cóuntry *n.* **1** 미지의 나라. **2** 잘 모르는 화제. 「[지수의 값이 큰).」

unknówn quántity *n.* **1** [수학] 미지수(량). **2** 미

Únknown Sóldier *n.* (종종 u- s-)무명 전사((英) Unknown Warrior) [(美)에서는 Arlington National Cemetery, (英)에서는 Westminster Abbey 에 세계 대전의 무명 전사의 무덤이 있다].

Únknown Wárrior *n.* (英) =Unknown Soldier.

UNKRA(略) *U*nited *N*ations *K*orean *R*econstruction *A*gency (유엔 한국 부흥 위원단; 1958년 6월에 사업 종료로 해체).

un·la·bored, (英) -boured [ʌnléibərd] *adj.* **1** 애쓰지 않고 얻은, 고생하지 않은(untilled). **3** [문체 따위가] 자연스러운, 시원스러운(spontaneous).

un·lace [ʌnléis] *vt.* (**-laced, -lac·ing**) [의복·구두 따위의 끈을 풀다(untie); 옷을 느슨하게 하다.

un·lade [ʌnléid] *v.* (**-lad·ed, -lad·ing**) [배 따위의] 짐을 내리다, 짐을 부리다(unload). —— *vi.* 짐을 부리다. **2** 정숙하지 않은, 상스러운.

un·la·dy·like [ʌnléidilàik] *adj.* 귀부인 (숙녀)답지 않은.

un·laid [ʌnléid] *v.* unlay 의 과거·과거 분사. —— *adj.* **1** 배치되지 않은; 설치되지 않은; 밥상이 차려지지 않은; 준비되지 않은. **2** [시체가] 매장되지 않은; 진정되지 않은은, 헤매는. **3** [밧줄 따위가] 꼬여 있지 않은 (untwisted).

un·la·ment·ed [ʌ̀nləméntid] *adj.* 슬프게 여기지 않는; 애통하게 여기는 사람이 없는. 「[소가 풀다].」

un·latch [ʌnlǽtʃ] *vt.* …의 빗장을 벗기다. —— *vi.* 걸

un·law·ful [ʌnlɔ́ːfəl] *adj.* **1** 불법의, 위법의, 비합법적인(illegal). **2** 서출(庶出)의. ~·ly [-fəli] *adv.* ~·ness *n.*

un·lay [ʌnléi] *vt.* (**-laid, -lay·ing**) [항해] [밧줄의] 꼬인 것을 풀다(untwist).

un·lead·ed [ʌnlédid] *adj.* **1** [가솔린에] 납이 첨가되지 않은, 무연(無鉛)의. **2** (美語) [커피 따위 음료에] 카페인이 들어 있지 않은(decaffeinated).

un·learn [ʌnlɔ́ːrn] *vt.* [배운 것을] 잊다(forget); [버릇·잘못 따위를] 버리다; …을 잊게 하다(unteach).

un·learn·ed [ʌnlɔ́ːrnid →2] *adj.* **1** 학문이 없는, 학식이 없는; 교육을 받지 못한(uneducated), 무학의 (ignorant); 배우지 않은. **2** [ʌnlɔ́ːrnd, -t] 배우지 않고 알고 있는. ~·ly [-nidli] *adv.*

un·leash [ʌnlíːʃ] *vt.* …의 가죽끈을 풀다; …을 풀어놓다; …을 해방하다. ¶ *unleash* one's temper 분노를 폭발시키다.

un·leav·ened [ʌnlévnd] *adj.* **1** [빵 따위에] 효모가 들어 있지 않은. **2** (비유적) 영향을 받지 않은.

‡un·less [ənlés] *conj.* 만약 (* 이 아니라면 (if not), …이 아닌 경우에는; …을 제외하고는(except that), …의 경우 … 이외에는. ¶ I shall not go *unless* the weather is fine. 나는 날씨가 좋지 않으면 안 가겠다/Don't come in *unless* expressly called for. 분명히 호명된 사람 외에는 들어 오지 마라/He says nothing *unless* a mere 'Yes' or 'No'. 그는 '예'라든가 '아니오'라는 말 이외에는 아무 말도 하지 않는다 (* 이런 생각 구문에서 unless 는 전치사로도 생각할 수 있다). 「말.」

unless and until =until (* unless and 는 쓸데없는

un·let·tered [ʌnlétərd] *adj.* **1** 교육받지 못한(uneducated), 배우지 못한(illiterate). ⇒ IGNORANT類 **2** [묘비 따위에] 글이 씌어 있지 않은.

un·lev·el [ʌnlévl] *adj.* 평평하지 않은, 울퉁불퉁한 (uneven). —— *vt.* (**-eled, -el·ing**/(英) **-elled, -el·ling**) 평평하지 않게 하다, 울퉁불퉁하게 하다.

un·li·censed [ʌnláis(ə)nst] *adj.* **1** 면허가 없는, 감찰(鑑札)이 없는. **2** 방종한; 불법의(lawless).

un·licked [ʌnlíkt] *adj.* **1** [곰이 새끼에게 하듯이] 핥아서 모양을 다듬지 않은. **2** 불품사나운, 버릇없는.

un·light·ed [ʌnláitid] *adj.* 불이 켜지지 않은, 점화되지 않은(unlit).

‡un·like [ʌnláik] *adj.* **1** 닮지 않은, 같지 않은, 다른 (different) (* 종종 목적어를 수반하여 전치사로도 간주된다). ¶ No two people could be more *unlike* in appearance and character than Joe and Bob. 외양이나 성격적면에서 조와 밥만큼 닮지 않은 두 사람도 아마 없을 것이다 / The action is *unlike* him. 그런 소행은 그답지가 않다 / How *unlike* you to forget dinner! 저녁 식사를 잊다니 너답지가 않다! **2** (고어·방언) 있음직하지 않은, 정말 같지 않은(unlikely). —— *n.* [남(남의 것)과] 같지 않은 사람(것). ~·ness *n.*

un·like·li·hood [ʌnláiklihùd] *n.* Ⓤ 있을(일어날) 것 같지 않음(improbability) (*of…*); 가망성이 없음.

*un·like·ly [ʌnláikli] *adj.* **1** 있을 법하지도 않은(improbable, unbelievable), …할 것 같지도 않은, 아마도 …하지 않는. ¶ in the *unlikely* event of 만일 …이 일어난다면 / A victory is *unlikely* but not impossible. 승리는 얻어질 것 같지 않으나 전혀 불가능하지도 않다 // He was *unlikely* to win the race.=It was *unlikely* that he should win the race. 그는 경주에서 이길 것 같지도 않았다. **2** 성공할 것 같지도 않은, 가망성이 없는, 잘 될 것 같지도 않은(unpromising). ¶ engaged in an *unlikely* adventure 성공할 가망이 없는 모험에 뛰어들어. **3** 마음에 들지 않는, 바람직하지 않은(disagreeable). —— *adv.* 있을 법하지 않게, …할 것 같지 않게(improbably). **-li·ness** *n.*

un·lim·ber [ʌnlímbər] *vt.* **1** [대포의] 앞차를 떼다. **2** …의 사용 또는 행동을 위한 준비를 하다. —— *vi.* [발포 따위의] 준비를 하다. **2** [대포가] 사격 위치에 자리잡다.

*un·lim·it·ed [ʌnlímitid] *adj.* 한정되지 않은(undefined), 무제한의, 좁지 않은; 무조건의(unconditional); 한없는, 끝없이 펼쳐지는(boundless), 무한의(limitless); 무수의(unnumbered); 광대한, 과도한.
~·ly *adv.* ~·ness *n.*

un·lined [ʌnláind] *adj.* 안감을 받치지 않은; 안을 대지 않은; 선이 들어가 있지 않은.

un·link [ʌnlíŋk] *vt.* **1** …의 고리를 벗기다, 연쇄고리를 떼다. **2** …의 연계(連繫)를 풀다, …을 떼다. — *vi.* 떨어지다.

un·liq·ui·dat·ed [ʌnlíkwideitid] *adj.* 청산되지 않은.

un·list·ed [ʌnlístid] *adj.* **1** 일람표(명부, 목록)에 올라 있지 않은(넣지 않은); 전화책에 올라 있지 않은. **2** [주식이] 상장(上場)되지 않은.

un·lit [ʌnlít] *adj.* 점화되지 않은, 불이 켜지지 않은, 어두운(dark).

un·live [ʌnlív] *vt.* (-lived, -liv·ing) [생활]을 일신하다, [경험 따위]를 되돌리다, [과거]를 말소하다(annul).

un·live·ly [ʌnláivli] *adj.* 기운이 없는, 기세가 꺾인, [활발치 않은].

*****un·load** [ʌnlóud] *vt.* **1** [짐]을 부리다(disburden) (... from). ¶ (～+目+前+图) *unload* cargoes *from* a ship 배에서 짐을 부리다. **2** …에서 짐을 부리다. ¶ *unload* a car 차에서 짐을 부리다. **3** [비유적][성가신 것·마음의 짐 따위]를 덜다, 고민을 털어 놓다. ¶ *unload* one's problems to friend 친구에게 고민을 털어 놓다 / *unload* one's heart's great burden 마음의 큰 짐을 덜다. **4** [화기]에서 장전물(裝塡物)[탄환, 화약 따위]을 빼내다; [카메라]에서 필름을 빼내다. ¶ *unload* a gun 대포의 포탄을 빼내다 / *unload* a camera 필름을 카메라에서 빼내다. **5** [구어] [갖고 있는 주식 따위]를 대량으로 처분하다, 팔아버리다.
— *vi.* 짐을 내리다, 짐을 부리다.

un·lo·cat·ed [ʌnlóukeitid / -´-- -] *adj.* **1** 놓여 있지 않은; 배치되지 않은(unplaced). **2** [美] 측량하여 [구획을 짓지] 않은.

*****un·lock** [ʌnlák / -lɔ́k] *vt.* **1** [열쇠로] …의 자물쇠를 풀다, …의 자물쇠를 풀고 열다. ¶ *unlock* a padlock 맹꽁이 자물쇠를 열다 / *unlock* fetters 족쇄의 자물쇠를 벗기다. **2** …을 열다. ¶ *unlock* the jaws 턱을 억지로 벌리다. **3** …을 열어 보이다, 드러내다, 털어놓다(disclose). ¶ *unlock* the heart 마음속을 털어놓다 / *unlock* a secret 비밀을 털어놓다. — *vi.* **1** 자물쇠가 열리다. **2** 속박이 풀리다.

un·looked-for [ʌnlúktfɔ̀ːr] *adj.* 예기치 않은, 뜻밖의(unexpected).

un·loose [ʌnlúːs] *vt.* (-loosed, -loos·ing) …을 느슨하게 하다, 늦추다(make loose); …을 풀다; 해방하다(free).

un·loos·en [ʌnlúːsn] *vt.* =unloose. [긴다.

un·lov·a·ble [ʌnlʌ́vəbl] *adj.* 귀엽지 않은, 애교가 없는; 싫지 않다고 말할 수 없는(disagreeable).

un·love·ly [ʌnlʌ́vli] *adj.* 예쁘지 못한, 호감이 안 가는(disagreeable, unpleasant); 미운, 불쾌한, 매력적이 아닌(unattractive, unsightly). **-li·ness** *n.*

un·luck·i·ly [ʌnlʌ́kili] *adv.* 불운(불행)하게도; 공교롭게도.

un·luck·i·ness [ʌnlʌ́kinis] *n.* ⓤ 불운, 불행.

‡**un·luck·y** [ʌnlʌ́ki] *adj.* (때로 -luck·i·er, -luck·i·est) **1** 불운한, 운이 나쁜; 복이 없는. ¶ *unlucky* in love (at cards) 사랑에 실패한(카드놀이에서 행운이 안 닿는). **2** 불길한, 재수 없는(ill-omened). **3** 계획이 나쁜, 시기가 부적당한 (ill-timed). ¶ an *unlucky* moment for their meeting 그들이 만나기에는 계제가 좋지 않은 때. **4** [고어·방언] 장난 좋아하는, 장난기있는, 익살스러운(mischievous); 심술궂은(malicious).
◇ **unlúckily** *adv.,* **unlúckiness** *n.*

un·made [ʌnméid] *adj.* **1** 아직 만들어지지 않은. **2** [매사냥] 훈련되지 않은(unmanned).

un·mag·ni·fied [ʌnmǽɡnifàid] *adj.* 확대되지 않은; 과장되지 않은; 과대시(過大視)되지 않은.

un·make [ʌnméik] *vt.* (-made, -mak·ing) **1** …을 원상대로 되돌리다, …을 못쓰게 하다, 파괴하다, 망치다(destroy). **2** …을 지위(직)에서 내쫓다, 좌천시키다; 해임(해직)시키다(depose). **3** 처음부터 다시 만들다, 다시 만들다.

un·mal·le·a·ble [ʌnmǽliəbl] *adj.* [금속과 달리] 전성(展性)이 없는, 두들겨 늘이기 힘든; 적응성이 없는.

un·man [ʌnmǽn] *vt.* (-manned, -man·ning) **1** …의 용기를 꺾다, 남성다움을 없애다(빼앗다), 무기력하게 하다(unnerve). ¶ Even the severest questioning could not *unman* him. 지독한 문초로도 그의 용기를 꺾지는 못했다. **2** [남자]를 거세하다(castrate). **3** [고어]…을 인간답지 못하게 하다.

un·man·age·a·ble [ʌnmǽnidʒəbl] *adj.* 어찌할 도리가 없는, 다루기 힘든, 수습 못할(uncontrollable, intractable).

un·man·ly [ʌnmǽnli] *adj.* 사내답지 못한; 연약한, 계집애 같은(womanish), 약한(weak); 비겁한, 겁많은 (cowardly).

un·manned [ʌnmǽnd] *adj.* **1** 사람이 없는, 승무원이 없는. ¶ an *unmanned* spaceflight 무인 우주 비행. **2** [매사냥] [매기] 훈련되지 않은(unmade).

unmánned submérsible *n.* 무인 잠수정 [수중 텔레비전카메라나 매니퓰레이터를 탑재하고 추진기를 갖춘 잠수 장치].

un·man·nered [ʌnmǽnərd] *adj.* **1** 버릇없는, 거친(rude, coarse). **2** 젠체하지 않는(unaffected), 솔직한(ingenuous).

un·man·ner·ly [ʌnmǽnərli] *adj.* 버릇없는, 무례한 (impolite, discourteous); 버릇없이 자란(ill-bred); 거친(rude); 야비한(churlish). — *adv.* 버릇없이.

un·marked [ʌnmɑ́ːrkt] *adj.* **1** 표를 안한. **2** 주목받지 못한(unobserved), 눈에 띄지 않은(unnoticed). **3** [언어] 무표(無標)의.

un·mar·ket·a·ble [ʌnmɑ́ːrkitəbl] *adj.* 판로가 없는, 시장성이 없는.

un·mar·riage·a·ble [ʌnmǽridʒəbl] *adj.* 결혼에 적합하지 않은; 혼기에 이르지 않은.

*****un·mar·ried** [ʌnmǽrid] *adj.* 결혼하지 않은, 미혼의; 독신의(single).

un·mask [ʌnmǽsk / -mɑ́ːsk] *vt.* …의 가면을 벗기다; 정체를 벗기다, 폭로하다(expose). — *vi.* 가면을 벗다; 정체를 드러내다.

un·match·a·ble [ʌnmǽtʃəbl] *adj.* 대적하기 어려운, 대항할 수 없는; 비할데 없는(unparalleled).

un·matched [ʌnmǽtʃt] *adj.* 비할데 없는, 무류(無類)의, 무적의(matchless); 상대가 없는.

un·mat·ted [ʌnmǽtid] *adj.* [액자의 그림 따위에] 대지(臺紙)를 붙이지 않은, 장식 테두리가 없는.

un·ma·tured [ʌ̀nmətjúərd / -tjúːd] *adj.* 익지 않은. *cf.* immature

un·mean·ing [ʌnmíːniŋ] *adj.* **1** 뜻이 없는, 의의(意義)가 없는, 무의미한(meaningless, senseless). **2** 표정이 없는, 멍청한, 생기(활기)가 없는(vapid). **~·ly** *adv.* **~·ness** *n.*

un·meant [ʌnmént] *adj.* 고의가 아닌(unintended, unintentional), 무심코 한, 아무 생각 없이 한(undesigned).

un·meas·ur·a·ble [ʌnméʒ(ə)rəbl] *adj.* 측정할 수 없는; 헤아릴 수 없을 정도의, 과도한(boundless).

un·meas·ured [ʌnméʒərd] *adj.* **1** 측정 안된. **2** 무한한, 끝없는(boundless, limitless). **3** 막대한, 풍부한(abundant), 절도있는(immoderate), 도를 벗어난, 터무니없는(excessive). **4** [음성·韻律] 운율이 없는, 장단이 맞지 않는.

un·me·chan·i·cal [ʌ̀nmikǽnik(ə)l] *adj.* 기계적이 아닌; 기계학을 모르는(에 흥미가 없는).

un·meet [ʌnmíːt] *adj.* 맞지 않는; 부적당한(unfitting); 어울리지 않는(unbecoming), 보기싫은(for...).

un·me·lo·di·ous [ʌ̀nmilóudiəs, -djəs] *adj.* 장단이 맞지 않는; 음조가 이상한; 귀에 거슬리는.

un·men·tion·a·ble [ʌnménʃ(ə)nəbl] *adj.* 말못할, 입에 담지 못할; 말할 가치가 없는. — *n.* 입에 담아서는 안될 일(것); (~s) [익살] 속옷류(underwear); 바지.

un·mer·ci·ful [ʌnmə́ːrsifəl] *adj.* **1** 무자비한

(merciless), 냉혹한(pitiless). **2** 터무니없이 큰, 엄청난(excessive, extreme). ~**ly** [-fəli] *adv.* ~**ness** *n.*

un·mer·it·ed [ʌnméritid] *adj.* **1** 공들이지 않고 얻은, 분에 넘치는(undeserved). ¶ *unmerited* promotion 과분한 승진. **2** 부당한. ¶ *unmerited* sufferings 부당한 고통(괴로움).

un·me·thod·i·cal [ʌnmiθɑ́dik(ə)l / -θɔ́d-] *adj.* 질서 없는, 조직적이 아닌, 난잡한(confused, muddled), 산만한(desultory).

un·mil·i·tar·y [ʌnmílitèri / -t(ə)ri] *adj.* 군기(軍紀)에 반하는, 비군사적인; 군인답지 않은(unsoldierly).

un·mind·ful [ʌnmáin(d)fəl] *adj.* 마음에 두지 않은, 무관심한, 부주의한(careless, unaware), 잊기 쉬운(forgetful) (*of*...). ~**ly** [-fəli] *adv.*

un·min·gled [ʌnmíŋgld] *adj.* 섞지 않은, 불순물(혼합물)이 없는, 순수한(unadulterated).

*****un·mis·tak·a·ble** [ʌnmistéikəbl] *adj.* 틀릴 여지가 없는, 의심할 여지가 없는; 틀림없는, 명백한(clear, obvious, plain). ~**ness** *n.* **-bly** *adv.*

un·mit·i·gat·ed [ʌnmítigèitid] *adj.* **1** 완화되지 않은, 경감되지 않은(unrelieved). **2** 순전한, 완전한(downright).

un·mixed [ʌnmíkst] *adj.* 섞이지 않은(unmingled, unadulterated), 불순물이 없는, 순수한(pure).

un·mod·i·fied [ʌnmɑ́difàid / -mɔ́d-] *adj.* 수정(변경)되지 않은; [문법] [의미가] 수식(한정)되지 않은.

un·mold, (英) **-mould** [ʌnmóuld] *vt.* …의 모양을 못쓰게 하다; 형(型)에서 꺼내다(뽑아내다).

un·mo·lest·ed [ʌ̀nmo(u)léstid] *adj.* 괴롭힘을 당하지 않은; 방해받지 않은(untouched); 평온(무사)한.

un·mol·li·fied [ʌnmɑ́lifàid / -mɔ́l-] *adj.* [감정이] 누그러지지 않은.

un·moor [ʌnmúər] *vt.* **1** …의 닻을 올리다, 닻을 감다, [고물에] 맨 밧줄을 끄르다. **2** [쌍닻을 내렸을 때의 한 쪽 닻을 올리고] 외닻으로 정박하다. — *vi.* 닻을 감아 올리다, 고물의 밧줄을 끄르다.

un·mor·al [ʌnmɔ́ːrəl, -mɑ́r- / -mɔ́r-] *adj.* 도덕과는 관계없는(nonmoral), 초도덕적인(amoral). *cf.* immoral ~**ly** [-rəli] *adv.*

un·mo·ral·i·ty [ʌ̀nmərǽliti] *n.* Ⓤ 비도덕[성].

un·mo·ti·vat·ed [ʌnmóutivèitid] *adj.* 동기가 없는; 자극(유인)이 주어지지 않은.

un·mount·ed [ʌnmáuntid] *adj.* 말타지 않은, 도보의; 대(臺)에 설치되지 않은, 대지(臺紙)없는; [보석 대에] 끼워 있지 않은.

un·mourned [ʌnmɔ́ːrnd / -mɔ́ːnd] *adj.* 애석하게 여기지 않는, 슬퍼하는 이 없는.

un·mov·a·ble [ʌnmúːvəbl] *adj.* 움직일 수 없는, 부동의(immovable).

*****un·moved** [ʌnmúːvd] *adj.* **1** [목적·결심이] 부동의, 움직이지 않는, 확고한(firm). **2** 마음이 동요하지 않는, 냉정한(calm).

un·mov·ing [ʌnmúːviŋ] *adj.* 움직이지 않는(fixed), 고정된, 정지(靜止)한(stationary); 감동시키지 않는.

un·muf·fle [ʌnmʌ́fl] *vt.* (**-fled, -fling**) …에서 목도리를 벗기다; [소음(消音)용의] 덮개 장치를 떼다.

un·mu·si·cal [ʌnmjúːzik(ə)l] *adj.* **1** 음악적이 아닌, 장단이 맞지 않는(discordant), 귀에 거슬리는(harsh). **2** 음악에 서투른, 음악의 소양이 없는.

un·muz·zle [ʌnmʌ́zl] *vt.* (**-zled, -zling**) **1** (개 따위)의 부리망을 벗기다. **2** 속박을 풀다; 언론의 자유를 주다.

un·nail [ʌnnéil] *vt.* …의 못을 뽑다.

un·nam·a·ble [ʌnnéiməbl] *adj.* 이름짓기 어려운, 말로 표현하기 어려운, 뭐라고 말할 수 없는(unspeakable, ineffable).

un·named [ʌnnéimd] *adj.* **1** 이름이 없는, 무명의. **2** 이름이 밝혀지지 않은.

un·na·tion·al [ʌnnǽʃən(ə)l] *adj.* 국가 의식이 없는, ‡**un·nat·u·ral** [ʌnnǽtʃ(u)rəl] *adj.* **1** 부자연한, 불가

사의한. ⇒ IRREGULAR 頭註 ¶ *unnatural* phenomena 불가사의한 현상. **2** 자연스러운 감정(본능)이 없는, 인정에 어긋나는, 몰인정한. ¶ an *unnatural* parent 몰인정한 어버이. **3** 사물의 본성에 어긋나는, 변태적인, 이상한(unusual, abnormal), 이상한(strange), 기괴한(uncanny). ¶ an *unnatural* death 변사, 비명의 죽음. **4** 인공적인(artificial), 일부러 한 것 같은(affected), 억지의(forced). ¶ *unnatural* images 부자연스러운 이미지. **5** 잔인 무도한, 말할 수 없이 사악한(cruel). ~**ly** [-rəli] *adv.* ~**ness** *n.*

un·nat·u·ral·ized [ʌnnǽtʃ(ə)rəlàizd] *adj.* **1** 이식(移植)되지 않은. **2** 귀화되지 않은.

*****un·nec·es·sar·i·ly** [ʌnnèsisérili, -́-- -̀- / ʌnnésis(ə)ri-] *adv.* 불필요하게, 쓸데없이, 여분으로, 헛되이.

‡**un·nec·es·sar·y** [ʌnnésisèri / -s(ə)ri] *adj.* 불필요한(needless); 없어도 좋은, 쓸데없는, 무익한(useless); It is *unnecessary* to pursue the argument any further. 논쟁을 이 이상 더 진행해 보았자 헛수고다.
— *n.* (*pl.* **-sar·ies**) 불필요한 것.
◇ un**néc**essarily *adv.*

un·ne·go·ti·a·ble [ʌ̀nnigóuʃiəbl, -ʃjə-] *adj.* 상담(商談)할 수 없는, 협정할 수 없는; 양도할 수 없는, [어음 따위가] 유통되지 못하는.

un·neigh·bor·ly, (英) **-bour-** [ʌnnéibərli] *adj.* 이웃 사람답지 않은, 이웃과 사귀지 않는; 서먹서먹한(distantly); 붙임성이 없는(reserved).

un·nerve [ʌnnɔ́ːrv] *vi.* (**-nerved, -nerv·ing**) …에게서 기력(힘)을 빼앗다, 용기(자신)를 잃게 하다, 무기력하게 하다, 약하게 하다(weaken, enfeeble); …에게서 권위(권력)를 빼앗다.

un·not·ed [ʌnnóutid] *adj.* 눈에 띄지 않는, 남의 눈을 끌지 않는, 주목을 받지 않는(unobserved, disregarded).

un·no·tice·a·ble [ʌnnóutisəbl] *adj.* 남의 주목을 끌지 못하는, 남의 눈에 띄지 않는(undistinguished, insignificant).

*****un·no·ticed** [ʌnnóutist] *adj.* 주의를 끌지 않는(unobserved); 눈치채이지 않은 (neglected).

un·num·bered [ʌnnʌ́mbərd] *adj.* **1** 세지 않은; 번호가 붙지 않은. **2** 셀 수 없는, 무수한.

UNO, U.N.O. (略) United Nations Organization.

un·ob·jec·tion·a·ble [ʌ̀nəbdʒékʃ(ə)nəbl] *adj.* 이의가 없는, 지장이 없는 (acceptable); 불쾌하게 생각되지 않는.

un·o·bliged [ʌ̀nəbláidʒd] *adj.* 강요되지 않은; 고맙게 생각하지 않는.

un·o·blig·ing [ʌ̀nəbláidʒiŋ] *adj.* 불친절한, 무뚝뚝한, 정중하지 않은 (disobliging).

un·ob·scured [ʌ̀nəbskjúərd] *adj.* 어둡게 되지 않은, 은폐되지 않은(unhidden); 뚜렷한, 명백한 (clear).

un·ob·serv·ant [ʌ̀nəbzɔ́ːrv(ə)nt] *adj.* **1** 관찰력이 없는; 주의하지 않는 (heedless). **2** 지키지 않는, 따르지 않는 (*of*...).

un·ob·served [ʌ̀nəbzɔ́ːrvd] *adj.* **1** 관찰되지 않은, 알아차리지 못한 (unperceived). **2** 지키지 않는.

un·ob·serv·ing [ʌ̀nəbzɔ́ːrviŋ] *adj.* 관찰력이 예민하지 못한(unnoticing); 주의하지 않는, 방심하고 있는 (inattentive, heedless).

un·ob·tain·a·ble [ʌ̀nəbtéinəbl] *adj.* 얻기 어려운, 입수하기 어려운.

un·ob·tru·sive [ʌ̀nəbtrúːsiv] *adj.* 주제넘게 나서지 않는, 참견하지 않는, 신중한, 삼가는(modest). ~**ly** *adv.*

*****un·oc·cu·pied** [ʌnɑ́kjupàid / -ɔ́k-] *adj.* **1** 점유되지 않은. **2** 비어 있는 (vacant), 사람이 살지 않는 ; 일정하여 할 일이 없는, 한가한 (unemployed, idle).

un·of·fend·ing [ʌ̀nəféndiŋ] *adj.* 해롭지 않은(harmless, innocuous), 화나게 하는, 감정이 상하게 하는 (inoffensive).

un·of·fen·sive [ʌ̀nəfénsiv] *adj.* 불쾌하지 않은, 화나게 하지 않는 (inoffensive).

*un·of·fi·cial [ʌnəfíʃ(ə)l] *adj.* 비공식의(private); 비공인의. **~ly** [-əli] *adv.* 「는.
un·of·fi·cious [ʌnəfíʃəs] *adj.* 지나친 간섭을 하지 않
un·o·pened [ʌnóup(ə)nd] *adj.* **1** 열리지 않은; [편지 따위가] 개봉되지 않은; [책의] 페이지를 자르지 않은. **2** [일반에) 공개되지 않은.
un·op·posed [ʌnəpóuzd] *adj.* 반대가 없는, 저항받지 않는, 경쟁이 없는.
un·or·dained [ʌnɔːrdéind] *adj.* **1** 제정되지 않은. **2** 성직을 받지 못한.
un·or·gan·ized [ʌnɔ́ːrgənàizd] *adj.* **1** 무기[물]의. **2** 조직화 않은. **3** 노동 조합에 가입하지 않은.
un·o·rig·i·nal [ʌnərídʒən(ə)l] *adj.* 독창적이 아닌; 모방한; 남의 것을 빌린.
un·or·tho·dox [ʌnɔ́ːrθədɑks / -dɔks] *adj.* 정통이 아닌; 이교(異敎) (이단)의. **~ly** *adv.*
un·os·ten·ta·tious [ʌnɑstəntéiʃəs / -sten-] *adj.* 허식이 없는, 허세를 부리지 않는; 수수한. **~ly** *adv.*
un·owned [ʌnóund] *adj.* **1** 소유자가 없는. **2** 인정되지 않은.
un·pack [ʌnpǽk] *vt.* **1** [푸러서] …의 내용물을 꺼내다. ¶ *unpack* a trunk (a box, a package) 트렁크(상자, 꾸러미)를 열다. **2** [말이나 차]에서 짐을 내리다. **3** [컴퓨터] [데이터]를 언팩하다[팩된 것을 원래의 형태로 되돌려놓다]. **4** [마음]을 털어놓다. ¶ *unpack* one's heart with words 말로 마음의 짐을 덜다.
un·paged [ʌnpéidʒd] *adj.* 페이지수를 매기지 않은.
un·paid [ʌnpéid] *adj.* **1** 미불의, 미납의. **2** 무급의; 명예직의. **3** 무보수의.
un·paid-for [ʌnpéidfɔ̀ːr] *adj.* 미불의; 무보수의.
un·paired [ʌnpɛ́ərd] *adj.* 짝이 없는; 배우자(상대)가 없는. ¶ an *unpaired* shoe 한 짝밖에 없는 신발.
un·pal·at·a·ble [ʌnpǽlətəbl] *adj.* **1** 입에 맞지 않는, 맛이 없는. **2** 불쾌한, 싫은. ¶ an *unpalatable* solution to the problem 그 문제의 개운치 않은 해결. **-bly** *adv.*
un·par·al·leled [ʌnpǽrəlèld] *adj.* 비길 데 없는, 유례 없는(unmatched); 전대 미문의.
un·par·don·a·ble [ʌnpɑ́ːrd(ə)nəbl] *adj.* 용서할 수 없는, 용납되지 않는. **-bly** *adv.*
un·pa·ren·tal [ʌnpəréntl] *adj.* 부모답지 않은, 부모의 구실을 못하는. **~ly** [-təli] *adv.*
un·par·lia·men·ta·ry [ʌnpɑ̀ːrləméntəri] *adj.* 국회의 관례에 어긋나는; 국회에서는 허용되지 않는. **-ta·ri·ly** *adv.* 「않은.
un·part·ed [ʌnpɑ́ːrtid] *adj.* 나눌 수 없는, 절단하지
un·pas·teur·ized [ʌnpǽstəràizd, -tʃər-] *adj.* 저온 살균을 하지 않은.
un·patched [ʌnpǽtʃt] *adj.* 수리를 하지 않은, 조각을 대어 깁지 않은.
un·pat·ent·ed [ʌnpǽt(ə)ntid, -péit-] *adj.* 전매 특허를 받지 않은. ¶ *unpatented* inventions 특허권을 취득하지 않은 발명.
un·pa·tri·ot·ic [ʌ̀npèitriɑ́tik / -pǽtriɔ́tik] *adj.* 비애국적인, 애국심이 없는. **-i·cal·ly** [-ikəli] *adv.*
un·paved [ʌnpéivd] *adj.* 포석(鋪石)을 깔지 않은, 포장하지 않은.
un·peg [ʌnpég] *vt.* **(-pegged, -peg·ging) 1** …에서 나무못을 뽑다, 나무못을 뽑고 열다. **2** [물가나 통화 따위]의 고정적 안정책을 철폐하다.
un·pen [ʌnpén] *vt.* **(-penned, -pen·ning)** [소·양·가축 따위]를 우리에서 내놓다.
un·pen·e·trat·ed [ʌnpénitrèitid] *adj.* 관통되지 않은, 탄로나지 않은.
un·peo·ple [ʌnpíːpl] *vt.* **(-pled, -pling)** …의 주민을 없애다, 무인 지대화하다 (depopulate).
un·peo·pled [ʌnpíːpld] *adj.* 주민이 없는, 사람이 살지 않는.
un·per·ceived [ʌ̀npərsíːvd] *adj.* 눈치채이지 않은, 남의 눈에 띄지 않은.
un·per·plexed [ʌ̀npərplékst] *adj.* 당황하지 않는; 혼란되지 않은. 「랍.
un·per·son [ʌnpə́ːrsn] *n.* 사람 대접을 받지 못하는 사
un·per·turbed [ʌ̀npərtə́ːrbd] *adj.* 마음이 흐트러지지 않는, 냉정을 잃지 않는, 침착한(calm).
un·phil·o·soph·ic [ʌ̀nfiləsɑ́fik, -sɔ́f-], **-i·cal** [-ik(ə)l] *adj.* 비철학적인, 철학이 없는, 철리(哲理)에 어긋나는.
un·pho·net·ic [ʌ̀nfo(u)nétik] *adj.* 비 음성학[음]적인, 음성을 나타내지 않는. 「벗겨 풀다.
un·pick [ʌnpík] *vt.* [솔기 따위]를 [바늘끝 따위로] 후
un·pile [ʌnpáil] *v.* **(-piled, -pil·ing)** *vt.* [쌓인 것]을 무너뜨리다, [퇴적물에서] …을 빼내다. — *vi.* [퇴적물에서] 빠져나오다.
un·pin [ʌnpín] *vt.* **(-pinned, -pin·ning)** 핀을 빼다, 핀을 빼어 느슨하게 하다.
un·pit·ied [ʌnpítid] *adj.* 불쌍하게 여기는 사람이 없는, 동정을 받지 못하는, 무정한.
un·pit·y·ing [ʌnpítiiŋ] *adj.* 인정이 없는, 동정심을 보이지 않는, 무자비한.
un·placed [ʌnpléist] *adj.* **1** 제자리에 놓이지 않은; 난잡한. **2** [경마] 등외(等外)의, 3등 안에 들지 않은.
un·plait [ʌnpléit / -plǽt] *vt.* [땋은 머리 등]을 풀다.
un·plant·ed [ʌnplǽntid / -plɑ́ːnt-] *adj.* **1** 심지 않은, 재배하지 않은. **2** 비치되지 않은.
un·play·a·ble [ʌnpléiəbl] *adj.* **1** [운동장이] 경기하기에 적당치 않은. **2** [정구나 크리켓에서] 공을 받을 수 없는.
‡un·pleas·ant [ʌnpléznt] *adj.* 불쾌한, 싫은, 마음에 들지 않는. ¶ an *unpleasant* personality 싫은 인품 / *unpleasant* manners 불쾌한 태도. **~ly** *adv.*
un·pleas·ant·ness [ʌnplézntnis] *n.* **1** U 불쾌[감], 불쾌함; 살풍경, 파흥; C 불쾌한 일. **2** U 불화, 오해, 마찰; C 말다툼. ¶ the late *unpleasantness* 《미국사》 남북전쟁 // have a slight *unpleasantness* with …과 약간 말다툼을 하다
un·pleased [ʌnplíːzd] *adj.* 기뻐하지 않는, 불쾌한, 달래기 어려운. ¶ *unpleased* eyes 불만스러운 눈빛.
un·pleas·ing [ʌnplíːziŋ] *adj.* 불쾌한, 싫은, 마음에 들지 않는.
un·pledged [ʌnplédʒd] *adj.* **1** 서약에 얽매이지 않는, 언약하지 않은. **2** 저당잡히지 않은.
un·pli·a·ble [ʌnpláiəbl] *adj.* **1** 순종하지 않는, 고집스러운. **2** 잘 휘지 않는, 낭창낭창하지 않은.
un·plug [ʌnplʌ́g] *vt.* **(-plugged, -plug·ging) 1** …에서 마개를 뽑다. **2** …에서 막힌 것을 제거하다.
un·plugged [ʌnplʌ́gd] *adj.* **1** 플러그(마개)를 뽑은. **2** [음악] [앰프 따위] 전자 장치를 쓰지 않는. **3** [전기] [콘센트 따위에서] 플러그를 뽑다, [플러그를 뽑아] …의 전류를 차단하다.
un·plumbed [ʌnplʌ́md] *adj.* **1** [수심]을 측연(測鉛)으로 재지 않은. **2** [깊이나 뜻]을 파악하지 않은, 헤아릴 수 없는. **3** [수도·가스·하수관]의 배관 시설이 없는. 「(詩的)이 아닌; 속된.
un·po·et·ic [ʌ̀npo(u)étik], **-i·cal** [-ik(ə)l] *adj.* 시적
un·point·ed [ʌnpɔ́intid] *adj.* **1** 끝이 뾰족하지 않은, 뾰족한 끝이 없는. **2** 모음 부점(母音符點)이 없는. **3** [벽 따위]의 이음매에 회반죽(시멘트)을 바르지 않은.
un·poised [ʌnpɔ́izd] *adj.* **1** 균형이 잘 잡히지 않은. **2** 고려되지 않은, 망설이지 않는.
un·pol·ished [ʌnpɑ́liʃt / -pɔ́l-] *adj.* 닦지 않은, 윤을 내지 않은; 세련되지 않은, 거친.
un·po·lit·i·cal [ʌ̀npəlítik(ə)l] *adj.* 정치와 관계가 없는, 정치적이 아닌.
un·polled [ʌnpóuld] *adj.* 투표를 하지 않은, 투표의 기록이 끝나지 않은; [여론 조사에서] 조사 대상이 되지 않는.
*un·pop·u·lar [ʌnpɑ́pjulər / -pɔ́p-] *adj.* 인기(인망)가 없는, 평이 좋지 않은, 유행되지 않는. **~ly** *adv.*

un·pop·u·lar·i·ty [ʌnpɑpjulǽriti / -pɔp-] *n.* ⓤ 비대중성, 인기 없음.
un·post·ed [ʌnpóustid] *adj.* 1 [편지 따위를] 부치지 않은. 2 통지(연락)를 받지 못한.
un·prac·ti·cal [ʌnprǽktikəl] *adj.* 실용적이 아닌, 실제적이 아닌. ~·**ly** [-kəli] *adv.*
un·prac·ticed, (英) -tised [ʌnprǽktist] *adj.* 1 실용되지 않은, 실지로 해보지 않은. 2 경험이 부족한, 미숙한(inexpert).
***un·prec·e·dent·ed** [ʌnprésidèntid] *adj.* 전 례(선 례)가 없는, 공전의; 비길 데 없는; 참신한, 새로운. ~·**ly** *adv.*
un·pre·dict·a·ble [ʌnpridíktəbl] *adj.* 예언할 수 없는. — *n.* 예언할 수 없는 것(사람, 사전).
un·prej·u·diced [ʌnprédʒudist] *adj.* 1 편견 없는, 공평한(impartial). ⇨ FAIR 類語 2 [폐어] 손상되지 않은, 훼손되지 않은.
un·pre·med·i·tat·ed [ʌnpriméditèitid] *adj.* 미리 생각해 두지 않은; 고의가 아닌; 즉석의.
***un·pre·pared** [ʌnpripɛ́ərd] *adj.* 1 준비가 되지 않은; 즉석의. ¶ an *unprepared* reception 느닷없는 접견 / an *unprepared* speech 즉석 연설. 2 각오가 안 된; 뜻밖의. ¶ He was *unprepared* for the shock. 그에게는 뜻밖의 충격이었다.
un·pre·pos·sess·ing [ʌnpri:pəzésiŋ] *adj.* 호감을 주지 않는, 남의 마음을 끌지 못하는, 애교없는(unattractive).
un·pre·sent·a·ble [ʌnprizéntəbl] *adj.* 대중 앞에 내놓기 거북한, 꼴사나운; 얼굴이 보기 흉한.
un·pre·sum·ing [ʌnprizú:miŋ / -zjú:m-] *adj.* 함부로 나서지 않는, 뻔뻔스럽지 않은; 겸손한(modest).
un·pre·sump·tu·ous [ʌnprizʌ́mptʃuəs / -tju-] *adj.* 함부로 나서지 않는, 겸손한.
un·pre·tend·ing [ʌnpriténdiŋ] *adj.* 젠체하지 않는, 허세부리지 않는, 뽐내지 않는. ~·**ly** *adv.*
un·pre·ten·tious [ʌnpriténʃəs] *adj.* 허세부리지 않는, 삼가는, 얌전한. ~·**ly** *adv.* ~·**ness** *n.*
un·priced [ʌnpráist] *adj.* 1 정해진 값이 없는, 값을 매기지 않은. 2 값을 매길 수 없는, 귀중한.
un·prince·ly [ʌnprínsli] *adj.* 왕자(왕후)답지 않은.
un·prin·ci·pled [ʌnprínsəpld] *adj.* 1 지조 없는, 부도덕한. 2 원리를 배우지 못한 (in...).
un·print·a·ble [ʌnpríntəbl] *adj.* [윤리·미풍 양속의 견지에서] 인쇄하기에 부적당한.
un·print·ed [ʌnpríntid] *adj.* 인쇄(간행)되지 않은.
un·priv·i·leged [ʌnprívilidʒd] *adj.* 특권(특전)이 없는, 기본적 인권을 누리지 못하는.
un·pro·cessed [ʌnprásest / -próu-] *adj.* 가공되지 않은, 처리되지 않은.
un·pro·duc·tive [ʌnprədʌ́ktiv] *adj.* 비생산적인, 이익나지 못하는; 효과가 없는. ~·**ly** *adv.*
un·pro·faned [ʌnprəféind] *adj.* 더럽혀지지 않은, 신성을 모독당하지 않은.
un·pro·fes·sion·al [ʌnprəféʃən(ə)l] *adj.* 1 전문가가 아닌, 전문외의; 전문적이 아닌, 아마추어적인 (nonprofessional). 2 직업에 어울리지 않는, 직업윤리에 어긋나는. ~·**ly** [-nəli] *adv.*
***un·prof·it·a·ble** [ʌnpráfitəbl / -prɔ́f-] *adj.* 벌이가 안 되는, 이익이 없는; 무익한, 쓸데없는. **-bly** *adv.*
UNPROFOR (略) [軍名] United Nations Protection Force (유엔 보호군 [유고슬라비아의 민족분쟁을 막기 위해 1992년 2월, 유엔 안보리의 결의에 따라 3월에 활동개시]).
un·pro·gres·sive [ʌnpro(u)grésiv] *adj.* 진보적이 아닌, 보수적인, 반동적인.
un·prom·is·ing [ʌnprámisiŋ / -prɔ́m-] *adj.* [앞날의] 가망이 없는, 장래성이 없는; [날씨 따위가] 신통치 않은. ¶ an *unpromising* youth 가망 없는 청년.
un·prompt·ed [ʌnprámptid / -prɔ́mpt-] *adj.* 움직여 지지 않은, 고무되지 않은; 자발적인.
un·pro·nounce·a·ble [ʌnprənáunsəbl] *adj.* 발음할 수 없는, 발음하기 어려운.
un·pro·nounced [ʌnprənáunst] *adj.* 발음되지 않는.
un·prop [ʌnpráp / -prɔ́p] *vt.* (**-propped, -prop·ping**) …에서 버팀 기둥을 떼어내다.
un·pro·pi·tious [ʌnprəpíʃəs] *adj.* 형편(계제)이 나쁜; 불길한, 불운한(unlucky). ~·**ly** *adv.*
un·pros·per·ous [ʌnprásp(ə)rəs / -prɔ́s-] *adj.* 1 번영하지 않는, 불운한. 2 불경기의.
un·pro·tect·ed [ʌnprətéktid] *adj.* 1 보호되지 않은, 보호자가 없는, 자기 방어 수단이 없는. 2 무방비의, 장갑(裝甲)하지 않은. 3 관세의 보호를 받지 않는.
un·proved [ʌnprú:vd], **un·prov·en** [ʌnprú:v(ə)n] *adj.* 입증되지 않은, 아직 증명되지 않은.
un·pro·vid·ed [ʌnprəváidid] *adj.* 1 공급받지 못한, 비치되지 않은. 2 준비되지 않은.
un·pro·voked [ʌnprəvóukt] *adj.* 자극되지 않은, 도발되지 않은; 정당한 이유가 없는.
un·pub·lished [ʌnpʌ́bliʃt] *adj.* 1 공표되지 않은, 은 밀한. 2 출판되지 않은, 아직 발간되지 않은.
un·punc·tu·al [ʌnpʌ́ŋktʃu(ə)l / -tju-] *adj.* 시간을 지키지 않는, 꼼꼼하지 못한. ~·**ly** [-əli] *adv.*
un·pun·ished [ʌnpʌ́niʃt] *adj.* 처벌받지 않은, 처분을 모면한.
un·pur·chas·a·ble [ʌnpə́:rtʃəsəbl] *adj.* 1 돈으로 입수할 수 없는; 돈으로 살 수 없을 만큼 진귀한. 2 뇌물이 통하지 않는, 매수할 수 없는.
un·purged [ʌnpə́:rdʒd] *adj.* 1 깨끗해지지 않은; 복죄(고해)로 속죄(정화)받지 않은. 2 숙청(추방)당하지 않은. 「지 않는.
un·quail·ing [ʌnkwéiliŋ] *adj.* 기가 꺾이지 않는, 겁내
un·qual·i·fied [ʌnkwálifàid / -kwɔ́l-] *adj.* 1 자격이 없는, 2 적임이 아닌, 부적격의. ¶ be *unqualified* to drive 운전하는 데 적격이 아닌다. 3 제한 없는; 무조건의, 유보 조항이 없는, 절대적인. ⇨ UTTER² 類語 ¶ an *unqualified* denial 절대 부정 / *unqualified* praise 무조건(무턱대고) 하는 칭찬. ~·**ly** *adv.* ~·**ness** *n.*
un·qual·i·fy·ing [ʌnkwálifàiiŋ / -kwɔ́l-] *adj.* 자격을 잃게 하는.
un·quan·ti·fi·a·ble [ʌnkwántifàiəbl / -kwɔ́n-] *adj.* 수량화할 수 없는, 계량(계측) 불가능한; 정체를 알 수 없는.
un·quench·a·ble [ʌnkwéntʃəbl] *adj.* 끌 수 없는, 억누를 수 없는.
***un·ques·tion·a·ble** [ʌnkwéstʃ(ə)nəbl] *adj.* 1 의문의 여지가 없는, 의심할 바 없는, 확실한. 2 더할 나위 없는, 흠잡을 데 없는. ~·**ness** *n.*
***un·ques·tion·a·bly** [ʌnkwéstʃ(ə)nəbli] *adv.* 의심할 여지 없이, 확실히, 명백히.
un·ques·tioned [ʌnkwéstʃ(ə)nd] *adj.* 질문(심문)받지 않는, 조사받지 않는, 의심할 여지 없는, 반대할 수 없는.
un·ques·tion·ing [ʌnkwéstʃ(ə)niŋ] *adj.* 의문을 품지 않는, 망설이지 않고 받아들이는; 절대적인.
un·qui·et [ʌnkwáiət] *adj.* 1 동요하는, 어지러운, 불온한. 2 불안한, 침착하지 못한. — *n.* ⓤ 안절부절 못하는 태도, 불온한 상태. ~·**ly** *adv.* ~·**ness** *n.*
un·quot·a·ble [ʌnkwóutəbl] *adj.* 인용할 수 없는, 인용할 가치가 없는.
un·quote [ʌnkwóut] *vi.* (**-quot·ed, -quot·ing**) 인용을 끝내다.
U.N.R., UNR (略) (프랑스) *Union pour la Nouvelle République* (= *Union for the New Republic*) (신공화국 연합; 1958년 결성된 de Gaulle 파의 정당. 1968년 U.D.R.로 되었다).
un·rat·ed [ʌnréitid] *adj.* 1 규격을 정하지 않은, 등급을 정하지 않은. 2 지방세를 부과하지 않은.
un·rav·el [ʌnrǽvl] *v.* (**-eled, -el·ing**; (특히 英))

unread 2333 **unreversed**

-elled, -el·ling** vt. 1 〔실〕을 풀다, 끄르다. ¶ *unravel a cord into* its separate strands 끈을 가닥가닥으로 풀다. 2 …을 해명하다, 끝내지 밝히다. ── vi. *unravel problems* 문제를 풀다. ── vi. 풀리다.
un·read [ʌnréd] *adj.* 1 읽히지 않은, 열람되지 않은, 아직 읽지 않은. 2 독서를 하지 않는; 배우지 못한, 무식한.
un·read·a·ble [ʌnríːdəbl] *adj.* 1 읽기 어려운, 읽을 수 없는, 판독할 수 없는. 2 읽을 가치가 없는. 3 읽어도 재미없는.
un·read·y [ʌnrédi] *adj.* 1 준비가 없는, 준비가 되어 있지 않은. 2 민첩하지 못한, 굼뜬. 3 〔英방언〕채비를 하지 않은. **-read·i·ly** *adv.* **-read·i·ness** *n.*
***un·re·al** [ʌnríː(ə)l / -ríəl] *adj.* 1 실재(實在)하지 않는, 실체가 없는. 2 허위의, 진실성이 없는. 3 환상적인, 공상적의. ~**ly** [-əli] *adv.* ◇ unreálity *n.*
un·re·al·i·ty [ʌnri(ː)ǽliti] *n.* Ⓤ(Ⓒ) (*pl.* -**ties**) 1 비현실(실재)성; 비현실적인 것, 실재하지 않는 것. 2 비실체적인 성질.
un·re·al·iz·a·ble [ʌnríː(ː)əlàizəbl] *adj.* 1 착각적인; 실현할 수 없는. 2 이해할 수 없는. 3 현금으로 바꿀 수 없는.
un·re·al·ized [ʌnríː(ː)əlàizd] *adj.* 실현되지 않은; 알아채지 못한.
un·rea·son [ʌnríːz(ə)n] *n.* Ⓤ 불합리, 부조리; 어리석음, 우둔. ── vt. …의 이성을 잃게 하다, 〔마음 따위〕를 흔들리게 하다.
‡**un·rea·son·a·ble** [ʌnríːz(ə)nəbl] *adj.* 1 이성이 없는, 비이성적인. 2 실정에 맞지 않는. 3 불합리한, 상규(常規)를 벗어난, 터무니없는. ⇨ IRRATIONAL 類語 4 분별없는. ~**ness** *n.*
un·rea·son·a·bly [ʌnríːz(ə)nəbli] *adv.* 불합리하게, 부당하게.
un·rea·soned [ʌnríːznd] *adj.* 도리를 벗어난; 불합리한.
un·rea·son·ing [ʌnríːz(ə)niŋ] *adj.* 이성으로 생각하지 않는, 이치에 맞지 않는. ~**ly** *adv.*
un·re·cip·ro·cat·ed [ʌnrisíprəkèitid] *adj.* 교환되지 않은; 보답없는, 짝사랑의.
un·re·claimed [ʌnrikléimd] *adj.* 1 회수되지 않은. 2 교정(矯正)되지 않은. 3 개척되지 않은.
un·rec·og·nized [ʌnrékəgnàizd] *adj.* 인식되지 않은.
un·re·con·struct·ed [ʌnriːkənstrʌ́ktid] *adj.* 1 남은 사상의, 머리를 개조할 수 없는. 2 〔美약사〕〔남부의 여러 주가〕 남북 전쟁 후의 재편입을 위한 여러 조건을 받아들이지 않는.
un·re·cord·ed [ʌnrikɔ́ːrdid] *adj.* 기록(등록)되지 않은.
un·re·deemed [ʌnridíːmd] *adj.* 1 회수(상환)되지 않은. ¶ an *unredeemed* pawn 유질품(流質品). 2 이행되지 않은.
un·reel [ʌnríːl] *vt.* …을 도로 감다. ── vi. 되감기다.
un·reeve [ʌnríːv] *v.* (**-rove** [-róuv] *or* -**reeved**, -**reev·ing**) 〔항해〕 *vt.* 〔활차(滑車)에서〕〔밧줄〕을 빼다. ── vi. 〔밧줄이 활차에서〕 빠지다.
un·re·fined [ʌnrifáind] *adj.* 정제되지 않은; 세련되지 못한.
un·re·flect·ing [ʌnrifléktiŋ] *adj.* 반사하지 않는; 반성하지 않는, 지각없는. ~**ly** *adv.*
un·re·flec·tive [ʌnrifléktiv] *adj.* 〔행동 따위가〕 사려 깊지 못한, 분별이 없는. ~**ly** *adv.*
un·re·formed [ʌnrifɔ́ːrmd] *adj.* 개혁(교정)되지 않은
un·re·gard·ed [ʌnrigáːrdid] *adj.* 고려되지 않은, 무시된.
un·re·gen·er·ate [ʌnridʒénərit] (*또한 -**re·gen·er·at·ed*** [-èitid]) *adj.* 1 〔정신적으로〕갱생하지 않은; 개종하지 않는. 2 죄많은. ~**ly** *adv.*
un·reg·is·tered [ʌnrédʒistərd] *adj.* 등록(기록)되지 않은; 등기 우편이 아닌.
un·re·hearsed [ʌnrihə́ːrst] *adj.* 1 리허설이 없는. 2 저절로 생기는(spontaneous).
un·re·lat·ed [ʌnriléitid] *adj.* 관계가 없는; 이야기되지 않은.

un·re·laxed [ʌnrilǽkst] *adj.* 늦추어지지 않는; 긴장한.
un·re·lent·ing [ʌnriléntiŋ] *adj.* 가차없는, 흔들리지 않는. ~**ly** *adv.* ~**ness** *n.*
un·re·li·a·bil·i·ty [ʌnrilàiəbíliti] *n.* Ⓤ미덥지 못함.
***un·re·li·a·ble** [ʌnrilàiəbl] *adj.* 의지가 안되는; 신뢰할 수 없는. **-bly** *adv.* 〔운.
un·re·lieved [ʌnrilíːvd] *adj.* 구제되지 않은; 단조로
un·re·li·gious [ʌnrilídʒəs] *adj.* 종교가 없는, 종교와 관계없는. ~**ly** *adv.* ~**ness** *n.*
un·rem·e·died [ʌnrémidid] *adj.* 1 치료되지 않은; 교정되지 않은. 2 배상되지 않은.
un·re·mem·bered [ʌnrimémbərd] *adj.* 기억되지 않는.
un·re·mit·ted [ʌnrimítid] *adj.* 1 〔채무 따위가〕 면제되지 않은; 〔죄가〕 사면(경감)되지 않은. ¶ an *unremitted* debt 면제되지 않은 빚. 2 중단없는, 꾸준한, 연속적의. ¶ *unremitted* attention 부단한 배려.
un·re·mit·ting [ʌnrimítiŋ] *adj.* 끊임없는, 쉴 새 없는; 끈질긴. ¶ *unremitting* exertion 꾸준한 노력. ~**ly** *adv.* ~**ness** *n.*
un·re·moved [ʌnrimúːvd] *adj.* 제거되지 않은; 이동되지 않은.
un·re·mu·ner·a·tive [ʌnrimjúːnərèitiv / -rətiv] *adj.* 무보수의; 수지가 맞지 않는, 보람이 없는.
un·re·pair [ʌnripέər] *n.* Ⓤ 파손(수선하지 않은) 상태, 황폐.
un·re·pealed [ʌnripíːld] *adj.* 〔법률 따위가〕 폐지되지 않은, 유효한.
un·re·pent·ant [ʌnripéntənt] *adj.* 뉘우치지 않는, 개전하지 않는; 완고한.
un·re·plen·ished [ʌnripléniʃt] *adj.* 보충(보급)되지 않은.
un·re·port·ed [ʌnripɔ́ːrtid / -pɔ́ːt-] *adj.* 보고(보도)되지 않은; 의사록(판결록)에 기록되지 않은.
un·rep·re·sent·a·tive [ʌnreprizéntətiv] *adj.* 1 선거민을 대표하지 않는, 비대표적의.
un·rep·re·sent·ed [ʌnreprizéntid] *adj.* 대표(예시(例示))되지 않은.
un·re·pressed [ʌnriprést] *adj.* 억제(진압)되지 않은.
un·re·proved [ʌnriprúːvd] *adj.* 책망받지 않은, 나무랄 데 없는.
un·re·quest·ed [ʌnrikwéstid] *adj.* 요구되지 않은.
un·re·quit·ed [ʌnrikwáitid] *adj.* 보수(보복) 없는.
un·re·serve [ʌnrizə́ːrv] *n.* Ⓤ 사양하지 않음, 담백, 솔직.
un·re·served [ʌnrizə́ːrvd] *adj.* 무제한의; 솔직한; 예약되지 않은. **-serv·ed·ly** [-vidli] *adv.*
un·re·signed [ʌnrizáind] *adj.* 단념하지 않는; 사직하지 않은.
un·re·solved [ʌnrizɔ́lvd / -zɔ́lvd] *adj.* 1 미결정의, 미해결의. 2 결단력이 없는, 의견이 결정되지 않은.
un·re·spon·sive [ʌnrispánsiv / -pɔ́n-] *adj.* 반응이 없는, 마이 동풍격의.
***un·rest** [ʌnrést] *n.* Ⓤ 걱정, 불안; 〔사회적인〕 불안, 불온. ¶ political(social) *unrest* 정치(사회)적 불안.
un·rest·ful [ʌnréstfəl] *adj.* 불안한, 마음을 불안케 하는. ~**ly** [-fəli] *adv.*
un·re·strained [ʌnristréind] *adj.* 억제받지 않은, 제한 없는; 거리낌없는. **- strain·ed·ly** [-stréinidli] *adv.*
un·re·straint [ʌnristréint] *n.* Ⓤ 무제한, 방임; 방종.
un·re·strict·ed [ʌnristríktid] *adj.* 제한(구속)이 없는.
un·re·ten·tive [ʌnriténtiv] *adj.* 기억력이 나쁜; 유지력이 없는, 유지하기 잘 못하는.
un·re·tract·ed [ʌnritrǽktid] *adj.* 취소(철회)되지 않는.
un·re·versed [ʌnrivə́ːrst] *adj.* 1 뒤집히지 않은, 거

꾸로 되지 않은, 역전되지 않은. **2** 취소되지 않은; 논파되지 않은.

un·re·voked [ˌʌnrivóukt] *adj.* 취소(폐지, 해제, 철회)되지 않은.

un·re·ward·ed [ˌʌnriwɔ́ːrdid] *adj.* 보수(보답)가 없는.

un·rhe·tor·i·cal [ˌʌnritɔ́ːrik(ə)l, -tár-/-tɔ́r-] *adj.* 수사적(修辭的)이 아닌, [문체가] 꾸밈없는(literal), 쉬운(plain).

un·rid·dle [ʌnrídl] *vt.* (-dled, -dling) …의 수수께끼를 풀다, 해명하다.

un·rig [ʌnríg] *vt.* (-rigged, -rig·ging) **1** [배 따위]의 장비·밧줄 따위를 떼어내다(풀다). **2** …의 옷을 벗기다(unclothe).

un·right·eous [ʌnráitʃəs] *adj.* 옳지 못한, 사악한, 죄많은. ¶ *an unrighteous law* 부당한 법률. ~·**ly** *adv.* ~·**ness** *n.*

un·rip [ʌnríp] *vt.* (-ripped, -rip·ping) …을 절개(切開)하다; …을 폭로하다(disclose); 밝히다.

un·ripe [ʌnráip] *adj.* **1** 미숙한; 미발달의, 발달이 충분하지 않은. **2** 시기상조의. ~·**ly** *adv.* ~·**ness** *n.*

*****un·ri·valed**, (英) **-valled** [ʌnráiv(ə)ld] *adj.* 무적의; 무쌍한, 비길 데 없는(matchless).

un·roast·ed [ʌnróustid] *adj.* **1** [고기 따위를] 굽지 않은. **2** [야금] 하소(煆燒)되지 않은.

un·robe [ʌnróub] *v.* (-robed, -rob·ing) *vt.* [관복 따위]를 벗기다. —— *vi.* 옷을 벗다.

un·roll [ʌnróul] *vt.* **1** [말린 것]을 풀다, 펴다. **2** …을 드러내다. —— *vi.* 풀어지다, 펴지다.

un·roof [ʌnrúːf] *vt.* …의 지붕을 벗기다, 덮개를 치우다.

un·root [ʌnrúːt, +美 -rút] *vt.* …을 뿌리째 뽑다, 근절하다(uproot), 절멸시키다. —— *vi.* 뿌리가 빠지다, 절멸의.

un·round·ed [ʌnráundid] *adj.* [음성] 비원순(非圓脣)의.

UNRRA, U.N.R.R.A. [ʌ́nrə] 《略》 *U*nited *N*ations *R*elief and *R*ehabilitation *A*dministration (유엔구제 부흥 사업국, 운라).

un·ruf·fled [ʌnrʌ́fld] *adj.* 침착한; 잔잔한(calm).

un·ruled [ʌnrúːld] *adj.* **1** 지배받지 않는. **2** 괘선(罫線)을 치지 않은.

un·ru·ly [ʌnrúːli] *adj.* (-li·er, -li·est) 고분고분하지 않은, 규칙에 따르지 않는; 날뛰는. ⇨ **WILLFUL** 類語 -li·ness *n.*

UNRWA 《略》 *U*nited *N*ations *R*elief and *W*orks *A*gency (유엔(팔레스티나) 난민 구제 사업 기관).

un·sad·dle [ʌnsǽdl] *v.* (-dled, -dling) *vt.* **1** …에서 안장을 내리다. **2** …을 낙마(落馬)시키다. —— *vi.* 말에서 안장을 내리다.

*****un·safe** [ʌnséif] *adj.* **1** 안전하지 않은, 위험한, 불안한. **2** [유죄 판결, 평결 따위가] 충분히 납득할 수 없는, 상소(上訴)될 가능성이 큰, 확정적이 아닌.

un·said [ʌnséd] *adj.* 말하지 않은, 입 밖에 내지 않은.

un·saint·ly [ʌnséintli] *adj.* 성인(성자)답지 않은.

un·sal·a·ble [ʌnséiləbl] *adj.* 비매품인; 팔리지 않는.

un·sanc·ti·fied [ʌnsǽŋktəfàid] *adj.* 정화되지 않은, 신성하지 않은; 더러운, 부정(不淨)한.

un·san·i·tar·y [ʌnsǽnitèri / -t(ə)ri] *adj.* **1** 비위생적인, 건강에 좋지 않은.

un·sa·tia·ble [ʌnséiʃiəbl, -ʃi·ə-] *adj.* 만족시킬 수 없는.

un·sa·ti·at·ed [ʌnséiʃièitid] *adj.* 만족 못한, 싫증나지 못한.

*****un·sat·is·fac·to·ry** [ʌnsæ̀tisfǽkt(ə)ri] *adj.* 만족스럽지 못한, 마음에 차지 않는, 충분치 못한.

un·sat·is·fied [ʌnsǽtisfàid] *adj.* 만족 못한, 성이 차지 않은.

un·sat·is·fy·ing [ʌnsǽtisfàiiŋ] *adj.* 만족스럽지 못한, 만족스럽게 하지 않는; 성이 차지 않는; 불충분한.

un·sat·u·rat·ed [ʌnsǽtʃurèitid] *adj.* [화학] 불포화의.

un·saved [ʌnséivd] *adj.* 구할 수 없는, 구제되지 않은.

un·sa·vor·y, 《英》 **-vour·y** [ʌnséiv(ə)ri] *adj.* **1** 맛없는; 고약한 냄새가 나는. **2** [도덕적으로] 불쾌한.

un·say [ʌnséi] *vt.* (-said [-séd], -say·ing) [한 말]을 철회하다, 취소하다, …을 식언(食言)하다.

UNSC 《略》 *U*nited *N*ations *S*ecurity *C*ouncil (유엔 안전 보장 이사회).

un·scal·a·ble [ʌnskéiləbl] *adj.* [담 따위]를 기어오를 수 없는.

un·scaled [ʌnskéild] *adj.* **1** 비늘(물때)이 벗겨지지 않은. **2** [산이] 아직 사람이 등반한 일이 없는, 처녀봉의.

un·scanned [ʌnskǽnd] *adj.* 《詩》 [시행이] 운각(韻脚)으로 나누어지지 않은.

un·scared [ʌnskɛ́ərd] *adj.* 겁내지 않는, 협박을 당하지 않는.

un·scathed [ʌnskéiðd] *adj.* 상처(해)를 입지 않은, 흠이 없는.

un·schol·ar·ly [ʌnskάlərli / -skɔ́l-] *adj.* **1** 학식(학문)이 없는. **2** 학자답지 않은(로서 걸맞지 않은).

un·schooled [ʌnskúːld] *adj.* **1** 학교 교육을 받지 못한, 무학의; 경험이 없는. **2** 인위적이 아닌; 타고난(natural).

un·sci·en·tif·ic [ʌ̀nsaiəntífik] *adj.* 비과학적인, 학술적이 아닌. -**i·cal·ly** [-ikəli] *adv.*

un·scorched [ʌnskɔ́ːrtʃt] *adj.* 눋지 (타지) 않은; 시들지 않은; 초토화되지 않은.

un·scoured [ʌnskáuərd] *adj.* 닦지 않은; 씻어내리지 않은.

un·scourged [ʌnskɔ́ːrdʒd] *adj.* 매맞지 않은. **1** 천벌이 내리지 않은.

un·scram·ble [ʌnskrǽmbl] *vt.* (-bled, -bling) [흐트러진 것]을 다시 정리하다, [암호]를 해독하다.

un·screw [ʌnskrúː] *vt.* …의 나사를 빼다(늦추다). —— *vi.* 나사가 빠지다 (늦추어지다).

un·script·ed [ʌnskríptid] *adj.* 《英》 원고가 없는; [방송의 대사가] 대본에 없는, 즉흥적인(extempory).

*****un·scru·pu·lous** [ʌnskrúːpjuləs] *adj.* 염치 없는, 도덕에 어긋나는; 비양심적인, 지조 없는, 파렴치한, 부덕한. ~·**ly** *adv.* ~·**ness** *n.*

un·sculp·tured [ʌnskʌ́lptʃərd] *adj.* **1** 조각되어 있지 않은. **2** [동물] 반들반들한(smooth).

un·seal [ʌnsíːl] *vt.* **1** …을 개봉하다; [굳게 닫힌 것]을 열다. **2** [비유적으로] [입 따위]를 열게 하다, [생각 따위]를 털어놓다, 표명하다; [태도 따위]를 자유롭게 하다.

un·sealed [ʌnsíːld] *adj.* **1** 봉하지 않은, 봉인을 찍지 않은; 개봉한. **2** 미확인의.

un·seam [ʌnsíːm] *vt.* …의 솔기를 뜯다; …을 잡아 째다.

un·search·a·ble [ʌnsə́ːrtʃəbl] *adj.* 찾아낼 수 없는; 불가해한; 불가사의한(mysterious). ~·**ness** *n.* -**bly** *adv.*

un·sea·son·a·ble [ʌnsíːz(ə)nəbl] *adj.* **1** 계절(철)에 맞지 않는, 때 아닌, 불순한. **2** 시기가 나쁜, 그 자리에 어울리지 않는; 얼빠진. ~·**ness** *n.* -**bly** *adv.*

un·sea·soned [ʌnsíːz(ə)nd] *adj.* **1** [음식이] 맛들지 않은. **2** [목재 따위가] 충분히 건조하지 않은 마르지 않은. **3** [일 따위에] 익숙하지 않은(to…), 미숙한, 경험이 없는.

un·seat [ʌnsíːt] *vt.* **1** …의 자리를 빼앗다. **2** …을 낙마(落馬)시키다. **3** …을 면직(퇴직)시키다; [의원]의 의석을 빼앗다; …을 실격시키다. ¶ *be unseated for misconduct* 비행(非行) 때문에 면직되다.

un·seat·ed [ʌnsíːtid] *adj.* **1** 자리가 없는. **2** 낙마한. **3** 실격한, 의석이 없는; 직장이 없는.

un·sea·wor·thy [ʌnsíːwə̀ːrði] *adj.* [배가] 항해에 견디지 못하는, 내항력(耐航力)이 없는. -**thi·ness** *n.*

un·sec·ond·ed [ʌnsék(ə)ndid] *adj.* 지지받지 못하는; 찬성자가 없는.

un·se·cured [ʌ̀nsikjúərd] *adj.* **1** 안전(확실)하지 않은; 무담보의. **2** [문 따위가] 잘(꼭) 닫히지 않은.

un·see·ing [ʌnsíːiŋ] *adj.* **1** 주의깊게 보지 않는, **2**

눈이 보이지 않는, 맹목의(blind). **3** 의심하지 않는 (unsuspecting).

un·seem·ly [ʌnsíːmli] *adj.* 볼품없는, 보기 흉한; 꼴 사나운, 어울리지 않는, 적당치 않은. ⇨ IMPROPER〖類語〗 —— *adv.* 보기 흉하게, 꼴 사납게; 적당치 않게. **-li·ness** *n.*

‡**un·seen** [ʌnsíːn] *adj.* **1** 아직 본 적이 없는; 미지의, 알지 못하는(unknown). **2** 보이지 않는. **3** 《英》《과제 따위가》즉석의. ¶ an *unseen* passage 즉석 번역 과제. —— *n.* **1** (the ~) 보이지 않는 것. **2** (the ~) 영계(靈界). **3** 즉석 번역 과제.

un·seg·re·gat·ed [ʌnségrigèitid] *adj.* 분리하지 않은; [특히] 인종 차별이 없는(integrated).

****un·self·ish** [ʌnsélfiʃ] *adj.* 이기적이 아닌, 무사(無私) 한, 이타적인. **~·ly** *adv.* **~·ness** *n.*

un·sell [ʌnsél] *vt.* (-sold, -sell·ing)《美구어》…의 가치(진실성)를 믿지 않도록 설득하다, 찬동하지 않도록 권하다.

un·sen·sa·tion·al [ʌnsenséiʃən(ə)l] *adj.* 선정적이 아닌, 호기심을 돋우지 않는, 인기 위주가 아닌.

un·ser·vice·a·ble [ʌnsə́ːrvisəbl] *adj.* **1** 도움이 되지 않는, 쓸모없는(useless). **2** 《주로 英》군 복무에 부적당한.

un·set [ʌnsét] *adj.* **1** [보석 따위가] 대(臺)에 끼우지 않은. **2** 굳지 않은, 응고하지 않은. —— *vt.* (-set, -set·ting) [보석 따위를] 대에서 빼내다.

un·set·tle [ʌnsétl] *vt.* (-tled, -tling) **1** …[위치]를 동요시키다; …을 뒤흔들다, 휘젓다. **2** 〔감정을〕뒤흔들다, 〔마음 따위를〕어지럽히다, 〔사람을〕불안하게 하다, …의 침착성을 잃게 하다. —— *vi.* 흔들리다; 어지러 위지다; 침착성을 잃다.

****un·set·tled** [ʌnsétld] *adj.* **1** 〔날씨 따위가〕일정치 않은, 변하기 쉬운(changeable); 〔상태 따위가〕안정치 않은, 불안정한. ¶ *unsettled* times 불안정한 시대. **2** 〔마음·의견 따위가〕동요하고 있는, 자리를 잡지 못한; 결정되지 않은, 결단을 내리지 않은. ¶ Much remains *unsettled.* 미결 사항이 많다. **3** 지불되지 않은; 조정되지 않은. **4** 〔거처가〕일정치 않은; 정주자(定住者)가 없는(unpopulated).

un·sew [ʌnsóu] *vt.* (-sewed, -sewn *or* -sewed, -sew·ing) 〔솔기를〕풀다(undo); …을 잡아째다(rip).

un·sex [ʌnséks] *vt.* 〔남녀〕의 성의 특질을 없애다; 〔특히〕〔여성〕의 여성다움을 없애다, 〔여성〕을 남성화하다.

un·sexed [ʌnsékst] *adj.* 〔병아리〕가 암수로 선별이 안 된; 성적 불능이 된.

UNSF (略) United Nations Special Fund (유엔 특별 기금).

un·shack·le [ʌnʃǽkl] *vt.* (-led, -ling) …의 굴레를 벗기다; …을 해방하다(liberate), …에게 자유를 주다.

un·shack·led [ʌnʃǽkld] *adj.* 해방된, 속박을 받지 않는.

un·shak·a·ble, -shake- [ʌnʃéikəbl] *adj.* 흔들 수 없는, 요지부동의, 꿈쩍 안하는.

un·shak·en [ʌnʃéikən] *adj.* 흔들리지 않는, 진동하지 않는, 튼튼한, 끄떡 없는, 확고한.

un·shaped [ʌnʃéipt] *adj.* **1** 형체가 없는(shapeless). **2** 볼품없는(ugly), 흉한; 기형의(deformed).

un·shape·ly [ʌnʃéipli] *adj.* 볼품없는, 보기 흉한, 추한.

un·shap·en [ʌnʃéip(ə)n] *adj.* = unshaped.

un·shaved [ʌnʃéivd] *adj.* 수염을 깎지 않은.

un·sheathe [ʌnʃíːð] *vt.* (-sheathed, -sheath·ing) **1** 〔칼 따위를〕칼집에서 빼다. **2** …의 덮개를 벗기다 (uncover).

un·shell [ʌnʃél] *vt.* …의 껍데기를 벗기다, …을 껍질에서 꺼내다.

un·shel·tered [ʌnʃéltərd] *adj.* 덮이지 않은, 감추어지지 않은; 방호되지 않은; 드러난.

un·ship [ʌnʃíp] *v.* (-shipped, -ship·ping) *vt.* 1 〔뱃짐손님〕을 내려주다, 하선시키다. **2** 〔항해〕〔노·키 따위〕를 떼어내다. —— *vi.* **1** 뱃짐이 부려지다; 하선하다. **2** 떼어지다.

un·shod [ʌnʃɑ́d/-ʃɔ́d] *adj.* **1** 신을 신기지 않은, 맨발의 (barefoot). **2** 〔말〕에 편자를 박지 않은. **3** 〔차가〕타이어가 없는, 외륜(外輪)이 없는. **4** 〔지팡이 따위가〕쇠끝이 달리지 않은.

un·shoe [ʌnʃúː] *vt.* (-shod, -shod *or* -shod·den, -shoe·ing) …에게 신을 벗게 하다. **2** 〔말〕의 편자를 떼어내다.

un·shorn [ʌnʃɔ́ːrn/-ʃɔ́ːn] *adj.* **1** 깎지 않은, 가위질을 하지 않은. **2** 벌채되지 않은, 〔논밭 따위가〕수확하지 않은.

un·shrink·a·ble [ʌnʃríŋkəbl] *adj.* 줄지 않는.

un·shrink·ing [ʌnʃríŋkiŋ] *adj.* **1** 줄어들지 않는. **2** 위축하지 않는, 겁내지 않는; 단호한. **~·ly** *adv.*

un·sift·ed [ʌnsíftid] *adj.* **1** 체질하지 않은, 여과하지 않은. **2** 정선(정사(精查))하지 않은, 음미하지 않은.

un·sight [ʌnsáit] *adj.* 보지 않은, 조사하지 않은. * 보통 다음 숙어로 쓴다.
unsight, unseen 보지도 조사하지도 않고. ¶ He bought a house *unsight, unseen.* 그는 집을 보지도 조사하지도 않고 샀다.

un·sight·ed [ʌnsáitid] *adj.* **1** 보이지 않는. **2** 〔총의〕가늠자가 없는; 가늠자 없이 겨냥한. **3** 시야(視野)가 가로막힌.

un·sight·ly [ʌnsáitli] *adj.* 추한, 보기 흉한, 눈에 거슬리는. **-li·ness** *n.*

un·sis·ter·ly [ʌnsístərli] *adj.* 자매답지 않은, 자매다운 정이 없는.

un·sized [ʌnsáizd] *adj.* 도사(陶砂)(size)를 칠하지 않은, 풀을 먹이지 않은.

****un·skilled** [ʌnskíld] *adj.* **1** 미숙한, 숙달되지 않은. **2** 숙련이 필요치 않은. ¶ *unskilled* labor 비숙련 노동(자).

un·skill·ful, 《英》**-skil-** [ʌnskílfəl] *adj.* 서투른, 솜씨 없는. **~·ly** [-fəli] *adv.* **~·ness** *n.*

un·slacked [ʌnslǽkt] *adj.* **1** 느슨해지지 않은. **2** = unslaked 2.

un·slaked [ʌnsléikt] *adj.* **1** 〔갈증 따위가〕가시지 않은, 줄어들지 않은. **2** 〔석회가〕소화(消和)되지 않은, 생(生)의.

un·sleep·ing [ʌnslíːpiŋ] *adj.* 잠자지 않는, 불면의, 밤 새는, 밤에도 자지 않는(wakeful); 쉴 새 없이 이어지는(constant).

un·sling [ʌnslíŋ] *vt.* (-slung, -sling·ing) **1** 〔총 따위〕를 매단 곳에서 내리다. **2** 〔항해〕〔활대 따위〕를 매 밧줄에서 내리다.

un·smoked [ʌnsmóukt] *adj.* **1** 그을리지 않은, 훈제(燻製)가 아닌. **2** 〔담배가〕피우지 않은.

un·snap [ʌnsnǽp] *vt.* (-snapped, -snap·ping) …의 스냅(걸쇠)을 풀다.

un·snarl [ʌnsnɑ́ːrl] *vt.* …의 얽힌 것을 풀다(끄르다).

un·so·cia·bil·i·ty [ʌnsòuʃəbíləti] *n.* ⓤⓒ (*pl.* -ties) 교제하기 싫어함, 교제가 서투름, 비사교성; 무뚝뚝한 행동(성격).

un·so·cia·ble [ʌnsóuʃəbl] *adj.* 남과 친해지지 않는, 비사교적인, 교제하기 싫어하는; 내성적인. **~·ness** *n.* **-bly** *adv.* [sociable]

un·so·cial [ʌnsóuʃ(ə)l] *adj.* **1** 비사회적인. **2** = unsociable.

un·social hours *n. pl.* 《복수 취급》《英》잔업 시간 〔정상 근무 시간 외의 노동 시간〕.

un·soiled [ʌnsɔ́ild] *adj.* 더럽혀지지 않은; 깨끗한.

un·sol·der [ʌnsɑ́dər / -sɔ́ldə] *vt.* **1** …의 납땜을 떼다, 〔납땜으로 이은 것〕을 분리시키다. **2** …을 떼어놓다, 나누다.

un·so·lic·it·ed [ʌ̀nsəlísitid] *adj.* **1** 간청되지 않은; 부탁받지 않은; 청혼받지 않은. **2** 청구(부탁)받은 것이 아닌, 자발적인; 쓸데없는, 공연한 참견인.

un·solved [ʌnsálvd / -sɔ́lvd] *adj.* 풀리지 않는, 미해결의.

un·so·phis·ti·cat·ed [ʌ̀nsəfístikèitid] *adj.* **1** 단순한, 숫수를 모르는, 순진한(naive). **2** 순수한(pure), 진짜인, 틀림없는. **3** 복잡하지 않은, 정교하지 않은. ~·**ly** *adv.* ~·**ness** *n.*

un·sought [ʌnsɔ́ːt] *adj.* 찾지 않은; 바라지 않은.

un·sound [ʌnsáund] *adj.* **1** [몸·마음이] 건전하지 않은, 병적인, 건강치 못한. ¶ an *unsound* friend 좋지 못한 친구. **2** [목재·과실 따위가] 썩은; [곡물이] 불량한. **3** [기초가] 튼튼하지 않은, 흔들흔들 하는; [경제적으로] 실하지 못한, 신용할 수 없는. **4** [이론 따위가] 근거 박약한; 믿을 수 없는. **5** [잠이] 얕은. ~·**ly** *adv.* ~·**ness** *n.*

un·sound·ed [ʌnsáundid] *adj.* **1** 소리가 나지 않은, 소리 내는. **2** 측량하지 않은; 깊이를 헤아릴 수 없는.

un·sown [ʌnsóun] *adj.* [씨가] 뿌려지지 않은; 씨를 뿌리지 않은. ¶ *unsown* fields 씨를 뿌리지 않은 논밭.

un·spar·ing [ʌnspɛ́(ː)riŋ / -spɛ́ər-] *adj.* **1** 아끼지 않는, 인색하지 않은(of, in...). ¶ In doing anything he is *unsparing* of himself. 그는 어떤 일을 해도 몸을 아끼지 않는다. **2** 엄한(severe), 가차없는. ~·**ly** *adv.* ~·**ness** *n.*

un·speak [ʌnspíːk] *vt.* (**-spoke, -spo·ken, -speak·ing**) [폐어] =unsay.

*un·speak·a·ble** [ʌnspíːkəbl] *adj.* **1** 말로 다할 수 없는, 이루 말할 수 없는, 형언하기 어려운; **2** 입에 담기도 무서운, 언어 도단의; 몹시 나쁜. ¶ His manners are *unspeakable*. 그의 몸가짐은 몹시 고약하다. ~·**ness** *n.* ~·**bly** *adv.*

un·spe·cial·ized [ʌnspéʃ(ə)làizd] *adj.* **1** 전문화되지 않은, 일반적인. **2** [생물] [기관 따위가] 분화되지 않은.

un·spec·i·fied [ʌnspésifàid] *adj.* 특별히 지시하지 않은, 특기 (特記) 하지 않은.

un·spec·u·la·tive [ʌnspékjulèitiv / -lətiv] *adj.* 사색적이 아닌, 순이론적이 아닌; 투기적이 아닌.

un·spell [ʌnspél] *vt.* (**-spelt** or **-spelled, -spell·ing**) …의 주문(呪文)을 풀다, 마력을 깨뜨리다(disenchant).

un·spent [ʌnspént] *adj.* 쓰지 않은; 탕진되지 않은.

un·sphere [ʌnsfíər] *vt.* (**-sphered, -spher·ing**) …을 범위 (권내)에서 제외하다.

un·spir·it·u·al [ʌnspíritʃu(ə)l / -tju-] *adj.* 영적(정신적)이 아닌; 물질적인, 세속적인, 현세적인(worldly).

un·spoiled [ʌnspɔ́ild / -spɔ́ilt, -spɔ́ild], **-spoilt** [-spɔ́ilt] *adj.* **1** 해를 입지 않은, 손상되지 않은. **2** 약탈당하지 않은.

un·spo·ken [ʌnspóuk(ə)n] *adj.* 무언의, 입밖에 내지 않는; 말을 걸지 않은(to...).

un·sports·man·like [ʌnspɔ́ːrtsmənlàik / -spɔ́ːts-] *adj.* 스포츠맨답지 않은; 운동 정신에 어긋나는.

un·spot·ted [ʌnspátid / -spɔ́t-] *adj.* **1** 반점이 없는. **2** [도덕적으로] 오점이 없는, 결백한, 흠이 없는(immaculate). 「리지 않은.

un·sprung [ʌnspráŋ] *adj.* [탈것 따위가] 스프링이 달

*un·sta·ble** [ʌnstéibl] *adj.* **1** 안정되지 않은; 흔들리기 쉬운; 변하기 쉬운(changeable). **2** 마음이 변하기 쉬운, 이랬다저랬다 하는, 미덥지 못한(unreliable). **3** [화학] [화합물이] 분해하기 쉬운, 불안정한. ~·**ness** *n.* ~·**bly** *adv.*

un·stained [ʌnstéind] *adj.* 더러움 없는, 오점이 없는 (spotless), [성격·명성 따위에] 흠이 없는.

un·stamped [ʌnstǽmpt] *adj.* **1** 눌러(밟아) 뭉개지 않은, **2** [편지·문서 따위에] 도장(소인 따위)가 찍히지 않은; 우표(인지 따위)가 붙지 않은.

un·stand·ard·ized [ʌnstǽndərdàizd] *adj.* 표준에 맞추지 않은, 통일되지 않은.

UN stánd-by fórce *n.* 유엔 대기군.

un·starched [ʌnstáːrtʃt] *adj.* **1** [피륙 따위가] 풀먹이지 않은, 부드러운. **2** [성격·태도 따위가] 딱딱하지 않은.

un·states·man·like [ʌnstéitsmənlàik] *adj.* 정치가답지 않은 (어울리지 않는).

un·stead·fast [ʌnstédfæst / -fəst] *adj.* [목적·행동·의견 따위가] 흔들리고 있는, 확고하지 못한.

*un·stead·y** [ʌnstédi] *adj.* **1** 굳세지 못한, 불안정한, 동요하는, 흔들거리는(shaky). ¶ The economy is *unsteady*. 경제는 불안정하다 // *unsteady* in one's opinion 의견이 분명치 않은 / *unsteady* of purpose 목적이 정해지지 않은. **2** 불규칙한, 고르지 않은. **3** 마음가짐이 나쁜, 품행이 단정치 못한. — *vt.* (**-stead·ied, -stead·y·ing**) …을 불안정하게 하다. **-stead·i·ly** *adv.* **-stead·i·ness** *n.*

un·steel [ʌnstíːl] *vt.* …의 힘을 빼다, 약하게 하다(soften); [감정·기분]을 누그러뜨리다; …의 무장을 해제하다.

un·step [ʌnstép] *vt.* (**-stepped, -step·ping**) [돛대] 장와 (檣座) 에서 뽑아내다 (빼내다).

un·stick [ʌnstík] *v.* (**-stuck, -stick·ing**) *vt.* [붙어 있는 것]을 잡아떼다. — *vi.* 붙지 않게 되다.

un·stint·ed [ʌnstíntid] *adj.* 제한되지 않은, 풍부한; 인색하지 않은, 아낌없이 주는, 후한(lavish).

un·stitch [ʌnstítʃ] *vt.* …의 솔기를 풀다, …을 풀다.

un·stop [ʌnstáp / -stɔ́p] *vt.* (**-stopped, -stop·ping**) **1** …의 마개를 풀다. **2** …의 장애물을 치우다. **3** [오르간의] 음전(音栓)을 열다.

un·strained [ʌnstréind] *adj.* **1** 긴장하지 않은; 억지가 아닌, 편안한, 자연스러운. **2** [기름 따위가] 거르지 않은, 정제하지 않은.

un·strap [ʌnstrǽp] *vt.* (**-strapped, -strap·ping**) …의 가죽끈을 풀다 (끄르다).

un·strat·i·fied [ʌnstrǽtifàid] *adj.* [지질] 층을 이루지 않는, 무성층(無成層)의. ¶ *unstratified* till 무성층 점토.

un·stressed [ʌnstrést] *adj.* 강조되지 않은; [음절이] 강세가 없는, 악센트가 없는.

un·strik·a·ble [ʌnstráikəbl] *adj.* [법률] 파업권이 없는; 파업의 대상이 되지 않는.

un·string [ʌnstríŋ] *vt.* (**-strung, -string·ing**) **1** [활 따위의] 현(시위)를 풀다 (늦추다). **2** …을 실(끈)에서 빼내다, …의 실을 뽑다; …의 끈을 풀다. **3** …의 긴장을 풀다; [신경]을 약하게 하다, …을 맥이 풀리게 하다, …의 자제력을 잃게 하다, 혼란시키다.

un·struc·tured [ʌnstrʌ́ktʃərd] *adj.* **1** 조직적이 아닌. **2** 통일되지 않은, 애매한.

un·strung [ʌnstrʌ́ŋ] *adj.* **1** 현(시위)가 풀어진, 느슨해진. **2** 신경이 약해진, 맥이 풀린.

un·stuck [ʌnstʌ́k] *adj.* 붙어 있지 않은, 흩어진. **come unstuck** ① [붙어 있던 것이] 떨어지다, 떼어지다. ② [계획 따위가] 빗나가다, 실패하다;[英구어] 무덤을 파다.

un·stud·ied [ʌnstʌ́did] *adj.* **1** 저절로 터득한. **2** 꾸민이 없는, 억지가 아닌, 자연스러운(natural). **3** 배우지 않은, 정통하지 않은(*in*...).

un·sub·dued [ʌ̀nsəbd(j)úːd / -djúːd] *adj.* 진압(정복)되지 않은; 억제되지 않은.

un·sub·scribed [ʌ̀nsəbskráibd] *adj.* 기명 (서명) 하지 않은.

un·sub·si·dized [ʌnsʌ́bsidàizd] *adj.* 보조금 (장려금) 을 받지 않은.

un·sub·stan·tial [ʌ̀nsəbstǽnʃ(ə)l] *adj.* **1** 튼튼하지 못한, 가벼운(light), 무른. **2** 실체(실질)가 없는, 알맹이가 없는, 내용이 빈약한. **3** 비현실적인, 공상적인, 몽상적인(visionary). ~·**ly** [-ʃəli] *adv.*

un·sub·stan·ti·al·i·ty [ʌ̀nsəbstæ̀nʃiǽliti] *n.* ⓤ **1** 튼튼하지 못함, **2** 실체(실질)가 없음. **3** 공상적임, 몽상적임.

un·sub·stan·ti·at·ed [ʌ̀nsəbstǽnʃièitid] *adj.* 증거가 없는, 입증되지 않은, 터무니 (근거) 없는.

*un・suc・cess・ful [ʌ̀nsəksésfəl] adj. 성공하지 못한, 실패한, 불운한. ~ly [-fəli] adv. ¶ an unsuccessful candidate 낙선한 후보자.

un・sug・ges・tive [ʌ̀nsəgdʒéstiv, -sədʒés- / -sədʒés-] adj. 암시적이 아닌, 시사적이 아닌(of...).

un・suit・a・bil・i・ty [ʌ̀nsuːtəbíliti / -s(j)uː-] n. ⓤ 부적당, 어울리지 않음, 당치 않음, 부적임.

*un・suit・a・ble [ʌnsúːtəbl / -s(j)úːt-] adj. 부적당한, 당치 않은, 적임(適任)이 아닌(to, for...). ~ness n. -bly adv.

un・suit・ed [ʌnsúːtid / -s(j)úːt-] adj. 1 적합지 않은, 부적당한(to, for...). 2 어울리지 않는(unfit), 상극인.

un・sul・lied [ʌnsʌ́lid] adj. 더럽혀지지 않은, 결백한.

un・sung [ʌnsʌ́ŋ] adj. 1 노래로 불리지 않는. 2 시가(詩歌)로 읊어지지 않는(칭송되지 않는).

un・sunned [ʌnsʌ́nd] adj. 1 햇빛이 들지 않는. 2 일반에 공개되지 않은.

un・sup・por・ta・ble [ʌ̀nsəpɔ́ːrtəbl / -pɔ́ːt-] adj. 1 떠받칠 수 없는; 지지할 수 없는, 방어할 수 없는. 2 견딜 수 없는.

un・sup・por・ted [ʌ̀nsəpɔ́ːrtid / -pɔ́ːt-] adj. 1 떠받쳐지지 않은. 2 지지를 받지 않은, 후원이 없는.

un・sure [ʌnʃúər] adj. 1 불안한, 불안정한, 위험한, 무너질 듯한. 2 확실치 않은(uncertain).

un・sur・passed [ʌ̀nsə(ː)rpǽst / -páːst] adj. 능가하는 자가 없는, 탁월한, 비길 데 없는, 유례 없는.

un・sus・cep・ti・ble [ʌ̀nsəséptəbl] adj. 느끼기 쉽지 않은, 불감성(不感性)의, …에 물들지 않은(to...).

un・sus・pect・ed [ʌ̀nsəspéktid] adj. 1 의심받지 않은, 혐의를 받지 않은, 수상쩍게 여겨지지 않은. 2 뜻밖의, 알려지지 않은(unknown). ~ly adv. ~ness n.

un・sus・pect・ing [ʌ̀nsəspéktiŋ] adj. 의심치 않는, 수상쩍게 여기지 않는, 믿고 있는. ~ly adv.

un・sus・pi・cious [ʌ̀nsəspíʃəs] adj. 의심치 않는, 수상히 여기지 않는(unsuspecting); 의심스럽지 않은, 수상하지 않은. ~ly adv.

un・sus・tained [ʌ̀nsəstéind] adj. 1 뒷받침이 없는, 지지를 받지 못한. 2 확증이 없는.

un・swathe [ʌ̀nswéið] vt. (-swathed, -swath・ing) …의 붕대(싸개)를 풀다.

un・swayed [ʌ̀nswéid] adj. 1 지배되지 않는; 좌우되지 않는, 흔들리지 않는, 영향받지 않는. 2 편견이 없는(unprejudiced).

un・swear [ʌ̀nswɛ́ər] vt. (-swore, -sworn, -swear・ing) 〔선서한 것을〕취소하다(어기다); 〔먼젓번 선서를〕다시 선서하여 취소하다.

un・sweep・a・ble [ʌ̀nswíːpəbl] adj. 〔기뢰가〕폭파 처리할 수 없는, 소해(掃海)할 수 없는.

un・sweet・ened [ʌ̀nswíːtnd] adj. 단맛이 없는, 달게 하지 않은.

un・swept [ʌ̀nswépt] adj. 쓸지 않은, 청소하지 않은; 일소되지 않은.

un・swerv・ing [ʌ̀nswə́ːrviŋ] adj. 1 빗나가지 않는, 벗어나지 않는. 2 확고한, 흔들리지 않는(steady), 지조가 굳은. ~ly adv.

un・sym・met・ri・cal [ʌ̀nsimétrik(ə)l] adj. 가지런치 않은, 고르지 않은, 균형이 잡히지 않은; 대칭(對稱)이 아닌. ~ly [-kəli] adv.

un・sym・pa・thet・ic [ʌ̀nsimpəθétik] adj. 1 동정심이 없는, 인정미 없는, 냉담한. 2 공명하지 않는, 감응(感應)하지 않는, 성미가 서로 맞지 않는.
-i・cal・ly [-ikəli] adv.

un・sym・pa・thiz・ing [ʌ̀nsímpəθàiziŋ] adj. 동정하지 않는, 인정이 없는; 공명하지 않는.

un・sys・tem・at・ic [ʌ̀nsistimǽtik] adj. 조직적이 아닌, 비계통적인, 비체계적인, 무질서한.
-i・cal・ly [-ikəli] adv.

un・tack [ʌntǽk] vt. …의 못(압정 따위)을 떼다, 뽑다.

un・tact・ful [ʌntǽktfəl] adj. 재간(재치)이 없는, 수완이 없는, 눈치가 빠르지 못한. ~ly [-fəli] adv. ~ness n.

un・taint・ed [ʌntéintid] adj. 더럽혀지지 않은, 오점이 없는, 깨끗한; 타락하지 않은. ~ly adv. ~ness n.

un・tamed [ʌntéimd] adj. 1 길들지 않은, 사육되지 않은, 야성의(wild). 2 억제되지 않은; 훈련받지 못한.

un・tan・gle [ʌntǽŋgl] vt. (-gled, -gling) 1 〔얽힌 것을〕풀다, 끄르다(disentangle). 2 〔분쟁 따위를〕해결하다.

un・tanned [ʌntǽnd] adj. 1 〔가죽이〕무두질하지 않은. 2 〔사람의 피부가〕햇볕에 타지 않은.

un・tapped [ʌntǽpt] adj. 1 〔통 따위의〕마개를 뽑지 않은, 주둥이를 내지 않은. 2 이용되지 않는.

un・tar・nished [ʌntáːrniʃt] adj. 흐린 데가 없는, 더러운 데가 없는.

un・tast・ed [ʌntéistid] adj. 1 〔음식 따위를〕맛보지 않은, 맛본 적이 없는. 2 아직 겪어보지 못한.

un・taught [ʌntɔ́ːt] adj. 1 배운 것이 아닌, 배워서 얻은 것이 아닌; 타고난. 2 배우지 못한, 무식한, 무지한(ignorant).

un・taxed [ʌntǽkst] adj. 비과세의, 면세의.

UNTC (略) United Nations Trustee Council (유엔 신탁 통치 이사회).

un・teach [ʌntíːtʃ] vt. (-taught, -teach・ing) 〔배운 것을〕잊어버리게 하다; 〔전에 배운 것의〕반대를 가르치다.

un・teach・a・ble [ʌntíːtʃəbl] adj. 1 가르치기 힘든; 고분고분하지 않은. 2 가르칠 수 없는, 교수할 수 없는. ~ness n.

un・tem・pered [ʌntémpərd] adj. 1 〔강철 따위가〕불리지 않은, 단련하지 않은. 2 적당히 손을 보지 않은, 조절하지 않은.

un・ten・a・ble [ʌnténəbl] adj. 1 옹호할 수 없는, 지지할 수 없는. 2 〔집 따위가〕거주할 수 없는. ~ness n.

un・ten・ant・a・ble [ʌnténəntəbl] adj. 〔토지・집이〕세놓기(세내기)에 적합하지 않은; 살 수 없는, 살 만하지 못한.

un・ten・ant・ed [ʌnténəntid] adj. 〔토지・가옥 따위가〕임대(임차)되지 않은, 비어 있는.

un・tend・ed [ʌnténdid] adj. 아무도 상관하지 않는, 방치된(neglected).

Un・ter・mensch [úntərmènʃ] n. (pl. -men・schen [-mènʃ(ə)n]) 인간 취급을 못 받는 사람, 열등 인간; 인간 이하의 것. (＜G)

un・teth・er [ʌntéðər] vt. …의 맨 밧줄을 풀다, …을 놓아주다.

un・thank・ful [ʌnθǽŋkfəl] adj. 1 감사하지 않는, 은혜를 모르는, 고마워하지 않는. 2 달갑지 않은, 고맙지 않은, 보답받지 못하는. ~ly [-fəli] adv. ~ness n.

un・thatch [ʌnθǽtʃ] vt. 〔지붕〕의 이엉을 벗기다.

un・think [ʌnθíŋk] v. (-thought, -think・ing) vi. 생각을 버리다, 무시하다. ── vt. …을 잊어버리다, …을 생각하지 않다.

un・think・a・ble [ʌnθíŋkəbl] adj. 생각도 할 수 없는, 상상할 수 없는; 생각되지 않는(unimaginable). ── n. (보통 ~s) 상상(생각)할 수 없는 것.
~ness n. -bly adv.

un・think・ing [ʌnθíŋkiŋ] adj. 생각하지 않는, 지각 없는, 분별없는, 부주의한(heedless).
~ly adv. ~ness n.

un・thought [ʌnθɔ́ːt] adj. 생각해 보지 못한(of, on); 생각지 못한, 뜻밖의(unexpected).

un・thought・ful [ʌnθɔ́ːtfəl] adj. 생각이 없는, 생각이 깊지 못한, 주의하지 않는, 부주의한(thoughtless).

un・thought-of [ʌnθɔ́ːtɔ̀v, -ʌ̀v / -ɔ̀v] adj. 생각(예기)하지 않은; 뜻밖의, 의외의. ¶ an unthought-of rewards 예기치 않은 보상금.

un・thread [ʌnθréd] vt. 1 〔바늘 따위의〕실을 빼다. 2 〔미로 따위〕에서 빠져나오다. 3 〔얽힌 것을〕풀다, 〔수수께끼 따위를〕풀다.

un·thrift [ʌnθríft] n. 1 ⓤ불경제, 낭비. 2 낭비꾼. 〔치스러운(wasteful).
un·thrift·y [ʌnθrífti] adj. 불경제적인, 낭비하는, 사
un·throne [ʌnθróun] vt. (-throned, -thron·ing) 〔왕〕을 폐위시키다(dethrone).
un·ti·dy [ʌntáidi] adj. (-di·er, -di·est) 야무지지 못한, 단정치 못한, 난잡한(disarranged).
-di·ly adv. **-di·ness** n.
***un·tie** [ʌntái] v. (-tied, -ty·ing) vt. 1 〔묶은 것·동여맨 것 따위〕를 풀다, 끄르다. ¶ untie a bundle 꾸러미를 풀다 // (~+目+前+名) untie a dog from a fence 울타리에서 개를 풀어주다. 2 …의 실(끈)을 풀다, …의 매듭을 풀다. 3 속박에서 …을 해방하며, 자유롭게 하다; 〔얽힌 것·어려움 따위〕를 해결하다(resolve). ¶ untie riddles 수수께끼를 풀다 // (~+目+前+名) untie a person from bondage 남을 속박으로부터 해방하다.
—— vi. 풀리다, 끌러지다.
un·tied [ʌntáid] adj. 묶지 않은; 풀린.
‡un·til [əntíl] (＊ until는 till과 같은 뜻이지만 till 보다 문어적이며, 주문 앞에 구·절이 오는 경우가 많다. 〔美〕에서는 다른 위치에도 until을 흔히 쓴다) conj. 1 〔시간의 계속〕…할 때까지, 까지. ¶ I'll wait here until you come back. 당신이 돌아올 때까지 여기서 기다리겠습니다. 2 〔부정어를 수반하여〕…이 되어 비로소 〔…하다〕. ¶ It was not until I came to Korea that I learned Hangul. 나는 한국에 와서 비로소 한글을 배웠다 / He didn't start to read until he was ten years old. 그는 10세가 되어서야 비로소 책을 읽기 시작했다.
unless and until =until.
—— prep. 1 …까지(onward to, till), …이 될 때까지. ¶ Until his death he had lived in Seoul. 그는 죽을 때까지 서울에서 살고 있었다 / (＊〔구어〕에서는 때때로 up과 함께 쓰인다) up until last week 지난 주까지 (＊ 완료의 뜻에서는 […까지는]의 경우에는 by를 쓴다. 예: He will have done it by next Sunday. 그는 그것을 다음 일요일까지는 끝낼 것이다). 2 〔부정어를 수반하여〕…이 되어 비로소 […하다]. ¶ Not until yesterday did I know the fact. 어제야 비로소 그 사실을 알았다.
until later(then) 〔구어〕〔헤어질 때 인사말〕 자 그럼, 뒤에 봅시다.
un·tilled [ʌntíld] adj. 경작되지 않은, 미경작의.
***un·time·ly** [ʌntáimli] adj. 1 철아닌, 때아닌. ¶ The untimely snow is falling. 때아닌 눈이 내리고 있다. 2 너무 이른, 때가 이른, 시기상조의, 미숙한. ¶ an untimely birth (death) 조산(早産) (요절). 3 계제가 나쁜, 시기를 얻지 못한(ill-timed). ¶ an untimely joke 시기에 맞지 않는 농담. —— adv. 제때(철)가 아니게; 너무 일찍; 미숙하게; 공교롭게. **-li·ness** n.
un·time·ous [ʌntáiməs] adj. 〔스코〕 untimely.
un·tinged [ʌntíndʒd] adj. 1 착색하지 않은, 물들이지 않은; 가미되지 않은. 2 〔사상·감정 따위에〕 영향을 받지 않은.
un·tir·ing [ʌntáiəriŋ / -táiər-] adj. 지치지 않는, 물리지 않는(unwearying); 불굴의. **-ly** adv.
un·ti·tled [ʌntáitld] adj. 1 칭호(작위, 직함)가 없는. 2 권리가 없는. 3 표제가 없는.
***un·to** [ʌntu 모음 앞 ʌntu; 자음 앞 ʌntə; 문장의 끝 ʌntuː] prep. 〔고어·詩〕1 …으로, …에, …쪽으로(to). ¶ Knock, and it shall be opened unto you. 문을 두드리라, 그러면 너희에게 열릴 것이다[←마태 복음(Matt.) 7:7]. 2 …까지(until, till).
***un·told** [ʌntóuld] adj. 1 말하지 않은, 밝혀지지 않은, 누설되지 않은(unrevealed). 2 셀 수 없는, 막대한(vast). ¶ an untold sum of money 막대한 금액. 〔다.
un·tomb [ʌntúːm] vt. …을 무덤에서 파내다, 파헤치
un·tooth [ʌntúːθ] vt. …의 이를 뽑다.
un·touch·a·bil·i·ty [ʌntʌ̀tʃəbíləti] n. ⓤ 1 〔인도의〕 최하의 천민임. 2 손댈 수 없음.
un·touch·a·ble [ʌntʌ́tʃəbl] adj. 1 손댈 수 없는, 손

대서는 안 되는; 만져서 알 수 없는. 2 손이 닿지 않을 만큼 먼. 3 손대기조차 싫은(unpleasant). 4 비길 데 없는, 의혹이 없는. —— n. 1 〔인도의 카스트(caste) 제도에서〕 최하위 천민(1955년 폐지). 2 〔정치·근면한 점 따위에〕 흠잡을 데 없는 사람.
***un·touched** [ʌntʌ́tʃt] adj. 1 닿지 않은, 손을 대지 않은, 만지지 않은. 2 〔대물 따위가〕 미답(未踏)의, 자연 그대로의; 손상되지 않은. 3 감동하지 않은; 영향을 받지 않은. 4 언급(논급)되지 않은.
un·to·ward [ʌntɔ́ːrd, ʌntwɔ́ːrd / ʌntóuəd] adj. 1 재수 없는(unlucky), 탐탁치 않은. ¶ untoward circumstances 역경. 2 적당치 않은, 바람직스럽지 못한. 3 불리한; 다루기 어려운. ¶ an untoward wind 역풍(逆風). 4 〔고어〕 외고집의, 괴팍한, 완고한.
-ly adv. **-ness** n.
un·trace·a·ble [ʌntréisəbl] adj. 1 추적(追跡)할 수 없는, 찾아낼 수 없는. 2 투사(透寫)할 수 없는, 그릴 수 없는. 〔는, 길이 없는.
un·tracked [ʌntrǽkt] adj. 뒤를 밟지 못한, 종적이 없
un·trac·ta·ble [ʌntrǽktəbl] adj. 다루기 어려운; 고분고분하지 않는, 순종하지 않는; 다듬기 어려운.
un·trained [ʌntréind] adj. 훈련받지 않은, 단련되지 않은, 미숙한; 〔경기 따위에〕 연습을 쌓지 않은.
un·tram·meled, 〔英〕 **-melled** [ʌntrǽm(ə)ld] adj. 족쇄(칼)를 채우지 않은, 속박되지 않은, 방해받지 않은; 자유로운.
un·trans·lat·ed [ʌntrænsléitid, -trænz-] adj. 1 번역되지 않은. 2 다른 장소(상태)로 옮기지 않은.
un·trans·mit·ted [ʌntrænsmítid, -trænz-] adj. 1 보내지 않은, 전달되지 않은. 2 유전되지 않은. 3 전도(傳導)되지 않은.
un·trav·eled, 〔英〕 **-elled** [ʌntrǽvld] adj. 1 먼 곳으로 여행한 적이 없는; 외국 여행의 경험이 없는. 2 인적이 드문; 사람의 발길이 닿지 않은; 여행자가 없는.
un·trav·ers·a·ble [ʌntrǽvə(ː)rsəbl] adj. 1 횡단할 수 없는, 건널 수 없는. 2 방해될 수 없는. 3 반박할 수 없는.
un·trav·ersed [ʌntrǽvə(ː)rst] adj. 1 횡단되지 않은, 인적 미답의, 〔특히〕 여행할 수 없는. 2 방해받지 않은. 3 반박할 수 없는.
un·tread [ʌntréd] vt. (-trod, -trod·den or -trod, -tread·ing) 〔걸어온 길〕을 되돌아가다.
un·treas·ured [ʌntréʒəːrd] adj. 귀중하게 다루어지지 않은, 애지중지하지 않은; 명심하지 않은.
un·tried [ʌntráid] adj. 1 시도하여 보지 않은, 시험(실험) 해 보지 않은. 2 경험이 없는. 3 심문받지 않은, 심리하지 않은.
un·trimmed [ʌntrímd] adj. 깎아내지 않은, 손질하지 않은; 장식이 없는. 2 〔제본〕 가장자리를 다듬지 않은.
un·trod [ʌntrɑ́d/-trɔ́d], **-trod·den** [-trɑ́dn/-trɔ́dn] adj. 밟지 않은; 사람의 발길이 닿지 않은, 인적 미답의.
un·trou·bled [ʌntrʌ́bld] adj. 1 마음이 시달리지 않은, 근심(걱정)이 없는, 괴로움이 없는. 2 조용한(calm), 풍파가 없는; 침착한. ¶ an untroubled inlet 잔잔한 후미.
***un·true** [ʌntrúː] adj. 1 진실되지 않은, 진정이 아닌, 거짓(허위)의. ¶ His words are absolutely untrue. 그의 말은 틀림없는 거짓말이다. 2 성실치 못한, 불성실한, 정숙치 못한. ¶ He is untrue to his friends. 그는 친구들에게 성실치 못하다. 3 부정확한, 불확전한; 〔표준·본·규정 따위에〕 맞지 않는. **-tru·ly** adv.
◇ untruth n.
un·truss [ʌntrʌ́s] 〔고어〕 vt. 1 〔다발 따위〕를 풀다(untie). 2 …의 옷을 벗기다(undress). —— vi. 옷(바지)을 벗다.
un·trust·wor·thy [ʌntrʌ́stwə̀ːrði] adj. 믿을 수 없는, 신뢰할 수 없는(unreliable).
un·truth [ʌntrúːθ] n. ⓤ ⓒ (pl. **-truths** [-trúːðz,

un·truth·ful [ʌntrúːθfəl] *adj.* **1** 진실이 아닌, 거짓의(untrue). **2** 불성실한. **-ly** [-fəli] *adv.* **~·ness** *n.*

un·tuck [ʌntʌ́k] *vt.* …의 주름(처짐)을 풀다(뜯다).

un·tune [ʌnt(j)úːn / -tjúːn] *vt.* (**-tuned, -tun·ing**) …의 가락을 어긋나게 하다, …의 가락을 망쳐놓다; (마음 따위)를 어지럽히다. 〔파내지 않은.

un·turned [ʌntə́ːrnd] *adj.* 뒤집지 않은, 돌리지 않은;

un·tu·tored [ʌnt(j)úːtərd / -tjúː-] *adj.* **1** 교사에게 배우지 않은; 교육을 받지 않은(uneducated). **2** 조야(粗野)한; 소박한(naive).

un·twine [ʌntwáin] *v.* (**-twined, -twin·ing**) *vt.* …의 꼬인 것을 풀다, …을 풀다. — *vi.* 꼬인 것이 풀리다, 풀어지다.

un·twist [ʌntwíst] *vt.* **1** …의 꼬인 것을 풀다. …을 풀다. **2** 〔나쁜 짓 따위〕를 성사되지 않게 하다. — *vi.* 꼬인 것이 풀리다, 풀어지다.

un·typ·i·cal [ʌntípikəl] *adj.* 대표적(전형적)이 아〔닌.

UNU (略) *United Nations University* (유엔 대학).

*****un·used** *adj.* **1** [ʌnjúːzd→2] 쓰지 않은, 사용되지 않은; 쓴 일이 없는, 사용한 적이 없는, 새로운(new). **2** [-júːst] 익숙지 않은(unaccustomed), 경험이 없는 (*to*...). ¶ He is *unused* to labor. 그는 노동에는 익숙지 않다.

‡un·u·su·al [ʌnjúːʒu(ə)l, -ʒ(ə)l] *adj.* **1** 정상이 아닌, 예사롭지 않은, 별난; 예외적인, 이례적인. ¶ The president's resignation was really *unusual*. 대통령의 사임은 정말 이례적이었다. **2** 진귀한, 희한한(unfamiliar). ¶ It's an *unusual* novel. 그것은 희한한 소설이다. **~·ness** *n.*

*****un·u·su·al·ly** [ʌnjúːʒu(ə)li, -ʒ(ə)li] *adv.* **1** 비정상으로, 현저히, 유별나게. **2** 〔구어〕 대단히, 몹시(extremely).

un·ut·ter·a·ble [ʌnʌ́t(ə)rəbl] *adj.* **1** 발음할 수 없는. **2** 형언할 수 없는; 뭐라 말할 수 없는. **-bly** *adv.* 〔않은.

un·ut·tered [ʌnʌ́tərd] *adj.* 발음되지 않은, 입 밖에 내지

un·vac·ci·nat·ed [ʌnvǽksinèitid] *adj.* 종두를 맞지

un·val·ued [ʌnvǽlju(ː)d] *adj.* 가치가 있다고 인정되지 않는; 중히 여겨지지 않는, 존중되지 않는.

un·var·ied [ʌnvɛ́(ː)rid / -vɛ́ər-] *adj.* **1** 변함 없는; 꾸준한. **2** 단조로운(monotonous).

un·var·nished [ʌnvɑ́ːrniʃt] *adj.* **1** 니스칠을 하지 않은. **2** 꾸미지 않은, 소박한, 있는 그대로의.

un·var·y·ing [ʌnvɛ́(ː)riiŋ / -vɛ́ər-] *adj.* 변화하지 않는, 불변의, 일정한(constant).

un·veil [ʌnvéil] *vt.* **1** …의 베일을 벗기다, 덮개(복면)를 벗기다(unmask). ¶ *unveil* one's face 얼굴 가리개를 벗다 / *unveil* oneself 정체를 드러내다. **2** 〔비밀〕을 털어놓다, 밝히다. **3** 〔동상 따위〕의 제막식을 거행하다. ¶ an *unveiling* ceremony 제막식. — *vi.* 베일을 벗다, 덮개를 열다; 정체를 드러내다.

un·ven·ti·lat·ed [ʌnvéntilèitid] *adj.* **1** 통풍이 나쁜, 환기가 좋지 않은. **2** 〔세상에서〕 검토(논의)되지 않은. 〔수 없는.

un·ver·i·fi·a·ble [ʌnvérifàiəbl] *adj.* 증명(입증)할

un·versed [ʌnvə́ːrst] *adj.* 정통하지 못한, 숙달(숙련)되지 않은, …에 밝지 못한(*in* ...).

un·vexed [ʌnvékst] *adj.* **1** 어수선하지 않은, 성가시지 않은, 화나지 않은; 〔물결 따위가〕 잔잔한(calm).

un·vis·it·ed [ʌnvízitid] *adj.* **1** 방문하지 않은, 사람이 가지 않은. **2** 〔천재(天災) 따위가〕 닥치지 않은, 덮치지 않은.

un·voiced [ʌnvɔ́ist] *adj.* **1** 〔음성〕 무성(음)의, 무음의. **2** 소리로(입 밖에) 내지 않은, 무언의(voiceless).

un·vouched [ʌnváutʃt] *adj.* 보증(증명)되지 않은.

un·waged [ʌnwéidʒd] *adj.* 임금(보수)이 없는; 임금 소득이 없는, 실직한. — *n.* (the ~) 〔실업자, 전업 주부 따위〕 임금 소득이 없는 사람들.

un·want·ed [ʌnwɑ́ntid / -wɔ́nt-] *adj.* 요구되지 않은, 바라지 않은, 필요 없는(unnecessary). 〔의.

un·warned [ʌnwɔ́ːrnd] *adj.* 경고(예고)없는, 불시

un·war·rant·a·ble [ʌnwɔ́ːrəntəbl, -wɑ́r- / -wɔ́r-] *adj.* 보증할 수 없는, 변호할 수 없는; 용납할 수 없는, 부당한, 불법적인.

un·war·rant·ed [ʌnwɔ́ːrəntid, -wɑ́r- / -wɔ́r-] *adj.* 보증되지 않은, 용납되지 않은, 시인되지 않은, 부당한.

un·war·y [ʌnwɛ́(ː)ri / -wɛ́əri] *adj.* 부주의한(heedless), 조심성없는; 신중하지 못한, 경솔한(rash) (*of*...). **-war·i·ly** *adv.* **-war·i·ness** *n.*

un·washed [ʌnwɑ́ʃt, -wɔ́ːʃt / -wɔ́ʃt] *adj.* **1** 씻지 않은, 더러운, 불결한. **2** 파도에 씻기지 않은. **3** (the ~) 《명사적 용법》 《집합적》 하층민, 하층 계급.

un·wast·ed [ʌnwéistid] *adj.* **1** 허비(낭비) 되지 않은. **2** 망쳐지지 않은, 황폐해지지 않은.

un·watched [ʌnwɑ́tʃt, -wɔ́ːtʃt / -wɔ́tʃt] *adj.* 감시를 받지 않는, 주목받지 않는, 무시된(neglected).

un·wa·tered [ʌnwɔ́ːtərd, + 美 -wɑ́t-] *adj.* 물을 뿌리지 않은, 건조한(dry); 물을 타지 않은; 관개 용수가 없는

un·wa·ver·ing [ʌnwéiv(ə)riŋ] *adj.* 동요하지 않는, 흔들리지 않는; 확고한(steadfast). **~·ly** *adv.*

un·wear·a·ble [ʌnwɛ́(ː)rəbl / -wɛ́ər-] *adj.* 입을 만하지 않은, 착용할 수 없는; 헤진(worn-out); 어울리지 않는.

un·wea·ried [ʌnwí(ː)rid / -wíər-] *adj.* **1** 지치지 않는. **2** 지칠 줄 모르는, 꾸준한, 불굴의.

un·weave [ʌnwíːv] *vt.* (**-wove, -wo·ven, -weav·ing**) 〔짠 것〕을 풀다, …의 실을 풀다(ravel).

un·wed [ʌnwéd], **-wed·ded** [-wédid] *adj.* 결혼하지 않은, 미혼의(unmarried), 독신의.

un·weed·ed [ʌnwíːdid] *adj.* 김매지 않은, 잡초를 뽑지 않은.

un·weighed [ʌnwéid] *adj.* **1** 무게를 달지 않은. **2** 〔의견 따위가〕충분히 검토되지 않은; 분별없는(injudicious). ¶ What an *unweighed* behavior! 참으로 무분별한 행동이군그래.

*****un·wel·come** [ʌnwélkəm] *adj.* **1** 환영받지 못하는, 인기 없는. ¶ an *unwelcome* guest 반갑지 않은 손님. **2** 고맙지 않은, 싫은(distasteful).

un·weld·ed [ʌnwéldid] *adj.* **1** 용접되지 않은. **2** 결합되지 않은.

un·well [ʌnwél] *adj.* **1** 편찮은, 기분(건강)이 좋지 않은. ¶ feel *unwell* 기분이 좋지 않다. **2** 〔구어〕 월경 중인.

un·wept [ʌnwépt] *adj.* **1** 슬퍼해 주는 사람이 없는, 애석히 여겨 주는 사람이 없는(unlamented). **2** 〔눈물〕을 흘리지 않는.

*****un·whole·some** [ʌnhóulsəm] *adj.* **1** 건강에 해로운, (도덕적으로)유해한, 불건전한(unsound). ¶ *unwholesome* food 건강에 해로운 음식. **2** 〔겉보기〕·안색 따위가〕 건강해보이지 않는, 건강을 해치는(unhealthy), 병적인. **-ly** *adv.* **~·ness** *n.*

un·wield·y [ʌnwíːldi], (**un·wield·ly**) *adj.* 다루기 어려운, 움직이기 어려운; 보기 흉한 (awkward). ¶ an *unwieldy* figure 보기 흉한 모습. **-wield·i·ness** *n.*

un·wife·ly [ʌnwáifli] *adj.* 아내답지 못한.

un·willed [ʌnwíld] *adj.* 뜻하지 않은, 본의 아닌(involuntary), 고의 아닌(unintentional).

‡un·will·ing [ʌnwíliŋ] *adj.* 좋아하지 않는, 본의 아닌, 마음 내키지 않는, 마지못해 하는. ⇨ RELUCTANT 頰語 ¶ She is *unwilling* to come. 그녀는 오고 싶어하지 않는다. **2** 반항적인.

willing or unwilling 좋든 싫든.

~·ly *adv.* **~·ness** *n.*

un·wind [ʌnwáind] *v.* (**-wound, -wind·ing**) *vt.* **1** 〔감은 것〕을 풀다, 되감다. **2** 〔얽힌 것〕을 풀다

(disentangle, untwist). **3** 〔긴장〕을 풀다(relax). — *vi.* **1** 풀리다, 풀어지다. **2** 〔긴장〕이 풀리다.

un·wink·ing [ʌnwíŋkiŋ] *adj.* **1** 조심하고 있는, 빈틈없는(vigilant). **2** 꿈쩍 않고 바라보고 있는; 완전히 잠이 깬.

un·wis·dom [ʌnwízd(ə)m] *n.* ⓤ 무지, 어리석음, 무분별.

*un·wise [ʌnwáiz] *adj.* (-wis·er, -wis·est) 우둔한, 어리석은(foolish), 지혜가 없는; 분별이 없는(imprudent). **-ly** *adv.* ◇ unwísdom *n.*

un·wished [ʌnwíʃt] *adj.* 원치 않은, 바라지 않은; 환영받지 못한, 탐탁지 못한(unwelcome).

un·wished-for [ʌnwíʃtfɔːr] *adj.* = unwished.

un·wit·nessed [ʌnwítnist] *adj.* **1** 〔현장을〕 들키지 않은, 목격당하지 않은, 눈치채이지 않은. **2** 증인의 서명이 없는.

un·wit·ting [ʌnwítiŋ] *adj.* 의식하지 않은, 무의식의, 의도에 없는(unconscious), 고의 아닌, 부지중의(unintentional). **-ly** *adv.* **-ness** *n.*

un·wom·an·ly [ʌnwúmənli] *adj.* 여성답지 않은, 여성에게 어울리지 않는. — *adv.* 여성답지 않게.

un·wont·ed [ʌnwóuntid, +美 -wɔ́ːntid] *adj.* **1** 보통이 아닌(unusual), 드문(rare). ¶ *unwonted* kindness 좀처럼 없는 친절. **2**《고어》…에 익숙하지 않은(unaccustomed) **-ly** *adv.* **-ness** *n.*

un·wooed [ʌnwúːd] *adj.* 구혼받지 않은, 구애하는 사람 없는.

un·work·a·ble [ʌnwə́ːrkəbl] *adj.* **1** 〔계획 따위가〕 실행(실시)할 수 없는, 비실제적인(impractical). **2** 〔기계가〕 움직이지 않는, 운전할 수 없는.

un·worked [ʌnwə́ːrkt] *adj.* **1** 가공(세공)하지 않은. **2** 〔인간 등이〕 부려지지 않은. **3** 〔도구 따위가〕 사용되지 않은. **4** 〔토지 따위가〕 경작되지 않은; 〔광산이〕 채굴되지 않은.

un·work·man·like [ʌnwə́ːrkmənlàik] *adj.* **1** 장인(匠人)답지 않은. **2** 솜씨가 서툰. ¶ an *unworkmanlike* result 솜씨가 서툰 결과.

un·world·ly [ʌnwə́ːrldli] *adj.* **1** 세속적이 아닌, 속세를 초월한. **2** 순진한, 때묻지 않은. **3** 이 세상 것이 아닌(unearthly); 정신계의(spiritual). **-li·ness** *n.*

un·worn [ʌnwɔ́ːrn / -wɔ́ːn] *adj.* **1** 상하지 않은, 닳지 않은. **2** 지치지 않은, 다하지 않은. **3** 〔정신·감각 따위가〕 상처를 입지 않은, 참신한(fresh). **4** 〔옷 따위가〕 한 번도 입지 않은, 새것인(new); 자주 입지 않은.

‡**un·wor·thy** [ʌnwə́ːrði] *adj.* (-thi·er, -thi·est) **1** 가치 없는, 하찮은(worthless); 칭찬(존경) 받을 자격이 없는. — *n.* 가치 없는, 가치가 없는(of…). ¶ a conduct *unworthy* of a gentleman 신사답지 못한 행위. — *n.* (*pl.* -thies) 보잘것없는 인간. **-thi·ly** *adv.* **-thi·ness** *n.*

un·wound [ʌnwáund] *adj.* 〔감긴 것이〕 풀린; 감지 않은.

un·wound·ed [ʌnwúːndid] *adj.* **1** 상처를 입지 않은, 흠 없는, 온전한(intact). **2** 감정을 상하지 않은.

un·wov·en [ʌnwóuvən] *adj.* 짜지 않은; 풀린.

un·wrap [ʌnrǽp] *v.* (-wrapped, -wrap·ping) *vt.* …의 포장을 끄르다, 〔꾸러미〕, 〔감은 것·묶은 것〕을 풀다, 펴다. — *vi.* 〔꾸러미가〕 풀리다, 펴지다.

un·wrin·kle [ʌnríŋkl] *vt.* (-kled, -kling) …의 주름을 펴다, 다시 반들반들하게 하다(smooth).

un·writ·ten [ʌnrítn] *adj.* **1** 쓰이지 않은, 인쇄되지 않은, 구두(口頭)의(oral), 구술의. **2** 성문화되지 않은, 관습적인(traditional). **3** 글자가 씌어 있지 않은, 백지의(blank).

unwrítten láw *n.* 〔법률〕 **1** ⓤⓒ 불문법, 관습법. *cf.* statute **2** (the ~) 불문율〔특히 정조 유린 따위, 개인(가족)의 명예에 침해에 대하여 복수할 권리를 인정하는 원칙〕.

un·wrought [ʌnrɔ́ːt] *adj.* **1** 마무리하지 않은, 가공하지 않은, 세공하지 않은, 〔원료 따위가〕 가공되지 않은, 날것 그대로의(raw), 세공하지 않은. **2** 〔토지 따위가〕 경작되지 않은; 〔광산이〕 채굴되지 않은.

un·yield·ing [ʌnjíːldiŋ] *adj.* **1** 굽히지 않는, 단호한, 완고한, 양보하지 않는(obstinate), 〔결심 따위가〕 흔들리지 않는. **2** 〔물건이〕 휘지 않는, 단단한, 뻣뻣한(hard). **-ly** *adv.* **-ness** *n.*

un·yoke [ʌnjóuk] *v.* (-yoked, -yok·ing) *vt.* **1** …에서 굴레를 벗기다. **2** 떼어놓다(release), 가르다. — *vi.*《폐어》**1** 굴레를 벗다. **2** 일을 그만두다.

un·yoked [ʌnjóukt] *adj.* **1** 굴레를 벗은, 분리된. **2** 굴레를 씌우지 않은; 속박에서 벗어난, 구속받지 않은.

un·zip [ʌnzíp] *v.* (-zipped, -zip·ping) *vt.* …의 지퍼를 열다. — *vi.* 지퍼가 열리다.

‡**up** [ʌp] *adv.* (*opp.* down) (＊ be 동사 따위의 뒤에서 상태를 나타내는 경우에는 형용사로 간주할 수도 있다) **1** 〔낮은 위치·지면·수면 따위로부터〕 위로(에), 위쪽으로(에), 올라가서. ⇒ ON 圈霝 ¶ high *up* in the air 하늘 높이 / look *up* at …을 쳐다보다 / pull *up* weeds 잡초를 뽑다 / climb *up* to the top of a mountain 산꼭대기에 오르다 / The mercury went *up* to 100°F. 수은주는 화씨 100도로 올랐다 / He caught the little girl *up* in his arm. 그는 소녀를 팔로 안아 올렸다.
2 몸을 〔똑바로〕 일으켜, 직립하여. ¶ stand *up* 일어서다, 서다 / sit *up* 등을 곧추 세우고 앉다 / He was *up* on his knees. 그는 〔몸을 일으켜〕 무릎을 꿇었다.
3 〔잠자리에서〕 일어나(out of bed). ¶ get *up* 일어나다 / stay *up* all night 밤새도록 일어나 있다, 밤샘하다.
4《美》수평(지평)선상에. ¶ The moon is *up*. 달이 떴다.
5 〔남에서〕 북으로, 북쪽으로. ¶ *up* North 북쪽 나라로.
6 〔주로 英〕 중심지에(로), 도시에(로), 대학에. ¶ He went *up* to London. 그는 런던에 갔다 / We remain *up* during the vacation. 우리는 휴가중에도 대학에 〔소재지〕 남아 있다.
7 강의 상류에; 만의 안쪽에; 내륙에. ¶ follow a stream *up* to its source 강을 따라 수원지까지 거슬러 올라가다 / He traveled further *up* in the country. 그는 훨씬 내륙까지 여행했다.
8 〔지위·크기·금액·음량(音量)·나이·정도 따위가〕 위쪽으로, 올라가서. ¶ from threepence *up* 3펜스 이상 / come *up* from poverty to fame 가난에서 입신하여 명성을 얻다 / come (or move) *up* in the world 입신 출세하다 / turn *up* the radio 라디오의 소리를 높이다 / A plant grows *up* from a seed. 초목은 씨로부터 자란다 / The price is going *up*. 값이 오르고 있다 / Speed *up*! 속력을 내라!
9 〔…을〕 따라잡아, …에 다가가서; …과 나란히, 늦지 않고, 맞먹어; 계속하여, 유지하여. ¶ catch *up* in a race 경주에서 따라 잡다 / keep *up* the old customs 옛 습관을 유지하다 / She came *up* to me. 그녀는 내게 다가왔다.
10 〔학과 따위에〕 뛰어나서(ahead), 정통하여. ¶ He is [well] *up* in (*or* 美) on) the history of music. 그는 음악의 역사에 정통해 있다.
11 힘차게, 씩씩하게, 왕성하게, 활동하여, 시동하여; 〔美구어〕 원기 왕성하여, 명랑하여; 〔마약 따위로〕 좋은 기분이 되어; 일어나서, 흥분하여. ¶ work *up* about …에 화가 나다, 신경질을 내다, 흥분하다 / cheer *up* 힘을 내다 / get amused *up* outside 옥외에서 즐기다.
12 들고 일어나, 반란을 일으켜. ¶ stir *up* the masses 대중을 선동하다.
13 〔일이〕 일어나서. ¶ What's *up* over there? 저기서 무슨 일이 벌어지고 있니?
14 〔물건이〕 나타나서; 돋보여; 〔고려의〕 대상이 되어. ¶ The lost book turned *up*. 없어진 책이 나왔다 / The question came *up* for discussion. 그 문제가 의제에 올랐다.
15 보관(저축)하여. ¶ lay *up* riches 재산을 모으다.
16 정지하여. ¶ lie *up* 병으로 누워 있다 / When the river is foggy, the boats have to bring *up* at night. 강에 안개가 끼면 배는 밤 동안 멈추어 있어야 한다.

UP 2341 **upbraid**

17 결합하여, 함께 합쳐. ¶ be made *up* of three elements 세 요소로 성립되어 있다 / fold *up* wrapping paper 포장지를 반듯하게 접다.
18 모두, 깡그리, 남김없이, 모조리(entirely), 어김없이, …해버려. ¶ burn *up* a barn 헛간을 몽땅 태우다 / He finished it all *up*. 그는 그것을 모두 끝냈다 / He paid *up* his debts. 그는 빚을 남김없이 갚아버렸다.
19 [시간이 흘러] 다 끝나다; 다 틀려서. ¶ Parliament is *up*. 국회는 폐회가 되었다 / I'm afraid our time is *up*. 유감스럽지만 시간이 다 되었다 / It's all *up* with him. 그는 이제 다 틀렸다.
20 《美》〔야구〕타수…, 타석에. ¶ five times *up* 5타수.
21 〔골프〕 […홀을] 이겨서(ahead). ¶ He is three *up*. 그는 3홀 이기고 있다.
22 〔구어〕〔정구 등에서〕 각각, 저마다(apiece). ¶ The score is 15 *up*. 스코어는 각각 15점이다.
23 〔항해〕 바람 불어오는 쪽을 향하여.
be hard *up* for ⇨ HARD.
be not *up* to much 대단한 것은 아니다.
be *up* and about (or **around**) 〔환자가〕 좋아지다, 병석에서 일어나 있다; [일반적으로] 걸어(돌아)다니고 있다.
be *up* and coming 《美》〔사람이〕 원기 왕성하다; [거리 따위가] 활기에 넘치고 있다; 진취적이다.
be *up* and doing 활약하고 있다; 열심히 일하고 있다.
be *up* over [**with**] […은] 끝장이다, 다 틀렸다. ⇨ *adv*. 19.
***up* against** 〔구어〕〔곤란 등에〕 직면하여, 당면하여.
***up* against it** 〔구어〕〔경제적으로〕 궁지에 몰려.
***up* and down** ① 올라갔다내려왔다 하여, 위아래로. ② 왔다갔다. ③ 이리저리, 여기저기에.
***up* for** ① 〔선거 따위에〕 입후보하여; 〔경매 따위에〕 붙여져. ② 〔시험·재판 따위에〕 붙여져.
***up* for grabs** 《美속어》 누구나 손에 넣을 수 있는, 무주 공산(無主空山)의.
***up* front** ① 맨 앞줄에 나와. ② 선불로. ③ 《美속어》정직한, 솔직한.
***up* there** ① 저기서(에). ② 천국에서.
***up* to** ①〔구어〕…의 책임(의무)으로서. ¶ It's *up to* you to finish the job. 그 일을 끝내는 것은 너의 책임이다. ②〔구어〕…의 뜻에 따라 정해지는, …에 달려 있는. ¶ The choice is all *up to* you. 선택은 완전히 너한테 달려 있다. 마음대로 골라라. ③ …을 할 수 있는, …할 능력이 있는. ¶ He is not *up to* the job. 그는 그 일을 해낼 능력이 없다. ④〔구어〕…에 종사하여, …을 하여, …을 하려고 하여서. ¶ What have you been *up to*? 너는 지금까지 뭘 하고 있었니? / I knew what he was *up to*. 나는 그가 뭘 하려고 하는지 알고 있었다. ⑤ …까지, …에 달하여, …에 미쳐서. ¶ *up to* now (this moment, the present day) 지금(이 순간, 오늘날)까지 / *up to* a certain point 어떤 점까지. ⑥ …과 나란히, 필적하여. ¶ He is not *up to* his father as a scholar. 그는 학자로서는 도저히 그의 아버지에게 미치지 못한다.
***up* to date** 오늘날까지, 최신식의(up-to-date).
***up* with** ① 《동사를 생략한 명령법으로》 일어서라, 분발해라. ¶ *Up with* you! 일어나거라!; 분발해라! ② 《hold, raise 따위의 동사를 생략하여》 〔무기·손 따위 를〕 치켜들다. ③ …을 따라잡아 있는. ④ …을 말(노래)하게끔. ¶ She *up with* her fist. 그녀는 주먹을 치켜들었다. ⑤ …을 말(노래)하게끔. ¶ Let him *up with* the song. 그에게 그 노래를 부르게 하자.
***Up* yours!** = **Up your ass!** 빌어먹을!, 뒈져라!
What's *up*? ① 무슨 일이야? ② 〔구어〕〔인사로〕 요즘 어때? 잘 지냈어? (How're you doing?)
— *prep*. **1** …위에(로), 위쪽에(으로), …을 올라가. ¶ go *up* a ladder 사다리를 올라가다 / The monkey is *up* the tree. 원숭이는 나무 위에 있다. **2** …의 꼭대기에(로), 꼭대기쪽으로, 꼭대기에 올라. **3** 〔신분·지

위 따위에 대하여〕 …의 높은 쪽으로. **4** 줄곧 …을 따라, …을 끼고(along). ¶ He walked *up* the path. 그는 오솔길을 따라 걸어갔다. **5** …의 상류로; …의 내륙으로, 안쪽으로. ¶ The explorers went *up* [the] country. 탐험대는 오지를 향해 갔다. **6** …을 향하여, 거슬러(against). ¶ The fox runs *up* the wind. 여우는 바람 불어오는 쪽을 향해 뛴다.
***up* and down** ① …을 오르락내리락하여. ② …을
***up* hill and down dale** ⇨ HILL.
***up* stage** 무대 안쪽에.
— *adj*. 〔한정 형용사〕 **1** 위로 가는, 상행의; 상승하고 있는; 좋은 방향의. ¶ an *up* glance 치떠보기 / on the *up* grade 개선(개량)되는 경향이 있는; 오르막인 / an *up* train 상행 열차; 《英》 런던행 열차. **2** 일어나 있는. **3** 끝난, 종료된.
— *n*. **1** 오르기, 상승(ascent); 〔물가의〕 등귀, 앙등. **2** 오르막길; 상행 열차(전차, 버스, 마차). **3** 행운. ¶ She had an *up* and married a millionaire. 그녀는 운이 좋아 대부호와 결혼했다. **4** (보통 ~s) 번영, 성공, 출세. **5** 행세하는 사람. **6** 《美속어》 각성제, 암페타민.
on the *up* and *up* ⇨ UP-AND-UP.
ups* and *downs ① 영고성쇠, 〔인생의〕 부침(浮沈). ¶ have one's *ups* and *downs* 인생의 단맛 쓴맛을 맛보다 / the *ups* and *downs* of life 인생의 부침. ② 〔토지 따위의〕 기복, 높낮이.
— *v*. (**upped, up·ping**) *vt*. **1** …을 높이다, 집어 올리다. **2** …을 증대하다(increase); 〔임금·요금 따위를〕 인상하다; 〔남을〕 승진시키다(promote). — *vi*. 〔구어〕 갑자기 일어서다. **2** 〔보통 up and+동사〕 …의 형태로〕 별안간 …하기 시작하다. ¶ He *upped* and struck me. 그는 별안간 나를 때리기 시작했다. **3** 들어 올리다, 추켜들다(*with*…). 〔~+쮜+客〕 He *upped* with his stick. 그는 지팡이를 치켜들었다.

UP, U.P. (略) 〔종교〕 United Presbyterian (연합 장로파); 《美》 United Press (현재는 INS 와 통합되어 UPI 로 되었다).
up- *pref*. up 의 뜻. **1** 부사적인 뜻으로, 동사〔특히 과 거분사〕·동명사에 붙여서 동사·명사를 만든다. 예: *up*set, *up*cast, *up*bringing. **2** 전치사적인 뜻으로, 명사 앞에 붙여서 부사·형용사·명사를 만든다. 예: *up*stream, *up*hill. **3** 형용사적인 뜻으로, 명사에 붙여서 명사를 만든다. 예: *up*stroke.
u.p. 《略》 underproof [alcohol]; upper.
up-and-com·ing [ápən(d)kámiŋ] *adj*. 《美》 진취적인, 활동적인, 정력적인; 장래성이 있는, 유망한 (promising).
up-and-down [ápəndáun] *adj*. **1** 오르내리는, 기복이 있는. **2** 변화하는, 부침하는. **3** 깎아지른, 수직의.
up-and-up [ápən(d)áp] *n*. 《美구어》 주로 다음 숙어로만 쓰인다.
on the *up*-and-*up* ① 잘 되어가서, 성공하여. ¶ Business is *on the up-and-up*. 장사는 잘 되고 있다. ② 정직하여, 공평하여.
U·pan·i·shad [u:pǽniʃæd / upǽniʃəd] *n*. 〔힌두교〕 우파니샤드〔고대인도의 철학서; 베다(Veda) 의 일부〕.
u·pas [júːpəs] *n*. **1** 유퍼스나무〔독액을 분비하는 자바산(産)의 교목〕; ⓤ 그 독액. **2** ⓤ《비유적》 파괴적인 영향.
up·beat [ápbìːt] *n*. **1** 〔음악〕 상박(上拍), 약박(弱拍). *opp*. downbeat **2** (the ~) 상승 경향. ③ 낙관적인, 명랑한.
up·bound [ápbàund] *adj*. 북쪽(대도시, 상류)으로 향(통)하는. ¶ an *upbound* freighter 북쪽(대도시, 상류)으로 가는 화물선 / the *upbound* lane of a highway 고속 도로의 상행선.
up·bow [ápbòu] *n*. 〔음악〕 상행궁(上行弓) 〔현악기에서 활의 손잡이 쪽을 사용하는 스트로크 기법〕.
up·braid [ʌpbréid] *vt*. 〔남을〕 꾸짖다, 야단치다, 비난하다(…*for, with*). ≒ REPROACH [類語] — *vi*. 〔고어〕 잔

소리라다. 　　　　　　　　　　　　　　[사람.
up·braid·er [ʌpbréidər] n. 꾸짖는 사람, 잔소리하는
up·braid·ing [ʌpbréidiŋ] n. ⓤ 비난, 나무람.
— adj. 비난하는, 꾸짖는. **~ly** adv.
up·bring·ing [ʌpbriŋiŋ] n. ⓤⓒ 양육, 교육, 훈육.
up·build [ʌpbíld] vt. (-built, -build·ing) …을 설립하다, 수립하다, 구축하다.
UPC, U.P.C. (略) United Presbyterian Church (연합 장로파 교회); (美) Universal Product Code.
up·cast [ʌ́pkæ̀st /-kɑ̀:st] n. **1** 위로 던지기, **2** 위로 던진 상태(것). **3** [광산의]배기 수갱(排氣竪坑).
opp. downcast — adj. 위로 던진; 위로 향한. — vt.
(-cast, -cast·ing) …을 위로 던지다.
up·chuck [ʌ́ptʃʌk] (美속어) vi., vt. 토하다, 게우다
(vomit). 　　　　　　　　　　　　　　　　[나닥).
up·com·ing [ʌ́pkʌ̀miŋ] adj. 다가오는, 앞으로 올(나
up·coun·try [ʌ́pkʌ̀ntri] adj. 내륙의, 오지(奥地)의
(inland). — n. (the ~) 내지, 내륙, 오지. — adv.
내륙에(으로), 오지로.
up·curve [ʌ́pkə̀ːrv] n. 상승 곡선.
up·date vt. [ʌpdéit → n.] (-dat·ed, -dat·ing) …을 최신의 것으로 만들다, 갱신(개정)하다. — n. [ʌ́pdèit]
ⓤⓒ(컴퓨터) 갱신; 최신 정보.
up·draft [ʌ́pdræ̀ft /-drɑ̀:ft] n. 상승 기류.
up·end [ʌpénd] vt. **1** (통 따위를) 거꾸로 세우다, 엎어놓다, **2** (의견・평판 따위)에 큰 영향을 미치다. **3** (권투 따위에서) …을 완전히 패배시키다. — vi. 거꾸로 서다, 물구나무 서다; 직립하다.
up·field [ʌ́pfíːld] adj., adv. [축구・럭비 따위의 필드 경기에서] 상대편 진영을 향한(하여, 해서), 상대편 진영내의(에, 에서).
up-from-the-ranks [ʌ́pfrʌ̀mðərǽŋks] adj. 낮은 신분(지위)에서 출세한.
up·front [ʌ́pfrʌ̀nt] adj. 《美구어》 **1** 앞면(앞줄)의.
2 선행(先行)투자의; 선불의. **3** (기업 등의)관리 부문의.
up·grade n. [ʌ́pgrèid → adj., adv., v.] 《美》 (opp. downgrade) **1** 오르막길, **2** 오르막, 오르막 구배. 보통 the ~) 향상(improvement), 증가,
on the upgrade 상승(증가)하고 있어. ¶ Production is on the upgrade. 생산은 상승하고 있다.
— adj., adv. [ʌ́pgréid] 오르막의(이 되어), 오르막 구배의(이 되어).
— vt. [ʌ́pgrèid] (-grad·ed, -grad·ing) **1** (직원)을 승격시키다, **2** (제품의) 품질을 높이다; (하급품)을 고급품화하다, 격상(시키다,
up·growth [ʌ́pgròuθ] n. ⓤ **1** 발육, 성장, 발달
(development). **2** 발육(발달)하는 것.
up·heav·al [ʌphíːv(ə)l] n. **1** (…을) 들어올리기, 밀어올리기, **2** (지질) 융기, **3** (사회 상태 따위의) 격변, 대변동, 동란.
up·heave [ʌphíːv] v. (-heaved or -hove, -heav·ing)
vt. **1** …을 들어올리다, 밀어올리다, **2** (화산 활동 따위가) (땅)을 융기시키다, **3** …을 혼란시키다. — vi.
들려 올라가다, 융기하다.
***up·held** [ʌphéld] v. uphold 의 과거・과거 분사.
***up·hill** [ʌ́phíl] n. adv. 비탈을 올라서, 비탈 위로.
— adj. **1** 오르막의, 오르막길의, 위로 향한(upward). 길은 오르막이다, **2** 높은 곳에 있는, **3** 힘드는,
어려운(difficult). ¶ an uphill fight 힘드는 싸움.
— n. [ʌ́phíl] 오르막길.
‡**up·hold** [ʌphóuld] vt. (-held, -hold·ing) **1** …을 들어올리다, 올리다(raise); …을 높이 떠받치다, 지지하다, **2** …을 격려하다, 시인하다, …에 찬성하다; (주의)를 원조하다, 장려하다, ⇨ SUPPORT 類語 ¶ I cannot uphold your conduct. 나는 너의 행동에 찬성할 수 없다.
3 (법률) (판결)을 확인하다(confirm), 지지하다
(maintain). **4** 《英》=upholster.

up·hold·er [ʌphóuldər] n. 지지자, 후원자.
up·hol·ster [ʌphóulstər] vt. **1** (의자 따위에) 덮개
(쿠션, 속, 용수철)을 대다, (의자 따위)에 속을 넣고 천으로 씌우다. **2** (집)에 가구류를 비치하다; …에 실내 장식을 하다, ¶ upholster a room (커튼・융단 따위로) 실내를 장식하다.
up·hol·ster·er [ʌphóulst(ə)rər] n. 가구 상인, 실내 장식 상인.
uphólsterer bèe n. 가위벌(leaf-cutting bee).
up·hol·ster·y [ʌphóulstəri] n. (pl. -ster·ies) **1** 실내 장식품(커튼・쿠션・융단 따위), **2** ⓤⓒ[의자・쿠션 따위의] 속[에 넣는 것], **3** ⓤ 실내 장식업, 가구업.
UPI, U.P.I. (略) United Press International. cf.
AP; (정보) universal peripheral interface (범용(汎用) 단말 인터페이스). 　　　　　　　　　　　[비.
up·keep [ʌ́pkìːp] n. ⓤ [토지・가옥 등의] 유지; 유지
***up·land** [ʌ́plənd, +美 -læ̀nd] n. 고지, 고지대; (~s) 고지 지방.
— adj. 고지의, 고지대의.
***up·lift** vt. [ʌplíft → n.] **1** …을 들어올리다, 들다. ¶
uplift one's hands 두 손을 들다, **2** [사회적・도덕적으로] …을 높이다; (정신)을 고양하다, (사기)를 북돋우다(exalt), ¶ The news uplifted him. 그 뉴스로 그는 힘이 났다, **3** (목소리)를 높이다. — n. [ʌ́plìft] **1** ⓤ 들어올리기, 들기, **2** ⓤⓒ (지질) 융기(upheaval). **3**
ⓤ [정신적인] 고양, [도덕적・지위의] 향상, ¶
intellectual uplift 지적(知的) 향상, **4** 브래지어, **5**
《英구어》 도덕적 훈화.
up·lift·ed [ʌplíftid] adj. **1** 향상된, 고양된, 의기 충천한, **2** [들보 따위가] 들어올려진.
up·lift·er [ʌplíftər] n. **1** 들어올리는 사람, **2** 사회 사업가.
up·link [ʌ́plìŋk] n. (우주)(종종 형용사적으로) 지상에서 우주선(위성)으로의 정보 송신. — vt. [정보]를 지상에서 우주선(위성)으로 전송하다.
up·man·ship [ʌ́pmənʃip] n. =one-upmanship.
up·mar·ket [ʌ́pmɑ̀ːrkit] adj. (úp màrket) adj. 고급 소비자를 노린, 고급(고가)품 시장의, ¶ the up-market Swiss watch industry 고급 소비자를 노린 스위스 시계 제조업, — vt., vi. 고급 시장을 노리다(겨냥하다).
up·most [ʌ́pmòust, +美 -məst] adj. =uppermost.
‡**up·on** [강 əpɔ́n, 약 əpən / 강 əpɔ́n, 약 əpən] prep. =on.
—— Usage on 과 upon 에는 의미상 차이가 없으나, 일반적으로는 on 쪽이 구어적이다; 단, 다음의 경우에는 흔히 upon이 쓰인다. (1) 동사에 수반되는 경우나 글의 말미에 올 때: There is not a bench to sit upon. 앉을 수 있는 벤치가 없다. (2) 관용구: upon my word 맹세코 / once upon a time 옛날 옛적에.
‡**up·per** [ʌ́pər] adj. 《한정 형용사》 **1** [장소・위치 따위가] 더 위에 있는, 위쪽의, 높은 쪽의, 상부의, opp.
lower ¶ the upper lip 윗입술 / the upper stories of a building 건물의 상층[부] / in the upper air 상공에서, **2**
상위의, 상류의, 상급의(superior), ¶ the upper classes 상류 사회(계급) — **3** 윗자리의, 상류의, 오지(奥地)의, ¶
the upper end of a table 식탁 윗자리의 끝쪽[주인석] / the upper Mississippi 미시시피강 상류, **4** 《고어》[의복 따위의]에 다른 것[위]에 착용하는(outer), **5**
[시간적으로] 보다 빠른, **6** [어떤 지역의] 북쪽의, 북부의, **7** (종종 U-) [지질] 후기의, **8** [목소리 따위가] 높은.
— n. **1** (보통 ~s) [구두의] 갑피; 천 각반 (脚絆), **2**
[선실・침대차의] 상단의 침대, **3** (종종 ~s) 우량 목재, **4** 《美속어》 각성제, 암페타민, **5** 윗니; 위의 의치(義齒), **5** 상반신에 입는 옷.
be [down] on one's uppers ① 구두창이 닳아 빠지다, ② 몹시 가난하다.
Upper Bench n. 《英법률》 상좌(上座) 재판관[공화제 시대의 왕좌 재판소].
up·per-brack·et [ʌ́pərbrækit] adj. 랭킹이나 순위

표 따위의 상위에 있는. ¶ *upper-bracket* taxpayers 고액 납세자.

Úpper Cánada *n.* 원래 영령 캐나다의 한 주(1791-1840) [지금의 Ontario 주의 남부].

úpper cáse *n.* 〖인쇄〗 대문자 활자 케이스.

up·per-case [ʌ́pərkéis] *adj.* 1 대문자의. *cf.* lower-case 2 〖인쇄〗 대문자 활자 케이스의. — *vt.* (-cased, -cas·ing) …을 대문자로 인쇄하다(쓰다).

úpper chámber *n.* (the ~) = upper house.

úpper cláss *n.* 〖U〗 (때로 upper classes로 단수 취급) 〖집합적〗 상류 사회(계급) (uppertendom).

up·per-class [ʌ́pərklǽs / -klɑ́ːs] *adj.* 1 상류 계급의. 2 《美》 (대학·고등 학교의) 상급의.

up·per·class·man [ʌ́pərklǽsmən / -klɑ́ːs-] *n.* (*pl.* **-men** [-mən]) 《美》 (대학·고등 학교의) 상급생.

úpper crúst *n.* (보통 the ~) 1 [파이 따위의] 윗껍질. 2 《구어》 상류 사회.

up·per·cut [ʌ́pərkʌ̀t] *n.* [권투 등의] 어퍼컷. — *v.* (-cut, -cut·ting) …에 어퍼컷을 먹이다. — *vi.* 어퍼컷을 먹이다.

úpper déck *n.* 〖항해〗 상갑판.

up·per-dog [ʌ́pərdɔ̀ːg/-dɔ̀g] *n.* 승자(勝者) (top dog).

úpper hánd *n.* (the ~) 우세, 우월 (advantage). *get* (or *have*) *the upper hand of* …보다 우세하다, …에 이기다.

úpper hóuse *n.* (the ~) (종종 U· H·) [양원제의] 상원 [《英》에서는 the House of Lords, 《美》에서는 the Senate]. *cf.* lower house

úpper léather *n.* 〖U〗 [구두의] 갑피 (uppers).

*****up·per·most** [ʌ́pərmòust, +英 -məst] *adj.* 1 [계급·권력 등의] 최고의 (topmost). 2 최우위의 (predominant). ¶ a subject of *uppermost* importance 가장 중요한 주제 / one's *uppermost* thoughts 우선 머리에 떠오르는 생각. — *adv.* 최고로, 맨 먼저.

úpper stóry (《英》**stórey**) *n.* 1 상층. 2 《속어·구어》 머리, 두뇌 (brains). ¶ weak in the *upper story* 머리가 좋지 않다.

úpper tén thóusand *n.* (the ~) 《英》 상류 계급 (upper class). *cf.* Four Hundred

up·per·ten·dom [ʌ́pərténdəm] *n.* = upper class.

Úpper Vólta [-vóultə] *n.* 오트볼타 (Haute Volta) [남아프리카 서부의 공화국].

úpper wórks *n. pl.* 1 〖항해〗 건현(乾舷) [배의 흘수선 윗부분의 현측(舷側)]. 2 상부 구조 (superstructure). 3 《속어》 두뇌 (brains).

up·per·world [ʌ́pərwə̀ːrld] *n.* (the ~) *cf.* underworld 1 지상의 세계. 2 건실한 생활.

up·pish [ʌ́piʃ] *adj.* 《구어》 거만한, 주제넘은, 건방진 (arrogant). **~·ly** *adv.* **~·ness** *n.*

up·pi·ty [ʌ́piti] *adj.* 《美구어》 = uppish.

up·raise [ʌpréiz] *vt.* (-raised, -rais·ing) 《보통 과거분사형으로》 …을 들어올리다(lift), 높이다(elevate). ¶ with voice *upraised* in anger 화가 나 목소리를 높여.

up·rate [ʌpréit] *vt.* (-rat·ed, -rat·ing) 1 …의 비율 (능률)을 올리다, …의 효율(출력)을 높이다. 2 …을 격상(格上)하다, …을 개량하다, …의 품질을 높이다.

up·rear [ʌpríər] *vt.* 1 …을 올리다, 일으키다; …을 높이다. 2 …을 세우다 (build). 3 …을 기르다. — *vi.* 오르다 (rise).

‡**up·right** [ʌ́prait → *adv.*] *adj.* 1 똑바른, 직립의, 수직의, 곧추 선. ¶ an *upright* post 곧추 선 기둥 / hold oneself *upright* 직립 자세를 취하다 / stand *upright* 똑바로 서다 / set a post *upright* 말뚝을 똑바로 세우다.

類語 **upright** 곧추 선, 똑바른: an *upright* position 직립 자세. **erect** 특히 똑바로 서는 것을 강조하는 말: stand *erect* [등을 펴고] 똑바로 서다. **plumb** 특히 기둥·벽 따위가 똑바른; 건축 관계 용어로: a *plumb* wall 똑바른 벽. **vertical** 지평면 또는 바닥과 수직인: *vertical* threads of a fabric 직물의 날실. **per-**

pendicular 상하 두 방향으로 vertical 하다는 뜻에 덧붙여, 일반적으로 면·선에 대하여 수직으로 직교하다를 뜻한다: two planes *perpendicular* to each other 직교(直交)하는 두 평면.

2 정직한(honest), 공정한, 올바른(righteous), 고결한. ¶ an *upright* person 정직한 사람. — *adv.* [ʌpráit] 똑바로, 직립하여. — *n.* 1 〖U〗 직립[상태], 수직. ¶ be out of *upright* 기울어져 있다. 2 똑바른 (곧추 선) 물건; 〖건축〗 직립재 (기둥). 3 = upright piano. 4 (~s) 〖미식축구〗 = goal posts. **~·ly** *adv.* **~·ness** *n.*

úpright piáno *n.* 직립형 피아노. *cf.* grand piano

up·rise [ʌpráiz] *vi.* (-rose, -ris·en [-rízn], -ris·ing) 1 일어나다, 기상하다 (get up); 일어서다. 2 나타나다. 3 폭동을 일으키다. 4 눈에 띄다, 현저하게 되다. 5 올라가다 (ascend). 6 [태양이] 수(직) 평선상에 떠오르다. 7 증대하다, 부풀다; [음·목소리 따위가] 커지다. — *n.* 1 일어나기, 증대, 대두, 발생.

*****up·ris·ing** [ʌpráiziŋ, -́-̀-] *n.* 〖C〗〖U〗 기상, 기립. 2 반란, 모반(謀反) (revolt). ⇒ REVOLUTION 類語 3 오르막길.

up·riv·er [ʌ́prívər] *adj.* 상류의, 상류에 있는; 수원(상류)을 향한. — *adv.* 상류에서; 상류로, 수원을 향하여.

*****up·roar** [ʌ́pròːr / -rɔ̀ː] *n.* 〖C〗〖U〗 대소동, 소란 (tumult); 소음. ⇒ DISORDER 類語 *in* [*an*] *uproar* 소란하여. ¶ The whole room was *in uproar.* 장내가 온통 소란했다.

◇ uproárious *adj.*

up·roar·i·ous [ʌpróːriəs / -róːr-] *adj.* 떠들썩한, 시끄러운, 소란스러운. ¶ an *uproarious* meeting 소란스러운 집회 / an *uproarious* laughter 와자지껄한 웃음 소리. **~·ly** *adv.* **~·ness** *n.*

*****up·root** [ʌprúːt] *vt.* 1 …을 뿌리째 뽑다, 뿌리째 뽑아내다. ¶ *uproot* a tree 나무를 뿌리째 뽑다. 2 …을 근절하다, 절멸시키다. ¶ *uproot* poverty 빈곤을 근절하다. 3 [토지·집으로부터] …을 몰아내다 (…*from*). ¶ (~+目+前+名) pathetic exiles *uprooted from* their homelands 고국에서 쫓겨난 불쌍한 망명자들.

up·rose [ʌpróuz] *v.* uprise의 과거형.

up·rouse [ʌpráuz] *vt.* (-roused, -rous·ing) …을 일으키다, …의 눈을 뜨게 하다 (arouse, awake).

up·rush [ʌ́prʌ̀ʃ] *n.* 1 [물·가스 따위의] 분출; 급등. 2 [감정의] 고조(高潮). ¶ an *uprush* of fear 공포심의 고조. 〖보조 전원〗

UPS (略) uninterrupted power supply ([정전 대비용])

up·scale [ʌ́pskèil] *n., adj.* 《구어》 [소득·교육·사회적 지위가] 평균 이상의 층[의], 부유층[의]. ¶ an *upscale* readership 수준 높은 독서층.

‡**up·set** [ʌpsét → *n., adj.*] *v.* (-set, -set·ting) *vt.* 1 …을 뒤엎다, 뒤집어 엎다, 전복시키다. ¶ *upset* a kettle 주전자를 뒤엎다 / *upset* a boat 보트를 전복시키다.

類語 **upset** 안정·평형을 잃게 하여 넘어뜨리다: *upset* a vase 꽃병을 넘어뜨리다 / *upset* the rules of society 사회 규범을 엉망으로 만들다. **overturn** 확고하게 안정되어 있는 것을 강한 힘으로 전복·전도시키다: houses *overturned* by an earthquake 지진으로 넘어진 가옥 / *overturn* a government 정부를 전복시키다. **capsize** 배의 전복과 같은 갑작스럽고 완전한 전복·혼란에 사용되는 말: *capsize* a boat 보트를 전복시키다 / *capsize* a plot 음모를 완전히 분쇄하다.

2 [시합 따위에서 뜻밖에] [상대]를 패배시키다. 3 [계획 따위]를 망쳐놓다, 차질을 빚게 하다 (frustrate). 4 …의 마음을 어지럽히다, …을 당황하게 하다, 어리둥절하게 하다 (perturb). ¶ *upset* a person's mind 남을 당황하게 하다. 5 [몸]의 상태를 나쁘게 하다, …을 병들게 하다. ¶ The lobster last night *upset* me. 어젯밤에 먹은 새우로 배탈이 났다. 6 〖달군 쇠붙이 끝〗을 망치로 쳐서 뭉툭하게 하다; [타이어·차바퀴의 안지름을 따

upset price / **upvalue**

위)를 눌러서 오그라뜨리다.
── *vi.* 뒤집히다, 전복하다.
── *n.* [Ápsèt] **1** 전복; 전락(*from...*). ¶ the *upset* of a truck 트럭의 전복 / have an *upset* 뒤집히다. **2** 영망진창인 상태, 혼란(상태); 당황, (마음의) 동요, 충격. ¶ give a person an *upset* 남을 당황하게 하다. **3** [몸의] 불편, 탈. ¶ get stomach *upsets* 배탈이 나다. **4** (구어) 불화, 싸움(quarrel); 의견의 차이. **5** (구어) [시합·시험 따위에서] 뜻밖의 패배. **6** [기계] 망치로 쳐서 끝을 뭉툭하게 한 금속봉.
── *adj.* [Ápsét / ∠∠] **1** 뒤집힌, 전복한. **2** 혼란한. **3** 마음이 동요한, 당황한; [몸의] 상태가 좋지 않은. ¶ She is emotionally *upset*. 그녀는 마음이 심란하다.
úpsèt príce *n.* 경매 개시 전의 최저 가격.
up·set·ter [Ápsétər] *n.* **1** 뒤집어 엎는(혼란케 하는) 사람. **2** [기계] 단압기(鍛壓機).
up·shift [Ápʃìft] *vi.*, *n.* [자동차에서] 고속 기어로 바꿈
up·shot [Ápʃàt / -ʃɔ̀t] *n.* (the ∼) **1** 결론(conclusion), 결과(result). **2** [논쟁 따위의] 요지(gist).
in the upshot 결국, 마침내.
up·side [Ápsàid] *n.* **1** 상부, 윗면, 위쪽(upper side). **2** [가격의] 상승 경향. **3** [철도의] 상행선, 상행선 플랫폼. **4** (속어) 밝은 면, 좋은 면. *opp.* downside
‡**upsìde dówn** *adv.* 거꾸로, 뒤집어서. ¶ turn a box *upside down* 상자를 뒤엎다. **2** 엉망으로.
*ᐟ**up·side-down** [Ápsài(d)dáun] *adj.* **1** 거꾸로 된, 전도한. **2** 혼란된, 엉망이 된.
úpsìde-dówn cáke *n.* (美) 프루트레이어 케이크 [잘게 썬 과일을 얹은 케이크].
up·sides [Ápsáidz] *adv.* (英구어) …와 엇비슷하여.
get upsides with ① …와 호각을 이루다. ② …에게 복수하다, 역습하다.
up·si·lon [júːpsilən / juːpsáilən] *n.* 윕실론 [그리스어 알파벳의 스무번째 자(γ, ν); 영어의 U, u 또는 Y, y에 해당]; [위거] 합병하다.
up·size [Ápsaiz] *vi.* (규모 따위가) 확대되다 (회사 따
up·skill·ing [Ápskìliŋ] *n.* 숙련도 향상.
up·stage [Ápstéidʒ→] *n., adj.* **1** 무대 안쪽의. **2** 거만한, 도도하게 구는(haughty). ── *adv.* 무대 안쪽에서(으로). *opp.* downstage ── *v.* (-staged, -staging) *vt.* **1** 자기가 무대 안쪽을 차지함으로써 다른 배우가 무대 전면에서 관객에게 등을 보이도록 하여 (다른 배우)에 대한 관객의 주의를 돌리다, 불리하게 하다. **2** [직업적·사회적으로] (남)을 패배시키다. **3** (남)을 가볍게 다루어 자신을 돋보이게 하다. ── *vi.* 오만하다. ── *n.* [Ápstèidʒ] 무대 안쪽, 무대 뒤쪽.
up·stair [Ápstɛ́ər] *adj.* =upstairs.
‡**up·stairs** [Ápstɛ́ərz] *adv.* **1** 위층으로(에서), 2층으로(에), (구어) 공중에. ¶ run *upstairs* 2층으로 뛰어 올라가다. **2** 더욱 높은 지위에. **3** (美속어) 머리 속에 (in the head). ¶ He is all vacant *upstairs*. 그의 머리 속은 텅 비어 있다.
kick a person upstairs (구어) 아무개를 이름뿐인 자리로 끌어 올려, 모양새를 갖춰 내보내다.
── *adj.* (=upstair) 위층의, 2층의. ¶ an *upstairs* hall 2층에 있는 홀 / the people *upstairs* 2층에 있는 사람들. ── *n. pl.* (단·복수 양용) 위층, 2층. ¶ come down from *upstairs* 2층에서 내려오다.
up·stand·ing [Ápstǽndiŋ] *adj.* **1** 직립한, 곧추 선, (자세가) 늘씬한. **2** 정직한, 훌륭한(honorable).
up·start [Ápstɑ̀ːrt → *v.*] *n.* **1** 벼락 출세한 사람, 벼락 부자. **2** 거만한 녀석. ── *adj.* **1** 벼락 출세한. **2** 최근에 나타난. ── *vi.* [Ápstɑ́ːrt] **1** 갑자기 일어서다. **2** 나타나다, 갑자기 나타나다.
up·state (美) *n.* [Ápstéit] *n., adj., adv.* (美) 주(州)의 북부 지방; [특히] New York 주의 북부 지방. ── *adj.* [Ápstéit] 주의 북부(의). ── *adv.* [Ápstéit] 주의 북부(으로).
up·stat·er [Ápstéitər] *n.* (美) 주(州)(內)의 시골 사람; [New York 주의] 북부 출신자. 「하다.
up·step [Ápstép] *vt.* (-stepped, -stepping) …을 증진
*ᐟ**up·stream¹** [Ápstríːm] *adv.* 상류로(에서), 흐름을 거슬러 올라가서. *opp.* downstream ¶ go *upstream* 흐름을 거슬러 올라가다. ── *adj.* 상류의(에 있는), 상류로의, 흐름을 거슬러 올라가는.
up·stream² [Ápstríːm] *n.* [석유 산업의] 상류(전반(前半)) 부문[석유 채굴 부문의 총칭].
up·stroke [Ápstròuk] *n.* 위쪽으로 잣혀진 필체, 위쪽으로 그은 획.
up·surge *vi.* [Ápsə́ːrdʒ → *n.*] (-surged, -surg·ing) **1** 파도가 일다. **2** 솟구쳐 오르다; 용솟음쳐 오르다(rise). **3** 급증(격증)하다. ¶ Juvenile delinquency *upsurged*. 소년 범죄가 격증했다. ── *n.* [Ápsə̀ːrdʒ] **1** 솟구쳐 오름; 고조(高潮). **2** 급증, 격증.
up·sweep [Ápswìːp → *n.*] *v.* (-swept, -sweep·ing) *vt.* [머리]를 빗어올리다, 업스타일로 하다. ── *vi.* 위쪽으로 굽다. ── *n.* [Ápswìːp] **1** [여자 머리의] 위로 빗어올린 형, 업스타일. **2** [경사 따위의] 가파른 치받이. **3** [활동의] 활발화. **4** [불도 따위의] 아래턱의 위로 향한 만곡(彎曲).
up·swept [Ápswèpt] *adj.* **1** 위쪽으로 휜(굽은). **2** 머리를 위로 빗어올린, 업스타일로 한.
up·swing *vi.* [Ápswíŋ → *n.*] (-swung, -swing·ing) **1** [흔들이 따위가] 위로 흔들리다. **2** [세가 따위가] 상승하다; 향상하다. ── *n.* [Ápswìŋ] **1** 상향 운동. **2** 발전, 상승, 향상. ¶ an *upswing* in the stock market 주식 시장의 상승 시세. 「올릴 때 쓰는 말」.
up·sy-dai·sy [Ápsidéizi] *interj.* 영차[어린애를 안아
up·take [Ápteik] *n.* (the ∼) 이해, 양해. ¶ quick on(or(英) in) the *uptake* 이해가 빠르다. **2** 들어올리기. **3** [공기·가스·연기 따위를] 빨아올리는 파이프, 통풍관, 연도(煙道).
up·throw [Ápθròu → *v.*] **1** [지면 따위의] 융기(隆起). **2** [지질] [단층(斷層)에 의한 지반의] 융기. ── *vt.* [Ápθróu] (-threw, -thrown, -throw·ing) …을 위로 던지다. 「기」. **2** [지질] 융기(upheaval).
up·thrust [Ápθrʌ̀st] *n.* **1** 밀어올리기, 떠받쳐 올림
up·tick [Áptìk] *n.* ⓤ (美) **1** [수요·공급의] 증대(상승), 경기(의) 상승 기세(호경기). **2** (증권) 직근(直近値)보다(한 단계) 높은 가격(으로서의 거래) (plus-tick). ¶ on the *uptick* 강세에.
up·tight, up·tight [Áptáit] *adj.* (속어) **1** 초조하는, 긴장한. **2** 딱딱한. **3** 궁지에 빠진, 불안한.
up·tilt [Áptìlt] *vt.* …을 위로 기울이다(tilt up).
up·time [Áptàim] *n.* [컴퓨터 따위의] 가동 시간(run time, machine hour); [장치의] 내용.
‡**up-to-date** [Áptədéit] *adj.* **1** 현재까지 계속되고 있는, 최신의, 최신식으로, 최근의. ¶ an *up-to-date* record 최신의 기록. **2** 현대적인, 첨단을 걷는(modern).
 ~·ly *adv.* ~·ness *n.* 「으로 새로운.
up-to-the-min·ute [Áptəðəmínit] *adj.* 극히 최신의.
up·town [Áptáun] (美) *adv.* 높은 지대로(에), 주택 지구로(에). ¶ live *uptown* 주택 지구에 살다. ── *adj.* 높은 지대의, 주택 지구의. ── *n.* 높은 지대, 주택지. *opp.* downtown
up·town·er [Áptáunər] *n.* 주택 지구 거주자.
up·trend [Áptrènd] *n.* [경제] 등세, 상승 경향.
up·turn [Áptə́ːrn → *n.*] *vt.* **1** …을 파 엎다, …을 뒤집다 (overturn). **2** …을 위로 향하게 하다, ¶ *upturn* one's eyes 눈을 위로 돌리다. **3** …을 혼란시키다, 교란시키다. ── *vi.* 위로 향하다. ¶ His face *upturned* toward the sun. 그는 얼굴을 들어 태양을 향했다. ── *n.* [Áptə̀ːrn] **1** 대혼란, 격동. **2** [물가의] 상승 [경제의] 호전.
up·turned [Áptə́ːrnd] *adj.* **1** 파헤쳐진; 뒤집힌. **2** 위로 향한; 끝이 위로 구부러진.
UPU (略) Universal Postal Union.
up·val·ue [Ápvǽlju(ː)] *vt.* (-val·ued, -val·u·ing) [달

‡**up·ward** [ʌ́pwərd] *adv.* (=**upwards**) **1** 위쪽으로, 위쪽을 향해서. ¶ She tilted her face *upward*. 그녀는 얼굴을 위쪽으로 돌렸다. **2** 근원(수원(水源))쪽으로, 상류로; 오지(奧地)로, 내륙으로. ¶ trace a stream *upward* 상류쪽으로 강을 거슬러 올라가다. **3** [계급·정도·가격·나이 따위가] 높은 쪽으로, 위쪽으로; [수량 따위가] …이상, 보다 많이 (more). ¶ from one's youth *upward* 청년 시절부터 내내 / children of six years and *upward* 6세 이상의 아이들. **4** [장소가] 보다 위에(above).
upward (or *upwards*) *of* …이상. ¶ *upward of* ten months 10개월 이상.
── *adj.* **1** 위를 향한, 위쪽으로의; 상승하는. ¶ the *upward* trend of prices 물가의 상승 경향 / cast an *upward* glance 눈을 치떠서 보다. **2** 위쪽에 있는, 위쪽의; 상류의(upstream). ~**·ly** *adv.* ~**·ness** *n.*
úpward mobílity *n.* ⓤ[사회] 상향적 사회 이동.
*up·wards [ʌ́pwərdz] *adv.* =upward.
up·warp [ʌ́pwɔ̀ːrp] *vt., vi.* (지질) 배사 습곡(背斜褶曲)하다. ── *n.* 배사 습곡(지역).
up·well·ing [ʌ́pwèliŋ] *n.* 용승(湧昇)[심해로부터 영양분을 함유한 고밀도의 해수가 상승하는 현상].
up·wind [ʌ́pwínd → ⁓] *adj.* 바람 불어오는 쪽의(향한). ── *adv.* 바람 불어오는 쪽에(을 향하여). ── *n.* [ʌ́pwínd] 역풍.
ur [ʌː, əː] *interj.* =er.
Ur (略) uranium.
UR ⇨ URUGUAY ROUND
ur-¹ ⇨ URO-¹.
ur-² ⇨ URO-².
ur-³ *pref.*「원시의」,「초기의」,「원형의」의 뜻. 예: *Ur*-sprache(인도 유럽 원어).
ura·cil [júərəsil] *n.* (생화학) 우라실[RNA 를 구성하는 pyrimidine 염기; 기호 U].
u·rae·mi·a [juríː(ː)miə, -mjə / juər-] *n.* =uremia.
u·rae·mic [juríː(ː)mik / juər-] *adj.* =uremic.
u·rae·us [juríːəs / ju(ə)r-] *n.* [고대 이집트에서 최고 권력의 상징으로 왕관에 붙인] 뱀 모양의 휘장.
U·ral [júə(ː)rəl / júər-] *n.* **1** (the ~) 우랄강[우랄 산맥에서 카스피해로 흘러든다]. **2** 우랄 지방. **3** (the ~s) =Ural Mountains. ── *adj.* 우랄 산맥의; 우랄 강의.
U·ral-Al·ta·ic [júː(ː)r(ə)læltéiik / júər-] *adj.* 우랄과 알타이 지방의, 그 주민의; 우랄알타이 어족(語族)의. ── *n.* (언어) 우랄알타이 어족.
U·ra·li·an [juréiliən / ju(ə)r-] *adj.* **1** 우랄 산맥의, 우랄 지방의. **2** 우랄 어족의.
U·ral·ic [juréːlik / ju(ə)r-] *n.* ⓤ(언어) 우랄 어족[헝가리어·핀란드어·에스토니아어 등]. ── *adj.* =Uralian.
Ural Móuntains *n. pl.* (the ~) 우랄 산맥[러시아 중앙부를 남북으로 뻗은 산계(山系)].
U·ra·ni·a [juréiniə, -nijə / juər-] *n.* (그리스 신화) **a)** 우라니아[뮤즈 (Muse) 아홉 여신의 하나로 천문을 주관]. **b)** =Aphrodite. **2** (u-) 산화 우라늄.
U·ra·ni·an [juréiniən, -njən / juər-] *adj.* **1** 천왕성(Uranus)의. **2** 우라니아(Urania)의. **3** 천상의(heavenly).
u·ran·ic¹ [juræ̆nik / juər-] *adj.* (화학) 우라늄 (uranium)의, 우라늄을 함유하는.
u·ran·ic² [juæ̆nik / juər-] *adj.* 하늘의; 천체의, 천문상의.
*****u·ra·ni·um** [juréiniəm, -njəm / ju(ə)r-] *n.* ⓤ(화학) 우라늄[백색광을 발하는 방사성 금속 원소; 원자 기호 U].
ura·no- heaven 의 뜻의 연결형. 예: *urano*logy.
u·ra·nog·ra·phy [jùə(ː)rənɑ́grəfi / jùərənɔ́g-] *n.* (pl. **-phies**) **1** 천체 지학(誌學). **2** 천문학.

u·ra·nol·o·gy [jùː(ː)rənɑ́lədʒi / jùərənɔ́l-] *n.* (*pl.* **-gies**) **1** ⓤ천문학(astronomy). **2** 천체론.
u·ra·nom·e·try [jùː(ː)rənʌ́mitri / jùərənɔ́m-] *n.* (*pl.* **-tries**) **1** ⓤ천체 도표. **2** 천체 측량.
u·ra·nous [júː(ː)rənəs / júər-] *adj.* (화학) 우라늄의, 우라늄을 함유하는.
U·ra·nus [júː(ː)rənəs / júər-] *n.* **1** (그리스 신화) 우라너스(天神); 지신(地神) 가이아(Gaea)의 아들이며 남편. **2** (천문) 천왕성.
***ur·ban** [ə́ːrbən] *adj.* 도시의, 도시에 사는; 도회지풍의. *cf.* rural ¶ *urban* population 도시 인구 / *urban* life 도회지 생활.
úrban dístrict *n.* (영) 준(準)자치 도시[지방 의회에 의한 자치 제도를 가지는 소도시로서, 자치 도시 (borough) 보다 권한이 적다].
ur·bane [əːrbéin] *adj.* **1** 도시적인, 세련된, 우아한. *cf.* rustic **2** 예의바른, 온화한. ~**·ly** *adv.* ~**·ness** *n.*
úrban fámily *n.* 어번 패밀리[편리한 도시에서 마음 편히 생활을 즐기는 고급 아파트 거주자].
úrban guerrílla *n.* 도시 게릴라[조직, 대원]; 도시 게릴라 활동.
ur·ban·ism [ə́ːrbənìz(ə)m] *n.* ⓤ **1** 도회지 생활. **2** 도시 계획, 도시화(urbanization).
ur·ban·ist [ə́ːrbənist] *n.* 도시 계획 전문가.
ur·ban·ite [ə́ːrbənàit] *n.* 도시인.
ur·ban·i·ty [əːrbǽniti / juər-] *n.* (*pl.* **-ties**) ⓤ도회지풍, 세련, 우아, 온화. (-ties) 예의바름(courtesies).
ur·ban·i·za·tion [ə̀ːrbənizéiʃ(ə)n / -naiz-] *n.* ⓤ 도시화; [촌스러운 것의] 세련화, 도회지화.
ur·ban·ize [ə́ːrbənàiz] *vt.* (**-ized, -iz·ing**) **1** [지방]을 도시화하다. **2** …을 도회지풍으로 하다, 세련되게 하다, 우아하게 하다.
ur·ban·ol·o·gist [ə̀ːrbənɑ́lədʒist / -nɔ́l-] *n.* 도시 학 개발.
ur·ban·ol·o·gy [ə̀ːrbənɑ́lədʒi / -nɔ́l-] *n.* ⓤ 도시 학, 도시 문제 연구.
úrban renéwal (**redevélopment**) *n.* ⓤ도시 재개발.
úrban spráwl *n.* 스프롤 현상[도시의 불규칙하고 무계획한 교외 발전].
ur·bi·a [ə́ːrbiə] *n.* ⓤ(집합적) 도회지(cities).
ur·bi·cide [ə́ːrbisàid] *n.* 도시 파괴, 도시 환경(경관) 파괴.
ur·bi·cul·ture [ə́ːrbikʌ̀ltʃər] *n.* ⓤ도시 생활, 도시 생활특유의 관습, 도시화; 도회지 문화; 도시 생활의 제반 문제(연구).
ur·ce·o·late [ə́ːrsiəlèit, -lèit] *adj.* (항아리·꽃병처럼) 몸통이 불룩하고 주둥이가 좁은, 물병 모양의.
***ur·chin** [ə́ːrtʃin] *n.* **1** 장난꾸러기, 개구쟁이; (일반적으로) 아이, 소년. **2** 섬게 (sea urchin). **3** (방언) 고슴도치 (hedgehog). **4** (고어) [고슴도치로 둔갑한다는] 꼬마 요정.
Ur·du [ûərduː, ⁓́⁓, ə́ːr-] *n.* ⓤ 우르두어[Hindustani 어의 일종. 인도·파키스탄의 회교도가 쓴다].
-ure *suf.*「동작·과정·결과·상태·행정 조직으로서의 집합체」라는 뜻의 명사 어미. 예: fail*ure*, cult*ure*, judicat*ure*.
u·re·a [juríːə, júː(ː)riə / júəriə] *n.* ⓤ(화학) 요소(尿素).
u·re·a-form·ál·de·hyde rèsin [jùríːəfɔːrmǽldihàid-, jú(ː)ri- / jú(ə)ri-] *n.* (화학) 요소 수지(樹脂), 우레아 수지.
u·re·al [juríːəl, jú(ː)ri- / jú(ə)ri-] *adj.* 요소의, 요소를 함유하는.
u·re·ase [júː(ː)rièis, -èiz / júəri-] *n.* (생화학) 우레아제[요소 분해 효소].
u·re·mi·a, u·rae- [juríːmiə, -mjə / juər-] *n.* (병리) 요독증(尿毒症).
u·re·mic, u·rae- [juríːmik / juər-] *adj.* (병리) 요독증의; 요독증에 걸린.
u·re·ter [juríːtər / ju(ə)r-] *n.* (해부·동물) 요관, 수뇨관(輸尿管).

u·re·ter·al [juríːtərəl / ju(ə)r-], **u·re·ter·ic** [jù(ː)rìtérik / jùəri-] *adj.* 〔해부·동물〕 요관의, 수뇨관의.

u·re·thane [júrəθèin], **-than** [-θæn] *n.* ⓤ〔화학〕 우레탄〔무색·무취의 결정체. 주로 최면제용〕.

u·re·thra [juríːθrə / ju(ə)r-] *n.* (*pl.* **-thrae** [-θriː] or **-thras**) 〔해부〕 요도(尿道).

u·re·thral [juríːθrəl / ju(ə)r-] *adj.* 〔해부〕 요도의.

u·re·thri·tis [jùːriθráitis / jùər-] *n.* ⓤ〔병리〕 요도염.

u·re·thros·co·py [jùː(ː)riθróskəpi / jùərìθrɔ́s-] *n.* ⓤ〔의학〕〔요도경에 의한〕요도 검사.

u·ret·ic [jurétik / ju(ə)r-] *adj.* 오줌의 (urinary); 이뇨〔利尿〕의.

‡**urge** [əːrdʒ] *v.* (**urged, urg·ing**) *vt.* **1** …을 재촉하다, 몰아대다. ¶ *urge* one's way (*or* course) 길을 빨리 가다 // (～+图) *urge* one's car *forward* 차를 몰다 / *urge* dogs *on* with shouts 소리쳐서 개를 몰아대다.
2 …을 열심히 권하다 (exhort), 거듭 간청하다; …을 격려하다. ¶ (～+图+*to* do) He *urged* me *to* go into business. 그는 내게 실업계로 들어가라고 거듭 권유했다 // (～+图+爂+图) *urge* a person *to* greater efforts 어떤 사람을 더욱 노력하도록 격려하다.
類語 **urge** 설득·간청·강요 따위로 남에게 어떤 일을 하도록 하다: He *urged* me to go with him. 그는 내게 동행해 달라고 간청했다. **press** 끈질기게 urge하다: She *pressed* her husband to buy her the dress. 그녀는 남편에게 그 드레스를 사 줄 것을 간청했다. **exhort** 도리를 일러서 착한 일을 하도록 강력하게 권하다: The teacher *exhorted* his class to good deeds. 선생은 자기 반 아이들에게 착한 일을 하라고 권했다.
3 …에게 강요하다, 압력을 가하다. ¶ *urged* by hunger (need) 굶주림〔필요〕에 쫓기어 // (～+图+爂+图) *urge* a person *to* a task 남에게 어떤 일을 강요하다.
4 …을 주장하다, 역설하다, 강조하다. ¶ *urge* a claim 요구를 주장하다 / *urge* the need of …의 필요성을 역설하다 // (～+图+爂+图) *urge on* (*or* upon) a person the fruitlessness of a petition 탄원의 헛일임을 남에게 역설하다 // (～+*that* 節) He *urged* that we [should] accept the offer. 우리는 그 제의를 받아들여야 한다고 그는 주장했다.
5 …을 자극하다, 흥분시키다. ¶ (～+图+爂+图) I *urged* him *to* an intensity like madness. 나는 그를 미칠 지경으로 흥분시켰다.
— *vi.* **1** 〔어떤 충동에〕이끌리다; 〔충동에 이끌려〕돌진하다, 서두르다(*toward*…); 자극하다, 부추기다. **2** 〔논의·권고를〕역설하다 (*for, against*…).
— *n.* 남을 몰아대는 충동〔욕망〕. ¶ I feel an *urge* to get rid of social evils 사회의 병폐를 제거하고 싶은 충동을 느끼다.
◇ úrgency *n.*, úrgent *adj.*

‡**ur·gen·cy** [ə́ːrdʒ(ə)nsi] *n.* (*pl.* **-cies**) ① **1** 긴박한 일, 긴급〔성〕. ¶ a matter of great *urgency* 화급한 문제.
2 (-cies) 긴급한 요구. **3** 열렬한 주장, 끈덕진 재촉, 강요(insistence). ¶ the *urgency* of a claimant 채권자의 끈덕진 재촉.

‡**ur·gent** [ə́ːrdʒ(ə)nt] *adj.* **1** 긴박한, 긴급한, 화급한, 급박한. ¶ an *urgent* motion (order) 긴급 동의〔명령〕 / an *urgent* telegram 지급 전보 / on *urgent* business 긴급한 일로 / I am in *urgent* need of money. 긴급히 돈이 필요하다 / The necessity was not so *urgent* as it is now. 그 필요성이 지금처럼 긴박하지는 않았다. **2** 〔남이〕귀찮게 졸라대는, 계속 재촉하는, 끈질긴, 강요하는 (compelling). ¶ an *urgent* claimant 계속 재촉하는 채권자 / an *urgent* plea 끈질긴 청원 // He is *urgent* with me *for* the return of (*or* to return) the money loaned. 그는 내게 귀찮게 빚 독촉을 한다. **~·ly** *adv.*
◇ urge *v.*, úrgency *n.*

urg·er [ə́ːrdʒər] *n.* 몰아대는 사람, 독촉하는 사람; 권고자, 격려자, 간청자, 강요자, 주장자.

-urgy 「생산 기술·과학 기술」의 뜻의 연결형. 예: metall*urgy*, zym*urgy*.

U·ri·ah [juráiə / ju(ə)r-] *n.* **2** 〔성서〕 우리아〔헷 사람의 군인. 다윗왕 (David)에게 죽은, 밧세바 (Bathsheba)의 남편〕. ←사무엘기〔하〕(2 Sam. 11 : 15)〕.

u·ric [júrik / júər-] *adj.* 오줌의, 오줌에서 얻은.

úric ácid *n.* ⓤ〔생화학〕 요산(尿酸).

U·ri·el [júriəl / júər-] *n.* **2** 우리엘〔대천사 (大天使) (archangels)의 하나〕.

Urim and Thum·mim [júrim ənd θʌ́mim / júər-] *n.* (유대교) 우림과 둠밈〔재판 때에 야훼신(神) (Yahweh)의 뜻을 알기 위하여 유대의 사제가 흉패(胸牌)에 달았던 보석으로 상상되는 두 가지 물건.←출애굽기 (Exod.) 28 : 30〕.

urin- ⇨ URINO-.

u·ri·nal [jú(ː)rin(ə)l / júər-] *n.* 소변소; 요강, 〔환자용의〕기.

u·ri·nal·y·sis [jùː(ː)rinǽlisis / jùər-] *n.* ⓤⓒ (*pl.* **-ses** [-sìːz/-sìz]) 오줌 검사, 오줌 분석.

u·ri·nar·y [jú(ː)rinèri / júərinəri] *adj.* 오줌의, 비뇨〔기〕의. ¶ *urinary* organs 비뇨기. — *n.* (*pl.* **-nar·ies**) 〔비료용〕 오줌통, 비료통; 소변소(urinal).

úrinary bládder *n.* 〔해부·동물〕 방광.

u·ri·nate [jú(ː)rinèit / júər-] *vi.* (**-nat·ed, -nat·ing**) 오줌을 누다, 소변 보다 (discharge urine).

u·ri·na·tion [jù(ː)rinéiʃ(ə)n / jùər-] *n.* ⓤ 방뇨(放尿).

u·rine [jú(ː)rin / júərin] *n.* ⓤ 오줌, 소변.

úrine anàlysis *n.* ⓤⓒ 오줌 검사, 오줌 분석 (urinalysis).

urino- urine 이라는 뜻의 연결형. *cf.* uro- (※모음 앞에서는 urin-을 쓴다). 예: *urino*logy (비뇨과학), *urin*alysis.

u·ri·no·gen·i·tal [jù(ː)rino(u)dʒénitl / jùər-] *adj.* 비뇨 생식기의 (urogenital).

u·ri·nous [jú(ː)rinəs / júər-] *adj.* 오줌의, 오줌 같은〔냄새가 나는〕, 오줌을 함유하는.

URL 〔컴퓨터〕 uniform *r*esource *l*ocator 〔인터넷의 WWW 에서 서버가 있는 장소를 지시하는 방법. 미국 New York Times 의 경우는 http://WWW.nytimes.COM〕.

*****urn** [əːrn] *n.* **1** 〔특히 장식용의 다리나 받침이 있는〕 단지, 독. **2** 유골 단지; 〔비유적〕 무덤 (grave). **3** 〔꼭지 달린〕 커피 주전자. **4** 〔식물〕 〔선태 (蘚苔)류의〕 삭 (蒴) (theca).

uro-[1] urine 이라는 뜻의 연결형. *cf.* urino- (※모음 앞에서는 ur-을 쓴다). 예: *uro*chrome (요황 색소), *uro*logy, *ur*emia, *ur*eter.

uro-[2] tail 이라는 뜻의 연결형 (※모음 앞에서는 ur-을 쓴다). 예: *Uro*dela (〔동물〕 유미류(有尾類)), *uro*pygial (〔동물〕 〔새의〕 꼬리 부분의).

u·ro·gen·i·tal [jù(ː)ro(u)dʒénitl / jùər-] *adj.* 비뇨 생식기의 (urinogenital).

u·rol·o·gist [jurálədʒist / ju(ə)rɔ́l-] *n.* 비뇨기과 전문의사.

u·rol·o·gy [jurálədʒi / ju(ə)rɔ́l-] *n.* ⓤ 비뇨기과학.

u·ros·co·py [juráskəpi / ju(ə)rɔ́s-] *n.* 〔의학〕 오줌 분석, 오줌 검사.

Úr·sa Májor [ə́ːrsə-] *n.* 〔천문〕 대웅좌 (座). 〔< L Great Bear〕 〔Bear〕

Úr·sa Mínor *n.* 〔천문〕 소웅좌 (座). 〔< L Little Bear〕

ur·sine [ə́ːrsain, -sin] *adj.* 곰의; 곰 비슷한 (bearlike). 〔적인 왕녀.

Ur·su·la [ə́ːrsjulə, +美 -sə-] *n.* **Saint** 영국의 전설

Ur·su·line [ə́ːrsjulin, -làin / -sjulàin] *n.* 〔가톨릭〕 〔16세기 이탈리아에서 소녀 교육을 위해 창설된〕 우르술라회〔의 수녀〕, *adj.* 우르술라회의.

ur·ti·car·i·a [əːrtikɛ́(ː)riə / -kɛ́ər-] *n.* ⓤ 〔병리〕 두드러기.

‡**ur·ti·cate** [ə́ːrtikèit] *v.* (**-cat·ed, -cat·ing**) *vt.* 쐐기풀〔같은 것으로〕 쑤시다; 〔특히 마비를 치료하기 위해서〕…을 쐐기풀로 때리다; 〔…에〕 두드러기를 일으키다. — *vi.* 쐐기풀에 쐴리다, 〔쐐기풀로 쑤신 듯이〕 따끔거리다.

ur·ti·ca·tion [ə:rtikéiʃ(ə)n] *n.* ① 〖병리〗 [마비를 치료하기 위해서 쐐기풀로 피부를 때리는] 쐐기풀 유도법 (誘導法); 따끔거리는 가려움증.

Uru. 《略》 Uruguay.

U·ru·guay [j)ú(:)rəgwài, -wèi/(j)úərəgwài] *n.* 우루과이 [남미의 동남쪽에 있는 공화국; 수도 Montevideo]. **2** (the ~) 우루과이강.

U·ru·guay·an [j)ù(:)rəgwáiən, -gwéi-/(j)ùərəgwái-] *adj.* 우루과이의; 우루과이 사람의. — *n.* 우루과이인.

Úruguay Róund *n.* 〖경제〗 우루과이 라운드[1986년 우루과이의 수도 Montevideo 에서 시작된 GATT 주간의 다각적 무역 교섭(Multilateral Trade Negotiation)의 통칭; 1993년 12월 타결; 略 UR]. *cf.* Tokyo Round

u·rus [júː)rəs/júər-] *n.* 고대 유럽의 들소(aurochs).

‡**us** [강 ʌs, 약 (ə)s] *pron.* **1** (we 의 목적격) **a**) 우리를, 우리에게. ¶ He blamed *us*. 그는 우리를 책망했다 / He teaches *us* English. 그는 우리들에게 영어를 가르치고 있다 / Let *us* (or Let's) play chess. 체스를 두자 / Let *us* be free. 우리들을 자유롭게 해달라, 놓아 달라. **b**) 《국왕·황제의 자칭》 짐(朕)을, 짐에게, 〖신문·잡지 따위의 논설에서〗 우리 사(社)를(에게), 우리들을(에게). ⇨ WE. **c**) 《구어》 《주격 보어로서, 또는 than, as 뒤에서》 = we. ¶ It's *us*. 그것은 우리들이다 / They are stronger than *us*. 그들은 우리보다 강하다. **2** 《詩·고어》 ourselves. **3** 《구어·방언》 = me, to me. ¶ Give *us* some bread. 내게 빵을 조금 주시오.

u.s. 《略》 《라틴》 *ubi supra*; *ut supra* (= as above) (상기 〖上記〗의 뜻이며, 이상과 같이); 《英》 useless; unserviceable.

‡**U.S., US** 《略》 United States; Uncle Sam.

‡**U.S.A., USA** 《略》 the United States of America; United States Army (미국 육군); Union of South Africa. 「用地.

us·a·bil·i·ty [jùːzəbíliti] *n.* ① 사용 가능; 유용성(有

us·a·ble [júːzəbl], (**useable**) *adj.* 쓸 수 있는, 사용 가능한; [사용하기에] 편리한, 유용한, 쓸모 있는.
~**ness** *n.* **-bly** *adv.*

U.S.A.F., USAF 《略》 United States Air Force (미국 공군).

USAFI 《略》 United States Armed Forces Institute (미군 교육 기관).

‡**us·age** [júːsidʒ, -zidʒ] *n.* **1** ①ⓒ 습관, 관습(habit), 관례. ⇨ CUSTOM 類語. ¶ social *usage* 사교상의 관례 / by *usage* 관례상, 관례에 따라. **2** ①ⓒ 〖언어의〗 관용법; 언어 용법, 어법. ¶ American *usage* 미국 어법 / present-day *usage* 현대 영어 관용법. **3** ① 취급[법], 대우(treatment); 사용[법] (use), 용법. ¶ Good *usage* has preserved them. 그것들은 곱게 썼기 때문에 수명이 길다 / This teaching method of English has wide *usage*. 이 영어 교수법은 널리 사용되고 있다.
◇ Use *v.*

USAID [juːséid] *n.* 미국 국제 개발처〖국무부의 산하기구〗. (< *U*nited *S*tates *A*gency for *I*nternational *D*evelopment)

us·ance [júːz(ə)ns] *n.* ① **1** 〖상업〗 유전스, 〖관례에 따른〗 외국환어음 지불 기간. **2** 〖경제〗 부(富)의 소유에서 발생하는 각종 이익. **3** 《고어》 사용(법), 관습 (habit). 「비부대.

USAR 《略》 *U*nited *S*tates *A*rmy *R*eserve (미육군 예

U.S.A. Ráil Páss *n.* Amtrak 전노선에 이용 가능한 외국인용의 주유권(周遊券).

USASI 《略》 *U*nited *S*tates of *A*merica *S*tandards *I*nstitute (미국 규격 협회; 현칭 ASA).

USAU 《略》 *U*nited *S*tates *A*viation *U*nderwriters (미국 항공 보험 협회).

USC, U.S.C. 《略》 *U*nited *S*tates *C*ode; *U*nited *S*tates of *C*olumbia.

USCAB 《略》 *U*nited *S*tates *C*ivil *A*eronautics *B*oard (미국 민간 항공 위원회).

USCG, U.S.C.G. 《略》 *U*nited *S*tates *C*oast *G*uard (미국 연안 경비대).

USDA 《略》 *U*nited *S*tates *D*epartment of *A*griculture (미국 농무부).

‡**use** *v.* [juːz → *n.*] (**used, us·ing**) *vt.* **1** …을 쓰다, 사용하다, 이용하다, 활용하다. ¶ May I *use* your telephone? 전화를 써도 되겠습니까? / He does not know how to *use* books. 그는 책을 이용할 줄 모른다 / He merely *used* his friends. 그는 친구를 이용할 따름이었다 // (~ + 目) + 前 + 名) Don't *use* a knife to cut bread. 빵을 자르는 데 나이프를 사용해서는 안 된다 / He *used* a lever *to* lift the stone. 그는 돌을 들어 올리는 데 지레를 이용했다 // (~ + 目 + 前 + 名) *use* soap *for* washing 빨래하는 데 비누를 사용하다 / A hammer is *used for* knocking in nails. 망치는 못을 박는 데 쓰인다 / He *used* his pistol *on* (or *upon*) me. 그는 내게 권총을 들이 댔다 // (~ + 目 + *as* 補) *use* newspapers *as* kindling 신문지를 불쏘시개로 쓰다/May I *use* your name *as* a reference? 당신의 이름을 신원 조회처로 이용해도 되겠습니까?

類語 **use** 「쓰다」라는 뜻의 가장 일반적인 말; 종종 도구·수단으로 함을 강조: *use* a pen to write a letter 펜을 사용해서 편지를 쓰다. **employ** 그때까지 사용 (가동) 하지 않은 것을 유효하게 쓰다(가동시키다); 종종 use 와 교환 가능: *employ* one's leisure in charitable activities 여가를 자선 활동에 활용하다. **utilize** 실용적으로 또는 그는 유리하게 쓰다: *utilize* the wind to generate power 바람을 이용하여 발전을 하다.

2 [능력·신체 따위]를 작용시키다 (exercise), 행사하다. ¶ *use* one's ears 듣다 / *use* one's brains (or wits) 생각하다/*use* one's skill 수완을 부리다/*Use* more care. 좀 더 조심해라 / Don't *use* force. 폭력을 쓰지 마라 / I have *used* my utmost endeavors. 나는 최선의 노력을 다했다.

3 …을 써버리다 (expend), 소비하다 (consume); [담배·약 따위]를 피우다, 마시다. ¶ We have *used* the money provided. 우리는 준비했던 돈을 다 써버렸다 / We *used* a ton of coal last month. 전달에는 석탄 1톤을 소비했다 / Do you *use* sugar in your coffee? 커피에 설탕을 넣습니까? / He *used* tobacco all his life. 그는 한 평생 담배를 끊지 않았다 // (~ + 目 + 前 + 名) How many eggs has the cook *used for* this omelette? 요리사는 이 오믈렛에 달걀을 몇 개나 썼나요?

4 …을 대우하다, 취급하다, 대하다 (treat). ¶ (~ + 目 + 副) *use* a person *well* (*ill*) 남을 친절하게 대하다 (학대하다) / He *used* his dog cruelly (or roughly). 그는 개를 학대했다 / How is the world *using* you? 《속어》 요즘은 어떻습니까?; 경기 좋습니까? // (~ + 目 + 前 + 名) How *use* me *like* a dog. 그는 나를 개처럼 취급했다.

5 [남]을 편히 […에] 익숙하게 하다 (habituate) (* 이 뜻으로는 현재는 과거 분사형을 형용사로서 쓰고 있을 뿐이다). ⇨ USED *adj.* 1.
— *vi.* 항상 …하다, …하는 것이 습관이다 (* 이 뜻으로는 지금은 과거형만을 쓴다) ⇨ USED *vi.*).

use up ① …을 다 써버리다 (consume completely). ¶ When did you *use up* your old sketch pad? 너는 언제 스케치북을 다 써버렸니? ② 《구어》 녹초가 되게 하다, 소모시키다. ¶ He is *used up* wholesale. 그는 지쳐서 기진맥진해 있다. ③ …을 해치우다, 공격하다 (attack).

Use your head (or *noggin, noodle*) ! 《美구어》 머리를 굴려봐!

— *n.* [juːs] **1** ① 사용, 이용. ¶ the *use* of a pencil for writing 글을 쓰기 위해 연필을 사용하기 / a dictionary for the *use* of students 학생용 사전 / the *use* of tools 도구의 사용 / be in *use* 사용되고 있다 / be out of *use* 사용되지 않고 있다 / come into *use* 쓰이게 되다 / get (or go, fall) out of *use* 쓰이지 않게 되다, 폐지되다 / The dictionary is in daily *use*. 이 사전을 상

용하고 있다 / The *use* of an electronic computer is growing rapidly. 전자계산기의 이용이 급속히 증가하고 있다. **2** ⓤ 사용법, 이용법. ¶ the proper *use* of a tool 도구의 올바른 사용법 / the painter's *use* of color 그 화가의 색채 사용법 / teach the *use* of a machine 기계의 사용법을 가르치다.
3 ⓒ ⓤ 사용 목적, 용도 (purpose). ¶ The instrument has different *uses*. 그 기구에는 여러 가지 용도가 있다 // They have found some new *uses for* petroleum. 그들은 석유의 새로운 용도를 발견했다.
4 ⓤ 사용 능력; 사용권, 사용의 자유. ¶ He has lost the *use* of the right eye. 그는 오른쪽 눈의 시력을 잃었다 / We have the *use* of the tennis court for three months. 우리에게는 3개월간 그 정구 코트를 사용할 권리가 있다.
5 ⓤ 효용, 유용[성], 쓸모있음 (utility); 효과, 이익 (advantage). ¶ be of [great] *use* [대단히] 쓸모가 있다 / be of no (little) *use* [거의] 쓸모가 없다 / be of practical *use* 실용성이 있다 // What is the *use* of my going to see her? = It is no *use* my going to see her. 내가 그녀를 만나러 가본들 무슨 소용이 있어? (소용없다) / There is no *use* [*in*] my staying there. 내가 그곳에 있어본들 소용없을 것이다 / *It is no use crying over spilt milk.* 《속담》 엎지른 물은 되 담을 수 없다.
— **Usage** It is no *use*...와 It is of no use....에 대하여 —— (1) of no use 의 경우는 뒤에 to-부정사가 오든 동명사가 오든 상관없으나, no use 의 경우는 뒤에 동명사가 와야 하며 to-부정사는 틀리는 것으로 되어 있다. 그러나 실제로는 어느쪽 구문이나 사용되고 있다. 그 중, 특히 It is true+-ing 가 많이 쓰인다. (2) It is no *use*+-ing 는 It is of no use+to do 와 There is no *use*+in -ing 가 혼동되어 생긴 것으로 되어 있다.
6 ⓤ 사용할 필요(기회, 경우). ¶ Do you still have any *use for* this book? 이 책을 더 사용하시겠습니까? / I wonder if there will be any further *use for* this wooden box. 이 나무 상자를 또 쓸 기회가 있을까?
7 ⓤⓒ 습관, 관습 (custom). ¶ *use* and wont 습관, 관례 / as [the] *use* is 《스코》 습관대로 / according to an ancient *use* 옛날 습관에 따라 / It was here we had to look at the bright side of things. 일을 좋게만 생각하는 것이 그녀의 습관이었다 / *Use* is [*a*] *second nature.* 《속담》 습관은 제2의 천성 / *Use makes perfect.* 《속담》 배우기보다 익혀진다.
8 ⓤ [법률] [신탁된 토지·재산 따위의] 이익, 수익권.
9 [교회] 교회·관구 특유의 의식, 예식. ¶ the Anglican (Orthodox, Roman) *use* 영국 국교회 (정교회, 로마 교회) 의 방법. [경험].
10 ⓤⓒ 《페어》 늘 겪는 일 (ordinary experience), 일상.
have no use for ① …할 필요가 없다, …은 소용없다. ⇒6. ¶ I *have no use for* your advice. 네 충고는 필요없다. ②《구어》…은 싫다 (dislike), …에는 참을 수 가 없다; …의 진가를 인정하지 않다. ¶ I *have no use for* laggards. 느림보는 싫다.
make use of ….을 이용하다, 사용하다 (employ). ¶ Mankind should *make* peaceful *use of* atomic energy. 인류는 원자력을 평화 목적에 이용해야 한다.
put...to use …을 사용하다, 이용하다 (apply).
What's the use ! 《구어》 쓸데 없어!, 헛수고야!
with use 항상 사용하여. ¶ The new car will soon be easier to drive *with use*. 새 차는 계속 사용하면 곧 운전이 수월해진다.
◇ úseful, úseless *adj.*, úsage *n.*
use·a·ble [júːzəbl] *adj.* = usable.
úse-by dàte *n.* [식품류 따위의] 사용 기한.
‡**used** [juːst → *adj.* 2] *adj.* **1** (to+명사 또는 명사 상당 어구를 수반하여) …에 익숙하여 (accustomed) (*to* ...). ¶ The taxi driver is *used* to danger. 그 택시 운전사는 위험에 익숙해 있다 / I am not *used* to making speeches in public. 나는 대중 앞에서 연설하는 것에 익숙치 않다 / She soon got (or became) *used* to the work. 그녀는 곧 그 일에 익숙해졌다 / I will get *used* to being laughed at, in time. 그러다 보면 남의 웃음을 당해도 아무렇지 않게 되겠지 (* to+명사 상당 어구 대신, to+ 수동형 부정사가 오는 수도 있다: I am *used* to be treated like this).
2 [juːzd] 사용된, 이용된; 써서 낡은, 헌, 중고의 (second-hand). ¶ *used* stamps (tickets) 써버린 우표(표) / *used* clothes 헌 옷 / *used* books 헌 책 / *used* cars 중고차.
— *vi.* 《구어》(use *vi.*의 과거형. to- 부정사를 수반하여) 항상 …했다, 이전에는 …이었다. ¶ He *used* to go to school by bus. 그는 버스로 통학했었다 / I do not eat so much meat as I *used* to. 전처럼 고기를 많이 먹지 않습니다 / He *used* not (or *usedn*'t [júːsn(t)], didn't *use*) to drink while young. 그는 젊었을 때는 술을 마시지 않았었다 / He *used* to live in London, *use* [*d*]n't he (or didn't he)? 그는 런던에 살았었지요? / He didn't *use* to have much money while he was in college, did he? — No, he didn't. 그는 대학 시절에 그다지 돈이 많지 않았지요? —네, 그랬었지요 / I never *used* to like her very much. 나는 그녀를 그렇게 좋아하지는 않았었다 / There *used* to be many tall poplars in front of the school buildings. 전에는 교사 앞에 많은 포플라 나무가 있었다 (* used to 는 비인칭 구문에도 쓰이지만, would 는 쓰이지 않는다).
— **Usage** (1) used+to- 부정사는 과거의 상당한 기간에 걸친 상습적 동작·상태를 나타내며, 특히 과거와 현재의 차이를 대비시킨다: He *used to* smoke. 그는 전에는 담배를 피웠었다 (지금은 안 피운다). (2) used+to- 부정사의 부정형·의문형은 전에는 조동사가 did 를 쓰지 않고 He wasn't to smoke. / *Used* he to smoke ? 라고 하는 것이 옳은 것으로 되어 있었으나, 현대 (美)에서는 (美)에 이어 《英》에서도 did 를 써서 He *didn't use* to smoke. / *Did* he *use* to smoke? 와 같은 표현을 쓰고 있다.
used-up [júːzdʌ́p] *adj.* **1** 《구어》 지쳐빠진, 녹초가 된. **2** 닳아빠진, 낡아빠진, 쓸모없게 된. **3** 다 써버린, 고갈된.
‡**use·ful** [júːsfəl] *adj.* 쓸모있는, 유용한, 편리한, 도움이 되는, 유익한, 유효한 (advantageous) (*to, for* ...). ¶ *useful* work 유익한 일(작업) / That was a very *useful* meeting. 그것은 매우 유익한 모임이었다 / He is a *useful* member of society. 그는 사회의 쓸모있는 일원이다 / Bees are very *useful to* us. 꿀벌은 우리에게 매우 유익하다 / He is quite *useful to* the state. 그는 국가에 매우 쓸모있는 인재이다 / The method is very *useful for* the purpose. 그 방법은 그 목적에 매우 유효하다 / It was a very *useful* speech *for* young people. 그것은 젊은이들에게 매우 유익한 강연이었다.
~·ly [-fəli] *adv.* ~·ness *n.*
‡**use·less** [júːslis] *adj.* 쓸모없는, 무익한, 무효의, 헛된. ¶ It is *useless* to do that. 그런 짓을 해도 헛일이다 / Material aid is now *useless* to them. 그들에게 물질적 원조는 이제 소용없다 (* 용법은 useful 과 같다).
囿 useless 그때의 정세 또는 본질적 결함 때문에 쓸모가 없는: *useless* help 쓸모없는 원조. **fruitless** 참을성 있게 오래 노력한 결과 효과가 없는; 실망을 암시: a whole year of *fruitless* endeavor 꼬박 1년간의 헛된 노력. **futile** 완전한 실패로 끝나는; 현명하지 못한 일을 암시: *futile* arguments 무익한 논쟁. **ineffectual** 노력의 방법이 나빠서 바라던 결과를 얻지 못하는는: an *ineffectual* search 서투르고 헛된 수색. **vain** 목적을 이루지 못한: a *vain* hope 헛된 희망.
~·ly *adv.* ~·ness *n.*
‡**us·er** [júːzər] *n.* **1** 쓰는 사람, 소비자, 사용자; 애주가. **2** [법률] 사용권; 권리 행사 (향유). **3** 《美속어》 마약 상습자.
us·er-friend·ly [júːzərfréndli] *adj.* 사용하기가 쉬

user-hostile 운, 누구나 사용할 수 있는, [이용자에게] 알기 쉬운.
us·er-hos·tile [júːzərhóst(i)l/-hóstail] *adj.* 사용하기가 까다로운, [이용자에게] 알기 어려운.
úser identificátion *n.* [컴퓨터] 사용자 식별 [코드] 번호.
USES (略) *United States Employment Service.*
U-shaped [júːʃèipt] *adj.* U 자형의.
*__ush·er__ [ʃʃər] *n.* 1 [교회·극장 따위의 좌석] 안내원; 문지기 (doorkeeper), 접수원; [결혼식에서] 선도하는 사람. 2 [고귀한 사람의] 도착을 알리는 사람, [고귀한 사람의 앞장을 서가는] 선도자; [영국 왕실의] 의전관, 시종. 3 [고어] [경멸적] [영국 사립 학교의] 조교사.
— *vt.* 1 …을 안내하다 (*in, out, into, to*). ¶ (~+图+副) *usher in* a guest 손님을 안내하다 / *usher out* a person 남을 배웅하다 // (~+图+前+名) He *ushered* the ladies *to* their seats. 그는 부인들을 좌석으로 안내했다 / We were *ushered into* the banqueting scene with the sound of music. 우리는 음악이 연주되는 가운데 연회장으로 안내되었다. 2 …의 예고가 되다, …의 도래를 알리다 (herald) (...*in*). ¶ (~+图+副) The return of swallows *ushered in* spring. 제비가 돌아온 것이 봄이 왔음을 알렸다. — *vi.* 안내역을 맡다, 선도역을 하다. ¶ He *ushered* at the wedding. 그는 그 결혼식에서 선도역을 맡아했다.
ush·er·ette [ʃʃərét] *n.* usher 의 여성형.
ush·er·ship [ʃʃərʃip] *n.* U usher 의 역(지위).
USIA, U.S.I.A. (略) *United States Information Agency* (미국 문화 정보 교환국).
USIB (略) *United States Intelligence Board* (CIA (미국 중앙 정보국) 내의 미국 정보 연락 위원회).
USICA (略) *United States International Communication Agency* (미국 국제 교류국 (=ICA)).
USIS, U.S.I.S. (略) *United States Information Service* (미국 문화 정보국 [정부의 홍보 선전사]).
USLTA, U.S.L.T.A. (略) *United States Lawn Tennis Association* (미국 정구 협회).
U.S.M., USM (略) *Underwater-to-surface Missile; United States Mail* (미국 우편 [제도]); *United States Marines* (미국 해병대); *United States Mint* (미국 조폐국).
USMA, U.S.M.A. (略) *United States Military Academy* (미국 육군 사관 학교).
USMC, U.S.M.C. (略) *United States Marine Corps* (미국 해병대).
USN, U.S.N. (略) *United States Navy* (미국 해군).
USNA, U.S.N.A. (略) *United States National Army* (미국 국민군); *United States Naval Academy* (미국 해군 사관 학교).
USNG, U.S.N.G. (略) *United States National Guard* (미국 주방위군).
USO, U.S.O. (略) *United Service Organizations* (미군 위문 협회); *unknown swimming object* (미지의 수영 물체 [네스호의 괴물]).
USOC (略) *United States Olympic Committee* (미국 올림픽 위원회). 「국 대외 원조 기관).
USOM (略) *United States Operations Mission* (미
U.S. Open [júːéːsóup(ə)n] *n.* (the~) 미국 오픈 골프 선수권 [the open 이라고도 한다].
[< *United States Open Championship*]
U.S.P., U.S. Pharm. (略) *United States Pharmacopoeia* (미국 약전).
U-speak·er [júːspìːkər] *n.* 상류 사회 (계급)의 언어 (말씨)를 쓰는 사람. [< *upper class speaker*]
U.S.P.H.S., USPHS (略) *United States Public Health Service* (미국 공중 위생국).
USPO, U.S.P.O. (略) *United States Post Office* (미국 우정국).
U.S.P.S., USPS (略) *United States Postal Service*

us·que·baugh [ʎskwibɔ:] *n.* U (스코·아일) 위스키 (whiskey).
USR, U.S.R. (略) =U.S.R.C. 「미군).
U.S.R.C. (略) *United States Reserve Corps* (미국 예
U.S.S., USS (略) *United States Senate* (미국 상원); *United States Service* (미국군); *United States Ship* (미국 선박), *United States Steamer* (미국 기선), *United States Steamship* (미국 상선).
USSOCOM (略) *United States Special Operations Command* (미국 특수 작전 사령부).
USSPACECOM (略) *United States Space Command* (미우주군).
U.S.S.R., USSR (略) the *Union of Soviet Socialist Republics* (소비에트 사회주의 공화국연방, 구소련).
U.S.S., USSS (略) *United States Steamship* (미국 상선). 「(관세 위원회).
USTC (略) *United States Tariff Commission* (미국
USTR (略) *United States Trade Representative* (미국 통상 대표부). 「국).
USTS (略) *United States Travel Service* (미국 관광
usu. (略) *usual, usually.*
‡**u·su·al** [júːʒu(ə)l, -ʒ(ə)l] *adj.* 늘 하는, 평소의, 보통의 (habitual); 보통의 (ordinary), 흔히 있는. ⇒ COMMON (類語) ¶ his *usual* skill 그의 평소의 기량 / It is *usual* to tip a waiter. 웨이터에게 팁을 주는 것이 통례이다 / He arrived later than *usual*. 그는 여느때보다 늦게 도착했다. ⇒ *Usage* (1) / I was asked the *usual* questions by the police. 경찰관으로부터 늘 있는 심문을 받았다.
as is usual with …에게는 언제나 있는 일이지만, …은 언제나 그렇지만, …이 언제나 하듯이. ⇒ *Usage* (2).
as usual; (속어) *as per usual* 평소와 다름없이. ¶ He forgot my birthday *as usual*. 그는 여느때처럼 내 생일을 잊었다.
— *Usage* (1) more than usual 과 more than usually 에 대하여 — more than usual 은 [as many (much)] as usual 의 비교급으로서 「여느때보다 많은 [수 또는 양]을」의 뜻: He ate *more than usual*. 한편 more than usually 는 「여느때보다 이상으로…」의 뜻으로서, …에 해당하는 뒤쪽 형용사에 걸린다: He ate *more than usually* fast.
(2) It is *usual with* him to do so. 와 It is *usual for* him to do so. 에 대하여 — 전자의 with 는 「…에 관하여」라고 관계를 나타내고, usual 과 밀접하여 결부되어 의미상 It is *usual with* him / to do so. 로 끊을 수 있으며, 따라서 It is *usual with* him. 으로 문장을 끝내도 된다. 한편 후자의 for 는 to- 부정사와 밀접하게 결부되어 그 의미상의 주어를 나타내는 기호이고, 의미상 It is *usual for* him to do so. 로 끊어지며 (⇒ FOR), 따라서 It is *usual for* him. 으로 문장을 끝낼 수는 없다. 마찬가지로 He was late, *as usual with* him.과 같은 구문에 있어서도 with 대신 for 를 쓸 수는 없다.
— *n.* (the ~, one's ~) 늘 하는 일, 상례; [음식류 따위]의 늘 먹던 (마시던) 것. ¶ I can expect only the *usual*. 평범한 기대를 가질 수 있을 뿐이다 / What I get you? The *usual* ? 무얼 드시겠습니까? 늘 하시던 걸로 할까요? ~**ness** *n.* ◇ **úsually** *adv.* 「에는.
‡**u·su·al·ly** [júːʒu(ə)li, -ʒ(ə)li] *adv.* 보통은, 일상, 평소
u·su·fruct [júːzufrʌkt, -sju-, -zju-] *n.* U (로마 법률) 사용권, 용익권 (用益權) [타인의 소유물을 이용하는 권리, 또는 그것으로부터 얻는 이익을 누릴 수 있는 권리] (usufructuary right). — *vt.* [부동산 따위]의 용익권을 행사하다.
u·su·fruc·tu·ar·y [jùːzufrʌ́ktʃuèri, -su- /-sjufrʌ́ktjuəri, -zju-] *adj.* 용익권의. — *n.* (*pl.* -**aries**) 용익권자.
u·su·rer [júːʒ(ə)rər] *n.* 고리 대금업자 (폐어) 대금업
u·su·ri·ous [juːzú(:)riəs / -zjúər-] *adj.* 고리로 돈을 빌려주는, 고리를 받는, 고리 대금의; 고리 대금자 같

u·surp [ju(ː)sə́ːrp, -zə́ːrp / -zə́ːp] *vt.* [폭력에 의해서 또는 권리없이] [권력·지위]를 빼앗다 (seize), 횡령하다 (appropriate). ¶ *usurp* the throne 왕위를 빼앗다.
── *vi.* [권리 따위를] 침해하다 (encroach), 불법 사용하다(*on*, *upon* ...). ¶ *usurp on* a person's sphere of influence 남의 영역을 침해하다. ◇ usurpátion *n.*

u·sur·pa·tion [juːsəːrpéiʃ(ə)n, -zəːr- / -zəːp-] *n.* ⓤ ⓒ 횡령, 강탈; [권리의] 침해, 불법 사용(*on*, *upon*...).

u·surp·er [ju(ː)sə́ːrpər, +美 -zə́ːrp-] *n.* 강탈자, 횡령자; [권리의] 침해자.

u·su·ry [júːʒ(ə)ri / -ʒ(u)ri] *n.* ⓤ ⓒ (*pl.* -ries) **1** [법정률 이상의] 고리; 고리로 돈을 빌려주기, 고리 대금. **2** (廢어) 이자 (interest).

U.S.V., USV (略) *United States Volunteers* (미국 의용병대).

USWA (略) *United Steelworkers of America* (미국 [철강 노동 조합]).

ut [ʌt, uːt] *n.* [음악] [8음계의] 제1음 [현재는 do(도)를 쓴다].

ut [ʌt] *conj.* (라틴) (=as) ···과 같이.

ut dictum [의학] 처방의 지시에 따라 (=as directed) [略 *ut dict.*].

ut infra 아래와 같이 (=as below).

ut supra 위와 같이 (=as above).

UT (略) [천문] *universal time* (세계시 (時)).

Ut. (略) *Utah.*

UTA (略) [프랑스] *Union de Transports Aériens* (UTA 프랑스 항공).

***U·tah** [júːtɔː, -tɑː] *n.* 미국 중서부의 주 [주도 (州都) Salt Lake City. 모르몬교의 총본부가 있다].

U·tah·an [júːtɔːən, -tɑː-] *adj.* 유타주의. ── *n.* 유타주 사람.

UTC (略) *universal time coordinated* (협정 세계시) [그리니치 표준시 대신 방송에 사용되는 표준시].

ute [juːt] *n.* (濠구어) [소화물용] 소형 트럭 (utility truck).

Ute [juːt, júːti] *n.* 미국 Utah, Colorado, New Mexico 등지에 사는 아메리카 인디언; 그 언어.

u·ten·sil [juːténs(i)l] *n.* [부엌·낙농장 따위에서 쓰는] 도구, 기구, 용기; 공구. ⇨ IMPLEMENT (類語). ¶ cooking *utensils* 요리 용구 / fishing *utensils* 낚시 도구 / writing *utensils* 문방구.

u·ter·ine [júːtərin, -ràin / -ràin] *adj.* **1** 자궁 의, 자궁 내의. **2** (이부 동복의) (異父同母의). ¶ *uterine* brothers and sisters 아버지가 다른 형제 자매.

u·ter·us [júːtərəs] *n.* (*pl.* **u·ter·i** [júːtəràil]) [해부·동물] 자궁 (womb).

u·til·i·tar·i·an [juːtilité(ː)riən / -téər-] *adj.* **1** 실용의, 실리의 (실리적), 실익의; 공리주의 (공리주의자)의; 실용 (실리)을 목적으로 한, 실용적, 실리주의의. ¶ True education cannot be purely *utilitarian*. 참된 교육은 단순히 실리만을 목적으로 할 수는 없다. **2** 공리 (功利)주의의, 공리주의자의. ── *n.* 공리주의자.

u·til·i·tar·i·an·ism [juːtilité(ː)riənìz(ə)m / -téər-] *n.* ⓤ [철학] 공리주의 [J. Bentham 과 J. S. Mill 의 윤리학설로서 「최대 다수의 최대 행복」을 인간 행위의 목적과 규범으로 삼는다].

‡**u·til·i·ty** [juːtíliti] *n.* (*pl.* -ties) **1** ⓤ 쓸모가 있음, 유용 (성) (usefulness), 효용, 실리, 실익; [경제] 효용. ¶ marginal *utility* [경제] 한계 효용 / the *utility* of a disarmament conference 군축 회의의 효과 / It is of no *utility*. 그것은 쓸모가 없다. **2** 쓸모있는 것, 실용적인 것, 유용한 것. **3** (때로 -ties) [가스·수도·전기 따위의] 공익 사업, 공공 시설; 공공 요금, 가스·전기·수도 대금; 공익 사업 주식 (株). **4** [공리주의에서 되는] 최대 다수의 최대 행복 **5** [연극] 단역, 최하급 배우 (utility man). **6** [형용사적으로] **a)** 실익을 위주로 한, 실용의 (utilitarian). ¶ *utility* poultry 실용을 위주로 한 가금 (家禽) / *utility* goods (furniture) 실용품 (가구). **b)** [단일 용도가 아니고] 만능인. ¶ a *utility*

knife 만능 나이프.
◇ utilitárian *adj.*, útilize *v.*

utility bìll *n.* 전기·가스·수도 요금.

utility màn *n.* **1** 만능박사, 재주꾼. **2** [연극] 단역, 최하급 배우. **3** [야구] 만능 보결 선수. **4** [배의] 주방 조수 (galley man).

utility pláyer *n.* (美) [야구] [어느 포지션에서도] 잘 하는 만능 [보결] 선수.

utility pòle *n.* (美) 전주 (電柱).

utility prògram *n.* [컴퓨터] 유틸리티 프로그램 [컴퓨터를 이용할 때 반복 사용할 수 있게 표준화된 프로그램].

utility ròom *n.* 가사 설비실, 다용도실 [세탁기·난방 기구 따위를 두는 장소]. [(utility car).

utility vèhicle *n.* [사업용의] 만능차, 실용차

u·ti·liz·a·ble [júːtilàizəbl] *adj.* 이용할 수 있는, 이용 가능한.

u·ti·li·za·tion [jùːtilizéiʃ(ə)n / -laiz-] *n.* ⓤ 이용, 이용 상황.

‡**u·ti·lize** [júːtilàiz] (*英*에서는 **u·ti·lise** 로도 쓴다) *vt.* (-lized, -liz·ing) ···을 이용하다, 소용되게 하다 (... for). ⇨ USE (類語) ◇ útflity, utilizátion *n.*

u·ti possi·de·tis [júːtai pàsidíːtis / júːti pɔ̀s-] *n.* ⓤ **1** [국제법] 점령지 보유의 원칙. **2** [로마 법률] 점유 보호 명령.

‡**ut·most** [ʌ́tmòust, +英 -məst] *adj.* **1** 극도의 (extreme), 최고의, 최대의 (greatest). ¶ with the *utmost* pleasure 더없이 기뻐하며 / This is a matter of the *utmost* importance. 이것은 가장 중요한 문제다 / He showed the *utmost* reluctance. 그는 주저하는 빛이 역력했다. **2** 가장 먼, 제일 끝의 (farthest). ¶ to the *utmost* end of the earth 지구의 끝까지 / He walked to the *utmost* edge of the cliff. 그는 절벽의 제일 끝까지 걸어갔다. ── *n.* (the~, one's ~) **1** 최대한 (uttermost), 극한, 최대량. ¶ This is the *utmost* that I can say. 나는 더 이상 말할 수 없습니다. **2** [능력·힘의] 최대한, 전력, 최선. ¶ do (*or* exert) one's *utmost* 전력을 다하다, 최선을 다하다.

at the utmost 기껏해야 (at most).

to the utmost 극도로, 극력. ¶ *to the utmost of* one's ability 힘이 닿는 한 힘껏.

UTO (略) *United Towns Organization* (자매 도시 단체 연합).

U·to·Az·tec·an [júːto(u)ǽztek(ə)n] *n.* ⓤ 우토아즈텍 어족 (語族) [미국 아이다호주 (州)에서 멕시코 지역까지에 걸쳐 분포하는 아메리칸 인디언의 대어족]. ── *adj.* 우토아즈텍 어족의.

‡**U·to·pi·a** [juːtóupiə, -pjə] *n.* **1** 유토피아. **2** (보통 u-) ⓤⓒ 이상향, 지상의 낙원, 이상적 정치 체제, 공상적 완전 사회 조직. [< *nowhere* < Gk *ou* not + *topos* place: Sir T. More(1478-1535)의 조어 (造語)로 공상의 이상사회의 뜻].

U·to·pi·an [juːtóupiən, -pjən] *adj.* **1** 유토피아의, 이상향의, 유토피아 같은. **2** (보통 u-) 공상에서는 완전한, 이상적이지만 비현실적인. ¶ a *utopian* dreamer 비현실적인 몽상가, 이상적인 사회를 꿈꾸는 사람 / *utopian socialism* 공상적 사회주의. ── *n.* **1** 유토피아인의 주민. **2** (보통 u-) 공상적 사회 개량가, 이상가, 몽상가.

u·to·pi·an·ism [juːtóupiənìz(ə)m, -pjən-] *n.* (때로 U-) 공상적 이상향적 이상주의; 공상적 사회 개량주의.

u·tri·cle [júːtrikl] *n.* **1** 박막의 소낭 (小囊), 소포 (小胞). **2** [식물] [해초 따위의] 기포 (氣胞); 과낭 (果囊); 포과 (胞果) [그 속에 씨가 들어 있는 소낭]. **3** [해부] [내이 (內耳) 의] 소실 (小室), 난형낭 (卵形囊).

u·tric·u·lar [juːtríkjulər] *adj.* 소낭 [모양]의; 소낭이 있는.

‡**ut·ter**[1] [ʌ́tər] *vt.* **1** [말]을 입밖에 내다, 말하다 (say), 이야기하다; [목소리]를 발음하다 (pronounce). ⇨ SPEAK (類語). ¶ *utter* a vowel sound 모음을 발음하다. **2** [고함·신음소리]를 지르다, 내다, [소리]를 발하다. ¶ *utter* a

sigh 한숨을 쉬다 / *utter* a cry of pain 아파서 소리를 지르다 / A contemptuous laugh was *uttered* in my hearing. 내가 듣고 있는 데서 냉소당했다. **3** 〖생각 따위〗를 〖말·글로〗 나타내다, 말하다; 《재귀용법》 의견을 말하다, 발언하다. ¶ *utter* one's thoughts 자기 생각을 말하다. **4** …을 공표하다, 유포하다. ¶ *utter* a libel 중상하는 문서를 공표하다. **5** 〖위조 지폐 따위〗를 사용하다, 유통시키다. **6** 〖폐어〗…을 출판하다(publish). **7** 〖폐어〗〖물건〗을 팔다. ── *vi.* 말하다; 말해지다.
~·ness *n.* ◇ útterance *n.*

‡**ut·ter**[2] [ʌ́tər] *adj.* **1** 전적인, 완전한, 철저한(complete). ¶ *utter* darkness 칠흑 같은 어둠 / an *utter* rogue 철저한 악당 / He is an *utter* stranger to me. 그는 나로서는 전혀 모르는 사람이다.
類語 *utter* 완전한 정도의: an *utter* failure 완전한 실패.
absolute 의심할 여지 없는: an *absolute* fool 진짜 바보. **unqualified** 아무런 단서가 붙지 않는, 무조건의: an *unqualified* success 완벽한 성공.
2 무조건의, 단호한, 절대적인. ¶ an *utter* refusal 단호한 거절. **3** 비정상적인, 아주 별난(unusual). ¶ His ideas are simply *utter*. 그의 생각은 매우 별나다.
◇ útterly *adv.*

***ut·ter·ance**[1] [ʌ́t(ə)rəns] *n.* Ⓤ **1** 〖말 따위〗를 입밖에 내기, 발성, 발음, 발언. ¶ defective *utterance* 발음 불완전 / give *utterance* to one's rage (views) 분노를 터뜨리다(견해를 말하다) / He was so angry that I found *utterance* difficult. 그가 몹시 화가 나 있어 나는 말을 꺼내지도 못했다. **2** 말씨, 어조, 말하는 능력, 표현력. ¶ a man of good *utterance* 구변이 좋은 사람/His *utterance* was spellbinding. 그의 말재주는 사람을 매혹했다. **3** Ⓒ 〖씌어진·이야기 된〗 말, 언사, 의견. ¶ the pompous *utterance* of the press 과장된 신문 논조. **4** 〖언어〗 발화(發話) 〖언어를 표현하는 행동과 그 결과 생기는 음성〗. **5** 〖드물게〗 유포, 〖가짜 돈 따위의〗 사용.
◇ útter *v.*

ut·ter·ance[2] [ʌ́t(ə)rəns] *n.* (the ~)《고어》 최후, 임종, 죽음 (death). ¶ to the *utterance* 최후의 순간까지, 죽을 때까지.

ut·ter·er [ʌ́tərər] *n.* **1** 〖말 따위〗를 입밖에 내는 사람, 발언자. **2** 공표자. **3** 〖위조 통화 따위의〗 사용자.

***ut·ter·ly** [ʌ́tərli] *adv.* 전적으로, 완전히, 철저하게.
***ut·ter·most** [ʌ́tərmòust, +英 -məst] *adj.* **1** 가장 멀리 떨어진(outermost). ¶ to the *uttermost* part of the earth 지구의 맨 끝까지. **2** 최대한의, 극도의. ── *n.* (the ~) 최대 한도, 극한. ¶ to the *uttermost* of one's power 힘 자라는 데까지. ⇨ UTMOST.
U-turn [júːtə̀ːrn] *n.* Ⓤ U 턴. ¶ make a *U-turn* U 턴을 하다. ── *vi.* U 턴을 하다.
U-235 *n.* 〖화학〗 Uranium 235.
U-239 *n.* 〖화학〗 Uranium 239. 「미사일」
UUM 《略》 *u*nderwater-to-*u*nderwater *m*issile (수중
UV, uv 《略》 ultraviolet.
UV 《略》 *u*ltra*h*igh *v*acuum(초고 진공(超高眞空)).
U-value [júːvæ̀lju(ː)] *n.*《英》〖건축〗 U 가(價) 〖주택에 사용되는 단열재의 단열 효과를 측정하는 척도〗.
[< British Thermal Unit]
UVM 《略》《美》 *u*niversal *v*ender *m*ark 〖통일 벤더 마크 〖미국 백화점업계가 종래의 UPC 의 10 자리 정도 표시만으로는 불충분하여 새로 개발한 상품 코드〗.
u·vu·la [júːvjulə] *n.* (*pl.* **-las** or **-lae** [-lìː]) 〖해부〗 구개수(口蓋垂), 목젖.
u·vu·lar [júːvjulər] *adj.* **1** 구개수의, 목젖의. **2** 〖음성〗 구개수음의. ── *n.* 〖음성〗 구개수음〖파리 시민들이 발음하는 r 음처럼 혀 뒷부분을 목젖에 가까이 하여 발음하는 소리〗.
U/W, u/w《略》〖상업〗 underwriter.
ux. 《略》〖라틴〗 uxor (=wife).
UXB 《略》 *u*ne*x*ploded *b*omb (불발〖폭〗탄).
ux·o·ri·al [ʌksɔ́ːriəl / -sɔ́ːr-] *adj.* 아내의, 아내에 관한; 아내다운, 아내에 어울리는.
ux·o·ri·cide [ʌksɔ́ːrisàid / -sɔ́ːr-] *n.* Ⓤ 아내 살해; Ⓒ 아내를 살해한 남자.
ux·o·ri·ous [ʌksɔ́ːriəs / -sɔ́ːr-] *adj.* 아내에게 쥐여 사는 못쓰는, 아내에게 무른, 애처가인. ~·ly *adv.* ~·ness *n.*
Uz·bek [ʌ́zbek, úz-], **-beg** [-beg] *n.* 우즈베크인; Ⓤ 우즈베크어(語).
Uz·bek·i·stan [uzbékistæ̀n, ʌz-, -ːːː-] *n.* 우즈베키스탄〖이란·아프가니스탄에 접하는 중앙 아시아의 공화국. 구 소련방의 공화국으로 1991 년 독립. CIS 회원국. 정식 명칭 the Republic of Uzbekistan; 수도 Tashkent〗.

V

V,v [viː] *n.* (*pl.* **V's** *or* **Vs; v's** *or* **vs**) **1** 영어 알파벳의 스물 두째. ¶ *V* for Victor Victor 의 V [국제전화통화용어]. **2** V(v)가 나타내는 소리. **3** [연속된 것 중의] 스물 두번째 사람(물건). **4** V(v)자 형[의 물건]. **5** 《미구어》5달러 지폐. **6** [로마 숫자의] 5. ¶ IV=v (略) velocity; volt. L4 / VI=6.
V (略) vagabond; [수학] vector; velocity; volt[s].
V (略) [제2차 세계 대전중의] 연합군의 승리(victory)의 상징 [집게손가락과 가운뎃손가락으로 V 자형을 만들었다] (V sign).
V [화학] vanadium 의 원자 기호.
v. 《略》valve; van; vector; vein; verb; verse; version; versus; very; vicar; vice; 《라틴》 *vide* (=see); village; violin; vision; vocative; voice; volt; voltage; volume; 《독일》 *von* (=of).
V. 《略》valve; venerable; verb; version; vicar; vice; village; viscount; vocative; volume.
va [vaː] *v.* 《이달리아》 [음악] 계속하라.
va piano 계속 약하게.
VA, V.A. 《略》*V*eterans *A*dministration; *v*alue *a*nalysis(가치 분석); *v*isual *a*id(시각 교재).
Va. 《略》 *V*irginia. [음악] viola. 「사 형용사);
v.a. 《略》 *v*erb *a*ctive(능동 동사); *v*erbal *a*djective(분
V.A. 《略》 *O*rder *o*f *V*ictoria & *A*lbert (빅토리아・알버트 훈장); *V*icar *A*postolic; *V*ice-*A*dmiral.
VAB 《略》 *v*ehicle *a*ssembly *b*uilding ([케네디 우주센터의] 우주선 조립 공장).
vac [væk] *n.* ⓊⒸ 《영구어》휴가 [vacation 의 약자].
vac. 《略》 vacant; vacuum.
***va·can·cy** [véik(ə)nsi] *n.* (*pl.* **-cies**) **1** Ⓤ 공허, 공백; 공간. **2** 공터, 빈 방, 빈 사무실. **3** 간극, 틈, 균열, 금(gap, breach). **4** 《직책・지위 등의》공석, 결원, 빈 자리. ¶ fill a *vacancy* in a committee 위원회의 결원을 보충하다 / His resignation made a *vacancy*. 그의 사임으로 결원이 생겼다. **5** Ⓤ 멍한 상태, 방심[상태]. ¶ an expression of *vacancy* 멍한 얼굴의 표정. **6** Ⓤ 《고어》 무위(無爲)[의 상태], 여가.
◇ vácant *adj.*
‡**va·cant** [véik(ə)nt] *adj.* **1** 공허한, 빈, …이 없는(of…). ¶ He is *vacant* of human sympathy. 그는 인정이 없다. **2** 〔토지・자리・집 등이〕비어 있는, 세든 사람이 없는. ⇨ EMPTY 類語 ¶ a *vacant* seat 공석 / a *vacant* house 빈 집. ¶ 〔직책・지위가〕비어 있는, 공석의, 결원의. ¶ a *vacant* job 취직 자리 / situation *vacant* columns 〔신문의〕구인 광고란 / fall *vacant* 공석이 되다. 〔지위가〕비다. **4** 틈이 난, 한가한, 무위(無爲)한. ¶ *vacant* hours 한가한 시간. **5** 〔마음・머리・표정의〕 멍한, 방심한, 얼빠진. ¶ a *vacant* mind 멍한 마음, 방심 / a *vacant* answer 얼빠진 대답. **6** 〔법률〕〔토지가〕사용되고 있지 않는; 상속인이 없는.
~**ly** *adv.* ~**ness** *n.*
va·cate [véikeit, -́ / vəkéit] *v.* (**-cat·ed, -cat·ing**) *vt.* **1** …을 비우다; …에서 떠나다. ¶ *vacate* a house 집을 비우다 (~+명+전+명) *vacate* one's mind of worries 걱정거리를 없애다. **2** 〔직책・지위 등을〕물러나다, 사임하다, 공석으로 하다. ¶ *vacate* the presidency of a firm 사장 자리에서 물러나다. **3** 〔법률〕…을 무효로 하다, 취소하다. — *vi.* 떠나다; 사직하다; 《미구어》 휴가를 보내다. ◇ vácant *adj.*

‡**va·ca·tion** [veikéiʃ(ə)n, vək-/vák-] *n.* **1** ⒸⓊ 〔회사・공장・학교 등의〕 휴가, 방학, 휴일. ⇨ HOLIDAY 類語 ¶ the Christmas (the Easter, the Whitsun) *vacation* 크리스마스(부활절, 성령 강림절) 휴가 / the summer *vacation* 여름 휴가(방학). ⇨ LONG VACATION / a paid *vacation* 유급 휴가 / take (*or* have) a two-week's *vacation* 2주간의 휴가를 얻다 / He is away on a *vacation*. 그는 휴가를 얻어 여행중이다 / School children are on *vacation* now. 국민 학교 아동들은 방학 중이다. **2** 〔법정・의회의 정기〕 휴정(휴회) 기간. **3** Ⓤ 〔일 따위의 일시적인〕 중단, 휴식, 해방. **4** Ⓤ 물러나기, 사직, 공석 〔기간〕 (*of*…). — *vi.* 휴가를 보내다. // (~+전+명) He *vacationed in* Florida. 그는 휴가를 플로리다에서 보냈다.
va·ca·tion·er [veikéiʃ(ə)nər, vək-/vák-] *n.* 《미》휴가 여행자(관광객), 행락객 《영》holidaymaker).
va·ca·tion·ist [veikéiʃ(ə)nist, vək-/vák-] *n.* 《미》= vacationer.
va·ca·tion·land [veikéiʃ(ə)nlænd, vək-/vák-] *n.* 관광지, 행락지.
vac·ci·nal [væksin(ə)l] *adj.* 〔의학〕 백신의(에 의한); 종두의(에 의한).
vac·ci·nate [væksinèit] *v.* (**-nat·ed, -nat·ing**) *vt.* **1** …에 종두를 놓다. **2** …에 백신 주사를 놓다, 예방 주사를 놓다. — *vi.* 백신(예방) 주사를 놓다.
◇ váccine, vaccinátion *n.*, váccinal *adj.*
***vac·ci·na·tion** [væksinéiʃ(ə)n] *n.* 〔의학〕 **1** ⒸⓊ 종두, 백신 주사(접종), 예방 주사(접종). **2** Ⓤ 우두 자국. ¶ 찬성론자, 백신 주사 찬성자.
vac·ci·na·tion·ist [væksinéiʃ(ə)nist] *n.* 〔의학〕 종두법
vàccinátion scàr *n.* 우두 자국.
vac·ci·na·tor [væksinèitər] *n.* 〔의학〕 **1** 종두 의사. **2** 종두기(種痘器), 접종 칼, 접종 바늘.
vac·cine [væksíːn, væksi(ː)n/væksi(ː)n] *n.* 〔의학〕 Ⓤⓒ **1** 두묘(痘苗), 우두종. **2** 〔일반적으로〕 백신. **3** 〔컴퓨터〕백신 〔바이러스로부터 컴퓨터 시스템을 보호하는 프로그램〕. *cf.* virus
— *adj.* 두묘(종두)의; 백신 주사(접종)의. ¶ *vaccine* lymph (*or* virus) 두묘 / *vaccine* therapy 백신 요법.
◇ váccinate *v.*
vac·ci·nee [væksiníː] *n.* 백신 (예방)주사를 맞은 사람.
váccine pòint *n.* 〔의학〕 접종점.
vac·cin·i·a [væksíniə] *n.* Ⓤ 〔병리〕 우두(cowpox).
vac·ci·ni·za·tion [væksìnizéiʃ(ə)n / -naiz-] *n.* Ⓤ 〔의학〕 백신 주사(접종)법.
vac·il·late [væsilèit] *vi.* (**-lat·ed, -lat·ing**) **1** 〔불안정하게〕 흔들리다(sway); 비틀거리다. **2** 변동하다. **3** 〔생각・의견 등이〕 동요하다, 흔들리다 ⇨ HESITATE 類語 ¶ *vacillate* between two opinions 두 의견 사이에서 오락가락하다.
vac·il·lat·ing [væsilèitiŋ] *adj.* **1** 〔불안정하게〕 흔들리는, 비틀거리는. **2** 〔생각・결심 등이〕 정해지지 않은. ¶ a *vacillating* person 우유부단한 사람. ~**ly** *adv.*
vac·il·la·tion [væsiléiʃ(ə)n] *n.* ⓊⒸ **1** 흔들림, 동요. **2** 〔마음・생각의〕 동요, 주저, 우유부단.
vac·il·la·to·ry [væsilətɔ̀ːri / -təri] *adj.* 흔들흔들하는; 우유부단한(vacillating).
vac·u·a [vækjuə] *n.* vacuum 의 복수형의 하나.

va·cu·i·ty [vækju(ː)iti] *n.* ⓤⓒ (*pl.* **-ties**) **1** 텅 빔, 공허. **2** 진공. **3** 〖특정한 것의〗결여, 결핍. **4** 〖정신·마음의〗공허; (종종 -ties) 공허(무의미)한 말. **5** 방심, 허탈. **6** 어리석음, 멍청함.

vac·u·o·lar [vækjuóulər, vǽkjuə-/vǽkjuə-] *adj.* = vacuolate.

vac·u·o·late [vǽkjuəlèit], **-lat·ed** [-lèitid] *adj.* 〖생물〗공포(空胞)가 있는, 액포(液胞)가 있는.

vac·u·ole [vǽkjuoul] *n.* 〖생물〗공포, 액포〖세포내에서 주위의 원형질과 명확히 구획되고 수용액(水溶液)이 찬 공간〗.

vac·u·ous [vǽkjuəs] *adj.* **1** 빈, 공허한. ⇨ EMPTY 〖類語〗 **2** 〖정신적·지능적으로〗공허한, 텅 빈; 얼빠진. **3** 무의미한; 일하지 않는, 무위(無爲)의.
～·ly *adv.* ～·ness *n.* ◇ vácuum *n.*

‡**vac·u·um** [vǽkjuəm] *n.* (*pl.* **-ums** *or* **-u·a**) **1** 진공, 진공 지대. *cf.* plenum **2** 진공 부분;《종종 비유적》진공도(율). **3** 공허, 빈 곳, 공백. ¶ His death has left a *vacuum* in us. 그의 죽음은 우리에게 공백〖감〗을 남겼다. **4** 《구어》전기 청소기(vacuum cleaner). **5** 《형용사적으로》진공의, 진공〖장치〗의, 진공을 만드는. ― *vt.* 《구어》…을 전기 청소기로 청소하다. ― *vi.* 《구어》전기 청소기로 청소하다. ◇ vácuous *adj.*

vácuum aspirátion *n.* 〖산과〗진공 흡인〖법〗 (suction method)〖임신 10∼12주에 시술하는 인공 유산법의 하나〗.

vácuum bòttle(**flàsk**) *n.* 보온병(thermos).
vácuum bràke *n.* 진공 제동기.
vácuum bùlb *n.* 진공관.
vácuum cléaner(**swéeper**) *n.* 전기〖진공〗청소기.
vácuum cóffee màker *n.* 사이펀식 커피 추전자.
vácuum dischárge *n.* 진공 방전(眞空放電).
vácuum distillátion *n.* 〖화학〗진공 증류.
vácuum fórming *n.* 진공 성형(成形), 진공 플라스틱 성형.
vácuum gàuge *n.* 진공계.

vac·u·um·ize [vǽkjuəmàiz] *vt.* (**-ized**, **-iz·ing**) …에 진공 상태를 만들다; 〖진공 장치에 의하여〗…을 청소〖건조, 포장〗하다.

vácuum jùg *n.* 보온병.
vac·u·um-packed [vǽkjuəmpǽkt] *adj.* 진공 포장의.
vácuum pùmp *n.* 진공 펌프.
vácuum tùbe(《英》 **vàlve**) *n.* 〖전자 공학〗진공 방전관; [라디오 따위의] 진공관.

V.A.D., VAD (略) Voluntary Aid Detachment.

va·de me·cum [véidi míːkəm] *n.* **1** 항상 휴대하는 것. **2** 휴대 참고서, 편람, 안내서(handbook). (<L go with me)

V.Adm. (略) Vice-Admiral.

vae vic·tis [víː víktis] 《라틴》(=woe to the conquered) 정복당한 자는 다난(多難)하도다.

vag [væg] 《속어》 *n.* 부랑자(vagrant). ― *vt.* (**vagged**, **vag·ging**) …을 부랑자로서 체포하다.

*****vag·a·bond** [vǽgəbànd/-bɔ̀nd, -bənd] *adj.* **1** 방랑하는, 유랑하는, 유목의. ¶ a *vagabond* life 방랑 생활 / a *vagabond* tribe 유목 종족. **2** 보잘것없는, 건달의, 깡패 같은. **3** 방랑자 같은, 생활에 규율이 없는; 뜬 구름 같은. ― *n.* **1** 방랑자, 유랑자, 정처없이 떠도는 사람. **2** 부랑자, 깡패, 건달.
〖類語〗 **vagabond** 주소와 직업이 일정하지 않으며 방랑하는 사람; 나쁜 짓을 하지 않더라도 불신의 경우가 많다. **vagrant** 주소와 직업이 일정치 않고 절제가 없어서 사회에 누를 끼치는 사람. **tramp** 방랑자를 뜻하는 일반적인 말. **bum** 게으르고 일할 생각이 없는, 종종 주정뱅이인 쓸모없는 사람. **hobo** 추수를 거들어 주거나 따위의 계절적 일거리를 찾아서(종종 무임 승차로) 떠도는 사람.
― *vi.* 방랑하다, 유랑하다.
◇ vágabondish *adj.*, vágabondize *v.*

vag·a·bond·age [vǽgəbàndidʒ/-bɔ̀nd-] *n.* ⓤ **1** 방랑, 방랑성(벽, 생활). ¶ live in *vagabondage* 방랑 생활을 하다. **2** 《집합적》 방랑자.

vag·a·bond·ish [vǽgəbàndiʃ/-bɔ̀nd-] *adj.* 방랑자 같은; 방랑의.

vag·a·bond·ism [vǽgəbàndiz(ə)m/-bɔ̀nd-] *n.* ⓤ 방랑벽(vagabondage).

vag·a·bond·ize [vǽgəbàndaiz/-bɔ̀nd-] *vi.* (**-ized**, **-iz·ing**) 방랑하다, 유랑하다; 방랑 생활을 하다.

va·gar·i·ous [vəgɛ́(ː)riəs/-gɛ́ər-] *adj.* **1** 엉뚱한(erratic), 변덕스러운(capricious). **2** 방랑의, 유랑의.
～·ly *adv.*

va·gar·y [véigəri, +美 vəgɛ́(ː)ri, +英 vəgɛ́əri] *n.* (*pl.* **-gar·ies**) 별난 생각(행동), 일시적인 기분, 변덕. ¶ the *vagaries* of women's fashion 여성의 유행의 변덕.

va·gi [véidʒai] *n.* vagus 의 복수형.

va·gi·na [vədʒáinə] *n.* (*pl.* **-nas** *or* **-nae** [-niː]) **1** 〖해부·동물〗**a**) 질(膣). **b**) 칼집 모양의 부분(기관). **2** 〖식물〗엽초(葉鞘).

vag·i·nal [vǽdʒən(ə)l/vədʒái-] *adj.* **1** 〖해부〗질의, 질구의. **2** 〖식물〗칼집 모양의, 엽초 모양의.

vag·i·nate [vǽdʒinit, -nèit], **-nat·ed** [-nèitid] *adj.* 〖식물〗엽초가 있는.

vag·i·ni·tis [vǽdʒináitis] *n.* ⓤ 〖병리〗질염(膣炎).

va·gran·cy [véigr(ə)nsi] *n.* ⓤⓒ (*pl.* **-cies**) **1** 방랑, 방랑 생활. **2** 환상, 공상(reverie).

*****va·grant** [véigr(ə)nt] *n.* **1** 방랑자, 떠돌이; 〖법률〗부랑인. ⇨ VAGABOND 〖類語〗 **1** 방랑의, 유랑의, 떠도는. ¶ a *vagrant* life 방랑 생활. **2** 부랑 생활을 하는; 유랑자의, 방랑의. **3** 《비유적》 변하기 쉬운, 변덕스러운; ¶ *vagrant* fancies 종잡을 수 없는 공상. ～·ly *adv.*
◇ vágrancy *n.*

‡**vague** [veig] *adj.* (**và·guer**, **và·guest**) 뜻·뜻·감각·생각 따위가) 막연한, 애매한, 명확치 않은.
AMBIGUOUS 〖類語〗 ¶ *vague* promises 애매한 약속 / a *vague* uneasiness 막연한 불안감 / I don't have the *vaguest* idea where I met him. 어디서 그를 만났었는지 전혀 기억이 없다. **2** 〖감각이〗분명치 않은. ¶ a *vague* odor 은은한 향기 / *vague* murmurs behind a door 문 뒤에서 들리는 불명확한 속삭임. **3** 〖사람이〗애매한 말〖생각〗을 하는. ¶ He is rather a *vague* person. 그는 태도가 애매한 사람이다. **4** 〖표정·눈매 따위가〗멍한. ¶ a *vague* stare 방심한 듯한 눈매. ～·ness *n.*

*****vague·ly** [véigli] *adv.* 막연하게, 애매하게, 멍하니.

va·gus [véigəs] *n.* (*pl.* **-gi**) = vagus nerve.

vágus nérve *n.* 〖해부〗미주(迷走)신경.

vail¹ [veil] *vt.* **1** 숙이다, 떨어뜨리다. ¶ *vail* one's eyes 눈을 내리깔다. **2** 《고어》〖모자 따위〗를 벗다〖존경·굴복·인사 등의 경우〗. ― *vi.* 모자 따위를 벗다, 머리를 숙이다.

vail² [veil] 《고어》 *n.* (보통 ～s) 행하(行下), 팁; 축의금. ― *vi.* 유익하다, 이롭다(avail).

‡**vain** [vein] *adj.* **1** 공허한(unreal), 근거가 없는, 무가치한, 쓸모없는. ¶ *vain* promises 공약(空約) / *vain* threats 시시한 협박 / *vain* pleasures 가치없는 쾌락 / a *vain* rumor 뜬 소문. **2** 허영심이 강한, 우쭐대는; 얕잘게 자랑하는(*of*..), 〖as〗*vain* as a peacock 매우 허영심이 강한 / She is *vain* of her good figure. 그녀는 아름다운 몸매를 몹시 자랑으로 여기고 있다. **3** 무익한, 헛된(futile), 보람없는. ⇨ USELESS 〖類語〗 ¶ *vain* efforts 헛수고 / in the *vain* hope of success 성공한다는 헛된 희망을 안고 / It is *vain* to keep on hoping. 희망을 가져도 소용없다. **4** 《고어》 바보 같은, 어리석은(foolish), 무의미한(senseless).

in vain ① 보람없이, 헛되이. ¶ Our labor was *in vain*. 우리의 노력은 헛되었다 / *vain in* tried I to persuade him. 그를 설득하려고 했으나 허사였다. ② 경솔하게, 함부로. ¶ Never take the name of God *in*

vain. 신의 이름을 함부로 쓰지 마라.
~**ness** n. ◇ **vánity** n.
vain·glo·ri·ous [vèinglɔ́:riəs / -glɔ́:r-] adj. 1 자만심이 강한; 허영심이 강한. 2 자만심에서 오는, 허영[심]을 나타내는. ~**ly** adv. ~**ness** n.
vain·glo·ry [vèinglɔ́:ri / -glɔ́:ri] n. ⓤ 1 자만심, 제자랑, 허영심. ⇨ PRIDE [類語] 2 허식, 과시.
*__vain·ly__ [véinli] adv. 헛되이, 쓸데없이, 자만하여.
vair [vɛər] n. ⓤ 〖역사〗얼룩다람쥐의 모피[13-14세기에 귀족이나 기사의 의복 안과 깃에 댔다]. cf. miniver 2 〖紋章〗얼룩 모피 무늬.
Vais·ya [váisjə, -ʃjə] n. 바이샤[인도 4성(姓)의 제3계급. 농민과 상인으로 이루어진 평민 계급]. cf. caste
val. 〖略〗valentine; valuation, value.
val·ance [vǽləns, +美 véil-] n. 1 〖침대·탁자·달집 등의 가장자리에〗드리운 장식 커튼(휘장). 2 〖창의 윗부분을 장식하는〗짧은 휘장.
Valdés Príncipes [vældí:z-] n. 발디즈 원칙〖환경 문제에 관한 기업 윤리. 1989년 미국 Alaska 의 Valdes 에서 발생한 유조선 사고 후 제정〗.
*__vale__ [veil] n. 1 〘주로 詩〙골짜기, 계곡. cf. valley, dale 2 〘비유적〙현세, 고뇌의 세계, 속세. ¶ the earthly (or the mortal) vale 현세 (고뇌의 생활), 이승 / this vale of misery (woe) 고뇌(비애)의 현세 / the vale of years 노경 (老境).
Va·le [vá:lei / véili, vǽlei] 〘라틴〙(=Be well) interj. 안녕히 가시오, 안녕히 계시오(good-by). — n. 이별, 작별(farewell); 이별의 인사.
val·e·dic·tion [vælidíkʃ(ə)n] n. 1 작별, 고별. 2 작별의 인사, 고별사.
val·e·dic·to·ri·an [vælidiktɔ́:riən / -tɔ́:r-] n. 〘주로 美〙〖졸업식에서 졸업생을 대표하여〗고별 연설을 하는 학생. cf. salutatorian
val·e·dic·to·ry [vælidíktəri] adj. 고별의. — n. (pl. -ries) 작별 인사, 고별사 〘주로 美〙〖졸업생 대표가 하는 연설〗.
va·lence[1] [véiləns] n. 1 〖화학〗원자가. 2 〖생물〗〖염색체·혈청·왁친 따위가 결합하는〗수가(數價).
va·lence[2] [vǽləns] n. =valance. 〖電子〗.
válence eléctron [véiləns-] n. 〖물리〗원자가 전자
Va·len·ci·a [vəlén(ʃ)(i)ə, +美 -tʃə] n. 1 발렌시아〖스페인 동부 지방. 옛날에는 무어인의 왕국이었다〗. 2 스페인 동부의 항구. 3 (보통 ~s) 세로 면사, 가로 소모사(梳毛絲)를 쓴 수자직(繻子織)천. 4 (보통 ~s) [Valencia 산(産)] 아몬드, 견포도.
Va·len·ci·ennes [vəlènsiénz / vələnsién] n. 1 발랑시엔느[프랑스 북부의 도시]. 2 (=**Valénciénnes láce**) ⓤ 발랑시엔 레이스〖무늬와 바탕을 모두 한 가닥의 실로 짠 아름다운 보빈 레이스〗.
va·len·cy [véiləns] n. (pl. -**cies**) 〖화학〗=valence[1].
val·en·tine [vǽləntàin] n. 1 St. Valentine's Day에 이성에게 보내는 카드(선물). 2 St. Valentine's Day에 애인으로 선택된 이성. 3 〘일반적〙애인(sweetheart); 애정의 대상.
*__Val·en·tine__ [vǽləntàin] n. **Saint ~** 성(聖)발렌타인(? -A.D. 270?)〖로마의 기독교 순교자〗. ⇨ SAINT VALENTINE'S DAY.
Válentine('s) Dáy n. =Saint Valentine's Day.
va·le·ri·an [vəlí(:)riən / -líər-] n. 쥐오줌풀; ⓤ 〖약〗길초근(吉草根)〖그 뿌리에서 채취하는 진정제〗.
val·et [vǽlit] n. 1 〖왕 등의〗시종, 종. 2 〖호텔 등의〗보이. — vt., vi. […에게] 시종으로서 시중들다.
__val·et de place__ [vælɛ də plas] n. (pl. **valets de place** [vælɛ-])〖프랑스〗(=place valet) 수내인.
val·e·tu·di·nar·i·an [vælit(j)ù:diné(:)riən / -tjù:dinéər-] n. 1 병약자, 허약자. 2 건강에 지나치게 신경을 쓰는 사람. — adj. 병약(허약)한, 병약자의. 2 건강을 지나치게 걱정하는.
val·e·tu·di·nar·i·an·ism [vælit(j)ù:dinɛ́(:)riən-

Iz(ə)m / -tjù:dinéər-] n. ⓤ 병약, 허약; 건강에 지나치게 신경을 쓰기. ¶ (pl. -**nar·ies**) =valetudinarian.
val·e·tu·di·nar·y [vǽlit(j)ù:dinèri -tjù:dinəri] n.
val·gus [vǽlgəs] n. 〖병리〗 1 외반족(外反足); 편평족(扁平足). cf. varus 2 외반족인 사람. — adj. 외반족인, 앙가발이의.
Val·hal·la [vælhǽlə], (**Walhalla**) n. 1 〖북유럽 전설〗발할라 [Odin 신의 전당. Valkyries 에게 인도된 영웅의 영혼이 영원한 기쁨과 향응을 받는다고 한다]. 2 국민적 영웅들을 모신 신전(기념당).
val·iance [vǽljəns] n. 〘고어〙=valiancy.
val·ian·cy [vǽljənsi] n. ⓤ 용감(bravery), 용기.
*__val·iant__ [vǽljənt] adj. 1 용감한, 씩씩한, 장한. ⇨ BRAVE [類語] ¶ valiant soldiers (deeds) 용감한 병사(행위). 2 뛰어난, 가치있는(excellent, worthy).
~**ly** adv. ~**ness** n. ◇ **váliancy**, **válor** n.
*__val·id__ [vǽlid] adj. 1 주장이 옳은, 타당한(just), 근거가 확실한. ¶ a valid reason 분명한 이유 / a valid argument (objection) 타당한 의론(반대론). 2 유효한, 효험있는(effective). ¶ a valid procedure 유효한 조치. 3 법적으로 유효한, 정당한 절차를 밟은. ¶ a valid claim 합법적인 청구권 / a valid marriage 정식 결혼 / a contract valid for two years 2년간 법적으로 유효한 계약. 4 〖논리〗〖전제와 결론의 결부가〗정당한, 논리적인. 5 〘고어〙건강한, 건장한.
~**ly** adv. ~**ness** n. ◇ **válidate** v., **valídity** n.
val·i·date [vǽlidèit] vt. (**-dat·ed**, **-dat·ing**) 1 …을 근거있는 것으로 하다, 확인하다. 2 〖법적으로〗…을 유효하게 하다.
val·i·da·tion [vælidéiʃ(ə)n] n. ⓤ 확인, 비준(批准).
*__va·lid·i·ty__ [vəlíditi] n. ⓤ 1 〘주장·결론 등의〙정당성, 타당성. 2 〖법률〗법적인 효력, 유효성. ¶ the term of validity 유효 기간.
va·lise [vəlí:s / -lí:z] n. 1 여행용 소형 가방, 슈트케이스. 2 〘군대〙잡낭(雜囊)(kitbag).
Va·li·um [véiliəm, vǽl-] n. 〖종 v-〗〖상표명〗신경안정제 diazepam.
Val·kyr [vǽlkiər, +美 vǽlkər] n. =Valkyrie.
Val·kyr·ie [vælkí(:)ri / -kíər-], (**Walkyrie**) n. 〖북유럽 전설〗발키리, 전쟁의 처녀〖신들의 세계 Asgard 의 주신(主神) Odin 에게 시중드는 12명의 아름다운 처녀들 중의 한 사람. 인간 세계에 전쟁이 있을 때마다 전쟁터에 내려가서 용감한 전사자를 Asgard 에 있는 Valhalla 전당의 큰 방으로 운반해 온다고 한다〗.
val·la [vǽlə] n. vallum 의 복수형.
val·la·tion [vəléiʃ(ə)n] n. 1 누벽(壘壁), 보루(堡壘). 2 ⓤ 진지 구축, 축성술(築城術).
val·lec·u·la [vəlékjulə] n. (pl. **-lae** [-li:]) 〖해부·식물〗홈; 곡(谷), 와(窩)(fossa).
*__val·ley__ [vǽli] n. 1 골짜기, 계곡. cf. vale, dale 2 [the 강의] 유역. ¶ the Mississippi valley 미시시피강 유역. 3 골짜기같이 우묵한 곳, 도랑; 수평 파동의 골. 4 〖건축〗지붕의 골〖두 지붕의 곡선이 만나는 곳〗.
the valley of the shadow of death 〖성서〗죽음의 음침한 골짜기, 죽음이 시시각각 다가오는 공포의 시간 [←시편(Ps.) 23:4].
válley gírl n. 〘美〙밸리 걸[미국 California 주 San Fernando Valley 에 사는 소녀, 유행을 선도하며 특유의 말씨로 유명하다]. cf. Valspeak
val·lum [vǽləm] n. (pl. **-la**) 〘고대 로마〙[목책으로 둘러싼] 진영, 보루(堡壘) (rampart).
va·lo·ni·a [vəlóuniə] n. ⓤ 발로니아[떡갈나무(valonia oak)의 깍정이[피륙의 무두질·염색 따위에 쓰인다].
*__val·or__, 〘英〙**-our** [vǽlər] n. ⓤ 〖위험을 아무렇지도 않게 여기는〗용기, 대담; 〖전쟁터 따위에서의〗용감, 용맹(bravery, courage). ¶ valor in arms 무용(武勇). ◇ **váliant**, **válorous** adj.
val·or·i·za·tion [vælərizéiʃ(ə)n / -raiz-] n. ⓤ 〖정부의〗상품 가격 유지 조치, 물가 안정책.

val·or·ize [vǽləràiz] (* 《英》에서는 **val·or·ise** 로도 쓴다) vt. (-ized, -iz·ing) **1** …의 가치(가격)를 안정시키다. **2** [정부가] (상품 가치(시가(市價)))의 유지(인상, 안정)을 도모하다.
val·or·ous [vǽlərəs] adj. [행위 따위가] 씩씩한, 용감한, 대담한. **~·ly** adv. **~·ness** n.
valse [vɑːls] n. (pl. **valses** [vɑːls]) (프랑스) =waltz.
Val·speak [vǽlspiːk] n. 《美》 밸리 말씨(Valleyspeak, valley talk)[Valley girl 특유의 말씨·속어]. cf. VALLEY GIRL
‡**val·u·a·ble** [vǽljuəbl] adj. **1** 값비싼, 고가(高價)의 (costly); 금전적 가치가 있는, 값이 나가는. opp. valueless ¶ a valuable diamond 값비싼 다이아몬드 / valuable papers 유가(有價) 증권. **2** 귀중한, 소중한, 매우 999한. opp. valueless ¶ valuable information 유익한 정보 / a valuable aid 도움이 되는 원조. **3** 평가할 수 있는, 금전으로 환산할 수 있는. cf. invaluable ¶ a service not valuable in money 돈으로는 살 수 없는 봉사.
[類語] **valuable** 금전적으로 가치가 있는, 또는 유용·편리 따위의 점에서 가치가 있는: valuable advice 귀중한 조언(충고). **precious** 본질적으로 대단한 가치가 있는; 매우 진기하거나 값이 비싸서 마구 쓰이를 아까운: Nothing is so precious as life. 생명만큼 귀중한 것은 없다.
— n. (보통 ~s) 귀중품 [보석·금전 따위].
~·ness n. **-bly** adv.
váluable considerátion n. 〔법률〕 대가(對價), 유가 약인(有價約因).
val·u·ate [vǽljuèit] vt. (-at·ed, -at·ing) **1** …을 사정(査定)하다, 견적하다. **2** 〔인물·능력 등을〕 평가하다.
◇ váluable adj., váluation n.
***val·u·a·tion** [vǽljuéi(ə)n] n. **1** ⓤ 평가, 값을 매기기. **2** 평가액, 사정 가격, 견적 가격. ¶ set (or put) too high a valuation on …을 과대 평가하다. **3** ⓤ〔재능 따위의〕 평가, 가치 판단. ¶ accept (or take) a person at his own valuation 그 사람이 말하는 대로 평가하다.
val·u·a·tor [vǽljuèitər] n. 평가하는 사람, 가격 사정자(관).
‡**val·ue** [vǽljuː] n. **1** ⓤ 가치, 값어치, 유용성, 중요성, 고마움. ¶ the value of evidence 증거의 중요성 / of no (little, great) value 가치가 없는(적은, 큰) / of practical value 실제적인 가치가 있는.
2 ⓤⓒ〔경제·금전상의〕 가치, 가격, 액면 금액. ¶ market value 시장 가치(가격) / surplus value 〔경제〕 잉여 가치 / value in exchange 〔경제〕 교환 가치 / This piece of land has greatly increased in value. 이 땅의 가격이 크게 올랐다.
[類語] **value** ① 금전 따위로 환산할 수 있는 가치: the exchange value of the won 원의 교환 가치. ② 다른 것과의 관계에서 결정되는 유용·편리·중요성 따위의 가치. **worth** 본질(절대)적 가치. 특히 정신적·문화적·도덕적으로 뛰어난 성질; 그러나 value 와는 뜻이 매우 가깝다.
3 ⓤⓒ 대가(對價)〔물〕, 상당 가격〔물〕. ¶ give value for value received 받은 금액에 상당하는 물건을 주다.
4 ⓤⓒ 평가 (valuation). ¶ set (or put) a high (or much) value on …을 높이 평가하다, 중요시하다.
5 ⓤⓒ〔수학〕 값. ¶ the value of a sum 합의 값.
6 ⓤⓒ〔어구 따위의〕 참뜻, 의의(意義), 의미.
7 (~s) 〔사회〕 가치[이상·습관·제도 따위]. ¶ positive values 적극적 가치[이상·자유·교육 따위] / negative values 소극적 가치[잔인·범죄·모독 따위].
8 (종종 ~s) 〔윤리〕 가치 [목적이나 그 수단 자체로서 바람직한 일이든지]. 〔조화가 되지 않음〕.
9 ⓤⓒ〔그림〕 명암도(明暗度). ¶ out of value 명암이 안 맞는
10 ⓤⓒ〔음악〕 음표가 나타내는 음의 길이.
11 ⓤⓒ〔음성〕 음가(音價) 〔글자가 나타내는 음성〕.
12 (생물)〔분류상의〕 등급(rank).
to the value of …의 금액에 달하는, …의 값어치가 있 — vt. (-ued, -u·ing) **1** 〔금전으로〕 …을 평가하 ued at $ 3,000,000. 그 배우의 재산은 300만 달러로 평가되었다. **2** 〔우수성·유용성·중요성에 의하여〕 …을 평가하다. ¶ (~+目+前+名) He values health above wealth. 그는 부(富)보다 건강을 중요시한다. **3** …을 존중하다, 중요시하다, 소중히 하다. ¶ Americans value manual labor. 미국인은 손일을 존중한다. **value** oneself **for** …을 뽐내다, 자랑하다. **value** oneself **on** …을 자랑하다.
◇ váluable adj., váluate n.
válue ádded n. ⓤⓒ 부가 가치〔기업 내부에서 창출되는〕.
vál·ue-àdd·ed nétwork [vǽljuːǽdid-, -ljuː-] n. 〔통신〕 부가 가치 통신망〔略 VAN〕.
válue-ádded táx n. ⓤⓒ 부가 가치세〔略 VAT〕.
válue análysis n. 〔마케팅〕〔생산비 절감을 위한〕 가치 분석.
val·ued [vǽljuː(ː)d] adj. **1** 존중되는, 존경받는, 귀중한. **2** 평가된, 견적된. **3** 가치가 확정된.
válued pólicy n. 〔보험〕 정액 보험 계약〔사고 발생시의 보험 금액을 미리 협정한 보험〕.
válue enginéering n. 가치 공학〔설계와 생산을 경제적으로 하기 위해 공정 과정을 분석하는 경영 공학의 수법; 略 VE〕.
válue júdgment(《英》**júdgement**) n. ⓤⓒ 가치 판단.
val·ue·less [vǽljuː(ː)lis] adj. 무가치한, 하찮은, 시시한. opp. valuable ~·**ness** n.
val·u·er [vǽljuːər] n. 평가하는 사람;《英》가격 사정관 (appraiser).
válue sýstem n. 〔사회〕 가치 체계.
va·lu·ta [vəlúːtə] n. ⓤ〔유럽에서〕 화폐 가치, 화폐 값.
val·val [vǽlv(ə)l] adj. =valvular.
val·vate [vǽlveit] adj. **1** 밸브가 있는, 밸브로 여는. **2** 밸브 구실을 하는, 있는. **3** 〔식물〕〔삭(蒴)·약(葯) 따위의〕 판(瓣)으로 열리는.
‡**valve** [vǽlv] n. **1** 〔액체·기체 따위의 유동을 조절하는〕 밸브, 판, 판막(瓣膜). ¶ a safety valve 안전 밸브. **2** 〔해부〕 판, 판막(瓣膜). **3** 수문의 문〔물막이 판〕. 〔관악기의〕 판, 피스톤, 활전(活栓). **4** 〔동물〕〔조개의〕 껍질; 〔식물〕 삭(蒴)의 조각; 약(葯)의 뚜껑. **5** 《주로 英》〔전자공학〕 전자관, 진공관. cf. vacuum tube **6** 〔고어〕 여닫는 문·접는 문의 문짝. — v. (**valved**, **valv·ing**) vt. 〔액체·기체 따위를〕 밸브로 조절하다, …에 밸브를 달다. — vi. 밸브를 이용하다.
◇ válvate, válveless, válvular adj.
valved [vǽlvd] adj. 판(밸브)이 있는.
valve·less [vǽlvlis] adj. 판(밸브)이 없는.
valve·let [vǽlvlit] n. 작은 밸브, 작은판(밸브) (small valve).
val·vif·er·ous [vǽlvif(ə)rəs, -ː--] adj. 판(밸브)이 있는.
val·vu·lar [vǽlvjulər] adj. **1** 밸브 모양의; 밸브가 달린, 밸브로 움직이는. **2** 〔의학〕 심장 판막의. ¶ valvular disease 심장 판막증.
val·vule [vǽlvjuːl] n. 〔해부·식물〕 작은 판, 작은 판 모양의 부분.
val·vu·li·tis [vǽlvjuláitis] n. ⓤ〔병리〕〔심장 따위의〕 판막염.
vam·brace [vǽmbreis] n. 〔역사〕 팔꿈치에서 손목까지 보호하는 팔갑옷.
va·moose [væmúːs / və-] v. (**-moosed**, **-moos·ing**) 《美俗》vi. 도망치다, 잠적하다, 탈주하다(decamp).
— vt. …을 떠나다, …에서 도망치다.
〈Sp. vamos=let's go〉
va·mose [væmóus / və-] v. (**-mosed**, **-mos·ing**) 《美俗》=vamoose.
vamp[1] [vǽmp] n. **1** 〔구두의〕 등가죽. **2** 낡은 것을 감추려고 댄 천, 기운 곳. **3** 〔음악〕 즉석 반주. — vt.

vamp 1 〔구두〕에 등가죽을 대다, 등가죽을 갈아대다. 2 …에 조각을 대고 깁다(patch up), …을 수선하다(repair). 3 〔헌 것〕을 새 것으로 보이게 하다, 낡은 곳을 가리다. 4 〔단편적인 내용 따위를 이어 붙여〕…을 날조하다, 꾸며내다(...*up*). ¶ *vamp up* a rumor (an excuse) 소문(구실)을 꾸며내다. 5 〔음악〕〔반주 따위〕를 즉석 연주하다. — *vi.* 〔음악〕반주를 즉석 연주하다, 곡을 즉석에서 연주하다.

vamp[2] [væmp] *n.* 요부, 탕녀. — *vt.* 〔남자〕를 호리다, 을 뜯어먹고 살다. — *vi.* 요부처럼 행동하다, 요부역(役)을 하다.
〔<vampire의 단축형〕

vamped [væmpt], **vamped-up** [væmptʌp] *adj.* 〔헌 것을〕새 것으로 보이게 하는, 날조한.

vamp·er [væmpər] *n.* 1 구두 수선공. 2 즉석에서 반주하는 사람.

vam·pire [væmpaiər] *n.* 1 흡혈귀〔시체 속에 들어가 있는 것을 소생시키고, 순진한 시체는 무덤에서 나와 밤중에 자고 있는 사람의 피를 빨아먹는다고 한다〕. 2 남을 희생물로 하는 냉혹한 사람, 인정사정없는 착취자. 3 요부(vamp), 닳고 닳은 바람둥이 여자, 요부역(役)의 여배우. 4 (=*vampire bat*) 흡혈 박쥐. 5 〔연극〕〔무대의〕함정문(trap), 스프링식 함정.

vam·pir·ism [væmpairìz(ə)m, -pər- / -paiər-, -pər-] *n.* ⓤ 1 흡혈귀의 존재를 믿는 미신. 2 흡혈귀의 소행, 저승 고혈(膏血)을 착취하기; 남자를 호리기.

vamp·ish [væmpiʃ] *adj.* 요부형의.

‡**van**[1] [væn] *n.* 1 〔가구·화물 동물 따위를 나르는〕 대형 유개 트럭, 대형 유개 트레일러. 2 〔英·濠〕〔英도의〕수하물차, 유개 화차, 군대 수송차(《美》*car*); 소형 짐마차, 소형 트럭. ¶ a goods *van* 유개 화차(《美》a freight car) / a luggage *van* 수하물차(《美》a baggage car).
— *vt.* (**vanned, van·ning**) …을 밴으로 나르다, …을 밴에 싣다. 〔<VAN[GUARD]〕

van[2] [væn] *n.* (the ~) 1 〔군대 함대의〕 전위, 선봉, 선두, *cf.* rear[1] 2 〔집합적〕 〔운동·행진 따위의〕 선도자, 지도자. 3 〔운동·행동 따위의〕 전위, 선구, 선두. ¶ in the *van* of …의 선두에 서서, …의 선구자가 되어 / lead the *van* of …의 선구자를 맡다, …의 주도자(主導者)가 되다.
〔<[CARA]VAN〕

van[3] [væn] *prep.* (종종 V-) of, from 의 뜻으로 네덜란드 사람의 이름에 쓰인다. * 본래는 출신지를 나타내기 위해 썼다.

van[4] [væn] *n.* 〔고어〕 날개(wing).

van[5] [væn] *n.* 《英구어》=advantage 3.

VAN *value-added network* (부가 가치 통신망).

van·a·date [vǽnədèit, -dit] *n.* 〔화학〕 바나듐산염(酸鹽).

va·nad·ic [vənǽdik, -néid-] *adj.* 〔화학〕〔특히 고원자가(高原子價)로〕 바나듐을 함유하는.

va·na·di·um [vənéidiəm, -djəm] *n.* ⓤ 〔화학〕 바나듐, 바나듐〔금속 원소의 하나; 원자 기호 V〕.

vanádium stéel *n.* ⓤ 바나듐강(鋼).

van·a·dous [vǽnədəs] *adj.* 〔화학〕〔저원자가(低原子價)로〕 바나듐을 함유하는.

Ván Állen bèlt *n.* (the ~) 〔물리〕〔지구를 싸고 있는〕 밴 앨런〔방사능〕대(帶).

Ván Állen radiátion bèlt *n.* =Van Allen belt.

van·co·my·cin [vǽŋkəmáisin] *n.* ⓤ 밴코마이신〔스피로헤타에 듣는 항생 물질〕.

Van·cou·ver [vænkúːvər] *n.* 캐나다 서남부의 중요항구.

Van·dal [vǽnd(ə)l] *n.* 1 반달인(족) 〔5세기에 로마를 침략하고 예술·문화를 파괴한 게르만의 한 민족〕. 2 (v-) 예술·문화의 파괴자. — *adj.* 1 반달인의. 2 (v-) 예술·문화 따위를 파괴하는, 야만의.

Van·dal·ic [vændǽlik] *adj.* 1 반달인의(같은). 2 (v-) 예술·문화 따위를 파괴하는, 야만의.

van·dal·ism [vǽndəlìz(ə)m] *n.* ⓤ 1 반달인풍 (기질). 2 예술·문화의 파괴〔행위〕; 예술·문화에 대한 적대시.

van·dal·is·tic [vǽndəlístik] *adj.* 1 반달인 기질의. 2 예술·문화를 파괴하는〔듯한〕.

van·dal·ize [vǽndəlàiz] *vt.* (**-ized, -iz·ing**) 〔예술·문화 따위〕를 반달인적으로 파괴하다〔적대시하다〕.

Ván de Gráaff génerator [vǽndəgræːf- / -grɑ̀ːf-] *n.* 〔물리〕 밴 더 그래프 기전기〔起電機〕.

Van·dyke *n.* [vændáik ─] 1 (때로 v-) =Vandyke beard. 2 (때로 v-) =Vandyke collar. 3 〔인쇄〕 청사진 비슷한 사진 프린트. — *adj.* 〔+英〕 vǽndàik〕 Van Dyck 작(作), 풍]의. 〔<플랑드르의 초상 화가 Sir Anthony Van Dyck (1599-1641)의 이름〕

Vandýke béard *n.* 반다이크 수염, 끝이 뾰족한 턱수염.

Vandýke brówn *n.* ⓤ (때로 ~) 반다이크 브라운, 짙은 갈색.

Vandýke cápe *n.* 반다이크풍의 어깨 망토〔가장 자리가 들쭉날쭉하다〕.

Vandýke cóllar *n.* 반다이크풍의 칼라〔가장자리가 들쭉날쭉한 넓은 레이스 따위〕.

〔Vandyke beard〕

*****vane** [vein] *n.* 1 풍향계(風向計). 2 〔풍차·추진기·터빈 따위의〕 날개판(板), 날개. 3 〔새의 깃털의〕 깃가지(web). 4 〔측량의〕 시준판(視準板), 조준판. 5 변덕스러운 사람.

vaned [veind] *adj.* 풍향계가 있는; 날개〔평판(平板)〕가 있는.

vane·less [véinlis] *adj.* 풍향계가 없는; 날개〔평판〕가 없는.

〔vane 1〕

vang [væŋ] *n.* 〔항해〕 사령 지삭(斜桁支索).

van·guard [vǽngɑ̀ːrd] *n.* 1 전위, 선봉, 첨병(尖兵). 2 지도적 지위; 지도자, 선구자. ¶ be in the *vanguard* of …의 선구자가 되다, …의 진두에 서다. 3 (V-) 뱅가드〔국제 지구(地球) 관측년(1957-58)에 발사된 미국의 인공 위성; 1호에서 3호까지 있으며, 이것을 뱅가드 계획이라고 일컬었다〕.

*****va·nil·la** [vənílə] *n.* 1 바닐라〔열대 아메리카산(産) 난초과(科) 식물의 일종〕. 2 ⓤ 바닐라의 열매〔향미용〕. 3 ⓤ 바닐라 엣센스.

vanílla bèan *n.* =vanilla 2.

va·nil·lic [vəníllik] *adj.* 바닐라(바닐린)의(같은); 바닐라에서 채취한, 바닐라 엣센스의.

va·nil·lin [vǽnilin, vəníl-] *n.* ⓤ 〔화학〕 바닐린〔바닐라의 주성분, 향미료〕.

Va·nir [váːniər] *n. pl.* 〔북유럽 전설〕 바니르〔기상·농업·상업의 신(神)들〕.

‡**van·ish** [vǽniʃ] *vi.* 1 보이지 않게 되다, 사라지다, 소실되다. ⇒ DISPERSE 類語. ¶ (~+閨) *vanish away* like smoke 연기처럼 사라지다 // (~+閨+名) *vanish into* thin air 흔적도 없이 사라지다 / He *vanished* into the darkness. 그는 어둠 속으로 사라져 갔다 / The queen *vanished* out of sight, not enduring her glory. 여왕은 그 영광을 지속하기 힘들어 사람들 앞에서 사라졌다. 2 없어지다; 다하다. ¶ long-*vanished* days 지나간 먼 옛날 / Her resolution *vanished*. 그녀의 결심은 사라졌다. 3 〔수학〕 영(零)이 되다. — *n.* 〔음성〕 소음(消音) 〔특히 2중 모음의 뒷부분 또는 pen [pein]의 i〕.

van·ish·er [vǽniʃər] *n.* 사라지는 사람〔것〕, 보이지 않게 되는 사람〔것〕.

vánishing créam *n.* ⓤ 배니싱 크림.

vánishing líne *n.* 〔그림〕〔투시(透視) 화법의〕 소

vanishing point n. 1 물건이 다하는 점. 2 [그림] [투시(透視) 화법의] 소멸점, 소점(消點).

van·ish·ment [vǽniʃmənt] n. ⓤ 사라지기, 사라진 상태, 소멸.

〔vanishing point 2〕

‡**van·i·ty** [vǽniti] n. (pl. -ties) 1 ⓤ 자부, 자만 (conceit), 허영심, 만심(慢心). ⇨ PRIDE 類語 ¶ out of vanity 허영심에서 / tickle (gratify) a person's vanity 남의 허영심을 돋우다(만족시키다). 2 ⓤ 자만의 발로, 허식; ⓒ 자만의 대상, 자랑(허영)거리. ¶ Her pet dog was her only vanity. 그녀의 애견은 그녀의 유일한 자랑거리였다. 3 ⓤⓒ 덧없음, 공허, 허무. ¶ the vanity of life 인생의 무상 / Vanity of vanities; all is vanity. 헛되고 헛되며 헛되니 모든 것이 헛되도다 [←전도서(Eccl.) 1:2]. 4 공허한 것, 보잘것없는 것, 무익한 사물(행위). 5 =vanity bag (case). 6 =dressing table. 7 〔성서〕 이교(異教)의 신.
the pomps and vanities 허영.
◇ **vain** adj.

vánity bàg(càse) n. 휴대용 화장품 백(케이스).
Vánity Fáir n. 1 허영의 시장 [Bunyan 작 Pilgrim's Progress 에 나오는 시장(市場)이름, 이에 근거한 Thackeray 작의 소설 제목]. 2 (v-f-) [허영에 넘친] 이 세상; 상류 사회.
vánity gàllery n. 세 놓는 화랑.
vánity plàte n. [자동차의] 장식 번호판.
vánity prèss(pùblisher) n. 자비 출판 전문 출판.
vánity sùrgery n. 미용[성형] 수술.   [사.
ván líne n. 《美》 [유개 화물 자동차를 사용하는] 장거리 이삿짐 운송 회사.
van·ner [vǽnər] n. 《美·캐나다》 van 차를 이용하는 사람; van 이용 캠프객.
van·pool [vǽnpùːl] 《美》 n. [특히 통근에서] 유개 트럭(van)의 공동 이용(합승 통근). —— vi. van 의 공동 이용에 가입하다, van 으로 합승 통근하다.
*****van·quish** [vǽŋkwiʃ] vt. ……을 정복하다, 처부수다; ……을 극복하다, ……에 이기다. ⇨ DEFEAT 類語 ¶ the vanquished 피정복자 / vanquish temptation 유혹을 이겨내다. —— vi. 이기다, 정복하다.
van·quish·a·ble [vǽŋkwiʃəbl] adj. 정복할 수 있는, 처부술 수 있는, 극복할 수 있는.
van·quish·er [vǽŋkwiʃər] n. 정복자, 승리자.
van·quish·ment [vǽŋkwiʃmənt] n. ⓤⓒ 정복, 승리, 극복.
*****van·tage** [vǽntidʒ / vάːn-] n. ⓤ 1 유리, 우월; 우세한 지위(상태), 유리한 점. ⇨ ADVANTAGE 類語 2 〔고어〕이익, 이득. 3 〔주로 英〕〔정구〕=advantage n. 3.
for (*or* *to*) *the vantage* 그 위에. 게다가.
have a person at vantage 남보다 우위에 서다.
vántage gròund n. [행동·관찰·방어 따위에] 유리한 위치(입장), 지리(地利).
van·tage-in [vǽntidʒín / vάːn-] n. 〔정구〕듀스 후에 서브측(server)이 얻은 1점.
van·tage-out [vǽntidʒáut / vάːn-] n. 〔정구〕듀스 후에 리시브측(receiver)이 얻은 1점.
vántage pòint n. 유리한 위치(지위).
Va·nu·a·tu [vǽnuɑ̀ːtuː] n. 바누아투 [태평양 서남부 영남(英南) 공동 통치하에 있던 New Hebrides 가 1980년에 독립하여 세운 공화국; 수도 Vila].
van·ward [vǽnwərd] adj. 전위의, 전방의, 선두의; 진보한. —— adv. 전방으로, 선두를 향하여.
vap·id [vǽpid] adj. 1 김빠진, 맛이 없는. ¶ vapid beer 김빠진 맥주 / run vapid 맛이 없다, 김이 빠지다. 2 생기가 없는, 무기력한. ¶ lead a vapid life 무기력한 생활을 보내다. 3 지루한, 지긋지긋한, 재미가 없

는. ¶ a vapid novel 따분한 소설. ~**·ly** adv. ~**·ness** n.
◇ **vapídity** n.

va·pid·i·ty [væpídəti, və-] n. (pl. -ties) 1 ⓤ 김빠짐, 무기력. 2 (-ties) 따분한 이야기.

‡**va·por,** 《英》 **-pour** [véipər] n. 1 ⓤ 증발 기체 [안개·아지랑이·김·수증기·연무(煙霧) 따위 공중에 보이는 것]. 2 ⓤ [물리] 물질이 임계점(臨界點) 이하에서 기화한 증기. 3 [의료용] 분무상 약품, 흡입약; [공업용] 기화 물질; [눈에 보이지 않는 유독 가스 따위] 발산물. 4 공상, 망상; 실체가 없는 허무한 것. 5 〔고어〕허세. 6 (the ~s) 〔고어〕우울증, 침울; [우울증의 원인으로 생각되었던 특히 위(胃)로부터의] 발산물, 독기(毒氣). —— vi. 1 증기가 되어 올라가다, 증발하다, 기화하다; 증기를 일으키다. ¶ (~+圖) vapor up (or out) 증발하다, 허세부리다. —— vt. ……을 발산시키다, 증발(기화)시키다. ¶ (~+圖+圖) vapor away a heated fluid 가열한 액체를 증발시키다.
◇ **váporous, váporish** adj., **váporize** v.

va·por·a·ble, 《英》 **-pour-** [véipərəbl] adj. 증발할 수 있는.
vápor bàth n. 증기욕(浴), 한증.
va·por·er, 《英》 **-pour-** [véipərər] n. 허세부리는 사람, 허풍선이.
va·por·if·ic, 《英》 **-pour-** [vèipərífik] adj. 증기를 발생시키는; 증기성(性)의.
va·por·ing, 《英》 **-pour-** [véipəriŋ] adj. 1 증발하는. 2 허풍을 떠는, 허세부리는. —— n. (보통 ~s) 허세부리기, 호언, 허풍. ~**·ly** adv.
va·por·ish, 《英》 **-pour-** [véipəriʃ] adj. 1 증기와 같은, 증기성(性)의, 증기가 많은. 2 우울한. ~**·ness** n.
va·por·iz·a·ble, 《英》 **-pour-** [véipəràizəbl] adj. 증기로 할 수 있는, 기화 가능한.
va·por·i·za·tion, 《英》 **-pour-** [vèipərizéiʃ(ə)n / -raiz-] n. ⓤ 1 증발[작용], 기화. 2 [의학] 증기 요법.
va·por·ize, 《英》 **-pour-** [véipəràiz] (*《英》에서는 **va·por·ise, va·pour·ise** 로도 쓴다) vt., vi. 증발(기화)시키다(하다). ◇ **vápor** n.
va·por·iz·er, 《英》 **-pour-** [véipəràizər] n. 증발시키는 사람(것); 기화기, 분무기.
vápor lòck n. 베이퍼 록 [내연 기관에서 연료의 증기에 의해서 공급관(管)이 막히는 현상].
va·por·ous [véipərəs] adj. 1 증기와 같은. 2 증기로 된, 안개(아지랑이)가 많은, 증기로 흐린. 3 증기를 발생하는. 4 〔고어〕실질이 없는; 종잡을 수 없는, 공상적인. ~**·ly** adv. ~**·ness** n.
vápor prèssure n. ⓤ 증기압.
vápor tènsion n. ⓤ 1 =vapor pressure. 2 포화 증기압, 최고 증기압.
vápor tràil n. 비행운(飛行雲)(contrail).
va·por·ware [véipərwɛ̀ər] n. ⓤ〔속어〕〔컴퓨터〕기획 단계의 소프트웨어(하드웨어).
va·por·y, 《英》 **-pour-** [véipəri] adj. 1 증기(안개, 아지랑이)가 많은, 증기와 같은, 안개가 낀. 2 증기를 발생하는. 3 실체가 없는.
*****va·pour** [véipər] n., v. 《英》 =vapor.
va·que·ro [vɑːkɛ́(ː)rou / væk-] n. (pl. -ros) 《美 남부》 목동, 소 치는 사람, 카우보이. (<Sp)
VAR (略) visual aural range (고주파를 이용한 라디오 비행 장치); 〔컴퓨터〕 value-added reseller (retailer) (부가 가치 판매 업자); vacuum arc remelting (진공 아크 재(再) 용해법).
var. (略) variant, variation, variety, variometer, various.
va·rac·tor [vərǽktər / vɛ́ræk-] n. 〔전자 공학〕버랙터 [반도체 다이오드 저항기].
Va·ran·gi·an [vərǽndʒiən] n. 1 바랑인 [발틱 연안을 휩쓸고 9-10세기 러시아에 Rurik 왕조를 세운 스칸디나비아의 한 민족]. 2 =Varangian Guard. —— adj. 바랑인의.
Varángian Guárd n. 〔동로마 황제의〕바랑인 친

varec [vǽrek, -rik] n. ① 1 표류 해초. 2 해초회(灰).
var·i·a·bil·i·ty [vɛ̀(:)riəbíliti / vèər-] n. ① 1 변하기 쉬움, 가변성. 2 〖생리〗변이성(變異性).
var·i·a·ble [vɛ́(:)riəbl / vɛ́ər-] adj. 1 변하기 쉬운, 변화하기 쉬운, 변덕스러운. ¶ a *variable* lover 변덕스러운 애인 / *variable* weather 변하기 쉬운 날씨 / a man of *variable* temper 변덕스러운 성격의 남자. 2 바꿀 수 있는, 변동할 수 있는, 가변의. ¶ a word of *variable* accents 악센트가 변하여지는 말. 3 〖생물〗변이성(變異性)의. 4 〖천문〗[별이] 변광(變光)하는, 광도가 변화하는. 5 〖기상〗[바람이] 방향을 바꾸는. 6 〖수학〗변수(變數)의, 부정(不定)의. ── n. 1 변화하는(변하기 쉬운) 것. 2 〖수학〗변수. *cf.* constant 3 〖천문〗변광성(星) (variable star). 4 〖기상〗변풍(變風) (shifting wind). 5 (~s) 변풍대(帶). 6 〖논리〗변항(變項).
~**ness** n. -**bly** adv. ◇ **váry** v., **variabílity** n.
váriable annúity n. 변액(變額) (가변)연금 [불입금이 주식 따위에 투자되고 그 성과에 따라 지급액이 달라진다].
váriable condénser n. 가변 콘덴서, 바리콘.
váriable geómetry n. 〖항공〗[날개의]가변 후퇴각(後退角); 가변 후퇴각 설계.
váriable stár n. 〖천문〗변광성(變光星).
vár·i·a·ble-sweep wíng [vɛ́(:)riəblswì:p-/vɛ́ər-] n. 〖항공〗 가변 후퇴익(可變後退翼).
Váriable Zóne n. (the ~) 온대(溫帶) (Temperate Zone).
va·ri·a lec·ti·o [vɛ́(:)riə lékʃiòu / vɛ́ər-] n. (pl. **va·ri·ae lec·ti·o·nes** [vɛ́(:)riː: lèkʃióuniːz / vɛ́ər-]) (라틴) (=variant reading) 이문(異文) [책에 따라 서로 다른 문구].
***var·i·ance** [vɛ́(:)riəns / vɛ́ər-] n. ①⑥ 1 변화, 변동. ¶ *variance* of temperature 기온의 변동. 2 변차(變差), 어긋남, 차이. 3 소원(疏遠), 불화, 충돌. 4 〖통계〗분산. 5 〖법률〗[소장(訴狀)과 증거 사이의] 상위.
at variance 불화하여, 의견이 달라서, 모순되어(*with...*). ◇ **váry** v., **váriant** adj.
***var·i·ant** [vɛ́(:)riənt / vɛ́ər-] adj. 1 상이한, 다른, 일치하지 않는, 어긋난. 2 갖가지의, 여러 가지의, 변화가 많은. 3 변종의, 이형(異形)의. 4 〖고어〗변하는, 변화하기 쉬운, 정하지 않은. ── n. 1 변화(variation); 변형. 2 〖원전의〗이문(異文). 3 〖철자·발음의〗이형(異形). ◇ **váry** v., **váriance** n.
***var·i·a·tion** [vɛ̀(:)riéi(ə)n / vɛ̀ər-] n. 1 ①⑥ 〖모양·상태·성질·정도 따위의〗변화, 변동. ¶ *variation* of temperature 기온의 변화 / Prices of commodities are subject to *variation*. 물가는 변동한다 2 변화양(비율, 정도), 도. ¶ a marked *variation* in prices 현저한 물가의 변동. 3 변형물; 이형(異形). 4 〖음악〗변주곡. 5 〖발레〗솔로 댄스. 6 ①⑥〖천문〗변차(變差); [달의 주기 섭동(週期攝動)의] 2균차(均差). 7 〖생물〗변이; ⑥ 변종. 8 〖수학〗변분(變分), 순열(順列). 9 ①⑥〖항공〗편차(偏差). ¶ *variation* of a compass 나침반의 편차. ◇ **váry** v., **variátional** adj.
var·i·a·tion·al [vɛ̀(:)riéi(ə)n(ə)l / vɛ̀ər-] adj. 변화의, 변동의; 변이의; 변주의.
var·i·cel·la [vɛ̀risélə] n. ① 〖병리〗수두 (水痘) (chicken pox).
var·i·cel·lar [vɛ̀risélər] adj. 수두의.
var·i·co·cele [vǽriko(u)sì:l] n. 〖병리〗정계 정맥류(精索靜脈瘤).
var·i·col·ored, (英) **-oured**[vɛ́(:)rikʌ̀lərd/vɛ́ər-] adj. 잡색의, 얼룩덜룩한. 2 〖비유적〗갖가지의 (diversified).
var·i·cose [vǽrikòus] adj. 1 비정상으로 부푼. 2 정맥류에 걸린. ¶ *varicose* veins 정맥류성(性)의; 정맥류 치료용의.

~**ness** n.
var·i·co·sis [vǽrikóusis] n. ①〖병리〗 1 정맥 노장(怒張), 정맥류증. 2 정맥류 종창(靜脈瘤樣腫脹).
var·i·cos·i·ty [vǽrikásiti / -kɔ́s-] n. ①〖병리〗 1 정맥류증. 2 정맥류(varix).
***var·ied** [vɛ́(:)rid / vɛ́ər-] adj. 1 변화가 있는, 가지각색의, 다종 다양한. ¶ *varied* scenes of life 인생의 갖가지 장면. 2 변화한, 변경을 가한. 3 잡색의 (variegated); 얼룩덜룩한. ~**ly** adv. ~**ness** n.
var·i·e·gate [vɛ́(:)ri(ə)gèit / vɛ́əri-] vt. -**gat·ed**, -**gat·ing**) 1 …의 외관을 다채롭게 하다, …을 잡색으로 하다, 얼룩덜룩하게 하다. 2 〖비유적〗…에 변화를 주다.
var·i·e·gat·ed [vɛ́(:)ri(ə)gèitid / vɛ́əri-] adj. 1 가지각색의, 잡색의, 각각 다른 색으로 염색된. 2 변화가 있는, 다양성이 있는.
var·i·e·ga·tion [vɛ̀(:)ri(ə)géi(ə)n / vɛ̀əri-] n. ① 잡색임, 얼룩덜룩함, 다양성이 많음, 점박이, 각각 다른 색으로 염색함.
va·ri·e·tal [vəráiətl] adj. 변종의, 변종에 속하는.
~**ly** [-təli] adv.
***va·ri·e·ty** [vəráiəti] n. (pl. -**ties**) 1 ①다종, 다양(성), 부동(不同), 변화(가 많음). ¶ the *variety* of his attainments 그의 학식의 다양성 / a life full of *variety* 변화가 많은 생활 / give *variety* to …에 변화를 가져오다 / Let's do something else for the sake of *variety*. 변화를 주기 위해 뭔가 다른 일을 하자. 2 ① 상이(difference), 어긋남, 불일치. ¶ There is much *variety* found between them. 그들 사이에는 많은 차이가 있다. 3 ① ⓒ 가지각색의 것, 여러 가지를 주워 모은 것. ¶ flowers in great *variety* 다종 다양한 꽃 / for a *variety* of reasons 여러 가지 이유로. 4 종류(kind, sort). ¶ a *variety* of plum 자두의 일종. 5 〖생물〗변종. ⇒ CLASSIFICATION. ¶ a climatic *variety* 풍토적 변종 / produce new *varieties* 신품종을 만들다. 6 [같은 종류의 우표중 잘못 인쇄된] 진종(珍種). 7 〖연극〗=variety show.
◇ **várious** adj., **váry** v.
varíety entertáinment n. =variety show.
varíety méat n. ① 내포 [허·간 따위].
varíety shów n. [노래·곡예·춤 따위의] 대중 연예, 버라이어티 쇼 (《美》 vaudeville).
varíety stóre(shóp) n. 잡화점.
varíety théatre n. (美) 대중 연예장, 연예관.
var·i·form [vɛ́(:)rifɔ̀ːrm / vɛ́ər-] adj. 갖가지 모양의. [pox].
var·i·o·la [vəráiələ] n. ① 〖병리〗천연두, 마마(small-
var·i·o·lar [vəráiələr] adj. =variolous.
var·i·o·la·tion [vɛ̀(:)riəléi(ə)n / vɛ̀ər-] n. ① 천연두 바이러스의 접종, 종두(種痘).
var·i·o·lite [vɛ́(:)riəlàit / vɛ́ər-] n. 〖광물〗 구과(球顆) 현무암, 곰보돌.
var·i·o·loid [vɛ́(:)riəlɔ̀id / vɛ́ər-] adj. 천연두(마마) 비슷한, 가두(假痘)의. ── n. 가두, 경증성(輕症性) 천연두.
var·i·o·lous [vəráiələs] adj. 1 천연두(마마)의(에 걸린). 2 마마 자국의(이 있는).
var·i·om·e·ter [vɛ̀(:)riámitər / vɛ̀əriɔ́m-] n. 1 〖전기〗바리오미터, 자력 편차계(磁力偏差計). 2 〖항공용〗의 기압 측정기.
var·i·o·rum [vɛ̀(:)riɔ́ːrəm / vɛ̀əriɔ́ː-] adj. 여러 대가의 주(註) (원전의 이문(異文))를 붙인, 집주(集註)의. ── n. 집주판(본).
***var·i·ous** [vɛ́(:)riəs / vɛ́ər-] adj. 1 각종의, 개개의, 별개의, 서로 다른. ¶ *various* motives 제각기 다른 동기 / various reading of an old book 고전(古典)의 서로 다른 해석. 2 〖시각적으로〗여러 가지의, 다종의, 잡다한; (《구어》) 몇 개의, 많은, 다수의. ⇒ DIFFERENT 類語 ¶ for *various* reasons 여러 가지 이유로. 3 많이 다른; 다방면의. ¶ in *various* parts of the world 세계 각지에

varistor 2359 **vatful**

서 / a woman of *various* talents 많은 재능을 가진 여성. **4** 다른 색의, 잡색의(varicolored). **5** 《고어》 변화하기 쉬운(changeable). ─ *pron.* 《복수 취급》《미속어》 몇 개의[다른] 것; 몇 사람(several). ¶ She questioned *various* of them. 그녀는 그들을 몇 사람에게 물었다.
~**ly** *adv.* ~**ness** *n.* ◇ var**i**ety *n.*, vár**y** *v.*

va·ris·tor [vərístər, væ-] *n.* 〔전자 공학〕 바리스터 〔반도체 저항 소자(素子)〕.

var·ix [vέ(:)riks / véər-] *n.* (*pl.* **var·i·ces**) **1** 〔병리〕 정맥류(靜脈瘤) (varicosity). **2** 〔동물〕 〔권패(卷貝)의〕 나선층(層).

var·let [váːrlit] *n.* 《고어》 **1** 종복(從僕), 하인. **2** 〔기사(knight)에게 시중드는〕 시동(侍童). **3** 악한(rascal); 망나니.

var·let·ry [váːrlitri] *n.* ⓤⓒ (*pl.* **-ries**) 《고어》 **1** 〔집합적〕 종복(하인)들. **2** 오합지졸(rabble), 군중, 하층민.

var·mint [váːrmint], (**var·ment**) **1** 〔방언〕 해충, 유해 동물(vermin). **2** 말썽꾸러기; 깡패, 불량배. **3** (the ~) 〔英속어〕 〔사냥〕 여우.

var·na [váːrnə] *n.* 바르나〔힌두교 카스트의 하나〕.
[<Skt *varna* color]

*****var·nish** [váːrniʃ] *n.* ⓤ 〔종류는 ⓒ〕 **1** 와니스, 니스. ¶ oil *varnish* 유성(油性) 와니스 / spirit *varnish* 주정(酒精) 〔알코올〕 와니스. **2** (=**natural várnish**) 〔도장용(塗裝用)의〕 천연 수액(樹液). **3** 〔와니스 비슷한〕 도료. **4** 와니스칠; 와니스의 표면; 광택면(gloss). **5** (a~) 〔비유적〕 겉치레, 겉꾸미기, 허식. ¶ put a *varnish* on …의 겉치레를 하다 / under the *varnish* of …으로 교묘하게 가려져서, 한 꺼풀 벗기면. ─ *vt.* **1** …에 와니스(니스)를 칠하다. ¶ (~+몡/+몡+젼+몡) *varnish* a table 책상에 골고루 와니스를 칠하다. **2** …에 윤을 내다. **3** 《비유적》 …의 겉만 발라 꾸미다, …을 겉치레하다. 〔장이〕.

var·nish·er [váːrniʃər] *n.* 와니스를 칠하는 사람, 칠

vár·nish·ing dày [váːrniʃiŋ-] *n.* 〔회화 전람회 개최일의 전날〕〔작품에 마지막 손질을 하는 날〕. **2** 회화 전람회 개최일.

várnish trèe *n.* 〔와니스용 수액을 채취하는〕 옻나무.

va·room [vərúːm] *n., vi.* =vroom.

vars·al [váːrs(ə)l] *adj.* 《英구어》〔드물게〕=universal.

var·si·ty [váːrsəti] *n.* (*pl.* **-ties**) **1** 대학이나 기타 학교의 대표 팀. **2** 《주로 英구어》=university.

Var·u·na [váːrunə, váːr-] *n.* 〔힌두교〕 바루나〔우주의 창조자이며 도덕·법의 최고신〕.

var·us [vέ(:)rəs / vέər-] *n.* ⓤ 〔병리〕 내반족(內反足). *cf.* valgus

‡**var·y** [vέ(:)ri / vέəri] *v.* (**var·ied, var·y·ing**) *vt.* **1** 〔모양·성격·실질(實質) 따위〕을 바꾸다, 변경하다, 고치다, 수정하다. ⇒ CHANGE 〔類語〕 ¶ *vary* one's mood (one's methods) 기분(방법)을 바꾸다. **2** …을 다르게 하다, 다양하게 하다, …에 변화를 주다. ¶ *vary* one's diet 늘 먹는 음식에 변화를 주다. **3** 〔음악〕 …을 변곡하다, 변주하다. ─ *vi.* **1** 〔많은 것이 서로〕 다르다, 가지각색이다. ¶ (~+젼+몡) *vary in* price 값이 다르다 / Our opinions *vary* on this point. 이 점에 대해서 우리의 의견은 다르다. **2** 바뀌다, 변하다, 변동하다; 잇달아 변해 가다. ¶ The temperature *varies* hour by hour. 기온은 시시각각 변한다 / (~+젼+몡) The prices of vegetables *vary* with the seasons. 채소값은 계절에 따라 변동한다. **3** 벗어나다, 일탈(逸脫)하다 (from…). ¶ (~+젼+몡) *vary from* a rule 규칙에서 벗어나다. **4** 〔수학〕 변화하다, 변하다. ¶ A *varies* directly (inversely) as B. A는 B에 비례(반비례)해서 변한다. **5** 〔생물〕 변이(變異)하다.
◇ vár**i**able, vár**i**ant, vár**i**ous *adj.*, variation, vár**i**ety *n.*

var·y·ing·ly [vέ(:)riiŋli / vέər-] *adv.* 가지각색으로 변하면서, 여러 가지로.

vas [væs] *n.* (*pl.* **va·sa** [véisə]) 〔해부·동·식물〕 관(管), 맥관(脈管), 도관(導管).

vas- ⇨ VASO-. 〔도관의〕.

va·sal [véis(ə)l] *adj.* 〔해부·동·식물〕 관의, 맥관의,

VASCAR, Vascar [væskɑːr] *n.* 《상표명》 바스카〔자동차의 속도 위반 단속용 컴퓨터 계측(計測) 장치〕. [< *V*isual *A*verage *S*peed *C*omputer *A*nd *R*ecorder]

vas·cu·lar [væskjulər] *adj.* 〔해부·동물〕 맥관(혈관)의 (있는); 〔식물〕 유관속(維管束)의. **2** 〔비유적〕 혈기 왕성한. ~**ly** *adv.*

váscular búndle *n.* 〔식물〕 유관속(維管束), 관다발. *cf.* bundle

vas·cu·lar·i·ty [væskjulǽriti] *n.* ⓤ 도관(혈관)으로 이루어진, 도관(혈관)이 많음(많은 상태).

váscular plánt *n.* 유관속 식물.

váscular sýstem *n.* 〔식물〕 유관속계(系); 임파관계(管系).

váscular tíssue *n.* ⓤⓒ 〔식물〕 유관속 조직.

vas·cu·lum [væskjuləm] *n.* (*pl.* **-la** or **-lums**) **1** 식물 채집통. **2** 〔해부〕 소맥관(小脈管).

vas deferens [dǽfərènz] *n.* (*pl.* **va·sa de·fe·ren·ti·a** [véisə dèfərénʃiə]) 〔해부·동물〕 수정관(輸精管), 정관. [<L]

‡**vase** [veis, veiz / vɑːz] *n.* **1** 〔주로 장식용의〕 병, 항아리, 단지; 꽃병. **2** 〔건축〕〔문기둥 따위의〕 병 모양의 장식.

vas·ec·to·mize [væséktəmàiz] *vt.* (**-mized, -miz·ing**) …의 정관 절제를 하다.

vas·ec·to·my [væséktəmi] *n.* ⓤⓒ (*pl.* **-mies**) 〔외과〕 정관 절제(술).

vas·e·line [væsilìːn, ˌ-ˈ-] *n.* ⓤ 와셀린〔석유에서 얻는 무색 또는 백색의 유지(油脂)〕 (petrolatum); (V-) 그 상표.

vaso- vessel 이라는 뜻의 연결형(* 모음 앞에서는 vas-를 쓴다). 예: *vaso*motion(혈관 운동), *vaso*tomy.

vas·o·mo·tor [væso(u)móutər / véizo(u)-, -so(u)-] *adj.* 〔생리〕 혈관 운동(신경)의.

*****vas·sal** [væs(ə)l] *n.* **1** 〔봉건 제도에서〕 봉신(封臣), 신하, 가신(家臣). ¶ a great (a rear) *vassal* 직신(直臣) (배신(陪臣)). **2** 종속자, 부하. **3** 하인(servant).

vas·sal·age [væsəlidʒ] *n.* ⓤ **1** 봉신임, 봉신의 신분. **2** 〔신하의〕 충성(의 맹세). **3** 봉토(封土), 영지. **4** 예속, 굴종.
in vassalage to …의 신하가 되어; …에 지배되어.

‡**vast** [væst / vɑːst] *adj.* **1** 광대한; 거대한. ⇨ HUGE 〔類語〕 ¶ the *vast* empire 광대한 제국 / a *vast* expanse of waters 광대한 대양(大洋) / a *vast* building 거대한 건물. **2** 〔수·양 따위가〕 막대한, 거액의. ¶ a *vast* number of passengers 엄청난 승객 / a *vast* amount of oil 대량의 석유 / *vast* mineral resources 막대한 양의 광물 자원. **3** 《구어》 대단한, 엄청난, 강도(强度)의. ¶ in *vast* haste 매우 급하게 / of *vast* importance 매우 중대한 / of *vast* skill 숙달한. **4** 《고어·詩》 광대한 넓이.
~**ness** *n.* ◇ vásty *adj.*

vas·ti·tude [væstit(j)ùːd / váːstitjùːd] *n.* **1** ⓤ 광대, 방대. **2** 광막한 넓이 (vast expanse).

*****vast·ly** [væstli / vɑːst-] *adv.* 광대하게, 막대하게.

vast·y [vǽsti / váːsti] *adj.* (**vast·i·er, vast·i·est**) 《고어》 광대한 (vast, immense).

vat [væt] *n.* 큰 통〔양조·제피용(製皮用)〕; 〔액체를 담는〕 통. ─ *vt.* (**vat·ted, vat·ting**) …을 큰 통에 넣다, 큰 통에 넣어 처리하다 (숙성(熟成)시키다).

VAT (略) *v*alue-*a*dded *t*ax.

Vat. (略) Vatican.

vát dýe *n.* ⓤⓒ 건염(建染) 염료〔햇빛이나 물에 강하다〕.

vat·ful [vǽtfùl] *n.* 큰 통 가득.

vat·ic [vǽtik] *adj.* 예언의, 예언적인 (prophetic).

*Vat·i·can [vǽtikən] *n.* (the ~) **1** 바티칸 궁전[로마 교황의 궁전], 교황청. **2** 교황 정치, 교황권.

Vátican Cíty *n.* (the ~) 바티칸 시국(市國)[로마 시 내에 있는 교황 지배하의 세계 최소 독립국; 1929년 설립].

Vátican Cóuncil *n.* **1** (the First ~) 제1바티칸 종교 회의(公會議) [1869-70]. **2** (the Second ~) 제2 바티칸 종교 회의[1963-65]. 의.

Vat·i·can·ism [vǽtikənɪz(ə)m] *n.* ⓤ 교황 절대권주

Vat·i·can·ist [vǽtikənist] *n.* 교황 절대주의자.

va·tic·i·nate [vətísinèit/væ-] *vt., vi.* (**-nat·ed, -nat·ing**) 예언하다 (prophesy).

vat·i·ci·na·tion [væ̀tisinéi(ʃ)(ə)n] *n.* ⓤⓒ 예언하기; 예언. *cf.* prophecy

va·tic·i·na·tor [vətísinèitər/vætís-] *n.* 예언자. *cf.* prophet

*vaude·ville [vóːd(ə)vil, vóud-/vóudə-] *n.* **1** ⓤ (주로 美) 대중 연예, 보드빌. **2** 가벼운 희가극. **3** [프랑스의] 풍자적 속요(俗謠). [<F *chanson du vau de Vire*[song of] the Valley of the Vire [in Normandy]: 이 고장에서 1400년경 만들어진 경쾌하고 쾌활한 노래]

*vaude·vil·lian [vòːd(ə)víljən, vòud-/vòudə-] *n.* 대중 연예인, 경(輕)연극 배우. — *adj.* 대중 연예의, 보드빌의.

Vau·dois [voudwáː/ ́- ́] *n. pl.* (단수 취급) =Waldenses.

‡**vault**¹ [vɔːlt] *n.* **1** [아치형의] 둥근 천장, ¶ a barrel (an intersecting, a domed) *vault* 통형(筒形)(교차, 돔)형 둥근 지붕. **2** [천장이 둥근] 방(큰 방, 장소). **3** 지하실, 저장소, 지하 납골실, 금고실(金庫室); 동굴. ¶ a wine *vault* 포도주 저장실 / a family *vault* 한 집안의 지하 납골실 / a bank *vault* 은행의 금고실. **4** 둥근 천장 비슷한 것; (the ~)[푸른] 하늘. **5** [해부] 두개(頭蓋), 원개(圓蓋); 구개(口蓋). — *vt.* **1** …에 둥근 천장을 달다. **2** …을 둥근 지붕으로 만들다. — *vi.* 둥근 지붕 같은 곡선을 그리다.

vault² [vɔːlt] *vi.* (막대기·손을 짚고) 뛰다, 도약하다; 비약하다(*from, on, over…*). ⇨ JUMP ¶ *vault from* a horse 말에서 뛰어내리다 / *vault over* a bar with a pole 장대를 써서 가로장을 뛰어넘다. — *vt.* …을 뛰어넘다 (leap over). — *n.* 도약, 뛰어넘기. ¶ a pole *vault* 장대높이 뛰기.

vault·ed [vɔ́ːltid] *adj.* 아치형의, 둥근 천장의.

vault·er [vɔ́ːltər] *n.* 도약자, 뛰어넘는 사람.

vault·ing¹ [vɔ́ːltiŋ] *n.* ⓤ **1** 둥근 천장 만들기. **2** 천장이 둥근 건물. **3** (集合的) 둥근 천장[건조물].

vault·ing² [vɔ́ltiŋ] *n.* ⓤ 도약, 뛰어넘기. — *adj.* 도약하는, 뛰어넘는; 도약용의. ¶ a *vaulting* pole 장대 높이뛰기의 장대 / a *vaulting* box 뜀틀. **2** 과대(誇大)한, 과장한; 뽐내는. ¶ *vaulting* ambition 설레는 야심 [← Shakespeare 작 *Macbeth* I, vii. 27].

váulting hòrse *n.* [체조 경기용의] 뜀틀.

váult líght *n.* 보도(步道)의 지하 채광창[두꺼운 유리 블록으로 만든다] (pavement light).

vault·y [vɔ́ːlti] *adj.* 아치형의, 둥근 천장 모양의.

vaunt [vɔːnt] *vt.* **1** …을 자랑하다, 큰소리치다. ⇨ BOAST 類語 ¶ *vaunt* one's skill 기량을 자랑하다 / Charity does not *vaunt* itself. 자선은 남몰래 행하여진다. **2** …을 과시하다. ¶ *vaunt* one's treasures 가보를 자랑스레 보이다. — *vi.* 자랑스러운 듯이 말하다, 자랑삼아 보이다(brag) (*of…*). **3** [남의 실패를] 크게 기뻐하다(*over…*). — *n.* ⓤⓒ 자만, 호언 장담.

◆ váunty *adj.*

vaunt-cour·i·er [vɔ́ːntkùriər, +美 vái·nt-] *n.* (고어) 선구자, 미리 알리는 사람.

vaunt·er [vɔ́ːntər] *n.* 자랑하는 사람, 허풍선이.

vaunt·ing [vɔ́ːntiŋ] *adj.* 자랑하는. **~·ly** *adv.*

vaunt·y [vɔ́ːnti] *adj.* 《스코》 자랑하는 (proud).

v. aux. (略) *auxiliary* verb(조동사).

vav·a·sor [vǽvəsòːr/-sɔ̀ː], (英) **-sour** [-sùər] *n.* [봉건 제도에서] 배신(陪臣) [군주 직속 가신(家臣)의 신하].

vav·a·so·ry [vǽvəsòːri/-səri] *n.* (*pl.* **-ries**) 배신(臣)의 영지(領地).

vb. (略) *verb, verbal*.

vbl. (略) *verbal*.

V-bomb [víːbàm/-bɔ̀m] *n.* 로켓 폭탄[V-1, V-2 따위].

V.C. (略) *V*eterinary *C*orps; *V*ice-*C*hairman; *V*ice-*C*hancellor; *V*ice-*C*onsul; *V*ictoria *C*ross; *V*iet *C*ong; *V*oluntary *C*orps.

VCP (略) *v*ideo *c*assette *p*layer. *cf.* VCR, VTR

VCR (略) *v*ideo *c*assette *r*ecorder. — *vt.* (속어) [TV 프로 따위를] 비디오에 담다, 녹화하다.

V.D., VD (略) *v*enereal *d*isease; *v*ideo *d*isk(비디오 디스크[TV의 화상(畫像)과 음성을 디스크에 수록한 것]).

V-Day [víːdèi] *n.* [제2차 세계 대전] 전승 기념일[미국 Truman 대통령이 선언한 것으로, 1946년 12월 31일].

V.D.H. (略) *v*alvular *d*isease of the *h*eart(심장 판막증).

VDP (略) *v*ideo *d*isk *p*layer.

VDR (略) *v*ideo *d*isc(*d*isk) *r*ecorder.

VDT, V.D.T. (略) *v*isual (*v*ideo) *d*isplay *t*erminal (端末) (장치).

VDU (略) [컴퓨터] *v*isual *d*isplay *u*nit (브라운관 디스플레이 장치). [*E*urope.

VE (略) *V*ictory in *E*urope; *V*ictory (*D*ay) *in*

VE (略) *v*alue *e*ngineering(가치 공학); *V*ictory in

've [-v] *have*의 단축형. 예: I've done it.

*veal [viːl] *n.* ⓤ (식용의) 송아지 고기.

veal·er [víːlər] *n.* (식용용의) 송아지.

veal·y [víːli] *adj.* (**veal·i·er, veal·i·est**) **1** 송아지 [고기]의 같은. **2** 미숙한 (immature).

vec·tion [vékʃ(ə)n] *n.* ⓤ [의학] 병원체 전염.

vec·tor [véktər] *n.* **1** [수학] 벡터, 방향량(크기와 방향을 가진 양). *cf.* scalar **2** [생물] 병원균(병원菌) 매개동물(곤충). **3** [천문] 동경(動徑) (항공)진로, 궤도.

vec·to·ri·al [vektɔ́ːriəl/-tɔ́ː-] *adj.* **1** 벡터의, **2** 보균 생물의. **3** 동경(動徑)의. **4** 진로의.

Ve·da [véidə, +英 víːdə] *n.* (the ~s) 베다[바라문교의 성전(聖典), Rig-Veda, Yajur-Veda, Sama-Veda, Atharva-Veda의 네 교전(教典)으로 이루어진다].

Ve·da·ic [vidéiik] *adj.* =Vedic.

Ve·dan·ta [vedǽntə, -dáː-] *n.* ⓤ 베단타 철학[인도 철학의 한 파로 관념론적 일원론].

Ve·dan·tic [vedǽntik, -dáː-] *adj.* 베단타 철학의.

V·É(V-É) Dày *n.* [제2차 세계 대전의] 유럽에서의 전승 기념일[1945년 5월 8일].

[< *V*ictory in *E*urope *D*ay]

ve·dette [vidét] *n.* **1** 초계정(哨戒艇). **2** 전초 기병 (前哨騎兵).

Ve·dic [véidik, +英 víː-] *adj.* 베다(Veda)의. —
(= **Védic Sánskrit**) ⓤ 베다어, 베다 범어(梵語).

ved·u·tis·ta [vèdəːtíːstə] *n.* (*pl.* **-ti** [-tiː]) 도시 풍경화가. [<It]

vee [viː] *n.* **1** V(v)자; V 자형의 것. **2** (美구어) 5달러 지폐.

veep [viːp] *n.* (美속어) =vice-president; (V-) 미국 부통령.

veer¹ [viər] *vi.* **1** (진로·위치 따위의) 방향이 바뀌다. ¶ The weathercock *veered* swiftly. 풍향계가 뺑글뺑글 돌며 방향을 바꾸었다. **2 a)** [바람이] 우선회로 바뀌다, 순전(順轉)하다. *opp.* back¹ ¶ (←圖)The wind *veered* round to the west. 바람이 서쪽으로 바뀌었다. **b)** [항해] 진로를 바꾸다, 바람 불어가는 쪽으로 바꾸다. **3** 의견(감정)이 바뀌다. — *vt.* …의 방향(진로)을 바꾸다, …을 바람 불어가는

veer and haul 풍향이 번갈아 바뀌다.
— *n.* 방향 전환; 전향.

veer² [viər] *vt.* 〖항해〗〖밧줄·쇠사슬 따위〗를 풀어주다(slacken, let out). ¶ *veer away* (or *out*) *a cable* 밧줄을 풀다.

veer and haul …을 늦추었다가 당겼다 하다.

veer·ing·ly [víːriŋli / víər-] *adv.* 방향 전환을 하여. [방침·의견 따위가] 잘 변하여. 「지페귀의 일종.

veer·y [víːri / víəri] *n.* (*pl.* **veer·ies**) 〖미국산(産)〗

veg [vedʒ] *n.* (*pl.* **veg**) 《英구어》 야채(요리).
[< VEG-[ETABLE]] 「(座)의 1등성〗

Ve·ga [víːgə, véigə] [天文] 직녀성, 베가〖거문고좌

veg·an [védʒən] *n., adj.* 극단 채식주의자〖의〗.
[< VEG[ETARI]AN] 「의.

veg·an·ism [védʒənìz(ə)m] *n.* Ⓤ 극단적인 채식주의.

veg·e·burg·er [védʒəbə́ːrgər] *n.* 야채 버거.
[< VEGE[TABLE]+[HAM]BURGER]

‡**veg·e·ta·ble** [védʒ(i)təbl] *n.* **1** 채소, 야채, 푸성귀.
¶ *green vegetables* 푸성귀, 싱싱한 야채 요리 / *forced vegetables* 촉성 재배 야채 / *grow vegetables* 채소를 재배하다. **2** 식물(plant).
become a mere vegetable 단조로운 생활을 하다.
— *adj.* **1** 야채의, 푸성귀의. ¶ *a vegetable market* 야채 시장 / *a vegetable diet* 채식 / *vegetable soup* 야채 수프. **2** 식물[성]의, 식물에 관한. ¶ *vegetable fibers* 식물성 섬유 / *vegetable oil* 식물성유(油). **3** 식물과 같은; 단조로운, 시시한.

végetable bútter *n.* Ⓤ 식물성 버터.

végetable gárden *n.* 〖가정용〗 채마밭, 채원.

végetable ívory *n.* Ⓤ 식물 상아〖남미산(産) 상아야자의 배유(胚乳)로, 대용 상아로서 단추 따위를 만든다〗. 「[dom.

végetable kíngdom *n.* (the ~) =plant king-

végetable márrow *n.* 서양 호박의 일종.

végetable óil *n.* 식물성 기름.

végetable óyster *n.* 선모(仙茅).

végetable sílk *n.* Ⓤ 식물 명주〖판야과(科) 나무의 씨에 생기는 섬유〗.

végetable spónge *n.* Ⓤ Ⓒ 수세미〖sponge gourd〗.

végetable tállow *n.* Ⓤ 식물성(性) 지방〖脂肪〗〖오구목 따위의 수지〖樹脂〗. 「양초·비누의 원료〗.

végetable wáx *n.* Ⓤ 목랍〖木蠟〗〖옻나무·거낭목 나무 따위에서 채취한다〗.

veg·e·ta·blize [védʒ(i)təblàiz] *v.* (-**blized**, -**bliz·ing**) *vt.* 식물화(化)시키다. *vi.* 무위도식하다.

veg·e·tal [védʒitl] *adj.* **1** 식물[성]의. **2** 생장에 관한(vegetative), 생물 작용의.

veg·e·tar·i·an [vèdʒité(ː)riən / -téər-] *n.* 채식[주의]자. — *adj.* **1** 채식의, 채식주의[자]의. **2** 야채만의. ¶ *a vegetarian diet* 채식.

veg·e·tar·i·an·ism [vèdʒité(ː)riənìz(ə)m / -téər-] *n.* Ⓤ 채식주의, 채식 생활.

veg·e·tate [védʒitèit] *vi.* (-**tat·ed, -tat·ing**) **1** 〖식물처럼〗 자라다. **2** 무기력하여〖하는 일 없이〗지내다. **3** 〖병리〗〖사마귀·혹 따위가〗 늘다, 증식하다.

vegetation n., végetal adj.

******veg·e·ta·tion** [vèdʒitéi(ə)n] *n.* Ⓤ **1** 〖집합적〗 〖한 지방의〗 식물 식생〖植生〗. ¶ *tropical vegetation* 열대 식물 / *There is little vegetation in deserts.* 사막에는 식물이 적다. **2** 식물의 생장, 발육; 식물성 기능. ¶ *Vegetation almost ceases in autumn.* 가을이 되면 식물의 생장은 거의 정지된다. **3** 아무것도 하지 않고 빈둥빈둥 지내기, 무위도식. **4** 〖병리〗 병적 증식; Ⓒ 병적 증식 조직〖혹·사마귀 따위〗.

◇ **végetate** *v.,* **végetatíonal, végetative** *adj.*

veg·e·ta·tion·al [vèdʒitéiʃ(ə)nl] *adj.* **1** 식물의. **2** 식물 생장의. **3** 빈둥빈둥 지내는. **4** 병적 증식〖조직〗의.

veg·e·ta·tive [védʒitèitiv / -tətiv] *adj.* **1** 〖식물의〗 생장하는, 생장력이 있는. **2** 생장력(기능)에 관한; 식물[계, 성]의. **3** 〖생식상〗 무성(無性)의; 생식에 관계없는. ¶ *vegetative functions* 비생식적 기능. **4** 의욕이 없는; 아무것도 하지 않고 지내는, 무위 도식하는. **5** 식물을 생장시키는, 땅이 비옥한. ¶ *vegetative mold* 옥토. **~·ly** *adv.* **~·ness** *n.*

veg·gie [védʒi] *n.* 〖구어〗 =vegetarian; vegetable.

******ve·he·mence** [víːimən] *n.* Ⓤ **1** 열심, 열정, 열의. **2** 격렬함, 맹렬함. ◇ *véhement adj.*

ve·he·men·cy [víːimənsi] *n.* 〖고어〗 =vehemence.

******ve·he·ment** [víːimənt] *adj.* **1** 열정적인, 열렬한, 열광적인. ¶ *a vehement preacher* 열렬한 설교자. **2** 맹렬한, 격렬한. ¶ *vehement opposition* (antipathy) 맹렬한 반대(반감) / *vehement reaction* 격렬한 반응.
~·ly *adv.*

******ve·hi·cle** [víːikl, +美 víːhiː-] *n.* **1** 수송〖운반〗 수단, 운반구, 탈것, 차. **2** 전달 수단, 매개물, 매체. ¶ *Music can be a vehicle for ideas.* 음악은 사상의 전달 수단이 될 수 있다. **3** 〖미술〗 전색제(展色劑), 용색〖그림 물감을 풀기 위한 기름·물 따위〗; 〖약〗 부형약(賦形藥)〖약에 첨가하는 약물 작용이 거의 없는 물질〗. **4** 우주 비클〖로켓·우주선 따위〗. ¶ *a space vehicle* 우주선.

ve·hic·u·lar [vi(ː)híkjulər] *adj.* **1** 운반구의, 탈것에 〖관한〗; 탈것으로 사용되는. **2** 매개물의; 매개〖수단〗으로 사용되는.

vehícular lánguage *n.* 매개어, 공통어〖언어가 다른 종족간에 사용되는 제3의 공통어: 인도에서의 영어 따위〗.

V-8 éngine [víːéit-] *n.* V형 8기통 엔진.

******veil** [veil] *n.* **1** 베일, 〖여자의〗 면사포. ¶ *drop a veil* 베일을 내리다. **2** 〖수녀의〗 베일; 수녀의 생활〖서원(誓願)〗. ¶ *take the veil* 수녀가 되다. **3** 덮어 가리는 것; 장막, 휘장, 면사포 모양의 시계〖視界〗를 가리는 연기 / *draw* (or *cast, throw*) *a* (or *the*) *veil over* …을 덮어 숨기다. **4** 가장, 구실. ¶ *under the veil of support* 지원이라는 구실 아래. **5** 〖동물〗 연막(緣膜); 〖식물〗 균막(菌膜); 〖해부〗 막(velum); 〖방언〗 대망막 (大網膜).

beyond (or *behind, within*) *the veil* 저승에.

pass the veil 저승으로 가다, 죽다.

— *vt.* **1** …에 베일을 씌우다〖치다〗. **2** …을 덮다, 덮어 감추다; 속이다, 가장하다. ¶ *veil one's intentions* 의도를 가슴속에 숨기다 / *The mist veiled the hills.* 안개가 산들을 가렸다.

veiled [veild] *adj.* **1** 베일을 쓴〖친〗. **2** 숨겨진, 가장한; 〖음·소리가〗 분명치 않은. ¶ *a veiled* (meaning) 숨겨진 사실(의미) / *a veiled voice* 분명치 않은 목소리. 「천.

veil·ing [véiliŋ] *n.* Ⓤ **1** 베일로 감추기. **2** 베일용

veil·less [véillis] *adj.* 베일을 쓰지 않은(exposed).

‡**vein** [vein] *n.* **1** 정맥(cf. artery); 〖통속적으로〗 혈관. **2** 〖곤충의〗 시맥(翅脈); 〖식물의〗 엽맥(葉脈); 나뭇결, 줄, 갈라진 틈; 돌결, 절리(節理). **3** 광맥, 암맥 〖岩脈〗 (lode). ¶ *veins of quartz* 석영 암맥. **4** 지하 수맥; 기질, 특질, 성질; 〖일시적인〗 기분, 마음. ⇒ MOOD 類語. ¶ *a man of romantic vein* 성질이 낭만적인 사람 / *in a humorous vein* 농담조로 / *He has an imaginative vein.* 그는 상상력이 풍부하다.

in the vein for …하고 싶은 기분이 들어.

— *vt.* **1** …에 맥과 같은 줄을 넣다. **2** 〖…의 위를〗 맥처럼 뻗다, …을 맥처럼 관통하다.

◇ **véiny, véinous, vénous, vénose** *adj.*

veined [veind] *adj.* **줄이 있는**; 맥(나뭇결, 절리(節理))이 있는, 엽맥(葉脈)이 있는.

vein·ing [véiniŋ] *n.* Ⓤ 맥을 넣기, 《집합적》 맥, 줄.

vein·less [véinlis] *adj.* 맥〖줄, 나뭇결〗이 없는.

vein·let [véinlit] *n.* 소정맥, 소맥, 지엽맥(支葉脈), 소

vein·like [véinlàik] *adj.* 맥 (줄, 나뭇결, 엽맥)과 같은.
vein·ous [véinəs] *adj.* =veiny.
vein·ule [véinju:l] *n.* 소맥, 지맥(veinlet, venule).
vein·y [véini] *adj.* (**vein·i·er, vein·i·est**) 정맥(맥, 줄, 나뭇결)이 많은(있는).
ve·la [ví:lə] *n.* velum의 복수형.
ve·la·men [viléimin] *n.* (*pl.* **-lam·i·na** [-léminə]) 1 〔해부〕막, 피막(被膜)(velum). 2 〔식물〕근피(根被), 균피(菌被).
ve·lar [ví:lər] *adj.* 〔음성〕연구개(軟口蓋)〔음〕의. — *n.* 연구개〔자〕음 (velar consonant) [[k, g, ŋ] 따위].
ve·lar·ize [ví:ləràiz] *vt.* (**-ized, -iz·ing**) 〔음성〕…을 연구개음화하다.
Vel·cro [vélkrou] *n.* 《상품명》나일론제(製)의 접착천 〔작은 호크로 서로 부착한다〕.
veld, veldt [velt, felt] *n.* 〔남아프리카의〕초원.
vel·i·ta·tion [vèlitéiʃ(ə)n] *n.* 작은 전투; 소 논쟁.
vel·le·i·ty [vəlí:iti / ve-] *n.* ⓊⒸ (*pl.* **-ties**) 1 불완전 의욕(행동에 나타나지 않는 가장 약한 형태의 의욕). 2 〔달성하려고 노력하지 않는〕약한 욕망.
vel·li·cate [vélikèit] *vi., vt.* (**-cat·ed, -cat·ing**) 씰룩씰룩 움직이다(움직이게 하다), 경련을 일으키다(일으키게 하다) (twitch).
vel·li·ca·tion [vèlikéiʃ(ə)n] *n.* 〔특히 안면의〕경련.
vel·lum [véləm] *n.* Ⓤ 1 〔제본용〕송아지(양) 피지 (皮紙); Ⓒ 송아지 피지의 문서. 2 벨럼, 〔트레이스용의〕송아지 피지(上質紙), 모조 피지. — *adj.* 송아지 피지(벨럼)로 만든(비슷한, 로 장정한).
vel·lum·y [véləmi] *adj.* 송아지 피지와 비슷한.
ve·lo·ce [velóutʃi, vil-, val-] *adv.* 〔음악〕빨리, 급히. [<It]
ve·lo·cim·e·ter [vèləsímətər] *n.* 〔특히 부사물의〕속도계.
ve·loc·i·pede [viləsipi:d / -lɔs-] *n.* 1 〔양발로 땅을 차며 나아가는 옛날〕자전거. 2 〔어린이용〕세바퀴 자전거(tricycle). 3 〔철도용〕수동차(手動車)(handcar).
***ve·loc·i·ty** [vilásiti / -lɔ́s-] *n.* ⓊⒸ (*pl.* **-ties**) 1 빠르기, 속력, 빠름. 《 SPEED 類語 ¶ the *velocity* of a bullet 탄환의 속도 / A typhoon is approaching at a *velocity* of 20km per hour. 태풍이 시속 20킬로미터의 속도로 접근하고 있다. 2 〔물리〕속도. ¶ accelerated (initial) *velocity* 가(초)속도 / *velocity* function 속도 함수. 3 〔야구〕〔강속구(强速球)의〕구속(球速). 4 〔자금 따위의〕회전율.
ve·lo·drome [ví:lo(u)dròum] *n.* 사이클 경주장, 벨로드롬.
ve·lour, -lours [vəlúər] *n., Ⓒ* (*pl.* **-lours**) 벨루어[펠트를 보풀을 일게 한 모자천]; 벨루어 모자; 벨벳.
ve·lum [ví:ləm] *n.* (*pl.* **-la** [-lə]) 1 〔해부〕막(膜), 연구개(軟口蓋). 2 〔식물〕균막(菌膜); 〔동물〕해파리의 연막(緣膜).
ve·lure [vəlúər] *n.* Ⓤ 벨벳류(類); Ⓒ 〔실크모자용의〕벨벳 브러시. — *vt.* (**-lured, -lur·ing**) 〔모자를〕벨벳 브러시로 문지르다(손질하다).
ve·lu·ti·nous [vəlú:tinəs /-ljú:-] *adj.* 〔동·식물〕〔표면이〕벨벳처럼 부드러운(velvety).
vel·ve·ret [vélvərèt] *n.* Ⓤ 거칠고 질이 나쁜 벨벳.
‡**vel·vet** [vélvit] *n.* ⓊⒸ 1 벨벳, 빌로도, 우단. ¶ cotton *velvet* 면벨벳 / silk *velvet* 비단 벨벳. 2 벨벳 모양의 것. 3 녹용(鹿茸). 4 (…속어) 도박에서 딴 돈; 상금, 순이익. **be on velvet** (구어) 유리한(벌이가 좋은) 지위에 있다; 〔도박·투기·경기 따위에〕반드시 이득을 볼 수 있는 지위에 있다. ¶ We *are on velvet* financially. 우리는 경제적으로 풍족한 입장에 있다. **to the velvet** 〔상업〕대변(貸邊)에. — *adj.* 1 벨벳(제)의. 2 벨벳 같은, 매끄럽고 부드러운. **handle with velvet gloves** 〔단호한 의지를 감추고〕표면은 상냥하고 부드럽게 다루다. *an iron hand in a velvet glove* 외유 내강(外柔內剛). ◇ velvety *adj.*
vel·vet·een [vèlvití:n] *n.* 1 Ⓤ 면 벨벳. 2 (~s) 면 벨벳제의〔반〕바지. 3 (~s) 〔영〕〔면 벨벳제의 바지를 입은〕사냥터의 경비원(gamekeeper). — *adj.* 면 벨벳제의.
vel·vet·ing [vélvitiŋ] *n.* Ⓤ〔집합적〕벨벳 제품.
***vel·vet·y** [vélviti] *adj.* 1 벨벳 같은, 매끄럽고 부드러운 (smooth). 2 〔술 따위가〕맛이 부드러운, 순한 (mild). ¶ *velvety* wine 맛이 순한 포도주. **~·ly** *adv.*
Ven. (略) Venerable; Venice.
ve·na ca·va [ví:nə kéivə] *n.* (*pl.* **ve·nae ca·vae** [ví:ni: kéivi:]) 〔해부〕정맥. [<L hollow vein]
ve·nal [ví:n(ə)l] *adj.* 1 〔사람이〕돈으로 움직이는, 매수되기 쉬운, 타락한(corruptible). ¶ a *venal* official 매수되기 쉬운 공무원. 2 〔물건·행위·동기 따위가〕돈으로 움직이는, 돈에 좌우되는, 타산적인. ¶ a *venal* office 돈으로 산 지위 / a *venal* vote 매수된 표 / a *venal* circle 타산적인 집단. **~·ly** [-nəli] *adv.*
ve·nal·i·ty [vi:(ː)næləti] *n.* Ⓤ 돈에 좌우되기, 〔재능·주의 등을〕이득을 노리고 버리기; 〔금전상〕지조가 없음.
ve·nat·ic [vi:(ː)nætik] *adj.* 사냥의, 사냥을 좋아하는, 사냥으로 생활하는. ¶ *venatic* tribes 수렵 민족.
ve·na·tion [vi:(ː)néiʃ(ə)n] *n.* 1 엽맥(시맥(翅脈))의 분포 상태, 〔곤충〕맥상(脈相); 〔식물〕맥계(脈系). 2 〔집합적〕엽맥, 시맥.
vend [vend] *vt.* 1 …을 판매하다, 팔고 다니다. 2 〔의견 따위를〕발표하다, 공표하다. — *vi.* 팔다, 행상하다(peddle).
ven·dace [véndis, -deis] *n.* (*pl.* **-dace** or **-dac·es**) 〔스코틀랜드·잉글랜드산(產)의〕흰송어(whitefish).
vend·ee [vendí:] *n.* 〔법률〕매주(買主), 매수인. *cf.* vendor
vend·er [véndər] *n.* =vendor.
ven·det·ta [vendétə] *n.* 복수, 〔특히 Corsica 섬·이탈리아 각지에서 옛날에 행하여졌던〕근친(近親) 복수〔피살자의 혈연자가 살해자 또는 그 집안 사람을 죽이는 일〕.
vend·i·bil·i·ty [vèndəbíləti] *n.* Ⓤ 1 팔리기, 판매 가능, 매각성. 2 돈에 좌우되기(venality).
vend·i·ble [véndəbl] *adj.* 1 팔리는, 팔 수 있는 (salable). 2 〔폐어〕돈에 좌우되는(venal). — *n.* (보통 ~s) 팔리는 물건, 매물(賣物). **~·ness** *n.* **~·bly** *adv.*
vénd·ing machìne [véndiŋ-] *n.* 자동 판매기.
ven·di·tion [vendíʃ(ə)n] *n.* Ⓤ 판매 (sale), 행상.
ven·dor [véndər, -dɔ́:r] *n.* 1 노점 상인; 행상인. 2 〔법률〕매주(賣主), 매각자. *cf.* vendee 3 =vending machine.
ven·due [vendjúː / -djúː] *n.* 공매 (public auction).
ve·neer [viníər] *n.* ⓊⒸ 1 덧붙이는 판자, 화장판(化粧板) 〔한국에서 말하는 베니어판 (plywood) 위에 붙인다〕. 2 단판(單板) 〔베니어판의 각 층을 구성한다〕. 3 Ⓒ 겉치장, 허식(gloss). ¶ a *veneer* of culture 외면만의 교양. — *vt.* 1 …에 덧붙이는 판자를 붙이다, 화장판을 대다. ¶ *veneer* a wall *with* mahogany 벽에 마호가니 화장판을 붙이다. 2 〔단점〕을 겉으로 꾸미다, 겉치레를 하다.
ve·neer·ing [viní(ː)riŋ / -níər-] *n.* Ⓤ 1 덧붙이는 판자 만들기, 화장판 가공. 2 〔합판용〕단판재(材), 화장판. 3 화장판을 붙인 표면. Ⓒ 겉치장. ¶ a *veneering* of civilization 문명의 허식.
ven·e·nate [vénənèit] *vt., vi.* (**-nat·ed, -nat·ing**) 〔…에〕독을 넣다, 〔…을〕독살하다. — *adj.* 독을 넣은, 유독한.
ven·e·nous [vénənəs] *adj.* 독이 있는, 유독한, 유해한.
ven·er·a·bil·i·ty [vènərəbíləti] *n.* Ⓤ 존경할 만함, 거룩함, 존엄, 위엄, 기품(氣品).

ven·er·a·ble [vén(ə)rəbl] *adj.* **1** [연령·품성·지위 등으로 보아] 존경할 만한, 공경할 만한. ¶ a *venerable* gentleman(statesman) 위엄이 있는 신사(정치가). **2** [토지·건물 등이] 고풍(古風)을 띤, 고색창연한, 유서 깊은. ¶ a *venerable* shrine(cedar) 유서 깊은 신전(삼나무의 고목). **3** a) 〖영국 국교회〗 …사(師) [부감독의 경칭]. b) 〖가톨릭〗 가경자(可敬者)… [교회가 공인한 성인·복자(福者)에 붙이는 경칭]. **4** 〖비꼬아서〗 매우 오래된, 쇠퇴한; 옛날의.
~·ness *n*. ~·bly *adv.* ◇ vénerate *v*., venerabílity *n*.

ven·er·ate [vénərèit] *vt.* (-at·ed, -at·ing) …을 깊이 존경하다, 공경하다(revere), 경모하다.

ven·er·a·tion [vènəréiʃ(ə)n] *n.* Ⓤ 깊은 존경, 숭배. ⇒ RESPECT 〖類語〗 ¶ do (or show) *veneration* to …에게 존경을 표시하다.

ven·er·a·tor [vénərèitər] *n.* 존경(숭배)하는 사람.

ve·ne·re·al [viní(ː)riəl / -níər-] *adj.* **1** 성교(성욕)의; 성교로 일어나는. ¶ *venereal* diseases 성병. **2** 성병(에 걸린). ¶ a *venereal* patient 성병 환자. **3** 성병 치료의. **4** 성욕을 북돋우는.

ve·ne·re·ol·o·gy [vinì(ː)riálədʒi / -niəriól-] *n.* Ⓤ 성병학.

ven·er·y¹ [vénəri] *n.* 〖고어〗 성교(coitus); 색정(色情)에 빠지기, 호색.

ven·er·y² [vénəri] *n.* Ⓤ 〖고어〗 수렵, 사냥(hunting).

ven·e·sec·tion [vènisékʃ(ə)n] *n.* Ⓤ 〖외과〗 정맥 절개, 사혈(瀉血) (blood-letting, phlebotomy).

Ve·ne·ti·a [viní(ː)ʃ(i)ə] *n.* **1** 베네치아 [이탈리아의 북부 Po 강과 알프스 산과 아드리아해에 둘러싸인 고대 로마의 지방]. **2** =Venezia.

Ve·ne·tian [viníːʃ(ə)n] *adj.* 베니스의, 베니스에 관한, 베니스풍(式)의. — *n.* **1** 베니스 사람. **2** (v-) 〖구어〗 =Venetian blind. ◇ Vénice *n*.

Venétian blínd *n.* [판자가 벌어졌다 닫혔다 하는] 판자발.

Venétian blúe *n.* Ⓤ (때로 a~) 코발트 블루(cobalt blue).

Venétian cárpet *n.* 베니스 융단 [계단·낭하용].

Venétian chálk *n.* ⓊⒸ 〖양재 따위에서 쓰는〗 초크.

Venétian dóor *n.* [옆문이 2개 있는] 베니스식 문.

Venétian gláss *n.* ⓊⒸ 베니스산(産) 유리 그릇; 색무늬를 넣은 장식 유리.

Venétian láce *n.* Ⓤ 손으로 뜬 레이스의 일종.

Venétian mást *n.* 장식 기둥 [거리 장식용의 얼룩덜룩한 무늬].

Venétian péarl *n.* [유리로 만든] 모조 진주.

Venétian réd *n.* Ⓤ (때로 a~) 베니스적(赤) [안료의 일종]; 거무스름한 주황색.

Venétian shútter *n.* [3단으로 된] 베니스식 창문 [덧문].

Venétian wíndow *n.* [2개의 옆창이 있는] 베니스식 창.

Ve·ne·zia [venétsjɑː] **1** 이탈리아 동북부의 주. **2** Venice 의 이탈리아명.

Ven·e·zue·la [vènizwéilə / vène-]. *n.* 베네수엘라 [남미 북부의 공화국; 수도 Caracas].

Ven·e·zue·lan [vènizwéilən / vène-] *adj.* 베네수엘라의, 베네수엘라 사람의. — *n.* 베네수엘라 사람.

‡**venge·ance** [véndʒ(ə)ns] *n.* ⓊⒸ 복수, 원수 갚기, 앙갚음. ⇒ REVENGE 〖類語〗 ¶ He took a bloody *vengeance* on the murderer (for the murder of his father). 그는 살인자를 죽여 (아버지의 피살에 대한) 원수를 갚았다 // Heaven's *vengeance* is slow but sure. 《속담》 천벌은 더디지만 반드시 온다.
with a vengeance 〖구어〗 강하게, 격렬하게, 호되게, 대단히.
◇ avénge *v*.

venge·ful [véndʒfəl] *adj.* 복수심이 있는(vindictive), 앙심을 품은; 집념이 강한. ¶ She has a *vengeful* nature. 그녀는 집념이 강한 기질의 소유자다.

~·ly [-fəli] *adv.* ~·ness *n*.

ve·ni·al [víːniəl, -njəl] *adj.* **1** 용서되는, 참작되는. **2** [과실·죄 따위가] 가벼운, 용서할 수 있는; 사소한. *opp.* mortal. ¶ a *venial* error 사소한 잘못.
~·ly [-əli] *adv.* ~·ness *n*. 〖죄〗.

ve·ni·al·i·ty [vìːniǽliti] *n.* Ⓤ 용서할 수 있음; 가벼운

vénial sín *n.* 〖가톨릭〗 소죄(小罪), 경죄.

‡**Ven·ice** [vénis] *n.* **1** 이탈리아 동북부의 항구 도시. **2** **the Gulf of** ~ 아드리아해 북부의 만(灣).

Ven·ik [víːnik] *n.* 〖구소련의〗 금성 탐사기.

ve·ni·re [vináiri / -náiə-] *n.* =venire facias.

ve·ni·re fa·ci·as [vináiri féiʃiæs / -náiər-] *n.* 〖법률〗 출두 영장, 소환장. (<L)

ve·ni·re·man [vináirimən/-náiə-] *n.* (*pl.* **-men** [-mən]) 〖법률〗 venire facias로 소환된 사람.

*****ven·i·son** [vénizn, -sn / vén(i)zn] *n.* Ⓤ 사슴 고기, 사냥에서 잡은 짐승 고기.

Ve·ni·te [vináiti] *n.* ⓊⒸ 성무 일과(聖務日課) 〖교회의 기도〗의 처음 기도의 시편에 쓰는 교창(交唱) [특히 아침 기도 전에 부른다].

ve·ni, vi·di, vi·ci [víːnai váidai váisai / véiniː víːdiː víːkiː] 〖라틴〗 (=I came, I saw, I conquered) 왔노라, 보았노라, 이겼노라 [Julius Caesar 가 한 승리의 말].

Vénn díagram [vén-] *n.* 〖수학·논리〗 벤 다이어그램 [원으로 집합과 명제(命題) 사이의 논리적 관계를 나타내는 도식]. (<영국의 논리학자 John Venn (1834-1923)의 이름)

*****ven·om** [vénəm] *n.* Ⓤ **1** 〖뱀·거미·전갈 따위의〗 독액. ⇒ POISON 〖類語〗 ¶ a *venom* duct (fang, gland) 독관(毒管) (아, 선(腺)). **2** 〖비유적〗 〖독액의 작용을 생각케 하는〗 원한(spite), 악의(malice). ¶ the *venom* of his look 밉살스러운 그의 형상. **3** 〖고어〗 독, 독물. — *vt.* 〖고어〗 **1** …에 독을 타다, 독해를 주다. **2** … 을 악의(원한)로 채우다 (* 현재는 envenom 을 쓴다).
◇ vénomous *adj*.

ven·om·ous [vénəməs] *adj.* **1** 〖동물이〗 독액을 분비하는, 독이 있는, 유독한(poisonous). ¶ a *venomous* snake 독사. **2** 〖비유적〗 원한을 품은(spiteful), 악의에 찬. ¶ a *venomous* tongue 독설. ~·ly *adv.* ~·ness *n*.

ve·nose [víːnous] *adj.* **1** 정맥의, 정맥이 있는 (veined). **2** 〖식물〗 엽맥이 많은. **3** 〖동물〗 시맥(翅脈)이 있는.

ve·nos·i·ty [vináositi / -nós-] *n.* Ⓤ **1** 정맥이 많음, 엽맥(시맥)이 많음. **2** 〖생리〗 정맥성 충혈.

ve·nous [víːnəs] *adj.* **1** 정맥의 (에 관한). **2** 〖식물〗 엽맥이 많은(veiny); 〖동물〗 시맥(翅脈)이 있는. **3** 〖생리〗 정맥혈의. *cf.* arterial. ~·ly *adv.* ~·ness *n*.

*****vent** [vent] *n.* **1** 〖기체·액체 따위가 출입하는〗 구멍, 통풍구; 〖총포의〗 화문(火門); 〖통의〗 통기구(通氣口) (vent hole); 〖굴뚝의〗 연도(煙道) (flue); 〖관악기의〗 지공(指孔); 〖화산의〗 분기공. **2** ⓊⒸ 〖비유적〗 〖감정 따위의〗 배출구, 발로, 표출; 출구, 도피구(escape) (*for* …). ¶ give *vent* to one's indignation 화를 입밖에 내다 / They found (a) *vent* for their emotions in song. 그들은 감정의 배출구를 노래에서 찾았다. **3** 〖동물〗 [새·파충류·물고기 따위의] 항문(anus). **4** 〖상의 따위의〗 터놓은 곳(slit). **5** ⓊⒸ 〖英〗 〖수달 따위가 호흡하기 위하여〗 수면에 머리를 내밀기. — *vt.* **1** 〖감정 따위〗를 발산하다, 〖화 따위〗를 입밖에 내다, 새어나가게 하다(give vent to). ¶ (~+图+前+图) He *vented* his ill-temper *upon* his son. 그는 불쾌한 나머지 아들에게 화를 냈다. **2** 〖종종 재귀 용법〗 …의 시름을 풀다, 분을 풀다. ¶ (~+图+前+图) She *vented* herself *in* an outburst of tears. 그녀는 como 울음을 터뜨리고 나니 기분이 시원해졌다. **3** 〖액체·공기 따위〗를 내다, 토해내다; 〖통 따위〗에 통풍(통기)구를 내다.
— *vi.* **1** 〖수달 따위가 호흡하기 위하여〗 수면에 얼굴을 내밀다. **2** 〖액체·공기 따위가〗 출구를 발견하다,

vent·age [véntidʒ] n. 1 〖기체·액체 따위의〗 출구, 누출구. 2 〖관악기의〗 지공(指孔) (fingerhole). 3 〖감정의〗 배출구.

ven·ter [véntər] n. 1 〖해부·동물〗 복부(腹部); 배 모양의 움푹 들어간 곳; 복상(腹狀) 융기. 2 〖법률〗〖자손의 근원으로서의〗 배(womb), 아내, 어머니. [<L]

vent·hole [vénthòul] n. 공기·가스·연기 따위의 출구, 통기구, 채광창. 공기 구멍.

ven·ti·duct [véntidʌ̀kt] n. 〖건물·방 따위의〗 통풍관.

***ven·ti·late** [véntilèit] vt. (-lat·ed, -lat·ing) 1 〖방·건물 따위에〗 새 공기를 넣다, 환기하다. ¶ The fan *ventilates* the room. 그 팬은 방을 환기시켜준다. 2 …에 신선한 공기를 통하게 하다, 〖혈액〗을 공기를 통해서 정화하다. 3 〖공기·바람 따위에〗 잘 통하게 하다, 유통하다. 4 …을 공기(바람)에 쐬다, 노출하다(expose). 5 〖문제 따위〗를 자유롭게 검토(논의)하다, …을 여론화하다. 6 〖의견·감정 따위〗를 말하다, 발표하다. 7 …에 환기구를 설치하다. ¶ ventilation n. ventilative adj.

ven·ti·lat·ing [véntilèitiŋ] adj. 환기(통풍)에 도움이 되는, 환기(통풍)용의.

‡**ven·ti·la·tion** [vèntiléiʃ(ə)n] n. 〖U〗 1 환기, 통풍; 환기(통풍) 장치. 2 〖감정의〗 표출; 〖자유〗 토의.

ven·ti·la·tive [véntilèitiv/-lətiv] adj. 1 환기(통풍)를 잘 시키는. 2 환기의.

ven·ti·la·tor [véntilèitər] n. 환기하는 사람, 환기 장치, 통풍관(구), 송풍기; 〖모자의〗 바람 구멍.

vent·less [véntlis] adj. 배출구(출구)가 없는.

vént pèg(plùg) n. 〖통의〗 바람(공기) 구멍 마개.

vént pìpe n. 배기관(排氣管), 통풍관.

ven·tral [véntrəl] adj. 1 배의, 복부(腹部)의; 복부에 일어나는. 2 〖동물·해부〗 배쪽에 있는 (cf. dorsal); 하면(下面)의, 후 부분의 반대의) 전면의. ¶ the *ventral* scale of a snake 뱀의 복부 비늘. 3 〖식물〗 〖꽃잎·잎 따위가〗 햇면의, 내면의. ― n. 〖물고기의〗 배지느러미. ~·ly adv.

ven·tre à terre [F vãtr a tɛːr] 〖프랑스〗 (=belly to the ground) 전속력으로.

ventri- abdomen(배)의 뜻의 연결형(ventro-의 변형). 예: ventricose.

ven·tri·cle [véntrikl] n. 1 〖동물〗 〖강(腔)〗. 2 〖해부〗 〖심장의〗 심실(心室), 뇌실(腦室). 3 〖뇌·후두(喉頭) 따위의〗 공동(空洞), 실(cavity).

ven·tri·cose [véntrikòus] adj. 1 배가 튀어나온, 장구통배의(large-bellied). 2 〖동·식물〗 한쪽으로 돌출한.

ven·tric·u·lar [ventríkjulər] adj. 1 〖해부〗 〖심실(心室)의; 〖뇌·후두 따위의〗 공동(空洞)의, 실(室)의. 2 비대한.

ven·tril·o·qui·al [ventrilóukwiəl] adj. 복화술(腹話術)의, 복화술을 쓰는. ―**ly** adv.

ven·tril·o·quism [ventríləkwìz(ə)m] n. 〖U〗 복화술[술].

ven·tril·o·quist [ventríləkwist] n. 복화술사.

ven·tril·o·quis·tic [ventrìləkwístik] adj. 복화술(사)의, 복화술사와 같은.

ven·tril·o·quize [ventríləkwàiz] v. (-quized, -quiz·ing) vt. …을 복화술로 이야기하다. ― vi. 복화술로 이야기하다.

ven·tril·o·quy [ventríləkwi] n. =ventriloquism.

ventro- abdomen (배)의 뜻의 연결형. 예: *ventro*tomy(개복 수술).

‡**ven·ture** [véntʃər] n. 1 〖U〗모험(성); 〖C〗모험(적 시도). 2 투기(speculation), 투기적 기업(사업). 3 투기적 행위, 투기의 대상물〖배·뱃짐·상품·도박에 건 돈 따위〗. 4 〖U〗〖C〗〖고어〗위험(risk), 우연, 운.

at a venture 운임기요[에 맡기고], 되는 대로(at random); 운에 맡기고.

― v. (-tured, -tur·ing) vt. 1 …을 위험에 빠뜨리다; 〖생명·재산〗을 〖내〗걸다(risk). ¶ (~+目+前+

图) He *ventured* his fortune *on* a single chance. 그는 한 번의 기회에 재산을 내걸었다. 2 위험을 무릅쓰고 …을 하다, 과감히 …을 하다. ¶ Will you *venture* an investment in this enterprise ? 과감히 이 사업에 투자하지 않겠습니까 ? 3 〖의견 따위〗를 과감히 말하다, 발표해 보다. 4 〖고어〗…을 신뢰하다, 신용하다. 5 〖구어〗위험한 줄 알면서도, 〖을〗 내보내다, 가게 하다.

― vi. 1 위험을 무릅쓰고 하다, 과감히 해보다 (on, upon…). ¶ (~+前+图) *venture on* a protest 과감히 항의하다. ¶ Will you *venture on* a glass of whisky ? 위스키를 한 잔 하지 않겠습니까 ? 2 감히 …하다(dare), 대담하게도 …하다, …까지도 하다. ¶ (~+ to do) I *venture* to say. 실례를 무릅쓰고 말씀드리겠습니다 / May I *venture* to ask your help ? 도움을 청해도 될까요 ? 3 과감히 가다, 위험을 무릅쓰고 나아가다.

Nothing venture, nothing have. 《속담》 호랑이 굴에 들어가야 호랑이를 잡는다.

◊ venturesome, venturous adj.

[<[AD]VENTURE ⇨ ADVENT]

vénture business n. 벤처 비즈니스, 신분야 개척 (모험) 기업(사업) 〖첨단 기술 산업이나 새 발명의 상품화 따위 성장성이나 수익성이 높으나 위험도도 높은 사업·기업〗. cf. venture capital

vénture cápital n. 〖U〗〖경제〗위험 부담 자본, 투기자본〖특히 벤처 비즈니스에 대한 투자〗(risk capital).

vénture cápitalism n. 벤처 비즈니스 투자〖활동〗. cf. venture business

vénture cúlture n. 벤처 컬처〖적극적이고 모험을 좋아하는 기질의 풍토〗.

ven·tur·er [véntʃərər] n. 모험가, 투기꾼, 〖특히 16-17 세기의〗 무역 상인. [16-20세].

Vénture Scóut n. [Boy Scouts의] 연장자 단원

ven·ture·some [véntʃərsəm] adj. 1 모험을 좋아하는, 대담한 (daring), 무모한. 2 위험이 따르는, 위험한. ¶ a *venturesome* sport 위험한 스포츠.

~·ly adv. ~·ness n.

ven·tu·ri [tūbe] [ventúːri-] n. 〖기계〗 벤투리관, 유량(流量) 측정관. [<G.B. Venturi(1746-1822) 이탈리아의 물리학자]

ven·tur·ous [véntʃ(ə)rəs] adj. 1 모험을 좋아하는, 무모한, 대담한(bold). 2 모험적인, 위험한, 투기적인.

~·ly adv. ~·ness n.

vént window n. 〖자동차의〗 삼각창.

ven·ue [vénjuː] n. 1 〖법률〗 행위지(行爲地); 재판지. 2 행위(사건)의 현장(scene). 3 〖구어〗 집합지; 밀회의 장소.

change the venue 〖법률〗 소동이나 편견을 가진 배심원을 끼려서 〖다른〗 재판지를 바꾸다.

ven·ule [vénjuːl] n. 세(細)〖작은〗정맥. 2 〖곤충의〗 작은 날개맥.

*Ve·nus [víːnəs] n. 1 〖로마 신화〗 비너스〖고대 로마의 봄과 꽃밭의 여신, 후에 그리스 신화의 사랑과 미(美)의 여신 Aphrodite와 동일시되었다〗; 비너스의 상(像). ¶ the *Venus* of Milo 밀로의 비너스. 2 절세의 미인. ¶ a pocket *Venus* 몸매가 아름답고 작은 미녀. 3 〖천문〗 금성. ◊ Venúsian adj.

Ve·nu·si·an [vin(j)úːsiən, -ʃ(i)ən/-njúːsjən] adj. 금성의. ― n. 금성 사람.

Ve·nus's-flow·er-bas·ket [víːnəsizfláuərbæ̀skit/-bàːs-] n. 〖동물〗해로동혈(偕老同穴) 〖해면동물의 일종〗.

Ve·nus's-fly-trap [víːnəsizfláitræ̀p] n. 〖식물〗미국의 남북 Carolina 주산(産)의 끈끈이주걱, 파리지옥풀.

Ve·nus's-slip·per [víːnəsizslípər] n. = lady's-slipper. 〖텔레비전의 프로 녹화 장치〗.

VERA 《略》vision electronic recording apparatus

ve·ra·cious [vəréiʃəs] adj. 1 거짓말을 하지 않는, 정직한(honest). 2 〖말인 따위가〗 진실된, 정말인(true); 정확한. ¶ a *veracious* narrative 사실에 입각한 이야기.

~·ly adv. ~·ness n.

ve·rac·i·ty [vəræsiti] *n.* ⓤⓒ (*pl.* -ties). **1** [말한 따위가] 진실성, [사람의] 진실성, 정직(honesty). **2** [말한 따위의] 사실과의 일치, 진상, [사항에의] 진실성(truth). **3** [감각·과학 기구 따위의] 정확성, 정확도.

‡**ve·ran·da, -dah** [vərǽndə] *n.* 베란다, 툇마루.

ver·a·trine [vérətrìːn, -trin] *n.* ⓤ [화학·약] 베라트린[sabadilla의 씨에서 채취하는 유독 알칼로이드로 신경통·류머티즘 치료에 쓰였다].

‡**verb** [vəːrb] *n.* [문법] 동사. ¶ an auxiliary *verb* 조동사 / a causative *verb* 사역 동사 / a finite *verb* 정(定)동사 / an intransitive (a transitive) *verb* 자(타)동사 / an irregular (a regular) *verb* 불규칙(규칙)동사 / a reflexive *verb* 재귀동사.
◇ **vérbal** *adj.*

***ver·bal** [vəːrb(ə)l] *adj.* **1** 말(언어)의. ¶ *verbal* symbols 언어 기호 / a *verbal* test 언어 적성 검사. **2** 말(언어)에 의한, 말로서의. ¶ a *verbal* error 말의 잘못 / a *verbal* picture of a scene 말에 의한 장면의 묘사. **3** 구두의(oral), 말로 나타낸. ¶ a *verbal* message 구두 보고, 전갈 / a *verbal* contract 구두 약속 / a *verbal* note [외교] 구두 통첩, 무서명(無署名) 문서. **4** [사실·내용 따위에 관계가 없는] 말뿐인, 자구(字句)만의. ¶ *verbal* criticism 어구상의 비평 / a *verbal* pedantry 말로만 학자인 체하기. **5** 한마디 한마디로, 문자 그대로의(literal), 축어역(逐語的)의. ¶ a *verbal* translation 축어역 / a *verbal* copy 말 그대로의 사본. **6** [문법] 동사의, 동사에서 파생한, 동사적인 ¶ *verbal* inflexions 동사의 변화 / a *verbal* suffix 동사 접미사.
— *n.* **1** [문법] 준(準)동사(동명사·부정사·분사). **2** = verbal noun.
◇ **vérbalize** *n.*, **vérbally** *adv.*

ver·bal·ism [vəːrbəlìz(ə)m] *n.* ⓤ **1** 언어적 표현, 어구. **2** ⓤ 어구에 구애됨, 어구 비평, 어구를 캠. **3** [뜻이 없는] 형식적 문구. **4** ⓤ 말이 많음, 장황함(wordiness).

ver·bal·ist [vəːrbəlist] *n.* **1** 말을 잘 가려쓰는 사람. **2** 말에 구애되는 사람, 어구 비평가. **3** 말이 많은 사람.

ver·bal·i·ty [vərbǽliti] *n.* (*pl.* -ties) **1** 수다, 다변(多辯). **2** 말에 의한 표현. **3** ⓤⓒ 동사의 성질(성격).

ver·bal·i·za·tion [vəːrb(ə)lizéi(ə)n / -laiz-] *n.* ⓤ 말로 나타내기, 동사화하기; 말의 과잉.

ver·bal·ize [vəːrb(ə)làiz] *v.* (-ized, -iz·ing) *vt.* **1** …을 말로 나타내다. **2** [문법] …을 동사화하다, 동사적으로 쓰다(verbify). **3** *vi.* 말을 지나치게 많이 하다, 장황하게 말하다; 말로 표현하다.

ver·bal·iz·er [vəːrb(ə)làizər] *n.* 말로 나타내는 사람; 말이 많은 사람.

ver·bal·ly [vəːrb(ə)li] *adv.* **1** 말로, 말에 관하여. **2** 구두로; 축어적(逐語的)으로. ¶

vérbal nóun *n.* [문법] 동사적 명사[동사에서 파생한 명사 또는 명사적 용법의 단어, 동명사 또는 부정사].

ver·ba·tim [vərbéitim] *adv.* 한마디 한마디, 축어적으로(word for word); 같은 말로; 문자(말) 그대로(literally). ¶ translate a book *verbatim* 책을 축어적으로 번역하다. — *a.* 그대로의; 한마디 한마디의, 축어적인. ¶ a *verbatim* report (translation) 축어적 보고(번역). — *n.* 축어적 보고.

ver·ba·tim et lit·te·ra·tim [vərbéitim et lìtəréitim] [라틴] (= word for word and letter for letter) 한 마디 한 글자, 완전히 같은 말로.

ver·be·na [vərbíːnə] *n.* 마편초[속](屬)의 식물.

ver·bi·age [vəːrbiidʒ] *n.* ⓤ **1** [문장·말의] 장황, 다변, 요설(饒舌), 말이 많음(wordiness). **2** [경멸적] 말씨, 용어(diction).

ver·bid [vəːrbid] *n.* [문법] 준(準)동사 [부정사·분사] 및 동명사 따위].

ver·bi·fy [vəːrbifài] *vt.* (-fied, -fy·ing) [명사 따위

를 동사화하다, 동사로서 쓰다.

ver·bose [vərbóus] *adj.* 말이 많은, 장황한, 용장(冗長)한(wordy). *opp.* laconic ~**·ly** *adv.* ~**·ness** *n.*

ver·bos·i·ty [vərbɔ́siti / -bɔ́s-] *n.* ⓤ 말이 많음, 다변, 장황함, 용장(wordiness).

ver·bo·ten [vərbóutn] *adj.* [독일] (= forbidden by law) [법률로] 금지된.

ver·bum sat sap·i·en·ti [vəːrbəm sæt sæpiéntai] [라틴] (= a word to the wise [is] sufficient) 현자(賢者)에게는 한 마디로 충분하다[略 verb. sap.].

ver·dan·cy [vəːrd(ə)nsi] *n.* ⓤ **1** 푸릇푸릇함, 녹색. **2** 미숙, 천진난만(innocence); 순진함, 젊음.

ver·dant [vəːrd(ə)nt] *adj.* **1** [초목으로] 푸릇푸릇한, 초목으로 뒤덮인; 녹색의. ¶ a *verdant* valley 푸른 초목으로 뒤덮인 골짜기 / a *verdant* lawn 초록빛 잔디. **2** 경험이 적은, 미숙한; 순진한(unsophisticated), 아주 천진 난만한. ¶ in his *verdant* youth 그의 순수한 청년시대에. ~**·ly** *adv.*

vérdant gréen *n.* ⓤ (때로 a~) 연한 녹색, 신록.

vérd antíque [vəːrd-] *n.* ⓤ **1** [각종의] 녹색을 띤 돌. **2** [광물] [녹색의 반점 또는 줄이 있는] 사문암(蛇紋岩) 대리석[고대 로마인이 실내 장식에 사용했다]. **3** 녹청, 녹.

Verde [vəːrd] *n.* Cape ~ 아프리카 대륙 최서단의 갑

ver·der·er, -der·or [vəːrdərər] *n.* [英역사] 왕실 산림 관리관.

***ver·dict** [vəːrdikt] *n.* **1** [법률] [배심원의] 평결, 답신(答申). ¶ a *verdict* for the plaintiff (defendant) 원고(피고) 승소의 평결 / bring in a *verdict* of 'not guilty' [배심원이] 무죄 판결을 내리다. **2** [일반적으로] 판단, 결정, 의견(judgment). ¶ the *verdict* of the public 세평, 세간의 비판.

ver·di·gris [vəːrdigrìːs, -gris] *n.* ⓤ 녹청(綠靑).

ver·di·ter [vəːrditər] *n.* ⓤ 녹청[그림 물감]. ¶ blue *verditer* 암감청(岩紺青), 남(藍)녹청 / green *verditer* 암(岩)녹청.

ver·dure [vəːrdʒər] *n.* ⓤ **1** [초목의] 신록(greenness). **2** 푸른 초목; 푸른 풀, 신록의 풀(grass, herbage). **3** 싱싱함, 신선함, 한창인 상태, 생기(vigor).

ver·dur·ous [vəːrdʒərəs] *adj.* **1** 신록의, 푸릇푸릇한. **2** [장소가] 신록(푸른 초목)으로 뒤덮인. ~**·ness** *n.*

Ver·ein [fəráin, vər-] *n.* (*pl.* -**ein·e** [-ráinə], [英] -**eins**) [독일] (=union) 동맹, 조합, 협회, 학회.

***verge**[1] [vəːrdʒ] *n.* **1** 가, 가장자리, 끝. ¶ EDGE [類語] **2** 경계(borderline); 둘레, 주위; [도로·화단 따위의] 풀이 난 가장자리; 한계, 범위, 경계내. **3** [英역사] 궁내 사법관 재판 구역. **4** [건축] 박공의 끝 부분, 합각 머리. **5** 권장(權杖), 권표(權標) [과거 고위 성직자 등이 그 직권을 표상하는 것으로서 가진다]. **6** [페어] 차지인(借地人)이 장원(莊園) 영주에 대하여 충성을 맹세할 때 쥐는 막대기. **7** [시계의] 평형륜(平衡輪)의 굴대, 축. **8** [詩] 수평선, 지평선(horizon).
on the verge of 바야흐로 …하여; …의 직전에. ¶ *on the verge of* tears 금방 울음을 터뜨릴 듯이 / His firm was *on the verge of* bankruptcy. 그의 회사는 파산 직전에 있었다 / She was *on the verge of* forty. 그녀는 곧 마흔 살이 될 참이었다.
— *v.* (**verged**, **verg·ing**) *vi.* 직전에 있다, 가장자리에 있다; 경계를 접하다(border) (*on*, *upon* …). ¶ (~ + 前 + 名) This street *verges* on the slum area. 이 거리는 빈민 지구와 인접하다. — *vt.* …의 가장자리를 이루다, …에 가장자리를 만들다. ¶ a file of trees *verging* the road 도로변을 이루는 가로수.

verge[2] [vəːrdʒ] *vi.* (**verged**, **verg·ing**) **1** [태양이 지평선으로] 기울다, 향하다(incline, tend) (*toward*[s], *to*…). ¶ (~ + 前 + 名) The sun is now *verging toward*[s] the horizon. 해가 지평선으로 기울어가고 있다. **2** 어떤 상태로) 향하다, 가까워지다 (*on*, *upon*…).

(～+団+名). He appears to be *verging on* insanity. 그는 미친 것 같다. **3** [어떤 상태에서 다른 상태로]옮기려고 하다(*into* ...). ¶ Evening *verges into* night. 저녁이 되어 가다.
ver·ger [vɔ́ːrdʒər] *n.* **1** [주로 英] [교회의] 청소나 좌석 안내 등을 하는 사람, 교회 당지기. **2** [英] [고위 사람의] 권표(權標)를 받드는 사람.
Ver·gil·i·an [vəːrdʒíliən] *adj.* =Virgilian.
ve·rid·ic [virídik, +英 ve-] *adj.* =veridical.
ve·rid·i·cal [virídik(ə)l, +英 ve-] *adj.* 진실을 말하는, 진실의(truthful), 진정한(genuine). **~ly** [-kəli] *adv.*
ver·i·est [vériist] *adj.* (very 의 최상급)전적인, 더할나위 없는, 다시 없는, 철저한(utmost, most complete). ⇒ VERY *adj.* 2. ¶ the *veriest* stupidity 다시 없는 어리석음.
ver·i·fi·a·bil·i·ty [vèrifàiəbíliti] *n.* ① 실증할 수 있음.
ver·i·fi·a·ble [vérifàiəbl] *adj.* 확인할 수 있는, 실증할 수 있는. **~ness** *n.*
ver·i·fi·ca·tion [vèrifikéiʃ(ə)n] *n.* **1** ① 확인하기, 증명, 입증. **2** ①© [법률] [진술·청원 따위 끝에] 진실을 확인하는 서서 공술(供述) [서].
ver·i·fi·er [vérifàiər] *n.* **1** 입증(증명)자, 검증자(檢證者) **2** 가스 계량기. **3** [컴퓨터] 검공기(檢孔機).
***ver·i·fy** [vérifài] *vt.* (**-fied, -fy·ing**) **1** …이 정말임을 증명하다, …을 입증하다, 확증하다(confirm). **2** [사실의 검토·비교에 의하여] …이 진실임을 확인하다, 대조 확인하다(ascertain). ¶ Subsequent events *verified* our testimony. 그 후의 사건으로 우리의 증언이 진실임이 밝혀졌다. **3** [법률] [증거·선서서 따위에 의하여] …을 확인하다, 입증하다. ¶ *verify* documents (claims) 문서(주장)를 입증하다. **4** [컴퓨터] …의 천공(穿孔) 검사를 하다. ◇ verification *n.*
ver·i·ly [vérili] *adv.* [古어] 정말로, 참으로, 진실로 (really, indeed). ◇ véry *adj.*
ver·i·sim·i·lar [vèrisímilər] *adj.* 정말 같은, 있을 법한(likely), 그럴싸한.
ver·i·si·mil·i·tude [vèrisimílit(j)ùːd / -tjùːd] *n.* **1** ① 사실(정말)같음(probability). **2** 사실처럼 보이는 일(것).
ver·ism [ví(ː)riz(ə)m / vɪ́ər-] *n.* ① [예술·문학에 있어서] 진실이 중요하기 때문에 추악한 것이라도 표현해야 한다는 진실 묘사주의.
***ver·i·ta·ble** [véritəbl] *adj.* **1** 참된, 진실의, 진짜의 (real, genuine). **2** [페어] [하는 말·이야기 등이] 정말인, 사실인. **~ness** *n.* **-bly** *adv.*
ver·i·ty [vériti] *n.* (*pl.* **-ties**) **1** ① 진실함, 진실성, 진실(truth). ¶ a man of unquestioned *verity* 틀림없이 진실한 사람. **2** 진실한 진술, 올바른 언명.
in verity 진실로, 정말로, 아주.
of a verity (古어) 진실로(in truth). ◇ vérify *v.*
ver·juice [vɔ́ːrdʒùːs] *n.* ① **1** [덜 익은 포도·사과 따위의] 신과즙. **2** [성질·표정 따위의] 까다로움, 퉁명스러움(sourness). **—** *adj.* (=**ver·juiced** [vɔ́ːrdʒùːst]) **1** 신맛나는 과즙의, 신맛의(sour). **2** 까다로운, 퉁명한.
ver·meil [vɔ́ːrmil, -meil] *n.* ① **1** (詩) 붉은 색, 주홍색, 선홍색. **2** 금으로 도금한 은(동·청동). **3** [광물] 주홍색 석류석. **—** *adj.* 주홍색의, 붉은색의, 선홍색의(vermilion).
vermi- worm(벌레)라는 뜻의 연결형. 예: *vermi*cide, *vermi*fuge.
ver·mi·an [vɔ́ːrmiən] *adj.* [動物] 연충(蠕蟲)류의, 연충을 닮은.
ver·mi·cel·li [và·rmiséli, -tʃeli] *n.* ① 베르미첼리[이탈리아산(産) 마카로니의 일종; 스파게티보다 가늘다]. *cf.* macaroni
ver·mi·cid·al [và·rmisáid(ə)l] *adj.* 살충제의, 회충약의.
ver·mi·cide [vɔ́ːrmisàid] *n.* 살충제, [특히] 구충제, 회충약.
ver·mic·u·lar [və(ː)rmíkjulər] *adj.* 연충상(蠕蟲狀)의; 연동(蠕動)하는, 벌레처럼 움직이는; 벌레먹은 모양의 꾸불꾸불한.
ver·mic·u·late *vt.* [və(ː)rmíkjulèit → *adj.*] (**-lat·ed, -lat·ing**) …에 벌레먹은 것 같은 모양의 장식(장식)을 하다. **—** *adj.* [və(ː)rmíkjulit, -lèit] 벌레먹은; 벌레먹은 모양의 장식의; [사고 방식이] 번거로운(intricate).
ver·mic·u·la·tion [və(ː)rmìkjuléiʃ(ə)n] *n.* **1** ① [장의] 연동. **2** ①© [건축] 벌레먹은 모양의 세공(장식).
ver·mic·u·lite [və(ː)rmíkjulàit] *n.* ① [광물] 질석(蛭石).
ver·mi·cul·ture [vɔ́ːrmikʌ̀ltʃər] *n.* 지렁이 양식을 통해 에너지 절약을 위한 오물 처리의 한 방식.
ver·mi·form [vɔ́ːrmiːʃːrm] *adj.* 벌레 모양의, 연충상의.
vérmiform appéndix *n.* [해부·動物] 충수(虫垂)[흔히 맹장을 말한다]. ⇒ ALIMENTARY CANAL 그림.
ver·mi·fuge [vɔ́ːrmifjùːdʒ] *adj.* 구충의, 구충제의. **—** *n.* 구충제.
ver·mi·grade [vɔ́ːrmigrèid] *adj.* 연동하는, 벌레처럼 꾸불꾸불 움직이는.
ver·mil·ion [vərmíljən] *n.* ①© **1** 주홍색, 선홍색(bright red). **2** 주(朱), 진사(辰砂). **—** *adj.* 주(朱)의, 주홍색의, 선홍색의. **—** *vt.* …을 붉게 칠하다(물들이다).
ver·min [vɔ́ːrmin] *n.* (*pl.* **ver·min**) [보통 복수 취급] **1** [집합적] [쥐·두더지 따위의] 해로운 작은 동물, 해조(害鳥), [벼룩·이·파리 따위의] 해충; 기생충(parasitic worms). **2** [집합적] 세상에 해독을 끼치는 사람, 유해한 사람, 건달, 인간 쓰레기 (* 집합적으로도 쓴다).
ver·mi·nate [vɔ́ːrminèit] *vi.* (**-nat·ed, -nat·ing**) 기생충(개 따위)이 붙다, 기생충이 생기다.
ver·mi·na·tion [và·rminéiʃ(ə)n] *n.* ① 기생충이 생김.
ver·min·ous [vɔ́ːrminəs] *adj.* **1** 해충의, 해충과 같은; 해충에 의한. **2** 해충이 붙은, 기생충이 생긴. **3** (경멸적) 벌레 같은; 세상을 해치는. **-ly** *adv.*
ver·miv·o·rous [və(ː)rmívərəs] *adj.* 벌레를 먹는, 식충의.
Ver·mont [və(ː)rmánt / -mɔ́nt] *n.* 미국 동북부주 [주도(州都) Montpelier; 略 Vt.].
Ver·mont·er [və(ː)rmántər / -mɔ́ntə] *n.* 미국 Vermont 주 출신자(사람).
ver·mouth [vərmúːθ / vɔ́ːrməθ], (**ver·muth**) *n.* ① 베르무트[약쑥·풀 뿌리·나무 껍질, 그밖의 향미료를 첨가한 백포도주].
***ver·nac·u·lar** [vərnǽkjulər] *adj.* **1** [언어가] 제 나라(고장)의(native), [그 땅에] 고유한. ¶ the *vernacular* languages of India 인도의 토착어. ¶ a *vernacular* idiom 그 고장 특유의 관용어. **2** 제나라(고장)말로 나타낸. ¶ the *vernacular* poems of Burns Burns 가 고향 말로쓴 시. **3** [건축 양식 따위가] 민중의 기호에 맞는, 그 고장 특유의, 민예적인. **4** [페어] [의학] 풍토적인(endemic). **5** [라틴어 학명이 아닌] 통속적인, 일상어를 사용한.
— *n.* **1** 자국어, 고유 언어. **2** [표준어에 대하여] 방언, [어떤 직업·계급 특유의] 은어; 전문(직업) 용어. **3** [라틴어 학명에 대한 동·식물의] 속명, 속칭.
~ly *adv.* **vernácularism** *n.*, **vernácularize** *v.*
ver·nac·u·lar·ism [vərnǽkjuləriz(ə)m] *n.* ① 자국어법, 제 고장 사투리; 자국어 사용, 방언 사용.
ver·nac·u·lar·ize [vərnǽkjuləràiz] *vt.* (**-ized, -izing**) …을 자국어로 삼다, 고장의 말로 삼다.
vernácular náme *n.* (생물) 지방명, 속명(俗名)(popular name) [학명(scientific name)이 아닌 동·식물명].

ver·nal [vɔ́:rnl] *adj.* **1** 봄의, 봄에 생기는, 봄에 오는 (피는). **2** 봄다운, 봄기운이 도는, 봄 같은(springlike). ¶ *vernal* weather 봄다운 날씨 / *vernal* greenery 봄다운 푸른 잎. **3** 청춘의, 젊은, 생생한. **~ly** [-nəli] *adv.*

vérnal équinòx *n.* (the ~) 춘분[점]. *cf.* autumnal equinox

ver·nal·i·za·tion [và:rnəlizéi(ʃ)ən / -laiz-] *n.* ⓤ 개화 결실 촉진[법], 춘화(春化) 현상.

ver·nal·ize [vɔ́:rn(ə)làiz] *vt.* (-ized, -iz·ing) 〔식물〕의 싹(구근)의 형성·발육을 촉진하다, 개화 결실을 촉진하다, 〔식물〕에 춘화 처리를 하다.

ver·na·tion [vərnéi(ʃ)ən] *n.* ⓤ〔식물〕싹의 배열 상태, 아형(芽形).

Vér·ner's láw [vɔ́:rnərz-] *n.* 〔언어〕베르너의 법칙〔덴마크의 언어학자(1846-96)가 Grimm's law 를 수정하여 만든 인도유럽어 사이의 자음 법칙〕.

ver·ni·cle [vɔ́:rnikl] *n.* (때로 V-) =veronica 2.

ver·ni·er [vɔ́:rniər] *n.* **1** 버니어, 유목(遊尺), 부척(副尺)(vernier scale). **2** 궤도 수정(자세 제어) 분사 장치(vernier engine).

vér·nier cál·iper *n.* 부척이 달린 캘리퍼스, 버니어 캘리퍼스.

Ve·ro·na [viróunə] *n.* 베로나〔이탈리아 북부의 도시〕.

Ver·o·nal [vérənɔ̀:l, -nl / -nl] *n.* 〔상표명〕베로날〔수면제의 일종; 바르비탈(barbital)의 상품명〕.

Ver·o·nese [vèrəní:z, -美 -ní:s] *adj.* Verona [이탈리아의 도시]의, 베로나풍의.
— *n.* (*pl.* **-nese**) 베로나인.

ve·ron·i·ca [virɑ́nikə / -rɔ́n-] *n.* **1** 개불알꽃속(屬)의 식물. **2** (때로 V-)〔교회〕베로니카[St. Veronica 가 갈보리(Calvary)로 십자가를 메고 가는 그리스도 얼굴의 땀을 닦았을 때, 그리스도의 얼굴이 찍혔다는 천] (vernicle). **3** 〔일반적으로〕그리스도의 얼굴이 찍힌 천. *cf.* sudarium

ver·ru·ca [verú:kə] *n.* (*pl.* **-cae** [-si:]) **1** 〔의학〕사마귀(wart). **2** 〔동물〕[동물의 피부에 돋아난] 사마귀 모양의 돌기.

ver·ru·cose [vér(j)ukòus / verú:kous] *adj.* 〔의학·동물〕사마귀가 많은(warty), 사마귀꼴 돌기가 많은(로 뒤덮인).

ver·ru·cous [vérəkəs] *adj.* 〔의학·동물〕사마귀 모양의, 사마귀(모양의 돌기)가 있는.

vers. (略) *versed* sine.

*Ver·sailles** [vərsái, vɛər / vəəsái] *n.* 베르사이유〔프랑스 파리 남서부의 소도시; Louis 14세의 궁전이 있다〕.

ver·sant [vɔ́:rs(ə)nt] *n.* **1** 산(산맥)의 사면. **2** 지방의 경사면; 경사(inclination).

*ver·sa·tile** [vɔ́:rsətl / -tail] *adj.* **1** 다재 다능한, 다방면에 능한, 융통성이 있는. ¶ a *versatile* writer (actor) 다재 다능한 작가(배우) / a *versatile* tool 쓸모가 많은 도구. **2** 변하기 쉬운, 변덕스러운(capricious). ¶ a *versatile* disposition 변덕스러운 기질. **3** 〔동물〕반전성(反轉性)의, 가전성(可轉性)의. **4** 〔식물〕T자 모양의.
~ly [-t(l)i] / -tailli] *adv.* **~ness** *n.* ◊ **vasatílity** *n.*

ver·sa·til·i·ty [và:rsətíliti] *n.* ⓤ **1** 용통성, 다예(多藝), 다재다능. **2** 변하기 쉬움, 변덕스러움.

vers de so·ci·é·té [F vɛr də sɔsjete] *n.* 《프랑스》 (=verse of society) 사교시(社交詩) [시대의 유행이나 약점 따위를 다룬 유머러스하고 경묘(輕妙)한 시].

‡**verse** [vɔ:rs] *n.* **1** (시의)한 행(metrical line). ¶ some *verses* of the Iliad 일리아드 시의 몇 행. **2** 〔특정의〕시형(詩形), 시격. ¶ blank *verse* 무운시(無韻詩) / trochaic (iambic) *verse* 강약(약강) 격의 시형). 3 [한 편의] 시, 시편. *cf.* poem **4** ⓤ 운문(韻文), 시(*cf.* prose). [어떤 작가(시대, 나라) 등의]시가, 시가. ⇒ POETRY 類語 ¶ Elizabethan *verse* 엘리자베스 시대의 시 / write in *verse* 시로 쓰다. **5** 〔시

(詩節), 연(聯) (stanza). **6** 〔성서〕의 절. ¶ the first *verse* of the second chapter of Exodus 출애굽기 제2장 제1절 ["Exod. 2 : 1"처럼 줄여 쓴다]. **7** 〔교회〕 = versicle. **8** 〔교회〕〔성가 등의〕 독창부.
give chapter and verse for ① 〔성서의 인용구 따위〕의 출처를 밝히다. ② 〔일반적으로〕 …의 출처를 제시하다, …을 보증하다.
— *v.* (**versed, vers·ing**) *vt.* …을 시로 나타내다; 시로 짓다. — *vi.* 시를 짓다.
◊ **vérsify** *v.*

versed [və:rst] *adj.* [경험·연구 등에] 정통하고 있는, 조예가 깊은, 환히 알고 있는, 숙련되어 있는(*in...*). ¶ He is well *versed* in history. 그는 역사에 정통하고 있다.

vérsed síne *n.* 〔삼각법〕 버스트 사인(略 vers.).

verse·let [və:rslìt] *n.* 소시(小詩), 단시(短詩).

verse·mak·er [vɔ́:rsmèikər] *n.* =versemonger.

verse·mon·ger [vɔ́:rsmʌ̀ŋgər] *n.* 엉터리 시인(poetaster).

vers·et [vɔ́:rset, -sit] *n.* **1** 〔특히 성서〕 단시. **2** 〔음악〕〔교회 의식에서 연주되는 오르간의〕 단곡(短曲).

ver·si·cle [vɔ́:rsikl] *n.* **1** 단시. **2** 〔교회〕 창화(唱和)의 단구(短句) 〔교회의 기도 예식에서 목사의 선창에 따라 성가대나 회중이 창화하는 주로 시편으로부터의 단구〕.

ver·si·col·or, 《英》 **-our** [vɔ́:rsikʌ̀lər], **ver·si·col·ored,** 《英》 **-oured** [-kʌ̀lərd] *adj.* **1** 색이 변하는; 무지개색의. **2** 얼룩색의, 잡색의.

ver·sic·u·lar [və(:)rsíkjulər] *adj.* **1** 단시의, 단시로 된. **2** [특히 창화용의] 단구(短句)(versicles)의. **3** 〔성서 등의〕 절(verses)의.

ver·si·fi·ca·tion [và:rsifikéi(ʃ)(ə)n] *n.* ⓤ **1** 작시[법], 운율법(韻律法). **2** 시형; 격조. **3** 〔작품의〕 시화(詩化), 운문화.

ver·si·fi·er [vɔ́:rsifàiər] *n.* **1** 작시자; 산문을 시로 고치는 사람. **2** 엉터리 시인(poetaster).

ver·si·fy [vɔ́:rsifài] *v.* (**-fied, -fy·ing**) *vi.* **1** 시를 짓다. **2** 시로 서술하다(쓰다). — *vt.* …을 시로 짓다, 시화(詩化)하다.

*ver·sion** [vɔ́:rʒ(ə)n, -ʃ(ə)n / -ʃ(ə)n] *n.* **1** 번역[한 것], 역문, 번역서(translation). ¶ the English *version* of the original 원전의 영역. **2** (종종 V-) 성서의 번역. ¶ the Authorized *Version* 흠정역 성서(欽定譯聖書) 《* King James *Version* 이라고도 한다》. **3** 〔독자적인 입장·견해에 의한〕 설명, 의견, 이야기. ¶ He gave us a very different *version* of the affair. 그는 우리에게 그 사태에 대해 매우 다른 해석을 제시했다. **4** 〔어떤 것의〕 변형, 다른 형; …판(版), …화(化). ¶ a stage *version* of a novel 소설을 극화한 것. **5** 〔의학〕〔자궁 안의 태위(胎位)〕 회전술. **6** 〔병리〕 자궁의 사위(斜位).

ver·sion·al [vɔ́:rʒən(ə)l, -ʃən-] *adj.* 번역의, 성서 번역의.

vers li·bre [F vɛr lí:br] *n.* 《프랑스》(=free verse) 자유시[형].

vers-li·brist [vɛərlí:brist] *n.* 자유시 작가.

ver·so [vɔ́:rsou] *n.* (*pl.* **-sos**) **1** 〔인쇄〕〔책·사본의〕 왼쪽 페이지, *opp.* recto **2** 〔물건의 뒤, 뒷면, [특히 화폐·메달 따위의] 뒷면. *opp.* obverse 〔<L〕

verst [və:rst] *n.* 베르스트〔러시아의 이정(里程); 1,067km〕.

ver·sus [vɔ́:rsəs] *prep.* **1** 〔소송·운동 경기에서〕 대 (略 v., vs.). ¶ plaintiff *versus* defendant 원고 대 피고. **2** 대 대비해서 (in contrast with).
〔<Lturned〕

vert[1] [və:rt] *n.* ⓤ 〔英산림법〕 산림속에 우거진 초목; [그 같은] 수목 벌채권; 산림속의 방목권. **2** 〔紋章〕 녹색(green).

vert[2] [və:rt] *n.* 《英구어》 배교자(背教者), [특히 영국국교회에서 가톨릭교로의] 개종자; 변절자. — *vi.* 개종

하다, 변질하다.
ver·te·bra [vɔ́ːrtibrə] n. (pl. **-brae** [-briː] or **-bras**) 【해부·동물】 척추골, 추골(椎骨); (-brae) 척추.
ver·te·bral [vɔ́ːrtibrəl] adj. **1** 척추의(에 관한). **2** 척추골로 된, 척추를 가진. ~·**ly** [-rəli] adv.
vértebral cólumn n. =spinal column.
Ver·te·bra·ta [vɔ̀ːrtibréitə, -bréi-] n. pl. (the ~) 【동물】 척추 동물문(門).
ver·te·brate [vɔ́ːrtibrèit, -brit] adj. **1** 척추가 있는, 척추골의. — n. **2** 척추 동물의.
ver·te·brat·ed [vɔ́ːrtibrèitid] adj. **1** 척추가 있는 (vertebrate). **2** 척추로 된; 척추골로 형성된.
ver·te·bra·tion [vɔ̀ːrtibréiʃ(ə)n]. n. U 척추 형성.
ver·tex [vɔ́ːrteks] n. (pl. **-tex·es** or **-ti·ces**) **1** 정상, 최고[정]점. **2** 【해부·동물】 두정(頭頂). **3** 【두개 측정】 두개(頭蓋) 정점. **4** 【천문】 천정(天頂)(zenith). **5** 【수학】 정점, 각정(角頂).
‡ver·ti·cal [vɔ́ːrtik(ə)l] adj. **1** 수직의, 연직의, 직립한, 세로의(perpendicular) ⇒ UPRIGHT 【類語】 opp. horizontal ¶ a vertical line 수직선 / a vertical motion 상하 운동 / a vertical plane 수직면 / a vertical turn [비행기의] 수직 선회. **2** 정상의, 천정의, 정점에 있는. **3** 【식물】 [잎의 면이] 수직을 이루고 있는. **4** 【경제】 [제조·판매 따위의 과정이] 종단적(縱斷的)인, 종적으로 일관된. ¶ a vertical trust 종단적 트러스트. **5** 【해부·동물】 두정의. — n. **1** 수직선(면). **2** 수직추. **3** 【기둥 따위의】 종재(縱材).
~·**ly** [-kəli] adv. ~·**ness** n.
◇ vértex, vérticalness n.
vértical círcle n. 【천문】 고도권(高度圈), 수직권(垂直圈).
vértical divéstitute n. 【복합 기업에 대한】 비관련업 지주(持株) 제한.
vértical envélopment n. U【군사】 【공정 부대 따위에 의한】 하늘로부터의 포위, 입체 포위 작전.
vértical fín n. 【동물】 세로지느러미.
vértical internátional specializátion n. 【경제】 수직적 국제분업 [선진국은 공업, 개발 도상국은 1차 산업, 하는 식의 경제적 특수화].
ver·ti·cal·i·ty [vɔ̀ːrtikǽliti] n. U 【수직(성), 수직성】
vértical mérger (integrátion) n. 【경영】 수직적 통합 [일련의 생산 공정에 있는 기업간의 통합].
vértical mobílity n. 【사회】 수직적 【사회】 이동 [개인의 사회적 지위 상승 따위].
vértical publicátion n. 전문 잡지.
vértical tákeoff n., adj. 【항공】 수직 이륙(의).
vértical thínking n. U 수직 사고 [상식에 기초한 사고 방식]. cf. lateral thinking
vértical únion n. 산업별 노동 조합.
ver·ti·ces [vɔ́ːrtisìːz] n. vertex 의 복수형의 하나.
ver·ti·cil [vɔ́ːrtisil] n. 【동·식물】 윤(輪), 윤생체; 환(環), 환생체.
ver·ti·cil·late [vəː(ː)rtísilit, -lèit, vɔ̀ːrtisíleit] adj. 【동·식물】 [줄기의 마디에 3매 이상의 잎이 방사상으로 나는] 윤생의; [조개 따위가] 환생의, 소용돌이꼴의.
~·**ly** adv.
ver·tig·i·nous [vəː(ː)rtídʒinəs] adj. **1** 회전하는, 빙글빙글 도는. ¶ a vertiginous current 소용돌이치는 해류. **2** 눈이 도는, 현기증이 나는(dizzy). ¶ feel vertiginous 현기증이 나다. **3** 눈이 도는 것 같은, 현기증이 날 정도의. ¶ a vertiginous height 눈이 돌【아찔할】 정도의 높이. **4** 변하기 쉬운, 눈이 어지러운, 불안정한(unstable). ~·**ly** adv. ~·**ness** n.
ver·ti·go [vɔ́ːrtigòu] n. U【C】 (pl. ~**es** or **-tig·i·nes** [vəː(ː)rtídʒiníːz]) **1** 【병리】 현기증(dizziness). ¶ height vertigo 고소 현기증. **2** 【獸醫】 【말·양 따위의】 선회병.
ver·ti·port [vɔ́ːrtipɔ̀ːrt / -pɔ̀ːt] n. 수직 이착륙용 비행장.

ver·tu [vəː(ː)rtúː] n. =virtu.
ver·vain [vɔ́ːrvein] n. 마편초속(屬)의 식물.
verve [vəːrv] n. U **1** 【예술 작품의】 활력, 힘, 열 (enthusiasm). **2** 【일반적으로】 정기, 활력, 기력. ¶ Her works lack verve. 그녀의 작품에는 힘이 모자란다. **2** 《고어》 재능(talent). [숙언]
ver·vet [vɔ́ːrvit] n. 【아프리카산(産)의】 베르베트원숭이.
‡ver·y [véri] adv. **1** 매우, 굉장히, 지극히, 무척, 몹시, 아주(extremely). ¶ a very good teacher 무척 좋은 선생 / a very nice old lady 아주 아주 좋은 노부인 / He works very hard. 그는 매우 열심히 일한다 / Thank you very much. 대단히 고맙습니다.
──── **Usage** 강조의 very 와 much 에 관하여 ──(1) 형용사·부사의 원급은 very, 동사는 [very] much 로 강하게 한다: very rich / very fast / It doesn't much matter. / I like it very much. * 서술적으로만 쓰이는 형용사에 관해서는 (3)을 참조.
(2) 형용사·부사의 비교급·최상급을 강하게 하는 데는, 보통 much 를 쓴다: I like coffee much better than tea. / This method is much the best. (이 방법이 단연 최고다). ⇒ FAR, BY FAR. * 최상급을 very 로 강하게 할 때에는 the very latest fashion (최신 유행) / She put on her very best dress. (그녀는 자기가 가지고 있는 옷 중 제일 좋은 옷을 입었다) 처럼 the 나 소유 대명사 따위의 뒤에 놓는다. ⇒3.
(3) 현재 분사는 very 로, 과거 분사는 [very] much 로 강하게 한다: a very interesting story / He is much delighted. * 과거 분사라도 완전히 형용사로 되어버린 것은 very 로 강하게 한다: I am very tired. / He is a very celebrated novelist. (매우 유명한 소설가). 구어, 특히 《미구어》에서는 delighted, disappointed, excited, frightened, pleased, satisfied, surprised, worried 따위처럼 정신 상태를 나타내는 말에는 very 를 쓰는 수가 많고, much 는 오히려 딱딱하고 문어적으로 들린다: He was very offended.(그는 매우 분개했다). 뒤에 by+동작주(主)(인(人))가 올 때에는 수동형을 형성하는 동사의 과거 분사로서의 성격이 강하게 느껴지므로 종래 much 를 쓰는 것으로 되어 있는데, 최근은 그대로 very 로 받는 수도 많다. 특히 by 이하가 아닌 때에는 일반적으로 very 를 쓰게 된다: We were very pleased by his behavior. The car is much damaged. 처럼 서술적 용법에서는 much 로 강하게 하는 한정적 용법에는 a very damaged car 처럼 very 를 쓴다. 어원적으로는 동사의 과거 분사에서 유래되는 형용사 afraid, 그밖에 alike, awake, aware, much like…의 경우 서술적으로만 쓰이지 않는 형용사는 much 로 강하게 하나, 특히 《미구어》에서는 very afraid, very aware 처럼 very 도 쓰인다.
2 《부정어와 함께 써서》 그리(별로, 그다지) […않다]. ¶ She does not sing very well. 그녀는 노래를 그리 잘 하지 못한다 / It's not very warm. 그리 따뜻하지 않다 / This novel is not very interesting. 이 소설은 별로 재미가 없다.
3 《형용사의 최상급이나 same, opposite, one's own 따위에 붙여서 강조적으로》 아주, 정말로, 단연, 실로(truly). ⇒ **Usage**(2). ¶ in the very same place 완전히 동일한 장소에서 / Do your very best. 정말로 최선을 다해라 / It was the very last thing that I had expected. 그것은 전혀 생각지도 못했던 일이다 / This camera is my very own. 이 카메라는 정말로 내 것이다.
Very fine !《종종 반어적》정말 멋지다 !, 정말 좋다 !
Very good (or well). 좋다, 좋아[동의·승낙을 나타냄지만 Very well 은 종종 반어적]. ¶ Very good. Let's go out. 좋다, 밖으로 나가자 / Oh, very well. But I still think you are wrong. 응, 알았다. 하지만 나는 여전히 네가 잘못이라고 생각한다.
── adj. 《한정형용사》(**ver·i·er, ver·i·est**) (* 비교급은 보통 쓰이지 않는다) **1** 바로 그, 마치 그, 바로. ¶

for *very* pity's sake 정말 부탁이니, 제발.
2 …조차, …까지도(even). ⇒ VERIEST. ¶ The *veriest* rascal would not do such a thing. 아무리 악한이라도 그런 짓은 하지 않으리라 / The *very* stones would cry out. [나쁜 짓이 너무 심하므로] 돌들이 소리지르리라[← 누가복음(Luke) 19:40].
3 단지 …만이라도, 그저 …조차(mere). ¶ The *very* fact of your presence is enough. 네가 있다는 사실만으로도 충분하다 / The *very* idea (*or* thought) of it frightens me. 그것을 생각만 해도 오싹해진다.
4 전적인, 순수한(sheer). ¶ She wept for *very* joy. 그녀는 그저 기쁜 나머지 울었다.
5 현실의, 현행의(actual). ¶ She was caught in the *very* act of stealing. 그녀는 절도 현행범으로 체포되었다.
6 《강조어로서 주로 the, this, that 나 소유 대명사 따위와 함께 써서》 바로 그, 정말로 그, 전적으로 그(동일한) (identical). ¶ this *very* day 바로 오늘 / the *very* reverse of the truth 진실의 정반대 / at that *very* moment 바로 그 순간 / It happened under my *very* eyes. 그것은 바로 내 눈 앞에서 일어났다 / He is the *very* man I have wanted to employ. 그는 내가 고용하고 싶어하던 바로 그 사람이다 / Here is the *very* thing. 안성맞춤인 것이 여기에 있다.
7 《약간 古語》 참된, 진짜의(true, real). ¶ whether thou be my *very* son Esau or not 네가 과연 내 아들에서인지 아닌지[←창세기(Gen.) 27:21].
8 《명사로서의 many, few, little 따위를 수식하여》 아주, 매우, 퍽. ¶ a *very* little 지극히 조금 / *Very* many gathered there. 굉장히 많은 사람들이 그곳에 모였다.
9 《廢語》 정당한, 합법적인(lawful).

vèry hígh fréquency *n.* 〖통신〗 초단파[略 VHF, vhf].
vèry lárge scàle integrátion *n.* 〖전자 공학〗 초고밀도 집적 회로(集積回路) [略 VLSI].
Véry líght (sígnal) *n.* 〖통신〗 [Very pistol 로 쏘아 올리는] 베리식(式) 신호광.
vèry lòw fréquency *n.* 〖통신〗 초장파[略 VLF, vlf].
vèry lòw témperature *n.* 〖물리〗 극저온(極低溫) [절대 영도(-273.15°C)에 가까운 온도. 핵 물리학·물성(物性) 물리학에 이용].
Véry pístol *n.* 〖군사〗 베리식(式) 신호 권총. *cf.* Very light [<발명자인 미국 해군 장교 Edward W. Very(1847-1907)의 이름].

ve·si·ca [visáikə / vésikə] *n.* (*pl.* **-cae** [-siː]) **1** 〖해부〗 낭(囊) (bladder), 〖특히〗 방광; [모난] 부낭, 부레; 〖식물〗 소낭(小囊). **2** =vesica piscis.
ves·i·cal [vésik(ə)l] *adj.* 〖해부〗 낭의, 〖특히〗 방광의. **2** 낭상의.
ves·i·cant [vésikənt] *adj.* 발포(發疱)하는(시키는). — *n.* **1** 발포제. **2** 〖군사〗 미란성 독가스.
vesíca píscis [-písis, -pái-] *n.* 〖미술〗 〖성상(聖像)을 둘러싼 뾰족한 달걀꼴의〗 광륜(光輪). *cf.* aureole
ves·i·cate [vésikèit] *vt.* (**-cat·ed, -cat·ing**) …을 발포시키다, 〖물·불로〗 부르트게 하다, 물집이 생기게 하다.
ves·i·ca·tion [vèsikéi(ʃ)(ə)n] *n.* ⓊⒸ 발포 (blister).
ves·i·ca·to·ry [vésikətòːri / -kèitəri] *adj., n.* (*pl.* **-ries**) =vesicant.
ves·i·cle [vésikl] *n.* **1** 소낭(小囊), 소포(小胞). **2** 〖동·식물〗 소기포. **3** 〖병리〗 소수포(blister). **4** 〖지질〗 〖바위·광석중의〗 기포, 소공.
vesico- vesica (낭)의 뜻의 연결형. 예: *vesico*tomy (방광 절개술).
ve·sic·u·lar [visíkjulər] *adj.* **1** 소낭(小囊)의. **2** 소낭(小囊)상의. **3** 소낭(小囊)으로 된. **~·ly** *adv.*
ve·sic·u·late *adj.* [visíkjulit, -lèit ⇒ *v.*] 소낭(小囊)의 (가 있는), 소낭(小囊) 모양의, 소포로 뒤덮인. — *v.* [visíkjulèit] (**-lat·ed, -lat·ing**) *vt.* …에 수포 따위가 생

나게 하다. — *vi.* 수포가 되다, 수포 모양이 되다.
ve·sic·u·la·tion [visìkjuléi(ʃ)(ə)n] *n.* ⓊⒸ 소낭(小囊) 형성; 수포(물집) 형성(발생).
ves·per [véspər] *n.* **1** 《주로 詩》 해질 무렵, 저녁 (evening). **2** 《V-》 개밥바라기[저녁의 금성], 태백성. **3** 《때로 V-》 저녁 기도(예배, 성가). **4** 밤 기도의 종, 만도(晚禱)의 종. **5** (~s) 저녁 기도; 〖교회 기도의〗 만과(晚課); 만과의 시각. — *adj.* **1** 저녁의, 석양의. **2** 만도의. ¶ *vesper* bells 만도의 종.
ves·per·tine [véspərtàin, +美 -tin] *adj.* **1** 저녁의, 저녁에 일어나는. **2** 〖식물〗 〖꽃이〗 저녁에 피는. **3** 〖동물〗 저녁에 나타나는(날아 다니는) (crepuscular). **4** 〖천문〗 〖별이〗 일몰서에 지평선에 지는.
ves·pi·ar·y [véspièri / -piəri] *n.* (*pl.* **-ar·ies**) 말벌의 집.
ves·pid [véspid] *n.* 〖동물〗 말벌과(科)의 벌. — *adj.* 말벌과(科)의.
ves·pine [véspain, -pin] *adj.* 말벌의(같은).
‡**ves·sel** [vésl] *n.* **1** 〖특히 대형의〗배, 선박. ¶ a war *vessel* 군함 / a steam *vessel* 기선. **2** 비행선(airship). **3** 용기, 담는 것, 그릇〖컵·사발·항아리·병·냄비 따위〗. ¶ an earthen *vessel* 토기 / a holy (*or* sacred) *vessel* 〖성찬용〗 성기(聖器) / The empty *vessel* makes the greatest sound. 《속담》 빈 항아리가 소리만 요란하다. **4** 〖해부·동물〗 〖몸 안의 임파액 따위를 나르는〗 관, 맥관(脈管); 〖식물〗 〖수액을 나르는〗 도관(導管). ¶ a blood *vessel* 혈관. **5** 〖성서〗 〖정신적인 특질을 받아들여 담아두는 그릇으로 본〗 사람, 그릇. ¶ a chosen *vessel* 〖선에게〗 선택된 그릇(사람)[←사도 행전 (Acts) 9:15] / the weaker *vessel* 여자, 부인, 아내[←베드로 전서(1Pet.) 3:7].
‡**vest** [vest] *n.* **1** 남자용 조끼(waistcoat); 〖동일한〗 여성복. **2** 《英》 〖남자용〗 속옷, 샤쓰(undershirt). **3** 여자·아동용의 속옷, 메리야스 샤쓰. **4** 〖고대 또는 동양 제국에서 쓰였던〗 헐렁한 남자용 겉옷. **5** 〖보통 V 자형의〗 여성용 코트 따위의 앞 장식. — *vt.* **1** 〖사람·기관에 재산·권력·권리 등〗을 주다, 부여하다(…*in, with*). ¶ (~+目+前+名) *vest* an estate (a title) in a person 남에게 재산(칭호)을 주다 / *vest* a person *with* rights in an estate 남에게 재산권을 주다 / *vest* a court *with* the right to try a person's case 법원에 남의 사건을 심문할 권리를 주다 / The estate will become *vested* in the holder of a properly executed deed. 재산은 법규대로 작성된 증서의 소유자에게 돌아갈 것이다. **2** …에 의복을 입히다(dress), 제복(승의)을 입히다(僧衣)(…). — *vi.* **1** 〖재산·권리 따위가〗 사람에게 돌아가다, 귀속되다(*in*…). **2** 제복(승의)을 입다.
Ves·ta [véstə] **1** 〖로마 신화〗 베스타 여신〖불타는 〖竈〗의 여신; 그리스 신화의 Hestia에 해당〗. **2** (v-) 《英》 짧은 성냥. **3** 〖천문〗 베스타 〖소행성의 이름〗.
ves·tal [vést(ə)l] *adj.* **1** 여신 베스타의(에 관한). ¶ the *vestal* fire 베스타 신전의 성화. **2** 베스타에게 몸바친 처녀의(와 같은), 순결한, 처녀의. — *n.* = vestal virgin.
véstal vírgin *n.* 〖고대 로마의〗 베스타 여신(Vesta)에게 몸을 바쳐 그 제단에 성화(vestal fire)가 꺼지지 않도록 지킨 4인(뒤에 6인)의 처녀의 하나; 《비유적》 처녀(virgin); 순결한 여성; 수녀(nun).
vest·ed [véstid] *adj.* **1** 〖법률〗 소유권이 정해진, 확정된, 기득의. ¶ *vested* rights 기득권. **2** 〖특히〗 제복(祭服)(예복)을 입은. ¶ a *vested* choir 성가대복을 입은 성가대.
vésted ínterest *n.* **1** 〖법률〗 기득권, 확정적 권리; 연금 수급권. **2** 한 나라의 경제 활동을 지배하는 사람들(단체 따위).
vest·ee [vestíː] *n.* 베스티〖여성복의 앞 장식〗.
ves·ti·ar·y [véstièri / -əri] *n.* (*pl.* **-ies**) **1** 〖교회·승원의〗 제의실(祭衣室). **2** 《집합적》 의복; 제

ves·tib·u·lar [vestíbjulər] *adj.* **1** 현관의, 대기실의. **2** [객차의] 연결 복도의. **3** [해부] 전정(前庭)의. ¶ the *vestibular* ataxia 전정성 실조증(失調症).

ves·ti·bule [véstibjùːl] *n.* **1** 현관, 대기실. **2** [철도 객차의] 연결 복도. **3** [해부·동물] 전정, 전실(前室). **4** [새로운 것에] 접근하는 길.

véstibule schòol *n.* [공장 따위의] 신입 사원 양성소(훈련소).

véstibule tràin *n.* 객차 사이의 통행이 가능한 열차.

***ves·tige** [véstidʒ] *n.* **1** [소멸한 것의] 흔적, 자국, 유적; [상태·관행 (慣行)의] 잔존하는 증거. ▷ TRACE [類語] ¶ the last *vestiges* of prehistoric life 유사 이전 생활의 마지막 흔적. **2** 《보통 부정어를 수반하여》 아주 미미한 흔적, 사소한 자취; 극히 적음. ¶ without a *vestige* of clothing 실오라기 하나 걸치지 않고 / There was not a *vestige* of the castle. 그 성은 흔적조차 없었다. **3** [생물] 퇴화된 흔적 기관(구조). **4** 《드물게》 [사람·동물의] 발자국.

ves·tig·i·al [vestídʒiəl] *adj.* 흔적으로 남은, 흔적의; [생물] 흔적[기관]의, 퇴화한. ~**·ly** [-əli] *adv.*

vest·ing [véstiŋ] *n.* ⓤ 조끼감.

vest·ment [vés(t)mənt] *n.* **1** 의복, [특히]겉옷(garment), 가운. **2** 정복, 예복. **3** [교회] 성직자·성가대가 예배 때 입는 제복 또는 성가대복. **4** [의복처럼] 덮는 것.

vest·ment·al [vés(t)mənt(ə)l] *adj.* 의복(예복)의.

vest-pock·et [véstpɑ̀kit / -pɔ̀k-] *adj.* [조끼의 포켓에 들어갈만한], 소규모의. ¶ a *vest-pocket* edition of a book 소형본, 포켓판의 책.

ves·try [véstri] *n.* (*pl.* **-tries**) **1** [교회의] 제복실, 성구(聖具) 보관소. **2** [일요 학교 따위로 사용되는] 교회 부속실, 예배실. **3** [미국성공회의] 교구 위원회; [영국 국교회의] 교구회. **4** 《집합적》 교구회원.

ves·try·man [véstrimən] *n.* (*pl.* **-men** [-mən]) 교구 위원.

ves·ture [véstʃər] *n.* ⓤⓒ **1** 《고어·문어》 의복, 의상(clothing), 덮개. **2** 《비유》 [수목 이외의] 덮어 싸고 있는 것, 땅을 덮고 있는 것; [풀·밀 따위] 지상의 산물. — *vt.* (**-tured, -tur·ing**) 《고어·문어》 …에 의상을 입히다.

Ve·su·vi·an [visúːviən, -vjən] *adj.* 베수비어스(Vesuvius) 화산의(과 같은); 화산의(volcanic). — *n.* (v-) **1** 《옛날 야외에서 쓰던 여송연용》 내풍(耐風) 성냥(fusee). **2** =vesuvianite.

ve·su·vi·an·ite [visúːviənàit, -vjə-] *n.* ⓤ 베수비어스돌 (Vesuvius 화산에서 주로 볼 수 있는 갈색 또는 녹색의 광물).

Ve·su·vi·us [visúːviəs, -vjəs] *n.* Mount ~ 베수비어스 산 (이탈리아 서남부, 나폴리 부근의 활화산).

vet[1] [vet] *n.* 《구어》 수의 (獸醫) (veterinarian). — *v.* (**vet·ted, vet·ting**) *vt.* 《구어》 **1** [동물을] 진료하다가[익살] [사람을] 진료하다. **2** 《비유적》 …을 조사하다, [원고 따위를] 정정하다(correct). — *vi.* 《구어》 수의의 노릇을 하다. [< VET[ERINARY]]

vet[2] [vet] *n.* 《미구어》 노병, 퇴역 군인. [< VET[ERAN]]

vet. 《略》 veteran; veterinary; veterinary.

vetch [vetʃ] *n.* 살갈퀴속(屬)의 각종 초본, 살갈퀴[콩과(科) 식물; 사료용, 토지 개량의 비료용]; 그 씨앗.

vetch·ling [vétʃliŋ] *n.* 연리초 (連理草)속(屬)의 식물.

veter. 《略》 veterinary.

‡**vet·er·an** [vét(ə)rən] *n.* **1** [한 직력(職歷)이 긴] 노련한 사람, 고참, 베테랑. **2** 고참병, [특히] 전력(戰歷)이 긴 노련병. **3** 《미》 퇴역 군인, 재향 군인 (ex-serviceman). ¶ He's an ex-Vietnam *veteran.* 그는 베트남에 참전했던 재향 군인이다. — *adj.* **1** 종군한 일이 있는, 전력이 긴. **2** 노련한, 오랜 경험을 쌓은. ¶ a *veteran* golfer 베테랑 골퍼.

◇ véteranize *v.*

véteran cár *n.* 《영》 [1916년, 또는 1905년 이전에 제작된] 고급 자동차.

vet·er·an·ize [vét(ə)rənàiz] *v.* (**-ized, -iz·ing**) *vi.* [병사로서] 재응모하다. — *vt.* [재응모시켜]…을 노련하게 하다.

Véterans Affáirs Depártment *n.* 《미》 재향군인 원호부[연방 정부의 한 부(部)].

Véterans (**Véterans'**) **Dày** *n.* 《미·캐나다》재향군인의 날[11월 11일; 제1·2차 세계 대전의 종전과 그에 종군한 사람들을 기념하는 날. 옛이름 Armistice Day]. [軍醫]

vet·er·i·nar·i·an [vèt(ə)rinɛ́(ː)riən / -nέər-] *n.* 수의의.

vet·er·i·nar·y [vét(ə)rinèri / -n(ə)ri] *n.* (*pl.* **-nar·ies**) 수의(veterinarian). — *adj.* 수의의, 수의학에 관한. ¶ *veterinary* science 수의학 / a *veterinary* surgeon 수의.

***ve·to** [víːtou] *n.* (*pl.* **-toes**) **1** (=véto pòwer) [대통령·지사 등의] 거부권; 거부권 행사. ¶ put a (or one's) *veto* on (or upon) …을 부인(거부)하다. **2** (=véto mèssage) 거부 통지서, 거부 교서. **3** [일반적으로] 거부, 금지(prohibition); 금지권. — *vt.* **1** [거부권을 행사하여] [의안 따위를] 거부하다, 부인하다. **2** [행위 따위를] 절대적으로 금지하다.

‡**vex** [veks] *vt.* **1** …을 초조하게 하다, 성가시게 하다, 난처하게 하다. ▷ BOTHER [類語] ¶ He was *vexed* at the noise. 그는 그 소음에 신경을 곤두세웠다(화를 냈다) / He was *vexed* that he could not find out anything. 그는 아무 것도 찾아내지 못해서 신경질이 났다 / (~ + 目 + 前 + 名) *vex* a person *with* foolish questions 바보스러운 질문을 해서 남을 난처하게 하다. **2** …을 괴롭히다, 고통을 주다; …의 마음을 산란하게 하다(torment, worry). ¶ This problem has *vexed* me. 이 문제가 나를 괴롭히고 있다 / She is *vexed with* her son *at* his laziness. 그녀는 아들의 게으름에 고민하고 있다 / I was *vexed to* hear his misconduct. 나는 그의 못된 짓에 관한 이야기를 듣고 가슴이 아팠다. **3** [문제 따위를] 활발히 논하다(토론하다). ¶ a *vexed* question 크게 논의된 문제 / *vex* a question without reaching any solution 문제를 활발히 논의는 했으나 결론을 내리지 못하다. **4** 《고어·詩》 [바람·파도 따위가] [바다 따위를] 뒤집다, 어수선하게 하다. **5** 《고어》 [병 따위가] …에 고통을 주다, …을 괴롭히다.

◇ vexátion *n.*, vexátious *adj.*

***vex·a·tion** [veksèiʃ(ə)n] *n.* **1** ⓤ 짜증, 짜증내기, 짜증나게 하기, 괴롭히기, 괴로와 함, 화나게 함, 화남. **2** ⓤ [정신적] 고통, 괴로움, 애탐. ¶ *All is vanity and vexation of spirit.* 다 헛되이 바람을 잡으려는 것이로다 〈전도서(Eccl.) 1 : 14〉. **3** 괴롭히는 것, 고민거리, 성가신 일. ¶ the little *vexations* of life 인생의 자질구레한 걱정거리. ◇ vex *v.*, vexátious *adj.*

vex·a·tious [vekséiʃəs] *adj.* **1** 성가신, 짜증이 나는, 화나는, 괴로운, 신경이 곤두서는(irritating). ¶ *vexatious* business 성가신 일. **2** 《법률》 [소송 따위가] 충분한 근거가 없어서] 짓궂기만 하는, 상대방을 괴롭히기 위한. ¶ a *vexatious* suit 남소(濫訴).
~**·ly** *adv.* ~**·ness** *n.*

vexed [vekst] *adj.* **1** 초조한, 짜증나는. **2** [문제 따위가] 말썽 많은, 난처한. ¶ a *vexed* question 말썽 많은 문제.

vex·ed·ly [véksidli, vékst-] *adv.* 짜증이 나서, 화가 나서.

vex·il·lar·y [véksilèri / -ləri] *n.* [고대 로마에서 어떤 군기 아래 속했던] 고참병, 노병; 기수. — *adj.* **1** [고대 로마의] 군기의. **2** [식물] 기판 (旗瓣)의. **3** [동물] [새의 깃의] 깃(翎)의.

vex·il·lol·o·gy [vèksiláləʤi / -lɔ́l-] *n.* ⓤ 기 학 (旗 學), 기 (旗)에 관한 연구. [< VEXILL[UM] + -OLOGY]

vex·il·lum [véksiləm] *n.* (*pl.* **-il·la** [-silə]) **1** [고대 로마의] 군기, 군기 아래의 부대. **2** [식물] 기판(旗瓣). **3** 《드물게》 [동물] [새 깃의] 깃(翎).

vex·ing [véksiŋ] *adj.* 성가시게 하는, 괘씸한,

말썽많은(troublesome). ~•ly adv.
VF, v.f.(略) *very fair* (*fine*); *video frequency*; *visual field*; *voice frequency*.
VFD(略) *Volunteer Fire Department*(의용 소방대).
VFR(略) *visual flight rules*(유시계(有視界) 비행 규칙).
V.F.W., VFW (略) *Veterans of Foreign Wars* [of the United States] ([미국] 해외 종군 군인회).
VG (略) *videoterminal glasses*(비디오 터미널에 붙인 눈 보호용 색 유리).
V.G. (略) *Vicar-General*(주교 대리); *very good*.
V géne n. [유전] V 유전자[면역 글로불린의 가변(可變) 부분을 지배하는 유전자]. [<V[ARIABLE]]
VHF, vhf (略) *very high frequency*.
VHF márker béacon [vì:èitʃéf-] n. [항공] VHF 마커[계기 진입 착륙 장치(ILS)의 일부].
VHLL (略) [컴퓨터] *very high level language*(초고급 언어[프로그램 언어중 최첨단 언어]).
VHSIC (略) [전자 공학·군사] *very high speed integrated circuit*(초고속 집적 회로).
Vi [화학] virginium의 원소 기호.
V.I. (略) *Vancouver Island*; *Virgin Islands*.
v.i. (略) *intransitive verb*(* vi.로도 줄여 쓴다); [라틴] *vide infra*[=see below].
‡**vi·a** [váiə, +美 víːə] *prep.* 1 …을 거쳐, …을 지나서, …을 경유해서(by way of). ► to go to Denver *via* Chicago 시카고를 경유해서 덴버로 간다. 2 …을 통해서, …에 의해서(by means of). ¶ *via* air mail [美] 항공편[에 의해서] by air mail).
vi·a·bil·i·ty [vàiəbíliti] *n.* [U] 생존성, 생존 능력, 성장력; [태아·신생아의] 생육력; 생활력.
vi·a·ble [váiəbl] *adj.* 1 생활력이 있는. 2 생존에 적합한; [태아가] 생육될 수 있는. 3 [상상력 따위] 생생한(vivid). 4 실행할 수 있는(practicable).
vía dòl·o·ró·sa [-dàləróusə/-dɔ̀l-] *n.* 그리스도가 십자가를 지고 갈보리(Calvary)까지 걸어간 길; 고난(슬픔)의 길.
vi·a·duct [váiədʌ̀kt] *n.* [석조의] 육교, 고가교.
Vi·a·gra [vaiǽgrə] *n.* [商標] 비아그라[남성 발기 부전 환자를 위한 알약 상품명].
vi·al [váiəl] *n.* 작은 유리병, 약병.
pour out the vials of [*one's*] *wrath on* (or *upon*) …에게 복수하다[요한 계시록 (Rev.) 16:1].
— *vt.* *-aled, -al·ing*(英) *-alled, -al·ling*)…을 유리병에 넣다.
Vía Lac·te·a [vàiə lǽktiə, +美 víːə-] *n.* [라틴] (=Milky Way) 은하, 은하수.
vía me·di·a [váiə míːdiə, +美 víːə-] *n.* [라틴] (=middle path) 중도, 중용(* 특히 가톨릭과 프로테스탄트와의 사이에 있는 영국 국교회를 가리킨다).
vi·and [váiənd] *n.* 1 식품. 2 (~s) 음식; [특히] 맛있는 음식. ➪ FOOD[類語]
vi·at·i·cum [vaiǽtikəm] *n.* (*pl.* **-ca** [-kə] *or* **-cums**) 1 [고대] 임종의 성찬(영체 배령). 2 [고대 로마의] 공무 여행용의 급여(여비, 식량). 3 [일반적으로] 여비, 여행용품.
vibes [vaibz] *n. pl.* (*단수 취급*) 1 [美구어]=vibraphone. 2 [美속어]=vibration 4.
vib·gyor [víbɡjɔ̀ːr] *n.* 미 [비크크요르, 빨주노초파남보[무지개의 일곱가지 색을 기억하기 위한 조어(造語)]. [<*v*iolet, *i*ndigo, *b*lue, *g*reen, *y*ellow, *o*range and *r*ed].
vi·bra·harp [váibrəhɑ̀ːrp] *n.* =vibraphone.
vi·bran·cy [váibr(ə)nsi] *n.* (*pl.* **-cies**) 진동, 공명, 반향, 맥동.
vi·brant [váibr(ə)nt] *adj.* 1 진동하는, 흔들리는. 2 [소리를 내기 위해] 진동하는. 3 [소리가] 울려퍼지는, 반향하는. 4 힘차게 맥박치는, 고동하는. 5 활기에 넘친, 힘찬(with...). ¶ *a city vibrant with life* 활기에 넘친 도시. 6 자극적인, 손에 땀을 쥐게 하는, 슴슴

죽이게 하는(with...). 7 [음성] 성대의 진동으로 생기는, 유성음의. — *n.* [음성] 유성음. *opp.* surd. ~•ly *adv.*
vi·bra·phone [váibrəfòun] *n.* 비브라폰[실로폰 비슷한 악기].
vi·bra·phon·ist [váibrəfòunist] *n.* 비브라폰 주자.
‡**vi·brate** [váibreit /-ˊ-, ˊ-] *vi.* (**-brat·ed, -brat·ing**) *vi.* 1 흔들리다, 진동하다. ➪ SHAKE[類語] 2 [급격하게, 되풀이해서] 떨다, 진동(震動)하다(quiver). ¶ The leaves continued to *vibrate* in the breeze. 나뭇잎이 미풍에 살랑거리고 있었다. 3 [소리가] 진동하다, 울리다. ¶ His voice *vibrated* with rage. 노여움으로 그의 목소리가 떨렸다. 4 감동하다, 두근두근하다. ¶ My heart *vibrates with* excitement. 내 가슴은 흥분으로 두근거린다. — *vt.* 1 …을 흔들어 움직이다(swing); [급격하게] …을 진동시키다. ¶ A rattlesnake is capable of making a loud noise by *vibrating* its tail. 방울뱀은 꼬리을 흔들어 큰 소리를 낼 수가 있다. 2 [진동에 의해서] [소리·빛 따위]를 내다. ¶ A star *vibrates* light. 별은 진동으로 빛을 낸다. 3 [진동에 의해서] …을 재다, 나타내다. ¶ A pendulum *vibrates* seconds. 진자는 흔들리면서 초를 새긴다.
◇ **vibration** *n.*, **vibrant**, **vibratile** *adj.*
ví·brat·ed cóncrete [váibreitid-] *n.* [U] [건축] 진동식 콘크리트[다져 넣을 때 진동시켜 강도를 높인 것].
vi·bra·tile [váibrətl, -tàil / -tàil] *adj.* 진동시킬 수 있는; 진동하는; 진동[성]의.
vi·bra·til·i·ty [vàibrətíliti] *n.* [U] 진동[성].
*‡**vi·bra·tion** [vaibréiʃ(ə)n] *n.* [U][C] 1 [물리] 진동; 진동하기(시키기). 2 [마음의] 동요, [기분·의견·행위 따위의] 불안정, 혜맴, 갈팡질팡하기. 3 [물리] 동요. 4 (~s) [美속어] 느낌, 분위기, 느끼는 기분.
◇ **vibrate** *v.*, **vibrant**, **vibratile** *adj.*
vi·bra·tion·al [vaibréiʃ(ə)nl] *adj.* 진동[성]의.
vi·bra·tion·less [vaibréiʃ(ə)nlis] *adj.* 진동이 없는.
vi·bra·tive [váibrətiv / vaibréi-] *adj.* =vibratory.
vi·bra·to [vibrɑ́ːtou] *n.* (*pl.* **-tos**) [음악] 진동음, 비브라토, 진동성. *cf.* tremolo. [<It]
vi·bra·tor [váibreitər /-ˊ--] *n.* 1 진동하는(시키는) 것. 2 [전기] 진동기, 바이브레이터; 전기 마사지기(器). 3 [오르간의] 혀, 리드(reed). 4 [인쇄기의] 진동 롤러.
vi·bra·to·ry [váibrətɔ̀ːri / -t(ə)ri] *adj.* 1 진동할 수 있는. 2 진동하는. 3 진동[성]의, 진동으로 된.
vib·rio [víbriòu] *n.* (*pl.* ~s) [세균] 비브리오속(屬)의 각종 세균[콜레라균을 포함].
vi·bris·sa [vaibrísə] *n.* (*pl.* **-sae** [-siː]) [해부·동물] 강모(剛毛) [새 부리 근방의 깃털], 콧수염, 촉수(觸毛) [고양이 수염 따위], ¶ sage, vibrometer.
vibro- [진동(振動)]의 뜻의 연결형. 예: *vibro*mas-
vi·bro·graph [váibrəɡrǽf / -ɡrɑ̀ːf] *n.* 진동계.
vi·brom·e·ter [vaibrɑ́mitər / -brɔ́m-] *n.* =vibrograph.
vi·bron·ic [vaibrɑ́nik / -brɔ́n-] *adj.* [물] 전자 진동의. [<VIBR[ATION] + [ELECTR]ONIC]
vi·bro·scope [váibrəskòup] *n.* 진동계.
vi·bur·num [vaibə́ːrnəm] *n.* 1 [식] 바이바넘속(屬)의 식물; [U] 그 수피(樹皮) [약제용].
vic[1] [vik] *n.* 속음담기(phonograph). [<VIC[TROLA]]
vic[2] [vik] *n.* [英] [비행기의] V 자형 편대.
Vic. (略) *Vicar*; *Vicarage*; *Victoria*; *Victorian*.
*‡**vic·ar** [víkər] *n.* 1 [영국 국교회] 교구 목사. 2 [교황·주교 등의] 대리. 3 [일반적으로] 대리인.
a vicar of Bray [brei] 기회주의자. [<황.
the Vicar of Christ [가톨릭] 그리스도의 대리자, 교황.
vic·ar·age [víkəridʒ] *n.* 1 목사의 주거, 목사관. 2 목사의 성직급(聖職給). 3 [U] 목사의 직(직).
vícar apostólic *n.* [가톨릭] 대목(代牧) 교구장.
vícar chóral *n.* (*pl.* **vicars c-**) [영국 국교회에서]

성가 지휘자의 보조원.

vícar foráne *n.* (*pl.* **vicars f-**) 〖가톨릭〗 대리.

vic·ar·gen·er·al [víkərdʒén(ə)rəl] *n.* (*pl.* **vicars-**) 1 〖가톨릭〗 주교 총대리. 2 〖영국 국교회〗 주교 대리인. 3 〖英역사〗 종무(宗務) 대리인.

vi·car·i·al [vaikɛ́(:)riəl, vik- / -kɛ́ər-] *adj.* 1 목사의. 2 목사직에 있는(을 맡은). 3 대리의.

vi·car·i·ate [vaikɛ́(:)riit, -rièit, vi- / -kɛ́ər-] *n.* ① 목사의 직(권한). 2 목사의 관할 구역. 3 〖가톨릭〗 대목(代牧) 교구장의 사무소 또는 관할 구역.

vi·car·i·ous [vaikɛ́(:)riəs, vik- / -kɛ́ər-] *adj.* 1 남을 대신하여 하는; 대리의, 대리하는. ¶ *vicarious* punishment 남 대신 받는 형벌 / the *vicarious* sufferings of Christ 죄인 대신 받은 그리스도의 수난. 2 〖타인의 경험을〗상상하여 느끼고 맛보는. ¶ a *vicarious* thrill 남의 이야기를 듣고 느끼는 짜릿한 기분. 3 〖생리〗 대상(代償)의. ¶ *vicarious* hemorrhage 대상 출혈〖정상 출혈 장소 이외의 장소에서의 출혈〗. ~·ly *adv.* ~·ness *n.*

vic·ar·ship [víkərʃip] *n.* ① vicar 의 직(지위, 임기).

‡**vice**[1] [vais] *n.* ① ⓒ 1 부도덕, 악덕; 비행, 악행; 악습, 나쁜 버릇 (*of*...). ⇨ CRIME 類語 *opp.* virtue ¶ virtue and *vice* 미덕과 악덕 // indulge in the *vice* of intemperance 음주의 나쁜 버릇에 젖다 / He has a *vice* of lying. 그에게는 거짓말 하는 나쁜 버릇이 있다. 2 성적 부도덕, 〖특히〗매춘(prostitution). 3 결함, 결점 (*opp.* virtue); 육체적 결함 ⇨ FAULT 類語; 불완전함 (*of*...). ¶ a constitutional *vice* 타고난 육체적 결함 / *vices* of literary style 문체상의 결함. 4 (the V-) 〖영국의 우의극(寓意劇) (morality play)의〗악역(惡役).
◇ vicious *adj.*

vice[2] [vais] *n., v.* (**viced, vic·ing**) 〖英〗 =vise.

vice[3] [vais] *n.* 〖구어〗 부회장, 부총장(vice-president).

vi·ce[vaisi] *prep.* …대신에(instead of); …대신으로 (in place of). 〔< L〕

vice- deputy 라는 뜻의 연결형. 예: *vice*-chairman, *vice*roy, *vice*gerent.

vice-ad·mi·ral [váisǽdm(ə)rəl] *n.* 해군 중장.

vice-ad·mi·ral·ty [váisǽdm(ə)rəlti] *n.* ① 해군 중장의 지위(직, 임기).

více-ádmiralty còurt *n.* 〖英〗 식민지 해사 법원.

vice-chair·man [váistʃɛ́ərmən] *n.* (*pl.* **-men** [-mən]) 부의장, 부회장, 부위원장.

vice-cham·ber·lain [váistʃéimbərlin] *n.* 부시종, 내대신(內大臣); 〖英〗 부대신, 궁내(宮內) 차관.

vice-can·cel·lor [váistʃǽns(ə)lər / -tʃáːn-] *n.* 대학 부총장, 부대법관.

vice-can·cel·lor·ship [váistʃǽns(ə)lərʃip / -tʃáːn-] *n.* ① 대학 부총장(부대법관)의 지위(직, 임기).

vice-con·sul [váiskáns(ə)l / -kɔ́n-] *n.* 부영사.

vice-con·su·lar [váiskáns(ə)lər / -kɔ́nsju-] *adj.* 부영사의.

vice-con·su·late [váiskáns(ə)lit / -kɔ́nsju-] *n.* ① 부영사의 지위(직, 임기).

vice-con·su·ship [váiskáns(ə)lʃip / -kɔ́n-] *n.* ① 부영사의 지위(직, 임기).

vice-ge·ral [vaisdʒí(ː)rəl / -dʒér-] *adj.* 대리[자]의, 대관(代官)의.

vice-ge·ren·cy [vaisdʒí(ː)rənsi / -dʒér-] *n.* (*pl.* **-cies**) 1 대리인(대관)의 지위(직). 2 대리인(대관)의 관할 지역.

vice-ge·rent [vaisdʒí(ː)r(ə)nt / -dʒér-] *n.* 대관, 대리인. — *adj.* 대관(대리)의; 대리 권한의(을 행사하는).

vice-gov·er·nor [váisgʌ́vənər] *n.* 부지사, 부총독.

vice-hunt·er [váishʌ̀ntər] *n.* 《美》 하층 사회 연구자.

vice-king [váiskíŋ] *n.* 부왕(副王), 태수(太守) (viceroy).

vice-less [váislis] *adj.* 악덕이 없는.

vice-min·is·ter [váismínistər] *n.* 차관.

vi·cen·ni·al [vaisénial] *adj.* 1 20년〖간〗의, 20년 간 계속되는. 2 20년마다 일어나는, 20년에 한 번의.

vice-pres., Vice-Pres. 〖略〗vice-president.

vice-pres·i·den·cy [váisprézid(ə)nsi] *n.* ① 부통령 (부회장, 부사장)의 지위(직, 임기).

*****vice-pres·i·dent** [váisprézid(ə)nt] *n.* 부통령, 부회장, 부사장, 부총장, 부총재, 부행장.

vice-pres·i·den·tial [váisprèzidénʃ(ə)l] *adj.* 부통령(부회장, 부사장, 부총장, 부총재, 부행장)의.

vice-re·gal [vàisríːg(ə)l] *adj.* 부왕(副王) (태수)의. ~·ly *adv.*

vice-re·gen·cy [váisríːdʒ(ə)nsi] *n.* ① 부섭정의 지위(직, 임기).

vice-re·gent [váisríːdʒ(ə)nt] *n.* 부섭정(副攝政). — *adj.* 부섭정의.

vice·reine [váisrein, +英 =] *n.* 1 부왕(副王)의 부인, 총독 부인. 2 여성의 viceroy.

vice·roy [váisrɔi] *n.* 부왕, 태수, 국왕 대리, 총독. ¶ the *viceroy* of India 인도 총독.

vice·roy·al·ty [vaisrɔ́ialti, =---] *n.* (*pl.* **-ties**) 1 부왕(태수, 총독)의 지위(권한, 임기). 2 부왕(태수, 총독)의 지배 지역.

vice·roy·ship [váisrɔiʃip] *n.* =viceroyalty.

více squàd *n.* 〖경찰의 매춘·도박 따위의〗 죄악 단속반.

vi·ce ver·sa [váisi vɔ́ːrsə, váis(ə)-] *adv.* 거꾸로, 역으로, 반대로; 역 또한 같다(* 앞 문장의 말을 생략형으로 나타내는 문구로, 주로 …and vice versa 처럼 쓴다). ¶ I dislike him, and *vice versa*. 나는 그가 싫고, 그 또한 나를 싫어한다. 〔< L〕

Vi·chy [víːʃi, víʃi:] *n.* 1 비시〖프랑스 중부의 도시; 제2차 대전 중 비점령 지구의 임시 수도였다〗. 2 = Vichy water.

ví·chy·ssoise [vìʃiswáːz] *n.* ① 비시스와즈〖양파·감자 따위에 크림을 곁들여 만드는 수프〗. 〔< F〕

Víchy wàter *n.* ① 비시 광천(鑛泉) 〖프랑스 Vichy 산(產)의 광천〗.

Vi·ci [váisai] *n.* 〖상표명〗 〖구두용〗 양 새끼 가죽의 일종.

vic·i·nage [vísinidʒ] *n.* ① 근처, 부근; 근접, 인접.

vic·i·nal [vísin(ə)l] *adj.* 1 부근의, 인접의, 인접지 [구]의; 한 지방의. 2 〖結晶〗 미사(微斜) [면]의. ¶ a *vicinal* plane 미사면.

‡**vi·cin·i·ty** [visíniti] *n.* ① ⓒ (*pl.* **-ties**) 1 근처, 부근. ⇨ NEIGHBORHOOD 類語 ¶ in the *vicinity* of …의 부근에, 근처에. 2 가까이, 접근(proximity).

‡**vi·cious** [víʃəs] *adj.* 1 부도덕한, 악덕의; 타락한; 나쁜 짓을 저지르기 쉬운. ¶ a *vicious* companion 나쁜 친구 / a *vicious* life 방종한 생활. 2 비난할 만한, 발칙한, 옳지 않은. ¶ a *vicious* action 부정 행위. 3 악의가 있는, 심술궂은. ¶ a *vicious* look 심술궂은 얼굴 표정 / a *vicious* gossip 악의에 찬 고십. 4 아주 평장한, 심히 불쾌한. ¶ a *vicious* headache 심한 두통 / a *vicious* storm 지독한 폭풍우. 5 잘못이 있는, 결점이 있는, 불완전한. ¶ a *vicious* reasoning 잘못된 추론 / a *vicious* text 잘못이 있는 텍스트. 6 거친 (savage); 동물 따위가〖 버릇이 나쁜, 다루기 힘든(unruly), 광포한. ¶ a *vicious* horse 다루기 힘든 말 / one's *vicious* temper 거친 기질.

~·ly *adv.* ~·ness *n.* ◇ vice *n.*

vícious círcle(cýcle, spíral) *n.* 1 〖일반적으로〗 악순환. 2 〖논리〗 순환 논법. 3 〖의학〗 악순환.

*****vi·cis·si·tude** [visísit(j)uːd / -tjuːd] *n.* 1 변화, 변동, 2 교체, 대사. 3 (~s) 〖처지·환경 따위의〗 변천, 변전(變轉); 운세의 변천, 〖인생의〗부침(浮沈), 영고성쇠. ¶ the *vicissitudes* of fate 운명의 부침. 4 규칙적인 (순환) 추이.
◇ vicissitudinary, vicissitudinous *adj.*

vi·cis·si·tu·di·nar·y [visìsit(j)úːdinèri / -tjúːdinəri] *adj.* 변화하는, 변전하는, 영고 성쇠의, 유위변천

vi·cis·si·tu·di·nous [visìsit(j)úːdinəs / -tjúːd-] *adj.* =vicissitudinary.

Vict. 《略》 Victoria; Victorian.

‡**vic·tim** [víktim] *n.* **1** [종교 의식에서 신에게 바쳐지는] 희생, 산 제물. ¶ offer up human *victims* 인간을 산 제물로 바치다. **2** 희생(자), 피해자, 피재자(被災者), 조난자(*of, to...*). ¶ the *victims* of war; war *victims* 전쟁 희생자 / a *victim* of circumstances 환경의 희생자[환경에 영향을 받은 범죄자·불량아 등] / *victims* of a flood 홍수의 희생자 / *victims* of a railroad accident 철도 사고의 희생자 / a *victim* to poverty 가난에 시달리는 사람 / make a *victim* of a person 남을 희생시키다 / Macbeth fell a *victim* to (or became a *victim* of) his ambition. 맥베스는 자기 야심의 희생물이 되었다. **3** 사기에 걸린 사람, 속는 사람, 봉(dupe). ¶ be made a *victim* of a swindler 사기꾼의 밥이 되다.

fall [a] *victim to* …의 희생(물)이 되다; [매력 따위에] 사로잡히다. ¶ He *fell victim to* her charms. 그는 그녀의 매력에 사로잡혔다. ◇ *victimize v.*

vic·tim·ism [víktimìz(ə)m] *n.* 피해자(희생자) 의식 [피해나 희생의 원인을 사회제도나 남에게 돌리는 행위].

vic·tim·i·za·tion [vìktimizéi(ə)n / -maiz-] *n.* ⓤ 희생시키기, 속이기, 괴롭히기.

vic·tim·ize [víktimàiz] (*《英》에서는 **vic·tim·ise** 로도 쓴다) *vt.* (*-ized, -iz·ing*) …을 희생시키다, 속이다, 괴롭히다. ⇨ CHEAT 《類語》

vic·tim·iz·er [víktimàizər] *n.* 희생시키는 사람, 사기꾼.

vic·tim·less [víktimlis] *adj.* 피해(희생)자 없는.

vic·tim·ol·o·gy [vìktiməláladʒi / -mɔ́l-] *n.* ⓤ 범죄 따위의 일반을 피해자측에서 연구.

vic·tor [víktər] *n.* 승리자, 정복자.

Vic·to·ri·a [viktɔ́ːriə / -tɔ́ːr-] *n.* **1** Hong Kong 의 수도. **2** Lake ~ 아프리카 대륙 중앙 동부의 호수. **3** [로마 신화의] 승리의 여신. **4** (v-) 2인승 4륜 마차의 일종; [후부 좌석의 덮개를 접을 수 있는] 오픈형 자동차. **5** (v-) 수련과(科)의 식물. 《< L *victory*》

Victória Cróss *n.* 《英》빅토리아 십자 훈장[전장에서의 수훈자에게 수여되는 훈장. 略 V.C.[víːsíː]].

Victória Dày *n.* **1** 《英》전영(全英) 경축일 [5월 24일. Queen Victoria 의 생일] (Empire Day). **2** 캐나다의 국경일[5월 25일에 제일 가까운 월요일].

Victória Fálls *n. pl.* (the ~) 빅토리아 폭포[아프리카 남부 잠베지강(江)에 걸려 있는 대폭포].

Victória Lánd *n.* 남극 대륙(Antarctica)의 한 지역.

*****Vic·to·ri·an** [viktɔ́ːriən / -tɔ́ːr-] *adj.* 빅토리아 여왕의, 빅토리아조(朝) (시대)의. ¶ the *Victorian* age 빅토리아 시대 / *Victorian* writers 빅토리아 여왕 시대의 작가. **2** 빅토리아조[인] 풍의. ¶ a *Victorian* dress 빅토리아조 풍의 의복. **3** 구식인, 고풍인. **4** [오스트레일리아의] 빅토리아주(州)의. — *n.* 빅토리아 여왕 시대의 사람, (특히) 빅토리아조(朝)의 (대표) 문학자.

Vic·to·ri·a·na [viktɔ̀ːriǽnə / -tɔ̀ːr-] *n.* 빅토리아조[풍]의 것[건축·예술·의복·장식 따위].

Vic·to·ri·an·ism [viktɔ́ːriənìz(ə)m / -tɔ́ːr-] *n.* ⓤ 빅토리아조풍(風).

vic·to·rine [víktəríːn / ⟂-⟂] *n.* 《英》[원래 여성이 썼던] 끝이 앞으로 길게 모피 어깨걸이.

‡**vic·to·ri·ous** [viktɔ́ːriəs / -tɔ́ːr-] *adj.* 승리를 얻은, 이긴; 전승(戰勝)의; 승리를 자랑하는. ¶ *victorious* troops 승리를 얻은 군대. ~**ly** *adv.* ~**ness** *n.*

◇ *víctory n.*

‡**vic·to·ry** [víkt(ə)ri] *n.* ⓤ ⓒ (*pl. -ries*) **1** 승리, 전승; 극복, 정복 (*over...*). ¶ a decisive *victory* 결정적인 승리 / The war ended in a *victory* for Greece. 그 전쟁은 그리스의 승리로 끝났다 // have (or gain, get, win) a (or the) *victory over* ⋯에 이기다 / *victory* over oneself (or one's lower self) 극기 / His mental *victory* over this cruel illness is complete. 이 가혹한 병에 대한 그의 정신적 승리는 완벽하다. 《類語》 *victory* 「승리」라는 뜻의 일반적인 말: win a *victory* in a Taekwondo match 태권도 시합에서 승리를 거두다. *triumph* 빛나는 결정적 승리와 그에 대한 칭찬을 받아 의기양양한 상태: a march of *triumph* 개선 행진. **2** (V-) 〔고대 로마의〕 승리의 여신. **3** (the V-) Nelson 이 Trafalgar 해전을 지휘한 기함. ◇ *victórious adj.*

víctory gàrden *n.* (종종 V-) 《美》제2차 세계 대전중의 가정 채원(菜園).

víc·tress [víktris] *n.* 여성 승리자(female victor).

Vic·tro·la [viktróulə] *n.* **1** 《상표명》Victor 회사제 축음기. **2** (v-) 축음기(phonograph)의 옛이름.

*****víct·ual** [vítl] *n.* (~s) 식량; 음식. ⇨ FOOD 《類語》 — *v.* (*-ualed, -ual·ing*; 《英》 *-ualled, -ual·ling*) *vt.* 음식을 공급하다. ¶ *victual* a ship for a voyage 항해를 위해 배에 식량을 싣다. — *vi.* **1** [배에] 식량을 싣다, 입수하다(take victuals). ¶ The ship *victualed* before sailing. 배는 출발 전에 식량을 실었다. **2** 〔고어〕 음식을 먹다(eat); [동물이] 먹이를 먹다(feed).

víct·ual·er, 《英》 **-ler** *n.* **1** 군대·선박 따위에의 식량 공급자. **2** 급양선(給糧船), 양식 운반선. **3** 《英》 주류 판매 면허를 가진 요식 업자, 술집 주인.

víctualling bìll [vítliŋ-] *n.* 《英》 선박용 식량 적재 신고서.

vi·cu·ña, -na [vik(j)úːnə, vai- / -kjúː-], 《vi·cu·gna》 *n.* **1** 비쿠냐[남미 안데스 산맥 지방의 야생 라마의 일종]. **2** ⓤ 그 털로 짠 비쿠냐 천. 《< Peruvian》

vid. 《略》(라틴) *vide*.

vi·de [váidi(ː), 美 víːdei, 英 vídei] *v.* 《라틴》(= see) 보아라, 참조하라(*略 v., vid.*) (* 특히 독자에게 책 따위의 일부를 참조시키기 위하여 쓴다). 《< L *vidē* see (명령형)》

vide an·te [-ǽnti] 《라틴》(= see before) 앞을 보아라.

vide in·fra [-ínfrə] 《라틴》(= see below) 아래를 보아라.

vi·de·li·cet [vidéləsèt / -díːlisèt] *adv.* 《라틴》(= namely) 즉, 바꾸어 말하면(that is to say) (* viz. 는 viz 로 줄이고 namely 라고 읽는다). 《< L *vidē licet* it is permitted to see》

*****vid·e·o** [vídiòu] *adj.* **1** 텔레비전의, 텔레비전 영상 송수신용의. **2** 비디오의. — *n.* ⓤ 텔레비전(television); 영상, 비디오.

vídeo árt *n.* 비디오 아트, 비디오 예술[비디오 기술을 이용한 영상 예술 표현의 한 양식. 특히 작가의 조형 활동 과정을 비디오에 담아 전달하려는 예술 기법].

vídeo càrrier *n.* [전자 공학] 영상 반송파(搬送波) [텔레비전 신호를 VHF 나 UHF 따위의 전파에 싣는 데 사용하는 전류].

vídeo cártridge (càssette) *n.* [TV] 비디오 카트리지(카세트) [카세트 모양의 녹화용 테이프].

vídeo cassètte recórder *n.* 비디오 카세트 녹화기 [略 VCR]. 〔전 방송].

víd·e·o·cast [vídio(u)kæst / -kɑ̀ːst] *n.* ⓤ ⓒ 텔레비

vídeo cónference *n.* 텔레비전 회의[원격지를 연결하여 브라운관을 보면서 하는 회의].

víd·e·oc·ra·cy [vìdiákrəsi] *n.* 텔레비전[을 이용한] 정치, 영상에 의한 국민 통치.

víd·e·o·disk [vídio(u)dìsk] *n.* 비디오 디스크 [레코드 모양의 녹화용 디스크].

vídeo gàme *n.* 비디오 게임 [화면에 나타난 영상을 이용한다]. *cf.* computer game

víd·e·o·gen·ic [vìdio(u)dʒénik] *adj.* 텔레비전 방송에 알맞은, 텔레비전 사진을 잘 받는(telegenic).

víd·e·o·ize [vídio(u)àiz] *vt.* (-*ized, -iz·ing*) …을 텔레비전용으로 다시 편성하다, 비디오화(化)하다.

víd·e·ol·o·gist [vìdio(u)ládʒist / -lɔ́dʒ-] *n.* 텔레비전 회사; 텔레비전 팬, 텔레비전광(狂).

vídeo mùsic *n.* [음악] 비디오 뮤직 [비디오의 영상

vídeo nàsty n. 《구어》 폭력(포르노) 비디오; 비디오의 공포 영화.

vid·e·o·phone [vídio(u)fòun] n. 텔레비전 전화.

vídeo pìracy n. 해적판 비디오 제작.

vid·e·o·play·er [vídio(u)plèiər] n. 비디오 테이프의 재생 장치.

vídeo recórding n. =video tape recording.

vídeo tàpe n. 비디오 테이프.

vid·e·o·tape [vídio(u)tèip] vt. (**-taped, -tap·ing**) …을 테이프 녹화하다.

vídeo tàpe cassétte n. 비디오 테이프 카세트[화 카세트].

vídeo tàpe recòrder n. 비디오 테이프 녹화 장치.

vídeo tàpe recòrding n. ⓤⓒ 비디오 테이프 녹화(VTR).

vid·e·o·tap·ping [vídio(u)tǽpiŋ] n. 비디오 도청[소형 비디오 카메라를 이용한 도청].

Vid·e·o·tel [vídio(u)tèl] n. 비디오텔[온라인과 비디오 기술을 결합한 호텔 투숙객용 정보 시스템; 미국의 Vidiotel Inc. 에서 개발]. =phone.

vid·e·o·tel·e·phone [vídio(u)télifòun] n. =video

vid·e·o·tex [vídio(u)tèks] n. 비디오텍스[전화를 이용한 생활 영상 정보 시스템].
[< VIDEO+TEX[T]]

vide post [-póust]《라틴》(=see after) 뒤를 보아라.

vide su·pra [-sú:prə / -s(j)ú:-]《라틴》(=see above) 위를 보아라.

vi·dette [vidét] n. =vedette.

vid·i·con [vídikàn / -kɔ̀n] n. 《TV》 비디콘[빛의 전도 효과를 이용한 텔레비전용 소형 카메라의 저속형(低速型) 활상관(撮像管)의 일종].

vid·i·ot [vídiət] n. 《美俗語》 텔레비전광(狂).
[< VID[EO] + [ID]IOT]

vid·kid [vídkìd] n. 《美俗語》 전자 오락이나 텔레비전에 깊이 빠진 아이. [< VID[EO]+KID]

vid·spud [vídspʌ̀d] n. 《俗語》 =couch potato. [부임.

vi·du·i·ty [vid(j)ú:iti / -djú:-] n. ⓤ 남편이 없음, 과

***vie** [vai] v. (**vied, vy·ing**) vi. (우열을) 다투다, 겨루다, 경쟁하다. ¶ (~+閘+图) vie with another for 권력을 잡으려고 남과 다투다 / vie in beauty 아름다움을 겨루다. — vt. **1** 《고어》…을 경쟁시키다. **2** 《폐어》 《카드 놀이에서》…

Vi·en·na [viénə] n. 빈 [오스트리아의 수도; 현지명 Wien].

Viénna sáusage n. ⓤⓒ 비엔나 소세지.

Vi·en·nese [vì:əní:z / víə-] adj. 빈의, 빈풍의. — n. (pl. **-nese**) 빈 [태생]의 사람, 빈 주민.

Vien·tiane [vjentjáːn] n. 비엔티안 [라오스(Laos)의 수도]. — adj. 비엔티안의, 비엔티안 풍의.

vi·er [váiər] n. 《드물게》 경쟁자, 다투는 사람.

Vi·et [vi:ét, vjet / vjet] n. 《구어》 베트남. — adj. 베트남의.

vi et ar·mis [vái et áː rmis]《라틴》(=with force and arms) 무력으로, 폭력을 써서.

Vi·et·cong, Viet Cong [vi:étkáŋ, vjét- / vjétkɔ́ŋ] n. 《집합적》 베트콩 [남베트남 민족 해방 전선]; 베트콩의 일원 (지지자). — adj. 베트콩의.

Vi·et·minh, Viet Minh [vi:étmín, vjét- / vjét-], (**Viét Mính**) n. **1** 베트민 [일본 및 특히 프랑스군과 싸운 베트남 민주 동맹, 현재는 북베트남의 중핵을 이루는 공산주의 단체]. **2** 베트민의 지도자(병(兵)), 지지자들. — adj. 베트민의.

Vi·et·nam [vi:étnáːm, vjét- / vjétnǽm, -náːm], (**Viét Nám**) n. 베트남[정식 명칭 Socialist Republic of Vietnam; 수도 Hanoi].

Vi·et·nam·ese [vi:étnəmíːz, vjét- / vjét-] adj. 베트남[인]의. — n. (pl. **-ese**) **1** 베트남인. **2** ⓤ 베트남어(語).

Vi·et·nam·i·za·tion [vi:étnəmizéiʃ(ə)n, vjét- / vjétnəmaiz-] n. ⓤ 베트남화.

Viétnam Wár n. (the ~) 월남 전쟁(1954-73)

Vi·et·nik [vi:étnik, vjét-, víːt- / vjét-] n. 베트남 반전(反戰) 운동자.

Vi·et·vet [víːétvet] n. 월남 전쟁 참전 용사.
[< VIET[NAM] + VET[ERAN]]

‡**view** [vju:] n. **1** 보기, 바라보기, 일견, 일별, 일망. ¶ see all things at one view 한눈으로 모든 것을 보다 / attend a private view of pictures on exhibition 회화 전시회의 비공개 관람에 참석하다 / go higher to get (or have) a better view of …을 더 잘 보려고 높은 곳으로 올라가다 / The boy was surprised at the first view of the ocean. 소년은 처음으로 대양을 보고 깜짝 놀랐다.

2 ⓤ 시력; 시계, 시야. ¶ a field of view 시야 / come into view 보이게 되다 / be exposed to view 보이다 / go out of view 보이지 않게 되다 / be lost to view 보이지 않게 되다.

3 광경, 풍경, 경치, 경관; 전망(prospect). ¶ We took a house with a view. 우리는 전망이 좋은 집을 빌었다 / Our house commands an excellent view. 우리집은 전망이 훌륭하다 / a fine view over the lake 호수의 아름다운 전망 / The hill affords a view of the park. 그 언덕에서 공원을 한눈에 볼 수 있다.

類語 **view** 「전망, 광경」이라는 뜻의 가장 일반적인 말: a view of the countryside 전원 풍경. **sight** 인상적인 광경, 특히 관광지: see the sights 관광지 구경을 하다. **scene** 그림같이 구성에 짜임새를 느끼게 하는 광경: beautiful scenes from the train window 열차의 창에서 보는 아름다운 풍경. **scenery** 어떤 고장의 지리적 외관의 의미로, the scenery in the Alps 알프스 산맥의 경관. **landscape** 어떤 시점에서 바라다본 산야·해안의 풍경: a landscape painting 풍경화. **prospect** 높은 곳 따위에서 멀리까지 전망한 광경: The hill commands a splendid prospect of the ocean. 그 언덕에서 바라다보이는 바다 경치가 장관이다. **vista** 가로수 따위를 따른 좁고 기다란 풍경: a pleasant vista of the promenade 산책길의 즐거운 풍경.

4 풍경, 풍경 사진; 《…도(圖)》. ¶ a front (a side) view 정면(측면)도 / a perspective view 투시도 / do (or take) some views of …의 풍경을 그리다 (찍다) / Many fine views hung on the walls. 많은 아름다운 풍경화가 벽에 걸려 있었다.

5 관찰, 고찰; 어떤 특정 견해. ¶ I take a dim (a favorable) view of his conduct. 나는 그의 행동에 의심(호의)을 갖는다 / We must take a just view of the facts. 우리는 사실을 공평하게 고찰하지 않으면 안 된다.

6 목적, 의도, 계획; 기대, 전망(prospect). ¶ fall in with a person's views 남의 계획에 찬성하다 / meet one's views 기대에 부응하다 / with no view of success 성공의 가망성도 없이 // have views on a rich man's daughter 부자집 딸과 결혼할 생각을 가지고 있다 / He had a view to bettering his condition. 그는 자신의 처지를 개선할 목적을 가지고 있었다 / I have quite other views for my son's future. 나는 자식의 장래에 관하여 전혀 다른 기대를 가지고 있다.

7 개설, 개론; 개관, 통람(of…). ¶ a columnist's view of the world crisis 세계의 위기에 대한 어느 칼럼니스트의 개관 / The author gave a brief view of his book. 저자는 그 책에 관하여 개설했다.

8 고려, 생각(conception), 의견, 견해 ⇒ OPINION 類語; 학설(theory); 판단(judgment); 인상 (against, of, on…) ¶ express one's views 자기 견해를 진술하다 / hold extreme views 극단적인 생각을 품다 (가지다); according to my view 내 판단으로는 / under this view 이 관점에서 // a view against the matter 그 일에 대한 반대론 / a view of life 인생관 / form a clear view of …관(觀)을 명확히 형성하다 / give one's view of …에

관한 의견을 개진하다 / What are your *views on* this subject? 이 문제에 관한 네 견해는 어떤가?
9 조사(survey); 점검(inspection). ¶ The jury had a *view* of the dead body. 배심원은 그 시체를 부검했다.
in view ① 보이는 곳에; 마음속에. ¶ keep (*or* have) something *in view* 어떤 것을 뚫어지게 바라보고 있다; 어떤 일을 마음에 간직하다. ② 고려중; 기도하여, 목적 삼아. ¶ with something *in view* 어떤 일을 기도하여; 어떤 일을 목적삼아 / have a plan *in view* 어떤 계획을 짜고 있다 / have an end *in view* 목적을 가지다. ③ 희망하여, 기대하여. ¶ have something *in view* 어떤 일을 기대하고 있다.
in view of ① …이 보이는 곳에(in sight of). ¶ We came *in view of* the sea. 바다가 보이는 곳에 왔다 / He did the deed *in view of* a crowd of people. 많은 사람들이 보는 앞에서 그는 그렇게 했다. ② …을 고려하여, …에 비추어서; …을 위하여; …을 예상해서. ¶ *in view of* the present situation 현상에 비추어.
on view 전시하여, 눈앞에 드러내어, 전람중에(on exhibition). ¶ The exhibits are *on view* from 9 a.m. to 5 p.m. 관람은 오전 9시부터 오후 5시까지다.
a point of view 견지, 관점(viewpoint). ¶ from a historical *point of view* 역사적인 관점에서 보아.
to the view 공공연히.
with a view to doing (or 《속어》 *to do*); *with the view of doing* …의 목적으로, …할 셈으로; …을 바라고, 기대하여; …을 고려하여. ¶ He has bought a lot of land / They enlarged the factory *with a view of* building a house. 그는 집을 짓기 위해 땅을 샀다 / They enlarged the factory *with the view of* increasing the output. 그들은 생산 확대를 위하여 공장을 확장했다.
— *vt.* **1** …을 보다, 바라보다. ⇒ LOOK 類語 ¶ *view* the landscape 풍경을 바라보다 / *view* a movie 영화를 보다. **2** …을 조사하다, 주시하다, 검사하다. ¶ *view* the body 시체를 부검하다 / *view* the pictures 그림을 살펴보다 / *view* a house and grounds 집과 땅을 살펴보다. **3** …을 두루 생각하다, 고려하다, 곰곰 생각하다(contemplate). ¶ *view* a matter from the taxpayers' standpoint 납세자 입장에서 사태를 고려한다. **4** …을 어떤 관점에서 보다, …에 간주하다(regard). ¶ (~+图+前+名) *view* the matter in a new light 사건을 새로운 각도에서 보다 / Let's *view* the matter *from* another angle. 다른 각도에서 문제를 살펴보자 / The subject may be *viewed in* different ways. 그 문제는 여러 가지로 생각될 수 있다 // (~+图+*as* 圃) *view* a minor setback *as* a disaster 작은 실패를 재난으로 간주하다 // (~+图+圃) The plan was *viewed* favorably. 그 계획은 호의적으로 받아들여졌다. **5** 《구어》〔텔레비전〕을 보다, 시청하다(teleview). ¶ the *viewing* audience 시청자.
an order to view 〔가옥 따위의〕 임검 허가.
◇ víewy *adj.*
view càmera *n.* 〔인물·풍경 촬영용〕 카메라의 일종.
view·da·ta [vjúːdèitə] *n.* U =videotex.
*****view·er** [vjúː(r)ər] *n.* **1** 보는 사람, 구경꾼; 검사관. **2** 〔사진〕 뷰어〔슬라이드 따위를 확대 투시하는 장치〕. **3** 텔레비전 시청자.
view·er·ship [vjúː(r)ərʃip] *n.* 〔TV 프로의 시청자 (수, 층), 시청률(viewing rate).
view·find·er [vjúːfàindər] *n.* 〔사진〕 파인더.
view halloo (hollò, hollòa) *n.* 〔여우 사냥〕 여우가 숨은 곳에서 갑자기 나타나는 것을 본 사냥꾼이 외치는 소리.
view·ing [vjúːiŋ] *n.* U **1** 〔풍경·전시물 따위를〕 보기, 바라보기. **2** 텔레비전 시청; 〔집합적〕 텔레비전 프로. ¶ *viewing* rate(share, figure) 시청률.
view·less [vjúːlis] *adj.* **1** 눈에 보이지 않는. **2** 전망이 없는. **3** 전망이 불가능한. ~*ly adv.*
view·phone [vjúːfòun] *n.* =videophone.

*****view·point** [vjúːpɔ̀int] *n.* **1** 〔무엇이〕 보이는 지점. **2** 견지, 관점, 견해(standpoint). 〔<point of view의 전화(轉化)〕
view·y [vjúːi] *adj.* (**view·i·er, view·i·est**) 〔구어〕 **1** 공상적인, 공상적인 생각을 가진, 색다른. **2** 을품한, 평장한, 아름다운. **3** 이리저리 둘러대는, 자기 주장을 굽히지 않는. **2** 20분의 1의; 20진법의.
vi·ges·i·mal [vaidʒésim(ə)l] *adj.* **1** 20의, 20번째.
*****vig·il** [vídʒil] *n.* **1** U 잠이 오지 않음, 불면; 잠 못이루는 시간, 2 U 철야, 〔간호·망보기의〕 철야번 (*over, against* …); 밤샘. ¶ keep *vigil* over a sick child 병든 아이를 철야 간호하다 / keep *vigil against* the thieves 도둑에 대비해 야경을 하다 / Neighbors kept *vigil* throughout the night. 이웃 사람들이 철야했다. **3** 〔종교〕 철야 근행(勤行); (종종 ~s) 교회 축제일 전야 〔단식·기도〕; 교회 축제일의 전야(일), 단식의 전야제.
◇ vígilant *adj.*
*****vig·i·lance** [vídʒiləns] *n.* U **1** 경계, 불침번, 조심. **2** 〔병리〕 불면증. ◇ vígilant *adj.*
vígilance commìttee *n.* 《美》 자경단(自警團).
*****vig·i·lant** [vídʒilənt] *adj.* **1** 조심성 있는, 빈틈없는, 방심하지 않는, ⇒ WATCHFUL 類語 **2** 자지 않고 주의하고 있는, 불침번을 하는. ~*ly adv.* ~*ness n.*
◇ vígil, vígilance *n.*
vig·i·lan·te [vìdʒilǽnti] *n.* 《美》 자경(自警) 단원.
vig·i·lan·tism [vídʒiləntìz(ə)m] *n.* U 자경, 자경 정책(제도).
vígil light *n.* 등불〔신자가 성상 앞에 밝히는 촛불〕.
vi·gnette [vinjét] *n.* **1** 당초(唐草) 장식, 당초 무늬. **2** 〔책의 타이틀 페이지·장두(章頭)·장미(章尾)의〕 장식 무늬. **3** 비네트〔윤곽을 흐리게 한 삽화·회화·사진〕. **4** 〔책 안의 작고 우아한〕 삽화. **5** 우아한 소품문 (小品文). — *vt.* (-**gnet·ted, -gnet·ting**) **1** …을 당초 무늬로 장식하다. **2** 〔사진〕 비네트로 흐리게 하다. 〔치.
vi·gnet·ter [vinjétər] *n.* 〔사진〕 비네트 사진 인화 장
vi·gnet·tist [vinjétist] *n.* 비네트 사진사(화가).
‡**vig·or, 《英》 -our** [vígər] *n.* **1** U 힘, 활력, 정력, 원기, 활기. ¶ in the *vigor* of manhood 남자의 한창때에 / *vigor* of mind 정신력 / be in full *vigor* 원기왕성하다 / have great *vigor* 원기왕성하다 / lose *vigor* 기력을 잃다. **2** U C 박력, 굳셈; 힘, 기세. ¶ the *vigor* of an argument 토론의 박력 / a graphic *vigor* in the description 묘사의 박진성 / command a troop with *vigor* 부대를 박력있게 지휘하다. **3** U 〔식물 따위의〕 생장력, 활동력(activity). ¶ The plant is growing with *vigor*. 그 나무는 힘차게 자라고 있다. **4** U 〔법〕 효력, 구속력, 유효성(validity). ¶ laws that are still in *vigor* 아직 효력이 있는 법률. ◇ vígorous *adj.*
vig·or·ish [vígəriʃ] *n.* 《美속어》 〔경마의 승리 중개인, 노름판의 주인 따위에게 치르는〕 요금; 고리 대금업자에게 지불하는 이자.
vi·go·ro·so [vìːɡəróusou] 〔음악〕 *adj.* 〔음악의 지휘가〕 힘차게. — *adv.* 힘차게, 용감하게, 세차게. 〔<It〕
‡**vig·or·ous** [víɡ(ə)rəs] *adj.* **1** 정력적인, 기운찬 (energetic), 강건한; 활기찬, 활발한, 발랄한. ⇒ ACTIVE 類語 ¶ a *vigorous* youngster 발랄한 젊은이 / a *vigorous* player 활기찬 경기자 // *vigorous* in body and in mind 심신이 다같이 강건한. **2** 박력있는, 힘찬. ¶ a *vigorous* thinker (writer) 박력있는 사상가(작가) / a *vigorous* style 힘찬 문체. **3** 엄밀히 실시된, 강제적인 (enforced strictly). ¶ *vigorous* enforcement of the country's laws 국법의 엄격한 시행. **4** 〔식물 따위가〕 잘 자라는(growing well). ~*ness n.* ◇ vígor *n.*
*****vig·or·ous·ly** [víɡ(ə)rəsli] *adv.* 발랄하게, 힘차게.
*****Vi·king, vi-** [váikiŋ] *n.* 바이킹〔8-10세기에 유럽 연안을 약탈한 스칸디나비아의 해적〕; 일반적으로 해적.
vil. 《略》 village.
vi·la·yet [vìːlɑːjét / vìláːjet] *n.* 〔옛 터키 제국의〕 주.
‡**vile** [vail] *adj.* (**víl·er, víl·est**) **1** 몹시 나쁜, 몹시 불

vil·i·fi·ca·tion [vìlifikéiʃ(ə)n] n. ⓤ 악담, 험구, 중상.

vil·i·fi·er [vílifàiər] n. 중상자.

vil·i·fy [vílifài] vt. (**-fied, -fy·ing**) **1** …을 나쁘게 말하다, 중상하다, 비방하다, 욕하다. **2** 《폐어》 …을 열등하게 하다, 천하게 만들다.

vil·i·pend [vílipènd] vt. **1** …을 천시하다, 업신여기다, 경멸하다. **2** 중상하다, 비방하다.

*****vil·la** [vílə] n. **1** 시골의 (대)저택. **2** (대)별장, 별저. **3** 《英》 (한 채 또는 두 채로 된) 교외 주택.

vil·la·dom [vílədəm] n. 《英》 《집합적》 별장(villas); 교외 생활; 교외 주민 사회; 교외 주택 거주자.

‡**vil·lage** [vílidʒ] n. **1** 마을, 촌락 〈hamlet 보다 크고 town 보다 작다〉. ¶ a farm village 농촌. **2** (the ~) 《집합적》 촌민. **3** 〔촌락 비슷한 동물의〕 소췌락(小聚落) (assemblage).

village college n. 마을 대학 〈수개 마을 연합의 교육·레크리에이션 센터〉.

village community n. 〔고대의〕 촌락 공동체.

‡**vil·lag·er** [vílidʒər] n. 촌민; 시골 사람.

*****vil·lain** [vílən] n. **1** 나쁜 사람, 악한, 악당. ⇒ KNAVE 〔類語〕 ¶ expose (or unmask) a villain 악인의 탈을 벗기다. **2** 〔소설·연극 따위의〕 악역. ¶ play the villain 악역을 맡다; 나쁜 짓을 하다. **3** 《익살》 놈, 녀석, 이 녀석. ¶ You little villain! 이 악당 같은 놈! **4** 〔역사〕 농노(農奴). ◇ víllainous adj.

vil·lain·age [vílinidʒ] n. =villenage.

vil·lain·ess [vílənis] n. 악녀, 독부.

vil·lain·ous [vílənəs] adj. **1** 악인의(과 같은); 악인다운. **2** 악랄한; 야비한. ¶ villainous conduct 야비한 행위. **3** 지독한, 지긋지긋한, 불쾌한. ¶ villainous weather 불쾌한 날씨. **~·ly** adv. **~·ness** n.

vil·lain·y [víləni] n. (pl. **-lain·ies**) **1** ⓤ 극악, 사악, 비열. **2** 악행, 나쁜 짓.

vil·la·nelle [vìlənél] n. 〔韻律〕 19행 2운 시체(詩體).

vil·lat·ic [vilǽtik] adj. 농장의, 시골의(rural); 별장의.

-ville 1 town, city 라는 뜻의 연결형. 예: Evansville. **2** 《美俗語》 place, condition 이라는 뜻의 연결형. 예: squaresville, dullsville.

vil·leg·gia·tu·ra [vilèdʒətú(:)rə / -dʒiətúərə] n. 《이탈리아》 (=stay in the country) 시골 체재; 전원 한거(閑居); 별장(생활).

vil·lein [vílin] n. 〔역사〕 농노(農奴) 〔영주에 대해서는 농노이지만 그 밖의 사람에게는 같은 권리·특권을 가지고 있던 반(半)자유민〕.

vil·lein·age [vílinidʒ] n. =villenage.

vil·len·age [vílinidʒ] n. ⓤ 농노(農奴)의 토지 보유 〔조건〕; 농노의 지위(신분).

vil·li [vílai] n. villus 의 복수형.

vil·li·form [víləfɔ̀ːrm] adj. 융모(絨毛) 모양의.

vil·lose [víləus] adj. =villous.

vil·los·i·ty [vilásiti / -lɔ́s-] n. (pl. **-ties**) **1** ⓤ 융모가 있는 것. **2** ⓒ《집합적》 융모. **3** 〔개개의〕 융모.

vil·lous [víləs] adj. **1** 융모로 뒤덮인(것과 같은). **2** 〔식물〕 연모(軟毛)로 뒤덮인.

vil·lus [víləs] n. (pl. **villi**) **1** 〔해부〕 〔특히 소장 점막의〕 융모(絨毛). **2** 〔식물〕 긴 연모(軟毛).

Vil·na [vílnə] n. 빌나 〔리투아니아 공화국의 옛 수도, 현재는 Vilnius〕.

vim [vim] n. ⓤ 정력, 활력, 원기(vigor).

VIM [vim] n. 〔고층 건물의〕 우편물 집배 시스템. (< Vertical Improved Mail)

쾌한, 몸서리나는. ¶ vile weather 몹시 나쁜 날씨 / a vile smell 몹시 불쾌한 냄새. **2** 타락한, 비도덕적인; 더러운, 비열한. ⇒ MEAN² 〔類語〕 ¶ vile thoughts 천한 사고방식. **3** 빈약한, 저급의, 하등의, 값어치 없는. ¶ a perfectly vile hat 아주 빈약한 모자.
~·ly adv. **~·ness** n. ◇ vílify v.

vi·min·e·ous [vimíniəs] adj. 〔식물〕 잔가지의(와 같은); 잔가지가 나는; 잔가지로 만든.

vin [vin / F vɛ̃] n. 《프랑스》 (=wine) 포도주.

VIN (略) vehicle identification number (자동차 등록번호).

vi·na [víːnɑː] n. 비나 〔인도의 보통 4현 악기의 일종〕.

vi·na·ceous [vainéiʃəs] adj. **1** 포도〔주〕의(와 같은). **2** 포도주색의(wine-colored).

vin·ai·grette [vìnigrét / -neig-, -nig-] n. **1** 정신 드리는 약을 넣는 병(甁). **2** =vinaigrette sauce.
— adj. 〔음식이〕 비네그레트 소스를 쳐서 낸.

vinaigrétte sáuce n. ⓤ 비네그레트 소스〔식초·기름·양념 따위로 만든 냉육·생선용·샐러드용 소스〕.

vin blanc [F vɛ̃ blɑ̃] n. 《프랑스》 (=white wine) 백포도주.

Vín·cent's angína (inféction) [víns(ə)nts-] n. ⓤ 〔병리〕 뱅상 앙기나 〔편도선·인두·구강 점막의 염증〕.

vin·ci·bil·i·ty [vìnsibíliti] n. 이겨낼 수 있음, 정복할 수 있음.

vin·ci·ble [vínsibl] adj. 이길 수 있는, 정복할 수 있는 (conquerable). **~·ness** n.

vin·cris·tine [vinkrístiː(n] n. ⓤ 빙크리스틴〔백혈병 치료용 알칼로이드〕.

vin·cu·lum [víŋkjuləm] n. (pl. **-la** [-lə]) **1** 결속, 매듭, 유대(tie). **2** 〔수학〕 괄선(括線). **3** 〔해부〕 섬유속 (纖維束), 계대(繫帶).

vin·di·ca·bil·i·ty [vìndikəbíliti] n. ⓤ 변호(옹호)할 수 있음; 입증(정당화)할 수 있음.

vin·di·ca·ble [víndikəbl] adj. 변호(옹호)할 수 있는, 입증(정당화)할 수 있는.

vin·di·cate [víndikèit] vt. (**-cat·ed, -cat·ing**) **1** 〈의혹 따위를〉 씻다; …의 정당성(결백, 진정)을 입증하다, …을 정당화하다(justify), …을 변호(변명)하다, 지지하다. ¶ Subsequent events vindicated his innocence. 그 뒤의 사건이 그의 무죄를 입증했다 // (~+囯+前+名) vindicate a person from a charge 비난에 대해서 남을 변호하다. **2** 〔권리 따위를〕 옹호하다(claim), 주장하다. ¶ vindicate one's claim (rights) to… …에 대한 요구(권리)를 주장하다. **3** 〔침해 따위로부터〕 …을 지키다 (from). **4** …의 원수를 갚다(avenge).

vindicate oneself 변명하다, 소명(疏明)하다; 자기의 주장(권리)을 옹호하다.
◇ vindicátion n., víndicative adj.

vin·di·ca·tion [vìndikéiʃ(ə)n] n. ⓤⓒ **1** 〔비난 따위에 대한〕 변호, 옹호. ¶ in vindication of one's behavior 자기 행동을 변명하여. **2** 〔의혹 따위에 대한〕 입증, 증명, 설욕(雪辱).

vin·di·ca·tive [víndikèitiv, vindíkə-/víndikətiv] adj. **1** 정당화하는, **2** 옹호하는; 변호(변명)의. **3** 《고어》 징벌의. **4** 〔폐어〕 보복의.

vin·di·ca·tor [víndikèitər] n. 옹호자, 변호(변명)하는 사람; 입증인.

vin·di·ca·to·ry [víndikətɔ̀ːri / -təri] adj. =vindicative.

vin·dic·tive [vindíktiv] adj. **1** 복수심이 있는 (강한), 집념이 강한(revengeful). ¶ a vindictive 집념이 강한 사람. **2** 보복적인. ¶ a vindictive action 보복적 행위. **3** 징벌적인(punitive). **~·ly** adv. **~·ness** n.

‡**vine** [vain] n. **1** 포도나무. **2** 덩굴식물, 덩굴풀; 덩굴.
dwell under one's vine and fig tree 제 집에서 편안히 지내다 〔각기 포도나무 아래와 무화과나무 아래에 앉으리 ← 열왕기 (상) (1 Kings) 4:25〕.
◇ víny, vínous adj.

vine bòrer n. 〔각종〕 포도의 해충.

vine·dress·er [váindrèsər] n. 포도나무 가꾸는 사람.

*****vin·e·gar** [vínigər] n. ⓤ **1** 초, 식초. **2** 떨떠름한 얼굴 표정, 비꼬인 성질(말), 까다로운 성질. **3** 《구어》 정력, 원기. ◇ vínegarish, vínegary adj.

vínegar èel *n.* 초선충(醋線蟲) [오래된 초 따위에 생기는 작은 선충].
vínegar flý *n.* 초파리[썩은 과일 따위에 잘 꾀다].
vin·e·gar·ish [vínigəriʃ] *adj.* 1 시큼한; 초와 비슷한. 2 까다로운, 성잘 내는, 심술궂은, 빈정대는.
vin·e·gar·roon [ˌvìnigərúːn] *n.* 미국 서남부·멕시코산(產)의 전갈의 일종[식초초 냄새가 난다].
vínegar trèe (plànt) *n.* 옻나무의 일종[그 열매는 초에 풍미를 곁들이는 데 쓰인다].
vin·e·gar·y [vínig(ə)ri] *adj.* 1 초와 비슷한, 시큼한 (sour). 2 외고집의, 까다로운, 화 잘 내는, 심술궂은, 불쾌한.
vin·er·y [váinəri] *n.* 1 (*pl.* **-er·ies**) 덩굴 식물 재배원 [특히] 포도원(온실). 2 [U](집합적) 포도나무(vines).
***vine·yard** [vínjərd] *n.* 1 포도원. 2 [특히] 고도의 정신적(인) 일터, 활동 범위.
vine·yard·ist [vínjərdist] *n.* 포도원 경영자.
vingt-et-un [vǽnteiə́ːŋ/F vɛ̃teœ̃] *n.* [U] [카드 놀이의] 21. [<F twenty-one]
vini- wine 의 뜻의 연결형. 예: *vini*culture.
vi·nic [váinik, vín-] *adj.* 포도주의, 포도주에서 뽑은.
vin·i·cul·tur·al [ˌvìnikʌ́ltʃər(ə)l] *adj.* 포도 재배의.
vin·i·cul·ture [vínikʌ̀ltʃər] *n.* [U] 포도 재배.
vi·nif·er·ous [vainíf(ə)rəs] *adj.* 포도주 생산에 알맞은.
vin·i·fy [vínifài] *vt.* (**-fied, -fy·ing**) …로부터 포도주를 만들다; [과실즙 따위를] 발효시켜 과실주로 양조하다.
vi·no [víːnou] *n.* [U](구어) 술(wine), [특히] 이탈리아 적(赤)포도주.
vi·nom·e·ter [vainómitər, vai-/ -nɔ́m-] *n.* 포도주 알코올계(計).
vin or·di·naire [F vɛ̃ ɔrdinɛ́ːr] *n.*(프랑스) (=common wine) [식사 때의] 값싼 포도주.
vi·nos·i·ty [vainάsiti/ -nɔ́s-] *n.* [U] 1 포도주의 질 (맛, 색). 2 포도주 좋아하기.
vi·nous [váinəs] *adj.* 1 포도주(와 같은). 2 포도주의 맛이 나는, 포도주 특유의. 3 포도주에 의한; 포도주에 취한; 포도주를 즐겨 마시는; 포도주 벽(癖)으로 생긴. 4 포도주 색의. **~·ly** *adv.*
vint¹ [vint] *vt.* 포도주를 만들다, 빚다.
vint² [vint] *n.* [U](러시아의) 카드 놀이.
***vin·tage** [víntidʒ] *n.* 1 어떤 특정 지역·수확기의 포도주; [1기(期)의] 포도 수확고; 포도 수확기; [1기의] 포도 수확이; 포도주의 양조. ¶ a poor (an abundant) *vintage* 포도의 흉작(풍작). 2 =vintage wine. ¶ a rare old *vintage* 상등품의 포도주. 3 (구어)포도주 (wine). 4 [U C] [어떤 해의] 생산품; 형(model). ¶ an automobile of the *vintage* of 1986 1986년형 자동차. 5 (형용사적 용법) **a)** 포도주(양조)의. **b)** 포도주가 상등품인, 이름 있는. **c)** 오래되어 값진, 고전적인; 낡아빠진, 시대에 뒤진(outdated).
vin·tag·er [víntidʒər] *n.* 포도를 수확하는 사람.
víntage wíne *n.* [U C] 포도가 풍작인 해에 양조하여 그 양조 연도를 기입해서 몇 년 동안 보존한(우량 포도주.
víntage yéar *n.* 우량 포도주 양조의 해; 풍작의 해.
vint·ner [víntnər] *n.* 1 포도주 양조인. 2 포도주 양조장 주인. 3 (주로 英) 포도주 상인.
vi·num [váinəm] *n.* [의약품 속의] 약용 포도주.
vin·y [váini] *adj.* (**vin·i·er, vin·i·est**) 1 덩굴 식물의 (을 닮은); 포도 나무의(와 비슷한). 2 덩굴 식물(포도)의 나무가 많은.
***vi·nyl** [váinil, vínil, +美 -n(ə)l] *n.* [U C](화학) 비닐기(基); 비닐.
vínyl chlóride *n.* [U](화학) 염화 비닐.
vi·nyl·i·dene [vainílidìːn] *n.* (화학) 비닐리덴기(基) [에틸렌에서 유도되는 2가(價)의 불포화 원자단(團)].
Vi·nyl·ite [váin(i)làit] *n.* (상표명) 비닐라이트[레코드 따위 성형품 제조에 쓰인다].
vínyl plástic *n.* =vinyl resin.
vínyl résin *n.* (화학) 비닐 수지.
Vin·yon [vínjən/-jɔn] *n.* (상표명) 비니온[어망·옷감용의 합성 섬유].
vi·ol [vái(ə)l] *n.* 비올[중세의 현악기. 현재의 바이올린의 전신].
vi·o·la¹ [vióulə, +美 vai-] *n.* 비올라 [바이올린 보다 약간 큰 4현의 악기]. [<It] [식물]
vi·o·la² [vaióulə, vίələ/ váiələ] *n.* 제비꽃속(屬)
vi·o·la·bil·i·ty [vàiələbíliti] *n.* [U] 범할 수 있음.
vi·o·la·ble [váiələbl] *adj.* 범할(더럽힐) 수 있는.
~·ness *n.*
viola da brac·cio [vióulə də bráːtʃou, +美 vai-] *n.* (*pl.* **-cios**) 옛날 viola 비슷한 차중음(次中音) 현악기 [팔로 받쳐드].

viola da gam·ba [vióulə də gáːmbə, +美 vai-] *n.* 비올라 다 감바 [옛 현악기로 오늘날 violoncello 의 전신].

[viola da gamba]

‡**vi·o·late** [váiəlèit] *vt.* (**-lat·ed, -lat·ing**) 1 (법률·규칙·약속 따위)를 어기다, 범하다, 을 배반하다 (infringe). ¶ *violate* a law (an agreement) 법률(협정)을 어기다. 2 …을 방해하다; …을 교란하다, …을 침해하다, …에 침입하다. ¶ *violate* another's privacy 남의 프라이버시를 강제적으로) 을 통과하다. ¶ *violate* a frontier 불법 월경(越境)하다. 4 …을 난폭하게 다루다; …의 신성을 더럽히다(desecrate). ¶ *violate* a church 교회의 신성을 더럽히다. 5 (여성)을 범하다, …에 폭행하다(rape).
◇ violátion *n.*, víolative *adj.*
*‡**vi·o·la·tion** [vàiəléiʃ(ə)n] *n.* [U C] 1 [법률·약속 따위의] 위반(breach); 침해. ¶ in *violation* of …에 위반하여 / a *violation* of law 법률 위반. 2 모독, 신성을 더럽힘. 3 방해. 4 폭행, 강간.
◇ víolate *v.*, víolative *adj.*
vi·o·la·tive [váiəlèitiv] *adj.* 범하는, 어기는; 침해하는; 더럽히는. ¶ be *violative* of …을 범(침해)하다.
vi·o·la·tor [váiəlèitər] *n.* 위반자; 침해자; 모독자; 방해자, 폭행자, 강간자.
‡**vi·o·lence** [váiələns] *n.* [U] 1 격함, 맹렬(intense force); 격렬(vehemence). ¶ the *violence* of passion (language) 감정(말)의 격함 / the *violence* of a storm 폭풍우의 격렬함. 2 폭력, 난폭(rough action), 강간. ¶ cases of *violence* 폭력 사건 / die by *violence* 폭력을 당해서 죽다 / with *violence* 난폭하게 / use (or resort to) *violence* 폭력을 행사하다. 3 (의미·사실의) 곡해; (부당한) 개변(改變) (distortion). 4 모독, 불경; 모욕 (insult).
do violence to ① …에게 폭행을 가하다. ② …을 범하다, …을 위반하다. ③ …을 해치다. ④ …을 모독하다. ⑤ (사실 따위)를 왜곡하다.
◇ víolent *adj.*
‡**vi·o·lent** [váiələnt] *adj.* 1 [자연의 힘 따위가] 강렬한, 격렬한(intense). ¶ a *violent* blow 맹타 / come into a *violent* collision 맹렬한 충돌을 하다. 2 폭력적인, 난폭한; 폭력에 의한, 비명(非命)의. ¶ lay *violent* hands on (or upon) …에게 폭력을 휘두르다 / meet a *violent* death 비명으로 최후를 마치다, 횡사하다. 3 (열·고통 따위가) 격렬한, 맹렬한(severe); 극심한, 극단적인. ¶ a *violent* pain 격통 / a *violent* contrast 극단적인 대조. 4 (감정·묘사·표현) 격한, 분격한. ¶ *violent* passions 격정. 5 견강부회(牽強附會)의, 억지의. ¶ a *violent* interpretation of the text 본문의 견강부회적 해석. ◇ víolence *n.*
‡**vi·o·lent·ly** [váiələntli] *adv.* 세차게, 맹렬히, 난폭하

게, 불법으로.
vi·o·les·cent [vàiəlésnt] *adj.* 제비꽃 빛의, 보랏빛이 도는.
‡**vi·o·let** [váiəlit] *n.* **1** 제비꽃속(屬)의 식물; 제비꽃; 제비꽃 비슷한 식물. ¶ the March(*or* the English, the sweet) *violet* 향(香)제비꽃. **2** ⓤⓒ 제비꽃 색.
— *adj.* 제비꽃 색의. ◇ violéscent *adj.*
víolet ráys *n. pl.* **1** [물리] 자선광선, 자광선(紫光線)[가시(可視) 스펙트럼의 최단 광선]. **2** [일반적으로] 거물.
‡**vi·o·lin** [vàiəlín] *n.* **1** 바이올린. ¶ play the *violin* 바이올린을 켜다. **2** 바이올린 주자(violinist).
play first violin 제1 바이올린을 켜다; 《비유적》 지도적 역할을 하다.
***vi·o·lin·ist** [vàiəlínist, +英 ---] *n.* 바이올린 주자.
vi·ol·ist[1] [váiəlist] *n.* 비올 주자.
vi·ol·ist[2] [víoulist, +美 vai-] *n.* 비올라 주자.
vi·o·lon·cel·list [vì:ələntʃélist, vài-/vài-] *n.* =cellist.
vi·o·lon·cel·lo [vì:ələntʃélou, vài-/vài-] *n.* (*pl.* -los) 첼로.
vi·o·lo·ne [vì:ələunei/váiəlòun] *n.* 비올로네이 [최저음의 현악기, 콘트라베이스(contrabass)의 전신].
vi·o·my·cin [vàiəmáisin] *n.* ⓤ《약》바이오마이신[결핵 따위에 유효한 항생 물질].
vi·os·ter·ol [vaiástərɔ̀:l/-ɔ́stərɔ̀l] *n.* ⓤ《생화학》비오스테롤[비타민 D를 함유한 유상(油狀) 물질. 꼽추병 예방·치료제].
VIP, V.I.P. [ví:àipí:] *n.* (*pl.* VIPs; V.I.P.'s) 《구어》 요인, 거물. <*very important person*>
*vi·per** [váipər] *n.* **1** 살무사(adder); [일반적으로] 독사. **2** 악의가 있는(집념이 강한) 사람; 방심할 수 없는 사람; 엉큼한 사람.
cherish (*or* *nourish*) *a* *viper* *in one's bosom* 은혜를 원수로 갚을 사람에게 친절을 베풀다.
◇ víperine, víperous, víperish *adj.*
vi·per·ine [váipərin] *adj.* 살무사의, 살무사 같은.
vi·per·ish [váipəriʃ] *adj.* =viperous.
vi·per·ous [váipərəs] *adj.* **1** 살무사의(와 같은), 유독한. **2** 악의가 있는, 심술궂은; 흉측이 있는. ~**ly** *adv.*
vi·ra·go [virá:gou, -réi-] *n.* (*pl.* **-goes** *or* **-gos**) **1** 악녀, 바가지 긁는 여자, 잔소리 심한 여자. **2** 《고어》여장부.
vi·ral [váirəl/váiər-] *adj.* 바이러스[병]의, 바이러스로 생기는.
vire·lay [vírəlèi] *n.* 1절(節) 2운(韻)의 단시(短詩)[프랑스의 옛 시형].
vir·eo [víriòu] *n.* (*pl.* **-os**) 아메리카산(産)의 개고마리 비슷한 명금의 일종.
vi·res [váiri:z/víri:z] *n.* 《라틴》*vis* 의 복수형.
vi·res·cence [virésns, vai-] *n.* ⓤ《식물》녹화(綠化)가 된 땅.
vi·res·cent [virésnt, vai-] *adj.* **1** 녹화하는. **2** 녹색의.
vir·gate[1] [vɔ́:rgit] *adj.* 막대기 같은, 길쭉한.
vir·gate[2] [vɔ́:rgit] *n.* 버게이트[옛날 영국의 면적의 단위. 1/4 hide 또는 약 30 acres 에 해당].
Vir·gil·i·an [və̀:rdʒíliən] *adj.* Virgil[풍]의. <로마의 시인 Virgil (70-19 B.C.)의 이름>
‡**vir·gin** [vɔ́:rdʒin] *n.* **1** 처녀, 아가씨, 소녀, 젊은 여자, 미혼 여자; 동정녀. **2** [종교] 수녀; 미혼의 성녀에게 교회가 사후에 추서하는 존칭; (the V-) 성처녀 마리아, 성모 마리아; (V-) 성모 마리아의 그림(상). ¶ the Blessed *Virgin* 성모 마리아. **3** (V-) 〔천문〕 처녀좌(Virgo). **4** 《드물게》동정의 남자. **5** 〔동물〕 단위 생식(單爲生殖)을 하는 곤충의 암컷. — *adj.* **1** 처녀의; 동정의; 순결한, 정결한, 얌전한. ¶ *Virgin* Mother 성모 마리아. ¶ *virgin* modesty 처녀다운 얌전함. **3** 손이 닿은 일이 없는(untouched), 시도된 일이 없는(untried), 쓰인 일이 없는(unused); 밟히 일이 없는(*of...*), 더럽혀지지 않은; 때묻지 않은; ¶ *a virgin* fortress 함락된 일이 없는 요새 / *a virgin* peak 사람이 오른 일이 없는 봉우리 / *virgin* snow 첫 눈 / *virgin* soil 처녀지 // *a* forest *virgin* *of* hunters 사냥꾼의 발이 닿지 않은 숲, **4** 새로운, 새 (fresh) (*to...*); 최초의(first). ¶ *a virgin* voyage 처녀 항해. **5** 섞인 것이 없는; [금속이] 광석에서 직접 정련한. ¶ *virgin* gold(silver) 순금(순 은). ◇ vírginal *adj.*
vir·gin·al[1] [vɔ́:rdʒinl] *adj.* **1** 처녀의, 처녀다운. *virginal* bloom 한창때의 처녀 / *a virginal* membrane 처녀막(hymen). **2** 처녀[동정]를 지속하는. **3** 순결한(pure); 더럽혀지지 않은; 신선한(fresh) ¶ *virginal* purity 순결. ~**ly** [-nəli] *adv.*
vir·gin·al[2] [vɔ́:rdʒinl] *n.* (종종 ~s) 버지널[16-17세기의 일종의 하프시코드].
vírginal generátion *n.* ⓤ 〔동물〕단위(처녀) 생식. * virgin generation (*or* birth) 라고도 한다.

[virginal²]

vírgin bírth *n.* ⓤ 1 〔신학〕 예수가 처녀 마리아에게서 태어 났다는 처녀 탄생설. **2** 〔동물〕 단위(처녀) 생식 (parthenogenesis).
vírgin fórest *n.* 처녀림, 원생림.
vir·gin·hood [vɔ́:rdʒinhùd] *n.* ⓤ 처녀임, 동정(童貞)(virginity), 순결, 처녀기(期).
*Vir·gin·ia** [vərdʒíniə, -niə] *n.* **1** 미국 동부 대서양안의 주[주도 Richmond.「처녀왕」이라 불리웠던 영국의 Elizabeth 1세에서 따왔다; 略 Va.]. **2** ⓤ 버지니아산(産) 담배.
Virgínia cówslip *n.* [미국산(産)] 갯지치속(屬)의 원예식물.
Virgínia créeper *n.* [북미산(産)] 아메리카담쟁이
Virgínia déer *n.* [북미 동부산(産)의] 흰꼬리사슴.
Vir·gin·ian [vərdʒíniən] *adj.* 버지니아주(州)의(에 관한). — *n.* 버지니아 주민.
virgínia réel *n.* [2사람씩 마주 보고 2열로 서서 추는 미국 시골의 춤]; 그 곡.
*vir·gin·i·bus pu·er·is·que** [və:rdʒínibəs pjù:əriskwi/-gín-, -p(j)uər-, -gín-]《라틴》(=for girls and boys) 소년 소녀를 위해(에게 알맞은).
vir·gin·i·ty [və(:)rdʒíniti] *n.* ⓤ 처녀[동정녀]임, 처녀성; 순결, 신선.
vir·gin·i·um [vərdʒíniəm] *n.* ⓤ 〔화학〕버지늄 [francium 의 구칭. 원자 기호 Vi].
Vírgin Máry *n.* (the ~) 처녀 마리아, 성모 마리아.
Vírgin Móther *n.* (the ~) =Virgin Mary.
Vírgin Quéen *n.* (the ~) 처녀왕[Elizabeth 1세의 칭호].
vir·gin's-bow·er [vɔ́:rdʒinzbáuər] *n.* 참으아리·사위질빵류(類)의 덩굴 식물.
vírgin sóil *n.* ⓤ **1** 처녀지, 미개간지. **2** 순진한 마음.
vírgin wóol *n.* [재생 양털에 대해] 새 양털; 미가공의 양털, 원모.
Vir·go [vɔ́:rgou] *n.* 〔천문〕**1** 처녀좌(the Virgin). **2** 황도대(黃道帶)(zodiac)의 제6궁(宮)]. ZODIAC 그림.
vir·gule [vɔ́:rgju:l] *n.*[인쇄] 짧은 사선[그 양쪽의 어느 쪽을 취해도 무방한 것을 나타낸다. 例: and/or ...과(또는)].
vi·ri·cide [váirisàid] *n.* ⓤ 살(殺)바이러스제(劑).
vir·i·des·cence [vìrədésns] *n.* ⓤ 녹색, 담록색.
vir·i·des·cent [vìrədésnt] *adj.* 초록빛을 띤, 담록색의.
vi·rid·i·an [virídiən] *n.* 청록색 안료; 그 빛깔. — *adj.* 청록색의, 파릇파릇한.
vi·rid·i·ty [virídəti] *n.* ⓤ **1** 녹색, 신록(greenness). **2** 젊음; 신선; 생기. **3** 미경험, 미숙.

vir·ile [vírəl / -rail, váiər-] *adj.* **1** 성년 남자의, 한창 때 남자의; 남자다운, 남성적인. ⇨ MALE 類語 *cf.* masculine ¶ *virile* strength 남성적인 힘. **2** 씩씩한, 굳센 (strong). ¶ a *virile* mind 씩씩한 마음. **3** 생식력이 있는. ¶ a *virile* member 남근. ◇ virílity *n.*

vir·i·les·cent [vìrilésnt] *adj.* [늙은 암컷 짐승이] 웅성화(雄性化)하는, 남성화하는.

vir·il·ism [vírilìzəm] *n.* ⓤ 남성화[수염·낮은 목소리 따위 남자의 제2차 성징이 여자에게 나타나는].

vi·ril·i·ty [virìliti] *n.* ⓤ **1** 남자다움; 남자의 한창때; 성년. **2** 원기, 활력, 정력. **3** 생식력.

vi·ri·on [váiriàn / -ɔn] *n.* 비리온[바이러스의 최소단위; 핵산 분자와 단백질 분자로 이루어져 있다].

vi·ro·gene [váirədʒìːn / váiər-] *n.* 〔생물〕 〔발암성〕 바이러스 유전자.

vi·roid [váirɔid / váiər-] *n.* 〔생물〕 바이로이드〔각종 식물병의 원인이 되며 바이러스보다 작은 RNA 병원체〕. ── *adj.* 바이로이드의. **2** = viral. (<VIR[US]+-OID)

vi·rol·o·gist [vairálədʒist / -rɔ́l-] *n.* 바이러스 학자.

vi·rol·o·gy [vairálədʒi / -rɔ́l-] *n.* ⓤ 바이러스학.

vi·rose [váirous / váirǽs] *adj.* 유독한; 악취가 나는.

vi·ro·sis [vairóusis / váiər-] *n.* ⓤⓒ (*pl.* -ses [-sìːz]) 〔의학·식물 병리〕 바이러스 병(病).

vir·tu [vəː(ː)rtúː] *n.* ⓤ **1** 〔집합적〕 〔복수 취급〕 골동품, 미술품. **2** 미술품 애호, 골동품 취미. ¶ articles (or objects) of *virtu* 미술 골동품.

*****vir·tu·al** [və́ːrtʃuəl, +英 -tju-] *adj.* **1** 〔명목상으로는 다르나〕 사실상의, 실질적인, 실제의. ¶ the *virtual* ruler of the country 그 나라의 사실상의 지배자. **2** 〔光學〕 허상의 (*opp.* real), 허초점의. ¶ a *virtual* focus 허초점(虛焦點). **3** 〔물리·컴퓨터〕 가상(假想)의; 컴퓨터로 모형화(연출)한, 컴퓨터가 만들어낸. **4** 효과를 낳는 고유의 힘을 가진, 실효성 있는, 효과적인. ◇ virtuálity *n.*, vírtually *adv.*

vírtual commúnity *n.* 가상 사회[컴퓨터 통신망이 낳은 현존하지 않는 가입자 간의 가상 사회]; 컴퓨터 통신망 (computer network). ¶ CYBERSPACE

vírtual displácement *n.* 〔力學〕 가상 변위(假想變位).

vírtual ímage *n.* 〔光學〕 허상(虛像). ¶ 想變化.

vir·tu·al·i·ty [vəː̀rtʃuǽliti / -tju-] *n.* ⓤ 실제, 실질[적] 성질.

*****vir·tu·al·ly** [və́ːrtʃuəli, +英 -tju-] *adv.* 사실상, 실질적으로는. ¶ 량.

vírtual máss *n.* ⓤ 〔물리〕 가상 질량, 외견상의 질량.

vírtual mémory (stóráge) *n.* 〔컴퓨터〕 가상(假想) 기억(장치).

vírtual reálity *n.* 가상 현실[컴퓨터 시스템이 3차원 그래픽 형태로 만들어낸 가상 공간으로서, 보는 사람이 현실처럼 의사 체험할 수 있다. 〔略〕 VR]. ¶ CYBERSPACE

vírtual wórk *n.* ⓤ 〔力學〕 가상의 일.

‡**vir·tue** [və́ːrtʃuː, +英 -tju-] *n.* **1** ⓤ 미 덕 (moral excellence), 덕, 덕행, 선, 고결. ⇨ GOODNESS 類語 (*opp.* vice ¶ a man of *virtue* 덕이 높은 사람, 고결한 사람 / cultivate *virtue* 덕을 닦다 / *Virtue* is its (or her) own reward. 〔속담〕 선행의 보람은 바로 그 선행 자체이다. **2** 〔어떤 특수한〕 덕, 미덕. ¶ the cardinal *virtues* 기본 덕목[justice, prudence, temperance, fortitude 의 4 덕] / the theological *virtues* 대신덕 (對神德)〔신학상의 faith, hope, charity 의 3덕〕 / the *virtue* of humility 겸양의 미덕 / Patience is a *virtue*. 인내는 미덕이다. **3** ⓤ 〔여성의 〕정절, 정조 (chastity). ¶ lose (preserve) one's *virtue* 정조를 잃다 (지키다) / a woman of easy *virtue* 바람기 있는 여자 / a woman of *virtue* 정숙한 여자. **4** 미점, 장점 (merit) (*opp.* vice); 공덕; 가치. ¶ This climate has the *virtue* of never being too hot or too cold. 이 기후는 춥지도 덥지도 않은 장점이 있다. **5** ⓤ 〔약 따위의〕 효력, 효능 (efficacy). ¶ a medicine of sovereign *virtue* 탁월한 효능이 있는 약. **6** (~s) 역(力) 천사〔천사의 위계의 하나〕. ⇨ ANGEL 주의 *by* (or *in*) *virtue of* …에 의해서, …의 힘으로, …덕분으로. ¶ He was promoted *in virtue of* his high descent, rather than of his abilities. 그는 능력에 의해서라기보다 그의 훌륭한 가문 덕으로 승진되었다. *make a virtue of necessity* ¶ NECESSITY. ◇ vírtuous, vírtueless *adj.*

vir·tue·less [və́ːrtʃuːlis, +英 -tjuː-] *adj.* 덕이 없는, 무덕한.

vir·tu·o·sic [vəː̀rtʃuásik, +英 -tjuɔ́s-] *adj.* 달인(達人)적인. ¶ a *virtuosic* flute performance 달인적인 플루트 연주.

vir·tu·os·i·ty [vəː̀rtʃuásiti · -tjuɔ́s-] *n.* ⓤ **1** 〔예술, 특히 음악적〕 묘기, 기교. **2** 미술 애호심, 골동 취미.

vir·tu·o·so [vəː̀rtʃuóusou, -zou / -tjuː-] *n.* (*pl.* -sos or -si [-siː, -ziː]) **1** 〔예술의〕 대가, 거장, **2** 음악상의 명인. **3** 미술품 애호가 (감정가, 수집가); 골동 (미술) 통의 사람.

*****vir·tu·ous** [və́ːrtʃuəs, +英 -tjuəs] *adj.* **1** 덕이 있는, 덕이 높은; 공정한, 염직 (廉直)한. **2** 〔여성이〕 정결한, 정숙한, 지조가 강한. ⇨ MORAL 類語 **3** 〔고어〕 효력이 있는. ~·ly *adv.* ~·ness *n.* ◇ vírtue *n.*

vir·u·cide [váirəsàid] *n.* = viricide.

vir·u·lence [vír(j)ulans], **-len·cy** [-lənsi] *n.* ⓤ **1** 유독〔성〕, 악성. **2** 적의, 악의. **3** 격렬함, 신랄함.

vir·u·lent [vír(j)ulant] *adj.* **1** 극독 (劇毒)의, 맹독의, 치명적인 (deadly). ¶ a *virulent* poison 맹독. **2** 〔의학〕 전염력이 강한, 악성의. **3** 적의 있는, 악의 있는. **4** 극심한, 맹렬한, 엄한. ¶ *virulent* abuses 독설. ~·ly *adv.*

*****vi·rus** [váiras / váiər-] *n.* **1** 〔생물〕 바이러스, 비루스, 여과성 병원체. ¶ the *virus* of scarlet fever 성홍열 바이러스. **2** 〔일반적으로〕 병원체; 병독. ¶ a *virus* warfare 바이러스 전쟁 (細菌戰). **3** 유독성 동물의 독액, **4** 도덕적·지적 해독, 해악. **5** 〔컴퓨터〕 바이러스 (computer virus) [파일에 잠복하거나 컴퓨터에 침투하여 장난 메세지를 표시하거나 파일 시스템을 파괴하는 프로그램. 통신망 따위를 통해 다른 컴퓨터를 감염시킨다].

vírus chécker *n.* 〔컴퓨터〕 바이러스 검색·제거 프로그램.

vírus X *n.* 〔생물〕 바이러스 엑스〔정체 불명의 각종 바이러스의 총칭〕.

vis [vis] *n.* (*pl.* ví·res [váiriːz / váiər-]) 〔라틴〕 (= 〔force〕 힘).

Vis. 〔略〕 Viscount, Viscountess.

***vi·sa** [víːzə] *n.* 〔여권 등의〕 사증, 배서, 비자. ── *vt.* 〔여권〕에 배서하다; 비자를 주다.

Vísa Cárd *n.* 비자 카드〔미국의 대표적인 크레디트 카드〕.

vis·age [vízidʒ] *n.* 〔문어적〕 **1** 〔특히 사람의〕 얼굴, 용모, 얼굴 생김새. ⇨ FACE 類語 **2** 외관, 양상 (appearance).

vis·aged [vízidʒd] *adj.* 《복합어를 만들어》 …얼굴의, …얼굴의. ¶ dark-*visaged* 검은 얼굴의.

vis·a·giste [vizadʒíst] *n.* 화장술 (化粧術) 의 〔메이크 업〕.

vis·ard [vízərd] *n.* = vizard.

vis-à-vis [vìːzəvíː / ⸗⸗-] *adv.* 마주 보고, 상대하여 (to, with…). ¶ sit *vis-à-vis* with a person 남과 마주앉다. ── *adj.* 마주 본 (앉은). ── *prep.* **1** …에 관하여, …에 비해서. **2** …과 마주보고서, 서로 대하여. ── *n.* (*pl.* vis-à-vis) **1** 마주 보고 있는 사람; 춤 상대. **2** 좌석이 마주 보고 있는 마차. [F *face to face*]

Vi·sa·yan [visɑ́ːjən, -sáiən] *n.* (*pl.* -yans or -yan) **1** 비사야인〔필리핀 군도 중부 원주민의 한 종족〕; (the ~s) 비사야족. **2** ⓤ 비사야어.

Visc. 〔略〕 Viscount, Viscountess.

vis·ca·cha [viskɑ́ːtʃə] *n.* = vizcacha.

vis·cer·a [vísərə] *n. pl.* (*sing.* vís·cus) **1** 〔해부〕 내장 물, **2** 장, 창자.

vis·cer·al [vísər(ə)l] *adj.* **1** 내장의. ¶ the *visceral* cavity 복강 (腹腔). **2** 〔병이〕 내장을 침범하는. **3** 〔美〕 뱃속으로부터의; 감정적인, 이성적이 아닌.

vis·cer·ate [vísərèit] vt. (-at·ed, -at·ing) 《드물게》…의 내장을 꺼내다.

vis·cid [vísid] adj. 끈끈한, 점착성의(sticky). ~·ly adv. ~·ness n.

vis·cid·i·ty [visíditi] n. (pl. -ties) ⓤ 점착; 점착성. ⓒ 끈끈한 것.

vis·com·e·ter [viskámitər / -kɔ́m-] n. 점도계.

vis·cose [vískous] n. ⓤ《화학》비스코스《레이온·셀로판 따위의 원료》. — adj. 1 비스코스의, 비스코스로 만든. 2 점착성의(이 있는), 끈끈한.

vis·co·sim·e·ter [vìsko(u)símitər] n. =viscometer.

vis·cos·i·ty [viskásiti / -kɔ́s-] n. 1 점착성, 끈끈함(stickiness). 2《물리》점도(粘度), 점성.

*****vis·count** [váikaunt] n. 자작(子爵)《略 Vis., Visc., Visct.》. ⇒ BARON 〖주의〗

vis·count·cy [váikàuntsi] n. ⓤ 자작의 지위(신분).

vis·count·ess [váikàuntis] n. 자작 부인; 여(女)자작《略 Vis., Visc., Visct.》. cf. viscount

vis·count·ship [váikàuntʃip] n. =viscountcy.

vis·count·y [váikàunti] n. =viscountcy.

vis·cous [vískəs] adj. 끈적거리는, 점착성의(sticky).《물리》점성(粘性)의. ~·ly adv. ~·ness n.

Visct.《略》Viscount, Viscountess.

vise,《英》**vice** [vais] n. 바이스, 『as firm as a vise 바이스처럼 단단히』. — vt. (vised, vis·ing) …을 바이스로 죄다.

vi·sé [ví:zei, -—] n., vt. (vi·séd or vi·séed, vi·sé·ing) =visa. [vise]

Vish·nu [víʃnu:] n.《힌두교》비슈누〔Brahma, Shiva와 함께 힌두교의 3대 신의 하나. 보존(保存)을 관장한다〕.

vis·i·bil·i·ty [vìzəbíləti] n. ⓤ 1 눈에 보임; 명백〔한 상태〕. 2 가시도(可視度),《대기의》투명도; 시야, 시거(視距). ¶ low (high) *visibility* 저(고)시도 // *Visibility* is 500 meters. 시계 거리는 500미터이다.
◇ vísible adj.

‡**vis·i·ble** [vízəbl] adj. 1 눈에 보이는. ¶ a *visible* ray 가시 광선 / *visible* exports and imports《관광 수입 따위에 대하여》상품의 수출입. 2 분명한, 명백한(manifest); 현저한. ¶ with *visible* impatience 눈에 보이게 초조한 듯이. 3 남을 만날 수 있는, 면담 뜻이 있는. ¶ We are *visible* only to our intimate friends. 우리는 친한 친구만은 만난다 // Is he *visible*? 그를 만날 수 있나? 4 지금 가지고 있는, 현물의. 5 (the ~)《명사적 용법》눈에 보이는 것, 물질; 물질 세계, 현세. ~·ness n. -bly adv. ◇ visibílity n., vísibly adv.

vísible bálance n.《경제》무역 수지《balance of trade》.

vísible chúrch n. (the ~)《신학》보이는 교회, 현세의 교회《*church invisible* 에 대하여》.

vísible horízon n. 시지평선(視地平線).

vísible Négro n.《美》흑인 고객을 끌기 위해 고용한 흑인.

vísible spéech n. ⓤ《음성》시화법(視話法)《음성 기호의 체계》.

vísible supplý n.《상업》곡물 따위 농산물의 유형 공급량, 출하 총량.

Vis·i·goth [vízigàθ / -gɔ̀θ] n. 서(西)고트인. cf. Goth 1

Vis·i·goth·ic [vìzigɔ́θik / -gɔ́θ-] adj. 서(西)고트〔인〕의.

vis inertiae [vís inə́:rʃiì:]《라틴》(=force of inertia) n. (pl. *vires i-*) 《기계》타성, 관성, 타력(inertia).

‡**vi·sion** [víʒən] n. 1 ⓤ 시력, 시각(sight). ¶ poor *vision* 약시 / the distance of *vision* 시거(視距)《시야》/ the organ of *vision* 시각 기관 / beyond (within) one's *vision* 눈에 보이는 (보이지 않는) / have normal *vision* 시력이 정상이다. 2 보기, 목격; 시선, 한눈(glance). ¶ catch a *vision of* …을 언뜻 보다 // Our *visions* met. 우리의 시선이 마주쳤다. 3 ⓤ 통찰력, 꿰뚫어 보는 힘, 상상력, 선견지명, 전망, 비전. ¶ a man of *vision* 선견지명이 있는 사람. 4 환영(幻影), 환상, 몽상, 공상, 상상(도); 유령(phantasm). ¶ a poet's *vision* 시인의 공상 / romantic *visions* of youth 청춘의 로맨틱한 공상 / see *visions* 환영을 보다, 몽상하다 / An angel appeared to me in a *vision*. 천사가 환영이 되어 내 앞에 나타났다. 5 매우 아름다운 광경(사람), 절경, 미인; 〔일반적으로〕 광경. ¶ a glorious *vision* of the sunset 석양의 아름다운 광경 / She was a *vision* in that dress. 그 옷을 입은 그녀는 굉장히 아름다웠다. 6 ⓤ〖수사〗현사법(現寫法)《과거의 일이나 공상을 현실의 일처럼 묘사하기》. 7《영화》환상 장면《등장 인물의 심층 묘사를 나타내는 2중 촬영 화면》. — vt. …을 환영처럼 보다, 마음에 그리다, 공상하다.
◇ vísionary, vísional, vísionless, vísual adj.

vi·sion·al [víʒən(ə)l] adj. 환영의; 환영으로 보이는, 환상적인, 공상(가공)적인. ~·ly [-əli] adv. ~·ness n.

*****vi·sion·ar·y** [víʒ(ə)nèri / -nəri] adj. 1 환영의, 환영 같은; 환영으로 나타나는. 2 환영을 보는; 몽상적인, 공상에 잠기는. 3 비현실적인; 실행 불가능한. ¶ *visionary* schemes 실행 불가능한 계획. — n. (pl. *-ar·ies*) 환영을 보는 사람, 신비가(神秘家)(mystic); 몽상가, 망상가. -ar·i·ness n. ◇ vísion n.

vi·sion·less [víʒ(ə)nlis] adj. 1 시력이 없는, 눈이 보이지 않는. 2 비전(선견지명, 상상력)이 없는; 꿈이 없는.

vi·sion-mix [víʒ(ə)nmìks] vi.《영화·텔레비전에서》필름을 편집하다,《복수 카메라를 써서》영상을 구성하다.

‡**vis·it** [vízit] vt. 1《남·곳》을 찾아가다, 방문하다, …을 문병하다. ¶ *visit* a friend 친구를 찾아가다 / Father *visited* my uncle in [the] hospital. 아버지는 입원중인 숙부님 문병을 가셨다. 2 …에《손님으로》머무르다. ¶ I was *visiting* a colleague for a week at his summer villa. 나는 1주일 동안 동료의 여름 별장에 머무르고 있었다. 3《일로》…으로 오다, 가다. …을 구경가다. ¶ *visit* foreign countries 외국을 방문하다 / *visit* Paris 파리로 〔구경〕가다 / *visit* a shrine 성당에 참배하다. 4《조사를 위해》…으로 가다, …을 시찰하다, 순시하다; 왕진하다. ¶ *visit* a factory 공장을 시찰하다 / A doctor *visits* his patients. 의사가 환자를 왕진하다. 5《병·재해 따위가》…을 덮치다, …을 엄습하다(assail); 괴롭히다(afflict). ¶ be *visited* with (or by) a disease 병에 걸리다 / A big earthquake *visited* the city. 큰 지진이 그 도시를 엄습했다. 6《남·죄》를 벌하다; 벌(고통)을 주다, …에 보답하다〔…*on, upon*〕. ¶ (~+图+前+名) *visit* one's indignation *on* (or *upon*) a person 남에게 울분을 풀다.
— vi. 1 방문하다; 〔손님으로〕체재하다(stay); 왕진하다. ¶ The doctor is out *visiting*. 의사는 왕진하러 가 있다 // (~+前+名) *visit* at a new hotel 새 호텔에 머무르다 / *visit with* a friend 친구 집에 머무르다. 2《美구어》이야기하다, 지껄이다(chat)《*with*...》. ¶ (~+前+名) *visit with* a person *over* the telephone 남과 전화로 이야기하다.
— n. 1 방문; 문안《*from, to*...》. ¶ return a *visit* 답방(答訪)하다 // receive (or have) a *visit from* a person 남의 방문을 받다 / pay (or make) …a *visit*; pay (or make) a *visit to*... 〔남·장소〕를 방문하다 / He is on a goodwill *visit to* India. 그는 인도로 친선 방문중이다. 2 체재. ¶ I was on a *visit to* my cousins. 나는 사촌집에 머물고 있었다. 3 검문, 순회, 시찰; 선박 임검; 왕진. ¶ a domiciliary *visit* 가택 수색 / the right of *visit* (and search) 임검 수색권 / a *visit for* (or *of*) inspection 시찰 출장 / a *visit to* patients 왕진.

4 구경, 참관. ¶ make (or pay) a visit to London 런던 구경을 가다. **5** 《美구어》잡담, 지껄이기(chat). ¶ have a visit with a person 남과 이야기하다.
◇ visitátion n.

vis·it·a·ble [vízitəbl] adj. **1** 방문(구경, 참관)할 수 있는(하기에 알맞은). **2** 공식 방문(참관, 시찰, 임검)을 받아야할.

vis·i·tant [vízit(ə)nt] n. **1** (특히 지체가 높은, 또는 외국으로부터의) 방문객(visitor); 내객(guest). **2** 망령, 유령. **3** 철새. ¶ a winter visitant 겨울 철새. **4** (V-) 《가톨릭》성모 방문회(the Order of the Visitation of Our Lady)의 수녀. ── adj. 《고어》방문하는.

*visitation [vìzitéi(ə)n] n. **1** 방문; 방문단, 구경. ¶ make a house-to-house visitation 호별 방문하다. **2** ⓒⓤ 공식 방문; 검열; 순시; 시찰; 선박의 임검. ¶ the right of visitation 선박 임검권 / the visitation of the sick [사제 또는 목사의] 환자에 대한 방문; 그때의 기도. **3** (보통 the V-) 《세라》성모 마리아의 방문[→누가 복음 Elizabeth에의] 성모 마리아의 방문[→누가 복음 (Luke) 1 : 39-56]; (V-) 그 축일 [5월 31일]. **4 a)** [신에 의한] 위안(도움)의 찾아듦, 천혜, 축복; 보답. **b)** 심판, 재앙, 천벌. **5** 《구어》부당한 장기 체류, 오래 있음, 밀실김. **6** [동물] 때 따위의 때아닌 큰 떼의 도래. **the Nuns of the Visitation; the Order of the Visitation of Our Lady** (or **of the Blessed Virgin Mary**) 성모 방문회 《가난한 사람이나 병자 위문 및 부녀자의 교육을 위한 수녀회》.
◇ vísit n., visitatórial adj.

visitátion ríghts n. pl. 《복수취급》[법률] 방문권 《이혼했을 경우 어느 한쪽 부모 밑에서 양육되고 있는 아이들 다른 부모가 방문할 수 있는 권리》.

vis·i·ta·to·ri·al [vìzitətɔ́:riəl / -tɔ́:r-] adj. **1** 공적 순시(임검)의, 직무상 순회의. **2** 순시(임검)권이 있는.

vis·it·ing [vízitiŋ] n. ⓤ 방문, 체재, 구경, 시찰, 임검. ── adj. 방문하는, 체재하는, 시찰하는, 순시하는.
be on visiting terms with; have a visiting acquaintance with …과 서로 왕래하는 친한 사이이다.
vísiting bóok n. 방문객 명부; 방명록.
vísiting cárd n. 《주로 英》명함(《美》calling card).
vísiting dáy n. 면회일, 접객일.
vísiting fíreman n. **1** [좋은 인상을 줄 필요가 있는 고관 등] 중요한 방문객. **2** [돈 잘 쓰는] 관광객, 상경한 촌사람.
vísiting líst n. 사교 방문록, 교우록.
vísiting núrse n. 방문(순회) 간호사.
vísiting proféssor n. [타대학으로부터의] 초빙 (객원) 교수.
vísiting téacher n. 가정 방문 교사 《병·신체 장애 따위로 등교하지 못하는 학생의 집을 찾아 지도한다》.

‡**vis·i·tor** [vízitər] n. **1** 방문객, 내객, 문병인. ¶ a visitor at a house 집에 온 방문객. **2** 체재객; 참관자, 관광객, 방문객. ¶ winter visitors in (or to) Jaejudo 제주도의 겨울철 관광객. **3** 시찰관, 감찰관. [대학의] 장학사. **4** (-s) [스포츠의] 원정군.
[類義] **visitor** 친선·업무·관광 따위를 위해 어떤 가정 및 장소를 찾는 사람, 또는 체재하는 사람: visitors from abroad 외국 손님. **caller** 무슨 목적으로든 가정 또는 사무소 등을 찾아와 안내를 받는 사람; 단기 면회에 쓰이는 경우가 많다: I'm not at home to callers in the morning. 오전중에는 방문객을 만나지 않는다. **guest** 초대되어 방문하여 접대받는 사람: guests at a party 파티 손님.

vis·i·to·ri·al [vìzitɔ́:riəl / -tɔ́:r-] adj. =visitatorial.
vísitors' bóok n. 《英》숙박인 명부; 방명록.
vís majór [vís méidʒər] n. 《라틴》(=great force) 《법률》불가항력.
vís mo·ti·va [-mo(u)táivə] n. 《라틴》(=motive force) 원동력.

ví·sor [váizər], **(vi·zor)** n. **1** [투구의] 면갑(面甲), 낯가리개. **2** 모자의 챙, 차양. **3** [자동차의 앞 창에 단] 차양판. **4** 변장, 가면, 탈 덮어쓰는 것. ── vt. …을 면갑(낯가리개)으로 덮어씌우다(보호하다); 복면하다.

*vís·ta [vístə] n. **1** 전망, 경치(prospect), [나무·집 따위가 양쪽으로 늘어선] 길의 전망, 가로수길, **2** 전망, [일련의] 예상, 추억. ¶ the dim vistas of one's future 장래의 막연한 전망.

VISTA [vístə] (略) Volunteers in Service to America《미국 빈민 지구 봉사단》.   [전망차.
vísta dóme n. [열차의] 전망대. ¶ a vísta dome car
vis·taed, vis·ta'd [vístəd] adj. 전망이 좋은.
Vísta Vísion n. 《상표명》비스터 비전[와이드 스크린 방식의 영화]. cf. Cinerama, Cinema Scope

*vis·u·al [víʒuəl / -zjuəl] adj. **1** 시각의, 시력의, 시각에 관한. ¶ a visual angle 시각 / a visual axis 시축 / visual education 시각 교육 / the visual nerve 시신경 / the visual organ 시각 기관. **2** 눈에 보이는. ¶ visual objects 눈에 보이는 것. **3** [지식·인상 등의] 시각에 의해 얻어지는. ¶ visual impression 눈으로 본 인상. **4** 광학상의(optical). ¶ the visual focus of a lens 렌즈의 시초점. ── n. (종종 ~s) [특히 美] [사진·영화·비디오 테이프 따위의] 시각 정보, 시각에 호소하는 표현; [음성부에 대한] 영상부. **2** 선전용 사진(필름).
◇ vísualize v., vísion n., visually adv.

vísual áid n. (보통 ~s) 시청각 교재 [슬라이드·영화 따위].
vísual árts n. pl. 시각 예술[그림·조각 따위].
vísual desígn n. ⓤ ⓒ 시각 디자인[문자·심벌 마크·사진·컴퓨터 그래픽 따위]. cf. graphic design
vísual displáy n. 컴퓨터에서 나온 출력 정보를 브라운관에 문자·도형으로 표시하기.
vísual displáy únit n. 《컴퓨터》데이터 표시 장치 (略 VDU).
vísual flýing n. ⓤ 유시계(有視界) 비행(contact flying).

vis·u·al·i·za·tion [vìʒuəlizéi(ə)n / -zjuəlaiz-] n. **1** ⓤ 눈에 보이게 하기(하는 힘); 마음속에 떠올리기; 구상화, **2** 마음속에 떠올린 사물, 심상.

vis·u·al·ize [víʒuəlàiz / -zju-] (《英》에서는 vis·u·al·ise 로도 쓴다) v. **(-ized, -iz·ing)** vi. **1** 눈에 보이게 하다. **2** 마음속에 떠올리다. ── vt. …을 눈에 보이게 하다; …을 생생하게 마음에 그리다, 구체화하다. ¶ I can visualize the scene clearly. 나는 그 장면을 생생하게 마음속에 그려낼 수 있다. ◇ vísual adj.

vis·u·al·iz·er [víʒuəlàizər / -zju-] n. **1** 사물을 생생하게 마음속에 그리는 사람. **2** 《심리》시각형(視覺型)인 사람. cf. audile, motile

vísual líteracy n. 시각 판단(판별) 능력.
vis·u·al·ly [víʒuəli / -zju-] adv. 눈으로 볼 수 있게, 시각적으로; 시각에 의해서.
vísual pollútion n. ⓤⓒ [광고물·네온사인 따위에 의한] 시각 공해.

Vi·ta-glass [váitəglæ̀s / -glɑ̀:s] n. 《상표명》바이타 글라스《자외선 투과 유리》.

‡**vi·tal** [váitl] adj. **1** 생명의, 생명 유지에 필요한, 생명에 없어서는 안 될. ¶ vital energies (or power) 생명력 / vital functions 생활 기능 / vital heat 체온 / vital organs 생명을 유지하는 데 중요한 여러 기관. **2** 활기 있는, 힘찬, 생기가 넘치는, 팔팔한. ¶ a vital personality 활달한 성격의 사람. **3** 없어서는 안 될, 긴요한, 중대한(to…). ¶ a vital necessity 없어서는 안 될 필요물 / a matter of vital importance 지극히 중대한 일 / Our cooperation is vital to the success of the plan. 그 계획을 성사시키는 데는 우리의 협조가 절대로 필요하다. **4** 생사가 걸린, 치명적인(fatal). **5** 활력을 주는, 힘을 내게 하는. ¶ the vital rays of the sun 생기를 주는 태양 광선. ── n. (~s) **1** 생명 유지에 필요

vital capacity 한 여러 기관[뇌·심장·폐·위 등]. **2** [사물의] 중요한 부분, 핵심, 급소.
~**ness** n. ◇ **vitality** n., **vitalize** v., **vitally** adv.
ví·tal cápacity n. ⓤ 폐활량(breathing capacity).
ví·tal fórce n. ⓤ 생명력, 활력.
ví·tal índex n. 인구 지수 [출생과 사망의 비율].
vi·tal·ism [váitəlìzəm] n. ⓤ **1** 《철학》 활력설, 생기론. cf. mechanism **2** 《생물》 생명력설.
vi·tal·ist [váitəlist] n. 생기론자(生氣論者).
vi·tal·is·tic [vàit(ə)lístik] adj. 생기론의.
***vi·tal·i·ty** [vaitǽliti] n. ⓤ **1** 생명력, 생활력, 활력, 체력. **2** 활기, 원기, 생기. **3** 지속성, 영속성(력).
◇ **vítal** adj.
vi·tal·i·za·tion [vàit(ə)lizéiʃ(ə)n / -laiz-] n. ⓤ 생명(활력)을 주기.
vi·tal·ize [váit(ə)làiz] vt. (*《英》에서는 **vi·tal·ise** 로도 쓴다) vt. **(-ized, -iz·ing)** **1** …에 생명을 주다; …에 활력(생기)을 주다; …에 힘을 돋우어주다, 고무하다. **2** …을 진흥시키다.
Vi·tal·li·um [vaitǽliəm] n. 《상표명》 비탈륨 [코발트와 크롬의 합금. 치과·외과 의료, 공업 주조에 사용].
***ví·tal·ly** [váit(ə)li] adv. 중대하게, 치명적으로, 불가결하게, 절대로, 실로(very).
vi·tals [váitlz] n. pl. ⇒ VITAL.
ví·tal sígns n. pl. 생명 정후[맥박, 호흡, 체온 따위. 때로 혈압을 포함시키기도 한다].
ví·tal spárk n. (the ~)《구어》[음악·소설·연극 위의] 생기 넘침, 박력.
ví·tal statístics n. pl. **1** [출생·사망·결혼 등에 관한] 인구 동태 통계. **2** 《美속어》 여성의 버스트·웨이스트·히프의 치수.
‡**vi·ta·min** [váitəmin / vít-, váit-] n. (* 옛 철자는 vitamine)《생화학》 비타민, 바이타민 [생물의 생리 활동에 필요한 유기 화합물]. ¶ vitamin A 비타민 A.
◇ **vitamínic** adj., **vitaminize** v. 〔<L vīta life + amine: 1912년 미국 화학자 C. Funk (1884-1967)의 조어〕
vi·ta·min·ic [vàitəmínik / vìt-, vàit-] adj. 비타민[류]의.
vi·ta·min·ize [váitəmìnàiz] vt. **(-ized, -iz·ing)** 〔음식물 따위〕에 비타민을 첨가(보강)하다, …을 강화하다.
vi·ta·mi·nol·o·gy [vàitəmínálədʒi / -nɔ́l-] n. ⓤ 비타민학(學). 〔결핍증〕
vi·ta·mi·no·sis [vàitəminóusis] n. ⓤ 《의학》 비타민과잉증.
Vi·ta·phone [váitəfòun] n. 《상표명》 발성 영화 초기에 축음기를 이용한 발성 영사기.
vi·ta·scope [váitəskòup] n. [Thomas Edison 의 발명에 의한 ~의 영사기.] 〔卵黃膜〕
vi·tel·lin [vitélin, vai-] n. ⓤ 《생화학》 비텔린, 난황소
vi·tel·line [vitélin, vai-] adj. 난황의; 난황색의. ~ sac 난황(卵黃).
vi·tel·lus [vitéləs] n. 난황.
viti- grape, vine 의 뜻의 연결형. 예: *víti*culture.
vi·ti·ate [víʃièit] vt. **(-at·ed, -at·ing)** **1** …의 질(가치)을 나쁘게 하다, …을 손상시키다, 해치다(mar). **2** …을 더럽히다, 부패시키다(debase). ¶ Carbonic acid gas *vitiates* the air of the room. 탄산 가스는 방의 공기를 오염시킨다. **3** …을 무효화하다(invalidate). ¶ *vitiate* a contract 계약을 무효화하다.
vi·ti·a·tor [víʃièitər] n. 해치는 사람(것), 부패시키는 사람; 무효화하는 사람.
vit·i·cul·tur·al [vítikʌ́ltʃər(ə)l] adj. 포도 재배의.
vit·i·cul·ture [vítikʌ̀ltʃər] n. ⓤ 포도 재배.
vit·i·cul·tur·er [vítikʌ̀ltʃərər] n. = viticulturist.
vit·i·cul·tur·ist [vìtikʌ́ltʃərist] n. 포도 재배인.
vitr- ⇒ VITRO-.
vit·re·os·i·ty [vìtriásiti / -ɔ́s-] n. = vitreousness.
vit·re·ous [vítriəs] adj. **1** 유리의(와 같은), 유리의, 유리 모양의(glassy), 투명한(transparent). **2** 유리로 된. ~·**ly** adv. ~·**ness** n.
vítreous electrícity n. 《전기》 양전기, 유리 전기 (positive electricity) [유리를 명주로 마찰하면 생긴다].
vítreous húmor(bódy) n. ⓤ 《해부》 《안구의》 초자체(硝子體), 초자체액(硝子體液).
vi·tres·cence [vitrésns] n. ⓤ 유리 (琉璃) [질] 화.
vi·tres·cent [vitrésnt] adj. 유리화한, 유리질이 된, 유리로 되기 쉬운.
vitri- glass 라는 뜻의 연결형. 예: *vitri*form.
vit·ric [vítrik] adj. **1** 유리의(에 관한). **2** 유리질의; 유리와 같은.
vit·rics [vítriks] n. pl. **1** 유리 기구[류]. **2** 《단수취급》 유리 제조(법).
vit·ri·fac·tion [vìtrifǽkʃ(ə)n] n. = vitrification.
vit·ri·fi·ca·tion [vìtrifikéiʃ(ə)n] n. **1** ⓤ 유리화. **2** 유리화된 것. **3** ⓤ 투명.
vit·ri·form [vítrifɔ̀ːrm] adj. 유리 모양의.
vit·ri·fy [vítrifài] v. **(-fied, -fy·ing)** vt. …을 유리로 하다; 유리질 (모양)으로 하다, 자기화(磁器化)하다. ¶ *vitrified* brick 도화(陶化) 벽돌 / a *vitrified* pipe 도관(陶管), 자기 토관. —— vi. 유리 모양으로 되다, 유리질 (모양)이 되다.
vi·trine [vitríːn] n. 진열용 유리 케이스.
vit·ri·ol [vítriəl] n. ⓤ **1** 《화학》 황산 (sulphuric acid); 황산염 (sulphate). **2** 《비유적》 신랄한 말, 통렬한 비꼼, 혹평. ¶ put plenty of *vitriol* in a speech 연설 속에 많은 신랄함을 담다.
dip one's **pen in vitriol** 독필(毒筆)을 휘두르다.
oil of vitriol [농] 황산.
—— vt. **(-oled, -ol·ing; 《英》 -olled, -ol·ling)** 〔금수위〕를 [회] 황산에 담그다; 황산으로 손상시키다.
vit·ri·ol·ic [vìtriálik / -ɔ́l-] adj. **1** 황산(염)의, 황산에서 얻어진(얻어지는). **2** 신랄한, 통렬한.
vit·ri·ol·i·za·tion [vìtriəlizéiʃ(ə)n / -laiz-] n. ⓤ 황산(염)으로 처리(이)(손상시키기), 황산염화.
vit·ri·ol·ize [vítriəlàiz] vt. (*《英》에서는 **vit·ri·ol·ise** 로도 쓴다) **(-ized, -iz·ing)** **1** …을 황산염으로 처리하다; 황산염으로 하다, 황산(염)화 하다. **2** …을 황산(염)으로 손상시키다.
vi·tro [vítrou] n. = in vitro. 〔< L glass〕
vitro- glass, glassy 라는 뜻의 연결형 (* 모음 앞에서는 vitr-로 쓴다). 예: de*vitr*ify.
vit·ta [vítə] n. (pl. **vit·tae** [vítiː]) **1** 《식물》 〔어떤 종류의 과일 안의〕 유도(油道), 유관(油管). **2** 《동·식물》 무늬, 줄(streak), 색띠.
vit·tate [vítait] adj. **1** 유관(유도)이 있는. **2** 세로 늬가 있는.
vit·tle [vítl] n., v. 《방언》《표준 이하 용법》 = victual.
vit·u·line [vítʃulàin, -lin / -tju-] adj. 송아지의(와 같은); 송아지 고기의(와 비슷한).
vi·tu·per·ate [vait(j)úːpərèit, vi- / -tjúː-] vt. **(-at·ed, -at·ing)** …을 심하게 나무라다, 욕하다, 질책하다.
vi·tu·per·a·tion [vait(j)ùːpəréiʃ(ə)n, vi- / -tjúː-] n. ⓤ 심하게 나무라기, 욕설, 매도.
vi·tu·per·a·tive [vait(j)úːpərèitiv, vi- / -tjúː-] adj. 심하게 나무라는, 욕하는, 매도하는, 독설의. **~·ly** adv.
vi·tu·per·a·tor [vait(j)úːpərèitər, vi- / -tjúː-] n. 심하게 나무라는 사람, 욕하는 사람, 질책하는 사람.
Ví·tus [váitəs] n. **Saint** ~ 성(聖) 바이터스 [3세기경 로마 황제에게 박해받았던 순교자. 무도병 (St. Vitus's dance) 환자의 수호 성인] ⇒ ST. VITUS'S DANCE.
vi·va [víːvə] n. 구두 시험. 〈《VIVA VOCE》
ví·va [víːvə]《이탈리아》(=long live) interj. 만세.
—— n. 만세 소리, 환성.
vi·va·ce [viváːtʃei / -tʃi] 《음악》 adj. 활발한. —— adv. 활발하게(lively). 〔< It〕
vi·va·cious [vivéiʃəs, vai-] adj. **1** 활발한, 쾌활한, 명랑한. **2** GAY〔類語〕 **2** 《고어》 장수의 (long-lived).
~·ly adv. **~·ness** n.
vi·vac·i·ty [vivǽsiti, vai-] n. (pl. **-ties**) **1** ⓤ 쾌활,

활발, 원기, 명랑. **2** (보통 -ties)쾌활(활발)한 행위 (말).

vi·van·diè·re [vì:vɑːndjέər] *n.* (*pl.* ***-diè·res*** [-djέər]) (프랑스)(=woman sutler) [원래 프랑스 군대의]종군 (從軍) 여상인(女商人).

vi·var·i·um [vaivέ(:)riəm / -vέər-] *n.* (*pl.* ***-var·i·ums*** *or* ***-var·i·a*** [-riə]) [자연 서식 상태를 모방한] 동물 사육장.

vi·vat [váivæt, víː-] 《라 틴》(=long live) *interj.* 만세. ¶ 만세 소리(viva).

vi·vat re·gi·na [-rìdʒáinə] *interj.*《라틴》여왕(왕후) 만세!

vi·vat rex [-réks] *interj.*《라틴》국왕 만세!

vi·va vo·ce [váivə vóusi] *adv.* 구두로(orally). ¶ speak *viva voce* 구두로 말하다. — *n.* 구두(구술) 시험. [<L with living voice]

viva-vo·ce [vàivəvóusi] *adj.* 구두의(oral). ¶ a *viva-voce* examination 구두 시험.

vive [viːv]《프랑스》(=long live) *interj.* 만세. ¶ *Vive la France!* 프랑스 만세.

vi·vers [víːvərz / vái-] *n. pl.* 《스코》음식, 식량 (food).

vives [vaivz] *n. pl.*《단수 취급》[말(馬)의] 악하선염 (顎下腺炎).

Viv·i·an [vívien, -vjən] *n.* [아서왕 전설] 여자 마법사 [Merlin의 애인으로 the Lady of the Lake라 불린다].

‡***viv·id*** [vívid] *adj.* **1** 생생한, 팔팔한, 생기에 찬, 발랄한. ¶ a *vivid* personality 팔팔한 성격 // a pony *vivid with* life 생기에 넘친 망아지. **2** [색·빛 따위가] 선명한, 분명한, 강렬한. *cf.* dull ¶ a *vivid* green 선명한 초록빛. **3** [묘사·추억·상상 따위가] 분명히 인식할 수 있는, 생생한. ¶ a *vivid* description 생생한 묘사 / an event *vivid in* one's memory 기억에 생생한 사건.
~·ness *n.* vívify *v.*

*vív·id·ly [vívidli] *adv.* 생생하게, 활발하게, 선명하게.

Viv·i·en [vívien, -vjən] *n.* =Vivian.

viv·i·fi·ca·tion [vìvifikéi(ə)n] *n.* Ⓤ 생명을 주기, 되살아나기, 부활; 힘을 북돋우기.

viv·i·fi·er [vívifàiər] *n.* 생명을 주는(격려하는) 사람.

viv·i·fy [vívifài] *vt.* (*-fied, -fy·ing*) **1** …에 생명을 주다; 소생하게 하다. **2** …을 활기차게 하다. **3** …을 선명하게 하다.

viv·i·par·i·ty [vìvipǽriti] *n.* Ⓤ **1** [동물] 태생(胎生). **2** [식물] 모체 발아(發芽).

vi·vip·a·rous [vaivípərəs, vi-] *adj.* **1** [동물] 태생의. *cf.* oviparous **2** [식물] 모체 발아의.
~·ly *adv.* ~·ness *n.*

viv·i·sect [vívisèkt, ⁀ ⁀ ⁀] *vt.* …의 생체 해부를 하다. — *vi.* 생체 해부를 하다.

viv·i·sec·tion [vìvisék(ə)n] *n.* **1** Ⓤ 생체 해부, 생체 실험. **2** Ⓤ Ⓒ 면밀한 검사, 가혹한 비평.

viv·i·sec·tion·al [vìvisék(ə)nəl] *adj.* **1** 생체 해부 (실험)의. **2** 면밀한 검사의; 가혹한 비평의.

viv·i·sec·tion·ist [vìvisék(ə)nist] *n.* 생체 해부 찬성론자; 생체 해부 찬성론자(옹호자).

viv·i·sec·tor [vívisèktər] *n.* 생체 해부자.

vix·en [víksn] *n.* **1** 잔소리 심한 여자, 심술쟁이 여자. **2** 암여우(female fox).

vix·en·ish [víksəni(] *adj.* [여자가] 잔소리가 심한, 심술쟁이의. ~·ly *adv.*

viz. 《略》videlicet (* 보통 namely [néimli]라 읽는다).

viz·ard [vízərd] *n.* **1** 복면, 가면, 마스크. **2** 변장 (disguise). **3** 《페어》[투구의] 면갑(面甲) [얼굴이나 머리를 가려서 보호하는 무구(武具)], 쌍(visor).

viz·ca·cha, vis- [viskάːtʃə] *n.* 비스카차 [친촤산 (chinchilla)를 닮은 남미산(産)의 설치류 동물].

vi·zier [vizíər / +美 vízjər], (***vi·zir***) *n.* [회교국의] 대신.

vi·zier·ate [vizí(ː)reit, vízjərèit, -rit / vizíərit, -rèit], (***vi·zir·ate***) *n.* Ⓤ vizier의 권한(직, 지위, 재임 기간).

vi·zier·i·al [vizí(ː)riəl / -zíər-], (***vi·zir·i·al***) *adj.* [회교국의] 대신의.

vi·zor [váizər, +美 víː-] *n., vt.* =visor.

VJ [vìː:dʒéi] 《略》video jockey (비디오 자키).

V–J Day *n.* [제2차 세계 대전의]대일 전승 기념일 [1945년 8월 15일, 또는 정식 항복일인 9월 2일].
[<*V*ictory over *J*apan]

VL 《略》*V*ulgar *L*atin.

v.l. 《略》《라 틴》 *va*ria *l*ectio (=variant reading) ([사본의] 이문(異文)).

VLA 《略》 *v*ery *l*arge *a*rray [of antennas] (미국 국립 전파 천문 관측소의 전파 망원경망(網)).

Vla·di·vos·tok [vlǽdivάstɑk / -vɔ́stɔk] *n.* 블라디보스톡 [러시아 동남부의 해항(海港)].

VLBI 《略》《천문》 *v*ery *l*ong *b*aseline *i*nterferometry (초장기선(超長基線) 간섭 관측법).

VLCC 《略》 *v*ery *l*arge *c*rude *c*arrier (10-25만 톤 이상의 대형 원유 유조선).

VLDL 《略》 *v*ery *l*ow *d*ensity *l*ipoprotein (고지질(高脂質) 리포프로테인).

VLF, vlf 《略》 *v*ery *l*ow *f*requency.

VLSI 《略》 *v*ery *l*arge *s*cale *i*ntegration (초고밀도 집적 회로(集積回路)). *cf.* LSI

V-mail [víːmèil] *n.* Ⓤ V우편, 미국 군사 우편 [제2차 세계 대전중 편지를 소형 필름으로 촬영해서 보내어 현지에서 현상, 확대해서 배달했다].

VMC 《略》《항공》 *v*isual *m*eteorological *c*ondition (유시계(有視界) 기상 상태).

V.M.D. 《略》《라 틴》 *V*eterinariae *M*edicinae *D*octor (=*D*octor of *V*eterinary *M*edicine 수의학 박사).

v.n. 《略》 *v*erb *n*euter (자동사).

V̆ neck *n.* [의복의] V자 형의 깃.

vo. 《略》verso.

V.O. 《略》 *V*ictorian *O*rder (빅토리아 훈장); *v*ery *o*ld [위스키·브랜디의 표시 따위에 사용].

VOA 《略》 *V*oice *o*f *A*merica; *V*olunteers *o*f *A*merica.

voc. 《略》*voc*ational; *voc*ative.

vocab. 《略》*vocab*ulary.

vo·ca·ble [vóukəbl] *n.* [뜻과 관계없이 소리의 구성에서 본] 말, 단어(word, term). — *adj.* 발음할 수 있는, 말할 수 있는.

‡***vo·cab·u·lar·y*** [vo(u)kǽbjulèri / -ləri] *n.* (*pl.* ***-lar·ies***) **1** [어떤 개인·계급의] 용어 범위, 용어수, 어휘; [어떤 국어의] 전(全) 단어, 어휘. ¶ a tourist's minimum *vocabulary* 여행자로서 최소한도 필요한 어휘 / enrich one's *vocabulary* 어휘를 늘리다 / have a small *vocabulary* 어휘가 적다. **2** [저자·책 등의 용어를 알파벳 순으로 늘어놓아 정의한] 단어집, 용어집, 사전 (lexicon). **3** [언어 이외의] 기호(신호) 조직 (일람표) [해상의 기(旗) 신호 따위]. **4** [예술의] 표현 형식(양식, 수단).

vocábulàry èntry *n.* [사전 등의] 표제어, 수록어.

‡***vo·cal*** [vóuk(ə)l] *adj.* **1** 목소리의, 음성에 관한. ¶ *vocal* organs 발성 기관. **2** 구두의, 입에 의한(oral). ¶ written *or vocal* communication 문서 또는 구두에 의한 전달. **3** 성악의(⇔ instrumental). ¶ *vocal* music 성악 / *vocal* technique 성악의 기교 / a *vocal* trio 3중창. **4** [목소리를 내는; 《詩》[나무·강 따위가] 소리내는, 울리는, ¶ a *vocal* being 소리내는 것(동물). **5** 마음대로 지껄이는, 의견을 말하는, 잔소리가 많은. ¶ This class is very *vocal* and noisy. 이 클래스는 너무 말이 많고 시끄럽다. **6** [음성] 유성음의(voiced); 모음의(vocalic). — *n.* **1** 유성음; 모음. **2** 성악. **3** 《가톨릭》 [교회 회의 등에 있어서] 투표권자.
~·ly [-kəli] *adv.* ~·ness *n.*
◇ voice, vocality *n.*, vócalize *v.*, vocálic *adj.*

vócal chínk *n.* 성문(聲門)(glottis). [대.
vócal córds *n. pl.* 성대. ¶ false *vocal cords* 가성
vo·cal·ic [vo(u)kǽlik] *adj.* **1** 모음의(에 관한), 모음과 같은. **2** 많은 모음을 포함한.
vo·cal·ism [vóukəlìz(ə)m] *n.* ⓤ **1** [음성] [어떤 언어의] 모음 조직; 모음의 성질, 모음성(性). **2** [담화·성악에 있어서의] 모음의 사용, 발성. **3** [연어] 발성법, 가창 기술[연습]. ¶ instrumentalist
vo·cal·ist [vóukəlist] *n.* 성악가, 가수(singer), 성.
vo·cal·i·ty [vo(u)kǽliti] *n.* **1** 소리다움, 발성할 수 있음; 발성, 발음. **2** [음성] 모음성. **3** 공명, 반향.
*__**vo·cal·i·za·tion**__ [vòukəlizéi(ʃ)ən / -laiz-] *n.* ⓤ **1** 목소리 내기, 발성. **2** [음악] [특히 모음에 의한] 발성[연습]법. **3** [음성] 모음화; 유성음화. **4** [언어] [헤브라이어·아라비아어 등에 있어서의] 모음[가] 삽입, 모음 부호 사용.
vo·cal·ize [vóukəlàiz] (*《英》에서는 **vo·cal·ise** 로도 쓴다) *v.* (**-ized, -iz·ing**) *vt.* **1** …을 목소리로 내다, 소리내어 말하다, 노래하다. ¶ *vocalize* slaves' pains 노예의 고통을 노래부르다. **2** [음성] …을 모음(성질)화하다; …을 유성음화하다. *opp.* devocalize. ¶ *vocalize* the 'l' of 'bottle' 'bottle'의 'l'을 모음화하다. **3** [언어] [아라비아어 등에서] …에 모음부(母音符)를 달다. —— *vi.* **1** 목소리를 내다, 노래부르다, 이야기하다; [모음으로 성악의] 발성 연습을 하다. **2** [언어] 모음화하다; 유성음화하다.
*__**vo·ca·tion**__ [vo(u)kéiʃ(ə)n] *n.* **1** 직업, 장사, 업무. ⇒ OCCUPATION 類語 ¶ select a *vocation* 직업을 선택하다. **2** 천직, 사명(calling). ¶ find one's *vocation* 천직을 발견하다. **3** ⓤ [신의] 부르심, 소명, 소명에 의한 신앙생활. **4** [어떤 직업에 대한] 적성, 소질, 재능(ability). ¶ have little (no) *vocation* for (or *to*) something 어떤 일에 대해 거(의) 소질이 없다. ◇ vocátional *adj.*
*__**vo·ca·tion·al**__ [vo(u)kéiʃ(ə)l] *adj.* **1** 직업[상]의, 천직의, 직무상의. ¶ a *vocational* aptitude 직업 적성 / *vocational* diseases 직업병 / a *vocational* school 실업학교 / a *vocational* test 직업 적성 검사. **2** 직업 교육의, 직업 보도(補導)의. ¶ a *vocational* counsellor 직업보도 상담원 / *vocational* training 직업 훈련.
~·**ly** [-nəli] *adv.*
voc·a·tive [vɑ́kətiv / vɔ́k-] *adj.* **1** [문법] 호격(呼格)의. ¶ the *vocative* case 호격. **2** 부르는. —— *n.* [문법] 호격; 부르는 말. ~·**ly** *adv.*
vo·cif·er·ance [vo(u)sífərəns] *n.* = vociferation.
vo·cif·er·ant [vo(u)sífərənt] *adj.* 시끄럽게 소리치는, 떠들썩한(noisy). —— *n.* 시끄럽게 소리치는 사람, 떠들썩한 사람.
vo·cif·er·ate [vo(u)sífərèit] *vi., vt.* (**-at·ed, -at·ing**) […이라] 큰 소리로 외치다, 시끄럽게 소리치다, 고래고래 소리치다(shout, bawl).
vo·cif·er·a·tion [vo(u)sìfəréi(ʃ)ən] *n.* ⓤ 외침, 소리침, 노호(怒號); 시끄러움(clamor). ¶ 드는 사람.
vo·cif·er·a·tor [vo(u)sífərèitər] *n.* 소리치는(고함지르는) 사람. *cf.* vociferation.
vo·cif·er·ous [vo(u)sífərəs] *adj.* 큰 소리로 외치는, 떠들썩한. ~·**ly** *adv.* ~·**ness** *n.*
vo·cod·er [vo(u)kóudər] *n.* 보코더 [음성을 분석해서 그것을 재구성해서 인공적으로 말을 내는 전자 장치. 언어·발성의 연구나 통신에 쓰인다]. [< VO[ICE] CODER]
vo·coid [vóukɔid] *adj.* 모음 같은(vowellike). —— *n.* 모음 같은 소리. *cf.* contoid
VOD (略) *v*ideo *o*n *d*emand(주문형 비디오).
Vo·da·fone, Vo·da·phone [vóudəfòun] *n.* 《英》 [상표명] 보다폰, 휴대 전화. [< VO[ICE] + DA[TA] + PHONE]
vod·ka [vɑ́dkə / vɔ́d-] *n.* ⓤ 보드카 [러시아산의 화주(火酒)]. [< Russ. brandy]
voe [vou] *n.* [스코틀랜드의 Orkney 및 Shetland 제도의] 후미, 작은 만(inlet, narrow bay).
*__**vogue**__ [voug] *n.* ⓒⓤ **1** [어떤 시기의] 유행[품], 성행(盛行). ⇒ FASHION 類語 ¶ the *vogue* of miniskirts 미니스커트의 유행 / have a short (or a brief) *vogue* 단기간 유행하다 / [all] the *vogue* 최신 유행[품] // There is quite a *vogue for* Korean-made things. 한국제 물건이 크게 유행하고 있다. **2** 인기, [세상의] 호평 (popularity). ¶ have (or obtain) popular *vogue* 인기를 얻다 / lose *vogue* 인기를 잃다.
give **vogue** …을 유행시키다(*to*…).
in **vogue** 유행하여, 인기를 얻어. ¶ This style is *in vogue* among the young. 이 스타일은 젊은이들 사이에서 유행하고 있다.
out of **vogue** 유행이 지나서, 인기를 잃어서.
*__**voice**__ [vɔis] *n.* **1** ⓒⓤ 목소리, 음성, 노래(울음) 소리; ⓒ 성음. ¶ a good (a sweet) *voice* 좋은(감미로운) 소리 / below (or under) one's *voice* 소리를 낮춰서 / find one's *voice* 목소리가 나오다 / in a loud (harsh, deep) *voice* 큰(귀에 거슬리는, 묵직한) 소리로 / make *voice* 소리내다 / lower one's *voice* 소리를 죽이다.
2 [인간의 목소리에 비유한] 물건(자연)의 소리, [하늘·신 등의] 명령, 탁선(託宣). ¶ the *voice* of the waves 파도 소리 / the *voice* of conscience 양심의 소리 / He was obedient to the *voice* of God. 그는 신의 명령에 따랐다 / The *voice* of the people is the *voice* of God. 《속담》 민심은 천심 (*cf.* Vox populi, vox Dei). **3** ⓤ 발언, 표현, 발성 능력; [표명된] 의견, 소원, 선택. ¶ give *voice* to …을 입밖으로 내다 / lose one's *voice* 말을 할 수 없게 되다 / recover one's *voice* 다시 말을 할 수 있게 되다 / Rage gave *voice* to the man. 그 사나이는 노여움에 나머지 입을 열었다.
4 [주의(主義) 등의] 대변자. ¶ He was a *voice* of the black movement. 그는 흑인 운동의 대변자였다.
5 ⓤⓒ 발언권, 투표권, 선택[권]. ¶ He has little *voice* in the scheme of things. 그는 업무에 관한 발언권이 거의 없다 / She claimed a *voice* in the matter. 그녀는 그 건에 관하여 선택권이 있다고 주장했다.
6 ⓤⓒ [음악] 성부(聲部); 가수(singer); 노래하는 능력; [목소리의] 가락.
7 [피아노·오르간 따위의] 음색의 미묘한 조정.
8 [문법] [동사의] 태(態). ¶ the active (the passive)
9 [음성] 유성음, 탁음(濁音). ¶ *voice* 능음(유성음).
10 ⓤ 《페어》 뜬소문(rumor), 평판, 명성(fame).
be in good (*poor*) **voice** 목소리가 잘 나다 (나지 않다).
be out of **voice** 목소리가 나지 않다.
clear one's **voice** 헛기침하다(clear one's throat).
lift up one's **voice** *against* …에 소리치다, …에 항의하다.
with one **voice** 이구동성으로, 일제히, 만장일치로.
— *vt.* (**voiced, voic·ing**) **1** [의견·희망 따위]를 말로 표현하다, 말로 하다(give voice to), 고하다, 언명하다(declare). ¶ *voice* one's opinion 의견을 진술하다. **2** [음성] …을 유성음으로 발음하다. **3** [음악] …을 조율하다; [악보]에 성부(聲部)를 적어 넣다.
◇ **voiced, vócal, vóiceless** *adj.*
voice over [TV 프로 따위에서] 화면 밖에서 해설하다.
voice-ac·ti·vat·ed [vɔ́isǽktiveitid] *adj.* [자동 장치 따위가] 음성조작식의, voice-controlled
vóice bóx *n.* 후두(喉頭)(larynx).
voice-con·trolled [vɔ́isəntróuld] *adj.* [타이프라이터·휠체어 따위가] 음성으로 제어되는.
voiced [vɔist] *adj.* **1** [보통 복합어를 만들어] …목소리의, 목소리가 …인. ¶ sweet-*voiced* 소리가 감미로운. **2** 목소리로 나타낸. **3** [음성] 유성음의, 탁음의. ¶ *voiced* consonants 유성 자음.
voice·ful [vɔ́isfəl] *adj.* 목소리가 있는, 큰 목소리가 나는; 잘 울리는, 낭랑한(sonorous).
*__**voice·less**__ [vɔ́islis] *adj.* **1** 무성의, 벙어리의. ⇒ DUMB 類語 **2** 말을 하지 않는, 무언의(silent). ¶ a *voiceless* wish 무언의 소망. **3** 의견을 말하지 못하는, 선거권이 없는. **4** [음성] 무성음의, 숨의. ¶ *voiceless* conso-

voice mail *n.* 음성 우편[음성을 디지털 녹음·재생 방식으로 보내는 전자 우편].
Vóice of América *n.* 미국의 소리[미국 정부의 대외 방송; 略 VOA].
voice-o·ver [vɔ́isóuvər] *n.* ⓤⓒ 텔레비전 따위의 화면 밖의 해설하는 소리.
vóice pàrt *n.* [음악] 성부(聲部).
vóice pìpe (tùbe) *n.* 통화관, 전성관(傳聲管).
voice-print [vɔ́isprìnt] *n.* 성문(聲紋).
voice·print·er [vɔ́isprìntər] *n.* 성문 분석 (감식)기.
vóice recognítion equípment *n.* 음성 인식 기기[음성에 반응하여 움직이는 기계의 총칭].
vóice recórder *n.* 음성 기록 장치[항공기 조종실 내의 대화, 엔진 소리, 스위치 바꾸는 소리 따위를 기록하는 장치. flight data recorder 와 합쳐 보통 black box 로 불린다].
vóice sýnthesizing bòard *n.* 음성 합성 장치.
vóice vòte *n.* 구두 투표(票決). [화.
voic·ing [vɔ́isiŋ] *n.* ¶ 발성. ² [음성] 유성[음]
‡**void** [vɔid] *adj.* ¶ 공허한, 텅 빈, 알맹이가 없는. 同 EMPTY 類語 ¶ a *void* space 공간. ² 임자 없는, 빌어쓸 사람이 없는, 빈 자리의. ¶ a *void* house 빈 집. ³ 없는, 결한(devoid (of...). ¶ a story *void* of foundation 근거없는 이야기. ⁴ 무익한, 쓸모없는(useless). ⁵ [법률] 무효의, *opp.* valid ¶ null and *void* 무효[의] / The contract is *void*. 그 계약은 무효이다. ⁶ [수학] [집합이] 공(空)인, 제로인. ¶ a *void* set 공집합.
— *n.* ¶ (the ~) 공간, 공허(vacancy); 진공. ¶ the *void* of heaven 천공 / vanish into the *void* 허공으로 사 라지다. ² ⓤ 빈틈, 부족(lack); 공석(void office). ³ 공 허감, 허전함, 섭섭함. ¶ An aching *void* 가슴 아픈 공 허감. ⁴ [벽·토방 따위의] 갈라진 틈, 금(gap).
— *vt.* ¹ ...을 방출하다, 배설하다(evacuate). ² [법 률] ...을 무효로 하다, 취소하다(nullify). ³ ...을 비우 다(empty). ⁴ [고어] ...을 피하다(avoid). ⁵ [폐어] ...을 추방하다(expel). — *vi.* ¹ 방뇨하다(urinate).
² [고어] 출발하다(depart).
~ness *n.* ◇ vóidance *n.,* vóidly *adv.*
void·a·ble [vɔ́idəbl] *adj.* ¹ 무효화할 수 있는, 취소할 수 있는. ² 비울 수 있는, 배설할 수 있는. ~ness *n.*
void·ance [vɔ́idəns] *n.* ⓤ ¹ 방출, 배설; 제거; 퇴 거, 방기(放棄). ² [계약 따위의] 취소(annulment), 폐 기. ³ 공허; [성직의] 면직, 공석(空席).
void·ed [vɔ́idid] *adj.* ¹ 공허해진, 빈. ² [벽·토방 따위가] 틈(갈라진 틈)이 있는. ³ [법률] [계약이] 취소 된, 무효로 된. ⁴ [紋章] 윤곽만 남기고 안을 도려낸.
void·er [vɔ́idər] *n.* ¹ 비우는(취소하는) 사람. ² [방 언] a) 쓰레기통. b) 설거지하는 사람. ³ 《폐어》 방호 물(screen).
void·ly [vɔ́idli] *adv.* 공허하게, 헛되이, 무효로.
voi·là [F vwala] *interj.* 《프랑스어》 (=see there) 봐라, 저것 봐(see, behold); 저 봐(There it is!).
voile [vɔil] *n.* ⓤ 보일 [성기고 얇은 천]. [<F veil
voi·tur·ette [vwà:tjurét] *n.* 소형 자동차. [<F
Voks [vaks/vɔks] *n.* 《소련》 소련 대외 문화 협회.
vol. 《略》 volcano; volume; volunteer.
vo·lant [vóulənt] *adj.* ¹ 나는(flying); 날 수 있는. ² 민첩한, 기민한(nimble). ³ 《紋章》 [새 따위의] 나는 모 습을 나타낸. ⁴ [중세 헬멧의] 이마의 보강부.
Vo·la·pük [vòuləpjú:k, válǝpùk / vɔ́ləpùk] *n.* ⓤ 볼 라 퓌크 [1879년에 독일의 목사이며 언어학자인 J. M. Schleyer(1831-1912)가 고안한 국제 인공어]. *cf.* Esperanto (<world-speech 라는 뜻).
vo·lar [vóulər] *adj.* ¹ 《해부》 손바닥(palm)의, 발바 닥(sole)의. ² 비행용의(에 의한).
VOLAR 《略》 volunteer army.
volatile [vάlətl / vɔ́lətàil] *adj.* ¹ 휘발성의, 증발하 기 쉬운. ¶ *volatile* liquid 휘발성 액체. ² [컴퓨터] 비

지구(非持久) [성]의. ³ 즉흥적인, 변덕스러운(fickle), 경박한. ¶ a *volatile* disposition 변덕스러운 성질. ⁴ 격하기(폭발하기) 쉬운(explosive), 파열 직전의. ⁵ (고어) (모습을 잘 감추는) [공기 같은] 동물[이]의. ~ness *n.* ◇ volatílity *n.,* vólatilize *v.*
vólatile òil *n.* ⓤ 휘발[성]유(essential oil).
vol·a·til·i·ty [vὰlətíliti / vɔ̀l-] *n.* ⓤ ¹ 휘발성. ² 변 덕, 즉흥(volatileness). ³ 격하기(폭발하기) 쉬움.
vol·a·til·i·za·tion [vὰlət(i)lizéiʃ(ə)n / vɔ̀lǽtilai-] *n.* ⓤ 휘발, 증발, 발산.
vol·a·til·ize [vάlət(i)làiz / vɔlǽtilàiz] (*英*)에서 는 -til·il·ise로 되기도 쓴다) *v.* (-ized, -iz·ing) *vi.* 휘 발(증발)하다. — *vt.* ...을 휘발(증발)시키다.
vol-au-vent [vòulu(u)vά:ŋ / vɔ́l-] *n.* 《요리》 고기가 든 파이. (<F flight in the wind)
*vol·can·ic** [valkǽnik / vɔl-] *adj.* ¹ 화산[성]의, 화성 (火成)의. ¶ a *volcanic* eruption 분화 / *volcanic* activity 화산 활동 / *volcanic* rocks 화성암. ² 화산이 많은. ¶ a *volcanic* country 화산국. ³ 화산과 같은, 폭발성 의, 격렬한, 맹렬한. -i·cal·ly [-ikəli] *adv.*
◇ volcáno *n.*
volcánic gláss *n.* ⓤ 흑요석.
vol·can·i·ci·ty [vὰlkənísiti / vɔ̀l-] *n.* = volcanism.
vol·can·ism [vάlkənìz(ə)m / vɔ́l-] *n.* ⓤ 화산 활동(작용), 화산 현상(작용). [ologist).
vol·can·ist [vάlkənist / vɔ́l-] *n.* 화산 학자(volcan-
‡**vol·ca·no** [valkéinou / vɔl-] *n.* (*pl.* -noes *or* -nos) 화산; 분화구. ¶ an active (an extinct, a dormant) *volcano* 활(사, 휴)화산 / a submarine *volcano* 해저 화산.
◇ volcánic *adj.*
vol·ca·no·gen·ic [vὰlkənədʒénik / vɔ̀l-] *adj.* 화산성 의, 화산 기원(起源)의.
vol·can·ol·o·gist [vὰlkənάlədʒist / vɔ̀lkənɔ́l-] *n.* 화 산 학자. [학.
vol·can·ol·o·gy [vὰlkənάlədʒi / vɔ̀lkənɔ́l-] *n.* 화산
vole¹ [voul] *n.* 들쥐 (쥐과 (科). 사지·꼬리가 짧다].
vole² [voul] *n.* [카드놀이] 전승(slam) [한 판에 나온 패를 모두 따기].
go the vole 망하느냐 흥하느냐의 승부를 하다; 갖가지 일을 해보다.
vo·let [vo(u)léi / vɔ́lei] *n.* ¹ 3매 조립 (조각) (triptych)의 바깥쪽 1장. ² 3겹으로 접힌 글자판의 바깥쪽 1매.
Vol·ga [vάlgə / vɔ́l-] *n.* (the ~) 볼가강 [러시아 서부 의 산 속에서 발원하여 동으로, 이어서 남으로 흘러 카 스피해로 들어가는 유럽 최장의 강].
Vol·go·grad [vάlgəgræ̀d / vɔ́l-] *n.* 볼고그라드 [러시 아 공화국 남부, 볼가(Volga)강 하류의 도시. 구칭 Stalingrad].
vo·li·tant [vάlit(ə)nt / vɔ́l-] *adj.* ¹ 날고 있는, 날 수 있는. ² 활발한(active), 잘 돌아다니는(moving).
vo·li·tion [vo(u)líʃ(ə)n / vɔ-] *n.* ⓤ ¹ 의지의 작용; 결심, 결단. ¶ A child enters life without his own *volition*. 아이는 자기 뜻으로 태어나는 것이 아니다. ² 의지력, 결단력; 의지. ¶ ◇ WILL 類語 ¶ Did you do it of your own *volition*? 너는 그것을 네 자의로서 했느냐?
vo·li·tion·al [vo(u)líʃ(ə)n(ə)l] *adj.* ¹ 의지의, 의지에 관한. ² 의욕적인, 의지에 의한, 결단력이 있는.
~ly [-nəli] *adv.* [tional.
vo·li·tion·ar·y [vo(u)líʃ(ə)nèri / -nəri] *adj.* = voli-
vo·li·tion·less [vo(u)líʃ(ə)nlis] *adj.* 의지(의욕)가 없 는; 결단력이 모자라는.
vol·i·tive [vάlitiv / vɔ́l-] *adj.* ¹ 의지의(에 관한), 의 지에서 생겨나는, 의지력이 있는. ² [문법] [글이] 의지 (소망, 허가 따위)를 나타내는. ¶ the *volitive* future 의 지 미래.
Volk [fɔːlk / folk] *n.* (*pl.* **Völk·er** [G fǽlkər]) 《독일》 (=nation) 사람들(people); 국민, 민족.
Volks·lied [f5:lkslìːt, -liːd / f5lks-] *n.* (*pl.* **-lied·er** [-liːdər]) 《독일》 (=folksong) 민요, 속요(俗謠).

Volks・wa・gen [fóulksvà:gən / fɔ́lks-] *n.* 《독일》(= people's car) 《상표명》폭스바겐 [대중용 소형 자동차의 일종].

***vol・ley** [váli / vɔ́li] *n.* **1** 일제 사격. ¶ a *volley* of arrows 화살의 일제 사격 / fire a *volley* 일제 사격을 하다. **2** 〔질문·욕설 따위의〕일제 발사, 연발(torrent). ¶ a *volley* of abuses (protests) 욕설의 연발(일제 항의). **3** 〔정구·축구·크리켓〕 발리〔공이 땅에 떨어지기 전에 되매리기(되차기)〕. **4** 〔광산〕 암석 안에 장치한 폭약의 일제 폭발. — *vt.* **1** …을 일제 사격하다. **2** 〔질문·욕설 따위〕를 퍼붓다. **3** 〔정구·축구·크리켓〕〈공〉을 발리로 되매리다(되차다). — *vi.* **1** 일제 사격을 하다. ¶ (~+前+名) *volley* at the enemy 적에게 일제 사격을 가하다. **2** 〔탄환 따위가〕 일제히 날다, 〔총 따위가〕 일제히 발사되다. **3** 몹시 빠르게 날다. **4** 〔정구·축구·크리켓〕 발리로 치다. **5** 일제히 높은(큰) 소리를 내다.

‡**vol・ley・ball** [válibɔ̀:l / vɔ́li-] *n.* **1** ⓤ 발리볼, 배구. **2** 발리볼용의 공.

vol・ley・ball・er [válibɔ̀:lər / vɔ́li-] *n.* 배구 선수.

vol・ley・er [váliər / vɔ́li-] *n.* 〔정구 따위에서〕 발리를 하는 사람.

vol・plane [válplèin / vɔ́li-] *vi.* (**-planed, -plan・ing**) 〔엔진을 끄고〕 활공하다. — *n.* 활공, 공중 활공.

vols. [略] volumes.

Vol・sci [válsai / vɔ́lski:] *n. pl.* 볼스키족[이탈리아 남부의 Latium 에 살던 고대 민족; B.C. 300년경 로마에 굴복].

Vól・stead Àct [válsted- / vɔ́l-] *n.* 《美》〔볼스테드 금주법〔주류의 제조·판매를 금지하는 법률(1919-33)〕.

Vól・stead・ism [válstedɪ̀z(ə)m / vɔ́l-] *n.* ⓤ 주류 판매 금지주의(정책).

Vol・sun・ga Sa・ga [válsuŋgə sá:gə / vɔ́l-] *n.* 〔아이슬란드 문학〕 볼숭가 전설〔니벨룽(Nibelung)족과 용맹스런 Volsung(Volsung)족의 신화화된 역사 이야기〕.

***volt**[1] [voult] *n.* 〔전기〕 볼트〔전압의 단위; 略 V, v〕. [< 이탈리아의 전지 발명가 Alessandro Volta 의 이름]

volt[2] [voult / volt] *n.* **1** 〔馬術〕 말을 타고 원을 그리기. **2** 〔펜싱〕 〔찌르기를 피하기 위한〕 갑작스러운 몸을 피하기.

vol・ta [váltə / vɔ́l-] *n.* (*pl.* **-te**) 〔음악〕 볼타, 회〔수를 나타내는 말에 쓴다〕(turn, time). ¶ una *volta* 한 번, 1회. [<It]

Vol・ta [váltə / vɔ́l-] *n.* (the ~) 볼타강〔서아프리카의 가나(Ghana)를 남으로 흘러 기니아만으로 들어간다〕.

volt・age[vóultidʒ] *n.* ⓤⓒ〔전기〕 전압(량), 볼트 수(數).

vóltage divìder *n.* 〔전기〕 분압기(分壓器) (potential divider).

vol・ta・ic [valtéiik / vɔl-] *adj.* **1** 〔화학 작용에 의해서 생겨난〕 전기(전류)의. **2** 〔정전기에 대하여〕 유전기의 (流電氣)의 (galvanic). ¶ a *voltaic* current 전류. **3** (V-) 볼타(Alessandro Volta)의.

voltáic báttery *n.* 〔전기〕 볼타 전지; 〔일반적으로〕 전지.

voltáic céll *n.* 〔전기〕 볼타 전지[이것이 모인 것이 voltaic battery] (galvanic cell).

voltáic electrícity *n.* ⓤ 볼타 전기, 유(동)전기.

voltáic píle *n.* 〔전기〕 볼타의 전퇴(電堆)〔파일〕.

Vol・tair・i・an [valtɛ́(:)riən, voul- / vɔltɛ́ər-] *adj.* 볼테르 〔주의〕의. — *n.* 볼테르주의자, 종교적 회의주의자. 〔프랑스의 철학자 François Marie Arouet Voltaire (1694-1778) 의 이름〕

vol・ta・ism [váltəìz(ə)m / vɔ́l-] *n.* ⓤ 유전기; 유전기학.

vol・tam・e・ter [valtǽmitər / vɔl-] *n.* 전해 전량계, 볼타미(計)〔전기 분해에 의해서 전류의 강도를 측정하는 장치〕.

volt・am・me・ter [vóultǽmmì:tər] *n.* 전압 전류계.

volt-am・pere [vóultǽmpìər / -pɛ̀ə] *n.* 〔전기〕 볼트 암페어〔볼트와 암페어의 곱으로 나타내는 피상 전력(皮 相電力)의 단위; 略 VA〕.

volte[1] [valt, voult / vɔlt] *n.* = volt[2].

vol・te[2] [váltei / vɔ́l-] *n.* volta 의 복수형.

volte-face [vàlt(ə)fá:s / vɔ́ltfɔ́:s] *n.* (*pl.* **volte-face**) **1** 방향 전환, 역전(逆轉). **2** 〔의견·정책 등의〕 전향, 급변. [<F]

volt・me・ter [vóultmì:tər] *n.* 〔전기〕 전압계, 볼트계.

vol・u・bil・i・ty [vàljubíləti / vɔ̀lju-] *n.* ⓤ 다변, 수다; 달변기, 요설, 유창. **2** 〔식물의〕 감기는 습성. **3** 《드물게》 회전성, 구르기 쉬움.

vol・u・ble [váljubl / vɔ́l-] *adj.* **1** 다변 (多辯)인(talkative), 달변(達辯)의. ⇒ FLUENT [類語] ¶ He is a rather *voluble* man. 그는 상당한 달변가이다. **2** 〔식물〕〔담쟁이 덩굴 따위가〕 감기는, 감겨 붙는 습성의. **3** 《드물게》 회전성의, 구르기 쉬운.

~ness *n.* **・bly** *adv.*

‡**vol・ume** [válju(:)m / vɔ́l-] *n.* **1** 책, 서적. *cf.* book. ¶ a thick *volume* 두꺼운 책. **2** 분책(分冊); 〔전집 따위의〕 권[略 vol., *pl.* vols.]. ¶ *Volumes* One and Two 제1권과 제2권[略 *Vols.* I & II] / bound *volumes* of a magazine 잡지의 합본. **3** 〔역사〕 〔파피루스·양피지 따위의〕 두루마리(roll). **4** 큰 덩어리, 다량, 많음 (*of...*). ¶ a *volume* of water 다량의 물. **5** ⓤ 양, 분량(quantity). ¶ the *volume* of production 생산량. **6** ⓤ 크기, 분량, 용적(capacity), 체적, 부피. ¶ the *volume* of a box 상자의 용량. **7** ⓤ 음량, 볼륨.

gather volume 〔정도가〕 차츰 늘다, 증대하다, 점점 더 해지다.

speak (or *express, tell*) *volumes* 웅변으로 말하다, 의미심장하게 보이다(*for...*).

◇ volúminous *adj.*

vólume contròl *n.* 〔라디오 따위의〕 음량 조절 〔장치〕.

vol・umed [válju(:)md / vɔ́l-] *adj.* **1** 〔복합어를 만들어〕 …권(분책)으로 된, …권의. ¶ a two-*volumed* novel 2권으로 된 소설. **2** 〔연기 따위가〕 소용돌이치는, 뭉게뭉게 피어오르는. **3** 분량이 많은, 부피가 큰 (massive).

vol・u・me・nom・e・ter [vàljuminámitər / vɔ̀ljumináminə-] *n.* 배수 용적계, 체적계.

vólume retáiler *n.* 양판점(量販店), 대량 판매점.

vo・lu・me・ter [vəlú:mitər / vɔljú:m-] *n.* 체적계, 용적계, 비중계.

vol・u・met・ric [vàljumétrik / vɔ̀l-], (**vol・u・met・ri・cal** [-k(ə)l]) *adj.* 용적(체적) 측정의.

-ri・cal・ly [-rikəli] *adv.*

vo・lu・me・try [vəlú:mitri / vɔl(j)ú:-] *n.* ⓤ 용량 측정〔법〕, 용량 분석〔법〕.

vólume ùnit méter *n.* VU 미터, 음량 단위 측정기〔음악에 대응하는 전기신호의 강약을 측정한다〕.

***vo・lu・mi・nous** [vəlú:minəs / -l(j)ú:-] *adj.* **1** 저서가 다작의. ¶ a *voluminous* author 다작의 작가. **2** 권수가 많은, 부수가 많은; 내용이 풍부한, 수많은. ¶ a *voluminous* work 권수가 많은 저작, 대작. **3** 〔체적·용적이〕 큰, 덩치 큰; 〔옷이〕 헐렁한; 음량이 풍부한. ¶ a *voluminous* flow of lava 다량의 용암의 흐름 / *voluminous* robes 품이 넉넉한 옷. **4** 〔고어〕 굴곡이 많은. **-ly** *adv.* **~ness** *n.*

vol・un・tar・i・ly [vàləntérili / vɔ́lənt(ə)r-] *adv.* 자유 의지로, 자발적으로, 임의로(spontaneously).

vol・un・ta・rism [válantərìz(ə)m / vɔ́l-] *n.* ⓤ **1** 〔철학〕 의지주의, 주의설(主意說) 〔의지를 인간의 본질로 보는 설〕. ¶ intellectualism **2** 《英》=voluntaryism 1.

‡**vol・un・tar・y** [válantèri / vɔ́lənt(ə)ri] *adj.* **1** 자유의사에 의한, 자발적인, 임의의. ¶ a *voluntary* act 자발적인 행동 / a *voluntary* contribution 자발적인 기부. **2** 자원한, 유지(有志)의. ¶ a *voluntary* soldier 지원

병 / a *voluntary* substitute 자진해서 나선 대리인. **3** [학교·교회 따위가] 유지(有志)의 기부에 의해서 경영되는, [국가 등에 의존하지 않고] 자영의. ¶ a *voluntary* school 임의 기부제 학교 / a *voluntary* church 자영 교회. **4** [법률] **a)** 임의의; 고의의, 의도적인(intentional). ¶ *voluntary* murder 모살(謀殺). **b)** 무상(無償)의. ¶ *voluntary* conveyance of estates in land 무상 부동산 양도. **5** 자신의 의지로 결정할 수 있는, 선택력이 있는. ¶ a *voluntary* agent 스스로의 선택력을 가진 주체. **6** 〖생리〗 수의(隨意)의. ¶ *voluntary* muscles 수의 근(筋). **7** [감정 따위가] 자연히 생겨나는(spontaneous). ¶ *voluntary* smile 저절로 나온 미소. — *n.* **1** 자발적인 행위(증여, 원조, 기부). **2** [음악] [예배 전후 또는 예배중의] 오르간 독주. **3** = volunteer. -**tár·i·ness** *n.*

vóluntary assòciátion *n.* **1** 임의 단체, 자발적 결사. **2** =voluntary chain.

vóluntary cháin *n.* 자유 연쇄점.

vóluntary èxport restráint *n.* 수출 자율 규제.

vol·un·tar·y·ism [válɘntèrìz(ɘ)m / vólɘnt(ɘ)r-] *n.* Ⓤ **1** [학교·교회 등의] 임의 기부제도. **2** 자유 지원병 제도.

vóluntary sérvice *n.* (美) 지원병 제도.

‡**vol·un·teer** [vàlɘntíɘr / vɔ̀l-] *n.* **1** 지원자; 자원 봉사자; 독지가. **2** 임의 (의용)병. *cf.* conscript **3** [법률] [출두·자술 따위의] 임의 행위자; 무상 취득자. **4** [농업] 자생 식물(volunteer plant). **5** (V-) 미국 Tennessee 주의 주민[별명으로 사용됨다]. — *adj.* **1** 지원(병)의, 유지의. ¶ a *volunteer* soldier 지원병 / *volunteer* troops 의용군. **2** [식물이] 자생의. ¶ a *volunteer* crop 자생 작물. — *vi.* **1** 지원하다, 자발적으로 제의하다(offer); 지원병이 되다. ¶ (~+图+图) *volunteer* for a task 자진해서 일을 떠맡다 / *volunteer* in an attempt 자진해서 참가하다 / (~+to do) *volunteer* to help others 남의 원조를 자진해서 제의하다. **2** [식물이] 자생하다. — *vt.* [일 따위]를 자진해서 인수하다, 자발적으로 하겠다고 제의하다. ¶ *volunteer* a dangerous duty 위험스러운 직무를 자원하다 / *volunteer* a song 자진해서 노래를 부르다 / *volunteer* an opinion 자진해서 의견을 말하다.

vol·un·teer·ism [vàlɘntíɘrìz(ɘ)m / vɔ̀l-] *n.* 자유 지원제, 자원 봉사제도, 자원 봉사 활동.

Voluntéers of América *n.* (the~) 미국 의용군 [1896년 New York에 설립; 略 VOA]. 「속칭.

Voluntéer Státe *n.* (the~) 미국 Tennessee 주의

vo·lup·tu·ar·y [vɘlʌ́ptʃuèri / -tʃuɘri] *n.* (*pl.* -**ar·ies**) 방탕한 사람, 주색에 빠지는 사람. — *adj.* 방탕한, 주색에 빠지는.

vo·lup·tu·ous [vɘlʌ́ptʃuɘs] *adj.* **1** 관능의 만족에 젖는, 방탕한. ¶ a *voluptuous* life 방탕 생활. **2** 관능적인, 육감적인. ¶ *voluptuous* pictures 육감적인 그림 / *voluptuous* pleasures 관능적 쾌락. **3** 요염(妖艶)한. ¶ *voluptuous* beauty 요염한 아름다움 / *voluptuous* glances 요염한 눈길. ~**·ly** *adv.* ~·**ness** *n.*

vo·lute [vɘlúːt / -ljúːt] *n.* **1** 소용돌이꼴 주의. **2** 〖건축〗 [특히 이오니아·코린트식 주두(柱頭)의] 소용돌이[무늬]. ⇨ CAPITAL² 그림. **3** 복족류(腹足類)과의 권패(卷貝); [권패의] 소용돌이. — *adj.* 소용돌이꼴의, 소용돌이가 있는.

vo·lut·ed [vɘlúːtid / -ljúːt-] *adj.* **1** 소용돌이꼴의, 나선상의(홈이 패인). **2** 〖건축〗 소용돌이 무늬의(가 있는).

vo·lu·tion [vɘlúːʃ(ɘ)n / -ljúː-] *n.* Ⓤ Ⓒ **1** 회전, 선회(旋回). **2** 소용돌이[꼴]. **3** [권패 (卷貝)의] 소용돌이.

Vol·vo [válvou / vɔ́l-] *n.* (*pl.* ~**s**) 볼보[스웨덴의 Volvo 사에서 만든 자동차].

vo·mer [vóumɘr] *n.* 〖해부〗 서골(鋤骨)[비중격(鼻中隔)을 이루는 뼈].

*****vom·it** [vámit / vɔ́mit] *vi.* **1** 구역질하다, 구토하다 (*forth*, *out*, *up*). **2** [용암·재 따위가] 분출되다, 격렬하게 유출하다(rush out). — *vt.* **1** [먹은 것]을 토하다, 게우다(spew). ¶ *vomit* some blood 피를 토하다. **2** [연기 따위]를 심하게 뿜어내다, [욕설 따위]를 심하게 퍼붓다. ¶ *vomit* lava 용암을 분출하다 // (~+图+图) *vomit* forth smoke 연기를 뿜어내다. **3** [남]에게 구역질나게 하다, 구토하게 하다. — *n.* **1** Ⓤ 토하기, 구토, **2** 토한 것, 구토물, 토해낸 것. **3** (비유적) 혐구, 악당; 그러한 글. **4** 토제(吐劑) (emetic). ◇ **vómitive** *adj.*

vom·it·er [vámitɘr / vɔ́m-] *n.* **1** 토하는 사람. **2** (폐어) 토제(emetic); 구토물.

vom·i·tive [vámitiv / vɔ́m-] *adj.* 토하게 하는, 구역질나게 하는. — *n.* (폐어) 토제(emetic).

vom·i·to [vámitòu / vɔ́m-] *n.* 〖병리〗 황열병 환자의 검은 구토물.

vom·i·to·ry [vámitɔ̀ːri / vɔ́mitɘri] *adj.* (고어) 구역질나게 하는, 토하게 하는(vomitive). — *n.* [연기 따위가] 빠지는 곳, 빼는 곳; [고대 로마 극장 따위의] 출입구(portal).

vom·i·tu·ri·tion [vàmitjuríʃ(ɘ)n / vɔ̀mitjuɘr-] *n.* Ⓤ **1** 헛구역질[토할 것 같으면서 토해지지 않는 상태]. **2** 빈회 구토(頻回嘔吐)[빈번하게 토하려 하면서 조금씩 토하기]. **3** (폐어) 수월한 구토.

vom·i·tus [vámitɘs / vɔ́m-] *n.* 토한 것(vomit).

von [vɔn / fan / fɑn] *prep.* ⋯에서, ⋯의 [독일의 귀족이나 오스트리아인의 성(姓) 앞에 붙인다. 귀족 출신임을 나타내는 일이 많다] (from, of). (＜G)

V-one, V-1 [víːwʌ́n] *n.* 보복 병기 제1호 [독일이 제2차 대전에서 쓴 로켓 폭탄].

voo·doo [vúːduː] *n.* **1** Ⓤ 부두교(教)[일종의 다신교로 서인도 제도(諸島)·미국 남부의 흑인간에 믿어지고 있다]. **2** 부두교의 주술사; 부두교의 주물(呪物). — *adj.* 부두교의. ¶ a *voodoo* dance 부두교의 춤. — *vt.* ⋯에 부두교의 주술을 펴다.

voo·doo·ism [vúːduːìz(ɘ)m] *n.* Ⓤ 부두교 주술.

voo·doo·ist [vúːduːist] *n.* 부두교의 주술사; 부두교도. 「[부두교]의.

voo·doo·is·tic [vùːduːístik] *adj.* 부두교 주술사의;

VOP (略) 〖보험〗 valued as in original policy (가액 (價額)은 원(原) 증권대로).

VOR (略) VHF omni-directional *r*ange (초단파 전 (全) 방향 무선 표지).

vo·ra·cious [vo(u)réiʃɘs] *adj.* **1** 게걸스레 먹는, 걸신들린 것처럼 먹는; 대식하는. ¶ HUNGRY[類語] a *voracious* shark 게걸스레 먹는 상어 / a *voracious* appetite 왕성한 식욕. **2** [사람이] 싫증내지 않는, 매우 열심인, 탐욕스러운(avid). ¶ a *voracious* reader 매우 열심인 독서가. ~**·ly** *adv.* ~·**ness** *n.*

vo·rac·i·ty [vɔːrǽsiti, vɘ-] *n.* Ⓤ **1** 대식, 폭식. **2** 탐욕.

-vorous eating 의 뜻의 연결형. 예: carni*vorous*.

vor·tex [vɔ́ːrteks] *n.* (*pl.* -**tex·es** *or* -**ti·ces** [-tisìːz]) **1** 소용돌이(whirlpool); 선풍, 돌풍, 회오리바람(whirlwind). **2** (비유적) [전쟁·사회 운동 따위의] 소용돌이. ¶ He was thrust into the *vortex* of world affairs. 그는 국제 정치의 소용돌이 속에 말려들었다. **3** 〖물리〗 소용돌이, 와동(渦動). ¶ a *vortex* line 소용돌이 선(線). **4** [데카르트 철학에서] 우주 물질의 와동.

vor·ti·cal [vɔ́ːrtik(ɘ)l] *adj.* 소용돌이의; 소용돌이 꼴의. ~**·ly** [-kɘli] *adv.*

vor·ti·cel·la [vɔ̀ːrtisélɘ] *n.* (*pl.* -**cel·lae** [-séliː]) 종벌레 [못·늪 속의 나무나 돌 따위에 착생하는 원생 동물].

vor·ti·cism [vɔ́ːrtisìz(ɘ)m] *n.* Ⓤ 〖미술〗 소용돌이파(派) [20세기 초 영국에서 일어난 미래파에 속하는 미술 운동의 일파. 소용돌이를 이용하여 현대 기계 문명을 상징적으로 표현하려 했다].

vor·ti·cist [vɔ́ːrtisist] *n.* 소용돌이파의 화가.

vor·ti·cose [vɔ́ːrtikòus] *adj.* 소용돌이[꼴]의 (vortical), 소용돌이를 이루는(whirling).
vor·tig·i·nous [vɔːrtídʒinəs] *adj.* 소용돌이를 이루는(whirling), 소용돌이 [모양]의.
Vos·tok [vɔ́ːstɔk / vɔstɔ́k] *n.* 보스토크호[1961년 구 소련이 쏘아올린 인류 최초의 유인 우주선].
[<Russ east]
vot·a·ble [vóutəbl] *adj.* 1 투표할 수 있는. ¶ a *votable* citizen 투표권이 있는 시민. 2 투표에 의해서 정해지는.
vo·ta·ress [vóutəris] *n.* votary 의 여성형.
vo·ta·rist [vóutərist] *n.* = votary.
vo·ta·ry [vóutəri] *n.* (*pl.* **-ries**) 1 서원을 세운 사람, [특히] 종교적인 서원을 세우고 신을 섬기는 사람; (드물게) 수도자. 2 [종교의] 열성적인 신자; 승려, 수녀. 3 [주의(主義) 따위의] 열렬한 지지자, 신봉자. 4 [학문·연구·사업 따위의] 심취자. 5 [놀이·운동 따위의] 애호가. ¶ a *votary* of hunting 수렵 애호가.
‡vote [vout] *n.* 1 [발성·거수·기립·투표 용지 따위에 의한] 찬반의 의사 표시, 투표. ¶ a direct *vote* 직접 투표 / an open *vote* 기명 투표 / a secret *vote* 무기명 투표 / a *vote* of confidence 신임 투표 / a voice *vote* 구두 투표 / a popular *vote* 일반 투표, 보통 투표 / buy a *vote* 표를 매수하다 / give one's *vote* to (or for) …에 투표하다 // cast a *vote* for (against) …에 찬성(반대) 투표하다. 2 투표 용지(ballot); [개개의] 표, 득표. ¶ a fair *vote* 깨끗한 한 표 / a null and void *vote* 무효 투표. 3 투표권, 선거권(suffrage). ¶ have a *vote* 투표권(선거권)이 갖다. 4 [투표에 의한] 결정, 결의(決議), 결정 사항. ¶ a *vote* of thanks 감사 결의 / come (or go, proceed) to the *vote* 결의 [투표]에 부쳐지다 / pass a *vote* of …을 의결하다 / take a *vote* on …에 관하여 투표에 부치다 / put…to the *vote* …을 투표에 부치다. 5 (the ~) [집합적] 투표[수], 득표[수]. ¶ the floating *vote* 부동표(浮動票) / the labor *vote* 노동자의 투표. 6 《고어》 투표인, 선거인(voter).
get out a *vote* 《美》 예상표 획득에 성공하다.
— *v.* (**vot·ed, vot·ing**) *vi.* 1 투표하다, 선거하다, 찬반의 의사 표시를 하다(for, in favor of, against, on...). ¶ (~+*젼*+*젉*) *vote* for (against) the candidate 그 후보자에 대하여 찬성(반대)표를 던지다 // *vote* by a show of hands 거수 투표하다, 동의(動議)하다. ¶ (~+*젼*+*젉*) I *vote* for a rest. 휴회를 제의한다. — *vt.* 1 …을 투표로 결정하다. ¶ (~+*젉*+*젃*) *vote* a measure through 의안을 투표로 통과시키다. 2 …에 투표하다, …을 투표로 뽑다(지지하다). ¶ *vote* the Republican ticket 공화당 지지표를 던지다 / The resolution was *voted* by a two-thirds majority. 결의안은 3분의 2의 다수로 채택되었다. 3 《구어》 [여론으로] …이라 인정하다, …이라 간주하다. ¶ (~+*젉*+*젃*) He is *voted* a nuisance. 그는 성가신 사나이라는 평이다. 4 《구어》 …을 제안하다(propose). ¶ (~+*that* *젋*) I *vote* [that] we stop right away. 즉각 그만두기를 제안한다.
vote down …을 부결(否決)하다.
vote a person in (or *into*) 남을 …으로 선출하다.
vote a person out of 남을 …에서 투표로 몰아내다.
vote·a·ble [vóutəbl] *adj.* = votable.
vote-get·ter [vóutgètər] *n.* 《구어》 득표 재간이 있는 후보자; 인기있는 후보자.
vote·less [vóutlis] *adj.* 투표(선거)권이 없는.
*vot·er [vóutər] *n.* 1 투표자, 투표권 소유자, [특히 국회 의원 선거의] 유권자, 선거인(elector).
vot·ing [vóutiŋ] *n.* U 투표, [특히] 정치적이다] 선거; 투표권 행사. ¶ plural (single) *voting* 연기명 (단기명) 투표 / secret *voting* 무기명 투표.
vóting àge *n.* 선거권 취득 연령, 투표 연령.
vóting bóoth *n.* [투표장의] 기표소(《英》 polling booth).
vóting machìne *n.* 자동식 투표 계산기.
vóting pàper *n.* U(《英》) 투표 용지(ballot).
Vóting Ríghts Àct *n.* 《美》 [1965년의] 투표권법 [특히 흑인의 투표권 취득 자격 심사를 폐지한 법률].
vóting stòck *n.* [경제] 의결권(議決權) 주식.
vo·tive [vóutiv] *adj.* 1 [맹세에 따라] 바쳐진, 봉헌(奉獻)의. ¶ a *votive* offering 공물(供物) / a *votive* picture (tablet) 봉헌한 그림(편액). 2 소원을 담은. ¶ a *votive* song 기원의 노래.
vo·tress [vóutris] *n.* 《고어》 = votaress.
*vouch [vautʃ] *vi.* 1 [사실·진술 따위를] 보증하다, 떠맡다, 단언하다 (*for* …). ¶ (~+*젼*+*젉*) *vouch for* the truth of a report 보고가 진실임을 보증하다 / I can't *vouch for* it that he has recovered his perfect health. 그가 완전히 건강을 회복했다고 단언할 수는 없다. 2 [인물의 성격 따위에 관하여] 보증하다, 보증인이 되다 (*for*…). ¶ (~+*젼*+*젉*) I'll *vouch for* him. 내가 그의 보증을 서겠다 / His references *vouch for* his ability. 신원 증명서가 그의 능력을 보증한다. — *vt.* 1 [어떤 일을 을) 증언하다, 옳다고 단언하다. 2 증거를 제시하다, …라고 주장하다; 증인을 세워 …을 변호하다. 3 (남)의 보증인이 되다. 4 《고어》 …을 논거로 인용하다. 5 《고어》 …을 증인으로 법원에 소환하다.
vouch·er [váutʃər] *n.* 1 보증인, 증명하는 사람. 2 증거물(서류), 증표; 영수증, 수령증. 3 [현금과 대용하는] 인환권, 상품권(coupon); 할인권.
vouch·safe [vautʃséif] *vt.* (**-safed, -saf·ing**) 1 [특별한 호의로] …을 주다, 하사하다. ¶ He *vouchsafed* a reply. 그분은 회답을 내리셨다. 2 [특별한 호의로] …을 허락하다, [친절하게도] …해주다. ¶ (~+*젉*+*젋*) She *vouchsafed* me thirty minutes' interview. 그분은 나한테 30분 간의 인터뷰를 허용해 주셨다 // (~+*to do*) He *vouchsafed* to attend the party. 그분이 연회에 참석해 주셨다.
vouch·safe·ment [vautʃséifmənt] *n.* 《고어》 하사(품), 부여(된 것).
vous·soir [vuːswɑ́ːr / -] *n.* U©[건축] 부소아, 홍예석 [아치를 만드는 쐐기 모양의 석재·벽돌]. ⇒ ARCH¹ 그림. [<F]
‡vow [vau] *n.* 1 맹세, 서약; [신에의] 서원, 기원. ¶ a *vow* of secrecy 비밀을 지킨다는 서약 / lovers' *vows* 연인끼리의 서약 / wedding *vows* 결혼 서약 / keep (break) one's *vow* 서약을 지키다(깨다) / make (or take) a *vow* 서약하다 // I am under (or bound by) a *vow* not to smoke again. 두번 다시 흡연하지 않기로 맹세하고 있다. 2 서약 내용, 서약에 따른 행위. ¶ perform a *vow* 서약을 실행한다.
take vows 교단의 일원이 되다; 수도회에 입회하다.
— *vt.* 1 …을 서약하다(swear); [신에게 걸고] …을 서약하다. ¶ *vow* a crusade 성전(聖戰)을 맹세한다 // (~+*that* *젋*) They *vowed that* they would fight against the invaders. 그들은 침략자와 싸우기로 맹세했다. 2 …이라 단언하다, 언명하다. — *vi.* 1 맹세하다, 서약하다. 2 단언(명언)하다.
vow and declare 《고어》 맹세코 단언하다.
vow oneself to …에 몸을 바치기로 맹세하다.
‡vow·el [váu(ə)l] *n.* 1 [음성] 모음, *cf.* consonant 모음자 [영어에서는 a, e, i, o, u 이고, 때로는 w, y 가 포함된다]. — *adj.* 모음의. ¶ a *vowel* sound 모음. ◇ vówelize *v.*
vówel gradátion *n.* U©[언어] 모음 전환(ablaut).
vówel hármony *n.* U©[언어] 모음 조화.
vow·el·ize [váuəlàiz] *vt.* (*《英》*에서는 **vow·el·ise** 로도 쓴다) *vt.* (**-ized, -iz·ing**) 1 [자음]을 모음화하다 2 [헤브라이어·아라비아어 등의 자음]에 모음 부호(모음점)를 붙이다.
vow·el·less [váu(ə)llis] *adj.* 모음이 없는.
vow·el·like [váu(ə)llàik] *adj.* 모음과 같은; [특히 자음이] 절을 이루는 것 같은 [예: bottle [batl / bɔtl]의 l].

vowel mutátion n. ⓤⓒ〔언어〕모음 변이(umlaut).

vówel póint n. 〔헤브라이어・아라비아어 등의〕모음 부호, 모음점〔자음자에 붙여서 모음임을 나타냄〕.

vow·er [váuər] n. 〈드물게〉맹세하는 사람, 서약자.

vox [vɑks / vɔks] n. (pl. **vo·ces** [vóusiːz])《라틴》(= voice) **1** 목소리, 음성(voice) **2** 언어(word); 언어적 표현(expression).

vóx hu·má·na [-hjuːméinə / -máːnə] n. (pl. **-nas**)〔음악〕복스 후마나〔사람 소리 비슷한 소리를 내는 오르간의 음전(音栓)〕.

vóx pòp n.《구어》= vox populi.

vóx pò·pu·lī [-pápjulài / -pɔ́p-] n. ⓤⓒ 백성의 소리 (the voice of the people); 민중의 의견, 여론.

vox pópuli, vox Déi [-díːai] n.《라틴》(= people's voice, God's voice) 백성의 소리는 하늘의 소리.

‡**voy·age** [vɔ́i(i)dʒ] n. **1**〔주로 원거리의〕항해, 항행, 배의 여행(cruise). ⇨ TRIP 類語 ¶ the *voyage* of life 인생 항로 / go on a *voyage* 항해로 나서다 / a *voyage* to Europe 유럽으로의 항해. **2**〔항공기・로켓에 의한〕하늘의 여행, 비행. ¶ a *voyage* to the moon 달나라 여행. **3**〈고어〉〔일반적으로〕여행. **4**(종종 ~s) 항해기(記). ¶ the *voyages* of Marco Polo 마르코 폴로의 여행기.

on the voyage 항해중.

— v. (-aged, -ag·ing) vi. **1** 항해하다, 항행하다. ¶ *voyage* up the seaway 거친 바다를 항행하다. **2** 하늘로 여행을 하다. — vt. 〔배 따위로〕〔바다를〕건너다, 가로지르다(traverse).

voy·age·a·ble [vɔ́i(i)dʒəbl] adj. 항해할 수 있는, 항행 가능한.

voy·ag·er [vɔ́i(i)dʒər / vɔ́iidʒə] n. **1** 항해자;〔일반적으로〕여행자(traveler). **2** (V-) 보이저〔미국의 무인 혹성 탐사선(1979년 목성(木星)에 두 차례, 1980, 1981년 토성(土星)을 탐사〕.

vo·ya·geur [vwɑ́ːjɑːʒɔ́ːr] n.〔특히 옛날 캐나다에서 모피 회사에 고용되어 호수나 하천으로 화물이나 사람을 실어 나르던〕뱃사공;〔일반적으로〕캐나다의 뱃사공. [<F *voir* see]

vo·yeur [vwɑːjə́ːr, vɔi-] n.〔성적인〕엿보기 좋아하는 사람(peeping Tom). [<F]

vo·yeur·ism [vwɑːjə́ːriz(ə)m, vɔi-] n. ⓤ 관음증(觀淫症),〔성적인〕엿보기 취미.

VP《略》*v*erb *p*hrase.

v.p.《略》*v*erb *p*assive.

V.P., V. Pres.《略》*V*ice-*P*resident.

V-par·ti·cle [víːpɑ̀ːrtikl] n.〔물리〕V 입자〔1947년 발견된 V 자형의 비적(飛跡)을 나타내는 입자〕.

VPF《略》《우주공학》*v*ertical *p*rocessing *f*acility (수직형 정비탑(整備塔)).

V.R.《略》《라틴》*V*ictoria *R*egina (= Queen Victoria).

v. refl.《略》*v*erb *refl*exive.

V. Rev.《略》*V*ery *Rev*erend.

vroom [vruːm] n. 부르릉〔엔진 소리〕. — vi.《구어》부르릉 하고 소리내다.

vrouw, vrow [vrau, frau] n.《네덜란드》**1** 여자, 아내, 부인. **2** …부인(Mrs ...). *cf.* Frau

VRS《略》*v*ideo *r*esponse *s*ystem(영상 응답 시스템〔원하는 정보가 시청각 양면으로 출력된다〕).

vs.《略》*v*erse; *v*ersus.

v.s.《略》《라틴》*v*ide *s*upra (= see above).

V.S.《略》*V*eterinary *S*urgeon.

VSAM《略》《컴퓨터》*v*irtual *s*torage *a*ccess *m*ethod (가상 기억 액세스 방식).

VSB《略》*v*estigial *s*ide *b*and(잔류(殘留) 측파대(側波帶)).

VSBC《略》《컴퓨터》*v*ery *s*mall *b*usiness *c*omputer (업무용 초소형 컴퓨터).

V-shaped [víːʃèipt] adj. V 자형의.

V̌ sìgn n. V 사인〔집게 손가락과 가운뎃 손가락으로 V(=victory)를 나타냄〕.

V-six, V₆ [víːsíks] n. V형 6기통 엔진[의]차. — adj. V형 6기통 엔진의.

V.S.O.《略》*v*ery *s*uperior (*or s*pecial) *o*ld (브랜디의 특등품).

V.S.O.P.《略》*v*ery *s*uperior (*or s*pecial) *o*ld *p*ale(브랜디의 최특등품).

V/STOL [víːstoul]《略》*v*ertical *s*hort *t*ake*o*ff and *l*anding (aircraft) (수직 단거리 이착륙[기]).

VSYNC《略》〔전자 공학〕*v*ertical *sync*hronizing signal (〔텔레비전 화면의〕수직동기(同期) 신호).

Vt.《略》*V*ermont.

V-T《英》*v*ideo *t*ape.

v. t., vt.《略》*t*ransitive *v*erb.

V̌T fùse《略》*v*ariable *t*ime *f*use (가변 시전파신관(時電波信管).

VTO《略》〔항공〕*v*ertical *t*ake*o*ff(수직 이륙).

VTOL [víːtɔ̀ːl / -tɔ̀l]《略》*v*ertical *t*ake*o*ff and *l*anding (aircraft) (수직이착륙[기]). ¶ a *VTOL* port 수직 이착륙용 비행장.

VTP《略》*v*ideo *t*ape *p*layer.

VTR《略》*v*ideo *t*ape *r*ecording (비디오 테이프 녹화).

V-two [víːtúː] n. V-2〔제2차 세계 대전중 독일이 개발한 로켓 폭탄의 제2호〕.

V-týpe éngine [víːtàip-] n. V 형 엔진〔가솔린 엔진의 실린더를 V 자형으로 늘어놓은 것〕.

VU《略》*V*olume *U*nit(음성・음악에 대응하는 전기 신호의 강약을 나타내는 단위).

Vul.《略》*Vul*gate.

Vul·can [vʌ́lkən] n. **1**〔로마 신화〕불카누스 [Jupiter와 Juno 사이에 태어난 불과 대장장이의 신〕. **2**〔군사〕발칸 포〔미군의 총신 회전 발사식 기관포 M-61 A1의 속칭으로 초당 100발이 발사된다〕.

Vul·ca·ni·an [vʌlkéiniən] adj. **1** 불카누스(Vulcan)신의. **2** (v-) 화산의, 화산 작용의(volcanic). **3** (v-) 대장장이의.

Vul·can·ic [vʌlkǽnik] adj. = Vulcanian.

vul·can·ist [vʌ́lkənist] n. = volcanist.

vul·can·ite [vʌ́lkənàit] n. ⓤ 경화 고무; 에보나이트 (ebonite).

vul·can·i·za·tion [vʌ̀lk(ə)nizéiʃ(ə)n / -naiz-] n. ⓤ 〔생고무의〕경화, 황화(黃化).

vul·can·ize [vʌ́lkənàiz] v. (*《英》에서는 **vul·can·ise** 로도 쓴다) v. (-ized, -iz·ing) vt. 〔유황 따위로 처리하여〕〔고무를〕경화(황화)시키다. — vi. 황화되다.

vúlcanized fíber n. 경화 섬유〔종이나 천을 염화 아연으로 경화시킨 것; 전기 절연물 등으로 사용〕.

vul·can·iz·er [vʌ́lk(ə)nàizər] n.〔고무의〕경화 처리자(장치).

vulg.《略》*vulg*ar, *vulg*arly.

Vulg.《略》*Vulg*ate.

‡**vul·gar** [vʌ́lgər] adj. **1**〔말씨 따위가〕상스러운, 천(賤)한, 야비한(indecent); 〔사람이〕버릇없이 자란 (ill-bred), 품위없는. ¶ *vulgar* words 상스러운(천한) 말 / *vulgar* manners 버릇없는 태도 / a *vulgar* fellow 야비한 사람. **2**〔상류 사회에 대하여〕민중의, 대중의. ¶ *vulgar* circles 서민층. **3**〔습관・신앙 따위가〕일반의, 일반에게 유포된(common); 통속적인(popular). ¶ *vulgar* superstitions 서민 사이의 미신. **4**〔언어가〕대중이 쓰는, 자기 나라의(vernacular). ¶ the *vulgar* tongue (*or* speech) 자기 나라 말. — n. (the ~) 민중, 서민. **-ly** adv. **-ness** n.

◇ vulgárity n., vúlgarize v.

vúlgar éra n. (the ~) = Christian Era.

vúlgar fráction n. = common fraction.

vul·gar·i·an [vʌlgɛ́(ː)riən / -gɛ́ər-] n. 속인, 속물; 근본이 천한 벼락 부자(벼락 감투 쓴 사람).

vul·gar·ism [vʌ́lgərìz(ə)m] n. **1** ⓤ 야비, 비천, 속악(俗惡). **2** ⓤⓒ 상스러운(야비한) 말, 속어, 비어;

[교양없는 사람이 쓰는 말의] 문법(어법, 발음)의 잘못.
vul·gar·i·ty [vʌlgǽriti] n. (pl. **-ties**) 1 ⓤ 속됨, 상스러움, 야비, 버릇없는 태도. 2 상스러운(천한) 행동(말).
vul·gar·i·za·tion [vʌlgərizéiʃ(ə)n / -raiz-] n. ⓤ 속화, 비속화; 통속화, 대중화(popularization).
vul·gar·ize [vʌlgəràiz] (＊《英》에서는 **vul·gar·ise** 로도 쓴다) vt. (**-ized, -iz·ing**) 1 …을 속화하다, 속악하게 하다. 2 …을 통속화(대중화)하다, 보급시키다(popularize). ¶ *vulgarize* lovely spots 아름다운 곳을 속화하다.
Vúlgar Látin n. ⓤ 평속(平俗) 라틴어 [고전 라틴어에 대하여 로마 제민족이 일상 생활에서 사용한 라틴어; 이로부터 로망스 제어(諸語)가 생겨났다].
Vul·gate [vʌ́lgeit, -git] n. 1 (the ~) 불가타 역(譯) 성서 [4세기 말에 St. Jerome 이 라틴어로 번역하여 편집한 로마 가톨릭 교회 공인 성서]. 2 (v-) [문학 작품 등의] 대중판. 3 (v-) 일상 용어; 통속어. — adj. 1 불가타역 성서의. 2 (v-) 일반적으로 통용(유포)되고 있는.
vul·gus [vʌ́lgəs] n. 1 (집합적) 일반 대중, 민중. 2 《英학생 속어》라틴어 또는 그리스어의 시작(詩作) 과제. [＜L]
vul·ner·a·bil·i·ty [vʌ̀ln(ə)rəbíliti] n. ⓤ 상처받기 쉬움; 공격받기 쉬움; 취약성.
vul·ner·a·ble [vʌ́ln(ə)rəbl] adj. 1 [몸의 어떤 부분이] 상처받기 쉬운. 2 [유혹·비난에 대하여] 저항력이 없는, 취약한, 피해를 입기 쉬운(to...). ¶ *vulnerable to* temptation 유혹에 약한 / *vulnerable to* public criticism 세상의 비난을 사기 쉬운. 3 [요새 따위가] 공격받기 쉬운, 견고하지 못한. 4 《카드 돌이》 3회 승부중 1회 이기고 있는. ~·**ness** n. **-bly** adv.
vul·ner·ar·y [vʌ́lnəreri / -rəri] adj. 상처에 잘 듣는, 상처를 치료하는(curative). ¶ a *vulnerary* herb [외상용] 약초. — n. (pl. **-ar·ies**) 외상약(外傷藥).
vul·pe·cide, -pi- [vʌ́lpisàid] n. ⓤⓒ《英》[사냥개를 이용한 사냥 이외의] 여우 잡기; 그러한 여우 잡기를 하는 사람.
vul·pine [vʌ́lpain] adj. 1 여우의; 여우 같은. 2 교활한, 간사한(crafty).
＊**vul·ture** [vʌ́ltʃər] n. 1 독수리; 콘도르 [주로 죽은 고기를 주식으로 하는 맹금]. 2 《비유적》욕심꾸러기, 무자비한 사람.
vul·tur·ine [vʌ́ltʃuràin] adj. 1 독수리의(와 같은). 2 [독수리처럼] 욕심 사나운, 탐욕스러운(voracious).
vul·tur·ish [vʌ́ltʃəriʃ] adj. =vulturine.
vul·tur·ous [vʌ́ltʃurəs] adj. =vulturine.
vul·va [vʌ́lvə] n. (pl. **-vae** [-viː] or **-vas**) 〖해부〗 음문(陰門).
vul·val [vʌ́lvəl], **vul·var** [vʌ́lvər] adj. 음문(陰門)의.
vum [vʌm] vi. (**vummed, vum·ming**)《방언》맹세하다, 서약하다(vow).
VUNC 《略》the *V*oice of *U*nited *N*ations *C*ommand (유엔군 총사령부 방송).
vv. 《略》verses; violins.
v.v. 《略》*v*ice *v*ersa.
vv.ll. 《略》《라틴》*variae lectiones* (*variae lectio* 의 복수형) (=variant readings).
VVSOP 《略》*v*ery *v*ery *s*uperior (or *s*pecial) *o*ld *p*ale(브랜디의 최고급[보통 25-40년]).
cf. V.S.O.P., V.S.O.
vw《略》*V*olks*w*agen.
VX [gǽs] [víːĕks-] n. VX 가스 [피부·폐를 통하여 흡수되는 치사성(致死性)이 높은 가스].
Vy·cron [váikran / -krɔn] n.《상표명》바이크론 [미국제 폴리에스테르 합성 섬유].
vy·ing [váiiŋ] v. vie 의 현재 분사. — adj. 다투는, 경쟁하는, 맞붙은(competing). ~·**ly** adv.

W

W, w [dʌ́blju(:)] *n.* (*pl.* **W's** or **Ws**; **w's** or **ws**) **1** 영어 알파벳의 스물 셋째 자. ¶ *W* for William William의 W〔국제 전화 통화 용어〕. **2** W(w)가 나타내는 소리. **3** 〔연속된 것 중의〕스물 세 번째의 사람(물건). **4** W(w)자형〔의 물건〕. ¶ *W*-type engine W형 발동기.
w (略) withdrawn, withdrew; withheld.
W¹ (略) watt.
W² 〔화학〕 tungsten 의 원자 기호. [<wolfram]
W³, W., w, w. (略) west, western.
w. (略) wanting; warden; warehouse; watt, watts; week, weeks; weight; wide, width; wife; with; won.
W. (略) Wales; Washington; Wednesday; Welsh; West(London의 우편구); Western.
w/ (略) 〔메뉴〕with.
W.A. (略) West Africa; Western Australia.
WAAC (略) *W*omen's *A*rmy *A*uxiliary *C*orps(육군 여자 보조 부대) 〔(英)에서는 폐지, (美)에서는 WAC로 변했다〕.
WAAF (略) (英) *W*omen's *A*uxiliary *A*ir *F*orce(공군 여자 보조 부대).
wab·ble [wάbl / wɔ́bl] *v.* (-bled, -bling) *n.* = wobble.
WAC, Wac [wæk] (略) (美) *W*omen's *A*rmy *C*orps (육군 여군 부대).
wack [wæk] *n.* (美俗) 별난 사람, 괴짜, 기인. ─ *adj.* (美俗) 아주 나쁜, 아주 해로운; 극단적인, 파격적인. ¶ Crack is *wack*. 마약은 아주 해롭다 〔* 마약 반대 운동의 표어〕.
wack·e [wǽkə] *n.* 〔U〕〔지질〕 현무토(玄武土).
wack·o [wǽkou] *n.* (美俗) 미친 사람, 괴짜.
wack·y [wǽki], **whack·y** [(h)wǽki] *adj.* (**wack·i·er, wack·i·est; whack·i·er, whack·i·est**) (美俗) 엉뚱한, 괴상한(odd); 미친 사람 같은(crazy).
WACL (略) *W*orld *A*nti-*C*ommunist *L*eague (세계 반공 연맹).
wad¹ [wad / wɔd] *n.* **1** 〔솜·종이 따위 부드러운 것을 뭉친〕작은 뭉치; 채워(메워) 넣는 물건. ¶ a *wad* of cotton 작은 솜뭉치. **2** 〔종이 따위의〕뭉치; 〔특히〕지폐 뭉치. ¶ a *wad* of paper money 지폐 뭉치. **3** 〔총기의〕마개〔총알과 화약 사이의 틈을 메우는 솜·헝겊 따위〕. **4** (美俗) 다액의 돈. ¶ He's got quite a *wad*. 그는 많은 돈을 가지고 있다. **5** (英방언) 〔특히 건초 따위의〕뭉치(bundle). ─ *vt.* (**wad·ded, wad·ding**) **1** 〔솜·종이 따위를〕작게 뭉치다(*up*). ¶ (~+图+圖) *wad* paper 종이를 작게 뭉치다. **2** …에 채워 넣다, …을 채워 넣는 것으로 막다(stuff); 〔총〕에 총알 마개를 틀어넣다. ¶ *wad* one's ears 귀마개를 하다. **3** 〔단단히〕…을 뭉치다. ¶ (~+图+前+图) He *wadded* a newspaper *into* the trash can. 그는 신문지를 말아 쓰레기통에 넣었다. **4** 〔비유적〕…에 채워 넣다. ¶ (~+图+前+图) He is well *wadded with* conceit. 그는 완전히 자만하고 있다.
wad² [wad / wɔd] *n.* 〔U〕 망간토(土).
wad·a·ble, wade- [wéidəbl] *adj.* 〔강 따위〕걸어서 건널 수 있는, 도보로 도강(渡江)이 가능한.
wad·ding [wάdiŋ / wɔ́d-] *n.* 〔U〕 채우는 물건, 채우는 솜.
wad·dle [wάdl / wɔ́dl] *vi.* (-**dled, -dling**) (오리처럼) 어기적어기적 걷다, 비척비척 걷다. ─ *n.* 비척비척 걷기.
wad·dler [wάdlər / wɔ́d-] *n.* 어기적어기적(비척비척) 걷는 사람, 어기적어기적(비척비척) 걷는 동물.
wad·dling·ly [wάdliŋli / wɔ́d-] *adv.* 어기적어기적(비척비척).
wad·dy [wάdi / wɔ́di] *n.* (*pl.* -**dies**) **1** 〔오스트레일리아 원주민의〕전투용 곤봉. **2** (美서부) 카우보이. ─ *vt.* (-**died, -dy·ing**) …을 전투용 곤봉으로 때리다.
‡**wade** [weid] *v.* (**wad·ed, wad·ing**) *vi.* **1** 〔강 따위를〕 걸어서 건너다; 〔초목 따위를〕 헤치고 나아가다, 가까스로 뚫고 나아가다. ¶ (~+前+图) *wade across* a river 강을 걸어서 건너다 / *wade through* mud 진흙탕 속을 건너다. **2** (비유적) 힘들여 나아가다. ¶ (~+前+图) *wade through* difficulties 곤란을 무릅쓰고 나아가다 / *wade through* a dull book 지루한 책을 참고 모두 읽다 / *wade through* slaughter *into* a throne 유혈 참극을 거쳐 왕좌에 앉다. ─ *vt.* 〔강 따위〕를 걸어서 건너다. ¶ *wade* a stream 개울을 걸어서 건너다.
wade in ① 여울에 들어가다. ② 참가하다, 간섭하다. ③ (구어) = **wade into**.
wade into (구어) …에 덤벼들다; …을 공격하다. ¶ *wade into* one's task 맹렬한 기세로 일에 달라붙다.
─ *n.* 〔강 따위〕를 걸어서 건너기, 도보로 건너기; 힘들여 전진하기. ¶ make a *wade* in a brook 개천을 걸어서 건너다.
wad·er [wéidər] *n.* **1** 걸어서 건너는 사람(동물). **2** 섭금(涉禽)류의 새(wading bird). **3** (英) (~s) 낚시용 방수 장화.
wadge [wadʒ / wɔdʒ] *n.* (英구어) 다발, 묶음, 덩어리 (*of*…). ¶ a *wadge* of rugs 넝마 뭉치.
wa·di [wάdi / wɔ́di], (**wa·dy**) *n.* (*pl.* -**dis** or -**dies**) **1** 〔아라비아·시리아·북아프리카 지방의〕물이 마른 강, 건곡(乾谷), 와디. **2** 오아시스(oasis).
wád·ing bìrd [wéidiŋ-] *n.* 섭금류의 새 〔두루미·백로 따위〕.
wáding pòol *n.* (공원·유원지 따위의) 물놀이터.
WADS (略) *W*ide *A*rea *D*ata *S*ervice(광역 데이터 전송 서비스).
WAF, Waf [wæf] (略) (美) *W*oman in the *A*ir *F*orce(공군 여자 병사).
w.a.f. (略) (상업) *w*ith *a*ll *f*aults(손상 보증 없이).
*****wa·fer** [wéifər] *n.* **1** 웨이퍼〔아이스크림 따위에 곁들이는 얇고 가벼운 과자〕. **2** 〔가톨릭〕미사용의 성병(聖餅) 〔성찬용 빵〕. **3** (=*wáfer cápsule*) 봉함지. **4** 〔의학〕오블라토. **5** 〔전자공학〕웨이퍼. ─ *vt.* **1** …을 봉함하다, …에 봉함지를 붙이다. **2** 〔전자공학〕웨이퍼로 만들다. ◇ **wáfery** *adj.*
wa·fer-thin [wéifərθín] *adj.* 매우 얇은.
waf·fle¹ [wάfl / wɔ́fl] *n.* 와플〔달걀을 섞어 두툼하게 구운 과자〕.
waf·fle² [wάfl / wɔ́fl] *vi.* (-**fled, -fling**) (英) 쓸데없는 말을 하다, 쓸데없는 말을 지껄여대다(blather). ─ *n.* 쓸데없는 말.
wáffle ìron *n.* 와플 굽는 틀.
*****waft¹** [wa:ft, +美 wæft, +英 wɔft] *vt.* 〔소리·냄새 따위를〕 떠돌게 하다, 부동(浮動)하게 하다, …을 가볍게 날리다(보내다). ¶ *waft* a kiss 〔가볍게〕 키스를 던지다 / (~+图+圖) The aroma of coffee was *wafted in*. 커피의 향내가 풍겨왔다 // (~+

[waffle iron]

⦅自⦆+⦅前⦆+⦅名⦆) The wave *wafted* the boat *to* the shore. 파도가 보트를 바닷가로 날랐다 / Leaves were *wafted across* the river by the wind. 나뭇잎이 강 건너에서 바람에 날려왔다.
— *vi.* (특히 공중을) 떠돌다, 흐르다, 부동하다. ¶ (~+⦅前⦆+⦅名⦆) Songs of birds *wafted on* the breeze *from* the woods. 새들의 노래 소리가 산들 바람을 타고 숲에서 흘러나왔다 // (~+⦅副⦆) The smell *wafted off*. 냄새가 사라졌다.
— *n.* **1** [떠도는] 향기, 냄새; [바람결에 들려오는] 소리. ¶ a *waft* of a temple bell [바람결에 들려오는] 절의 종소리. **2** 떠돎, 흔들림; [바람 따위의] 획 불기 (puff). ¶ a *waft* of wind 휙 불어이는 바람. **3** [항해] 신호기, 신호. **4** [새의] 활개질, 팔랑거림. **5** 순간적인 느낌. ¶ a *waft* of peace 순간적인 평화.
waft² [wæft / wɑːft] *n.* ⦅스코⦆ =weft.
waft·er [wɑ́ːftər, +美 wǽft-, +英 wɔ́ːftə] *n.* **1** 불어보내는 사람(것). **2** [송풍기의] 회전 날개.
wag¹ [wæg] *v.* (**wagged, wag·ging**) *vt.* [머리·꼬리 따위를] 흔들다. ¶ a dog *wagging* his (*or* its) tail 꼬리를 흔드는 개 // (~+⦅目⦆+⦅前⦆+⦅名⦆) *wag* one's finger *at* a person 남의 코 앞에다 손가락을 까딱거리다 [비난·경멸의 표시].
— *vi.* 흔들리다. ¶ He walks with his body *wagging*. 그는 몸을 흔들며 걷는다. **2** [입이] 쉴 새 없이 움직이다, 잘 움직이다. **3** 진행하다, 추이하다. ¶ Let the world *wag* [as it will]. 세상이 어떻게 되든 알 바 아니다. **4** 비칠비칠 걷다. **5** ⦅英속어⦆농뗑이부리다.
set tongues (*or* *chins, jaws*) *wagging* 소문거리를 퍼뜨리다, 입방아감이 되다.
The tail wags the dog. 아랫사람이 윗사람을 지배하다, 하극상.
— *n.* 흔듦, 흔들어 움직임. ¶ with a *wag* of … 을 흔들어.
wag² [wæg] *n.* **1** 익살꾸러기, 까불이. **2** ⦅英속어⦆게으름쟁이.
play [*the*] *wag* 농뗑이를 부리다.
‡**wage** [weidʒ] *n.* **1** ⦅보통 ~s⦆ 임금, 급료 [주로 시간급·일급 따위]. ⇒ SALARY ⦅類語⦆ ¶ daily *wages* 일급 / living *wages* 최저 생활 임금 / make (*or* get, obtain) good *wages* 좋은 급료를 받다. **2** ⦅보통 ~s⦆ ⦅고어⦆보수. ¶ The *wages* of sin is death. 죄의 삯은 사망이요 [← 로마서(Rom.) 6 : 23]. **3** ⦅폐어⦆ 저당. — *vt.* (**waged, wag·ing**) **1** [전쟁·투쟁] 을 하다. ¶ (~+⦅目⦆+⦅前⦆+⦅名⦆) *wage* war *against* a country 어떤 나라와 싸우다. **2** ⦅주로 英방언⦆ 고용하다(hire).
◇ **wágeless** *adj.*
wáge cláim *n.* 임금 인상 요구.
wáge differéntial *n.* 임금 격차.
wáge éarner *n.* 임금 노동(생활)자.
wáge frèeze *n.* 임금 동결.
wage-fund [wéidʒfʌ̀nd], **wág·es-** [wéidʒiz-] *n.* ⦅경제⦆ ⦅공공 단체의⦆ 임금 기금, 노임 자본.
wáge·less [wéidʒlis] *adj.* 무급의, 무보수의(unpaid).
wáge lével *n.* 임금 수준.
wáge pácket *n.* ⦅英⦆ 급료 주머니, 봉급 봉투.
wáge páttern *n.* 임금 기준표 [산업 분야별·사회소별 임금 결정 기준으로 사용].
wáge-púsh infláton [wéidʒpúʃ-] *n.* ⦅경제⦆ 임금 인플레이션 [임금 상승으로 생산비가 상승하여 생기는 인플레이션]. *cf.* cost-push inflation
*‡**wa·ger** [wéidʒər] *n.* 내기, 내기하기; [내기에] 건 돈(물건). ¶ have (*or* lay) a *wager* on …에 걸다 / lose (win) one's *wager* 내기에 지다(이기다) / take up a *wager* 내기에 응하다.
wager of battle ⦅英법률⦆ 결투 재판 [1818년 폐지].
— *vt.* **1** …을 걸다(bet). ¶ (~+⦅目⦆+⦅目⦆) *wager* a person one dollar 누구에게 1달러 걸다 / (~+⦅目⦆+⦅前⦆+⦅名⦆) *wager* $ 100 *on* it 그것에 100백 달러 걸다 / I'll *wager* my watch *against* your flute. 네가 플루트를 건다면 나는 시계를 걸겠다. **2** …을 보증하다, 책임지고 말하다. (~+*that* ⦅節⦆) I *wager that* they shall win. 반드시 그들이 이길 거야. — *vi.* 걸다.
wa·ger·er [wéidʒərər] *n.* 내기를 하는 사람.
wáge ràte *n.* ⦅일급(日給)·시간급 따위의⦆ 임금이스.
wáge restráint *n.* 임금 요구의 자제(自制).
wáge scàle *n.* 임금표(賃金表).
wáge sláve *n.* ⦅종종 익살⦆ 임금 노예; 임금 때문에 [담고치 않은 일을 참고] 일하는 사람.
wáge·wòrk·er [wéidʒwə̀ːrkər] *n.* 임금 노동자.
wáge·wòrk·ing [wéidʒwə̀ːrkiŋ] *adj.* 임금 노동의.
— *n.* U 임금 노동.
wag·ger·y [wǽgəri] *n.* (*pl.* **-ger·ies**) U 우스개, 익살; C 익살스러운 언동, 장난, 농담(jest).
wag·gish [wǽgiʃ] *adj.* 익살스러운, 우스꽝스러운, 우스운. ~**ly** *adv.* ~**ness** *n.*
wag·gle [wǽgl] *v.* (**-gled, -gling**) *vt.* …을 흔들다, 흔들어 움직이다(wag). — *vi.* 요동하다. — *n.* **1** 흔들기. **2** ⦅골프⦆ 치기 전에 클럽을 공위에서 여러 번 흔들기, 왜글. **-gling·ly** [wǽgliŋli] *adv.* **-gly** [wǽgli] *adj.*
‡**wag·on** [wǽgən] *n.* ⦅英⦆ =wagon.
Wag·ne·ri·an [vɑːgníɪəriən /-níər-] *adj.* 바그너의. — *n.* 바그너 숭배자; 바그너 풍의 작곡가. [<독일의 가극 작곡가 Wilhelm Richard Wagner (1813-83)의 이름]
‡**wag·on,** ⦅英⦆ **wag·gon** [wǽgən] *n.* **1** ⦅각종⦆ 4륜차, 짐마차; [노상의] 물건 파는 수레. **2** ⦅보통 4輪으로 2마리 이상의 말이 끄는⦆ 짐차, 포장 마차. **3** ⦅英⦆ 무개 화차. **4** (the W-) ⦅천문⦆ 북두칠성(Charles's Wain). **5** ⦅경찰의⦆ 죄수 호송차 (patrol wagon). **6** ⦅美⦆ 바퀴 달린 식기대, 왜건(dinner wagon). **7** = station wagon. **8** ⦅美⦆ 유모차(baby carriage). **9** ⦅페어⦆ ⦅옛날 전쟁·경기 따위에 사용된 2륜의⦆ 전차 (chariot).
fix a person's wagon ⦅美속어⦆ 보복으로 남을 골탕먹이다.
hitch one's wagon to a star 큰 포부를 품다, 이상에 불타다 [← R.W.Emerson 의 *Civilization*].
on (*off*) *the* [*water*] *wagon* ⦅美속어⦆ 술을 끊고(을 시작하여).
— *vt.* …을 wagon 으로 나르다. — *vi.* wagon 으로 여행(수송)하다. ¶ (~+⦅前⦆+⦅名⦆) *wagon up* the hill 짐마차로 언덕을 오르다.
wag·on·er, ⦅英⦆ **wag·gon-** [wǽgənər] *n.* **1** wagon 의 운전수(마부). **2** (the W-) ⦅천문⦆ 마부좌 [북쪽 하늘의 한 성좌].
wag·on·ette, ⦅英⦆ **wag·gon-** [wǽgənét] *n.* 6-8인승 4륜 유람 마차의 일종.
wag·on-lit [vǽgɔːnlíː, wǽg-] *n.* (*pl.* **wa·gons-lits** [-gɔːnlíː]) ⦅유럽의⦆ 침대차. [<F]
wag·on·load, ⦅英⦆ **wag·gon-** [wǽgənlòud] *n.* wagon 1대분의 짐.
wágon tràin *n.* ⦅美⦆ 큰 짐마차 때, 포장 마차 때.
wag·tail [wǽgtèil] *n.* 노랑할미새 [할미새과(科)의 작은 새; 주로 유럽산(產)].
Wah·ha·bi, Wa- [wəhάːbi, wɑː-] *n.* (*pl.* **-bis**) 와하비파 [회교의 종파 중에서 가장 보수적이다].
wa·hi·ne [wɑːhíːnei] *n.* 폴리네시아(하와이) 여인; ⦅美속어⦆ 여성 서퍼(surfer).
wa·hoo [wɑːhúː, -́-], (**wha·hoo** [(h)wάː-]) (**-hoos**) **1** 화살나무(類) [북미산(產) 화살나무속(屬)의 관목]. **2** 느릅나무류 [느릅나무속의 교목].
waif [weif] *n.* (*pl.* **waifs**) **1** 부랑자, [특히] 부랑아; 무리에서 벗어난 동물. **2** 소유주 불명의 습득물; 표착물.
waifs and strays ① 부랑아들. ② 잡동사니.
Wai·ki·ki [wáikikìː, ─́─ ─́] *n.* 와이키키 [미국 Hawaii

주 Oahu Honolulu 만의 해안; 해수욕장으로 유명].
‡**wail** [weil] *vi.* **1** 〔고통 따위로〕 울부짖다. ⇨ CRY
[類語] ¶ (~+匣+名) A child is *wailing for* his mother.
아이가 어머니를 찾아 울부짖고 있다. **2** 〔음악・바람 따
위가〕 구슬픈 소리를 내다. ¶ (~+匣+名) The wind
wailed around the hut. 오두막 언저리에서 바람이 구슬
픈 소리를 냈다. **3** 크게 비탄하다 《*over, for...*》. ¶
(~+匣+名) *wail over* one's misfortunes 재난을 비탄
하다. **4** 〔재즈〕 악기를 능숙하게 연주하다. ── *vt.* …
을 한탄하다; 슬퍼서 몹시 울다; …을 애처로워하다
(mourn). ¶ *wail* one's hard fate 고통스러운 숙명을 애
달파하다. ── *n.* **1** 한탄하여 슬퍼하기; 울부짖는 소리, 통
곡. **2** 슬픈 소리.
◇ **wáilful**, **wáilsome** *adj.*, **bewáil** *v.*
wail・er [wéilər] *n.* 울부짖는 사람, 한탄하여 슬퍼하는
사람.
wail・ful [wéilfəl] *adj.* 구슬픈, 애조를 띤; 비탄에 잠긴,
울부짖는.
wail・ing・ly [wéiliŋli] *adv.* 비탄에 잠겨, 울부짖으며.
Wáil・ing Wáll [wéiliŋ-] *n.* (the ~) 〔예루살렘의〕
통곡의 벽.
wail・some [wéilsəm] *adj.* 《고어》= wailful.
wain [wein] *n.* **1** (the W-) 〔천문〕 북두칠성. **2** 〔농
작물 운반용의〕 짐마차. **3** 〔고어〕 전차 (chariot).
wain・scot [wéinskət, +美 -skòut] *n.* ⓤⓒ 〔실내 벽
면 밑의〕 징두리 벽판, 징두리 널; 그 재목. ¶ a
varnished *wainscot* 와니스 칠을 한 벽판. ── *vt.*
(-scot・ed, scot・ing; 《英》 -scot・ted, scot・ting) 〔벽〕에
징두리 벽판을 붙이다 《*in*》. ¶ a room *wainscoted in*
oak 참나무 벽판이 붙여진 방.
wain・scot・ing, 《英》 **-scot・ting** [wéinskətiŋ, +美
-skòut-] *n.* **1** 〔집합적〕 징두리 벽판 용재, 징두리 벽판 붙이
기. **2** 〔집합적〕 〔실내의〕 징두리 벽판.
wain・wright [wéinràit] *n.* 짐마차 제조(수리)인.
‡**waist** [weist] *n.* **1** 〔인체의〕 허리, 요부. ¶ Her
waist is slender. 그녀의 허리는 가늘다. / 허리의 잘록
한 곳. ¶ She has no *waist*. 그녀의 허리는 절구통이
다. **2** 허리 부분, 허리 둘레, 웨스트라인. **4** 《美》
〔여자의〕 블라우스, 〔아동용〕 조끼. **5** 허리 비슷한 부
분, 잘록한 곳. ¶ the *waist* of a guitar 기타의 잘록한
부분. **6** 〔동물〕 〔벌 따위 곤충의〕 가슴과 배 사이의 잘
록한 부분. **7** 〔항해〕 중부 갑판.
waist・band [wéistbæ̀nd] *n.* 허리띠, 웨이스트 밴드.
waist・cloth [wéistklɔ̀ːθ / -klɔ̀(ː)θ] *n.* 허리(아랫도
리)를 두르는 천.
*****waist・coat** [wéistkòut, wéis(t)kòut / wéis(t)kòut]
《英》 〔남자용〕 조끼, 베스트 (vest).
waist・coat・ed [wéskətid, wéis(t)kòut-・wéis(t)-
kòut-] *adj.* 조끼를 입은.
waist・coat・ing [wéskətiŋ, wéis(t)kòut-・wéis(t)-
kòut-] *n.* ⓤ 《英》 조끼 천.
waist-deep [wéistdíːp] *adj.* 허리까지 닿는.
waist・ed [wéistid] *adj.* **1** 《보통 복합어를 만들어》…
허리의. ¶ long-*waisted* 허리가 긴. **2** 허리모양의, 중
앙부가 잘록한.
waist-high [wéisthái] *adj.* 허리까지의 높이의.
waist・line [wéistlàin] *n.* 허리 둘레, 허리 선, 웨이스
트라인.
‡**wait** [weit] *vi.* **1** 기다리다, 대기하다, 기대하다《*for...*》.
¶ *Wait for* a moment. 잠깐 기다려 라 / I'm sorry
to have kept you *waiting* long. 오래 기다리게 해서 죄송
합니다 / ¶ (~+匣+名) I'll *wait for* him to come out.
그가 나오기 를 기다리겠다 / She always has to be
waited for. 그녀는 언제나 남을 기다리게 한다 // (~+
to do) I have been *waiting to* hear from you. 너한테
서 소식을 들으려고 기다리고 있었다 // Everything
comes to those who wait. 《속담》 기다리는 자에게 만사
가 성취된다 / Time and tide *wait for* no man. 《속담》
세월은 사람을 기다리지 않는다.

2 〔물건이〕 준비되어 있다《*for...*》. ¶ Dinner is *waiting
for* you. 저녁 식사 준비가 다 되었습니다.
3 서둘 필요가 없다, 잠시 미루다. ¶ This matter can
wait. 이 문제는 서둘 필요가 없다 / The decision will
have to *wait* till his arrival. 결정은 그의 도착 때까지
미루지 않으면 안 되겠다.
4 〔식사를〕시중들다《*on, upon...*》. ¶ (~+匣+名)
She will *wait on* (or《英》at) table. 그녀가 식사 시중
을 들 것이다.
── *vt.* **1** 〔기대하여〕…을 기다리다 (await). ¶ *wait*
orders 명령을 기다리다 / *wait* one's chance 기회를 기
다리다. **2** 〔물건이〕 …을 위하여 준비되어 있다. ¶
Tea and cakes *wait* them in the next room. 옆방에
그들을 위한 다과가 준비되어 있다. **3** 《구어》 〔어떤 사
람이 올 때까지〕 식사를, 늦추다. ¶ *Wait* dinner
for him. 그가 올 때까지 식사를 늦추어라 // (~+匣+匣)
wait out a storm 폭풍우가 잘 때까지 기다리다. **4** 〔식
사의〕서비스를 하다. ¶ He *waits* table. 그가 식사 서
비스를 한다.
wait and see 추이를 관망하다.
wait around; 《英》 *wait about* 빈둥빈둥 기다리다.
wait on (or *upon*) ①…을 시중들다; 서비스하다. ¶
He has a maid to *wait upon* him. 그는 하녀를 고용
하고 있다 / Are you *waited upon*? 〔점원이 고객에게〕
누가 주문을 받아 갔습니까? ②〔경의를 표하기 위하여〕
〔손윗사람을〕 방문하다. ③…에 수반되다, 기인하
다. ④〔방언・구어〕…을 기다리다.
wait up ①〔남 등을〕자지 않고 기다리다《*for...*》. ¶
wait up to see a late show on TV 텔레비전의 심야
프로를 보기 위해 자지 않고 기다리다. ②〔남에 따라
붙기를〕 멈춰 서서 기다리다《*for...*》.
── *n.* **1** 기다리기, 대기. ¶ We had a long *wait for*
the train. 기차를 오랫동안 기다렸다. **2** 기다리는 시간
(동안), 〔연극〕 연극의 막간. ¶ a four-hour *wait* 4시간
의 기다림. **3** ⓤ 잠복 (ambush). ¶ lie in *wait for* …을
숨어서 기다리다. **4** (보통 ~s)《英》크리스마스 성가
대; 〔15-16세기의〕 도시 고용의 음악대. **5** 《페어》 파수
꾼 (watchman).
◇ **awáit** *v.*
*****wait・er** [wéitər] *n.* **1** 〔호텔・식당 따위의〕웨이터,
급사. **2** 〔요리를 나르는〕 쟁반 (tray). **3** 기다리는 사람.
‡**wait・ing** [wéitiŋ] *n.* ⓤ **1** 기다림, 대기. **2** 시중들
기; 시중 (급사) 노릇하기. ¶ a lady in *waiting* 시녀,
여관 (女官) // She is in *waiting* at Windsor. 그녀는 윈
저궁에서 시중들고 있다. ── *adj.* 기다리고 있는; 시중
드는, 봉사하는; 〔웨이터로서〕서비스하는.
wáiting gáme *n.* 〔게임 따위에서〕 질질 끌기 작전.
wáiting lìst *n.* 보궐인 명부; 순번 대기 등록부; 〔비
행기 등의〕 공석 (예약 취소) 대기자 명부.
wáiting màid(**wòman**) *n.* 시녀 (侍女).
wáiting màn *n.* 종자, 시종 (valet).
wáiting pèriod *n.* **1** 〔결혼 허가와 결혼식 사이
의〕 대기 기간. **2** 〔노동 쟁의의〕 냉각 기간. **3** 보험금
지불 대기 기간.
wáiting ròom *n.* 〔역・병원 따위의〕 대합실.
wait-list [wéitlìst] *vt.* 〔이름을〕 waiting list 에 올리
다.
*****wait・ress** [wéitris] *n.* 웨이트리스, 여급(女給).
waive [weiv] *vt.* (**waived, wáiv・ing**) **1** 〔권리・주장
등을〕 포기하다 (abandon); 〔법률〕 〔당연한 권리 등을〕 임
의로 포기하다. **2** …을 무시하다. ¶ *waive* a sum-
mons 소환명령을 무시하다. **3** 〔문제 따위의〕 당분간
잊다, 염두에서 떠나게 하다; 〔행동・연구 따위를〕삼가
다, 연기하다. ¶ (~+匣+前+名) *waive* a thought *from*
one's mind 어떤 생각을 당분간 잊다.
waiv・er [wéivər] *n.* **1** 〔법률〕 〔권리・이익・요구 등
의〕 포기. **2** 권리 포기 증서.
‡**wake**¹ [weik] *v.* (**woke** *or* **waked, waked** *or* **wok・en**
or 《英》**woke, wak・ing**) *vi.* **1** 잠이 깨다, 눈을 뜨다

wake

(up...**).** ¶ (~+圀) He **woke** [*up*] at five. 그는 5시에 눈을 떴다 // (~+匍+图) Suddenly he **woke** *from* sleep. 갑자기 그는 잠에서 깨어났다. **2** 《비유적》[···에] 눈을 뜨다, [···에]. ¶ (~+匍+图) You must **wake** *to* this danger. 너는 이 위험을 깨닫지 않으면 안 된다. **3** 《주로 현재 분사형으로》눈을 뜨고 있다, 깨어 있다. ¶ in one's **waking** hours 눈을 뜨고 있을 때에. **4** [정지(靜止)·기절 따위에서] 눈뜨다, 되살아나다, 소생하다, 활기띠다. ¶ The flowers **wake** in the spring. 꽃은 봄에 되살아난다 // (~+匍+图) **wake** *into* life 소생하다. **5** 《주로 방언》[어떤 목적으로] 깨어 있다, 밤침번을 서다, 철야하다.
— *vt.* **1** ···의 잠을 깨게 하다, ···을 일어나게 하다(...*up*). ¶ (~+匣+圀) **Wake** him *up* early. 그를 아침 일찍 깨워주어라. **2** 《비유적》···에 눈뜨게 하다, 깨닫게 하다; [정지·기절 따위에] ···의 눈을 뜨게 하다, ···을 환기하다(...*up*). ¶ (~+匣+圀) The event **woke** *up* his ambition. 그 사건이 그의 야심을 불러일으켰다.
wake the echoes ① 메아리치게 하다. ② 소동을 일으키다.
waking or sleeping 자나 깨나.
— *n.* **1** 장례식 전야의 철야. **2** 교회 헌당 기념 축제; 그 전야의 철야제. **3** 눈뜨고 있기.
between sleep and wake 꿈인 듯 생시인 듯, 비몽사몽 간에.
◇ **awáke, wákeful** *adj.*, **wáken** *v.*

wake[2] [weik] *n.* **1** [배가] 지나간 자국, 항적. **2** [일반적으로] 잉 경과(통과)한 자취.
in the wake of ① ···의 뒤를 밟아, 뒤를 좇아(following); ···을 본떠, ···에 뒤이어. ② ···의 결과로서. ¶ We are meeting *in the wake of* a national tragedy. 우리들은 국가적인 비극이 있었기 때문에 집회를 열고 있다.

wake·ful [wéikfəl] *adj.* **1** 잠들지 않은; 잠 못 이루는(sleepless), 잠을 자주 깨는. ¶ a **wakeful** night 잠 오지 않는 밤. **2** 방심 않는, 빈틈없는(watchful).
◇ -**ly** [-fəli] *adv.* -**ness** *n.*

‡**wak·en** [wéik(ə)n] *vt.* **1** ···의 눈을 뜨게 하다, ···을 일어나게 하다. ¶ The earthquake **wakened** him. 그는 지진으로 눈을 떴다. **2** ···을 [정신적으로] 눈뜨게 하다, 알아차리게 하다(...*to*); ···을 분기시키다, 고무하다(...*up*). ¶ (~+匣+圀) I was **wakened** [*up*] *to* the stern realities of life. 나는 냉엄한 현실에 눈을 떴다.
— *vi.* **1** 눈을 뜨다(*up*). **2** 자각하다, 깨닫다(*to*...). ¶ (~+匍+图) He **wakened** *to* the smell. 그는 그 냄새를 알아차렸다. ◇ **wake, awáke** *v.*

wak·en·er [wéik(ə)nər] *n.* 눈을 뜨게 하는 사람(것).

wake-rob·in [wéikrὰbin / -rɔ̀b-] *n.* **1** 연령초 속(屬)의 식물. **2** 천남성과의 식물. [는 파도타기.

wáke súrfing *n.* ⓤ 모터 보트의 항적(航跡)에서 하

wáke túrbulence *n.* [항공·역학] 후방 난기류[대형 항공기가 통과한 뒤에 생기는 난기류로서, 항공기의 날개 끝에서 생긴다].

wake-up [wéikʌp] *n.* **1** (구어) =flicker[2]. **2** (滲어) 머리가 잘 도는 사람. **3** 《속어》형기(刑期)의 마지막 날. [막 날.

wáke-úp cáll *n.* =morning call.

wak·ey [wéiki] *interj.* (英구어) 일어나!(wake up!)

wak·ing [wéikiŋ] *adj.* **1** 깨어나 있는. **2** 깨어나게 (일어나게) 하는.

Wa·la·chi·a, Wal·la- [wɔléikiə / wɔl-] *n.* 왈라키아 [예 공국(公國); 현재는 루마니아의 일부].

Wal·den·ses [wɔldénsi:z / wɔl-], **Val-** [væl-] *n. pl.* 《단수 취급》 왈도파 [1170년경 남부 프랑스에서 일어난 기독교의 일파. 원래 창시 Pierre Waldo가 창도].

Wal·den·si·an [wɔldénsiən / wɔl-] *adj.* 왈도 파(도)의.
— *n.* 왈도 교도.

wald·grave [wɔ́:ldɡreiv] *n.* 《신성 로마 제국의》제실림(帝室林) 관리관.

Wál·dorf sálad [wɔ́:ldɔ:rf-] *n.* ⓤ©월도프 샐러드 [네모로 잘게 썬 사과·샐러리·호도에 마요네즈를 곁들인 샐러드].

walk

Wald·ster·ben [vældʃteəbən, G. vὰltʃtɛrbən] *n.* ⓤ (때로 w-) [공해로 인한] 숲의 죽음. [<G forest death]

wale [weil] *n.* **1** 매 자국, [매질당한 뒤의] 지렁이 모양으로 부풀어오른 자리(welt). **2** [천의] 이랑진 줄무늬. **3** [천의] 피륙. **4** [항해] a) [목조선에 대는 두꺼운] 현측 외판(舷側外板). b) =gunwale. — *vt.* (**waled, wal·ing**) **1** [피부 따위]를 지렁이 모양으로 부어오르게 하다. **2** [천]에 이랑진 줄무늬를 내다. **3** [건축] ···을 두꺼운 외판으로 보강하다.

wále knŏt *n.* 새끼줄이 풀리지 않도록 끝을 매는 매듭(wall knot).

Wal·er [wéilər] *n.* 왈러 말(馬) [오스트레일리아의 New South Wales 산(産)].

‡**Wales** [weilz] *n.* 그레이트 브리튼 섬의 서남부 지방. *the Prince of Wales* 영국 황태자.
◇ **Welsh** *adj.*

Wal·hal·la [wælhǽlə, væl- / væl-] *n.* =Valhalla.

wal·ing [wéiliŋ] *n.* ⓤ [건축] 방축먹장[재목].

‡**walk** [wɔːk] *vi.* **1** [사람·짐승이] 걷다, 걸어가다 (*cf.* sit, run); [말이] 보통 걸음으로 걷다. *cf.* gallop, canter, trot. ¶ **walk** two miles 2마일 걷다 / (~+匍+图) **walk about** 걸어다니다 / **walk across** [길 따위를] 가로지르다 / **walk along** 걸어가다 / **walk back** 걸어서 돌아가다, 되돌아서(오)다 / **walk up** and **down** 이리저리 걸어다니다 // (~+匍+图) She generally **walks** *to* [*the*] market. 그녀는 시장에 갈 때에는 보통 걸어서 간다. **2** 산보하다, 어슬렁거리다; 소풍가다. ¶ (~+匍+图) We often **walk** *in* the park after lunch. 우리는 점심식사후 자주 공원을 산책한다.
3 [유령이] 나오다, 나타나다(appear). ¶ Spirits **walk** at night. 유령은 밤에 나돈다.
4 [물건이] 진동(굴신)으로 되풀이해서 움직이다.
5 (고어) 처세하다, 처신하다(behave), 생활하다. ¶ (~+匍+图) **walk** *in* one's own way 자기 길을 가다 / **walk** *after* *the flesh* 육신을 좇아 걷다, 육욕의 생활을 하다 [←로마서(Rom.) 8 : 5].
6 《야구》 [타자가] 포볼로 1루에 나가다, 걷다. ¶ He often **walked**. 그는 자주 포볼을 골라 출루했다.
7 《농구》 볼을 갖고 3보 이상 걷다 [반칙].
— *vt.* **1** ···을 걷다, 걸어가다. ¶ I **walk** London streets all alone 외로이 런던 거리를 걷다. **2** [시간]을 걸기로 보내다(...*away*). ¶ (~+匣+圀) We **walked** the afternoon *away* along the wharf. 부두를 걸으며 오후 시간을 보냈다. **3** [동물]을 걷게 하다, (개)를 산책하게 하다. ¶ (~+匣+圀) **walk** one's horse to the stable 말을 마구간까지 걷게 하다. **4** [남]을 억지로 걷게 하다; [남]에게 손을 빌려주어 걷게 하다. ¶ (~+匣+圀) I **walked** him *to* the room. 그는 방까지 걷게 했다. **5** [남]과 함께 걷다; [남]을 안내하여 걷다. ¶ (~+匣+匍+图) I'll **walk** you *to* the station. 정거장까지 바래다드리겠습니다. **6** [무거운 것]을 걸리듯이 움직여 나르다; [자전거 따위]를 내려서 끌고 가다. ¶ **Walk** your bicycle here. 여기서는 자전거를 내려서 끌고 가시오 / **walk** an electric refrigerator 전기 냉장고를 좌우 교대로 움직이면 전진시키어 나르다. **7** 《야구》 [투수가 포볼로] [타자]를 1루로 걸어 나가게 하다. **8** 《농구》 [볼]을 든 채 3보 이상 걷다. **9** ···을 보측(步測)하다. ¶ **walk** a track 경주로를 보측하다.

walk away from ···의 곁을 떠나다; [경주 따위에서] ···에 낙승하다.
walk away (or ***off***) ***with*** ① ···을 갖고 달아나다, 무단히 취하다. ② [일상자가] [상품]을 쓸어가다, ···으로 손쉽게 이기다.
walk into ① ···으로 들어가다. ② 《속어》 ···을 때리다; ···을 나무라다; ···을 공격하다. ③ ···을 배불리(게걸스럽게) 먹다.
walk off ① (*vi.*) 급히 떠나다. ② [죄인 따위]를 연행하다. ③ [두통 따위]를 걸어서 낫게 하다.
walk out ① 나돌아다니다; 급히 떠나다; [항의를 위해]

자리를 뜨다. ②《구어》 스트라이크하다, 파업하다.
walk out on 《美구어》…에서 떠나다; …을 버리다.
walk out with 《英》…을 애인으로 갖다; …의 비위를 맞추다.
walk over [*the course*] 〔경마〕 〔경쟁 상대가 없어서〕 보통 걸음으로 이기다; …에 낙승(樂勝)하다.
walk Spanish 《구어》 ① 발돋움하여 걷게 하다; 조심 조심 걷다. ② (*vi.*, *vt.*) 해고당하다(하다).
walk the boards 무대에 서다, 배우가 되다.
walk the hospitals ⇨ HOSPITAL.
walk the plank ⇨ PLANK.
walk the street ⇨ STREET.
walk through life (or *the world*) 세상살이를 하다.
Walk up! 어서 오십시오! [문지기 등이 외치는 소리].
walk up to …에 걸어서 다가가다.
— *n.* **1** 걷기, 보행; 보통 걸음. ¶ *drop into a walk* [달리다가] 걸음으로 옮기다/*go at a walk* [말이] 보통 걸음으로 걷다. **2** 산책, 소풍. ¶ *take a walk* 산책하다 / *go for a walk* 산책나가다 / *take a person for a walk* 남을 산책에 데리고 나서다. **3** 보행 거리, 도정. ¶ *within an easy walk of* …에서 쉽게 걸어갈 수 있는 곳에 / *The church is ten minutes' walk from my house.* 그 교회는 우리집에서 걸어서 10분 거리에 있다. **4** [사람・짐승의] 걸음걸이, 보조(gait); [특징있는] 걸음걸이. ¶ *know a person by his walk* 걸음걸이로 누군가를 알다. **5** 신분, 사회적 지위; 직업; 활동 범위, 분야. ¶ *Important persons in all walks of life* 천하의 명사. **6** 보도; 산책로, 유보도(遊步道); [정원・농원・식수 따위 사이의] 작은 길, 오솔길. ¶ *a public walk* 공원, **7 a)** [가축・가금의] 사육장. **b)** 방목장, 목양장(牧羊場). **8** 밧줄 만드는 곳(ropewalk). **9** [서인도 제도의 커피・고무 따위의] 농원(plantation). **10** 〔행상인의〕 단골 구역, 장사 구역. 〔산림경비의〕 삼림 감독 구역. **11** 〔야구〕 포볼에 의한 출루. **12** 〔스포츠〕 경보(競步). ¶ *win in a walk* 경보에서 이기다. **13** 〔古語〕 처세(길), 생활 양식, 행실(behavior). 〔맞은.
walk·a·ble [wɔ́ːkəbl] *adj.* 걸어갈 수 있는; 걷기에 알
walk·a·bout [wɔ́ːkəbàut] *n.* 1 《濠》 〔원주민의 단기간 숲속 방랑 생활; 결근. **2** 《英》 도보 여행. **3** 〔고위 인사의〕 민정 시찰. **4** 《주로 신문용어》 왕이나 유명 인사의 비공식적인 산책, 만보(漫步).
walk·a·round [*stereo*] [wɔ́ːkəràund-] *n.* 〔음향〕 워커라운드 스테레오〔걸으면서 헤드폰으로 스테레오를 즐길 수 있는 소형 카셋 테이프 플레이어〕.
walk·a·thon [wɔ́ːkəθὰn, -θən / -θ(ə)n] *n.* 【인내력을 겨루는] 장거리 경보, 〔일반적으로〕 걷기 대회, 정치적 목적을 가진 데모 행진.
walk·a·way [wɔ́ːkəwèi] *n.* 낙승.
walk·be·hind [wɔ́ːkbihàind] *adj.* 【움직이는 기계 따위를】 밀고 가는, 사람이 뒤에서 따라가는. ¶ *a walkbehind lawn mower* 밀고 가는 식의 잔디깎는 기계.
walk·down [wɔ́ːkdàun] *n.* 노면보다 낮은 저지대 상점(주택가).
***walk·er** [wɔ́ːkər] *n.* **1** 걷는 사람, 보행자, 산책을 좋아하는 사람; [개를] 걸리는 사람. ¶ *He is a great walker.* 그는 대단한 보행가다. **2** 보행기.
Walk·er [wɔ́ːkər] *interj.* 《英속어》 설마, 미친 소리!
walk·ie-look·ie [wɔ́ːkilúki] *n.* (*pl.* **-look·ies**) 휴대용 텔레비전 카메라, 워키루키.
walk·ie-talk·ie [wɔ́ːkitɔ́ːki] (**walk·y-talk·y**) *n.* (*pl.* **-talk·ies**) 휴대용 무선 전화기, 워키토키.
walk·in [wɔ́ːkìn] *adj.* **1** 걸어 들어갈 만큼 큰. **2** 로비 따위를 통하지 않고 막바로 들어갈 수 있는. — *n.* **1** 걸어들어갈 수 있을만큼의 대형 창고. **2** 밖에서 막바로 들어가는 아파트. **3** 선거의 낙승. 〔단층 아파트 ‖ 냉장실.
walk·in apártment *n.* 〔출입문이 각기 따로 있는〕
‡walk·ing [wɔ́ːkiŋ] *adj.* **1** 걷는, 보행하는. ¶ *a walking dictionary* 살아 있는 사전 / *He took a walking tour of Italy.* 그는 이탈리아를 도보 여행했다. **2** 보행용의. ¶ *She put on her walking shoes.* 그녀는 보행용 구두를 신었다. **3** 〔기계〕 〔걷듯이〕 이동하는; 〔짐 승이 끝게 하여〕 걸으면서 조작하는. ¶ *a walking plow* 우마용 쟁기. — *n.* ① 걷기, 보행; 걸음걸이. **2** [보행이라는 점에서 본] 도로 상태.
wálking-aróund mòney *n.* 용돈 (pocket money).
wálking báss [-béis] *n.* ① 워킹 베이스〔재즈 피아노로 연주되는 저음의 반주〕.
wálking bèam *n.* 〔엔진의〕 동량(動梁).
wálking chàir *n.* =go-cart 2.
wálking cráne *n.* 이동식 기중기.
wálking délegate *n.* 노동 조합의 상근 조합원.
wálking díctionary (**encyclopédia**) *n.* 살아 있는 〔백과〕 사전, 만물 박사.
wálking drèss *n.* 〔실용적인〕 외출복, 산책옷.
wálking fèrn *n.* 〔식물〕 〔북미산〕 거미일엽초류 〔類〕. 〔한〕 단역 남배우.
wálking géntleman *n.* 〔연기보다 겉보기가 훌륭한. 〖종.
wálking lády *n.* 〔외모로 한몫 보는〕 단역 여배우, 통행인 역.
wálking léaf *n.* **1** =walking fern. **2** 일벌레의 일
wálking machíne *n.* 워킹 머신〔몸에 부착하여 수족의 연장(延長)으로 짐의 운반이나, 장애물 넘기 등에 기능하도록 만들어진 기계〕.
wálking pàpers *n. pl.* 《구어》 해고(면직) 통지.
wálking ràce *n.* 경보(競步).
wálking stìck *n.* **1** 지팡이, 스틱. **2** 대벌레과 〔科〕의 곤충 (stick insect).
wálking tòur *n.* 도보 여행.
Walk·man [wɔ́ːkmən] *n.* (*pl.* **~s**, **~·men**) 〔상표명〕 walkaround [stereo].
walk-off [wɔ́ːkɔ̀ːf / -ɔ̀f] *n.* **1** 일어나 가버리기. **2** 회의에서 항의를 나타내는 퇴장; 동맹 파업.
walk-on [wɔ́ːkɔ̀n / -ɔ̀n] *n.* 〔연극〕 【대사를 외지 않는; 단역의 통행인 역 따위〕. — *adj.* **1** 무대에 등장하는; 단역의. **2** 〔비행기의〕 예약 없이 출발 직전에 이루어지는, 예약제로 아닌.
walk·out [wɔ́ːkàut] *n.* 《美구어》 스트라이크; 직장 포기; 항의의 일제 퇴장.
walk·o·ver [wɔ́ːkòuvər] *n.* **1** 〔경마〕 〔경쟁 상대가 없어〕 보통 걸음으로 낙승하기, **2** 《구어》 낙승, 독주, 경쟁없는 승리. ¶ *have a walkover* 낙승하다.
walk-through [wɔ́ːkθrùː] *n.* 〔연극〕 동작・표정 연습; 〔TV〕 리허설.
walk-up [wɔ́ːkʌ̀p] *n.* 《美구어》 엘리베이터가 없는 건물〔아파트〕. — *adj.* 엘리베이터가 없는; 〔창구가〕 도보에 면한.
walk·way [wɔ́ːkwèi] *n.* 보도, 소로, 통로. 〔ie.
Wal·kyr·ie [wælkí(ː)ri, væl- / kǽri] *n.* =Valkyr-
walk·y-talk·y [wɔ́ːkitɔ́ːki] *n.* (*pl.* **-talk·ies**) =walkie-talkie.
‡wall [wɔːl] *n.* **1** 벽; 〔돌・벽돌・나무 따위의〕 담. ¶ *a blank wall* 창 따위가 없는 벽 / *a stone wall* 돌담 / *a wooden wall* 판자 담 / *climb a wall of rock* 암벽에 오르다 / *Walls have ears.* 《속담》 벽에도 귀가 있다. **2** 〔종종 ~s〕 성벽, 방벽(rampart). ¶ *the Great Wall of China* 만리장성. **3** 벽 같은 것; 장벽, 벽 같은 효과. ¶ *a wall of prejudice* 편견이라는 장벽. **4** 〔홍수를 막기 위한〕 제방, 둑(embankment). **5** 〔종종 ~s〕 〔용기・내장 따위의〕 내벽, 안쪽. ¶ *the walls of a tent* 텐트의 안쪽 / *the walls of the stomach* 위벽. **6** 〔보도의〕 집에 면한 쪽, 벽쪽.
one's back to the wall ⇨ BACK.
drive (or *push*, *thrust*) *a person to the wall* 궁지에 빠뜨리다, 꼼짝 못하게 몰아붙이다.
give a person the wall 남에게 길을 양보하다; 남에게 유리한 입장을 주다.

wálla

go over the wall 《속어》 탈옥하다.
go to the wall ① 궁지에 빠지다; 밀려나다; 지다, 굴하다(yield). ② 사업에 실패하다, 파산하다.
run one's head against the wall 불가능한 일을 시도하다.
see through (or ***into***) ***a brick wall*** 이상하게 예리한 통찰력이 있다.
take (or ***have***) ***the wall of*** *a person* 남에게 길을 양보하지 않다; 남에게서 유리한 입장을 빼앗다.
up against a (***the***) ***wall*** 사방이 막혀서, 어쩔 수 없는.
up the wall 《구어》 몹시 화가 나서. ……에서.
within four walls 방 안에서; 살짝, 은밀히.
— *adj.* 벽의. ¶ *wall space* 벽면.
— *vt.* **1** …을 벽(담)으로 둘러싸다. **2** 〖문·현관 따위〗를 벽으로 막다(…*up*); …을 칸막이하다, 차단하다(…*off, in*). **3** (~+圄+围) The window was *walled up*. 창문이 벽으로 막혔다. **3** …에 성벽을 둘러치다, …을 성벽으로 지키다. ¶ a *walled* city 성벽을 둘러쳐 방비한 도시.
wal·la [wálə / wɔ́lə] *n.* =wallah.
wal·la·by [wáləbi / wɔ́l-] *n.* (*pl.* **-bies** or **-by**) 월러비〈소중형(小中型) 캥거루; 토끼만한 것도 있다; 오스트레일리아산(産)〉.
on the wallaby (***track***) 〖일자리를 찾아〗이리저리 떠돌아다녀, 방랑하여.
wal·lah [wá:lə / wɔ́lə], (**wal·la**) *n.* 〖인도〗 어떤 일을 위해 고용된 사람, …담당.
wal·la·roo [wàləru: / wɔ̀l-] *n.* (*pl.* **-roos** or **-roo**) 월러루〖대형 캥거루; 오스트레일리아 초원 지대 산(産)〗.
wall-bang·er [wɔ́:lbæ̀ŋər] *n.* 《美》 보트카나 진에 오렌지 주스를 혼합한 칵테일의 일종.
wall·board [wɔ́:lbɔ̀:rd / -bɔ̀:d] *n.* ⓤⓒ **1** 벽에 대는 재목. **2** 인조 벽판, 텍스〖목재 널빤지 따위의 대용품〗.
wáll clòud *n.* =eyewall.
wall·cov·er·ing [wɔ́:lkʌ̀vəriŋ] *n.* 〖플라스틱, 직물 따위로 만든〗 벽지.
wáll crèeper *n.* 〖鳥類〗 나무발바리의 일종.
Wálled pláin [wɔ́:ld-] *n.* 〖천문〗 〖달 표면의〗 벽(壁) 평원.
wal·let [wálit / wɔ́l-] *n.* **1** 지갑, 대형 지갑. **2** 《英》 외장 주머니. **3** 《英고어》 〖여행용의〗 전대, 바랑.
wall·eye [wɔ́:lài] *n.* **1** (*pl.* **-eyes** or **-eye**) (= **wáll-eyed píke**) 눈알이 큰 물고기. **2** 각막이 흐린 눈, 백안.
wall·eyed [wɔ́:làid] *adj.* **1** 각막이 흐린 눈의, 백안의. **2** 〖물고기가〗 눈알이 큰.
wall·flow·er [wɔ́:lflàuər] *n.* **1** 향꽃장대〖십자화과의 다년초〗. **2** 무도회에서 상대가 없는 젊은 여성.
wáll fruit *n.* 담 따위에 의지해서 익게 하는 과일.
wáll gàme *n.* 월 게임〖squash tennis 따위 코트내의 벽에 공을 치거나 던지거나 하는 게임〗.
wáll knòt *n.* =wale knot.
wall-like [wɔ́:llàik] *adj.* 담(벽)과 같은.
wáll néwspàper *n.* 벽신문, 대자보(大字報).
Wal·loon [walú:n / wɔl-] *n.* **1** 왈룬 사람〖주로 벨기에 남부에 삼〗. **2** ⓤ 왈룬어〖왈룬 사람이 쓰는 프랑스어의 한 방언〗.
wal·lop [wáləp / wɔ́l-] *vt.* 《구어》 **1** …을 심하게 때리다. **2** 〖경기 따위에〗 …에게 대승하다. — *vi.* **1** 《구어》 갈팡질팡 걸어다니다, 허둥거리다. **2** 부글부글 끓다. — *n.* **1** 《구어》 강타, 편치; 타격력. **2** 비틀거림, 몰사나운 동작. **3** 《美》 드릴(thrill). **4** ⓤ 《英속어》 맥주(beer).
wal·lop·er [wáləpər / wɔ́l-] *n.* **1** 《구어》 때리는 사람(것). **2** 《英방언》 터무니없이 큰 것.
wal·lop·ing [wáləpiŋ / wɔ́l-] 《구어》 *n.* ⓤⓒ 때리기, 강타. **2** 완패. — *adj.* 터무니없이 큰, 굉장한, 거창한.

wal·low [wálou / wɔ́l-] *vi.* **1** 〖돼지가 물·눈·진흙탕·먼지 따위 속에서〗 뒹굴다. **2** (~+圄+围) *wallow* in the dust 먼지 속에서 뒹굴다. **2** 〖쾌락 따위에〗 젖다 (*in…*). ¶ (~+圄+围) *wallow in* luxury 사치에 젖다. **3** 어기적거리며 볼품 사납게 걷다. **4** 〖연기·열기 따위가〗 밀려오다.
wallow in money 돈이 산더미만큼 있다.
— *n.* **1** 뒹굴기. **2** 〖물소 따위가 뒹구는〗 진흙탕; 진흙못.
wáll páinting *n.* 벽화. *cf.* fresco
wáll·pa·per [wɔ́:lpèipər] *n.* ⓤ 벽지. — *vt.* 〖벽〗에 벽지를 바르다. — *vi.* 〖벽에〗 벽지를 바르다.
wállpaper mùsic *n.* ⓤ 《英》 〖사무실·식당 등의〗 백그라운드 음악.
wáll plùg *n.* 〖벽면의〗 콘센트.
wáll·post·er [wɔ́:lpòustər] *n.* = wall newspaper.
wáll sòcket *n.* 벽에 설치한 콘센트(socket).
Wáll Strèet *n.* **1** 월가〖New York 시 Manhattan 구의 거리 이름; 미국 금융 시장의 중심지〗. *cf.* Lombard Street **2** 미국의 금융계〖금융 시장〗.
wall-to-wall [wɔ́:ltəwɔ́:l] *adj.* 〖깔개 따위가〗 바닥 가득히 깔린.
***wal·nut** [wɔ́:lnʌ̀t, -nət] *n.* 호두; 호두나무; ⓤ 호두나무재.
Wal·púr·gis Níght [va:lpúərgis-, væl-] *n.* 발푸르기스의 밤잔치〖5월 1일의 전야, 마녀들이 독일의 Brocken 산에 모여 베푼다고 전해지는 술잔치〗.
***wal·rus** [wɔ́:lrəs, +美 wɔ́l-] *n.* (*pl.* **-rus·es** or **-rus**) **1** 해마(sea horse, sea cow). **2** 〖겨울철에 수영하는 사람 따위의〗 추위를 즐기는 사람.
wálrus mustáche *n.* 《구어》 밑으로 축 처진 콧수염.
***waltz** [wɔ́:lts, wɔ́ls] *n.* **1** 왈츠〖둘이서 추는 3박자의 춤〗. **2** 왈츠곡. — *adj.* 왈츠의. ¶ a *waltz* tempo 왈츠의 박자. — *vi.* **1** 왈츠를 추다. **2** 〖경쾌하게〗 춤추듯이 걷다, 가볍게 움직이다. **3** 《구어》 수월하게 성공하다 (*through…*). — *vt.* 〖파트너〗를 왈츠로 리드하다; …에 왈츠를 추다.
waltz·er [wɔ́:ltsər, wɔ́:ls-] *n.* 왈츠를 추는 사람.
wam·ble [wámbl / wɔ́mb-] 《구어》 *vi.* **1** 〖사람이〗 비틀거리며 걷다. **2** 〖위가〗 푸르륵거리다, 메스껍다(feel nausea). **3** 몸부림치다. — *n.* ⓤ **1** 비틀거림, 갈짓자 걸음. **2** 위의 꾸르륵 소리, 메스꺼움.
wam·pee [wampí: / wɔm-] *n.* 황비(黃枇)〖중국·인도·하와이 등지에서 재배되는 귤과의 나무〗; 그 열매.
wam·pum [wámpəm / wɔ́m-] *n.* **1** 〖북미 인디언이 화폐·장식 따위로 썼던〗 조가비로 만든 구슬. **2** ⓤ 《美속어》 돈(money).
wam·pus [wámpəs / wɔ́m-] *n.* 《주로 방언》 시골 무지렁이(lout). **2** =wamus 2.
wa·mus, wam- [wɔ́:məs, wám- / wɔ́m-] *n.* 《美》 1 일종의 카디건. **2** 튼튼하고 올이 성긴 웃옷.
***wan** [wan / wɔn] *adj.* (**wan·ner, wan·nest**) **1** 〖병 따위로〗 파리한, 안색이 나쁜. ¶ a PALE 顔色 창백한, 가냘픈. **2** 《고어》 어두운(dark), 침울한(gloomy). — *vt., vi.* (**wanned, wan·ning**) 《고어》 파리해지다, 파리하게 하다. **~·ly** *adv.* **~·ness** *n.* ◇ **wánnish** *adj.*
WAN(略) *w*ide *a*rea *n*etwork (광역 통합 통신망).
***wand** [wand / wɔnd] *n.* **1** 〖마법사·기술자 등의〗 가느다란 지팡이(막대기). **2** 〖직권의 상징인〗 관장(官杖), 지장(職杖). **3** 〖버드나무 따위의〗 나긋나긋한 가느다란 가지. **4** 《美》 지휘봉.
‡**wan·der** [wándər / wɔ́n-] *vi.* **1** 〖분명한 목적·목표도 없이〗 떠돌다, 헤매다, 방랑하다; 막연히 걸어가다, 배회하다 // (~+圄+围) *wander about* 배회하다. **2** 〖산·강·길 따위가〗 굽이치다(meander). ¶ a *wandering* stream (path) 구불구불한 시내(길). **3** 〖정신 따위가〗 산란해지다, 멍해지다, 종잡을 수 없는 말을 하다〖일을 생각하다〗; 〖주의가〗 집중되지 않는. ¶ Her wits *wandered*. 그녀는 정신이 오락가락했다. **4** 벗어나다, 길을 잃다(stray); 〖이야기 따위가〗 빗나가다, 《비유적》 사도(邪道)에 빠지다. ¶ (~+圄+围) *wander from* one's friends 친구들과 어긋나다 / *wander from the point* 논점에서 벗어나다. — *vt.* …을 걸어다니다, 방랑하다.

¶ *wander* the world 세계를 방랑하다.
wan·der·er [wάndərər / wɔ́n-] *n.* **1** 헤매는 사람, 방랑자. **2** 사도(邪道)에 빠지는 사람. **3** 나비의 일종[아프리카산(産)]. **4** 거미의 일종.
wan·der·ing [wάnd(ə)riŋ / wɔ́n-] *adj.* **1** 걸어 다니는, 헤매는, 방랑하는. **2** [강·길 따위가] 꾸불꾸불한 (winding). **3** 종잡을 수 없는, 헛소리를 하는. **4** 옆 길로 빗나가는. **5** [병리] 유주성(遊走性)의. ¶ a *wandering* cell (organ) 유주 세포(기관).
— *n.* **1** [U][C] 어슬렁어슬렁 걷기(stroll). **2** (보통 ~s) 목적없는 여행, 만유. **3** (보통 ~s) 종잡을 수 없는 이야기; 헛소리. **-ly** *adv.*
Wándering Jéw *n.* **1** 방랑의 유대인[형장으로 끌려가는 그리스도를 때렸기 때문에 영구히 방랑한다고 전해진다]. **2** (w- J-) 얼룩자주달이장풀.
Wan·der·jahr [vάːndərjὰːr]*n.* (*pl.* **-jah·re**[-jὰːrə]) 《독일어》(=wander year) [옛 장인의]편력 시대; 방랑 시대.
wan·der·lust [wάndərlʌ̀st / wɔ́n-] *n.* [U] 여행열; 방랑벽.
wan·der·oo [wὰndərúː / wɔ̀n-] *n.* (*pl.* **-oos**) 원더루 [실론섬 산(産)의 검은색 큰원숭이, 인도원숭이].
wánd réader *n.* 완드 리더[부호화된 제품 라벨(bar code)을 광학적으로 판독하는 스틱].
wane [wein] *vi.* (**waned, wan·ing**) **1** [달이] 이울다. *opp.* wax². **2** 작아지다(dwindle); [권력·명성 따위가] 약해지다, 시들다(decline); [힘·강도 따위가] 감소되다. ¶ Daylight is *waning* fast. 햇빛이 빨리 약해지고 있다. **3** 종말에 가까워지다. — *n.* **1** (the ~) 감소, 쇠퇴. **2** (the ~) [달의] 이움. **3** (the ~) 종말. **4** 재 재목에 원목 자국이 남아 있는 하급품.
on (or **in**) **the wane** ① [달이] 이울기 시작하여. ② 쇠약해지기 시작하여.
wan·gle [wǽŋgl] *v.* (**-gled, -gling**) 《구어》 *vt.* **1** [책략·음모 따위로…]를 손에 넣다, 감쪽같이 해먹다(가로채다), 용케 해내다. **2** …을 그럴 듯하게 보이게 하다, 속이다. — *vi.* 책략을 쓰다, 용케 꾸려나가다. — *n.* [U][C] [책략·음모 따위로] 용케 손에 넣기; 교활한 방식, 속임수. [붜, 보복]
wan·ion [wάnjən / wɔ́n-] *n.* 《고어》 저주(curse); 복수.
wank [wæŋk] 《英卑語》 — *n.* 자위(自慰), 수음(masturbation). — *vi.* 자위 행위를 하다(masturbate).
Wán·kel éngine [vάːŋkl-, wǽŋ-] *n.* 반켈 엔진[로터리 엔진의 별명].
wank·er [wǽŋkər] *n.* **1** 《卑語》 자위 행위를 하는 사람. **2** 《속어》 호사가(好事家)(dilettante).
wan·na [wɔ́ːnə, wὰnə / wɔ́nə] 《구어》= want to.
wan·na·be [wάnəbi] 《구어》 *n.* (*pl.* ~s) 열렬한 팬(신봉자)[스타 따위를 신봉하여 그와 닮고자 하는 사람]. [< I wanna be (want to be)…]
wan·nish [wάniʃ / wɔ́n-] *adj* 약간 파리한.
‡**want** [wɔnt, wɔ́ːnt / wɔnt] *vt.* **1 a**) …을 탐내다, 욕심내다, 원하다(wish for). ¶ I always *want* something new. 나는 언제나 새로운 그 무엇을 원한다 / I *want* a shave. 《구어》 수염을 깎고 싶다 / *Wanted* a bookkeeper. 《게시문》 경리 사원 구함.
類語 *want* 필요·부족을 메우기 위해 탐내다: I *want* a lot of money. 많은 돈을 원한다. *wish* 무엇인가를 손에 넣거나 이루기를 바라다; 현실적인 어려움을 암시하는 일이 많다: I *wish* I had a lot of money. 돈이 많았으면 좋겠다. *desire* 강하게 want, wish 하다; 딱딱한 말: *desire* peace 평화를 갈망하다.
b) [남]에게 볼일이 있다, 만나고 싶다; 찾다. ¶ The teacher *wants* you. 선생님이 널 찾으신다 / He is *wanted* by the police. 그는 경찰의 수배자이다 / You are *wanted* on the phone. 전화 왔다.
2 (부정사·과거 분사를 목적어·보어로 동반하여) …하고 싶다(desire); [남]에게 …해주었으면 하고 바라다. ¶ (~+*to* do) I *want* to see you. 너를 만나고 싶다 / He could have done it if he had *wanted* to. 그가 하려고만 했으면 할 수 있었을 텐데. 네가 나와 함께 가주기를 바라지 않는다 / They *wanted* the danger *to* be removed. 그들은 그 위험이 제거되기를 원했다(* 《美구어》에서는 want+for a person to do 의 형도 쓰인다) // (~+[目]+*done*) I *want* this work *finished* without delay. 이 일을 빨리 마무리짓고 싶다 (* 「~+[目]+*done*」과 「~+[目]+to be *done*」 형의 사이에는 의미상의 차이는 없으나 후자에게는 전자의 희망·요구에 다소의 긴박감이 더해진다) / (~+[目]+[補]) I *want* everything ready by tomorrow. 내일까지는 모든 준비가 끝났으면 싶다.
3 a) 《주로 英》 …을 필요로 하다(need). ¶ It *wants* careful handling. 그것은 조심해서 다룰 필요가 있다 // (~+-*ing*) Your watch *wants repairing*. 네 시계는 수리해야겠다 (* Your watch needs to be repaired. 와 같은 뜻인데, 보통 … being mended 라고는 하지 않는다). **b**) (*to*- 부정사를 동반하여) …해야 된다, 하는 것이 좋(should). ¶ (~+*to* do) You *want* to see a doctor at once. 너는 바로 의사한테 가봐야겠다 / You don't *want* to be lazy. 게으름피워서는 안 된다.
4 …이 부족되다, 모자라다(lack), 불충분하다. ¶ *want* strength to walk 걸을 힘이 없다 / The book *wants* a page. 그 책은 1페이지 모자란다 // (~+[前]+[名]) It *wants* five minutes *to* (or *of*) eleven. 11시 5분 전이다.
— *vi.* **1** …이 부족되다, 불충분하다, 필요하다, 모자라다. ¶ (~+[前]+[名]) *want for* money 돈이 모자라다(필요하다). **2** 생활이 어렵다, 궁핍하다. ¶ (~+[前]+[名]) You shall *want for* nothing as long as I live. 내가 살아 있는 한 너한테 어려움을 겪게 하지는 않을 것이다.
want in (*out*) 《구어》 안으로 들어가고 싶어하다(밖으로 나가고 싶어하다). ¶ The cat *wants in*. 고양이가 안으로 들어가고 싶어한다.
— *n.* **1** (때로 a ~) 결핍, 부족(*of*…); 결핍감, 부족감. ⇒ LACK 類語 ¶ suffer from (or for) *want* of water(business) 물 부족(사업 부진)에 시달리다 / *want* of common sense 상식의 결여. **2** 빈궁, 가난(poverty). ¶ the bitterness of *want* 빈궁의 고통 / a person living in *want* 생활에 어려움을 겪고 있는 사람. **3** 필요(need). ¶ We are in *want* of an assistant. 보조원이 한 사람 필요하다. **4** [C] (보통 ~s) 필요품, 필수품, 욕심내는 것; [필요한 것을 구하는] 욕망. ¶ a man of few *wants* 욕심이 적은 사람.
want·a·ble [wɔ́ntəbl, wɔ́ːnt- / wɔ́nt-] *adj.* 바람직한, 필요한.
wánt ád *n.* 《美구어》 [신문·잡지의 구직·구인 따위의] 광고. *cf.* classified advertisement
want·age [wɔ́ntidʒ, wɔ́ːnt- / wɔ́nt-] *n.* [U] 필요한 물품; 부족(액).
wánt cólumn *n.* 《美구어》 [신문의] 3행 광고란.
want·ed [wɔ́ntid, wɔ́ːnt- / wɔ́nt-] *v.* want 의 과거·과거 분사형. **1** [광고] …을 구함, …을 채용코자 함[구인 광고의 제목]. ¶ *wanted* a cook 요리사 구함. **2** 지명 수배중인. ¶ the *wanted* list 지명 수배자 명단. **3** [상점에서 점원을 부를 때] 여보세요!
wánted ád *n.* [경찰의] 지명 수배자.
‡**want·ing** [wɔ́ntiŋ, wɔ́ːnt- / wɔ́nt-] *adj.* **1** …이 없는, …이 모자라는(lacking). **2** …이 부족한, …이 불충분한(*in*…). ¶ She is *wanting* in politeness (common sense). 그녀는 예의(상식)가 없다. **3** [요구·기회 따위에] 맞지 않는(*to*…). ¶ be found *wanting* to the occasion 그 경우에 대응할 능력이 없음을 알게 되다. **4** 《속어》 우둔한, 머리가 나쁜, 지혜가 모자라는. ¶ She is a little *wanting*. 그녀는 머리가 약간 모자란다. — *prep.* …이 없는, …이 모자라, 제외없고(without); …이 부족되는. ¶ a month *wanting* two days 이틀 모자라는 한달 / *Wanting* goodwill nothing can be done. 성의가 없으면 아무 일도 할 수 없다.
want·less [wɔ́ntlis / wɔ́nt-] *adj.* 부족함이 없는, 부자

wan·ton [wάntən / wɔ́n-] *adj.* **1** 까닭없는, 악의없는. ¶ a *wanton* injury 까닭없는 모욕. **2** 무자비한, 무정한(inhumane). ¶ *wanton* cruelty 무정한 잔인성. **3** 깔밋잖은(unchaste), 음란한(lewd), 호색의(lustful). ¶ a *wanton* woman 음란한 여자. **4** 《詩》 [어린 짐승 따위가] 장난치는, 까부는(frolicsome). **5** [詩] [바람 따위가] 변덕스러운(capricious). **6** 다루기 힘든, 개구쟁이의. ¶ a *wanton* child 개구쟁이. **7** [고어] [식물이] 우거진. — *n.* **1** 까부는 사람, 장난치는 사람; 응석받이. **2** [특히 여자의] 바람둥이. — *vi.* **1** 뛰어다니다, 까불다. **2** 정숙치 못한 짓을 하다, 바람을 피우다. **3** 우거지다. — *vt.* **1** 을 낭비하다(…away). ¶ (~+图+圖) *wanton* money *away* 돈을 낭비하다.
~·ly *adv.* ~·ness *n.*

WAP (略) **w**ork **a**nalysis **p**rogram(생산 관리 프로그램).

wap·en·take [wάpənteik, wǽp-/wǽp-, wɔ́p-] *n.* [옛 잉글랜드 북부 또는 중부의] county(주)의 소구분(hundred에 상당).

wap·i·ti [wάpiti / wɔ́p-] *n.* (*pl.* -ti 또는 -tis) [북미산] (麈)의 큰 사슴. 〔< North American Indian〕

‡**war** [wɔ́ːr] *n.* **1** ⓤ [추상적으로] 전쟁[상태]. *cf.* peace; ⓒ 하나의 전쟁, 전란. ◯BATTLE 類語. ¶ an aggressive *war* 침략 전쟁 / a civil *war* 내전 / a holy *war* 종교전 / a cold *war* 냉전 / a hot *war* 열전 / a nuclear *war* 핵전쟁 / World *War* I (II) 제1(2)차 세계 대전 / the *War* between the States; *War* of Secession [미국의] 남북 전쟁(1861-65) (Civil *War*) / the *War* of [American] Independence 미국의 독립 전쟁(1775-83) / prisoners of *war* 포로 / declare *war* upon (*or* on) …에 선전 포고하다 / make (*or* wage) *war* against (*or* on, upon) …에게 전쟁을 걸다, …와 전쟁을 시작하다, 전쟁하다 / drift into *war* 질질 전쟁으로 끌려 들어가다 / go into (*or* enter) *war* 전쟁하다 / go to the *wars* 《고어》 [외지로] 출전하다 / go to *war* 출전하다.
2 다툼, 투쟁, 싸움(conflict, strife). ¶ the *war* on consumption 폐병에 대한 싸움 / a *war* of nerves (words) 신경전(설전, 논전).
3 ⓤ 군사, 군무; 전술. ¶ the *War* Department 《美》 육군성 / the *War* Office 《英》 육군성 / the art of *war* 병법, 전술 / the trade of *war* 군직(軍職).
4 《고어》 전투, 싸움(battle).
5 ⓤ 《비유적》 [인간 상호간의] 적의(hostility), 불화.
6 《형용사적 용법》 전쟁의, 전쟁에 관한, 전쟁의 결과로 생기는. ¶ the *war* dead 《총칭적》 전사자, 전몰자.
at war ① 〔…와〕 교전중인〔*with*〕. ② 〔…와〕 불화한 여; 〔…와〕 서로 용납되지 않는〔*with*〕.
bring a war home to …에게 전쟁의 영향(피해)을 직접 받게 하다.
the sinews of war 군자금, 활동 자금, 돈(money).
a war to the knife ⇨ KNIFE.
— *vi.* (**warred, war·ring**) 전쟁하다, 싸우다, 다투다 (*against*, *with*). ¶ (~+图+圖) *war against* social evils 사회악과 싸우다 // *warring* creeds 서로 대립하는 주의.

wár báby *n.* **1** 전쟁중에 태어난 아이; 전쟁 고아. **2** 전쟁의 산물〔군수 산업 따위〕.

war·bird [wɔ́ːrbəːrd] *n.* 군용기; 항공병.

*war·ble¹ [wɔ́ːrbl] *v.* (**-bled, -bling**) *vi.* **1** [새가] 지저귀다; [사람이] 목소리를 떨며 노래하다. **2** 《美》 요들을 노래부르다(yodel).
— *vt.* **1** [목소리를 떨며] …을 노래하다. **2** …을 노래로 (축복) 하다; 목소리를 떨며 노래하다; 떨리는 소리 (trill).
— *n.* 떨리는 소리로 노래 부르기, 떨리는 소리.

war·ble² [wɔ́ːrbl] *n.* 〔獸醫〕 **1** [안장이 쓸려서 말등에 생기는] 작고 단단한 혹. **2** 쇠파리(warble fly) 유충의 기생으로 소가죽의 피부에 생기는 혹.

war·bler [wɔ́ːrblər] *n.* **1** 떨리는 소리로 노래부르는 사람. **2** 지저귀는 새; 벌새의 총칭.

wár bònnet *n.* [북미 인디언의 깃털 장식이 있는] 예모(禮帽).

wár bríde *n.* 전쟁 신부[점령군 병사의 현지처].

wár chést *n.* 군자금; 전시 구제 자금.

wár clòud *n.* 전운(戰雲), 전쟁이 시작될 것 같은 상태(기미).

wár clùb *n.* [북미 인디언 등이 사용하는] 전투용 곤봉.

Wár Cóllege *n.* 《美》 육군(해군) 대학교.

wár còrrespòndent *n.* 종군 기자.

wár crìme *n.* (보통 ~s) 전쟁 범죄.

wár crìminal *n.* 전쟁 범죄인, 전범(戰犯).

wár crỳ *n.* **1** 함성. **2** [정당의] 표어(slogan).

‡**ward** [wɔ́ːrd] *n.* **1** 시(읍)의 행정 구획. **2** [특정 환자를 위한] 병동, 병실; [교도소의] 감방; 수용실. ¶ an isolation *ward* 격리 병동. **3** [성·요새 따위의] 성벽과 성벽과의 사이 (성벽 안)의] 광장, 빈 터. **4** [법률] 피후견인(*cf.* guardian); ⓤ [법률적으로] 피후견되어 있기, 피후견. **5** ⓤ [일반적으로] 보호, 감독, 후견. *be in ward to* …에 후견되어 있다. **6** ⓤ [검술 따위의] 방어 자세. **7** [자물쇠의 열쇠와 맞는] 돌기, 열쇠의 홈. **8** 《고어》 감시[하기]; 감금(custody); ⓒ 파수꾼 (* 현재는 주로 다음 표현에서 쓴다). ¶ keep watch and *ward* 보초 감시하다 / be under *ward* 감금되어 있다.
— *vt.* **1** [위험·공격 따위]를 피하다, 비키다 (…*off*). ¶ *ward off* a blow 주먹을 비키다. **2** [병실에] …을 수용하다. **3** 《고어》 …을 보호하다, 후견하다.

-ward *suf.* direction 이라는 뜻의 부사·형용사를 만든다. *back*ward, *on*ward.

wár dàmage *n.* 전화(戰禍), 전재(戰災).

wár dànce *n.* [인디언 등의] 출진의 춤, 승전의 춤.

wár dèbt *n.* ⓤⓒ 전쟁 채무(부채).

*war·den¹ [wɔ́ːrdn] *n.* **1** 파수꾼(guard), 보관인, 관리인. ¶ a game *warden* 수렵 지역 관리인. **2** 《英》 (= **áir-ràid wàrden**) 공습 경비원. **3** 교도소장, 간수, 교도관. **4** [각종 관공서의] 장관. **5** (W-) 《英》 학장, 원장.

war·den² [wɔ́ːrdn] *n.* [요리용의] 배의 일종.

war·den·ry [wɔ́ːrdnri] *n.* ⓤⓒ (*pl.* **-ries**) warden¹의 직(관리직, 관리 지구).

war·den·ship [wɔ́ːrdnʃìp] *n.* ⓤ = wardenry.

ward·er [wɔ́ːrdər] *n.* **1** 호위자, 수호자. **2** 위병, 문지기. **3** 《主 英》 교도소의 교도관, 간수.

ward·er·ship [wɔ́ːrdərʃìp] *n.* ⓤ warder의 직(지위).

wárd hèeler *n.* 《美》 정치 건달[정당 보스를 위한 표 모으기 따위를 한다].

wárd màid *n.* [병원의] 잡역부, 청소부.

Wár·dour Stréet [wɔ́ːrdər-] *n.* 워더가[런던의 한 거리로, 골동품상(骨董品商)이 많았던 것으로 유명].

‡**ward·robe** [wɔ́ːrdròub] *n.* **1** [개인 또는 극단 등의] 고유 의상, [집합적] [소유한] 의상류 [전부]. ¶ *have* a small (a large) *wardrobe* 옷이 적다 (많다). **2** 옷장 이장, 양복장; 의상실(dressing room). **3** [궁중 또는 여러 관청의] 의상실.

wárdròbe trúnk *n.* 여행용 대형 의상 트렁크.

ward·room [wɔ́ːrdrù(ː)m] *n.* **1** 〔군함 안의〕상급 사관실(식당). **2** 〔집합적〕승함하고 있는 상급 사관.

-wards *suf.* ⇨ -WARD.

ward·ship [wɔ́ːrdʃìp] *n.* ⓤ 후견, 보호.

[wardrobe trunk]

‡**ware¹** [wɛər] *n.* **1** (보통 ~s) 상품(goods). ¶ praise one's own *wares* 자화자찬하다. **2** ⓤ 《集合的》 [만들어진] 제(작)품, 세공품. ¶ earthen*ware* 도기 / silver*ware* 은제품 / glass*ware* 유리 제품. **3** ⓤ 도기 (pottery). ¶ Wedgwood *ware* 웨지우드 도자기.

ware² [wɛər] 《고어·詩》 *adj.* **1** 주의 깊은, 조심성있

는(cautious). **2** 의식하고 있는(conscious). ── *vt.* (**wared, war·ing**) …을 조심하다, 경계하다; …의 과수를 보다; …을 의식하다 (＊주로 수렵 용어로 명령법으로 쓰는 일이 많다). ¶ *Ware* hounds! 개 조심! / *Ware* the bottle! 과음하지 말 것!

*ware·house *n.* [wέərhàus→*v.*] (*pl.* **-hous·es** [-hàuziz]) **1** 창고. **2** (《주로 英》) 도매상, 큰 소매상점. ── *vt.* [wέərhàuz, -hàus] (**-housed, -hous·ing**) …을 창고에 보관하다, (수입품을) 보세 창고에 보관하다.

ware·house·man [wέərhàusmən] *n.* (*pl.* **-men** [-mən]) **1** 창고업자; 창고 담당원. **2** (《英》) 도매 상인.

ware·room [wέərù(:)m] *n.* 상품 보관(전시)실.

*war·fare [wɔ́:rfɛ̀ər] *n.* U 전쟁, 교전(상태). ¶ economic *warfare* 경제 전쟁.

war·fight·ing [wɔ́:rfàitiŋ] *n.* (《군사》) 미사일 전쟁. [<WAR(HEAD)＋FIGHTING]

wár fóoting *n.* (《군대의》) 전시 편성.

wár gàme *n.* (《군대》) **1** 도상(圖上) 작전 연습, 병기 (兵棋)(kriegspiel). **2** (~s) 군대가 참가해서 하는 실전의 모의 대연습. **3** 전쟁 놀이(장난감을 이용한 작전 놀이).

war-game [wɔ́:rgèim] *vi.* (**-gamed, -gam·ing**) 도상작전을 하다; 군사 연습을 하다.

wár gàs *n.* 전쟁용 독가스.

wár gòd *n.* 군신(軍神) [로마 신화의 Mars, 그리스 신화의 Ares 등]. (원)

wár hàwk *n.* 주전론자(jingo); 매파(派)의 사람 (의).

war·head [wɔ́:rhèd] *n.* (어뢰·미사일 따위의) 탄두.

war-horse [wɔ́:rhɔ̀:rs] *n.* **1** 군마(charger). **2** (《구어》) 노병; (정계 따위의) 노련한 정치가. **3** (《구어》) [너무 오래 상연해서] 낡아빠진 상연물.

war·less [wɔ́:rlis] *adj.* 전쟁없는.

*war·like [wɔ́:rlàik] *adj.* **1** 전투적인, 호전적인; 도전적인. **2** ¶ *warlike* tribes 호전적인 종족. **2** 전쟁이 일어날 것 같은. **3** 전쟁의, 전쟁에 관한.

war·lock [wɔ́:rlɑ̀k / -lɔ̀k] *n.* 마법사(wizard); 마술사 (conjurer); 점술사.

wár lòrd *n.* **1** (특히 호전적인 나라의) 장군, 군사 령관. **2** (중국의) 독군(督軍)(tuchun).

‡warm [wɔ:rm] *adj.* **1** 따뜻한, 온난한, 약간 뜨거운 (더운) (*opp.* cool *cf.* hot); (운동 따위로 몸이) 더운, 달아오른; 무더운. ¶ *warm* milk 더운 우유 / *warm* blood [포유 동물의 피] / a *warm* sweater 따뜻한 스웨터 / get *warm* by the fire 불을 쬐어 몸을 녹이다 / be *warm* from exercise 운동을 해서 몸이 덥다 / a *warm* night 무더운 밤.

2 [마음이] 따뜻한, 동정심이 있는(sympathetic); 애정이 있는(affectionate); 마음속으로의 친한(hearty). ¶ a *warm* heart 다정한 마음씨 / *warm* advice 마음속으로부터의 충고 / a *warm* welcome 따뜻한 (마음속으로부터의) 환영.

3 격한, 흥분한(excited); 열렬한(ardent). ¶ a *warm* corner 격전지 / a *warm* controversy 격렬한 논쟁 / a *warm* temper 급한 성미 / *warm* with wine 술로 흥분되어(한잔 걸친 김에).

4 선정적인, 호색인(amorous). ¶ a *warm* description 선정적인 기술 / a *warm* temperament 다정다감, 호색적인 성질.

5 (《구어》) 힘든, 쓰라린, 성가신, 귀찮은; 불쾌한, 싫은 (unpleasant). ¶ a *warm* job 힘든 일 / have *warm* work in doing …하는 데 힘이 든다.

6 (《구어》) 따뜻한, 빨강이나 노랑이 많은 (colors 따위의) 색.

7 (냄새 따위가) 강한(strong), (사냥에서 짐승이 남긴 냄새가) 생생한(fresh). ¶ a *warm* scent 강한 냄새.

8 (《구어》) (술래잡기 놀이 따위에서 숨은 사람(찾는 물건, 맞힌 곳)에) 다가간, 조금만 더 하면 되는, 가까와진.

9 (《英구어》) 유복한, 돈이 있는, 살기 편안한(rich).

be getting warm ① 점점 더워지다. ⇨ 1. ② (《구어》) [술래잡기 따위에서] 막 들킬 것같이 되다, [맞히기 놀이 따위에서] 곧 맞힐 것같이 되다.

in warm blood ⇨ BLOOD.

make things (or **it**) **warm for** (《구어》) …을 안절부절 하게 만들다, 불쾌한 입장으로 몰아넣다.

── *vt.* **1** …을 덥히다, 따뜻하게 하다, 새로 데우다 (…*up, over*). ¶ (~＋目＋圖) *warm up* milk 밀크를 데우다 // (~＋目＋圖＋图) *warm* oneself at the fire 불을 쬐다 / *warm* one's hands *over* the fire 손을 불에 쬐어 덥게 하다.

2 …을 열중하게 하다, 흥분하게 하다; …을 힘나게 하다, 격려하다. ¶ *warm* one's heart 힘을 내다.

3 [마음을 따스하게 하다, …을 따뜻한(상냥한) 마음을 갖게 하다. ¶ It *warmed* my heart to watch her working. 그녀가 일하고 있는 것을 보니 내 마음이 따뜻해졌다.

4 (《속어》) [뜨거워지도록] …을 때리다, 치다.

── *vi.* **1** 더워지다(*up*). ¶ The sick room has *warmed up*. 병실이 따뜻해졌다. **2** 흥분하다, 열심이 되다; 격하다, 흥분하다(*to, up to …*). ¶ (~＋圖＋图) *warm to* one's work 일에 열중하다. **3** 호의를 보이다, 동정하다(*toward*[*s*], *to …*). ¶ (~＋圖＋图) My heart *warms* to (or *toward*) him. 그에게 마음이 가고 있다 (호의를 품고 있다).

warm the bench (《스포츠》) 보결 선수로 대기하다.

warm up ① (*vt., vi.*) (차가운 것 등)을 데우다; 더워지다. ⇨ *vt.* 1. *vi.* 1. ② 열중하다(*to …*). ⇨ *vi.* 2. ③ (몸을 풀기 위해) 시합 전에 준비 운동(워밍업)을 하다.

── *n.* (보통 a ~) (《구어》) 따뜻하게 하기, 따뜻해지기. ¶ have (or get, take) a *warm* 더워지다.

~·ly *adv.* ~·ness *n.* warmth *n.*

warm-blood·ed [wɔ́:rmblʌ́did] *adj.* **1** (동물 따위가) 항온 (恒溫)의. *cf.* cold-blooded **2** 열렬한, 정열적인. ~·ness *n.*

wárm bòdy *n.* (《구어》) (경멸적) [단순 작업밖에 못하는] 무능력한 노동자.

warmed-o·ver [wɔ́:rmdóuvər] *adj.* **1** (요리 따위가) 다시 데운. **2** (작품 따위가) 재탕한.

warmed-up [wɔ́:rmdʌ́p] *adj.* = warmed-over.

wár memórial *n.* (전몰자를 추도하는) 전쟁 기념비(일).

warm·er [wɔ́:rmər] *n.* 덥히는 사람, 난방 기구.

wárm frònt *n.* (《기상》) 온난 전선. *cf.* cold front

warm-heart·ed [wɔ́:rmhɑ́:rtid] *adj.* 마음씨가 따뜻한, 인정 많은, 친절한. ~·ly *adv.* ~·ness *n.*

warm·ing [wɔ́:rmiŋ] *n.* **1** U 덥게 하기, 더워지기. **2** (《구어》) 때리기, 치기. ¶ get a *warming* 얻어맞다.

wárming pàn *n.* **1** (옛날의) 잠자리 덥히는 기구 [긴 자루가 달린 냄비꼴의 것으로 석탄을 태워 잠자리를 덥혔다]. **2** (임시의) 대리인, 대역.

warm·ing-up [wɔ́:rmiŋʌ́p] *adj.* (경기 전의) 준비 운동의, 위밍업의.

warm·ish [wɔ́:rmiʃ] *adj.* 좀 따뜻한.

war·mon·ger [wɔ́:rmʌ̀ŋgər] *n.* 전쟁 도발자, 전쟁 상인.

war·mon·ger·ing [wɔ́:rmʌ̀ŋgəriŋ] *n.* U 전쟁 도발

‡warmth [wɔ:rmθ] *n.* U **1** 따뜻함, 온난. **2** 온정, 인정 많음. **3** 열심, 흥분, 격렬. ¶ in the *warmth* of the debate 의론이 백열하여(정점에 다다라서).
◇ warm *adj.*

warm-up [wɔ́:rmʌ̀p] *n.* **1** (경기 전의) 준비 운동, 워밍업. **2** (엔진 따위의) 덥히는 것, 예열 운전.

‡warn [wɔ:rn] *vt.* **1** (남에게) 위험을 알리다, 조심하게 하다, 경고하다. ¶ (~＋目＋*that*) The Coast Guard *warned* all ships *of* the hurricane. 연안 경비대는 모든 선박에게 허리케인 내습을 경고했다 // (~＋目＋*that*) He *warned* me *that* the beast was very dangerous. 그는 나에게 그 짐승이 매우 위험하다는 것을 알

려주었다. **2** …을 타이르다, 훈계하다(admonish); [남]에게 충고하다, [남]에게 …하지 않도록 주의하다(… *against*, *off*). ¶ (~+囲+钢+名) I was *warned against* doing it(a swindler). 나는 그 짓을 말리는(사기꾼을 조심하라는) 주의를 받았다 // (~+*to* do) I was *warned* not *to* overstrain my eyes. 눈을 혹사하지 말라는 주의를 받았다.

[類語] **warn** 예모·훈계·협박 따위로 따르지 않으면 불편·위험·벌 따위를 받게 된다는 것을 알리다: *warn* drivers about the bad condition of the road 운전자에게 도로가 나쁘다는 것을 알리다. **caution** 어떤 일을 피하기 위해 주의·경계하도록 충고하다: *caution* children against playing on the road 아이들에게 길에서 놀지 않도록 미리 주의시키다.

3 …에 통지하다, 알리다(…*of*). ¶ (~+囲+*to* do) *warn* a person *to* appear in court 법정에 출두하라고 통고하다. [*danger* 위험을 경고하다.
― *vi*. 경고하다(*of* …). ¶ (~+囲+名) *warn of*…

warn·ing [wɔ́:rniŋ] *n*. **1** Ⓤ 충고, 주의(caution), 권고, 경고. ¶ give *warning of*(*against*) …에 관하여 (에 대하여) 경고를 하다. **2** Ⓒ Ⓤ 훈계[가 되는 것], 본보기[가 되는 것]. ¶ take *warning* by(*or* from) …을 훈계로 삼다, …을 본보기로 삼다. **3** 점호, 소집 (summon); 점호의 종(호각), 소집 신호. **4** Ⓤ [퇴거·해고 따위의] 예고, 통지(notice); 해약. ¶ give a person a month's *warning* 남에게 1개월 전에 해고 통고를 하다 / without [any] *warning* 갑자기, 예고 없이. **5** [위험 따위의] 전조. ¶ a storm *warning* 폭풍의 전조.
― *adj*. 충고의, 경고의; 훈계의. ¶ a *warning* bell 경종 / a *warning* gun 경포 / a *warning* signal 위험 신호. ~·ly *adv*.

wárning colorátion *n*. Ⓤ 〔생물〕 경계색.
wárning nèt *n*. 〔방공(防空)〕 경보망.
wárning tràck *n*. 〔야구〕 경계선, 경고선〔외야수에게 펜스가 가까움을 알리기 위해 잔디를 깎지 않은 곳〕.
wár nòse *n*. 〔어뢰 따위의〕 탄두(彈頭)(warhead).
Wár Óffice *n*. (the ~) 〔英〕 〔예전의〕 육군성〔1964년 the Ministry of Defense에 통합되었다〕.
wár of nérves *n*. 신경전. *opp*. shooting war
***warp** [wɔːrp] *vt*. **1** 〔목재·마루판 따위〕를 휘다, 굽히다; 〔자연스러운 형태 따위〕를 …을 뒤틀다, 〔towards(bend); 〔진실 따위〕를 굽히다, 왜곡하다. ¶ *warp* the meaning of a word 말뜻을 왜곡하다(곡해하다).
2 〔항공〕 〔날개 따위〕를 굽히다; 〔항해〕 〔밧줄을 당겨서〕 〔범선을〕 정해진 자리로 이동시키다; 〔농업〕 〔강물을 끌어 가라앉은 진흙으로〕 〔땅〕을 기름지게 하다.
― *vi*. 휘다, 굽다; 〔자연스러운 상태·진로 따위로부터〕 벗어나다, 빗나가다, 〔마음이〕 꼬이다, 굽다; 〔항해〕 〔배 따위가 밧줄에〕 끌리다.
― *n*. **1** 〔목재 따위의〕 뒤틀림, 굽음; 〔성격 따위의〕 비틀림, 〔마음의〕 편벽(mental twist). **2** 〔천 따위의〕 날실. *cf*. woof **3** 〔항해〕 예인삭, 끌어당기는 밧줄 (spring line). **4** Ⓤ 가라앉은 진흙〔땅을 기름지게 하는 데 쓴다〕(silt).
wár páint *n*. Ⓤ **1** 〔야만인이 출진 전에 얼굴·몸에 바르는〕 물감. **2** 〔口語〕 성장(full dress). **3** 〔口語〕 코스메틱, 화장품.
war·path [wɔ́:rpǽθ, -pɑ̀ːθ] *n*. 〔북아메리카 인디언의〕 싸우러 가는 길, 출정로.
be on the warpath ① 전쟁에 직면하고 있다, 싸우려 하고 있다. ② 몹시 화내고 있다, 싸울 듯한 자세이다.
war·plane [wɔ́:rplèin] *n*. 〔美〕 대권(大權).
wár pòwer *n*. 전쟁 수행 능력, 전력; 〔행정부의〕 비상 대권.
Wár Pówers Áct *n*. 〔美〕〔대통령의〕 전쟁 수행권한법〔1973 의회 승인 없이 60일 동안 수행 가능〕.
‡war·rant [wɔ́:r(ə)nt, wǽr-/wɔ́r-] *n*. **1** Ⓤ 권능 (authority), 권한; 인가. ¶ You have no *warrant for* doing such a thing. 너에게는 그런 일을 할 권한이 없다. **2** Ⓤ Ⓒ 근거, 정당한 이유. ¶ without *warrant* 정

당한 이유도 없이 / I asserted my innocence with the *warrant* of a good conscience. 나는 내 양심에 비추어 (떳떳하게) 무죄를 주장했다. **3** 보증〔이 되는 것〕 (guarantee); 권능(권한)의 증거〔특히 서류〕; 위임장; 증명서, 허가증, 면허장; 〔특히 금전의〕 지불증, 영수증. ¶ a *warrant* of attorney 〔소송〕 위임장, 변호 위임장. **4** 〔법률〕 영장; 소환장; 금전 지불 명령서. ¶ a search *warrant* 가택 수색 영장 / a *warrant* for (*or* of) arrest 체포 영장. **5** 〔英〕 〔상업〕 창고 증권. **6** 〔군대〕 준위 (warrant officer); 임명 사령(辭令).
― *vt*. **1** …에 권한(권능)을 주다(authorize), …을 인가하다. **2** …을 정당화하다, 옳다고 하다(justify). **3** …을 보증하다, 보(保)를 서다(guarantee); 〔물품의 질·양〕을 보증하다, 〔보상(補償)〕을 보증하다(secure). ¶ *warrant* quality 품질을 보증하다 / (~+囲+*to* do) Who can *warrant* it *to* be true? 그것이 진실이라는 것을 누가 보증할 수 있는가(아무도 못한다) // (~+〔*that*〕) 囲 I *warrant* that the sum shall be paid. 그 금액은 꼭 지불할 것을 보증합니다. **4** 〔법률〕 〔재산의 피양도인〕에게 양도를 보증하다.
I'll(*or* I) *warrant* 〔*you*〕 〔종종 삽입구로서〕 분명히, ¶ It won't happen again, I *warrant you*. 절대로 두 번 다시 그렇게는 되지 않을 것이다.

[類語] **warrant** 어떤 언명에 틀림없다고 확언하다: I *warrant* he is a coward. 그가 비겁자임을 내가 확언한다. **guarantee** 상품이 설명 그대로의 것이 아닐 때 교환 또는 반품을 약속하다; 남이 어떤 일을 하는 데 책임지겠다고 약속하다: This watch is *guaranteed* for a year. 이 시계는 1년간의 보증이 붙어 있다.

◇ wárranty *n*.
war·rant·a·ble [wɔ́:r(ə)ntəbl, wǽr-/wɔ́r-] *adj*. 정당한, 보증할 수 있는. ~·ness *n*. -bly *adv*.
war·ran·tee [wɔ̀:r(ə)ntíː, wæ̀r-/wɔ̀r-] *n*. 〔법률〕 피보증인.
war·rant·er [wɔ́:r(ə)ntər, wǽr-/wɔ́r-] *n*. 보증인, 담보인.
wárrant òfficer *n*. 〔육·해군의〕 준위.
war·ran·tor [wɔ́:r(ə)ntɔ̀:r, wǽr-/wɔ́r-, -tə] *n*. 〔법률〕 = warranter.
war·ran·ty [wɔ́:r(ə)nti, wǽr-/wɔ́r-] *n*. (*pl*. **-ties**) **1** Ⓤ Ⓒ 정당한 이유(justification), 근거. **2** 〔법률〕〔매도 상품의 품질 따위의〕 보증(guarantee); 담보; 아프터 서비스 보증〔서〕.
war·ren [wɔ́:r(ə)n, wǽr-/wɔ́r-] *n*. **1** 토끼 사육장, 양토장. **2** 많은 사람이 살고 있는 가옥(건물, 지역), 복잡한 먹자. **3** 〔英〕 〔예전의〕 야생 조수 사육 특허 지역.
war·ren·er [wɔ́:r(ə)nər, wǽr-/wɔ́r-] *n*. 양토장의 소유자(감시인).
war·ring [wɔ́:riŋ] *adj*. 투쟁하는; 적대하는, 서로 싸우는; 양립하지 않는. ¶ *warring* creeds 모순되는 신조.
‡war·ri·or [wɔ́:riər, wǽr-/wɔ́r-] *n*. 군인, 병사(soldier), 용사; 〔특히〕 경험을 쌓은 무사, 노병, 〔인디언 등의〕 전사; 〔정계 등의〕 노련한 정객, 투사.
wár rìsk insúrance *n*. Ⓤ 〔美〕 〔군인을 위한〕 전쟁 상해 보험.
wár ròom *n*. 〔군사〕 작전실〔작전 명령을 내리거나 지도, 사진 따위를 펴놓고 작전을 협의하는 방〕; 〔기업 따위의〕 전략 회의실.
Wár·saw [wɔ́:rsɔː] *n*. 바르샤바〔폴란드의 수도〕.
Wársaw Ghétto (the ~) 바르샤바 게토〔2차 대전때 나치 독일이 유대인을 강제로 입주시켜 Warsaw의 구역〕.
Wársaw Tréaty Òrganizàtion *n*. (the ~) 바르샤바 조약 기구(Warsaw Pact) 〔소련 및 동구권 붕괴로 해체됨. 略 WTO〕.
war·ship [wɔ́:rʃìp] *n*. 군함(war vessel).
wár sòng *n*. 군가, 싸움 노래.
wart [wɔːrt] *n*. **1** 사마귀. **2** 〔나무 껍질 따위에 생기는〕 혹. **3** 〔혹처럼〕 쓸모없는 사람(것).
wárt hòg *n*. 〔아프리카산(産)의〕 혹산돼지.

war·time [wɔ́ːrtàim] *n.* ⓊU 전시; 《형용사적 용법》 전시의, 전시 중에 일어나는. *cf.* peacetime 「한」.
war-torn [wɔ́ːrtɔ̀ːrn] *adj.* 전쟁으로 파괴된[피폐한].
wart·y [wɔ́ːrti] *adj.* (**wart·i·er**, **wart·i·est**) **1** 사마귀(혹)가 있는; 사마귀(혹) 투성이의. **2** 사마귀(혹) 모양의.
war-wea·ry [wɔ́ːrwì(ː)ri/-wìəri] *adj.* **1** 《특히 оранż전쟁으로 지친, 전쟁으로 피폐한. **2** 《군용기가》 사용할 수 없을 정도로 손상을 입은.
wár whòop *n.* 《북아메리카 인디언 등의》 함성.
wár wìdow *n.* 전쟁 미망인.
war-worn [wɔ́ːrwɔ̀ːrn] *adj.* 전쟁에 지친; 전쟁으로 황폐한.
***war·y** [wɛ́(ː)ri/wɛ́əri] *adj.* (**war·i·er**, **war·i·est**) 조심성 많은(watchful), 주의 깊은, 신중한(*of* ...). ⇨ CAREFUL 類語 ¶ a *wary* fox 조심성 많은 여우 // He is *wary of* strangers. 그는 낯선 사람을 경계한다.
war·i·ly *adv.* **war·i·ness** *n.* ◇ **ware** *v.*
wár zòne *n.* 교전 지대, 《공해상의》 교전 지역《중립국 선박도 공격의 대상이 되》.
‡**was** [wɑz, 약 wəz/wɔz, 약 wəz] *v.* be 의 제1인칭·제3인칭 단수 직설법 과거형 (* 현대의 구어에서는 종종 가정법 과거에도 쓰이다: He speaks as if he *was* a boy of five.).
‡**wash** [wɑʃ, wɔːʃ/wɔʃ] *vt.* **1** …을 씻다, 세탁하다, 세척하다. ¶ *wash* dishes 접시를 씻다 / *wash* oneself 얼굴(몸)을 씻다, 목욕하다 // (~+目+補) *Wash* your hands clean before each meal. 식사 전에 손을 깨끗이 씻어라.
2 《비유적》 …을 깨끗이 씻다(purify). ¶ (~+目+副) *wash away* one's sin 죄를 깨끗이 씻다.
3 …을 씻어내리다, 씻어 없애다(...*away*, *off*, *out*). (~+目+副) *wash* a stain *out* 더러움을 씻어내다 // (~+目+前+名) *wash* the dust *off* one's face 얼굴의 먼지를 씻어내다.
4 [물 따위에] …을 적시다, …을 축축하게 하다 (moisten). ¶ (~+目+前+名) roses *washed with* dew 이슬에 젖은 장미.
5 《파도 따위가》 《기슭》을 씻다, …에 밀려오다; [빗물·유수 따위]에을 파내다, …에 구멍을 뚫다, …을 침식하다 (erode). ¶ The waves are *washing* the shore. 파도가 기슭에 밀려오고 있다 / Water *washed* a channel. 물에 씻겨 홈이 생겼다.
6 《파도 따위가》 …을 떠내려보내다, 흘러보내다 (...*away*, *down*, *up*). ¶ (~+目+副) The flood *washed away* the bridge. 홍수로 다리가 떠내려갔다.
7 《세제 따위가》 …을 씻을 수 있다, …에 듣다. ¶ This powder soap won't *wash* wool. 이 가루 비누로는 모직물을 세탁할 수 없다.
8 …에 도금하다; 《그림물감》을 엷게 칠하다. ¶ (~+目+前+名) *wash* silver *with* gold 은에 금을 도금하다.
9 《광산》 《광석》을 물로 씻어 선광(選鑛)하다, 세광(洗鑛)하다.
— *vi.* **1** 손(얼굴, 몸)을 씻다, 목욕하다. **2** 《옷을》 빨다, 세탁하다. ¶ *wash* for a living 세탁으로 생계를 꾸려나가다, 세탁업을 하다 / Mother *washes* everyday. 어머니는 매일 세탁하신다. **3** 《천 따위가》 세탁되다; 《색 따위가》 빨아도 빠지지 않는다. ¶ (~+副) This cloth won't *wash* 〔*well*〕. 이 천은 세탁이 잘 되지 않는다. **4** 《파도 따위가》 씻다, 철썩철썩 밀려오다. ¶ (~+前(+名)) The waves were *washing upon* the shore. 파도가 기슭에 밀려오고 있었다. **5** [빗물·유수 따위로] 떠내려가다, 침식되다, 패이다(*away*, *out*). ¶ The bridge *washed out*. 다리가 떠내려갔다. **6** 《주로 英구어》 [조사·실험 따위에] 견디다, 믿을만하다. ¶ The theory won't *wash*. 그 이론은 믿을 수 없다. **7** 《구어》 세광(洗鑛)하다. ¶ (~+前+名) *wash for* gold 사금 채취를 위해 세광하다.
wash down ① …을 씻어내리다; [파도 따위가] …을 떠내려가게 하다. ② [음식]을 흘려넣다.

wash one's hands ⇨ HAND.
wash out ① …을 씻어내다; 《병 안 따위》를 씻다. ② 〔입속을〕 씻어내다. ③ 《구어》 《희망 따위》를 버리다, 단념하다, 《물 따위》를 뒤덮다. ④ 《구어》 《경기》를 연기하게 하다, 유산시키다. ⑤ 《구어》 《비》가 …을 지치게 하다. ¶ be (look) *washed out* 지쳐 있다《있는 것처럼 보이다》. ⑥ 〔속어〕 색이 바래다; 씻겨내리다. ⑦ 〔속어〕 《학교 등》에서 낙제하다, (*vt.*, *vi.*) 《美속어》 《특히 미공군에서》 비행 시험에 떨어지게 하다 〔떨어지다〕.
wash up ① (*vt.*, *vi.*) 〔식기〕를 씻다, 씻어서 치우다. ② (*vi.*) 얼굴이나 손을 씻다; 《구어》 화장실을 사용하다, 용변을 보다. ¶ Where can I *wash up*? 화장실이 어디죠? ③ (*vt.*) 〔속어〕 《수동형으로》 …을 실패하게 하다, 못 쓰게 하다. ¶ She's all *washed up* as an actress. 그녀는 배우로는 완전히 못 쓰게 되었다.
— *n.* **1** ⒸⓊ 《보통 a ~》 씻기, 세탁, 세정. ¶ have (or get) a *wash* 씻다 / give undershirts a good *wash* 속옷을 잘 세탁하다 / stand *wash* 세탁이 잘 되다. **2** 《보통 a ~》《집합적》 세탁물. ¶ I have a large *wash* today. 오늘은 세탁물이 많다. **3** 세탁소, 세탁장. ¶ a *wash* bill 세탁소의 청구서 / send a coat to the *wash* 코트를 세탁하러 보내다 / The shirt is at the *wash*. 그 셔츠는 세탁하러 보내 놓았다. **4** (the ~) 〔물·파도의 밀려옴〕; 밀려드는 소리; 〔항해〕 《배의 항행 후의》 파도의 일렁임; 〔항공〕 기류《비행기가 지나간 뒤에 생기는 기류의 흐트러짐》. **5** ⒸⓊ 〔싱크대에서 흘려보내는〕 음식 찌꺼기; 물기가 많은 음식물; 화주(火酒) 증류 후의 발효 액체나 당밀. ⓒ 위스키를 스트레이트로 마신 뒤 마시는 물(탄산수) (chaser). **6** 《종종 복합어를 만들어》 세제; 화장수; 씻는 약(lotion). ¶ an eyewash 안약 / a hair *wash* 세발제. **7** (the ~) 〔해수·하수에 씻기는〕 저지, 습지, 늪, 여울; 〔지질〕 〔유수로 운반되는〕 진흙 (silt), 침전물. **8** 〔해수·하수 따위의〕 침식; ⒸⓊ 《유수로 생긴》 도랑. **9** ⒸⓊ 금속의 도금; ⒸⓊ 〔그림 물감 따위의〕 엷게 바르기; 〔건물 따위의〕 도료. **10** Ⓤ 〔광산〕 세광 원료. **11** = WASH sale.
come out in the wash 《구어》 곧 알게 되다, 밝혀지다, 전모가 폭로되다; 잘 수습되다.
— *adj.* 《美》 세탁이 되는(washable).
◇ **wáshable**, **wáshy** *adj.*; **awásh** *adv.*
Wash. 《略》 Washington.
wash·a·ble [wɑ́ʃəbl, wɔ́ːʃ-/wɔ́ʃ-] *adj.* **1** 《천 따위가》 씻을 수 있는, 세탁할 수 있는. ¶ a *washable* fabric 세탁할 수 있는 섬유. **2** 물에 녹는. — *n.* 세탁할 수 있는 천(옷).
wash-and-wear [wɑ́ʃnwɛ́ər, wɔ́ːʃ-/wɔ́ʃ-] *adj.* 〔천 이〕 세탁 후 다리지 않고 입을 수 있는.
wash·ba·sin [wɑ́ʃbèisn, wɔ́ːʃ-/wɔ́ʃ-] *n.* 《주로 英》 washbowl.
wash·board [wɑ́ʃbɔ̀ːrd, wɔ́ːʃ-/wɔ́ʃbɔ̀ːd] *n.* **1** 빨래판. **2** 〔건축〕 〔벽 밑쪽에 있는〕 걸레받이. **3** 〔항해〕 〔배의〕 방파판(防波板).
wash·bowl [wɑ́ʃbòul, wɔ́ːʃ-/wɔ́ʃ-] *n.* 《美》 세면기.
wash·cloth [wɑ́ʃklɔ̀ːθ, wɔ́ːʃ-/wɔ́ʃklɔ̀(ː)θ] *n.* (*pl.* **-cloths** [-klɔ̀ːðz/-(ː)θs, -(ː)ðz]) **1** 목욕용 《세면용》 타올(facecloth). **2** 접시 닦기용 행주(washrag).
wash·day [wɑ́ʃdèi, wɔ́ːʃ-/wɔ́ʃ-] *n.* 〔가정에 있어서의〕 정기적인 세탁일(日).
wash·down [wɑ́ʃdàun, wɔ́ːʃ-/wɔ́ʃ-] *adj.* 씻어내려 버리는.
washed-out [wɑ́ʃtáut, wɔ́ːʃ-/wɔ́ʃt-] *adj.* **1** 빨아서 바랜, 여러번 빨아 색이 바랜. **2** 《구어》 지쳐빠진, 녹초가 된(wan).
washed-up [wɑ́ʃtʌ́p, wɔ́ːʃt-/wɔ́ʃt-] *adj.* **1** 완전히 깨끗해진. **2** 《구어》 지친, 지쳐빠진(exhausted). **3** 《속어》 완전히 실패한, 〔시험 따위로〕 퇴짜맞은 (discarded); 못 쓰게 된(done for).
***wash·er** [wɑ́ʃər, wɔ́ːʃ-/wɔ́ʃ-] *n.* **1** 세탁인, 씻는 사람. **2** 세탁기; 접시닦기 기계; 세광기. **3** 〔너트 따위

wash·er-dry·er [wɑ́ʃərdràiər, wɔ́ːʃ-/wɔ́ʃ-] *n.* 탈수기가 붙은 세탁기.

wash·er·man [wɑ́ʃərmən, wɔ́ːʃ-/wɔ́ʃ-] *n.* (*pl.* **-men** [-mən]) 세탁인, 세탁업자; [남에게 고용되는] 세탁부.

wash·er·wom·an [wɑ́ʃərwùmən, wɔ́ːʃ-/wɔ́ʃ-] *n.* (*pl.* **-wom·en** [-wìmin]) 여(女) 세탁인(업자); [남에게 고용되는] 세탁녀.

wash·e·te·ri·a [wɑ̀ʃití(ː)riə, wɔ̀ʃ-/wɔ̀ʃitíəriə] *n.* (英) 셀프서비스의 세탁장(세차장). [<WASH+[CAF]ETERIA]

wash goods *n. pl.* 세탁이 되는 천(옷).

wash·hand [wɑ́ʃhænd, wɔ́ːʃ-/wɔ́ʃ-] *adj.* 《英》손을 씻는, 세면용의. ¶ a *washhand* basin 세면기.

wash·house [wɑ́ʃhàus, wɔ́ːʃ-/wɔ́ʃ-] *n.* (*pl.* **-hous·es** [-hàuziz]) 세탁하는 방(곳); 세탁소(laundry).

‡**wash·ing** [wɑ́ʃiŋ, wɔ́ːʃ-/wɔ́ʃiŋ] *n.* 1 ⓤⓒ 씻기, 세정, 세탁. 2 (the ~) 《집합적》 세탁물. 3 (종종 ~s) [씻고 난 뒤의] 세탁하던 물; 씻겨난 것. 4 ⓤ [수력 따위로] 씻기기; (종종 ~s) 흘려내린 것. 5 ⓤ [광산] [사금 따위의] 세광(洗鑛); (~s) [사금 따위를 포함하고 있는] 자갈, [세광으로 얻은] 사금. 6 도금; [그림 물감 따위의] 한 번 칠하기.

wáshing dày *n.* =washday.

wáshing machìne *n.* 세탁기.

wáshing-powder [wɑ́ʃiŋpàudər] *n.* ⓤⓒ 가루 비누, 분말 세제.

wáshing sòda *n.* ⓤ 세탁 소다.

wáshing stànd *n.* ⓤ =washstand.

‡**Wash·ing·ton** [wɑ́ʃiŋtən, wɔ́ːʃ-/wɔ́ʃ-] 1 미국의 수도 (* 지역적으로 District of Columbia 와 일치하여 Washington 주와 구별하기 위하여 Washington, D.C. 라 불린다); 미국 정부. 2 미국 서부의 주 [주도(州都) Olympia; 略 Wash.]. ◇ **Wash·ing·tó·ni·an** *adj.*

Wash·ing·to·ni·an [wɑ̀ʃiŋtóuniən, wɔ̀ːʃ-/wɔ̀ʃ-] *adj.* 1 미국 Washington, D.C.의. 2 미국 Washington 주의. — *n.* 1 Washington, D.C.의 주민(출신자). 2 Washington 주의 주민(출신자). [인].

Wáshington píe *n.* 껴마다 나무딸기 잼을 넣은 파

Wáshington's Bírthday *n.* 워싱턴 탄생일 [미국 초대 대통령 조지 워싱턴의 생일. 2월 22일. 대다수의 주에서 이날은 법정 휴일].

wash·ing-up [wɑ́ʃiŋʌ̀p/wɔ́ʃ-] *n.* 《美》ⓤ [식사 후의] 접시 씻기; 더러워진 식기.

wash-leath·er [wɑ́ʃlèðər, wɔ́ːʃ-/wɔ́ʃ-] *n.* ⓤⓒ 유피(柔皮) [세탁할 수 있는 부드러운 가죽·염소 가죽 따위]; [특히] 새끼 가죽(chamois).

wash·out [wɑ́ʃàut, wɔ́ːʃ-/wɔ́ʃ-] *n.* 1 [홍수 따위에 의한] 도로·철도 따위의 토사의 유실; 유실된 곳. 2 《속어》 실패한 사람; 실패; [항공] 비행사로서의 자격 시험 불합격(자); [대학의] 낙제생. ¶ He was a *washout* as a flier. 그는 비행사로서는 실패자였다.

wash·rag [wɑ́ʃræ̀g, wɔ́ːʃ-/wɔ́ʃ-] *n.* 《美》 목욕용(세면용) 타올; 수건; 접시닦기 행주(washcloth).

wash·room [wɑ́ʃrù(ː)m, wɔ́ːʃ-/wɔ́ʃ-] *n.* 1 세탁하는 방. 2 [호텔 따위의] 세면장, 화장실(rest room).

wásh sàle *n.* [증권] 공매매(空賣買), 위장 매매 [시장에 활기가 있는 것처럼 꾸미기 위해 주를 삼과 동시에 파는 행위].

wash·stand [wɑ́ʃstæ̀nd, wɔ́ːʃ-/wɔ́ʃ-] *n.* 세면대 (washing stand); 고정 세면기.

wash·tub [wɑ́ʃtʌ̀b, wɔ́ːʃ-/wɔ́ʃ-] *n.* 빨래통.

wash-up [wɑ́ʃʌp, wɔ́ːʃ-/wɔ́ʃ-] *n.* 세탁(터), 세탁(장).

wash·wom·an [wɑ́ʃwùmən, wɔ́ːʃ-/wɔ́ʃ-] *n.* (*pl.* **-wom·en** [-wìmin]) =washerwoman.

wash·y [wɑ́ʃi, wɔ́ːʃ-/wɔ́ʃi] *adj.* (**wash·i·er, wash·i·est**) 1 [술·커피 따위] 너무 묽은, 약한(weak). ¶ *washy* tea 물이 많은 홍차 / *washy* coffee 엷은 커피. 2 [색 따위가] 엷은, 연한(pallid). ¶ *washy* coloring 엷은 채색. 3 [문체 따위가] 힘(박력)이 없는, 약한.

wash·i·ness *n.*

‡**was·n't** [wɑ́znt, wʌ́z-/wɔ́z-] was not의 단축형.

‡**wasp** [wɑsp, wɔːsp/wɔsp] *n.* 1 말벌, 나나니벌. 2 《비유적》성미가 까다로운 (화를 잘 내는) 사람.

WASP[1] [wɑsp, wɔːsp/wɔsp] *n.* (*pl.* **WASPs** or **WASP's**) 《美》 공군 여자 조종사 부대[원] [1944년 해산]. [<W[OMEN'S]+A[IR FORCE]+S[ERVICE]+P[ILOTS]]

WASP[2], **Wasp** [wɑsp, wɔːsp/wɔsp] *n.* (*pl.* **WASPs** or **WASP's**; **Wasps**) 《경멸적》 백인 앵글로색슨 신교도 [미국 사회의 주류]. [<*w*hite *A*nglo-*S*axon *P*rotestant]

wasp·ish [wɑ́spiʃ, wɔ́ːsp-/wɔ́sp-] *adj.* 1 말벌[나나니벌] 같은. 2 [사람이] 화를 잘 내는, 까다로운. 3 허리가 가는(잘록한). **~·ly** *adv.* **~·ness** *n.*

wásp wàist *n.* 가늘고 잘록한 허리.

wasp-waist·ed [wɑ́spwèistid, wɔ́ːsp-/wɔ́sp-] *adj.* 허리가 가는(잘록한); 코르셋을 꽉 끼게 맨.

wasp·y [wɑ́spi, wɔ́ːspi/wɔ́spi] *adj.* (**wasp·i·er, wasp·i·est**) =waspish.

was·sail [wɑ́sl, -seil, wǽs-/wɔ́seil, wǽs-] *n.* 1 [옛날 영국에서 행해진] 건배의 인사. 2 주연, 술잔치 (revelry). 3 ⓤ [크리스마스 등의] 주연용 술 [향료를 곁들인 맥주 따위]. 4 [고어] 주연의 노래. — *vi.* 술잔치를 하다; 건배하다. — *vt.* …을 위해 건배하다.

go wassailing 크리스마스 캐럴을 부르며 집집을 돌아다니다.

was·sail·er [wɑ́slər, -seil-, wǽs-/wɔ́seilə, wǽs-] *n.* 마시고 떠드는(건배하는) 사람.

Wás·ser·mann reàction [wɑ́ːsərmən-/wǽs-] *n.* [의학] 바세르만 반응 [여러 가지 항원을 써서 매독균 항체의 존재를 찾는 혈청 반응]. [<독일의 의사·세균학자 August Von Wassermann(1866-1925)의 이름]

Wássermann tèst *n.* [의학] 바세르만 검사.

‡**wast** [wʌst, wɑst/wɔst, 약 wəst], 《고어·詩》 be의 제2인칭 단수 직설법 과거형 [주어 thou에 대응한다].

wast·age [wéistidʒ] *n.* ⓤ 1 소모, 손모; 낭비. 2 소모량, ⓤⓒ 폐물, 폐품.

‡**waste** [weist] *v.* (**wast·ed, wast·ing**) *vt.* 1 …을 낭비하다, 허비하다(squander). ¶ *waste* a full hour 만 1시간을 허비하다 / Don't *waste* time doing trifles. 자질구레한 일에 시간을 낭비하지 마라 // (~+[目]+[前]+[名]) *waste* one's energy *on* useless things 쓸데없는 일에 정력을 낭비하다. 2 [기회 따위]를 놓치다, 잃다. ¶ *waste* a good opportunity 호기를 놓치다. 3 …을 소모시키다, 마모시키다; 쇠약하게 하다(enfeeble). ¶ His frame was *wasted* by a long illness. 오랜 병으로 그의 몸은 약해졌다 // (~+[目]+[前]+[名]) He is *wasted into* a shadow. 그는 피골이 상접할 만큼 말랐다. 4 …을 황폐하게 하다. ¶ Our country was *wasted* by war. 우리 나라는 전쟁으로 쑥밭이 되었다. 5 [법률] [집 따위]를 훼손하다. — *vi.* 1 낭비되다, 허사가 되다. ¶ The water is *wasting*. 물이 그저 흘러내리고 있다. 2 차츰 소모(消耗)되다, 쇠퇴하다, 차츰 작아지다. ¶ (~+[副]) *waste away* through illness 병으로 쇠약해지다 / *waste away* to a skeleton 말라서 피골이 상접하다. 3 낭비되다, 헛되이 되다. ¶ *Waste not, want not.* 《속담》 낭비 없으면 부족 없다. 4 [시간이] 흐르다, 흘러가다. ¶ Day *wastes*. 날이 저물다.

all wasted ① 잘못된, 틀린. ② 모르고 있는; [사고 방식 따위가] 뒤떨어진.

waste one's breath (or *words*) 쓸데없는 말을 하다. — *n.* 1 ⓤⓒ 낭비, 허비. ¶ *avoid waste* 낭비를 피하다 / It's a *waste* of time (money) to do such a thing. 그런 짓을 하는 것은 시간(돈)의 낭비다. 2 ⓤ [기회 따위를] 놓치기, 실기(失機). ¶ *waste* of opportunity 기회를 놓침. 3 ⓤ 소모; 쇠약, 점감(漸減). ¶ *waste* and

wastebasket

repair 소모와 회복. **4** ⓤ 황폐, 파괴(destruction); ⓒ 폐허. ¶ the *wastes* of war 전쟁에 의한 폐허. **5** 황야, 황량한 곳(지역). ⇨ DESERT¹ 類語 ¶ a barren *waste* 불모의 황야 / the snow *wastes* 황량한 설원. **6** ⓤ (빌물) [가축 따위의] 배설물. **7** ⓤ (~s) 쓰레기, 폐물(refuse); 폐기물, 폐수; 찌꺼기. **8** ⓤ [기계 소제 따위에 쓰는] 지스러기 솜, 넝마. **9** (~s) 배설물(excrement).
go (*or* **run**) *to waste* 폐물이 되다; 쓸모없이 되다; 이용되지 않다.
— *adj.* **1** 쓰레기의, 폐물의; 여분의, 남은, 불용의. ¶ *waste* paper 폐지 / *waste* water 폐수, 배수. **2** 황량한, 불모의, 미개간의, 사람이 살지 않는. *opp.* cultivate ¶ *waste* ground 황무지 / The land lies *waste*. 그 많은 황무지(미개간)인 채로 있다.
◇ wásteful *adj.*

*waste·bas·ket [wéistbæ̀skit / -bàːs-] *n.* 휴지통.
— *vt.* …을 휴지통에 버리다.
waste·bin [wéistbìn] *n.* (美) 쓰레기통.
wáste bòok *n.* (英) (簿記) 업무(거래) 일지(daybook).
wáste dispòsal *n.* 폐기 처분, 폐물 처리.
*waste·ful [wéistfəl] *adj.* **1** 낭비의, 헛된, 비경제적인. ¶ a *wasteful* process 비경제적인 방법. **2** 낭비하는, 사치스러운. ¶ be *wasteful* of life 생명을 헛되이 하다. **3** 파괴적인(destructive). ~·**ly** [-fəli] *adv.* ~·**ness**
wáste ìndustry *n.* 산업 폐기물 처리업.
waste·land [wéistlæ̀nd] *n.* ⓒⓤ 황무지, 처녀지, 미개간지.
waste·less [wéistlis] *adj.* 무진장의, 다 쓰지 못하는.
waste·pa·per [wéistpèipər] *n.* ⓤ 휴지.
wástepàper bàsket *n.* (英) 휴지통.
wáste pìpe *n.* 배수관; 오수관.
wáste pròduct *n.* **1** [생산 과정에서 나오는] 폐기물. **2** [생리] 노폐(배설)물.
wast·er [wéistər] *n.* **1** 낭비가, 낭비하는 사람. **2** [도자기 따위의 제조중에] 잘못된 것, 불량품. **3** 파괴자. **4** (주로 英속어) 건달, 한량. **5** (plant).
wáste ùnit *n.* 쓰레기 처리 공장(waste disposal plant).
waste·wa·ter [wéistwɔ̀ːtər, -wɑ̀t-/-wɔ̀t-] *n.* 폐수, 하수, 폐액(廢液). ¶ *wastewater* treating 폐수 처리.
wast·ing [wéistiŋ] *adj.* **1** [체력 따위를] 소모시키는, 점차 약해지는, 소모성의. ¶ a *wasting* disease 소모성 질환 [결핵 따위]. **2** [체력이] 점점 약해지게 하는, 파괴되는. ¶ a *wasting* war 파괴적인 전쟁. **3** 황폐하게 하는, 파괴하는. ¶ *wasting* muscles 차츰 소모되어 가는 근육. **3** 황폐하게 하는, 파괴하는.
was·trel [wéistr(ə)l] *n.* **1** 낭비가, 방탕자, 돈의 씀씀이가 거친 사람. **2** (주로 英) 방랑자, 부랑아. **3** [제조중의] 잘못된 것, 불량품, 흠집이 있는 것.
‡**watch** [wɑtʃ, wɔːtʃ / wɔtʃ] *vi.* **1** 지켜보다, 빤히 바라보다, 구경하다. ¶ *watch* while an experiment is performed 실험하는 동안 가만히 지켜보다 // (~+前+名) *Watch* for a signal. 신호를 지켜보아라 // (~+to do) He *watched* to see what would happen. 그는 무슨 일이 일어날지 지켜보았다. **2** 기다리다, 대기하다. ¶ (~+前+名) *watch* for a chance to pounce 달려들 기회를 노리다 / We *watched* for the procession to go by. 우리는 행렬이 지나가기를 기다리고 있었다. **3** 파수보다, 망보다, 경계하다. ¶ A security police is *watching* outside the store. 경비 경찰이 가게 밖을 감시하고 있다 // (~+前+名) *watch* over a flock of sheep 양떼를 지키다 / *watch* for the symptoms of measles 홍역의 증세를 경계하다. **4** 불침번을 서다, 자지 않고 간병하다; 자지 않고 있다. ¶ (~+前+名) The nurse *watched* with the patient. 간호사는 자지 않고 환자를 돌보았다.
— *vt.* **1** …을 지켜보다, 주의하다, 주시하다. ⇨ LOOK 類語 ¶ I *watch* television every evening. 나는 매일 저녁 TV를 본다 // (~+目+do) I *watched* him *swim* across the river. 나는 그가 강을 헤엄쳐 건너는 것을 가만히 지켜보았다 // (~+目+-*ing*) I *watched* the sun *setting*. 나는 해가 지는 것을 바라보았다 // (~+*wh.* 節) I *watched* how he did it. 나는 그 일을 어떻게 하는지 가만히 지켜보았다. **2** …을 감시하다, 경계하다. ¶ *Watch* your step! 발조심!/ *Watch* the convicts so they can't escape. 죄수들이 도망치지 못하도록 감시해라. **3** [기회 따위]를 기다리다, 노리다. ¶ *watch* one's opportunity (*or* time) 기회(때)를 노리다. **4** [가축 따위]를 돌보다, …을 간호하다. ¶ *Watch* the baby while I am out. 내가 외출하는 동안 아이를 보아다오.
Watch it ! (구어) ① 조심해! ② 그러지 마!, 그러면 안돼!
Watch one's mouth (*tongue*) 말(입) 조심하다.
watch out (美구어) [위험스러운 것 따위에] 조심하다, 마음을 쓰다.
watch over …을 돌보다(care for).
You watch ! (예언을 한 뒤) 두고 봐!
— *n.* **1** ⓤ 경계, 조심, 주의; (종종 a ~) 감시, 망보기. ¶ under close *watch* 엄중한 감시하에. **2** 회중 시계, 손목 시계. *cf.* clock ¶ a *watch* and chain 쇠줄 달린 시계 / a *watch* with 21 jewels 21석의 손목 시계 / His *watch* said five minutes past (*or* (美) after) nine. 그의 시계로는 9시 5분이었다. **3** (고어) 불침번(vigil); [한 사람 또는 한 조의] 파수보는 사람, 경비원(대), 야경. ¶ place a *watch* 경비원을 두다. **4** ⓒⓤ (항해) [4시간 교대의] 당직[시간]; [전 승무원을 둘로 나눈] 당직할당; (the ~) (집합적) 당직자. ¶ the port (the starboard) *watch* 좌(우) 현 당직 / be on (off) *watch* 당직 (비번)이다. **5** (역사) [고대 그리스·헤브라이인이 구분한] 밤 시간의 한 구분, 경(更).
be on the watch for ① …을 경계하고 있다, 감시하고 있다. ② …을 대기하고 있다.
beat the watch 야경을 돌다.
in the night watches; in the watches of the night 밤잠을 자지 않고 있을 때에.
keep watch 망을 보다(*on*, *over*…); 당직(當直)하다. ¶ If you *keep* [a] careful *watch*, you may see a falling star. 주의해서 보면 유성을 볼 수 있을 것이다.
pass (*as* (*like*) *a watch in the night* 곧 잊어버리다; 잠깐 사이에 지나가 버리다.
watch and ward (문어) 부단한 경계.
◇ wátchful *adj.*

watch·band [wɑ́tʃbæ̀nd, wɔ́ːtʃ-/ wɔ́tʃ-] *n.* (금속·가죽의) 팔목 시계줄.
watch·case [wɑ́tʃkèis, wɔ́ːtʃ-/ wɔ́tʃ-] *n.* 회중(팔목) 시계 껍데기(뚜껑), 워치 케이스.
wátch chàin *n.* 회중 시계줄.
wátch commìttee *n.* (英) (옛날 시(市) 의회의) 공안위원회(경찰·야경원을 통할했음).
wátch crÿstal *n.* (美) 회중(팔목) 시계의 유리 뚜껑(watch glass).
watch·dog [wɑ́tʃdɔ̀ːg, wɔ́ːtʃ-/ wɔ́tʃdɔ̀g] *n.* **1** 경비견. **2** 감시인, 파수꾼. — *vt.* (-**dogged**, -**dog·ging**) …의 경비견(원) 노릇을 하다.
watch·er [wɑ́tʃər, wɔ́ːtʃ-/ wɔ́tʃ-] *n.* **1** 불침번, 감시인, 파수꾼. **2** 불침번을 서는 사람, 간호인; 밤샘을 하는 사람. **3** (美) (투표소의) 선거 입회인(poll watcher).
wátch fìre *n.* (야경의) 모닥불.
*watch·ful [wɑ́tʃfəl, wɔ́ːtʃ-/ wɔ́tʃ-] *adj.* **1** 조심하는, 주의깊은, 빈틈없는, 경계를 게을리하지 않는. ¶ keep *watchful* guard 빈틈없이 경계하다 // be *watchful about* a person 남을 경계하다.
類語 *watchful* 위험이나 호기를 놓치지 않도록 끊임없이 조심한다는 뜻의 일반적인 말: a *watchful* 파수보고 있는 수위. **vigilant** 현실의 절박한 필요상 날카롭고 세심한 주의를 하고 있는: a *vigilant* sentry 경계를 게을리하지 않는 보초. **alert** 위험이나 호기를 발견하는 즉시 기민하게 행동을 취할 수 있도록 주의하고 있는: an *alert* dog 방심하지 않는 개.

2 《고어》 잠이 오지 않는, 자주 깨는. ¶ spend a *watchful* night 잠을 설치며 하룻밤을 지새우다.
~·ly[-fəli] *adv.* **~·ness** *n.* ◇ watch *n.*
wátch glàss *n.* = watch crystal.
wátch guàrd *n.* 회중 시계의 쇠줄(끈).
watch·house [wɑ́tʃhàus, wɔ́:tʃ- / wɔ́tʃ-] *n.* (*pl.* **-houses** [-hàuziz]) 파수막, 초소.
wátch kèy *n.* [구식 회중 시계의] 태엽 감는 나사.
wátch-list [wɑ́tʃlìst / wɔ́tʃ-] *n.* [계속적인 감시나 정밀한 조사를 필요로 하는] 감시 사항 리스트.
*watch·mak·er [wɑ́tʃmèikər, wɔ́:tʃ- / wɔ́tʃ-] *n.* 시계방, 시계 제조인, 시계 수리인.
watch·mak·ing [wɑ́tʃmèikiŋ, wɔ́:tʃ- / wɔ́tʃ-] *n.* ⓤ 시계 제조[업], 시계 수리[업].
*watch·man [wɑ́tʃmən, wɔ́:tʃ- / wɔ́tʃ-] *n.* (*pl.* **-men** [-mən]) 경비원, 파수보는 사람; (특히) 야경.
wátch mèeting *n.* 제야의 예배(집회).
wátch nìght *n.* **1** 제야(除夜). **2** (교회에서 행하지는) 제야의 예배 집회(제야제).
wátch òfficer *n.* 《항해》 [군함의] 당직 사관; [상선의] 당직 항해사.
wátch pòcket *n.* [조끼 또는 바지의] 회중 시계용의 작은 호주머니. *cf.* fob¹ 1
watch·tow·er [wɑ́tʃtàuər, wɔ́:tʃ- / wɔ́tʃ-] *n.* 망루(望樓), 감시탑, 파수보는 탑.
watch·wom·an [wɑ́tʃwùmən / wɔ́tʃ-] *n.* 여성 경비.
watch·word [wɑ́tʃwə̀:rd, wɔ́:tʃ- / wɔ́tʃ-] *n.* **1** 〔역사〕 [옛날 파수꾼끼리 쓰던] 암호 말(password). **2** 표어, 모토(motto).
‡wa·ter [wɔ́:tər, + 美 wɑ́t-] *n.* ⓤ **1** 물. ¶ boiling *water* 끓는 물 / cold (hot) *water* 냉수 (뜨거운 물) / lukewarm *water* 미지근한 물 / fresh (salt) *water* 담수(염수) / hard (soft) *water* 경수(연수) / *water* of crystallization 《화학》 결정수 / a glass (bottle) of *water* 한 잔(병)의 물.
2 음료수; (~s) 광천(鑛泉)수. ¶ drinking *water* 음료수 / mineral *waters* 광천수, 탄산수 / table *waters* 식당용 광천수 / whisky and *water* 물을 탄 위스키 / drink the *waters* 의료를 위해 광천수를 마시다, 탕치(湯治)하다.
3 (종종 ~) [강·호수·바다 등의] 물, 괸 물; 강, 호수, 바다; 조수, 수면, 수위. ¶ above (below) the *water* 수면상(하)에 / on (under, beneath) the *water* 수상(수저, 수중)에 / on the *waters* of a wide river 넓은 강의 수면에 / at high (low) *water* 고조(高潮)(저조)인 / *Still waters* run deep.《속담》 잔잔히 흐르는 강물은 깊다, 유능한 사람은 그 재주를 숨긴다, 현자(賢者)는 과언(寡言)이라.
4 (~s) 수역, 해역, 영해. ¶ the Korean *waters* 한국 수역 / territorial *waters* 영해.
5 (~s) 흐르는 물, 파도가 이는 흐름.
6 용액(solution), 화장수(lotion), ···수. ¶ soda *water* 소다수 / lemon *water* 레몬수 / ammonia *water* 암모니아수 / lavender *water* 라벤더 향수.
7 ⓤ 체액 [눈물·땀·뇨·타액 따위]. ¶ a bloody *water* 혈뇨 / hold (or retain) one's *water* 소변을 참다 / make (or pass) *water* 소변을 보다.
8 [배의] 누수, 침수. ¶ The ship is making *water*. 배에 물이 스며들어 온다.
9 (the ~) [보석의] 광택, 투명도, 품질, 순도(純度). ¶ a diamond of the first *water* 최고 품질의 다이아몬드.
10 〔상업〕 [자산의 과대 평가에 의해] 불린(물 탄) 자본; 불린(물 탄) 주식의 발행.
11 ⓒ [견직물·금속판 따위의 광택이 있는] 물결 무늬.
12 ⓒ 수채화의.
above *water* 〔경제적으로〕 곤란을 면하고. ¶ He keeps his head *above water*. 그는 빚없이 해내고 있다.
break *water* [수영] 발로 물을 차다 [평영의 경우].
by *water* 수로로, 해로로; 배로(by ship).
cast (or **scatter**) **one's *bread upon the waters*** ⇨ BREAD.
cut(**turn**) **off one's *water*** 《속어》 ···의 이야기를 중간에서 가로채다; 남의 흥재(기도)를 꺾어버리다.
draw *water* to one's mill ⇨ MILL¹.
fish in troubled *waters* ⇨ FISH.
get into hot *water* 《구어》 엉뚱한 실패를 하다; 곤경에 빠지다. 〔유배되다〕
go over the *water* 바다(강, 호수)를 건너다; 섬으로 가다.
hold *water* ① [용기 따위가] 물을 새게 하지 않다. ② [의논 따위가] 이치에 맞다, 옳다. ¶ His theory *holds every water*. 그의 학설은 전혀 빈틈이 없다. ③ [노의] 물갈퀴를 세워서] 보트를 멈추다.
in deep *water*[s] 《속어》 매우 어려워, 난처해져서.
in hot *water* 《구어》 곤란하여(in trouble).
in low *water* ⇨ LOW WATER. 〔술〕
in rough (**smooth**) ***water***[s] 힘들어(순조롭게, ~).
like *water* 물처럼. ¶ He spends his money *like water*. 그는 돈을 물쓰듯 낭비한다.
make *water* ① [배·보트가] 물이 새다. ⇨ 8. ② 소변을 보다. ¶ 7.
on the *water* ① 물 위에. ② 배에 타고서.
reach (or **get to**) **smooth *water*** 곤란을 헤쳐나가다.
take the *water* ① [새 따위가] 헤엄치기 시작하다, 물에 들어가다. ② [배가] 진수하다, [비행기가] 착수하다. ③《美속어》 물러가다.
throw (or **pour**) **cold *water*** **on** (or **upon**) [계획 따위에] 트집을 잡다, 찬물을 끼얹다.
tread *water* 서서 헤엄을 치다.
under *water* ① 침수하여; 수중에. ② 생활에 실패하여.
water **bewitched** 《구어》 ① 매우 엷은 차. ② 물탄 술.
***water* of life** [종교] ① 생명의 물. ② 정신적(영적) 양식.
water **over the bridge; *water* over the dam** 《美》 지나간 일, 끝난 일, 어쩔 수 없는 일.
the *waters* of forgetfulness ① [그리스 신화] 망각의 강(Lethe). ② 망각; 죽음.
written in *water* 〔명성·업적 등이〕 허무한, 곧 사라지는.
— *vt.* **1** [식물]에 물을 주다, 물을 끼얹다; [동물]에 물을 먹이다; ···에 물을 뿌리다. ¶ *water* flowers 꽃에 물을 주다 / *water* cattle and horses 소와 말에게 물을 먹이다 / *water* a garden (the lawn) 정원(잔디)에 물을 뿌리다. **2** ···에 급수하다; ···에 관개하다(irrigate). ¶ *water* a ship 배에 급수하다 // (~ + 国 + 副) This city is *well watered*. 이 도시는 급수가 잘 되고 있다. **3** ···을 물로 엷게 하다(dilute), ···에 물을 타다 (... *down*). ¶ *water* milk 밀크를 물로 묽게 하다 / *water* wine 포도주에 물을 타다 / *watered* whisky 물을 탄 위스키 / (~+ 国 + 副) This milk is *watered down*. 이 우유는 물로 묽게 되어 있다. **4** 〔상업·경제〕 [자산을 과대 평가하여] [자본]을 명목상 늘리다 (... *down*). ¶ a *watered* stock 자산을 과대 평가하여 발행된 주식 / *watered* assets 과대 평가한 자산. **5** [보통 수동형] [직물·금속판 등]에 물결무늬를 넣다.
— *vi.* **1** 분비액이 나오다, 눈물(군침)이 흐르다. ¶ make one's mouth *water* 군침이 나게 하다, 욕심나게 하다 / Her eyes *watered* from the smoke. 연기 때문에 그녀의 눈에는 눈물이 났다. **2** [동물이] 물을 마시다. **3** [배 따위가] 급수를 받다, 급수하다. ¶ This ship *waters* at Inchon. 이 배는 인천에서 급수한다.
***water* down** ① ···을 물로 묽게 하다. ② ···을 적당히 처리하다. ¶ *water down* a bill 의안에서 골자를 빼다.
◇ wátery *adj.*
wa·ter·age [wɔ́:tərɪdʒ, + 美 wɑ́t-] *n.* 《英》 [화물의] 수상(水上) 수송[요금]. 〔크〕
wáter bàck *n.* [석탄 난로에 붙어 있는] 물 데우는 탱크.
wáter bàiliff *n.*《英페어》 [세관의] 선박 검사관.
wáter bàllet *n.* ⓤⓒ 수중 발레.

Wáter Béarer *n.* (the ~) [천문] 물병좌(座); 보병궁(寶瓶宮) (Aquarius).
wáter béd *n.* 워터 베드[물이 든 매트리스를 사용하는 침대. 주로 환자용].
wáter béetle *n.* 수생 갑충[물방개・물땅땅이 따위].
wáter bírd *n.* 물새[물 위를 걷거나 헤엄치는 새] (aquatic bird). *cf.* water fowl
wáter bíscuit *n.* [밀가루와 물과 버터 따위로 만드는 크래커 비슷한] 비스킷.
wáter blíster *n.* [피부의] 물집, 수포(水疱).
wáter bóat *n.* 급수선.
wáter bóiler [**reáctor**] *n.* [원자공학] 워터보일러형(型) 원자로.
wáter bómb *n.* 물폭탄[봉지에 물을 넣어 던지는 것].
wa·ter·borne [wɔ́ːtərbɔ̀ːrn, wát-/wɔ́ːtəbɔ̀ːn] *adj.* **1** 물에 떠 있는. **2** 배로 운반되는, 수상 수송의. ¶ *waterborne* traffic 수상 교통. **3** [전염병이] 음료수를 매개로 하는.
wáter bóttle *n.* 《주로 英》 수통(canteen).
wáter brásh *n.* [병리] 가슴앓이(heartburn).
wa·ter·buck [wɔ́ːtərbʌ̀k, +美 wát-] *n.* (*pl.* **-buck** *or* **-bucks**) [남아프리카 산(產)의] 큰 영양.
wáter búffalo *n.* 물소(water ox).
wáter búg *n.* **1** 수생 곤충 [소금쟁이・물장군・물방개 따위]. **2** 바퀴벌레(cockroach).
wa·ter·bus [wɔ́ːtərbʌ̀s, +美 wát-] *n.* 수상 버스.
wáter bútt *n.* 빗물통, [변소의] 수조.
wáter cánnon *n.* [데모 진압용의] 살수포(撒水砲), 고압 방수포(放水砲).
wáter cánnon trúck *n.* 방수차(放水車).
wáter cárriage *n.* ⓤ 수상 수송, 수운.
wáter cárrier *n.* **1** 수상 수송에 종사하는 사람. **2** 물장수. **3** (the W- C-) [천문] =Water Bearer.
wáter cárt *n.* 살수차.
wáter chéstnùt *n.* 마름 [수생 식물, 열매는 식용].
wáter chúte *n.* 워터 슈트.
wáter clóck *n.* 물시계.
wáter clóset *n.* 《주로 英》 수세식 변소[略 W.C.].
*****wa·ter·col·or, 《英》-col·our** [wɔ́ːtərkʌ̀lər, +美 wát-] *n.* **1** (보통 ~s) 수채화 그림물감. **2** ⓤ 수채화법; ⓒ 수채화. **3** (형용사적 용법) 수채화 또는 수채화 그림물감으로 그린, 수채(화)의.
wa·ter·col·or·ist, 《英》-col·our·ist, +美 wát-] *n.* 수채화가.
wa·ter·cool [wɔ́ːtərkùːl, +美 wát-] *vt.* [엔진・모터・기관총 따위]를 물로 식히다.
wa·ter·cooled [wɔ́ːtərkùːld, +美 wát-] *adj.* 수냉식의.
wáter cóoler *n.* 냉수기, 음용수 냉각기.
wa·ter·course [wɔ́ːtərkɔ̀ːrs, wát-/wɔ́ːtəkɔ̀ːs] *n.* **1** 물줄기, 강. **2** 수로, 하상.
wáter crácker *n.* =water biscuit.
wa·ter·craft [wɔ́ːtərkræ̀ft, wát-/wɔ́ːtəkrɑ̀ːft] *n.* **1** ⓤ 조선술(操船術), 수상 기술; 수상 경기의 기술. **2** 배; [집합적] 선박.
wa·ter·cress [wɔ́ːtərkrès, +美 wát-] *n.* 물냉이[맑은 물에서 난다. 잎은 샐러드용]; ⓤ 그 잎.
wáter cúlture *n.* [농업] 수경(水耕) [재배].
wáter cúre *n.* **1** [의학] 수(水) 치료법(hydrotherapy). **2** 대량의 물을 먹이는 고문의 일종.
wa·ter·cy·cle [wɔ́ːtərsàikl] *n.* 수상 자전거; 페달식 보트.
[finder).
wáter divíner *n.* 수맥(水脈)을 찾아내는 사람(water-
wáter dòg *n.* **1** 물에 길든 개; 물새 사냥에 쓸 수 있는 개. **2** 《구어》 노련한 수부, 수영 잘하는 사람.
wa·ter·dog [wɔ́ːtərdɔ̀ːg, wát-/wɔ́ːtədɔ̀g] *n.* [큰 종류의] 도롱뇽.
wa·ter·drink·er [wɔ́ːtərdrìŋkər] *n.* 생수를 마시는 사람; 금주가.
wa·tered [wɔ́ːtərd] *adj.* **1** 관개가 되어 있는. **2** 물결 무늬가 있는. **3** 물을 탄; [경제] 부풀린, 물 탄.
wa·tered-down [wɔ́ːtərdáun, +美 wát-] *adj.* 물로 묽게 한, 묽어진.
wa·ter·er [wɔ́ːtərər, +美 wát-] *n.* **1** 물을 주는(뿌리는) 사람. **2** 물을 뿌리는 장치, 물뿌리개.
‡**wa·ter·fall** [wɔ́ːtərfɔ̀ːl, +美 wát-] *n.* **1** 폭포. **2** [길게 뒤로 늘어뜨린] 여자 머리형의 하나.
wa·ter·fast [wɔ́ːtərfæ̀st, wát-/wɔ́ːtəfɑ̀ːst] *adj.* [염료 따위가] 물에 빠지지 않는, 내수성의.
wa·ter·find·er [wɔ́ːtərfàindər, +美 wát-] *n.* 수맥탐지인 [점치는 막대기(divining rod)를 써서 수맥을 찾는 사람] (dowser).
wáter flág *n.* 창포, 붓꽃.
wáter fléa *n.* 물벼룩.
wa·ter·flood [wɔ́ːtərflʌ̀d, +美 wát-] *n.* 수공 채유법(水攻採油法) [고갈된 유층(油層)에 물을 부어 남아 있는 기름을 한 곳에 모이게 하여 채유하는 방법]. — *vi., vt.* 수공 채유법을 쓰다.
wa·ter·fowl [wɔ́ːtərfàul, +美 wát-] *n.* (*pl.* **-fowls** *or* **-fowl**) 물새, [특히] 오리류. *cf.* water bird
wa·ter·front [wɔ́ːtərfrʌ̀nt, +美 wát-] *n.* 강가(바닷가)의 강기슭, 해안 거리(seafront).
wáter gáp *n.* 《美》 [물이 흐르고 있는] 협곡, 계곡.
wáter gás *n.* [화학] 수성 가스.
wáter gáte *n.* 수문(floodgate).
Wa·ter·gate [wɔ́ːtərgèit] *n.* **1** 워터게이트 사건 [1972년 미국 공화당의 Nixon 재선 위원회가 민주당 본부의 전당 대회 준비의 내용을 도청함으로써 일어난 일련의 정치적 사건]. **2** 정적(政敵)에 대한 권력의 남용. **3** 스캔들, 추문.
wáter gáuge (gage) *n.* [탱크・보일러 따위의] 양수계(量水計), 수위계(水位計).
wáter gláss *n.* **1** [물 마시는] 글라스, 컵, 유리로 된 물병. **2** [구근(球根)의] 물 재배용 그릇. **3** 유리로 만든 수위계. **4** [물속을 들여다보는] 수중 안경, 유리 상자. **5** ⓤ [화학] 물유리(sodium silicate).
wáter grúel *n.* ⓤⓒ 묽은 죽.
wáter guárd *n.* (the ~) 수상 경찰관; [집합적] 수상 감시 세관원.
wáter gún *n.* 물총(water pistol).
wáter hámmer *n.* [물리] 수격 작용(水擊作用), 수격 [파이프 안을 흐르는 액체를 갑자기 막았을 때 고압이 발생하는 충격 작용].
wáter héater *n.* 물 끓이는 기구.
wáter hén *n.* **1** 쇠물닭. **2** 《美》 검둥오리(coot).
wáter hóle *n.* [야생 동물이 물을 마시러 오는 지면의] 물웅덩이; 작은연못(pond, pool); 얼음이 깔린 호수・연못 따위의 구멍.
wáter íce *n.* **1** ⓤ 물얼음[과일 즙이 얼어서 생긴 얼음]. *cf.* snow ice **2** 과즙이든 얼음 과자, 셔벗.
wa·ter·inch [wɔ́ːtərintʃ, +美 wát-] *n.* [물리] 수(水)이치 [직경 1인치의 파이프 아가리에서 흘러나오는 수량. 24시간에 약 500 입방 피트].
wa·ter·i·ness [wɔ́ːt(ə)rinis, +美 wát-] *n.* ⓤ **1** 물기가 많음. **2** 희박함, 무미 건조. **3** 비가 올 기미.
wa·ter·ing [wɔ́ːt(ə)riŋ, +美 wát-] *n.* ⓤⓒ **1** 살수, 급수. **2** [명주・도검(刀劍) 따위의] 물결무늬. — *adj.* **1** 살수의, 급수의. **2** 광천의; 해수욕의. ¶ a *watering* resort 해수 욕장.
wátering cárt *n.* 살수차.
wátering hóle *n.* **1** =water hole. **2** 《익살조로》 사교장(바, 나이트 클럽). **3** 《美구어》 해수욕장.
wátering pláce *n.* **1** 《英》 해안・호반의 행락지. **2** 《주로 英》 온천・해안 따위의 휴양지, 탕치장(湯治場). **3** [동물의] 물 마시는 터; [배・대상(隊商) 등의] 급수지.
wátering pòt(cán) *n.* 물뿌리개.
wa·ter·ish [wɔ́ːtəriʃ, +美 wát-] *adj.* **1** 약간 물기가 있는, 약간 습한. **2** =watery.
wáter jácket *n.* [기계] 물 자켓[내연 기관의 과열

wáter jùmp n. [장애물 경마에서 말이 뛰어넘는] 물웅덩이.
wa·ter·less [wɔ́:tərlis, +美 wát-] adj. 1 물이 없는, 마른. 2 [요리 따위에서] 물이 필요없는.
wáter lèvel n. 1 수면, 수위. 2 [항해] [배의] 수선(水線), 흘수선. 3 수준기(水準器). 4 = water table.
wáter líly n. 수련(睡蓮).
wáter líne n. 1 [항해] [배의] 수선, 흘수선. 2 [종이의] 내비치는 선.
wa·ter·log [wɔ́:tərlɔ̀g, -lɔ̀:g / -lɔ̀g] v. (-logged, -log·ging) vt. 1 [배]를 침수시켜 조종(운항) 불능으로 만들다. 2 …을 침수시켜 흠뻑 젖게 하다(쓸모없게 만들다). — vi. 침수되다, 물에 흠뻑 젖다.
wa·ter·logged [wɔ́:tərlɔ̀:gd, wát-, ‑lɔ̀gd / wɔ́:təlɔ̀gd] adj. 1 [배가 움직일 수 없을 만큼] 침수된. 2 물에 잠긴; 흠뻑 젖은. ¶ water-logged ground 물에 잠긴 땅.
Wa·ter·loo [wɔ́:tərlú:, ˌ-ˈ-] n. 1 워털루[벨기에 중부의 한 촌락. 1815년 나폴레옹이 참패한 곳]. 2 (a ~, one's ~; 때때로 w-) 결정적인 패배, 큰 패전. ¶ meet one's *Waterloo* 큰 패배를 맛보다.
wáter máin n. 수도 본관(本管).
wa·ter·man [wɔ́:tərmən, +美 wát-] n. (pl. -men [-mən]) 1 [배]를 젓는 사람(oarsman). 2 사공.
wa·ter·man·ship [wɔ́:tərmənʃip, +美 wát-] n. ⓤ 뱃사공의 일, 배를 젓는 솜씨.
wa·ter·mark [wɔ́:tərmɑ̀ːrk, +美 wát-] n. 1 [강 따위의] 수위표. 2 [종이에] 비치는 무늬[略 wmk]. — vt. [종이]에 비치는 무늬를 넣다(찍다); [종이에] …의 비치는 무늬를 넣다(찍다).
wáter méadow n. 강의 범람에 의해 비옥하게 유지되는 목초지.
***wa·ter·mel·on** [wɔ́:tərmèlən, +美 wát-] n. 수박.
wáter méter n. [파이프 안의 유수량을 재는] 수량계, 유량계(flow meter).
wáter míll n. 수차; 물레방아 제분소.
wáter móccasin n. 1 [북미산(産)] 독사의 일종(cottonmouth). 2 [일반적으로 무해한] 물뱀(water snake).
wáter mónkey n. [열대 지방에서 음료수를 차게 보관하는] 목이 긴 도자기 병.
wáter mótor n. 수력 발동기.
wáter nýmph n. 1 [신화] 물의 요정(naiad). 2 수련(water lily).
wáter óuzel n. 물까마귀의 일종.
wáter óx n. 물소(water buffalo).
wáter páint n. 수성(水性) 물감, 수성 페인트.
wáter párting n. 분수계(分水界)(watershed, divide).
wáter pípe n. 1 송수관, 수도관. 2 물 파이프.
wáter pístol n. 물총(water gun).
wáter pláne n. 1 [항해] 수면선(水面面) [어떤 흘수(吃水)로 떠 있는 배를 그 수면에서 자른 단면]. 2 수상 비행기(seaplane).
wáter pollútion n. ⓤ 수질 오염.
wáter pólo n. 수구(水球).
wáter prívilege n. [특히 동력원(源)으로서의 물에 관한] 용수 사용권, 수리권(水利權).
***wáter pówer** n. 1 수력; [동력용] 낙수(落水). 2 [법률] 수력차용. 수리권(水利權). cf. water right.
***wa·ter·proof** [wɔ́:tərprù:f, +美 wát-] adj. 방수의, 내수의. — n. 1 방수 천, 방수 재료. 2 (주로 英) 방수복, 레인코트. — vt. …에 방수처리를 하다.
wa·ter·proof·ing [wɔ́:tərprù:fiŋ, +美 wát-] n. ⓤ 1 방수 재료. 2 방수 가공.
wáter púlse n. [치아 사이에 낀 음식물을 제거하기 위한] 분무식 세정수(洗淨水).

wáter rát n. 1 물쥐, 물가에 사는 쥐. 2 사향쥐(muskrat). 3 《속어》 강가를 어슬렁거리는 부랑아, 깡패.
wáter ráte n. 《英》 수도 요금.
wa·ter·re·pel·lent [wɔ́:təripèlənt, +美 wát-] adj. 물을 튀기는, 물을 튀기는 성질이 있는, 물을 튀기게 처리를 한.
wa·ter·re·sist·ant [wɔ́:tərizístənt, +美 wát-] adj. 내수성의.
wáter ríght n. [법률] [하천·호수·관개 용수 따위의] 수리권(水利權). cf. water power.
wa·ter·scape [wɔ́:tərskèip, +美 wát-] n. 물가의 풍경[화].
wáter scórpion n. [곤충] 반시류(半翅類) 장구애비과(科)의 수생(水生) 곤충의 총칭.
wa·ter·shed [wɔ́:tərʃèd, +美 wát-] n. 1 《주로 英》 분수계, 분수령(divide). 2 하천의 유역. 3 분기점.
wa·ter·shoot [wɔ́:tərʃù:t, +美 wát-] n. 홈통, 배수관.
wa·ter·side [wɔ́:tərsàid, +美 wát-] n. (the ~) 물가, 강기슭;《형용사적 용법》 물가의(에 사는); 물가에서 일하는.
wáter skí n. 수상 스키[의 기구].
wa·ter·ski [wɔ́:tərskì:, +美 wát-] vi. 수상 스키를 하다.
wa·ter·ski·ing [wɔ́:tərskì:iŋ, +美 wát-] n. ⓤ 수상 스키[경기].
wa·ter·skin [wɔ́:tərskìn, +美 wát-] n. 물을 나르는 가죽 부대.
wáter snáke n. 물가에 사는 뱀[독이 없다], 물뱀.
wa·ter·soak [wɔ́:tərsòuk, +美 wát-] vt. …을 물에 잠기게 하다; 흠뻑 적시다. — vi. 물에 잠기다; 흠뻑 젖다.
wáter sóftener n. 1 연수제(軟水劑). 2 정수기.
wa·ter·sol·u·ble [wɔ́:tərsáljubl, wát- / wɔ́:təsɔ́l-] adj. [화학] [비타민 따위가] 물에 녹는, 수용성의.
wáter spániel n. 사냥개의 일종[물새용].
wa·ter·splash [wɔ́:tərsplæ̀ʃ, +美 wát-] n. [강의] 여울.
wa·ter·spout [wɔ́:tərspàut, +美 wát-] n. 1 홈통; 배수관. 2 호우, 억수 같은 비. 3 [해상의] 맹렬한 회오리.
wáter spríte n. 물의 요정(water nymph).
***wáter supplý** n. 1 상수도, 급수 시설. 2 급수량.
wáter sýstem n. 1 수계(水系) [강과 그 지류전체]. 2 상수도, 급수 설비(water supply).
wáter táble n. 1 지하 수면. 2 [건축] [바람벽에서 튀어나온 물받이] 돌림띠, 비흘림.
wa·ter·tight [wɔ́:tərtàit, +美 wát-] adj. 1 물이 스미지 않는, 물이 새지 않는, 방수의. ¶ a *watertight compartment* [배 따위의] 방수 구획. 2 《비유적》 빈틈없는, 완벽한, 전혀 실수가 없는. ¶ a *watertight alibi* 완전 부재 증명(알리바이).
wáter tóothpick n. 물을 분사(噴射)하는 치아·구강 세척기.
wáter tówer n. 1 급수탑(standpipe). 2 《美》 [소방용] 급수탑; 사다리 소방차.
wáter túbe n. 수관(水管).
wáter vápor n. ⓤ 수증기.
wáter vóle n. 물가에 사는 들쥐의 일종.
wáter wàgon n. 급수차. *on* (*off*) *the water wagon* ⇨ WAGON.
wa·ter·washed [wɔ́:tərwɔ́ʃt, wát-, ‑wɔ́:ʃt / wɔ́:təwɔ̀ʃt] adj. [특히 바다의] 파도에 씻긴.
wáter wáve n. 1 물결. 2 파마 웨이브의 일종[머리를 로션으로 적시고 드라이어(drier)의 열로 말려서 손질한다].
wa·ter·wave [wɔ́:tərwèiv, +美 wát-] vt. (-waved, -wav·ing) [머리]를 water wave 로 세트하다.

wa·ter·way [wɔ́ːtərwèi, +美 wɑ́t-] n. **1** [강·운하 따위의] 수로, 항로. **2** 〔造船〕〔갑판의〕 배수구.
wa·ter·weed [wɔ́ːtərwìːd, +美 wɑ́t-] n. **1** 수초(水草). **2** 《북미산(産)》 검정말속(屬)의 수초.
wáter whèel n. **1** 수차; 수력 터빈. **2** 양수차(揚水車).
wáter wìngs n. pl. [수영 연습용의] 날개 모양의 부낭.
wa·ter·works [wɔ́ːtərwə̀ːrks, +美 wɑ́t-] n. pl. **1** 〔단·복수 양용〕 수도, 급수 설비, 급수소. **2** 〔보통 복수 취급〕 a) 분수. b) 《속어》 눈물[의 원천]. * 보통 다음 숙어로 쓴다. 「(weep).
 turn on the waterworks 《속어》 눈물을 흘리다, 울다
wa·ter·worn [wɔ́ːtərwɔ̀ːrn, wɑ́t-/wɔ́ːtəwɔ̀ːn] adj. 물의 작용으로 마모된(둥글려진).
wa·ter·y [wɔ́ːtəri, +美 wɑ́t-] adj. (-ter·i·er, -ter·i·est) **1** 물의, 물과 같은. **2** 물을 많이 함유한; 습기가 있는; 비가 올 것 같은. ¶ watery soil 질척질척한 땅. **3** 눈물을 머금은(tearful), 눈물을 흘리는. ¶ watery eyes 눈물어린 눈. **4** 〔술 따위가〕 엷은, 묽은, 싱거운, 맛이 없는(tasteless); 〔차(茶) 따위가〕 엷은. **5** 〔비유적〕〔문장 따위가〕 멋이 없는, 무미건조한; 힘이 없는. **6** 〔색이〕 엷은, 희미한. ¶ watery sunlight 희미한 햇빛. ◇ wáter n. 「1.
Wát·ling Ísland [wɑ́tliŋ-/wɔ́t-] n. =San Salvador
WATS 〔略〕 **W**ide **A**rea **T**elephone (**T**elecommunications) **S**ervice (광역(廣域) 전화 서비스).
***watt** [wɑt/wɔt] n. 〔물리〕 와트〔일률(率)·전력의 단위; 略 W, w〕. 〈James Watt 의 이름〉
watt·age [wɑ́tidʒ/wɔ́t-] n. Ⓤ 〔물리〕 와트량(量).
watt-hour [wɑ́təáu(ə)r/wɔ́t-] n. 〔전기〕 와트시(時) 〔에너지의 단위. 1와트의 일률로 1시간에 할 수 있는 일의 양〕. ¶ a watt-hour meter 전력량계, 와트 시계.
wat·tle¹ [wɑ́tl/wɔ́tl] n. **1** 〔주로 英〕 〔종종 ~s〕 가지, 잇가지 엮기〔세공〕. **2** (~s) 경그래. **3** 〔오스트레일리아 (産)〕 아카시아. **4** 《英》 잔가지(twig); 지팡이(wand), 막대기(stick), 채(rod). **5** 《英》 잇가지로 엮은 울타리(hurdle). **6** 〔칠면조·닭의〕 육수 (肉垂) (→ COCK¹ 그림); 〔물고기의〕 수염(barbel). — vt. (-tled, -tling) **1** 〔잔가지 따위〕를 엮다(interweave), …을 엮어 만들다. **2** 〔지붕〕을 잇가지로 이다.
wat·tled [wɑ́tld/wɔ́tld] adj. **1** 잇가지로 만든(덮인). **2** 〔칠면조·닭이〕 육수가 있는. 「토 미터.
watt·me·ter [wɑ́tmìːtər/wɔ́t-] n. 〔전기〕 전력계, 와
waul [wɔːl] vi. 〔고양이처럼〕 야옹야옹 울다.
‡wave [weiv] n. **1** 물결, 파도.
 〔類語〕 wave 「물결」의 뜻의 가장 일반적인 말. ripple 잔물결. breaker 기슭이나 바위에 와서 부딪쳐 부서지는 물결. surf 해변으로 밀려오는 물결. surge 크게 물결치는 파도. roller 강풍 따위로 기슭에 구르듯이 밀쳐 아지는 큰 물결의 파도. billow surge 에 가깝다.
 2 놀, 기복. ¶ attack in waves 파상 공격을 하다. 〔물리〕 파도, 파동; 〔기상〕 기압·온도 따위의 파(波), 변동. ¶ a cold (a heat) wave 한(열)파. **4** 〔물결의 광택 따위의〕 물결 무늬. **5** 〔머리의〕 웨이브. **6** 〔손 따위를〕 흔들기, 손을 흔드는 신호, 요동. **7** 〔감정·형세 따위의〕 파도, 고조. ¶ a wave of depression 불경기의 파도. **8** (the ~s) 〔고어〕 〔바다·강·호수 따위의〕 물(water), 바다(sea).
 make waves 《미구어》 풍파(소동)를 일으키다.
 — v. (waved, wav·ing) vi. **1** 물결이 일다; 흔들리다; 파동하다. ¶ Seaweed waved below the surface of the water. 해초는 수면 아래에서 흔들리고 있었다. **2** 〔선·깃털 따위가〕 물결치다, 기복하다. ¶ His hair waves naturally. 그의 머리는 원래 고수머리이다. ¶ (~+圓+圈) The road waves along the valley. 길이 골짜기를 따라 꾸불꾸불 뻗어 있다. **3** 〔손·깃발 따위가〕 흔들려 신호하다. ¶ (~+圓+圈) wave to (or at) a person 남에게 손을 흔들다 / She waved to us. 그녀는 우리에게 손을 흔들어 인사했다.

 〔Usage〕 wave to, wave at ─── wave 뒤에 to 를 쓰면 「…쪽에 손을 흔들다」로 방향을 나타내며, at 를 쓰면 「…을 겨냥해서 손을 흔들다」로 다소 뉘앙스가 달라지는데, 실제로는 거의 구별이 되지 않고, 일반적으로 to 가 더 많이 쓰인다.

 — vt. **1** …을 요동시키다, 휘두르다, 나부끼게 하다. ¶ The strong wind waved the branches. 강풍이 나뭇가지를 흔들었다. 「브하다.
 2 …을 물결치게 하다, 기복하게 하다; 〔머리〕를 웨이 **3** 〔손 따위〕를 흔들다, 손(기)을 흔들어 …을 신호하다. ¶ wave a farewell 손(손수건 따위)로 작별 인사를 하다 // (~+圓+to do) wave a person to come nearer 손을 흔들어 가까이 오도록 남에게 신호하다.
 wave aside …을 털어내다, 물리치다, 배척하다.
 wave away (or off) …을 손을 흔들어 몰아내다, 거부하다. 「우다.
 wave down 〔교통 순경 등이〕 손으로 흔들어 차를 세 ◇ wávy, wávelike adj.
Wave, WAVE [weiv] n. 《美》 Waves 의 대원.
wáve bànd n. 〔무선·TV〕 주파대.
waved [weivd] adj. **1** 파형의, 파상의, 물결치는, 기복하는(undulated). **2** 물결 무늬가 있는.
wáve frònt n. 〔물리〕〔물결의〕 등상면(等相面) (선), 파면(波面), 파두(波頭).
wáve gùide n. 〔전자 공학〕 도파관(導波管).
wave·length [wéivlè(ŋ)kθ] n. 〔물리〕 파장; 주파수. ¶ be on different wavelengths 《구어》 주파수가 다르다; 생각(취향)이 다르다.
wave·less [wéivlis] adj. 물결이 없는, 기복(파동)이 없는; 잔잔한, 조용한(calm).
wave·let [wéivlit] n. 잔 물결(ripple).
wave·like [wéivlàik] adj. 물결 같은, 파동 같은.
wáve mechànics n. pl. 〔단·복수 양용〕〔물리〕 파동 역학.
wave·me·ter [wéivmìːtər] n. 전파계, 파장계.
***wa·ver¹** [wéivər] vi. **1** 흔들리다, 너울거리다 (→ SWING¹ 〔類語〕); 〔목소리 따위가〕 떨리다(tremble); 〔빛 따위가〕 깜박이다(flicker). ¶ wavering shadows 너울거리는 그림자 / Her voice wavered. 그녀의 목소리는 떨렸다. **2** 동요하다, 흔들리다(fluctuate); 비틀거리다; 좌절하다. ¶ The front line wavered under fire. 전선이 포격을 받고 동요했다. **3** 〔판단 등에〕 망설이다, 주저하다, 갈팡질팡하다. ⇨ HESITATE 〔類語〕 ¶ (~+圓+圈) waver in one's determination 결심이 흔들리다. — n. 동요, 주저, 갈팡질팡.
wav·er² [wéivər] n. **1** 흔드는 사람, 흔들리는 사람. **2** 〔머리의〕 웨이브하는 사람(기구).
wa·ver·er [wéivərər] n. **1** 흔들리는 사람(것). **2** 주저하는 사람.
wa·ver·ing·ly [wéiv(ə)riŋli] adv. 동요하여, 흔들리면서, 갈팡질팡해서, 주저하며.
Waves, WAVES [weivz] n. pl. 〔단·복수 양용〕 《美》 해군 여자 예비 부대. (<**W**[OMEN'S] +**A**[PPOINTED] +**FOR**] +**V**[OLUNTARY] +**E**[MERGENCY] +**S**[ERVICE])
wáve tràin n. 〔물리〕 동일 간격으로 연속되는 파 (波).
wav·y [wéivi] adj. (wav·i·er, wav·i·est) **1** 〔운동·형상이〕 파형의, 기복이 있는. ¶ wavy hair 웨이브한 머리. **2** 물결이 이는. ¶ the wavy sea 물결이 이는 바다. **3** 요동하는. ¶ wavy grass 바람에 나부끼는 풀. **4** 불안정한, 동요하는(unsteady).
 wáv·i·ly adv. **wáv·i·ness** n.
WAWF 〔略〕 **W**orld **A**ssociation of **W**orld **F**ederalists (세계 연방주의자 세계 협회).
wawl [wɔːl] vi. (무구·주로 美·스코) =waul.
***wax¹** [wæks] n. Ⓤ **1** 밀 (beeswax); 밀. **2** 밀 모양의 것. ¶ paraffin wax 파라핀 왁스 / vegetable wax 목랍(木蠟). **3** 귀에지(earwax). **4** 〔구두 꿰매는 실

에 먹이는]; 봉랍(sealing wax); [마루를 닦는] 왁스; 《美》당밀. **5** 《구어》[레코드의] 녹음. **6** ⓒ 뜻대로 움직여지는 사람(것).
[as] close as wax 《구어》① 과묵한(하여). ②《美》 아주 쩨쩨한(하게).
be like wax in a person's hands 남의 손끝에서 놀아 나다.
mold a person like wax 남을 제 뜻대로 부리다(만들 —). *vt.* **1** …에 밀랍을 바르다, …을 밀랍으로 닦다. ¶ *wax* the floor 마루에 밀랍칠을 하다. **2** 《구어》…의 레 ◇ wáxen, wáxy *adj.* [코드를 만들다.
wax² [wæks] *vi.* (**waxed, wax·ed** *or* 《고어》**wax·en, wax·ing**) **1** 커지다, 증대하다; [달이] 차다. *opp.* wane **2** 차츰 …이 되다(grow). ¶ (~+圄) *wax* angry 화가 나다 / *wax* old 나이들다.
wax and wane [달이] 찼다 기울었다; 성쇠하다.
wax³ [wæks] *n.* 《주로 英구어》노여움, 화, 분통. ¶ be in a *wax* 화를 내고 있다 / get into a *wax* 화내다 / put a person in a *wax* 남을 분통이 터지게 하다.
wáx bèan *n.* 《美》까치콩의 일종; 그 꼬투리.
wax·ber·ry [wǽksbèri/-bəri] *n.* (*pl.* **-ries**) 소귀나 무; 그 열매.   [(產) 참새의 일종.
wax·bill [wǽksbìl] *n.* [부리가 밀랍 같은 아프리카산
wáx clòth *n.* 초먹인 천, 기름먹인 천.
wáx dòll *n.* 납인형; [비유적] 활기없고 무표정한 납인형 같은 미인.
wax·ed [wækst] *adj.* 밀랍을 입힌(바른); 방수의. ¶ a *waxed* jacket 방수 자켓.
wax·en¹ [wǽks(ə)n] *adj.* **1** 밀랍제의 (*현재는 보통 wax가 쓰임)의, 밀랍을 먹인. **2** 밀랍 같은, 밀랍처럼 흰(pale), 창백한(colorless). **3** 유연한; [성격 따위 가] 민감한.   [하나.
wax·en² [wǽks(ə)n] *v.* 《고어》wax²의 과거 분사의
wax·er [wǽksər] *n.* 밀랍 칠하는 일꾼.
wax·like [wǽkslàik] *adj.* 밀랍 같은.
wáx muséum *n.* 밀랍 인형관.
wáx mýrtle *n.* 소귀나무속(屬) 관목의 총칭.
wáx pàlm *n.* [남미(產)의] 안데스 밀랍 야자; 브 라질 밀랍 야자.
wáx pàper *n.* ⓤ 납지, 파라핀 종이.
wáx trèe *n.* 거먕옻나무[옻나무과(科)의 낙엽
wax·wing [wǽkswìŋ] *n.* 여새.   [교목].
wax·work [wǽkswə̀ːrk] *n.* **1** 밀랍 인형(wax doll). **2** (~s) 《보통 단수 취급》 밀랍 인형 (세공)의 진열장.
wax·y¹ [wǽksi] *adj.* (**wax·i·er, wax·i·est**) **1** 밀랍 같 은, 창백한. **2** 밀랍이 많은; 밀랍으로 만든, 밀랍으로 칠한. **3** 유연한, 낭창낭창한(pliable). **4** 《병리》 납양 변성(膿樣變性)의. **wax·i·ness** *n.*
wax·y² [wǽksi] *adj.* (**wax·i·er, wax·i·est**) 《주로 英구 어》화난(angry), 성난. ¶ get *waxy* 화내다.
†way¹ [wei] *n.* **1** 길, 도로(road, street); 코스, 통로. ¶ the *way* to the station 역으로 가는 길 / across the *way* 길 건너편에 / Please tell me the *way* to the library. 도서관으로 가는 길을 가르쳐 주십시오. / There is no *way* through. 빠져나갈 길이 없다 / *The longest way round is the shortest way home.* 《속담》 먼 길이 가장 가까운 길; 급할수록 돌아가거라.
[類語] **way** '길·통로의 뜻의 가장 일반적인 넓은 뜻의 말: lose one's *way* 길을 잃다. **course** 반드시 지나지 않으면 안되게 미리 정해진 길: the *course* of a star 별의 진로 / a golf *course* 골프 코스. **route** 사람이나 동물이 규칙적으로 지나는 길, 또는 계획상 지나가도 되어 있는 길: a mailman's delivery *route* 우편 배달 길 / a sightseeing *route* 관광 루트. **pass** 고개나 하천 등이 만나는 좁은 길. **passage** 보통 건물과 건물을 잇는 복도 따위의 통로.
2 (단수형으로) 도정, 거리(distance) 《美구어에서는 ways). ¶ walk all the *way* 줄곧 걷다 / It is a long (or a great) *way* off. 그것은 더 먼 곳에 있다.
3 방향(direction), 방면(district), 부근 (*보통 전치사 없이 부사구를 형성한다). ¶ go different *ways* 다른 방향으로 가다 / This *way*, please. =Step this *way*, please. 이 길로 가 주십시오 / She lives somewhere Kangnam *way*. 그녀는 강남쪽에 살고 있다.
4 진로, 진행, 진보, 전진, 가는 길; 속력, 기세. ¶ fight one's *way* 싸워 나아가다 / clear the *way* 길을[으로] 나갈 수 있게] 열다 / The plan made no *way*. 계획은 전혀 진척이 없었다.
5 방법, 방식, 수단(means). ⇨ METHOD[類語] ¶ in this *way* 이처럼 / to my way of thinking 내 생각으로는 / the best *way* to learn English 영어를 배우는 가장 좋은 방법 / go one's own *way* 자기 뜻대로 하다 / I don't like to feel [in] that *way*. 그런 식으로 생각하고 싶지 않다 (*위의 예처럼 종종 in을 생략하고 부사구를 형성하는 수가 많다).
6 (the ~) (접속사적으로) …의 방식, …처럼(as); … 이라는 점에서 보아. ¶ This is the *way* [that] he speaks. 이것이 그의 말투이다 / Do it the *way* I do it. 내가 하는 식으로 그 일을 해라 / The *way* I see it, they must have thought I was crazy. 내가 보는 바로는 그들 이 내가 미쳤다고 생각했음이 틀림없다.
── **Usage** the *way* = how ── the *way* 의 뒤에 절이 올 경우, 문법적으로는 the *way* in which 로 되어야 하나, 형식을 치우친 표현이므로 구어에서는 in which 를 생략하여 the *way* 를 접속사처럼 쓴다: This is the *way* I have done it. 이런 방식으로 나는 그 일을 했다 / *It is the way* he says it that makes me angry. 그의 그런 말투가 나를 화나게 한다. ⇨ HOW 10.
7 (종종 ~s) 습관, 풍습(custom); 버릇(habit), 양식, 풍. ¶ the good old *ways* 그리운 옛 풍습 / as one's *way* was; as was one's *way* 언제나 그랬듯이, 예에 따라 / fall (*or* get) into the *way* of doing …하는 버릇이 붙다 / It is not his *way* to be unkind. 그는 그런 불친절한 사람이 아니다.
8 […의] 점, 사항(respect).   [사람이 아니다.
9 (경험 따위의) 범위; [사람의] 전문. ¶ Such things never came [in] my *way*. 그런 것은 내가 경험한 적이 없다.
10 《구어》 직업(calling), 장사(business). ¶ He is in the retail *way*. 그는 소매상을 하고 있다.
11 규모(scale). ¶ live in a small *way* 검소하게 살
12 《구어》 상태(condition), 형편. ¶ 《英구어》 흥분 상태. ¶ in a bad *way* [건강·정세 따위] 형편이 나쁘게; 경기가 좋 지 않아 / be in a great (*or* a terrible) *way* 심히 흥분
13 《법률》 통행권(right of way).   [해 있다.
14 (~s) (드물게 단수 취급) [造船] 진수대(進水臺).
all the way ① 도중에 줄곧, 멀리서, 계속 해서. ¶ He came running *all the way*. 그는 줄곧 달려왔다. ② 《美》 […에서 …까지] 여러 가지, 어디서나(anywhere). ¶ He's got scars *all the way* down his back. 그의 등은 위에서 아래까지 온통 상처 투성이다.
any way 어떻든 (anyway, anyhow).
beat one's way 무전 여행하다, 될 수 있는 대로 싸게 여행하다.
beg one's way 구걸하며 길을 가다.
both ways 왕복 모두; 왕복으로. ¶ He swam the English Channel *both ways*. 그는 영국 해협을 헤엄치 왕복했다.
by a long way 멀리, 뛰어나게; 조금도 […이] 아닌.
by the way ① 도중에서. ② 그런데. ¶ *By the way*, have you heard that he is going to Australia ? 그런데, 그가 오스트레일리아로 가려고 한다는 말은 들었느냐? ③ 말이 난 김에(incidentally). ¶ He merely mentioned it *by the way*. 그는 말이 난 김에 그 말을 했을 뿐이었다.
by way of ① …을 거쳐서(via). ¶ go to Kangreung *by way of* Wonjoo 원주를 거쳐서 강릉에 가다. ② …을 위

하여, …으로서, …할 작정으로. ¶ *by way of* apology(a joke) 변명으로서(농담삼아). ③《구어》《동명사를 수반하여》언제나 …하여; 말하자면 …으로서. ¶ He is *by way of* being a scholar. 말하자면 그는 학자라고나 할 수 있을 것이다.
come one's way [일이] 일어나다; 잘 되어가다.
cut both ways [토론 따위가] 양쪽에 통하다, 선으로나 악으로나 다 쓰이게 되다.
earn one's way 자립해 가다.
find one's way ⇨ FIND.
find one's way into …속으로 들어가다; …의 상태에 빠지다. [신문 따위에] 나다.
gather way [배가] 움직이기 시작하다, 속력을 내다; 힘을 내다. *opp. lose way*
get(*or have, be*) *one's* [*own*] *way* 생각대로 하다, 제멋대로 하다, 자기 길을 가다.
give way ① 무너지다, 부서지다, 퇴각하다(retreat). ② 지다, 양보하다(yield) (*to*…); 하락하다; [마음이] 꺾이다. ¶ She *gave way* to anger. 그녀는 화를 냈다.
go a little(*a long, a good*) *way* 조금은(크게) 도움이 되다 (*to, toward, with*…). ¶ It *went a long way with* him. 그것은 그에게 큰 도움이 되었다.
go out of the (*or one's*) *way* 들러서 가다; 일부러 …하다. ¶ Don't *go out of* your *way* to stimulate my nerves. 일부러 내 신경을 자극하지 마라.
have everything one's own way; have it one's way 생각대로 해치우다, 제멋대로 행동하다.
have it both ways 《구어》양다리를 걸치다.
have way on [항해] 항해하고 있다.
in a(*or the*) *family way* 《구어》 임신하여(pregnant).
in a(*or one*) *way* ① 어떤 의미로는, 보기에 따라서는. ② 어느 정도, 다소. 「으로.
in every way 어떤 점에서나, 모든 점에서; 모든 방법
in no way 결코(조금도)…않다(not…at all).
in one way or another 어떻게든, 그럭저럭.
in one's way ① 전문으로. ¶ This is not *in* my *way*. 이것은 내 전문 밖이다. ② 그 나름대로, 상당히. ¶ He is benevolent and humane *in* his *way*. 그는 그런대로 인정이 많다. ③ 도중에.
in some way 어떤 점에서는, 어떻게 해서든.
in some ways 여러 가지 점으로.
in the old ways 옛날 식으로, 종래대로.
in the (*or a person's*) *way* ① 도상에. ② 방해가 되어. ¶ He is always *in* my *way*. 그는 언제나 나를 방해한다 / I do not want to stand *in the way of* your advancement. 너의 승진을 방해하고 싶지 않다.
in the way of ① …의 점에서는, …으로서는, …에 관하여. ② …의 버릇이 있어서. ¶ He is *in the way of* reading in bed. 그는 누워서 책을 읽는 버릇이 있다. ③ ⇨ *put a person in the way of*
keep…*out of one's way* …를 피하고 있다.
keep(*or hold*) *one's way* 흔들리지 않고 나아가다.
know one's way about(*or* 《美》*around*) 《구어》 [어떤 장소의] 지리에 밝다; 어찌 할 것인가를 알고 있다.
lead the way 앞장 서다, 솔선하다; 안내하다.
lose the way (*or one's way*) 길을 잃다.
lose way [배가] 속력이 떨어지다, 실속(失速)하다. *opp. gather way* 「진척되다(진행되지 않다).
make much (*little*) *way* ① 배가 빠르다(느리다). ②
make the best of one's way 될 수 있는 대로 서둘러 가다, 길을 서두르다.
make one's [*own*] *way* ① 나아가다, 가다. ② 출세하다. ¶ *make* one's *way* in the world(*or* life) 입신 출세하다.
make way for ① …에 길을 양보하다, 길을 열다(clear the way). ② [후계자 등을] 위해 자리를 열어주다.
no way 《美구어》 ① 《감탄사적으로》 싫어, 안돼, 천만에 (* no의 강조 표현이다). ② 절대 …하지 않는다 (There is no way).

on one's(*or the*) *way* 도중에. ⇨2. ¶ *on* my *way* to school 학교로 가는 도중 / meet a person *on the*(*or* one's) *way* back(*or* home) 돌아가는 길에 남을 만나다 / Better weather is *on the way*. 날씨가 좋아지고 있다. 「가고 있는.
on the way out ① 나오는 도중에. ②《구어》사라져
once in a way 때때로, 종종, 더러.
one way or another 그래저래; 그럭저럭. 「거꾸로.
the other way about (*or around, round*) 반대로,
out of one's way ① 불가능하여. ② 일무러, 번거로움을 무릅쓰고. ③ 길을 벗어나서.
out of the way ① 방해가 되지 않을 곳에; [손이] 미치지 않을 곳에. ② 길에서 떨어져(벗어나서). ③ 이상한(unusual). ④ 처리되어, 결말이 나서(disposed of). ⑤ 살해되어. ⑥ 부적절한.
over the way 《구어》 길의 반대쪽에.
pave the way for(*or* to) …에 대해서 길을 열다; …을 용이하게 하다; …에 대해서 준비하다; …을 촉진하다. ¶ I hope our discussions will *pave the way for* a lasting peace. 우리의 토론이 영속적인 평화를 가져다 주기를 바란다.
pay one's way ⇨ PAY.
push one's way ① 밀치고 나아가다. ② 출세하다.
put a person in the way of … 남이 …할 수 있도록 해주다. ¶ I'll *put* you *in the way of* achieving your aim. 네가 목적을 달성할 수 있도록 해주겠다.
put a person out of the way 남을 살짝 해치우다(죽이다).
put oneself out of the way 애쓰다, 일부러 …하다.
see one's way [*clear*] […의] 전망이 서다(*to*…); […을] 할 수 있을 것같이 생각되다(*to do*). ¶ I think I can *see* my *way* to lending you the money. 돈을 빌려 줄 방법이 발견되리라 생각한다.
smooth the way 장애물(곤란)을 치우다. 「가다.
take one's way to (*or toward*) …쪽으로 나아가다.
That's the way. ① (위로의 뜻으로) 어쩔 수 없는 일이야!, 세상사란 다 그런거야. ¶ *That's the way* it goes. 세상사가 그러니 어찌겠니. ② 잘했어, 바로 그 거야.
[*That's the*] *Way to go*. (응원·격려의 뜻으로) 잘했어, 바로 그거야, 계속 힘 내.
that way ① 저쪽으로. ② 그런 식으로. ③《속어》 반해서, 사랑해서, 좋아하게(*about, for*…). ¶ They were *that way* about each other. 그들은 서로 사랑하고 있다.
this way and that 이리저리, 「였다.
under way ① 《해》 항진중인. ¶ *get under way* 출항하다. ② [사업 따위가] 진행중인 (in progress). ¶ The scheme is now well *under way*. 그 계획은 잘 진행되고 있다.
want one's own way 생각대로 하고 싶어하다.
Way enough! [항해] 젓기 중지!
the way of the Cross [가톨릭] 십자가의 길.
the way of the world 세습, 인지상정.
ways and means ①《정부의》세입 재원. ¶ the Committee on (《英》of) the *Ways and Means* [의회의] 세입 위원회. ② [돈을 조달하는] 방법, 수단; 재원. ¶ find out *ways and means* to help a person 남을 도울 수단을 찾아내다.
win (*or work*) *one's way* 잘 해나가다. ¶ *win* one's *way* in the world 입신 출세하다.

'**way, way**² [wei] *adv.* 《주로 美구어》《부사·전치사를 강조하여》훨씬, 월등히, 썩(far). ¶ *way* above 훨씬 위 / *way* ahead 훨씬 앞에 / *way* back 훨씬 떨어져서, 훨씬 옛날 / *way* off 저 멀리에 / *way* up 훨씬 높이. [<[A]WAY]
WAY (略) *World Assembly of Youth* (세계 청년 회의 [자유주의 여러나라의 청년단에 의해 구성]).
way-a·head [wéiəhéd] *adj.* 《구어》= way-out.
way·bill [wéibìl] *n.* **1** 화물 수송표. **2** 승객 명부.
way·far·er [wéifɛ̀(:)rər / -fɛ̀ərə] *n.* 《문어》 도보 여

way·far·ing [wéifɛ(:)riŋ / -fɛ̀ər-] 《문어》 adj. [도보] 여행의(을 하는). — n. Ⓤ [도보] 여행.

wáy ín n. 《英》 입구(entrance). cf. way out

Wáy·land [the Smíth] [wéilənd] n. [북유럽 전설] 대장간의 웨일랜드[눈에 보이지 않는, 불가사의할 만큼 능숙한 대장장이].

way·lay [wèiléi] vt. (-laid [-léid], -lay·ing) 1 …을 잠복하다, 요격하다(intercept). 2 …을 기다렸다가 말을 걸다.

wáy óut n. 1 《英》 출구(exit). cf. way in 2 《궁지 따위로부터의》 탈출법(구), 해결법.

way-out [wéiáut] adj. 《美俗어》 보통이 아닌(unusual), 괴상한(eccentric); 매우 앞선, 첨단을 걷는.

-ways suf. is a way (course, direction, manner)의 뜻. 형용사·명사에 붙어서 부사를 만든다. 예: always, lengthways, sideways.

way·side [wéisàid] n. (the ~) 길가, 노변. **go by the wayside** 버림받다, 방치되다. — adj. 《한정적 용법》 길가의, 노변의. ¶ a wayside restaurant 길가의 레스토랑.

wáy státion n. 《美》 《급행 열차가 정차하지 않는 주요 역간의》 중간역, 작은 역.

way-stop [wéistɑ̀p / -stɔ̀p] n. [버스 따위의] 정류장; [도중의] 휴게소.

wáy tráin n. 《美》 [역마다 정차하는] 완행 열차

way·ward [wéiwərd] adj. 1 고집불통의, 제멋대로인, 외고집의. ◇ WILLFUL 類語 2 변덕스러운, 즉흥적인; 마음이 비뚤어진. ¶ a wayward fancy 변덕스런 생각. 3 불규칙한, 흔들리는(unsteady), 불안정한.
~·ly adv. ~·ness n. [<[A]WAY+-WARD]

way-wise [wéiwàiz] adj. 1 《美》 [말의] 길(경주로)을 잘 알고 있는. 2 《방언》 경험이 풍부한(experienced), 노련한.

way·worn [wéiwɔ̀ːrn / -wɔ̀ːn] adj. [특히 도보의] 여행에 지친, 여독으로 야윈.

wayz·goose [wéizgùːs] n. (pl. -goos·es) 《英》 [인쇄 공장의] 연 1회의 잔치(여행).

W/B, W.B. 《略》 waybill.

w.b. 《略》 warehouse book (창고 입고장(入庫帳)); 《항해》 water ballast (각하(脚部)용의 물); waybill; westbound.

WBA 《略》 World Boxing Association (세계 권투 연맹).

WBC 《略》 World Boxing Council (세계 권투 평의회(評議會)); white blood cell; white blood count.

WbN 《略》 west by north (서미북(西微北)).

WbS 《略》 west by south (서미남(西微南)).

WBS 《略》 World Broadcasting System (세계 방송망).

w.c. 《略》 《주로 英》 water closet; without charge.

W.C. 《略》 West Central (영국 런던의 우편구(區)).

W.C.A. 《略》 Women's Christian Association.

WCC 《略》 War Crimes Commission (전쟁 범죄 위원회); World Council of Churches.

WCP 《略》 World Council of Peace (세계 평화 평의회).

W.C.P.P. 《略》 World Congress of Partisans of Peace (세계 평화 평의회).

WCRP 《略》 World Conference on Religion and Peace (세계 종교자 평화 회의).

W.C.T.U. 《略》 Woman's Christian Temperance Union (기독교 여성 교풍회(矯風會)).

W.D. 《略》 War Department.

‡**we** [wiː, 약 wi] pron. 1 《인칭 대명사, 제1인칭·복수·주격》 (소유격 **our**, 목적격 **us**, 소유 대명사 **ours**) 우리들, 우리. 2 《국왕의 공식 문서 등에서의 자칭》 짐(朕); 《신문·잡지의 편집자가 자기를 가리켜》 우리 회사, 우리들(* 전자를 Royal "we", 후자를 Editorial "we"라 부른다). ¶ as we have already reported 본지(本報)가 이미 보도한 바와 같이. 3 《회사 사원, 상점 점원, 교통 기관 승무원이 자기 회사, 상점, 타고 있는 교통 기관을 가리켜》 우리들, 우리 회사, 우리 상점. ¶ We sell fruits from California. 우리 상점은 캘리포니아산 과일을 팔고 있습니다. 4 《일반인을 가리켜 총칭적으로》 사람. ¶ We should respect the old. 노인을 공경해야 한다. 5 《상대방에게 동정을 나타내어 you 대신에 쓴다》 ¶ Are we downhearted today? 오늘은 기운이 없어 보이는구나? (* 이것을 Paternal "we"라 부른다).

WE 《略》 Women Exchange (부인 교환소 [이혼 재판으로 유명한 미국 Nevada 주(州) Reno 시의 별칭]).

W.E.A., WEA 《略》 《英》 Workers' Educational Association (사회인 교육협회); World Expeditionary Association.

‡**weak** [wiːk] adj. 1 약한, 힘(체력)이 없는; 허약한(frail), 가냘픈, 연약한, [기관 따위가] 쇠퇴한. opp. **strong** ¶ weak eyes (ears) 약한 시력(청력) / a weak old man 병약한 노인 / weak tears 금방 나오는 눈물 / The weakest goes to the wall. 《속담》 우승 열패(劣敗), 약육 강식.

  類語 **weak** '약한'의 뜻의 가장 일반적이고 넓은 뜻의 말: a weak team (constitution) 약한 팀(체질). **weakly** 만성적으로 병약한: a weakly child 병약한 아이. **feeble** weak 하여 극도에 가련한(경멸할만한); 연약해 힘찬 데가 없는: a feeble old man 연약한 노인 / a feeble voice 가냘프고 미덥지 못한 목소리. **frail** 본래 체격이 약해서 아프기 쉬운; 의지·양심 따위가 약하고 저항력이 없는: Woman is no more the frail sex. 여자는 이제 약한 성(性)이 아니다. **fragile** 특히 물건이 약해서 부서지기 쉬운: a fragile article 부서지기 쉬운 물건. **brittle** 약해서 산산조각나기 쉬운: Glass is brittle. 유리는 부서지기 쉽다. **infirm** 병·노령으로 체력이 쇠약해져 비틀거리는; 결의 따위가 흔들리는: a convalescent still infirm 아직 비틀비틀하는 회복기의 환자. **decrepit** 사람이 노쇠하여 (특히 오랜 사용으로) 완전히 약해진: a decrepit man 늙는이.

2 지력이 모자라는, 정신 박약의, 우둔한(foolish). ¶ a weak head (or mind) 저능. 3 《성격 따위의》 약한, 결단력이 없는. 4 불충분한, [의론 따위가] 근거가 박약한, 설득력이 없는. opp. **strong** ¶ a weak argument 설득력이 없는 토론. 5 서투른, 떨어지는, 잘못하는 (in…). opp. **strong** ¶ He is weak in grammar. 그는 문법에 약하다. 6 [차·술 따위] 엷은, 싱거운(dilute). opp. **strong** ¶ weak tea 엷은 홍차. 7 [문체 따위가] 힘이 없는, 표현력이 약한, 박력이 없는. ¶ a weak style 박력이 없는 문체. 8 《상업》 《시황(市況) 따위가》 약한, 하향의. 9 《문법》 약변화(규칙 변화)의(regular) [동사가 어미에 -ed, -d 를 수반한다]; 《음성》 악센트가 없는, 무강세의. opp. **strong** 10 《사진》 [음화(陰畫)가] 콘트라스트가 약한(thin).

weak as water 몹시 엷은, 희박한.

◇ weaken v., wéakly adj., wéakness n.

‡**weak·en** [wíːk(ə)n] vt. 1 …을 약하게 하다, 약화시키다(enfeeble), …의 힘을 빼다. opp. **strengthen** ¶ Her illness weakened her. 병으로 그녀는 쇠약해졌다. 2 [액체 따위를] 엷게 하다. ¶ weaken tea 홍차를 엷게 하다. — vi. 1 약해지다, 힘이 빠지다, 쇠약해지다. ¶ She is weakening day by day. 그녀는 나날이 약해져 간다. 2 꺾이다, 우유 부단해지다; 굴하다.

wéaker séx n. (the ~) 《집합적》 여성(womankind).

weak·fish [wíːkfìʃ] n. (pl. -fish or -fish·es) 민어과 (科)의 식용어 [미국 대서양 연안산(産)].

weak-head·ed [wíːkhédid] adj. 1 우둔한, 저능한; 의지가 약한(weak-minded). 2 쉽게 취하는.

weak-heart·ed [wíːkhɑ́ːrtid] adj. 마음이 약한, 용기가 없는.

wéak ìnterāction n. 《물리》 약한 상호 작용[소입자(素粒子) 사이에 작용하는 극히 약한 힘]. cf. **strong interaction**

weak·ish [wíːkiʃ] *adj.* 좀 약한(유약한).
weak-kneed [wíːkníːd, +英 ˎˎ] *adj.* **1** 무릎이 약한. **2** 연약한, 마음이 약한, 우유부단한 (irresolute).
weak·li·ness [wíːklinis] *n.* Ⓤ 허약, 병약.
weak·ling [wíːkliŋ] *n.* 약한 사람(짐승), 허약자, 유약한 사람. —— *adj.* 약한(weak).
*__weak·ly__ [wíːkli] *adj.* (**-li·er, -li·est**) 〔체질이〕 약한, 허약한, 병약한. ⇨ WEAK 類語 —— *adv.* 약하게, 유약하게.
weak-mind·ed [wíːkmáindid] *adj.* **1** 어리석은, 저능한. **2** 우유부단한(irresolute). **~·ly** *adv.* **~·ness** *n.*
‡**weak·ness** [wíːknis] *n.* Ⓤ **1** 약함, 허약, 병약. **2** 우둔, 저능. ¶ mental *weakness* 저능. **3** 우유부단. **4** 증거 박약(불충분). **5** ⓒ 결점, 약점, 단점. ⇨ FAULT 類語 **6** ⓒ (보통 a~) 맹목적으로 좋아하는 일(것), 무척 좋아하는 것; 치우쳐 좋아함(*for*...). ¶ Candy is my *weakness*. 단 것을 아주 좋아한다 // She has a *weakness for* chocolate. 그녀는 초콜릿을 무척 좋아한다.
weak·on [wíːkɑn / -ɔn] *n.* 〖물리〗 소입자 사이의 약한 상호 작용을 매개한다는 가설의 입자.
wéak síde *n.* 약점(weak point).
wéak síster *n.* 《속어》 겁쟁이; 의지가 되지 않는 사람. 〔쟁이.
weak-spir·it·ed [wíːkspíritid] *adj.* 마음이 약한, 겁
weak-to-the-wall [wíːktəðəwɔ́ːl] *adj.* 약육 강식의, 우승 열패의(優勝劣敗의). ¶ *weak-to-the-wall* kind of society 약육 강식형 사회.
weak-willed [wíːkwíld] *adj.* 의지가 약한, 심약한, 우유부단한(indecisive).
weal[1] [wiːl] *n.* Ⓤ 《고어》 안녕, 번영, 행복, 복리(welfare). * 보통 다음 숙어로 쓰다. ¶ for the public (or the general) *weal* 공공 복리를 위해 / in *weal* or (or and) woe 화복(禍福) 어느 경우에도, 행복한 때나 불행한 때나.
weal[2] [wiːl] *n.* 채찍 자국(wale).
weald [wiːld] *n.* 《詩》 광야, 삼림 지대. **2** (the W-) 윌드 지방〔영국 남부의 Kent, Surrey, Sussex 의 여러 주에 걸친 삼림 지대. 현재는 주로 농경지〕.
weald·en [wíːldn] *n.* 광야의, 삼림 지대의. —— *n.* (the ~) 〔지질〕 윌드 층(層) 〔영국 남부 윌드 지방의 북해 성층(北海成層)으로 된 하부 백악계(白堊系)〕.
‡**wealth** [welθ] *n.* **1** Ⓤ *n.* (riches), Ⓤ Ⓒ 재산. ¶ a man of *wealth* 재산가. **2** Ⓤ 〖경제〗 화폐 가치를 지닌 모든 것. **3** Ⓤ 부유, 부귀; 〖집합적〗 부호 계급, 부자. **4** (보통 a~) 《비유적》 풍부, 다량(*of*...). ¶ a *wealth* of flowers 많은 꽃 / a *wealth* of wit 풍부한 위트. **5** 《고어》 안녕, 행복 (happiness), 복리. ⋄ **wéalthy** *adj.*
wéalth tàx *n.* 부유세〔일정 한도 이상의 개인재산에 부과되는 세금〕.
‡**wealth·y** [wélθi] *adj.* (**wealth·i·er, wealth·i·est**) **1** 풍부한, 유복한, 재산이 있는. ⇨ RICH 類語 ¶ a *wealthy* person 재산가. **2** 풍부한, 많은 (abundant); 충분한 (ample) (*in* ...). ¶ a country *wealthy* in natural resources 천연 자원이 풍부한 나라.
wealth·i·ly *adv.* **wealth·i·ness** *n.* ⋄ **wealth** *n.*
wean[1] [wiːn] *vt.* **1** 〜에 젖을 떼다, 이유시키다. ¶ (~+匣+前+名) *wean* a baby *from* the mother (*or* breast) 어린애를 젖떼다. **2** 〜에서 〔남〕을 떼어놓다, 〜을 단념하게 하다 (...*from, of*). ¶ (~+匣+前+名) *wean* oneself *from* a bad habit 악습을 끊다.
wean[2] [wiːn] *n.* 《스코》 유아, 어린애, 아이(child).
wean·er [wíːnər] *n.* 젖을 뗄 수 없도록 입에 씌우는 가죽용의〕 이유 기구.
wean·ling [wíːnliŋ] *n.* 젖 갓 뗀 어린애(짐승).
—— *adj.* 젖을 갓 뗀.
‡**weap·on** [wépən] *n.* **1** 무기, 병기; 공격(방어)의 수단. ⇨ ARM[2] 類語 ¶ Tears are a woman's *weapon*. 눈물은 여자의 무기다. **2** 〔동물〕 방어(공격) 기관 〔뿔·손(발)·톱·이 따위〕. ⋄ **wéaponless** *adj.*
weap·on·eer [wèpəníər] *n.* 무기 전문가.
weap·on·less [wépənlis] *adj.* 무기를 갖지 않은.
weap·on·ry [wépənri] *n.* Ⓤ **1** 〖집합적〗 무기류. **2** 조병학(造兵學), 무기 제조술.
‡**wear**[1] [wɛər] *v.* (**wore, worn, wear·ing**) *vt.* **1** ...을 입고 있다, 몸에 걸치고 있다, 쓰고 있다, 끼고 있다; ...을 입다, 몸에 붙이다. ¶ *wear* a ring 반지를 끼고 있다 / *wear* white(black) 백의(흑의)를 입고 있다 / *wear* a hat 모자를 쓰고 있다.
2 〔수염·머리 따위〕를 기르고 있다, 〔어떤 상태로〕 ...을 해두다. ¶ He *wears* a mustache. 그는 콧수염을 기르고 있다 // (~+匣+副) *wear* one's hair short (long) 머리를 짧게(길게) 기르고 있다.
3 〔표정〕을 띠다(bear), 나타내다. ¶ *wear* an air of triumph 이긴 것 같은 표정을 짓다 / *wear* a smile 미소 짓다.
4 〔착용하여〕 ...을 해어지게(닳게) 하다, 써서 낡게 하다; ...을 마손하다, 상하게 하다 (impair) (...*off, out, away, down*). ¶ (~+匣+副) Letters on the stone seem to have been *worn away* by weather. 돌 위에 새겨진 문자는 비바람에 씻겨 마멸해 버린 것 같다 // (~+匣+前+名) *wear* clothes *to* rags 옷이 누더기가 될 때까지 입다 // (~+匣+副) His socks were *worn* thin at his heels. 그의 양말은 발꿈치가 닳아 얇아졌다.
5 〔마찰 따위로〕 〔구멍·홈·길 따위〕를 내다, 파다, 뚫다. ¶ (~+匣+前+名) A pass was *worn across* the field. 〔사람이 밟고 다녀서〕 들을 가로지르는 길이 생겼다 // *Constant dropping wears the stone.* 《속담》 빗방울이 바위를 뚫는다.
6 ...을 지치게 하다 (exhaust); 쇠약하게 하다(...*out, down*). ¶ His long lecture has *worn me down*. 그의 긴 강의로 지쳐버렸다 / He came home completely *worn out*. 그는 완전히 지쳐서 돌아왔다.
7 〔시간〕을 어물어물 보내다(...*away, out*).
—— *vi.* **1** 〔차츰〕 닳다, 닳아빠지다, 해어지다, 닳아서 ...이 되다 (*away, down, out, off*). ¶ (~+前+名) His coat has *worn* to shreds. 그의 코트는 누더기가 되도록 닳았다 // (~+副) The heels of my shoes *wore down*. 내 구두의 뒤축이 닳았다. **2** 〔물건이〕 오래가다, 오래 지탱하다. ¶ (~+副)materials that *wear* well (badly) 오래 사용할 수 있는(없는) 재료 / He is *wearing* well. 그는 나이에 비해 훨씬 젊어 보인다. **3** 차츰 ...이 되다. ¶ (~+副) My courage has *worn* thin. 차츰 기운이 빠졌다. **4** 〔시간이〕 경과하다, 흐르다 (pass), 지나 다(*away, on*). ¶ (~+前+名) The day *wears toward* its close. 하루가 차츰 저물어 가고 있다 // (~+副)as the day *wears on* 시간이 흐름에 따라.
wear down ① (*vt., vi.*) ...을 닳아빠지게 하다; 닳다, 닳아 없어지다. ② ...을 지치게 하다. ③ ...을 꺾다, ...에 이기다 (overcome).
wear off (*vt., vi.*) ① ...을 닳아빠지게 하다; 닳다, 닳아서 없어지다. ② ...을 차츰 없애다; 차츰 없어지다; 소멸하다. ¶ *wear off* the fat 〔운동 따위를 하여〕 군살을 빼다 / The color has *worn off*. 색이 바랬다, 퇴색했다.
wear on ① 〔시간이〕흐르다, 지나다. ② 〔행동이〕 계속 ...되다.
wear one's heart upon one's sleeve ⇨ HEART[1].
wear out ① (*vt., vi.*) ...을 써서 낡게 하다, 닳게 하다, 닳다. ② 〔인내 따위〕를 다하다. ③ ...을 지치게 하다; ...을 싫증나게 하다.
wear the pants ⇨ PANTS.
—— *n.* Ⓤ **1** 착용; 사용(use). ¶ a suit for Sunday *wear* 나들이 옷 / have a silk dress in *wear* 실크 드레스를 입고 있다. **2** 〖집합적〗 착용물, 의복(clothing). ¶ children's (men's, ladies', travel) *wear* 아동 (신사, 숙녀, 여행)복. **3** 사용에 견디기, 오래감. ¶ There is much (no) *wear* in this shoes. 이 구두는 아주 오래 간(안간다). **4** 유행(형). ¶ be in *wear* 유행하고 있

wear 다 / come into *wear* [복장이] 유행하다. **5** 소모, 마모, 마손, 입어서 닳아빠짐. ¶ The rug shows *wear*. 그 깔개는 닳아빠졌다.
be the worse for wear 몹시 낡았다, 허름하다.
wear and tear 마멸, 소모.

wear² [wɛər] *v.* (**wore, worn, wear·ing**) *vt.* 〖항해〗[배]를 바람 불어가는 쪽으로 돌리다. ― *vi.* 〖배가〗바람 불어가는 쪽으로 돌다.

wear·a·ble [wɛ́ərəbl / wɛ́ər-] *adj.* 입을 수 있는, 입기에 알맞은. ― *n.* (보통 ~s) 옷, 의복 (clothing).

wear·er [wɛ́ərər / wɛ́ərə] *n.* **1** 착용(휴대)한 사람, **2** 닳게 하는 것.

wea·ri·ly [wí(ː)rili / wíər-] adv. 지쳐서, 싫증이 나서, 진력이 나서. ◇ wéary *adj.*

wea·ri·ness [wí(ː)rinis / wíər-] n. U 피로, 권태, 지루함. ◇ wéary *adj.*

wear·ing [wɛ́(ː)riŋ / wɛ́ər-] *adj.* **1** 착용하는. ¶ *wearing* apparel 의복. **2** 지치게 하는 (tiring); 소모시키는.

wea·ri·some [wí(ː)risəm/wíər-]*adj.* **1** 지치게 하는. **2** 싫증나는; 지루한 (tiresome). ⇨ TEDIOUS 類語 ¶ a *wearisome* day (*or* book) 지루한 하루(책).
~*ly adv.* ~*ness n.* ◇ wéary *adj.*

wear·proof [wɛ́ərprùːf] *adj.* 장기 사용에 견디는.

‡**wea·ry** [wí(ː)ri / wíəri] *adj.* (**-ri·er, -ri·est**) **1** 〖정신적·육체적으로〗지친. ⇨ TIRED 類語 ¶ a *weary* look 지친 표정. **2** 지치게 하는, 힘든 (tiring). **3** 참지 못하여, 싫증이 난(*of*...). ¶ I am *weary* of her chatter. 그녀가 지껄여대는 데 진력이 난다. **4** 지루한, 지긋지긋한 (tiresome). ― *v.* (**-ried, -ry·ing**) *vt.* **1** ...을 지치게 하다 (exhaust). ¶ I was *wearied* with walking. 나는 걷기에 지쳤다 // (~+목+부) *weary out* a person's patience 남의 인내의 한계에 다다르게 하다. **2** ...을 지루하게 하다, 성가시게 하다(bore, harass); (*with*...), ¶ (~+목+전+명) *weary* a person *with* an idle talk 쓸데없는 이야기로 남을 진력나게 하다.
― *vi.* **1** 지루하다(*with*...), **2** 지루해하다, 싫증나다, 싫어지다(*of*...). ¶ (~+전+명) He will soon *weary of* the task. 그는 곧 그 일에 싫증날 것이다. **3** 《美·스코》애타게 기다리다, 그리워하다(*for*...). ¶ (~+전+명) She is *wearying for* home. 그녀는 고향을 그리워하고 있다.
weary out ① ...을 지치빠지게 하다; ...을 싫증나게 하다. ②〔나날〕을 답답하게 지내다.
◇ wéarily *adv.*, wéariness *n.*, wéarisome *adj.*

wea·sand [wíːzənd] *n.* 《고어》 식도(食道) (gullet); 기관 (trachea); 목구멍.

*wea·sel [wíːzl] n. (pl. -sels *or* -sel) **1** 족제비. **2** 족제비처럼 교활한 사람. **3** 〖눈 위에서 사용하는〗위젤차. **4** 《속어》밀고자.
catch a weasel asleep 빈틈없는 사람을[방심하고 있는 틈을 이용해서] 교묘히 속이다; 감쪽 같이 속여 넘기다, 눈 감으면 코 베어 간다.
― *vi.* 《美》〖의무 따위를〗회피하다(*out*), 말을 애매하게 하다. **2** 《속어》밀고하다.

wea·sel wòrds *n. pl.* 애매모호한 말.

‡**weath·er** [wéðər] *n.* U **1** 천기, 천후, 날씨; 기상(氣象); (~s)《고어》모든 천후. ¶ bad(fine, wet, windy) *weather* 나쁜(좋은, 비오는, 바람부는) 날씨 // How is the *weather*? 날씨는 어떤가? / The *weather* is improving. 날씨가 좋아지고 있다.

□ Usage *weather* 의 관사·복수형 ── (1) 보통 화제가 되는 날씨는 이야기하는 사람이나 듣는 사람이 다 같이 알고 있는 특정한 때·장소의 날씨일 경우가 많으므로 *weather* 에는 the 가 붙는 일이 많다: Then *the weather* changed. (2) 그러나 일반적인 화제가 될 경우나 듣는 사람에게 처음으로 그 날의 날씨를 말할 때에는, weather 는 셀 수 없는 말이므로 형용사가 붙는 관사가 없어진다: We had *fine weather* on that day. (3) 그리고 「모든(어떤) 날씨」의 뜻은 all weathers 로 복수형이 된다: He goes out for a walk in *all weathers*.
2 거친 날씨, 비바람. **3** (~s) 인생의 부침(浮沈).
dance and sing all weathers 시류에 따르다, 기회주의자 노릇을 하다.
drive with the weather 풍파에 따라 표류하다.
go into the weather 풍우를 무릅쓰고 나가다.
have the weather of [다른 배의] 바람 불어오는 쪽에 있다.
in all weathers 어떤 날씨에도; (비유적) 역경일 때나 순조로운 환경일 때나.
in the weather 문밖에서; 비바람에 노출되어.
in (*into, on, to*) [*the*] *weather of* [다른 배의] 바람 불어오는 쪽.
keep one's weather eye open (*or awake, lifted*) 《구어》 끊임없이 주의하고 있다, 빈틈없다.
keep the weather of ① ...의 바람 불어오는 쪽에 있다. ② ...을 좌지우지하다.
King's (*Queen's, royal*) *weather* 《英》경축일의 쾌청.
make good (*bad, foul, heavy*) *weather* 〖배가〗 폭풍우를 만나 흔들리지 않다(흔들리다).
make heavy weather of [작은 일]을 거창하게 생각하다.
make heavy weather with ...으로 큰 고생을 하다.
under the weather 《구어》① 병으로, 불쾌하여. ② 만취되어; 숙취로, ③ 곤경에, 으짝어,
weather permitting (보통 문미에 붙여서) 날씨만 좋으면.
― *vt.* **1** ...을 비바람에 맞히다; 말리다, 넌다. **2** (보통 과거분사로)〖지질〗〖암석〗을 풍화시키다. **3** 〖폭풍우·곤란〗을 이겨내다, 견디다. **4** 〖항해〗...의 바람 불어오는 쪽을 지나다. **5** 〖건축〗[물]이 흘러내리도록 ...을 경사지게 하다. ― *vi.* **1** 〖외기(外氣)로 인하여〗변화하다. **2** 풍화하다. **3** 이겨내다. **4** 외기에 견디다.
weather the storm [배가] 폭풍우를 견뎌내다; 곤란을 극복하다.
weather through [곤란 따위를] 뚫고 나가다.
― *adj.* 〖항해〗 바람 불어오는 쪽의(windward). *opp.* lee¹
◇ wéatherly *adj.*

wéather ballòon *n.* 기상 관측용 기구.
weath·er·beat·en [wéðərbìːtn] *adj.* **1** 비 바람에 시달린; 풍상을 다 겪은. **2** [얼굴이] 햇볕에 탄 (tanned).
weath·er·board [wéðərbɔ̀ːrd / -bɔ̀ːd] *n.* **1** 〖건축〗 [외벽에 겹쳐 대는] 물막이판 (clapboard). **2** 〖항해〗 바람 불어오는 쪽의 뱃전, 방파판 (防波板).
― *vt.* ...에 물막이판을 대다.
weath·er·board·ing [wéðərbɔ̀ːrdiŋ / -bɔ̀ːd-] *n.* **1** 〖건축〗 물막이판. **2** 〖집합적〗 비늘판대기.
weath·er·bound [wéðərbàund] *adj.* 〖항해·항공〗악천후 때문에 출발(출항)이 늦은.
wéather brèeder *n.* 폭풍 전의 좋은 날씨.
Wéather Bùreau *n.*《美》기상국; 기상청.
wéather càst *n.* 일기 예보.
wéather chàrt *n.* =weather map.
*wéath·er·còck [wéðərkɑ̀k / -kɔ̀k] *n.* **1** 닭 모양의 풍향계; 〖일반적으로〗 풍향계. **2** 변덕스러운 사람, 기회주의자 〔weathercock 1〕 의사.
weath·ered [wéðərd] *adj.* **1** 비바람을 맞은. **2** 〖목재가〗 건조한. **3** 〖암석이〗 풍화한. **4** 〖건축〗[물이 흘러내리도록] 경사지게 한.
wéather èye *n.* **1** 기상 관측안 (觀測眼)(력). **2** 기상 예지력. **3** 주의, 경계. ¶ keep a (one's) *weather eye open* [예상되는 위험 따위에 대해] 경계(주의)하다.
wéather fòrecast *n.* 일기 예보.
wéather gàuge *n.* **1** 〖다른 배보다도〗 바람 불어오는 쪽의 위치. **2** 유리한 지위, 우위.
wéather gìrl *n.*《美》여성 일기 예보자.

weath·er·glass [wéðərglӕs / -glɑ̀ːs] n. 기압계(barometer); 습도계(hygroscope).
wéather hóuse n. 청우(晴雨) 자동 표시기 [인형이 드나들면서 습도 변화를 보여 주는 장난감 집].
weath·er·ing [wéðəriŋ] n. Ū [지질] 풍화[작용]. **2** [건축] 배수 물매.
weath·er·ly [wéðərli] adj. [항해] [배가] 바람을 거슬러서 바짝 달릴 수 있는.
*****weath·er·man** [wéðərmæ̀n] n. (pl. **-men** [-mèn]) (美) 기상 예보가, 예보관, 관상대원, 기상 상담소원.
wéather máp n. 천기도, 기상도(weather chart).
weath·er·proof [wéðərprùːf] adj. 비바람에 견딜 수 있는. — vt. [건물 따위]를 비바람에 견딜 수 있게 하다. [예보원(기)].
wéather próphet n. 날씨를 예언하는 사람; 기상
wéather repórt n. 기상 예보, 기상 통보.
wéather sátellite n. 기상 위성.
wéather shíp n. 기상 관측선.
weath·er-stained [wéðərstèind] adj. 비 바람으로 얼룩이 생긴(변색한).
wéather státion n. 측후소, 기상대.
wéather stríp n. [문·창틀 따위의] 틈마개.
weath·er·strip [wéðərstrip] vt. (**-stripped, -stripping**) [문·창틀 따위의 틈새]에 틈마개를 하다.
wéather strípping n. **1** =weather strip. **2** Ū (집합적) 틈마개 재료.
weath·er·tight [wéðərtàit] adj. 비바람을 막는.
wéather váne n. 풍향계(weathercock).
weath·er-wise [wéðərwàiz] adj. **1** 천기 예보를 잘 하는. **2** 여론의 동향을 잘 예측하는.
weath·er·worn [wéðərwɔ̀ːrn / -wɔ̀ːn] adj. 비 바람을 맞은, 비바람에 상한(weather-beaten).
‡**weave** [wiːv] v. (**wove** or 〈드물게〉 **weaved, wo·ven** or **wove, weav·ing**) vt. **1** [실·천]을 짜다 ¶ *weave* a rug 융단을 짜다 // (~+图+젠+图) *weave* thread *into* cloth 실을 짜서 천을 만들다 / *weave* cloth *out of* thread 실로 천을 짜다. **2** [바구니·화환 따위]를 만들다, 엮다. **3** …을 조립하다, 궁리해서 짜다. ¶ (~+图+젠+图) *weave* a story *from* three plots 세 가닥 줄거리로 이야기를 구성하다 / *weave* these experiences *into* one story 이 경험들을 엮어 하나의 이야기로 만들다. **4** …을 누비듯이 지나가다. ¶ (~+图+젠+图) *weave* one's way *through* a crowd 군중 사이를 누비며 빠져나가다.
— vi. **1** 천(직물)을 짜다. **2** 여러 가지 요소를 짜서 맞추다. **3** 누비듯이 나아가다. — n. 짜는(엮는) 법, …직(織). ¶ a plain(twill) *weave* 평(능)직.
*****weav·er** [wíːvər] n. **1** 짜는 사람, 베짜는 사람, 직공 (織工). **2** =weaverbird.
wéav·er·bìrd [wíːvərbə̀ːrd] n. 맷새과(科)에 속하는 멋쟁이새의 일종[아프리카·아시아산(産)].
wea·zen [wíːzn] adj. =wizen.
‡**web** [web] n. **1** 직물; 한 베틀분의 천. **2** 거미줄 (cobweb); 거미줄 모양의 것. **3** [동물] [동물의 손·발가락 사이의] 물갈퀴. **4** [鳥類] 깃가지[딸]. **5** [기계] 복부판(腹部板). **6** [야금] 얇은 금속판. **7** [건축] [서까래와 서까래 사이의] 둥근 천장. **8** [음단의] 가장자리, 귀. **8** 함정, 계략. **7** a *web* of lies 거짓투성이. **9** 망상 조직. ¶ a *web* of canals 운하망. **10** [인쇄] 한 두루마리의 신문인쇄용지. **11** [컴퓨터] (the W-) =World Wide Web.
— vt. (**webbed, web·bing**) …에 망을 씌우다; …을 망으로 싸다(얽다, 잡다). [새.
webbed [webd] adj. 물갈퀴가 달린; ¶ *webbed* birds
web·bing [wébiŋ] n. Ū[C] **1** [벨트·마구 따위에 쓰는] 가죽띠. **2** [갈개 따위의] 귀, 가장자리. **3** [물갈퀴 막(이 있음)]. **4** [야구] 글러브·미트의 엄지손가락과 집게손가락을 잇는 가죽끈.
wéb brówser n. [컴퓨터] 웹 브라우저[웹 서버가

제공하는 자료들을 검색하는 프로그램].
web·by [wébi] adj. (**-bi·er, -bi·est**) **1** 물갈퀴(피막)의 (와 같은). **2** 물갈퀴(피막)가 있는(webbed).
we·ber [wéibər, véi-, wíː-] n. [물리] 웨버 [자속(磁束)의 MKS 단위].
wéb-fòot [wébfùt] n. (pl. **-feet**) **1** 물갈퀴발. **2** 물갈퀴발이 있는 동물. **3** (W-) (美俗) 오리건 주민.
wéb-fóot·ed [wébfútid] adj. 물갈퀴발이 있는.
Wébfoot Státe n. (the ~) 미국 Oregon 주의 별칭.
wéb·màs·ter [wébmӕ̀stər] n. 웹마스터[WWW 프로그램의 작성·관리자].
wéb óffset n. Ū[인쇄] 두루마리 급지식(給紙式) 윤전 인쇄.
Wéb sérver n. [컴퓨터] 웹 서버[웹(WWW) 서비스를 제공하는 프로그램].
Wéb síte n. [컴퓨터] 웹 사이트[웹(WWW) 서비스를 제공하는 곳]. [weaver].
web·ster [wébstər] n. 《고어》짜는 사람; 직공 ¶
Web·ster [wébstər] n. [미국의 사전 편찬자 웹스터의 이름을 붙인] 사전. [< Noah Webster(1782-1843)의 이
wéb-tòed [wébtóud] adj. =web-footed. [름]
wéb·wòrm [wébwə̀ːrm] n. 거미집 같은 집을 치는 모충(毛蟲).
wéb·zìne [wébzìːn] n. 웹(WWW)상의 전자 잡지. [<World Wide Web+magazine]
‡**wed** [wed] v. (**wed·ded** or 《드물게》 **wed, wed·ding**) vt. **1** …와 결혼하다, …에 시집가다, …에 장가들다. **2** …을 결혼시키다, 장가들게 하다, [사제·목사가] …을 위해 결혼식을 올리다. ¶ (~+图+젠+图) *wed* one's daughter *to* Mr. Brown 딸을 브라운씨와 결혼시키다. **3** …을 맺어주다. **4** (주로 수동형으로) …에 고집(집착)하다(…*to*). ¶ He is *wedded to* the doctrine. 그는 그 교리에 고집하고 있다. — vi. **1** 결혼하다 (*with*...). **2** 맺어지다.
wed with a rush ring 본심 아닌 결혼을 하다.
‡**we'd** [wiːd, 약 wid] we had, we should, we would 의 단축형. [단축형.
Wed. (略) Wednesday.
*****wed·ded** [wédid] adj. **1** 결혼한, 결혼의(에서 생기는; ¶ a *wedded* pair(*or* couple) 신혼 부부 / *wedded* bliss 결혼의 행복. **2** 맺어진, 결합된.
‡**wed·ding** [wédiŋ] n. **1** 결혼식, 혼례. ⇨ MARRIAGE [類語] **2** 결혼 기념식. ¶ the silver (the golden, the diamond) *wedding* 은(금, 다이아몬드)혼식 [결혼후 각 25, 50, 60(또는 75)년째에 행한다].
wédding bréakfast n. 결혼 피로연.
wédding cáke n. 결혼 케이크.
wédding cárd n. 결혼 청첩장.
wédding dáy n. 결혼일, 결혼 기념일.
wédding dréss n. 혼례 의상, 웨딩 드레스.
wédding gárment n. 결혼식 예복. **2** [연회의] 참가 자격.
wédding márch n. 결혼 행진곡, 웨딩 마치.
wédding ríng n. 결혼 반지.
we·del [véidl, wéi-] vi. (스키) 베델른을 하다.
we·deln [véidln] n. (스키) 베델른.
*****wedge** [wedʒ] n. **1** 쐐기. **2** 쐐기형, V 자형, 쐐기꼴의 것[케이크·치즈 따위]. ¶ in a *wedge*; in *wedge* 쐐기꼴로, V자 형으로. **3** [기상] 쐐기꼴의 고기압권. **4** (쐐기문자(cuneiform)의 한 획. **5** 분열을 의도하는 수단; 쐐기 역할을 하는 사람. **6** [고어] (군대) 쐐기꼴 대형. **7** [기하] 직삼각주, 쐐기기둥. **8** [골프] 머리 부분이 쐐기꼴인 골프채, 웨지.
drive a wedge ① 쐐기를 박다. ② 사이를 갈라 놓다.
knock out the wedges 《美口》남을 곤경에 몰아넣고 견제내지 않다.
the thin end of the wedge 장차 중대한 결과를 가져올 조그마한 발단.
— v. (**wedged, wedg·ing**) vt. **1** …을 쐐기로 가르다(쪼개다). **2** …을 쐐기로 죄다(고정시키다). ¶ (~+

wedge-shaped

目+餐》 *wedge* a door open 도어를 쐐기로 괴어 열어 두다//(~+目+副》 This sideboard is unsteady; it needs to be *wedged up*. 이 찬장은 흔들려 불안정하며, 쐐기로 고정시킬 필요가 있다. **3** …을 억지로 밀어넣다, 들이박다(…*in*, *into*, *between*). ¶(~+目+副+名》 *wedge* oneself *into* a crowd 군중 속으로 파고들다. ── *vi*. 밀어젖히고 나아가다; 끼어들다(*into*…).
◇ **wédgy** *adj*.

wedge-shaped [wédʒʃèipt] *adj*. 쐐기꼴의, V 자형의.

wedge-wise [wédʒwàiz] *adv*. 쐐기꼴로.

Wedg-ie [wédʒi] *n*. 《상표명》 쐐기꼴의 뒤굽치 (wedge heel)가 달린 여성화.

Wedg-wood [wédʒwùd] *n*. ⓤ 웨지우드 도기 [영국의 미술 도기] (Wedgwood ware); (형용사적 용법) [웨지우드 도기 특유의] 푸른색의. [<Josiah Wedgwood (1730-95) 영국의 도예가]

wedg-y [wédʒi] *adj*. (**wedg-i-er, wedg-i-est**) 쐐기꼴의.

wed-in [wédìn] *n*. 집단 결혼, ⋯ 의.

wed-lock [wédlɑk / -lɔk] *n*. ⓤ 결혼 상태, 혼인, 결혼 생활. ¶ MARRIAGE 類語
born in wedlock 적출(嫡出)의.
born out of wedlock 서출(庶出)의.

‡**Wednes-day** [wénzdi, -dei] *n*. 수 요 일 [略 W., Wed.].

*****wee** [wi:] *adj*. (**we-er, we-est**) **1** 작은; 자그마한. ¶ a *wee* bit 아주 조금 / the *wee* folk 꼬마 요정들. **2** 아주 이른. ── *n*. (a ~) 《스코》 아주 조금; 잠간. ¶ bide a *wee* 잠깐 기다리다.

‡**weed**[1] [wi:d] *n*. **1** 잡초. ¶ grow like a *weed* 잡초처럼 자라다; 마구 자라다. **2** (the ~) 《구어》 담배; 엽궐련. ¶ the soothing (the Indian, the fragrant) *weed* 담배. **3** 쓸모없는 것; 마른 말; 성가신 것. **4** ⓤ《美속어》마리화나. ── *vt*. **1** …의 잡초를 뽑다, 풀을 뽑다. ¶ Please *weed* the garden. 정원의 잡초를 뽑아주시시오. **2** (유해·무용의 것)을 없애다, 제거하다 (…*out*). ── *vi*. 제초하다, 풀뽑기를 하다.
◇ **wéedy, wéedless** *adj*.

weed[2] [wi:d] *n*. **1** [모자·팔에 감는] 상장(喪章). **2** (~s) [특히 미망인의] 상복. **3** [고어] [직업·지위 따위를 나타내는] 의복(clothing).

weed-er [wí:dər] *n*. **1** 잡초를 뽑는 사람. **2** 제초기.

weed-i-cide [wí:disàid] *n*. =weed-killer.

weed-kill-er [wí:dkìlər] *n*. 제초제(herbicide).

weed-y [wí:di] *adj*. (**weed-i-er, weed-i-est**) **1** 잡초가 많은, 잡초가 우거진. **2** 잡초와 같은; 잡초처럼 우거지는. **3** [식물·꽃이] 빈약한, 드문드문한. **4** [사람·짐승이] 마른, 호리호리한, 홀쭉한. ¶ a *weedy* young man 호리호리한 젊은이.

‡**week**[wi:k] *n*. **1** 주; 1주간, 7일간. ¶ Tuesday *week* (주로 英) 다음(지난) 주의 화요일 / today (or this day) *week* 《주로 英》 다음(지난) 주의 오늘 / a *week* ago today (yesterday) 지난 주의 오늘(어제) / a *week* from now 내주의 오늘 / *weeks* ago 몇 주일 전에 / last *week* 지난주 / next *week* 내주 / the *week* after next 내내 주 / the *week* before last 전전주 / every three *weeks*; every third *week* 3주간마다. **2** 일요일 이외의 6일간, 평일. **3** [1주간의] 근무 시간, 취업일, 주 …시간(…일)제. ¶ a 35-hour *week* 주 35시간제. **4** (W-) …주간. ¶ Holy *Week* 성(聖) 주간.
a week about 격주로.
a week of days 만 1주일간.
a week of Sundays 《구어》 7주간[동안], 꽤 오랫동안.
for weeks no end 오랫동안(for a long time).
knock (or ***send***) *a person* ***into the middle of next*** 《속어》 ① 남을 해치우다. ② 남을 골탕먹이다(깜짝 놀라게 하다).
week in, week out 매주. ¶ *Week in, week out*, he passed by the gate of my house about 6 a. m. 그는 오전 6시경 우리집 문 앞을 지나갔다.
◇ **wéekly** *adj*.

‡**week·day** [wí:kdèi] *n*. [일요일 이외의] 평일, 주(週)일, 위크데이; (형용사적으로) 평일의.

wéek-days [wí:kdèiz] *adv*. 평일 (주일) 에.

‡**week·end** [wí:kènd / ⌒⌐] *n*. 주말 [토요일의 오후 또는 금요일 밤으로부터 월요일 아침까지]; (형용사적으로) 주말의. ¶ on a *weekend*; at *weekend* 주말에 / have a *weekend* 주말과 그 전후의 1-2일간 / a *weekend* excursion 주말 여행. ── *vi*. 주말을 보내다; 주말 여행을 하다.

wéekend bág (**cáse**) *n*. 소형 여행용 가방.

wéek-end-er [wí:kèndər / ⌒⌐-] *n*. **1** 주말 여행자. **2** 주말 체재객. **3** 주말용 여행 가방(weekend case). **4** [주말 순항용의] 소형 유람선.

wéek-ends [wí:kèndz] *adv*. 주말에.

‡**week·ly** [wí:kli] *adj*. **1** 매주의, 주 1회의. ¶ a *weekly* magazine 주간지. **2** 주 단위의. ¶ *weekly* wages 주급. **3** 1주간의, 1주간 분의. ¶ *weekly* work 1주간 분의 일. ── *adv*. 주 1회, 매주; 주 단위로. ── *n*. (*pl*. -**lies**) 주간지, 주보(週報). ◇ **week** *n*.

ween [wi:n] *vt*. 《고어》 ⋯이라 생각하다, 여기다 (* 보통 I *ween* 의 형으로 독립구·삽입구로 쓴다). **2** …을 기대하다, 예기하다; 《부정사를 수반하여》…하고자 하다, 바라다.

wee-nie, wee-ny[1] [wí:ni] *n*. (*pl*. -**nies**) 《구어》 = wiener.

wee-ny[2] [wí:ni] *adj*. (-**ni-er, -ni-est**) 아주 작은.

wee-ny-bop-per [wí:nibɑ̀pər / -bɔ̀p-] *n*. 《구어》 1960년대의 팝뮤직 소년 팬. *cf*. teeny bopper

‡**weep** [wi:p] *v*. (**wept, weep·ing**) *vi*. **1** 울다, 눈물을 흘리다. ⇒ CRY 類語[1] **2** 한탄하다, 슬퍼하다 (lament, mourn) (*at, for, over, with*…). ¶ (~+目+副》 *weep at* sad news 비보에 접하여 울다 / *weep for* joy 기뻐서 울다 / *weep with* pain 아파서 울다. **3** 뚝뚝 떨어지다, 물기가 스며나다. ¶ [나무가] 처지다, 가지를 늘어뜨리다. ── *vt*. **1** …을 울며 슬퍼하다, 한탄하다; 울며 …을 …하게 하다. ¶ (~+目+副》 *weep* oneself out 울어서 시원하게 울다 / *weep* one's eyes (heart) *out* 눈이 붓도록 (가슴이 미어질듯이) 울다 //(~+目+副+名》 *weep* oneself *to* sleep 울다가 잠들다. **2** (눈물)을 흘리다, 떨어뜨리다(shed). ¶ *weep* bitter tears 쓰라린 눈물을 흘리다. **3** [물방울·이슬·물기 따위]를 떨어뜨리다, 스며나게 하다.

weep away ① 〔시간〕을 울며 보내다. ② ⋯을 울면서 치우다.

weep out ① ⋯을 울며 말하다. ② 〔시간〕을 울며 보내다. ③ 〔슬픔〕을 울며 잊다.

weep with (or ***over***) ***an onion*** 거짓 눈물을 흘리다.
── *n*. (종종 ~s) 《구어》 울기, 한바탕 울기; 떨어뜨림.
◇ **wéepy** *adj*.

weep·er [wí:pər] *n*. **1** 우는 (슬퍼하는) 사람, 울보. **2** 〔장례식 때〕 울어 주는 남(여)자. **3** 상장 〔남자 모자에 다는 검은 밴드〕, 〔미망인이 쓰는〕 검은 베일. **4** (~s) 《英속어》 구레나룻.

wéep hóle *n*. [옹벽 등의] 물 빼는 구멍.

weep-ie [wí:pi] *n*. 《英속어》 = weepy.

weep·ing [wí:piŋ] *adj*. **1** 우는, 눈물 흘리는; 눈물을 머금은(tearful). ¶ *weeping* eyes 눈물진 눈. **2** [물이] 떨어지는, 스며나오는. ¶ a *weeping* eczema 삼출성(滲出性) 습진. **3** 〔가지가〕 처지는, 처진. ~**·ly** *adv*.

Wéeping Cróss *n*. 눈물의 십자가 〔참회의 기도를 드리는 길가의 십자가〕.
come home by the Weeping Cross 슬픈 일을 당하다; 자기의 행위를 후회하다.

wéeping wíllow *n*. 수양버들.

weep·y [wí:pi] *adj*. (**weep·i·er, weep·i·est**) **1** 눈물을 머금은; 눈물을 잘 흘리는. **2** 새는, 스며나오는. ──

n. 《英속어》 눈물을 짜내는 것.
wee·ver [wíːvər] n. 농어미리카의 식용 바닷물고기.
wee·vil [wíːv(i)l] n. 바구미과(科)의 각종 곤충.
wee·viled, -villed [wíːv(i)ld] adj. =weevily.
wee·vil·y, -vil·ly [wíːv(i)li] adj. 바구미가 생긴.
wee·wee [wíːwíː] (어린이말) n. 쉬, 오줌. — vi. (-weed, -wee·ing) 쉬하다, 오줌누다. [회].
WEF(略) *World Economic Forum*(세계 경제 협의 회).
weft [weft] n. **1** 〔직물의〕 씨실(woof). *cf.* warp **2** 〔문의〕 직물, 짠 것(web).

‡**weigh** [wei] vt. **1** …을 저울에 달다, …의 무게를 달다, 손으로 …의 무게를 가늠하다. ¶ *weigh* baggage 수하물의 무게를 달다 / *weigh* oneself 체중을 달다. **2** …을 숙고하다; …을 평가하다, …을 비교하다, 비교 검토하다 (...*against*). ⇒ THINK 類語 ¶ *weigh* one's words 말을 삼가 하다 // (~+目+前+图) *weigh* one plan *against* another 2개의 계획을 비교 검토하다. **3** 〔중량으로〕 …을 누르다, 굽히다; …에 무거운 짐을 지우다 (...*down*). ¶ (~+目+圖) Heavy taxation *weighed down* people. 중세(重稅)로 백성들이 허덕였다. **4** 〔항해〕 〔닻〕을 올리다. ¶ *weigh* anchor 닻을 올리다, 출항하다.
— vi. **1** […의] 무게가 있다. ¶ (~+匣) How much do you *weigh*? 체중이 얼마냐? **2** 중요시되다, 중요한 관계가 있다(*with*...). ¶ (~+前+图) His words *weigh* heavily *with* me. 그의 말은 나에게 있어서 매우 중요하다. **3** 〔무거운 짐이 되어 …을〕 압박하다, 괴롭히다 (*on, upon*...). ¶ (~+前+图) The mistake *weighed* heavily *upon* his mind. 그 잘못이 그의 마음을 크게 괴롭혔다. **4** 고찰하다, 숙고하다. **5** 〔권투 따위에서〕 시합 전에 선수의 체중을 재다. **6** 〔항해〕 닻을 올리다, 출항하다.
weigh down 자기의 무게로 가라앉다(찌그러지다).
weigh in ① 〔권투 선수 등이〕 시합 전에 체중 검사를 받다. ② 〔기수가〕 경마 뒤에 체중 검사를 받다.
weigh in with 〔제안 따위〕를 의기 양양하게 내놓다.
weigh it well 잘(신중히) 생각하다.
weigh out ① …을 달아서 주다, 저울로 일정량을 배분하다. ② 〔기수가〕 경마 전에 체중을 받다.
◇ *weigh* n., *wéighty* adj.
weigh·a·ble [wéi(ə)bl] adj. 무게를 달 수 있는.
weigh·beam [wéibìːm] n. 큰 대저울.
weigh·bridge [wéibrìdʒ] n. 〔트럭·가축 따위의 무게를 재는〕 계량대.
weigh·er [wéiər] n. 계량하는 사람; 계량기.
weigh·house [wéihàus] n. (*pl.* **-hous·es** [-hàuziz]) 화물 검량소. […의] 체중 검사.
weigh-in [wéiìn] n. 〔권투·레슬링·역도 선수의 시합전〕
wéighing machìne [wéiiŋ-] n. 계량기, 계량대.
weigh·lock [wéilàk / -lɔ̀k] n. 〔항해〕 계량 수문(水門) 〔운하 통항세를 징수하기 위해 배의 톤수를 잰다〕.

‡**weight** [weit] n. **1** ⓤ 무게, 중량; 체중. ¶ short *weight* 중량 부족 / What is your *weight*? 당신 체중은 얼마입니까? / gain (lose) *weight* 체중이 늘다(줄다) / sell by *weight* 달아서 팔다 / sell at full *weight* 중량을 꽉 채워서 팔다 / It is 10 pounds in *weight*. 그것은 무게가 10파운드이다.
2 중력(gravitation). ¶ the *weight* of the moon (the earth) 달(지구)의 중력.
3 ⓤⓒ 〔衡法〕, 형량 단위. ¶ *weights* and measures 도량형.
4 무거운 것; 〔無銅〕의 분동; 누름돌, 문진추; 서진(書鎭); 〔운동 경기용의〕 포환, 〔역도의〕 웨이트. ¶ a pound *weight* 1파운드의 분동.
5 중하, 중암(burden); 노고, 부담, 책임. ¶ the *weight* of responsibility 책임의 중암 / a *weight* on one's mind 마음의 무거운 짐 / under the *weight* of … 의 무거운 짐을 지고 / This is a great *weight* off my mind. 이것으로 어깨의 짐을 벗는다.

6 ⓤ 중요성, 중대함(⇒ IMPORTANCE 類語); 효과(effect), 영향력(influence). ¶ men of *weight* 유력자들 / give (*or* attach) special *weight* to …을 특히 중요시하다 / have *weight* with …에게 중요하다 / The *weight* of evidence is against him. 증거는 그에게 불리하다.
7 〔통계〕 가중치(加重値).
carry (*or have*) *weight* ① 〔토론 따위에〕 무게가 있다, 설득(영향)력을 가지다. ② 〔경마에서 말이〕 핸디캡이 붙어 있다.
give short weight 근량(斤量)을 속이다.
pull one's weight ① 자기 체중을 이용하여 배를 젓다. ② 자기의 역할을 다하다.
throw one's weight about (*or around*) 자기의 지위를 이용하다; 거만하게 굴다.
throw one's weight behind …을 지원하다.
— vt. **1** …을 무겁게 하다, …에 무게를 더하다 (... *with*), ¶ The house was *weighted with* much snow. 많은 눈으로 집에 무게가 가해졌다. **2** …에 무거운 짐을 지우다, …을 괴롭히다 (...*with*). **3** 〔광물질을 섞어서〕 〔실·천〕을 무겁게 하다. **4** …에 중요성을 더하다. **5** 〔통계〕 …에 가중치를 가하다. **6** …을 적당히 조치하다, …을 조작하다.
◇ *weigh* v.
weight·ed [wéitid] adj. **1** 부담이 무거운, 짐을 실은; 가중된. **2** 〔정치〕 출신구 인구 비례 대표권의.
wéighted vóting sýstem n. 가중(加重) 투표제도.
weight·ing [wéitiŋ] n. 〔특히 英〕 가중시키는 것, 첨가물; ⓤ 〔때로 a~〕 〔급료의〕 물가조정 수당; 〔특히〕 지역 수당.
weight·ism [wéitìz(ə)m] n. ⓤ 비만인 차별(멸시).
weight·less [wéitlis] adj. **1** 무게가 없는; 무중력 상태의. **2** 중요성이 없는, 영향력이 없는.
weight·less·ness [wéitlisnis] n. ⓤ **1** 무중력 상태. **2** 비중요성.
wéight lífter n. 역도(力道) 선수.
wéight lífting n. ⓤ 역도.
wéight-wàtch·er [wéitwàtʃər / -wɔ̀tʃ-] n. 체중을 조절하는 사람, 감량(식)이 요법자(dieter).

*weight·y [wéiti] adj. (*weight·i·er, weight·i·est*) **1** 중량이 있는, 무거운. ⇒ HEAVY¹ 類語 **2** 무거운 짐이 되는, 답답한, 성가신. ¶ *weighty* responsibilities 무거운 책무. **3** 중요한, 중대한. ¶ *weighty* negotiations 중요한 교섭. **4** 영향력있는, 유력한. ¶ a *weighty* merchant 유력한 상인.
weight·i·ly adv. **weight·i·ness** n.
Weil's disèase [wáilz-, váilz-] n. ⓤ 〔의학〕 바일씨병.
Wei·mar [váimaːr] n. 바이마르 〔독일의 도시〕.
Wéimar Cònstitútion n. (the ~) 바이마르 헌법 〔1919년 바이마르 국민 의회에서 제정된 독일 공화국 헌법으로, 가장 이상적인 민주 헌법으로 평가되고 있다〕.
Wéimar Repúblic n. (the ~) 바이마르 공화국 〔1919-33년간의 독일의 명칭〕. 잡는 장치〕.
weir [wiər] n. **1** 둑. **2** 어살〔강에서 물고기를
***weird** [wiərd] adj. **1** 초자연력의(supernatural), 무시무시한(uncanny), 불가사의한. ¶ a *weird* sound 무시무시한 소리.
類語 **weird** 초자연력을 느끼게 하는: the *weird* roar of the stormy sea 폭풍으로 격랑이 이는 바다의 무시무시한 울림. **eerie** 막연하게 신비로운 불안·공포를 일으키게 하는: an *eerie* sobbing from an empty room 빈 방에서 들려오는 등골이 오싹해지는 흐느낌. **unearthly** 이 세상 것이라 생각되지 않는: an *unearthly* flash of lightning 무시무시한 번갯불의 번쩍임. **uncanny** 경험으로는 이해할 수 없는 또는 불쾌할만큼 무시무시한: an *uncanny* skill with dice 주사위를 다루는 무시무시한 솜씨.
2 기묘한, 괴상한(bizarre). ¶ a *weird* getup 기묘한 몸차림.
3 〔고어〕 운명의, 운명을 관장하는.
— n. **1** ⓤⓒ 《고어·스코》 운명(fate), 숙명, 〔특히〕

불은. **2** (W-) 운명의 여신(Fates)의 하나. **3** 예언자. **4** 전조, 예언. ~**ly** *adv.* ~**ness** *n.*

weird·ie, weird·y [wíərdi] *n.* (*pl.* **weird·ies**)《속어》묘한 사람(것).

weird·o [wíərdou] *n.* (*pl.* **-os**) 《속어》 = weirdie.

Wéird Sísters *n. pl.* (the ~) **1** 운명의 3여신(the Fates). **2** 3명의 마녀 [Shakespeare 작 *Macbeth*에 등장한다]. **3** 《북유럽 신화》 노르네(the Norns) [운명을 관장하는 3여신].

Weis·mann·ism [váismɑːníz(ə)m] *n.* ⓤ《생물》바이스만설(說) [독일 생물학자 A. Weismann(1834-1914)의 유전학설].

welch [weltʃ, welʃ/welʃ] *v.* (속어) = welsh.
Welch [weltʃ, welʃ/welʃ] *adj., n.* = Welsh.
Welch·man [wéltʃmən, wélʃ-/wélʃ-] *n.* (*pl.* **-men** [-mən]) = Welshman.

‡**wel·come** [wélkəm] *adj.* **1** [사람이] 환영받는, 반가이 맞아지는, 인기가 있는. ¶ *a welcome guest* 환영받는 손님 / *make a person welcome* 남을 환대(환영)하다 / *You are welcome.*〔감사하다는 인사에 대해서〕 천만의 말씀은.

── **Usage** (1) "You are welcome." 은 남에게 감사의 말을 들었을 때「천만의 말씀을」이라는 뜻으로, 특히《美》에서는 정중한 표현이다. 그밖에 "Not at all.", "Don't mention it."라고도 한다. (2) 온 손님에게「잘 오셨습니다」는 "You are welcome."이라 하지 않고 "I am very (or so) glad to see you." "I am very (or so) glad you have come." "It is very kind of you to come [to see me]." 처럼 말한다. *welcome*을 우리말의「잘 오셨습니다」의 뜻으로 쓰는 것은 "*Welcome* to Korea!" "*Welcome* home!"처럼 감탄사로서의 경우이다.

2《서술용법》자유로이 쓸 수 있는, 멋대로 …해도 좋은; 《반어·비꼬아서》멋대로 …하는 게 좋은, [네가 …하든] 알 바 아닌 (*to, to do...*). ¶ *You are welcome to* any book in my library. 내 서재에 있는 책은 무엇이든 멋대로 보아도 좋습니다 / *You are welcome to* [use] our telephone. 마음대로 전화를 쓰십시오.

3 [생긴 일·사정 따위가] 반가운, 형편이 좋은, 좋은. ¶ *a welcome* letter 반가운 편지.

and welcome 그래도 좋다. ¶ *You may do so, and welcome.* 그렇게 하셨다면 그것으로 좋다.

── *n.* 환영, 환대, 대접, 환영의 인사. ¶ *a hearty* (cold) *welcome* 마음으로부터의(차가운) 대접 / receive *a welcome* 환영받다 / say *welcome* to a person 남에게 환영의 뜻을 나타내다 / He gave me a warm *welcome*. 그는 마음으로부터 나를 환영해 주었다.

wear out one's welcome 성가시게 방문하여 (너무 오래 체재하여) 미움을 사다.

── *vt.* (**-comed, -com·ing**) **1** …을 환영하다, 기꺼이 맞이하다. ¶ He was warmly *welcomed*. 그는 따뜻한 환영을 받았다.
2 …을 기꺼이 받아들이다. ¶ I *welcome* your criticism. 당신의 비판을 기꺼이 받아들인다.

── *interj.*《종종 부사(구)를 수반하여》참 잘 오셨습니다!, 어서 오십시오! ¶ *Welcome* home! 어서 오십시오! ~**ness** *n.* ~**ly** *adv.*

wélcome mát *n.* [현관의] 도어매트(doormat).
put out the welcome mat《美》크게 환영하다.
wel·com·er [wélkəmər] *n.* 환영하는 사람.
wel·com·ing [wélkəmiŋ] *adj.* 환영의, 환영하는. ¶ *a welcoming* party 환영회 (welcome party).

*****weld**[1]** [weld] *vt.* **1** …을 단접(鍛接)하다. **2** …을 접합하다, 밀착시키다, 합일(合一)하다. ── *vi.* 단접(접합)되다. ── *n.* **1** 단접 부분, 용접점, 접착점. **2** 단접, 용접, 접착.

weld[2] [weld] *n.* **1** 목서초 [목서과(科)의 식물]. **2** ⓤ 목서초에서 채취한 황색 염료. ③ 쓸 수 있는.

weld·a·ble [wéldəbl] *adj.* 단접(접합)할 수 있는.

weld·er [wéldər] *n.* 용접공; 용접기; 결합하는 것.
weld·ing [wéldiŋ] *n.* ⓤ 단접, 용접.
weld·ment [wéldmənt] *n.* **1** ⓤ 단접(용접) [하기]. **2** 단접(용접)된 것.

‡**wel·fare** [wélfɛ̀ər] *n.* ⓤ **1** 복지, 복리, 번영, 행복 (well-being). ¶ child (public) *welfare* 아동(공공) 복지 / the Ministry of *Welfare* 복지 후생성(부). **2** 복지 사업, 후생 사업 (시설).
on welfare《美구어》생활 보조를 받아, 정부의 구제를 받아.

wélfare búm *n.* 복지 사업 혜택을 받고 빈둥빈둥 놀고 먹는 사람.
wélfare cénter *n.* 복지 사업소 [진료소·건강 상담소 등].
wélfare económics *n.* 후생 경제학.
wélfare hotél *n.* 복지 [사업에 의한] 숙박 시설.
wélfare státe *n.* (the ~) 복지 국가; 사회 보장 국가.
wélfare státism *n.* ⓤ 복지 국가주의.
wélfare wórk *n.* ⓤ 복지 사업.
wélfare wórker *n.* 복지 사업가.
wel·far·ism [wélfɛ̀(ː)rìz(ə)m/-fɛ̀ər-] *n.* ⓤ 복지 정책, 복지 보조금.

wel·kin [wélkin] *n.* (the ~)《고어·詩》하늘, 창공 (sky).
make the welkin ring [큰 소리 따위를] 하늘까지 울리다.

‡**well**[1] [wel] *adv.* (**bet·ter, best**) **1** 잘, 만족스럽게, 더할 나위 없이, 기분좋게. ¶ sleep *well* 기분 좋게 자다 / a *well*-situated house 환경이 위치에 있는 집 / *Well* met! 잘 만났다! / He came off *well*. 그는 운이 좋았다 / *Well* begun is half done. 《속담》 시작이 좋으면 반은 된 거다, 시작이 반.
2 훌륭하게, 썩 잘, 교묘하게, 능숙하게. ¶ speak English *well* 영어를 잘하다 / *Well* done! 잘한다! / That is *well* said. 썩 잘한 말이다.
3 적당히, 적당하게, 적절히 (suitably). ¶ I could not *well* refuse. 아무래도 거절할 수가 없었다 / You may *well* ask. 질문하는 것도 당연이다 / You might *well* ask why. 까닭을 묻는 것도 무리가 아니었다 / The withdrawal might *well* have been made much earlier. 철회가 좀 더 빨리 이루어졌어야 했을 것을.
4 아마도, 틀림없이. ¶ It may *well* be interesting (true). 아마 그것은 재미있을 (정말일) 것이다.
5 완전히, 충분히, 전적으로 (thoroughly); 상당히, 제법, 매우. ¶ Think *well* before you act. 행동하기 전에 충분히 생각해라 / They left him *well* behind. 그들은 그를 완전히 떼어놓고 말았다 / He ought to be *well* beaten. 그들은 실컷 맞아야 한다.
6 진심으로, 친절하게; 칭찬하여, 찬성하여. ¶ treat a person *well* 남을 친절하게 대접하다.
7 유복하게. ¶ live *well* 유복하게 살다.
8 건강하게.
9 확실히, 분명히. ¶ You know perfectly *well* that he was there. 그가 그곳에 있었던 것을 너는 분명히 알고 있다.

as well ① 게다가, 그 위에. ¶ I'll have some meat and some bread *as well*. 고기와 거기에 빵도 좀 먹어야겠다. ② 마찬가지로, 같이 (equally). ¶ If you have no clock, a watch will do *as well*. 벽시계가 없다면 팔목 시계라도 상관없다.

as well as ① …에 더하여, 게다가. ¶ He gave me a pen *as well as* a pencil. 그는 연필 이외에 만년필도 주었다. ② …과 마찬가지로 잘. ¶ I did it *as well as* I could. 그것을 가능한 잘 해봤다 / *As well be* hanged *for a sheep as for a lamb.* 《속담》새끼양이건 어미양이건 훔치면 교수형인데 이왕 철저히 하는 것이 좋다, 나중 도둑도 소도둑이나 마찬가지.

be well off 살기가 좋다. *opp.* be badly (or poorly) off.
be well on ① 충분히 진척되고 (나아가고) 있다. ② 내기에 이길 가능성이 충분히 있다.
be well out of …을 잘 벗어나 있다. ¶ I wish I was

well   2417   **well-informed**

well out of it. 그런 일과는 무관했다면 싶다. *come off well* 잘 되어가다; 행운이다. *do well* ① 대우가 좋다. ② 성공하다, 번창하다. ③ 건강하다, 경과가 좋다. ¶ The patient is *doing well*. 환자의 경과가 좋다. *do* oneself *well* 사치스럽게 살다. *do well by* …을 특별하게 다루다, 돕다. *do well to* …하는 것이 좋다. ¶ You *did well to* come. =It was *well done* of you *to* come. 잘 와주었소. *may well do* …하는 것도 당연하다. ⇨3. *might as well* ① …하는 편이 낫다. ¶ I *might* just *as well* come at five. 5시에 오는 편이 낫다. ② …하면 좋을텐데, …하면 어떨까. ¶ You *might as well* give him a letter. 그에게 편지를 내보то 어떨까. *might as well…as…* …할 바엔 차라리 …하는 편이 낫다; …하는 것이나 …하는 것이나 같다. ¶ You *might as well* expect a wolf to be generous *as* ask him for money. 그에게 돈을 기대하는 것은 이리에게 관대함을 기대하는 것이나 다름없다. *might well* …하는 것도 당연한 일이다(일이었다). ⇨3. *speak* (*think*) *well of* …의 일을 좋게 말하다(생각하다). *stand well with* …의 마음에 들다. *Well done!* 〖구어〗 잘 했어!, 훌륭했어! *well up in* …에 정통하여 (선미루에 on). ¶ *well up* in nineteenth-century literature 19세기 문학에 정통함.

— *adj.* (*bet·ter, best*) (1만 한정 용법, 다른 것은 서술 용법) **1** 〖美구어〗 건강한 (∗ 비교급·최상급은 없다). ¶ a *well* man 건강한 사람. **2** 건강하여, 심신이 건전하여. ¶ HEALTHY 類語 *opp*. ill ¶ I am quite well. 나는 아주 건강하다. **3** 만족스러운, 기분이 좋은. **4** 형편이 좋은(satisfactory, good). ¶ All is not *well* with him. 그에게 있어서 만사가 잘 되어가고 있는 것은 아니다. *as well* …해도 좋은. ¶ It may be *as well* to explain. 설명해도 좋다. ② …하는 편이 좋은. *well and good* 좋다, 됐어, 할 수 없다. ∗ 결정·결의 등을 엄숙하게 받아들일 때 으레 하는 말. *well enough* 상당히 (건강히) 좋은.

— *interj.* **1** 〖놀람〗 어머!, 저런!, 뭐! ¶ *Well* [to be sure]! 이것 너무 하네! **2** 〖안심〗 후유! ¶ *Well*, here we are at last. 후유, 겨우 다 왔다. **3** 〖양보〗 글쎄!, 그렇다면! ¶ *Well*, perhaps you are right. 글쎄, 아마 네 말이 옳겠지. **4** 〖말을 이어서〗 그래서!, 그런데! ¶ *Well*, who was it? 그런데 그게 누구였지? **5** 〖승인〗 그래!, 그렇다치고! ¶ *Well, well*, that's true. 그래, 그래, 그렇지. **6** 〖기대〗 그래서!?, 그리고! ¶ *Well*, then? 그래서? **7** 〖체념〗 에라!, 제기랄! ¶ *Well*, it can't be helped! 제기랄, 어쩔 수 없지!

— *n.* Ⓤ 좋음; 만족스러움; 소망스러움. ¶ I wish a person *well* 남의 행복을 바라다 / Let *well* alone. 좋은 일은 그대로 두어라.

~·ness *n.* ◇ good *adj.*

‡**well**² [wel] *n.* **1** 우물. **2** 〖비유적〗 원천, 본원. ¶ He is a *well* of information. 그는 소식통이다. **3** 우물 모양의 것(장소); 〖책상에서〗 오목하게 들어간 부분, 잉크 스탠드 등의 오목한 부분. **4** 계단(階段), 층계가 둘린 공간(stair well); 통기 구멍(air well); 엘리베이터의 오르내리는 통로(elevator well). **5** 〖영국 법정의 재판석 앞의〗 변호사석. **6** 어선의 활어조(活魚槽).

— *vi.* 솟아나다, 분출하다, 솟아오르다(*up, out, forth*). ¶ Oil *welled up* out of the ground. 석유가 땅에서 솟아올랐다.

— *vt.* …을 뿜어내다, 분출하다(gush). ¶ a fountain *welling* its pure water 맑은 물이 솟아 오르는 샘.

‡**we'll** [wi:l, 약 wil] we will, we shall 의 단축형.

well·a·day [wéladéi] *interj.* 〖고어〗 =wellaway.

well·ad·vised [wéladváizd] *adj.* 사려 (분별)이 깊은, 깊이 생각한, 신중한(prudent).

well-ap·point·ed [wéləpɔ́intid] *adj.* 잘 정비된, 설비(장비)가 갖추어진. ¶ a *well-appointed* room 설비가 잘 된 방.

well·a·way [wéləwéi] *interj.* 〖고어〗 아아!, 오오! (비탄을 나타내는 소리) (alas, woe).

well-bal·anced [wélbǽlənst] *adj.* **1** 균형이 잡힌. **2** 상식이 있는; 정신이 온전한(sane).

well-be·haved [wélbihéivd] *adj.* 예의(예절) 바른.

∗**well-be·ing** [wélbí:iŋ] *n.* Ⓤ 복지, 안녕, 행복; 번영. *opp.* ill-being

well-be·loved [wélbilʌ́v(i)d] *adj.* 마음 속으로부터 사랑받고 있는. — *n.* 가장 사랑하는 사람.

well·born [wélbɔ́ːrn] *adj.* 출생이 좋은, 집안(가문)이 좋은.

well-bred [wélbréd] *adj.* **1** 교육을 잘 받고 자란, 예절 바른. **2** 〖가축 따위의〗 종자가 좋은.

well-built [wélbílt] *adj.* 체격이 좋은.

well-cho·sen [wéltʃóuzn] *adj.* 정선된; 〖어구가〗 적절한(proper, appropriate).

well-con·nect·ed [wélkənéktid] *adj.* 인척 관계가 좋은, 집안이 좋은.

wéll déck *n.* 〖항해〗 요(凹)갑판, 중간 갑판 〖선수루(樓)와 선미루 사이의 갑판〗.

well-de·fined [wéldifáind] *adj.* 〖정의가〗 명확한; 윤곽이 분명한. ¶ a *well-defined* boundary 명확한 경계선.

well-dis·posed [wéldispóuzd] *adj.* **1** 마음씨 착한, 사람이 좋은. **2** 친절한, 동정심이 있는, 호의적인(*toward…*).

well-do·er [wéldú(ː)ər] *n.* 〖폐어〗 선행자, 덕행자.

well-do·ing [wéldú(ː)iŋ] *n.* Ⓤ 선행, 덕행. — *adj.* 선행(덕행)의; 근면한.

well-done [wéldʌ́n] *adj.* **1** 잘 한. **2** 〖고기가〗 잘 삶아진(구워진). *cf.* underdone, overdone

well-dressed [wéldrést] *adj.* 몸치장을 잘한, 복장이 훌륭한.

well-earned [wélə́ːrnd] *adj.* 제 힘으로 번; 당연히 받아야 할; 자업자득의. ¶ a *well-earned* recompense 당연히 받아야 할 보수.

well-es·tab·lished [wélistǽblíʃt] *adj.* 확고부동한, 안정된, 정착된. ¶ a *well-established* business 안정된 사업.

well-fa·vored, (英) -voured [wélféivərd] *adj.* 용모가 잘 생긴, 미모의(good-looking).

well-fed [wélféd] *adj.* 영양이 충분한; 살찐, 둥둥한 (fat).

well-fixed [wélfíkst] *adj.* 〖구어〗 유복한(well-to-do).

well-formed [wélfɔ́ːrmd] *adj.* **1** 모양이 좋은. **2** 〖언어〗 적격(適格)의; 언어 표현이 문법 규칙에 맞는.

well-found [wélfáund] *adj.* 준비가 충분히 갖추어진, 장비가 좋은. ¶ a *well-found* ship 장비가 잘 갖추어진 배.

well-found·ed [wélfáundid] *adj.* **1** 기초가 튼튼한. **2** 사실에 입각한, 충분한 이유(근거)가 있는.

well-groomed [wélgrúːmd] *adj.* **1** 〖말 따위가〗 손질이 잘 된. **2** 〖사람이〗 몸을 단정하게 꾸민.

well-ground·ed [wélgráundid] *adj.* **1** 충분히 기초 교육(훈련)을 받은. **2** 정당한 사유(근거)가 있는 (well-founded).

well·head [wélhèd] *n.* **1** 수원(水源), 원천(fountainhead). **2** 우물에 씌운 지붕.

well-heeled [wélhíːld] *adj.* 〖속어〗 유복한, 돈 많은.

well-hung [wélhʌ́ŋ] *adj.* **1** 〖커튼이〗 잘 드리워진; 〖스커트가〗 보기 좋게 자리잡은. **2** 〖사냥한 고기가〗 적당히 내도록 충분히 오래 걸어 놓은. **3** 〖여성이〗 가슴이 풍만한.

well-in·formed [wélinfɔ́ːrmd] *adj.* **1** 사정에 정통한. **2** 박식한, 견문이 넓은. ¶ a *well-informed* man

박식한 사람.
Wel・ling・ton [wéliŋtən] n. **1** New Zealand의 북도 (北島) (North Island) 남부에 있는 항구 도시이며 수도. **2** =Wellington boot.
Wéllington bóot n. (보통 ~s) 웰링턴 부츠[무릎까지 덮는 장화]. [<영국의 장군 Arthur Wellesley Wellington(1769-1852)이 신었던 데서]
well-in・ten・tioned [wéltinténʃ(ə)nd] adj. 선의의, 선의로 한(well-meaning).
well-judged [wéldʒʌ́dʒd] adj. 판단이 정확(적절)한(appropriate), 시의(時宜) 적절한(timely).
well-kept [wélképt] adj. 손질이 잘 된, 잘 간수된.
well-knit [wélnít] adj. **1** [이야기・토론 따위가] 잘 정리된, 시종일관한. **2** [체격이] 튼튼한, 근골이 억세 보이는.
‡**well-known** [wélnóun] adj. **1** 유명한, 주지의. ⇨ FAMOUS 類語 ¶ a well-known painter 유명한 화가. **2** 친한, 친숙한(familiar).
well-lik・ing [wélláikiŋ] adj. 건강하게 보이는(healthy); 번창하는(thriving).
well-lined [wélláind] adj. **1** (구어) [지갑 안이] 두둑한, 가득 든.
well-made [wélméid] adj. **1** [몸이] 균형이 잡힌. **2** [세공품이] 잘 만들어진, 잘 된.
well-man・nered [wélmǽnərd] adj. 예절 바른, 기품이 있는, 정중한, 얌전한.
well-marked [wélmá:rkt] adj. 분명한, 명확한(distinct).
well-matched [wélmǽtʃt] adj. 배합이 잘 된; [부부 등이] 잘 어울리는.
well-mean・ing [wélmí:niŋ] adj. **1** 선의(호의)의, 선의로 한(well-intentioned). **2** 사람이 좋은.
well-meant [wélmént] adj. 선의로 한(말한). ¶ well-meant advice 호의적인 조언.
well-mount・ed [wélmáuntid] adj. 훌륭한 말에 올라 탄.
well-nigh [wélnái/ ⊥⊥] adv. 거의(almost).
well-off [wélɔ́:f /-5f] adj. **1** (주로 서술용법) 순조로운 환경에 있는, 잘 되어가고 있는. **2** 유복한(well-to-do); (the ~) (명사적 용법) (집합적) 유복한 사람들. ⇨ RICH 類語
well-oiled [wélɔ́ild] adj. **1** (속어) 취해 있는(drunk). **2** 능률적인.
well-or・dered [wélɔ́:rdərd] adj. 잘 정돈된, 질서 있는.
well-placed [wélpléist] adj. 믿을 만한[신문 기사 등에서 고위 당국자가 정보원(源) (소식통)임을 시사하는 상투어].
well-pre・served [wélprizə́:rvd] adj. 잘 보존된, 새 것처럼 보이는; [나이에 비해] 젊어 보이는.
well-pro・por・tioned [wélprəpɔ́:rʃ(ə)nd /-pɔ́:-] adj. 균형(균정)이 잘 잡힌.
well-read [wélréd] adj. **1** 다독의, ¶ a well-read person 다독하는 사람. **2** 박식의; …에 정통한(in …). ¶ a person well-read in German literature 독일 문학에 정통한 사람.
well-reg・u・lat・ed [wélrégjuléitid] adj. 잘 정돈된, 규칙이 잘 지켜진, 깔끔한.
well-re・put・ed [wélripjú:tid] adj. 평판이 좋은, 훌륭한.
well-round・ed [wélráundid] adj. **1** [사람이] 통통하게 살찐. **2** [문체・프로그램 따위가] 균형이 잡힌. **3** 다재다능한, 취미가 다양한.
well-set [wélsét] adj. (체격이) 건장한, 튼튼한.
well-spo・ken [wélspóuk(ə)n] adj. **1** 말을 잘 하는, 재치 있게 말하는. **2** 말씨가 점잖은, 용어가 세련된.
well-spring [wélspriŋ] n. =wellhead 1.
well-stacked [wélstǽkt] adj. (英속어) (여성이) 몸 동한, 비대한, 살찐.
well-suit・ed [wélsú:tid /-s(j)ú:t-] adj. 적절한, 형편이 좋은, 편리한.
wéll swéep n. 지레식 두레박.

well-thought-of [wélθɔ́:tàv, -λv /-ɔ̀v] adj. 평판이 좋은.
well-timed [wéltáimd] adj. 호기의, 시기가 좋은. ⇨ OPPORTUNE 類語
*__well-to-do__ [wélədú:] adj. 유복한, 지내기 넉넉한; (the ~) (명사적 용법) (집합적) 부유 계급. ⇨ RICH 類語
well-tried [wéltráid] adj. 많은 시련을 겪은; 충분히 시험해 본; 잘 음미된.
well-turned [wéltə́:rnd] adj. **1** [몸 따위가] 모양이 잘 생긴(shapely). ¶ a well-turned neck 잘 생긴 목덜미. **2** [말 따위가] 잘 표현된, 표현이 교묘한.
well-up・hol・stered [wélʌphóulstərd] adj. (구어・익살) (사람이) 뚱뚱한, 살찐.
well-wish・er [wélwíʃər] n. (남의) 행복을 비는 사람, 호의를 보이는 사람; (주의 등의) 지지자, 찬성자.
well-wish・ing [wélwíʃiŋ] adj. 남의 행복을 비는, 호의를 보이는; 지지하는, 찬성하는. ─ n. ⓤ 남의 행복을 빌기, 호의를 보이기; 지지, 찬성.
well-worn [wélwɔ́:rn /-wɔ́:n] adj. **1** 입어서 해진 (낡은). **2** 흔한, 평범한, 진부한(trite).
welsh [welʃ, +美 weltʃ], **welch** [weltʃ, welʃ / welʃ] vi. (속어) **1** (경마에서 승자에게) 상금을 주지 않고도 망치다(on…). **2** 빚을 떼먹다; 의무를 회피하다(on…).
*__Welsh__ [welʃ, +美 weltʃ] adj. 웨일즈의; 웨일즈인(人) (말)의. ─ n. **1** ⓤ 웨일즈어(* Cymric, Kymric 이라고도 한다). **2** (the ~) (집합적) 웨일즈인.
◇ Wales n.
Wélsh córgi [-kɔ́:rgi] n. 웨일즈 코기 [몸통이 길고 다리가 짧은 웨일즈산(産)의 개].
welsh・er [wélʃər, +美 weltʃ-], **welch・er** [wéltʃər, welʃ- / welʃ] n. (속어) 상금(빚)을 떼어먹는 사람; 의무를 회피하는 사람, 사기꾼.
Welsh・man [wélʃmən, +美 weltʃ-], **Welch・man** [weltʃ-, welʃ-/welʃ-] n. (pl. **-men** [-mən]) 웨일즈인(人).
Wélsh rábbit n. 치즈 토스트의 일종 [녹인 치즈를 토스트에 바른 요리].
Wélsh rárebit [-réərbit] n. =Welsh rabbit.
Welsh-wom・an [wélʃwùmən, +美 weltʃ-] n. (pl. **-wom・en** [-wìmin]) 웨일즈 여자.
welt [welt] n. **1** (매・막대기에 의한) 매질한 자국 (wale). **2** 강타, 일격(blow). **3** (구두) 바닥과 갑피를 마주 있는 가죽, 대다리, (구두의) 가장자리 장식. **4** (이음매・가장자리에 대는) 가느다란 천, 가장자리 마무림 선.
─ vt. **1** (매・막대기로) …을 치다. **2** …에 대다리를 대다, 가장자리 장식을 대다.
Welt [velt] n. (독일) (=world) 세계.
Welt・an・schau・ung [G veltá:nʃàuuŋ] n. (독일) (=world view) 세계관.
wel・ter[1] [wéltər] vi. **1** [바다가] 소용돌이치다, 굽이치다. **2** 굴러 다니다, 뒹굴다(about). ¶ (~+前+⒜) a pig weltering [about] in the mud 진흙속을 뒹구는 돼지. **3** (피에) 젖다. **4** 잠기다, 탐닉하다. ¶ (~+前+⒜) welter in sin 죄악에 빠지다. **5** 혼란하다.
─ n. **1** 뒹굴기. **2** 굽이침, 소용돌이침. ¶ the welter of the sea 바다의 굽이침. **3** 혼란, 엉망진창.
wel・ter[2] [wéltər] n. (구어) =welterweight. ─ adj. 중량 부하(負荷) 경마의. ⇨ WELTERWEIGHT.
wel・ter・weight [wéltərwèit] n. **1** 웰터급의 선수. **2** (장애물 경마에서) 핸디캡으로서 말에게 지우는 28 운드의 중량. **3** 장애물 경마의 기수 [여느 기수보다 체중이 무겁다].
Welt・schmerz [G véltʃmèrts] n. (독일) (=world pain) 세계고(世界苦) (세상에 대한 비관적 태도).
wen[1] [wen] n. **1** (병리) [특히 두피(頭皮)의] 피지선낭종(皮脂腺 囊腫). **2** (비유적) 이상하게 방대해진 도시. ¶ the Great Wen 런던시.
wen[2] [wen] n. 고대 영어의 룬(runes)문자 'P' [11세기

wench [wentʃ] n. **1** (익살·경멸적) 소녀, 낭자. **2** (고어) 시골 소녀. **3** (고어) 하녀(maid). **4** (고어) 매춘부(strumpet). — vi. 매춘부 따위와 음란하게 놀다.
wend [wend] v. (**wend·ed** or (고어) **went, wend·ing**) vt. 향하다, 옮기다; [길]을 나아가다. ¶ We *wended* our way home. 우리는 집으로 향했다. — vi. (고어) 가다, 향하다(go).
Wend [wend] n. 웬드인(人) [슬라브 민족의 한 종족].
Wend·ic [wéndik] adj., n. =Wendish.
Wend·ish [wéndiʃ] adj. 웬드인(人)의; 웬드어(語)의. — n. ⓤ 웬드어.
Wén·dy hóuse [wéndi-] n. (英) 어린이를 위한 놀이집(playhouse). [<J.M.Barrie 의 희곡 *Peter Pan* 에서]
Wens·ley·dale [wénzlidèil] n. ⓤ 영국 Yorkshire 산(産)의 웬슬리데일 치즈.
‡**went** [went] v. **1** go 의 과거형. **2** (고어) wend 의 과거·과거 분사의 하나.
wen·tle·trap [wéntltræp] n. 실패고둥과(科)의 각종 고둥.
‡**wept** [wept] v. weep¹의 과거·과거 분사.
‡**were** [wəːr] v. **1** be 의 직설법 복수의 과거형 및 2인칭 단수의 과거형. **2** be 의 가정법 과거(* 현재의 사실에 반하는 일이나 실현 불가능한 소망을 나타낸다). ¶ If I *were* a bird, I would fly to you. 내가 새라면 너한테 날아갈 수 있을 것을(* If I *were*…이 대신에 was 가 쓰이는 수도 있는데, 오늘날 일반적으로는 were 가 잘 쓰인다) / He looked as grim as if he *were* made of stone. 그는 마치 돌로라도 만들어 놓은 듯 엄숙하게 보였다.
as it were ⇨ AS¹.
were it not for; if it were not for ⇨ IF.
were to ⇨ BE auxil. v. 4 d).
‡**we're** [wiər] we are 의 단축형.
‡**were·n't** [wəːrnt, + 美 wə́ːrant] were not 의 단축형.
were·wolf [wíərwùlf, wə́ːr-], (**wer-wolf**) n. (pl. **-wolves** [-wùlvz]) (전설) 늑대 인간, 낭인(狼人).
*****wert** [wəːrt, 약 wərt] v. (고어) be 의 2인칭 단수의 과거형 및 가정법 과거 (주어가 thou 일 때에 쓴다).
wes·kit [wéskit] n. (구어) (특히 여성용) 조끼(vest).
Wes·ley·an [wésliən, 英 wéz-] adj. 웨슬리파의, 메소디스트파의. — n. **1** 영국의 목사이며 메소디스트파의 창시자인 John Wesley(1703-91)와 시인이며 찬송가 작사자인 Charles Wesley(1707-88) (John 의 동생)의 추종자. **2** (주로 英) 메소디스트교도.
Wes·ley·an·ism [wéslianìz(ə)m, wéz-], (**Wes·ley·ism** [-lìz(ə)m]) n. ⓤ (주로 英) 웨슬리파, 메소디스트주의.
Wes·sex [wésiks] n. **1** 중세의 잉글랜드 남부에 있었던 앵글로색슨의 왕국. **2** Thomas Hardy 의 작품에 나오는 가공의 지명 (주로 Dorsetshire 지방을 말한다).
‡**west** [west] n. **1** (the ~) 서, 서쪽, 서방, 서부. ¶ The sun sets in the *west*. 해는 서쪽으로 진다 / on the *west* of … 의 서쪽에 (접하여) / Los Angeles is in the *west* of America. 로스앤젤레스는 미국 서부에 있다 / This city lies to the *west* of Chicago. 이 도시는 시카고의 서쪽에 위치하고 있다.
2 (the W-) (동양에 대하여) 서양, 서구(Occident); 서반구(Western Hemisphere); 구미; 서방 (구미의 비공산권 제국).
3 (the W-) (美) 서부, 서부 지방 [Mississippi 이서(以西)의 지방].
4 (the W-) (역사) 서(西) 로마 제국(Western Roman Empire).
5 (the W-) (가톨릭) =Western Church.
6 (詩) 서풍(west wind).
west by north 서미북(西微北).
west by south 서미남(西微南).
— adj. **1** 서의, 서부의; 서쪽의. ¶ the *west* longitude 서경(西經) / on the *west* coast 서해안에. **2** (바람 따위가) 서쪽으로부터의, 서쪽에서 오는. ¶ a *west* wind 서풍. **3** (W-) 서부의, 서부에 있는. **4** (교회) 제단과 정반대쪽의.
— adv. 서쪽에(으로), 서방에(으로). ¶ face *west* 서쪽으로 면하다 / sail due *west* 정서(正西)로 항해하다 / lie *west* of … 의 서쪽에 위치하다 / lie east and *west* 동서로 가로놓이다.
go west (속어) 죽다; 못쓰게 되다; (돈 등이) 없어지다.
◇ wéstern, wésterly adj.
Wést Bánk n. (the~) 요르단강 서안 지구 [1967년 이스라엘이 점령, 1995년부터 Palestine 인의 부분적 자치가 허용되었다].
Wést Berlín n. 서베를린.
west·bound [wéstbàund] adj. 서쪽으로 가는 (略 w. b.).
Wést Cóast n. (the~) (미국의) 서해안, 태평양 연안.
Wést Énd n. (the ~) 영국 London 의 서부 구역 (대저택·고급품 상점·호텔·극장 등이 있다).
west·er·ing [wéstəriŋ] adj. 서쪽으로 향하는(가는); (해가) 서쪽으로 기우는. ¶ a *westering* stream 서쪽으로 흐르는 시내 / the *westering* sun 서쪽으로 기운 태양.
west·er·ly [wéstərli] adj. **1** 서쪽으로 향하는, 서향의, 서쪽으로 기운. ¶ a *westerly* course 서향의 진로. **2** 서쪽에서 불어오는. ¶ a *westerly* gale 강한 서풍. — adv. **1** 서쪽으로, 서쪽으로 향해서. **2** 서쪽에서. — n. (pl. **-lies**) 서풍.
‡**west·ern** [wéstərn] adj. **1** 서방의. ¶ the *western* shore of France 프랑스의 서해안. **2** 서향의, 서쪽으로 면한. ¶ a room with *western* exposure 서향의 방. **3** 서쪽에서 부는. ¶ a *western* wind 서풍. **4** (종종 W-) (특히 미국의) 서부의. ¶ the Western States (미국의) 서부 모든 주. **5** (보통 W-) 서양의, 서구의 (occidental); (공산 국가에 대하여) 서방의. **6** (W-) 서방 교회의.
— n. **1** 서방 사람, 서구인; (미국의) 서부인. **2** (종종 W-) 서부극, 서부 음악.
◇ west n.
Wéstern Chúrch n. (the~) 서방 교회. *cf.* Roman Catholic Church [Empire.
Wéstern Émpire n. (the~) =Western Roman
west·ern·er [wéstərnər] n. **1** 서방에 사는 사람. **2** (W-) (美) 서부인.
Wéstern Hémisphère n. (the~) 서반구.
west·ern·i·za·tion [wèstərnizéi(ə)n / -naiz-] n. ⓤ (사고 방식·습관 등의) 서구화.
west·ern·ize [wéstərnàiz] vt. (**-ized, -iz·ing**) (사고 방식·생활 양식 등)을 서구화하다, 서양풍으로 하다.
west·ern·most [wéstərnmòust, +英 -məst] adj. 가장 서쪽의, 극서(極西)의, 서단의.
Wéstern Róman Émpire n. (the~) 서로마 제국(395-476).
Wéstern Samóa n. 서(西) 사모아 [남태평양 사모아 제도(諸島)의 서부를 점하는 독립국].
Wést Germánic n. ⓤ 서(西) 게르만 제어(諸語) [영어·네덜란드어·독일어 등]. — adj. 서게르만 제어의.
Wést Gérmany n. (분단 당시의) 서독 (공식명은 독일 연방 공화국(Federal Republic of Germany)).
Wést Índian adj. 서인도 제도의. — n. 서인도 제도인(人).
Wést Índies n. pl. (the~) 서인도 제도 [미국 Florida 반도로부터 남미의 Venezuela 북안으로 이어지는 북대서양 상의 네덜란드 제도].
west·ing [wéstiŋ] n. ⓤ **1** (항해) 서향 항정(西航程), 편서(偏西)항행, 서항. **2** (측량) 편서. **3** (풍향 따위의) 서향, 서쪽으로 기움.
*****West·min·ster** [wés(t)mìnstər] n. **1** 영국 London 시 중앙의 자치구 [Westminster 사원·국회 의사당·

Buckingham 궁전 등이 있다). **2** 영국 국회 의사당 (Houses of Parliament); [영국의] 의회, 의회 정치. ¶ at *Westminster* 의회에서.

Wéstmìnster Ábbey *n.* **1** 웨스트민스터 성당 [영국 London 에 있는 고딕 건축의 수도원. 이 대성당에서 영국 역대 국왕의 대관식이 행해지고 또 국왕이나 명사들이 매장된다]. **2** 《英》(비유적) [이 성당에 매장될 만한] 명예로운 죽음.

Wéstminster Cathédral *n.* 웨스트민스터 대성당 [영국 가톨릭교의 대본산(大本山)].

west-north-west [wéstnɔ́ːrθwést, 항해 -nɔ́ːrwést] *n.* ⓤ 서북서. ── *adj., adv.* 서북서의(로, 에서).

Wést Póint *n.* 미국 New York 주 동남부의 Hudson 강에 면한 군용지; 그 곳에 있는 육군 사관 학교.

West·po·li·tik [wéstpouliːtìːk] *n.* 서유럽 정책[특히 공산권의 대 서유럽 관계 개선 정책]. *cf.* Ostpolitik [<G]

Wést Sáxon *n.* **1** 서(西)색슨인[중세 서색슨 왕국의 주민]. **2** ⓤ 서색슨 방언[고대 영어의 방언]. ── *adj.* 서색슨(인)의.

west-south-west [wéstsàuθwést, 항해 -sàuwést] *n.* ⓤ 서남서. ── *adj., adv.* 서남서의(로, 에서). ¶ a *west-southwest* wind 서남서풍.

Wést Virgínia *n.* 미국 동부의 주[주도(州都) Charleston].

Wést Virgínian *adj.* West Virginia 주[사람]의. ── *n.* West Virginia 주 사람.

‡**wést·ward** [wéstwərd] *adj.* 서쪽으로 향해서 가는, 서향의, 서방의. ¶ *westward* migration 서부로의 이주. ── *adv.* 서쪽으로. ── *n.* (the ~) 서부, 서방.

west·ward·ly [wéstwərdli] *adj.* 서쪽으로 향하는; 서쪽에서 부는. ¶ a *westwardly* wind 서풍. ── *adv.* 서쪽에서; 서쪽으로부터.

‡**wést·wards** [wéstwərdz] *adv.* = westward.

‡**wet** [wet] *adj.* (**wét·ter, wét·test**) **1** 젖은; 축축한, 눅눅한, 수분이 있는 ⇔ DAMP 類語 *opp.* dry ¶ a *wet* table 젖은 테이블 / *wet* clothes 젖은 옷 / I got *wet* to the skin (*wet* through). 나는 흠뻑 젖었다 / The streets are *wet with* the morning rain. 거리는 아침 비로 젖어 있다 / Her sleeves were *wet with* tears. 그녀의 소매는 눈물로 젖어 있었다. ¶ *Wet* paint. 《게시문》 페인트 조심 // *newspapers wet from* the press 갓 인쇄된 신문. **3** 비가 많은, 비 내리는(rainy); 비가 올 것 같은; [공기가] 습기 많은. ¶ the *wet* season 우기 / *wet* weather 우천(雨天) / a *wet* climate 비가 많은 기후 / *wet* or fine 비가 오거나 날이 맑거나 간에 / a *wet,* windy day 비올 것 같은 바람이 센 날. **4** 《美》주류의 제조·판매를 허가하고 있는; 금주 반대의. *opp.* dry ¶ a *wet* state 금주법 (the prohibition law)이 지켜지고 있지 않은 주 / a *wet* candidate 금주 반대의 후보자. **5** [알코올 따위의] 액체에 담가 보존한. **6** (속어) 취한(intoxicated). **7** (화학) 습식(濕式)의, 용액을 쓰는. **8** 《英구어》[사람이] 감상적인; 유약한; 명청한. **9** 《卑語》[여성이] 성적으로 흥분한. *all wet* 《美속어》완전히 틀린, 완전히 빗나간. ¶ She is *all wet.* 그녀는 완전히 빗나가 있다. *wet behind the ears* (구어) 미숙한, 젊고 경험이 없는(immature). ¶ You are still *wet behind the ears* to be married. 너는 결혼하기엔 아직 어리다.
── *n.* **1** ⓤ (종종 the ~) 습기, 수분(moisture). **2** (보통 the ~) 비, 강우, 우천. **3** 《美》주류 제조·판매의 찬성자, 금주[법] 반대론자. *cf.* dry **4** 《주로 英구어》[英구어》 감상적인 사람; 명청이; [보수당의] 중도파 인사.
── *v.* (《주로 美》wet *or* 《주로 英》wet·ted, wet·ting) *vt.* **1** …을 축이다, 적시다, 축축하게 하다; …에 오줌을 싸다. ¶ *wet* a bed 자면서 오줌을 싸다 / The heavy rain *wet* us through(*or* to the skin). 호우로 우리는 흠

뻑 젖었다. **2** …을 축하하여 술을 마시다, 술을 마셔 …을 하다. ¶ *wet* a bargain 술자리에서 계약을 맺다. ── WET BARGAIN. ── *vi.* 젖다, 축축해지다.

wet one's whistle [술을] 한잔 마시다.
~**·ly** *adv.* ~**·ness** *n.*

wet·back [wétbæ̀k] *n.* 《美구어》《종종 경멸적》 [Rio Grande 강을 건너와] 미국에 밀입국하는 멕시코인 노동자.

wét bár *n.* 수도가 달린 카운터.

wét bárgain *n.* 주석에서 맺어진 계약(Dutch bargain).

wét blánket *n.* **1** [불을 끄기 위한] 젖은 모포. **2** 트집쟁이, 홍을 깨는(기세를 꺾는) 사람(것).

wet-blan·ket [wétblǽŋkit] *vt.* …을 트집잡다, …의 홍을 깨다(기세를 꺾다).

wét bób *n.* 《英》[Eton 교(校)의] 수상 경기 부원, [특히] 보트 부원.

wét-búlb thermómeter [wétbʌ́lb-] *n.* 습구(濕球) 온도계. *cf.* dry-bulb thermometer

wét céll *n.* 《전기》 습전지(濕電池).

wét dóck *n.* 《항해》계선(繫船)도크 [수문을 닫아 내부의 수위를 일정하게 유지하여, 조수의 간만에 관계없이 배를 정박시킬 수 있다].

wét dréam *n.* 몽정(夢精).

weth·er [wéðər] *n.* 거세한 숫양.

wet·land [wétlænd] *n.* (보통 ~s) 습지대[습지, 늪, 수렁 따위].

wét léasing *n.* [승무원, 기체(機體) 정비 등 일체를 포함한] 비행기의 임대.

wét lóok *n.* [우레탄(urethane)을 입혀서 내는] 윤기, 광택.

wét núrse *n.* 유아에게 젖을 주는 유모. *cf.* dry nurse

wet-nurse [wétnə̀ːrs] *vt.* (**-nursed, -nurs·ing**) **1** …의 유모가 되다, 유모가 되어 젖을 주다. **2** …을 지나치게 돌보다.

wét páck *n.* 《의학》 냉습포.

wét pláte *n.* 《사진》 습판(濕板) [사진의 감광판의 하나].

wét súit *n.* 잠수용 고무 옷.

wét thúmb *n.* 어류(수서 동물) 사육의 재능. *cf.* green thumb

wét·ting ágent [wetiŋ-] *n.* 《화학》 습윤제(濕潤劑) [천·종이·가죽 따위의 표면에 바르거나 표면에 넓게 스며들어 액체에 가하는 첨가제].

wet·tish [wéti∫] *adj.* 축축한, 습기가 있는.

wet·ware [wétwɛ̀ər] *n.* **1** [컴퓨터의 소프트웨어를 고안해 내는] 인간의 두뇌. **2** 《美속어》컴퓨터 인간[하드웨어나 소프트웨어를 조작·작성하는 사람].

wét wàsh *n.* 《집합적》 마르지 않은 세탁물.

WEU (*略*) *Western European Union* (서유럽 연합).

we've [wiːv, 약 wiv] we have의 단축형.

wey [wei] *n.* [옛 영국의] 중량 단위 [물건에 따라 다르다].

WF [dʌ́blju(ː)éf] *n.* 《美》[대학에서] 성적 불량으로 학업을 포기한 학생에게 매겨지는 성적. [<*withdrawn failing*]

w.f., wf (*略*) [인쇄] *wrong font* (활자체가 틀림).

WFB (*略*) *World Fellowship of Buddhists* (세계 불교도 연맹).

WFDY (*略*) *World Federation of Democratic Youth* (세계민주주의 청년 연맹).

WFMH (*略*) *World Federation for Mental Health* (세계 정신 보건 연맹).

WFP (*略*) *World Food Program* (세계 식량 계획).

WFTU, W.F.T.U. (*略*) *World Federation of Trade Unions* (세계 노동 조합 연맹).

WFUNA (*略*) *World Federation of United Nations Associations* (유엔 협회 세계 연맹).

W.G., w.g. (*略*) *wire gauge*.

WH, wh, Wh, whr (*略*) *watt-hour[s]*.

W.H. (*略*) *White House*.

whack [(h)wæk]《구어》 vt. **1** …을 세차게 치다, 세게 때리다, 딱 치다. **2** …을 나누다, 분배하다(… *up*). — vi. 딱 때리다.
whack off 《구어》 …을 세게 때려서 가르다(제거하다). — n. **1** 딱 때리기, 세게 때리기, 되게 치기. **2** 기도, 시도(trial). ¶ I had a *whack* at business administration. 나는 경영학을 시도해 봤다. **3** 몫, 분배(share). ¶ I'll have (or get, take) my *whack* at the dinner. 저녁 식사에서 내 몫을 타먹어야겠다. **4** ⓤ 〖좋은〗상태, 형편. ¶ The machine is out of *whack*. 그 기계는 고장났다.〔<? 의성어(擬聲語)〕
whacked [(h)wækt] *adj.* 《英구어》몹시 지친, 녹초가 된(exhausted). ¶ Let's stop a moment. I'm *whacked*. 잠깐 쉬자, 난 지쳐 버렸다.
whack·er [(h)wǽkər] *n.*《구어》**1** 딱 치는 사람(것). **2** 터무니없이 큰 것(사람); 〖특히〗허풍(great lie).
whack·ing [(h)wǽkiŋ] *adj.*《주로 英구어》굉장히 큰.
whack·y [(h)wǽki] *adj.* (**whack·i·er**, **whack·i·est**) =wacky.
wa·hoo [(h)wɑ́ːhuː, -´] *n.* =wahoo.
‡**whale**¹ [(h)weil] *n.* (*pl.* **whales** or **whale**) **1** 고래. ¶ a right (or an arctic, a bowhead) *whale* 큰고래 / a sperm (a humpback) *whale* 향유(혹등)고래 / a bull (a cow) *whale* 수(암) 고래. **2** (the W-) 〖천문〗고래좌(Cetus).
a whale of a 《구어》엄청나게 큰, 굉장한. ¶ hear *a whale of a* story 굉장한 이야기를 듣다 / That will make *a whale of a* difference. 그것은 엉뚱하게 다른 결과를 초래할 것이다.
a whale on (or *at, for*) …의 명수. ¶ *a whale at* tennis 정구의 명수 / He is not *a whale on* mathematics. 그는 수학을 그리 잘하지 못한다.
very like a whale 바로 말씀하시는 대로〖엉뚱한 이야기에 대한 비꼬는 동의의 대답〗. — vi. (**whaled**, **whal·ing**) 고래잡이에 종사하다.
whale² [(h)weil] *vt.* (**whaled**, **whal·ing**)《구어》…을 심하게 치다(때리다).
whale·back [(h)wéilbæk] *n.* **1** 구갑(龜甲) 갑판〖고래등처럼 둥근 갑판〗. **2** 구갑 갑판 화물선. **3** 고래 등처럼 생긴 것〖언덕·파도 따위〗.
whale-backed [(h)wéilbækt] *adj.* 고래등을 닮은.
whale·boat [(h)wéilbòut] *n.* 〖앞뒤가 뾰족한 노 젓는〗구조(救助) 보트〖원래는 고래잡이용〗.
whale·bone [(h)wéilbòun] *n.* **1** 고래 수염. **2** 고래 수염으로 만든 제품〖코르셋 보강재 따위〗.
whálebòne whàle 수염고래〖큰고래 따위의 수염이 있는 고래〗.
whále fìn *n.* 고래 수염(whalebone).
whále físhery *n.* **1** (=whále fìshing) ⓤ고래잡이, 포경업. **2** 포경장.
whále lìne(**ròpe**) *n.* 〖고래잡이용의〗작살 밧줄.
whale·man [(h)wéilmən] *n.* (*pl.* **-men** [-mən]) 포경선원; 포경선.
whále òil *n.* ⓤ 고래 기름.
whal·er [(h)wéilər] *n.* 포경선원; 포경선.
Whales [(h)weilz] ¶ **the Bay of ~** 훼일스만 〖남극 Ross Sea에 있는 작은 만〗.
whal·ing [(h)wéiliŋ] *n.* ⓤ 고래잡이, 포경업.
whál·ing gùn *n.* 포경포.
whál·ing màster *n.* 포경선장.
whál·ing shìp *n.* 포경선(捕鯨船).
wham [(h)wæm] *n.* 강한 타격; 쾅[하는 소리]. — *vt., vi.* (**whammed**, **wham·ming**) 호되게 때리다, 쾅치다. — *adv.* 느닷없이.
wham·my [(h)wǽmi] *n.* (*pl.* **-mies**)《美속어》재수없는 것(jinx), 〖노려보면 재앙이 온다는〗흉안(兇眼) (evil eye). ¶ *put a* (or *the*) *whammy on*《美속어》…에 트집잡

whang [(h)wæŋ]《구어》*n.* **1** 쾅 치기. **2** 쾅(쿵) 하는 소리. — *vt.* 〖북 따위〗를 쿵 치다. — *vi.* 쾅(쿵)하는 소리를 내다. 〔<의성어(擬聲語)〕
whang·ee [(h)wæŋíː] *n.* 중국산 대나무의 일종; 그것으로 만든 단장.
whap[(h)wɑp/(h)wɔp] *v.* (**whapped**, **whap·ping**), *n.* =whop.
‡**wharf** [(h)wɔːrf] *n.* (*pl.* **wharves** or **wharfs**) 선창, 부두. — *vt.* …을 선창에 양륙하다, …을 부두에 매어 놓다.
wharf·age [(h)wɔ́ːrfidʒ] *n.* ⓤ **1** 부두의 사용. **2** 계선료, 부두 사용료. **3** 〖집합적〗부두〖시설〗.
wharf·in·ger [(h)wɔ́ːrfindʒər] *n.* 선창의 소유주(관리인).
whárf ràt *n.* **1** 부두에 사는 큰 시궁쥐. **2** 선창 건달〖선창가를 배회하는 부랑자〗.
*****wharves** [(h)wɔːrvz] *n.* wharf의 복수형의 하나.
‡**what** [(h)wɑt, (h)wʌt, (h)wət/(h)wɔt] *pron.* I 〖의문 대명사〗**1** 무엇, 무슨 일, 어떤 것(일). ¶ *What* has (or *what's*) happened? 무슨 일이 일어났느냐?, 무슨 일이야? / *What* is his name? 그의 이름은 무엇이냐? / *What* is he? 그의 직업은 무엇이냐?(＊ 직업·지위·계급·국적 따위를 묻는다. *Who* is he?) / *What* much) does it cost? 얼마냐?(＊ 수량·값 따위를 묻는다) / *What's* the time? 몇 시냐? / *What* is (or *What's*) the matter with you? 웬일이냐? (＝*What's* up with you?) / *What* on earth is the matter? 도대체 무슨 일이냐? *cf.* earth / *What* is that to you? 그것이 너와 무슨 상관이냐?, 그것을 물어서 어쩌자는 거냐? / *What* is fame? 명성 따위가 무어냐?(＊ 부정적인 견해를 나타낸다) / *What* will people say? 〖그러면〗세상 사람들이 무어라 할까? / *What* is the reason? 이유는 무엇이냐?, 그가 못하는 일이란 없다!(＊ 수사적 의문문에 있어서의 반어적 용법) / *What* are you looking at? 무엇을 보고 있느냐?(＊ what 이 전치사의 목적어로 되어 있는 경우의 전치사는 글 끝에 오는 것이 보통이고, 강세가 따른다) / *What* is he like? 그는 어떤 사람이냐? (＝*What* sort of man is he?) / Well, *what* of it? 그래서 그것이 어쨌다는 거냐? (*cf.* So *What*?) / *What*? 응, 뭐라고 그랬지?(＝*What* did you say?, Eh?) 〖＊ 회화에서 상대방이 한 말을 되물을 때, 주로 친한 사이의 사람에게 쓴다〗/ Mr. *what*? 뭐, 이름이 뭐랬지?/Do you know *what* it looks like? 그것이 어떤 모양으로 생겼는지 알고 있느냐? / *What* do you think (or believe, imagine, suppose) it is? 그것이 무어라고 생각하느냐? / He does not know *what* it is to be in debt. 그는 빚진 사람의 심정을 모른다 / I was at a loss *what* to do. 나는 어찌할 바를 몰랐다 / He was looking for something, but I didn't know *what*. 그는 무엇인가를 찾고 있었는데, 나는 그것이 무엇인지 몰랐다 / I'll tell you *what* [it is]. 사정을 말해 주지 / I know *what*. 좋은 생각이 있다(＊ 명안이 떠올랐을 때 따위).
2〖감탄 용법〗**a)** 얼마만큼(how much). ¶ *What* he has suffered! 그는 얼마나 고통스러웠을까! / *What* was my surprise when I saw him dead! 그가 죽어 있는 것을 보았을 때의 나의 놀라움이란! **b)**〖단독으로〗 여!, 이봐!. ¶ *What!* Do you really mean it? 어, 너 그 말이 진심이냐?/*What*, ho! 야아!, 어보시오!, 여봐! / Come along, *what*. 이봐, 따라와 / That's a bit thick, *what*. 《英》이봐, 그것은 좀 심한데.
II 〖관계 대명사〗**1** […하는] 것(일) (the thing[s] which, that (those) which). ¶ *What* I said is true. 내

가 말한 것은 사실이다 / That's not *what* I meant to say. 그것은 내가 말하고자 한 것이 아니다 / I could hardly understand *what* he wánted to do. 그가 하는 바를 거의 알 수가 없었다(* 이 문장은 ... *whǎt* he wanted to do로 *what*에 악센트를 주어 읽으면「그가 무엇을 하고자 했는지 알 수 없었다」라 되어 *what*를 의문 대명사로 볼 수 있다. 그러나 사실상 큰 의미상의 차이는 없으므로, 의문 대명사인지 관계 대명사인지의 구별은 결국 전후 관계로 판단하는 수밖에 없다) / *What* he likes best for breakfast is cornflakes. 그가 제일 좋아하는 아침 식사는 콘플레이크이다 / This is just *what* I have been looking for. 이것이 [바로] 내가 찾고 있던 것이다 / He is not *what* he was (= *what* he used to be). 그는 옛날의 그가 아니다; 지금의 그는 옛날과 같은 사람이 아니다 / I respect him, not for *what* he has, but for *what* he is. 내가 그를 존경하는 것은 재산 때문이 아니라 그 인격 때문이다 / *What* lungs are *to* the animal, so leaves are *to* the plant. = Leaves are *to* the plant *what* lungs are *to* the animal. 잎과 식물의 관계는 폐와 동물의 관계와 마찬가지이다(* 병렬 관계를 나타낸다). **2** [...하는] 무엇(anything that (which), whatever). ¶ Do (Say) *what* you please. 무엇이든 하고 싶은 대로 해라(말해라) / Do *what* you think is right. 네가 옳다고 생각하는 일을 해라 / I will do *what* I can for you. 너를 위해 가능한 한의 일을 하겠다 / Come *what* will (*or* may), I shall not change my mind. 무슨 일이 생기든 내 마음은 변하지 않으리라 / Be the matter *what* it may, you must do your best. 무슨 일에나 최선을 다하지 않으면 안된다 / Let others say *what* they will, I still believe him to be honest. 설령 남들이 무어라 하더라도 나는 역시 그가 정직하다고 믿는다. **3** (삽입절을 이끌고) ...한 것[은]. ¶ She is kind, and *what* is still better, is very beautiful. 그녀는 친절하다, 게다가 더욱 좋은 것은 굉장히 예쁘다.

— **Usage** *what*의 수(數)에 관하여 ── 관계사적 용법에 있어서 주절의 *what*이 'that which'를 뜻할 경우, *what*은 단수이며 종속절의 동사는 단수형을 취한다: We shall not need any more bread; *what* we have *is* quite sufficient. 그리고 *what*이 'those which'를 뜻할 경우, *what*은 복수이며 종속절의 동사는 복수형을 취한다: We shall not need any more apples; *what* we have *are* quite sufficient.

and what not 그밖의 여러 가지, ...따위(* 'and anything whatever'의 뜻으로, and so on, and so forth 따위와 동일하게 쓰인다.) ¶ battles, tournaments, hunts, *and what not* 씨름, 마상(馬上) 시합, 사냥, 그 밖의 여러 가지. *cf.* whatnot
but what《주절에 부정어를 포함한 경우에 써서》 ...이 아닌(that ... not). ¶ There is not a man *but what* likes her. 그녀를 좋아하지 않는 사람은 없다(모두 그녀를 좋아한다).
Guess what ! = [*Do*] *You know what ?*《구어》있잖아!, 전에 말했었지?
Like what ?《구어》예를 들면? (For example?)
on what《부정·조건문 끝에서》아니면 다른 무엇.
That's what it's all about.《구어》결국 그렇게 된 것입니다.
So what?《구어》그것이 어쨌다는 거야?, 그것은 무관한 일이 아닌가? (What of it ?, What then?) (* 무관심·혐오·경멸의 표현으로 쓰이는 일이 많다.)
What about ...? ① ...은 어떤가?(* 상대방 의향을 묻는 다) (=What do you think about ...?) (How about ...?). ¶ *What about* going to France for our holiday this year? 금년 휴가에 프랑스로 가기로 하면 어떠냐? ② 어찌 되었나?, 어떻게 한 건가? ¶ *What about* the lost jewels? 잃어버린 보석은 어찌 되었는가?
What ... for? ① 왜?, 무엇 때문에? (Why ?, For what reason ?). ¶ *What* did you say that *for*? 무엇 때문에 그 말을 했느냐? / *What* do you want me *for*? 나

에게 무슨 용무가 있느냐?/ *What for* did you do that?《방언》무엇 때문에 그런 일을 했느냐? ② 《명사로서》엄한 벌. ¶ He gave his son *what for*. 그는 아들을 엄하게 벌주었다.
what have you 《美구어》그밖의 비슷한 것. ¶ novels, plays, short stories, and *what have you* 소설·희곡·단편 그밖의 그런 류의 것.
What if ...? ① ...이라면 어찌 되는가? ¶ *What if* all women invited come? 초대한 여성들 전원이 온다면 어찌 되겠는가? ② ...한들 무슨 상관이냐?(What though...?) ¶ *What if* we are poor? 가난하면 어때?
what is called; what you (*or we, they*) *call* 소위, 이른바. ¶ He is *what is called* a "bookworm." 그는 이른바「책벌레」다.
What is it ?《구어》무슨 일이야?, 뭐야?
what is (*what's*) *more* 더우기, 게다가.
what it takes《美구어》 [성공 따위를 얻는 데 필요한] 조건 [아름다움·매력·재능·재력 따위]. ¶ She has *what it takes* to get along in life. 그녀는 처세를 잘할 수 있는 조건을 갖추고 있다.
What's next ? 다음은 무엇으로 하겠느냐?¶ "*What's next*, please?" asked the shopgirl.「다음은 무엇으로 하시겠습니까?」라고 여점원이 물었다.
what's what; what is (*was*) *what*《구어》사리(事理), 진상(the true situation). ¶ He knows *what's what*. 그는 사리를 잘 알고 있다.
What though ...? = *What if ...?*

— *adj*. I 《의문 형용사》**1** 무엇의, 어떠한, 여하한. ¶ *What* news? 무슨 새소식이 있느냐?/ *What* time is it? 몇 시냐?/ *What* difference does that make? 그것으로 무엇 달라지는 것이 있느냐?/ *What* man (= *What* sort of man) told you so? 어떤 사람이 너한테 그런 말을 하던? (cf. Who told you so?) / *What* (= *What* kind of) fruit do you like best? 어떤 과일을 제일 좋아하느냐? (cf. Which do you like better, grapes or apples?) / I know *what* plan he will try. 그가 어떤 계획을 밀고나가려 하는지 알고 있다 / *What* matter? 그것이 어쨌다는 거야? (* 수사적 의문문에 있어서 반어적 용법) (= *What* does it matter ?)
2 《감탄 용법》이 무슨(얼마나) (* 단수의 셀 수 있는 명사를 이끌 때에는 부정 관사를 수반한다). ¶ *What* waste! 이 무슨 낭비야 / *What* nonsense! 말도 안돼!, 어이 없군! / *What an* idea! 이 얼마나 멋진 (어이없는) 생각인가! / *What a* fool you are! 너는 정말로 어리석구나! / *What a* pity [it is] ! 이 얼마나 가련한 (유감된) 일이냐! / *What a* charming girl she is! 그녀는 얼마나 매력적인 소녀이냐! (= How charming she is!).
II 《관계 형용사》[...하는] 그(저) (that ... which); [...하는] 그들의(those ... which); ...할 만한 모든(all the ... that) ¶ I will give you *what* help I can. 가능한 한의 원조를 하겠다 / I sold *what* few books (= *the* few books that) I had. 나는 가지고 있던 몇 권의 책을 모두 팔아버렸다 / I've taught you *what* little I know about fishing. 낚시에 관한 보잘것없는 내 지식은 이것으로 모두 가르쳤다.

— *adv*. **1** 《의문 부사》어떻게, 얼마만큼(how much) ¶ *What* does it matter? 그것이 얼마나 중요한가? 상관없는 일 아닌가? (cf. So what ?) / *What* is he the better for it? 그것이 얼마나 그에게 도움이 된다는 거야? **2** 어느 정도(partly) (* 보통 전치사 with를 수반한다). ¶ *What* with teaching and [*what* with] writing my time is wholly taken up. 강의도 하고 저술도 하느라 내 시간을 송두리째 빼앗기고 있다(* 현재는 두번째의 *what* with를 생략하는 것이 보통이다).

— *n*. **1**《보통 the ~》본질. ¶ He knows the *what* and why of their disagreement. 그들의 불화가 어떤 것이며 어째서 그리 되었는가를 그는 알고 있다. **2** 'what'이라는 의문.   [《詩》= whatever].
***what-e'er** [(h)wɑtɛ́ər, (h)wʌt- / (h)wɔt-] *pron.*, *adj.*

what·ev·er [(h)wɑtévər, (h)wʌt- / (h)wɔt-] *pron.*
1《관계대명사 what의 강조형으로서》**a)**[…하는]것(일)은 무엇이나(모두)(anything that). ¶ I'll do *whatever* you tell me to do. 네가 하라는 일이라면 무엇이나 하겠다. **b)**[…하는] 모두(everything that). ¶ I'll spend *whatever* of time and energy may be mine. 내 시간과 정력의 모두를 바치겠다.
2《양보절을 이끌고》어떤 것(일)이 …이라도, 설사 …일지라도(no matter what). ¶ Keep calm, *whatever* happens. 설사 무슨 일이 일어난다 하더라도 당황하지 말아라 / *Whatever* you may say, I'll not go. 네가 무어라 말하전 나는 안 가겠다.
3《美구어》《의문대명사 what의 강조형으로서》도대체 무엇이(을) (＊《英》에서는 what ever의 꼴이 보통. however, whenever, wherever, whichever, whoever 에 관해서도 동일). ¶ *Whatever* did you say to her? 너는 도대체 그녀에게 무슨 말을 했느냐?
Whatever turns you on.《美구어》① 좋을 대로 해. ② 《풍자적으로》뭘 그런 걸 가지고 그래?
Whatever you do.《명령문에 쓰여》알았지?, 일러 두는데.
Whatever you say(*think*).《구어》알았다니까, 네 말대로 할게.
—— *adj.* **1**《관계형용사 what의 강조형으로서》[…하는] 무엇이든, 어떤 …이라도(any…that). ¶ You may read *whatever* book you like. 좋아하는 책이라면 무엇이든지 읽어도 됩니다.
2《양보절을 이끌고》어떤 …이(을), 설사 …이라도(no matter what). ¶ *Whatever* language you may learn, you must not neglect your mother tongue. 어떤 말을 배우든 모국어를 소홀히 해서는 안 된다.
3《부정문에서》조금의 …도[없는], …은 전혀[없는] (at all) (＊ any, no, all 따위의 명사 뒤에 쓰인다. 이 의미에서는 whate'er의 형은 쓰이지 않는다). ¶ There is no doubt *whatever*. 추호도 의심의 여지가 없다 / Is there any chance *whatever*? 다소나마 가능성이 있느냐?
what-for [(h)wɑtfɔ́ːr / (h)wɔ́t-] *n.*《英구어》**1** 이유, 까닭(reason). **2** 꾸지람, 벌(punishment).
what-if [(h)wɑtíf / (h)wɔ́t-] *n.* [만일에 과거의 사건이 이랬더라면 지금 어떻게 되었을까 하는] 가정[의 문제], 만약이라는 문제. [(shall)의 단축형.
what'll [(h)wɑt(ə)l, (h)wʌt- / (h)wɔt-] what will
what-man [(h)wɑ́tmən / (h)wɔ́t-] *n.* ⓤ 와트먼지(紙)[상질의 도화지. whatman paper라고도 한다].
what-not [(h)wɑ́tnɑt, (h)wʌt- / (h)wɔ́tnɔt] *n.* **1** 책이나 장식품을 늘어놓는 선반, 장식장. **2** ⓤ 그밖에 그와 같은 류의 것; 정체를 알 수 없는 것, 이것저것, 여러 가지 것. *cf.* and what not
what's [(h)wɑts, (h)wʌts, 약 (h)wəts / (h)wɔts] **1** what is, what has의 단축형. **2**《구어》what does의 단축형. [《고어》=whatever.
what-so [(h)wɑ́tsou, (h)wʌt- / (h)wɔ́t-] *pron., adj.*
what-so·e'er [(h)wɑ̀tso(u)éər, (h)wʌt- / (h)wɔ̀t-] *pron., adj.*《詩》=whatsoever
＊**what-so·ev·er** [(h)wɑ̀tsouévər, (h)wʌt- / (h)wɔ̀t-] *pron., adj.* whatever의 강조형.
what've [(h)wɑ́t(ə)v, (h)wʌt- / (h)wɔ́t-] what have의 단축형. [《섭금류의 새》(curlew).
whaup [(h)wɑːp, (h)wɔːp] *n.*《주로 스코》마도요
wheal¹ [(h)wiːl] *n.* **1** 부스럼; 벌레에 물린(찔린) 데. **2** 채찍 자국(wale, weal).
wheal² [(h)wiːl] *n.*《英》[특히 주석의] 광산.
‡**wheat** [(h)wiːt] *n.* ⓤ 밀. ¶ summer (*or* bearded) *wheat* 여름 밀 / winter (*or* unbearded) *wheat* 겨울 밀.
◇ whéaten *adj.*
wheat bèlt *n.*《美》밀 생산 지대.
wheat càke *n.* 밀가루로 만든 팬케이크.
wheat·ear [(h)wíːtìər] *n.* **1** 보리 이삭. **2** 검은딱

새류의 명금.
wheat·en [(h)wíːtn] *adj.* 밀의; 밀[가루]로 만든.
wheat gèrm *n.* 맥아(麥芽).
wheat·grass [(h)wíːtgrӕs / -grɑ̀ːs] *n.* ⓤ 개밀.
wheat-meal [(h)wíːtmìːl] *n.* ⓤ《주로英》통째로 빻은 밀가루.
Whéat·stòne brìdge [(h)wíːt·stòun-, +英 -stən-] *n.* [전기] 휘트스톤 브리지 [전기 저항 측정기].
wheat-worm [(h)wíːtwə̀ːrm] *n.* 경선충(莖線蟲) [밀 따위의 줄기 안에 기생하면서 말라죽게 하는 해충].
whee [(h)wiː] *interj.* 야아!, 신난다!〔기쁨·흥분 따위를 나타내는 소리〕. —— *vt.* ＊ 다음 숙어로만 쓴다.
whee up《美속어》몹시 기쁘게 하다, 흥분시키다.
whee·dle [(h)wíːdl] *vt.* (**-dled, -dling**) **1** …을 감언으로 꾀다, 감언으로 설득하다(coax) (…*into*). ¶ He *wheedled* his father *into* giving him a bigger allowance. 그는 아버지를 잘 구슬려서 용돈을 더 많이 타내게 되었다. **2** 감언으로 속여, 속여 빼앗다 (…*from, out of*). ¶ She *wheedled* a new dress *from* her mother. 그녀는 어머니를 구슬려서 새드레스를 샀다.
whee·dling·ly [(h)wíːdliŋli] *adv.* 감언으로, 감언으로 설득하듯.
‡**wheel** [(h)wiːl] *n.* **1** 차, 차바퀴, 바퀴. ¶ a balance *wheel* [시계의] 평형륜(輪) / an eccentric *wheel* 편심륜(偏心輪). **2** 차바퀴의 형태·기능을 갖춘 장치·기구, [자동차의] 핸들(steering wheel), [제도용(陶)용의] 녹로(potter's wheel), 물레, 얼레 (spinning wheel), [기하의] 외륜(paddle wheel), 타륜(舵輪), 수차(mill wheel). **3**《美구어》자전거. **4** [역사] 형차(刑車) [중세에 사람을 찢어 죽이는 형틀로 썼음]. **5** 바퀴 모양의 것. **6** 회전 꽃불. **7** 운명의 수레바퀴 (Fortune's wheel) [인생의 변천을 상징하는 공상적인 수레바퀴]. ¶ We may be rich at the next turn of the *wheel*. 이번에 운이 트이면 우리도 부자가 될지도 모른다. **8**《보통 ~s》차를 움직이는 원동력, 추진력, 기구(機構). ¶ the *wheels* of government 정치 기구 / the *wheels* of life 인체 의 여러 기관의 기능. **9** 회전, 선회. ¶ She merrily whirled the dizzying *wheels* of the dance. 그녀는 신이 나서 눈이 어지러울 정도로 빙글빙글 돌며 춤추었다. **10** 되풀이, 순환. ¶ the *wheels* of days and nights 낮과 밤의 되풀이 / the *wheel* of history 역사의 되풀이 / the *wheel* of life 〔불교〕 윤회(輪迴). **11**《美속어》실력자, 거물. ¶ a big *wheel* in the party 당의 실력자.
at (*or* *behind*) *the wheel* ① [자동차의] 핸들을 쥐고, 운전하여; [배의] 타륜을 쥐고. ② 지배권을 장악하고. ¶ a man *at the wheel* of the party 당을 좌지우지하는 사람.
break (*or* *crush*) *a butterfly* (*or* *fly*) *on the wheel* [나비(파리)를 찢어 죽이는 형에 처하듯] 필요하지도 않는 거창한 수단을 쓰다. [가다.
go (*or* *run*) *on wheels* 술술 나아가다, 원활하게 되어
keep the cart on the wheels 노력하여서 일을 풀어나가다.
put a spoke in a person's wheel ⇒ SPOKE¹. [가다.
put (*or* *set*) *one's shoulder to the wheel* ⇒ SHOUL-
turn wheels 공중제비를 넘다. [DER.
wheels within wheels; a wheel within a wheel 복잡한 기구(機構), 복잡한 사정; 속을 알 수 없는 마음.
—— *vt.* **1** …을 회전시키다(rotate). **2** …을 차로 나르다. ¶ (~+囯+前+名) *wheel* rubbish *to* a dump 차로 쓰레기를 쓰레기 처리장에 나르다 / (~+囯+前+名) The patient was *wheeled* in. 환자가 차로 실려왔다. **3** 〔자동차 따위를〕 운전하다, 움직이다. ¶ (~+囯+前+名) *wheel* a truck *along* the highway 고속도로를 트럭으로 달리다 // (~+囯+前+名) *wheel out* a bicycle 자전거를 밀고 가다. **4** 〔탈것 따위에〕 바퀴를 달다.
—— *vi.* **1** 회전하다(revolve), 방향을 바꾸다 (*about, around, round*); 원을 그리며 날다; [부대 따위가] 선회하다. ⇒ TURN 類語. ¶ (~+前+名) A flock of gulls

wheeled over the windy sea. 강풍이 부는 바다 위를 한때의 갈매기가 선회하고 있었다 / The soldiers *wheeled to* the enemy's flank. 병사들은 적의 측면으로 선회했다 //(~+圖) He *wheeled around* in his chair. 그는 의자에 앉은 채 빙글 몸을 돌렸다. **2**〖행동·사상·태도 따위가〗변하다, 전향하다(*about, around, round*). ¶(~+圖) The committee suddenly *wheeled about* against the bill. 위원회는 갑자기 법안에 반대하는 태도를 보였다. **3** 원활하게 나아가다, 술술 풀려나가다. ¶(~+圖+圉) A car is *wheeling along* the street. 차가 거리를 술술 달리고 있다 // (~+圖) The truck *wheeled off*. 트럭이 떠나갔다. **4** 자전거를 타다.
wheel and deal 《美俗어》〖거래나 정치에서〗눈부시게 활약하다, 수완을 펴다.

wheel·bar·row [(h)wíːlbærou] *n*. 손으로 미는 1륜차. — *vt*. 손수레로 나르다.

wheel·base [(h)wíːlbèis] *n*. ⓊⓁ 축거(軸距)〖자동차의 앞뒤 바퀴 사이의 거리〗.

wheel·chair [(h)wíːltʃɛ̀ər] *n*. 바퀴 의자, 휠체어.

wheel·clamp [(h)wíːlklæmp] *n*. 〖불법 주차 차량을 움직이지 못하게 하는〗바퀴〖차륜〗족쇄. — *vt*. 바퀴〖차륜〗에 족쇄를 채우다〖씌우다〗.

[wheelbarrow]

whéel còver *n*. 〖자동차의〗호일 캡(hub-cap).

wheeled [(h)wíːld] *adj*. 《종종 복합어를 만들어》〖…의〗차바퀴가 있는, 바퀴로 움직이는, ¶ a *wheeled* vehicle 바퀴가 달려 있는 탈 것 / a four-*wheeled* carriage 4륜마차.

wheel·er [(h)wíːlər] *n*. **1** 수레 끄는 사람. **2** 수레〖바퀴〗만드는 사람(wheelwright). **3** 《보통 복합어를 만들어》〖…의〗바퀴가 달린 것. ¶ a four-*wheeler* 4륜마차. **4** 《口》완가, 활동가.

wheel·er-deal·er [(h)wíːlərdíːlər] *n*. 《美俗어》수완가.

whéel hórse *n*. **1** 〖4두 마차 따위의〗뒷말. **2** 《비유적》의지할 만한 일꾼.

wheel·house [(h)wíːlhàus] *n*. (*pl*. -**hous·es** [-hàuziz]) 〖항해〗조타실. **2** 자전거〖3륜차〗를 타는 사람. **3** 《속어》자동차 운전사, 〖특히〗강도범을 태운 운전사, 뺑소니차 운전사.

wheel·ie [(h)wíːli] *n*. 〖자전거 따위의〗뒷바퀴만으로〖완가, 활동가

whéelie bìn *n*. 바퀴 달린 대형 쓰레기통(Eurobin).

wheel·ing [(h)wíːliŋ] *n*. Ⓤ **1** 차로 나르기〖여행하기〗, 〖특히〗자전거 타기. **2** 선회, 회전. **3** 〖차로 갈 때의〗도로 상태〖사정〗.

whéel lóck *n*. 차륜식 방아쇠〖작은 바퀴로 부싯돌을 마찰하여 불꽃을 내는 장치의 방아쇠〗; 차륜식 방아쇠 총〖구식총〗.

wheel·man [(h)wíːlmən] *n*. (*pl*. -**men** [-mən]) **1** 〖항해〗조타수. **2** 자전거〖3륜차〗를 타는 사람. **3** 《속어》자동차 운전사, 〖특히〗강도범을 태운 운전사, 뺑소니차 운전사.

wheels·man [(h)wíːlzmən] *n*. (*pl*. -**men** [-mən]) = wheelman 1.

wheel·wright [(h)wíːlràit] *n*. 차바퀴 만드는 사람.

wheeze [(h)wíːz] *v*. (**wheezed, wheez·ing**) *vi*. **1** 〖천식 따위로〗숨을 씩근덕거리다, 색색거리다. **2** 〖색색〗목긴 소리를 내다. — *vt*. 색색〖소리〗를 내다 (... *out*), ¶ *wheeze out* words 색색거리며 말하다. — *n*. **1** 색색거리는 소리. **2** 낡아 빠진 재담, 케케묵은 우스갯 소리, 고리타분한 이야기.

wheez·y [(h)wíːzi] *adj*. (**wheez·i·er, wheez·i·est**) 색색거리는. **wheez·i·ly** *adv*. **wheez·i·ness** *n*.

whelk¹ [(h)welk] *n*. 쇠고둥류의 식용 고둥.
whelk² [(h)welk] *n*. 여드름, 부스럼(pimple).
whelm [(h)welm] *vt*. **1** 을 물에 가라앉히다 (submerge). **2** 을 압도하다(overwhelm). ¶ be *whelmed* by misfortunes 불운에 짓눌리다.
whelp [(h)welp] *n*. **1** 강아지, 개새끼. **2** 〖사자

호랑이 따위의〗새끼. *cf*. cub **3** 《경멸적》아이, 개구쟁이. — *vi*. 〖개·사자 따위가〗새끼를 낳다;《경멸적》〖사람이〗아이를 낳다.
— *vt*. **1** 〖특히 암캐가〗〖새끼〗를 낳다. **2** 《비유적》〖나쁜 것 따위〗를 저지르다.

‡**when** [(h)wen, 약 (h)wən] *adv*. I《의문 부사》언제 (at what time). ¶ *When* did you see her last? 그녀와 마지막으로 만난 것이 언제냐? / *When* are they to arrive? 그들은 언제 도착할 예정이냐? / *When* can you come? 언제 오겠니? / *When* did I suggest such a plan to you? 언제 내가 너한테 그런 제안을 했었니? (제안한 일이 없다) (*수사적 의문문).

II《관계부사》**1**《제한적 용법》…할(한) 〖때〗(at which). ¶ the time *when* I was a boy 내가 소년이었을 때 / Now is the time *when* I have him most. 지금이야말로 내가 그를 제일 필요로 할 때이다 / The time *when* such things could happen is gone now. 그런 일이 일어날 수 있는 시대는 지나갔다. **2**《비제한적 용법》**a**) …하자 그때(at that time), 그리고 나서(and then). ¶ My first visit to Mexico was in summer, *when* it was far too hot and dusty for comfort. 내가 처음 멕시코를 방문한 것은 여름이었다. 그때는 덥고 먼지투성이였으며 쾌적한 날씨와는 거리가 멀었다 / I shall be back before supper, *when* (=and then) we shall send for her. 저녁 식사 때까지는 돌아올 테니, 〖그때 가서〗 그녀를 부르러 보내자. **b**) …하려고 한 바로 그때(just then). ¶ We were about to start, *when* it began to rain. 막 출발하려던 참에 비가 내리기 시작했다. **3**〖선행사를 그가 되지 않고서〗…할 때. ¶ Sunday is *when* (=the day *when*) I am not so busy. 일요일은 비교적 한가하다.

— *conj*. **1** [...할(한)] 때. ¶ *when* due 만기에는 ; He looked in at the office *when* passing. 그는 지나가다 사무실에 들렀다 / *When* he comes, tell him I'll be back at nine. 그가 오거든 나는 9시에 돌아온다고 일러두어라.

2 …할 때에는 언제나(whenever). ¶ *When* he goes out, he takes his dog with him. 그는 외출할 때면 언제나 개를 데리고 나간다. **3** …에도 불구하고(although). ¶ He gave up politics *when* he might have made a great career in it. 큰 업적을 남길 수 있었을지도 모르는데 그는 정치를 버렸다. **4** …을 생각해 보면 (considering that), ¶ How can he buy a car *when* he has no money? 돈이 없는데 어떻게 차를 살 수 있겠는가? (살 수가 없다). **5** 〖만약〗…이라면(if). ⇨ IF (Usage¹). ¶ I'll give it to you *when* you try to do your best. 네가 최선을 다한다고만 하면 너한테 그것을 주겠다.
when all comes to all 요컨대, 결국은 ……다.
when all is said and done ⇨ ALL.

— *pron*. **1**《의문 대명사》언제(what time). ¶ From *when* does it date? 기일은 언제부터이냐? **2**《관계 대명사》그때(which time). ¶ They left on Monday, since *when* we have heard nothing. 그들은 월요일에 떠났는데 그 뒤 아무 소식도 없다.

— *n*. (보통 the ~) 때(time, date), 경우(occasion). ¶ He told me the *when* and the where of the event. 그는 그 사건이 언제 어디서 일어났는지 가르쳐 주었다. *Say when.*《口어》알맞은 분량이 되면 말해 주시오〖남에게 술 등을 따를 때 하는 말〗. * 「이제 그만」은 "When." 이라 한다.

when·as [(h)wenǽz] *conj*. 《고어》**1** …할 때〖는 언제나〗(when). **2** …이므로(inasmuch as).

*whence [(h)wens] 《고어·문어》*adv*. **1**《의문 부사》**a**) 어디서 (from where, from what place). *cf*. whither ¶ *Whence* do you come? 출신지가 어디냐? (=Where do you come from?). **b**) 어떻게(how); 왜 (why). ¶ *Whence* come you to say that? 어째서 그런 말을 하느냐? / *Whence* comes it that you are in a hurry to leave? 왜 서둘러 떠나려 하는가? **2**《관계 부사》그 곳

whencesoever 에서 …하는(from where). ¶ Return *whence* (=to the place from which) you came. 온 곳으로 되돌아가거라.
— *pron.* 1 《의문 대명사》어디. ¶ From *whence* is he? 그의 출신지는 어디냐? 2 《관계 대명사》…하는 [곳]. ¶ the source from *whence* this river comes 이 강의 수원. — *n.* (보통 the ~) 유래, 근원(source).

whence·so·ev·er [(h)wènsso(u)évər] *adv., conj.* 《고어·문어》어디서(어떤 이유로) …이든 (* whence 의 강조형).

*****when·e'er** [(h)wenéər] *conj.* 《詩》=whenever.

‡**when·ev·er** [(h)wenévər] *conj.* …할 때에는 언제나 (at whatever time, at any time when); 어떤 경우에도 (on whatever occasion). ¶ Come *whenever* you like. 언제든지 마음내키거든 오너라 / Take however much you want and *whenever* you want to. 원하는만큼, 원할 때에는 언제든지 가져가거라 / *Whenever* you may call on him, you'll find him reading something. 언제 그를 찾아가도 그는 무엇인가를 읽고 있을 것이다. — *adv.* 《구어》[도대체] 언제(* 의문부사 when 의 강조형으로서 놀라움·당혹의 뜻을 나타낸다. 《英》에서는 보통 when ever 라 2 단어로 갈라 쓴다. ¶ *Whenever* did you say that? 도대체 언제 그런 말을 했었니?

when·so·ev·er [(h)wènso(u)évər] *adv.,* *conj.,* whenever 의 강조형.

‡**where** [(h)wɛər] *adv.* 1 《의문 부사》어디에(에서) (in or at what place); 어디로(to what place, whither); 어떤 점에서 (in what respect); 어떤 입장에, 어떤 경우에 (in what position or circumstances); 어디서 (from what place). ¶ *Where* are you going? 어디로 가니? / *Where* do you live? 어디에 사니? / *Where* is Heaven? 천국이 어디 있니? / *Where* did you read that? 그것을 어디서(어느 책에서) 읽었니? / *Where* did you get your information? 그 소식을 어디서 들었니? / *Where* is she to blame? 어떤 점에서 그녀는 문책을 받아야 하는가? / I don't know *where* he stands on this question. 이 문제로 그가 어떤 입장을 취할지 모르겠다 / *Where* is the sense in doing that? 그런 것을 해서 무슨 뜻이 있는가? (없다) (* 수사적 의문문). 2 《관계부사》 a) 《제한적 용법》…하는, …인. ¶ This is the town *where* (=in which) I was born. 이곳이 내가 태어난 도시이다 / I would like to live in a country *where* it never snows. 나는 눈이 오지 않는 지방에서 살고 싶다. b) 《비제한적 용법》…하자 그곳에서(and there). ¶ They came to the village, *where* they lodged for the night. 그 마을에 닿자 그들은 그곳에서 묵었다. c) 《선행사를 수반하지 않고서》…하는. ¶ The book is *where* you left it. 그 책은 네가 두고 온 그 자리에 있다 / That's *where* it is. 《구어》그것이 진짜 이유이다; 그것이 요점이다.
Where are we? ① 여기가 어디지? ② 어디까지 이야기 했지?
— *conj.* 1 …하는 곳에(에서, 으로); …할 경우에, …하는 경우에. ¶ *Where* there's a will, there's a way. 《속담》뜻이 있는 곳에 길이 있다. …하는 곳은 어디든지. ¶ I will go *where* (=wherever) you go. 나는 네가 가는 곳이라면 어디든지 따라가겠다.
— *pron.* 1 《의문 대명사》어디(what place). ¶ *Where* are you from? = *Where* do you come from? 고향은 어디냐? / *Where* have you come from? 어디서 왔느냐? [지금까지 있었던 곳을 묻는다] / *Where* did you go to? 어디로 가버렸을까? 2 《卑語》《관계대명사》…하는. ¶ the place *where* he comes from 그의 출신지.
— *n.* (보통 the ~) 장소(place). ¶ Tell me the *wheres* and hows of job hunting. 어디서 어떻게 직장을 찾으면 될지 가르쳐 다오.
where it's [*all*] *about* 《美俗》활동의 중심, 핵심; [특히 유행하는] 가장 재미있는(중요한) 것.

*****where·a·bouts** [(h)wέ(:)rəbàuts / (h)wέər-], (**where·a·bout** [-əbàut]) *adv.* 1 《의문 부사》어디쯤에 (about where). ¶ He is now in the U. S., but I don't know exactly *whereabouts*. 그는 지금 미국에 있는데 어디쯤에 있는지 정확하게 모르겠다. 2 《관계부사》…의 장소. — *n.* 《단·복수 양용》소재, 행방, 있는 곳. ¶ Nobody knows her present *whereabouts*. 그녀의 현재 행방은 아무도 모른다.

‡**where·as** [(h)wɛ(:)ræz / (h)wɛər-] *conj.* 1 그런데, …한데, …에 반해서(while). ¶ She is slender, *whereas* her sister is fat. 여동생은 뚱뚱한데 그녀는 호리호리하다. 2 …이기 때문에; …한 사실로 미루어(* 공문서 전문(前文)에 쓴다). — *n.* [whereas 로 시작되는 〕공문서의 전문.

*****where·at** [(h)wɛ(:)rǽt / (h)wɛər-] *adv.* 1 《고어》《의문 부사》무엇에 대하여(at what), 왜. 2 《관계부사》a) 《제한적 용법》그래서 …하는(at or upon which). ¶ a tea party *whereat* she was present 그녀가 참석했던 티 파티 / I know the things *whereat* you are offended. 네가 무엇 때문에 화를 내고 있는지 나는 알고 있다. b) 《비제한적 용법》그러자, 그래서, 거기서.

*****where·by** [(h)wɛərbái] *adv.* 1 《고어》《의문 부사》무엇으로(by what), 어떻게 해서, 어떻게(how). ¶ *Whereby* did you expect to profit? 어떻게 돈을 벌려고 했니? 2 《관계 부사》a) 《제한적 용법》그로써 …하는 (by which). ¶ He devised a plan *whereby* he might escape. 그는 도망칠 계획을 세웠다. b) 《비제한적 용법》그로써, 그래서. ¶ He went purple, *whereby* I saw that he was offended. 그의 표정이 붉어지는 것으로 그가 화내고 있는 것을 알았다. [wherever.]

wher·e'er [(h)wɛ(:)réər / (h)wɛər-] *conj.* 《詩》=

‡**where·fore** [(h)wέərfɔ̀:r / -fɔ̀:] *adv.* 1 《의문 부사》무엇 때문에 (for what purpose), 무슨 까닭으로, 왜 (why). ¶ *Wherefore* did you go? 무슨 목적으로 갔더냐? 2 《관계 부사》a) 《제한적 용법》그 때문에 …하는[이유·원인]. b) 《비제한적 용법》그 때문에, 그런 까닭으로, 그래서(therefore). ¶ We ran out of water, *wherefore* (=and therefore) we surrendered. 우리는 물이 떨어졌다, 그래서 항복했다. — *n.* (보통 the ~s) 이유(reason), 원인. ¶ Never mind the whys and *wherefores* of it. 그 이유나 원인에 관하여는 신경을 쓰지 마라.

where·from [(h)wɛərfrám / -fróm] *adv.* 《관계 부사》그곳에서 …하는(from which).

*****where·in** [(h)wɛ(:)rín / (h)wɛər-] *adv.* 1 《고어》《의문 부사》어디에(in what); 어떤 점에서. 2 《관계 부사》그 안에(사이에) …하는(in which); 그래서(in that), 그 점에서. ¶ a period *wherein* he took no part in the conference 그가 회의에 참가하지 않은 기간 / This is the room *wherein* he sleeps. 이곳이 그가 자는 방이다.

where·in·to [(h)wɛ(:)ríntu:, -tə / (h)wɛər-] *adv.* 《고어》《관계 부사》그 안에 …하는(into which).

where'll [(h)wɛərl] *n.* where will(shall) 의 단축형.

*****where·of** [(h)wɛ(:)rʌ́v / (h)wɛəróv] *adv.* 1 《의문 부사》무엇의(에 관하여)(of what); 누구의(에 관하여)(of whom). 2 《관계 부사》그에 관하여 …하는 (of which). ¶ the matter *whereof* he spoke 그가 말했던 문제.

*****where·on** [(h)wɛ(:)rán / (h)wɛərɔ́n] *adv.* 1 《고어》《의문 부사》무엇 위에(on what). 2 《관계 부사》그 위에 …하는(on which); 그 위에. ¶ the hill *whereon* we stand 우리가 서 있는 언덕. [축형.]

where're [(h)wέ(:)rər / (h)wέərə] where are 의 단

‡**where's** [(h)wɛərz] where is (has) 의 단축형.

where·so·e'er [(h)wɛ̀ərso(u)έər] *conj.* 《詩》=wheresoever. [wherever의 강조형.]

where·so·ev·er [(h)wɛ̀ərso(u)évər] *adv., conj.*

where·through [(h)wɛərθrú:] *adv.* 《고어》《관계 부사》그곳을 지나 …하는(through which).

where·to [(h)wεərtúː] *adv.* **1** 《고어》《의문 부사》 무엇에(to what), 어디에, 무슨 목적으로. **2** 《관계 부사》 그것에 …하는(to which); […하면] 그에 대해서. ¶ the place *whereto* we hastened 우리가 서둘러 간 목적지.

where·un·der [(h)wε(ː)rʌ́ndər / (h)wεər-] *adv.* 《드물게》 **1** 《의문 부사》 무엇의 밑에(under what). **2** 《관계 부사》 그 밑에서 …하는(under which); […하면] 그 밑에서. ┌*adv.* 《고어》=whereto.

where·un·to [(h)wε(ː)rʌ́ntuː, ¯ ¯ ¯] ┘

***where·up·on** [(h)wèːrəpán / (h)wèərəpɔ́n] *adv.* **1** 《고어》《의문 부사》 무엇의 위에(on what), 누구의 위에. **2** 《관계 부사》 …하는(upon which); […하면] 그 결과로써, 그래서, 그 뒤.

‡**wher·ev·er** [(h)wε(ː)révər / (h)wεər-] *adv.* **1** 《관계 부사》 …하는 곳은 어디든지, 어디로든지. ¶ Sit *wherever* you like. 어디든지 좋은 곳에 앉아라. **2** 《구어》《의문사 where의 강조형》 도대체 어디에(로). ¶ *Wherever* are you looking ? 도대체 어디를 보고 있니? —— *conj.* […하는] 어디에서든지(로든지), 어디에 …하더라도. ¶ *Wherever* he may go, he is loved. 어디를 가나 그는 사랑을 받는다.

***where·with** [(h)wεərwíð, -wíθ] *adv.* **1** 《고어》《의문 부사》 무엇으로, 무엇에 의해서. **2** 《관계 부사》 그래서 …하는, 그로써. —— *pron.* 《부정사를 수반하여》 그것에 의해서 …하는 것. ¶ I had not *wherewith* to warm myself. 나는 몸을 따스하게 할 것을 가지지 못했다. —— *n.* (the ~) 《드물게》 =wherewithal.

where·with·al [(h)wέərwìðɔːl / ¯ ¯ ¯-] *adv.* 《고어》 =wherewith. —— *n.* [(h)wέərwìðɔ̀ːl, ¯ ¯ ¯] (the ~) [필요한] 수단(means), 자금. ¶ I lacked the *wherewithal* to continue my education. 나에게는 교육을 계속할만한 돈이 없었다. —— *pron.* =wherewith.

wher·ry [(h)wéri] *n.* (*pl.* **-ries**) **1** 거룻배, 작은 배. **2** 《경조용》 1인승 스컬. **3** 《英》 《강에서 사람·짐을 나르는》 나룻배.

***whet** [(h)wet] *vt.* (**whet·ted, whet·ting**) **1** 《날 따위를》 갈다(sharpen). **2** 《식욕·흥미 따위를》 자극하다, 돋우다. —— *n.* **1** 갈기, 연마, **2** 자극물; 《특히》 한잔의 술. **3** 《美 방언》 한 차례의 일; 잠시.

‡**wheth·er** [(h)wéðər] *conj.* **1** 《간접 의문의 명사절을 이끌고》 …일지 어떨지; …일지 그렇지 않으면 …일지 (if). ¶ I don't know *whether* he will come or not. 그가 올 것인지의 여부를 모르겠다. / The point is *whether* they succeed or fail. 문제는 그들의 성패 여부이다. ⇒ IF (Usage²). —— *Usage* whether or not 와 whether or no —— (1) 사이를 맬 경우에는 whether... or not 가 보통; I don't know *whether* it is true or *not*. (2) 사이에 말을 메지 않을 경우 문법상으로는 whether or not 라 해야 하나 실제로는 whether or no 도 쓰이고 있다; I don't know *whether or no* it is true.

2 《양보의 부사절을 이끌고》 …이든 [아니든] (no matter whether). ¶ *Whether* he comes or not, I'll go. 그가 오는 말든 나는 가겠다.

whether or no 어떻게 됐든, 아무튼; 반드시. ¶ I must go there, *whether or no*. 반드시 그 곳에 가지 않으면 안 된다.

—— *pron.* 《고어》 둘 중 어느 쪽인가.

whet·stone [(h)wétstòun] *n.* **1** 숫돌. **2** 자극물.

whet·ter [(h)wétər] *n.* **1** 칼 가는 사람. **2** 자극물.

whew [h(w)juː] *interj.* 《놀라움·실망·안도 따위를 나타낸다.》 어이구!, 이야!, 허! ¶ *Whew*! it's cold here. 어휴, 이곳은 춥군. —— *n.* 휘유(이야 하는 소리).

whey [(h)wei] *n.* ⓤ 유장(乳漿) 《치즈를 만들 때 우유가 응고한 뒤 분리되는 수용액》.

whey·face [(h)wéifèis] *n.* 《공포 따위로》 창백해진 얼굴; 얼굴이 창백한 사람.

‡**which** [(h)witʃ] *pron.* **1** 《의문 대명사》 어느 쪽(이), 어느 것(쪽)인가. 《* 단수·복수 양쪽으로 다 쓴다; what, who 는 불특정의 것을 들게 때 쓰며, which 는 특정 그룹 중의 선택을 묻는 데 쓴다. ¶ *Which* do you like better, tea or coffee? 홍차와 커피 중 어느 것을 더 좋아하느냐? / *Which* of you has left his (*or* your) hat ? 너희들 중 누가 모자를 놓고 갔느냐?

2 《관계 대명사》 **a)** 《제한적 용법》 …하는 [것, 일] 《* 예전에는 선행사가 사람인 경우에도 쓰였으나 현재는 일반적으로 물건인 경우에만 쓰인다》. ¶ a river the banks of *which* (*or of which* the banks) are covered with trees 양안(兩岸)이 나무로 뒤덮여 있는 강 《* 구어에서는 *whose* banks 쪽이 보통》 / She made a doll *which* had blue eyes. 그녀는 푸른 눈의 인형을 만들었다 / It is the house *which* she once lived in (*or in which* she once lived). 그것이 그녀가 한때 산 적이 있는 집이다 / He is a gentleman *which* his brother is not. 그는 형과 달리 신사이다 《* 선행사가 사람 그 자체를 가리키지 않고 지위·직업·성격 따위를 가리킬 때에는 which 가 쓰인다》. **b)** 《비제한적 용법》 그리고 (그러나) 그것은 (을). ¶ He said he was ill, *which* was a lie. 그는 아팠다고 그러나 그것은 거짓말이었다. **c)** 《선행사를 수반하지 않고서》 […의] 어느 것이나(whichever). ¶ Buy *which* you like. 어느 것이나 좋아하는 것을 사거라.

—— *adj.* **1** 《의문 형용사》 《둘 이상의 중에서 하나를 골라서》 어느 쪽의, 어느. ¶ *Which* way shall we go? 어느 쪽 길로 갈까? / *Which* one do you mean ? 어느 것을 말하느냐? / I don't know *which* candidate won in the election. 누가 후보자가 선거에 이겼는지 알 수 없다.

2 《관계 형용사》 **a)** 《제한적 용법》 어떤 …이라도(no matter what). ¶ Try *which* method you may, you will fail. 어떤 방법을 택하든지 너는 실패할 것이다. **b)** 《비제한적 용법》 그리고 이(그)…. ¶ It rained heavily all day, during *which* time I stayed indoors. 하루 종일 호우가 내려 그동안 줄곧 집안에 틀어박혀 있었다 / We went to Rome, at *which* place we parted. 우리는 로마까지 가서 그곳에서 헤어졌다.

which is which 어느 것(이), 어느 것(쪽)인가.
which is worse 더더구나 좋지 않은 것은. ¶ And, *which is worse*, he became ill. 더더구나 좋지 않은 것은 그가 병에 걸린 일이었다.

‡**which·ev·er** [(h)witʃévər] *pron.* **1** 《관계 대명사·명사절을 이끌고》 …하는 것이나, 어느 것이나. ¶ Choose *whichever* you want. 어느 것이나 원하는 것을 골라잡아라. **2** 《양보의 부사절을 이끌고》 어느 쪽의 …이라도, 어떻든, 아무튼. ¶ *Whichever* you may choose, you will be disappointed. 어느 쪽을 택하든 실망할 거다.

—— *adj.* **1** 《관계 형용사·명사절을 이끌고》 어느 쪽의 …이라도. ¶ Take *whichever* book you like. 어느 것이나 네가 좋아하는 책을 가져라. **2** 《양보의 부사절을 이끌고》 어느 쪽의 …이라도. ¶ *Whichever* picture you choose, I will give it to you. 어느 그림을 골라잡든 그것을 너한테 주겠다.

which·so·ev·er [(h)wìtʃso(u)évər] 《문어》 *pron., adj.* whichever 의 강조형.

whid·ah [(h)wídə] *n.* =whydah.

***whiff**¹ [(h)wif] *n.* **1** 《바람·연기 따위의》 한 번 불기; [담배의] 한 모금. ¶ take a *whiff* 한 모금 빨다. **2** 확 풍겨오는 냄새. ¶ a *whiff* of garlic 마늘 냄새. **3** 작은 엽궐련. **4** 《템즈강에서 레이스에 쓰는》 1인승 스컬. **5** 《구어》 《골프 따위의》 헛치기, [야구의] 3진.

—— *vi.* **1** 가볍게 불다; [연기 따위를] 내뿜다(puff), 확 풍기다. **2** 담배를 피우다. **3** 《구어》 《골프 따위에서》 헛치다, [야구에서] 3진하다. —— *vt.* **1** …을 가볍게 불다(불어서 보내다). **2** [담배 따위를] 내뿜다. **3** 《구어》 [야구에서] [타자를] 3진시키다.

whiff² [(h)wif] *n.* 가자미의 일종.

whif·fet [(h)wífit] *n.* **1** 작은 개. **2** 《美구어》 쓸모

whiffle

없는 인간(whippersnapper). **3** 한 번 불기.
whif·fle [(h)wífl] v. (-fled, -fling) vi. **1** [바람이] 가볍게 불다, 살랑대다; [바람의] 방향이 바뀌다(shift); [나뭇잎이] 흔들리다. **2** [의견 따위가] 바뀌다, 흔들리다; 이리저리 변명하다. ── vt. **1** …을 불어 흐트러뜨리다 **2** [의견 따위]를 흔들리게 하다.
whif·fle·ball [(h)wíflbɔ̀ːl] n. 휘플볼[멀리 날아가지 못하게 구멍을 뚫은 속빈 플라스틱 공; 원래 골프 연습용].
whif·fler [(h)wíflər] n. **1** 종종 의견(행위)을 바꾸는 사람; 이리저리 변명하는 사람. **2** 〔英〕행렬에 앞장서는 사람.
whif·fle·tree [(h)wífltrìː], **whip·ple-** [(h)wípl-] n. 마구(馬具)의 붓줄을 매는 가름대, 물추리막대.
whif·fy [(h)wífi] adj. 〔英구어〕 냄새가 물쿠나는 (smelly).
Whig [(h)wig] n. **1** 〔英역사〕 휘그당원; (the ~s) 그 당 〔자유 당(Liberal Party)의 전신〕. *cf.* Tory **2** 〔英〕 보수적인 자유당원; [일반적으로] 웅졸한 도덕 군자. **3** 〔美역사〕 독립 전쟁 당시의 독립당원. **4** 〔美역사〕 휘그당원[민주당(Democratic Party)의 반대파, 1834-55년경 성립]. ── adj. 휘그당의 (과 같은); 휘그당원인(으로 이루어진). [<? Whiggamore: 1648년 Edinburgh로 진격한 서부 스코틀랜드의 반란자에 대한 별명]
Whig·ger·y [(h)wígəri] n. =Whiggism.
Whig·gish [(h)wígiʃ] adj. 휘그당의(과 같은); 민주주의적인, 휘그당 지지의.
Whig·gism [(h)wígiz(ə)m] n. ⓤ Whig 당의 주의(주
‡while [(h)wail] n. **1** (보통 a~) 동안, 시간; 잠깐 동안; 일정 기간. **1** [a little] *while* ago 조금 전 / all the *while* 시종 / a long *while* 오랫 동안 / rest a *while* 잠시 휴식하다. **2** (the ~, one's ~) [일에 걸리는] 시간, 노력.
after a while 잠시 후. ¶ He began to talk nonsense *after a while*. 잠시 후 그는 뜻도 모를 소리를 지껄여 대기 시작했다.
all the while; the whole while 그동안 죽, 내내, 시종. ¶ He stayed at home *all the while*. 그는 내내 집에 있었다.
at whiles 이따금, 때때로.
between whiles 틈틈이, 이따금.
for a (or *one*) *while* 일시, 잠시[동안].
in a little while 곧, 얼마 안 되어.
make it worth a person's while ⇨ WORTH¹.
once in a while 때때로, 이따금.
the while 〔古〕 그간, 동시에. ¶ We took a walk and sang the *while*. 우리는 산책하며 노래불렀다. ② 《고어·詩》 …의 사이에.
worth [*one's*] *while* [시간을 걸려서] …할 가치가 있는. ¶ It is *worth while* reading (or to read) the novel. 그 소설은 읽을 만한 가치가 있다. ⇨ WORTH (Usage).
── conj. **1** …하는 사이에, …하고 있는 동안에, …과 동시에; …하는 한(as long as). ¶ I fell asleep *while* [I was] reading. 독서하는 동안에 잠들어버렸다(* 주절의 주어와 일치할 경우 주어와 be 동사는 생략되는 수가 있다). ¶ While they don't agree, they continue to be friends. 그들은 의견이 서로 다르기는 하나 변함없이 친하게 지낸다. **3** 〔구어〕 그리고 (and). ¶ His mother is a singer, *while* he is a pianist. 어머니는 가수, 그리고 그는 피아니스트이다.
── vt. (whiled, whil·ing) [시간을 걸려서] …할 가치가 있는 보내다; [지루함 따위]를 넘기다(... *away*). ¶ I *whiled* away the time reading. 나는 독서로 시간을 보냈다.
◇ awhíle adv.
whiles [(h)wailz] adv. 《주로 스코》 때때로(at times).
── conj. 〔古어〕 = while.
whi·lom [(h)wáiləm] adv. 〔古어〕 이전에, 예전, 예

전. ── adj. 지난날의, 이전의, 예전의. ¶ one's *whilom* friend 옛친구.
***whilst** [(h)wailst] conj. 《주로 英》 = while.
***whim** [(h)wim] n. **1** ⓒⓤ 변덕, 일시적 기분(caprice), 종잡을 수 없는 생각(for ...). ¶ be full of *whims* 변덕스럽다 // take (or have) a *whim for* fishing 낚시질이나 해볼까 하는 생각이 들다. **2** [광산] 광수(鑛水) 따위의 퍼올리는 장치.
whim·brel [(h)wímbrəl] n. 중부리도요 〔도요새과(科)〕
***whim·per** [(h)wímpər] v. vi. 흐느껴 울다, 훌쩍훌쩍 울다. ⇨ CRY 〔類語〕; [개 따위가] 킹킹거리다, 코를 훌쩍이다. ¶ The sick child *whimpered*. 병든 그 아이는 훌쩍훌쩍 울었다. ── vt. …을 눈물 섞인 소리로 말하다. ── n. 흐느낌, 흐느껴 우는 소리, 코를 킹킹거리는 소리.
whim·per·er [(h)wímpərər] n. 흐느껴 우는 사람.
whim·per·ing·ly [(h)wímpəriŋli] adv. 흐느껴 울어, 코를 킹킹 울려.
whim·sey [(h)wímzi] n. =whimsy.
***whim·si·cal** [(h)wímzik(ə)l] adj. **1** [행동·의견 따위가] 변덕스러운, 즉흥적인(capricious), 종잡을 수 없는. **2** 묘한, 기묘한.
~·ly [-kəli] adv. ◇ whimsicálity, whímsy n.
whim·si·cal·i·ty [(h)wìmzikǽliti] n. (pl. -ties) **1** ⓤ 변덕, 일시적 기분. **2** 기행, 기괴한 생각(whimsy).
whim·sy [(h)wímzi] n. (pl. -sies) **1** ⓒⓤ 변덕, 일시적 기분(whim). **2** 기행(奇行), 기상(奇想).
whim-wham [(h)wímhwæm] n. **1** [복장이나 장식 따위의] 별난 것, 묘한 장식. **2** 변덕(whim). **3** (the ~s) 〔구어〕불안, 초조(jitters).
whin¹ [(h)win] n. 《주로 英》 가시금작화(furze).
whin² [(h)win] n. = whinstone.
whin·chat [(h)wíntʃæt] n. 검은딱새류(類)의 작은 명금.
***whine** [(h)wain] v. (**whined**, **whin·ing**) vi. **1** 구슬픈 소리를 내다, 흐느껴 울다; [개 따위가] 코를 킹킹 울리다. ⇨ HOWL 〔類語〕 **2** 투덜대다, 우는 소리를 하다. ⇨ COMPLAIN 〔類語〕¶ (~+前+图) *whine* about being poor 가난을 한탄하다. ── vt. 구슬픈 소리로 …이라 말하다 (...*out*). ── n. **1** 구슬픈 소리, 흐느낌, [개 따위의] 코를 킹킹거리는 소리. **2** 투덜거림, 불평.
whing·er [(h)wíŋər] n. 《주로 스코》단검(dagger), 비수. 「거리며; 투덜대며.
whin·ing·ly [(h)wáiniŋli] adv. 구슬프게, 코를 킹킹
whin·ny [(h)wíni] v. (-nied, -ny·ing) vi. [말이] 히힝 울다. ── vt. 히힝 울어 …을 나타내다. ── n. (pl. -nies) 말의 울음소리.
whin·stone [(h)wínstòun] n. ⓤ 현무암류(類).
‡whip [(h)wip] v. (**whipped** or **whipt**, **whip·ping**) vt. **1** …을 매로 때리다; …을 매질하다; …을〔말로〕 호되게 꾸짖다. ¶ They *whip* convicts in that country. 저 나라에서는 죄수를 매질한다. **2** …을 채찍으로 몰아세우다(격려하다); 매질해서 …을 강요하다(가르치다)(... *into*); 매질해서 …을 중단시키다...*out of*). ¶ (~+图+副) *whip* a cow on 소에게 채찍질해서 빨리 가게 하다. // (~+图+前+图) *whip* sense *into* a child 아이를 매질해서 알아듣게 하다 / *whip* nonsense *out of* a child 아이를 매질해서 어리석은 짓을 그만두게 하다. **3** 《구어》〔경기 따위에서〕…을 이기다(overcome). **4** …을 갑자기 움직이다, 내뿌채다, 불잡다, 붙잡다. ¶ (~+图+前+图) *whip* money *into* one's pocket 돈을 재빨리 호주머니에 쑤셔넣다 // (~+图+副) *whip out* sword 칼을 뿅아들다 / *whip off* one's coat 웃옷을 홱 벗어버린다. **5** 〔강 따위를〕때리듯이 낚싯줄을 던지다, 〔강〕에서 던질낚시를 하다. **6** …에 실(끈)을 감아붙이다, …을 실(끈)로 감다. **7** …끝을 꿰매다, 감치다. **8** 〔달걀·크림 따위〕를 거품내다.
── vi. **1** 갑자기 움직이다〔떠나다〕, 돌진하다, 날아가다(*away*; *behind*, *into*, *off*, *out of* ...). ¶ (~+副)

whip *away to* Mexico 멕시코로 뛰다 // (~+匣+图) **whip** *out of* the door 문밖으로 뛰쳐나가다 / *whip behind* the door 문 뒤로 숨겨서 들어오다. **2** [기(旗) 따위가] 펄럭이다. **3** 던질낚시를 하다.
whip in ① (사냥개 따위를) 불러 모으다. ② [의원 등에] 등원을 촉구하다, 지령을 내려 …을 모으다.
whip ... into shape 《구어》 생각대로 강행하다 (해내다).
whip off ① …을 매질로 쫓아내다; …을 갑자기 끌어내다. ② …을 홱 벗다. — *vt.* 4. ③ 《구어》 …을 급히 쓰다. ④ (*vi.*) 갑자기 출발하다.
whip out ① …을 급히 꺼내다. ⇒ *vt.* 4. ② (*vi.*) 갑자기 부르다.
whip round (*vi.*) ① 갑자기 뒤돌아보다. ② 《英》 [모금 따위를] 하고 다니다 (*for* ...).
whip up ① …을 매질로 서둘게 하다. ② …을 긁어모으다. ③ …을 붙들다. ④ 《구어》 [요리를] 잽싸게 만들다. ⑤ [감정]을 자극하다 (stir), [남]을 흥분시키다.
— *n.* **1** 매, **2** 매질. **3** 《주로 英》 마부(coachman). ¶ a good (a poor) *whip* 훌륭한 (서투른) 마부. **4** [사냥] 사냥개 담당자, 사냥개 담당자. **5** [정치] [의회의] 원내 간사(party whip); 《美》 원내 부총무 [주로 득표 공작 따위를 담당]; 《英》 등원 명령[서]. **6** 도르래. **7** 휘프 [크림·달걀 흰자 따위를 거품을 내서 만든 디저트]. **8** 던질 낚시. **9** 풍차의 날개. **10** ⓤ 낭창낭창함, 탄력성 (flexibility).
crack the whip ① 회초리를 휘두르다. ② 《구어》 …을 겁주어 지배하다.
whip and spur 서둘러, 다급하게.
◇ **whíppy**, **whíplike** *adj.*
whip·cord [(h)wípkɔ̀ːrd] *n.* **1** 능직물[의 일종], 채찍 끈. **2** 거트, 장선(腸線)(catgut). **4** 채찍 비슷한 것.
whíp cràne *n.* 갓이 기중기. [한] 해초.
whíp hànd *n.* **1** 채찍을 잡는 쪽 손, 오른손. **2** 우세, 우위.
have the whip hand of …보다 우세하다, …을 지배하다.
whip·lash [(h)wíplæ̀ʃ] *n.* **1** 채찍 끝의 휘청휘청한 부분, 채찍 끈. **2** =whiplash injury.
whíplàsh ìnjury *n.* 편타성(鞭打性) 상해.
whip·per [(h)wípər] *n.* 채찍질하는 사람 (것).
whip·per-in [(h)wípərín] *n.* (*pl.* **whippers-in**) 《주로 英》 **1** [사냥] 사냥개 담당자. **2** [국회의] 원내 총무.
whip·per·snap·per [(h)wípərsnæ̀pər] *n.* 건방진 젊은이, 얄미운 애송이; 데데한 인간.
whip·pet [(h)wípit] *n.* **1** 위핏 [영국산(產)의 경주용 개]. **2** 경전차(輕戰車) [제1차 세계 대전에서 영국군이 사용].
whip·ping [(h)wípiŋ] *n.* **1** ⓤⓒ 채찍질. **2** ⓤ [로프의] 끝매듭. **3** ⓤ 갑자기 움직이기. **4** ⓤⓒ 《구어》 [시합 따위에서의] 패배(defeat). **5** ⓤⓒ [달걀·크림 따위를] 거품 일게 하기.
whípping bòy *n.* **1** [옛날에 왕자와 함께 공부하며 왕자가 벌받을 일이 있을 때는 대신해서 벌을 받던] 왕자의 학우. **2** 대신, 대역, 남의 죄를 떠맡는 사람 (scapegoat).
whípping pòst *n.* [옛날의] 태형(笞刑)을 할 때 붙들어 매는 기둥.
whípping tòp *n.* [채로 쳐서 돌리는] 팽이.
whip·ple·tree [(h)wípltrìː] *n.* =whiffletree.
whip·poor·will [(h)wípərwìl] *n.* [미국산(產)의] 쏙독새.
whip·py [(h)wípi] *adj.* (*-pi·er*, *-pi·est*) 채찍 모양의, 가늘고 휘청휘청한 (springy).
whip-round [(h)wípràund] *n.* 《英구어》 기부금 모금.
whip·saw [(h)wípsɔ̀ː] *n.* [틀에 끼운] 가는 톱.
— *vt.* (*-sawed*, *-sawed* or *-sawn*, *-saw·ing*) **1** …을 whipsaw로 켜다. **2** [상대방]을 이중으로 이기다.
whíp·snake [(h)wípsnèik] *n.* 채찍뱀 [꼬리가 채찍 가늘고 긴 남미산(產)의 뱀].

whip·stall [(h)wípstɔ̀ːl] [항공] *n.* 급[상승] 실속(失速) [수직 상승할 때 기수가 급격히 흔들려 실속하는 현상].
— *vi.* 급[상승]실속시키다 (하다).
whip·ster [(h)wípstər] *n.* **1** =whippersnapper. **2** 채찍을 사용하는 사람.
whip·stitch [(h)wípstìtʃ] *vt.* …을 감치다. — *n.* **1** 감치기. **2** 《구어》 순간, 일순(instant).
whíp·stòck [(h)wípstɑ̀k / -stɔ̀k] *n.* 채찍 자루.
whir, **whirr** [(h)wəːr], (**whirr**) *v.* (**whirred**, **whir·ring**) *vi.* 휙 날다; 윙윙 돌다. ¶ (~+圖) *whir past* [자동차 따위가] 질주하다. — *vt.* 휙 하는 소리를 내며 …을 나르다. — *n.* 휙 하는 [윙윙 돌아가는] 소리.
*****whirl** [(h)wəːrl] *vi.* **1** 빙빙 돌다; 선회하다. ⇒ TURN 類語 ¶ (~+圖) *whirl round* [나뭇잎 따위가] 맴돌며 날다. **2** […의] 주위를 돌다, 주행(周行)하다. ¶ (~+ 前+图) *whirl about* a room 방 안을 빙빙 돌다. **3** [자동차 따위로] 질주하다, 황급히 가다(speed). ¶ (~+ 前+图) *whirl out of* sight 쏜살같이 달려서 시야에서 사라지다. **4** 현기증이 나다 (reel). **5** [생각 따위가] 따라 떠오르다, 계속 솟아오르다. — *vt.* **1** …을 빙글 빙글 돌리다, 회전시키다. **2** …을 재빠르게 나르다; [바람 따위가] 회오리쳐서 …을 가져가다. ¶ (~+图+ 前+图) The taxi *whirled* him *into* darkness. 택시는 그를 태우고 휙 어둠속으로 사라졌다.
— *n.* **1** 회전, 선회 (spin). **2** 소용돌이; 선풍; 빙글빙글 도는 것. **3** 소동, 소란. **4** [생각 따위의] 어지러움, 혼란. **5** [잇따라 일어나는] 일련의 사건.
give it a whirl 《美구어》 시험삼아 해보다.
in a whirl ① 선회하여. ② 혼란에 빠져서.
whirl·er [(h)wəːrlər] *n.* **1** 선회하는 것. **2** [밧줄 만드는 데 쓰는] 선회하는 갈고리 (바퀴).
whirl·i·gig [(h)wəːrligìg] *n.* **1** [애들이 돌리며 노는] 팽이; 바람개비; 회전 목마; 빙빙 도는 것. **2** 회전 운동, 변천. ¶ the *whirligig* of fashion 유행의 변천. **3** 물매암이 (whirligig beetle). **4** 《고어》 변덕스러운 사람.
*****whirl·pool** [(h)wə́ːrlpùːl] *n.* **1** [강이나 바다 따위 의] 소용돌이. **2** 소용돌이에 비슷한 것.
*****whirl·wind** [(h)wəːrlwìnd] *n.* **1** 회오리바람, 선 풍. **2** 격한 행동; [감정의] 폭풍. ¶ the *whirlwind* of passion 정열의 폭풍. **3** 급격한 선회 운동.
sow the wind and reap the whirlwind ⇒ WIND¹.
whirl·y·bird [(h)wə́ːrlibə̀ːrd] *n.* 《속어》 =helicopter.
whirr [(h)wəːr] *v.*, *n.* =whir.
whish [(h)wiʃ] *vi.* 휙(쌩) 하고 울리다 (움직이다).
— *n.* 휙(쌩) 하는 소리.
whisht [(h)wiʃt] *interj.*, *adj.*, *n.* =whist¹.
*****whisk¹** [(h)wisk] *vt.* **1** [먼지 따위]를 털어내다, 털 다 (...*away*, *off*). ¶ (~+图+前+图) *whisk* flies *away* (or *off*) 파리를 쫓다 // (~+图+前+图) *whisk* crumbs *off* one's coat 저고리에서 빵부스러기를 털어내다. **2** …을 홱 움직여 가다, 데려가다 (...*away*, *off*, *out*). **3** …을 홱 잡다 (움직이다). ¶ (~+图+前+图) *whisk away* (or *off*) a newspaper 신문을 홱 가져가다 // (~+图+前+图) *whisk* a letter *out of* sight 편지를 싹 감추다.
— *vi.* 싹 사라지다; 갑자기 가벼이; 민첩하게 움직이다. ¶ (~+前+图) *whisk out of* sight 갑자기 보이지 않게 되다 / *whisk into* a hole [쥐 따위가] 구멍 속으로 홱 사라지다.
— *n.* **1** 민첩한 행동, 급한 동작. **2** 작은 비. **3** 총채 따위의 한번 털기, 한번 휘두르기.
whisk² [(h)wisk] *vt.* [달걀 따위]를 휘젓다, 거품을 내다. — *n.* [달걀 따위의] 거품을 내는 기구, 거품내는 기구.
whísk bròom *n.* 양복솔, 작은 비.
*****whisk·er** [(h)wískər] *n.* **1** (보통 ~s) 구레나룻. *cf.* beard, mustache. **2** [고양이 쥐 따위의] 수염; [새의 부리 언저리의] 깃털. **3** [結晶] 수염 결정. **4** [항해] 휘스커 [제1차장 사장(斜檣)의 양쪽에서 튀어나와 있는 둥근 재목]. [<WHISK¹+-ER¹: 먼지를 터는 털개라는 뜻으로]

whiskered · white

유머러스하게 쓴 말]
whísk·ered [(h)wískərd] *adj.* 구레나룻이 있는.
‡**whís·key, -ky** [(h)wíski] *n.* (*pl.* **-keys; -kies**) ⓤ (종류를 말할 때는 ⓒ) 위스키; ⓒ 위스키 한 잔. *《美》에서는 국산은 whiskey, 스카치 및 캐나다 위스키 등의 외국산은 whisky 로 쓰는 일이 많다.
 whískey sóur *n.* ⓤⓒ 위스키 사워 [레몬·설탕을 탄 위스키 칵테일].
‡**whís·ky** [(h)wíski] *n.* (*pl.* **-kies**) **1** (=whiskey). **2**
whísky màc *n.* 《英》 위스키와 생강주를 섞은 비율
wisp [(h)wisp] *n.* 밀짚 [로 섞어 만든 칵테일.
‡**whís·per** [(h)wíspər] *vi.* **1** 속삭이다; 소곤거리다; 밀고하다; 밀담하다. ¶ (~+前+图) whisper in a person's ear (or to a person) 남에게 귀띔하다(속삭이다). **2** 몰래 말을 퍼뜨리다. **3** [바람·개울·수물 따위가] 살랑살랑 소리를 내다, 졸졸 흐르다. ¶ (~+前+图) A breeze whispered through the pines. 산들바람이 솔밭을 살랑살랑 불고 지나갔다. ── *vt.* **1** …이라고 낮은 목소리로 말하다, …을 (에게) 속삭이다. ¶ (~+前+图) whisper something to a girl. 소녀에게 무언가를 귀띔하다 // (~+图+图+that 節) I whispered to him that he might come. 나는 그에게 와도 좋다고 소삭였다 // (~+图+to do) whisper a person not to go 남에게 가지 말라고 낮은 목소리로 말하다. **2** …을 몰래 퍼뜨리다. ¶ (~+that 節) It is whispered that the market is dull. 거래는 한산하다고들 한다 // (~+图+前+图) The strangest things are being whispered about her. 그녀에 관해서 아주 이상한 소문이 나돌고 있다. ── *n.* **1** 속삭임 [소리]; 소곤소곤하는 말; 밀담. ¶ in a whisper; in whispers 낮은 목소리로, 소곤소곤. **2** 소문. ¶ Whispers were going round that he had died. 그는 죽었다는 소문이 나돌고 있었다. **3** [바람 따위가] 살랑살랑 부는 소리. [자.
whís·per·er [(h)wíspərər] *n.* 속삭이는 사람; 밀고
whís·per·ing [(h)wíspəriŋ] *n.* ⓤⓒ **1** 속삭임, 소문(rumor). **2** [산들바람이나 개울물이] 살랑살랑(졸졸) 흐르는 소리. ── *adj.* 속삭이는(듯한); 귓 속말의; 살랑거리는. **~·ly** *adv.*
whíspering campáign *n.* 헛소문 퍼뜨리기[작전], 조직적인 중상 모략.
whíspering gállery *n.* 속삭임의 회랑(回廊) (둥근 천장 방) [작은 소리로도 멀리까지 들리는 회랑]; 소리가 울리는 방.
whist¹ [(h)wist] *interj.* 《英》 쉿! 조용히! ── *n.* ⓤ 《英고어》 정숙. ── *vt., vi.* 조용하게 하다, 조용해지다.
whist² [(h)wist] *n.* ⓤ 휘스트 [네 사람이 하는 카드놀이]. ¶ long (short) whist 10점 (5점) 승부.
whíst dríve *n.* 《英》 휘스트 드라이브 [몇 패가 따로따로 놀되 판이 끝날 때마다 2,3인씩 교체하면서 하는 휘스트].
‡**whis·tle** [(h)wísl] *v.* (**-tled, -tling**) *vi.* **1** 휘파람을 불다. **2** 피리(휘파람)로 부르다 (신호하다). **3** 피리 (휘파람) 같은 소리를 내다, 삑삑 울리다; 기적을 울리다. ¶ (~+前+图) whistle around a house [바람이] 집 주위를 쌩쌩 불어가다. **4** [새 따위가] 삑삑 울다. **5** [탄환 따위가] 윙하고 날다. ¶ (~+前+图) whistle through the air [총알 따위가] 바람을 가르고 날다. ── *vt.* **1** …을 휘파람으로 불다. **2** …을 휘파람으로 부르다 (신호하다). ¶ (~+图+副) whistle a dog forward (back) 휘파람을 불어 개를 앞으로 가게 하다 (불러들이다). [다.
let a person go whistle 남에게 굴렀다고 단념하여 버리
whistle…down the wind …을 놓아주다, 포기하다; …을 마음대로 가게 하다.
whistle for ① …을 휘파람으로 부르다. ¶ whistle for a taxi 휘파람으로 택시를 불러세우다. ② …을 바라도 가망이 없다, 얻을 수 없다.
whistle in the dark 《美》 [위험이나 패배에 직면해

도] 침착한 체하다.
── *n.* **1** 휘파람; 기적(汽笛); 호각; 경적. **2** 삑삑 울리는 소리. **3** 입, 목(throat). ¶ wet one's whistle 목을 축이다, 한잔 마시다.
[*as*] *clean as a whistle* 《구어》 ① 아주 깨끗해서, 결백해서. ② 능란하게.
blow the whistle on a person 《美구어》 남을 밀고하다; 남(에게) 「하고 있는 일」을 못하게 하다.
not worth the whistle 전혀 무익한.
pay [*dear*] *for one's whistle* 보잘 것 없는 물건을 비싸게 사다; 혼줄나다.
whístle blówer *n.* 《美구어》 밀고자, 내부 고발자.
whís·tler [(h)wíslər] *n.* **1** 휘파람을 부는 사람. **2** 삑 하고 소리나는 물건, 그 소리. **3** 휘파람 같은 소리를 내며 우는 새의 속칭. **4** 《북미산(產)의》 로키마못. **5** 천식에 걸린 말.
whístle stóp *n.* **1** [역에서 신호가 있을 경우 기적을 울리며 정거하는] 급행 열차 통과 역, 작은 역. **2** 보잘것없는 작은 시 (市). **3** [후보자가 유세(遊說)나 장사를 위한] 단기 체재; 선거 유세; 공연.
whis·tle-stop [(h)wíslstàp / -stɔ̀p] *vi.* (**-stopped, -stopping**) 《美구어》 [후보자가] 작은 역까지 두루 돌면서 유세하다.
whis·tling [(h)wísliŋ] *adj.* 휘파람을 부는; 삑 하고 울리는. **2** ⓤⓒ **1** 휘파람 불기; 삑 하고 울리기. **2** (獸醫) 〔말 따위의〕 천식. **~·ly** *adv.*
*whit** [(h)wit] *n.* (*a*~) (보통 부정문에 쓰인다) 조금, 미소(微少) (bit). ¶ He is not a whit (or no whit) the better for it. 그리고 더 나을 것은 조금도 없다.
Whit [(h)wit] *adj.* 성령강림제(降臨祭)의(Whitsun).
Whít·a·ker's Álmanack [(h)wítəkərz] *n.* 휘터커 연감 (年鑑) [1868년에 영국의 출판업자 Joseph Whitaker (1820-95) 가 창간한 영국과 미국의 정치·경제·문화 관계 연감].
‡**white** [(h)wait] *adj.* (**whít·er, whít·est**) **1** 흰, 백색의; 순백의, 눈처럼 흰; 백발(은발)의; 눈이 있는(많은) (snowy). ¶ a white lily 흰백합 / a white night 백야 / white hands [육체 노동을 안한] 흰 손 / a white old man 백발의 노인 / a white Christmas 화이트 (눈이 내리는) 크리스마스. *cf.* a green Christmas / as white as snow 눈처럼 흰.
2 창백한, 파리한(pale); 빛깔이 엷은. ¶ be in white terror 겁에 질려 창백해져 있다 / white as a sheet [공포로] 파리해져.
3 [분노 따위가] 백열의, 열렬한(passionate). ¶ white rage 격노 / be white with rage 노여움으로 얼굴이 창백하다.
4 [빛·물 따위가] 무색의, 투명한; [포도주 따위가] 호박 (琥珀) 색의. *opp.* red. ¶ white light 백광 (白光) / white water 투명한 물. [여백.
5 아무것도 안 쓴, 공백의, 여백의. ¶ a white space
6 악의 없는, 순결한, 깨끗한(unstained). ¶ white as snow (or lily) 결백한.
7 백색 인종의, 백인의; 코카서스 인종의. ¶ the white race 백색 인종 / white culture 백인의 문화.
8 백의(白衣)의, 흰 옷을 입은. ¶ a white sister 백의의 수녀.
9 왕당파의, 〔정치적으로〕 극우적인; 반공의. *opp.* red. ¶ a white army 백군, 반혁명군.
10 《속어》 훌륭한; 공평한, 신뢰할 수 있는. ¶ a white man 성실한 사람.
11 악의 없는, 선의의; 해(害)가 없는(harmless).
12 행운의, 재수있는(fortunate). ¶ a white day 길일 (吉日).
13 《英구어》 [커피·홍차에] 밀크를 탄. *cf.* black
bleed a person white [남]으로부터 [돈 따위를] 짜내다.
make one's name white again 오명을 씻다.
mark with a white stone 대서 특필하다.

— n. 1 ⓤⓒ 흰 빛, 백색, 회기. 2 ⓤ 흰 그림물감, 백색 안료. 3 ⓤ 흰 천, 흰 옷; (~s) 흰 천으로 만든 제품; ⓤⓒ 흰 것. ¶ a woman in white 흰 옷 입은 여자. 4 (보통 the~) [눈의] 흰자위; [달걀의] 흰자위. cf. yolk 5 백인 (white man). 6 백색 품종; (W-) 백색 품종의 돼지. 7 (the~) [사격 따위에서] 과녁의 중심. 8 (the~) [인쇄물 따위의] 여백. 9 배추흰나비류(類). 10 (~s) [병리] 백대하(白帶下). 11 ⓤ 백포도주. 12 (종종 W-) [정치] 왕당파(원), 극우파(極右派)(원). opp. Red
◇ whíten v., whítish adj.

whíte alért n. 경보 해제.
whíte álloy n. ⓤ 가짜 은(銀).
whíte ánt n. 흰개미 (termite).
whíte Austrália n. [유색인의 이민을 허용하지 않는] 백호(白濠)주의.
whíte báclash n. 《美》 [흑인의 공민권 운동에 대한] 백인의 반발, 반동 반동.
white-bait [(h)wéitbèit] n. (pl. -bait) 치어(稚魚) [정어리 따위의 새끼].
whíte béar n. 흰곰, 북극곰 (polar bear).
whíte bírch n. 자작나무 [유럽·북미산(産)].
whíte blóod céll n. =white corpuscle.
whíte bóok n. 백서 [정부가 발행하는 보고서].
white-cap [(h)wéitkæ̀p] n. 1 (보통 ~s) 파도의 흰물결, 물마루. 2 흰 모자를 쓴 사람; 《美》백모(白帽) 단원 [마음에 안 드는 사람을 폭력으로 제재한 비합법적인 자경(自警) 단원]. 3 =redstart. [나무류(類)].
whíte cédar n. [미국 동부 소택지에서 자라는] 편백.
Whíte-cháp·el [(h)wéit͡ʃɛ̀p(ə)l-] n. 두 바퀴 달린 손수레 [상품 배달용].
Whíte Chrístmas n. 화이트 크리스마스, 눈이 쌓인 성탄절.
whíte clóver n. 클로버, 토끼풀.
whíte cóal n. ⓤ [동력원(動力源)으로서의] 물.
whíte cóat rúle n. 《美》 [광고] 백의(白衣) 금지 규칙 [TV 광고에서 의료 관계자 등을 대변자로서 등장시키는 것을 광고주에게 금하고 있는 규칙].
whíte cóffee n. ⓤ 《英구어》우유를 탄 커피, 밀크 커피.
white-col·lar [(h)wéitkálər / -kɔ́lə] adj. 화이트 칼라의, 샐러리맨 [기질]의; [육체 노동에 대하여] 정신 노동의. cf. blue-collar ¶ a white-collar worker 봉급생활자.
whíte-collar críme n. 《美》 화이트 칼라의 범죄 [탈세·횡령·뇌물 따위 화이트 칼라의 직무와 관련된 범죄].
Whíte Cóntinent n. (the~) 흰 대륙 (Antarctica).
whíte córpuscle n. 백혈구.
whíte crów n. 1 흰까마귀. 2 아주 진기한 물건.
whíte dáisy n. 프랑스 국화(菊花).
whít·ed sépulcher [(h)wáitid-] n. 위선자 [← 마태복음(Matt.) 23 : 27].
whíte dwárf n. [천문] 백색 왜성(矮星).
whíte élephant n. 1 흰코끼리. 2 처치 곤란한 물건, 주체스러운 물건. 3 《美》소유주에게는 필요없으나 남에게는 값어치 있는 물건. [English
Whíte Énglish n. [미국의] 백인 영어. cf. Black
whíte énsign n. 영국 군함기(旗). cf. red ensign
whíte-fáced [(h)wéitféist] adj. 1 얼굴이 창백한. 2 [말 따위가] 이마에 흰 반점이 있는, 앞면(표면)이 흰.
whíte fáther n. 아프리카 파견의 선교사 [흰옷을 입은 데서].
whíte féather n. (the~) 겁쟁이의 증거. ✽ 본래투계(闘鶏)용어.
  show the white feather 우는 소리를 하다, 겁내다.
white-fish [(h)wéitfì͡ʃ] n. (pl. -fish or -fish·es) 1 송어의 일종. 2 [일반적으로] 흰 물고기. 3 흰 돌고래 (beluga).

whíte flág n. 백기 [항복·휴전 따위의 표지].
  hoist (or *show*, *wave*) *the white flag* 항복하다.
whíte flíght n. [특히 중류계급의] 백인 도시주민의 교외로의 탈출 [특히 타인종과 함께 살기를 꺼리는 것이 주인인].
Whíte Fríar n. 카르멜회(會)의 수도사 (Carmelite).
whíte fróst n. 서리, 흰 서리.
whíte gásolíne (gás) n. ⓤ 무연(無鉛) 가솔린.
whíte góld n. ⓤ 1 화이트 골드 [금과 아연·니켈 따위의 합금; 장신구용]. 2 백색 산물 [설탕·목화 따위].
whíte góods n. pl. 1 린넨류(類) [시트 따위]. 2 [냉장고·세탁기 등 흰색을 칠한] 대형 가정용 기구.
white-haired [(h)wéithɛ́ərd] adj. 1 백발의. 2 (구어) 마음에 드는.
Whíte·hall [(h)wáithɔ̀:l] n. 1 본래 영국 London의 중앙부에 있던 궁전. 2 London의 중앙부에 있는 거리 이름 [관청가]. 3 (the~) [단·복수] [집합적] 영국 정부; 영국의 정책.
white-hánd·ed [(h)wéithǽndid] adj. 1 손이 흰, [육체] 노동을 하지 않은. 2 결백한 (pure), 정직한.
white-héad·ed [(h)wéithédid] adj. 1 머리가 흰, 백발의. 2 아마색 머리의, 금발의. 3 (구어) 마음에 드는 (favorite). [격노, 정열.
whíte héat n. ⓤⓒ 백열(白熱). 2 극도의 흥분 상태,
whíte hóle n. [천문] 화이트홀 [블랙홀에 빨려들어간 물질이 방출되는 구멍이라고 하는 가설상의 장소].
whíte hópe n. 《美구어》 크게 기대되는 사람.
whíte hórse n. (보통 ~s) =whitecap 1.
white-hót [(h)wéithát / -hɔ́t] adj. 1 아주 뜨거운, 백열의. 2 열렬한, 백열한; 매우 화난 (흥분한).
*****Whíte Hóuse** n. (the~) 1 화이트 하우스, 백악관 [미국 대통령 관저]. 2 미국 대통령 직무 (직권); 미국 정부.
whíte knìght n. 1 구세주. 2 대의(大義) (주의)의 투사. 3 《美》[경영] 백인의 기사 (騎士) [기업매수의 위기에 처한 회사를 구제하기 위해 개입하는 제3의 기업].
whíte lánd n. [농업용의] 토지.
whíte léad [-led] n. ⓤ [화학] 백연; 탄산연.
whíte léather n. 무두질한 흰 가죽.
whíte líe n. 악의없는 거짓말, 예의상 하는 거짓말.
whíte líght n. ⓤ 1 대낮의 햇빛. 2 《비유적》공정한 판단.
whíte líghtning n. ⓤ 《美속어》집에서 만든 (밀조) 위스키.
white-lípped [(h)wéitlípt] adj. [공포에 질려] 입술의 핏기가 가신.
whíte líst n. 백표(白表). 1 정부 기관 단체 (개인) 리스트. 2 [기업이 선호하는] 인재(人材) 리스트. 3 우량 도서 (영화) 리스트. 4 우량 기업 리스트. 5 우수 고용자 리스트. cf. black list
white-liv·ered [(h)wéitlívərd, -̀] adj. 1 겁 많은 (cowardly). 2 창백한, 혈색이 나쁜 (pale), 건강치 못한.
white·ly [(h)wáitli] adv. 하얗게, 희게, 백색으로, 희끄무레하게.
whíte mágic n. ⓤ 백마술(白魔術) [병의 치료, 좋은 일 등을 위한 주문(呪文), 주술]. cf. black magic
whíte mán n. 1 백인. 2 《구어》[인격이] 고결한 사람, 훌륭한 사람.
whíte mán's búrden n. (the~) 《보통 반어적》[식민지 체제하의 타민족에 대한] 백인의 책임. [<R. Kipling의 시(詩) 제목]
whíte márket n. 합법적 거래 [암시장 형성 방지를 위해 배급된 따위를 공인한 제도].
whíte mátter n. ⓤ 《해부》 [뇌의] 백질(白質).
whíte méat n. ⓤ 1 흰 살코기 [닭·토끼·송아지 따위의 고기]. cf. red meat 2 《방언》치즈, 버터, 유(乳)

제품.
white métal *n.* Ⓤ 백색 합금.
white móney *n.*《美속어》출처를 속이고 합법을 가장한 비합법적인 미국.
*whit·en [(h)wáitn] *vt.* **1** …을 희게 칠하다; …을 희게 하다; …을 표백하다.
類語 **whiten** 무엇인가를 칠해서 희게 하다: whiten shoes 구두를 희게 칠하다. **blanch** 자연 또는 이전의 색을 없애고 희게 하다: blanch asparagus by covering the stalks with earth 아스파라거스의 줄기를 흙으로 덮어 희게 하다. **bleach** 표백하여 희게 하다: bleach a sheet 시트를 표백하다.
2 …을 결백하게 하다; …을 올바르게 (청순하게, 순결하게) 보게 하다.
— *vi.* 희게 되다. ◇ white *adj.*
whit·en·er [(h)wáitnər] *n.* **1** 표백업자. **2** 표백제.
*white·ness [(h)wáitnis] *n.* Ⓤ **1** 희기, 백색; 순백. **2** 창백 (paleness). **3** 결백, 순결 (purity). **4** 흰 것.
white níght *n.* **1** 백야(白夜). **2** 잠 못 이루는 밤.
White Níle *n.* (the ~) 백 나일강. *cf.* Blue Nile
whit·en·ing [(h)wáitniŋ] *n.* Ⓤ **1** 희게 하기(되기), 표백. **2** 희게 하기 위하여 사용하는 물건, 표백제, 호분(胡粉), 백악(白堊).
white nóise *n.* **1** 백색 잡음(소음) [모든 가청(可聽) 주파수를 포함한 소리]. **2** 소음을 없애기 위해 뒤에 까는 소리. 〈 = 백색광과 같은 스펙트럼을 나타낸 소리〉.
white óak *n.* [껍질이 연한 회색 또는 흰색의 미국산(産)] 참나무의 일종; Ⓤ 오크재(材).
white-out [(h)wáitàut] *n.* 화이트아웃 [극지(極地)에서 천지가 온통 백색이 되어 방향 감각이 없어지는 상태].
white páper *n.* **1** 백지. **2** 백서 [정부가 발행하는 보고서; 특히 영국 하원이 발행한 것].
white pépper *n.* Ⓤ 흰 후추 [껍질과 과육(果肉)을 제거한 씨앗으로 만든다]. *cf.* black pepper
white píne *n.* 〔植〕 [보통 소나무보다 잎이 희끄무레한 북미 동부산(産)의] 스트로브 잣나무; Ⓤ 그 목재.
white péril *n.* (the ~) 백화(白禍) [백색 인종이 초래할 화]. *cf.* yellow peril
white plágue *n.* Ⓤ 결핵 (tuberculosis); [특히] 폐결핵.
white póplar *n.* 백양 (白楊), 사시나무. 〔핵.
white potáto *n.* 감자.
white prímary *n.*《美》백인 예선(豫選)회 [예전에 미국 남부의 여러 주(州)에서 백인만이 참가하는 민주당의 예비 선거].
white ráce *n.* (the ~) 백색 인종.
white róom *n.* 무균(無菌)[항온(恒溫)]실.
White Rússia *n.* 벨라루시, 백(白)러시아 [Byelorussia의 별칭]. → BELARUS
White Rússian *n.* **1** 벨라루시 사람, 백러시아 사람 (Byelorussian). **2** 백계 러시아 사람 [러시아 혁명때 볼셰비키에 대항했다].
white sále *n.* 백색 천 [제품]의 대매출.
white sáuce *n.* Ⓤ〔料〕화이트 소스[밀가루에 우유·버터·향료 따위로 만든 것].
white scóurge *n.* (the ~) 결핵.
White Séa *n.* (the ~) 백해 (白海) [러시아 서북부의 만(灣) 안에 있으며 북극해의 일부를 이룬다].
white sláve *n.* **1** 백인 매춘부. **2** 백인 노예.
white slávery *n.* Ⓤ **1** 백인 매춘부 (노예)의 신분. **2** 백인 매춘부(노예) 매매.
white-smith [(h)wáit-smìθ] *n.* 양철공(tinsmith).
white smóg *n.* Ⓤ Ⓒ 광(光)화학 스모그 (photochemical smog).
white spírit *n.*《주로 英》[석유를 정제하여 만든] 휘발유 [테레빈유의 대용으로 페인트의 희석제·얼룩빼는 약 따위로 쓰인다].
white squáll *n.* 〔海事〕흰 스콜 [열대 지방에서 갑자기 나타나는 돌풍].
white suprémacy *n.* Ⓤ 백인 지배, 백인 우월주의.

white·tail [(h)wáittèil] *n.* 꼬리가 흰 각종 새나 짐승 [특히 white-tailed deer].
white-táiled déer [(h)wáitèild-] *n.* 흰꼬리사슴[북미산(産)].
White Térror *n.* (the ~) 〔프랑스 역사〕백색 테러 [1795년 왕당파가 혁명파에게 행한 잔학한 보복 행위].
white·thorn [(h)wáitθɔ̀ːrn] *n.* 산사나무.
white·throat [(h)wáitθròut] *n.* **1** 휘파람새과(科)의 작은 새 [북미산(産)]. **2** 솔새의 일종 [북미산(産)].
white tíe *n.* **1** [연미복용의] 흰 나비넥타이. **2** 연미복.
white trásh *n.*《美》**1** 〔경멸적〕 [특히 남부의] 가난한 백인 (poor white). **2** 〔집합적〕가난뱅이 백인 (poor whites).
white vítriol *n.* Ⓤ 황산 아연 (zinc sulfate).
white·wall [(h)wáitwɔ̀:l] *n.* 측면이 흰 타이어.
— *adj.* 측면이 흰. 〔전쟁 따위].
white wár *n.* 유혈 없는 전쟁 [부정 수단을 쓰는 경제
*white·wash [(h)wáitwàʃ, -wɔ̀:ʃ/-wɔ̀ʃ] *n.* Ⓤ **1** 백색 도료, 회반죽 [벽·천정 따위의 겉면에 바르는 것]; 〔화장에 사용하는〕물분. **2** 〔비유적〕 [결점 따위를 숨기기 위한] 걸치레; 눈속임. **3**《美구어》 〔스포츠〕 영패 (零敗), 완패.
— *vt.* **1** …에 백색 도료를 칠하다, 회반죽을 바르다; [얼굴]에 물분을 바르다. **2** …의 표면을 눈속임하다, 걸치장하다. **3**《美구어》〔스포츠〕 …을 영패 (完敗) 시키다. 〔연 해면(海面).
white wáter *n.* **1** 흰 파도. **2** 얕은 바다의 허
white wédding *n.* [순결을 나타내는 흰 신부 의상을 입은] 순백의 결혼식.
white·weed [(h)wáitwìːd] *n.* 흰 꽃이 피는 잡초.
white whále *n.* 흰 돌고래 (beluga).
white wíne *n.* 백포도주. *cf.* red wine
white·wing [(h)wáitwìŋ] *n.*《美》**1** 흰 제복을 입은 사람, [특히] 도로 청소부. **2**《英》= chaffinch.
white wítch *n.* 사람의 행복을 위해 선한 일을 하는 마녀.
white·wood [(h)wáitwùd] *n.* 백색 목재용의 나무 [백합목·참피나무·백양·보리수 따위]; Ⓤ 백색 목재.
white·y, White·y [(h)wáiti] *n.* Ⓤ Ⓒ〔경멸적〕흑인, 백인 [전체]. ＊ 보통 무관사 (無冠詞)·단수형으로 쓴다.

*whith·er [(h)wíðər] *adv.* 〔고어·문어〕 **1** 〔의문 부사〕어디로, 어느 방향으로; 어디까지. *cf.* whence ¶ Lord, *whither* goest thou? 주여 어디로 가시나이까? [←요한복음(John) 13:36]. **2** 〔관계 부사〕**a**)〔제한 용법〕그곳으로 …하는 바의. ¶ We came unto the land *whither* thou sentest us. 당신이 우리를 보낸 땅에 이르렀다 [←민수기(Num.) 13:27]. **b**)〔비제한 용법〕그리고 그곳으로. ¶ He is in heaven, *whither* I hope to follow. 그는 천국에 계시니 나 또한 그곳에 가고 싶다. **c**)《선행사 없이》 어디든지 …하는 곳으로. ¶ Let them go *whither* they will. 그들이 가고 싶은 대로 어디든지 가게 해라. — *n.* (the ~, one's ~) 행선지, 목적지 (destination). *cf.* whence
no whither 〔고어〕 어디로나 가지 않다.

whith·er·so·ev·er [(h)wìðərsouèvər] *adv.* 《고어》어디로든지, …하는 곳은 어디든지.
whit·ing[1] [(h)wáitiŋ] *n.* (*pl.* ~ *ing* or ~*ings*) **1** 민어과(科)의 물고기 [북미산(産)의 식용어]. **2** 대구류(類)의 물고기 [유럽산(産)].
whit·ing[2] [(h)wáitiŋ] *n.* 호분(胡粉), 백악 (白堊) (chalk). 〔~ness].
whit·ish [(h)wáitiʃ] *adj.* 약간 흰, 희끄무레한.
whit·leath·er [(h)wítlèðər] *n.* white leather.
Whít·ley Cóuncil [(h)wítli-] *n.*《英》노사 (勞使) 협의회. 〔*felon*).
whit·low [(h)wítlou] *n.* 〔병리〕 표저 (瘭疽)
Whit-mon·day [(h)wítmʌ́ndi, -dei] *n.* Whitsunday

다음의 첫 월요일[영국에서는 공휴일].
Whit·ney [(h)wítni] *n.* **Mount ~** 미국 California 주 동부 Sierra Nevada 산맥 중의 산 [미국 본토 내의 최고봉].
Whit·sun [(h)wít-sn] *n., adj.* 성신(聖神) 강림 축일 (Whitsunday) [3일간]; 성신 강림 축일의.
Whit·sun·day [(h)wít·sándi, -dei, -sndèi] *n.* 성신 강림 축일[부활절(Easter) 다음의 제 7 일요일] (Pentecost).
Whit·sun·tide [(h)wít-sntàid] *n.* 성신 강림절(節) [Whitsunday 로 시작되는 1주일간; 특히 최초의 3일간].
whit·tle [(h)wítl] *v.* (**-tled, -tling**) *vt.* **1** 〖칼로〗나무 따위〗를 깎다, 깎아서 …을 만들다(...*into*); …을 깎아 내다 ¶ *whittle* a peg 말뚝을 깎다. **2** 〖비유적〗〖비용 따위〗를 삭감하다(...*down, away*). — *vi.* **1** 〖칼로〗나무 토막을 깎다(*at* ...). ¶ *whittle* at a piece of wood 나무 토막을 깎다. **2** 〖방언〗근심에 지치다.
— *n.* 〖英방언〗〖정육점 따위에〗쓰는] 큰 칼.
whit·y [(h)wáiti] *adj.* (**whit·i·er, whit·i·est**) =whitish.
***whiz, whizz** [(h)wiz] *n.* **1** 〖바람을 가르는〗윙(핑, 쉿) 하는 소리, 그런 소리를 내는 빠른 움직임. **2** 〖美속어〗전문가, 명인, 명수(*at* ...); 〖美고어 속어〗일품(逸品) ¶ a *whizz* at baseball 야구를 아주 잘하는 사람.
— *v.* (**whizzed, whiz·zing**) *vi.* 윙(핑, 쉿) 하는 소리를 내다(내며 날다). ¶ (~+圖) The bullet *whizzed past*. 총알이 윙하는 소리를 내며 날아갔다. — *vt.* …에 윙(핑, 쉿) 하는 소리를 내게 하다, …을 소리를 내며 날리다.
whiz-bang, whizz- [(h)wízbæ̀ŋ] *n.* **1 a)** 〖군대속어〗소형의 초고속 포탄. **b)** 불꽃의 일종. **2** 〖美속어〗명인(whiz). — *adj.* 〖美속어〗훌륭한(excellent).
whíz kìd *n.* 〖美속어〗신동; 젊은 수재.
whiz·zer [(h)wízər] *n.* **1** 핑하는 소리를 내는 것. **2** 원심 탈수기. **3** 〖美속어〗전문가, 명인, 명수 (whiz).
‡**who** [hu:, 약 hu] *pron.* (소유격 **whose**, 목적격 **whom**) **1** 〖의문 대명사〗**a)** 누구, 누구들. ¶ Did he know *who* I was? 내가 누구인지 그는 알고 있었느냐? / *Who* can it be? 〖방문객 등에 대하여〗도대체 누구까? / *Who* told you so? 누가 그래? / *Who* do you mean? 누구를 말하는 거냐? / *Who* are you waiting for? 누구를 기다리느냐? (* 본래 whom 을 써야할 예다. ⇒ USAGE). **b)** 〖출신·인물·지위 따위의 물어〗어떤 사람, 어느 사람, 누구. ¶ *Who* are the Browns, after all? 브라운 집안이란 어떤 사람들일까? **c)** 〖수사적 의문〗누구, 누구도. ¶ *Who* would not weep at the news of his death? 그가 죽었다는 소식을 듣고 울지 않는 자는 아무도 없으리라. **d)** 〖사람의 이름 대신에〗아무개[씨]. ¶ Mr. *who*? 〖이름을 듣고도 모를 때〗미스터 누구라고? **2** 〖관계 대명사〗**a)** 〖제한 용법〗…하는 바의[사람]. ¶ the people *who* live next door 이웃에 사는 사람들 / Any person *who* wants to can go. 가고 싶은 사람은 누구나 갈 수 있다. **b)** 〖비제한 용법〗그리고[그러나] 그 사람은 …; 그 사람은 …이므로(인데) (* 보통 who 앞에 코머가 있다. ¶ I met the boatman, *who*(=and he) then took me across the ferry. 내가 뱃사공을 만나니 그는 곧 나를 건네주었다 / The soldiers, *who* were all of them brave, pushed on. 병사들은 모두가 용감해서 앞으로 앞으로 진격했다.
— **Usage** (1) 본래 목적격 whom 을 써야 할 경우에도 구어에서는 보통 who 를 쓴다. (2) 인간 이외의 동물이나 의인화(擬人化)된 것을 선행사로 할 경우도 있다: He lost his horse, *who* was killed with the thrust of a sword. 그는 말을 잃었는데 그 말은 칼에 푹 찔려 죽은 것이었다.

c) 〖고어·문어〗〖선행사 없이〗…하는 바의 사람은, …하는 바의 사람은 누구나. ¶ *Who* loves, raves. 연애하는 사람은 누구나 미친다[← Byron 작 *Childe Harold's Pilgrimage*] / *Who* (=Anyone *who*) steals my purse, steals trash. 내 지갑을 훔치는 사람은 쓰레기를 훔치는 것이나 마찬가지다[← Shakespeare 작 *Othello* 3:3].
as who should say 〖고어〗…이라고 말이라도 할 사람같이; 마치 …이라고 말이라도 하려는(할)듯이 (as if one should say). 〖사람.
I know not who; Lord knows who 누군가 모르는
WHO 〖略〗*W*orld *H*ealth *O*rganization(세계 보건 기구).
whoa [hwou/wou] *interj.* 워!, 워워!〖소·말 따위를 멈추게 하는 소리〗.
who'd [hu:d] *who* had, *who* would 의 단축형.
who-dun-it [hu:dʌ́nit] (*〖英〗에서는 **who-dun-nit** 로도 쓴다) *n.* 〖구어〗추리 소설(극), 스릴러 영화.
[<Who done it?: 바른 영어로는 Who did it?]
who·e'er [hu(:)ɛ́ər] *pron.* 〖詩〗=whoever.
‡**who·ev·er** [hu(:)évər] *pron.* (소유격 **whos**[-ev·er, 목적격 **whom·ev·er**). **1** 〖관계 대명사 who 의 강조형으로서〗…하는(한) 사람은 누구든지, 어떤 사람이든지 (anyone *who*). ¶ *Whoever* wants it may take. 누구든지 원하는 사람은 그것을 가져도 좋다. **2** 〖양보를 나타내는 부사절로서〗누가 …하더라도(하여도) (no matter *who*). ¶ I won't go, *whoever* asks. 누가 부탁해도 나는 안 간다. **3** 〖구어〗〖의문 대명사 who 의 강조형으로서〗도대체 누가 (* 놀라움·불신·경멸 따위를 나타낸다). ¶ *Whoever* was that? 도대체 그는 누구였느냐?
‡**whole** [houl] *adj.* **1** (the ~, one's ~) 전부의, 전체의, 모든, 전(全)…(entire), 총…. ¶ the *whole* city 전시[민] / the *whole* country 전국 / the *whole* sum 총수 / the *whole* world 전세계 / He loved her with his *whole* heart. 그는 온 마음으로 그녀를 사랑했다.
〖類語〗 **whole** 제외·무시된 부분은 하나도 없는: one's *whole*(=all one's) possessions 전재산. **entire** 필요한 부분은 모두 갖춰져 완전하므로 더 이상 추가할 수 없는: the *entire*(=all the) works of Tolstoy 톨스토이의 모든 작품. **total** 관계되는 것은 모두 합친, 포함한: the *total*(=all the) amount of one's income 수입 전액. **all** 막연히 위의 세 단어 대신으로 쓰는 가장 일반적인 말. **gross** 필요한 공제(控除)를 하기 전의 total 을 뜻하는 경제·재정 용어: the *gross* national product 국민 총생산.
2 꼬박, 고스란히. ¶ He slept through the *whole* night. 그는 꼬박 하룻밤을 잤다. 〖루.
3 (보통 a ~) 꼭, 온…, 만…. ¶ a *whole* day 만 하
4 〖기물 따위가〗흠이 없는, 결함이 없는, 완전히 갖춰진. ¶ a *whole* plate 흠이 없는 접시 / Not a plate was left *whole*. 깨지지 않고 온전한 접시는 한 장도 없었다.
5 〖사람·동물이〗상처 없는(uninjured); 병이 없는, 건강한; 〖정신이〗건전한(sound); 〖고어〗상처가 나은. ¶ get off with a *whole* skin 상처 하나 입지 않고 도망치다 / He is sound and *whole* from head to foot. 그의 몸은 어디라도 나쁜 데가 없이 건강하다 / They that be *whole* need not a physician. 〖속담〗건강한 사람에게 의사는 필요없다.
6 세분(細分)하지 않은; 그대로의, 통째의(in one piece). ¶ swallow a tablet *whole* 알약을 [씹지 않고] 통째로 삼키다.
7 섞인 것이 없는, 진짜의; 남의 피가 안 섞인, 〖형제 자매가〗같은 부모를 가진. ¶ a *whole* sister 친 누이 / the *whole* truth 거짓없는 진실.
8 〖필요한〗요소를 모두 포함한, 완전한(complete).
9 〖수학〗정수의, 정수(整數)의(integral).
out of whole cloth 사실 무근의, 터무니없는. ¶ a story [made] *out of whole cloth* 아주 터무니없는 이야기, 거짓말투성이.
a whole lot of 〖속어〗많은….

whole blood

— *n.* **1** (the ~[of]) […의] 전체, 전부, 총체. ¶ the *whole* of one's money 가진 돈 전부 / the *whole* and the parts 전체와 부분. **2** 하나의 통일체; 물체의 집합체; 복합 통일체(complex unity); 완전체(물). ¶ Nature is a *whole*. 자연은 하나의 통일체다.
as a whole 전체로서.
on (or *upon*) *the whole* 전체로 보아, 대체로.
~**ness** *n.* ◇ **whól·ly** *adv.*

whóle blóod *n.* ⓤ **1** 완전 혈액[어느 성분도 제거하지 않은 수혈용 완전 혈액]. **2** 완전한 친자(親子) 관계. *cf.* half blood

whóle bróther *n.* 같은 부모의 형제. *cf.* half brother

whole-col·ored, 《英》**-oured** [hóulkʌ̀lərd] *adj.* (주로 英) 단색(單色)의(concolorous).

whóle fóod *n.* 유기(有機) 농업으로 재배한 자연 식품[농약을 쓰지 않은 식품류].

whóle gále *n.* [기상] 전강풍(全强風) [시속 55-63 마일].

*****whole-heart·ed** [hóulhɑ́ːrtid] *adj.* 진심으로의, 착실한, 성실한의, 전념하는. ⇒ HEARTY 類語
~·**iy** *adv.* ~·**ness** *n.*

whóle hóg *n.* (보통 the ~) 《속어》완전, 완전, 완벽. * 보통 다음의 숙어로 쓴다.
go [*the*] *whole hog* 철저히 하다, 막판까지 하다.

whole-hog·ger [hóulhɑ̀gər / -hɔ̀g-] *n.* 철저히 하는 사람(지지하는) 사람, 열중하는 사람; 극단론자.

whóle hóliday *n.* 만 하루의 휴일, 전(全)휴일. *cf.* half-holiday

whole-length [hóullèŋ(k)θ] *adj.* **1** 전 장(長)의, 전신의. ¶ a *whole-length* portrait 전신 초상화. **2** 줄이지 않은(unabridged), 전체의. — *n.* 전신(全身) 사진, 전신상(像).

whóle méal *n.* ⓤ 기울을 빼지 않은(정백(精白)하지 않은) 밀가루. — *a.* 《英》 =wheatmeal.

whóle mílk *n.* ⓤ 전유(全乳), 완전유. *cf.* skim milk

whóle nóte *n.* [음악] 전음(全音), 전음부(semibreve).

whóle númber *n.* [수학] 정수(整數)(integer).

whóle rést *n.* [음악] 전휴지(全休止), 전휴지부.

*****whole·sale** [hóulsèil] *adj.* **1** 도매의, 도매상의. ¶ a *wholesale* dealer 도매상 / *wholesale* business 도매업 / *wholesale* prices 도매 가격. **2** 대규모의; 대량의; 상대를 가리지 않는(indiscriminate). ¶ *wholesale* slaughter 대학살.
— *adv.* **1** 도매로. ¶ sell (buy) *wholesale* 도매로 팔다(사다). **2** 대규모로, 대량으로.
— *n.* ⓤ **1** 도매. *opp.* retail 《주로 구(句)로》 대규모로.
at wholesale; 《英》*by wholesale* ① 도매로. ② 대량으로, 통틀어; 대규모로.
— *v.* (-**saled**, -**sal·ing**) *vi.* 도매업을 하다. — *vt.* [상품]을 도매하다.

whólesale príce índex *n.* 도매 물가 지수.

whole·sal·er [hóulsèilər] *n.* 도매 상인, 도매업자.

whóle síster *n.* 부모가 같은 자매. *cf.* half sister

‡**whole·some** [hóulsəm] *adj.* (더 로 -**som·er**, -**som·est**) **1** [도덕적으로] 건전한, 유익한, 도움이 되는(beneficial). ¶ *wholesome* advice 유익한 조언. **2** [공기·음식 따위가] 건강에 좋은, 위생에 좋은. ⇒ HEALTHY 類語 ¶ *wholesome* air 건강에 좋은 공기. **3** 건강하게 보이는. ~**·ly** *adv.* ~·**ness** *n.*

whole-souled [hóulsóuld] *adj.* 진심으로의(hearty), 헌신적인.

whóle stèp(**tòne**) *n.* [음악] 전음(全音)[정(程)].

whole-wheat [hóul(h)wíːt] *adj.* 밀기울을 빼지 않은, 기울을 빼지 않은 밀가루로 만든(whole-meal).

who'll [huːl, 약 hul] who will, who shall 의 단축형.

‡**whol·ly** [hóu(l)li] *adv.* **1** 전혀(entirely), 아주 (quite), 완전히, 온통. ¶ We are *wholly* at a loss what to do. 우리들은 어찌할 바를 전연 모르고 있다. **2** 전체로서, 전체적으로. ¶ see things *wholly* 사물을 전체적으로 보다. **3** 오로지, 한결같이(solely).
◇ **whole** *adj.*

‡**whom** [huːm, 약 hum] *pron.* (**who** 의 목적격) ⇒ WHO
1 《의문대명사》 누구에게(를). ¶ *Whom* did you see? 누구를 만났느냐? (* 이 경우 구어에서는 whom 대신에 보통 who 를 쓴다. 단, 전치사 다음에는 whom 을 쓴다) / Tell me *whom* you met yesterday? 어제 누구와 만났는지 말해다오. **2** 《관계대명사》 **a)** 《제한용법》…하는 바의[사람]. ¶ the people *whom* I saw yesterday 어제 만난 사람들(* 이 whom 은 앞에 전치사가 오는 경우 이외에는 구어에서는 흔히 생략된다) / the boy about *whom* you are talking 네가 지금 말하고 있는 그 소년(=the boy you are talking about). **b)** 《비제한용법》 그리고 그 사람을…. ¶ He loved his wife, *whom* he killed out of jealousy. 그는 아내를 사랑했으나 그 아내를 질투한 나머지 죽이고 말았다. **3** 《선행사 없이》 […하는] 바의 사람. ¶ You may ask *whom* you please. 좋은 사람에게 부탁해도 좋다.

whom·ev·er [huːmévər] *pron.* (**whoever** 의 목적격) **1** 《관계대명사 whom 의 강조형으로서》[…하는 사람은(을)] 누구든지(anyone whom). ¶ You can invite *whomever* you like. 누구든지 네가 좋아하는 사람을 초대해도 좋다. **2** 《양보의 부사절로》 누구를 …하든 (no matter whom). ¶ *Whomever* I quote, you retain your opinion. 내가 누구의 말을 인용하든 너는 자신의 의견을 바꾸지 않는군. **3** 《구어》 《의문대명사의 강조형으로》 도대체 누구를. ¶ *Whomever* did you see there? 도대체 그곳에서 누구를 만났느냐?

whomp [(h)wɑmp / (h)wɔmp] 《구어》 *n.* 찰싹, 쾅 하는 소리. ¶ with a *whomp* 쾅 하고[소리를 내어].
— *vi.* 찰싹(쾅) 하는 소리를 내다. — *vt.* **1** …을 찰싹(쾅) 때리다. **2** …을 결정적으로 패배시키다. **3** …을 급히 준비하다(만들다)(…*up*).

whom·so·ev·er [hùːmsouévər] *pron.* whosoever 의 목적격(강조형).

*****whoop** [huːp, 美 hwuːp] *n.* **1** (흥분·환희 따위를 나타내는) 외침, 환성; [하는 환성]; 〈사냥꾼·병사 등의〉 함성(war cry). **2** [백일해(whooping cough)의 발작 따위에 이어서 일어나는] 쌕쌕[하는 소리]. **3** [부엉새 따위의] 부엉부엉[하며 우는 소리] (hoot).
do not care a whoop 《美구어》조금도 상관없다.
not worth a whoop 《美구어》 한푼의 가치도 없는.
— *vi.* **1** (흥분·환희 따위로) 외(와) 하고 떠들다, 고함치다. **2** [백일해 따위로] 쌕쌕거리다. **3** [부엉새 따위가] 부엉부엉 울다.
— *vt.* 와 하고 고함치며 (외치며) …을 말하다. 고함치며 …을 쫓다. ¶ (~+閒+副) *whoop* dogs *on* 와 하고 소리질러 개를 부추기다. 《찬하다.
whoop it up 《속어》와 하고 떠들어대다, 무턱대고 칭
— *interj.* 와!, 야! [흥분·환희의 환성].

whoop-de-do, -doo [húːpdiːdúː, 美 hwúːp-] *n.* 《美구어》 ⓤ **1** 대소동. **2** [특히 대중의] 격렬한 토론(토의). **3** [영화 따위의] 요란한 대선전.

whoop·ee [(h)wúː(ː)piː / wúpiː], *n.* ⓤ 《美구어》 야단법석; 축제의 소동. ¶ make *whoopee* 야단법석을 떨다.
— *interj.* 와!, 야! [기뻐서 내는 소리].

whoop·er [húːpər, hw-] *n.* **1** whoop 하는 사람(것). **2** 《새》 큰 백조(whooper swan).

whóop·ing cóugh [húːpiŋ-] *n.* 《병리》 백일해.

whoop·la [(h)wúːplɑː] *n.* ⓤ 대소동, 야단법석.

whoops [h(w)u(ː)ps / hu:ps] *interj.* 《美구어》 아이고!, 이크! [발을 헛디디거나 넘어질 때 내는 소리].

whoosh [(h)wuː(ː)ʃ] *vi.* 휙(쉿) 소리를 내다 [내며 달리다]. — *vt.* …을 휙(쉿) 날리다. — *n.* 휙(쉿) [하는 소리]. — *interj.* 휴!, 이크 [피로·놀라움을 나타내는 소리].

whoo·sis [húːzis] n.《미속어》=whosis.

whop [(h)wɑp / (h)wɔp]《구어》v. (**whopped, whop·ping**) vt. **1** …을 치다, 때리다. **2** …을 찰싹 때리다. **3** 《미속》《경기 따위에서》…을 완파〈완패〉하다. ── vi. 쾅 하고 떨어지다. ── n. **1** 찰싹 때리기〈때리는 소리〉, 구타. **2** 쾅 하고 떨어지기〈떨어지는 소리〉.

whop·per [(h)wɑ́pər / (h)wɔ́pə] n.《구어》**1** 터무니없이 큰 것. **2** 터무니없는 거짓말(big lie); 허풍.

whop·ping [(h)wɑ́piŋ / (h)wɔ́p-]《구어》adj. 터무니없이 큰. ¶ a whopping lie 터무니없는 거짓말. ── adv. 매우, 터무니없이(immensely). ¶ a whopping big frog 굉장히 큰 개구리. ── n. ⓤⓒ 매질, 매로 다스리기; 타도.

whore [hɔːr / hɔː-] n. 매춘부, 갈보(prostitute). ── v. (**whored, whor·ing**) vi. **1** 매춘 행위를 하다; [남자가] 매춘부와 관계하다. **2**《고어》사교(邪敎)에 빠지다. ── vt.《고어》[여자]와 간통하여 타락시키다; [여자]에게 매춘 행위를 시키다.

who're [húːər] who are 의 단축형.

whore·dom [hɔ́ːrdəm / hɔ́ː-] n. ⓤ **1** 매춘(prostitution); 간음(fornication). **2**《성서》우상 숭배(idolatry).

whore·house [hɔ́ːrhàus / hɔ́ː-] n. (*pl.* **-hous·es** [-hàuziz]) 갈보집(brothel).

whore·mas·ter [hɔ́ːrmæ̀stər / hɔ́ːmɑ̀ːs-] n. **1** 오입쟁이(lecher). **2** 갈보집 주인; 뚜쟁이(whoremonger). [whoremaster]

whore·mon·ger [hɔ́ːrmʌ̀ŋgər / hɔ́ː-] n.《고어》=

whor·ish [hɔ́ːriʃ / hɔ́ː-] adj. 매춘부 같은, 음탕한.

whorl [hwəːrl] n. **1**《식물》윤생체(輪生體). **2**《동물》소라 따위의 한 나층(螺層). **3**《기계》《스핀》따위의》작은 플라이휠. **4** 나선형의 지문; [일반적으로] 나선형의 물체.

whorled [(h)wəːrld] adj. **1** 나선형의, 나선형으로 된. **2**《식물》윤생의.

whort [(h)wəːrt] n. =wortleberry.

whor·tle·ber·ry [(h)wɔ́ːrtlbèri, +英 -bəri] n. (*pl.* **-ries**) 《유럽산 (産)》 뺑나무의 일종; 그 열매(식용).

‡**who's** [huːz] who is, who has 의 단축형.

‡**whose** [huːz] pron. (**who** 의 소유격; 관계 대명사 **which** 의 소유격) **1** 《의문 대명사》누구의. ¶ Whose fault is this? 이것은 누구의 잘못이냐? **2** 《소유 대사》누구의 것. ¶ Whose is this? 이것은 누구의 것이냐? **3** 《관계 대명사》《제한용법》[그 …의]…하는 바의. ¶ a child whose parents are dead 부모가 죽은 애.

── Usage whose 와 of which ── 관계 대명사의 소유격 whose 는 사람이나 물건에 다같이 사용하나 물건에 대해서 쓰는 것은 문어 (文語)체이다. 한편 of which 도 문법적으로는 틀리지 않으나 어색한 표현이므로 다른 표현(예컨대 전치사를 써서)이 있으면 그것을 쓰는 것이 바람직하다: the house whose windows are broken; the house the windows of which are broken 창문이 부서진 집. *cf.* the house with broken windows

b) 《비제한 용법》[…하면] 그 [사람(물건)의], [그리고] 그 [사람(물건)의]. ¶ We came in sight of a hill, whose top was still buried in the fog. 언덕이 보이는 데까지 왔는데, 그 정상은 아직 안개에 싸여 있었다.

whose·so·ev·er [hùːzsouévər] pron. whosoever 의 소유격《강조형》. [소유격]

whos·ev·er, whose- [hùːzévər] pron. whoever 의

who·sis [húːzis] n. 《미속어》그 뭐라든가 하는 사람, 아무게, 그 뭐라든가 하는, 거시기.

who·sit [húːzit] n. ⓤ 《속어》아무개, 모씨(so-and-so), (<who's it 의 단축형) [ever.

who·so [húːsou] pron.《고어》=whoever; who-

who·so·e'er [hùːsou(ə)ɛ́ər] pron.《詩》=whosoever.

who·so·ev·er [hùːso(u)évər] pron.《소유격 **whose·so·ev·er**, 목적격 **whom·so·ev·er**》whoever 의 강조형.

whó's whó 1 누가 누구인가(Who is who?) **2** (W-W-) 명사록, 신사록, 인명록.

Whó was Whó 故사망자 명사록.

WHP (略) water horsepower.

Whr, Whr. (略) watt-hour.

‡**why** [(h)wai] adv. **1**《의문 부사》왜, 어째서, 무슨 까닭으로. ¶ Why did you do so? 왜 그랬지? / Why so?무슨 까닭으로? / I'll tell you why he went. 그가 왜 갔는지 그 까닭을 일러줄게 / I don't see why. 난 까닭(이유)을 모르겠다 / Why not? 어째서 안된다는 것이냐?, 괜찮지 않으냐?

── Usage why not 의 의미 용법 ── (1) Why should …not 의 생략형이며, 구어에서는「…해서…해서는 안 된다 (…안한다)는 것이냐, 해도 괜찮지 않으냐」의 뜻으로 쓴다: "You shouldn't stand there." "Why not?" / "I won't go." "Why not?" (2) 위의 용법에서 전용되어, 「…하면 어떨까, …하지 않으려느냐」로 권유 또는 완곡한 명령을 나타낸다: Why not go and see the doctor? (3) 또, 권유를 받고 "Why not?" 하고 답하면 기꺼이 동의함을 나타낸다: "Let's play tennis." "Why not?"

2《관계 부사》a) 왜[…했는가의 이유]. ¶ Tell me the reason why he was dismissed. 왜 그가 해고되었는지 그 이유를 말해 다오. b)《선행사 없이》왜[…했는가의] 이유. ¶ That is why I raised this question again. 그런 이유로 나는 이 문제를 다시 제기했던 것이다.

주의 the reason why 의 the reason 은 생략하는 것이 보통, 또 the reason 을 쓸 때는 why 를 생략하거나 또는 그 대신에 that 로 하는 경우가 많다.

── n. (*pl.* **whys**) 이유(reason), 원인; 이유(원인)의 설명. ¶ None of your whys. 그렇게 자꾸 왜요 왜요 하고 묻지 마라.

── interj. **1** 《새로운 사태를 발견하고 놀라서》이런!, 아니!, 어머!. ¶ Why, I've been asleep. 이런, 내가 잠이 들었었구나 / Why, it is all gone. 아니, 하나도 남아 있지 않네그려. **2** 《상대의 질문에 대하여 승인·항의 따위로서》그야 물론, 뭐 그까짓 것. ¶ Why, of course, he married her. 물론, 그는 그 여자와 결혼 했지 / "Who wrote Hamlet?" "Why, Shakespeare." 「햄릿을 쓴 게 누구지?」「그야 그럼 걸, 셰익스피어지 누구냐.」 **3** 《망설임을 나타내어》글쎄, 어어, 뭐. ¶ "Are you sure?" "Why, yes, I think so." 「틀림없나?」 「글쎄, 그런 것 같애.」 **4** 《단순한 연결어로서》저어, 아무튼, 그런.

Why then 《미구어》그런데(well). ¶ Why then how shall we spend the weekend. 그런데 주말을 어떻게 보내지?

whyd·ah [(h)wídə] n. 천인조[아프리카산(産)의 새, 수컷은 긴 꼬리를 가졌다].

why·dun·it [(h)waidʌ́nit] n. [범죄의]동기를 중심으로 다룬 추리(탐정) 소설(영화, 극). *cf.* whodunit

W.I. (略) West Indian; West Indies.

WIA (略) (군대) wounded in action (전상(戰傷)).

wick[1] [wik] n. **1** 초·남포·석유난로 따위의 심지. **2** 《외과》고름을 빨아 내기 위해 상처에 박는 가제 심지.

wick[2] [wik] n. **1** 《英방언》농장(farmstead), [특히] 낙농장. **2** 《고어》마을, 고을. ✱ 지명의 일부로 쓰이는 것 이외는 드물다. 예: Hampton Wick.

‡**wick·ed** [wíkid] adj. **1** 나쁜, 사악한, 부도덕한 (sinful), 무도한, 못된, 행실이 고약한. ⇨ BAD [類語] **2** 궂은, 심술궂은(mischievous), 마음씨 고약한, 사람이 못된. ¶ It's wicked of you to say so. 그런 말을 하다니 너도 사람이 고약하군. **3** [병 따위가] 지독한, 악성의. ¶ wicked cold 악성 감기. **4** [짐승 따위가] 성질이 고약한, 다루기 힘든, 부리기 어려운. ¶ a wicked horse 부리기 고약한 말. **5** 몹시 힘든(troublesome); 싫은. **6**

wicker

유독한(poisonous); 위험한. **7** 《속어》 멋진, 훌륭한 (excellent). ~**ly** adv. ~**ness** n.

wick·er [wíkər] n. **1** [버드나무 따위의] 낭창낭창한 잔가지. **2** ⓤ 잔가지 세공, 고리버들 세공; 《형용사적 용법》잔가지(고리버들) 세공의. ¶ a wicker basket 잔가지 세공의 바구니.

wick·er·work [wíkərwə̀ːrk] n. ⓤ 잔가지 세공, 고리버들 세공.

wick·et [wíkit] n. **1** 작은 문, 쪽문. **2** [매표소 따위의] 창구, 격자창. **3** [물레방아·운하·수로의 물을 조절하는] 수문. **4** [극장 따위의 입구에 있는] 회전식 개찰구(turnstile). **5** 《美》【크로케】 주문(柱門) (hoop). **6** 【크리켓】 **a)** 위켓, 삼주문. **b)** ⓤⓒ 두 위켓 사이; 투구장(投球場) [의 상태]. ¶ keep wicket [타자가] 위켓 뒤에서 공을 막다 / take a wicket 타자의 한 사람을 아웃시키다.

wícket dòor(**gàte**) n. 작은 문, 쪽문.

wick·et·keep·er [wíkitkìːpər] n. 【크리켓】 삼주문을 수비하는 사람.

wick·ing [wíkiŋ] n. ⓤ 〔초·남포·석유 난로 따위의〕 심지; 심지 재료.

wick·i·up [wíkiʌp] n. 아메리카 인디언의 오두막집.

wid. 《略》widow, widower.

wid·der·shins [wídərʃìnz] adv. =withershins.

⋄ **wide** [waid] adj. (**wíd·er, wíd·est**) **1** 폭이 넓은, BROAD 類語 opp. narrow ¶ a wide road 폭이 넓은 길. **2** 폭 …인, …폭의. ¶ a river twelve feet wide 폭이 12피트인 강 / How wide is it ? 그것은 폭이 얼마나 되느냐? **3** [면적이] 넓은(vast), 광대한. ¶ a wide expanse of desert 광대한 사막 / the wide world 넓은 세계. **4** [범위가] 넓은, 광범한, 넓은 범위에 걸친. ¶ a wide appeal 널리 여론에 호소하기. **5** [지식 따위가] 폭넓은, 넓은 범위에 걸친; 자유로운(liberal); 일반적인. ¶ wide culture 일반 교양. **6** [옷 따위의 치수가] 낙낙한; 헐렁한(loose). ¶ wide breeches 헐렁한 반바지. **7** [눈 따위를] 크게 뜨고 있는. ¶ a wide mouth 딱 벌린 입. **8** [표적 따위를] 벗어난(apart), 동떨어진(remote); 빗나간(of ...). ¶ an answer quite wide of the mark 아주 엉뚱 대답. **9** 【음성】 개구음(開口音)의(lax). **10** 《英속어》 빈틈없는, 약삭빠른(shrewd). ¶ a wide boy 약삭 빠른 소년.

— adv. **1** 널리, 넓게, 광범하게. ¶ travel far and wide 두루 여행하다. **2** [눈 따위를] 크게 뜨고; 아주, 충분히. ¶ He is wide awake. 그는 완전히 잠에서 깨어 있다; 그는 빈틈없다. **3** [표적 따위를] 벗어나, 빗나가서(of ...). ¶ The arrow fell wide of the target. 화살은 과녁을 크게 벗어났다.

have one's **eyes wide ópen** 정신을 바짝 차리다, 빈틈없이 행동하다.

open one's **mouth too wíde** 너무 욕심을 부리다; 너무 야심적으로 행동하다; 터무니없이 비싼 값을 부르다.

— n. **1** 표적을 벗어난 것; 【크리켓·야구】폭투구(暴投球), 빗나간 공. **2** (the ~)《古語·詩》넓은 곳, 넓은 공간.

to the wíde 《속어》 완전히, 깡그리. ¶ **be broke** to the wide 무일푼이 되다.

⋄ width n., wíden v., wídely adv

-wide「전(全) …의, …전체의」의 뜻의 연결형. 예: nationwide (전국의(에)).

‡**wide-an·gle** [wáidǽŋgl] adj. **1** 〔사진〕 렌즈가 광각의. **2** 〔영화가〕 광각 촬영의, 와이드 스크린의.

wide-a·wake adj. [wáidəwéik → n.] **1** 완전히 잠이 깬, **2** 방심 않는, 빈틈없는(alert, keen).
— n. [wáidəwèik] 챙이 넓은 중절모.

wide·eyed [wáidáid] adj. **1** 눈을 크게 뜬; 눈이 휘둥그레진, 놀란(amazed). **2** 순진한, 천진난만한(naïve).

wide·ly [wáidli] adv. **1** 널리; 넓은 지역에 걸쳐. ¶ a widely distributed plant 널리 분포되어 있는 식물. **2** 멀리(far), 멀리 떨어져. **3** 몹시, 심하게, 크게

(greatly). ¶ two widely different accounts of an affair 한가지 일에 대한 두 가지의 서로 크게 다른 설명.

wide-mouthed [wáidmáuðd, -máuθt] adj. **1** 주둥이(아가리)가 넓은, 〔강어귀 따위가〕넓은. ¶ a wide-mouthed jar 아가리가 큰 단지. **2** 〔놀라서〕입을 딱 벌린.

*****wid·en** [wáidn] vt. 〔폭·면적·범위 따위를〕넓히다. ¶ widen a ditch 도랑을 넓히다. — vi. 넓어지다. ¶ The road widens there. 거기서부터는 길이 넓어진다. ⋄ wide adj., width n.

wide-o·pen [wáidóup(ə)n] adj. **1** 넓게 열린(트인). **2** 〔도박·매춘 따위의〕단속이 허술한(엄하지 않은).

wide-screen [wáidskrìːn] n. 〔영화가〕 와이드 스크린의, 화면이 넓은.

‡**wide·spread** [wáidspréd] adj. **1** 널리 퍼진, 보급된. ¶ a widespread superstition 널리 퍼져 있는 미신 / become widespread 널리 보급되다. **2** 〔날개 따위가(를)〕 활짝 펼쳐진(펼친).

widg·eon [wídʒ(ə)n], **(wigeon)** n. (pl. **-eons** or **-eon**) 홍머리오리〔오리과(科)에 속하는 물새〕.

wid·get [wídʒit] n. 작은 연장(부품).

widg·ie [wídʒi] n. 《濠속어》불량 소녀, 여자 불량배.

wid·ish [wáidiʃ] adj. 다소 넓은; 꽤 넓은.

⋄ **wid·ow** [wídou] n. **1** 과부, 미망인; 〔남편이 골프 따위에 열중하여〕집에 혼자 남은 아내. cf. widower ¶ a golf widow 골프 과부. **2** 〔인쇄〕 앞단(페이지)에서 넘어온 한 행(行) 미만의 첫 행. **3** 〔카드놀이〕 돌리고 난 후, 여분의 패. — vt. **1** 〔보통 과거 분사형으로〕…을 과부가 되게 하다, …의 남편을 잃게 하다. ¶ a woman widowed by war 전쟁 미망인. **2** 《詩》〔귀중한 것 따위를〕빼앗다(of ...).

wídow bìrd(**fìnch**) n. =whidah.

wid·ow·er [wídouər] n. 홀아비. cf. widow

wid·ow·hood [wídouhùd] n. ⓤ 과부 신세, 과부살이. ¶ live in widowhood 과부 신세로 살아가다, 과부살이를 하다.

wídow's crúse n. 과부의 항아리; 무진장의 것〔← 열왕기(上) (1 Kings) 17 : 10-16〕.

wídow's mándate n. 《美》 임기중 사망한 사람의 공직에 그 부인을 임명하기.

wídow's míte n. (the ~) 과부의 적은 연보금〔← 마가 복음(Mark) 12 : 41-44〕, 빈자(貧者)의 일등(一燈).

wídow's péak n. 여자 이마에 V 자 형으로 난 앞머리. 〔<이것이 있으면 과부가 된다는 미신에서〕

wídow's wálk n. 〔바닷가에 있는 집의〕 옥상 누대(樓臺). 〔<뱃사람의 아내가 거기서 남편의 귀항을 기다렸던 데서〕

‡**width** [widθ, witθ] n. **1** ⓤⓒ 폭, 나비, 너비; 〔콤파스가 가리키는 두 점 사이의〕 간격, 거리, 넓이. ¶ It is three meters in width. 그것은 폭이 3미터이다. **2** ⓤ 〔지식 따위의〕 폭넓음. **3** 일정한 폭으로 된 것, 일정한 폭. ¶ two widths of cloth 두 폭의 천. ⋄ wide adj., wíden v.

*****wield** [wiːld] vt. **1** 〔무기 따위를〕 휘두르다; 〔연장 따위를〕 교묘하게 쓰다. ¶ wield a facile pen 달필(達筆)을 휘두르다. **2** 〔권력 따위를〕 휘두르다, 행사하다; 〔영향 따위를〕 미치다. ¶ (~+图+前+图) wield great influence upon …에 크게 영향을 미치다. **3** 〔페어〕 〔나라 등을〕 지배하다, 통치하다(govern). ⋄ wieldy adj.

wield·y [wíːldi] adj. (**wíeld·i·er, wíeld·i·est**) 〔무기 따위가〕 쓰기 쉬운, 휘두르기 쉬운, 알맞은.

Wien [G viːn] n. 빈〔Vienna의 독일어명〕.

wie·ner, wei·ner [wíːnər] n. ⓤⓒ 《美》 **1** 프랑크푸르트 소시지(frankfurter). **2** 비엔나 소시지. 〔<G WIENER[WURST] Viennese sausage〕

Wie·ner schnitz·el [víːnər ʃnítsəl, wíː-] n. ⓤⓒ 송아지 고기의 커틀릿. 〔<G〕

wie·nie [wíːni] n. 《美구어》 =wiener.

wife [waif] *n.* (*pl.* **wives**) **1** 아내, 처, 마누라, 부인. *cf.* husband ¶ a man and his *wife* 부부 / man (or husband) and *wife* 부부, 내외 / have a *wife* [남자가] 결혼하다 / take...to *wife* ···을 아내로 맞다, ···에게 장가들다. **2** 주부; [여관·among점 따위의] 안주인. **3** [고어·방언] [일반적으로] 여자. * 현대에는 복합어나 숙어에 쓰이고 있다. 예: house*wife*, fish*wife*, mid*wife*, old *wives'* tale.
all the world and his wife ⇨ WORLD.
◇ **wive** *v.*, **wifeless**, **wifelike**, **wifely** *adj.*

wife·hood [wáifhùd] *n.* ⓤ **1** 아내의 자리(신분). **2** 아내다움(wifeliness).

wife·less [wáiflis] *adj.* 아내가 없는, 독신의.

wife·like [wáiflàik] *adj.* = wifely.

wife·ly [wáifli] *adj.* (**-li·er, -li·est**) 아내의, 아내다운, 아내로서 어울리는.

wife swapping *n.* [구어·속어] 부부 교환.

wig [wig] *n.* **1** 가발[대머리(흉터)가리개·무대용·재판관용 따위]. **2** 가발을 쓰는 사람[재판관·변호사 등]; [구어] 높은 사람(bigwig). **3** [英구어] 심한 꾸중, 질책. **4** [美속어] 머리털; 머리. **5** [美속어] 가슴 설레게 하는 (자극적인) 것.
flip one's wig ⇨ FLIP.
pull wigs 드잡이를 하다; 싸우다.
wigs on the green 드잡이, 격투; 격론.
── *v.* (**wigged, wig·ging**) *vt.* **1** ···에게 가발을 씌우다. **2** [英구어] 심하게 꾸짖다. **3** [美속어] ···을 낭패케 하다, 화나게 하다; 흥분시키다(*...out*).
── *vi.* [美속어] 흥분하다(*out*).
[< [PERI]WIG]

wig·an [wígən] *n.* ⓤ 캔버스 비슷한 면직물의 일종[옷의 가장자리·깃 따위를 빳빳하게 하는 심으로 쓰이며].

wig·eon [wídʒən] *n.* (*pl.* **-eons** or **-eon**) = widgeon.

wigged [wigd] *adj.* 가발을 쓴.

wig·ging [wígiŋ] *n.* [英구어] 심한 꾸지람.

wig·gle [wígl] *v.* (**-gled, -gling**) *vi.* **1** [몸·꼬리 따위가] 흔들리다. **2** [방언] 비틀거리며 나아가다(stagger). ── *vt.* **1** [몸·꼬리 따위]를 흔들다. **2** [배]를 고물에 있는 노로 저어 가다(scull). ── *n.* **1** 흔들리기; 흔들기. **2** 구불구불한 선.
get a wiggle on [속어] 서두르다(hurry up).

wig·gler [wíglər] *n.* **1** 흔들리는 사람(것). **2** 장구벌레(wriggler).

wig·gly [wígli] *adj.* (**-gli·er, -gli·est**) **1** [몸을] 비꼬는, **2** 물결치는, 오르락내리락하는(wavy). ¶ a *wiggly* line 기복하는 선.

wight [wait] *n.* **1** [고어·방언] 인간, 사람. ¶ a wretched (a luckless) *wight* 비참한(운나쁜) 사람. **2** [폐어] 살아있는 것, 생물(creature).

wig·wag [wígwæg] *v.* (**-wagged, -wag·ging**) *vi.* **1** 흔들리다. **2** [군대] [수기(手旗) 등 따위로] 신호하다. ── *vt.* **1** ···을 흔들다. **2** [수기·등불 따위]를 흔들어 신호하다. **3** [수기·등불 따위]로 신호하다. ── *n.* ⓤⓒ [군대] 수기 (등불) 신호(법).

wig·wam [wígwam/-wæm] *n.* **1** 아메리카 인디언의 천막식 오두막집[보통 짐승 가죽·나무 껍질 따위를 친 원형의 천막식]. **2** [美속어] [정치 집회 따위에 쓰는] 임시로 급히 만든 대회장.

wil·co [wílkou] *interj.* [美] [무선] 알겠다 (roger).
[< WIL[L] CO[MPLY]]

[wigwam 1]

wild [waild] *adj.* **1** [새·짐승·초목이] 야생의, 들의 (산, 물가에서 자란, 자생 (동물의) 길들여지지 않은, 사나운. *opp.* tame ¶ *wild* beasts 야수 / *wild* fowl 야조 [野鳥] / grow *wild* 자생하다. **2** 미개의, 야만의. **3** [토지가] 경작되지 않은, 묵혀 둔, 황폐한 (desolate), 황량한. ¶ *wild* land 황무. **4** 헝클어진, 난잡한. ¶ *wild* hair 헝클어진 머리털. **5** 방종한, 버릇없이지지 않은; 거칠은, 난폭한, 다루기 힘든. ¶ *wild children* 제멋대로 구는 아이들. **6** [바람·밤 따위가] 사나운, 거친(stormy), 소란스러운(boisterous). ¶ a *wild* night 폭풍우 몰아치는 밤 / a *wild* sea 거친 바다 / *wild* times 난세(亂世). **7** 미친 듯한, 광란의, 격정에 이끌린, 몹시 흥분한; 열중한, ···하기를 몹시 갈망하는 (*to do*); 성난(angered). ¶ be *wild about* a star 어느 스타에 미쳐 있다 / Your father is *wild* with me for that. 그 일로 너의 아버지께서는 몹시 화를 내고 계신다 // She is *wild* to see him. 그녀는 그를 몹시 만나고 싶어하고 있다. **8** 무모한, 터무니없는. ¶ a *wild* scheme 터무니없는 계획.
go wild 미쳐 날뛰다; ···에 미친 듯 열중하다; 격노하다. ¶ *go wild* with joy 미친 듯이 좋아하다, 좋아서 어쩔 줄 모르다.
run wild ① 야성화가 되다, [식물 따위가] 멋대로 마구 자라다. ② 제멋대로 굴다(행동하다), 방종하게 행동하다. ③ 난폭해지다, 거칠게 굴다.
wild and wooly [美] 거친, 야성적인, 멋대로 자란.
── *adv.* 난폭하게; 터무니없이, 엉뚱하게; 마구잡이로. ¶ talk *wild* 마구잡이로 지껄여대다.
── *n.* **1** [종종 ~s] [미개척의] 황무지, [어떤 지방의] 황야, 불모지, 미개지. **2** (the ~) 황야, 대자연. *the call of the wild* 황야의 부르는 소리(유혹).
~ness *n.* **wíldish** *adj.*

wild boar *n.* 야생의 돼지[집돼지의 원종]; 멧돼지.

wild card *n.* [카드] 와일드 카드, 만능패[보통 joker]. **2** 예측할 수 없는 사람(것, 일).

wild·cat [wáildkæt] *n.* (*pl.* **-cats** or **-cat**) **1** 삵쾡이, **2** 성급한(성마른) 사람. **3** [美] [조자성의] 기관차. **4** [석유·가스의] 시굴정(試掘井). **5** 무모하고 불건전한 기업. **6** [항해] [닻을 감아올리는 기계의] 닻줄을 감는 원통 수레, 와일드캣. ── *adj.* [限定] **1** 성급한(성마른] **2** 비합법적인. **3** [기관차·열차가] 임시로 운전되는; 괴속으로 달리는.
── *v.* (**-cat·ted, -cat·ting**) [美] *vt.* [석유·광석 따위]를 [투기적으로] 시굴하다. ── *vi.* [투기적으로] 석유 (광산)을 시굴하다.

wildcat bank *n.* [美구어] **1** 삵쾡이 은행[1864년 은행법 제정 이전에 지폐를 남발했던 은행]. **2** [일반적으로] 부실 은행.

wildcat strike *n.* 와일드캣 스트라이크, 비공인 파업[조합 본부의 지령도 없이 지부가 멋대로 벌이는 파업].

wild·cat·ter [wáildkætər] *n.* [美] **1** 석유(광석)을 마구잡이로 시굴하는 사람. **2** 광산 투기꾼(prospector).

wild duck *n.* 들오리.

wil·de·beest [wíldəbì:st] *n.* (*pl.* **-beests** or **-beest**) 누(gnu) [아프리카산(産) 소영양의 일종].

wil·der [wíldər] [고어] *vt.* **1** ···을 길을 잃게 하다. **2** ···을 어찌할 바를 모르게 하다(bewilder). ── *vi.* 길을 잃다; 당혹하다.

wil·der·ness [wíldərnis] *n.* **1** 황야, 황무지. ⇨ DESERT [類語] **2** [육지·바다 따위의] 망망히 펼쳐진 것, 망막한 곳, 삭막한 것. ¶ a *wilderness* of houses 끝없이 이어진 즐비한 집들 / a *wilderness* of waters 망망 대해. **3** [草원의] 마구 우거진 곳. ¶ a *wilderness* park [사람 손이 안 간] 자연 공원. **4** 무수(無數), 다수, 다량(*of*...). **5** (the W·) 미국 Virginia 의 동북부 지방[남북 전쟁 때의 격전지].
a voice in the wilderness [성서] 광야에 외치는 자의 소리; 세상에 받아들여지지 않는 경세(警世)의 소리[마태 복음(Matt.) 3:3].

wild-eyed [wáildàid] *adj.* **1** 눈초리가 험한, 눈빛이 날카로운. **2** 과격한(radical); 무모한, 비현실적인.

wild·fire [wáildfàiər] *n.* ⓤ **1** [옛날 전쟁에서 쓴] 연소물(Greek fire). **2** [천둥소리가 나지 않는] 번개. **3**

도깨비 불.
spread like wildfire [소문 따위가] 순식간에 퍼지다.
wíld flówer n. 들에서 자라는 화초, 야생 화초.
wild·fowl [wáildfàul] n. (pl. **-fowls** or **-fowl**) [오리・기러기 따위의] 엽조(獵鳥).
wíld góose n. **1** 《美》 박새기러기. **2** 《英》 회색기러기
wíld-góose cháse [wáildgúːs-] n. 가망없는 추구; 부질없는 시도.
wíld hýacinth n. **1** [북미 동부 지방의] 나리과(科)의 식물(camass). **2** [유럽산(產)] 종 모양의 꽃이 피는 나리과(科)의 초본(harebell).
wild·ing [wáildiŋ] n. **1** 야생 사과나무; 그 열매. **2** [일반적으로] 야생 식물. **3** 일출(逸出) 식물(escape) [재배되던 식물이 야생으로 돌아간 것]. **4** 야생 동물. **5** 《美속어》 젊은 불량배의 집단 난동.
wild·ish [wáildi] adj. 좀 난폭한, 미친 듯한.
wild·life [wáildlàif] n. Ⓤ《집합적》 야생 동물.
‡**wild·ly** [wáildli] adv. **1** 야생으로, 거칠게, 난폭하게. **2** 무턱대고, 터무니없이.
wíld mán n. **1** 미개인, 야만인. **2** 난폭한 사나이; 과격주의자. **3** 《동물》 오랑우탄, 성성이.
wíld mústard n. 겨자과(科)의 잡초.
wíld óats n. pl. 야생의 귀리.
sow one's **wild oats** 젊은 혈기로 방탕한 생활을 하다.
wíld pítch n. 《야구》 [투수의] 폭투.
wíld róse n. 들장미[미국 Iowa, New York, North Dakota 등의 주화(州花)].
wild-track [wáildtræk] adj. 《영화》 [해설 따위] 화면과 별개의 소리를 녹음한, 화면 외의(off-screen).
wild·wa·ter [wáildwɔ̀ːtər] n. Ⓤ 《강 따위》 분류(奔流), 급류.
Wíld Wést n. (the~) [안정된 정부가 설립되기 전의] 미국 서부 변경 지대. [로데오(rodeo)].
Wíld Wést shów n. 《美》 서부의 대(大) 서커스
wild·wood [wáildwùd] n. 원시림, 자연림.
wile [wail] n. (~s) 책략, 계략, 간계, 교묘한 술책(trick); 속임수. ¶ defeat the wiles of the devil 악마의 흉계를 물리치다. ── vt. (**wiled, wil·ing**) **1** …을 어루꾀고, 속여서 하다. ¶ (~+图+剾) wile a person away 남을 꾀어내다 // (~+图+嗣+图) wile a person into doing 남을 속여서 …하게 하다. **2** 《시간》을 이럭저럭 보내다(※ while 과 혼동한 데서 생겨난 오용이라는 설이 있다). ¶ (~+图+剾) wile away the time 시간을 이럭저럭 보내다. ◇ wíly adj.
*wil·ful [wílfəl] adj. 《英》 = willful.
~ly [-fəli] adv. ~ness n.
Wil·helm·stras·se [G vílhelm∫trà:sə] n. **1** 빌헬름가(街) [베를린 중앙부의 가로. 정부 기관이 많이 몰려 있었다]. **2** [옛 독일 정부의] 외무성.
‡**will**¹ [강 wil, 약 wəl, (ə)l] auxil. v. (과거형 **would** ~ WOULD, 고형 직설법 2인칭 단수 **wilt** (과거형 **would**[e]st), 단축형 **'ll, 'lt** (과거형 **'d, 'dst**), 부정 단축형 **won't** [wount] (= will not), **'ll not, 'lt not** (과거형 **wouldn't, 'd not, 'dst not**))
주의 (1) 《美》・《英》 구어에서는 shall 대신에 will 이 널리 쓰이고 있다. (2) 계획・예정을 나타낼 때는 진행형이, 의지・의향의 관념이 강한 때는 be going to 가 쓰이는 경향이 있다. (3) 단축형 'll 은 어형으로 보면 will의 단축형이나 용법상으로는 shall 의 대용어가 되기도 한다. ⇨ SHALL.
Ⅰ《미래 시제 조동사》 **1** 《평서문에서》 **a**》 《단순 미래》 (※ 구어에서는 'll 을 쓰는 것이 보통. 그러나 《美》・《英》 구어에서는 각 인칭에 모두 will 이 쓰인다. ⇨ SHALL) ¶ You'll (or You will) hurt yourself if you're not careful. 조심하지 않으면 다친다 / The next war will (or war'll) be more cruel than ever. 다음 전쟁은 전보다 더 잔인한 전쟁이 될 것이다 / I'll be delighted to see you. 기꺼이 만나뵙겠습니다 / It won't be long before he masters Russian. 그는 머지않아 러시아어를 마스터하게 될

것이다 / He'll (or He will) have forgotten by the end of the term. 그는 기말까지는 까맣게 잊고 있을 것이다. **b**》《의지 미래》 ①《1인칭》 …하겠다《말하는 사람의 의향). ¶ I will see you to the station. 역까지 바래다 주겠다 / I'll certainly go and see him. 나는 꼭 그를 찾아 볼 생각이다 / I won't (or will not) be caught again. 두번 다시 잡히지는 않을 테다 (※ won't 는 I'll not be caught. [잡히지 않을 것이다] (단순 미래)나 I will 의 뜻을 강조할 때에 쓰인다) / We won't talk any more of these things. 이제 그런 이야기는 그만두자. (※ we 가 you and [I and...]인 경우에 will let's we 에 가까운 뜻이 있다). ②《2・3인칭》 …하기 바란다, …하여라《요구・명령》 (※ 3인칭의 경우에는 will 이 추측・의지 따위를 나타내는 법(法)조동사로 해석되는 경우가 많다). ¶ You will do nothing of the kind. 그런 짓을 해서는 안 된다 / You will be back by five, do you hear? 다섯 시까지 돌아와야 돼, 알았어? / He proposes that all disputes will be referred to an impartial tribunal. 그는 모든 논쟁은 공정한 법정에 회부해야 한다고 제안하고 있다. ③《모든 인칭. [wil]을 써서》 …하고 싶다, …하자. ¶ I will be obeyed. 내 말을 따라주기 바란다 / You may speak what you will. 마음대로 말해도 좋다. **c**》《조건절에서》 …하려고 생각하다, 할 생각이 있다《주어의 의지》. ¶ If you will tell me exactly what you want, perhaps I'll be able to help you. 원하는 일이 뭔지 네가 분명히 밝혀 준다면 내가 도움이 되어줄 수도 있을 것이다 생각한다 / I shall be glad if he will come. 그가 [자진해서] 와준다면, 나로서는 퍽 좋겠다.
2 《의문문에서》 **a**》《단순 미래》 …일 것이다. ①《2・3인칭》 (※ will you...? 는 b》 뒤의 의지 미래를 의미하는 경우로 있어서 영국에서는 shall you...? 를 사용하는데 차츰 will 이 더 많이 쓰이는 것 같다). ¶ When'll you be off? 언제 떠나는가? / Will he be able to catch the train? 그가 그 기차를 잡을 수 있을까? ②《1인칭》 (※ 보통은 shall, am(are) to 를 쓰는데, 《美》・아일랜드・스코틀랜드에서는 will을 쓰기도 한다. ¶ O, when will I forget that? 아, 나는 언제면 그 일을 잊게 될 것인가? **b**》《의지 미래》 …하겠다. ①《2인칭》 (※ 상대편의 의지를 묻는다. 따라서 권유・초대・요구를 나타낸다. ¶ Will you leave this house, or shall I turn you out? 네가 이 집을 제발로 걸어나가겠는가, 아니면 내가 너를 내쫓아줄까? / Will you [kindly] tell me the way to the station? 역으로 가는 길을 가르쳐 주시겠어요? / Won't you come in? 잠깐 들어오지 않겠어요? ②《3인칭》 (※ 단순 미래와 혼동되기 쉬우므로 의지를 확실히 나타내기 위해서는 want, wish 따위를 쓴다). ¶ Poor Joe, why will he be so shy? 아이 가엾어라, 조는 어째서 저렇게도 수줍음을 탈까? ③《1인칭》 (※ shall 을 쓰는 것이 보통이나 《美》・아일랜드・스코틀랜드에서는 shall I (we) 대신에 will I (we)를 쓰며, 또 반어・반문에는 흔히 will I 를 쓴다). ¶ How'll we kill the rest of the time? 《美》 남은 시간을 뭘 하고 보낼까? / Will you tell her, or will I? 《아일》 그녀에겐 자네가 이야기하려나 아니면 내가 이야기할까? / 'Will you come with me?' ─ 'Will I?' 「나하고 같이 가시렵니까?」─「저 말입니까?」 (※ 이런 경우는 문맥에 따라, 'Certainly, I will.' (가겠습니다)의 뜻이 되기도 하고, 또 'Of course, I won't.'(천만의 말씀)의 뜻이 될 수도 있다).
3 《간접 화법에서》 (※ 간접 화법에서도 직접 화법의 will 을 그대로 살리지만 피전달문(종속절)에서 단순 미래의 표현이 I (we) will 로 되어 버릴 때는 I (we) shall 로 바꾼다). ¶ He says he will do his best. 그는 최선을 다하겠다고 말한다. cf. I will do my best. 단, He hopes I shall succeed. 그는 내가 성공하기를 바라고 있다. cf. You will succeed.
Ⅱ《법조동사》 **1** 《습관・경향》 [보통] …하게 마련이다, …하는 경향이 있다. ¶ He will write for hours at a time. 그는 곧잘 한꺼번에 몇 시간씩 글을 쓴다 / Boys will be boys. 아이는 역시 아이다[장난치는 것은 어쩔 수

없다] / Accidents *will* happen. 사고는 일어나게 마련이다. **2** 《추측》(* 이 용법은 단순 미래와 구별하기 어려운 경우가 있다) ¶ This'll be our train, I fancy. 아마 이것이 우리가 탈 기차일 거야 / She *will* probably be right. 아마 그녀가 옳을 것이다. **3** 《가능·능력》(* 무생물 주어에 붙어서) ¶ The hall *will* seat five hundred. 그 홀에는 500명이 앉을 수 있다, 그 홀의 수용능력은 500명이다 / All your estate won't purchase them. 당신 땅을 다 팔아 넣어도 그것들을 살 수 없다. **4** 《필연》…된다(되고 만다), …한다(하고 만다). ¶ What will be, will be. 될 대로 된다, 그렇게 될 일은 그렇게 되고 말 것이다. **5** 《고어》(* 운동의 동사+부사의 경우, 동사가 생략되는 수가 있다) ¶ *Murder will out* (= will go out). 《속담》악행은 반드시 탄로난다.

‡**will**² [wil] *n.* **1** ⓤ 《종종 the~》의지, 의사. ¶ a man of strong (weak) *will* 의지가 강한(약한) 사나이 / the freedom of the *will* 의사의 자유. **2** 《종종 a~》의도(intention); 결의(determination); 열의. ¶ work with a *will* 열의를 가지고 일하다 / He committed a crime against his *will*. 그는 본의 아니게 범죄를 저질렀다 / I consented to the suggestion of my own free *will*. 나는 자진하여 그 제안에 찬성했다 / *Where there's a will, there's a way.* 《속담》뜻이 있는 곳에 길이 있다; 정신일도 하사불성(精神一到 何事不成).

類語 **will** 선택·결정을 하는 정신적 능력, 그 능력의 발동, 그 능력을 가진 존재; 보통은 일정한 목적을 추구하는 의지의 굳셈을 뜻한다: show a strong *will* to live 살아가겠다는 강한 의지를 나타내다. **volition** will 로써 특정한 선택·결정을 하기: choose a college of one's own *volition* 자기 뜻대로(의사로) 대학을 선택하다.

3 《one's ~, the ~》바람, 소망, 소원(wish, desire). ¶ What is your *will*? 소망이 무엇이냐? **4** 《one's ~, the ~》명령(command). ¶ the *will* of the people 국민(백성)의 의사 / God's *will* 신의 뜻. **5** ⓤ 《남에 대해 품는》기분, [선악·호오(好惡)의] 감정. ¶ a man of good *will* 선의의 사람 / cause ill *will* 악감정을 가지게 하다. **6** 유언, 유서. ¶ one's last *will* and testament 유언(장) / make (or draw up) one's *will* 유서를 작성하다 / remember a person in one's *will* 유언장에 이름을 써 넣어서 유산을 주다.

at will 마음대로, 뜻대로, 자유자재로; 마음 내키는 대로. ¶ The vocal cords can be opened or shut *at will*. 성대(聲帶)는 마음대로 여닫힌다.
do the will of …의 뜻에 따르다(obey).
have one's will 자기 뜻대로 하다.
take the will [*for the deed*] [그렇게 하려고 했던] 뜻을 고맙게 생각하다.
work one's will 뜻을 이루다.

— *vt.* **1** …을 바라다, 원하다, 의도하다; [신이] …을 명하다, 정하다(ordain). ¶ *will* one's own death 자살을 결심하다 / *He who wills success is half way to it.*《속담》성공을 바라는 사람은 벌써 반은 성공한 셈이다 / (~ + to do) He *willed* to keep awake. 그는 자지 않고 깨어 있기로 마음먹었다 // (~ + that 節) God *wills* that man should be happy. 사람은 행복하라는 것이 신의 뜻이다. **2** 《의지의 힘으로》[남에게] …시키다. ¶ (~ + 目 + 副 + 전) He *wills* himself *into* contentment. 그는 억지로 만족하고 있다 // (~ + 目 + to do) She *willed* herself *to* fall asleep. 그녀는 억지로 잠을 청했다. **3** …을 유언하다; [유언으로] …을 증여하다 (bequeath). ¶ (~ + 目 + 目) (= ~ + 目 + 전 + 전) He *willed* his child a lot of money. (= He *willed* a lot of money *to* his child. 그는 많은 돈을 자식에게 물려주었다(유증했다)) // (~ + 目 + 副) He *willed* his property *away* from his natural heir. 그는 상속인 이외의 자에게 재산을 유증했다.

— *vi.* **1** 의지의 힘을 행사하다, 바라다, 원하다. ¶ *It must be as God wills.* 신의 뜻대로 해야 합니다. **2** 결심하다(determine).
if you will 말하자면. ¶ He is a fraud, *if you will*. 말하자면 그는 사기꾼이다.
◇ **wílful, wíll·less** *adj.*

will·a·ble [wíləbl] *adj.* 바랄 수 있는, 의지로 결정할 수 있는.
will cáll *n.* [백화점 등에서] 판 물건을 맡아두는 보관소.
will-call [wílkɔ̀ːl] *adj.* [백화점 등에서 손님이 돈을 지불할 때까지] 물건을 맡아 두는.
willed [wild] *adj.*《보통 복합어를 만들어》[…한] 의지를 가진. ¶ strong (weak)-*willed* 의지가 강한(박약한).
wil·let [wílit] *n. (pl.* **-lets** *or* **-let**) 대형 도요새.
*****will·ful, wil·ful** [wílfəl] (* 《美》에서는 **willful**로 또는 **willful**로도 쓰나, 《英》에서는 **wilful**뿐) *adj.* **1** 고의의, 계획적인(deliberate). ¶ *willful* murder 모살. **2** 제 생각 대로만 하는, 고집센. ¶ *Willful waste makes woeful want.*《속담》남의 말 안 듣고 제멋대로 낭비하면 끝내는 가난에 울게 된다.

類語 **willful** 형명하다나 경험이 많은 사람의 말을 듣지 않고 옹고집으로 제 생각대로 하는: a *wilful* pupil 교사의 말을 무시하고 제멋대로 구는 학생. **headstrong** 어리석으리만큼 돈이 제멋대로 구는: a *headstrong* ruler 백성들의 일을 생각하지 않는 방자한 지배자. **intractable** 기질적으로 지도·통제에 저항하는: an *intractable* child 버릇들이기 힘든 아이. **perverse** [흔히 짐짓] 억지 고집을 부려 남의 뜻을 거스르는: a *perverse* eccentric 뜻이든 빼딱하게 나가는 괴짜. **refractory** 고집이고 반항·불복종의 언동을 하는: a *refractory* prisoner 반항적이어서 다루기 힘든 죄수. **unruly** 적절한 훈련·통제가 되어 있지 않은, 또는 받아들이지 않는: an *unruly* mob 말이 먹혀들지 않는 폭도의 떼거리. **wayward** 아주 비뚤어져서 웃사람의 통제를 받아들이지 않고 비행을 일삼는: a *wayward* girl 비행 소녀.

~·ly [-fəli] *adv. ~·ness n.* 「설적 애국자.
Wíl·liam Téll [wíljəm-] *n.* 스위스 독립의 영웅.
wil·lies [wíliz] *n. pl.*《보통 the~》《美구어》겁, 오싹한 느낌; 신경이 곤두서서 섬뜩한 상태(creeps). ¶ *give a person the willies* 남의 신경을 곤두서게 하다 / *get the willies* 섬뜩해지다, 신경이 곤두서다.
‡**will·ing** [wíliŋ] *adj.* **1** 기꺼이 …하는, …하는 것을 꺼리지 않는(to do). ¶ I'm quite *willing* to answer questions. 기꺼이 묻는 말에 답하겠다 // I am *willing* that he should take my place. 그가 나의 후임자가 되는 데 대해 아무 이의가 없다. **2** 기꺼이(쾌히) 하는, 마음이 내키는. ¶ If you would like me to help you, I'm quite *willing*. 도와 달라고 하신다면 기꺼이 그럴게 하겠습니다 / *Don't spur a willing horse.*《속담》잘 가는 말에 박차를 가하지 마라; 군은길로 긁어 부스럼이 된다. **3** [행위 따위가] 자발적인, 마음에서 우러난, 자유 의사의. ¶ a *willing* guide 자원 안내역.
willing or unwilling 싫든 좋든간에, 싫어하건 말건.
*****will·ing·ly** [wíliŋli] *adv.* 기꺼이, 쾌히.
*****will·ing·ness** [wíliŋnis] *n.* ⓤ 기꺼이 하기(하는 마음 상태), 자진해서 하기(하는 마음씨).
will·less [wíllis] *adj.* **1** 의지가 없는, 의지를 작용시키지 않는. **2** 고의가 아닌, 본의 아닌(involuntary).
will-o'-the-wisp [wíləðəwísp] *n.* **1** 도깨비 불 (ignis fatuus) **2** 사람을 속여(호려) 위태로운 지경에 빠뜨리는 것.
‡**wil·low** [wílou] *n.* **1** 버드나무; ⓤ 버드나무 재목. **2** 《구어》버드나무로 만든 것; [특히] 크리켓용 배트. **3** 솜틀(willower).
wear the willow ① 실연하다. ② [애인이나 남편의 죽음을 슬퍼하여] 상복을 입다.
— *vt.* …을 솜틀에 걸어 들다.
◇ **wíllowy** *adj.*

wil·low·er [wíloʊər] n. **1** 솜을 타는 사람. **2** = *willow* 3. [초]; 털부처꽃[부처꽃](科).
wíllow hèrb n. 분홍바늘꽃[바늘꽃](科)의 다년초.
wil·low·ish [wíloʊiʃ] adj. = willowlike.
wil·low·like [wíloʊlàik] adj. 버드나무와 같은.
wíllow pàttern n. 버드나무 무늬(흰 바탕에 푸른 색으로 버드나무, 다리, 두 마리의 새 따위를 그린 영국제 도자기의 장식 무늬).
wil·low·y [wíloʊi] adj. **1** 버드나무처럼 잘 휘는, 유연한; [여성이] 날씬하고 우아한. **2** 버드나무가 많은.
wíll pòwer n. ⓤ 의지력, 정신력; 자제력.
wil·ly [wíli] n. (pl. **-lies**) 솜틀, 타면기(willow). — vt. (**-lied, -ly·ing**) …을 솜틀에 걸어 틀다.
wil·ly-nil·ly [wíliníli] adv. 싫든 좋든, 어쩔 수 없이. — adj. 우유부단한, 생각이 흔들리는.
wil·ly-wil·ly [wíliwìli] n. (pl. **-lies**) 《濠》 윌리윌리 [열대성 저기압].
WILPF (略) *W*omen's *I*nternational *L*eague for *P*eace and *F*reedom (미국 여성 국제 평화 자유 연맹; WIL이라고도 한다).
wilt[1] [wilt] vi. [화초 따위가] 시들다(wither); [힘·위기 따위] 약해지다, 쇠퇴하다. — vt. …을 시들게 하다; …을 쇠퇴케 하다. — n. **1** 시들기; 쇠퇴하기. **2** ⓤ 〔식물〕 위조병. ¶ 현재형.
wilt[2] [wilt] auxil. v. 〔고어〕 will[2]의 직설법 2인칭 단수
Wil·ton [wíltən] n. 월튼 융단.
wil·y [wáili] adj. (**wil·i·er, wil·i·est**) 교활한, 술책을 부리는, 간교한(crafty, cunning).
wíl·i·ly adv. **wíl·i·ness** n. ⇨ wile n.
wim·ble [wímbl] n. 구멍 뚫는 기구, 송곳. — vt. (**-bled, -bling**) [송곳으로] …에 구멍을 뚫다.
Wim·ble·don [wímbldən] n. 잉글랜드 동남부, London 근교의 도시〔국제 정구 선수권 대회 개최지〕.
Wímbledon Ópen n. 윔블던 정구 선수권 대회.
wimp [wímp] n. 〔구어〕 무기력한 (소극적인) 사람, 겁쟁이. ~**·ish, ~·y** adj.
WIMP, wimp (略) 〔컴 퓨 터〕 *W*indows, *I*cons, *M*ice, *P*ulldown (메뉴 방식의 사용자 인터페이스).
wim·ple [wímpl] n. **1** 수녀가 쓰는 베일, 쓰개. **2** 〔주로 스코〕 〔옷의〕 주름; 〔길·내 따위의〕 커브, 굽은 곳. **3** 〔英〕 잔물결(ripple). — v. (**-pled, -pling**) vt. **1** …을 머리싸개로 덮다(감싸다); 〔고어〕 …을 가리다, 감추다(veil). **2** 〔수면〕을 물결치게 하다. — vi. **1** 〔수면이〕 물결치다. **2** 〔주로 스코〕 〔길·내 따위가〕 커브지다, 굽다. ¶ 버거.
Wimp·y [wímpi] n. 〔英〕 〔상표명〕 〔말랑한 롤빵의〕 퀘밀도.
‡**win**[1] [wín] v. (**won, win·ning**) vt. **1** 〔승리〕를 얻다, 획득하다. opp. *lose* ⇨ GET 類語. ¶ *win* a prize (a victory) 상을 타다, 승리를 얻다.
2 〔노력의 대가로서〕 …을 입수하다(get). ¶ *win* one's daily bread (or livelihood) 나날의 양식을 얻다 / She *won* the doctor's degree in chemistry after years of research. 그녀는 몇 년에 걸친 연구 끝에 화학 박사 학위를 얻었다.
3 〔인기·애정 따위〕를 얻다, 얻어내다(acquire). ¶ *win* a person's heart 남의 사랑을 얻다 / *win* a lady's hand 여자로부터 결혼 승낙을 얻어내다.
4 〔경쟁·내기 따위〕에 이기다. opp. *lose* ¶ *win* a race (a game, a lawsuit) 경주(게임, 소송)에 이기다.
5 〔노력하여〕 …에 다다르다. ¶ *win* the shore 가까스로 물가에 다다르다 / *win* tranquility 마침내 마음이 편안한 경지에 달하다.
6 〔남〕을 끌어당기다; 〔남〕을 설득하다, 설득하여 …하게 하다(persuade, induce) (종종 ...*over*). ¶ A mellow charm of the speaker *won* the audience. 강연자의 부드럽고 원숙한 매력이 청중을 사로잡았다 / (~+目+ 前) He *won* the jury *over* to his side. 그는 배심원을 자기편으로 끌어당겼다 // (~+目+前+名) *win* natives *to* Christianity 원주민을 설득하여 기독교에 입교시키다
// (~+目+*to* do) He has *won* her [*over*] *to* consent. 그는 그녀를 설득하여 동의를 얻어냈다.
— vi. **1** 이기다, 승리를 얻다(종종 *out*); 〔노력하여〕 성공하다(succeed) (종종 *out*). ¶ (~+前+名) *win* at cards 카드놀이에서 이기다 / *win by* a head 머리 하나의 차로 이기다 / *win against* all obstacles 모든 장애물을 극복하다 // *Let those laugh who win*. 《속담》 먼저 이겨놓고 좋아하라.
2 용하게도 …하게 되다(get). ¶ (~+補) *win* free from prejudice 편견에서 벗어나다 / (~+前+名) *win home* 집에 용케 당도하다 / *win back* to cool sanity 냉정을 되찾다 // (~+前+名) *win through* all difficulties 모든 곤란을 이겨내다.
3 〔차츰 남의〕 끌어당기다, 사로잡다(*on, upon*...).
win hands down 낙승(樂勝) 하다.
win or lose 이기든 지든.
win one's spurs ⇒ SPUR.
win the toss ⇒ TOSS.
win one's way ⇒ WAY[1].
You can't win them all. 《구어》 〔위로의 뜻으로〕 언제나 잘 되란 법은 없어, 상심하지 마.
You win. ① 네가 이겼다. ② 네 말대로 할게.
— n. **1** 승리(victory). ¶ fifteen *wins* and no defeats 15승 무패 / have a *win* in swimming 수영에서 이기다. **2** 벌이, 수익; 상금. **3** 《美》 〔경마 따위에서의〕 1등, 1위. cf. place, show
win[2] [wín] v. (**winned, win·ning**) 《아일·北英》 vi. 살다, 거주하다. — vt. 〔건초·목재 따위〕를 바람을 쐬거나 햇볕에 쬐어서 말리다, 건조시키다.
WIN (略) 《美》 *W*ork *In*centive (근로 장려 조치).
wince [wíns] vi. (**winced, winc·ing**) 주춤하다, 움츠리다(shrink). — n. 주춤함, 움츠림, 위축.
win·cey [wínsi], **-sey** [-zi] n. ⓤ 〔따뜻한 셔츠·스커트·파자마 따위에 쓰이는〕 질긴 면모(綿毛) 혼방 직물.
win·cey·ette [wìnsiét] n. ⓤ 《英》 〔내의용의〕 양면으로 보풀이 인 피륙.
winch [wíntʃ] n. **1** 〔기계의〕 크랭크, L자 형의 손잡이(crank). **2** 원치, 자아틀(windlass). — vt. …을 윈치로 감아올리다.
Win·ches·ter [wíntʃestər, -tʃis- / -tʃis-] n. **1** 잉글랜드 남부, Hampshire 주의 주도(州都). **2** =Winchester rifle.
Wínchester búshel n. 〔곡물·과실 따위 마른 물건의 양을 되는〕 미국의 건량(乾量) 단위(35.24 리터).
Wínchester rífle n. 윈체스터 총〔일종의 후장식(後裝式) 연발총〕.
‡**wind**[1] [wínd, 詩 wáind] n. **1** ⓤⓒ 바람; 〔인공의〕 바람, 〔폭발·충격 따위의〕 여세. ¶ an adverse (or a contrary) *wind* 맞바람, 역풍 / a favorable (or a fair) *wind* 순풍 / a gentle (or a soft) *wind* 미풍, 산들바람 (breeze) / periodical (seasonal) *winds* 정기(계절)풍 / a wet *wind* 비 섞인 바람 / the *wind* of a passing train 기차가 지나가면서 일으키는 바람 / The *wind* rises (falls). 바람이 일다 (자다) / There is a high *wind*. 강풍이 불고 있다 / *It is an ill wind that blows nobody good*. 《속담》 갑의 득은 을의 손해, 득보는 사람도 있을 때는 손해보는 사람도 있다.
類語 *wind* 「바람」의 뜻의 가장 일반적인 말. **blast** 갑자기 부는 순간적인 강풍; 찬바람을 뜻하는 경우가 많다. **breeze** 상쾌한 산들바람. **gale** 세찬 바람. **gust** blast 보다 약한 휙 부는 바람.
2 ⓤⓒ 큰 바람, 강풍, 폭풍.
3 관악기, (the ~) 〔집합적〕 관악기; (the ~s) 〔오케스트라의〕 관악기부, 관악기 연주자.
4 ⓤ 숨, 호흡(breathing); 폐활량. ¶ sound in *wind* and limb 몸 컨디션이 아주 좋은 / He is fat, and scant of *wind*. 그는 뚱뚱해서 숨가빠한다.
5 (the ~, one's ~) 〔권투 속어〕 명치(solar plexus). ¶ have one's *wind* taken 명치를 맞고 기절하다.

6 파괴력; 영향력; 경향(trend). ¶ the *wind* of war 전쟁의 파괴적인 힘 / the cold *winds* of popular opinion 냉혹한 여론의 회몰아침 / She is too much impressed by current political *winds*. 그녀는 지금 돌아가고 있는 정치의 바람(영향)을 너무 탄다.
7 [U] (바람에 실려오는) 냄새, 냄새 자취. ¶ The dogs were keeping the *wind*. 개들이 짐승의 냄새 자취를 뒤밟고 있었다.
8 [U] 낌새, 기미, 암시(intimation). ¶ He got (or took) *wind* of what was going on. 그는 어떤 일이 일어나고 있는가를 낌새로 알아차렸다.
9 [U] 헛소리, 빈말, 허풍; 무(nothingness); 허세, 겉치레. ¶ a theory based on *wind* 사상 누각 같은 이론 / be all puffed up with *wind* 우쭐해지다 / His speech is mere *wind*. 그의 연설은 말뿐이다, 그의 말은 빈말이다.
10 [U] [위장학] 가스; 고창증(鼓脹症). ¶ break *wind* 방귀를 뀌다.   ┌으로.
11 (~s) 방위(方位). ¶ to the four *winds* 사방팔방
12 (the ~) 〖항해〗 바람 불어오는 쪽. ¶ by the *wind* 되도록 바람을 거슬러 / under the *wind* 바람이 불어오는 쪽에; 바람이 닿지 않는 곳에.
13 (the ~) 취함(intoxication).   ┌슬러서.
against the wind ① 바람을 거슬러서. ② 대세를 거
before the wind ① 〖항해〗 순풍을 받아, 바람 부는 쪽으로. ② 순조롭게.
between wind and water ⇒ BETWEEN.
cast (or **fling, throw**) *...to the winds* ...을 바람에 날려 보내다; ...을 아주 잊어버리다.
find out (or **see**) **how** (or **which way**) **the wind blows** (or **lies**) 바람의 방향을 보다(알다), 형세를 짐작하다.   ┌ 「싹 놀라다, 흠칫하다.
get (or **have, put**) **the** (or **one's**) **wind up**〔英〕 감
get (or **take**) **wind** [소문 따위가] 퍼지다. ¶ The rumor has *got wind*. 그 소문이 퍼져나갔다.
in the teeth (or **the eye**) **of the wind; in the wind's eye** 바람을 거슬러, 역풍을 무릅쓰고.
in the wind ① 〖항해〗 바람 불어오는 쪽에. ¶ *n.* 12. ② 은밀히 행해져서, 일어나려고 하여. ③ 미결로(impending). ¶ hang *in the wind* 미결 상태에 있다. ④ 취해서. ¶ ⇒ *n.* 13.
kick the wind 〔속어〕 목졸려 죽다.
off the wind 〖항해〗 순풍을 받아, 순조롭게 달려.
on the (or **a**) *wind* 뱃머리가 바람을 거슬러; 바람에 실려.   ┌하다.
raise the wind 〔속어〕〔특히 빚을 내어〕 현금을 조달
sail close to (or **near**) *the wind* ① 〖항해〗 되도록 바람을 거슬러 나아가다. ② 절약하다, 줄이고 아끼다. ③ 부침(浮沈)의 갈림길에 있다. ④ [일 등] 간신히 모면하다; [법·도덕에 비추어] 아슬아슬한 짓을 하다.
sow the wind and reap the whirlwind 바람을 일으켜 회오리바람을 거두어들이다(악행은 그 몇 배의 벌을 받는다).
take the wind out of a person's sails 선수를 쳐서 남을 앞지르다[다른 배의 바람받는 위쪽으로 돌아 바람을 가로막는 데서]. ┌...을 빌리다(하다).
throw (or **fling, hurl**) *...to the wind*(**s**) 감감하여
── *vt.* **1** ...을 바람(외기)에 쐬다; ...을 바람에 말리다. **2** ...의 냄새를 맡다, ...의 냄새 자취를 뒤밟다. ¶ The hounds *winded* a fox. 사냥개가 여우의 냄새를 맡아 쫓아갔다. **3** [심한 운동 따위로] ...을 숨차게 하다. **4** ...을 한숨 돌리게(쉬게) 하다. ¶ *wind* a horse 말을 한숨 돌리게 하다. **5** [파이프 오르간 따위]에 바람을 보내다. ── *vi.* (개가) 사냥감의 냄새를 찾아내다.
◇ **wíndy** *adj.*
‡**wind²** [waind] *v.* (**wound, wind·ing**) *vi.* **1** [도로·강 따위가] 굽이치다, 꾸불꾸불[휘어] 흐르며 (meander), 나아가다. ¶ (~+[부]) The river *winds* in and out. 그 강은 꾸불꾸불 굽이 쳐 흐른다 // (~+[부]+[전]+[명]) The road *winds*

along the river. 그 길은 강을 따라 꾸불꾸불하게 나 있다. **2** 감기다, 얽히다. ¶ (~+[전]+[명]) The morning-glory *winds* around a bamboo pole. 나팔꽃이 대나무 장대에 휘감긴다. **3** [낼빤지 따위가] 휘다, 뒤틀리다. **4** [시계의 태엽 따위가] 감기다.
── *vt.* **1** ...을 감다, 친친 감다; ...을 싸다(wrap), 둘러싸다(종종 ~ up). ¶ (~+[명]+[전]+[명]) *wind* thread on a reel; *wind* a reel *with* thread 실을 실패에 감다 / *wind* a scarf around one's neck 목에 목도리를 두르다 / *wind* paper *into* a roll 종이를 돌돌 말다. **2** 감은 것을 도로 풀다(...*off, from*). ¶ (~+[명]+[전]+[명]) *wind* all thread *off* a bobbin 실패에서 실을 몽땅 풀다. **3** [시계 따위]의 태엽을 감다(...*up*). ¶ (~+[명]+[부]) *wind up* a toy soldier 장난감 병정의 태엽을 감아서 움직이다. **4** [권양기 따위로] ...을 감아올리다, 끌어올리다(...*up*). **5** ...을 꾸불꾸불 나아가다(움직이다). ¶ (~+[명]+[전]+[명]) The river *winds* its course *through* the forest. 그 강은 숲 사이를 굽이굽이 돌며 흐르고 있다. **6** 〖항해〗 [배]의 방향을 돌리다.
wind down ① [시계 태엽이] 풀려 서다. ②〔구어〕 긴장이 풀리다, 나사가 빠지다. ③〔열의, 활동 따위가〕 약화되다(시키다).
wind a person round one's fingers (or *little finger*) 남을 마음대로 조종하다, 좌지우지하다.
wind up ① ...을 말다, 친친 감다. ⇒ *vt.* 1. ②〔시계〕의 태엽을 감다. ⇒ *vt.* 3. ③ ...을 감아 올리다. ⇒ *vt.* 4. ④ (비유적) ...을 죄다, ...에 활력을 불어넣다; 〔보통 과거 분사형을 취해 서술 형용사적으로〕〔사람〕을 긴장(흥분)시키다. ¶ be *wound up* to fury 홍분한 나머지 분노를 터뜨리다. ⑤ (*vt.*) ...을 끝마치다. ...을 마무리짓다(conclude); (사업·회사 따위)을 걷어치우다, 해산하다, (*vi.*) 끝나다. ¶ *wind up* one's speech 연설을 끝내다 / The company was *wound up* last year. 그 회사는 작년에 해산했다 / I hope the tedious speaker will soon *wind up*. 곧 저 지루한 연사의 이야기도 끝나겠지. ⑥ (*vi.*) 〔야구〕 [투수가] 예비 운동을 하다; 준비하다. ⑦ (*vt.*) 마지막에는 ...이 되다.
wind one's way (or *oneself*) *into* 교묘히 ...의 호감(환심)을 사다. ¶ She *wound* herself (*or* her way) *into* my affections. 그녀는 교묘히 나의 환심을 샀다.
── *n.* **1** 감기. **2** 〔실 따위의〕 한 타래. **3** 〔널빤지의〕 휨, 뒤틀림; 〔강·도로 따위의〕 굴곡, 굽이침. ¶ take a board out of *wind* 널빤지의 휜 부분을 바로잡다.
◇ *enwínd v.*

wind³ [waind, +美 wind] *vt.* (**wind·ed** *or* **wound, wind·ing**) 〔뿔피리·나팔 따위〕를 불다, ...을 불어 신호하다. ¶ *wind* a horn 뿔피리를 불다 / *wind* a rousing call 기상〔신호의〕 나팔을 불다.

wind·age [wíndidʒ] *n.* [U][C] **1** 유극(遊隙) 〔탄환과 총 내경(內徑) 사이의 빈틈〕. **2** [바람에 의한] 탄환의 편차[도], 편류(偏流). **3** [물체가 통과함으로써 배제되는] 기류의 흐트러짐; [급속히 움직이는 (회전하는) 물체에 대한] 공기 마찰.
wind·bag [wíndbæɡ] *n.* **1** 〔구어〕 수다(쟁이), 잡소리쟁이. **2** [백파이프의] 공기 주머니.
wind·bell [wíndbèl] *n.* 풍경(風磬).
wind·blast [wíndblǽst / -blɑ̀ːst] *n.* **1** 돌풍(gust of wind). **2** 〔항공〕 [조종사가 비행기에서 탈출할 때 받는] 공기 저항에 의한 심한 충격.
wind·blown [wíndblòun] *adj.* **1** 바람에 불린; 바람받이의. **2** [나무가] 바람을 받아 휘어진[채 자란]. **3** [여성의 머리형이] 짧게 자른 머리를 이마로 빗어내린, 바람에 나부끼는 듯한.
wind·borne [wíndbɔ̀ːrn, -bɔ̀ːn] *adj.* [식물의 종자·화분 따위가] 바람에 실려 운반된; 풍매(風媒)의.
wind·bound [wíndbàund] *adj.* [배가] 역풍(강풍) 때문에 항해할 수 없는; [행동 따위가] 억제된.
wind·break [wíndbrèik] *n.* 바람막이, 방풍 설비[숲·방풍책 따위]; ── 바; (W-) 그 상표명.
wind·break·er [wíndbrèikər] *n.* 〔美〕 스포츠용 잠

wind-bro·ken [wíndbròuk(ə)n] *adj.* 〖獸醫〗[말이] 천식에 걸린. 「칠어짐.
wind·burn [wíndbə̀:rn] *n.* ⓊⒸ 바람으로 피부가 거
wind-burned [wíndbə̀:rnd] *adj.* 살갗이 바람에 탄. ¶ *a windburned face* 바람에 탄 얼굴. 「breaker.
wind-cheat·er [wíndtʃì:tər] *n.* 《주로 英》=wind
wind-chill fáctor [wíndtʃìl-] *n.* Ⓤ 바람의 냉각 효과 지수, 풍속 냉각 지수.
wind cóne [wínd-] *n.* =windsock.
wind-down [wáinddàun] *n.* 단계적인 축소(정지).
wind drǎg [wínd-] *n.* 공기 저항.
wind·ed [wíndid] *adj.* 1 《보통 복합어를 만들어》호흡이 …한. ¶ long-*winded* 호흡이 긴. 2 숨이 찬.
wind ègg [wínd-] *n.* 미숙란, 무정란(無精卵).
wind·er [wáindər] *n.* 1 감는 사람(것); 감는 기계, 실패. 2 나선 계단. 3 덩굴 식물.
Win·der·mere [wíndərmìər] *n.* Lake ~ 잉글랜드 서북부에 있는 잉글랜드 최대의 호수.
wind·fall [wíndfɔ̀:l] *n.* 1 바람에 불려 떨어진 물건 [과실 따위]. 2 뜻밖의 횡재[유산 따위]. 3 《美》바람에 불려 넘어진 나무.
windfall lòss *n.* 〖경제〗우연(偶然) 손실, 의외의 손실(현실의 이윤이 정상 이윤을 밑도는 경우의 부족분).
windfall pròfit (**pròfits**) *n.* 초과 이윤, 불로 소득(원유가(價) 상승에 따른 석유 회사의 이익 따위).
wind-fan·ner [wínd(ə)fǽnər] *n.* 《英》=kestrel.
wind fàrm [wínd-] *n.* 풍력(風力) 발전 기지.
wind-flaw [wíndflɔ̀:] *n.* 돌풍, 일진 강풍(flaw).
wind-flow·er [wíndflàuər] *n.* 바람꽃, 아네모네류(類)의 식물.
wind·gall [wíndgɔ̀:l] *n.* 〖獸醫〗[말의] 구건 연종(球腫).
wind gǎp [wínd-] *n.* 〖지질〗 풍극(風隙) [산등성이의 일부가 V 자 모양으로 갈라져 나간 부분].
wind gauge [wínd-] *n.* 1 풍속계(anemometer). 2 [탄환의 편류(偏流)(windage)를 조정하기 위해 총에 다는] 풍력 조절계.
wind hàzard [wínd-] *n.* 풍해(風害) [초고층 빌딩에 부딪친 바람으로 생긴 난기류에 의해 사람·집 등이 쓰러지는 현상]. *cf.* wind shear 「수도).
Wind-hoek [víntʰùːk/wínd-] *n.* 빈트후크(나미비아의
wind-hov·er [wíndhʌ̀vər, +英 -hɔ̀və] *n.* 황조롱이[동반구 북부에 사는 작은 매].
***wind·ing** [wáindiŋ] *n.* 1 Ⓤ 휘어지기. 2 휨; 굴곡, 커브; 굽은 길; (보통 ~s) [생각·행동 따위의] 번거로움, 완곡함, 에두름. 3 〔감기, 감기기; 감아올리기. 4 감은 물건, 감긴 물건, [전선 따위의] 타래, 감는 법. — *adj.* 1 굽은, 흰, 나선 모양의. 2 에두르는. ¶ *a long and winding story* 질질 끌며 이어지는 요령 부득의 이야기. ~·**ly** *adv.* ~·**ness** *n.*
winding fràme *n.* [실 따위의] 감는 틀.
winding shèet *n.* 1 수의(壽衣) (shroud). 2 [촛불에서 떨어지는] 촛농[흐르는 초].
wind·ing-up [wáindiŋʌ̀p] *n.* 결말; 청산; [회사 등의] 정리 해산. ¶ a *winding-up* sale 점포 정리 판매.
wind ìnstrument [wínd-] *n.* 취주 악기, 관악기.
wind·jam·mer [wínd(d)ʒæ̀mər] *n.* 1 대형 범선; 대형 범선의 승무원. 2 《속어》수다(잡소리) 쟁이.
wind·lass [wíndləs] *n.* 권양기(winch). — *vt.* [권양기로] …을 끌어올리다. 「숨이 찬.
wind·less [wíndlis] *adj.* 1 바람이 없는, 잔잔한. 2
win·dle·straw [wín(d)lstrɔ̀:] *n.* 《英방언》1 시든 풀의 줄기. 2 줄기가 긴 각종 풀. 3 여윈 사람. 4 부서지기 쉬운 물건.
‡wind·mill [wín(d)mìl] *n.* 1 풍차. 2 풍차 비슷한 것; 《항공》풍차터빈. 3 가상의 적(약) [← Cervantes 작 *Don Quixote*]. 「우다.
tilt at windmills; fight windmills 가상의 적과 싸 — *vt.* …을 풍차처럼 [빙빙] 돌리다. — *vi.* 풍차처럼 [빙빙] 돌다. [엔진이] 공기 흐름에 의하여 회전하다.

wind mòtor [wínd-] *n.* [풍차 따위로, 바람을 직접 동력원으로 하는] 풍력 원동기.
‡win·dow [wíndou] *n.* 1 창, 창문. ¶ *a blind* (*or a false, a blank*) *window* 막힌 (가짜, 장식) 창 / *look out of* (*or through*) *the window* 창 밖을 내다보다 / The *window* is up (down). [내리닫이식] 창이 열려 (닫혀) 있다. 2 창용; 유리창. 3 창유리창, [백화점 따위의] 진열창. 4 [은행 따위의] 창구, …판매장; [금전을] 집어넣는 구멍, 길쭉한 작은 구멍(slot). 5 [봉투의] 창. *cf.* window envelope 6 눈(eye). 7 [모피의] 털없는 부분, 생가죽. 8 [뼈 따위에 난 작은] 창(fenestra). 9 [우주선의] 재출입 회랑. 10 〖컴퓨터〗윈도, 창(窓)〔디스플레이 화면상의 일부분에 지정된 영역; 보통 화면의 일부를 사각형으로 나눠 복수의 정보를 동일 화면상에 표시하는 데 이용〕. 11 호기, 유리한 때.
fly (*or go*) *out of the window* 《구어》[자신감, 희망 따위가] 사라지다.
have all one's goods in the [*front*] *window* [사람이] 겉보기뿐이다(알맹이가 없다), 피상적이다[상품을 몽땅 늘어놓는다는 뜻에서].
throw the house out at [*the*] *window* 휘저어 놓다, 큰 혼란에 빠뜨리다.
— *vt.* 1 …에 창을 내다. 2 〖컴퓨터〗[데이터]를 윈도에 표시하다.
window bòx *n.* 1 [창가에 놓아 두는] 화초 상자. 2 창추함(窓錘函)[내리닫이식 창의 틀에 있는] 분동함.
window displày *n.* 쇼윈도의 상품 진열.
window drèssing *n.* Ⓤ 1 진열창 장식(법). 2 속임수; 분식 결산.
win·dowed [wíndoud] *adj.* 1 창이 난. 2 구멍이 뚫린, 구멍투성이의. 3 [지폐의 위조 방지에서] 점선 형태로 드러낸. 「[이는 창 달린 봉투.
window ènvelope *n.* [수신인 주소성명이 비쳐 보
window fràme *n.* 창틀.
win·dow·less [wíndoulis] *adj.* 창[문]이 없는.
widow of òpportúnity *n.* 호기, 적기.
***win·dow·pane** [wíndoupèin] *n.* [끼워 놓은] 창(문) 유리.
win·dows [wíndous] *n.* 《상표명》 윈도우즈[미국 Microsoft 사의 컴퓨터 운영 체제].
window sàsh *n.* [내리닫이식 창의] 창틀.
window sèat *n.* 창 밑에 장치한 걸상.
window shàde *n.* 《美》창의 차일.
win·dow-shòp [wíndouʃàp / -ʃɔ̀p] *vi.* (**-shopped, -shop·ping**) [물건은 사지 않고] 진열창을 구경하면서 걷다.
win·dow-shòp·per [wíndouʃàpər / -ʃɔ̀pə] *n.* [물건은 사지 않고] 구경만 하는 손님.
window sìll *n.* 창턱.
wind·pipe [wín(d)pàip] *n.* 기관(氣管), 숨통.
wind-pol·li·nat·ed [wíndpálineitid / -pɔ́l-] *adj.* 〖식물〗풍매의(風媒)(anemophilous).
wind-proof [wín(d)prù:f] *adj.* 방풍 처리된.
wind ròse [wínd-] *n.* 풍배도(風配圖). 1 어느 일정 지역의 여러 방향에서 불어오는 바람의 빈도와 풍력을 도시(圖示)한 것. 2 어느 일정 지역의 풍향과 다른 기상 현상과의 관계를 나타내는 도표.
wind·row [wíndròu] *n.* 1 [말리기 위해] 한 줄로 늘어놓은 건초(곡물). 2 [바람에 불려 모인] 낙엽·쓰레기. 3 [건초 따위를] 줄지어 늘어놓다.
wind sàil [wínd-] *n.* 〖항해〗통풍(通風) 돛[갑판에 높이 올려 매 안으로 바람을 받아서 아래로 통풍을 돛].
wind scàle [wínd-] *n.* 풍력 계급, 풍급. 「shield.
wind·screen [wín(d)skrì:n] *n.* 《주로 英》=wind
windscreen wìper *n.* 앞유리창 와이퍼.
wind shàke [wínd-] *n.* 1 [강풍에 나무의 줄기가 부딪쳐 생긴 것으로 생각되는] 목재의 갈라진 틈. 2 《집합적》그런 틈(홈).

wínd shēar [wínd-] n. 1 갑자기 풍향이 바뀌는 돌풍. 2 [공] 풍향에 대하여 수직 또는 수평 방향의 풍속 변화[율].
wind·shield [wín(d)ʃìːld] n. [자동차 앞쪽의] 방풍 유리.
windshield wìper n. 《美》자동차 앞유리의 와이퍼《《英》windscreen wiper》.
wínd slèeve [wínd-] n. =windsock.
wind·sock [wíndsɑ̀k / -sɔ̀k] n. [비행장의] 원추통형으로 된 바람개비.
***Wind·sor** [wínzər] n. 1 영국 현 왕실(1917-)의 이름. 2 잉글랜드 동남부, Berkshire 주의 도시《왕궁 Windsor Castle의 소재지; 공식명 New Windsor》.
Wíndsor cháir n. 《대로 w-c-》원저 의자.
Wíndsor knót n. 넥타이 매듭의 하나.
Wíndsor tíe n. 〔검은 비단의〕 큰 나비 넥타이.
wind·storm [wíndstɔ̀ːrm] n. [비를 거의 또는 아주 수반하지 않는] 폭풍.
wind·surf [wíndsə̀ːrf] vi. 윈드서핑을 하다.
wind·surf·ing [wíndsə̀ːrfiŋ] n. 윈드서핑.
wind·swept [wín(d)swèpt] adj. 바람받이의.
wínd tèe [wínd-] n. 〔항공〕 비행장이나 그 부근에 설치된〕 T형 착륙 표지; T형 바람개비.
wind·tight [wíndtàit] adj. 바람(공기)이 통하지 않는, 기밀(氣密)의 《airtight》.
wínd tùnnel [wínd-] n. [항공기 모형 시험용의] 바람굴, 풍동(風洞).
wínd tùrbine [wínd-] n. 풍력 발전용 터빈.
wind·up [wáindʌ̀p] n. 1 결말, 종결, 마무리, 결판; 마지막 사항. 2 《야구》와인드업《투구하기 전의 동작》.
wínd vàne [wínd-] n. 바람개비(vane).
wind·ward [wíndwərd] (opp. leeward) adv. 바람 불어오는 쪽에; 바람 불어오는 쪽을 향해. — adj. 바람 불어오는 쪽에 있는; 바람을 거슬러 가는.
— n. Ⓤ 바람 불어오는 쪽[의 방향].
to [the] wíndward 바람 불어오는 쪽에; 유리한 위치에, 유리하여. ¶ **get to wíndward of** …의 바람 불어 오는 쪽으로 나가다; …보다 유리한 위치를 차지하다.
Wíndward Íslands n. pl. (the ~) 윈드워드 제도《서인도 제도 동남부, 소(小)앤틸리즈 제도의 여러 섬》.
‡**wind·y** [wíndi] adj. (**wind·i·er, wind·i·est**) 1 바람이 있는, 바람이 센. 2 ~ day 바람이 세게 부는 날. 2 바람을 받는, 바람이 불어쌓는. 3 바람 같은, 격한(violent); 바람을 동반한. ¶ a *windy* downpour 바람과 함께 억수같이 쏟아지는 비. 4 바람이 불어오는 쪽을 향하는(windward). 5 실속이 없는, 공허한(empty); 말뿐인, 수다스러운(verbose); ¶ a *windy* politician 말뿐인 정치가. 6 [장(腸)]에 가스가 괴는. ¶ a *windy* food 헛배 부른 음식. 7 《英속어》겁먹은(frightened). 8 《스코》떠벌리는(boastful).
on the wíndy síde 〔법률 등이 미치는〕 범위 밖에.
wind·i·ly adv. **wind·i·ness** n. ◇ wind n.
Wíndy Cíty n. (the ~) 미국 Chicago의 속칭.
‡**wine** [wain] n. Ⓤ 1 〔종류를 가리킬 때는 Ⓒ〕 포도주.
¶ *port wine* 포트 와인 / *dry (sweet) wine* 단맛이 없는 (있는) 포도주 / *red (white) wine* 적(백)포도주 / *green wine* 담근 지 1년 이내의 술 / *Adam's wine* [익살] 물 / *Joy is the best of wine.* 기쁨이 최고의 술이다 / *Good wine needs no bush.* 〔속담〕 품질이 좋으면 광고가 필요없다 / *When wine is in, wit is out.* 〔속담〕 술이 들어가면 지혜는 나간다. 2 [각종] 과실주. ¶ *gooseberry wine* 구즈베리 술. 3 포도주색, 검붉은 색. 4 [약학] [약용] 포도주(vinum). 5 Ⓒ 〔포도주처럼〕 취하게 하는 것, 힘을 내게 하는 것. 6 《英》〔대학에서 만찬 후에 가지는〕 포도주 파티. ¶ *have a wine in one's room* 자기방에서 포도주 파티를 벌이다.
cut out wine 술을 끊다.
in wine 술에 취해, 거나한 기분으로.
new wine in old bottles 낡은 가죽 부대에 넣은 새 포도주[낡은 형식으로는 다스릴 수 없는 새로운 주의]. ←

마태 복음(Matt.) 9 : 17].
take wine with 〔신강을 축하하며〕 …과 건배를 들다.
wine, women and song 《때로 비꼬아서》 방탕한 생활, 환락.
— v. (**wined, win·ing**) vt. [남]을 포도주로 대접하다; [포도주 저장실]에 포도주를 비치하다. — vi. 포도주를 마시다.
wine and dine; dine and wine 〔남〕을 푸짐하게 대접하다. ¶ *wine and dine* one's guests 손님을 푸짐하게 대접하다. ◇ **wíny** adj.
wine·bag [wáinbæ̀g] n. 1 포도주를 넣는 가죽 부대. 2 《속어》=winebibber.
wine·bib·ber [wáinbìbər] n. 술고래, 대주가, 주호.
wine·bib·bing [wáinbìbiŋ] adj. 술을 많이 마시는. — n. Ⓤ 술 많이 마시기.
wíne cèllar n. 1 포도주 저장실. 2 저장된 포도주.
wine-col·ored, 《英》 **-oured** [wáinkʌ̀lərd] adj. 포도주 색깔의, 검붉은색의.
wine·cool·er [wáinkùːlər] n. 포도주 냉각기.
wíne gállon n. 《英》 와인 갤론[옛날 영국에서 쓰던 용량 단위; 231입방 인치에 해당한다; 현재 《美》에서 쓰는 갤론과 같다].
wine·glass [wáinglæ̀s / -glɑ̀ːs] n. 포도주잔.
wine·glass·ful [wáinglǽsfùl/-glɑ̀ːs-] n. 포도주잔 한 잔의 분량. 〔양조자; 그 노동자〕
wine·grow·er [wáingròuər] n. 포도 재배자겸 포도주 양조자.
wine·grow·ing [wáingròuiŋ] n. Ⓤ 포도 재배겸 포도주 양조(업).
wíne gùm n. 《英》 =gumdrop.   [=wineshop.
wine·house [wáinhàus] n. (pl. **-hous·es** [-hàuziz])
wíne pàlm n. 야자술을 빚는 각종 야자.
wíne prèss n. 포도 짜는 기구.
wíne rèd n. Ⓤ 〔때로 a ~〕 포도주 색깔.
win·er·y [wáinəri] n. (pl. **-er·ies**) 포도주 양조장.
Wine·sap [wáinsæ̀p] n. 《미국산(産)의》 붉은 겨울 사과.
wine·shop [wáinʃɑ̀p / -ʃɔ̀p] n. 포도주 술집.   [과.
wine·skin [wáinskìn] n. 가죽제 포도주 부대.
wíne tàsting n. 포도주 맛 감정, 포도주 시음회.
‡**wing** [wiŋ] n. 1 〔새·곤충 따위의〕 날개; [동물의] 익상(翼狀) 부분; [신·천사 등의] 날개. ¶ *untried wings* 아직 날아본 일이 없는 날개 / *The bird broke its wings.* 그 새는 날개가 부러졌다 / *His wings are sprouting.* 그에게는 천사의 날개가 돋아나고 있다; 그는 참으로 착한 사람이다. 2 [구어·익살] [사람의] 팔. ¶ a *touch in the wing* 팔의 부상. 3 [해부] 익상부, 시상부(翅狀部)(ala). 4 [식물] [꽃의] 익판(翼瓣); [과실의] 날개. 5 a) [비행기의] 날개. b) [건물의 동(棟), 날개부. c) [성곽의] 익면. d) [무대의] 옆(좌우) [배경]. 6 [군대·함대의 좌우] 익(翼); 항공 대대; (~s) 《군대구어》공군 기장(記章), 항공 기장[날개 두개의 모양을 하고 있다]. 7 [정당에서 좌익·우익이라고 하는] 익. ¶ the *left (right) wing* 좌(우)익. 8 [스포츠] [축구 따위의] 윙을 맡은 선수. 9 비행, 비상(飛翔)(flight). 10 화살 깃. 11 《英》[차 따위의] 펜더(fender). 12 [양쪽으로 열리는 문 따위의] 한쪽 문짝. 13 [항해] [배의] 익창(翼艙).
add (or lend) wings to …을 촉진하다, …을 다그치다, 조장하다.
clip a person's wings; clip the wings of a person 남[의 행동에] 따위]를 구속하다.
give wing (or wings) to …을 날 수 있게 하다. ⇒9.
hit under the wings 《구어》취하여.
in the wings ① 무대 옆에 숨어서. ② [가까이] 대기하여, 기다려.
on the wing ① 비행중(에). ⇒9. ② 여행중(에). ③ 활동하는(하고 있는).
on the wings of the wind 바람을 타고 날듯이.
on wings 발걸음도 가볍게.
show the wings 《군사》 [평시에 출동하여] 공군력을

과시하다.
spread (or **try**) **one's wings** 자기의 능력을 시험해 보다; 자기 생각을 실제로 실행해 보다.
take to itself wings [돈 따위가] 순식간에 없어지다.
take wing ① 날아오르다. ⇨9. ② 달아나다, 떠나다 (depart). ③ 기뻐하다, 열중하다, 몰두하다.
under one's **wing** 감싸서, 보호하여. ¶ **take a person** under **one's wing** 남을 보호하다.
under the wing of …의 보호 아래. ¶ 버리고.
wing and wing [항해] [양편의 돛을] 나비 모양으로
─ vt. **1** …에 날개를 달아 주다(달다). **2** [화살 따위를] 날리다; …의 속도를 높이다. ¶ **Fear winged his feet.** 그는 두려운 나머지 빨리 걸었다 // (~+匣+前+图) **wing an arrow at the mark** 과녁을 향해 활을 쏘다. **3** [건물]에 날개(딴 채)를 붙이다. ─ vi. 날다, 날아서 건너다. ¶ (~+匣+副) **wing its way out** [새가] 날아서 사라지다. **5** (새)의 날개를 상하게 하다; (사람)의 팔 따위를 상하게 하다; (날고 있는 새)를 쏘아 떨어뜨리다. ¶ **wing a flying duck** 하늘을 날고 있는 오리를 쏘아 떨어뜨리다. ─ vi. 날다, 비상하다. ¶ (~+副) **The year wings away.** 세월은 빨리 날아간다 // (~+匣+前+图) **The plane winged over the Alps.** 비행기는 알프스 산맥의 상공을 날아갔다.
wing it 《美俗》 즉석에서 만들다, 즉흥 연주하다; 사라지다.
◇ **wíngy** adj.   [치.
wing-back [wíŋbæk] n. [미식축구] 웡백; 그 수비 위
wíng bàr n. **1** [항공] 날개의 횡골(橫骨). **2** [鳥類] [날개의] 횡대(橫帶).
wing-beat [wíŋbì:t] n. [새의] 홰치기. [어깨 깃털.
wíng bòw n. [가끔 ~s 따위의 두드러진 색을 가진]
wíng càse n. 시초(翅鞘), 겉날개 (elytron).
wíng(wínged) cháir n. 등받이 좌우에 날개가 달린 안락 의자.
wíng commánder n. 《英》 공군 중령.
wíng còver n. = wing case.
wíng còverts n. pl. [새의] 날개덮깃, 익식(翼蝕).
wing-ding [wíŋdìŋ] n. 《美俗》 떠들썩한 잔치; 남의 눈길을 끄는 것.
***winged** [wiŋd, 詩 wíŋid] adj. **1** 날개(익살부)(翼狀部)가 있는 (보통 복합어를 만들며) …의 날개가 달린. ¶ **the winged god** 날개가 난 신(Mercury를 일컫다) / **a winged seed** 날개(翅果) / **a white-winged bird** 날개가 흰 새. **2** 새떼로 붙인. **3** [날개가 돋친 것처럼] 민첩한(swift). **4** 숭고한. ¶ **winged words** 의미 심장한 말. **5 a**) [새가] 날개를 다친. **b**) [사람]의 팔 위에 상처를 입은.   [sus).
Wínged Hórse n. (the ~) [천문] 페가수스자리(Pega-
wing-er [wíŋər] n. [특히 英] [럭비·축구 등에서] wing의 위치를 맡은 선수.   [한 (swift).
wing-foot-ed [wíŋfútid] adj. 발에 날개가 달린; 민첩
wing-less [wíŋlis] adj. 날개가 없는; 날 수 없는.
wing-let [wíŋlit] n. **1** 작은 날개. **2** [동물] 소익(小翼), 각익(角翼).
wíng mírror n. 《英》 자동차의 사이드 미러.
wíng nùt n. [대가리에 나비 날개 모양의 돌기가 두 개 달린] 나사못.   [상승 반전(反轉).
wing-o-ver [wíŋòuvər] n. [항공] 횡전(橫轉)비행, 급
wíng shèath n. =wing case.
wíng shòt n. **1** 나는 새 사냥. **2** 명사수.
wing-span [wíŋspæn] n. 날개 길이, 날개 나비.
wing-spread [wíŋsprèd] n. [비행기나 날개를 편 곤충·새 따위의] 날개 나비, 익폭, 날개의 길이.
wíng tànk n. [항공] 익내(翼內) [연료] 탱크.
wíng típ n. **1** [비행기의] 날개끝, 익단(翼端). **2** 날개 모양의 가죽 장식이 코끝에 달린 구두.
wing-y [wíŋi] adj. (**wing-i-er, wing-i-est**) 날개(깃)가 있는; 빠른, 신속한(rapid).
†**wink** [wiŋk] vi. **1** [눈을] 깜박이다. **2** [신

호로서] 윙크하다, 눈짓하다(at…). ¶ (~+前+图) **He winks at all the girls.** 그는 여자라면 누구에게나 윙크를 보낸다.
甁語 **wink** 눈을 깜박이다; 한쪽 눈을 깜박깜박하여 신호를 보내거나 남을 희롱하거나 하다. **blink** 졸려서 눈을 끔벅끔벅하다; 강렬한 빛에 눈이 부셔서 자기도 모르게 깜박거리다.
3 [광선·별 따위가] 반짝이다, 깜박이다(twinkle). ¶ **Christmas trees are winking** with colored lights. 크리스마스 트리의 색전등이 반짝이고 있다.
─ vt. **1** [눈]을 깜박거리다, 깜작거리다, [눈]으로 신호하다. ¶ **wink one's eyes** 눈을 깜박거리다. **2** 눈을 깜짝거려서 …을 떨쳐내다(제거하다) (…away, back). ¶ (~+匣+副) **wink tears away** (back) 눈을 깜박여 눈물을 쫓다(감추다). **3** …에(을) 깜박여 신호하다.
like winking 《속어》 ① 순식간에. ② 기세좋게.
wink at [잘못·못된 버릇 따위]를 보고도 못 본 체하다, 묵과하다(overlook). ¶ **wink at petty offenses** 사소한 무례를 눈감아주다.
wink out ① [별안간] 끝나다. ② [불빛 따위가] 빛을 잃다, 꺼지다. ¶ **The lights winked out** along the street. 거리의 불빛이 꺼졌다.
─ n. **1** 깜박거리기; 눈짓, 윙크; [눈짓으로 보내는] 신호. ¶ **get a wink** 눈짓[신호]을 받다 / **She gave me a significant wink.** 그녀는 나에게 뜻있는 듯한 눈짓을 했다. **2** [빛·별 따위의] 빤짝임, 명멸(twinkle). **3** 일순, 순간. ¶ **quick as a wink** 재빨리 / **in a wink** 눈 깜짝할 사이에. **4** 조금, 소량; 짧은 잠. cf. **forty winks** ¶ **cannot see a wink** 한치 앞도 보이지 않는다 / **I did not get a wink of sleep.** 나는 한숨도 자지 못했다.
tip a person the wink 《속어》 남에게 눈짓을 하다.
wink-er [wíŋkər] n. **1** 깜박거리는 사람(것), 눈짓하는 사람. **2** (보통 ~s) 《구어》 눈(eye); 눈썹(eye-lash). **3** [말의] 눈가리개(blinker). **4** (~s) [자동차의] 깜박거리는 방향 표시등.
win-kle [wíŋkl] n. 경단고둥류(類)의 식용 고둥. ─ vt. (-kled, -kling) 《구어》 [고둥의 살 따위]를 파내다 (out).   [한 구두.
win-kle-pick-er [wíŋklpíkər] n. 《속어》 끝이 뾰족
Win-ne-ba-go [wìnibéigou] n. (pl. -gos or -go) **1** 위네바고족(族) [북미 인디언의 한 부족]. **2 Lake ~** 위네바고호(湖) [미국 Wisconsin주 동부의 호수].
***win-ner** [wínər] n. **1** 승리자. ¶ **the winner of a game** 시합의 승자. **2** [경마의] 승마(勝馬). **3** 수상자. **4** 《구어》 성공한 것, 성공할만한 것; 대성공; 최고의 것. **5** [복합어를 만들어] …을 얻는 사람. ¶ **a breadwinner** 한 집안의 돈벌어 들이는 사람. ¶ **pick a winner** 승자를 맞추다. ② 잘 고르다.
winner take all 승자가 독차지하는 제도.
***win-ning** [wíniŋ] n. **1** ⓤⓒ 승리(victory), 성공; 획득. **2** (~s) 획득물, 상금. ─ adj. **1** 승리의, 승자의. ¶ **a winning** homer 결승 본루타(훈련). **2** 애교있는, 매력있는. ¶ **a winning smile** 애교있는 미소. ~·**ly** adv. ~·**ness** n.
wínning pòst n. [경마장의] 결승점, 결승 표주(標
wínning stréak n. [스포츠] 연승(連勝). opp. **losing streak**.
win-now [wínou] vt. **1** [곡물 따위]를 [겨에서] 까불러 나누다, 키질(체질)하다, 까부르다; [티끌·겨 따위]를 키질하여 가르다. ¶ **winnow wheat** 밀을 까부르다 // (~+匣+副) **winnow husks away** 까불러서 왕겨를 없애다. ¶ (~+匣+前+图) **winnow** [out] **truth from falsehood** 진위(眞僞)를 가리다. **3** [바람이] …을 불어 흩뜨리다. **4** [고어] [날개]를 퍼덕이다(flap). ─ vi. **1** 까부르다. **2** 날개치다, 날개치며 날다.
win-now-er [wínouər] n. **1** [곡물 등을] 까부르는 사람, 키질하는 사람. **2** 풍구, 키.
wín-now-ing bàsket [wínouiŋ-] n. 풍구, 키.

win·o [wáinou] *n.* (*pl.* **win·os**)《속어》[싸구려] 포도주 중독자.

win·some [wínsəm] *adj.* **1** 매력있는, 애교있는. ¶ a *winsome* look 애교있는 표정. **2** 쾌활한, 명랑한(cheerful, gay). ~·**ly** *adv.* ~·**ness** *n.*

‡**win·ter** [wíntər] *n.* **1** ⓤⓒ 겨울, 겨울철, 서리 내릴 때. ¶ a hard (a mild) *winter* 엄(난)동; in [the] *winter* 겨울에, 겨울 동안에. **2** 세(歲), 나이, 살, 1년(a year). ¶ a man of sixty *winters* 예순 살인 사람. **3** ⓤⓒ 《비유적》 겨울 같은 시기, 쇠퇴기, 말기. ¶ the *winter* of old age 인생의 겨울철, 노령. **4** 《형용사적 용법》겨울의, 동기(冬期)의, 겨울에 맞는(의); 겨울에 많은, 겨울 특유의. ¶ a *winter* resort 피한지(避寒地) / *winter* sports 겨울 스포츠. ― *vi.* 겨울을 지내다; 피한하다; 동면하다(hibernate). ¶ *winter* in Italy 이탈리아에서 겨울을 나다. ― *vt.* **1** 〔동식물〕을 겨울 동안 기르다(가꾸다); 〔동식물〕을 겨우내 둘러싸다. **2** 〔추위로〕…을 얼게 하다. ◇ wíntry *adj.*

win·ter-beat·en [wíntərbìːtn] *adj.* 추위에 상한, 추위에 시달린.

win·ter·er [wíntərər] *n.* 피한자, 월동하는 사람, 동면하는 것. 〔…올 화다〕

wínter gárden *n.* 동원(冬園)〔야외 또는 온실의〕.

win·ter·green [wíntərgrìːn] *n.* **1** 바위앵도류(類)의 관목〔상록〕; ⓤ 동록유(冬綠油)〔그 잎에서 채취한 기름〕. **2** ⓤⓒ 짙은 화록색.

win·ter·ize [wíntəràiz] *vt.* (-**ized**, -**iz·ing**) 〔자동차·가옥 따위〕에 방한 장치를 하다.

win·ter·kill [wíntərkìl] 《미》 *vt.* 〔보리 따위〕를 겨울 추위로 얼어죽게 하다. ― *vi.* 겨울 추위로 얼어죽다.

win·ter·ly [wíntərli] *adj.* 겨울의(다운), 쓸쓸한.

Wínter Olýmpic Gámes *n. pl.* (the~) 동계 올림픽 대회 (Winter Olympics).

wínter quárters *n. pl.* **1** 동면하는 장소. **2** 《군대》 겨울 병영.

wínter sléep *n.* ⓤ 동면, 겨울잠 (hibernation).

wínter sólstice (the ~) 동지. ↔ SOLSTICE.

win·ter·tide [wíntərtàid] *n.* 《시》 =wintertime.

win·ter·time [wíntərtàim] *n.* ⓤ 겨울, 동기(冬期).

wínter whéat *n.* ⓤ 가을에 뿌리는 밀. 〔try.

win·ter·y [wínt(ə)ri] *adj.* (-**ter·i·er**, -**ter·i·est**) =win-

***win·try** [wíntri] *adj.* (-**tri·er**, -**tri·est**) **1** 겨울의, 겨울 특유의, 겨울같은. ¶ a *wintry* morning 겨울의 아침. **2** 찬, 한랭한; 냉담한, 쓸쓸한. ¶ a *wintry* smile 냉담한 웃음. -**tri·ly** *adv.* -**tri·ness** *n.*

win-win [wínwìn] *adj.* 〔협상에서〕 양측이(쌍방) 유리한. ¶ *win-win* proposal 양측에 유리한 제안.

wín-wín strátegy *n.* 《미군사》 두 전쟁 동시 수행 전략 〔두 지역에서 비(非)핵전쟁을 동시에 수행·승리한다는 전략〕.

win·y [wáini] *adj.* (**win·i·er**, **win·i·est**) **1** 포도주의(같은). **2** 포도주에 취한.

‡**wipe** [waip] *v.* (**wiped**, **wíp·ing**) *vt.* **1** …을 씻다; …을 닦다(…*away, off, out, up*). ¶ *wipe* a dish (a table) 접시(식탁)를 닦다 // *wipe* one's face (one's tears) 얼굴(눈물)을 닦다 // (~ + 目 + 前 + 名) *wipe* the mud off with a handful of grass 한줌의 풀로 진흙을 닦아 내다 / *wipe* one's tears *away* 눈물을 닦다 / *wipe up* spilt milk 엎지른 우유를 홈쳐내다 / (~ + 目 + 前 + 名) *wipe* dishes dry 접시의 물기를 닦아내다 / ¶ (~ + 目 + 前 + 名) He *wiped* his hands *on* (or *with*) the towel. 그는 수건으로 손을 닦았다.
2 〔형겊·종이 따위〕를 문지르다, 비비다. ¶ (~ + 目 + 前 + 名) *wipe* a cloth back and forth *over* the table 탁자를 형겊으로 앞뒤로 문지르다 / *wipe* oil *into* the surface 표면에 기름을 문질러 바르다.
3 〔얼룩 따위〕를 지우다, 빼다; 《비유적》 〔수치·오명 따위〕를 씻다(…*off, out*). ¶ (~ + 目 + 前) *wipe out* a stain 얼룩을 빼다 / *wipe out* an insult 〔복수하여〕 치욕

을 씻다 / *wipe off* one's debt 빚을 말끔히 청산하다 // (~ + 目 + 前 + 名) *wipe* the memory of the past *from* one's heart 마음에서 지난날의 기억을 씻어버리다.
4 〔배관〕 땜납을 발라 …을 잇다.
― *vi.* 《구어》 〔칼·지팡이 따위로〕 후려치다, 탁 치다 (…*at*). ¶ (~ + 前 + 名) He *wiped at* me with his stick. 그는 나를 지팡이로 후려쳤다.

wipe a person's eye → EYE¹.

wipe one's boots on → BOOT¹.

wipe one's hands of …과 인연을 끊다, …에서 손을 떼다.

Wipe it off.《미속어》웃지 마라.

wipe out ① …을 닦아내다. → *vt.* 1. ② 〔얼룩 따위〕를 빼다; 《비유적》〔치욕〕을 씻다, 설욕하다; 〔부채〕를 모두 청산하다. ③ …을 파괴하다; …을 완전히 소하다. ¶ The atomic bomb *wiped out* Hiroshima. 원자 폭탄으로 히로시마는 완전히 파괴되었다 / The invading army was *wiped out* by a force of patriots. 침략군은 애국자들의 힘에 의해 일소되었다. ④ 《구어》…을 죽이다, 없애다 (murder). ⑤ 《미속어》〔파도 타기에서〕 파도에 의해 밀려 넘어지다.

wipe (or *mop*) *the floor with* → FLOOR.

― *n.* **1** 닦기, 훔치기, 닦아(훔쳐)내기; 문대기, 문지르기; 비벼 넣기. ¶ give the floor a *wipe* 바닥을 닦다. **2** 《속어》찰싹 치기; 조롱, 조소. ¶ I gave him a *wipe* in the eye. 나는 그의 눈을 한방 쳤다. **3** 《속어》 손수건. **4** 〔기계〕 와이퍼 (wiper); 〔자동차 따위를〕씻는 사람, 닦는 사람.

wipe-out [wáipàut] *n.* **1** 파괴. **2** 《미속어》〔시합 따위의〕 패배. **3** 《주로 미》〔파도타기에서 서프보드의〕 전복; 실패.

wip·er [wáipər] *n.* **1** 닦는 사람(것). **2** 닦는 데 쓰는 〔수건·걸레 따위〕. **3** 〔자동차의〕 와이퍼. **4** 〔전기〕 브러시(brush); 〔기계〕 와이퍼 〔cam 의 일종〕.

WIPO, Wipo [wáipou] *n.* 세계 지적(知的)소유권 기구 〔상표·의장 등의 보호를 목적으로 1970년에 발족〕. (< World Intellectual Property Organization)

W.I.R. (略) West India Regiment.

‡**wire** [waiər] *n.* **1** ⓤⓒ 철사, 〔금속의〕 선; 전신선, 전화선. ¶ barbed *wire* 가시 철사 / copper (iron) *wire* 동선(철선) / telephone (telegraph) *wire*[s] 전화(전신)선. **2** ⓤ 전신(telegraphy); ⓒ 전보(telegram); (the ~) 전화(telephone). ¶ send (receive) a *wire* 전보를 치다(받다) / send a person a message by *wire* 남에게 전보로 말을 전하다 / Someone is on the *wire* for you. 당신에게 전화가 왔어요. **3** ⓤ 철조망; 쇠줄; 철망, 철사 세공 (wirework). **4** 〔악기의〕 금속의 현; 〔일반적으로〕 현악기. **5** (~s) 〔인형극의〕 조종하는 줄. **6 a)** 《스코》 [털실 뜨개질용의] 뜨개 바늘. **b)** 철망으로 만든 덫, 〔특히〕 토끼잡이 덫.

be [*all*] *on wires* 홍분하고 있다, 몹시 초조하고 있다.

down to the wire 《미》 최후까지, 끝까지. 〔다.

get one's (*the*) *wires crossed* 《구어》 혼란하여 오해하

lay wires for 《미속어》…의 준비를 하다.

pull the wires → PULL.

under the wire 아슬아슬한 마지막 순간에. ¶ *get under the wire* 간신히 시간에 대다.

― *v.* (**wired**, **wir·ing**) *vt.* **1** …에 철사를 달다; …에 철조망을 둘러치다; …에 철사를 꿰다; …을 철사 따위로 묶다. ¶ *wire* the stems of flowers 화초 줄기에 철사를 대다 / *wire* a fence 울타리에 철조망을 치다. **2** …에 전선을 가설하다, 전등선을 달다. ¶ *wire* a house for electricity 집에 전선을 끌다. **3** 《구어》 …에 전보(전신)를 치다; 전보(전신)로 알리다. ¶ (~ + 目 + 目) (~ + 目 + 前 + 名) He *wired* me the result. = He *wired* the result to me. 그는 그 결과를 전보로 알려 왔다 // (~ + 目 + *to* do) Mother *wired* me to come back. 어머니는 나에게 돌아오라는 전보를 보내왔다 // (~ +

that ㈱ (～+㈱+ that ㈱) He *wired* [me] *that* he was coming soon. 그는 [나에게] 곧 오겠다는 정보를 쳐 왔다. **4** 〖토끼·새 따위〗를 덫으로 잡다. ── *vi.* 《구어》 정보(전신)를 치다, 타전하다. ¶(～+㎲ He *wired back* 답전을 치다 // (～+㎲+㎲) He *wired* home *for* money. 그는 집에 돈 보내라는 정보를 쳤다 / He *wired for* (or *to*) me to come back at once. 그는 나에게 정보로 당장 돌아오라고 했다.

wire in 《英속어》 열심히 하다, 온 힘을 기울이다.
◇ wíry *adj.*

wíre clóth *n.* ⓊⒸ 〖여과기 따위에 쓰이는〗 촘촘히 짠 쇠그물.

wíre cútter *n.* 철사 절단기.

wired [waiərd] *adj.* **1** 유선(有線)의. ¶ *wired radio* 《英》 *wireless* 유선 방송. **2** 철사(철망)를 두른; 철사로 묶은(보강한); 철사로 만든.

wire-dance·er [wáiərdænsər / -dàːnsə] *n.* 〖서커스의〗 줄타기 광대.

wíred gláss *n.* =wire glass.

wire-draw [wáiərdrɔ́ː] *vt.* (-drew, -drawn, -draw·ing) **1** 〖금속〗을 늘여서 철사로 만들다. **2** 〖시간·물건 등〗을 억지로 잡아늘이다, 〖토론 등〗을 길게 끌다, 세밀하게 논하다, 〖뜻 등〗을 억지로 갖다붙이다.

wire-draw·ing [wáiərdrɔ̀ːiŋ] *n.* Ⓤ 철사 만들기.

wire-drawn [wáiərdrɔ̀ːn] *v.* wiredraw의 과거 분사. ── *adj.* **1** 〖철사처럼〗 잡아 늘인. **2** 〖토론 등이〗 지나치게 세세한.

wíre entánglement *n.* 철조망.

wíre gáuge *n.* Ⓤ 철사의 직경을 재는 〖철사 측정기.

wíre gáuze *n.* Ⓤ 촘촘한 쇠그물 〖철망〗. [wire gauge]

wíre gláss *n.* 철망이 든 유리.

wire·hair [wáiərhɛ̀ər] *n.* 와이어헤어턱털이 많은 애완견 폭스테리어.

wire-haired [wáiərhɛ̀ərd] *adj.* 〖철사처럼〗 털이 빳빳한.

‡**wire·less** [wáiərlis] *adj.* **1** 무선의, 무선 전신의; 《英》 라디오의. ¶ *a wireless* apparatus 무선 전신기 / *wireless* operator (station) 무선 전신 통신사(국) / a *wireless* set 라디오 수신기, 무선 전신(화) / *within wireless* communication 무선 통신권 안에. **2** 철사없는, 쇠그물이 없는. ── *n.* ⓊⒸ 무선 전신(전화, 전보); Ⓤ 《보통 the ~》 《英》 라디오, 라디오 방송(프로그램); Ⓒ 라디오 수신기. ¶ *by wireless* 무선 전신으로 / carry *wireless* 《배가》 무선 전신 장치를 갖추다 / over the *wireless* 《英》 라디오로, 라디오로 들으면서. ── *vt., vi.* […을] 무선 전신(전화)으로 전하다; 타전하다.

wíreless telégraphy (télegraph) *n.* Ⓤ 무선 전신, 무선.

wíreless télephone *n.* 무선 전화(radiotelephone).

wire-man [wáiərmən] *n.* (*pl.* **-men** [-mən]) **1** 전신공, 가선공, 전선 작업공. **2** 《美속어》 도청 전문가. [< WIRE[TAP] + MAN]

wíre mémory *n.* 〖컴퓨터〗 와이어 메모리〖선을 이어서 만든 기억 장치.

wíre nétting *n.* Ⓤ 쇠그물, 철망.

Wire·pho·to [wáiərfòutou] *n.* 《상표명》 유선 전송 사진〖장치〗. ── *vt.* (w-) 〖사진〗을 유선 전송하다.

wire-pull·er [wáiərpùlər] *n.* **1** 〖인형극의〗 인형 조종자. **2** 〖숨어서 책동하는〗 흑막.

wire-pull·ing [wáiərpùliŋ] *n.* Ⓤ 철사로 인형을 조종하기; 《비유적》 흑막이 되어 책동하기. *cf.* pull the wires

wir·er [wáiərər / wáiərə] *n.* **1** 전선 작업자. **2** 〖짐승을 잡기 위해〗 쇠그물 덫을 놓는 사람.

wíre recórder *n.* 철사 자기(磁氣) 녹음기.

wíre recórding *n.* 철사 자기 녹음.

wíre rópe *n.* 쇠밧줄, 와이어 로프.

wíre sérvice *n.* 뉴스 통신사.

wire·tap [wáiərtæp] *v.* (-**tapped, -tap·ping**) *vt.* …을 도청하다, 도청하여 〖정보〗을 얻다. ── *vi.* 도청하다. ── *n.* 도청〖장치〗.

wire·tap·per [wáiərtæpər] *n.* 전화(전신)를 도청하는 사람; 도청한 정보를 알리는 사람, 정보꾼.

wire-to-wire [wáiərtəwáiər] *adj.* 〖레이스·토너먼트 따위의〗 처음부터 끝까지의. ¶ *wire-to-wire* victory 처음부터 마지막까지 톱을 달린 승리.

wíre·walk·er [wáiərwɔ̀ːkər] *n.* 《주로 美》 줄타기 곡예사(tightrope dancer).

wíre whéel *n.* **1** 〖스포츠카 따위의〗 철사 스포크 바퀴, 와이어 휠. **2** 〖회전식 와이어브러시〖금속 세공·소재용으로 쓰이는 딱딱한 철사로 만든 바퀴형 브러시.

wíre wóol *n.* Ⓤ《英》 〖부엌용품 등을 닦는〗 쇠수세미.

wíre·work [wáiərwə̀ːrk] *n.* Ⓤ 철사 세공.

wíre·worm [wáiərwə̀ːrm] *n.* **1** 방아벌레의 유충〖흙속에 살며 식물의 뿌리를 먹는다〗. **2** 노래기(millepede).

wire-wove [wáiərwòuv] *adj.* **1** 쇠그물로 만든. **2** 〖편지지 따위가〗 질이 좋고 윤이 나는.

wir·ing [wáiəriŋ / wáiər-] *n.* Ⓤ **1** 철사로 묶기(보강) (《배선》) 가선(배선) 공사. **2** 《집합적》 배선, 가선.

*wir·y [wáiri / wáiəri] *adj.* (**wir·i·er, wir·i·est**) **1** 철사 모양의, 철사 같은; 〖사람의 몸이〗 마르고도 강인한. **2** 철사의. **wír·i·ly** *adv.* **wír·i·ness** *n.* ∗ I *wis* 의 형태로 삽입구로서 쓰인다.

wis [wis] *vi.* 《英》 잘 알고 있다(know well).

Wis., Wisc. 《略》 Wisconsin.

*Wis·con·sin** [wiskánsin / -kɔ́n-] *n.* 미국 중북부의 주 (州) (略 Wis., Wisc.; 주도(州都) Madison).

Wis·con·sin·ite [wiskánsinàit / -kɔ́n-] *n.* 미국 위스콘신주(州)의 주민.

Wisd. 《略》 *Wisdom* of Solomon.

*wis·dom** [wízdəm] *n.* Ⓤ **1** 현명함, 현명, 분별; 앎, 지혜, 예지(*of*…). ¶ borrowed *wisdom* 남에게서 배운 꾀 / commercial *wisdom* 장사의 요령 / get *wisdom* 현명해지다 // He had the *wisdom* to resign his post. 그가 사직한 것은 현명했다 // the *wisdom* of adopting a new method 새 방법을 채택하는 지혜. **2** 〖특히 동양 현인들의〗 명언, 금언; 현명한 교의(教義) (가르침, 교훈). **3** 학식, 지식. **4** (the ~[s]) 《집합적》 《고어》 현인, 지자(智者). **5** 〖고어〗 〖청호 또는 부르는 말〗…님. *the Wisdom of Solomon* 솔로몬의 지혜〖구약 성서 경외전(經外典)의 하나〗.
◇ wise *adj.*

wísdom tóoth *n.* 사랑니.
cut one's wisdom teeth ⇨ CUT.

‡**wise**[1] [waiz] *adj.* **1** 영리한, 현명한, 총명한; 사려가 깊은, 분별이 있는; 지혜가 있는. ⇨ CLEVER 〖類語〗 ¶ a *wise* saying 금언, 지당한 말 // It was *wise of you* to refuse his offer. = You were *wise* to refuse his offer. 네가 그의 제안을 거절한 것은 현명했다 // *It is easy to be wise after the event.* 《속담》 일이 끝난 뒤에 깨닫기는 쉽다. **2** 박식한, 박학한(learned); …에 정통한 (*in*…). ¶ a *wise* professor (thesis) 학식이 깊은 교수 (논문) // be *wise in* the ways of the world 세상 물정에 밝다. **3** 영리한 체하는, 알고 있는 듯한, 건방진; 교활한, 요령이 좋은. ¶ with a *wise* shake of the head 〖자못〗 영리한 체 고개를 흔들며 / look *wise* 〖자못 훌륭한 체〗 점잖빼다 / get *wise* 건방해지다. **4** 《美속어》 알고 있는, 알아차린 (aware) (*to*…). ¶ be *wise to* …을 알다 / put a person *wise to* 남에게 …을 알리다 / I am *wise to* your game. 나는 너의 그 수에는 넘어가지 않아. **5** 《고어·방언》 신령학(神靈學) 〖마술〗에 통한, 신통력을 가진.

none the wiser; as wise as before 여전히 알지 못하고(모르고). ¶ I was *none the wiser* for his explanation. 그의 설명을 듣고도 여전히 알 수가 없었다.

— vt., vi. (wised, wis·ing) * 보통 다음 숙어로만 쓴다.
wise up (vt.)《美속어》…에게 알리다; (vi.) 알다. ¶ *wise up* on details by reading a booklet 소책자를 읽어 소상하게 알다 / My adviser *wised* me *up to* the fact. 내 고문이 나에게 그 사실을 알려주었다.
~·ly adv. ◇ **wísdom** n.

wise² [waiz] n. ⓊⒸ 방법, 하는 방식, …식(way, manner) (* 보통 like*wise*, other*wise* 따위 복합어 또는 아래와 같은 숙어로 쓴다).
in any wise 반드시, 기필코.
in no wise 결코 …이 아닌(in no way). ¶ The house differed *in no wise* from its neighbors. 그 집은 이웃 집들과 조금도 다른 데가 없었다.
in some wise 그럭저럭; 어떤가; 어떤 뜻에서는.
in such wise 그런 식으로, 그런 방식으로.
on (or ***in***) ***this wise*** 이렇게, 이와 같이.

-wise suf. **1** manner, position, direction 의 뜻의 부사를 만든다. 예: clock*wise*, end*wise*, side*wise*. **2** with regard to, in respect of 의 뜻의 부사를 만든다. 예: dollar*wise* (달러로 환산해), budget*wise* (예산상으로).

wise·a·cre [wáizèikər] n.《경멸적》영리한 체하는 사람, 만물 박사인 체하는 사람, 유식한 체하는 사람.

wise·crack [wáizkræk] n.《美구어》경구(警句), 명언. — vi., vt. 경구로 말하다; …을 재치있는 말로 나타내다.

wíse fóol n. 바보 행세를 하는 사람; 자신이 어리석음을 아는 사람.

wíse gúy n.《美구어》아는 체하는 사람; 건방진 작자.

wíse mán n. **1** 현인, 학자. ¶ **the *Wise Men* of the East**《성서》동방의 박사, 박사(←마태 복음(Matt.) 2:1-16)《고어》요술쟁이(magician), 점쟁이.

wise·wom·an [wáizwùmən] n. (pl. **-wom·en** [-wìmin])《고어》마녀(witch), 여자점쟁이, **2** 산파, 조산원(midwife).

‡wish [wiʃ] vt. **1** …이면 좋겠다고 생각하다(hope); …이기를 바라다, 원하다(desire); …고 싶어하다. ¶ WANT 類語 ¶ (~+匣[*that*]節) I *wish* [*that*] it would not rain. 비가 안 오면 좋겠는데 / I *wish* I had never been born. 이 세상에 태어나지 않았으면 좋았을 것을 / It is to be *wished that*… …이 소망스럽다, 바라건대 … 이기를 / (~+to do) I *wish* to have come. 오고 싶었면 못지 못했다.

── Usage *wish* 와 가정법 ── *wish* 는 보통 실현할 수 없는 소망을 나타내므로 뒤에 절을 수반할 경우 그 절 속의 동사는 가정법이 되고, 현재의 사실과 반대되는 소망이면 가정법 과거형으로, 과거의 사실과 반대되는 소망이면 가정법 과거 완료형으로 나타낸다: I *wish* I *had* enough money. [지금] 돈을 넉넉히 가지고 있으면 좋으련만 / I *wish* I *had had* enough money. [그 때] 돈을 넉넉히 가지고 있었으면 좋았을텐데.

2 …이 …이기를 바라다, …이면 좋겠다고 생각하다; [남]이 …이기를(하기를) 바라다. ¶ (~+匣+[*to be*]補) I *wish* the problem [*to be*] settled soon. 그 문제가 빨리 해결되었으면 좋겠다 / She very sincerely *wished* him happy. 그녀는 충심으로 그의 행복을 빌었다 / I *wish* myself dead. 죽어버렸으면 좋겠는데(=I *wish* I were dead). ¶ (~+匣+*to do*) He *wished* me well. 그는 나의 행운을 빌어주었다 / He *wishes* nobody ill. 그는 어느 누구도 불행하지 않기를 빌고 있다.

3 [남]을 위해 …을 빌다(invoke); [작별 따위]를 고하다(bid). ¶ (~+匣+匣) I *wish* you joy. 축합니다 / I *wish* you a Happy New Year. 새해에 복 많이 받으십시오 / I heartily *wish* you every success. 나는 진심으로 당신의 성공을 빕니다 / He came to *wish* me a good night's rest. 그는 나에게 잘 자라는 인사를 하러 왔다 //

(~+匣+匣+匣) He *wishes* happiness *to* all. 그는 모든 사람의 행복을 빌고 있다.

4 …을 바라다, 희망하다(* *wish* for 또는 *want* 가 보통). ¶ *wish* money (help) 돈(도움)이 필요하다 / I will do whatever you *wish*. 네가 원한다면 무엇이든 하겠다.

5《美속어》[싫은 일·의무 따위]를 강요하다, 억지로 떠맡기다(…*on, upon*). ¶ (~+匣+匣+匣) *wish* a hard job *on* a person 남에게 고달픈 일을 떠맡기다.

── vi. **1** 바라다, 원하다(*for, after*…). ¶ (~+匣+匣) She *wished for* peace with her whole heart. 그녀는 충심으로 평화를 원했다 / I will send you the book you *wished for*. 네가 원하던 책을 보내 주겠다.

2 소원 성취를 빌다(make a wish)(*on, upon*…). ¶ (~+匣+匣+匣) *wish on* a falling star 유성에 소원 성취를 빌다.

3 …이기를 빌다, 원하다. ¶ (~+匣) He *wished* well to all men. 그는 모든 사람의 행복을 빌었다.

Don't you wish !《구어》《희유의 뜻으로》제발 좀 그래라.
wish *a person* ***further*** (or ***at the devil***) 남이 빨리 어디론가 사라져버리기를 바라다.

── n. **1** ⓒⓊ 소망, 원망, 희망; 갈망, 바람; 요구. ¶ **to** (**against**) **one's *wishes*** 희망대로(에 반하여) / **make a *wish*** 소원 성취를 빌다 / **carry one's *wishes* into effect** 희망을 실현시키다 / I will grant you three *wishes*. 너의 소원 세 가지를 들어주겠다 // He has not much *wish to* go. 그에게는 별로 가고 싶은 마음이 없다 // **a *wish* that** everything may turn out all right 만사가 잘 풀리기를 바라는 마음. **2** (~es) [남의 성공·행복 따위를 비는] 기원, 호의; [안부를 부탁하는] 전갈. ¶ You have our good *wishes*. 당신의 성공(행복)을 빌고 있습니다 / Please give him my best *wishes*. 그분에게 안부를 잘 전해 주십시오 / I extend my best *wishes* for the success of your enterprise. 사업의 성공을 충심으로 빌고 있습니다. **3** 바라는 것, 원하는 것. ¶ You shall have your *wish*. 원하는 것을 주겠다. **4** (the ~)《정신분석》원망(심리)의 심층부에 있는 개인의 본능적인 충동 (the id)에 의해 무의식적으로 작용하는 것).

with best wishes 행복(성공)을 빌며 [편지의 끝말].
◇ **wíshful** adj.

wish·bone [wíʃbòun], **wish·ing bòne** [wíʃiŋ-] n. 차골(叉骨)《새의 흉골 앞에 있는 두 갈래로 난 뼈. 식사 후 접시에 남은 이 뼈를 두 사람이 서로 잡아당겨 긴 쪽을 얻은 사람에게 소원 성취한다는 얘기에서》.

wished-for [wíʃtfɔ̀ːr] adj. 바라던, 소원대로의. *wished-for* result 소원대로의 결과. [람.

wish·er [wíʃər] n. 소망하는 사람, […을] 기원하는

wish·ful [wíʃfəl] adj. **1** 바라고 있는, 간절히 바라는 (desirous) (*for*…). ¶ She was *wishful* to leave. 그녀는 떠나기를 바라고 있었다 // She was *wishful* for happy days. 그녀는 행복한 나날이 오기를 간절히 바라고 있었다. **2** 탐내는 듯한. ¶ *wishful* eyes 탐내는 듯한 눈. ~·ly [-fəli] adv. ~·ness n.

wísh fulfíllment n. Ⓤ《정신분석》원망(願望)의 성취.
wíshful thínking n. Ⓤ 희망적 관측.
wíshing cáp n. 《동화에서 이것을 쓰면 어떤 소원이 이루어진다고 하는》 마법의 모자, 요술 모자.
wish-wash [wíʃwɔ̀ʃ/-wɔ̀ʃ] n. Ⓤ **1** 싱거운 음료. **2** 시시한 이야기.

wish·y-wash·y [wíʃiwɔ̀ʃi/-wɔ̀ʃi] adj. **1** [차·수프 따위가] 싱거운. **2** [대화·책 따위가] 김빠진, 시시한. **3** 우유부단한.

wisp [wisp], **whisp** [(h)wisp] n. **1** [짚 따위의] 움큼, 작은 다발. ¶ **a *wisp* of straw** 한 움큼(단)의 짚. **2** [머리털 따위의] 숱. ¶ **a *wisp* of hair** 한 움큼의 머리카락. **3** [물건의] 조각(fragment). **4** 가냘픈 사람(것). **5** 도깨비불(will-o'-the-wisp). **6** 작은 비(빗자루) (whisk).

wisp·ish [wíspiʃ] *adj.* =wispy.
wisp·y [wíspi] *adj.* (**wisp·i·er, wisp·i·est**) **1** 작은 단의, 작은 다발의. **2** 섬긴. **3** 가냘픈, 연약한(frail).
wist [wist] *v.* wit² 의 과거·과거 분사.
***Wis·tar·i·a** [wistí(ː)riə / -tíər-] *n.* 등나무[위스타리의 이름. [<미국의 해부학자 Caspar Wistar(1761-1818)의 이름]]
***wist·ful** [wístfəl] *adj.* **1** 탐내는 듯한(longing), 불만스러운 듯한. ¶ *wistful* eyes 탐내는 듯한 눈길. **2** 생각에 잠긴(pensive). ~·ly [-fəli] *adv.* ~·ness *n.*
‡**wit**¹ [wit] *n.* **1** ⓤⓒ (종종 ~s) 기지, 재치, 임기 응변, 위트, ⇨ JOKE 類語 ¶ ready *wit* 돈기(頓智) / innate *wit* 타고난 재치 / a man of *wit* 재치있는 사람 / a man of slow *wits* 눈치(재치)없는 사람 / have quick (slow) *wits* 이해가 빠르다(느리다) / Brevity is the soul of *wit*. 간결은 기지의 정수이다. **2** 재사(才士), 재주꾼, 기지있는 사람; (the ~) (집합적) (고어) 현인. ¶ The place attracts the *wit* and beauty of the town. 그곳은 시내의 재사와 미인이 모이는 장소이다. **3** ⓤ 이지(理智), 지력(智力), 이해력. ¶ be past the *wit* of man 인지(人智)로써는 헤아리지 못하다. **4** ⓤⓒ (종종 ~s) 분별, 재기, 재능. ¶ Does he have the *wit* to realize what to do in an emergency? 그는 위급할 때에 어떻게 해야 한다는 것을 알 정도로 머리가 돌아갈까? **5** (보통 ~s) [건전한] 정신[상태], 제정신(sanity). ¶ in (out of) one's *wits* 제정신으로(을 잃고) / lose (regain) one's *wits* 제정신을 잃다(차리다) / collect (or gather) one's scattered *wits* 어지러운 정신을 바로잡다.
***at one's wits'**(or **wit's**) **end** ⇨ END.
***drive a person to his wits'**(or **wit's**) **end** 남을 어찌할 바를 모르게 하다.
***have**(or **keep**) **one's wits about** *one* 빈틈이 없다.
***live by one's wits** [일정한 직업 없이] 변통수로 이럭저럭 살아가다.
◇ *wítty adj.*
wit² [wit] *vt., vi.* (1인칭·3인칭·단수·현재 **wot** [wɑt / wɔt]; 2인칭·단수·현재 **wost** [wɑst / wɔst]; 각 인칭·복수·현재 **wit, wite**; 과거·과거 분사 **wist**; 현재 분사 **wit·ting**) (고어) [···을] 알다, 알고 있다(know).
***to wit** 즉(namely). * 현재는 법률 용어.
WITA (略) *Women's International Tennis Association*(여자 국제 테니스 협회).
‡**witch** [witʃ] *n.* **1** 마녀, 여자 요술쟁이. *cf.* wizard ¶ a white *witch* [남의 행복을 위해 요술을 부리는] 착한 마녀. **2** 마귀 할멈, 흉한 노파. **3** (英) 대단히 매력적인 여성. — *vt.* **1** ···에 마법을 쓰다(걸다). **2** ···을 매료하다. [**2** 마력, 매력.
***witch·craft** [wítʃkrǽft / -krɑ̀ːft] *n.* ⓤ **1** 마법, 마술.
wítch dòctor *n.* [미개 사회의] 주술의(呪術醫); [굿 따위로 병을 고치는] 무당, 기도사.
witch-elm [wítʃèlm] *n.* =wych-elm. [매력.
witch·er·y [wítʃəri] *n.* ⓤ **1** 마법, 마술. **2** 마력,
wítches' Sábbath *n.* 악마의 잔치[마술쟁이나 악마가 1년에 한번 한밤중에 모여 마시며 떠드는 잔치].
wítch hàzel *n.* **1** [북미 동부산(産)의] 금누매의 일종. **2** ⓤ 그 수피·잎에서 만드는 약제[외상(外傷) 용].
wítch hùnt *n.* **1** 마녀 사냥. **2** (비유적) [반역·부정 따위를] 폭로하기; 정적(政敵)을 중상(박해)하기, 정적을 잡는 일.
witch·hunt·ing [wítʃhʌ̀ntiŋ] *n.* =witch hunt.
witch·ing [wítʃiŋ] *n.* ⓤ 마술 부리기; 매력. — *adj.* **1** 마술의, 마력이 있는. **2** 매력적인. ~·**ly** *adv.*
wítching hòur (**tíme**) *n.* [마녀가 출몰하는] 한밤중, 심경; 마(魔)의 시간, 중대한 일이 일어날 듯한 시기.
wite¹, **wyte** [wait] *v.* (**wit·ed, wit·ing**) *vt.* (주로 스코) [남에게] ···의 책임을 지우다(on...), ···의 죄를 묻다, 비난하다. — *n.* **1** (고英 법률) [중한 위법 행위에 대해 국왕 등이 부과하는] 벌금; 특권 부여료. **2** (주로 스

코) 과실 따위에 대한 책임, 비난, 벌.
wite² [wait] *v.* wit² 의 현재 복수형
wit·e·na·ge·mot, -mote [wítinəgimòut / ˋ- - - -ˋ] *n.* [英역사] (앵글로색슨 시대의) 국민 의회.
‡**with** [wið, wiθ] *prep.* **1** (동반·동거) ···과 함께, ···과 더불어. ¶ come (go, travel, walk) *with* ···과 함께 오다(가다, 여행하다, 걷다) / read a book *with* pupils 어떤 책을 학생에게 가르치다 / He lives (or stays) *with* his uncle. 그는 숙부집에 얹혀 살고 있다(숙부와 함께 살고 있다) / Will you have dinner *with* me? 저와 함께 식사를 하시지 않겠습니까?
2 (만남·접촉) ···과(에) [만나다, 접하다]. ¶ meet *with* an accident 사고를 당하다 / fall in *with* the enemy 적과(딱) 마주치다 / keep pace *with*; keep in touch *with* [시대의 흐름 따위에] 뒤떨어지지 않도록 하다.
3 (교섭·거래) ···와, ···을 상대로. ¶ deal *with* ···과 거래하다 / have dealings *with* ···과 거래 관계를 가지다.
4 (특성·소유·부속) ···을 갖는, ···을 가지고 있는. *opp.* without ¶ a box *with* a red lid 뚜껑이 붉은 상자 / a girl *with* curly hair 고수머리의 소녀 / a man *with* a soft temper 성질이 온순한 사람 / be *with* child 임신해 있다.
5 (소지·휴대) ···을 지니고, 몸에 휴대하고, 때마침 가지고; ···의 수중에 들어가다. ¶ He always carries an umbrella *with* him. 그는 항상 우산을 가지고 다닌다 / I've no money *with* me. 나는 마침 가진 돈이 없다 / This decision rests *with* you. 이 결정은 너에게 달려 있다.
6 (도구·수단) ···을 써서, ···에 의해. ¶ cut *with* a knife 나이프로 자르다 / amuse oneself *with* a book 책을 읽어 즐기다 / He struck me *with* a stick. 그는 지팡이로 나를 쳤다 / I've no pen to write *with*. 쓸 펜이 없다.
7 (재료) ···으로. *cf.* by ¶ line a coat *with* silk 비단으로 코트 안을 대다 / fill a glass *with* wine 잔에 술을 가득 채우다 / set a ring *with* a diamond 반지에 다이아몬드를 박아넣다.
8 (혼합·혼동) ···와. ¶ mix blue *with* yellow 청색과 황색을 섞다 / heat milk *with* honey 우유에 벌꿀을 섞어서 데우다.
9 (양태) ···에 의해, ···을 보이고. ¶ *with* care 주의하여 / *with* courage 용감히 / *with* safety 안전하게 / *with* skill 교묘히 / work *with* diligence 부지런히 일하다.
10 (비교·호응) ···와. ¶ Compare him *with* what he was. 오늘날의 그와 옛날의 그를 비교해 보아라 / Gold contrasts well *with* blue. 곤색 바탕에 금색은 돋보인다.
11 (관계) ···에 관해서는, ···에 대하여. ¶ I have nothing to do *with* ···와는 아무런 상관도 없다 / She is pleased *with* my gift. 그녀는 내 선물을 좋아하고 있다 / I am disgusted *with* the world. 나는 이 세상에 정나미가 떨어진다 / What is the matter *with* you? 어떻게 된 노릇입니까? / The difficulty *with* poetry is to read it well. 시에서 어려운 점은 어떻게 잘 읽느냐 하는 것이다.
12 (입장) ···의 사이에서는, ···에게 있어서는, ···로서는, ···의 의견으로는. ¶ He is popular *with* his men. 그는 부하들에게 인기가 있다 / It is usual *with* him. 그로서는 그것이 보통이다.
13 (원인·이유) ···인 까닭에, ···의 탓으로. ¶ be bent *with* age 나이를 먹어 허리가 굽어 있다 / be blinded *with* desire 욕심에 눈이 멀다 / She jumped up *with* joy. 그녀는 기뻐서 팔짝팔짝 뛰었다.
14 (분리) ···으로부터(from). ¶ break *with* a person 남과 인연을 끊다 / part *with* a person (a thing) 남과 헤어지다(물건을 처분하다).
15 (반대·적대) ···와, ···을 상대로, ···에 대하여 (against). ¶ fight (contend) *with* ···와 싸우다(겨루

다) / box *with* …과 권투를 하다 / wrestle *with* a difficult problem 어려운 문제와 씨름질하다. **16** 《위탁》…에게, …의 손에. ¶ I will leave the money *with* you. 돈을 너에게 맡겨 놓겠다 / Leave your message *with* the secretary. 비서에게 전갈을 맡겨 놓으십시오 / She leaves her children *with* a nurse. 그녀는 아이를 유모에게 맡겨놓고 있다. **17** 《동시》…과 더불어, …함에 따라. ¶ rise *with* the lark 종달새와 함께 일어나다(일찍 일어나다) / change *with* the seasons 사시사철과 더불어 변화하다 / grow wise *with* age 나이가 들수록 현명해지다 / *With* that remark he left the room. 그는 그 말을 하고서 방에서 나갔다. **18** 《동의·일치》…에 찬성하여, …의 편에, …과 일치하여. ¶ I feel *with* you. 나는 너와 동감이다 / I agree(disagree) *with* you there. 그 점에서는 너의 의견에 찬성(반대)이다 / He voted *with* the Socialists. 그는 사회당에 투표했다. **19** 《양보》…임에도 불구하고, …이면서도(…임에도). ¶ *With* the best of intentions, he failed completely. 그 뜻한 바는 더할 나위 없이 훌륭했음에도 불구하고 그는 완전히 실패했다. ⇨ *with all.* **20** 《부대 상황》…하여, …하면서, …인(한) 채로. ¶ He sleeps *with* one eye open. 그는 한쪽 눈을 뜬 채로 잔다 / He stood *with* a pipe in his mouth. 그는 파이프를 입에 물고 서 있었다.
along with …과 함께.
what with A [*and*] *what with* B A이니 B이니 하여, A이고 B이고 하여. ¶ *What with* the high prices, *and what with* the badness of the times, they find it hard to get along. 물가고니 불황이니 하여 그들은 살아가기가 수월하지 않다.
with all …이 있으면서도, …임에도 불구하고(in spite of); …을 가지고서도.
with God ⇨ GOD.
with it 《美구어》① 그 위에. ② 《남의 이야기 따위를》 알고 있는. ③ 유행에 정통하여 시류를 꿰뚫고 있는, 앞서가는.
with that ⇨ THAT.
with this 이렇게 말하여; 여기에 있어서(hereupon).
with- back, away, against 의 뜻의 연결형. 예: *withdraw, withhold, withstand.*
with·al [wiðɔ́ːl, +美 wiθɔ́ːl] 《고어》 *adv.* **1** 이에 더하여, 게다가 또 (besides), 마찬가지로, 동시에(as well). ¶ She has health and wealth, and beauty *withal*. 그녀는 건강하고 부자인데다 또 미인이다. **2** 그럼에도 불구하고(nevertheless). — *prep.* …으로, …을 가지고(with) (*목적어 다음에 놓인다). ¶ a staff to support oneself *withal* 제몸을 의지할 지팡이.
‡**with·draw** [wiðdrɔ́ː, wiθ-] *v.* (**-drew, -drawn, -drawing**) *vt.* **1** …을 움츠리다, 뒤로 빼다. ¶ (~+图+前+图) *withdraw* one's head *from* the window 창문으로부터 머리를 안으로 도로 넣다 / *withdraw* one's eyes *from* the scene 그 장면으로부터 눈을 돌리다.
2 …을 거두다, 물러나게 하다, 끌어놓리다, 끌어내다. ¶ *Withdraw* yourselves. 돌아가 주십시오 / (~+图+前+图) *withdraw* one's son *from* school 아들을 퇴교시키다 / *withdraw* money *from* the bank 돈을 은행에서 인출하다.
3 《군대 등》을 철수시키다. ¶ (~+图+前+图) The troops are being gradually *withdrawn from* the front. 군대는 전선으로부터 서서히 철수하고 있다.
4 《은혜·원조 등》을 도로 거두들이다, 철회하다(take away). ¶ (~+图+前+图) *withdraw* a favor *from* a person 남으로부터 혜택을 빼앗아 버리다.
5 《제안·약속·명령·소송 등》을 철회하다, 취소하다, 취하하다. ¶ *withdraw* an offer 제안을 철회하다.
6 《통화·책 따위 유통물》을 회수하다. ¶ (~+图+前+图) *withdraw* dirty bank notes *from* circulation 유통 중인 지저분한 지폐를 회수하다.

— *vi.* **1** 물러나다, 물러서다, 퇴출하다(retire). ¶ (~+前+图) *withdraw from* a person's presence 남앞에서 물러나다. **2** 《모임 따위에서》 탈퇴하다, 나오다. ¶ (~+前+图) *withdraw from* a society 회에서 탈퇴하다. **3** 《군대 등》이 철수하다, 철병하다. ¶ All the troops *withdrew*. 모든 군대가 철수했다. **4** 앞발을 취소하다, 번의하다, 손을 떼다; 《의회》 동의 수정안을 철회하다. ¶ After all your promises you can't *withdraw* now. 그처럼 온갖 약속을 다했으니 이제 물러설 수는 없을 게다.
◊ *withdráwal n.*
*****with·draw·al** [wiðdrɔ́ː(ə)l, wiθ-] *n.* **1** 물러나기, 물러나게 하기, **2** 도로 거두기, **3** 《병력 등의》 철수, 철퇴, **4** 《예금의》 인출(*from* …). ¶ make large *withdrawals from* the bank 은행에서 많은 돈을 인출하다. **5** 《약속·진술 따위의》 취소, 철회. ¶ the *withdrawal of* the statement 성명의 취소. **6** 《의학》 《마약 등의》 사용 중지. ¶ a *withdrawal* symptom 금단 증상.
*****with·drawn** [wiðdrɔ́ːn, wiθ-] *v. withdraw* 의 과거분사. — *adj.* **1** 암먼, 내향적인(shy). **2** 깊숙이 들어간, 궁벽한; 고립된. **3** 물러난.
*****with·drew** [wiðdrúː, wiθ-] *v. withdraw* 의 과거형.
withe [wiθ, wið, waið] *n.* 실버들 가지; 넌출; 고리버들(osier). — *vt.* (**withed, with·ing**) …을 실버들 가지로 매다.
‡**with·er** [wíðər] *vi.* **1** 《식물이》 시들다, 이울다, 쭈그러들다, 말라죽다. ¶ (~+圖) The flowers *withered up* (or *away*). 꽃들이 시들었다.
[유의] *wither* 식물이 자연히 또는 과도한 열로 수분을 빼앗겨 생기·신선함을 잃고 쭈그러지게 하기: The vegetables *withered* in the hot kitchen. 야채가 더운 부엌에서 시들었다. **shrivel** *wither* 보다 납작한 것이 오그라들어 쭈글쭈글해지다: Paper *shrivels* in fire. 종이는 불속에서 쭈그러든다.
2 《용모·체력 등이》 시들다; 《희망·애정 등이》 희미해지다, 식다(*away*). ¶ Her affections *withered*. 그녀의 애정은 식었다 // (~+前+图) *wither into* insignificance 보잘것없을 정도로 시들다.
— *vt.* **1** 《식물》을 시들게 하다, 말라죽게 하다; 《체력 따위》를 떨어뜨리다. ¶ (~+图+圖) The hot sun *withered up* (or *away*) the grass. 뜨거운 햇볕으로 풀이 말라 죽었다. **2** 《명성·평판 따위》를 손상시키다(blight). **3** …을 움츠러들게 하다, 어리벙벙하게 하다. ¶ (~+图+前+图) *wither* a person *with* a look 남을 한번 쏘아봄으로써 움츠러들게 하다.
with·ered [wíðərd] *adj.* 시든, 이운; 말라죽은.
with·er·ing [wíð(ə)riŋ] *adj.* **1** 시들게 하는, 이울게 하는, 말려 죽이는. **2** 《남을》 어리둥절하게 하는, 다치게 하는. **~·ly** *adv.*
with·ers [wíðərz] *n. pl.* 기갑(鬐甲)《말 어깨뼈 사이의 융기》. ¶ 않다.
My withers are unwrung. 그런 비난쯤은 아무렇지도 *wring a person's withers* 남에게 심한 고통을 주다.
with·er·shins [wíðərʃìnz] *adv.* 《주로 스코》 《해의 운행과 반대 방향으로, 왼쪽에서 오른쪽으로《보통 재수가 없다는 미신이 있다》. 〔분사.
*****with·held** [wiθhéld, wið-] *v. withhold* 의 과거 과거
*****with·hold** [wiθhóuld, wið-] *v.* (**-held, -hold·ing**) *vt.* **1** …을 말리다, 억제하다. ¶ (~+图+前+图) What *withheld* him *from* making the attempt? 왜 그는 그 기도를 보류했을까? **2** 《주는 것을 보류하다, 허락하지 않다. 〔유의〕 *withhold* one's payment (consent) 지불(승낙)을 보류하다 // (~+图+前+图) *withhold* an important fact *from* a person 남에게 중대한 사실을 알리지 않다. — *vi.* 보류하다, 삼가다, 자제하다, 그만두다(refrain).
with·hold·er [wiθhóuldər/wiθ-] *n.* 허가를 내주지 않는 사람, 제동을 거는 사람.
with·hóld·ing tàx [wiθhóuldiŋ-, wið-] *n.* ⓤⓒ 원

with·in [wiðín, +美 wiθ-] *adv.* **1** 안쪽에서(으로, 에), 내부에서(는, 로, 에). *opp.* without ¶ It is green without and yellow *within*. 그것은 겉은 녹색이고 안은 황색이다. **2** 집 안에서(으로, 에), 옥내에서(로) (indoors). ¶ go *within* 집안으로 들어가다 / stay *within* 집에 있다. **3** 심중에(에서는). ¶ be pure *within* 마음이 깨끗하다.
— *prep.* **1** …의 안(속)에, …의 내부(안쪽)에 (inside). *opp.* without, outside ¶ *within* doors 옥내에 / call from *within* the room 방 안에서 부르다.
2 …의 범위내에서, …의 제한 안에서, …을 넘지 않고. *opp.* beyond, without ¶ *within* view(or sight) 보이는 곳에 / *within* hearing(or earshot) 들리는 곳에 / *within* call 부르면 들리는 곳에 / *within* reach 손이 닿는 곳에 / *within* one's memory 기억 속에서 / *within* one's power 자기 세력(권력) 내에 / live *within* one's income 수입의 범위 안에서 생활하다 / act strictly *within* the law 엄밀히 법의 테두리 안에서 행동하다 / That does not come *within* my duties. 그것은 내 의무 밖의 일이다.
3 [시간·거리·수량·정도 따위가] …이내에(로). ¶ *within* two minutes 2분 이내에 / *within* the next five years 금후 5년 이내에 / *within* a radius of ten miles 반경 10 마일 내에 / *within* a stone's throw of the porch 현관에서 돌을 던져 닿는 곳에 / *within* an easy walk of the school 학교에서 수월하게 걸어 갈 수 있는 곳에 / *within* a year of his father's death 아버지가 돌아가신 지 1년 이내에 / They advanced to *within* a mile of their enemy. 그들은 적의 전방 1 마일 지점까지 전진했다.
within an ace of ⇨ ACE.
within oneself ① 마음속에. ② 여유를 두고. ¶ run *within* oneself 여유있게 뛰다.
— *n.* Ⓤ (또는 the ~) 내부, 안쪽. ¶ from *within* 내부에서.

with-it [wíðit, wíθ-] *adj.* 《속어》 현대식의, 개방적인, 유행의 첨단을 걷는.

with·out [wiðáut, +美 wiθ-] *prep.* **1** …을 가지지 않고, …없이(not with, with no); …이 없는(lacking). *opp.* with ¶ *without* ceremony 격식 차리지 않고, 터놓고 / *without* day 기한없이, 무기한으로 / *without* doubt 의심할 것도 없이 / *without* end 한정없이, 영구히 / *without* exception 예외없이 / *without* fail 꼭 / *without* regard for …을 무시한 채 / *without* reluctance 싫어하지 않고 / *without* reserve 사양하지 않고 / Without air no living thing could exist. 공기가 없으면 어떠한 생물도 살지 못할 것이다 / We can't succeed *without* your advice. 당신의 조언없이는 우리는 성공하지 못합니다.
2 (-ing 형을 수반하여) …하는(당하는)일 없이, …하지 않고. ¶ *without* taking leave 작별 인사도 없이 / go in *without* waking a person 남의 잠을 깨우지 않고 들어가다 / He never goes out *without* losing his umbrella. 그는 외출하면 꼭 우산을 잃어버리고 온다.
3 〔문어적〕 …의 밖에(에서, 으로). ¶ *without* doors 옥외에서(outdoors) / He stood waiting *without* the gate. 그는 문밖에 서서 기다리고 있었다.
4 …의 범위를 넘어. *opp.* within ¶ *without* one's reach 사람의 손(힘)이 미치지 않는 / whether within or *without* the law 법의 테두리 밖이든 안이든.
do without ⇨ DO¹.
go without ⇨ GO.
It goes without saying that ⇨ SAY.
— *adv.* 《주로 고어》 **1** 밖에서(으로), 외부에서(로); 외면은. ¶ fair *without* and foul within 겉은 고와도 속은 추악한; 겉보기는 천사 같아도 속은 흉악한. **2** 집 밖에, 옥외에서. ¶ He is waiting *without*. 그는 밖에서 기다리고 있다.
— *n.* Ⓤ (또는 the ~) 외부, 외면. ¶ from *without* 외부에서.

— *conj.* 《고어·방언》 …하는 것이 아니라면, …하지 않는다면(unless). ¶ I can't accompany you *without* [that] I get some money. 얼마간의 돈이 들어오지 않는다면 너와 함께 갈 수 없다.

***with·stand** [wiθstǽnd, wið-] *v.* (-stood, -stand·ing) *vt.* (사람·힘·곤란 등)에 항거하다; 〔자연력 등〕에 견디어 내다, 버티다. ⇨ OPPOSE 類語 ¶ *withstand* an attack 공격을 버티어 내다 / *withstand* temptation 유혹에 넘어가지 않다. — *vi.* 저항(반항)하다.

with·stand·er [wiθstǽndər, wið-] *n.* 반대자, 저항자.

***with·stood** [wiθstúd, wið-] *v.* withstand 의 과거·과거 분사.

with·y [wíði] *n.* (*pl.* **with·ies**) 《주로 英》 **1** 실버들 가지, 고리버들(osier). **2** 〔실버들 가지 따위를 꼬아서 만든〕 새끼줄, 고리.

wit·less [wítlis] *adj.* 지혜없는; 우둔한(foolish). ~·**ly** *adv.* ~·**ness** *n.*

wit·ling [wítliŋ] *n.* 조무래기 재사(才士), 영리한 체하는 사람.

‡wit·ness [wítnis] *n.* **1** 목격자(eyewitness). ¶ be a *witness* to(or of) …의 목격자이다. **2** Ⓤ 증거, 증언. ¶ support another's *witness* 다른 사람의 증언을 지지하다 / in *witness* of the event 사건 의 증거로서 / in *witness* thereof 우(右) 증거로서〔증서 따위의 상투어〕. **3** 증인, 증거 물건. ¶ He is a living *witness* to my innocence. 그는 나의 무죄에 대한 살아 있는 증인이다. **4** 〔법률〕〔선서를 하고 서는〕 증인. ¶ a defense *witness* 피고의 증인 / be(or stand) *witness* 증인이 되다, 증언하다 / examine a *witness* 증인을 심문하다. **5** 〔거래·서명 따위의〕 입회인; 부서(副署), 연서(連署)인.
〔*as*〕*witness* 그 증거로써는, 예컨대.
bear witness 〔*to* (or *of*)〕 〔…을〕 증명하다, 입증하다, 〔…의〕 증인(증거)이 되다.
call (or ***take***) ***a person to witness*** …을 증인으로 삼다, …에게 입증하게 하다. ¶ I call Heaven *to witness* that …가 거짓이 아님을 하늘에 맹세한다.
with a witness 《고어》 명백히, 확실히, 의심의 여지없이.
— *vt.* **1** …을 목격하다, 눈앞에서 보다; 보다. ¶ *witness* an accident 사고를 목격하다. **2** 〔증인으로서〕 …에 입회하다; 임석하다. ¶ He *witnessed* our wedding. 그는 우리 결혼식에 임석했다. **3** …을 증언하다, 입증하다, 보이다, …의 증거로 되다. ¶ Her red face *witnessed* her embarrassment. 그녀가 얼굴을 붉힌 것은 당황한 증거였다 // (~ + *that* 節) He *witnessed that* it was the driver's fault. 그는 그것이 운전자의 과실이라고 증언했다. **4** 증인으로서 …에 서명하다, 부서하다. ¶ *witness* a document 서류에 부서하다.
— *vi.* 증언하다, 입증하다(*to*, *for*, *against* …); 무죄임을 입증하다. ¶ (~ + 前 + 名) *witness for* (*against*) a person 남에게 유리(불리)한 증언을 하다 / *witness* to a person's innocence 남의 무죄를 입증하다 / He *witnessed to* having seen the man. 그는 그 사나이를 목격했다고 증언했다.

Witness Heaven! 《고어》 하늘도 굽어보소서!

wit·ness-box [wítnisbàks / -bɔ̀ks] *n.* 《주로 英》 증인석.

witness mark *n.* 〔토지의 경계선·측량 지점 따위에 설치된〕 표지.

witness stand *n.* 《美》 증인석.

wit·ted [wítid] *adj.* 〔보통 복합어를 만들어〕 지혜가 있는, 지혜가 있는. ¶ quick-*witted* 두뇌 회전이 빠른 / slow-*witted* 머리가 둔한.

wit·ti·cism [wítisìz(ə)m] *n.* 경구(警句), 재담, 재치있는 말.

wit·ting [wítiŋ] *adj.* 《고어》 **1** 〔서술용법〕 알고 있는, 의식적. **2** Scarcely *witting*, he ran up to them. 그는 거의 정신없이 그들 쪽으로 뛰어갔다 // I was *witting*

wittol

of his presence. 나는 그가 있다는 것을 알고 있었다. **2** 《종종 willing 과 함께 써서》 고의의, 알면서 하는. ¶ a *witting* and willing lie 고의적인 거짓말. **‑ly** *adv.*

wit·tol [wítəl] *n.* 《英古語》 아내의 부정을 눈감아 주는 남편.

***wit·ty** [wíti] *adj.* (**‑ti·er, ‑ti·est**) **1** 기지있는, 재기 발랄한; 재담을 잘 하는, 익살맞은. ⇨ HUMOROUS 類語. **2** 《英고어》 영리한(clever). **‑ti·ly** *adv.* **‑ti·ness** *n.*

wive [waiv] *v.* (**wived, wiv·ing**) *vi.* 결혼하다, 아내를 얻다. — *vt.* …을 아내로 삼다, 아내로 취하다.

wi·vern, wy·vern [wáivə(ː)rn] *n.* 《紋章》 비룡(飛龍) 《새처럼 두 다리 두 날개가 있는 전설의 동물》. [wivern]

‡**wives** [waivz] *n.* wife 의 복수형.

wiz [wiz] *n.* 《구어》 (*pl.* **∼es**) ***** wizard 의 (단축형) 천재, 기재(奇才). ¶ a *wiz* at mathematics 수학의 천재.

‡**wiz·ard** [wízərd] *n.* **1** 마법사. **2** 요술쟁이. **3** 《구어》 귀재, 천재, 명인.

the Wizard of the North Sir Walter Scott의 별명. — *adj.* **1** 마법의, 요술쟁이의. ¶ a *wizard* wand 마법의 지팡이. **2** 《英구어》 훌륭한. ¶ That's *wizard*! 그것 참 훌륭하군!

wiz·ard·ly [wízərdli] *adj.* 마법사 같은; 천재적인.

wiz·ard·ry [wízərdri] *n.* Ⓤ 마술, 마법(magic).

wiz·en [wízn] *vi.* 시들다. — *vt.* …을 시들게 하다. — *adj.* = wizened.

wiz·ened [wíznd] *adj.* 시든, 이운.

wk. (略) week; week; work; wreck.

w.l. (略) *w*ater *l*ine; *w*ave *l*ength.

WLA (略) *W*omen's *L*and *A*rmy (《전시의》 여성 농경 (農耕) 부대》.

WLM (略) *w*oman's *l*iberation *m*ovement (여성 해방 운동).

w.long. (略) *w*est *long*itude.

W/M (略) *w*eight or *m*easurement.

Wm. (略) *W*illiam.

wmk. (略) *w*ater*m*ar*k*.

WMO (略) *W*orld *M*eteorological *O*rganization (《유엔》 세계 기상 기구).

W/N (略) *w*ell *n*ourished(영양 양호).

WNW (略) *w*est‑*n*orth*w*est.

wo¹ [wou] *n.* 《고어》 = woe.

wo², **woa** [wou] *interj.* = whoa.

W.O. (略) *w*ait *o*rder; *W*ar *O*ffice; *w*arrant *o*fficer.

w/o (略) *w*ithout; *w*ritten *o*ff.

woad [woud] *n.* **1** 《유럽산(産)의》 숭람. **2** Ⓤ 《그 잎에서 채취한》 청색 염료.

wob·ble [wάbl / wɔ́bl], (**wabble**) *v.* (**‑bled, ‑bling**) *vi.* **1** 흔들리다, 흔들흔들하다; 비틀거리다. ¶ This table *wobbles.* 이 탁자는 흔들흔들한다. **2** 《목소리 등이》 떨리다(tremble). ¶ His voice *wobbled.* 그의 목소리는 떨리고 있었다. **3** 《의견 등이》 흔들리다(waver); 갈팡질팡하다. ¶ I *wobbled* in my opinion. 나는 단안을 내릴 수가 없었다. — *vt.* **1** …을 흔들다, 흔들흔들하게 하다. **2** 《의견 등》을 흔들리게 하다. — *n.* 흔들거림, 비틀거림; 동요.

wob·bler [wάblər / wɔ́b‑], (**wabbler**) *n.* 비틀거리는 사람, 《생각 따위가》 갈팡질팡하는 사람.

wob·bling [wάbliŋ / wɔ́b‑], (**wabbling**) *adj.* 흔들거리는, 비틀거리는; 떨리는 듯한.

wob·bly [wάbli / wɔ́b‑], (**wabbly**) *adj.* (**‑bli·er, ‑bli·est**) 불안정한, 흔들리는(shaky).

Wob·bly [wάbli / wɔ́b‑] *n.* (*pl.* **‑blies**) 《때로 w‑》 《美구어》 세계 산업 노동 조합원(IWW)의 조합원; 노조의 주직책. [begone.

wo·be·gone [wóubigɔ̀ːn / ‑gɔ̀n] *adj.* 《고어》 = woe‑

WOC, W.O.C. (略) *w*ithout *c*ompensation.

Wo·den [wóudn] *n.* 보단(게르만 신화의 주신(主神). 북유럽 신화의 Odin에 해당한다).

‡**woe** [wou] *n.* **1** Ⓤ 비애, 비통, 고뇌. ⇨ SORROW 類語. ¶ a scene of *woe* 비통한 장면 / a tale of *woe* 슬픈 신세 타령. **2** (보통 ∼s) 재난, 화(calamity). 고생. ¶ tell all one's *woes* 고생한 이야기를 늘어놓다.

in weal and woe 기쁠 때나 괴로울 때나.

Woe [*be*] *to*…!; *Woe betide*…! …에게 재난이 있으라!, …에게 화가 미칠진저! ¶ *Woe betide* the man that violates this tomb! 이 무덤을 범하는 자에게 재앙이 있으라!

Woe is me! 아 슬프도다!

Woe worth…! …에게 재앙이 있으라! ¶ *Woe worth* the day! 오늘은 참으로 재수없는 날이구나!

◇ **wóeful** *adj.*

woe·be·gone [wóubigɔ̀ːn / ‑gɔ̀n] *adj.* **1** 슬픔에 잠긴, 수심에 가득 찬, 비통한. ¶ a *woebegone* face 우수에 젖은 얼굴. **2** 황량한. ¶ a *woebegone* village 황량한 마을.

***woe·ful** [wóufəl], (**wo·ful**) *adj.* **1** 슬픔에 가득 찬, 비참한, 애처로운(miserable), 불행한; 서글픈. ¶ *woeful* days 슬픈 나날 / a *woeful* song 구슬픈 노래. **2** 《익살》 지독한, 심한; 형편없는. ¶ a *woeful* collection of stamps 형편없는 우표 수집. **‑ly** [‑fəli] *adv.* **∼ness** *n.*

wog¹ [wag / wɔg] *n.* 《때로 W‑》 《경멸적》 인도나 중동 지방의 원주민; 피부가 거무스름한 외국인. [enza).

wog² [wag/wɔg] *n.* 《濠속어》 독감, 유행성 감기(influ‑

wok [wak] *n.* 《금속제의》 중화 요리 냄비.

‡**woke** [wouk] *v.* wake의 과거형.

wok·en [wóuk(ə)n] *v.* wake 의 과거 분사.

wold [would] *n.* 《英》 《나무가 나지 않는》 고원, 원야 (原野).

‡**wolf** [wulf] *n.* (*pl.* **wolves**) **1** 늑대; Ⓤ 늑대의 모피. ¶ [as] greedy as a *wolf* 늑대처럼 탐욕스러운. **2** [늑대처럼] 잔인(탐욕)한 인간. **3** 《구어》 호색한, 색마. **4** (the ∼) 심한 허기, 기아; 맹렬한 식욕. **5** 《곡물을 망치는 해충의》 유충. **6** 《음악》 울프음(곱) 《악기의 구조상, 또는 불완전한 조율로 인해 생기는 불쾌한 불협화음》. **7** (the W‑) 《천문》 이리좌(座) (Lupus).

cry wolf 거짓말을 전해 세상을 시끄럽게 하다 《← Aesop's Fables》.

have (or *hold, take*) *a wolf by the ears* 진퇴양난에 빠지다, 위험한 처지에 놓이다.

have a wolf in the stomach 몹시 허기지다, 몹시 시장기를 느끼다.

keep the wolf from [*the*] *door* 간신히 먹고 살다.

see (or *have seen*) *a wolf* 말문이 막히다.

wake a sleeping wolf 자는 범에 코침주다, 잠자는 늑대를 깨우다.

a wolf in a lamb's skin (or *sheep's clothing*) ⇨ LAMB.

The wolf is at the door. 굶주림에 허덕이다.

— *vt.* …을 게걸스럽게 먹다, 정신없이 먹다(…*down*). ¶ (∼+目+圖) *wolf down* scraps 음식 찌꺼기를 걸신들린 듯이 먹다. — *vi.* 늑대 사냥을 하다.

◇ **wólfish** *adj.*

wolf·ber·ry [wúlfbèri / ‑b(ə)ri] *n.* 《북미산(産)의》 인동과(科)의 관목.

wólf càll 《예쁜 여성을 희롱하는》 휘파람.

wólf cùb *n.* **1** 늑대 새끼. **2** 《英》 = cub scout.

wólf dòg *n.* **1** 늑대 사냥개; 《늑대의 습격을》 파수하는 개. **2** 늑대와 개의 교배에 의한 잡종. **3** 에스키모 개.

wolf·fish [wúlffìʃ] *n.* (*pl.* **‑fish** or **‑fish·es**) 《북대서양 산(産)의》 배도라치류의 물고기.

wolf·hound [wúlfhàund] *n.* 울프하운드(옛날의 늑대 사냥개).

wolf·ish [wúlfiʃ] *adj.* 늑대 같은; 잔인한, 탐욕스러운 (ravenous). **∼·ly** *adv.* **∼·ness** *n.*

wólf páck n. 이리 떼; 수송 선단을 공격하는 적의 잠수 함대; 소년 폭력단.
wolf-ram [wúlfrəm] n. ⓤ 1 [화학] 텅스텐[원자 기호 W]. 2 [광물] =wolframite.
wolf-ram-ite [wúlfrəmàit] n. ⓤ 철망간 중석.
wolfs-bane [wúlfsbèin] n. ⓤⓒ 바곳[뿌리에 맹독이 있음].
wólf whístle n. =wolf call.
wol-ver-ine [wùlvəríːn/⌢⌣⌢] n. 1 [족제비과 (科)에 속하는 미국산(産)의 오소리; ⓤ 그 모피. 2 (W-) (별명으로서) 미국 Michigan 주(Wolverine State)에서 출생한(사는) 사람.
Wólverine Státe n. (the~) 미국 Michigan 주의 별명.
‡**wolves** [wulvz] n. wolf 의 복수형.
WOM (略) [컴퓨터] write only memory.
‡**wom-an** [wúmən] n. (pl. **wom-en** [wímin]) 1 [어른이 된] 여자, 여성. cf. man, lady, girl ¶ a little woman 소녀／(부르는 말로) 아가씨／woman's (or women's) rights 여자의 권리, 여권／a woman with a past 과거가 있는 (흘러간 사연이 있는) 여자／make playthings of women 여자를 농락하다／There is a woman in it. 사건의 이면에는 그 여자가 있는 법이다. 2 (단수형으로 무관사)[집합적] 여성; 여자[라고 하는 것](womankind). cf. man ¶ woman's reason 여자의 이론[좋아하니까 좋아요라고 하는 식으로 사실 그 자체를 되풀이하기]／woman's wit 여자의 지혜[본능적인 통찰력]／Frailty, thy name is woman. 약한 자여, 그대 이름은 여자로다[← Shakespeare 작 Hamlet]. 3 (the ~) 여자다움, 여자 마음. ¶ the woman in her 그녀 속의 여자다움. 4 ¶ a woman 같은 남자, 연약한 사내. ¶ He is a woman in tenderness. 그는 여자처럼 상냥하다. 5 (주로 방언) 아내, 여편네(wife); 애인(sweetheart); 정부(情婦), 첩. 6 하녀, 가정부(housekeeper); (고어) 시녀, 나인. 7 (형용사적으로) 여자의, 여자다운(womanly); 여성의 (female). ¶ a woman doctor 여의사／woman students 여학생. 8 (복합어를 만들어) …나라의 여성; 여성…(* 직업 따위를 나타낸다). ¶ an English*woman* 영국 여성／a police*woman* 여자 경찰관.
born of woman 여성으로부터 태어난, 인간으로 태어난.
the little woman 《美속어》 아내.
make a woman of 《美》 ① …을 복종시키다. ② …게 여자가 할 일을 시키다.
make an honest woman of …을 정식 아내로 삼다, 본처로 삼다. 「(연약한) 사람.
old women of both sexes [남녀를 불문하고] 성가신
the other woman (기혼 남성의) 바람 상대, 정부(情婦).
play the woman 계집애 같은 짓을 하다.
to a woman 모든 여성, 모두가.
a woman of the streets 거리의 창녀, 매춘부.
a woman of the world 세정(世情)에 밝은 여자.
— vt. 1 (여자를) lady 라 부르지 않고 woman 이라 부르다. 2 (지위 따위)를 여자로 메우다, …에 여자를 배치하다. 3 …에게 여자답게 행동하게 하다.
◇ wómanlike, wómanlike, wómanly adj.; wómanize v.
wo/man [wúmən] n. 남자냐 여자냐(woman or man).
wóman cháser n. 여자 꽁무니만 쫓아다니는 사내, 바람둥이 사내.
wom-an-hat-er [wúmənhèitər] n. 여자를 싫어하는.
*wom-an-hood [wúmənhùd] n. ⓤ 1 여자임; 여자다움. cf. manhood ¶ late womanhood 여자의 만년／reach (or grow to) womanhood 성숙한 여자가 되다. 2 [집합적] 여자들, 여성, 부인계 (婦人界) (womankind). ¶ She is an honor to Korean womanhood. 그녀는 한국 여성의 명예이다.
wom-an-ish [wúmənij] adj. 1 여자 같은, 여자다운. ⇨ FEMALE 類語 2 여성에 적합한. 3 (경멸적) [사내가] 암띤, 연약한. **~-ly** adv. **~-ness** n.
wom-an-ize [wúmənàiz] v. 《英에서는 **wom-an-ise** 로도 쓴다》 v. (-**ized, -iz-ing**) vt. …을 여자로 만

들다, 계집애 같게 하다. — vi. 《구어》 여색에 빠지다.
wom-an-kind [wúmənkàind] n. ⓤ[집합적] 여자, 여성, 부인. cf. mankind ¶ one's womankind 한 집안의 여자들. 「⇨ FEMALE 類語」
wom-an-like [wúmənlàik] adj. 여자 같은, 여자다운.
*wom-an-ly [wúmənli] adj. (때로 -**li-er, -li-est**) (cf. manly) 1 여자다운, 여성적인, 여자에게 어울리는. ⇨ FEMALE 類語 ¶ womanly feeling (modesty) 여자다운 감정(다소곳함)／womanly advice 여성다운 조언. 2 성숙한 여성다운. ¶ a womanly figure 성숙한 여자로서의 자태. — adv. (고어) 여자답게, 여자에 어울리게.
wom-an-pow-er [wúmənpàuər] n. 우먼파워; 여성 노동력; 여성 해방을 위한 힘.
wóman's ríghts n. =women's rights.
wóman súffrage n. ⓤ 여성 참정권.
wom-an-suf-fra-gist [wúmənsʌ́frədʒist] n. 여성 참정권론자.
*wómb [wuːm] n. 1 자궁(uterus). 2 [비유적] [사물의] 발생·성장하는 장소; 요람기(infancy). 3 내부, 핵심(interior). ¶ the womb of the earth 지구의 내부.
from the womb to the tomb 요람에서 무덤까지.
fruit of the womb 아이(children).
in the womb of time 장래에[일어날], 때가 되면.
◇ enwómb v.
wom-bat [wámbæt／wɔ́mbət] n. 웜바트[곰 비슷하게 생긴 오스트레일리아산(産)의 유대(有袋) 동물].
‡**wom-en** [wímin] n. woman 의 복수형.
‡**wom-en-folk** [wíminfòuk], (때로 -**folks** [-fòuks]) n. pl. 여성, 부인(婦人). ¶ the (or one's) womenfolk 한 집안의 여자들.
wom-en-kind [wíminkàind] n. =womankind.
wómen's líb n. 《구어》 《경멸적》 ⓤ 우먼 리브, 여성해방 운동(women's liberation movement).
wómen's móvement n. 여권 운동(feminism), 여성 해방 운동.
wómen's ríghts n. pl. [참정권·재산권·지적 직업 등에서 남성과 동등한] 여성의 권리, 여권(woman's rights). 「[(ladies') room]. ¶ toilet
wómen's róom n. 《美》 여성용 (공중) 화장실
wómen's stúdies n. pl. 여성학, 여성 연구[여성의 역할에 관한 역사적·문화적 연구].
‡**won¹** [wʌn] v. win 의 과거·과거 분사.
won² [wʌn／wɔn] n. 원[한국의 통화 단위].
*wónder [wʌ́ndər] n. 1 놀랄만한 (이상한) 것 (사람, 사건); 경이의 대상), 기이한 광경. ¶ a linguistic wonder 어학의 천재／the Seven Wonders of the World 세계의 7대 불가사의／It is a wonder [that] (or The wonder is that) he was alive. 그가 살아 있다니 놀라울 일이다／A wonder lasts but nine days. (속담) 놀라움도 9일밖에 계속되지 않는다; 세상 소문도 오래가지 않는다. 2 ⓤ 놀라움, 경탄, 감탄. ¶ feel wonder 경탄하다／They were filled with wonder. 그들의 마음은 놀라움으로 가득 찼다.
3 기적(miracle); 놀라운 효과(효험, 성과). ¶ signs and wonders 신위(神威)의 표지와 기적. 4 (형용사적 용법) 놀라운, 경이로운(marvelous).
and no (or little) wonder; and what wonder 당연하다; 놀랄 것이 못되다. ¶ He refused it, and no wonder. 그가 거절한 것도 무리는 아니다.
do (or work, perform) wonders 기적을 행하다; 놀라운 일을 하다; (약 따위가) 놀랄 만큼 잘 듣다; 크게 성공하다.
for a wonder 《보통 비꼬아서》 놀랍게도, 이상하게도. ¶ You are punctual *for a wonder*. 네가 시간을 지키다니 놀랍구나.
in the name of wonder; 《구어》 *the wonder* (* what, who, how 따위와 더불어 부사적으로 써서 의문을 강조》 도대체. ¶ What *the wonder* (or *in the*

name of wonder) do you mean? 그것은 도대체 무슨 뜻이냐?
It is no wonder (or **No wonder**) [*that*]... …인 것은 조금도 이상하지 않다, 놀랄 일이 아니다. ¶ *It is no wonder* he has failed. 그가 실패한 것은 당연하다.
to a wonder 《고어》 이상할이만큼(wonderfully).
a nine days' wonder 반짝 인기의 것(사람), 화제가 되고 곧 잊혀지는 것(사람).
What wonder if (or *that*)...? …이라 할지라도 무엇이 이상하랴?, …인 것은 조금도 이상하지 않다.
— *vi.* **1** 이상하게 여기다, 놀라다(marvel) (*at*...). ¶ I shouldn't *wonder* if he fails in the examination. 그가 시험에 실패한다 해도 나는 놀라지 않는다 // (~+匣+图) I *wondered* at his calmness. 그의 침착성에는 놀랄 뿐이었다 / Can you *wonder* at it? = It's not to be *wondered at.* 그것은 조금도 이상하지 않다 // (~+to do) I *wondered* to see him there. 거기서 그를 만나 놀랐다. * be surprised to do 라고 하는 것이 보통.
2 의심하다, 수상하게 여기다(doubt) (*about*...). ¶ I believe he is an honest boy. I *wonder.* 나는 그를 정직한 소년으로 믿는데—글쎄 어떨까 // (~+匣+图) We *wondered about* (or *as to*) the truth of the news. 우리는 그 뉴스의 신빙성을 의심했다.
— *vt.* **1** …을 이상하게 여기다, …에 놀라다. (~+[*that*] 匣) I *wonder* you were able to escape. 도망칠 수 있었다니 놀랍군.
2 …이 아닐까(라고 생각하다), …을 알고 싶다[고 생각하다]. ¶ (~+wh. 匣) I *wonder who* that man is. 저 사람은 누구일까 / I *wonder what* happened. 도대체 무슨 일이 일어났을까 / I *wonder whether* (or *if*) it will rain tomorrow. 내일은 비가 올까 / I *wonder whether* (or *if*) I might (or could) trouble you to open the window. 죄송하지만, 창문을 열어주시겠습니까?(* 정중한 부탁을 나타낸다) // (~+wh. to do) I *wonder where* (*how*) to spend the holidays. 휴가를 어디서(어떻게) 보낼까.
 주의 wh. 匣이 선행하여, I wonder 가 독립적·부가적으로 쓰일 경우가 있다: How can that be, I *wonder*? = I *wonder how* that can be. 도대체 그러한 일이 있을 수 있을까?.
◇ wónderful, wónderous *adj.* ~ly *adv.*
wónder bòy *n.* 재능이 특출한 청년, 시대적 총아.
wónder chìld *n.* 신동(神童).   〔신약〕
wónder drùg *n.* 특효약; 〔항생제·설퍼제 따위의〕
won·der·er [wʌ́ndərər] *n.* 경탄하는 사람.
‡**won·der·ful** [wʌ́ndərfəl] *adj.* **1** 이상한, 놀랄 만한 (marvelous). ¶ a word too say 놀랍게도. **2** 〔구어〕훌륭한. ¶ a *wonderful* dinner (sermon, girl) 훌륭한 식사(설교, 소녀) / have a *wonderful* time [of it] 멋진 시간을 보내다. ~·**ly** [-fəli] *adv.* ~·**ness** *n.*
won·der·ing [wʌ́nd(ə)riŋ] *adj.* **1** 미심 쩍어 하는. **2** 이상하게 여기는, 놀라고 있는; 감탄(경탄) 한. ~·**ly** *adv.*
won·der·land [wʌ́ndərlæ̀nd] *n.* **1** ⓤⓒ 동화의 나라 (fairyland), 이상한 나라. **2** 멋진 고장(나라, 지방). ¶ a scenic *wonderland* 경치가 굉장한 좋은 곳.
won·der·ment [wʌ́ndərmənt] *n.* **1** ⓤ 놀라움, 경탄, 감탄. **2** 이상한 물건(일), 기이한 광경.
wónder métal *n.* 경이의 금속 〔가볍고 강한 티타늄이나 지르콘 등의 금속〕.   〔칭.
Wónder Státe [the ~]《미》 미국 Arkansas 주의 속
won·der·strick·en [wʌ́ndərstrìk(ə)n], **-struck** [-strʌ̀k] *adj.* 놀라움에 사로잡힌, 아연 실색한, 깜짝 놀란.
won·der·work [wʌ́ndərwə̀ːrk] *n.* 훌륭한 물건, 놀라운 일; 기적(miracle).
won·der·work·er [wʌ́ndərwə̀ːrkər] *n.* 기적을 행하는 사람; 요술쟁이.

*wondrous [wʌ́ndrəs] *adj.* 〔詩·문어〕 놀랄만한, 불가사의한(wonderful). ¶ a *wondrous* new way 놀랄 만한 새 방법. — *adv.* 〔고어〕 놀랄만큼, 매우. * 형용사에만 걸린다.
wonk [wɑŋk/wɔŋk] *n.* 〔속어〕공부 벌레, …광(狂); 샌님. ¶ a policy *wonk* 정책광.
wonk·ie [wʌ́ŋki/wɔ́ŋki] *n.* 〔속어〕= wonk.
wonk·y [wʌ́ŋki / wɔ́ŋ-] *adj.* 〔英속어〕**1** 흔들흔들하는(shaky). **2** 미덥지 않은(unreliable).
‡**wont** [wɔːnt, wount, wʌnt / wount] *adj.* 《서술 형용사》…에 익숙한, …하는 것이 예사인(accustomed, used) (* 보통 to·부정사를 수반한다). ¶ He slept longer than he was *wont.* 그는 평소보다 오래 잤다 / She was *wont* to rise early. 그녀는 일찍 일어나는 습관이 있었다. — *n.* ⓤ 습관, 관례(custom, habit); 풍습. ¶ use and *wont* 관습, 풍습 / It was his *wont* to sit up late. 밤중까지 일어나 있는 것이 그의 버릇이었다. — *v.* (**wont, wont** or **wont·ed, wont·ing**) 〔고어〕 *vt.* 《보통 수동형으로》 〔남〕을 […하는 데〕 익숙하게 하다. — *adj.* — *vi.* …하는 습관이 있다.
won't [wount, +美 wʌnt] will not 의 단축형.
wont·ed [wɔ́ːntid, wóunt-, wʌ́nt- / wóunt-] *adj.* **1** 익숙한, 길든(*to*...). ¶ The sheep *wonted* to the fold 우리에 길든 양. **2** 《한정용법》 여느 때와 같은, 예의 (usual). ¶ take one's *wonted* seat 여느 때와 같은 자리에 앉다. ~·**ly** *adv.* ~·**ness** *n.*
*woo [wuː] *vt.* **1** 〔여성〕에게 사랑을 구하다, 〔여성〕에게 접근하다, 구혼하다. **2** 〔재산·명예 따위〕을 얻으려고 애쓰다. ¶ *woo* reputation 명성을 얻고자 하다. **3** 〔행운·화 따위〕를 부르다. ¶ *woo* one's own ruin 자신의 파멸을 불러오다. **4** 〔남〕에게 간청하다, 조르다. (~+匣+to do) *woo* a person to go together 남에게 동행해 주도록 조르다. — *vi.* **1** 구애하다, 구혼하다. **2** 간청하다.
‡**wood** [wud] *n.* ⓤ 〔종류를 말할 때는 ⓒ〕 목재, 재목; 목질(木質). ¶ hard *wood* 단단한 재목 / a cottage made of *wood* 목조 별장 / Pine is a soft *wood.* 소나무는 연재(軟材)이다. **2** ⓤ 장작, 땔감(firewood). ¶ collect *wood* 장작을 모으다. **3** 〔보통 ~s로, 종종 단수 취급〕숲, 삼림. ~ FOREST 〔類語〕 ¶ a virgin *wood* 원시림 / a *wood* of beech 너도밤나무 숲 / There is a *woods* near the school. 학교 가까이에 숲이 있다. **4** [the ~] 〔s; (cask, barrel). *cf.* bottle ¶ beer from (in) the *wood* 통에서 따른(통에 담은) 맥주. **5** 목판, 판목 (wood block). **6** (the ~) 〔음악〕목관 악기; 〔집합적〕 〔악단의〕목관 악기부; 〔美〕 〔악단의〕목관 악기 연주자들. **7** 〔골프〕 우드 〔공 치는 부분이 나무로 된 클럽〕. *cf.* iron **8** 〔형용사적 용법〕 **a)** 목재의; 나무로 된(wooden); 〔끌 따위가〕 목재용의. **b)** 〔종종 ~s〕 숲에 사는, 숲에 나는. ¶ a *wood* bird 숲에 사는 새 / *woods* trails 숲의 오솔길.
cannot see the wood for the trees 나무만 보고 숲을 보지 못하다, 부분에 사로잡혀 대국(大局)을 보지 못하다.
go to the woods 사회적 지위를 잃다, 사회에서 추방되다.
out of the woods 〔英〕(the *wood*) 위기를 벗어나다.
saw wood 《美속어》 코를 골며 잠자다; 남에게 간섭하지 않다.   〔에서 물러나다.
take to the woods 《美구어》 숲속으로 달아나다; 관직
— *vt.* **1** …을 수목으로 덮다, …에 나무를 심다. **2** …에게 장작(목재)을 공급하다. — *vi.* 장작(목재)을 비축하다(*up*). ¶ *wood up* before winter comes 겨울이 오기 전에 장작을 비축하다.
◇ wóoden, wóody, wóodsy *adj.*
wóod àcid *n.* ⓤ 목초산(木醋酸), 목초.   〔of wood vinegar.
wóod àlcohòl *n.* ⓤ 메틸알코올, 목정(木精).
wóod anèmone *n.* 아네모네의 일종; 〔특히 유럽산〕(產) 바람꽃류(類)의 하나.
wood·bin [wúdbìn] *n.* 《美》 장작통(wood box).

wood·bine [wúdbàin], **(wood·bind** [-bàind]) *n.* 1 〔유럽산(産)의〕인동덩굴속(屬)의 식물. 2 《美》아메리카 담쟁이(Virginia creeper).

wóod blóck *n.* 목판(木版), 판목; 목판화(畵).

wood-block [wúdblàk / -blɔ̀k] *a.* 목판의, 목판으로 만든.

wood-carv·er [wúdkɑ̀ːrvər] *n.* 목각사(木刻師).

wóod cárving *n.* ⓤ ⓒ 목각, ⓤ 목각술(術).

wood-chat [wúdtʃæt] *n.* 〔새〕 1 〔유럽·아메리카 북부산(産)〕 때까치(shrike)의 일종. 2 《드물게》〔아시아산(産)〕 각종의 개똥지빠귀, 〔특히〕 쇠유리새속(屬)의 새의 총칭.

wood-chuck [wúdtʃʌk] *n.* 우드척〔북미산(産)의 마모트〕.

wóod cóal *n.* ⓤ 목탄(charcoal).

wood·cock [wúdkàk / -kɔ̀k] *n.* (*pl.* **-cocks** or **-cock**) 누른도요〔새 이름〕.

wood·craft [wúdkræ̀ft / -krɑ̀ːft] *n.* 1 삼림(森林) 기술〔특히 사냥·야영법 등〕. 2 삼림학. 3 목각〔술〕, 목공〔술〕.

wood·crafts·man [wúdkræ̀ftsmən / -krɑ̀ːfts-] *n.* (*pl.* **-men** [-mən]) 삼림 기술자; 목각사(師).

wood-cut [wúdkʌ̀t] *n.* 목판; 목판화.

*wood·cut·ter [wúdkʌ̀tər] *n.* 1 나무꾼. 2 목판사, 목판 조각가.

wood·cut·ting [wúdkʌ̀tiŋ] *n.* 벌목; 목판 조각.

*wood·ed [wúdid] *adj.* 1 숲이 많은, 수목이 우거진. 2 〔복합어를 만들어〕 목질이 …한. ¶ a hard-*wooded* tree 목질이 단단한 나무.

‡**wood·en** [wúdn] *adj.* 1 나무의, 나무로 만든, 목제의. ¶ a *wooden* house 목조 가옥. 2 무표정한, 활기 없는. ¶ a *wooden* face 무표정한 얼굴. 2 〔동작 따위가〕 부자연한, 어색한; 멋이 없는, 촌스러운. ¶ a *wooden* gait 어색한 걸음걸이. 4 얼빠진, 멍청한, 둔한. ¶ a *wooden* head 돌대가리. 5 〔결혼 등의〕 5주년의. ¶ the *wooden* wedding 목혼식(木婚式). ~·**ly** *adv.* ~·**ness** *n.*

wóod engráver *n.* 1 목판사, 목각사. 2 나무굼벵이.

wóod engráving *n.* ⓤ 목판〔술〕; ⓒ 목판화.

wood·en·head [wúdnhèd] *n.*《구어》얼간이, 얼뜨기.

wood·en·head·ed [wúdnhèdid] *adj.*《구어》얼간이 같은, 바보의, 얼뜨기의(stupid), 우둔한.

Wóoden Hórse *n.* = Trojan Horse.

wóoden Índian *n.* 《美》 1 인디언의 목각상(像)〔원래 담배 가게 앞에 세워 놓았다〕. 2 《구어》 등신, 무표정한 사람.

wóoden spóon *n.* (the ~)《英》최하위상, 부비상(booby prize), 〔일반적으로〕최하위, 〔<케임브리지 대학의 수학 시험에서 우등상 제 3위(최하위)의 학생에게 나무 스푼을 준 데서〕〔전함〕.

wóoden wálls *n. pl.* 나무 벽〔옛날의 국방용 목조선.

wood·en·ware[wúdnwɛ̀ər] *n.* ⓤ 목제품, 목재 기구.

wóod fíber (《英》**fíbre**) *n.* 〔특히 제지용의〕 목섬유.

wóod hýacinth *n.* 종 모양의 꽃이 피는 나리과(科)의 초본.

wóod íbis *n.* 〔북미산(産)〕 황새의 일종.

‡**wood·land** [wúdlənd, + -læ̀nd] *n.* ⓤ (또는 ~s) 삼림지(지대), 〔형용사적 용법〕삼림〔지대〕의, 숲속의. ¶ *woodland* scenery 삼림 풍경 / a *woodland* path 숲의 작은 길.

wood·land·er [wúdləndər] *n.* 숲에 사는 사람.

wood·lark [wúdlɑ̀ːrk] *n.* 〔유럽산(産)〕 종다리의 일종.

wood·less [wúdlis] *adj.* 재목이 없는; 수목이 없는.

wóod lót *n.* 식림지(植林地), 〔농장용으로의〕 숲.

wóod lóuse *n.* 등각류(等脚類)에 속하는 벌레〔쥐며느리·갯강구 등〕.

*wood·man [wúdmən] *n.* (*pl.* **-men** [-mən]) 1 나무꾼, 사냥꾼, 숲에서 사는 사람(woodsman). 2《英》임야 감독관, 산림 보호관.

wood·note [wúdnòut] *n.* (보통 ~s) 숲의 노래, 새의 노래; 소박한 노래, 기교없는 시(詩).

wóod nýmph *n.* 1 숲의 요정(dryad). 2 나방의 일종. 3〔중남미산(産)의〕벌새의 일종.

wóod óil *n.* ⓤ 동유(桐油).

wóod páper *n.* ⓤ 목재 펄프지(紙).

*wóod·peck·er [wúdpèkər] *n.* 딱다구리.

wóod pígeon *n.* 1 산비둘기. 2 = rock dove.

wood·pile [wúdpàil] *n.* 장작더미.

wóod púlp *n.* ⓤ 목재 펄프.

wóod pússy *n.*《美구어》〔동물〕 1 스컹크(skunk). 2 긴털족제비(polecat).

wóod rúff [wúdrʌ̀f, -rəf] *n.* 선갈퀴〔감상용 식물〕.

wóod rúsh *n.* 꿩의밥속(屬)의 식물〔벼과. 다년초〕.

wóods báthing *n.* 삼림욕(森林浴).

wood·shed [wúdʃèd] *n.* 장작 헛간. — *vi.* (**-shed·ded**, **-shed·ding**)《美속어》악기를 맹렬히 연습하다.

woods·man [wúdzmən] *n.* (*pl.* **-men** [-mən]) 1 숲에서 사는 사람. 2 나무꾼, 벌목하는 사람(lumberman). 3 사냥꾼.

wóod sórrel *n.* 괭이밥〔특히 애기괭이밥류의 흰 꽃이 피는 품종〕.

wóod spírit *n.* 1 ⓤ 메틸알코올. 2 숲의 요정.

woods·y [wúdzi] *adj.* (**woods·i·er, woods·i·est**)《美》숲의(같은), 〔특히 냄새가〕삼림 특유의.

wóod tár *n.* ⓤ 목(木) 타르〔목재의 방부제〕.

wóod thrúsh *n.* 〔북미 동부산(産)의〕 티티새의 일종.

wood·turn·er [wúdtə̀ːrnər] *n.* 목공 선반사.

wóod túrning *n.* ⓤ 선반으로 하는 목재 가공.

wóod vínegar *n.* ⓤ〔화학〕목초(木醋)〔목재를 건류(乾溜)해서 얻는다〕.

wood·wind [wúdwìnd] *n.* (= **wóodwìnd ìnstrument**)〔음악〕 1 목관 악기. 2 (~s)〔오케스트라의〕목관 악기부. — *adj.* 목관 악기의.

*wood·work [wúdwə̀ːrk] *n.* ⓤ 1 나무 세공, 목공 예품. 2〔집의 문짝·계단 따위의〕목조부.

wood·work·er [wúdwə̀ːrkər] *n.* 나무 세공사, 목수〔대목·소목 따위〕; 목공 기계.

wood·work·ing [wúdwə̀ːrkiŋ] *n.* ⓤ 나무 세공, 목공〔술〕. — *adj.* 목공용의.

wood·worm [wúdwə̀ːrm] *n.* 〔각종〕 나무좀.

*wood·y [wúdi] *adj.* (**wood·i·er, wood·i·est**) 1 수목이 많은, 숲이 많은. 2 나무의, 목질의. 3 나무와 비슷한.

woo·er [wú(ː)ər] *n.* 구혼자, 구애자.

woof [wu(ː)f / wuːf] *n.* 1〔직물의〕 씨〔실〕. cf. weft, warp 2 직물, 피륙, 천(texture).

woof·er [wúfər] *n.* 저음용 확성기(스피커). cf. tweeter

WOOFS (略) Well-off Old Folks(유복하게 지내는 고령자).

‡**wool** [wul] *n.* ⓤ 1 양모〔염소·라마·알파카 따위의 털도 포함된다〕. ¶ a *wool* merchant 양모 상인 / all *wool* 순모 / a sheep out of the *wool* 털을 깎인 양. 2 모직물, 모직 제품. ¶ wear *wool* 모직물을 입다. 3 털실(knitting wool). 4 양모 대용(유사)품, 인조 양모〔화학 섬유〕. ¶ glass (rock) *wool* 유리면(암면(岩綿)). 5 〔동물의〕북슬털; 〔모충·식물의〕솜털. 6 《구어》고수머리, 〔특히 흑인의〕곱수머리. 7 (the ~) 《비유적》〔진실을〕숨기는 것, 〔이해를〕방해하는 것.

against the wool ① 털을 곤두세워, 거꾸로. ② 성미에 맞지 않아.

all wool and a yard wide《美》흠잡을 데 없는, 완벽한.

dye in the wool ⇒ DYE.

go for wool and come home shorn 거꾸로 당하다,

혹 때러 갔다 혹 붙여 오다.
lose** one's **wool 《구어》 흥분하다, 성내다.
much cry and little wool ⇨ CRY.
pull the wool over** a person's **eyes 남의 눈을 속이다, 남을 속이다. ¶ It would take a pretty clever person to *pull the wool over* his *eyes*. 그를 속이려면 상당히 똑똑한 사람이 아니고서는 안 될 것이다.
◇ **wóol[l]en, wóolly** *adj.*　　　[하는 기계.
wóol còmber *n.* 양모에 빗질하는 사람, 양모 빗질
wool-dyed [wúldàid] *adj.* 1 [짜기 전에] 양모 그대로 물들인, 털을 물들인. 2 [사상 따위에] 일찍부터 물든, 철저한.
‡**wool·en, (주로 英) wool·len** [wúlən] *n.* 1 ⓤ 모사, 방모사(紡毛絲). 2 ⓤ [종류를 말할 때는 ⓒ] 모직물. ¶ dressed in *woolen* 모직물을 입고 있다 / Tweed is a popular *woolen*. 트위드는 인기 있는 모직물이다. 3 (~s) 모직 옷. ¶ baby *woolens* 어린애용 모직 옷.
— *adj.* 《한정 형용사》 양모의; 모직물의. ¶ *woolen* cloth 모직물/a *woolen* manufacturer 모직물 제조자.
wóol fàt *n.* ⓤ 양모지(脂), 라놀린(lanolin).
wool·fell [wúlfèl] *n.* 털이 붙은 그대로의 양가죽, 양모피.
wool·gath·er·ing [wúlgæ̀ð(ə)riŋ] *n.* ⓤ 1 부질없는 공상, 방심. 2 [털갈이 때의] 양모 모으기.　　— *adj.* 멍한, 방심한, 공상에 잠기는.　　　　　　　　[람.
wool·grow·er [wúlgròuər] *n.* 목양업자, 양치는 사
wool-hat [wúlhæt] *n.* [거센 털의] 펠트(felt) 모자.
wool·len [wúlən] *n., adj.* 《주로 英》 = woolen.
*****wool·ly** [wúli], **(wooly)** *adj.* **(-li·er, -li·est)** 1 양모의, 양모질의; 양모 모양의. ¶ a *woolly* coat 울(양모)옷 / *woolly* hair 텁수룩한 머리[털]. 2 양모로 덮인; 《동·식물》 [솜털] 융털[면]에 덮인. ¶ a *woolly* sheep 털이 많은 양. 3 《비유적》 희미한, 선명치 않은(vague). ¶ a *woolly* voice 선 목소리. 4 《美》 《옛날의 서부처럼》 활기에 찬, 거친. * 보통 wild and woolly 로 쓰인다.　　— *n.* (*pl.* **-lies**) 1 (보통 -lies) 《구어》 모직으로 만든 의류; (특히) 스웨터, 카디건(cardigan). 2 《美서부·濠》 양(sheep). **-li·ness** *n.*
◇ wool *n.*, wóol[l]en *adj., n.*
wóolly bèar *n.* 모충(毛蟲).
wool·ly-head·ed [wúlihèdid] *adj.* 1 양모 같은 머리털을 한, 고수머리의. 2 얼빠진, 멍한.
wool·man [wúlmən] *n.* (*pl.* **-men** [-mən]) 양모 상인.
wool·pack [wúlpæ̀k] *n.* 1 양모를 넣는 고리(부대); 양모 1짝[240파운드]. 2 [양모 모양의] 둥실둥실한 뭉게구름, 소나기 구름.
wool·sack [wúlsæ̀k] *n.* 1 양모 부대. 2 《英》 상원 의장(대법관)의 좌석이며 양모가 채워져 있는 다]; (the ~) 상원 의장(대법관)의 지위.
wool·sort·er [wúlsɔ̀ːrtər] *n.* 양모를 선별하는 사람.
wóol spònge *n.* 표면이 양모와 비슷한 시판되는 해면(Florida 와 서인도 제도산(産)].
wóol stàpler *n.* 양모 상인; 양모를 선별하는 사람.
Wool·wich [wúlidʒ, -tʃ +英 -lit] *n.* 《주로 London 동부의 자치 도시》 《육군 사관 학교·군수 공장 따위가 있다》.
wool·work [wúlwə̀ːrk] *n.* ⓤ 모사(毛絲) 세공(자수), 모사 제품.
wool·y [wúli] *adj.* **(wool·i·er, wool·i·est)**, *n.* (*pl.* **wool·i·es**) = woolly.
woon·erf [vɔ́ːnèrf] *n.* 본에르프 안전 도로 [네덜란드에서 보급되고 있는 주택가의 교통 계획]. [<D]
woop·ie, woop·y [wúpi] *n.* 《구어》 유복한 노인. [< well-off older people]
Wóop Wóop [wúːp-] *n.* (濠구어) 《익살》 촌구석, 오지(奧地). 가상의 땅.
wóotz stèel [wuːts-] *n.* 인도제 강철.
wooz·y [wúːzi] *adj.* **(wooz·i·er, wooz·i·est)** 《구어》 1 《술 따위로》 머리가 멍한, 2 기분이 좋지 않은, 기운이 없는. **wooz·i·ly** *adv.* **wooz·i·ness** *n.*

wop [wap/wɔp] *n.* 《때로 W-》 《경멸적》 [북미에 사는] 이탈리아인.
Wórcestershire (Wórcester) sàuce [wústərʃər-, -ʃər,] *n.* ⓤ 우스터 소스 (간장·식초·향료 따위가 원료]. [< Worcestershire 는 영국 서부의 주(州))
‡**word** [wəːrd] *n.* 1 낱말, 단어, 언어. ¶ a hard *word* 어려운 단어 / new *words* 새로운 단어, 신어 / the meaning of the *word* 그 낱말의 뜻 / a play upon *words* 신소리, 익살, 결말, 재담.
2 (종종 ~s) (입으로 말하는) 말, 발음(utterance). 이야기, 담화(speech); [행위 따위에 대한] 말. ¶ big *words* 허풍, 과장된 말 / fair (or fine, good) *words* 알랑거리는 말, 그럴듯하게 꾸며대는 말 / a man of few (many) *words* 말수가 적은[많은] 사람 / give a *word* of advice (warning) 한마디 충고(경고)하다 / give *words* to something 어떤 일을 말로 표현하다 / hang on a person's *words* 남의 말을 경청하다 / give a person a good *word* 칭찬하다 / put (or get) in a *word* 말 참견하다 / say a *word* against a person 남을 비난하다 / take [up] the *word* [남의 뒤를 받아] 말하기 시작하다 / express thoughts in *words*; put thoughts into *words* 사상을 말로 표현하다 / say in a few *words* 간단하게 말하다 / A *word* (or I want a *word*) with you. 잠깐 할 말이 있는데 / Mark my *words*. 내말 들어, 알겠니 / A *word* to the wise [is sufficient (or enough)]. 《속담》 현인에게는 한마디로 족하다, 하나를 들으면 열
3 (~s) 언쟁, 논쟁(quarrel, dispute) (with...). ¶ hard (or hot, sharp) *words* 격론 / come to high *words* 언쟁이 되다 / proceed from *words* to blows 언쟁이 주먹다짐으로 되다 / have *words* with a person about something 어떤 일로 남과 언쟁을 하다.
4 (one's ~) 약속(promise), 맹세하는 말(서언), 보증 (assurance). ¶ a man of his *word* 약속을 지키는 사람 / break (keep) one's *word* 약속을 어기다[지키다] / be better than one's *word* 약속 이상의 일을 하다 / My *word* upon it. 맹세코, 틀림없이 / You gave [me] your *word* for it. 약속했지 않았느냐.
5 (단수형으로, 보통 관사 없이) 기별, 소식, 뉴스(news), 전갈(message); 소문, 풍문(rumor). ¶ bring a person *word* 남에게 소식을 전하다 / leave *word* 전갈을 남기다 / *Word* came that she couldn't come. 그녀는 올 수 없다는 전갈이 있었다 / He sent me *word* of his new life (or [of] how he was leading a new life). 그는 자기의 새생활 소식을 보내왔다.
6 (보통 the ~, one's ~) 명령(command), 지시(order). ¶ His *word* is law. 그의 명령은 바로 법률이다 // He gave them the *word to* fire (or that they should fire). 그는 그들에게 발포하라는 명령을 내렸다.
7 (the ~) 암호말(password), 암호. ¶ demand the *word* 암호를 대라고 요구하다.
8 (~s) [곡에 대한] 가사; [연극]의 대사. ¶ a book of *words* 대본(臺本).
9 (the W-) 《신학》 [하나님의 말씀으로서의] 성서(Bible); [그리스도의 칭호로서의] 로고스, 하나님의 말씀(Logos); 복음(Gospel). ¶ the ministers of the *Word* 하나님 말씀의 봉사자, 성직자.
10 《고어》 속담(proverb); 좌우명, 표어(motto).
11 《컴퓨터》 워드(machine word).
at** a (or one) **word 한마디로, 말하자면. ¶ At *a word* he came to my room. 말하자마자 그는 내 방에 왔다. ② 간단히 말하면, 요컨대 (in a word).
be as good as** one's **word 약속을 지키다.
be not the word for it 적절한 말(표현)은 아니다.
by word of mouth 구두로(orally). *opp.* in writing
eat** one's **word 먼저 한 말을 취소하다. * 수동형으로 쓰지 않는다.
give a person** one's **word for (that) …을 (…이라고) 남에게 보증하다; 추천하다.

have a word with …와 잠깐 이야기를 하다; …에게 잔소리를 하다.
have no word for (or ***to do***) …을 표현할 방법이 없다.
have words with …와 언쟁(논쟁)하다. ⇒ n. 3.
in a (or ***one***) ***word*** 한마디로 말하면, 요컨대 (in other words 바꿔 말하면, 즉, short).
in so many words 분명히, 간결하게; 글자 그대로.
in word 입으로는, 말로는. opp. in deed ¶ He is honest *in word* and in deed. 그는 언행이 성실하다.
in words of one syllable 간단히(솔직이) 말하면.
the last word ① 최후의 말, 결정적인 말; 마지막 결론(on…). ¶ have *the last word* 논의에서 상대를 이기다; 마지막 대답을 내리다. ② (구어) 최신 유행의 것(in…). ¶ *the last word in* hats 최신형의 모자.
My word! 《놀람을 나타내어》 이런, 어머나, 정말, 이것 참, 뜻밖이네.
on (or ***upon***) ***one's word*** ① 맹세코, 확실히, 꼭. ② 《놀람을 나타내어》 이런, 어머나, 정말.
on (or ***with***) ***the word*** 그렇게 말하고 곧, 그렇게 말하자마자. ¶ *With the word*, he gave me the sack. 그는 그렇게 말하고 곧 나를 해고했다.
put in (or ***give, say, speak***) ***a good word for a person*** 남을 칭찬하다, 추천하다, 남을 위해서 한마디 거들다.
take a person at his word; take a person's word [***for it***] 남의 말을 그대로 믿다. ¶ I'll *take* your *word for it.* 너의 말을 믿겠다 / You can *take* my *word for it.* 내가 하는 말은 믿어도 좋다.
take the words out of a person's ***mouth*** ⇒ MOUTH.
weigh one's words 신중하여 말하다.(쓰다).
a word and a blow 말하기가 바쁘게 주먹질하기; 재빠른 행동.
a word in a person's ***ear*** 내밀한 말, 비밀 이야기.
word for (or ***by***) ***word*** 한마디 한마디, 축어적(逐語的)으로,(literally).
the Word of God 하나님의 말씀, 성서, 복음. ¶ preach *the Word of God* 하나님의 말씀을 설교하다, 복음을 전도하다.
— vt. …을 말로 표현하다, 말로 나타내다(express). ¶ *word* a speech address carefully 신중하게 연설할 말을 가리다.
◇ **wórdy** *adj.*

word·age [wə́ːrdidʒ] *n.* **1** 《집합적》 말(words). **2** 어휘, 어수(數). **3** 불필요한 수다. **4** 말의 선택, 표현, 말씨.
word-blind [wə́ːrdblàind] *adj.* 글자를 읽지 못하는, 실독증(失讀症)의.
word·book [wə́ːrdbùk] *n.* **1** 단어집, 사전. **2** 《가극의》 대본(libretto).
word-build·ing [wə́ːrdbìldiŋ] *n.* [U] 단어의 구성.
wórd clàss *n.* 〖문법〗 어류(語類), 품사(part of speech).
word-deaf [wə́ːrddèf] *adj.* 〖병리〗 어롱중(語聾症)의.
wórd élement *n.* 〖문법〗 말의 요소[연결형 따위].
wórd formátion *n.* [U] 〖문법〗 말의 형성, 조어법(造語法).
word-for-word [wə́ːrdfərwə́ːrd] *adj.* [번역 따위] 축어적인. ¶ a *word-for-word* translation 축역(縮譯).
word·ing [wə́ːrdiŋ] *n.* [U] 말씨, 용어(diction), 표현[법](phrasing).
***word·less** [wə́ːrdlis] *adj.* **1** 말 않는, 말 못하는; 과묵한, 말수가 적은. **2** 말로 나타낼 수 없는, 표현할 길이 없는. ~·ly *adv.*
word·lore [wə́ːrdlɔ̀ːr/-lɔ̀ː] *n.* **1** 단어와 그 어원의 연구. **2** [특정 언어의] 어휘와 그 역사.
wórd of commánd *n.* 구령, 지시. **2** 컴퓨터에 대한 지령.
word-of-mouth [wə́ːrdəvmáuθ] *adj.* 구두의(oral), 말로 전하는. ¶ *word-of-mouth* advertising 말로 전해서 하는 선전.

wórd òrder *n.* [U] 〖문법〗 어순(語順). [람.
wórd páinter *n.* [그림처럼] 생생한 글을 쓰는 사
wórd páinting *n.* [U] [그림처럼] 실황을 눈앞에 떠올릴 수 있게 하는 문장, 생생한 묘사(서술).
word-per·fect [wə́ːrdpə́ːrfikt] *adj.* 대사가 완전한.
wórd pícture *n.* = word painting.
wórd·play [wə́ːrdplèi] *n.* **1** 말다툼, 설전(舌戰). **2** 익살, 곁말, 재담, 교묘한 언사.
wórd procèssing *n.* 워드 프로세싱[word processor에 의한 서류(문서) 작성(처리), 略 WP].
wórd pròcessor *n.* 워드 프로세서[전용 장치 또는 컴퓨터용 소프트웨어]; 워드 프로세서에 사용자.
word·smith [wə́ːrdsmìθ] *n.* 말솜씨가 좋은 사람; 문장가; 카피라이터(copywriter).
wórd splítting *n.* [U] 말 뜻을 너무 세밀하게 구별하기, 말씨의 까다로움.
wórd squáre *n.* 정방형의 말의 배열[세로로 읽으나 가로로 읽으나 같은 말이 되도록 배열한 정방형의 어표(語表)].
wórd wàtcher (《英》 **word-watcher**) *n.* 언어의 관찰자, 언어의 수집가; (익살) 언어학자, 사전 편집자.

```
C R A B
R A R E
A R T S
B E S T
```
[word square]

word·y [wə́ːrdi] *adj.* (**word·i·er, word·i·est**) **1** (말수가) 많은, 다변의(verbose), 장황한. ¶ a *wordy* speaker 말수가 많은 말장이 / His style is too *wordy.* 그의 문체는 너무나 장황하다. **2** 말의, 말에 관한(verbal). ¶ *wordy* warfare 설전, 논쟁.
word·i·ly *adv.* **word·i·ness** *n.*
‡**wore** [wɔːr/wɔː] *v.* wear[1,2]의 과거형.
‡**work** [wəːrk] *n.* **1** [U] 일, 노동(labor); 노력, 공부, 과업(task); 작업(일)[의 양]. ¶ manual *work* 육체 노동 / a man of all *work* 만능가 / school *work* 학업 / fall (or get, go) to *work* 일에 착수하다 / do a person's dirty *work* for him 남의 부하가 되어서 일을 하다, 허드렛일을 하다 / after a day's *work* 하루의 일을 마치고 / through hard *work* 열심히 일하여 / be behind in (or with) one's *work* 일이 처지고 있다 / All *work* and no play makes Jack a dull boy. 《속담》 공부만 시키고 놀리지 않으면 바보가 된다; 놀 때는 놀고 공부할 때는 공부해라.
2 [U] [생활을 위한] 일, 일자리, 일터, 직(職), 직업. ⇒ OCCUPATION 類語 ¶ look for *work* 일자리를 찾다 / get (or find) *work* 일자리를 얻다 / be dismissed from *work* 해고당하다 / His *work* is welding. 그는 용접공이다 / What time do you go to [your] *work*? 몇 시에 일하러 가느냐?
3 (종종 ~s) 행위, 행동(deed), 소행, 짓(act); [U] 활동, 작용, 일(activity); 일하는 솜씨, 솜씨, 방법. ¶ mighty *works* 기적 / skillful *work* 능숙한 솜씨 / the *works* of God 하나님이 하신 일, 자연 / a man of good *works* 선행가(善行家).
4 [U] 세공;《집합적》 세공물, 공예품. ¶ a fine piece of *work* 아름다운 수예품.
5 [U] (종종 ~s) 일 [특히 바느질·편물 따위]; [일의] 재료, 도구. ¶ Bring your *work* to my room. 일감을 내방으로 가져오너라.
6 [문학·예술 따위의] 작품, 저작물, 제작품. ¶ literary *works* 문학 작품 / his latest *work* 그의 최신 작 / a man of art 예술 작품 / the *works* of Rodin 로댕의 작품 / a new *work* on English linguistics 영어학에 관한 새로운 저작 / a *work* in progress 집필(제작)중의 작품.
7 (~s) 〖기계의〗 움직이는 부분, 장치(mechanism); (익살) 내장(內臟). ¶ the *works* of a clock 시계의 장치(구조).
8 (~s) 《종종 단수 취급》《종종 복합어를 만들어》 공장(plant), 제작소. ¶ an ice *works* 제빙 공장 / The *works* is (or are) closed. 그 공장은 휴업하고 있다.

9 (~s) 토목(건축) 공사. ¶ public *works* 공공 토목 공사 / the Ministry of *Works* 《英》건설성(省). **10** (종종 ~s) 방어 공사, 보루(堡壘), 요새(要塞); [빌딩이나 다리 따위의] 건축물. **11** (~s) 전(全) 공정, [요리·미용 따위의] 전 코스; 부속품 일습; 도구(기구) 한 세트. ¶ a car with the whole *works* 부속품 일습이 딸린 자동차. **12** ⓤ[물리] 일, 작업량. ¶ [일, 선행, 공덕. **13** (~s) [신학] [신의 은총을 믿고 실행하는] 행위, [all] *in the day's work* 아주 당연한 [일]. ¶ We are always apart and take that *in the day's work*. 우리들은 언제나 따로 떨어져 있으나, 그것을 당연한 일로 생각하고 있다.
at work 일하는, 작업중인(working); 활동하는. ¶ The plant is *at full work*. 그 공장은 완전 가동중이다.
get the works 《美俗語》되게 혼나다, 얻어맞다, 심한 욕을 보다.   [다; 남을 죽이다.
give a person the works 《美俗語》남을 되게 혼내주
go to work ① 출근하다. ② 일자리를 잡다, 일을 시작하다.
gum (or *bung*) *up the works* 《美俗語》바보 같은 짓을 하다, 실수를 저지르다, 망쳐놓다.
have one's work cut out [*for one*] 힘에 겨운 일을 맡고 있다, 아주 바쁘다; [일을 마무리하는 데] 대단히 고생하다, 애먹다.
in the works 《구어》진행(준비)중인, 제작중인.
in work 일을 가지고 있는, 취직한; 손을 댄. ¶ He is *in regular* (*good*) *work*. 그는 일정한 (수입이 많은) 일을 가지고 있다.
make light (*hand*) *work of* (or *with*) …을 가볍게 (어렵지) 해치우다(생각하다).
make sad work of it 실수를 저지르다.
make short (or *quick*) *work of* (or *with*) …을 재빨리 해치우다, 간단히 처리하다.
off work [병 따위로] 일을 쉬고 있는, 결근하여.
out of (or *without*) *work* 실직한, 일이 없는.
shoot the works 《美俗語》전력(최선)을 다하다; 철저히 하다.
── v. (worked or 《古語》wrought, working) (* 이 특기한 경우에 한해서 wrought 는 오늘날에도 사용된다) *vi.* **1** 일하다, 작업을 하다(labor); 공부하다(*at*..). ¶ We *work* 35 hours a week. 우리들은 1주에 35시간 일한다 // (~+前+名) *work at* American history 미국 역사를 공부하다 / *work for* peace 평화를 위해서 일하다 / *work on* a case 사건을 조사하다 / It is difficult to *work with* him. 그와는 함께 일하기가 어렵다 // (~+前) *work away* (or *on*) all night 밤새워 일하다. **2** 근무하다, 일터로 나가다. ¶ He is not *working* now. 그는 지금 실직중에 있다 // (~+前+名) *work at* a small shop 작은 가게에서 일하다 / *work in* a bank 은행에 근무하다.
3 [기계 따위가] 움직이다, 작동하다(operate); [약 따위가] 작용하다, 듣다; [계획 따위가] 잘 되어 나가다. ¶ This watch is not *working*. 이 시계는 가고 있지 않다 // (~+前) The plan *worked* pretty well. 계획은 상당히 성공했다 // (~+前+名) Flattery will not *work with* her. 그녀에게 아첨해 보았자 효과가 없을 것이다. **4** [애써서 서서히] 나아가다, 움직이다; [항해] 돛배가 바람을 거슬러) 나아가다. ¶ (~+前+名) *work through* college 고생해서 대학을 나오다 // (~+前) We were compelled to *work back*. 우리들은 되돌아가 일할 수밖에 없었다.
5 [天 따위로] …이 되다. ¶ (~+前) The nails have *worked* loose. 못이 느슨해졌다 // (~+前+名) The wind *worked* round *to* the west. 풍향이 차차 서쪽으로 바뀌었다.
6 [얼굴 따위가] 실룩실룩 움직이다, 경련하다; [바다가] 심하게 파도치다; [항해] [선체가 사나운 파도에 시달려] 난항하다. ¶ (~+前+名) Her face *worked with* emotion. 그녀의 얼굴이 흥분해서 실룩거렸다.
7 세공하다, 세공되다, 다루어지다, 반죽되다. ¶ (~+前+名) *work in* bamboo 죽세공(竹細工)을 하다 // (~+前) The soft wood *works easily*. 무른 나무는 세공하기가 쉽다.
8 발효(醱酵)하다(ferment).
── *vt.* **1** [기계 따위를] 움직이다, 운전하다(operate). ¶ *work* a typewriter 타자기를 치다 / *work* one's fingers (jaws) 손가락(턱)을 움직이다.
2 [사람·소·말 따위를] 쓰다, 부리다, 일하게 하다. ¶ *work* one's employees hard 종업원을 혹사하다 // (~+前+名) *work* oneself *to* death 과로로 죽다 // (~+目+前+名) My mother *worked* herself ill. 어머니는 과로하여 병에 걸렸다.
3 (과거·과거 분사는 종종 **wrought**) [어떤 상태]를 일으키다, 가져오다, 초래하다; …에 [어떤 상태]를 가져오다. ¶ The storm *wrought* much damage. 폭풍우는 많은 피해를 가져왔다 // (~+目+前) He *worked* himself free of the ropes. 그는 묶였던 밧줄에서 빠져나왔다 // (~+目+前+名) *work* oneself *into* favor with a person 남에게 잘 보여 호감을 사다.
4 [계획 따위]를 실행하다, 실시하다. ¶ *work* a scheme 계획을 실행하다.
5 …을 경영하다, [집안일]을 처리하다; [토지]를 경작하다, [광산]을 파다. ¶ *work* a farm 농장을 경영하다.
6 [외판원 등이] [어떤 장소]를 활동 범위로 하다. ¶ a salesman who *works* that city 그 도시를 담당하고 있는 판매원.
7 …을 손보다, [가루]를 반죽하다, 개다, [쇠]를 단련하다. ¶ *work* dough (butter) 밀가루 반죽(버터)을 이기다.
8 (과거·과거 분사는 종종 **wrought**) …로 만들다 (...*into*), …으로 세공하다. ¶ a jewel wonderfully *wrought* 훌륭하게 세공된 보석 // (~+目+前+名) *work* clay *into* a pretty vase 찰흙을 이겨서 예쁜 꽃병을 만들다.
9 [애써서] …을 나아가다, [노력하여] …을 얻다. ¶ (~+目+前+名) *work* one's way *through* college 고생해서 대학을 나오다 / *work* oneself *into* a crowd 군중 속으로 간신히 끼어들다.
10 (과거·과거 분사는 종종 **wrought**) …에게 작용하다(influence), [작용하여] [남]을 설득하다, 움직이다, 꾀어내다. ¶ (~+目+前+名) *work* a person *to* one's will 남을 자기 뜻대로 움직이다 / *work* oneself *into* a rage 격노하다 / *work* an audience *into* enthusiasm 청중을 열광케 하다.
11 《구어》[약]을 속이다; [관계 따위]를 잘 이용하다. ¶ *work* one's connection 연고 관계를 이용하다 // (~+目+前+名) She *worked* her mother *for* a new dress. 그녀는 어머니에 아양을 떨어 새옷을 사게 했다.
12 …을 꿰매다, 짜다(weave), 뜨다, 자수(刺繡)하다. ¶ She *worked* a bag with a rose. =She *worked* a rose *on* a bag. 가방에 장미를 자수했다.   └수했다.
13 …을 발효시키다.
14 [나무]을 접목시키다(graft) (...*on*).
work against …에 반대하다; …에 불리하게 작용하다.
work at …에 종사하다; …에 관계하다; …을 공부하다.
work (*a*) *round to* ① …를 향해 서서히 움직이다. ② 《구어》어쩔 수 없이 맞부딪치다.
work away 계속 일하다, 열심히 노력하다(*at*...).
work double tides ⇨ TIDE.
work in (or *into*) ① [교묘히] …을 집어넣다, 끼우다(insert), 섞다; …에 끼어들다, 스며들다. ¶ *work in* a joke 농담을 삽입하다 / *work* one's foot *into* a boot 장화 속으로 발을 집어넣다. ② …을 위해서 [시간을] 내다. ¶ I'll *work* you in this afternoon. 오늘 오후 너를 위해서 시간을 내겠다.
work in with …와 조화하다, 협조하다. ¶ They *worked in with* one another. 그들은 서로 협력했다.

work it (or ***things***) 《속어》 [부정한 방법으로] 어떻게 해보다, 손을 쓰다; 잘 해내다.
work off ① […을 운동을 해서] [군살 따위를] 빼다, 없애다; [일해서] …을 끝내다, 마무르다. ¶ *work off* one's debt 벌어서 빚을 갚다. ② [분노 따위]를 발산하다. 풀다. ¶ He often *works off* his bad temper on his wife. 그는 아내 아내에게 화풀이를 한다. ③ [교묘하게] …을 억지로 시키다 (떠맡기다); 《구어》 《재귀용법》 …을 가장하다. ④ (*vi.*) [아픔 따위가] 차츰 가시다, 없어지다.
work on (or ***upon***) ① = *work away*. ② …에 효력 (효과)이 있다; …에게 작용하다, 설득하다 (persuade). ¶ I'll *work on* him. 그를 설득해 보겠다. ③ …에 착수하다, …을 연구하다.
work out ① [일]을 성취하다, 가져오다; [계획 따위]를 만들어내다. ② [문제 따위]를 풀다, 계산하다. ¶ *work out* a sum 합계를 내다. ③ (*vi.*) [금액 따위가] 총계 …로 되다 (*at*…); [문제 따위가] 풀리다. ¶ The cost *works out at* five dollars a head. 비용은 1인당 5달러가 된다. ④ [빚·벌금 따위를] [현금 아닌] 노역(勞役)으로 갚다. ⑤ [광산 따위]를 파 모조리 파다; [문제]를 낱낱 할 만큼 다 논하다. ⑥ (*vi.*) [서츠 따위가] 차츰 나오다. ⑦ (*vi.*) [계획 따위가] 효력을 내다; [사태 따위가] 결국 …으로 되다. ¶ a plan that will not *work out* 실효성이 없는 계획 / Things did not *work out* as we had expected. 일은 우리들이 생각했던 대로 되지 않았다. ⑧ [운동 경기]를 연습하다 (train); [헬스 클럽 따위에서] 운동하다, 몸을 가꾸다. ⑨《美구어》 타관에 가서 벌이를 한다.
work over ① …을 완전히 조사하다. ¶ *work over* many dictionaries 많은 사전을 철저히 살펴보다. ② 《美속어》 [자백시키기 위해서] [남]을 사정없이 때리다, 혼내주다. ③ …을 다시 만들다, 고쳐하다.
work up ① [노력하여 서서히] …을 만들어 내다, 쌓아 올리다. ¶ *work up* a high reputation 명성을 쌓아 올리다. ② (*vi.*) [애써서] 조금씩 나아가다, …로 되다 (*to*…). ¶ *work up* to a conclusion 차츰 결론에 도달하다 / He *worked up* to the senatorship. 그는 열심히 노력해서 상원 의원이 되었다. ③ (과거·과거 분사는 종종 *wrought*) …을 자극하다, 흥분시키다, 선동하다 (*into*…); [우호 관계 따위]를 육성하다. ¶ He was then *worked up*. 그때 그는 흥분하고 있었다 / *work up* an audience *into* enthusiasm 청중을 열광시키다. ④ …을 개다, 반죽하다, 쉬다. ⇨ *vt.* 7. ⑤ (과거·과거 분사는 종종 *wrought*) [재료]를 섞어서 만들어내다. ⇨ *vt.* 8. ⑥ [계획 따위]를 짜다, [이야기 따위의 줄거리]를 만들어내다. ⑦ [문제 따위]를 철저히 조사하다.
work with ① = *vi.* 1. ② …을 연구(작업) 대상으로 하다.

work·a·ble [wə́ːrkəbl] *adj.* **1** 운용(활용)할 수 있는, 운전할 수 있다, **2** [계획 따위]를 실행할 수 있는 (practicable). ¶ a *workable* plan 실행 가능한 계획. **3** [토지가] 경작 가능한, 경작에 알맞은, [광산 따위가] 채굴 가능한. ¶ 가공(세공)할 수 있다.
work·a·day [wə́ːrkədèi] *adj.* **1** 일하는 날의, 평상 일의. ¶ *workaday* clothes 평상복. **2** 평범한, 하찮은, 재미없는; 무미 건조한. ¶ this *workaday* world 이 평범한 세상.
work·a·hol·ic [wə̀ːrkəhɔ́ːlik, -hál- / -hɔ́l-] *n.* 지나치게 일하는 사람, 일벌레. ── *adj.* 일벌레의.
work·a·hol·ism [wə́ːrkəhɔ̀ːliz(ə)m, -hàl- / -hɔ̀l-] *n.* 일 중독, 지나치게 일하기.
work·bag [wə́ːrkbæ̀g] *n.* 작업 주머니, [특히] 반짇 [고리].
work·bas·ket [wə́ːrkbæ̀skit / -bàːs-] *n.* 작업 용구 바구니, [특히] 반짇고리. [세공대.
work·bench [wə́ːrkbèntʃ] *n.* [대목 따위의] 작업대.
work·boat [wə́ːrkbòut] *n.* 작업선, 공선(工船) [배양에 생선의 가공시설을 갖춘 어선].
work·book [wə́ːrkbùk] *n.* **1** [학습용의] 연습장, 워크북. **2** [일의] 규칙서, 규준서. **3** 작업 계획(기록)서.
work·box [wə́ːrkbɑ̀ks / -bɔ̀ks] *n.* 도구 상자, [특히] [반짇고리.
wórk cámp *n.* **1** 강제 노동 수용소. **2** [기독교 또는 다른 종교 단체의] 봉사 캠프.
wórk clóthes *n.* 작업복 (workwear).
work·day [wə́ːrkdèi] *n.* **1** 일하는 날, 취업일, 평일. **2** 하루의 노동 시간. ¶ a seven hour *workday* 1일 7시간의 노동 시간. ── *adj.* = workaday.
‡**work·er** [wə́ːrkər] *n.* **1** 일하는 사람, 작업 (공부) 하는 사람, 노동자, 노무자 (laborer); 세공장이, 장인(匠人), 직공, 공원. ¶ a hard *worker* 근면한 사람 / the *workers* 노동자 계급.
類語 worker 육체적·정신적임을 불문하고 일해서 생계를 유지하는 사람; 넓은 뜻으로는 손·두뇌를 써서 생산적인 일을 하는 사람. **workingman** 시간 (일, 주) 급료로 임금을 버는 노동자 계층의 한 사람. **workman** 보통은 손으로 하는 일에 종사하는 사람. **laborer** 기술보다는 체력을 필요로 하는 노동에 종사하는 사람. **2** [구소련에서의 농민과 군인 이외의] 일반 시민. **3** [곤충] 일개미; 일벌. **4** [인쇄] 전기판 (electrotype).
work·er-own·er [wə́ːrkəròunər] *n.* [특히 종업원 지주(持株) 제도 (ESOP)에 의한] 사원 주주.
wórker participàtion *n.* [기업 경영에의] 노동자 참가, 노사 협의제.
wórk éthics *n.* 노동 지상 주의; 노동 (작업) 윤리.
work·fare [wə́ːrkfɛ̀ər] *n.* 노동 복지 계획, 노동 후생 [일을 하거나 직업 훈련을 받는 조건으로 국가가 제공하는 복지 원조]. [<WORK+(WEL)FARE]
wórk fárm *n.* [미성년 범죄자·단기 수용 경범 죄수의] 작업 농장.
wórk fórce *n.* 노동 인구, 노동 인원 (인력).
wórk fúnction *n.* [물리] 작업 함수(函數).
work·horse [wə́ːrkhɔ̀ːrs] *n.* **1** [승마용·경마용에 대하여] 짐말, 일말, 사역마. **2** 부지런히 일하는 사람, 내구력이 있는 기계 (차).
work·house [wə́ːrkhàus] *n.* (*pl.* **-hous·es** [-hàuziz]) **1** 《美》 감화원. **2** 《英》 구빈원 (救貧院).
work-in [wə́ːrkìn] *n.* [일을 통해서 전개하는] 반전 (反戰)·반체제 운동.
‡**work·ing** [wə́ːrkiŋ] *n.* ① ⓒ 일, 작용, 활동. ¶ the *working* of one's fancy 상상력의 작용. **2** ⓤ 조작, 운전, 운용, 운영. ¶ the *working* of a machine 기계의 운전 / the *working* of a company 회사의 운영. **3** ⓤ ⓒ 제작, 세공 과정. **4** ⓤ [문제의] 해결, 계산. **5** [흔히 ~s] [광산 따위의] 현장, 채굴 갱. **6** ⓤ [효모 따위의] 발효 [작용]. **7** ⓤ [노력하여] 차츰 나아가기. **8** ⓤ [얼굴·손·발 따위의] 실룩거림, 경련. ── *adj.* **1** 일하는, 작업을 하는, 노동에 종사하는. ¶ the *working* population 취업 인구 / a *working* plan 작업 계획 / *working* hours 취업 시간. **2** 실무의, 경영의, 운영상의. ¶ a *working* committee 운영 위원회 / *working* expenses 운영비. **3** 실제로 도움이 되는, 작용하는. ¶ the *working* knowledge of French 프랑스어의 실용적인 지식. **4** [얼굴·손·발 따위가] 경련을 일으키는, 실룩실룩 움직이는.
wórking cápital *n.* ⓤ **1** 운전 자금, 영업 자본. **2** [회계] [자산에서 부채를 뺀] 실제 운전 자본, 순운전 자금. **3** [경영] 유동 자본 (liquid capital). *cf.* fixed capital.
wórking cláss *n.* 노동자 계급.
wórk·ing-class [wə́ːrkiŋklæ̀s / -klɑ̀ːs] *adj.* 노동자의.
wórking cóuple *n.* 맞벌이 부부. [계급의.
wórking dáy *n.* **1** [1일의] 노동 시간수, 근무 시간수. ¶ a *working day* of eight hours 하루 8시간 노동. **2** 일하는 날, 취업일 (workday).
wórk·ing-day [wə́ːrkiŋdèi] *adj.* = workaday 1.
wórking dínner *n.* [일을 화제로 하는] 실무 만찬.
wórking dráwing *n.* [공사의] 시공도 (施工圖); [기계의] 공작도.

wórking gròup *n.* =working party.
wórking hypóthesis *n.* 작업 가설(假說).
wórk·ing-lev·el [wɔ́ːrkiŋlév(ə)l] *adj.* 실무적인, 실무[담당자] 차원의.
***wórk·ing·man** [wɔ́ːrkiŋmən] *n.* (*pl.* **-men** [-mən]) 노동자, 공원, 장인, 직공. ⇨ WORKER 類語
wórking mèmory *n.* 〔컴퓨터〕계산 도중의 결과를 고속으로 기억하는 장치.
wórking mòdel *n.* 〔실물과 같은 작용을 하는〕운전 모형.
wórking mòther *n.* 직업을 가진 어머니.
wórking òrder *n.* 〔기계 따위가〕 정상적으로 작동하는 상태; 호조(好調), 순조로움.
wórking òut *n.* U 1 산출. 2 세부의 마무리.
wórking pàpers *n. pl.* 〔美〕〔미성년자 등의〕취로 증명서.
wórking pàrty *n.* 1 작업반. 2 실무 작업팀; 분과회, 분임조. 3 〔英〕노사(勞使) 공동 위원회.
wórkig sátellite *n.* 실용 위성.
wórking stréss *n.* 〔기계〕 사용 응력(應力).
wórking wèek *n.* =workweek.
wórk·ing·wom·an [wɔ́ːrkiŋwùmən] *n.* (*pl.* **-wom·en** [-wìmin]) 여성 노동자, 여자 공원.
wórk ìsland *n.* 워크 아일랜드〔한 프로젝트를 위해 각자가 자주적으로 일을 수행하는 근로자 그룹〕.
work·less [wɔ́ːrklis] *adj.* 일이 없는, 실직중의; (the ~) 〔명사적 용법〕〔집합적〕실업자.
work·load [wɔ́ːrklòud] *n.* 일의 분량(부담량).
‡**work·man** [wɔ́ːrkmən] *n.* (*pl.* **-men** [-mən]) 1 손으로 일하는 사람, 직공, 장인, 공원(匠人). ⇨ WORKER 類語 / a skilled *workman* 숙련공 / An ill *workman* quarrels with his tools. 〔속담〕서투른 장인이 연장 푸념한다; 서투른 무당이 장구만 나무란다. 2 노동자, 일하는 사람. ¶ a *workman* on a railway 철도원.
work·man·like [wɔ́ːrkmənlàik] *adj.* 1 직공다운, 직공 기질이 있는. 2 일 잘하는, 솜씨 있는(skillful). 3 《종종 경멸적》기교에 치우치는.
work·man·ly [wɔ́ːrkmənli] *adj.* =workmanlike.
— *adv.* 장인답게, 솜씨 있게.
*****work·man·ship** [wɔ́ːrkmənʃip] *n.* U 1 〔직공의〕솜씨, 기량, 기교. 2 〔제품의〕만듦새, 완성된 품, 솜씨. ¶ be of good *workmanship* 좋은 솜씨다. 3 세공, 작품.
wórkmen's còmpensátion *n.* U 산업 재해 보상, 산재 수당.
*****work·out** [wɔ́ːrkàut] *n.* 1 〔경영〕기업 개선〔가치 회생〕작업. 2 〔운동 경기의〕 연습, 트레이닝, 연습 시합; 〔일반적으로〕헬스 클럽 따위에서의 운동, 몸매 가꾸기. 3 힘든(지치는) 일. 4 《美속어》때려눕힘.
work·peo·ple [wɔ́ːrkpìːpl] *n. pl.* 〔주로 英〕노동자, 공원(workers).
work·piece [wɔ́ːrkpìːs] *n.* 연장(기계)으로 하는 일.
work·place [wɔ́ːrkplèis] *n.* 일터, 작업장.
wórk reléase *n.* 노동 석방〔수형자를 매일 노동에 내보내는 갱생 제도〕.
work·room [wɔ́ːrkrù(ː)m] *n.* 일하는 방, 작업실.
wórks còuncil *n.* 〔英〕 공장(노사) 협의회.
work·shad·ow·ing [wɔ́ːrkʃædouiŋ] *n.* 작업 관찰〔교육·연구를 목적으로 노동자들을 관찰하는 일〕.
work-shar·ing [wɔ́ːrkʃɛ̀əriŋ] *n.* 워크셰어링〔작업을 전원이 나누어 함으로써 노동시간을 단축하는 길이 실업자를 줄이는 노동관리 형태〕. [표(試算表)]
wórk shèet *n.* 작업표; 연습 문제 용지; 〔회계〕 시산
*****work·shop** [wɔ́ːrkʃɑ̀p / -ʃɔ̀p] *n.* 1 일터, 작업장, 공장. 2 〔美〕강습회, 연구회; 〔공부하기 위한〕 합숙소.
work-shy [wɔ́ːrkʃài] *adj.* 일하기 싫어하는(lazy).
wórks mànager *n.* 공장 주임, 공장 지배인.
wórk sòng *n.* 노동가(歌).
work·space [wɔ́ːrkspèis] *n.* 〔컴퓨터〕 워크스페이스 〔데이터를 일시 보관해두기 위한 메모리내의 영역〕.
work·sta·tion [wɔ́ːrkstèiʃən] *n.* 1 작업하기 위한 장소(자리). 2 〔컴퓨터〕 워크 스테이션〔정보 처리 시스템에 연결되어 있으면서 독자적으로도 정보 처리가 가능한 단말 장치〕.
wórk stóppage *n.* 〔노동자의 집단적인〕 작업 정지.
work-study [wɔ́ːrkstʌ̀di] *n.* U 〔생산 능률을 향상을 위한〕 노동 조건의 조사. 〔린〕재봉대.
work·ta·ble [wɔ́ːrktèibl] *n.* 작업대. 〔영〕〔노동〕 정
work-to-hours [wɔ́ːrktəáuərz] *n.* 규 근무 시간만 일을 하고 귀가하는 근무 태도.
work-to-rule [wɔ́ːrktəru:l] *n.* U 준법 투쟁.
wórk tràin *n.* 〔철도〕 선로 보수반차.
work·up [wɔ́ːrkʌ̀p] *n.* 1 〔의학〕 워크업〔정확한 진단을 내리기 위한 정밀 검사〕. 2 〔인쇄〕〔인쇄면에 나타난〕 오점, 얼룩.
work·wear [wɔ́ːrkwɛ̀ər] *n.* 작업복. 〔수〕
work·week [wɔ́ːrkwì:k] *n.* 1주(週) 노동 시간(일
work·wom·an [wɔ́ːrkwùmən] *n.* (*pl.* **-wom·en** [-wìmin]) 여성 노동자, 여자 공원.

‡**world** [wəːrld] *n.* (보통 the ~) 1 세계, 지구. ⇨ EARTH 類語 ¶ go [a]round the *world* 세계를 일주하다 / all over the *world*; [all] the *world* over; throughout the *world* 세계 도처에서.
2 [특정한 시대·지역의] 세계. ¶ the New (the Old) *World* 신(구)세계 / the ancient *world* 고대의 세계.
3 인류, 인간; [세상] 사람들, 세인(世人). ¶ the opinion of the *world* 여론.
4 세상, 사회, 세상 물정, 세상 풍습(관례). ¶ the *world*, the flesh, the devil [이 세상의 유혹으로서의] 명리(名利), 육욕, 사심(邪心) / a man of the *world* 세정에 밝은 사람 / above the *world* 속세를 초월하여 / after the *world* 세상 풍조에 따라 / as the *world* goes 세상 사람들처럼 그저 보통으로 말하면 / enter the *world* 태어나다 / forsake (or shut out) the *world* 세상을 버리다 / get on in the *world* 출세하다 / get up in the *world* 사회적인 지위가 향상되다 / know the *world* 세정에 밝다 / see the *world* 세상을 알다 / The *world* goes very well with me. 만사 잘 돼나가고 있다 / How goes the *world*? 어떻게 지내십니까?
5 [집단으로서의] 세계, …계(界); 상류 사회, 사교계. ¶ the academic *world* 학계 / the woman's *world* 여성계 / the fashionable *world*; the great *world* 사교계.
6 [자연계 각 부문으로서의] 계(界) (kingdom). ¶ the animal (the vegetable) *world* 동물(식물)계.
7 이승, 저승, 현세, 이 세상. ¶ this *world* 이승 / another *world*; the *world* to come 저승 / the *world* above 하늘 나라 / the lower *world* 지옥; [천국에 대한] 지상(地上) / the prince of the *world* 악마 / go to a better *world* 타계(他界)하다 / too good for this *world* 이 세상의 것으로는 생각할 수 없을만큼 좋은.
8 대세계, 천지, 우주(universe); 갖가지 것, 삼라만상 (森羅萬象). ¶ the creation of the *world* 천지 창조.
9 [지구를 닮은] 천체, 별의 세계.
10 (a *world* 또는 *worlds* of 의 형으로) 무한(無限), 다수, 다량, 넓은 범위. ¶ do *worlds* (or a *world*) of good 많은 선행(善行)을 하다 / It cost me a [whole] *world* of trouble. 내게는 아주 골칫거리였다.
all the *world* ① 전세계. ② 모든 것, 귀중한 보배. ¶ She is *all the world* to me. 나에게는 그녀가 전부다.
all the *world* and his wife 〔익살〕 누구나 다, **before the *world*** 공공연히.
begin the *world*; go out into the *world* 사회에 나아가다, 실사회에 진출하다 (to).
bring ... into the *world* [아이]를 낳다 (give birth
carry the *world* before 〔구어〕 곧 대성공을 거두다.
come into the *world* 태어나다 / [책이] 출판되다.
for all the *world*; for the [whole] *world* ① 〔부정문에서〕 결코, 무슨 일이 있어도. ¶ I wouldn't do it *for all the world*. 나는 절대로 그런 일은 하지 않겠다.
② 꼭, 아주. ¶ He looks *for all the world* like his

brother. 그는 어느 모로 보나 형을 꼭 닮았다.
give worlds (or *the world*) 《구어》 […을 위해서라면] 어떤 일도 서슴치 않는다.
have the world before one 양양한 전도가 있다.
in the world ① 온 세상에. ② 《의문을 강조해서》 도대체, 대관절. ¶ What *in the world* does he mean? 도대체 그는 무슨 말을 하려는 거지? ③ 《부정을 강조해서》 전혀, 조금도. ¶ They never *in the world* would believe you. 모두가 너를 조금도 믿으려 들지 않을 것이다.
It's a small world. 《구어》 넓고도 좁은게 세상이다, 세상 참 좁다.
make a noise in the world ⇨ NOISE.
make the best of both worlds 이해가 상반되는 두 가지 일의 일치를 꾀하다.
on top of the world ⇨ TOP¹.
out of this world 《美구어》 월등히 좋은, 아주 멋진.
set the world on fire 《보통 부정문에서》 눈부신 성공을 거두다, 크게 출세하다.
set the world to rights 《구어》 천하를 논하다, 호언 장담하다.
think the world of …을 대단히 소중히 여기다 (칭찬하다). ¶ He *thinks the world of* his secretary. 그는 자기의 비서를 높이 평가하고 있다.
to the world 《속어》 전혀, 아주.
to the world's end ① 세계의 끝까지. ② 세상이 다할 [때까지].
worlds apart 《구어》 전혀 다른.
world without end 영원히, 영원한.
◇ wórldly, wórldwide *adj.*

World Bánk *n.* (the ~) 세계 은행 [정식 명칭은 the International Bank for Reconstruction and Development (국제 부흥 개발 은행)]. ⇨ IBRD.
world-beat-er [wə́ːrldbìːtər] *n.* 《美구어》 크게 성공한 사람; 큰 성공이 기대되는 사람. [개량안].
World Cálendar *n.* (the ~) 세계력 [태양력의]
wórld cár *n.* 월드카 [전세계 시장으로 보급하기 위한 경량의 소형 자동차]. [교회 협의회.
World Cóuncil of Chúrches *n.* (the~) 세계
World Cóurt *n.* (the ~) 국제 사법 재판소 [정식 명칭은 the Permanent Court of International Justice].
World Cúp *n.* (the ~) **1** 《축구》 월드컵 세계 축구 선수권 대회 [1930년에 창시되어 4년마다 개최]; 그 우승배. **2** 《골프》 1953년에 창시된 세계 각국 대항 골프 대회. **3** 기타 스포츠에서의 세계 선수권 시합.
wórld fáir (expositíon) *n.* 세계 박람회. [명한.
world-fa·mous [wə́ːrldféiməs] *adj.* 세계적으로 유
wórld féderalism *n.* ⓤ 세계 연방주의.
wórld féderalist *n.* 세계 연방주의자.
World Fóod Cóuncil *n.* (the~) 〔유엔〕 세계 식량 이사회.
World Gámes *n.pl.* 월드 게임, 세계 경기 대회 [1980년에 올림픽 비(非) 경기 종목을 대상으로 1981년 제1회 대회 이후 4년마다 개최].
World Ísland *n.* (the ~) 세계도(島) [아시아·유럽·아프리카의 총칭].
wórld lánguage *n.* 세계어, 국제어.
world·li·ness [wə́ːrldlinis] *n.* ⓤ 속됨; 속심 (俗心).
world·ling [wə́ːrldliŋ] *n.* 속인, 속물. [속취 (俗臭).
‡**world·ly** [wə́ːrldli] *adj.* (-li·er, -li·est) ① 이 세상의, 속세의, 세속의; 세속적인. ¶ 현세(現世)의 이익 (名利)을 추구하는, 속된. *opp.* spiritual ⇨ EARTHLY〔類語〕 ¶ *worldly* cares 속사 (俗事) / *worldly* wisdom 세속의 지혜, 세재(世才) / *worldly* ambitions 세속적인 야심 / a *worldly* man 속인. — *adv.* 세속적으로.
world·ly-mind·ed [wə́ːrldlimáindid] *adj.* 세속적인, 명리를 쫓는, 속물 근성의. —**ness** *n.*
world·ly-wise [wə́ːrldliwáiz] *adj.* 세상 물정에 밝은, 처세에 능한.
wórld músic (béat) *n.* 월드 뮤직 [세계 각 지역의,

특히 제3세계의 민족 음악을 배합한 대중 음악].
wórld pówer *n.* 세계적인 강국.
Wórld(Wórld's) Séries, wórld séries *n.* 월드 시리즈 [전(全) 미국 프로 야구 선수권 대회]
wórld's fáir *n.* = world fair. [하는; 중대한.
world-shak·ing [wə́ːrldʃèikiŋ] *adj.* 세계를 놀라게
Wórld Tráde Cénter *n.* 세계 무역 센터 [New York 시에 있는 110층 건물].
wórld víew *n.* 세계관.
wórld wár *n.* 세계 대전.
Wórld Wár I [-wán] *n.* 제1차 세계 대전 (1914-18).
Wórld Wár II [-túː] *n.* 제2차 세계 대전 (1939-45).
world-wea·ry [wə́ːrldwì(ː)ri / -wìəri] *adj.* 세상이 싫어진, 염세적인.
‡**world-wide** [wə́ːrldwáid] *adj.* 세계적인, 세계 속의, 세계 속에 퍼진. ¶ *world-wide* fame 세계적인 명성.
Wórld Wíde Wéb *n.* 〔컴퓨터〕 월드 와이드 웹, 웹 [Internet의 멀티미디어 정보 검색 서비스로 명령어가 그림으로 되어 있는 윈도 환경에서 mouse 를 눌러 원하는 정보를 문자, 음성, 그래픽, 비디오로 찾아볼 수 있다; 略 WWW].
‡**worm** [wəːrm] *n.* **1** 벌레 [연하고 발이 없으며 가느다란 것. 지렁이·회충·모충 따위]. ¶ have *worms* 회충이 있다 / Even a *worm* will turn. = Tread on a *worm* and it will turn. 《속담》 지렁이도 밟으면 꿈틀한다 / The early bird catches the *worm*. 《속담》 새도 일찍 일어나는 놈이 벌레를 잡는다. **2** 《동작·외관 따위가》 벌레 비슷한 것. **3** 〔비유적〕 벌레 같은 한심스러운 인간, 가련한 인간. **4** 〔증류기의〕 나선관(管); 나선 모양의 것. **5** 〔기계〕 웜 톱니바퀴를 움직이는 나선형 나사; 나사의 산. **6** 마음을 좀먹는 것, 고통, 고뇌. ¶ the *worm* of conscience 양심의 가책. **7** (~s) 〔단수 취급〕 〔병리〕 기생충병. **8** (~s) 〔복수 취급〕 〔야금〕 〔금속 표면에 보이는〕 물결무늬; 금이 간 곳.
be (or *become*) *food for worms* 벌레들의 먹이가 되다, 죽다.
I am a worm. 기분이 좋지 않다, 기운이 없다.
— *vi.* **1** 〔벌레처럼〕 천천히 나아가다, 몰래 나아가다, 기다 (creep). **2** 교묘히 비위를 맞추다 (*into*...). ¶ (~+前+囹) He *wormed into* his teacher's favor. 그는 교묘히 비위를 맞추어서 선생님의 마음에 들게 되었다. **3** 〔야금〕 〔금속·도자기 따위〕 표면에 금이 생기다.
— *vt.* **1** …을 천천히 나아가게 하다; …을 점점 들어가게 하다. ¶ (~+囹+前+囹) *worm* one's way out of a crowd 군중 속에서 빠져나오다 / She *wormed* herself *into* his confidence. 그녀는 교묘히 비위를 맞추어 그의 신뢰를 얻었다. **2** 〔비밀 따위〕 를 교묘히 캐내다. ¶ (~+囹+前+囹) *worm* a secret *out of* (or *from*) a person 남에게서 비밀을 캐내다. **3** 〔체내〕 에서 기생충을 구제하다, …의 벌레를 없애다. ¶ *worm* a dog 개의 벌레를 구제하다.
◇ wórmy *adj.*
worm-cast [wə́ːrmkæ̀st / -kàːst] *n.* 지렁이 똥.
worm-eat·en [wə́ːrmìːt(ə)n] *adj.* **1** 벌레 먹은. **2** 낡아빠진, 케케묵은, 완전히 썩어버린 (decayed).
worm·er [wə́ːrmər] *n.* 구충제.
wórm fénce *n.* = snake fence.
wórm físhing *n.* 지렁이 미끼의 낚시질.
wórm géar *n.* 〔기계〕 **1** = worm wheel. **2** 윔 기어 [웜과 웜 톱니바퀴로 된 전동 장치].
worm·hole [wə́ːrmhòul] *n.* 〔종이나 목재의〕 벌레 구멍.
worm·seed [wə́ːrmsìːd] *n.* ⓒⓤ 셈멘시나 〔식물〕; 그 꽃봉오리 〔구충제〕.
wórm whéel *n.* 〔기계〕 웜 톱니바퀴.

[worm gear 2]

worm·wood [wə́ːrmwùd] *n.* **1** 쑥속(屬). **2** 고뇌.

worm·y [wə́ːrmi] *adj.* (**worm·i·er, worm·i·est**) **1** 벌레가 뀐, 벌레로 못쓰게 된. ¶ a *wormy* apple 벌레 먹은 사과. **2** 벌레 같은(wormlike); 한심스러운, 비굴한, 천한(low). **worm·i·ness** *n.*

‡**worn** [wɔːrn / wɔːn] *v.* wear 의 과거 분사.
— *adj.* **1** [입어, 써서] 낡은; 닳아 해진. ¶ *worn* clothing 헌 옷. **2** 지친, 여윈, 수척한(wearied).

*****worn-out** [wɔ́ːrnáut / wɔ́ːn-] *adj.* **1** 닳아 해진, 써서 낡은, 헌. ¶ an old *worn-out* suit 낡아빠진 헌 양복. **2** 지친, 녹초가 된(exhausted). **3** 진부한, 흔해빠진. ¶ a *worn-out* joke 진부한 농담.

*****wor·ried** [wə́ːrid/wʌ́rid] *adj.* [사람이] 난처한, 당황한; [표정 따위가] 걱정스러운. ¶ a *worried* look 당황한 표정.

wor·ri·er [wə́ːriər/wʌ́r-] *n.* **1** 괴롭히는 사람. **2** 잔 걱정을 많이 하는 사람.

wor·ri·less [wə́ːrilis/wʌ́r-] *adj.* 고생을 하지 않는, 걱정없는. 태평한. ¶ a *worriless* life 마음 편한 생활.

wor·ri·ment [wə́ːrimənt / wʌ́r-] *n.* 《口》 괴로움, 노고, 걱정(anxiety).

wor·ri·some [wə́ːrisəm / wʌ́r-] *adj.* **1** 귀찮은, 성가신(worrying). ¶ a *worrisome* question 성가신 문제. **2** 잔걱정을 하는, 끙끙거리는.

wor·rit [wə́ːrit / wʌ́r-] *v., n.* 《英방언》 = worry.

‡**wor·ry** [wə́ːri/wʌ́ri] *v.* (**-ried, -ry·ing**) *vi.* **1** 걱정(근심)하다, 염려하다, 끙끙거리다, 안달하다, 속타다(fret) (*about, over*...). ¶ (~+前+名) *worry* over one's husband's health 남편의 건강을 걱정하다 / There's nothing to *worry* about. 아무 걱정거리가 없다 // (~+*that* 節) He is *worrying that* he may have made a mistake. 그는 잘못하지 않았나 하고 걱정하다. **2** 어떻게든지 뚫고 나아가다, 애써서 나아가다(움직이다)(struggle) (*along, through*...). ¶ (~+前+名) An old man was *worrying up* the slope. 노인은 힘들여 비탈을 오르고 있었다 / He *worried along* many years to support a large family. 그는 여러 해 동안 대가족을 부양하기 위해 고된 나날을 보냈다.
— *vt.* **1** …을 걱정시키다, 괴롭히다, …을 속태우게 하다, …에 귀찮게(성가시게) 조르다. ⇨ BOTHER 類語. ¶ His prolonged absence *worried* his wife. 그의 오랫동안 돌아오지 않아서 아내를 걱정시켰다 / (~+目+前+名) He *worried* himself *into* illness. 걱정한 나머지 병에 걸리고 말았다 / Don't *worry* yourself *about* such a thing. 그런 일로 걱정하지 마라 / The child *worries* its parents *with* many questions. 그 아이는 갖은 질문을 해서 양친을 성가시게 한다 // (~+目+to do) *worry* a person *to do* 남에게 …을 해달라고 조르다. **2** [개 따위가] …을 물고 흔들어대다, 물고 늘어져서 괴롭히다. ¶ The wolf *worried* the sheep. 이리가 양을 물고 흔들어댔다.

I should worry! 《美口語》 조금도 상관없다!

worry out [문제를] 고심해서 풀다, [해답을] 생각해내다.
— *n.* (*pl.* **-ries**) **1** ⓤ 걱정, 근심, 불안, 잔걱정. ⇨ CARE 類語. ¶ He was distraught with *worry* over his daughter's disease. 그는 딸의 병으로 심란했다. **2** ⓒ (보통 -ries) 걱정거리, 고민거리. ¶ household *worries* 가정의 고민. **3** [사냥개 따위가] 사냥감을 물고 흔들어대기. ◇ **wórrisome** *adj.*, **wórriment** *n.*

wórry bèads *n. pl.* 손으로 만지작거리며 긴장을 푸는 염주.

wor·ry·ing [wə́ːriiŋ / wʌ́r-] *adj.* 귀찮은, 성가신, 잔걱정이 많은. ¶ have a *worrying* time 조바심하다. **~·ly** *adv.*

wor·ry·wart [wə́ːriwɔ̀ːrt / wʌ́r-] *n.* 《美口語》 걱정하는 사람.

‡**worse** [wəːrs] *adj.* (bad, ill 의 비교급) (*opp.* **better**[1]) **1** 보다 나쁜, 더 나쁜, [품질 따위가] 떨어진. ¶ This is even *worse* than that. 이것은 저것보다도 더 나쁘다. The food is bad, and the service is *worse*. 요리는 형편없고, 게다가 서비스는 더욱 나쁘다 / The things are getting *worse* and *worse*. 사태는 점점 악화되어 가고 있다. **2** [건강 상태가] 악화된, 전보다 나쁜. ¶ He is the *worse* for his visit to the hot spring. 그는 온천에 갔다오더니 도리어 나빠졌다.

[*and*] *what is worse* 설상가상으로.

be none the worse for …에도 불구하고 같은 상태이다. ¶ He is *none the worse for* the accident. 그는 그 사고를 당했어도 아무렇지도 않다.

be the worse for …때문에 해쳐 있다. ¶ His shoes *are the worse for* wear. 그의 구두는 너무 신어서 닳아빠졌다.

so much the worse 그만큼 더 나쁜.

to make matters worse = [*and*] *what is worse*.
— *adv.* (badly, ill 의 비교급) (*opp.* **better**[1]) **1** 보다 나쁘게, 더 나쁘게. ¶ She sings *worse* than ever. 그녀의 노래는 전보다 더 서투르다 / They are *worse off* than before. 그들은 이전보다도 지내기가 어려워졌다. **2** 더 호되게, 더 심하게. ¶ I want the job *worse* than you do. 너보다 내가 더 절실히 그 일자리를 구하고 싶다. [*be*] *worse off* 지내기가 어렵다, 형편이 나쁘다. [다.

none the worse for …에도 불구하고 마찬가지, 변함없이. ¶ She liked him *none the worse for* being lazy. 그는 태만하지만 그래도 그녀는 여전히 그를 좋아했다.

think none the worse of a person 역시 남을 존경하다. ¶ I *think none the worse of* him because he is my rival. 그가 나의 경쟁 상대자라고 해도 그를 존경하는 마음에는 변함이 없다.
— *n.* ⓤ 더욱 나쁨. ¶ *Worse* remains to tell. 더 나쁜 이야기가 있다.

for better or [*for*] *worse* ⇨ BETTER[1].

for the worse 나쁜 쪽으로, 악화되어. ¶ take a turn *for the worse* 더 악화하다.

go from bad to worse 점점 악화하다.

have the worse 지다, 패배하다.

put a person to the worse 남을 지우다(패배시키다).
◇ **wórsen** *v.*

wors·en [wə́ːrsn] *vt.* …을 보다 나쁘게 하다, 악화시키다.
— *vi.* 보다 악화하다.

‡**wor·ship** [wə́ːrʃip] *n.* ⓤ **1** [신·신성한 것에 대한] 숭배, 예배, 전례(典禮), 제례. ¶ the *worship* of idols 우상 숭배. **2** [일반적으로] 존경, 경모, 예찬. ¶ hero *worship* 영웅 숭배 / the *worship* of success 입신 출세 예찬. **3** (보통 W-) 《주로 英》 [your, his 따위를 수반하여 경칭으로서] 각하. ¶ His *Worship* the Mayor of Casterbridge 캐스터브리지 시장 각하 (* 2인칭으로서 부르는 말에 올 때는 Your *Worship* 이 되도 된다). **4** 《古語》 훌륭한 품격, 명예로운 지위, 명예(honor). ¶ a man of *worship* 귀인, 명사.
— *v.* (**-shiped, -ship·ing**; 《英》 **-shipped, -ship·ping**) *vt.* **1** [신 등] 을 숭배하다; 예배(참배)하다. **2** …을 존경하다, 경모하다, 예찬하다. ¶ *worship* money 돈을 숭배하다. — *vi.* 숭배하다, 예배하다; 존경(모)하다, 예찬하다.
◇ **wórshipful** *adj.*

*****wor·ship·er,** 《英》 **-ship·per** [wə́ːrʃipər] *n.* 숭배자; 예배자, 전례(典禮) 참가자; 참배자.

wor·ship·ful [wə́ːrʃipfəl] *adj.* **1** 숭배하는; 존경할 만한. **2** (보통 the ~) 《주로 英》 [경칭으로서] 명예로운(honorable). ¶ the Most (*or* the Right) *Worshipful* the Mayor of …시장 각하.
~·ly [-fəli] *adv.* **~·ness** *n.*

‡**worst** [wəːrst] *adj.* (bad, ill 의 최상급) (*opp.* **best**) **1** (the ~) 가장 나쁜, 최악의, 가장 심한, 가장 형편없는. ¶ the *worst* time to visit 방문하기에는 가장 형편이 나쁜 시간 / the *worst* result 최악의 결과 / He is the *worst* person I've ever known. 나는 그 사람처럼 극악한 사람과 만난 적이 없다. **2** (the ~) 제일 서투른,

She is the *worst* typist in the office. 그녀는 회사에서 가장 서투른 타자수이다. [*in*] *the worst way* 《구어》 대단히, 몹시. ¶ She wanted the dress *the worst way*. 그녀는 몹시 그 드레스를 탐냈다.
— *adv.* (*badly, ill* 의 최상급) (*opp.* best) 가장 나쁘게, 가장 호되게; 가장 심하게. ¶ He played *worst*. 그가 제일 연주가 서툴렀다 / They need the subsidies *worst*. 그들이 가장 그 보조금을 필요로 하고 있다.
worst of all 무엇보다도 나쁜 것은. ¶ *Worst of all* I had no money with me. 무엇보다도 나쁜 것은 돈을 갖고 있지 않은 일이었다.
— *n.* (보통 the ~) 가장 나쁜 것(일), 최악[의 사태]. ¶ prepare for the *worst* 최악의 사태에 대비하다 / The *worst* is yet to come. 최악의 사태가 오는 것은 지금부터이다 / The *worst* of it is that she knows nothing of the world. 제일 곤란한 것은 그녀가 전혀 세상 물정을 모르고 있다는 점이다.
at one's worst 최악의 상태에.
at [*the*] *worst* ① = *at one's worst.* ② 아무리 나빠도; 기껏해야. ¶ You will only be scolded *at worst*. 기껏해야 너는 야단맞을 정도일 것이다.
do one's worst 한껏 심한 짓을 하다. ¶ *Do* your *worst*. 무슨 짓이든 할 테면 어디 해봐.
get the worst of it 혼쭐이 나다, 참패하다.
give a person the worst of it; put a person to the worst 남을 패배시키다.
if [*when*] *worst comes to* [*the*] *worst* 최악의 경우에는. ¶ *If worst comes to worst*, we still have some money in reserve. 만일의 경우가 닥친다 해도 우리에게는 아직 얼마간 저축한 돈이 있다.
make the worst of ...을 가장 나쁘게 생각하다, 비관하다.
— *vt.* 을 패배시키다, 꺾어 누르다(beat). ¶ The champion *worsted* all his opponents. 챔피언은 상대를 모두 물리쳤다.
wor·sted [wústid, +美 wɔ́ːr-] *n.* **1** ⓤ 털실, 소모사(梳毛絲). **2** ⓤⓒ 소모 직물, 우스팃. — *adj.* 털실의, 털실로 만든, ¶ *worsted* socks 털실 양말.
wort[1] [wəːrt] *n.* ⓤ 맥아즙(麥芽汁)〔맥주의 원료〕.
wort[2] [wəːrt] *n.* 《주로 복합어를 만들어》 식물, 풀. ¶ spleen*wort* 차꼬리고사리속(屬)의 양치류.
‡**worth**[1] [wəːrθ] *adj.* 《서술 형용사》 **1** ...할 가치가 있는, ...해볼만한. ¶ a task *worth* the trouble 고생할 보람이 있는 일 // a place *worth* visiting 한 번은 가볼만한 곳 / Whatever is *worth* doing at all, is *worth* doing well. 적어도 해볼 가치가 있는 일이면 훌륭히 할 가치가 있다. **2** 《금전적으로》 ...의 가치가 있는; ...과 같은 값어치의. ¶ The house is *worth* $150,000. 그 집은 15만 달러의 값어치가 있다 / It is not *worth* a straw. 그것은 한 푼의 가치도 없다 / A bird in the hand is *worth* two in the bush. 《속담》손 안귀의 한 마리의 새는 숲속의 두 마리의 가치가 있다; 남의 돈 천냥이 내돈 한 푼만 못하다. **3** ...만큼의 재산이 있는; He is *worth* at least a million dollars. 그는 적어도 백만 달러의 재산을 가지고 있다.
be not worth one's salt ⇒ SALT.
for all (or *what*) *it is worth* 도움이 되는지(가치가 있는지, 정말인지) 몰라도.
for all one is worth 《美》 전력을 다해서.
make it worth a person's while 남의 노고에 보답하다; 남에게 뇌물을 쓰다.
not worth the candle ⇒ CANDLE.
worth it 그만한 가치가 있는.
worth its (or *one's*) *weight in gold* 대단히 귀중한.
worth [*one's*] *while to do* ...할 가치가 있다. ¶ It is *worth while* to visit the old city 그 옛 도시는 가볼 가치가 있다 / It is *worth* [*your*] *while* to read (or *reading*) this book. 이 책은 읽어볼만하다.
— **Usage** *worth while to do* —— (1) *worth while* 의 뒤에서는 동명사도 쓰나, to- 부정사를 쓰는 것이 보통이다. *while* 은 본래 time 이라는 뜻의 명사이다 (*cf.* for a *while*), *worth while to do* (*doing*) 는 「...하기에 시간을 들일 만한 값어치가 있다」이라는 뜻이다. 또 *worth* 와 *while* 은 긴밀하게 연결되어, *worthwhile* 로 쓰기도 한다.
(2) *worth while* 의 *worth* 는 목적어를 취하는 형용사이며, *while* 은 그 목적어이므로 다시 동명사를 목적어로 해서 2중으로 This book is *worth while reading*. 이라 하는 것은 잘못이다. 그러나 This book is *worth while to read*. 에서는 to-부정사는 *worth* 의 목적어가 아니라 명사 *while* 에 걸리는 형용사이기 때문에 이 문장은 옳다.
(3) It is *worth while reading* this book. 에서는 reading this book 은 *worth* 의 목적어가 아니라 문의 진주어 (It 은 형식 주어)이다. 마찬가지로 It is *worth while to read* this book. 에서도 *to read* this book 이 진주어에 상당하므로 어느쪽이나 옳은 문장이지만 후자가 보통이다. 반대로 It is *worth to read* (*reading*) this book. 에서는 *to read* (*reading*) this book 은 진주어이고 *worth* 에는 목적어가 없어지므로 어느 쪽 표현이나 잘못이다.
(4) *worth* 와 *while* 사이에 the 를 붙이는 것은 옛 어법
— *n.* ⓤ **1** [인격·품질 등의] 우수함, 진가, 가치; 금전상의 가치. ≒ VALUE 類語》 individual human *worth* 개인의 인간적 가치 / a man of *worth* 훌륭한 사람 / of great (little, no) *worth* 매우 가치가 있는 (그다지 가치가 없는, 전혀 가치가 없는). **2** ...의 값어치만큼의 양, ...에 상당하는 양. ¶ twenty cents' *worth* of candy 20센트 어치의 캔디. **3** 재산(property). ¶ His personal *worth* is estimated at three million. 그의 개인 재산은 300만 달러로 추정되고 있다.
put in one's two cents worth 《美》〔토론 따위에서〕 자기의 의견을 말하다.
◊ *worthy adj.*
worth[2] [wəːrθ] *vi.* 《고어》 일어나다, 닥쳐오다 (* 지금은 주로 다음 숙어로 쓴다). ¶ Woe *worth* the day! 이 날에 저주 있으라!, 참으로 나쁜 날이군!
worth·less [wə́ːrθlis] *adj.* 가치없는, 무익한, 시시한, 하찮은. ~**ly** *adv.* ~**ness** *n.*
***worth·while** [wə́ːrθ(h)wáil] *adj.* 애쓸 가치가 있는, 시간을 들일 값어치가 있는; 상당한, 훌륭한. ¶ a *worthwhile* book 읽을 가치가 있는 책. ~**ness** *n.*
‡**wor·thy** [wə́ːrði] *adj.* (**-thi·er, -thi·est**) **1** 가치 있는, 훌륭한, 존경할만한. ¶ a *worthy* gentleman 훌륭한 신사. **2** 상응의, ...에 어울리는, ...하기에 족한 (deserving) (*of* ..., *to do*). ¶ a *worthy* reward 응분의 보수 // a subject *worthy* of careful study 면밀히 연구할 가치가 있는 문제 // something *worthy* to say 무엇인가 말하기에 어울리는 일. — *n.* (*pl.* **-thies**) **1** 훌륭한 사람, 명사, 높으신 분들;《때로 익살》양반. ¶ local *worthies* 지방 명사들 / How are you, my *worthy*? 아, 이 양반아, 재미는 어떠슈?
-thi·ly *adv.* **-thi·ness** *n.*
-worthy 《연결형》 *v.* 「...의 가치가 있는」의 뜻의 연결형. 예: note*worthy*.
[수·현재형.]
wot [wɑt / wɔt] *v.* 《고어》 wit[2]의 1인칭 및 3인칭·단수현재형.
wotch·er [wɑ́tʃər / wɔ́tʃ-] *interj.* 《英속어》 = hullo.
‡**would** [강 wud, 약 wəd, (ə)d] *auxil. v.* (will[1]의 과거형; 《고어》가정법 2인칭 단수 과거형 **wouldst** or **wouldest**; 부정 단축형 **wouldn't**) **I** 《미래 시제 조동사 will 의 과거》 **1 a**》《간접 화법 피전달문 속에서》¶ I thought he *would* do it at once. 나는 그가 그것을 곧 할 것이라고 생각했다 (⇒ WILL[1] I 1 a)) / I said I *would* try. 나는 해 보겠다고 말했다 (⇒ WILL[1] I 1 b)) / I wished he *would* come. 나는 그가 와주었으면 좋겠다고 생각했다. **b**》《과거의 사실에서 추측된 미래》...으로 될 것이었다. ¶ He was 59 years old, and *would* be 60 next year. 그는 59세였으니까 이듬해에는 60세가 될 것이었다.

would-be / **wrangler**

2 《가정법 과거》 **a)**《단순 미래》…일 것이다, …일 텐데. ¶ It would be a pity if he did not see her alive. 그 사람이 그녀가 살아 있는 동안에 만나지 못한다면 가엾은 일이지 / He would not say that even if he knew. 설사 그가 알고 있다 하더라도 그런 말은 하지 않을 것이다 / He would not have said that if he had known. 그가 알고 있었더라면 그런 말은 하지 않았을 것인데 / If it had not been for him, I would have died. 만일 그가 없었다면 나는 죽었을 것이다 / I wouldn't worry about that. 나 같으면 그런 일로 걱정하지 않겠는데 (* 가정이 암시되어 있다) / I would have liked to see (or have seen) him. 그를 만나고 싶었는데 (* 실현되지 못했음을 나타낸다).
b)《의지 미래》…하겠다, …할까 하다(하는데). ¶ I would do it for myself if I were you. 내가 너라면 그것을 내 자신이 할텐데 / He wouldn't do that for a million dollars. 그는 100만 달러 받아도 그런 일은 결코 하려고 하지 않을 것이다 / I would have nothing to do with it. 나는 그런 일에는 관여하지 않겠다 / If you would understand a nation, you must know its language. 한 국민을 알고자 한다면 그 국어를 알지 않으면 안 된다.
c)《사양하는 듯한 표현·공손한 요구》아마 …일 것이다; …해 주시겠습니까, ¶ It would seem [to be] likely. 어쩐지 정말같이 생각된다, 있을법한 일이다 / Would you tell me how to write it? 쓰는 방법을 가르쳐 주시겠습니까 ?
II 《화법 조동사 과거》 **1** 《과거의 습관·반복》〔흔히〕…하곤 했었다. ¶ He would [often] take a walk in the afternoon. 그는 흔히 오후에 산책을 하곤 했었다.
─ **Usage** would와 used to ─ 둘 다 과거의 습관을 나타내는데, used to 는 과거의 상당한 기간에 걸친 상습적 동작·상태를 나타내며 특히 과거와 현재의 차이를 대조시킨다(➡ USED). 이에 대하여 would 는 「즐겨 …」「하곤」했었다 「라는 감정적 색채를 띠며 따라서 과거의 우연한, 또는 불규칙한 반복 행위를 나타내고 often, frequently, sometimes, always 따위의 부사를 수반하는 일이 많다(* 현재의 습관을 나타내는 will(➡ WILL¹)은 3인칭 이외에는 거의 쓰지 않으나 과거의 습관을 나타내는 would 는 3인칭 이외에도 쓴다). 또 used to 는 과거의 상태에도 쓰이나 would 는 동작의 반복에만 쓰이므로 다음과 같은 문에서 used to 대신에 would 를 사용할 수는 없다: He used to love her. / There used to be a barbershop at the corner.
2 《주어의 의지·주장》…하려고 했다(* 종종 부정문에 쓰인다). ¶ He knocked at the door, but she wouldn't let him in. 그는 문을 두드렸으나 그녀는 그를 들이려 하지 않았다 / She had the art of pleasing anyone she would. 그녀는 마음에 드는 사람이면 누구나 즐겁게 해주는 기술을 터득하고 있었다 / He never would have her thwarted. 그는 그녀의 소망이 이루어지지 않는 것을 용인하지 않았다.
3 《가능성·허용성》 ¶ The hall would seat 500 people. 그 홀의 좌석수는 500이었다 / None of his attempts would do for him. 그의 시도는 어느 하나도 그에게 도움이 되지 못했다.
III 《본래 화법 조동사 가정법 과거》 **1** 《소원》…하고 싶다. ¶ I would sooner (or rather) try to get off than stay with them. 그들과 함께 있는 것보다는 도망쳐 버리는 것이 낫겠다 / Would [to] God that I were a bird. 새였더라면 좋았을 것을 / Do to others as you would be done by. 《속담》남에게 대접을 받고자 하는 대로 남을 대접하라.
2 《추측》아마 …일 것이다. ¶ I don't know what it would be. 그것이 무엇인지 나는 알 수 없다 / That's what most men would say. 대부분의 사람들은 아마 그렇게 말할 것이다.
3 《가능성》…할 수 있을 것이다. ¶ No stone would shatter the glass. 어떤 돌을 던져도 유리는 깨지지 않을 것이다.
would like to ➡ SHOULD.

‡would-be [wúdbìː] adj. **1** 자칭의, …연(然)하는; 독선적인. ¶ a would-be genius 자칭 천재. **2** …로 되려고 하는, …지망의. ¶ a would-be wife 주부가 되려고 하는 사람.
‡wouldn't [wúdnt] wouldnot 의 단축형.
wouldst [wudst, 약 wədst], **would·est** [wúdist] auxil. v. 〈고어〉 will¹의 직설법 2인칭 단수 과거형. * 주어가 thou 일 때 쓴다.
‡wound¹ [wuːnd] n. **1** 상처, 부상. ¶ an open wound 벌어진 상처 / a mortal (or a fatal) wound 치명상 / heal a wound 상처를 치료하다 / stitch a wound 상처를 꿰매다 / dress a wound 상처에 붕대를 감다 // have (or receive) a serious wound in the shoulder 어깨에 심한 상처를 입는다. **2** 〖명예·감정 따위를〗 상하게 하는 것, 〖정신적인〗 타격, 고통; 모욕. ¶ a wound to one's pride 자존심을 상하게 하는 것.
lick one's wounds 〖받은 타격에서〗 다시 일어서다.
— vt. 〖남〗을 상처입히다; 〖감정·명예 따위를〗 상하게 하다. ➡ INJURE 類語 ¶ (~+目+前+名) The bullet wounded him in the shoulder. 탄환이 그의 어깨에 상처를 입혔다. — vi. 상처입히다. ¶ willing to wound 악의 있는.

wound² [waund] v. wind²의 wind³의 과거·과거 분사.
‡wound·ed [wúːndid] adj. **1** 부상한; (the ~)《명사적 용법》〖집합적〗부상자. **2** 〖감정 따위〗 손상한.
wound-up [wáundλp] adj. 긴장한, 흥분한.
‡wove [wouv] v. weave 의 과거·과거 분사.
‡wo·ven [wóuv(ə)n] v. weave 의 과거 분사.
wóve pàper n. ⓤ 그물눈의 비쳐보이는 무늬가 들어간 종이, 그물눈 종이.
wow¹ [wau] vt. 《미속어》〖청중 등〗을 우와 하고 말하게 하다, …로 크게 성공하다, 히트치다. — n. 《미속어》 대성공, 〖특히 연극 따위의〗 대히트. — interj. 야, 와, 저런, 아이구〖놀람·기쁨·고통 따위를 나타낸다〗.
wow² [wau] n. 와우〖녹음기 따위의 회전이 고르지 못한 데 생기는 음의 변질〗. cf. flutter
wow·ser [wáuzər] n. 《濠》청교도적 결벽가(潔癖家), 몹시 딱딱한 사람.
wów sìgnal n. 〖우주〗 우주에서의 이상 전파(신호).
WP, w.p. (略) wastepaper; weather permitting; wire payment; (종종 wp) water proof; without prejudice; working pressure; word processing; word processor.
WPA (略) Work Projects Administration (미국 공공 사업 촉진국).
WPB, W.P.B. (略) War Production Board (전시 생산국); wastepaper basket. 〖「찢」.〗
wpm (略) words per minute (1분간의 타자기 타자 수).
W.R. (略) West Riding [Yorkshire 주의 일부].
WRA (略) War Relocation Authority (전시 외국인 격리 수용 사무국).
WRAC, W.R.A.C. (略) Women's Royal Army Corps (영국 육군 여군 부대).
wrack [ræk] n. **1** 난파선; 〖난파선의〗 표류물 (wreckage). **2** ⓤ〖물가에 밀려 올라온〗해초. **3** ⓤ 파멸, 파괴. ¶ go to wrack and ruin 파멸하다.
WRAF, W.R.A.F. (略) Women's Royal Air Force (영국 공군 여군 부대).
wraith [reiθ] n. **1** 〖사람이 죽기 전에 나타난다는〗 생령(生靈). **2** 〖일반적으로〗 망령, 유령.
‡wran·gle [ræŋgl] v. (-gled, -gling) vi. 〖격한 어조로 (소리 높여)〗 말다툼하다, 언쟁하다. — vt. **1** 극복하다, 토론해서 …시키다. **2** 《美》〖말을 지키다, 돌보다.
— n. 언쟁, 말다툼, 논쟁 (controversy).
wran·gler [ræŋglər] n. **1** 말다툼하는 사람, 논쟁자. **2** 《英》〖이전 Cambridge 대학에서〗 수학 학위 시험의 제1급 합격자. cf. optime **3** 《美》〖우마의〗 지키는

사람, 카우보이(cowboy).

‡**wrap** [ræp] v. (**wrapped** or **wrapt, wrap·ping**) vt. **1** [의류 따위로] (몸)을 싸다, 둘러(감)싸다(...up). ¶ (~+目)(~+目+副+名) wrap oneself up in a blanket 담요를 둘러쓰다. **2** …을 싸다, 포장하다. ¶ Shall I wrap the gift? 선물을 포장할까요? **3** …을 휘감다, 감다. ¶ (~+目+副+名) wrap paper round a thing 물건을 종이로 싸다. **4** [덮개 따위로] …을 싸다, 보호하다. **5** …을 덮어싸다, 덮어 가리다. ¶ (~+目+副+名) The building was wrapped in flames. 건물은 불길에 싸였다 / The affair is wrapped in mystery. 그 사건은 수수께끼에 싸여 있다. **6** [심리적·감정적으로] …을 완전히 말려들게 하다(... up). ¶ (~+目+副)(~+目+副+名) He was all wrapped up in his daughter. 그는 자기의 딸 일에만 열중했다.
— vi. **1** [의복 따위에] 몸을 싸다, 두르다(up). ¶ Wrap up warm when you go out. 외출할 때는 옷을 따뜻하게 입어라. **2** 감기다. ¶ (~+目+前+名) A vine wraps round the pillar. 덩굴풀이 기둥에 감겨 있다.
be wrapped up in ① …속에 싸이다. ② …에 열중하다. ③ …에 관계하다.
wrap up ① 〔구어〕 〔어느 행위〕에 매듭을 짓다, 결론을 내리다. ② 〔속어〕 …을 크게 이기다.
— n. **1** (보통 ~s) 두르개, 덮개, 외투, 어깨 두르개, 무릎 가리개, 담요. **2** (~s) 비밀(secrecy).
wrap·a·round [rǽpəràund] adj. 둘러서 감싸는, 둘러싸 만곡하는. — n. 랩어라운드 스커트, 감아 입는 스커트.
wráp cóat n. 《服飾》 랩 코트〔단추 대신 벨트로 고정시켜 입는 코트〕.
wrap·page [rǽpidʒ] n. 포장지, 포장 재료.
*wrap·per [rǽpər] n. **1** 싸는 사람, 포장하는 사람. **2** 싸는 물건, 포장지, 포장 재료. **3** 〔여성용의〕 실내복, 화장복(negligee) **4** 〔신문·잡지의〕 봉(封)피. **5** 〔英〕 책의 커버(book jacket). **6** 〔여송연의〕 겉싸는 잎.
wrap·ping [rǽpiŋ] n. (종종 ~s) 싸기, 포장, 포장지.
wrápping páper n. 포장지.
wrapt [ræpt] v. wrap 의 과거·과거 분사의 하나.
wrap-up [rǽpÀp] n. **1** 〔美구어〕 요약한 뉴스; 결말. **2** 〔美속어〕 시원스레 팔아버리기, 시원스럽게 사는 손님.
wrasse [ræs] n. (pl. **wrass·es** or **wrasse**) 양놀래기과(科)의 바닷 물고기.
*wrath [ræθ, rɑːθ/rɔ(ː)θ] n. 〔문어적〕 **1** 분노, 격노. ▶ ANGER ¶ incur a person's wrath 남의 노여움을 사다 / A soft answer turns away wrath. 유순한 대답은 분노를 쉬게 하리라 [←잠언(Prov.) 15:1]. **2** 복수; 천벌.
the grapes of wrath 분노의 포도 [신의 심판의 상징]. **children** (or **vessels**) **of wrath** 천벌을 받을 사람들.
◇ wráthful, wráthy adj.
wrath·ful [rǽθfəl, rɑ́ːθ-/rɔ́(ː)θ-] adj. 몹시 화를 낸, 격분한. **~·ly** [-fəli] adv. **~·ness** n.
wrath·y [rǽθi, rɑ́ː(ː)θi] adj. (**wrath·i·er, wrath·i·est**) 〔美구어〕 =wrathful.
wrath·i·ly adv. **wrath·i·ness** n.
wreak [riːk] vt. **1** 〔벌·복수 따위〕를 가하다, 주다; 〔원한〕을 풀다 (... on, upon). ¶ (~+目+前+名) wreak vengeance on one's enemy 적에게 복수하다. **2** 〔화 따위〕를 터뜨리다 (... on, upon). ¶ (~+目+前+名) He wreaked his anger on his brother. 그는 동생에게 화를 터뜨렸다.
‡**wreath** [riːθ] n. (pl. **wreaths** [riːðz, riːθs]) **1** 화환, 화관(garland). ¶ a wreath of victory 승리의 화관. **2** 〔연기·구름 따위의〕 소용돌이, 동그라미; 윤상(輪狀)의 것. ¶ a wreath of smoke 소용돌이치는 연기.
*wreathe [riːð] v. (**wreathed, wreathed** or 〔고어〕 **wreath·en** [ríːðən], **wreath·ing**) vt. **1** 〔화환 따위〕로 …을 장식하다. ¶ (~+目+前+名) The poet's brow was wreathed with laurel. 그 시인의 이마는 월계관으로 장식되었다. **2** 〔꽃·가지 따위〕를 엮어서 둥글게 하다, 환상(環狀)으로 감다. ¶ (~+目+前+名) wreathe flowers into a garland 꽃을 엮어 화환을 만들다. **3** …의 주위에 휘감기게〔얽히게〕 하다. ¶ (~+目+前+名) wreathe one's legs about a stool 다리를 걸상 둘레에 감다. **4** 〔동글게 되어〕 …을 둘러싸다, 에워싸다. — vi. **1** 둥글게 되다. **2** 〔연기 따위가〕 동그라미를 그리며 올라가다, 소용돌이쳐 오르다.

‡**wreck** [rek] n. **1** 파괴된 것, 잔해. ¶ the wreck of an ancient civilization 고대 문명의 잔해. **2** 〔난파선의〕 표류물, 표착물. **3** Ⓤ ⓒ 난선(難船), 난파, 해난(shipwreck). ¶ He was killed in the wreck. 그는 해난에서 죽었다 / The storm caused many wrecks. 그 폭풍우로 많은 배가 조난했다. **4** Ⓤ ⓒ 파괴, 파멸. ¶ the wreck of one's life 인생의 파멸. **5** 〔충돌 따위의〕 파손차; 〔지진 따위에 의한〕 도괴 가옥. **7** 〔정신적으로〕 영락한(지쳐버린) 사람, 폐인.
be a mere wreck of one's former self 옛 모습을 찾아볼 수 없는 가련한 모습이다.
— vt. **1** 〔배〕를 파선시키다; 〔사람〕을 조난시키다. ¶ a wrecked ship 난파선 / wrecked sailors 조난당한 선원들. **2** …을 파괴하다, 파멸시키다; 〔몸〕을 망치다; 〔희망·계획 따위〕를 꺾다, 좌절시키다. ¶ wreck a train 열차를 파괴하다 / wreck oneself with dissipation 방탕으로 몸을 망치다 / His business was wrecked. 그의 사업은 파산했다. — vi. **1** 조난하다, 난파하다; 파멸하다. **2** 구난(救難)에 종사하다; 〔사고차 따위의〕 잔해를 없애다. ◇ wréck·age n.
*wreck·age [rékidʒ] n. Ⓤ **1** 난파, 난선; 파괴, 파멸. **2** 《집합적》 〔난파선의〕 표류물; 잔해. ¶ the wreckage of a ship 배의 잔해.
wreck·er [rékər] n. **1** 부수는 사람(것), 파괴자. **2** 〔약탈할 목적으로〕 배를 난파시키는 사람; 난선 약탈자. **3** 건물 철거업자. **4** 구난 작업원(선); 구난차(truck), 레커차(wrecker truck).
wreck·ing [rékiŋ] adj. 파괴하는, 망가지게 하는. **2** 구조의, 구원의. — n. Ⓤⓒ **1** 난파, 난선. **2** 구난 작업. **3** 파멸, 파괴. **4** 건물 헐기(철거).
wrécking cár n. 〔철도〕 구조차, 응급 작업차.
wrécking tráin n. 〔철도〕 구조 열차.
*wren [ren] n. 굴뚝새.
Wren [ren] n. (때로 w-) 〔주로 英구어〕 해군 여군 부대(Women's Royal Naval Service)의 일원.
wren-boy [rénbɔ̀i] n. 〔英〕 렌보이〔크리스마스 다음의 Boxing Day 에 호랑가시나무 가지를 갖고 노래부르며 집집마다 방문하여 선물을 받는 가장(假裝)소년〕.
*wrench [rentʃ] vt. **1** 〔심하게, 급히〕 …을 비틀다; …을 비틀어 떼다, 잡아떼다. ¶ He wrenched the boy's wrist. 그는 소년의 손목을 비틀었다 // (~+目+前+名) wrench a fruit off a branch 가지에서 과일을 비틀어 따다 / I wrenched the gun from him. 나는 그에게서 총을 잡아 비틀어 떼다. (~+目+副) wrench a box open 상자를 비틀어 열다. **2** 〔관절·발목 따위〕를 삐다, 〔근육〕을 접질리다. ¶ wrench ones ankle 발목을 삐다. **3** …〔사실〕을 왜곡(곡해)하다; 〔뜻〕을 억지 해석하다. — vi. 〔심한, 급히〕비틀리다, 뒤틀리다. — n. **1** 〔심한, 갑작스런〕 뒤틀림, 꼬임. ¶ give a wrench at a door handle 문의 손잡이를 세게 비틀다. **2** 〔근육·발목 따위의〕 염좌(捻挫), 삠, 접질림. ¶ give a wrench to one's ankle 발목을 삐다. **3** 〔헤어질 때 따위에 느끼는〕 슬픔, 쓰라림. **4** 〔뜻의〕 왜곡, 곡해. **5** 렌치, 스패너.

[wrench 5]
1 box-end wrench
2 open-end wrench
3 adjustable wrench

throw a wrench into …을 방해하다.

*wrest [rest] vt. 1 〔심하게〕 …을 비틀다, 꼬다. 2 …을 비틀어 떼다, 잡아 떼다, 무리하게 빼앗다. ¶ (~+图+副+图) The policeman wrested the gun from the gunman. 경찰관은 그 총잡이로부터 총을 잡아챘다. 3 …을 노력해서 얻다, 애써서 손에 넣다. ¶ wrest a victory 〔고전 끝에〕 가까스로 승리를 얻다. 4 〔법률·사실 따위〕를 왜곡하다; 〔뜻〕을 곡해하다, 곱새기다. ¶ wrest a person's words 남의 말을 곡해하다. — n. 1 비틀기, 꼬기; 곡해. 2 〔악기의〕 조율건(調律鍵).

*wres‧tle [résl] v. (-tled, -tling) vi. 1 레슬링을 하다; 맞붙어 싸우다, 격투하다 (with…). 2 〔유혹·재화(災禍) 따위와〕 싸우다, 다투다; 〔직무·문제 따위에〕 맞붙다, 전력을 다하다(with, against …). ¶ (~+图) wrestle with temptation 유혹과 싸우다 / wrestle against adversity 역경과 싸우다 / wrestle for a living 살기 위하여 전력을 다하다. — vt. 1 …와 레슬링 시합을 하다; …와 격투하다, 다투다. 2 〔레슬링 따위에서〕 …을 넘어뜨리려고 하다. ¶ (~+图+副) He wrestled me down. 그는 나를 넘어뜨렸다. 3 …을 힘껏 움직이다(밀다). 4 《美》 〔소인(燒印)〕을 찍기 위하여 〔소〕 따위를 넘어뜨리다.
wrestle in prayer; wrestle with God 열렬히 기도하다.
— n. 레슬링, 맞붙기; 분투, 역전, 고투(struggle).

*wres‧tler [réslər] n. 레슬링 선수; 씨름꾼. ¶ a professional wrestler 프로 레슬링 선수.

‡wres‧tling [résliŋ] n. [U] 레슬링, 씨름. ¶ a wrestling bout (or match) 레슬링 시합. 2 격투, 드잡이.

*wretch [retʃ] n. 1 불행한 사람, 가엾은 사람. ¶ a wretch of a child 불쌍한 아이. 2 철면피, 비열한 인간. ¶ You wretch! 이자식아! 3 〔애정을 품고〕 귀여운 사람(놈), ¶ the little wretch 꼬마 녀석.

‡wretch‧ed [rétʃid] adj. 1 가엾은(pitiable), 불행한 (unhappy); 참혹한, 비참한(miserable). ¶ in a wretched condition 비참한 상태에서 / He lived (or led) a wretched life. 그는 비참한 생활을 했다 / I felt wretched. 나는 비참한 생각이 들었다.
《類義》 wretched 큰 고통·고뇌를 당한 것이 표면에 나타나: a wretched life 옆에서 보기에도 비참한 생활. miserable 내심의 고통·불행을 뜻하는 말: a miserable feeling 비참한 감정.
2 지독한, 불쾌한; 심한(severe). ¶ wretched weather 고약한 날씨 / a wretched place 불쾌한 장소 / a wretched toothache 심한 치통. 3 서투른, 열등의, 질이 나쁜, 시시한; 비열한(mean). ¶ wretched poetry 졸렬한 시 / a wretched fellow 비열한 놈, 4 초라한. ¶ a wretched inn 초라한 여관. -ly adv. -ness n.

wrick [rik] vt. 《英》 〔목·관절 따위〕를 조금 삐다, …의 근육을 접질리다, 비틀리다(strain). ¶ He wricked his neck. 그는 목의 근육을 접질렀다.
— n. 〔관절 따위의〕 조금 삠, 접질림. ¶ He gave his back a wrick. 그는 등의 근육을 접질렀다.

*wrig‧gle [rígl] v. (-gled, -gling) vi. 1 꿈틀거리다, 몸부림치다(squirm) (about); 마구 몸부림치다, 발버둥치다 (《비유적》) 〔불안〕하여 우물쭈물하다, 안달하다 (fidget) (about). ¶ Don't wriggle when you take an oral test. 면접 시험을 볼 때는 우물쭈물 해서는 안 된다. 2 〔뱀 따위가〕 꿈틀거리며 나아가다 (along, through …). ¶ (~+图+图) A snake wriggled through the grass. 뱀이 풀숲속을 꿈틀거리며 나아갔다. 3 가까스로 빠져 나가다, 얼버무리다, 빠져 나가다 (out of …); 〔사람이〕 뺀들뺀들하다(be slippery). ¶ (~+图+图) He could wriggle out of the difficulty. 그는 가까스로 곤란을 헤쳐 나갈 수 있었다 / He is a kind of man who wriggles out of his engagement. 그는 어떻게든 구실을 붙여 약속을 이행하지 않는 사람이다.
— vt. 1 〔몸·손·꼬리 따위〕를 꿈틀거리다, 굽실거리다; …을 꿈틀거리며 나아가다. ¶ wriggle one's hips (body, hand, tail) 궁둥이(몸, 손, 꼬리)를 흔들다(꿈틀거리다) // (~+图+图) wriggle oneself out at a small hole 작은 구멍에서 나오다 // (~+图+图+图) The earthworm wriggled its way into the earth. 지렁이는 몸을 꿈틀거리며 땅속으로 기어 들어갔다. 2 어떻게든 교묘히 …시키다. ¶ (~+图+图) wriggle oneself into a person's favor 교묘히 남의 환심을 사다.
— n. 꿈틀거리기; 몸부림치기.
◇ wríggly adj.

wrig‧gler [ríglər] n. 1 꿈틀거리는 사람(것); 교묘히 환심을 사는 사람. 2 장구벌레.

wrig‧gly [rígli] adj. (-gli‧er, -gli‧est) 꿈틀거리는, 몸부림치는(squirming); 뺀들뺀들한, 잘 둘러대는.

wright [rait] n. 1 직공; 〔배·차 따위의〕 제조인, 목수 (* 보통 복합어로 쓴다). ¶ a millwright 무자위 만드는 목수 / a shipwright 배 만드는 목수. 2 작자. ¶ a playwright 극작가.

*wring [riŋ] v. (wrung or 《드물게》 wringed, wring‧ing) vt. 1 〔세게〕 …을 짜다(squeeze), 비틀다(twist). ¶ wring a wet towel 젖은 수건을 짜다 / wring clothes in washing 빨래를 짜다. 2 〔새의 목 따위〕를 비틀다, 짜듯이 구부리다, 〔남의 손〕을 꼭 잡다, 꽉 쥐다; 〔얼굴 등〕을 찡그리다. ¶ wring the neck of a chicken 닭의 목을 비틀다 / wring a person's hand 남과 굳은 악수를 하다. 3 〔물·돈 따위〕를 빼내다, 억지로 끄집어 내다, 강제하다, 억지로 …시키다 (… from, out of). ¶ (~+图+图+图) wring money from a person 남에게서 돈을 우려 내다 / wring water from (or out of) a wet garment 젖은 옷의 물을 짜내다 / wring a confession from a thief 도둑을 고문해서 자백하게 하다 / wring a reluctant promise from a person 싫어하는 사람에게 억지로 약속시키다 / a tale which wrings tears from a person 누물 없이는 들을 수 없는 이야기. 4 …을 괴롭히다, 고통을 주다(torment). ¶ It wrings my heart to hear your story. 네 이야기를 들으니 내 가슴이 아프다. 5 …의 뜻을 왜곡하다, …을 곡해하다.
know where the shoe wrings one 구두의 아픈 곳을 알다; 고생을 자신이 잘 알다, 남이 알지 못하다.
wring one's hands 〔절망 따위로〕 양손을 마주 잡고 짜다, 손을 비비다. ¶ She wrung her hands in despair. 그녀는 절망한 나머지 양손을 마주 잡고 뒤틀었다.
wring out …을 짜다, 짜내다; 〔금전 따위〕를 착취하다, 억지로 얻다. ¶ wring clothes out 옷〔의 물〕을 짜다.
— vi. 짜다, 짜내다; 〔고통 따위로〕 몸부림친다, 몸을 뒤틀다(writhe). ¶ 짜기, 비틀기. ¶ give something a wring …을 짜다.

wring‧er [ríŋər] n. 1 짜는 사람(것); 짜내는 사람, 착취자. 2 〔세탁기 따위의〕 짜는 기계. 3 엄한 시련, 쓰라린 경험. ¶ go through the wringer 엄한 시련을 거치다.

wring‧ing-wet [ríŋiŋwét] adj. 쌀 정도로 젖어 있는.

*wrin‧kle¹ [ríŋkl] n. 〔피부의〕 주름(살); 〔천의〕 주름, 구김살(crease). ¶ wrinkles on one's brow (face) 이마 (얼굴)의 주름 / wrinkles in cloth 천의 주름.
— v. (-kled, -kling) vt. …을 주름지게 하다, 주름을 잡다. ¶ a face wrinkled with age 나이들어 주름진 얼굴. — vi. 주름지다, 구겨지다.

wrin‧kle² [ríŋkl] n. 《구어》 1 좋은 생각(착안), 묘안. ¶ a new wrinkle 새 안(案), 새 취향 / give a person a wrinkle 좋은 지혜를 주다. 2 유행(fashion). ¶ This tie is the latest wrinkle. 이 넥타이는 최신 유행의 것이다.

wrinkled lóok n. 〔服飾〕 주름을 잡은 면이나 견직 물을 소재로 만든 새로운 의복.

wrin‧klie [ríŋkli] n. 《속어》 중년의 사람.

wrin‧kly [ríŋkli] adj. (-kli‧er, -kli‧est) 주름[살]진, 주름이 지기 쉬운, 주름진 천. ¶ a wrinkly material 주름이 지기 쉬운 천. — n. 《속어》 wrinklie.

wrist [rist] n. 1 손목; (해부) 손목 관절. 2 손재주. 3 (기계) =wrist pin.
wrist·band [rís(t)bænd] n. (셔츠 따위의) 소매끝.
wrist·let [rístlit] n. 1 (방한용·장식용의) 토시. 2 팔찌(bracelet), 팔장식. 3 《속어》 수갑(handcuff).
wrístlet wátch n. 《英》=wrist watch.
wríst pín [美] (기계) 피스톤 핀(gudgeon pin).
wríst wátch n. 팔목(손목) 시계.
wríst wréstling n. 엄지 손가락 씨름[손바닥을 맞잡지 않고 엄지 손가락만으로 하는 팔씨름의 일종].
wrist·y [rísti] adj. (-i·er, -i·est) 《스포츠》 (볼을 칠 때에) 손목을 쓰는; 손목의 힘이 센.
writ[1] [rit] n. 1 (법률) 영장; 공문서; (英) 공식 서한. ¶ a writ of execution (법률) 강제 집행 영장 / a writ of summons (법률) 소환장. 2 (고어) 서류, 문서. ¶ the Holy (or Sacred) Writ 성서(the Bible).
writ[2] [rit] v. (고어) write 의 과거·과거 분사의 하나.
‡**write** [rait] v. (**wrote** or (고어) **writ, writ·ten** or (고어) **writ, writ·ing**) vi. 1 글자를 쓰다. ¶ He can not read or write. 그는 읽기도 못쓰기도 못한다 / (~+圖) She writes well. 그녀는 글을 잘 쓴다 // (~+圖+图) Please write with a pen (in ink). 펜(잉크)으로 써 주십시오 / He wrote in English. 그는 영어로 썼다 / She is writing on white paper. 그녀는 흰 종이에 쓰고 있다.
2 편지를 쓰다, 편지를 보내다, 소식을 전하다(to ...). ¶ (~+圖) He writes home once a month. 그는 한 달에 한 번 집에 편지를 쓴다 / She wrote back. 그녀는 답장을 냈다 / (~+圖+图) I wrote to her about the accident. 나는 그녀에게 그 사고에 관해서 편지를 썼다 / He wrote to me to start at once. 그는 나에게 곧 출발하라고 편지를 보내왔다.
— **Usage** write 「편지를 쓰다」 —— write a letter to a person; write a person a letter 는 둘 다 옳지만 전후 관계로 편지임이 분명할 경우에는 그저 write to a person 이라 하는 것이 보통.
3 책을 쓰다, 문장을 쓰다, 원고를 쓰다, 저술하다; 작곡하다(compose)(on, of, about...). ¶ (~+圖+图) write on a subject 어느 테마에 관해서 쓰다 / write about America 아메리카에 관해서 쓰다 / write to a newspaper 신문에 기고하다 / write in a sonata form 소나타 형식으로 작곡하다 / He is writing for a magazine. 그는 어느 잡지에 기고하고 있다.
— vt. 1 (문자·기호 따위를)쓰다, 적다, 기입하다. ¶ write Chinese characters 한자를 쓰다 / write one's name 이름을 쓰다, 서명하다 / write a check (a postcard) 수표(엽서)를 쓰다 / write a good hand 글씨를 잘 쓰다 // (~+图+圖+图) Don't write an application in red ink. 신청서를 붉은 잉크로 쓰지 마라.
2 (소설·시 따위를)쓰다, (책을) 저술하다 (음악을) 작곡하다. ¶ write a poem (a sonnet) 시(소네트)를 쓰다 / write music 작곡하다 / He wrote five pages. 그는 5페이지 썼다 / Beethoven wrote nine symphonies. 베토벤은 아홉 개의 교향곡을 작곡했다 // (~+图+圖+图) write a book on English literature 영문학 책을 쓰다 (저술하다).
3 (남)에게 편지를 쓰다, 써 보내다, 편지로 알리다. ¶ Will you write me soon? 곧 나에게 편지를 주시겠습니까? / Please write me at your earliest convenience. 형편 닿는 대로 조속히 회답하여 주십시오 (* 이 명령은 《美》에 많으며, 《英》에서는 write to a person 으로 하는 것이 일방 (자)) / (~+图+图) / (~+图+圖+图) He wrote me a letter yesterday. =He wrote me a letter to me yesterday. 어제 그는 나에게 편지를 보내왔다 // (~+图+to do) He wrote his mother to come up to New York. 그는 어머니에게 뉴욕에 오시라고 편지를 썼다 // (~+图+that 圖) She writes me that she is going to leave there. 그녀의 편지에는 그녀가 곧 그곳을 떠날 예정이라고 쓰여져 있다 // (~+图+wh. 圖) He wrote me

when he would come to see me. 그는 언제 나를 방문할 지를 편지로 알려 왔다.
4 …을 명백히 나타내다, 인상을 주다, 명기시키다; (비명(碑銘) 따위를) 새기다, 조각하다(inscribe). ¶ (~+图+圖+图) He wrote an epitaph on a stone. 그는 돌에 비명을 새겼다 / Honesty is written in (or on) his face. 정직함이 그의 얼굴에 명백히 나타나 있다.
5 《재귀용법》…을 …이라 쓰다, 자신을 …이라 칭하다. ¶ (~+图+圖) He wrote himself 'Baron.' 그는 「남작(男爵)」이라 서명했다.
6 《that 절(節)을 수반하여》 (책 따위의 안에서) …이라 말하고 있다, …이라 쓰여 있다. ¶ (~+that 圖) The philosopher writes in one of his books that man will never be perfect. 그 철학자는 어느 책에서 인간이 완전하게 되는 일은 없을 것이라고 쓰고 있다 / It is written in the newspaper that the premier is going to resign. 그 신문에는 수상이 사직하리라고 쓰여 있다.
7 (컴퓨터) …을 써 넣다[기억 장치에 정보를 넣다].
be written large 대서 특필되어 있다, 두드러져 있다.
write down ①…을 기입하다, 써 두다. ¶ I will write down your name and address. 당신의 이름과 주소를 적어 두겠습니다. ② …을 지상(紙上)에서 공격하다 [써서] 헐뜯다; […이라고 …을 평하다; …의 액면을 깎아 내리다. ¶ Never write him down a fool. 절대로 그를 바보라고 해서는 안 된다. ③ 알기 쉽게 쓰다. ¶ write down to housewives 주부들에게 알맞도록 쉽게 쓰다.
write for ① (신문 따위)에 기고하다. ② …을 편지로 구하다. ¶ He wrote (to) me for money. 그는 나에게 돈을 보내라고 편지로 알려 왔다.
write in ① …을 써 넣다, 기입하다. ¶ write in one's diary 일기를 쓰다 / He wrote his name in the hotel register. 그는 호텔의 숙박부에 자기의 이름을 기입했다. ② 《美》 (투표 용지에 실리지 않은 사람)의 이름을 써서 투표하다.
write off ① …을 술술 쓰다, 아무렇게나 쓰다. ② …을 장부에서 지우다, 말소하다. ¶ Why don't you write off my debt, since we are good friends? 우리는 친한 사이니까 빚을 탕감해 주어도 좋지 않겠는가? ③ (가옥·기계 따위를) 감가 상각하다. ④ …을 고려하지 않기로 하다.
write out …을 상세히(전부) 쓰다, …을 다 써버리다. ¶ He wrote out fair. 그는 정서(淨書)했다 / He wrote out a report. 그는 보고를 상세히 썼다 / She sat down and wrote me out a check for the entire amount. 그녀는 앉아서 전액의 수표를 나에게 써 주었다(발행했다) / I have written myself out. 나는 이제 다 써버려서 쓸 것이 없다.
write over …을 고쳐 (다시) 쓰다; …을 가득하게 쓰다. ¶ He wrote over his letter again. 그는 편지를 또 고쳐 썼다.
write up ① …을 높은 곳에 게시하다. ¶ He is writing up a notice on the wall. 그는 벽에 게시를 하고 있다. ② …을 칭찬하여 쓰다. ③ …을 분식(粉飾) 결산하다. ④ …을 자세히 쓰다, …을 최근의 일까지 써 두다.
write-in [ráitìn] n. 《美》=write-in vote.
write-in campáign n. 《美》 [후보자를 위한] 표 모으기 운동.
write-in vóte n. 《美》 기명 투표.
write-off [ráitɔ̀ːf / -ɔ̀f] n. 1 삭제, 취소, 장부의 기록을 지우기; (세금 따위의) 공제. 2 장부 가격의 절하.
‡**writ·er** [ráitər] n. 1 쓰는 사람. 2 작가, 저자 (author); 기자(journalist). ¶ a fiction writer 소설가 / a writer for the press 신문 기자 / the present writer 필자[자기를 가리킨다]. 3 필기하는 사람, 사자생(寫字生); 《英》 서기(clerk). 4 작곡가. 5 [특히 외국어의] 작문 독습 교본.
a writer to the signet 《스코》 변호사[略 W.S.].

wríter's crámp *n.* ⓤ [병리] 서경(書痙), 손가락의 경련.

write-up [ráitʌp] *n.* **1** [구어] [신문·잡지 따위의] 기사, 보고; [특히] 칭찬하는 기사. **2** [법인 자산(資産)의] 과대 보고.

*****writhe** [raið] *v.* (**writhed** or 《고어·詩》 **writh·en** [ríðən], **writh·ing**) *vi.* 몸부림치다, 몸을 뒤틀다 (squirm), 몸부림치며 괴로와하다; 고민하다. ¶ (~+圑+용) *writhe* in agony 고민하다, 고통스러운 나머지 몸부림치다/ *writhe* with shame 치욕에 고민하다 / *writhe* under pain 괴로움에 몸부림치다. — *vt.* [몸 따위]를 비틀다, 뒤틀다; …을 몸부림치게 하다. ¶ *writhe* oneself 발버둥치다. — *n.* 몸부림; 고뇌, 고민.

‡**writ·ing** [ráitiŋ] *n.* **1** ⓤ 쓰기, 집필. ¶ at this present *writing* 이것을 쓰고 있을 때, 지금. **2** ⓤ 서법 (書法), 필적(handwriting). **3** ⓤⓒ 쓴 것, 문서, 증서, 서류; 편지(letter). ¶ by *writing* 문서로 / commit one's thought to *writing* 생각을 적어 두다 / a *writing* to the effect that... …이라는 뜻의 문서. **4** 명(銘) (inscription). **5** (~s) 저작, 문학 작품. ¶ the *writings* of Shakespeare 셰익스피어의 작품. **6** ⓤ 저술업, 문필업.

in writing 써서, 서면으로. ¶ put anything *in writing* 무엇이든지 적어 두다/ The contract should be *in writing.* 계약은 서면으로.

the writing on the wall 박두한 재난의 징조.

wríting càse *n.* 문방구 상자, 필통.
wríting dèsk *n.* [서랍·정리함 따위가 있는] 글 쓰는 책상.
wríting ìnk *n.* ⓤ 필기용 잉크. cf. printing ink
wríting màster *n.* 습자 교사.
wríting matèrials *n.pl.* 문방구.
wríting pàd *n.* [한 장씩 떼어내 쓰게 된] 편지지.
wríting pàper *n.* ⓤ 필기 용지. cf. printing paper
wríting sèt *n.* [장식적인] 문방구 한 벌.
wríting tàble *n.* 글 쓰는 책상.

‡**writ·ten** [rítn] *v.* write의 과거 분사. — *adj.* **1** 씌어진, 문서로 한, 서면으로 한, 필기의(cf. oral, verbal); 성문(成文)의. ¶ a *written* examination 필기 시험 / a *written* law 성문법 / a *written* agreement 계약서. **2** 문어의, cf. spoken ¶ *written* language 문어 / *written* English 영어의 문어. 〖맹〗

WRL 《略》 *W*ar *R*esisters' *L*eague (전쟁 저항자 동맹).
WRM 《略》 *w*ar *r*eserve *m*aterial (비축 자재).
W.R.N.S. 《略》 *W*omen's *R*oyal *N*aval *S*ervice (영국 해군 여군 부대). cf. Wren
wrnt. 《略》 *w*arrant.

‡**wrong** [rɔːŋ / rɔŋ] *adj.* (*opp.* right) **1** [도의(道義) 상] 나쁜, 옳지 못한, 그릇된, 부정한(sinful, immoral). ¶ *wrong* behavior 옳지 못한 행동 / a *wrong* decision 부정한 결정 / It is *wrong* to tell a lie. 거짓말하는 것은 나쁘다 / It was *wrong* of you to laugh at him. 그를 비웃은 것은 네가 나빴다 / Have I done anything *wrong*? 내가 무슨 잘못이라도 했습니까?
2 [사실·진리 따위에서] 빗나간, 잘못되어 있는, 틀린 (mistaken, erroneous). ¶ a *wrong* estimate 틀린 평가 / a *wrong* answer 틀린 답 / a *wrong* statement 잘못된 진술 / a *wrong* opinion 틀린 의견 / You have brought the *wrong* book. 너는 다른 책을 가지고 왔다 / I took the *wrong* train. 나는 열차를 잘못 탔다 / Sorry, *wrong* number. = I am sorry, you have the *wrong* number. [전화에서] 번호가 틀렸습니다 / You came on the *wrong* day. 너는 날짜를 잘못 알고 왔다.
3 부적당한 (inappropriate). 난처한, 서투른. ¶ the *wrong* thing to say 이야기해서는 안 되는 일.
4 반대의, 뒤의, 뒤바뀐. ¶ This is the *wrong* side of the cloth. 이것은 천의 안쪽이다 / The wind is blowing the *wrong* way. 바람은 역방향으로 불고 있다, 역풍이다.
5 고장난, 형편이 나쁜, 상태가 나쁜(*with*...). ¶ My watch is *wrong*. 내 시계는 고장났다 // What's *wrong* with her? 그녀에게 무슨 잘못된 일이라도 있나? / There's something *wrong with* the television. 텔레비전이 어딘가 고장이 나 있다 / What's *wrong* with you? [구어] 그것이 어떻단 말이냐 (그것을 인정 좋지 않으냐)?
6 머리가 이상한, 미친(insane). ¶ He is *wrong* in the head. 그는 머리가 돌았다.

come to the wrong shop ⇨ SHOP.
get hold of the wrong end of the stick ⇨ STICK.
on the wrong side of ⇨ SIDE.

— *adv.* **1** 나쁘게, 부정하게. ¶ right or *wrong* 좋으나 나쁘나. **2** 잘못되어, 틀리게, 부당하게. ¶ answer *wrong* 답을 틀리다 / do a thing *wrong* 일을 그르치다 / guess *wrong* 추측을 잘못하다 / do a sum *wrong* 계산을 틀리다. **3** 방향을 틀려서(astray). ¶ lead a person *wrong* 남을 현혹시키다, 방향을 틀리게 하다; 남에게 잘못된 것을 가르치다. **4** 상태가 나빠서; 그릇되어.

get in wrong with 《美구어》 …에게 미움받다.
get it wrong 계산을 틀리다; 오해하다.
go wrong 길을 잘못 들다, 길을 잃다; 타락하다; 어긋나다, 상태가 나빠지다; 실패하다. ¶ Everything went *wrong*. 만사가 나빠졌다.
put a person in wrong 남을 그르치다 (어지럽히다).

— *n.* **1** ⓤ [도덕적] 악, 사악(邪惡), 무도(無道), 죄. *opp.* right ¶ right and *wrong* 정사(正邪) / know the right from the *wrong* 옳고 그름을 분별하다 / do *wrong* 나쁜 짓을 하다. **2** ⓤⓒ 부당(부정)한 행위 (injustice). ¶ complain of one's *wrongs* 잘못된 대우를 호소하다. **3** 비행, 나쁜 짓. **4** ⓤⓒ 틀림, 과실, 잘못. ¶ He repentantly admitted his *wrongs*. 그는 후회하고 자기의 잘못을 인정했다. **5** ⓤⓒ 불법 행위, 권리의 침해; 학대. ¶ suffer *wrong* 학대를 받다. **6** ⓤⓒ 손해, 해.

do a person [a] wrong 남에게 나쁜 짓을 하다, 남을 학대하다; 오해하다.
in the wrong [태도·행동이] 잘못된.
put a person in the wrong 틀린 것을 남의 탓으로 돌리다, 남의 잘못된 것을 밝히다.

— *vt.* …에 나쁜 짓을 하다, …을 부당하게 다루다, 학대하다; …을 모욕을 주다. ¶ I have *wronged* you in believing you unfaithful. 너를 불실하다고 생각한 것은 내 잘못이었다.

◇ *wrongful, wrongous adj.,* **wrongly** *adv.*

wrong-do·er [rɔ́ːŋdùː(ː)ər, ⌐⌐ / rɔ́ŋ-] *n.* 나쁜 짓을 하는 사람, 비행자; 가해자, 범인 (offender).
wrong-do·ing [rɔ́ːŋdùː(ː)iŋ, ⌐⌐ / rɔ́ŋ-] *n.* ⓤ 나쁜 짓을 하기, 불법 행위, 비행; 범죄 (offence).
wrong·ful [rɔ́ːŋfəl / rɔ́ŋ-] *adj.* **1** 나쁜, 사악한 (wicked). **2** 부정한, 부당한, 불법의 (unlawful). ¶ a *wrongful* act 불법 행위 / *wrongful* dismissal 부당 해고. **~·ly** [-fəli] *adv.* **~·ness** *n.*
wrong-head·ed [rɔ́ːŋhédid / rɔ́ŋ-] *adj.* 생각이 틀린, 완고한 (obstinate). **~·ly** *adv.* **~·ness** *n.*

*****wrong·ly** [rɔ́ːŋli / rɔ́ŋ-] *adv.* **1** 나쁘게, 부정하게, 잘못해서. ¶ a word *wrongly* pronounced 잘못 발음된 말 / The word is *wrongly* spelled. 그 말은 철자가 잘못되어 있다 / This parcel is *wrongly* addressed. 이 소포는 주소 성명이 잘못되어 있다. **2** 나쁘게, 부당하게, 불법으로.

wrong·ness [rɔ́ːŋnis / rɔ́ŋ-] *n.* ⓤ 틀려 있음, 잘못, 부정, 불법, 부당.
wróng númber *n.* **1** 잘못된 전화(를 받은 사람). **2** 《속어》 부적당한 사람(것), 착오.
wrong-o [rɔ́ː(ː)ŋou] *n.* (*pl.* **wrong-os**) 《속어》 비행자, 무법자, 악인.
wrong·ous [rɔ́ːŋəs / rɔ́ŋ-] *adj.* 부정한 (wrongful); 불법의, 위법의 (illegal); 부적당한 (unfitting).

‡**wrote** [rout] *v.* write의 과거형.
wroth [rɔːθ / rouθ, rɔ(ː)θ] *adj.* 1 《서술용법》화가 난(angry), 격노한(wrathful). 2 [바람 따위가] 사나운. ¶ a *wroth* sea 사나운 바다.
***wrought** [rɔːt] *v.* 《고어》work의 과거·과거 분사의 하나. —— *adj.* 1 [노력을 들여] 만들어진(formed). ¶ a beautifully *wrought* statue 아름답게 본떠 만들어진 조상(彫像). 2 가공한(manufactured);정련(精鍊)한, 단련한; 세공한. ¶ *wrought* goods 가공품 / *wrought* silver 은 세공품.
wróught íron *n.* Ⓤ 연철(鍊鐵). *cf.* cast iron
wrought-up [rɔ́ːtʌ́p] *adj.* 흥분한(excited); [마음이] 초조한.
***wrung** [rʌŋ] *v.* wring의 과거·과거 분사.
W.R.V.S. 《略》《英》 *W*omen's *R*oyal *V*oluntary *S*ervice(여성 자원 봉사대).
***wry** [rai] *adj.* (**wry·er** *or* **wri·er, wry·est** *or* **wri·est**) 1 얼굴을 찌푸린. ¶ a *wry* smile 고소(苦笑), 쓴웃음 / make a *wry* face 얼굴을 찡그리다. 2 비뚤어진, 뒤틀린, 굽은(distorted). ¶ a *wry* mouth 비뚤어진 입 / a *wry* nose [콧날이] 구부러진 코. 3 [뜻을] 비꼰, 억지로 맞추는(perverted); 짐작이 틀린(misdirected); 심술궂은, 성질이 비뚤어진. —— *vt., vi.* (**wried, wry·ing**) …을 비틀다, 뒤틀다; 비틀리다, 뒤틀리다.
~**·ly** *adv.* ~**·ness** *n.*
wry·mouthed [ráimàuðd, +美 -màuθt] *adj.* 1 입이 비뚤어진, 입을 비뚤이지게 한. 2 심술궂은, 빈정대는.
wry·neck [ráinèk] *n.* 1 사경(斜頸) (*cf.* torticollis); 목이 구부러진 사람. 2 개미잡이[딱다구리의 일종].
wry·necked [ráinèkt] *adj.* 목이 구부러진.
WS, W.S. 《略》 *W*est *S*axon; *w*riter to the *s*ignet(변호사); 《컴퓨터》 *w*ork *s*tation(작업 단말[정보처리 시스템에 연결된 독립작업이가능한 단말]); *w*ater *s*ports.
WSC 《略》 *W*orld *S*tudent *C*ouncil.
WSI 《略》《전자공학》 *w*afer *s*cale *i*ntegration(웨이퍼 규모의 LSI(고밀도 집적 회로)).
WSJ 《略》 [The] *W*all *S*treet *J*ournal(월 스트리트 저널[미국의 대표적인 경제 전문지]).
W.S.P.U. 《略》 *W*omen's *S*ocial & *P*olitical *U*nion.
WSW, W.S.W., w.s.w. 《略》 *w*est-*s*outh*w*est.
WT 《略》 *w*ireless *t*elegraphy(*t*elephone, *t*elephony).
wt. 《略》 *w*eigh*t*.
WTA 《略》 《정구》 *W*omen's *T*ennis *A*ssociation(여자 테니스 협회).
WTO 《略》 *W*orld *T*rade *O*rganization ([Uruguay Round 의 타결로 GATT 를 개편해 1995년 1월 발족한 세계 무역 기구); *W*orld *T*ourism *O*rganization(세계 관광 기구).
WTUC 《略》 *W*orld *T*rade *U*nion *C*enter([뉴욕의]세계 무역 센터).
Wu·chang [wúːtʃɑ́ːŋ] *n.* 무창(武昌)[중국 동부의 도시. 양자강과 한수(漢水)의 합류점에 있다].
wul·fen·ite [wúlfənàit] *n.* Ⓤ 《광산》수연 연광(水鉛鉛鑛), 몰리브덴 연광.
Wup·per·tal [vúpərtàːl] *n.* 부퍼탈[독일 서부의 공업 도시].
wurst [wəːrst] *n.* =sausage 1. 〔<G〕
W. Va. 《略》 *W*est *V*irginia.
WWB 《略》 *w*omen's *w*orld *b*anking(여성의 사업을 지원하는 국제 보증 기관).
WWF 《略》 *W*orld *W*ildlife *F*und(세계 야생 생물 기금); *W*orld *W*restling *F*ederation(세계 레슬링 연맹).
WWMCCS 《略》《군사》 *W*orld-*W*ide *M*ilitary *C*ommand and *C*ontrol *S*ystem(전세계 군사 지휘 통제 시스템).
W.W.I 《略》《주로 美》 *W*orld *W*ar *I*.
W.W.II 《略》《주로 美》 *W*orld *W*ar *II*.
WWW 《略》 *W*orld *W*eather *W*atch(세계 기상 관측 계획); *W*orld *W*ide *W*eb.
Wy. 《略》 *Wy*oming.
Wy·an·dot [wáiəndàt / -dɔ̀t] *n.* (*pl.* **-dots** *or* **-dot**) 1 와이언도트족[원래 Huron 족의 한 부족]. 2 Ⓤ 와이언도트(語)[Huron 어의 한 방언(方言)].
Wy·an·dotte [wáiəndàt / -dɔ̀t] *n.* 1 미국 Michigan 주 서남부의 도시. 2 와이언도트종(種)[의 닭].
wych- *pref.* 수목(樹木) 이름에 쓰인다. 예: *wych*-elm, *wych*-hazel.
wych-elm, witch-elm [wítʃèlm, ˌˌˌ] *n.* [유럽산(產)의] 양느릅나무의 일종.
wych-ha·zel [wítʃhéizl] *n.* = witch hazel.
Wyc·lif·fite [wíklifàit] *adj.* Wycliffe [파]의.
—— *n.* Wycliffe 파[의 사람].
wye [wai] *n.* 1 Y자, Y자형[의 물건]. 2 〔전기〕 Y자 모양의 회로(回路).
Wyke·ham·ist [wíkəmist] *adj.* 영국 Winchester College 의. —— *n.* Winchester College의 학생(출신자). 〔<Wykeham: Winchester College의 창설자〕
wynd [waind] *n.* 《스코》 소로(小路), 골목길, 샛길.
Wyo. 《略》 *Wyo*ming.
***Wy·o·ming** [waióumiŋ] *n.* 미국 서북부의 주[주도(州都) Cheyenne; 略 Wyo., Wy.]. 〔~람〕.
Wy·o·ming·ite [waióumiŋàit] *n.* Wyoming 주의 사람.
WYSIWYG, wisiwyg [wízwig] 《略》《컴퓨터》 *w*hat *y*ou *s*ee *i*s *w*hat *y*ou *g*et (화면에 표시된 대로 [종이에] 출력하는 것).
wy·vern [wáivə(ː)rn] *n.* 《紋章》 =wivern.
WZC 《略》 *W*orld *Z*ionist *C*ongress(세계 시온 협회[유대 민족 운동의 하나]).

X

X, x [eks] *n.* (*pl.* **X's** or **Xs**; **x's** or **xs** [éksiz]) **1** 영어 알파벳의 스물 넷째 자. ¶ *X* for *X-ray* *X-ray* 의 X [국제 전화 통화 용어]. **2** X(x)가 나타내는 소리. **3** [연속된 것 중의] 스물 넷째의 사람(물건). **4** [첫째의] 미지수(양); 미지의 사람(것). **5** X(x)자 형(의 물건). **6** 로마 숫자의 10. ¶ XX=20, XVII=17. **7** (美俗어) 10달러 지폐. **8** (美) 성인 영화의 기호[NC-17로 바뀜]. *cf.* NC-17 **9** 문맹자가 서명 대신에 쓰는 기호. **10** 편지의 맨 끝에 적는 kiss의 표시. **11** =Christ; Christian.

x (略) (종종 X) cross; ex¹; experimental; extra.

x [eks] *vt.* (**x-ed** or **x'd** [ekst], **x-ing** or **x'ing**) …을 ×표로 지우다 (…*out*), …에 ×표를 하다. ¶ *x out* an error 잘못된 곳에 ×표를 하여 지우다.

xan·a·du [zænədjùː] *n.* **1** 도원향(桃源鄉). **2** 전원미가 있는 지방(마을). [< 영국 시인 T. Coleridge 작 *Kubla Khan*에 나오는 중국 원대(元代)의 지명].

xanth- ⇒ XANTHO-.

xan·thate [zǽnθeit] *n.* [화학] 크산토겐산염(酸鹽).

xan·the·in [zǽnθiin] *n.* ⓤ 노란꽃의 색소 [가용성], 황화(黃花) 색소.

xan·thic [zǽnθik] *adj.* **1** 황색의, (꽃이) 노란. *cf.* cyanic **2** [화학] 크산틴(xanthine)의, 크산틴에서 얻을 수 있는.

xan·thin [zǽnθin] *n.* ⓤ [불용성] 황화(黃花) 색소. *cf.* xanthein

xan·thine [zǽnθi(ː)n] *n.* ⓤ [생화학] 크산틴 [혈액·오줌 따위에 들어 있는 백색의 유기물].

Xan·thip·pe [zæntípi] *n.* **1** 크산티페 [소크라테스 (Socrates)의 아내]. **2** 바가지 긁는 아내, 악처; 잔소리가 심한 여자.

xantho- yellow라는 뜻의 연결형(* 모음 앞에서는 xanth-를 쓴다). 예: *xantho*phyll.

Xan·thoch·roi [zænθákrəwài / -θ5k-] *n. pl.* (때로 X-) 밝은 빛의 머리털과 흰 피부를 가진 코카서스 인종. *cf.* melanochroi

xan·tho·chroid [zǽnθəkrɔ̀id] (인류) *adj.* 황백 인종의. — *n.* 황백 인종의 사람.

xan·tho·ma [zænθóumə] *n.* (*pl.* **-mas, -ma·ta** [-mətə]) 황색종(黃色腫) [피부병의 일종].

xan·tho·mel·a·nous [zænθo(u)mélənəs] *adj.* 검은 머리털에 올리브빛(노란빛)의 피부를 가진.

xan·tho·phyll [zǽnθəfil] *n.* ⓤ [생화학] [잎의 색소], 엽황소(葉黃素).

xan·thop·si·a [zænθápsiə / -θ5p-] *n.* [의학] 황시증(黃視症).

xan·thous [zǽnθəs] *adj.* **1** 노란(yellow), 노르스름한. **2** 황색(몽고) 인종의.

Xan·tip·pe [zæntípi] *n.* =Xanthippe.

x-ax·is [éksæksis] *n.* (*pl.* **x-ax·es** [-siːz]) [수학] x축 (軸).

x-bod·y [éksbàdi / -bɔ̀di] *n.* X 체 [식물의 바이러스병 특유의 부정형 봉입체(封入體)].

xc, xcp (略) [증권] *ex coupon* (이자락(利子落)).

X-C [éksíː] *n., adj.* [스키] 크로스 컨트리(의). ¶ *X-C* skiing 크로스 컨트리 스키 경기. *cf.* cross-country

X chrómosòme [생물] X 염색체 [암·수 결정의 주된 소인이 되는 성(性) 염색체]. *cf.* Y chromosome

x.d., x-div. (略) [증권] *ex div*idend (배당락(落)).

Xe [화학] xenon의 원자 기호.

xe·bec [ziːbek] *n.* 지베크 [지중해에서 볼 수 있는 소형 세 돛대 범선].

xen- ⇒ XENO-.

xe·ni·a [ziːniə] *n.* ⓤⓒ [식물] 크세니아 [꽃가루가 배아(胚芽)가 아닌 과실·종자에 직접 미치는 영향].

xe·ni·al [ziːniəl] *adj.* 주객간의, 주객 관계의.

xeno- alien, strange, guest 라는 뜻의 연결형(* 모음 앞에서는 xen-을 쓴다). 예: *xeno*gamy, *xeno*lith.

xe·no·bi·ol·o·gy [zèno(u)baiάlədʒi / -ɔ́l-] *n.* ⓤ 우주 생물학.

xe·no·cur·ren·cy [zèno(u)kə́ːrənsi / -kʌ́r-] *n.* ⓤ 본국외(本國外) 유통 통화 [유로 달러 따위].

xe·nog·a·my [zinǽgəmi / -nɔ́g-] *n.* ⓤ [식물] 타가(他家) (타화(他花)) 수분(受粉).

xen·o·gen·e·sis [zènədʒénisis] *n.* [생물] **1** =heterogenesis 1. **2** 완전 변이(變異) 세대.

xen·o·glos·sia [zèno(u)glásiə / -glɔ́s-] *n.* ⓤ [심령 술] 미지의 언어를 사용하고 이해하는 초능력.

xen·o·graft [zénəgræft / -grὰːft] *n.* [생물] 이종(異種)의 개체로부터의 조직 이식.

xen·o·lith [zénəliθ] *n.* [암석] 포획암 [화성암 중에 포함되어 있는 다른 종류의 암석편].

xe·non [zíːnɑn, zé- / zénɔn] *n.* ⓤ [화학] 크세논 [희(稀)가스류의 원소의 하나; 원자 기호 Xe].

xen·o·phile [zénəfàil] *n.* 외국[인]을 좋아하는 사람.

xen·o·phobe [zénəfòub] *n.* 외국[인]을 싫어하는 사람.

xen·o·pho·bi·a [zènəfóubiə, -bjə] *n.* ⓤ 외국[인] 공포(혐오)증.

X'er [éksər] *n.* X 세대(Generation X)의 사람, 베이비 붐 이후 세대의 사람(baby buster).

xer- ⇒ XERO-.

xe·ric [zíːrik / zíərik] *adj.* [생태] (토지 따위가) 건성(乾性)인; [식물 따위가) 내건성의(耐乾性)인, 건생(乾生)의.

xero- dry라는 뜻의 연결형(* 모음 앞에서는 xer-를 쓴다). 예: *xero*phyte.

xe·ro·der·ma [zí(ː)rədəːrmə / zíər-] *n.* [병리] 건피증(乾皮症) [피부가 건조하여 굳어지는 병].

xe·ro·gel [zí(ː)rədʒel / zíər-] *n.* [화학] 크세로젤 [다공성(多孔性) 건조 겔의 총칭].

xe·ro·gram [zí(ː)rəgræm / zíər-] *n.* 전자(제록스) 복사.

xe·rog·ra·phy [zirάgrəfi / zərɔ́g-] *n.* ⓤ 제로그라피, [정전(靜電)] 전자 사진, 정전 복사법.

xe·roph·i·lous [zirάfiləs / -rɔ́f-] *adj.* **1** [식물] 건조 지대에서 자라는(기에 알맞는). **2** [동물] 건조지에 사는.

xe·roph·thal·mi·a [zì(ː)rɑfθǽlmiə / zìərɔːf-] *n.* ⓤ [안과] 안구 건조증.

xe·ro·phyte [zí(ː)rəfàit / zíər-] *n.* 건생(乾生) 식물.

xe·ro·phyt·ic [zí(ː)rəfítik / zíər-] *adj.* 건생 식물의.

xe·ro·ra·di·og·ra·phy [zì(ː)rəréidiάgrəfi / zìərəréidiɔ́g-] *n.* ⓤ 제로라디오그라피, 건조 방사선 사진술.

xe·ro·sis [zirόusis] *n.* ⓤ [의학] 피부·안구 따위의 건조증(乾燥症).

Xe·rox [zí(ː)rɑks/zíərɔks] *n.* [상표명] 제록스 [전자 복사 장치], ⓒ 제록스에 의한 복사(copy). — *vt., vi.* 제록스로 복사하다, (x-) xerography로 인쇄(복사)하다. ¶ Get this *xeroxed*. 이걸 복사해 주시오.

xi [zai, sai / sai, gzai] *n.* 크사이(그리스 알파벳의 열 넷째 자(Ξ, ξ)의 명칭; 영어의 X, x에 해당].

x̃ ín, x in, x-i, x.i., x int, x-int., x.int. 《略》 ex(=without) *interest* 이자락(利子落).
XING [krósiŋ, krás-] *n.* [교통 표지에서] 동물의 횡단 지점. ¶ DEER *XING* 《게시》 사슴 횡단 지점.
Xin·hua·she [ʃínhuá:ʃá] *n.* 신화사(新華社) 〔중국의 국영 통신사〕.
-xion *suf.* 《주로 英》 -tion 의 변형 〔동작·상태를 나타내는 명사 어미〕. 예: connexion, inflexion.
xí párticle *n.* 〔물리〕크사이 입자(粒子) 〔소입자의 하나〕.
xiph- ⇒ XIPHO-.
xiph·i·as [zífiəs] *n.* (*pl.* -ias)=swordfish.
xiph·i·ster·num [zífistə́:rnəm] *n.* (*pl.* -na [-nə]) 〔해부〕검상 돌기(劍狀突起) 〔흉부의 하단에 돌출한 돌기〕.
xipho-, xiphi- swordlike 라는 뜻의 연결형 (* 모음 앞에서는 xiph-를 쓴다). 예: *xiph*oid.
xiph·oid [zífɔid] 〔해부·동물〕 *adj.* 검(劍) 모양의. — *n.* 검상 돌기(劍狀突起).
X-it [éksit] *n.* 《美속어》=Exit.
XL 《略》 *extra large*(특대의).
XLP《略》*extra long-playing* [record] (초 LP 음반).
‡Xmas [krísməs, 《속어》 éksməs] *n.* =Christmas. [<Gk x[ΡΙΣΤΟΣ] Christ+-MAS]
xn. 《略》 Christian.
Xnty., Xty. 《略》《드물게》 Christianity.
XO [káiróu, kí:-] *n.* 그리스도를 나타내는 복합 문자 〔♁로도 나타낸다, Christ 에 해당하는 그리스문자 ΧΡΙΣ-ΤΟΣ 의 앞의 2자〕.
xo·a·non [zóuənàn/-nɔ̀n] *n.* (*pl.* -na [-nə]) 〔고대 그리스의〕 원시적인 목각(木刻) 신상(神像).
X·o·graph [éksəgræ̀f/-grà:f] *n.* 《상표명》 3차원 복사 사진〔술〕.
XOR 《略》 〔컴퓨터〕 exclusive OR.
XP [káirou, kí:-] *n.* 그리스도를 나타내는 복합 문자 〔♁로도 나타낸다, Christ 에 해당하는 그리스문자 ΧΡΙΣ-ΤΟΣ 의 앞의 2자〕.
XR *n.* 《출판》「반품 불가」의 뜻의 기호 [<X+R[ETURN]]
X-ra·di·ate [éksrèidieit] *vt.* […에] X 선을 쬐이다.
X-ra·di·a·tion [èksreidiéiʃən] *n.* Ⓤ X 선 조사(照射).
X-rat·ed [éksrèitid] *adj.* 《美》〔영화가〕성인용의, 미성년 관람 금지로 지정된; 포르노물의, 프로노물인.
*X-ray [éksrèi] *n.* 1 (~s) 엑스선, 뢴트겐선(Roent-gen rays). 2 뢴트겐 사진. ¶ This is my *X-ray*. 이것은 나의 뢴트겐(엑스레이) 사진이다. 3 《형용사적 용법》엑스선의. ¶ an *X-ray* examination 엑스선 검사 / an *X-ray* picture (*or* photograph) 엑스선 사진. — *vt.* …을 엑스선으로 진찰(치료)하다; …의 엑스선 사진을 찍다. [<G *X-strahlen*: 그 영역(英讀), 처음에는 그 성질이 밝혀지지 않았기 때문에 X 라 했다]
X̃-rãy astrónomy *n.* Ⓤ X 선 천문학[X 선 별들을 연구하는 학문].〔법〕.
X̃-rãy diffráction *n.* Ⓤ 〔물리〕엑스선 회절(回折)〔법〕.
X̃-rãy làser *n.* 〔군사〕X 선 레이저〔초강력 레이저〕.
X̃-rãy machíne *n.* 《美속어》 자동차 속도 측정 장치.
X̃-rãy nòva *n.* 〔천문〕 X 선 신성(新星).
X̃-rãy pùlsar *n.* 〔천문〕X 선 펄사[X 선을 방사(放射)하는 전파 천체].
X̃-rãy sàtellite *n.* 〔천문〕X 선 위성[천체의 X 선 관측용 인공 위성].
X̃-rãy tèlescope *n.* 〔천문·光學〕X 선 망원경[우주 X 선원(源) 관측 기기].
X̃-rãy thérapy *n.* 〔의학〕엑스선 요법.
X̃-rãy tùbe *n.* X 선관(管).
Xt. 《略》 Christ.
XTC, xtc *n.*《속어》환각제(ecstasy).
Xtian. 《略》 Christian.
Xtra [ékstrə] *n.* 1 호외. 2 〔영화〕엑스트러.
xu [suː] *n.* (*pl.* ~) 베트남의 화폐 단위 (= $^1/_{100}$ dong = $^1/_{10}$ hao); 1xu 짜리 주화.
Xty. 《略》=Xnty.
x-u·nit [éksjùːnit] *n.* 〔물리〕엑스 단위 [엑스선·감마선의 파장 측정에 쓰이다; 略 Xu, xu].
XX *n.* 고감도 필름(double X); 알코올 성분이 많은 맥주; 《속어》=double cross.
XXX *n.* 초고감도 필름(triple X); 가장 독한 맥주〔의 기호〕; 《속어》본격적 포르노〔의 기호〕.
xyl- ⇒ XYLO-.
xy·lan [záilæn] *n.* Ⓤ 〔화학〕 크실란〔펜토산의 일종으로 목질부(木質部)·짚 따위의 세포막에 함유되어 있다〕.
xy·lem [záilim, -lem] *n.* Ⓤ 〔식물〕 목질부(木質部).
xy·lene [záili:n] *n.* Ⓤ 〔화학〕 크실렌, 크실롤(xylol) 〔염료의 원료〕.
xy·li·tol [záilitòul, -tàl] *n.* 크실리톨〔설탕을 대신하는 천연 감미료로서 과일·야채에서 추출〕.
xylo- wood 의 뜻의 연결형 (* 모음 앞에서는 xyl-을 쓴다). 예: *xylo*phone. 「(樹)」.
xy·lo·carp [záiləkà:rp] *n.* 〔식물〕 경목질과〔硬木質果〕
xy·lo·car·pose [zàiləká:rpəs] *adj.* 〔식물〕경목질과(果)가 열리는.
xy·lo·gen [záilədʒən] *n.* 〔식물〕 목질(木質)(xylem).
xy·lo·graph [záiləgræ̀f/-grà:f] *n.* 목판화; 목판.
xy·log·ra·pher [zailɔ́grəfər/-lɔ́g-] *n.* 목판화공(工), 조판공(影版工).
xy·lo·graph·ic [zàiləgrǽfik] *adj.* 목판술의.
xy·log·ra·phy [zailɔ́grəfi/-lɔ́g-] *n.* Ⓤ 목판술.
xy·loid [záilɔid] *adj.* 목재와 비슷한; 목질의.
xy·lol [záiloul] *n.* =xylene.
xy·lon·ite [záilənàit] *n.* =celluloid.
xy·loph·a·gous [zailɔ́fəgəs, -lɔ́f-] *adj.* 〔어떤 종류의 곤충의 애벌레 따위가〕나무를 먹는; 나무에 구멍을 뚫는.
xy·lo·phone [záiləfòun, zíl-] *n.* 목금(木琴), 실로폰.
xy·lo·phon·ist [záiləfòunist, zailəfóun-, zi-/záiləfòun-, zailəfɔ́un-, zi-] *n.* 목금 연주자.
xy·lose [záilous] *n.* Ⓤ 〔화학〕 크실로스, 목당(木糖) 〔당의 일종. 목재·짚 따위에 함유되어 있다〕.
xy·lot·o·my [zailátəmi/-lɔ́t-] *n.* 〔검경용(檢鏡用)으로] 목재(木質)를 얇게 절단하는 방법.
xyst [zist] *n.* 1 〔고대 그리스·로마에서 실내 경기장으로 사용했던〕 지붕 있는 열주식(列柱式) 포치. 2 〔고대 로마 대저택의〕 정원 안의 가로수가 심어진 산책길.
xys·ter [zístər] *n.* 〔의학〕 골막 박리기(骨膜剝離器).
xys·tus [zístəs] *n.* (*pl.* -ti [-tai]) =xyst.
XYZ [èkswàizí:/-zéd] *interj.* 《美속어》 대문〔바지 지퍼〕이 열렸어! [<*E*xamine *y*our *z*ipper!]

Y

Y, y [wai] *n.* (*pl.* **Y's** *or* **Ys; y's** *or* **ys**) **1** 영어 알파벳의 스물 다섯째 자. ¶ Y for Yellow Yellow 의 Y [국제 전화 통화 용어]. **2** Y(y)가 나타내는 소리. **3** [연속된 것 중의] 스물 다섯째의 사람(물건). **4** [제2의] 미지수(량). *cf.* x **5** Y(y)자 형 [의 물건]. **6** 중세 로마 숫자의 150.
Y [화학] yttrium 의 원자 기호.
y- *pref.* [고어] 과거 분사를 나타내는 접두사. 예: yclad (=clad).
-y¹ *suf.* 형용사 어미(* -y 가 붙는 말의 어미의 묵음(默音) e 는 떨어져나가는 경우와 그대로 남는 경우가 있다. 단음절어에서 단(短)모음 다음에 오는 어미의 단일 자음자는 중복된다. 어미가 y 로 끝나는 말에는 그대로 ey 를 붙이거나 y 를 i 로 바꾸어 y 를 붙인다). **1** 명사에 붙어서, 「…의 성질을 가진」「…인 것 같은」「…에 찬」「…으로 이루어진」의 뜻을 나타낸다. 예: dirty, watery, mir[e]y(←mire), muddy(←mud), clayey(←clay), skiey(←sky). **2** 동사에 붙어서, 「…의 경향이 있는」의 뜻을 나타낸다. 예: clingy, sleepy, chatty(←chat), criey(←cry). **3** 특히 빛깔을 나타내는 형용사에 붙어서, 「약간 …빛을 띤」의 뜻을 나타낸다. 예: yellowy, whity(←white). **4** 시(詩)에서 형용사에 붙는다. 의미상의 변화는 없다. 예: steepy.
-y² *suf.* * 말 형성상의 주의 사항에 대해서는 ⇨-y¹. **1** 지소형(指小形) 접미사, 단음절의 인명·동물명 따위의 명사, 때로는 단음절의 형용사에 붙어서 친애의 뜻을 나타내는 명사를 만든다(* 때로는 -ie 가 된다). 예: Johnny(←John), piggy(←pig), doggie(←dog), lassie(←las), darky, fatty(←fat). **2** 다음절(多音節)의 명사·형용사의 제 1음절 이외의 부분에 대신 붙어서 그 말의 구어형을 만든다. 예: nighty(← nightdress), comfy(← comfortable).
-y³ *suf.* 명사 어미. 라틴어의 -ia(프랑스어에서는 -ie)에 유래하는 추상 명사를 만든다. 예: fury, glory, victory.
-y⁴ *suf.* 명사 어미. 라틴어의 -atus, -ata, -atum (프랑스어에서는 -é, -ée)에 유래하며 어떤 동작의 결과로 얻어지는 것을 나타낸다. 예: deputy, assembly, treaty.
y. (略)(종종 Y.) yard; year; yellow; yen; yeoman, yeomanry; younger, youngest; your.
Y, Y. (略) Y.M.C.A., Y.M.H.A., Y.W.C.A., Y.W.H.A.
ya¹ [jə] *pron.* (속어) (美)=you, your.
ya² [jɑː] *n.* (속어) =yah².
yab·ber [jǽbər] *n.* (濠) =jabber.
‡yacht [jɑt / jɔt] *n.* 요트; [개인 소유의] 호화 유람선. ── *vi.* 요트를 타다(로 달리다); 요트로 경주하다.
yácht clùb *n.* 요트 클럽.
yacht·ing [jɑ́tiŋ / jɔ́t-] *n.* □ 요트 타기, 요트 놀이. ¶ go yachting 요트타러 가다. ── *adj.* 요트 타기(놀이)의.
yachts·man [jɑ́tsmən / jɔ́ts-] *n.* (*pl.* **-men** [-mən]) 요트 조종자(소유자); 요트 놀이를 좋아하는 사람.
yachts·man·ship [jɑ́tsmənʃip / jɔ́ts-] *n.* □ 요트 조종법.
yachts·wom·an [jɑ́tswùmən / jɔ́ts-] *n.* (*pl.* **-women** [-wìmin]) 여성 요트 조종자(소유자); 요트 놀이를 좋아하는 여성.
yack·e·ty-yak [jǽkitijǽk] *n.* (속어) 실없는 잡담. ── *vi.* (**-yakked, -yak·king**) 실없는 말을 지껄여대다.
yaff [jæf] *vi.* (스코·北英) 짖다(bark).

yaf·fle, -fil [jǽfl] *n.* (英) 청딱다구리 [딱다구리의 일종].
YAG [jæg] *n.* [화학] 야그, 이트륨석류석 [레이저 광선 발생에 사용되는 이트륨과 산화 알루미늄의 인조 결정(結晶)]. [<*y*ttrium *a*luminum *g*arnet]
ya·ger [jéigər] *n.* =jaeger.
Yá·gi ǽerial [jɑ́ɡi(ː)-, jǽɡi(ː)-] *n.* [통신] [텔레비전 수신용의] 팔패 모양의 안테나. [<발명자인 일본인 Yagi(八木秀大: 1886-1976)의 이름]
yah¹ [jɑː] *interj.* **1** 야, 여 [담답함·조롱 따위를 나타낸다]. **2** (美구어)=yes.
yah², **ya**² [jɑː] *n.* 여피족(族)(yuppie). [<yes 대신 yah 를 쓰는 데서]
Ya·hoo [jáːhuː, jéi-, jəhúː / jəhúː] *n.* (*pl.* **-hoos**) **1** 야후 [영국 작가 Swift 작 *Gulliver's Travels* 속에 나오는 사람 모습을 한 짐승]. **2** (y-) 버릇없고 거친 사람. **3** (y-) (美) 시골뜨기(yokel).
Yah·weh, -ve [jɑ́ːwe / -vei] *n.* =Yahweh.
Yah·weh [jɑ́ːwe / -wei] *n.* 야훼 [히브리인의 신. 문자에 따라 히브리어에서 신(하나님)을 나타내는 4문자 YHWH 의 자역(字譯)으로서 사용된다]. *cf.* Jehovah
Yah·wism [jɑ́ːwiz(ə)m] *n.* □ **1** Yahweh 신앙. **2** 고대 히브리인의 신앙.
Yah·wist [jɑ́ːwist] *n.* 야휘스트 [구약 성서에서 하나님을 Elohim 이 아닌 Yahweh 라 부르고 있는 부분의 저자]. ⇨ ELOHIST
yak¹ [jæk] *n.* (*pl.* **yaks** *or* **yak**) 야크 [티벳 고원 지대에 사는 털이 긴 소]. [<Tibetan *gyak* 야크]
yak² [jæk] *n.*, *vi.* (**yakked, yak·king**) (속어) =yackety-yak.
yak³ [jæk, jɑːk] *n.* (속어) 웃음(laugh); 신소리, 익살, 농담(joke). [투기]
Yak [jæk, jɑːk] *n.* 야크형 전투기 [구소련의 고속 전투기].
Ya·kut [jɑːkút] *n.* **1** □ 야쿠트어 [야쿠트 사람이 쓰는 터키계 언어]. **2** 야쿠트인 [시베리아 동북부의 주민].
*Yale [jeil] *n.* 예일 대학 [미국 Connecticut 주 New Haven 에 있는 대학. 1701년 창립].
Yále lòck *n.* 예일 자물쇠 [도어용의 원통형 자물쇠].
y'all [jɔːl] *pron.* (美남부 방언)=you-all. [쇠]
Yal·ta [jɔ́ːltə / jǽl-] *n.* 얄타 [크리미아 반도의 흑해에 면한 항구 도시].
Yálta Cónfernece [jɔ́ːltə- / *Russ* jɑ́ːltɑ-] *n.* 얄타 회담[1945년 2월 미·영·소의 수뇌가 모여 2차 대전의 전후 처리를 논의한 회담].
yam [jæm] *n.* **1** 얌 [마에 속하는 만생(蔓生)식물, 동남아시아·오세아니아 등지의 고온다습 지역에서 식용으로 재배]. **2** (美남부) 고구마. **3** (스코) 감자.
Ya·ma [jɑ́mə / jɑ́ː-] *n.* [인도 신화] 염마(閻魔).
ya·men [jɑ́ːmen] *n.* (중국의) 아문(衙門), 관아(官衙), 관청. [<Chin *ya* 아(衙) + *mun* 문(門)]
yam·mer [jǽmər] (구어) *vi.* 투덜대다; 큰 소리로 말하다, 떠들어대다. ── *vt.* 을 징질러 말하다; 을 불평조로 말하다. ── *n.* 불평하기, 떠들어대기(는 소리).
yang [jɑːŋ, jæŋ] *n.* □ 양(陽)[음(陰)(yin)의 대립 개념]. [<Chin] [Rangoon]
Yan·gon [jæŋgɑn] *n.* 양곤[Myanmar 의 수도; 구칭은
Yang·tze [jǽŋsi(ː), -tsi:] *n.* (the ~) 양자강(揚子

江) [중국 중부의 강. 동지나해로 흘러든다].
yank [jæŋk] 《구어》 vt., vi. 홱 잡아당기다; 괴롭히다.
── n. 갑자기 잡아당기기.
Yank [jæŋk] n., adj. 《속어》 =Yankee.
‡**Yan·kee** [jǽŋki] n. **1** 미국 New England 사람(주민). **2** [특히 남북 전쟁 당시의] 북군 병사; 북부 여러 주의 주민. **3** 미국인. ── adj. Yankee의. [<D Janke<Jan John 의 지소사(指小辭)로, New York의 네덜란드계 이민이 Connecticut의 영국 이민에게 붙인 별명?]
Yánkee blárney n. 양키식 겉치찬.
Yánkee dóllar màrket n. 《금융》 뉴욕 국제 자유 금융 시장의 속칭.
Yan·kee·dom [jǽŋkidəm] n. ⓤ 양키의 거주지, [특히] New England. **2** 《집합적》 양키.
Yánkee Dóo·dle [-dú:dl] n. **1** 미국 독립 전쟁 때 미국 United군 측에서 군가로 부른 노래. **2** 미국인.
Yan·kee·fy [jǽŋkifài] vt. …을 양키화하다, 미국식으로 하다(Americanize).
Yan·kee·ism [jǽŋkiìz(ə)m] n. ⓤ **1** 양키 기질. **2** 미국 사투리; 미국적 풍습.
Yan·kee·land [jǽŋkilænd] n. **1** 《주로 美남부》 미국 북부 제(諸)주. **2** 《주로 英》 미국. **3** 《주로 美북부》 뉴잉글랜드(New England). [「품품」.
Yánkee nótions n. 양키 세공품; 미국식 신안품(新
Yanks [jæŋks] n. 《속어》 New York Yankees [프로 야구단의 약칭]. [「프로 선수.
yan·ni·gan [jǽnigən] n. 《속어》 《야구》 새로 입단한
Yan·qui [jáːŋki] n. 《스페인》 (=Yankee) 라틴아메리카에서 라틴 아메리카인과 구별하여) 양키, 미국인.
Yan·qui·ol·o·gy [jæ̀ŋkiːáládʒi /-51-] n. 《경멸적》 [중·남미인이 본] 미국인의 이기적 사고 방식. **2** 미국인 연구; 미국 외교 정책 연구.
Yaoun·dé, Yaun·dé [jaundéi, jaʊndí] n. 야운드 [서아프리카의 카메룬의 수도].
yap [jæp] v (**yapped, yap·ping**) vi. **1** 〔개가〕 사납게 짖어대다(yelp). **2** 《속어》 시끄럽게 지껄여대다. ── vt. …을 시끄럽게 말하다. ── n. **1** 〔개의〕 사납게 짖어대는 소리. **2** 《속어》 시끄럽게 지껄여대기. **3** 《속어》 건달, 깡패; 버릇없는 자; 무지렁이. **4** 《속어》 입 (mouth).
Yap [jæp, jɑːp] n. 서태평양 가롤린 군도의 한 섬 [태평양 횡단 해저 전선의 중계지].
ya·pok [jəpɑ́k, -pɔ́k] n. 〔남미산(產)〕 물에 사는 주머니쥐(water opossum).
yapp [jæp] n. ⓤⓒ 양형(型) 제책 [특히 성서에 쓰이는 제책형이며 가죽 표지의 가를 안으로 접어넣은 것]. [<19세기에 성서를 이런 식으로 제책한 영국 London의 책방 이름 Yapp]
yap·pie [jǽpi:] n. 야피족(族) 〔젊고 부유한 부모; 출세욕이 강한 젊은 전문직 종사자〕. [<young affluent parent; young aspiring professional]
Ya·qui [jáːki] n. (pl. **-quis** or **-qui**) 야키족(族) 〔멕시코 서북부와 아리조나의 아메리칸 인디언의 한 부족〕.
yar·bor·ough [jáːrbə̀rou /-b(ə)rə] n. (보통 Y-) [카드놀이] (whist 또는 bridge에서) 9점패 이상의 것이 없는 수.
‡**yard**[1] [jɑːrd] n. **1** 〔길이의 단위〕 3피트; 약 91.4 센티미터; 略 yd.]. ¶ 10 yards of cotton 무명 10야드/a square yard 평방 야드. **2** 〔항해〕 활대, 야드.
‡**yard**[2] [jɑːrd] n. **1** 뜰, 안뜰(court); 구내, 경내. **2** 울타리에 둘러싸인 땅 (enclosure); 〔가축 따위의〕 우리(pen). **3** 《종종 복합어를 만들어》 일터, 작업〔제조〕장; 물건 두는 곳. ¶ a brickyard 벽돌 공장/a lumberyard 목재 적치장/a navy yard 해군 조선창. **4** 채소밭(field). **5** 〔철도〕 조차장. **6** (the Y-) 《英》 = Scotland Yard. **7** 《美》 [Harvard 대학의] 캠퍼스.
yárd of ále 길쭉한 맥주컵; 그 컵에 담은 맥주.
── vt. 〔가축 따위〕를 울타리로 둘러싸다, 우리안에 넣다.
yard·age[1] [jáːrdidʒ] n. ⓤ 야드로 재기(잰 길이).
yard·age[2] [jáːrdidʒ] n. ⓤ 〔가축〕 우리 사용권(사용료), 〔가축의 승·하차를 위한〕 역 구내 사용료.
yard·arm [jáːrdɑ̀ːrm] n. 〔항해〕 활대끝.
yárd·bird [jáːrdbə̀ːrd] n. **1** 잡역병; 신병, 초년병. **2** 《美》 =piece goods. [**2** 죄수.
yárd góods n. pl. 《美》 =piece goods. [**2** 죄수.
yárd gráss n. ⓤⓒ 왕바랭이 [벼(科)의 잠초].
yard·man [jáːrdmən] n. (pl. **-men** [-mən]) 〔철도의〕 구내 작업원, 조차 작업원; 잡역부.
yard·mas·ter [jáːrdmæ̀stər /-mɑ̀ːs-] n. 〔철도〕 역구내 주임; 조차 주임.
yárd méasure n. 야드 자.
yárd ròpe n. 〔항해〕 활대 밧줄.
yárd sále n. 야드 세일〔개인이 집앞뜰에서 벌이는 중고 가정용품 세일〕 (garage sale).
yard·stick [jáːrdstìk] n. **1** 〔막대기 모양의〕 야드자. **2** 〔비교·판단의〕 기준, 척도(standard).
yard·wand [jáːrdwɑ̀nd /-wɔ̀nd] n. 《고어》 =yardstick.
yare [jɛər, jɑːr] adj. (**yar·er, yar·est**) **1** 신속한, 민첩한, 날랜(quick, agile). **2** 〔배 따위가〕 조종하기 쉬운. **3** 《고어》 채비(준비)가 다 된(ready).
yar·mul·ka, -mul·ke, -mel·ke [jáːrmə̀lkə] n. 〔유대교〕 유대인 남자가 기도나 의식(儀式) 때 쓰는 작은 두건(skullcap).
‡**yarn** [jɑːrn] n. **1** ⓤ 연사(撚絲), 방사(紡絲); 〔아마·주트 따위의〕 꼰 가닥. ¶ cotton yarn 면사/spin cotton into yarn 목화를 자아 실을 뽑다. **2** 《구어》 모험담, 지어낸 이야기, 허풍섞인 이야기. ¶ a big yarn 터무니없는 허풍/spin a yarn (or yarns) 길게 꾸며낸 이야기를 늘어놓다/tell a long yarn 긴 이야기를 하다.
── vi. 《구어》 모험담(긴 이야기)을 하다.
yárn bèam n. 방직기의 날실을 감는 막대기.
yarn-dyed [jáːrndàid] adj. 〔직물이〕 짜기 전에 실이 염색된. [ovize.
yar·o·vize [jáːrəvàiz] vt. (**-vized, -viz·ing**) =jar-
yar·row [jǽrou] n. 서양가새풀.
yash·mak [jɑːʃmɑ́ːk, jǽʃmæk /jǽʃmæk] n. 회교국 여인들이 남 앞에서 얼굴을 가리는 데 쓰는 베일.
yat·a·ghan [jǽtəgæ̀n, -gən /-gən] n. 〔동쪽으로 완만하게 휘고 날밑이 없는〕 터키의 장검(長劍).
yauld [jɔːl]d, jɑː(l)d] adj. 〔스코·北英〕 활동적인, 활발한(active).
yaup [jɔːp, +美 jɑːp] vi., n. =yawp.
yau·pon, ya- [jɔ́ːpən] n. 〔식물〕 〔미국 남부산(產)〕 감탕나무의 일종 〔잎은 종래 차의 대용으로 쓰였다〕.
YAVIS (略) 《美》 Young, Attractive, Verbal, Intelligent, and Successful.
yaw [jɔː] vi. 〔배가〕 침로(針路)를 벗어나 좌우로 흔들리면서 나아가다, 편주(偏走)하다; 〔항공기가〕 한쪽으로 흔들리다. ── vt. …을 침로에서 벗어나게 하다; 한쪽으로 흔들리게 하다. ── n. 편주(偏走); 한쪽으로 흔들리기; 〔우주선의〕 선수(船首)의 흔들림.
yawl[1] [jɔːl] n. **1** 〔배에 싣고 다니는〕 잡용(雜用) 보트. **2** 《쌍돛대의》 율형 범선.
yawl[2] [jɔːl] vi., n. =yowl.
‡**yawn** [jɔːn] vi. **1** 하품하다. ¶ yawn heavily 큰 하품을 하다. **2** 〔아가리·틈·가(갓) 따위가〕 크게 벌어지다, 딱 벌어져 있다. ¶ A wide gorge yawned beneath our feet. 우리 발밑에는 넓은 협곡이 떡 입을 벌리고 있었다. ── vt. …을 하품하면서 말하다. ¶ He yawned

[yawl[1] 2]

yawnful

good night. 그는 하품을 하면서 잘 자라고 말했다.
── n. 1 하품. ¶ with a yawn 하품 하면서 / give (stifle) a yawn 하품을 하다(참다). 2 [넓고 깊은] 갈라진(벌어진) 틈.
◇ yáwny adj.

yawn·ful [jɔ́ːnfəl] adj. 하품나게 하는, 지루한. ¶ a yawnful book 지루한(재미없는) 책. ~·ly [-fəli] adv.

*yawn·ing [jɔ́ːniŋ] adj. 1 하품을 하고 있는; 크게 입을 벌리고 있는. 2 지루해하고 있는, 지루함(무관심)을 나타내고 있는.

yawn·y [jɔ́ːni] adj. (yawn·i·er, yawn·i·est) 1 하품을 하는. 2 하품나게 하는, ¶ a yawny story 하품나게 하는 지루한 이야기.

yawp [jɔːp] vi. 1 《구어》 큰 소리로 외치다, 고함지르다. 2 《속어》 떠들썩하게 지껄여대다. ── n. 《구어》 외치는 소리, 고함소리, 재잘재잘 떠들어대기.

yaws [jɔːz] n. pl. 《단수 취급》 《병리》 프람베지아, 딸기종(腫). 〔축.

y-ax·is [wáiæksis] n. (pl. y-ax·es [-siːz]) 《수학》 y

Yb 《화학》 ytterbium의 원자 기호.

Y.B. 《略》 yearbook. 〔管〕

Y-branch [wáibræntʃ / -bràːntʃ] n. Y자형 지관(支管).

Ÿ chrómosòme n. 《생물》 Y 염색체 《성(性) 염색체의 하나》. cf. X chromosome

y·clept, y·cleped [iklépt] adj. 《고어·익살》 …이라 고 불리우는(called), …이라는 이름의(named).

Ÿ cross n. Y자형 십자가《그리스도의 못박힘을 나타내는 것으로 사제복(司祭服)위에 부착함》.

yd. 《略》 yard.

yds. 《略》 yards.

*ye¹ [jiː, 약 ji] pron. 1 《고어·詩·익살》 《인칭 대명사·제2인칭·복수·주격》 thou 의 복수형》 너희, 그대들. a) 《주어》 ¶ If ye are thirsty, drink. 너희가 목마르거든 마셔라. b) 《부르는 말로》 ¶ Ye gods! 오 여러 신들이여! 2 《고어·구어》 《인칭 대명사·제2인칭·단수 및 복수 목적격》 ¶ Strange news to tell ye ! 너희에게 들려 줄 별난 기별이 있느니라 / Thank ye. 고맙소. 3 《구어》 《인칭대명사·제2인칭·단수·주격》 = you. ¶ How d'ye do ? [háududúː] 안녕하시오, 처음 뵙겠습니다. 4 《고어·방언》 《명령문에서》 ¶ Hush ye ! 조용히 !

ye² [강 ði, 약 ðə, ði] art. 《정관사》《고어》= the¹ 《15세기에 고대·중세 영어 'Þ' (=th)를 'y'와 혼동하여 생긴 형》.

*yea [jei] adv. 1 예, 암, 그렇다(yes). opp. nay 2 《고어》 참으로, 실로(indeed). 3 《고어》 게다가, …뿐 아니라. ── n. 찬성《의 답》; 찬성 투표《하는 사람》.

yeah [jɛə, jaː] adv. 《구어》 = yes.
Oh, yeah ? 《구어》《적대적인 뜻으로》 그래서《어떻다는 거야》?

yean [jiːn] vi., vt. 《양 따위가 새끼를》 낳다.

yean·ling [jíːnliŋ] n. 어린《새끼》 양(lamb), 어린《새끼》 염소(kid). ── adj. 갓 태어난; 어린.

‡year [jiər / jəː, jiə] n. 1 해, 연(年). ¶ a lean year 흉년 / a new year 새해(신년) / a year and a day [법규상의] 1년 / the year of grace (or Christ, our Lord) 그리스도 기원, 서기 / every year 매년(해마다) / every other year 격년마다, 격년 / this year 금년, 올해 / last year 작년, 지난해 / next year 내년 / the next (or the following) year 그 이듬해 / the year before; the previous year 그 전해(년) / the year before last 재작년 / the year after next 내후년 / all the year round 1년 내내, 연중 / year in, year out; year in and year out 세세 년년(every year); 끊임없이, 시종(continuously) / year after year; year by year 해마다, 해를 거듭 하여 / from year to year 매해, 해마다 / in three years' time 3년이 지나면 / a five-year plan 5개년 계획 / in these years 근년에 / in the year one 서기 1년에; 아주 옛적에 / in the year 1987 서기 1987년에 / in the 1st

year of Kwangmu 광무(光武) 원년에 / of late years 근년에; 근년 이래.
2 [어떤 특별한 기준에 따른] 연, 연도. ¶ the common year 평년 / the leap year 윤년 / the Gregorian year 그레고리오 역년(曆年), 신력(新曆) / the academic year 《주로 대학의》 the school year 학년 / the fiscal (or the financial) year 회계 연도.
3 《보통 ~s》 연령(age); 노년, 노령. ¶ declining years 노령기, 노경(老境) / a man of your years 너 나이 또래의 사람 / a boy of twelve years; a twelve-year-old boy 12살의 소년 / a man of years 나이가 지긋한 사람, 노인 / He is young (old) for his years. 그는 나이에 비해 젊어《늙어》 보인다 / He is well on in years. 그는 상당히 나이가 들었다 / This list is arranged in years. 이 명단은 나이순(順)으로 되어 있다 / Years bring wisdom. 《속담》 나이가 지혜를 가져다 준다.
── **Usage** 연령을 나타내는 경우의 year 와 age ── 예컨대 「그는 16세이다」는 He is sixteen years old.가 보통의 구어적 표현이고 줄여서 He is sixteen. 이라고도 한다. 이에 대해 He is sixteen years of age. 는 딱딱한 표현이다. 「6세의 소년」은 a six-year-old boy 로도 하는데, 이런 경우 year를 복수형으로 하지 않는다. 「그들은 나이가 같다」는 They are [of] the same age. 라 하며, age 대신에 year 를 쓰는 것은 잘못. He is in his sixth year.는 「당년 6세」에 해당한다. 「여섯 살 때」는 when one is six years old 이나, 간결하게 at the age of six 로 표현한다. 이상에 든 예에서 year 와 age 를 바꾸어 쓸 수는 없다.
4 (~s) 때, 기간(time), 《특히》 장기간, 긴 세월(long time). ¶ for years; 《美》 in years 몇 년이나, 다년간 / It is years since I saw him. 나는 그를 몇 년이나 못 만났다 / It'll take years. 먼 훗날 이야기군《일이군》.
5 어떤 행성이 태양 둘레를 한 바퀴 도는 기간, 공전 주기; 4계절의 1순환. ◇ yéarly adj.

year·book [jíərbùk / jɔ́ː-, jíə-] n. 1 연감, 연보. 2 《美》 졸업 기념 앨범.

year-end [jíərénd / jɔ́ː-, jíə-] n. 연말. ── adj. 연말의, 연말에 일어나는. ¶ a year-end sale 연말 특별 할인 판매.

year·ling [jíərliŋ / jɔ́ː-, jíə-] n. 1 《짐승, 특히 가축의》 한 살박이《만 한 살이 된 것》. 2 《경마》 한 살박이 말《경주용 말의 연령은 태어난 해의 1월 1일부터 기산한다》.
── adj. 1 만 1세의, 한 살박이의. ¶ a yearling colt 한 살박이 말. 2 1년 된.

year·long [jíərlɔ̀ːŋ / jɔ́ːlɔ̀ŋ, jíə-] adj. 1 1년이 된, 1년 계속된. 2 몇 해 계속되는.

‡year·ly [jíərli / jɔ́ː-, jíə-] adj. 1 연간(年間)의, 매년의. 2 연 1회의, 매년 한번의. ¶ a yearly income 연간 수입. 2 연 1회의, 매년 한번의. ¶ a yearly trip to Europe 연 1회의 유럽 여행. 3 1년 계속되는; 1년《그 해》뿐인. ── adv. 한해에 한번(annually). ── n. 연간(年刊) 간행물.

‡yearn [jəːrn] vi. 1 동경하다, 그리워하다; 몹시 …하고 싶어하다. ⇒ LONG² 類語 ¶ (~+前+名) yearn for (or after) home 고향을 그리워하다 / yearn to (or towards) a person 남을 사모《그리워》하다 // (~+to do) I'm yearning to make myself useful. 나는 내가 쓸모가 있었으면 싶다. 2 동정하다, 마음이 끌리다《움직여지다》. ¶ (~+前+名) yearn over a person 남에게 마음이 끌리다.

*yearn·ing [jɔ́ːrniŋ] n. ⓤ ⓒ 동경, 열망; 동정. ¶ yearnings for the unattainable 이루어지지 않을 일에 대한 간절한 동경. ── adj. 동경(사모)하는. ~·ly adv.

year of gráce n. (the ~) (= **the year of Christ (Our Lord**) 서력(西曆), 서기. ¶ in the year of grace 1987 서기 1987년에.

year-round [jíərráund / jɔ́ː-, jíə-] adj. 1년 내내 계속되는.

*yeast [jiːst] n. ⓤ 1 이스트, 효모《균》, 누룩. 2 [맥

yeast cake

주 따위의] 거품(foam). **3** 자극, 영향(감화)력, 활기를 불어넣는 것. **4** 소란, 대소동. **5** =yeast cake.
◇ yéasty *adj.*

yéast cáke *n.* 고형(固形) 이스트, 효모 과자[이스트를 밀가루 반죽으로 고형화한 것].

yéast plànt *n.* 이스트 균.

yeast·y [jíːsti] *adj.* (**yeast·i·er, yeast·i·est**) **1** 이스트의(와 같은); 이스트를 함유한. **2** 거품이 이는(foamy). **3** 불완전한, 미숙한, 아직 굳어지지 않은. **4** 팔팔한, 기운이 넘치는(exuberant). **5** 동요하는, 불안정한. **6** 들뜬, 경망한(frivolous).
yeast·i·ly *adv.* **yeast·i·ness** *n.*

yech, yecch [jek, jak] *interj.* 《美구어》 액, 옥[구토·혐오감·심한 불쾌감을 나타내는 소리].

yegg [jeg] *n.* 《美속어》 강도(burglar), 금고털이.
yegg·man [jégmən] *n.* (pl. **-men** [-mən]) 《美속어》 =yegg.

yelk [jelk] *n.* 《방언》 =yolk.

*‡**yell** [jel] *vi.* [고통·노여움·기쁨 따위로] 큰 소리로 날카롭게 외치다, 고함치다(scream). ¶ (~+前+名) *yell for* help 소리쳐 도움을 청하다 / *yell at* a person 남에게 소리를 지르다 / The crowd *yelled* and shouted *with* delight. 군중은 기뻐서 괴성을 지르며 소리쳤다.
― *vt.* …을 큰소리로 말하다. ¶ (~+目+副) *yell out* an order 큰 소리로 명령하다.
― *n.* **1** 고함(외치는) 소리. **2** 《美》 옐[학생들의 운동 경기 응원때 소리를 모아 외치는 구호].

yéll lèader *n.* 《美》 옐(yell)의 선창자(cheer-leader).

*‡**yel·low** [jélou] *adj.* **1** 노란색(황색)의. **2** 피부빛이 황색의; 몽고 인종의(Mongolian). ¶ the *yellow* race (*or* men) 몽고 인종. **3** 《종종 경멸적》 〔혹인 피가 섞인 백인처럼〕 피부가 누르스름한. **4** 《구어》 겁이 많은(cowardly); 비겁한. **5** 〔신문·잡지 따위의〕 선정적인, 일반 대중에 영합하는(sensational). **6** 샘(시샘·질투)이 많은(jealous, envious), 의심많은, 음침한. ¶ *yellow* looks 시기하는 눈초리.

the sear and yellow leaf 시들고 병든 신세, 노령, 노년.
― *n.* **1** UC 노란색, 황색. **2** UC 색이 노란 것; 〔달걀의〕 노른자위. **3** U 황색 염료(얼료). **4** (the ~s) 〔특히 짐승이 걸리는〕 황달(jaundice). **5** (~s) 《美》〔식물의〕 황고병(黃枯病). **6** U《구어》 겁많음(cowardice). ― *vt., vi.* 황색으로 되게 하다(되다). ¶ The leaves *yellow* in the fall. 나뭇잎은 가을에 노랗게 물든다. ~**·ly** *adv.* ~**·ness** *n.* **ýellowish, ýellowy** *adj.*

yéllow alért *n.* 경계 경보, 황색 경보〔적기 내습 때 최초로 발하는 경보〕. *cf.* blue(red, white) alert

yel·low·back [jélouba̍k] *n.* 황색 표지책 〔19세기 후반에 널리 보급되었던 염가판의 통속 소설책〕.

yel·low·bel·lied [jéloubèlid] *adj.* 《속어》 겁많은.

yel·low·bel·ly [jéloubèli] *n.* 겁쟁이, 비겁한 사람.

yel·low·bill [jéloubìl] *n.* 〔鳥類〕 흑오리류(類)의 새(scoter).

yel·low·bird [jéloubə̀ːrd] *n.* 미국산(産) 방울새(goldfinch)류의 새의 총칭.

yéllow bóok *n.* 황서(黃書) 〔정부 발표 보고서의 일종〕. *cf.* white book

yéllow bòok (càrd) *n.* 〔해외 여행자의〕 예방 접종 증명서. * 정식 명칭은 International Certificate of Vaccination.

Yéllow Bòok *n.* (the ~) 영국의 계간 문예지〔1894-97년 발행〕.

yéllow bóy *n.* 《英속어》 금화(金貨).

yéllow bráss *n.* 황동(黃銅).

yéllow cáke *n.* 조제(粗製) 우라늄〔노란 분말로서 우라늄 광석 가공 처리시 얻어진다〕.

yéllow cárd *n.* 〔축구〕 옐로 카드〔주심이 반칙을 한 선수에게 내보이는 노란색 경고 카드〕.

yelp

yéllow dóg *n.* **1** 잡종 개; 주인 없는 개, 사납고 버릇 나쁜 개. **2** 망종, 상놈.

yél·low-dóg còntract [jéloudɔ́ːg- / -dɔ́g-] *n.* 황견(黃犬) 계약〔노동 조합에 가입하지 않는다는 조건으로 맺는 고용 계약〕.

yéllow éarth *n.* =yellow ocher.

yéllow féver *n.* U〔병리〕 황열병.

yéllow flág *n.* 황색기, 검역기(quarantine flag).

yéllow flú *n.* 《美》〔인종 차별 금지에 따른 강제 버스 통학에 반대해 감기를 핑계로 벌이는〕 집단 결석. 〔< 통학 버스 빛깔이 노란데서〕

yel·low-green [jélougríːn] *n.* U (때로 a ~) 황록색. ― *adj.* 황록색의.

yéllow gúm *n.* **1** 〔식물〕 오스트레일리아산(産) 유칼리나무의 일종. **2** U〔병리〕 신생아의 황달.

yel·low·ham·mer [jélouhæ̀mər] *n.* **1** 노랑촉새〔멧새과의〕. **2** =flicker².

Yéllowhammer Státe *n.* (the ~) 미국 Alabama 주(州)의 속칭.

yéllow·ish [jélouiʃ] *adj.* 노란 색깔이 도는, 누르스름한.

yéllow jáck *n.* **1** =yellow flag. **2** 〔병리〕 =yellow fever.

yel·low·jack·et [jéloudʒæ̀kit] *n.* **1** 《美》〔곤충〕 말벌. **2** 중국의 옛 조복(朝服).

yéllow jóurnalìsm *n.* U〔흥미 위주의〕 선정적 저널리즘.   「요새.

yel·low·legs [jélouleg̀z] *n. pl.* 《단수 취급》 노랑발도요

yéllow líne *n.* 《美》 자동차의 추월 금지를 나타내는 중앙 분리선; 《英》 앞쪽에 주차 구역이 있음을 알리는 노란 표지선.   「은(cowardly).

yel·low-liv·ered [jélouli̍vərd] *adj.* 《美속어》 겁 많

yéllow métal *n.* U **1** 놋쇠의 일종. **2** 금(gold).

yéllow ócher (《英》 ócre) *n.* U **1** 〔광물〕 황토. **2** 연한 황갈색〔의 그림 물감〕.

yéllow páges *n. pl.* 직업별 전화 번호부.

yéllow páper *n.* 〔흥미 위주의〕 선정적 신문.

yéllow péril *n.* (the ~) 황화(黃禍) 〔황색 인종 우세에 대한 백인종의 두려움을 강조한 말〕.

yéllow píne *n.* 미송 〔북미산(産) 소나무의 일종〕; U 그 목재.

yéllow póplar *n.* =tulip tree.

yéllow préss *n.* (the ~) 선정적 신문〔1898년에 미·스페인 전쟁을 부채질했던 미국의 한 신문의 만화 제목에서〕.

yéllow ráce *n.* (the ~) 황색 인종.

yéllow ráin *n.* 황색비〔화학전으로 비행기에서 살포되는 황색 유독 분말; 이것에 맞으면 경련·출혈 등을 일으켜 사망에 이른다〕.

Yéllow Ríver *n.* (the ~) 황하〔중국 북부의 대하〕.

Yéllow Séa *n.* (the ~) 서해(西海), 황해(黃海) 〔중국과 한반도 사이의 바다〕.

yéllow spót *n.* 〔해부〕〔망막의〕 황반(黃斑).

yéllow stéak *n.* U 비겁, 겁 많음(cowardice).

Yel·low·stone [jéloustòun] *n.* (the ~) 미국의 Wyoming 주 서북부에서 발원하여 옐로스톤 국립 공원을 관류하여 Missouri 강으로 들어가는 강.

Yéllowstòne Nátional Párk *n.* 옐로스톤 국립 공원〔Wyoming 주 서북부와 Idaho, Montana 양주의 일부에 걸쳐 있는 미국 최대의 자연 공원. 경치가 웅대하고 온천이 많다〕.   「같은 짓.

yéllow stréak *n.* 〔성격적으로〕 겁이 많음, 겁쟁이

yel·low·throat [jélouθròut] *n.* 미국산(産) 명금(鳴禽)의 일종.

yéllow wárbler *n.* 미국솔새〔미국산(産) 작은 명

yel·low·wood [jélo(u)wùd] *n.* 옐로우드〔미국 남부산의 콩과 식물〕; 황목〔목재의 색이 노란 수목의 총칭〕; U 그 목재.

yel·low·y [jéloui] *adj.* 노란색이 도는, 노르스름한.

*‡**yelp** [jelp] *vi.* **1** 〔개·늑대 따위가〕 날카롭게 짖다(짖

어대다). ⇨ HOWL 類語 2 「날카롭게」 외치다. — vt. …을 외쳐서 말하다. — n. 「날카롭게」 짖는 소리, 외치는 소리.

yelp·er [jélpər] n. 짖는 것, 외치는 사람.

Yem·en [jémən] n. **1** 예멘 아랍 공화국(Yemen Arab Republic) [북(北)예멘. 수도 San'a]. **2** 예멘 인민 민주 공화국(People's Democratic Republic of Yemen) [남예멘. 수도 Aden]. **3** 예멘 공화국(Republic of Yemen) [1990년 5월 남·북이 통합되어 탄생].

Yem·e·ni [jémənì:] n., adj. = Yemenite.

Yem·en·ite [jémənàit] n. 예멘 인. — adj. 예멘의, 예멘인의. [호¥].

yen[1] [jen] n. (pl. yen) 엔(円) [일본의 화폐 단위; 기호¥].
yen[2] [jen] n. 《美구어》 열망, 소망, 동경. ¶ have a yen for …을 열망하다. — vi. (yenned, yen·ning) 바라다, 간절히 바라다; 동경하다(yearn) (for…).

Ye·ni·se·i [jèniséi, +英-séii] n. (the ~) 예니세이강 [시베리아 중부에서 발원하여 북쪽으로 흘러 북극해로 유입한다]. [하는 여자.

yen·ta [jéntə] n. 《美구어》 수다스러운(참견하기 좋아

*yeo·man [jóumən] n. (pl. -men [-mən]) **1** 《美해군》 《주로 창고·서무 담당》 하사관. **2** 《英》자작농, 소(小)지주. **3** 《고어》《궁정·귀족 저택의》종자, 시종; 《공예가 등의》 조수. **4** 《英국사》 자유민[40실링의 연간 수입이 나는 토지를 소유하고 있고 또한 일정한 정치적 특권도 가진 백성], 향사(鄕士). **5** 《英》《향사 계급의 자제로 복업하》 기마(騎馬) 농민 의용병.
— adj. 자작농의, 자유민의.

yeo·man·ly [jóumənli] adj. 향사의; 자유민다운; 자작농다운; 충실한. — adv. 향사답게; 용감히(bravely).

yéoman of the [róyal] guárd n. 《英》왕실의 근위병(近衛兵).

yeo·man·ry [jóumənri] n. ⓤ 《집합적》 **1** 향사; 자작농; 자유민. **2** 영국 기마 농민 의용병단 [1761년의 yeoman의 자제들로 결성. 지금은 the British Territorial Army에 편입].

yéoman's (yéoman) sèrvice n. ⓤ 《일조(一朝) 유사시의》충성, 봉사; 착실한 노력.

yep [jep] adv. 《美구어》예, 그렇습니다(yes). cf. nope

-yer suf. 「…하는 사람」이라는 뜻의 명사를 만든다(* 어미가 w 이 말의 끝에 붙여 쓴다). cf. -er ·el: lawyer.

Yerk·ish [já:rkiʃ] n. 인공 언어〖침팬지와 사람의 교신용 도형(圖形) 언어〗.

‡yes [jes] adv. **1** 《부르는 말·질문에 대한 긍정·동의의 대답》예 (네), 그렇습니다. ¶ Do you understand?
— Yes, I do. 알겠습니다 / Didn't he come? — Yes, he did. 그는 오지 않았습니까? — 아니오, 그는 왔습니다 / Don't say that! — Yes, I will. 그런 말 하지 마라! — 아니, 하겠어 / Jim! — Yes, what do you want? 짐! — 예, 무슨 일이오?
2 《앞에 나온 말에 동의를 나타내어》 〖자기 말에 덧붙여서〗 암, 그렇고말고; 〖남의 말에 동의를 표하여〗 옳아, 그렇고말고. ¶ This is a very interesting book. — Yes, it is. 이 책은 아주 재미있다 — 응, 정말 그래 / I didn't say that. — Yes, you did. 나는 그런 말 하지 않았어 — 아니, 네가 말했어.
— **Usage** Yes / No 와 「예 / 아니, 아니오」 —(1) "Can you speak English?" 와 같이 물음이 긍정문인 경우, 이에 대한 답 "Yes, I can." "No, I can't." 는 우리말의 예, 아니오와 일치하되, "Don't you like coffee?" 의 경우처럼 물음이 부정문일 때는 "No, I don't." = 「예, 좋아하지 않습니다」, "Yes, I do." = 「아니오, 좋아합니다」처럼 우리말과 반대이다. Yes / No의 사용법은 우리말의 경우처럼 질문에 대한 긍정 또는 부정이 아니라, Yes / No에 이어지는 말 내용이 긍정문이 되느냐, 부정문이 되느냐에 따라 정해진다. Would you mind -ing…? 에 대한 대답에 관해서는 ⇨ WOULD. (2) "Yes / No" 같은 간접 화법에 있어서는 보통 answer in the affirmative

(negative)로 하나, 그밖에도 agree를 쓰거나 적절히 말을 바꾸기도 한다.
3 《의문 부호를 붙여 상대방의 말을 재촉·유도한다》 그래, 그렇지, 그래서(* 이런 경우 말 끝을 높여 발음한다). ¶ Well, Mary…? — Yes? 그런데 메리야? — 왜 그러세요? / He is a very impudent fellow. — Yes? 그는 아주 뻔뻔스러운 놈이야 — 그래, 그래서?
4 《상대방의 말에 의문을 나타내어》 그래, 설마, 그럴까(* 끝을 높여 발음함). ¶ He is always honest. — Yes? 그는 언제나 정직하다 — 그래? 〖정말이어?〗
5 《자기가 한 말을 다짐하여》 알았지, 됐지(* 끝을 높여 발음). ¶ We first go two blocks to the right, then turn to the left. Yes? 먼저 둘째 골목까지 가서 거기서 왼쪽으로 구부러져야 한다, 알았지?
6 (~, and; ~, or의 구문 따위에서》 게다가, 더구나, 뿐만 아니라(moreover). ¶ I could endure, yes, and enjoy it. 나는 그것을 참아냈을 뿐만 아니라, 즐기기까지 했다.
— n. (pl. yes·es [jésiz]) **1** 「예」「네」라는 말 《긍정·동의·승낙의 말》. ¶ say yes 「예」라고 말하다, 승낙하다 / He confined himself to yes and no (or yeses and noes). 그는 「예」아니면 「아니오」의 두 가지 말로 일관했다. **2** 찬성 투표; 찬성 투표자.
— v. (yessed, yes·sing; yesed, yes·ing) vi. 「예」라고 말하다. — vt. …을 승낙하다.

yes and no 글쎄, 뭐라고 말할 수 없군(* yes 또는 no로 확답할 수 없을 때 쓰인다).

Yes, siree [, Bob] ! 《美속어》물론이지!, 말하면 잔소리지!

yés màn n. 《구어》 윗사람에게 맹종하는 사람, 예스맨.

yes·ter [jéstər] adj. 《고어》 어제의.

yester- pref. 「어제의」 「지난」의 뜻. 예: yesterday, yesterevening, yesternight.

‡yes·ter·day [jéstərdi, -dèi] adv. **1** 어제. ¶ I finally bought a motorbike yesterday. 나는 어제 마침내 오토바이를 샀다 / I was not born yesterday. 난 갓난애가 아니다. **2** 요사이, 작금에. — n. ⓤ **1** 어제. ¶ yesterday week 지난주의 어제 / yesterday's newspaper 어제 신문 / the day before yesterday 그저께 / yesterday afternoon 어제 오후. **2** 작금, 요사이, 얼마 전. ¶ be but of yesterday 최근 요사이 일이다. **3** (종종 ~s) 지난날, 과거. ¶ far back in the yesterdays 먼 옛적에.

yes·ter·eve [jéstəri: v] n., adv. 《고어·詩》 = yesterevening.

yes·ter·eve·ning [jéstəri: vniŋ] n. ⓤ, adv. 《고어·詩》 어제저녁, 어젯밤(yesterday evening).

yes·ter·morn [jéstərmɔ́: rn] n., adv. 《고어·詩》 yestermorning.

yes·ter·morn·ing [jéstərmɔ́: rniŋ] n. ⓤ, adv. 《고어·詩》 어제 아침(yesterday morning). [젯밤.

yes·ter·night [jéstərnáit] n. ⓤ, adv. 《고어·詩》어

yes·ter·year [jéstərjíər / -jéər, -jíə] n. ⓤ, adv. 《고어·詩》 **1** 지난해〖에〗, 작년〖에〗 (last year). **2** 〖멀지 않은〗 지난 세월〖에〗.

yes·treen [jestrí:n] n. ⓤ, adv. 《스코·詩》 어젯밤에.

‡yet [jet] adv. **1** 《부정문에서》 아직 […않다], 아직까지는 (이 곳으로서는). ¶ already ¶ I have never talked to him yet. 나는 아직까지 한 번도 그와 말을 해본 일이 없다 / He has not come yet. 그는 아직 오지 않았다 / (cf. He has come already. 그는 이미 와 있다) / I know nothing yet. 나는 아직 아무것도 모른다 / just yet / Have you noticed groupism of the Japanese? — Not yet. 일본인들의 집단주의를 깨달으셨습니까? — 아직은 모르겠는데요.
2 《의문문에서》 이제, 지금, 벌써. ⇨ ALREADY (Usage). ¶ Have you finished with the paper yet? 이제 신문은 다 읽었습니까? / Is it raining yet? 지금 비가 오고 있습니까? (cf. Is it still raining? 아직도 비가 오고 있습니까?) (cf. Have you finished with the paper

already? [놀라면서] 벌써 신문을 다 읽었습니까?) / Need you go home *yet*? 벌써 집으로 돌아가셔야 합니까? / Go and see if school is over *yet*. 이제 수업이 끝났는지 보고 오너라.
3 《긍정문에서》 [지금 또는 그 당시] 아직도, 이제껏, 여전히(* still 이 더 많이 쓰인다). ¶ He is *yet* alive. 그는 아직도 살아 있다 / He has *yet* much to do. 그는 아직도 할 일이 많다 / The chances are *yet* for you. 형편이 아직은 너에게 유리하다 / I seem to see him *yet*. 아직도 그가 내 눈앞에 있는 듯한 느낌이다.
4 이제(지금)까지. ¶ The book is the best *yet* published. 그 책은 지금까지 출판된 것으로서는 제일 좋다.
5 머지않아, 앞으로[는], 언젠가는(* *yet* 은 미래의 일에, still 은 현재의 일에 관계된다: We may be successful *yet*. [이번에는 실패했지만] 앞으로는 성공하게 될 것이다. cf. We may be successful *still*. [지금 잘 되어가고 있는 그대로] 앞으로도 잘 되어갈 것이다). ¶ He will win *yet*. 그는 언젠가는 승리를 거둘 것이다 / The new type of a TV set is *yet* to be produced. 그 신형 텔레비전은 조만간 생산을 보게 될 것이다(아직은 생산되지 않고 있다) / He will be here *yet*. 그는 오래잖아 이리로 올 것이다.
6 《nor를 수반하여》 아직⋯ [않다], 하물며 (더구나)⋯ [않다]. ¶ He did not come, nor *yet* write. 그는 오지 않았을 뿐더러 편지도 보내오지 않았다.
7 그 위에, 게다가, 또다시, ¶ another and *yet* another 하나 또 하나, 잇따라 / more and *yet* more 아직도 더, 그 위에 또 더 / *yet* once; *yet* again 또 한번 더, 또 다시 한번.
8 《비교급을 수반하여》 한층(더욱) 더, 게다가 또, 더구나(* 이 용법에서는 still 쪽이 더 많이 쓰인다). ¶ a *yet* more appropriate inscription 한결 적절한 비문(碑文) / You must study *yet* harder. 너는 더욱 더 열심히 공부해야 된다.
9 《때로 and 또는 but에 이어서》 그런데도, 그럼에도 불구하고, 그래도. ¶ He is rich, [but] *yet* modest. 그는 부자지만 겸손하다 / I feel sleepy, and *yet* I must read through the book. 졸리지만 그래도 나는 이 책을 다 읽어야 한다.
as yet 아직, 이제(지금)까지는, 지금으로서는. ¶ The weather has been fine *as yet*. 이제까지는 아주 좋은 날씨가 계속되고 있다.
just yet ① 이제 방금. ②《부정어와 함께》지금 당장으로서는 [⋯않다]. ¶ An earthquake will not destroy the old building *just yet*. 그 낡은 건물은 지진이 일어난다 해도 당장에 쉽게 무너지진 않을 것이다.
── *conj*. 그런데도, 그럼에도 불구하고, ⋯이지만 그래도(* though, although 로 시작되는 종속절과 상관하여 쓰이는 수도 있다). ⇨ BUT. ¶ a simple *yet* devout prayer 단순·소박하면서도 경건한 신자 / He drove quickly *yet* safely. 그는 차를 빨리 몰기는 했으나 안전하게 운전했다 / though clever, *yet* cold-hearted 영리하지만 냉혹적인 / Though he is poor, *yet* he is [nevertheless] satisfied with his situation. 그는 비록 가난하지만 자기 처지에 만족하고 있다 / He (or Although he) is rich, *yet* he is unhappy. 그는 부자이긴 하지만 불행하다 / *Yet* why not go to America? 그런데도 왜 미국으로 가지 않느냐?

yet-i [jéti] *n*. (때로 Y-) 설인(雪人) (Abominable Snowman).

***yew** [juː] *n*. [식물] 주목(朱木) [묘지 따위에 심는 상록수].
2 U 주목의 재목[가구·활 따위를 만드는 데 쓰인다].

yé-yé [jéijei] *adj., interj*. [프랑스어] 로큰롤의 [구호]; [프랑스어] (<F)

Ygg·dra·sil [ígdrəsìl, +英 -dræsl], (**Yg·dra·sil**) *n*. [북유럽 신화] 우주나무[천계(天界)·지계(地界)·지옥을 뿌리와 가지로 연결한다는 거대한 물푸레나무].

Y-gun [wáigʌn] *n*. Y포(砲) [구축함의 대(對) 잠수함 폭뢰 발사 장치].

YH(略) youth hostel. 「협회」.
YHA(略) *Y*outh *H*ostels *A*ssociation (유스 호스텔
YHVH, YHWH, JHVH, JHWH *n*. [성서] Yahweh의 기호. ⇨ TETRAGRAMMATION. (<Heb)
Yid [jid] *n*. 《속어》《경멸적》 유대인 (Jew).
Yid·dish [jídiʃ] *n*. U 이디시어(語) [고지(高地) 독일어 방언에 슬라브어·헤브라이어가 섞여서 생긴 언어로, 헤브라이 문자를 사용한다. 중부 유럽의 여러 나라 및 그 지방 유대인 사이에서 사용된다].
── *adj*. 이디시어의.

‡**yield** [jiːld] *vt*. **1** [농산물 따위]를 산출하다 (produce), [수확]을 올리다. ¶ land that *yields* rich harvest 풍성한 수확을 가져다 주는 토지 / Sheep *yield* wool. 양에서 양모가 나온다 / The mine *yields* good ore. 그 광산은 좋은 광석을 산출한다.
2 [결과·이익]을 가져오다, 내다; [보수]를 내다. ¶ an investment that *yielded* high profits 높은 이익을 가져다 준 투자 / His hard work *yielded* but a poor result. 그가 고생했던 일은 형편없는 성과밖에 가져오지 못했다.
3 [압박·강제되어] ⋯에 무릎을 꿇다, ⋯을 내주다, 양도하다, 포기하다 《종종 ⋯*up*》. ⇨ SURRENDER 類語. ¶ *yield* submission 복종하다 《(~+图+[图+阁)》 / *yield* ground to the enemy 적에게 진지를 내주다 / *yield* the palm *to* ⋯에게 승리를 양보하다, ⋯에게 굴복하다 / The enemy *yielded* the stronghold to us. 적이 우리 군에게 보루를 내놓았다 // 《(~+图+[图)》 *yield* oneself *up to* temptation 유혹에 지다 // 《(~+图+[*as*] 阁)》 *yield* oneself [*as*] prisoner 포로가 되다.
4 [권리·특권 따위]를 양도하다, 주다. ¶ *yield* consent 승낙하다 / *yield* thanks 감사의 뜻을 표하다 / *yield* possession 소유권을 양도하다 / *yield* one's champion's title 선수권을 내놓다 / *yield* the point in argument 토론에서, 그 점을 양보하다.
5 《폐어》 ⋯을 갚다, 보답하다; [빚 따위]를 변제하다.
── *vi*. **1** 산출하다, 내다 (produce), 낳다 (bear); [노력이] 보수를 가져오다. ¶ 《(~+圖》 The apple tree *yields* well (*poorly*) this year. 올해는 사과의 수확이 많다 (나쁘다). **2** [우세한 힘에] 밀리다, 굴복(항복)하다, 따르다, 응하다 《*to*⋯》. ¶ a courage never to submit or *yield* 불굴의 용기 // 《(~+圓+阁)》 *yield to* force (temptation) 폭력에 굴복하다 (유혹에 지다) / The enemy *yielded* to our soldiers. 적은 우리 군대에 항복했다. **3** [물리적인 힘 따위에] 밀리다, 지다 (give way), 무너지다 (collapse), 구부러지다, 깨지다 (crack) 《*to*⋯》. ¶ 《(~+圓+阁)》 The gate would not *yield* to their blows. 그 문은 마구 두드려도 꼼짝도 하지 않았다. **4** [권리·특권 따위]를 넘겨주다, [차가 다른 차에게] 길을 비켜주다 《*to*⋯》. ¶ 《(~+圓+阁)》 *yield to* none in love of freedom 자유를 사랑하는 점에서는 남에게 뒤지지 않다 / He did not *yield* to our dissuasion. 그는 우리가 말려도 말을 듣지 않았다. **5** [치료의 결과 병이] 좋아지다 《*to*⋯》. ¶ 《(~+圓+阁)》 *yield to* treatment 치료해서 병이 좋아지다.

yield up the life (or *ghost*) 《고어》 죽다.

── *n*. **1** 산출, 생산 [하기]; 생산량, 산출량; 수확물 (⇨ CROP 類語); 이윤, 이익, 수익률, 보수. ¶ this year's *yield* from our farm 우리 농장의 올해 수확량 / the *yield* on a bond 채권의 이율 / What is the *yield* of this farm per acre? 이 농장의 수확은 에이커당 얼마나 되느냐? **2** [원료에 대한] 제품 비율; [화학] 수율(收率), 수량(收量). **3** [전자공학] [전자 부품 제조의] 합격품률(率). **4** [군사] 핵무기의 열량 (파괴력); 핵출력 [보통 kiloton, megaton 으로 표시].

***yield·ing** [jíːldiŋ] *adj*. **1** 수확이 좋은, 생산적인. **2** 유연한 (flexible), 잘 구부러지는, 나긋나긋한. **3** 온순한, 고분고분한, 남의 영향을 잘 받는, ¶ a *yielding* man 남 하라는 대로 끌려다니는 사람. ~·**ly** *adv*.

yield point *n*. [물리] 항복점 [탄성 한계를 넘어서

서 되돌아가지 않는 점].
yield sign n. 《美》 [도로의] 「양보」 표지.
YIG [jig] n. 【물리】 이그, 이트륨철(鐵) 석류석[마이크로파용 자성(磁性) 재료로 사용]. [<*y*ttrium *i*ron *g*arnet]
yike [jaik] n.,vi. 《濠》 토론(말다툼) [하다].
yill [jil] n. 《스코》 =ale.
yin [jin] n. ⓤ 음(陰) 〖양(陽) yang)의 대립 개념〗. [<Chin]
Yin and Yang [jín ənd já:ŋ, -jǽŋ] n. 〖동양 철학의〗 음양설(陰陽說).
Yin·glish [jíŋgliʃ] n. 이디시 영어[Yiddish 어 단어가 많이 섞인 영어]. [<YI[DDISH] + [E]NGLISH]
yip [jip] 《구어》 vi. (**yipped, yip·ping**) [강아지 따위가] 깽깽거리다. — n. 깽깽 우는 소리.
yipe [jaip], **yipes** [jaips] interj. 퍽, 이크, 어이구 [놀람 · 공포 · 고통 때문에 지르는 소리].
yip-pee [jípi:] interj. 여우, 와아, 만세 [기쁨의 환성].
yip·pie [jípi] n. (때로 Y-) 《美속어》 이피[족], 정치적 이피[1960년대 반전주의적 그룹]. [<*Y*outh *I*nternational *P*arty 라는 히피 집단의 이름]
Ý jòint n. 〖해부〗 Y자형 관절.
-yl 〖화학〗 radical (기(基), 근(根))이라는 뜻의 연결형. 예: eth*yl*, hydrox*yl*.
y·lang-y·lang [íːlɑːŋíːlɑːŋ] n. 1 일랑일랑나무 [필리핀 · 자바산(産) 교목, 꽃에서 향유를 채취한다]. 2 ⓤ 일랑일랑나무의 향유[향수용].
y·lem [jíləm] n. 〖물리〗 아일렘 〖우주 창조에 관한 이론에서, 모든 원소의 기원이 된다는 물질].
Ý lèvel n. 〖측량〗 Y자형 수준기(水準器). *cf.* dumpy level
Y.M.C.A. 《略》 *Y*oung *M*en's *C*hristian *A*ssociation (기독교 청년회). *《구어》에서는 다시 Y로 줄여서 말한다. [tion (가톨릭 청년회).
Y.M.Cath.A. 《略》 *Y*oung *M*en's *C*atholic *A*ssocia-
Y.M.H.A. 《略》 *Y*oung *M*en's *H*ebrew *A*ssociation (헤브라이 청년회).
Y·mir [íː(:)miər] n. 〖북유럽 신화〗 이미르 [그 몸으로 신들이 세계를 창조했다고 하는 거인. 그 살이 땅이 되고 피가 바다가 되고 두개골이 하늘이 되었다고. 《사》].
YNA 《略》 *Y*onhap *N*ews *A*gency (한국의 연합 통신
yo [jou], (**yoe**) interj. 야아, 여어 [격려나 경고, 주의 따위나 자기 위치를 알릴 때의 소리]. 2 《美구어》 야아, 어어 [인사나 흥분시의 소리].
YOB 《略》 *y*ear *o*f *b*irth (생년).
y.o.b. 《略》 *y*ear *o*f *b*irth (생년(生年)). *cf.* d.o.b.
yock [jak / jɔk] n. 《美속어》 큰 웃음, 가가 대소.
yod [jɔ(ː)d] n. 헤브라이어 알파벳의 열째 자.
yo·del, jo- [jóudl] v. (**-deled, -del·ing**; 《英》 **-delled, -del·ling**) vt. …을 요들곡(調)로 노래하다. — vi. 요들을 부르다. — n. 요들 [스위스 · 티롤 지방에서 부르는 민요. 지성(地聲)과 가성(假聲)을 반복하며 부른다].
yo·del·er, 《英》 **-del·ler** [jóudlər] n. 요들 가수.
yo·dle [jóudl] vt. (**-dled, -dling**), n. =yodel.
Yo·ga [jóugə] n. ⓤ 〖힌두교〗 요가, 유가(瑜伽)〗의 수행〗. [<Hind *yoga* <Skt *yoga* union]
yogh [jouk, jɔːx / jɔx, joug] n. 중세 영어의 알파벳 ȝ.
yo·ghurt, yo·gurt [jóugə(ː)rt, +英 jɔ́g-] n. ⓤ 요구르트. [<Turk *yōghurt* yoghurt]
yo·gi [jóugi], (**yo·gin** [-gin]) n. 유가(瑜伽) 수행자.
yo·gic [jóugik] adj. 요가의, 요가에 의한.
yo·gism [jóugizəm] n. ⓤ 유가의 교리 (철리(哲理)).
yo-heave-ho [jóuhíːvhóu] interj. 어기여차 [원래는 뱃사람들이 닻을 감아 올릴 때 지르는 소리].
yo·him·bine [jo(u)hímbiːn] n. 〖약〗 요힘빈 [독성 알칼로이드; 최음제].
yo-ho [jo(u)hóu] interj. 야호, 어어이, 어기여차 〖주의를 환기시키거나 동작을 서로 맞출 때 지르는 소리].

— vi. 야호 (어기여차) 하고 소리를 지르다.
yoicks [jɔiks] interj. 《주로 英》 쉭! 〖여우 사냥에서 사냥개를 부추기는 소리〗.

‡**yoke**¹ [jouk] n. 1 멍에 〖수레채 끝에 달아 두 마리의 소 따위를 목 부분에서 한데 매우는 가로장〗. ¶ put a *yoke* on …에 멍에를 매우다 / put oxen to a *yoke* 〖두 마리의〗 황소를 멍에에 매우다. ¶ two *yoke* of oxen 〖멍에에 메운 한 쌍의 소〗, ¶ two *yoke* of oxen 〖멍에에 메운〗 두 쌍의 황소〖황소 네 마리〗. 3 멍에 모양의 물건, 〖용도 · 형태가〗 멍에 비슷한 것; 종을 매다는 가로대. 4 〖물통 따위를 지는〗 멜대. 5 〖기계〗 이음쇠; 〖건축〗 이음보, 거멀장. 6 〖항해〗 〖키의〗 손잡이. 7 요크 〖저고리의 어깨나 스커트의 윗부분에 대는 천〗. 8 멍에문(門) 〖고대 로마 시대에 복종의 표시로 포로에게 멍에 모양의 표지물이나 창 세 개를 세워서 만든 문 밑을 기어 나가게 한 것〗. 9 〖보통 the ~〗 〖비유적〗 속박(bondage), 멍에, 〖부부의〗 연분. ¶ the *yoke* of custom 습관의 속박 / the *yoke* of matrimony 부부의 연분 / bring a person under the *yoke* 남을 속박하다 / cast (or shake, throw) off the *yoke* of …의 속박을 벗어나다. 10 〖보통 the ~, one's ~〗 복종(subjection); 지배(sway). ¶ submit to a person's *yoke* 남의 지배에 굴종하다.

[yoke 4]

— v. (**yoked, yok·ing**) vt. 1 〖마소 따위에〗 멍에를 매우다, 〖마소 따위를〗 멍에로 한데 매우다. 2 〖마소 따위를〗 마차 (쟁기) 따위에 매어달다(...*to*). ¶ (~+图+剾+图) *yoke* oxen to a plow 황소를 쟁기에 매달다. 3 …을 결합시키다; 짝지어 주다; 《수동형으로》 …을 결혼시키다 (couple) (...*in*). ¶ The two were *yoked* in marriage. 두 사람은 결혼으로 결합되었다. — vi. 1 짝짓다, 동행이 되다; 어울리다, 서로 닮다. ¶ (~+剾) They *yoke* well. 그들은 잘 어울린다. 2 함께 일하다. ¶ (~+剾) *yoke together* 함께 일하다.

yoke² [jouk] n. =yolk.
yóke bòne n. 〖해부〗 광대뼈, 관골(顴骨).
yoke·fel·low [jóukfèlou] n. 1 함께 일하는 사람, 짝 (partner), 동료(companion). 2 배우자 〖남편 또는 아내〗.
yo·kel [jóuk(ə)l] n. 시골뜨기, 촌놈(rustic), 〖내〗.
yoke·lines [jóuklàinz], **-ropes** [-ròups] n. pl. 〖해〗 키 로프 줄(조타삭(操舵索).
yoke·mate [jóukmèit] n. =yokefellow.
yolk [jouk, +美 joulk], **yoke** [jouk] n. 1 ⓤ ⓒ 노른자위. *cf.* white 2 ⓤ 양털 기름. 3 (the ~) 〖폐어〗 본질, 중핵.
yolked [joukt, +美 joulkt] adj. 노른자위가 있는.
yólk glànd n. 난황선(卵黃腺).
yólk sàc n. 〖발생〗 난황낭(卵黃囊).
yolk·y [jóuki, +美 jóul-] adj. (**yolk·i·er, yolk·i·est**) 1 노른자위의 〖가 들어 있는〗. 난황질의. 2 양털 기름이 있는.
Yom Kip·pur [jɑm kípər, jɔm kípə/Heb jɔ́ːm kipúːr] n. 속죄의 날; 대축제일〖유대력 1월 10일. 종일 단식한다〗.
Yóm Kíppur Wár n. 제4차 중동 전쟁〖1973년 10월, 이집트 · 시리아가 이스라엘을 기습〗.
yon [jɑn / jɔn] 《주로 방언 · 고어》 adj. 저곳의, 저쪽의, 저기의 (yonder). — adv. 저곳에, 저쪽에, 저기에 (yonder). — pron. 저쪽의 것(사람).
yond [jɑnd / jɔnd] adv., adj. 《고어》 =yonder.
‡**yon·der** [jɑ́ndər / jɔ́n-] 《* 고어의 용법》 adj. 1 더 먼, 더 저쪽의(farther). ¶ The *yonder* pond is fresher than this one. 저쪽 연못은 이쪽 것보다 더 맑다. 2 저곳의, 저쪽의, 저기의. ¶ that *yonder* hill 저기 저 언덕 / He lives in the *yonder* cottage. 그는 저쪽에 있는 오두막집에 살고 있다. — adv. 저쪽에, 저곳에, 저기에. ¶ here and *yonder* 여기저기에 / Look *yonder*. 저쪽을 보세요.

yo·ni [jóuni] n. 〔힌두교〕 여음(女陰), 요니[여성의 생식력의 상징]. *cf.* linga

yonks [jaŋks / jɔŋks] n. 〔英구어〕 오랫 동안.

yoo-hoo [júːhùː] *interj.* 어어이, 여봐 〔주의를 환기시키기 위해 지르는 소리〕. — *vi.* 어어이(여봐) 하고 부르다(소리치다).

yor·dim [jɔːrdíːm] n. pl. 〔특히 미국에 이주한〕 이스라엘인. 〔<Heb those who descend〕

yore [jɔːr / jɔː] n. ⓤ 〔고어·문어〕 옛날, 옛적. * 보통 다음 숙어로 쓰인다.
of yore 옛날의. ¶ *in the day of yore* 옛날에는.

york [jɔːrk] *vt.* 〔크리켓〕 〔yorker 에서〕 〔타자〕를 아웃시키다. — *vi.* 〔美속어〕 토하다(vomit).

York [jɔːrk] n. **1** 요크가(家) 〔의 한 사람〕. *cf.* Lancaster **2** =Yorkshire. **3** 영국 잉글랜드 북 North Yorkshire 주의 주요도시. **4** 미국 Pennsylvania 주 동남부의 도시.
the House of York 요크가(1461-85) 〔영국의 왕가. 장미 전쟁 때 흰 장미를 문장(紋章)으로 삼았다〕.

york·er [jɔ́ːrkər] n. 〔크리켓〕 요커〔타자의 바로 앞, 배트의 바로 밑에 떨어지도록 던진 공〕.

York·ist [jɔ́ːrkist] n. 요크가의 한 사람; 요크 당원 〔장미 전쟁 당시의 요크가 지지자〕. — *adj.* 요크가의; 요크당(원)의.

Yorks [jɔːrks], **Yorks.** 《略》=Yorkshire.

York·shire [jɔ́ːrkʃ(i)ər / -ʃə] n. 요크셔〔잉글랜드 북동부의 옛 주; 1974년 이래 North Yorkshire, Humberside, South Yorkshire, West Yorkshire 등 4주로 분할; 略 Y[k.]〕.

Yórkshire púdding n. ⓤⓒ 요크셔 푸딩〔밀가루 반죽을 로스트 비프 밑에 깔고 구운 푸딩의 일종〕.

Yórkshire térrier n. 요크셔 테리어〔몸집이 작은 애완용 삽살개〕.

York·town [jɔ́ːrktàun] n. 미국 Virginia 주 동남부의 도시 〔독립 전쟁 때 Washington 이 영국군 장군 Cornwallis 를 항복시킨 곳〕.

Yo·sem·i·te [jo(u)sémiti] n. California 주 중앙부의 계곡 〔Yosemite 국립 공원의 중심부〕.   「원.

Yosémite Nátional Párk n. 요세미티 국립 공

you [juː, 약 ju, jə] *pron.* 〔인칭 대명사, 2인칭·단수·복수·주격·목적격〕 〔소유격 **your**, 소유 대명사 **yours**〕
1 a) 당신〔들〕은(이), 자네〔는(가), 자네들은(이), 너는, 네가, 너희들은(이); 당신〔들〕에게(을), 자네에게(를), 너에게(를), 너희들에게(을). ¶ *You are a good student.* 자네는 훌륭한 학생이야 / *you* 와 I 당신과 나 (* 반드시 you 를 앞에 둔다) / *you* Koreans 당신들 한국인 / all of *you* 너희들 모두(* 단수인 you 와 특히 구별하고자 할 때) / Why, it's *you*! 여어, 자네였군! / "*You* fool." "*You*'re another." 《卑語》 "이 바보야" "너도〔바보긴〕 마찬가지야 / *You* know what. 그것〔거시기〕말이야(* 이름을 대지 않아도 상대가 알고 있는 것) / I'll give *you* this book. 너에게 이 책을 주겠다 / She said [that] she had loved *you*. 그녀는 너를 사랑했었다고 말했다. **b)** 〔명령문에서 강조 또는 구별하기 위해 덧붙여서〕 ¶ *Yóu* get up. 너 〔너희들〕 일어나 / *Yóu* begin. 자네, 시작하게. **c)** 〔감탄문에서 호격으로 쓰는 경우; 상대를 부르거나 할 때〕 ¶ *You* darling! 〔다정하게〕 여보!, 당신!, 자기! / *You* rascal, *you*! 이 악당 같은 놈아! (* 뒤의 you 는 되풀이해서 강조한 말) / *You* there. 여보세요 〔거기 계신 분〕.
2 〔부정(不定) 대명사로서〕 〔총체적으로〕 사람, 누구나. ¶ *You* push this button to get a light. 〔여기〕이 단추를 누르면 불이 켜집니다 / *You* never can tell! 〔앞일 따위〕 아무도 알 수 없어요!
3 〔구어〕 〔동명사를 수반하여 your 대신에〕 ¶ I heard about *you* being elected. 당신이 선출되었다고 들었습니다.
4 〔고어·방언〕 =yourself. ¶ Pray set it down, and rest *you*. 그것을 내려놓고 좀 쉬세요 / Get *you* gone! 꺼

져!
Are you there? 《전화로》 여보세요〔듣고 있어요?〕.
between you and me ⇨ BETWEEN.
You and your... 자네의 …입버릇이 또 시작됐군.
You see ⇨ SEE.

you-all [juːɔ́ːl, jɔːl] *pron.* 《주로 美남부 구어》 〔두 사람 이상의〕 당신들, 너희들, 여러분.

‡**you'd** [juːd] you had, you would 의 단축형.

you-know-what [júːnou(h)wàt, -(h)wʌt / -(h)wɔt] n. 저 그거 말이야 〔말할 필요없는(말하고 싶지 않은)것 대신 쓴다〕.

‡**you'll** [juːl, 약 jul, jəl] you will, you shall 의 단축형.

you-name-it [juːnéimit] n. 〔같은 종류의 것을 몇 가지 열거한 다음에〕 그 밖에 무엇이든지.

‡**young** [jʌŋ] *adj.* **1** 〔나이가〕 젊은, 어린, 연소한. *opp.* old ¶ a *young* child 어린 아이 / a *young* boy 소년 / a *young* family 〔가족이〕 어린 아이들 / a *young* plant 묘목 / *young* things 젊은이들.
2 〔한창〕 젊은, 정력적인, 청년다운, 참신한(fresh), 청춘의. ¶ the *young* 〔er〕 generation 젊은 세대 / He looks *young* for his age. 그는 나이에 비해 젊어 보인다.
3 경험이 없는, 미숙한, 풋내기의(green), 서투른(raw). ¶ *young* in trade (life) 장사에 서투른〔인생 경험이 없는〕 / He is *young* at the work. 그는 이 일에 익숙지 못하다.
4 〔형제·자매 또는 이름·성이 같은 부모·자식간에서〕 나이가 젊은〔손아래〕 쪽의. *cf.* elder ¶ one's *younger* brother (sister) 동생〔여동생〕 / the *Younger* Pitt 작은 Pitt 〔아들〕 / one's *youngest* son 막내 아들 / *Young* Mr. Jones worked for his father. 아들인 존즈 군은 아버지를 위해 일했다.
5 역사가 얕은, 시작된 지 얼마 안 되는 〔때·세월·계절 따위가〕 아직 이른, 빠른. ¶ *young* civilization 초기의 문명 / a *young* nation 신흥 국가 / The night is yet *young*. 아직 초저녁이다.
6 (보통 Y-) 〔정치적·사상적 경향이〕 급진적인, 진보적인, 청년당의. ¶ *Young* England 영국 청년당 〔빅토리아조 초기의 Tory 당의 일파〕 / *Young* Ireland 아일랜드 청년당.

〔類語〕 **young** 「젊은」이라는 뜻의 가장 일반적인 말; 젊음이 지니는 좋은 면도 나쁜 면도 의미한다: *young and vigorous* (inexperienced) 젊고 활력이 있는〔경험이 없는〕. **youthful** 보통 젊음이 지니는 원기·신선함·장래성 등의 좋은 면에 쓰이는 말: *youthful* vitality 젊음이 넘치는 생명력. **juvenile** 아직 어른이 되지 못한 사람의: *juvenile* delinquency 소년 비행.

in one's young[er] days 젊었을 때에〔는〕, 청년 시 *one's young man (woman)* 애인, 연인. 〔절에〔는〕.
a young man in a hurry 급진적 개혁자.
You're only young once. 《구어》 언제까지나 젊은 게 아냐 〔젊을 때 열심히 해라〕.   「들.
— n. ⓤ 〔집합적〕 〔동물의〕 새끼 〔보통 the ~〕젊은
with young 〔동물이〕 새끼를 배어. ¶ The dog is *with young*. 그 개는 새끼를 뱄다.
young and old 〔남녀〕 노소.   「ster n.
◇ **youth** n., **youthful**, **youngish** adj., **youngling**, **young**-

yóung adúlt n. 〔출판사 등의 용어로〕 10대 후반의 청소년 〔略 Y.A.〕.

young·ber·ry [jʌ́ŋbèri / -b(ə)ri] n. (pl. **-ries**) 〔원예〕 검은 딸기의 일종〔미국 서남부산(産)의 개량 품종〕.

yóung blóod n. ⓤ 젊은이의 혈기, 청년의 사상〔행동〕; 〔집합적〕 청년.

Yóunger Édda n. 신(新)에다〔고대 아이슬란드 시집·주해서의 일종〕.   「*EDDA*.

young-eyed [jʌ́ŋàid] *adj.* 눈이 맑은, 눈에 총기가 있는 (bright-eyed); 젊은이다운; 열정적인 (enthusiastic).

young·ish [jʌ́ŋiʃ] *adj.* 좀 젊은 (rather young).

yóung lády n. **1** 〔보통 미혼의〕 젊은 여자, 규수. **2** 여자 친구, 애인, 약혼자.

young·ling [jʌ́ŋliŋ] 《詩》 *n*. **1** 젊은이, 청년. **2** 어린 것[어린 아이; 어린 나무·동물의 새끼 따위]. **3** 초심자, 풋내기, 미숙한 사람(novice). —— *adj*. 젊은, 어린(young).

yóung óne *n*. 젊은이(youngster); 어린이(child); 《부르는 말로》 여보 젊은 친구!; 동물의 새끼; [특히] 망아지; (~s) 자손(offspring).

yóung pérson *n*. **1** 젊은 여자[하녀가 미지의 하층 여인 내방을 주인에게 전할 때에 쓰는 말]. **2** (the ~) 아직 사회에 익숙하지 않은 청소년.

Yóung Preténder *n*. (the ~) 《英俗史》 젊은 참주(僭主)《James 2세의 손자 Charles Edward Stuart(1720-88)를 말한다》.

‡**young·ster** [jʌ́ŋstər] *n*. **1** 어린이, [특히] 원기왕성한 소년; 젊은이. *cf.* oldster **2** 동물의 새끼, [특히] 망아지. **3** [미국 해군 사관 학교의] 2학년생.

Yóung Túrk *n*. **1** [Kemal Pasha가 영도한] 청년 터키당의 당원. **2** (y-T-) [정당·단체의] 반대 당원, 급진주의자. **3** ━━ 《폐어》 =junker.

youn·ker [jʌ́ŋkər] *n*. **1** 《고어》 = youngster. **2** 젊은이.

‡**your** [juər, jɔːr, 약 jər/jɔː, juə, 약 jə] *pron.* 《you의 소유격》 **1** 당신[들]의, 너[너희]의. ¶ *your* book 당신이 가지고 있는(쓴) 책 / by *your* leave 허락하시면, 죄송합니다만 / We enjoyed *your* last visit. 오 전에는 방문해 주셔서 기뻤습니다 / I am glad *your* telling me the truth. 네가 진실을 말해 주니 기쁘다. **2** 《구어·고어》 《종종 경멸적》 당신[들]도 잘 아는, 흔히 들 말하는, 소위, 그, 예의. ¶ *your* high society 말씀하시는(그) 상류 사회 / So this is *your* good work. 그래 이것이 소위 선행(善行)이란 말인가. **3** 《사람을 부를 때 쓰는 존칭의 일부로서》 ¶ *Your* Highness 전하 / *Your* Excellency 각하 / *Your* Majesty 폐하.

‡**you're** [juər, 약 jər/juə, jɔə] you are의 단축형.

‡**yours** [juərz, jɔːrz/jɔːz, juəz, jɔəz] *pron.* 《you의 소유 대명사》 **1** 당신[들]의 것, 너[너희]의 것, 당신에게 속된 것, 당신에게 관계된 것. ¶ my daughter and *yours* 내 딸과 당신의 딸 / a friend of *yours* 네 친구 중의 한 사람 / This book is *yours*. 이 책은 너의 것이다 / It is *yours* to help her. 그녀를 돕는 것은 네가 할 일이다 / What's *yours*? 《구어》 [술은] 뭘로 하겠나? **2** 당신의 가족, 댁내 [여러분]. ¶ All good wishes to you and *yours*. 당신과 댁내 여러분이 모두 편안하시기를. **3** 《주로 상업》 당신의 편지, 귀함(貴函). ¶ *Yours* is to hand. 편지는 잘 받아보았습니다. **4** 《편지의 끝맺는 말로서》 경구, 경백(敬白).

—— **Usage** *Yours ever*, etc. [편지의 끝맺음말] —— 편지의 끝맺음말은 시대에 따라, 《英》《美》에 따라, 또 지역·계층·개인에 따라 다르므로 일률적으로 말할 수는 없지만, 친한 사이에서는 *Yours ever*가 보통. 좀 격식차리는 공식적인 편지에서는 *Yours faithfully*가 보통. *Yours truly*는 그것보다는 다소 친근감이 담겨지며, *Yours sincerely*는 훨씬 더 두터운 정을 담은 표현. 손윗 사람에게는 *Yours respectfully*, 상사에게는 [I am] *Your obedient servant* 따위를 쓴다. 친한 친구에게는 *Yours ever*를, 그 밖의 경우에는 *Yours sincerely*를 쓰면 일단 무난하다.

Yours truly ① 경구(敬具). ② 《익살》 나, 소생 (I, myself, me).
Up yours! 《美俗》 빌어먹을!, 돼져라!
What's yours? 《구어》 무얼 마시겠어요[들겠어]?

‡**your·self** [juərsélf, jər-/jɔ:sélf, juə-, jə-] *pron.* (*pl.* -selves [-sélvz]) **1** 《강조용법, 주어와 동격》 당신 자신, 너 자신. ¶ You *yourself* told me so. = You told me so *yourself*. 자네 자신이 그렇게 말했었지 / Do it *yourself*. 그것은 자기가 하도록 해라.

2 《재귀용법》 당신 자신을(에게). ¶ Take care not to hurt *yourselves*. 너희들 다치지 않도록 조심해라 / You will wear *yourself* out. 너 자신의 몸이 지쳐버릴걸 / Help *yourself* to the dishes. 음식을 드시지요.

3 여느 때의 당신, 진짜 너. ¶ Be *yourself*! 《구어》 정신 차려!, 기운을 내라!/You are not quite *yourself* tonight. 자네는 오늘 밤 좀 이상하군.

[*all*] *by yourself* ① 당신 혼자서, 다른 사람을 끼우지 않고. ¶ Are you *all by yourself*? 혼자 계신가요? ② 혼자 힘으로, 남의 힘을 빌지 않고(*이 뜻으로는 *for yourself* 라고도 한다). ¶ That box is too heavy for you to lift *by yourself*. 저 상자는 무거워서 자네 혼자 힘으로는 들어올릴 수 없어.

for yourself ① 당신[들] 자신을 위하여. ¶ You may keep the largest room *for yourself*. 제일 넓은 방은 자네가 혼자서 차지해도 좋아. ② 혼자 힘으로, 남의 힘을 빌지 않고.

How's yourself? 《俗語》 [How are you? 에 대한 대답으로] 당신은 어떠신가요?

‡**your·selves** [juərsélvz, jər-/jɔ:-, juə-, jə-] *pron.* yourself의 복수형.

‡**youth** [juːθ] *n*. (*pl.* **youths** [juːθs, juːðz/juːðz]) ⑪ **1** 청년기, 청춘기; [시대 따위의] 초기. ¶ the passion of *youth* 청춘의 정열 / the *youth* of the world 태고, 고대 / during the *youth* of this country 이 나라의 건국 시대에 / from the *youth* onward 젊었을 때부터 죽 / a love affair of his hot *youth* 그의 혈기왕성한 청춘기의 연애 사건 / in one's [own] *youth* 청년 시대에 / waste one's *youth* 청춘을 낭비하다.
2 젊음; 원기, 활기, 혈기; [젊은이의] 무분별. ¶ the secret of eternal *youth* 불로 장생의 비결 / keep one's *youth* 젊음을 잃지 않다 / renew *youth* 되젊어지다 / He always has all the appearance of extreme *youth*. 그는 언제나 굉장히 젊게 보인다.
3 ⓒ 청년, 젊은이. ¶ a promising *youth* 전도 유망한 청년 / a *youth* of twenty 20세의 청년.
4 《집합적》 청춘 남녀, 젊은이들. ¶ feminine *youth* 젊은 여성들 / the *youth* of this country 이 나라의 청춘 남 ◇ young, yóuthful *adj*.

youth-cult [júːθkʌ̀lt] *n*. 청년 문화.
youth·en [júːθən] *vt.* …을 젊어지게 하다; [사람·물체]에 젊음을 되찾아 주다. —— *vi.* 젊어지다.

‡**youth·ful** [júːθfəl] *adj.* **1** 젊은, 팔팔한, 발랄한. ⇔YOUNG 《類語》 ¶ a *youthful* spirit 팔팔한 정신. **2** 청년 [특유]의, 젊은이의, 청년다운. ¶ *youthful* ambitions 청년의 대망. **3** 초기의. **4** 《지질》 청년기의.
~·**ly** [-fəli] *adv*. ~·**ness** *n*.

yóuthful offénder *n*. 비행(非行) 청소년.
youth·hood [júːθhùd] *n*. 젊음, 청춘 시절; 《집합적》 젊은이들.

yóuth hòstel *n*. 유스 호스텔 《주로 청년을 위한 숙박 시설》. [의 회원(이용자).
yóuth hòsteler 《英》 **hòsteller** *n*. 유스 호스텔러

‡**you've** [juːv, 약 juv, jəv] you have의 단축형.
yow [jau] *interj., n*. 아앗!, 이크!, 이런! [고통·놀람 따위에서 지르는 소리].
yowl [jaul] *vi.* [사람·동물 등이] 기분 나쁘게 울부짖다, 길게 울다; [멀리서 짖다(howl). —— *n*. 기분 나쁘게 울부짖는 소리, [멀리서] 짖는 소리.
yo-yo [jóujòu] *n*. (*pl.* -**yos**) **1** 《상표명》 요요 《두 개가 한 짝으로 된 납작한 실감개 모양의 공을 실에 감았다 풀었다 하면서 위아래로 움직이게 하는 장난감》. **2** 《구어》 우유부단한 사람. **3** 《美俗》 멍청이. —— *vi.* 망설이다, 주저하다; 변동하다

y·per·ite [íːpəràit] *n*. ⑪ 《화학》 이페리트 《독가스의 일종》. [<F *ypérite* < *Ypres* 제1차 세계 대전중 이 독가스가 처음으로 사용된 벨기에 서부 마을 이프르의 이름: 參照 *Ypres*]

YPO 《略》 *Y*oung *P*resident *O*rganization (청년 사장(임원) 회의).
Y·pres [íːpr, íːpərz, (w)áipərz] *n*. 이프르 《벨기에 서부, 프랑스의 국경 부근 마을. 제1차 세계 대전의 격전지].

Y.P.S.C.E. 《略》 *Young People's Society of Christian Endeavor*(기독교 청소년 공려회(共勵會)).
yr. 《略》 year, years; younger; your.
yrs. 《略》 years; yours.
YSO 《略》 〔천문〕 *young stellar object*(원시성(原始星)).
Yt 《略》 〔화학〕 yttrium.
Y.T. 《略》 *Yukon Territory*.
YTD 《略》 〔회계〕 *year to date*.
Y-track [wáitræk] *n*. 〔철도〕 Y형 궤도.
YTS 《英》 *Youth Training Scheme*.
yt‧ter‧bic [itə́ːrbik] *adj*. 〔화학〕 이테르븀의; 이테르븀을 함유하는.
yt‧ter‧bi‧um [itə́ːrbiəm, -bjəm] *n*. ⓤ 〔화학〕 이테르븀[희토류 원소의 하나; 원소 기호 Yb].
yttérbium métal *n*. 〔화학〕 이테르븀 금속.
yttérbium óxide *n*. 〔화학〕 산화이테르븀(ytterbia).
yt‧ter‧bous [itə́ːrbəs] *adj*. 〔화학〕 2가의 이테르븀의[에 관한, 을 함유한].
yt‧tric [ítrik] *adj*. 〔화학〕 이트륨의; 이트륨을 함유하는.
yt‧tri‧um [ítriəm] *n*. ⓤ 〔화학〕 이트륨[희토류 원소의 하나; 원소 기호 Y]. [<Ytterby(스웨덴의 채석장 이름)+-IUM]
ýttrium métal *n*. 〔화학〕 이트륨족의 금속; 희토류 원소 금속의 총칭.
ýttrium óxide *n*. 〔화학〕 산화이트륨(yttria).
yt‧tro‧ce‧rite [ítrousəráit] *n*. 〔광물〕 이트로세라이트.
Y2K 《略》 *Year 2000*[컴퓨터의 2000년 인식 오류; millennium bug].
YU 《略》《국제 자동차 식별 기호》 Yugoslavia.
yu‧an [juːáːn] *n*. (*pl.* yuan) 위안(元) [중국의 화폐 단위]. [<Chin *yüan* 元]
Yü‧an [juːáːn] *n*. 〔역사〕 원(元) (1271-1368) [몽고 왕조, 쿠빌라이 칸(Kublai Khan)이 건국].
Yu‧ca‧tán [jùːkətǽn, -táːn/-táːn] *n*. **1** 유카탄 반도 [멕시코 동남부; 북 Guatemala, 영국령 Honduras를 포함]. **2** 유카탄주 [멕시코 동남부의 주].
yuc‧ca [jʌ́kə] *n*. 유카속(屬)의 식물[실유카 따위. 미국 New Mexico 주의 주화(州花). 관상용].
yuck[1] [jʌk] *n*.《美俗》 **1** 구역질 나는 사람(것). **2** 농담. — *interj*. 으악!
yuck[2] *n.vi*. =yuk.
yuck‧y [jʌ́ki] *adj*.《俗》불쾌한; 구역질 나는; 불결한. (=**yechy, yukky**)
Yug., Yugo. 《略》 Yugoslavia.
Yu‧go‧slav, Yu‧go‧Slav [júːgo(u)slɑ̀ːv, -slæ̀v/ ⸺], **(Jugoslav, Jugo-Slav)** *n*. 유고슬라비아인(人). — *adj*. 유고슬라비아[인(人)]의.

Yu‧go‧sla‧vi‧a [jùːgo(u)sláːviə, -vjə/jú:go(u)-], **(Jugoslavia)** *n*. 유고슬라비아[유럽 남부의 연방 공화국. 1991년 Slovenia, Croatia, Bosnia and Herzegovina, Macedonia 등의 분리 독립으로 구 연방이 해체되고 Serbia, Montenegro 두 공화국으로 신 연방이 구성. 정식 명칭은 Federal Republic of Yugoslavia. 수도 Belgrade].
Yu‧go‧sla‧vi‧an [jùːgo(u)sláːviən, -vjən/jú:go(u)-], **(Jugoslavian)** *adj., n.* = Yugoslav.
Yu‧go‧slav‧ic [jùːgo(u)sláːvik, -slǽvik/jú:go(u)-], **(Ju‧go‧slav‧ic)** *adj*. = Yugoslav.
yuk [jʌk] 《美俗》 *n*. 가가 대소. — *vi*. (**yukked, yuk‧king**) 가가 대소하다.
yuk‧ky [jʌ́ki] *adj*.《俗》역겨운, 졸렬한; 불쾌한, 불결한.
Yu‧kon [júːkɑn/-kɔn] *n*. **1** (= **Yúkon Térritory**) 유콘 지방[캐나다 서북부의 준주(準州)]. **2** (the ~) 유콘강[캐나다 서북부에서 시작, Bering 해로 흘러드는 캐나다 제2의 강].
yule [juːl] *n*. (종종 Y-) ⓤⓒ 성탄절(Christmas); 크리스마스 계절.
yûle lôg *n*. (보통 Y-) 옛날 크리스마스 전야에 난로에 땐 굵은 장작.
yule‧tide [júːltàid] *n*. (종종 Y-) ⓤ 크리스마스 계절. — *adj*. 크리스마스 계절의.
Yu‧man [júːmən] *n*. ⓤ 유마 어계(語系) [Yuma 족, Mohave 족 따위 북미 인디언이 사용하는 어계]. — *adj*. 유마 어계의.
yum‧my [jʌ́mi] *adj*. (**-mi‧er, -mi‧est**)《口語》 **1** 맛있는, 즐거운, 굉장한. ¶ *yummy* desserts 맛있는 디저트. **2** 아름다운, 매력있는; 사치스러운.
yum‧pie [jʌ́mpi] *n*.《美》《상승 욕구가 강한》젊은 지식층.
yum-yum [jʌ́mjʌ́m] *interj*. 맛있어!
yup [jʌp] *adv*.《美俗》=yep.
yup‧pie [jʌ́pi] *n*.《美》여피[족] [1940년대말~50년대 전반에 출생한 베이비 붐 후반 세대로 산업계에서의 활약과 우아한 생활의 양립을 지향하는 대도시의 화이트 컬러, 엘리트 층]. [<*young urban professional* + -*ie*]
yup‧pie‧dom [jʌ́pidəm] *n*.《집합적》여피족(族); 여피인 것.
ýuppie flú *n*. 여피 감기 [근통성 뇌척수염(ME)의 속칭]. *cf.* ME
yup‧py [jʌ́pi] *n*. = yuppie.
Y.W.C.A. 《略》 *Young Women's Christian Association*(기독교 여자 청년회).
Y.W.C.T.U. 《略》 *Young Women's Christian Temperance Union*(기독교 여자 청년 금주 동맹).
Y.W.H.A. 《略》 *Young Women's Hebrew Association*(헤브라이 여자 청년회).
y‧wis [iwís] *adv*.《古語》 확실히(iwis).

Z

Z, z [ziː / zed] *n.* (*pl.* **Z's or Zs;z's or zs**) **1** 영어 알파벳의 스물 여섯째 자. ¶ Z for Zebra Zebra 의 Z〔국제 전화 통화 용어〕. **2** Z(z)가 나타내는 소리. **3** 〔연속된 것 중의〕 스물 여섯 번째의 사람(물건). **4** 〔수학〕 제3의 미지수(미지량)〔X, Y 에 이어서〕. **5** Z(z)자 형〔의 물건〕.
from A to Z ⇨ A
Z (略) **1** 〔화학〕 atomic number 의 기호. **2** 〔천문〕 zenith distance.
Z., z. (略) zone; zero.
ZA (略) 〔국제 자동차 식별 기호〕 South Africa.
Zach·a·ri·as [zækəráiəs, -æs] *n.* 〔성서〕 **a)** 사가랴〔세례 요한의 아버지. ←누가 복음(Luke) 1: 5〕. **b)** = Zechariah.
zack [zæk] *n.* 〔濠〕 6펜스 화(貨).
Zad·ki·el [zædkiəl] *n.* 재드키엘력(曆) 〔민간 점성술에서 쓴다〕.
zaf·fer, -fre [zǽfər] *n.* ⓤ 화감청 〔유리·자기의 청색 착색제〕; 불순 산화 코발트.
zaf·tig [záːftik] *adj.* 《美俗語》 〔여자가〕 몸매가 좋은.
zag [zæg] *n.* 지그재그 두 방향의 한쪽 방향. —*vi.* (**zagged, zag·ging**) 지그재그 코스의 한쪽 방향으로 나아가다. *cf.* zig, zigzag
Za·greb [záːgreb] *n.* 자그레브〔유고슬라비아 서북부 Croatia 공화국의 수도〕.
Za·ire [zɑːíər, zɑíər / zɑːíːrə, zɑːíːə] *n.* **1** 자이르 공화국〔옛 콩고 민주 공화국; 수도 Kinshasa〕. **2** (the ~) 자이르강. **3** (z-) 자이르〔자이르의 화폐 단위〕.
za·kat [záːkɑːt] *n.* 〔회교〕 자선; 〔빈민 구제용의〕 세금〔소득의 40%〕.
Zam·be·zi [zæmbíːzi] *n.* (the ~) 잠베지강〔아프리카 남부를 관류해서 인도양으로 흘러든다〕.
Zam·bi·a [zǽmbiə] *n.* 잠비아〔아프리카 남부의 공화국; 수도 Lusaka〕.
Zam·bi·an [zǽmbiən] *adj.* 잠비아의; 잠비아인의.
— *n.* 잠비아인.
zam·bo [zǽmbou] *n.* (*pl.* **-bos or -boes**) 〔북미 인디언의 흑백 혼혈아와 흑인과의〕 혼혈아(sambo).
Zam·bo·ni [zæmbóuni] *n.* 〔상표명〕 잼보니 [[스케이트 링크에서 사용하는] 트랙터형 정빙기(整氷機)]. — *vt.* 트랙터형 정빙기로 고르다.
za·mi·a [zéimiə] *n.* 〔미국산(産)의〕 소철.
za·min·dar [zəmiːndɑ́ːr / zæmindɑ́ː, -ː -], **ze-** / **zé-**] *n.* 〔역사〕 **1** 〔영국 정부에 토지세를 바친〕 인도인 지주. **2** 〔무갈 제국 시대의〕 토지 소유자(收税吏).
za·ny [zéini] *adj.* (**-ni·er, -ni·est**) 얼빠진, 바보 같은. — *n.* (*pl.* **-nies**) 익살 광대〔의 보조역〕; 바보.
~**ni·ness** *n.*
Zan·zi·bar [zǽnzibɑ̀ːr / -ː-] *n.* 잔지바르〔아프리카 동쪽의 알바가스에 있는 섬. 1963년에 독립해서 인민 공화국이 되었으나, 1964년 Tanganyika 와 합병하여 Tanzania 에 속한다〕. 〔지바르의.
Zan·zi·ba·ri [zæ̀nzibɑ́ːri] *adj.* 잔지바르의. 잔지바르인.
zap [zæp] *vt., vi.* (**zapped, zap·ping**) 《美俗語》 **1** 잽싸게 하다; 죽이다, 해치우다. **2** 〔시청자가〕 상업광고를 보지 않기 위해, 상업광고 시간이 되면 채널을 돌리거나 자리를 뜨다. **3** 〔컴퓨터〕 [EPROM에 기입된 프로그램을 지워버리다. **4** …의 강한 인상을 주다, 큰 감동을 주다.
— *n.* 활력(活力). *interj.* 땅, 탕탕!; 《美俗語》 우아(wow)!

za·pa·te·a·do [zɑ̀ːpɑtiɑ́ːdou / *Sp* sɑ̀pɑteɑ́ːðo] *n.* (*pl.* **-dos** [-douz / *Sp* -ðɑs]) 〔구두 뒤축을 울리면서 추는〕 스페인 춤. 〔취한.
zapped [zæpt] *adj.* **1** 지친, 피로한. **2** 〔술, 마약에〕
zap·per [zǽpər] *n.* 《美》 **1** 극초단파(極超短波) 살충장치. **2** 상업 광고를 보지 않는 시청자; 《美俗語》 리모콘(remote control device). **3** 《비유적》 유력한 비판자; 강력한 비판.
ZAPU [záːpuː] (略) Zimbabwe African People's Union〔짐바브웨 아프리카 인민동맹; 1961년 게릴라 조직으로 결성된 짐바브웨 흑인 정당〕.
Zar·a·thus·tra [zæ̀rəθúːstrə] *n.* = Zoroaster.
Zar·a·thus·tri·an [zæ̀rəθúːstriən], (**Zar·a·thus·tric** [-trik]) *adj.* = Zoroastrian.
za·re·ba, -ree-, -ri- [zəríːbə] *n.* 울타리, 방책〔아프리카의 수단 등지에서 마을이나 캠프를 지키기 위해 가시나무 덩이로 엮어 만드는〕.
zax [zæks] *n.* 〔지붕용〕 슬레이트를 자르는 도끼(연장).
ZBB, Z.B.B. (略) zero-base budgeting (제로 베이스 예산).
ZD (略) zenith distance; zero defects. 〔느 예산).
†zeal [ziːl] *n.* ⓤ 열중, 열심, 열의; 집착(*for*…). ¶ with *zeal* 열심을 내어 // feel *zeal* for the promotion of peace 평화의 촉진에 대해 열의를 가지다.
◇ zéalous *adj.*
Zea·land [zíːlənd] *n.* 덴마크 최대의 섬〔수도 Copenhagen이 있다〕.
zeal·ot [zélət] *n.* **1** 열중하는 사람; 열광자. **2** (Z-)〔유대교〕 젤로테파(派), 광신자〔고대 로마의 팔레스티나 지배에 반항했다.
zeal·ot·ic [zelátik / -lɔ́t-] *adj.* 열광적인.
zeal·ot·ry [zélətri] *n.* ⓤ 열중, 열광, 광신적 행동.
†zeal·ous [zéləs] *adj.* 열심있는, 열중한, 열광적인(*for, in*…). ⇨ EAGER 類語. ¶ He is *zealous* for success in the project. 그는 그 사업의 성공을 열망하고 있다 / be *zealous in* one's task 일에 열심이다 // He is *zealous* to please his employer. 그는 고용주를 기쁘게 하려고 열심이다. ~**ly** *adv.* ~**ness** *n.*
ze·bec [zíːbek], (**ze·beck**) *n.* = xebec.
Zeb·e·dee [zébidiː] *n.* 〔성서〕 세베대 〔사도 야고보(James)와 요한(John)의 부친〕.
***zebra** [zíːbrə] *n.* (*pl.* **~s or ~**) 얼룩말.
zébra cróssing *n.* 〔英〕 〔흰 줄무늬의〕 횡단 보도.
zébra fish *n.* 제브라다니오〔줄무늬가 있는 열대어〕.
ze·brass [zíːbræs] *n.* 수얼룩말과 암나귀와의 교배종.
ze·bra·wood [zíːbrəwùd] *n.* ⓤ 〔기아나산(産)의〕 줄무늬가 있는 재목.
ze·brine [zíːbrain] *adj.* 얼룩말을 닮은.
ze·bu [zíːbjuː / -buː] *n.* 혹소 〔어깨에 혹이 있는 중국·인도산(産)의 소〕.
Zech·a·ri·ah [zèkəráiə] *n.* 〔성서〕 **1** 스가랴〔기원전 6세기경의 히브리의 예언자〕. **2** 〔구약 성서의〕스가랴서(書) 〔略 Zech.〕.
[zebu]
zech·in, zec·chin, zec·chine [zékin] *n.* **1** 고대 베네치아의 금화. **2** 장식 단추(sequin).
zed [zed] *n.* 《英》 Z(z)자의 명칭(《美》 zee).
Zed·e·ki·ah [zèdikáiə] *n.* 시드기야〔유대의 최후의

zed·o·a·ry [zédo(u)èri / -əri] n. 〔(産)의 약초〕.
ze-donk [zíːdɑŋk / -dɔŋk] n. 〔동물〕 얼룩말과 당나귀의 잡종. 〔<ZE[BRA]+DONK[EY]〕
zee [ziː] n. 〔美〕 Z(z)자의 명칭. 〔남부의 주〕.
Zee·land [zíːlənd / zéi-, ziː-] n. 젤란트 〔네덜란드 서부〕.
Zée·man effèct [zéiməːn-] n. 〔물리·光學〕 제만 효과. 〔<네덜란드의 물리학자 P. Zeeman의 이름〕
ZEG, Z.E.G. 《略》 zero economic growth (경제의 제로 성장).
ze·in [zíːin] n. 〔생화학〕 **1** 제인〔옥수수에서 얻는 단백질〕. **2** 그 단백질로 만드는 인조 섬유.
Zeit·geist [G tsáitgàist] n. 《독일》(=the spirit of the time) 시대 정신, 시대 사조.
zek [zek] n. 〔소련의 형무소나 강제 수용소〕 수용자.
zel·ko·va [zélkəvə] n. 느티나무.
ze·lo·so [zelóusou, zi-] 〔이 탈 리 아〕(=zealous) 〔음악〕 열렬하게.
ze·min·dar [zəmìːndάːr / zémindὰː] n. =zamindar.
zem·stvo [zémstvou] n. (pl. **-stvos**) 〔역사〕 제정 러시아의 지방 자치회.
Zen [zen] n. 〔불교〕 **1** 선종(禪宗) 〔참선(參禪)을 으뜸으로 삼는 불교의 일파〕. **2** 〔U〕〔선종의〕 교지(敎旨), 수행. 〔<Jap 선(禪)〕
ze·na·na [zenάːnə] n. 《인도》 **1** 여성방, 하렘 (harem). **2** 《집합적》 그곳에 사는 여성. — adj. 여성 〔방〕의.
Zend [zend] n. **1** 조로아스터교의 경전(Avesta)의 주해서. **2** 〔U〕 Avesta에 쓰이고 있는 고대 페르시아어.
Zend-A·ves·ta [zèndəvéstə] n. 조로아스터교 경전.
zé·ner díode[zíːnər-, zéi-] n. 〔전자 공학〕 지너 다이오드〔전압 안정 장치로 사용되는 규소(硅素) 반도체〕.
ze·nith [zíːniθ / zén-] n. (보통 the ~, 또는 one's ~) **1** 천정(天頂). opp. nadir **2** 정점, 절정, 전성 (acme). ¶ be in one's(or its, the) zenith 〔영광·번영 따위의〕 절정에 있다 / from zenith to nadir 전성에서 밑바닥까지 / At the zenith of its power Rome ruled all of civilized Europe. 로마는 그 전성기에 전유럽 문명국을 지배했다 / He passed his zenith. 그는 한창때를 넘었다. ◇ zénithal adj.
ze·nith·al [zíːniθ(ə)l, +英 zén-] adj. 천정의; 절정의.
zénith dístance n. (the ~) 〔천문〕 천정(天頂) 거리.
zénith télescòpe n. 천정의(儀) 〔위도 측정 망원경〕.
ze·o·lite [zíːəlàit] n. 비석(沸石) 〔鑛〕.
zep [zep] n. 〔종종 Z-〕 =zeppelin.
Zeph·a·ni·ah [zèfənáiə] n. **1** 〔성서〕 스바냐 〔기원전 7세기의 유대의 예언자〕. **2** 〔구약 성서의〕 스바냐서(書) 〔略 Zeph.〕.
zeph·yr [zéfər] n. **1** 미풍, 산들바람, 연풍(軟風). **2** (Z-) 〔문어〕 〔의인화된〕 서풍(西風). **3** 〔U〕C〕 제퍼 〔아주 가볍고 부드러운 천·실·의류〕.
zéphyr clòth n. 〔U〕 제퍼천 〔여름의 여성·아이 옷에 쓰는 평직(平織) 면포〕.
zéphyr yàrn n. 〔U〕 자수용의 부드러운 털실.
Zeph·y·rus [zéfərəs] n. 〔그리스 신화〕 제퍼러스 〔서풍(西風)의 신〕.
zep·pe·lin [zép(ə)lin] n. **1** (종종 Z-) 체펠린 비행선. **2** 〔일반적으로〕 비행선(airship). 〔<발명자인 독일의 장군 Zeppelin(1838-1917)의 이름〕
‡ze·ro [zíː(r)rou / zíər-] n. (pl. **-ros** or **-roes**) (* 종종 형용사적으로도 쓰인다) **1** 〔아라비아 숫자의〕 0, 영(零), 제로(cipher). **2** 〔U〕 모든 측정수(치)의 기점, 영점, 영점(零點); 〔한란계 따위의〕 영도, 빙점. **3** 〔U〕〔비유적〕 영도(零度) 〔섭씨 영하 273.15도〕. **3** 〔U〕〔비유적〕 최하점, 최저점; 무(無), 허무, 제로(nought, nothing). ¶ Our hopes were reduced to zero. 우리의 희망은 무산되었다. **4** 〔U〕〔언어〕 〔형태소(形態素)(morpheme) 의〕 제로 표징(表徵), 제로 형태. **5** 〔U〕〔기상〕 시정(視

程) 제로 〔수직 시정 50피트, 수평 시정 165 피트 이하〕. **6** 〔U〕 고도영 〔500 피트를 넘지 않는 높이〕. ¶ The plane was flying at zero. 그 비행기는 고도 영으로 비행하고 있었다.
— vt. (**-roed, -ro·ing**) 〔계기의 바늘〕을 영에 맞추다.
zero in ① 〔총〕을 무표 상태에서의 조준에 맞추다. ② 〔총〕의 과녁에 겨누다. ¶ zero in one's rifle at 100 yards 라이플을 100야드의 조준으로 맞추다.
zero in on …에 목표를 맞추다; …에 노력 따위를 집중하다.
zero out 《美》 재정 지원을 삭감하다 (eliminate financing).
ze·ro-base [zíː(ː)roubèis / zíər-] vt. 〔예산 따위〕를 백지화시켜 재심하다, 〔문제 따위〕를 출발점부터 재검토하다 (zero-based).
zéro-coùpon bónd n. 〔증권〕 제로 쿠폰채(債) 〔정기 이자료가 붙지 않은 채권. 대폭 할인 판매되며 만기에 전액 상환한다〕.
zéro defécts n. pl. 무결점〔운동〕 〔略 ZD〕.
zéro G n. =zero gravity.
zéro grávity n. 〔우주 공학〕 무중력 〔상태〕.
zéro grówth n. 〔인구·경제 등의〕 제로성장; 비확대 정책.
zéro hòur n. **1** 〔군대〕 공격 개시 예정 시각. **2** 예정 행동 개시 시각. **3** 결정적 순간, 위기.
zéro láunch n. 〔로켓〕 영(零)거리 발사〔발사용 레일이 없는 발사대에 의한 로켓의 발사〕.
zéro óption n. 〔군사〕 제로 선택〔전역(戰域) 핵전력 (TNF) 따위의 전면 폐기 구상〕. 〔ZPG〕.
zéro populátion grówth n. 인구 제로 성장〔略 ZPG〕.
zero-sum [zíː(ː)rousʌm/ziərou-] adj. 합이 영(제로)의 〔게임 이론 등에서 한 쪽의 득점이 다른 쪽에 같은 수의 실점이 되는〕. opp. positive-sum
zéro-sùm gáme n. 〔수학〕 제로섬 게임.
zéro supprèssion n. 〔컴퓨터〕 제로 억제〔수치중 의미없는 제로를 표현하지 않는 일〕.
ze·ro-ze·ro [zíː(ː)rouzíː(ː)rou / zíərouzíə-] adj. 〔기상〕 시계(視界) 제로의.
‡zest [zest] n. 〔U〕 **1** 취향, 묘미, 재미(relish); 짜릿한 자극; 매력(charm). ¶ Wit gives(or adds) zest to conversation. 기지(機智)는 회화에 재미를 더해 준다. **2** 〔강한〕 흥미, 열정, 〔마음으로부터의〕 즐거움. ¶ zest for pleasure 쾌락에의 강한 욕구 / read a novel with zest 소설을 재미있게 읽다 / The hungry man ate with zest. 그 배고픈 사람은 맛있게 먹었다. **3** 풍미를 첨가하는 것. ◇ zéstful, zésty adj.
zest·ful [zéstfəl] adj. 풍미가 풍부한, 맛이 있는; 흥미 있는, **~·ly** [-fəli] adv. **~·ness** n.
zest·y [zésti] adj. 열정적인, 자극을 주는.
ze·ta [zéitə, zíː-/zíː-] n. 그리스어 알파벳의 제 여섯째 자〔Z,ζ; 영어의 Z, z에 해당한다〕.
ZETA [zíːtə] n. 〔물리〕 제타 zero energy thermonuclear apparatus(제어(制御) 열핵 반응 장치).
zeug·ma [zúːgmə / z(j)úːg-] n. 〔문법〕 액식 어법 (軛式語法) 〔하나의 형용사나 동사로 다른 2개(이상)의 명사를 수식 또는 지배시키는 방법. 예: to open the door and heart to the homeless boy〕.
‡Zeus [zuːs / zjuːs] n. 〔그리스 신화〕 제우스〔Olympus 산의 신들의 주신(主神〕. 로마 신화의 Jupiter 에 해당한다〕.
ZEV (略) zero-emission vehicle (무공해 차량).
Z.G. (略) zoological garden.
Z gún n. 〔英軍〕 고사(高射) 로켓포.
zib·el·ine [zíbəlàin, -lìn], (**zib·el·line**) adj. 검은담비의. — n. 검은 담비의 모피; 〔U〕 보풀이 긴 모직물.
zib·et [zíbit] n. 사향고양이의 일종〔인도·말레이산〕.

[Zeus]

ziff [zif] *n.* (濠구어) [짧은] 턱수염 (beard).
ZIFT, Zift [zift] *n.* (略) (의학) zygote *i*ntra-*f*allopian *t*ransfer (접합자 난관내 이식).
zig [zig] *n.* 지그재그(Z자 형)의 한쪽 방향. — *vi.* (**zigged, zig·ging**) 지그재그 코스의 한쪽 방향을 나아가다. *cf.* zag, zigzag [<ZIG[ZAG]]
zig·gu·rat [zígurət], **zik·u-, zik·ku-** [zíku-] *n.* 고대 바빌로니아·앗시리아의 피라밋형의 사원.
‡**zig·zag** [zígzæg] *n.* Z자 형(의 것), 번개 형, 번개 형의 것[선·행정(行程)·길·진행 따위]. 지그재그 형[의 것].
— *adj.* (=**zig·zag·gy** [-zǽgi]) Z자 형의, 번개 형의, 지그재그의. ¶ a *zigzag* line 지그재그로 된 선.
— *adv.* 지그재그 형이 되어, 꾸불꾸불하게. ¶ The path ran *zigzag* up the hill. 작은 길이 지그재그로 언덕 위로 뻗어 있었다.
— *v.* (**-zagged, -zag·ging**) *vt.* …을 지그재그 형으로 하다, 지그재그 형으로 움직이다.
— *vi.* 지그재그 형으로 되다, 지그재그로(갈짓자 걸음으로) 나아가다. ¶ (~+圖+图) The lightning *zigzagged across* the sky. 번개가 지그재그 형으로 하늘을 치달렸다.
zilch [ziltʃ] *n.* (美俗) **1** 제로, 영. **2** (종종 Z-)가 뭐라나 하는 사람, 모씨(某氏).
zil·lah [zílə] *n.* [인도의] 주, 군(郡).
zil·lion [zíljən] *n.* (美口語) 터무니없이 큰 수, 무수(無數). — *adj.* 방대한 수의, 무수의. [<미지수 z를 써서, million, billion 을 모방해서 만든 조어 (造語)]
zil·lion·aire [zìljənéər] *n.* 억만 장자.
Zim·bab·we [zimbɑ́ːbwei] *n.* **1** 남 로디지아의 석조(石造) 유적. **2** 짐바브웨[1980년 4월에 독립한 남아프리카의 사회주의 공화국; 수도 Harare].
‡**zinc** [ziŋk] *n.* (化學) 아연 [금속 원소의 하나. 원자 기호 Zn]. ¶ flowers of *zinc* 아연화(華), 산화 아연.
— *vt.* (**zincked** *or* **zinced, zinck·ing** *or* **zinc·ing**) …에 아연 도금을 하다, 아연을 입히다.
◇ **zíncky** *adj.*, **zíncify** *vi.*
zinc·ate [zíŋkeit] *n.* (化學) 아연산염 (亞鉛酸鹽).
zínc blènde *n.* ⓤ (광산) 섬아연광 (閃亞鉛鑛).
zínc chlóride *n.* (화학) 염화 아연 (butter of zinc).
zinc·ic [zíŋkik] *adj.* 아연의, 아연 비슷한; 아연을 함유(함유)하는.
zinc·if·er·ous [ziŋkífərəs, 美 zinsíf-] *adj.* 아연을 생(산)함유하는.
zinc·i·fi·ca·tion [zìŋkifikéiʃən] *n.* ⓤ 아연 도금, 아연 도금하다, …에 아연을 포화시키다.
zinc·i·fy [zíŋkifài] *vt.* (**-fied, -fy·ing**) [철판 따위에] 아연 도금하다, …에 아연을 포화시키다.
zinc·ite [zíŋkait] *n.* ⓤ (광물) 홍아연광 (紅亞鉛鑛).
zinck·y, zink-, zinc- [zíŋki] *adj.* 아연을 함유한, 아연 비슷한.
zin·co [zíŋkou] *n.* (*pl.* **-cos**) =zincograph.
zin·co·graph [zíŋkou)græf / -grɑ̀ːf] *n.* **1** (페어) 아연판. **2** 아연판 인쇄.
zin·cog·ra·pher [ziŋkɑ́grəfər / -kɔ́g-] *n.* 아연판 기사.
zin·co·graph·ic [zìŋkougrǽfik], (**zin·co·graph·i·cal** [-ik(ə)l]) *adj.* 아연판술의.
zin·cog·ra·phy [ziŋkɑ́grəfi / -kɔ́g-] *n.* ⓤ 아연판술.
zínc óintment *n.* ⓤⓒ (약) 아연화 (華) 연고.
zin·co·type [zíŋko(u)tàip] *n.* (인쇄) =zincograph 2.
zinc·ous [zíŋkəs] *adj.* =zincic.
zínc óxide *n.* (화학) 산화 아연, 아연화 (華).
zínc súlfate *n.* ⓤ (화학) 황산 아연.
zínc white *n.* 아연백, 아연백 (白) 아연 [그림 물감의 주성분으로 쓰는 백색 안료].
zinc·y [zíŋki] *adj.* =zincky.
zin·eb [zíneb] *n.* 지네브 [살충·살균제].
zing [ziŋ] *n.* (美俗語) *n.* **1** 쌩쌩 (통풍) 하는 소리. **2** ⓤ ⓒ 활력, 정력. **3** 흥미 (정열)를 북돋우는 것. — *vi.* 쌩쌩 (통풍) 소리를 내다 (내고 나아가다).

Zin·ga·ro [tsíːŋɡɑːrou / zíŋɡə-] *n.* (*pl.* **-ri** [-riː]) (이탈리아어) (=Gipsy) 집시.
zing·er [zíŋər] *n.* (俗語) **1** 활기 넘치는 사람. **2** 정곡을 찌르는 말. **3** 유별난 것.
zing·y [zíŋi] *adj.* 쌩쌩하는, 열의있는; 매력적인.
zink·y [zíŋki] *adj.* =zincky.
zin·ni·a [zíniə, -njə] *n.* 백일초.
Zi·on [záiən] *n.* **1** (성서) 시온 [예루살렘 동편에 있었던 성지]. **2** (집합적) 신의 선민 (選民), 이스라엘 사람 [유대인의 고국, 유대교의 상징으로서의] 팔레스티나. **3** ⓤ (히브리의) 신정 (神政). **4** (英) 비국교파 교회당, 기독교회. **5** ⓤ 천국.
Zi·on·ism [záiənìz(ə)n] *n.* ⓤ 시온주의, 시오니즘[유대인을 팔레스티나로 복귀시키려는 민족 운동].
Zi·on·ist [záiənist] *n.* 시온주의자, 시오니스트.
Zi·on·ward [záiənwərd] *adv.* 시온 쪽으로; 천국을 향해서.
zip¹ [zip] *n.* **1** (탄환이 스쳐 날아갈 때처럼) 퓽(핑)하는 소리. **2** ⓤ (구어) 활력, 원기. — *v.* (**zipped, zip·ping**) *vi.* **1** 퓽 소리가 나다, 퓽 소리내고 날다(달리다). **2** (구어) 기운차게 나아가다 (행동하다). ¶ (~+圖) *zip by* 퓽 소리내고 지나가다 // (~+圖+图) *zip along* the street 거리를 힘차게 나아가다. — *vt.* (구어) …을 힘차게 나르다; …에게 활력을 주다(…*up*). ¶ (~+圖+图) *zip* a person *up* 남의 기력을 북돋우다.
zip² [zip] *n.* 지퍼(zipper), 척, 파스너. — *v.* (**zipped, zip·ping**) *vt.* …을 지퍼(척)로 잠그다. ¶ (~+图+圖) He *zipped* the money *into* his wallet. 그는 지퍼(척)를 열고 그 돈을 지갑에 넣었다 // (~+图+圖) *zip* one's *bag* open (closed) 가방의 지퍼를 열다 (잠그다) // (~+图+圖) *zip up* one's jacket 자켓의 지퍼를 잠그다. — *vi.* 지퍼로 열다(잠그다), 지퍼가 열리다 (잠기다). ¶ (~+圖) The bag *zips in* easily. 그 가방은 간단하게 지퍼로 잠긴다.
Zip it up! =*Zip*[*up*] *your lip!* (俗語) 조용히 해!, 입닥쳐! 「點」.
Zip³ [Zip] *n.* (美俗語) 없음, 무(無) (nothing); 영점 (零 **ZIP**) Zone *I*mprovement *P*rogram. *cf.* zip code
Zi·pan·gu [zipǽŋɡuː] *n.* 일본 [Marco Polo 가 여행기에서 이 말을 썼다].
‡**zíp còde** *n.* (美) 우편 번호 (* Zip Code, ZIP code, Zip code 로도 쓴다).
[<Z[ONE] +I[MPROVEMENT] + P[ROGRAM] +CODE]
zíp fàstener *n.* (英) =zipper 1.
zíp fùel *n.* ⓤ 열 함유도가 높은 제트(로켓용) 연료.
zíp·in *n.* 손으로 만든 권총.
zíp-in líning [zípìn-] *n.* (오버코트 등의) 지퍼로 달았다 뗐다 할 수 있는 안.
zipped [zipt] *adj.* =zippered.
zip·per [zípər] *n.* (美) **1** zip 하는 사람 (것). **2** 지퍼, 척. **3** 지퍼 달린 장화. [<상표명]
zip·pered [zípərd] *adj.* 지퍼가 달린.
zip·pie, -py¹ [zípi] *n.* 지피 [히피족의] 일파.
zip+4 [còde] [zípplʌ̀sfɔ́ːr-] *n.* (美) 집플러스 포 [코드] [종래의 5자리수의 우편 번호 뒤에 다시 세분한 배달 구역을 나타내는 4자리 숫자를 더 붙인 우편 번호].
Zip·po [zípou] *n.* (상표명) 지포 라이터 [미국제 휘발유 라이터].
zip·py² [zípi] *adj.* (**-pi·er, -pi·est**) (구어) 활기있는, 기운찬 (lively), 열리는. *cf.* pop-top
zip-top [zíptàp / -tɔ̀p] *adj.* 깡통의 뚜껑 따위가 쉽게 열리는.
zir·ca·loy [záːrkəlɔ̀i] *n.* 지르코늄 합금.
zir·con [zə́ːrkan / -kɔn] *n.* ⓤ 지르콘 [지르코늄 원광 (原鑛)].
zir·con·ate [zə́ːrkənèit] *n.* (화학) 지르콘 산염 (酸鹽).
zir·co·ni·a [zərkóuniə, -njə] *n.* (화학) 산화 지르코늄.
zir·con·ic [zərkánik / -kɔ́n-] *adj.* 지르코늄 모양의; 지르코늄을 함유한.
zir·co·ni·um [zərkóuniəm, -njəm] *n.* ⓤ (화학) 지르

zith・er [zíðər, zíθ-] n. 치터[거문고 비슷한 현악기].

zith・er・ist [zíθərist] n. 치터(zither) 연주자.

zith・ern [zíðərn] n. 1 =cittern. 2 =zither.

zizz [ziz] n. 《英口語》 1 붕붕거리는 소리. 2 졸기, 선잠(catnap).

zlo・ty [zlɔ́:ti / zlɔ́ti] n. (pl. **-tys** or **-ty**) 즐로티[폴란드의 화폐 단위]; 즐로티 동화(銅貨). [< Pol golden]

Zn 〔화학〕 zinc 의 원자 기호.

zo- ⇨ ZOO-.

zo・a [zóuə] n. zoon 의 복수형.

ZOA 〔略〕 Zionist Organization of America(재미 시온단(團)〔유태인 단체〕).

-zoa 〔동물〕의 뜻의 복수형 연결형으로, 군체(群體) 동물의 분류명을 나타낸다. 예: Protozoa.

Zo・ar [zóuɑːr] ← 英 -ɑ:] n. 〔성서〕 소알[Lot 과 그 가족이 Sodom 등을 도망쳐서 피난간 마을. ← 창세기(Gen.) 19: 22].

***zo・di・ac** [zóudiæk] n. 1 〔천문〕 황도대(黃道帶), 수대(獸帶). 2 〔점성〕 12궁도(宮圖)〔황도대에 12의 성좌를 배치한 그림〕. 3 〔드물게〕 1주(周).

the signs of the zodiac 〔천문〕 12궁[Aries(백양궁), Taurus(금우(金牛)궁), Gemini(쌍자(雙子)궁), Cancer(거해(巨蟹)궁), Leo(사자궁), Virgo(처녀궁), Libra(천칭(天秤)궁), Scorpio(천갈(天蠍)궁), Sagittarius(인마(人馬)궁), Capricorn(마갈(磨羯)궁), Aquarius(보병(寶甁)궁), Pisces(쌍어(雙魚)궁)].

zo・di・a・cal [zo(u)dáiək(ə)l] adj. 〔천문〕 황도대의, 수대의. ¶ the *zodiacal* constellations 12궁의 성좌.

[zodiac 2]

zodíacal líght n. 〔천문〕 황도광(黃道光).

zo・e・trope [zóuətròup], **(zo・o・trope)** n. 활동 요지경 〔원통에 그린 연속적인 그림을 회전시켜 구멍에서 내다보는 장치〕.

zof・tig [záftig / zɔ́f-] adj. 《美俗語》 〔여자가〕 스타일이 좋은.

zo・ic [zóuik] adj. 1 동물의, 동물 생활의. 2 〔지질〕 〔암석 따위가〕 화석(化石)한 동식물을 함유하는.

Zo・la・esque [zòulə́esk] adj. 졸라풍의. [<프랑스의 자연주의 소설가 Émile Zola(1840-1902)의 이름]

Zo・la・ism [zóulə(ə)m] n. [U] 졸라주의, 자연주의(naturalism).

Zo・la・ist [zóuləist] n. 졸라주의자; 졸라풍의 작가.

Zoll・ver・ein [tsɔ́lfəràin / tsɔ́l-] n. 〔19세기 독일 연방 상호간에 조직된〕 관세 동맹; 〔일반적으로〕 관세 동맹. [<*Zoll* tax + *verein* union] 〔수도〕

Zom・ba [zámbə / zɔ́m-] n. 말라위(Malawi) 공화국의

zom・bi, -bie [zámbi / zɔ́m-] n. 1 서부 아프리카 원주민이 숭배하는 뱀 신(神). 2 사자(死者)를 살리는 초자연력〔서인도 제도의 미신〕; 되살아난 시체. 3 《속어》 얼간이, 바보; 로봇처럼 움직이는 사람; 괴짜. 4 칵테일의 일종. 5 《캐나다 방언》 내지(內地) 수비군.

zon・al [zóun(ə)l] adj. 띠의, 띠모양으로 배치된. ~**ly** [-nəli] adv.

zon・a・ry [zóunəri] adj. = zonal.

zon・ate [zóuneit], **(zon・at・ed** [-tid]) adj. 띠 모양의 얼룩무늬가 있는, 윤층상(輪層狀)가 있는.

‡**zone** [zoun] n. 1 대상(帶狀)지대(구역), 환상(環狀)〔지〕대; 〔특정의〕지대, 구역, 지역. ⇒ DISTRICT 類語. ¶ a safety (a danger) *zone* 안전(위험) 지대 / a demilitarized *zone* 비무장 지대 / a war *zone* 교전 지대. 2 〔지리〕〔기후 구분의〕대. ¶ the temperate (the frigid, the torrid) *Zones* 온대(한대, 열대). 3 〔생물 지리〕같은 종류의 동식물이 생존하는 지대. ¶ the alpine *zone* 고산대 / the floral *zone* 식물대. 4 〔지질〕암층(岩層), 층위(層位). 5 〔기하〕〔구면(球面)·원추·원통 따위의〕〔帶〕. 6 《美》〔교통·우편의〕동일 요금 구역. 7 《美》〔우편의 수신인 이름 뒤에의〕 우편구(區). 8 《美》〔도시 계획에 의한〕구획, 가구(街區). ¶ a residence *zone* 주택 지구 / a business *zone* 상업 지구. 9 〔고어·詩〕 띠, 끈(belt, girdle).

— v. (**zoned, zon・ing**) vt. 1 …을 띠로 둘러싸다, 띠로 감다. 2 …을 띠 모양으로 선을 긋다; …을 지역으로 구획하다, 구분하다. ¶ (~ + 图 + 前 + 图) *zone* the world *into* climatic provinces 세계를 기후 지역으로 구분하다 / 〔건축 법규에 의해〕〔도시〕를 구획하다. ¶ (~ + 图 + 前 + 图) *zone* a city *into* several districts 도시를 몇 개의 지역으로 나누다 // (~ + 图 + as 图) *zone* a district *as* residential 어떤 지역을 주택 지역으로 구분하다. — vi. 띠 모양을 하다, 띠 모양이 되다.

◇ zónal, zónate *adj.*

zoned [zound] adj. 지대(地帶)로 나누어진, 띠 모양으로 구분된. 〔man-to-man defense

zóne defénse n. 〔球技〕 존디펜스, 지역 방어. cf.

zóne pláte n. 〔光學〕 동심원 회절판(同心圓回折板). 〔해〕.

zóne tíme n. 〔U〕 지방시(時) [Greenwich time에 대

Zon・i・an [zóuniən] n., adj. 파나마 운하 지대에 사는 미국인[의].

zon・ing [zóuniŋ] n. [U] 《美》 1 〔도시의〕 지구제. 2 〔소포 우편의〕 구역제.

zonk [zaŋk / zɔŋk] vt. 불을 때다, 압도하다. 2 〔취하거나 지쳐〕 쓰러지게 하다(*out…*).

zonked [zaŋkt / zɔŋkt] adj. 《美俗語》 취한; 〔마약으로〕 벌써 효능이 없어진.

zon・u・lar [zóunjulər] adj. 작은 띠〔모양〕의.

zon・ule [zóunjuːl] n. 소대(小帶)(little zone).

‡**zoo** [zuː] n. (pl. **zoos**) 1 동물원(zoological garden). ¶ the *Zoo* 런던 동물원. 2 《속어》 뒤죽박죽인 곳, 혼돈 상태. ¶ This place is a *zoo*! 이곳은 돼지우리 같은. [< ZOO[LOGICAL GARDENS]]

zoo- living being, animal 이라는 뜻의 연결형(* 모음 앞에서는 zo- 를 쓴다). 예: *zo*anthropy(수화망상(獸化妄想)), *zoo*logy, *zoo*phile.

zo・o・blast [zóuəblæst / -blɑ̀:st] n. 동물 세포.

zo・o・chem・is・try [zòuəkémistri] n. 동물 화학.

zo・o・dy・nam・ics [zòuədainǽmiks] n. pl. 〔단수 취급〕 동물 역학, 동물 생리학.

zo・o・ga・my [zouɔ́gəmi / -ɔ́g-] n. 〔有性〕 생식.

zo・o・ge・og・ra・pher [zòuədʒiɔ́grəfər / -ɔ́g-] n. 동물 지리학자.

zo・o・ge・o・graph・ic [zòuədʒiːəgrǽfik / -dʒiə-], **zo・o・ge・o・graph・i・cal** [-ik(ə)l] adj. 동물 지리학의. **-i・cal・ly** [-ikəli] adv.

zo・o・ge・og・ra・phy [zòuədʒiɔ́grəfi / -ɔ́g-] n. [U] 동물 지리학.

zo·og·ra·pher [zouágrəfər/-5g-] n. 동물지(誌) 학자.
zo·o·graph·ic [zòuəgrǽfik], **-i·cal** [-ik(ə)l] adj. 동물지(誌)의, 동물지학(上)의.
zo·og·ra·phy [zouágrəfi/-5g-] n. ⓤ 동물지학.
zo·oid [zóuɔid]. n. 1 [생물] 개충(個蟲), 개원(個員); 개체. 2 아충(芽蟲), 새끼 벌레. — adj. 동물의, 동물성의, 동물 비슷한.
zo·oi·dal [zouóidl] adj. =zooid.
zool. 《略》 zoological; zoologist; zoology.
zo·ol·a·ter [zouálətər/-5l-] n. 동물 숭배자.
zo·ol·a·try [zouálətri/-5l-] n. ⓤ 동물 숭배.
zo·o·lite [zóuəlàit] n. 화석(化石)동물(fossil animal).
‡**zo·o·log·i·cal** [zòuəládʒik(ə)l / -l5dʒ-], **(zo·o·log·ic** [-ik]) adj. 동물학(上) 의; 동물에 관한 ~·ly [-kəli] adv. ◇ zoólogy n.
zoológical gárden n. 동물원. ¶ the Zoological Gardens 런던 동물원 [줄여서 the Zoo 라고 한다].
*zo·ol·o·gist [zouálədʒist/-5l-] n. 동물학자.
‡**zo·ol·o·gy** [zouálədʒi/-5l-] n. ⓤ 동물학.
◇ zoológical adj.
***zoom** [zu:m] vi. 1 붕하는 소리를 내다, 웅웅 소리내며 급격히 움직이다. ¶ (~+圖 +图) The racing cars zoomed around the course. 경주용 자동차는 웅웅 소리를 내며 코스를 돌았다. 2 [비행기가] 급상승하다. 3 [사진] 줌 렌즈로 피사체(被寫體)를 확대(축소)하다. 4 [영화·TV] 영상을 급히 확대(축소)하다. 5 [물가 따위가] 급등하다. — vt. 1 [비행기]를 급상승시키다. 2 [영화·TV] [영상]을 급히 확대(축소)시키다. — n. 1 [비행기의] 급상승. 2 [영화·TV] 영상의 급격한 확대(축소). 3 [비행기 따위의] 붕 하는 소리. 4 [물가의] 급등.
Zóom·ar lèns [zú:ma:r-] n. 《상표명》 텔레비전용 줌렌즈.
Zoom·er [zú:mər] n. =zoom lens.
zo·om·e·try [zouámitri / -5m-] n. ⓤ 동물 측정학.
zoom·ing [zú:miŋ] n. 《항공》 급각도 상승.
zóom lèns n. [영화·텔레비전용·사진의] 줌 렌즈.
zo·o·mor·phic [zòuəm5:rfik] adj. 동물형의, 동물을 본뜬; 수형신(獸形神)의.
zo·o·mor·phism [zòuəm5:rfiz(ə)m] n. ⓤ 1 [장식 등의] 동물 형상, 2 [동물을 신격화한] 수형신관 (觀).
zo·on [zóuan / -ɔn] n. (pl. **zo·a** [zóuə]) [생] 《군체(群體)》 동물의 개체.
zo·on·o·my [zouánəmi /-5n-] n. ⓤ 동물 생리학.
zo·on·o·sis [zouánəsis / -5n-] n. ⓤⓒ (pl. **-ses** [-sì:z]) 《의학》 동물 기생증(症) [동물에서 인간으로 전염하는 것으로].
zo·o·phile [zóuəfàil] n. 동물 매개 식물 [동물에 의하여 꽃가루가 매개되는 식물].
zo·o·phil·i·a [zòuəfíliə] n. 1 동물 애호. 2 《정신의학》 동물 성애(性愛).
zo·oph·i·list [zouáfilist / -5f-] n. 동물 애호가.
zo·oph·i·lous [zouáfiləs / -5f-] adj. 1 《식물》 동물에 의해 수분(受粉)되는. 2 동물을 좋아하는.
zo·oph·i·ly [zouáfili / -5f-] n. ⓤ 동물 애호.
zo·o·pho·bi·a [zòuəfóubiə, -bjə] n. 《정신 의학》 동물 공포증.
zo·o·phys·ics [zòuəfíziks] n. pl. 《단수 취급》 동물 구조학.
zo·o·phyte [zóuəfàit] n. 식충(植蟲) [불가사리·산호 따위와 같이 식물 비슷한 동물].
zo·o·phyt·ic [zòuəfítik] adj. 식충의; 식충 비슷한.
zo·o·phy·tol·o·gy [zòuəfaitálədʒi / -t5l-] n. 식충학 (植蟲學).
zóo plàne n. 《경멸적》 《美》 [선거 운동시 후보자와 동행하는] 기자단 수행기(機).
zo·o·plank·ton [zòuəplǽŋktən] n. ⓤ 동물 플랑크톤; 부유(浮遊) 동물.
zo·o·plas·tic [zòuəplǽstik] adj. 동물 조직 이식(上)의.
zo·o·plas·ty [zóuəplǽsti] n. ⓤ 《외과》 동물 조직 이식 (上).

zo·o·psy·chol·o·gy [zòuəsaikálədʒi / -k5l-] n. ⓤ 동물 심리학.
zo·o·se·mi·ot·ics [zòuəsi:miátiks, -mai-, / -5t-] n. 동물 기호학(記號學) [동물간의 코뮤니케이션 연구].
zo·o·sperm [zóuəspə̀:rm] n. 《페어》 1 [동물] 정충, 정자. 2 [식물] 유주아포(遊走芽胞), 유주자(子) (zoospore).
zo·o·spore [zóuəspɔ̀:r / -spɔ̀:] n. 〔식물〕 유주자(遊走子), 운동성 홀씨.
zo·o·tax·y [zóuətǽksi] n. ⓤ 동물 분류학, 동물 계통학.
zo·o·tech·nics [zòuətékniks] n. pl. 《단수 취급》 = zootechny.
zo·o·tech·ny [zóuətékni] n. ⓤ 축산, 축산학.
zo·o·the·ism [zóuəθì:iz(ə)m] n. ⓤ 동물신(神) 숭배.
zo·ot·o·my [zouátəmi / -5t-] n. ⓤ 동물 해부(上).
zo·o·tox·in [zòuətáksin / -t5k-] n. 동물 독소 [뱀독 따위].
zo·o·trope [zóuətròup] n. = zoetrope.
zóot sùit [-sú:t-] n. 《美속어》 주트 수트 [1940년대 전반에 유행한 긴 상의와 아랫 자락이 좁은 헐렁한 바지로 된 남자복].
zoot sùiter n. 주트복을 입은 사람.
zoot·y [zú:ti] adj. 《속어》 야한, 아주 멋진, 초(超)현대적인.
zor·il [zɔ́:ril, zǽr-/ zɔ̀r-], **zo·rille** [zəríl], **(zo·ril·la** [zərílə]) n. [남아프리카산(産)의] 족제비의 일종.
Zo·ro·as·ter [zɔ́:rouǽstər / zɔ̀r-] n. 조로아스터 [기원전 7-6세기의 페르시아의 종교가. 조로아스터교의 종조(宗祖)].
Zo·ro·as·tri·an [zɔ̀:ro(u)ǽstriən / zɔ̀r-] adj. 조로아스터(교)의. — n. 조로아스터 교도.
Zo·ro·as·tri·an·ism [zɔ̀:ro(u)ǽstriənìz(ə)m/zɔ̀r-] n. ⓤ 조로아스터교, 배화교(拜火敎).
Zor·ro [zɔ́:rou] n. 쾌걸 조로 [Johnston McCulley 의 만화(1919)에 나오는 주인공; 스페인령 California 에서 활약하는 검은 복면의 도적].
Zou·ave [zu(:)áːv, zwaːv] n. 1 (때로 z-)주아브병 (兵) [원래 알제리인으로 편성된 동양풍의 제복을 입은 프랑스의 경보병]. 2 《美역사》 [주아브병과 같은 복장을 한] 남북전쟁의 의용병. 3 (z-) (보통 ~s) [위가 넓고 아래쪽이 좁은] 주아브풍의 여성용 자켓.
zouk [zu:k] n. 주크 음악 [서인도 제도 Guadeloupe 의 민족 음악과 서양 음악을 믹스한 것으로 강렬한 비트가 특징이다].
zounds [zaundz] interj. 《고어》 제기랄 ! , 빌어먹을 ! [놀람·분노 등을 나타낸다].
zow·ie [záui:] interj. 《美》 와 ! [놀램·감탄을 나타낸다].
ZPG (略) Zero Population Growth.
Zr 《화학》 zirconium 의 원자 기호.
Z.S. (略) Zoological Society (동물학회).
zuc·chet·to [zu:kétou / tsu:-], **-ta** [-tə] n. (pl. **-tos**) [가톨릭 성직자의] 작은 모자 [신부는 검정, 주교는 보라, 추기경은 빨강, 교황은 흰 것을 쓴다].
zuc·chi·ni [zu:kíːni] n. (pl. **-ni** or **-nis**) [오이 비슷한] 서양호박.
Zu·lu [zúːluː] n. (pl. **-lus** or **-lu**) 1 [남아프리카 Natal 지방의 Bantu 족에 속하는] 줄루족(사람). 2 ⓤ 줄루어(語). — adj. 줄루 사람(어)의.
zu·ñi [zúːnji, -ni, súː-] n. (pl. **-ñis**, or **-ñi**) 1 주니족 [북미 원주민의 한 종족]. 2 ⓤ 주니어(語).
Zu·rich [zú(:)rik / zjúə-] n. 취리히 [스위스 북부의 주, 또 그 주도(州都)].
zwie·back [swíːbæk, -baːk, zwíː-, zwái-/zwíː-] n. 러스크(rusk)의 일종. [<G]
Zwing·li·an [zwíŋgliən] adj. 츠빙글리(주의)의, 츠빙글리파의. — n. 츠빙글리파의 사람 [<스위스의 종교 개혁자 Ulrich Zwingli(1484-1531) 의 이름].
zwit·ter·ion [tsvítəràìan] n. 《화학》 양성(兩性)이온.
zyg- ⇨ ZYGO-.
zy·gal [záig(ə)l] adj. H자형의 [특히 뇌(腦)의 열구

(裂溝)를 말한다].
zygo- yoke 의 뜻의 연결형(* 모음 앞에서는 zyg-를 쓴다). 예: zygodactyl.
zy·go·dac·tyl [zàigədǽktil] *adj.* 〔새〕 대지족(對指足)의〔한 쌍의 발가락이 앞뒤로 향한다〕. — *n.* 대지족의 새〔앵무새 따위〕.
zy·go·ma [zaigóumə] *n.* (*pl.* **-ma·ta** [-mətə]) 〔해부〕 협골(頰骨), 관골(顴骨), 광대뼈; 협골궁(弓).
zy·go·mat·ic [zàigəmǽtik] *adj.* 〔해부〕 협골의, 광대뼈의, 관골의.
zy·go·mor·phic [zàigəmɔ́:rfik], **(zy·go·mor·phous** [-fəs]) *adj.* 〔식물〕 〔꽃이〕 좌우 동형의, 좌우 상칭(相稱)의.
zy·go·sis [zaigóusis, zi-] *n.* U C (*pl.* **-ses** [-siːz]) 〔생물〕 〔생식 세포의〕 접합.
zy·go·spore [záigəspɔ̀ːr, zíg- / -spɔ̀ː] *n.* 〔식물〕 접합 포자(胞子).
zy·gote [záigout, zíg-] *n.* 〔생물〕 접합자, 접합체.
zym- ⇨ ZYMO-.
zy·mase [záimeis] *n.* U C 〔생화학〕 치마제〔당(糖)을 분해해서 알코올로 만드는 효소〕.
zyme [zaim] *n.* 《폐어》 발효증(醱酵症)의 병원체〔옛날에는 전염병의 병원체로 간주되었다〕.
zymo- leaven (효모)의 뜻의 연결형(* 모음 앞에서는 zym- 을 쓴다). 예: *zym*e, *zymo*gen.
zy·mo·gen [záimədʒən] *n.* **1** 〔생화학〕 치모겐, 효소원. **2** 〔생물〕 발효균.
zy·mol·o·gy [zaimálədʒi / -mɔ́l-] *n.* U 〔생화학〕 발효학.
zy·mom·e·ter [zaimámitər / -mɔ́m-] *n.* 발효계(醱酵計), 발효도(度) 측정기.
zy·mo·sis [zaimóusis] *n.* U C (*pl.* **-ses**[-siːz]) **1** 발효. **2** 발효병, 효성병(酵性病), 발효증.
zy·mot·ic [zaimátik / -mɔ́t-] *adj.* 발효의, 발효성의, 발효에 의한; 발효병의. **-i·cal·ly** [-ikəli] *adv.*
zymótic diséase *n.* 〔의학〕 발효병〔세균성 질환의 구칭〕.
zy·mur·gy [záimə:rdʒi] *n.* U 양조학(釀造學).
zy·thum [záiθəm] *n.* U 고대 이집트의 맥주.
zzz [ziːziːziː] *n.* 쿨쿨쿨〔코고는 소리〕.

부 록 차 례

세계 각국의 수도 ··· 2488
세계 각국의 화폐 단위 및 환율표 ························ 2490
세계의 유명 항공회사명과 그 코드 ······················ 2497
세계의 유명 공항명과 그 코드 ···························· 2498
세계의 유명 상표명 ··· 2501
  Ⅰ. 자동차 ·· 2501
  Ⅱ. 의류 ··· 2507
  Ⅲ. 주류 ··· 2509
  Ⅳ. 담배 ··· 2511
  Ⅴ. 시계 ··· 2512
  Ⅵ. 안경/선글라스 ·· 2513
  Ⅶ. 만년필 ·· 2513
  Ⅷ. 카메라 ·· 2513
  Ⅸ. 라이터 ·· 2514
  Ⅹ. 골프 ··· 2514
  Ⅺ. 스키 ··· 2514
  Ⅻ. 테니스/승마/요트/카누 ······························· 2515
도량형 환산표 ·· 2516
미국 및 영국의 주(州)와 주도(州都) ···················· 2517
미국의 행정·입법·사법부 기구표 ······················· 2518
미군 계급명 ··· 2520
  Ⅰ. 미육군 계급명 ·· 2520
  Ⅱ. 미공군 계급명 ·· 2520
  Ⅲ. 미해군·연안 경비대 계급명 ······················ 2521
  Ⅳ. 미해병대 계급명 ······································ 2522
미국 프로야구 Major Leagues ···························· 2523
미국 및 영국의 연중 행사표 ······························· 2524
  Ⅰ. 날짜가 일정한 축제일 ······························· 2524
  Ⅱ. 날짜가 바뀌는 축제일 ······························· 2525
영·미인의 보통 인명 ·· 2527
영·미어의 차이점 ·· 2539
수(數)를 읽는 법 ·· 2546
중요한 접두·접미사 ··· 2550
불규칙 동사 변화형 일람표 ································ 2553

세계 각국의 수도

국 명	수 도	국 명	수 도
Republic of Afghanistan	Kabul	Republic of Cyprus	Nicosia
Republic of Albania	Tiranë	Czech Republic	Prague
Republic of Algeria	Algiers	Kingdom of Denmark	Copenhagen
The United States of America	Washington, D.C.	Republic of Djibouti	Djibouti
Principality of Andorra	Andorra-la-Vella	Commonwealth of Dominica	Roseau
People's Republic of Angola	Luanda	Dominican Republic	Santo Domingo
Antigua and Barbuda	St. John's	Republic of Ecuador	Quito
United Arab Emirates	Abu Dhabi	Arab Republic of Egypt	Cairo
Argentine Republic (Argentina)	Buenos Aires	Republic of El Salvador	San Salvador
Republic of Armenia	Yerevan	Republic of Equatorial Guinea	Malabo
Australia	Canberra	Republic of Estonia	Tallinn
Republic of Austria	Vienna (Wien)	Ethiopia	Addis Ababa
Azerbaijan Republic	Baku	Republic of Fiji	Suva
Commonwealth of the Bahamas	Nassau	Republic of Finland	Helsinki
State of Bahrain	Al Manama	French Republic (France)	Paris
People's Republic of Bangladesh	Dhaka	Gabonese Republic (Gabon)	Libreville
Barbados	Bridgetown	Republic of the Gambia	Banjul
Republic of Belarus	Minsk	Republic of Georgia	Tbilisi (Tiflis)
Kingdom of Belgium	Brussels (Bruxelles)	Federal Republic of Germany	Berlin
Belize	Belmopan	Republic of Ghana	Accra
Republic of Benin	Porto Novo	United Kingdom of Great Britain and Northern Ireland	London
Kingdom of Bhutan	Thimphu		
Republic of Bolivia	La Paz, Sucre	Greece (Hellenic Republic)	Athens (Athinai)
Republic of Bosnia and Herzegovina	Sarajevo	Grenada	St. George's
		Republic of Guatemala	Guatemala City (Guatemala)
Republic of Botswana	Gaborone		
Federative Republic of Brazil	Brasilia	Republic of Guinea	Conakry
Brunei (Negara Brunei Darussalam)	Bandar Seri Begawan	Republic of Guinea-Bissau	Bissau
		Co-operative Republic of Guyana	Georgetown
Republic of Bulgaria	Sofia	Republic of Haiti	Port-au-Prince
Burkina Faso (구칭 Upper Volta)	Ouagadougou	Republic of Honduras	Tegucigalpa
Republic of Burundi	Bujumbura	Republic of Hungary	Budapest
Cambodia	Phnom Penh	Republic of Iceland	Reykjavik
Republic of Cameroon	Yaoundé	India	New Delhi
Canada	Ottawa	Republic of Indonesia	Djakarta (Jakarta)
Republic of Cape Verde	Praia	Islamic Republic of Iran	Teheran
Central African Republic	Bangui	Republic of Iraq	Baghdad
Republic of Chad	N'Djamena	Ireland	Dublin
Republic of Chile	Santiago	State of Israel	Jerusalem
People's Republic of China	Peking (Beijing)	Republic of Italy	Rome
Republic of Colombia	Bogotá	Jamaica	Kingston
Federal Islamic Republic of the Comoros	Moroni	Japan	Tokyo
		Hashemite Kingdom of Jordan	Amman
Republic of Congo	Brazzaville	Republic of Kazakhstan	Alma-Ata
Republic of Costa Rica	San José	Republic of Kiribati	Bairiki
Republic of Côte d'Ivoire (Ivory Coast)	Yamoussoukro	Republic of Kenya	Nairobi
		Republic of Korea	Seoul
Republic of Croatia	Zagreb	State of Kuwait	Kuwait City
Republic of Cuba	Hayana (Havana)	Republic of Kyrgyzstan	Bishkek

국 명	수 도	국 명	수 도
Lao People's Democratic Republic (Laos)	Vientiane	Saint Vincent and the Grenadines	Kingstown
Republic of Latvia	Riga	Republic of San Marino	San Marino
Republic of Lebanon	Beirut	Democratic Republic of São Tomé and Principe	São Tomé
Kingdom of Lesotho	Maseru		
Republic of Liberia	Monrovia	Kingdom of Saudi Arabia	Riyadh
Socialist People's Libyan Arab Jamahiriya (Libya)	Tripoli	Republic of Senegal	Dakar
		Republic of Seychelles	Victoria
Principality of Liechtenstein	Vaduz	Republic of Sierra Leone	Freetown
Republic of Lithuania	Vilnius	Republic of Singapore	Singapore City
Grand Duchy of Luxembourg	Luxembourg	Slovak Republic	Bratislava
Republic of Macedonia	Skopje	Republic of Slovenia	Ljubljana
Democratic Republic of Madagascar	Antananarivo	Solomon Islands	Honiara
Republic of Malawi	Lilongwe	Somali Democratic Republic (Somalia)	Mogadishu
Malaysia	Kuala Lumpur		
Maldives	Malé	Republic of South Africa	Bloemfontein, Cape Town
Republic of Mali	Bamako		
Republic of Malta	Valletta	Spain	Madrid
Republic of the Marshall Islands	Majuro Atoll	Democratic Socialist Republic of Sri Lanka	Sri-Jayawardenapura
Islamic Republic of Mauritania	Nouakchott		
Republic of Mauritius	Port Louis	Republic of the Sudan	Khartoum
Mexico	Mexico City	Republic of Suriname	Paramaribo
Federated States of Micronesia	Palikir	Kingdom of Swaziland	Mbabane
Republic of Moldives	Male	Kingdom of Sweden	Stockholm
Republic of Moldova	Kishinev	Swiss Confederation (Switzerland)	Bern
Principality of Monaco	Monaco-Ville	Syrian Arab Republic (Syria)	Damascus
Mongolia	Ulan Bator	Republic of Tajikistan	Dushanbe
Kingdom of Morocco	Rabat	Taiwan	Taipei
Republic of Mozambique	Maputo	United Republic of Tanzania	Dar es Salaam
The Union of Myanmar	Yangon	Kingdom of Thailand	Bangkok
Republic of Namibia	Windhoek	Republic of Togo	Lome
Republic of Nauru	Nauru	Kingdom of Tonga	Nuku'alofa
Kingdom of Nepal	Katmandu (Kathmandu)	Republic of Trinidad & Tobago	Port of Spain
Kingdom of the Netherlands	Amsterdam	Republic of Tunisia	Tunis
New Zealand	Wellington	Republic of Turkey	Ankara
Republic of Nicaragua	Managua	Turkmenistan	Ashkhabad
Republic of Niger	Niamey	Tuvalu	Funafuti
Federal Republic of Nigeria	Abuja	Republic of Uganda	Kampala
Kingdom of Norway	Oslo	Ukraine	Kiev
Sultanate of Oman	Muscat	Oriental Republic of Uruguay	Montevideo
Islamic Republic of Pakistan	Islamabad	Republic of Uzbekistan	Tashkent
Republic of Panama	Panama City	Upper Volta ⇨ Burkina Faso	
Papua New Guinea	Port Moresby	Republic of Vanuatu	Port Vila
Republic of Paraguay	Asunción	Vatican City State	Vatican City
Republic of Peru	Lima	Republic of Venezuela	Caracas
Republic of the Philippines	Manila	Socialist Republic of Viet Nam	Hanoi
Republic of Poland	Warsaw	Western Sahara Islamic Republic of Mauritania	Nouakchott
Portuguese Republic (Portugal)	Lisbon		
State of Qatar	Doha	Western Samoa	Apia
Rumania (Romania)	Bucharest	Republic of Yemen	Sana
Russian Federation	Moscow	Federal Republic of Yugoslavia	Belgrade
Republic of Rwanda	Kigali	Republic of Zaire	Kinshasa
Saint Kitts and Nevis	Basseterre	Republic of Zambia	Lusaka
Saint Lucia	Castries	Republic of Zimbabwe	Harare

세계 각국의 화폐 단위 및 환율표

※ 환율은 1994년 3월 11일 현재의 시세
※ dollar*는 東카리브 달러(East Caribbean dollar) [略 EC$]
※ franc**은 아프리카 금융공동체(CFA: Communauté Financière d'Afrique)의 franc [略 CFAF]

국명	기본단위	기호	보조단위	화폐의 종류 지폐	화폐의 종류 경화(硬貨)	환율 (1US$당)
Afghanistan	afghani	Af	100 puls	afghanis 1000,500, 100,50,20,10	afghanis 5,2,1; puls 50,25	1811.65
Albania	lek	L, Lk	100 qindarka	leks 100, 50, 25, 10, 5, 3,1	lek 1; qindarka 50, 20,10,5	109.656
Algeria	dinar	DA, AD	100 centimes	dinars 500,100,10,5	dinars 5, 1; centimes 50,20,10,5,2,1	23.8153
Andorra	franc	Fr, F	100 centimes	frs. 500,200,100,50,20, 10	frs. 50,10,5,2,1,$^{1}/_{2}$; centimes 20,10,5,1	5.7087
	peseta	Pta, Pa, P	100 centimos	pesetas 5000,1000, 500,100	pesetas 100,50,25,5,1; centimos 50	138
Angola	kwanza	Kw	100 lweis	kwanza 1000,500,100, 50,20	kwanza 20,10,5,2,1; lweis 50	12393.7
Argentina	peso	$, ArP	100 centavos	pesos 50,000,10,000, 5000,1000,500,100, 50,10,5,1	pesos 5,1; centavos 50,20,10,5,1	0.9998
Australia	dollar	A, A	100 cents	$50,20,10,5,2,1	$2; cents 50,20,10,5,2, 1	1.4071
Austria	schilling	S, Sch	100 groschen	schillings 1000,500, 100,50,20	schillings 1000,500, 100,50,25,20,10,5,1; groschen 50,10,5,2, 1	11.78
Bahamas	dollar	B(a)$	100 cents	$100,50,20,10,5,3,1; cents 50	$5,2,1; cents 50,25,15, 10,5,1	1.0465
Bahrain	dinar	BD	1000 fils	dinars 20,10,5,1,$^{1}/_{2}$	fils 500,100,50,25,10,5, 1	0.377
Bangladesh	taka	Tk	100 paise	taka 500,100,50,20,10, 5,1	paise 50,25,10,5,2,1	39.3
Barbados	dollar	Bds$	100 cents	$100,20,10,5,2,1	$1; cents 25,10,5,1	2.0049
Belgium	franc	BF, Bf	100 centimes	frs. 5000,1000,500, 100,50	frs. 250,100,10,5,1; centimes 50	34.62
Belize	dollar	(B)$	100 cents	$100,20,10,5,1	cents 50,25,10,5,1	1.9937
Benin	franc**		100 centimes	frs. 5000,1000,500, 100,50	frs. 100,50,25,10,5,2,1	570.875
Bermuda	dollar	(Bda)$	100 cents	$50,20,10,5,1	cents 50,25,10,5,1	1
Bhutan	ngultrum	N	100 chetrums	ngultrums 10,5,1	ngultrum 1; chetrums 25,20,10,5	31.37
	rupee	Re (pl. Rs)	100 paise	rupees 100,50,20,10,5, 2,1	rupees 50,10; paise 50,25,20,10,5,3,2,1	
Bolivia	peso	B, B	100 centavos	pesos 100,50,20,10,5,1	peso 1; centavos 50, 25,20,10,5	4.55
Botswana	pula	P, Pu	100 thebe	pula 20,10,5,2,1	pula 1; thebe 50,25,10, 5,2,1	2.5727
Brazil	cruzeiro	Cr, (Cr)$	100 centavos	cruzeiros 5000,1000, 500,200,100,50,10,5, 1	cruzeiro 1; centavos 50,20,10,5,1	732.093

국명	기본단위	기호	보조단위	화폐의 종류 지폐	화폐의 종류 경화(硬貨)	환율 (1US$당)
Brunei	dollar	B(r)$	100 sen	$1000,500,100,50,10,5,1	sen 50,20,10,5,1	1.584
Burkina Faso (=Upper Volta)	franc**		100 centimes	frs. 10,000,5,000,1000, 500,100	frs. 100,50,25,10,5,2,1	570.875
Bulgaria	lev (pl. leva)	Lv	100 stotinki	leva 20,10,5,2,1	leva 2,1; stotinki 50, 20,10,5,2,1	26.3893
Burundi	franc	FBu, BurFr	100 centimes	frs. 5000,1000,500, 100,50,20,10	frs. 10,5,1	260
Cameroon	franc**		100 centimes	frs. 10,000,5000,1000, 500,100	frs. 100,50,25,10,5,2,1	570.875
Canada	dollar	(Can)$	100 cents	$1000,100,50,20,10,5,2,1	$1; cents 50,25,10,5,1	1.3609
Cape Verde	escudo	(CV)Esc	100 centavos	escudos 1000, 500, 100	escudos 50,20,10, $2^1/_2$, 1; centavos 50,20	73.9679
Central African Republic	franc**		100 centimes	frs. 10,000,5000,1000, 500,100	frs. 100,50,25,10,5,2,1	570.875
Chad	franc**		100 centimes	frs. 10,000,5000,1000, 500,100	frs. 100,50,25,10,5,2,1	570.875
Chile	peso	Ch$	100 centavos	pesos 5000,1000,500, 100,50	pesos 50, 10, 5, 1; centavos 50,10	432.25
China, People's Republic of	yuan(元)	Y	100 fen(分) 10 jiao(角)	yuan 10,5,2,1; jiao 5,2,1	fen 5,2,1	8.7038
Colombia	peso	(Col)$, P	100 centavos	pesos 1000,500,200, 100,50,20,10,5,2,1	pesos 5,2,1	818.463
Comoros	franc**		100 centimes	frs. 5000,1000,500, 100,50	frs. 20,10,5,2,1	570.875
Congo	franc**		100 centimes	frs. 10,000,5000,1000, 500,100	frs. 100,50,25,10,5,2,1	570.875
Costa Rica	colon	(CR)¢	100 centimos	colones 1000,500,100, 50,20,10,5	colones 20,10,5,2,1; centimos 50,25,10,5	152.82
Cuba	peso	(Cub)$	100 centavos	pesos 100,50,20,10,5,1	centavos 40,20,5,2,1	0.755
Cyprus	pound	(C)£	1000 mils	£10,5,1; mils 500,250	mils 100,50,25,5,3,1	0.5137
Czech	koruna	Kčs	100 halers	korunas 500,100,50, 20,10	korunas 5,2,1; halers 50,20,10,5,1	29.6099
Denmark	krone (pl. kroner)	(D)Kr	100 öre	kroner 1000,500,100, 50,20	kroner 10,5,1; öre 25, 10,5	6.553
Djibouti	franc	DjFr	100 centimes	frs. 5000,1000,500, 100,50	frs. 100,50,20,10,5,2,1	174.709
Dominica	dollar*		100 cents	$100,20,5,1	cents 50,25,10,5,2,1	2.6915
Dominican Republic	peso	RD$, DR$	100 centavos	pesos 1000,500,100,50, 20,10,5,1	peso 1; centavos 50, 25,10,5,1	12.8596
Ecuador	sucre	S/	100 centavos	sucres 1000,500,100, 50,20,10,5	sucre 1; centavos 50, 20,10	1953.87
Egypt	pound	£E, E£	100 piasters 1000 milliemes	£100,20,10,5,1,$^1/_2$,$^1/_4$; piasters 10,5	piasters 10,5; milliemes 20,10,5,2,1	3.3556
El Salvador	colon	(ES)¢	100 centavos	colones 100,50,25,10, 5,2,1	centavos 50,25,10,5,3, 2,1	8.7226
Equatorial Guinea	ekuele or ekpwele	E		ekuele 1000,500,100, 50,25		570.875
Ethiopia	birr	E$, EB, Br	100 cents	birrs 100,50,10,5,1	cents 50,25,10,5,1	4.9146
Fiji	dollar	F, F	100 cents	$20,10,5,2,1	cents 50,20,10,5,2,1	1.4897
Finland	markka (pl. markkaa, ~s)	(F)Mk, Fmk	100 pennia	markkaa 500,100,50, 10,5,1	markka 5,1; pennia 50,20,10,5,1	5.4756

세계 각국의 화폐 단위 및 환율표

국명	기본단위	기호	보조단위	화폐의 종류 지폐	경화(硬貨)	환율 (1US$당)
France	franc	Fr, F	100 centimes	frs. 500,200,100,50,20, 10	frs. 50,10,5,2,1,$^1/_2$; centimes 20,10,5,1	5.7087
Gabon	franc**		100 centimes	frs. 10,000,5000,1000, 500,100	frs. 100,50,25,10,5,2,1	570.875
Gambia	dalasi	D, Di	100 bututs	dalasis 25,10,5,1	dalasi 1; bututs 50,25, 10,5,1	8.274
Germany	D-Mark	DM, DEM, DMK	100 pfennigs	M 100,50,20,10,5	M 20,10,5,2,1; pfennigs 50,20,10,5,1	1.63765
Ghana	cedi	¢	100 pesewas	cedis 10,5,2,1	pesewas 20,10,5,2$^1/_2$, 1,$^1/_2$	902.17
Greece	drachma	Dr	100 lepta	drachmas 1000,500, 100,50	drachmas 20,10,5,2,1; lepta 50,20,10	244.35
Grenada	dollar*		100 cents	$100,20,5,1	cents 50,25,10,5,2,1	2.6915
Guatemala	quetzal	Q	100 centavos	quetzales 100,50,20, 10,5,1; centavos 50	centavos 50,25,10,5,1	5.8141
Guinea	syli	Sy, GS	100 cauris	sylis 100,50,25,10	sylis 5,2,1, $^1/_2$	973.637
Guinea-Bissau	peso	GBP	100 centavos	pesos 1000,500,100,50	pesos 20,10,5,2$^1/_2$,1; centavos 50,20,10,5	4984.36
Guyana	dollar	G(uy)$	100 cents	$20,10,5,1	cents 100,50,25,10,5,1	127.6
Haiti 《미국의 화폐도 유통》	gourde	G, Gde	100 centimes	gourdes 500,250,100, 50,10,5,2,1	gourdes 1000,200,100, 50,25,20,10,5; centimes 50,20,10,5	11.9624
Honduras	lempira	L, La	100 centavos	lempiras 100,20,10, 5,2,1	centavos 50,20,10,5,2, 1	7.5263
Hong Kong	dollar	HK$	100 cents	$1000,500,100,50,10; cent 1	$5,2,1; cents 50,20,10, 5	7.7255
Hungary	forint	F, Ft	100 filler	forints 500,100,50,20, 10	forints 10,5,2,1; filler 50,20,10,5,2	103.288
Iceland	krona (pl.kronur)	(I)Kr	100 aurar	kronur 5000,1000,500, 100	kronur 50,10,5,1	71.7737
India	rupee	Re (pl. Rs)	100 paise	rupees 100,50,20,10,5, 2,1	rupees 50,10; paise 50,25,20,10,5,3,2,1	31.37
Indonesia	rupiah	Rp	100 sen	rupiahs 10,000,5000, 1000,500,100; sen 50,25,10,5,1	rupiahs 100,50,25,10, 5,2,1	2150.41
Iran	rial	R,Rl	100 dinars	rials 10,000,5000, 1000,500,200,100,50, 20,10	rials 20,10,5,2,1; dinars 50	1748.95
Iraq	dinar	ID	100 fils 20 dirhams 5 riyals	dinars 10,5,1,$^1/_2$,$^1/_4$	dinars 5,1; fils 500, 250,100,50,25,10,5,1	0.3114
Ireland, Republic of	pound	£	100 pence	£100,50,20,10,5,1; 10s.	new pence 50,10,5,2, 1,$^1/_2$	0.6927
Israel	shekel	IS	100 agorot	shekels 100,50,10,5,1	agorot 50,10,5,1	2.972
Italy	lira(pl. lire, ~s)	L, Lit	100 centesimi	lire 100,000, 50,000, 20,000, 10,000, 5000, 2000,1000,500	lire 1000,500,200,100, 50,20,10,5,2,1	1662.55
Ivory Coast	franc**		100 centimes	frs. 10,000,5000,1000, 500,100	frs. 100,50,25,10,5,2,1	
Jamaica	dollar	$, J(am)$	100 cents	$20,10,5,2,1	$1; cents 50,25,20,10, 5,1	33.146
Japan	yen	Y,¥	100 sen	yen 10,000,5000,1000, 500	yen 500,100,50,10,5,1	105.125
Jordan	dinar	JD	1000 fils	dinars 20,10,5,1,$^1/_2$	fils 250,100,50,25,20, 10,5,1	0.7

국명	기본단위	기호	보조단위	화폐의 종류 지폐	화폐의 종류 경화(硬貨)	환율 (1US$당)
Kampuchea (Cambodia)	riel	J, CR, CR1				3489.05
Kenya	shilling	(K)Sh	100 cents	shillings 100,50,20,10,5	shilling 1; cents 50,10,5	66.2163
Korea	won	W	100 chon	won 10,000, 5000, 1000	won 500,100,50,10,5,1	806.05
Kuwait	dinar	KD	1000 fils 10 dirhams	dinars 10,5,1,$^1/_2$,$^1/_4$	fils 100,50,20,10,5,1	0.2077
Laos	kip	K	100 ats	kips 500,200,50,20,10		717.75
Lebanon	pound	L£, LL	100 piasters	£250,100,50,25,10,5,1	£1; piasters 50,25,10, 5,2$^1/_2$,1	1697.5
Lesotho	loti (pl. maloti)	L	100 licente	maloti 10,5,2	licente 50,25,10,5,2,1	3.431
Liberia(미국의 화폐도 유통)	dollar	(L)$	100 cents	$20,10,5,1(미국지폐)	$5,1; cents 50,25,10,5,1	1
Libya	dinar	LD	1000 dirhams	dinars 10,5,1,$^1/_2$,$^1/_4$	dirhams 100,50,20,10,5,1	0.319
Liechtenstein	franc	SFr	100 centimes	frs. 1000,500,100,50,20,10	frs. 5,2,1; centimes 50,20,10,5,1	1.417
Luxembourg	franc	(L)Fr	100 centimes	frs. 100, 50	frs. 250,100,20,10,5,1; centimes 25	34.62
Macao	pataca	P, $	100 avos	patacas 500,100,50,10,5	patacas 20,5,1; avos 50,10,5	7.956
Madagascar	franc	FMG, MalFr	100 centimes	frs. 5000,1000,500	frs. 100,20,10,5,2,1	1885.33
Malawi	kwacha	(M)K	100 tambala	Kwacha 10,5,1; tambala 50	tambala 20,10,5,2,1	6.7429
Malaysia	ringgit(or Malaysian dollar)	(M)$	100 sen	ringgit 1000,100,50, 10,5,1	ringgit 1; sen 50,20, 10,5,1	2.7209
Maldives	rupee	(Mv)Re	100 laris	rupees 100,50,10,5,2,1	laris 50,10,5,2,1	11.0702
Mali	franc	MF, MFr	100 centimes	frs. 10,000,5000,1000, 500,100	frs. 100,50,25,10,5	570.875
Malta	pound	(M)£	100 cents 1000 mils	£10,5,1	cents 50,25,10,5,2,1; mils 5,3,2	0.3917
Mauritania	ouguiya	U(M)	5 khoums	ouguiya 1000,500,200,100	ouguiya 20,10,5,1,$^1/_5$	123.762
Mauritius	rupee	(Mau)Re	100 cents	rupees 50,25,10,5	rupee 1; cents 50,25,10,5,2,1	18.4022
Mexico	peso	(Mex)$	100 centavos	pesos 10,000,1000,500, 100,50,20,10,5,1	pesos 10,5,1; centavos 50,20,10	3.295
Monaco	franc	Fr, F	100 centimes	frs. 500, 200, 100, 50, 20, 10	frs. 50,10,5,2,1,$^1/_2$; centimes 20,10,5,1	5.7087
Mongolia	tugrik or tughrik	Tug	100 mongo	tugriks 100,50,25,10,5,3,1	tugrik 1; mongo 50, 20,15,10,5,2,1	398.749
Morocco	dirham	DH, Dh	100 centimes	dirhams 100,50,10,5	dirhams 5,1; centimes 50,20,10,5,2,1	9.4543
Mozambique	metical	M	100 centavos	metical 1000,500,100,50	metical 20,10,5,2$^1/_2$,1	5462.48
Myanmar (구칭 Burma)	kyat	K, Kt	100 pyas	kyats 100,50,25,20,10,5,1	pyas 50,25,10,5,1; kyat 1	6.3078
Nauru	dollar	A, A	100 cents	$50,20,10,5,2,1	$2; cents 50,20,10,5,2,1	1.4071
Nepal	rupee	(N)Re	100 paisa	rupees 1000,500,100, 50,10,5,2,1	rupee 1; paisa 50,25, 20,10,5,2,1	46.2321

국명	기본단위	기호	보조단위	화폐의 종류 지폐	화폐의 종류 경화(硬貨)	환율 (1US$당)
Netherlands	guilder(or gulden, florin)	G, Gld, F, Fl	100 cents	guilders 1000,100,25, 10, 5, $2^1/_2$, 1	guilders 10, $2^1/_2$,1; cents 25,10	1.8857
Netherlands Antilles	guilder		100 cents	guilders 250,100,50, 25,10,5,$2^1/_2$,1	guilders $2^1/_2$, 1, $^1/_4$, $^1/_{10}$, cents 5,$2^1/_2$,1	1.7844
New Zealand	dollar	NZ$	100 cents	$100,20,10,5,2,1	cents 50,20,10,5,2,1	1.7459
Nicaragua	cordoba	C,C$	100 centavos	cordobas 1000,500, 100,50,20,10,5,2,1	cordobas 5,1; centavos 50,25,10,5	6.4648
Niger	franc**		100 centimes	frs. 10,000,5000,1000, 500,100	frs. 100,50,25,10,5,2,1	570.875
Nigeria	naira	N	100 kobo	naira 20,10,5,1	kobo 25,10,5,1,$^1/_2$	21.9311
Norway	krone(pl. kroner)	(N)Kr	100 öre	kroner 1000,500,100, 50,10	kroner 5,1; öre 50,25, 10,5,2,1	7.283
Oman	rial	RO	1000 baizas	rials 50,20,10,5,1,$^1/_2$, $^1/_4$; baiza 100	baizas 500,250,100,50, 25,10,5,2	0.385
Pakistan	rupee	Re, P(ak)Re	100 paisa	rupees 100,50,10,5,1	rupees 1,$^1/_2$,$^1/_4$; paisa 50,25,10,5,2,1	30.4695
Panama(미국의 화폐도 통용)	balboa	B,Ba,B/	100 centesimos	$100,50,20,10,5,2,1	balboas 5,1,$^1/_2$,$^1/_4$,$^1/_{10}$, $^1/_{20}$,$^1/_4$; cent 1	1
Papua New Guinea	kina	K, Ka	100 toea	kina 20,10,5,2	kina 1; toea 50,20,10, 5,2,1	0.95
Paraguay	guarani	G, ₲	100 centimos	guaranies 10,000, 5000,1000,500,100, 50,10,5,1		1792.37
Peru	sol	S/, $	100 centavos	soles 1000,500,200, 100,50,10,5	soles 10,5,1; centavos 50	2.1595
Philippines	peso	(P)P	100 centavos	pesos 100,50,20,10,5,2	peso 1; centavos 50, 25,10,5,1	27.55
Poland	zloty	Zl	100 groszy	zlotys 2000,1000,500, 200,100,50	zlotys 2000,500,200, 100,50,20,10,5,2,1; groszy 50,20,10,5,2,1	21943
Portugal	escudo	Esc, $	100 centavos	escudos 1000,100, 50	escudos 250,100,50, 20,10,5,$2^1/_2$, 1; centavos 50	173.25
Qatar	riyal	(Q)R	100 dirhamss	riyals 500,100,50,10,5,1	dirhams 50,25,10,5,1	3.629
Rumania	leu(pl. lei)	L	100 bani	lei 100,50,25,10,5,3,1	lei 5,3,1; bani 25,15, 10,5,3,1	1554.85
Russia	rouble					1810
Rwanda	franc	(Rw)Fr	100 centimes	frs. 5000,1000,100	frs. 50,20,10,5,2,1,$^1/_2$	145.557
San Marino	lira(pl. lire, ~s)	L, Lit	100 centesimi	lire 100,000, 50,000, 20,000, 10,000, 5000, 2000, 1000, 500	lire 1000,500,200,100, 50,20,10,5,2,1	1662.55
São Tomé and Principe	dobra	D	100 centavos	dobras 1000,500,100, 50	dobras 20,10,5,2,1; centavos 50	239.249
Saudi Arabia	riyal	R, S(A)R	20 qursh 100 halala	riyals 100,50,10,5,1	qursh 4,2,1; halala 50, 25,10,5,1	3.7498
Senegal	franc**		100 centimes	frs. 5000,1000,500, 100,50	frs. 100,50,25,10,5,2,1	570.875
Seychelles	rupee	(S)Re	100 cents	rupees 100,50,25,10,5	rupees 10,5,1; cents 50,25,10,5,1	5.1463
Sierra Leone	leone	Le	100 cents	leone 5,2,1; cents 50	cents 50,20,10,5,1,$^1/_2$	548.28
Singapore	dollar	S(ing)$	100 cents	$10,000,1000,500,100, 50,25,20,10,5,1	$10,1; cents 50,20,10, 5,1	1.584

국명	기본단위	기호	보조단위	화폐의 종류 지폐	화폐의 종류 경화(硬貨)	환율 (1US$당)
Slovak	koruna	Kčs	100 halers	korunas 500,100,50, 20,10	korunas 5,2,1;halers 50,20,10,5,2,1	32.7467
Solomon Islands	dollar	SI$	100 cents	$20,10,5,2	$1; cents 20,10,5,2,1	3.2387
Somalia	shilling	(So)Sh	100 cents	shillings 100,20,10,5	shillings 1,$^1/_2$; cents 10,5,1	2611.81
South Africa	rand	R	100 cents	rands 20,10,5,2,1; £SA100,20,10,5,1; 10s.	rand 1; cents 50,20, 10,5,2,1,$^1/_2$	3.431
Spain	peseta	Pta,Pa,P	100 centimos	pesetas 5000,1000, 500,100	pesetas 100,50,25,5,1; centimos 50	138
Sri Lanka	rupee	(SL)Re	100 cents	rupees 1000,500,100, 50,20,10,5,2	rupees 5,2,1; cents 50, 25,10,5,2,1	48.895
St. Lucia	dollar*		100 cents	$100,20,5,1	cents 50,25,10,5,2,1	2.6915
St. Vincent and the Grenadines	dollar*		100 cents	$100,20,5,1	cents 50,25,10,5,2,1	2.6915
Sudan	pound	£S, LSd, Sud£	100 piasters 1000 milliemes	£10,5,1; piasters 50, 25	piasters 10,5,2; milliemes 10,5,2,1	30.903
Suriname	guilder	SGld	100 cents	guilders 1000,100,25, 10,5,2$^1/_2$,1	guilder 1; cents 25,10, 5,1	1.7794
Sweden	krona(pl. kronor)	(S)Kr	100 öre	kronor 10,000,1000, 100,50,10,5	kronor 200,50,5,2,1; öre 50,25,10,5	7.8316
Switzerland	franc	SFr	100 centimes	frs. 1000,500,100,50, 20,10	frs. 5,2,1; centimes 50,20,10,5,1	1.417
Swaziland	lilangeni(pl. emalangeni)	Li	100 cents	emalangeni 20,10,5,2, 1	emalangeni 2,1; cents 50,20,10,5,2,1	3.431
Syria	pound	£S,LS, S.£	100 piasters	£500,100,50,25,10,5,1	£1, $^1/_2$; piasters 50, 25,10,5,2$^1/_2$	20.4358
Taiwan (= Republic of China)	dollar (or yuan)	NT$	100 cents	$1000,500,100,50,10,5, 1	$5,1; cents 50,10	26.3749
Tanzania	shilling	(T)Sh	100 cents	shillings 100,20,10	shillings 5,1; cents 50, 20,10,5	495.448
Thailand	baht	B, Bt	100 satangs	bahts 500,100,20,10,5, 1; satangs 50	baht 1; satangs 50,25, 10,5,1	25.29
Togo	franc**		100 centimes	frs. 10,000,5000,1000, 500,100	frs. 100,50,25,10,5,2,1	570.875
Tonga	pa'anga	T$	100 seniti	pa'anga 10,5,2,1,$^1/_2$	pa'anga 2,1; seniti 50, 20,10,5,2,1	1.4071
Trinidad and Tobago	dollar	TT$	100 cents	$100,20,10,5,1	$1; cents 50,25,10,5,1	5.5226
Tunisia	dinar	(T)D	1000 millimes	dinars 10,5,1,$^1/_2$	dinars 5,1,$^1/_2$; millimes 100,50,20,10, 5,2,1	1.0491
Turkey	lira(pl. lire, ~s)	TL, Lt, £T	100 kurus	lire 1000,500,100,50, 20,10,5	lire 10,5,2,1; kurus 50, 25,10,5,1	20080
Uganda	shilling	(U)Sh	100 cents	shillings 100,50,20,10	shillings, 5,2,1; cents 50,20,10,5	1026.78
United Arab Emirates	dirham	UD, UAEDh	100 fils	dirhams 1000,100,50, 10,5,1	dirham 1; fils 50,25, 10,5,1	3.6725
United Kingdom	pound	£	100 pence	£50,20,10,5,1	£1; pence 50,20,10,5, 2,1,$^1/_2$; 5s.(25p.)	0.6655
United States	dollar	(US)$	100 cents	$100,50,20,10,5,2,1	$1; cents 50,25,10,5,1	1
Uruguay	peso	(UN)$	100 centesimos	new pesos 1000,500,	new pesos 10,5,2,1;	4.5906

국명	기본단위	기호	보조단위	화폐의 종류 지폐	화폐의 종류 경화(硬貨)	환율 (1US$당)
Vanuatu	dollar	A, A	100 cents	100,50 $50,20,10,5,2,1	centesimos 50,20, 10,5 $2; cents 50,20,10,5,2, 1	116.9
Vatican City	franc** lira(pl. lire, ~s)	L, Lit	100 centimes 100 centesimi	frs. 10,000,5000,1000, 500,100 lire 100,000,50,000, 20,000,10,000,5000, 2000,1000,500	frs. 100,50,25,10,5,2,1 lire 1000,500,200,100, 50,20,10,5,2,1	1662.55
Venezuela	bolivar	B	100 centimos	bolivares 500,100,50, 20,10,5	bolivares 100,20,10,5, 2,1,$^1/_2$,$^1/_4$,$^1/_8$,$^1/_{10}$, $^1/_{20}$	112.95
Vietnam	dong	D	10 hao 100 xu	dong 10,5,2,1	hao 5,2,1	107997
Western Samoa	tala	WS$	100 sene	tala 20,10,5,2,1	sene 50,20,10,5,2,1	2.6117
Yemen	riyal	YR	100 fils	riyals 100,50,20,10,5,1	fils 50,25,10,5,1	17.9434
Yugoslavia	new dinar	YuD, Din	100 paras	dinars 1000,500,100, 50,20,10,5	dinars 10,5,2,1; paras 50,20,10,5	
Zaire	zaire	Z	100 makuta 10,000 sengi	zaires 10,5,1; makuta 50	makuta 20,10,5,1; sengi 10	110.316
Zambia	kwacha	K	100 ngwee	kwacha 20,10,5,2,1; ngwee 50	ngwee 50,20,10,5,2,1	661.857
Zimbabwe	dollar	Z$	100 cents	$20,10,5,2	$1; cents 50,20,10,5,1	8.1444

세계의 유명 항공회사명과 그 코드

항공회사 (Airline)	코드 (Code)	국적 (Nationality)
Aer Lingus Teranta, Irish Airlines	EI	Ireland
Aeroflot	SU	Russia
Aerolineas Argentinas	AR	Argentina
Aeromexico	AM	Mexico
Air Afrique	RK	Ivory Coast
Air Algerie	AH	Algeria
Air Canada	AC	Canada
Air France	AF	France
Air India	AI	India
Air Jamaica	JM	Jamaica
Air Liberia	NL	Liberia
Air Malta	KM	Malta
Air Micronesia	CO	Saipan-USA
Air New Zealand	TE	New Zealand
Air Niugini	PX	Papua New Guinea
Air Pacific	EJ	Fiji
Air Polynesie	VT	Polynesia
Air Tahiti	QE	Tahiti
Air Zaire	QC	Zaire
Alitalia	AZ	Italy
All Nippon Airways	NH	Japan
American Airlines	AA	USA
Arkia-Israeli Airlines	IZ	Israel
Asiana Airlines	OZ	Korea
Austrian Airlines	OS	Austria
Avianca	AV	Colombia
Balkan-Bulgarian Airlines	LZ	Bulgaria
British Airways	BA	U.K.
British Caledonia Airways	BR	U.K.
Civil Aviation Administration of China	CA	China
Canadian Pacific-Air (CP Air)	CP	Canada
Caribbean Airways	IQ	W. Indies
Cathay Pacific Airways	CX	Hong Kong
Ceskoslovenske Aeroline	OK	Czech
China Air Lines	CI	Taiwan
Commericial Airways	MN	South Africa
Continental Airlines	CO	USA
Cyprus Airways	CY	Cyprus
Delta Airlines	DL	USA
Eastern Air Lines	EA	USA
Eastern Airlines of Australia	RI	Australia
Egyptair	MS	Egypt
EL AL Israel Airlines	LY	Israel
Europe Aero-Service	EY	France
Fiji Air	PC	Fiji
Finnair	AY	Finland
Garuda Indonesian Airways	GA	Indonesia
Iberia, Airlines of Spain	IB	Spain
Icelandair	LL	Iceland
Iran Air	IR	Iran
Iraqi Airways	IA	Iraq
Japan Air Lines	JL	Japan
Japan Asia Airways	EG	Japan
JAT Jugoslovenski Aerotransport	JU	Yugoslavia
Kenya Airways	KQ	Kenya
KLM Royal Dutch Airlines	KL	Netherlands
Korean Air	KE	Korea
Kuwait Airways	KU	Kuwait
Lan-Chile	LA	Chile
LOT Polish Airlines	LO	Poland
Lufthansa German Airlines	LH	Germany
Malaysian Airlines System	MH	Malaysia
Malev-Hungarian Airlines	MA	Hungary
NLM Dutch Airlines	HN	Netherlands
Northwest Airlines	NW	USA
Olympic Airways	OA	Greece
Pacific Western Airlines	PW	Canada
Pakistan International Airlines	PK	Pakistan
Philippine Air Lines	PR	Philippines
Polynesian Airlines	PH	W. Samoa
Qantas Airways	QF	Australia
Quebecair	QB	Canada
Republic Airlines	RC	USA
Royal Nepal Airlines	RA	Nepal
Sabena Belgian Airlines	SN	Belgium
Saudi Arabian Airlines	SV	Saudi Arabia
Scandinavian Airlines System	SK	Sweden
Singapore Airlines	SQ	Singapore
South African Airways	SA	South Africa
Swissair	SR	Switzerland
Syrian Arab Airlines	RB	Syria
TAP Air Portugal	TP	Portugal
Thai Airways International	TG	Thailand
TOA Domestic Airlines	JD	Japan
Trans World Airlines	TW	USA
Turk Hava Yollari, Turkish Airlines	TK	Turkey
Union de Transports Aeriens	UT	France
United Air Lines	UA	USA
U. S. Air	AL	USA
Varig Brazillian Airlines	RG	Brazil
Western Airlines	WA	USA

세계의 유명 공항명과 그 코드

도시명 (City)	코드 (Code)	국명 (Nationality)	코드 (Code)	공항명 (Airport)	코드 (Code)
Abu Dhabi	AUH	United Arab Emirates	AE	Nadia International	AUH
Addis Ababa	ADD	Ethiopia	ET	Bole	ADD
Algiers	ALG	Algeria	DZ	Houari Boumediene	ALG
Amman	AMM	Jordan	JO	Queen Alia International	AMM
Amsterdam	AMS	Netherlands	NL	Amsterdam-Schiphol International	AMS
Ankara	ANK	Turkey	TR	Esenboga	ESB
Athens	ATH	Greece	GR	Hellinikon	ATH
Atlanta/GA	ATL	United States	US	William B. Haartsfield	ATL
				Perimeter Mall HPR	JAJ
				Beaver Ruin HPR	JAO
Auckland	AKL	New Zealand	NZ	International (Mangere)	AKL
Baghdad	BGW	Iraq	IQ	Saddam International	SDA
Baltimore/MD	BWI	United States	US	Washington International	BWI
Beijing/Peking	PEK	China	CN	Capital	PEK
Belgrade	BEG	Yugoslavia	YU	Surcin	BEG
Berlin	BER	Germany	DD	Schoene Field	SXF
			DE	Tegel	TXL
Bombay	BOM	India	IN	Bombay	BOM
Bonn	BNJ	Germany	DE	Cologne/Bonn	BNJ
Boston/MA	BOS	United States	US	Logan International	BOS
Brussels	BRU	Belgium	BE	National	BRU
Bucharest	BUH	Romania	RO	Baneasa	BBU
				Otopeni	BUH
Budapest	BUD	Hungary	HU	Gerihegy	BUD
Buenos Aires	BUE	Argentina	AR	Jorge Newberry Aeroparque	AEP
				Ezeiza	EZE
Cairo	CAI	Egypt	EG	International	CAI
Cape Town	CPT	South Africa	ZA	D.F. Malan	CPT
Casablanca	CAS	Morocco	MA	Mohamed V	CMN
Chicago/IL	CHI	United States	US	O'Hare	ORD
				Midway	MDW
Cincinnati/OH	CVG	United States	US	Greater Cincinnati	CVG
Cleveland/OH	CLE	United States	US	Hopkins	CLE
				Burke Lakefront	BKL
Copenhagen	CPH	Denmark	DK	Kastrap	CPH
Dakar	DKR	Senegal	SN	Yoff	DKR
Dallas/FT Worth/TX	DAL	United States	US	Regional	DFW
				Love Field	DAL
Delhi	DEL	India	IN	Palam	DEL
Denver/CO	DEN	United States	US	Stapleton International	DEN
Detroit	DTT	United States	US	Metropolitan	DTW
				City	DET
Edinburgh	EDI	United Kingdom	GB	Turnhouse	EDI
Frankfurt	FRA	Germany	DE	Frankfurt Main	FRA
Geneva	GVA	Switzerland	CH	Cointrin	GVA
Guam	GUM	Guam	GU	Agana Field(Naval Air Station)	GUM
Hanoi	HAN	Vietnam	VN	Noi Bai	HAN
Havana	HAV	Cuba	CU	José Marti	HAV
Helsinki	HEL	Finland	FI	Helsinki-Vantaa	HEL
Hilo/HI	ITO	United States	US	General Lyman	ITO
Hong Kong	HKG	China	CN	Chek Lap Kok	HKG
Istanbul	IST	Turkey	TR	Yesilkoy	IST
Jakarta	JKT	Indonesia	ID	Kemayoran	HKT
				Halim	HLP
Jeddah	JED	Saudi Arabia	SA	King Abdulaziz International	JED
Jerusalem	JRS	Israel	IL	Atarot	JRS
Johannesburg	JNB	South Africa	ZA	Jan Smuts	JNB
Kansas City/MO	MKC	United States	US	Municipal	MKC
				International	MCI

도시명 (City)	코드 (Code)	국명 (Nationality)	코드 (Code)	공항명 (Airport)	코드 (Code)
Karachi	KHI	Pakistan	PK	Civil	KHI
Kualalumpur	KUL	Malaysia	MY	Subang International	KUL
Lagos	LOS	Nigeria	NG	Murtala Muhammed	LOS
Las Vegas/NV	LAS	United States	US	McCarran International	LAS
Leningrad	LED	Russia	SU	Pulkovo	LED
London	LON	United Kingdom	GB	Heathrow	LHR
				Gatwick	LGW
Los Angeles/CA	LAX	United States	US	International	LAX
Madrid	MAD	Spain	ES	Barajas	MAD
Manila	MNL	Philippines	PH	International	MNL
Melbourne	MEL	Australia	AU	International	MEL
				Essendon	MFB
Mexico City	MEX	Mexico	MX	Benito Juarez International	MEX
Miami/FL	MIA	United States	US	International	MIA
				Seaplane Base	MPB
Milan	MIL	Italy	IT	Linate	LIN
				Malpensa	MXP
Montreal/QU	YUL	Canada	CA	Dorval	YUL
				Mirabel	YMX
Moscow	MOW	Russia	SU	Sheremetyevo	SVO
				Vnukovo	VKO
				Domodedovo	DME
Munich	MUC	Germany	DE	Riem	MUC
Nairobi	NBO	Kenya	KE	Jomo Kenyatta International	NBO
Naples	NAP	Italy	IT	Capodichino	NAP
New York/NY	NYC	United States	US	JFK International	JFK
				La Guardia	LGA
				Newark	EWR
Oklahoma City	OKC	United States	US	Will Rogers	OKC
Oslo	OSL	Norway	FI	Fornebu	OSL
				Gardermoen	GEN
Paris	PAR	France	FR	Charles de Gaulle	CDG
				Orly	ORY
Penang	PEN	Malaysia	MY	Bayan Lepas	PEN
Philadelphia	PHL	United States	US	International	PHL
				North East	PNE
Phoenix/AZ	PHX	United States	US	Sky Harbor International	PHX
Pittsburgh/PA	PIT	United States	US	Greater Pittsburgh	PIT
Prague	PRG	Czech	CS	Ruzyne	PRG
Pusan	PUS	Korea	KR	Kimhae International	PUS
Rio de Janeiro	RIO	Brazil	BR	International	GIG
				Santos Dumont	SDU
Rome	ROM	Italy	IT	Leonardo da Vinci-Fiumicino	FCO
				Ciampino	CIA
San Francisco/CA	SFO	United States	US	International	SFO
St. Louis/MO	STL	United States	US	Lambert International	STL
Santiago	SCL	Chile	CL	Comodoro	SCL
São Paulo	SAO	Brazil	BR	Congonhas	CGH
				Viracopos	VCP
Seattle/WN	SEA	United States	US	Henry Jackson Internaitonal	SEA
Seoul	SEL	Korea	KR	Kimpo International	SEL
Shanghai	SHA	China	CN	Honquiao	SHA
Singapore	SIN	Singapore	SG	Changi	SIN
Stockholm	STO	Sweden	SE	Arlanda	ARN
Sydney	SYD	Australia	AU	Kingsford Smith (Mascot)	SYD
Taipei	TPE	Taiwan	TW	Chiang Kai Shek	TPE
				Sung Shang	TSA
Teheran	THR	Iran	IR	Mehrabad	THR
Tel Aviv	TLV	Israel	IL	Ben Gurion International	TLV
Tokyo	TYO	Japan	JP	Haneda	HND
				Narita	NRT
Tunis	TUN	Tunisia	TN	Carthage	TUN
Venice	VCE	Italy	IT	Marco Polo Tessera	VCE
Vienna	VIE	Austria	AT	Schwechat	VIE

세계의 유명 공항명과 그 코드

도시명 (City)	코드 (Code)	국명 (Nationality)	코드 (Code)	공항명 (Airport)	코드 (Code)
Warsaw	WAW	Poland	PL	Okecie	WAW
Washington	WAS	United States	US	Dulles International	IAD
				National	DCA
Yangon	YGN	Myanmar	MY	Mingaladon	YGN
Zurich	ZRH	Switzerland	CH	Zurich	ZRH

세계의 유명 상표명

I. 자동차

상 표	차 종	제조회사명	국 적
AC	Ace, Cobra MK IV	AC(Auto Carrier)	U.K.(영국)
Acclaim	Plymouth(FF · 4 Door Sedan)	Chrysler	U.S.A.
Accord	Sedan, Coupe, Wagon	HAM(Honda of America Manufacturing)	U.S.A.
Ace	2인승 Sports Car	AC(Auto Carrier)	U.K.(영국)
Achiva	Oldsmobile(SCX Coupe)	General Motors	U.S.A.
Alfa Romeo	Alfa 164, Alfa 155, Alfa 33, Alfa Spyder, Alfa SZ/RZ	Alfa Romeo	Italy
Alfa Spyder	Open Sports Car	Alfa Romeo	Italy
Allanté	Cadillac(2인승 Convertible)	General Motors	U.S.A.
Alpina	B6/2.8, B10/3.5 Biturbo, B11/3.5, B12/5.0, B12 Coupe	Alpina	Germany
Altima	Sedan	NMMC(Nissan Motors Manufacturing Corporation, USA)	U.S.A.
AMG	500E/6.0, 190E/3.2, 300E/3.4, 500SL/6.0, 300TE/3.4	AMG	Germany
Aston Martin	Virage, Vantage, Ace, Cobra MK IV	Ford	U.K.(영국)
Astra	Opel(Wagon, Sedan)	General Motors	Germany
Astra	Vauxhall(3/5 Door Hatchback, 4 Door Sedan, Wagon)	General Motors	U.K.(영국)
Astro	Mini Van	General Motors	U.S.A.
Audi	80 Series & Coupe, Cabriolet, S2, 100, S4, V8	Audi NSU Auto Union	Germany
Aurora	Oldsmobile(4 Door Sedan)	General Motors	U.S.A.
Autozam	Carol, Revue, AZ-1, Clef, AZ-3	Autozam	Japan
Azlk	Aleko SLI	Azlk	Russia
Barchetta Stradale	Super Sports Car	Officine Alfieri Maserati	Italy
Bentley	Brooklands, Continental, Turbo R	Rolls-Royce Motors	U.K.(영국)
Beretta	Chevrolet(Coupe)	General Motors	U.S.A.
BMW	3 Series Sedan/Coupe(316i/318i/320i/325i), M3, 325i Touring, 320i Cabriolet, 5 Series (520i/525i/540i), M5, 7 Series(730i/740i/750i), 8 Series (850i/850CSi)	BMW(*Bayerische Motoren Werke*=Bavarian Motor Works)	Germany
Bonneville	Pontiac(Sedan)	General Motors	U.S.A.
Brooklands	Bentley(고급 Sedan)	Rolls-Royce Motors	U.K.(영국)
Buick	Skylark, Century, Regal, Le Sabre, Riviera, Park Avenue/Ultra, Roadmaster	General Motors	U.S.A.
Bugatti	EB 110/110S	Bugatti	France
Cadillac	De ville & 60 Special, Fleetwood & Brougham, Seville, Eldorado, Allanté	General Motors	U.S.A.
Cabriolet	Open Car	Audi NSU Auto Union	Germany
Calibra	Opel(Racing Car)	General Motors	Germany
Calibra	Vauxhall(4인승 Coupe)	General Motors	U.K.(영국)
Camaro	Chevrolet(대형 Pony Car)	General Motors	U.S.A.
Camry	Wagon	TMMU(Toyoda Motors Manufacturing, USA)	U.S.A.

상 표	차 종	제조회사명	국 적
Caprice	Chevrolet(8인승 Wagon)	General Motors	U.S.A.
Carlton	Vauxhall(Middleclass Sedan)	General Motors	U.K.(영국)
Caro	5 Door Hatchback Sedan	FSO	Poland
Caterham	Sprint	Caterham	U.K.(영국)
Cavalier	Chevrolet (Sedan, Coupe, Wagon, Convertible)	General Motors	U.S.A.
Cavalier	Vauxhall(Middleclass Saloon)	General Motors	U.K.(영국)
Century	Buick(Sedan, Coupe, Station Wagon)	General Motors	U.S.A.
Chevrolet	Camaro, Cavalier, Corsica, Beretta, Lumina, Caprice, Lumina APV, Corvette, Astro	General Motors	U.S.A.
Chimaera	2인승 Convertible	TVR	U.K.(영국)
Chrysler	Concorde, Le Baron, New Yorker Salon, Fifth Avenue, New Yorker LHS	Chrysler	U.S.A.
Cinquecento	경자동차	Fiat Auto	Italy
Citroën	AX, ZX, Xantia, XM, BX	Citroën	France
Civic	4 Door Sedan, Coupe	HAM(Honda of America Manufacturing)	U.S.A.
Clio(Lutécia)	Hatchback	Renault	France
Colt	Plymouth(4 Door Sedan, 2 Door Coupe)	Chrysler	U.S.A.
Concorde	Sedan	Chrysler	U.S.A.
Concerto	4 Door Sedan	H.U.M.(영국 Honda)	U.K.(영국)
Continental	Bentley(2 Door Coupe)	Rolls-Royce Motors	U.K.(영국)
Continental	Lincoln(FF luxuary Sedan)	Ford	U.S.A.
Corniche IV	Personal Car	Rolls-Royce Motors	U.K.(영국)
Corrado	Sports Coupe	Volkswagen	Germany
Corsica	Chevrolet(4 Door Sedan)	General Motors	U.S.A.
Corvette	Chevrolet (Convertible)	General Motors	U.S.A.
Cougar	Mercury(Sedan)	Ford	U.S.A.
Croma	Sedan	Fiat Auto	Italy
Crown Victoria	대형 FR Sedan	Ford	U.S.A.
Cutlass Ciera	Oldsmobile(Middlesize Sedan, Wagon)	General Motors	U.S.A.
Cutlass Supreme	Oldsmobile(Sedan, Coupe, Convertible)	General Motors	U.S.A.
Daihatsu	Leeza, Mira, Opti, Charade, Applause	Daihatsu	Japan
Daimler Double Six	Jaguar(Saloon)	Ford	U.K.(영국)
Daytona	Dodge(Original K Car)	Chrysler	U.S.A.
Dedra	Middleclass Car	Lancia	Italy
Delta	5 Door Hatchback	Lancia	Italy
De Tomaso	Pantera	De Tomaso Modena	Italy
De Ville	Cadillac(Sedan, Coupe)	General Motors	U.S.A.
Diablo	Coupe	Nuova Automobili Ferruccio Lamborghini	Italy
Dodge	Viper, Shadow, Daytona, Dodge Colt(Plymouth Colt/Eagle Summit), Stealth, Intrepid	Chrysler	U.S.A.
Dodge Colt	Dodge(2 Door Coupe, 3 Door Hatchback)	Chrysler	U.S.A.
Donkervoort	S8AT Turbo	Donkervoort	Netherlands
DSM	Eclips	Diamond Star Motors (Chrysler+Mitsubishi)	U.S.A.
Eagle	Talon, Summit Wagon, Vision, Jeep Cherokee	Chrysler	U.S.A.
Eclips	Specialty Coupe	DSM(Diamond Star Motors)	U.S.A.
éfini	MS-6, MS-8, MS-9, RX-7, MPV	éfini	Japan
Eldorado	Cadillac(Touring Coupe)	General Motors	U.S.A.
Escort	3 Door, 4 Door, 5 Door, Wagon	Ford	U.S.A.
Escort	Cabriolet	Ford(U.K.)	U.K.(영국)
Escort RS Cosworth	Ralley 선수권용 Car	Ford(U.K.)	U.K.(영국)

상 표	차 종	제조회사명	국 적
Espace	Mini Van	Renault	France
Esprit	Lotus(Sports Car)	General Motors	U.K.(영국)
Eunos	Roadster, Presso, Euno S100, Euno S500, Cosmo	Eunos	Japan
Evante	Sports Car	Fleur De Lys	U.K.(영국)
Explorer	Passenger Car(2/4 Door)	Ford	U.S.A.
Favorit	Skoda(5 Door Hatchback)	Volkswagen	Czech
Ferrari	456GT 2+2, 348tb/ts, F40, Mondial t, 512 TR	Ferrari	Italy
Festiva	3 Door Car	Ford	U.S.A.
Fiat	Cinquecento, Panda, Uno, Tipo, Tempra, Croma	Fiat Auto	Italy
Fiesta	3/5 Door Hatchback	Ford(U.K.)	U.K.(영국)
Fifth Avenue	Sedan	Chrysler	U.S.A.
Firebird	Pontiac(FR Pony Car)	General Motors	U.S.A.
Fleetword & Brougham	Cadillac(FR Sedan)	General Motors	U.S.A.
Fleur De Lys	Evante	Fleur De Lys	U.K.(영국)
Ford	Festiva, Escort, Tempo, Probe, Taurus, Mustang, Thunderbird, Crown Victoria, Explorer	Ford	U.S.A.
Ford	Fiesta, Escort, Orion, Escort RS Cosworth, Granada/Scorpio	Ford(U.K.)	U.K.(영국)
Ford	Capri Clubsprint, LTD, Falcon GT, Fairmont	Ford·Australia	Australia
FSO	Caro	FSO	Poland
GEO	Prizm, Storm, Metro	GEO	U.S.A.
Granada/Scorpio	5 Door Hatchback, 4 Door Sedan	Ford(U.K.)	U.K.(영국)
Grand AM	Pontiac(Sedan Coupe)	General Motors	U.S.A.
Grand Marquis	Mercury(American Sedan)	Ford	U.S.A.
Grand Prix	Pontiac(Sedan)	General Motors	U.S.A.
Griffith	Sprinter Car	TVR	U.K.(영국)
HAM	Civic, Accord	Honda of America Manufacturing	U.S.A.
HF Integrale Evoluzione	Ralley 전략차	Lancia	Italy
Holden	Calais, Caprice	Holden(Australia)	Australia
Honda	Today, Beat, City, Civic, CR-X Delsol, Integra, Domani, Ascot, Ascot Inova, Accord, Inspire, Vigor, Prelude, Legend, NSX	Honda	Japan
H.U.M.	Concerto, Accord 2.0iLS	영국 Honda	U.K.(영국)
Hutson Sport Car	Hutson TF Twincam	Hutson	U.K.(영국)
Hyena	2인승 Sports Coupe	Lancia	Italy
Ibiza	3/5 Door Compact Car	Seat	Spain
Imperator	Super Sports Car	Isdera	Germany
Innocenti	Small, Koral	Fiat Auto	Italy
Intrepid	Dodge(Sedan)	Chrysler	U.S.A.
Isdera	Spider, Imperator	Isdera	Germany
Isuzu	Gemini Sedan, Gemini Coupe & Hatchback, Piazza, Pa-Nero, Aska CX	Isuzu	Japan
Jaguar	Jaguar XJ12/Daimiler Double Six, XJ6, XJS, XJ220	Ford	U.K.(영국)
Jeep Cherokee	Eagle(2/4 Door, 2WD, 4WD)	Chrysler	U.S.A.
Jeep Grand Cherokee	Eagle(4WD)	Chrysler	U.S.A.
J. Ford	Festiva, Laser, Telstar Sedan, Telstar TX5	일본 Ford	Japan
Kallista	2인승 Classic Sports Car	Panther	U.K.(영국)
Koral	소형차	Fiat Auto	Italy
Lada	Sagona/Samara	Lada	Russia
Lamborghini	Diablo	Nuova Automobili	Italy

상 표	차 종	제조회사명	국 적
Lancia	Y10, Delta, Dedra, HF Integrale Evoluzione, Thema, Hyena	Ferruccio Lamborghini Lancia	Italy
Land-Rover Defender	Rover(4WD Jeep)	British Aerospace	U.K.(영국)
Laser	Plymouth(Sports Coupe)	Chrysler	U.S.A.
Le Baron	Sedan/Coupe/Convertible	Chrysler	U.S.A.
Le Sabre	Buick(대형 Sedan)	General Motors	U.S.A.
Lincoln	Mark VIII, Continental, Towncar	Ford	U.S.A.
Lotus	Esprit/Sport 300	General Motors	U.S.A.
Lotus Omega	Opel(Sedan)	General Motors	Germany
Lumina	Chevrolet(Sedan, Coupe)	General Motors	U.S.A.
Lumina APV	Chevrolet(7인승 Mini Van)	General Motors	U.S.A.
Maestro	Rover(4 Door+Hatchback)	British Aerospace	U.K.(영국)
Mantara	Super Sports Car	Marcos	U.K.(영국)
Marbella	3 Door Hatchback	Seat	Spain
Marcos	Mantara	Marcos	U.K.(영국)
Mark VIII	Lincoln(Sports Coupe)	Ford	U.S.A.
Martin	Super Martin	Martin	France
Maserati	Shamal, 222 4V/SR, Spider Zagato/KaRif, 228/430, Barchetta Stradale	Officine Alfieri Maserati	Italy
Mazda	Familia, Astina, Cronos, MX-6, Sentia	Mazda	Japan
Mega	Mega Track	Mega	France
Mega Track	Off-Road Cruiser	Mega	France
Mercedes-Benz	W201 Series, W124 Series, C124/A124 Series, S124 Series, W140 Series, C140 Series, R129 Series	Mercedes-Benz	Germany
Mercury	Tracer, Topaz, Sable, Cougar, Grand Marquis, Villager	Ford	U.S.A.
Metro	3/5 Door Hatchback, 2인승 Convertible	GEO	U.S.A.
Micra	3/5 Door Hatchback	N.M.U.K.(영국 Nissan)	U.K.(영국)
Mini	Rover(소형차)	British Aerospace	U.K.(영국)
Mitsubishi	Minica Sedan, Minica Toppo, Lancer, Mirage Hatchback, Mirrage Sedan, Libero, ЯVR, Chariot, Galant, Eterna, Emeraude, Sigma, Diamante, GTO, Debonair	Mitsubishi	Japan
M.M.A.L.	Diamante Wagon	Mitsubishi Australia	Australia
Montego	Rover(4 Door Sedan, Wagon)	British Aerospace	U.K.(영국)
Morgan	Plus 4/Plus 8, Four/Four	Morgan	U.K.(영국)
Mustang	대형 Pony Car	Ford	U.S.A.
New Yorker Salon	Saloon	Chrysler	U.S.A.
Nissan	March, Pulsar, Sunny, Sunny NX Coupe, Sunny California, Avenir, Prairie, Presea, Primera, Vanette Serena, Silvia, 180SX, Bluebird, Skyline, Cefiro, Laurel, Maxima, Fairlady Z, Leopard J·Ferie, Cedric, Gloria, Cima, Infini Q45, President	Nissan	Japan
Ninety Eight	Oldsmobile(Sedan)	General Motors	U.S.A.
NMMC	Altima, Sentra	Nissan Motors Manufacturing Corporation, USA	U.S.A.
N.M.U.K.	Primera 2.0EGT, Micra	영국 Nissan	U.K.(영국)
Nova	Vauxhall(3/5 Door Hatchback, 4 Door Sedan)	General Motors	U.K.(영국)
Oldsmobile	Achiva, Cutlass Ciera, Cutlass Supreme, Silhouette, Eighty Eight Royale, Ninety Eight, Aurora	General Motors	U.S.A.
Omega	Opel(Wagon 등)	General Motors	Germany
Opel	Corsa, Astra, Vectra, Calibra, Omega, Lotus Omega, Senator	General Motors	Germany
Orion	4 Door Sedan	Ford(U.K.)	U.K.(영국)
Panda	Wagon	Fiat Auto	Italy

상 표	차 종	제조회사명	국 적
Panther	Kallista	Panther	U.S.A.
Park Avenue/Ultra	Buick(6인승 FF 대형차)	General Motors	U.S.A.
Passat	Notchback, Wagon	Volkswagen	Germany
Peugeot	306, 309, 106, 205, 405, 605	Peugeot	France
Plymouth	Colt, Laser, Acclaim, Sundance, Voyager	Chrysler	U.S.A.
Polo	Hatchback · Coupe, Wagon	Volkswagen	Germany
Pontiac	Sunbird, Grand AM, Bonneville, Grand Prix, Firebird, Trans Sport	General Motors	U.S.A.
Porsche	968, 911, Carrera 2/4, Carrera 2 Speedster, 911 Turbo 3.6, 928 GTS	Porsche	Germany
Prizm	Sprinter Sedan	GEO	U.S.A.
Probe	Hatchback·Coupe	Ford	U.S.A.
Range Rover	Rover(4WD Jeep)	British Aerospace	U.K.(영국)
Regal	Buick(Sedan, Coupe)	General Motors	U.S.A.
Reliant	Scimitar Sabre	Reliant Motor	U.K.(영국)
Renault	Twingo, Clio(Lutécia), 4(Quatre), 5(Cinq), 19 (Dix-neuf), 21 Vingt-et-un, Safrane, 25 Vingt-cinq, Alpine A610, Espace	Renault	France
Riviera	Buick(2 Door Coupe)	General Motors	U.S.A.
Roadmaster	Buick(8인승 Wagon, Sedan)	General Motors	U.S.A.
Rolls-Royce	Silver Spirit II, Corniche IV, Silver-Spur II/Touring Limousine	Rolls-Royce Motors	U.K.(영국)
Rover	Mini, 100(Metro), Maestro, Montego, 200 Series, 400 Series, 800 Series, Range Rover, Land-Rover Defender	British Aerospace	U.K.(영국)
Ruf	BR2EKS, BR4, CR2/CR4	Ruf	Germany
Saab	900, 9000	Saab Automobile AB (GM과 Saab의 합병회사)	Sweden
Sable	Mercury(5~6인승 Sedan, 5~8인승 Wagon)	Ford	U.S.A.
Safrane	Saloon	Renault	France
Sagona/Samara	Sedan/Wagon, Off-Road Vehicle, 5 Door Hatchback	Lada	Russia
Saturn	Saturn	General Motors	U.S.A.
Saturn	Saturn(Saloon, Wagon)	General Motors	U.S.A.
Scimitar Sabre	소형 Coupe/Convertible	Reliant Motors	U.K.(영국)
Seat	Marbella, Ibiza, Toledo	Seat	Spain
Senator	Opel(Sedan)	General Motors	Germany
Senator	Vauxhall(Sedan)	General Motors	U.K.(영국)
Sentra	2/4 Sedan	NMMC(Nissan Motors Manufacturing Corporation, USA)	U.S.A.
Seville	Cadillac(대형 Sedan)	General Motors	U.S.A.
Shadow	Dodge(FWD Car)	Chrysler	U.S.A.
Shamal	Sports Car	Officine Alfieri Maserati	Italy
Silhouette	Oldsmobile(Mini Van)	General Motors	U.S.A.
Silver Spirit II	Limousine	Rolls-Royce Motors	U.K.(영국)
Silver-Spur II Touring Limousine	7인승 Limousine	Rolls-Royce Motors	U.K.(영국)
Skoda	Favorit	Volkswagen	Czech
Skylark	Buick(Sedan, Coupe)	General Motors	U.S.A.
Small	소형차	Fiat Auto	Italy
Sprint	Spinter Car	Caterham	U.K.(영국)
Spyder	Open Sports Car	Isdera	Germany
Spyder Zaga-	2인승 Coupe	Officine Alfieri Maserati	Italy

상 표	차 종	제조회사명	국 적
to/Karif			
Stealth	Dodge(4WD Car)	Chrysler	U.S.A.
Storm	Sports Coupe	GEO	U.S.A.
Subaru	Vivio, Justy, Impreza/Impreza Wagon, Legacy Sedan, Legacy Touring Wagon, Alcyone SVX	Subaru	Japan
Summit Wagon	Eagle(소형 Wagon 과 Mini Van 의 중간)	Chrysler	U.S.A.
Sunbird	Pontiac(Sedan, Coupe, Convertible)	General Motors	U.S.A.
Sundance	Plymouth(Notchbacklook Compact 3/5 Door, Hatchback)	Chrysler	U.S.A.
Super Martin	Sports Car	Martin	France
Suzuki	Cappuccino, Cara, Alto, Cervo Mode, Cultus	Suzuki	Japan
Talon	Eagle(Sports Coupe)	Chrysler	U.S.A.
Tatra	613-4	Tatra	Czech
Taurus	Sedan, Wagon	Ford	U.S.A.
Tempo	FF Family Sedan(2/4 Door)	Ford	U.S.A.
Tempra	Saloon	Fiat Auto	Italy
Thema	4 Door Sedan, Station Wagon	Lancia	Italy
Thunderbird	Specialty Coupe	Ford	U.S.A.
Tipo	5 Door Car	Fiat Auto	Italy
TMMU	Camry	Toyoda Motor Manufacturing, USA	U.S.A.
T.M.U.K.	Carina E	영국 Toyota	U.K.(영국)
Toledo	4 Door Notchback	Seat	Spain
Topaz	Mercury(4 Door Sedan)	Ford	U.S.A.
Towncar	Lincoln(FR Sedan)	Ford	U.S.A.
Toyoda	Starlet, Sera, Tercel, Corsa, Corolla II, Corolla, Corolla Ceres, Corolla Levin, Corolla FX, Sprinter, Sprinter Marino, Sprinter Trueno, Sprinter Carib, Cynos, MR2, Celica, Carina Sedan, Carina ED, Caldina Wagon, Corona Sedan, Corona SF, Corona EXiV, Camry, Vista,Windom,Supra, Scepter Sedan, Soarer, Mark II, Chaser, Cresta, Crown, Aristo, Crown Majesta, Celsior, Century, Estima,Estima Lucida, Estima Emina	Toyoda	Japan
Tracer	Mercury(Sedan, Wagon)	Ford	U.S.A.
Trans Sport	Pontiac(Mini Van)	General Motors	U.S.A.
TVR	Griffith, Chimaera, S Series	TVR	U.K.(영국)
Twingo	Mini Car	Renault	France
Uno	소형차	Fiat Auto	Italy
Vantege	Aston Martin(Sports Car)	Ford	U.K.(영국)
Vauxhall	Nova, Astra, Cavalier, Calibra, Carlton, Senator	General Motors	U.K.(영국)
Vector	Avtec WX3	Vector	U.S.A.
Vectra	Opel(Middleclass Saloon)	General Motors	Germany
Vento	Middleclass Limousine	Volkswagen	Germany
Venturi	Venturi 210/260	Venturi	France
Villager	Mercury(Mini Van)	Ford	U.S.A.
Viper	Dodge(Roadster)	Chrysler	U.S.A.
Virage	Aston Martin(2 Door Coupe)	Ford	U.K.(영국)
Vision	Eagle(중형 Sedan)	Chrysler	U.S.A.
Volkswagen	Polo, Golf III, Golf Cabriolet, Vento, Corrado, Passat	Volkswagen	Germany
Volvo	850, 240, 480/460/440, 940, 960	Volvo	Sweden
Voyager	Plymouth(Mini Van)	Chrysler	U.S.A.
Westfield Sportcar	Westfield ZEi	Westfield	U.K.(영국)
Xantia	5 Door Hatchback/Wagon	Citroën	France
Yue-Loong	Arex	Yue-Loong	Taiwan

II. 의 류

상 표 명	상 품 종 류	회 사 명	국 적
Absorba	유아복 등	Poron Societe	France
Adidas	스포츠 의류 등	Adidas	Germany
America	스포츠 의류 등	Perry Ellis Int'l Inc.	U.S.A.
Arnold Palmer	남·여 의류, 손수건 등	Arnold Palmer Enterprises Inc.	France
Arrow	셔츠, 넥타이류, 바지류 등	Cluett Pesbody & Co.	U.S.A.
Asics	스포츠 의류 등	Asics	Japan
Austen Reed	의류 전품목	Austeen Reed Ltd.	U.K.(영국)
Balenciaga	여성 의류, 넥타이, 머플러 등	Balenciaga S.A.	France
Barbara	여성 내의류, 수영복 등	Barbara S.A.	France
Belle Rose	숙녀복 등	Takashimaya(高島屋)	Japan
Benetton	캐주얼 의류 등	Benetton	Italy
Biagilti	골프 관련 의류 등	Laura Biagilti	Ireland
Cacharel	여성 의류 등	Jean Cacharel S.A.	France
Calvin Klein	남·여 진의류, 캐주얼·스포츠 의류 등	Calvin Klein Industries, Inc.	U.S.A.
Carvin	남성 드레스 셔츠 등	Carvin S.A.	France
Catimini	아동 의류 및 관련 액세서리 등	Catimini S.A.	France
Charles Jourdan	의류, 핸드백, 넥타이, 스카프 등	Charles Jourdan Holding AG	Switzerland
Chemise Lacoste	성인용, 아동용 의류 등	La Chemise Lacoste S.A.	France
Chevignon	남·여 의류 등	East Leather Limited	France
Christian Dior	드레스 셔츠, 넥타이 등	Christian Dior S.A.	France
Ciesse Piumini	스포츠 의류, 스키용 의류, 침구류 등	Ciesse Piumini International Ltd.	U.K.(영국)
Cosma	넥크웨어, 남성 셔츠 등	Cosma S.P.A.	Italy
Countess Mara	스포츠·캐주얼 의류 등	Countess Mara Inc.	U.S.A.
Daks	의류, 액세서리 등	Daks·Simpson Group PLC	U.K.(영국)
Daniel Hecter	남·여 의류 등	대시 주식회사	Japan
Elle	여성용 의류, 핸드백, 벨트 등	France Editions & Publication S.A.	France
Ellesse	스포츠 의류, 신발 등	Elless Flanziaria S.L.R.	Italy
Erima	스포츠 의류 등	Erima	Germany
Escadrille	남성 의류 등	Hart Shaffner & Marx	U.S.A.
Facis	신사복, 롱코트, 벨트 등	Gruppo Finaziario Tessile S.P.A.	Italy
Filla	숙녀복, 니트 등	Filla	Italy
Girbaud	진, 캐주얼 의류, 셔츠 등	M.F.G. Desing	France
Givenchy	남·여 의류, 여자용 스타킹 등	Givenchy S.A.	France
Gold Lejaby	여성 내의류 등	Lejaby	France
Guess	남, 여, 아동용 의류 및 가방 등	Guess	U.S.A.
Guy Laroche	신사복, 골프 의류, 캐주얼 의류 등	Guy Laroche S.A.	France
Hang Ten	남·여 캐주얼 의류 등	Hang Ten Int.	U.S.A.
Head	테니스, 스키, 수영, 트레이닝, 조깅 등 스포츠 의류	The Leslic Fay Companies	U.S.A.
Jack Nicalaus	골프 의류 및 액세서리, 스포츠 의류 등	Jack Nicalaus Apparel Int'l.	U.S.A.
Jil	남성 및 소아용 내의류 등	Devanlay S.A.	France
Jockey	속옷, 잠옷, 양말 등	Jockey International Inc.	U.S.A.
Jordache	진 바지 등 캐주얼 의류, 남자 드레스 셔츠 등	Jordache Enterprises Inc.	U.S.A.
J. Press	의류, 넥타이 등	Onward Kashiyama Co., Ltd.	Japan

상표명	상품종류	회사명	국적
Kappa	의류, 넥타이, 벨트, 양말 등	Maglificio Vitale Cesa	Italy
Lacoste	셔츠, 티셔츠, 양말 등	La Chemise Lacoste S.A.	France
Lakeland	골프 의류, 액세서리 등	Onward Kashiyama Co., Ltd.	Japan
Lancetti	남성복, 피혁 의류 등	Lancetti Creazioni S.R.L.	Italy
Lanvin	남성 의류, 넥타이 등	Lanvin S.A.	France
Lee	진의류, 캐주얼 의류, 액세서리 등	The H.D. Lee Company Inc.	U.S.A.
Lee Cooper	양복 바지 등 의류	Vivat Holding PLC	U.K.(영국)
Levi's	진의류 등	Levi Strauss Co., Ltd.	U.S.A.
London Fog	의류 등	London Town Corp.	U.S.A.
Lovable	여성용 내의류 등	The Lovable Company	U.S.A.
Lusty	유아 및 아동복 등	Fusen Usagi Corp.	Japan
Lyle & Scott	남성, 여성 의류(니트 셔츠, 점퍼, 자켓, 슬렉, 스포츠 셔츠) 등	Lyle & Scott Ltd.	U.K.(영국)
Mancillas	신사복 등	Mancillas International Ltd.	U.S.A.
Manhattan	남·여 의류, 아동복 등	Manhattan International Ltd.	U.S.A.
Marie Clai	여성 의류 등	Edourd Simon S.A.	France
Mizuno	의류, 스포츠 용품 등	Mizuno	Japan
New Man	남·여 의류, 아동 의류 등	Jacques Jaunet S.A.	France
Nike	스포츠 의류, 가방 등	Nike	U.S.A.
Nina Ricci	넥타이, 잠화 등	Nina Ricci S.A.	France
Nino Cerrut	남성 셔츠, 캐주얼 의류 등	Cerruti 1881 S.A.	France
Oleg Cassini	남성복, 아동복 등	Oleg Cassini	U.S.A.
Omar Sharif	신사복, 숙녀복, 액세서리 등	Prestige S.A.	France
Palzileri	남성 의류 등	Forall Confezioni S.P.A.	Italy
Pepperone	성인용, 아동용 의류	Samir S.P.A.	Italy
Perry Ellis	남성, 여성용 스포츠 의류 및 기타 제품 등	Perry Ellis Int'l Inc.	U.S.A.
Pierre Balmain	남·여 내의류, 넥타이 등	Pierre Balmain S.A.	France
Pierre Gardin	드레스 셔츠, 숙녀복, 아동복, 내의류, 캐주얼 의류, 니트 웨어, 신사복, 넥타이, 스카프, 양말 등	S.A.R.L. De Gestion Pierre Cardin	France
Play Boy	의류, 손수건, 머플러 등	P & B Co., Inc.	Japan
Polo	남·여 캐주얼 의류 등	Polo Lauren Company	U.S.A.
Portfolio	스포츠 의류 등	Perry Ellis Int'l Inc.	U.S.A.
Reebok	스포츠 의류 등	Reebok	U.K.(영국)
Sasson	진, 니트 셔츠 등	Sasson Licensing Corporation	U.S.A.
Scandale	여자용 내의류, 스타킹 등	Devanlay S.A.	France
Sergio Tacohini	스포츠 의류 등	Altaco International Sales & Licensing B.V.	Netherlands
Slazenger	스포츠 의류 등	Dunlop Slazenger Int'l Ltd.	U.K.(영국)
Speedo	수영복, 액세서리 등	Speedo Int'l B.V.	Netherlands
Stefanel	남·여 간이복, 아동복 등	Stefanel	Italy
Timpa Duet	여성 내의류, 수영복 등	Timpa Foundation B.V.	Netherlands
Tino Cosma	스카프, 머플러 등	Cosma S.P.A.	Italy
Ungaro	신사복 등	Emanuel Ungaro S.A.	France
Valentino	남·여 의류, 악세사리 등	Valentino Garavani Creazioni S.P.A.	Italy
Vanity Fair	화운데이션, 란제리, 스타킹 등	Vanity Fair Mills Inc.	U.S.A.
YSL	신사양말, 스카프 등	Yves Saint Laurent S.A.	France
Yves Saint Laurent	남성 드레스 셔츠, 넥타이, 수영복 등	Yves Saint Laurent S.A.	France

Ⅲ. 주류

(1) Whiskey

종 류	상 표 명	국 적
Scotch Whisky	Ambassador	U.K.(영국)
	Ballantine's	〃
	Ballantine's 12	〃
	Bell's	〃
	Bell's 12	〃
	Benloyal	〃
	Big "T"	〃
	Black & White	〃
	Burn Stewart 12	〃
	Chivas Regal	〃
	Claymore	〃
	Cutty Sark	〃
	Cutty 12	〃
	Dimple	〃
	Dunhill	〃
	Famous Grouse	〃
	Glen Alva	〃
	Glenfiddich	〃
	Glen Grant	〃
	Grant's Royal	〃
	Grant's 21	〃
	Haig	〃
	Hankey Bannister 12	〃
	100 Pipers	〃
	Inver House	〃
	J & B	〃
	J & B Jet	〃
	Johnnie Walker Black	〃
	Johnnie Walker Red	〃
	Johnnie Walker Swing	〃
	King George Ⅳ	〃
	King Robert Ⅱ	〃
	Legacy 12	〃
	Lagavulin	〃
	Laird O Logan	〃
	Linkwood	〃
	Mackinlay's Legacy	〃
	Morrison Select	〃
	Munro's King of Kings	〃
	Ne Plus Ultra	〃
	Old Parr	〃
	Old Smuggler 12 Years Old	〃
	Passport	〃
	Pinch	〃
	President Special Reserve	〃
	Rob Roy	〃
	Royal Salute	〃
	Something Special	〃
	Spey Royal	〃
	Strathconon	〃
	Talisker 12 Years Old	〃
	Teacher's	〃
	The Glenlivet	〃
	The Royal Household	〃
Scotch Whisky	Vat 69	U.K.(영국)
	White & Mackay's	〃
	White Label	〃
	White Horse	〃
	Ye Monks'	〃
American Whiskey	Ancient Age	U.S.A.
	Benchmark	〃
	Country Gentleman	〃
	County Fair	〃
	Early Times	〃
	Four Roses	〃
	Golden Wedding	〃
	Imperial	〃
	I.W. Harper	〃
	Jack Daniel's	〃
	Jim Beam	〃
	J.W. Dant	〃
	Mattingly & Moore	〃
	Old Crow	〃
	Old Forester	〃
	Old Grand Dad	〃
	Seagram's 7 Crown	〃
	White Horse	〃
	Wild Turkey	〃
Canadian Whisky	Canada House	Canada
	Canadian Club	〃
	Canadian Lord Calvert	〃
	Crown Royal	〃
	Lord Calvert	〃
	Mac Naughton	〃
	Masterpiece	〃
	Seagram's Crown Royal	〃
	Seagram's V.O	〃
Irish Whiskey	John Jameson	Ireland
	Murph's	〃
	Old Bushmills	〃
	Paddy's	〃
	Power's Irish	〃
	Tullamore dew	〃
기타	Dunbar	Japan
	Nikka G & G	〃
	Nikka Kingsland	〃
	Nikka Northland	〃
	Nikka Specialage	〃
	Nikka Super	〃
	Ocean Special Old	〃
	Robert Brown	〃
	Suntory Essence	〃
	Suntory Extra Gold	〃
	Suntory Imperial	〃
	Suntory Old	〃
	Suntory Royal	〃
	Suntory Special Reserve	〃
	Suntory White Label	〃

(2) Brandy

종 류	상 표 명	국 적
Cognac	Augier frères V.S.O.P	France
	Beehive Napoleon	〃
	Bisquit Napoleon	〃
	Camus G.M.C	〃
	Camus Napoleon	〃
	Camus V.S.O.P	〃
	Camus X.O	〃
	Courvoisier Extra Vieille	〃
	Courvoisier Napoleon	〃
	Courvoisier Three Star	〃
	Courvoisier V.S.O.P	〃
	Gautier Concord-Blue	〃
	Gautier Napoleon	〃
	Gautier Shipe-Wheels	〃
	Grand Empereur Napoleon	〃
	Hennessey Extra	〃
	Hennessey V.S.O.P	〃
	Hennessey X.O	〃
	Hine	〃
	Lantern	〃
	Larsen	〃
	Marnier V.S.O.P	〃

종 류	상 표 명	국 적
Cognac	Martell Cordon Bleu	France
	Martell Extra	〃
	Martell Medallion V.S.O.P	〃
	Martell Three Star	〃
	Martell X.O Lantern	〃
	Otard	〃
	Raynal Napoleon	〃
	Remy Martin Extra	〃
	Remy Martin Napoleon	〃
	Remy Martin V.S.O.P	〃
Armagnac	Chabot Napoleon	France
	Chabot X.O	〃
	Dorville Napoleon	〃
	Janneau	〃
	Marquis De Montesquiou	〃
	Napoleon X.O	〃
	Napoleon Maxim	〃
	Prince D'armagnac	〃
	Sempe	〃
기 타	Metaxa Five Star	Greece
	Metaxa Grand Fine 40	〃
	Metaxa Seven Star	〃
	Medoc Carlos III	Spain

(3) Wine

산 지	상 표 명	국 적
Bordeaux 지방	B & G Muscadet	France
	Chateau Ausone	〃
	Chateau Beychevelle	〃
	Chateau Calon-Segur	〃
	Chateau Chasse Spleen	〃
	Chateau Cheval Blanc	〃
	Chateau De Camensac	〃
	Chateau De Malle	〃
	Chateau De Pizay	〃
	Chateau D'yquem	〃
	Chateau Gloria St. Julien	〃
	Chateau Haut Brion	〃
	Chateau Kirwan	〃
	Chateau Lafite Rothschild	〃
	Chateau la Miss on Haut Brion	〃
	Chateau Larose-Trintaudon	〃
	Chateau Latour	〃
	Chateau Margaux	〃
	Chevalier Montrachet	〃
	Chateau Mouton Rothschild	〃
	Chateau Muilartic-Lagaviere	〃
	Chateau Petrus	〃
	Cosmann Freres Medoc	〃

산 지	상 표 명	국 적
Berdeaux 지방	Grands Echezeaux	France
	Grand Vin De Chateau Latour	〃
	Le Bordeaux De Ginestat	〃
	Medoc	〃
	Mouton-Cadet	〃
	Muscadet	〃
Bourgogne 지방	Aloxe Corton Latour	France
	Avenay	〃
	Chambertin	〃
	Chambertin Clos De Beze	〃
	Chambolle-Musigny	〃
	Clos de Vougeot	〃
	Corton	〃
	Corton Charlemagne	〃
	Domaine De Chevalier	〃
	La Tache	〃
	Meursault	〃
	Montagny	〃
	Montrachet	〃
	Moulin-A-Vent	〃
	Richebourg	〃
	Romanée-Conti	〃
	Romanée Saint Vivant	〃
기 타	Almaden Chablis	U.S.A.
	Antinori Chianti	Italy

산지	상표명	국적
기 타	Asti Cancia	France
	Barbaresco	Italy
	Bernkastel Doctor	〃
	Brunello Di Montalcino	〃
	Barolo	〃
	Chateau Lion Cabernet Sauvignon	Japan
	Chateau Mercian Koshu	〃
	Cherry Kijafa	Hungary
	Christian Brothers	U.S.A.
	Cinzano Vermouth	Italy
	Cookburns Fine Ruby Port	Spain
	Great Western Champagne	Australia
	Harveys Bristol Dry	Spain
	Hattenheimer Wisselbrunnen	Germany
	Kaiser Stuhl Claret	Australia
	Kaiser Stuhl Gold Medal Rose	Australia
	Lanson Black Label	France

산지	상표명	국적
기 타	Madeira	U.S.A.
	Mogen David	U.S.A.
	Montilla	Spain
	Muller-Thurgau	New Zealand
	Paarl Roodgeberg	South Africa
	Petro Domec Double Century	Spain
	Petro Domec Primero	〃
	Polaire Cabernet	Japan
	Real Sangria	Spain
	Ruffino Chianti	Italy
	Sandeman Light Dry Sherry	Spain
	Sandeman Ruby Port	Spain
	Scharzhofberger	Germany
	Schloss Johannisberg	〃
	Schloss Vollrads	〃
	Siglo	Spain
	Steinberg	Germany
	Tokaji	Hungary
	Williams & Humbert Dry Sack	Spain

(4) Beer

상표명	국적
Amiraali Togo	Finland
Asahi	Japan
Bass Pale Ale	U.K.(영국)
Beck's	Germany
Cantillon Muscat	Belgium
Cantillon Super Gueuze	Belgium
Cardinal	Swiss
Caribe	Trindad and Tobago
Carlsberg	Denmark
Chimay Trappist Beer	Belgium
Corona Light	Mexico
Cristal	Peru
Estrella Dorada	Spain
Five Star Beer	China
Ginseng Beer	China
Guinness	U.K.(영국)
Heineken	Netherlands

상표명	국적
Hopfenperle	Swiss
Kirin	Japan
Kronenboug	France
Light	U.S.A.
Löwenbräu	Germany
Nastro Azzurro	Italy
Panda Beer	China
Pilsner Urquell	Czech
Sapporo	Japan
Schlitz	U.S.A.
Silver Dragon	China
Spartan	Greece
Suntory	Japan
Swan	Australia
Tsingtao Beer	China
Tuborg	Denmark
Yebisu	Japan

Ⅳ. 담 배

상표명	국적
Agio Junior Tip	Netherlands
Antonio Y Cleopatra	U.S.A.
Astor	Germany
Atika	Japan
Benson and Hedges	U.K.(영국)
Bonita	Japan
Café Crème Tip	France
Camel	U.S.A.
Cherry	France

상표명	국적
Chestefield 101	U.S.A.
Cleopatra	Egypt
Contessa Slims	Canada
Current	Japan
Doral	U.S.A.
Du Maurier	U.K.(영국)
Dunhill	U.K.(영국)
Dunhill Cigarlettes	U.K.(영국)
Edinburgh	U.K.(영국)

상 표 명	국 적
Embassy	U.K.(영국)
Epson	Japan
Eve	U.S.A.
Gauloises Caporal	France
Gauloises Disque Bleu	France
Gelbe Sorte	Germany
Gitanes	France
Gold Leaf	U.K.(영국)
Half And Half	U.S.A.
HB	Germany
Hellas Special	Greece
Kent	U.S.A.
Kool	U.S.A.
L & M	U.S.A.
Lark	U.S.A.
Lark F.S.K.	U.S.A.
Lido	Italy
Long Life(長壽)	Taiwan
Lucky Strike	U.S.A.
Marlboro	U.S.A.
Mild Sorte	Austria
More	U.S.A.
Multifilter	U.S.A.
Omega	U.S.A.
Old Splendor	Austria

상 표 명	국 적
Pall Mall	U.S.A.
Parliament	U.S.A.
Phillip Morris National	Switzerland
Piccadilly	U.S.A.
Player's No.6	U.K.(영국)
Prosperity Island(寶島)	Taiwan
Raleigh	U.S.A.
Roi-Tan	U.S.A.
Rothmans International	U.K.(영국)
Rothmans King Size	U.K.(영국)
Salem	U.S.A.
Saraidoa	U.S.A.
Senior Service	U.K.(영국)
Seven Stars	Japan
Silk Cut	U.K.(영국)
Silva Thins	U.S.A.
Sobranie Black Russian	U.K.(영국)
Sobranie Cocktail	U.K.(영국)
Sobranie Virginta	U.K.(영국)
State Express	U.K.(영국)
St. Moritz	U.K.(영국)
Three Castles	U.K.(영국)
True	U.S.A.
Virginia Slims	U.K.(영국)
Winston	U.S.A.

V. 시 계

상 표 명	국 적
Aigner	Germany
Andrew Grima	U.K.(영국)
Asprey	U.K.(영국)
Audemars Pigeut	Switzerland
Bally	Switzerland
Baume & Mercier	Switzerland
Breguet	Switzerland
Boucheron	Switzerland
Bvlgari	Italy
Charvet	France
Caran d' Ache	Switzerland
Cartier	France
Chopard	Switzerland
Christian Dior	France
Concord	Switzerland
Corum	Switzerland
Dunhill	U.K.(영국)
Ebel	Switzerland
Eterna	Switzerland
Ferrari Formula	Italy
Georg Jensen	Denmark
Gérald Genta	Switzerland
Givenchy	France
Guy Laroche	France
Hermès	France
Hour Lavigne*	France
Hublot*	Switzerland
Imhof*	Switzerland
International	Switzerland

상 표 명	국 적
Jaeger-Le Coultre	Switzerland
Jean Roulet*	Switzerland
Juvenia	Switzerland
Lanvin	France
L'epée*	France
Longines	Switzerland
Loyal	Switzerland
Matthew Norman*	Switzerland
Omega	Switzerland
Paolo Gucci	Italy
Patek Philippe	Switzerland
Paul Buhré	Switzerland
Philippe Charriol	Switzerland
Piaget	Switzerland
Porsche Design	Austria
Rado	Switzerland
Raymond Weil	Switzerland
Rolex	Switzerland
Sarcar	Switzerland
Seiko	Japan
S.T. Dupont	France
Technos	Switzerland
Tiffany	U.S.A.
Tissot	Switzerland
Universal Geneve	Switzerland
Urgos*	Germany
Vacheron Constantin	Switzerland
Van Cleef & Arpels	France
Waltham	Switzerland

VI. 안경/선글라스

상 표 명	국 적	상 표 명	국 적
Alfa Romeo	Italy	Nikon*	Japan
Bruce Oldfield*	U.K.(영국)	Nina Ricci*	France
Caran d'ache	Switzerland	Oxbridge	U.K.(영국)
Carl Zeiss	Germany	Oscar de La Renta*	U.S.A.
Cartier	France	Pascal Morabito	France
Cazal	Germany	Pierre Cardin*	France
Christian Dior*	France	Polaris	Sweden
Crazy Horse	France	Porsche Design	Austria
Davidoff	France	Ray-Ban*	U.S.A.
Danauline*	Austria	Rodenstock	Germany
Dunhill*	U.K.(영국)	Saphira Moda Italiana	Italy
Eyevan*	France	Silhouette	Austria
Ferrari*	Italy	Spaliding	U.S.A.
Givenchy*	France	S.T. Dupont	France
Jean Patou*	France	Valentino Garavani*	Italy
Lanvin*	France	Van Cleef & Arpels	France
Lotos	Germany	Viennaline	Austria
Marius Morel*	France	Yves Saint Laurent*	France
Metzler*	Germany	Zeiss	Germany

VII. 만년필

상 표 명	국 적	상 표 명	국 적
Aurora	Italy	Mont Blanc	Germany
Ari D. Norman	U.K.(영국)	Parker	U.S.A.
Ballograf	Sweden	Pelikan	Germany
Christian Dior	France	Pilot	Japan
Caran d'Ache	Switzerland	Porsche Design	Austria
Cross	U.S.A.	Sheaffer	U.S.A.
Dunhill	U.K.(영국)	S.T. Dupont	France
Faber-Castell	Germany	Tiffany	U.S.A.
Lamy	Germany	Waterman	France
Les Must De Cartier	France		

VIII. 카메라

상 표 명	국 적	상 표 명	국 적
Bausch & Lomb	U.S.A.	Minolta	Japan
Canon	Japan	Minox	Germany
Deardorff	U.S.A.	Nikon	Japan
Hasselblad	Sweden	Pentaxs	Japan
Leica	Germany	Rollei	Germany
Linhof	Germany	Yashika	Japan
Leitz Trinovid	Germany		

IX. 라이터

상표명	국적
Caran d'Ache	Switzerland
Cartier	France
Chaumet	France
Christian Dior	France
Dunhill	U.K.(영국)
Mila Schön	Italy

상표명	국적
Porsche Design	Austria
Ronson	U.S.A.
S.T. Dupont	France
Tiffany	U.S.A.
Valentino Garavani	Italy
Van Cleef & Arpels	France

X. 골프

상표명	종류	국적
A. Teston	골프백	Italy
Bostonian	골프화	U.S.A.
Burton	골프백	U.S.A.
Cerruti 1881 Sport	골프 웨어	Italy
Dunhill Sport	〃	U.K.(영국)
Etonic	골프화	U.S.A.
Etro	골프백	Italy
Fila	골프 웨어	Italy
Foot-Joy	골프화	U.S.A.
Gant Norval	골프 글러브	France
Garrard	골프공	U.K.(영국)
G.Lorenzi	골프 티(Tee)	Italy
Gucci	골프백	Italy
Hermès	골프백, 볼 케이스	France
Johnston & Murphy	골프화	U.S.A.

상표명	종류	국적
Kenneth Smith	골프채, 백	U.S.A.
Louis Vuitton	골프백	France
Macgregor	골프채	U.S.A.
Morabito	골프백	France
Otey Crisman	골프채	U.S.A.
Ping	〃	U.S.A.
Schiatti	골프용품	Italy
Sir Joseph Causton	〃	U.S.A.
Spalding	골프채	U.S.A.
Tiffany	골프용품	U.S.A.
Titleist	골프채, 공	U.S.A.
T.P. Mills	골프채	U.S.A.
Turnbull & Asser	골프 우산	U.K.(영국)
Wilson	골프채	U.S.A.

XI. 스키

상표명	종류	국적
Atomic	스키, 폴	Austria
Blizzard	스키	Austria
Caber	스키화	Italy
Dynafit	스키화, 복	Austria
Dynamic	스키	France
Elan	〃	Yugoslavia
Fila	스키복	Italy
Fischer	스키, 폴	Austria
Head	스키	Austria
Kästle	〃	Austria

상표명	종류	국적
Kneissl	스키	Austria
Koflach	스키화	Austria
K2	스키	U.S.A.
Lange	스키화	Italy
Marker	스키장구	Germany
Marlbord Leisure Wear	스키복	Italy
Nordica	스키화, 복	U.S.A.
Olin	스키	U.S.A.
Raichle	스키화	Switzerland

상표명	종류	국적
Ray-Ban	스키용 선글라스	U.S.A.
Richner	스키복	Switzerland
Rollka	그래스(grass)스키	Germany
Rossignol	스키	France
Salomon	스키화	France
Swix	스키용 왁스	U.S.A.
Toko	〃	Switzerland

상표명	종류	국적
Trappeur	스키화	France
Tyrolla	스키폴, 바인딩 (Binding)	Austria
Valentino garavani Sport	스키복	Italy
Vielhaber	스키	Norway

XII. 테니스/승마/요트/카누

상표명	종류	국적
Adidas	테니스화	Germany
Baltic	요트	Finland
Equinoxe	머린 웨어 및 신발	France
Ermenegildo Zegna	스포츠 웨어	Italy
Dunlop	테니스 라켓	Italy
Feathercraft	보트	Canada
G. Passier	승마용품	Germany
Grumman	보트, 카누	U.S.A.
Hatteras	대형 요트	U.S.A.
Helly-Hansen	방수·잠수복	Norway
Hermès	고급 승마공구	France
Hunting World	겨울 스포츠 웨어	U.S.A.
Klepper	보트	Germany
Le Coq Sportif	테니스 웨어	France
Maggia	〃	Italy

상표명	종류	국적
Nautor's Swan	요트	Finland
Nike	테니스화	U.S.A.
Old Town Canoe	카누	U.S.A.
Peter Storm	방수·방한용품	Italy
Prince	테니스 라켓	U.S.A.
Riva	요트	Italy
Rossignol	테니스 라켓	France
Sinacova	스포츠 웨어	Italy
Spalding	테니스 라켓	U.S.A.
Stübben	승마용품	Germany
The North Face	텐트	U.S.A.
Touche	겨울 방한 웨어	Italy
Valentino Garavani Sport	테니스 웨어	Italy
Wilson	테니스 라켓	U.S.A.

도량형 환산표

단 위	기 호	환 산 치(値)	단 위	기 호	환 산 치(値)
centimeter	cm.	0.3937 inch	(**avoirdupois**)		
meter	m.	3.2808 feet	grain	gr.	0.0648 gram
=100 centimeters		1.0936 yards	dram	dr. avdp.	1.7718 grams
kilometer	km.	49.711 chains	=27.3438 grains		
=1000 meters		0.6214 mile	ounce=16 drams	oz. avdp.	28.3495 grams
inch	in.	2.54 centimeters	pound=16 ounces	lb. avdp.	0.4536 kilogram
foot=12 inches	ft.	0.3048 meter	hundredweight	cwt.	
yard=3 feet	yd.	0.9144 meter	《美》=100 pounds		45.3592 kilograms
rod=5½ yards	rd.	5.0292 meters	《英》=112 pounds		50.8024 kilograms
chain=4 rods	ch.	20.117 meters	ton	t., tn.	
furlong=10 chains	fur.	201.17 meters	short=2000 pounds		0.907 metric ton
mile=8 furlongs	m., mil.	1.6093 kilometers	long=2240 pounds		1.016 metric tons
league=3 miles	l.	4.8279 kilometers	(**troy**)		
square centimeter	cm²	0.155 square inch	grain	gr.	0.0648 gram
square meter	m²	10.7639 square feet	pennyweight	dwt.	1.5552 grams
=10000 cm²			=24 grains		
are=100 m²	a	119.60 sq. yd.	ounce=20	oz. t.	31.1035 grams
hectare=100 ares	ha	2.471 acres	pennyweights		
square kilometer	km²	247.114 acres	pound=12 ounces	lb. t.	0.3732 kilogram
square inch	sq. in.	6.4516 cm²	(**apothecaries**)		
square foot	sq. ft.	0.0929 m²	grain	gr.	0.0648 gram
=144 sq. in.			scruple=20 grains	s. ap.	1.296 grams
square yard	sq. yd.	0.8361 m²	dram=3 scruples	dr. ap.	3.8879 grams
=9 sq. ft.			ounce=8 drams	oz. ap.	31.1035 grams
square rod	sq. rd.	25.293 m²	pound=12 ounces	lb. ap.	0.3732 kilogram
=30¼ sq. yd.			liter	l.	(**liquid**)
square chain	sq. ch.	404.67 m²			《美》1.0567 qt.
=16 sq. rd.					《英》0.8799 qt.
acre=10 sq. ch.	A	0.4047 hectare			(**dry**)
square mile	sq. mil.	2.5900 km²			《美》0.9081 qt.
=640 acres					《英》0.8799 qt.
cubic centimeter	cm³	0.061 cubic inch	(**liquid**)		
cubic meter	m³	35.3145 cubic feet	gill	gi.	《美》0.118 liter
=1000000 cm³					《英》0.142 liter
cubic inch	cu. in.	16.3872 cm³	pint=4 gills	pt.	《美》0.473 liter
cubic foot	cu. ft.	0.0283 m³			《英》0.568 liter
=1728 cu. in.			quart=2 pints	qt.	《美》0.9463 liter
cubic yard	cu. yd.	0.7646 m³			《英》1.136 liters
=27 cu. ft.			gallon=4 quarts	gal.	《美》3.7853 liters
cord=128 cu. ft.	cd.	3.6246 m³	(**dry**)		《英》4.546 liters
gram	g.	0.0353 oz. avdp.	pint	pt.	《美》0.5506 liter
		0.0322 oz. t.			《英》0.5682 liter
		0.0322 oz. ap.	quart=2 pints	qt.	《美》1.101 liters
kilogram	kg.	2.2046 lb. avdp.			《英》1.136 liters
=1000 grams		2.6792 lb. t.	peck=8 quarts	pk.	《美》8.810 liters
		2.6792 lb. ap.			《英》9.092 liters
metric ton	M.T.	1.1023 short tons	bushel=4 pecks	bu.	《美》35.24 liters
		0.9842 long ton			《英》36.37 liters

미국 및 영국의 주(州)와 주도(州都)

미 국

주 명	주 도
Alabama	Montgomery
Alaska	Juneau
Arizona	Phoenix
Arkansas	Little Rock
California	Sacramento
Colorado	Denver
Connecticut	Hartford
Delaware	Dover
Florida	Tallahassee
Georgia	Atlanta
Hawaii	Honolulu
Idaho	Boise
Illinois	Springfield
Indiana	Indianapolis
Iowa	Des Moines
Kansas	Topeka
Kentucky	Frankfort
Louisiana	Baton Rouge
Maine	Augusta
Maryland	Annapolis
Massachusetts	Boston
Michigan	Lansing
Minnesota	Saint Paul
Mississippi	Jackson
Missouri	Jefferson City
Montana	Helena
Nebraska	Lincoln
Nevada	Carson City
New Hampshire	Concord
New Jersey	Trenton
New Mexico	Santa Fe
New York	Albany
North Carolina	Raleigh
North Dakota	Bismarck
Ohio	Columbus
Oklahoma	Oklahoma City
Oregon	Salem
Pennsylvania	Harrisburg
Rhode Island	Providence
South Carolina	Columbia
South Dakota	Pierre
Tennessee	Nashville
Texas	Austin
Utah	Salt Lake City
Vermont	Montpelier
Virginia	Richmond
Washington	Olympia
West Virginia	Charleston
Wisconsin	Madison
Wyoming	Cheyenne
(미국 자치령)	
Puerto Rico	San Juan
(미국령)	
Guam	Agaña
(미국령)	
Virgin Islands	Charlotte Amalie

영 국

주 명	주 도
Avon	Bristol
Bedfordshire	Bedford
Berkshire	Reading
Buckinghamshire	Aylesbury
Cambridgeshire	Cambridge
Cheshire	Chester
Cleveland	Middlesbrough
Clwyd	Mold
Cornwall	Truro
Cumbria	Carlisle
Derbyshire	Matlock
Devon	Exeter
Dorset	Dorchester
Durham	Durham
Dyfed	Carmarthen
East Sussex	Lewes
Essex	Chelmsford
Gloucestershire	Gloucester
Greater Manchester	Manchester
Gwent	Cwmbran
Gwynedd	Caernarfon
Hampshire	Winchester
Hereford and Worcester	Worcester
Hertfordshire	Hertford
Humberside	Beverly
Isle of Wight	Newport
Kent	Maidstone
Lancashire	Preston
Leicestershire	Leicester
Lincolnshire	Lincoln
Merseyside	Liverpool
Mid Glamorgan	Cardiff
Norfolk	Norwich
Northamptonshire	Northampton
Northumberland	Morpeth
North Yorkshire	Northallerton
Nottinghamshire	Nottingham
Oxfordshire	Oxford
Powys	Llandrindod Wells
Shropshire	Shrewsbury
Somerset	Taunton
South Glamorgan	Cardiff
South Yorkshire	Barnsley
Staffordshire	Stafford
Suffolk	Ipswich
Surrey	Kingston-upon-Thames
Tyne and Wear	Newcastle-upon-Tyne
Warwickshire	Warwick
West Glamorgan	Swansea
West Midlands	Birmingham
West Sussex	Chichester
West Yorkshire	Wakefield
Wiltshire	Trowbridge
Worcestershire	Worcester

미국의 행정·입법·사법부 기구표

GOVERNMENT OF THE UNITED STATES (미국 정부)

CONSTITUTION (헌법)

LEGISLATIVE BRANCH (입법부)

Congress (의회)

Senate (상원)　　　　**House** (하원)

Architect of the Capitol (의사당 건축설계국)
U.S. Botanic Garden (미국 식물원)
General Accounting Office (회계 감사원)
Government Printing Office (정부 인쇄국)
Library of Congress (의회 도서관)
Office of Technology Assessment (기술 평가국)
Congressional Budget Office (회의 예산국)
Copyright Royalty Tribunal (저작권 사용료 심판소)

EXECUTIVE BRANCH (행정부)

President (대통령)

Executive Office of the President (대통령 행정원)

White House Office (백악관 사무국)
Office of Management and Budget (행정 관리 예산국)
Council of Economic Advisers (경제 자문 회의)
National Security Council (국가 안보 회의)
Office of National Drug Control Policy (전국 마약 관리국)

National Critical Materials Council (전국 비상물자 위원회)
Office of the U.S. Trade Representative (미국 통상 대표부)
Council on Environmental Quality (환경 문제 위원회)
Office of Science and Technology Policy (과학 기술 정책국)
Office of Administration (행정실)

Vice President (부통령)

JUDICIAL BRANCH (사법부)

Supreme Court (대법원)

U.S. Courts of Appeals (연방 고등법원)
U.S. District Courts (연방 지방법원)
U.S. Court of International Trade (연방 국제 무역 법원)
U.S. Court of Federal Claims (미국 연방 청구 법원)
Territorial Courts (영토 법원)
U.S. Court of Military Appeals (연방 군법 고등법원)
U.S. Tax Court (미국 조세 법원)
U.S. Court of Veterans Appeals (연방 재향 군인 항소원)
Administrative Office of the U.S. Courts (연방 법원 행정처)
Federal Judicial Center (연방 사법 센타)
U.S. Sentencing Commission (미국 판결 위원회)

미국의 행정·입법·사법부 기구표

- Agriculture Department (농무부)
- Commerce Department (상무부)
- Defense Department (국방부)
- Education Department (교육부)
- Energy Department (에너지부)
- Health and Human Services Department (보건 후생부)
- Housing and Urban Development Department (주택·도시 개발부)
- Interior Department (내무부)
- Justice Department (법무부)
- Labor Department (노동부)
- State Department (국무부)
- Transportation Department (교통부)
- Treasury Department (재무부)
- Veterans Affairs Department (재향 군인 원호부)

Independent Establishments, Government Corporations (독립 정부기관, 공사)

ACTION
Administrative Conference of the United States (미합중국 행정회의)
African Development Foundation (아프리카 개발 재단)
Central Intelligence Agency (중앙 정보국)
Commission on Civil Rights (공민권 위원회) ┌위원회
Commission on National and Community Service (전국 및 지방 복지후생 위
Commodity Futures Trading Commission (상품 선물(先物) 교역 위원회)
Consumer Product Safety Commission (소비제품 안전 위원회)
Defense Nuclear Facilities Safety Board (방어용 핵시설 안전청)
Environmental Protection Agency (환경 보호청)
Equal Employment Opportunity Commission (고용 기회 균등 위원회)
Export-Import Bank of the United States (미국 수출입 은행)
Farm Credit Administration (농가 신용거래 관리국)
Federal Communications Commission (연방 통신 위원회)
Federal Deposit Insurance Corporation (연방 예금 보험 공사)
Federal Election Commission (연방 선거관리 위원회)
Federal Emergency Management Agency (연방 비상시 관리국)
Federal Housing Finance Board (연방 주택 재정국)
Federal Labor Relations Authority (연방 노동 관계 관리국)
Federal Maritime Commission (연방 해사 위원회)
Federal Mediation and Conciliation Service (연방 중재 화해처)
Federal Mine Safety and Health Review Commission (연방 광산 안전 보건 심사 위원회)
Federal Reserve System, Board of Governors (연방 준비 은행 제도 이사회)
Federal Retirement Thrift Investment Board (연방 퇴직 저축 투자국)
Federal Trade Commission (연방 통상 위원회)
General Services Administration (총무처)
Inter-American Foundation (미주 재단)
Interstate Commerce Commission (주간(州間) 통상 위원회)
Merit Systems Protection Board (능력 임용제 보호국)
National Aeronautics and Space Administration (국립 항공 우주국)
National Archives and Records Administration (국립 문서 기록 관리국)
National Capital Planning Commission (국립 수도 계획 위원회)
National Credit Union Administration (전국 신용 조합 관리국)
National Foundation on the Arts and the Humanities (전국 예술인문 재단)
National Labor Relations Board (전국 노사 관계 위원회)
National Mediation Board (국립 중재국)
National Railroad Passenger Corporation (전국 철도 여객 수송 공사)
National Science Foundation (국립 과학 재단)
National Transportation Safety Board (전국 교통 안전국)
Nuclear Regulatory Commission (핵 에너지 규제 위원회)
Occupational Safety and Health Review Commission (직업안전 보건심사 위
Office of Government Ethics (공무원 윤리국) └원회)
Office of Personnel Management (인사 관리처)
Office of Special Counsel (특수 상담처)
Panama Canal Commission (파나마 운하 위원회)
Peace Corps (평화 봉사단)
Pennsylvania Avenue Development Corporation (펜실베이니아 개발 공사)
Pension Benefit Guaranty Corporation (연금 혜택 보장 공사)
Postal Rate Commission (우편요율(料率) 위원회)
Railroad Retirement Board (철도 퇴직국)
Resolution Trust Corporation (채무 해소 신탁 공사)
Securities and Exchange Commission (증권 거래 위원회)
Selective Service System (징병제)
Small Business Administration (중소 기업청)
Tennessee Valley Authority (테네시강 유역 개발국)
Thrift Depositor Protection Oversight Board (저축 예금자 보호 감독국)
Trade and Development Agency (무역 개발국)
U.S. Arms Control and Disarmament Agency (미국 군비 통제 군축국)
U.S. Information Agency (미국 해외 공보처)
U.S. International Development Cooperation Agency (미국 국제개발 협력국)
U.S. International Trade Commission (미국 국제 무역 위원회)
U.S. Postal Service (미국 우정(郵政) 공사)

미군 계급명

※ 장교등급의 O 는 Officer 의 약자
※ 준사관의 W 는 Warrant 의 약자
※ 하사관의 E 는 Enlisted 의 약자

I. 미육군 계급명 (U.S. Army)

명 칭	국군 해당 계급	약 호	등 급	계급구분
General of the Army	원수	GA		
General	대장	GEN	O-10	
Lieutenant General	중장	LTG	O-9	장성급
Major General	소장	MG	O-8	
Brigadier General	준장	BG	O-7	
Colonel	대령	COL	O-6	
Lieutenant Colonel	중령	LTC	O-5	영관급
Major	소령	MAJ	O-4	
Captain	대위	CPT	O-3	
First Lieutenant	중위	1LT	O-2	위관급
Second Lieutenant	소위	2LT	O-1	
Chief Warrant Officer, W-4	1등 준위	CW4	W-4	
Chief Warrant Officer, W-3	2등 준위	CW3	W-3	준사관급
Chief Warrant Officer, W-2	3등 준위	CW2	W-2	
Warrant Officer, W-1	4등 준위	WO1	W-1	
Sergeant Major of the Army	육군 주임 상사	SMA	E-9	
Command Sergeant Major	일등 상사(최선임)	CSM	〃	
Sergeant Major	주임 상사	SGM	〃	
First Sergeant	일등 상사(선임)	1SG	E-8	
Master Sergeant	이등 상사	MSG	〃	
Platoon Sergeant	소대 선임 하사관	PSG	E-7	
Sergeant First Class	중사	SFC	〃	하사관급
Specialist 7	이등 상사(특기사관)	SP7	〃	
Staff Sergeant	하사	SSG	E-6	
Specialist 6	중사(특기사관)	SP6	〃	
Sergeant	병장	SGT	E-5	
Specialist 5	하사(특기사관)	SP5	〃	
Corporal	상병	CPL	E-4	
Specialist 4	병장(특기사관)	SP4	〃	
Private First Class	일등병	PFC	E-3	
Private	이등병	PVT	E-2	병사급
〃	〃	〃	E-1	

II. 미공군 계급명 (U.S. Air Force)

명 칭	국군 해당 계급	약 호	등 급	계급구분
General of the Air Force	원수	GA		
General	대장	GEN	O-10	

Lieutenant	중장	LTG	O-9	
Major General	소장	MG	O-8	장성급
Brigadier General	준장	BG	O-7	
Colonel	대령	COL	O-6	
Lieutenant Colonel	중령	LTC	O-5	영관급
Major	소령	MAJ	O-4	
Captain	대위	CPT	O-3	
First Lieutenant	중위	1LT	O-2	위관급
Second Lieutenant	소위	2LT	O-1	
Chief Warrant Officer, W-4	1등 준위	CW4	W-4	
Chief Warrant Officer, W-3	2등 준위	CW3	W-3	준사관급
Chief Warrant Officer, W-2	3등 준위	CW2	W-2	
Warrant Officer, W-1	4등 준위	WO1	W-1	
Chief Master Sergeant of the Air Force	공군 주임 상사	CMSgt	E-9	
Command Sergeant Major	주임 상사	CMSgt	〃	
Chief Master Sergeant	일등 상사	CMSgt	〃	
Senior Master Sergeant	이등 상사	SMSgt	E-8	하사관급
Master Sergeant	중사	MSgt	E-7	
Technical Sergeant	하사	TSgt	E-6	
Staff Sergeant	병장	SSgt	E-5	
Airman 1st Class	공군 일등병	A1A	E-4	
Airman 2nd Class	공군 이등병	A2A	E-3	
Airman 3rd Class	공군 삼등병	A3A	E-2	병사급
Airman	이등병	AB	E-1	

Ⅲ. 미해군·연안 경비대 계급명(U.S. Navy, U.S. Coast Guard)

명 칭	국군 해당 계급	약 호	등 급	계급구분
Fleet Admiral	원수	FADM		
Admiral	대장	ADM	O-10	
Vice Admiral	중장	VADM	O-9	장성급
Rear Admiral	소장	RADM	O-8	
Commodore	준장	Commodore	O-7	
Captain	대령	CAPT	O-6	
Commander	중령	CDR	O-5	영관급
Lieutenant Commander	소령	LCDR	O-4	
Lieutenant	대위	LT	O-3	
Lieutenant, Junior Grade	중위	LTJG	O-2	위관급
Ensign	소위	ENS	O-1	
Chief Warrant Officer, W-4	1등 준위	CWO4	W-4	
Chief Warrant Officer, W-3	2등 준위	CWO3	W-3	준사관급
Chief Warrant Officer, W-2	3등 준위	CWO2	W-2	
Warrant Officer, W-1	4등 준위	WO1	W-1	
Master Chief Petty Officer of the Navy	해군 주임 상사	MCPON	E-9	
Master Chief Petty Officer	일등 상사	MCPO	〃	
Senior Chief Petty Officer	이등 상사	SCPO	E-8	
Chief Petty Officer	중사	CPO	E-7	하사관급
Petty Officer First Class	하사	PO1	E-6	
Petty Officer Second Class	병장	PO2	E-5	

Petty Officer Third Class	상병	PO3	E-4	
Seaman	일등병	Seaman	E-3	
Seaman Apprentice	이등병	SA	E-2	병사급
Seaman Recruit	이등병(훈련 과정에 있는 병사) 신병	SR	E-1	

Ⅳ. 미해병대 계급명 (Marine Corps)

명 칭	국군 해당 계급	약 호	등 급	계급구분
General	대장	GEN	O-10	
Lieutenant General	중장	LtGen	O-9	장성급
Major General	소장	Maj Gen	O-8	
Brigadier General	준장	B Gen	O-7	
Colonel	대령	Col	O-6	
Lieutenant Colonel	중령	Lt Col	O-5	영관급
Major	소령	Maj	O-4	
Captain	대위	Capt	O-3	
First Lieutenant	중위	1st Lt	O-2	위관급
Second Lieutenant	소위	2nd Lt	O-1	
Chief Warrant Officer, W-4	1등 준위	CWO4	W-4	
Chief Warrnat Officer, W-3	2등 준위	CWO3	W-3	준사관급
Chief Warrant Officer, W-2	3등 준위	CWO2	W-2	
Warrant Officer, W-1	4등 준위	WO	W-1	
Sergeant Major of the Marine Corps	해병대 주임 상사	Sgt Maj	E-9	
Sergeant Major	주임 상사	Sgt Maj	〃	
Master Gunnery Sergeant	일등 상사	MGy Sgt	〃	
First Sergeant	일등 상사(선임 하사관)	1st Sgt	E-8	하사관급
Master Sergeant	이등 상사	MSgt	〃	
Gunnery Sergeant	중사	GySgt	E-7	
Staff Sergeant	하사	SSgt	E-6	
Sergeant	병장	Sgt	E-5	
Corporal	상병	Cpl	E-4	
Lance Corporal	일등병	Lcpl	E-3	
Private First Class	이등병	PFC	E-2	병사급
Private	이등병	Pvt	E-1	

미국 프로야구 Major Leagues

NATIONAL LEAGUE

Eastern Division (동(東)지구)	Founded 창설	Home 본거지	Franchise Stadium 홈 그라운드	Seating 수용 인원
Chicago Cubs	1876	Chicago, Ill.	Wrigley Field	37,741
Montreal Expos	1969	Montreal, Can.	Olympic Stadium	59,984
New York Mets	1962	New York, N.Y.	Shea Stadium	58,000
Philadelphia Phillies	1883	Philadelphia, Penn.	Veterans Stadium	64,976
Pittsburgh Pirates	1887	Pittsburgh, Penn.	Three Rivers Stadium	50,230
St. Louis Cardinals	1876	St. Louis, Mo.	Busch Memorial Stadium	50,222

Western Division (서(西)지구)	Founded 창설	Home 본거지	Franchise Stadium 홈 그라운드	Seating 수용 인원
Atlanta Braves	1876	Atlanta, Ga.	Atlanta Stadium	52,194
Cincinnati Reds	1876	Cincinnati, Ohio	Riverfront Stadium	52,392
Houston Astros	1962	Houston, Tex.	Astrodome	45,000
Los Angeles Dodgers	1890	Los Angeles, Cal.	Dodger Stadium	56,000
San Diego Padres	1969	San Diego, Cal.	San Diego Stadium	51,362
San Francisco Giants	1883	San Francisco, Cal.	Candlestick Park	58,000

AMERICAN LEAGUE

Eastern Division (동(東)지구)	Founded 창설	Home 본거지	Franchise Stadium 홈 그라운드	Seating 수용 인원
Baltimore Orioles	1902	Baltimore, Md.	Memorial Stadium	52,862
Boston Red Sox	1901	Boston, Mass.	Fenway Park	33,536
Cleveland Indians	1883	Cleveland, Ohio	Municipal Stadium	76,685
Detroit Tigers	1901	Detroit, Mich.	Tiger Stadium	52,687
Milwaukee Brewers	1969	Milwaukee, Wis.	County Stadium	53,192
New York Yankees	1903	New York, N.Y.	Yankee Stadium	57,545
Toronto Blue Jays	1977	Toronto, Can.	Exhibition Stadium	43,737

Western Division (서(西)지구)	Founded 창설	Home 본거지	Franchise Stadium 홈 그라운드	Seating 수용 인원
California Angels	1961	Anaheim, Cal.	Anaheim Stadium	67,335
Chicago White Sox	1901	Chicago, Ill.	Comiskey Park	44,492
Kansas City Royals	1969	Kansas, Kan.	Royals Stadium	40,628
Minnesota Twins	1901	Minneapolis & St. Paul, Minn.	Metropolitan Stadium	45,919
Oakland Athletics	1901	Oakland, Cal.	Oakland Coliseum	50,255
Seattle Mariners	1977	Seattle, Wash.	Kingdome	59,438
Texas Rangers	1961	Dallas & Fort Worth, Tex.	Arlington Stadium	41,284

미국 및 영국의 연중 행사표

I. 날짜가 일정한 축제일

월	일	원 명	번 역 명	해 설
1	1	New Year's Day	설날	새해를 축하.
	6	Epiphany	주의 공현(公顯) 대축일	동방의 세 박사가 Bethlehem 에서 탄생한 그리스도를 방문한 날을 축하. Christmas 후 12일째가 되므로 Twelfth Day 라고도 한다.
	20	Inauguration Day	대통령 취임일	《미국》 선거 다음 해.
	25	St. Paul's Day	성 바울 축제일	좋은 날씨와 풍작을 기원.
2	2	Candlemas	성촉절(聖燭節)	성모 마리아의 순결을 기념하는 날. Christmas 의 장식품을 걷어서 불사른다. 1년분의 교회용 성촉을 봉헌하는 날.
	2	Ground-hog Day	마멋의 날	《미국》 ground hog(마멋)이 겨울잠에서 깨어 굴에서 처음으로 나온다는 날.
	12	Lincoln's Birthday	링컨 탄생일	《미국》
	14	St. Valentine's Day	발렌타인 데이	애인에게 선물이나 카드를 보내는 날.
	22	Washington's Birthday	워싱턴 탄생일	《미국》
3	1	St. David's Day	성 다윗 축일	St. David 는 Wales 의 수호신.
	17	St. Patrick's Day	성 패트릭 축일	St. Patrick 은 Ireland 의 수호신.
	25	Lady Day	성모 영보(領報) 대축일	Annunciation Day(수태 고지의 축일)이라고도 한다.
4	1	All Fools' Day	만우절	April Fools' Day 라고도 한다.
	21	Queen's Birthday	여왕 탄신일	《영국》
	23	St. George's Day	성 조지 축일	St. George 는 England 의 수호신.
	23	Shakespeare's Day	셰익스피어의 날	Shakespeare 탄생의 날.
5	1	May Day	오월제	May Queen 을 뽑고, Maypole 의 둘레를 돌며 춤춘다.
	24	Commonwealth Day	영국 연방의 날	《영국》 Queen Victoria 의 탄신을 축하. Empire Day 라고도 한다.
	30	Memorial Day	전몰 장병 추도 기념일, 현충일	《미국》 Decoration Day 라고도 한다.
6	2	Coronation Day	대관식 기념일	《영국》 1953년
	14	Flag Day	성조기 제정일	《미국》 1777년

		원 명	번 역 명	해 설
	24	Midsummer Day	하지제(夏至祭)	《영국》 St. John(세례 요한)의 축일.
7	4	Independence Day	독립 기념일	《미국》 1776년
	15	St. Swithin's Day	성 스위딘 축일	《영국》 이날 비가 오면 40일 동안 줄곧 내린다고 한다.
8	1	Lammas Day	첫 수확의 축일	《영국》 햇밀가루로 만든 빵을 제단에 바친다.
9	29	Michaelmas	미가엘제(祭)	Michaelmas Day 라고도 한다.
10	12	Columbus Day	콜럼버스 기념일	《미국》 1492년 Columbus 의 미대륙 발견을 기념하는 날. Discovery Day 라고도 한다.
	31	Halloween	만성절(萬聖節)의 전야제	
11	1	All Saints' Day	만성절(萬聖節)	여러 성인들을 축복한다. Hallowmas, Allhallows, Allhallowmas 라고도 한다.
	2	All Souls' Day	만영절(萬靈節)	연옥(煉獄)의 영혼들을 구하기 위하여 기도하는 날.
	5	Guy Fawkes Day	영국 의회 폭파음모 기념일	1605년 Guy Fawkes 일당이 영국 의회를 폭파하려고 한 사건.
	9	Lord Mayor's Day	런던 시장 취임일	신임 런던시장의 피로(披露) 행진이 있다.
	11	Veterans' Day	재향 군인의 날	제1·2차 대전 및 6·25 전쟁에 종군한 사람들을 기념. 영국에서는 Armistice Day 또는 Poppy Day(휴전 기념일)라고 하며, 제1차 대전의 휴전을 기념. ⇒ REMEMBRANCE SUNDAY
	11	St. Martin's Day	성 마틴 축일	《스코틀랜드》 성 마틴은 여관 주인이나 술집의 수호신.
12	21	Forefathers' Day	청교도 상륙 기념일	미국의 New England 지방.
	25	Christmas	성탄절	
	26	Boxing Day	크리스마스 선물 주는 날	우체부·순경·고용인 등에게 Christmas box 를 선물한다.
	28	Childermas	갓난 아기 순교자의 날	Herod 에게 살해당한 어린아이들을 기념하는 날로서 Holy Innocent's Day 라고도 한다.

Ⅱ. 날짜가 바뀌는 축제일

원 명	번 역 명	해 설
Shrove Tuesday	참회 화요일	Ash Wednesday 의 전날. 다음날부터 단식하기 위하여 팬케이크를 먹으므로 Pancake Day 라고도 한다.
Ash Wednesday	성회(聖灰) 수요일	Lent(사순절)의 첫날. 가톨릭교에서는 죽음과 참회를 상기시키기 위하여 머리에 재를 뿌리는 습관이 있다.

Palm Sunday	종려(棕櫚)의 성일	Easter 직전의 일요일. 그리스도가 수난을 앞두고 Jerusalem에 들어간 날. 그리스도가 지나는 길에 신자들이 승리의 표상으로서 종려나무의 가지를 뿌렸다.
Maundy Thursday	세족(洗足) 목요일	Easter 직전의 목요일. 그리스도가 최후의 만찬 때 사도의 발을 씻어 준 일을 기념.
Good Friday	수난일	Easter 직전의 금요일. 그리스도의 수난을 기념.
Holy Saturday	성 토요일	Easter 직전의 토요일.
Easter	부활절	춘분 후 첫 만월(滿月)뒤에 오는 첫번째 일요일. 그리스도의 부활을 기념.
Mother's Day	어머니날	5월의 둘째 일요일.
Ascension Day	그리스도 승천(昇天)일	Easter 후 40일 째의 목요일. Holy Thursday 라고도 한다.
Pentecost	성령 강림절	Easter 후의 일곱번째 일요일. Whitsunday 라고도 한다.
Trinity Sunday	삼위일체 주일	Easter 후의 여덟번째 일요일.
Derby Day	더비 경마일	《영국》6월의 첫째 수요일.
Father's Day	아버지날	6월의 셋째 일요일.
Bank Holiday	은행 법정 휴일	《영국》8월의 첫째 월요일.
Labor Day	노동절	《미국》9월의 첫째 월요일.
Election Day	대통령 선거일	정해진 우수(偶數)해의 11월 첫째 월요일 다음의 첫째 화요일.
Advent Sunday	강림절의 제1주일(主日)	크리스마스 전의 넷째 일요일을 포함하는 기간을 Advent(그리스도 강림절)라 한다.
Remembrance Sunday	제1·2차 대전 종전 기념일	《영국》11월 11일에 가장 가까운 일요일.
Saddie Hawkins Day	새디 호킨스의 날	《미국》11월 11일 후의 첫번째 토요일. 경주를 하여 여자가 가장 사랑하는 남자 상대를 얻는다.
Thanksgiving Day	추수 감사절	《미국》11월의 넷째 목요일. 수확을 감사하는 축제일.

영·미인의 보통 인명 (Common English Given Names)

※ 약칭·애칭이 있는 이름은 >표로 그것을 표시해 놓았다.
※ 이름이 약칭·애칭일 때는 그 유래어를 <표로 표시해 놓았다.
※ 약칭·애칭이 남녀 공동으로 사용되지만 그 유래어가 남녀에 따라 다를 때에는 ‖표로 그것을 구분하여 표시해 놓았다.
　　보기 : Nicky…〔남〕<Nicholas ‖〔여〕<Nicole
※ 한 이름에 여러 가지 철자가 병존할 때, 그 철자가 달라지는 원칙은 대략 다음과 같다.
① 어미의 y와 ie : Eddy⇌Eddie ② 자음의 겹침 : Eliot⇌Elliot, Glen⇌Glenn ③ e의 유무 : Fay⇌Faye, Besty⇌Betsey
④ c와 k : Cathy⇌Kathy ⑤ ck와 c : Frederick⇌Frederic ⑥ ph와 f : Stephen⇌Stefan ⑦ i와 y : Gail⇌Gayle

A

Aar·on [ɛ́(ː)rən / ɛ́ər·]〔남〕
Ab·by [ǽbi]〔여〕< Abigail
Abe [eib]〔남〕< Abraham
Ab·i·gail [ǽbigèil]〔여〕> Abby
A·bra·ham [éibrəhæ̀m, -həm]〔남〕> Abe
Ab·sa·lom [ǽbsələm]〔남〕
A·da [éidə]〔여〕< Adelaide
Ad·am [ǽdəm]〔남〕
Ad·e·laide [ǽdəlèid]〔여〕> Ada
A·dele [ədél]〔여〕
Ad·olf [ǽdalf, éid- / ǽdɔlf]〔남〕
A·dri·an [éidriən]〔남〕
A·dri·an·a [éidriənə]〔여〕
A·dri·enne [èidrién]〔여〕Adrian의 여성형
Ag·a·tha [ǽgəθə]〔여〕
Ag·nes [ǽgnis]〔여〕
Ai·leen [éiliːn]〔여〕
Al [æl]〔남〕< Albert
Al·an [ǽlən]〔남〕
Al·bert [ǽlbərt]〔남〕> Al, Bert
Al·ber·ta [ælbɔ́ːrtə]〔여〕Albert의 여성형
Al·den [ɔ́ːld(ə)n]〔남〕
Al·ec[k] [ǽlik]〔남〕< Alexander
Al·ex [ǽliks]〔남〕< Alexander
Al·ex·an·der [ǽligzǽndər / -záːn-]〔남〕> Alec[k], Alex, Sander, Sandy
Al·ex·an·dra [ǽligzǽndrə / -záːn-]〔여〕Alexander의 여성형

Al·fred [ǽlfrid]〔남〕
Al·ice [ǽlis]〔여〕
A·li·cia [əlíʃ(i)ə]〔여〕Alice의 별칭
Al·i·son [ǽlisn]〔여〕Alice의 별칭
Al·lan [ǽlən]〔남〕
Al·len [ǽlin]〔남〕Allan의 별칭
Al·ly [ǽli]〔여〕< Alice, Allison
Al·ma [ǽlmə]〔여〕
Al·ta [ǽltə]〔여〕
Al·vin [ǽlvin]〔남〕
A·man·da [əmǽndə]〔여〕
A·mel·ia [əmíːljə]〔여〕
A·mos [éiməs / -mɔs]〔남〕
A·my [éimi]〔여〕
An·a·sta·sia [æ̀nəstéiʒə / -ʒiə]〔여〕
An·dre·a [ǽndriə]〔여〕Andrew의 여성형
An·drew [ǽndruː]〔남〕> Andy
An·dy [ǽndi]〔남〕< Andrew
An·gel [éindʒ(ə)l]〔여〕
An·ge·la [ǽndʒilə]〔여〕
An·ge·lo [ǽndʒəlòu]〔남〕
An·gie [ǽndʒi]〔여〕< Angela
An·gus [ǽŋgəs]〔남〕
A·ni·ta [əníːtə]〔여〕< Anna
Ann [æn]〔여〕<Anna
An·na [ǽnə]〔여〕> Anita, Anne, Annie, Nan, Nany

An·na·bel [ǽnəbèl, +美 ニ-́] 〔여〕
An·na·bel·la [ænəbélə] 〔여〕
Anne [æn] 〔여〕 < Anna ‖ > Nan, Nancy, Nanette
An·nie [ǽni] 〔여〕 < Anna
An·tho·ny [ǽnθəni, ǽntə-] 〔남〕 < L. Antonius
An·toi·nette [æ̀ntwɑːnét, -twə-] 〔여〕 Anthony 의 여성형
An·to·ny [ǽntəni] 〔남〕 Anthony 의 별칭
A·pril [éiprə)l] 〔여〕
Ar·chi·bald [ɑ́ːrtʃibɔ́ːld -b(ə)ld, -bɔːld] 〔남〕 > Archie
Ar·chie [ɑ́ːrtʃi] 〔남〕 < Archibald
A·re·tha [ərίːθə] 〔여〕
Ar·lene [ɑːrlíːn] 〔여〕
Ar·mand [ɑ́ːrmənd] 〔남〕
Ar·nie [ɑ́ːrniː] 〔남〕 < Arnold
Ar·nold [ɑ́ːrn(ə)ld] 〔남〕
Art [ɑːrt] 〔남〕 < Arthur
Ar·thur [ɑ́ːrθər] 〔남〕 > Art
Au·brey [ɔ́ːbri] 〔남〕
Au·drey [ɔ́ːdri] 〔여〕
Au·gust [ɔ́ːgəst] 〔남〕 < Augustus
Au·gus·tine [ɔ́ːgəstìːn, ɔːgʌ́stin / ɔːgʌ́stin] 〔남〕 < Augustus ‖ > Austin
Au·gus·tus [ɔːgʌ́stəs, ə-] 〔남〕 > August, Augustine, Gus
Aus·tin [ɔ́ːstin / ɔ́s-, ɔ́ːs-] 〔남〕 < Augustine

B

Ba·bette [bæbét] 〔여〕 < Elizabeth ‖ > Babs
Babs [bæbz] 〔여〕 < Babette, Barbara
Bar·ba·ra [bɑ́ːrb(ə)rə] 〔여〕 > Babs, Bobbie
Bar·na·by [bɑ́ːrnəbi] 〔남〕 > Barney
Bar·nard [bɑ́ːrnərd] 〔남〕 Bernard 의 별칭
Bar·ney [bɑ́ːrni] 〔남〕 < Bernard
Bar·ret[t] [bǽrit] 〔남〕
Bar·ry [bǽri] 〔남〕
Bart [bɑːrt] < Bartholomew
Bar·tho·lo·mew [bɑːrθɑ́ləmjùː / ·θɔ́l-] 〔남〕 > Bart
Bas·il [bǽz(i)l] 〔남〕
Be·a·trice [bíːətris / bíə-] 〔여〕
Beau [boː] 〔남〕
Beck·y [béki] 〔여〕 < Rebecca
Be·lin·da [bəlíndə] 〔여〕 > Linda
Bel·la [bélə] 〔여〕 < Isabella
Ben [ben] 〔남〕 < Benjamin
Ben·e·dict [bénidìkt] 〔남〕 > Bennett

Ben·ja·min [béndʒəmin] 〔남〕 > Ben, Benjie, Benjy
Ben·nett [bénit] 〔남〕 < Benedict
Ber·na·dette [bə̀ːrnədét] 〔여〕 Bernard 의 여성형
Ber·na·dine [bə́ːrnədìːn, ニ-́] 〔여〕 Bernard 의 여성형
Ber·nard [bə́ːrnərd, +美 bərnɑ́ːrd] 〔남〕 > Barney 〈注〉 성(姓)의 발음으로서는 영국에도 [bəːnɑ́ːd] 가 있다.
Bert [bəːrt] 〔남〕 < Albert, Bertram, Gilbert, Herbert
Ber·tha [bə́ːrθə] 〔여〕
Ber·tram [bə́ːrtr(ə)m] 〔남〕 > Bert
Ber·trand [bə́ːrtrənd] 〔남〕 Bertram 의 별칭
Ber·yl [béril] 〔여〕
Bess [bes] 〔여〕 < Elizabeth
Bes·sie [bési] 〔여〕 < Bess 의 별칭
Beth [beθ] 〔여〕 < Elizabeth
Bet·sy [bétsi] 〔여〕 < Elizabeth
Bet·ty [béti] 〔여〕 < Elizabeth
Beu·lah [bjúːlə] 〔여〕
Bev·er·ly [bévərli] 〔여〕
Bi·an·ca [biǽŋkə] 〔여〕
Bill [bil] 〔남〕 < William
Bil·ly [bíli] 〔남〕 Bill 의 별칭
Blair [blɛər] 〔남〕
Blanche [blæntʃ / blɑːntʃ] 〔여〕
Bob [bɑb / bɔb] 〔남〕 < Robert
Bob·bie [bɑ́bi / bɔ́bi] 〔여〕 < Barbara, Roberta
Bob·by [bɑ́bi / bɔ́bi] 〔남〕 Bob 의 별칭
Bon·nie [bɑ́ni / bɔ́ni] 〔여〕
Bo·ris [bɔ́ːris / bɔ́r-] 〔남〕
Boyd [bɔid] 〔남〕
Bram [bræm] 〔남〕 < Abraham
Bren·da [bréndə] 〔여〕
Bri·an [bráiən] 〔남〕
Brice [bráis] 〔남〕
Brid·get [brídʒit] 〔여〕
Bruce [bruːs] 〔남〕
Bru·no [brúːnou] 〔남〕
Burt [bəːrt] 〔남〕 Bert 의 별칭
Bur·ton [bə́ːrtən] 〔남〕 > Butch
Butch [butʃ] 〔남〕 < Burton

C

Cabeb [kéibəb] 〔남〕
Cal·vin [kǽlvin] 〔남〕
Ca·mil·la [kəmílə] 〔여〕
Ca·mille [kəmíːl] 〔여〕 Camilla 의 별칭

Can·da·ce [kændéisi, +美 kændis, +美 kændəsìː] 〔여〕
Car·en [kǽrən, káːr-] 〔여〕 Karen 의 별칭
Carl [kɑːrl] 〔남〕 Charles 의 별칭
Car·la [káːrlə] 〔여〕 Carl 의 여성형
Car·lot·ta [kɑːrlátə / -lɔ́tə] 〔여〕 Charlotte 의 별칭
Car·lyle [kɑːrláil] 〔남〕
Car·men [káːrmen] 〔남·여〕
Car·ol [kǽrəl] 〔남·여〕 Charles 의 별칭
Car·o·line [kǽrəlàin, -lin] 〔여〕 Carol 의 별칭 ‖ > Carrie
Car·o·lyn [kǽrəlin] 〔여〕 Carol 의 별칭
Car·rie [kǽri] 〔여〕 < Caroline
Car·rol [kǽrəl] 〔남〕
Car·y [kɛ́(ː)ri / kɛ́əri] 〔남〕
Cath·er·ine [kǽθ(ə)rin] 〔여〕 Katherine 의 별칭 ‖ > Cathy
Cath·leen [kǽθliːn] 〔여〕 Kathleen 의 별칭
Cath·y [kǽθi] 〔여〕 < Catherine
Ce·cil [sésl, -sil] 〔남〕
Ce·cile [sisíːl / sésəl] 〔여〕 < Cecilia
Ce·cil·la [sisíljə, -liə] 〔여〕 Cecil 의 여성형 ‖ > Cecile, Celia
Ced·ric [sédrik, síː-] 〔남〕
Ce·leste [silést] 〔여〕
Cel·ia [síːljə, -liə] 〔여〕 Cecilia
Char·lene [ʃɑːrlíːn] 〔여〕 Charles 의 여성형
Charles [tʃɑːrlz] 〔남〕
Char·lotte [ʃɑ́ːrlət] 〔여〕 Charles 의 여성형
Char·maine [ʃɑːrméin] 〔여〕 > Char
Cher·ry [tʃéri] 〔여〕
Cher·yl [ʃéril] 〔여〕 Charlotte 의 별칭
Ches·ter [tʃéstər] 〔남〕
Chlo·e [klóui] 〔여〕
Chris [kris] 〔남〕 < Christopher ‖ 〔여〕 < Christiana, Christine
Chris·ta·bel [krístəbèl] 〔여〕
Chris·tian [krístʃ(ə)n / -tjən, -tʃ(ə)n] 〔남〕
Chris·ti·an·a [krìstiǽnə / -tiáːnə] 〔여〕 Christian 의 여성형 ‖ > Chris
Chris·ti·na [kristíːnə] 〔여〕 Christine 의 별칭
Chris·tine [kristíːn] 〔여〕 Christian 의 여성형 ‖ > Chris
Chris·to·pher [krístəfər] 〔남〕 > Chris
Chuck [tʃʌk] 〔남〕 < Charles
Cin·dy [síndi] 〔여〕 < Cynthia
Claire [klɛər] 〔여〕 Clara 의 별칭
Clar·a [klɛ́(ː)rə / klɛ́ərə] 〔여〕 > Clarice, Clarissa
Clare [klɛər] 〔여〕 Clarence 의 별칭
Clar·ence [klǽrəns] 〔남〕
Cla·ris·sa [klərísə] 〔여〕 < Clara

Clark [klɑːrk] 〔남〕
Claude [klɔːd] 〔남〕
Clau·di·a [klɔ́ːdiə] 〔여〕 Claude 의 여성형
Clay·ton [kléitn] 〔남〕
Clem [klem] 〔남〕 < Clement
Clem·ent [klémənt] 〔남〕 > Clem
Clem·en·tine [kléməntàin, -tìːn] 〔여〕 Clement 의 여성형
Cle·o [klíːou] 〔여〕 < Gk. Cleopatra
Cliff [klif] 〔남〕 < Clifford
Clif·ford [klífərd] 〔남〕 > Cliff
Clif·ton [klíft(ə)n] 〔남〕
Clint [klint] 〔남〕
Clin·ton [klíntən] 〔남〕
Clo·vis [klóuvis] 〔남〕
Clyde [kleid] 〔남〕
Co·lette [koulét] 〔여〕 < Nicolette
Col·in [kálin / kɔ́l-] 〔남〕
Col·leen [káliːn, kəlíːn / kɔ́liːn] 〔여〕 〈注〉 아일랜드에서는 [kɔlíːn]
Con·nie [káni / kɔ́ni] 〔여〕 < Constance
Con·rad [kánræd / kɔ́n-] 〔남〕
Con·stance [kánst(ə)ns / kɔ́n-] 〔여〕 > Connie
Con·stan·tine [kánstəntàin, -tìːn / kɔ́nst(ə)ntàin] 〔남〕
Co·ra [kɔ́urə] 〔여〕
Cor·nel·ia [kɔːrníːljə] 〔여〕 Cornelius 의 여성형
Cor·nel·ius [kɔːrníːljəs] 〔남〕
Craig [kreig] 〔남〕
Cur·tis [kɔ́ːrtis] 〔남〕
Cuth·bert [kʌ́θbərt] 〔남〕
Cyn·thi·a [sínθiə] 〔여〕 > Cindy
Cyr·il [síril] 〔남〕
Cy·rus [sáirəs / sáiər-] 〔남〕

D

Dai·sy [déizi] 〔여〕
Dale [deil] 〔여〕
Dan [dæn] 〔남〕 < Daniel
Dan·iel [dǽnjəl] 〔남〕 > Dan, Danny
Dan·ny [dǽni] 〔남〕 < Daniel
Daph·ne [dǽfni] 〔여〕
Dar·by [dɑ́ːrbi] 〔남〕
Da·ri·us [dəráiəs] 〔남〕
Dar·lene [dɑːrlíːn] 〔여〕
Dar·rell [dǽrəl] 〔남〕
Dave [deiv] 〔남〕 < David
Da·vid [déivid] 〔남〕 > Dave, Davy
Da·vi·da [dəvíːdə] 〔여〕 David 의 여성형 ‖

> Vida
Da·vy [déivi] 〔남〕 < David
Dawn [dɔːn] 〔여〕
Dean[e] [diːn] 〔남〕
De·an·na [diǽnə] 〔여〕 Diana 의 별칭
Deb·o·rah [débərə] 〔여〕
Dee [diː] 〔여〕 < Diana, Deirdre, Delia
Deir·dre [díərdri] 〔여〕 > Dee
Del·ia [díːljə] 〔여〕 > Dee, Dell
De·li·lah [diláilə] 〔여〕
Dell [del] 〔여〕 < Delia, Della
Del·la [délə] 〔여〕 Delia 의 별칭 ‖ > Dell
De·lo·res [dəlóːris / -lɔ́ːr-] 〔여〕 Dolores 의 별칭
De·nise [dəníːz, -níːs] 〔여〕 Denis 의 여성형
Den·nis [dénis] 〔남〕
Den·ny [déni] 〔남〕 Dennis 의 별칭
Der·ek [dérik] 〔남〕 < Theodoric
De·Witt [dəwít, di-] 〔남〕
Dex·ter [dékstər] 〔남〕
Di [diː] 〔여〕 < Diana, Diane
Di·an·a [daiǽnə] 〔여〕 > Dee
Di·ane [daiǽn] 〔여〕 Diana 의 별칭
Dick [dik] 〔남〕 < Richard
Di·na [díːnə] 〔여〕
Di·nah [dáinə] 〔여〕
Dirk [dəːrk] 〔남〕 Derek 의 별칭
Do [dou] 〔여〕 < Dolores, Dorothy
Doll [dɑl / dɔl] 〔여〕 < Dorothy
Dol·ly [dáli / dɔ́li] 〔여〕 < Dorothy
Do·lo·res [dəlóːris / -lɔ́ːr-] 〔여〕
Dom·i·nic [dáminik / dɔ́m-] 〔남〕
Don [dɑn / dɔn] 〔남〕 < Donald
Don·ald [dán(ə)ld / dɔ́n-] 〔남〕 > Don, Donnie
Don·na [dánə / dɔ́nə] 〔여〕
Don·nie [dáni / dɔ́ni] 〔남〕 < Donald
Do·ra [dɔ́ːrə / dɔ́ːrə] 〔여〕
Do·reen [dɔːríːn / dɔːríːn, ⌒⌒] 〔여〕
Do·ri·an [dɔ́ːriən / dɔ́ːr-] 〔남〕
Do·ris [dɔ́ːris, dár- / dɔ́r-] 〔여〕
Dor·o·thy [dɔ́ːrəθi, dɔ́ːr- / dɔ́r-] 〔여〕 > Doll, Dolly, Dorrit, Dot, Dotty
Dot [dɑt / dɔt] 〔여〕 < Dorothy
Dot·ty [dáti / dɔ́ti] 〔여〕 < Dorothy
Doug·las [dʌ́ɡləs] 〔남〕 > Doug
Dud·ley [dʌ́dli] 〔남〕
Dun·can [dʌ́ŋkən] 〔남〕
Dus·tin [dʌ́stən / -tin] 〔남〕 > Dusty
Dwight [dwait] 〔여〕
Dyl·an [dílən] 〔남〕

E

Earl [əːrl] 〔남〕
Easter [íːstər] 〔여〕
Eb·en·e·zer [èbəníːzər] 〔남〕
Ed [ed] 〔남〕 < Edgar, Edward, Edwin
Ed·die [édi] 〔남〕
Ed·gar [édgər] 〔남〕 > Ed
E·dith [íːdiθ] 〔여〕
Ed·mond [édmənd] 〔남〕
Ed·mund [édmənd] 〔남〕 Edmond 의 별칭
Ed·na [édnə] 〔여〕
Ed·ward [édwərd] 〔남〕 > Ed, Ned
Ed·win [édwin] 〔남〕 > Ed
Ed·wi·na [edwíːnə] 〔여〕 Edwin 의 여성형
Ef·fie [éfi] 〔여〕 < Euphemia
Eg·bert [égbəːrt] 〔남〕
Ei·leen [ailíːn, +美 ei-] 〔여〕
E·laine [iléin / e-] 〔여〕
El·bert [élbəːrt] 〔남〕 Albert 의 별칭
El·ea·nor [élinər, +美 -nɔːr] 〔여〕 > Ellie, Elly
E·li [íːlai] 〔남〕
E·li·as [iláiəs] 〔남〕
El·i·ot [éliət, éljət] 〔남〕
E·lis·a·beth [ilízəbəθ] 〔여〕 Elizabeth 의 별칭
E·lise [elíːz, +美 ilíːs] 〔여〕 < Elizabeth
E·liz·a·beth [ilízəbəθ] 〔여〕 > Babette, Bess, Bessie, Beth, Betsy, Betty, Elise, Eliza, Elsa, Elsie, Libby, Lisa, Lise, Liz, Liza, Lizbeth, Lizzie, Lizzy
El·la [élə] 〔여〕
El·len [élin] 〔여〕
El·li·ot[t] [éliət, éljət] 〔남〕
El·mer [élmər] 〔남〕
E·lo·ise [èləwíːz, èilouíːz] 〔여〕
El·sa [élsə] 〔여〕 < Elizabeth
El·sie [élsi] 〔여〕 < Elizabeth
El·va [élvə] 〔여〕
E·man·u·el [imǽnjuəl] 〔남〕
E·mil [íːm(i)l, ém-] 〔남〕
E·mil·i·a [imíːliə, -ljə] 〔여〕 Emily 의 별칭
Em·i·ly [émili] 〔여〕
Em·ma [émə] 〔여〕
Em·man·u·el [imǽnjuəl] 〔남〕 Emanuel 의 별칭
E·nid [íːnid] 〔여〕
E·noch [íːnək / -nɔk] 〔남〕
E·phra·im [íːfriəm, +美 -freiim] 〔남〕
Er·ic [érik] 〔남〕
Er·i·ca [érikə] 〔여〕
Er·ma [ə́ːrmə] 〔여〕 < Ermengarde

Er·na [ə́ːrnə] 〔여〕
Er·nest [ə́ːrnist] 〔남〕
Er·nes·tine [ə́ːrnistìːn] 〔여〕 Ernest의 여성형
Er·nie [ə́ːrni] 〔남〕
Er·win [ə́ːrwin] 〔남〕 Irving의 별칭
Es·telle [estél] 〔여〕
Es·ter [éstər] 〔남〕
Es·ther [éstər] 〔여〕
E·than [íːθən] 〔남〕
Eth·el [éθ(ə)l] 〔여〕
Et·ta [étə] 〔여〕 < Henrietta
Eu·gene [juːdʒíːn / -ʒéin] 〔남〕 > Gene
Eu·gen·i·a [juːdʒíːniə, -njə] 〔여〕
Eu·nice [júːnis] 〔여〕
Eu·phe·mi·a [juːfíːmiə / -mjə] 〔여〕 > Effie
E·va [íːvə, +美 évə] 〔여〕 Eve의 별칭
Ev·an [évən] 〔남〕
E·van·ge·line [ivǽndʒilìːn, +美 -làin] 〔여〕
Eve [iːv] 〔여〕
Eve·lyn [évəlin, íːvlin] 〔여〕 Eve의 별칭
Ev·er·ett [év(ə)rit] 〔남〕
E·ze·ki·el [izíːkiəl] 〔남〕 > Zeke
Ez·ra [ézrə] 〔남〕

F

Faith [feiθ] 〔여〕
Fan·ny [fǽni] 〔여〕
Fay [fei] 〔여〕
Fe·lice [fəlíːs] 〔여〕
Fe·li·ci·a [filíʃ(i)ə] 〔여〕
Fe·lix [fíːliks] 〔남〕
Fer·di·nand [fə́ːrd(i)nænd / -nənd] 〔남〕
Fern [fəːrn] 〔여〕
Flo·ra [flɔ́ːrə / flɑ́ːrə] 〔여〕
Flor·ence [flɔ́ːrəns, flɑ́r- / flɔ́r-] 〔여〕
Floyd [flɔid] 〔남〕
For·rest [fɔ́rist / fɔ́r-] 〔남〕
Fos·ter [fɔ́ːstər, fɑ́s- / fɔ́s-] 〔남〕
Fran·ces [frǽnsis / frɑ́ːn-] 〔여〕
Fran·cine [frænsíːn / frɑːn-] 〔여〕
Fran·cis [frǽnsis / frɑ́ːn-] 〔남〕 > Frank
Frank [fræŋk] 〔남〕 < Francis
Frank·lin [frǽŋklin] 〔남〕
Fred [fred] 〔남〕 < Frederick
Fre·da [fríːdə] 〔여〕 Frieda의 별칭
Fred·dy [frédi] 〔남〕 Fred의 별칭
Fred·er·ick [frédrik] 〔남〕 > Fred, Freddy
Frie·da [fríːdə] 〔여〕 Fred의 여성형
Fritz [frits] 〔남〕

Ful·vi·a [fʌ́lviə, -vjə, +美 fúl-] 〔여〕

G

Gabe [geib] 〔여〕 < Gabriel
Ga·bri·el [géibriəl] 〔남〕
Gail [geil] 〔여〕
Gale [geil] 〔여〕
Gar·eth [gǽrəθ] 〔남〕 > Gary
Gar·rett [gǽrit] 〔남〕
Gar·ry [gǽri] 〔남〕
Garth [gɑːrθ] 〔남〕
Gar·y [gǽri, gέ(ː)ri / gǽri, gέər-] 〔남〕
Gav·in [gǽvin] 〔남〕
Gay [gei] 〔남〕
Gayle [geil] 〔여〕 Gail의 별칭
Gene [dʒiːn] 〔남〕 < Eugene
Ge·ne·va [dʒiníːvə] 〔여〕 Genevieve의 별칭
Gen·e·vieve [dʒénəvìːv, ⌐⌐⌐] 〔여〕
Geof [dʒef] 〔남〕 < Geoffrey
Geof·frey [dʒéfri] 〔남〕 > Geof
George [dʒɔːrdʒ] 〔남〕
Geor·gia [dʒɔ́ːrdʒə] 〔여〕 George의 여성형
Geor·gi·an·a [dʒɔːrdʒiǽnə / -ɑ́ːnə] 〔여〕 Georgia의 별칭
Geor·gi·na [dʒɔːrdʒíːnə] 〔여〕 Georgia의 별칭
Ger·ald [dʒérəld] 〔남〕 > Gerry, Jerry
Ger·al·dine [dʒérəldìːn, +英 -dàin] 〔여〕 Gerald의 여성형
Ge·rard [dʒərɑ́ːrd / dʒérɑːd, dʒərɑ́ːd] 〔남〕 Gerald의 별칭 ‖ > Jerry
Ger·ry [dʒéri] 〔남〕 < Gerald
Ger·trude [gə́ːrtruːd] 〔여〕
Gil·bert [gílbərt] 〔남〕 > Bert
Giles [dʒailz] 〔남〕
Gi·na [dʒíːnə, dʒinə] 〔여〕 < Angelina, Giovannia, Luigina, Regina
Gin·ger [dʒíndʒər] 〔여〕 < Virginia
Gin·ny [dʒíni] 〔여〕 < Virginia
Glad·ys [glǽdis] 〔여〕 Claude의 여성형
Glen [glen] 〔남〕
Glo·ri·a [glɔ́ːriə / glɔ́ːr-] 〔여〕
God·win [gádwin / gɔ́d-] 〔남〕
Gor·don [gɔ́ːrdn] 〔남〕
Grace [greis] 〔여〕
Gra·ham [gréiəm] 〔남〕
Grant [grǽnt / grɑːnt] 〔남〕
Greg [greg] 〔남〕 < Gregory
Greg·o·ry [grégəri] 〔남〕 > Greg
Gret·a [gríːtə, grétə, +英 gréitə] 〔여〕 < Margaret

Gret·chen [grétʃ(ə)n / G. gréːtçən] 〔여〕 < Margaret
Guen·e·vere [gwénəvìər] 〔여〕
Guin·e·vere [gwínəvìər] 〔여〕 Guenevere 의 별칭
Gus [gʌs] 〔남〕 < Augustus
Guy [gai] 〔남〕
Gwen [gwen] 〔여〕 < Gwendolyn
Gwen·do·lyn [gwéndəlin] 〔여〕 > Gwen
Gwyn·eth [gwínəθ] 〔여〕 > Gwyn

H

Hal [hæl] 〔남〕 < Henry, Harold
Ham·il·ton [hǽməltən] 〔남〕 > Ham
Hank [hæŋk] 〔남〕 < Henry
Han·nah [hǽnə] 〔여〕
Hans [hæns / hɑːns] 〔남〕
Harold [hǽrəld] 〔여〕 > Hal
Har·ri·et [hǽriət] 〔여〕 Harry 의 여성형
Har·ry [hǽri] 〔남〕 Henry, Harold 의 별칭
Harv [hɑːrv] 〔남〕 > Harvey
Ha·zel [héizl] 〔여〕
Heath·er [héðər] 〔여〕
Hed·da [hédə] 〔여〕
Hei·di [háidi] 〔여〕 < G. Adalheid
Hel·en [hélin] 〔여〕 > Nell
Hel·e·na [hélinə, helíːnə] 〔여〕 Helen 의 별칭 ‖ > Lena
He·lene [həlíːn] 〔여〕 Helen 의 별칭
Hel·ga [hélgə] 〔여〕
Hen·ri·et·ta [hènriétə] 〔여〕 Henry 의 여성형 ‖ > Etta
Hen·ry [hénri] 〔남〕 > Hal, Hank
Her·bert [həːrbərt] 〔남〕 > Bert
Her·man [həːrmən] 〔남〕
Hes·ter [héestər] 〔여〕 Esther 의 별칭
Het·ty [héti] 〔여〕 < Hester
Hil·a·ry [híləri] 〔남〕
Hil·da [híldə] 〔여〕
Hi·ram [háirəm / háiər-] 〔남〕 > Hi
Hodge [hɑdʒ / hɔdʒ] 〔남〕 Roger 의 별칭
Hol·ly [háli / hɔ́li] 〔여〕
Hope [houp] 〔여〕
Ho·ra·ti·o [həréiʃiòu] 〔남〕
How·ard [háuərd] 〔남〕
How·ie [háui] 〔남〕 Howard 의 별칭
Hu·bert [hjúːbə(ː)rt] 〔남〕
Hu·ey [hjúːi] 〔남〕 < Hubert, Hugh, Huso
Hugh [hjuː] 〔남〕
Hum·phrey [hʌ́mfri, + 美 ʌ́m-] 〔남〕
Hu·so [hjúːsou] 〔남〕 > Huey

I

I·an [íːən, íːɑːn, áiən / iən, íːən] 〔남〕
Ich·a·bod [íkəbɑ̀d / -bɔ̀d] 〔남〕
I·da [áidə] 〔여〕
I·dris [áidrəs] 〔남〕
Im·o·gene [íməʤìːn] 〔여〕
I·na [áinə] 〔여〕
I·nez [íːnez] 〔여〕
In·ger [íŋgər] 〔여〕
In·grid [íŋgrid] 〔여〕
I·ra [áirə / áiərə] 〔남〕
I·rene [airíːn / ·ríːni] 〔여〕
I·ris [áiris / áiər-] 〔여〕
Ir·ma [ə́ːrmə] 〔여〕 Erma 의 별칭
Ir·ving [ə́ːrviŋ] 〔남〕
Ir·win [ə́ːrwin] 〔남〕 Irving 의 별칭
I·saac [áizək] 〔남〕
Is·a·bel [ízəbèl] 〔여〕 Elizabeth 의 별칭
Is·a·bel·la [ìzəbélə] 〔여〕 Isabel 의 별칭 ‖ > Bella
Is·ra·el [ízriəl] 〔남〕
I·van [áivən] 〔남〕

J

Jack [dʒæk] 〔남〕 < Jacob ‖ John 의 별칭
Jack·ie [dʒǽki] 〔여〕 < Jacqueline
Jack·son [dʒǽks(ə)n] 〔남〕
Ja·cob [dʒéikəb] 〔남〕 > Jack, Jake, Jay
Jac·que·line [dʒǽklìːn, + 美 -kwəlìːn] 〔여〕 Jack 의 여성형 ‖ > Jackie
Jac·quette [dʒəkét] 〔여〕 Jacqueline 의 별칭
Jake [dʒeik] 〔남〕 < Jacob
James [dʒeimz] 〔남〕 Jacob 의 별칭 ‖ > Jay, Jim, Jimmie, Jimmy
Jan [dʒæn] 〔여〕 > Jane, Janet
Jane [dʒein] 〔여〕 John 의 여성형 ‖ > Jan
Jan·et [dʒǽnit] 〔여〕 > Jan, Nettie
Jan·ice [dʒǽnis] 〔여〕 Jane 의 별칭
Ja·son [dʒéisn] 〔남〕 > Jas
Jay [dʒei] 〔남〕 < Jacob, James
Jean [dʒiːn] 〔여〕 > Jeannette
Jean·nette [dʒənét] 〔여〕 < Jean
Jed [dʒed] 〔남〕 < Jedediah
Je·de·di·ah [dʒèdidáiə] 〔남〕 > Jed
Jeff [dʒef] 〔남〕 < Jeffrey
Jef·frey [dʒéfri] 〔남〕 > Jeff ‖ Geoffrey 의 별칭

Jen·nie [dʒéni] 〔여〕 Jenny의 별칭
Jen·ni·fer [dʒénifər] 〔여〕 Guenevere ∥ > Jenny
Jen·ny [dʒéni] 〔여〕 < Jennifer
Jer·e·mi·ah [dʒèrimáiə] 〔남〕 > Jerry
Je·rome [dʒəróum, dʒérəm] 〔남〕 > Jerry
Jer·ry [dʒéri] 〔남〕 < Gerald, Jeremiah, Jerome
Jess [dʒes] 〔남〕
Jes·se [dʒési] 〔남〕
Jes·si·ca [dʒésikə] 〔여〕 > Jesse, Jessie
Jes·sie [dʒési] 〔여〕 Janet의 별칭 ∥ Jess의 여성형
Jeth·ro [dʒéθrou] 〔남〕
Jill [dʒil] 〔여〕 < Juliana
Jim [dʒim] 〔남〕 < James
Jim·mie [dʒími] 〔남〕 Jim의 별칭
Jim·my [dʒími] 〔남〕 Jim의 별칭
Jo [dʒou] 〔여〕 < Josephine, Joan
Joan [dʒoun] 〔여〕 John의 여성형 ∥ > Jo
Jo·an·na [dʒo(u)ǽnə] 〔여〕 John의 별칭
Jo·di[e] [dʒóudi] 〔여〕 Jody의 별칭
Jo·dy [dʒóudi] 〔여〕 < Judith
Joe [dʒou] 〔남〕 < Joseph
Jo·han·na [dʒohǽnə] 〔여〕 Joanna의 별칭
John [dʒɑn / dʒɔn] 〔남〕 〈注〉Jack은 그 별칭
John·nie [dʒɑ́ni / dʒɔ́ni] 〔남〕 John의 별칭
John·ny [dʒɑ́ni / dʒɔ́ni] 〔남〕 John의 별칭
Jon·a·than [dʒɑ́nəθ(ə)n / dʒɔ́n-] 〔남〕
Jo·seph [dʒóuzif] 〔남〕 > Joe
Jo·se·phine [dʒóuzifìːn] 〔여〕 Joseph의 여성형 ∥ > Jo
Josh [dʒɑʃ / dʒɔʃ] 〔남〕 < Joshua
Josh·u·a [dʒɑ́ʃuə / dʒɔ́ʃwə, -ʃuə] 〔남〕 > Josh
Jude [dʒuːd] 〔남〕
Ju·dith [dʒúːdiθ] 〔여〕 Judah의 여성형 ∥ > Jody, Joddi[e], Judy
Ju·dy [dʒúːdi] 〔여〕 < Judith
Jul·ia [dʒúːljə] 〔여〕 Julius의 여성형 ∥ > Juliet
Jul·ian [dʒúːljən] 〔남〕 Julius의 별칭
Ju·li·an·a [dʒùːliǽnə / -áːnə, -ǽnə] 〔여〕 > Jill
Ju·lie [dʒúːli] 〔여〕 Julia의 별칭 ∥ > Juliet
Ju·liet [dʒúːljət] 〔여〕 < Julia, Julie
Jul·ius [dʒúːljəs, -iəs] 〔남〕
June [dʒuːn] 〔여〕
Jus·tin [dʒʌ́stin] 〔남〕
Jus·ti·na [dʒʌstáinə] 〔여〕 Justin의 여성형
Jus·tine [dʒʌstíːn] 〔여〕 Justina의 별칭

K

Kar·en [kǽrin, káːr-] 〔여〕
Karl [kɑːrl] 〔남〕
Kate [keit] 〔여〕 < Katherine
Kath·er·ine [kǽθ(ə)ri(ː)n] 〔여〕 > Kate, Katy, Kay, Kitty ∥ Catherine의 별칭
Kath·leen [kǽθliːn] 〔여〕 Katherine, Cathleen의 별칭
Ka·ty [kéiti] 〔여〕 Kate의 별칭
Kay [kei] 〔여〕 < Katherine
Keith [kiːθ] 〔남〕
Kelt [kelt] 〔남〕 < Kelton
Ken [ken] 〔남〕 < Kenneth
Ken·neth [kéniθ] 〔남〕
Kev·in [kévin] 〔남〕 Kenneth의 별칭
Kit·ty [kíti] 〔여〕 < Katherine

L

Lan·a [lǽnə, láːnə] 〔여〕 Helen의 별칭
Lance [læns / lɑːns] 〔남〕
Lane [lein] 〔남〕
Lan·ny [lǽni] 〔남〕
Lar·a [lǽrə, láːrə] 〔여〕 < Laura
Lar·ry [lǽri] 〔남〕 < Lawrence
Lau·ra [lɔ́ːrə] 〔여〕 > Lara, Lauretta, Laurie, Lolly, Loretta
Lau·rence [lɔ́ːr(ə)ns, lɑ́r- / lɔ́r-] 〔남〕 Lawrence의 별칭
Lau·ret·ta [lɔːrétə] 〔여〕 < Laura
Lau·rie [lɔ́ːri, lɔ́(ː)ri] 〔여〕 < Laura
La·vin·ia [ləvínjə] 〔여〕
Law·rence [lɔ́ːrəns, lɑ́r- / lɔ́r-] 〔남〕 > Larry
Le·ah [líːə / líə] 〔여〕
Lee [liː] 〔여〕 Leah, Lena의 별칭
Leigh [liː] 〔남〕 Lee의 별칭
Lei·la [líːlə, léi-] 〔여〕
Len [len] 〔남〕 < Leonard
Le·na [líːnə] 〔여〕 < Helena
Le·o [líːou] 〔남〕
Le·on [líːɑn / -ən] 〔남〕 Leo의 별칭 ∥ > Lionel
Leon·ard [lénərd] 〔남〕
Le·o·no·ra [lìː(ː)ənɔ́ːrə / -nɔ́ːr-] 〔여〕
Le·o·nore [líː(ː)ənɔ̀ːr / -nɔ̀ː] 〔여〕 Leonora의 별칭
Le·o·pold [líːəpòuld] 〔남〕 > Leo
Le·roy [lərɔ́i, líːrɔi] 〔남〕
Les·lie [lésli, léz-] 〔남〕〔여〕
Les·ter [léstər] 〔남〕
Le·ti·ti·a [litíʃiə] 〔여〕 > Letty
Let·ty [léti] 〔여〕 < Letitia
Lew·is [lúːis / lú(ː)is] 〔남〕 Louis의 별칭
Lib·by [líbi] 〔여〕 < Elizabeth
Li·la [láilə] 〔여〕 Leila의 별칭

Lil·li·an [lílian] 〔여〕
Lil·y [líli] 〔여〕 Lillian 의 별칭
Lin·da [líndə] 〔여〕 > Lyn[n]
Li·o·nel [láiən(ə)l, +美 -nèl] 〔남〕 < Leon
Li·sa [líːsə, -zə, +英 láizə] 〔여〕 < Elizabeth
Li·se [líːsə, -zə] 〔여〕 < Elizabeth
Liz [liz] 〔여〕 < Elizabeth
Li·za [láizə] 〔여〕 < Elizabeth
Liz·beth [lízbəθ] 〔여〕 Elizabeth 의 별칭
Liz·zie [lízi] 〔여〕 < Elizabeth
Liz·zy [lízi] 〔여〕 < Elizabeth
Lloyd [lɔid] 〔남〕
Lo·la [lóulə] 〔여〕 > Lolita
Lo·li·ta [lo(u)líːtə] 〔여〕 < Lola
Lol·ly [láli / lɔ́li] 〔여〕 < Laura
Lo·ret·ta [lərétə] 〔여〕 Lauretta 의 별칭
Lor·na [lɔ́ːrnə] 〔여〕
Lor·raine [lo(u)réin / lɔ-] 〔여〕
Lou [luː] 〔남〕 < Louis ǁ 〔여〕 < Louise
Lou·is [lúː(ː)i(s)] 〔남〕 > Lou
Lou·i·sa [lu(ː)íːzə] 〔여〕 Louise 의 별칭
Lou·ise [lu(ː)íːz] 〔여〕 > Lou
Low·ell [lóuəl] 〔남〕
Lu·cas [lúːkəs] 〔남〕 Luke 의 별칭
Lu·ci·a [lúːʃ(i)ə / -sjə] 〔여〕 Lucius 의 여성형
Lu·cille [luːsíːl] 〔여〕 Lucia 의 별칭
Lu·cin·da [luːsíndə] 〔여〕 Lucia 의 별칭
Lu·cius [lúːʃəs / -sjəs] 〔남〕
Lu·cy [lúːsi] 〔여〕 Lucia 의 별칭
Lud·wig [lʌ́dwig] 〔남〕
Luke [luːk] 〔남〕
Lyn[n] [lin] 〔남〕 ǁ 〔여〕 < Linda

M

Ma·bel [méib(ə)l] 〔여〕 < Amabel
Mack [mæk] 〔남〕
Mad·e·leine [mǽdlin, -liːn] 〔여〕
Mad·e·lin [mǽdlin] 〔여〕 Madeleine 의 별칭
Madge [mædʒ] 〔여〕 < Margaret
Mae [mei] 〔여〕 May 의 별칭
Mag [mæg] 〔여〕 < Maggie
Mag·gie [mǽgi] 〔여〕 < Margaret ǁ > Mag
Mal·colm [mǽlkəm] 〔남〕
Ma·mie [méimi] 〔여〕 < Margaret, Mary
Marc [maːrk] 〔남〕 Mark 의 별칭
Mar·ga·ret [máːrg(ə)rit] 〔여〕 > Greta, Gretchen, Madge, Maggie, Mamie, Margot, Meg, Peg, Peggy, Rita

Marge [maːrdʒ] 〔여〕
Mar·got [máːrgou, +美 -gət] 〔여〕 < Margaret
Mar·gue·rite [màːrgəríːt] 〔여〕
Ma·ri·a [məráiə, -ríː(ː)ə] 〔여〕 Mary 의 별칭 ǁ > Marietta
Mar·i·an [mɛ́(ː)riən / mɛ́ər-] 〔여〕
Mar·i·anne [mɛ̀(ː)riǽn / mɛ̀ər-] 〔여〕 Marian 의 별칭
Mar·i·et·ta [mɛ̀(ː)riétə / mɛ̀ər-] 〔여〕 < Maria
Mar·i·lyn [mǽrilin] 〔여〕 Mary 의 별칭
Ma·ri·na [məríːnə] 〔여〕 > Rena
Mar·i·on [mɛ́(ː)riən / mɛ́ər-] 〔남〕 Mary 의 남성형
Mark [maːrk] 〔남〕
Mar·sha [máːrʃə] 〔여〕
Mar·shall [máːrʃ(ə)l] 〔남〕
Mar·tha [máːrθə] 〔여〕
Mar·tin [máːrt(i)n] 〔남〕
Mar·y [mɛ́(ː)ri / mɛ́əri] 〔여〕 > Mamie, Maureen, Minnie, Miriam, Molly
Mar·vin [máːrvin] 〔남〕
Ma·son [méisn] 〔남〕
Ma·thil·da [mətíldə] 〔여〕 > Maud, Matty
Ma·til·da [mətíldə] 〔여〕 Mathilda 의 별칭
Matt [mæt] 〔남〕 < Matthew
Mat·thew [mǽθjuː] 〔남〕 > Matt, Matty
Mat·ty [mǽti] 〔남〕 < Matthew ǁ 〔여〕 < Matilda
Maud [mɔːd] 〔여〕 < Matilda
Mau·reen [mɔːríːn, +英 ´-´] 〔여〕 < Mary
Mau·rice [mɔ́ːris, má- / mɔ́-] 〔남〕
Max [mæks] 〔남〕 < Maximilian
Max·i·mil·ian [mæksimíljən, -liən] 〔남〕 > Max
Max·ine [mæksíːn] 〔여〕 Max 의 여성형
May [mei] 〔여〕
May·nard [méinərd, -naːrd] 〔남〕
Meg [meg] 〔여〕 < Margaret
Me·lis·sa [milísə] 〔여〕
Mer·vin [mɔ́ːrvin] 〔남〕 Marvin 의 별칭
Mer·yl [mɛ́rəl / mɛ́ərəl] 〔여〕
Mi·chael [máikl] 〔남〕 > Mickey, Mike
Mi·che[l]le [miʃél, miː-] 〔여〕 Michael 의 여성형
Mick·ey [míki] 〔남〕 < Michael
Mig·non [minjɔ́n / -jɔ́n] 〔여〕
Mike [maik] 〔남〕 < Michael
Mil·dred [míldrid] 〔여〕 > Millie
Miles [mailz] 〔남〕
Mil·li·cent [mílisənt] 〔여〕
Mil·lie [míli] 〔여〕 < Mildred
Mil·ly [míli] 〔여〕 Millie 의 별칭
Mim·i [mími, míːmi] 〔여〕 < Miriam
Min·nie [míni] 〔여〕 < Mary
Mi·ran·da [mirǽndə] 〔여〕

Mir・i・am [míriəm] 〔여〕 < Mary ∥ > Mimi
Mitch・ell [mítʃ(ə)l] 〔남〕 Michael 의 별칭
Moi・ra [mɔ́irə] 〔여〕
Mon・roe [mənróu] 〔남〕
Mor・gan [mɔ́ːrɡən] 〔남〕
Mor・ris [mɔ́ːris, mɑ́r-/mɔ́r-] 〔남〕 Maurice 의 별칭
Mort [mɔːrt] 〔남〕 < Morton
Mor・ton [mɔ́ːrtn] 〔남〕 > Mort
Mu・ri・el [mjú(ː)riəl/mjúər-] 〔여〕
Mur・ray [mə́ːri/mʌ́ri] 〔남〕
My・ra [máirə/máiə-] 〔여〕
My・ron [máirən/máiə-] 〔남〕
Myr・tle [mə́ːrtl] 〔여〕

N

Na・dine [neidíːn, nə-] 〔여〕
Na・hum [néihəm] 〔남〕
Nan [næn] 〔여〕 < Anna, Anne
Nan・cy [nǽnsil] 〔여〕 < Anna, Anne
Nan・ette [nænét] 〔여〕 < Anne
Nan・ny [nǽni] 〔여〕
Na・o・mi [neióumi/né(i)əmi] 〔여〕
Nat [næt] 〔남〕 < Nathan, Nathaniel
Nat・a・lie [nǽt(ə)li, néit-] 〔여〕
Na・than [néiθ(ə)n] 〔남〕 > Nat
Na・than・iel [nəθǽnjəl, -niəl] 〔남〕 > Nat
Ned [ned] 〔남〕 < Edward
Neil [niːl] 〔남〕
Nell [nel] 〔여〕 < Helen
Nel・ly [néli] 〔여〕 Nell 의 변형
Net・tie [néti] 〔여〕 < Janet
Nev・il[le] [névil] 〔남〕
Nich・o・las [ník(ə)ləs] 〔남〕 > Nick, Nicky
Nick [nik] 〔남〕 < Nicholas
Nick・y [níki] 〔남〕 < Nicholas ∥ 〔여〕 < Nicole
Ni・cole [nikóul] 〔여〕 Nicholas 의 여성형 ∥ > Nicky, Nicolette
Nic・o・de・mus [níkədəməs] 〔남〕 > Nick, Nicky
Ni・co・lette [nìkəlét] 〔여〕 < Nicole ∥ > Colette
Ni・na [níːnə] 〔여〕
Ni・ta [níːtə] 〔여〕 < S. Juanita
No・ah [nóuə] 〔남〕
No・el [nóuel] 〔남〕
No・la [nóulə] 〔여〕
No・ra [nɔ́ːrə/nɔ́ː-] 〔여〕 Honoria 의 별칭
Nor・een [nɔːríːn, ⌵⌵] 〔여〕
Nor・ma [nɔ́ːrmə] 〔여〕
Nor・man [nɔ́ːrmən] 〔남〕 > Norm

Nor・ton [nɔ́ːrtn] 〔남〕

O

O・dette [oudét] 〔여〕
Ol・ga [ɑ́lɡə/ɔ́l-] 〔여〕
O・lie [óuliː] 〔남〕
Ol・ive [ɑ́liv/ɔ́l-] 〔여〕 > Olivia
Ol・i・ver [ɑ́livər/ɔ́l-] 〔남〕 > Ollie
O・liv・i・a [o(u)líviə/-ɔl-] 〔여〕 < Olive
O・pal [óup(ə)l] 〔여〕
O・ri・an・a [ðuriǽnə/ɔ̀riɑ́ːnə] 〔여〕
Or・lan・do [ɔːrlǽndou] 〔남〕
Or・son [ɔ́ːrsn] 〔남〕
Os・car [ɔ́ːskər, ɑ́s-/ɔ́s-] 〔남〕
Os・wald [ɑ́zwɔːld, -w(ə)ld/ɔ́zw(ə)ld] 〔남〕
O・tis [óutis] 〔남〕
Ot・to [ɑ́tou/ɔ́t-] 〔남〕
Oui・da [wíːdə] 〔여〕
Ow・en [óuin] 〔남〕

P

Pam [pæm] 〔여〕 < Pamela
Pam・e・la [pǽmilə] 〔여〕 > Pam
Pan・sy [pǽnzi] 〔여〕
Pat [pæt] 〔남〕 < Patrick ∥ 〔여〕 < Patricia, Patience
Pa・tience [péiʃ(ə)ns] 〔여〕 > Patty
Pa・tri・cia [pətríʃ(i)ə] 〔여〕 Patrick 의 여성형 ∥ > Pat, Patty
Pat・rick [pǽtrik] 〔남〕 > Pat
Pat・ty [pǽti] 〔여〕 < Patricia, Patience
Paul [pɔːl] 〔남〕
Pau・la [pɔ́ːlə] 〔여〕 Paul 의 여성형
Pau・line [pɔːlíːn] 〔여〕 Paul 의 여성형
Pearl [pəːrl] 〔여〕
Peg [peɡ] 〔여〕 < Margaret
Peg・gy [péɡi] 〔여〕 < Margaret
Pe・nel・o・pe [pinéləpi] 〔여〕 > Penny
Pen・ny [péni] 〔여〕 < Penelope
Per・ci・val [pə́ːrsiv(ə)l] 〔남〕
Per・cy [pə́ːrsi] 〔남〕
Pet [pet] 〔여〕 < Petra, Petula
Pete [piːt] 〔남〕 < Peter
Pe・ter [píːtər] 〔남〕 > Pete
Phil [fil] 〔남〕 < Philip
Phil・ip [fílip] 〔남〕 > Phil
Phoe・be [fíːbi] 〔여〕

Phyl·lis [fílis] 〔여〕
Pol·ly [páli / pɔ́li-] 〔여〕 Molly 의 별칭
Pris·cil·la [prisílə] 〔여〕 > Prissy
Pru·dence [prúːd(ə)ns] 〔여〕 > Pru
Pru [pruː] 〔여〕 < Prudence

Q

Queen·ie [kwíːni] 〔여〕
Quen·tin [kwéntin] 〔남〕 > Quint
Quin·cy [kwínsi] 〔남〕 > Quinn

R

Ra·chel [réitʃ(ə)l] 〔여〕 > Rae, Raye
Rae [rei] 〔여〕 < Rachel
Ralph [rælf / reif, rælf] 〔남〕
Ram·sey [rǽmzi] 〔남〕
Ran·dal[l] [rǽndl] 〔남〕
Ran·dolph [rǽndɑlf / -dɔlf] 〔남〕 Randal[l]의 별칭 ∥ > Randy
Ran·dy [rǽndi] 〔남〕 < Randolph
Ray [rei] 〔남〕 < Raymond ∥ 〔여〕 < Rachel
Raye [rei] 〔여〕 < Rachel
Ray·mond [réimənd] 〔남〕 > Ray
Reb·by [rébi] 〔여〕 < Rebecca
Re·bec·ca [ribékə] 〔여〕 > Rebby
Re·gi·na [ridʒáinə] 〔여〕 > Gina
Re·na [ríːnə] 〔여〕 < Marina
Reu·ben [rúːbin] 〔남〕
Rex [reks] 〔남〕
Reyn·old [rén(ə)ld] 〔남〕
Rho·da [róudə] 〔여〕
Rich·ard [rítʃərd] 〔남〕 > Dick
Ri·ta [ríːtə] 〔여〕 < Margaret
Rob [rɑb / rɔb] 〔남〕 < Robert
Rob·bie [rábi / rɔ́bi] 〔남〕 < Robert
Rob·ert [rábərt / rɔ́b-] 〔남〕 > Bob, Rob, Robbie, Robin
Ro·ber·ta [rɑbɔ́ːrtə] 〔여〕 Robert 의 여성형 ∥ > Bobbie
Rob·in [rábin / rɔ́b-] 〔남〕 < Robert ∥ 〔여〕 Robert 의 여성형
Ro·chelle [rouʃél] 〔여〕
Rod·er·ick [rád(ə)rik / rɔ́d-] 〔남〕
Rod·ney [rádni / rɔ́d-] 〔남〕 > Rod
Rog·er [rádʒər / rɔ́dʒə] 〔남〕
Ro·land [róulənd] 〔남〕
Rolf [rælf / rɔlf] 〔남〕
Rolph [rɑlf / rɔlf] 〔남〕 Rolf 의 별칭
Ron·ald [rán(ə)ld / rɔ́n-] 〔남〕 > Ron
Ro·sa [róuzə] 〔여〕 > Rosie
Ro·sa·lie [róuzəli, ráz- / rɔ́z-, róuz-] 〔여〕
Ros·a·lind [ráz(ə)lind / rɔ́z-] 〔여〕
Ros·coe [ráskou / rɔ́s-] 〔남〕
Rose [rouz] 〔여〕 > Rosetta, Rosie
Rose·an·na [rozǽnə] 〔여〕
Rose·mar·y [róuzmɛ́(ː)ri / -m(ə)ri] 〔여〕
Ro·set·ta [ro(u)zétə] 〔여〕 < Rose
Ro·sie [róuzi] 〔여〕 < Rose
Ros·lyn [rázlin / rɔ́z-] 〔여〕 Rosalind 의 별칭
Ross [rɔːs, rɑs / rɔs] 〔남〕
Ro·we·na [rou(w)íːnə] 〔여〕
Roy [rɔi] 〔남〕
Rox·anne [rɑksǽn / rɔk-] 〔여〕
Ru·by [rúːbi] 〔여〕
Ru·dolf [rúːdɑlf / -dɔlf] 〔남〕
Ru·dolph [rúːdɑlf / -dɔlf] 〔남〕 Rudolf 의 별칭
Ru·fus [rúːfəs] 〔남〕
Ru·pert [rúːpərt] 〔남〕 Robert 의 별칭
Rus·sell [rásl] 〔남〕 > Russ
Rust·y [rásti] 〔남〕 < Russel
Ruth [ruːθ] 〔여〕

S

Sa·bi·na [səbáinə] 〔여〕
Sa·bri·na [səbríːnə] 〔여〕
Sa·die [séidi] 〔여〕 < Sarah
Sal·ly [sǽli] 〔여〕 < Sarah
Sam [sæm] 〔남〕 < Samuel
Sa·man·tha [səmǽnθə] 〔여〕
Sam·u·el [sǽmju(ə)l] 〔남〕 > Sam
Sand·er [sǽndər / sɑ́ːn-] 〔남〕 < Alexander
San·dra [sǽndrə, +英 sɑ́ːn-] 〔여〕 Alexander 의 여성형
San·dy [sǽndi] 〔남〕 < Alexander ∥ 〔여〕 < Alexandra
Sar·ah [sɛ́(ː)rə / sɛ́ərə] 〔여〕 > Sadie, Sally
Saul [sɔːl] 〔남〕
Scar·lett [skɑ́ːrlət] 〔여〕
Scott [skɑt / skɔt] 〔남〕
Sean [ʃɔːn] 〔남〕
Se·bas·tian [sibǽstʃən] 〔남〕
Sel·ma [sélmə] 〔여〕
Se·re·na [səríːnə] 〔여〕
Seth [seθ] 〔남〕
Sey·mour [síːmoːr, -mər / -mɔː, séi-] 〔남〕
Shar·on [ʃɛ́(ː)rən / ʃɛ́ərən] 〔여〕

Shei·la [ʃíːlə] (여)
Shel·don [ʃéld(ə)n] (남)
Sher·ry [ʃéri] (여) Charlotte 의 별칭
Shir·ley [ʃə́ːrli] (여)
Sid·ney [sídni] (남)
Sig·mund [sígmənd] (남)
Si·grid [síːgrid, síg-] (여)
Si·las [sáiləs] (남)
Sil·vi·a [sílviə] (여) > Silvie
Si·mon [sáimən] (남)
Sin·clair [sinkléər / síŋklɛə, -klə] (남)
So·nia [sóunjə / sɔ́n-] (여)
So·phi·a [so(u)fáiə, +美 -fíːə, sóufiə] (여)
Spen·cer [spénsər] (남)
Stan·ley [stǽnli] (남) > Stan
Stel·la [stélə] (여)
Steph·a·nie [stéfəni] (여) Stephen 의 여성형
Ste·phen [stíːvn] (남) > Steve, Steven
Steve [stiːv] (남) < Stephen
Ste·ven [stíːvn] (남) < Stephen
Stew·art [st(j)úːərt / stjuət, stjúːət] (남)
Stu·art [st(j)úːərt / stju(ː)-] (남)
Sue [suː / s(j)uː] (여) < Susan, Susanna
Su·san [súːz(ə)n] (여) < Susanna ‖ > Sue, Susie, Suzy
Su·san·na [su(ː)zǽnə] (여) > Sue, Susan, Susie, Suzy
Su·sie [súːzi] (여) < Susan, Susanna
Su·zanne [suːzǽn] (여)
Su·zy [súːzi] (여) Susie 의 별칭

T

Ta·mar·a [təmǽrə, -máːrə] (여)
Ted [ted] (남)
Ter·ence [térəns] (남) > Terry
Te·re·sa [təríːzə, +美 -sə] (여) Theresa 의 별칭
Ter·ry [téri] (여) < Thereasa ‖ (남) < Terence
Tess [tes] (여)
Thel·ma [θélmə] (여)
The·o·do·ra [θìːədóːrə / θìəɔ́ːrə] (여)
The·o·dore [θíːədɔ̀ːr / θíədɔ̀ː] (남) > Thede, Theo
The·od·o·ric [θiːɑ́d(ə)rik / θiɔ́d-] (남) > Derek
The·re·sa [təríːsə, -zə / tiríːzə] (여) F. Therese 의 별칭 ‖ > Terry
Thom·as [tɑ́məs / tɔ́m-] (남) > Tom, Tommie, Tommy
Til·da [tíldə] (여)
Tim [tim] (남)

Tim·o·thy [tíməθi] (남)
Ti·na [tíːnə] (여)
Tod [tɑd / tɔd] (남)
Tom·mie [tɑ́mi / tɔ́mi] (남) Tom 의 별칭
Tom·my [tɑ́mi / tɔ́mi] (남) Tom 의 별칭
To·ny [tóuni] (남) < Anthony
Tra·cy [tréisi] (남)(여)
Tris·tram [trístrəm] (남)
Tru·dy [trúːdi] (여)

U

U·lys·ses [juː(ː)lísiːz, +英 ⌣ ⌣́] (남)
Up·ton [ʌ́ptən] (남)
U·ri·ah [juráiə / ju(ə)r-] (남)
Ur·su·la [ə́ːrsjulə, +美 -sə-] (여)

V

Val·en·tine [vǽləntàin] (남)
Val·e·rie [vǽləri] (여)
Van [væn] (남)
Va·nes·sa [vənésə] (여)
Vaughan [vɔːn] (남)
Ve·ra [víː(ː)rə / víərə] (여)
Ver·na [və́ːrnə] (여) Vernon 의 여성형
Ver·non [və́ːrnən] (남) > Vern
Ve·ron·i·ca [virɑ́nikə / -rɔ́n-] (여)
Vick·ie [víki] (여) Vicky 의 별칭
Vick·y [víki] (여)
Vic·to·ri·a [viktɔ́ːriə / -tɔ́ːr-] (여)
Vic·tor [víktər] (남)
Vi·da [víːdə, váidə] (여) < Davida
Vin·cent [víns(ə)nt] (남)
Vi·o·la [váiələ, vióu-, vaióu-] (여)
Vi·o·let [váiəlit] (여)
Vir·gin·ia [və(ː)rdʒínjə, niə-] (여) > Ginger, Ginny
Viv·i·an [vívien, -vjən] (여)

W

Wal·do [wɔ́ːldou] (남)
Wal·lace [wɔ́ːlis, wɑ́l- / wɔ́l-] (남)
Walt [wɔːlt] (남) < Walter
Wal·ter [wɔ́ːltər] (남) > Walt
Wan·da [wɑ́ndə / wɔ́n-] (여)

Ward [wɔːrd] (남)
War·ren [wɔ́ːr(ə)n, wár- / wɔ́r-] (남)
Wayne [wein] (남)
Wen·dy [wéndi] (여)
Wes·ley [wésli, wéz-] (남) > Wes
Wil·bur [wílbər] (남)
Wil·fred [wílfrid] (남)
Will [will] (남) < William
Will·lard [wílərd, + 英 -lɑːd] (남)
Wil·liam [wíljəm] (남) > Bill, Will, Willie
Wil·lie [wíli] (남) Will 의 별칭
Wil·ma [wílmə] (여) Wiliam 의 여성형
Win·i·fred [wínifrid] (여) > Winnie
Win·nie [wíni] (여) < Winifred
Win·ston [wínst(ə)n] (남)

X

Xa·vi·er [zéiviər] (남)

Xa·vi·er·a [zèiviérə / -viéərə] (여)

Y

Yale [jeil] (남)
Ye·hu·di [jəhúːdi] (남)
Yves [íːv] (남)
Y·vette [ivét] (여) < Yvonne
Y·vonne [ivɑ́n, iːvɑn / iːvɔ́n] (여) > Yvette

Z

Zach·a·ri·ah [zæ̀kəráiə] (남) > Zack
Ze·ni·a [zíːniə] (여)
Ze·no·bi·a [zənóubiə] (여)
Zo·ra [zóurə, zɔ́ːrə] (여)
Zu·lei·ka [zuːléikə, -lái-] (여)

영·미어의 차이점

I. 영·미어의 발음의 차이

미국 영어와 영국 영어의 발음은, 우리말도 지역에 따라 발음에 차이가 있는 것과 마찬가지로, 제각기 그 나라의 지역에 따라 차이가 있다. 미국 영어에서 표준 발음이라고 하면, 가장 넓은 지역에서 가장 많은 사람들에 의해 사용되고 있는 「중부 방언」(Midland)의 발음을 말하며, 영국 영어는 런던을 중심으로 하는 남부의 교양있는 사람들이 사용하고, 또 BBC(영국 방송 협회)도 사용하고 있는 용인(容認) 발음(Received Pronunciation)을 말한다.

이 사전에서는 영미의 발음을 모두 병기하되, 미국 발음을 먼저 표기하고, 그것과 차이가 있을 때에 한하여 그 뒤에 영국 발음을 표기하였다. 단, 미국 발음 우선의 방침을 채택하였으므로, 미세한 부분적인 차이는 미국음에 흡수하였음을 양지하기 바란다.

또, 미국음에서 철자에 r 자가 있으면 자음 앞이나 어미의 경우에도 그 r 음이 발음되지만, 영국음에서는 모음 앞에 올 때에만 발음된다는 것을 명기하기 바란다. 이 r 음의 발음을 이 사전에서는 모음 다음에 [r]로 표기해 놓았는데, 영국음에서는 이 [r]는 없는 발음이라고 생각하면 된다.

1. 《美》[ər] — 《英》[ə]
　　　[əːr] — [əː]
　bird[bəːrd] — [bəːd]
　butter[bʌ́tər] — [bʌ́tə]
2. 《美》[aːr] — 《英》[aː]
　arms[aːrmz] — [aːmz]
　car[kaːr] — [kaː]
3. 《美》[oːr] — 《英》[ɔː]
　court[koːrt] — [kɔːt]
　pork[poːrk] — [pɔːk]
4. 《美》[iər] — 《英》[iə]
　　　[ɛər] — [ɛə]
　　　[uər] — [uə]
　　　[áiər] — [áiə]
　　　[áuər] — [áuə]
　hear[hiər] — [hiə]
　chair[tʃɛər] — [tʃɛə]
　poor[puər] — [puə]
　fire[fáiər] — [fáiə]
　sour[sáuər] — [sáuə]
5. 《美》[í(ː)r-] — 《英》[íər-]
　　　[ɛ(ː)r-] — [ɛ́ər-]
　　　[ú(ː)r-] — [úər-]
　　　[áir-] — [áiər-]
　　　[áur-] — [áuər-]

[r]음 앞의 2(3)중 모음은 미국음에서는 단(2중)모음화되어, [ə]음이 극히 약해지거나 또는 아주 없어지는 일이 많다.
　hero[hí(ː)rou] — [híərou]
　Mary[mɛ́(ː)ri] — [mɛ́əri]
　curious[kjú(ː)riəs] — [kjúəriəs]
　fiery[fáiri] — [fáiəri]
　showery[ʃáuri] — [ʃáuəri]

이 사전에서는 이런 것들을 모두 [hí(ː)rou/híər-], [mɛ́(ː)ri/mɛ́əri], [kjú(ː)riəs/kjúər-], [fái(ə)ri/fáiəri], [ʃáu(ə)ri/ʃáuəri]와 같이 표기해 놓았다.

6. 《美》[a] — 《英》[ɔ]
　on[an] — [ɔn]
　hot[hat] — [hɔt]
7. 《美》[ɔː] — 《英》[ɔ]
　dog[dɔːg] — [dɔg]
　loss[lɔːs] — [lɔs]
8. 《美》[æ] — 《英》[aː]

[f, θ, s] 또는 [m, n+자음] 앞에서 이 모음의 차가 일어나는 일이 많다. 또 미국음 [æ]는 다소 길게 [æ(ː)]로 발음나는 경향이 있으나 이 사전에서는 그냥 [æ]로 표기하였다.

　after[ǽftər] — [áːftə]
　path[pæθ] — [paːθ]
9. 《美》[uː, juː] — 《英》[juː]

미국음에서는 [juː]가 [t, d, n] 뒤에서는 [uː]로 발음되는 일이 많다. 영국음에서도 다소 그러한 경향이 있다. 미국음으로는 [uː, juː] 두 가지 발음이 있고, 영국음은 [juː]로 발음 될 때, 이 사전에서는 [(j)uː/juː]와 같이 표기하였다.
　duty[d(j)úːti] — [djúːti]
　new[n(j)uː] — [njuː]
　produce[prəd(j)úːs] — [prədjúːs]
10. 《美》[əːr-] — 《英》[ʌr-]
　current[kə́ːrənt] — [kʌ́rənt]
　hurry[hə́ːri] — [hʌ́ri]

11. 《美》[ə, i] → 《英》[ai]

철자가 -ile, di-, -ization, -ine 등의 경우, 미국음으로는 [ə], 영국음은 [ai]로 되는 경우가 많다. 그러나 이것은 법칙으로서 일반화될 만큼 정착된 것은 아니다. 가령 direct 의 경우에는 미국에서도 [dirékt, dai-] 양용이 있는 것이 현실이다.

agile[ǽdʒəl] — [ǽdʒail]
civilization[sìvilizéiʃ(ə)n] — [sìvilaizéiʃ(ə)n]

12. 《美》[-èri], [-ò:ri] → 《英》[-(ə)ri]

미국음은 영국음보다 제2악센트를 잘 보존하고 있다. -ary, -ory 와 같은 철자의 경우 이런 차이가 특히 분명히 나타난다.

necessary[nésisèri] — [nésis(ə)ri]
lavatory[lǽvətò:ri] — [lǽvət(ə)ri]

13. 《美》[hw] — 《英》[w]

what[hwɑt] — [wɔt]
when[hwen] — [wen]

단, 미국음에서도 [w], 영국음에서도 [hw]로 발음하는 일도 있으므로 이 사전에서는 [(h)w]를 써서 [(h)wɑt / (h)wɔt], [(h)wen]과 같이 표기하였다.

14. 《美》 무성음 — 《英》 유성음

erase[iréis] — [iréiz]
booth[bu:θ] — [bu:ð]
nephew[néfju:] — [névju:]

이것도 절대적인 것은 아니어서 nephew 는 《英》에서도 [néfju:]로 발음하는 사람도 있다.

15. 《美》 유성음 — 《英》 무성음

Asian[éiʒ(ə)n] — [éiʃ(ə)n]
exile[égzail] — [éksail]

이것도 절대적인 것은 아니어서, exile 의 경우 영미가 모두 양용하기도 한다.

16. 액센트의 위치가 다른 것.

《美》 《英》
composite[kəmpázit] — [kɔ́mpəzit]
complex[kəmpléks] — [kɔ́mpleks]
frontier[frʌntíər] — [frʌ́ntiə]
souvenir[sù:vəníər] — [sú:vəniə]
violinist[vàiəlínist] — [váiəlìnist]

souvenir 와 violinist 의 경우는 변칙이 있으므로 사전의 각 항목을 참조하기 바란다.

17. 기타

《美》 《英》
either[í:ðər] — [áiðə]
garage[gərá:ʒ] — [gǽrɑ:ʒ]
leisure[lí:ʒər] — [léʒə]
schedule[skédʒu:l] — [ʃédju:l]
squirrel[skwə́:r(ə)l] — [skwírəl]
tomato[təméitou] — [təmá:tou]
vase[veis, veiz] — [vɑ:z]

이상 영미어의 발음의 차이를 거의 규칙적으로 다른 것들을 살펴보았으나, 오늘날과 같이 상호 교류가 빈번한 국제화 시대에는, 위와 같은 차이는 절대적인 것이 아니고, 미국음은 영국음의 영향을, 영국음은 미국음의 영향을 많이 받아 상호 혼용되는 경우도 있음을 특히 명심하여야 한다.

II. 영·미어 철자의 차이

영어의 철자에는 영국에서 사용되는 영어의 철자와 미국에서 사용되는 영어의 철자가 서로 다른 것들이 있다. 미국에서는 철자를 될 수 있는 대로 발음에 일치시키려고 하여, 실제로 발음되지 않는 글자는 생략하거나 변형시켜서 사용하거나 하는 것도 그 이유 중의 하나가 되겠다. 그러나, 미·영에서 다르게 사용되는 철자는, 절대적으로 구별되는 것은 아니며, 또 그 수효도 영어 어휘의 전체적인 면에서 볼 때 극히 적은 수에 불과하다. 영어의 철자 역시 영·미가 공통적인 것이 압도적으로 많으므로, 영·미어 철자의 차이를 지나치게 신경쓰는 것은 바람직하지 않다 하겠다.

1. 《美》 -or → 《英》 -our
behavior(품행) → behaviour
color(색깔) → colour
favor(호의) → favour
humor(유머) → humour
neighbor(이웃 사람) → neighbour
vigor(활기) → vigour
주의 영국에서도 -our 에 -ous, -ize 가 계속되면 -or-로 되어, 영미가 같은 철자가 된다.
보기 : humorous, vigorous

2. 《美》 -er → 《英》 -re
center(중심) → centre
meter(미터) → metre
theater(극장) → theatre
주의 acre(에이커), mediocre(보통), thermometer(온도계) 등은 영·미 공통.

3. 《美》 -se → 《英》 -ce
defense(방어) → defence
license(면허) → licence
offense(범죄) → offence

[주] advice(충고), device(궁리) 등은 영·미 공통. 또 practise — practice 는 동사와 명사의 차이이나 《美》에서는 혼용하는 경향이 있으며, 《英》에서는 동사가 practise 뿐임.
4. 《美》 -ization → 《英》 -isation
civilization(문명) → civilisation
organization(조직) → organisation
realization(실현) → realisation
[주] 동사의 어미 -ize, -ise 에도 같은 차이가 있다. 13. 참조
5. 《美》 -ction → 《英》 -xion
connection(연락) → connexion
reflection(반사) → reflexion
[주] 지금은 영국에서도 -ction 쪽이 보통.
6. 《美》 단(單) 자음자 → 《英》 중(重)자음자
counselor(고문) → counsellor
jewelry(보석류) → jewellery
traveler(여행자) → traveller
wagon(짐수레) → waggon
worshiper(숭배자) → worshipper
7. 《美》 중(重) 자음자 → 《英》 단(單)자음자
distill(증류하다) → distil
fulfill(완수하다) → fulfil
skillful(능란한) → skilful
8. 《美》 i → 《英》 y
flier(비행사) → flyer
tire(타이어) → tyre
9. 《美》 y → 《英》 i
Gypsy(집시) → Gipsy
pygmy(난쟁이) → pigmy
10. 《美》 -o-, -u-, → 《英》 -ou-
mold(거푸집) → mould
mustache(코밑수염) → moustache
11. 《美》 -gram → 《英》 -gramme
program(프로그램) → programme
12. 《美》 -og → 《英》 -ogue
catalog(카탈로그) → catalogue
dialog(대화) → dialogue
prolog(서사(序詞)) → prologue
[주] 미국에서도 -ogue 는 흔히 사용된다.
13. 《美》 z → 《英》 s
이렇다할 일정한 규칙은 없다. 특히 미국에서는 영국에서 -ise 로 사용되는 것을 -ize 로 많이 쓴다.
civilize(문명화하다) → civilise
organize(조직하다) → organise
recognize(알아보다) → recognise
14. 묵음자의 유무
① 어미의 e
《美》 없다 → 《英》 있다
ax(손도끼) → axe
② 단어 가운데의 e
《美》 없다 → 《英》 있다
acknowledgment(인식) → acknowledgement
judgment(판단) → judgement
story(층) → storey
15. 《美》 -c, -k, -ck, -ki → 《英》 -que, -qui
check(수표) → cheque
16. 《美》 -er → 《英》 -ar
brier(찔레) → briar
peddler(행상인) → pedlar
17. 《美》 -e- → 《英》 -ae-, -oe-
esthetic(심미적인) → aesthetic
18. 《美》 -a- → 《英》 -au-
gantlet(긴장감) → gauntlet
stanch(튼튼한) → staunch
19. 기타 철자가 다른 단어
《美》 《英》
aluminum(알루미늄) → aluminium
draft(통풍) → draught
gray(회색) → grey
jail(감옥) → gaol
naught(제로) → nought
pajamas(파자마) → pyjamas
plow(쟁기) → plough
sanitarium(요양소) → sanatorium

Ⅲ. 영·미어 어법의 차이

영국 영어와 미국 영어의 가장 현저한 차이는 어휘면의 차이라 할 수 있으며, 발음과 문법에 관해서는 양자간에 그리 큰 차이가 있는 것은 아니다. 특히 문법면에 있어서는 문장 구조상의 영·미의 차이는 실질적으로 없다고 해도 과언이 아니다. 다만, 영·미에서 다르다고 하는 것은, 양자를 근본적으로 구별하는 그런 상이점이 아니고, 다만 표면적·현상적(現狀的)인 것에 불과하다.

(1) 소유를 나타내는 **have** 의 의문형·부정형
영국 영어에서는 have 가 「소유」 이외의 뜻으로 쓰일 때에는,

《英》 *Did* you have a pleasant time?
(즐겁게 지내셨습니까?)
Yes, I *did.*

(네, 즐거웠습니다.)

와 같이 보통 동사 취급을 하지만, 「소유」의 경우에는

《英》 *Have* you any pencils?
(연필 갖고 있니?)
No, I *haven't*.
(아니, 갖고 있지 않아.)

와 같이 변칙 동사 취급이 된다. 그러나 미국 영어에서는 어떤 경우에도 보통 동사 취급을 하여,

《美》 *Do* you have pencils?
Yes, I *do*.
No, I *don't*.

와 같이 쓴다.

(2) shall 과 will

영국 영어에서는 주어가 1인칭인 경우 단순 미래에는 shall, 의지 미래에는 will 을 쓰지만, 미국 영어에서는 단순 미래에도 will 을 쓴다.

《英》 I *shall* be 20 years old next month.
(나는 내달에 스무살이 된다.)
《美》 I *will* be 20 years old next month.

그러나 의문문에서는 《美》에서도 *Shall* we go now?와 같이 말하는데, 이것은 「이제 가볼까?」 또는 「이제 가자구(Let's go now.)」 정도의 뜻이 되고, 억양(intonation)도 맨 끝부분을 낮춘다.

(3) in 과 on

《英》 He lives *in* Chongno Street.
(그는 종로에 살고 있다.)
《美》 He lives *on* Chongno Street.
《英》 I read novels *in* the train.
(그는 열차칸에서 소설을 읽는다.)
《美》 I read novels *on* the train.

(4) should+infinitive 와 가정법 현재

《英》 We insisted that she *should get* to work on time.(우리는 그녀가 제 시간에 작업에 착수하도록 강조했다.)
《美》 We insisted that she *get* to work on time.

(5) graduate at 와 graduate from

《英》 He *graduated at* Oxford in 1990. 「다.)
(그는 1990년에 옥스퍼드 대학을 졸업했
《美》 He *graduated from* Harvard in 1990.

단, 《英》에서 from 을 쓰기도 한다.

(6) write to a person 과 write a person

《英》 I'll *write to* you. Please *write to* me sometimes.(편지하리라. 이따금 편지하세요.)
《美》 I'll *write* you soon. Please *write* me occasionally. (곧 편지하리라. 가끔 편지 주세요.)

단, 이런 구별은 절대적인 것은 아니다.

(7) half 와 부정 관사(a)의 용법

《英》 half a dozen(반타스); half an hour(반시간, 30), half a year(반년)
《美》 a half dozen; a half hour; a half year.

단, 《英》에서도 합성어의 한 단어가 되는 경우에는 a half-year 와 같이 쓴다.

Ⅳ. 영·미어 어구의 차이

1. 철자는 같지만 뜻이 다른 말

단 어	美 語	英 語
avenue	대로, 가로	가로수길
bill	지폐	환어음
billion	10억	1조
bug	곤충	빈대
candy	[보통] 사탕과자	얼음사탕
cereals	곡류로 만든 아침식사[오트밀 따위]	곡물
clerk	점원, 사무원	서기
Continent	북미 대륙	유럽 대륙
corn	옥수수	곡류, [특히] 밀
creek	시내, 지류	작은 만
depot	정거장	창고, 하치장
directly	곧, 머지않아	즉시, 당장
dresser	화장대	찬장
dry goods	직물류	곡류
express delivery	운송회사의 배달편	속달 우편

faculty	수완, 교수진	능력, 학부
fire company	소방대	화재 보험 회사
first floor	1층	2층
frontier	변경(邊境)[개척지와 미개척지와의 경계지방]	국경 지방
grammar school	초등 중학교[4~8년에 해당]	그래머스쿨, 지방 중등학교[미국의 high school에 해당]
guard	간수, 교도관	감시인, 차장
homely	못생긴	수수한, 통속적인
hundredweight	100파운드	112파운드
jurist	법률 전문가[판사・변호사]	법학자, 법학생
locust	매미	메뚜기
lumber	재목	잡동사니, 허접쓰레기
lunch	경식사[점심만이 아님]	점심 식사
merchant	소매 상인	도매상, 무역상
overalls	[바지 위에 입는] 작업바지	[의사・부인용의] 겉옷
pants	바지	팬츠, 팬티
pavement	차도	포장한 인도, 보도
pocketbook	지갑	수첩
post card	사제 엽서	관제 엽서
premier	국무장관	수상
producer	[연극・오페라 등의] 흥행주, 경영자, 연출가	영화 제작자, 무대 감독, 연출자
public school	공립학교	퍼블릭스쿨[기숙 제도의 사립 중등학교]
quiz	시문하다, 시험하다	놀리다, 힐끗힐끗 보다
rabbit	[일반적으로]토끼	집토끼
redcap	[역의]짐꾼	헌병
shop	제조 판매점	소매점
sick	병이 난	메스꺼운
sleeper	침대차	철로의 침목
subway	지하철	지하도
suspenders	[바지의] 멜빵	양말 대님
toilet room	세면실, 화장실	화장실
vest	조끼	속옷
workhouse	감화원	구빈원(救貧院)

2. 같은 사물에 대한 다른 표현

※미어 표현순으로 배열하였다

우리말	美語	英語
비행기	airplane	aeroplane
동창회	alumni association	old boy's association
아파트	apartment	flat
쓰레기통	ashcan	dust bin
강당	auditorium	assembly hall
자동차	automobile	motorcar
수화물	baggage	luggage
이발소	barber shop	barber's [shop]

한국어	American	British
지폐	bill	bank note
서점	bookstore	bookseller's [shop]
신사복	business suit	lounge suit
선거운동[을 하다]	campaign	canvass
교정	campus	school grounds
깡통	can	tin
과자점	candy store	sweet shop
통조림[물품]	canned goods	tinned goods
휴대품 보관소	checkroom	cloakroom
담배 가게	cigar store	tobacconist's [shop]
점원	clerk	shop assistant
공학(共學)	coeducation	mixed education
졸업식	commencement	graduation ceremony
정기권·회수권	commutation ticket	season ticket
[열차의] 차장	conductor	guard
의회	congress	parliament
옥수수	corn	maize; Indian corn
회사	corporation	company
비스킷	cracker	biscuit
할인 요금	cut rates	reduced rates
백화점	department store	the stores
중산모	derby [hat]	bowler [hat]
삼류소설	dime novel	penny dreadful
내국무역	domestic trade	inland trade
약제사	druggist	chemist
약방	drug store	chemist's [shop]
사설(社說)	editorial	leading article
선택과목	elective subject	optional subject
엘리베이터	elevator	lift
박람회	fair	exhibition
가을	fall	autumn
소방서	fire department [house]	fire brigade
1층	first floor	ground floor
화물열차	freight train	goods train
[대학] 1년생	freshman	first-year student
가솔린	gasoline	petrol
곡물류	grain	corn
철물점	hardware store	ironmonger's [shop]
셋집	house for rent	house to let
할부제도	installment plan	hire-purchase system
교도소	jail	gaol [dʒeil]
직업, 일	job	employment
거실	living room	sitting room
기관차	locomotive	engine
장거리 전화	long-distance call	trunk call
재목	lumber	timber
우편	mail	post
우체통	mail box	pillar box
집배원	mail carrier; mailman	postman
…을 전공하다	major in...	specialize in...

한국어	미국 영어	영국 영어
정육점	meat market	butcher's shop
소매상인·가게주인	merchant	shopkeeper
영화	movies	cinema
신문기자	newspaperman	journalist ; pressman
편도 승차권	one-way ticket	single ticket
해외 무역	overseas trade	foreign trade
바지	pants	trousers
응접실	parlor	drawing room
차도	pavement	roadway
주전자	pitcher	jug
학점	point	unit
경찰관	policeman	constable
엽서	postal card	postcard
[초등학교·중학교]교장	principal	headmaster
사립학교	private school	nonprovided school
공립학교	public school	council school
철도	railroad	railway
철도원	railroad man	railway servant
우비·레인코트	raincoat	mackintosh
필수과목	required	subject
변소, 세면장	restroom	lavatory
왕복 승차권	round-trip ticket	return ticket
시간표	schedule	time table
2층	second floor	first floor
[2학기제의] 학기	semester	half-year
[대학의]4년생	senior	fourth-year man
제화점	shoeshop	bootmaker
보도·인도	sidewalk	footpath ; pavement
주식	stock	share
주주(株主)	stockholder	shareholder
상점	store	shop
전차	streetcar	tramcar
지하철	subway	underground ; tube
스웨터	sweater	jersey
개찰계	ticket agent	booking clerk
매표소	ticket office	booking office
플랫폼	track	platform
화물자동차	truck	lorry
진공관	tube	valve
턱시도	tuxedo	dinner jacket
지하도	underpass	subway
헌책	used book	second-hand book
조끼	vest	waistcoat
[창문의] 차양	window shades	[window] blinds
마당	yard	garden

수(數)를 읽는 법

1. 기수(基數)와 서수(序數)

1	I	one	1st	first
2	II	two	2nd	second
3	III	three	3rd	third
4	IV	four	4th	fourth
5	V	five	5th	fifth
6	VI	six	6th	sixth
7	VII	seven	7th	seventh
8	VIII	eight	8th	eighth[eitθ]
9	IX	nine	9th	ninth[nainθ]
10	X	ten	10th	tenth
11	XI	eleven	11th	eleventh
12	XII	twelve	12th	twelfth
13	XIII	thirteen	13th	thirteenth
14	XIV	fourteen	14th	fourteenth
15	XV	fifteen	15th	fifteenth
16	XVI	sixteen	16th	sixteenth
17	XVII	seventeen	17th	seventeenth
18	XVIII	eighteen	18th	eighteenth
19	XIX	nineteen	19th	nineteenth
20	XX	twenty	20th	twentieth
21	XXI	twenty-one	21st	twenty-first
30	XXX	thirty	30th	thirtieth
40	XL	forty	40th	fortieth
50	L	fifty	50th	fiftieth
60	LX	sixty	60th	sixtieth
70	LXX	seventy	70th	seventieth
80	LXXX	eighty	80th	eightieth
90	XC	ninety	90th	ninetieth
100	C	one hundred	100th	(one) hundredth
101	CI	one hundred (and) one	101st	(one) hundred and first
200	CC	two hundred	200th	two hundredth
500	D	five hundred	500th	five hundredth
1,000	M	one thousand	1,000th	(one) thousandth

주의 (1) 서수 앞에는 the 를 붙인다.
　　　(2) one hundred 등의 one 은 강조하지 않을 때는 a 로 된다.

2. 만(萬)을 넘는 수

　　　10,000 ……………… (1만) …… ten thousand
　　　100,000 ……………… (10만) …… one hundred thousand
　　1,000,000 ……………… (100만) …… one million
　　10,000,000 ……………… (1,000만) …… ten million
　100,000,000 ……………… (1억) …… one hundred million
　156,789,456 ……………… (1억5천6백78만9천4백56) …… one hundred fifty-six million, seven hundred

eighty-nine thousand, four hundred and fifty-six

10억을 넘을 때는 《英》《美》가 다르다.
one billion《美》·················(10억)··················one thousand million《英》
ten billion《美》··················(100억)·················ten thousand million《英》
one hundred billion《美》········(1,000억)··········one hundred thousand million《英》
one trillion《美》·················(1조)························one billion《英》

주의 (1) 미국에서는 thousand 로 시작해서, 세자리마다 million, billion, trillion 으로 읽는다.
   (2) 영국에서는 million 다음으로는 6자리째에 billion 으로 읽는다.
   (3) 따라서 영국의 billion 은 미국의 billion 의 1,000배에 해당한다.

3. 소수(小數) (decimals)

8.69 ················· eight point (decimal)(decimal point) six nine
.01 ················· point zero one
4.6̇ ················· four point (decimal)(decimal point) six recurring(repeating)
4.6̇2̇3̇ ················· four point (decimal)(decimal point) six, two three recurring(repeating)
one cent ············· .01 of one dollar=a hundredth of one dollar
one dime ············ .1 of one dollar=a tenth of one dollar
.33×11 ············· ① point thirty-three times eleven ② thirty-three hundredths of eleven

주의 (1) 위와 같은 피승수(被乘數)가 소수인 경우 ×은 of 로 읽고, 11×.33과 같이 피승수가 정수(整數)일 때는 times 로 읽는다.
   (2) recurring 은 repeating 또는 circulating 이라고도 한다.

4. 분수(分數) (fractions)

$\frac{1}{2}$=a (or one) half $\frac{1}{3}$=a (or one) third $\frac{1}{4}$=a (or one) fourth

$\frac{2}{3}$=two-thirds $5\frac{5}{7}$=five and five-sevenths

$\frac{115}{125}$=one hundred and fifteen over (or by) one hundred and twenty-five

주의 (1) $\frac{1}{4}$, $\frac{3}{4}$은 각각 a quarter, three quarters 라 한다.
   (2) 소수에 관한 주의점은 분수에도 적용된다. 즉, $\frac{1}{4}$×24에 있어서의 ×기호는 of 로 읽고 4×$\frac{1}{4}$에서는 times 로 읽는다.

5. 수학 기호 (mathematical signs)

+	plus	>	is much greater than
−	minus	≯	is not greater than
×	times, multiplied by, of	∼	the difference between
÷	divided by	:	the ratio of, is to
=	equals	a^2	a square (or squared)
≠	is not equal to	a^3	a cube (or cubed)
≒	approximately equals	a^4	a raised to the fourth (power)
( )	parenthesis(-es)	$\sqrt{a}$	the square (or second) root of a
[ ]	bracket(s)	$\sqrt[3]{a}$	the cube (or third) root of a
{ }	brace(s)	→	···root of 대신에 ···radical 이라고도 한다.
>	is greater than		

6. 수식(數式) (expressions)

$3+8=11$ ······ ① Three plus eight equals eleven 또는 ② Three and eight are eleven

$6-2=4$ ······ ① Six minus two equals four 또는 ② Six take away two leaves four 또는 ③ Two from six leaves four

$7\times7=49$ ······ ① Seven times seven equals forty-nine

$\frac{1}{10}(or\ .1)\times11=1\frac{1}{10}(or\ 1.1)$ ① One-tenth (point one) times eleven equals one and one-tenth (one point one) 또는 ② One-tenth (point one) of eleven equals (is) one and one-tenth (one point one)

$12\div6=2$ ······ ① Twelve divided by six equals (is) two 또는 ② Six into twelve is two

$\frac{2}{5}:1=4:10$ ······ ① Two-fifths is to one as four is to ten 또는 ② The ratio of two-fifths to one equals the ratio of four to ten

$x=\frac{a^2+b}{3}$ ······ ① x equals a square[d] plus b over (divided by) three

$(a+b)(a+c)=a^2+ab+ac+bc$ ······ [The parenthesis] a plus b times [the parenthesis] a plus c equals a squared plus ab (a times b) plus ac (a times c) plus bc (b times c)

$x=\frac{\sqrt{3y}}{z}$ ······ x equals the square root of three [times] y divided by (over) z

3^2 ······ three square[d], 3^3 ······ three cubed, 3^4 ······ three to the fourth power

7. 연월일, 시간 (date, time of day)

7/1/1971 《美》 = July (the) first, nineteen seventy-one
1/4/1900 《英》 = (the) first of April, nineteen hundred
1745 A.D.   = seventeen forty-five A.D.
100 B.C.   = one hundred B.C.

	(24-hour system)	(12-hour system)
0 : 15	= zero fifteen	= zero fifteen A.M.
10 : 20	= ten twenty	= ten twenty A.M.
12 : 30	= twelve thirty	= twelve thirty P.M.
18 : 45	= eighteen forty-five	= six forty-five P.M.

주의 (1) A.D.=[éidíː], B.C.=[bíːsí].
(2) A.M.(or a.m.)=[éiém], P.M.(or p.m.)=[píːém].
(3) 24시간제는 주로 군대·선박·철도에서 사용.

8. 전화번호 (telephone number)

(466)0018 = four double six, double aught (or 0[óu]) one eight 또는 four six six, aught aught, one eight. **주의** aught 는 영(零)이라는 숫자를 나타낼 때 naught(또는 ought, nought)와 같이 사용되지만, 미국에서는 aught 가 가장 많이 사용된다.

9. 일반적 표지(標識)·기호 (common marks and signs)

☞ index / ~ swung dash / — dash / † dagger / * asterisk / § section mark / ¶ paragraph mark / ∧ caret (탈자 삽입 기호) / (°) degree sign / (′) minute or foot sign / (″) second or inch sign / $ dollar mark / £ pound mark / ¥ yen mark / © copyright mark / ® registered trademark

10. 금액 표기(amounts of money)

　　　　(미국)

$ 10.75　　　　　　　=ten dollars seventy-five

　　　　(영국)　　[주의] 영국에서는 1971년 2월 15일부터 10진법을 실시. shilling 을 없앴다.

£52s4d(구제)　　=five pounds two(shillings) and four(pence)

£ 29-00　　　　　=twenty-nine pounds only

£ 29-26 ⎫　　　　=twenty-nine pounds twenty-six

£ 29-08 ⎬(신제)　=twenty-nine pounds eight

£ 0-26 ⎭　　　　=twenty-six pence

11. 도량형(weights and measures)　　[주의] m.은 여기서는 measure 의 약자.

길이(long m.)　　　7ft 5in(*or* 7′5″)=seven feet five

면적(square m.)　　25×10ft=twenty-five×ten feet 또는 twenty-five feet by ten

체적(cubic m.)　　　11′×5′×6′=eleven feet by five by six

액량(liquid m.)　　　5gal 3qt 2pt=five gallons three quarts two pints

중량(weight)　　　　7lbs 5oz=seven pounds five ounces

12. 시간·거리·분량의 단위명에 의한 수식구 사용 방식

(1) 수사(數詞)가 선행하지 않을 때 ⟨a ~ 's…⟩. 보기 : an hour's talk / an hour's delay / an hour-long talk / a mile-long walk

(2) 수사가 선행해도 one 또는 one 이하의 경우 ⟨a one-~'s… / a half-~'s…⟩. 보기 : a one-hour's talk / a half-hour's walk / (문어) a hlaf-hour walk, a one-hour talk

(3) one 이상의 수사가 선행할 때 ⟨a-~… / a-~s' / a-~s…⟩. 보기 : a 15-minute(s') recess / a 15-minutes recess / a 2-gallon barrel / a 12-year-old boy　　[주의] (3)은 세 가지 형식이 허용되지만 단위명은 단수로 하는 것이 문어조(調).

(4) 명사 다음에 오는 경우(하이픈 없음). 보기 : walks thirty yards high / a river a few miles wide at the mouth

중요한 접두·접미사

I 접두사(Prefixes)

a- (I) [ə-] ① [~+n.→ adv.] in, on, at: abed ② [~+v.→ predicative adj. (adv.)] in a state or condition: afire(II) [ei-, æ-], **an-** [æn-] not, without: asymmetry

ante- ① before, prior [to]: antecedent, ante-Victorian ② before, in front [of]: anteroom

anti- against: antibody, antimissile, anti-war [~+n.→ adj.], anticlockwise

arch- ① chief, principal: archduke, archenemy ② worst: archrogue

auto- self: autobiography, autosuggestion

be- ① all over, thoroughly; excessively: besmear, befuddle ② [~+vi., adj., n.→ vt.] cause to be; affect: bemail, belittle, befriend

bi- two: bilingual, bimonthly, bicycle. cf. di-

co- together, with; equally: cooperate, coeducation, co-driver

con-, col-, com-, cor- together, with: conduct, collect, combine, correlate

contra- against: contradict, contraceptive

counter- ① opposite; in return: counterclockwise, counterespionage ② opposed to but like: counterpart

de- ① [~+n.→ v.] get rid of: delouse, derail ② [~+v.→ v.] reverse the action: decode, demilitarize

di- two: dichotomy. cf. bi-

dis- ① [~+v.] reverse the action: disappear, disintegrate ② [~+adj., n.] opposite of; deprive of: dishonest, disloyal, disfavor, disunion

en-, em- ① [~+n., v.→ v.] put (get) in (into): enthrone, endanger, enclose ② [~+adj.→ v.] cause to be: enlarge

ex- (I) [iks-, igz-, eks-, egz-] forth, out, beyond; away from: expel, excess, expropriate(II) [eks-] [~+n.] former: ex-president

extra- outside: extracontinental

fore- ① before: foretell, foreknowledge ② the front part of: forearm, foreground

hyper- over, above; excessive[ly]: hypercritical, hypercorrection

in-, il-, im-, ir- (I) not, without: insignificant, infinite, illiterate, impossible, irresponsible (II) in, into, within, to: infer, induct

inter- ① between, among: international, interplanetary ② mutual[ly]: interact

intra- within, inside of: intramural

macro- long, large: macrocephaly

mal- bad, badly: maladjustment

micro- ① small: microcephaly ② enlarging: microphone, microscope

mid- middle: midbrain, mid-Victorian

mini- little; of lesser scope, extent, etc. than usual: miniskirt, minicrisis, miniwar

mis- ① wrong, wrongly: misplace, misconduct, misleading ② no, not: mistrust

mono- one: monotheism, monorail. cf. uni-

multi- many: multinational, multichannel. cf. poly-

neo- new; revived: neolithic, neoclassic, neo-Nazi

non- not: nonconformist, nonhuman

out- [~+vi., n. → vt.] better, faster, longer, etc. than: outgrow, outlive, outrun, outclass

over- [~+v., -ed participle, adj.] too much, excessively: overeat, overdressed, overconfident

pan- all, comprising all: pantheism, Pan-American

poly- many: polysyllabic, polyglot. cf. multi-

post- after: postwar [~+n.→ adj.], postclassical

pre- before: prewar [~+n.→ adj.], premarital

pro- ① forth, forward: progress ② acting for: proconsul, pronoun ③ for, supporting: procommunist, pro-Common Market(EC 지지의)[~+n. → adj.]

proto- first, original: protoplast, Proto-Germanic

pseudo- false, imitation: pseudonym, pseudo-intellectual(사이비 인텔리)

re- again; back: rebuild, reappear, rearrangement, recover [ri-], re-cover [rì:-], resound [rizáund], re-sound [rì:sáund]

retro- backward, behind: retroact, retroflex

semi- half; partly: semicircle, semicivilized

sub- ① under, beneath: subway, submarine ② lesser in rank: subspecies ③ slightly, less than: subhuman, substandard

super- ① over, above: superstructure ② higher in rank: superintendent ③ more than, better: superman, superfine ④ additional: supertax

syn-, sym- together with; at the same time: synchronize, sympathy

trans- ① across: transatlantic ② from one place to another; so as to change thoroughly: transplant, transform ③ beyond: trans-sonic

tri- three: triangle, trilingual, triannual

ultra- ① beyond: ultraviolet ② extremely: ultramodern, ultraconservative

un- ① [~+adj.] not: unwise, unexpected, unceasing ② [~+v.] reverse the action: undo, untie ③ [~+n.→ v.] release from: unhorse

under- [~+v., -ed participle] not enough, too little: undercook, underestimate, underdeveloped

uni- one: *uni*lateral, *úni*corn. *cf.* mono-

vice- deputy: *vice*-president

II 접 미 사 (Suffixes)

-able, -ible ① [*vt.* + ~ → *adj.*] capable (worthy) of being: accept*able*, drink*able*, getat*able*, account*able* (← account for), ed*ible* ② [*vi.* + ~ → *adj.*] able to: vari*able* ③ [*n.* + ~ → *adj.*] inclined to: fashion*able*, peace*able*

-acy [→ *n.*] state, quality: delic*acy*, lun*acy*

-ade [→ *n.*] ① the act of: block*ade* ② the result (product) of: lemon*ade*, lime*ade*

-age [→ *n.*] ① the act of: marri*age*, us*age* ② amount (number) of: acre*age*, cover*age* ③ collection of: peer*age*

-al (I) [*v.* + ~ → *n.*] the act (process) of: arriv*al*, refus*al* (II) **-ial, -ical** [*n.* + ~ → *adj.*] of, like, suitable for: crimin*al*, editór*ial*, preferént*ial*, philosóph*ical*. *cf.* -ic

-an ⇒ -IAN

-ance, -ence [→ *n.*] the act of; the state (quality) of: convey*ance*, resist*ance*, interfer*ence*, import*ance*, díffer*ence*

-ancy, -ency = -ANCE, -ENCE: buoy*ancy*, emerg*ency*, vac*ancy*, dec*ency*

-ant, -ent ① [→ *adj.*] that has (does, shows): defí*ant*, signífic*ant*, insíst*ent*, díffer*ent* ② [→ *n.*] a person (thing) that: account*ant*, solv*ent*

arian (* stress 는 -árian) [*n.* + ~ → *adj.*, *personal n.*] ① age:octogen*árian* ② sect: Unit*árian* ③ [social] belief: authorit*árian*, veget*árian*

-ary ① [→ *adj.*] relating to: planet*ary*, reaction*ary* ② [→ *n.*] a person (thing) connected with; a place for: mission*ary*, diction*ary*, api*ary*

-ate (I) [-eit] [→ *v.*] ① [cause to] become: mátur*ate*, inválid*ate*, sophístic*ate* ② form, produce, put in the form of: sálivate, delíneate ③ provide with: váccin*ate* ④ combine: óxygen*ate* (II) [-it, -ət, -eit] [→ *adj.*] ① of, characteristic of: collégi*ate* ② having, filled with: propórtion*ate*, ánim*ate* (III) [-it, -ət, -eit] [→ *n.*] office, official: cónsul*ate*, eléctor*ate*, mánd*ate*

-ation (* stress 는 -átion) [*v.* + ~ → *n.*] ① the act of, the state of: fixátion, starvátion, victimizátion, ratificátion (← ratify) ② something connected with the action of: organizátion, foundátion, civilizátion

-cracy (* stress 는 -ócracy) [→ *n.*] a [specified] type of government, rule by: demócracy, theócracy (* *personal n.* 을 만드는 -crat 에서는 stress 는 démocrat)

-cy (* -l-, -n-, -t-에서만) [→ *n.*] ① quality, condition: bankrupt*cy*, normal*cy* ② rank: captain*cy*

-dom [*n.*, *adj.* + ~ → *abstract n.*] ① state, condition: free*dom*, martyr*dom* ② status, domain; collectivity: king*dom*, official*dom*, star*dom*

-ed [*n.* + ~ → *adj.*] having, provided with: feather*ed*, wood*ed*, small-mouth*ed*

-ee (* stress 는 -ée) (I) [→ *personal n.*] ① [*vt.* + ~ → *n.*] a person affected by the action of: appoint*ée*, employ*ée*, grant*ée*, nomin*ée* ② [*v.* + ~ → *n.*] a person in a [specified] condition: absent*ée* (II) [*n.* + ~ → *n.*] diminutive: coat*ée*, shirt*ée*

-eer (* stress 는 -éer) [*n.* + ~ → *personal n.*] a person engaged in: engin*éer*, profit*éer*

-en (I) ① [*adj.* + ~ → *v.*] [cause to] become: dark*en*, wid*en*, sadd*en*, fast*en* ② [*n.* + ~ → *v.*] [cause to] come to have: height*en*, strength*en* (II) [*n.* + ~ → *adj.*] wood*en*, wool*en*

-er ① [*n.* + ~ → *n.*] a) a person having to do with: geograph*er*, glov*er* b) a person living in: Londo*ner*, cottag*er* c) a person (thing) connected with: steam*er*, four-wheel*er*, weekend*er*, dogood*er* ② **-or, -ar** [*v.* + ~ → *n.*] a person (thing) that: work*er*, writ*er*, receiv*er*, eye-open*er*, act*or*, surviv*or*, begg*ar*

-ery, -ry [*n.*, *v.*, *adj.* + ~ → *n.*] ① the act of; the state (quality, condition) of: surg*ery*, drudg*ery*, slav*ery*, robb*ery*, brav*ery* ② the products of; a collection of: millin*ery*, jewel*ry*, machin*ery* ③ a place to (for): brew*ery*, nunn*ery*

-ese (* stress 는 -ése) [*n.* + ~ → *adj.*, *n.*] ① [a native (an inhabitant)] of ② [in] the language (dialect) of: Japan*ése*, Canton*ése* ③ [in] the style of: Johnson*ése*, journal*ése*

-esque (* stress 는 -ésque) [*n.* + ~ → *adj.*] having the quality of; in the manner (style) of: pictur*ésque*, Dant*ésque*, Roman*ésque*

-ess [*n.* + ~ → *n.*] female: lion*ess*, actr*ess* (* 종종 경멸적)

-ette (* stress 는 -étte) [*n.* + ~ → *n.*] ① little: cigar*étte*, statu*étte* ② female: usher*étte* ③ a substitution (an imitation) for: leather*étte*

-fold [*num.*, *adj.* + ~ → *adj.* (*adv.*)] of [so many] parts; [so many] times as many (much): two*fold*, mani*fold*

-ful (I) [-f(ə)l] [*abstract n.*, *v.* + ~ → *adj.*] having, full of; having the qualities of; apt to: joy*ful*, pain*ful*, master*ful*, forget*ful* (II) [-ful] [*n.* + ~ → *n.*] the quantity that fills: mouth*ful*, spoon*ful*

-hood [*n.* + ~ → *abstract n.*] ① state, quality, condition: child*hood*, widow*hood*, false*hood* (← *adj.*) ② collectivity: priest*hood*

-ial ⇒ -AL (II)

-ian, -an [*n.* + ~ → *personal n.*, *adj.*] ① [one] belonging to: dióces*an* ② [one] born or living in:

중요한 접두·접미사

American, Canadian, Elizabethan ③ [one] believing in: Lutheran, Darwinian
-**ible** ⇨ -ABLE
-**ic** (* stress 는 어간의 맨 마지막 모음)[*n.*+~→ *adj.*] of; like; produced by; producing; consisting of: atomic, heroic, anaerobic, psychedelic, problematic(← problem). *cf.* -ical(-AL)
-**ical** ⇨ -AL(Ⅱ)   -**ie** ⇨ -Y(Ⅰ)
-**ify**, -**fy** [*n.*, *adj.*+~→ *v.*(주로 *vt.*)] make into, cause to be: beautify, codify, amplify, solidify, liquify(← liquid) (* Frenchify 등은 익살스러운 표현)
-**ing** ① [*v.*+~→ *n.*]something produced; something that does the action of: a painting, earnings, a covering ② [*countable n.*+~→ *mass n.*] material used for: blanketing, panelling
-**ious** ⇨ -OUS   -**ise** ⇨ -IZE
-**ish** ① [*proper n.* +~→ *adj.*]of, belonging to: Spanish, Cornish ② [*n.*+~→ *adj.*]like, characteristic of; tending to: foolish, snobbish, bookish ③ [*adj.*+~→ *adj.*] somewhat, rather: reddish, poorish ④ [*numeral*+~→ *adj.*]approximately: seventyish
-**ism** [*n.*, *adj.*+~→ *abstract n.*] doctrine, point of view, political (artistic) movement, etc.: Calvinism, impressionism, dualism
-**ist** [*n.*, *adj.*+~→ *personal n.*] adherent of; expert in, etc.: Calvinist, impressionist, dualist(* 종종 *adj.*로 쓴다)
-**ite** [주로 *proper n.*+~→ *personal n.*] ① inhabitant: Muscovite, Brooklynite ② descendant from: Israelite ③ adherent of: Benthamite, 《英》 Labourite(* 종종 *adj.*로 쓴다)
-**ition** (* stress 는 -ftion) = -ATION: nutrition
-**ity** (* stress 는 어간의 맨 마지막 모음. 이때 장모음은 종종 단모음이 된다)[*adj.*+~→ *abstract n.*] state, character, condition: sanity(← sane), rapidity, possibility, elasticity
-**ive**, -**ative**, -**itive** (* stress 는 어간의 맨 마지막 모음)[주로 *v.*+~→ *adj.*]having the quality of: attractive, explosive, informative, sensitive
-**ize**, 《英》 -**ise**[*n.*, *adj.*, etc.+~→ *v.*] ① [cause to] be(become): symbolize, Americanize, modernize ② engage in: soliloquize
-**less** [*n.*+~→ *adj.*] without, lacking, not giving: childless, pitiless, harmless
-**let** [*n.*+~→ *n.*] small, unimportant: booklet, leaflet
-**like** [*n.*+~→ *adj.*] like, characteristic of: childlike, statesmanlike, ball-*like*. *cf.* -ly(Ⅰ)①
-**ling** [→ *n.*] small, unimportant: princeling, weakling, underling, hireling
-**ly** (Ⅰ)[*n.*+~→ *adj.*] ① like, characteristic of: manly, worldly, deadly (← *adj.*). *cf.* -like ② happening every [specified period of time]: hourly, daily (Ⅱ)[*adj.*+~→ *adv.*]in a [specified] manner: strangely, happily, comically(← comic)
-**ment** [*v.*+~→ 주로 *abstract n.*] ① state, condition, etc.: disappointment ② act, process: measurement, movement ③ means, agency: escapement ④ result, product: equipment, pavement
-**most** [*locative particle*, *adj.*+~→ *superlative adj.* (*adv.*)]: inmost, outermost
-**ness** [*adj.*+~→ *abstract n.*] state, quality: happiness, usefulness, up-to-dateness, drunkenness, willingness, togetherness(← *adv.*)
-**or** ⇨ -ER ②
-**ory** ① [→ *adj.*] of, having the nature of: compulsory, contradictory ② [→ *n.*]a place(thing) for: laboratory
-**ous**, -**ious**, -**eous** [*n.*+~→ *adj.*] having, full of: dangerous, grievous (← grief), ambitious, erroneous (← error)
-**ry** ⇨ -ERY
-**ship** [*n.*+~→ *n.*] ① state, quality: friendship, membership, hardship (← *adj.*) ② [a person having] the rank, office, etc. of: lectureship, dictatorship ③ all individuals collectively: readership
-**sion** (* stress 는 어간의 맨 마지막 모음) = -ATION: discussion, confusion
-**some** [*n.*+~→ *adj.*] like, tending to: burdensome, quarrelsome
-**ster** [*n.*+~→ *personal n.*] a person engaged in: gangster, trickster(* 종종 경멸적). *cf.* -eer
-**tion** (* stress 는 어간의 맨 마지막 모음) = -ATION: correction, connection 《英》 connexion)
-**tude** [→ *n.*]state, condition: certitude, magnitude
-**ure** [→ *n.*] ① state, act, result: composure, exposure ② agent, instrument: legislature
-**ward**[**s**] [*prepositional adv.*, *n.*+~→ *adv.*] in a [specified] direction: onward[s], homeward[s], westward[s] (* -ward 는 *adj.*에도)
-**wise** ① [~ *n.*, *adj.*, *pron.*+~→ *adv.*] in a [specified] direction, position, or manner: clockwise, lengthwise, likewise, otherwise ② [*n.*+~→ *adv.*] with regard to: budgetwise, education-*wise*
-**y** (Ⅰ) -**ie** [*n.*+~→ *n.*] little, dear: daddy, auntie, nighty, undies (undercloths) (Ⅱ) ① [*n.*+~→ *adj.*]like, having, full of; suggestive of: creamy, hairy, silky, wavy ② [*v.*+~→ *adj.*] tending to: drowsy, sticky

불규칙 동사 변화형 일람표

(고딕체는 중요어, 이탤릭체는 고어체·시·
방언·폐어·드문 용법임을 나타내며, 별표(*)
가 붙은 것은 본문을 참조하라는 뜻이다.)

현재	과거	과거분사	현재	과거	과거분사
abide	abode, abided	abode, abided	**breastfeed**	breastfed	breastfed
alight[1]	alighted, *alit*	alighted, *alit*	**breed**	bred	bred
arise	arose	arisen	**bring**	**brought**	**brought**
awake	**awoke, awaked**	**awoke, awaked**	**broadcast**	broadcast, broadcasted	broadcast, broadcasted
backbite	backbit	backbitten, backbit*	**browbeat**	browbeat	browbeaten
backslide	backslid	backslid, backslidden	**build**	**built,** *builded*	**built,** *builded*
be(am, is, are)	**was, were**	**been**	**burn**[1]	**burnt, burned**	**burnt, burned**
bear[1]	**bore,** *bare*	**borne, born***	**burst**	burst	burst
beat	beat	**beaten, beat**	**buy**	**bought**	**bought**
become	**became**	**become**	**can**	**could**	———
befall	befell	befallen	**cast**	cast	cast
beget	begot, *begat*	begotten, begot	**catch**	**caught**	**caught**
begin	**began**	**begun**	**chide**	chided, chid	chided, chid, chidden
begird	begirt, begirded	begirt	**choose**	**chose**	**chosen,** *chose*
behold	beheld	beheld	**cleave**[1]	cleft, cleaved, clove	cleft, cleaved, cloven
bend	bent, *bended*	bent, *bended*	**cleave**[2]	cleaved, *clave*	cleaved
bereave	bereaved, bereft	bereaved*, bereft*	**climb**	**climbed,** *clomb*	**climbed,** *clomb*
beseech	besought, beseeched	besought, beseeched	**cling**	clung	clung
beset	beset	beset	**clip**[1]	clipped	clipped, clipt
bespeak	bespoke, *bespake*	bespoken, bespoke	**clothe**	clothed, *clad*	clothed, *clad*
bespread	bespread	bespread	**come**	**came**	**come**
bestrew	bestrewed	bestrewed, bestrewn	**cost**	**cost**	**cost**
bestride	bestrode, bestrid	bestridden, bestrid	**creep**	crept	crept
bet	bet, betted	bet, betted	**crow**[2]	crowed, crew*	crowed
bethink	bethought	bethought	**curse**	cursed, curst	cursed, curst
bid	bade, bad, bid*	bidden, bid*	**cut**	**cut**	**cut**
bide	bided, bode	bided, *bid*	**dare**	dared, *durst*	dared
bind	bound	bound	**deal**[1]	dealt	dealt
bite	bit	bitten, bit	**dig**	dug, *digged*	dug, *digged*
bleed	bled	bled	**dip**	dipped, *dipt*	dipped, *dipt*
blend	blended, blent	blended, blent	**dive**	dived, dove	dived
bless	blessed, blest	blessed, blest	**do**	**did**	**done**
blow[1]	blew	**blown,** blowed*	**draw**	**drew**	**drawn**
			dream	**dreamed, dreamt**	**dreamed, dreamt**
blow[3]	blew	blown	**dress**	dressed, *drest*	dressed, *drest*
break	**broke,** *brake*	**broken,** *broke*	**drink**	**drank,** *drunk*	**drunk, drank***, *drunken*
			drip	dripped, dript	dripped, dript
			drive	**drove,** *drave*	**driven**
			drop	**dropped, dropt**	**dropped, dropt**

불규칙 동사 변화형 일람표

현재	과거	과거분사	현재	과거	과거분사
dwell	dwelt, dwelled	dwelt, dwelled	hold[1]	held	held, *holden*
eat[1]	**ate,** *eat*	**eaten,** *eat*	hurt	hurt	hurt
engird	engirt, engirded	engirt, engirded	impress	impressed, *imprest*	impressed, *imprest*
enwind	enwound	enwound	inlay	inlaid	inlaid
fall	**fell**	**fallen**	inlet	inlet	inlet
feed	fed	fed	inset	inset	inset
feel	felt	felt	interbreed	interbred	interbred
fight	**fought**	**fought**	keep	**kept**	**kept**
find	**found**	**found**	kneel	knelt, kneeled	knelt, kneeled
fit[1]	**fitted, fit**	**fitted, fit**	knit	knitted, knit	knitted, knit
fix	fixed, fixt	fixed, fixt	know	**knew**	**known**
flee	**fled**	**fled**	lade	laded	laden, laded
fling	flung	flung	lay[1]	**laid**	**laid**
fly[1]	**flew, fled*, flied***	**flown, fled*, flied***	lead[1]	**led**	**led**
			lean[1]	leaned, leant*	leaned, leant*
forbear[1]	forbore	forborne	leap	leaped, leapt	leaped, leapt
forbid	forbade, forbad	forbidden, forbid	learn	**learned, learnt**	**learned, learnt**
forecast	forecast, forecasted	forecast, forecasted	leave[1]	**left**	**left**
forego[1,2]	forewent	foregone	lend	lent	lent
foreknow	foreknew	foreknown	let[1]	**let**	**let**
forerun	foreran	forerun	let[2]	let, letted	let, letted
foresee	foresaw	foreseen	lie[2]	**lay**	**lain**
foretell	foretold	foretold	light[1]	**lighted, lit**	**lighted, lit**
forget	**forgot,** *forgat*	**forgotten,** *forgot*	lose	lost	lost
			make	**made**	**made**
forgive	forgave	forgiven	may[1]	**might**	―
forsake	forsook	forsaken	mean[1]	**meant**	**meant**
forswear	forswore	forsworn	meet[1]	**met**	**met**
freeze	froze	frozen	melt	melted	melted, *molten*
gainsay	gainsaid	gainsaid	methinks	methought	―
get	**got,** *gat*	**got, gotten**	misgive	misgave	misgiven
gild[1]	gilded, gilt	gilded, gilt	mishear	misheard	misheard
gird	girded, girt	girded, girt	mislay	mislaid	mislaid
give	**gave**	**given**	mislead	misled	misled
gnaw	gnawed	gnawed, gnawn	misread	misread	misread
go	**went**	**gone**	misspell	misspelled, misspelt	misspelled, misspelt
grave[1]	graved	graven, graved			
greet[2]	grat	grutten	misspend	misspent	misspent
grind	ground, *grinded*	ground, *grinded*	mistake	**mistook**	**mistaken**
			misunderstand	misunderstood	misunderstood
grip	gripped, grip	gripped, grip	mix	**mixed, mixt**	**mixed, mixt**
grow	**grew**	**grown**	mow[1]	mowed	mowed, mown
hamstring	hamstrung, *hamstringed*	hamstrung, *hamstringed*	must[1]	**must**	―
			outbid	outbid	outbidden, outbid
hang	**hung, hanged***	**hung, hanged***	outdo	outdid	outdone
have, has	**had**	**had**	outgo	outwent	outgone
hear	**heard**	**heard**	outgrow	outgrew	outgrown
heave	heaved, hove*	heaved, hove*	outlay	outlaid	outlaid
help	**helped,** *holp*	**helped,** *holpen*	outride	outrode	outridden
hew	hewed	hewed, hewn	outrun	outran	outrun
hide[1]	hid	hidden, hid			
hit	hit	hit			

현재	과거	과거분사	현재	과거	과거분사
outshine	outshone	outshone	re-lay	re-laid	re-laid
outshoot	outshot	outshot	rend	rent	rent
outsit	outsat	outsat	repay	repaid	repaid
outspread	outspread	outspread	reread	reread	reread
outwear	outwore	outworn	resell	resold	resold
overbear	overbore	overborne	reset[1]	reset	reset
overblow	overblew	overblown	reset[2]	resetted, reset	resetted, reset
overcast	overcast	overcast	retake	retook	retaken
overcome	overcame	overcome	retell	retold	retold
overdo	overdid	overdone	rewrite	rewrote	rewritten
overdraw	overdrew	overdrawn	rid[1]	rid, ridded	rid, ridded
overdrink	overdrank	overdrunk	ride	rode, *rid*	**ridden,** *rid*
overeat	overate	overeaten	ring[2]	**rang,** *rung*	**rung**
overfeed	overfed	overfed	rise	rose	risen
overflow	overflowed	overflown	rive	rived	rived, riven
overgrow	overgrew	overgrown	roughcast	roughcast	roughcast
overhang	overhung	overhung	run[1]	**ran**	**run**
overhear	overheard	overheard	saw	sawed	sawed, sawn
overlay[1]	overlaid	overlaid	say	**said**	**said**
overleap	overleaped, overleapt	overleaped, overleapt	see[1]	**saw**	**seen**
			seek	**sought**	**sought**
overlie	overlay	overlain	seethe	seethed, *sod*	seethed, *sodden*
overpay	overpaid	overpaid	sell	**sold**	**sold**
override	overrode	overridden	send	**sent**	**sent**
overrun	overran	overrun	set	**set**	**set**
oversee	oversaw	overseen	sew	sewed	sewed, sewn
oversell	oversold	oversold	shake	shook	shaken
overset	overset	overset	shall	**should**	—
overshoot	overshot	overshot	shape	shaped, *shapen*	shaped, *shapen*
oversleep	overslept	overslept	shave	shaved	shaved, shaven
overspend	overspent	overspent	shear	sheared, *shore*	sheared, shorn
over-spread	overspread	overspread	shed[2]	shed	shed
			shew	shewed	shewn
overtake	overtook	overtaken	shine	**shone, shined***	**shone, shined***
overthrow	overthrew	overthrown			
overwind	overwound	overwound	shoe	shod, shoed	shod, shoed, shodden
overwork	overworked, overwrought	overworked, overwrought	shoot	**shot**	**shot**
			show	showed	**shown,** showed
overwrite	overwrote	overwritten	shred	shredded, shred	shredded, shred
partake	partook	partaken	shrink	shrank, shrunk	shrunk, shrunken
pay	**paid**	**paid**			
pen[2]	penned, pent	penned, pent	shrive	shrove, shrived	shriven, shrived
prepay	prepaid	prepaid	shut	**shut**	**shut**
proofread	proofread	proofread	sing	**sang,** *sung*	**sung**
prove	**proved**	**proved, proven***	sink	sank, sunk*	sunk
			sit	**sat,** *sate*	**sat,** *sitten*
put[1]	**put**	**put**	skin-dive	skin-dived, skin-dove	skin-dived, skin-dove
quit	quitted, quit	quitted, quit			
rap[3]	rapped, rapt	rapped, rapt	slay	slew, slayed*	slain
read[1]	**read**	**read**	sleep	**slept**	**slept**
reave	reaved, reft	reaved, reft	slide	slid	slid, slidden
rebind	rebound	rebound	sling[1]	slung	slung
rebuild	rebuilt	rebuilt	slink[1]	slunk, *slank*	slunk
recast	recast	recast			

현 재	과 거	과 거 분 사	현 재	과 거	과 거 분 사
slip	slipped, *slipt*	slipped		telecasted	telecasted
slit	slit	slit	tell	**told**	**told**
smell	**smelled, smelt**	**smelled, smelt**	think	**thought**	**thought**
			thrive	throve, thrived	thrived, thriven
smite	smote, *smit*	smitten, *smit*	throw	**threw**	**thrown**
sneak	sneaked, snuck*	sneaked, snuck*	thrust	thrust	thrust
sow¹	sowed	sowed, sown	tread	trod, *trode*	trodden, trod
speak	**spoke**, *spake*	**spoken**, *spoke*	typewrite	typewrote	typewritten
speed	**sped, speeded***	**sped, speeded***	unbend	unbent, *unbended*	unbent, *unbended*
spell¹	spelled, spelt	spelled, spelt			
spellbind	spellbound	spellbound	unbind	unbound	unbound
spend	**spent**	**spent**	undercut	undercut	undercut
spill¹	spilled, spilt	spilled, spilt	undergo	underwent	undergone
spin	spun, *span*	spun	underlay	underlaid	underlaid
spit¹	spit, spat*	spit, spat*	underlie	underlay	underlain
split	split	split	undersell	undersold	undersold
spoil	spoiled, spoilt	spoiled, spoilt	understand	**understood**	**understood**
spread	**spread**	**spread**			
spring	**sprang, sprung**	**sprung**	undertake	undertook	undertaken
			underwrite	underwrote	underwritten
squat	squatted, squat	squatted, squat	undo	undid	undone
stand	**stood**	**stood**	unlay	unlaid	unlaid
stave	staved, stove	staved, stove	unsay	unsaid	unsaid
stay	**stayed,** *staid*	**stayed,** *staid*	unwind	unwound	unwound
steal	**stole**	**stolen**	uphold	upheld	upheld
stick²	stuck	stuck	upset	upset	upset
sting	stung, *stang*	stung, *stang*	wake	**woke, waked**	**waked, woken, woke***
stink	stank, stunk	stunk			
stop	**stopped,** *stopt*	**stopped,** *stopt*	waylay	waylaid	waylaid
strew	strewed	strewed, strewn	wear¹,²	**wore**	**worn**
stride	strode	stridden, *strid*	weave	wove, *weaved*	woven, wove
strike	**struck**	**struck, stricken***	wed	wedded, *wed*	wedded, *wed*
string	strung	strung, *stringed*	weep	wept	wept
strip¹	stripped, *stript*	stripped, *stript*	whip	whipped, whipt	whipped, whipt
strive	strove, strived	striven, strived	will	**would**	——
strow	strowed	strown, strowed	win	**won**	**won**
sublet	sublet	sublet	wind²	wound	wound
sunburn	sunburned, sunburnt	sunburned, sunburnt	wind³	winded, wound	winded, wound
			wit²	wist	wist
swear	swore, *sware*	sworn	withdraw	withdrew	withdrawn
sweat	sweat, sweated	sweat, sweated	withhold	withheld	withheld
sweep	swept	swept	withstand	withstood	withstood
swell	swelled	swelled, swollen	work	**worked,** *wrought*	**worked,** *wrought*
swim	**swam,** *swum*	**swum**			
swing	**swung,** *swang*	**swung**	wrap	wrapped, wrapt	wrapped, wrapt
take	took	taken	wring	wrung, *wringed*	wrung, *wringed*
teach	taught	taught			
tear²	tore	torn	write	**wrote,** *writ*	**written,** *writ*
telecast	telecast,	telecast,			

최고의 어휘 전문가가 만든
미국 정통 어휘서

3rd Edition

Harold Levine, Norman Levine,
Robert T. Levine 저 /
404면 / 22,000원

**약 35만 수험생이
선택한 어휘 부문
스테디셀러 최신개정판!**

(Vocabulary 22000 1st,
2nd edition 1998.03~2020.10
누적 판매부수 기준)

- 최고의 어휘 전문가들이 제시하는 독보적인 어휘 학습법
- 상세한 기출 시험 표시
- 부록 단어장: 각종 시험 빈출 어휘 1800 추가 제공
- 깜빡이 암기 동영상으로 반복 훈련

www.ybmbooks.com / 02.2000.0515

전 세계 240만 부 이상 판매!

영문법의 모든 것을 명쾌하게 정리한
어법 사전의 결정판!

Michael Swan 저 / 932면 / 30,000원

영어 교육자와 학습자의 필독서!
필요한 어법을 쉽고 빠르게 찾을 수 있는 스마트 색인 수록!
이 한 권으로 수능, 토익, 토플 대비까지!

www.ybmbooks.com / 02.2000.0515

전 세계 1,600만 부 판매된 초대형 베스트셀러

영어책 암기 열풍은
이 책에서 시작됐다!

휴대용 암기장　5가지 버전 MP3　학습지원 공식카페　| 구성 : 교재 + 휴대용 암기장 + 5가지 버전 MP3 +
　　　　　　　　　　　　　　　　　　　　　　　　　두뇌입력 동영상 프로그램

영어회화 자동암기 동영상학습 제공!

- 출퇴근 하루 10분 투자로 영어문장 두뇌입력
- 영어회화 필수 900문장을 쉽고 편리하게 암기
- 교재 + MP3 + 동영상으로 온몸으로 영어회화 체득

www.ybmbooks.com / 02.2000.0515